VADE MECUM
CONJUGADO

Administrativo Constitucional e Tributário

> Constituição Federal
> Código Tributário
> Código de Processo Civil e
> Legislação

ATUALIZE SEU CÓDIGO GRATUITAMENTE
http://legislacao.saraivajur.com.br
Esta edição poderá ser atualizada, semanalmente, pela Internet até 31 de outubro de 2021.

www.editorasaraiva.com.br/direito
Visite nossa página

Alessandro Spilborghs
Caio Bartine
Celso Spitzcovsky
Erival Oliveira
Flávia Cristina
Patricia Carla
Paulo Peixoto
Ricardo Baronovsky

VADE MECUM

CONJUGADO

Administrativo Constitucional e Tributário

> Constituição Federal
> Código Tributário
> Código de Processo Civil e
> Legislação

3ª edição
2021

Obra coletiva com a colaboração de
Livia Céspedes e Fabiana Dias da Rocha
(Editorial de Legislação da Saraiva Jur)

saraiva jur

saraiva EDUCAÇÃO | saraiva jur

Av. Paulista, 901, 3º andar
Bela Vista – São Paulo – SP – CEP: 01311-100

SAC | sac.sets@somoseducacao.com.br

Direção executiva	Flávia Alves Bravin
Direção editorial	Renata Pascual Müller
Gerência de projetos e produção editoriais	Fernando Penteado
Planejamento	Josiane de Araujo Rodrigues
Novos projetos	Sérgio Lopes de Carvalho Dalila Costa de Oliveira
Edição	Livia Céspedes (coord.) Fabiana Dias da Rocha Fabio Ricardo de Abreu Gabriel H. da Silva Rodriguez José Roberto Borba Ferreira Júnior Maria Cecília Coutinho Martins
Produção editorial	Daniele Debora de Souza (coord.) Daniela Nogueira Secondo Estela Janiski Zumbano
Arte e digital	Mônica Landi (coord.) Camilla Felix Cianelli Chaves Claudirene de Moura Santos Silva Deborah Mattos Guilherme H. M. Salvador Tiago Dela Rosa
Projetos e serviços editoriais	Daniela Maria Chaves Carvalho Kelli Priscila Pinto Laura Paraíso Buldrini Filogônio Marília Cordeiro Nicoly Wasconcelos Razuk
Diagramação	Claudirene de Moura Santos Silva Edson Colobone
Revisão	Amélia Kassis Ward Célia Regina Souza de Araujo Estela Janiski Zumbano Ivani Aparecida Martins Cazarim Luciana Cordeiro Shirakawa
Capa	Aero Comunicação
Produção gráfica	Marli Rampim Sergio Luiz Pereira Lopes
Impressão e acabamento	Geográfica editora

DADOS INTERNACIONAIS DE CATALOGAÇÃO NA PUBLICAÇÃO (CIP)
ANGÉLICA ILACQUA CRB-8/7057

Vade mecum conjugado administrativo, constitucional e tributário / Erival Oliveira ; Paulo Peixoto et al. (orgs.) / obra coletiva de autoria da Saraiva Educação com colaboração de Livia Céspedes e Fabiana Dias da Rocha. – 3. ed. – São Paulo : Saraiva Educação, 2021.
1336 p.

ISBN 978-65-5559-199-6 (impresso)

1. Direito – Legislação – Brasil 2. Direito – Manuais, vade-mécuns etc. 3. Direito administrativo – Brasil. 4. Direito constitucional – Brasil. 5. Direito tributário – Brasil. I. Título. II. Oliveira, Erival. III. Peixoto, Paulo. IV. Céspedes, Livia. V. Rocha, Fabiana Dias da.

20-0332 CDD 340

Índice para catálogo sistemático:

1. Brasil : Direito : Vade-mécuns 34(81)(02)

Data de fechamento da edição: 10-12-2020

Dúvidas? Acesse www.editorasaraiva.com.br/direito

CL 606582 CAE 727390

Indicador Geral

Indicador Geral

Apresentação

É com imensa alegria que apresentamos o **Vade Mecum Conjugado** para OAB e Concursos Jurídicos, fruto de nossa experiência de mais de vinte anos lecionando para o Exame de Ordem e concursos públicos.

A Coleção contempla as seguintes áreas abrangidas na 2.ª fase do Exame Unificado da Ordem dos Advogados do Brasil: Administrativo, Constitucional e Tributário; Civil e Empresarial; e Penal.

As obras foram organizadas por professores que, com larga experiência em cursos preparatórios, puderam perceber claramente do que o candidato realmente precisa, qual a melhor seleção de diplomas, a mais lógica e eficiente organização do material e quais as notas remissivas que podem efetivamente ajudar o candidato, tanto na hora do estudo prévio quanto no momento da execução das provas que permitem consulta à legislação.

O resultado desse trabalho é este que o leitor tem em mãos. A seleção das leis foi realizada com grande cuidado, em cada área específica, e com base nos editais do Exame da OAB, bem como nos editais dos principais concursos jurídicos do país.

A organização dos diplomas segue ordem temática e cronológica, e, em complemento aos índices extensos, foram criados índices sintéticos (analíticos), apropriados para consulta rápida das leis mais prováveis nos exames de OAB e concursos públicos.

Por fim as remissões auxiliam o estudante a compreender a relação entre os mais variados temas.

Tais diferenciais, que aliam praticidade a profundidade, trazem mais eficiência à consulta, o que certamente constitui grande auxílio, tanto para o estudo quanto para a realização de provas.

Esperamos que todos os alunos e candidatos possam beneficiar-se deste Vade Mecum Conjugado!

Organizadores

Organizadores

ALESSANDRO SPILBORGHS

Advogado. Professor de Direito Tributário e Processo Tributário do Damásio Educacional. Professor convidado em diversos cursos de pós-graduação e MBA. Fundador do canal Tributário na Lata. Especialista em Direito Tributário. Mestre em Direito Político e Econômico pela Universidade Mackenzie.

CAIO BARTINE

MBA em Direito Empresarial pela FGV. Especialista em Direito Tributário e Processo Tributário pelo IBET. Vice-Presidente do Instituto Parlamentar Municipal – INSPAR. Sócio-Fundador da MMAB Business Consulting. Coordenador de Direito Tributário do Curso Damásio Educacional. Professor convidado dos cursos de pós-graduação e MBA em todo o território nacional. Advogado, Consultor e Autor de diversas obras jurídicas.

CELSO SPITZCOVSKY

Mestre em Direito pela PUC-SP. Professor de Direito Administrativo, Direito Eleitoral e Direito Constitucional no Complexo Educacional Damásio de Jesus. Advogado.

ERIVAL DA SILVA OLIVEIRA

Graduado e Mestre em Direito pela Universidade Presbiteriana Mackenzie. Especialista em Direito Processual, Professor e Coordenador de Direito Constitucional e Direitos Humanos no Curso Preparatório para o Exame da OAB do Damásio Educacional. Professor de Direitos Humanos no Curso Preparatório para as Carreiras Públicas do Damásio Educacional. Professor da Pós-Graduação de Constitucional e de Processo Penal do Damásio Educacional. Professor dos Programas da TV Justiça do STF (Prova Final e Saber Direito). Assessor Jurídico do Ministério Público Federal em São Paulo. Conferencista e ex-Advogado.

FLÁVIA CRISTINA MOURA DE ANDRADE

Procuradora Federal. Professora exclusiva do Complexo Educacional Damásio de Jesus, ministrando aulas de Direito Administrativo e Direito Previdenciário nos cursos preparatórios para concursos públicos e Exames da OAB. Coordenadora e Autora de diversos livros jurídicos.

PAULO HENRIQUE LÊDO PEIXOTO

Mestre em Direito Político e Econômico e Especialista em Direito Tributário pela Universidade Presbiteriana Mackenzie. Professor de Direito Constitucional e Direitos Humanos no Damásio Educacional. Palestrante. Autor de obras jurídicas. Advogado e Consultor Jurídico.

RICARDO SANCHEZ BARONOVSKY

Formado em Direito pela Universidade Presbiteriana Mackenzie. Concursado no Tribunal de Justiça de São Paulo, atualmente na função comissionada de Assistente Judiciário. Professor de Direito Constitucional e Direito Administrativo no Damásio Educacional. Palestrante. Autor de obras jurídicas.

Nota da Editora

ATUALIZE SEU CÓDIGO

Este serviço permite a atualização de sua obra pelo *site* http://legislacao.saraivajur.com.br, de maneira rápida e prática.

Se você já tem cadastro no *site*, basta digitar seu e-mail e senha para fazer o *login*. Em seguida acesse a área "atualize seu código". Se ainda não tem cadastro no *site*, clique em "Cadastre-se" e siga as instruções.

Você terá disponíveis as atualizações ocorridas. Para isso, basta clicar no *link Atualize seu Código*, localizado ao lado da imagem da capa da obra em questão.

As atualizações serão disponibilizadas *online* e para *download* semanalmente, até 31 de outubro de 2021.

O serviço fica disponível no *site* entre os meses de fevereiro e dezembro do ano corrente.

DESTAQUE

████ → dispositivos alterados e/ou incluídos em 2020.

FERIADOS

1.º DE JANEIRO (Lei n. 662, de 6-4-1949).

21 DE ABRIL (Lei n. 662, de 6-4-1949).

1.º DE MAIO (Decreto n. 4.859, de 26-9-1924, Lei n. 662, de 6-4-1949, e Lei n. 7.466, de 23-4-1986).

7 DE SETEMBRO (Lei n. 662, de 6-4-1949).

12 DE OUTUBRO (Lei n. 6.802, de 30-6-1980).

2 DE NOVEMBRO (Lei n. 662, de 6-4-1949).

15 DE NOVEMBRO (Lei n. 662, de 6-4-1949).

25 DE DEZEMBRO (Lei n. 662, de 6-4-1949).

OUTRAS DATAS:

Data magna do Estado (Lei n. 9.093, de 12-9-1995).

Dia do Professor (Decreto n. 52.682, de 14-10-1963).

Eleições (Lei n. 4.737, de 15-7-1965, art. 380).

Sexta-Feira da Paixão (Lei n. 9.093, de 12-9-1995).

Tradição local (Decreto-lei n. 6.459, de 2-5-1944, e Lei n. 9.093, de 12-9-1995).

MEDIDAS PROVISÓRIAS

Medidas Provisórias são normas com força de lei editadas pelo Presidente da República em situações de relevância e urgência (CF, art. 62). Apesar de produzirem efeitos jurídicos imediatos, devem ser submetidas à apreciação das Casas do Congresso Nacional (Câmara dos Deputados e Senado Federal) para serem convertidas definitivamente em lei ordinária.

O prazo inicial de vigência de uma Medida Provisória é de 60 dias, prorrogável por igual período, caso não tenha sua votação concluída nas duas Casas do Congresso Nacional. Se não for apreciada em até 45 dias, contados da sua publicação, entra em regime de urgência, sobrestando todas as demais deliberações legislativas da Casa em que estiver tramitando.

Considerando que as Medidas Provisórias estão sujeitas à avaliação posterior pelo Congresso Nacional, podendo ou não ser convertidas em lei, no caso de sua apreciação não ocorrer até o fechamento da edição da obra, a redação anterior do dispositivo alterado é mantida em forma de nota.

MINISTÉRIOS

Mantivemos a redação original nos textos legais, com a denominação dos Ministérios vigente à época da norma.

A Lei n. 13.844, de 18-6-2019, estabelece a organização básica dos órgãos da Presidência da República e dos Ministérios e dispõe em seu art. 19 sobre a denominação atual dos Ministérios.

MULTAS

– previstas no Código Penal: dispõe a Lei n. 7.209, de 11 de julho de 1984: "Art. 2.º São canceladas, na Parte Especial do Código Penal e nas leis especiais alcançadas pelo art. 12 do Código Penal, quaisquer referências a valores de multas, substituindo-se a expressão *multa de* por *multa*".

O citado art. 12 do Código Penal diz: "as regras gerais deste Código aplicam-se aos fatos incriminados por lei especial, se esta não dispuser de modo diverso".

Quanto ao disposto no art. 2.º da Lei n. 7.209/84, processamos ao cancelamento indicado em sua primeira parte, aquela que diz respeito ao Código Penal. Quanto às leis especiais, entendemos que melhor seria aguardar que respondessem a nós e ao grande público os Tribunais e os doutrinadores.

– previstas na CLT: os valores das multas contidas nos dispositivos da Consolidação das Leis do Trabalho passaram por inúmeras alterações ao longo dos anos. Dessa forma, preferimos manter seu texto original e elaborar um histórico para que o consulente possa conferir os valores com exatidão.

Histórico:

a) A Lei n. 6.205, de 29 de abril de 1975, proibiu a utilização do salário mínimo como medida de valor. Surgiu,então, o coeficiente de atualização monetária nos termos do art. 2.º da citada Lei, que poderia ter como base o fator de reajustamento salarial disposto na Lei n. 6.147, de 29 de novembro de 1974, ou a variação das Obrigações do Tesouro Nacional – OTN.

b) O Decreto n. 75.704, de 8 de maio de 1975, alterado pelo Decreto n. 77.511, de 29 de abril de 1976, fixou o coeficiente de atualização monetária previsto no art. 2.º da Lei n. 6.205, de 29 de abril de 1975.

c) A Lei n. 6.986, de 13 de abril de 1982, em seu art. 7.º, elevou em dez vezes o valor das multas por infração aos preceitos da Consolidação das Leis do Trabalho.

d) A Lei n. 7.784, de 28 de junho de 1989, determinou, em seu art. 2.º, que todas as penalidades previstas em Obrigações do Tesouro Nacional – OTN fossem convertidas em Bônus do Tesouro Nacional – BTN.

e) A Lei n. 7.855, de 24 de outubro de 1989, em seu art. 2.º, triplicou o valor das multas administrativas decorrentes da violação das normas trabalhistas previstas na Consolidação das Leis do Trabalho e determinou que fossem expressas em BTN.

f) A Lei n. 8.177, de 1.º de março de 1991, em seu art. 3.º, extinguiu o BTN e determinou sua conversão para Cruzeiros (*vide* VALORES para atualização da moeda nacional).

g) A Lei n. 8.383, de 30 de dezembro de 1991, instituiu a Unidade Fiscal de Referência – UFIR (*vide* SIGLAS).

h) A Portaria n. 290, de 11 de abril de 1997, estabeleceu valores em UFIR para as multas administrativas previstas na legislação trabalhista.

i) A Lei n. 9.872, de 23 de novembro de 1999, em seu art. 9.º, concedeu anistia das multas já aplicadas, por infração à legislação trabalhista, de valor consolidado igual ou inferior a R$ 1.000,00 (mil reais).

NORMAS ALTERADORAS

Normas alteradoras são aquelas que não possuem texto próprio, mas apenas alteram outros diplomas, ou **cujo texto não é relevante para a obra**. Para facilitar a consulta, já processamos as alterações no texto da norma alterada.

Algumas normas, contudo, além de fazer alterações, possuem texto próprio de interesse para a obra. Neste caso, foram também incluídas.

NOTAS

As notas foram selecionadas de acordo com seu grau de importância, e estão separadas em fundamentais (grafadas com >>), acessórias (grafadas com >) e notas preparadas pelos organizadores da obra (>>>).

PODER JUDICIÁRIO

– Os *Tribunais de Apelação*, a partir da promulgação da Constituição Federal de 1946, passaram a denominar-se *Tribunais de Justiça*.

– O *Tribunal Federal de Recursos* foi extinto pela Constituição Federal de 1988, nos termos do art. 27 do ADCT.

– Os *Tribunais de Alçada* foram extintos pela Emenda Constitucional n. 45, de 8 de dezembro de 2004, passando os seus membros a integrar os Tribunais de Justiça dos respectivos Estados.

SIGLAS

– OTN (Obrigações do Tesouro Nacional)

A Lei n. 7.730, de 31 de janeiro de 1989, extinguiu a OTN Fiscal e a OTN de que trata o art. 6.º do Decreto-lei n. 2.284, de 10 de março de 1986.

A Lei n. 7.784, de 28 de junho de 1989, diz em seu art. 2.º que "todas as penalidades previstas na legislação em vigor em quantidades de Obrigações do Tesouro Nacional – OTN serão convertidas para Bônus do Tesouro Nacional – BTN, à razão de 1 para 6,92".

Com a Lei n. 8.177, de 1.º de março de 1991, ficaram extintos, a partir de 1.º de fevereiro de 1991, o BTN (Bônus do Tesouro Nacional), de que trata o art. 5.º da Lei n. 7.777, de 19 de junho de 1989, e o MVR (Maior Valor de Referência). A mesma Lei n. 8.177/91 criou a TR (Taxa Referencial) e a TRD (Taxa Referencial Diária), que são divulgadas pelo Banco Central do Brasil. A Lei n. 8.660, de 28 de maio de 1993, estabeleceu novos critérios para a fixação da Taxa Referencial – TR e extinguiu a Taxa Referencial Diária – TRD.

A Lei n. 9.365, de 16 de dezembro de 1996, institui a Taxa de Juros de Longo Prazo – TJLP.

SÚMULAS

Constam deste volume todas as Súmulas do STF, Vinculantes e do STJ.

Em virtude de eventual proibição do uso de súmulas em concursos, inserimos nesta edição um recuo na parte destinada a elas, para a utilização de grampeador sem prejuízo do conteúdo da obra.

TEXTOS PARCIAIS

Alguns diplomas deixam de constar integralmente. Nosso propósito foi o de criar espaço para normas mais utilizadas no dia a dia dos profissionais e acadêmicos. A obra mais ampla atenderá aqueles que, ao longo de tantos anos, vêm prestigiando nossos Códigos.

VALORES

São originais todos os valores citados na legislação constante deste Código.

Como muitos valores não comportavam transformação, em face das inúmeras modificações impostas à nossa moeda, entendemos que esta seria a melhor das medidas. Para conhecimento de nossos consulentes, este é o histórico de nossa moeda:

a) O Decreto-lei n. 4.791, de 5 de outubro de 1942, instituiu o CRUZEIRO como unidade monetária brasileira, denominada CENTAVO a sua centésima parte. O cruzeiro passava a corresponder a mil-réis.

b) A Lei n. 4.511, de 1.º de dezembro de 1964, manteve o CRUZEIRO, mas determinou a extinção do CENTAVO.

c) O Decreto-lei n. 1, de 13 de novembro de 1965, instituiu o CRUZEIRO NOVO, correspondendo o cruzeiro até então vigente a um milésimo do cruzeiro novo, restabelecido o centavo. Sua vigência foi fixada para a partir de 13 de fevereiro de 1967, conforme Resolução n. 47, de 8 de fevereiro de 1967, do Banco Central da República do Brasil.

d) A Resolução n. 144, de 31 de março de 1970, do Banco Central do Brasil, determinou que a unidade do sistema monetário brasileiro passasse a denominar-se CRUZEIRO.

e) A Lei n. 7.214, de 15 de agosto de 1984, extinguiu o CENTAVO.

f) O Decreto-lei n. 2.284, de 10 de março de 1986, criou o CRUZADO, em substituição ao CRUZEIRO, correspondendo o cruzeiro a um milésimo do cruzado.

g) A Lei n. 7.730, de 31 de janeiro de 1989, instituiu o CRUZADO NOVO em substituição ao CRUZADO e manteve o CENTAVO. O cruzado novo correspondeu a um mil cruzados.

h) Por determinação da Lei n. 8.024, de 12 de abril de 1990, a moeda nacional passou a denominar-se CRUZEIRO, sem outra modificação, mantido o centavo e correspondendo o cruzeiro a um cruzado novo.

i) A Lei n. 8.697, de 27 de agosto de 1993, alterou a moeda nacional, estabelecendo a denominação CRUZEIRO REAL para a unidade do sistema monetário brasileiro. A unidade equivalia a um mil cruzeiros e sua centésima parte denominava-se CENTAVO.

j) A Lei n. 8.880, de 27 de maio de 1994, dispondo sobre o Programa de Estabilização Econômica e o Sistema Monetário Nacional, instituiu a UNIDADE REAL DE VALOR – URV.

k) A unidade do Sistema Monetário Nacional, por determinação da Lei n. 9.069, de 29 de junho de 1995 (art. 1.º), passou a ser o REAL. As importâncias em dinheiro serão grafadas precedidas do símbolo R$ (art. 1.º, § 1.º). A centésima parte do REAL, denominada "centavo", será escrita sob a forma decimal, precedida da vírgula que segue a unidade (art. 1.º, § 2.º).

Organizadores

Abreviaturas

ADC – Ação Declaratória de Constitucionalidade
ADCT – Ato das Disposições Constitucionais Transitórias
ADI(s) – Ação(s) Direta(s) de Inconstitucionalidade
ADPF – Arguição de Descumprimento de Preceito Fundamental
AGU – Advocacia-Geral da União
ANA – Agência Nacional de Águas
ANAC – Agência Nacional de Aviação Civil
ANATEL – Agência Nacional de Telecomunicações
ANCINE – Agência Nacional do Cinema
ANEEL – Agência Nacional de Energia Elétrica
ANS – Agência Nacional de Saúde Suplementar
ANTAQ – Agência Nacional de Transportes Aquaviários
ANTT – Agência Nacional de Transportes Terrestres
ANVISA – Agência Nacional de Vigilância Sanitária
BTN – Bônus do Tesouro Nacional
CARF – Conselho Administrativo de Recursos Fiscais
CBA – Código Brasileiro de Aeronáutica (Lei n. 7.565, de 19-12-1986)
CC – Código Civil (Lei n. 10.406, de 10-1-2002)
c/c – combinado com
CCom – Código Comercial (Lei n. 556, de 25-6-1850)
CDC – Código de Proteção e Defesa do Consumidor (Lei n. 8.078, de 11-9-1990)
CDRU – Concessão de Direito Real de Uso
CE – Código Eleitoral (Lei n. 4.737, de 15-7-1965)
CF – Constituição Federal
CJF – Conselho da Justiça Federal
CLT - Consolidação das Leis do Trabalho (Decreto-lei n. 5.452, de 1.º-5-1943)
CNDT – Certidão Negativa de Débitos Trabalhistas
CNDU – Conselho Nacional de Desenvolvimento Urbano
CNJ – Conselho Nacional de Justiça
CNMP – Conselho Nacional do Ministério Público
CNPC – Conselho Nacional de Política Criminal e Penitenciária
COAF – Conselho de Controle de Atividades Financeiras
CONAMA – Conselho Nacional do Meio Ambiente
CONASP – Conselho Nacional de Segurança Pública
CONDECINE – Contribuição para o Desenvolvimento da Indústria Cinematográfica Nacional
CONTRAN – Conselho Nacional de Trânsito
CP – Código Penal (Decreto-lei n. 2.848, de 7-12-1940)
CPC – Código de Processo Civil (Lei n. 13.105, de 16-3-2015)
CPM – Código Penal Militar (Decreto-lei n. 1.001, de 21-10-1969)
CPP – Código de Processo Penal (Decreto-lei n. 3.689, de 3-10-1941)
CPPM – Código de Processo Penal Militar (Decreto-lei n. 1.002, de 21-10-1969)
CRPS – Conselho de Recursos da Previdência Social
CSNU – Conselho de Segurança das Nações Unidas
CTB – Código de Trânsito Brasileiro (Lei n. 9.503, de 23-9-1997)
CTN – Código Tributário Nacional (Lei n. 5.172, de 25-10-1966)
CTNBio – Comissão Técnica Nacional de Biossegurança
CTPS – Carteira de Trabalho e Previdência Social
CVM – Comissão de Valores Mobiliários
DJE – *Diário da Justiça Eletrônico*

DJU – *Diário da Justiça da União*
DOU – *Diário Oficial da União*
EAOAB – Estatuto da Advocacia e da Ordem dos Advogados do Brasil (Lei n. 8.906, de 4-7-1994)
EC – Emenda Constitucional
ECA – Estatuto da Criança e do Adolescente (Lei n. 8.069, de 13-7-1990)
EIRELI – Empresa Individual de Responsabilidade Limitada
FCDF – Fundo Constitucional do Distrito Federal
FGTS – Fundo de Garantia do Tempo de Serviço
FPE – Fundo de Participação dos Estados e do Distrito Federal
FPM – Fundo de Participação dos Municípios
INSS – Instituto Nacional do Serviço Social
JEFs – Juizados Especiais Federais
LCP – Lei das Contravenções Penais (Decreto-lei n. 3.688, de 3-10-1941)
LDA – Lei de Direitos Autorais (Lei n. 9.610, de 19-2-1998)
LEF – Lei de Execução Fiscal (Lei n. 6.830, de 22-9-1980)
LEP – Lei de Execução Penal (Lei n. 7.210, de 11-7-1984)
LINDB – Lei de Introdução às Normas do Direito Brasileiro (Decreto-lei n. 4.657, de 4-9-1942)
LOM – Lei Orgânica da Magistratura (Lei Complementar n. 35, de 14-3-1979)
LPI – Lei de Propriedade Industrial (Lei n. 9.279, de 14-5-1996)
LRP – Lei de Registros Públicos (Lei n. 6.015, de 31-12-1973)
LSA – Lei de Sociedades Anônimas (Lei n. 6.404, de 15-12-1976)
MTE – Ministério do Trabalho e Emprego
MRV – Maior Valor de Referência
OIT – Organização Internacional do Trabalho
OJ – Orientação Jurisprudencial
OTN – Obrigação do Tesouro Nacional
PNC – Plano Nacional de Cultura
PRONAC – Programa Nacional de Apoio à Cultura
PRONAICA – Programa Nacional de Atenção Integral à Criança e ao Adolescente
PRONASCI – Programa Nacional de Segurança Pública com Cidadania
s. – seguinte(s)
SBDC – Sistema Brasileiro de Defesa da Concorrência
SICAF – Sistema de Cadastramento Unificado de Fornecedores
SICONV – Sistema de Gestão de Convênios e Contratos de Repasse
SINAMOB – Sistema Nacional de Mobilização
SNDC – Sistema Nacional de Defesa do Consumidor
SNIIC – Sistema Nacional de Informação e Indicadores Culturais
SRFB – Secretaria da Receita Federal do Brasil
STF – Supremo Tribunal Federal
STJ – Superior Tribunal de Justiça
STM – Superior Tribunal Militar
SUDAM – Superintendência de Desenvolvimento da Amazônia
SUDECO – Superintendência de Desenvolvimento do Centro-Oeste
SUDENE – Superintendência de Desenvolvimento do Nordeste
SUFRAMA – Superintendência da Zona Franca de Manaus
SUS – Sistema Único de Saúde
TCU – Tribunal de Contas da União
TFR – Tribunal Federal de Recursos
TJLP – Taxa de Juros de Longo Prazo
TR – Taxa Referencial
TRD – Taxa Referencial Diária
TRF – Tribunal Regional Federal
TSE – Tribunal Superior Eleitoral
TST – Tribunal Superior do Trabalho
UFIR – Unidade Fiscal de Referência
URV – Unidade Real de Valor

(*) Texto parcial de acordo com a matéria tratada na obra.

DECRETO LEGISLATIVO:

DECRETOS-LEIS:

EMENDAS CONSTITUCIONAIS (*):

LEIS:

(*) Publicamos nesta edição apenas as Emendas Constitucionais com texto próprio.

(*) Texto parcial de acordo com a matéria tratada na obra.

(**) Texto parcial de acordo com a matéria tratada na obra.

(*) Texto parcial de acordo com a matéria tratada na obra.

LEIS COMPLEMENTARES:

REGIMENTOS:

LEIS COMPLEMENTARES:

REGIMENTOS:

CONSTITUIÇÃO FEDERAL

- Índice Analítico Administrativo e Constitucional
- Índice Alfabético-Remissivo da CF
- Índice Alfabético-Remissivo do ADCT
- Índice Sistemático da CF
- CF e ADCT
- Emendas Constitucionais

Abuso de poder	Lei n. 13.869/19
Acesso a informações	Lei n. 12.527/11
Ação civil pública	Art. 129, III, CF Lei n. 7.347/85
Ação declaratória de constitucionalidade	Art. 102, I, *a*, CF Arts. 13 e s., Lei n. 9.868/99
Ação de impugnação de mandato eletivo	Art. 14, §§ 10 e 11, CF
Ação direta de inconstitucionalidade	Art. 102, I, *a*, CF Lei n. 9.868/99
Ação direta de inconstitucionalidade estadual ou representação de inconstitucionalidade	Art. 125, § 2.º, CF
Ação direta de inconstitucionalidade interventiva estadual	Art. 35, IV, CF
Ação direta de inconstitucionalidade interventiva federal	Art. 36, III, CF Lei n. 12.562/11
Ação direta de inconstitucionalidade supridora da omissão ou por omissão	Arts. 12-A a 12-H, Lei n. 9.868/99
Ação popular	Art. 5.º, LXXIII, CF Lei n. 4.717/65
Administração pública	Decreto-lei n. 200/67; Decreto-lei n. 900/69 Art. 37, *caput*, CF Art. 2.º, Lei n. 9.784/99
ADPF	Art. 102, § 1.º, CF Lei n. 9.882/99
Agências reguladoras	Lei n. 9.986/00
Agravo de Instrumento	Art. 1.015, CPC
Agravo interno	Art. 1.021, CPC
Apelação	Art. 1.009, CPC
Aposentadoria	Art. 40, CF
Assistência judiciária gratuita	Lei n. 1.060/50
Autarquia	Art. 41, IV, CC Decreto-lei n. 200/67 Decreto-lei n. 900/69
Ato administrativo	Arts. 49 e 59, Lei n. 8.666/93 Arts. 53, 54 e 55, Lei n. 9.784/99
Bens públicos	Arts. 100 e 101, CC Art. 17, Lei n. 8.666/93 Art. 100, CF Arts. 183, § 3.º, e 191, parágrafo único, CF; art. 102, CC
Brasileiro	Art. 12, I e II, CF
Cargo público; definição	Art. 3.º, Lei n. 8.112/90
Concursos públicos	Art. 37, II, CF Arts. 11 e 12, Lei n. 8.112/90
Conselho Nacional do Ministério Público	Art. 130-A, CF
Consórcios públicos	Lei n. 11.107/05
Contestação	Arts. 335 a 342, CPC
Contratação por tempo determinado	Art. 37, IX, CF Lei n. 8.745/93

Contratos administrativos	Lei n. 8.666/93 Lei n. 12.462/11 Lei n. 13.303/16 Art. 65, I, *d*, Lei n. 8.666/93
Corrupção	Lei n. 12.846/13
Comissão Parlamentar de Inquérito	Art. 58, § 3.º, CF Lei n. 1.579/52 Lei n. 4.595/64 Lei n. 10.001/00 Lei n. 10.679/03 LC n. 105/01
Crimes contra a administração pública	Arts. 312 a 337-A, CP
Crimes de responsabilidade	Art. 85, CF Lei n. 1.079/50
Defesa da concorrência	Lei n. 12.529/11
Desafetação	Art. 101, CC
Desapropriação	Decreto-lei n. 3.365/41 Lei n. 4.132/62 Art. 46, LC n. 101/000
Devido processo legal	Art. 5.º, LIV e LV, CF Art. 143, Lei n. 8.112/90
Direitos humanos	Art. 109, V-A e § 5.º, CF
Direitos sociais	Art. 6.º, CF
Educação	Arts. 205 a 214, CF
Embargos de declaração	Art. 1.022, CPC
Emprego público	Lei n. 9.962/00
Empresas públicas	Art. 173, § 1.º, II e III, CF Decreto-lei n. 200/67 Decreto-lei n. 900/69 Lei n. 13.303/16
Estabilidade	Arts. 41, *caput* e § 4.º, e 169, CF Arts. 21 e 22, Lei n. 8.112/90
Estado de defesa	Arts. 136, 140 e 141, CF
Estado de sítio	Arts. 137 a 141, CF
Expulsão	Art. 22, XV, CF
Extradição	Arts. 5.º, LI e LII, 22, XV, 102, I, *g*, CF
Fundações	Arts. 44 a 52 e 62 a 69, CC Decreto-lei n. 200/67 Decreto-lei n. 900/69
Greve	Art. 37, VII, CF Lei n. 7.783/89
Habeas corpus	Art. 5.º, LXXII, CF Arts. 647 a 667, CPP
Habeas data	Art. 5.º, LXXII, CF Lei n. 9.507/97
Imissão provisória na posse	Arts. 15, 33 e 34, Decreto-lei n. 3.365/41
Improbidade administrativa	Lei n. 8.429/92
Imunidade parlamentar	Art. 53, CF
Iniciativa popular	Arts. 14, III, 61, § 2.º, CF
Intervenção federal	Arts. 34 a 36, CF

Terceiro setor	Lei n. 9.637/98 Lei n. 9.790/99 Lei n. 13.019/14
Termo de ajustamento de conduta	Art. 5.º, § 6.º, Lei n. 7.347/85
Terras indígenas	Art. 20, CF
Terrorismo	Lei n. 10.744/03
Tomada de preços (modalidade de licitação)	Arts. 22 e 23, Lei n. 8.112/90
Tombamento	Art. 216, § 1.º, CF Decreto n. 25/37
Transação; improbidade administrativa	Art. 17, Lei n. 8.429/92
Tribunais de Contas	Arts. 70 a 74, CF Art. 21, II, Lei n. 8.429/92
Tribunal Penal Internacional	Art. 5.º, § 4.º, CF Art. 7.º, ADCT Decreto n. 4.388/02
Tutela antecipada contra a fazenda pública	Lei n. 9.494/97
Usucapião; imóveis públicos	Arts. 182, § 3.º, e 191, parágrafo único, CF Art. 102, CC
Vacância de cargos públicos	Art. 33, Lei n. 8.112/90
Veto	Art. 66, §§ 1.º e 2.º, CF
Vitaliciedade	Arts. 73, § 3.º, 95, e 128, § 5.º, I, CF

(*) Conteúdo cedido pela Editora Saraiva (direitos autorais preservados).

Índice Alfabético-Remissivo do Ato das Disposições Constitucionais Transitórias (*)

(*) Conteúdo cedido pela Editora Saraiva (direitos autorais preservados).

Índice Sistemático da Constituição Federal

Título VII
DA ORDEM ECONÔMICA E FINANCEIRA

Título VIII
DA ORDEM SOCIAL

Título IX
DAS DISPOSIÇÕES CONSTITUCIONAIS GERAIS

ATO DAS DISPOSIÇÕES CONSTITUCIONAIS TRANSITÓRIAS

PREÂMBULO

Nós, representantes do povo brasileiro, reunidos em Assembleia Nacional Constituinte para instituir um Estado Democrático, destinado a assegurar o exercício dos direitos sociais e individuais, a liberdade, a segurança, o bem-estar, o desenvolvimento, a igualdade e a justiça como valores supremos de uma sociedade fraterna, pluralista e sem preconceitos, fundada na harmonia social e comprometida, na ordem interna e internacional, com a solução pacífica das controvérsias, promulgamos, sob a proteção de Deus, a seguinte CONSTITUIÇÃO DA REPÚBLICA FEDERATIVA DO BRASIL.

TÍTULO I
DOS PRINCÍPIOS FUNDAMENTAIS

Art. 1.º A República Federativa do Brasil, formada pela união indissolúvel dos Estados e Municípios e do Distrito Federal, constitui-se em Estado Democrático de Direito e tem como fundamentos:

> *Vide* arts. 18, *caput*, e 60, § 4.º, I e II, da CF.

I – a soberania;

> *Vide* arts. 20, VI, 21, I, II e III, 49, II, e 84, VII, VIII, XIX e XX, da CF.

> *Vide* arts. 237 e 260 do CPC.

> *Vide* arts. 780 a 790 do CPP.

II – a cidadania;

> *Vide* arts. 5.º, XXXIV, LIV, LXXI, LXXIII e LXXVII, e 60, § 4.º, da CF.

> A Lei n. 9.265, de 12-2-1996, estabelece a gratuidade dos atos necessários ao exercício da cidadania.

> A Lei n. 10.835, de 8-1-2004, institui a renda básica da cidadania.

III – a dignidade da pessoa humana;

>> O Provimento n. 73, de 28-6-2018, do CNJ, dispõe sobre a averbação da alteração do prenome e do gênero nos assentos de nascimento e casamento de pessoa transgênero no Registro Civil das Pessoas Naturais (RCPN).

> *Vide* arts. 5.º, 34, VII, *b*, 226, § 7.º, 227 e 230 da CF.

> *Vide* Lei n. 11.340, de 7-8-2006.

> *Vide* Decreto n. 8.858, de 26-9-2016.

> *Vide* Súmulas Vinculantes 6, 11, 14, 25, 28, 33, 44, 45 e 55 do STF.

IV – os valores sociais do trabalho e da livre-iniciativa;

> *Vide* arts. 6.º a 11 e 170 da CF.

>>> O Decreto n. 591, de 6-7-1992, promulga o pacto internacional sobre direitos econômicos, sociais e culturais.

V – o pluralismo político.

> *Vide* art. 17 da CF.

> *Vide* Lei n. 9.096, de 19-9-1995.

Parágrafo único. Todo o poder emana do povo, que o exerce por meio de representantes eleitos ou diretamente, nos termos desta Constituição.

> *Vide* arts. 14 e 60, § 4.º, II e III, da CF.

> *Vide* Lei n. 9.709, de 18-11-1998.

Art. 2.º São Poderes da União, independentes e harmônicos entre si, o Legislativo, o Executivo e o Judiciário.

> *Vide* art. 60, § 4.º, III, da CF.

> *Vide* Súmula 649 do STF.

>>> *Vide* arts. 44 a 75, 76 a 91 e 92 a 126 da CF.

Art. 3.º Constituem objetivos fundamentais da República Federativa do Brasil:

I – construir uma sociedade livre, justa e solidária;

>>> O Decreto n. 591, de 6-7-1992, promulga o pacto internacional sobre direitos econômicos, sociais e culturais.

II – garantir o desenvolvimento nacional;

> *Vide* arts. 23, parágrafo único, e 174, § 1.º, da CF.

III – erradicar a pobreza e a marginalização e reduzir as desigualdades sociais e regionais;

> *Vide* arts. 23, X, e 214 da CF.

> *Vide* arts. 79 a 82 do ADCT.

> Fundo de Combate e Erradicação da Pobreza: Lei Complementar n. 111, de 6-7-2001.

IV – promover o bem de todos, sem preconceitos de origem, raça, sexo, cor, idade e quaisquer outras formas de discriminação.

> *Vide* art. 1.723 do CC.

> Crimes resultantes de preconceito de raça ou de cor: Lei n. 7.716, de 5-1-1989.

> O Decreto n. 3.956, de 8-10-2001, promulga a Convenção Interamericana para a Eliminação de Todas as Formas de Discriminação contra Pessoas Portadoras de Deficiência.

> O Decreto n. 4.377, de 13-9-2002, promulga a Convenção sobre a Eliminação de Todas as Formas de Discriminação contra a Mulher.

> O Decreto n. 4.886, de 20-11-2003, dispõe sobre a política nacional de promoção de igualdade racial – PNPIR.

> O Decreto n. 7.388, de 9-12-2010, dispõe sobre a composição, competência e funcionamento do conselho nacional de combate à discriminação – CNCD.

> Estatuto da Igualdade Racial: *vide* Lei n. 12.288, de 20-7-2010.

> *Vide* Lei n. 11.340, de 7-8-2006.

>>> Lei n. 12.990, de 9-6-2014 – Reserva de cotas para concursos públicos.

>>> Decreto n. 99.710, de 21-11-1990 – Convenção sobre os Direitos da Criança.

Art. 4.º A República Federativa do Brasil rege-se nas suas relações internacionais pelos seguintes princípios:

> *Vide* arts. 21, I, e 84, VII e VIII, da CF.

I – independência nacional;

> *Vide* arts. 78 e 91, § 1.º, IV, da CF.

>>> Lei n. 8.183, de 11-4-1991 – Conselho de Defesa Nacional.

>>> Decreto n. 893, de 12-8-1993 – Regulamento do Conselho de Defesa Nacional.

II – prevalência dos direitos humanos;

> O Decreto n. 678, de 6-11-1992, promulgou a Convenção Americana sobre Direitos Humanos – Pacto de São José da Costa Rica.

>>> Resolução da ONU n. 217-A (III), de 1948 – Declaração Universal dos Direitos Humanos.

>>> Decreto n. 592, de 6-7-1992 – Pacto Internacional sobre Direitos Civis e Políticos.

III – autodeterminação dos povos;

IV – não intervenção;

V – igualdade entre os Estados;

VI – defesa da paz;

>>> Decreto n. 19.841, de 22-10-1945 – Carta das Nações Unidas.

VII – solução pacífica dos conflitos;

VIII – repúdio ao terrorismo e ao racismo;

> *Vide* art. 5.º, XLII e XLIII, da CF.

> *Vide* Lei n. 7.716, de 5-1-1989.

> *Vide* Lei n. 8.072, de 25-7-1990.

> O Decreto n. 5.639, de 26-12-2005, promulga a Convenção Interamericana contra o Terrorismo.

> Estatuto da Igualdade Racial: *vide* Lei n. 12.288, de 20-7-2010.

>>> Decreto n. 65.810, de 8-12-1969 – Convenção Internacional sobre a Eliminação de Todas as Formas de Discriminação Racial.

IX – cooperação entre os povos para o progresso da humanidade;

X – concessão de asilo político.

> O Decreto n. 55.929, de 14-4-1965, promulgou a Convenção sobre Asilo Territorial.

> A Lei n. 9.474, de 22-7-1997, estabelece o Estatuto dos Refugiados.

> A Lei n. 13.445, de 24-5-2017 (Lei de Migração), dispõe sobre asilo político nos arts. 27 a 29.

Parágrafo único. A República Federativa do Brasil buscará a integração econômica, política, social e cultural dos povos da América Latina, visando à formação de uma comunidade latino-americana de nações.

(*) Publicada no *Diário Oficial da União* n. 191-A, de 5-10-1988.

> O Decreto n. 350, de 21-11-1991, promulgou o Tratado de Assunção, que estabeleceu o Mercado Comum entre Brasil, Paraguai, Argentina e Uruguai – MERCOSUL.

>>> Decreto n. 922, de 10-9-1993 – Protocolo para a Solução de Controvérsias do Mercosul.

Título II
DOS DIREITOS E GARANTIAS FUNDAMENTAIS

Capítulo I
DOS DIREITOS E DEVERES INDIVIDUAIS E COLETIVOS

Art. 5.º Todos são iguais perante a lei, sem distinção de qualquer natureza, garantindo-se aos brasileiros e aos estrangeiros residentes no País a inviolabilidade do direito à vida, à liberdade, à igualdade, à segurança e à propriedade, nos termos seguintes:

> *Vide* arts. 5.º, §§ 1.º e 2.º, 14, *caput*, e 60, § 4.º, IV, da CF.

> Estrangeiro: Lei n. 13.445, de 24-5-2017 (Lei de Migração), e Decreto n. 9.199, de 20-11-2017 (regulamento).

> Estatuto da Igualdade Racial: *vide* Lei n. 12.288, de 20-7-2010.

> *Vide* Súmula 683 do STF.

> *Vide* Súmulas Vinculantes 6 e 11 do STF.

>>> Decreto n. 65.810, de 8-12-1969 – Convenção Internacional sobre a Eliminação de Todas as Formas de Discriminação Racial.

I – homens e mulheres são iguais em direitos e obrigações, nos termos desta Constituição;

> *Vide* arts. 143, § 2.º, e 226, § 5.º, da CF.

> *Vide* arts. 372 e s. da CLT.

> A Lei n. 9.029, de 13-4-1995, proíbe a exigência de atestados de gravidez e esterilização, e outras práticas discriminatórias, para efeitos admissionais ou de permanência da relação jurídica de trabalho.

> Convenção sobre a eliminação de todas as formas de discriminação contra a mulher: Decreto n. 4.377, de 13-9-2002.

II – ninguém será obrigado a fazer ou deixar de fazer alguma coisa senão em virtude de lei;

> *Vide* arts. 14, § 1.º, I, e 143 da CF.

> *Vide* Súmula Vinculante 44 do STF.

> *Vide* Súmulas 636 e 686 do STF.

III – ninguém será submetido a tortura nem a tratamento desumano ou degradante;

> Convenção contra a tortura e outros tratamentos ou penas cruéis, desumanos ou degradantes: Decreto n. 40, de 15-2-1991.

> A Lei n. 9.455, de 7-4-1997, define os crimes de tortura.

> A Lei n. 12.847, de 2-8-2013, institui o Sistema Nacional de Prevenção e Combate à Tortura e cria o Comitê Nacional de Prevenção e Combate à Tortura e o Mecanismo Nacional de Prevenção e Combate à Tortura. Regulamentada pelo Decreto n. 8.154, de 16-12-2013.

> *Vide* Decreto n. 8.858, de 26-9-2016.

> *Vide* Súmula Vinculante 11 do STF.

>>> Lei n. 8.072, de 25-7-1990 – Lei dos Crimes Hediondos.

IV – é livre a manifestação do pensamento, sendo vedado o anonimato;

> *Vide* arts. 220 e s. da CF.

V – é assegurado o direito de resposta, proporcional ao agravo, além da indenização por dano material, moral ou à imagem;

> *Vide* Lei n. 13.188, de 11-11-2015.

> *Vide* Súmulas 37, 227, 362, 387, 388 e 403 do STJ.

VI – é inviolável a liberdade de consciência e de crença, sendo assegurado o livre exercício dos cultos religiosos e garantida, na forma da lei, a proteção aos locais de culto e a suas liturgias;

> Crimes contra o sentimento religioso e contra o respeito aos mortos: arts. 208 a 212 do CP.

> Sobre os crimes de abuso de autoridade: *vide* Lei n. 13.869, de 5-9-2019.

> *Vide* art. 16, III, do ECA.

>>> *Vide* art. 150, VI, *b*, da CF, sobre imunidade tributária dos templos de qualquer culto.

>>> Decreto n. 678, de 6-11-1992 – Pacto de São José da Costa Rica, art. 12.

VII – é assegurada, nos termos da lei, a prestação de assistência religiosa nas entidades civis e militares de internação coletiva;

> A Lei n. 6.923, de 29-6-1981, dispõe sobre o serviço de Assistência Religiosa nas Forças Armadas.

> *Vide* art. 24 da LEP.

> *Vide* art. 124, XIV, da Lei n. 8.069, de 13-7-1990.

> A Lei n. 9.982, de 14-7-2000, dispõe sobre a prestação de assistência religiosa nas entidades hospitalares públicas e privadas, bem como nos estabelecimentos prisionais civis e militares.

VIII – ninguém será privado de direitos por motivo de crença religiosa ou de convicção filosófica ou política, salvo se as invocar para eximir-se de obrigação legal a todos imposta e recusar-se a cumprir prestação alternativa, fixada em lei;

> A Lei n. 8.239, de 4-10-1991, dispõe sobre a prestação de serviço alternativo ao serviço militar obrigatório.

IX – é livre a expressão da atividade intelectual, artística, científica e de comunicação, independentemente de censura ou licença;

> Lei de Direitos Autorais: Lei n. 9.610, de 19-2-1998.

> Lei de Proteção de Cultivares: Lei n. 9.456, de 25-4-1997, e Decreto n. 2.366, de 5-11-1997 (Regulamento).

> Lei de Proteção da Propriedade Intelectual de Programa de Computador e sua comercialização no País: Lei n. 9.609, de 19-2-1998, e Decreto n. 2.556, de 20-4-1998.

X – são invioláveis a intimidade, a vida privada, a honra e a imagem das pessoas, assegurado o direito a indenização pelo dano material ou moral decorrente de sua violação;

>> O Provimento n. 73, de 28-6-2018, do CNJ, dispõe sobre a averbação da alteração do prenome e do gênero nos assentos de nascimento e casamento de pessoa transgênero no Registro Civil das Pessoas Naturais (RCPN).

> *Vide* art. 114, VI, da CF.

> *Vide* art. 41, VIII, da LEP.

> *Vide* arts. 11, itens 1 e 2, e 14, item 3, do Decreto n. 678, de 6-11-1992 (Pacto de São José da Costa Rica).

> *Vide* Súmula Vinculante 11 do STF.

> *Vide* Súmulas 370 e 403 do STJ.

XI – a casa é asilo inviolável do indivíduo, ninguém nela podendo penetrar sem consentimento do morador, salvo em caso de flagrante delito ou desastre, ou para prestar socorro, ou, durante o dia, por determinação judicial;

> Violação de domicílio no CP: art. 150, §§ 1.º a 5.º.

> Do tempo e do lugar dos atos processuais no CPC: arts. 212 a 217.

XII – é inviolável o sigilo da correspondência e das comunicações telegráficas, de dados e das comunicações telefônicas, salvo, no último caso, por ordem judicial, nas hipóteses e na forma que a lei estabelecer para fins de investigação criminal ou instrução processual penal;

>> A Lei n. 9.296, de 24-7-1996, regulamenta este inciso no tocante às comunicações telefônicas (Lei da Escuta Telefônica).

> *Vide* arts. 136, § 1.º, *b* e *c*, e 139, III, da CF.

> Violação de correspondência no CP: arts. 151 e 152.

> Serviços postais: Lei n. 6.538, de 22-6-1978.

> A Resolução n. 59 do CNJ, de 9-9-2008, disciplina e uniformiza as rotinas visando ao aperfeiçoamento do procedimento de interceptação das comunicações telefônicas e de sistemas de informática e telemática nos órgãos jurisdicionais do Poder Judiciário.

XIII – é livre o exercício de qualquer trabalho, ofício ou profissão, atendidas as qualificações profissionais que a lei estabelecer;

> *Vide* art. 170 da CF.

>>> Lei n. 8.906, de 4-7-1994 – Estatuto da OAB, art. 8.º.

XIV – é assegurado a todos o acesso à informação e resguardado o sigilo da fonte, quando necessário ao exercício profissional;

> *Vide* art. 154 do CP.

XV – é livre a locomoção no território nacional em tempo de paz, podendo qualquer pessoa, nos termos da lei, nele entrar, permanecer ou dele sair com seus bens;

> *Vide* art. 139 da CF.

>>> *Vide* art. 150, V, da CF, que dispõe sobre princípio da limitação ao tráfego de pessoas interestaduais e intermunicipais.

>>> Estrangeiro: Lei n. 13.445, de 24-5-2017 (Lei de Migração), e Decreto n. 9.199, de 20-11-2017 (Regulamento).

XVI – todos podem reunir-se pacificamente, sem armas, em locais abertos ao público, independentemente de autorização, desde que não frustrem outra reunião anteriormente convocada para o mesmo local, sendo apenas exigido prévio aviso à autoridade competente;

> *Vide* arts. 136, I, *a*, e 139, IV, da CF.

>>> Decreto n. 678, de 6-11-1992 – Pacto de São José da Costa Rica, art. 15.

XVII – é plena a liberdade de associação para fins lícitos, vedada a de caráter paramilitar;

>>> *Vide* arts. 8.º, 17, § 4.º e 37, VI, da CF.

>>> *Vide* art. 117, IV, da Lei n. 8.112, de 11-12-1990.

XVIII – a criação de associações e, na forma da lei, a de cooperativas independem de autorização, sendo vedada a interferência estatal em seu funcionamento;

> A Lei n. 5.764, de 16-12-1971, dispõe sobre o regime jurídico das cooperativas.

> A Lei n. 9.867, de 10-11-1999, dispõe sobre a criação e o funcionamento de Cooperativas Sociais, visando à integração social dos cidadãos.

>>> *Vide* arts. 982, parágrafo único, e 1.093 a 1.096 do CC, que dispõem sobre a natureza e o funcionamento das sociedades cooperativas.

>>> *Vide* arts. 8.º e 37, VI, da CF.

XIX – as associações só poderão ser compulsoriamente dissolvidas ou ter suas atividades suspensas por decisão judicial, exigindo-se, no primeiro caso, o trânsito em julgado;

XX – ninguém poderá ser compelido a associar-se ou a permanecer associado;

> *Vide* art. 117, VII, da Lei n. 8.112, de 11-9-1990.

>>> *Vide* art. 5.º, V, da Lei n. 8.078, de 11-9-1990.

XXI – as entidades associativas, quando expressamente autorizadas, têm legitimidade para representar seus filiados judicial ou extrajudicialmente;

> *Vide art. 5.º da* Lei n. 7.347, de 24-7-1985.

> *Vide* art. 210, III, do ECA.

> *Vide* Súmula 629 do STF.

XXII – é garantido o direito de propriedade;

> *Vide* art. 243 da CF.

> *Vide* arts. 1.228 a 1.368-A (propriedade) do CC.

>>> Lei n. 8.257, de 26-11-1991, arts. 1.º, 4.º e 15.

XXIII – a propriedade atenderá a sua função social;

> *Vide* arts. 156, § 1.º, 170, II, 182, § 2.º, 185 e 186 da CF.

> Estatuto da Terra: Lei n. 4.504, de 30-11-1964.

> Estatuto da Cidade: Lei n. 10.257, de 10-7-2001.

>>> Lei n. 8.257, de 26-11-1991, arts. 1.º, 4.º e 15.

XXIV – a lei estabelecerá o procedimento para desapropriação por necessidade ou utilidade pública, ou por interesse social, mediante justa e prévia indenização em dinheiro, ressalvados os casos previstos nesta Constituição;

> Desapropriação: Decreto-lei n. 3.365, de 21-6-1941, Lei n. 4.132, de 10-9-1962, Lei n. 6.602, de 7-12-1978, Decreto-lei n. 1.075, de 22-1-1970, Lei n. 8.629, de 25-2-1993, Lei Complementar n. 76, de 6-7-1993, Lei n. 9.785, de 29-1-1999, e arts. 1.228, § 3.º, e 1.275, V, do CC.

> *Vide* Súmulas 23, 111, 157, 164, 218, 345, 378, 416, 475, 561, 617, 618 e 652 do STF e 12, 56, 67, 69, 70, 102, 113, 114, 119, 131, 141 e 354 do STJ.

>>> *Vide* arts. 182, § 2.º, 184 e 185 da CF.

XXV – no caso de iminente perigo público, a autoridade competente poderá usar de propriedade particular, assegurada ao proprietário indenização ulterior, se houver dano;

XXVI – a pequena propriedade rural, assim definida em lei, desde que trabalhada pela família, não será objeto de penhora para pagamento de débitos decorrentes de sua atividade produtiva, dispondo a lei sobre os meios de financiar o seu desenvolvimento;

> Estatuto da Terra: Lei n. 4.504, de 30-11-1964.

> *Vide* art. 4.º, § 2.º, do ECA.

> O art. 4.º da Lei n. 8.629, de 25-2-1993, dispõe sobre a pequena propriedade rural.

>>> *Vide* art. 153, § 4.º, II, da CF, que dispõe sobre imunidade específica do Imposto Territorial Rural (ITR).

>>> *Vide* art. 185 da CF.

>>> Lei n. 8.009, de 29-3-1990 – impenhorabilidade do bem de família, art. 4.º, § 2.º.

XXVII – aos autores pertence o direito exclusivo de utilização, publicação ou reprodução de suas obras, transmissível aos herdeiros pelo tempo que a lei fixar;

> *Vide* art. 184 do CP.

> Lei de Direitos Autorais: Lei n. 9.610, de 19-2-1998.

> Lei de Proteção de Cultivares: Lei n. 9.456, de 25-4-1997, e Decreto n. 2.366, de 5-11-1997 (Regulamento).

> Lei de Proteção da Propriedade Intelectual do Programa de Computador e sua comercialização no país: Lei n. 9.609, de 19-2-1998, e Decreto n. 2.556, de 20-4-1998.

> *Vide* Súmulas 63, 228 e 261 do STJ e 386 do STF.

XXVIII – são assegurados, nos termos da lei:

a) a proteção às participações individuais em obras coletivas e à reprodução da imagem e voz humanas, inclusive nas atividades desportivas;

>>> Lei n. 9.610, de 19-2-1998 – direitos autorais.

b) o direito de fiscalização do aproveitamento econômico das obras que criarem ou de que participarem aos criadores, aos intérpretes e às respectivas representações sindicais e associativas;

XXIX – a lei assegurará aos autores de inventos industriais privilégio temporário para sua utilização, bem como proteção às criações industriais, à propriedade das marcas, aos nomes de empresas e a outros signos distintivos, tendo em vista o interesse social e o desenvolvimento tecnológico e econômico do País;

> Propriedade Industrial: Lei n. 9.279, de 14-5-1996, e Decreto n. 2.553, de 16-4-1998.

XXX – é garantido o direito de herança;

> CC: direito das sucessões: arts. 1.784 e s.; aceitação e renúncia da herança: arts. 1.804 e s.; e herança jacente: arts. 1.819 e s.

> Direitos dos companheiros a alimentos e à sucessão: Lei n. 8.971, de 29-12-1994, arts. 2.º e 3.º, e CC, art. 1.790.

>>> Lei n. 9.278, de 10-5-1996 – união estável.

XXXI – a sucessão de bens de estrangeiros situados no País será regulada pela lei brasileira em benefício do cônjuge ou dos filhos brasileiros, sempre que não lhes seja mais favorável a lei pessoal do *de cujus*;

> LINDB (Decreto-lei n. 4.657, de 4-9-1942): art. 10, §§ 1.º e 2.º.

XXXII – o Estado promoverá, na forma da lei, a defesa do consumidor;

> A Lei n. 8.078, de 11-9-1990, dispõe sobre a proteção do consumidor, e o Decreto n. 2.181, de 20-3-1997, dispõe sobre a organização do Sistema Nacional de Defesa do Consumidor – SNDC, e estabelece normas gerais de aplicação das sanções administrativas previstas no CDC.

> Prevenção e repressão às infrações contra a ordem econômica: Lei n. 12.529, de 30-11-2011.

> *Vide* Lei n. 8.137, de 27-12-1990.

> As Portarias n. 4, de 13-3-1998, n. 3, de 19-3-1999, n. 3, de 15-3-2001, e n. 5, de 27-8-2002, da Secretaria de Direito Econômico, divulgam as cláusulas contratuais consideradas abusivas.

> O Decreto n. 8.573, de 19-11-2015, dispõe sobre o consumidor.gov.br, sistema alternativo de solução de conflitos de consumo.

>>> Lei n. 8.979, de 13-1-1995 – preço nas mercadorias.

XXXIII – todos têm direito a receber dos órgãos públicos informações de seu interesse particular, ou de interesse coletivo ou geral, que serão prestadas no prazo da lei, sob pena de responsabilidade, ressalvadas aquelas cujo sigilo seja imprescindível à segurança da sociedade e do Estado;

>> A Lei n. 12.527, de 18-11-2011, regula o acesso a informações previsto neste inciso.

> *Vide* arts. 5.º, LXXII e LXXVII, 37, § 3.º, II, da CF.

> *Vide* Súmula Vinculante 14 do STF.

> O Decreto n. 7.845, de 14-11-2012, regulamenta procedimentos para credenciamento de segurança e tratamento de informação classificada em qualquer grau de sigilo, e dispõe sobre o Núcleo de Segurança e Credenciamento.

XXXIV – são a todos assegurados, independentemente do pagamento de taxas:

> *Vide* art. 41, XIV, da LEP.

a) o direito de petição aos Poderes Públicos em defesa de direitos ou contra ilegalidade ou abuso de poder;

> *Vide* Súmula Vinculante 21 e Súmula 373 do STJ.

b) a obtenção de certidões em repartições públicas, para defesa de direitos e esclarecimento de situações de interesse pessoal;

> A Lei n. 9.051, de 18-5-1995, dispõe sobre a expedição de certidões para a defesa de direitos e esclarecimentos de situações.

XXXV – a lei não excluirá da apreciação do Poder Judiciário lesão ou ameaça a direito;

> *Vide* Súmula Vinculante 28 do STF.

>>> Lei n. 9.307, de 23-9-1996 – Lei de Arbitragem.

>>> *Vide* Súmula 533 do STJ.

XXXVI – a lei não prejudicará o direito adquirido, o ato jurídico perfeito e a coisa julgada;

> LINDB (Decreto-lei n. 4.657, de 4-9-1942): art. 6.º.

> *Vide* Súmulas 654, 678 e 684 do STF.

> *Vide* Súmula 487 do STJ.

>>> *Vide* Súmulas Vinculantes 1 e 9.

XXXVII – não haverá juízo ou tribunal de exceção;

>>> Decreto n. 678, de 6-11-1992 – Pacto de São José da Costa Rica, arts. 8.º e 25.

>>> Decreto n. 592, de 6-7-1992 – Pacto Internacional de Direitos Civis e Políticos, art. 14.

XXXVIII – é reconhecida a instituição do júri, com a organização que lhe der a lei, assegurados:

> Do processo dos crimes da competência do júri: arts. 406 e s. do CPP.

> A Lei n. 11.697, de 13-6-2008, dispõe sobre a Organização Judiciária do Distrito Federal e dos Territórios. Sobre o Tribunal do Júri: arts. 18 e 19.

a) a plenitude de defesa;

b) o sigilo das votações;

c) a soberania dos veredictos;

d) a competência para o julgamento dos crimes dolosos contra a vida;

> *Vide* Súmulas Vinculantes 14 e 45 do STF.

> *Vide* Súmula 721 do STF.

XXXIX – não há crime sem lei anterior que o defina, nem pena sem prévia cominação legal;

> CP: art. 1.º.

>>> Decreto n. 678, de 6-11-1992 – Pacto de São José da Costa Rica, art. 9.º.

XL – a lei penal não retroagirá, salvo para beneficiar o réu;

> CP: art. 2.º, parágrafo único.

> *Vide* art. 66, I, da LEP.

> *Vide* Súmula Vinculante 26 do STF.

>>> *Vide* Súmula 471 do STJ.

>>> Decreto n. 678, de 6-11-1992 – Pacto de São José da Costa Rica, art. 9.º.

XLI – a lei punirá qualquer discriminação atentatória dos direitos e liberdades fundamentais;

> Crimes resultantes de preconceito de raça ou de cor: Lei n. 7.716, de 5-1-1989

> A Lei n. 8.081, de 21-9-1990, estabelece os crimes e as penas aplicáveis aos atos discriminatórios ou de preconceito de raça, cor, religião, etnia ou procedência nacional, praticados pelos meios de comunicação ou por publicação de qualquer natureza.

>>> Lei n. 12.288, de 20-7-2010 – Estatuto da Igualdade Racial.

XLII – a prática do racismo constitui crime inafiançável e imprescritível, sujeito à pena de reclusão, nos termos da lei;

> Estatuto da Igualdade Racial: *vide* Lei n. 12.288, de 20-7-2010.

>>> Crimes resultantes de preconceito de raça ou de cor: Lei n. 7.716, de 5-1-1989.

XLIII – a lei considerará crimes inafiançáveis e insuscetíveis de graça ou anistia a prática da tortura, o tráfico ilícito de entorpecentes e drogas afins, o terrorismo e os definidos como crimes hediondos, por eles respondendo os mandantes, os executores e os que, podendo evitá-los, se omitirem;

>> A Lei n. 8.072, de 25-7-1990, dispõe sobre os crimes hediondos, nos termos deste inciso.

>> *Vide* Lei n. 13.260, de 16-3-2016, que regulamenta o disposto neste inciso, disciplinando o terrorismo, tratando de disposições investigatórias e processuais e reformulando o conceito de organização terrorista.

> A Lei n. 9.455, de 7-4-1997, define os crimes de tortura.

> O Decreto n. 5.639, de 26-12-2005, promulga a Convenção Interamericana contra o Terrorismo.

> Drogas: Lei n. 11.343, de 23-8-2006.

> A Lei n. 12.847, de 2-8-2013, institui o Sistema Nacional de Prevenção e Combate à Tortura e cria o Comitê Nacional de Prevenção e Combate à Tortura e o Mecanismo Nacional de Prevenção e Combate à Tortura.

> *Vide* Súmula 631 do STJ.

>>> Decreto n. 678, de 6-11-1992 – Pacto de São José da Costa Rica, art. 5.º.

XLIV – constitui crime inafiançável e imprescritível a ação de grupos armados, civis ou militares, contra a ordem constitucional e o Estado Democrático;

> O Decreto n. 5.015, de 12-3-2004, promulga a Convenção das Nações Unidas contra o Crime Organizado Transnacional.

> Organizações criminosas: Lei n. 12.850, de 2-8-2013.

XLV – nenhuma pena passará da pessoa do condenado, podendo a obrigação de reparar o dano e a decretação do perdimento de bens ser, nos termos da lei, estendidas aos sucessores e contra eles executadas, até o limite do valor do patrimônio transferido;

> Das penas no CP: arts. 32 e s.

>> CC: arts. 932 e 935.

XLVI – a lei regulará a individualização da pena e adotará, entre outras, as seguintes:

> Das penas no CP: arts. 32 e s.

> A Lei n. 12.714, de 14-9-2012, dispõe sobre o sistema de acompanhamento da execução das penas, da prisão cautelar e da medida de segurança.

>>> *Vide* Súmulas Vinculantes 26 e 56.

a) privação ou restrição da liberdade;

> CP: arts. 33 e s.

b) perda de bens;

> CP: art. 43, II.

c) multa;

> CP: art. 49.

d) prestação social alternativa;

> CP: arts. 44 e 46.

e) suspensão ou interdição de direitos;

> CP: art. 47.

XLVII – não haverá penas:

> Das penas no CP: arts. 32 e s.

a) de morte, salvo em caso de guerra declarada, nos termos do art. 84, XIX;

>>> *Vide* art. 137, II, da CF.

>> O CPM (Decreto-lei n. 1.001, de 21-10-1969) dispõe sobre pena de morte nos arts. 55 a 57 e 355 a 362.

b) de caráter perpétuo;

> *Vide* Súmula 527 do STJ.

c) de trabalhos forçados;

d) de banimento;

e) cruéis;

XLVIII – a pena será cumprida em estabelecimentos distintos, de acordo com a natureza do delito, a idade e o sexo do apenado;

> Das penas no CP: arts. 32 e s.

> Dos estabelecimentos penais: Lei n. 7.210, de 11-7-1984, arts. 82 a 104. A Lei n. 10.792, de 1.º-12-2003, altera a LEP, instituindo o regime disciplinar diferenciado e facultando à União, aos Estados, ao Distrito Federal e aos Territórios, a construção de Penitenciárias destinadas aos presos sujeitos a este regime.

XLIX – é assegurado aos presos o respeito à integridade física e moral;

> CP: art. 38.

> Transporte de presos: Lei n. 8.653, de 10-5-1993.

> LEP: Lei n. 7.210, de 11-7-1984, art. 40.

> *Vide* Súmula Vinculante 11 do STF.

L – às presidiárias serão asseguradas condições para que possam permanecer com seus filhos durante o período de amamentação;

>> *Vide* arts. 83 e 89 da Lei n. 7.210, de 11-7-1984, sobre a matéria.

LI – nenhum brasileiro será extraditado, salvo o naturalizado, em caso de crime comum, praticado antes da naturalização, ou de comprovado envolvimento em tráfico ilícito de entorpecentes e drogas afins, na forma da lei;

> *Vide* art. 12, II, da CF.

>>> O Decreto n. 98.961, de 15-2-1990, dispõe sobre a expulsão do estrangeiro condenado por tráfico de entorpecentes e drogas afins.

>>> Lei n 13.445, de 24-5-2017 – Lei de Migração, art. 82.

LII – não será concedida extradição de estrangeiro por crime político ou de opinião;

> Extradição: arts. 81 a 99 da Lei n. 13.445, de 24-5-2017, e art. 267, VII, do Decreto n. 9.199, de 20-11-2017 (Regulamento).

> O Decreto n. 98.961, de 15-2-1990, dispõe sobre a expulsão do estrangeiro condenado por tráfico de entorpecente e drogas afins.

>>> Decreto n. 4.388, de 25-9-2002 – Estatuto de Roma do Tribunal Penal Internacional, art. 102.

>>> Lei n 13.445, de 24-5-2017 – Lei de Migração, art. 82.

LIII – ninguém será processado nem sentenciado senão pela autoridade competente;

> *Vide* Súmula 704 do STF.

>>> Decreto n. 678, de 6-11-1992 – Pacto de São José da Costa Rica, art. 8.º.

LIV – ninguém será privado da liberdade ou de seus bens sem o devido processo legal;

>>> Decreto n. 678, de 6-11-1992 – Pacto de São José da Costa Rica, arts. 8.º e 25.

>>> Súmula Vinculante 14.

>>> Súmulas 704 do STF e 347 do STJ.

LV – aos litigantes, em processo judicial ou administrativo, e aos acusados em geral são assegurados o contraditório e ampla defesa, com os meios e recursos a ela inerentes;

> *Vide* Súmulas Vinculantes 5, 14, 21 e 28.

>>> Lei n. 8.112, de 11-12-1990 – Lei dos Servidores Públicos.

>>> Lei n. 9.784, de 29-1-1999 – processo administrativo.

>>> *Vide* Súmulas 701, 704, 705 e 712 do STF e 347, 358, 373 e 522 do STJ.

LVI – são inadmissíveis, no processo, as provas obtidas por meios ilícitos;

> Das provas no CPP: arts. 155 e s.

> Das provas no CPC: arts. 369 e s.

> *Vide* art. 1.º, III, da CF.

LVII – ninguém será considerado culpado até o trânsito em julgado de sentença penal condenatória;

>>> *Vide* art. 1.º, III, da CF.

>>> Decreto n. 678, de 6-11-1992 – Pacto de São José da Costa Rica, art. 8.º, item 2, *h*.

>>> *Vide* Súmula 9 do STJ.

LVIII – o civilmente identificado não será submetido a identificação criminal, salvo nas hipóteses previstas em lei;

>> Inciso LVIII regulamentado pela Lei n. 12.037, de 1.º-10-2009.

> LRP: Lei n. 6.015, de 31-12-1973.

> *Vide* art. 2.º, *caput*, da Lei n. 12.037, de 1.º-10-2009.

>>> *Vide* art. 1.º, III, da CF.

LIX – será admitida ação privada nos crimes de ação pública, se esta não for intentada no prazo legal;

> Da ação penal privada subsidiária da pública: art. 100, § 3.º, do CP, e art. 29 do CPP.

LX – a lei só poderá restringir a publicidade dos atos processuais quando a defesa da intimidade ou o interesse social o exigirem;

> Do sigilo no inquérito policial: CPP, art. 20.

> Segredo de justiça: CPC, arts. 189 e 368.

>>> *Vide* arts. 1.º, III, e 93, IX, da CF.

LXI – ninguém será preso senão em flagrante delito ou por ordem escrita e fundamentada de autoridade judiciária competente, salvo nos casos de transgressão militar ou crime propriamente militar, definidos em lei;

> *Vide* inciso LVII deste artigo.

> O Decreto-lei n. 1.001, de 21-10-1969, estabelece o CPM.

>>> *Vide* Súmula Vinculante 11.

LXII – a prisão de qualquer pessoa e o local onde se encontre serão comunicados imediatamente ao juiz competente e à família do preso ou à pessoa por ele indicada;

>> A Resolução n. 213, de 15-12-2015, do CNJ, dispõe sobre a apresentação de toda pessoa presa à autoridade judicial no prazo de 24 horas.

>>> *Vide* art. 1.º, III, da CF.

LXIII – o preso será informado de seus direitos, entre os quais o de permanecer calado, sendo-lhe assegurada a assistência da família e de advogado;

> *Vide* art. 136, § 3.º, IV, da CF.

>>> *Vide* art. 1.º, III, da CF.

LXIV – o preso tem direito à identificação dos responsáveis por sua prisão ou por seu interrogatório policial;

>>> *Vide* art. 1.º, III, da CF.

LXV – a prisão ilegal será imediatamente relaxada pela autoridade judiciária;

>>> *Vide* art. 1.º, III, da CF.

>>> *Vide* arts. 307 a 310 do CPP.

>>> *Vide* Súmula 697 do STF.

LXVI – ninguém será levado à prisão ou nela mantido, quando a lei admitir a liberdade provisória, com ou sem fiança;

> *Vide* arts. 321 e s. do CPP.

>>> *Vide* art. 1.º, III, da CF.

LXVII – não haverá prisão civil por dívida, salvo a do responsável pelo inadimplemento voluntário e inescusável de obrigação alimentícia e a do depositário infiel;

>> *Vide* Súmula 419 do STJ e Súmula Vinculante 25, que estabelece ser descabida a prisão civil de depositário judicial infiel.

>> O Decreto n. 592, de 6-7-1992 (Pacto Internacional sobre Direitos Civis e Políticos), dispõe em seu art. 11 que "ninguém poderá ser preso apenas por não poder cumprir com uma obrigação contratual".

>> O Decreto n. 678, de 6-11-1992 (Pacto de São José da Costa Rica), dispõe em seu art. 7.º, item 7, que "ninguém deve ser detido por dívida, exceto no caso de inadimplemento de obrigação alimentar".

>> Pensão alimentícia: art. 19 da Lei n. 5.478, de 25-7-1968.

> Alienação fiduciária: Decreto-lei n. 911, de 1.º-10-1969, e Lei n. 9.514, de 20-11-1997.

>>> *Vide* art. 1.º, III, da CF.

>>> *Vide* Súmula Vinculante 25.

>>> *Vide* Súmulas 309 e 419 do STJ.

LXVIII – conceder-se-á *habeas corpus* sempre que alguém sofrer ou se achar ameaçado de sofrer violência ou coação em sua liberdade de locomoção, por ilegalidade ou abuso de poder;

> *Vide* art. 142, § 2.º, da CF.

> *Habeas corpus* e seu processo: arts. 647 e s. do CPP.

> *Vide* Súmulas 208, 299, 319, 344, 395, 431, 606, 690, 691, 692, 693, 694 e 695 do STF.

LXIX – conceder-se-á mandado de segurança para proteger direito líquido e certo, não amparado por *habeas corpus* ou *habeas data*, quando o responsável pela ilegalidade ou abuso de poder for autoridade pública ou agente de pessoa jurídica no exercício de atribuições do Poder Público;

>> *Vide* Súmula 604 do STJ.

> *Habeas data*: Lei n. 9.507, de 12-11-1997.

> Mandado de segurança: Lei n. 12.016, de 7-8-2009.

> *Vide* Súmulas 101, 248, 266, 267, 268, 269, 270, 271, 272, 294, 299, 304, 319, 330, 392, 405, 429, 430, 433, 474, 510, 511, 512, 597, 622, 623, 624, 625, 626, 627, 629, 630, 631, 632 e 701 do STF e 41, 105, 169, 177, 202, 213, 333, 376 e 460 do STJ.

LXX – o mandado de segurança coletivo pode ser impetrado por:

> *Vide* Súmulas 629 e 630 do STF.

> *Vide* art. 2.º da Lei n. 8.437, de 30-6-1992.

> *Vide* arts. 21 e 22 da Lei n. 12.016, de 7-8-2009.

a) partido político com representação no Congresso Nacional;

b) organização sindical, entidade de classe ou associação legalmente constituída e em funcionamento há pelo menos um ano, em defesa dos interesses de seus membros ou associados;

> *Vide* Súmulas 629 e 630 do STF.

LXXI – conceder-se-á mandado de injunção sempre que a falta de norma regulamentadora torne inviável o exercício dos direitos e liberdades constitucionais e das prerrogativas inerentes à nacionalidade, à soberania e à cidadania;

>> *Vide* Lei n. 13.300, de 23-6-2016, que disciplina o processo e o julgamento dos mandados de injunção individual e coletivo.

>>> Lei n. 9.265, de 12-2-1996 – gratuidade dos atos necessários ao exercício da cidadania.

LXXII – conceder-se-á *habeas data*:

> *Habeas data*: Lei n. 9.507, de 12-11-1997.

a) para assegurar o conhecimento de informações relativas à pessoa do impetrante, constantes de registros ou bancos de dados de entidades governamentais ou de caráter público;

b) para a retificação de dados, quando não se prefira fazê-lo por processo sigiloso, judicial ou administrativo;

LXXIII – qualquer cidadão é parte legítima para propor ação popular que vise a anular ato lesivo ao patrimônio público ou de entidade de que o Estado participe, à moralidade administrativa, ao meio ambiente e ao patrimônio histórico e cultural, ficando o autor, salvo comprovada má-fé, isento de custas judiciais e do ônus da sucumbência;

> Lei de Ação Popular: Lei n. 4.717, de 29-6-1965.

LXXIV – o Estado prestará assistência jurídica integral e gratuita aos que comprovarem insuficiência de recursos;

> Assistência judiciária: Lei n. 1.060, de 5-2-1950.

> Defensoria Pública: Lei Complementar n. 80, de 12-1-1994.

>>> *Vide* arts. 1.º, III, e 134 da CF.

LXXV – o Estado indenizará o condenado por erro judiciário, assim como o que ficar preso além do tempo fixado na sentença;

> *Vide* Súmula 527 do STJ.

>>> *Vide* art. 1.º, III, da CF.

LXXVI – são gratuitos para os reconhecidamente pobres, na forma da lei:

>> Inciso LXXVI regulamentado pela Lei n. 9.265, de 12-2-1996.

> LRP: Lei n. 6.015, de 31-12-1973, art. 30 e parágrafos.

> Gratuidade dos atos necessários ao exercício da cidadania: Lei n. 9.534, de 10-12-1997.

a) o registro civil de nascimento;

> Do nascimento na LRP (Lei n. 6.015, de 31-12-1973): arts. 46 e 50 a 66.

b) a certidão de óbito;

> Do óbito na LRP (Lei n. 6.015, de 31-12-1973): arts. 77 a 88.

LXXVII – são gratuitas as ações de *habeas corpus* e *habeas data*, e, na forma da lei, os atos necessários ao exercício da cidadania;

>> Inciso LXXVII regulamentado pela Lei n. 9.265, de 12-2-1996.

>>> *Vide* art. 1.º, III, da CF.

LXXVIII – a todos, no âmbito judicial e administrativo, são assegurados a razoável duração do processo e os meios que garantam a celeridade de sua tramitação.

>> Inciso LXXVIII acrescentado pela Emenda Constitucional n. 45, de 8-12-2004.

>>> Decreto n. 678, de 6-11-1992 – Pacto de São José da Costa Rica, arts. 8.º e 25.

§ 1.º As normas definidoras dos direitos e garantias fundamentais têm aplicação imediata.

§ 2.º Os direitos e garantias expressos nesta Constituição não excluem outros decorrentes do regime e dos princípios por ela adotados, ou dos tratados internacionais em que a República Federativa do Brasil seja parte.

§ 3.º Os tratados e convenções internacionais sobre direitos humanos que forem aprovados, em cada Casa do Congresso Nacional, em dois turnos, por três quintos dos votos dos respectivos membros, serão equivalentes às emendas constitucionais.

>> § 3.º acrescentado pela Emenda Constitucional n. 45, de 8-12-2004.

> O Decreto n. 6.949, de 25-8-2009, promulga a Convenção Internacional sobre os Direitos das Pessoas com Deficiência e seu protocolo facultativo, aprovado pelo Congresso Nacional conforme o procedimento do § 3.º do art. 5.º da CF.

>>> O Decreto n. 9.522, de 8-10-2018, promulga o Tratado de Marraqueche para facilitar o acesso a obras publicadas às pessoas cegas, com deficiência visual ou com outras dificuldades para ter acesso ao texto impresso, firmado em 27-6-2013, conforme o procedimento do § 3.º do art. 5.º da CF.

§ 4.º O Brasil se submete à jurisdição de Tribunal Penal Internacional a cuja criação tenha manifestado adesão.

>> § 4.º acrescentado pela Emenda Constitucional n. 45, de 8-12-2004.

> O Decreto n. 4.388, de 25-9-2002, dispõe sobre o Tribunal Penal Internacional.

>>> *Vide* art. 7.º do ADCT.

Capítulo II
DOS DIREITOS SOCIAIS

Art. 6.º São direitos sociais a educação, a saúde, a alimentação, o trabalho, a moradia, o transporte, o lazer, a segurança, a previdência social, a proteção à maternidade e à infância, a assistência aos desamparados, na forma desta Constituição.

>> Artigo com redação determinada pela Emenda Constitucional n. 90, de 15-9-2015.

> A Lei n. 10.216, de 6-4-2001, dispõe sobre a proteção e os direitos das pessoas portadoras de transtornos mentais e redireciona o modelo assistencial em saúde mental.

>>> *Vide* art. 1.º, III, e Título VIII da CF.

>>> *Vide* Súmula Vinculante 55.

Art. 7.º São direitos dos trabalhadores urbanos e rurais, além de outros que visem à melhoria de sua condição social:

I – relação de emprego protegida contra despedida arbitrária ou sem justa causa, nos termos de lei complementar, que preverá indenização compensatória, dentre outros direitos;

II – seguro-desemprego, em caso de desemprego involuntário;

>> A Lei n. 7.998, de 11-1-1990, regulamenta o Programa do Seguro-Desemprego.

> Dispõem ainda sobre a matéria: Lei n. 8.019, de 11-4-1990, Lei n. 10.779, de 25-11-2003, e Lei Complementar n. 150, de 1.º-6-2015.

III – fundo de garantia do tempo de serviço;

> FGTS: Lei n. 8.036, de 11-5-1990 (disposições), regulamentada pelo Decreto n. 99.684, de 8-11-1990, Lei n. 8.844, de 20-1-1994 (fiscalização, apuração e cobrança judicial das contribuições e multas), e Lei Complementar n. 150, de 1.º-6-2015 (empregado doméstico).

IV – salário mínimo, fixado em lei, nacionalmente unificado, capaz de atender a suas necessidades vitais básicas e às de sua família com moradia, alimentação, educação, saúde, lazer, vestuário, higiene, transporte e previdência social, com reajustes periódicos que lhe preservem o poder aquisitivo, sendo vedada sua vinculação para qualquer fim;

> A Lei n. 6.205, de 29-4-1975, estabelece a descaracterização do salário mínimo como fator de correção monetária.

> A Lei n. 14.013, de 10-6-2020, estabelece que, a partir de 1.º-2-2020, o salário mínimo será de R$ 1.045,00 (mil e quarenta e cinco reais).

> *Vide* Súmulas Vinculantes 4, 6, 15 e 16 do STF.

V – piso salarial proporcional à extensão e à complexidade do trabalho;

>> A Lei Complementar n. 103, de 14-7-2000, autoriza os Estados e o Distrito Federal a instituir o piso salarial a que se refere este inciso.

VI – irredutibilidade do salário, salvo o disposto em convenção ou acordo coletivo;

VII – garantia de salário, nunca inferior ao mínimo, para os que percebem remuneração variável;

VIII – décimo terceiro salário com base na remuneração integral ou no valor da aposentadoria;

> Décimo terceiro salário: Lei n. 4.090, de 13-7-1962; Lei n. 4.749, de 12-8-1965; Decreto n. 57.155, de 3-11-1965, e Decreto n. 63.912, de 26-12-1968.

IX – remuneração do trabalho noturno superior à do diurno;

> Trabalho noturno na CLT: art. 73 e §§ 1.º a 5.º.

X – proteção do salário na forma da lei, constituindo crime sua retenção dolosa;

XI – participação nos lucros, ou resultados, desvinculada da remuneração, e, excepcionalmente, participação na gestão da empresa, conforme definido em lei;

>> Regulamento: Lei n. 10.101, de 19-12-2000.

>> A Lei n. 12.353, de 28-12-2010, dispõe sobre a participação de empregados nos conselhos de administração das empresas públicas e sociedades de economia mista, suas subsidiárias e controladas e demais empresas em que a União, direta ou indiretamente, detenha a maioria do capital social com direito a voto.

XII – salário-família pago em razão do dependente do trabalhador de baixa renda nos termos da lei;

>> Inciso XII com redação determinada pela Emenda Constitucional n. 20, de 15-12-1998.

> Salário-família: Lei n. 4.266, de 3-10-1963, Decreto n. 53.153, de 10-12-1963, Lei n. 8.213, de 24-7-1991, e Decreto n. 3.048, de 6-5-1999.

XIII – duração do trabalho normal não superior a oito horas diárias e quarenta e quatro semanais, facultada a compensação de horários e a redução da jornada, mediante acordo ou convenção coletiva de trabalho;

> Duração do trabalho na CLT: arts. 57 e s. e 224 e s.

XIV – jornada de seis horas para o trabalho realizado em turnos ininterruptos de revezamento, salvo negociação coletiva;

> *Vide* Súmula 675 do STF e Súmula 423 do TST.

> A Portaria n. 412, de 20-9-2007, do Ministério do Trabalho e Emprego, considera ilícita a alteração da jornada e do horário de trabalho dos empregados que trabalhem em regime de turnos ininterruptos de revezamento, salvo mediante convenção ou acordo coletivo de trabalho, sob pena de aplicação da multa estabelecida no art. 510 da CLT.

XV – repouso semanal remunerado, preferencialmente aos domingos;

> Repouso semanal: Lei n. 605, de 5-1-1949; Decreto n. 27.048, de 12-8-1949, e art. 67 da CLT.

> *Vide* OJ 410 da SDI-1.

XVI – remuneração do serviço extraordinário superior, no mínimo, em cinquenta por cento à do normal;

> Remuneração do serviço extraordinário na CLT: arts. 61, 142 e 227.

XVII – gozo de férias anuais remuneradas com, pelo menos, um terço a mais do que o salário normal;

> Férias na CLT: arts. 129 e s.

XVIII – licença à gestante, sem prejuízo do emprego e do salário, com a duração de cento e vinte dias;

>> A Lei n. 11.770, de 9-9-2008, regulamentada pelo Decreto n. 7.052, de 23-12-2009, instituí o Programa Empresa Cidadã, destinado a facultar a prorrogação da licença-maternidade, prevista neste inciso.

> *Vide* art. 10, II, *b*, do ADCT.

> *Vide* art. 14 da Emenda Constitucional n. 20, de 15-12-1998.

> Salário-maternidade: arts. 71 a 73 da Lei n. 8.213, de 24-7-1991, regulamentada pelo Decreto n. 3.048, de 6-5-1999, arts. 93 a 103.

XIX – licença-paternidade, nos termos fixados em lei;

>> *Vide* art. 10, § 1.º, do ADCT.

>> *Vide* Lei n. 11.770, de 9-9-2008 (Programa Empresa Cidadã), alterada pela Lei n. 13.257, de 8-3-2016, que faculta a prorrogação por 15 dias da licença-paternidade, mediante concessão de incentivo fiscal.

> *Vide* Lei n. 13.257, de 8-3-2016, que dispõe sobre as políticas públicas para a primeira infância.

XX – proteção do mercado de trabalho da mulher, mediante incentivos específicos, nos termos da lei;

> Proteção ao trabalho da mulher na CLT: arts. 372 e s.

> Convenção sobre a eliminação de todas as formas de discriminação contra a mulher: Decreto n. 4.377, de 13-9-2002.

XXI – aviso prévio proporcional ao tempo de serviço, sendo no mínimo de trinta dias, nos termos da lei;

>> *Vide* Lei n. 12.506, de 11-10-2011, que dispõe sobre o aviso prévio.

> Aviso prévio na CLT: arts. 487 e s.

XXII – redução dos riscos inerentes ao trabalho, por meio de normas de saúde, higiene e segurança;

> Segurança e medicina do trabalho: arts. 154 e s. da CLT.

XXIII – adicional de remuneração para as atividades penosas, insalubres ou perigosas, na forma da lei;

> Atividades insalubres e perigosas na CLT: arts. 189 e s.

XXIV – aposentadoria;

> A Lei n. 8.213, de 24-7-1991, nos arts. 42 e s., trata de aposentadoria.

XXV – assistência gratuita aos filhos e dependentes desde o nascimento até 5 (cinco) anos de idade em creches e pré-escolas;

>> Inciso XXV com redação determinada pela Emenda Constitucional n. 53, de 19-12-2006.

XXVI – reconhecimento das convenções e acordos coletivos de trabalho;

> Convenções coletivas de trabalho na CLT: arts. 611 e s.

XXVII – proteção em face da automação, na forma da lei;

XXVIII – seguro contra acidentes de trabalho, a cargo do empregador, sem excluir a indenização a que este está obrigado, quando incorrer em dolo ou culpa;

> Acidente do trabalho: Lei n. 6.338, de 7-6-1976; Lei n. 8.212, de 24-7-1991; Lei n. 8.213, de 24-7-1991; e Decreto n. 3.048, de 6-5-1999.

XXIX – ação, quanto aos créditos resultantes das relações de trabalho, com prazo prescricional de cinco anos para os trabalhadores urbanos e rurais, até o limite de dois anos após a extinção do contrato de trabalho;

>> Inciso XXIX com redação determinada pela Emenda Constitucional n. 28, de 25-5-2000.

> *Vide* OJs 399 e 417 da SDI-1.

a) e *b*) (*Revogadas pela Emenda Constitucional n. 28, de 25-5-2000.*)

XXX – proibição de diferença de salários, de exercício de funções e de critério de admissão por motivo de sexo, idade, cor ou estado civil;

> *Vide* Súmula 683 do STF.

> Convenção sobre a eliminação de todas as formas de discriminação contra a mulher: Decreto n. 4.377, de 13-9-2002.

XXXI – proibição de qualquer discriminação no tocante a salário e critérios de admissão do trabalhador portador de deficiência;

> O Decreto n. 3.298, de 20-12-1999, consolida as normas de proteção à pessoa portadora de deficiência.

XXXII – proibição de distinção entre trabalho manual, técnico e intelectual ou entre os profissionais respectivos;

XXXIII – proibição de trabalho noturno, perigoso ou insalubre a menores de 18 (dezoito) e de qualquer trabalho a menores de 16 (dezesseis) anos, salvo na condição de aprendiz, a partir de 14 (quatorze) anos;

>> Inciso XXXIII com redação determinada pela Emenda Constitucional n. 20, de 15-12-1998.

> Proteção ao trabalho do menor na CLT: arts. 402 e s.

> Do direito à profissionalização e à proteção do trabalho: arts. 60 a 69 do ECA.

XXXIV – igualdade de direitos entre o trabalhador com vínculo empregatício permanente e o trabalhador avulso.

Parágrafo único. São assegurados à categoria dos trabalhadores domésticos os direitos previstos nos incisos IV, VI, VII, VIII, X, XIII, XV, XVI, XVII, XVIII, XIX, XXI, XXII, XXIV, XXVI, XXX, XXXI e XXXIII e, atendidas as condições estabelecidas em lei e observada a simplificação do cumprimento das obrigações tributárias, principais e acessórias, decorrentes da relação de trabalho e suas peculiaridades, os previstos nos incisos I, II, III, IX, XII, XXV e XXVIII, bem como a sua integração à previdência social.

>> Parágrafo único com redação determinada pela Emenda Constitucional n. 72, de 2-4-2013.

> Empregado doméstico, FGTS e seguro desemprego: Lei n. 7.195, de 12-6-1984, e Lei Complementar n. 150, de 1.º-6-2015.

> Salário-maternidade: arts. 93 a 103 do Decreto n. 3.048, de 6-5-1999.

Art. 8.º É livre a associação profissional ou sindical, observado o seguinte:

> *Vide* Súmula 4 do STJ.

> *Vide* Súmula 677 do STF.

> Organização sindical na CLT: arts. 511 e s.

> A Convenção n. 98 da OIT dispõe sobre o direito de sindicalização.

I – a lei não poderá exigir autorização do Estado para a fundação de sindicato, ressalvado o registro no órgão competente, vedadas ao Poder Público a interferência e a intervenção na organização sindical;

II – é vedada a criação de mais de uma organização sindical, em qualquer grau, representativa de categoria profissional ou econômica, na mesma base territorial, que será definida pelos trabalhadores ou empregadores interessados, não podendo ser inferior à área de um Município;

III – ao sindicato cabe a defesa dos direitos e interesses coletivos ou individuais da categoria, inclusive em questões judiciais ou administrativas;

IV – a assembleia geral fixará a contribuição que, em se tratando de categoria profissional, será descontada em folha, para custeio do sistema confederativo da representação sindical respectiva, independentemente da contribuição prevista em lei;

>> *Vide* Súmula 666 do STF.

>> *Vide* Súmula Vinculante 40 do STF.

V – ninguém será obrigado a filiar-se ou a manter-se filiado a sindicato;

> Atentado contra a liberdade de associação: art. 199 do CP.

> O Precedente Normativo n. 119, de 13-8-1998, do Tribunal Superior do Trabalho, dispõe sobre contribuições sindicais.

> *Vide* OJ 20 da SDC.

VI – é obrigatória a participação dos sindicatos nas negociações coletivas de trabalho;

VII – o aposentado filiado tem direito a votar e ser votado nas organizações sindicais;

VIII – é vedada a dispensa do empregado sindicalizado a partir do registro da candidatura a cargo de direção ou representação sindical e, se eleito, ainda que suplente, até um ano após o final do mandato, salvo se cometer falta grave nos termos da lei.

Parágrafo único. As disposições deste artigo aplicam-se à organização de sindicatos rurais e de colônias de pescadores, atendidas as condições que a lei estabelecer.

>> A Lei n. 11.699, de 13-6-2008, dispõe sobre as Colônias, Federações e Confederação Nacional dos Pescadores, regulamentando este parágrafo único.

Art. 9.º É assegurado o direito de greve, competindo aos trabalhadores decidir sobre a oportunidade de exercê-lo e sobre os interesses que devam por meio dele defender.

> Greve: Lei n. 7.783, de 28-6-1989.

> *Vide* arts. 37, VII, 114, II, e 142, § 3.º, IV, da CF.

§ 1.º A lei definirá os serviços ou atividades essenciais e disporá sobre o atendimento das necessidades inadiáveis da comunidade.

§ 2.º Os abusos cometidos sujeitam os responsáveis às penas da lei.

Art. 10. É assegurada a participação dos trabalhadores e empregadores nos colegiados dos órgãos públicos em que seus interesses profissionais ou previdenciários sejam objeto de discussão e deliberação.

Art. 11. Nas empresas de mais de duzentos empregados, é assegurada a eleição de um representante destes com a finalidade exclusiva de promover-lhes o entendimento direto com os empregadores.

Capítulo III
DA NACIONALIDADE

> O Decreto n. 4.246, de 22-5-2002, promulga a Convenção sobre o Estatuto dos Apátridas.

Art. 12. São brasileiros:

I – natos:

a) os nascidos na República Federativa do Brasil, ainda que de pais estrangeiros, desde que estes não estejam a serviço de seu país;

b) os nascidos no estrangeiro, de pai brasileiro ou mãe brasileira, desde que qualquer deles esteja a serviço da República Federativa do Brasil;

c) os nascidos no estrangeiro de pai brasileiro ou de mãe brasileira, desde que sejam registrados em repartição brasileira competente ou venham a residir na República Federativa do Brasil e optem, em qualquer tempo, depois de atingida a maioridade, pela nacionalidade brasileira;

>> Alínea *c* com redação determinada pela Emenda Constitucional n. 54, de 20-9-2007.

II – naturalizados:

> Naturalização: Lei n. 13.445, de 24-5-2017 (Lei de Migração).

>>> Decreto n. 678, de 6-11-1992 – Pacto de São José da Costa Rica, art. 20.

a) os que, na forma da lei, adquiram a nacionalidade brasileira, exigidas aos originários de países de língua portuguesa apenas residência por um ano ininterrupto e idoneidade moral;

b) os estrangeiros de qualquer nacionalidade residentes na República Federativa do Brasil há mais de quinze anos ininterruptos e sem condenação penal, desde que requeiram a nacionalidade brasileira.

>> Alínea *b* com redação determinada pela Emenda Constitucional de Revisão n. 3, de 7-6-1994.

§ 1.º Aos portugueses com residência permanente no País, se houver reciprocidade em favor de brasileiros, serão atribuídos os direitos inerentes ao brasileiro, salvo os casos previstos nesta Constituição.

>> § 1.º com redação determinada pela Emenda Constitucional de Revisão n. 3, de 7-6-1994.

>>> O Decreto n. 3.927, de 19-9-2001, promulga o Tratado de Amizade, Cooperação e Consulta entre a República Federativa do Brasil e a República Portuguesa.

§ 2.º A lei não poderá estabelecer distinção entre brasileiros natos e naturalizados, salvo nos casos previstos nesta Constituição.

> O Decreto n. 3.927, de 19-9-2001, promulga o Tratado de Amizade, Cooperação e Consulta entre a República Federativa do Brasil e a República Portuguesa.

§ 3.º São privativos de brasileiro nato os cargos:

I – de Presidente e Vice-Presidente da República;

II – de Presidente da Câmara dos Deputados;

III – de Presidente do Senado Federal;

IV – de Ministro do Supremo Tribunal Federal;

V – da carreira diplomática;

VI – de oficial das Forças Armadas;

> A Lei Complementar n. 97, de 9-6-1999, dispõe sobre as normas gerais para a organização, o preparo e o emprego das Forças Armadas.

VII – de Ministro de Estado da Defesa.

>> Inciso VII acrescentado pela Emenda Constitucional n. 23, de 2-9-1999.

§ 4.º Será declarada a perda da nacionalidade do brasileiro que:

>> O Decreto n. 3.453, de 9-5-2000, delega competência ao Ministro de Estado da Justiça para declarar a perda e a reaquisição da nacionalidade brasileira, na forma deste artigo.

I – tiver cancelada sua naturalização, por sentença judicial, em virtude de atividade nociva ao interesse nacional;

II – adquirir outra nacionalidade, salvo nos casos:

>> Inciso II, *caput*, acrescentado pela Emenda Constitucional de Revisão n. 3, de 7-6-1994.

a) de reconhecimento de nacionalidade originária pela lei estrangeira;

>> Alínea *a* acrescentada pela Emenda Constitucional de Revisão n. 3, de 7-6-1994.

b) de imposição de naturalização, pela norma estrangeira, ao brasileiro residente em Estado estrangeiro, como condição para permanência em seu território ou para o exercício de direitos civis.

>> Alínea *b* acrescentada pela Emenda Constitucional de Revisão n. 3, de 7-6-1994.

Art. 13. A língua portuguesa é o idioma oficial da República Federativa do Brasil.

> O Decreto n. 6.583, de 29-9-2008, promulga o Acordo Ortográfico da Língua Portuguesa.

§ 1.º São símbolos da República Federativa do Brasil a bandeira, o hino, as armas e o selo nacionais.

> Apresentação e forma dos símbolos nacionais: Lei n. 5.700, de 1.º-9-1971.

§ 2.º Os Estados, o Distrito Federal e os Municípios poderão ter símbolos próprios.

Capítulo IV
DOS DIREITOS POLÍTICOS

Art. 14. A soberania popular será exercida pelo sufrágio universal e pelo voto direto e secreto, com valor igual para todos, e, nos termos da lei, mediante:

I – plebiscito;

>> Regulamento: Lei n. 9.709, de 18-11-1998.

II – referendo;

>> Regulamento: Lei n. 9.709, de 18-11-1998.

III – iniciativa popular.

>> Regulamento: Lei n. 9.709, de 18-11-1998.

§ 1.º O alistamento eleitoral e o voto são:

> Alistamento no CE (Lei n. 4.737, de 15-7-1965): arts. 42 e s.

I – obrigatórios para os maiores de dezoito anos;

II – facultativos para:

a) os analfabetos;

b) os maiores de setenta anos;

c) os maiores de dezesseis e menores de dezoito anos.

§ 2.º Não podem alistar-se como eleitores os estrangeiros e, durante o período do serviço militar obrigatório, os conscritos.

§ 3.º São condições de elegibilidade, na forma da lei:

I – a nacionalidade brasileira;

II – o pleno exercício dos direitos políticos;

III – o alistamento eleitoral;

IV – o domicílio eleitoral na circunscrição;

V – a filiação partidária;

>> Regulamento: Lei n. 9.096, de 19-9-1995.

VI – a idade mínima de:

a) trinta e cinco anos para Presidente e Vice-Presidente da República e Senador;

b) trinta anos para Governador e Vice-Governador de Estado e do Distrito Federal;

c) vinte e um anos para Deputado Federal, Deputado Estadual ou Distrital, Prefeito, Vice-Prefeito e juiz de paz;

> Responsabilidade dos Prefeitos: Decreto-lei n. 201, de 27-2-1967.

d) dezoito anos para Vereador.

> Responsabilidade dos Vereadores: Decreto-lei n. 201, de 27-2-1967.

§ 4.º São inelegíveis os inalistáveis e os analfabetos.

§ 5.º O Presidente da República, os Governadores de Estado e do Distrito Federal, os Prefeitos e quem os houver sucedido ou substituído no curso dos mandatos poderão ser reeleitos para um único período subsequente.

>> § 5.º com redação determinada pela Emenda Constitucional n. 16, de 4-6-1997.

§ 6.º Para concorrerem a outros cargos, o Presidente da República, os Governadores de Estado e do Distrito Federal e os Prefeitos devem renunciar aos respectivos mandatos até seis meses antes do pleito.

§ 7.º São inelegíveis, no território de jurisdição do titular, o cônjuge e os parentes consanguíneos ou afins, até o segundo grau ou por adoção, do Presidente da República, de Governador de Estado ou Território, do Distrito Federal, de Prefeito ou de quem os haja substituído dentro dos seis meses anteriores ao pleito, salvo se já titular de mandato eletivo e candidato à reeleição.

>> *Vide* Súmula 6 do TSE.

>>> *Vide* Súmula Vinculante 18.

§ 8.º O militar alistável é elegível, atendidas as seguintes condições:

I – se contar menos de dez anos de serviço, deverá afastar-se da atividade;

II – se contar mais de dez anos de serviço, será agregado pela autoridade superior e, se eleito, passará automaticamente, no ato da diplomação, para a inatividade.

> *Vide* art. 42 da CF.

§ 9.º Lei complementar estabelecerá outros casos de inelegibilidade e os prazos de sua cessação, a fim de proteger a probidade administrativa, a moralidade para o exercício do mandato, considerada a vida pregressa do candidato, e a normalidade e legitimidade das eleições contra a influência do poder econômico ou o abuso do exercício de função, cargo ou emprego na administração direta ou indireta.

>> § 9.º com redação determinada pela Emenda Constitucional de Revisão n. 4, de 7-6-1994.

>> *Vide* Súmula 13 do TSE.

> Casos de inelegibilidade: Lei Complementar n. 64, de 18-5-1990.

§ 10. O mandato eletivo poderá ser impugnado ante a Justiça Eleitoral no prazo de quinze dias contados da diplomação, instruída a ação com provas de abuso do poder econômico, corrupção ou fraude.

§ 11. A ação de impugnação de mandato tramitará em segredo de justiça, respondendo o autor, na forma da lei, se temerária ou de manifesta má-fé.

Art. 15. É vedada a cassação de direitos políticos, cuja perda ou suspensão só se dará nos casos de:

> Lei Orgânica dos Partidos Políticos: Lei n. 9.096, de 19-9-1995.

I – cancelamento da naturalização por sentença transitada em julgado;

II – incapacidade civil absoluta;

III – condenação criminal transitada em julgado, enquanto durarem seus efeitos;

IV – recusa de cumprir obrigação a todos imposta ou prestação alternativa, nos termos do art. 5.º, VIII;

>>> *Vide* art. 143 da CF.

>>> Lei n. 8.239, de 4-10-1991 – prestação de serviço alternativo ao serviço militar.

V – improbidade administrativa, nos termos do art. 37, § 4.º.

>>> Lei n. 8.429, de 2-6-1992 – improbidade administrativa.

Art. 16. A lei que alterar o processo eleitoral entrará em vigor na data de sua publicação, não se aplicando à eleição que ocorra até 1 (um) ano da data de sua vigência.

>> Artigo com redação determinada pela Emenda Constitucional n. 4, de 14-9-1993.

>>> Lei n. 9.504, de 30-9-1997 – eleições.

>>> Sobre as Eleições Municipais 2020: *vide* art. 2.º, da Emenda Constitucional n. 107, de 2-7-2020.

Capítulo V
DOS PARTIDOS POLÍTICOS

Art. 17. É livre a criação, fusão, incorporação e extinção de partidos políticos, resguardados a soberania nacional, o regime democrático, o pluripartidarismo, os direitos fundamentais da pessoa humana e observados os seguintes preceitos:

>> A Lei n. 9.096, de 19-9-1995, regulamenta este artigo.

>> *Vide* Emenda Constitucional n. 91, de 18-2-2016, que dispõe sobre desfiliação partidária.

I – caráter nacional;

II – proibição de recebimento de recursos financeiros de entidade ou governo estrangeiros ou de subordinação a estes;

III – prestação de contas à Justiça Eleitoral;

IV – funcionamento parlamentar de acordo com a lei.

§ 1.º É assegurada aos partidos políticos autonomia para definir sua estrutura interna e estabelecer regras sobre escolha, formação e duração de seus órgãos permanentes e provisórios e sobre sua organização e funcionamento e para adotar os critérios de escolha e o regime de suas coligações nas eleições majoritárias, vedada a sua celebração nas eleições proporcionais, sem obrigatoriedade de vinculação entre as candidaturas em âmbito nacional, estadual, distrital ou municipal, devendo seus estatutos estabelecer normas de disciplina e fidelidade partidária.

>> § 1.º com redação determinada pela Emenda Constitucional n. 97, de 4-10-2017.

>> *Vide* art. 2.º da Emenda Constitucional n. 97, de 4-10-2017.

§ 2.º Os partidos políticos, após adquirirem personalidade jurídica, na forma da lei civil, registrarão seus estatutos no Tribunal Superior Eleitoral.

§ 3.º Somente terão direito a recursos do fundo partidário e acesso gratuito ao rádio e à televisão, na forma da lei, os partidos políticos que alternativamente:

>> § 3.º, *caput*, com redação determinada pela Emenda Constitucional n. 97, de 4-10-2017.

>> *Vide* art. 3.º da Emenda Constitucional n. 97, de 4-10-2017.

I – obtiverem, nas eleições para a Câmara dos Deputados, no mínimo, 3% (três por cento) dos votos válidos, distribuídos em pelo menos um terço das unidades da Federação, com um mínimo de 2% (dois por cento) dos votos válidos em cada uma delas; ou

>> Inciso I acrescentado pela Emenda Constitucional n. 97, de 4-10-2017.

II – tiverem elegido pelo menos quinze Deputados Federais distribuídos em pelo menos um terço das unidades da Federação.

>> Inciso II acrescentado pela Emenda Constitucional n. 97, de 4-10-2017.

§ 4.º É vedada a utilização pelos partidos políticos de organização paramilitar.

§ 5.º Ao eleito por partido que não preencher os requisitos previstos no § 3.º deste artigo é assegurado o mandato e facultada a filiação, sem perda do mandato, a outro partido que os tenha atingido, não sendo essa filiação considerada para fins de distribuição dos recursos do fundo partidário e de acesso gratuito ao tempo de rádio e de televisão.

>> § 5.º acrescentado pela Emenda Constitucional n. 97, de 4-10-2017.

Título III
DA ORGANIZAÇÃO DO ESTADO

Capítulo I
DA ORGANIZAÇÃO POLÍTICO-ADMINISTRATIVA

Art. 18. A organização político-administrativa da República Federativa do Brasil compreende a União, os Estados, o Distrito Federal e os Municípios, todos autônomos, nos termos desta Constituição.

§ 1.º Brasília é a Capital Federal.

§ 2.º Os Territórios Federais integram a União, e sua criação, transformação em Estado ou reintegração ao Estado de origem serão reguladas em lei complementar.

§ 3.º Os Estados podem incorporar-se entre si, subdividir-se ou desmembrar-se para se anexarem a outros, ou formarem novos Estados ou Territórios Federais, mediante aprovação da população diretamente interessada, através de plebiscito, e do Congresso Nacional, por lei complementar.

§ 4.º A criação, a incorporação, a fusão e o desmembramento de Municípios far-se-ão por lei estadual, dentro do período determinado por lei complementar federal, e dependerão de consulta prévia, mediante plebiscito, às populações dos Municípios envolvidos, após divulgação dos Estudos de Viabilidade Municipal, apresentados e publicados na forma da lei.

>> § 4.º com redação determinada pela Emenda Constitucional n. 15, de 12-9-1996.

> A Lei n. 10.521, de 18-7-2002, assegura a instalação de Municípios criados por Lei Estadual.

Art. 19. É vedado à União, aos Estados, ao Distrito Federal e aos Municípios:

I – estabelecer cultos religiosos ou igrejas, subvencioná-los, embaraçar-lhes o funcionamento ou manter com eles ou seus representantes relações de dependência ou aliança, ressalvada, na forma da lei, a colaboração de interesse público;

II – recusar fé aos documentos públicos;

III – criar distinções entre brasileiros ou preferências entre si.

Capítulo II
DA UNIÃO

Art. 20. São bens da União:

> Bens imóveis da União: Decreto-lei n. 9.760, de 5-9-1946, e Lei n. 9.636, de 15-5-1998.

> Bens públicos: *vide* art. 99 do CC.

I – os que atualmente lhe pertencem e os que lhe vierem a ser atribuídos;

II – as terras devolutas indispensáveis à defesa das fronteiras, das fortificações e construções militares, das vias federais de comunicação e à preservação ambiental, definidas em lei;

> A Lei n. 6.383, de 7-12-1976, dispõe sobre o processo discriminatório de terras devolutas da União.

> A Lei n. 6.938, de 31-8-1981, dispõe sobre a Política Nacional do Meio Ambiente, seus fins e mecanismos de formulação e aplicação.

III – os lagos, rios e quaisquer correntes de água em terrenos de seu domínio, ou que banhem mais de um Estado, sirvam de limites com outros países, ou se estendam a território estrangeiro ou dele provenham, bem como os terrenos marginais e as praias fluviais;

> Política Marítima Nacional (PMN): Decreto n. 1.265, de 11-10-1994.

IV – as ilhas fluviais e lacustres nas zonas limítrofes com outros países; as praias marítimas; as ilhas oceânicas e as costeiras, excluídas, destas, as que contenham a sede de Municípios, exceto aquelas áreas afetadas ao serviço público e a unidade ambiental federal, e as referidas no art. 26, II;

>> Inciso IV com redação determinada pela Emenda Constitucional n. 46, de 5-5-2005.

> Política Marítima Nacional (PMN): Decreto n. 1.265, de 11-10-1994.

V – os recursos naturais da plataforma continental e da zona econômica exclusiva;

> A Lei n. 8.617, de 4-1-1993, dispõe sobre o mar territorial, a zona contígua, a zona econômica exclusiva e a plataforma continental brasileira.

> Política Marítima Nacional (PMN): Decreto n. 1.265, de 11-10-1994.

VI – o mar territorial;

VII – os terrenos de marinha e seus acrescidos;

> *Vide* Súmula 496 do STJ.

VIII – os potenciais de energia hidráulica;

IX – os recursos minerais, inclusive os do subsolo;

X – as cavidades naturais subterrâneas e os sítios arqueológicos e pré-históricos;

XI – as terras tradicionalmente ocupadas pelos índios.

>> *Vide* Súmula 650 do STF.

§ 1.º É assegurada, nos termos da lei, à União, aos Estados, ao Distrito Federal e aos Municípios a participação no resultado da exploração de petróleo ou gás natural, de recursos hídricos para fins de geração de energia elétrica e de outros recursos minerais no respectivo território, plataforma continental, mar territorial ou zona econômica exclusiva, ou compensação financeira por essa exploração.

>> § 1.º com redação determinada pela Emenda Constitucional n. 102, de 26-9-2019, produzindo efeitos a partir da execução orçamentária do exercício financeiro subsequente (*DOU* de 27-9-2019).

>> *Vide* art. 107, § 6.º, I, do ADCT.

>> *Vide* art. 3.º da Emenda Constitucional n. 86, de 17-3-2015.

>> *Vide* art. 198, § 2.º, I, da CF.

> A Lei n. 7.990, de 28-12-1989, institui, para os Estados, Distrito Federal e Municípios, compensação financeira pelo resultado da exploração de petróleo ou gás natural, de recursos hídricos para fins de geração de energia elétrica, de recursos minerais em seus respectivos territórios, plataforma continental, mar territorial ou zona econômica exclusiva.

> A Lei n. 8.001, de 13-3-1990, define os percentuais da distribuição da compensação financeira de que trata a Lei n. 7.990, de 28-12-1989.

> A Lei n. 9.427, de 26-12-1996, institui a Agência Nacional de Energia Elétrica – ANEEL, e disciplina o regime de concessões de serviços públicos de energia elétrica.

> A Lei n. 9.478, de 6-8-1997, dispõe sobre a Política Energética Nacional, as atividades relativas ao monopólio do petróleo, institui o Conselho Nacional de Política Energética e a Agência Nacional do Petróleo.

> A Lei n. 9.984, de 17-7-2000, dispõe sobre a Agência Nacional de Águas – ANA.

> A Lei n. 12.734, de 30-11-2012, modifica as Leis n. 9.478, de 6-8-1997, e n. 12.351, de 22-12-2010, para determinar novas regras de distribuição entre os entes da Federação dos *royalties* e da participação especial, devidos em função da exploração de petróleo, gás natural e outros hidrocarbonetos fluidos, e para aprimorar o marco regulatório sobre a exploração desses recursos no regime de partilha.

§ 2.º A faixa de até cento e cinquenta quilômetros de largura, ao longo das fronteiras terrestres, designada como faixa de fronteira, é considerada fundamental para defesa do território nacional, e sua ocupação e utilização serão reguladas em lei.

> A Lei n. 6.634, de 2-5-1979, dispõe sobre Faixa de Fronteira.

Art. 21. Compete à União:

I – manter relações com Estados estrangeiros e participar de organizações internacionais;

II – declarar a guerra e celebrar a paz;

III – assegurar a defesa nacional;

IV – permitir, nos casos previstos em lei complementar, que forças estrangeiras transitem pelo território nacional ou nele permaneçam temporariamente;

>> Regulamento: Lei Complementar n. 90, de 1.º-10-1997.

V – decretar o estado de sítio, o estado de defesa e a intervenção federal;

VI – autorizar e fiscalizar a produção e o comércio de material bélico;

VII – emitir moeda;

VIII – administrar as reservas cambiais do País e fiscalizar as operações de natureza financeira, especialmente as de crédito, câmbio e capitalização, bem como as de seguros e de previdência privada;

> A Lei n. 4.595, de 31-12-1964, dispõe sobre a política e as instituições monetárias, bancárias e creditícias e cria o Conselho Monetário Nacional.

> A Lei n. 4.728, de 14-7-1965, disciplina o mercado de capitais e estabelece medidas para o seu desenvolvimento.

> O Decreto-lei n. 73, de 21-11-1966, regulamentado pelo Decreto n. 60.459, de 13-3-1967, dispõe sobre o sistema nacional de seguros privados e regula as operações de seguros e resseguros.

> A Lei Complementar n. 108, de 29-5-2001, dispõe sobre a relação entre a União, os Estados, o Distrito Federal e os Municípios, suas autarquias, fundações, sociedades de economia mista e outras entidades públi-

cas e suas respectivas entidades fechadas de previdência complementar, e dá outras providências.

> A Lei Complementar n. 109, de 29-5-2001, dispõe sobre o regime de previdência complementar e dá outras providências.

IX – elaborar e executar planos nacionais e regionais de ordenação do território e de desenvolvimento econômico e social;

X – manter o serviço postal e o correio aéreo nacional;

> Serviço postal: Lei n. 6.538, de 22-6-1978.

XI – explorar, diretamente ou mediante autorização, concessão ou permissão, os serviços de telecomunicações, nos termos da lei, que disporá sobre a organização dos serviços, a criação de um órgão regulador e outros aspectos institucionais;

>> Inciso XI com redação determinada pela Emenda Constitucional n. 8, de 15-8-1995.

> *Vide* art. 2.º da Emenda Constitucional n. 8, de 15-8-1995.

> Sobre concessão para exploração de serviços públicos de telecomunicações trata a Lei n. 9.472, de 16-7-1997.

> Concessões e permissões de serviços públicos: Lei n. 8.987, de 13-2-1995.

> Serviços de Telecomunicações, organização e órgão regulador: Lei n. 9.295, de 19-7-1996.

> O Decreto n. 3.896, de 23-8-2001, dispõe sobre a regência dos serviços de telecomunicações, e dá outras providências.

> *Vide* Súmula 606 do STJ.

XII – explorar, diretamente ou mediante autorização, concessão ou permissão:

a) os serviços de radiodifusão sonora e de sons e imagens;

>> Alínea *a* com redação determinada pela Emenda Constitucional n. 8, de 15-8-1995.

> Código Brasileiro de Telecomunicações: Lei n. 4.117, de 27-8-1962, e Lei n. 9.472, de 16-7-1997.

> A Lei n. 9.612, de 19-2-1998, institui o Serviço de Radiodifusão Comunitária, e o Decreto n. 2.615, de 3-6-1998, aprova seu regulamento.

b) os serviços e instalações de energia elétrica e o aproveitamento energético dos cursos de água, em articulação com os Estados onde se situam os potenciais hidroenergéticos;

> A Lei n. 9.427, de 26-12-1996, institui a Agência Nacional de Energia Elétrica – ANEEL, e disciplina o regime de concessões de serviços públicos de energia elétrica.

> A Lei n. 9.648, de 27-5-1998, regulamentada pelo Decreto n. 2.655, de 2-7-1998, autoriza o Poder Executivo a promover a reestruturação da Centrais Elétricas Brasileiras – ELETROBRAS e de suas subsidiárias.

c) a navegação aérea, aeroespacial e a infraestrutura aeroportuária;

> CBA: Lei n. 7.565, de 19-12-1986.

> A Lei n. 12.379, de 6-1-2011, dispõe sobre o Sistema Nacional de Viação – SNV, que é composto pelo Subsistema Aeroviário Federal.

d) os serviços de transporte ferroviário e aquaviário entre portos brasileiros e fronteiras nacionais, ou que transponham os limites de Estado ou Território;

> A Lei n. 9.432, de 8-1-1997, dispõe sobre a ordenação do transporte aquaviário.

> A Lei n. 12.379, de 6-1-2011, dispõe sobre o Sistema Nacional de Viação – SNV, que é composto pelos Subsistemas Ferroviário e Aquaviário Federais.

e) os serviços de transporte rodoviário interestadual e internacional de passageiros;

> A Lei n. 12.379, de 6-1-2011, dispõe sobre o Sistema Nacional de Viação – SNV, que é composto pelo Subsistema Rodoviário Federal.

f) os portos marítimos, fluviais e lacustres;

> Política Marítima Nacional (PMN): Decreto n. 1.265, de 11-10-1994.

XIII – organizar e manter o Poder Judiciário, o Ministério Público do Distrito Federal e dos Territórios e a Defensoria Pública dos Territórios;

>> Inciso XIII com redação determinada pela Emenda Constitucional n. 69, de 29-3-2012.

XIV – organizar e manter a polícia civil, a polícia penal, a polícia militar e o corpo de bombeiros militar do Distrito Federal, bem como prestar assistência financeira ao Distrito Federal para a execução de serviços públicos, por meio de fundo próprio;

>> Inciso XIV com redação determinada pela Emenda Constitucional n. 104, de 4-12-2019.

>> *Vide* art. 107, § 6.º, I, do ADCT.

>> A Lei n. 10.633, de 27-12-2002, institui o Fundo Constitucional do Distrito Federal – FCDF, para atender o disposto neste inciso.

>> *Vide* art. 25 da Emenda Constitucional n. 19, de 4-6-1998.

>> *Vide* arts. 5.º e 10, §§ 2.º, I, e 6.º, da Emenda Constitucional n. 103, de 12-11-2019.

>> *Vide* Súmula Vinculante 39 do STF.

XV – organizar e manter os serviços oficiais de estatística, geografia, geologia e cartografia de âmbito nacional;

XVI – exercer a classificação, para efeito indicativo, de diversões públicas e de programas de rádio e televisão;

>> A Portaria n. 1.189, de 3-8-2018, do Ministério da Justiça, regulamenta o processo de classificação indicativa.

XVII – conceder anistia;

XVIII – planejar e promover a defesa permanente contra as calamidades públicas, especialmente as secas e as inundações;

> A Lei n. 12.787, de 11-1-2013, dispõe sobre a política nacional de irrigação.

XIX – instituir sistema nacional de gerenciamento de recursos hídricos e definir critérios de outorga de direitos de seu uso;

>> Regulamento: Lei n. 9.433, de 8-1-1997.

XX – instituir diretrizes para o desenvolvimento urbano, inclusive habitação, saneamento básico e transportes urbanos;

> A Lei n. 11.445, de 5-1-2007, estabelece diretrizes nacionais para o saneamento básico.

> A Lei n. 12.587, de 3-1-2012, institui a Política Nacional de Mobilidade Urbana.

> A Lei n. 13.089, de 12-1-2015, institui o Estatuto da Metrópole.

XXI – estabelecer princípios e diretrizes para o sistema nacional de viação;

>> A Lei n. 12.379, de 6-1-2011, dispõe sobre o Sistema Nacional de Viação – SNV.

XXII – executar os serviços de polícia marítima, aeroportuária e de fronteiras;

>> Inciso XXII com redação determinada pela Emenda Constitucional n. 19, de 4-6-1998.

XXIII – explorar os serviços e instalações nucleares de qualquer natureza e exercer monopólio estatal sobre a pesquisa, a lavra, o enriquecimento e reprocessamento, a industrialização e o comércio de minérios nucleares e seus derivados, atendidos os seguintes princípios e condições:

> O Decreto-lei n. 1.982, de 28-12-1982, dispõe sobre o exercício das atividades nucleares incluídas no monopólio da União e o controle do desenvolvimento de pesquisas no campo da energia nuclear.

> O Decreto n. 911, de 3-9-1993, promulga a Convenção de Viena sobre responsabilidade civil por danos nucleares, de 21-5-1963.

> A Lei n. 10.308, de 20-11-2001, estabelece normas para o destino final dos rejeitos radioativos produzidos em território nacional, incluídos a seleção de locais, a construção, o licenciamento, a operação, a fiscalização, os custos, a indenização, a responsabilidade civil e as garantias referentes aos depósitos radioativos.

a) toda atividade nuclear em território nacional somente será admitida para fins pacíficos e mediante aprovação do Congresso Nacional;

b) sob regime de permissão, são autorizadas a comercialização e a utilização de radioisótopos para a pesquisa e usos médicos, agrícolas e industriais;

>> Alínea *b* com redação determinada pela Emenda Constitucional n. 49, de 8-2-2006.

c) sob regime de permissão, são autorizadas a produção, comercialização e utilização de radioisótopos de meia-vida igual ou inferior a duas horas;

>> Alínea *c* acrescentada pela Emenda Constitucional n. 49, de 8-2-2006.

d) a responsabilidade civil por danos nucleares independe da existência de culpa;

>> Primitiva alínea *c* renumerada pela Emenda Constitucional n. 49, de 8-2-2006.

> Responsabilidade civil por danos nucleares e responsabilidade criminal por atos relacionados com atividades nucleares: Lei n. 6.453, de 17-10-1977.

XXIV – organizar, manter e executar a inspeção do trabalho;

XXV – estabelecer as áreas e as condições para o exercício da atividade de garimpagem, em forma associativa.

> A Lei n. 7.805, de 18-7-1989, regulamentada pelo Decreto n. 98.812, de 9-1-1990, disciplina o regime de permissão de lavra garimpeira.

> A Lei n. 11.685, de 2-6-2008, institui o Estatuto do Garimpeiro.

Art. 22. Compete privativamente à União legislar sobre:

I – direito civil, comercial, penal, processual, eleitoral, agrário, marítimo, aeronáutico, espacial e do trabalho;

> CC: Lei n. 10.406, de 10-1-2002; CCom: Lei n. 556, de 25-6-1850; e Lei n. 10.406, de 10-1-2002 (Direito de Empresa); CP: Decreto-lei n. 2.848, de 7-12-1940; CPC: Lei n. 13.105, de 16-3-2015; CPP: Decreto-lei n. 3.689, de 3-10-1941; CE: Lei n. 4.737, de 15-7-1965; CBA: Lei n. 7.565, de 19-12-1986; e CLT: Decreto-lei n. 5.452, de 1.º-5-1943.

> *Vide* Súmula Vinculante 46.

II – desapropriação;

> Desapropriação: Decreto-lei n. 3.365, de 21-6-1941, Lei n. 4.132, de 10-9-1962, Lei n. 6.602, de 7-12-1978, Decreto-lei n. 1.075, de 22-1-1970, Lei Complementar n. 76, de 6-7-1993, Lei n. 9.785, de 29-1-1999, e art. 1.228, § 3.º, do CC.

III – requisições civis e militares, em caso de iminente perigo e em tempo de guerra;

IV – águas, energia, informática, telecomunicações e radiodifusão;

> Código de Águas: Decreto n. 24.643, de 10-7-1934.

> Código de Águas Minerais: Decreto-lei n. 7.841, de 8-8-1945.

> Código Brasileiro de Telecomunicações: Lei n. 4.117, de 27-8-1962.

> A Lei n. 9.295, de 19-7-1996, dispõe sobre os serviços de telecomunicações e sua organização e órgão regulador.

> Organização dos Serviços de Telecomunicações: Lei n. 9.472, de 16-7-1997.

V – serviço postal;

> Serviço Postal: Lei n. 6.538, de 22-6-1978.

VI – sistema monetário e de medidas, títulos e garantias dos metais;

> Real: Lei n. 9.069, de 29-6-1995, e Lei n. 10.192, de 14-2-2001.

VII – política de crédito, câmbio, seguros e transferência de valores;

VIII – comércio exterior e interestadual;

IX – diretrizes da política nacional de transportes;

> Conselho Nacional de Integração de Políticas de Transportes: Lei n. 10.233, de 5-6-2001, e Decretos n. 4.122 e 4.130, de 13-2-2002.

X – regime dos portos, navegação lacustre, fluvial, marítima, aérea e aeroespacial;

> Política Marítima Nacional (PMN): Decreto n. 1.265, de 11-10-1994.

> A Lei n. 9.277, de 10-5-1996, autoriza a União a delegar aos Municípios, aos Estados, à Federação e ao Distrito Federal, a administração e exploração de rodovias e portos federais.

XI – trânsito e transporte;

> CTB: Lei n. 9.503, de 23-9-1997.

XII – jazidas, minas, outros recursos minerais e metalurgia;

> Código de Mineração: Decreto-lei n. 227, de 28-2-1967.

XIII – nacionalidade, cidadania e naturalização;

> Situação jurídica do estrangeiro no Brasil: Lei n. 13.445, de 24-5-2017 (Lei de Migração).

XIV – populações indígenas;

> Estatuto do Índio: Lei n. 6.001, de 19-12-1973.

XV – emigração e imigração, entrada, extradição e expulsão de estrangeiros;

> O Decreto n. 840, de 22-6-1993, dispõe sobre a organização e o funcionamento do Conselho Nacional de Imigração.

> Estatuto dos Refugiados de 1951 (implementação): Lei n. 9.474, de 22-7-1997.

> Lei de Migração: Lei n. 13.445, de 24-5-2017.

XVI – organização do sistema nacional de emprego e condições para o exercício de profissões;

>> A Lei n. 13.667, de 17-5-2018, dispõe sobre o Sistema Nacional de Emprego (SINE).

XVII – organização judiciária, do Ministério Público do Distrito Federal e dos Territórios e da Defensoria Pública dos Territórios, bem como organização administrativa destes;

>> Inciso XVII com redação determinada pela Emenda Constitucional n. 69, de 29-3-2012.

> Organização, atribuições e Estatuto do Ministério Público da União: Lei Complementar n. 75, de 20-5-1993.

> Organização da Defensoria Pública da União, do Distrito Federal e dos Territórios, com normas gerais para os Estados: Lei Complementar n. 80, de 12-1-1994.

XVIII – sistema estatístico, sistema cartográfico e de geologia nacionais;

XIX – sistemas de poupança, captação e garantia da poupança popular;

> Regras para a remuneração das cadernetas de poupança: Lei n. 8.177, de 1.º-3-1991, Lei n. 9.069, de 29-6-1995, e Lei n. 10.192, de 14-2-2001.

XX – sistemas de consórcios e sorteios;

> Sistema de Consórcio: Lei n. 11.795, de 8-10-2008.

> *Vide* Súmula Vinculante 2.

XXI – normas gerais de organização, efetivos, material bélico, garantias, convocação, mobilização, inatividades e pensões das polícias militares e dos corpos de bombeiros militares;

>> Inciso XXI com redação determinada pela Emenda Constitucional n. 103, de 12-11-2019.

XXII – competência da polícia federal e das polícias rodoviária e ferroviária federais;

> Policial Rodoviário Federal: Lei n. 9.654, de 2-6-1998.

XXIII – seguridade social;

> Lei Orgânica da Seguridade Social: Lei n. 8.212, de 24-7-1991, regulamentada pelo Decreto n. 3.048, de 6-5-1999.

XXIV – diretrizes e bases da educação nacional;

> Lei de Diretrizes e Bases da Educação Nacional: Lei n. 9.394, de 20-12-1996.

XXV – registros públicos;

> LRP: Lei n. 6.015, de 31-12-1973.

XXVI – atividades nucleares de qualquer natureza;

> A Lei n. 12.731, de 21-11-2012, institui o Sistema de Proteção ao Programa Nuclear Brasileiro – SIPRON.

XXVII – normas gerais de licitação e contratação, em todas as modalidades, para as administrações públicas diretas, autárquicas e fundacionais da União, Estados, Distrito Federal e Municípios, obedecido o disposto no art. 37, XXI, e para as empresas públicas e sociedades de economia mista, nos termos do art. 173, § 1.º, III;

>> Inciso XXVII com redação determinada pela Emenda Constitucional n. 19, de 4-6-1998.

> Estatuto Jurídico das Licitações e Contratos: Lei n. 8.666, de 21-6-1993.

> A Lei n. 10.520, de 17-7-2002, institui modalidade de licitação denominada pregão, para aquisição de bens e serviços comuns. Regulamento: Decreto n. 3.555, de 8-8-2000.

XXVIII – defesa territorial, defesa aeroespacial, defesa marítima, defesa civil e mobilização nacional;

> Sistema Nacional de Defesa Civil – SINDEC: Decreto n. 7.257, de 4-8-2010.

XXIX – propaganda comercial.

Parágrafo único. Lei complementar poderá autorizar os Estados a legislar sobre questões específicas das matérias relacionadas neste artigo.

Art. 23. É competência comum da União, dos Estados, do Distrito Federal e dos Municípios:

I – zelar pela guarda da Constituição, das leis e das instituições democráticas e conservar o patrimônio público;

II – cuidar da saúde e assistência pública, da proteção e garantia das pessoas portadoras de deficiência;

> Da proteção à pessoa portadora de deficiência: Lei n. 7.853, de 24-10-1989, regulamentada pelo Decreto n. 3.298, de 20-12-1999.

III – proteger os documentos, as obras e outros bens de valor histórico, artístico e cultural, os monumentos, as paisagens naturais notáveis e os sítios arqueológicos;

>> *Vide* nota ao parágrafo único deste artigo.

> O Decreto-lei n. 25, de 30-11-1937, organiza a proteção do patrimônio histórico e artístico nacional.

IV – impedir a evasão, a destruição e a descaracterização de obras de arte e de outros bens de valor histórico, artístico ou cultural;

V – proporcionar os meios de acesso à cultura, à educação, à ciência, à tecnologia, à pesquisa e à inovação;

>> Inciso V com redação determinada pela Emenda Constitucional n. 85, de 26-2-2015.

VI – proteger o meio ambiente e combater a poluição em qualquer de suas formas;

>> *Vide* nota ao parágrafo único deste artigo.

> Política nacional do meio ambiente, seus fins e mecanismos de formulação e aplicação: *vide* Lei n. 6.938, de 31-8-1981.

> Sanções penais e administrativas derivadas de condutas e atividades lesivas ao meio ambiente: Lei n. 9.605, de 12-2-1998.

> O Decreto n. 6.514, de 22-7-2008, dispõe sobre as infrações e sanções administrativas ao meio ambiente, e estabelece processo administrativo para apuração dessas infrações.

VII – preservar as florestas, a fauna e a flora;

>> *Vide* nota ao parágrafo único deste artigo.

> Código de Caça: Lei n. 5.197, de 3-1-1967.

> Aquicultura e pesca: Lei n. 11.959, de 29-6-2009.

> Código Florestal: Lei n. 12.651, de 25-5-2012.

VIII – fomentar a produção agropecuária e organizar o abastecimento alimentar;

IX – promover programas de construção de moradias e a melhoria das condições habitacionais e de saneamento básico;

> A Lei n. 11.445, de 5-1-2007, estabelece diretrizes nacionais para o saneamento básico.

X – combater as causas da pobreza e os fatores de marginalização, promovendo a integração social dos setores desfavorecidos;

> A Lei Complementar n. 111, de 6-7-2001, dispõe sobre o Fundo de Combate e Erradicação da Pobreza, na forma prevista nos arts. 79, 80 e 81 do ADCT.

XI – registrar, acompanhar e fiscalizar as concessões de direitos de pesquisa e exploração de recursos hídricos e minerais em seus territórios;

> A Lei n. 9.433, de 8-1-1997, institui a Política Nacional de Recursos Hídricos, e cria o Sistema Nacional de Gerenciamento de Recursos Hídricos.

XII – estabelecer e implantar política de educação para a segurança do trânsito.

Parágrafo único. Leis complementares fixarão normas para a cooperação entre a União e os Estados, o Distrito Federal e os Municípios, tendo em vista o equilíbrio do desenvolvimento e do bem-estar em âmbito nacional.

>> Parágrafo único com redação determinada pela Emenda Constitucional n. 53, de 19-12-2006.

>> A Lei Complementar n. 140, de 8-12-2011, fixa normas, nos termos deste parágrafo único e dos incisos III, VI e VII do *caput* deste artigo, para a cooperação entre a União, os Estados, o Distrito Federal e os Municípios nas ações administrativas decorrentes do exercício da competência comum relativas à proteção das paisagens naturais notáveis, à proteção do meio ambiente, ao combate à poluição em qualquer de suas formas e à preservação das florestas, da fauna e da flora.

Art. 24. Compete à União, aos Estados e ao Distrito Federal legislar concorrentemente sobre:

I – direito tributário, financeiro, penitenciário, econômico e urbanístico;

> CTN: Lei n. 5.172, de 25-10-1966. Normas gerais de Direito Financeiro: Lei n. 4.320, de 17-3-1964. LEP: Lei n. 7.210, de 11-7-1984. LEF: Lei n. 6.830, de 22-9-1980.

II – orçamento;

III – juntas comerciais;

> Registro do Comércio e Juntas Comerciais: Lei n. 8.934, de 18-11-1994, e Decreto n. 1.800, de 30-1-1996.

IV – custas dos serviços forenses;

> A Lei n. 9.289, de 4-7-1996, dispõe sobre custas devidas na Justiça Federal.

> *Vide* Súmula 178 do STJ.

V – produção e consumo;

VI – florestas, caça, pesca, fauna, conservação da natureza, defesa do solo e dos recursos naturais, proteção do meio ambiente e controle da poluição;

> Código de Caça: Lei n. 5.197, de 3-1-1967.

> O Decreto n. 6.514, de 22-7-2008, dispõe sobre as infrações e sanções administrativas ao meio ambiente, e estabelece processo administrativo para apuração dessas infrações.

> Aquicultura e pesca: Lei n. 11.959, de 29-6-2009.

> Código Florestal: Lei n. 12.651, de 25-5-2012.

VII – proteção ao patrimônio histórico, cultural, artístico, turístico e paisagístico;

VIII – responsabilidade por dano ao meio ambiente, ao consumidor, a bens e direitos de valor artístico, estético, histórico, turístico e paisagístico;

> Lei de Crimes Ambientais: Lei n. 9.605, de 12-2-1998.

> Ação civil pública de responsabilidade por danos causados ao meio ambiente, ao consumidor, a bens e direitos de valor artístico, estético, histórico, turístico e paisagístico: Lei n. 7.347, de 24-7-1985, e Decreto n. 1.306, de 9-11-1994.

> Ministério Público: Lei n. 8.625, de 12-2-1993, e Lei Complementar n. 75, de 20-5-1993.

> Sistema Nacional de Defesa do Consumidor – SNDC: Decreto n. 2.181, de 20-3-1997.

IX – educação, cultura, ensino, desporto, ciência, tecnologia, pesquisa, desenvolvimento e inovação;

>> Inciso IX com redação determinada pela Emenda Constitucional n. 85, de 26-2-2015.

> Normas gerais sobre desportos: Lei n. 9.615, de 24-3-1998.

> Diretrizes e Bases da Educação Nacional (Lei Darcy Ribeiro): Lei n. 9.394, de 20-12-1996.

X – criação, funcionamento e processo do juizado de pequenas causas;

> Juizados Especiais Cíveis e Criminais no âmbito da Justiça Estadual: Lei n. 9.099, de 26-9-1995.

> Juizados Especiais Cíveis e Criminais no âmbito da Justiça Federal: Lei n. 10.259, de 12-7-2001.

> Juizados de Violência Doméstica e Familiar contra a Mulher: Lei n. 11.340, de 7-8-2006.

> Juizados Especiais da Fazenda Pública: Lei n. 12.153, de 22-12-2009.

XI – procedimentos em matéria processual;

XII – previdência social, proteção e defesa da saúde;

> Planos de Benefícios da Previdência Social: Lei n. 8.213, de 24-7-1991, regulamentada pelo Decreto n. 3.048, de 6-5-1999.

> Proteção e defesa da saúde: Leis n. 8.080, de 19-9-1990, e n. 8.142, de 28-12-1990.

XIII – assistência jurídica e defensoria pública;

> Assistência judiciária: Lei n. 1.060, de 5-2-1950.

> Defensoria Pública: Lei Complementar n. 80, de 12-1-1994.

XIV – proteção e integração social das pessoas portadoras de deficiência;

> A Lei n. 7.853, de 24-10-1989, regulamentada pelo Decreto n. 3.298, de 20-12-1999, dispõe sobre o apoio às pessoas portadoras de deficiência.

XV – proteção à infância e à juventude;

> ECA: Lei n. 8.069, de 13-7-1990.

> *Vide* Lei n. 13.257, de 8-3-2016, que dispõe sobre as políticas públicas para a primeira infância.

XVI – organização, garantias, direitos e deveres das polícias civis.

§ 1.º No âmbito da legislação concorrente, a competência da União limitar-se-á a estabelecer normas gerais.

>> A Lei n. 13.874, de 20-9-2019, institui a Declaração de Direitos de Liberdade Econômica e estabelece garantias de livre mercado e análise de impacto regulatório.

§ 2.º A competência da União para legislar sobre normas gerais não exclui a competência suplementar dos Estados.

§ 3.º Inexistindo lei federal sobre normas gerais, os Estados exercerão a competência legislativa plena, para atender a suas peculiaridades.

§ 4.º A superveniência de lei federal sobre normas gerais suspende a eficácia da lei estadual, no que lhe for contrário.

>> A Lei n. 13.874, de 20-9-2019, institui a Declaração de Direitos de Liberdade Econômica e estabelece garantias de livre mercado e análise de impacto regulatório.

CAPÍTULO III
DOS ESTADOS FEDERADOS

Art. 25. Os Estados organizam-se e regem-se pelas Constituições e leis que adotarem, observados os princípios desta Constituição.

> *Vide* Súmula 681 do STF.

§ 1.º São reservadas aos Estados as competências que não lhes sejam vedadas por esta Constituição.

§ 2.º Cabe aos Estados explorar diretamente, ou mediante concessão, os serviços locais de gás canalizado, na forma da lei, vedada a edição de medida provisória para a sua regulamentação.

>> § 2.º com redação determinada pela Emenda Constitucional n. 5, de 15-8-1995.

§ 3.º Os Estados poderão, mediante lei complementar, instituir regiões metropolitanas, aglomerações urbanas e microrregiões, constituídas por agrupamentos de Municípios limítrofes, para integrar a organização, o planejamento e a execução de funções públicas de interesse comum.

Art. 26. Incluem-se entre os bens dos Estados:

I – as águas superficiais ou subterrâneas, fluentes, emergentes e em depósito, ressalvadas, neste caso, na forma da lei, as decorrentes de obras da União;

II – as áreas, nas ilhas oceânicas e costeiras, que estiverem no seu domínio, excluídas aquelas sob domínio da União, Municípios ou terceiros;

III – as ilhas fluviais e lacustres não pertencentes à União;

IV – as terras devolutas não compreendidas entre as da União.

Art. 27. O número de Deputados à Assembleia Legislativa corresponderá ao triplo da representação do Estado na Câmara dos Deputados e, atingido o número de trinta e seis, será acrescido de tantos quantos forem os Deputados Federais acima de doze.

§ 1.º Será de quatro anos o mandato dos Deputados Estaduais, aplicando-se-lhes as regras desta Constituição sobre sistema eleitoral, inviolabilidade, imunidades, remuneração, perda de mandato, licença, impedimentos e incorporação às Forças Armadas.

§ 2.º O subsídio dos Deputados Estaduais será fixado por lei de iniciativa da Assembleia Legislativa, na razão de, no máximo, 75% (setenta e cinco por cento) daquele estabelecido, em espécie, para os Deputados Federais, observado o que dispõem os arts. 39, § 4.º, 57, § 7.º, 150, II, 153, III, e 153, § 2.º, I.

>> § 2.º com redação determinada pela Emenda Constitucional n. 19, de 4-6-1998.

§ 3.º Compete às Assembleias Legislativas dispor sobre seu regimento interno, polícia e serviços administrativos de sua secretaria, e prover os respectivos cargos.

§ 4.º A lei disporá sobre a iniciativa popular no processo legislativo estadual.

Art. 28. A eleição do Governador e do Vice-Governador de Estado, para mandato de 4 (quatro) anos, realizar-se-á no primeiro domingo de outubro, em primeiro turno, e no último domingo de outubro, em segundo turno, se houver, do ano anterior ao do término do mandato de seus antecessores, e a posse ocorrerá em primeiro de janeiro do ano subsequente, observado, quanto ao mais, o disposto no art. 77.

>> *Caput* com redação determinada pela Emenda Constitucional n. 16, de 4-6-1997.

> Normas para as eleições: Lei n. 9.504, de 30-9-1997.

§ 1.º Perderá o mandato o Governador que assumir outro cargo ou função na administração pública direta ou indireta, ressalvada a posse em virtude de concurso público e observado o disposto no art. 38, I, IV e V.

>> Anterior parágrafo único transformado em § 1.º pela Emenda Constitucional n. 19, de 4-6-1998.

§ 2.º Os subsídios do Governador, do Vice-Governador e dos Secretários de Estado serão fixados por lei de iniciativa da Assembleia Legislativa, observado o que dispõem os arts. 37, XI, 39, § 4.º, 150, II, 153, III, e 153, § 2.º, I.

>> § 2.º acrescentado pela Emenda Constitucional n. 19, de 4-6-1998.

Capítulo IV
DOS MUNICÍPIOS

>> *Vide* art. 96 do ADCT.

Art. 29. O Município reger-se-á por lei orgânica, votada em dois turnos, com o interstício mínimo de dez dias, e aprovada por dois terços dos membros da Câmara Municipal, que a promulgará, atendidos os princípios estabelecidos nesta Constituição, na Constituição do respectivo Estado e os seguintes preceitos:

>> *Vide* Súmula Vinculante 42 do STF.

I – eleição do Prefeito, do Vice-Prefeito e dos Vereadores, para mandato de quatro anos, mediante pleito direto e simultâneo realizado em todo o País;

> Normas para as eleições: Lei n. 9.504, de 30-9-1997.

II – eleição do Prefeito e do Vice-Prefeito realizada no primeiro domingo de outubro do ano anterior ao término do mandato dos que devam suceder, aplicadas as regras do art. 77 no caso de Municípios com mais de duzentos mil eleitores;

>> Inciso II com redação determinada pela Emenda Constitucional n. 16, de 4-6-1997.

III – posse do Prefeito e do Vice-Prefeito no dia 1.º de janeiro do ano subsequente ao da eleição;

IV – para a composição das Câmaras Municipais, será observado o limite máximo de:

>> Inciso IV, *caput*, com redação determinada pela Emenda Constitucional n. 58, de 23-9-2009.

>> O STF, na ADI n. 4.307, de 11-4-2013 (*DOU* de 29-10-2013), declarou a inconstitucionalidade do inciso I do art. 3.º da Emenda Constitucional n. 58, de 23-9-2009, que determinava que as alterações feitas neste art. 29 produziriam efeitos a partir do processo eleitoral de 2008.

a) 9 (nove) Vereadores, nos Municípios de até 15.000 (quinze mil) habitantes;

>> Alínea *a* com redação determinada pela Emenda Constitucional n. 58, de 23-9-2009.

b) 11 (onze) Vereadores, nos Municípios de mais de 15.000 (quinze mil) habitantes e de até 30.000 (trinta mil) habitantes;

>> Alínea *b* com redação determinada pela Emenda Constitucional n. 58, de 23-9-2009.

c) 13 (treze) Vereadores, nos Municípios com mais de 30.000 (trinta mil) habitantes e de até 50.000 (cinquenta mil) habitantes;

>> Alínea *c* com redação determinada pela Emenda Constitucional n. 58, de 23-9-2009.

d) 15 (quinze) Vereadores, nos Municípios de mais de 50.000 (cinquenta mil) habitantes e de até 80.000 (oitenta mil) habitantes;

>> Alínea *d* acrescentada pela Emenda Constitucional n. 58, de 23-9-2009.

e) 17 (dezessete) Vereadores, nos Municípios de mais de 80.000 (oitenta mil) habitantes e de até 120.000 (cento e vinte mil) habitantes;

>> Alínea *e* acrescentada pela Emenda Constitucional n. 58, de 23-9-2009.

f) 19 (dezenove) Vereadores, nos Municípios de mais de 120.000 (cento e vinte mil) habitantes e de até 160.000 (cento e sessenta mil) habitantes;

>> Alínea *f* acrescentada pela Emenda Constitucional n. 58, de 23-9-2009.

g) 21 (vinte e um) Vereadores, nos Municípios de mais de 160.000 (cento e sessenta mil) habitantes e de até 300.000 (trezentos mil) habitantes;

>> Alínea *g* acrescentada pela Emenda Constitucional n. 58, de 23-9-2009.

h) 23 (vinte e três) Vereadores, nos Municípios de mais de 300.000 (trezentos mil) habitantes e de até 450.000 (quatrocentos e cinquenta mil) habitantes;

>> Alínea *h* acrescentada pela Emenda Constitucional n. 58, de 23-9-2009.

i) 25 (vinte e cinco) Vereadores, nos Municípios de mais de 450.000 (quatrocentos e cinquenta mil) habitantes e de até 600.000 (seiscentos mil) habitantes;

>> Alínea *i* acrescentada pela Emenda Constitucional n. 58, de 23-9-2009.

j) 27 (vinte e sete) Vereadores, nos Municípios de mais de 600.000 (seiscentos mil) habitantes e de até 750.000 (setecentos e cinquenta mil) habitantes;

>> Alínea *j* acrescentada pela Emenda Constitucional n. 58, de 23-9-2009.

k) 29 (vinte e nove) Vereadores, nos Municípios de mais de 750.000 (setecentos e cinquenta mil) habitantes e de até 900.000 (novecentos mil) habitantes;

>> Alínea *k* acrescentada pela Emenda Constitucional n. 58, de 23-9-2009.

l) 31 (trinta e um) Vereadores, nos Municípios de mais de 900.000 (novecentos mil) habitantes e de até 1.050.000 (um milhão e cinquenta mil) habitantes;

>> Alínea *l* acrescentada pela Emenda Constitucional n. 58, de 23-9-2009.

m) 33 (trinta e três) Vereadores, nos Municípios de mais de 1.050.000 (um milhão e cinquenta mil) habitantes e de até 1.200.000 (um milhão e duzentos mil) habitantes;

>> Alínea *m* acrescentada pela Emenda Constitucional n. 58, de 23-9-2009.

n) 35 (trinta e cinco) Vereadores, nos Municípios de mais de 1.200.000 (um milhão e duzentos mil) habitantes e de até 1.350.000 (um milhão e trezentos e cinquenta mil) habitantes;

>> Alínea *n* acrescentada pela Emenda Constitucional n. 58, de 23-9-2009.

o) 37 (trinta e sete) Vereadores, nos Municípios de 1.350.000 (um milhão e trezentos e cinquenta mil) habitantes e de até 1.500.000 (um milhão e quinhentos mil) habitantes;

>> Alínea *o* acrescentada pela Emenda Constitucional n. 58, de 23-9-2009.

p) 39 (trinta e nove) Vereadores, nos Municípios de mais de 1.500.000 (um milhão e quinhentos mil) habitantes e de até 1.800.000 (um milhão e oitocentos mil) habitantes;

>> Alínea *p* acrescentada pela Emenda Constitucional n. 58, de 23-9-2009.

q) 41 (quarenta e um) Vereadores, nos Municípios de mais de 1.800.000 (um milhão e oitocentos mil) habitantes e de até 2.400.000 (dois milhões e quatrocentos mil) habitantes;

>> Alínea *q* acrescentada pela Emenda Constitucional n. 58, de 23-9-2009.

r) 43 (quarenta e três) Vereadores, nos Municípios de mais de 2.400.000 (dois milhões e quatrocentos mil) habitantes e de até 3.000.000 (três milhões) de habitantes;

>> Alínea *r* acrescentada pela Emenda Constitucional n. 58, de 23-9-2009.

s) 45 (quarenta e cinco) Vereadores, nos Municípios de mais de 3.000.000 (três milhões) de habitantes e de até 4.000.000 (quatro milhões) de habitantes;

>> Alínea *s* acrescentada pela Emenda Constitucional n. 58, de 23-9-2009.

t) 47 (quarenta e sete) Vereadores, nos Municípios de mais de 4.000.000 (quatro milhões) de habitantes e de até 5.000.000 (cinco milhões) de habitantes;

>> Alínea *t* acrescentada pela Emenda Constitucional n. 58, de 23-9-2009.

u) 49 (quarenta e nove) Vereadores, nos Municípios de mais de 5.000.000 (cinco milhões) de habitantes e de até 6.000.000 (seis milhões) de habitantes;

>> Alínea *u* acrescentada pela Emenda Constitucional n. 58, de 23-9-2009.

v) 51 (cinquenta e um) Vereadores, nos Municípios de mais de 6.000.000 (seis milhões) de habitantes e de até 7.000.000 (sete milhões) de habitantes;

>> Alínea *v* acrescentada pela Emenda Constitucional n. 58, de 23-9-2009.

w) 53 (cinquenta e três) Vereadores, nos Municípios de mais de 7.000.000 (sete milhões) de habitantes e de até 8.000.000 (oito milhões) de habitantes; e

>> Alínea *w* acrescentada pela Emenda Constitucional n. 58, de 23-9-2009.

x) 55 (cinquenta e cinco) Vereadores, nos Municípios de mais de 8.000.000 (oito milhões) de habitantes;

>> Alínea *x* acrescentada pela Emenda Constitucional n. 58, de 23-9-2009.

V – subsídios do Prefeito, do Vice-Prefeito e dos Secretários Municipais fixados por lei de iniciativa da Câmara Municipal, observado o que dispõem os arts. 37, XI, 39, § 4.º, 150, II, 153, III, e 153, § 2.º, I;

>> Inciso V com redação determinada pela Emenda Constitucional n. 19, de 4-6-1998.

VI – o subsídio dos Vereadores será fixado pelas respectivas Câmaras Municipais em cada legislatura para a subsequente, observado o que dispõe esta Constituição, observados os critérios estabelecidos na respectiva Lei Orgânica e os seguintes limites máximos:

>> Inciso VI, *caput*, com redação determinada pela Emenda Constitucional n. 25, de 14-2-2000.

a) em Municípios de até 10.000 (dez mil) habitantes, o subsídio máximo dos Vereadores corresponderá a 20% (vinte por cento) do subsídio dos Deputados Estaduais;

>> Alínea *a* acrescentada pela Emenda Constitucional n. 25, de 14-2-2000.

b) em Municípios de 10.001 (dez mil e um) a 50.000 (cinquenta mil) habitantes, o subsídio máximo dos Vereadores corresponderá a 30% (trinta por cento) do subsídio dos Deputados Estaduais;

>> Alínea *b* acrescentada pela Emenda Constitucional n. 25, de 14-2-2000.

c) em Municípios de 50.001 (cinquenta mil e um) a 100.000 (cem mil) habitantes, o subsídio máximo dos Vereadores corresponderá a 40% (quarenta por cento) do subsídio dos Deputados Estaduais;

>> Alínea *c* acrescentada pela Emenda Constitucional n. 25, de 14-2-2000.

d) em Municípios de 100.001 (cem mil e um) a 300.000 (trezentos mil) habitantes, o subsídio máximo dos Vereadores corresponderá a 50% (cinquenta por cento) do subsídio dos Deputados Estaduais;

>> Alínea *d* acrescentada pela Emenda Constitucional n. 25, de 14-2-2000.

e) em Municípios de 300.001 (trezentos mil e um) a 500.000 (quinhentos mil) habitantes, o subsídio máximo dos Vereadores corresponderá a 60% (sessenta por cento) do subsídio dos Deputados Estaduais;

>> Alínea *e* acrescentada pela Emenda Constitucional n. 25, de 14-2-2000.

f) em Municípios de mais de 500.000 (quinhentos mil) habitantes, o subsídio máximo dos Vereadores corresponderá a 75% (setenta e cinco por cento) do subsídio dos Deputados Estaduais;

>> Alínea *f* acrescentada pela Emenda Constitucional n. 25, de 14-2-2000.

VII – o total da despesa com a remuneração dos Vereadores não poderá ultrapassar o montante de 5% (cinco por cento) da receita do município;

>> Inciso VII acrescentado pela Emenda Constitucional n. 1, de 31-3-1992.

VIII – inviolabilidade dos Vereadores por suas opiniões, palavras e votos no exercício do mandato e na circunscrição do Município;

>> Inciso renumerado pela Emenda Constitucional n. 1, de 31-3-1992.

IX – proibições e incompatibilidades, no exercício da vereança, similares, no que couber, ao disposto nesta Constituição para os membros do Congresso Nacional e, na Constituição do respectivo Estado, para os membros da Assembleia Legislativa;

>> Inciso renumerado pela Emenda Constitucional n. 1, de 31-3-1992.

X – julgamento do Prefeito perante o Tribunal de Justiça;

>> Inciso renumerado pela Emenda Constitucional n. 1, de 31-3-1992.

> Responsabilidade de prefeitos e vereadores: Decreto-lei n. 201, de 27-2-1967.

XI – organização das funções legislativas e fiscalizadoras da Câmara Municipal;

>> Inciso renumerado pela Emenda Constitucional n. 1, de 31-3-1992.

XII – cooperação das associações representativas no planejamento municipal;

>> Inciso renumerado pela Emenda Constitucional n. 1, de 31-3-1992.

XIII – iniciativa popular de projetos de lei de interesse específico do Município, da cidade ou de bairros, através de manifestação de, pelo menos, cinco por cento do eleitorado;

>> Inciso renumerado pela Emenda Constitucional n. 1, de 31-3-1992.

XIV – perda do mandato do Prefeito, nos termos do art. 28, parágrafo único.

>> Inciso renumerado pela Emenda Constitucional n. 1, de 31-3-1992.

>> De acordo com a Emenda Constitucional n. 19, de 4-6-1998, a referência é ao art. 28, § 1.º.

Art. 29-A. O total da despesa do Poder Legislativo Municipal, incluídos os subsídios dos Vereadores e excluídos os gastos com inativos, não poderá ultrapassar os seguintes percentuais, relativos ao somatório da receita tributária e das transferências previstas no § 5.º do art. 153 e nos arts. 158 e 159, efetivamente realizado no exercício anterior:

>> *Caput* acrescentado pela Emenda Constitucional n. 25, de 14-2-2000.

I – 7% (sete por cento) para Municípios com população de até 100.000 (cem mil) habitantes;

>> Inciso I com redação determinada pela Emenda Constitucional n. 58, de 23-9-2009.

>> Sobre produção de efeitos deste inciso, *vide* art. 3.º, I, da Emenda Constitucional n. 58, de 23-9-2009.

II – 6% (seis por cento) para Municípios com população entre 100.000 (cem mil) e 300.000 (trezentos mil) habitantes;

>> Inciso II com redação determinada pela Emenda Constitucional n. 58, de 23-9-2009.

>> Sobre produção de efeitos deste inciso, *vide* art. 3.º, I, da Emenda Constitucional n. 58, de 23-9-2009.

III – 5% (cinco por cento) para Municípios com população entre 300.001 (trezentos mil e um) e 500.000 (quinhentos mil) habitantes;

>> Inciso III com redação determinada pela Emenda Constitucional n. 58, de 23-9-2009.

>> Sobre produção de efeitos deste inciso, *vide* art. 3.º, I, da Emenda Constitucional n. 58, de 23-9-2009.

IV – 4,5% (quatro inteiros e cinco décimos por cento) para Municípios com população entre 500.001 (quinhentos mil e um) e 3.000.000 (três milhões) de habitantes;

>> Inciso IV com redação determinada pela Emenda Constitucional n. 58, de 23-9-2009.

>> Sobre produção de efeitos deste inciso, *vide* art. 3.º, I, da Emenda Constitucional n. 58, de 23-9-2009.

V – 4% (quatro por cento) para Municípios com população entre 3.000.001 (três milhões e um) e 8.000.000 (oito milhões) de habitantes;

>> Inciso V acrescentado pela Emenda Constitucional n. 58, de 23-9-2009.

>> Sobre produção de efeitos deste inciso, *vide* art. 3.º, I, da Emenda Constitucional n. 58, de 23-9-2009.

VI – 3,5% (três inteiros e cinco décimos por cento) para Municípios com população acima de 8.000.001 (oito milhões e um) habitantes.

>> Inciso VI acrescentado pela Emenda Constitucional n. 58, de 23-9-2009.

§ 1.º A Câmara Municipal não gastará mais de 70% (setenta por cento) de sua receita com folha de pagamento, incluído o gasto com o subsídio de seus Vereadores.

>> § 1.º acrescentado pela Emenda Constitucional n. 25, de 14-2-2000.

§ 2.º Constitui crime de responsabilidade do Prefeito Municipal:

>> § 2.º, *caput*, acrescentado pela Emenda Constitucional n. 25, de 14-2-2000. Em vigor a partir de 1.º-1-2001.

I – efetuar repasse que supere os limites definidos neste artigo;

>> Inciso I acrescentado pela Emenda Constitucional n. 25, de 14-2-2000. Em vigor a partir de 1.º-1-2001.

II – não enviar o repasse até o dia 20 (vinte) de cada mês; ou

>> Inciso II acrescentado pela Emenda Constitucional n. 25, de 14-2-2000. Em vigor a partir de 1.º-1-2001.

III – enviá-lo a menor em relação à proporção fixada na Lei Orçamentária.

>> Inciso III acrescentado pela Emenda Constitucional n. 25, de 14-2-2000.

> A Lei Complementar n. 101, de 4-5-2000, dispõe sobre a responsabilidade fiscal.

> A Lei n. 10.028, de 19-10-2000, estabelece os crimes contra as finanças públicas.

§ 3.º Constitui crime de responsabilidade do Presidente da Câmara Municipal o desrespeito ao § 1.º deste artigo.

>> § 3.º acrescentado pela Emenda Constitucional n. 25, de 14-2-2000.

Art. 30. Compete aos Municípios:

I – legislar sobre assuntos de interesse local;

>> *Vide* Súmulas Vinculantes 38 e 42 do STF.

II – suplementar a legislação federal e a estadual no que couber;

III – instituir e arrecadar os tributos de sua competência, bem como aplicar suas rendas, sem prejuízo da obrigatoriedade de prestar contas e publicar balancetes nos prazos fixados em lei;

IV – criar, organizar e suprimir distritos, observada a legislação estadual;

> *Vide* art. 96 do ADCT.

V – organizar e prestar, diretamente ou sob regime de concessão ou permissão, os serviços públicos de interesse local, incluído o de transporte coletivo, que tem caráter essencial;

> *Vide* art. 175 da CF.

VI – manter, com a cooperação técnica e financeira da União e do Estado, programas de educação infantil e de ensino fundamental;

>> Inciso VI com redação determinada pela Emenda Constitucional n. 53, de 19-12-2006.

VII – prestar, com a cooperação técnica e financeira da União e do Estado, serviços de atendimento à saúde da população;

VIII – promover, no que couber, adequado ordenamento territorial, mediante planejamento e controle do uso, do parcelamento e da ocupação do solo urbano;

IX – promover a proteção do patrimônio histórico-cultural local, observada a legislação e a ação fiscalizadora federal e estadual.

Art. 31. A fiscalização do Município será exercida pelo Poder Legislativo Municipal, mediante controle externo, e pelos sistemas de controle interno do Poder Executivo Municipal, na forma da lei.

§ 1.º O controle externo da Câmara Municipal será exercido com o auxílio dos Tribunais de Contas dos Estados ou do Município ou dos Conselhos ou Tribunais de Contas dos Municípios, onde houver.

§ 2.º O parecer prévio, emitido pelo órgão competente sobre as contas que o Prefeito deve anualmente prestar, só deixará de prevalecer por decisão de dois terços dos membros da Câmara Municipal.

§ 3.º As contas dos Municípios ficarão, durante 60 (sessenta) dias, anualmente, à disposição de qualquer contribuinte, para exame e apreciação, o qual poderá questionar-lhes a legitimidade, nos termos da lei.

§ 4.º É vedada a criação de Tribunais, Conselhos ou órgãos de Contas Municipais.

Capítulo V
DO DISTRITO FEDERAL E DOS TERRITÓRIOS

Seção I
Do Distrito Federal

Art. 32. O Distrito Federal, vedada sua divisão em Municípios, reger-se-á por lei orgânica, votada em dois turnos com interstício mínimo de dez dias, e aprovada por dois terços da Câmara Legislativa, que a promulgará, atendidos os princípios estabelecidos nesta Constituição.

§ 1.º Ao Distrito Federal são atribuídas as competências legislativas reservadas aos Estados e Municípios.

§ 2.º A eleição do Governador e do Vice-Governador, observadas as regras do art. 77, e dos Deputados Distritais coincidirá com a dos Governadores e Deputados Estaduais, para mandato de igual duração.

§ 3.º Aos Deputados Distritais e à Câmara Legislativa aplica-se o disposto no art. 27.

§ 4.º Lei federal disporá sobre a utilização, pelo Governo do Distrito Federal, da polícia civil, da polícia penal, da polícia militar e do corpo de bombeiros militar.

>> § 4º com redação determinada pela Emenda Constitucional n. 104, de 4-12-2019.

Seção II
Dos Territórios

Art. 33. A lei disporá sobre a organização administrativa e judiciária dos Territórios.

§ 1.º Os Territórios poderão ser divididos em Municípios, aos quais se aplicará, no que couber, o disposto no Capítulo IV deste Título.

§ 2.º As contas do Governo do Território serão submetidas ao Congresso Nacional, com parecer prévio do Tribunal de Contas da União.

§ 3.º Nos Territórios Federais com mais de cem mil habitantes, além do Governador nomeado na forma desta Constituição, haverá órgãos judiciários de primeira e segunda instância, membros do Ministério Público e defensores públicos federais; a lei disporá sobre as eleições para a Câmara Territorial e sua competência deliberativa.

Capítulo VI
DA INTERVENÇÃO

Art. 34. A União não intervirá nos Estados nem no Distrito Federal, exceto para:

>>> *Vide* arts. 350 a 354 do RISTF.

I – manter a integridade nacional;

II – repelir invasão estrangeira ou de uma unidade da Federação em outra;

III – pôr termo a grave comprometimento da ordem pública;

IV – garantir o livre exercício de qualquer dos Poderes nas unidades da Federação;

V – reorganizar as finanças da unidade da Federação que:

a) suspender o pagamento da dívida fundada por mais de dois anos consecutivos, salvo motivo de força maior;

b) deixar de entregar aos Municípios receitas tributárias fixadas nesta Constituição, dentro dos prazos estabelecidos em lei;

VI – prover a execução de lei federal, ordem ou decisão judicial;

VII – assegurar a observância dos seguintes princípios constitucionais:

a) forma republicana, sistema representativo e regime democrático;

b) direitos da pessoa humana;

c) autonomia municipal;

d) prestação de contas da administração pública, direta e indireta;

e) aplicação do mínimo exigido da receita resultante de impostos estaduais, compreendida a proveniente de transferências, na manutenção e desenvolvimento do ensino e nas ações e serviços públicos de saúde.

>> Alínea *e* com redação determinada pela Emenda Constitucional n. 29, de 13-9-2000.

> *Vide* art. 212 da CF.

>>> Lei n. 12.562, de 23-12-2011 – representação interventiva.

Art. 35. O Estado não intervirá em seus Municípios, nem a União nos Municípios localizados em Território Federal, exceto quando:

I – deixar de ser paga, sem motivo de força maior, por dois anos consecutivos, a dívida fundada;

II – não forem prestadas contas devidas, na forma da lei;

III – não tiver sido aplicado o mínimo exigido da receita municipal na manutenção e desenvolvimento do ensino e nas ações e serviços públicos de saúde;

>> Inciso III com redação determinada pela Emenda Constitucional n. 29, de 13-9-2000.

> *Vide* art. 212 da CF.

IV – o Tribunal de Justiça der provimento a representação para assegurar a observância de princípios indicados na Constituição Estadual, ou para prover a execução de lei, de ordem ou de decisão judicial.

Art. 36. A decretação da intervenção dependerá:

I – no caso do art. 34, IV, de solicitação do Poder Legislativo ou do Poder Executivo coacto ou impedido, ou de requisição do Supremo Tribunal Federal, se a coação for exercida contra o Poder Judiciário;

II – no caso de desobediência a ordem ou decisão judiciária, de requisição do Supremo Tribunal Federal, do Superior Tribunal de Justiça ou do Tribunal Superior Eleitoral;

III – de provimento, pelo Supremo Tribunal Federal, de representação do Procurador-Geral da República, na hipótese do art. 34, VII, e no caso de recusa à execução de lei federal;

>> Inciso III com redação determinada pela Emenda Constitucional n. 45, de 8-12-2004.

>> Inciso III regulamentado pela Lei n. 12.562, de 23-12-2011.

IV – (*Revogado pela Emenda Constitucional n. 45, de 8-12-2004.*)

§ 1.º O decreto de intervenção, que especificará a amplitude, o prazo e as condições de execução e que, se couber, nomeará o interventor, será submetido à apreciação do Congresso Nacional ou da Assembleia Legislativa do Estado, no prazo de vinte e quatro horas.

§ 2.º Se não estiver funcionando o Congresso Nacional ou a Assembleia Legislativa, far-se-á convocação extraordinária, no mesmo prazo de vinte e quatro horas.

§ 3.º Nos casos do art. 34, VI e VII, ou do art. 35, IV, dispensada a apreciação pelo Congresso Nacional ou pela Assembleia Legislativa, o decreto limitar-se-á a suspender a execução do ato impugnado, se essa medida bastar ao restabelecimento da normalidade.

§ 4.º Cessados os motivos da intervenção, as autoridades afastadas de seus cargos a estes voltarão, salvo impedimento legal.

Capítulo VII
DA ADMINISTRAÇÃO PÚBLICA

> Regime jurídico dos servidores públicos civis da União, das Autarquias e das Fundações Públicas Federais: Lei n. 8.112, de 11-12-1990.

> A Lei n. 9.784, de 29-1-1999, regula o processo administrativo no âmbito da Administração Pública Federal.

Seção I
Disposições Gerais

Art. 37. A administração pública direta e indireta de qualquer dos Poderes da União, dos Estados, do Distrito Federal e dos Municípios obedecerá aos princípios de legalidade, impessoalidade, moralidade, publicidade e eficiência e, também, ao seguinte:

>> *Caput* com redação determinada pela Emenda Constitucional n. 19, de 4-6-1998.

> *Vide* Súmula Vinculante 13 do STF.

I – os cargos, empregos e funções públicas são acessíveis aos brasileiros que preencham os requisitos estabelecidos em lei, assim como aos estrangeiros, na forma da lei;

>> Inciso I com redação determinada pela Emenda Constitucional n. 19, de 4-6-1998.

> *Vide* Súmula Vinculante 44 do STF.

> *Vide* Súmula 686 do STF.

> A Lei n. 8.730, de 10-11-1993, estabelece a obrigatoriedade da declaração de bens e rendas para o exercício de cargos, empregos e funções nos Poderes Executivo, Legislativo e Judiciário.

II – a investidura em cargo ou emprego público depende de aprovação prévia em concurso público de provas ou de provas e títulos, de acordo com a natureza e a complexidade do cargo ou emprego, na forma prevista em lei, ressalvadas as nomeações para cargo em comissão declarado em lei de livre nomeação e exoneração;

>> Inciso II com redação determinada pela Emenda Constitucional n. 19, de 4-6-1998.

>> *Vide* Súmula Vinculante 43 do STF.

>> O Decreto n. 9.739, de 28-3-2019, estabelece normas sobre concursos públicos.

> *Vide* Súmula 685 do STF.

III – o prazo de validade do concurso público será de até dois anos, prorrogável uma vez, por igual período;

> Disposição igual na Lei n. 8.112, de 11-12-1990, art. 12.

IV – durante o prazo improrrogável previsto no edital de convocação, aquele aprovado em concurso público de provas ou de provas e títulos será convocado com prioridade sobre novos concursados para assumir cargo ou emprego, na carreira;

V – as funções de confiança, exercidas exclusivamente por servidores ocupantes de cargo efetivo, e os cargos em comissão, a serem preenchidos por servidores de carreira nos casos, condições e percentuais mínimos previstos em lei, destinam-se apenas às atribuições de direção, chefia e assessoramento;

>> Inciso V com redação determinada pela Emenda Constitucional n. 19, de 4-6-1998.

VI – é garantido ao servidor público civil o direito à livre associação sindical;

VII – o direito de greve será exercido nos termos e nos limites definidos em lei específica;

>> Inciso VII com redação determinada pela Emenda Constitucional n. 19, de 4-6-1998.

> Paralisações dos serviços públicos federais: Decreto n. 1.480, de 3-5-1995.

VIII – a lei reservará percentual dos cargos e empregos públicos para as pessoas portadoras de deficiência e definirá os critérios de sua admissão;

> *Vide* Súmula 377 do STJ.

IX – a lei estabelecerá os casos de contratação por tempo determinado para atender a necessidade temporária de excepcional interesse público;

>> *Vide* art. 2.º, *caput*, da Emenda Constitucional n. 106, de 7-5-2020.

> A Lei n. 8.745, de 9-12-1993, dispõe sobre a contratação por tempo determinado para atender a necessidade temporária de excepcional interesse público.

X – a remuneração dos servidores públicos e o subsídio de que trata o § 4.º do art. 39 somente poderão ser fixados ou alterados por lei específica, observada a iniciativa privativa em cada caso, assegurada revisão geral anual, sempre na mesma data e sem distinção de índices;

>> Inciso X com redação determinada pela Emenda Constitucional n. 19, de 4-6-1998.

>> A Lei n. 10.331, de 18-12-2001, regulamenta este inciso.

> *Vide* Súmulas Vinculantes 37 e 51.

XI – a remuneração e o subsídio dos ocupantes de cargos, funções e empregos públicos da administração direta, autárquica e fundacional, dos membros de qualquer dos Poderes da União, dos Estados, do Distrito Federal e dos Municípios, dos detentores de mandato eletivo e dos demais agentes políticos e os proventos, pensões ou outra espécie remuneratória, percebidos cumulativamente ou não, incluídas as vantagens pessoais ou de qualquer outra natureza, não poderão exceder o subsídio mensal, em espécie, dos Ministros do Supremo Tribunal Federal, aplicando-se como limite, nos Municípios, o subsídio do Prefeito, e nos Estados e no Distrito Federal, o subsídio mensal do Governador no âmbito do Poder Executivo, o subsídio dos Deputados Estaduais e Distritais no âmbito do Poder Legislativo e o subsídio dos Desembargadores do Tribunal de Justiça, limitado a noventa inteiros e vinte e cinco centésimos por cento do subsídio mensal, em espécie, dos Ministros do Supremo Tribunal Federal, no âmbito do Poder Judiciário, aplicável este limite aos membros do Ministério Público, aos Procuradores e aos Defensores Públicos;

>> Inciso XI com redação determinada pela Emenda Constitucional n. 41, de 19-12-2003.

>> O STF, em liminar concedida em 28-2-2007, na ADI n. 3.854-1 (*DOU* de 8-3-2007), exclui "a submissão dos membros da magistratura estadual ao subteto de remuneração", de que trata este inciso.

>> Inciso regulamentado pela Lei n. 8.448, de 21-7-1992.

>> A Lei n. 8.852, de 4-2-1994, dispõe sobre a aplicação deste inciso.

>> *Vide* art. 8.º da Emenda Constitucional n. 41, de 19-12-2003, que dispõe sobre a fixação do valor do subsídio de que trata este inciso.

>> A Lei n. 13.753, de 26-11-2018, dispõe sobre o subsídio do Procurador-Geral da República.

> *Vide* §§ 11 e 12 deste artigo e art. 4.º da Emenda Constitucional n. 47, de 5-7-2005.

XII – os vencimentos dos cargos do Poder Legislativo e do Poder Judiciário não poderão ser superiores aos pagos pelo Poder Executivo;

>> A Lei n. 8.852, de 4-2-1994, dispõe sobre a aplicação deste inciso.

XIII – é vedada a vinculação ou equiparação de quaisquer espécies remuneratórias para o efeito de remuneração de pessoal do serviço público;

>> Inciso XIII com redação determinada pela Emenda Constitucional n. 19, de 4-6-1998.

>> *Vide* Súmula Vinculante 42 do STF.

>> *Vide* Súmula 681 do STF.

XIV – os acréscimos pecuniários percebidos por servidor público não serão computados nem acumulados para fim de concessão de acréscimos ulteriores;

>> Inciso XIV com redação determinada pela Emenda Constitucional n. 19, de 4-6-1998.

XV – o subsídio e os vencimentos dos ocupantes de cargos e empregos públicos são irredutíveis, ressalvado o disposto nos incisos XI e XIV deste artigo e nos arts. 39, § 4.º, 150, II, 153, III, e 153, § 2.º, I;

>> Inciso XV com redação determinada pela Emenda Constitucional n. 19, de 4-6-1998.

XVI – é vedada a acumulação remunerada de cargos públicos, exceto, quando houver compatibilidade de horários, observado em qualquer caso o disposto no inciso XI:

>> Inciso XVI, *caput*, com redação determinada pela Emenda Constitucional n. 19, de 4-6-1998.

>> *Vide* art. 42, § 3.º, da CF.

a) a de dois cargos de professor;

>> Alínea *a* com redação determinada pela Emenda Constitucional n. 19, de 4-6-1998.

b) a de um cargo de professor com outro, técnico ou científico;

>> Alínea *b* com redação determinada pela Emenda Constitucional n. 19, de 4-6-1998.

c) a de dois cargos ou empregos privativos de profissionais de saúde, com profissões regulamentadas;

>> Alínea *c* com redação determinada pela Emenda Constitucional n. 34, de 13-12-2001.

XVII – a proibição de acumular estende-se a empregos e funções e abrange autarquias, fundações, empresas públicas, sociedades de economia mista, suas subsidiárias, e sociedades controladas, direta ou indiretamente, pelo poder público;

>> Inciso XVII com redação determinada pela Emenda Constitucional n. 19, de 4-6-1998.

XVIII – a administração fazendária e seus servidores fiscais terão, dentro de suas áreas de competência e jurisdição, precedência sobre os demais setores administrativos, na forma da lei;

XIX – somente por lei específica poderá ser criada autarquia e autorizada a instituição de empresa pública, de sociedade de economia mista e de fundação, cabendo à lei complementar, neste último caso, definir as áreas de sua atuação;

>> Inciso XIX com redação determinada pela Emenda Constitucional n. 19, de 4-6-1998.

XX – depende de autorização legislativa, em cada caso, a criação de subsidiárias das entidades mencionadas no inciso anterior, assim como a participação de qualquer delas em empresa privada;

>> *Vide* Lei n. 13.303, de 30-6-2016 (Estatuto Jurídico das Empresas Públicas).

XXI – ressalvados os casos especificados na legislação, as obras, serviços, compras e alienações serão contratados mediante processo de licitação pública que assegure igualdade de condições a todos os concorrentes, com cláusulas que estabeleçam obrigações de pagamento, mantidas as condições efetivas da proposta, nos termos da lei, o qual somente permitirá as exigências de qualificação técnica e econômica indispensáveis à garantia do cumprimento das obrigações;

>> Regulamento: Lei n. 8.666, de 21-6-1993.

> A Lei n. 10.520, de 17-7-2002, institui modalidade de licitação denominada pregão, para aquisição de bens e serviços comuns, e dá outras providências. Regulamento: Decreto n. 3.555, de 8-8-2000.

XXII – as administrações tributárias da União, dos Estados, do Distrito Federal e dos Municípios, atividades essenciais ao funcionamento do Estado, exercidas por servidores de carreiras específicas, terão recursos prioritários para a realização de suas atividades e atuarão de forma integrada, inclusive com o compartilhamento de cadastros e de informações fiscais, na forma da lei ou convênio.

>> Inciso XXII acrescentado pela Emenda Constitucional n. 42, de 19-12-2003.

§ 1.º A publicidade dos atos, programas, obras, serviços e campanhas dos órgãos públicos deverá ter caráter educativo, informativo ou de orientação social, dela não podendo constar nomes, símbolos ou imagens que caracterizem promoção pessoal de autoridades ou servidores públicos.

> *Vide* art. 224 da CF.

> O Decreto n. 6.555, de 8-9-2008, dispõe sobre as ações de comunicação do Poder Executivo Federal.

§ 2.º A não observância do disposto nos incisos II e III implicará a nulidade do ato e a punição da autoridade responsável, nos termos da lei.

§ 3.º A lei disciplinará as formas de participação do usuário na administração pública direta e indireta, regulando especialmente:

>> § 3.º, *caput*, com redação determinada pela Emenda Constitucional n. 19, de 4-6-1998.

I – as reclamações relativas à prestação dos serviços públicos em geral, asseguradas a manutenção de serviço de atendimento ao usuário e a avaliação periódica, externa e interna, da qualidade dos serviços;

>> Inciso I acrescentado pela Emenda Constitucional n. 19, de 4-6-1998.

>> *Vide* Lei n. 13.460, de 26-6-2017, que dispõe sobre os direitos do usuário dos serviços públicos da administração pública.

II – o acesso dos usuários a registros administrativos e a informações sobre atos de governo, observado o disposto no art. 5.º, X e XXXIII;

>> Inciso II acrescentado pela Emenda Constitucional n. 19, de 4-6-1998.

>> A Lei n. 12.527, de 18-11-2011, regula o acesso a informações previsto neste inciso.

> O Decreto n. 7.845, de 14-11-2012, regulamenta procedimentos para credenciamento de segurança e tratamento de informação classificada em qualquer grau de sigilo, e dispõe sobre o Núcleo de Segurança e Credenciamento.

III – a disciplina da representação contra o exercício negligente ou abusivo de cargo, emprego ou função na administração pública.

>> Inciso III acrescentado pela Emenda Constitucional n. 19, de 4-6-1998.

§ 4.º Os atos de improbidade administrativa importarão a suspensão dos direitos políticos, a perda da função pública, a indisponibilidade dos bens e o ressarcimento ao erário, na forma e gradação previstas em lei, sem prejuízo da ação penal cabível.

> *Vide* arts. 312 e s. do CP.

> A Lei n. 8.026, de 12-4-1990, dispõe sobre a aplicação da pena de demissão a funcionário público.

> A Lei n. 8.027, de 12-4-1990, dispõe sobre normas de conduta dos servidores públicos civis da União, autarquias e fundações públicas.

> Improbidade administrativa: Lei n. 8.429, de 2-6-1992.

> O Decreto n. 4.410, de 7-10-2002, promulga a Convenção Interamericana contra a Corrupção.

§ 5.º A lei estabelecerá os prazos de prescrição para ilícitos praticados por qualquer agente, servidor ou não, que causem prejuízos ao erário, ressalvadas as respectivas ações de ressarcimento.

§ 6.º As pessoas jurídicas de direito público e as de direito privado prestadoras de serviços públicos responderão pelos danos que seus agentes, nessa qualidade, causarem a terceiros, assegurado o direito de regresso contra o responsável nos casos de dolo ou culpa.

§ 7.º A lei disporá sobre os requisitos e as restrições ao ocupante de cargo ou emprego da administração direta e indireta que possibilite o acesso a informações privilegiadas.

>> § 7.º acrescentado pela Emenda Constitucional n. 19, de 4-6-1998.

§ 8.º A autonomia gerencial, orçamentária e financeira dos órgãos e entidades da administração direta e indireta poderá ser ampliada mediante contrato, a ser firmado entre seus administradores e o poder público, que tenha por objeto a fixação de metas de desempenho para o órgão ou entidade, cabendo à lei dispor sobre:

>> § 8.º, *caput*, acrescentado pela Emenda Constitucional n. 19, de 4-6-1998.

>> A Lei n. 13.934, de 11-12-2019, regulamenta o contrato previsto neste § 8.º, denominado "contrato de desempenho" (*DOU* de 12-12-2019 – em vigor 180 dias de sua publicação).

I – o prazo de duração do contrato;

>> Inciso I acrescentado pela Emenda Constitucional n. 19, de 4-6-1998.

II – os controles e critérios de avaliação de desempenho, direitos, obrigações e responsabilidade dos dirigentes;

>> Inciso II acrescentado pela Emenda Constitucional n. 19, de 4-6-1998.

III – a remuneração do pessoal.

>> Inciso III acrescentado pela Emenda Constitucional n. 19, de 4-6-1998.

§ 9.º O disposto no inciso XI aplica-se às empresas públicas e às sociedades de economia mista, e suas subsidiárias, que receberem recursos da União, dos Estados, do Distrito Federal ou dos Municípios para pagamento de despesas de pessoal ou de custeio em geral.

>> § 9.º acrescentado pela Emenda Constitucional n. 19, de 4-6-1998.

§ 10. É vedada a percepção simultânea de proventos de aposentadoria decorrentes do art. 40 ou dos arts. 42 e 142 com a remuneração de cargo, emprego ou função pública, ressalvados os cargos acumuláveis na forma desta Constituição, os cargos eletivos e os cargos em comissão declarados em lei de livre nomeação e exoneração.

>> § 10 acrescentado pela Emenda Constitucional n. 20, de 15-12-1998.

> *Vide* art. 11 da Emenda Constitucional n. 20, de 15-12-1998.

§ 11. Não serão computadas, para efeito dos limites remuneratórios de que trata o inciso XI do *caput* deste artigo, as parcelas de caráter indenizatório previstas em lei.

>> § 11 acrescentado pela Emenda Constitucional n. 47, de 5-7-2005, em vigor na data de sua publicação, com efeitos retroativos à data de vigência da Emenda Constitucional n. 41, de 19-12-2003 (*DOU* de 31-12-2003).

§ 12. Para os fins do disposto no inciso XI do *caput* deste artigo, fica facultado aos Estados e ao Distrito Federal fixar, em seu âmbito, mediante emenda às respectivas Constituições e Lei Orgânica, como limite único, o subsídio mensal dos Desembargadores do respectivo Tribunal de Justiça, limitado a noventa inteiros e vinte e cinco centésimos por cento do subsídio mensal dos Ministros do Supremo Tribunal Federal, não se aplicando o disposto neste parágrafo aos subsídios dos Deputados Estaduais e Distritais e dos Vereadores.

>> § 12 acrescentado pela Emenda Constitucional n. 47, de 5-7-2005, em vigor na data de sua publicação, com efeitos retroativos à data de vigência da Emenda Constitucional n. 41, de 19-12-2003 (*DOU* de 31-12-2003).

>> O STF, em liminar concedida em 28-2-2007, na ADI n. 3.854-1 (*DOU* de 8-3-2007), exclui "a submissão dos membros da magistratura estadual ao subteto de remuneração", de que trata este parágrafo.

§ 13. O servidor público titular de cargo efetivo poderá ser readaptado para exercício de cargo cujas atribuições e responsabilidades sejam compatíveis com a limitação que tenha sofrido em sua capacidade física ou mental, enquanto permanecer nesta condição, desde que possua a habilitação e o nível de escolaridade exigidos para o cargo de destino, mantida a remuneração do cargo de origem.

>> § 13 acrescentado pela Emenda Constitucional n. 103, de 12-11-2019.

§ 14. A aposentadoria concedida com a utilização de tempo de contribuição decorrente de cargo, emprego ou função pública, inclusive do Regime Geral de Previdência Social, acarretará o rompimento do vínculo que gerou o referido tempo de contribuição.

>> § 14 acrescentado pela Emenda Constitucional n. 103, de 12-11-2019.

>> *Vide* art. 6.º da Emenda Constitucional n. 103, de 12-11-2019.

§ 15. É vedada a complementação de aposentadorias de servidores públicos e de pensões por morte a seus dependentes que não seja decorrente do disposto nos §§ 14 a 16 do art. 40 ou que não seja prevista em lei que extinga regime próprio de previdência social.

>> § 15 acrescentado pela Emenda Constitucional n. 103, de 12-11-2019.

>> *Vide* art. 7.º da Emenda Constitucional n. 103, de 12-11-2019.

Art. 38. Ao servidor público da administração direta, autárquica e fundacional, no exercício de mandato eletivo, aplicam-se as seguintes disposições:

>> *Caput* com redação determinada pela Emenda Constitucional n. 19, de 4-6-1998.

I – tratando-se de mandato eletivo federal, estadual ou distrital, ficará afastado de seu cargo, emprego ou função;

II – investido no mandato de Prefeito, será afastado do cargo, emprego ou função, sendo-lhe facultado optar pela sua remuneração;

III – investido no mandato de Vereador, havendo compatibilidade de horários, perceberá as vantagens de seu cargo, emprego ou função, sem prejuízo da remuneração do cargo eletivo, e, não havendo compatibilidade, será aplicada a norma do inciso anterior;

IV – em qualquer caso que exija o afastamento para o exercício de mandato eletivo, seu tempo de serviço será contado para todos os efeitos legais, exceto para promoção por merecimento;

V – na hipótese de ser segurado de regime próprio de previdência social, permanecerá filiado a esse regime, no ente federativo de origem.

>> Inciso V com redação determinada pela Emenda Constitucional n. 103, de 12-11-2019.

Seção II
Dos Servidores Públicos

>> Seção II com denominação determinada pela Emenda Constitucional n. 18, de 5-2-1998.

> Regime jurídico dos servidores públicos civis da União, das Autarquias e das Fundações Públicas Federais: Lei n. 8.112, de 11-12-1990.

> A Lei n. 8.026, de 12-4-1990, dispõe sobre a aplicação de pena de demissão a funcionário público.

> A Lei n. 8.027, de 12-4-1990, dispõe sobre normas de conduta dos servidores públicos civis da União, das Autarquias e das Fundações Públicas.

Art. 39. A União, os Estados, o Distrito Federal e os Municípios instituirão conselho de política de administração e remuneração de pessoal, integrado por servidores designados pelos respectivos Poderes.

>> *Caput* com redação determinada pela Emenda Constitucional n. 19, de 4-6-1998.

>> O STF, em liminar parcialmente concedida em 2-8-2007, na ADI n. 2.135-4 (*DOU* de 14-8-2007), suspende a eficácia do *caput* deste artigo. Com a decisão volta a vigorar a redação anterior: "A União, os Estados, o Distrito Federal e os Municípios instituirão, no âmbito de sua competência, regime jurídico único e planos de carreira para os servidores da administração pública direta, das autarquias e das fundações públicas".

> *Vide* Súmula Vinculante 4 do STF.

> *Vide* Súmula 97 do STJ.

§ 1.º A fixação dos padrões de vencimento e dos demais componentes do sistema remuneratório observará:

>> § 1.º, *caput*, com redação determinada pela Emenda Constitucional n. 19, de 4-6-1998.

>> § 1.º regulamentado pela Lei n. 8.448, de 21-7-1992.

>> A Lei n. 8.852, de 4-2-1994, dispõe sobre a aplicação deste parágrafo.

I – a natureza, o grau de responsabilidade e a complexidade dos cargos componentes de cada carreira;

>> Inciso I acrescentado pela Emenda Constitucional n. 19, de 4-6-1998.

II – os requisitos para a investidura;

>> Inciso II acrescentado pela Emenda Constitucional n. 19, de 4-6-1998.

III – as peculiaridades dos cargos.

>> Inciso III acrescentado pela Emenda Constitucional n. 19, de 4-6-1998.

§ 2.º A União, os Estados e o Distrito Federal manterão escolas de governo para a formação e o aperfeiçoamento dos servidores públicos, constituindo-se a participação nos cursos um dos requisitos para a promoção na carreira, facultada, para isso, a celebração de convênios ou contratos entre os entes federados.

>> § 2.º com redação determinada pela Emenda Constitucional n. 19, de 4-6-1998.

§ 3.º Aplica-se aos servidores ocupantes de cargo público o disposto no art. 7.º, IV, VII, VIII, IX, XII, XIII, XV, XVI, XVII, XVIII, XIX, XX, XXII e XXX, podendo a lei estabelecer requisitos diferenciados de admissão quando a natureza do cargo o exigir.

>> § 3.º acrescentado pela Emenda Constitucional n. 19, de 4-6-1998.

> *Vide* Súmula 683 do STF e Súmula Vinculante 16.

§ 4.º O membro de Poder, o detentor de mandato eletivo, os Ministros de Estado e os Secretários Estaduais e Municipais serão remunerados exclusivamente por subsídio fixado em parcela única, vedado o acréscimo de qualquer gratificação, adicional, abono, prêmio, verba de representação ou outra espécie remuneratória, obedecido, em qualquer caso, o disposto no art. 37, X e XI.

>> § 4.º acrescentado pela Emenda Constitucional n. 19, de 4-6-1998.

§ 5.º Lei da União, dos Estados, do Distrito Federal e dos Municípios poderá estabelecer a relação entre a maior e a menor remuneração dos servidores públicos, obedecido, em qualquer caso, o disposto no art. 37, XI.

>> § 5.º acrescentado pela Emenda Constitucional n. 19, de 4-6-1998.

§ 6.º Os Poderes Executivo, Legislativo e Judiciário publicarão anualmente os valores do subsídio e da remuneração dos cargos e empregos públicos.

>> § 6.º acrescentado pela Emenda Constitucional n. 19, de 4-6-1998.

§ 7.º Lei da União, dos Estados, do Distrito Federal e dos Municípios disciplinará a aplicação de recursos orçamentários provenientes da economia com despesas correntes em cada órgão, autarquia e fundação, para aplicação no desenvolvimento de programas de qualidade e produtividade, treinamento e desenvolvimento, modernização, reaparelhamento e racionalização do serviço público, inclusive sob a forma de adicional ou prêmio de produtividade.

>> § 7.º acrescentado pela Emenda Constitucional n. 19, de 4-6-1998.

§ 8.º A remuneração dos servidores públicos organizados em carreira poderá ser fixada nos termos do § 4.º.

>> § 8.º acrescentado pela Emenda Constitucional n. 19, de 4-6-1998.

§ 9.º É vedada a incorporação de vantagens de caráter temporário ou vinculadas ao exercício de função de confiança ou de cargo em comissão à remuneração do cargo efetivo.

>> § 9.º acrescentado pela Emenda Constitucional n. 103, de 12-11-2019.

>> *Vide* art. 13 da Emenda Constitucional n. 103, de 12-11-2019.

Art. 40. O regime próprio de previdência social dos servidores titulares de cargos efetivos terá caráter contributivo e solidário, mediante contribuição do respectivo ente federativo, de servidores ativos, de aposentados e de pensionistas, observados critérios que preservem o equilíbrio financeiro e atuarial.

>> *Caput* com redação determinada pela Emenda Constitucional n. 103, de 12-11-2019.

>> *Vide* arts. 4.º, 10, 20 e 21 da Emenda Constitucional n. 103, de 12-11-2019.

> *Vide* art. 3.º da Emenda Constitucional n. 47, de 5-7-2005.

§ 1.º O servidor abrangido por regime próprio de previdência social será aposentado:

>> § 1.º, *caput*, com redação determinada pela Emenda Constitucional n. 103, de 12-11-2019.

I – por incapacidade permanente para o trabalho, no cargo em que estiver investido, quando insuscetível de readaptação, hipótese em que será obrigatória a realização de avaliações periódicas para verificação da continuidade das condições que ensejaram a concessão da aposentadoria, na forma de lei do respectivo ente federativo;

>> Inciso I com redação determinada pela Emenda Constitucional n. 103, de 12-11-2019.

> *Vide* art. 6.º-A da Emenda Constitucional n. 41, de 19-12-2003.

II – compulsoriamente, com proventos proporcionais ao tempo de contribuição, aos 70 (setenta) anos de idade, ou aos 75 (setenta e cinco) anos de idade, na forma de lei complementar;

>> Inciso II com redação determinada pela Emenda Constitucional n. 88, de 7-5-2015.

>> *Vide* art. 100 do ADCT.

>> A Lei Complementar n. 152, de 3-12-2015, dispõe sobre a aposentadoria compulsória por idade, com proventos proporcionais, nos termos deste inciso.

III – no âmbito da União, aos 62 (sessenta e dois) anos de idade, se mulher, e aos 65 (sessenta e cinco) anos de idade, se homem, e, no âmbito dos Estados, do Distrito Federal e dos Municípios, na idade mínima estabelecida mediante emenda às respectivas Constituições e Leis Orgânicas, observados o tempo de contribuição e os demais requisitos estabelecidos em lei complementar do respectivo ente federativo.

>> Inciso III com redação determinada pela Emenda Constitucional n. 103, de 12-11-2019.

>> Havia aqui alíneas *a* e *b*, que diziam:

"a) sessenta anos de idade e trinta e cinco de contribuição, se homem, e cinquenta e cinco anos de idade e trinta de contribuição, se mulher;

Alínea *a* acrescentada pela Emenda Constitucional n. 20, de 15-12-1998.

b) sessenta e cinco anos de idade, se homem, e sessenta anos de idade, se mulher, com proventos proporcionais ao tempo de contribuição.

Alínea *b* acrescentada pela Emenda Constitucional n. 20, de 15-12-1998".

>> *Vide* art. 3.º, § 3.º, da Emenda Constitucional n. 103, de 12-11-2019.

> *Vide* art. 2.º da Emenda Constitucional n. 41, de 19-12-2003.

§ 2.º Os proventos de aposentadoria não poderão ser inferiores ao valor mínimo a que se refere o § 2.º do art. 201 ou superiores ao limite máximo estabelecido para o Regime Geral de Previdência Social, observado o disposto nos §§ 14 a 16.

>> § 2.º com redação determinada pela Emenda Constitucional n. 103, de 12-11-2019.

§ 3.º As regras para cálculo de proventos de aposentadoria serão disciplinadas em lei do respectivo ente federativo.

>> § 3.º com redação determinada pela Emenda Constitucional n. 103, de 12-11-2019.

>> A Lei n. 10.887, de 18-6-2004, dispõe sobre o cálculo dos proventos de aposentadoria dos servidores titulares de cargo efetivo de qualquer dos poderes, previsto neste parágrafo.

§ 4.º É vedada a adoção de requisitos ou critérios diferenciados para concessão de benefícios em regime próprio de previdência social, ressalvado o disposto nos §§ 4.º-A, 4.º-B, 4.º-C e 5.º.

>> § 4.º com redação determinada pela Emenda Constitucional n. 103, de 12-11-2019.

> *Vide* Súmula Vinculante 55.

> *Vide* Súmula 680 do STF.

§ 4.º-A. Poderão ser estabelecidos por lei complementar do respectivo ente federativo idade e tempo de contribuição diferenciados para aposentadoria de servidores com deficiência, previamente submetidos a avaliação biopsicossocial realizada por equipe multiprofissional e interdisciplinar.

>> § 4.º-A acrescentado pela Emenda Constitucional n. 103, de 12-11-2019.

>> *Vide* arts. 4.º, §§ 9.º e 10, e 22 da Emenda Constitucional n. 103, de 12-11-2019.

§ 4.º-B. Poderão ser estabelecidos por lei complementar do respectivo ente federativo idade e tempo de contribuição diferenciados para aposentadoria de ocupantes do cargo de agente penitenciário, de agente socioeducativo ou de policial dos órgãos de que tratam o inciso IV do *caput* do art. 51, o inciso XIII do *caput* do art. 52 e os incisos I a IV do *caput* do art. 144.

>> § 4.º-B acrescentado pela Emenda Constitucional n. 103, de 12-11-2019.

>> *Vide* arts. 4.º, §§ 9.º e 10, 10, §§ 2.º e 3.º, e 22 da Emenda Constitucional n. 103, de 12-11-2019.

§ 4.º-C. Poderão ser estabelecidos por lei complementar do respectivo ente federativo idade e tempo de contribuição diferenciados para aposentadoria de servidores cujas atividades sejam exercidas com efetiva exposição a agentes químicos, físicos e biológicos prejudiciais à saúde, ou associação desses agentes, vedada a caracterização por categoria profissional ou ocupação.

>> § 4.º-C acrescentado pela Emenda Constitucional n. 103, de 12-11-2019.

>> *Vide* art. 4.º, §§ 9.º e 10, da Emenda Constitucional n. 103, de 12-11-2019.

§ 5.º Os ocupantes do cargo de professor terão idade mínima reduzida em 5 (cinco) anos em relação às idades decorrentes da aplicação do disposto no inciso III do § 1.º, desde que comprovem tempo de efetivo exercício das funções de magistério na educação infantil e no ensino fundamental e médio fixado em lei complementar do respectivo ente federativo.

>> § 5.º com redação determinada pela Emenda Constitucional n. 103, de 12-11-2019.

>> *Vide* art. 10, § 2.º, III, e 15, § 3.º, da Emenda Constitucional n. 103, de 12-11-2019.

§ 6.º Ressalvadas as aposentadorias decorrentes dos cargos acumuláveis na forma desta Constituição, é vedada a percepção de mais de uma aposentadoria à conta de regime próprio de previdência social, aplicando-se outras vedações, regras e condições para a acumulação de benefícios previdenciários estabelecidas no Regime Geral de Previdência Social.

>> § 6.º com redação determinada pela Emenda Constitucional n. 103, de 12-11-2019.

§ 7.º Observado o disposto no § 2.º do art. 201, quando se tratar da única fonte de renda formal auferida pelo dependente, o benefício de pensão por morte será concedido nos termos de lei do respectivo ente federativo, a qual tratará de forma diferenciada a hipótese de morte dos servidores de que trata o § 4.º-B decorrente de agressão sofrida no exercício ou em razão da função.

>> § 7.º com redação determinada pela Emenda Constitucional n. 103, de 12-11-2019.

>> *Vide* arts. 23 e 24 da Emenda Constitucional n. 103, de 12-11-2019.

§ 8.º É assegurado o reajustamento dos benefícios para preservar-lhes, em caráter permanente, o valor real, conforme critérios estabelecidos em lei.

>> § 8.º com redação determinada pela Emenda Constitucional n. 41, de 19-12-2003.

> *Vide* Súmula Vinculante 34 do STF.

§ 9.º O tempo de contribuição federal, estadual, distrital ou municipal será contado para fins de aposentadoria, observado o disposto nos §§ 9.º e 9.º-A do art. 201, e o tempo de serviço correspondente será contado para fins de disponibilidade.

>> § 9.º com redação determinada pela Emenda Constitucional n. 103, de 12-11-2019.

§ 10. A lei não poderá estabelecer qualquer forma de contagem de tempo de contribuição fictício.

>> § 10 acrescentado pela Emenda Constitucional n. 20, de 15-12-1998.

> *Vide* art. 4.º da Emenda Constitucional n. 20, de 15-12-1998.

§ 11. Aplica-se o limite fixado no art. 37, XI, à soma total dos proventos de inatividade, inclusive quando decorrentes da acumulação de cargos ou empregos públicos, bem como de outras atividades sujeitas a contribuição para o regime geral de previdência social, e ao montante resultante da adição de proventos de inatividade com remuneração de cargo acumulável na forma desta Constituição, cargo em comissão declarado em lei de livre nomeação e exoneração, e de cargo eletivo.

>> § 11 acrescentado pela Emenda Constitucional n. 20, de 15-12-1998.

§ 12. Além do disposto neste artigo, serão observados, em regime próprio de previdência social, no que couber, os requisitos e critérios fixados para o Regime Geral de Previdência Social.

>> § 12 com redação determinada pela Emenda Constitucional n. 103, de 12-11-2019.

§ 13. Aplica-se ao agente público ocupante, exclusivamente, de cargo em comissão declarado em lei de livre nomeação e exoneração, de outro cargo temporário, inclusive mandato eletivo, ou de emprego público, o Regime Geral de Previdência Social.

>> § 13 com redação determinada pela Emenda Constitucional n. 103, de 12-11-2019.

§ 14. A União, os Estados, o Distrito Federal e os Municípios instituirão, por lei de iniciativa do respectivo Poder Executivo, regime de previdência complementar para servidores públicos ocupantes de cargo efetivo, observado o limite máximo dos benefícios do Regime Geral de Previdência Social para o valor das aposentadorias e das pensões em regime próprio de previdência social, ressalvado o disposto no § 16.

>> § 14 com redação determinada pela Emenda Constitucional n. 103, de 12-11-2019.

>> *Vide* art. 9.º, § 6.º da Emenda Constitucional n. 103, de 12-11-2019.

§ 15. O regime de previdência complementar de que trata o § 14 oferecerá plano de benefícios somente na modalidade contribuição definida, observará o disposto no art. 202 e será efetivado por intermédio de entidade fechada de previdência complementar ou de entidade aberta de previdência complementar.

>> § 15 com redação determinada pela Emenda Constitucional n. 103, de 12-11-2019.

>> Vide art. 9.º, § 6.º da Emenda Constitucional n. 103, de 12-11-2019.

§ 16. Somente mediante sua prévia e expressa opção, o disposto nos §§ 14 e 15 poderá ser aplicado ao servidor que tiver ingressado no serviço público até a data da publicação do ato de instituição do correspondente regime de previdência complementar.

>> § 16 acrescentado pela Emenda Constitucional n. 20, de 15-12-1998.

>> *Vide* art. 4.º, § 6.º, da Emenda Constitucional n. 103, de 12-11-2019.

>> A Lei n. 12.618, de 30-4-2012, institui o regime de previdência complementar para os servidores públicos federais titulares de cargo efetivo a que se refere este parágrafo.

§ 17. Todos os valores de remuneração considerados para o cálculo do benefício previsto no § 3.º serão devidamente atualizados, na forma da lei.

>> § 17 acrescentado pela Emenda Constitucional n. 41, de 19-12-2003.

> *Vide* art. 2.º da Emenda Constitucional n. 41, de 19-12-2003.

§ 18. Incidirá contribuição sobre os proventos de aposentadorias e pensões concedidas pelo regime de que trata este artigo que superem o limite máximo estabelecido para os benefícios do regime geral de previdência social de que trata o art. 201, com percentual igual ao estabelecido para os servidores titulares de cargos efetivos.

>> § 18 acrescentado pela Emenda Constitucional n. 41, de 19-12-2003.

§ 19. Observados critérios a serem estabelecidos em lei do respectivo ente federativo, o servidor titular de cargo efetivo que tenha completado as exigências para a aposentadoria voluntária e que opte por permanecer em atividade poderá fazer jus a um abono de permanência equivalente, no máximo, ao valor da sua contribuição previdenciária, até completar a idade para aposentadoria compulsória.

>> § 19 com redação determinada pela Emenda Constitucional n. 103, de 12-11-2019.

>> *Vide* arts. 9.º, § 6.º, e 10, § 5.º, da Emenda Constitucional n. 103, de 12-11-2019.

§ 20. É vedada a existência de mais de um regime próprio de previdência social e de mais de um órgão ou entidade gestora desse regime em cada ente federativo, abrangidos todos os poderes, órgãos e entidades autárquicas e fundacionais, que serão responsáveis pelo seu financiamento, observados os critérios, os parâmetros e a natureza jurídica definidos na lei complementar de que trata o § 22.

>> § 20 com redação determinada pela Emenda Constitucional n. 103, de 12-11-2019.

>> *Vide* arts. 3.º, § 3.º, e 8.º da Emenda Constitucional n. 103, de 12-11-2019.

§ 21. (*Revogado pela Emenda Constitucional n. 103, de 12-11-2019.*)

>> Sobre o prazo de vigência desta revogação, *vide* art. 36, II, da Emenda Constitucional n. 103, de 12-11-2019.

>> O texto revogado dizia:

"§ 21. A contribuição prevista no § 18 deste artigo incidirá apenas sobre as parcelas de proventos de aposentadoria e de pensão que superem o dobro do limite máximo estabelecido para os benefícios do regime geral de previdência social de que trata o art. 201 desta Constituição, quando o beneficiário, na forma da lei, for portador de doença incapacitante.

§ 21 acrescentado pela Emenda Constitucional n. 47, de 5-7-2005, em vigor na data de sua publicação, com efeitos retroativos à data de vigência da Emenda Constitucional n. 41, de 19-12-2003 (*DOU* de 31-12-2003)".

§ 22. Vedada a instituição de novos regimes próprios de previdência social, lei complementar federal estabelecerá, para os que já existam, normas gerais de organização, de funcionamento e de responsabilidade em sua gestão, dispondo, entre outros aspectos, sobre:

>> § 22, *caput*, acrescentado pela Emenda Constitucional n. 103, de 12-11-2019.

>> *Vide* art. 9.º da Emenda Constitucional n. 103, de 12-11-2019.

I – requisitos para sua extinção e consequente migração para o Regime Geral de Previdência Social;

>> Inciso I acrescentado pela Emenda Constitucional n. 103, de 12-11-2019.

II – modelo de arrecadação, de aplicação e de utilização dos recursos;

>> Inciso II acrescentado pela Emenda Constitucional n. 103, de 12-11-2019.

III – fiscalização pela União e controle externo e social;

>> Inciso III acrescentado pela Emenda Constitucional n. 103, de 12-11-2019.

IV – definição de equilíbrio financeiro e atuarial;

>> Inciso IV acrescentado pela Emenda Constitucional n. 103, de 12-11-2019.

V – condições para instituição do fundo com finalidade previdenciária de que trata o art. 249 e para vinculação a ele dos recursos provenientes de contribuições e dos bens, direitos e ativos de qualquer natureza;

>> Inciso V acrescentado pela Emenda Constitucional n. 103, de 12-11-2019.

VI – mecanismos de equacionamento do *deficit* atuarial;

>> Inciso VI acrescentado pela Emenda Constitucional n. 103, de 12-11-2019.

VII – estruturação do órgão ou entidade gestora do regime, observados os princípios relacionados com governança, controle interno e transparência;

>> Inciso VII acrescentado pela Emenda Constitucional n. 103, de 12-11-2019.

VIII – condições e hipóteses para responsabilização daqueles que desempenhem atribuições relacionadas, direta ou indiretamente, com a gestão do regime;

>> Inciso VIII acrescentado pela Emenda Constitucional n. 103, de 12-11-2019.

IX – condições para adesão a consórcio público;

>> Inciso IX acrescentado pela Emenda Constitucional n. 103, de 12-11-2019.

X – parâmetros para apuração da base de cálculo e definição de alíquota de contribuições ordinárias e extraordinárias.

>> Inciso X acrescentado pela Emenda Constitucional n. 103, de 12-11-2019.

Art. 41. São estáveis após 3 (três) anos de efetivo exercício os servidores nomeados para cargo de provimento efetivo em virtude de concurso público.

>> *Caput* com redação determinada pela Emenda Constitucional n. 19, de 4-6-1998.

§ 1.º O servidor público estável só perderá o cargo:

>> § 1.º, *caput*, com redação determinada pela Emenda Constitucional n. 19, de 4-6-1998.

I – em virtude de sentença judicial transitada em julgado;

>> Inciso I acrescentado pela Emenda Constitucional n. 19, de 4-6-1998.

II – mediante processo administrativo em que lhe seja assegurada ampla defesa;

>> Inciso II acrescentado pela Emenda Constitucional n. 19, de 4-6-1998.

III – mediante procedimento de avaliação periódica de desempenho, na forma de lei complementar, assegurada ampla defesa.

>> Inciso III acrescentado pela Emenda Constitucional n. 19, de 4-6-1998.

>> *Vide* arts. 198, § 6.º, e 247 da CF.

§ 2.º Invalidada por sentença judicial a demissão do servidor estável, será ele reintegrado, e o eventual ocupante da vaga, se estável, reconduzido ao cargo de origem, sem direito a indenização, aproveitado em outro cargo ou posto em disponibilidade com remuneração proporcional ao tempo de serviço.

>> § 2.º com redação determinada pela Emenda Constitucional n. 19, de 4-6-1998.

§ 3.º Extinto o cargo ou declarada sua desnecessidade, o servidor estável ficará em disponibilidade, com remuneração proporcional ao tempo de serviço, até seu adequado aproveitamento em outro cargo.

>> § 3.º com redação determinada pela Emenda Constitucional n. 19, de 4-6-1998.

§ 4.º Como condição para a aquisição da estabilidade, é obrigatória a avaliação especial de desempenho por comissão instituída para essa finalidade.

>> § 4.º acrescentado pela Emenda Constitucional n. 19, de 4-6-1998.

> *Vide* art. 28 da Emenda Constitucional n. 19, de 4-6-1998.

Seção III
Dos Militares dos Estados, do Distrito Federal e dos Territórios

>> Seção III com denominação determinada pela Emenda Constitucional n. 18, de 5-2-1998.

Art. 42. Os membros das Polícias Militares e Corpos de Bombeiros Militares, instituições organizadas com base na hierarquia e disciplina, são militares dos Estados, do Distrito Federal e dos Territórios.

>> *Caput* com redação determinada pela Emenda Constitucional n. 18, de 5-2-1998.

> *Vide* art. 89 do ADCT.

>> *Vide* arts. 12, 24 e 26 da Emenda Constitucional n. 103, de 12-11-2019.

§ 1.º Aplicam-se aos militares dos Estados, do Distrito Federal e dos Territórios, além do que vier a ser fixado em lei, as disposições do art. 14, § 8.º; do art. 40, § 9.º; e do art. 142, §§ 2.º e 3.º, cabendo a lei estadual específica dispor sobre as matérias do art. 142, § 3.º, X, sendo as patentes dos oficiais conferidas pelos respectivos governadores.

>> § 1.º com redação determinada pela Emenda Constitucional n. 20, de 15-12-1998.

> *Vide* Súmula Vinculante 4 do STF.

§ 2.º Aos pensionistas dos militares dos Estados, do Distrito Federal e dos Territórios aplica-se o que for fixado em lei específica do respectivo ente estatal.

>> § 2.º com redação determinada pela Emenda Constitucional n. 41, de 19-12-2003.

§ 3.º Aplica-se aos militares dos Estados, do Distrito Federal e dos Territórios o disposto no art. 37, inciso XVI, com prevalência da atividade militar.

>> § 3.º acrescentado pela Emenda Constitucional n. 101, de 3-7-2019.

Seção IV
Das Regiões

Art. 43. Para efeitos administrativos, a União poderá articular sua ação em um mesmo complexo geoeconômico e social, visando a seu desenvolvimento e à redução das desigualdades regionais.

§ 1.º Lei complementar disporá sobre:

I – as condições para integração de regiões em desenvolvimento;

II – a composição dos organismos regionais que executarão, na forma da lei, os planos regionais, integrantes dos planos nacionais de desenvolvimento econômico e social, aprovados juntamente com estes.

> A Lei Complementar n. 124, de 3-1-2007, institui a SUDAM.

> A Lei Complementar n. 125, de 3-1-2007, institui a SUDENE.

> A Lei Complementar n. 129, de 8-1-2009, institui a SUDECO.

> Composição SUFRAMA: Lei Complementar n. 134, de 14-1-2010.

> O Decreto n. 7.838, de 9-11-2012, aprova o regulamento do fundo de desenvolvimento do Nordeste – FDNE.

> O Decreto n. 7.839, de 9-11-2012, aprova o regulamento do fundo de desenvolvimento da Amazônia – FDA.

§ 2.º Os incentivos regionais compreenderão, além de outros, na forma da lei:

I – igualdade de tarifas, fretes, seguros e outros itens de custos e preços de responsabilidade do Poder Público;

II – juros favorecidos para financiamento de atividades prioritárias;

III – isenções, reduções ou diferimento temporário de tributos federais devidos por pessoas físicas ou jurídicas;

IV – prioridade para o aproveitamento econômico e social dos rios e das massas de água represadas ou represáveis nas regiões de baixa renda, sujeitas a secas periódicas.

§ 3.º Nas áreas a que se refere o § 2.º, IV, a União incentivará a recuperação de terras áridas e cooperará com os pequenos e médios proprietários rurais para o estabelecimento, em suas glebas, de fontes de água e de pequena irrigação.

TÍTULO IV
DA ORGANIZAÇÃO DOS PODERES

CAPÍTULO I
DO PODER LEGISLATIVO

Seção I
Do Congresso Nacional

Art. 44. O Poder Legislativo é exercido pelo Congresso Nacional, que se compõe da Câmara dos Deputados e do Senado Federal.

Parágrafo único. Cada legislatura terá a duração de quatro anos.

Art. 45. A Câmara dos Deputados compõe-se de representantes do povo, eleitos, pelo sistema proporcional, em cada Estado, em cada Território e no Distrito Federal.

§ 1.º O número total de deputados, bem como a representação por Estado e pelo Distrito Federal, será estabelecido por lei complementar, proporcionalmente à população, procedendo-se aos ajustes necessários, no ano anterior às eleições, para que nenhuma daquelas unidades da Federação tenha menos de oito ou mais de setenta Deputados.

> A Lei Complementar n. 78, de 30-12-1993, fixa o número de deputados.

§ 2.º Cada Território elegerá quatro Deputados.

Art. 46. O Senado Federal compõe-se de representantes dos Estados e do Distrito Federal, eleitos segundo o princípio majoritário.

§ 1.º Cada Estado e o Distrito Federal elegerão três Senadores, com mandato de oito anos.

§ 2.º A representação de cada Estado e do Distrito Federal será renovada de quatro em quatro anos, alternadamente, por um e dois terços.

§ 3.º Cada Senador será eleito com dois suplentes.

Art. 47. Salvo disposição constitucional em contrário, as deliberações de cada Casa e de suas Comissões serão tomadas por maioria dos votos, presente a maioria absoluta de seus membros.

Seção II
Das Atribuições do Congresso Nacional

Art. 48. Cabe ao Congresso Nacional, com a sanção do Presidente da República, não exigida esta para o especificado nos arts. 49, 51 e 52, dispor sobre todas as matérias de competência da União, especialmente sobre:

I – sistema tributário, arrecadação e distribuição de rendas;

II – plano plurianual, diretrizes orçamentárias, orçamento anual, operações de crédito, dívida pública e emissões de curso forçado;

III – fixação e modificação do efetivo das Forças Armadas;

IV – planos e programas nacionais, regionais e setoriais de desenvolvimento;

V – limites do território nacional, espaço aéreo e marítimo e bens do domínio da União;

VI – incorporação, subdivisão ou desmembramento de áreas de Territórios ou Estados, ouvidas as respectivas Assembleias Legislativas;

VII – transferência temporária da sede do Governo Federal;

VIII – concessão de anistia;

IX – organização administrativa, judiciária, do Ministério Público e da Defensoria Pública da União e dos Territórios e organização judiciária e do Ministério Público do Distrito Federal;

>> Inciso IX com redação determinada pela Emenda Constitucional n. 69, de 29-3-2012.

X – criação, transformação e extinção de cargos, empregos e funções públicas, observado o que estabelece o art. 84, VI, *b*;

>> Inciso X com redação determinada pela Emenda Constitucional n. 32, de 11-9-2001.

XI – criação e extinção de Ministérios e órgãos da administração pública;

>> Inciso XI com redação determinada pela Emenda Constitucional n. 32, de 11-9-2001.

XII – telecomunicações e radiodifusão;

> Código Brasileiro de Telecomunicações: Lei n. 4.117, de 27-8-1962.

> A Lei n. 9.295, de 19-7-1996, dispõe sobre os serviços de telecomunicações e sua organização.

> Organização dos Serviços de Telecomunicações: Lei n. 9.472, de 16-7-1997.

> Serviço de Radiodifusão Comunitária: Lei n. 9.612, de 19-2-1998.

XIII – matéria financeira, cambial e monetária, instituições financeiras e suas operações;

XIV – moeda, seus limites de emissão, e montante da dívida mobiliária federal;

XV – fixação do subsídio dos Ministros do Supremo Tribunal Federal, observado o que dispõem os arts. 39, § 4.º; 150, II; 153, III; e 153, § 2.º, I.

>> Inciso XV com redação determinada pela Emenda Constitucional n. 41, de 19-12-2003.

>> A Lei n. 13.752, de 26-11-2018, dispõe sobre a atualização dos valores do subsídio de Ministro do STF.

> Remuneração da Magistratura da União: Lei n. 10.474, de 27-6-2002.

Art. 49. É da competência exclusiva do Congresso Nacional:

I – resolver definitivamente sobre tratados, acordos ou atos internacionais que acarretem encargos ou compromissos gravosos ao patrimônio nacional;

II – autorizar o Presidente da República a declarar guerra, a celebrar a paz, a permitir que forças estrangeiras transitem pelo território nacional ou nele permaneçam temporariamente, ressalvados os casos previstos em lei complementar;

III – autorizar o Presidente e o Vice-Presidente da República a se ausentarem do País, quando a ausência exceder a quinze dias;

IV – aprovar o estado de defesa e a intervenção federal, autorizar o estado de sítio, ou suspender qualquer uma dessas medidas;

V – sustar os atos normativos do Poder Executivo que exorbitem do poder regulamentar ou dos limites de delegação legislativa;

VI – mudar temporariamente sua sede;

VII – fixar idêntico subsídio para os Deputados Federais e os Senadores, observado o que dispõem os arts. 37, XI, 39, § 4.º, 150, II, 153, III, e 153, § 2.º, I;

>> Inciso VII com redação determinada pela Emenda Constitucional n. 19, de 4-6-1998.

VIII – fixar os subsídios do Presidente e do Vice-Presidente da República e dos Ministros de Estado, observado o que dispõem os arts. 37, XI, 39, § 4.º, 150, II, 153, III, e 153, § 2.º, I;

>> Inciso VIII com redação determinada pela Emenda Constitucional n. 19, de 4-6-1998.

IX – julgar anualmente as contas prestadas pelo Presidente da República e apreciar os relatórios sobre a execução dos planos de governo;

X – fiscalizar e controlar, diretamente, ou por qualquer de suas Casas, os atos do Poder Executivo, incluídos os da administração indireta;

XI – zelar pela preservação de sua competência legislativa em face da atribuição normativa dos outros Poderes;

XII – apreciar os atos de concessão e renovação de concessão de emissoras de rádio e televisão;

XIII – escolher dois terços dos membros do Tribunal de Contas da União;

> O Decreto Legislativo n. 6, de 22-4-1993, regulamenta a escolha de Ministros do Tribunal de Contas da União pelo Congresso Nacional.

XIV – aprovar iniciativas do Poder Executivo referentes a atividades nucleares;

XV – autorizar referendo e convocar plebiscito;

XVI – autorizar, em terras indígenas, a exploração e o aproveitamento de recursos hídricos e a pesquisa e lavra de riquezas minerais;

XVII – aprovar, previamente, a alienação ou concessão de terras públicas com área superior a dois mil e quinhentos hectares.

Art. 50. A Câmara dos Deputados e o Senado Federal, ou qualquer de suas Comissões, poderão convocar Ministro de Estado ou quaisquer titulares de órgãos diretamente subordinados à Presidência da República para prestarem, pessoalmente, informações sobre assunto previamente determinado, importando em crime de responsabilidade a ausência sem justificação adequada.

>> *Caput* com redação determinada pela Emenda Constitucional de Revisão n. 2, de 7-6-1994.

§ 1.º Os Ministros de Estado poderão comparecer ao Senado Federal, à Câmara dos Deputados, ou a qualquer de suas Comissões, por sua iniciativa e mediante entendimentos com a Mesa respectiva, para expor assunto de relevância de seu Ministério.

§ 2.º As Mesas da Câmara dos Deputados e do Senado Federal poderão encaminhar pedidos escritos de informação a Ministros de Estado ou a qualquer das pessoas referidas no *caput* deste artigo, importando em crime de responsabilidade a recusa, ou o não atendimento, no prazo de trinta dias, bem como a prestação de informações falsas.

>> § 2.º com redação determinada pela Emenda Constitucional de Revisão n. 2, de 7-6-1994.

Seção III
Da Câmara dos Deputados

Art. 51. Compete privativamente à Câmara dos Deputados:

I – autorizar, por dois terços de seus membros, a instauração de processo contra o Presidente e o Vice-Presidente da República e os Ministros de Estado;

II – proceder à tomada de contas do Presidente da República, quando não apresentadas ao Congresso Nacional dentro de sessenta dias após a abertura da sessão legislativa;

III – elaborar seu regimento interno;

IV – dispor sobre sua organização, funcionamento, polícia, criação, transformação ou extinção dos cargos, empregos e funções de seus serviços, e a iniciativa de lei para fixação da respectiva remuneração, observados os parâmetros estabelecidos na lei de diretrizes orçamentárias;

>> Inciso IV com redação determinada pela Emenda Constitucional n. 19, de 4-6-1998.

>> *Vide* art. 107, § 2.º, do ADCT.

>> *Vide* arts. 5.º e 10, § 2.º, I, da Emenda Constitucional n. 103, de 12-11-2019.

V – eleger membros do Conselho da República, nos termos do art. 89, VII.

Seção IV
Do Senado Federal

Art. 52. Compete privativamente ao Senado Federal:

I – processar e julgar o Presidente e o Vice-Presidente da República nos crimes de responsabilidade, bem como os Ministros de Estado e os Comandantes da Marinha, do Exército e da Aeronáutica nos crimes da mesma natureza conexos com aqueles;

>> Inciso I com redação determinada pela Emenda Constitucional n. 23, de 2-9-1999.

> A Lei n. 1.079, de 10-4-1950, define os crimes de responsabilidade e regula o respectivo processo de julgamento.

II – processar e julgar os Ministros do Supremo Tribunal Federal, os membros do Conselho Nacional de Justiça e do Conselho Nacional do Ministério Público, o Procurador-Geral da República e o Advogado-Geral da União nos crimes de responsabilidade;

>> Inciso II com redação determinada pela Emenda Constitucional n. 45, de 8-12-2004.

III – aprovar previamente, por voto secreto, após arguição pública, a escolha de:

a) magistrados, nos casos estabelecidos nesta Constituição;

b) Ministros do Tribunal de Contas da União indicados pelo Presidente da República;

c) Governador de Território;

d) presidente e diretores do banco central;

e) Procurador-Geral da República;

f) titulares de outros cargos que a lei determinar;

IV – aprovar previamente, por voto secreto, após arguição em sessão secreta, a escolha dos chefes de missão diplomática de caráter permanente;

V – autorizar operações externas de natureza financeira, de interesse da União, dos Estados, do Distrito Federal, dos Territórios e dos Municípios;

> A Resolução do Senado Federal, n. 48, de 21-12-2007, dispõe sobre as operações externas de natureza financeira, de que trata este artigo.

VI – fixar, por proposta do Presidente da República, limites globais para o montante da dívida consolidada da União, dos Estados, do Distrito Federal e dos Municípios;

VII – dispor sobre limites globais e condições para as operações de crédito externo e interno da União, dos Estados, do Distrito Federal e dos Municípios, de suas autarquias e demais entidades controladas pelo Poder Público federal;

VIII – dispor sobre limites e condições para a concessão de garantia da União em operações de crédito externo e interno;

IX – estabelecer limites globais e condições para o montante da dívida mobiliária dos Estados, do Distrito Federal e dos Municípios;

X – suspender a execução, no todo ou em parte, de lei declarada inconstitucional por decisão definitiva do Supremo Tribunal Federal;

>>> *Vide* art. 178 do RISTF.

XI – aprovar, por maioria absoluta e por voto secreto, a exoneração, de ofício, do Procurador-Geral da República antes do término de seu mandato;

XII – elaborar seu regimento interno;

XIII – dispor sobre sua organização, funcionamento, polícia, criação, transformação ou extinção dos cargos, empregos e funções de seus serviços, e a iniciativa de lei para fixação da respectiva remuneração, observados os parâmetros estabelecidos na lei de diretrizes orçamentárias;

>> Inciso XIII com redação determinada pela Emenda Constitucional n. 19, de 4-6-1998.

>> *Vide* art. 107, § 2.º, do ADCT.

>> *Vide* arts. 5.º e 10, § 2.º, I, da Emenda Constitucional n. 103, de 12-11-2019.

XIV – eleger membros do Conselho da República, nos termos do art. 89, VII;

XV – avaliar periodicamente a funcionalidade do Sistema Tributário Nacional, em sua estrutura e seus componentes, e o desempenho das administrações tributárias da União, dos Estados e do Distrito Federal e dos Municípios.

>> Inciso XV acrescentado pela Emenda Constitucional n. 42, de 19-12-2003.

Parágrafo único. Nos casos previstos nos incisos I e II, funcionará como Presidente o do Supremo Tribunal Federal, limitando-se a condenação, que somente será proferida por dois terços dos votos do Senado Federal, à perda do cargo, com inabilitação, por oito anos, para o exercício de função pública, sem prejuízo das demais sanções judiciais cabíveis.

Seção V
Dos Deputados e dos Senadores

> Eleição: Lei n. 9.504, de 30-9-1997.

Art. 53. Os Deputados e Senadores são invioláveis, civil e penalmente, por quaisquer de suas opiniões, palavras e votos.

>> *Caput* com redação determinada pela Emenda Constitucional n. 35, de 20-12-2001.

§ 1.º Os Deputados e Senadores, desde a expedição do diploma, serão submetidos a julgamento perante o Supremo Tribunal Federal.

>> § 1.º com redação determinada pela Emenda Constitucional n. 35, de 20-12-2001.

§ 2.º Desde a expedição do diploma, os membros do Congresso Nacional não poderão ser presos, salvo em flagrante de crime inafiançável. Nesse caso, os autos serão remetidos dentro de vinte e quatro horas à Casa respectiva, para que, pelo voto da maioria de seus membros, resolva sobre a prisão.

>> § 2.º com redação determinada pela Emenda Constitucional n. 35, de 20-12-2001.

§ 3.º Recebida a denúncia contra o Senador ou Deputado, por crime ocorrido após a diplomação, o Supremo Tribunal Federal dará ciência à Casa respectiva, que, por iniciativa de partido político nela representado e pelo voto da maioria de seus membros, poderá, até a decisão final, sustar o andamento da ação.

>> § 3.º com redação determinada pela Emenda Constitucional n. 35, de 20-12-2001.

§ 4.º O pedido de sustação será apreciado pela Casa respectiva no prazo improrrogável de quarenta e cinco dias do seu recebimento pela Mesa Diretora.

>> § 4.º com redação determinada pela Emenda Constitucional n. 35, de 20-12-2001.

§ 5.º A sustação do processo suspende a prescrição, enquanto durar o mandato.

>> § 5.º com redação determinada pela Emenda Constitucional n. 35, de 20-12-2001.

§ 6.º Os Deputados e Senadores não serão obrigados a testemunhar sobre informações recebidas ou prestadas em razão do exercício do mandato, nem sobre as pessoas que lhes confiaram ou deles receberam informações.

>> § 6.º com redação determinada pela Emenda Constitucional n. 35, de 20-12-2001.

§ 7.º A incorporação às Forças Armadas de Deputados e Senadores, embora militares e ainda que em tempo de guerra, dependerá de prévia licença da Casa respectiva.

>> § 7.º com redação determinada pela Emenda Constitucional n. 35, de 20-12-2001.

§ 8.º As imunidades de Deputados ou Senadores subsistirão durante o estado de sítio, só podendo ser suspensas mediante o voto de dois terços dos membros da Casa respectiva, nos casos de atos praticados fora do recinto do Congresso Nacional, que sejam incompatíveis com a execução da medida.

>> § 8.º acrescentado pela Emenda Constitucional n. 35, de 20-12-2001.

Art. 54. Os Deputados e Senadores não poderão:

I – desde a expedição do diploma:

a) firmar ou manter contrato com pessoa jurídica de direito público, autarquia, empresa pública, sociedade de economia mista ou empresa concessionária de serviço público, salvo quando o contrato obedecer a cláusulas uniformes;

b) aceitar ou exercer cargo, função ou emprego remunerado, inclusive os de que sejam demissíveis *ad nutum*, nas entidades constantes da alínea anterior;

II – desde a posse:

a) ser proprietários, controladores ou diretores de empresa que goze de favor decorrente de contrato com pessoa jurídica de direito público, ou nela exercer função remunerada;

b) ocupar cargo ou função de que sejam demissíveis *ad nutum*, nas entidades referidas no inciso I, *a*;

c) patrocinar causa em que seja interessada qualquer das entidades a que se refere o inciso I, *a*;

d) ser titulares de mais de um cargo ou mandato público eletivo.

Art. 55. Perderá o mandato o Deputado ou Senador:

I – que infringir qualquer das proibições estabelecidas no artigo anterior;

II – cujo procedimento for declarado incompatível com o decoro parlamentar;

III – que deixar de comparecer, em cada sessão legislativa, à terça parte das sessões ordinárias da Casa a que pertencer, salvo licença ou missão por esta autorizada;

IV – que perder ou tiver suspensos os direitos políticos;

V – quando o decretar a Justiça Eleitoral, nos casos previstos nesta Constituição;

VI – que sofrer condenação criminal em sentença transitada em julgado.

§ 1.º É incompatível com o decoro parlamentar, além dos casos definidos no regimento interno, o abuso das prerrogativas asseguradas a membro do Congresso Nacional ou a percepção de vantagens indevidas.

§ 2.º Nos casos dos incisos I, II e VI, a perda do mandato será decidida pela Câmara dos Deputados ou pelo Senado Federal, por maioria absoluta, mediante provocação da respectiva Mesa ou de partido político representado no Congresso Nacional, assegurada ampla defesa.

>> § 2.º com redação determinada pela Emenda Constitucional n. 76, de 28-11-2013.

§ 3.º Nos casos previstos nos incisos III a V, a perda será declarada pela Mesa da Casa respectiva, de ofício ou mediante provocação de qualquer de seus membros, ou de partido político representado no Congresso Nacional, assegurada ampla defesa.

§ 4.º A renúncia de parlamentar submetido a processo que vise ou possa levar à perda do mandato, nos termos deste artigo, terá seus efeitos suspensos até as deliberações finais de que tratam os §§ 2.º e 3.º.

>> § 4.º acrescentado pela Emenda Constitucional de Revisão n. 6, de 7-6-1994.

Art. 56. Não perderá o mandato o Deputado ou Senador:

I – investido no cargo de Ministro de Estado, Governador de Território, Secretário de Estado, do Distrito Federal, de Território, de Prefeitura de Capital ou chefe de missão diplomática temporária;

II – licenciado pela respectiva Casa por motivo de doença, ou para tratar, sem remuneração, de interesse particular, desde que, neste caso, o afastamento não ultrapasse cento e vinte dias por sessão legislativa.

§ 1.º O suplente será convocado nos casos de vaga, de investidura em funções previstas neste artigo ou de licença superior a cento e vinte dias.

§ 2.º Ocorrendo vaga e não havendo suplente, far-se-á eleição para preenchê-la se faltarem mais de quinze meses para o término do mandato.

§ 3.º Na hipótese do inciso I, o Deputado ou Senador poderá optar pela remuneração do mandato.

Seção VI
Das Reuniões

Art. 57. O Congresso Nacional reunir-se-á, anualmente, na Capital Federal, de 2 de fevereiro a 17 de julho e de 1.º de agosto a 22 de dezembro.

>> *Caput* com redação determinada pela Emenda Constitucional n. 50, de 14-2-2006.

§ 1.º As reuniões marcadas para essas datas serão transferidas para o primeiro dia útil subsequente, quando recaírem em sábados, domingos ou feriados.

§ 2.º A sessão legislativa não será interrompida sem a aprovação do projeto de lei de diretrizes orçamentárias.

§ 3.º Além de outros casos previstos nesta Constituição, a Câmara dos Deputados e o Senado Federal reunir-se-ão em sessão conjunta para:

I – inaugurar a sessão legislativa;

II – elaborar o regimento comum e regular a criação de serviços comuns às duas Casas;

III – receber o compromisso do Presidente e do Vice-Presidente da República;

IV – conhecer do veto e sobre ele deliberar.

§ 4.º Cada uma das Casas reunir-se-á em sessões preparatórias, a partir de 1.º de fevereiro, no primeiro ano da legislatura, para a posse de seus membros e eleição das respectivas Mesas, para mandato de 2 (dois) anos, vedada a recondução para o mesmo cargo na eleição imediatamente subsequente.

>> § 4.º com redação determinada pela Emenda Constitucional n. 50, de 14-2-2006.

§ 5.º A Mesa do Congresso Nacional será presidida pelo Presidente do Senado Federal, e os demais cargos serão exercidos, alternadamente, pelos ocupantes de cargos equivalentes na Câmara dos Deputados e no Senado Federal.

§ 6.º A convocação extraordinária do Congresso Nacional far-se-á:

I – pelo Presidente do Senado Federal, em caso de decretação de estado de defesa ou de intervenção federal, de pedido de autorização para a decretação de estado de sítio e para o compromisso e a posse do Presidente e do Vice-Presidente da República;

II – pelo Presidente da República, pelos Presidentes da Câmara dos Deputados e do Senado Federal ou a requerimento da maioria dos membros de ambas as Casas, em caso de urgência ou interesse público relevante, em todas as hipóteses deste inciso com a aprovação da maioria absoluta de cada uma das Casas do Congresso Nacional.

>> Inciso II com redação determinada pela Emenda Constitucional n. 50, de 14-2-2006.

§ 7.º Na sessão legislativa extraordinária, o Congresso Nacional somente deliberará sobre a matéria para a qual foi convocado, ressalvada a hipótese do § 8.º deste artigo, vedado o pagamento de parcela indenizatória, em razão da convocação.

>> § 7.º com redação determinada pela Emenda Constitucional n. 50, de 14-2-2006.

§ 8.º Havendo medidas provisórias em vigor na data de convocação extraordinária do Congresso Nacional, serão elas automaticamente incluídas na pauta da convocação.

>> § 8.º acrescentado pela Emenda Constitucional n. 32, de 11-9-2001.

Seção VII
Das Comissões

Art. 58. O Congresso Nacional e suas Casas terão comissões permanentes e temporárias, constituídas na forma e com as atribuições previstas no respectivo regimento ou no ato de que resultar sua criação.

§ 1.º Na constituição das Mesas e de cada Comissão, é assegurada, tanto quanto possível, a representação proporcional dos partidos ou dos blocos parlamentares que participam da respectiva Casa.

§ 2.º Às comissões, em razão da matéria de sua competência, cabe:

I – discutir e votar projeto de lei que dispensar, na forma do regimento, a competência do Plenário, salvo se houver recurso de um décimo dos membros da Casa;

II – realizar audiências públicas com entidades da sociedade civil;

III – convocar Ministros de Estado para prestar informações sobre assuntos inerentes a suas atribuições;

IV – receber petições, reclamações, representações ou queixas de qualquer pessoa contra atos ou omissões das autoridades ou entidades públicas;

V – solicitar depoimento de qualquer autoridade ou cidadão;

VI – apreciar programas de obras, planos nacionais, regionais e setoriais de desenvolvimento e sobre eles emitir parecer.

§ 3.º As comissões parlamentares de inquérito, que terão poderes de investigação próprios das autoridades judiciais, além de outros previstos nos regimentos das respectivas Casas, serão criadas pela Câmara dos Deputados e pelo Senado Federal, em conjunto ou separadamente, mediante requerimento de um terço de seus membros, para a apuração de fato determinado e por prazo certo, sendo suas conclusões, se for o caso, encaminhadas ao Ministério Público, para que promova a responsabilidade civil ou criminal dos infratores.

> A Lei n. 1.579, de 18-3-1952, dispõe sobre as Comissões Parlamentares de Inquérito.

> A Lei n. 10.001, de 4-9-2000, dispõe sobre a prioridade nos procedimentos a serem adotados pelo Ministério Público e por outros órgãos a respeito das conclusões das Comissões Parlamentares de Inquérito.

§ 4.º Durante o recesso, haverá uma Comissão representativa do Congresso Nacional, eleita por suas Casas na última sessão ordinária do período legislativo, com atribuições definidas no regimento comum, cuja composição reproduzirá, quanto possível, a proporcionalidade da representação partidária.

Seção VIII
Do Processo Legislativo

Subseção I
Disposição geral

Art. 59. O processo legislativo compreende a elaboração de:

>> *Vide* art. 114 do ADCT.

I – emendas à Constituição;

II – leis complementares;

III – leis ordinárias;

IV – leis delegadas;

V – medidas provisórias;

>> *Vide* art. 73 do ADCT.

VI – decretos legislativos;

VII – resoluções.

Parágrafo único. Lei complementar disporá sobre a elaboração, redação, alteração e consolidação das leis.

> A Lei Complementar n. 95, de 26-2-1998, regulamentada pelo Decreto n. 4.176, de 28-3-2002, dispõe sobre a elaboração, a redação, a alteração e a consolidação das leis, conforme determina este parágrafo único, e estabelece normas para a consolidação dos atos normativos.

Subseção II
Da emenda à Constituição

Art. 60. A Constituição poderá ser emendada mediante proposta:

I – de um terço, no mínimo, dos membros da Câmara dos Deputados ou do Senado Federal;

II – do Presidente da República;

III – de mais da metade das Assembleias Legislativas das unidades da Federação, manifestando-se, cada uma delas, pela maioria relativa de seus membros.

§ 1.º A Constituição não poderá ser emendada na vigência de intervenção federal, de estado de defesa ou de estado de sítio.

§ 2.º A proposta será discutida e votada em cada Casa do Congresso Nacional, em dois turnos, considerando-se aprovada se obtiver, em ambos, três quintos dos votos dos respectivos membros.

§ 3.º A emenda à Constituição será promulgada pelas Mesas da Câmara dos Deputados e do Senado Federal, com o respectivo número de ordem.

§ 4.º Não será objeto de deliberação a proposta de emenda tendente a abolir:

I – a forma federativa de Estado;

II – o voto direto, secreto, universal e periódico;

III – a separação dos Poderes;

IV – os direitos e garantias individuais.

§ 5.º A matéria constante de proposta de emenda rejeitada ou havida por prejudicada não pode ser objeto de nova proposta na mesma sessão legislativa.

Subseção III
Das leis

Art. 61. A iniciativa das leis complementares e ordinárias cabe a qualquer membro ou Comissão da Câmara dos Deputados, do Senado Federal ou do Congresso Nacional, ao Presidente da República, ao Supremo Tribunal Federal, aos Tribunais Superiores, ao Procurador-Geral da República e aos cidadãos, na forma e nos casos previstos nesta Constituição.

§ 1.º São de iniciativa privativa do Presidente da República as leis que:

I – fixem ou modifiquem os efetivos das Forças Armadas;

II – disponham sobre:

a) criação de cargos, funções ou empregos públicos na administração direta e autárquica ou aumento de sua remuneração;

> *Vide* Súmulas 679 e 681 do STF.

b) organização administrativa e judiciária, matéria tributária e orçamentária, serviços públicos e pessoal da administração dos Territórios;

c) servidores públicos da União e Territórios, seu regime jurídico, provimento de cargos, estabilidade e aposentadoria;

>> Alínea *c* com redação determinada pela Emenda Constitucional n. 18, de 5-2-1998.

d) organização do Ministério Público e da Defensoria Pública da União, bem como normas gerais para a organização do Ministério Público e da Defensoria Pública dos Estados, do Distrito Federal e dos Territórios;

e) criação e extinção de Ministérios e órgãos

da administração pública, observado o disposto no art. 84, VI;

>> Alínea *e* com redação determinada pela Emenda Constitucional n. 32, de 11-9-2001.

f) militares das Forças Armadas, seu regime jurídico, provimento de cargos, promoções, estabilidade, remuneração, reforma e transferência para a reserva.

>> Alínea *f* acrescentada pela Emenda Constitucional n. 18, de 5-2-1998.

§ 2.º A iniciativa popular pode ser exercida pela apresentação à Câmara dos Deputados de projeto de lei subscrito por, no mínimo, um por cento do eleitorado nacional, distribuído pelo menos por cinco Estados, com não menos de três décimos por cento dos eleitores de cada um deles.

Art. 62. Em caso de relevância e urgência, o Presidente da República poderá adotar medidas provisórias, com força de lei, devendo submetê-las de imediato ao Congresso Nacional.

>> *Caput* com redação determinada pela Emenda Constitucional n. 32, de 11-9-2001.

>> *Vide* art. 2.º da Emenda Constitucional n. 32, de 11-9-2001.

>> *Vide* Súmula Vinculante 54 do STF.

>> A Resolução n. 1, de 8-5-2002, dispõe sobre a apreciação do Congresso Nacional das medidas provisórias a que se refere este artigo.

§ 1.º É vedada a edição de medidas provisórias sobre matéria:

>> § 1.º, *caput*, acrescentado pela Emenda Constitucional n. 32, de 11-9-2001.

I – relativa a:

>> Inciso I, *caput*, acrescentado pela Emenda Constitucional n. 32, de 11-9-2001.

a) nacionalidade, cidadania, direitos políticos, partidos políticos e direito eleitoral;

>> Alínea *a* acrescentada pela Emenda Constitucional n. 32, de 11-9-2001.

b) direito penal, processual penal e processual civil;

>> Alínea *b* acrescentada pela Emenda Constitucional n. 32, de 11-9-2001.

c) organização do Poder Judiciário e do Ministério Público, a carreira e a garantia de seus membros;

>> Alínea *c* acrescentada pela Emenda Constitucional n. 32, de 11-9-2001.

d) planos plurianuais, diretrizes orçamentárias, orçamento e créditos adicionais e suplementares, ressalvado o previsto no art. 167, § 3.º;

>> Alínea *d* acrescentada pela Emenda Constitucional n. 32, de 11-9-2001.

II – que vise a detenção ou sequestro de bens, de poupança popular ou qualquer outro ativo financeiro;

>> Inciso II acrescentado pela Emenda Constitucional n. 32, de 11-9-2001.

III – reservada a lei complementar;

>> Inciso III acrescentado pela Emenda Constitucional n. 32, de 11-9-2001.

IV – já disciplinada em projeto de lei aprovado pelo Congresso Nacional e pendente de sanção ou veto do Presidente da República.

>> Inciso IV acrescentado pela Emenda Constitucional n. 32, de 11-9-2001.

§ 2.º Medida provisória que implique instituição ou majoração de impostos, exceto os previstos nos arts. 153, I, II, IV, V, e 154, II, só produzirá efeitos no exercício financeiro seguinte se houver sido convertida em lei até o último dia daquele em que foi editada.

>> § 2.º acrescentado pela Emenda Constitucional n. 32, de 11-9-2001.

§ 3.º As medidas provisórias, ressalvado o disposto nos §§ 11 e 12 perderão eficácia, desde a edição, se não forem convertidas em lei no prazo de sessenta dias, prorrogável, nos termos do § 7.º, uma vez por igual período, devendo o Congresso Nacional disciplinar, por decreto legislativo, as relações jurídicas delas decorrentes.

>> § 3.º acrescentado pela Emenda Constitucional n. 32, de 11-9-2001.

§ 4.º O prazo a que se refere o § 3.º contar-se-á da publicação da medida provisória, suspendendo-se durante os períodos de recesso do Congresso Nacional.

>> § 4.º acrescentado pela Emenda Constitucional n. 32, de 11-9-2001.

§ 5.º A deliberação de cada uma das Casas do Congresso Nacional sobre o mérito das medidas provisórias dependerá de juízo prévio sobre o atendimento de seus pressupostos constitucionais.

>> § 5.º acrescentado pela Emenda Constitucional n. 32, de 11-9-2001.

§ 6.º Se a medida provisória não for apreciada em até quarenta e cinco dias contados de sua publicação, entrará em regime de urgência, subsequentemente, em cada uma das Casas do Congresso Nacional, ficando sobrestadas, até que se ultime a votação, todas as demais deliberações legislativas da Casa em que estiver tramitando.

>> § 6.º acrescentado pela Emenda Constitucional n. 32, de 11-9-2001.

§ 7.º Prorrogar-se-á uma única vez por igual período a vigência de medida provisória que, no prazo de sessenta dias, contado de sua publicação, não tiver a sua votação encerrada nas duas Casas do Congresso Nacional.

>> § 7.º acrescentado pela Emenda Constitucional n. 32, de 11-9-2001.

§ 8.º As medidas provisórias terão sua votação iniciada na Câmara dos Deputados.

>> § 8.º acrescentado pela Emenda Constitucional n. 32, de 11-9-2001.

§ 9.º Caberá à comissão mista de Deputados e Senadores examinar as medidas provisórias e sobre elas emitir parecer, antes de serem apreciadas, em sessão separada, pelo plenário de cada uma das Casas do Congresso Nacional.

>> § 9.º acrescentado pela Emenda Constitucional n. 32, de 11-9-2001.

>> *Vide* Ato Conjunto n. 1, de 31-3-2020.

§ 10. É vedada a reedição, na mesma sessão legislativa, de medida provisória que tenha sido rejeitada ou que tenha perdido sua eficácia por decurso de prazo.

>> § 10 acrescentado pela Emenda Constitucional n. 32, de 11-9-2001.

§ 11. Não editado o decreto legislativo a que se refere o § 3.º até sessenta dias após a rejeição ou perda de eficácia de medida provisória, as relações jurídicas constituídas e decorrentes de atos praticados durante sua vigência conservar-se-ão por ela regidas.

>> § 11 acrescentado pela Emenda Constitucional n. 32, de 11-9-2001.

>> O STF julgou procedente a ADPF n. 216, na sessão de 14-3-2018 (*DOU* de 14-4-2020), para "afastar a aplicação do § 11 do art. 62 da Constituição da República aos pedidos de licença para exploração de CLIA não examinados pela Receita Federal durante a vigência da Medida Provisória n. 320/2006".

§ 12. Aprovado projeto de lei de conversão alterando o texto original da medida provisória, esta manter-se-á integralmente em vigor até que seja sancionado ou vetado o projeto.

>> § 12 acrescentado pela Emenda Constitucional n. 32, de 11-9-2001.

Art. 63. Não será admitido aumento da despesa prevista:

I – nos projetos de iniciativa exclusiva do Presidente da República, ressalvado o disposto no art. 166, §§ 3.º e 4.º;

II – nos projetos sobre organização dos serviços administrativos da Câmara dos Deputados, do Senado Federal, dos Tribunais Federais e do Ministério Público.

Art. 64. A discussão e votação dos projetos de lei de iniciativa do Presidente da República, do Supremo Tribunal Federal e dos Tribunais Superiores terão início na Câmara dos Deputados.

§ 1.º O Presidente da República poderá solicitar urgência para apreciação de projetos de sua iniciativa.

§ 2.º Se, no caso do § 1.º, a Câmara dos Deputados e o Senado Federal não se manifestarem sobre a proposição, cada qual sucessivamente, em até quarenta e cinco dias, sobrestar-se-ão todas as demais deliberações legislativas da respectiva Casa, com exceção das que tenham prazo constitucional determinado, até que se ultime a votação.

>> § 2.º com redação determinada pela Emenda Constitucional n. 32, de 11-9-2001.

§ 3.º A apreciação das emendas do Senado Federal pela Câmara dos Deputados far-se-á no prazo de dez dias, observado quanto ao mais o disposto no parágrafo anterior.

§ 4.º Os prazos do § 2.º não correm nos períodos de recesso do Congresso Nacional, nem se aplicam aos projetos de código.

Art. 65. O projeto de lei aprovado por uma Casa será revisto pela outra, em um só turno de discussão e votação, e enviado à sanção ou promulgação, se a Casa revisora o aprovar, ou arquivado, se o rejeitar.

Parágrafo único. Sendo o projeto emendado, voltará à Casa iniciadora.

Art. 66. A Casa na qual tenha sido concluída a votação enviará o projeto de lei ao Presidente da República, que, aquiescendo, o sancionará.

§ 1.º Se o Presidente da República considerar o projeto, no todo ou em parte, inconstitucional ou contrário ao interesse público, vetá-lo-á total ou parcialmente, no prazo de quinze dias úteis, contados da data do recebimento, e comunicará, dentro de quarenta e oito horas, ao Presidente do Senado Federal os motivos do veto.

§ 2.º O veto parcial somente abrangerá texto integral de artigo, de parágrafo, de inciso ou de alínea.

§ 3.º Decorrido o prazo de quinze dias, o silêncio do Presidente da República importará sanção.

§ 4.º O veto será apreciado em sessão conjunta, dentro de trinta dias a contar de seu recebimento, só podendo ser rejeitado pelo voto da maioria absoluta dos Deputados e Senadores.

>> § 4.º com redação determinada pela Emenda Constitucional n. 76, de 28-11-2013.

§ 5.º Se o veto não for mantido, será o projeto enviado, para promulgação, ao Presidente da República.

§ 6.º Esgotado sem deliberação o prazo estabelecido no § 4.º, o veto será colocado na ordem do dia da sessão imediata, sobrestadas as demais proposições, até sua votação final.

>> § 6.º com redação determinada pela Emenda Constitucional n. 32, de 11-9-2001.

§ 7.º Se a lei não for promulgada dentro de quarenta e oito horas pelo Presidente da República, nos casos dos §§ 3.º e 5.º, o Presidente do Senado a promulgará, e, se este não o fizer em igual prazo, caberá ao Vice-Presidente do Senado fazê-lo.

Art. 67. A matéria constante de projeto de lei rejeitado somente poderá constituir objeto de novo projeto, na mesma sessão legislativa, mediante proposta da maioria absoluta dos membros de qualquer das Casas do Congresso Nacional.

Art. 68. As leis delegadas serão elaboradas pelo Presidente da República, que deverá solicitar a delegação ao Congresso Nacional.

§ 1.º Não serão objeto de delegação os atos de competência exclusiva do Congresso Nacional, os de competência privativa da Câmara dos Deputados ou do Senado Federal, a matéria reservada à lei complementar, nem a legislação sobre:

I – organização do Poder Judiciário e do Ministério Público, a carreira e a garantia de seus membros;

II – nacionalidade, cidadania, direitos individuais, políticos e eleitorais;

III – planos plurianuais, diretrizes orçamentárias e orçamentos.

§ 2.º A delegação ao Presidente da República terá a forma de resolução do Congresso Nacional, que especificará seu conteúdo e os termos de seu exercício.

§ 3.º Se a resolução determinar a apreciação do projeto pelo Congresso Nacional, este a fará em votação única, vedada qualquer emenda.

Art. 69. As leis complementares serão aprovadas por maioria absoluta.

Seção IX
Da Fiscalização Contábil, Financeira e Orçamentária

> O Decreto n. 3.590, de 6-9-2000, estabelece o Sistema de Administração Financeira Federal.

> O Decreto n. 3.591, de 6-9-2000, dispõe sobre o Sistema de Controle Interno do Poder Executivo Federal.

> O Decreto n. 6.976, de 7-10-2009, dispõe sobre o Sistema de Contabilidade Federal.

Art. 70. A fiscalização contábil, financeira, orçamentária, operacional e patrimonial da União e das entidades da administração direta e indireta, quanto à legalidade, legitimidade, economicidade, aplicação das subvenções e renúncia de receitas, será exercida pelo Congresso Nacional, mediante controle externo, e pelo sistema de controle interno de cada Poder.

Parágrafo único. Prestará contas qualquer pessoa física ou jurídica, pública ou privada, que utilize, arrecade, guarde, gerencie ou administre dinheiros, bens e valores públicos ou pelos quais a União responda, ou que, em nome desta, assuma obrigações de natureza pecuniária.

>> Parágrafo único com redação determinada pela Emenda Constitucional n. 19, de 4-6-1998.

Art. 71. O controle externo, a cargo do Congresso Nacional, será exercido com o auxílio do Tribunal de Contas da União, ao qual compete:

> A Lei n. 8.443, de 16-7-1992, dispõe sobre a Lei Orgânica do TCU.

> *Vide* art. 56, *caput*, da Lei Complementar n. 101, de 4-5-2000.

I – apreciar as contas prestadas anualmente pelo Presidente da República, mediante parecer prévio que deverá ser elaborado em sessenta dias a contar de seu recebimento;

II – julgar as contas dos administradores e demais responsáveis por dinheiros, bens e valores públicos da administração direta e indireta, incluídas as fundações e sociedades instituídas e mantidas pelo Poder Público federal, e as contas daqueles que derem causa a perda, extravio ou outra irregularidade de que resulte prejuízo ao erário público;

III – apreciar, para fins de registro, a legalidade dos atos de admissão de pessoal, a qualquer título, na administração direta e indireta, incluídas as fundações instituídas e mantidas pelo Poder Público, excetuadas as nomeações para cargo de provimento em comissão, bem como a das concessões de aposentadorias, reformas e pensões, ressalvadas as melhorias posteriores que não alterem o fundamento legal do ato concessório;

IV – realizar, por iniciativa própria, da Câmara dos Deputados, do Senado Federal, de Comissão técnica ou de inquérito, inspeções e auditorias de natureza contábil, financeira, orçamentária, operacional e patrimonial, nas unidades administrativas dos Poderes Legislativo, Executivo e Judiciário, e demais entidades referidas no inciso II;

V – fiscalizar as contas nacionais das empresas supranacionais de cujo capital social a União participe, de forma direta ou indireta, nos termos do tratado constitutivo;

VI – fiscalizar a aplicação de quaisquer recursos repassados pela União mediante convênio, acordo, ajuste ou outros instrumentos congêneres, a Estado, ao Distrito Federal ou a Município;

VII – prestar as informações solicitadas pelo Congresso Nacional, por qualquer de suas Casas, ou por qualquer das respectivas Comissões, sobre a fiscalização contábil, financeira, orçamentária, operacional e patrimonial e sobre resultados de auditorias e inspeções realizadas;

VIII – aplicar aos responsáveis, em caso de ilegalidade de despesa ou irregularidade de contas, as sanções previstas em lei, que estabelecerá, entre outras cominações, multa proporcional ao dano causado ao erário;

IX – assinar prazo para que o órgão ou entidade adote as providências necessárias ao exato cumprimento da lei, se verificada ilegalidade;

X – sustar, se não atendido, a execução do ato impugnado, comunicando a decisão à Câmara dos Deputados e ao Senado Federal;

XI – representar ao Poder competente sobre irregularidades ou abusos apurados.

§ 1.º No caso de contrato, o ato de sustação será adotado diretamente pelo Congresso Nacional, que solicitará, de imediato, ao Poder Executivo as medidas cabíveis.

§ 2.º Se o Congresso Nacional ou o Poder Executivo, no prazo de noventa dias, não efetivar as medidas previstas no parágrafo anterior, o Tribunal decidirá a respeito.

§ 3.º As decisões do Tribunal de que resulte imputação de débito ou multa terão eficácia de título executivo.

§ 4.º O Tribunal encaminhará ao Congresso Nacional, trimestral e anualmente, relatório de suas atividades.

Art. 72. A Comissão mista permanente a que se refere o art. 166, § 1.º, diante de indícios de despesas não autorizadas, ainda que sob a forma de investimentos não programados ou de subsídios não aprovados, poderá solicitar à autoridade governamental responsável que, no prazo de cinco dias, preste os esclarecimentos necessários.

> *Vide* art. 16, § 2.º, do ADCT.

§ 1.º Não prestados os esclarecimentos, ou considerados estes insuficientes, a Comissão solicitará ao Tribunal pronunciamento conclusivo sobre a matéria, no prazo de trinta dias.

§ 2.º Entendendo o Tribunal irregular a despesa, a Comissão, se julgar que o gasto possa causar dano irreparável ou grave lesão à economia pública, proporá ao Congresso Nacional sua sustação.

Art. 73. O Tribunal de Contas da União, integrado por nove Ministros, tem sede no Distrito Federal, quadro próprio de pessoal e jurisdição em todo o território nacional, exercendo, no que couber, as atribuições previstas no art. 96.

> A Lei n. 8.443, de 16-7-1992, dispõe sobre a Lei Orgânica do TCU.

§ 1.º Os Ministros do Tribunal de Contas da União serão nomeados dentre brasileiros que satisfaçam os seguintes requisitos:

I – mais de trinta e cinco e menos de sessenta e cinco anos de idade;

II – idoneidade moral e reputação ilibada;

III – notórios conhecimentos jurídicos, contábeis, econômicos e financeiros ou de administração pública;

IV – mais de dez anos de exercício de função ou de efetiva atividade profissional que exija os conhecimentos mencionados no inciso anterior.

> Escolha de Ministros do TCU: Decreto Legislativo n. 6, de 22-4-1993.

§ 2.º Os Ministros do Tribunal de Contas da União serão escolhidos:

I – um terço pelo Presidente da República, com aprovação do Senado Federal, sendo dois alternadamente dentre auditores e membros do Ministério Público junto ao Tribunal, indicados em lista tríplice pelo Tribunal, segundo os critérios de antiguidade e merecimento;

II – dois terços pelo Congresso Nacional.

§ 3.º Os Ministros do Tribunal de Contas da União terão as mesmas garantias, prerrogativas, impedimentos, vencimentos e vantagens dos Ministros do Superior Tribunal de Justiça, aplicando-se-lhes, quanto à aposentadoria e pensão, as normas constantes do art. 40.

>> § 3.º com redação determinada pela Emenda Constitucional n. 20, de 15-12-1998.

§ 4.º O auditor, quando em substituição a Ministro, terá as mesmas garantias e impedimentos do titular e, quando no exercício das demais atribuições da judicatura, as de juiz de Tribunal Regional Federal.

Art. 74. Os Poderes Legislativo, Executivo e Judiciário manterão, de forma integrada, sistema de controle interno com a finalidade de:

I – avaliar o cumprimento das metas previstas no plano plurianual, a execução dos programas de governo e dos orçamentos da União;

II – comprovar a legalidade e avaliar os resultados, quanto à eficácia e eficiência, da gestão orçamentária, financeira e patrimonial nos órgãos e entidades da administração federal, bem como da aplicação de recursos públicos por entidades de direito privado;

III – exercer o controle das operações de crédito, avais e garantias, bem como dos direitos e haveres da União;

IV – apoiar o controle externo no exercício de sua missão institucional.

§ 1.º Os responsáveis pelo controle interno, ao tomarem conhecimento de qualquer irregularidade ou ilegalidade, dela darão ciência ao Tribunal de Contas da União, sob pena de responsabilidade solidária.

§ 2.º Qualquer cidadão, partido político, associação ou sindicato é parte legítima para, na forma da lei, denunciar irregularidades ou ilegalidades perante o Tribunal de Contas da União.

Art. 75. As normas estabelecidas nesta seção aplicam-se, no que couber, à organização, composição e fiscalização dos Tribunais de Contas dos Estados e do Distrito Federal, bem como dos Tribunais e Conselhos de Contas dos Municípios.

> *Vide* art. 31, § 4.º, da CF.

Parágrafo único. As Constituições estaduais disporão sobre os Tribunais de Contas respectivos, que serão integrados por sete Conselheiros.

CAPÍTULO II
DO PODER EXECUTIVO

Seção I
Do Presidente e do Vice-Presidente da República

> Organização da Presidência da República: Lei n. 13.844, de 18-6-2019.

Art. 76. O Poder Executivo é exercido pelo Presidente da República, auxiliado pelos Ministros de Estado.

Art. 77. A eleição do Presidente e do Vice-Presidente da República realizar-se-á, simultaneamente, no primeiro domingo de outubro, em primeiro turno, e no último domingo de outubro, em segundo turno, se houver, do ano anterior ao do término do mandato presidencial vigente.

>> *Caput* com redação determinada pela Emenda Constitucional n. 16, de 4-6-1997.

> Normas para as eleições: Lei n. 9.504, de 30-9-1997.

§ 1.º A eleição do Presidente da República importará a do Vice-Presidente com ele registrado.

§ 2.º Será considerado eleito Presidente o candidato que, registrado por partido político, obtiver a maioria absoluta de votos, não computados os em branco e os nulos.

§ 3.º Se nenhum candidato alcançar maioria absoluta na primeira votação, far-se-á nova eleição em até vinte dias após a proclamação do resultado, concorrendo os dois candidatos mais votados e considerando-se eleito aquele que obtiver a maioria dos votos válidos.

§ 4.º Se, antes de realizado o segundo turno, ocorrer morte, desistência ou impedimento legal de candidato, convocar-se-á, dentre os remanescentes, o de maior votação.

§ 5.º Se, na hipótese dos parágrafos anteriores, remanescer, em segundo lugar, mais de um candidato com a mesma votação, qualificar-se-á o mais idoso.

Art. 78. O Presidente e o Vice-Presidente da República tomarão posse em sessão do Congresso Nacional, prestando o compromisso de manter, defender e cumprir a Constituição, observar as leis, promover o bem geral do povo brasileiro, sustentar a união, a integridade e a independência do Brasil.

Parágrafo único. Se, decorridos dez dias da data fixada para a posse, o Presidente ou o Vice-Presidente, salvo motivo de força maior, não tiver assumido o cargo, este será declarado vago.

Art. 79. Substituirá o Presidente, no caso de impedimento, e suceder-lhe-á, no de vaga, o Vice-Presidente.

Parágrafo único. O Vice-Presidente da República, além de outras atribuições que lhe forem conferidas por lei complementar, auxiliará o Presidente, sempre que por ele convocado para missões especiais.

Art. 80. Em caso de impedimento do Presidente e do Vice-Presidente, ou vacância dos respectivos cargos, serão sucessivamente chamados ao exercício da Presidência o Presidente da Câmara dos Deputados, o do Senado Federal e o do Supremo Tribunal Federal.

Art. 81. Vagando os cargos de Presidente e Vice-Presidente da República, far-se-á eleição noventa dias depois de aberta a última vaga.

§ 1.º Ocorrendo a vacância nos últimos dois anos do período presidencial, a eleição para ambos os cargos será feita trinta dias depois da última vaga, pelo Congresso Nacional, na forma da lei.

§ 2.º Em qualquer dos casos, os eleitos deverão completar o período de seus antecessores.

Art. 82. O mandato do Presidente da República é de 4 (quatro) anos e terá início em primeiro de janeiro do ano seguinte ao da sua eleição.

>> Artigo com redação determinada pela Emenda Constitucional n. 16, de 4-6-1997.

Art. 83. O Presidente e o Vice-Presidente da República não poderão, sem licença do Congresso Nacional, ausentar-se do País por período superior a quinze dias, sob pena de perda do cargo.

Seção II
Das Atribuições do Presidente da República

Art. 84. Compete privativamente ao Presidente da República:

I – nomear e exonerar os Ministros de Estado;

II – exercer, com o auxílio dos Ministros de Estado, a direção superior da administração federal;

III – iniciar o processo legislativo, na forma e nos casos previstos nesta Constituição;

IV – sancionar, promulgar e fazer publicar as leis, bem como expedir decretos e regulamentos para sua fiel execução;

V – vetar projetos de lei, total ou parcialmente;

VI – dispor, mediante decreto, sobre:

>> Inciso VI, *caput*, com redação determinada pela Emenda Constitucional n. 32, de 11-9-2001.

> *Vide* art. 61, § 1.º, II, *e*, da CF.

a) organização e funcionamento da administração federal, quando não implicar aumento de despesa nem criação ou extinção de órgãos públicos;

>> Alínea *a* acrescentada pela Emenda Constitucional n. 32, de 11-9-2001.

b) extinção de funções ou cargos públicos, quando vagos;

>> Alínea *b* acrescentada pela Emenda Constitucional n. 32, de 11-9-2001.

> *Vide* art. 48, X, da CF.

VII – manter relações com Estados estrangeiros e acreditar seus representantes diplomáticos;

VIII – celebrar tratados, convenções e atos internacionais, sujeitos a referendo do Congresso Nacional;

IX – decretar o estado de defesa e o estado de sítio;

X – decretar e executar a intervenção federal;

XI – remeter mensagem e plano de governo ao Congresso Nacional por ocasião da abertura da sessão legislativa, expondo a situação do País e solicitando as providências que julgar necessárias;

XII – conceder indulto e comutar penas, com audiência, se necessário, dos órgãos instituídos em lei;

> *Vide* Súmula 631 do STJ.

XIII – exercer o comando supremo das Forças Armadas, nomear os Comandantes da Marinha, do Exército e da Aeronáutica, promover seus oficiais-generais e nomeá-los para os cargos que lhes são privativos;

>> Inciso XIII com redação determinada pela Emenda Constitucional n. 23, de 2-9-1999.

> A Lei Complementar n. 97, de 9-6-1999, dispõe sobre as normas gerais para a organização, o preparo e o emprego das Forças Armadas.

XIV – nomear, após aprovação pelo Senado Federal, os Ministros do Supremo Tribunal Federal e dos Tribunais Superiores, os Governadores de Territórios, o Procurador-Geral da República, o presidente e os diretores do banco central e outros servidores, quando determinado em lei;

XV – nomear, observado o disposto no art. 73, os Ministros do Tribunal de Contas da União;

XVI – nomear os magistrados, nos casos previstos nesta Constituição, e o Advogado-Geral da União;

XVII – nomear membros do Conselho da República, nos termos do art. 89, VII;

XVIII – convocar e presidir o Conselho da República e o Conselho de Defesa Nacional;

XIX – declarar guerra, no caso de agressão estrangeira, autorizado pelo Congresso Nacional ou referendado por ele, quando ocorrida no intervalo das sessões legislativas, e, nas mesmas condições, decretar, total ou parcialmente, a mobilização nacional;

>> A Lei n. 11.631, de 27-12-2007, regulamentada pelo Decreto n. 6.592, de 2-10-2008, dispõe sobre a mobilização nacional e cria o Sistema Nacional de Mobilização – SINAMOB.

XX – celebrar a paz, autorizado ou com o referendo do Congresso Nacional;

XXI – conferir condecorações e distinções honoríficas;

XXII – permitir, nos casos previstos em lei complementar, que forças estrangeiras transitem pelo território nacional ou nele permaneçam temporariamente;

>> Regulamento: Lei Complementar n. 90, de 1.º-10-1997.

XXIII – enviar ao Congresso Nacional o plano plurianual, o projeto de lei de diretrizes orçamentárias e as propostas de orçamento previstos nesta Constituição;

XXIV – prestar, anualmente, ao Congresso Nacional, dentro de sessenta dias após a abertura da sessão legislativa, as contas referentes ao exercício anterior;

XXV – prover e extinguir os cargos públicos federais, na forma da lei;

XXVI – editar medidas provisórias com força de lei, nos termos do art. 62;

XXVII – exercer outras atribuições previstas nesta Constituição.

Parágrafo único. O Presidente da República poderá delegar as atribuições mencionadas nos incisos VI, XII e XXV, primeira parte, aos Ministros de Estado, ao Procurador-Geral da República ou ao Advogado-Geral da União, que observarão os limites traçados nas respectivas delegações.

Seção III
Da Responsabilidade do Presidente da República

Art. 85. São crimes de responsabilidade os atos do Presidente da República que atentem contra a Constituição Federal e, especialmente, contra:

> A Lei n. 1.079, de 10-4-1950, define os crimes de responsabilidade e regula o respectivo processo de julgamento.

> A Lei n. 8.429, de 2-6-1992, dispõe sobre as sanções aplicáveis aos agentes públicos nos casos de enriquecimento ilícito no exercício de mandato, cargo, emprego ou função na administração pública direta, indireta ou fundacional e dá outras providências.

I – a existência da União;

II – o livre exercício do Poder Legislativo, do Poder Judiciário, do Ministério Público e dos Poderes constitucionais das unidades da Federação;

III – o exercício dos direitos políticos, individuais e sociais;

IV – a segurança interna do País;

> A Lei Complementar n. 90, de 1.º-10-1997, determina os casos em que forças estrangeiras possam transitar pelo território nacional ou nele permanecer temporariamente.

V – a probidade na administração;

VI – a lei orçamentária;

VII – o cumprimento das leis e das decisões judiciais.

Parágrafo único. Esses crimes serão definidos em lei especial, que estabelecerá as normas de processo e julgamento.

>> *Vide* Súmula Vinculante 46 do STF.

Art. 86. Admitida a acusação contra o Presidente da República, por dois terços da Câmara dos Deputados, será ele submetido a julgamento perante o Supremo Tribunal Federal, nas infrações penais comuns, ou perante o Senado Federal, nos crimes de responsabilidade.

>>> *Vide* art. 5.º, I, do RISTF.

§ 1.º O Presidente ficará suspenso de suas funções:

I – nas infrações penais comuns, se recebida a denúncia ou queixa-crime pelo Supremo Tribunal Federal;

II – nos crimes de responsabilidade, após a instauração do processo pelo Senado Federal.

§ 2.º Se, decorrido o prazo de cento e oitenta dias, o julgamento não estiver concluído, cessará o afastamento do Presidente, sem prejuízo do regular prosseguimento do processo.

§ 3.º Enquanto não sobrevier sentença condenatória, nas infrações comuns, o Presidente da República não estará sujeito a prisão.

§ 4.º O Presidente da República, na vigência de seu mandato, não pode ser responsabilizado por atos estranhos ao exercício de suas funções.

Seção IV
Dos Ministros de Estado

> Organização da Presidência da República: Lei n. 13.844, de 18-6-2019.

Art. 87. Os Ministros de Estado serão escolhidos dentre brasileiros maiores de vinte e um anos e no exercício dos direitos políticos.

Parágrafo único. Compete ao Ministro de Estado, além de outras atribuições estabelecidas nesta Constituição e na lei:

I – exercer a orientação, coordenação e supervisão dos órgãos e entidades da administração federal na área de sua competência e referendar os atos e decretos assinados pelo Presidente da República;

II – expedir instruções para a execução das leis, decretos e regulamentos;

III – apresentar ao Presidente da República relatório anual de sua gestão no Ministério;

IV – praticar os atos pertinentes às atribuições que lhe forem outorgadas ou delegadas pelo Presidente da República.

Art. 88. A lei disporá sobre a criação e extinção de Ministérios e órgãos da administração pública.

>> Artigo com redação determinada pela Emenda Constitucional n. 32, de 11-9-2001.

Seção V
Do Conselho da República e do Conselho de Defesa Nacional

Subseção I
Do Conselho da República

> A Lei n. 8.041, de 5-6-1990, dispõe sobre a organização e o funcionamento do Conselho da República.

Art. 89. O Conselho da República é órgão superior de consulta do Presidente da República, e dele participam:

I – o Vice-Presidente da República;

II – o Presidente da Câmara dos Deputados;

III – o Presidente do Senado Federal;

IV – os líderes da maioria e da minoria na Câmara dos Deputados;

V – os líderes da maioria e da minoria no Senado Federal;

> *Vide* arts. 51, V, 52, XIV, e 84, XIV, da CF.

VI – o Ministro da Justiça;

VII – seis cidadãos brasileiros natos, com mais de trinta e cinco anos de idade, sendo dois nomeados pelo Presidente da República, dois eleitos pelo Senado Federal e dois eleitos pela Câmara dos Deputados, todos com mandato de três anos, vedada a recondução.

Art. 90. Compete ao Conselho da República pronunciar-se sobre:

I – intervenção federal, estado de defesa e estado de sítio;

II – as questões relevantes para a estabilidade das instituições democráticas.

§ 1.º O Presidente da República poderá convocar Ministro de Estado para participar da reunião do Conselho, quando constar da pauta questão relacionada com o respectivo Ministério.

§ 2.º A lei regulará a organização e o funcionamento do Conselho da República.

> A Lei n. 8.041, de 5-6-1990, dispõe sobre a organização e o funcionamento do Conselho da República.

Subseção II
Do Conselho de Defesa Nacional

> Organização e funcionamento do Conselho de Defesa Nacional: Lei n. 8.183, de 11-4-1991.

> Regulamento do Conselho de Defesa Nacional: Decreto n. 893, de 12-8-1993.

Art. 91. O Conselho de Defesa Nacional é órgão de consulta do Presidente da República nos assuntos relacionados com a soberania nacional e a defesa do Estado democrático, e dele participam como membros natos:

I – o Vice-Presidente da República;

II – o Presidente da Câmara dos Deputados;

III – o Presidente do Senado Federal;

IV – o Ministro da Justiça;

V – o Ministro de Estado da Defesa;

>> Inciso V com redação determinada pela Emenda Constitucional n. 23, de 2-9-1999.

VI – o Ministro das Relações Exteriores;

VII – o Ministro do Planejamento;

VIII – os Comandantes da Marinha, do Exército e da Aeronáutica.

>> Inciso VIII acrescentado pela Emenda Constitucional n. 23, de 2-9-1999.

§ 1.º Compete ao Conselho de Defesa Nacional:

I – opinar nas hipóteses de declaração de guerra e de celebração da paz, nos termos desta Constituição;

II – opinar sobre a decretação do estado de defesa, do estado de sítio e da intervenção federal;

III – propor os critérios e condições de utilização de áreas indispensáveis à segurança do território nacional e opinar sobre seu efetivo uso, especialmente na faixa de fronteira e nas relacionadas com a preservação e a exploração dos recursos naturais de qualquer tipo;

IV – estudar, propor e acompanhar o desenvolvimento de iniciativas necessárias a garantir a independência nacional e a defesa do Estado democrático.

§ 2.º A lei regulará a organização e o funcionamento do Conselho de Defesa Nacional.

Capítulo III
DO PODER JUDICIÁRIO

Seção I
Disposições Gerais

Art. 92. São órgãos do Poder Judiciário:

I – o Supremo Tribunal Federal;

I-A – o Conselho Nacional de Justiça;

>> Inciso I-A acrescentado pela Emenda Constitucional n. 45, de 8-12-2004.

> *Vide* art. 5.º da Emenda Constitucional n. 45, de 8-12-2004.

II – o Superior Tribunal de Justiça;

II-A – o Tribunal Superior do Trabalho;

>> Inciso II-A acrescentado pela Emenda Constitucional n. 92, de 12-7-2016.

III – os Tribunais Regionais Federais e Juízes Federais;

IV – os Tribunais e Juízes do Trabalho;

V – os Tribunais e Juízes Eleitorais;

VI – os Tribunais e Juízes Militares;

VII – os Tribunais e Juízes dos Estados e do Distrito Federal e Territórios.

§ 1.º O Supremo Tribunal Federal, o Conselho Nacional de Justiça e os Tribunais Superiores têm sede na Capital Federal.

>> § 1.º acrescentado pela Emenda Constitucional n. 45, de 8-12-2004.

§ 2.º O Supremo Tribunal Federal e os Tribunais Superiores têm jurisdição em todo o território nacional.

>> § 2.º acrescentado pela Emenda Constitucional n. 45, de 8-12-2004.

Art. 93. Lei complementar, de iniciativa do Supremo Tribunal Federal, disporá sobre o Estatuto da Magistratura, observados os seguintes princípios:

> A Lei Complementar n. 35, de 14-3-1979, promulgada sob a vigência da ordem constitucional anterior, dispõe sobre a Magistratura Nacional até o advento da norma prevista no *caput* deste artigo.

I – ingresso na carreira, cujo cargo inicial será o de juiz substituto, mediante concurso público de provas e títulos, com a participação da Ordem dos Advogados do Brasil em todas as fases, exigindo-se do bacharel em direito, no mínimo, três anos de atividade jurídica e obedecendo-se, nas nomeações, à ordem de classificação;

>> Inciso I com redação determinada pela Emenda Constitucional n. 45, de 8-12-2004.

II – promoção de entrância para entrância, alternadamente, por antiguidade e merecimento, atendidas as seguintes normas:

a) é obrigatória a promoção do juiz que figure por três vezes consecutivas ou cinco alternadas em lista de merecimento;

b) a promoção por merecimento pressupõe dois anos de exercício na respectiva entrância e integrar o juiz a primeira quinta parte da lista de antiguidade desta, salvo se não houver com tais requisitos quem aceite o lugar vago;

c) aferição do merecimento conforme o desempenho e pelos critérios objetivos de produtividade e presteza no exercício da jurisdição e pela frequência e aproveitamento em cursos oficiais ou reconhecidos de aperfeiçoamento;

>> Alínea *c* com redação determinada pela Emenda Constitucional n. 45, de 8-12-2004.

d) na apuração de antiguidade, o tribunal somente poderá recusar o juiz mais antigo pelo voto fundamentado de dois terços de seus membros, conforme procedimento próprio, e assegurada ampla defesa, repetindo-se a votação até fixar-se a indicação;

>> Alínea *d* com redação determinada pela Emenda Constitucional n. 45, de 8-12-2004.

e) não será promovido o juiz que, injustificadamente, retiver autos em seu poder além do prazo legal, não podendo devolvê-los ao cartório sem o devido despacho ou decisão;

>> Alínea *e* acrescentada pela Emenda Constitucional n. 45, de 8-12-2004.

III – o acesso aos tribunais de segundo grau far-se-á por antiguidade e merecimento, alternadamente, apurados na última ou única entrância;

>> Inciso III com redação determinada pela Emenda Constitucional n. 45, de 8-12-2004.

IV – previsão de cursos oficiais de preparação, aperfeiçoamento e promoção de magistrados, constituindo etapa obrigatória do processo de vitaliciamento a participação em curso oficial ou reconhecido por escola nacional de formação e aperfeiçoamento de magistrados;

>> Inciso IV com redação determinada pela Emenda Constitucional n. 45, de 8-12-2004.

V – o subsídio dos Ministros dos Tribunais Superiores corresponderá a 95% (noventa e cinco por cento) do subsídio mensal fixado para os Ministros do Supremo Tribunal Federal e os subsídios dos demais magistrados serão fixados em lei e escalonados, em nível federal e estadual, conforme as respectivas categorias da estrutura judiciária nacional, não podendo a diferença entre uma e outra ser superior a 10% (dez por cento) ou inferior a 5% (cinco por cento), nem exceder a 95% (noventa e cinco por cento) do subsídio mensal dos Ministros dos Tribunais Superiores, obedecido, em qualquer caso, o disposto nos arts. 37, XI, e 39, § 4.º;

>> Inciso V com redação determinada pela Emenda Constitucional n. 19, de 4-6-1998.

> A Lei n. 9.655, de 2-6-1998, altera o percentual de diferença entre a remuneração dos cargos de Ministros do STJ e dos Juízes da Justiça Federal de Primeiro e Segundo Graus.

VI – a aposentadoria dos magistrados e a pensão de seus dependentes observarão o disposto no art. 40;

>> Inciso VI com redação determinada pela Emenda Constitucional n. 20, de 15-12-1998.

VII – o juiz titular residirá na respectiva comarca, salvo autorização do tribunal;

>> Inciso VII com redação determinada pela Emenda Constitucional n. 45, de 8-12-2004.

VIII – o ato de remoção ou de disponibilidade do magistrado, por interesse público, fundar-se-á em decisão por voto da maioria absoluta do respectivo tribunal ou do Conselho Nacional de Justiça, assegurada ampla defesa;

>> Inciso VIII com redação determinada pela Emenda Constitucional n. 103, de 12-11-2019.

VIII-A – a remoção a pedido ou a permuta de magistrados de comarca de igual entrância atenderá, no que couber, ao disposto nas alíneas *a*, *b*, *c* e *e* do inciso II;

>> Inciso VIII-A acrescentado pela Emenda Constitucional n. 45, de 8-12-2004.

IX – todos os julgamentos dos órgãos do Poder Judiciário serão públicos, e fundamentadas todas as decisões, sob pena de nulidade, podendo a lei limitar a presença, em determinados atos, às próprias partes e a seus advogados, ou somente a estes, em casos nos quais a preservação do direito à intimidade do interessado no sigilo não prejudique o interesse público à informação;

>> Inciso IX com redação determinada pela Emenda Constitucional n. 45, de 8-12-2004.

> *Vide* Súmula 459 do TST.

X – as decisões administrativas dos tribunais serão motivadas e em sessão pública, sendo as disciplinares tomadas pelo voto da maioria absoluta de seus membros;

>> Inciso X com redação determinada pela Emenda Constitucional n. 45, de 8-12-2004.

XI – nos tribunais com número superior a vinte e cinco julgadores, poderá ser constituído órgão especial, com o mínimo de onze e o máximo de vinte e cinco membros, para o exercício das atribuições administrativas e jurisdicionais delegadas da competência do tribunal pleno, provendo-se metade das vagas por antiguidade e a outra metade por eleição pelo tribunal pleno;

>> Inciso XI com redação determinada pela Emenda Constitucional n. 45, de 8-12-2004.

XII – a atividade jurisdicional será ininterrupta, sendo vedado férias coletivas nos juízos e tribunais de segundo grau, funcionando, nos dias em que não houver expediente forense normal, juízes em plantão permanente;

>> Inciso XII acrescentado pela Emenda Constitucional n. 45, de 8-12-2004.

XIII – o número de juízes na unidade jurisdicional será proporcional à efetiva demanda judicial e à respectiva população;

>> Inciso XIII acrescentado pela Emenda Constitucional n. 45, de 8-12-2004.

XIV – os servidores receberão delegação para a prática de atos de administração e atos de mero expediente sem caráter decisório;

>> Inciso XIV acrescentado pela Emenda Constitucional n. 45, de 8-12-2004.

XV – a distribuição de processos será imediata, em todos os graus de jurisdição.

>> Inciso XV acrescentado pela Emenda Constitucional n. 45, de 8-12-2004.

Art. 94. Um quinto dos lugares dos Tribunais Regionais Federais, dos Tribunais dos Estados, e do Distrito Federal e Territórios será composto de membros, do Ministério Público, com mais de dez anos de carreira, e de advogados de notório saber jurídico e de reputação ilibada, com mais de dez anos de efetiva atividade profissional, indicados em lista sêxtupla pelos órgãos de representação das respectivas classes.

Parágrafo único. Recebidas as indicações, o tribunal formará lista tríplice, enviando-a ao Poder Executivo, que, nos vinte dias subsequentes, escolherá um de seus integrantes para nomeação.

Art. 95. Os juízes gozam das seguintes garantias:

I – vitaliciedade, que, no primeiro grau, só será adquirida após dois anos de exercício, dependendo a perda do cargo, nesse período, de deliberação do tribunal a que o juiz estiver vinculado, e, nos demais casos, de sentença judicial transitada em julgado;

II – inamovibilidade, salvo por motivo de interesse público, na forma do art. 93, VIII;

III – irredutibilidade de subsídio, ressalvado o disposto nos arts. 37, X e XI, 39, § 4.º, 150, II, 153, III, e 153, § 2.º, I.

>> Inciso III com redação determinada pela Emenda Constitucional n. 19, de 4-6-1998.

Parágrafo único. Aos juízes é vedado:

I – exercer, ainda que em disponibilidade, outro cargo ou função, salvo uma de magistério;

II – receber, a qualquer título ou pretexto, custas ou participação em processo;

III – dedicar-se à atividade político-partidária;

IV – receber, a qualquer título ou pretexto, auxílios ou contribuições de pessoas físicas, entidades públicas ou privadas, ressalvadas as exceções previstas em lei;

>> Inciso IV acrescentado pela Emenda Constitucional n. 45, de 8-12-2004.

V – exercer a advocacia no juízo ou tribunal do qual se afastou, antes de decorridos três anos do afastamento do cargo por aposentadoria ou exoneração.

>> Inciso V acrescentado pela Emenda Constitucional n. 45, de 8-12-2004.

Art. 96. Compete privativamente:

I – aos tribunais:

a) eleger seus órgãos diretivos e elaborar seus regimentos internos, com observância das normas de processo e das garantias processuais das partes, dispondo sobre a competência e o funcionamento dos respectivos órgãos jurisdicionais e administrativos;

b) organizar suas secretarias e serviços auxiliares e os dos juízos que lhes forem vinculados, velando pelo exercício da atividade correicional respectiva;

c) prover, na forma prevista nesta Constituição, os cargos de juiz de carreira da respectiva jurisdição;

d) propor a criação de novas varas judiciárias;

e) prover, por concurso público de provas, ou de provas e títulos, obedecido o disposto no art. 169, parágrafo único, os cargos necessários à administração da Justiça, exceto os de confiança assim definidos em lei;

>> De acordo com alteração processada pela Emenda Constitucional n. 19, de 4-6-1998, a referência passa a ser ao art. 169, § 1.º.

f) conceder licença, férias e outros afastamentos a seus membros e aos juízes e servidores que lhes forem imediatamente vinculados;

II – ao Supremo Tribunal Federal, aos Tribunais Superiores e aos Tribunais de Justiça propor ao Poder Legislativo respectivo, observado o disposto no art. 169:

a) a alteração do número de membros dos tribunais inferiores;

b) a criação e a extinção de cargos e a remuneração dos seus serviços auxiliares e dos juízos que lhes forem vinculados, bem como a fixação do subsídio de seus membros e dos juízes, inclusive dos tribunais inferiores, onde houver;

>> Alínea *b* com redação determinada pela Emenda Constitucional n. 41, de 19-12-2003.

> Reestruturação das carreiras dos servidores do Poder Judiciário da União: Lei n. 10.475, de 27-6-2002.

c) a criação ou extinção dos tribunais inferiores;

d) a alteração da organização e da divisão judiciárias;

III – aos Tribunais de Justiça julgar os juízes estaduais e do Distrito Federal e Territórios, bem como os membros do Ministério Público, nos crimes comuns e de responsabilidade, ressalvada a competência da Justiça Eleitoral.

Art. 97. Somente pelo voto da maioria absoluta de seus membros ou dos membros do respectivo órgão especial poderão os tribunais declarar a inconstitucionalidade de lei ou ato normativo do Poder Público.

> *Vide* Súmula Vinculante 10 do STF.

>>> *Vide* art. 949, parágrafo único, do CPC.

Art. 98. A União, no Distrito Federal e nos Territórios, e os Estados criarão:

I – juizados especiais, providos por juízes togados, ou togados e leigos, competentes para a conciliação, o julgamento e a execução de causas cíveis de menor complexidade e infrações penais de menor potencial ofensivo, mediante os procedimentos oral e sumariíssimo, permitidos, nas hipóteses previstas em lei, a transação e o julgamento de recursos por turmas de juízes de primeiro grau;

> Juizados Especiais Cíveis e Criminais: Lei n. 9.099, de 26-9-1995.

> Juizados de Violência Doméstica e Familiar contra a Mulher: Lei n. 11.340, de 7-8-2006.

II – justiça de paz, remunerada, composta de cidadãos eleitos pelo voto direto, universal e secreto, com mandato de quatro anos e competência para, na forma da lei, celebrar casamentos, verificar, de ofício ou em face de impugnação apresentada, o processo de habilitação e exercer atribuições conciliatórias, sem caráter jurisdicional, além de outras previstas na legislação.

§ 1.º Lei federal disporá sobre a criação de juizados especiais no âmbito da Justiça Federal.

>> Anterior parágrafo único transformado em § 1.º pela Emenda Constitucional n. 45, de 8-12-2004.

> A Lei n. 10.259, de 12-7-2001, dispõe sobre a instituição dos Juizados Especiais Cíveis e Criminais no âmbito da Justiça Federal.

§ 2.º As custas e emolumentos serão destinados exclusivamente ao custeio dos serviços afetos às atividades específicas da Justiça.

>> § 2.º acrescentado pela Emenda Constitucional n. 45, de 8-12-2004.

Art. 99. Ao Poder Judiciário é assegurada autonomia administrativa e financeira.

§ 1.º Os tribunais elaborarão suas propostas orçamentárias dentro dos limites estipulados conjuntamente com os demais Poderes na lei de diretrizes orçamentárias.

>> *Vide* art. 107, § 2.º, do ADCT.

§ 2.º O encaminhamento da proposta, ouvidos os outros tribunais interessados, compete:

I – no âmbito da União, aos Presidentes do Supremo Tribunal Federal e dos Tribunais Superiores, com a aprovação dos respectivos tribunais;

II – no âmbito dos Estados e no do Distrito Federal e Territórios, aos Presidentes dos Tribunais de Justiça, com a aprovação dos respectivos tribunais.

§ 3.º Se os órgãos referidos no § 2.º não encaminharem as respectivas propostas orçamentárias dentro do prazo estabelecido na lei de diretrizes orçamentárias, o Poder Executivo considerará, para fins de consolidação da proposta orçamentária anual, os valores aprovados na lei orçamentária vigente, ajustados de acordo com os limites estipulados na forma do § 1.º deste artigo.

>> § 3.º acrescentado pela Emenda Constitucional n. 45, de 8-12-2004.

§ 4.º Se as propostas orçamentárias de que trata este artigo forem encaminhadas em desacordo com os limites estipulados na forma do § 1.º, o Poder Executivo procederá aos ajustes necessários para fins de consolidação da proposta orçamentária anual.

>> § 4.º acrescentado pela Emenda Constitucional n. 45, de 8-12-2004.

§ 5.º Durante a execução orçamentária do exercício, não poderá haver a realização de despesas ou a assunção de obrigações que extrapolem os limites estabelecidos na lei de diretrizes orçamentárias, exceto se previamente autorizadas, mediante a abertura de créditos suplementares ou especiais.

>> § 5.º acrescentado pela Emenda Constitucional n. 45, de 8-12-2004.

Art. 100. Os pagamentos devidos pelas Fazendas Públicas Federal, Estaduais, Distrital e Municipais, em virtude de sentença judiciária, far-se-ão exclusivamente na ordem cronológica de apresentação dos precatórios e à conta dos créditos respectivos, proibida a designação de casos ou de pessoas nas dotações orçamentárias e nos créditos adicionais abertos para este fim.

>> *Caput* com redação determinada pela Emenda Constitucional n. 62, de 9-12-2009.

>> *Vide* art. 4.º da Emenda Constitucional n. 62, de 9-12-2009.

> A Resolução n. 115, de 29-6-2010, do Conselho Nacional de Justiça, dispõe sobre a gestão de precatórios no âmbito do Poder Judiciário.

§ 1.º Os débitos de natureza alimentícia compreendem aqueles decorrentes de salários, vencimentos, proventos, pensões e suas complementações, benefícios previdenciários e indenizações por morte ou por invalidez, fundadas em responsabilidade civil, em virtude de sentença judicial transitada em julgado, e serão pagos com preferência sobre todos os demais débitos, exceto sobre aqueles referidos no § 2.º deste artigo.

>> § 1.º com redação determinada pela Emenda Constitucional n. 62, de 9-12-2009.

>> *Vide* Súmulas Vinculantes 17 e 47.

§ 2.º Os débitos de natureza alimentícia cujos titulares, originários ou por sucessão hereditária, tenham 60 (sessenta) anos de idade, ou sejam portadores de doença grave, ou pessoas com deficiência, assim definidos na forma da lei, serão pagos com preferência sobre todos os demais débitos, até o valor equivalente ao triplo fixado em lei para os fins do disposto no § 3.º deste artigo, admitido o fracionamento para essa finalidade, sendo que o restante será pago na ordem cronológica de apresentação do precatório.

>> § 2.º com redação determinada pela Emenda Constitucional n. 94, de 15-12-2016.

>> *Vide* art. 97, § 17, do ADCT.

§ 3.º O disposto no *caput* deste artigo relativamente à expedição de precatórios não se aplica aos pagamentos de obrigações definidas em leis como de pequeno valor que as Fazendas referidas devam fazer em virtude de sentença judicial transitada em julgado.

>> § 3.º com redação determinada pela Emenda Constitucional n. 62, de 9-12-2009.

§ 4.º Para os fins do disposto no § 3.º, poderão ser fixados, por leis próprias, valores distintos às entidades de direito público, segundo as diferentes capacidades econômicas, sendo o mínimo igual ao valor do maior benefício do regime geral de previdência social.

>> § 4.º com redação determinada pela Emenda Constitucional n. 62, de 9-12-2009.

>> *Vide* art. 97, § 12, do ADCT.

§ 5.º É obrigatória a inclusão, no orçamento das entidades de direito público, de verba necessária ao pagamento de seus débitos, oriundos de sentenças transitadas em julgado, constantes de precatórios judiciários apresentados até 1.º de julho, fazendo-se o pagamento até o final do exercício seguinte, quando terão seus valores atualizados monetariamente.

>> § 5.º com redação determinada pela Emenda Constitucional n. 62, de 9-12-2009.

§ 6.º As dotações orçamentárias e os créditos abertos serão consignados diretamente ao Poder Judiciário, cabendo ao Presidente do Tribunal que proferir a decisão exequenda determinar o pagamento integral e autorizar, a requerimento do credor e exclusivamente para os casos de preterimento de seu direito de precedência ou de não alocação orçamentária do valor necessário à satisfação do seu débito, o sequestro da quantia respectiva.

>> § 6.º com redação determinada pela Emenda Constitucional n. 62, de 9-12-2009.

§ 7.º O Presidente do Tribunal competente que, por ato comissivo ou omissivo, retardar ou tentar frustrar a liquidação regular de precatórios incorrerá em crime de responsabilidade e responderá, também, perante o Conselho Nacional de Justiça.

>> § 7.º acrescentado pela Emenda Constitucional n. 62, de 9-12-2009.

> Crimes de responsabilidade: Lei n. 1.079, de 10-4-1950.

§ 8.º É vedada a expedição de precatórios complementares ou suplementares de valor pago, bem como o fracionamento, repartição ou quebra do valor da execução para fins de enquadramento de parcela do total ao que dispõe o § 3.º deste artigo.

>> § 8.º acrescentado pela Emenda Constitucional n. 62, de 9-12-2009.

§ 9.º No momento da expedição dos precatórios, independentemente de regulamentação, deles deverá ser abatido, a título de compensação, valor correspondente aos débitos líquidos e certos, inscritos ou não em dívida ativa e constituídos contra o credor original pela Fazenda Pública devedora, incluídas parcelas vincendas de parcelamentos, ressalvados aqueles cuja execução esteja suspensa em virtude de contestação administrativa ou judicial.

>> § 9.º acrescentado pela Emenda Constitucional n. 62, de 9-12-2009.

>> O STF, no julgamento da ADI n. 4.425, de 14-3-2013 (*DJE* de 19-12-2013), julgou procedente a ação para declarar a inconstitucionalidade deste parágrafo.

>> A Lei n. 12.431, de 24-6-2011, regula a compensação de débitos perante a Fazenda Pública Federal com créditos provenientes de precatórios, na forma prevista nos §§ 9.º e 10 deste artigo.

>> A Orientação Normativa n. 4, de 8-6-2010, da Corregedoria-Geral da Justiça Federal, estabelece regra de transição para os procedimentos de compensação previstos nos §§ 9.º e 10 deste artigo.

§ 10. Antes da expedição dos precatórios, o Tribunal solicitará à Fazenda Pública devedora, para resposta em até 30 (trinta) dias, sob pena de perda do direito de abatimento, informação sobre os débitos que preencham as condições estabelecidas no § 9.º, para os fins nele previstos.

>> § 10 acrescentado pela Emenda Constitucional n. 62, de 9-12-2009.

>> O STF, no julgamento da ADI n. 4.425, de 14-3-2013 (*DJE* de 19-12-2013), julgou procedente a ação para declarar a inconstitucionalidade deste parágrafo.

>> *Vide* notas ao § 9.º deste artigo.

§ 11. É facultada ao credor, conforme estabelecido em lei da entidade federativa devedora, a entrega de créditos em precatórios para compra de imóveis públicos do respectivo ente federado.

>> § 11 acrescentado pela Emenda Constitucional n. 62, de 9-12-2009.

§ 12. A partir da promulgação desta Emenda Constitucional, a atualização de valores de requisitórios, após sua expedição, até o efetivo pagamento, independentemente de sua natureza, será feita pelo índice oficial de remuneração básica da caderneta de poupança, e, para fins de compensação da mora, incidirão juros simples no mesmo percentual de juros incidentes sobre a caderneta de poupança, ficando excluída a incidência de juros compensatórios.

>> § 12 acrescentado pela Emenda Constitucional n. 62, de 9-12-2009.

>> O STF, no julgamento da ADI n. 4.425, de 14-3-2013 (*DJE* de 19-12-2013), julgou procedente a ação para declarar a inconstitucionalidade das expressões "índice oficial de remuneração básica da caderneta de poupança", e "independentemente de sua natureza", contidas na redação deste parágrafo.

> A Orientação Normativa n. 2, de 18-12-2009, do Conselho da Justiça Federal, estabelece regra de transição para os procedimentos administrativos atinentes ao cumprimento desse parágrafo.

§ 13. O credor poderá ceder, total ou parcialmente, seus créditos em precatórios a terceiros, independentemente da concordância do devedor, não se aplicando ao cessionário o disposto nos §§ 2.º e 3.º.

>> § 13 acrescentado pela Emenda Constitucional n. 62, de 9-12-2009.

§ 14. A cessão de precatórios somente produzirá efeitos após comunicação, por meio de petição protocolizada, ao tribunal de origem e à entidade devedora.

>> § 14 acrescentado pela Emenda Constitucional n. 62, de 9-12-2009.

§ 15. Sem prejuízo do disposto neste artigo, lei complementar a esta Constituição Federal poderá estabelecer regime especial para pagamento de crédito de precatórios de Estados, Distrito Federal e Municípios, dispondo sobre vinculações à receita corrente líquida e forma e prazo de liquidação.

>> § 15 acrescentado pela Emenda Constitucional n. 62, de 9-12-2009.

>> O STF, no julgamento da ADI n. 4.425, de 14-3-2013 (*DJE* de 19-12-2013), julgou procedente a ação para declarar a inconstitucionalidade deste parágrafo.

>> *Vide* arts. 97 e 101 a 105 do ADCT.

§ 16. A seu critério exclusivo e na forma de lei, a União poderá assumir débitos, oriundos de precatórios, de Estados, Distrito Federal e Municípios, refinanciando-os diretamente.

>> § 16 acrescentado pela Emenda Constitucional n. 62, de 9-12-2009.

§ 17. A União, os Estados, o Distrito Federal e os Municípios aferirão mensalmente, em base anual, o comprometimento de suas respectivas receitas correntes líquidas com o pagamento de precatórios e obrigações de pequeno valor.

>> § 17 acrescentado pela Emenda Constitucional n. 94, de 15-12-2016.

§ 18. Entende-se como receita corrente líquida, para os fins de que trata o § 17, o somatório das receitas tributárias, patrimoniais, industriais, agropecuárias, de contribuições e de serviços, de transferências correntes e outras receitas correntes, incluindo as oriundas do § 1.º do art. 20 da Constituição Federal, verificado no período compreendido pelo segundo mês imediatamente anterior ao de referência e os 11 (onze) meses precedentes, excluídas as duplicidades, e deduzidas:

>> *Caput* acrescentado pela Emenda Constitucional n. 94, de 15-12-2016.

I – na União, as parcelas entregues aos Estados, ao Distrito Federal e aos Municípios por determinação constitucional;

>> Inciso I acrescentado pela Emenda Constitucional n. 94, de 15-12-2016.

II – nos Estados, as parcelas entregues aos Municípios por determinação constitucional;

>> Inciso II acrescentado pela Emenda Constitucional n. 94, de 15-12-2016.

III – na União, nos Estados, no Distrito Federal e nos Municípios, a contribuição dos servidores para custeio de seu sistema de previdência e assistência social e as receitas provenientes da compensação financeira referida no § 9.º do art. 201 da Constituição Federal.

>> Inciso III acrescentado pela Emenda Constitucional n. 94, de 15-12-2016.

§ 19. Caso o montante total de débitos decorrentes de condenações judiciais em precatórios e obrigações de pequeno valor, em período de 12 (doze) meses, ultrapasse a média do comprometimento percentual da receita corrente líquida nos 5 (cinco) anos imediatamente anteriores, a parcela que exceder esse percentual poderá ser financiada, excetuada dos limites de endividamento de que tratam os incisos VI e VII do art. 52 da Constituição Federal e de quaisquer outros limites de endividamento previstos, não se aplicando a esse financiamento a vedação de vinculação de receita prevista no inciso IV do art. 167 da Constituição Federal.

>> § 19 acrescentado pela Emenda Constitucional n. 94, de 15-12-2016.

§ 20. Caso haja precatório com valor superior a 15% (quinze por cento) do montante dos precatórios apresentados nos termos do § 5.º deste artigo, 15% (quinze por cento) do valor deste precatório serão pagos até o final do exercício seguinte e o restante em parcelas iguais nos cinco exercícios subsequentes, acrescidas de juros de mora e correção monetária, ou mediante acordos diretos, perante Juízos Auxiliares de Conciliação de Precatórios, com redução máxima de 40% (quarenta por cento) do valor do crédito atualizado, desde que em relação ao crédito não penda recurso ou defesa judicial e que sejam observados os requisitos definidos na regulamentação editada pelo ente federado.

>> § 20 acrescentado pela Emenda Constitucional n. 94, de 15-12-2016.

Seção II
Do Supremo Tribunal Federal

Art. 101. O Supremo Tribunal Federal compõe-se de onze Ministros, escolhidos dentre cidadãos com mais de trinta e cinco e menos de sessenta e cinco anos de idade, de notável saber jurídico e reputação ilibada.

>>> *Vide* arts. 2.º a 4.º do RISTF.

Parágrafo único. Os Ministros do Supremo Tribunal Federal serão nomeados pelo Presidente da República, depois de aprovada a escolha pela maioria absoluta do Senado Federal.

Art. 102. Compete ao Supremo Tribunal Federal, precipuamente, a guarda da Constituição, cabendo-lhe:

> *Vide* Lei n. 8.038, de 28-5-1990, que institui normas procedimentais para os processos que especifica, perante o STJ e o STF.

>>> *Vide* arts. 5.º a 9.º do RISTF.

I – processar e julgar, originariamente:

a) a ação direta de inconstitucionalidade de lei ou ato normativo federal ou estadual e a ação declaratória de constitucionalidade de lei ou ato normativo federal;

>> Alínea *a* com redação determinada pela Emenda Constitucional n. 3, de 17-3-1993.

> O Decreto n. 2.346, de 10-10-1997, consolida as normas de procedimentos a serem observadas pela administração pública federal em razão de decisões judiciais.

> A Lei n. 9.868, de 10-11-1999, dispõe sobre o processo e julgamento na ação direta de inconstitucionalidade e ação declaratória de constitucionalidade perante o STF.

>>> *Vide* arts. 169 a 187 do RISTF.

b) nas infrações penais comuns, o Presidente da República, o Vice-Presidente, os membros do Congresso Nacional, seus próprios Ministros e o Procurador-Geral da República;

c) nas infrações penais comuns e nos crimes de responsabilidade, os Ministros de Estado e os Comandantes da Marinha, do Exército e da Aeronáutica, ressalvado o disposto no art. 52, I, os membros dos Tribunais Superiores, os do Tribunal de Contas da União e os chefes de missão diplomática de caráter permanente;

>> Alínea *c* com redação determinada pela Emenda Constitucional n. 23, de 2-9-1999.

> A Lei n. 1.079, de 10-4-1950, define os crimes de responsabilidade e regula o respectivo processo de julgamento.

d) o *habeas corpus*, sendo paciente qualquer das pessoas referidas nas alíneas anteriores; o mandado de segurança e o *habeas data* contra atos do Presidente da República, das Mesas da Câmara dos Deputados e do Senado Federal, do Tribunal de Contas da União, do Procurador-Geral da República e do próprio Supremo Tribunal Federal;

>>> Lei n. 9.507, de 12-11-1997 – Lei do *habeas data*.

>>> *Vide* Súmula 692 do STF.

e) o litígio entre Estado estrangeiro ou organismo internacional e a União, o Estado, o Distrito Federal ou o Território;

f) as causas e os conflitos entre a União e os Estados, a União e o Distrito Federal, ou entre uns e outros, inclusive as respectivas entidades da administração indireta;

g) a extradição solicitada por Estado estrangeiro;

>>> Lei n. 13.445, de 24-5-2017 (Lei de Migração), e Decreto n. 9.199, de 20-11-2017 (regulamento).

h) (*Revogada pela Emenda Constitucional n. 45, de 8-12-2004.*);

i) o *habeas corpus*, quando o coator for Tribunal Superior ou quando o coator ou o paciente for autoridade ou funcionário cujos atos estejam sujeitos diretamente à jurisdição do Supremo Tribunal Federal, ou se trate de crime sujeito à mesma jurisdição em uma única instância;

>> Alínea *i* com redação determinada pela Emenda Constitucional n. 22, de 18-3-1999.

j) a revisão criminal e a ação rescisória de seus julgados;

> Da revisão criminal: arts. 621 e s. do CPP.

> Da ação rescisória: arts. 966 e s. do CPC.

l) a reclamação para a preservação de sua competência e garantia da autoridade de suas decisões;

>>> *Vide* art. 988 do CPC.

>>> *Vide* arts. 156 a 162 do RISTF.

m) a execução de sentença nas causas de sua competência originária, facultada a delegação de atribuições para a prática de atos processuais;

n) a ação em que todos os membros da magistratura sejam direta ou indiretamente interessados, e aquela em que mais da metade dos membros do tribunal de origem estejam impedidos ou sejam direta ou indiretamente interessados;

>>> *Vide* Súmula 731 do STF.

o) os conflitos de competência entre o Superior Tribunal de Justiça e quaisquer tribunais, entre Tribunais Superiores, ou entre estes e qualquer outro tribunal;

> *Vide* arts. 105, I, *d*, 108, I, *e*, e 114, V, da CF.

p) o pedido de medida cautelar das ações diretas de inconstitucionalidade;

>>> Lei n. 9.868, de 10-11-1999 – ADI e ADC, art. 10.

q) o mandado de injunção, quando a elaboração da norma regulamentadora for atribuição do Presidente da República, do Congresso Nacional, da Câmara dos Deputados, do Senado Federal, das Mesas de uma dessas Casas Legislativas, do Tribunal de Contas da União, de um dos Tribunais Superiores, ou do próprio Supremo Tribunal Federal;

r) as ações contra o Conselho Nacional de Justiça e contra o Conselho Nacional do Ministério Público;

>> Alínea *r* acrescentada pela Emenda Constitucional n. 45, de 8-12-2004.

>>> *Vide* arts. 103-B e 130-A da CF.

II – julgar, em recurso ordinário:

a) o *habeas corpus*, o mandado de segurança, o *habeas data* e o mandado de injunção decididos em única instância pelos Tribunais Superiores, se denegatória a decisão;

>>> *Vide* arts. 310 a 312 do RISTF.

b) o crime político;

>>> Lei n. 7.170, de 14-12-1983 – Lei de Segurança Nacional.

>>> *Vide* arts. 307 a 309 do RISTF.

III – julgar, mediante recurso extraordinário, as causas decididas em única ou última instância, quando a decisão recorrida:

> *Vide* Súmulas 640 e 727 do STF.

>>> *Vide* Súmula 735 do STF.

>>> *Vide* arts. 321 a 329 do RISTF.

a) contrariar dispositivo desta Constituição;

b) declarar a inconstitucionalidade de tratado ou lei federal;

c) julgar válida lei ou ato de governo local contestado em face desta Constituição;

d) julgar válida lei local contestada em face de lei federal.

>> Alínea *d* acrescentada pela Emenda Constitucional n. 45, de 8-12-2004.

§ 1.º A arguição de descumprimento de preceito fundamental, decorrente desta Constituição, será apreciada pelo Supremo Tribunal Federal, na forma da lei.

>> § 1.º com redação determinada pela Emenda Constitucional n. 3, de 17-3-1993.

> A Lei n. 9.882, de 3-12-1999, dispõe sobre o processo e julgamento da arguição de descumprimento de preceito fundamental, de que trata este parágrafo.

§ 2.º As decisões definitivas de mérito, proferidas pelo Supremo Tribunal Federal, nas ações diretas de inconstitucionalidade e nas ações declaratórias de constitucionalidade produzirão eficácia contra todos e efeito vinculante, relativamente aos demais órgãos do Poder Judiciário e à administração pública direta e indireta, nas esferas federal, estadual e municipal.

>> § 2.º com redação determinada pela Emenda Constitucional n. 45, de 8-12-2004.

> *Vide* art. 28, parágrafo único, da Lei n. 9.868, de 10-11-1999.

§ 3.º No recurso extraordinário o recorrente deverá demonstrar a repercussão geral das questões constitucionais discutidas no caso, nos termos da lei, a fim de que o Tribunal examine a admissão do recurso, somente podendo recusá-lo pela manifestação de dois terços de seus membros.

>> § 3.º acrescentado pela Emenda Constitucional n. 45, de 8-12-2004.

>> § 3.º regulamentado pela Lei n. 11.418, de 19-12-2006.

Art. 103. Podem propor a ação direta de inconstitucionalidade e a ação declaratória de constitucionalidade:

>> *Caput* com redação determinada pela Emenda Constitucional n. 45, de 8-12-2004.

I – o Presidente da República;

II – a Mesa do Senado Federal;

III – a Mesa da Câmara dos Deputados;

IV – a Mesa de Assembleia Legislativa ou da Câmara Legislativa do Distrito Federal;

>> Inciso IV com redação determinada pela Emenda Constitucional n. 45, de 8-12-2004.

V – o Governador de Estado ou do Distrito Federal;

>> Inciso V com redação determinada pela Emenda Constitucional n. 45, de 8-12-2004.

VI – o Procurador-Geral da República;

VII – o Conselho Federal da Ordem dos Advogados do Brasil;

VIII – partido político com representação no Congresso Nacional;

IX – confederação sindical ou entidade de classe de âmbito nacional.

§ 1.º O Procurador-Geral da República deverá ser previamente ouvido nas ações de inconstitucionalidade e em todos os processos de competência do Supremo Tribunal Federal.

§ 2.º Declarada a inconstitucionalidade por omissão de medida para tornar efetiva norma constitucional, será dada ciência ao Poder competente para a adoção das providências necessárias e, em se tratando de órgão administrativo, para fazê-lo em trinta dias.

§ 3.º Quando o Supremo Tribunal Federal apreciar a inconstitucionalidade, em tese, de norma legal ou ato normativo, citará, previamente, o Advogado-Geral da União, que defenderá o ato ou texto impugnado.

§ 4.º (*Revogado pela Emenda Constitucional n. 45, de 8-12-2004.*)

Art. 103-A. O Supremo Tribunal Federal poderá, de ofício ou por provocação, mediante decisão de dois terços dos seus membros, após reiteradas decisões sobre matéria constitucional, aprovar súmula que, a partir de sua publicação na imprensa oficial, terá efeito vinculante em relação aos demais órgãos do Poder Judiciário e à administração pública direta e indireta, nas esferas federal, estadual e municipal, bem como proceder à sua revisão ou cancelamento, na forma estabelecida em lei.

>> *Caput* acrescentado pela Emenda Constitucional n. 45, de 8-12-2004.

>> Artigo regulamentado pela Lei n. 11.417, de 19-12-2006.

>>> *Vide* arts. 354-A a 354-G do RISTF.

§ 1.º A súmula terá por objetivo a validade, a interpretação e a eficácia de normas determinadas, acerca das quais haja controvérsia atual entre órgãos judiciários ou entre esses e a administração pública que acarrete grave insegurança jurídica e relevante multiplicação de processos sobre questão idêntica.

>> § 1.º acrescentado pela Emenda Constitucional n. 45, de 8-12-2004.

§ 2.º Sem prejuízo do que vier a ser estabelecido em lei, a aprovação, revisão ou cancelamento de súmula poderá ser provocada por aqueles que podem propor a ação direta de inconstitucionalidade.

>> § 2.º acrescentado pela Emenda Constitucional n. 45, de 8-12-2004.

§ 3.º Do ato administrativo ou decisão judicial que contrariar a súmula aplicável ou que indevidamente a aplicar, caberá reclamação ao Supremo Tribunal Federal que, julgando-a procedente, anulará o ato administrativo ou cassará a decisão judicial reclamada, e determinará que outra seja proferida com ou sem a aplicação da súmula, conforme o caso.

>> § 3.º acrescentado pela Emenda Constitucional n. 45, de 8-12-2004.

Art. 103-B. O Conselho Nacional de Justiça compõe-se de 15 (quinze) membros com mandato de 2 (dois) anos, admitida 1 (uma) recondução, sendo:

>> *Caput* com redação determinada pela Emenda Constitucional n. 61, de 11-11-2009.

I – o Presidente do Supremo Tribunal Federal;

>> Inciso I com redação determinada pela Emenda Constitucional n. 61, de 11-11-2009.

II – um Ministro do Superior Tribunal de Justiça, indicado pelo respectivo tribunal;

>> Inciso II acrescentado pela Emenda Constitucional n. 45, de 8-12-2004.

III – um Ministro do Tribunal Superior do Trabalho, indicado pelo respectivo tribunal;

>> Inciso III acrescentado pela Emenda Constitucional n. 45, de 8-12-2004.

IV – um desembargador de Tribunal de Justiça, indicado pelo Supremo Tribunal Federal;

>> Inciso IV acrescentado pela Emenda Constitucional n. 45, de 8-12-2004.

V – um juiz estadual, indicado pelo Supremo Tribunal Federal;

>> Inciso V acrescentado pela Emenda Constitucional n. 45, de 8-12-2004.

VI – um juiz de Tribunal Regional Federal, indicado pelo Superior Tribunal de Justiça;

>> Inciso VI acrescentado pela Emenda Constitucional n. 45, de 8-12-2004.

VII – um juiz federal, indicado pelo Superior Tribunal de Justiça;

>> Inciso VII acrescentado pela Emenda Constitucional n. 45, de 8-12-2004.

VIII – um juiz de Tribunal Regional do Trabalho, indicado pelo Tribunal Superior do Trabalho;

>> Inciso VIII acrescentado pela Emenda Constitucional n. 45, de 8-12-2004.

IX – um juiz do trabalho, indicado pelo Tribunal Superior do Trabalho;

>> Inciso IX acrescentado pela Emenda Constitucional n. 45, de 8-12-2004.

X – um membro do Ministério Público da União, indicado pelo Procurador-Geral da República;

>> Inciso X acrescentado pela Emenda Constitucional n. 45, de 8-12-2004.

XI – um membro do Ministério Público estadual, escolhido pelo Procurador-Geral da República dentre os nomes indicados pelo órgão competente de cada instituição estadual;

>> Inciso XI acrescentado pela Emenda Constitucional n. 45, de 8-12-2004.

XII – dois advogados, indicados pelo Conselho Federal da Ordem dos Advogados do Brasil;

>> Inciso XII acrescentado pela Emenda Constitucional n. 45, de 8-12-2004.

XIII – dois cidadãos, de notável saber jurídico e reputação ilibada, indicados um pela Câmara dos Deputados e outro pelo Senado Federal.

>> Inciso XIII acrescentado pela Emenda Constitucional n. 45, de 8-12-2004.

§ 1.º O Conselho será presidido pelo Presidente do Supremo Tribunal Federal e, nas suas ausências e impedimentos, pelo Vice-Presidente do Supremo Tribunal Federal.

>> § 1.º com redação determinada pela Emenda Constitucional n. 61, de 11-11-2009.

§ 2.º Os demais membros do Conselho serão nomeados pelo Presidente da República, depois de aprovada a escolha pela maioria absoluta do Senado Federal.

>> § 2.º com redação determinada pela Emenda Constitucional n. 61, de 11-11-2009.

§ 3.º Não efetuadas, no prazo legal, as indicações previstas neste artigo, caberá a escolha ao Supremo Tribunal Federal.

>> § 3.º acrescentado pela Emenda Constitucional n. 45, de 8-12-2004.

§ 4.º Compete ao Conselho o controle da atuação administrativa e financeira do Poder Judiciário e do cumprimento dos deveres funcionais dos juízes, cabendo-lhe, além de outras atribuições que lhe forem conferidas pelo Estatuto da Magistratura:

>> § 4.º, *caput*, acrescentado pela Emenda Constitucional n. 45, de 8-12-2004.

I – zelar pela autonomia do Poder Judiciário e pelo cumprimento do Estatuto da Magistratura, podendo expedir atos regulamentares, no âmbito de sua competência, ou recomendar providências;

>> Inciso I acrescentado pela Emenda Constitucional n. 45, de 8-12-2004.

II – zelar pela observância do art. 37 e apreciar, de ofício ou mediante provocação, a legalidade dos atos administrativos praticados por membros ou órgãos do Poder Judiciário, podendo desconstituí-los, revê-los ou fixar prazo para que se adotem as providências necessárias ao exato cumprimento da lei, sem prejuízo da competência do Tribunal de Contas da União;

>> Inciso II acrescentado pela Emenda Constitucional n. 45, de 8-12-2004.

III – receber e conhecer das reclamações contra membros ou órgãos do Poder Judiciário, inclusive contra seus serviços auxiliares, serventias e órgãos prestadores de serviços notariais e de registro que atuem por delegação do poder público ou oficializados, sem prejuízo da competência disciplinar e correicional dos tribunais, podendo avocar processos disciplinares em curso, determinar a remoção ou a disponibilidade e aplicar outras sanções administrativas, assegurada ampla defesa;

>> Inciso III com redação determinada pela Emenda Constitucional n. 103, de 12-11-2019.

IV – representar ao Ministério Público, no caso de crime contra a administração pública ou de abuso de autoridade;

>> Inciso IV acrescentado pela Emenda Constitucional n. 45, de 8-12-2004.

V – rever, de ofício ou mediante provocação, os processos disciplinares de juízes e membros de tribunais julgados há menos de um ano;

>> Inciso V acrescentado pela Emenda Constitucional n. 45, de 8-12-2004.

VI – elaborar semestralmente relatório estatístico sobre processos e sentenças prolatadas, por unidade da Federação, nos diferentes órgãos do Poder Judiciário;

>> Inciso VI acrescentado pela Emenda Constitucional n. 45, de 8-12-2004.

VII – elaborar relatório anual, propondo as providências que julgar necessárias, sobre a situação do Poder Judiciário no País e as atividades do Conselho, o qual deve integrar mensagem do Presidente do Supremo Tribunal Federal a ser remetida ao Congresso Nacional, por ocasião da abertura da sessão legislativa.

>> Inciso VII acrescentado pela Emenda Constitucional n. 45, de 8-12-2004.

§ 5.º O Ministro do Superior Tribunal de Justiça exercerá a função de Ministro-Corregedor e ficará excluído da distribuição de processos no Tribunal, competindo-lhe, além das atribuições que lhe forem conferidas pelo Estatuto da Magistratura, as seguintes:

>> § 5.º, *caput*, acrescentado pela Emenda Constitucional n. 45, de 8-12-2004.

I – receber as reclamações e denúncias, de qualquer interessado, relativas aos magistrados e aos serviços judiciários;

>> Inciso I acrescentado pela Emenda Constitucional n. 45, de 8-12-2004.

II – exercer funções executivas do Conselho, de inspeção e de correição geral;

>> Inciso II acrescentado pela Emenda Constitucional n. 45, de 8-12-2004.

III – requisitar e designar magistrados, delegando-lhes atribuições, e requisitar servidores de juízos ou tribunais, inclusive nos Estados, Distrito Federal e Territórios.

>> Inciso III acrescentado pela Emenda Constitucional n. 45, de 8-12-2004.

§ 6.º Junto ao Conselho oficiarão o Procurador-Geral da República e o Presidente do Conselho Federal da Ordem dos Advogados do Brasil.

>> § 6.º acrescentado pela Emenda Constitucional n. 45, de 8-12-2004.

§ 7.º A União, inclusive no Distrito Federal e nos Territórios, criará ouvidorias de justiça, competentes para receber reclamações e denúncias de qualquer interessado contra membros ou órgãos do Poder Judiciário, ou contra seus serviços auxiliares, representando diretamente ao Conselho Nacional de Justiça.

>> § 7.º acrescentado pela Emenda Constitucional n. 45, de 8-12-2004.

Seção III
Do Superior Tribunal de Justiça

> A Lei n. 8.038, de 28-5-1990, institui normas procedimentais, para processos que especifica, perante o STJ e o STF.

Art. 104. O Superior Tribunal de Justiça compõe-se de, no mínimo, trinta e três Ministros.

Parágrafo único. Os Ministros do Superior Tribunal de Justiça serão nomeados pelo Presidente da República, dentre brasileiros com mais de trinta e cinco e menos de sessenta e cinco anos, de notável saber jurídico e reputação ilibada, depois de aprovada a escolha pela maioria absoluta do Senado Federal, sendo:

>> Parágrafo único, *caput*, com redação determinada pela Emenda Constitucional n. 45, de 8-12-2004.

I – um terço dentre juízes dos Tribunais Regionais Federais e um terço dentre desembargadores dos Tribunais de Justiça, indicados em lista tríplice elaborada pelo próprio Tribunal;

II – um terço, em partes iguais, dentre advogados e membros do Ministério Público Federal, Estadual, do Distrito Federal e Territórios, alternadamente, indicados na forma do art. 94.

Art. 105. Compete ao Superior Tribunal de Justiça:

> *Vide* Lei n. 8.038, de 28-5-1990, que institui normas procedimentais para os processos que especifica, perante o STJ e o STF.

I – processar e julgar, originariamente:

a) nos crimes comuns, os Governadores dos Estados e do Distrito Federal, e, nestes e nos de responsabilidade, os desembargadores dos Tribunais de Justiça dos Estados e do Distrito Federal, os membros dos Tribunais de Contas dos Estados e do Distrito Federal, os dos Tribunais Regionais Federais, dos Tribunais Regionais Eleitorais e do Trabalho, os membros dos Conselhos ou Tribunais de Contas dos Municípios e os do Ministério Público da União que oficiem perante tribunais;

b) os mandados de segurança e os *habeas data* contra ato de Ministro de Estado, dos Comandantes da Marinha, do Exército e da Aeronáutica ou do próprio Tribunal;

>> Alínea *b* com redação determinada pela Emenda Constitucional n. 23, de 2-9-1999.

c) os *habeas corpus*, quando o coator ou paciente for qualquer das pessoas mencionadas na alínea *a*, ou quando o coator for tribunal sujeito à sua jurisdição, Ministro de Estado ou Comandante da Marinha, do Exército ou da Aeronáutica, ressalvada a competência da Justiça Eleitoral;

>> Alínea *c* com redação determinada pela Emenda Constitucional n. 23, de 2-9-1999.

d) os conflitos de competência entre quaisquer tribunais, ressalvado o disposto no art. 102, I, *o*, bem como entre tribunal e juízes a ele não vinculados e entre juízes vinculados a tribunais diversos;

e) as revisões criminais e as ações rescisórias de seus julgados;

> Da revisão criminal: arts. 621 e s. do CPP.

> Da ação rescisória: arts. 966 e s. do CPC.

f) a reclamação para a preservação de sua competência e garantia da autoridade de suas decisões;

g) os conflitos de atribuições entre autoridades administrativas e judiciárias da União, ou entre autoridades judiciárias de um Estado e administrativas de outro ou do Distrito Federal, ou entre as deste e da União;

h) o mandado de injunção, quando a elaboração da norma regulamentadora for atribuição de órgão, entidade ou autoridade federal, da administração direta ou indireta, excetuados os casos de competência do Supremo Tribunal Federal e dos órgãos da Justiça Militar, da Justiça Eleitoral, da Justiça do Trabalho e da Justiça Federal;

i) a homologação de sentenças estrangeiras e a concessão de *exequatur* às cartas rogatórias;

>> Alínea *i* acrescentada pela Emenda Constitucional n. 45, de 8-12-2004.

>> O Decreto n. 9.039, de 27-4-2017, promulga a Convenção sobre a Obtenção de Provas no Estrangeiro em Matéria Civil ou Comercial.

II – julgar, em recurso ordinário:

a) os *habeas corpus* decididos em única ou última instância pelos Tribunais Regionais Federais ou pelos tribunais dos Estados, do Distrito Federal e Territórios, quando a decisão for denegatória;

b) os mandados de segurança decididos em única instância pelos Tribunais Regionais Federais ou pelos tribunais dos Estados, do Distrito Federal e Territórios, quando denegatória a decisão;

c) as causas em que forem partes Estado estrangeiro ou organismo internacional, de um lado, e, do outro, Município ou pessoa residente ou domiciliada no País;

III – julgar, em recurso especial, as causas decididas, em única ou última instância, pelos Tribunais Regionais Federais ou pelos tribunais dos Estados, do Distrito Federal e Territórios, quando a decisão recorrida:

> *Vide* Súmula 579 do STJ.

a) contrariar tratado ou lei federal, ou negar-lhes vigência;

b) julgar válido ato de governo local contestado em face de lei federal;

>> Alínea *b* com redação determinada pela Emenda Constitucional n. 45, de 8-12-2004.

c) der a lei federal interpretação divergente da que lhe haja atribuído outro tribunal.

Parágrafo único. Funcionarão junto ao Superior Tribunal de Justiça:

>> Parágrafo único, *caput*, com redação determinada pela Emenda Constitucional n. 45, de 8-12-2004.

I – a Escola Nacional de Formação e Aperfeiçoamento de Magistrados, cabendo-lhe, dentre outras funções, regulamentar os cursos oficiais para o ingresso e promoção na carreira;

>> Inciso I acrescentado pela Emenda Constitucional n. 45, de 8-12-2004.

II – o Conselho da Justiça Federal, cabendo-lhe exercer, na forma da lei, a supervisão administrativa e orçamentária da Justiça Federal de primeiro e segundo graus, como órgão central do sistema e com poderes correicionais, cujas decisões terão caráter vinculante.

>> Inciso II acrescentado pela Emenda Constitucional n. 45, de 8-12-2004.

Seção IV
Dos Tribunais Regionais Federais e dos Juízes Federais

Art. 106. São órgãos da Justiça Federal:

I – os Tribunais Regionais Federais;

II – os Juízes Federais.

Art. 107. Os Tribunais Regionais Federais compõem-se de, no mínimo, sete juízes, recrutados, quando possível, na respectiva região e nomeados pelo Presidente da República dentre brasileiros com mais de trinta e menos de sessenta e cinco anos, sendo:

I – um quinto dentre advogados com mais de dez anos de efetiva atividade profissional e membros do Ministério Público Federal com mais de dez anos de carreira;

II – os demais, mediante promoção de juízes federais com mais de cinco anos de exercício, por antiguidade e merecimento, alternadamente.

§ 1.º A lei disciplinará a remoção ou a permuta de juízes dos Tribunais Regionais Federais e determinará sua jurisdição e sede.

>> Primitivo parágrafo único transformado em § 1.º pela Emenda Constitucional n. 45, de 8-12-2004.

§ 2.º Os Tribunais Regionais Federais instalarão a justiça itinerante, com a realização de audiências e demais funções da atividade jurisdicional, nos limites territoriais da respectiva jurisdição, servindo-se de equipamentos públicos e comunitários.

>> § 2.º acrescentado pela Emenda Constitucional n. 45, de 8-12-2004.

§ 3.º Os Tribunais Regionais Federais poderão funcionar descentralizadamente, constituindo Câmaras regionais, a fim de assegurar o pleno acesso do jurisdicionado à justiça em todas as fases do processo.

>> § 3.º acrescentado pela Emenda Constitucional n. 45, de 8-12-2004.

Art. 108. Compete aos Tribunais Regionais Federais:

I – processar e julgar, originariamente:

a) os juízes federais da área de sua jurisdição, incluídos os da Justiça Militar e da Justiça do Trabalho, nos crimes comuns e de responsabilidade, e os membros do Ministério Público da União, ressalvada a competência da Justiça Eleitoral;

b) as revisões criminais e as ações rescisórias de julgados seus ou dos juízes federais da região;

> Da revisão criminal: arts. 621 e s. do CPP.

> Da ação rescisória: arts. 966 e s. do CPC.

c) os mandados de segurança e os *habeas data* contra ato do próprio Tribunal ou de juiz federal;

d) os *habeas corpus*, quando a autoridade coatora for juiz federal;

e) os conflitos de competência entre juízes federais vinculados ao Tribunal;

> *Vide* Súmula 428 do STJ.

II – julgar, em grau de recurso, as causas decididas pelos juízes federais e pelos juízes estaduais no exercício da competência federal da área de sua jurisdição.

> *Vide* Súmula 55 do STJ.

Art. 109. Aos juízes federais compete processar e julgar:

> *Vide* sobre o tema: Súmulas 3, 32, 66, 82, 122, 147, 150, 151, 165, 173, 200, 208, 224, 254, 324, 365 e 428 do STJ e 504, 511, 517, 522, 557 e 689 do STF.

I – as causas em que a União, entidade autárquica ou empresa pública federal forem interessadas na condição de autoras, rés, assistentes ou oponentes, exceto as de falência, as de acidentes de trabalho e as sujeitas à Justiça Eleitoral e à Justiça do Trabalho;

>> *Vide* Súmula Vinculante 22.

> *Vide* Súmulas 235 e 501 do STF e Súmulas 15, 32, 82, 365 e 489 do STJ.

II – as causas entre Estado estrangeiro ou organismo internacional e Município ou pessoa domiciliada ou residente no País;

III – as causas fundadas em tratado ou contrato da União com Estado estrangeiro ou organismo internacional;

IV – os crimes políticos e as infrações penais praticadas em detrimento de bens, serviços ou interesse da União ou de suas entidades autárquicas ou empresas públicas, excluídas as contravenções e ressalvada a competência da Justiça Militar e da Justiça Eleitoral;

> *Vide* Súmulas 62 e 165 do STJ.

>>> Lei n. 7.170, de 14-12-1983 – Lei de Segurança Nacional.

>>> *Vide* Súmulas 38, 42, 147, 208 e 209 do STJ.

V – os crimes previstos em tratado ou convenção internacional, quando, iniciada a execução no País, o resultado tenha ou devesse ter ocorrido no estrangeiro, ou reciprocamente;

> Tráfico de pessoas: art. 149-A do CP.

>>> *Vide* Súmula 528 do STJ.

V-A – as causas relativas a direitos humanos a que se refere o § 5.º deste artigo;

>> Inciso V-A acrescentado pela Emenda Constitucional n. 45, de 8-12-2004.

VI – os crimes contra a organização do trabalho e, nos casos determinados por lei, contra o sistema financeiro e a ordem econômico-financeira;

> Dos crimes contra a organização do trabalho: arts. 197 a 207 do CP.

> Dos crimes contra o sistema financeiro: Lei n. 7.492, de 16-6-1986.

> Dos crimes contra a ordem econômica: Leis n. 8.137, de 27-12-1990, e n. 8.176, de 8-2-1991.

>>> *Vide* art. 149 do CP.

VII – os *habeas corpus*, em matéria criminal de sua competência ou quando o constrangimento provier de autoridade cujos atos não estejam diretamente sujeitos a outra jurisdição;

VIII – os mandados de segurança e os *habeas data* contra ato de autoridade federal, excetuados os casos de competência dos tribunais federais;

> *Habeas data*: Lei n. 9.507, de 12-11-1997.

> Mandado de Segurança: Lei n. 12.016, de 7-8-2009.

IX – os crimes cometidos a bordo de navios ou aeronaves, ressalvada a competência da Justiça Militar;

X – os crimes de ingresso ou permanência irregular de estrangeiro, a execução de carta rogatória, após o *exequatur*, e de sentença estrangeira, após a homologação, as causas referentes à nacionalidade, inclusive a respectiva opção, e à naturalização;

XI – a disputa sobre direitos indígenas.

>>> *Vide* Súmula 140 do STJ.

§ 1.º As causas em que a União for autora serão aforadas na seção judiciária onde tiver domicílio a outra parte.

§ 2.º As causas intentadas contra a União poderão ser aforadas na seção judiciária em que for domiciliado o autor, naquela onde houver ocorrido o ato ou fato que deu origem à demanda ou onde esteja situada a coisa, ou ainda, no Distrito Federal.

§ 3.º Lei poderá autorizar que as causas de competência da Justiça Federal em que forem parte instituição de previdência social e segurado possam ser processadas e julgadas na justiça estadual quando a comarca do domicílio do segurado não for sede de vara federal.

>> § 3.º com redação determinada pela Emenda Constitucional n. 103, de 12-11-2019.

> *Vide* Súmula 32 do STJ.

§ 4.º Na hipótese do parágrafo anterior, o recurso cabível será sempre para o Tribunal Regional Federal na área de jurisdição do juiz de primeiro grau.

> *Vide* Súmula 32 do STJ.

§ 5.º Nas hipóteses de grave violação de direitos humanos, o Procurador-Geral da República, com a finalidade de assegurar o cumprimento de obrigações decorrentes de tratados internacionais de direitos humanos dos quais o Brasil seja parte, poderá suscitar, perante o Superior Tribunal de Justiça, em qualquer fase do inquérito ou processo, incidente de deslocamento de competência para a Justiça Federal.

>> § 5.º acrescentado pela Emenda Constitucional n. 45, de 8-12-2004.

Art. 110. Cada Estado, bem como o Distrito Federal, constituirá uma seção judiciária que terá por sede a respectiva Capital, e varas localizadas segundo o estabelecido em lei.

Parágrafo único. Nos Territórios Federais, a jurisdição e as atribuições cometidas aos juízes federais caberão aos juízes da justiça local, na forma da lei.

>> A Lei n. 11.697, de 13-6-2008, dispõe sobre a organização judiciária do Distrito Federal e dos Territórios.

Seção V
Do Tribunal Superior do Trabalho, dos Tribunais Regionais do Trabalho e dos Juízes do Trabalho

>> Seção V com denominação determinada pela Emenda Constitucional n. 92, de 12-7-2016.

Art. 111. São órgãos da Justiça do Trabalho:

I – o Tribunal Superior do Trabalho;

II – os Tribunais Regionais do Trabalho;

III – Juízes do Trabalho.

>> Inciso III com redação determinada pela Emenda Constitucional n. 24, de 9-12-1999.

§§ 1.º a 3.º (*Revogados pela Emenda Constitucional n. 45, de 8-12-2004.*)

Art. 111-A. O Tribunal Superior do Trabalho compor-se-á de vinte e sete Ministros, escolhidos dentre brasileiros com mais de trinta e cinco anos e menos de sessenta e cinco anos, de notável saber jurídico e reputação ilibada, nomeados pelo Presidente da República após aprovação pela maioria absoluta do Senado Federal, sendo:

>> *Caput* com redação determinada pela Emenda Constitucional n. 92, de 12-7-2016.

I – um quinto dentre advogados com mais de dez anos de efetiva atividade profissional e membros do Ministério Público do Trabalho com mais de dez anos de efetivo exercício, observado o disposto no art. 94;

>> Inciso I acrescentado pela Emenda Constitucional n. 45, de 8-12-2004.

II – os demais dentre juízes dos Tribunais Regionais do Trabalho, oriundos da magistratura da carreira, indicados pelo próprio Tribunal Superior.

>> Inciso II acrescentado pela Emenda Constitucional n. 45, de 8-12-2004.

§ 1.º A lei disporá sobre a competência do Tribunal Superior do Trabalho.

>> § 1.º acrescentado pela Emenda Constitucional n. 45, de 8-12-2004.

§ 2.º Funcionarão junto ao Tribunal Superior do Trabalho:

>> § 2.º, *caput*, acrescentado pela Emenda Constitucional n. 45, de 8-12-2004.

I – a Escola Nacional de Formação e Aperfeiçoamento de Magistrados do Trabalho, cabendo-lhe, dentre outras funções, regulamentar os cursos oficiais para o ingresso e promoção na carreira;

>> Inciso I acrescentado pela Emenda Constitucional n. 45, de 8-12-2004.

II – o Conselho Superior da Justiça do Trabalho, cabendo-lhe exercer, na forma da lei, a supervisão administrativa, orçamentária, financeira e patrimonial da Justiça do Trabalho de primeiro e segundo graus, como órgão central do sistema, cujas decisões terão efeito vinculante.

>> Inciso II acrescentado pela Emenda Constitucional n. 45, de 8-12-2004.

> *Vide* art. 6.º da Emenda Constitucional n. 45, de 8-12-2004.

§ 3.º Compete ao Tribunal Superior do Trabalho processar e julgar, originariamente, a reclamação para a preservação de sua competência e garantia da autoridade de suas decisões.

>> § 3.º acrescentado pela Emenda Constitucional n. 92, de 12-7-2016.

Art. 112. A lei criará varas da Justiça do Trabalho, podendo, nas comarcas não abrangidas por sua jurisdição, atribuí-la aos juízes de direito, com recurso para o respectivo Tribunal Regional do Trabalho.

>> Artigo com redação determinada pela Emenda Constitucional n. 45, de 8-12-2004.

Art. 113. A lei disporá sobre a constituição, investidura, jurisdição, competência, garantias e condições de exercício dos órgãos da Justiça do Trabalho.

>> Artigo com redação determinada pela Emenda Constitucional n. 24, de 9-12-1999.

Art. 114. Compete à Justiça do Trabalho processar e julgar:

>> *Caput* com redação determinada pela Emenda Constitucional n. 45, de 8-12-2004.

> *Vide* sobre o tema: Súmulas 349 e 736 do STF, Súmulas Vinculantes 22 e 23 e Súmulas 97, 137 e 222 do STJ.

I – as ações oriundas da relação de trabalho, abrangidos os entes de direito público externo e da administração pública direta e indireta da União, dos Estados, do Distrito Federal e dos Municípios;

>> Inciso I acrescentado pela Emenda Constitucional n. 45, de 8-12-2004.

>> O STF, nas ADI n. 3.395 e 3.529, "julgou parcialmente procedente o pedido formulado, confirmando a decisão liminar concedida e fixando, com aplicação de interpretação conforme à Constituição, sem redução de texto, que o disposto no inciso I do art. 114 da Constituição Federal não abrange causas ajuizadas para discussão de relação jurídico-estatutária entre o Poder Público dos Entes da Federação e seus Servidores", nas sessões virtuais de 3-4-2020 a 14-4-2020 (*DOU* de 23-4-2020 e 1.º-9-2020).

>> O STF julgou procedente a ADI n. 3.684, nas sessões virtuais de 1.º-5-2020 a 8-5-2020 (*DOU* de 22-5-2020), e conferiu interpretação conforme à Constituição a este inciso, "para afastar qualquer interpretação que entenda competir à Justiça do Trabalho processar e julgar ações penais".

II – as ações que envolvam exercício do direito de greve;

>> Inciso II acrescentado pela Emenda Constitucional n. 45, de 8-12-2004.

> A Lei n. 7.783, de 28-6-1989, dispõe sobre o exercício do direito de greve.

> *Vide* Súmula Vinculante 23.

III – as ações sobre representação sindical, entre sindicatos, entre sindicatos e trabalhadores, e entre sindicatos e empregadores;

>> Inciso III acrescentado pela Emenda Constitucional n. 45, de 8-12-2004.

IV – os mandados de segurança, *habeas corpus* e *habeas data*, quando o ato questionado envolver matéria sujeita à sua jurisdição;

>> Inciso IV acrescentado pela Emenda Constitucional n. 45, de 8-12-2004.

>> O STF julgou procedente a ADI n. 3.684, nas sessões virtuais de 1.º-5-2020 a 8-5-2020 (*DOU* de 22-5-2020), e conferiu interpretação conforme à Constituição a este inciso, "para afastar qualquer interpretação que entenda competir à Justiça do Trabalho processar e julgar ações penais".

V – os conflitos de competência entre órgãos com jurisdição trabalhista, ressalvado o disposto no art. 102, I, *o*;

>> Inciso V acrescentado pela Emenda Constitucional n. 45, de 8-12-2004.

VI – as ações de indenização por dano moral ou patrimonial, decorrentes da relação de trabalho;

>> Inciso VI acrescentado pela Emenda Constitucional n. 45, de 8-12-2004.

>> *Vide* Súmula Vinculante 22.

> *Vide* arts. 5.º, X, e 109, I, da CF.

VII – as ações relativas às penalidades administrativas impostas aos empregadores pelos órgãos de fiscalização das relações de trabalho;

>> Inciso VII acrescentado pela Emenda Constitucional n. 45, de 8-12-2004.

VIII – a execução, de ofício, das contribuições sociais previstas no art. 195, I, *a*, e II, e seus acréscimos legais, decorrentes das sentenças que proferir;

>> Inciso VIII acrescentado pela Emenda Constitucional n. 45, de 8-12-2004.

>> *Vide* Súmula Vinculante 53.

IX – outras controvérsias decorrentes da relação de trabalho, na forma da lei.

>> Inciso IX acrescentado pela Emenda Constitucional n. 45, de 8-12-2004.

>> O STF julgou procedente a ADI n. 3.684, nas sessões virtuais de 1.º-5-2020 a 8-5-2020 (*DOU* de 22-5-2020), e conferiu interpretação conforme à Constituição a este inciso, "para afastar qualquer

interpretação que entenda competir à Justiça do Trabalho processar e julgar ações penais".

§ 1.º Frustrada a negociação coletiva, as partes poderão eleger árbitros.

§ 2.º Recusando-se qualquer das partes à negociação coletiva ou à arbitragem, é facultado às mesmas, de comum acordo, ajuizar dissídio coletivo de natureza econômica, podendo a Justiça do Trabalho decidir o conflito, respeitadas as disposições mínimas legais de proteção ao trabalho, bem como as convencionadas anteriormente.

>> § 2.º com redação determinada pela Emenda Constitucional n. 45, de 8-12-2004.

§ 3.º Em caso de greve em atividade essencial, com possibilidade de lesão do interesse público, o Ministério Público do Trabalho poderá ajuizar dissídio coletivo, competindo à Justiça do Trabalho decidir o conflito.

>> § 3.º com redação determinada pela Emenda Constitucional n. 45, de 8-12-2004.

Art. 115. Os Tribunais Regionais do Trabalho compõem-se de, no mínimo, sete juízes, recrutados, quando possível, na respectiva região, e nomeados pelo Presidente da República dentre brasileiros com mais de trinta e menos de sessenta e cinco anos, sendo:

>> *Caput* com redação determinada pela Emenda Constitucional n. 45, de 8-12-2004.

I – um quinto dentre advogados com mais de dez anos de efetiva atividade profissional e membros do Ministério Público do Trabalho com mais de dez anos de efetivo exercício, observado o disposto no art. 94;

>> Inciso I acrescentado pela Emenda Constitucional n. 45, de 8-12-2004.

II – os demais, mediante promoção de juízes do trabalho por antiguidade e merecimento, alternadamente.

>> Inciso II acrescentado pela Emenda Constitucional n. 45, de 8-12-2004.

§ 1.º Os Tribunais Regionais do Trabalho instalarão a justiça itinerante, com a realização de audiências e demais funções de atividade jurisdicional, nos limites territoriais da respectiva jurisdição, servindo-se de equipamentos públicos e comunitários.

>> § 1.º acrescentado pela Emenda Constitucional n. 45, de 8-12-2004.

§ 2.º Os Tribunais Regionais do Trabalho poderão funcionar descentralizadamente, constituindo Câmaras regionais, a fim de assegurar o pleno acesso do jurisdicionado à justiça em todas as fases do processo.

>> § 2.º acrescentado pela Emenda Constitucional n. 45, de 8-12-2004.

Art. 116. Nas Varas do Trabalho, a jurisdição será exercida por um juiz singular.

>> *Caput* com redação determinada pela Emenda Constitucional n. 24, de 9-12-1999.

Parágrafo único. (*Revogado pela Emenda Constitucional n. 24, de 9-12-1999.*)

Art. 117. (*Revogado pela Emenda Constitucional n. 24, de 9-12-1999.*)

Seção VI
Dos Tribunais e Juízes Eleitorais

Art. 118. São órgãos da Justiça Eleitoral:

I – o Tribunal Superior Eleitoral;

II – os Tribunais Regionais Eleitorais;

III – os Juízes Eleitorais;

IV – as Juntas Eleitorais.

Art. 119. O Tribunal Superior Eleitoral compor-se-á, no mínimo, de sete membros, escolhidos:

I – mediante eleição, pelo voto secreto:

a) três juízes dentre os Ministros do Supremo Tribunal Federal;

b) dois juízes dentre os Ministros do Superior Tribunal de Justiça;

II – por nomeação do Presidente da República, dois juízes dentre seis advogados de notável saber jurídico e idoneidade moral, indicados pelo Supremo Tribunal Federal.

Parágrafo único. O Tribunal Superior Eleitoral elegerá seu Presidente e o Vice-Presidente dentre os Ministros do Supremo Tribunal Federal, e o Corregedor Eleitoral dentre os Ministros do Superior Tribunal de Justiça.

Art. 120. Haverá um Tribunal Regional Eleitoral na Capital de cada Estado e no Distrito Federal.

§ 1.º Os Tribunais Regionais Eleitorais compor-se-ão:

I – mediante eleição, pelo voto secreto:

a) de dois juízes dentre os desembargadores do Tribunal de Justiça;

b) de dois juízes, dentre juízes de direito, escolhidos pelo Tribunal de Justiça;

II – de um juiz do Tribunal Regional Federal com sede na Capital do Estado ou no Distrito Federal, ou, não havendo, de juiz federal, escolhido, em qualquer caso, pelo Tribunal Regional Federal respectivo;

III – por nomeação, pelo Presidente da República, de dois juízes dentre seis advogados de notável saber jurídico e idoneidade moral, indicados pelo Tribunal de Justiça.

§ 2.º O Tribunal Regional Eleitoral elegerá seu Presidente e o Vice-Presidente dentre os desembargadores.

Art. 121. Lei complementar disporá sobre a organização e competência dos tribunais, dos juízes de direito e das juntas eleitorais.

§ 1.º Os membros dos tribunais, os juízes de direito e os integrantes das juntas eleitorais, no exercício de suas funções, e no que lhes for aplicável, gozarão de plenas garantias e serão inamovíveis.

§ 2.º Os juízes dos tribunais eleitorais, salvo motivo justificado, servirão por dois anos, no mínimo, e nunca por mais de dois biênios consecutivos, sendo os substitutos escolhidos na mesma ocasião e pelo mesmo processo, em número igual para cada categoria.

§ 3.º São irrecorríveis as decisões do Tribunal Superior Eleitoral, salvo as que contrariarem esta Constituição e as denegatórias de *habeas corpus* ou mandado de segurança.

§ 4.º Das decisões dos Tribunais Regionais Eleitorais somente caberá recurso quando:

I – forem proferidas contra disposição expressa desta Constituição ou de lei;

II – ocorrer divergência na interpretação de lei entre dois ou mais tribunais eleitorais;

III – versarem sobre inelegibilidade ou expedição de diplomas nas eleições federais ou estaduais;

>> *Vide* Súmula 36 do TSE.

IV – anularem diplomas ou decretarem a perda de mandatos eletivos federais ou estaduais;

>> *Vide* Súmula 36 do TSE.

V – denegarem *habeas corpus*, mandado de segurança, *habeas data* ou mandado de injunção.

Seção VII
Dos Tribunais e Juízes Militares

Art. 122. São órgãos da Justiça Militar:

I – o Superior Tribunal Militar;

II – os Tribunais e Juízes Militares instituídos por lei.

Art. 123. O Superior Tribunal Militar compor-se-á de quinze Ministros vitalícios, nomeados pelo Presidente da República, depois de aprovada a indicação pelo Senado Federal, sendo três dentre oficiais-generais da Marinha, quatro dentre oficiais-generais do Exército, três dentre oficiais-generais da Aeronáutica, todos da ativa e do posto mais elevado da carreira, e cinco dentre civis.

Parágrafo único. Os Ministros civis serão escolhidos pelo Presidente da República dentre brasileiros maiores de trinta e cinco anos, sendo:

I – três dentre advogados de notório saber jurídico e conduta ilibada, com mais de dez anos de efetiva atividade profissional;

II – dois, por escolha paritária, dentre juízes auditores e membros do Ministério Público da Justiça Militar.

Art. 124. À Justiça Militar compete processar e julgar os crimes militares definidos em lei.

Parágrafo único. A lei disporá sobre a organização, o funcionamento e a competência, da Justiça Militar.

> A Lei n. 8.457, de 4-9-1992, organiza a Justiça Militar da União e regula o funcionamento de seus serviços auxiliares.

Seção VIII
Dos Tribunais e Juízes dos Estados

Art. 125. Os Estados organizarão sua Justiça, observados os princípios estabelecidos nesta Constituição.

§ 1.º A competência dos tribunais será definida na Constituição do Estado, sendo a lei de organização judiciária de iniciativa do Tribunal de Justiça.

>> *Vide* art. 70 do ADCT.

> *Vide* Súmula Vinculante 45 do STF.

§ 2.º Cabe aos Estados a instituição de representação de inconstitucionalidade de leis ou atos normativos estaduais ou municipais em face da Constituição Estadual, vedada a atribuição da legitimação para agir a um único órgão.

§ 3.º A lei estadual poderá criar, mediante proposta do Tribunal de Justiça, a Justiça Militar estadual, constituída, em primeiro grau, pelos juízes de direito e pelos Conselhos de Justiça e, em segundo grau, pelo próprio Tribunal de Justiça, ou por Tribunal de Justiça Militar nos Estados em que o efetivo militar seja superior a vinte mil integrantes.

>> § 3.º com redação determinada pela Emenda Constitucional n. 45, de 8-12-2004.

§ 4.º Compete à Justiça Militar estadual processar e julgar os militares dos Estados, nos crimes militares definidos em lei e as ações judiciais contra atos disciplinares militares, ressalvada a competência do júri quando a vítima for civil, cabendo ao tribunal competente decidir sobre a perda do posto e da patente dos oficiais e da graduação das praças.

>> § 4.º com redação determinada pela Emenda Constitucional n. 45, de 8-12-2004.

§ 5.º Compete aos juízes de direito do juízo militar processar e julgar, singularmente, os crimes militares cometidos contra civis e as ações judiciais contra atos disciplinares militares, cabendo ao Conselho de Justiça, sob a presidência de juiz de direito, processar e julgar os demais crimes militares.

>> § 5.º acrescentado pela Emenda Constitucional n. 45, de 8-12-2004.

§ 6.º O Tribunal de Justiça poderá funcionar descentralizadamente, constituindo Câmaras regionais, a fim de assegurar o pleno acesso do jurisdicionado à justiça em todas as fases do processo.

>> § 6.º acrescentado pela Emenda Constitucional n. 45, de 8-12-2004.

§ 7.º O Tribunal de Justiça instalará a justiça itinerante, com a realização de audiências e demais funções da atividade jurisdicional, nos limites territoriais da respectiva jurisdição, servindo-se de equipamentos públicos e comunitários.

>> § 7.º acrescentado pela Emenda Constitucional n. 45, de 8-12-2004.

Art. 126. Para dirimir conflitos fundiários, o Tribunal de Justiça proporá a criação de varas especializadas, com competência exclusiva para questões agrárias.

>> *Caput* com redação determinada pela Emenda Constitucional n. 45, de 8-12-2004.

Parágrafo único. Sempre que necessário à eficiente prestação jurisdicional, o juiz far-se-á presente no local do litígio.

Capítulo IV
DAS FUNÇÕES ESSENCIAIS À JUSTIÇA

Seção I
Do Ministério Público

> Lei Orgânica Nacional do Ministério Público: Lei n. 8.625, de 12-2-1993.

> Organização, atribuições e Estatuto do Ministério Público da União: Lei Complementar n. 75, de 20-5-1993.

Art. 127. O Ministério Público é instituição permanente, essencial à função jurisdicional do Estado, incumbindo-lhe a defesa da ordem jurídica, do regime democrático e dos interesses sociais e individuais indisponíveis.

>> *Vide* Súmula 601 do STJ.

§ 1.º São princípios institucionais do Ministério Público a unidade, a indivisibilidade e a independência funcional.

§ 2.º Ao Ministério Público é assegurada autonomia funcional e administrativa, podendo, observado o disposto no art. 169, propor ao Poder Legislativo a criação e extinção de seus cargos e serviços auxiliares, provendo-os por concurso público de provas ou de provas e títulos, a política remuneratória e os planos de carreira; a lei disporá sobre sua organização e funcionamento.

>> § 2.º com redação determinada pela Emenda Constitucional n. 19, de 4-6-1998.

§ 3.º O Ministério Público elaborará sua proposta orçamentária dentro dos limites estabelecidos na lei de diretrizes orçamentárias.

>> *Vide* art. 107, § 2.º, do ADCT.

§ 4.º Se o Ministério Público não encaminhar a respectiva proposta orçamentária dentro do prazo estabelecido na lei de diretrizes orçamentárias, o Poder Executivo considerará, para fins de consolidação da proposta orçamentária anual, os valores aprovados na lei orçamentária vigente, ajustados de acordo com os limites estipulados na forma do § 3.º.

>> § 4.º acrescentado pela Emenda Constitucional n. 45, de 8-12-2004.

§ 5.º Se a proposta orçamentária de que trata este artigo for encaminhada em desacordo com os limites estipulados na forma do § 3.º, o Poder Executivo procederá aos ajustes necessários para fins de consolidação da proposta orçamentária anual.

>> § 5.º acrescentado pela Emenda Constitucional n. 45, de 8-12-2004.

§ 6.º Durante a execução orçamentária do exercício, não poderá haver a realização de despesas ou a assunção de obrigações que extrapolem os limites estabelecidos na lei de diretrizes orçamentárias, exceto se previamente autorizadas, mediante a abertura de créditos suplementares ou especiais.

>> § 6.º acrescentado pela Emenda Constitucional n. 45, de 8-12-2004.

Art. 128. O Ministério Público abrange:

I – o Ministério Público da União, que compreende:

a) o Ministério Público Federal;

b) o Ministério Público do Trabalho;

c) o Ministério Público Militar;

d) o Ministério Público do Distrito Federal e Territórios;

II – os Ministérios Públicos dos Estados.

§ 1.º O Ministério Público da União tem por chefe o Procurador-Geral da República, nomeado pelo Presidente da República dentre integrantes da carreira, maiores de trinta e cinco anos, após a aprovação de seu nome pela maioria absoluta dos membros do Senado Federal, para mandato de dois anos, permitida a recondução.

§ 2.º A destituição do Procurador-Geral da República, por iniciativa do Presidente da República, deverá ser precedida de autorização da maioria absoluta do Senado Federal.

§ 3.º Os Ministérios Públicos dos Estados e o do Distrito Federal e Territórios formarão lista tríplice dentre integrantes da carreira, na forma da lei respectiva, para escolha de seu Procurador-Geral, que será nomeado pelo Chefe do Poder Executivo, para mandato de dois anos, permitida uma recondução.

§ 4.º Os Procuradores-Gerais nos Estados e no Distrito Federal e Territórios poderão ser destituídos por deliberação da maioria absoluta do Poder Legislativo, na forma da lei complementar respectiva.

§ 5.º Leis complementares da União e dos Estados, cuja iniciativa é facultada aos respectivos Procuradores-Gerais, estabelecerão a organização, as atribuições e o estatuto de cada Ministério Público, observadas, relativamente a seus membros:

I – as seguintes garantias:

a) vitaliciedade, após dois anos de exercício, não podendo perder o cargo senão por sentença judicial transitada em julgado;

b) inamovibilidade, salvo por motivo de interesse público, mediante decisão do órgão colegiado competente do Ministério Público, pelo voto da maioria absoluta de seus membros, assegurada ampla defesa;

>> Alínea *b* com redação determinada pela Emenda Constitucional n. 45, de 8-12-2004.

c) irredutibilidade de subsídio, fixado na forma do art. 39, § 4.º, e ressalvado o disposto nos arts. 37, X e XI, 150, II, 153, III, 153, § 2.º, I;

>> Alínea *c* com redação determinada pela Emenda Constitucional n. 19, de 4-6-1998.

II – as seguintes vedações:

a) receber, a qualquer título e sob qualquer pretexto, honorários, percentagens ou custas processuais;

b) exercer a advocacia;

c) participar de sociedade comercial, na forma da lei;

d) exercer, ainda que em disponibilidade, qualquer outra função pública, salvo uma de magistério;

e) exercer atividade político-partidária;

>> Alínea *e* com redação determinada pela Emenda Constitucional n. 45, de 8-12-2004.

f) receber, a qualquer título ou pretexto, auxílios ou contribuições de pessoas físicas, entidades públicas ou privadas, ressalvadas as exceções previstas em lei.

>> Alínea *f* acrescentada pela Emenda Constitucional n. 45, de 8-12-2004.

§ 6.º Aplica-se aos membros do Ministério Público o disposto no art. 95, parágrafo único, V.

>> § 6.º acrescentado pela Emenda Constitucional n. 45, de 8-12-2004.

Art. 129. São funções institucionais do Ministério Público:

I – promover, privativamente, a ação penal pública, na forma da lei;

> *Vide* art. 100 do CP.

> *Vide* arts. 24 e s. do CPP.

II – zelar pelo efetivo respeito dos Poderes Públicos e dos serviços de relevância pública aos direitos assegurados nesta Constituição, promovendo as medidas necessárias a sua garantia;

III – promover o inquérito civil e a ação civil pública, para a proteção do patrimônio público e social, do meio ambiente e de outros interesses difusos e coletivos;

>> *Vide* Súmula 601 do STJ.

> A Lei n. 7.347, de 24-7-1985, disciplina a ação civil pública de responsabilidade por danos causados ao meio ambiente, ao consumidor, a bens e direitos de valor artístico, estético, histórico, turístico e paisagístico.

IV – promover a ação de inconstitucionalidade ou representação para fins de intervenção da União e dos Estados, nos casos previstos nesta Constituição;

V – defender judicialmente os direitos e interesses das populações indígenas;

>> *Vide* arts. 231 e 232 da CF.

VI – expedir notificações nos procedimentos administrativos de sua competência, requisitando informações e documentos para instruí-los, na forma da lei complementar respectiva;

VII – exercer o controle externo da atividade policial, na forma da lei complementar mencionada no artigo anterior;

VIII – requisitar diligências investigatórias e a instauração de inquérito policial, indicados os fundamentos jurídicos de suas manifestações processuais;

IX – exercer outras funções que lhe forem conferidas, desde que compatíveis com sua finalidade, sendo-lhe vedada a representação judicial e a consultoria jurídica de entidades públicas.

§ 1.º A legitimação do Ministério Público para as ações civis previstas neste artigo não impede a de terceiros, nas mesmas hipóteses, segundo o disposto nesta Constituição e na lei.

§ 2.º As funções do Ministério Público só podem ser exercidas por integrantes da carreira, que deverão residir na comarca da respectiva lotação, salvo autorização do chefe da instituição.

>> § 2.º com redação determinada pela Emenda Constitucional n. 45, de 8-12-2004.

§ 3.º O ingresso na carreira do Ministério Público far-se-á mediante concurso público de provas e títulos, assegurada a participação da Ordem dos Advogados do Brasil em sua realização, exigindo-se do bacharel em direito, no mínimo, três anos de atividade jurídica e observando-se, nas nomeações, a ordem de classificação.

>> § 3.º com redação determinada pela Emenda Constitucional n. 45, de 8-12-2004.

§ 4.º Aplica-se ao Ministério Público, no que couber, o disposto no art. 93.

>> § 4.º com redação determinada pela Emenda Constitucional n. 45, de 8-12-2004.

§ 5.º A distribuição de processos no Ministério Público será imediata.

>> § 5.º acrescentado pela Emenda Constitucional n. 45, de 8-12-2004.

Art. 130. Aos membros do Ministério Público junto aos Tribunais de Contas aplicam-se as disposições desta seção pertinentes a direitos, vedações e forma de investidura.

Art. 130-A. O Conselho Nacional do Ministério Público compõe-se de quatorze membros nomeados pelo Presidente da República, depois de aprovada a escolha pela maioria absoluta do Senado Federal, para um mandato de dois anos, admitida uma recondução, sendo:

>> *Caput* acrescentado pela Emenda Constitucional n. 45, de 8-12-2004.

I – o Procurador-Geral da República, que o preside;

>> Inciso I acrescentado pela Emenda Constitucional n. 45, de 8-12-2004.

II – quatro membros do Ministério Público da União, assegurada a representação de cada uma de suas carreiras;

>> Inciso II acrescentado pela Emenda Constitucional n. 45, de 8-12-2004.

III – três membros do Ministério Público dos Estados;

>> Inciso III acrescentado pela Emenda Constitucional n. 45, de 8-12-2004.

IV – dois juízes, indicados um pelo Supremo Tribunal Federal e outro pelo Superior Tribunal de Justiça;

>> Inciso IV acrescentado pela Emenda Constitucional n. 45, de 8-12-2004.

V – dois advogados, indicados pelo Conselho Federal da Ordem dos Advogados do Brasil;

>> Inciso V acrescentado pela Emenda Constitucional n. 45, de 8-12-2004.

VI – dois cidadãos de notável saber jurídico e reputação ilibada, indicados um pela Câmara dos Deputados e outro pelo Senado Federal.

>> Inciso VI acrescentado pela Emenda Constitucional n. 45, de 8-12-2004.

§ 1.º Os membros do Conselho oriundos do Ministério Público serão indicados pelos respectivos Ministérios Públicos, na forma da lei.

>> § 1.º acrescentado pela Emenda Constitucional n. 45, de 8-12-2004.

>> § 1.º regulamentado pela Lei n. 11.372, de 28-11-2006.

§ 2.º Compete ao Conselho Nacional do Ministério Público o controle da atuação administrativa e financeira do Ministério Público e do cumprimento dos deveres funcionais de seus membros, cabendo-lhe:

>> § 2.º, *caput*, acrescentado pela Emenda Constitucional n. 45, de 8-12-2004.

I – zelar pela autonomia funcional e administrativa do Ministério Público, podendo expedir atos regulamentares, no âmbito de sua competência, ou recomendar providências;

>> Inciso I acrescentado pela Emenda Constitucional n. 45, de 8-12-2004.

II – zelar pela observância do art. 37 e apreciar, de ofício ou mediante provocação, a legalidade dos atos administrativos praticados por membros ou órgãos do Ministério Público da União e dos Estados, podendo desconstituí-los, revê-los ou fixar prazo para que se adotem as providências necessárias ao exato cumprimento da lei, sem prejuízo da competência dos Tribunais de Contas;

>> Inciso II acrescentado pela Emenda Constitucional n. 45, de 8-12-2004.

III – receber e conhecer das reclamações contra membros ou órgãos do Ministério Público da União ou dos Estados, inclusive contra seus serviços auxiliares, sem prejuízo da competência disciplinar e correicional da instituição, podendo avocar processos disciplinares em curso, determinar a remoção ou a disponibilidade e aplicar outras sanções administrativas, assegurada ampla defesa;

>> Inciso III com redação determinada pela Emenda Constitucional n. 103, de 12-11-2019.

IV – rever, de ofício ou mediante provocação, os processos disciplinares de membros do Ministério Público da União ou dos Estados julgados há menos de um ano;

>> Inciso IV acrescentado pela Emenda Constitucional n. 45, de 8-12-2004.

V – elaborar relatório anual, propondo as providências que julgar necessárias sobre a situação do Ministério Público no País e as atividades do Conselho, o qual deve integrar a mensagem prevista no art. 84, XI.

>> Inciso V acrescentado pela Emenda Constitucional n. 45, de 8-12-2004.

§ 3.º O Conselho escolherá, em votação secreta, um Corregedor nacional, dentre os membros do Ministério Público que o integram, vedada a recondução, competindo-lhe, além das atribuições que lhe forem conferidas pela lei, as seguintes:

>> § 3.º, *caput*, acrescentado pela Emenda Constitucional n. 45, de 8-12-2004.

I – receber reclamações e denúncias, de qualquer interessado, relativas aos membros do Ministério Público e dos seus serviços auxiliares;

>> Inciso I acrescentado pela Emenda Constitucional n. 45, de 8-12-2004.

II – exercer funções executivas do Conselho, de inspeção e correição geral;

>> Inciso II acrescentado pela Emenda Constitucional n. 45, de 8-12-2004.

III – requisitar e designar membros do Ministério Público, delegando-lhes atribuições, e requisitar servidores de órgãos do Ministério Público.

>> Inciso III acrescentado pela Emenda Constitucional n. 45, de 8-12-2004.

§ 4.º O Presidente do Conselho Federal da Ordem dos Advogados do Brasil oficiará junto ao Conselho.

>> § 4.º acrescentado pela Emenda Constitucional n. 45, de 8-12-2004.

§ 5.º Leis da União e dos Estados criarão ouvidorias do Ministério Público, competentes para receber reclamações e denúncias de qualquer interessado contra membros ou órgãos do Ministério Público, inclusive contra seus serviços auxiliares, representando diretamente ao Conselho Nacional do Ministério Público.

>> § 5.º acrescentado pela Emenda Constitucional n. 45, de 8-12-2004.

Seção II
Da Advocacia Pública

>> Seção II com denominação determinada pela Emenda Constitucional n. 19, de 4-6-1998.

> Lei Orgânica da Advocacia-Geral da União: Lei Complementar n. 73, de 10-2-1993.

> Exercício das atribuições institucionais da Advocacia-Geral da União, em caráter emergencial e provisório: Lei n. 9.028, de 12-4-1995.

Art. 131. A Advocacia-Geral da União é a instituição que, diretamente ou através de órgão vinculado, representa a União, judicial e extrajudicialmente, cabendo-lhe, nos termos da lei complementar que dispuser sobre sua organização e funcionamento, as atividades de consultoria e assessoramento jurídico do Poder Executivo.

§ 1.º A Advocacia-Geral da União tem por chefe o Advogado-Geral da União, de livre nomeação pelo Presidente da República dentre cidadãos maiores de trinta e cinco anos, de notável saber jurídico e reputação ilibada.

§ 2.º O ingresso nas classes iniciais das carreiras da instituição de que trata este artigo far-se-á mediante concurso público de provas e títulos.

§ 3.º Na execução da dívida ativa de natureza tributária, a representação da União cabe à Procuradoria-Geral da Fazenda Nacional, observado o disposto em lei.

Art. 132. Os Procuradores dos Estados e do Distrito Federal, organizados em carreira, na qual o ingresso dependerá de concurso público de provas e títulos, com a participação da Ordem dos Advogados do Brasil em todas as suas fases, exercerão a representação judicial e a consultoria jurídica das respectivas unidades federadas.

>> *Caput* com redação determinada pela Emenda Constitucional n. 19, de 4-6-1998.

Parágrafo único. Aos procuradores referidos neste artigo é assegurada estabilidade após 3 (três) anos de efetivo exercício, mediante avaliação de desempenho perante os órgãos próprios, após relatório circunstanciado das corregedorias.

>> Parágrafo único acrescentado pela Emenda Constitucional n. 19, de 4-6-1998.

Seção III
Da Advocacia

>> Seção III com redação determinada pela Emenda Constitucional n. 80, de 4-6-2014.

Art. 133. O advogado é indispensável à administração da justiça, sendo inviolável por seus atos e manifestações no exercício da profissão, nos limites da lei.

>> *Vide* Lei n. 8.906, de 4-7-1994 (EAOAB).

>>> *Vide* Súmula Vinculante 5.

Seção IV
Da Defensoria Pública

>> Seção IV acrescentada pela Emenda Constitucional n. 80, de 4-6-2014.

Art. 134. A Defensoria Pública é instituição permanente, essencial à função jurisdicional do Estado, incumbindo-lhe, como expressão e instrumento do regime democrático, fundamentalmente, a orientação jurídica, a promoção dos direitos humanos e a defesa, em todos os graus, judicial e extrajudicial, dos direitos individuais e coletivos, de forma integral e gratuita, aos necessitados, na forma do inciso LXXIV do art. 5.º desta Constituição Federal.

>> *Caput* com redação determinada pela Emenda Constitucional n. 80, de 4-6-2014.

> Defensoria Pública: Lei Complementar n. 80, de 12-1-1994.

> *Vide* Súmula 421 do STJ.

§ 1.º Lei Complementar organizará a Defensoria Pública da União e do Distrito Federal e dos Territórios e prescreverá normas gerais para sua organização nos Estados, em cargos de carreira, providos, na classe inicial, mediante concurso público de provas e títulos, assegurada a seus integrantes a garantia da inamovibilidade e vedado o exercício da advocacia fora das atribuições institucionais.

>> Primitivo parágrafo único transformado em § 1.º pela Emenda Constitucional n. 45, de 8-12-2004.

§ 2.º Às Defensorias Públicas Estaduais são asseguradas autonomia funcional e administrativa e a iniciativa de sua proposta orçamentária dentro dos limites estabelecidos na lei de diretrizes orçamentárias e subordinação ao disposto no art. 99, § 2.º.

>> § 2.º acrescentado pela Emenda Constitucional n. 45, de 8-12-2004.

§ 3.º Aplica-se o disposto no § 2.º às Defensorias Públicas da União e do Distrito Federal.

>> § 3.º acrescentado pela Emenda Constitucional n. 74, de 6-8-2013.

>> *Vide* art. 107, § 2.º, do ADCT.

§ 4.º São princípios institucionais da Defensoria Pública a unidade, a indivisibilidade e a independência funcional, aplicando-se também, no que couber, o disposto no art. 93 e no inciso II do art. 96 desta Constituição Federal.

>> § 4.º acrescentado pela Emenda Constitucional n. 80, de 4-6-2014.

Art. 135. Os servidores integrantes das carreiras disciplinadas nas Seções II e III deste Capítulo serão remunerados na forma do art. 39, § 4.º.

>> Artigo com redação determinada pela Emenda Constitucional n. 19, de 4-6-1998.

Título V
DA DEFESA DO ESTADO E DAS INSTITUIÇÕES DEMOCRÁTICAS

Capítulo I
DO ESTADO DE DEFESA E DO ESTADO DE SÍTIO

Seção I
Do Estado de Defesa

Art. 136. O Presidente da República pode, ouvidos o Conselho da República e o Conselho de Defesa Nacional, decretar estado de defesa para preservar ou prontamente restabelecer, em locais restritos e determinados, a ordem pública ou a paz social ameaçadas por grave e iminente instabilidade institucional ou atingidas por calamidades de grandes proporções na natureza.

> A Lei n. 8.041, de 5-6-1990, dispõe sobre a organização e o funcionamento do Conselho da República.

> A Lei n. 8.183, de 11-4-1991, dispõe sobre a organização do Conselho de Defesa Nacional. Regulamentada pelo Decreto n. 893, de 12-8-1993.

§ 1.º O decreto que instituir o estado de defesa determinará o tempo de sua duração, especificará as áreas a serem abrangidas e indicará, nos termos e limites da lei, as medidas coercitivas a vigorarem, dentre as seguintes:

I – restrições aos direitos de:

a) reunião, ainda que exercida no seio das associações;

b) sigilo de correspondência;

c) sigilo de comunicação telegráfica e telefônica;

II – ocupação e uso temporário de bens e serviços públicos, na hipótese de calamidade pública, respondendo a União pelos danos e custos decorrentes.

§ 2.º O tempo de duração do estado de defesa não será superior a trinta dias, podendo ser prorrogado uma vez, por igual período, se persistirem as razões que justificaram a sua decretação.

§ 3.º Na vigência do estado de defesa:

I – a prisão por crime contra o Estado, determinada pelo executor da medida, será por este comunicada imediatamente ao juiz competente, que a relaxará, se não for legal, facultado ao preso requerer exame de corpo de delito à autoridade policial;

II – a comunicação será acompanhada de declaração, pela autoridade, do estado físico e mental do detido no momento de sua autuação;

III – a prisão ou detenção de qualquer pessoa não poderá ser superior a dez dias, salvo quando autorizada pelo Poder Judiciário;

IV – é vedada a incomunicabilidade do preso.

§ 4.º Decretado o estado de defesa ou sua prorrogação, o Presidente da República, dentro de vinte e quatro horas, submeterá o ato com a respectiva justificação ao Congresso Nacional, que decidirá por maioria absoluta.

§ 5.º Se o Congresso Nacional estiver em recesso, será convocado, extraordinariamente, no prazo de cinco dias.

§ 6.º O Congresso Nacional apreciará o decreto dentro de dez dias contados de seu recebimento, devendo continuar funcionando enquanto vigorar o estado de defesa.

§ 7.º Rejeitado o decreto, cessa imediatamente o estado de defesa.

Seção II
Do Estado de Sítio

Art. 137. O Presidente da República pode, ouvidos o Conselho da República e o Conselho de Defesa Nacional, solicitar ao Congresso Nacional autorização para decretar o estado de sítio nos casos de:

I – comoção grave de repercussão nacional ou ocorrência de fatos que comprovem a ineficácia de medida tomada durante o estado de defesa;

II – declaração de estado de guerra ou resposta a agressão armada estrangeira.

>> *Vide* art. 5.º, XLVII, *a*, da CF.

Parágrafo único. O Presidente da República, ao solicitar autorização para decretar o estado de sítio ou sua prorrogação, relatará os motivos determinantes do pedido, devendo o Congresso Nacional decidir por maioria absoluta.

Art. 138. O decreto do estado de sítio indicará sua duração, as normas necessárias a sua execução e as garantias constitucionais que ficarão suspensas, e, depois de publicado, o Presidente da República designará o executor das medidas específicas e as áreas abrangidas.

§ 1.º O estado de sítio, no caso do art. 137, I, não poderá ser decretado por mais de trinta dias, nem prorrogado, de cada vez, por prazo superior; no do inciso II, poderá ser decretado por todo o tempo que perdurar a guerra ou a agressão armada estrangeira.

§ 2.º Solicitada autorização para decretar o estado de sítio durante o recesso parlamentar, o Presidente do Senado Federal, de imediato, convocará extraordinariamente o Congresso Nacional para se reunir dentro de cinco dias, a fim de apreciar o ato.

§ 3.º O Congresso Nacional permanecerá em funcionamento até o término das medidas coercitivas.

Art. 139. Na vigência do estado de sítio decretado com fundamento no art. 137, I, só poderão ser tomadas contra as pessoas as seguintes medidas:

I – obrigação de permanência em localidade determinada;

II – detenção em edifício não destinado a acusados ou condenados por crimes comuns;

III – restrições relativas à inviolabilidade da correspondência, ao sigilo das comunicações, à prestação de informações e à liberdade de imprensa, radiodifusão e televisão, na forma da lei;

IV – suspensão da liberdade de reunião;

V – busca e apreensão em domicílio;

VI – intervenção nas empresas de serviços públicos;

VII – requisição de bens.

Parágrafo único. Não se inclui nas restrições do inciso III a difusão de pronunciamentos de parlamentares efetuados em suas Casas Legislativas, desde que liberada pela respectiva Mesa.

Seção III
Disposições Gerais

Art. 140. A Mesa do Congresso Nacional, ouvidos os líderes partidários, designará Comissão composta de cinco de seus membros para acompanhar e fiscalizar a execução das medidas referentes ao estado de defesa e ao estado de sítio.

Art. 141. Cessado o estado de defesa ou o estado de sítio, cessarão também seus efeitos, sem prejuízo da responsabilidade pelos ilícitos cometidos por seus executores ou agentes.

Parágrafo único. Logo que cesse o estado de defesa ou o estado de sítio, as medidas aplicadas em sua vigência serão relatadas pelo Presidente da República, em mensagem ao Congresso Nacional, com especificação e justificação das providências adotadas, com relação nominal dos atingidos, e indicação das restrições aplicadas.

Capítulo II
DAS FORÇAS ARMADAS

Art. 142. As Forças Armadas, constituídas pela Marinha, pelo Exército e pela Aeronáutica, são instituições nacionais permanentes e regulares, organizadas com base na hierarquia e na disciplina, sob a autoridade suprema do Presidente da República, e destinam-se à defesa da Pátria, à garantia dos poderes constitucionais e, por iniciativa de qualquer destes, da lei e da ordem.

>> *Vide* arts. 12, 24 e 26 da Emenda Constitucional n. 103, de 12-11-2019.

> *Vide* § 12 do art. 129 do CP.

§ 1.º Lei complementar estabelecerá as normas gerais a serem adotadas na organização, no preparo e no emprego das Forças Armadas.

> Organização, preparo e emprego das Forças Armadas: Lei Complementar n. 97, de 9-6-1999.

§ 2.º Não caberá *habeas corpus* em relação a punições disciplinares militares.

§ 3.º Os membros das Forças Armadas são denominados militares, aplicandoselhes, além das que vierem a ser fixadas em lei, as seguintes disposições:

>> § 3.º, *caput*, acrescentado pela Emenda Constitucional n. 18, de 5-2-1998.

> *Vide* art. 42, § 2.º, da CF.

I – as patentes, com prerrogativas, direitos e deveres a elas inerentes, são conferidas pelo Presidente da República e asseguradas em plenitude aos oficiais da ativa, da reserva ou reformados, sendo-lhes privativos os títulos e postos militares e, juntamente com os demais membros, o uso dos uniformes das Forças Armadas;

>> Inciso I acrescentado pela Emenda Constitucional n. 18, de 5-2-1998.

II – o militar em atividade que tomar posse em cargo ou emprego público civil permanente, ressalvada a hipótese prevista no art. 37, inciso XVI, alínea *c*, será transferido para a reserva, nos termos da lei;

>> Inciso II com redação determinada pela Emenda Constitucional n. 77, de 11-2-2014.

III – o militar da ativa que, de acordo com a lei, tomar posse em cargo, emprego ou função pública civil temporária, não eletiva, ainda que da administração indireta, ressalvada a hipótese prevista no art. 37, inciso XVI, alínea *c*, ficará agregado ao respectivo quadro e somente poderá, enquanto permanecer nessa situação, ser promovido por antiguidade, contando-se-lhe o tempo de serviço apenas para aquela promoção e transferência para a reserva, sendo depois de dois anos de afastamento, contínuos ou não, transferido para a reserva, nos termos da lei;

>> Inciso III com redação determinada pela Emenda Constitucional n. 77, de 11-2-2014.

IV – ao militar são proibidas a sindicalização e a greve;

>> Inciso IV acrescentado pela Emenda Constitucional n. 18, de 5-2-1998.

V – o militar, enquanto em serviço ativo, não pode estar filiado a partidos políticos;

>> Inciso V acrescentado pela Emenda Constitucional n. 18, de 5-2-1998.

VI – o oficial só perderá o posto e a patente se for julgado indigno do oficialato ou com ele incompatível, por decisão de tribunal militar de caráter permanente, em tempo de paz, ou de tribunal especial, em tempo de guerra;

>> Inciso VI acrescentado pela Emenda Constitucional n. 18, de 5-2-1998.

VII – o oficial condenado na justiça comum ou militar a pena privativa de liberdade superior a 2 (dois) anos, por sentença transitada em julgado, será submetido ao julgamento previsto no inciso anterior;

>> Inciso VII acrescentado pela Emenda Constitucional n. 18, de 5-2-1998.

VIII – aplica-se aos militares o disposto no art. 7.º, incisos VIII, XII, XVII, XVIII, XIX e XXV, e no art. 37, incisos XI, XIII, XIV e XV, bem como, na forma da lei e com prevalência da atividade militar, no art. 37, inciso XVI, alínea *c*;

>> Inciso VIII com redação determinada pela Emenda Constitucional n. 77, de 11-2-2014.

> *Vide* Súmula Vinculante 6 do STF.

IX – (*Revogado pela Emenda Constitucional n. 41, de 19-12-2003.*)

X – a lei disporá sobre o ingresso nas Forças Armadas, os limites de idade, a estabilidade e outras condições de transferência do militar para a inatividade, os direitos, os deveres, a remuneração, as prerrogativas e outras situações especiais dos militares, consideradas as peculiaridades de suas atividades, inclusive aquelas cumpridas por força de compromissos internacionais e de guerra.

>> Inciso X acrescentado pela Emenda Constitucional n. 18, de 5-2-1998.

> *Vide* art. 40, § 20, da CF.

> *Vide* Súmula Vinculante 4 do STF.

Art. 143. O serviço militar é obrigatório nos termos da lei.

> Lei do Serviço Militar: Lei n. 4.375, de 17-8-1964, regulamentada pelo Decreto n. 57.654, de 20-1-1966.

§ 1.º Às Forças Armadas compete, na forma da lei, atribuir serviço alternativo aos que, em tempo de paz, após alistados, alegarem imperativo de consciência, entendendo-se como tal o decorrente de crença religiosa e de convicção filosófica ou política, para se eximirem de atividades de caráter essencialmente militar.

>> Regulamento: Lei n. 8.239, de 4-10-1991.

§ 2.º As mulheres e os eclesiásticos ficam isentos do serviço militar obrigatório em tempo de paz, sujeitos, porém, a outros encargos que a lei lhes atribuir.

>> Regulamento: Lei n. 8.239, de 4-10-1991.

Capítulo III
DA SEGURANÇA PÚBLICA

> A Lei n. 11.530, de 24-10-2007, institui o Programa Nacional de Segurança Pública com Cidadania – PRONASCI.

Art. 144. A segurança pública, dever do Estado, direito e responsabilidade de todos, é exercida para a preservação da ordem pública e da incolumidade das pessoas e do patrimônio, através dos seguintes órgãos:

> *Vide* § 12 do art. 129 do CP.

I – polícia federal;

>> *Vide* arts. 5.º e 10, § 2.º, I, da Emenda Constitucional n. 103, de 12-11-2019.

II – polícia rodoviária federal;

>> *Vide* arts. 5.º e 10, § 2.º, I, da Emenda Constitucional n. 103, de 12-11-2019.

> Competência da Polícia Rodoviária Federal: Decreto n. 1.655, de 3-10-1995.

III – polícia ferroviária federal;

>> *Vide* arts. 5.º e 10, § 2.º, I, da Emenda Constitucional n. 103, de 12-11-2019.

IV – polícias civis;

> Conselho Nacional de Segurança Pública – CONASP: Decreto n. 9.489, de 30-8-2018.

V – polícias militares e corpos de bombeiros militares.

VI – polícias penais federal, estaduais e distrital.

>> Inciso VI acrescentado pela Emenda Constitucional n. 104, de 4-12-2019.

§ 1.º A polícia federal, instituída por lei como órgão permanente, organizado e mantido pela União e estruturado em carreira, destina-se a:

>> § 1.º, *caput*, com redação determinada pela Emenda Constitucional n. 19, de 4-6-1998.

I – apurar infrações penais contra a ordem política e social ou em detrimento de bens, serviços e interesses da União ou de suas entidades autárquicas e empresas públicas, assim como outras infrações cuja prática tenha repercussão interestadual ou internacional e exija repressão uniforme, segundo se dispuser em lei;

> A Lei n. 8.137, de 27-12-1990, define crimes contra a ordem tributária, econômica e contra as relações de consumo (contra formação de cartel dispõe o art. 4.º, I, *a*, II, III e VII).

> *Vide* Lei n. 10.446, de 8-5-2002, que dispõe sobre infrações penais de repercussão interestadual ou internacional que exigem repressão uniforme, para os fins do disposto neste inciso.

II – prevenir e reprimir o tráfico ilícito de entorpecentes e drogas afins, o contrabando e o descaminho, sem prejuízo da ação fazendária e de outros órgãos públicos nas respectivas áreas de competência;

> Contrabando e Descaminho: Decreto n. 2.730, de 10-8-1998.

> Sobre Tráfico Ilícito de Entorpecentes, *vide* Lei n. 11.343, de 23-8-2006.

III – exercer as funções de polícia marítima, aeroportuária e de fronteiras;

>> Inciso III com redação determinada pela Emenda Constitucional n. 19, de 4-6-1998.

IV – exercer, com exclusividade, as funções de polícia judiciária da União.

§ 2.º A polícia rodoviária federal, órgão permanente, organizado e mantido pela União e estruturado em carreira, destinase, na forma da lei, ao patrulhamento ostensivo das rodovias federais.

>> § 2.º com redação determinada pela Emenda Constitucional n. 19, de 4-6-1998.

> Policial Rodoviário Federal: Lei n. 9.654, de 2-6-1998.

§ 3.º A polícia ferroviária federal, órgão permanente, organizado e mantido pela União e estruturado em carreira, destina-se, na forma da lei, ao patrulhamento ostensivo das ferrovias federais.

>> § 3.º com redação determinada pela Emenda Constitucional n. 19, de 4-6-1998.

§ 4.º Às polícias civis, dirigidas por delegados de polícia de carreira, incumbem, ressalvada a competência da União, as funções de polícia judiciária e a apuração de infrações penais, exceto as militares.

§ 5.º Às polícias militares cabem a polícia ostensiva e a preservação da ordem pública; aos corpos de bombeiros militares, além das atribuições definidas em lei, incumbe a execução de atividades de defesa civil.

§ 5.º-A. Às polícias penais, vinculadas ao órgão administrador do sistema penal da unidade federativa a que pertencem, cabe a segurança dos estabelecimentos penais.

>> § 5.º-A acrescentado pela Emenda Constitucional n. 104, de 4-12-2019.

§ 6.º As polícias militares e os corpos de bombeiros militares, forças auxiliares e reserva do Exército subordinam-se, juntamente com as polícias civis e as polícias penais estaduais e distrital, aos Governadores dos Estados, do Distrito Federal e dos Territórios.

>> § 6.º com redação determinada pela Emenda Constitucional n. 104, de 4-12-2019.

§ 7.º A lei disciplinará a organização e o funcionamento dos órgãos responsáveis pela segurança pública, de maneira a garantir a eficiência de suas atividades.

>> *Vide* Lei n. 13.675, de 11-6-2018, que dispõe sobre a segurança pública nos termos estabelecidos neste § 7.º.

> Conselho Nacional de Segurança Pública – CONASP: Decreto n. 9.489, de 30-8-2018.

§ 8.º Os Municípios poderão constituir guardas municipais destinadas à proteção de seus bens, serviços e instalações, conforme dispuser a lei.

>> A Lei n. 13.022, de 8-8-2014, dispõe sobre o Estatuto Geral das Guardas Municipais.

§ 9.º A remuneração dos servidores policiais integrantes dos órgãos relacionados neste artigo será fixada na forma do § 4.º do art. 39.

>> § 9.º acrescentado pela Emenda Constitucional n. 19, de 4-6-1998.

§ 10. A segurança viária, exercida para a preservação da ordem pública e da incolumidade das pessoas e do seu patrimônio nas vias públicas:

>> § 10, *caput*, acrescentado pela Emenda Constitucional n. 82, de 16-7-2014.

I – compreende a educação, engenharia e fiscalização de trânsito, além de outras atividades previstas em lei, que assegurem ao cidadão o direito à mobilidade urbana eficiente; e

>> Inciso I acrescentado pela Emenda Constitucional n. 82, de 16-7-2014.

II – compete, no âmbito dos Estados, do Distrito Federal e dos Municípios, aos respectivos órgãos ou entidades executivos e seus agentes de trânsito, estruturados em Carreira, na forma da lei.

>> Inciso II acrescentado pela Emenda Constitucional n. 82, de 16-7-2014.

Título VI
DA TRIBUTAÇÃO E DO ORÇAMENTO

> CTN: Lei n. 5.172, de 25-10-1966.

Capítulo I
DO SISTEMA TRIBUTÁRIO NACIONAL

> Crimes contra a ordem tributária, econômica e contra as relações de consumo: Lei n. 8.137, de 27-12-1990.

> Crimes contra a ordem econômica: Lei n. 8.176, de 8-2-1991.

> O Decreto n. 2.730, de 10-8-1998, dispõe sobre o encaminhamento ao Ministério Público da representação fiscal para os crimes contra a ordem tributária.

Seção I
Dos Princípios Gerais

Art. 145. A União, os Estados, o Distrito Federal e os Municípios poderão instituir os seguintes tributos:

I – impostos;

> *Vide* arts. 16 a 76 do CTN.

II – taxas, em razão do exercício do poder de polícia ou pela utilização, efetiva ou potencial, de serviços públicos específicos e divisíveis, prestados ao contribuinte ou postos a sua disposição;

>> *Vide* Súmulas Vinculantes 12, 19, 29 e 41 do STF.

>> *Vide* Súmula 670 do STF.

> *Vide* arts. 77 a 80 do CTN.

III – contribuição de melhoria, decorrente de obras públicas.

> *Vide* arts. 81 e 82 do CTN.

> O Decreto-lei n. 195, de 24-2-1967, dispõe sobre a cobrança da contribuição de melhoria.

§ 1.º Sempre que possível, os impostos terão caráter pessoal e serão graduados segundo a capacidade econômica do contribuinte, facultado à administração tributária, especialmente para conferir efetividade a esses objetivos, identificar, respeitados os direitos individuais e nos termos da lei, o patrimônio, os rendimentos e as atividades econômicas do contribuinte.

> A Lei n. 8.021, de 12-4-1990, dispõe sobre a identificação do contribuinte para fins fiscais.

§ 2.º As taxas não poderão ter base de cálculo própria de impostos.

> *Vide* art. 77, parágrafo único, do CTN.

> *Vide* Súmula Vinculante 29.

Art. 146. Cabe à lei complementar:

I – dispor sobre conflitos de competência, em matéria tributária, entre a União, os Estados, o Distrito Federal e os Municípios;

> *Vide* art. 6.º do CTN.

II – regular as limitações constitucionais ao poder de tributar;

> *Vide* arts. 9.º a 14 do CTN.

III – estabelecer normas gerais em matéria de legislação tributária, especialmente sobre:

>>> *Vide* art. 24, § 1.º, da CF.

a) definição de tributos e de suas espécies, bem como, em relação aos impostos discriminados nesta Constituição, a dos respectivos fatos geradores, bases de cálculo e contribuintes;

>>> *Vide* arts. 3.º (definição de tributo), 16, e 77 a 82 do CTN (definição das espécies tributárias).

>>> *Vide* arts. 19 e s. do CTN (definição do regramento de incidência dos impostos).

>>> *Vide* art. 9.º da Lei n. 4.320, de 17-3-1964.

b) obrigação, lançamento, crédito, prescrição e decadência tributários;

>> *Vide* Súmula Vinculante 8.

>>> *Vide* arts. 113 (obrigação tributária) e 142 a 150 do CTN (lançamento, modalidades, alteração e revisão).

c) adequado tratamento tributário ao ato cooperativo praticado pelas sociedades cooperativas;

>>> *Vide* art. 79 da Lei n. 5.764, de 16-12-1971 (definição de ato cooperativo).

d) definição de tratamento diferenciado e favorecido para as microempresas e para as empresas de pequeno porte, inclusive regimes especiais ou simplificados no caso do imposto previsto no art. 155, II, das contribuições previstas no art. 195, I e §§ 12 e 13, e da contribuição a que se refere o art. 239.

>> Alínea *d* acrescentada pela Emenda Constitucional n. 42, de 19-12-2003.

> *Vide* Lei Complementar n. 123, de 14-12-2006.

> *Vide* art. 94 do ADCT.

Parágrafo único. A lei complementar de que trata o inciso III, *d*, também poderá instituir um regime único de arrecadação dos impostos e contribuições da União, dos Estados, do Distrito Federal e dos Municípios, observado que:

>> Parágrafo único, *caput*, acrescentado pela Emenda Constitucional n. 42, de 19-12-2003.

> *Vide* art. 199 do CTN.

I – será opcional para o contribuinte;

>> Inciso I acrescentado pela Emenda Constitucional n. 42, de 19-12-2003.

II – poderão ser estabelecidas condições de enquadramento diferenciadas por Estado;

>> Inciso II acrescentado pela Emenda Constitucional n. 42, de 19-12-2003.

III – o recolhimento será unificado e centralizado e a distribuição da parcela de recursos pertencentes aos respectivos entes federados será imediata, vedada qualquer retenção ou condicionamento;

>> Inciso III acrescentado pela Emenda Constitucional n. 42, de 19-12-2003.

>> *Vide* art. 107, § 6.º, I, do ADCT.

IV – a arrecadação, a fiscalização e a cobrança poderão ser compartilhadas pelos entes federados, adotado cadastro nacional único de contribuintes.

>> Inciso IV acrescentado pela Emenda Constitucional n. 42, de 19-12-2003.

Art. 146-A. Lei complementar poderá estabelecer critérios especiais de tributação, com o objetivo de prevenir desequilíbrios da concorrência, sem prejuízo da competência de a União, por lei, estabelecer normas de igual objetivo.

>> Artigo acrescentado pela Emenda Constitucional n. 42, de 19-12-2003.

>>> *Vide* Lei n. 12.592, de 30-11-2011 (Lei do Sistema Brasileiro de Defesa da Concorrência).

Art. 147. Competem à União, em Território Federal, os impostos estaduais e, se o Território não for dividido em Municípios, cumulativamente, os impostos municipais; ao Distrito Federal cabem os impostos municipais.

> *Vide* art. 156 do CTN.

>>> *Vide* art. 18, § 2.º, da CF.

Art. 148. A União, mediante lei complementar, poderá instituir empréstimos compulsórios:

I – para atender a despesas extraordinárias, decorrentes de calamidade pública, de guerra externa ou sua iminência;

II – no caso de investimento público de caráter urgente e de relevante interesse nacional, observado o disposto no art. 150, III, *b*.

Parágrafo único. A aplicação dos recursos provenientes de empréstimo compulsório será vinculada à despesa que fundamentou sua instituição.

Art. 149. Compete exclusivamente à União instituir contribuições sociais, de intervenção no domínio econômico e de interesse das categorias profissionais ou econômicas, como instrumento de sua atuação nas respectivas áreas, observado o disposto nos arts. 146, III, e 150, I e III, e sem prejuízo do previsto no art. 195, § 6.º, relativamente às contribuições a que alude o dispositivo.

> *Vide* art. 177, § 4.º, da CF.

> A Lei n. 10.336, de 19-12-2001, institui a Contribuição de Intervenção no Domínio Econômico incidente sobre a importação e a comercialização de petróleo e seus derivados, gás natural e seus derivados e álcool etílico combustível (Cide) a que se refere este artigo.

>>> *Vide* arts. 195, 212 e 239 da CF.

>>> Decreto-lei n. 308, de 28-2-1967 – Contribuição ao Instituto do Açúcar e Álcool – IAA.

>>> Decreto-lei n. 1.110, de 9-7-1970 – Insti-

tuto Nacional de Colonização e Reforma Agrária.

>>> Lei n. 10.168, de 29-12-2000 – Contribuição de Intervenção no Domínio Econômico destinada a financiar o Programa de Estímulo à Interação Universidade-Empresa para o Apoio à Inovação.

>>> Lei n. 10.893, de 13-7-2004 (Adicional de Frete para Renovação da Marinha Mercante).

>>> *Vide* Súmula 516 do STJ.

§ 1.º A União, os Estados, o Distrito Federal e os Municípios instituirão, por meio de lei, contribuições para custeio de regime próprio de previdência social, cobradas dos servidores ativos, dos aposentados e dos pensionistas, que poderão ter alíquotas progressivas de acordo com o valor da base de contribuição ou dos proventos de aposentadoria e de pensões.

>> § 1.º com redação determinada pela Emenda Constitucional n. 103, de 12-11-2019.

>> Sobre o prazo de vigência deste § 1.º, *vide* art. 36, II, da Emenda Constitucional n. 103, de 12-11-2019.

>> O texto anterior dizia:

"§ 1.º Os Estados, o Distrito Federal e os Municípios instituirão contribuição, cobrada de seus servidores, para o custeio, em benefício destes, do regime previdenciário de que trata o art. 40, cuja alíquota não será inferior à da contribuição dos servidores titulares de cargos efetivos da União.

>> § 1.º com redação determinada pela Emenda Constitucional n. 41, de 19-12-2003".

§ 1.º-A. Quando houver ***deficit*** atuarial, a contribuição ordinária dos aposentados e pensionistas poderá incidir sobre o valor dos proventos de aposentadoria e de pensões que supere o salário mínimo.

>> § 1.º-A acrescentado pela Emenda Constitucional n. 103, de 12-11-2019.

>> Sobre o prazo de vigência deste § 1.º-A, *vide* art. 36, II, da Emenda Constitucional n. 103, de 12-11-2019.

§ 1.º-B. Demonstrada a insuficiência da medida prevista no § 1.º-A para equacionar o ***deficit*** atuarial, é facultada a instituição de contribuição extraordinária, no âmbito da União, dos servidores públicos ativos, dos aposentados e dos pensionistas.

>> § 1.º-B acrescentado pela Emenda Constitucional n. 103, de 12-11-2019.

>> Sobre o prazo de vigência deste § 1.º-B, *vide* art. 36, II, da Emenda Constitucional n. 103, de 12-11-2019.

§ 1.º-C. A contribuição extraordinária de que trata o § 1.º-B deverá ser instituída simultaneamente com outras medidas para equacionamento do ***deficit*** e vigorará por período determinado, contado da data de sua instituição.

>> § 1.º-C acrescentado pela Emenda Constitucional n. 103, de 12-11-2019.

>> Sobre o prazo de vigência deste § 1.º-C, *vide* art. 36, II, da Emenda Constitucional n. 103, de 12-11-2019.

§ 2.º As contribuições sociais e de intervenção no domínio econômico de que trata o *caput* deste artigo:

>> § 2.º, *caput*, acrescentado pela Emenda Constitucional n. 33, de 11-12-2001.

I – não incidirão sobre as receitas decorrentes de exportação;

>> Inciso I acrescentado pela Emenda Constitucional n. 33, de 11-12-2001.

II – incidirão também sobre a importação de produtos estrangeiros ou serviços;

>> Inciso II com redação determinada pela Emenda Constitucional n. 42, de 19-12-2003.

III – poderão ter alíquotas:

>> Inciso III, *caput*, acrescentado pela Emenda Constitucional n. 33, de 11-12-2001.

a) *ad valorem*, tendo por base o faturamento, a receita bruta ou o valor da operação e, no caso de importação, o valor aduaneiro;

>> Alínea *a* acrescentada pela Emenda Constitucional n. 33, de 11-12-2001.

b) específica, tendo por base a unidade de medida adotada.

>> Alínea *b* acrescentada pela Emenda Constitucional n. 33, de 11-12-2001.

§ 3.º A pessoa natural destinatária das operações de importação poderá ser equiparada a pessoa jurídica, na forma da lei.

>> § 3.º acrescentado pela Emenda Constitucional n. 33, de 11-12-2001.

§ 4.º A lei definirá as hipóteses em que as contribuições incidirão uma única vez.

>> § 4.º acrescentado pela Emenda Constitucional n. 33, de 11-12-2001.

Art. 149-A. Os Municípios e o Distrito Federal poderão instituir contribuição, na forma das respectivas leis, para o custeio do serviço de iluminação pública, observado o disposto no art. 150, I e III.

>> *Caput* acrescentado pela Emenda Constitucional n. 39, de 19-12-2002.

Parágrafo único. É facultada a cobrança da contribuição a que se refere o *caput*, na fatura de consumo de energia elétrica.

>> Parágrafo único acrescentado pela Emenda Constitucional n. 39, de 19-12-2002.

Seção II
Das Limitações do Poder de Tributar

Art. 150. Sem prejuízo de outras garantias asseguradas ao contribuinte, é vedado à União, aos Estados, ao Distrito Federal e aos Municípios:

I – exigir ou aumentar tributo sem lei que o estabeleça;

> *Vide* arts. 153, § 1.º, 155, § 4.º, IV, *c*, e 177, § 4.º, I, *b*, da CF.

II – instituir tratamento desigual entre contribuintes que se encontrem em situação equivalente, proibida qualquer distinção em razão de ocupação profissional ou função por eles exercida, independentemente da denominação jurídica dos rendimentos, títulos ou direitos;

> *Vide* art. 153, § 2.º, da CF.

III – cobrar tributos:

a) em relação a fatos geradores ocorridos antes do início da vigência da lei que os houver instituído ou aumentado;

> *Vide* art. 144 do CTN.

b) no mesmo exercício financeiro em que haja sido publicada a lei que os instituiu ou aumentou;

> *Vide* art. 150, § 1.º, da CF.

c) antes de decorridos noventa dias da data em que haja sido publicada a lei que os instituiu ou aumentou, observado o disposto na alínea *b*;

>> Alínea *c* acrescentada pela Emenda Constitucional n. 42, de 19-12-2003.

>>> *Vide* art. 150, § 1.º, da CF.

IV – utilizar tributo com efeito de confisco;

> *Vide* Súmulas 70 e 323 do STF.

>>> *Vide* Súmula 547 do STF.

V – estabelecer limitações ao tráfego de pessoas ou bens, por meio de tributos interestaduais ou intermunicipais, ressalvada a cobrança de pedágio pela utilização de vias conservadas pelo Poder Público;

> *Vide* Súmula 545 do STF.

VI – instituir impostos sobre:

a) patrimônio, renda ou serviços, uns dos outros;

> *Vide* art. 150, § 2.º, da CF.

b) templos de qualquer culto;

c) patrimônio, renda ou serviços dos partidos políticos, inclusive suas fundações, das entidades sindicais dos trabalhadores, das instituições de educação e de assistência social, sem fins lucrativos, atendidos os requisitos da lei;

>> *Vide* Súmula Vinculante 52.

d) livros, jornais, periódicos e o papel destinado a sua impressão;

>> *Vide* Súmula Vinculante 57.

> *Vide* Súmulas 657 e 662 do STF.

e) fonogramas e videofonogramas musicais produzidos no Brasil contendo obras musicais ou literomusicais de autores brasileiros e/ou obras em geral interpretadas por artistas brasileiros bem como os suportes materiais ou arquivos digitais que os contenham, salvo na etapa de replicação industrial de mídias ópticas de leitura a *laser*.

>> Alínea *e* acrescentada pela Emenda Constitucional n. 75, de 15-10-2013.

§ 1.º A vedação do inciso III, *b*, não se aplica aos tributos previstos nos arts. 148, I, 153, I, II, IV e V; e 154, II; e a vedação do inciso III, *c*, não se aplica aos tributos previstos nos arts. 148, I, 153, I, II, III e V; e 154, II, nem à fixação da base de cálculo dos impostos previstos nos arts. 155, III, e 156, I.

>> § 1.º com redação determinada pela Emenda Constitucional n. 42, de 19-12-2003.

§ 2.º A vedação do inciso VI, *a*, é extensiva às autarquias e às fundações instituídas e mantidas pelo Poder Público, no que se refere ao patrimônio, à renda e aos serviços, vinculados a suas finalidades essenciais ou às delas decorrentes.

§ 3.º As vedações do inciso VI, *a*, e do parágrafo anterior não se aplicam ao patrimônio, à renda e aos serviços, relacionados com exploração de atividades econômicas regidas pelas normas aplicáveis a empreendimentos privados, ou em que haja contraprestação ou pagamento de preços ou tarifas pelo usuário, nem exonera o promitente comprador da obrigação de pagar imposto relativamente ao bem imóvel.

§ 4.º As vedações expressas no inciso VI, alíneas *b* e *c*, compreendem somente o patrimônio, a renda e os serviços, relacionados com as finalidades essenciais das entidades nelas mencionadas.

§ 5.º A lei determinará medidas para que os consumidores sejam esclarecidos acerca dos impostos que incidam sobre mercadorias e serviços.

>> A Lei n. 12.741, de 8-12-2012, regulamentada pelo Decreto n. 8.264, de 5-6-2014, dispõe sobre as medidas de esclarecimento ao consumidor de que trata este dispositivo.

§ 6.º Qualquer subsídio ou isenção, redução de base de cálculo, concessão de crédito presumido, anistia ou remissão, relativos a impostos, taxas ou contribuições, só poderá ser concedido mediante lei específica, federal, estadual ou municipal, que regule exclusivamente as matérias acima enumeradas ou o correspondente tributo ou contribuição, sem prejuízo do disposto no art. 155, § 2.º, XII, *g*.

>> § 6.º com redação determinada pela Emenda Constitucional n. 3, de 17-3-1993.

> *Vide* art. 175 do CTN.

> *Vide* art. 14, § 1.º, da Lei Complementar n. 101, de 4-5-2000.

>>> *Vide* art. 97, § 2.º, do CTN.

§ 7.º A lei poderá atribuir a sujeito passivo de obrigação tributária a condição de responsável pelo pagamento de imposto ou contribuição, cujo fato gerador deva ocorrer posteriormente, assegurada a imediata e preferencial restituição da quantia paga, caso não se realize o fato gerador presumido.

>> § 7.º acrescentado pela Emenda Constitucional n. 3, de 17-3-1993.

> *Vide* art. 128 do CTN.

> *Vide* art. 37, II, da Lei Complementar n. 101, de 4-5-2000.

Art. 151. É vedado à União:

I – instituir tributo que não seja uniforme em todo o território nacional ou que implique distinção ou preferência em relação a Estado, ao Distrito Federal ou a Município, em detrimento de outro, admitida a concessão de incentivos fiscais destinados a promover o equilíbrio do desenvolvimento socioeconômico entre as diferentes regiões do País;

>>> *Vide* art. 40 do ADCT.

II – tributar a renda das obrigações da dívida pública dos Estados, do Distrito Federal e dos Municípios, bem como a remuneração e os proventos dos respectivos agentes públicos, em níveis superiores aos que fixar para suas obrigações e para seus agentes;

III – instituir isenções de tributos da competência dos Estados, do Distrito Federal ou dos Municípios.

Art. 152. É vedado aos Estados, ao Distrito Federal e aos Municípios estabelecer diferença tributária entre bens e serviços, de qualquer natureza, em razão de sua procedência ou destino.

Seção III
Dos Impostos da União

Art. 153. Compete à União instituir impostos sobre:

> *Vide* art. 11 da Lei Complementar n. 101, de 4-5-2000.

I – importação de produtos estrangeiros;

>> *Vide* § 1.º deste artigo.

> *Vide* arts. 62, § 2.º, e 145, § 1.º, da CF.

> Sobre o imposto de importação cuidam as Leis n. 7.810, de 30-8-1989, n. 8.032, de 12-4-1990, e n. 9.449, de 14-3-1997.

> *Vide* art. 118, I, do CTN.

>>> Decreto-lei n. 37, de 18-11-1966 – Imposto sobre Importação.

II – exportação, para o exterior, de produtos nacionais ou nacionalizados;

> *Vide* art. 62, § 2.º, da CF.

>>> Decreto-lei n. 1.578, de 11-10-1977 – Imposto sobre Exportação.

III – renda e proventos de qualquer natureza;

>> *Vide* § 2.º deste artigo.

> O Decreto n. 9.580, de 22-11-18, regulamenta a tributação, fiscalização, arrecadação e administração do Imposto sobre a Renda e proventos de qualquer natureza.

> *Vide* Súmula 125 do STJ.

>>> *Vide* Súmulas 215, 386 e 498 do STJ.

IV – produtos industrializados;

>> *Vide* § 3.º deste artigo.

>> O Decreto n. 7.212, de 15-6-2010, regulamenta a cobrança, a fiscalização, a arrecadação e a administração do IPI.

> *Vide* art. 62, § 2.º, da CF.

V – operações de crédito, câmbio e seguro, ou relativas a títulos ou valores mobiliários;

> *Vide* art. 62, § 2.º, da CF.

> O Decreto n. 6.306, de 14-12-2007, regulamenta o Imposto sobre Operações de Crédito, Câmbio e Seguro, ou relativas a Títulos e Valores – IOF.

VI – propriedade territorial rural;

>> *Vide* § 4.º deste artigo.

> A Lei n. 9.393, de 19-12-1996, dispõe sobre o Imposto sobre a Propriedade Territorial Rural – ITR, e sobre o pagamento da Dívida representada por Títulos da Dívida Agrária.

> O Decreto n. 4.382, de 19-9-2002, regulamenta a tributação, fiscalização, arrecadação e administração do Imposto sobre a Propriedade Territorial Rural – ITR.

VII – grandes fortunas, nos termos de lei complementar.

> *Vide* art. 11 da Lei Complementar n. 101, de 4-5-2000.

§ 1.º É facultado ao Poder Executivo, atendidas as condições e os limites estabelecidos em lei, alterar as alíquotas dos impostos enumerados nos incisos I, II, IV e V.

§ 2.º O imposto previsto no inciso III:

I – será informado pelos critérios da generalidade, da universalidade e da progressividade, na forma da lei;

II – (*Revogado pela Emenda Constitucional n. 20, de 15-12-1998.*)

§ 3.º O imposto previsto no inciso IV:

I – será seletivo, em função da essencialidade do produto;

II – será não cumulativo, compensando-se o que for devido em cada operação com o montante cobrado nas anteriores;

>> *Vide* Súmula Vinculante 58.

> *Vide* art. 49 do CTN.

> *Vide* Súmula 495 do STJ.

III – não incidirá sobre produtos industrializados destinados ao exterior;

IV – terá reduzido seu impacto sobre a aquisição de bens de capital pelo contribuinte do imposto, na forma da lei.

>> Inciso IV acrescentado pela Emenda Constitucional n. 42, de 19-12-2003.

§ 4.º O imposto previsto no inciso VI do *caput*:

>> § 4.º, *caput*, com redação determinada pela Emenda Constitucional n. 42, de 19-12-2003.

I – será progressivo e terá suas alíquotas fixadas de forma a desestimular a manutenção de propriedades improdutivas;

>> Inciso I acrescentado pela Emenda Constitucional n. 42, de 19-12-2003.

II – não incidirá sobre pequenas glebas rurais, definidas em lei, quando as explore o proprietário que não possua outro imóvel;

>> Inciso II acrescentado pela Emenda Constitucional n. 42, de 19-12-2003.

> *Vide* art. 146, II, da CF.

III – será fiscalizado e cobrado pelos Municípios que assim optarem, na forma da lei, desde que não implique redução do imposto ou qualquer outra forma de renúncia fiscal.

>> Inciso III acrescentado pela Emenda Constitucional n. 42, de 19-12-2003.

>> Inciso III regulamentado pela Lei n. 11.250, de 27-12-2005.

> *Vide* art. 158, II, da CF.

> *Vide* arts. 6.º e 7.º do CTN.

§ 5.º O ouro, quando definido em lei como ativo financeiro ou instrumento cambial, sujeita-se exclusivamente à incidência do imposto de que trata o inciso V do *caput* deste artigo, devido na operação de origem; a alíquota mínima será de um por cento, assegurada a transferência do montante da arrecadação nos seguintes termos:

>> *Vide* art. 107, § 6.º, I, do ADCT.

I – trinta por cento para o Estado, o Distrito Federal ou o Território, conforme a origem;

II – setenta por cento para o Município de origem.

> A Lei n. 7.766, de 11-5-1989, dispõe sobre o ouro, ativo financeiro e sobre seu tratamento tributário.

> *Vide* arts. 72, § 3.º, 74, § 2.º, 75 e 76, § 1.º, do ADCT.

Art. 154. A União poderá instituir:

I – mediante lei complementar, impostos não previstos no artigo anterior, desde que sejam não cumulativos e não tenham fato gerador ou base de cálculo próprios dos discriminados nesta Constituição;

> *Vide* arts. 74, § 2.º, e 75 do ADCT.

II – na iminência ou no caso de guerra externa, impostos extraordinários, compreendidos ou não em sua competência tributária, os quais serão suprimidos, gradativamente, cessadas as causas de sua criação.

> *Vide* art. 62, § 2.º, da CF.

> *Vide* art. 76 do CTN.

Seção IV
Dos Impostos dos Estados e do Distrito Federal

Art. 155. Compete aos Estados e ao Distrito Federal instituir impostos sobre:

>> *Caput* com redação determinada pela Emenda Constitucional n. 3, de 17-3-1993.

I – transmissão *causa mortis* e doação, de quaisquer bens ou direitos;

>> Inciso I com redação determinada pela Emenda Constitucional n. 3, de 17-3-1993.

>> *Vide* § 1.º deste artigo.

II – operações relativas à circulação de mercadorias e sobre prestações de serviços de transporte interestadual e intermunicipal e de comunicação, ainda que as operações e as prestações se iniciem no exterior;

>> Inciso II com redação determinada pela Emenda Constitucional n. 3, de 17-3-1993.

>> *Vide* § 2.º deste artigo.

> *Vide* art. 60, II, do ADCT.

> A Lei Complementar n. 114, de 16-12-2002, altera a legislação do imposto dos Estados e do Distrito Federal sobre operações relativas à circulação de mercadorias e sobre prestações de serviços de transporte interestadual e intermunicipal e de comunicação.

III – propriedade de veículos automotores.

>> Inciso III com redação determinada pela Emenda Constitucional n. 3, de 17-3-1993.

>> *Vide* § 6.º deste artigo.

§ 1.º O imposto previsto no inciso I:

>> § 1.º, *caput*, com redação determinada pela Emenda Constitucional n. 3, de 17-3-1993.

I – relativamente a bens imóveis e respectivos direitos, compete ao Estado da situação do bem, ou ao Distrito Federal;

II – relativamente a bens móveis, títulos e créditos, compete ao Estado onde se processar o inventário ou arrolamento, ou tiver domicílio o doador, ou ao Distrito Federal;

III – terá a competência para sua instituição regulada por lei complementar:

a) se o doador tiver domicílio ou residência no exterior;

b) se o *de cujus* possuía bens, era residente ou domiciliado ou teve o seu inventário processado no exterior;

IV – terá suas alíquotas máximas fixadas pelo Senado Federal.

>>> *Vide* Súmulas 111 a 115 do STF.

§ 2.º O imposto previsto no inciso II atenderá ao seguinte:

>> § 2.º, *caput*, com redação determinada pela Emenda Constitucional n. 3, de 17-3-1993.

> O Decreto-lei n. 406, de 31-12-1968, estabelece normas gerais de Direito Financeiro, aplicáveis aos Impostos sobre Operações Relativas à Circulação de Mercadorias e sobre Serviços de Qualquer Natureza.

>>> A Lei Complementar n. 87, de 13-9-1996, dispõe sobre o imposto dos Estados e do Distrito Federal sobre operações relativas à circulação de mercadorias e sobre prestações de serviços de transporte interestadual e intermunicipal e de comunicação (Lei Kandir).

>>> A Lei Complementar n. 24, de 7-1-1975, dispõe sobre os convênios para a concessão de isenções do imposto sobre as operações relativas à circulação de mercadorias.

I – será não cumulativo, compensando-se o que for devido em cada operação relativa à circulação de mercadorias ou prestação de serviços com o montante cobrado nas anteriores pelo mesmo ou outro Estado ou pelo Distrito Federal;

II – a isenção ou não incidência, salvo determinação em contrário da legislação:

> *Vide* art. 155, § 2.º, X, *a*, da CF.

> A Lei Complementar n. 24, de 7-1-1975, dispõe sobre os Convênios para a concessão de isenções do Imposto sobre Operações Relativas à Circulação de Mercadorias.

> A Lei Complementar n. 87 (Lei Kandir), de 13-9-1996, dispõe sobre o Imposto dos Estados e do Distrito Federal, sobre Operações Relativas à Circulação de Mercadorias e sobre Prestações de Serviços de Transporte Interestadual e Intermunicipal e de Comunicação.

a) não implicará crédito para compensação com o montante devido nas operações ou prestações seguintes;

b) acarretará a anulação do crédito relativo às operações anteriores;

III – poderá ser seletivo, em função da essencialidade das mercadorias e dos serviços;

IV – resolução do Senado Federal, de iniciativa do Presidente da República ou de um terço dos Senadores, aprovada pela maioria absoluta de seus membros, estabelecerá as alíquotas aplicáveis às operações e prestações, interestaduais e de exportação;

V – é facultado ao Senado Federal:

a) estabelecer alíquotas mínimas nas operações internas, mediante resolução de iniciativa de um terço e aprovada pela maioria absoluta de seus membros;

b) fixar alíquotas máximas nas mesmas operações para resolver conflito específico que envolva interesse de Estados, mediante resolução de iniciativa da maioria absoluta e aprovada por dois terços de seus membros;

VI – salvo deliberação em contrário dos Estados e do Distrito Federal, nos termos do disposto no inciso XII, *g*, as alíquotas internas, nas operações relativas à circulação de mercadorias e nas prestações de serviços, não poderão ser inferiores às previstas para as operações interestaduais;

VII – nas operações e prestações que destinem bens e serviços a consumidor final, contribuinte ou não do imposto, localizado em outro Estado, adotar-se-á a alíquota interestadual e caberá ao Estado de localização do destinatário o imposto correspondente à diferença entre a alíquota interna do Estado destinatário e a alíquota interestadual;

>> Inciso VII, *caput*, com redação determinada pela Emenda Constitucional n. 87, de 16-4-2015, em vigor na data de sua publicação, produzindo efeitos no ano subsequente e após 90 dias desta.

>> *Vide* art. 99 do ADCT.

a) e *b)* (*Revogadas pela Emenda Constitucional n. 87, de 16-4-2015, em vigor na data de sua publicação, produzindo efeitos no ano subsequente e após 90 dias desta.*)

VIII – a responsabilidade pelo recolhimento do imposto correspondente à diferença entre a alíquota interna e a interestadual de que trata o inciso VII será atribuída:

>> Inciso VIII, *caput*, com redação determinada pela Emenda Constitucional n. 87, de 16-4-2015, em vigor na data de sua publicação, produzindo efeitos no ano subsequente e após 90 dias desta.

a) ao destinatário, quando este for contribuinte do imposto;

>> Alínea *a* acrescentada pela Emenda Constitucional n. 87, de 16-4-2015, em vigor na data de sua publicação, produzindo efeitos no ano subsequente e após 90 dias desta.

b) ao remetente, quando o destinatário não for contribuinte do imposto;

>> Alínea *b* acrescentada pela Emenda Constitucional n. 87, de 16-4-2015, em vigor na data de sua publicação, produzindo efeitos no ano subsequente e após 90 dias desta.

IX – incidirá também:

a) sobre a entrada de bem ou mercadoria importados do exterior por pessoa física ou jurídica, ainda que não seja contribuinte habitual do imposto, qualquer que seja a sua finalidade, assim como sobre o serviço prestado no exterior, cabendo o imposto ao Estado onde estiver situado o domicílio ou o estabelecimento do destinatário da mercadoria, bem ou serviço;

>> Alínea *a* com redação determinada pela Emenda Constitucional n. 33, de 11-12-2001.

>> *Vide* Súmula Vinculante 48.

> *Vide* Súmulas 660 e 661 do STF.

b) sobre o valor total da operação, quando mercadorias forem fornecidas com serviços não compreendidos na competência tributária dos Municípios;

X – não incidirá:

a) sobre operações que destinem mercadorias para o exterior, nem sobre serviços prestados a destinatários no exterior, assegurada a manutenção e o aproveitamento do montante do imposto cobrado nas operações e prestações anteriores;

>> Alínea *a* com redação determinada pela Emenda Constitucional n. 42, de 19-12-2003.

> *Vide* art. 155, § 2.º, I, da CF.

b) sobre operações que destinem a outros Estados petróleo, inclusive lubrificantes, combustíveis líquidos e gasosos dele derivados, e energia elétrica;

>>> *Vide* Súmula 391 do STJ.

c) sobre o ouro, nas hipóteses definidas no art. 153, § 5.º;

d) nas prestações de serviço de comunicação nas modalidades de radiodifusão sonora e de sons e imagens de recepção livre e gratuita;

>> Alínea *d* acrescentada pela Emenda Constitucional n. 42, de 19-12-2003.

XI – não compreenderá, em sua base de cálculo, o montante do imposto sobre produtos industrializados, quando a operação, realizada entre contribuintes e relativa a produto destinado à industrialização ou à comercialização, configure fato gerador dos dois impostos;

XII – cabe à lei complementar:

> *Vide* art. 4.º da Emenda Constitucional n. 42, de 19-12-2003.

a) definir seus contribuintes;

>>> Lei Complementar n. 87, de 13-9-1996, art. 4.º.

b) dispor sobre substituição tributária;

>>> Lei Complementar n. 87, de 13-9-1996, art. 8.º.

c) disciplinar o regime de compensação do imposto;

>>> Lei Complementar n. 87, de 13-9-1996, art. 10.

d) fixar, para efeito de sua cobrança e definição do estabelecimento responsável, o local das operações relativas à circulação de mercadorias e das prestações de serviços;

>>> Lei Complementar n. 87, de 13-9-1996, art. 11.

e) excluir da incidência do imposto, nas exportações para o exterior, serviços e outros produtos além dos mencionados no inciso X, *a*;

f) prever casos de manutenção de crédito, relativamente à remessa para outro Estado e exportação para o exterior, de serviços e de mercadorias;

>>> Lei Complementar n. 87, de 13-9-1996, art. 20.

g) regular a forma como, mediante deliberação dos Estados e do Distrito Federal, isenções, incentivos e benefícios fiscais serão concedidos e revogados;

>>> Lei Complementar n. 24, de 7-1-1975 – Imposto sobre operações relativas à circulação de mercadorias.

h) definir os combustíveis e lubrificantes sobre os quais o imposto incidirá uma única vez, qualquer que seja a sua finalidade, hipótese em que não se aplicará o disposto no inciso X, *b*;

>> Alínea *h* acrescentada pela Emenda Constitucional n. 33, de 11-12-2001.

>> *Vide* § 4.º deste artigo.

i) fixar a base de cálculo, de modo que o montante do imposto a integre, também na importação do exterior de bem, mercadoria ou serviço.

>> Alínea *i* acrescentada pela Emenda Constitucional n. 33, de 11-12-2001.

>>> Lei Complementar n. 87, de 13-9-1996, art. 13, § 1.º.

§ 3.º À exceção dos impostos de que tratam o inciso II do *caput* deste artigo e o art. 153, I e II, nenhum outro imposto poderá incidir sobre operações relativas a energia elétrica, serviços de telecomunicações, derivados de petróleo, combustíveis e minerais do País.

>> § 3.º com redação determinada pela Emenda Constitucional n. 33, de 11-12-2001.

§ 4.º Na hipótese do inciso XII, *h*, observar-se-á o seguinte:

>> § 4.º, *caput*, acrescentado pela Emenda Constitucional n. 33, de 11-12-2001.

I – nas operações com os lubrificantes e combustíveis derivados de petróleo, o imposto caberá ao Estado onde ocorrer o consumo;

>> Inciso I acrescentado pela Emenda Constitucional n. 33, de 11-12-2001.

II – nas operações interestaduais, entre contribuintes, com gás natural e seus derivados, e lubrificantes e combustíveis não incluídos no inciso I deste parágrafo, o imposto será repartido entre os Estados de origem e de destino, mantendose a mesma proporcionalidade que ocorre nas operações com as demais mercadorias;

>> Inciso II acrescentado pela Emenda Constitucional n. 33, de 11-12-2001.

III – nas operações interestaduais com gás natural e seus derivados, e lubrificantes e combustíveis não incluídos no inciso I deste parágrafo, destinadas a não contribuinte, o imposto caberá ao Estado de origem;

>> Inciso III acrescentado pela Emenda Constitucional n. 33, de 11-12-2001.

IV – as alíquotas do imposto serão definidas mediante deliberação dos Estados e Distrito Federal, nos termos do § 2.º, XII, *g*, observando-se o seguinte:

>> Inciso IV, *caput*, acrescentado pela Emenda Constitucional n. 33, de 11-12-2001.

a) serão uniformes em todo o território nacional, podendo ser diferenciadas por produto;

>> Alínea *a* acrescentada pela Emenda Constitucional n. 33, de 11-12-2001.

b) poderão ser específicas, por unidade de medida adotada, ou *ad valorem*, incidindo sobre o valor da operação ou sobre o preço que o produto ou seu similar alcançaria em uma venda em condições de livre concorrência;

>> Alínea *b* acrescentada pela Emenda Constitucional n. 33, de 11-12-2001.

c) poderão ser reduzidas e restabelecidas, não se lhes aplicando o disposto no art. 150, III, *b*.

>> Alínea *c* acrescentada pela Emenda Constitucional n. 33, de 11-12-2001.

§ 5.º As regras necessárias à aplicação do disposto no § 4.º, inclusive as relativas à apuração e à destinação do imposto, serão estabelecidas mediante deliberação dos Estados e do Distrito Federal, nos termos do § 2.º, XII, *g*.

>> § 5.º acrescentado pela Emenda Constitucional n. 33, de 11-12-2001.

§ 6.º O imposto previsto no inciso III:

>> § 6.º, *caput*, acrescentado pela Emenda Constitucional n. 42, de 19-12-2003.

I – terá alíquotas mínimas fixadas pelo Senado Federal;

>> Inciso I acrescentado pela Emenda Constitucional n. 42, de 19-12-2003.

II – poderá ter alíquotas diferenciadas em função do tipo e utilização.

>> Inciso II acrescentado pela Emenda Constitucional n. 42, de 19-12-2003.

Seção V
Dos Impostos dos Municípios

Art. 156. Compete aos Municípios instituir impostos sobre:

I – propriedade predial e territorial urbana;

>>> *Vide* arts. 32 a 34 do CTN.

>>> *Vide* art. 182 da CF.

>>> *Vide* Lei n. 10.257, de 10-7-2001 (Estatuto da Cidade).

II – transmissão *inter vivos*, a qualquer título, por ato oneroso, de bens imóveis, por natureza ou acessão física, e de direitos reais sobre imóveis, exceto os de garantia, bem como cessão de direitos a sua aquisição;

>>> *Vide* arts. 35 a 42 do CTN.

III – serviços de qualquer natureza, não compreendidos no art. 155, II, definidos em lei complementar;

>> Inciso III com redação determinada pela Emenda Constitucional n. 3, de 17-3-1993.

> A Lei Complementar n. 116, de 31-7-2003, dispõe sobre o Imposto Sobre Serviços de Qualquer Natureza, de competência dos Municípios e do Distrito Federal.

>>> *Vide* art. 9.º do Decreto-lei n. 406, de 31-12-1968.

IV – (*Revogado pela Emenda Constitucional n. 3, de 17-3-1993.*)

§ 1.º Sem prejuízo da progressividade no tempo a que se refere o art. 182, § 4.º, II, o imposto previsto no inciso I poderá:

>> § 1.º, *caput*, com redação determinada pela Emenda Constitucional n. 29, de 13-9-2000.

I – ser progressivo em razão do valor do imóvel; e

>> Inciso I acrescentado pela Emenda Constitucional n. 29, de 13-9-2000.

II – ter alíquotas diferentes de acordo com a localização e o uso do imóvel.

>> Inciso II acrescentado pela Emenda Constitucional n. 29, de 13-9-2000.

§ 2.º O imposto previsto no inciso II:

I – não incide sobre a transmissão de bens ou direitos incorporados ao patrimônio de pessoa jurídica em realização de capital, nem sobre a transmissão de bens ou direitos decorrentes de fusão, incorporação, cisão ou extinção de pessoa jurídica, salvo se, nesses casos, a atividade preponderante do adquirente for a compra e venda desses bens ou direitos, locação de bens imóveis ou arrendamento mercantil;

> *Vide* arts. 36 e 37 do CTN.

II – compete ao Município da situação do bem.

§ 3.º Em relação ao imposto previsto no inciso III do *caput* deste artigo, cabe à lei complementar:

>> § 3.º, *caput*, com redação determinada pela Emenda Constitucional n. 37, de 12-6-2002.

>>> *Vide* art. 9.º do Decreto-lei n. 406, de 31-12-1968.

I – fixar as suas alíquotas máximas e mínimas;

>> Inciso I com redação determinada pela Emenda Constitucional n. 37, de 12-6-2002.

> *Vide* art. 88 do ADCT.

> *Vide* art. 8.º da Lei Complementar n. 116, de 31-7-2003.

II – excluir da sua incidência exportações de serviços para o exterior;

>> Inciso II com redação determinada pela Emenda Constitucional n. 3, de 17-3-1993.

III – regular a forma e as condições como isenções, incentivos e benefícios fiscais serão concedidos e revogados.

>> Inciso III acrescentado pela Emenda Constitucional n. 37, de 12-6-2002.

> *Vide* art. 88 do ADCT.

>>> *Vide* art. 8.º-A, § 1.º, da Lei Complementar n. 116, de 31-7-2003.

§ 4.º (*Revogado pela Emenda Constitucional n. 3, de 17-3-1993.*)

Seção VI
Da Repartição das Receitas Tributárias

> *Vide* art. 6.º, parágrafo único, do CTN.

Art. 157. Pertencem aos Estados e ao Distrito Federal:

>> *Vide* art. 107, § 6.º, I, do ADCT.

I – o produto da arrecadação do imposto da União sobre renda e proventos de qualquer natureza, incidente na fonte, sobre rendimentos pagos, a qualquer título, por eles, suas autarquias e pelas fundações que instituírem e mantiverem;

> Regulamento do imposto sobre a renda e proventos de qualquer natureza: Decreto n. 9.580, de 22-11-2018.

> *Vide* art. 76, § 1.º, do ADCT.

> *Vide* Súmula 447 do STJ.

II – vinte por cento do produto da arrecadação do imposto que a União instituir no exercício da competência que lhe é atribuída pelo art. 154, I.

Art. 158. Pertencem aos Municípios:

> A Lei Complementar n. 63, de 11-1-1990, dispõe sobre critérios e prazos de crédito das parcelas do produto da arrecadação de impostos de competência dos Estados e de transferências por estes recebidas, pertencentes aos Municípios.

I – o produto da arrecadação do imposto da União sobre renda e proventos de qualquer natureza, incidente na fonte, sobre rendimentos pagos, a qualquer título, por eles, suas autarquias e pelas fundações que instituírem e mantiverem;

>> *Vide* art. 107, § 6.º, I, do ADCT.

> *Vide* art. 76, § 1.º, do ADCT.

> *Vide* Súmula 447 do STJ.

II – cinquenta por cento do produto da arrecadação do imposto da União sobre a propriedade territorial rural, relativamente aos imóveis neles situados, cabendo a totalidade na hipótese da opção a que se refere o art. 153, § 4.º, III;

>> Inciso II com redação determinada pela Emenda Constitucional n. 42, de 19-12-2003.

>> *Vide* art. 107, § 6.º, I, do ADCT.

> *Vide* arts. 72, § 4.º, e 76, § 1.º, do ADCT.

>>> A Lei n. 11.250, de 27-12-2005, regulamenta o art. 153, § 4.º, III, da CF.

III – cinquenta por cento do produto da arrecadação do imposto do Estado sobre a propriedade de veículos automotores licenciados em seus territórios;

IV – vinte e cinco por cento do produto da arrecadação do imposto do Estado sobre operações relativas à circulação de mercadorias e sobre prestações de serviços de transporte interestadual e intermunicipal e de comunicação.

> *Vide* arts. 60, II, e 82, § 1.º, do ADCT.

Parágrafo único. As parcelas de receita pertencentes aos Municípios, mencionadas no inciso IV, serão creditadas conforme os seguintes critérios:

I – 65% (sessenta e cinco por cento), no mínimo, na proporção do valor adicionado nas operações relativas à circulação de mercadorias e nas prestações de serviços, realizadas em seus territórios;

>> Inciso I com redação determinada pela Emenda Constitucional n. 108, de 26-8-2020, produzindo efeitos a partir de 1.º-1-2021.

II – até 35% (trinta e cinco por cento), de acordo com o que dispuser lei estadual, observada, obrigatoriamente, a distribuição de, no mínimo, 10 (dez) pontos percentuais com base em indicadores de melhoria nos resultados de aprendizagem e de aumento da equidade, considerado o nível socioeconômico dos educandos.

>> Inciso II com redação determinada pela Emenda Constitucional n. 108, de 26-8-2020, produzindo efeitos a partir de 1.º-1-2021.

>> *Vide* art. 3.º da Emenda Constitucional n. 108, de 26-8-2020, produzindo efeitos a partir de 1.º-1-2021.

Art. 159. A União entregará:

>> *Vide* art. 107, § 6.º, I, do ADCT.

> Normas para cálculo, entrega e controle de liberações dos recursos dos Fundos de Participação: Lei Complementar n. 62, de 28-12-1989.

> *Vide* arts. 72, §§ 2.º e 4.º, e 80, § 1.º, do ADCT.

I – do produto da arrecadação dos impostos sobre renda e proventos de qualquer natureza e sobre produtos industrializados, 49% (quarenta e nove por cento), na seguinte forma:

>> Inciso I, *caput*, com redação determinada pela Emenda Constitucional n. 84, de 2-12-2014.

>> *Vide* art. 2.º da Emenda Constitucional n. 55, de 20-9-2007

> *Vide* art. 60, II, do ADCT.

> *Vide* art. 3.º da Emenda Constitucional n. 17, de 22-11-1997.

a) vinte e um inteiros e cinco décimos por cento ao Fundo de Participação dos Estados e do Distrito Federal;

> *Vide* art. 76, § 1.º, do ADCT.

b) vinte e dois inteiros e cinco décimos por cento ao Fundo de Participação dos Municípios;

> *Vide* art. 76, § 1.º, do ADCT.

> A Lei Complementar n. 91, de 22-12-1997, dispõe sobre a fixação dos coeficientes do Fundo de Participação dos Municípios.

c) três por cento, para aplicação em programas de financiamento ao setor produtivo das Regiões Norte, Nordeste e Centro-Oeste, através de suas instituições financeiras de caráter regional, de acordo com os planos regionais de desenvolvimento, ficando assegurada ao semiárido do Nordeste a metade dos recursos destinados à Região, na forma que a lei estabelecer;

>> Alínea *c* regulamentada pela Lei n. 7.827, de 27-9-1989.

d) um por cento ao Fundo de Participação dos Municípios, que será entregue no primeiro decêndio do mês de dezembro de cada ano;

>> Alínea *d* acrescentada pela Emenda Constitucional n. 55, de 20-9-2007.

>> *Vide* art. 2.º da Emenda Constitucional n. 55, de 20-9-2007.

e) 1% (um por cento) ao Fundo de Participação dos Municípios, que será entregue no primeiro decêndio do mês de julho de cada ano;

>> Alínea *e* acrescentada pela Emenda Constitucional n. 84, de 2-12-2014.

>> *Vide* art. 2.º da Emenda Constitucional n. 84, de 2-12-2014.

II – do produto da arrecadação do imposto sobre produtos industrializados, dez por cento aos Estados e ao Distrito Federal, proporcionalmente ao valor das respectivas exportações de produtos industrializados;

> *Vide* arts. 60, II, e 76, § 1.º, do ADCT.

> A Lei n. 8.016, de 8-4-1990, dispõe sobre a entrega das quotas de participação dos Estados e do Distrito Federal na arrecadação do Imposto sobre Produtos Industrializados a que se refere este inciso.

III – do produto da arrecadação da contribuição de intervenção no domínio econômico prevista no art. 177, § 4.º, 29% (vinte e nove por cento) para os Estados e o Distrito Federal, distribuídos na forma da lei, observada a destinação a que se refere o inciso II, c, do referido parágrafo.

>> Inciso III com redação determinada pela Emenda Constitucional n. 44, de 30-6-2004.

>> *Vide* art. 93 do ADCT, que dispõe sobre a vigência deste inciso.

§ 1.º Para efeito de cálculo da entrega a ser efetuada de acordo com o previsto no inciso I, excluir-se-á a parcela da arrecadação do imposto de renda e proventos de qualquer natureza pertencente aos Estados, ao Distrito Federal e aos Municípios, nos termos do disposto nos arts. 157, I, e 158, I.

§ 2.º A nenhuma unidade federada poderá ser destinada parcela superior a vinte por cento do montante a que se refere o inciso II, devendo o eventual excedente ser distribuído entre os demais participantes, mantido, em relação a esses, o critério de partilha nele estabelecido.

> Normas para participação dos Estados e do Distrito Federal no produto da arrecadação do IPI, relativamente às exportações: Lei Complementar n. 61, de 26-12-1989.

§ 3.º Os Estados entregarão aos respectivos Municípios vinte e cinco por cento dos recursos que receberem nos termos do inciso II, observados os critérios estabelecidos no art. 158, parágrafo único, I e II.

> A Lei Complementar n. 63, de 11-1-1990, dispõe sobre critérios e prazos de crédito das parcelas do produto da arrecadação de impostos de competência dos Estados e de transferências por estes recebidas, pertencentes aos Municípios.

§ 4.º Do montante de recursos de que trata o inciso III que cabe a cada Estado, vinte e cinco por cento serão destinados aos seus Municípios, na forma da lei a que se refere o mencionado inciso.

>> § 4.º acrescentado pela Emenda Constitucional n. 42, de 19-12-2003.

>> *Vide* art. 93 do ADCT, que dispõe sobre a vigência deste parágrafo.

Art. 160. É vedada a retenção ou qualquer restrição à entrega e ao emprego dos recursos atribuídos, nesta seção, aos Estados, ao Distrito Federal e aos Municípios, neles compreendidos adicionais e acréscimos relativos a impostos.

> *Vide* art. 3.º da Emenda Constitucional n. 17, de 22-11-1997.

>> *Vide* art. 212-A, IX, da CF.

Parágrafo único. A vedação prevista neste artigo não impede a União e os Estados de condicionarem a entrega de recursos:

>> Parágrafo único, *caput*, com redação determinada pela Emenda Constitucional n. 29, de 13-9-2000.

I – ao pagamento de seus créditos, inclusive de suas autarquias;

>> Inciso I acrescentado pela Emenda Constitucional n. 29, de 13-9-2000.

II – ao cumprimento do disposto no art. 198, § 2.º, II e III.

>> Inciso II acrescentado pela Emenda Constitucional n. 29, de 13-9-2000.

Art. 161. Cabe à lei complementar:

I – definir valor adicionado para fins do disposto no art. 158, parágrafo único, I;

II – estabelecer normas sobre a entrega dos recursos de que trata o art. 159, especialmente sobre os critérios de rateio dos fundos previstos em seu inciso I, objetivando promover o equilíbrio socioeconômico entre Estados e entre Municípios;

III – dispor sobre o acompanhamento, pelos beneficiários, do cálculo das quotas e da liberação das participações previstas nos arts. 157, 158 e 159.

Parágrafo único. O Tribunal de Contas da União efetuará o cálculo das quotas referentes aos fundos de participação a que alude o inciso II.

Art. 162. A União, os Estados, o Distrito Federal e os Municípios divulgarão, até o último dia do mês subsequente ao da arrecadação, os montantes de cada um dos tributos arrecadados, os recursos recebidos, os valores de origem tributária entregues e a entregar e a expressão numérica dos critérios de rateio.

Parágrafo único. Os dados divulgados pela União serão discriminados por Estado e por Município; os dos Estados, por Município.

CAPÍTULO II
DAS FINANÇAS PÚBLICAS

Seção I
Normas Gerais

Art. 163. Lei complementar disporá sobre:

> *Vide* art. 30 da Emenda Constitucional n. 19, de 4-6-1998.

I – finanças públicas;

>> *Vide* Lei Complementar n. 101, de 4-5-2000, que estabelece normas de finanças públicas voltadas para a responsabilidade na gestão fiscal e dá outras providências.

II – dívida pública externa e interna, incluída a das autarquias, fundações e demais entidades controladas pelo Poder Público;

III – concessão de garantias pelas entidades públicas;

IV – emissão e resgate de títulos da dívida pública;

V – fiscalização financeira da administração pública direta e indireta;

>> Inciso V com redação determinada pela Emenda Constitucional n. 40, de 29-5-2003.

VI – operações de câmbio realizadas por órgãos e entidades da União, dos Estados, do Distrito Federal e dos Municípios;

VII – compatibilização das funções das instituições oficiais de crédito da União, resguardadas as características e condições operacionais plenas das voltadas ao desenvolvimento regional.

> *Vide* art. 30 da Emenda Constitucional n. 19, de 4-6-1998.

Art. 163-A. **A União, os Estados, o Distrito Federal e os Municípios disponibilizarão suas informações e dados contábeis, orçamentários e fiscais, conforme periodicidade, formato e sistema estabelecidos pelo órgão central de contabilidade da União, de forma a garantir a rastreabilidade, a comparabilidade e a publicidade dos dados coletados, os quais deverão ser divulgados em meio eletrônico de amplo acesso público.**

>> Artigo acrescentado pela Emenda Constitucional n. 108, de 26-8-2020, produzindo efeitos a partir de 1.º-1-2021.

Art. 164. A competência da União para emitir moeda será exercida exclusivamente pelo Banco Central.

§ 1.º É vedado ao Banco Central conceder, direta ou indiretamente, empréstimos ao Tesouro Nacional e a qualquer órgão ou entidade que não seja instituição financeira.

§ 2.º O Banco Central poderá comprar e vender títulos de emissão do Tesouro Nacional, com o objetivo de regular a oferta de moeda ou a taxa de juros.

§ 3.º As disponibilidades de caixa da União serão depositadas no Banco Central; as dos Estados, do Distrito Federal, dos Municípios e dos órgãos ou entidades do Poder Público e das empresas por ele controladas, em instituições financeiras oficiais, ressalvados os casos previstos em lei.

Seção II
Dos Orçamentos

Art. 165. Leis de iniciativa do Poder Executivo estabelecerão:

I – o plano plurianual;

II – as diretrizes orçamentárias;

III – os orçamentos anuais.

§ 1.º A lei que instituir o plano plurianual estabelecerá, de forma regionalizada, as diretrizes, objetivos e metas da administração pública federal para as despesas de capital e outras delas decorrentes e para as relativas aos programas de duração continuada.

> A Lei n. 13.971, de 27-12-2019, dispõe sobre o Plano Plurianual para o período de 2020 a 2023.

§ 2.º A lei de diretrizes orçamentárias compreenderá as metas e prioridades da administração pública federal, incluindo as despesas de capital para o exercício financeiro subsequente, orientará a elaboração da lei orçamentária anual, disporá sobre as alterações na legislação tributária e estabelecerá a política de aplicação das agências financeiras oficiais de fomento.

§ 3.º O Poder Executivo publicará, até trinta dias após o encerramento de cada bimestre, relatório resumido da execução orçamentária.

> *Vide* art. 5.º, II, da Emenda Constitucional n. 106, de 7-5-2020.

§ 4.º Os planos e programas nacionais, regionais e setoriais previstos nesta Constituição serão elaborados em consonância com o plano plurianual e apreciados pelo Congresso Nacional.

> Programa Nacional de Desestatização: Lei n. 9.491, de 9-9-1997.

§ 5.º A lei orçamentária anual compreenderá:

>> A Lei n. 13.978, de 17-1-2020, estima a receita e fixa a despesa da União para o exercício financeiro de 2020.

I – o orçamento fiscal referente aos Poderes da União, seus fundos, órgãos e entidades da administração direta e indireta, inclusive fundações instituídas e mantidas pelo Poder Público;

II – o orçamento de investimento das empresas em que a União, direta ou indiretamente, detenha a maioria do capital social com direito a voto;

III – o orçamento da seguridade social, abrangendo todas as entidades e órgãos a ela vinculados, da administração direta ou indireta, bem como os fundos e fundações instituídos e mantidos pelo Poder Público.

§ 6.º O projeto de lei orçamentária será acompanhado de demonstrativo regionalizado do efeito, sobre as receitas e despesas, decorrente de isenções, anistias, remissões, subsídios e benefícios de natureza financeira, tributária e creditícia.

§ 7.º Os orçamentos previstos no § 5.º, I e II, deste artigo, compatibilizados com o plano plurianual, terão entre suas funções a de reduzir desigualdades inter-regionais, segundo critério populacional.

> *Vide* art. 35 do ADCT.

§ 8.º A lei orçamentária anual não conterá dispositivo estranho à previsão da receita e à fixação da despesa, não se incluindo na proibição a autorização para abertura de créditos suplementares e contratação de operações de crédito, ainda que por antecipação de receita, nos termos da lei.

§ 9.º Cabe à lei complementar:

I – dispor sobre o exercício financeiro, a vigência, os prazos, a elaboração e a organização do plano plurianual, da lei de diretrizes orçamentárias e da lei orçamentária anual;

II – estabelecer normas de gestão financeira e patrimonial da administração direta e indireta, bem como condições para a instituição e funcionamento de fundos;

> *Vide* arts. 71, § 1.º, e 81, § 3.º, do ADCT.

III – dispor sobre critérios para a execução equitativa, além de procedimentos que serão adotados quando houver impedimentos legais e técnicos, cumprimento de restos a pagar e limitação das programações de caráter obrigatório, para a realização do disposto nos §§ 11 e 12 do art. 166.

>> Inciso III com redação determinada pela Emenda Constitucional n. 100, de 26-6-2019, produzindo efeitos a partir da execução orçamentária do exercício financeiro subsequente (*DOU* de 27-6-2019).

§ 10. A administração tem o dever de executar as programações orçamentárias, adotando os meios e as medidas necessários, com o propósito de garantir a efetiva entrega de bens e serviços à sociedade.

>> § 10 acrescentado pela Emenda Constitucional n. 100, de 26-6-2019, produzindo efeitos a partir da execução orçamentária do exercício financeiro subsequente (*DOU* de 27-6-2019).

§ 11. O disposto no § 10 deste artigo, nos termos da lei de diretrizes orçamentárias:

>> § 11, *caput*, acrescentado pela Emenda Constitucional n. 102, de 26-9-2019, produzindo efeitos a partir da execução orçamentária do exercício financeiro subsequente (*DOU* de 27-9-2019).

I – subordina-se ao cumprimento de dispositivos constitucionais e legais que estabeleçam metas fiscais ou limites de despesas e não impede o cancelamento necessário à abertura de créditos adicionais;

>> Inciso I acrescentado pela Emenda Constitucional n. 102, de 26-9-2019, produzindo efeitos a partir da execução orçamentária do exercício financeiro subsequente (*DOU* de 27-9-2019).

II – não se aplica nos casos de impedimentos de ordem técnica devidamente justificados;

>> Inciso II acrescentado pela Emenda Constitucional n. 102, de 26-9-2019, produzindo efeitos a partir da execução orçamentária do exercício financeiro subsequente (*DOU* de 27-9-2019).

III – aplica-se exclusivamente às despesas primárias discricionárias.

>> Inciso III acrescentado pela Emenda Constitucional n. 102, de 26-9-2019, produzindo efeitos a partir da execução orçamentária do exercício financeiro subsequente (*DOU* de 27-9-2019).

§ 12. Integrará a lei de diretrizes orçamentárias, para o exercício a que se refere e, pelo menos, para os 2 (dois) exercícios subsequentes, anexo com previsão de agregados fiscais e a proporção dos recursos para investimentos que serão alocados na lei orçamentária anual para a continuidade daqueles em andamento.

>> § 12 acrescentado pela Emenda Constitucional n. 102, de 26-9-2019, produzindo efeitos a partir da execução orçamentária do exercício financeiro subsequente (*DOU* de 27-9-2019).

§ 13. O disposto no inciso III do § 9.º e nos §§ 10, 11 e 12 deste artigo aplica-se exclusivamente aos orçamentos fiscal e da seguridade social da União.

>> § 13 acrescentado pela Emenda Constitucional n. 102, de 26-9-2019, produzindo efeitos a partir da execução orçamentária do exercício financeiro subsequente (*DOU* de 27-9-2019).

§ 14. A lei orçamentária anual poderá conter previsões de despesas para exercícios seguintes, com a especificação dos investimentos plurianuais e daqueles em andamento.

>> § 14 acrescentado pela Emenda Constitucional n. 102, de 26-9-2019, produzindo efeitos a partir da execução orçamentária do exercício financeiro subsequente (*DOU* de 27-9-2019).

§ 15. A União organizará e manterá registro centralizado de projetos de investimento contendo, por Estado ou Distrito Federal, pelo menos, análises de viabilidade, estimativas de custos e informações sobre a execução física e financeira.

>> § 15 acrescentado pela Emenda Constitucional n. 102, de 26-9-2019, produzindo efeitos a partir da execução orçamentária do exercício financeiro subsequente (*DOU* de 27-9-2019).

Art. 166. Os projetos de lei relativos ao plano plurianual, às diretrizes orçamentárias, ao orçamento anual e aos créditos adicionais serão apreciados pelas duas Casas do Congresso Nacional, na forma do regimento comum.

>> A Resolução do Congresso Nacional n. 1, de 22-12-2006, dispõe sobre a Comissão Mista Permanente a que se refere este inciso, bem como sobre a tramitação das matérias a que se refere este artigo.

§ 1.º Caberá a uma Comissão mista permanente de Senadores e Deputados:

I – examinar e emitir parecer sobre os projetos referidos neste artigo e sobre as contas apresentadas anualmente pelo Presidente da República;

II – examinar e emitir parecer sobre os planos e programas nacionais, regionais e setoriais previstos nesta Constituição e exercer o acompanhamento e a fiscalização orçamentária, sem prejuízo da atuação das demais comissões do Congresso Nacional e de suas Casas, criadas de acordo com o art. 58.

§ 2.º As emendas serão apresentadas na Comissão mista, que sobre elas emitirá parecer, e apreciadas, na forma regimental, pelo Plenário das duas Casas do Congresso Nacional.

§ 3.º As emendas ao projeto de lei do orçamento anual ou aos projetos que o modifiquem somente podem ser aprovadas caso:

I – sejam compatíveis com o plano plurianual e com a lei de diretrizes orçamentárias;

II – indiquem os recursos necessários, admitidos apenas os provenientes de anulação de despesa, excluídas as que incidam sobre:

a) dotações para pessoal e seus encargos;

b) serviço da dívida;

c) transferências tributárias constitucionais para Estados, Municípios e Distrito Federal; ou

III – sejam relacionadas:

a) com a correção de erros ou omissões; ou

b) com os dispositivos do texto do projeto de lei.

§ 4.º As emendas ao projeto de lei de diretrizes orçamentárias não poderão ser aprovadas quando incompatíveis com o plano plurianual.

§ 5.º O Presidente da República poderá enviar mensagem ao Congresso Nacional para propor modificação nos projetos a que se refere este artigo enquanto não iniciada a votação, na Comissão mista, da parte cuja alteração é proposta.

§ 6.º Os projetos de lei do plano plurianual, das diretrizes orçamentárias e do orçamento anual serão enviados pelo Presidente da República ao Congresso Nacional, nos termos da lei complementar a que se refere o art. 165, § 9.º.

§ 7.º Aplicam-se aos projetos mencionados neste artigo, no que não contrariar o disposto nesta seção, as demais normas relativas ao processo legislativo.

§ 8.º Os recursos que, em decorrência de veto, emenda ou rejeição do projeto de lei orçamentária anual, ficarem sem despesas correspondentes poderão ser utilizados, conforme o caso, mediante créditos especiais ou suplementares, com prévia e específica autorização legislativa.

§ 9.º As emendas individuais ao projeto de lei orçamentária serão aprovadas no limite de 1,2% (um inteiro e dois décimos por cento) da receita corrente líquida prevista no projeto encaminhado pelo Poder Executivo, sendo que a metade deste percentual será destinada a ações e serviços públicos de saúde.

>> § 9.º acrescentado pela Emenda Constitucional n. 86, de 17-3-2015, produzindo efeitos a partir da execução orçamentária do exercício de 2014.

>> *Vide* art. 111 do ADCT.

§ 10. A execução do montante destinado a ações e serviços públicos de saúde previsto no § 9.º, inclusive custeio, será computada para fins do cumprimento do inciso I do § 2.º do art. 198, vedada a destinação para pagamento de pessoal ou encargos sociais.

>> § 10 acrescentado pela Emenda Constitucional n. 86, de 17-3-2015, produzindo efeitos a partir da execução orçamentária do exercício de 2014.

§ 11. É obrigatória a execução orçamentária e financeira das programações a que se refere o § 9.º deste artigo, em montante correspondente a 1,2% (um inteiro e dois décimos por cento) da receita corrente líquida realizada no exercício anterior, conforme os critérios para a execução equitativa da programação definidos na lei complementar prevista no § 9.º do art. 165.

>> § 11 acrescentado pela Emenda Constitucional n. 86, de 17-3-2015, produzindo efeitos a partir da execução orçamentária do exercício de 2014.

>> *Vide* art. 111 do ADCT.

§ 12. A garantia de execução de que trata o § 11 deste artigo aplica-se também às programações incluídas por todas as emendas de iniciativa de bancada de parlamentares de Estado ou do Distrito Federal, no montante de até 1% (um por cento) da receita corrente líquida realizada no exercício anterior.

>> § 12 com redação determinada pela Emenda Constitucional n. 100, de 26-6-2019, produzindo efeitos a partir da execução orçamentária do exercício financeiro subsequente (*DOU* de 27-6-2019).

>> Sobre o montante de que trata este § 12: *vide* arts. 2.º e 3.º da Emenda Constitucional n. 100, de 26-6-2019.

§ 13. As programações orçamentárias previstas nos §§ 11 e 12 deste artigo não serão de execução obrigatória nos casos dos impedimentos de ordem técnica.

>> § 13 com redação determinada pela Emenda Constitucional n. 100, de 26-6-2019, produzindo efeitos a partir da execução orçamentária do exercício financeiro subsequente (*DOU* de 27-6-2019).

§ 14. Para fins de cumprimento do disposto nos §§ 11 e 12 deste artigo, os órgãos de execução deverão observar, nos termos da lei de diretrizes orçamentárias, cronograma para análise e verificação de eventuais impedimentos das programações e demais procedimentos necessários à viabilização da execução dos respectivos montantes.

>> § 14, *caput*, com redação determinada pela Emenda Constitucional n. 100, de 26-6-2019, produzindo efeitos a partir da execução orçamentária do exercício financeiro subsequente (*DOU* de 27-6-2019).

I a IV – (*Revogados pela Emenda Constitucional n. 100, de 26-6-2019, produzindo efeitos a partir da execução orçamentária do exercício financeiro subsequente – DOU de 27-6-2019.*)

§ 15. (*Revogado pela Emenda Constitucional n. 100, de 26-6-2019, produzindo efeitos a partir da execução orçamentária do exercício financeiro subsequente – DOU de 27-6-2019.*)

§ 16. Quando a transferência obrigatória da União para a execução da programação prevista nos §§ 11 e 12 deste artigo for destinada a Estados, ao Distrito Federal e a Municípios, independerá da adimplência do ente federativo destinatário e não integrará a base de cálculo da receita corrente líquida para fins de aplicação dos limites de despesa de pessoal de que trata o *caput* do art. 169.

>> § 16 com redação determinada pela Emenda Constitucional n. 100, de 26-6-2019, produzindo efeitos a partir da execução orçamentária do exercício financeiro subsequente (*DOU* de 27-6-2019).

§ 17. Os restos a pagar provenientes das programações orçamentárias previstas nos §§ 11 e 12 poderão ser considerados para fins de cumprimento da execução financeira até o limite de 0,6% (seis décimos por cento) da receita corrente líquida realizada no exercício anterior, para as programações das emendas individuais, e até o limite de 0,5% (cinco décimos por cento), para as programações das emendas de iniciativa de bancada de parlamentares de Estado ou do Distrito Federal.

>> § 17 com redação determinada pela Emenda Constitucional n. 100, de 26-6-2019, produzindo efeitos a partir da execução orçamentária do exercício financeiro subsequente (*DOU* de 27-6-2019).

§ 18. Se for verificado que a reestimativa da receita e da despesa poderá resultar no não cumprimento da meta de resultado fiscal estabelecida na lei de diretrizes orçamentárias, os montantes previstos nos §§ 11 e 12 deste artigo poderão ser reduzidos em até a mesma proporção da limitação incidente sobre o conjunto das demais despesas discricionárias.

>> § 18 com redação determinada pela Emenda Constitucional n. 100, de 26-6-2019, produzindo efeitos a partir da execução orçamentária do exercício financeiro subsequente (*DOU* de 27-6-2019).

§ 19. Considera-se equitativa a execução das programações de caráter obrigatório que observe critérios objetivos e imparciais e que atenda de forma igualitária e impessoal às emendas apresentadas, independentemente da autoria.

>> § 19 acrescentado pela Emenda Constitucional n. 100, de 26-6-2019, produzindo efeitos a partir da execução orçamentária do exercício financeiro subsequente (*DOU* de 27-6-2019).

§ 20. As programações de que trata o § 12 deste artigo, quando versarem sobre o início de investimentos com duração de mais de 1 (um) exercício financeiro ou cuja execução já tenha sido iniciada, deverão ser objeto de emenda pela mesma bancada estadual, a cada exercício, até a conclusão da obra ou do empreendimento.

>> § 20 acrescentado pela Emenda Constitucional n. 100, de 26-6-2019, produzindo efeitos a partir da execução orçamentária do exercício financeiro subsequente (*DOU* de 27-6-2019).

Art. 166-A. As emendas individuais impositivas apresentadas ao projeto de lei orçamentária anual poderão alocar recursos a Estados, ao Distrito Federal e a Municípios por meio de:

>> *Caput* acrescentado pela Emenda Constitucional n. 105, de 12-12-2019.

>> *Vide* art. 2.º da Emenda Constitucional n. 105, de 12-12-2019.

I – transferência especial; ou

>> Inciso I acrescentado pela Emenda Constitucional n. 105, de 12-12-2019.

II – transferência com finalidade definida.

>> Inciso II acrescentado pela Emenda Constitucional n. 105, de 12-12-2019.

§ 1.º Os recursos transferidos na forma do *caput* deste artigo não integrarão a receita do Estado, do Distrito Federal e dos Municípios para fins de repartição e para o cálculo dos limites da despesa com pessoal ativo e inativo, nos termos do § 16 do art. 166, e de endividamento do ente federado, vedada, em qualquer caso, a aplicação dos recursos a que se refere o *caput* deste artigo no pagamento de:

>> § 1.º, *caput*, acrescentado pela Emenda Constitucional n. 105, de 12-12-2019.

I – despesas com pessoal e encargos sociais relativas a ativos e inativos, e com pensionistas; e

>> Inciso I acrescentado pela Emenda Constitucional n. 105, de 12-12-2019.

II – encargos referentes ao serviço da dívida.

>> Inciso II acrescentado pela Emenda Constitucional n. 105, de 12-12-2019.

§ 2.º Na transferência especial a que se refere o inciso I do *caput* deste artigo, os recursos:

>> § 2.º, *caput*, acrescentado pela Emenda Constitucional n. 105, de 12-12-2019.

I – serão repassados diretamente ao ente federado beneficiado, independentemente de celebração de convênio ou de instrumento congênere;

>> Inciso I acrescentado pela Emenda Constitucional n. 105, de 12-12-2019.

II – pertencerão ao ente federado no ato da efetiva transferência financeira; e

>> Inciso II acrescentado pela Emenda Constitucional n. 105, de 12-12-2019.

III – serão aplicadas em programações finalísticas das áreas de competência do Poder Executivo do ente federado beneficiado, observado o disposto no § 5.º deste artigo.

>> Inciso III acrescentado pela Emenda Constitucional n. 105, de 12-12-2019.

§ 3.º O ente federado beneficiado da transferência especial a que se refere o inciso I do *caput* deste artigo poderá firmar contratos de cooperação técnica para fins de subsidiar o acompanhamento da execução orçamentária na aplicação dos recursos.

>> § 3.º acrescentado pela Emenda Constitucional n. 105, de 12-12-2019.

§ 4.º Na transferência com finalidade definida a que se refere o inciso II do *caput* deste artigo, os recursos serão:

>> § 4.º, *caput*, acrescentado pela Emenda Constitucional n. 105, de 12-12-2019.

I – vinculados à programação estabelecida na emenda parlamentar; e

>> Inciso I acrescentado pela Emenda Constitucional n. 105, de 12-12-2019.

II – aplicados nas áreas de competência constitucional da União.

>> Inciso II acrescentado pela Emenda Constitucional n. 105, de 12-12-2019.

§ 5.º Pelo menos 70% (setenta por cento) das transferências especiais de que trata o inciso I do *caput* deste artigo deverão ser aplicadas em despesas de capital, observada a restrição a que se refere o inciso II do § 1.º deste artigo.

>> § 5.º acrescentado pela Emenda Constitucional n. 105, de 12-12-2019.

Art. 167. São vedados:

I – o início de programas ou projetos não incluídos na lei orçamentária anual;

> *Vide* art. 5.º, *caput*, da Lei Complementar n. 101, de 4-5-2000.

II – a realização de despesas ou a assunção de obrigações diretas que excedam os créditos orçamentários ou adicionais;

III – a realização de operações de créditos que excedam o montante das despesas de capital, ressalvadas as autorizadas mediante créditos suplementares ou especiais com finalidade precisa, aprovados pelo Poder Legislativo por maioria absoluta;

>> *Vide* art. 4.º, *caput*, da Emenda Constitucional n. 106, de 7-5-2020.

> *Vide* art. 37 do ADCT.

IV – a vinculação de receita de impostos a órgão, fundo ou despesa, ressalvadas a repartição do produto da arrecadação dos impostos a que se referem os arts. 158 e 159, a destinação de recursos para as ações e serviços públicos de saúde, para manutenção e desenvolvimento do ensino e para realização de atividades da administração tributária, como determinado, respectivamente, pelos arts. 198, § 2.º, 212 e 37, XXII, e a prestação de garantias às operações de crédito por antecipação de receita, previstas no art. 165, § 8.º, bem como o disposto no § 4.º deste artigo;

>> Inciso IV com redação determinada pela Emenda Constitucional n. 42, de 19-12-2003.

> *Vide* arts. 80, § 1.º, e 101, § 2.º, III, do ADCT.

V – a abertura de crédito suplementar ou especial sem prévia autorização legislativa e sem indicação dos recursos correspondentes;

VI – a transposição, o remanejamento ou a transferência de recursos de uma categoria de programação para outra ou de um órgão para outro, sem prévia autorização legislativa;

VII – a concessão ou utilização de créditos ilimitados;

VIII – a utilização, sem autorização legislativa específica, de recursos dos orçamentos fiscal e da seguridade social para suprir necessidade ou cobrir déficit de empresas, fundações e fundos, inclusive dos mencionados no art. 165, § 5.º;

IX – a instituição de fundos de qualquer natureza, sem prévia autorização legislativa;

X – a transferência voluntária de recursos e a concessão de empréstimos, inclusive por antecipação de receita, pelos Governos Federal e Estaduais e suas instituições financeiras, para pagamento de despesas com pessoal ativo, inativo e pensionista, dos Estados, do Distrito Federal e dos Municípios;

>> Inciso X acrescentado pela Emenda Constitucional n. 19, de 4-6-1998.

XI – a utilização dos recursos provenientes das contribuições sociais de que trata o art. 195, I, *a*, e II, para a realização de despesas distintas do pagamento de benefícios do regime geral de previdência social de que trata o art. 201.

>> Inciso XI acrescentado pela Emenda Constitucional n. 20, de 15-12-1998.

XII – na forma estabelecida na lei complementar de que trata o § 22 do art. 40, a utilização de recursos de regime próprio de previdência social, incluídos os valores integrantes dos fundos previstos no art. 249, para a realização de despesas distintas do pagamento dos benefícios previdenciários do respectivo fundo vinculado àquele regime e das despesas necessárias à sua organização e ao seu funcionamento;

>> Inciso XII acrescentado pela Emenda Constitucional n. 103, de 12-11-2019.

XIII – a transferência voluntária de recursos, a concessão de avais, as garantias e as subvenções pela União e a concessão de empréstimos e de financiamentos por instituições financeiras federais aos Estados, ao Distrito Federal e aos Municípios na hipótese de descumprimento das regras gerais de organização e de funcionamento de regime próprio de previdência social.

>> Inciso XIII acrescentado pela Emenda Constitucional n. 103, de 12-11-2019.

§ 1.º Nenhum investimento cuja execução ultrapasse um exercício financeiro poderá ser iniciado sem prévia inclusão no plano plurianual, ou sem lei que autorize a inclusão, sob pena de crime de responsabilidade.

§ 2.º Os créditos especiais e extraordinários terão vigência no exercício financeiro em que forem autorizados, salvo se o ato de autorização for promulgado nos últimos quatro meses daquele exercício, caso em que, reabertos nos limites de seus saldos, serão incorporados ao orçamento do exercício financeiro subsequente.

§ 3.º A abertura de crédito extraordinário somente será admitida para atender a despesas imprevisíveis e urgentes, como as decorrentes de guerra, comoção interna ou calamidade pública, observado o disposto no art. 62.

>> *Vide* art. 107, § 6.º, II, do ADCT.

§ 4.º É permitida a vinculação de receitas próprias geradas pelos impostos a que se referem os arts. 155 e 156, e dos recursos de que tratam os arts. 157, 158 e 159, I, *a* e *b*, e II, para a prestação de garantia ou contragarantia à União e para pagamento de débitos para com esta.

>> § 4.º acrescentado pela Emenda Constitucional n. 3, de 17-3-1993.

§ 5.º A transposição, o remanejamento ou a transferência de recursos de uma categoria de programação para outra poderão ser admitidos, no âmbito das atividades de ciência, tecnologia e inovação, com o objetivo de viabilizar os resultados de projetos restritos a essas funções, mediante ato do Poder Executivo, sem necessidade da prévia autorização legislativa prevista no inciso VI deste artigo.

>> § 5.º acrescentado pela Emenda Constitucional n. 85, de 26-2-2015.

Art. 168. Os recursos correspondentes às dotações orçamentárias, compreendidos os créditos suplementares e especiais, destinados aos órgãos dos Poderes Legislativo e Judiciário, do Ministério Público e da Defensoria Pública, ser-lhes-ão entregues até o dia 20 de cada mês, em duodécimos, na forma da lei complementar a que se refere o art. 165, § 9.º.

>> Artigo com redação determinada pela Emenda Constitucional n. 45, de 8-12-2004.

Art. 169. A despesa com pessoal ativo e inativo da União, dos Estados, do Distrito Federal e dos Municípios não poderá exceder os limites estabelecidos em lei complementar.

>> *Caput* com redação mantida pela Emenda Constitucional n. 19, de 4-6-1998.

> Limites das despesas com o funcionalismo público: *vide* Lei Complementar n. 101, de 4-5-2000 (LRF).

§ 1.º A concessão de qualquer vantagem ou aumento de remuneração, a criação de cargos, empregos e funções ou alteração de estrutura de carreiras, bem como a admissão ou contratação de pessoal, a qualquer título, pelos órgãos e entidades da administração direta ou indireta, inclusive fundações instituídas e mantidas pelo Poder Público, só poderão ser feitas:

>> § 1.º, *caput*, com redação determinada pela Emenda Constitucional n. 19, de 4-6-1998.

>> *Vide* art. 2.º, *caput*, da Emenda Constitucional n. 106, de 7-5-2020.

I – se houver prévia dotação orçamentária suficiente para atender às projeções de despesa de pessoal e aos acréscimos dela decorrentes;

>> Inciso I com redação determinada pela Emenda Constitucional n. 19, de 4-6-1998.

II – se houver autorização específica na lei de diretrizes orçamentárias, ressalvadas as empresas públicas e as sociedades de economia mista.

>> Inciso II com redação determinada pela Emenda Constitucional n. 19, de 4-6-1998.

§ 2.º Decorrido o prazo estabelecido na lei complementar referida neste artigo para a adaptação aos parâmetros ali previstos, serão imediatamente suspensos todos os repasses de verbas federais ou estaduais aos Estados, ao Distrito Federal e aos Municípios que não observarem os referidos limites.

>> § 2.º acrescentado pela Emenda Constitucional n. 19, de 4-6-1998.

> *Vide* arts. 21 e s. da Lei Complementar n. 101, de 4-5-2000.

§ 3.º Para o cumprimento dos limites estabelecidos com base neste artigo, durante o prazo fixado na lei complementar referida no *caput*, a União, os Estados, o Distrito Federal e os Municípios adotarão as seguintes providências:

>> § 3.º, *caput*, acrescentado pela Emenda Constitucional n. 19, de 4-6-1998.

> *Vide* art. 23 da Lei Complementar n. 101, de 4-5-2000.

I – redução em pelo menos 20% (vinte por cento) das despesas com cargos em comissão e funções de confiança;

>> Inciso I acrescentado pela Emenda Constitucional n. 19, de 4-6-1998.

II – exoneração dos servidores não estáveis.

>> Inciso II acrescentado pela Emenda Constitucional n. 19, de 4-6-1998.

> *Vide* art. 33 da Emenda Constitucional n. 19, de 4-6-1998.

§ 4.º Se as medidas adotadas com base no parágrafo anterior não forem suficientes para assegurar o cumprimento da determinação da lei complementar referida neste artigo, o servidor estável poderá perder o cargo, desde que ato normativo motivado de cada um dos Poderes especifique a atividade funcional, o órgão ou unidade administrativa objeto da redução de pessoal.

>> § 4.º acrescentado pela Emenda Constitucional n. 19, de 4-6-1998.

> *Vide* art. 198, § 6.º, da CF.

§ 5.º O servidor que perder o cargo na forma do parágrafo anterior fará jus a indenização correspondente a um mês de remuneração por ano de serviço.

>> § 5.º acrescentado pela Emenda Constitucional n. 19, de 4-6-1998.

§ 6.º O cargo objeto da redução prevista nos parágrafos anteriores será considerado extinto, vedada a criação de cargo, emprego ou função com atribuições iguais ou assemelhadas pelo prazo de 4 (quatro) anos.

>> § 6.º acrescentado pela Emenda Constitucional n. 19, de 4-6-1998.

§ 7.º Lei federal disporá sobre as normas gerais a serem obedecidas na efetivação do disposto no § 4.º.

>> § 7.º acrescentado pela Emenda Constitucional n. 19, de 4-6-1998.

> *Vide* art. 247 da CF.

> A Lei n. 9.801, de 14-6-1999, dispõe sobre as normas gerais para perda de cargo público por excesso de despesa.

TÍTULO VII
DA ORDEM ECONÔMICA E FINANCEIRA

> Crimes contra a ordem tributária, econômica e contra as relações de consumo: Lei n. 8.137, de 27-12-1990.

> Crimes contra a ordem econômica: Lei n. 8.176, de 8-2-1991.

> Sistema Brasileiro de Defesa da Concorrência: Lei n. 12.529, de 30-11-2011.

CAPÍTULO I
DOS PRINCÍPIOS GERAIS DA ATIVIDADE ECONÔMICA

Art. 170. A ordem econômica, fundada na valorização do trabalho humano e na livre-iniciativa, tem por fim assegurar a todos existência digna, conforme os ditames da justiça social, observados os seguintes princípios:

>> A Lei n. 13.874, de 20-9-2019, institui a Declaração de Direitos de Liberdade Econômica e estabelece garantias de livre mercado e análise de impacto regulatório.

I – soberania nacional;

II – propriedade privada;

III – função social da propriedade;

IV – livre concorrência;

> Prevenção e repressão às infrações contra a ordem econômica: Lei n. 12.529, de 30-11-2011.

> *Vide* Súmula Vinculante 49 do STF.

V – defesa do consumidor;

> CDC: Lei n. 8.078, de 11-9-1990.

> Sistema Nacional de Defesa do Consumidor – SNDC: Decreto n. 2.181, de 20-3-1997.

> *Vide* Súmula Vinculante 49 do STF.

> Sistema alternativo de solução de conflitos de consumo: Decreto n. 8.573, de 19-11-2015.

VI – defesa do meio ambiente, inclusive mediante tratamento diferenciado conforme o impacto ambiental dos produtos e serviços e de seus processos de elaboração e prestação;

>> Inciso VI com redação determinada pela Emenda Constitucional n. 42, de 19-12-2003.

> Lei de Crimes Ambientais: Lei n. 9.605, de 12-2-1998.

VII – redução das desigualdades regionais e sociais;

VIII – busca do pleno emprego;

IX – tratamento favorecido para as empresas de pequeno porte constituídas sob as leis brasileiras e que tenham sua sede e administração no País.

>> Inciso IX com redação determinada pela Emenda Constitucional n. 6, de 15-8-1995.

> A Lei Complementar n. 123, de 14-12-2006, institui o Estatuto Nacional da Microempresa e da Empresa de Pequeno Porte.

Parágrafo único. É assegurado a todos o livre exercício de qualquer atividade econômica, independentemente de autorização de órgãos públicos, salvo nos casos previstos em lei.

> *Vide* Súmula Vinculante 49 do STF.

Art. 171. (*Revogado pela Emenda Constitucional n. 6, de 15-8-1995.*)

Art. 172. A lei disciplinará, com base no interesse nacional, os investimentos de capital estrangeiro, incentivará os reinvestimentos e regulará a remessa de lucros.

Art. 173. Ressalvados os casos previstos nesta Constituição, a exploração direta de atividade econômica pelo Estado só será permitida quando necessária aos imperativos da segurança nacional ou a relevante interesse coletivo, conforme definidos em lei.

§ 1.º A lei estabelecerá o estatuto jurídico da empresa pública, da sociedade de economia mista e de suas subsidiárias que explorem atividade econômica de produção ou comercialização de bens ou de prestação de serviços, dispondo sobre:

>> § 1.º, *caput*, com redação determinada pela Emenda Constitucional n. 19, de 4-6-1998.

>> *Vide* Lei n. 13.303, de 30-6-2016 (Estatuto Jurídico das Empresas Públicas).

I – sua função social e formas de fiscalização pelo Estado e pela sociedade;

>> Inciso I acrescentado pela Emenda Constitucional n. 19, de 4-6-1998.

II – a sujeição ao regime jurídico próprio das empresas privadas, inclusive quanto aos direitos e obrigações civis, comerciais, trabalhistas e tributários;

>> Inciso II acrescentado pela Emenda Constitucional n. 19, de 4-6-1998.

III – licitação e contratação de obras, serviços, compras e alienações, observados os princípios da administração pública;

>> Inciso III acrescentado pela Emenda Constitucional n. 19, de 4-6-1998.

IV – a constituição e o funcionamento dos conselhos de administração e fiscal, com a participação de acionistas minoritários;

>> Inciso IV acrescentado pela Emenda Constitucional n. 19, de 4-6-1998.

V – os mandatos, a avaliação de desempenho e a responsabilidade dos administradores.

>> Inciso V acrescentado pela Emenda Constitucional n. 19, de 4-6-1998.

§ 2.º As empresas públicas e as sociedades de economia mista não poderão gozar de privilégios fiscais não extensivos às do setor privado.

§ 3.º A lei regulamentará as relações da empresa pública com o Estado e a sociedade.

§ 4.º A lei reprimirá o abuso do poder econômico que vise à dominação dos mercados, à eliminação da concorrência e ao aumento arbitrário dos lucros.

> Lei Antitruste e de infrações à ordem econômica: Lei n. 12.529, de 30-11-2011.

> *Vide* Súmula Vinculante 49 do STF.

§ 5.º A lei, sem prejuízo da responsabilidade individual dos dirigentes da pessoa jurídica, estabelecerá a responsabilidade desta, sujeitando-a às punições compatíveis com sua natureza, nos atos praticados contra a ordem econômica e financeira e contra a economia popular.

> A Lei n. 13.874, de 20-9-2019, institui a Declaração de Direitos de Liberdade Econômica.

Art. 174. Como agente normativo e regulador da atividade econômica, o Estado exercerá, na forma da lei, as funções de fiscalização, incentivo e planejamento, sendo este determinante para o setor público e indicativo para o setor privado.

§ 1.º A lei estabelecerá as diretrizes e bases do planejamento do desenvolvimento nacional equilibrado, o qual incorporará e compatibilizará os planos nacionais e regionais de desenvolvimento.

§ 2.º A lei apoiará e estimulará o cooperativismo e outras formas de associativismo.

§ 3.º O Estado favorecerá a organização da atividade garimpeira em cooperativas, levando em conta a proteção do meio ambiente e a promoção econômico-social dos garimpeiros.

> A Lei n. 11.685, de 2-6-2008, institui o Estatuto do Garimpeiro.

§ 4.º As cooperativas a que se refere o parágrafo anterior terão prioridade na autorização ou concessão para pesquisa e lavra dos recursos e jazidas de minerais garimpáveis, nas áreas onde estejam atuando, e naquelas fixadas de acordo com o art. 21, XXV, na forma da lei.

Art. 175. Incumbe ao Poder Público, na forma da lei, diretamente ou sob regime de concessão ou permissão, sempre através de licitação, a prestação de serviços públicos.

> Regime de concessão e permissão da prestação de serviços públicos previsto neste art. 175: Lei n. 8.987, de 13-2-1995.

Parágrafo único. A lei disporá sobre:

I – o regime das empresas concessionárias e permissionárias de serviços públicos, o caráter especial de seu contrato e de sua prorrogação, bem como as condições de caducidade, fiscalização e rescisão da concessão ou permissão;

II – os direitos dos usuários;

III – política tarifária;

IV – a obrigação de manter serviço adequado.

Art. 176. As jazidas, em lavra ou não, e demais recursos minerais e os potenciais de energia hidráulica constituem propriedade distinta da do solo, para efeito de exploração ou aproveitamento, e pertencem à União, garantida ao concessionário a propriedade do produto da lavra.

§ 1.º A pesquisa e a lavra de recursos minerais e o aproveitamento dos potenciais a que se refere o *caput* deste artigo somente poderão ser efetuados mediante autorização ou concessão da União, no interesse nacional, por brasileiros ou empresa constituída sob as leis brasileiras e que tenha sua sede e administração no País, na forma da lei, que estabelecerá as condições específicas quando essas atividades se desenvolverem em faixa de fronteira ou terras indígenas.

>> § 1.º com redação determinada pela Emenda Constitucional n. 6, de 15-8-1995.

§ 2.º É assegurada participação ao proprietário do solo nos resultados da lavra, na forma e no valor que dispuser a lei.

>> Regulamento: Lei n. 8.901, de 30-6-1994.

§ 3.º A autorização de pesquisa será sempre por prazo determinado, e as autorizações e concessões previstas neste artigo não poderão ser cedidas ou transferidas, total ou parcialmente, sem prévia anuência do poder concedente.

§ 4.º Não dependerá de autorização ou concessão o aproveitamento do potencial de energia renovável de capacidade reduzida.

Art. 177. Constituem monopólio da União:

I – a pesquisa e a lavra das jazidas de petróleo e gás natural e outros hidrocarbonetos fluidos;

> A Lei n. 11.909, de 4-3-2009, dispõe sobre as atividades relativas ao transporte natural de gás natural, de que trata este artigo.

II – a refinação do petróleo nacional ou estrangeiro;

> A Lei n. 9.478, de 6-8-1997, dispõe sobre a Política Energética Nacional, e as atividades relativas ao monopólio do petróleo, e institui o Conselho Nacional de Política Energética e a Agência Nacional do Petróleo.

III – a importação e exportação dos produtos e derivados básicos resultantes das atividades previstas nos incisos anteriores;

IV – o transporte marítimo do petróleo bruto de origem nacional ou de derivados básicos de petróleo produzidos no País, bem assim o transporte, por meio de conduto, de petróleo bruto, seus derivados e gás natural de qualquer origem;

V – a pesquisa, a lavra, o enriquecimento, o reprocessamento, a industrialização e o comércio de minérios e minerais nucleares e seus derivados, com exceção dos radioisótopos cuja produção, comercialização e utilização poderão ser autorizadas sob regime de permissão, conforme as alíneas *b* e *c* do inciso XXIII do *caput* do art. 21 desta Constituição Federal.

>> Inciso V com redação determinada pela Emenda Constitucional n. 49, de 8-2-2006.

§ 1.º A União poderá contratar com empresas estatais ou privadas a realização das atividades previstas nos incisos I a IV deste artigo, observadas as condições estabelecidas em lei.

>> § 1.º com redação determinada pela Emenda Constitucional n. 9, de 9-11-1995.

§ 2.º A lei a que se refere o § 1.º disporá sobre:

>> § 2.º, *caput*, acrescentado pela Emenda Constitucional n. 9, de 9-11-1995.

> A Lei n. 9.478, de 6-8-1997, dispõe sobre a política energética nacional, as atividades relativas ao monopólio do petróleo, institui o Conselho Nacional de Política Energética e a Agência Nacional do Petróleo.

I – a garantia do fornecimento dos derivados de petróleo em todo o território nacional;

>> Inciso I acrescentado pela Emenda Constitucional n. 9, de 9-11-1995.

II – as condições de contratação;

>> Inciso II acrescentado pela Emenda Constitucional n. 9, de 9-11-1995.

III – a estrutura e atribuições do órgão regulador do monopólio da União.

>> Inciso III acrescentado pela Emenda Constitucional n. 9, de 9-11-1995.

§ 3.º A lei disporá sobre o transporte e a utilização de materiais radioativos no território nacional.

>> Primitivo § 2.º renumerado por determinação da Emenda Constitucional n. 9, de 9-11-1995.

§ 4.º A lei que instituir contribuição de intervenção no domínio econômico relativa às atividades de importação ou comercialização de petróleo e seus derivados, gás natural e seus derivados e álcool combustível deverá atender aos seguintes requisitos:

>> § 4.º, *caput*, acrescentado pela Emenda Constitucional n. 33, de 11-12-2001.

> A Lei n. 10.336, de 19-12-2001, institui a Contribuição de Intervenção de Domínio Econômico incidente sobre a Importação e a Comercialização de Petróleo e seus derivados, gás natural e seus derivados, e álcool etílico combustível – CIDE.

I – a alíquota da contribuição poderá ser:

>> Inciso I, *caput*, acrescentado pela Emenda Constitucional n. 33, de 11-12-2001.

a) diferenciada por produto ou uso;

>> Alínea *a* acrescentada pela Emenda Constitucional n. 33, de 11-12-2001.

b) reduzida e restabelecida por ato do Poder Executivo, não se lhe aplicando o disposto no art. 150, III, *b*;

>> Alínea *b* acrescentada pela Emenda Constitucional n. 33, de 11-12-2001.

II – os recursos arrecadados serão destinados:

>> Inciso II, *caput*, acrescentado pela Emenda Constitucional n. 33, de 11-12-2001.

>> O STF, na ADI n. 2.925-8, de 19-12-2003 (*DOU* de 4-4-2005), dá interpretação conforme a CF a este inciso, "no sentido de que a abertura de crédito suplementar deve ser destinada às três finalidades enumeradas" nas alíneas a seguir.

>> A Lei n. 10.336, de 19-12-2001, institui a Contribuição de Intervenção no Domínio Econômico incidente sobre a importação e a comercialização de petróleo e seus derivados, gás natural e seus derivados e álcool etílico combustível (CIDE) a que se refere este parágrafo.

a) ao pagamento de subsídios a preços ou transporte de álcool combustível, gás natural e seus derivados e derivados de petróleo;

>> Alínea *a* acrescentada pela Emenda Constitucional n. 33, de 11-12-2001.

b) ao financiamento de projetos ambientais relacionados com a indústria do petróleo e do gás;

>> Alínea *b* acrescentada pela Emenda Constitucional n. 33, de 11-12-2001.

c) ao financiamento de programas de infraestrutura de transportes.

>> Alínea *c* acrescentada pela Emenda Constitucional n. 33, de 11-12-2001.

> *Vide* art. 159, III, da CF.

Art. 178. A lei disporá sobre a ordenação dos transportes aéreo, aquático e terrestre, devendo, quanto à ordenação do transporte internacional, observar os acordos firmados pela União, atendido o princípio da reciprocidade.

>> *Caput* com redação determinada pela Emenda Constitucional n. 7, de 15-8-1995.

> A Lei n. 9.611, de 19-2-1998, dispõe sobre o transporte multimodal de cargas.

> A Lei n. 10.233, de 5-6-2001, dispõe sobre a reestruturação dos transportes aquaviário e terrestre, cria o Conselho Nacional de Integração de Políticas de Transportes Terrestres, a Agência Nacional de Transportes Aquaviários e o Departamento Nacional de Infraestrutura de Transportes, e dá outras providências.

> O Decreto n. 5.910, de 27-9-2006, promulga a Convenção para a Unificação de Certas Regras Relativas ao Transporte Aéreo Internacional, celebrada em Montreal em 28-5-1999.

Parágrafo único. Na ordenação do transporte aquático, a lei estabelecerá as condições em que o transporte de mercadorias na cabotagem e a navegação interior poderão ser feitos por embarcações estrangeiras.

>> Parágrafo único com redação determinada pela Emenda Constitucional n. 7, de 15-8-1995.

Art. 179. A União, os Estados, o Distrito Federal e os Municípios dispensarão às microempresas e às empresas de pequeno porte, assim definidas em lei, tratamento jurídico diferenciado, visando a incentivá-las pela simplificação de suas obrigações administrativas, tributárias, previdenciárias e creditícias, ou pela eliminação ou redução destas por meio de lei.

> A Lei Complementar n. 123, de 14-12-2006, institui o Estatuto Nacional da Microempresa e da Empresa de Pequeno Porte.

Art. 180. A União, os Estados, o Distrito Federal e os Municípios promoverão e incentivarão o turismo como fator de desenvolvimento social e econômico.

Art. 181. O atendimento de requisição de documento ou informação de natureza comercial, feita por autoridade administrativa ou judiciária estrangeira, a pessoa física ou jurídica residente ou domiciliada no País dependerá de autorização do Poder competente.

Capítulo II
DA POLÍTICA URBANA

Art. 182. A política de desenvolvimento urbano, executada pelo Poder Público municipal, conforme diretrizes gerais fixadas em lei, tem por objetivo ordenar o pleno desenvolvimento das funções sociais da cidade e garantir o bem-estar de seus habitantes.

>> Regulamento: Lei n. 10.257, de 10-7-2001.

> A Lei n. 13.089, de 12-1-2015, institui o Estatuto da Metrópole.

> A Lei n. 13.311, de 11-7-2016, institui normas gerais para a ocupação e utilização de área pública urbana por equipamentos urbanos do tipo quiosque, *trailer*, feira e banca de venda de jornais e de revistas.

§ 1.º O plano diretor, aprovado pela Câmara Municipal, obrigatório para cidades com mais de vinte mil habitantes, é o instrumento básico da política de desenvolvimento e de expansão urbana.

§ 2.º A propriedade urbana cumpre sua função social quando atende às exigências fundamentais de ordenação da cidade expressas no plano diretor.

§ 3.º As desapropriações de imóveis urbanos serão feitas com prévia e justa indenização em dinheiro.

§ 4.º É facultado ao Poder Público municipal, mediante lei específica para área incluída no plano diretor, exigir, nos termos da lei federal, do proprietário do solo urbano não edificado, subutilizado ou não utilizado, que promova seu adequado aproveitamento, sob pena, sucessivamente, de:

> *Vide* Súmula 668 do STF.

I – parcelamento ou edificação compulsórios;

II – imposto sobre a propriedade predial e territorial urbana progressivo no tempo;

III – desapropriação com pagamento mediante títulos da dívida pública de emissão previamente aprovada pelo Senado Federal, com prazo de resgate de até dez anos, em parcelas anuais, iguais e sucessivas, assegurados o valor real da indenização e os juros legais.

Art. 183. Aquele que possuir como sua área urbana de até duzentos e cinquenta metros quadrados, por cinco anos, ininterruptamente e sem oposição, utilizando-a para sua moradia ou de sua família, adquirir-lhe-á o domínio, desde que não seja proprietário de outro imóvel urbano ou rural.

>> Regulamento: Lei n. 10.257, de 10-7-2001.

§ 1.º O título de domínio e a concessão de uso serão conferidos ao homem ou à mulher, ou a ambos, independentemente do estado civil.

> A Medida Provisória n. 2.220, de 4-9-2001, dispõe sobre a concessão de uso especial, de que trata este parágrafo; cria o Conselho Nacional de Desenvolvimento Urbano – CNDU e dá outras providências.

§ 2.º Esse direito não será reconhecido ao mesmo possuidor mais de uma vez.

§ 3.º Os imóveis públicos não serão adquiridos por usucapião.

Capítulo III
DA POLÍTICA AGRÍCOLA E FUNDIÁRIA E DA REFORMA AGRÁRIA

> Estatuto da Terra: Lei n. 4.504, de 30-11-1964.

> Princípios da política agrícola: Lei n. 8.174, de 30-1-1991.

> A Lei n. 8.629, de 25-2-1993, dispõe sobre a regulamentação dos dispositivos constitucionais relativos à reforma agrária prevista neste Capítulo.

Art. 184. Compete à União desapropriar por interesse social, para fins de reforma agrária, o imóvel rural que não esteja cumprindo sua função social, mediante prévia e justa indenização em títulos da dívida agrária, com cláusula de preservação do valor real, resgatáveis no prazo de até vinte anos, a partir do segundo ano de sua emissão, e cuja utilização será definida em lei.

§ 1.º As benfeitorias úteis e necessárias serão indenizadas em dinheiro.

§ 2.º O decreto que declarar o imóvel como de interesse social, para fins de reforma agrária, autoriza a União a propor a ação de desapropriação.

§ 3.º Cabe à lei complementar estabelecer procedimento contraditório especial, de rito sumário, para o processo judicial de desapropriação.

§ 4.º O orçamento fixará anualmente o volume total de títulos da dívida agrária, assim como o montante de recursos para atender ao programa de reforma agrária no exercício.

§ 5.º São isentas de impostos federais, estaduais e municipais as operações de transferência de imóveis desapropriados para fins de reforma agrária.

Art. 185. São insuscetíveis de desapropriação para fins de reforma agrária:

I – a pequena e média propriedade rural, assim definida em lei, desde que seu proprietário não possua outra;

II – a propriedade produtiva.

Parágrafo único. A lei garantirá tratamento especial à propriedade produtiva e fixará normas para o cumprimento dos requisitos relativos a sua função social.

Art. 186. A função social é cumprida quando a propriedade rural atende, simultaneamente, segundo critérios e graus de exigência estabelecidos em lei, aos seguintes requisitos:

I – aproveitamento racional e adequado;

II – utilização adequada dos recursos naturais disponíveis e preservação do meio ambiente;

III – observância das disposições que regulam as relações de trabalho;

IV – exploração que favoreça o bem-estar dos proprietários e dos trabalhadores.

Art. 187. A política agrícola será planejada e executada na forma da lei, com a participação efetiva do setor de produção, envolvendo produtores e trabalhadores rurais, bem como dos setores de comercialização, de armazenamento e de transportes, levando em conta, especialmente:

> A Lei n. 8.171, de 17-1-1991, dispõe sobre a Política Agrícola.

I – os instrumentos creditícios e fiscais;

II – os preços compatíveis com os custos de produção e a garantia de comercialização;

III – o incentivo à pesquisa e à tecnologia;

IV – a assistência técnica e extensão rural;

V – o seguro agrícola;

VI – o cooperativismo;

VII – a eletrificação rural e irrigação;

VIII – a habitação para o trabalhador rural.

§ 1.º Incluem-se no planejamento agrícola as atividades agroindustriais, agropecuárias, pesqueiras e florestais.

§ 2.º Serão compatibilizadas as ações de política agrícola e de reforma agrária.

Art. 188. A destinação de terras públicas e devolutas será compatibilizada com a política agrícola e com o plano nacional de reforma agrária.

§ 1.º A alienação ou a concessão, a qualquer título, de terras públicas com área superior a dois mil e quinhentos hectares a pessoa física ou jurídica, ainda que por interposta pessoa, dependerá de prévia aprovação do Congresso Nacional.

§ 2.º Excetuam-se do disposto no parágrafo anterior as alienações ou as concessões de terras públicas para fins de reforma agrária.

Art. 189. Os beneficiários da distribuição de imóveis rurais pela reforma agrária receberão títulos de domínio ou de concessão de uso, inegociáveis pelo prazo de dez anos.

Parágrafo único. O título de domínio e a concessão de uso serão conferidos ao homem ou à mulher, ou a ambos, independentemente do estado civil, nos termos e condições previstos em lei.

Art. 190. A lei regulará e limitará a aquisição ou o arrendamento de propriedade rural por pessoa física ou jurídica estrangeira e estabelecerá os casos que dependerão de autorização do Congresso Nacional.

Art. 191. Aquele que, não sendo proprietário de imóvel rural ou urbano, possua como seu, por cinco anos ininterruptos, sem oposição, área de terra, em zona rural, não superior a cinquenta hectares, tornando-a produtiva por seu trabalho ou de sua família, tendo nela sua moradia, adquirir-lhe-á a propriedade.

Parágrafo único. Os imóveis públicos não serão adquiridos por usucapião.

CAPÍTULO IV
DO SISTEMA FINANCEIRO NACIONAL

> Dos crimes contra o sistema financeiro: Lei n. 7.492, de 16-6-1986.

> A Lei n. 9.613, de 3-3-1998, dispõe sobre os crimes de lavagem ou ocultação de bens, direitos e valores, a prevenção da utilização do sistema financeiro para os ilícitos previstos nesta Lei.

Art. 192. O sistema financeiro nacional, estruturado de forma a promover o desenvolvimento equilibrado do País e a servir aos interesses da coletividade, em todas as partes que o compõem, abrangendo as cooperativas de crédito, será regulado por leis complementares que disporão, inclusive, sobre a participação do capital estrangeiro nas instituições que o integram.

>> *Caput* com redação determinada pela Emenda Constitucional n. 40, de 29-5-2003.

> O Decreto n. 8.652, de 28-1-2016, dispõe sobre o Conselho de Recursos do Sistema Financeiro Nacional.

I a III – (*Revogados pela Emenda Constitucional n. 40, de 29-5-2003.*)

a) e *b)* (*Revogadas pela Emenda Constitucional n. 40, de 29-5-2003.*)

IV a VIII – (*Revogados pela Emenda Constitucional n. 40, de 29-5-2003.*)

§§ 1.º a 3.º (*Revogados pela Emenda Constitucional n. 40, de 29-5-2003.*)

TÍTULO VIII
DA ORDEM SOCIAL

CAPÍTULO I
DISPOSIÇÃO GERAL

Art. 193. A ordem social tem como base o primado do trabalho, e como objetivo o bem-estar e a justiça sociais.

Parágrafo único. O Estado exercerá a função de planejamento das políticas sociais, assegurada, na forma da lei, a participação da sociedade nos processos de formulação, de monitoramento, de controle e de avaliação dessas políticas.

>> Parágrafo único acrescentado pela Emenda Constitucional n. 108, de 26-8-2020, produzindo efeitos a partir de 1.º-1-2021.

CAPÍTULO II
DA SEGURIDADE SOCIAL

> Organização da seguridade social, Plano de Custeio: Lei n. 8.212, de 24-7-1991, regulamentada pelo Decreto n. 3.048, de 6-5-1999.

Seção I
Disposições Gerais

Art. 194. A seguridade social compreende um conjunto integrado de ações de iniciativa dos Poderes Públicos e da sociedade, destinadas a assegurar os direitos relativos à saúde, à previdência e à assistência social.

Parágrafo único. Compete ao Poder Público, nos termos da lei, organizar a seguridade social, com base nos seguintes objetivos:

I – universalidade da cobertura e do atendimento;

II – uniformidade e equivalência dos benefícios e serviços às populações urbanas e rurais;

III – seletividade e distributividade na prestação dos benefícios e serviços;

IV – irredutibilidade do valor dos benefícios;

V – equidade na forma de participação no custeio;

VI – diversidade da base de financiamento, identificando-se, em rubricas contábeis específicas para cada área, as receitas e as despesas vinculadas a ações de saúde, previdência e assistência social, preservado o caráter contributivo da previdência social;

>> Inciso VI com redação determinada pela Emenda Constitucional n. 103, de 12-11-2019.

VII – caráter democrático e descentralizado da administração, mediante gestão quadripartite, com participação dos trabalhadores, dos empregadores, dos aposentados e do Governo nos órgãos colegiados.

>> Inciso VII com redação determinada pela Emenda Constitucional n. 20, de 15-12-1998.

Art. 195. A seguridade social será financiada por toda a sociedade, de forma direta e indireta, nos termos da lei, mediante recursos provenientes dos orçamentos da União, dos Estados, do Distrito Federal e dos Municípios, e das seguintes contribuições sociais:

> *Vide* art. 240 da CF.

> *Vide* Súmula 688 do STF.

I – do empregador, da empresa e da entidade a ela equiparada na forma da lei, incidentes sobre:

>> Inciso I, *caput*, com redação determinada pela Emenda Constitucional n. 20, de 15-12-1998.

a) a folha de salários e demais rendimentos do trabalho pagos ou creditados, a qualquer título, à pessoa física que lhe preste serviço, mesmo sem vínculo empregatício;

>> Alínea *a* acrescentada pela Emenda Constitucional n. 20, de 15-12-1998.

> *Vide* art. 114, VIII, da CF.

b) a receita ou o faturamento;

>> Alínea *b* acrescentada pela Emenda Constitucional n. 20, de 15-12-1998.

c) o lucro;

>> Alínea *c* acrescentada pela Emenda Constitucional n. 20, de 15-12-1998.

II – do trabalhador e dos demais segurados da previdência social, podendo ser adotadas alíquotas progressivas de acordo com o valor do salário de contribuição, não incidindo contribuição sobre aposentadoria e pensão concedidas pelo Regime Geral de Previdência Social;

>> Inciso II com redação determinada pela Emenda Constitucional n. 103, de 12-11-2019.

III – sobre a receita de concursos de prognósticos;

IV – do importador de bens ou serviços do exterior, ou de quem a lei a ele equiparar.

>> Inciso IV acrescentado pela Emenda Constitucional n. 42, de 19-12-2003.

§ 1.º As receitas dos Estados, do Distrito Federal e dos Municípios destinadas à seguridade social constarão dos respectivos orçamentos, não integrando o orçamento da União.

§ 2.º A proposta de orçamento da seguridade social será elaborada de forma integrada pelos órgãos responsáveis pela saúde, previdência social e assistência social, tendo em vista as metas e prioridades estabelecidas na lei de diretrizes orçamentárias, assegurada a cada área a gestão de seus recursos.

§ 3.º A pessoa jurídica em débito com o sistema da seguridade social, como estabelecido em lei, não poderá contratar com o Poder Público nem dele receber benefícios ou incentivos fiscais ou creditícios.

>> *Vide* art. 3.º, parágrafo único, da Emenda Constitucional n. 106, de 7-5-2020.

§ 4.º A lei poderá instituir outras fontes destinadas a garantir a manutenção ou expansão da seguridade social, obedecido o disposto no art. 154, I.

> A Lei n. 9.876, de 26-11-1999, dispõe sobre a contribuição previdenciária do contribuinte individual e o cálculo do benefício.

§ 5.º Nenhum benefício ou serviço da seguridade social poderá ser criado, majorado ou estendido sem a correspondente fonte de custeio total.

§ 6.º As contribuições sociais de que trata este artigo só poderão ser exigidas após decorridos noventa dias da data da publicação da lei que as houver instituído ou modificado, não se lhes aplicando o disposto no art. 150, III, *b*.

> *Vide* arts. 74, § 4.º, e 75, § 1.º, do ADCT.

> *Vide* Súmula Vinculante 50 do STF.

§ 7.º São isentas de contribuição para a seguridade social as entidades beneficentes de assistência social que atendam às exigências estabelecidas em lei.

§ 8.º O produtor, o parceiro, o meeiro e o arrendatário rurais e o pescador artesanal, bem como os respectivos cônjuges, que exerçam suas atividades em regime de economia familiar, sem empregados permanentes, contribuirão para a seguridade social mediante a aplicação de uma alíquota sobre o resultado da comercialização da produção e farão jus aos benefícios nos termos da lei.

>> § 8.º com redação determinada pela Emenda Constitucional n. 20, de 15-12-1998.

>> *Vide* art. 25, § 1.º da Emenda Constitucional n. 103, de 12-11-2019.

> *Vide* Súmula 272 do STJ.

§ 9.º As contribuições sociais previstas no inciso I do *caput* deste artigo poderão ter alíquotas diferenciadas em razão da atividade econômica, da utilização intensiva de mão de obra, do porte da empresa ou da condição estrutural do mercado de trabalho, sendo também autorizada a adoção de bases de cálculo diferenciadas apenas no caso das alíneas *b* e *c* do inciso I do *caput*.

>> § 9.º com redação determinada pela Emenda Constitucional n. 103, de 12-11-2019.

>> *Vide* art. 30 da Emenda Constitucional n. 103, de 12-11-2019.

§ 10. A lei definirá os critérios de transferência de recursos para o sistema único de saúde e ações de assistência social da União para os Estados, o Distrito Federal e os Municípios, e dos Estados para os Municípios, observada a respectiva contrapartida de recursos.

>> § 10 acrescentado pela Emenda Constitucional n. 20, de 15-12-1998.

§ 11. São vedados a moratória e o parcelamento em prazo superior a 60 (sessenta) meses e, na forma de lei complementar, a remissão e a anistia das contribuições sociais de que tratam a alínea *a* do inciso I e o inciso II do *caput*.

>> § 11 com redação determinada pela Emenda Constitucional n. 103, de 12-11-2019.

>> *Vide* arts. 9.º, § 9.º, e 31 da Emenda Constitucional n. 103, de 12-11-2019.

§ 12. A lei definirá os setores de atividade econômica para os quais as contribuições incidentes na forma dos incisos I, *b*; e IV do *caput*, serão não cumulativas.

>> § 12 acrescentado pela Emenda Constitucional n. 42, de 19-12-2003.

§ 13. (*Revogado pela Emenda Constitucional n. 103, de 12-11-2019.*)

§ 14. O segurado somente terá reconhecida como tempo de contribuição ao Regime Geral de Previdência Social a competência cuja contribuição seja igual ou superior à contribuição mínima mensal exigida para sua categoria, assegurado o agrupamento de contribuições.

>> § 14 acrescentado pela Emenda Constitucional n. 103, de 12-11-2019.

>> *Vide* art. 29 da Emenda Constitucional n. 103, de 12-11-2019.

Seção II
Da Saúde

> Promoção gratuita da saúde por meio de organizações da sociedade civil de interesse público: Lei n. 9.790, de 23-3-1999.

> A Lei n. 12.732, de 22-11-2012, dispõe sobre o primeiro tratamento de paciente com neoplasia maligna comprovada e estabelece prazo para seu início.

Art. 196. A saúde é direito de todos e dever do Estado, garantido mediante políticas sociais e econômicas que visem à redução do risco de doença e de outros agravos e ao acesso universal igualitário às ações e serviços para sua promoção, proteção e recuperação.

Art. 197. São de relevância pública as ações e serviços de saúde, cabendo ao Poder Público dispor, nos termos da lei, sobre sua regulamentação, fiscalização e controle, devendo sua execução ser feita diretamente ou através de terceiros e, também, por pessoa física ou jurídica de direito privado.

Art. 198. As ações e serviços públicos de saúde integram uma rede regionalizada e hierarquizada e constituem um sistema único, organizado de acordo com as seguintes diretrizes:

I – descentralização, com direção única em cada esfera de governo;

II – atendimento integral, com prioridade para as atividades preventivas, sem prejuízo dos serviços assistenciais;

III – participação da comunidade.

§ 1.º O sistema único de saúde será financiado, nos termos do art. 195, com recursos do orçamento da seguridade social, da União, dos Estados, do Distrito Federal e dos Municípios, além de outras fontes.

>> Primitivo parágrafo único renumerado pela Emenda Constitucional n. 29, de 13-9-2000.

§ 2.º A União, os Estados, o Distrito Federal e os Municípios aplicarão, anualmente, em ações e serviços públicos de saúde recursos mínimos derivados da aplicação de percentuais calculados sobre:

>> § 2.º, *caput*, acrescentado pela Emenda Constitucional n. 29, de 13-9-2000.

I – no caso da União, a receita corrente líquida do respectivo exercício financeiro, não podendo ser inferior a 15% (quinze por cento);

>> Inciso I com redação determinada pela Emenda Constitucional n. 86, de 17-3-2015, produzindo efeitos a partir da execução orçamentária do exercício de 2014.

>> *Vide* art. 110, I, do ADCT.

>> *Vide* art. 3.º da Emenda Constitucional n. 86, de 17-3-2015.

II – no caso dos Estados e do Distrito Federal, o produto da arrecadação dos impostos a que se refere o art. 155 e dos recursos de que tratam os arts. 157 e 159, I, *a*, e inciso II, deduzidas as parcelas que forem transferidas aos respectivos Municípios;

>> Inciso II acrescentado pela Emenda Constitucional n. 29, de 13-9-2000.

III – no caso dos Municípios e do Distrito Federal, o produto da arrecadação dos impostos a que se refere o art. 156 e dos recursos de que tratam os arts. 158 e 159, I, *b* e § 3.º.

>> Inciso III acrescentado pela Emenda Constitucional n. 29, de 13-9-2000.

§ 3.º Lei complementar, que será reavaliada pelo menos a cada cinco anos, estabelecerá:

>> § 3.º, *caput*, acrescentado pela Emenda Constitucional n. 29, de 13-9-2000.

>> § 3.º regulamentado pela Lei Complementar n. 141, de 13-1-2012.

I – os percentuais de que tratam os incisos II e III do § 2.º;

>> Inciso I com redação determinada pela Emenda Constitucional n. 86, de 17-3-2015, produzindo efeitos a partir da execução orçamentária do exercício de 2014.

II – os critérios de rateio dos recursos da União vinculados à saúde destinados aos Estados, ao Distrito Federal e aos Municípios, e dos Estados destinados a seus respectivos Municípios, objetivando a progressiva redução das disparidades regionais;

>> Inciso II acrescentado pela Emenda Constitucional n. 29, de 13-9-2000.

III – as normas de fiscalização, avaliação e controle das despesas com saúde nas esferas federal, estadual, distrital e municipal;

>> Inciso III acrescentado pela Emenda Constitucional n. 29, de 13-9-2000.

IV – (*Revogado pela Emenda Constitucional n. 86, de 17-3-2015, produzindo efeitos a partir da execução orçamentária do exercício de 2014.*)

§ 4.º Os gestores locais do sistema único de saúde poderão admitir agentes comunitários de saúde e agentes de combate às endemias por meio de processo seletivo público, de acordo com a natureza e complexidade de suas atribuições e requisitos específicos para sua atuação.

>> § 4.º acrescentado pela Emenda Constitucional n. 51, de 14-2-2006.

>> *Vide* art. 2.º, parágrafo único, da Emenda Constitucional n. 51, de 14-2-2006.

§ 5.º Lei federal disporá sobre o regime jurídico, o piso salarial profissional nacional, as diretrizes para os Planos de Carreira e a regulamentação das atividades de agente comunitário de saúde e agente de combate às endemias, competindo à União, nos termos da lei, prestar assistência financeira complementar aos Estados, ao Distrito Federal e aos Municípios, para o cumprimento do referido piso salarial.

>> § 5.º com redação determinada pela Emenda Constitucional n. 63, de 4-2-2010.

>> § 5.º regulamentado pela Lei n. 11.350, de 5-10-2006.

§ 6.º Além das hipóteses previstas no § 1.º do art. 41 e no § 4.º do art. 169 da Constituição Federal, o servidor que exerça funções equivalentes às de agente comunitário de saúde ou de agente de combate às endemias poderá perder o cargo em caso de descumprimento dos requisitos específicos, fixados em lei, para o seu exercício.

>> § 6.º acrescentado pela Emenda Constitucional n. 51, de 14-2-2006.

Art. 199. A assistência à saúde é livre à iniciativa privada.

> Planos e seguros privados de assistência à saúde: Lei n. 9.656, de 3-6-1998.

§ 1.º As instituições privadas poderão participar de forma complementar do sistema único de saúde, segundo diretrizes deste, mediante contrato de direito público ou convênio, tendo preferência as entidades filantrópicas e as sem fins lucrativos.

§ 2.º É vedada a destinação de recursos públicos para auxílios ou subvenções às instituições privadas com fins lucrativos.

§ 3.º É vedada a participação direta ou indireta de empresas ou capitais estrangeiros na assistência à saúde no País, salvo nos casos previstos em lei.

§ 4.º A lei disporá sobre as condições e os requisitos que facilitem a remoção de órgãos, tecidos e substâncias humanas para fins de transplante, pesquisa e tratamento, bem como a coleta, processamento e transfusão de sangue e seus derivados, sendo vedado todo tipo de comercialização.

>> Regulamento: Lei n. 10.205, de 21-3-2001.

> Lei n. 9.434, de 4-2-1997, e Decreto n. 2.268, de 30-6-1997: Remoção de órgãos, tecidos e partes do corpo humano para transplante e tratamento.

Art. 200. Ao sistema único de saúde compete, além de outras atribuições, nos termos da lei:

> Sistema Único de Saúde – SUS: Leis n. 8.080, de 19-9-1990, e n. 8.142, de 28-12-1990.

I – controlar e fiscalizar procedimentos, produtos e substâncias de interesse para a saúde e participar da produção de medicamentos, equipamentos, imunobiológicos, hemoderivados e outros insumos;

> As Leis n. 9.677, de 2-7-1998, e n. 9.695, de 20-8-1998, incluíram na classificação dos delitos considerados hediondos determinados crimes contra a saúde pública.

II – executar as ações de vigilância sanitária e epidemiológica, bem como as de saúde do trabalhador;

III – ordenar a formação de recursos humanos na área de saúde;

IV – participar da formulação da política e da execução das ações de saneamento básico;

V – incrementar, em sua área de atuação, o desenvolvimento científico e tecnológico e a inovação;

>> Inciso V com redação determinada pela Emenda Constitucional n. 85, de 26-2-2015.

VI – fiscalizar e inspecionar alimentos, compreendido o controle de seu teor nutricional, bem como bebidas e águas para consumo humano;

VII – participar do controle e fiscalização da produção, transporte, guarda e utilização de substâncias e produtos psicoativos, tóxicos e radioativos;

VIII – colaborar na proteção do meio ambiente, nele compreendido o do trabalho.

Seção III
Da Previdência Social

> Planos de benefícios da previdência social: Lei n. 8.213, de 24-7-1991, regulamentada pelo Decreto n. 3.048, de 6-5-1999.

Art. 201. A previdência social será organizada sob a forma do Regime Geral de Previdência Social, de caráter contributivo e de filiação obrigatória, observados critérios que preservem o equilíbrio financeiro e atuarial, e atenderá, na forma da lei, a:

>> *Caput* com redação determinada pela Emenda Constitucional n. 103, de 12-11-2019.

>> *Vide* arts. 15, 16, 17, 19, 20, 21, 23 e 24 da Emenda Constitucional n. 103, de 12-11-2019.

I – cobertura dos eventos de incapacidade temporária ou permanente para o trabalho e idade avançada;

>> Inciso I com redação determinada pela Emenda Constitucional n. 103, de 12-11-2019.

II – proteção à maternidade, especialmente à gestante;

>> Inciso II com redação determinada pela Emenda Constitucional n. 20, de 15-12-1998.

III – proteção ao trabalhador em situação de desemprego involuntário;

>> Inciso III com redação determinada pela Emenda Constitucional n. 20, de 15-12-1998.

>> A Lei n. 7.998, de 11-1-1990, regulamenta o Programa do Seguro-Desemprego, o Abono Salarial, e institui o Fundo de Amparo ao Trabalhador.

IV – salário-família e auxílio-reclusão para os dependentes dos segurados de baixa renda;

>> Inciso IV com redação determinada pela Emenda Constitucional n. 20, de 15-12-1998.

>> *Vide* art. 27 da Emenda Constitucional n. 103, de 12-11-2019.

V – pensão por morte do segurado, homem ou mulher, ao cônjuge ou companheiro e dependentes, observado o disposto no § 2.º.

>> Inciso V com redação determinada pela Emenda Constitucional n. 20, de 15-12-1998.

§ 1.º É vedada a adoção de requisitos ou critérios diferenciados para concessão de benefícios, ressalvada, nos termos de lei complementar, a possibilidade de previsão de idade e tempo de contribuição distintos da regra geral para concessão de aposentadoria exclusivamente em favor dos segurados:

>> § 1.º, *caput* com redação determinada pela Emenda Constitucional n. 103, de 12-11-2019.

>> § 1.º regulamentado pela Lei Complementar n. 142, de 8-5-2013, em vigor 6 meses após a publicação (*DOU* de 9-5-2013), no tocante à aposentadoria da pessoa com deficiência segurada do Regime Geral de Previdência Social – RGPS.

>> *Vide* arts. 19, § 1.º, e 22 da Emenda Constitucional n. 103, de 12-11-2019.

I – com deficiência, previamente submetidos a avaliação biopsicossocial realizada por equipe multiprofissional e interdisciplinar;

>> Inciso I acrescentado pela Emenda Constitucional n. 103, de 12-11-2019.

>> *Vide* art. 22 da Emenda Constitucional n. 103, de 12-11-2019.

II – cujas atividades sejam exercidas com efetiva exposição a agentes químicos, físicos e biológicos prejudiciais à saúde, ou associação desses agentes, vedada a caracterização por categoria profissional ou ocupação.

>> Inciso II acrescentado pela Emenda Constitucional n. 103, de 12-11-2019.

§ 2.º Nenhum benefício que substitua o salário de contribuição ou o rendimento do trabalho do segurado terá valor mensal inferior ao salário mínimo.

>> § 2.º com redação determinada pela Emenda Constitucional n. 20, de 15-12-1998.

§ 3.º Todos os salários de contribuição considerados para o cálculo de benefício serão devidamente atualizados, na forma da lei.

>> § 3.º com redação determinada pela Emenda Constitucional n. 20, de 15-12-1998.

§ 4.º É assegurado o reajustamento dos benefícios para preservar-lhes, em caráter permanente, o valor real, conforme critérios definidos em lei.

>> § 4.º com redação determinada pela Emenda Constitucional n. 20, de 15-12-1998.

> *Vide* Súmula 688 do STF.

§ 5.º É vedada a filiação ao regime geral de previdência social, na qualidade de segurado facultativo, de pessoa participante de regime próprio de previdência.

>> § 5.º com redação determinada pela Emenda Constitucional n. 20, de 15-12-1998.

§ 6.º A gratificação natalina dos aposentados e pensionistas terá por base o valor dos proventos do mês de dezembro de cada ano.

>> § 6.º com redação determinada pela Emenda Constitucional n. 20, de 15-12-1998.

> Sobre gratificação de Natal (13.º salário): Lei n. 4.090, de 13-7-1962, Lei n. 4.749, de 12-8-1965, Decreto n. 57.155, de 3-11-1965, e Decreto n. 63.912, de 26-12-1968.

§ 7.º É assegurada aposentadoria no regime geral de previdência social, nos termos da lei, obedecidas as seguintes condições:

>> § 7.º, *caput*, com redação determinada pela Emenda Constitucional n. 20, de 15-12-1998.

I – 65 (sessenta e cinco) anos de idade, se homem, e 62 (sessenta e dois) anos de idade, se mulher, observado tempo mínimo de contribuição;

>> Inciso I com redação determinada pela Emenda Constitucional n. 103, de 12-11-2019.

>> *Vide* arts. 18 e 19 da Emenda Constitucional n. 103, de 12-11-2019.

II – 60 (sessenta) anos de idade, se homem, e 55 (cinquenta e cinco) anos de idade, se mulher, para os trabalhadores rurais e para os que exerçam suas atividades em regime de economia familiar, nestes incluídos o produtor rural, o garimpeiro e o pescador artesanal.

>> Inciso II com redação determinada pela Emenda Constitucional n. 103, de 12-11-2019.

> A Lei n. 11.685, de 2-6-2008, institui o Estatuto do Garimpeiro.

§ 8.º O requisito de idade a que se refere o inciso I do § 7.º será reduzido em 5 (cinco) anos, para o professor que comprove tempo de efetivo exercício das funções de magistério na educação infantil e no ensino fundamental e médio fixado em lei complementar.

>> § 8.º com redação determinada pela Emenda Constitucional n. 103, de 12-11-2019.

>> *Vide* art. 19, § 1.º da Emenda Constitucional n. 103, de 12-11-2019.

§ 9.º Para fins de aposentadoria, será assegurada a contagem recíproca do tempo de contribuição entre o Regime Geral de Previdência Social e os regimes próprios de previdência social, e destes entre si, observada a compensação financeira, de acordo com os critérios estabelecidos em lei.

>> § 9.º com redação determinada pela Emenda Constitucional n. 103, de 12-11-2019.

§ 9º-A. O tempo de serviço militar exercido nas atividades de que tratam os arts. 42, 142 e 143 e o tempo de contribuição ao Regime Geral de Previdência Social ou a regime próprio de previdência social terão contagem recíproca para fins de inativação militar ou aposentadoria, e a compensação financeira será devida entre as receitas de contribuição referentes aos militares e as receitas de contribuição aos demais regimes.

>> § 9.º-A acrescentado pela Emenda Constitucional n. 103, de 12-11-2019.

§ 10. Lei complementar poderá disciplinar a cobertura de benefícios não programados, inclusive os decorrentes de acidente do trabalho, a ser atendida concorrentemente pelo Regime Geral de Previdência Social e pelo setor privado.

>> § 10 com redação determinada pela Emenda Constitucional n. 103, de 12-11-2019.

§ 11. Os ganhos habituais do empregado, a qualquer título, serão incorporados ao salário para efeito de contribuição previdenciária e consequente repercussão em benefícios, nos casos e na forma da lei.

>> § 11 acrescentado pela Emenda Constitucional n. 20, de 15-12-1998.

§ 12. Lei instituirá sistema especial de inclusão previdenciária, com alíquotas diferenciadas, para atender aos trabalhadores de baixa renda, inclusive os que se encontram em situação de informalidade, e àqueles sem renda própria que se dediquem exclusivamente ao trabalho doméstico no âmbito de sua residência, desde que pertencentes a famílias de baixa renda.

>> § 12 com redação determinada pela Emenda Constitucional n. 103, de 12-11-2019.

§ 13. A aposentadoria concedida ao segurado de que trata o § 12 terá valor de 1 (um) salário mínimo.

>> § 13 com redação determinada pela Emenda Constitucional n. 103, de 12-11-2019.

§ 14. É vedada a contagem de tempo de contribuição fictício para efeito de concessão dos benefícios previdenciários e de contagem recíproca.

>> § 14 acrescentado pela Emenda Constitucional n. 103, de 12-11-2019.

>> Vide art. 25 da Emenda Constitucional n. 103, de 12-11-2019.

§ 15. Lei complementar estabelecerá vedações, regras e condições para a acumulação de benefícios previdenciários.

>> § 15 acrescentado pela Emenda Constitucional n. 103, de 12-11-2019.

§ 16. Os empregados dos consórcios públicos, das empresas públicas, das sociedades de economia mista e das suas subsidiárias serão aposentados compulsoriamente, observado o cumprimento do tempo mínimo de contribuição, ao atingir a idade máxima de que trata o inciso II do § 1.º do art. 40, na forma estabelecida em lei.

>> § 16 acrescentado pela Emenda Constitucional n. 103, de 12-11-2019.

Art. 202. O regime de previdência privada, de caráter complementar e organizado de forma autônoma em relação ao regime geral de previdência social, será facultativo, baseado na constituição de reservas que garantam o benefício contratado, e regulado por lei complementar.

>> *Caput* com redação determinada pela Emenda Constitucional n. 20, de 15-12-1998.

> *Vide* art. 7.º da Emenda Constitucional n. 20, de 15-12-1998.

> *Vide* Súmula 149 do STJ.

> Regime de Previdência Complementar: Lei Complementar n. 109, de 29-5-2001.

§ 1.º A lei complementar de que trata este artigo assegurará ao participante de planos de benefícios de entidades de previdência privada o pleno acesso às informações relativas à gestão de seus respectivos planos.

>> § 1.º com redação determinada pela Emenda Constitucional n. 20, de 15-12-1998.

§ 2.º As contribuições do empregador, os benefícios e as condições contratuais previstas nos estatutos, regulamentos e planos de benefícios das entidades de previdência privada não integram o contrato de trabalho dos participantes, assim como, à exceção dos benefícios concedidos, não integram a remuneração dos participantes, nos termos da lei.

>> § 2.º com redação determinada pela Emenda Constitucional n. 20, de 15-12-1998.

§ 3.º É vedado o aporte de recursos a entidade de previdência privada pela União, Estados, Distrito Federal e Municípios, suas autarquias, fundações, empresas públicas, sociedades de economia mista e outras entidades públicas, salvo na qualidade de patrocinador, situação na qual, em hipótese alguma, sua contribuição normal poderá exceder a do segurado.

>> § 3.º acrescentado pela Emenda Constitucional n. 20, de 15-12-1998.

>> Regulamento: Lei Complementar n. 108, de 29-5-2001.

> *Vide* art. 5.º da Emenda Constitucional n. 20, de 15-12-1998.

§ 4.º Lei complementar disciplinará a relação entre a União, Estados, Distrito Federal ou Municípios, inclusive suas autarquias, fundações, sociedades de economia mista e empresas controladas direta ou indiretamente, enquanto patrocinadores de planos de benefícios previdenciários, e as entidades de previdência complementar.

>> § 4.º com redação determinada pela Emenda Constitucional n. 103, de 12-11-2019.

>> Regulamento: Lei Complementar n. 108, de 29-5-2001.

>> *Vide* art. 40, § 14, da CF.

>> *Vide* art. 33 da Emenda Constitucional n. 103, de 12-11-2019.

§ 5.º A lei complementar de que trata o § 4.º aplicar-se-á, no que couber, às empresas privadas permissionárias ou concessionárias de prestação de serviços públicos, quando patrocinadoras de planos de benefícios em entidades de previdência complementar.

>> § 5.º com redação determinada pela Emenda Constitucional n. 103, de 12-11-2019.

>> Regulamento: Lei Complementar n. 108, de 29-5-2001.

>> *Vide* art. 33 da Emenda Constitucional n. 103, de 12-11-2019.

§ 6.º Lei complementar estabelecerá os requisitos para a designação dos membros das diretorias das entidades fechadas de previdência complementar instituídas pelos patrocinadores de que trata o § 4.º e disciplinará a inserção dos participantes nos colegiados e instâncias de decisão em que seus interesses sejam objeto de discussão e deliberação.

>> § 6.º com redação determinada pela Emenda Constitucional n. 103, de 12-11-2019.

>> Regulamento: Lei Complementar n. 108, de 29-5-2001.

Seção IV
Da Assistência Social

> A Lei n. 8.742, de 7-12-1993, dispõe sobre a organização da Assistência Social.

Art. 203. A assistência social será prestada a quem dela necessitar, independentemente de contribuição à seguridade social, e tem por objetivos:

I – a proteção à família, à maternidade, à infância, à adolescência e à velhice;

II – o amparo às crianças e adolescentes carentes;

III – a promoção da integração ao mercado de trabalho;

IV – a habilitação e reabilitação das pessoas portadoras de deficiência e a promoção de sua integração à vida comunitária;

V – a garantia de um salário mínimo de benefício mensal à pessoa portadora de deficiência e ao idoso que comprovem não possuir meios de prover à própria manutenção ou de tê-la provida por sua família, conforme dispuser a lei.

> Estatuto do Idoso: Lei n. 10.741, de 1.º-10-2003.

Art. 204. As ações governamentais na área da assistência social serão realizadas com recursos do orçamento da seguridade social, previstos no art. 195, além de outras fontes, e organizadas com base nas seguintes diretrizes:

I – descentralização político-administrativa, cabendo a coordenação e as normas gerais à esfera federal e a coordenação e a execução dos respectivos programas às esferas estadual e municipal, bem como a entidades beneficentes e de assistência social;

II – participação da população, por meio de organizações representativas, na formulação das políticas e no controle das ações em todos os níveis.

Parágrafo único. É facultado aos Estados e ao Distrito Federal vincular a programa de apoio à inclusão e promoção social até cinco décimos por cento de sua receita tributária líquida, vedada a aplicação desses recursos no pagamento de:

>> Parágrafo único, *caput*, acrescentado pela Emenda Constitucional n. 42, de 19-12-2003.

I – despesas com pessoal e encargos sociais;

>> Inciso I acrescentado pela Emenda Constitucional n. 42, de 19-12-2003.

II – serviço da dívida;

>> Inciso II acrescentado pela Emenda Constitucional n. 42, de 19-12-2003.

III – qualquer outra despesa corrente não vinculada diretamente aos investimentos ou ações apoiados.

>> Inciso III acrescentado pela Emenda Constitucional n. 42, de 19-12-2003.

Capítulo III
DA EDUCAÇÃO, DA CULTURA E DO DESPORTO

Seção I
Da Educação

> Lei de Diretrizes e Bases da Educação Nacional: Lei n. 9.394, de 20-12-1996.

> Salário-educação: Lei n. 9.766, de 18-12-1998.

> Promoção gratuita da educação através de organizações da sociedade civil de interesse público: Lei n. 9.790, de 23-3-1999.

> A Lei n. 11.274, de 6-2-2006, fixa a idade de 6 (seis) anos para o início do ensino fundamental obrigatório e altera para 9 (nove) anos seu período de duração.

> Lei do Estágio: Lei n. 11.788, de 25-9-2008.

> O art. 1.º da Lei n. 12.711, de 29-8-2012, estabelece: "Art. 1.º As instituições federais de educação superior vinculadas ao Ministério da Educação reservarão, em cada concurso seletivo para ingresso nos cursos de graduação, por curso e turno, no mínimo 50% de suas vagas para estudantes que tenham cursado integralmente o ensino médio em escolas públicas. Parágrafo único. No preenchimento das vagas de que trata o *caput* deste artigo, 50% deverão ser reservados aos estudantes oriundos de famílias com renda igual ou inferior a 1,5 salário mínimo *per capita*".

Art. 205. A educação, direito de todos e dever do Estado e da família, será promovida e incentivada com a colaboração da sociedade, visando ao pleno desenvolvimento da pessoa, seu preparo para o exercício da cidadania e sua qualificação para o trabalho.

Art. 206. O ensino será ministrado com base nos seguintes princípios:

I – igualdade de condições para o acesso e permanência na escola;

> Estatuto da Igualdade Racial: Lei n. 12.288, de 20-7-2010.

II – liberdade de aprender, ensinar, pesquisar e divulgar o pensamento, a arte e o saber;

III – pluralismo de ideias e de concepções pedagógicas, e coexistência de instituições públicas e privadas de ensino;

IV – gratuidade do ensino público em estabelecimentos oficiais;

> *Vide* Súmula Vinculante 12 do STF.

> *Vide* art. 242 da CF.

V – valorização dos profissionais da educação escolar, garantidos, na forma da lei, planos de carreira, com ingresso exclusivamente por concurso público de provas e títulos, aos das redes públicas;

>> Inciso V com redação determinada pela Emenda Constitucional n. 53, de 19-12-2006.

VI – gestão democrática do ensino público, na forma da lei;

VII – garantia de padrão de qualidade;

VIII – piso salarial profissional nacional para os profissionais da educação escolar pública, nos termos de lei federal.

>> Inciso VIII acrescentado pela Emenda Constitucional n. 53, de 19-12-2006.

IX – garantia do direito à educação e à aprendizagem ao longo da vida.

>> Inciso IX acrescentado pela Emenda Constitucional n. 108, de 26-8-2020, produzindo efeitos a partir de 1.º-1-2021.

Parágrafo único. A lei disporá sobre as categorias de trabalhadores considerados profissionais da educação básica e sobre a fixação de prazo para a elaboração ou adequação de seus planos de carreira, no âmbito da União, dos Estados, do Distrito Federal e dos Municípios.

>> Parágrafo único acrescentado pela Emenda Constitucional n. 53, de 19-12-2006.

Art. 207. As universidades gozam de autonomia didático-científica, administrativa e de gestão financeira e patrimonial, e obedecerão ao princípio de indissociabilidade entre ensino, pesquisa e extensão.

> O Decreto n. 9.235, de 15-12-2017, dispõe sobre o exercício das funções de regulação, supervisão e avaliação de instituições de educação superior e cursos superiores de graduação e sequenciais no sistema federal de ensino.

> O Decreto n. 7.233, de 19-7-2010, dispõe sobre procedimentos orçamentários e financeiros relacionados à autonomia universitária.

§ 1.º É facultado às universidades admitir professores, técnicos e cientistas estrangeiros, na forma da lei.

>> § 1.º acrescentado pela Emenda Constitucional n. 11, de 30-4-1996.

§ 2.º O disposto neste artigo aplica-se às instituições de pesquisa científica e tecnológica.

>> § 2.º acrescentado pela Emenda Constitucional n. 11, de 30-4-1996.

Art. 208. O dever do Estado com a educação será efetivado mediante a garantia de:

I – educação básica obrigatória e gratuita dos 4 (quatro) aos 17 (dezessete) anos de idade, assegurada inclusive sua oferta gratuita para todos os que a ela não tiveram acesso na idade própria;

>> Inciso I com redação determinada pela Emenda Constitucional n. 59, de 11-11-2009.

>> *Vide* art. 6.º da Emenda Constitucional n. 59, de 11-11-2009.

II – progressiva universalização do ensino médio gratuito;

>> Inciso II com redação determinada pela Emenda Constitucional n. 14, de 12-9-1996.

III – atendimento educacional especializado aos portadores de deficiência, preferencialmente na rede regular de ensino;

> A Lei n. 7.853, de 24-10-1989, regulamentada pelo Decreto n. 3.298, de 20-12-1999, consolida as normas de proteção à pessoa portadora de deficiência.

> A Lei n. 10.845, de 5-3-2004, institui o Programa de Complementação ao Atendimento Educacional Especializado às Pessoas Portadoras de Deficiência.

IV – educação infantil, em creche e pré-escola, às crianças até 5 (cinco) anos de idade;

>> Inciso IV com redação determinada pela Emenda Constitucional n. 53, de 19-12-2006.

V – acesso aos níveis mais elevados do ensino, da pesquisa e da criação artística, segundo a capacidade de cada um;

VI – oferta de ensino noturno regular, adequado às condições do educando;

VII – atendimento ao educando, em todas as etapas da educação básica, por meio de programas suplementares de material didático-escolar, transporte, alimentação e assistência à saúde.

>> Inciso VII com redação determinada pela Emenda Constitucional n. 59, de 11-11-2009.

§ 1.º O acesso ao ensino obrigatório e gratuito é direito público subjetivo.

§ 2.º O não oferecimento do ensino obrigatório pelo Poder Público, ou sua oferta irregular, importa responsabilidade da autoridade competente.

§ 3.º Compete ao Poder Público recensear os educandos no ensino fundamental, fazer-lhes a chamada e zelar, junto aos pais ou responsáveis, pela frequência à escola.

Art. 209. O ensino é livre à iniciativa privada, atendidas as seguintes condições:

I – cumprimento das normas gerais da educação nacional;

II – autorização e avaliação de qualidade pelo Poder Público.

Art. 210. Serão fixados conteúdos mínimos para o ensino fundamental, de maneira a assegurar formação básica comum e respeito aos valores culturais e artísticos, nacionais e regionais.

§ 1.º O ensino religioso, de matrícula facultativa, constituirá disciplina dos horários normais das escolas públicas de ensino fundamental.

§ 2.º O ensino fundamental regular será ministrado em língua portuguesa, assegurada às comunidades indígenas também a utilização de suas línguas maternas e processos próprios de aprendizagem.

Art. 211. A União, os Estados, o Distrito Federal e os Municípios organizarão em regime de colaboração seus sistemas de ensino.

> *Vide* art. 60 e §§ do ADCT.

§ 1.º A União organizará o sistema federal de ensino e o dos Territórios, financiará as instituições de ensino públicas federais e exercerá, em matéria educacional, função redistributiva e supletiva, de forma a garantir equalização de oportunidades educacionais e padrão mínimo de qualidade do ensino mediante assistência técnica e financeira aos Estados, ao Distrito Federal e aos Municípios.

>> § 1.º com redação determinada pela Emenda Constitucional n. 14, de 12-9-1996.

§ 2.º Os Municípios atuarão prioritariamente no ensino fundamental e na educação infantil.

>> § 2.º com redação determinada pela Emenda Constitucional n. 14, de 12-9-1996.

§ 3.º Os Estados e o Distrito Federal atuarão prioritariamente no ensino fundamental e médio.

>> § 3.º acrescentado pela Emenda Constitucional n. 14, de 12-9-1996.

§ 4.º Na organização de seus sistemas de ensino, a União, os Estados, o Distrito Federal e os Municípios definirão formas de colaboração, de forma a assegurar a universalização, a qualidade e a equidade do ensino obrigatório.

>> § 4.º com redação determinada pela Emenda Constitucional n. 108, de 26-8-2020, produzindo efeitos a partir de 1.º-1-2021.

§ 5.º A educação básica pública atenderá prioritariamente ao ensino regular.

>> § 5.º acrescentado pela Emenda Constitucional n. 53, de 19-12-2006.

§ 6.º A União, os Estados, o Distrito Federal e os Municípios exercerão ação redistributiva em relação a suas escolas.

>> § 6.º acrescentado pela Emenda Constitucional n. 108, de 26-8-2020, produzindo efeitos a partir de 1.º-1-2021.

§ 7.º O padrão mínimo de qualidade de que trata o § 1.º deste artigo considerará as condições adequadas de oferta e terá como referência o Custo Aluno Qualidade (CAQ), pactuados em regime de colaboração na forma disposta em lei complementar, conforme o parágrafo único do art. 23 desta Constituição.

>> § 7.º acrescentado pela Emenda Constitucional n. 108, de 26-8-2020, produzindo efeitos a partir de 1.º-1-2021.

Art. 212. A União aplicará, anualmente, nunca menos de dezoito, e os Estados, o Distrito Federal e os Municípios vinte e cinco por cento, no mínimo, da receita resultante de impostos, compreendida a proveniente de transferências, na manutenção e desenvolvimento do ensino.

>> *Vide* art. 110, I, do ADCT.

> *Vide* arts. 60 e 72, §§ 2.º e 3.º, do ADCT.

§ 1.º A parcela da arrecadação de impostos transferida pela União aos Estados, ao Distrito Federal e aos Municípios, ou pelos Estados aos respectivos Municípios, não é considerada, para efeito do cálculo previsto neste artigo, receita do governo que a transferir.

§ 2.º Para efeito do cumprimento do disposto no *caput* deste artigo, serão considerados os sistemas de ensino federal, estadual e municipal e os recursos aplicados na forma do art. 213.

§ 3.º A distribuição dos recursos públicos assegurará prioridade ao atendimento das necessidades do ensino obrigatório, no que se refere a universalização, garantia de padrão de qualidade e equidade, nos termos do plano nacional de educação.

>> § 3.º com redação determinada pela Emenda Constitucional n. 59, de 11-11-2009.

§ 4.º Os programas suplementares de alimentação e assistência à saúde previstos no art. 208, VII, serão financiados com recursos provenientes de contribuições sociais e outros recursos orçamentários.

§ 5.º A educação básica pública terá como fonte adicional de financiamento a contribuição social do salário-educação, recolhida pelas empresas na forma da lei.

>> § 5.º com redação determinada pela Emenda Constitucional n. 53, de 19-12-2006.

>> § 5.º regulamentado pelo Decreto n. 6.003, de 28-12-2006.

> *Vide* art. 76, § 2.º, do ADCT.

> A Lei n. 9.766, de 18-12-1998, regulamenta o salário-educação.

§ 6.º As cotas estaduais e municipais da arrecadação da contribuição social do salário-educação serão distribuídas proporcionalmente ao número de alunos matriculados na educação básica nas respectivas redes públicas de ensino.

>> § 6.º acrescentado pela Emenda Constitucional n. 53, de 19-12-2006.

>> *Vide* art. 107, § 6.º, I, do ADCT.

§ 7.º É vedado o uso dos recursos referidos no *caput* e nos §§ 5.º e 6.º deste artigo para pagamento de aposentadorias e de pensões.

>> § 7.º acrescentado pela Emenda Constitucional n. 108, de 26-8-2020, produzindo efeitos a partir de 1.º-1-2021.

§ 8.º Na hipótese de extinção ou de substituição de impostos, serão redefinidos os percentuais referidos no *caput* deste artigo e no inciso II do *caput* do art. 212-A, de modo que resultem recursos vinculados à manutenção e ao desenvolvimento do ensino, bem como os recursos subvinculados aos fundos deque trata o art. 212-A desta Constituição, em aplicações equivalentes às anteriormente praticadas.

>> § 8.º acrescentado pela Emenda Constitucional n. 108, de 26-8-2020, produzindo efeitos a partir de 1.º-1-2021.

§ 9.º A lei disporá sobre normas de fiscalização, de avaliação e de controle das despesas com educação nas esferas estadual, distrital e municipal.

>> § 9.º acrescentado pela Emenda Constitucional n. 108, de 26-8-2020, produzindo efeitos a partir de 1.º-1-2021.

Art. 212-A. Os Estados, o Distrito Federal e os Municípios destinarão parte dos recursos a que se refere o *caput* do art. 212 desta Constituição à manutenção e ao desenvolvimento do ensino na educação básica e à remuneração condigna de seus profissionais, respeitadas as seguintes disposições:

>> *Caput* acrescentado pela Emenda Constitucional n. 108, de 26-8-2020, produzindo efeitos a partir de 1.º-1-2021.

I – a distribuição dos recursos e de responsabilidades entre o Distrito Federal, os Estados e seus Municípios é assegurada mediante a instituição, no âmbito de cada Estado e do Distrito Federal, de um Fundo de Manutenção e Desenvolvimento da Educação Básica e de Valorização dos Profissionais da Educação (Fundeb), de natureza contábil;

>> Inciso I acrescentado pela Emenda Constitucional n. 108, de 26-8-2020, produzindo efeitos a partir de 1.º-1-2021.

>> *Vide* art. 60-A do ADCT.

II – os fundos referidos no inciso I do *caput* deste artigo serão constituídos por 20% (vinte por cento) dos recursos a que se referem os incisos I, II e III do *caput* do art. 155, o inciso II do *caput* do art. 157, os incisos II, III e IV do *caput* do art. 158 e as alíneas *a* e *b* do inciso I e o inciso II do *caput* do art. 159 desta Constituição;

>> Inciso II acrescentado pela Emenda Constitucional n. 108, de 26-8-2020, produzindo efeitos a partir de 1.º-1-2021.

III – os recursos referidos no inciso II do *caput* deste artigo serão distribuídos entre cada Estado e seus Municípios, proporcionalmente ao número de alunos das diversas etapas e modalidades da educação básica presencial matriculados nas respectivas redes, nos âmbitos de atuação prioritária, conforme estabelecido nos §§ 2.º e 3.º do art. 211 desta Constituição, observadas as ponderações referidas na alínea *a* do inciso X do *caput* e no § 2.º deste artigo;

>> Inciso III acrescentado pela Emenda Constitucional n. 108, de 26-8-2020, produzindo efeitos a partir de 1.º-1-2021.

IV – a União complementará os recursos dos fundos a que se refere o inciso II do *caput* deste artigo;

>> Inciso IV acrescentado pela Emenda Constitucional n. 108, de 26-8-2020, produzindo efeitos a partir de 1.º-1-2021.

>> *Vide* art. 60 do ADCT.

V – a complementação da União será equivalente a, no mínimo, 23% (vinte e três por cento) do total de recursos a que se refere o inciso II do *caput* deste artigo, distribuída da seguinte forma:

>> Inciso V, *caput*, acrescentado pela Emenda Constitucional n. 108, de 26-8-2020, produzindo efeitos a partir de 1.º-1-2021.

a) 10 (dez) pontos percentuais no âmbito de cada Estado e do Distrito Federal, sempre que o valor anual por aluno (VAAF), nos termos do inciso III do *caput* deste artigo, não alcançar o mínimo definido nacionalmente;

>> Alínea *a* acrescentada pela Emenda Constitucional n. 108, de 26-8-2020, produzindo efeitos a partir de 1.º-1-2021.

b) no mínimo, 10,5 (dez inteiros e cinco décimos) pontos percentuais em cada rede pública de ensino municipal, estadual ou distrital, sempre que o valor anual total por aluno (VAAT), referido no inciso VI do *caput* deste artigo, não alcançar o mínimo definido nacionalmente;

>> Alínea *b* acrescentada pela Emenda Constitucional n. 108, de 26-8-2020, produzindo efeitos a partir de 1.º-1-2021.

>> *Vide* art. 60, § 1.º, do ADCT.

c) 2,5 (dois inteiros e cinco décimos) pontos percentuais nas redes públicas que, cumpridas condicionalidades de melhoria de gestão previstas em lei, alcançarem evolução de indicadores a serem definidos, de atendimento e melhoria da aprendizagem com redução das desigualdades, nos termos do sistema nacional de avaliação da educação básica;

>> Alínea *c* acrescentada pela Emenda Constitucional n. 108, de 26-8-2020, produzindo efeitos a partir de 1.º-1-2021.

>> *Vide* art. 60, § 2.º, do ADCT.

VI – o VAAT será calculado, na forma da lei de que trata o inciso X do *caput* deste artigo, com base nos recursos a que se refere o inciso II do *caput* deste artigo, acrescidos de outras receitas e de transferências vinculadas à educação, observado o disposto no § 1.º e consideradas as matrículas nos termos do inciso III do *caput* deste artigo;

>> Inciso VI acrescentado pela Emenda Constitucional n. 108, de 26-8-2020, produzindo efeitos a partir de 1.º-1-2021.

VII – os recursos de que tratam os incisos II e IV do *caput* deste artigo serão aplicados pelos Estados e pelos Municípios exclusivamente nos respectivos âmbitos de atuação prioritária, conforme estabelecido nos §§ 2.º e 3.º do art. 211 desta Constituição;

>> Inciso VII acrescentado pela Emenda Constitucional n. 108, de 26-8-2020, produzindo efeitos a partir de 1.º-1-2021.

VIII – a vinculação de recursos à manutenção e ao desenvolvimento do ensino estabelecida no art. 212 desta Constituição suportará, no máximo, 30% (trinta por cento) da complementação da União, considerados para os fins deste inciso os valores previstos no inciso V do *caput* deste artigo;

>> Inciso VIII acrescentado pela Emenda Constitucional n. 108, de 26-8-2020, produzindo efeitos a partir de 1.º-1-2021.

IX – o disposto no *caput* do art. 160 desta Constituição aplica-se aos recursos referidos nos incisos II e IV do *caput* deste artigo, e seu descumprimento pela autoridade competente importará em crime de responsabilidade;

>> Inciso IX acrescentado pela Emenda Constitucional n. 108, de 26-8-2020, produzindo efeitos a partir de 1.º-1-2021.

X – a lei disporá, observadas as garantias estabelecidas nos incisos I, II, III e IV do *caput* e no § 1.º do art. 208 e as metas pertinentes do plano nacional de educação, nos termos previstos no art. 214 desta Constituição, sobre:

>> Inciso X, *caput*, acrescentado pela Emenda Constitucional n. 108, de 26-8-2020, produzindo efeitos a partir de 1.º-1-2021.

a) a organização dos fundos referidos no inciso I do *caput* deste artigo e a distribuição proporcional de seus recursos, as diferenças e as ponderações quanto ao valor anual por aluno entre etapas, modalidades, duração da jornada e tipos de estabelecimento de ensino, observados as respectivas especificidades e os insumos necessários para a garantia de sua qualidade;

>> Alínea *a* acrescentada pela Emenda Constitucional n. 108, de 26-8-2020, produzindo efeitos a partir de 1.º-1-2021.

b) a forma de cálculo do VAAF decorrente do inciso III do *caput* deste artigo e do VAAT referido no inciso VI do *caput* deste artigo;

>> Alínea *b* acrescentada pela Emenda Constitucional n. 108, de 26-8-2020, produzindo efeitos a partir de 1.º-1-2021.

c) a forma de cálculo para distribuição prevista na alínea **c** do inciso V do *caput* deste artigo;

>> Alínea *c* acrescentada pela Emenda Constitucional n. 108, de 26-8-2020, produzindo efeitos a partir de 1.º-1-2021.

d) a transparência, o monitoramento, a fiscalização e o controle interno, externo e social dos fundos referidos no inciso I do *caput* deste artigo, assegurada a criação, a autonomia, a manutenção e a consolidação de conselhos de acompanhamento e controle social, admitida sua integração aos conselhos de educação;

>> Alínea *d* acrescentada pela Emenda Constitucional n. 108, de 26-8-2020, produzindo efeitos a partir de 1.º-1-2021.

e) o conteúdo e a periodicidade da avaliação, por parte do órgão responsável, dos efeitos redistributivos, da melhoria dos indicadores educacionais e da ampliação do atendimento;

>> Alínea *e* acrescentada pela Emenda Constitucional n. 108, de 26-8-2020, produzindo efeitos a partir de 1.º-1-2021.

XI – proporção não inferior a 70% (setenta por cento) de cada fundo referido no inciso I do *caput* deste artigo, excluídos os recursos de que trata a alínea *c* do inciso V do *caput* deste artigo, será destinada ao pagamento dos profissionais da educação básica em efetivo exercício, observado, em relação aos recursos previstos na alínea *b* do inciso V do *caput* deste artigo, o percentual mínimo de 15% (quinze por cento) para despesas de capital;

>> Inciso XI acrescentado pela Emenda Constitucional n. 108, de 26-8-2020, produzindo efeitos a partir de 1.º-1-2021.

XII – lei específica disporá sobre o piso salarial profissional nacional para os profissionais do magistério da educação básica pública;

>> Inciso XII acrescentado pela Emenda Constitucional n. 108, de 26-8-2020, produzindo efeitos a partir de 1.º-1-2021.

XIII – a utilização dos recursos a que se refere o § 5.º do art. 212 desta Constituição para a complementação da União ao Fundeb, referida no inciso V do *caput* deste artigo, é vedada.

>> Inciso XIII acrescentado pela Emenda Constitucional n. 108, de 26-8-2020, produzindo efeitos a partir de 1.º-1-2021.

§ 1.º O cálculo do VAAT, referido no inciso VI do *caput* deste artigo, deverá considerar, além dos recursos previstos no inciso II do *caput* deste artigo, pelo menos, as seguintes disponibilidades:

>> § 1.º, *caput*, acrescentado pela Emenda Constitucional n. 108, de 26-8-2020, produzindo efeitos a partir de 1.º-1-2021.

I – receitas de Estados, do Distrito Federal e de Municípios vinculadas à manutenção e ao desenvolvimento do ensino não integrantes dos fundos referidos no inciso I do *caput* deste artigo;

>> Inciso I acrescentado pela Emenda Constitucional n. 108, de 26-8-2020, produzindo efeitos a partir de 1.º-1-2021.

II – cotas estaduais e municipais da arrecadação do salário-educação de que trata o § 6.º do art. 212 desta Constituição;

>> Inciso II acrescentado pela Emenda Constitucional n. 108, de 26-8-2020, produzindo efeitos a partir de 1.º-1-2021.

III – complementação da União transferida a Estados, ao Distrito Federal e a Municípios nos termos da alínea *a* do inciso V do *caput* deste artigo.

>> Inciso III acrescentado pela Emenda Constitucional n. 108, de 26-8-2020, produzindo efeitos a partir de 1.º-1-2021.

§ 2.º Além das ponderações previstas na alínea *a* do inciso X do *caput* deste artigo, a lei definirá outras relativas ao nível socioeconômico dos educandos e aos indicadores de disponibilidade de recursos vinculados à educação e de potencial de arrecadação tributária de cada ente federado, bem como seus prazos de implementação.

>> § 2.º acrescentado pela Emenda Constitucional n. 108, de 26-8-2020, produzindo efeitos a partir de 1.º-1-2021.

§ 3.º Será destinada à educação infantil a proporção de 50% (cinquenta por cento) dos recursos globais a que se refere a alínea *b* do inciso V do *caput* deste artigo, nos termos da lei.

>> § 3.º acrescentado pela Emenda Constitucional n. 108, de 26-8-2020, produzindo efeitos a partir de 1.º-1-2021.

Art. 213. Os recursos públicos serão destinados às escolas públicas, podendo ser dirigidos a escolas comunitárias, confessionais ou filantrópicas, definidas em lei, que:

> *Vide* art. 61 do ADCT.

I – comprovem finalidade não lucrativa e apliquem seus excedentes financeiros em educação;

II – assegurem a destinação de seu patrimônio a outra escola comunitária, filantrópica ou confessional, ou ao Poder Público, no caso de encerramento de suas atividades.

§ 1.º Os recursos de que trata este artigo poderão ser destinados a bolsas de estudo para o ensino fundamental e médio, na forma da lei, para os que demonstrarem insuficiência de recursos, quando houver falta de vagas e cursos regulares da rede pública na localidade da residência do educando, ficando o Poder Público obrigado a investir prioritariamente na expansão de sua rede na localidade.

§ 2.º As atividades de pesquisa, de extensão e de estímulo e fomento à inovação realizadas por universidades e/ou por instituições de educação profissional e tecnológica poderão receber apoio financeiro do Poder Público.

>> § 2.º com redação determinada pela Emenda Constitucional n. 85, de 26-2-2015.

Art. 214. A lei estabelecerá o plano nacional de educação, de duração decenal, com o objetivo de articular o sistema nacional de educação em regime de colaboração e definir diretrizes, objetivos, metas e estratégias de implementação para assegurar a manutenção e desenvolvimento do ensino em seus diversos níveis, etapas e modalidades por meio de ações integradas dos poderes públicos das diferentes esferas federativas que conduzam a:

>> *Caput* com redação determinada pela Emenda Constitucional n. 59, de 11-11-2009.

I – erradicação do analfabetismo;

II – universalização do atendimento escolar;

III – melhoria da qualidade do ensino;

IV – formação para o trabalho;

V – promoção humanística, científica e tecnológica do País;

VI – estabelecimento de meta de aplicação de recursos públicos em educação como proporção do produto interno bruto.

>> Inciso VI acrescentado pela Emenda Constitucional n. 59, de 11-11-2009.

Seção II
Da Cultura

> A Lei n. 8.313, de 23-12-1991, regulamentada pelo Decreto n. 5.761, de 27-4-2006, institui o Programa Nacional de Apoio à Cultura – PRONAC.

> A Lei n. 8.685, de 20-7-1993, cria mecanismo de fomento à atividade audiovisual.

> A Lei n. 12.761, de 27-12-2012, institui o Programa de Cultura do Trabalhador e cria o vale-cultura.

Art. 215. O Estado garantirá a todos o pleno exercício dos direitos culturais e acesso às fontes da cultura nacional, e apoiará e incentivará a valorização e a difusão das manifestações culturais.

> A Lei n. 13.018, de 22-7-2014, institui a Política Nacional de Cultura Viva.

§ 1.º O Estado protegerá as manifestações das culturas populares, indígenas e afro-brasileiras, e das de outros grupos participantes do processo civilizatório nacional.

§ 2.º A lei disporá sobre a fixação de datas comemorativas de alta significação para os diferentes segmentos étnicos nacionais.

§ 3.º A lei estabelecerá o Plano Nacional de Cultura, de duração plurianual, visando ao desenvolvimento cultural do País e à integração das ações do poder público que conduzem à:

>> A Lei n. 12.343, de 2-12-2010, institui o Plano Nacional de Cultura – PNC, cria o Sistema Nacional de Informações e Indicadores Culturais – SNIIC e dá outras providências.

I – defesa e valorização do patrimônio cultural brasileiro;

II – produção, promoção e difusão de bens culturais;

III – formação de pessoal qualificado para a gestão da cultura em suas múltiplas dimensões;

IV – democratização do acesso aos bens de cultura;

V – valorização da diversidade étnica e regional.

>> § 3.º acrescentado pela Emenda Constitucional n. 48, de 10-8-2005.

Art. 216. Constituem patrimônio cultural brasileiro os bens de natureza material e imaterial, tomados individualmente ou em conjunto, portadores de referência à identidade, à ação, à memória dos diferentes grupos formadores da sociedade brasileira, nos quais se incluem:

I – as formas de expressão;

II – os modos de criar, fazer e viver;

III – as criações científicas, artísticas e tecnológicas;

IV – as obras, objetos, documentos, edificações e demais espaços destinados às manifestações artístico-culturais;

V – os conjuntos urbanos e sítios de valor histórico, paisagístico, artístico, arqueológico, paleontológico, ecológico e científico.

> A Lei n. 3.924, de 26-7-1961, dispõe sobre os monumentos arqueológicos e pré-históricos.

> *Vide* art. 65, § 1.º, da Lei n. 9.605, de 12-2-1998.

§ 1.º O Poder Público, com a colaboração da comunidade, promoverá e protegerá o patrimônio cultural brasileiro, por meio de inventários, registros, vigilância, tombamento e desapropriação, e de outras formas de acautelamento e preservação.

> A Lei n. 8.394, de 30-12-1991, regulamentada pelo Decreto n. 4.344, de 26-8-2002, dispõe sobre a preservação, organização e proteção dos acervos documentais privados dos presidentes da República.

§ 2.º Cabem à administração pública, na forma da lei, a gestão da documentação governamental e as providências para franquear sua consulta a quantos dela necessitem.

>> A Lei n. 12.527, de 18-11-2011, regula o acesso a informações previsto neste § 2.º.

> O Decreto n. 7.845, de 14-11-2012, regulamenta procedimentos para credenciamento de segurança e tratamento de informação classificada em qualquer grau de sigilo, e dispõe sobre o Núcleo de Segurança e Credenciamento.

§ 3.º A lei estabelecerá incentivos para a produção e o conhecimento de bens e valores culturais.

> As Leis n. 7.505, de 2-7-1986 (Lei Sarney), e n. 8.313, de 23-12-1991 (Lei Rouanet), dispõem sobre benefícios fiscais concedidos a operações de caráter cultural ou artístico.

§ 4.º Os danos e ameaças ao patrimônio cultural serão punidos, na forma da lei.

§ 5.º Ficam tombados todos os documentos e os sítios detentores de reminiscências históricas dos antigos quilombos.

§ 6.º É facultado aos Estados e ao Distrito Federal vincular a fundo estadual de fomento à cultura até cinco décimos por cento de sua receita tributária líquida, para o financiamento de programas e projetos culturais, vedada a aplicação desses recursos no pagamento de:

>> § 6.º, *caput*, acrescentado pela Emenda Constitucional n. 42, de 19-12-2003.

I – despesas com pessoal e encargos sociais;

>> Inciso I acrescentado pela Emenda Constitucional n. 42, de 19-12-2003.

II – serviço da dívida;

>> Inciso II acrescentado pela Emenda Constitucional n. 42, de 19-12-2003.

III – qualquer outra despesa corrente não vinculada diretamente aos investimentos ou ações apoiados.

>> Inciso III acrescentado pela Emenda Constitucional n. 42, de 19-12-2003.

Art. 216-A. O Sistema Nacional de Cultura, organizado em regime de colaboração, de forma descentralizada e participativa, institui um processo de gestão e promoção conjunta de políticas públicas de cultura, democráticas e permanentes, pactuadas entre os entes da Federação e a sociedade, tendo por objetivo promover o desenvolvimento humano, social e econômico com pleno exercício dos direitos culturais.

>> *Caput* acrescentado pela Emenda Constitucional n. 71, de 29-11-2012.

§ 1.º O Sistema Nacional de Cultura fundamenta-se na política nacional de cultura e nas suas diretrizes, estabelecidas no Plano Nacional de Cultura, e rege-se pelos seguintes princípios:

>> § 1.º, *caput*, acrescentado pela Emenda Constitucional n. 71, de 29-11-2012.

I – diversidade das expressões culturais;

>> Inciso I acrescentado pela Emenda Constitucional n. 71, de 29-11-2012.

II – universalização do acesso aos bens e serviços culturais;

>> Inciso II acrescentado pela Emenda Constitucional n. 71, de 29-11-2012.

III – fomento à produção, difusão e circulação de conhecimento e bens culturais;

>> Inciso III acrescentado pela Emenda Constitucional n. 71, de 29-11-2012.

IV – cooperação entre os entes federados, os agentes públicos e privados atuantes na área cultural;

>> Inciso IV acrescentado pela Emenda Constitucional n. 71, de 29-11-2012.

V – integração e interação na execução das políticas, programas, projetos e ações desenvolvidas;

>> Inciso V acrescentado pela Emenda Constitucional n. 71, de 29-11-2012.

VI – complementaridade nos papéis dos agentes culturais;

>> Inciso VI acrescentado pela Emenda Constitucional n. 71, de 29-11-2012.

VII – transversalidade das políticas culturais;

>> Inciso VII acrescentado pela Emenda Constitucional n. 71, de 29-11-2012.

VIII – autonomia dos entes federados e das instituições da sociedade civil;

>> Inciso VIII acrescentado pela Emenda Constitucional n. 71, de 29-11-2012.

IX – transparência e compartilhamento das informações;

>> Inciso IX acrescentado pela Emenda Constitucional n. 71, de 29-11-2012.

X – democratização dos processos decisórios com participação e controle social;

>> Inciso X acrescentado pela Emenda Constitucional n. 71, de 29-11-2012.

XI – descentralização articulada e pactuada da gestão, dos recursos e das ações;

>> Inciso XI acrescentado pela Emenda Constitucional n. 71, de 29-11-2012.

XII – ampliação progressiva dos recursos contidos nos orçamentos públicos para a cultura.

>> Inciso XII acrescentado pela Emenda Constitucional n. 71, de 29-11-2012.

§ 2.º Constitui a estrutura do Sistema Nacional de Cultura, nas respectivas esferas da Federação:

>> § 2.º, *caput*, acrescentado pela Emenda Constitucional n. 71, de 29-11-2012.

I – órgãos gestores da cultura;

>> Inciso I acrescentado pela Emenda Constitucional n. 71, de 29-11-2012.

II – conselhos de política cultural;

>> Inciso II acrescentado pela Emenda Constitucional n. 71, de 29-11-2012.

III – conferências de cultura;

>> Inciso III acrescentado pela Emenda Constitucional n. 71, de 29-11-2012.

IV – comissões intergestores;

>> Inciso IV acrescentado pela Emenda Constitucional n. 71, de 29-11-2012.

V – planos de cultura;

>> Inciso V acrescentado pela Emenda Constitucional n. 71, de 29-11-2012.

VI – sistemas de financiamento à cultura;

>> Inciso VI acrescentado pela Emenda Constitucional n. 71, de 29-11-2012.

VII – sistemas de informações e indicadores culturais;

>> Inciso VII acrescentado pela Emenda Constitucional n. 71, de 29-11-2012.

VIII – programas de formação na área da cultura; e

>> Inciso VIII acrescentado pela Emenda Constitucional n. 71, de 29-11-2012.

IX – sistemas setoriais de cultura.

>> Inciso IX acrescentado pela Emenda Constitucional n. 71, de 29-11-2012.

§ 3.º Lei federal disporá sobre a regulamentação do Sistema Nacional de Cultura, bem como de sua articulação com os demais sistemas nacionais ou políticas setoriais de governo.

>> § 3.º acrescentado pela Emenda Constitucional n. 71, de 29-11-2012.

§ 4.º Os Estados, o Distrito Federal e os Municípios organizarão seus respectivos sistemas de cultura em leis próprias.

>> § 4.º acrescentado pela Emenda Constitucional n. 71, de 29-11-2012.

Seção III

Do Desporto

> A Lei n. 9.615, de 24-3-1998, institui normas gerais sobre desportos.

> A Lei n. 11.438, de 29-12-2006, regulamentada pelo Decreto n. 6.180, de 3-8-2007, dispõe sobre incentivos e benefícios para fomentar as atividades de caráter desportivo.

Art. 217. É dever do Estado fomentar práticas desportivas formais e não formais, como direito de cada um, observados:

I – a autonomia das entidades desportivas dirigentes e associações, quanto a sua organização e funcionamento;

II – a destinação de recursos públicos para a promoção prioritária do desporto educacional e, em casos específicos, para a do desporto de alto rendimento;

III – o tratamento diferenciado para o desporto profissional e o não profissional;

IV – a proteção e o incentivo às manifestações desportivas de criação nacional.

§ 1.º O Poder Judiciário só admitirá ações relativas à disciplina e às competições desportivas após esgotarem-se as instâncias da justiça desportiva, reguladas em lei.

§ 2.º A justiça desportiva terá o prazo máximo de sessenta dias, contados da instauração do processo, para proferir decisão final.

§ 3.º O Poder Público incentivará o lazer, como forma de promoção social.

Capítulo IV
DA CIÊNCIA, TECNOLOGIA E INOVAÇÃO

>> Capítulo IV com denominação determinada pela Emenda Constitucional n. 85, de 26-2-2015.

>> A Lei n. 10.973, de 2-12-2004, estabelece medidas de incentivo à inovação e à pesquisa científica e tecnológica no ambiente produtivo, com vistas à capacitação e ao alcance da autonomia tecnológica e ao desenvolvimento industrial do país, nos termos deste capítulo. Regulamento: Decreto n. 5.563, de 11-10-2005.

> Conselho Nacional de Ciência e Tecnologia: Lei n. 9.257, de 9-1-1996.

Art. 218. O Estado promoverá e incentivará o desenvolvimento científico, a pesquisa, a capacitação científica e tecnológica e a inovação.

>> *Caput* com redação determinada pela Emenda Constitucional n. 85, de 26-2-2015.

§ 1.º A pesquisa científica básica e tecnológica receberá tratamento prioritário do Estado, tendo em vista o bem público e o progresso da ciência, tecnologia e inovação.

>> § 1.º com redação determinada pela Emenda Constitucional n. 85, de 26-2-2015.

§ 2.º A pesquisa tecnológica voltar-se-á preponderantemente para a solução dos problemas brasileiros e para o desenvolvimento do sistema produtivo nacional e regional.

§ 3.º O Estado apoiará a formação de recursos humanos nas áreas de ciência, pesquisa, tecnologia e inovação, inclusive por meio do apoio às atividades de extensão tecnológica, e concederá aos que delas se ocupem meios e condições especiais de trabalho.

>> § 3.º com redação determinada pela Emenda Constitucional n. 85, de 26-2-2015.

§ 4.º A lei apoiará e estimulará as empresas que invistam em pesquisa, criação de tecnologia adequada ao País, formação e aperfeiçoamento de seus recursos humanos e que pratiquem sistemas de remuneração que assegurem ao empregado, desvinculada do salário, participação nos ganhos econômicos resultantes da produtividade de seu trabalho.

§ 5.º É facultado aos Estados e ao Distrito Federal vincular parcela de sua receita orçamentária a entidades públicas de fomento ao ensino e à pesquisa científica e tecnológica.

§ 6.º O Estado, na execução das atividades previstas no *caput*, estimulará a articulação entre entes, tanto públicos quanto privados, nas diversas esferas de governo.

>> § 6.º acrescentado pela Emenda Constitucional n. 85, de 26-2-2015.

§ 7.º O Estado promoverá e incentivará a atuação no exterior das instituições públicas de ciência, tecnologia e inovação, com vistas à execução das atividades previstas no *caput*.

>> § 7.º acrescentado pela Emenda Constitucional n. 85, de 26-2-2015.

Art. 219. O mercado interno integra o patrimônio nacional e será incentivado de modo a viabilizar o desenvolvimento cultural e socioeconômico, o bem-estar da população e a autonomia tecnológica do País, nos termos de lei federal.

Parágrafo único. O Estado estimulará a formação e o fortalecimento da inovação nas empresas, bem como nos demais entes, públicos ou privados, a constituição e a manutenção de parques e polos tecnológicos e de demais ambientes promotores da inovação, a atuação dos inventores independentes e a criação, absorção, difusão e transferência de tecnologia.

>> Parágrafo único acrescentado pela Emenda Constitucional n. 85, de 26-2-2015.

Art. 219-A. A União, os Estados, o Distrito Federal e os Municípios poderão firmar instrumentos de cooperação com órgãos e entidades públicos e com entidades privadas, inclusive para o compartilhamento de recursos humanos especializados e capacidade instalada, para a execução de projetos de pesquisa, de desenvolvimento científico e tecnológico e de inovação, mediante contrapartida financeira ou não financeira assumida pelo ente beneficiário, na forma da lei.

>> Artigo acrescentado pela Emenda Constitucional n. 85, de 26-2-2015.

Art. 219-B. O Sistema Nacional de Ciência, Tecnologia e Inovação será organizado em regime de colaboração entre entes, tanto públicos quanto privados, com vistas a promover o desenvolvimento científico e tecnológico e a inovação.

>> *Caput* acrescentado pela Emenda Constitucional n. 85, de 26-2-2015.

§ 1.º Lei federal disporá sobre as normas gerais do Sistema Nacional de Ciência, Tecnologia e Inovação.

>> § 1.º acrescentado pela Emenda Constitucional n. 85, de 26-2-2015.

§ 2.º Os Estados, o Distrito Federal e os Municípios legislarão concorrentemente sobre suas peculiaridades.

>> § 2.º acrescentado pela Emenda Constitucional n. 85, de 26-2-2015.

Capítulo V
DA COMUNICAÇÃO SOCIAL

Art. 220. A manifestação do pensamento, a criação, a expressão e a informação, sob qualquer forma, processo ou veículo não sofrerão qualquer restrição, observado o disposto nesta Constituição.

> Código Brasileiro de Telecomunicações: Lei n. 4.117, de 27-8-1962.

> Organização dos Serviços de Telecomunicações: Lei n. 9.472, de 16-7-1997.

§ 1.º Nenhuma lei conterá dispositivo que possa constituir embaraço à plena liberdade de informação jornalística em qualquer veículo de comunicação social, observado o disposto no art. 5.º, IV, V, X, XIII e XIV.

§ 2.º É vedada toda e qualquer censura de natureza política, ideológica e artística.

§ 3.º Compete à lei federal:

I – regular as diversões e espetáculos públicos, cabendo ao Poder Público informar sobre a natureza deles, as faixas etárias a que não se recomendem, locais e horários em que sua apresentação se mostre inadequada;

>> A Portaria n. 1.189, de 3-8-2018, do Ministério da Justiça, regulamenta o processo de classificação indicativa.

> A Lei n. 10.359, de 27-12-2001, dispõe sobre a obrigatoriedade de novos aparelhos de televisão conterem dispositivo que possibilite o bloqueio temporário de recepção de programação inadequada.

II – estabelecer os meios legais que garantam à pessoa e à família a possibilidade de se defenderem de programas ou programações de rádio e televisão que contrariem o disposto no art. 221, bem como da propaganda de produtos, práticas e serviços que possam ser nocivos à saúde e ao meio ambiente.

§ 4.º A propaganda comercial de tabaco, bebidas alcoólicas, agrotóxicos, medicamentos e terapias estará sujeita a restrições legais, nos termos do inciso II do parágrafo anterior, e conterá, sempre que necessário, advertência sobre os malefícios decorrentes de seu uso.

> A Lei n. 9.294, de 15-7-1996, regulamentada pelo Decreto n. 2.018, de 1.º-10-1996, dispõe sobre as restrições ao uso e à propaganda de produtos fumígenos, bebidas alcoólicas, medicamentos, terapias e defensivos agrícolas aqui referidos.

§ 5.º Os meios de comunicação social não podem, direta ou indiretamente, ser objeto de monopólio ou oligopólio.

§ 6.º A publicação de veículo impresso de comunicação independe de licença de autoridade.

Art. 221. A produção e a programação das emissoras de rádio e televisão atenderão aos seguintes princípios:

I – preferência a finalidades educativas, artísticas, culturais e informativas;

II – promoção da cultura nacional e regional e estímulo à produção independente que objetive sua divulgação;

III – regionalização da produção cultural, artística e jornalística, conforme percentuais estabelecidos em lei;

IV – respeito aos valores éticos e sociais da pessoa e da família.

Art. 222. A propriedade de empresa jornalística e de radiodifusão sonora e de sons e imagens é privativa de brasileiros natos ou naturalizados há mais de 10 (dez) anos, ou de pessoas jurídicas constituídas sob as leis brasileiras e que tenham sede no País.

>> *Caput* com redação determinada pela Emenda Constitucional n. 36, de 28-5-2002.

§ 1.º Em qualquer caso, pelo menos 70% (setenta por cento) do capital total e do capital votante das empresas jornalísticas e de radiodifusão sonora e de sons e imagens deverá pertencer, direta ou indiretamente, a brasileiros natos ou naturalizados há mais de 10 (dez) anos, que exercerão obrigatoriamente a gestão das atividades e estabelecerão o conteúdo da programação.

>> § 1.º com redação determinada pela Emenda Constitucional n. 36, de 28-5-2002.

§ 2.º A responsabilidade editorial e as atividades de seleção e direção da programação veiculada são privativas de brasileiros natos ou naturalizados há mais de 10 (dez) anos, em qualquer meio de comunicação social.

>> § 2.º com redação determinada pela Emenda Constitucional n. 36, de 28-5-2002.

§ 3.º Os meios de comunicação social eletrônica, independentemente da tecnologia utilizada para a prestação do serviço, deverão observar os princípios enunciados no art. 221, na forma de lei específica, que também garantirá a prioridade de profissionais brasileiros na execução de produções nacionais.

>> § 3.º acrescentado pela Emenda Constitucional n. 36, de 28-5-2002.

§ 4.º Lei disciplinará a participação de capital estrangeiro nas empresas de que trata o § 1.º.

>> § 4.º acrescentado pela Emenda Constitucional n. 36, de 28-5-2002.

> A Lei n. 10.610, de 20-12-2002, disciplina a participação de capital estrangeiro nas empresas jornalísticas e de radiodifusão sonora e de sons e imagens de que trata este parágrafo.

§ 5.º As alterações de controle societário das empresas de que trata o § 1.º serão comunicadas ao Congresso Nacional.

>> § 5.º acrescentado pela Emenda Constitucional n. 36, de 28-5-2002.

Art. 223. Compete ao Poder Executivo outorgar e renovar concessão, permissão e autorização para o serviço de radiodifusão sonora e de sons e imagens, observado o princípio da complementaridade dos sistemas privado, público e estatal.

> O Decreto n. 52.795, de 31-10-1963, aprova o Regulamento dos Serviços de Radiodifusão.

§ 1.º O Congresso Nacional apreciará o ato no prazo do art. 64, §§ 2.º e 4.º, a contar do recebimento da mensagem.

§ 2.º A não renovação da concessão ou permissão dependerá de aprovação de, no mínimo, dois quintos do Congresso Nacional, em votação nominal.

§ 3.º O ato de outorga ou renovação somente produzirá efeitos legais após deliberação do Congresso Nacional, na forma dos parágrafos anteriores.

§ 4.º O cancelamento da concessão ou permissão, antes de vencido o prazo, depende de decisão judicial.

§ 5.º O prazo da concessão ou permissão será de dez anos para as emissoras de rádio e de quinze para as de televisão.

Art. 224. Para os efeitos do disposto neste capítulo, o Congresso Nacional instituirá, como órgão auxiliar, o Conselho de Comunicação Social, na forma da lei.

> A Lei n. 8.389, de 30-12-1991, institui o Conselho aqui referido.

CAPÍTULO VI
DO MEIO AMBIENTE

> A Lei n. 7.735, de 22-2-1989, cria o Instituto Nacional do Meio Ambiente e dos Recursos Naturais Renováveis.

> A Lei n. 7.797, de 10-7-1989, cria o Fundo Nacional do Meio Ambiente.

> Danos ao meio ambiente: Lei n. 7.802, de 11-7-1989. Regulamento: Decreto n. 4.074, de 4-1-2002.

> Lei de Crimes Ambientais: Lei n. 9.605, de 12-2-1998.

Art. 225. Todos têm direito ao meio ambiente ecologicamente equilibrado, bem de uso comum do povo e essencial à sadia qualidade de vida, impondo-se ao Poder Público e à coletividade o dever de defendê-lo e preservá-lo para as presentes e futuras gerações.

§ 1.º Para assegurar a efetividade desse direito, incumbe ao Poder Público:

I – preservar e restaurar os processos ecológicos essenciais e prover o manejo ecológico das espécies e ecossistemas;

>> Regulamento: Lei n. 9.985, de 18-7-2000.

II – preservar a diversidade e a integridade do patrimônio genético do País e fiscalizar as entidades dedicadas à pesquisa e manipulação de material genético;

>> Regulamento: Lei n. 9.985, de 18-7-2000, Lei n. 11.105, de 24-3-2005, e Lei n. 13.123, de 20-5-2015.

> O Decreto n. 5.705, de 16-2-2006, promulga o Protocolo de Cartagena sobre Biossegurança da Convenção sobre Diversidade Biológica.

III – definir, em todas as unidades da Federação, espaços territoriais e seus componentes a serem especialmente protegidos, sendo a alteração e a supressão permitidas somente através de lei, vedada qualquer utilização que comprometa a integridade dos atributos que justifiquem sua proteção;

>> Regulamento: Lei n. 9.985, de 18-7-2000.

IV – exigir, na forma da lei, para instalação de obra ou atividade potencialmente causadora de significativa degradação do meio ambiente, estudo prévio de impacto ambiental, a que se dará publicidade;

>> Regulamento: Lei n. 11.105, de 24-3-2005.

V – controlar a produção, a comercialização e o emprego de técnicas, métodos e substâncias que comportem risco para a vida, a qualidade de vida e o meio ambiente;

>> Regulamento: Lei n. 11.105, de 24-3-2005.

VI – promover a educação ambiental em todos os níveis de ensino e a conscientização pública para a preservação do meio ambiente;

> Lei de Educação Ambiental e instituição da Política Nacional de Educação Ambiental: Lei n. 9.795, de 27-4-1999, regulamentada pelo Decreto n. 4.281, de 25-6-2002.

VII – proteger a fauna e a flora, vedadas, na forma da lei, as práticas que coloquem em risco sua função ecológica, provoquem a extinção de espécies ou submetam os animais a crueldade.

>> Regulamento: Leis n. 9.985, de 18-7-2000, e 11.794, de 8-10-2008.

> Código de Caça: Lei n. 5.197, de 3-1-1967.

> Crimes Ambientais: Lei n. 9.605, de 12-2-1998.

> Aquicultura e pesca: Lei n. 11.959, de 29-6-2009.

> Código Florestal: Lei n. 12.651, de 25-5-2012.

§ 2.º Aquele que explorar recursos minerais fica obrigado a recuperar o meio ambiente degradado, de acordo com solução técnica exigida pelo órgão público competente, na forma da lei.

> Código de Mineração: Decreto-lei n. 227, de 28-2-1967.

§ 3.º As condutas e atividades consideradas lesivas ao meio ambiente sujeitarão os infratores, pessoas físicas ou jurídicas, a sanções penais e administrativas, independentemente da obrigação de reparar os danos causados.

> Crimes Ambientais, responsabilidade das pessoas físicas e jurídicas: Lei n. 9.605, de 12-2-1998, art. 3.º e parágrafo único.

§ 4.º A Floresta Amazônica brasileira, a Mata Atlântica, a Serra do Mar, o Pantanal Mato-Grossense e a Zona Costeira são patrimônio nacional, e sua utilização far-se-á, na forma da lei, dentro de condições que assegurem a preservação do meio ambiente, inclusive quanto ao uso dos recursos naturais.

>> Regulamento: Lei n. 13.123, de 20-5-2015.

>> A Lei n. 11.428, de 22-12-2006, dispõe sobre a utilização e proteção da vegetação nativa do Bioma Mata Atlântica.

§ 5.º São indisponíveis as terras devolutas ou arrecadadas pelos Estados, por ações discriminatórias, necessárias à proteção dos ecossistemas naturais.

> Terras devolutas: Decreto-lei n. 9.760, de 5-9-1946.

§ 6.º As usinas que operem com reator nuclear deverão ter sua localização definida em lei federal, sem o que não poderão ser instaladas.

§ 7.º Para fins do disposto na parte final do inciso VII do § 1.º deste artigo, não se consideram cruéis as práticas desportivas que utilizem animais, desde que sejam manifestações culturais, conforme o § 1.º do art. 215 desta Constituição Federal, registradas como bem de natureza imaterial integrante do patrimônio cultural brasileiro, devendo ser regulamentadas por lei específica que assegure o bem-estar dos animais envolvidos.

>> § 7.º acrescentado pela Emenda Constitucional n. 96, de 6-6-2017.

Capítulo VII
DA FAMÍLIA, DA CRIANÇA, DO ADOLESCENTE, DO JOVEM E DO IDOSO

>> Capítulo VII com denominação determinada pela Emenda Constitucional n. 65, de 13-7-2010.

> ECA: Lei n. 8.069, de 13-7-1990.

> Estatuto da Juventude: Lei n. 12.852, de 5-8-2013.

> Política Nacional do Idoso: Lei n. 8.842, de 4-1-1994, regulamentada pelo Decreto n. 1.948, de 3-7-1996. O Decreto n. 9.921, de 18-7-2019, consolida atos normativos que dispõem sobre a temática da pessoa idosa e revoga o Decreto n. 1.948, de 3-7-1996, após 120 dias da data de sua publicação (*DOU* de 19-7-2019).

> Estatuto do Idoso: Lei n. 10.741, de 1.º-10-2003.

Art. 226. A família, base da sociedade, tem especial proteção do Estado.

§ 1.º O casamento é civil e gratuita a celebração.

> Sobre o casamento: arts. 67 e s. da Lei n. 6.015, de 31-12-1973, e arts. 1.511 e s. do CC.

§ 2.º O casamento religioso tem efeito civil, nos termos da lei.

> Dos efeitos civis do casamento religioso: Lei n. 1.110, de 23-5-1950, e arts. 71 a 75 da Lei n. 6.015, de 31-12-1973.

§ 3.º Para efeito da proteção do Estado, é reconhecida a união estável entre o homem e a mulher como entidade familiar, devendo a lei facilitar sua conversão em casamento.

>> Regulamento: Lei n. 9.278, de 10-5-1996.

>> A Resolução n. 175, de 14-5-2013, do CNJ, determina que é vedada às autoridades competentes a recusa de habilitação, celebração de casamento civil ou de conversão de união estável em casamento entre pessoas de mesmo sexo.

§ 4.º Entende-se, também, como entidade familiar a comunidade formada por qualquer dos pais e seus descendentes.

§ 5.º Os direitos e deveres referentes à sociedade conjugal são exercidos igualmente pelo homem e pela mulher.

> Direitos e deveres dos cônjuges: arts. 1.565 e s. do CC.

§ 6.º O casamento civil pode ser dissolvido pelo divórcio.

>> § 6.º com redação determinada pela Emenda Constitucional n. 66, de 13-7-2010.

>> Lei do Divórcio: Lei n. 6.515, de 26-12-1977.

§ 7.º Fundado nos princípios da dignidade da pessoa humana e da paternidade responsável, o planejamento familiar é livre decisão do casal, competindo ao Estado propiciar recursos educacionais e científicos para o exercício desse direito, vedada qualquer forma coercitiva por parte de instituições oficiais ou privadas.

> Planejamento familiar: Lei n. 9.263, de 12-1-1996.

§ 8.º O Estado assegurará a assistência à família na pessoa de cada um dos que a integram, criando mecanismos para coibir a violência no âmbito de suas relações.

> Violência doméstica e familiar contra a mulher: Lei n. 11.340, de 7-8-2006.

> *Vide* Súmula 536 do STJ.

Art. 227. É dever da família, da sociedade e do Estado assegurar à criança, ao adolescente e ao jovem, com absoluta prioridade, o direito à vida, à saúde, à alimentação, à educação, ao lazer, à profissionalização, à cultura, à dignidade, ao respeito, à liberdade e à convivência familiar e comunitária, além de colocá-los a salvo de toda forma de negligência, discriminação, exploração, violência, crueldade e opressão.

>> *Caput* com redação determinada pela Emenda Constitucional n. 65, de 13-7-2010.

> ECA: Lei n. 8.069, de 13-7-1990.

> Estatuto da Juventude: Lei n. 12.852, de 5-8-2013.

> A Lei n. 13.431, de 4-4-2017, estabelece o sistema de garantia de direitos da criança e do adolescente vítima ou testemunha de violência.

§ 1.º O Estado promoverá programas de assistência integral à saúde da criança, do adolescente e do jovem, admitida a participação de entidades não governamentais, mediante políticas específicas e obedecendo aos seguintes preceitos:

>> § 1.º, *caput*, com redação determinada pela Emenda Constitucional n. 65, de 13-7-2010.

> A Lei n. 8.642, de 31-3-1993, regulamentada pelo Decreto n. 1.056, de 11-2-1994, dispõe sobre a instituição do Programa Nacional de Atenção Integral à Criança e ao Adolescente – PRONAICA.

I – aplicação de percentual dos recursos públicos destinados à saúde na assistência materno-infantil;

II – criação de programas de prevenção e atendimento especializado para as pessoas portadoras de deficiência física, sensorial ou mental, bem como de integração social do adolescente e do jovem portador de deficiência, mediante o treinamento para o trabalho e a convivência, e a facilitação do acesso aos bens e serviços coletivos, com a eliminação de obstáculos arquitetônicos e de todas as formas de discriminação.

>> Inciso II com redação determinada pela Emenda Constitucional n. 65, de 13-7-2010.

> Direito à vida e à saúde no ECA: arts. 7.º a 14.

> A Lei n. 7.853, de 24-10-1989, regulamentada pelo Decreto n. 3.298, de 20-12-1999, consolida as normas de proteção à pessoa portadora de deficiência.

§ 2.º A lei disporá sobre normas de construção dos logradouros e dos edifícios de uso público e de fabricação de veículos de transporte coletivo, a fim de garantir acesso adequado às pessoas portadoras de deficiência.

§ 3.º O direito a proteção especial abrangerá os seguintes aspectos:

I – idade mínima de quatorze anos para admissão ao trabalho, observado o disposto no art. 7.º, XXXIII;

>> O art. 7.º, XXXIII, da CF, foi alterado pela Emenda Constitucional n. 20, de 15-12-1998, e agora fixa em dezesseis anos a idade mínima para admissão ao trabalho.

II – garantia de direitos previdenciários e trabalhistas;

III – garantia de acesso do trabalhador adolescente e jovem à escola;

>> Inciso III com redação determinada pela Emenda Constitucional n. 65, de 13-7-2010.

IV – garantia de pleno e formal conhecimento da atribuição de ato infracional, igualdade na relação processual e defesa técnica por profissional habilitado, segundo dispuser a legislação tutelar específica;

V – obediência aos princípios de brevidade, excepcionalidade e respeito à condição peculiar de pessoa em desenvolvimento, quando da aplicação de qualquer medida privativa da liberdade;

VI – estímulo do Poder Público, através de assistência jurídica, incentivos fiscais e subsídios, nos termos da lei, ao acolhimento, sob a forma de guarda, de criança ou adolescente órfão ou abandonado;

> ECA: arts. 33 a 35 tratam da guarda.

VII – programas de prevenção e atendimento especializado à criança, ao adolescente e ao jovem dependente de entorpecentes e drogas afins.

>> Inciso VII com redação determinada pela Emenda Constitucional n. 65, de 13-7-2010.

§ 4.º A lei punirá severamente o abuso, a violência e a exploração sexual da criança e do adolescente.

> *Vide* arts. 111, V, 217-A e 218 do CP.

> Crimes praticados contra as crianças: arts. 225 e s. do ECA.

> O Decreto n. 7.958, de 13-3-2013, estabelece diretrizes para o atendimento às vítimas de violência sexual pelos profissionais de segurança pública e da rede de atendimento do SUS.

§ 5.º A adoção será assistida pelo Poder Público, na forma da lei, que estabelecerá casos e condições de sua efetivação por parte de estrangeiros.

> Adoção: Lei n. 8.069, de 13-7-1990, arts. 39 a 52-D.

> Convenção relativa à proteção das crianças e à cooperação em matéria de adoção internacional, concluída em Haia, em 29-5-1993: Decreto n. 3.087, de 21-6-1999.

§ 6.º Os filhos, havidos ou não da relação do casamento, ou por adoção, terão os mesmos direitos e qualificações, proibidas quaisquer designações discriminatórias relativas à filiação.

> *Vide* art. 41 e §§ 1.º e 2.º da Lei n. 8.069, de 13-7-1990.

> Lei n. 8.560, de 29-12-1992: investigação de paternidade dos filhos havidos fora do casamento.

> A Lei n. 10.317, de 6-12-2001, altera a Lei n. 1.060, de 5-2-1950, para dispor sobre a gratuidade do exame de DNA nos casos que especifica.

> A Lei n. 11.804, de 5-11-2008, disciplina o direito a alimentos gravídicos e a forma como ele será exercido.

§ 7.º No atendimento dos direitos da criança e do adolescente levar-se-á em consideração o disposto no art. 204.

§ 8.º A lei estabelecerá:

I – o estatuto da juventude, destinado a regular os direitos dos jovens;

II – o plano nacional de juventude, de duração decenal, visando à articulação das várias esferas do poder público para a execução de políticas públicas.

>> § 8.º acrescentado pela Emenda Constitucional n. 65, de 13-7-2010.

Art. 228. São penalmente inimputáveis os menores de dezoito anos, sujeitos às normas da legislação especial.

>> *Vide* Súmula 605 do STJ.

> Disposição idêntica no art. 27 do CP e no art. 104 do ECA.

> Os arts. 101 e 112 da Lei n. 8.069, de 13-7-1990, dispõem sobre as medidas de proteção e medidas socioeducativas aplicáveis à criança e ao adolescente infratores, respectivamente.

Art. 229. Os pais têm o dever de assistir, criar e educar os filhos menores, e os filhos maiores têm o dever de ajudar e amparar os pais na velhice, carência ou enfermidade.

> Dever de sustento, guarda e educação dos filhos menores: art. 22 da Lei n. 8.069, de 13-7-1990.

Art. 230. A família, a sociedade e o Estado têm o dever de amparar as pessoas idosas, assegurando sua participação na comunidade, defendendo sua dignidade e bem-estar e garantindo-lhes o direito à vida.

> Política Nacional do Idoso: Lei n. 8.842, de 4-1-1994, regulamentada pelo Decreto n. 1.948, de 3-7-1996. O Decreto n. 9.921, de 18-7-2019, consolida atos normativos que dispõem sobre a temática da pessoa idosa e revoga o Decreto n. 1.948, de 3-7-1996, após 120 dias da data de sua publicação (*DOU* de 19-7-2019).

> Estatuto do Idoso: Lei n. 10.741, de 1.º-10-2003.

§ 1.º Os programas de amparo aos idosos serão executados preferencialmente em seus lares.

§ 2.º Aos maiores de sessenta e cinco anos é garantida a gratuidade dos transportes coletivos urbanos.

Capítulo VIII
DOS ÍNDIOS

> O Decreto n. 7.747, de 5-6-2012, institui a Política Nacional de Gestão Territorial e Ambiental de Terras Indígenas

> O Decreto n. 6.861, de 27-5-2009, dispõe sobre a educação escolar indígena, define sua organização em territórios etnoeducacionais e dá outras providências.

Art. 231. São reconhecidos aos índios sua organização social, costumes, línguas, crenças e tradições, e os direitos originários sobre as terras que tradicionalmente ocupam, competindo à União demarcá-las, proteger e fazer respeitar todos os seus bens.

> Estatuto do Índio: Lei n. 6.001, de 19-12-1973.

§ 1.º São terras tradicionalmente ocupadas pelos índios as por eles habitadas em caráter permanente, as utilizadas para suas atividades produtivas, as imprescindíveis à preservação dos recursos ambientais necessários a seu bemestar e as necessárias a sua reprodução física e cultural, segundo seus usos, costumes e tradições.

§ 2.º As terras tradicionalmente ocupadas pelos índios destinam-se a sua posse permanente, cabendo-lhes o usufruto exclusivo das riquezas do solo, dos rios e dos lagos nelas existentes.

§ 3.º O aproveitamento dos recursos hídricos, incluídos os potenciais energéticos, a pesquisa e a lavra das riquezas minerais em terras indígenas só podem ser efetivados com autorização do Congresso Nacional, ouvidas as comunidades afetadas, ficando-lhes assegurada participação nos resultados da lavra, na forma da lei.

§ 4.º As terras de que trata este artigo são inalienáveis e indisponíveis, e os direitos sobre elas, imprescritíveis.

§ 5.º É vedada a remoção dos grupos indígenas de suas terras, salvo, *ad referendum* do Congresso Nacional, em caso de catástrofe ou epidemia que ponha em risco sua população, ou no interesse da soberania do País, após deliberação do Congresso Nacional, garantido, em qualquer hipótese, o retorno imediato logo que cesse o risco.

§ 6.º São nulos e extintos, não produzindo efeitos jurídicos, os atos que tenham por objeto a ocupação, o domínio e a posse das terras a que se refere este artigo, ou a exploração das riquezas naturais do solo, dos rios e dos lagos nelas existentes, ressalvado relevante interesse público da União, segundo o que dispuser lei complementar, não gerando a nulidade e a extinção direito a indenização ou ações contra a União, salvo, na forma da lei, quanto às benfeitorias derivadas da ocupação de boa-fé.

§ 7.º Não se aplica às terras indígenas o disposto no art. 174, §§ 3.º e 4.º.

Art. 232. Os índios, suas comunidades e organizações são partes legítimas para ingressar em juízo em defesa de seus direitos e interesses, intervindo o Ministério Público em todos os atos do processo.

Título IX
DAS DISPOSIÇÕES CONSTITUCIONAIS GERAIS

Art. 233. (*Revogado pela Emenda Constitucional n. 28, de 25-5-2000.*)

Art. 234. É vedado à União, direta ou indiretamente, assumir, em decorrência da criação de Estado, encargos referentes a despesas com pessoal inativo e com encargos e amortizações da dívida interna ou externa da administração pública, inclusive da indireta.

> *Vide* art. 13, § 6.º, do ADCT.

Art. 235. Nos dez primeiros anos da criação de Estado, serão observadas as seguintes normas básicas:

I – a Assembleia Legislativa será composta de dezessete Deputados se a população do Estado for inferior a seiscentos mil habitantes, e de vinte e quatro, se igual ou superior a esse número, até um milhão e quinhentos mil;

II – o Governo terá no máximo dez Secretarias;

III – o Tribunal de Contas terá três membros, nomeados, pelo Governador eleito, dentre brasileiros de comprovada idoneidade e notório saber;

IV – o Tribunal de Justiça terá sete Desembargadores;

V – os primeiros Desembargadores serão nomeados pelo Governador eleito, escolhidos da seguinte forma:

a) cinco dentre os magistrados com mais de trinta e cinco anos de idade, em exercício na área do novo Estado ou do Estado originário;

b) dois dentre promotores, nas mesmas condições, e advogados de comprovada idoneidade e saber jurídico, com dez anos, no mínimo, de exercício profissional, obedecido o procedimento fixado na Constituição;

VI – no caso de Estado proveniente de Território Federal, os cinco primeiros Desembargadores poderão ser escolhidos dentre juízes de direito de qualquer parte do País;

VII – em cada Comarca, o primeiro Juiz de Direito, o primeiro Promotor de Justiça e o primeiro Defensor Público serão nomeados pelo Governador eleito após concurso público de provas e títulos;

VIII – até a promulgação da Constituição Estadual, responderão pela Procuradoria-Geral, pela Advocacia-Geral e pela Defensoria-Geral do Estado advogados de notório saber, com trinta e cinco anos de idade, no mínimo, nomeados pelo Governador eleito e demissíveis *ad nutum*;

IX – se o novo Estado for resultado de transformação de Território Federal, a transferência de encargos financeiros da União para pagamento dos servidores optantes que pertenciam à Administração Federal ocorrerá da seguinte forma:

a) no sexto ano de instalação, o Estado assumirá vinte por cento dos encargos financeiros para fazer face ao pagamento dos servidores públicos, ficando ainda o restante sob a responsabilidade da União;

b) no sétimo ano, os encargos do Estado serão acrescidos de trinta por cento e, no oitavo, dos restantes cinquenta por cento;

X – as nomeações que se seguirem às primeiras, para os cargos mencionados neste artigo, serão disciplinadas na Constituição Estadual;

XI – as despesas orçamentárias com pessoal não poderão ultrapassar cinquenta por cento da receita do Estado.

Art. 236. Os serviços notariais e de registro são exercidos em caráter privado, por delegação do Poder Público.

>> Regulamento: Lei n. 8.935, de 18-11-1994.

> *Vide* art. 32 do ADCT.

§ 1.º Lei regulará as atividades, disciplinará a responsabilidade civil e criminal dos notários, dos oficiais de registro e de seus prepostos, e definirá a fiscalização de seus atos pelo Poder Judiciário.

§ 2.º Lei federal estabelecerá normas gerais para fixação de emolumentos relativos aos atos praticados pelos serviços notariais e de registro.

>> Regulamento: Lei n. 10.169, de 29-12-2000.

>> A Lei n. 11.802, de 4-11-2008, altera a Lei n. 6.015, de 31-12-1973, dispondo sobre a obrigatoriedade da fixação dos quadros contendo os valores atualizados das custas e emolumentos.

§ 3.º O ingresso na atividade notarial e de registro depende de concurso público de provas e títulos, não se permitindo que qualquer serventia fique vaga, sem abertura de concurso de provimento ou de remoção, por mais de seis meses.

Art. 237. A fiscalização e o controle sobre o comércio exterior, essenciais à defesa dos interesses fazendários nacionais, serão exercidos pelo Ministério da Fazenda.

> O Decreto n. 2.781, de 14-9-1998, instituiu o Programa Nacional de Combate ao Contrabando e Descaminho.

Art. 238. A lei ordenará a venda e revenda de combustíveis de petróleo, álcool carburante e outros combustíveis derivados de matérias-primas renováveis, respeitados os princípios desta Constituição.

> A Lei n. 9.478, de 6-8-1997, dispõe sobre a Política Energética Nacional, as atividades relativas ao monopólio do petróleo, institui o Conselho Nacional de Política Energética e a Agência Nacional do Petróleo.

> A Lei n. 9.847, de 26-10-1999, disciplina a fiscalização das atividades relativas ao abastecimento nacional de combustíveis, de que trata a Lei n. 9.478, de 6-8-1997, e estabelece sanções administrativas.

Art. 239. A arrecadação decorrente das contribuições para o Programa de Integração Social, criado pela Lei Complementar n. 7, de 7 de setembro de 1970, e para o Programa de Formação do Patrimônio do Servidor Público, criado pela Lei Complementar n. 8, de 3 de dezembro de 1970, passa, a partir da promulgação desta Constituição, a financiar, nos termos que a lei dispuser, o programa do seguro-desemprego, outras ações da previdência social e o abono de que trata o § 3.º deste artigo.

>> *Caput* com redação determinada pela Emenda Constitucional n. 103, de 12-11-2019.

>> A Lei n. 7.998, de 11-1-1990, regulamenta o Programa do Seguro-Desemprego, o Abono Salarial e institui o Fundo de Amparo ao Trabalhador – FAT.

> A Lei n. 9.715, de 25-11-1998, dispõe sobre as contribuições para os Programas de Integração Social e de Formação do Patrimônio do Servidor Público – PIS/PASEP.

> *Vide* art. 72, §§ 2.º e 3.º, do ADCT.

§ 1.º Dos recursos mencionados no *caput*, no mínimo 28% (vinte e oito por cento) serão destinados para o financiamento de programas de desenvolvimento econômico, por meio do Banco Nacional de Desenvolvimento Econômico e Social, com critérios de remuneração que preservem o seu valor.

>> § 1.º com redação determinada pela Emenda Constitucional n. 103, de 12-11-2019.

§ 2.º Os patrimônios acumulados do Programa de Integração Social e do Programa de Formação do Patrimônio do Servidor Público são preservados, mantendo-se os critérios de saque nas situações previstas nas leis específicas, com exceção da retirada por motivo de casamento, ficando vedada a distribuição da arrecadação de que trata o *caput* deste artigo, para depósito nas contas individuais dos participantes.

§ 3.º Aos empregados que percebam de empregadores que contribuem para o Programa de Integração Social ou para o Programa de Formação do Patrimônio do Servidor Público até dois salários mínimos de remuneração mensal, é assegurado o pagamento de um salário mínimo anual, computado neste valor o rendimento das contas individuais, no caso daqueles que já participavam dos referidos programas, até a data da promulgação desta Constituição.

§ 4.º O financiamento do seguro-desemprego receberá uma contribuição adicional da empresa cujo índice de rotatividade da força de trabalho superar o índice médio da rotatividade do setor, na forma estabelecida por lei.

> A Lei n. 7.998, de 11-1-1990, regula o Programa do Seguro-Desemprego, o Abono Salarial e institui o Fundo de Amparo ao Trabalhador – FAT.

§ 5.º Os programas de desenvolvimento econômico financiados na forma do § 1.º e seus resultados serão anualmente avaliados e divulgados em meio de comunicação social eletrônico e apresentados em reunião da comissão mista permanente de que trata o § 1.º do art. 166.

>> § 5.º acrescentado pela Emenda Constitucional n. 103, de 12-11-2019.

Art. 240. Ficam ressalvadas do disposto no art. 195 as atuais contribuições compulsórias dos empregadores sobre a folha de salários, destinadas às entidades privadas de serviço social e de formação profissional vinculadas ao sistema sindical.

> *Vide* Súmula 499 do STJ.

Art. 241. A União, os Estados, o Distrito Federal e os Municípios disciplinarão por meio de lei os consórcios públicos e os convênios de cooperação entre os entes federados, autorizando a gestão associada de serviços públicos, bem como a transferência total ou parcial de encargos, serviços, pessoal e bens essenciais à continuidade dos serviços transferidos.

>> Artigo com redação determinada pela Emenda Constitucional n. 19, de 4-6-1998.

>> Artigo regulamentado pela Lei n. 11.107, de 6-4-2005.

Art. 242. O princípio do art. 206, IV, não se aplica às instituições educacionais oficiais criadas por lei estadual ou municipal e existentes na data da promulgação desta Constituição, que não sejam total ou preponderantemente mantidas com recursos públicos.

§ 1.º O ensino da História do Brasil levará em conta as contribuições das diferentes culturas e etnias para a formação do povo brasileiro.

§ 2.º O Colégio Pedro II, localizado na cidade do Rio de Janeiro, será mantido na órbita federal.

Art. 243. As propriedades rurais e urbanas de qualquer região do País onde forem localizadas culturas ilegais de plantas psicotrópicas ou a exploração de trabalho escravo na forma da lei serão expropriadas e destinadas à reforma agrária e a programas de habitação popular, sem qualquer indenização ao proprietário e sem prejuízo de outras sanções previstas em lei, observado, no que couber, o disposto no art. 5.º.

>> *Caput* com redação determinada pela Emenda Constitucional n. 81, de 5-6-2014.

> A Lei n. 8.257, de 26-11-1991, e o Decreto n. 577, de 24-6-1992, dispõem sobre a expropriação das glebas nas quais se localizem culturas ilegais de plantas psicotrópicas.

Parágrafo único. Todo e qualquer bem de valor econômico apreendido em decorrência do tráfico ilícito de entorpecentes e drogas afins e da exploração de trabalho escravo será confiscado e reverterá a fundo especial com destinação específica, na forma da lei.

>> Parágrafo único com redação determinada pela Emenda Constitucional n. 81, de 5-6-2014.

Art. 244. A lei disporá sobre a adaptação dos logradouros, dos edifícios de uso público e dos veículos de transporte coletivo atualmente existentes a fim de garantir acesso adequado às pessoas portadoras de deficiência, conforme o disposto no art. 227, § 2.º.

> A Lei n. 8.899, de 29-6-1994, regulamentada pelo Decreto n. 3.691, de 19-12-2000, concede passe livre às pessoas portadoras de deficiência no sistema de transporte coletivo interestadual.

Art. 245. A lei disporá sobre hipóteses e condições em que o Poder Público dará assistência aos herdeiros e dependentes carentes de pessoas vitimadas por crime doloso, sem prejuízo da responsabilidade civil do autor do ilícito.

Art. 246. É vedada a adoção de medida provisória na regulamentação de artigo da Constituição cuja redação tenha sido alterada por meio de emenda promulgada entre 1.º de janeiro de 1995 até a promulgação desta emenda, inclusive.

>> Artigo com redação determinada pela Emenda Constitucional n. 32, de 11-9-2001.

Art. 247. As leis previstas no inciso III do § 1.º do art. 41 e no § 7.º do art. 169 estabelecerão critérios e garantias especiais para a perda do cargo pelo servidor público estável que, em decorrência das atribuições de seu cargo efetivo, desenvolva atividades exclusivas de Estado.

>> *Caput* acrescentado pela Emenda Constitucional n. 19, de 4-6-1998.

Parágrafo único. Na hipótese de insuficiência de desempenho, a perda do cargo somente ocorrerá mediante processo administrativo em que lhe sejam assegurados o contraditório e a ampla defesa.

>> Parágrafo único acrescentado pela Emenda Constitucional n. 19, de 4-6-1998.

Art. 248. Os benefícios pagos, a qualquer título, pelo órgão responsável pelo regime geral de previdência social, ainda que à conta do Tesouro Nacional, e os não sujeitos ao limite máximo de valor fixado para os benefícios concedidos por esse regime observarão os limites fixados no art. 37, XI.

>> Artigo acrescentado pela Emenda Constitucional n. 20, de 15-12-1998.

Art. 249. Com o objetivo de assegurar recursos para o pagamento de proventos de aposentadoria e pensões concedidas aos respectivos servidores e seus dependentes, em adição aos recursos dos respectivos tesouros, a União, os Estados, o Distrito Federal e os Municípios poderão constituir fundos integrados pelos recursos provenientes de contribuições e por bens, direitos e ativos de qualquer natureza, mediante lei que disporá sobre a natureza e administração desses fundos.

>> Artigo acrescentado pela Emenda Constitucional n. 20, de 15-12-1998.

Art. 250. Com o objetivo de assegurar recursos para o pagamento dos benefícios concedidos pelo regime geral de previdência social, em adição aos recursos de sua arrecadação, a União poderá constituir fundo integrado por bens, direitos e ativos de qualquer natureza, mediante lei que disporá sobre a natureza e administração desse fundo.

>> Artigo acrescentado pela Emenda Constitucional n. 20, de 15-12-1998.

>> *Vide* art. 68 da Lei Complementar n. 101, de 4-5-2000.

Art. 1.º O Presidente da República, o Presidente do Supremo Tribunal Federal e os membros do Congresso Nacional prestarão o compromisso de manter, defender e cumprir a Constituição, no ato e na data de sua promulgação.

Art. 2.º No dia 7 de setembro de 1993 o eleitorado definirá, através de plebiscito, a forma (república ou monarquia constitucional) e o sistema de governo (parlamentarismo ou presidencialismo) que devem vigorar no País.

> *Vide* Emenda Constitucional n. 2, de 25-8-1992.

§ 1.º Será assegurada gratuidade na livre divulgação dessas formas e sistemas, através dos meios de comunicação de massa cessionários de serviço público.

§ 2.º O Tribunal Superior Eleitoral, promulgada a Constituição, expedirá as normas regulamentadoras deste artigo.

Art. 3.º A revisão constitucional será realizada após cinco anos, contados da promulgação da Constituição, pelo voto da maioria absoluta dos membros do Congresso Nacional, em sessão unicameral.

Art. 4.º O mandato do atual Presidente da República terminará em 15 de março de 1990.

§ 1.º A primeira eleição para Presidente da República após a promulgação da Constituição será realizada no dia 15 de novembro de 1989, não se lhe aplicando o disposto no art. 16 da Constituição.

§ 2.º É assegurada a irredutibilidade da atual representação dos Estados e do Distrito Federal na Câmara dos Deputados.

§ 3.º Os mandatos dos Governadores e dos Vice-Governadores eleitos em 15 de novembro de 1986 terminarão em 15 de março de 1991.

§ 4.º Os mandatos dos atuais Prefeitos, Vice-Prefeitos e Vereadores terminarão no dia 1.º de janeiro de 1989, com a posse dos eleitos.

Art. 5.º Não se aplicam às eleições previstas para 15 de novembro de 1988 o disposto no art. 16 e as regras do art. 77 da Constituição.

§ 1.º Para as eleições de 15 de novembro de 1988 será exigido domicílio eleitoral na circunscrição pelo menos durante os quatro meses anteriores ao pleito, podendo os candidatos que preencham este requisito, atendidas as demais exigências da lei, ter seu registro efetivado pela Justiça Eleitoral após a promulgação da Constituição.

§ 2.º Na ausência de norma legal específica, caberá ao Tribunal Superior Eleitoral editar as normas necessárias à realização das eleições de 1988, respeitada a legislação vigente.

§ 3.º Os atuais parlamentares federais e estaduais eleitos Vice-Prefeitos, se convocados a exercer a função de Prefeito, não perderão o mandato parlamentar.

§ 4.º O número de vereadores por município será fixado, para a representação a ser eleita em 1988, pelo respectivo Tribunal Regional Eleitoral, respeitados os limites estipulados no art. 29, IV, da Constituição.

§ 5.º Para as eleições de 15 de novembro de 1988, ressalvados os que já exercem mandato eletivo, são inelegíveis para qualquer cargo, no território de jurisdição do titular, o cônjuge e os parentes por consanguinidade ou afinidade, até o segundo grau, ou por adoção, do Presidente da República, do Governador de Estado, do Governador do Distrito Federal e do Prefeito que tenham exercido mais da metade do mandato.

Art. 6.º Nos seis meses posteriores à promulgação da Constituição, parlamentares federais, reunidos em número não inferior a trinta, poderão requerer ao Tribunal Superior Eleitoral o registro de novo partido político, juntando ao requerimento o manifesto, o estatuto e o programa devidamente assinados pelos requerentes.

§ 1.º O registro provisório, que será concedido de plano pelo Tribunal Superior Eleitoral, nos termos deste artigo, defere ao novo partido todos os direitos, deveres e prerrogativas dos atuais, entre eles o de participar, sob legenda própria, das eleições que vierem a ser realizadas nos doze meses seguintes a sua formação.

§ 2.º O novo partido perderá automaticamente seu registro provisório se, no prazo de vinte e quatro meses, contados de sua formação, não obtiver registro definitivo no Tribunal Superior Eleitoral, na forma que a lei dispuser.

Art. 7.º O Brasil propugnará pela formação de um tribunal internacional dos direitos humanos.

> O Decreto n. 4.388, de 25-9-2002, promulga o Estatuto de Roma do Tribunal Penal Internacional.

Art. 8.º É concedida anistia aos que, no período de 18 de setembro de 1946 até a data da promulgação da Constituição, foram atingidos, em decorrência de motivação exclusivamente política, por atos de exceção, institucionais ou complementares, aos que foram abrangidos pelo Decreto Legislativo n. 18, de 15 de dezembro de 1961, e aos atingidos pelo Decreto-lei n. 864, de 12 de setembro de 1969, asseguradas as promoções, na inatividade, ao cargo, emprego, posto ou graduação a que teriam direito se estivessem em serviço ativo, obedecidos os prazos de permanência em atividade previstos nas leis e regulamentos vigentes, respeitadas as características e peculiaridades das carreiras dos servidores públicos civis e militares e observados os respectivos regimes jurídicos.

>> Regulamento: Lei n. 10.559, de 13-11-2002.

>> A Lei n. 12.528, de 18-11-2011, cria a Comissão Nacional da Verdade no âmbito da Casa Civil da Presidência da República, com a finalidade de examinar e esclarecer as graves violações de direitos humanos praticadas no período fixado neste artigo.

§ 1.º O disposto neste artigo somente gerará efeitos financeiros a partir da promulgação da Constituição, vedada a remuneração de qualquer espécie em caráter retroativo.

§ 2.º Ficam assegurados os benefícios estabelecidos neste artigo aos trabalhadores do setor privado, dirigentes e representantes sindicais que, por motivos exclusivamente políticos, tenham sido punidos, demitidos ou compelidos ao afastamento das atividades remuneradas que exerciam, bem como aos que foram impedidos de exercer atividades profissionais em virtude de pressões ostensivas ou expedientes oficiais sigilosos.

§ 3.º Aos cidadãos que foram impedidos de exercer, na vida civil, atividade profissional específica, em decorrência das Portarias Reservadas do Ministério da Aeronáutica n. S-50-GM5, de 19 de junho de 1964, e n. S-285-GM5 será concedida reparação de natureza econômica, na forma que dispuser lei de iniciativa do Congresso Nacional e a entrar em vigor no prazo de doze meses a contar da promulgação da Constituição.

§ 4.º Aos que, por força de atos institucionais, tenham exercido gratuitamente mandato eletivo de vereador serão computados, para efeito de aposentadoria no serviço público e previdência social, os respectivos períodos.

§ 5.º A anistia concedida nos termos deste artigo aplica-se aos servidores públicos civis e aos empregados em todos os níveis de governo ou em suas fundações, empresas públicas ou empresas mistas sob controle estatal, exceto nos Ministérios militares, que tenham sido punidos ou demitidos por atividades profissionais interrompidas em virtude de decisão de seus trabalhadores, bem como em decorrência do Decreto-lei n. 1.632, de 4 de agosto de 1978, ou por motivos exclusivamente políticos, assegurada a readmissão dos que foram atingidos a partir de 1979, observado o disposto no § 1.º.

> A Lei n. 7.783, de 28-6-1989, revoga o Decreto-lei n. 1.632, de 4-8-1978.

Art. 9.º Os que, por motivos exclusivamente políticos, foram cassados ou tiveram seus direitos políticos suspensos no período de 15 de julho a 31 de dezembro de 1969, por ato do então Presidente da República, poderão requerer ao Supremo Tribunal Federal o reconhecimento dos direitos e vantagens interrompidos pelos atos punitivos, desde que comprovem terem sido estes eivados de vício grave.

Parágrafo único. O Supremo Tribunal Federal proferirá a decisão no prazo de cento e vinte dias, a contar do pedido do interessado.

Art. 10. Até que seja promulgada a lei complementar a que se refere o art. 7.º, I, da Constituição:

I – fica limitada a proteção nele referida ao aumento, para quatro vezes, da porcentagem prevista no art. 6.º, *caput* e § 1.º, da Lei n. 5.107, de 13 de setembro de 1966;

>> Citada Lei foi revogada pela Lei n. 7.839, de 12-10-1989, e pela atual Lei de FGTS: Lei n. 8.036, de 11-5-1990.

II – fica vedada a dispensa arbitrária ou sem justa causa:

a) do empregado eleito para cargo de direção de comissões internas de prevenção de acidentes, desde o registro de sua candidatura até um ano após o final de seu mandato;

b) da empregada gestante, desde a confirmação da gravidez até cinco meses após o parto.

>> A Lei Complementar n. 146, de 25-6-2014, assegura o direito prescrito nesta alínea, nos casos em que ocorrer o falecimento da genitora, a quem detiver a guarda do seu filho.

§ 1.º Até que a lei venha a disciplinar o disposto no art. 7.º, XIX, da Constituição, o prazo da licença-paternidade a que se refere o inciso é de cinco dias.

>> A Lei n. 11.770, de 9-9-2008 (Programa Empresa Cidadã), alterada pela Lei n. 13.257, de 8-3-2016, prorroga por 15 dias a duração da licença prevista neste § 1.º, mediante concessão de incentivo fiscal.

§ 2.º Até ulterior disposição legal, a cobrança das contribuições para o custeio das atividades dos sindicatos rurais será feita juntamente com a do imposto territorial rural, pelo mesmo órgão arrecadador.

§ 3.º Na primeira comprovação do cumprimento das obrigações trabalhistas pelo empregador rural, na forma do art. 233, após a promulgação da Constituição, será certificada perante a Justiça do Trabalho a regularidade do contrato e das atualizações das obrigações trabalhistas de todo o período.

>> O art. 233 da CF foi revogado pela Emenda Constitucional n. 28, de 25-5-2000.

Art. 11. Cada Assembleia Legislativa, com poderes constituintes, elaborará a Constituição do Estado, no prazo de um ano, contado da promulgação da Constituição Federal, obedecidos os princípios desta.

Parágrafo único. Promulgada a Constituição do Estado, caberá à Câmara Municipal, no prazo de seis meses, votar a Lei Orgânica respectiva, em dois turnos de discussão e votação, respeitado o disposto na Constituição Federal e na Constituição Estadual.

Art. 12. Será criada, dentro de noventa dias da promulgação da Constituição, Comissão de Estudos Territoriais, com dez membros indicados pelo Congresso Nacional e cinco pelo Poder Executivo, com a finalidade de apresentar estudos sobre o território nacional e anteprojetos relativos a novas unidades territoriais, notadamente na Amazônia Legal e em áreas pendentes de solução.

> A Lei n. 11.952, de 25-6-2009, dispõe sobre a regularização fundiária das ocupações incidentes em terras situadas em áreas da União, no âmbito da Amazônia Legal.

§ 1.º No prazo de um ano, a Comissão submeterá ao Congresso Nacional os resultados de seus estudos para, nos termos da Constituição, serem apreciados nos doze meses subsequentes, extinguindo-se logo após.

§ 2.º Os Estados e os Municípios deverão, no prazo de três anos, a contar da promulgação da Constituição, promover, mediante acordo ou arbitramento, a demarcação de suas linhas divisórias atualmente litigiosas, podendo para isso fazer alterações e compensações de área que atendam aos acidentes naturais, critérios históricos, conveniências administrativas e comodidade das populações limítrofes.

§ 3.º Havendo solicitação dos Estados e Municípios interessados, a União poderá encarregar-se dos trabalhos demarcatórios.

§ 4.º Se, decorrido o prazo de três anos, a contar da promulgação da Constituição, os trabalhos demarcatórios não tiverem sido concluídos, caberá à União determinar os limites das áreas litigiosas.

§ 5.º Ficam reconhecidos e homologados os atuais limites do Estado do Acre com os Estados do Amazonas e de Rondônia, conforme levantamentos cartográficos e geodésicos realizados pela Comissão Tripartite integrada por representantes dos Estados e dos serviços técnico-especializados do Instituto Brasileiro de Geografia e Estatística.

Art. 13. É criado o Estado do Tocantins, pelo desmembramento da área descrita neste artigo, dando-se sua instalação no quadragésimo sexto dia após a eleição prevista no § 3.º, mas não antes de 1.º de janeiro de 1989.

§ 1.º O Estado do Tocantins integra a Região Norte e limita-se com o Estado de Goiás pelas divisas norte dos Municípios de São Miguel do Araguaia, Porangatu, Formoso, Minaçu, Cavalcante, Monte Alegre de Goiás e Campos Belos, conservando a leste, norte e oeste as divisas atuais de Goiás com os Estados da Bahia, Piauí, Maranhão, Pará e Mato Grosso.

§ 2.º O Poder Executivo designará uma das cidades do Estado para sua Capital provisória até a aprovação da sede definitiva do governo pela Assembleia Constituinte.

§ 3.º O Governador, o Vice-Governador, os Senadores, os Deputados Federais e os Deputados Estaduais serão eleitos, em um único turno, até setenta e cinco dias após a promulgação da Constituição, mas não antes de 15 de novembro de 1988, a critério do Tribunal Superior Eleitoral, obedecidas, entre outras, as seguintes normas:

I – o prazo de filiação partidária dos candidatos será encerrado setenta e cinco dias antes da data das eleições;

II – as datas das convenções regionais partidárias destinadas a deliberar sobre coligações e escolha de candidatos, de apresentação de requerimento de registro dos candidatos escolhidos e dos demais procedimentos legais serão fixadas, em calendário especial, pela Justiça Eleitoral;

III – são inelegíveis os ocupantes de cargos estaduais ou municipais que não se tenham deles afastado, em caráter definitivo, setenta e cinco dias antes da data das eleições previstas neste parágrafo;

IV – ficam mantidos os atuais diretórios regionais dos partidos políticos do Estado de Goiás, cabendo às comissões executivas nacionais designar comissões provisórias no Estado do Tocantins, nos termos e para os fins previstos na lei.

§ 4.º Os mandatos do Governador, do Vice-Governador, dos Deputados Federais e Estaduais eleitos na forma do parágrafo anterior extinguir-se-ão concomitantemente aos das demais unidades da Federação; o mandato do Senador eleito menos votado extinguir-se-á nessa mesma oportunidade, e os dos outros dois, juntamente com os dos Senadores eleitos em 1986 nos demais Estados.

§ 5.º A Assembleia Estadual Constituinte será instalada no quadragésimo sexto dia da eleição de seus integrantes, mas não antes de 1.º de janeiro de 1989, sob a presidência do Presidente do Tribunal Regional Eleitoral do Estado de Goiás, e dará posse, na mesma data, ao Governador e ao Vice-Governador eleitos.

§ 6.º Aplicam-se à criação e instalação do Estado do Tocantins, no que couber, as normas legais disciplinadoras da divisão do Estado de Mato Grosso, observado o disposto no art. 234 da Constituição.

§ 7.º Fica o Estado de Goiás liberado dos débitos e encargos decorrentes de empreendimentos no território do novo Estado, e autorizada a União, a seu critério, a assumir os referidos débitos.

Art. 14. Os Territórios Federais de Roraima e do Amapá são transformados em Estados Federados, mantidos seus atuais limites geográficos.

§ 1.º A instalação dos Estados dar-se-á com a posse dos governadores eleitos em 1990.

§ 2.º Aplicam-se à transformação e instalação dos Estados de Roraima e Amapá as normas e critérios seguidos na criação do Estado de Rondônia, respeitado o disposto na Constituição e neste Ato.

§ 3.º O Presidente da República, até quarenta e cinco dias após a promulgação da Constituição, encaminhará à apreciação do Senado Federal os nomes dos governadores dos Estados de Roraima e do Amapá que exercerão o Poder Executivo até a instalação dos novos Estados com a posse dos governadores eleitos.

§ 4.º Enquanto não concretizada a transformação em Estados, nos termos deste artigo, os Territórios Federais de Roraima e do Amapá serão beneficiados pela transferência de recursos prevista nos arts. 159, I, *a*, da Constituição, e 34, § 2.º, II, deste Ato.

Art. 15. Fica extinto o Território Federal de Fernando de Noronha, sendo sua área reincorporada ao Estado de Pernambuco.

Art. 16. Até que se efetive o disposto no art. 32, § 2.º, da Constituição, caberá ao Presidente da República, com a aprovação do Senado Federal, indicar o Governador e o Vice-Governador do Distrito Federal.

§ 1.º A competência da Câmara Legislativa do Distrito Federal, até que se instale, será exercida pelo Senado Federal.

§ 2.º A fiscalização contábil, financeira, orçamentária, operacional e patrimonial do Distrito Federal, enquanto não for instalada a Câmara Legislativa, será exercida pelo Senado Federal, mediante controle externo, com o auxílio do Tribunal de Contas do Distrito Federal, observado o disposto no art. 72 da Constituição.

§ 3.º Incluem-se entre os bens do Distrito Federal aqueles que lhe vierem a ser atribuídos pela União na forma da lei.

Art. 17. Os vencimentos, a remuneração, as vantagens e os adicionais, bem como os proventos de aposentadoria que estejam sendo percebidos em desacordo com a Constituição serão imediatamente reduzidos aos limites dela decorrentes, não se admitindo, neste caso, invocação de direito adquirido ou percepção de excesso a qualquer título.

§ 1.º É assegurado o exercício cumulativo de dois cargos ou empregos privativos de médico que estejam sendo exercidos por médico militar na administração pública direta ou indireta.

§ 2.º É assegurado o exercício cumulativo de dois cargos ou empregos privativos de profissionais de saúde que estejam sendo exercidos na administração pública direta ou indireta.

> *Vide* art. 9.º da Emenda Constitucional n. 41, de 19-12-2003.

Art. 18. Ficam extintos os efeitos jurídicos de qualquer ato legislativo ou administrativo, lavrado a partir da instalação da Assembleia Nacional Constituinte, que tenha por objeto a concessão de estabilidade a servidor admitido sem concurso público, da administração direta ou indireta, inclusive das fundações instituídas e mantidas pelo Poder Público.

Art. 19. Os servidores públicos civis da União, dos Estados, do Distrito Federal e dos Municípios, da administração direta, autárquica e das fundações públicas, em exercício na data da promulgação da Constituição, há pelo menos cinco anos continuados, e que não tenham sido admitidos na forma regulada no art. 37, da Constituição, são considerados estáveis no serviço público.

§ 1.º O tempo de serviço dos servidores referidos neste artigo será contado como título quando se submeterem a concurso para fins de efetivação, na forma da lei.

§ 2.º O disposto neste artigo não se aplica aos ocupantes de cargos, funções e empregos de confiança ou em comissão, nem aos que a lei declare de livre exoneração, cujo tempo de serviço não será computado para os fins do *caput* deste artigo, exceto se se tratar de servidor.

§ 3.º O disposto neste artigo não se aplica aos professores de nível superior, nos termos da lei.

Art. 20. Dentro de cento e oitenta dias, proceder-se-á à revisão dos direitos dos servidores públicos inativos e pensionistas e à atualização dos proventos e pensões a eles devidos, a fim de ajustá-los ao disposto na Constituição.

> Regime Jurídico dos Servidores Públicos Civis da União, das Autarquias e das Fundações Públicas Federais: Lei n. 8.112, de 11-12-1990.

> Reforma Previdenciária: *vide* Emenda Constitucional n. 41, de 19-12-2003.

Art. 21. Os juízes togados de investidura limitada no tempo, admitidos mediante concurso público de provas e títulos e que estejam em exercício na data da promulgação da Constituição, adquirem estabilidade, observado o estágio probatório, e passam a compor quadro em extinção, mantidas as competências, prerrogativas e restrições da legislação a que se achavam submetidos, salvo as inerentes à transitoriedade da investidura.

Parágrafo único. A aposentadoria dos juízes de que trata este artigo regular-se-á pelas normas fixadas para os demais juízes estaduais.

Art. 22. É assegurado aos defensores públicos investidos na função até a data de instalação da Assembleia Nacional Constituinte o direito de opção pela carreira, com a observância das garantias e vedações previstas no art. 134, parágrafo único, da Constituição.

>> *Vide* atualmente art. 134, § 1.º, da CF.

Art. 23. Até que se edite a regulamentação do art. 21, XVI, da Constituição, os atuais ocupantes do cargo de censor federal continuarão exercendo funções com este compatíveis, no Departamento de Polícia Federal, observadas as disposições constitucionais.

> A Lei n. 9.688, de 6-7-1998, dispõe sobre a extinção dos cargos de Censor Federal e sobre o enquadramento de seus atuais ocupantes e dá outras providências.

Parágrafo único. A lei referida disporá sobre o aproveitamento dos censores federais, nos termos deste artigo.

Art. 24. A União, os Estados, o Distrito Federal e os Municípios editarão leis que estabeleçam critérios para a compatibilização de seus quadros de pessoal ao disposto no art. 39 da Constituição e à reforma administrativa dela decorrente, no prazo de dezoito meses, contados da sua promulgação.

Art. 25. Ficam revogados, a partir de cento e oitenta dias da promulgação da Constituição, sujeito este prazo a prorrogação por lei, todos os dispositivos legais que atribuam ou deleguem a órgão do Poder Executivo competência assinalada pela Constituição ao Congresso Nacional, especialmente no que tange a:

I – ação normativa;

II – alocação ou transferência de recursos de qualquer espécie.

§ 1.º Os decretos-leis em tramitação no Congresso Nacional e por este não apreciados até a promulgação da Constituição terão seus efeitos regulados da seguinte forma:

I – se editados até 2 de setembro de 1988, serão apreciados pelo Congresso Nacional no prazo de até cento e oitenta dias a contar da promulgação da Constituição, não computado o recesso parlamentar;

II – decorrido o prazo definido no inciso anterior, e não havendo apreciação, os decretos-leis ali mencionados serão considerados rejeitados;

III – nas hipóteses definidas nos incisos I e II, terão plena validade os atos praticados na vigência dos respectivos decretos-leis, podendo o Congresso Nacional, se necessário, legislar sobre os efeitos deles remanescentes.

§ 2.º Os decretos-leis editados entre 3 de setembro de 1988 e a promulgação da Constituição serão convertidos, nesta data, em medidas provisórias, aplicando-se-lhes as regras estabelecidas no art. 62, parágrafo único.

>> O art. 62 da CF foi alterado pela Emenda Constitucional n. 32, de 11-9-2001, que modificou a tramitação das Medidas Provisórias.

Art. 26. No prazo de um ano a contar da promulgação da Constituição, o Congresso Nacional promoverá, através de Comissão mista, exame analítico e pericial dos atos e fatos geradores do endividamento externo brasileiro.

§ 1.º A Comissão terá a força legal de Comissão parlamentar de inquérito para os fins de requisição e convocação, e atuará com o auxílio do Tribunal de Contas da União.

§ 2.º Apurada irregularidade, o Congresso Nacional proporá ao Poder Executivo a declaração de nulidade do ato e encaminhará o processo ao Ministério Público Federal, que formalizará, no prazo de sessenta dias, a ação cabível.

Art. 27. O Superior Tribunal de Justiça será instalado sob a Presidência do Supremo Tribunal Federal.

§ 1.º Até que se instale o Superior Tribunal de Justiça, o Supremo Tribunal Federal exercerá as atribuições e competências definidas na ordem constitucional precedente.

§ 2.º A composição inicial do Superior Tribunal de Justiça far-se-á:

I – pelo aproveitamento dos Ministros do Tribunal Federal de Recursos;

II – pela nomeação dos Ministros que sejam necessários para completar o número estabelecido na Constituição.

§ 3.º Para os efeitos do disposto na Constituição, os atuais Ministros do Tribunal Federal de Recursos serão considerados pertencentes à classe de que provieram, quando de sua nomeação.

§ 4.º Instalado o Tribunal, os Ministros aposentados do Tribunal Federal de Recursos tornar-se-ão, automaticamente, Ministros aposentados do Superior Tribunal de Justiça.

§ 5.º Os Ministros a que se refere o § 2.º, II, serão indicados em lista tríplice pelo Tribunal Federal de Recursos, observado o disposto no art. 104, parágrafo único, da Constituição.

§ 6.º Ficam criados cinco Tribunais Regionais Federais, a serem instalados no prazo de seis meses a contar da promulgação da Constituição, com a jurisdição e sede que lhes fixar o Tribunal Federal de Recursos, tendo em conta o número de processos e sua localização geográfica.

§ 7.º Até que se instalem os Tribunais Regionais Federais, o Tribunal Federal de Recursos exercerá a competência a eles atribuída em todo o território nacional, cabendo-lhe promover sua instalação e indicar os candidatos a todos os cargos da composição inicial, mediante lista tríplice, podendo desta constar juízes federais de qualquer região, observado o disposto no § 9.º.

§ 8.º É vedado, a partir da promulgação da Constituição, o provimento de vagas de Ministros do Tribunal Federal de Recursos.

§ 9.º Quando não houver juiz federal que conte o tempo mínimo previsto no art. 107, II, da Constituição, a promoção poderá contemplar juiz com menos de cinco anos no exercício do cargo.

§ 10. Compete à Justiça Federal julgar as ações nela propostas até a data da promulgação da Constituição, e aos Tribunais Regionais Federais bem como ao Superior Tribunal de Justiça julgar as ações rescisórias das decisões até então proferidas pela Justiça Federal, inclusive daquelas cuja matéria tenha passado à competência de outro ramo do Judiciário.

§ 11. São criados, ainda, os seguintes Tribunais Regionais Federais: o da 6.ª Região, com sede em Curitiba, Estado do Paraná, e jurisdição nos Estados do Paraná, Santa Catarina e Mato Grosso do Sul; o da 7.ª Região, com sede em Belo Horizonte, Estado de Minas Gerais, e jurisdição no Estado de Minas Gerais; o da 8.ª Região, com sede em Salvador, Estado da Bahia, e jurisdição nos Estados da Bahia e Sergipe; e o da 9.ª Região, com sede em Manaus, Estado do Amazonas, e jurisdição nos Estados do Amazonas, Acre, Rondônia e Roraima.

>> § 11 acrescentado pela Emenda Constitucional n. 73, de 6-6-2013.

Art. 28. Os juízes federais de que trata o art. 123, § 2.º, da Constituição de 1967, com a redação dada pela Emenda Constitucional n. 7, de 1977, ficam investidos na titularidade de varas na Seção Judiciária para a qual tenham sido nomeados ou designados; na inexistência de vagas, proceder-se-á ao desdobramento das varas existentes.

Parágrafo único. Para efeito de promoção por antiguidade, o tempo de serviço desses juízes será computado a partir do dia de sua posse.

Art. 29. Enquanto não aprovadas as leis complementares relativas ao Ministério Público e à Advocacia-Geral da União, o Ministério Público Federal, a Procuradoria-Geral da Fazenda Nacional, as Consultorias Jurídicas dos Ministérios, as Procuradorias e Departamentos Jurídicos de autarquias federais com representação própria e os membros das Procuradorias das Universidades fundacionais públicas continuarão a exercer suas atividades na área das respectivas atribuições.

> Lei Orgânica da Advocacia-Geral da União: Lei Complementar n. 73, de 10-2-1993.

> Organização, Atribuições e Estatuto do Ministério Público da União: Lei Complementar n. 75, de 20-5-1993.

§ 1.º O Presidente da República, no prazo de cento e vinte dias, encaminhará ao Congresso Nacional projeto de lei complementar dispondo sobre a organização e o funcionamento da Advocacia-Geral da União.

§ 2.º Aos atuais Procuradores da República, nos termos da lei complementar, será facultada a opção, de forma irretratável, entre as carreiras do Ministério Público Federal e da Advocacia-Geral da União.

§ 3.º Poderá optar pelo regime anterior, no que respeita às garantias e vantagens, o membro do Ministério Público admitido antes da promulgação da Constituição, observando-se, quanto às vedações, a situação jurídica na data desta.

§ 4.º Os atuais integrantes do quadro suplementar dos Ministérios Públicos do Trabalho e Militar que tenham adquirido estabilidade nessas funções passam a integrar o quadro da respectiva carreira.

§ 5.º Cabe à atual Procuradoria-Geral da Fazenda Nacional, diretamente ou por delegação, que pode ser ao Ministério Público Estadual, representar judicialmente a União nas causas de natureza fiscal, na área da respectiva competência, até a promulgação das leis complementares previstas neste artigo.

Art. 30. A legislação que criar a justiça de paz manterá os atuais juízes de paz até a posse dos novos titulares, assegurando-lhes os direitos e atribuições conferidos a estes, e designará o dia para a eleição prevista no art. 98, II, da Constituição.

Art. 31. Serão estatizadas as serventias do foro judicial, assim definidas em lei, respeitados os direitos dos atuais titulares.

Art. 32. O disposto no art. 236 não se aplica aos serviços notariais e de registro que já tenham sido oficializados pelo Poder Público, respeitando-se o direito de seus servidores.

Art. 33. Ressalvados os créditos de natureza alimentar, o valor dos precatórios judiciais pendentes de pagamento na data da promulgação da Constituição, incluído o remanescente de juros e correção monetária, poderá ser pago em moeda corrente, com atualização, em prestações anuais, iguais e sucessivas, no prazo máximo de oito anos, a partir de 1.º de julho de 1989, por decisão editada pelo Poder Executivo até cento e oitenta dias da promulgação da Constituição.

>> *Vide* art. 97, § 15, do ADCT.

Parágrafo único. Poderão as entidades devedoras, para o cumprimento do disposto neste artigo, emitir, em cada ano, no exato montante do dispêndio, títulos de dívida pública não computáveis para efeito do limite global de endividamento.

Art. 34. O sistema tributário nacional entrará em vigor a partir do primeiro dia do quinto mês seguinte ao da promulgação da Constituição, mantido, até então, o da Constituição de 1967, com a redação dada pela Emenda n. 1, de 1969, e pelas posteriores.

§ 1.º Entrarão em vigor com a promulgação da Constituição os arts. 148, 149, 150, 154, I, 156, III, e 159, I, *c*, revogadas as disposições em contrário da Constituição de 1967 e das Emendas que a modificaram, especialmente de seu art. 25, III.

§ 2.º O Fundo de Participação dos Estados e do Distrito Federal e o Fundo de Participação dos Municípios obedecerão às seguintes determinações:

I – a partir da promulgação da Constituição, os percentuais serão, respectivamente, de dezoito por cento e de vinte por cento, calculados sobre o produto da arrecadação dos impostos referidos no art. 153, III e IV, mantidos os atuais critérios de rateio até a entrada em vigor da lei complementar a que se refere o art. 161, II;

II – o percentual relativo ao Fundo de Participação dos Estados e do Distrito Federal será acrescido de um ponto percentual no exercício financeiro de 1989 e, a partir de 1990, inclusive, à razão de meio ponto por exercício, até 1992, inclusive, atingindo em 1993 o percentual estabelecido no art. 159, I, *a*;

III – o percentual relativo ao Fundo de Participação dos Municípios, a partir de 1989, inclusive, será elevado à razão de meio ponto percentual por exercício financeiro, até atingir o estabelecido no art. 159, I, *b*.

§ 3.º Promulgada a Constituição, a União, os Estados, o Distrito Federal e os Municípios poderão editar as leis necessárias à aplicação do sistema tributário nacional nela previsto.

§ 4.º As leis editadas nos termos do parágrafo anterior produzirão efeitos a partir da entrada em vigor do sistema tributário nacional previsto na Constituição.

§ 5.º Vigente o novo sistema tributário nacional, fica assegurada a aplicação da legislação anterior, no que não seja incompatível com ele e com a legislação referida nos §§ 3.º e 4.º.

§ 6.º Até 31 de dezembro de 1989, o disposto no art. 150, III, *b*, não se aplica aos impostos de que tratam os arts. 155, I, *a* e *b*, e 156, II e III, que podem ser cobrados trinta dias após a publicação da lei que os tenha instituído ou aumentado.

>> Com a alteração determinada pela Emenda Constitucional n. 3, de 17-3-1993, a referência ao art. 155, I, *a* e *b*, passou a ser ao art. 155, I e II, da CF.

§ 7.º Até que sejam fixadas em lei complementar, as alíquotas máximas do imposto municipal sobre vendas a varejo de combustíveis líquidos e gasosos não excederão a três por cento.

§ 8.º Se, no prazo de sessenta dias contados da promulgação da Constituição, não for editada a lei complementar necessária à instituição do imposto de que trata o art. 155, I, *b*, os Estados e o Distrito Federal, mediante convênio celebrado nos termos da Lei Complementar n. 24, de 7 de janeiro de 1975, fixarão normas para regular provisoriamente a matéria.

>> Com a alteração determinada pela Emenda Constitucional n. 3, de 17-3-1993, a referência ao art. 155, I, *b*, passou a ser ao art. 155, II, da CF.

> A Lei Complementar n. 24, de 7-1-1975, dispõe sobre os convênios para a concessão de isenções do imposto sobre operações relativas à circulação de mercadorias.

> A Lei Complementar n. 87, de 13-9-1996, dispõe sobre o Imposto dos Estados e do Distrito Federal, sobre operações relativas à circulação de mercadorias e sobre prestações de serviços de transporte interestadual e intermunicipal e de comunicação (Lei Kandir).

§ 9.º Até que lei complementar disponha sobre a matéria, as empresas distribuidoras de energia elétrica, na condição de contribuintes ou de substitutos tributários, serão as responsáveis, por ocasião da saída do produto de seus estabelecimentos, ainda que destinado a outra unidade da Federação, pelo pagamento do imposto sobre operações relativas à circulação de mercadorias incidente sobre energia elétrica, desde a produção ou importação até a última operação, calculado o imposto sobre o preço então praticado na operação final e assegurado seu recolhimento ao Estado ou ao Distrito Federal, conforme o local onde deva ocorrer essa operação.

§ 10. Enquanto não entrar em vigor a lei prevista no art. 159, I, *c*, cuja promulgação se fará até 31 de dezembro de 1989, é assegurada a aplicação dos recursos previstos naquele dispositivo da seguinte maneira:

I – seis décimos por cento na Região Norte, através do Banco da Amazônia S.A.;

II – um inteiro e oito décimos por cento na Região Nordeste, através do Banco do Nordeste do Brasil S.A.;

III – seis décimos por cento na Região Centro-Oeste, através do Banco do Brasil S.A.

§ 11. Fica criado, nos termos da lei, o Banco de Desenvolvimento do Centro-Oeste, para dar cumprimento, na referida região, ao que determinam os arts. 159, I, *c*, e 192, § 2.º, da Constituição.

>> O § 2.º do art. 192 foi revogado pela Emenda Constitucional n. 40, de 29-5-2003.

§ 12. A urgência prevista no art. 148, II, não prejudica a cobrança do empréstimo compulsório instituído, em benefício das Centrais Elétricas Brasileiras S.A. (Eletrobrás), pela Lei n. 4.156, de 28 de novembro de 1962, com as alterações posteriores.

Art. 35. O disposto no art. 165, § 7.º, será cumprido de forma progressiva, no prazo de até dez anos, distribuindo-se os recursos entre as regiões macroeconômicas em razão proporcional à população, a partir da situação verificada no biênio 1986-87.

§ 1.º Para aplicação dos critérios de que trata este artigo, excluem-se das despesas totais as relativas:

I – aos projetos considerados prioritários no plano plurianual;

II – à segurança e defesa nacional;

III – à manutenção dos órgãos federais no Distrito Federal;

IV – ao Congresso Nacional, ao Tribunal de Contas da União e ao Poder Judiciário;

V – ao serviço da dívida da administração direta e indireta da União, inclusive fundações instituídas e mantidas pelo Poder Público federal.

§ 2.º Até a entrada em vigor da lei complementar a que se refere o art. 165, § 9.º, I e II, serão obedecidas as seguintes normas:

I – o projeto do plano plurianual, para vigência até o final do primeiro exercício financeiro do mandato presidencial subsequente, será encaminhado até quatro meses antes do encerramento do primeiro exercício financeiro e devolvido para sanção até o encerramento da sessão legislativa;

II – o projeto de lei de diretrizes orçamentárias será encaminhado até oito meses e meio antes do encerramento do exercício financeiro e devolvido para sanção até o encerramento do primeiro período da sessão legislativa;

III – o projeto de lei orçamentária da União será encaminhado até quatro meses antes do encerramento do exercício financeiro e devolvido para sanção até o encerramento da sessão legislativa.

Art. 36. Os fundos existentes na data da promulgação da Constituição, excetuados os resultantes de isenções fiscais que passem a integrar patrimônio privado e os que interessem à defesa nacional, extinguir-se-ão, se não forem ratificados pelo Congresso Nacional no prazo de dois anos.

Art. 37. A adaptação ao que estabelece o art. 167, III, deverá processar-se no prazo de cinco anos, reduzindo-se o excesso à base de, pelo menos, um quinto por ano.

Art. 38. Até a promulgação da lei complementar referida no art. 169, a União, os Estados, o Distrito Federal e os Municípios não poderão despender com pessoal mais do que sessenta e cinco por cento do valor das respectivas receitas correntes.

Parágrafo único. A União, os Estados, o Distrito Federal e os Municípios, quando a respectiva despesa de pessoal exceder o limite previsto neste artigo, deverão retornar àquele limite, reduzindo o percentual excedente à razão de um quinto por ano.

Art. 39. Para efeito do cumprimento das disposições constitucionais que impliquem variações de despesas e receitas da União, após a promulgação da Constituição, o Poder Executivo deverá elaborar e o Poder Legislativo apreciar projeto de revisão da lei orçamentária referente ao exercício financeiro de 1989.

Parágrafo único. O Congresso Nacional deverá votar no prazo de doze meses a lei complementar prevista no art. 161, II.

Art. 40. É mantida a Zona Franca de Manaus, com suas características de área livre de comércio, de exportação e importação, e de incentivos fiscais, pelo prazo de vinte e cinco anos, a partir da promulgação da Constituição.

>> *Vide* arts. 92 e 92-A do ADCT, que prorrogam o prazo fixado neste artigo.

Parágrafo único. Somente por lei federal podem ser modificados os critérios que disciplinaram ou venham a disciplinar a aprovação dos projetos na Zona Franca de Manaus.

Art. 41. Os Poderes Executivos da União, dos Estados, do Distrito Federal e dos Municípios reavaliarão todos os incentivos fiscais de natureza setorial ora em vigor, propondo aos Poderes Legislativos respectivos as medidas cabíveis.

§ 1.º Considerar-se-ão revogados após dois anos, a partir da data da promulgação da Constituição, os incentivos que não forem confirmados por lei.

§ 2.º A revogação não prejudicará os direitos que já tiverem sido adquiridos, àquela data, em relação a incentivos concedidos sob condição e com prazo certo.

§ 3.º Os incentivos concedidos por convênio entre Estados, celebrados nos termos do art. 23, § 6.º, da Constituição de 1967, com a redação da Emenda n. 1, de 17 de outubro de 1969, também deverão ser reavaliados e reconfirmados nos prazos deste artigo.

Art. 42. Durante 40 (quarenta) anos, a União aplicará dos recursos destinados à irrigação:

>> *Caput* com redação determinada pela Emenda Constitucional n. 89, de 15-9-2015.

I – 20% (vinte por cento) na Região Centro-Oeste;

>> Inciso I com redação determinada pela Emenda Constitucional n. 89, de 15-9-2015.

II – 50% (cinquenta por cento) na Região Nordeste, preferencialmente no Semiárido.

>> Inciso II com redação determinada pela Emenda Constitucional n. 89, de 15-9-2015.

Parágrafo único. Dos percentuais previstos nos incisos I e II do *caput*, no mínimo 50% (cinquenta por cento) serão destinados a projetos de irrigação que beneficiem agricultores familiares que atendam aos requisitos previstos em legislação específica.

>> Parágrafo único acrescentado pela Emenda Constitucional n. 89, de 15-9-2015.

Art. 43. Na data da promulgação da lei que disciplinar a pesquisa e a lavra de recursos e jazidas minerais, ou no prazo de um ano, a contar da promulgação da Constituição, tornar-se-ão sem efeito as autorizações, concessões e demais títulos atributivos de direitos minerários, caso os trabalhos de pesquisa ou de lavra não hajam sido comprovadamente iniciados nos prazos legais ou estejam inativos.

>> Regulamento: Lei n. 7.886, de 20-11-1989.

Art. 44. As atuais empresas brasileiras titulares de autorização de pesquisa, concessão de lavra de recursos minerais e de aproveitamento dos potenciais de energia hidráulica em vigor terão quatro anos, a partir da promulgação da Constituição, para cumprir os requisitos do art. 176, § 1.º.

§ 1.º Ressalvadas as disposições de interesse nacional previstas no texto constitucional, as empresas brasileiras ficarão dispensadas do cumprimento do disposto no art. 176, § 1.º, desde que, no prazo de até quatro anos da data da promulgação da Constituição, tenham o produto de sua lavra e beneficiamento destinado a industrialização no território nacional, em seus próprios estabelecimentos ou em empresa industrial controladora ou controlada.

§ 2.º Ficarão também dispensadas do cumprimento do disposto no art. 176, § 1.º, as empresas brasileiras titulares de concessão de energia hidráulica para uso em seu processo de industrialização.

§ 3.º As empresas brasileiras referidas no § 1.º somente poderão ter autorizações de pesquisa e concessões de lavra ou potenciais de energia hidráulica, desde que a energia e o produto da lavra sejam utilizados nos respectivos processos industriais.

Art. 45. Ficam excluídas do monopólio estabelecido pelo art. 177, II, da Constituição as refinarias em funcionamento no País amparadas pelo art. 43 e nas condições do art. 45 da Lei n. 2.004, de 3 de outubro de 1953.

>> A Lei n. 2.004, de 3-10-1953, foi revogada pela Lei n. 9.478, de 6-8-1997.

Parágrafo único. Ficam ressalvados da vedação do art. 177, § 1.º, os contratos de risco feitos com a Petróleo Brasileiro S.A. (Petrobrás), para pesquisa de petróleo, que estejam em vigor na data da promulgação da Constituição.

Art. 46. São sujeitos à correção monetária desde o vencimento, até seu efetivo pagamento, sem interrupção ou suspensão, os créditos junto a entidades submetidas aos regimes de intervenção ou liquidação extrajudicial, mesmo quando esses regimes sejam convertidos em falência.

Parágrafo único. O disposto neste artigo aplica-se também:

I – às operações realizadas posteriormente à decretação dos regimes referidos no *caput* deste artigo;

II – às operações de empréstimo, financiamento, refinanciamento, assistência financeira de liquidez, cessão ou sub-rogação de créditos ou cédulas hipotecárias, efetivação de garantia de depósitos do público ou de compra de obrigações passivas, inclusive as realizadas com recursos de fundos que tenham essas destinações;

III – aos créditos anteriores à promulgação da Constituição;

IV – aos créditos das entidades da administração pública anteriores à promulgação da Constituição, não liquidados até 1.º de janeiro de 1988.

Art. 47. Na liquidação dos débitos, inclusive suas renegociações e composições posteriores, ainda que ajuizados, decorrentes de quaisquer empréstimos concedidos por bancos e por instituições financeiras, não existirá correção monetária desde que o empréstimo tenha sido concedido:

I – aos micro e pequenos empresários ou seus estabelecimentos no período de 28 de fevereiro de 1986 a 28 de fevereiro de 1987;

II – aos mini, pequenos e médios produtores rurais no período de 28 de fevereiro de 1986 a 31 de dezembro de 1987, desde que relativos a crédito rural.

§ 1.º Consideram-se, para efeito deste artigo, microempresas as pessoas jurídicas e as firmas individuais com receitas anuais de até dez mil Obrigações do Tesouro Nacional, e pequenas empresas as pessoas jurídicas e as firmas individuais com receita anual de até vinte e cinco mil Obrigações do Tesouro Nacional.

§ 2.º A classificação de mini, pequeno e médio produtor rural será feita obedecendo-se às normas de crédito rural vigentes à época do contrato.

§ 3.º A isenção da correção monetária a que se refere este artigo só será concedida nos seguintes casos:

I – se a liquidação do débito inicial, acrescido de juros legais e taxas judiciais, vier a ser efetivada no prazo de noventa dias, a contar da data da promulgação da Constituição;

II – se a aplicação dos recursos não contrariar a finalidade do financiamento, cabendo o ônus da prova à instituição credora;

III – se não for demonstrado pela instituição credora que o mutuário dispõe de meios para o pagamento de seu débito, excluídos desta demonstração seu estabelecimento, a casa de moradia e os instrumentos de trabalho e produção;

IV – se o financiamento inicial não ultrapassar o limite de cinco mil Obrigações do Tesouro Nacional;

V – se o beneficiário não for proprietário de mais de cinco módulos rurais.

§ 4.º Os benefícios de que trata este artigo não se estendem aos débitos já quitados e aos devedores que sejam constituintes.

§ 5.º No caso de operações com prazos de vencimento posteriores à data-limite de liquidação da dívida, havendo interesse do mutuário, os bancos e as instituições financeiras promoverão, por instrumento próprio, alteração nas condições contratuais originais de forma a ajustá-las ao presente benefício.

§ 6.º A concessão do presente benefício por bancos comerciais privados em nenhuma hipótese acarretará ônus para o Poder Público, ainda que através de refinanciamento e repasse de recursos pelo banco central.

§ 7.º No caso de repasse a agentes financeiros oficiais ou cooperativas de crédito, o ônus recairá sobre a fonte de recursos originária.

Art. 48. O Congresso Nacional, dentro de cento e vinte dias da promulgação da Constituição, elaborará código de defesa do consumidor.

>> A Lei n. 8.078, de 11-9-1990, dispõe sobre a proteção do consumidor (CDC).

Art. 49. A lei disporá sobre o instituto da enfiteuse em imóveis urbanos, sendo facultada aos foreiros, no caso de sua extinção, a remição dos aforamentos mediante aquisição do domínio direto, na conformidade do que dispuserem os respectivos contratos.

§ 1.º Quando não existir cláusula contratual, serão adotados os critérios e bases hoje vigentes na legislação especial dos imóveis da União.

§ 2.º Os direitos dos atuais ocupantes inscritos ficam assegurados pela aplicação de outra modalidade de contrato.

>> § 2.º regulamentado pela Lei n. 9.636, de 15-5-1998.

§ 3.º A enfiteuse continuará sendo aplicada aos terrenos de marinha e seus acrescidos, situados na faixa de segurança, a partir da orla marítima.

§ 4.º Remido o foro, o antigo titular do domínio direto deverá, no prazo de noventa dias, sob pena de responsabilidade, confiar à guarda do registro de imóveis competente toda a documentação a ele relativa.

Art. 50. Lei agrícola a ser promulgada no prazo de um ano disporá, nos termos da Constituição, sobre os objetivos e instrumentos de política agrícola, prioridades, planejamento de safras, comercialização, abastecimento interno, mercado externo e instituição de crédito fundiário.

Art. 51. Serão revistos pelo Congresso Nacional, através de Comissão mista, nos três anos a contar da data da promulgação da Constituição, todas as doações, vendas e concessões de terras públicas com área superior a três mil hectares, realizadas no período de 1.º de janeiro de 1962 a 31 de dezembro de 1987.

§ 1.º No tocante às vendas, a revisão será feita com base exclusivamente no critério de legalidade da operação.

§ 2.º No caso de concessões e doações, a revisão obedecerá aos critérios de legalidade e de conveniência do interesse público.

§ 3.º Nas hipóteses previstas nos parágrafos anteriores, comprovada a ilegalidade, ou havendo interesse público, as terras reverterão ao patrimônio da União, dos Estados, do Distrito Federal ou dos Municípios.

Art. 52. Até que sejam fixadas as condições do art. 192, são vedados:

>> *Caput* com redação determinada pela Emenda Constitucional n. 40, de 29-5-2003.

I – a instalação, no País, de novas agências de instituições financeiras domiciliadas no exterior;

II – o aumento do percentual de participação, no capital de instituições financeiras com sede no País, de pessoas físicas ou jurídicas residentes ou domiciliadas no exterior.

Parágrafo único. A vedação a que se refere este artigo não se aplica às autorizações resultantes de acordos internacionais, de reciprocidade, ou de interesse do Governo brasileiro.

Art. 53. Ao ex-combatente que tenha efetivamente participado de operações bélicas durante a Segunda Guerra Mundial, nos termos da Lei n. 5.315, de 12 de setembro de 1967, serão assegurados os seguintes direitos:

> A Lei n. 8.059, de 4-7-1990, dispõe sobre a pensão especial devida aos ex-combatentes da Segunda Guerra Mundial e a seus dependentes.

I – aproveitamento no serviço público, sem a exigência de concurso, com estabilidade;

II – pensão especial correspondente à deixada por segundo-tenente das Forças Armadas, que poderá ser requerida a qualquer tempo, sendo inacumulável com quaisquer rendimentos recebidos dos cofres públicos, exceto os benefícios previdenciários, ressalvado o direito de opção;

III – em caso de morte, pensão à viúva ou companheira ou dependente, de forma proporcional, de valor igual à do inciso anterior;

IV – assistência médica, hospitalar e educacional gratuita, extensiva aos dependentes;

V – aposentadoria com proventos integrais aos vinte e cinco anos de serviço efetivo, em qualquer regime jurídico;

VI – prioridade na aquisição da casa própria, para os que não a possuam ou para suas viúvas ou companheiras.

Parágrafo único. A concessão da pensão especial do inciso II substitui, para todos os efeitos legais, qualquer outra pensão já concedida ao ex-combatente.

Art. 54. Os seringueiros recrutados nos termos do Decreto-lei n. 5.813, de 14 de setembro de 1943, e amparados pelo Decreto-lei n. 9.882, de 16 de setembro de 1946, receberão, quando carentes, pensão mensal vitalícia no valor de dois salários mínimos.

§ 1.º O benefício é estendido aos seringueiros que, atendendo a apelo do Governo brasileiro, contribuíram para o esforço de guerra, trabalhando na produção de borracha, na Região Amazônica, durante a Segunda Guerra Mundial.

§ 2.º Os benefícios estabelecidos neste artigo são transferíveis aos dependentes reconhecidamente carentes.

§ 3.º A concessão do benefício far-se-á conforme lei a ser proposta pelo Poder Executivo dentro de cento e cinquenta dias da promulgação da Constituição.

> Concessão do benefício previsto neste artigo: Lei n. 7.986, de 28-12-1989.

Art. 54-A. Os seringueiros de que trata o art. 54 deste Ato das Disposições Constitucionais Transitórias receberão indenização, em parcela única, no valor de R$ 25.000,00 (vinte e cinco mil reais).

>> Artigo acrescentado pela Emenda Constitucional n. 78, de 14-5-2014.

Art. 55. Até que seja aprovada a lei de diretrizes orçamentárias, trinta por cento, no mínimo, do orçamento da seguridade social, excluído o seguro-desemprego, serão destinados ao setor de saúde.

Art. 56. Até que a lei disponha sobre o art. 195, I, a arrecadação decorrente de, no mínimo, cinco dos seis décimos percentuais correspondentes à alíquota da contribuição de que trata o Decreto-lei n. 1.940, de 25 de maio de 1982, alterada pelo Decreto-lei n. 2.049, de 1.º de agosto de 1983, pelo Decreto n. 91.236, de 8 de maio de 1985, e pela Lei n. 7.611, de 8 de julho de 1987, passa a integrar a receita da seguridade social, ressalvados, exclusivamente no exercício de 1988, os compromissos assumidos com programas e projetos em andamento.

Art. 57. Os débitos dos Estados e dos Municípios relativos às contribuições previdenciárias até 30 de junho de 1988 serão liquidados, com correção monetária em cento e vinte parcelas mensais, dispensados os juros e multas sobre eles incidentes, desde que os devedores requeiram o parcelamento e iniciem seu pagamento no prazo de cento e oitenta dias a contar da promulgação da Constituição.

§ 1.º O montante a ser pago em cada um dos dois primeiros anos não será inferior a cinco por cento do total do débito consolidado e atualizado, sendo o restante dividido em parcelas mensais de igual valor.

§ 2.º A liquidação poderá incluir pagamentos na forma de cessão de bens e prestação de serviços, nos termos da Lei n. 7.578, de 23 de dezembro de 1986.

§ 3.º Em garantia do cumprimento do parcelamento, os Estados e os Municípios consignarão, anualmente, nos respectivos orçamentos as dotações necessárias ao pagamento de seus débitos.

§ 4.º Descumprida qualquer das condições estabelecidas para concessão do parcelamento, o débito será considerado vencido em sua totalidade, sobre ele incidindo juros de mora; nesta hipótese, parcela dos recursos correspondentes aos Fundos de Participação, destinada aos Estados e Municípios devedores, será bloqueada e repassada à previdência social para pagamento de seus débitos.

Art. 58. Os benefícios de prestação continuada, mantidos pela previdência social na data da promulgação da Constituição, terão seus valores revistos, a fim de que seja restabelecido o poder aquisitivo, expresso em número de salários mínimos, que tinham na data de sua concessão, obedecendo-se a esse critério de atualização até a implantação do plano de custeio e benefícios referidos no artigo seguinte.

Parágrafo único. As prestações mensais dos benefícios atualizadas de acordo com este artigo serão devidas e pagas a partir do sétimo mês a contar da promulgação da Constituição.

Art. 59. Os projetos de lei relativos à organização da seguridade social e aos planos de custeio e de benefício serão apresentados no prazo máximo de seis meses da promulgação da Constituição ao Congresso Nacional, que terá seis meses para apreciá-los.

Parágrafo único. Aprovados pelo Congresso Nacional, os planos serão implantados progressivamente nos dezoito meses seguintes.

Art. 60. A complementação da União referida no inciso IV do *caput* do art. 212-A da Constituição Federal será implementada progressivamente até alcançar a proporção estabelecida no inciso V do *caput* do mesmo artigo, a partir de 1.º de janeiro de 2021, nos seguintes valores mínimos:

>> *Caput* com redação determinada pela Emenda Constitucional n. 108, de 26-8-2020, produzindo efeitos a partir de 1.º-1-2021. Até essa data, ficam mantidos os efeitos financeiros conforme estabelecido pela Emenda Constitucional n. 53, de 19-12-2006 (art. 4.º, parágrafo único, da EC n. 108/20):

"Art. 60. Até o 14.º (décimo quarto) ano a partir da promulgação desta Emenda Constitucional, os Estados, o Distrito Federal e os Municípios destinarão parte dos recursos a que se refere o *caput* do art. 212 da Constituição Federal à manutenção e desenvolvimento da educação básica e à remuneração condigna dos trabalhadores da educação, respeitadas as seguintes disposições: I – a distribuição dos recursos e de responsabilidades entre o Distrito Federal, os Estados e seus Municípios é assegurada mediante a criação, no âmbito de cada Estado e do Distrito Federal, de um Fundo de Manutenção e Desenvolvimento da Educação Básica e de Valorização dos Profissionais da Educação – FUNDEB, de natureza contábil; II – os Fundos referidos no inciso I do *caput* deste artigo serão constituídos por 20% (vinte por cento) dos recursos a que se referem os incisos I, II e III do art. 155; o inciso II do *caput* do art. 157; os incisos II, III e IV do *caput* do art. 158; e as alíneas *a* e *b* do inciso I e o inciso II do *caput* do art. 159, todos da Constituição Federal, e distribuídos entre cada Estado e seus Municípios, proporcionalmente ao número de alunos das diversas etapas e modalidades da educação básica presencial, matriculados nas respectivas redes, nos respectivos âmbitos de atuação prioritária estabelecidos nos §§ 2.º e 3.º do art. 211 da Constituição Federal; III – observadas as garantias estabelecidas nos incisos I, II, III e IV do *caput* do art. 208 da Constituição Federal e as metas de universalização da educação básica estabelecidas no Plano Nacional de Educação, a lei disporá sobre: a) a organização dos Fundos, a distribuição proporcional de seus recursos, as diferenças e as ponderações quanto ao valor anual por aluno entre etapas e modalidades da educação básica e tipos de estabelecimento de ensino; b) a forma de cálculo do valor anual mínimo por aluno; c) os percentuais máximos de apropriação dos recursos dos Fundos pelas diversas etapas e modalidades da educação básica, observados os arts. 208 e 214 da Constituição Federal, bem como as metas do Plano Nacional de Educação; d) a fiscalização e o controle dos Fundos; e) prazo para fixar, em lei específica, piso salarial profissional nacional para os profissionais do magistério público da educação básica; IV – os recursos recebidos à conta dos Fundos instituídos nos termos do inciso I do *caput* deste artigo serão aplicados pelos Estados e Municípios exclusivamente nos respectivos âmbitos de atuação prioritária, conforme estabelecido nos §§ 2.º e 3.º do art. 211 da Constituição Federal; V – a União complementará os recursos dos Fundos a que se refere o inciso II do *caput* deste artigo sempre que, no Distrito Federal e em cada Estado, o valor por aluno não alcançar o mínimo definido nacionalmente, fixado em observância ao disposto no inciso VII do *caput* deste artigo, vedada a utilização dos recursos a que se refere o § 5.º do art. 212 da Constituição Federal; VI – até 10% (dez por cento) da complementação da União prevista no inciso V do *caput* deste artigo poderá ser distribuída para os Fundos por meio de programas direcionados para a melhoria da qualidade da educação, na forma da lei a que se refere o inciso III do *caput* deste artigo; VII – a complementação da União de que trata o inciso V do *caput* deste artigo será de, no mínimo: a) R$ 2.000.000.000,00 (dois bilhões de reais), no primeiro ano de vigência dos Fundos; b) R$ 3.000.000.000,00 (três bilhões de reais), no segundo ano de vigência dos Fundos; c) R$ 4.500.000.000,00 (quatro bilhões e quinhentos milhões de reais), no terceiro ano de vigência dos Fundos; d) 10% (dez por cento) do total dos recursos a que se refere o inciso II do *caput* deste artigo, a partir do quarto ano de vigência dos Fundos; VIII – a vinculação de recursos à manutenção e desenvolvimento do ensino estabelecida no art. 212 da Constituição Federal suportará, no máximo, 30% (trinta por cento) da complementação da União, considerando-se para os fins deste inciso os valores previstos no inciso VII do *caput* deste artigo; IX – os valores a que se referem as alíneas *a*, *b* e *c* do inciso VII do *caput* deste artigo serão atualizados, anualmente, a partir da promulgação desta Emenda Constitucional, de forma a preservar, em caráter permanente, o valor real da complementação da União; X – aplica-se à complementação da União o disposto no art. 160 da Constituição Federal; XI – o não cumprimento do disposto nos incisos V e VII do *caput* deste artigo importará crime de responsabilidade da autoridade competente; XII – proporção não inferior a 60% (sessenta por cento) de cada Fundo referido no inciso I do *caput* deste artigo será destinada ao pagamento dos profissionais do magistério da educação básica em efetivo exercício. § 1.º A União, os Estados, o Distrito Federal e os Municípios deverão assegurar, no financiamento da educação básica, a melhoria da qualidade de ensino, de forma a garantir padrão mínimo definido nacionalmente. § 2.º O valor por aluno do ensino fundamental, no Fundo de cada Estado e do Distrito Federal, não poderá ser inferior ao praticado no âmbito do Fundo de Manutenção e Desenvolvimento do Ensino Fundamental e de Valorização do Magistério – FUNDEF, no ano anterior à vigência desta Emenda Constitucional. § 3.º O valor anual mínimo por aluno do ensino fundamental, no âmbito do Fundo de Manutenção e Desenvolvimento da Educação Básica e de Valorização dos Profissionais da Educação – FUNDEB, não poderá ser inferior ao valor mínimo fixado nacionalmente no ano anterior ao da vigência desta Emenda Constitucional. § 4.º Para efeito de distribuição de recursos dos Fundos a que se refere o inciso I do *caput* deste artigo, levar-se-á em conta a totalidade das matrículas no ensino fundamental e considerar-se-á, para a educação infantil, para o ensino médio e para a educação de jovens e adultos, 1/3 (um terço) das matrículas no primeiro ano, 2/3 (dois terços) no segundo ano e sua totalidade a partir do terceiro ano. § 5.º A porcentagem dos recursos de constituição dos Fundos, conforme o inciso II do *caput* deste artigo, será alcançada gradativamente nos primeiros 3 (três) anos de vigência dos Fundos, da seguinte forma: I – no caso dos impostos e transferências constantes do inciso II do *caput* do art. 155; do inciso IV do *caput* do art. 158; e das alíneas *a* e *b* do inciso I e do inciso II do *caput* do art. 159 da Constituição Federal: a) 16,66% (dezesseis inteiros e sessenta e seis centésimos por cento), no primeiro ano; b) 18,33% (dezoito inteiros e trinta e três centésimos por cento), no segundo ano; c) 20% (vinte por cento), a partir do terceiro ano; II – no caso dos impostos e transferências constantes dos incisos I e III do *caput* do art. 155; do inciso II do *caput* do art. 157; e dos incisos II e III do *caput* do art. 158 da Constituição Federal: a) 6,66% (seis inteiros e sessenta e seis centésimos por cento), no primeiro ano; b) 13,33% (treze inteiros e trinta e três centésimos por cento), no segundo ano; c) 20% (vinte por cento), a partir do terceiro ano. § 6.º e 7.º *(Revogados pela Emenda Constitucional n. 53, de 19-12-2006.)*".

I – 12% (doze por cento), no primeiro ano;

>> Inciso I com redação determinada pela Emenda Constitucional n. 108, de 26-8-2020, produzindo efeitos a partir de 1.º-1-2021.

II – 15% (quinze por cento), no segundo ano;

>> Inciso II com redação determinada pela Emenda Constitucional n. 108, de 26-8-2020, produzindo efeitos a partir de 1.º-1-2021.

III – 17% (dezessete por cento), no terceiro ano;

>> Inciso III com redação determinada pela Emenda Constitucional n. 108, de 26-8-2020, produzindo efeitos a partir de 1.º-1-2021.

IV – 19% (dezenove por cento), no quarto ano;

>> Inciso IV com redação determinada pela Emenda Constitucional n. 108, de 26-8-2020, produzindo efeitos a partir de 1.º-1-2021.

V – 21% (vinte e um por cento), no quinto ano;

>> Inciso V com redação determinada pela Emenda Constitucional n. 108, de 26-8-2020, produzindo efeitos a partir de 1.º-1-2021.

VI – 23% (vinte e três por cento), no sexto ano.

>> Inciso VI com redação determinada pela Emenda Constitucional n. 108, de 26-8-2020, produzindo efeitos a partir de 1.º-1-2021.

§ 1.º **A parcela da complementação de que trata a alínea *b* do inciso V do *caput* do art. 212-A da Constituição Federal observará, no mínimo, os seguintes valores:**

>> § 1.º, *caput*, com redação determinada pela Emenda Constitucional n. 108, de 26-8-2020, produzindo efeitos a partir de 1.º-1-2021.

I – **2 (dois) pontos percentuais, no primeiro ano;**

>> Inciso I acrescentado pela Emenda Constitucional n. 108, de 26-8-2020, produzindo efeitos a partir de 1.º-1-2021.

II – **5 (cinco) pontos percentuais, no segundo ano;**

>> Inciso II acrescentado pela Emenda Constitucional n. 108, de 26-8-2020, produzindo efeitos a partir de 1.º-1-2021.

III – **6,25 (seis inteiros e vinte e cinco centésimos) pontos percentuais, no terceiro ano;**

>> Inciso III acrescentado pela Emenda Constitucional n. 108, de 26-8-2020, produzindo efeitos a partir de 1.º-1-2021.

IV – **7,5 (sete inteiros e cinco décimos) pontos percentuais, no quarto ano;**

>> Inciso IV acrescentado pela Emenda Constitucional n. 108, de 26-8-2020, produzindo efeitos a partir de 1.º-1-2021.

V – **9 (nove) pontos percentuais, no quinto ano;**

>> Inciso V acrescentado pela Emenda Constitucional n. 108, de 26-8-2020, produzindo efeitos a partir de 1.º-1-2021.

VI – **10,5 (dez inteiros e cinco décimos) pontos percentuais, no sexto ano.**

>> Inciso VI acrescentado pela Emenda Constitucional n. 108, de 26-8-2020, produzindo efeitos a partir de 1.º-1-2021.

§ 2.º **A parcela da complementação de que trata a alínea *c* do inciso V do *caput* do art. 212-A da Constituição Federal observará os seguintes valores:**

>> § 2.º, *caput*, com redação determinada pela Emenda Constitucional n. 108, de 26-8-2020, produzindo efeitos a partir de 1.º-1-2021.

I – **0,75 (setenta e cinco centésimos) ponto percentual, no terceiro ano;**

>> Inciso I acrescentado pela Emenda Constitucional n. 108, de 26-8-2020, produzindo efeitos a partir de 1.º-1-2021.

II – **1,5 (um inteiro e cinco décimos) ponto percentual, no quarto ano;**

>> Inciso II acrescentado pela Emenda Constitucional n. 108, de 26-8-2020, produzindo efeitos a partir de 1.º-1-2021.

III – **2 (dois) pontos percentuais, no quinto ano;**

>> Inciso III acrescentado pela Emenda Constitucional n. 108, de 26-8-2020, produzindo efeitos a partir de 1.º-1-2021.

IV – **2,5 (dois inteiros e cinco décimos) pontos percentuais, no sexto ano.**

>> Inciso IV acrescentado pela Emenda Constitucional n. 108, de 26-8-2020, produzindo efeitos a partir de 1.º-1-2021.

Art. 60-A. **Os critérios de distribuição da complementação da União e dos fundos a que se refere o inciso I do *caput* do art. 212-A da Constituição Federal serão revistos em seu sexto ano de vigência e, a partir dessa primeira revisão, periodicamente, a cada 10 (dez) anos.**

>> Artigo acrescentado pela Emenda Constitucional n. 108, de 26-8-2020, produzindo efeitos a partir de 1.º-1-2021.

Art. 61. As entidades educacionais a que se refere o art. 213, bem como as fundações de ensino e pesquisa cuja criação tenha sido autorizada por lei, que preencham os requisitos dos incisos I e II do referido artigo e que, nos últimos três anos, tenham recebido recursos públicos, poderão continuar a recebê-los, salvo disposição legal em contrário.

Art. 62. A lei criará o Serviço Nacional de Aprendizagem Rural (SENAR) nos moldes da legislação relativa ao Serviço Nacional de Aprendizagem Industrial (SENAI) e ao Serviço Nacional de Aprendizagem do Comércio (SENAC), sem prejuízo das atribuições dos órgãos públicos que atuam na área.

> A Lei n. 8.315, de 23-12-1991, dispõe sobre a criação do Serviço Nacional de Aprendizagem Rural – SENAR.

Art. 63. É criada uma Comissão composta de nove membros, sendo três do Poder Legislativo, três do Poder Judiciário e três do Poder Executivo, para promover as comemorações do centenário da Proclamação da República e da promulgação da primeira Constituição republicana do País, podendo, a seu critério, desdobrar-se em tantas subcomissões quantas forem necessárias.

Parágrafo único. No desenvolvimento de suas atribuições, a Comissão promoverá estudos, debates e avaliações sobre a evolução política, social, econômica e cultural do País, podendo articular-se com os governos estaduais e municipais e com instituições públicas e privadas que desejem participar dos eventos.

Art. 64. A Imprensa Nacional e demais gráficas da União, dos Estados, do Distrito Federal e dos Municípios, da administração direta ou indireta, inclusive fundações instituídas e mantidas pelo Poder Público, promoverão edição popular do texto integral da Constituição, que será posta à disposição das escolas e dos cartórios, dos sindicatos, dos quartéis, das igrejas e de outras instituições representativas da comunidade, gratuitamente, de modo que cada cidadão brasileiro possa receber do Estado um exemplar da Constituição do Brasil.

Art. 65. O Poder Legislativo regulamentará, no prazo de doze meses, o art. 220, § 4.º.

Art. 66. São mantidas as concessões de serviços públicos de telecomunicações atualmente em vigor, nos termos da lei.

Art. 67. A União concluirá a demarcação das terras indígenas no prazo de cinco anos a partir da promulgação da Constituição.

Art. 68. Aos remanescentes das comunidades dos quilombos que estejam ocupando suas terras é reconhecida a propriedade definitiva, devendo o Estado emitir-lhes os títulos respectivos.

>> O Decreto n. 4.887, de 20-11-2003, regulamenta o procedimento para identificação, reconhecimento, delimitação, demarcação e titulação das terras ocupadas por remanescentes das comunidades dos quilombos de que trata este artigo.

> A Instrução Normativa n. 73, de 17-5-2012, do Instituto Nacional de Colonização e Reforma Agrária – INCRA, estabelece critérios e procedimentos para a realização de benfeitorias de boa-fé erigidos em terra pública visando a desintrusão em território quilombola.

Art. 69. Será permitido aos Estados manter consultorias jurídicas separadas de suas Procuradorias-Gerais ou Advocacias-Gerais, desde que, na data da promulgação da Constituição, tenham órgãos distintos para as respectivas funções.

Art. 70. Fica mantida a atual competência dos tribunais estaduais até que a mesma seja definida na Constituição do Estado, nos termos do art. 125, § 1.º, da Constituição.

Art. 71. É instituído, nos exercícios financeiros de 1994 e 1995, bem assim nos períodos de 1.º de janeiro de 1996 a 30 de junho de 1997 e 1.º de julho de 1997 a 31 de dezembro de 1999, o Fundo Social de Emergência, com o objetivo de saneamento financeiro da Fazenda Pública Federal e de estabilização econômica, cujos recursos serão aplicados prioritariamente no custeio das ações dos sistemas de saúde e educação, incluindo a complementação de recursos de que trata o § 3.º do art. 60 do Ato das Disposições Constitucionais Transitórias, benefícios previdenciários e auxílios assistenciais de prestação continuada, inclusive liquidação de passivo previdenciário, e despesas orçamentárias associadas a programas de relevante interesse econômico e social.

>> *Caput* com redação determinada pela Emenda Constitucional n. 17, de 22-11-1997.

§ 1.º Ao Fundo criado por este artigo não se aplica o disposto na parte final do inciso II do § 9.º do art. 165 da Constituição.

>> § 1.º acrescentado pela Emenda Constitucional n. 10, de 4-3-1996.

§ 2.º O Fundo criado por este artigo passa a ser denominado Fundo de Estabilização Fiscal a partir do início do exercício financeiro de 1996.

>> § 2.º acrescentado pela Emenda Constitucional n. 10, de 4-3-1996.

§ 3.º O Poder Executivo publicará demonstrativo da execução orçamentária, de periodicidade bimestral, no qual se discriminarão as fontes e usos do Fundo criado por este artigo.

>> § 3.º acrescentado pela Emenda Constitucional n. 10, de 4-3-1996.

Art. 72. Integram o Fundo Social de Emergência:

>> *Caput* acrescentado pela Emenda Constitucional de Revisão n. 1, de 1.º-3-1994.

I – o produto da arrecadação do imposto sobre renda e proventos de qualquer natureza incidente na fonte sobre pagamentos efetuados, a qualquer título, pela União, inclusive suas autarquias e fundações;

>> Inciso I acrescentado pela Emenda Constitucional de Revisão n. 1, de 1.º-3-1994.

II – a parcela do produto da arrecadação do imposto sobre renda e proventos de qualquer natureza e do imposto sobre operações de crédito, câmbio e seguro, ou relativas a títulos e valores mobiliários, decorrente das alterações produzidas pela Lei n. 8.894, de 21 de junho de 1994, e pelas Leis n. 8.849 e 8.848, ambas de 28 de janeiro de 1994, e modificações posteriores;

>> Inciso II com redação determinada pela Emenda Constitucional n. 10, de 4-3-1996.

III – a parcela do produto da arrecadação resultante da elevação da alíquota da contribuição social sobre o lucro dos contribuintes a que se refere o § 1.º do art. 22 da Lei n. 8.212, de 24 de setembro de 1991, a qual, nos exercícios financeiros de 1994 e 1995, bem assim no período de 1.º de janeiro de 1996 a 30 de junho de 1997, passa a ser de trinta por cento, sujeita a alteração por lei ordinária, mantidas as demais normas da Lei n. 7.689, de 15 de dezembro de 1988;

>> Inciso III com redação determinada pela Emenda Constitucional n. 10, de 4-3-1996.

IV – vinte por cento do produto da arrecadação de todos os impostos e contribuições da União, já instituídos ou a serem criados, excetuado o previsto nos incisos I, II e III, observado o disposto nos §§ 3.º e 4.º;

>> Inciso IV com redação determinada pela Emenda Constitucional n. 10, de 4-3-1996.

V – a parcela do produto da arrecadação da contribuição de que trata a Lei Complementar n. 7, de 7 de setembro de 1970, devida pelas pessoas jurídicas a que se refere o inciso III deste artigo, a qual será calculada, nos exercícios financeiros de 1994 e 1995, bem assim nos períodos de 1.º de janeiro de 1996 a 30 de junho de 1997 e de 1.º de julho de 1997 a 31 de dezembro de 1999, mediante aplicação da alíquota de setenta e cinco centésimos por cento, sujeita a alteração por lei ordinária posterior, sobre a receita bruta operacional, como definida na legislação do imposto sobre renda e proventos de qualquer natureza; e

>> Inciso V com redação determinada pela Emenda Constitucional n. 17, de 22-11-1997.

VI – outras receitas previstas em lei específica.

>> Inciso VI acrescentado pela Emenda Constitucional de Revisão n. 1, de 1.º-3-1994.

§ 1.º As alíquotas e a base de cálculo previstas nos incisos III e V aplicar-se-ão a partir do primeiro dia do mês seguinte aos noventa dias posteriores à promulgação desta Emenda.

>> § 1.º acrescentado pela Emenda Constitucional de Revisão n. 1, de 1.º-3-1994.

§ 2.º As parcelas de que tratam os incisos I, II, III e V serão previamente deduzidas da base de cálculo de qualquer vinculação ou participação constitucional ou legal, não se lhes aplicando o disposto nos arts. 159, 212 e 239 da Constituição.

>> § 2.º com redação determinada pela Emenda Constitucional n. 10, de 4-3-1996.

§ 3.º A parcela de que trata o inciso IV será previamente deduzida da base de cálculo das vinculações ou participações constitucionais previstas nos arts. 153, § 5.º, 157, II, 212 e 239 da Constituição.

>> § 3.º com redação determinada pela Emenda Constitucional n. 10, de 4-3-1996.

§ 4.º O disposto no parágrafo anterior não se aplica aos recursos previstos nos arts. 158, II, e 159 da Constituição.

>> § 4.º com redação determinada pela Emenda Constitucional n. 10, de 4-3-1996.

§ 5.º A parcela dos recursos provenientes do imposto sobre renda e proventos de qualquer natureza, destinada ao Fundo Social de Emergência, nos termos do inciso II deste artigo, não poderá exceder a cinco inteiros e seis décimos por cento do total do produto da sua arrecadação.

>> § 5.º com redação determinada pela Emenda Constitucional n. 10, de 4-3-1996.

Art. 73. Na regulação do Fundo Social de Emergência não poderá ser utilizado o instrumento previsto no inciso V do art. 59 da Constituição.

>> Artigo acrescentado pela Emenda Constitucional de Revisão n. 1, de 1.º-3-1994.

> *Vide* art. 71 do ADCT.

Art. 74. A União poderá instituir contribuição provisória sobre movimentação ou transmissão de valores e de créditos e direitos de natureza financeira.

>> *Caput* acrescentado pela Emenda Constitucional n. 12, de 15-8-1996.

> *Vide* Emendas Constitucionais n. 21, de 18-3-1999, e n. 37, de 12-6-2002.

§ 1.º A alíquota da contribuição de que trata este artigo não excederá a vinte e cinco centésimos por cento, facultado ao Poder Executivo reduzi-la ou restabelecê-la, total ou parcialmente, nas condições e limites fixados em lei.

>> § 1.º acrescentado pela Emenda Constitucional n. 12, de 15-8-1996.

>> Alíquota alterada pela Emenda Constitucional n. 21, de 18-3-1999.

§ 2.º À contribuição de que trata este artigo não se aplica o disposto nos arts. 153, § 5.º, e 154, I, da Constituição.

>> § 2.º acrescentado pela Emenda Constitucional n. 12, de 15-8-1996.

§ 3.º O produto da arrecadação da contribuição de que trata este artigo será destinado integralmente ao Fundo Nacional de Saúde, para financiamento das ações e serviços de saúde.

>> § 3.º acrescentado pela Emenda Constitucional n. 12, de 15-8-1996.

§ 4.º A contribuição de que trata este artigo terá sua exigibilidade subordinada ao disposto no art. 195, § 6.º, da Constituição, e não poderá ser cobrada por prazo superior a dois anos.

>> § 4.º acrescentado pela Emenda Constitucional n. 12, de 15-8-1996.

>> *Vide* arts. 75 e 84 do ADCT, que prorrogaram o prazo previsto neste parágrafo.

Art. 75. É prorrogada, por trinta e seis meses, a cobrança da contribuição provisória sobre movimentação ou transmissão de valores e de créditos e direitos de natureza financeira de que trata o art. 74, instituída pela Lei n. 9.311, de 24 de outubro de 1996, modificada pela Lei n. 9.539, de 12 de dezembro de 1997, cuja vigência é também prorrogada por idêntico prazo.

>> *Caput* acrescentado pela Emenda Constitucional n. 21, de 18-3-1999.

>> *Vide* art. 84 do ADCT, que prorrogou o prazo previsto neste artigo até 31-12-2004.

> Fundo de Combate e Erradicação da Pobreza: *vide* art. 80, I, do ADCT.

> *Vide* Emenda Constitucional n. 37, de 12-6-2002.

§ 1.º Observado o disposto no § 6.º do art. 195 da Constituição Federal, a alíquota da contribuição será de trinta e oito centésimos por cento, nos primeiros doze meses, e de trinta centésimos, nos meses subsequentes, facultado ao Poder Executivo reduzi-la total ou parcialmente, nos limites aqui definidos.

>> § 1.º acrescentado pela Emenda Constitucional n. 21, de 18-3-1999.

§ 2.º O resultado do aumento da arrecadação, decorrente da alteração da alíquota, nos exercícios financeiros de 1999, 2000 e 2001, será destinado ao custeio da previdência social.

>> § 2.º acrescentado pela Emenda Constitucional n. 21, de 18-3-1999.

§ 3.º É a União autorizada a emitir títulos da dívida pública interna, cujos recursos serão destinados ao custeio da saúde e da previdência social, em montante equivalente ao produto da arrecadação da contribuição, prevista e não realizada em 1999.

>> § 3.º acrescentado pela Emenda Constitucional n. 21, de 18-3-1999.

>> O STF, na ADI n. 2.031-5, de 3-10-2002 (*DOU* de 11-10-2002), declara a inconstitucionalidade deste parágrafo.

Art. 76. São desvinculados de órgão, fundo ou despesa, até 31 de dezembro de 2023, 30% (trinta por cento) da arrecadação da União relativa às contribuições sociais, sem prejuízo do pagamento das despesas do Regime Geral da Previdência Social, às contribuições de intervenção no domínio econômico e às taxas, já instituídas ou que vierem a ser criadas até a referida data.

>> *Caput* com redação determinada pela Emenda Constitucional n. 93, de 8-9-2016, produzindo efeitos a partir de 1.º-1-2016.

§ 1.º (*Revogado pela Emenda Constitucional n. 93, de 8-9-2016, produzindo efeitos a partir de 1.º-1-2016.*)

§ 2.º Excetua-se da desvinculação de que trata o *caput* a arrecadação da contribuição social do salário-educação a que se refere o § 5.º do art. 212 da Constituição Federal.

>> § 2.º com redação determinada pela Emenda Constitucional n. 68, de 21-12-2011.

§ 3.º (*Revogado pela Emenda Constitucional n. 93, de 8-9-2016, produzindo efeitos a partir de 1.º-1-2016.*)

§ 4.º A desvinculação de que trata o *caput* não se aplica às receitas das contribuições sociais destinadas ao custeio da seguridade social.

>> § 4.º acrescentado pela Emenda Constitucional n. 103, de 12-11-2019.

Art. 76-A. São desvinculados de órgão, fundo ou despesa, até 31 de dezembro de 2023, 30% (trinta por cento) das receitas dos Estados e do Distrito Federal relativas a impostos, taxas e multas, já instituídos ou que vierem a ser criados até a referida data, seus adicionais e respectivos acréscimos legais, e outras receitas correntes.

>> *Caput* acrescentado pela Emenda Constitucional n. 93, de 8-9-2016, produzindo efeitos a partir de 1.º-1-2016.

Parágrafo único. Excetuam-se da desvinculação de que trata o *caput*:

>> Parágrafo único, *caput*, acrescentado pela Emenda Constitucional n. 93, de 8-9-2016, produzindo efeitos a partir de 1.º-1-2016.

I – recursos destinados ao financiamento das ações e serviços públicos de saúde e à manutenção e desenvolvimento do ensino de que tratam, respectivamente, os incisos II e III do § 2.º do art. 198 e o art. 212 da Constituição Federal;

>> Inciso I acrescentado pela Emenda Constitucional n. 93, de 8-9-2016, produzindo efeitos a partir de 1.º-1-2016.

II – receitas que pertencem aos Municípios decorrentes de transferências previstas na Constituição Federal;

>> Inciso II acrescentado pela Emenda Constitucional n. 93, de 8-9-2016, produzindo efeitos a partir de 1.º-1-2016.

III – receitas de contribuições previdenciárias e de assistência à saúde dos servidores;

>> Inciso III acrescentado pela Emenda Constitucional n. 93, de 8-9-2016, produzindo efeitos a partir de 1.º-1-2016.

IV – demais transferências obrigatórias e voluntárias entre entes da Federação com destinação especificada em lei;

>> Inciso IV acrescentado pela Emenda Constitucional n. 93, de 8-9-2016, produzindo efeitos a partir de 1.º-1-2016.

V – fundos instituídos pelo Poder Judiciário, pelos Tribunais de Contas, pelo Ministério Público, pelas Defensorias Públicas e pelas Procuradorias-Gerais dos Estados e do Distrito Federal.

>> Inciso V acrescentado pela Emenda Constitucional n. 93, de 8-9-2016, produzindo efeitos a partir de 1.º-1-2016.

Art. 76-B. São desvinculados de órgão, fundo ou despesa, até 31 de dezembro de 2023, 30% (trinta por cento) das receitas dos Municípios relativas a impostos, taxas e multas, já instituídos ou que vierem a ser criados até a referida data, seus adicionais e respectivos acréscimos legais, e outras receitas correntes.

>> *Caput* acrescentado pela Emenda Constitucional n. 93, de 8-9-2016, produzindo efeitos a partir de 1.º-1-2016.

Parágrafo único. Excetuam-se da desvinculação de que trata o *caput*:

>> Parágrafo único, *caput*, acrescentado pela Emenda Constitucional n. 93, de 8-9-2016, produzindo efeitos a partir de 1.º-1-2016.

I – recursos destinados ao financiamento das ações e serviços públicos de saúde e à manutenção e desenvolvimento do ensino de que tratam, respectivamente, os incisos II e III do § 2.º do art. 198 e o art. 212 da Constituição Federal;

>> Inciso I acrescentado pela Emenda Constitucional n. 93, de 8-9-2016, produzindo efeitos a partir de 1.º-1-2016.

II – receitas de contribuições previdenciárias e de assistência à saúde dos servidores;

>> Inciso II acrescentado pela Emenda Constitucional n. 93, de 8-9-2016, produzindo efeitos a partir de 1.º-1-2016.

III – transferências obrigatórias e voluntárias entre entes da Federação com destinação especificada em lei;

>> Inciso III acrescentado pela Emenda Constitucional n. 93, de 8-9-2016, produzindo efeitos a partir de 1.º-1-2016.

IV – fundos instituídos pelo Tribunal de Contas do Município.

>> Inciso IV acrescentado pela Emenda Constitucional n. 93, de 8-9-2016, produzindo efeitos a partir de 1.º-1-2016.

Art. 77. Até o exercício financeiro de 2004, os recursos mínimos aplicados nas ações e serviços públicos de saúde serão equivalentes:

>> *Caput* acrescentado pela Emenda Constitucional n. 29, de 13-9-2000.

I – no caso da União:

>> Inciso I, *caput*, acrescentado pela Emenda Constitucional n. 29, de 13-9-2000.

a) no ano 2000, o montante empenhado em ações e serviços públicos de saúde no exercício financeiro de 1999 acrescido de, no mínimo, cinco por cento;

>> Alínea *a* acrescentada pela Emenda Constitucional n. 29, de 13-9-2000.

b) do ano 2001 ao ano 2004, o valor apurado no ano anterior, corrigido pela variação nominal do Produto Interno Bruto – PIB;

>> Alínea *b* acrescentada pela Emenda Constitucional n. 29, de 13-9-2000.

II – no caso dos Estados e do Distrito Federal, doze por cento do produto da arrecadação dos impostos a que se refere o art. 155 e dos recursos de que tratam os arts. 157 e 159, I, *a*, e inciso II, deduzidas as parcelas que forem transferidas aos respectivos Municípios; e

>> Inciso II acrescentado pela Emenda Constitucional n. 29, de 13-9-2000.

III – no caso dos Municípios e do Distrito Federal, quinze por cento do produto da arrecadação dos impostos a que se refere o art. 156 e dos recursos de que tratam os arts. 158 e 159, I, *b* e § 3.º.

>> Inciso III acrescentado pela Emenda Constitucional n. 29, de 13-9-2000.

§ 1.º Os Estados, o Distrito Federal e os Municípios que apliquem percentuais inferiores aos fixados nos incisos II e III deverão elevá-los gradualmente, até o exercício financeiro de 2004, reduzida a diferença à razão de, pelo menos, um quinto por ano, sendo que, a partir de 2000, a aplicação será de pelo menos sete por cento.

>> § 1.º acrescentado pela Emenda Constitucional n. 29, de 13-9-2000.

§ 2.º Dos recursos da União apurados nos termos deste artigo, quinze por cento, no mínimo, serão aplicados nos Municípios, segundo o critério populacional, em ações e serviços básicos de saúde, na forma da lei.

>> § 2.º acrescentado pela Emenda Constitucional n. 29, de 13-9-2000.

§ 3.º Os recursos dos Estados, do Distrito Federal e dos Municípios destinados às ações e serviços públicos de saúde e os transferidos pela União para a mesma finalidade serão aplicados por meio de Fundo de Saúde que será acompanhado e fiscalizado por Conselho de Saúde, sem prejuízo do disposto no art. 74 da Constituição Federal.

>> § 3.º acrescentado pela Emenda Constitucional n. 29, de 13-9-2000.

§ 4.º Na ausência da lei complementar a que se refere o art. 198, § 3.º, a partir do exercício financeiro de 2005, aplicar-se-á à União, aos Estados, ao Distrito Federal e aos Municípios o disposto neste artigo.

>> § 4.º acrescentado pela Emenda Constitucional n. 29, de 13-9-2000.

Art. 78. Ressalvados os créditos definidos em lei como de pequeno valor, os de natureza alimentícia, os de que trata o art. 33 deste Ato das Disposições Constitucionais Transitórias e suas complementações e os que já tiverem os seus respectivos recursos liberados ou depositados em juízo, os precatórios pendentes na data de promulgação desta Emenda e os que decorram de ações iniciais ajuizadas até 31 de dezembro de 1999 serão liquidados pelo seu valor real, em moeda corrente, acrescido de juros legais, em prestações anuais, iguais e sucessivas, no prazo máximo de dez anos, permitida a cessão dos créditos.

>> *Caput* acrescentado pela Emenda Constitucional n. 30, de 13-9-2000.

>> O STF, nas ADIs n. 2.356 e 2.362, deferiu medida cautelar, em 25-11-2010 (*DOU* de 7-12-2010), para suspender a eficácia do art. 2.º da Emenda Constitucional n. 30, de 13-9-2000, que introduziu este art. 78.

>> *Vide* art. 97, § 15, do ADCT.

§ 1.º É permitida a decomposição de parcelas, a critério do credor.

>> § 1.º acrescentado pela Emenda Constitucional n. 30, de 13-9-2000.

§ 2.º As prestações anuais a que se refere o *caput* deste artigo terão, se não liquidadas até o final do exercício a que se referem, poder liberatório do pagamento de tributos da entidade devedora.

>> § 2.º acrescentado pela Emenda Constitucional n. 30, de 13-9-2000.

>> *Vide* art. 6.º da Emenda Constitucional n. 62, de 9-12-2009.

§ 3.º O prazo referido no *caput* deste artigo fica reduzido para dois anos, nos casos de precatórios judiciais originários de desapropriação de imóvel residencial do credor, desde que comprovadamente único à época da imissão na posse.

>> § 3.º acrescentado pela Emenda Constitucional n. 30, de 13-9-2000.

§ 4.º O Presidente do Tribunal competente deverá, vencido o prazo ou em caso de omissão no orçamento, ou preterição ao direito de precedência, a requerimento do credor, requisitar ou determinar o sequestro de recursos financeiros da entidade executada, suficientes à satisfação da prestação.

>> § 4.º acrescentado pela Emenda Constitucional n. 30, de 13-9-2000.

Art. 79. É instituído, para vigorar até o ano de 2010, no âmbito do Poder Executivo Federal, o Fundo de Combate e Erradicação da Pobreza, a ser regulado por lei complementar com o objetivo de viabilizar a todos os brasileiros acesso a níveis dignos de subsistência, cujos recursos serão aplicados em ações suplementares de nutrição, habitação, educação, saúde, reforço de renda familiar e outros programas de relevante interesse social voltados para melhoria da qualidade de vida.

>> *Caput* acrescentado pela Emenda Constitucional n. 31, de 14-12-2000.

>> *Vide* Emenda Constitucional n. 67, de 22-12-2010, que prorroga por tempo indeterminado o prazo de vigência do Fundo de Combate e Erradicação da Pobreza.

>> Artigo regulamentado pela Lei Complementar n. 111, de 6-7-2001.

> *Vide* art. 4.º da Emenda Constitucional n. 42, de 19-12-2003.

Parágrafo único. O Fundo previsto neste artigo terá Conselho Consultivo e de Acompanhamento que conte com a participação de representantes da sociedade civil, nos termos da lei.

>> Parágrafo único acrescentado pela Emenda Constitucional n. 31, de 14-12-2000.

Art. 80. Compõem o Fundo de Combate e Erradicação da Pobreza:

>> *Caput* acrescentado pela Emenda Constitucional n. 31, de 14-12-2000.

>> Regulamento: Lei Complementar n. 111, de 6-7-2001.

I – a parcela do produto da arrecadação correspondente a um adicional de 0,08% (oito centésimos por cento), aplicável de 18 de junho de 2000 a 17 de junho de 2002, na alíquota da contribuição social de que trata o art. 75 do Ato das Disposições Constitucionais Transitórias;

>> Inciso I acrescentado pela Emenda Constitucional n. 31, de 14-12-2000.

>> *Vide* art. 84 do ADCT, que prorrogou o prazo previsto neste artigo até 31-12-2004.

II – a parcela do produto da arrecadação correspondente a um adicional de 5 (cinco) pontos percentuais na alíquota do Imposto sobre Produtos Industrializados – IPI, ou do imposto que vier a substituí-lo, incidente sobre produtos supérfluos e aplicável até a extinção do Fundo;

>> Inciso II acrescentado pela Emenda Constitucional n. 31, de 14-12-2000.

> *Vide* art. 83 do ADCT.

III – o produto da arrecadação do imposto de que trata o art. 153, VII, da Constituição;

>> Inciso III acrescentado pela Emenda Constitucional n. 31, de 14-12-2000.

IV – dotações orçamentárias;

>> Inciso IV acrescentado pela Emenda Constitucional n. 31, de 14-12-2000.

V – doações, de qualquer natureza, de pessoas físicas ou jurídicas do País ou do exterior;

>> Inciso V acrescentado pela Emenda Constitucional n. 31, de 14-12-2000.

VI – outras receitas, a serem definidas na regulamentação do referido Fundo.

>> Inciso VI acrescentado pela Emenda Constitucional n. 31, de 14-12-2000.

>> Artigo regulamentado pela Lei Complementar n. 111, de 6-7-2001.

§ 1.º Aos recursos integrantes do Fundo de que trata este artigo não se aplica o disposto nos arts. 159 e 167, IV, da Constituição, assim como qualquer desvinculação de recursos orçamentários.

>> § 1.º acrescentado pela Emenda Constitucional n. 31, de 14-12-2000.

§ 2.º A arrecadação decorrente do disposto no inciso I deste artigo, no período compreendido entre 18 de junho de 2000 e o início da vigência da lei complementar a que se refere o art. 79, será integralmente repassada ao Fundo, preservado o seu valor real, em títulos públicos federais, progressivamente resgatáveis após 18 de junho de 2002, na forma da lei.

>> § 2.º acrescentado pela Emenda Constitucional n. 31, de 14-12-2000.

Art. 81. É instituído Fundo constituído pelos recursos recebidos pela União em decorrência da desestatização de sociedades de economia mista ou empresas públicas por ela controladas, direta ou indiretamente, quando a operação envolver a alienação do respectivo controle acionário a pessoa ou entidade não integrante da Administração Pública, ou de participação societária remanescente após a alienação, cujos rendimentos, gerados a partir de 18 de junho de 2002, reverterão ao Fundo de Combate e Erradicação da Pobreza.

>> *Caput* acrescentado pela Emenda Constitucional n. 31, de 14-12-2000.

>> Artigo regulamentado pela Lei Complementar n. 111, de 6-7-2001.

§ 1.º Caso o montante anual previsto nos rendimentos transferidos ao Fundo de Combate e Erradicação da Pobreza, na forma deste artigo, não alcance o valor de quatro bilhões de reais, far-se-á complementação na forma do art. 80, IV, do Ato das Disposições Constitucionais Transitórias.

>> § 1.º acrescentado pela Emenda Constitucional n. 31, de 14-12-2000.

§ 2.º Sem prejuízo do disposto no § 1.º, o Poder Executivo poderá destinar ao Fundo a que se refere este artigo outras receitas decorrentes da alienação de bens da União.

>> § 2.º acrescentado pela Emenda Constitucional n. 31, de 14-12-2000.

§ 3.º A constituição do Fundo a que se refere o *caput*, a transferência de recursos ao Fundo de Combate e Erradicação da Pobreza e as demais disposições referentes ao § 1.º deste artigo serão disciplinadas em lei, não se aplicando o disposto no art. 165, § 9.º, II, da Constituição.

>> § 3.º acrescentado pela Emenda Constitucional n. 31, de 14-12-2000.

Art. 82. Os Estados, o Distrito Federal e os Municípios devem instituir Fundos de Combate à Pobreza, com os recursos de que trata este artigo e outros que vierem a destinar, devendo os referidos Fundos ser geridos por entidades que contem com a participação da sociedade civil.

>> *Caput* acrescentado pela Emenda Constitucional n. 31, de 14-12-2000.

§ 1.º Para o financiamento dos Fundos Estaduais e Distrital, poderá ser criado adicional de até dois pontos percentuais na alíquota do Imposto sobre Circulação de Mercadorias e Serviços – ICMS, sobre os produtos e serviços supérfluos e nas condições definidas na lei complementar de que trata o art. 155, § 2.º, XII, da Constituição, não se aplicando, sobre este percentual, o disposto no art. 158, IV, da Constituição.

>> § 1.º com redação determinada pela Emenda Constitucional n. 42, de 19-12-2003.

§ 2.º Para o financiamento dos Fundos Municipais, poderá ser criado adicional de até 0,5 (meio) ponto percentual na alíquota do Imposto sobre serviços ou do imposto que vier a substituí-lo, sobre serviços supérfluos.

>> § 2.º acrescentado pela Emenda Constitucional n. 31, de 14-12-2000.

Art. 83. Lei federal definirá os produtos e serviços supérfluos a que se referem os arts. 80, II, e 82, § 2.º.

>> Artigo com redação determinada pela Emenda Constitucional n. 42, de 19-12-2003.

Art. 84. A contribuição provisória sobre movimentação ou transmissão de valores e de créditos e direitos de natureza financeira, prevista nos arts. 74, 75 e 80, I, deste Ato das Disposições Constitucionais Transitórias, será cobrada até 31 de dezembro de 2004.

>> *Caput* acrescentado pela Emenda Constitucional n. 37, de 12-6-2002.

>> *Vide* art. 90 do ADCT, que prorroga o prazo previsto neste artigo até 31-12-2007.

§ 1.º Fica prorrogada, até a data referida no *caput* deste artigo, a vigência da Lei n. 9.311, de 24 de outubro de 1996, e suas alterações.

>> § 1.º acrescentado pela Emenda Constitucional n. 37, de 12-6-2002.

§ 2.º Do produto da arrecadação da contribuição social de que trata este artigo será destinada a parcela correspondente à alíquota de:

>> § 2.º, *caput*, acrescentado pela Emenda Constitucional n. 37, de 12-6-2002.

I – vinte centésimos por cento ao Fundo Nacional de Saúde, para financiamento das ações e serviços de saúde;

>> Inciso I acrescentado pela Emenda Constitucional n. 37, de 12-6-2002.

II – dez centésimos por cento ao custeio da previdência social;

>> Inciso II acrescentado pela Emenda Constitucional n. 37, de 12-6-2002.

III – oito centésimos por cento ao Fundo de Combate e Erradicação da Pobreza, de que tratam os arts. 80 e 81 deste Ato das Disposições Constitucionais Transitórias.

>> Inciso III acrescentado pela Emenda Constitucional n. 37, de 12-6-2002.

§ 3.º A alíquota da contribuição de que trata este artigo será de:

>> § 3.º, *caput*, acrescentado pela Emenda Constitucional n. 37, de 12-6-2002.

I – trinta e oito centésimos por cento, nos exercícios financeiros de 2002 e 2003;

>> Inciso I acrescentado pela Emenda Constitucional n. 37, de 12-6-2002.

>> *Vide* art. 90, § 2.º, do ADCT, que mantém a alíquota de 0,38% até o exercício financeiro de 2007.

II – (*Revogado pela Emenda Constitucional n. 42, de 19-12-2003.*)

Art. 85. A contribuição a que se refere o art. 84 deste Ato das Disposições Constitucionais Transitórias não incidirá, a partir do 30.º (trigésimo) dia da data de publicação desta Emenda Constitucional, nos lançamentos:

>> *Caput* acrescentado pela Emenda Constitucional n. 37, de 12-6-2002.

I – em contas correntes de depósito especialmente abertas e exclusivamente utilizadas para operações de:

>> Inciso I, *caput*, acrescentado pela Emenda Constitucional n. 37, de 12-6-2002.

a) câmaras e prestadoras de serviços de compensação e de liquidação de que trata o parágrafo único do art. 2.º da Lei n. 10.214, de 27 de março de 2001;

>> Alínea *a* acrescentada pela Emenda Constitucional n. 37, de 12-6-2002.

b) companhias securitizadoras de que trata a Lei n. 9.514, de 20 de novembro de 1997;

>> Alínea *b* acrescentada pela Emenda Constitucional n. 37, de 12-6-2002.

c) sociedades anônimas que tenham por objeto exclusivo a aquisição de créditos oriundos de operações praticadas no mercado financeiro;

>> Alínea *c* acrescentada pela Emenda Constitucional n. 37, de 12-6-2002.

II – em contas correntes de depósito, relativos a:

>> Inciso II, *caput*, acrescentado pela Emenda Constitucional n. 37, de 12-6-2002.

a) operações de compra e venda de ações, realizadas em recintos ou sistemas de negociação de bolsas de valores e no mercado de balcão organizado;

>> Alínea *a* acrescentada pela Emenda Constitucional n. 37, de 12-6-2002.

b) contratos referenciados em ações ou índices de ações, em suas diversas modalidades, negociados em bolsas de valores, de mercadorias e de futuros;

>> Alínea *b* acrescentada pela Emenda Constitucional n. 37, de 12-6-2002.

III – em contas de investidores estrangeiros, relativos a entradas no País e a remessas para o exterior de recursos financeiros empregados, exclusivamente, em operações e contratos referidos no inciso II deste artigo.

>> Inciso III acrescentado pela Emenda Constitucional n. 37, de 12-6-2002.

§ 1.º O Poder Executivo disciplinará o disposto neste artigo no prazo de 30 (trinta) dias da data de publicação desta Emenda Constitucional.

>> § 1.º acrescentado pela Emenda Constitucional n. 37, de 12-6-2002.

§ 2.º O disposto no inciso I deste artigo aplica-se somente às operações relacionadas em ato do Poder Executivo, dentre aquelas que constituam o objeto social das referidas entidades.

>> § 2.º acrescentado pela Emenda Constitucional n. 37, de 12-6-2002.

§ 3.º O disposto no inciso II deste artigo aplica-se somente a operações e contratos efetuados por intermédio de instituições financeiras, sociedades corretoras de títulos e valores mobiliários, sociedades distribuidoras de títulos e valores mobiliários e sociedades corretoras de mercadorias.

>> § 3.º acrescentado pela Emenda Constitucional n. 37, de 12-6-2002.

Art. 86. Serão pagos conforme disposto no art. 100 da Constituição Federal, não se lhes aplicando a regra de parcelamento estabelecida no *caput* do art. 78 deste Ato das Disposições Constitucionais Transitórias, os débitos da Fazenda Federal, Estadual, Distrital ou Municipal oriundos de sentenças transitadas em julgado, que preencham, cumulativamente, as seguintes condições:

>> *Caput* acrescentado pela Emenda Constitucional n. 37, de 12-6-2002.

I – ter sido objeto de emissão de precatórios judiciários;

>> Inciso I acrescentado pela Emenda Constitucional n. 37, de 12-6-2002.

II – ter sido definidos como de pequeno valor pela lei de que trata o § 3.º do art. 100 da Constituição Federal ou pelo art. 87 deste Ato das Disposições Constitucionais Transitórias;

>> Inciso II acrescentado pela Emenda Constitucional n. 37, de 12-6-2002.

III – estar, total ou parcialmente, pendentes de pagamento na data da publicação desta Emenda Constitucional.

>> Inciso III acrescentado pela Emenda Constitucional n. 37, de 12-6-2002.

§ 1.º Os débitos a que se refere o *caput* deste artigo, ou os respectivos saldos, serão pagos na ordem cronológica de apresentação dos respectivos precatórios, com precedência sobre os de maior valor.

>> § 1.º acrescentado pela Emenda Constitucional n. 37, de 12-6-2002.

§ 2.º Os débitos a que se refere o *caput* deste artigo, se ainda não tiverem sido objeto de pagamento parcial, nos termos do art. 78 deste Ato das Disposições Constitucionais Transitórias, poderão ser pagos em duas parcelas anuais, se assim dispuser a lei.

>> § 2.º acrescentado pela Emenda Constitucional n. 37, de 12-6-2002.

§ 3.º Observada a ordem cronológica de sua apresentação, os débitos de natureza alimentícia previstos neste artigo terão precedência para pagamento sobre todos os demais.

>> § 3.º acrescentado pela Emenda Constitucional n. 37, de 12-6-2002.

Art. 87. Para efeito do que dispõem o § 3.º do art. 100 da Constituição Federal e o art. 78 deste Ato das Disposições Constitucionais Transitórias serão considerados de pequeno valor, até que se dê a publicação oficial das respectivas leis definidoras pelos entes da Federação, observado o disposto no § 4.º do art. 100 da Constituição Federal, os débitos ou obrigações consignados em precatório judiciário, que tenham valor igual ou inferior a:

>> *Caput* acrescentado pela Emenda Constitucional n. 37, de 12-6-2002.

I – 40 (quarenta) salários mínimos, perante a Fazenda dos Estados e do Distrito Federal;

>> Inciso I acrescentado pela Emenda Constitucional n. 37, de 12-6-2002.

II – 30 (trinta) salários mínimos, perante a Fazenda dos Municípios.

>> Inciso II acrescentado pela Emenda Constitucional n. 37, de 12-6-2002.

Parágrafo único. Se o valor da execução ultrapassar o estabelecido neste artigo, o pagamento far-se-á, sempre, por meio de precatório, sendo facultada à parte exequente a renúncia ao crédito do valor excedente, para que possa optar pelo pagamento do saldo sem o precatório, da forma prevista no § 3.º do art. 100.

>> Parágrafo único acrescentado pela Emenda Constitucional n. 37, de 12-6-2002.

Art. 88. Enquanto lei complementar não disciplinar o disposto nos incisos I e III do § 3.º do art. 156 da Constituição Federal, o imposto a que se refere o inciso III do *caput* do mesmo artigo:

>> *Caput* acrescentado pela Emenda Constitucional n. 37, de 12-6-2002.

I – terá alíquota mínima de dois por cento, exceto para os serviços a que se referem os itens 32, 33 e 34 da Lista de Serviços anexa ao Decreto-lei n. 406, de 31-12-1968;

>> Inciso I acrescentado pela Emenda Constitucional n. 37, de 12-6-2002.

II – não será objeto de concessão de isenções, incentivos e benefícios fiscais, que resulte, direta ou indiretamente, na redução da alíquota mínima estabelecida no inciso I.

>> Inciso II acrescentado pela Emenda Constitucional n. 37, de 12-6-2002.

Art. 89. Os integrantes da carreira policial militar e os servidores municipais do ex-Território Federal de Rondônia que, comprovadamente, se encontravam no exercício regular de suas funções prestando serviço àquele ex-Território na data em que foi transformado em Estado, bem como os servidores e os policiais militares alcançados pelo disposto no art. 36 da Lei Complementar n. 41, de 22 de dezembro de 1981, e aqueles admitidos regularmente nos quadros do Estado de Rondônia até a data de posse do primeiro Governador eleito, em 15 de março de 1987, constituirão, mediante opção, quadro em extinção da administração federal, assegurados os direitos e as vantagens a eles inerentes, vedado o pagamento, a qualquer título, de diferenças remuneratórias.

>> *Caput* com redação determinada pela Emenda Constitucional n. 60, de 11-11-2009.

>> A Lei n. 13.681, de 18-6-2018, regulamentada pelo Decreto n. 9.823, de 4-6-2019, dispõe sobre as tabelas de salários, vencimentos, soldos e demais vantagens aplicáveis aos servidores civis, aos militares e aos empregados dos ex-Territórios Federais, integrantes do quadro em extinção de que trata este artigo.

> A Lei Complementar n. 41, de 22-12-1981, criou o Estado de Rondônia.

§ 1.º Os membros da Polícia Militar continuarão prestando serviços ao Estado de Rondônia, na condição de cedidos, submetidos às corporações da Polícia Militar, observadas as atribuições de função compatíveis com o grau hierárquico.

>> § 1.º acrescentado pela Emenda Constitucional n. 60, de 11-11-2009.

§ 2.º Os servidores a que se refere o *caput* continuarão prestando serviços ao Estado de Rondônia na condição de cedidos, até seu aproveitamento em órgão ou entidade da administração federal direta, autárquica ou fundacional.

>> § 2.º acrescentado pela Emenda Constitucional n. 60, de 11-11-2009.

Art. 90. O prazo previsto no *caput* do art. 84 deste Ato das Disposições Constitucionais Transitórias fica prorrogado até 31 de dezembro de 2007.

>> *Caput* acrescentado pela Emenda Constitucional n. 42, de 19-12-2003.

§ 1.º Fica prorrogada, até a data referida no *caput* deste artigo, a vigência da Lei n. 9.311, de 24 de outubro de 1996, e suas alterações.

>> § 1.º acrescentado pela Emenda Constitucional n. 42, de 19-12-2003.

§ 2.º Até a data referida no *caput* deste artigo, a alíquota da contribuição de que trata o art. 84 deste Ato das Disposições Constitucionais Transitórias será de trinta e oito centésimos por cento.

>> § 2.º acrescentado pela Emenda Constitucional n. 42, de 19-12-2003.

Art. 91. A União entregará aos Estados e ao Distrito Federal o montante definido em lei complementar, de acordo com critérios, prazos e condições nela determinados, podendo considerar as exportações para o exterior de produtos primários e semielaborados, a relação entre as exportações e as importações, os créditos decorrentes de aquisições destinadas ao ativo permanente e a efetiva manutenção e aproveitamento do crédito do imposto a que se refere o art. 155, § 2.º, X, *a*.

>> *Caput* acrescentado pela Emenda Constitucional n. 42, de 19-12-2003.

§ 1.º Do montante de recursos que cabe a cada Estado, setenta e cinco por cento pertencem ao próprio Estado, e vinte e cinco por cento, aos seus Municípios, distribuídos segundo os critérios a que se refere o art. 158, parágrafo único, da Constituição.

>> § 1.º acrescentado pela Emenda Constitucional n. 42, de 19-12-2003.

§ 2.º A entrega de recursos prevista neste artigo perdurará, conforme definido em lei complementar, até que o imposto a que se refere o art. 155, II, tenha o produto de sua arrecadação destinado predominantemente, em proporção não inferior a oitenta por cento, ao Estado onde ocorrer o consumo das mercadorias, bens ou serviços.

>> § 2.º acrescentado pela Emenda Constitucional n. 42, de 19-12-2003.

§ 3.º Enquanto não for editada a lei complementar de que trata o *caput*, em substituição ao sistema de entrega de recursos nele previsto, permanecerá vigente o sistema de entrega de recursos previsto no art. 31 e Anexo da Lei Complementar n. 87, de 13 de setembro de 1996, com a redação dada pela Lei Complementar n. 115, de 26 de dezembro de 2002.

>> § 3.º acrescentado pela Emenda Constitucional n. 42, de 19-12-2003.

§ 4.º Os Estados e o Distrito Federal deverão apresentar à União, nos termos das instruções baixadas pelo Ministério da Fazenda, as informações relativas ao imposto de que trata o art. 155, II, declaradas pelos contribuintes que realizarem operações ou prestações com destino ao exterior.

>> § 4.º acrescentado pela Emenda Constitucional n. 42, de 19-12-2003.

Art. 92. São acrescidos dez anos ao prazo fixado no art. 40 deste Ato das Disposições Constitucionais Transitórias.

>> Artigo acrescentado pela Emenda Constitucional n. 42, de 19-12-2003.

>> *Vide* art. 92-A do ADCT.

Art. 92-A. São acrescidos 50 (cinquenta) anos ao prazo fixado pelo art. 92 deste Ato das Disposições Constitucionais Transitórias.

>> Artigo acrescentado pela Emenda Constitucional n. 83, de 5-8-2014.

Art. 93. A vigência do disposto no art. 159, III, e § 4.º, iniciará somente após a edição da lei de que trata o referido inciso III.

>> Artigo acrescentado pela Emenda Constitucional n. 42, de 19-12-2003.

Art. 94. Os regimes especiais de tributação para microempresas e empresas de pequeno porte próprios da União, dos Estados, do Distrito Federal e dos Municípios cessarão a partir da entrada em vigor do regime previsto no art. 146, III, *d*, da Constituição.

>> Artigo acrescentado pela Emenda Constitucional n. 42, de 19-12-2003.

> A Lei Complementar n. 123, de 14-12-2006, institui o Regime Especial Unificado de Arrecadação de Tributos e Contribuições devidos pelas Microempresas e Empresas de Pequeno Porte – Simples Nacional.

Art. 95. Os nascidos no estrangeiro entre 7 de junho de 1994 e a data da promulgação desta Emenda Constitucional, filhos de pai brasileiro ou mãe brasileira, poderão ser registrados em repartição diplomática ou consular brasileira competente ou em ofício de registro, se vierem a residir na República Federativa do Brasil.

>> Artigo acrescentado pela Emenda Constitucional n. 54, de 20-9-2007.

Art. 96. Ficam convalidados os atos de criação, fusão, incorporação e desmembramento de Municípios, cuja lei tenha sido publicada até 31 de dezembro de 2006, atendidos os requisitos estabelecidos na legislação do respectivo Estado à época de sua criação.

>> Artigo acrescentado pela Emenda Constitucional n. 57, de 18-12-2008.

Art. 97. Até que seja editada a lei complementar de que trata o § 15 do art. 100 da Constituição Federal, os Estados, o Distrito Federal e os Municípios que, na data de publicação desta Emenda Constitucional, estejam em mora na quitação de precatórios vencidos, relativos às suas administrações direta e indireta, inclusive os emitidos durante o período de vigência do regime especial instituído por este artigo, farão esses pagamentos de acordo com as normas a seguir estabelecidas, sendo inaplicável o disposto no art. 100 desta Constituição Federal, exceto em seus §§ 2.º, 3.º, 9.º, 10, 11, 12, 13 e 14, e sem prejuízo dos acordos de juízos conciliatórios já formalizados na data de promulgação desta Emenda Constitucional.

>> *Caput* acrescentado pela Emenda Constitucional n. 62, de 9-12-2009.

>> O STF, no julgamento da ADI n. 4.425, de 14-3-2013 (*DJE* de 19-12-2013), julgou procedente a ação para declarar a inconstitucionalidade deste artigo.

>> *Vide* art. 3.º da Emenda Constitucional n. 62, de 9-12-2009.

> A Resolução n. 115, de 29-6-2010, do CNJ, dispõe sobre a gestão de precatórios no âmbito do Poder Judiciário.

§ 1.º Os Estados, o Distrito Federal e os Municípios sujeitos ao regime especial de que trata este artigo optarão, por meio de ato do Poder Executivo:

>> § 1.º, *caput*, acrescentado pela Emenda Constitucional n. 62, de 9-12-2009.

I – pelo depósito em conta especial do valor referido pelo § 2.º deste artigo; ou

>> Inciso I acrescentado pela Emenda Constitucional n. 62, de 9-12-2009.

>> *Vide* art. 4.º, I, da Emenda Constitucional n. 62, de 9-12-2009.

II – pela adoção do regime especial pelo prazo de até 15 (quinze) anos, caso em que o percentual a ser depositado na conta especial a que se refere o § 2.º deste artigo corresponderá, anualmente, ao saldo total dos precatórios devidos, acrescido do índice oficial de remuneração básica da caderneta de poupança e de juros simples no mesmo percentual de juros incidentes sobre a caderneta de poupança para fins de compensação da mora, excluída a incidência de juros compensatórios, diminuído das amortizações e dividido pelo número de anos restantes no regime especial de pagamento.

>> Inciso II acrescentado pela Emenda Constitucional n. 62, de 9-12-2009.

>> *Vide* art. 4.º, II, da Emenda Constitucional n. 62, de 9-12-2009.

§ 2.º Para saldar os precatórios, vencidos e a vencer, pelo regime especial, os Estados, o Distrito Federal e os Municípios devedores depositarão mensalmente, em conta especial criada para tal fim, 1/12 (um doze avos) do valor calculado percentualmente sobre as respectivas receitas correntes líquidas, apuradas no segundo mês anterior ao mês de pagamento, sendo que esse percentual, calculado no momento de opção pelo regime e mantido fixo até o final do prazo a que se refere o § 14 deste artigo, será:

>> § 2.º, *caput*, acrescentado pela Emenda Constitucional n. 62, de 9-12-2009.

I – para os Estados e para o Distrito Federal:

a) de, no mínimo, 1,5% (um inteiro e cinco décimos por cento), para os Estados das regiões Norte, Nordeste e Centro-Oeste, além do Distrito Federal, ou cujo estoque de precatórios pendentes das suas administrações direta e indireta corresponder a até 35% (trinta e cinco por cento) do total da receita corrente líquida;

b) de, no mínimo, 2% (dois por cento), para os Estados das regiões Sul e Sudeste, cujo estoque de precatórios pendentes das suas administrações direta e indireta corresponder a mais de 35% (trinta e cinco por cento) da receita corrente líquida;

>> Inciso I acrescentado pela Emenda Constitucional n. 62, de 9-12-2009.

II – para Municípios:

a) de, no mínimo, 1% (um por cento), para Municípios das regiões Norte, Nordeste e Centro-Oeste, ou cujo estoque de precatórios pendentes das suas administrações direta e indireta corresponder a até 35% (trinta e cinco por cento) da receita corrente líquida;

b) de, no mínimo, 1,5% (um inteiro e cinco décimos por cento), para Municípios das regiões Sul e Sudeste, cujo estoque de precatórios pendentes das suas administrações direta e indireta corresponder a mais de 35% (trinta e cinco por cento) da receita corrente líquida.

>> Inciso II acrescentado pela Emenda Constitucional n. 62, de 9-12-2009.

§ 3.º Entende-se como receita corrente líquida, para os fins de que trata este artigo, o somatório das receitas tributárias, patrimoniais, industriais, agropecuárias, de contribuições e de serviços, transferências correntes e outras receitas correntes, incluindo as oriundas do § 1.º do art. 20 da Constituição Federal, verificado no período compreendido pelo mês de referência e os 11 (onze) meses anteriores, excluídas as duplicidades, e deduzidas:

>> § 3.º, *caput*, acrescentado pela Emenda Constitucional n. 62, de 9-12-2009.

I – nos Estados, as parcelas entregues aos Municípios por determinação constitucional;

>> Inciso I acrescentado pela Emenda Constitucional n. 62, de 9-12-2009.

II – nos Estados, no Distrito Federal e nos Municípios, a contribuição dos servidores para custeio do seu sistema de previdência e assistência social e as receitas provenientes da compensação financeira referida no § 9.º do art. 201 da Constituição Federal.

>> Inciso II acrescentado pela Emenda Constitucional n. 62, de 9-12-2009.

§ 4.º As contas especiais de que tratam os §§ 1.º e 2.º serão administradas pelo Tribunal de Justiça local, para pagamento de precatórios expedidos pelos tribunais.

>> § 4.º acrescentado pela Emenda Constitucional n. 62, de 9-12-2009.

§ 5.º Os recursos depositados nas contas especiais de que tratam os §§ 1.º e 2.º deste artigo não poderão retornar para Estados, Distrito Federal e Municípios devedores.

>> § 5.º acrescentado pela Emenda Constitucional n. 62, de 9-12-2009.

§ 6.º Pelo menos 50% (cinquenta por cento) dos recursos de que tratam os §§ 1.º e 2.º deste artigo serão utilizados para pagamento de precatórios em ordem cronológica de apresentação, respeitadas as preferências definidas no § 1.º, para os requisitórios do mesmo ano e no § 2.º do art. 100, para requisitórios de todos os anos.

>> § 6.º acrescentado pela Emenda Constitucional n. 62, de 9-12-2009.

§ 7.º Nos casos em que não se possa estabelecer a precedência cronológica entre 2 (dois) precatórios, pagar-se-á primeiramente o precatório de menor valor.

>> § 7.º acrescentado pela Emenda Constitucional n. 62, de 9-12-2009.

§ 8.º A aplicação dos recursos restantes dependerá de opção a ser exercida por Estados, Distrito Federal e Municípios devedores, por ato do Poder Executivo, obedecendo à seguinte forma, que poderá ser aplicada isoladamente ou simultaneamente:

>> § 8.º, *caput*, acrescentado pela Emenda Constitucional n. 62, de 9-12-2009.

I – destinados ao pagamento dos precatórios por meio do leilão;

>> Inciso I acrescentado pela Emenda Constitucional n. 62, de 9-12-2009.

II – destinados a pagamento a vista de precatórios não quitados na forma do § 6.º e do inciso I, em ordem única e crescente de valor por precatório;

>> Inciso II acrescentado pela Emenda Constitucional n. 62, de 9-12-2009.

III – destinados a pagamento por acordo direto com os credores, na forma estabelecida por lei própria da entidade devedora, que poderá prever criação e forma de funcionamento de câmara de conciliação.

>> Inciso III acrescentado pela Emenda Constitucional n. 62, de 9-12-2009.

§ 9.º Os leilões de que trata o inciso I do § 8.º deste artigo:

>> § 9.º, *caput*, acrescentado pela Emenda Constitucional n. 62, de 9-12-2009.

I – serão realizados por meio de sistema eletrônico administrado por entidade autorizada pela Comissão de Valores Mobiliários ou pelo Banco Central do Brasil;

>> Inciso I acrescentado pela Emenda Constitucional n. 62, de 9-12-2009.

II – admitirão a habilitação de precatórios, ou parcela de cada precatório indicada pelo seu detentor, em relação aos quais não esteja pendente, no âmbito do Poder Judiciário, recurso ou impugnação de qualquer natureza, permitida por iniciativa do Poder Executivo a compensação com débitos líquidos e certos, inscritos ou não em dívida ativa e constituídos contra devedor originário pela Fazenda Pública devedora até a data da expedição do precatório, ressalvados aqueles cuja exigibilidade esteja suspensa nos termos da legislação, ou que já tenham sido objeto de abatimento nos termos do § 9.º do art. 100 da Constituição Federal;

>> Inciso II acrescentado pela Emenda Constitucional n. 62, de 9-12-2009.

III – ocorrerão por meio de oferta pública a todos os credores habilitados pelo respectivo ente federativo devedor;

>> Inciso III acrescentado pela Emenda Constitucional n. 62, de 9-12-2009.

IV – considerarão automaticamente habilitado o credor que satisfaça o que consta no inciso II;

>> Inciso IV acrescentado pela Emenda Constitucional n. 62, de 9-12-2009.

V – serão realizados tantas vezes quanto necessário em função do valor disponível;

>> Inciso V acrescentado pela Emenda Constitucional n. 62, de 9-12-2009.

VI – a competição por parcela do valor total ocorrerá a critério do credor, com deságio sobre o valor desta;

>> Inciso VI acrescentado pela Emenda Constitucional n. 62, de 9-12-2009.

VII – ocorrerão na modalidade deságio, associado ao maior volume ofertado cumulado ou não com o maior percentual de deságio, pelo maior percentual de deságio, podendo ser fixado valor máximo por credor, ou por outro critério a ser definido em edital;

>> Inciso VII acrescentado pela Emenda Constitucional n. 62, de 9-12-2009.

VIII – o mecanismo de formação de preço constará nos editais publicados para cada leilão;

>> Inciso VIII acrescentado pela Emenda Constitucional n. 62, de 9-12-2009.

IX – a quitação parcial dos precatórios será homologada pelo respectivo Tribunal que o expediu.

>> Inciso IX acrescentado pela Emenda Constitucional n. 62, de 9-12-2009.

§ 10. No caso de não liberação tempestiva dos recursos de que tratam o inciso II do § 1.º e os §§ 2.º e 6.º deste artigo:

>> § 10, *caput*, acrescentado pela Emenda Constitucional n. 62, de 9-12-2009.

I – haverá o sequestro de quantia nas contas de Estados, Distrito Federal e Municípios devedores, por ordem do Presidente do Tribunal referido no § 4.º, até o limite do valor não liberado;

>> Inciso I acrescentado pela Emenda Constitucional n. 62, de 9-12-2009.

II – constituir-se-á, alternativamente, por ordem do Presidente do Tribunal requerido, em favor dos credores de precatórios, contra Estados, Distrito Federal e Municípios devedores, direito líquido e certo, autoaplicável e independentemente de regulamentação, à compensação automática com débitos líquidos lançados por esta contra aqueles, e, havendo saldo em favor do credor, o valor terá automaticamente poder liberatório do pagamento de tributos de Estados, Distrito Federal e Municípios devedores, até onde se compensarem;

>> Inciso II acrescentado pela Emenda Constitucional n. 62, de 9-12-2009.

III – o chefe do Poder Executivo responderá na forma da legislação de responsabilidade fiscal e de improbidade administrativa;

>> Inciso III acrescentado pela Emenda Constitucional n. 62, de 9-12-2009.

IV – enquanto perdurar a omissão, a entidade devedora:

a) não poderá contrair empréstimo externo ou interno;

b) ficará impedida de receber transferências voluntárias;

>> Inciso IV acrescentado pela Emenda Constitucional n. 62, de 9-12-2009.

V – a União reterá os repasses relativos ao Fundo de Participação dos Estados e do Distrito Federal e ao Fundo de Participação dos Municípios, e os depositará nas contas especiais referidas no § 1.º, devendo sua utilização obedecer ao que prescreve o § 5.º, ambos deste artigo.

>> Inciso V acrescentado pela Emenda Constitucional n. 62, de 9-12-2009.

§ 11. No caso de precatórios relativos a diversos credores, em litisconsórcio, admite-se o desmembramento do valor, realizado pelo Tribunal de origem do precatório, por credor, e, por este, a habilitação do valor total a que tem direito, não se aplicando, neste caso, a regra do § 3.º do art. 100 da Constituição Federal.

>> § 11 acrescentado pela Emenda Constitucional n. 62, de 9-12-2009.

§ 12. Se a lei a que se refere o § 4.º do art. 100 não estiver publicada em até 180 (cento e oitenta) dias, contados da data de publicação desta Emenda Constitucional, será considerado, para os fins referidos, em relação a Estados, Distrito Federal e Municípios devedores, omissos na regulamentação, o valor de:

>> § 12, *caput*, acrescentado pela Emenda Constitucional n. 62, de 9-12-2009.

I – 40 (quarenta) salários mínimos para Estados e para o Distrito Federal;

>> Inciso I acrescentado pela Emenda Constitucional n. 62, de 9-12-2009.

II – 30 (trinta) salários mínimos para Municípios.

>> Inciso II acrescentado pela Emenda Constitucional n. 62, de 9-12-2009.

§ 13. Enquanto Estados, Distrito Federal e Municípios devedores estiverem realizando pagamentos de precatórios pelo regime especial, não poderão sofrer sequestro de valores, exceto no caso de não liberação tempestiva dos recursos de que tratam o inciso II do § 1.º e o § 2.º deste artigo.

>> § 13 acrescentado pela Emenda Constitucional n. 62, de 9-12-2009.

§ 14. O regime especial de pagamento de precatório previsto no inciso I do § 1.º vigorará enquanto o valor dos precatórios devidos for superior ao valor dos recursos vinculados, nos termos do § 2.º, ambos deste artigo, ou pelo prazo fixo de até 15 (quinze) anos, no caso da opção prevista no inciso II do § 1.º.

>> § 14 acrescentado pela Emenda Constitucional n. 62, de 9-12-2009.

§ 15. Os precatórios parcelados na forma do art. 33 ou do art. 78 deste Ato das Disposições Constitucionais Transitórias e ainda pendentes de pagamento ingressarão no regime especial com o valor atualizado das parcelas não pagas relativas a cada precatório, bem como o saldo dos acordos judiciais e extrajudiciais.

>> § 15 acrescentado pela Emenda Constitucional n. 62, de 9-12-2009.

§ 16. A partir da promulgação desta Emenda Constitucional, a atualização de valores de requisitórios, até o efetivo pagamento, independentemente de sua natureza, será feita pelo índice oficial de remuneração básica da caderneta de poupança, e, para fins de compensação da mora, incidirão juros simples no mesmo percentual de juros incidentes sobre a caderneta de poupança, ficando excluída a incidência de juros compensatórios.

>> § 16 acrescentado pela Emenda Constitucional n. 62, de 9-12-2009.

§ 17. O valor que exceder o limite previsto no § 2.º do art. 100 da Constituição Federal será pago, durante a vigência do regime especial, na forma prevista nos §§ 6.º e 7.º ou nos incisos I, II e III do § 8.º deste artigo, devendo os valores dispendidos para o atendimento do disposto no § 2.º do art. 100 da Constituição Federal serem computados para efeito do § 6.º deste artigo.

>> § 17 acrescentado pela Emenda Constitucional n. 62, de 9-12-2009.

§ 18. Durante a vigência do regime especial a que se refere este artigo, gozarão também da preferência a que se refere o § 6.º os titulares originais de precatórios que tenham completado 60 (sessenta) anos de idade até a data da promulgação desta Emenda Constitucional.

>> § 18 acrescentado pela Emenda Constitucional n. 62, de 9-12-2009.

Art. 98. O número de defensores públicos na unidade jurisdicional será proporcional à efetiva demanda pelo serviço da Defensoria Pública e à respectiva população.

>> *Caput* acrescentado pela Emenda Constitucional n. 80, de 4-6-2014.

§ 1.º No prazo de 8 (oito) anos, a União, os Estados e o Distrito Federal deverão contar com defensores públicos em todas as unidades jurisdicionais, observado o disposto no *caput* deste artigo.

>> § 1.º acrescentado pela Emenda Constitucional n. 80, de 4-6-2014.

§ 2.º Durante o decurso do prazo previsto no § 1.º deste artigo, a lotação dos defensores públicos ocorrerá, prioritariamente, atendendo as regiões com maiores índices de exclusão social e adensamento populacional.

>> § 2.º acrescentado pela Emenda Constitucional n. 80, de 4-6-2014.

Art. 99. Para efeito do disposto no inciso VII do § 2.º do art. 155, no caso de operações e prestações que destinem bens e serviços a consumidor final não contribuinte localizado em outro Estado, o imposto correspondente à diferença entre a alíquota interna e a interestadual será partilhado entre os Estados de origem e de destino, na seguinte proporção:

>> *Caput* acrescentado pela Emenda Constitucional n. 87, de 16-4-2015, em vigor na data de sua publicação, produzindo efeitos no ano subsequente e após 90 (noventa) dias desta.

I – para o ano de 2015: 20% (vinte por cento) para o Estado de destino e 80% (oitenta por cento) para o Estado de origem;

>> Inciso I acrescentado pela Emenda Constitucional n. 87, de 16-4-2015, em vigor na data de sua publicação, produzindo efeitos no ano subsequente e após 90 (noventa) dias desta.

II – para o ano de 2016: 40% (quarenta por cento) para o Estado de destino e 60% (sessenta por cento) para o Estado de origem;

>> Inciso II acrescentado pela Emenda Constitucional n. 87, de 16-4-2015, em vigor na data de sua publicação, produzindo efeitos no ano subsequente e após 90 (noventa) dias desta.

III – para o ano de 2017: 60% (sessenta por cento) para o Estado de destino e 40% (quarenta por cento) para o Estado de origem;

>> Inciso III acrescentado pela Emenda Constitucional n. 87, de 16-4-2015, em vigor na data de sua publicação, produzindo efeitos no ano subsequente e após 90 (noventa) dias desta.

IV – para o ano de 2018: 80% (oitenta por cento) para o Estado de destino e 20% (vinte por cento) para o Estado de origem;

>> Inciso IV acrescentado pela Emenda Constitucional n. 87, de 16-4-2015, em vigor na data de sua publicação, produzindo efeitos no ano subsequente e após 90 (noventa) dias desta.

V – a partir do ano de 2019: 100% (cem por cento) para o Estado de destino.

>> Inciso V acrescentado pela Emenda Constitucional n. 87, de 16-4-2015, em vigor na data de sua publicação, produzindo efeitos no ano subsequente e após 90 (noventa) dias desta.

Art. 100. Até que entre em vigor a lei complementar de que trata o inciso II do § 1.º do art. 40 da Constituição Federal, os Ministros do Supremo Tribunal Federal, dos Tribunais Superiores e do Tribunal de Contas da União aposentar-se-ão, compulsoriamente, aos 75 (setenta e cinco) anos de idade, nas condições do art. 52 da Constituição Federal.

>> Artigo acrescentado pela Emenda Constitucional n. 88, de 7-5-2015.

>> O STF, no julgamento da ADI n. 5.316, em 21-5-2015 (*DOU* de 9-6-2015), deferiu medida cautelar para suspender a aplicação da expressão "nas condições do art. 52 da Constituição Federal", constante deste artigo.

Art. 101. Os Estados, o Distrito Federal e os Municípios que, em 25 de março de 2015, se encontravam em mora no pagamento de seus precatórios quitarão, até 31 de dezembro de 2024, seus débitos vencidos e os que vencerão dentro desse período, atualizados pelo Índice Nacional de Preços ao Consumidor Amplo Especial (IPCA-E), ou por outro índice que venha a substituí-lo, depositando mensalmente em conta especial do Tribunal de Justiça local, sob única e exclusiva administração deste, 1/12 (um doze avos) do valor calculado percentualmente sobre suas receitas correntes líquidas apuradas no segundo mês anterior ao mês de pagamento, em percentual suficiente para a quitação de seus débitos e, ainda que variável, nunca inferior, em cada exercício, ao percentual praticado na data da entrada em vigor do regime especial a que se refere este artigo, em conformidade com plano de pagamento a ser anualmente apresentado ao Tribunal de Justiça local.

>> *Caput* com redação determinada pela Emenda Constitucional n. 99, de 14-12-2017.

§ 1.º Entende-se como receita corrente líquida, para os fins de que trata este artigo, o somatório das receitas tributárias, patrimoniais, industriais, agropecuárias, de contribuições e de serviços, de transferências correntes e outras receitas correntes, incluindo as oriundas do § 1.º do art. 20 da Constituição Federal, verificado no período compreendido pelo segundo mês imediatamente anterior ao de referência e os 11 (onze) meses precedentes, excluídas as duplicidades, e deduzidas:

>> § 1.º, *caput* e incisos, acrescentado pela Emenda Constitucional n. 94, de 15-12-2016.

I – nos Estados, as parcelas entregues aos Municípios por determinação constitucional;

II – nos Estados, no Distrito Federal e nos Municípios, a contribuição dos servidores para custeio de seu sistema de previdência e assistência social e as receitas provenientes da compensação financeira referida no § 9.º do art. 201 da Constituição Federal.

§ 2.º O débito de precatórios será pago com recursos orçamentários próprios provenientes das fontes de receita corrente líquida referidas no § 1.º deste artigo e, adicionalmente, poderão ser utilizados recursos dos seguintes instrumentos:

>> § 2.º, *caput*, com redação determinada pela Emenda Constitucional n. 99, de 14-12-2017.

I – até 75% (setenta e cinco por cento) dos depósitos judiciais e dos depósitos administrativos em dinheiro referentes a processos judiciais ou administrativos, tributários ou não tributários, nos quais sejam parte os Estados, o Distrito Federal ou os Municípios, e as respectivas autarquias, fundações e empresas estatais dependentes, mediante a instituição de fundo garantidor em montante equivalente a 1/3 (um terço) dos recursos levantados, constituído pela parcela restante dos depósitos judiciais e remunerado pela taxa referencial do Sistema Especial de Liquidação e de Custódia (Selic) para títulos federais, nunca inferior aos índices e critérios aplicados aos depósitos levantados;

>> Inciso I com redação determinada pela Emenda Constitucional n. 99, de 14-12-2017.

II – até 30% (trinta por cento) dos demais depósitos judiciais da localidade sob jurisdição do respectivo Tribunal de Justiça, mediante a instituição de fundo garantidor em montante equivalente aos recursos levantados, constituído pela parcela restante dos depósitos judiciais e remunerado pela taxa referencial do Sistema Especial de Liquidação e de Custódia (Selic) para títulos federais, nunca inferior aos índices e critérios aplicados aos depósitos levantados, destinando-se:

>> Inciso II, *caput*, com redação determinada pela Emenda Constitucional n. 99, de 14-12-2017.

a) no caso do Distrito Federal, 100% (cem por cento) desses recursos ao próprio Distrito Federal;

>> Alínea *a* com redação determinada pela Emenda Constitucional n. 94, de 15-12-2016.

b) no caso dos Estados, 50% (cinquenta por cento) desses recursos ao próprio Estado e 50% (cinquenta por cento) aos respectivos Municípios, conforme a circunscrição judiciária onde estão depositados os recursos, e, se houver mais de um Município na mesma circunscrição judiciária, os recursos serão rateados entre os Municípios concorrentes, proporcionalmente às respectivas populações, utilizado como referência o último levantamento censitário ou a mais recente estimativa populacional da Fundação Instituto Brasileiro de Geografia e Estatística (IBGE);

>> Alínea *b* com redação determinada pela Emenda Constitucional n. 99, de 14-12-2017.

III – empréstimos, excetuados para esse fim os limites de endividamento de que tratam os incisos VI e VII do *caput* do art. 52 da Constituição Federal e quaisquer outros limites de endividamento previstos em lei, não se aplicando a esses empréstimos a vedação de vinculação de receita prevista no inciso IV do *caput* do art. 167 da Constituição Federal;

>> Inciso III com redação determinada pela Emenda Constitucional n. 99, de 14-12-2017.

IV – a totalidade dos depósitos em precatórios e requisições diretas de pagamento de obrigações de pequeno valor efetuados até 31 de dezembro de 2009 e ainda não levantados, com o cancelamento dos respectivos requisitórios e a baixa das obrigações, assegurada a revalidação dos requisitórios pelos juízos dos processos perante os Tribunais, a requerimento dos credores e após a oitiva da entidade devedora, mantidas a posição de ordem cronológica original e a remuneração de todo o período.

>> Inciso IV acrescentado pela Emenda Constitucional n. 99, de 14-12-2017.

§ 3.º Os recursos adicionais previstos nos incisos I, II e IV do § 2.º deste artigo serão transferidos diretamente pela instituição financeira depositária para a conta especial referida no *caput* deste artigo, sob única e exclusiva administração do Tribunal de Justiça local, e essa transferência deverá ser realizada em até sessenta dias contados a partir da entrada em vigor deste parágrafo, sob pena de responsabilização pessoal do dirigente da instituição financeira por improbidade.

>> § 3.º acrescentado pela Emenda Constitucional n. 99, de 14-12-2017.

§ 4.º No prazo de até seis meses contados da entrada em vigor do regime especial a que se refere este artigo, a União, diretamente, ou por intermédio das instituições financeiras oficiais sob seu controle, disponibilizará aos Estados, ao Distrito Federal e aos Municípios, bem como às respectivas autarquias, fundações e empresas estatais dependentes, linha de crédito especial para pagamento dos precatórios submetidos ao regime especial de pagamento de que trata este artigo, observadas as seguintes condições:

>> § 4.º, *caput*, acrescentado pela Emenda Constitucional n. 99, de 14-12-2017.

I – no financiamento dos saldos remanescentes de precatórios a pagar a que se refere este parágrafo serão adotados os índices e critérios de atualização que incidem sobre o pagamento de precatórios, nos termos do § 12 do art. 100 da Constituição Federal;

>> Inciso I acrescentado pela Emenda Constitucional n. 99, de 14-12-2017.

II – o financiamento dos saldos remanescentes de precatórios a pagar a que se refere este parágrafo será feito em parcelas mensais suficientes à satisfação da dívida assim constituída;

>> Inciso II acrescentado pela Emenda Constitucional n. 99, de 14-12-2017.

III – o valor de cada parcela a que se refere o inciso II deste parágrafo será calculado percentualmente sobre a receita corrente líquida, respectivamente, do Estado, do Distrito Federal e do Município, no segundo mês anterior ao pagamento, em percentual equivalente à média do comprometimento percentual mensal de 2012 até o final do período referido no *caput* deste artigo, considerados para esse fim somente os recursos próprios de cada ente da Federação aplicados no pagamento de precatórios;

>> Inciso III acrescentado pela Emenda Constitucional n. 99, de 14-12-2017.

IV – nos empréstimos a que se refere este parágrafo não se aplicam os limites de endividamento de que tratam os incisos VI e VII do *caput* do art. 52 da Constituição Federal e quaisquer outros limites de endividamento previstos em lei.

>> Inciso IV acrescentado pela Emenda Constitucional n. 99, de 14-12-2017.

Art. 102. Enquanto viger o regime especial previsto nesta Emenda Constitucional, pelo menos 50% (cinquenta por cento) dos recursos que, nos termos do art. 101 deste Ato das Disposições Constitucionais Transitórias, forem destinados ao pagamento dos precatórios em mora serão utilizados no pagamento segundo a ordem cronológica de apresentação, respeitadas as preferências dos créditos alimentares, e, nessas, as relativas à idade, ao estado de saúde e à deficiência, nos termos do § 2.º do art. 100 da Constituição Federal, sobre todos os demais créditos de todos os anos.

>> *Caput* acrescentado pela Emenda Constitucional n. 94, de 15-12-2016.

§ 1.º A aplicação dos recursos remanescentes, por opção a ser exercida por Estados, Distrito Federal e Municípios, por ato do respectivo Poder Executivo, observada a ordem de preferência dos credores, poderá ser destinada ao pagamento mediante acordos diretos, perante Juízos Auxiliares de Conciliação de Precatórios, com redução máxima de 40% (quarenta por cento) do valor do crédito atualizado, desde que em relação ao crédito não penda recurso ou defesa judicial e que sejam observados os requisitos definidos na regulamentação editada pelo ente federado.

>> Parágrafo único renumerado pela Emenda Constitucional n. 99, de 14-12-2017.

§ 2.º Na vigência do regime especial previsto no art. 101 deste Ato das Disposições Constitucionais Transitórias, as preferências relativas à idade, ao estado de saúde e à deficiência serão atendidas até o valor equivalente ao quíntuplo fixado em lei para os fins do disposto no § 3.º do art. 100 da Constituição Federal, admitido o fracionamento para essa finalidade, e o restante será pago em ordem cronológica de apresentação do precatório.

>> § 2.º acrescentado pela Emenda Constitucional n. 99, de 14-12-2017.

Art. 103. Enquanto os Estados, o Distrito Federal e os Municípios estiverem efetuando o pagamento da parcela mensal devida como previsto no *caput* do art. 101 deste Ato das Disposições Constitucionais Transitórias, nem eles, nem as respectivas autarquias, fundações e empresas estatais dependentes poderão sofrer sequestro de valores, exceto no caso de não liberação tempestiva dos recursos.

>> *Caput* acrescentado pela Emenda Constitucional n. 94, de 15-12-2016.

Parágrafo único. Na vigência do regime especial previsto no art. 101 deste Ato das Disposições Constitucionais Transitórias, ficam vedadas desapropriações pelos Estados, pelo Distrito Federal e pelos Municípios, cujos estoques de precatórios ainda pendentes de pagamento, incluídos os precatórios a pagar de suas entidades da administração indireta, sejam superiores a 70% (setenta por cento) das respectivas receitas correntes líquidas, excetuadas as desapropriações para fins de necessidade pública nas áreas de saúde, educação, segurança pública, transporte público, saneamento básico e habitação de interesse social.

>> Parágrafo único acrescentado pela Emenda Constitucional n. 99, de 14-12-2017.

Art. 104. Se os recursos referidos no art. 101 deste Ato das Disposições Constitucionais Transitórias para o pagamento de precatórios não forem tempestivamente liberados, no todo ou em parte:

>> *Caput* e incisos acrescentados pela Emenda Constitucional n. 94, de 15-12-2016.

I – o Presidente do Tribunal de Justiça local determinará o sequestro, até o limite do valor não liberado, das contas do ente federado inadimplente;

II – o chefe do Poder Executivo do ente federado inadimplente responderá, na forma da legislação de responsabilidade fiscal e de improbidade administrativa;

III – a União reterá os recursos referentes aos repasses ao Fundo de Participação dos Estados e do Distrito Federal e ao Fundo de Participação dos Municípios e os depositará na conta especial referida no art. 101 deste Ato das Disposições Constitucionais Transitórias, para utilização como nele previsto;

IV – os Estados reterão os repasses previstos no parágrafo único do art. 158 da Constituição Federal e os depositarão na conta especial referida no art. 101 deste Ato das Disposições Constitucionais Transitórias, para utilização como nele previsto.

Parágrafo único. Enquanto perdurar a omissão, o ente federado não poderá contrair empréstimo externo ou interno, exceto para os fins previstos no § 2.º do art. 101 deste Ato das Disposições Constitucionais Transitórias, e ficará impedido de receber transferências voluntárias.

>> Parágrafo único acrescentado pela Emenda Constitucional n. 94, de 15-12-2016.

Art. 105. Enquanto viger o regime de pagamento de precatórios previsto no art. 101 deste Ato das Disposições Constitucionais Transitórias, é facultada aos credores de precatórios, próprios ou de terceiros, a compensação com débitos de natureza tributária ou de outra natureza que até 25 de março de 2015 tenham sido inscritos na dívida ativa dos Estados, do Distrito Federal ou dos Municípios, observados os requisitos definidos em lei própria do ente federado.

>> *Caput* acrescentado pela Emenda Constitucional n. 94, de 15-12-2016.

§ 1.º Não se aplica às compensações referidas no ***caput*** deste artigo qualquer tipo de vinculação, como as transferências a outros entes e as destinadas à educação, à saúde e a outras finalidades.

>> Parágrafo único renumerado pela Emenda Constitucional n. 99, de 14-12-2017.

§ 2.º Os Estados, o Distrito Federal e os Municípios regulamentarão nas respectivas leis o disposto no *caput* deste artigo em até cento e vinte dias a partir de 1.º de janeiro de 2018.

>> § 2.º acrescentado pela Emenda Constitucional n. 99, de 14-12-2017.

§ 3.º Decorrido o prazo estabelecido no § 2.º deste artigo sem a regulamentação nele prevista, ficam os credores de precatórios autorizados a exercer a faculdade a que se refere o *caput* deste artigo.

>> § 3.º acrescentado pela Emenda Constitucional n. 99, de 14-12-2017.

Art. 106. Fica instituído o Novo Regime Fiscal no âmbito dos Orçamentos Fiscal e da Seguridade Social da União, que vigorará por vinte exercícios financeiros, nos termos dos arts. 107 a 114 deste Ato das Disposições Constitucionais Transitórias.

>> Artigo acrescentado pela Emenda Constitucional n. 95, de 15-12-2016.

Art. 107. Ficam estabelecidos, para cada exercício, limites individualizados para as despesas primárias:

>> *Caput* e incisos acrescentados pela Emenda Constitucional n. 95, de 15-12-2016.

I – do Poder Executivo;

II – do Supremo Tribunal Federal, do Superior Tribunal de Justiça, do Conselho Nacional de Justiça, da Justiça do Trabalho, da Justiça Federal, da Justiça Militar da União, da Justiça Eleitoral e da Justiça do Distrito Federal e Territórios, no âmbito do Poder Judiciário;

III – do Senado Federal, da Câmara dos Deputados e do Tribunal de Contas da União, no âmbito do Poder Legislativo;

IV – do Ministério Público da União e do Conselho Nacional do Ministério Público; e

V – da Defensoria Pública da União.

§ 1.º Cada um dos limites a que se refere o *caput* deste artigo equivalerá:

>> § 1.º, *caput* e incisos, acrescentado pela Emenda Constitucional n. 95, de 15-12-2016.

I – para o exercício de 2017, à despesa primária paga no exercício de 2016, incluídos os restos a pagar pagos e demais operações que afetam o resultado primário, corrigida em 7,2% (sete inteiros e dois décimos por cento); e

II – para os exercícios posteriores, ao valor do limite referente ao exercício imediatamente anterior, corrigido pela variação do Índice Nacional de Preços ao Consumidor Amplo – IPCA, publicado pelo Instituto Brasileiro de Geografia e Estatística, ou de outro índice que vier a substituí-lo, para o período de doze meses encerrado em junho do exercício anterior a que se refere a lei orçamentária.

>> *Vide* art. 103, *caput*, do ADCT.

§ 2.º Os limites estabelecidos na forma do inciso IV do *caput* do art. 51, do inciso XIII do *caput* do art. 52, do § 1.º do art. 99, do § 3.º do art. 127 e do § 3.º do art. 134 da Constituição Federal não poderão ser superiores aos estabelecidos nos termos deste artigo.

>> § 2.º acrescentado pela Emenda Constitucional n. 95, de 15-12-2016.

§ 3.º A mensagem que encaminhar o projeto de lei orçamentária demonstrará os valores máximos de programação compatíveis com os limites individualizados calculados na forma do § 1.º deste artigo, observados os §§ 7.º a 9.º deste artigo.

>> § 3.º acrescentado pela Emenda Constitucional n. 95, de 15-12-2016.

§ 4.º As despesas primárias autorizadas na lei orçamentária anual sujeitas aos limites de que trata este artigo não poderão exceder os valores máximos demonstrados nos termos do § 3.º deste artigo.

>> § 4.º acrescentado pela Emenda Constitucional n. 95, de 15-12-2016.

§ 5.º É vedada a abertura de crédito suplementar ou especial que amplie o montante total autorizado de despesa primária sujeita aos limites de que trata este artigo.

>> § 5.º acrescentado pela Emenda Constitucional n. 95, de 15-12-2016.

§ 6.º Não se incluem na base de cálculo e nos limites estabelecidos neste artigo:

>> § 6.º, *caput* e incisos, acrescentado pela Emenda Constitucional n. 95, de 15-12-2016.

I – transferências constitucionais estabelecidas no § 1.º do art. 20, no inciso III do parágrafo único do art. 146, no § 5.º do art. 153, no art. 157, nos incisos I e II do *caput* do art. 158, no art. 159 e no § 6.º do art. 212, as despesas referentes ao inciso XIV do *caput* do art. 21 e as complementações de que tratam os incisos IV e V do *caput* do art. 212-A, todos da Constituição Federal;

>> Inciso I com redação determinada pela Emenda Constitucional n. 108, de 26-8-2020, produzindo efeitos a partir de 1.º-1-2021.

II – créditos extraordinários a que se refere o § 3.º do art. 167 da Constituição Federal;

III – despesas não recorrentes da Justiça Eleitoral com a realização de eleições; e

IV – despesas com aumento de capital de empresas estatais não dependentes;

V – transferências a Estados, Distrito Federal e Municípios de parte dos valores arrecadados com os leilões dos volumes excedentes ao limite a que se refere o § 2.º do art. 1.º da Lei n. 12.276, de 30 de junho de 2010, e a despesa decorrente da revisão do contrato de cessão onerosa de que trata a mesma Lei.

>> Inciso V acrescentado pela Emenda Constitucional n. 102, de 26-9-2019.

§ 7.º Nos três primeiros exercícios financeiros da vigência do Novo Regime Fiscal, o Poder Executivo poderá compensar com redução equivalente na sua despesa primária, consoante os valores estabelecidos no projeto de lei orçamentária encaminhado pelo Poder Executivo no respectivo exercício, o excesso de despesas primárias em relação aos limites de que tratam os incisos II a V do *caput* deste artigo.

>> § 7.º acrescentado pela Emenda Constitucional n. 95, de 15-12-2016.

§ 8.º A compensação de que trata o § 7.º deste artigo não excederá a 0,25% (vinte e cinco centésimos por cento) do limite do Poder Executivo.

>> § 8.º acrescentado pela Emenda Constitucional n. 95, de 15-12-2016.

§ 9.º Respeitado o somatório em cada um dos incisos de II a IV do *caput* deste artigo, a lei de diretrizes orçamentárias poderá dispor sobre a compensação entre os limites individualizados dos órgãos elencados em cada inciso.

>> § 9.º acrescentado pela Emenda Constitucional n. 95, de 15-12-2016.

§ 10. Para fins de verificação do cumprimento dos limites de que trata este artigo, serão consideradas as despesas primárias pagas, incluídos os restos a pagar pagos e demais operações que afetam o resultado primário no exercício.

>> § 10 acrescentado pela Emenda Constitucional n. 95, de 15-12-2016.

§ 11. O pagamento de restos a pagar inscritos até 31 de dezembro de 2015 poderá ser excluído da verificação do cumprimento dos limites de que trata este artigo, até o excesso de resultado primário dos Orçamentos Fiscal e da Seguridade Social do exercício em relação à meta fixada na lei de diretrizes orçamentárias.

>> § 11 acrescentado pela Emenda Constitucional n. 95, de 15-12-2016.

Art. 108. O Presidente da República poderá propor, a partir do décimo exercício da vigência do Novo Regime Fiscal, projeto de lei complementar para alteração do método de correção dos limites a que se refere o inciso II do § 1.º do art. 107 deste Ato das Disposições Constitucionais Transitórias.

>> *Caput* acrescentado pela Emenda Constitucional n. 95, de 15-12-2016.

Parágrafo único. Será admitida apenas uma alteração do método de correção dos limites por mandato presidencial.

>> Parágrafo único acrescentado pela Emenda Constitucional n. 95, de 15-12-2016.

Art. 109. No caso de descumprimento de limite individualizado, aplicam-se, até o final do exercício de retorno das despesas aos respectivos limites, ao Poder Executivo ou a órgão elencado nos incisos II a V do *caput* do art. 107 deste Ato das Disposições Constitucionais Transitórias que o descumpriu, sem prejuízo de outras medidas, as seguintes vedações:

>> *Caput* e incisos acrescentados pela Emenda Constitucional n. 95, de 15-12-2016.

I – concessão, a qualquer título, de vantagem, aumento, reajuste ou adequação de remuneração de membros de Poder ou de órgão, de servidores e empregados públicos e militares, exceto dos derivados de sentença judicial transitada em julgado ou de determinação legal decorrente de atos anteriores à entrada em vigor desta Emenda Constitucional;

II – criação de cargo, emprego ou função que implique aumento de despesa;

III – alteração de estrutura de carreira que implique aumento de despesa;

IV – admissão ou contratação de pessoal, a qualquer título, ressalvadas as reposições de cargos de chefia e de direção que não acarretem aumento de despesa e aquelas decorrentes de vacâncias de cargos efetivos ou vitalícios;

V – realização de concurso público, exceto para as reposições de vacâncias previstas no inciso IV;

VI – criação ou majoração de auxílios, vantagens, bônus, abonos, verbas de representação ou benefícios de qualquer natureza em favor de membros de Poder, do Ministério Público ou da Defensoria Pública e de servidores e empregados públicos e militares;

VII – criação de despesa obrigatória; e

VIII – adoção de medida que implique reajuste de despesa obrigatória acima da variação da inflação, observada a preservação do poder aquisitivo referida no inciso IV do *caput* do art. 7.º da Constituição Federal.

§ 1.º As vedações previstas nos incisos I, III e VI do *caput*, quando descumprido qualquer dos limites individualizados dos órgãos elencados nos incisos II, III e IV do *caput* do art. 107 deste Ato das Disposições Constitucionais Transitórias, aplicam-se ao conjunto dos órgãos referidos em cada inciso.

>> § 1.º acrescentado pela Emenda Constitucional n. 95, de 15-12-2016.

§ 2.º Adicionalmente ao disposto no *caput*, no caso de descumprimento do limite de que trata o inciso I do *caput* do art. 107 deste Ato das Disposições Constitucionais Transitórias, ficam vedadas:

>> § 2.º, *caput* e incisos, acrescentado pela Emenda Constitucional n. 95, de 15-12-2016.

I – a criação ou expansão de programas e linhas de financiamento, bem como a remissão, renegociação ou refinanciamento de dívidas que impliquem ampliação das despesas com subsídios e subvenções; e

II – a concessão ou a ampliação de incentivo ou benefício de natureza tributária.

§ 3.º No caso de descumprimento de qualquer dos limites individualizados de que trata o *caput* do art. 107 deste Ato das Disposições Constitucionais Transitórias, fica vedada a concessão da revisão geral prevista no inciso X do *caput* do art. 37 da Constituição Federal.

>> § 3.º acrescentado pela Emenda Constitucional n. 95, de 15-12-2016.

§ 4.º As vedações previstas neste artigo aplicam-se também a proposições legislativas.

>> § 4.º acrescentado pela Emenda Constitucional n. 95, de 15-12-2016.

Art. 110. Na vigência do Novo Regime Fiscal, as aplicações mínimas em ações e serviços públicos de saúde e em manutenção e desenvolvimento do ensino equivalerão:

>> *Caput* e incisos acrescentados pela Emenda Constitucional n. 95, de 15-12-2016.

I – no exercício de 2017, às aplicações mínimas calculadas nos termos do inciso I do § 2.º do art. 198 e do *caput* do art. 212, da Constituição Federal; e

II – nos exercícios posteriores, aos valores calculados para as aplicações mínimas do exercício imediatamente anterior, corrigidos na forma estabelecida pelo inciso II do § 1.º do art. 107 deste Ato das Disposições Constitucionais Transitórias.

Art. 111. A partir do exercício financeiro de 2018, até o último exercício de vigência do Novo Regime Fiscal, a aprovação e a execução previstas nos §§ 9.º e 11 do art. 166 da Constituição Federal corresponderão ao montante de execução obrigatória para o exercício de 2017, corrigido na forma estabelecida pelo inciso II do § 1.º do art. 107 deste Ato das Disposições Constitucionais Transitórias.

>> Artigo acrescentado pela Emenda Constitucional n. 95, de 15-12-2016.

Art. 112. As disposições introduzidas pelo Novo Regime Fiscal:

>> *Caput* e incisos acrescentados pela Emenda Constitucional n. 95, de 15-12-2016.

I – não constituirão obrigação de pagamento futuro pela União ou direitos de outrem sobre o erário; e

II – não revogam, dispensam ou suspendem o cumprimento de dispositivos constitucionais e legais que disponham sobre metas fiscais ou limites máximos de despesas.

Art. 113. A proposição legislativa que crie ou altere despesa obrigatória ou renúncia de receita deverá ser acompanhada da estimativa do seu impacto orçamentário e financeiro.

>> Artigo acrescentado pela Emenda Constitucional n. 95, de 15-12-2016.

Art. 114. A tramitação de proposição elencada no *caput* do art. 59 da Constituição Federal, ressalvada a referida no seu inciso V, quando acarretar aumento de despesa ou renúncia de receita, será suspensa por até vinte dias, a requerimento de um quinto dos membros da Casa, nos termos regimentais, para análise de sua compatibilidade com o Novo Regime Fiscal.

>> Artigo acrescentado pela Emenda Constitucional n. 95, de 15-12-2016.

Brasília, 5 de outubro de 1988.

Ulysses Guimarães

EMENDA CONSTITUCIONAL N. 2, DE 25 DE AGOSTO DE 1992 (*)

Dispõe sobre o plebiscito previsto no art. 2.º do Ato das Disposições Constitucionais Transitórias.

As Mesas da Câmara dos Deputados e do Senado Federal, nos termos do § 3.º do art. 60 da Constituição Federal, promulgam a seguinte Emenda ao texto constitucional:

Artigo único. O plebiscito de que trata o art. 2.º do Ato das Disposições Constitucionais Transitórias realizar-se-á no dia 21 de abril de 1993.

§ 1.º A forma e o sistema de governo definidos pelo plebiscito terão vigência em 1.º de janeiro de 1995.

§ 2.º A lei poderá dispor sobre a realização do plebiscito, inclusive sobre a gratuidade da livre divulgação das formas e sistemas de governo, através dos meios de comunicação de massa concessionários ou permissionários de serviço público, assegurada igualdade de tempo e paridade de horários.

§ 3.º A norma constante do parágrafo anterior não exclui a competência do Tribunal Superior Eleitoral para expedir instruções necessárias à realização da consulta plebiscitária.

Brasília, em 25 de agosto de 1992.

A Mesa da Câmara dos Deputados
Deputado IBSEN PINHEIRO
Presidente

A Mesa do Senado Federal
Senador MAURO BENEVIDES
Presidente

EMENDA CONSTITUCIONAL N. 3, DE 17 DE MARÇO DE 1993 (**)

Altera dispositivos da Constituição Federal.

As Mesas da Câmara dos Deputados e do Senado Federal, nos termos do § 3.º do art. 60 da Constituição Federal, promulgam a seguinte Emenda ao texto constitucional:

Art. 1.º Os dispositivos da Constituição Federal abaixo enumerados passam a vigorar com as seguintes alterações:

>> Parte das alterações foram prejudicadas por Emendas Constitucionais posteriores: o art. 40, § 6.º, foi prejudicado pela Emenda Constitucional n. 20, de 15-12-1998; o art. 42, § 10, foi prejudicado pela Emenda Constitucional n. 18, de 5-2-1998; os arts. 102, § 2.º, e 103, § 4.º, foram prejudicados pela Emenda Constitucional n. 45, de 8-12-2004; o art. 155, § 3.º, foi prejudicado pela Emenda Constitucional n. 33, de 11-12-2001; o art. 156, § 3.º, *caput* e I, foi prejudicado pela Emenda Constitucional n. 37, de 12-6-2002; o art. 167, IV, foi prejudicado pela Emenda Constitucional n. 29, de 13-9-2000.

Art. 2.º A União poderá instituir, nos termos de lei complementar, com vigência até 31 de dezembro de 1994, imposto sobre movimentação ou transmissão de valores e de créditos e direitos de natureza financeira.

§ 1.º A alíquota do imposto de que trata este artigo não excederá a vinte e cinco centésimos por cento, facultado ao Poder Executivo reduzi-la ou restabelecê-la, total ou parcialmente, nas condições e limites fixados em lei.

§ 2.º Ao imposto de que trata este artigo não se aplica o art. 150, III, *b*, e VI, nem o disposto no § 5.º do art. 153 da Constituição.

§ 3.º O produto da arrecadação do imposto de que trata este artigo não se encontra sujeito a qualquer modalidade de repartição com outra entidade federada.

§ 4.º (*Revogado pela Emenda Constitucional de Revisão n. 1, de 1.º-3-1994.*)

Art. 3.º A eliminação do adicional ao imposto de renda, de competência dos Estados, decorrente desta Emenda Constitucional, somente produzirá efeitos a partir de 1.º de janeiro de 1996, reduzindo-se a correspondente alíquota, pelo menos, a dois e meio por cento no exercício financeiro de 1995.

Art. 4.º A eliminação do imposto sobre vendas a varejo de combustíveis líquidos e gasosos, de competência dos Municípios, decorrente desta Emenda Constitucional, somente produzirá efeitos a partir de 1.º de janeiro de 1996, reduzindo-se a correspondente alíquota, pelo menos, a um e meio por cento no exercício financeiro de 1995.

Art. 5.º Até 31 de dezembro de 1999, os Estados, o Distrito Federal e os Municípios somente poderão emitir títulos da dívida pública no montante necessário ao refinanciamento do principal devidamente atualizado de suas obrigações, representadas por essa espécie de títulos, ressalvado o disposto no art. 33, parágrafo único, do Ato das Disposições Constitucionais Transitórias.

Art. 6.º Revogam-se o inciso IV e o § 4.º do art. 156 da Constituição Federal.

Brasília, em 17 de março de 1993.

A Mesa da Câmara dos Deputados
Deputado INOCÊNCIO OLIVEIRA
Presidente

A Mesa do Senado Federal
Senador HUMBERTO LUCENA
Presidente

EMENDA CONSTITUCIONAL N. 17, DE 22 DE NOVEMBRO DE 1997 (***)

Altera dispositivos dos arts. 71 e 72 do Ato das Disposições Constitucionais Transitórias, introduzidos pela Emenda Constitucional de Revisão n. 1, de 1994.

As Mesas da Câmara dos Deputados e do Senado Federal, nos termos do § 3.º do art. 60 da Constituição Federal, promulgam a seguinte Emenda ao texto constitucional:

Art. 1.º O *caput* do art. 71 do Ato das Disposições Constitucionais Transitórias passa a vigorar com a seguinte redação:

>> Alteração já processada no diploma modificado.

Art. 2.º O inciso V do art. 72 do Ato das Disposições Constitucionais Transitórias passa a vigorar com a seguinte redação:

>> Alteração já processada no diploma modificado.

Art. 3.º A União repassará aos Municípios, do produto da arrecadação do Imposto sobre a Renda e Proventos de Qualquer Natureza, tal como considerado na constituição dos fundos de que trata o art. 159, I, da Constituição, excluída a parcela referida no art. 72, I, do Ato das Disposições Constitucionais Transitórias, os seguintes percentuais:

I – um inteiro e cinquenta e seis centésimos por cento, no período de 1.º de julho de 1997 a 31 de dezembro de 1997;

II – um inteiro e oitocentos e setenta e cinco milésimos por cento, no período de 1.º de janeiro de 1998 a 31 de dezembro de 1998;

III – dois inteiros e cinco décimos por cento, no período de 1.º de janeiro de 1999 a 31 de dezembro de 1999.

Parágrafo único. O repasse dos recursos de que trata este artigo obedecerá à mesma periodicidade e aos mesmos critérios de repartição e normas adotadas no Fundo de Par-

(*) Publicada no *Diário Oficial da União* de 1.º-9-1992.

(**) Publicada no *Diário Oficial da União* de 18-3-1993.

(***) Publicada no *Diário Oficial da União* de 25-11-1997.

ticipação dos Municípios, observado o disposto no art. 160 da Constituição.

Art. 4.º Os efeitos do disposto nos arts. 71 e 72 do Ato das Disposições Constitucionais Transitórias, com a redação dada pelos arts. 1.º e 2.º desta Emenda, são retroativos a 1.º de julho de 1997.

Parágrafo único. As parcelas de recursos destinados ao Fundo de Estabilização Fiscal e entregues na forma do art. 159, I, da Constituição, no período compreendido entre 1.º de julho de 1997 e a data de promulgação desta Emenda, serão deduzidas das cotas subsequentes, limitada a dedução a um décimo do valor total entregue em cada mês.

Art. 5.º Observado o disposto no artigo anterior, a União aplicará as disposições do art. 3.º desta Emenda retroativamente a 1.º de julho de 1997.

Art. 6.º Esta Emenda Constitucional entra em vigor na data de sua publicação.

Brasília, 22 de novembro de 1997.

Mesa da Câmara dos Deputados

Deputado MICHEL TEMER

Presidente

Mesa do Senado Federal

Senador ANTONIO CARLOS MAGALHÃES

Presidente

EMENDA CONSTITUCIONAL N. 19, DE 4 DE JUNHO DE 1998 (*)

Modifica o regime e dispõe sobre princípios e normas da Administração Pública, servidores e agentes políticos, controle de despesas e finanças públicas e custeio de atividades a cargo do Distrito Federal, e dá outras providências.

As Mesas da Câmara dos Deputados e do Senado Federal, nos termos do § 3.º do art. 60 da Constituição Federal, promulgam esta Emenda ao texto constitucional:

Art. 1.º Os incisos XIV e XXII do art. 21 e XXVII do art. 22 da Constituição Federal passam a vigorar com a seguinte redação:

>> **Alterações já processadas no diploma modificado.**

Art. 2.º O § 2.º do art. 27 e os incisos V e VI do art. 29 da Constituição Federal passam a vigorar com a seguinte redação, inserindo-se § 2.º no art. 28 e renumerando-se para § 1.º o atual parágrafo único:

>> **Alteração no art. 29, VI, prejudicada pela Emenda Constitucional n. 25, de 14-2-2000.**

Art. 3.º O *caput*, os incisos I, II, V, VII, X, XI, XIII, XIV, XV, XVI, XVII e XIX e o § 3.º do art. 37 da Constituição Federal passam a vigorar com a seguinte redação, acrescendo-se ao artigo os §§ 7.º a 9.º:

>> Alteração nos arts. 37, XI e XVI, *c*, prejudicada pelas Emendas Constitucionais n. 41, de 19-12-2003, e 34, de 13-12-2001, respectivamente.

Art. 4.º O *caput* do art. 38 da Constituição Federal passa a vigorar com a seguinte redação:

>> **Alteração já processada no diploma modificado.**

Art. 5.º O art. 39 da Constituição Federal passa a vigorar com a seguinte redação:

>> **Alteração já processada no diploma modificado.**

Art. 6.º O art. 41 da Constituição Federal passa a vigorar com a seguinte redação:

>> **Alteração já processada no diploma modificado.**

Art. 7.º O art. 48 da Constituição Federal passa a vigorar acrescido do seguinte inciso XV:

>> **Alteração no art. 48, XV, prejudicada pela Emenda Constitucional n. 25, de 14-2-2000.**

Art. 8.º Os incisos VII e VIII do art. 49 da Constituição Federal passam a vigorar com a seguinte redação:

>> **Alterações já processadas no diploma modificado.**

Art. 9.º O inciso IV do art. 51 da Constituição Federal passa a vigorar com a seguinte redação:

>> **Alteração já processada no diploma modificado.**

Art. 10. O inciso XIII do art. 52 da Constituição Federal passa a vigorar com a seguinte redação:

>> **Alteração já processada no diploma modificado.**

Art. 11. O § 7.º do art. 57 da Constituição Federal passa a vigorar com a seguinte redação:

>> **Alteração prejudicada pela Emenda Constitucional n. 32, de 11-9-2001, que deu nova redação ao § 7.º do art. 57 da CF.**

Art. 12. O parágrafo único do art. 70 da Constituição Federal passa a vigorar com a seguinte redação:

>> **Alteração já processada no diploma modificado.**

Art. 13. O inciso V do art. 93, o inciso III do art. 95 e a alínea *b* do inciso II do art. 96 da Constituição Federal passam a vigorar com a seguinte redação:

>> **Alteração no art. 96, II, *b*, prejudicada pela Emenda Constitucional n. 41, de 19-12-2003.**

Art. 14. O § 2.º do art. 127 da Constituição Federal passa a vigorar com a seguinte redação:

>> **Alteração já processada no diploma modificado.**

Art. 15. A alínea *c* do inciso I do § 5.º do art. 128 da Constituição Federal passa a vigorar com a seguinte redação:

>> **Alteração já processada no diploma modificado.**

Art. 16. A Seção II do Capítulo IV do Título IV da Constituição Federal passa a denominar-se "DA ADVOCACIA PÚBLICA".

Art. 17. O art. 132 da Constituição Federal passa a vigorar com a seguinte redação:

>> **Alteração já processada no diploma modificado.**

Art. 18. O art. 135 da Constituição Federal passa a vigorar com a seguinte redação:

>> **Alteração já processada no diploma modificado.**

Art. 19. O § 1.º e seu inciso III e os §§ 2.º e 3.º do art. 144 da Constituição Federal passam a vigorar com a seguinte redação, inserindo-se no artigo § 9.º:

>> **Alterações já processadas no diploma modificado.**

Art. 20. O *caput* do art. 167 da Constituição Federal passa a vigorar acrescido de inciso X, com a seguinte redação:

>> **Alteração já processada no diploma modificado.**

Art. 21. O art. 169 da Constituição Federal passa a vigorar com a seguinte redação:

>> **Alteração já processada no diploma modificado.**

Art. 22. O § 1.º do art. 173 da Constituição Federal passa a vigorar com a seguinte redação:

>> **Alteração já processada no diploma modificado.**

Art. 23. O inciso V do art. 206 da Constituição Federal passa a vigorar com a seguinte redação:

>> **Alteração prejudicada pela Emenda Constitucional n. 53, de 19-12-2006, que deu nova redação ao inciso V do art. 206 da CF.**

Art. 24. O art. 241 da Constituição Federal passa a vigorar com a seguinte redação:

>> **Alteração já processada no diploma modificado.**

Art. 25. Até a instituição do fundo a que se refere o inciso XIV do art. 21 da Constituição Federal, compete à União manter os atuais compromissos financeiros com a prestação de serviços públicos do Distrito Federal.

>> **A Lei n. 10.633, de 27-12-2002, institui o Fundo Constitucional do Distrito Federal – FCDF, a que se refere o inciso XIV do art. 21 da CF.**

Art. 26. No prazo de 2 (dois) anos da promulgação desta Emenda, as entidades da administração indireta terão seus estatutos revistos quanto à respectiva natureza jurídica, tendo em conta a finalidade e as competências efetivamente executadas.

Art. 27. O Congresso Nacional, dentro de 120 (cento e vinte) dias da promulgação desta Emenda, elaborará lei de defesa do usuário de serviços públicos.

Art. 28. É assegurado o prazo de 2 (dois) anos de efetivo exercício para aquisição da estabilidade aos atuais servidores em estágio pro-

(*) Publicada no *Diário Oficial da União* de 5-6-1998.

batório, sem prejuízo da avaliação a que se refere o § 4.º do art. 41 da Constituição Federal.

Art. 29. Os subsídios, vencimentos, remuneração, proventos da aposentadoria e pensões e quaisquer outras espécies remuneratórias adequar-se-ão, a partir da promulgação desta Emenda, aos limites decorrentes da Constituição Federal, não se admitindo a percepção de excesso a qualquer título.

Art. 30. O projeto de lei complementar a que se refere o art. 163 da Constituição Federal será apresentado pelo Poder Executivo ao Congresso Nacional no prazo máximo de 180 (cento e oitenta) dias da promulgação desta Emenda.

Art. 31. A pessoa que revestiu a condição de servidor público federal da administração direta, autárquica ou fundacional, de servidor municipal ou de integrante da carreira de policial, civil ou militar, dos ex-Territórios Federais do Amapá e de Roraima e que, comprovadamente, encontrava-se no exercício de suas funções, prestando serviço à administração pública dos ex-Territórios ou de prefeituras neles localizadas, na data em que foram transformados em Estado, ou a condição de servidor ou de policial, civil ou militar, admitido pelos Estados do Amapá e de Roraima, entre a data de sua transformação em Estado e outubro de 1993, bem como a pessoa que comprove ter mantido, nesse período, relação ou vínculo funcional, de caráter efetivo ou não, ou relação ou vínculo empregatício, estatutário ou de trabalho com a administração pública dos ex-Territórios, dos Estados ou das prefeituras neles localizadas ou com empresa pública ou sociedade de economia mista que haja sido constituída pelo ex-Território ou pela União para atuar no âmbito do ex-Território Federal, inclusive as extintas, poderão integrar, mediante opção, quadro em extinção da administração pública federal.

>> *Caput* com redação determinada pela Emenda Constitucional n. 98, de 6-12-2017.

>> *Vide* Emenda Constitucional n. 98, de 6-12-2017.

>> A Lei n. 13.681, de 18-6-2018, regulamentada pelo Decreto n. 9.823, de 4-6-2019, dispõe sobre as tabelas de salários, vencimentos, soldos e demais vantagens aplicáveis aos servidores civis, aos militares e aos empregados dos ex-Territórios Federais, integrantes do quadro em extinção de que trata este artigo.

§ 1.º O enquadramento referido no *caput* deste artigo, para os servidores, para os policiais, civis ou militares, e para as pessoas que tenham revestido essa condição, entre a transformação e a instalação dos Estados em outubro de 1993, dar-se-á no cargo em que foram originariamente admitidos ou em cargo equivalente.

>> § 1.º com redação determinada pela Emenda Constitucional n. 98, de 6-12-2017.

§ 2.º Os integrantes da carreira policial militar a que se refere o *caput* continuarão prestando serviços aos respectivos Estados, na condição de cedidos, submetidos às disposições estatutárias a que estão sujeitas as corporações das respectivas Polícias Militares, observados as atribuições de função compatíveis com seu grau hierárquico e o direito às devidas promoções.

>> § 2.º com redação determinada pela Emenda Constitucional n. 79, de 27-5-2014.

§ 3.º As pessoas a que se referem este artigo prestarão serviços aos respectivos Estados ou a seus Municípios, na condição de servidores cedidos, sem ônus para o cessionário, até seu aproveitamento em órgão ou entidade da administração federal direta, autárquica ou fundacional, podendo os Estados, por conta e delegação da União, adotar os procedimentos necessários à cessão de servidores a seus Municípios.

>> § 3.º com redação determinada pela Emenda Constitucional n. 98, de 6-12-2017.

§ 4.º Para fins do disposto no *caput* deste artigo, são meios probatórios de relação ou vínculo funcional, empregatício, estatutário ou de trabalho, independentemente da existência de vínculo atual, além dos admitidos em lei:

>> § 4.º, *caput*, acrescentado pela Emenda Constitucional n. 98, de 6-12-2017.

I – o contrato, o convênio, o ajuste ou o ato administrativo por meio do qual a pessoa tenha revestido a condição de profissional, empregado, servidor público, prestador de serviço ou trabalhador e tenha atuado ou desenvolvido atividade laboral diretamente com o ex-Território, o Estado ou a prefeitura neles localizada, inclusive mediante a interveniência de cooperativa;

>> Inciso I acrescentado pela Emenda Constitucional n. 98, de 6-12-2017.

II – a retribuição, a remuneração ou o pagamento documentado ou formalizado, à época, mediante depósito em conta-corrente bancária ou emissão de ordem de pagamento, de recibo, de nota de empenho ou de ordem bancária em que se identifique a administração pública do ex-Território, do Estado ou de prefeitura neles localizada como fonte pagadora ou origem direta dos recursos, assim como aquele realizado à conta de recursos oriundos de fundo de participação ou de fundo especial, inclusive em proveito do pessoal integrante das tabelas especiais.

>> Inciso II acrescentado pela Emenda Constitucional n. 98, de 6-12-2017.

§ 5.º Além dos meios probatórios de que trata o § 4.º deste artigo, sem prejuízo daqueles admitidos em lei, o enquadramento referido no *caput* deste artigo dependerá de a pessoa ter mantido relação ou vínculo funcional, empregatício, estatutário ou de trabalho com o ex-Território ou o Estado que o tenha sucedido por, pelo menos, noventa dias.

>> § 5.º acrescentado pela Emenda Constitucional n. 98, de 6-12-2017.

§ 6.º As pessoas a que se referem este artigo, para efeito de exercício em órgão ou entidade da administração pública estadual ou municipal dos Estados do Amapá e de Roraima, farão jus à percepção de todas as gratificações e dos demais valores que componham a estrutura remuneratória dos cargos em que tenham sido enquadradas, vedando-se reduzi-los ou suprimi-los por motivo de cessão ao Estado ou a seu Município.

>> § 6.º acrescentado pela Emenda Constitucional n. 98, de 6-12-2017.

Art. 32. A Constituição Federal passa a vigorar acrescida do seguinte artigo:

>> Alteração já processada no diploma modificado.

Art. 33. Consideram-se servidores não estáveis, para os fins do art. 169, § 3.º, II, da Constituição Federal aqueles admitidos na administração direta, autárquica e fundacional sem concurso público de provas ou de provas e títulos após o dia 5 de outubro de 1983.

Art. 34. Esta Emenda Constitucional entra em vigor na data de sua promulgação.

Brasília, 4 de junho de 1998.

Mesa da Câmara dos Deputados
Deputado MICHEL TEMER
Presidente

Mesa do Senado Federal
Senador ANTONIO CARLOS MAGALHÃES
Presidente

EMENDA CONSTITUCIONAL N. 20, DE 15 DE DEZEMBRO DE 1998 (*)

Modifica o sistema de previdência social, estabelece normas de transição e dá outras providências.

As Mesas da Câmara dos Deputados e do Senado Federal, nos termos do § 3.º do art. 60 da Constituição Federal, promulgam a seguinte Emenda ao texto constitucional:

Art. 1.º A Constituição Federal passa a vigorar com as seguintes alterações:

>> Parte das alterações foram prejudicadas por Emendas Constitucionais posteriores: arts. 40, *caput* e §§ 1.º, 3.º, 7.º, 8.º e 15, 42, § 2.º, 142, § 3.º, IX, prejudicadas pela Emenda Constitucional n. 41, de 19-12-2003; arts. 40, § 4.º, 195, § 9.º, e 201, § 1.º, prejudicados pela Emenda Constitucional n. 47, de 6-7-2005; art. 100, § 3.º, prejudicado pela Emenda Constitucional n. 30, de 13-9-2000; art. 114, § 3.º, prejudicado pela Emenda Constitucional n. 45, de 8-12-2004; art. 40, § 1.º, II, pela Emenda Constitucional n. 88, de 7-5-2015; art. 100, § 3.º, pela Emenda Constitucional n. 62, de 9-12-2009; arts. 40, § 1.º, III e §§ 2.º, 5.º, 6.º , 9.º, 12, 13 e 14, 195, II, § 11, 201, I,

(*) Publicada no *Diário Oficial da União* de 16-12-1998.

§ 1.º, § 7.º, I e II, §§ 8.º, 9.º e 10, 202, §§ 4.º, 5.º e 6.º, prejudicados pela Emenda Constitucional n. 103, de 12-11-2019.

Art. 2.º A Constituição Federal, nas Disposições Constitucionais Gerais, é acrescida dos seguintes artigos:

>> Alterações já processadas no diploma modificado.

Art. 3.º É assegurada a concessão de aposentadoria e pensão, a qualquer tempo, aos servidores públicos e aos segurados do regime geral de previdência social, bem como aos seus dependentes, que, até a data da publicação desta Emenda, tenham cumprido os requisitos para a obtenção destes benefícios, com base nos critérios da legislação então vigente.

§ 1.º O servidor de que trata este artigo, que tenha completado as exigências para aposentadoria integral e que opte por permanecer em atividade fará jus à isenção da contribuição previdenciária até completar as exigências para aposentadoria contidas no art. 40, § 1.º, III, *a*, da Constituição Federal.

§ 2.º Os proventos da aposentadoria a ser concedida aos servidores públicos referidos no *caput*, em termos integrais ou proporcionais ao tempo de serviço já exercido até a data de publicação desta Emenda, bem como as pensões de seus dependentes, serão calculados de acordo com a legislação em vigor à época em que foram atendidas as prescrições nela estabelecidas para a concessão destes benefícios ou nas condições da legislação vigente.

§ 3.º São mantidos todos os direitos e garantias assegurados nas disposições constitucionais vigentes à data de publicação desta Emenda aos servidores e militares, inativos e pensionistas, aos anistiados e aos ex-combatentes, assim como àqueles que já cumpriram, até aquela data, os requisitos para usufruírem tais direitos, observado o disposto no art. 37, XI, da Constituição Federal.

Art. 4.º Observado o disposto no art. 40, § 10, da Constituição Federal, o tempo de serviço considerado pela legislação vigente para efeito de aposentadoria, cumprido até que a lei discipline a matéria, será contado como tempo de contribuição.

>> *Vide* art. 2.º da Emenda Constitucional n. 41, de 19-12-2003.

Art. 5.º O disposto no art. 202, § 3.º, da Constituição Federal quanto à exigência de paridade entre a contribuição da patrocinadora e a contribuição do segurado, terá vigência no prazo de 2 (dois) anos a partir da publicação desta Emenda, ou, caso ocorra antes, na data de publicação da lei complementar a que se refere o § 4.º do mesmo artigo.

>> A Lei Complementar n. 108, de 29-5-2001, dispõe sobre a relação entre a União, os Estados, o Distrito Federal e os Municípios, suas autarquias, fundações, sociedades de economia mista e outras entidades públicas e suas respectivas entidades fechadas de Previdência Complementar.

Art. 6.º As entidades fechadas de previdência privada patrocinadas por entidades públicas, inclusive empresas públicas e sociedades de economia mista, deverão rever, no prazo de 2 (dois) anos, a contar da publicação desta Emenda, seus planos de benefícios e serviços, de modo a ajustá-los atuarialmente a seus ativos, sob pena de intervenção, sendo seus dirigentes e os de suas respectivas patrocinadoras responsáveis civil e criminalmente pelo descumprimento do disposto neste artigo.

Art. 7.º Os projetos das leis complementares previstos no art. 202 da Constituição Federal deverão ser apresentados ao Congresso Nacional no prazo máximo de 90 (noventa) dias após a publicação desta Emenda.

>> Previdência Complementar: Leis Complementares n. 108 e 109, ambas de 29-5-2001.

Art. 8.º (*Revogado pela Emenda Constitucional n. 41, de 19-12-2003.*)

Art. 9.º (*Revogado pela Emenda Constitucional n. 103, de 12-11-2019.*)

Art. 10. (*Revogado pela Emenda Constitucional n. 41, de 19-12-2003.*)

Art. 11. A vedação prevista no art. 37, § 10, da Constituição Federal, não se aplica aos membros de poder e aos inativos, servidores e militares, que, até a publicação desta Emenda, tenham ingressado novamente no serviço público por concurso público de provas ou de provas e títulos, e pelas demais formas previstas na Constituição Federal, sendo-lhes proibida a percepção de mais de uma aposentadoria pelo regime de previdência a que se refere o art. 40 da Constituição Federal, aplicando-se-lhes, em qualquer hipótese, o limite de que trata o § 11 deste mesmo artigo.

Art. 12. Até que produzam efeitos as leis que irão dispor sobre as contribuições de que trata o art. 195 da Constituição Federal, são exigíveis as estabelecidas em lei, destinadas ao custeio da seguridade social e dos diversos regimes previdenciários.

Art. 13. (*Revogado pela Emenda Constitucional n. 103, de 12-11-2019.*)

Art. 14. O limite máximo para o valor dos benefícios do regime geral de previdência social de que trata o art. 201 da Constituição Federal é fixado em R$ 1.200,00 (um mil e duzentos reais), devendo, a partir da data da publicação desta Emenda, ser reajustado de forma a preservar, em caráter permanente, seu valor real, atualizado pelos mesmos índices aplicados aos benefícios do regime geral de previdência social.

>> A ADI n. 1.946-5, de 3-4-2003 (*DOU* de 5-6-2003), deu a este artigo, sem redução de texto, interpretação conforme a CF, para excluir sua aplicação ao salário da licença à gestante a que se refere o art. 7.º, XVIII, da CF.

>> Os benefícios previdenciários são reajustados anualmente por meio de ato administrativo do Ministro de Estado da Previdência Social.

Art. 15. (*Revogado pela Emenda Constitucional n. 103, de 12-11-2019.*)

Art. 16. Esta Emenda Constitucional entra em vigor na data de sua publicação.

Art. 17. Revoga-se o inciso II do § 2.º do art. 153 da Constituição Federal.

Brasília, 15 de dezembro de 1998.

Mesa da Câmara dos Deputados
Deputado MICHEL TEMER
Presidente

Mesa do Senado Federal
Senador ANTONIO CARLOS MAGALHÃES
Presidente

EMENDA CONSTITUCIONAL N. 24, DE 9 DE DEZEMBRO DE 1999 (*)

Altera dispositivos da Constituição Federal pertinentes à representação classista na Justiça do Trabalho.

As Mesas da Câmara dos Deputados e do Senado Federal, nos termos do § 3.º do art. 60 da Constituição Federal, promulgam a seguinte Emenda ao texto constitucional:

Art. 1.º Os arts. 111, 112, 113, 115 e 116 da Constituição Federal passam a vigorar com a seguinte redação:

>> Parte das alterações foi prejudicada por Emendas Constitucionais posteriores: arts. 111, §§ 1.º e 2.º, 112 e 115, prejudicados pela Emenda Constitucional n. 45, de 8-12-2004.

Art. 2.º É assegurado o cumprimento dos mandatos dos atuais ministros classistas temporários do Tribunal Superior do Trabalho e dos atuais juízes classistas temporários dos Tribunais Regionais do Trabalho e das Juntas de Conciliação e Julgamento.

Art. 3.º Esta Emenda Constitucional entra em vigor na data de sua publicação.

Art. 4.º Revoga-se o art. 117 da Constituição Federal.

Brasília, em 9 de dezembro de 1999.

Mesa da Câmara dos Deputados
Deputado MICHEL TEMER
Presidente

Mesa do Senado Federal
Senador ANTONIO CARLOS MAGALHÃES
Presidente

EMENDA CONSTITUCIONAL N. 32, DE 11 DE SETEMBRO DE 2001 (**)

Altera dispositivos dos arts. 48, 57, 61, 62, 64, 66, 84, 88 e 246 da Constituição Federal, e dá outras providências.

(*) Publicada no *Diário Oficial da União* de 10-12-1999.

(**) Publicada no *Diário Oficial da União* de 12-9-2001.

As Mesas da Câmara dos Deputados e do Senado Federal, nos termos do § 3.º do art. 60 da Constituição Federal, promulgam a seguinte Emenda ao texto constitucional:

Art. 1.º Os arts. 48, 57, 61, 62, 64, 66, 84, 88 e 246 da Constituição Federal passam a vigorar com as seguintes alterações:

>> Alteração no art. 57, § 7.º, prejudicada pela Emenda Constitucional n. 50, de 14-2-2006.

Art. 2.º As medidas provisórias editadas em data anterior à da publicação desta emenda continuam em vigor até que medida provisória ulterior as revogue explicitamente ou até deliberação definitiva do Congresso Nacional.

Art. 3.º Esta Emenda Constitucional entra em vigor na data de sua publicação.

Brasília, 11 de setembro de 2001.

Mesa da Câmara dos Deputados

Deputado AÉCIO NEVES

Presidente

Mesa do Senado Federal

Senador EDISON LOBÃO

Presidente, Interino

EMENDA CONSTITUCIONAL N. 33, DE 11 DE DEZEMBRO DE 2001 (*)

Altera os arts. 149, 155 e 177 da Constituição Federal.

As Mesas da Câmara dos Deputados e do Senado Federal, nos termos do § 3.º do art. 60 da Constituição Federal, promulgam a seguinte Emenda ao texto constitucional:

Art. 1.º O art. 149 da Constituição Federal passa a vigorar acrescido dos seguintes parágrafos, renumerando-se o atual parágrafo único para § 1.º:

>> Alteração no art. 149, § 2.º, II, prejudicada pela Emenda Constitucional n. 42, de 19-12-2003.

Art. 2.º O art. 155 da Constituição Federal passa a vigorar com as seguintes alterações:

>> Alterações já processadas no diploma modificado.

Art. 3.º O art. 177 da Constituição Federal passa a vigorar acrescido do seguinte parágrafo:

>> Alteração já processada no diploma modificado.

Art. 4.º Enquanto não entrar em vigor a lei complementar de que trata o art. 155, § 2.º, XII, *h*, da Constituição Federal, os Estados e o Distrito Federal, mediante convênio celebrado nos termos do § 2.º, XII, *g*, do mesmo artigo, fixarão normas para regular provisoriamente a matéria.

Art. 5.º Esta Emenda Constitucional entra em vigor na data de sua promulgação.

(*) Publicada no *Diário Oficial da União* de 12-12-2001.

Brasília, 11 de dezembro de 2001.

Mesa da Câmara dos Deputados

Deputado AÉCIO NEVES

Presidente

Mesa do Senado Federal

Senador RAMEZ TEBET

Presidente

EMENDA CONSTITUCIONAL N. 41, DE 19 DE DEZEMBRO DE 2003 (**)

Modifica os arts. 37, 40, 42, 48, 96, 149 e 201 da Constituição Federal, revoga o inciso IX do § 3.º do art. 142 da Constituição Federal e dispositivos da Emenda Constitucional n. 20, de 15-12-1998, e dá outras providências.

As Mesas da Câmara dos Deputados e do Senado Federal, nos termos do § 3.º do art. 60 da Constituição Federal, promulgam a seguinte Emenda ao texto constitucional:

Art. 1.º A Constituição Federal passa a vigorar com as seguintes alterações:

>> Alteração no art. 201, § 12, prejudicada pela Emenda Constitucional n. 47, de 5-7-2005.

>> Alteração prejudicada pela Emenda Constitucional n. 103, de 12-11-2019, que deu nova redação aos arts. 40, *caput*, § 1.º, *caput*, inciso I e §§ 3.º, 7.º, 15, 19 e 20, 149, § 1.º da CF.

Art. 2.º (*Revogado pela Emenda Constitucional n. 103, de 12-11-2019.*)

>> Sobre o prazo de vigência desta revogação, *vide* art. 36, II, da Emenda Constitucional n. 103, de 12-11-2019.

>> O texto revogado dizia:

"Art. 2.º Observado o disposto no art. 4.º da Emenda Constitucional n. 20, de 15 de dezembro de 1998, é assegurado o direito de opção pela aposentadoria voluntária com proventos calculados de acordo com o art. 40, §§ 3.º e 17, da Constituição Federal, àquele que tenha ingressado regularmente em cargo efetivo na Administração Pública direta, autárquica e fundacional, até a data de publicação daquela Emenda, quando o servidor, cumulativamente:

I – tiver cinquenta e três anos de idade, se homem, e quarenta e oito anos de idade, se mulher;

II – tiver cinco anos de efetivo exercício no cargo em que se der a aposentadoria;

III – contar tempo de contribuição igual, no mínimo, à soma de:

a) trinta e cinco anos, se homem, e trinta anos, se mulher; e

b) um período adicional de contribuição equivalente a vinte por cento do tempo que, na data de publicação daquela Emenda, faltaria para atingir o limite de tempo constante da alínea a deste inciso.

§ 1.º O servidor de que trata este artigo que cumprir as exigências para aposentadoria na forma do *caput* terá os seus proventos de inatividade reduzidos para cada ano antecipado em relação aos limites de idade estabelecidos pelo art. 40, § 1.º, III, *a*, e § 5.º da Constituição Federal, na seguinte proporção:

I – três inteiros e cinco décimos por cento, para aquele que completar as exigências para aposentadoria na forma do *caput* até 31 de dezembro de 2005;

II – cinco por cento, para aquele que completar as exigências para aposentadoria na forma do *caput* a partir de 1.º de janeiro de 2006.

§ 2.º Aplica-se ao magistrado e ao membro do Ministério Público e de Tribunal de Contas o disposto neste artigo.

§ 3.º Na aplicação do disposto no § 2.º deste artigo, o magistrado ou o membro do Ministério Público ou de Tribunal de Contas, se homem, terá o tempo de serviço exercido até a data de publicação da Emenda Constitucional n. 20, de 15 de dezembro de 1998, contado com acréscimo de dezessete por cento, observado o disposto no § 1.º deste artigo.

§ 4.º O professor, servidor da União, dos Estados, do Distrito Federal e dos Municípios, incluídas suas autarquias e fundações, que, até a data de publicação da Emenda Constitucional n. 20, de 15 de dezembro de 1998, tenha ingressado, regularmente, em cargo efetivo de magistério e que opte por aposentar-se na forma do disposto no *caput*, terá o tempo de serviço exercido até a publicação daquela Emenda contado com o acréscimo de dezessete por cento, se homem, e de vinte por cento, se mulher, desde que se aposente, exclusivamente, com tempo de efetivo exercício nas funções de magistério, observado o disposto no § 1.º.

§ 5.º O servidor de que trata este artigo, que tenha completado as exigências para aposentadoria voluntária estabelecidas no *caput*, e que opte por permanecer em atividade, fará jus a um abono de permanência equivalente ao valor da sua contribuição previdenciária até completar as exigências para aposentadoria compulsória contidas no art. 40, § 1.º, II, da Constituição Federal.

§ 6.º Às aposentadorias concedidas de acordo com este artigo aplica-se o disposto no art. 40, § 8.º, da Constituição Federal".

>> *Vide* art. 3.º, § 3.º, da Emenda Constitucional n. 103, de 12-11-2019.

Art. 3.º É assegurada a concessão, a qualquer tempo, de aposentadoria aos servidores públicos, bem como pensão aos seus dependentes, que, até a data de publicação desta Emenda, tenham cumprido todos os requisitos para obtenção desses benefícios, com base nos critérios da legislação então vigente.

(**) Publicada no *Diário Oficial da União* de 31-12-2003. A Lei n. 10.887, de 18-6-2004, dispõe sobre a aplicação de disposições desta Emenda Constitucional.

§ 1.º O servidor de que trata este artigo que opte por permanecer em atividade tendo completado as exigências para aposentadoria voluntária e que conte com, no mínimo, vinte e cinco anos de contribuição, se mulher, ou trinta anos de contribuição, se homem, fará jus a um abono de permanência equivalente ao valor da sua contribuição previdenciária até completar as exigências para aposentadoria compulsória contidas no art. 40, § 1.º, II, da Constituição Federal.

>> *Vide* art. 3.º, § 3.º, da Emenda Constitucional n. 103, de 12-11-2019.

>> O Ato Declaratório Interpretativo n. 24, de 4-10-2004, da Secretaria da Receita Federal, dispõe sobre o abono de permanência a que se refere este parágrafo.

§ 2.º Os proventos da aposentadoria a ser concedida aos servidores públicos referidos no *caput*, em termos integrais ou proporcionais ao tempo de contribuição já exercido até a data de publicação desta Emenda, bem como as pensões de seus dependentes, serão calculados de acordo com a legislação em vigor à época em que foram atendidos os requisitos nela estabelecidos para a concessão desses benefícios ou nas condições da legislação vigente.

Art. 4.º Os servidores inativos e os pensionistas da União, dos Estados, do Distrito Federal e dos Municípios, incluídas suas autarquias e fundações, em gozo de benefícios na data de publicação desta Emenda, bem como os alcançados pelo disposto no seu art. 3.º, contribuirão para o custeio do regime de que trata o art. 40 da Constituição Federal com percentual igual ao estabelecido para os servidores titulares de cargos efetivos.

Parágrafo único. A contribuição previdenciária a que se refere o *caput* incidirá apenas sobre a parcela dos proventos e das pensões que supere:

I – cinquenta por cento do limite máximo estabelecido para os benefícios do regime geral de previdência social de que trata o art. 201 da Constituição Federal, para os servidores inativos e os pensionistas dos Estados, do Distrito Federal e dos Municípios;

>> O STF, nas ADIs n. 3.105-8, de 18-10-2006 (*DOU* de 9-3-2007), e 3.128-7, de 26-5-2004 (*DOU* de 19-9-2006), julgou inconstitucional a expressão "cinquenta por cento do" contida neste inciso pelo que se aplica então à hipótese do art. 4.º desta EC o § 18 do art. 40 da Constituição.

II – sessenta por cento do limite máximo estabelecido para os benefícios do regime geral de previdência social de que trata o art. 201 da Constituição Federal, para os servidores inativos e os pensionistas da União.

>> O STF, nas ADIs n. 3.105-8, de 18-10-2006 (*DOU* de 9-3-2007), e 3.128-7, de 26-5-2004 (*DOU* de 19-9-2006), julgou inconstitucional a expressão "sessenta por cento do" contida neste inciso pelo que se aplica então à hipótese do art. 4.º desta EC o § 18 do art. 40 da Constituição.

Art. 5.º O limite máximo para o valor dos benefícios do regime geral de previdência social de que trata o art. 201 da Constituição Federal é fixado em R$ 2.400,00 (dois mil e quatrocentos reais), devendo, a partir da data de publicação desta Emenda, ser reajustado de forma a preservar, em caráter permanente, seu valor real, atualizado pelos mesmos índices aplicados aos benefícios do regime geral de previdência social.

>> Os benefícios previdenciários são reajustados anualmente por meio de ato administrativo do Ministro de Estado da Previdência Social.

Art. 6.º (*Revogado pela Emenda Constitucional n. 103, de 12-11-2019.*)

>> Sobre o prazo de vigência desta revogação, vide art. 36, II, da Emenda Constitucional n. 103, de 12-11-2019.

>> O texto revogado dizia:

"Art. 6.º Ressalvado o direito de opção à aposentadoria pelas normas estabelecidas pelo art. 40 da Constituição Federal ou pelas regras estabelecidas pelo art. 2.º desta Emenda, o servidor da União, dos Estados, do Distrito Federal e dos Municípios, incluídas suas autarquias e fundações, que tenha ingressado no serviço público até a data de publicação desta Emenda poderá aposentar-se com proventos integrais, que corresponderão à totalidade da remuneração do servidor no cargo efetivo em que se der a aposentadoria, na forma da lei, quando, observadas as reduções de idade e tempo de contribuição contidas no § 5.º do art. 40 da Constituição Federal, vier a preencher, cumulativamente, as seguintes condições:

I – sessenta anos de idade, se homem, e cinquenta e cinco anos de idade, se mulher;

II – trinta e cinco anos de contribuição, se homem, e trinta anos de contribuição, se mulher;

III – vinte anos de efetivo exercício no serviço público; e

IV – dez anos de carreira e cinco anos de efetivo exercício no cargo em que se der a aposentadoria".

>> *Vide* art. 3.º, § 3.º, da Emenda Constitucional n. 103, de 12-11-2019.

Art. 6.º-A. (*Revogado pela Emenda Constitucional n. 103, de 12-11-2019.*)

>> Sobre o prazo de vigência desta revogação, vide art. 36, II, da Emenda Constitucional n. 103, de 12-11-2019.

>> O texto revogado dizia:

"Art. 6.º-A. O servidor da União, dos Estados, do Distrito Federal e dos Municípios, incluídas suas autarquias e fundações, que tenha ingressado no serviço público até a data de publicação desta Emenda Constitucional e que tenha se aposentado ou venha a se aposentar por invalidez permanente, com fundamento no inciso I do § 1.º do art. 40 da Constituição Federal, tem direito a proventos de aposentadoria calculados com base na remuneração do cargo efetivo em que se der a aposentadoria, na forma da lei, não sendo aplicáveis as disposições constantes dos §§ 3.º, 8.º e 17 do art. 40 da Constituição Federal.

>> *Caput* acrescentado pela Emenda Constitucional n. 70, de 29-3-2012.

Parágrafo único. Aplica-se ao valor dos proventos de aposentadorias concedidas com base no *caput* o disposto no art. 7.º desta Emenda Constitucional, observando-se igual critério de revisão às pensões derivadas dos proventos desses servidores.

>> Parágrafo único acrescentado pela Emenda Constitucional n. 70, de 29-3-2012".

Art. 7.º Observado o disposto no art. 37, XI, da Constituição Federal, os proventos de aposentadoria dos servidores públicos titulares de cargo efetivo e as pensões dos seus dependentes pagos pela União, Estados, Distrito Federal e Municípios, incluídas suas autarquias e fundações, em fruição na data de publicação desta Emenda, bem como os proventos de aposentadoria dos servidores e as pensões dos dependentes abrangidos pelo art. 3.º desta Emenda, serão revistos na mesma proporção e na mesma data, sempre que se modificar a remuneração dos servidores em atividade, sendo também estendidos aos aposentados e pensionistas quaisquer benefícios ou vantagens posteriormente concedidos aos servidores em atividade, inclusive quando decorrentes da transformação ou reclassificação do cargo ou função em que se deu a aposentadoria ou que serviu de referência para a concessão da pensão, na forma da lei.

>> *Vide* arts. 2.º e 3.º, parágrafo único, da Emenda Constitucional n. 47, de 5-7-2005.

Art. 8.º Até que seja fixado o valor do subsídio de que trata o art. 37, XI, da Constituição Federal, será considerado, para os fins do limite fixado naquele inciso, o valor da maior remuneração atribuída por lei na data de publicação desta Emenda a Ministro do Supremo Tribunal Federal, a título de vencimento, de representação mensal e da parcela recebida em razão de tempo de serviço, aplicando-se como limite, nos Municípios, o subsídio do Prefeito, e nos Estados e no Distrito Federal, o subsídio mensal do Governador no âmbito do Poder Executivo, o subsídio dos Deputados Estaduais e Distritais no âmbito do Poder Legislativo e o subsídio dos Desembargadores do Tribunal de Justiça, limitado a noventa inteiros e vinte e cinco centésimos por cento da maior remuneração mensal de Ministro do Supremo Tribunal Federal a que se refere este artigo, no âmbito do Poder Judiciário, aplicável este limite aos membros do Ministério Público, aos Procuradores e aos Defensores Públicos.

Art. 9.º Aplica-se o disposto no art. 17 do Ato das Disposições Constitucionais Transitórias aos vencimentos, remunerações e subsídios dos ocupantes de cargos, funções e empregos públicos da administração direta, autárquica e fundacional, dos membros de qualquer dos Poderes da União, dos Estados, do Distrito Federal e dos Municípios, dos detentores de mandato eletivo e dos demais agentes políticos e os proventos, pensões ou outra espécie remuneratória percebidos cumulativamente ou não, incluídas as vantagens pessoais ou de qualquer outra natureza.

Art. 10. Revogam-se o inciso IX do § 3.º do art. 142 da Constituição Federal, bem como os arts. 8.º e 10 da Emenda Constitucional n. 20, de 15 de dezembro de 1998.

Art. 11. Esta Emenda Constitucional entra em vigor na data de sua publicação.

Brasília, em 19 de dezembro de 2003.

Mesa da Câmara dos Deputados

Deputado JOÃO PAULO CUNHA

Presidente

Mesa do Senado Federal

Senador JOSÉ SARNEY

Presidente

EMENDA CONSTITUCIONAL N. 42, DE 19 DE DEZEMBRO DE 2003 (*)

Altera o Sistema Tributário Nacional e dá outras providências.

As Mesas da Câmara dos Deputados e do Senado Federal, nos termos do § 3.º do art. 60 da Constituição Federal, promulgam a seguinte Emenda ao texto constitucional:

Art. 1.º Os artigos da Constituição a seguir enumerados passam a vigorar com as seguintes alterações:

>> Alteração no art. 159, III, prejudicada pela Emenda Constitucional n. 47, de 5-7-2005.

>> Alteração prejudicada pela Emenda Constitucional n. 103, de 12-11-2019, que deu nova redação ao art. 195, § 13 da CF.

Art. 2.º Os artigos do Ato das Disposições Constitucionais Transitórias a seguir enumerados passam a vigorar com as seguintes alterações:

>> Alteração no art. 76 do ADCT prejudicada pela Emenda Constitucional n. 68, de 21-12-2011.

Art. 3.º O Ato das Disposições Constitucionais Transitórias passa a vigorar acrescido dos seguintes artigos:

>> Alterações já processadas no diploma modificado.

Art. 4.º Os adicionais criados pelos Estados e pelo Distrito Federal até a data da promulgação desta Emenda, naquilo em que estiverem em desacordo com o previsto nesta Emenda, na Emenda Constitucional n. 31, de 14 de dezembro de 2000, ou na lei complementar de que trata o art. 155, § 2.º, XII, da Constituição, terão vigência, no máximo, até o prazo previsto no art. 79 do Ato das Disposições Constitucionais Transitórias.

>> *Vide* Emenda Constitucional n. 67, de 22-12-2010.

Art. 5.º O Poder Executivo, em até sessenta dias contados da data da promulgação desta Emenda, encaminhará ao Congresso Nacional projeto de lei, sob o regime de urgência constitucional, que disciplinará os benefícios fiscais para a capacitação do setor de tecnologia da informação, que vigerão até 2019 nas condições que estiverem em vigor no ato da aprovação desta Emenda.

Art. 6.º Fica revogado o inciso II do § 3.º do art. 84 do Ato das Disposições Constitucionais Transitórias.

Brasília, em 19 de dezembro de 2003.

Mesa da Câmara dos Deputados

Deputado JOÃO PAULO CUNHA

Presidente

Mesa do Senado Federal

Senador JOSÉ SARNEY

Presidente

(*) Publicada no *Diário Oficial da União* de 31-12-2003.

EMENDA CONSTITUCIONAL N. 45, DE 8 DE DEZEMBRO DE 2004 (**)

Altera dispositivos dos arts. 5.º, 36, 52, 92, 93, 95, 98, 99, 102, 103, 104, 105, 107, 109, 111, 112, 114, 115, 125, 126, 127, 128, 129, 134 e 168 da Constituição Federal, e acrescenta os arts. 103-A, 103-B, 111-A e 130-A, e dá outras providências.

As Mesas da Câmara dos Deputados e do Senado Federal, nos termos do § 3.º do art. 60 da Constituição Federal, promulgam a seguinte Emenda ao texto constitucional:

Art. 1.º Os arts. 5.º, 36, 52, 92, 93, 95, 98, 99, 102, 103, 104, 105, 107, 109, 111, 112, 114, 115, 125, 126, 127, 128, 129, 134 e 168 da Constituição Federal passam a vigorar com a seguinte redação:

>> Alterações já processadas no diploma modificado.

>> Alteração prejudicada pela Emenda Constitucional n. 103, de 12-11-2019, que deu nova redação aos arts. 93, VIII, 103-B, § 4.º, III, 130-A, § 2.º, III da CF.

Art. 2.º A Constituição Federal passa a vigorar acrescida dos seguintes arts. 103-A, 103-B, 111-A e 130-A:

>> Alteração parcialmente prejudicada pela Emenda Constitucional n. 61, de 11-11-2009, que deu nova redação ao art. 103-B da CF.

Art. 3.º A lei criará o Fundo de Garantia das Execuções Trabalhistas, integrado pelas multas decorrentes de condenações trabalhistas e administrativas oriundas da fiscalização do trabalho, além de outras receitas.

Art. 4.º Ficam extintos os tribunais de Alçada, onde houver, passando os seus membros a integrar os Tribunais de Justiça dos respectivos Estados, respeitadas a antiguidade e classe de origem.

Parágrafo único. No prazo de cento e oitenta dias, contado da promulgação desta Emenda, os Tribunais de Justiça, por ato administrativo, promoverão a integração dos membros dos tribunais extintos em seus quadros, fixando-lhes a competência e remetendo, em igual prazo, ao Poder Legislativo, proposta de alteração da organização e da divisão judiciária correspondentes, assegurados os direitos dos inativos e pensionistas e o aproveitamento dos servidores no Poder Judiciário estadual.

Art. 5.º O Conselho Nacional de Justiça e o Conselho Nacional do Ministério Público serão instalados no prazo de cento e oitenta dias a contar da promulgação desta Emenda, devendo a indicação ou escolha de seus membros ser efetuada até trinta dias antes do termo final.

>> A Resolução n. 7, de 27-4-2005, do Senado Federal, estabelece normas para apreciação das indicações para composição do CNJ e do CNMP.

>> A Resolução n. 135, de 13-7-2011, do CNJ, dispõe sobre a uniformização de normas relativas ao procedimento administrativo disciplinar aplicável aos magistrados, acerca do rito e das penalidades.

§ 1.º Não efetuadas as indicações e escolha dos nomes para os Conselhos Nacional de Justiça e do Ministério Público dentro do prazo fixado no *caput* deste artigo, caberá, respectivamente, ao Supremo Tribunal Federal e ao Ministério Público da União realizá-las.

§ 2.º Até que entre em vigor o Estatuto da Magistratura, o Conselho Nacional de Justiça, mediante resolução, disciplinará seu funcionamento e definirá as atribuições do Ministro-Corregedor.

>> A Resolução n. 67, de 3-3-2009, aprova o Regimento Interno do Conselho Nacional de Justiça.

Art. 6.º O Conselho Superior da Justiça do Trabalho será instalado no prazo de cento e oitenta dias, cabendo ao Tribunal Superior do Trabalho regulamentar seu funcionamento por resolução, enquanto não promulgada a lei a que se refere o art. 111-A, § 2.º, II.

>> A Resolução Administrativa n. 1.407, de 7-6-2010, do TST, aprova o Regimento Interno do Conselho Superior da Justiça do Trabalho.

Art. 7.º O Congresso Nacional instalará, imediatamente após a promulgação desta Emenda Constitucional, comissão especial mista, destinada a elaborar, em cento e oitenta dias,

(**) Publicada no *Diário Oficial da União* de 31-12-2004.

os projetos de lei necessários à regulamentação da matéria nela tratada, bem como promover alterações na legislação federal objetivando tornar mais amplo o acesso à Justiça e mais célere a prestação jurisdicional.

Art. 8.º As atuais súmulas do Supremo Tribunal Federal somente produzirão efeito vinculante após sua confirmação por dois terços de seus integrantes e publicação na imprensa oficial.

Art. 9.º São revogados o inciso IV do art. 36; a alínea *h* do inciso I do art. 102; o § 4.º do art. 103; e os §§ 1.º a 3.º do art. 111.

Art. 10. Esta Emenda Constitucional entra em vigor na data de sua publicação.

Brasília, em 8 de dezembro de 2004.

Mesa da Câmara dos Deputados

Deputado JOÃO PAULO CUNHA

Presidente

Mesa do Senado Federal

Senador JOSÉ SARNEY

Presidente

EMENDA CONSTITUCIONAL N. 47, DE 5 DE JULHO DE 2005 (*)

Altera os arts. 37, 40, 195 e 201 da Constituição Federal, para dispor sobre a previdência social, e dá outras providências.

As Mesas da Câmara dos Deputados e do Senado Federal, nos termos do § 3.º do art. 60 da Constituição Federal, promulgam a seguinte Emenda ao texto constitucional:

Art. 1.º Os arts. 37, 40, 195 e 201 da Constituição Federal passam a vigorar com a seguinte redação:

>> Alterações já processadas no diploma modificado.

>> Alteração prejudicada pela Emenda Constitucional n. 103, de 12-11-2019, que deu nova redação ao arts. 40, §§ 4.º e 21, 195, § 9.º, 201, §§ 12 e 13 da CF.

Art. 2.º Aplica-se aos proventos de aposentadorias dos servidores públicos que se aposentarem na forma do *caput* do art. 6.º da Emenda Constitucional n. 41, de 2003, o disposto no art. 7.º da mesma Emenda.

Art. 3.º (*Revogado pela Emenda Constitucional n. 103, de 12-11-2019.*)

>> Sobre o prazo de vigência desta revogação, vide art. 36, II, da Emenda Constitucional n. 103, de 12-11-2019.

>> Vide art. 3.º, § 3.º, da Emenda Constitucional n. 103, de 12-11-2019.

>> O texto revogado dizia:

"Art. 3.º Ressalvado o direito de opção à aposentadoria pelas normas estabelecidas pelo art. 40 da Constituição Federal ou pelas regras estabelecidas pelos arts. 2.º e 6.º da Emenda Constitucional n. 41, de 2003, o servidor da União, dos Estados, do Distrito Federal e dos Municípios, incluídas suas autarquias e fundações, que tenha ingressado no serviço público até 16 de dezembro de 1998 poderá aposentar-se com proventos integrais, desde que preencha, cumulativamente, as seguintes condições:

I – trinta e cinco anos de contribuição, se homem, e trinta anos de contribuição, se mulher;

II – vinte e cinco anos de efetivo exercício no serviço público, quinze anos de carreira e cinco anos no cargo em que se der a aposentadoria;

III – idade mínima resultante da redução, relativamente aos limites do art. 40, § 1.º, inciso III, alínea *a*, da Constituição Federal, de um ano de idade para cada ano de contribuição que exceder a condição prevista no inciso I do *caput* deste artigo.

Parágrafo único. Aplica-se ao valor dos proventos de aposentadorias concedidas com base neste artigo o disposto no art. 7.º da Emenda Constitucional n. 41, de 2003, observando-se igual critério de revisão às pensões derivadas dos proventos de servidores falecidos que tenham se aposentado em conformidade com este artigo".

Art. 4.º Enquanto não editada a lei a que se refere o § 11 do art. 37 da Constituição Federal, não será computada, para efeito dos limites remuneratórios de que trata o inciso XI do *caput* do mesmo artigo, qualquer parcela de caráter indenizatório, assim definida pela legislação em vigor na data de publicação da Emenda Constitucional n. 41, de 2003.

Art. 5.º Revoga-se o parágrafo único do art. 6.º da Emenda Constitucional n. 41, de 19 de dezembro de 2003.

Art. 6.º Esta Emenda Constitucional entra em vigor na data de sua publicação, com efeitos retroativos à data de vigência da Emenda Constitucional n. 41, de 2003.

Brasília, em 5 de julho de 2005.

Mesa da Câmara dos Deputados

Deputado SEVERINO CAVALCANTI

Presidente

Mesa do Senado Federal

Senador RENAN CALHEIROS

Presidente

(*) Publicada no *Diário Oficial da União* de 6-7-2005.

EMENDA CONSTITUCIONAL N. 51, DE 14 DE FEVEREIRO DE 2006 (**)

Acrescenta os §§ 4.º, 5.º e 6.º ao art. 198 da Constituição Federal.

As Mesas da Câmara dos Deputados e do Senado Federal, nos termos do art. 60 da Constituição Federal, promulgam a seguinte Emenda ao texto constitucional:

Art. 1.º O art. 198 da Constituição Federal passa a vigorar acrescido dos seguintes §§ 4.º, 5.º e 6.º:

>> Alteração já processada no diploma modificado.

Art. 2.º Após a promulgação da presente Emenda Constitucional, os agentes comunitários de saúde e os agentes de combate às endemias somente poderão ser contratados diretamente pelos Estados, pelo Distrito Federal ou pelos Municípios na forma do § 4.º do art. 198 da Constituição Federal, observado o limite de gasto estabelecido na Lei Complementar de que trata o art. 169 da Constituição Federal.

> A Lei n. 11.350, de 5-10-2006, dispõe sobre as atividades de agente comunitário de saúde e de agente de combate às endemias.

Parágrafo único. Os profissionais que, na data de promulgação desta Emenda e a qualquer título, desempenharem as atividades de agente comunitário de saúde ou de agente de combate às endemias, na forma da lei, ficam dispensados de se submeter ao processo seletivo público a que se refere o § 4.º do art. 198 da Constituição Federal, desde que tenham sido contratados a partir de anterior processo de Seleção Pública efetuado por órgãos ou entes da administração direta ou indireta de Estado, Distrito Federal ou Município ou por outras instituições com a efetiva supervisão e autorização da administração direta dos entes da federação.

>> A Lei n. 11.350, de 5-10-2006, dispõe sobre o aproveitamento de pessoal amparado por este parágrafo único.

Art. 3.º Esta Emenda Constitucional entra em vigor na data da sua publicação.

Brasília, em 14 de fevereiro de 2006.

Mesa da Câmara dos Deputados

Deputado ALDO REBELO

Presidente

Mesa do Senado Federal

Senador RENAN CALHEIROS

Presidente

(**) Publicada no *Diário Oficial da União* de 15-2-2006.

EMENDA CONSTITUCIONAL N. 53, DE 19 DE DEZEMBRO DE 2006 (***)

Dá nova redação aos arts. 7.º, 23, 30, 206, 208, 211 e 212 da Constituição Federal, e ao art. 60 do Ato das Disposições Constitucionais Transitórias.

(***) Publicada no *Diário Oficial da União* de 20-12-2006.

As Mesas da Câmara dos Deputados e do Senado Federal, nos termos do § 3.º do art. 60 da Constituição Federal, promulgam a seguinte Emenda ao texto constitucional:

Art. 1.º A Constituição Federal passa a vigorar com as seguintes alterações:

>> Alterações já processadas no diploma modificado.

Art. 2.º O art. 60 do Ato das Disposições Constitucionais Transitórias passa a vigorar com a seguinte redação:

>> Alteração já processada no diploma modificado.

Art. 3.º Esta Emenda Constitucional entra em vigor na data de sua publicação, mantidos os efeitos do art. 60 do Ato das Disposições Constitucionais Transitórias, conforme estabelecido pela Emenda Constitucional n. 14, de 12 de setembro de 1996, até o início da vigência dos Fundos, nos termos desta Emenda Constitucional.

Brasília, em 19 de dezembro de 2006.

Mesa da Câmara dos Deputados

Deputado ALDO REBELO

Presidente

Mesa do Senado Federal

Senador RENAN CALHEIROS

Presidente

EMENDA CONSTITUCIONAL N. 55, DE 20 DE SETEMBRO DE 2007 (*)

Altera o art. 159 da Constituição Federal, aumentando a entrega de recursos pela União ao Fundo de Participação dos Municípios.

As Mesas da Câmara dos Deputados e do Senado Federal, nos termos do § 3.º do art. 60 da Constituição Federal, promulgam a seguinte Emenda ao texto constitucional:

Art. 1.º O art. 159 da Constituição Federal passa a vigorar com as seguintes alterações:

>> Alteração já processada no diploma modificado.

>> Alteração parcialmente prejudicada pela Emenda Constitucional n. 84, de 2-12-2014, que deu nova redação ao art. 159, I, *caput*.

Art. 2.º No exercício de 2007, as alterações do art. 159 da Constituição Federal previstas nesta Emenda Constitucional somente se aplicam sobre a arrecadação dos impostos sobre renda e proventos de qualquer natureza e sobre produtos industrializados realizada a partir de 1.º de setembro de 2007.

Art. 3.º Esta Emenda Constitucional entra em vigor na data de sua publicação.

(*) Publicada no *Diário Oficial da União* de 21-9-2007.

Mesa da Câmara dos Deputados

Deputado ARLINDO CHINAGLIA

Presidente

Mesa do Senado Federal

Senador RENAN CALHEIROS

Presidente

EMENDA CONSTITUCIONAL N. 62, DE 9 DE DEZEMBRO DE 2009 (**)

Altera o art. 100 da Constituição Federal e acrescenta o art. 97 ao Ato das Disposições Constitucionais Transitórias, instituindo regime especial de pagamento de precatórios pelos Estados, Distrito Federal e Municípios.

As Mesas da Câmara dos Deputados e do Senado Federal, nos termos do § 3.º do art. 60 da Constituição Federal, promulgam a seguinte Emenda ao texto constitucional:

Art. 1.º O art. 100 da Constituição Federal passa a vigorar com a seguinte redação:

>> Alteração já processada no diploma modificado.

>> Alteração parcialmente prejudicada pela Emenda Constitucional n. 94, de 15-12-2016, que deu nova redação ao art. 100, § 2.º, da CF.

Art. 2.º O Ato das Disposições Constitucionais Transitórias passa a vigorar acrescido do seguinte art. 97:

>> Alteração já processada no diploma modificado.

Art. 3.º A implantação do regime de pagamento criado pelo art. 97 do Ato das Disposições Constitucionais Transitórias deverá ocorrer no prazo de até 90 (noventa) dias, contados da data da publicação desta Emenda Constitucional.

Art. 4.º A entidade federativa voltará a observar somente o disposto no art. 100 da Constituição Federal:

I – no caso de opção pelo sistema previsto no inciso I do § 1.º do art. 97 do Ato das Disposições Constitucionais Transitórias, quando o valor dos precatórios devidos for inferior ao dos recursos destinados ao seu pagamento;

II – no caso de opção pelo sistema previsto no inciso II do § 1.º do art. 97 do Ato das Disposições Constitucionais Transitórias, ao final do prazo.

Art. 5.º Ficam convalidadas todas as cessões de precatórios efetuadas antes da promulgação desta Emenda Constitucional, independentemente da concordância da entidade devedora.

(**) Publicada no *Diário Oficial da União* de 10-12-2009.

Art. 6.º Ficam também convalidadas todas as compensações de precatórios com tributos vencidos até 31 de outubro de 2009 da entidade devedora, efetuadas na forma do disposto no § 2.º do art. 78 do ADCT, realizadas antes da promulgação desta Emenda Constitucional.

Art. 7.º Esta Emenda Constitucional entra em vigor na data de sua publicação.

Brasília, em 9 de dezembro de 2009.

Mesa da Câmara dos Deputados

Deputado MICHEL TEMER

Presidente

Mesa do Senado Federal

Senador MARCONI PERILLO

1.º Vice-Presidente, no exercício da Presidência

EMENDA CONSTITUCIONAL N. 67, DE 22 DE DEZEMBRO DE 2010 (***)

Prorroga, por tempo indeterminado, o prazo de vigência do Fundo de Combate e Erradicação da Pobreza.

As Mesas da Câmara dos Deputados e do Senado Federal, nos termos do § 3.º do art. 60 da Constituição Federal, promulgam a seguinte Emenda ao texto constitucional:

Art. 1.º Prorrogam-se, por tempo indeterminado, o prazo de vigência do Fundo de Combate e Erradicação da Pobreza a que se refere o *caput* do art. 79 do Ato das Disposições Constitucionais Transitórias e, igualmente, o prazo de vigência da Lei Complementar n. 111, de 6 de julho de 2001, que "Dispõe sobre o Fundo de Combate e Erradicação da Pobreza, na forma prevista nos arts. 79, 80 e 81 do Ato das Disposições Constitucionais Transitórias".

Art. 2.º Esta Emenda Constitucional entra em vigor na data de sua publicação.

Brasília, em 22 de dezembro de 2010.

Mesa da Câmara dos Deputados

Deputado MARCO MAIA

Presidente

Mesa do Senado Federal

Senador JOSÉ SARNEY

Presidente

EMENDA CONSTITUCIONAL N. 69, DE 29 DE MARÇO DE 2012 (****)

Altera os arts. 21, 22 e 48 da Constituição Federal, para transferir da União para

(***) Publicada no *Diário Oficial da União* de 23-12-2010.

(****) Publicada no *Diário Oficial da União* de 30-3-2012.

o Distrito Federal as atribuições de organizar e manter a Defensoria Pública do Distrito Federal.

As Mesas da Câmara dos Deputados e do Senado Federal, nos termos do art. 60 da Constituição Federal, promulgam a seguinte Emenda ao texto constitucional:

Art. 1.º Os arts. 21, 22 e 48 da Constituição Federal passam a vigorar com a seguinte redação:

>> Alterações já processadas no diploma modificado.

Art. 2.º Sem prejuízo dos preceitos estabelecidos na Lei Orgânica do Distrito Federal, aplicam-se à Defensoria Pública do Distrito Federal os mesmos princípios e regras que, nos termos da Constituição Federal, regem as Defensorias Públicas dos Estados.

Art. 3.º O Congresso Nacional e a Câmara Legislativa do Distrito Federal, imediatamente após a promulgação desta Emenda Constitucional e de acordo com suas competências, instalarão comissões especiais destinadas a elaborar, em 60 (sessenta) dias, os projetos de lei necessários à adequação da legislação infraconstitucional à matéria nela tratada.

>> O Ato n. 15, de 29-3-2012, do Congresso Nacional, institui a Comissão Mista Especial prevista neste artigo.

Art. 4.º Esta Emenda Constitucional entra em vigor na data de sua publicação, produzindo efeitos quanto ao disposto no art. 1.º após decorridos 120 (cento e vinte) dias de sua publicação oficial.

Brasília, 29 de março de 2012.

Mesa da Câmara dos Deputados

Deputado MARCO MAIA

Presidente

Mesa do Senado Federal

Senador JOSÉ SARNEY

Presidente

EMENDA CONSTITUCIONAL N. 70, DE 29 DE MARÇO DE 2012 (*)

Acrescenta art. 6.º-A à Emenda Constitucional n. 41, de 2003, para estabelecer critérios para o cálculo e a correção dos proventos da aposentadoria por invalidez dos servidores públicos que ingressaram no serviço público até a data da publicação daquela Emenda Constitucional.

As Mesas da Câmara dos Deputados e do Senado Federal, nos termos do § 3.º do art. 60 da Constituição Federal, promulgam a seguinte Emenda ao texto constitucional:

Art. 1.º A Emenda Constitucional n. 41, de 19 de dezembro de 2003, passa a vigorar acrescida do seguinte art. 6.º-A:

>> Alteração já processada no diploma modificado.

Art. 2.º A União, os Estados, o Distrito Federal e os Municípios, assim como as respectivas autarquias e fundações, procederão, no prazo de 180 (cento e oitenta) dias da entrada em vigor desta Emenda Constitucional, à revisão das aposentadorias, e das pensões delas decorrentes, concedidas a partir de 1.º de janeiro de 2004, com base na redação dada ao § 1.º do art. 40 da Constituição Federal pela Emenda Constitucional n. 20, de 15 de dezembro de 1998, com efeitos financeiros a partir da data de promulgação desta Emenda Constitucional.

Art. 3.º Esta Emenda Constitucional entra em vigor na data de sua publicação.

Brasília, 29 de março de 2012.

Mesa da Câmara dos Deputados

Deputado MARCO MAIA

Presidente

Mesa do Senado Federal

Senador JOSÉ SARNEY

Presidente

(*) Publicada no *Diário Oficial da União* de 30-3-2012.

EMENDA CONSTITUCIONAL N. 73, DE 6 DE JUNHO DE 2013 (**)

Cria os Tribunais Regionais Federais da 6.ª, 7.ª, 8.ª e 9.ª Regiões.

As Mesas da Câmara dos Deputados e do Senado Federal, nos termos do § 3.º do art. 60 da Constituição Federal, promulgam a seguinte Emenda ao texto constitucional:

Art. 1.º O art. 27 do Ato das Disposições Constitucionais Transitórias passa a vigorar acrescido do seguinte § 11:

>> Alteração já processada no diploma modificado.

Art. 2.º Os Tribunais Regionais Federais da 6.ª, 7.ª, 8.ª e 9.ª Regiões deverão ser instalados no prazo de 6 (seis) meses, a contar da promulgação desta Emenda Constitucional.

Art. 3.º Esta Emenda Constitucional entra em vigor na data de sua publicação.

Brasília, em 6 de junho de 2013.

Mesa da Câmara dos Deputados

Deputado ANDRÉ VARGAS

1.º Vice-Presidente no exercício da Presidência

Mesa do Senado Federal

Senador ROMERO JUCÁ

2.º Vice-Presidente no exercício da Presidência

(**) Publicada no *Diário Oficial da União* de 7-6-2013.

EMENDA CONSTITUCIONAL N. 78, DE 14 DE MAIO DE 2014 (***)

Acrescenta art. 54-A ao Ato das Disposições Constitucionais Transitórias, para dispor sobre indenização devida aos seringueiros de que trata o art. 54 desse Ato.

As Mesas da Câmara dos Deputados e do Senado Federal, nos termos do § 3.º do art. 60 da Constituição Federal, promulgam a seguinte Emenda ao texto constitucional:

Art. 1.º O Ato das Disposições Constitucionais Transitórias passa a vigorar acrescido do seguinte art. 54-A:

>> Alteração já processada no diploma modificado.

Art. 2.º A indenização de que trata o art. 54-A do Ato das Disposições Constitucionais Transitórias somente se estende aos dependentes dos seringueiros que, na data de entrada em vigor desta Emenda Constitucional, detenham a condição de dependentes na forma do § 2.º do art. 54 do Ato das Disposições Constitucionais Transitórias, devendo o valor de R$ 25.000,00 (vinte e cinco mil reais) ser rateado entre os pensionistas na proporção de sua cota-parte na pensão.

Art. 3.º Esta Emenda Constitucional entra em vigor no exercício financeiro seguinte ao de sua publicação.

Brasília, em 14 de maio de 2014.

Mesa da Câmara dos Deputados

Deputado HENRIQUE EDUARDO ALVES

Presidente

Mesa do Senado Federal

Senador RENAN CALHEIROS

Presidente

EMENDA CONSTITUCIONAL N. 79, DE 27 DE MAIO DE 2014 (****)

Altera o art. 31 da Emenda Constitucional n. 19, de 4 de junho de 1998, para prever a inclusão, em quadro em extinção da Administração Federal, de servidores e policiais militares admitidos pelos Estados do Amapá e de Roraima, na fase de instalação dessas unidades federadas, e dá outras providências.

As Mesas da Câmara dos Deputados e do Senado Federal, nos termos do § 3.º do art. 60 da Constituição Federal, promulgam a seguinte Emenda ao texto constitucional:

(***) Publicada no *Diário Oficial da União* de 15-5-2014.

(****) Publicada no *Diário Oficial da União* de 28-5-2014. A Lei n. 13.681, de 18-6-2018, regulamentada pelo Decreto n. 9.823, de 4-6-2019, disciplina o disposto nesta Emenda Constitucional.

Art. 1.º O art. 31 da Emenda Constitucional n. 19, de 4 de junho de 1998, passa a vigorar com a seguinte redação:

>> Alteração prejudicada pela Emenda Constitucional n. 98, de 6-12-2017, que deu nova redação ao art. 31 da Emenda Constitucional n. 19, de 4-6-1998.

Art. 2.º Para fins do enquadramento disposto no *caput* do art. 31 da Emenda Constitucional n. 19, de 4 de junho de 1998, e no *caput* do art. 89 do Ato das Disposições Constitucionais Transitórias, é reconhecido o vínculo funcional, com a União, dos servidores regularmente admitidos nos quadros dos Municípios integrantes dos ex-Territórios do Amapá, de Roraima e de Rondônia em efetivo exercício na data de transformação desses ex-Territórios em Estados.

Art. 3.º Os servidores dos ex-Territórios do Amapá, de Roraima e de Rondônia incorporados a quadro em extinção da União serão enquadrados em cargos de atribuições equivalentes ou assemelhadas, integrantes de planos de cargos e carreiras da União, no nível de progressão alcançado, assegurados os direitos, vantagens e padrões remuneratórios a eles inerentes.

Art. 4.º Cabe à União, no prazo máximo de 180 (cento e oitenta) dias, contado a partir da data de publicação desta Emenda Constitucional, regulamentar o enquadramento de servidores estabelecido no art. 31 da Emenda Constitucional n. 19, de 4 de junho de 1998, e no art. 89 do Ato das Disposições Constitucionais Transitórias.

Parágrafo único. No caso de a União não regulamentar o enquadramento previsto no *caput*, o optante tem direito ao pagamento retroativo das diferenças remuneratórias desde a data do encerramento do prazo para a regulamentação referida neste artigo.

Art. 5.º A opção para incorporação em quadro em extinção da União, conforme disposto no art. 31 da Emenda Constitucional n. 19, de 4 de junho de 1998, e no art. 89 do Ato das Disposições Constitucionais Transitórias, deverá ser formalizada pelos servidores e policiais militares interessados perante a administração, no prazo máximo de 180 (cento e oitenta) dias, contado a partir da regulamentação prevista no art. 4.º.

Art. 6.º Os servidores admitidos regularmente que comprovadamente se encontravam no exercício de funções policiais nas Secretarias de Segurança Pública dos ex-Territórios do Amapá, de Roraima e de Rondônia na data em que foram transformados em Estados serão enquadrados no quadro da Polícia Civil dos ex-Territórios, no prazo de 180 (cento e oitenta) dias, assegurados os direitos, vantagens e padrões remuneratórios a eles inerentes.

>> *Vide* art. 6.º da Emenda Constitucional n. 98, de 6-12-2017.

Art. 7.º Aos servidores admitidos regularmente pela União nas Carreiras do Grupo Tributação, Arrecadação e Fiscalização de que trata a Lei n. 6.550, de 5 de julho de 1978, cedidos aos Estados do Amapá, de Roraima e de Rondônia são assegurados os mesmos direitos remuneratórios auferidos pelos integrantes das Carreiras correspondentes do Grupo Tributação, Arrecadação e Fiscalização da União de que trata a Lei n. 5.645, de 10 de dezembro de 1970.

>> *Vide* art. 5.º da Emenda Constitucional n. 98, de 6-12-2017.

Art. 8.º Os proventos das aposentadorias, pensões, reformas e reservas remuneradas, originadas no período de outubro de 1988 a outubro de 1993, passam a ser mantidos pela União a partir da data de publicação desta Emenda Constitucional, vedado o pagamento, a qualquer título, de valores referentes a períodos anteriores a sua publicação.

Art. 9.º É vedado o pagamento, a qualquer título, em virtude das alterações promovidas por esta Emenda Constitucional, de remunerações, proventos, pensões ou indenizações referentes a períodos anteriores à data do enquadramento, salvo o disposto no parágrafo único do art. 4.º.

Art. 10. Esta Emenda Constitucional entra em vigor na data de sua publicação.

Brasília, em 27 de maio de 2014.

Mesa da Câmara dos Deputados
Deputado HENRIQUE EDUARDO ALVES
Presidente

Mesa do Senado Federal
Senador RENAN CALHEIROS
Presidente

EMENDA CONSTITUCIONAL N. 84, DE 2 DE DEZEMBRO DE 2014 (*)

Altera o art. 159 da Constituição Federal para aumentar a entrega de recursos pela União para o Fundo de Participação dos Municípios.

As Mesas da Câmara dos Deputados e do Senado Federal, nos termos do § 3.º do art. 60 da Constituição Federal, promulgam a seguinte Emenda ao texto constitucional:

Art. 1.º O art. 159 da Constituição Federal passa a vigorar com a seguinte redação:

>> Alteração já processada no diploma modificado.

Art. 2.º Para os fins do disposto na alínea e do inciso I do *caput* do art. 159 da Constituição Federal, a União entregará ao Fundo de Participação dos Municípios o percentual de 0,5% (cinco décimos por cento) do produto da arrecadação dos impostos sobre renda e proventos de qualquer natureza e sobre produtos industrializados no primeiro exercício em que esta Emenda Constitucional gerar efeitos financeiros, acrescentando-se 0,5% (cinco décimos por cento) a cada exercício, até que se alcance o percentual de 1% (um por cento).

Art. 3.º Esta Emenda Constitucional entra em vigor na data de sua publicação, com efeitos financeiros a partir de 1.º de janeiro do exercício subsequente.

Brasília, em 2 de dezembro de 2014.

Mesa da Câmara dos Deputados
Deputado HENRIQUE EDUARDO ALVES
Presidente

Mesa do Senado Federal
Senador RENAN CALHEIROS
Presidente

(*) Publicada no *Diário Oficial da União* de 3-12-2014.

EMENDA CONSTITUCIONAL N. 86, DE 17 DE MARÇO DE 2015 (**)

Altera os arts. 165, 166 e 198 da Constituição Federal, para tornar obrigatória a execução da programação orçamentária que especifica.

As Mesas da Câmara dos Deputados e do Senado Federal, nos termos do § 3.º do art. 60 da Constituição Federal, promulgam a seguinte Emenda ao texto constitucional:

Art. 1.º Os arts. 165, 166 e 198 da Constituição Federal passam a vigorar com as seguintes alterações:

>> Alterações já processadas no diploma modificado.

>> Alterações nos arts. 165 e 166 parcialmente prejudicadas pela Emenda Constitucional n. 100, de 26-6-2019.

Art. 2.º (*Revogado pela Emenda Constitucional n. 95, de 15-12-2016.*)

Art. 3.º As despesas com ações e serviços públicos de saúde custeados com a parcela da União oriunda da participação no resultado ou da compensação financeira pela exploração de petróleo e gás natural, de que trata o § 1.º do art. 20 da Constituição Federal, serão computadas para fins de cumprimento do disposto no inciso I do § 2.º do art. 198 da Constituição Federal.

Art. 4.º Esta Emenda Constitucional entra em vigor na data de sua publicação e produzirá efeitos a partir da execução orçamentária do exercício de 2014.

Art. 5.º Fica revogado o inciso IV do § 3.º do art. 198 da Constituição Federal.

Brasília, em 17 de março de 2015.

Mesa da Câmara dos Deputados
Deputado EDUARDO CUNHA
Presidente

Mesa do Senado Federal
Senador RENAN CALHEIROS
Presidente

(**) Publicada no *Diário Oficial da União* de 18-3-2015.

EMENDA CONSTITUCIONAL N. 91, DE 18 DE FEVEREIRO DE 2016 (*)

Altera a Constituição Federal para estabelecer a possibilidade, excepcional e em período determinado, de desfiliação partidária, sem prejuízo do mandato.

As Mesas da Câmara dos Deputados e do Senado Federal, nos termos do § 3.º do art. 60 da Constituição Federal, promulgam a seguinte Emenda ao texto constitucional:

Art. 1.º É facultado ao detentor de mandato eletivo desligar-se do partido pelo qual foi eleito nos trinta dias seguintes à promulgação desta Emenda Constitucional, sem prejuízo do mandato, não sendo essa desfiliação considerada para fins de distribuição dos recursos do Fundo Partidário e de acesso gratuito ao tempo de rádio e televisão.

> CE: Lei n. 4.737, de 15-7-1965.

> Lei dos Partidos Políticos: Lei n. 9.096, de 19-9-1995.

Art. 2.º Esta Emenda Constitucional entra em vigor na data de sua publicação.

Brasília, em 18 de fevereiro de 2016.

Mesa da Câmara dos Deputados

Deputado EDUARDO CUNHA

Presidente

Mesa do Senado Federal

Senador RENAN CALHEIROS

Presidente

EMENDA CONSTITUCIONAL N. 97, DE 4 DE OUTUBRO DE 2017 (**)

Altera a Constituição Federal para vedar as coligações partidárias nas eleições proporcionais, estabelecer normas sobre acesso dos partidos políticos aos recursos do fundo partidário e ao tempo de propaganda gratuito no rádio e na televisão e dispor sobre regras de transição.

As Mesas da Câmara dos Deputados e do Senado Federal, nos termos do § 3.º do art. 60 da Constituição Federal, promulgam a seguinte Emenda ao texto constitucional:

Art. 1.º A Constituição Federal passa a vigorar com as seguintes alterações:

>> Alterações já processadas no diploma modificado.

Art. 2.º A vedação à celebração de coligações nas eleições proporcionais, prevista no § 1.º do art. 17 da Constituição Federal, aplicar-se-á a partir das eleições de 2020.

Art. 3.º O disposto no § 3.º do art. 17 da Constituição Federal quanto ao acesso dos partidos políticos aos recursos do fundo partidário e à propaganda gratuita no rádio e na televisão aplicar-se-á a partir das eleições de 2030.

Parágrafo único. Terão acesso aos recursos do fundo partidário e à propaganda gratuita no rádio e na televisão os partidos políticos que:

I – na legislatura seguinte às eleições de 2018:

a) obtiverem, nas eleições para a Câmara dos Deputados, no mínimo, 1,5% (um e meio por cento) dos votos válidos, distribuídos em pelo menos um terço das unidades da Federação, com um mínimo de 1% (um por cento) dos votos válidos em cada uma delas; ou

b) tiverem elegido pelo menos nove Deputados Federais distribuídos em pelo menos um terço das unidades da Federação;

II – na legislatura seguinte às eleições de 2022:

a) obtiverem, nas eleições para a Câmara dos Deputados, no mínimo, 2% (dois por cento) dos votos válidos, distribuídos em pelo menos um terço das unidades da Federação, com um mínimo de 1% (um por cento) dos votos válidos em cada uma delas; ou

b) tiverem elegido pelo menos onze Deputados Federais distribuídos em pelo menos um terço das unidades da Federação;

III – na legislatura seguinte às eleições de 2026:

a) obtiverem, nas eleições para a Câmara dos Deputados, no mínimo, 2,5% (dois e meio por cento) dos votos válidos, distribuídos em pelo menos um terço das unidades da Federação, com um mínimo de 1,5% (um e meio por cento) dos votos válidos em cada uma delas; ou

b) tiverem elegido pelo menos treze Deputados Federais distribuídos em pelo menos um terço das unidades da Federação.

Art. 4.º Esta Emenda Constitucional entra em vigor na data de sua publicação.

Brasília, em 4 de outubro de 2017.

Mesa da Câmara dos Deputados

Deputado RODRIGO MAIA

Presidente

Mesa do Senado Federal

Senador EUNÍCIO OLIVEIRA

Presidente

EMENDA CONSTITUCIONAL N. 98, DE 6 DE DEZEMBRO DE 2017 (***)

Altera o art. 31 da Emenda Constitucional n. 19, de 4 de junho de 1998, para prever a inclusão, em quadro em extinção da administração pública federal, de servidor público, de integrante da carreira de policial, civil ou militar, e de pessoa que haja mantido relação ou vínculo funcional, empregatício, estatutário ou de trabalho com a administração pública dos ex-Territórios ou dos Estados do Amapá ou de Roraima, inclusive suas prefeituras, na fase de instalação dessas unidades federadas, e dá outras providências.

As Mesas da Câmara dos Deputados e do Senado Federal, nos termos do § 3.º do art. 60 da Constituição Federal, promulgam a seguinte Emenda ao texto constitucional:

Art. 1.º O art. 31 da Emenda Constitucional n. 19, de 4 de junho de 1998, passa a vigorar com as seguintes alterações:

>> Alteração já processada no diploma modificado.

Art. 2.º Cabe à União, no prazo máximo de noventa dias, contado a partir da data de publicação desta Emenda Constitucional, regulamentar o disposto no art. 31 da Emenda Constitucional n. 19, de 4 de junho de 1998, a fim de que se exerça o direito de opção nele previsto.

§ 1.º Descumprido o prazo de que trata o *caput* deste artigo, a pessoa a quem assista o direito de opção fará jus ao pagamento de eventuais acréscimos remuneratórios, desde a data de encerramento desse prazo, caso se confirme o seu enquadramento.

§ 2.º É vedado o pagamento, a qualquer título, de acréscimo remuneratório, ressarcimento, auxílio, salário, retribuição ou valor em virtude de ato ou fato anterior à data de enquadramento da pessoa optante, ressalvado o pagamento de que trata o § 1.º deste artigo.

Art. 3.º O direito à opção, nos termos previstos no art. 31 da Emenda Constitucional n. 19, de 4 de junho de 1998, deverá ser exercido no prazo de até trinta dias, contado a partir da data de regulamentação desta Emenda Constitucional.

§ 1.º São convalidados todos os direitos já exercidos até a data de regulamentação desta Emenda Constitucional, inclusive nos casos em que, feita a opção, o enquadramento ainda não houver sido efetivado, aplicando-se-lhes, para todos os fins, inclusive o de enquadramento, a legislação vigente à época em que houver sido feita a opção ou, sendo mais benéficas ou favoráveis ao optante, as normas previstas nesta Emenda Constitucional e em seu regulamento.

§ 2.º Entre a data de promulgação desta Emenda Constitucional e a de publicação de seu regulamento, o exercício do direito de opção será feito com base nas disposições contidas na Emenda Constitucional n. 79, de 27 de maio de 2014, e em suas normas regulamentares, sem prejuízo do disposto no § 1.º deste artigo.

(*) Publicada no *Diário Oficial da União* de 19-2-2016.

(**) Publicada no *Diário Oficial da União* de 5-10-2017.

(***) Publicada no *Diário Oficial da União* de 11-12-2017. A Lei n. 13.681, de 18-6-2018, regulamentada pelo Decreto n. 9.823, de 4-6-2019, disciplina o disposto nesta Emenda Constitucional.

Art. 4.º É reconhecido o vínculo funcional com a União dos servidores do ex-Território do Amapá, a que se refere a Portaria n. 4.481, de 19 de dezembro de 1995, do Ministério da Administração Federal e Reforma do Estado, publicada no *Diário Oficial da União* de 21 de dezembro de 1995, convalidando-se os atos de gestão, de admissão, aposentadoria, pensão, progressão, movimentação e redistribuição relativos a esses servidores, desde que não tenham sido excluídos dos quadros da União por decisão do Tribunal de Contas da União, da qual não caiba mais recurso judicial.

Art. 5.º O disposto no art. 7.º da Emenda Constitucional n. 79, de 27 de maio de 2014, aplica-se aos servidores que, em iguais condições, hajam sido admitidos pelos Estados de Rondônia até 1987, e do Amapá e de Roraima até outubro de 1993.

Art. 6.º O disposto no art. 6.º da Emenda Constitucional n. 79, de 27 de maio de 2014, aplica-se aos servidores que, admitidos e lotados pelas Secretarias de Segurança Pública dos Estados de Rondônia até 1987, e do Amapá e de Roraima até outubro de 1993, exerciam função policial.

Art. 7.º As disposições desta Emenda Constitucional aplicam-se aos aposentados e pensionistas, civis e militares, vinculados aos respectivos regimes próprios de previdência, vedado o pagamento, a qualquer título, de valores referentes a períodos anteriores à sua publicação.

Parágrafo único. Haverá compensação financeira entre os regimes próprios de previdência por ocasião da aposentação ou da inclusão de aposentados e pensionistas em quadro em extinção da União, observado o disposto no § 9.º do art. 201 da Constituição Federal.

Art. 8.º Esta Emenda Constitucional entra em vigor na data de sua publicação.

Brasília, em 6 de dezembro de 2017.

Mesa da Câmara dos Deputados
Deputado RODRIGO MAIA
Presidente

Mesa do Senado Federal
Senador EUNÍCIO OLIVEIRA
Presidente

EMENDA CONSTITUCIONAL N. 100, DE 26 DE JUNHO DE 2019 (*)

Altera os arts. 165 e 166 da Constituição Federal para tornar obrigatória a execução da programação orçamentária proveniente de emendas de bancada de parlamentares de Estado ou do Distrito Federal.

As Mesas da Câmara dos Deputados e do Senado Federal, nos termos do § 3.º do art. 60 da Constituição Federal, promulgam a seguinte Emenda ao texto constitucional:

Art. 1.º Os arts. 165 e 166 da Constituição Federal passam a vigorar com as seguintes alterações:

>> Alterações já processadas no diploma modificado.

Art. 2.º O montante previsto no § 12 do art. 166 da Constituição Federal será de 0,8% (oito décimos por cento) no exercício subsequente ao da promulgação desta Emenda Constitucional.

Art. 3.º A partir do 3.º (terceiro) ano posterior à promulgação desta Emenda Constitucional até o último exercício de vigência do regime previsto na Emenda Constitucional n. 95, de 15 de dezembro de 2016, a execução prevista no § 12 do art. 166 da Constituição Federal corresponderá ao montante de execução obrigatória para o exercício anterior, corrigido na forma estabelecida no inciso II do § 1.º do art. 107 do Ato das Disposições Constitucionais Transitórias.

Art. 4.º Esta Emenda Constitucional entra em vigor na data de sua publicação e produzirá efeitos a partir da execução orçamentária do exercício financeiro subsequente.

Brasília, em 26 de junho de 2019.

Mesa da Câmara dos Deputados
Deputado RODRIGO MAIA
Presidente

Mesa do Senado Federal
Senador DAVI ALCOLUMBRE
Presidente

EMENDA CONSTITUCIONAL N. 102, DE 26 DE SETEMBRO DE 2019 (**)

Dá nova redação ao art. 20 da Constituição Federal e altera o art. 165 da Constituição Federal e o art. 107 do Ato das Disposições Constitucionais Transitórias.

As Mesas da Câmara dos Deputados e do Senado Federal, nos termos do § 3.º do art. 60 da Constituição Federal, promulgam a seguinte Emenda ao texto constitucional:

Art. 1.º O § 1.º do art. 20 da Constituição Federal passa a vigorar com a seguinte redação:

>> Alterações já processadas no diploma modificado.

Art. 2.º O art. 165 da Constituição Federal passa a vigorar com a seguinte redação:

>> Alterações já processadas no diploma modificado.

Art. 3.º O art. 107 do Ato das Disposições Constitucionais Transitórias passa a vigorar com a seguinte redação:

>> Alterações já processadas no diploma modificado.

Art. 4.º Esta Emenda Constitucional entra em vigor na data de sua publicação e produzirá efeitos a partir da execução orçamentária do exercício financeiro subsequente, excetuada a alteração ao Ato das Disposições Constitucionais Transitórias, que terá eficácia no mesmo exercício de sua publicação.

Brasília, em 26 de setembro de 2019.

Mesa da Câmara dos Deputados
Deputado RODRIGO MAIA
Presidente

Mesa do Senado Federal
Senador DAVI ALCOLUMBRE
Presidente

EMENDA CONSTITUCIONAL N. 103, DE 12 DE NOVEMBRO DE 2019 (***)

Altera o sistema de previdência social e estabelece regras de transição e disposições transitórias.

As Mesas da Câmara dos Deputados e do Senado Federal, nos termos do § 3.º do art. 60 da Constituição Federal, promulgam a seguinte Emenda ao texto constitucional:

Art. 1.º A Constituição Federal passa a vigorar com as seguintes alterações:

>> Alterações já processadas no diploma modificado.

Art. 2.º O art. 76 do Ato das Disposições Constitucionais Transitórias passa a vigorar com a seguinte redação:

>> Alterações já processadas no diploma modificado.

Art. 3.º A concessão de aposentadoria ao servidor público federal vinculado a regime próprio de previdência social e ao segurado do Regime Geral de Previdência Social e de pensão por morte aos respectivos dependentes será assegurada, a qualquer tempo, des-

(*) Publicada no *Diário Oficial da União*, de 27-6-2019.

(**) Publicada no *Diário Oficial da União*, de 27-9-2019.

(***) Publicada no *Diário Oficial da União*, de 13-11-2019.

de que tenham sido cumpridos os requisitos para obtenção desses benefícios até a data de entrada em vigor desta Emenda Constitucional, observados os critérios da legislação vigente na data em que foram atendidos os requisitos para a concessão da aposentadoria ou da pensão por morte.

§ 1.º Os proventos de aposentadoria devidos ao servidor público a que se refere o *caput* e as pensões por morte devidas aos seus dependentes serão calculados e reajustados de acordo com a legislação em vigor à época em que foram atendidos os requisitos nela estabelecidos para a concessão desses benefícios.

§ 2.º Os proventos de aposentadoria devidos ao segurado a que se refere o *caput* e as pensões por morte devidas aos seus dependentes serão apurados de acordo com a legislação em vigor à época em que foram atendidos os requisitos nela estabelecidos para a concessão desses benefícios.

§ 3.º Até que entre em vigor lei federal de que trata o § 19 do art. 40 da Constituição Federal, o servidor de que trata o *caput* que tenha cumprido os requisitos para aposentadoria voluntária com base no disposto na alínea "a" do inciso III do § 1.º do art. 40 da Constituição Federal, na redação vigente até a data de entrada em vigor desta Emenda Constitucional, no art. 2.º, no § 1.º do art. 3.º ou no art. 6.º da Emenda Constitucional n. 41, de 19 de dezembro de 2003, ou no art. 3.º da Emenda Constitucional n. 47, de 5 de julho de 2005, que optar por permanecer em atividade fará jus a um abono de permanência equivalente ao valor da sua contribuição previdenciária, até completar a idade para aposentadoria compulsória.

Art. 4.º O servidor público federal que tenha ingressado no serviço público em cargo efetivo até a data de entrada em vigor desta Emenda Constitucional poderá aposentar-se voluntariamente quando preencher, cumulativamente, os seguintes requisitos:

I – 56 (cinquenta e seis) anos de idade, se mulher, e 61 (sessenta e um) anos de idade, se homem, observado o disposto no § 1.º;

II – 30 (trinta anos) de contribuição, se mulher, e 35 (trinta e cinco) anos de contribuição, se homem;

III – 20 (vinte) anos de efetivo exercício no serviço público;

IV – 5 (cinco) anos no cargo efetivo em que se der a aposentadoria; e

V – somatório da idade e do tempo de contribuição, incluídas as frações, equivalente a 86 (oitenta e seis) pontos, se mulher, e 96 (noventa e seis) pontos, se homem, observado o disposto nos §§ 2.º e 3.º.

§ 1.º A partir de 1.º de janeiro de 2022, a idade mínima a que se refere o inciso I do *caput* será de 57 (cinquenta e sete) anos de idade, se mulher, e 62 (sessenta e dois) anos de idade, se homem.

§ 2.º A partir de 1.º de janeiro de 2020, a pontuação a que se refere o inciso V do *caput* será acrescida a cada ano de 1 (um) ponto, até atingir o limite de 100 (cem) pontos, se mulher, e de 105 (cento e cinco) pontos, se homem.

§ 3.º A idade e o tempo de contribuição serão apurados em dias para o cálculo do somatório de pontos a que se referem o inciso V do *caput* e o § 2.º.

§ 4.º Para o titular do cargo de professor que comprovar exclusivamente tempo de efetivo exercício das funções de magistério na educação infantil e no ensino fundamental e médio, os requisitos de idade e de tempo de contribuição de que tratam os incisos I e II do *caput* serão:

I – 51 (cinquenta e um) anos de idade, se mulher, e 56 (cinquenta e seis) anos de idade, se homem;

II – 25 (vinte e cinco) anos de contribuição, se mulher, e 30 (trinta) anos de contribuição, se homem; e

III – 52 (cinquenta e dois) anos de idade, se mulher, e 57 (cinquenta e sete) anos de idade, se homem, a partir de 1.º de janeiro de 2022.

§ 5.º O somatório da idade e do tempo de contribuição de que trata o inciso V do *caput* para as pessoas a que se refere o § 4.º, incluídas as frações, será de 81 (oitenta e um) pontos, se mulher, e 91 (noventa e um) pontos, se homem, aos quais serão acrescidos, a partir de 1.º de janeiro de 2020, 1 (um) ponto a cada ano, até atingir o limite de 92 (noventa e dois) pontos, se mulher, e de 100 (cem) pontos, se homem.

§ 6.º Os proventos das aposentadorias concedidas nos termos do disposto neste artigo corresponderão:

I – à totalidade da remuneração do servidor público no cargo efetivo em que se der a aposentadoria, observado o disposto no § 8.º, para o servidor público que tenha ingressado no serviço público em cargo efetivo até 31 de dezembro de 2003 e que não tenha feito a opção de que trata o § 16 do art. 40 da Constituição Federal, desde que tenha, no mínimo, 62 (sessenta e dois) anos de idade, se mulher, e 65 (sessenta e cinco) anos de idade, se homem, ou, para os titulares do cargo de professor de que trata o § 4º, 57 (cinquenta e sete) anos de idade, se mulher, e 60 (sessenta) anos de idade, se homem;

II – ao valor apurado na forma da lei, para o servidor público não contemplado no inciso I.

§ 7.º Os proventos das aposentadorias concedidas nos termos do disposto neste artigo não serão inferiores ao valor a que se refere o § 2.º do art. 201 da Constituição Federal e serão reajustados:

I – de acordo com o disposto no art. 7.º da Emenda Constitucional n. 41, de 19 de dezembro de 2003, se cumpridos os requisitos previstos no inciso I do § 6º; ou

II – nos termos estabelecidos para o Regime Geral de Previdência Social, na hipótese prevista no inciso II do § 6.º.

§ 8.º Considera-se remuneração do servidor público no cargo efetivo, para fins de cálculo dos proventos de aposentadoria com fundamento no disposto no inciso I do § 6.º ou no inciso I do § 2.º do art. 20, o valor constituído pelo subsídio, pelo vencimento e pelas vantagens pecuniárias permanentes do cargo, estabelecidos em lei, acrescidos dos adicionais de caráter individual e das vantagens pessoais permanentes, observados os seguintes critérios:

I – se o cargo estiver sujeito a variações na carga horária, o valor das rubricas que refletem essa variação integrará o cálculo do valor da remuneração do servidor público no cargo efetivo em que se deu a aposentadoria, considerando-se a média aritmética simples dessa carga horária proporcional ao número de anos completos de recebimento e contribuição, contínuos ou intercalados, em relação ao tempo total exigido para a aposentadoria;

II – se as vantagens pecuniárias permanentes forem variáveis por estarem vinculadas a indicadores de desempenho, produtividade ou situação similar, o valor dessas vantagens integrará o cálculo da remuneração do servidor público no cargo efetivo mediante a aplicação, sobre o valor atual de referência das vantagens pecuniárias permanentes variáveis, da média aritmética simples do indicador, proporcional ao número de anos completos de recebimento e de respectiva contribuição, contínuos ou intercalados, em relação ao tempo total exigido para a aposentadoria ou, se inferior, ao tempo total de percepção da vantagem.

§ 9.º Aplicam-se às aposentadorias dos servidores dos Estados, do Distrito Federal e dos Municípios as normas constitucionais e infraconstitucionais anteriores à data de entrada em vigor desta Emenda Constitucional, enquanto não promovidas alterações na legislação interna relacionada ao respectivo regime próprio de previdência social.

§ 10. Estende-se o disposto no § 9.º às normas sobre aposentadoria de servidores públicos incompatíveis com a redação atribuída por esta Emenda Constitucional aos §§ 4.º, 4.º-A, 4.º-B e 4.º-C do art. 40 da Constituição Federal.

Art. 5.º O policial civil do órgão a que se refere o inciso XIV do *caput* do art. 21 da Constituição Federal, o policial dos órgãos a que se referem o inciso IV do *caput* do art. 51, o inciso XIII do *caput* do art. 52 e os incisos I a III do *caput* do art. 144 da Constituição Federal e o ocupante de cargo de agente federal penitenciário ou socioeducativo que tenham ingressado na respectiva carreira até a data de entrada em vigor desta Emenda Constitucional poderão aposentar-se, na forma da Lei Complementar n. 51, de 20 de dezembro de 1985, observada a idade mínima de 55 (cinquenta e cinco) anos para ambos os sexos ou o disposto no § 3.º.

>> A Lei Complementar n. 51, de 20-12-1985, dispõe sobre a aposentadoria do servidor público policial, nos termos do § 4.º do art. 40 da Constituição Federal.

§ 1.º Serão considerados tempo de exercício em cargo de natureza estritamente policial, para os fins do inciso II do art. 1.º da Lei Complementar n. 51, de 20 de dezembro de 1985, o tempo de atividade militar nas Forças Armadas, nas polícias militares e nos corpos de bombeiros militares e o tempo de atividade como agente penitenciário ou socioeducativo.

§ 2.º Aplicam-se às aposentadorias dos servidores dos Estados de que trata o § 4.º-B do art. 40 da Constituição Federal as normas constitucionais e infraconstitucionais anteriores à data de entrada em vigor desta Emenda Constitucional, enquanto não promovidas alterações na legislação interna relacionada ao respectivo regime próprio de previdência social.

§ 3.º Os servidores de que trata o *caput* poderão aposentar-se aos 52 (cinquenta e dois) anos de idade, se mulher, e aos 53 (cinquenta e três) anos de idade, se homem, desde que cumprido período adicional de contribuição correspondente ao tempo que, na data de entrada em vigor desta Emenda Constitucional, faltaria para atingir o tempo de contribuição previsto na Lei Complementar n. 51, de 20 de dezembro de 1985.

Art. 6.º O disposto no § 14 do art. 37 da Constituição Federal não se aplica a aposentadorias concedidas pelo Regime Geral de Previdência Social até a data de entrada em vigor desta Emenda Constitucional.

Art. 7.º O disposto no § 15 do art. 37 da Constituição Federal não se aplica a complementações de aposentadorias e pensões concedidas até a data de entrada em vigor desta Emenda Constitucional.

Art. 8.º Até que entre em vigor lei federal de que trata o § 19 do art. 40 da Constituição Federal, o servidor público federal que cumprir as exigências para a concessão da aposentadoria voluntária nos termos do disposto nos arts. 4.º, 5.º, 20, 21 e 22 e que optar por permanecer em atividade fará jus a um abono de permanência equivalente ao valor da sua contribuição previdenciária, até completar a idade para aposentadoria compulsória.

Art. 9.º Até que entre em vigor lei complementar que discipline o § 22 do art. 40 da Constituição Federal, aplicam-se aos regimes próprios de previdência social o disposto na Lei n. 9.717, de 27 de novembro de 1998, e o disposto neste artigo.

> A Portaria n. 1.348, de 3-12-2019, da Secretaria Especial de Previdência do Trabalho, dispõe sobre parâmetros e prazos para atendimento das disposições deste artigo, para Estados, Distrito Federal e Municípios comprovarem a adequação de seus Regimes Próprios de Previdência Social – RPPS.

§ 1.º O equilíbrio financeiro e atuarial do regime próprio de previdência social deverá ser comprovado por meio de garantia de equivalência, a valor presente, entre o fluxo das receitas estimadas e das despesas projetadas, apuradas atuarialmente, que, juntamente com os bens, direitos e ativos vinculados, comparados às obrigações assumidas, evidenciem a solvência e a liquidez do plano de benefícios.

§ 2.º O rol de benefícios dos regimes próprios de previdência social fica limitado às aposentadorias e à pensão por morte.

§ 3.º Os afastamentos por incapacidade temporária para o trabalho e o salário-maternidade serão pagos diretamente pelo ente federativo e não correrão à conta do regime próprio de previdência social ao qual o servidor se vincula.

§ 4.º Os Estados, o Distrito Federal e os Municípios não poderão estabelecer alíquota inferior à da contribuição dos servidores da União, exceto se demonstrado que o respectivo regime próprio de previdência social não possui *deficit* atuarial a ser equacionado, hipótese em que a alíquota não poderá ser inferior às alíquotas aplicáveis ao Regime Geral de Previdência Social.

§ 5.º Para fins do disposto no § 4.º, não será considerada como ausência de *deficit* a implementação de segregação da massa de segurados ou a previsão em lei de plano de equacionamento de *deficit*.

§ 6.º A instituição do regime de previdência complementar na forma dos §§ 14 a 16 do art. 40 da Constituição Federal e a adequação do órgão ou entidade gestora do regime próprio de previdência social ao § 20 do art. 40 da Constituição Federal deverão ocorrer no prazo máximo de 2 (dois) anos da data de entrada em vigor desta Emenda Constitucional.

§ 7.º Os recursos de regime próprio de previdência social poderão ser aplicados na concessão de empréstimos a seus segurados, na modalidade de consignados, observada regulamentação específica estabelecida pelo Conselho Monetário Nacional.

§ 8º Por meio de lei, poderá ser instituída contribuição extraordinária pelo prazo máximo de 20 (vinte) anos, nos termos dos §§ 1.º-B e 1.º-C do art. 149 da Constituição Federal.

§ 9.º O parcelamento ou a moratória de débitos dos entes federativos com seus regimes próprios de previdência social fica limitado ao prazo a que se refere o § 11 do art. 195 da Constituição.

Art. 10. Até que entre em vigor lei federal que discipline os benefícios do regime próprio de previdência social dos servidores da União, aplica-se o disposto neste artigo.

§ 1.º Os servidores públicos federais serão aposentados:

I – voluntariamente, observados, cumulativamente, os seguintes requisitos:

a) 62 (sessenta e dois) anos de idade, se mulher, e 65 (sessenta e cinco) anos de idade, se homem; e

b) 25 (vinte e cinco) anos de contribuição, desde que cumprido o tempo mínimo de 10 (dez) anos de efetivo exercício no serviço público e de 5 (cinco) anos no cargo efetivo em que for concedida a aposentadoria;

II – por incapacidade permanente para o trabalho, no cargo em que estiverem investidos, quando insuscetíveis de readaptação, hipótese em que será obrigatória a realização de avaliações periódicas para verificação da continuidade das condições que ensejaram a concessão da aposentadoria; ou

III – compulsoriamente, na forma do disposto no inciso II do § 1.º do art. 40 da Constituição Federal.

§ 2.º Os servidores públicos federais com direito a idade mínima ou tempo de contribuição distintos da regra geral para concessão de aposentadoria na forma dos §§ 4.º-B, 4.º-C e 5.º do art. 40 da Constituição Federal poderão aposentar-se, observados os seguintes requisitos:

I – o policial civil do órgão a que se refere o inciso XIV do *caput* do art. 21 da Constituição Federal, o policial dos órgãos a que se referem o inciso IV do *caput* do art. 51, o inciso XIII do *caput* do art. 52 e os incisos I a III do *caput* do art. 144 da Constituição Federal e o ocupante de cargo de agente federal penitenciário ou socioeducativo, aos 55 (cinquenta e cinco) anos de idade, com 30 (trinta) anos de contribuição e 25 (vinte e cinco) anos de efetivo exercício em cargo dessas carreiras, para ambos os sexos;

II – o servidor público federal cujas atividades sejam exercidas com efetiva exposição a agentes químicos, físicos e biológicos prejudiciais à saúde, ou associação desses agentes, vedada a caracterização por categoria profissional ou ocupação, aos 60 (sessenta) anos de idade, com 25 (vinte e cinco) anos de efetiva exposição e contribuição, 10 (dez) anos de efetivo exercício de serviço público e 5 (cinco) anos no cargo efetivo em que for concedida a aposentadoria;

III – o titular do cargo federal de professor, aos 60 (sessenta) anos de idade, se homem, aos 57 (cinquenta e sete) anos, se mulher, com 25 (vinte e cinco) anos de contribuição exclusivamente em efetivo exercício das funções de magistério na educação infantil e no ensino fundamental e médio, 10 (dez) anos de efetivo exercício de serviço público e 5 (cinco) anos no cargo efetivo em que for concedida a aposentadoria, para ambos os sexos.

§ 3.º A aposentadoria a que se refere o § 4.º-C do art. 40 da Constituição Federal observará adicionalmente as condições e os requisitos estabelecidos para o Regime Geral de Previdência Social, naquilo em que não conflitarem com as regras específicas aplicáveis ao regime próprio de previdência social da União, vedada a conversão de tempo especial em comum.

§ 4.º Os proventos das aposentadorias concedidas nos termos do disposto neste artigo serão apurados na forma da lei.

§ 5.º Até que entre em vigor lei federal de que trata o § 19 do art. 40 da Constituição Federal, o servidor federal que cumprir as exigências para a concessão da aposentadoria voluntária nos termos do disposto neste artigo e que optar por permanecer em atividade fará jus a um abono de permanência equivalente ao valor da sua contribuição previdenciária, até completar a idade para aposentadoria compulsória.

§ 6.º A pensão por morte devida aos dependentes do policial civil do órgão a que se refere o inciso XIV do *caput* do art. 21 da Constituição Federal, do policial dos órgãos a que se referem o inciso IV do *caput* do art. 51, o inciso XIII do *caput* do art. 52 e os incisos I a III do *caput* do art. 144 da Constituição Federal e dos ocupantes dos cargos de agente federal penitenciário ou socioeducativo decorrente de agressão sofrida no exercício ou em razão da função será vitalícia para o cônjuge ou companheiro e equivalente à remuneração do cargo.

§ 7.º Aplicam-se às aposentadorias dos servidores dos Estados, do Distrito Federal e dos Municípios as normas constitucionais e infraconstitucionais anteriores à data de entrada em vigor desta Emenda Constitucional, enquanto não promovidas alterações na legislação interna relacionada ao respectivo regime próprio de previdência social.

Art. 11. Até que entre em vigor lei que altere a alíquota da contribuição previdenciária de que tratam os arts. 4.º, 5.º e 6.º da Lei n. 10.887, de 18 de junho de 2004, esta será de 14% (quatorze por cento).

>> Sobre o prazo de vigência deste artigo, *vide* art. 36, I, desta Emenda Constitucional.

> A Lei n. 10.887, de 18-6-2004, dispõe sobre o cálculo dos proventos de aposentadoria dos servidores titulares de cargo efetivo de qualquer dos Poderes da União, dos Estados, do Distrito Federal e dos Municípios, incluídas suas autarquias e fundações.

§ 1.º A alíquota prevista no *caput* será reduzida ou majorada, considerado o valor da base de contribuição ou do benefício recebido, de acordo com os seguintes parâmetros:

I – até 1 (um) salário mínimo, redução de seis inteiros e cinco décimos pontos percentuais;

II – acima de 1 (um) salário mínimo até R$ 2.000,00 (dois mil reais), redução de cinco pontos percentuais;

III – de R$ 2.000,01 (dois mil reais e um centavo) até R$ 3.000,00 (três mil reais), redução de dois pontos percentuais;

IV – de R$ 3.000,01 (três mil reais e um centavo) até R$ 5.839,45 (cinco mil, oitocentos e trinta e nove reais e quarenta e cinco centavos), sem redução ou acréscimo;

V – de R$ 5.839,46 (cinco mil, oitocentos e trinta e nove reais e quarenta e seis centavos) até R$ 10.000,00 (dez mil reais), acréscimo de meio ponto percentual;

VI – de R$ 10.000,01 (dez mil reais e um centavo) até R$ 20.000,00 (vinte mil reais), acréscimo de dois inteiros e cinco décimos pontos percentuais;

VII – de R$ 20.000,01 (vinte mil reais e um centavo) até R$ 39.000,00 (trinta e nove mil reais), acréscimo de cinco pontos percentuais; e

VIII – acima de R$ 39.000,00 (trinta e nove mil reais), acréscimo de oito pontos percentuais.

§ 2.º A alíquota, reduzida ou majorada nos termos do disposto no § 1.º, será aplicada de forma progressiva sobre a base de contribuição do servidor ativo, incidindo cada alíquota sobre a faixa de valores compreendida nos respectivos limites.

§ 3.º Os valores previstos no § 1.º serão reajustados, a partir da data de entrada em vigor desta Emenda Constitucional, na mesma data e com o mesmo índice em que se der o reajuste dos benefícios do Regime Geral de Previdência Social, ressalvados aqueles vinculados ao salário mínimo, aos quais se aplica a legislação específica.

> A Portaria n. 2.963, de 3-2-2020, do Ministério da Economia, estabelece que os valores previstos nos incisos II a VIII do § 1.º deste artigo, ficam reajustados em 4,48%, índice aplicado aos benefícios do Regime Geral de Previdência Social.

§ 4.º A alíquota de contribuição de que trata o *caput*, com a redução ou a majoração decorrentes do disposto no § 1.º, será devida pelos aposentados e pensionistas de quaisquer dos Poderes da União, incluídas suas entidades autárquicas e suas fundações, e incidirá sobre o valor da parcela dos proventos de aposentadoria e de pensões que supere o limite máximo estabelecido para os benefícios do Regime Geral de Previdência Social, hipótese em que será considerada a totalidade do valor do benefício para fins de definição das alíquotas aplicáveis.

Art. 12. A União instituirá sistema integrado de dados relativos às remunerações, proventos e pensões dos segurados dos regimes de previdência de que tratam os arts. 40, 201 e 202 da Constituição Federal, aos benefícios dos programas de assistência social de que trata o art. 203 da Constituição Federal e às remunerações, proventos de inatividade e pensão por morte decorrentes das atividades militares de que tratam os arts. 42 e 142 da Constituição Federal, em interação com outras bases de dados, ferramentas e plataformas, para o fortalecimento de sua gestão, governança e transparência e o cumprimento das disposições estabelecidas nos incisos XI e XVI do art. 37 da Constituição Federal.

§ 1.º A União, os Estados, o Distrito Federal e os Municípios e os órgãos e entidades gestoras dos regimes, dos sistemas e dos programas a que se refere o *caput* disponibilizarão as informações necessárias para a estruturação do sistema integrado de dados e terão acesso ao compartilhamento das referidas informações, na forma da legislação.

§ 2.º É vedada a transmissão das informações de que trata este artigo a qualquer pessoa física ou jurídica para a prática de atividade não relacionada à fiscalização dos regimes, dos sistemas e dos programas a que se refere o *caput*.

Art. 13. Não se aplica o disposto no § 9.º do art. 39 da Constituição Federal a parcelas remuneratórias decorrentes de incorporação de vantagens de caráter temporário ou vinculadas ao exercício de função de confiança ou de cargo em comissão efetivada até a data de entrada em vigor desta Emenda Constitucional.

Art. 14. Vedadas a adesão de novos segurados e a instituição de novos regimes dessa natureza, os atuais segurados de regime de previdência aplicável a titulares de mandato eletivo da União, dos Estados, do Distrito Federal e dos Municípios poderão, por meio de opção expressa formalizada no prazo de 180 (cento e oitenta) dias, contado da data de entrada em vigor desta Emenda Constitucional, retirar-se dos regimes previdenciários aos quais se encontrem vinculados.

§ 1.º Os segurados, atuais e anteriores, do regime de previdência de que trata a Lei n. 9.506, de 30 de outubro de 1997, que fizerem a opção de permanecer nesse regime previdenciário deverão cumprir período adicional correspondente a 30% (trinta por cento) do tempo de contribuição que faltaria para aquisição do direito à aposentadoria na data de entrada em vigor desta Emenda Constitucional e somente poderão aposentar-se a partir dos 62 (sessenta e dois) anos de idade, se mulher, e 65 (sessenta e cinco) anos de idade, se homem.

> A Lei n. 9.506, de 30-10-1997, extinguiu o Instituto de Previdência dos Congressistas – IPC.

§ 2.º Se for exercida a opção prevista no *caput*, será assegurada a contagem do tempo de contribuição vertido para o regime de previdência ao qual o segurado se encontrava vinculado, nos termos do disposto no § 9.º do art. 201 da Constituição Federal.

§ 3.º A concessão de aposentadoria aos titulares de mandato eletivo e de pensão por morte aos dependentes de titular de mandato eletivo falecido será assegurada, a qualquer tempo, desde que cumpridos os requisitos para obtenção desses benefícios até a data de entrada em vigor desta Emenda Constitucional, observados os critérios da legislação vigente na data em que foram atendidos os requisitos para a concessão da aposentadoria ou da pensão por morte.

§ 4.º Observado o disposto nos §§ 9.º e 9.º-A do art. 201 da Constituição Federal, o tempo de contribuição a regime próprio de previdência social e ao Regime Geral de Previdência Social, assim como o tempo de contribuição decorrente das atividades militares de que tratam os arts. 42 e 142 da Constituição Federal, que tenha sido considerado para a concessão de benefício pelos regimes a que se refere o *caput* não poderá ser utilizado para obtenção de benefício naqueles regimes.

§ 5.º Lei específica do Estado, do Distrito Federal ou do Município deverá disciplinar a regra de transição a ser aplicada aos segurados que, na forma do *caput*, fizerem a opção de permanecer no regime previdenciário de que trata este artigo.

Art. 15. Ao segurado filiado ao Regime Geral de Previdência Social até a data de entrada em vigor desta Emenda Constitucional, fica assegurado o direito à aposentadoria quando forem preenchidos, cumulativamente, os seguintes requisitos:

I – 30 (trinta) anos de contribuição, se mulher, e 35 (trinta e cinco) anos de contribuição, se homem; e

II – somatório da idade e do tempo de contribuição, incluídas as frações, equivalente a 86 (oitenta e seis) pontos, se mulher, e 96 (noventa e seis) pontos, se homem, observado o disposto nos §§ 1.º e 2.º.

§ 1.º A partir de 1.º de janeiro de 2020, a pontuação a que se refere o inciso II do *caput* será acrescida a cada ano de 1 (um) ponto, até atingir o limite de 100 (cem) pontos, se mulher, e de 105 (cento e cinco) pontos, se homem.

§ 2.º A idade e o tempo de contribuição serão apurados em dias para o cálculo do somatório de pontos a que se referem o inciso II do *caput* e o § 1.º.

§ 3.º Para o professor que comprovar exclusivamente 25 (vinte e cinco) anos de contribuição, se mulher, e 30 (trinta) anos de contribuição, se homem, em efetivo exercício das funções de magistério na educação infantil e no ensino fundamental e médio, o somatório da idade e do tempo de contribuição, incluídas as frações, será equivalente a 81 (oitenta e um) pontos, se mulher, e 91 (noventa e um) pontos, se homem, aos quais serão acrescidos, a partir de 1.º de janeiro de 2020, 1 (um) ponto a cada ano para o homem e para a mulher, até atingir o limite de 92 (noventa e dois) pontos, se mulher, e 100 (cem) pontos, se homem.

§ 4.º O valor da aposentadoria concedida nos termos do disposto neste artigo será apurado na forma da lei.

Art. 16. Ao segurado filiado ao Regime Geral de Previdência Social até a data de entrada em vigor desta Emenda Constitucional fica assegurado o direito à aposentadoria quando preencher, cumulativamente, os seguintes requisitos:

I – 30 (trinta) anos de contribuição, se mulher, e 35 (trinta e cinco) anos de contribuição, se homem; e

II – idade de 56 (cinquenta e seis) anos, se mulher, e 61 (sessenta e um) anos, se homem.

§ 1.º A partir de 1.º de janeiro de 2020, a idade a que se refere o inciso II do *caput* será acrescida de 6 (seis) meses a cada ano, até atingir 62 (sessenta e dois) anos de idade, se mulher, e 65 (sessenta e cinco) anos de idade, se homem.

§ 2.º Para o professor que comprovar exclusivamente tempo de efetivo exercício das funções de magistério na educação infantil e no ensino fundamental e médio, o tempo de contribuição e a idade de que tratam os incisos I e II do *caput* deste artigo serão reduzidos em 5 (cinco) anos, sendo, a partir de 1.º de janeiro de 2020, acrescidos 6 (seis) meses, a cada ano, às idades previstas no inciso II do *caput*, até atingirem 57 (cinquenta e sete) anos, se mulher, e 60 (sessenta) anos, se homem.

§ 3.º O valor da aposentadoria concedida nos termos do disposto neste artigo será apurado na forma da lei.

Art. 17. Ao segurado filiado ao Regime Geral de Previdência Social até a data de entrada em vigor desta Emenda Constitucional e que na referida data contar com mais de 28 (vinte e oito) anos de contribuição, se mulher, e 33 (trinta e três) anos de contribuição, se homem, fica assegurado o direito à aposentadoria quando preencher, cumulativamente, os seguintes requisitos:

I – 30 (trinta) anos de contribuição, se mulher, e 35 (trinta e cinco) anos de contribuição, se homem; e

II – cumprimento de período adicional correspondente a 50% (cinquenta por cento) do tempo que, na data de entrada em vigor desta Emenda Constitucional, faltaria para atingir 30 (trinta) anos de contribuição, se mulher, e 35 (trinta e cinco) anos de contribuição, se homem.

Parágrafo único. O benefício concedido nos termos deste artigo terá seu valor apurado de acordo com a média aritmética simples dos salários de contribuição e das remunerações calculada na forma da lei, multiplicada pelo fator previdenciário, calculado na forma do disposto nos §§ 7.º a 9.º do art. 29 da Lei n. 8.213, de 24 de julho de 1991.

Art. 18. O segurado de que trata o inciso I do § 7.º do art. 201 da Constituição Federal filiado ao Regime Geral de Previdência Social até a data de entrada em vigor desta Emenda Constitucional poderá aposentar-se quando preencher, cumulativamente, os seguintes requisitos:

I – 60 (sessenta) anos de idade, se mulher, e 65 (sessenta e cinco) anos de idade, se homem; e

II – 15 (quinze) anos de contribuição, para ambos os sexos.

§ 1.º A partir de 1.º de janeiro de 2020, a idade de 60 (sessenta) anos da mulher, prevista no inciso I do *caput*, será acrescida em 6 (seis) meses a cada ano, até atingir 62 (sessenta e dois) anos de idade.

§ 2.º O valor da aposentadoria de que trata este artigo será apurado na forma da lei.

Art. 19. Até que lei disponha sobre o tempo de contribuição a que se refere o inciso I do § 7.º do art. 201 da Constituição Federal, o segurado filiado ao Regime Geral de Previdência Social após a data de entrada em vigor desta Emenda Constitucional será aposentado aos 62 (sessenta e dois) anos de idade, se mulher, 65 (sessenta e cinco) anos de idade, se homem, com 15 (quinze) anos de tempo de contribuição, se mulher, e 20 (vinte) anos de tempo de contribuição, se homem.

§ 1.º Até que lei complementar disponha sobre a redução de idade mínima ou tempo de contribuição prevista nos §§ 1.º e 8.º do art. 201 da Constituição Federal, será concedida aposentadoria:

I – aos segurados que comprovem o exercício de atividades com efetiva exposição a agentes químicos, físicos e biológicos prejudiciais à saúde, ou associação desses agentes, vedada a caracterização por categoria profissional ou ocupação, durante, no mínimo, 15 (quinze), 20 (vinte) ou 25 (vinte e cinco) anos, nos termos do disposto nos arts. 57 e 58 da Lei n. 8.213, de 24 de julho de 1991, quando cumpridos:

> Aposentadoria Especial: arts. 57 e 58 da Lei n. 8.213, de 24-7-1991.

a) 55 (cinquenta e cinco) anos de idade, quando se tratar de atividade especial de 15 (quinze) anos de contribuição;

b) 58 (cinquenta e oito) anos de idade, quando se tratar de atividade especial de 20 (vinte) anos de contribuição; ou

c) 60 (sessenta) anos de idade, quando se tratar de atividade especial de 25 (vinte e cinco) anos de contribuição;

II – ao professor que comprove 25 (vinte e cinco) anos de contribuição exclusivamente em efetivo exercício das funções de magistério na educação infantil e no ensino fundamental e médio e tenha 57 (cinquenta e sete) anos de idade, se mulher, e 60 (sessenta) anos de idade, se homem.

§ 2.º O valor das aposentadorias de que trata este artigo será apurado na forma da lei.

Art. 20. O segurado ou o servidor público federal que se tenha filiado ao Regime Geral de Previdência Social ou ingressado no serviço público em cargo efetivo até a data de entrada em vigor desta Emenda Constitucional poderá aposentar-se voluntariamente quando preencher, cumulativamente, os seguintes requisitos:

I – 57 (cinquenta e sete) anos de idade, se mulher, e 60 (sessenta) anos de idade, se homem;

II – 30 (trinta) anos de contribuição, se mulher, e 35 (trinta e cinco) anos de contribuição, se homem;

III – para os servidores públicos, 20 (vinte) anos de efetivo exercício no serviço público e 5 (cinco) anos no cargo efetivo em que se der a aposentadoria;

IV – período adicional de contribuição correspondente ao tempo que, na data de entrada em vigor desta Emenda Constitucional, faltaria para atingir o tempo mínimo de contribuição referido no inciso II.

§ 1.º Para o professor que comprovar exclusivamente tempo de efetivo exercício das funções de magistério na educação infantil e no ensino fundamental e médio serão reduzidos, para ambos os sexos, os requisitos de idade e de tempo de contribuição em 5 (cinco) anos.

§ 2.º O valor das aposentadorias concedidas nos termos do disposto neste artigo corresponderá:

I – em relação ao servidor público que tenha ingressado no serviço público em cargo efetivo até 31 de dezembro de 2003 e que não tenha feito a opção de que trata o § 16 do art. 40 da Constituição Federal, à totalidade da remuneração no cargo efetivo em que se der a aposentadoria, observado o disposto no § 8.º do art. 4.º; e

II – em relação aos demais servidores públicos e aos segurados do Regime Geral de Previdência Social, ao valor apurado na forma da lei.

§ 3.º O valor das aposentadorias concedidas nos termos do disposto neste artigo não será inferior ao valor a que se refere o § 2.º do art. 201 da Constituição Federal e será reajustado:

I – de acordo com o disposto no art. 7.º da Emenda Constitucional n. 41, de 19 de dezembro de 2003, se cumpridos os requisitos previstos no inciso I do § 2.º;

II – nos termos estabelecidos para o Regime Geral de Previdência Social, na hipótese prevista no inciso II do § 2.º.

§ 4.º Aplicam-se às aposentadorias dos servidores dos Estados, do Distrito Federal e dos Municípios as normas constitucionais e infraconstitucionais anteriores à data de entrada em vigor desta Emenda Constitucional, enquanto não promovidas alterações na legislação interna relacionada ao respectivo regime próprio de previdência social.

Art. 21. O segurado ou o servidor público federal que se tenha filiado ao Regime Geral de Previdência Social ou ingressado no serviço público em cargo efetivo até a data de entrada em vigor desta Emenda Constitucional cujas atividades tenham sido exercidas com efetiva exposição a agentes químicos, físicos e biológicos prejudiciais à saúde, ou associação desses agentes, vedada a caracterização por categoria profissional ou ocupação, desde que cumpridos, no caso do servidor, o tempo mínimo de 20 (vinte) anos de efetivo exercício no serviço público e de 5 (cinco) anos no cargo efetivo em que for concedida a aposentadoria, na forma dos arts. 57 e 58 da Lei n. 8.213, de 24 de julho de 1991, poderão aposentar-se quando o total da soma resultante da sua idade e do tempo de contribuição e o tempo de efetiva exposição forem, respectivamente, de:

> Aposentadoria Especial: arts. 57 e 58 da Lei n. 8.213, de 24-7-1991.

I – 66 (sessenta e seis) pontos e 15 (quinze) anos de efetiva exposição;

II – 76 (setenta e seis) pontos e 20 (vinte) anos de efetiva exposição; e

III – 86 (oitenta e seis) pontos e 25 (vinte e cinco) anos de efetiva exposição.

§ 1.º A idade e o tempo de contribuição serão apurados em dias para o cálculo do somatório de pontos a que se refere o *caput*.

§ 2.º O valor da aposentadoria de que trata este artigo será apurado na forma da lei.

§ 3.º Aplicam-se às aposentadorias dos servidores dos Estados, do Distrito Federal e dos Municípios cujas atividades sejam exercidas com efetiva exposição a agentes químicos, físicos e biológicos prejudiciais à saúde, ou associação desses agentes, vedada a caracterização por categoria profissional ou ocupação, na forma do § 4.º-C do art. 40 da Constituição Federal, as normas constitucionais e infraconstitucionais anteriores à data de entrada em vigor desta Emenda Constitucional, enquanto não promovidas alterações na legislação interna relacionada ao respectivo regime próprio de previdência social.

Art. 22. Até que lei discipline o § 4.º-A do art. 40 e o inciso I do § 1.º do art. 201 da Constituição Federal, a aposentadoria da pessoa com deficiência segurada do Regime Geral de Previdência Social ou do servidor público federal com deficiência vinculado a regime próprio de previdência social, desde que cumpridos, no caso do servidor, o tempo mínimo de 10 (dez) anos de efetivo exercício no serviço público e de 5 (cinco) anos no cargo efetivo em que for concedida a aposentadoria, será concedida na forma da Lei Complementar n. 142, de 8 de maio de 2013, inclusive quanto aos critérios de cálculo dos benefícios.

Parágrafo único. Aplicam-se às aposentadorias dos servidores com deficiência dos Estados, do Distrito Federal e dos Municípios as normas constitucionais e infraconstitucionais anteriores à data de entrada em vigor desta Emenda Constitucional, enquanto não promovidas alterações na legislação interna relacionada ao respectivo regime próprio de previdência social.

Art. 23. A pensão por morte concedida a dependente de segurado do Regime Geral de Previdência Social ou de servidor público federal será equivalente a uma cota familiar de 50% (cinquenta por cento) do valor da aposentadoria recebida pelo segurado ou servidor ou daquela a que teria direito se fosse aposentado por incapacidade permanente na data do óbito, acrescida de cotas de 10 (dez) pontos percentuais por dependente, até o máximo de 100% (cem por cento).

§ 1.º As cotas por dependente cessarão com a perda dessa qualidade e não serão reversíveis aos demais dependentes, preservado o valor de 100% (cem por cento) da pensão por morte quando o número de dependentes remanescente for igual ou superior a 5 (cinco).

§ 2.º Na hipótese de existir dependente inválido ou com deficiência intelectual, mental ou grave, o valor da pensão por morte de que trata o *caput* será equivalente a:

I – 100% (cem por cento) da aposentadoria recebida pelo segurado ou servidor ou daquela a que teria direito se fosse aposentado por incapacidade permanente na data do óbito, até o limite máximo de benefícios do Regime Geral de Previdência Social; e

II – uma cota familiar de 50% (cinquenta por cento) acrescida de cotas de 10 (dez) pontos percentuais por dependente, até o máximo de 100% (cem) por cento, para o valor que supere o limite máximo de benefícios do Regime Geral de Previdência Social.

§ 3.º Quando não houver mais dependente inválido ou com deficiência intelectual, mental ou grave, o valor da pensão será recalculado na forma do disposto no *caput* e no § 1.º.

§ 4.º O tempo de duração da pensão por morte e das cotas individuais por dependente até a perda dessa qualidade, o rol de dependentes e sua qualificação e as condições necessárias para enquadramento serão aqueles estabelecidos na Lei n. 8.213, de 24 de julho de 1991.

§ 5.º Para o dependente inválido ou com deficiência intelectual, mental ou grave, sua condição pode ser reconhecida previamente ao óbito do segurado, por meio de avaliação biopsicossocial realizada por equipe multiprofissional e interdisciplinar, observada revisão periódica na forma da legislação.

§ 6.º Equiparam-se a filho, para fins de recebimento da pensão por morte, exclusivamente o enteado e o menor tutelado, desde que comprovada a dependência econômica.

§ 7.º As regras sobre pensão previstas neste artigo e na legislação vigente na data de entrada em vigor desta Emenda Constitucional poderão ser alteradas na forma da lei para o Regime Geral de Previdência Social e para o regime próprio de previdência social da União.

§ 8.º Aplicam-se às pensões concedidas aos dependentes de servidores dos Estados, do Distrito Federal e dos Municípios as normas constitucionais e infraconstitucionais anteriores à data de entrada em vigor desta Emenda Constitucional, enquanto não promovidas alterações na legislação interna relacionada ao respectivo regime próprio de previdência social.

Art. 24. É vedada a acumulação de mais de uma pensão por morte deixada por cônjuge ou companheiro, no âmbito do mesmo regime de previdência social, ressalvadas as pensões do mesmo instituidor decorrentes do exercício de cargos acumuláveis na forma do art. 37 da Constituição Federal.

§ 1.º Será admitida, nos termos do § 2.º, a acumulação de:

I – pensão por morte deixada por cônjuge ou companheiro de um regime de previdência social com pensão por morte concedida por outro regime de previdência social ou com pensões decorrentes das atividades militares de que tratam os arts. 42 e 142 da Constituição Federal;

II – pensão por morte deixada por cônjuge ou companheiro de um regime de previdência social com aposentadoria concedida no âmbito do Regime Geral de Previdência Social ou de regime próprio de previdência social ou com proventos de inatividade decorrentes das atividades militares de que tratam os arts. 42 e 142 da Constituição Federal; ou

III – pensões decorrentes das atividades militares de que tratam os arts. 42 e 142 da Constituição Federal com aposentadoria concedida no âmbito do Regime Geral de Previdência Social ou de regime próprio de previdência social.

§ 2.º Nas hipóteses das acumulações previstas no § 1.º, é assegurada a percepção do valor integral do benefício mais vantajoso e de uma parte de cada um dos demais benefícios, apurada cumulativamente de acordo com as seguintes faixas:

I – 60% (sessenta por cento) do valor que exceder 1 (um) salário mínimo, até o limite de 2 (dois) salários mínimos;

II – 40% (quarenta por cento) do valor que exceder 2 (dois) salários mínimos, até o limite de 3 (três) salários mínimos;

III – 20% (vinte por cento) do valor que exceder 3 (três) salários mínimos, até o limite de 4 (quatro) salários mínimos; e

IV – 10% (dez por cento) do valor que exceder 4 (quatro) salários mínimos.

§ 3.º A aplicação do disposto no § 2.º poderá ser revista a qualquer tempo, a pedido do interessado, em razão de alteração de algum dos benefícios.

§ 4.º As restrições previstas neste artigo não serão aplicadas se o direito aos benefícios houver sido adquirido antes da data de entrada em vigor desta Emenda Constitucional.

§ 5.º As regras sobre acumulação previstas neste artigo e na legislação vigente na data de entrada em vigor desta Emenda Constitucional poderão ser alteradas na forma do § 6.º do art. 40 e do § 15 do art. 201 da Constituição Federal.

Art. 25. Será assegurada a contagem de tempo de contribuição fictício no Regime Geral de Previdência Social decorrente de hipóteses descritas na legislação vigente até a data de entrada em vigor desta Emenda Constitucional para fins de concessão de aposentadoria, observando-se, a partir da sua entrada em vigor, o disposto no § 14 do art. 201 da Constituição Federal.

§ 1.º Para fins de comprovação de atividade rural exercida até a data de entrada em vigor desta Emenda Constitucional, o prazo de que tratam os §§ 1.º e 2.º do art. 38-B da Lei n. 8.213, de 24 de julho de 1991, será prorrogado até a data em que o Cadastro Nacional de Informações Sociais (CNIS) atingir a cobertura mínima de 50% (cinquenta por cento) dos trabalhadores de que trata o § 8.º do art. 195 da Constituição Federal, apurada conforme quantitativo da Pesquisa Nacional por Amostra de Domicílios Contínua (Pnad).

§ 2.º Será reconhecida a conversão de tempo especial em comum, na forma prevista na Lei n. 8.213, de 24 de julho de 1991, ao segurado do Regime Geral de Previdência Social que comprovar tempo de efetivo exercício de atividade sujeita a condições especiais que efetivamente prejudiquem a saúde, cumprido até a data de entrada em vigor desta Emenda Constitucional, vedada a conversão para o tempo cumprido após esta data.

§ 3.º Considera-se nula a aposentadoria que tenha sido concedida ou que venha a ser concedida por regime próprio de previdência social com contagem recíproca do Regime Geral de Previdência Social mediante o cômputo de tempo de serviço sem o recolhimento da respectiva contribuição ou da correspondente indenização pelo segurado obrigatório responsável, à época do exercício da atividade, pelo recolhimento de suas próprias contribuições previdenciárias.

Art. 26. Até que lei discipline o cálculo dos benefícios do regime próprio de previdência social da União e do Regime Geral de Previdência Social, será utilizada a média aritmética simples dos salários de contribuição e das remunerações adotados como base para contribuições a regime próprio de previdência social e ao Regime Geral de Previdência Social, ou como base para contribuições decorrentes das atividades militares de que tratam os arts. 42 e 142 da Constituição Federal, atualizados monetariamente, correspondentes a 100% (cem por cento) do período contributivo desde a competência julho de 1994 ou desde o início da contribuição, se posterior àquela competência.

§ 1.º A média a que se refere o *caput* será limitada ao valor máximo do salário de contribuição do Regime Geral de Previdência Social para os segurados desse regime e para o servidor que ingressou no serviço público em cargo efetivo após a implantação do regime de previdência complementar ou que tenha exercido a opção correspondente, nos termos do disposto nos §§ 14 a 16 do art. 40 da Constituição Federal.

§ 2.º O valor do benefício de aposentadoria corresponderá a 60% (sessenta por cento) da média aritmética definida na forma prevista no *caput* e no § 1.º, com acréscimo de 2 (dois) pontos percentuais para cada ano de contribuição que exceder o tempo de 20 (vinte) anos de contribuição nos casos:

I – do inciso II do § 6.º do art. 4.º, do § 4.º do art. 15, do § 3.º do art. 16 e do § 2.º do art. 18;

II – do § 4.º do art. 10, ressalvado o disposto no inciso II do § 3.º e no § 4.º deste artigo;

III – de aposentadoria por incapacidade permanente aos segurados do Regime Geral de Previdência Social, ressalvado o disposto no inciso II do § 3.º deste artigo; e

IV – do § 2.º do art. 19 e do § 2.º do art. 21, ressalvado o disposto no § 5.º deste artigo.

§ 3.º O valor do benefício de aposentadoria corresponderá a 100% (cem por cento) da média aritmética definida na forma prevista no *caput* e no § 1.º:

I – no caso do inciso II do § 2.º do art. 20;

II – no caso de aposentadoria por incapacidade permanente, quando decorrer de acidente de trabalho, de doença profissional e de doença do trabalho.

§ 4.º O valor do benefício da aposentadoria de que trata o inciso III do § 1.º do art. 10 corresponderá ao resultado do tempo de contribuição dividido por 20 (vinte) anos, limitado a um inteiro, multiplicado pelo valor apurado na forma do *caput* do § 2.º deste artigo, ressalvado o caso de cumprimento de critérios de acesso para aposentadoria voluntária que resulte em situação mais favorável.

§ 5.º O acréscimo a que se refere o *caput* do § 2.º será aplicado para cada ano que exceder 15 (quinze) anos de tempo de contribuição para os segurados de que tratam a alínea *a* do inciso I do § 1.º do art. 19 e o inciso I do art. 21 e para as mulheres filiadas ao Regime Geral de Previdência Social.

§ 6.º Poderão ser excluídas da média as contribuições que resultem em redução do valor do benefício, desde que mantido o tempo mínimo de contribuição exigido, vedada a utilização do tempo excluído para qualquer finalidade, inclusive para o acréscimo a que se referem os §§ 2.º e 5.º, para a averbação em outro regime previdenciário ou para a obtenção dos proventos de inatividade das atividades de que tratam os arts. 42 e 142 da Constituição Federal.

§ 7.º Os benefícios calculados nos termos do disposto neste artigo serão reajustados nos termos estabelecidos para o Regime Geral de Previdência Social.

Art. 27. Até que lei discipline o acesso ao salário-família e ao auxílio-reclusão de que trata o inciso IV do art. 201 da Constituição Federal, esses benefícios serão concedidos apenas àqueles que tenham renda bruta mensal igual ou inferior a R$ 1.364,43 (mil trezentos e sessenta e quatro reais e quarenta e três centavos), que serão corrigidos pelos mesmos índices aplicados aos benefícios do Regime Geral de Previdência Social.

§ 1.º Até que lei discipline o valor do auxílio-reclusão, de que trata o inciso IV do art. 201 da Constituição Federal, seu cálculo será realizado na forma daquele aplicável à pensão por morte, não podendo exceder o valor de 1 (um) salário mínimo.

§ 2.º Até que lei discipline o valor do salário-família, de que trata o inciso IV do art. 201 da Constituição Federal, seu valor será de R$ 46,54 (quarenta e seis reais e cinquenta e quatro centavos).

Art. 28. Até que lei altere as alíquotas da contribuição de que trata a Lei n. 8.212, de 24 de julho de 1991, devidas pelo segurado empregado, inclusive o doméstico, e pelo trabalhador avulso, estas serão de:

>> Sobre o prazo de vigência deste artigo, *vide* art. 36, I, desta Emenda Constitucional.

I – até 1 (um) salário mínimo, 7,5% (sete inteiros e cinco décimos por cento);

II – acima de 1 (um) salário mínimo até R$ 2.000,00 (dois mil reais), 9% (nove por cento);

III – de R$ 2.000,01 (dois mil reais e um centavo) até R$ 3.000,00 (três mil reais), 12% (doze por cento); e

IV – de R$ 3.000,01 (três mil reais e um centavo) até o limite do salário de contribuição, 14% (quatorze por cento).

§ 1.º As alíquotas previstas no *caput* serão aplicadas de forma progressiva sobre o salário de contribuição do segurado, incidindo cada alíquota sobre a faixa de valores compreendida nos respectivos limites.

§ 2.º Os valores previstos no *caput* serão reajustados, a partir da data de entrada em vigor desta Emenda Constitucional, na mesma data e com o mesmo índice em que se der o reajuste dos benefícios do Regime Geral de Previdência Social, ressalvados aqueles vinculados ao salário mínimo, aos quais se aplica a legislação específica.

Art. 29. Até que entre em vigor lei que disponha sobre o § 14 do art. 195 da Constituição Federal, o segurado que, no somatório de remunerações auferidas no período de 1 (um) mês, receber remuneração inferior ao limite mínimo mensal do salário de contribuição poderá:

I – complementar a sua contribuição, de forma a alcançar o limite mínimo exigido;

II – utilizar o valor da contribuição que exceder o limite mínimo de contribuição de uma competência em outra; ou

III – agrupar contribuições inferiores ao limite mínimo de diferentes competências, para aproveitamento em contribuições mínimas mensais.

Parágrafo único. Os ajustes de complementação ou agrupamento de contribuições previstos nos incisos I, II e III do *caput* somente poderão ser feitos ao longo do mesmo ano civil.

Art. 30. A vedação de diferenciação ou substituição de base de cálculo decorrente do disposto no § 9.º do art. 195 da Constituição Federal não se aplica a contribuições que substituam a contribuição de que trata a alínea *a* do inciso I do *caput* do art. 195 da Constituição Federal instituídas antes da data de entrada em vigor desta Emenda Constitucional.

Art. 31. O disposto no § 11 do art. 195 da Constituição Federal não se aplica aos parcelamentos previstos na legislação vigente até a data de entrada em vigor desta Emenda Constitucional, sendo vedadas a reabertura ou a prorrogação de prazo para adesão.

Art. 32. Até que entre em vigor lei que disponha sobre a alíquota da contribuição de que trata a Lei n. 7.689, de 15 de dezembro de 1988, esta será de 20% (vinte por cento) no caso das pessoas jurídicas referidas no inciso I do § 1.º do art. 1.º da Lei Complementar n. 105, de 10 de janeiro de 2001.

>> Sobre o prazo de vigência deste artigo, vide art. 36, I, desta Emenda Constitucional.

Art. 33. Até que seja disciplinada a relação entre a União, os Estados, o Distrito Federal e os Municípios e entidades abertas de previdência complementar na forma do disposto nos §§ 4.º e 5.º do art. 202 da Constituição Federal, somente entidades fechadas de previdência complementar estão autorizadas a administrar planos de benefícios patrocinados pela União, Estados, Distrito Federal ou Municípios, inclusive suas autarquias, fundações, sociedades de economia mista e empresas controladas direta ou indiretamente.

Art. 34. Na hipótese de extinção por lei de regime previdenciário e migração dos respectivos segurados para o Regime Geral de Previdência Social, serão observados, até que lei federal disponha sobre a matéria, os seguintes requisitos pelo ente federativo:

I – assunção integral da responsabilidade pelo pagamento dos benefícios concedidos durante a vigência do regime extinto, bem como daqueles cujos requisitos já tenham sido implementados antes da sua extinção;

II – previsão de mecanismo de ressarcimento ou de complementação de benefícios aos que tenham contribuído acima do limite máximo do Regime Geral de Previdência Social;

III – vinculação das reservas existentes no momento da extinção, exclusivamente:

a) ao pagamento dos benefícios concedidos e a conceder, ao ressarcimento de contribuições ou à complementação de benefícios, na forma dos incisos I e II; e

b) à compensação financeira com o Regime Geral de Previdência Social.

Parágrafo único. A existência de *superavit* atuarial não constitui óbice à extinção de regime próprio de previdência social e à consequente migração para o Regime Geral de Previdência Social.

Art. 35. Revogam-se:

I – os seguintes dispositivos da Constituição Federal:

a) o § 21 do art. 40;

b) o § 13 do art. 195;

II – os arts. 9.º, 13 e 15 da Emenda Constitucional n. 20, de 15 de dezembro de 1998;

III – os arts. 2.º, 6.º e 6.º-A da Emenda Constitucional n. 41, de 19 de dezembro de 2003;

IV – o art. 3.º da Emenda Constitucional n. 47, de 5 de julho de 2005.

Art. 36. Esta Emenda Constitucional entra em vigor:

I – no primeiro dia do quarto mês subsequente ao da data de publicação desta Emenda Constitucional, quanto ao disposto nos arts. 11, 28 e 32;

II – para os regimes próprios de previdência social dos Estados, do Distrito Federal e dos Municípios, quanto à alteração promovida pelo art. 1.º desta Emenda Constitucional no art. 149 da Constituição Federal e às revogações previstas na alínea *a* do inciso I e nos incisos III e IV do art. 35, na data de publicação de lei de iniciativa privativa do respectivo Poder Executivo que as referende integralmente;

III – nos demais casos, na data de sua publicação.

Parágrafo único. A lei de que trata o inciso II do *caput* não produzirá efeitos anteriores à data de sua publicação.

Brasília, em 12 de novembro de 2019.

Mesa da Câmara dos Deputados

Deputado RODRIGO MAIA

Presidente

Mesa do Senado Federal

Senador DAVI ALCOLUMBRE

Presidente

EMENDA CONSTITUCIONAL N. 104, DE 4 DE DEZEMBRO DE 2019 (*)

Altera o inciso XIV do caput do art. 21, o § 4.º do art. 32 e o art. 144 da Constituição Federal, para criar as polícias penais federal, estaduais e distrital.

As Mesas da Câmara dos Deputados e do Senado Federal, nos termos do § 3.º do art. 60 da Constituição Federal, promulgam a seguinte Emenda ao texto constitucional:

Art. 1.º O inciso XIV do *caput* do art. 21 da Constituição Federal passa a vigorar com a seguinte redação:

>> Alteração já processada no diploma modificado.

Art. 2.º O § 4.º do art. 32 da Constituição Federal passa a vigorar com a seguinte redação:

>> Alteração já processada no diploma modificado.

Art. 3.º O art. 144 da Constituição Federal passa a vigorar com as seguintes alterações:

>> Alterações já processadas no diploma modificado.

Art. 4.º O preenchimento do quadro de servidores das polícias penais será feito, exclusivamente, por meio de concurso público e por meio da transformação dos cargos isolados, dos cargos de carreira dos atuais agentes penitenciários e dos cargos públicos equivalentes.

Art. 5.º Esta Emenda Constitucional entra em vigor na data de sua publicação.

Brasília, em 4 de dezembro de 2019.

Mesa da Câmara dos Deputados

Deputado RODRIGO MAIA

Presidente

Mesa do Senado Federal

Senador DAVI ALCOLUMBRE

Presidente

(*) Publicada no *Diário Oficial da União*, de 5-12-2019.

EMENDA CONSTITUCIONAL N. 105, DE 12 DE DEZEMBRO DE 2019 (**)

Acrescenta o art. 166-A à Constituição Federal, para autorizar a transferência de recursos federais a Estados, ao Distrito Federal e a Municípios mediante emendas ao projeto de lei orçamentária anual.

As Mesas da Câmara dos Deputados e do Senado Federal, nos termos do § 3.º do art. 60 da Constituição Federal, promulgam a seguinte Emenda ao texto constitucional:

Art. 1.º A Constituição Federal passa a vigorar acrescida do seguinte art. 166-A:

>> Alteração já processada no diploma modificado.

Art. 2.º No primeiro semestre do exercício financeiro subsequente ao da publicação desta Emenda Constitucional, fica assegurada a transferência financeira em montante mínimo equivalente a 60% (sessenta por cento) dos recursos de que trata o inciso I do *caput* do art. 166-A da Constituição Federal.

Art. 3.º Esta Emenda Constitucional entra em vigor em 1.º de janeiro do ano subsequente ao de sua publicação.

Brasília, em 12 de dezembro de 2019.

Mesa da Câmara dos Deputados

Deputado RODRIGO MAIA

Presidente

Mesa do Senado Federal

Senador DAVI ALCOLUMBRE

Presidente

(**) Publicada no *Diário Oficial da União*, de 13-12-2019.

EMENDA CONSTITUCIONAL N. 106, DE 7 DE MAIO DE 2020 (***)

Institui regime extraordinário fiscal, financeiro e de contratações para enfrentamento de calamidade pública nacional decorrente de pandemia.

As Mesas da Câmara dos Deputados e do Senado Federal, nos termos do § 3.º do art. 60 da Constituição Federal, promulgam a seguinte Emenda ao texto constitucional:

Art. 1.º Durante a vigência de estado de calamidade pública nacional reconhecido pelo Congresso Nacional em razão de emergência de saúde pública de importância internacional decorrente de pandemia, a União adotará regime extraordinário fiscal, financeiro e de contratações para atender às necessidades dele decorrentes, somente naquilo em que a urgência for incompatível com o regime regular, nos termos definidos nesta Emenda Constitucional.

>> O Decreto n. 10.360, de 21-5-2020, dispõe em seu art. 1.º: "Art. 1.º As autorizações de despesas relacionadas ao enfrentamento de calamidade pública nacional decorrente de pandemia, de que trata o art. 1.º da Emenda Constitucional n. 106, de 7 de maio de 2020, observarão os seguintes critérios:
I – as programações orçamentárias cuja finalidade seja exclusivamente o enfrentamento da Covid-19 e de seus efeitos sociais e econômicos deverão conter o complemento "Covid-19" no título ou no subtítulo da ação orçamentária, sem prejuízo de sua combinação com o marcador de que trata o inciso II;
II – as autorizações de despesas constantes da Lei n. 13.978, de 17 de janeiro de 2020, e de seus créditos adicionais abertos, que sejam direcionadas ao enfrentamento da Covid-19 e de seus efeitos sociais e econômicos, mas constem de programações orçamentárias que não se destinem exclusivamente a essa finalidade, deverão receber marcador de plano orçamentário cuja codificação será iniciada por "CV"; ou
III – as demais autorizações de despesas relacionadas ao enfrentamento da Covid-19 e de seus efeitos sociais e econômicos que não puderem, por razões técnicas devidamente justificadas, ser identificadas na forma definida nos incisos I e II, deverão ser identificadas na forma a ser definida pela Secretaria de Orçamento Federal da Secretaria Especial de Fazenda do Ministério da Economia e disponibilizadas para acesso público em sítio eletrônico.
§ 1.º Além das hipóteses previstas no *caput*, para fins do disposto no parágrafo único do art. 5.º da Emenda Constitucional n. 106, de 2020, consideram-se identificadas as autorizações de despesas destinadas ao enfrentamento da Covid-19 e de seus

(***) Publicada no *Diário Oficial da União*, de 8-5-2020.

efeitos sociais e econômicos constantes do Anexo a este Decreto.

§ 2.º Fica a Secretaria de Orçamento Federal da Secretaria Especial de Fazenda do Ministério da Economia autorizada a editar normas complementares com o objetivo de implementar as regras estabelecidas neste artigo.

§ 3.º A relação das despesas de que trata este Decreto será disponibilizada no Painel do Orçamento do Sistema Integrado de Planejamento e Orçamento - Siop, sem prejuízo:

I – de que haja outros meios de se promover a transparência dos recursos alocados para o enfrentamento da Covid-19 e de seus efeitos sociais e econômicos; e

II – do disposto no inciso II do *caput* do art. 5.º da Emenda Constitucional n. 106, de 2020".

Art. 2.º Com o propósito exclusivo de enfrentamento do contexto da calamidade e de seus efeitos sociais e econômicos, no seu período de duração, o Poder Executivo federal, no âmbito de suas competências, poderá adotar processos simplificados de contratação de pessoal, em caráter temporário e emergencial, e de obras, serviços e compras que assegurem, quando possível, competição e igualdade de condições a todos os concorrentes, dispensada a observância do § 1.º do art. 169 da Constituição Federal na contratação de que trata o inciso IX do *caput* do art. 37 da Constituição Federal, limitada a dispensa às situações de que trata o referido inciso, sem prejuízo da tutela dos órgãos de controle.

Parágrafo único. Nas hipóteses de distribuição de equipamentos e insumos de saúde imprescindíveis ao enfrentamento da calamidade, a União adotará critérios objetivos, devidamente publicados, para a respectiva destinação a Estados e a Municípios.

Art. 3.º Desde que não impliquem despesa permanente, as proposições legislativas e os atos do Poder Executivo com propósito exclusivo de enfrentar a calamidade e suas consequências sociais e econômicas, com vigência e efeitos restritos à sua duração, ficam dispensados da observância das limitações legais quanto à criação, à expansão ou ao aperfeiçoamento de ação governamental que acarrete aumento de despesa e à concessão ou à ampliação de incentivo ou benefício de natureza tributária da qual decorra renúncia de receita.

Parágrafo único. Durante a vigência da calamidade pública nacional de que trata o art. 1.º desta Emenda Constitucional, não se aplica o disposto no § 3.º do art. 195 da Constituição Federal.

Art. 4.º Será dispensada, durante a integralidade do exercício financeiro em que vigore a calamidade pública nacional de que trata o art. 1.º desta Emenda Constitucional, a observância do inciso III do *caput* do art. 167 da Constituição Federal.

Parágrafo único. O Ministério da Economia publicará, a cada 30 (trinta) dias, relatório com os valores e o custo das operações de crédito realizadas no período de vigência do estado de calamidade pública nacional de que trata o art. 1.º desta Emenda Constitucional.

Art. 5.º As autorizações de despesas relacionadas ao enfrentamento da calamidade pública nacional de que trata o art. 1.º desta Emenda Constitucional e de seus efeitos sociais e econômicos deverão:

I – constar de programações orçamentárias específicas ou contar com marcadores que as identifiquem; e

II – ser separadamente avaliadas na prestação de contas do Presidente da República e evidenciadas, até 30 (trinta) dias após o encerramento de cada bimestre, no relatório a que se refere o § 3.º do art. 165 da Constituição Federal.

Parágrafo único. Decreto do Presidente da República, editado até 15 (quinze) dias após a entrada em vigor desta Emenda Constitucional, disporá sobre a forma de identificação das autorizações de que trata o *caput* deste artigo, incluídas as anteriores à vigência desta Emenda Constitucional.

Art. 6.º Durante a vigência da calamidade pública nacional de que trata o art. 1.º desta Emenda Constitucional, os recursos decorrentes de operações de crédito realizadas para o refinanciamento da dívida mobiliária poderão ser utilizados também para o pagamento de seus juros e encargos.

Art. 7.º O Banco Central do Brasil, limitado ao enfrentamento da calamidade pública nacional de que trata o art. 1.º desta Emenda Constitucional, e com vigência e efeitos restritos ao período de sua duração, fica autorizado a comprar e a vender:

I – títulos de emissão do Tesouro Nacional, nos mercados secundários local e internacional; e

II – os ativos, em mercados secundários nacionais no âmbito de mercados financeiros, de capitais e de pagamentos, desde que, no momento da compra, tenham classificação em categoria de risco de crédito no mercado local equivalente a BB- ou superior, conferida por pelo menos 1 (uma) das 3 (três) maiores agências internacionais de classificação de risco, e preço de referência publicado por entidade do mercado financeiro acreditada pelo Banco Central do Brasil.

§ 1.º Respeitadas as condições previstas no inciso II do *caput* deste artigo, será dada preferência à aquisição de títulos emitidos por microempresas e por pequenas e médias empresas.

§ 2.º O Banco Central do Brasil fará publicar diariamente as operações realizadas, de forma individualizada, com todas as respectivas informações, inclusive as condições financeiras e econômicas das operações, como taxas de juros pactuadas, valores envolvidos e prazos.

§ 3.º O Presidente do Banco Central do Brasil prestará contas ao Congresso Nacional, a cada 30 (trinta) dias, do conjunto das operações previstas neste artigo, sem prejuízo do previsto no § 2.º deste artigo.

§ 4.º A alienação de ativos adquiridos pelo Banco Central do Brasil, na forma deste artigo, poderá dar-se em data posterior à vigência do estado de calamidade pública nacional de que trata o art. 1.º desta Emenda Constitucional, se assim justificar o interesse público.

Art. 8.º Durante a vigência desta Emenda Constitucional, o Banco Central do Brasil editará regulamentação sobre exigências de contrapartidas ao comprar ativos de instituições financeiras em conformidade com a previsão do inciso II do *caput* do art. 7.º desta Emenda Constitucional, em especial a vedação de:

I – pagar juros sobre o capital próprio e dividendos acima do mínimo obrigatório estabelecido em lei ou no estatuto social vigente na data de entrada em vigor desta Emenda Constitucional;

II – aumentar a remuneração, fixa ou variável, de diretores e membros do conselho de administração, no caso das sociedades anônimas, e dos administradores, no caso de sociedades limitadas.

Parágrafo único. A remuneração variável referida no inciso II do *caput* deste artigo inclui bônus, participação nos lucros e quaisquer parcelas de remuneração diferidas e outros incentivos remuneratórios associados ao desempenho.

Art. 9.º Em caso de irregularidade ou de descumprimento dos limites desta Emenda Constitucional, o Congresso Nacional poderá sustar, por decreto legislativo, qualquer decisão de órgão ou entidade do Poder Executivo relacionada às medidas autorizadas por esta Emenda Constitucional.

Art. 10. Ficam convalidados os atos de gestão praticados a partir de 20 de março de 2020, desde que compatíveis com o teor desta Emenda Constitucional.

Art. 11. Esta Emenda Constitucional entra em vigor na data de sua publicação e ficará automaticamente revogada na data do encerramento do estado de calamidade pública reconhecido pelo Congresso Nacional.

Brasília, em 7 de maio de 2020.

Mesa da Câmara dos Deputados

Deputado RODRIGO MAIA

Presidente

Mesa do Senado Federal

Senador DAVI ALCOLUMBRE

Presidente

EMENDA CONSTITUCIONAL N. 107, DE 2 DE JULHO DE 2020 (*)

Adia, em razão da pandemia da Covid-19, as eleições municipais de outubro de 2020 e os prazos eleitorais respectivos.

As Mesas da Câmara dos Deputados e do Senado Federal, nos termos do § 3.º do art. 60 da Constituição Federal, promulgam a seguinte Emenda ao texto constitucional:

Art. 1.º As eleições municipais previstas para outubro de 2020 realizar-se-ão no dia 15 de novembro, em primeiro turno, e no dia 29 de novembro de 2020, em segundo turno, onde houver, observado o disposto no § 4.º deste artigo.

§ 1.º Ficam estabelecidas, para as eleições de que trata o *caput* deste artigo, as seguintes datas:

I – a partir de 11 de agosto, para a vedação às emissoras para transmitir programa apresentado ou comentado por pré-candidato, conforme previsto no § 1.º do art. 45 da Lei n. 9.504, de 30 de setembro de 1997;

II – entre 31 de agosto e 16 de setembro, para a realização das convenções para escolha dos candidatos pelos partidos e a deliberação sobre coligações, a que se refere o *caput* do art. 8.º da Lei n. 9.504, de 30 de setembro de 1997;

III – até 26 de setembro, para que os partidos e coligações solicitem à Justiça Eleitoral o registro de seus candidatos, conforme disposto no *caput* do art. 11 da Lei n. 9.504, de 30 de setembro de 1997, e no *caput* do art. 93 da Lei n. 4.737, de 15 de julho de 1965;

IV – após 26 de setembro, para o início da propaganda eleitoral, inclusive na internet, conforme disposto nos arts. 36 e 57-A da Lei n. 9.504, de 30 de setembro de 1997, e no *caput* do art. 240 da Lei n. 4.737, de 15 de julho de 1965;

V – a partir de 26 de setembro, para que a Justiça Eleitoral convoque os partidos e a representação das emissoras de rádio e de televisão para elaborarem plano de mídia, conforme disposto no art. 52 da Lei n. 9.504, de 30 de setembro de 1997;

VI – 27 de outubro, para que os partidos políticos, as coligações e os candidatos, obrigatoriamente, divulguem o relatório que discrimina as transferências do Fundo Partidário e do Fundo Especial de Financiamento de Campanha, os recursos em dinheiro e os estimáveis em dinheiro recebidos, bem como os gastos realizados, conforme disposto no inciso II do § 4.º do art. 28 da Lei n. 9.504, de 30 de setembro de 1997;

VII – até 15 de dezembro, para o encaminhamento à Justiça Eleitoral do conjunto das prestações de contas de campanha dos candidatos e dos partidos políticos, relativamente ao primeiro e, onde houver, ao segundo turno das eleições, conforme disposto nos incisos III e IV do *caput* do art. 29 da Lei n. 9.504, de 30 de setembro de 1997.

§ 2.º Os demais prazos fixados na Lei n. 9.504, de 30 de setembro de 1997, e na Lei n. 4.737, de 15 de julho de 1965, que não tenham transcorrido na data da publicação desta Emenda Constitucional e tenham como referência a data do pleito serão computados considerando-se a nova data das eleições de 2020.

§ 3.º Nas eleições de que trata este artigo serão observadas as seguintes disposições:

I – o prazo previsto no § 1.º do art. 30 da Lei n. 9.504, de 30 de setembro de 1997, não será aplicado, e a decisão que julgar as contas dos candidatos eleitos deverá ser publicada até o dia 12 de fevereiro de 2021;

II – o prazo para a propositura da representação de que trata o art. 30-A da Lei n. 9.504, de 30 de setembro de 1997, será até o dia 1.º de março de 2021;

III – os partidos políticos ficarão autorizados a realizar, por meio virtual, independentemente de qualquer disposição estatutária, convenções ou reuniões para a escolha de candidatos e a formalização de coligações, bem como para a definição dos critérios de distribuição dos recursos do Fundo Especial de Financiamento de Campanha, de que trata o art. 16-C da Lei n. 9.504, de 30 de setembro de 1997;

IV – os prazos para desincompatibilização que, na data da publicação desta Emenda Constitucional, estiverem:

a) a vencer: serão computados considerando-se a nova data de realização das eleições de 2020;

b) vencidos: serão considerados preclusos, vedada a sua reabertura;

V – a diplomação dos candidatos eleitos ocorrerá em todo o País até o dia 18 de dezembro, salvo a situação prevista no § 4.º deste artigo;

VI – os atos de propaganda eleitoral não poderão ser limitados pela legislação municipal ou pela Justiça Eleitoral, salvo se a decisão estiver fundamentada em prévio parecer técnico emitido por autoridade sanitária estadual ou nacional;

VII – em relação à conduta vedada prevista no inciso VII do *caput* do art. 73 da Lei n. 9.504, de 30 de setembro de 1997, os gastos liquidados com publicidade institucional realizada até 15 de agosto de 2020 não poderão exceder a média dos gastos dos 2 (dois) primeiros quadrimestres dos 3 (três) últimos anos que antecedem ao pleito, salvo em caso de grave e urgente necessidade pública, assim reconhecida pela Justiça Eleitoral;

VIII – no segundo semestre de 2020, poderá ser realizada a publicidade institucional de atos e campanhas dos órgãos públicos municipais e de suas respectivas entidades da administração indireta destinados ao enfrentamento à pandemia da Covid-19 e à orientação da população quanto a serviços públicos e a outros temas afetados pela pandemia, resguardada a possibilidade de apuração de eventual conduta abusiva nos termos do art. 22 da Lei Complementar n. 64, de 18 de maio de 1990.

§ 4.º No caso de as condições sanitárias de um Estado ou Município não permitirem a realização das eleições nas datas previstas no *caput* deste artigo, o Congresso Nacional, por provocação do Tribunal Superior Eleitoral, instruída com manifestação da autoridade sanitária nacional, e após parecer da Comissão Mista de que trata o art. 2.º do Decreto Legislativo n. 6, de 20 de março de 2020, poderá editar decreto legislativo a fim de designar novas datas para a realização do pleito, observada como data-limite o dia 27 de dezembro de 2020, e caberá ao Tribunal Superior Eleitoral dispor sobre as medidas necessárias à conclusão do processo eleitoral.

§ 5.º O Tribunal Superior Eleitoral fica autorizado a promover ajustes nas normas referentes a:

I – prazos para fiscalização e acompanhamento dos programas de computador utilizados nas urnas eletrônicas para os processos de votação, apuração e totalização, bem como de todas as fases do processo de votação, apuração das eleições e processamento eletrônico da totalização dos resultados, para adequá-los ao novo calendário eleitoral;

II – recepção de votos, justificativas, auditoria e fiscalização no dia da eleição, inclusive no tocante ao horário de funcionamento das seções eleitorais e à distribuição dos eleitores no período, de forma a propiciar a melhor segurança sanitária possível a todos os participantes do processo eleitoral.

Art. 2.º Não se aplica o art. 16 da Constituição Federal ao disposto nesta Emenda Constitucional.

Art. 3.º Esta Emenda Constitucional entra em vigor na data de sua publicação.

Brasília, em 2 de julho de 2020.

Mesa da Câmara dos Deputados
Deputado RODRIGO MAIA
Presidente

Mesa do Senado Federal
Senador DAVI ALCOLUMBRE
Presidente

(*) Publicada no *Diário Oficial da União*, de 3-7-2020.

EMENDA CONSTITUCIONAL N. 108, DE 26 DE AGOSTO DE 2020 (**)

Altera a Constituição Federal para estabelecer critérios de distribuição da cota

(**) Publicada no *Diário Oficial da União*, de 27-8-2020.

municipal do Imposto sobre Operações Relativas à Circulação de Mercadorias e sobre Prestações de Serviços de Transporte Interestadual e Intermunicipal e de Comunicação (ICMS), para disciplinar a disponibilização de dados contábeis pelos entes federados, para tratar do planejamento na ordem social e para dispor sobre o Fundo de Manutenção e Desenvolvimento da Educação Básica e de Valorização dos Profissionais da Educação (Fundeb); altera o Ato das Disposições Constitucionais Transitórias; e dá outras providências.

As Mesas da Câmara dos Deputados e do Senado Federal, nos termos do § 3.º do art. 60 da Constituição Federal, promulgam a seguinte Emenda ao texto constitucional:

Art. 1.º A Constituição Federal passa a vigorar com as seguintes alterações:

>> Alterações já processadas no diploma modificado.

Art. 2.º O Ato das Disposições Constitucionais Transitórias passa a vigorar com as seguintes alterações:

>> Alterações já processadas no diploma modificado.

Art. 3.º Os Estados terão prazo de 2 (dois) anos, contado da data da promulgação desta Emenda Constitucional, para aprovar lei estadual prevista no inciso II do parágrafo único do art. 158 da Constituição Federal.

Art. 4.º Esta Emenda Constitucional entra em vigor na data de sua publicação e produzirá efeitos financeiros a partir de 1.º de janeiro de 2021.

Parágrafo único. Ficam mantidos os efeitos do art. 60 do Ato das Disposições Constitucionais Transitórias, conforme estabelecido pela Emenda Constitucional n. 53, de 19 de dezembro de 2006, até o início dos efeitos financeiros desta Emenda Constitucional.

Brasília, em 26 de agosto de 2020.

Mesa da Câmara dos Deputados

Deputado RODRIGO MAIA

Presidente

Mesa do Senado Federal

Senador DAVI ALCOLUMBRE

Presidente

CÓDIGO TRIBUTÁRIO NACIONAL

Imunidades específicas	Arts. 5.º, XXXIV, LXXVI, LXXVII, 149, § 2.º, I, 153, § 3.º, III, 153, § 4.º, II, 155, §§ 2.º, X, *a*, e 3.º, 156, § 2.º, I, 184, § 5.º, e 195, § 7.º, CF
Imunidades genéricas	Art. 150, VI, CF
Isenção	Arts. 176 a 179, CTN
Justiça Federal	Art. 109, CF
Lei complementar	Arts. 146, 148, 154, I, e 195, § 4.º, CF
Lei delegada	Art. 68, CF
Lei ordinária	Art. 97, CTN
Livre concorrência e livre-iniciativa	Art. 170, CF
Mandado de segurança (individual e coletivo)	Art. 5.º, LXIX e LXX, CF Lei n. 12.016/09
Medida provisória	Art. 62, CF EC n. 32/01
Não discriminação	Art. 152, CF
Operações financeiras	Art. 153, V, § 5.º, CF Arts. 63 a 67, CTN
Partidos políticos	Art. 17, CF
Petição inicial	Art. 319, CPC
Poder Executivo	Arts. 76 a 91, CF
Prescrição tributária	Art. 174, CTN
Prestação de serviços	Art. 155, II, §§ 2.º a 5.º, CF LC n. 24/75 LC n. 87/96
Produtos industrializados	Art. 153, IV, § 3.º, CF Arts. 46 a 51, CTN
Propriedade territorial rural	Art. 153, VI, § 4.º, CF Lei n. 9.393/96
Reclamação	Arts. 102, I, l, 103-A, § 3.º, e 105, I, *f*, CF Art. 988, CPC Art. 7.º, *caput*, Lei n. 11.417/06
Recurso especial	Art. 105, III, CF
Recurso extraordinário	Art. 102, III, CF
Recurso ordinário constitucional	Arts. 102, II, e 105, II, CF
Relação jurídico-tributária	Art. 19, I, CPC
Renda e proventos de qualquer natureza	Art. 153, III, § 2.º, CF Arts. 43 a 45, CTN
Repartição de receita tributária	Arts. 157 a 162, CF
Repetição de indébito fiscal	Art. 165, CTN
Resolução do Senado Federal	Art. 155, §§ 1.º, IV, 2.º, IV e V, e 6.º, I, CF
Responsabilidade tributária	Arts. 129 a 137, CTN
Sanções políticas; vedação	Súmulas 40, 323 e 547, STF
Serviços de qualquer natureza	Art. 156, III, § 3.º, CF LC n. 116/03
Súmula Vinculante	Art. 103-A, CF Lei n. 11.417/06
Superior Tribunal de Justiça	Art. 105, CF

Supremo Tribunal Federal	Art. 102, CF
Taxas	Art. 145, II, § 2.º, CF Arts. 77 a 80, CTN Súmulas Vinculantes 12, 19, 29 e 41
Transmissão *causa mortis* e doações	Art. 155, I, § 1.º, CF Súmulas 112, 113, 114 e 115, STF
Transmissão onerosa de bens imóveis *inter vivos*	Art. 156, II, § 2.º, CF Súmulas 110 e 111, STF
Tratados internacionais	Art. 98, CTN Súmula 575, STF Súmulas 20 e 71, STJ
Tribunal de Contas da União	Arts. 70 a 74, CF
Tributos extrafiscais	Arts. 153, § 1.º, 177, § 4.º, I, *b*, CF
Uniformidade geográfica	Art. 151, I, CF
Veículos automotores; propriedade	Art. 155, III, § 6.º, CF

Índice Alfabético-Remissivo do Código Tributário Nacional (*)

(*) Conteúdo cedido pela Editora Saraiva (direitos autorais preservados).

Índice Sistemático do Código Tributário Nacional

(Lei n. 5.172, de 25-10-1966)

Título II
OBRIGAÇÃO TRIBUTÁRIA

Título III
CRÉDITO TRIBUTÁRIO

Título IV
ADMINISTRAÇÃO TRIBUTÁRIA

LEI N. 5.172, DE 25 DE OUTUBRO DE 1966 (*)

Dispõe sobre o sistema tributário nacional e institui normas gerais de direito tributário aplicáveis à União, Estados e Municípios.

O Presidente da República.

Faço saber que o Congresso Nacional decreta e eu sanciono a seguinte Lei:

DISPOSIÇÃO PRELIMINAR

Art. 1.º Esta Lei regula, com fundamento na Emenda Constitucional n. 18, de 1.º de dezembro de 1965, o sistema tributário nacional e estabelece, com fundamento no art. 5.º, XV, *b*, da Constituição Federal, as normas gerais de direito tributário aplicáveis à União, aos Estados, ao Distrito Federal e aos Municípios, sem prejuízo da respectiva legislação complementar, supletiva ou regulamentar.

LIVRO PRIMEIRO

SISTEMA TRIBUTÁRIO NACIONAL

>> *Vide* arts. 145 a 162 da CF (sistema tributário nacional).

TÍTULO I

DISPOSIÇÕES GERAIS

Art. 2.º O sistema tributário nacional é regido pelo disposto na Emenda Constitucional n. 18, de 1.º de dezembro de 1965, em leis complementares, em resoluções do Senado Federal e, nos limites das respectivas competências, em leis federais, nas Constituições e em leis estaduais, e em leis municipais.

>> *Vide* art. 96 do CTN.

>> *Vide* Lei n. 4.320, de 17-3-1964 (normas gerais de direito financeiro).

> *Vide* arts. 145 a 162 da CF (sistema tributário nacional).

Art. 3.º Tributo é toda prestação pecuniária compulsória, em moeda ou cujo valor nela se possa exprimir, que não constitua sanção de ato ilícito, instituída em lei e cobrada mediante atividade administrativa plenamente vinculada.

(*) Publicada no *Diário Oficial da União*, de 27-10-1966, retificada em 31-10-1966. Por força do art. 7.º do Ato Complementar n. 36, de 13-3-1967, a Lei n. 5.172, de 25-10-1966, passou, incluídas as alterações posteriores, a denominar-se CÓDIGO TRIBUTÁRIO NACIONAL.

>> *Vide* Súmula 545 do STF.

> Os arts. 186 e s. do CC dispõem sobre os atos ilícitos.

> *Vide* art. 118, I, do CTN.

> *Vide* art. 142 do CTN c/c o Decreto n. 70.235, de 6-3-1972 (atividade administrativa).

>>> *Vide* art. 9.º da Lei n. 4.320, de 17-3-1964.

Art. 4.º A natureza jurídica específica do tributo é determinada pelo fato gerador da respectiva obrigação, sendo irrelevantes para qualificá-la:

I – a denominação e demais características formais adotadas pela lei;

> *Vide* art. 97, III, do CTN.

II – a destinação legal do produto da sua arrecadação.

>> *Vide* arts. arts. 97, IV (base de cálculo), e 114 a 118 (fato gerador) do CTN.

> *Vide* art. 167, IV, da CF.

Art. 5.º Os tributos são impostos, taxas e contribuições de melhoria.

>> *Vide* arts. 146, 148, 149, 149-A e 195, § 6.º, da CF.

> *Vide* art. 145, I e § 1.º (impostos), II e § 2.º (taxas) e III (contribuição de melhoria) da CF.

> *Vide* arts. 16 e s. (impostos), 77 e s. (taxas) e 81 e s. (contribuição de melhoria) do CTN.

TÍTULO II

COMPETÊNCIA TRIBUTÁRIA

CAPÍTULO I

DISPOSIÇÕES GERAIS

Art. 6.º A atribuição constitucional de competência tributária compreende a competência legislativa plena, ressalvadas as limitações contidas na Constituição Federal, nas Constituições dos Estados e nas Leis Orgânicas do Distrito Federal e dos Municípios, e observado o disposto nesta Lei.

Parágrafo único. Os tributos cuja receita seja distribuída, no todo ou em parte, a outras pessoas jurídicas de direito público pertencem à competência legislativa daquela a que tenham sido atribuídos.

> *Vide* arts. 146, I (conflito de competência em matéria tributária), 150 a 152 (limitações ao poder de tributar) e 157 a 162 (repartição das receitas tributárias) da CF.

> *Vide* Súmula 69 do STF.

Art. 7.º A competência tributária é indelegável, salvo atribuição das funções de arrecadar ou fiscalizar tributos, ou de executar leis, serviços, atos ou decisões administrativas em matéria tributária, conferida por uma pessoa jurídica de direito público a outra, nos termos do § 3.º do art. 18 da Constituição.

>> Refere-se, o texto acima, a dispositivo da CF de 1946.

> *Vide* arts. 33 e 41 da Lei Complementar n. 123, de 14-12-2006.

> *Vide* art. 153, § 4.º, III, da CF.

§ 1.º A atribuição compreende as garantias e os privilégios processuais que competem à pessoa jurídica de direito público que a conferir.

>> *Vide* arts. 183 e s. do CTN.

> *Vide* Súmula 483 do STJ.

§ 2.º A atribuição pode ser revogada, a qualquer tempo, por ato unilateral da pessoa jurídica de direito público que a tenha conferido.

§ 3.º Não constitui delegação de competência o cometimento, a pessoas de direito privado, do encargo ou da função de arrecadar tributos.

> *Vide* art. 150, § 6.º, da CF.

Art. 8.º O não exercício da competência tributária não a defere a pessoa jurídica de direito público diversa daquela a que a Constituição a tenha atribuído.

>> *Vide* art. 155, § 2.º, XII, *g* (concessão e revogação de isenções, incentivos e benefícios fiscais), da CF.

> *Vide* art. 1.º, § 1.º, da Lei Complementar n. 101, de 4-5-2000.

CAPÍTULO II

LIMITAÇÕES DA COMPETÊNCIA TRIBUTÁRIA

>> *Vide* arts. 150 a 152 (limitações do poder de tributar) da CF.

Seção I

Disposições Gerais

Art. 9.º É vedado à União, aos Estados, ao Distrito Federal e aos Municípios:

>> *Vide* art. 150 da CF.

I – instituir ou majorar tributos sem que a lei o estabeleça, ressalvado, quanto à majoração, o disposto nos arts. 21, 26 e 65;

>> *Vide* art. 150, I (exigência e aumento de tributo), da CF.

>>> *Vide* art. 62, § 2.º, da CF.

>>> *Vide* art. 153, § 1.º, da CF (exceções ao princípio da legalidade).

II – cobrar imposto sobre o patrimônio e a renda com base em lei posterior à data inicial do exercício financeiro a que corresponda;

> *Vide* art. 150, III, da CF.

III – estabelecer limitações ao tráfego, no território nacional, de pessoas ou mercadorias, por meio de tributos interestaduais ou intermunicipais;

>> *Vide* art. 150, V (limitações ao tráfego de pessoas ou bens, por meio de tributos), da CF.

IV – cobrar imposto sobre:

a) o patrimônio, a renda ou os serviços uns dos outros;

>> *Vide* o disposto no § 2.º deste artigo.

>> *Vide* arts. 12 e 13 do CTN.

> *Vide* art. 150, VI, *a*, e §§ 2.º e 3.º (imunidade recíproca e suas extensões), da CF.

b) templos de qualquer culto;

>> *Vide* art. 150, VI, *b*, e § 4.º (imunidade religiosa), da CF.

c) o patrimônio, a renda ou serviços dos partidos políticos, inclusive suas fundações, das entidades sindicais dos trabalhadores, das instituições de educação e de assistência social, sem fins lucrativos, observados os requisitos fixados na Seção II deste Capítulo;

>> Alínea *c* com redação determinada pela Lei Complementar n. 104, de 10-1-2001.

>> *Vide* art. 14, § 2.º, do CTN.

>> *Vide* art. 150, VI, *c*, e § 4.º(imunidade subjetiva condicional), da CF.

> *Vide* Súmulas 724 e 730 do STF.

> *Vide* Súmula 612 do STJ.

>>> *Vide* Súmula Vinculante 52.

d) papel destinado exclusivamente à impressão de jornais, periódicos e livros.

>> *Vide* art. 150, VI, *d* (instituição de impostos), da CF.

> *Vide* Súmulas 657 e 662 do STF.

§ 1.º O disposto no inciso IV não exclui a atribuição, por lei, às entidades nele referidas, da condição de responsáveis pelos tributos que lhes caiba reter na fonte, e não as dispensa da prática de atos, previstos em lei, assecuratórios do cumprimento de obrigações tributárias por terceiros.

> *Vide* arts. 12, 13, parágrafo único, e 14, § 1.º, do CTN.

§ 2.º O disposto na alínea *a* do inciso IV aplica-se, exclusivamente, aos serviços próprios das pessoas jurídicas de direito público a que se refere este artigo, e inerentes aos seus objetivos.

> *Vide* art. 12 do CTN.

> *Vide* art. 150, VI, *a*, e § 2.º, da CF.

Art. 10. É vedado à União instituir tributo que não seja uniforme em todo o território nacional, ou que importe distinção ou preferência em favor de determinado Estado ou Município.

>>> *Vide* art. 151, I, da CF (princípio da uniformidade geográfica de tributação).

Art. 11. É vedado aos Estados, ao Distrito Federal e aos Municípios estabelecer diferença tributária entre bens de qualquer natureza, em razão da sua procedência ou do seu destino.

> *Vide* art. 152 da CF (princípio da não diferenciação).

Seção II
Disposições Especiais

Art. 12. O disposto na alínea *a* do inciso IV do art. 9.º, observado o disposto nos seus §§ 1.º e 2.º, é extensivo às autarquias criadas pela União, pelos Estados, pelo Distrito Federal, ou pelos Municípios, tão somente no que se refere ao patrimônio, à renda ou aos serviços vinculados às suas finalidades essenciais, ou delas decorrentes.

>> *Vide* Súmulas 73, 75, 336 e 583 do STF.

>> *Vide* art. 150, §§ 2.º e 3.º da CF.

Art. 13. O disposto na alínea *a* do inciso IV do art. 9.º não se aplica aos serviços públicos concedidos, cujo tratamento tributário é estabelecido pelo poder concedente, no que se refere aos tributos de sua competência, ressalvado o que dispõe o parágrafo único.

Parágrafo único. Mediante lei especial e tendo em vista o interesse comum, a União pode instituir isenção de tributos federais, estaduais e municipais para os serviços públicos que conceder, observado o disposto no § 1.º do art. 9.º.

>> *Vide* Súmulas 77 a 79 e 81 do STF.

>> *Vide* arts. 150, § 6.º (exigências para confissões), e 151, III, da CF (vedação a isenções heterônomas).

>>> *Vide* art. 14 da Lei Complementar n. 101, de 4-5-2000.

Art. 14. O disposto na alínea *c* do inciso IV do art. 9.º é subordinado à observância dos seguintes requisitos pelas entidades nele referidas:

>> *Vide* Súmula 612 do STJ.

I – não distribuírem qualquer parcela de seu patrimônio ou de suas rendas, a qualquer título;

>> Inciso I com redação determinada pela Lei Complementar n. 104, de 10-1-2001.

II – aplicarem integralmente, no País, os seus recursos na manutenção dos seus objetivos institucionais;

III – manterem escrituração de suas receitas e despesas em livros revestidos de formalidades capazes de assegurar sua exatidão.

§ 1.º Na falta de cumprimento do disposto neste artigo, ou no § 1.º do art. 9.º, a autoridade competente pode suspender a aplicação do benefício.

§ 2.º Os serviços a que se refere a alínea *c* do inciso IV do art. 9.º são exclusivamente os diretamente relacionados com os objetivos institucionais das entidades de que trata este artigo, previsto nos respectivos estatutos ou atos constitutivos.

>> *Vide* art. 150, § 4.º (instituição de impostos – vedações), da CF.

Art. 15. Somente a União, nos seguintes casos excepcionais, pode instituir empréstimos compulsórios:

>> *Vide* art. 148 (instituição de empréstimo compulsório) da CF.

I – guerra externa, ou sua iminência;

II – calamidade pública que exija auxílio federal impossível de atender com os recursos orçamentários disponíveis;

III – conjuntura que exija a absorção temporária de poder aquisitivo.

Parágrafo único. A lei fixará obrigatoriamente o prazo do empréstimo e as condições de seu resgate, observando, no que for aplicável, o disposto nesta Lei.

Título III
IMPOSTOS

Capítulo I
DISPOSIÇÕES GERAIS

Art. 16. Imposto é o tributo cuja obrigação tem por fato gerador uma situação independente de qualquer atividade estatal específica, relativa ao contribuinte.

> *Vide* art. 167, IV, da CF.

>>> *Vide* art. 145, I, da CF.

Art. 17. Os impostos componentes do sistema tributário nacional são exclusivamente os que constam deste Título, com as competências e limitações nele previstas.

> *Vide* art. 217 do CTN.

> *Vide* art. 154, I, da CF (impostos residuais).

>>> *Vide* art. 154, II, da CF (imposto extraordinário de guerra).

Art. 18. Compete:

I – à União instituir, nos Territórios Federais, os impostos atribuídos aos Estados e, se aqueles não forem divididos em Municípios, cumulativamente, os atribuídos a estes;

> *Vide* arts. 147 e 156 (competência da União, em Território Federal) da CF.

II – ao Distrito Federal e aos Estados não divididos em Municípios instituir, cumulativamente, os impostos atribuídos aos Estados e aos Municípios.

> *Vide* art. 155 (instituição de impostos pelos Estados e pelo Distrito Federal) da CF.

Capítulo II
IMPOSTOS SOBRE O COMÉRCIO EXTERIOR

Seção I
Imposto sobre a Importação

>> *Vide* art. 153, I, da CF.

>> Decreto-lei n. 37, de 18-11-1966: imposto de importação e reorganização dos serviços aduaneiros.

> O Decreto n. 6.759, de 5-2-2009, regulamenta a administração das atividades aduaneiras e a fiscalização, o controle e a tributação das operações de comércio exterior.

Art. 19. O imposto, de competência da União, sobre a importação de produtos estrangeiros tem como fato gerador a entrada destes no território nacional.

>> *Vide* art. 74, II, do CTN.

>> *Vide* Súmulas 89, 132, 142, 302 e 577 do STF.

>>> Decreto-lei n. 37, de 18-11-1966, art. 2.º.

Art. 20. A base de cálculo do imposto é:

> *Vide* art. 146, III, *a*, da CF.

>>> Decreto-lei n. 37, de 18-11-1966, art. 2º.

I – quando a alíquota seja específica, a unidade de medida adotada pela lei tributária;

>>> Decreto-lei n. 37, de 18-11-1966, art. 2.º, I.

II – quando a alíquota seja *ad valorem*, o preço normal que o produto, ou seu similar, alcançaria, ao tempo da importação, em uma venda em condições de livre concorrência, para entrega no porto ou lugar de entrada do produto no País;

> *Vide* Súmula 124 do STJ.

>>> Decreto-lei n. 37, de 18-11-1966, art. 2.º, II.

III – quando se trate de produto apreendido ou abandonado, levado a leilão, o preço da arrematação.

Art. 21. O Poder Executivo pode, nas condições e nos limites estabelecidos em lei, alterar as alíquotas ou as bases de cálculo do imposto, a fim de ajustá-lo aos objetivos da política cambial e do comércio exterior.

> *Vide* arts. 9.º, I, e 97, II e IV, do CTN.

> *Vide* art. 153, § 1.º (alteração de alíquotas), da CF.

Art. 22. Contribuinte do imposto é:

I – o importador ou quem a lei a ele equiparar;

> Os arts. 31 e 32 do Decreto-lei n. 37, de 18-11-1966, dispõem sobre os contribuintes e responsáveis pelo imposto de importação.

II – o arrematante de produtos apreendidos ou abandonados.

Seção II
Imposto sobre a Exportação

>> *Vide* art. 153, II, da CF.

>>> Decreto-lei n. 1.578, de 11-10-1977 – Imposto sobre Exportação.

Art. 23. O imposto, de competência da União, sobre a exportação, para o estrangeiro, de produtos nacionais ou nacionalizados tem como fato gerador a saída destes do território nacional.

>>> Decreto-lei n. 1.578, de 11-10-1977, art. 1.º.

Art. 24. A base de cálculo do imposto é:

> *Vide* art. 146, III, *a*, da CF.

>>> Decreto-lei n. 1.578, de 11-10-1977, art. 2.º.

I – quando a alíquota seja específica, a unidade de medida adotada pela lei tributária;

II – quando a alíquota seja *ad valorem*, o preço normal que o produto, ou seu similar, alcançaria, ao tempo da exportação, em uma venda em condições de livre concorrência.

>>> Decreto-lei n. 1.578, de 11-10-1977, art. 3.º.

Parágrafo único. Para os efeitos do inciso II, considera-se a entrega como efetuada no porto ou lugar da saída do produto, deduzidos os tributos diretamente incidentes sobre a operação de exportação e, nas vendas efetuadas a prazo superior aos correntes no mercado internacional, o custo do financiamento.

Art. 25. A lei pode adotar como base de cálculo a parcela do valor ou do preço, referidos no artigo anterior, excedente de valor básico, fixado de acordo com os critérios e dentro dos limites por ela estabelecidos.

Art. 26. O Poder Executivo pode, nas condições e nos limites estabelecidos em lei, alterar as alíquotas ou as bases de cálculo do imposto, a fim de ajustá-lo aos objetivos da política cambial e do comércio exterior.

>> *Vide* arts. 9.º, I, e 97, II e IV, do CTN.

> *Vide* art. 153, § 1.º, da CF.

Art. 27. Contribuinte do imposto é o exportador ou quem a lei a ele equiparar.

>>> Decreto-lei n. 1.578, de 11-10-1977, art. 5.º.

Art. 28. A receita líquida do imposto destina-se à formação de reservas monetárias, na forma da lei.

> *Vide* art. 167, IV, da CF.

CAPÍTULO III
IMPOSTOS SOBRE O PATRIMÔNIO E A RENDA

Seção I
Imposto sobre a Propriedade Territorial Rural

>> *Vide* art. 153, VI e § 4.º, da CF.

> A Lei n. 9.393, de 19-12-1966, dispõe sobre a propriedade territorial rural – ITR, sobre o pagamento da dívida representada por Títulos da Dívida Agrária e dá outras providências.

Art. 29. O imposto, de competência da União, sobre a propriedade territorial rural tem como fato gerador a propriedade, o domínio útil ou a posse de imóvel por natureza, como definido na lei civil, localizado fora da zona urbana do Município.

> *Vide* art. 32, § 1.º , do CTN (conceito de zona urbana).

> *Vide* arts. 1.196 e s. (Da Posse) e 1.228 e s. (Da Propriedade) do CC.

> A Lei n. 4.504, de 30-11-1964, dispõe sobre o Estatuto da Terra.

> A Lei n. 5.868, de 12-12-1972, cria o Sistema Nacional de Cadastro Rural.

> *Vide* art. 1.245 do CC.

>>> Lei n. 9.393, de 19-12-1966, art. 1º.

>>> Decreto-lei n. 57, de 18-11-1966, art. 15.

Art. 30. A base do cálculo do imposto é o valor fundiário.

> *Vide* Súmula 595 do STF.

>>> *Vide* Lei n. 9.393, de 19-12-1996, arts. 1.º e 11.

Art. 31. Contribuinte do imposto é o proprietário do imóvel, o titular de seu domínio útil, ou o seu possuidor a qualquer título.

> *Vide* arts. 1.196 e s. (Da Posse), 1.228 e s. (Da Propriedade) e 1.473 e s. (Do Domínio Útil) do CC.

>>> Lei n. 9.393, de 19-12-1966, art. 4.º.

Seção II
Imposto sobre a Propriedade Predial e Territorial Urbana

>> *Vide* art. 156, I e § 1.º, da CF.

> O art. 182, § 4.º, II, da CF institui e o art. 7.º da Lei n. 10.257, de 10-7-2001 (Estatuto da Cidade), dispõe sobre o IPTU progressivo no tempo como instrumento de política urbana.

Art. 32. O imposto, de competência dos Municípios, sobre a propriedade predial e territorial urbana tem como fato gerador a propriedade, o domínio útil ou a posse de bem imóvel por natureza ou por acessão física, como definido na lei civil, localizado na zona urbana do Município.

>> *Vide* art. 15 do Decreto-lei n. 57, de 18-11-1966 (ITR).

>> *Vide* Súmulas 399 e 614 do STJ.

§ 1.º Para os efeitos deste imposto, entende-se como zona urbana a definida em lei municipal, observado o requisito mínimo da existência de melhoramentos indicados em pelo menos dois dos incisos seguintes, construídos ou mantidos pelo Poder Público:

>> *Vide* Súmula 626 do STJ.

I – meio-fio ou calçamento, com canalização de águas pluviais;

II – abastecimento de água;

III – sistema de esgotos sanitários;

IV – rede de iluminação pública, com ou sem posteamento para distribuição domiciliar;

V – escola primária ou posto de saúde a uma distância máxima de 3 (três) quilômetros do imóvel considerado.

§ 2.º A lei municipal pode considerar urbanas as áreas urbanizáveis, ou de expansão urbana, constantes de loteamentos aprovados pelos órgãos competentes, destinados à habitação, à indústria ou ao comércio, mesmo que localizados fora das zonas definidas nos termos do parágrafo anterior.

>>> *Vide* Súmula 626 do STJ.

>>> Decreto-lei n. 37, de 18-11-1966, art. 15.

Art. 33. A base do cálculo do imposto é o valor venal do imóvel.

> *Vide* Súmula 160 do STJ.

> *Vide* Súmula 589 do STF.

Parágrafo único. Na determinação da base de cálculo, não se considera o valor dos bens móveis mantidos, em caráter permanente ou temporário, no imóvel, para efeito de sua utilização, exploração, aformoseamento ou comodidade.

>> *Vide* art. 182, §§ 2.º e 4.º, II, da CF (função social da propriedade urbana).

Art. 34. Contribuinte do imposto é o proprietário do imóvel, o titular do seu domínio útil, ou o seu possuidor a qualquer título.

> *Vide* Súmulas 75, 539 e 583 do STF.

> *Vide* Súmula 614 do STJ.

Seção III
Imposto sobre a Transmissão de Bens Imóveis e de Direitos a Eles Relativos

>> *Vide* arts. 155, I, e 156, II, da CF.

>>> *Vide* Súmula 399 do STJ.

Art. 35. O imposto, de competência dos Estados, sobre a transmissão de bens imóveis e de direitos a eles relativos tem como fato gerador:

>> *Vide* arts. 155, I e § 1.º, I e II (competência dos Estados), e 156, § 2.º (competência dos municípios), da CF.

I – a transmissão, a qualquer título, da propriedade ou do domínio útil de bens imóveis, por natureza ou por acessão física, como definidos na lei civil;

II – a transmissão, a qualquer título, de direitos reais sobre imóveis, exceto os direitos reais de garantia;

> *Vide* art. 156, II, da CF (transmissão *inter vivos*).

> *Vide* art. 1.225 do CC.

III – a cessão de direitos relativos às transmissões referidas nos incisos I e II.

Parágrafo único. Nas transmissões *causa mortis*, ocorrem tantos fatos geradores distintos quantos sejam os herdeiros ou legatários.

> Bens imóveis: arts. 79 e s. do CC.

> *Vide* Súmulas 112 a 115, 331 e 590 do STF.

Art. 36. Ressalvado o disposto no artigo seguinte, o imposto não incide sobre a transmissão dos bens ou direitos referidos no artigo anterior:

>> *Vide* art. 156, § 2.º, I, da CF (transmissão de bens).

I – quando efetuada para sua incorporação ao patrimônio de pessoa jurídica em pagamento de capital nela subscrito;

II – quando decorrente da incorporação ou da fusão de uma pessoa jurídica por outra ou com outra.

Parágrafo único. O imposto não incide sobre a transmissão aos mesmos alienantes, dos bens e direitos adquiridos na forma do inciso I deste artigo, em decorrência da sua desincorporação do patrimônio da pessoa jurídica a que foram conferidos.

> *Vide* arts. 1.245 e s. do CC (aquisição da propriedade imóvel).

> *Vide* art. 116, parágrafo único, do CTN.

Art. 37. O disposto no artigo anterior não se aplica quando a pessoa jurídica adquirente tenha como atividade preponderante a venda ou locação de propriedade imobiliária ou a cessão de direitos relativos à sua aquisição.

§ 1.º Considera-se caracterizada a atividade preponderante referida neste artigo quando mais de 50% (cinquenta por cento) da receita operacional da pessoa jurídica adquirente, nos 2 (dois) anos anteriores e nos 2 (dois) anos subsequentes à aquisição, decorrer de transações mencionadas neste artigo.

>> *Vide* art. 156, §§ 2.º e 3.º, da CF (transmissão *inter vivos*).

§ 2.º Se a pessoa jurídica adquirente iniciar suas atividades após a aquisição, ou menos de 2 (dois) anos antes dela, apurar-se-á a preponderância referida no parágrafo anterior, levando em conta os 3 (três) primeiros anos seguintes à data da aquisição.

§ 3.º Verificada a preponderância referida neste artigo, tornar-se-á devido o imposto, nos termos da lei vigente à data da aquisição, sobre o valor do bem ou direito nessa data.

§ 4.º O disposto neste artigo não se aplica à transmissão de bens ou direitos, quando realizada em conjunto com a da totalidade do patrimônio da pessoa jurídica alienante.

> *Vide* Súmulas 75, 108, 110, 111, 113, 326, 328, 329 e 470 do STF.

> A Lei n. 9.636, de 15-5-1998, regulamentada pelo Decreto n. 3.725, de 10-1-2001, dispõe sobre a regularização, administração, aforamento e alienação de bens imóveis de domínio da União.

Art. 38. A base de cálculo do imposto é o valor venal dos bens ou direitos transmitidos.

> *Vide* Súmulas 112, 113, 114 e 115 do STF.

> *Vide* art. 130, parágrafo único, do CTN.

Art. 39. A alíquota do imposto não excederá os limites fixados em resolução do Senado Federal, que distinguirá, para efeito de aplicação de alíquota mais baixa, as transmissões que atendam à política nacional de habitação.

>> *Vide* art. 97, II e IV, do CTN.

> *Vide* art. 155, § 1.º, IV, da CF.

Art. 40. O montante do imposto é dedutível do devido à União, a título do imposto de que trata o art. 43, sobre o provento decorrente da mesma transmissão.

Art. 41. O imposto compete ao Estado da situação do imóvel transmitido, ou sobre que versarem os direitos cedidos, mesmo que a mutação patrimonial decorra de sucessão aberta no estrangeiro.

>> *Vide* art. 155, § 1.º, III, *a* e *b*, da CF (instituição de impostos; doador e *de cujus*).

Art. 42. Contribuinte do imposto é qualquer das partes na operação tributada, como dispuser a lei.

> *Vide* Súmula 108 do STF.

Seção IV
Imposto sobre a Renda e Proventos de Qualquer Natureza

>> *Vide* art. 153, III, da CF.

> O Decreto n. 9.580, de 22-11-2018, regulamenta a tributação, fiscalização, arrecadação e administração do imposto sobre a renda e proventos de qualquer natureza.

Art. 43. O imposto, de competência da União, sobre a renda e proventos de qualquer natureza tem como fato gerador a aquisição da disponibilidade econômica ou jurídica:

>> *Vide* art. 153, § 2.º, da CF (imposto de renda).

> *Vide* Súmulas 215 e 498 do STJ.

I – de renda, assim entendido o produto do capital, do trabalho ou da combinação de ambos;

> *Vide* Súmulas 125, 136, 447 e 463 do STJ.

II – de proventos de qualquer natureza, assim entendidos os acréscimos patrimoniais não compreendidos no inciso anterior.

> *Vide* art. 118, I, do CTN (*pecunia non olet*).

> *Vide* Súmulas 125 e 136 do STJ.

§ 1.º A incidência do imposto independe da denominação da receita ou do rendimento, da localização, condição jurídica ou nacionalidade da fonte, da origem e da forma de percepção.

>> § 1.º acrescentado pela Lei Complementar n. 104, de 10-1-2001.

§ 2.º Na hipótese de receita ou de rendimento oriundos do exterior, a lei estabelecerá as condições e o momento em que se dará sua disponibilidade, para fins de incidência do imposto referido neste artigo.

>> § 2.º acrescentado pela Lei Complementar n. 104, de 10-1-2001.

Art. 44. A base de cálculo do imposto é o montante, real, arbitrado ou presumido, da renda ou dos proventos tributáveis.

Art. 45. Contribuinte do imposto é o titular da disponibilidade a que se refere o art. 43, sem prejuízo de atribuir a lei essa condição ao possuidor, a qualquer título, dos bens produtores de renda ou dos proventos tributáveis.

> *Vide* art. 128 do CTN (exclusão da responsabilidade do contribuinte).

Parágrafo único. A lei pode atribuir à fonte pagadora da renda ou dos proventos tributáveis a condição de responsável pelo imposto cuja retenção e recolhimento lhe caibam.

Capítulo IV
IMPOSTOS SOBRE A PRODUÇÃO E A CIRCULAÇÃO

Seção I
Imposto sobre Produtos Industrializados

>> *Vide* art. 153, IV e §§ 1.º e 3.º, da CF.

>> O Decreto n. 7.212, de 15-6-2010, regulamenta a cobrança, fiscalização, arrecadação e administração do Imposto sobre Produtos Industrializados – IPI.

Art. 46. O imposto, de competência da União, sobre produtos industrializados tem como fato gerador:

I – o seu desembaraço aduaneiro, quando de procedência estrangeira;

II – a sua saída dos estabelecimentos a que se refere o parágrafo único do art. 51;

III – a sua arrematação, quando apreendido ou abandonado e levado a leilão.

Parágrafo único. Para os efeitos deste imposto, considera-se industrializado o produto que tenha sido submetido a qualquer operação que lhe modifique a natureza ou a finalidade, ou o aperfeiçoe para o consumo.

> *Vide* arts. 74, I, 83 e 86 do CTN.

> *Vide* Súmula 536 do STF.

Art. 47. A base de cálculo do imposto é:

I – no caso do inciso I do artigo anterior, o preço normal, como definido no inciso II do art. 20, acrescido do montante:

a) do Imposto sobre a Importação;

b) das taxas exigidas para entrada do produto no País;

c) dos encargos cambiais efetivamente pagos pelo importador ou dele exigíveis;

II – no caso do inciso II do artigo anterior:

a) o valor da operação de que decorrer a saída da mercadoria;

b) na falta do valor a que se refere a alínea anterior, o preço corrente da mercadoria, ou sua similar, no mercado atacadista da praça do remetente;

III – no caso do inciso III do artigo anterior, o preço da arrematação.

Art. 48. O imposto é seletivo em função da essencialidade dos produtos.

>> *Vide* art. 153, § 3.º, I, da CF (imposto seletivo).

Art. 49. O imposto é não cumulativo, dispondo a lei de forma que o montante devido resulte da diferença a maior, em determinado período, entre o imposto referente aos produtos saídos do estabelecimento e o pago relativamente aos produtos nele entrados.

> *Vide* Súmulas 494 e 495 do STJ.

Parágrafo único. O saldo verificado, em determinado período, em favor do contribuinte, transfere-se para o período ou períodos seguintes.

>> *Vide* art. 153, § 3.º, II, da CF (imposto não cumulativo).

> O Decreto n. 7.212, de 15-6-2010, dispõe em seu art. 225 sobre a não cumulatividade do IPI.

Art. 50. Os produtos sujeitos ao imposto, quando remetidos de um para outro Estado, ou do ou para o Distrito Federal, serão acompanhados de nota fiscal de modelo especial, emitida em séries próprias e contendo, além dos elementos necessários ao controle fiscal, os dados indispensáveis à elaboração da estatística do comércio por cabotagem e demais vias internas.

> *Vide* art. 195 do CTN.

Art. 51. Contribuinte do imposto é:

I – o importador ou quem a lei a ele equiparar;

II – o industrial ou quem a lei a ele equiparar;

III – o comerciante de produtos sujeitos ao imposto, que os forneça aos contribuintes definidos no inciso anterior;

IV – o arrematante de produtos apreendidos ou abandonados, levados a leilão.

Parágrafo único. Para os efeitos deste imposto, considera-se contribuinte autônomo qualquer estabelecimento de importador, industrial, comerciante ou arrematante.

> *Vide* art. 46, II, do CTN.

> O Decreto n. 7.212, de 15-6-2010, estabelece em seu art. 24 quais são contribuintes do IPI.

Seção II
Imposto Estadual sobre Operações Relativas à Circulação de Mercadorias

>> *Vide* art. 155, II e § 2.º, da CF.

> A Resolução do Senado Federal n. 22, de 19-5-1989, estabelece alíquota do Imposto sobre Operações relativas à Circulação de Mercadorias e sobre Prestação de Serviços de Transporte Interestadual e Intermunicipal e de Comunicação, nas operações Interestaduais.

> A Lei Complementar n. 87, de 13-9-1996, dispõe sobre o Imposto dos Estados e do Distrito Federal sobre Operações relativas à Circulação de Mercadorias e sobre Prestações de Serviços de Transporte Interestadual e Intermunicipal e de Comunicações (ICMS).

> *Vide* Súmulas 536, 569, 571 a 574, 576, 578 e 579 do STF.

Art. 52. (*Revogado pelo Decreto-lei n. 406, de 31-12-1968.*)

>> A Lei n. 5.589, de 3-7-1970, legislação posterior à revogação deste artigo, deu a seu § 3.º, II, nova redação.

Arts. 53 a 58. (*Revogados pelo Decreto-lei n. 406, de 31-12-1968.*)

Seção III
Imposto Municipal sobre Operações Relativas à Circulação de Mercadorias

Arts. 59 a 62. (*Revogados pelo Ato Complementar n. 31, de 28-12-1966.*)

Seção IV
Imposto sobre Operações de Crédito, Câmbio e Seguro, e sobre Operações Relativas a Títulos e Valores Mobiliários

>> Regulamento: Decreto n. 6.306, de 14-12-2007.

>> *Vide* art. 153, V, da CF.

>>> A Lei n. 5.143, de 20-10-1966, institui o Imposto sobre Operações Financeiras, regula a respectiva cobrança, dispõe sobre a aplicação de reservas monetárias oriundas de sua receita, e dá outras providências.

Art. 63. O imposto, de competência da União, sobre operações de crédito, câmbio e seguro, e sobre operações relativas a títulos e valores mobiliários tem como fato gerador:

>> *Vide* art. 153, § 5.º, da CF (imposto sobre operações de crédito, câmbio e seguro, ou relativas a títulos ou valores mobiliários).

I – quanto às operações de crédito, a sua efetivação pela entrega total ou parcial do montante ou do valor que constitua o objeto da obrigação, ou sua colocação à disposição do interessado;

> *Vide* Súmula 664 do STF.

II – quanto às operações de câmbio, a sua efetivação pela entrega de moeda nacional ou estrangeira, ou de documento que a represente, ou sua colocação à disposição do interessado, em montante equivalente à moeda estrangeira ou nacional entregue ou posta à disposição por este;

III – quanto às operações de seguro, a sua efetivação pela emissão da apólice ou do documento equivalente, ou recebimento do prêmio, na forma da lei aplicável;

IV – quanto às operações relativas a títulos e valores mobiliários, a emissão, transmissão, pagamento ou resgate destes, na forma da lei aplicável.

Parágrafo único. A incidência definida no inciso I exclui a definida no inciso IV, e reciprocamente, quanto à emissão, ao pagamento ou resgate do título representativo de uma mesma operação de crédito.

> O Decreto-lei n. 73, de 21-11-1966, dispõe sobre o sistema nacional de seguros privados e operações de seguros e resseguros.

> *Vide* Lei n. 6.385, de 7-12-1976, que dispõe sobre o mercado de valores mobiliários e cria a Comissão de Valores Mobiliários.

> *Vide* Súmula 588 do STF.

Art. 64. A base de cálculo do imposto é:

I – quanto às operações de crédito, o montante da obrigação, compreendendo o principal e os juros;

II – quanto às operações de câmbio, o respectivo montante em moeda nacional, recebido, entregue ou posto à disposição;

III – quanto às operações de seguro, o montante do prêmio;

IV – quanto às operações relativas a títulos e valores mobiliários:

a) na emissão, o valor nominal mais o ágio, se houver;

b) na transmissão, o preço ou o valor nominal ou o valor da cotação em Bolsa, como determinar a lei;

c) no pagamento ou resgate, o preço.

Art. 65. O Poder Executivo pode, nas condições e nos limites estabelecidos em lei, alterar as alíquotas ou as bases de cálculo do imposto, a fim de ajustá-lo aos objetivos da política monetária.

> *Vide* art. 146, III, *a*, da CF.

> *Vide* art. 153, § 1.º, da CF.

> *Vide* arts. 9.º, I, e 97, II e IV, do CTN.

Art. 66. Contribuinte do imposto é qualquer das partes na operação tributada, como dispuser a lei.

Art. 67. A receita líquida do imposto destina-se à formação de reservas monetárias, na forma da lei.

> *Vide* art. 167, IV, da CF.

Seção V
Imposto sobre Serviços de Transportes e Comunicações

Art. 68. O imposto, de competência da União, sobre serviços de transportes e comunicações tem como fato gerador:

>> *Vide* art. 155, II e § 2.º, da CF, que transfere essa competência para os Estados e Distrito Federal (ICMS).

I – a prestação do serviço de transporte, por qualquer via, de pessoas, bens, mercadorias ou valores, salvo quando o trajeto se contenha inteiramente no território de um mesmo Município;

> A Lei Complementar n. 87, de 13-9-1996, dispõe sobre o Imposto dos Estados e do Distrito Federal sobre Operações relativas à Circulação de Mercadorias e sobre Prestações de Serviços de Transporte Interestadual e Intermunicipal e de Comunicações (ICMS).

II – a prestação do serviço de comunicações, assim se entendendo a transmissão e o recebimento, por qualquer processo, de mensagens escritas, faladas ou visuais, salvo quando os pontos de transmissão e de recebimento se situem no território de um mesmo Município e a mensagem em curso não possa ser captada fora desse território.

> *Vide* Súmulas 334 e 350 do STJ.

Art. 69. A base de cálculo do imposto é o preço do serviço.

Art. 70. Contribuinte do imposto é o prestador do serviço.

Seção VI
Imposto sobre Serviços de Qualquer Natureza

Arts. 71 a 73. (*Revogados pelo Decreto-lei n. 406, de 31-12-1968.*)

>> A Lei Complementar n. 116, de 31-7-2003, passa a cuidar da matéria prevista, originariamente, nestes artigos.

Capítulo V
IMPOSTOS ESPECIAIS

Seção I
Imposto sobre Operações Relativas a Combustíveis, Lubrificantes, Energia Elétrica e Minerais do País

>> *Vide* art. 155, II e § 2.º, XII, *h*, e §§ 3.º a 5.º, da CF.

Art. 74. O imposto, de competência da União, sobre operações relativas a combustíveis, lubrificantes, energia elétrica e minerais do País tem como fato gerador:

I – a produção, como definida no art. 46 e seu parágrafo único;

II – a importação, como definida no art. 19;

III – a circulação, como definida no art. 52;

>> O citado art. 52 foi revogado pelo Decreto-lei n. 406, de 31-12-1968.

IV – a distribuição, assim entendida a colocação do produto no estabelecimento consumidor ou em local de venda ao público;

V – o consumo, assim entendida a venda do produto ao público.

§ 1.º Para os efeitos deste imposto, a energia elétrica considera-se produto industrializado.

§ 2.º O imposto incide, uma só vez, sobre uma das operações previstas em cada inciso deste artigo, como dispuser a lei, e exclui quaisquer outros tributos, sejam quais forem sua natureza ou competência, incidentes sobre aquelas operações.

> *Vide* arts. 95 e 217 do CTN.

Art. 75. A lei observará o disposto neste Título relativamente:

I – ao Imposto sobre Produtos Industrializados, quando a incidência seja sobre a produção ou sobre o consumo;

> *Vide* art. 46 a 51 do CTN.

II – ao Imposto sobre a Importação, quando a incidência seja sobre essa operação;

> *Vide* art. 19 a 22 do CTN.

III – ao Imposto sobre Operações Relativas à Circulação de Mercadorias, quando a incidência seja sobre a distribuição.

Seção II
Impostos Extraordinários

>> *Vide* art. 154, II, da CF.

Art. 76. Na iminência ou no caso de guerra externa, a União pode instituir, temporariamente, impostos extraordinários compreendidos ou não entre os referidos nesta Lei, suprimidos, gradativamente, no prazo máximo de 5 (cinco) anos, contados da celebração da paz.

> *Vide* art. 150, § 1.º, da CF.

Título IV
TAXAS

>> *Vide* art. 145, II, da CF.

Art. 77. As taxas cobradas pela União, pelos Estados, pelo Distrito Federal ou pelos Municípios, no âmbito de suas respectivas atribuições, têm como fato gerador o exercício regular do poder de polícia, ou a utilização, efetiva ou potencial, de serviço público específico e divisível, prestado ao contribuinte ou posto à sua disposição.

Parágrafo único. A taxa não pode ter base de cálculo ou fato gerador idênticos aos que correspondam a imposto, nem ser calculada em função do capital das empresas.

>> Parágrafo único com redação determinada pelo Ato Complementar n. 34, de 30-1-1967.

> *Vide* art. 79 do CTN.

> *Vide* art. 145, § 2.º, da CF (taxas, base de cálculo).

> *Vide* Súmulas 128, 129, 132, 140, 141, 142, 302, 324, 348, 437, 545, 595, 665 e 670 do STF e Súmulas Vinculantes 19 e 29.

Art. 78. Considera-se poder de polícia atividade da administração pública que, limitando ou disciplinando direito, interesse ou liberdade, regula a prática de ato ou abstenção de fato, em razão de interesse público concernente à segurança, à higiene, à ordem, aos costumes, à disciplina da produção e do mercado, ao exercício de atividades econômicas dependentes de concessão ou autorização do Poder Público, à tranquilidade pública ou ao respeito à propriedade e aos direitos individuais ou coletivos.

>> *Caput* com redação determinada pelo Ato Complementar n. 31, de 28-12-1966.

Parágrafo único. Considera-se regular o exercício do poder de polícia quando desempenhado pelo órgão competente nos limites da lei aplicável, com observância do processo legal e, tratando-se de atividade que a lei tenha como discricionária, sem abuso ou desvio de poder.

> Abuso de autoridade: *vide* Lei n. 13.869, de 5-9-2019.

Art. 79. Os serviços públicos a que se refere o art. 77 consideram-se:

I – utilizados pelo contribuinte:

a) efetivamente, quando por ele usufruídos a qualquer título;

b) potencialmente, quando, sendo de utilização compulsória, sejam postos à sua disposição mediante atividade administrativa em efetivo funcionamento;

II – específicos, quando possam ser destacados em unidades autônomas de intervenção, de utilidade ou de necessidade públicas;

III – divisíveis, quando suscetíveis de utilização, separadamente, por parte de cada um dos seus usuários.

Art. 80. Para efeito de instituição e cobrança de taxas, consideram-se compreendidas no âmbito das atribuições da União, dos Estados, do Distrito Federal ou dos Municípios aquelas que, segundo a Constituição Federal, as Constituições dos Estados, as Leis Orgânicas do Distrito Federal e dos Municípios e a legislação com elas compatível, competem a cada uma dessas pessoas de direito público.

> *Vide* art. 145, II, da CF.

Título V
CONTRIBUIÇÃO DE MELHORIA

>> *Vide* art. 145, III, da CF.

Art. 81. A contribuição de melhoria cobrada pela União, pelos Estados, pelo Distrito Federal ou pelos Municípios, no âmbito de suas respectivas atribuições, é instituída para fazer face ao custo de obras públicas de que decorra valorização imobiliária, tendo como limite total a despesa realizada e como limite individual o acréscimo de valor que da obra resultar para cada imóvel beneficiado.

>> *Vide* Decreto-lei n. 195, de 24-2-1967.

Art. 82. A lei relativa à contribuição de melhoria observará os seguintes requisitos mínimos:

I – publicação prévia dos seguintes elementos:

a) memorial descritivo do projeto;

b) orçamento do custo da obra;

c) determinação da parcela do custo da obra a ser financiada pela contribuição;

d) delimitação da zona beneficiada;

e) determinação do fator de absorção do benefício da valorização para toda a zona ou para cada uma das áreas diferenciadas, nela contidas;

II – fixação de prazo não inferior a 30 (trinta) dias, para impugnação, pelos interessados, de qualquer dos elementos referidos no inciso anterior;

III – regulamentação do processo administrativo de instrução e julgamento da impugnação a que se refere o inciso anterior, sem prejuízo da sua apreciação judicial.

§ 1.º A contribuição relativa a cada imóvel será determinada pelo rateio da parcela do custo da obra a que se refere a alínea *c*, do inciso I, pelos imóveis situados na zona beneficiada em função dos respectivos fatores individuais de valorização.

§ 2.º Por ocasião do respectivo lançamento, cada contribuinte deverá ser notificado do montante da contribuição, da forma e dos prazos de seu pagamento e dos elementos que integraram o respectivo cálculo.

> *Vide* Decreto n. 70.235, de 6-3-1972 (processo administrativo fiscal).

> *Vide* arts. 142 a 146 (lançamento) do CTN.

Título VI
DISTRIBUIÇÕES DE RECEITAS TRIBUTÁRIAS

>> *Vide* arts. 157 a 162 da CF.

Capítulo I
DISPOSIÇÕES GERAIS

Art. 83. Sem prejuízo das demais disposições deste Título, os Estados e Municípios que celebrem com a União convênios destinados a assegurar ampla e eficiente coordenação dos respectivos programas de investimentos e serviços públicos, especialmente no campo da política tributária, poderão participar de até 10% (dez por cento) da arrecadação efetuada, nos respectivos territórios, proveniente do imposto referido no art. 43, incidente sobre o rendimento das pessoas físicas, e no art. 46, excluído o incidente sobre o fumo e bebidas alcoólicas.

Parágrafo único. O processo das distribuições previstas neste artigo será regulado nos convênios nele referidos.

> A Lei n. 8.016, de 8-4-1990, dispõe sobre a entrada das quotas de participação dos Estados e do Distrito Federal na arrecadação dos impostos sobre produtos industrializados, de que trata o art. 159 da CF.

Art. 84. A lei federal pode cometer aos Estados, ao Distrito Federal ou aos Municípios o encargo de arrecadar os impostos de competência da União, cujo produto lhes seja distribuído no todo ou em parte.

> *Vide* arts. 6.º, parágrafo único, e 7.º do CTN.

Parágrafo único. O disposto neste artigo aplica-se à arrecadação dos impostos de competência dos Estados, cujo produto estes venham a distribuir, no todo ou em parte, aos respectivos Municípios.

Capítulo II
IMPOSTO SOBRE A PROPRIEDADE TERRITORIAL RURAL E SOBRE A RENDA E PROVENTOS DE QUALQUER NATUREZA

Art. 85. Serão distribuídos pela União:

I – aos Municípios da localização dos imóveis, o produto da arrecadação do imposto a que se refere o art. 29;

> *Vide* art. 158, II, da CF.

II – aos Estados, ao Distrito Federal e aos Municípios, o produto da arrecadação, na fonte, do imposto a que se refere o art. 43, incidente sobre a renda das obrigações de sua dívida pública e sobre os proventos dos seus servidores e dos de suas autarquias.

> *Vide* arts. 157, I, e 158, I, da CF.

§ 1.º Independentemente de ordem das autoridades superiores e sob pena de demissão, as autoridades arrecadadoras dos impostos a que se refere este artigo farão entrega, aos Estados, ao Distrito Federal e aos Municípios, das importâncias recebidas, à medida que forem sendo arrecadadas, em prazo não superior a 30 (trinta) dias, a contar da data de cada recolhimento.

> *Vide* art. 162 da CF (arrecadação, divulgação).

§ 2.º A lei poderá autorizar os Estados, o Distrito Federal e os Municípios a incorporar definitivamente à sua receita o produto da arrecadação do imposto a que se refere o inciso II, estipulando as obrigações acessórias a serem cumpridas por aqueles no interesse da arrecadação, pela União, do imposto a ela devido pelos titulares da renda ou dos proventos tributados.

§ 3.º A lei poderá dispor que uma parcela, não superior a 20% (vinte por cento), do imposto de que trata o inciso I seja destinada ao custeio do respectivo serviço de lançamento e arrecadação.

>> Suspensa, por inconstitucionalidade, a execução deste § 3.º do art. 85 (Resolução do Senado Federal n. 337, de 27-9-1983).

Capítulo III
FUNDOS DE PARTICIPAÇÃO DOS ESTADOS E DOS MUNICÍPIOS

>> *Vide* arts. 159, I, *a*, *b*, 161, II, III e parágrafo único, da CF e arts. 34, § 2.º, e 39 do ADCT.

Seção I
Constituição dos Fundos

Arts. 86 e 87. (*Revogados pela Lei Complementar n. 143, de 17-7-2013.*)

Seção II
Critério de Distribuição do Fundo de Participação dos Estados

Arts. 88 e 89. (*Revogados pela Lei Complementar n. 143, de 17-7-2013.*)

Art. 90. O fator representativo do inverso da renda *per capita*, a que se refere o inciso II do art. 88, será estabelecido da seguinte forma:

Inverso do índice relativo à renda per capita *da entidade participante:*	*Fator*
Até 0,0045	0,4
Acima de 0,0045 até 0,0055	0,5
Acima de 0,0055 até 0,0065	0,6
Acima de 0,0065 até 0,0075	0,7
Acima de 0,0075 até 0,0085	0,8
Acima de 0,0085 até 0,0095	0,9
Acima de 0,0095 até 0,0110	1,0
Acima de 0,0110 até 0,0130	1,2
Acima de 0,0130 até 0,0150	1,4
Acima de 0,0150 até 0,0170	1,6
Acima de 0,0170 até 0,0190	1,8
Acima de 0,0190 até 0,0220	2,0
Acima de 0,0220	2,5

Parágrafo único. Para os efeitos deste artigo, determina-se o índice relativo à renda *per capita* de cada entidade participante, tomando-se como 100 (cem) a renda *per capita* média do País.

Seção III
Critério de Distribuição do Fundo de Participação dos Municípios

Art. 91. Do Fundo de Participação dos Municípios a que se refere o art. 86, serão atribuídos:

>> *Caput* com redação determinada pelo Ato Complementar n. 35, de 28-2-1967.

>> *Vide* art. 159, I, *b* e § 3.º, da CF.

I – 10% (dez por cento) aos Municípios das capitais dos Estados;

>> Inciso I com redação determinada pelo Ato Complementar n. 35, de 28-2-1967.

II – 90% (noventa por cento) aos demais Municípios do País.

>> Inciso II com redação determinada pelo Ato Complementar n. 35, de 28-2-1967.

§ 1.º A parcela de que trata o inciso I será distribuída proporcionalmente a um coeficiente individual de participação, resultante do produto dos seguintes fatores:

>> § 1.º com redação determinada pelo Ato Complementar n. 35, de 28-2-1967.

a) fator representativo da população, assim estabelecido:

Percentual da população de cada Município em relação à do conjunto das capitais:

	Fator
Até 2%	2
Mais de 2% até 5%:	
Pelos primeiros 2%	2
Cada 0,5% ou fração excedente, mais	0,5
Mais de 5%	5

b) fator representativo do inverso da renda *per capita* do respectivo Estado, de conformidade com o disposto no art. 90.

§ 2.º A distribuição da parcela a que se refere o item II deste artigo, deduzido o percentual referido no art. 3.º do Decreto-lei que estabelece a redação deste parágrafo, far-se-á atribuindo-se a cada Município um coeficiente individual de participação determinado na forma seguinte:

>> § 2.º com redação determinada pelo Ato Complementar n. 35, de 28-2-1967.

Categoria do Município, segundo seu número de habitantes	*Coeficiente*
a) Até 16.980	
Pelos primeiros 10.188	0,6
Para cada 3.396 ou fração excedente, mais	0,2
b) Acima de 16.980 até 50.940	
Pelos primeiros 16.980	1,0
Para cada 6.792 ou fração excedente, mais	0,2
c) Acima de 50.940 até 101.880	
Pelos primeiros 50.940	2,0
Para cada 10.188 ou fração excedente, mais	0,2
d) Acima de 101.880 até 156.216	
Pelos primeiros 101.880	3,0
Para cada 13.584 ou fração excedente, mais	0,2
e) Acima de 156.216	4,0

§ 3.º Para os efeitos deste artigo, consideram-se os Municípios regularmente instalados, fazendo-se a revisão das quotas anualmente, a partir de 1989, com base em dados oficiais de população produzidos pela Fundação Instituto Brasileiro de Geografia e Estatística – IBGE.

>> § 3.º com redação determinada pela Lei Complementar n. 59, de 22-12-1988.

§§ 4.º e 5.º (*Revogados pela Lei Complementar n. 91, de 22-12-1997.*)

Seção IV
Cálculo e Pagamento das Quotas Estaduais e Municipais

Art. 92. O Tribunal de Contas da União comunicará ao Banco do Brasil S.A., conforme os prazos a seguir especificados, os coeficientes individuais de participação nos fundos previstos no art. 159, inciso I, alíneas *a*, *b* e *d*, da Constituição Federal que prevalecerão no exercício subsequente:

>> *Caput* com redação determinada pela Lei Complementar n. 143, de 17-7-2013.

I – até o último dia útil do mês de março de cada exercício financeiro, para cada Estado e para o Distrito Federal;

>> Inciso I acrescentado pela Lei Complementar n. 143, de 17-7-2013.

II – até o último dia útil de cada exercício financeiro, para cada Município.

>> Inciso II acrescentado pela Lei Complementar n. 143, de 17-7-2013.

Parágrafo único. Far-se-á nova comunicação sempre que houver, transcorrido o prazo fixado no inciso I do *caput*, a criação de novo Estado a ser implantado no exercício subsequente.

>> Parágrafo único acrescentado pela Lei Complementar n. 143, de 17-7-2013.

Art. 93. (*Revogado pela Lei Complementar n. 143, de 17-7-2013.*)

Seção V
Comprovação da Aplicação das Quotas Estaduais e Municipais

Art. 94. (*Revogado pela Lei Complementar n. 143, de 17-7-2013.*)

Capítulo IV
IMPOSTO SOBRE OPERAÇÕES RELATIVAS A COMBUSTÍVEIS, LUBRIFICANTES, ENERGIA ELÉTRICA E MINERAIS DO PAÍS

Art. 95. (*Revogado pela Lei Complementar n. 143, de 17-7-2013.*)

Livro Segundo
NORMAS GERAIS DE DIREITO TRIBUTÁRIO

Título I
LEGISLAÇÃO TRIBUTÁRIA

Capítulo I
DISPOSIÇÕES GERAIS

Seção I
Disposição Preliminar

Art. 96. A expressão "legislação tributária" compreende as leis, os tratados e as convenções internacionais, os decretos e as normas complementares que versem, no todo ou em parte, sobre tributos e relações jurídicas a eles pertinentes.

> *Vide* arts. 3.º e 194 do CTN.

>>> *Vide* art. 146 da CF (função da lei complementar).

>>> *Vide* art. 62, § 2.º, da CF (medidas provisórias).

>>> *Vide* arts. 153, § 1.º, 177, § 4.º, I, *b*, da CF (decretos do Poder Executivo).

Seção II
Leis, Tratados e Convenções Internacionais e Decretos

Art. 97. Somente a lei pode estabelecer:

I – a instituição de tributos, ou a sua extinção;

> *Vide* art. 150, I, da CF (exigência ou aumento de tributo).

> *Vide* Súmula 185 do STJ.

II – a majoração de tributos, ou sua redução, ressalvado o disposto nos arts. 21, 26, 39, 57 e 65;

>> O art. 57 foi revogado pelo Decreto-lei n. 406, de 31-12-1968.

> *Vide* art. 153, § 1.º, da CF.

> *Vide* Súmula 95 do STJ.

III – a definição do fato gerador da obrigação tributária principal, ressalvado o disposto no inciso I do § 3.º do art. 52, e do seu sujeito passivo;

>> O art. 52 foi revogado pelo Decreto-lei n. 406, de 31-12-1968.

> *Vide* Súmula 129 do STJ.

IV – a fixação da alíquota do tributo e da sua base de cálculo, ressalvado o disposto nos arts. 21, 26, 39, 57 e 65;

>> O art. 57 foi revogado pelo Decreto-lei n. 406, de 31-12-1968.

> *Vide* art. 153, § 1.º, da CF (alíquotas).

> *Vide* Súmulas 95 e 124 do STJ.

V – a cominação de penalidades para as ações ou omissões contrárias a seus dispositivos, ou para outras infrações nela definidas;

> *Vide* arts. 106, II, *c*, e 112 do CTN.

VI – as hipóteses de exclusão, suspensão e extinção de créditos tributários, ou de dispensa ou redução de penalidades.

> *Vide* arts. 151, 156 e 175 do CTN.

§ 1.º Equipara-se à majoração do tributo a modificação de sua base de cálculo, que importe em torná-lo mais oneroso.

> *Vide* Súmula 160 do STJ.

§ 2.º Não constitui majoração de tributo, para os fins do disposto no inciso II deste artigo, a atualização do valor monetário da respectiva base de cálculo.

> *Vide* arts. 139 a 193 (crédito tributário), 151 a 155-A (suspensão do crédito tributário), 156 a 174 (extinção do crédito tributário) e 175 a 182 (exclusão do crédito tributário) do CTN.

> *Vide* Súmula 667 do STF.

> *Vide* Súmula 160 do STJ.

Art. 98. Os tratados e as convenções internacionais revogam ou modificam a legislação tributária interna, e serão observados pela que lhes sobrevenha.

> *Vide* art. 96 (sobre a expressão "legislação tributária") do CTN.

> *Vide* Súmulas 20 e 71 do STJ.

>>> *Vide* Súmula 575 do STF.

Art. 99. O conteúdo e o alcance dos decretos restringem-se aos das leis em função das quais sejam expedidos, determinados com observância das regras de interpretação estabelecidas nesta Lei.

> *Vide* arts. 153, § 1.º, e 177, § 4.º, I, *b*, da CF.

Seção III
Normas Complementares

Art. 100. São normas complementares das leis, dos tratados e das convenções internacionais e dos decretos:

I – os atos normativos expedidos pelas autoridades administrativas;

> *Vide* art. 103, I, do CTN.

II – as decisões dos órgãos singulares ou coletivos de jurisdição administrativa, a que a lei atribua eficácia normativa;

> *Vide* art. 103, II, do CTN.

III – as práticas reiteradamente observadas pelas autoridades administrativas;

IV – os convênios que entre si celebrem a União, os Estados, o Distrito Federal e os Municípios.

> *Vide* arts. 103, I, 199 e 200 do CTN.

Parágrafo único. A observância das normas referidas neste artigo exclui a imposição de penalidades, a cobrança de juros de mora e a atualização do valor monetário da base de cálculo do tributo.

Capítulo II
VIGÊNCIA DA LEGISLAÇÃO TRIBUTÁRIA

Art. 101. A vigência, no espaço e no tempo, da legislação tributária rege-se pelas disposições legais aplicáveis às normas jurídicas em geral, ressalvado o previsto neste Capítulo.

>> Dispõem sobre o tema os arts. 1.º, 2.º e 6.º da LINDB.

Art. 102. A legislação tributária dos Estados, do Distrito Federal e dos Municípios vigora, no País, fora dos respectivos territórios, nos limites em que lhe reconheçam extraterritorialidade os convênios de que participem, ou do que disponham esta ou outras leis de normas gerais expedidas pela União.

Art. 103. Salvo disposição em contrário, entram em vigor:

I – os atos administrativos a que se refere o inciso I do art. 100, na data da sua publicação;

II – as decisões a que se refere o inciso II do art. 100 quanto a seus efeitos normativos, 30 (trinta) dias após a data da sua publicação;

III – os convênios a que se refere o inciso IV do art. 100 na data neles prevista.

Art. 104. Entram em vigor no primeiro dia do exercício seguinte àquele em que ocorra a sua publicação os dispositivos de lei, referentes a impostos sobre o patrimônio ou a renda:

>> *Vide* art. 150, III, *b*, da CF.

I – que instituem ou majoram tais impostos;

II – que definem novas hipóteses de incidência;

III – que extinguem ou reduzem isenções, salvo se a lei dispuser de maneira mais favorável ao contribuinte, e observado o disposto no art. 178.

> *Vide* Súmula 544 do STF.

Capítulo III
APLICAÇÃO DA LEGISLAÇÃO TRIBUTÁRIA

Art. 105. A legislação tributária aplica-se imediatamente aos fatos geradores futuros e aos pendentes, assim entendidos aqueles cuja ocorrência tenha tido início mas não esteja completa nos termos do art. 116.

> *Vide* art. 150, III, *a*, da CF.

Art. 106. A lei aplica-se a ato ou fato pretérito:

I – em qualquer caso, quando seja expressamente interpretativa, excluída a aplicação de penalidade à infração dos dispositivos interpretados;

II – tratando-se de ato não definitivamente julgado:

a) quando deixe de defini-lo como infração;

b) quando deixe de tratá-lo como contrário a qualquer exigência de ação ou omissão, desde que não tenha sido fraudulento e não tenha implicado em falta de pagamento de tributo;

c) quando lhe comine penalidade menos severa que a prevista na lei vigente ao tempo da sua prática.

Capítulo IV
INTERPRETAÇÃO E INTEGRAÇÃO DA LEGISLAÇÃO TRIBUTÁRIA

Art. 107. A legislação tributária será interpretada conforme o disposto neste Capítulo.

Art. 108. Na ausência de disposição expressa, a autoridade competente para aplicar a legislação tributária utilizará, sucessivamente, na ordem indicada:

I – a analogia;

II – os princípios gerais de direito tributário;

III – os princípios gerais de direito público;

IV – a equidade.

§ 1.º O emprego da analogia não poderá resultar na exigência de tributo não previsto em lei.

> *Vide* art. 150, I, da CF.

> *Vide* art. 97, I, do CTN.

§ 2.º O emprego da equidade não poderá resultar na dispensa do pagamento de tributo devido.

> *Vide* arts. 97, I, e 176 do CTN.

Art. 109. Os princípios gerais de direito privado utilizam-se para pesquisa da definição, do conteúdo e do alcance de seus institutos, conceitos e formas, mas não para definição dos respectivos efeitos tributários.

Art. 110. A lei tributária não pode alterar a definição, o conteúdo e o alcance de institutos, conceitos e formas de direito privado, utilizados, expressa ou implicitamente, pela Constituição Federal, pelas Constituições dos Estados, ou pelas Leis Orgânicas do Distrito Federal ou dos Municípios, para definir ou limitar competências tributárias.

Art. 111. Interpreta-se literalmente a legislação tributária que disponha sobre:

>>> *Vide* Súmula 627 do STJ.

I – suspensão ou exclusão do crédito tributário;

II – outorga de isenção;

> *Vide* Súmula 100 do STJ.

III – dispensa do cumprimento de obrigações tributárias acessórias.

> *Vide* arts. 151 a 155 (suspensão do crédito tributário) do CTN.

> *Vide* arts. 175 a 182 (exclusão do crédito tributário) do CTN.

> *Vide* arts. 176 a 179 (isenção) do CTN.

> *Vide* Súmula 95 do STJ.

Art. 112. A lei tributária que define infrações, ou lhe comina penalidades, interpreta-se da maneira mais favorável ao acusado, em caso de dúvida quanto:

I – à capitulação legal do fato;

II – à natureza ou às circunstâncias materiais do fato, ou à natureza ou extensão dos seus efeitos;

III – à autoria, imputabilidade, ou punibilidade;

IV – à natureza da penalidade aplicável, ou à sua graduação.

>>> *Vide* Súmula Vinculante 24.

Título II
OBRIGAÇÃO TRIBUTÁRIA

Capítulo I
DISPOSIÇÕES GERAIS

Art. 113. A obrigação tributária é principal ou acessória.

> *Vide* art. 9.º, § 1.º, do CTN.

§ 1.º A obrigação principal surge com a ocorrência do fato gerador, tem por objeto o pagamento de tributo ou penalidade pecuniária e extingue-se juntamente com o crédito dela decorrente.

§ 2.º A obrigação acessória decorre da legislação tributária e tem por objeto as prestações, positivas ou negativas, nela previstas no interesse da arrecadação ou da fiscalização dos tributos.

> *Vide* art. 96 do CTN.

§ 3.º A obrigação acessória, pelo simples fato da sua inobservância, converte-se em obrigação principal relativamente a penalidade pecuniária.

> *Vide* arts. 139 a 193 (crédito tributário) do CTN.

> *Vide* arts. 128 a 138 (responsabilidade tributária) do CTN.

> *Vide* arts. 194 a 200 (fiscalização) do CTN.

Capítulo II
FATO GERADOR

Art. 114. Fato gerador da obrigação principal é a situação definida em lei como necessária e suficiente à sua ocorrência.

> *Vide* art. 150, III, *a* e *b* e § 7.º, da CF.
> *Vide* art. 105 do CTN.

Art. 115. Fato gerador da obrigação acessória é qualquer situação que, na forma da legislação aplicável, impõe a prática ou a abstenção de ato que não configure obrigação principal.

> *Vide* arts. 96 e 113, § 1.º, do CTN.

Art. 116. Salvo disposição de lei em contrário, considera-se ocorrido o fato gerador e existentes os seus efeitos:

I – tratando-se de situação de fato, desde o momento em que se verifiquem as circunstâncias materiais necessárias a que produza os efeitos que normalmente lhe são próprios;

II – tratando-se da situação jurídica, desde o momento em que esteja definitivamente constituída, nos termos de direito aplicável.

> *Vide* art. 105 do CTN.

Parágrafo único. A autoridade administrativa poderá desconsiderar atos ou negócios jurídicos praticados com a finalidade de dissimular a ocorrência do fato gerador do tributo ou a natureza dos elementos constitutivos da obrigação tributária, observados os procedimentos a serem estabelecidos em lei ordinária.

>> Parágrafo único acrescentado pela Lei Complementar n. 104, de 10-1-2001.

Art. 117. Para os efeitos do inciso II do artigo anterior e salvo disposição de lei em contrário, os atos ou negócios jurídicos condicionais reputam-se perfeitos e acabados:

I – sendo suspensiva a condição, desde o momento de seu implemento;

II – sendo resolutória a condição, desde o momento da prática do ato ou da celebração do negócio.

Art. 118. A definição legal do fato gerador é interpretada abstraindo-se:

I – da validade jurídica dos atos efetivamente praticados pelos contribuintes, responsáveis, ou terceiros, bem como da natureza do seu objeto ou dos seus efeitos;

II – dos efeitos dos fatos efetivamente ocorridos.

Capítulo III
SUJEITO ATIVO

Art. 119. Sujeito ativo da obrigação é a pessoa jurídica de direito público titular da competência para exigir o seu cumprimento.

> *Vide* arts. 70 e 71 da CF.
> *Vide* art. 1.º do CTN.
> *Vide* Súmula 497 do STJ.

Art. 120. Salvo disposição de lei em contrário, a pessoa jurídica de direito público, que se constituir pelo desmembramento territorial de outra, sub-roga-se nos direitos desta, cuja legislação tributária aplicará até que entre em vigor a sua própria.

> *Vide* art. 147 da CF.

Capítulo IV
SUJEITO PASSIVO

Seção I
Disposições Gerais

Art. 121. Sujeito passivo da obrigação principal é a pessoa obrigada ao pagamento de tributo ou penalidade pecuniária.

> *Vide* art. 150, § 7.º, da CF.
> *Vide* arts. 113, § 1.º, 128 e 138 do CTN.

Parágrafo único. O sujeito passivo da obrigação principal diz-se:

I – contribuinte, quando tenha relação pessoal e direta com a situação que constitua o respectivo fato gerador;

II – responsável, quando, sem revestir a condição de contribuinte, sua obrigação decorra de disposição expressa de lei.

Art. 122. Sujeito passivo da obrigação acessória é a pessoa obrigada às prestações que constituam o seu objeto.

> *Vide* arts. 113, § 2.º, e 115 do CTN.

Art. 123. Salvo disposições de lei em contrário, as convenções particulares, relativas à responsabilidade pelo pagamento de tributos, não podem ser opostas à Fazenda Pública, para modificar a definição legal do sujeito passivo das obrigações tributárias correspondentes.

> *Vide* Súmula 614 do STJ.

Seção II
Solidariedade

Art. 124. São solidariamente obrigadas:

> *Vide* arts. 264 a 266 do CC.

I – as pessoas que tenham interesse comum na situação que constitua o fato gerador da obrigação principal;

II – as pessoas expressamente designadas por lei.

Parágrafo único. A solidariedade referida neste artigo não comporta benefício de ordem.

Art. 125. Salvo disposição de lei em contrário, são os seguintes os efeitos da solidariedade:

I – o pagamento efetuado por um dos obrigados aproveita aos demais;

II – a isenção ou remissão de crédito exonera todos os obrigados, salvo se outorgada pessoalmente a um deles, subsistindo, nesse caso, a solidariedade quanto aos demais pelo saldo;

III – a interrupção da prescrição, em favor ou contra um dos obrigados, favorece ou prejudica aos demais.

> *Vide* arts. 165 a 169 (pagamento indevido) do CTN.
> *Vide* arts. 155, parágrafo único, 156, V, 174 e parágrafo único e 195, parágrafo único (prescrição), do CTN.

Seção III
Capacidade Tributária

Art. 126. A capacidade tributária passiva independe:

> *Vide* arts. 3.º e 4.º do CC.

I – da capacidade civil das pessoas naturais;

II – de achar-se a pessoa natural sujeita a medidas que importem privação ou limitação do exercício de atividades civis, comerciais ou profissionais, ou da administração direta de seus bens ou negócios;

III – de estar a pessoa jurídica regularmente constituída, bastando que configure uma unidade econômica ou profissional.

Seção IV
Domicílio Tributário

Art. 127. Na falta de eleição, pelo contribuinte ou responsável, de domicílio tributário, na forma da legislação aplicável, considera-se como tal:

> *Vide* art. 109, I e §§ 1.º a 3.º, da CF.

I – quanto às pessoas naturais, a sua residência habitual, ou, sendo esta incerta ou desconhecida, o centro habitual de sua atividade;

> *Vide* arts. 70 e 71 do CC.

II – quanto às pessoas jurídicas de direito privado ou às firmas individuais, o lugar da sua sede, ou, em relação aos atos ou fatos que derem origem à obrigação, o de cada estabelecimento;

> *Vide* art. 75, IV e § 1.º, do CC.

III – quanto às pessoas jurídicas de direito público, qualquer de suas repartições no território da entidade tributante.

§ 1.º Quando não couber a aplicação das regras fixadas em qualquer dos incisos deste artigo, considerar-se-á como domicílio tributário do contribuinte ou responsável o lugar da situação dos bens ou da ocorrência dos atos ou fatos que deram origem à obrigação.

§ 2.º A autoridade administrativa pode recusar o domicílio eleito, quando impossibilite ou dificulte a arrecadação ou a fiscalização do tributo, aplicando-se então a regra do parágrafo anterior.

Capítulo V
RESPONSABILIDADE TRIBUTÁRIA

Seção I
Disposição Geral

Art. 128. Sem prejuízo do disposto neste Capítulo, a lei pode atribuir de modo expresso a responsabilidade pelo crédito tributário a terceira pessoa, vinculada ao fato gerador da respectiva obrigação, excluindo a responsabilidade do contribuinte ou atribuindo-a a este em caráter supletivo do cumprimento total ou parcial da referida obrigação.

> *Vide* art. 150, § 7.º, da CF.
> *Vide* arts. 139 a 193 do CTN (crédito tributário).

Seção II
Responsabilidade dos Sucessores

Art. 129. O disposto nesta Seção aplica-se por igual aos créditos tributários definitivamente constituídos ou em curso de constituição à data dos atos nela referidos, e aos constituídos posteriormente aos mesmos atos, desde que relativos a obrigações tributárias surgidas até a referida data.

> *Vide* arts. 139 a 193 (crédito tributário) do CTN.

Art. 130. Os créditos tributários relativos a impostos cujo fato gerador seja a propriedade, o domínio útil ou a posse de bens imóveis, e bem assim os relativos a taxas pela prestação de serviços referentes a tais bens, ou a contribuições de melhoria, sub-rogam-se na pessoa dos respectivos adquirentes, salvo quando conste do título a prova de sua quitação.

> *Vide* art. 123 do CTN.

Parágrafo único. No caso de arrematação em hasta pública, a sub-rogação ocorre sobre o respectivo preço.

> *Vide* arts. 81 e 82 (contribuição de melhoria) do CTN.

> *Vide* arts. 139 a 193 (crédito tributário) do CTN.

Art. 131. São pessoalmente responsáveis:

I – o adquirente ou remitente, pelos tributos relativos aos bens adquiridos ou remidos;

>> Figurava no final deste item I a expressão "com inobservância do disposto no art. 191", suprimida pelo Decreto-lei n. 28, de 14-11-1966.

II – o sucessor a qualquer título e o cônjuge meeiro, pelos tributos devidos pelo *de cujus* até a data da partilha ou adjudicação, limitada esta responsabilidade ao montante do quinhão, do legado ou da meação;

III – o espólio, pelos tributos devidos pelo *de cujus* até a data da abertura da sucessão.

> *Vide* art. 6.º do CC.

> *Vide* Súmula 112 do STF.

Art. 132. A pessoa jurídica de direito privado que resultar de fusão, transformação ou incorporação de outra ou em outra é responsável pelos tributos devidos até a data do ato pelas pessoas jurídicas de direito privado fusionadas, transformadas ou incorporadas.

> *Vide* arts. 220, 223, 227, 228 e 229 da LSA.

Parágrafo único. O disposto neste artigo aplica-se aos casos de extinção de pessoas jurídicas de direito privado, quando a exploração da respectiva atividade seja continuada por qualquer sócio remanescente, ou seu espólio, sob a mesma ou outra razão social, ou sob firma individual.

> *Vide* arts. 206 a 209 e 219 da LSA.

Art. 133. A pessoa natural ou jurídica de direito privado que adquirir de outra, por qualquer título, fundo de comércio ou estabelecimento comercial, industrial ou profissional, e continuar a respectiva exploração, sob a mesma ou outra razão social ou sob firma ou nome individual, responde pelos tributos, relativos ao fundo ou estabelecimento adquirido, devidos até a data do ato:

> *Vide* art. 123 do CTN.

I – integralmente, se o alienante cessar a exploração do comércio, indústria ou atividade;

II – subsidiariamente com o alienante, se este prosseguir na exploração ou iniciar dentro de 6 (seis) meses, a contar da data da alienação, nova atividade no mesmo ou em outro ramo de comércio, indústria ou profissão.

§ 1.º O disposto no *caput* deste artigo não se aplica na hipótese de alienação judicial:

>> § 1.º, *caput*, acrescentado pela Lei Complementar n. 118, de 9-2-2005.

I – em processo de falência;

>> Inciso I acrescentado pela Lei Complementar n. 118, de 9-2-2005.

II – de filial ou unidade produtiva isolada, em processo de recuperação judicial.

>> Inciso II acrescentado pela Lei Complementar n. 118, de 9-2-2005.

> *Vide* art. 60 da Lei n. 11.101, de 9-2-2005.

§ 2.º Não se aplica o disposto no § 1.º deste artigo quando o adquirente for:

>> § 2.º, *caput*, acrescentado pela Lei Complementar n. 118, de 9-2-2005.

I – sócio da sociedade falida ou em recuperação judicial, ou sociedade controlada pelo devedor falido ou em recuperação judicial;

>> Inciso I acrescentado pela Lei Complementar n. 118, de 9-2-2005.

II – parente, em linha reta ou colateral até o 4.º (quarto) grau, consanguíneo ou afim, do devedor falido ou em recuperação judicial ou de qualquer de seus sócios; ou

>> Inciso II acrescentado pela Lei Complementar n. 118, de 9-2-2005.

III – identificado como agente do falido ou do devedor em recuperação judicial com o objetivo de fraudar a sucessão tributária.

>> Inciso III acrescentado pela Lei Complementar n. 118, de 9-2-2005.

> *Vide* arts. 1.591, 1.592 e 1.594 do CC.

§ 3.º Em processo da falência, o produto da alienação judicial de empresa, filial ou unidade produtiva isolada permanecerá em conta de depósito à disposição do juízo de falência pelo prazo de 1 (um) ano, contado da data de alienação, somente podendo ser utilizado para o pagamento de créditos extraconcursais ou de créditos que preferem ao tributário.

>> § 3.º acrescentado pela Lei Complementar n. 118, de 9-2-2005.

Seção III
Responsabilidade de Terceiros

Art. 134. Nos casos de impossibilidade de exigência do cumprimento da obrigação principal pelo contribuinte, respondem solidariamente com este nos atos em que intervierem ou pelas omissões de que forem responsáveis:

> *Vide* arts. 128, 137, II, *a*, e 197 do CTN.

I – os pais, pelos tributos devidos por seus filhos menores;

II – os tutores e curadores, pelos tributos devidos por seus tutelados ou curatelados;

III – os administradores de bens de terceiros, pelos tributos devidos por estes;

IV – o inventariante, pelos tributos devidos pelo espólio;

> *Vide* art. 131, III, do CTN.

V – o síndico e o comissário, pelos tributos devidos pela massa falida ou pelo concordatário;

VI – os tabeliães, escrivães e demais serventuários de ofício, pelos tributos devidos sobre os atos praticados por eles, ou perante eles, em razão do seu ofício;

VII – os sócios, no caso de liquidação de sociedade de pessoas.

> *Vide* Súmulas 430 e 435 do STJ.

Parágrafo único. O disposto neste artigo só se aplica, em matéria de penalidades, às de caráter moratório.

> *Vide* art. 137, III, *a*, do CTN.

Art. 135. São pessoalmente responsáveis pelos créditos correspondentes a obrigações tributárias resultantes de atos praticados com excesso de poderes ou infração de lei, contrato social ou estatutos:

I – as pessoas referidas no artigo anterior;

II – os mandatários, prepostos e empregados;

III – os diretores, gerentes ou representantes de pessoas jurídicas de direito privado.

>> *Vide* Súmulas 430 e 435 do STJ.

Seção IV
Responsabilidade por Infrações

Art. 136. Salvo disposição de lei em contrário, a responsabilidade por infrações da legislação tributária independe da intenção do agente ou do responsável e da efetividade, natureza e extensão dos efeitos do ato.

Art. 137. A responsabilidade é pessoal ao agente:

> *Vide* art. 207 do CTN.

I – quanto às infrações conceituadas por lei como crimes ou contravenções, salvo quando praticadas no exercício regular de administração, mandato, função, cargo ou emprego, ou no cumprimento de ordem expressa emitida por quem de direito;

II – quanto às infrações em cuja definição o dolo específico do agente seja elementar;

III – quanto às infrações que decorram direta e exclusivamente de dolo específico:

a) das pessoas referidas no art. 134, contra aquelas por quem respondem;

b) dos mandatários, prepostos ou empregados, contra seus mandantes, preponentes ou empregadores;

c) dos diretores, gerentes ou representantes de pessoas jurídicas de direito privado, contra estas.

Art. 138. A responsabilidade é excluída pela denúncia espontânea da infração, acompanhada, se for o caso, do pagamento do tributo devido e dos juros de mora, ou do depósito da importância arbitrada pela autoridade administrativa, quando o montante do tributo dependa de apuração.

> *Vide* Súmula 360 do STJ.

>>> *Vide* Súmula 436 do STJ.

Parágrafo único. Não se considera espontânea a denúncia apresentada após o início de qualquer procedimento administrativo ou medida de fiscalização, relacionados com a infração.

> *Vide* Decreto n. 70.235, de 6-3-1972, que dispõe sobre o processo administrativo fiscal.

Título III
CRÉDITO TRIBUTÁRIO

Capítulo I
DISPOSIÇÕES GERAIS

Art. 139. O crédito tributário decorre da obrigação principal e tem a mesma natureza desta.

> *Vide* art. 113 (obrigação principal) do CTN.

Art. 140. As circunstâncias que modificam o crédito tributário, sua extensão ou seus efeitos, ou as garantias ou os privilégios a ele atribuídos, ou que excluem sua exigibilidade não afetam a obrigação tributária que lhe deu origem.

Art. 141. O crédito tributário regularmente constituído somente se modifica ou extingue, ou tem sua exigibilidade suspensa ou excluída, nos casos previstos nesta Lei, fora dos quais não podem ser dispensadas, sob pena de responsabilidade funcional na forma da lei, a sua efetivação ou as respectivas garantias.

> *Vide* arts. 156 a 174 (extinção) e 175 a 182 (exclusão) do CTN.

Capítulo II
CONSTITUIÇÃO DO CRÉDITO TRIBUTÁRIO

Seção I
Lançamento

Art. 142. Compete privativamente à autoridade administrativa constituir o crédito tributário pelo lançamento, assim entendido o procedimento administrativo tendente a verificar a ocorrência do fato gerador da obrigação correspondente, determinar a matéria tributável, calcular o montante do tributo devido, identificar o sujeito passivo e, sendo caso, propor a aplicação da penalidade cabível.

>>> *Vide* Súmula 622 do STJ.

> *Vide* art. 7.º do Decreto n. 70.235, de 6-3-1972.

Parágrafo único. A atividade administrativa de lançamento é vinculada e obrigatória, sob pena de responsabilidade funcional.

> *Vide* art. 2.º da LEF.

> *Vide* arts. 121 e 122 (sujeito passivo), 173 e 174 (extinção de constituir o crédito tributário) do CTN.

> *Vide* art. 196 do CTN.

Art. 143. Salvo disposição de lei em contrário, quando o valor tributário esteja expresso em moeda estrangeira, no lançamento far-se-á sua conversão em moeda nacional ao câmbio do dia da ocorrência do fato gerador da obrigação.

> O Decreto n. 96.915, de 3-10-1988, dispõe sobre a liquidação de obrigações em moeda estrangeira devidas por entidades da Administração Federal.

Art. 144. O lançamento reporta-se à data da ocorrência do fato gerador da obrigação e rege-se pela lei então vigente, ainda que posteriormente modificada ou revogada.

> *Vide* art. 150, III, *a*, da CF.

§ 1.º Aplica-se ao lançamento a legislação que, posteriormente à ocorrência do fato gerador da obrigação, tenha instituído novos critérios de apuração ou processos de fiscalização, ampliado os poderes de investigação das autoridades administrativas, ou outorgado ao crédito maiores garantias ou privilégios, exceto, neste último caso, para o efeito de atribuir responsabilidade tributária a terceiros.

§ 2.º O disposto neste artigo não se aplica aos impostos lançados por períodos certos de tempo, desde que a respectiva lei fixe expressamente a data em que o fato gerador se considera ocorrido.

> *Vide* art. 156, parágrafo único, do CTN.

Art. 145. O lançamento regularmente notificado ao sujeito passivo só pode ser alterado em virtude de:

I – impugnação do sujeito passivo;

> *Vide* art. 151, III, do CTN.

II – recurso de ofício;

III – iniciativa de ofício da autoridade administrativa, nos casos previstos no art. 149.

> *Vide* arts. 121 e 122 (sujeito passivo) do CTN.

Art. 146. A modificação introduzida, de ofício ou em consequência de decisão administrativa ou judicial, nos critérios jurídicos adotados pela autoridade administrativa no exercício do lançamento somente pode ser efetivada, em relação a um mesmo sujeito passivo, quanto a fato gerador ocorrido posteriormente à sua introdução.

> *Vide* arts. 121 e 122 (sujeito passivo) do CTN.

Seção II
Modalidades de Lançamento

Art. 147. O lançamento é efetuado com base na declaração do sujeito passivo ou de terceiro, quando um ou outro, na forma da legislação tributária, presta à autoridade administrativa informações sobre matéria de fato, indispensáveis à sua efetivação.

> *Vide* Súmula 436 do STJ.

§ 1.º A retificação da declaração por iniciativa do próprio declarante, quando vise a reduzir ou a excluir tributo, só é admissível mediante comprovação do erro em que se funde, e antes de notificado o lançamento.

§ 2.º Os erros contidos na declaração e apuráveis pelo seu exame serão retificados de ofício pela autoridade administrativa a que competir a revisão daquela.

> *Vide* arts. 121 e 122 (sujeito passivo) do CTN.

Art. 148. Quando o cálculo do tributo tenha por base, ou tome em consideração, o valor ou o preço de bens, direitos, serviços ou atos jurídicos, a autoridade lançadora, mediante processo regular, arbitrará aquele valor ou preço, sempre que sejam omissos ou não mereçam fé as declarações ou os esclarecimentos prestados, ou os documentos expedidos pelo sujeito passivo ou pelo terceiro legalmente obrigado, ressalvada, em caso de contestação, avaliação contraditória, administrativa ou judicial.

> *Vide* Súmula 431 do STJ.

Art. 149. O lançamento é efetuado e revisto de ofício pela autoridade administrativa nos seguintes casos:

I – quando a lei assim o determine;

II – quando a declaração não seja prestada, por quem de direito, no prazo e na forma da legislação tributária;

III – quando a pessoa legalmente obrigada, embora tenha prestado declaração nos termos do inciso anterior, deixe de atender, no prazo e na forma da legislação tributária, a pedido de esclarecimento formulado pela autoridade administrativa, recuse-se a prestá-lo ou não o preste satisfatoriamente, a juízo daquela autoridade;

IV – quando se comprove falsidade, erro ou omissão quanto a qualquer elemento definido na legislação tributária como sendo de declaração obrigatória;

V – quando se comprove omissão ou inexatidão, por parte da pessoa legalmente obrigada, no exercício da atividade a que se refere o artigo seguinte;

VI – quando se comprove ação ou omissão do sujeito passivo, ou de terceiro legalmente obrigado, que dê lugar à aplicação de penalidade pecuniária;

VII – quando se comprove que o sujeito passivo, ou terceiro em benefício daquele, agiu com dolo, fraude ou simulação;

> *Vide* arts. 145 a 150 e 158 a 165 do CC.

VIII – quando deva ser apreciado fato não conhecido ou não provado por ocasião do lançamento anterior;

IX – quando se comprove que, no lançamento anterior, ocorreu fraude ou falta funcional da autoridade que o efetuou, ou omissão, pela mesma autoridade, de ato ou formalidade especial.

Parágrafo único. A revisão do lançamento só pode ser iniciada enquanto não extinto o direito da Fazenda Pública.

> *Vide* arts. 145, III, 156 e 173 do CTN.

> *Vide* CC, arts. 145 (dolo) e 167 (simulação).

Art. 150. O lançamento por homologação, que ocorre quanto aos tributos cuja legislação atribua ao sujeito passivo o dever de antecipar o pagamento sem prévio exame da autoridade administrativa, opera-se pelo ato em que a referida autoridade, tomando conhecimento da atividade assim exercida pelo obrigado, expressamente a homologa.

>> *Vide* Súmula 436 do STJ.

> *Vide* art. 162, § 3.º, do CTN.

§ 1.º O pagamento antecipado pelo obrigado nos termos deste artigo extingue o crédito, sob condição resolutória da ulterior homologação do lançamento.

§ 2.º Não influem sobre a obrigação tributária quaisquer atos anteriores à homologação, praticados pelo sujeito passivo ou por terceiro, visando à extinção total ou parcial do crédito.

§ 3.º Os atos a que se refere o parágrafo anterior serão, porém, considerados na apuração do saldo porventura devido e, sendo o caso, na imposição de penalidade, ou sua graduação.

§ 4.º Se a lei não fixar prazo à homologação, será ele de 5 (cinco) anos, a contar da ocorrência do fato gerador; expirado esse prazo sem que a Fazenda Pública se tenha pronunciado, considera-se homologado o lançamento e definitivamente extinto o crédito, salvo se comprovada a ocorrência de dolo, fraude ou simulação.

> *Vide* Súmula 446 do STJ.

CAPÍTULO III
SUSPENSÃO DO CRÉDITO TRIBUTÁRIO

Seção I
Disposições Gerais

Art. 151. Suspendem a exigibilidade do crédito tributário:

> *Vide* art. 191-A do CTN.

> *Vide* Súmula 437 do STJ.

I – moratória;

>>> *Vide* arts. 152 a 155-A do CTN.

II – o depósito do seu montante integral;

> *Vide* Súmula 112 do STJ.

III – as reclamações e os recursos, nos termos das leis reguladoras do processo tributário administrativo;

> *Vide* art. 784, § 1.º, do CPC.

> *Vide* Súmula Vinculante 21.

>>> *Vide* Decreto n. 70.235, de 6-3-1972, que dispõe sobre o processo administrativo fiscal.

IV – a concessão de medida liminar em mandado de segurança;

>>> *Vide* art. 7.º, III, da Lei n. 12.016, de 7-8-2009.

>>> *Vide* Súmula Vinculante 21.

V – a concessão de medida liminar ou de tutela antecipada, em outras espécies de ação judicial;

>> Inciso V acrescentado pela Lei Complementar n. 104, de 10-1-2001.

VI – o parcelamento.

>> Inciso VI acrescentado pela Lei Complementar n. 104, de 10-1-2001.

Parágrafo único. O disposto neste artigo não dispensa o cumprimento das obrigações acessórias dependentes da obrigação principal cujo crédito seja suspenso, ou dela consequentes.

> *Vide* Decreto n. 70.235, de 6-3-1972 (processo administrativo fiscal).

> *Vide* art. 113, § 1.º (obrigação principal) e §§ 2.º e 3.º (obrigações acessórias), do CTN.

Seção II
Moratória

Art. 152. A moratória somente pode ser concedida:

I – em caráter geral:

a) pela pessoa jurídica de direito público competente para instituir o tributo a que se refira;

b) pela União, quanto a tributos de competência dos Estados, do Distrito Federal ou dos Municípios, quando simultaneamente concedida quanto aos tributos de competência federal e às obrigações de direito privado;

II – em caráter individual, por despacho da autoridade administrativa, desde que autorizada por lei nas condições do inciso anterior.

Parágrafo único. A lei concessiva de moratória pode circunscrever expressamente a sua aplicabilidade a determinada região do território da pessoa jurídica de direito público que a expedir, ou a determinada classe ou categoria de sujeitos passivos.

Art. 153. A lei que conceda moratória em caráter geral ou autorize sua concessão em caráter individual especificará, sem prejuízo de outros requisitos:

I – o prazo de duração do favor;

II – as condições da concessão do favor em caráter individual;

III – sendo caso:

a) os tributos a que se aplica;

b) o número de prestações e seus vencimentos, dentro do prazo a que se refere o inciso I, podendo atribuir a fixação de uns e de outros à autoridade administrativa, para cada caso de concessão em caráter individual;

c) as garantias que devem ser fornecidas pelo beneficiado no caso de concessão em caráter individual.

Art. 154. Salvo disposição de lei em contrário, a moratória somente abrange os créditos definitivamente constituídos à data da lei ou do despacho que a conceder, ou cujo lançamento já tenha sido iniciado àquela data por ato regularmente notificado ao sujeito passivo.

Parágrafo único. A moratória não aproveita aos casos de dolo, fraude ou simulação do sujeito passivo ou do terceiro em benefício daquele.

> *Vide* art. 161, § 1.º, do CTN.

> *Vide* arts. 172, parágrafo único, e 179, § 2.º, do CTN.

> *Vide* art. 174 (prescrição) do CTN.

Art. 155. A concessão da moratória em caráter individual não gera direito adquirido e será revogada de ofício, sempre que se apure que o beneficiado não satisfazia ou deixou de satisfazer as condições ou não cumpria ou deixou de cumprir os requisitos para a concessão do favor, cobrando-se o crédito acrescido de juros de mora:

> *Vide* arts. 179, § 2.º, e 182, parágrafo único, do CTN.

> *Vide* art. 406 do CC.

I – com imposição da penalidade cabível, nos casos de dolo ou simulação do beneficiado, ou de terceiro em benefício daquele;

II – sem imposição de penalidade, nos demais casos.

Parágrafo único. No caso do inciso I deste artigo, o tempo decorrido entre a concessão da moratória e sua revogação não se computa para efeito da prescrição do direito à cobrança do crédito; no caso do inciso II deste artigo, a revogação só pode ocorrer antes de prescrito o referido direito.

Art. 155-A. O parcelamento será concedido na forma e condição estabelecidas em lei específica.

>> *Caput* acrescentado pela Lei Complementar n. 104, de 10-1-2001.

§ 1.º Salvo disposição de lei em contrário, o parcelamento do crédito tributário não exclui a incidência de juros e multas.

>> § 1.º acrescentado pela Lei Complementar n. 104, de 10-1-2001.

§ 2.º Aplicam-se, subsidiariamente, ao parcelamento as disposições desta Lei, relativas à moratória.

>> § 2.º acrescentado pela Lei Complementar n. 104, de 10-1-2001.

§ 3.º Lei específica disporá sobre as condições de parcelamento dos créditos tributários do devedor em recuperação judicial.

>> § 3.º acrescentado pela Lei Complementar n. 118, de 9-2-2005.

§ 4.º A inexistência da lei específica a que se refere o § 3.º deste artigo importa na aplicação das leis gerais de parcelamento do ente da Federação ao devedor em recuperação judicial, não podendo, neste caso, ser o prazo de parcelamento inferior ao concedido pela lei federal específica.

>> § 4.º acrescentado pela Lei Complementar n. 118, de 9-2-2005.

CAPÍTULO IV
EXTINÇÃO DO CRÉDITO TRIBUTÁRIO

Seção I
Modalidades de Extinção

Art. 156. Extinguem o crédito tributário:

I – o pagamento;

> *Vide* arts. 157 a 164 do CTN.

II – a compensação;

> *Vide* arts. 170 e 170-A do CTN.

III – a transação;

> *Vide* art. 171 do CTN.

IV – a remissão;

>> *Vide* art. 150, § 6.º, da CF.

> *Vide* art. 172 do CTN.

V – a prescrição e a decadência;

> *Vide* art. 146, III, *b*, da CF.

> *Vide* Súmula Vinculante 8.

VI – a conversão de depósito em renda;

VII – o pagamento antecipado e a homologação do lançamento nos termos do disposto no art. 150 e seus §§ 1.º e 4.º;

VIII – a consignação em pagamento, nos termos do disposto no § 2.º do art. 164;

IX – a decisão administrativa irreformável, assim entendida a definitiva na órbita administrativa, que não mais possa ser objeto de ação anulatória;

X – a decisão judicial passada em julgado;

XI – a dação em pagamento em bens imóveis, na forma e condições estabelecidas em lei.

>> Inciso XI acrescentado pela Lei Complementar n. 104, de 10-1-2001.

>>> A Lei n. 13.259, de 16-3-2016, com alterações da Lei n. 13.313, de 14-7-2016, regulamenta a dação em pagamento de bens imóveis.

Parágrafo único. A lei disporá quanto aos efeitos da extinção total ou parcial do crédito sobre a ulterior verificação da irregularidade da sua constituição, observado o disposto nos arts. 144 e 149.

> Modalidades de extinção não expressas no CTN: novação (arts. 360 a 367 do CC) e confusão (arts. 381 a 384 do CC).

Seção II
Pagamento

Art. 157. A imposição de penalidade não ilide o pagamento integral do crédito tributário.

>> Mantivemos "ilide" conforme publicação oficial. Entendemos que o correto seria "elide".

>> *Vide* Súmula 560 do STF.

Art. 158. O pagamento de um crédito não importa em presunção de pagamento:

I – quando parcial, das prestações em que se decomponha;

> *Vide* arts. 322 e 943 do CC.

II – quando total, de outros créditos referentes ao mesmo ou a outros tributos.

Art. 159. Quando a legislação tributária não dispuser a respeito, o pagamento é efetuado na repartição competente do domicílio do sujeito passivo.

> *Vide* arts. 96 (legislação tributária) e 127 (domicílio tributário) do CTN.

> *Vide* art. 327 do CC.

Art. 160. Quando a legislação tributária não fixar o tempo do pagamento, o vencimento do crédito ocorre 30 (trinta) dias depois da data em que se considera o sujeito passivo notificado do lançamento.

> *Vide* arts. 331 a 333 do CC.

> *Vide* Súmulas 360, 436 e 446 do STJ.

Parágrafo único. A legislação tributária pode conceder desconto pela antecipação do pagamento, nas condições que estabeleça.

> *Vide* art. 171 do CTN.

Art. 161. O crédito não integralmente pago no vencimento é acrescido de juros de mora, seja qual for o motivo determinante da falta, sem prejuízo da imposição das penalidades cabíveis e da aplicação de quaisquer medidas de garantia previstas nesta Lei ou em lei tributária.

§ 1.º Se a lei não dispuser de modo diverso, os juros de mora são calculados à taxa de 1% (um por cento) ao mês.

>> *Vide* Súmula 523 do STJ.

> *Vide* art. 406 do CC.

§ 2.º O disposto neste artigo não se aplica na pendência de consulta formulada pelo devedor dentro do prazo legal para pagamento do crédito.

Art. 162. O pagamento é efetuado:

I – em moeda corrente, cheque ou vale postal;

> *Vide* art. 3.º do CTN.

II – nos casos previstos em lei, em estampilha, em papel selado, ou por processo mecânico.

> *Vide* Súmula 547 do STF.

§ 1.º A legislação tributária pode determinar as garantias exigidas para o pagamento por cheque ou vale postal, desde que não o torne impossível ou mais oneroso que o pagamento em moeda corrente.

§ 2.º O crédito pago por cheque somente se considera extinto com o resgate deste pelo sacado.

> *Vide* sobre cheques: Decreto n. 57.595, de 7-1-1966, e Lei n. 7.357, de 2-9-1985.

§ 3.º O crédito pagável em estampilha considera-se extinto com a inutilização regular daquela, ressalvado o disposto no art. 150.

§ 4.º A perda ou destruição da estampilha, ou o erro no pagamento por esta modalidade não dão direito à restituição, salvo nos casos expressamente previstos na legislação tributária, ou naqueles em que o erro seja imputável à autoridade administrativa.

§ 5.º O pagamento em papel selado ou por processo mecânico equipara-se ao pagamento em estampilha.

Art. 163. Existindo simultaneamente dois ou mais débitos vencidos do mesmo sujeito passivo para com a mesma pessoa jurídica de direito público, relativos ao mesmo ou a diferentes tributos ou provenientes de penalidade pecuniária ou juros de mora, a autoridade administrativa competente para receber o pagamento determinará a respectiva imputação, obedecidas as seguintes regras, na ordem em que enumeradas:

> *Vide* art. 352 do CC.

> *Vide* art. 187, parágrafo único, do CTN.

I – em primeiro lugar, aos débitos por obrigação própria, e em segundo lugar aos decorrentes de responsabilidade tributária;

II – primeiramente, às contribuições de melhoria, depois às taxas e por fim aos impostos;

III – na ordem crescente dos prazos de prescrição;

IV – na ordem decrescente dos montantes.

> *Vide* arts. 81 e s. (contribuição de melhoria), 128 e s. (responsabilidade tributária) e 174 (prescrição) do CTN.

Art. 164. A importância do crédito tributário pode ser consignada judicialmente pelo sujeito passivo, nos casos:

> *Vide* arts. 334 a 345 do CC.

> *Vide* arts. 539 e s. do CPC.

I – de recusa de recebimento, ou subordinação deste ao pagamento de outro tributo ou de penalidade, ou ao cumprimento de obrigação acessória;

II – de subordinação do recebimento ao cumprimento de exigências administrativas sem fundamento legal;

III – de exigência, por mais de uma pessoa jurídica de direito público, de tributo idêntico sobre um mesmo fato gerador.

§ 1.º A consignação só pode versar sobre o crédito que o consignante se propõe pagar.

§ 2.º Julgada procedente a consignação, o pagamento se reputa efetuado e a importância consignada é convertida em renda; julgada improcedente a consignação no todo ou em parte, cobra-se o crédito acrescido de juros de mora, sem prejuízo das penalidades cabíveis.

Seção III
Pagamento Indevido

Art. 165. O sujeito passivo tem direito, independentemente de prévio protesto, à restituição total ou parcial do tributo, seja qual for a modalidade do seu pagamento, ressalvado o disposto no § 4.º do art. 162, nos seguintes casos:

> *Vide* Súmulas 162, 188 e 447 do STJ.

I – cobrança ou pagamento espontâneo de tributo indevido ou maior que o devido em face da legislação tributária aplicável, ou da natureza ou circunstâncias materiais do fato gerador efetivamente ocorrido;

> *Vide* Súmula 461 do STJ.

II – erro na edificação do sujeito passivo, na determinação da alíquota aplicável, no cálculo do montante do débito ou na elaboração ou conferência de qualquer documento relativo ao pagamento;

>> Mantivemos "edificação" conforme publicação oficial. Entendemos que o correto seria "identificação".

> *Vide* art. 168, I, do CTN.

III – reforma, anulação, revogação ou rescisão de decisão condenatória.

> *Vide* art. 168, I, do CTN.

> *Vide* CC, arts. 876 a 883 (pagamento indevido).

Art. 166. A restituição de tributos que comportem, por sua natureza, transferência do respectivo encargo financeiro somente será feita a quem prove haver assumido referido encargo, ou, no caso de tê-lo transferido a terceiro, estar por este expressamente autorizado a recebê-la.

> "Se o contribuinte houver pago o imposto a um Estado quando devido a outro, terá direito à restituição do que houver recolhido indevidamente, feita a prova do pagamento ou do início deste ao Estado onde efetivamente devido" (art. 2.º, § 2.º, do Decreto-lei n. 834, de 8-9-1969).

> *Vide* Súmula 546 do STF.

> *Vide* Súmula 614 do STJ.

Art. 167. A restituição total ou parcial do tributo dá lugar à restituição, na mesma proporção, dos juros de mora e das penalidades pecuniárias, salvo as referentes a infrações de caráter formal não prejudicadas pela causa da restituição.

Parágrafo único. A restituição vence juros não capitalizáveis, a partir do trânsito em julgado da decisão definitiva que a determinar.

> *Vide* Súmula 188 do STJ.

>>> *Vide* Súmula 162 do STJ (correção monetária).

Art. 168. O direito de pleitear a restituição extingue-se com o decurso do prazo de 5 (cinco) anos, contados:

>>> *Vide* Súmula 625 do STJ.

> *Vide* Súmula 412 do STJ.

I – nas hipóteses dos incisos I e II do art. 165, da data da extinção do crédito tributário;

>> O art. 3.º da Lei Complementar n. 118, de 9-2-2005, estabelece que, para efeito de interpretação deste inciso, a extinção do crédito tributário ocorre, no caso de tributo sujeito a lançamento por homologação, no momento do pagamento antecipado de que trata o art. 150 do CTN.

II – na hipótese do inciso III do art. 165, da data em que se tornar definitiva a decisão administrativa ou passar em julgado a decisão judicial que tenha reformado, anulado, revogado ou rescindido a decisão condenatória.

Art. 169. Prescreve em 2 (dois) anos a ação anulatória da decisão administrativa que denegar a restituição.

Parágrafo único. O prazo de prescrição é interrompido pelo início da ação judicial, recomeçando o seu curso, por metade, a partir da data da intimação validamente feita ao representante judicial da Fazenda Pública interessada.

Seção IV
Demais Modalidades de Extinção

Art. 170. A lei pode, nas condições e sob as garantias que estipular, ou cuja estipulação em cada caso atribuir à autoridade administrativa, autorizar a compensação de créditos tributários com créditos líquidos e certos, vencidos ou vincendos, do sujeito passivo contra a Fazenda Pública.

> *Vide* arts. 368 a 380 do CC.

> *Vide* Súmulas 212, 213 e 464 do STJ.

Parágrafo único. Sendo vincendo o crédito do sujeito passivo, a lei determinará, para os efeitos deste artigo, a apuração do seu montante, não podendo, porém, cominar redução maior que a correspondente ao juro de 1% (um por cento) ao mês pelo tempo a decorrer entre a data da compensação e a do vencimento.

Art. 170-A. É vedada a compensação mediante o aproveitamento de tributo, objeto de contestação judicial pelo sujeito passivo, antes do trânsito em julgado da respectiva decisão judicial.

>> Artigo acrescentado pela Lei Complementar n. 104, de 10-1-2001.

> *Vide* art. 7.º, § 2.º, da Lei n. 12.016, de 7-8-2009.

>>> A Lei n. 13.670, de 30-5-2018, versa sobre compensação de tributos federais.

>> *Vide* Lei Complementar n. 174, de 5-8-2020.

Art. 171. A lei pode facultar, nas condições que estabeleça, aos sujeitos ativo e passivo da obrigação tributária celebrar transação que, mediante concessões mútuas, importe em determinação de litígio e consequente extinção de crédito tributário.

>> Mantivemos "determinação" conforme publicação oficial. Entendemos que o correto seria "terminação".

>> *Vide* Lei n. 13.988, de 14-4-2020, que dispõe sobre transação resolutiva de litígio tributário.

>> *Vide* Lei Complementar n. 174, de 5-8-2020.

Parágrafo único. A lei indicará a autoridade competente para autorizar a transação em cada caso.

Art. 172. A lei pode autorizar a autoridade administrativa a conceder, por despacho fundamentado, remissão total ou parcial do crédito tributário, atendendo:

I – à situação econômica do sujeito passivo;

II – ao erro ou ignorância escusáveis do sujeito passivo, quanto a matéria de fato;

III – à diminuta importância do crédito tributário;

IV – a considerações de equidade, em relação com as características pessoais ou materiais do caso;

> *Vide* art. 108, IV, do CTN.

V – a condições peculiares a determinada região do território da entidade tributante.

Parágrafo único. O despacho referido neste artigo não gera direito adquirido, aplicando-se, quando cabível, o disposto no art. 155.

> *Vide* art. 156, IV, do CTN.

Art. 173. O direito de a Fazenda Pública constituir o crédito tributário extingue-se após 5 (cinco) anos, contados:

I – do primeiro dia do exercício seguinte àquele em que o lançamento poderia ter sido efetuado;

>> *Vide* Súmula 555 do STJ.

II – da data em que se tornar definitiva a decisão que houver anulado, por vício formal, o lançamento anteriormente efetuado.

Parágrafo único. O direito a que se refere este artigo extingue-se definitivamente com o decurso do prazo nele previsto, contado da data em que tenha sido iniciada a constituição do crédito tributário pela notificação, ao sujeito passivo, de qualquer medida preparatória indispensável ao lançamento.

> *Vide* arts. 142 a 150 (constituição do crédito tributário) do CTN.

> *Vide* Súmula 210 do STJ.

Art. 174. A ação para a cobrança do crédito tributário prescreve em 5 (cinco) anos, contados da data da sua constituição definitiva.

>>> *Vide* Súmulas 622 e 625 do STJ.

> *Vide* Súmula 409 do STJ.

> *Vide* art. 40 da Lei n. 6.830, de 22-9-1980.

Parágrafo único. A prescrição se interrompe:

I – pelo despacho do juiz que ordenar a citação em execução fiscal;

>> Inciso I com redação determinada pela Lei Complementar n. 118, de 9-2-2005.

II – pelo protesto judicial;

III – por qualquer ato judicial que constitua em mora o devedor;

IV – por qualquer ato inequívoco ainda que extrajudicial, que importe em reconhecimento do débito pelo devedor.

> *Vide* Súmulas 210 e 314 do STJ.

Capítulo V
EXCLUSÃO DO CRÉDITO TRIBUTÁRIO

Seção I
Disposições Gerais

Art. 175. Excluem o crédito tributário:

> *Vide* art. 111 do CTN (interpretação).

I – a isenção;

II – a anistia.

Parágrafo único. A exclusão do crédito tributário não dispensa o cumprimento das obrigações acessórias, dependentes da obrigação principal cujo crédito seja excluído, ou dela consequente.

> *Vide* arts. 176 a 179 (isenção) do CTN.

> *Vide* arts. 180 a 182 (anistia) do CTN.

> *Vide* arts. 113 e s. (obrigação tributária) do CTN.

Seção II
Isenção

Art. 176. A isenção, ainda quando prevista em contrato, é sempre decorrente de lei que especifique as condições e requisitos exigidos para a sua concessão, os tributos a que se aplica e, sendo caso, o prazo de sua duração.

Parágrafo único. A isenção pode ser restrita a determinada região do território da entidade tributante, em função de condições a ela peculiares.

> *Vide* art. 151, I, da CF (princípio da uniformidade geográfica da tributação).

Art. 177. Salvo disposição de lei em contrário, a isenção não é extensiva:

I – às taxas e às contribuições de melhoria;

II – aos tributos instituídos posteriormente à sua concessão.

Art. 178. A isenção, salvo se concedida por prazo certo e em função de determinadas condições, pode ser revogada ou modificada por lei, a qualquer tempo, observado o disposto no inciso III do art. 104.

>> Artigo com redação determinada pela Lei Complementar n. 24, de 7-1-1975.

> *Vide* Súmula 544 do STF.

Art. 179. A isenção, quando não concedida em caráter geral, é efetivada, em cada caso, por despacho da autoridade administrativa, em requerimento com o qual o interessado faça prova do preenchimento das condições e do cumprimento dos requisitos previstos em lei ou contrato para sua concessão.

§ 1.º Tratando-se de tributo lançado por período certo de tempo, o despacho referido neste artigo será renovado antes da expiração de cada período, cessando automaticamente os seus efeitos a partir do primeiro dia do período para o qual o interessado deixar de promover a continuidade do reconhecimento da isenção.

§ 2.º O despacho referido neste artigo não gera direito adquirido, aplicando-se, quando cabível, o disposto no art. 155.

> *Vide* Súmulas 543 e 544 do STF.

Seção III
Anistia

Art. 180. A anistia abrange exclusivamente as infrações cometidas anteriormente à vigência da lei que a concede, não se aplicando:

I – aos atos qualificados em lei como crimes ou contravenções e aos que, mesmo sem essa qualificação, sejam praticados com dolo, fraude ou simulação pelo sujeito passivo ou por terceiro em benefício daquele;

II – salvo disposição em contrário, às infrações resultantes de conluio entre duas ou mais pessoas naturais ou jurídicas.

Art. 181. A anistia pode ser concedida:

I – em caráter geral;

II – limitadamente:

a) às infrações da legislação relativa a determinado tributo;

b) às infrações punidas com penalidades pecuniárias até determinado montante, conjugadas ou não com penalidades de outra natureza;

c) a determinada região do território da entidade tributante, em função de condições a ela peculiares;

> *Vide* art. 151, I, da CF.

d) sob condição do pagamento de tributo no prazo fixado pela lei que a conceder, ou cuja fixação seja atribuída pela mesma lei à autoridade administrativa.

Art. 182. A anistia, quando não concedida em caráter geral, é efetivada, em cada caso, por despacho da autoridade administrativa, em requerimento com o qual o interessado faça prova do preenchimento das condições e do cumprimento dos requisitos previstos em lei para sua concessão.

Parágrafo único. O despacho referido neste artigo não gera direito adquirido, aplicando-se, quando cabível, o disposto no art. 155.

CAPÍTULO VI
GARANTIAS E PRIVILÉGIOS DO CRÉDITO TRIBUTÁRIO

Seção I
Disposições Gerais

Art. 183. A enumeração das garantias atribuídas neste Capítulo ao crédito tributário não exclui outras que sejam expressamente previstas em lei, em função da natureza ou das características do tributo a que se refiram.

Parágrafo único. A natureza das garantias atribuídas ao crédito tributário não altera a natureza deste nem a da obrigação tributária a que corresponda.

Art. 184. Sem prejuízo dos privilégios especiais sobre determinados bens, que sejam previstos em lei, responde pelo pagamento do crédito tributário a totalidade dos bens e das rendas, de qualquer origem ou natureza, do sujeito passivo, seu espólio ou sua massa falida, inclusive os gravados por ônus real ou cláusula de inalienabilidade ou impenhorabilidade, seja qual for a data da constituição do ônus ou da cláusula, excetuados unicamente os bens e rendas que a lei declare absolutamente impenhoráveis.

> *Vide* art. 813 do CC.

> *Vide* arts. 832 e 833 do CPC.

> *Vide* art. 30 da LEF.

> A Lei n. 8.009, de 29-3-1990, dispõe sobre a impenhorabilidade do bem de família.

Art. 185. Presume-se fraudulenta a alienação ou oneração de bens ou rendas, ou seu começo, por sujeito passivo em débito para com a Fazenda Pública, por crédito tributário regularmente inscrito como dívida ativa.

>> *Caput* com redação determinada pela Lei Complementar n. 118, de 9-2-2005.

> *Vide* art. 792 do CPC.

Parágrafo único. O disposto neste artigo não se aplica na hipótese de terem sido reservados, pelo devedor, bens ou rendas suficientes ao total pagamento da dívida inscrita.

>> Parágrafo único com redação determinada pela Lei Complementar n. 118, de 9-2-2005.

> *Vide* art. 204 (presunção jurídica) do CTN.

Art. 185-A. Na hipótese de o devedor tributário, devidamente citado, não pagar nem apresentar bens à penhora no prazo legal e não forem encontrados bens penhoráveis, o juiz determinará a indisponibilidade de seus bens e direitos, comunicando a decisão, preferencialmente por meio eletrônico, aos órgãos e entidades que promovem registros de transferência de bens, especialmente ao registro público de imóveis e às autoridades supervisoras do mercado bancário e do mercado de capitais, a fim de que, no âmbito de suas atribuições, façam cumprir a ordem judicial.

>> *Caput* acrescentado pela Lei Complementar n. 118, de 9-2-2005.

>> *Vide* Súmula 560 do STJ.

§ 1.º A indisponibilidade de que trata o *caput* deste artigo limitar-se-á ao valor total exigível, devendo o juiz determinar o imediato levantamento da indisponibilidade dos bens ou valores que excederem esse limite.

>> § 1.º acrescentado pela Lei Complementar n. 118, de 9-2-2005.

§ 2.º Os órgãos e entidades aos quais se fizer a comunicação de que trata o *caput* deste artigo enviarão imediatamente ao juízo a relação discriminada dos bens e direitos cuja indisponibilidade houverem promovido.

>> § 2.º acrescentado pela Lei Complementar n. 118, de 9-2-2005.

Seção II
Preferências

Art. 186. O crédito tributário prefere a qualquer outro, seja qual for sua natureza ou o tempo de sua constituição, ressalvados os créditos decorrentes da legislação do trabalho ou do acidente de trabalho.

>> *Caput* com redação determinada pela Lei Complementar n. 118, de 9-2-2005.

>>> *Vide* art. 83 da Lei n. 11.101, de 9-2-2005.

Parágrafo único. Na falência:

>> Parágrafo único, *caput*, acrescentado pela Lei Complementar n. 118, de 9-2-2005.

I – o crédito tributário não prefere aos créditos extraconcursais ou às importâncias passíveis de restituição, nos termos da lei falimentar, nem aos créditos com garantia real, no limite do valor do bem gravado;

>> Inciso I acrescentado pela Lei Complementar n. 118, de 9-2-2005.

>>> *Vide* art. 188 do CTN.

>>> *Vide* art. 85 da Lei n. 11.101, de 9-2-2005.

II – a lei poderá estabelecer limites e condições para a preferência dos créditos decorrentes da legislação do trabalho; e

>> Inciso II acrescentado pela Lei Complementar n. 118, de 9-2-2005.

III – a multa tributária prefere apenas aos créditos subordinados.

>> Inciso III acrescentado pela Lei Complementar n. 118, de 9-2-2005.

> *Vide* Súmula 270 do STJ.

Art. 187. A cobrança judicial do crédito tributário não é sujeita a concurso de credores ou habilitação em falência, recuperação judicial, concordata, inventário ou arrolamento.

>> *Caput* com redação determinada pela Lei Complementar n. 118, de 9-2-2005.

>> A Lei n. 11.101, de 9-2-2005, substitui a concordata pela recuperação judicial e extrajudicial do empresário e da sociedade empresária.

>> *Vide* art. 83, III, da Lei n. 11.101, de 9-2-2005.

Parágrafo único. O concurso de preferência somente se verifica entre pessoas jurídicas de direito público, na seguinte ordem:

> *Vide* Súmula 497 do STJ.

I – União;

II – Estados, Distrito Federal e Territórios, conjuntamente e *pro rata*;

III – Municípios, conjuntamente e *pro rata*.

>> *Vide* Súmula 563 do STF.

> *Vide* arts. 139 e s. (crédito tributário) do CTN.

> *Vide* art. 29, parágrafo único, da LEF.

Art. 188. São extraconcursais os créditos tributários decorrentes de fatos geradores ocorridos no curso do processo de falência.

>> *Caput* com redação determinada pela Lei Complementar n. 118, de 9-2-2005.

>> *Vide* art. 84 da Lei n. 11.101, de 9-2-2005.

§ 1.º Contestado o crédito tributário, o juiz remeterá as partes ao processo competente, mandando reservar bens suficientes à extinção total do crédito e seus acrescidos, se a massa não puder efetuar a garantia da instância por outra forma, ouvido, quanto à natureza e valor dos bens reservados, o representante da Fazenda Pública interessada.

§ 2.º O disposto neste artigo aplica-se aos processos de concordata.

Art. 189. São pagos preferencialmente a quaisquer créditos habilitados em inventário ou arrolamento, ou a outros encargos do monte, os créditos tributários vencidos ou vincendos, a cargo do *de cujus* ou de seu espólio, exigíveis no decurso do processo de inventário ou arrolamento.

> *Vide* art. 1.796 do CC.

> *Vide* arts. 654 e 663 do CPC.

Parágrafo único. Contestado o crédito tributário, proceder-se-á na forma do disposto no § 1.º do artigo anterior.

Art. 190. São pagos preferencialmente a quaisquer outros os créditos tributários vencidos ou vincendos, a cargo de pessoas jurídicas de direito privado em liquidação judicial ou voluntária, exigíveis no decurso da liquidação.

> *Vide* art. 18, *b*, da Lei n. 6.024, de 13-3-1974.

Art. 191. A extinção das obrigações do falido requer prova de quitação de todos os tributos.

>> Artigo com redação determinada pela Lei Complementar n. 118, de 9-2-2005.

Art. 191-A. A concessão de recuperação judicial depende da apresentação da prova de quitação de todos os tributos, observado o disposto nos arts. 151, 205 e 206 desta Lei.

>> Artigo acrescentado pela Lei Complementar n. 118, de 9-2-2005.

Art. 192. Nenhuma sentença de julgamento de partilha ou adjudicação será proferida sem prova da quitação de todos os tributos relativos aos bens do espólio, ou às suas rendas.

> *Vide* CC, arts. 2.013 e s. (partilha).

> *Vide* art. 655 do CPC.

Art. 193. Salvo quando expressamente autorizado por lei, nenhum departamento da administração pública da União, dos Estados, do Distrito Federal ou dos Municípios, ou sua autarquia, celebrará contrato ou aceitará proposta em concorrência pública sem que contratante ou proponente faça prova da quitação de todos os tributos devidos à Fazenda Pública interessada, relativos à atividade em cujo exercício contrata ou concorre.

TÍTULO IV
ADMINISTRAÇÃO TRIBUTÁRIA

CAPÍTULO I
FISCALIZAÇÃO

Art. 194. A legislação tributária, observado o disposto nesta Lei, regulará, em caráter geral, ou especificamente em função da natureza do tributo de que se tratar, a competência e os poderes das autoridades administrativas em matéria de fiscalização da sua aplicação.

> *Vide* arts. 4.º, 96 e 179 do CTN.

Parágrafo único. A legislação a que se refere este artigo aplica-se às pessoas naturais ou jurídicas, contribuintes ou não, inclusive às que gozem de imunidade tributária ou de isenção de caráter pessoal.

Art. 195. Para os efeitos da legislação tributária, não têm aplicação quaisquer disposições legais excludentes ou limitativas do direito de examinar mercadorias, livros, arquivos, documentos, papéis e efeitos comerciais ou fiscais dos comerciantes, industriais ou produtores, ou da obrigação destes de exibi-los.

Parágrafo único. Os livros obrigatórios de escrituração comercial e fiscal e os comprovantes dos lançamentos neles efetuados serão conservados até que ocorra a prescrição dos créditos tributários decorrentes das operações a que se refiram.

> *Vide* Súmula 439 do STF.

Art. 196. A autoridade administrativa que proceder ou presidir a quaisquer diligências de fiscalização lavrará os termos necessários para que se documente o início do procedimento, na forma da legislação aplicável, que fixará prazo máximo para a conclusão daquelas.

Parágrafo único. Os termos a que se refere este artigo serão lavrados, sempre que possível, em um dos livros fiscais exibidos; quando lavrados em separado deles se entregará, à pessoa sujeita à fiscalização, cópia autenticada pela autoridade a que se refere este artigo.

Art. 197. Mediante intimação escrita, são obrigados a prestar à autoridade administrativa todas as informações de que disponham com relação aos bens, negócios ou atividades de terceiros:

I – os tabeliães, escrivães e demais serventuários de ofício;

II – os bancos, casas bancárias, Caixas Econômicas e demais instituições financeiras;

III – as empresas de administração de bens;

IV – os corretores, leiloeiros e despachantes oficiais;

V – os inventariantes;

VI – os síndicos, comissários e liquidatários;

VII – quaisquer outras entidades ou pessoas que a lei designe, em razão de seu cargo, ofício, função, ministério, atividade ou profissão.

Parágrafo único. A obrigação prevista neste artigo não abrange a prestação de informações quanto a fatos sobre os quais o informante esteja legalmente obrigado a observar segredo em razão de cargo, ofício, função, ministério, atividade ou profissão.

> *Vide* arts. 229 e s. do CC.

Art. 198. Sem prejuízo do disposto na legislação criminal, é vedada a divulgação, por parte da Fazenda Pública ou de seus servidores, de informação obtida em razão do ofício sobre a situação econômica ou financeira do sujeito passivo ou de terceiros e sobre a natureza e o estado de seus negócios ou atividades.

>> *Caput* com redação determinada pela Lei Complementar n. 104, de 10-1-2001.

§ 1.º Excetuam-se do disposto neste artigo, além dos casos previstos no art. 199, os seguintes:

I – requisição de autoridade judiciária no interesse da justiça;

>> *Vide* art. 21, parágrafo único, I, do Decreto n. 8.420, de 18-3-2015.

II – solicitações de autoridade administrativa no interesse da Administração Pública, desde que seja comprovada a instauração regular de processo administrativo, no órgão ou na entidade respectiva, com o objetivo de investigar o sujeito passivo a que se refere a informação, por prática de infração administrativa.

>> § 1.º acrescentado pela Lei Complementar n. 104, de 10-1-2001.

§ 2.º O intercâmbio de informação sigilosa, no âmbito da Administração Pública, será realizado mediante processo regularmente instaurado, e a entrega será feita pessoalmente à autoridade solicitante, mediante recibo, que formalize a transferência e assegure a preservação do sigilo.

>> § 2.º acrescentado pela Lei Complementar n. 104, de 10-1-2001.

§ 3.º Não é vedada a divulgação de informações relativas a:

>> § 3.º acrescentado pela Lei Complementar n. 104, de 10-1-2001.

I – representações fiscais para fins penais;

>> Inciso I acrescentado pela Lei Complementar n. 104, de 10-1-2001.

> *Vide* Lei n. 8.137, de 27-12-1990.

>>> *Vide* Súmula Vinculante 24.

II – inscrições na Dívida Ativa da Fazenda Pública;

>> Inciso II acrescentado pela Lei Complementar n. 104, de 10-1-2001.

> *Vide* art. 202 (dívida ativa) do CTN.

> *Vide* Lei n. 6.830, de 22-9-1980 (LEF).

III – parcelamento ou moratória.

>> Inciso III acrescentado pela Lei Complementar n. 104, de 10-1-2001.

> *Vide* arts. 152 a 155-A (moratória) do CTN.

Art. 199. A Fazenda Pública da União e as dos Estados, do Distrito Federal e dos Municípios prestar-se-ão mutuamente assistência para a fiscalização dos tributos respectivos e permuta de informações, na forma estabelecida, em caráter geral ou específico, por lei ou convênio.

Parágrafo único. A Fazenda Pública da União, na forma estabelecida em tratados, acordos ou convênios, poderá permutar informações com Estados estrangeiros no interesse da arrecadação e da fiscalização de tributos.

>> Parágrafo único acrescentado pela Lei Complementar n. 104, de 10-1-2001.

> *Vide* art. 96 do CTN.

Art. 200. As autoridades administrativas federais poderão requisitar o auxílio da força pública federal, estadual ou municipal, e reciprocamente, quando vítimas de embaraço ou desacato no exercício de suas funções, ou quando necessário à efetivação de medida prevista na legislação tributária, ainda que não se configure fato definido em lei como crime ou contravenção.

> *Vide* Lei n. 4.729, de 14-7-1965 (crime de sonegação fiscal).

> *Vide* Lei Complementar n. 123, de 14-12-2006, art. 29, II, sobre a exclusão do SIMPLES nas hipóteses que autorizem a requisição de auxílio da força pública.

Capítulo II
DÍVIDA ATIVA

>> *Vide* Lei n. 6.830, de 22-9-1980 (LEF).

Art. 201. Constitui dívida ativa tributária a proveniente de crédito dessa natureza, regularmente inscrita na repartição administrativa competente, depois de esgotado o prazo fixado, para pagamento, pela lei ou por decisão final proferida em processo regular.

> *Vide* art. 2.º da LEF.

Parágrafo único. A fluência de juros de mora não exclui, para os efeitos deste artigo, a liquidez do crédito.

> *Vide* Súmula 277 do STF.

Art. 202. O termo de inscrição da dívida ativa, autenticado pela autoridade competente, indicará obrigatoriamente:

> *Vide* Súmula 392 do STJ.

I – o nome do devedor e, sendo caso, o dos corresponsáveis, bem como, sempre que possível, o domicílio ou a residência de um e de outros;

II – a quantia devida e a maneira de calcular os juros de mora acrescidos;

III – a origem e a natureza do crédito, mencionada especificamente a disposição da lei em que seja fundado;

IV – a data em que foi inscrita;

V – sendo caso, o número do processo administrativo de que se originar o crédito.

Parágrafo único. A certidão conterá, além dos requisitos deste artigo, a indicação do livro e da folha da inscrição.

Art. 203. A omissão de quaisquer dos requisitos previstos no artigo anterior ou o erro a eles relativo são causas de nulidade da inscrição e do processo de cobrança dela decorrente, mas a nulidade poderá ser sanada até a decisão de primeira instância, mediante substituição da certidão nula, devolvido ao sujeito passivo, acusado ou interessado, o prazo para defesa, que somente poderá versar sobre a parte modificada.

> *Vide* Súmula 392 do STJ.

> *Vide* art. 2.º, § 8.º, da LEF.

Art. 204. A dívida regularmente inscrita goza da presunção de certeza e liquidez e tem o efeito de prova pré-constituída.

Parágrafo único. A presunção a que se refere este artigo é relativa e pode ser ilidida por prova inequívoca, a cargo do sujeito passivo ou do terceiro a que aproveite.

Capítulo III
CERTIDÕES NEGATIVAS

Art. 205. A lei poderá exigir que a prova da quitação de determinado tributo, quando exigível, seja feita por certidão negativa, expedida à vista de requerimento do interessado, que contenha todas as informações necessárias à identificação de sua pessoa, domicílio fiscal e ramo de negócio ou atividade e indique o período a que se refere o pedido.

> *Vide* art. 191-A do CTN.

> *Vide* Súmula 446 do STJ.

Parágrafo único. A certidão negativa será sempre expedida nos termos em que tenha sido requerida e será fornecida dentro de 10 (dez) dias da data da entrada do requerimento na repartição.

> O Decreto n. 84.702, de 13-5-1980, simplifica a prova de quitação de tributos, contribuições, anuidade e outros encargos e restringe a exigência de certidões no âmbito da Administração Federal.

Art. 206. Tem os mesmos efeitos previstos no artigo anterior a certidão de que conste a existência de créditos não vencidos, em curso de cobrança executiva em que tenha sido efetivada a penhora, ou cuja exigibilidade esteja suspensa.

> *Vide* arts. 151 e s., 191-A e 193 do CTN.

> *Vide* Súmula 446 do STJ.

Art. 207. Independentemente de disposição legal permissiva, será dispensada a prova de quitação de tributos, ou o seu suprimento, quando se tratar de prática de ato indispensável para evitar a caducidade de direito, respondendo, porém, todos os participantes no ato pelo tributo porventura devido, juros de mora e penalidades cabíveis, exceto as relativas a infrações cuja responsabilidade seja pessoal ao infrator.

Art. 208. A certidão negativa expedida com dolo ou fraude, que contenha erro contra a Fazenda Pública, responsabiliza pessoalmente o funcionário que a expedir, pelo crédito tributário e juros de mora acrescidos.

Parágrafo único. O disposto neste artigo não exclui a responsabilidade criminal e funcional que no caso couber.

> *Vide* art. 301 do CP.

DISPOSIÇÕES FINAIS E TRANSITÓRIAS

Art. 209. A expressão "Fazenda Pública", quando empregada nesta Lei sem qualificação, abrange a Fazenda Pública da União, dos Estados, do Distrito Federal e dos Municípios.

Art. 210. Os prazos fixados nesta Lei ou na legislação tributária serão contínuos, excluindo-se na sua contagem o dia de início e incluindo-se o de vencimento.

Parágrafo único. Os prazos só se iniciam ou vencem em dia de expediente normal na repartição em que corra o processo ou deva ser praticado o ato.

> *Vide* art. 655 do CPC.

> *Vide* Súmula 310 do STF.

Art. 211. Incumbe ao Conselho Técnico de Economia e Finanças, do Ministério da Fazenda, prestar assistência técnica aos governos estaduais e municipais, com o objetivo de assegurar a uniforme aplicação da presente Lei.

Art. 212. Os Poderes Executivos federal, estaduais e municipais expedirão, por decreto, dentro de 90 (noventa) dias da entrada em vigor desta Lei, a consolidação, em texto único, da legislação vigente, relativa a cada um dos tributos, repetindo-se esta providência até o dia 31 de janeiro de cada ano.

Art. 213. Os Estados pertencentes a uma mesma região geoeconômica celebrarão entre si convênios para o estabelecimento de alíquota uniforme para o imposto a que se refere o art. 52.

> *Vide* art. 155, § 4.º, IV, da CF.

Parágrafo único. Os Municípios de um mesmo Estado procederão igualmente, no que se refere à fixação da alíquota de que trata o art. 60.

>> Revogados os arts. 52 e 60 citados, respectivamente, pelo Decreto-lei n. 406, de 31-12-1968, e pelo Ato Complementar n. 31, de 28-12-1966.

Art. 214. O Poder Executivo promoverá a realização de convênios com os Estados, para excluir ou limitar a incidência do Imposto sobre Operações Relativas à Circulação de Mercadorias, no caso de exportação para o Exterior.

> *Vide* art. 155, § 2.º, X, *a*, da CF.

Art. 215. A lei estadual pode autorizar o Poder Executivo a reajustar, no exercício de 1967, a alíquota de imposto a que se refere o art. 52, dentro de limites e segundo critérios por ela estabelecidos.

>> Revogado o citado art. 52 pelo Decreto-lei n. 406, de 31-12-1968.

Art. 216. O Poder Executivo proporá as medidas legislativas adequadas a possibilitar, sem compressão dos investimentos previstos na proposta orçamentária de 1967, o cumprimento do disposto no art. 21 da Emenda Constitucional n. 18, de 1965.

Art. 217. As disposições desta Lei, notadamente as dos arts. 17, 74, § 2.º, e 77, parágrafo único, bem como a do art. 54 da Lei n. 5.025, de 10 de junho de 1966, não excluem a incidência e a exigibilidade:

>> *Caput* acrescentado pelo Decreto-lei n. 27, de 14-11-1966.

> *Vide* art. 8.º, IV, da CF.

I – da "contribuição sindical", denominação que passa a ter o Imposto Sindical de que tratam os arts. 578 e segs. da Consolidação das Leis do Trabalho, sem prejuízo do disposto no art. 16 da Lei n. 4.589, de 11 de dezembro de 1964;

>> Inciso I acrescentado pelo Decreto-lei n. 27, de 14-11-1966.

II – das denominadas "quotas de previdência" a que aludem os arts. 71 e 74 da Lei n. 3.807, de 26 de agosto de 1960, com as alterações determinadas pelo art. 34 da Lei n. 4.863, de 29 de novembro de 1965, que integram a contribuição da União para a Previdência Social, de que trata o art. 157, item XVI, da Constituição Federal;

>> Inciso II acrescentado pelo Decreto-lei n. 27, de 14-11-1966.

>> Atualmente, Lei n. 8.212, de 24-7-1991, arts. 16 e 22, regulamentada pelo Decreto n. 3.048, de 6-5-1999, e CF, art. 195.

III – da contribuição destinada a constituir "Fundo de Assistência" e "Previdência do Trabalhador Rural", de que trata o art. 158 da Lei n. 4.214, de 2 de março de 1963;

>> Inciso III acrescentado pelo Decreto-lei n. 27, de 14-11-1966.

>> Atualmente, Lei n. 5.889, de 8-6-1973, arts. 19 e 21, Lei n. 8.213, de 24-7-1991, art. 11, I, *a*, e Decreto n. 3.048, de 6-5-1999, arts. 6.º, I, e 9.º, I, *a*.

IV – da contribuição destinada ao Fundo de Garantia do Tempo de Serviço, criada pelo art. 2.º da Lei n. 5.107, de 13 de setembro de 1966;

>> Inciso IV acrescentado pelo Decreto-lei n. 27, de 14-11-1966.

>> Atualmente, Lei n. 8.036, de 11-5-1990, e Decreto n. 99.684, de 8-11-1990 (FGTS).

V – das contribuições enumeradas no § 2.º do art. 34 da Lei n. 4.863, de 29 de novembro de 1965, com as alterações decorrentes do disposto nos arts. 22 e 23 da Lei n. 5.107, de 13 de setembro de 1966, e outras de fins sociais criadas por lei.

>> Inciso V acrescentado pelo Decreto-lei n. 27, de 14-11-1966.

>> Atualmente, Lei n. 8.036, de 11-5-1990, art. 30 (FGTS).

Art. 218. Esta Lei entrará em vigor, em todo o território nacional, no dia 1.º de janeiro de 1967, revogadas as disposições em contrário, especialmente a Lei n. 854, de 10 de outubro de 1949.

Brasília, 25 de outubro de 1966; 145.º da Independência e 78.º da República.

H. CASTELLO BRANCO

CÓDIGO DE PROCESSO CIVIL

- > Índice Alfabético-Remissivo do CPC
- > Índice Sistemático do CPC
- > CPC (Lei n. 13.105, de 16-3-2015)

Índice Alfabético-Remissivo do Código de Processo Civil (*)

(*) Conteúdo cedido pela Editora Saraiva (direitos autorais preservados).

Índice Sistemático do Código de Processo Civil

(Lei n. 13.105, de 16-3-2015)

PARTE GERAL

Livro I
DAS NORMAS PROCESSUAIS CIVIS

Título Único
DAS NORMAS FUNDAMENTAIS E DA APLICAÇÃO DAS NORMAS PROCESSUAIS

Livro II
DA FUNÇÃO JURISDICIONAL

Título I
DA JURISDIÇÃO E DA AÇÃO

Título II
DOS LIMITES DA JURISDIÇÃO NACIONAL E DA COOPERAÇÃO INTERNACIONAL

Título III
DA COMPETÊNCIA INTERNA

Livro III
DOS SUJEITOS DO PROCESSO

Título I
DAS PARTES E DOS PROCURADORES

Título II
DO LITISCONSÓRCIO

Título III
DA INTERVENÇÃO DE TERCEIROS

Título IV
DO JUIZ E DOS AUXILIARES DA JUSTIÇA

Título V
DO MINISTÉRIO PÚBLICO

Título VI
DA ADVOCACIA PÚBLICA

Título VII
DA DEFENSORIA PÚBLICA

Livro IV
DOS ATOS PROCESSUAIS

Título I
DA FORMA, DO TEMPO E DO LUGAR DOS ATOS PROCESSUAIS

Título II
DA COMUNICAÇÃO DOS ATOS PROCESSUAIS

Título III
DAS NULIDADES

Título IV
DA DISTRIBUIÇÃO E DO REGISTRO

Título V
DO VALOR DA CAUSA

Livro V
DA TUTELA PROVISÓRIA

Título I
DISPOSIÇÕES GERAIS

Título II
DA TUTELA DE URGÊNCIA

Título III
DA TUTELA DA EVIDÊNCIA

Livro VI
DA FORMAÇÃO, DA SUSPENSÃO E DA EXTINÇÃO DO PROCESSO

Título I
DA FORMAÇÃO DO PROCESSO

Título II
DA SUSPENSÃO DO PROCESSO

Título III
DA EXTINÇÃO DO PROCESSO

PARTE ESPECIAL

Livro I
DO PROCESSO DE CONHECIMENTO E DO CUMPRIMENTO DE SENTENÇA

Título I
DO PROCEDIMENTO COMUM

TÍTULO II
DO CUMPRIMENTO DA SENTENÇA

TÍTULO III
DOS PROCEDIMENTOS ESPECIAIS

LIVRO II
DO PROCESSO DE EXECUÇÃO

TÍTULO I
DA EXECUÇÃO EM GERAL

TÍTULO II
DAS DIVERSAS ESPÉCIES DE EXECUÇÃO

TÍTULO III
DOS EMBARGOS À EXECUÇÃO

TÍTULO IV
DA SUSPENSÃO E DA EXTINÇÃO DO PROCESSO DE EXECUÇÃO

Livro III

DOS PROCESSOS NOS TRIBUNAIS E DOS MEIOS DE IMPUGNAÇÃO DAS DECISÕES JUDICIAIS

Título I

DA ORDEM DOS PROCESSOS E DOS PROCESSOS DE COMPETÊNCIA ORIGINÁRIA DOS TRIBUNAIS

Título II

DOS RECURSOS

Livro Complementar

DISPOSIÇÕES FINAIS E TRANSITÓRIAS

LEI N. 13.105, DE 16 DE MARÇO DE 2015 (*)

Código de Processo Civil.

A Presidenta da República:

Faço saber que o Congresso Nacional decreta e eu sanciono a seguinte Lei:

PARTE GERAL

LIVRO I
DAS NORMAS PROCESSUAIS CIVIS

TÍTULO ÚNICO
DAS NORMAS FUNDAMENTAIS E DA APLICAÇÃO DAS NORMAS PROCESSUAIS

CAPÍTULO I
DAS NORMAS FUNDAMENTAIS DO PROCESSO CIVIL

Art. 1.º O processo civil será ordenado, disciplinado e interpretado conforme os valores e as normas fundamentais estabelecidos na Constituição da República Federativa do Brasil, observando-se as disposições deste Código.

>> *Vide* arts. 14 e 1.046 do CPC.

Art. 2.º O processo começa por iniciativa da parte e se desenvolve por impulso oficial, salvo as exceções previstas em lei.

> *Vide* arts. 141 e 322 a 329 do CPC.

Art. 3.º Não se excluirá da apreciação jurisdicional ameaça ou lesão a direito.

>> *Vide* art. 5.º, XXXV, da CF.

§ 1.º É permitida a arbitragem, na forma da lei.

>> *Vide* Lei n. 9.307, de 23-9-1996.

>> *Vide* Súmula 485 do STJ.

> *Vide* arts. 189, IV, 337, X, 359 e 485, VII, do CPC.

§ 2.º O Estado promoverá, sempre que possível, a solução consensual dos conflitos.

§ 3.º A conciliação, a mediação e outros métodos de solução consensual de conflitos deverão ser estimulados por juízes, advogados, defensores públicos e membros do Ministério Público, inclusive no curso do processo judicial.

>> *Vide* Lei n. 13.140, de 26-6-2015, que dispõe sobre a mediação entre particulares como meio de solução de controvérsias e sobre a autocomposição de conflitos no âmbito da Administração Pública.

Art. 4.º As partes têm o direito de obter em prazo razoável a solução integral do mérito, incluída a atividade satisfativa.

>> *Vide* art. 5.º, LXXVIII, da CF.

Art. 5.º Aquele que de qualquer forma participa do processo deve comportar-se de acordo com a boa-fé.

>> *Vide* art. 113 do CC.

Art. 6.º Todos os sujeitos do processo devem cooperar entre si para que se obtenha, em tempo razoável, decisão de mérito justa e efetiva.

>> *Vide* art. 5.º, LXXVIII, da CF.

Art. 7.º É assegurada às partes paridade de tratamento em relação ao exercício de direitos e faculdades processuais, aos meios de defesa, aos ônus, aos deveres e à aplicação de sanções processuais, competindo ao juiz zelar pelo efetivo contraditório.

>> *Vide* art. 5.º, LV, da CF.

> *Vide* Súmulas Vinculantes 5 e 14.

Art. 8.º Ao aplicar o ordenamento jurídico, o juiz atenderá aos fins sociais e às exigências do bem comum, resguardando e promovendo a dignidade da pessoa humana e observando a proporcionalidade, a razoabilidade, a legalidade, a publicidade e a eficiência.

>> *Vide* art. 5.º da LINDB (Decreto-lei n. 4.657, de 4-9-1942).

Art. 9.º Não se proferirá decisão contra uma das partes sem que ela seja previamente ouvida.

>> *Vide* art. 5.º, LV, da CF.

Parágrafo único. O disposto no *caput* não se aplica:

I – à tutela provisória de urgência;

>> *Vide* arts. 294 e s. do CPC.

II – às hipóteses de tutela da evidência previstas no art. 311, incisos II e III;

III – à decisão prevista no art. 701.

Art. 10. O juiz não pode decidir, em grau algum de jurisdição, com base em fundamento a respeito do qual não se tenha dado às partes oportunidade de se manifestar, ainda que se trate de matéria sobre a qual deva decidir de ofício.

>> *Vide* art. 5.º, LV, da CF.

>> *Vide* art. 141 do CPC.

Art. 11. Todos os julgamentos dos órgãos do Poder Judiciário serão públicos, e fundamentadas todas as decisões, sob pena de nulidade.

>> *Vide* art. 5.º, LX, da CF.

> *Vide* art. 152, V, do CPC.

Parágrafo único. Nos casos de segredo de justiça, pode ser autorizada a presença somente das partes, de seus advogados, de defensores públicos ou do Ministério Público.

>> *Vide* art. 93, IX, da CF.

Art. 12. Os juízes e os tribunais atenderão, preferencialmente, à ordem cronológica de conclusão para proferir sentença ou acórdão.

>> *Caput* com redação determinada pela Lei n. 13.256, de 4-2-2016.

> *Vide* art. 153 do CPC.

§ 1.º A lista de processos aptos a julgamento deverá estar permanentemente à disposição para consulta pública em cartório e na rede mundial de computadores.

§ 2.º Estão excluídos da regra do *caput*:

I – as sentenças proferidas em audiência, homologatórias de acordo ou de improcedência liminar do pedido;

II – o julgamento de processos em bloco para aplicação de tese jurídica firmada em julgamento de casos repetitivos;

III – o julgamento de recursos repetitivos ou de incidente de resolução de demandas repetitivas;

>> *Vide* arts. 1.036 a 1.041 do CPC.

IV – as decisões proferidas com base nos arts. 485 e 932;

V – o julgamento de embargos de declaração;

>> *Vide* arts. 1.022 a 1.026 do CPC.

VI – o julgamento de agravo interno;

VII – as preferências legais e as metas estabelecidas pelo Conselho Nacional de Justiça;

VIII – os processos criminais, nos órgãos jurisdicionais que tenham competência penal;

IX – a causa que exija urgência no julgamento, assim reconhecida por decisão fundamentada.

§ 3.º Após elaboração de lista própria, respeitar-se-á a ordem cronológica das conclusões entre as preferências legais.

(*) Publicada no *Diário Oficial da União*, de 17-3-2015.

§ 4.º Após a inclusão do processo na lista de que trata o § 1.º, o requerimento formulado pela parte não altera a ordem cronológica para a decisão, exceto quando implicar a reabertura da instrução ou a conversão do julgamento em diligência.

§ 5.º Decidido o requerimento previsto no § 4.º, o processo retornará à mesma posição em que anteriormente se encontrava na lista.

§ 6.º Ocupará o primeiro lugar na lista prevista no § 1.º ou, conforme o caso, no § 3.º, o processo que:

I – tiver sua sentença ou acórdão anulado, salvo quando houver necessidade de realização de diligência ou de complementação da instrução;

II – se enquadrar na hipótese do art. 1.040, inciso II.

Capítulo II
DA APLICAÇÃO DAS NORMAS PROCESSUAIS

Art. 13. A jurisdição civil será regida pelas normas processuais brasileiras, ressalvadas as disposições específicas previstas em tratados, convenções ou acordos internacionais de que o Brasil seja parte.

> *Vide* art. 5.º, § 2.º, da CF.

Art. 14. A norma processual não retroagirá e será aplicável imediatamente aos processos em curso, respeitados os atos processuais praticados e as situações jurídicas consolidadas sob a vigência da norma revogada.

>> *Vide* art. 1.046 do CPC.

>> *Vide* art. 6.º da LINDB (Decreto-lei n. 4.657, de 4-9-1942).

Art. 15. Na ausência de normas que regulem processos eleitorais, trabalhistas ou administrativos, as disposições deste Código lhes serão aplicadas supletiva e subsidiariamente.

> Código Eleitoral: Lei n. 4.737, de 15-7-1965.

> CLT: Decreto-lei n. 5.452, de 1.º-5-1943.

Livro II
DA FUNÇÃO JURISDICIONAL

Título I
DA JURISDIÇÃO E DA AÇÃO

Art. 16. A jurisdição civil é exercida pelos juízes e pelos tribunais em todo o território nacional, conforme as disposições deste Código.

>> *Vide* art. 1.046 do CPC.

Art. 17. Para postular em juízo é necessário ter interesse e legitimidade.

>> *Vide* arts. 330, II e III, e 485, VI, do CPC.

Art. 18. Ninguém poderá pleitear direito alheio em nome próprio, salvo quando autorizado pelo ordenamento jurídico.

>> *Vide* arts. 108 e s. do CPC.

>> *Vide* Lei n. 8.906, de 4-7-1994, que dispõe sobre o EAOAB.

>> *Vide* arts. 81 e 82 do CDC.

> *Vide* art. 861 do CC.

Parágrafo único. Havendo substituição processual, o substituído poderá intervir como assistente litisconsorcial.

>> *Vide* art. 124 do CPC.

Art. 19. O interesse do autor pode limitar-se à declaração:

I – da existência, da inexistência ou do modo de ser de uma relação jurídica;

> *Vide* art. 20 do CPC.

II – da autenticidade ou da falsidade de documento.

> *Vide* arts. 405 a 441 do CPC.

Art. 20. É admissível a ação meramente declaratória, ainda que tenha ocorrido a violação do direito.

> *Vide* Súmula 258 do STF.

Título II
DOS LIMITES DA JURISDIÇÃO NACIONAL E DA COOPERAÇÃO INTERNACIONAL

Capítulo I
DOS LIMITES DA JURISDIÇÃO NACIONAL

Art. 21. Compete à autoridade judiciária brasileira processar e julgar as ações em que:

I – o réu, qualquer que seja a sua nacionalidade, estiver domiciliado no Brasil;

>> *Vide* art. 12 da LINDB (Decreto-lei n. 4.657, de 4-9-1942).

II – no Brasil tiver de ser cumprida a obrigação;

>> *Vide* art. 12 da LINDB (Decreto-lei n. 4.657, de 4-9-1942).

III – o fundamento seja fato ocorrido ou ato praticado no Brasil.

Parágrafo único. Para o fim do disposto no inciso I, considera-se domiciliada no Brasil a pessoa jurídica estrangeira que nele tiver agência, filial ou sucursal.

>> *Vide* art. 75, X e § 3.º, do CPC.

Art. 22. Compete, ainda, à autoridade judiciária brasileira processar e julgar as ações:

I – de alimentos, quando:

>> *Vide* arts. 911 a 913 do CPC.

>> *Vide* Lei n. 5.478, de 25-7-1968.

a) o credor tiver domicílio ou residência no Brasil;

b) o réu mantiver vínculos no Brasil, tais como posse ou propriedade de bens, recebimento de renda ou obtenção de benefícios econômicos;

II – decorrentes de relações de consumo, quando o consumidor tiver domicílio ou residência no Brasil;

>> CDC: Lei n. 8.078, de 11-9-1990.

III – em que as partes, expressa ou tacitamente, se submeterem à jurisdição nacional.

Art. 23. Compete à autoridade judiciária brasileira, com exclusão de qualquer outra:

I – conhecer de ações relativas a imóveis situados no Brasil;

>> *Vide* art. 12, § 1.º, da LINDB (Decreto-lei n. 4.657, de 4-9-1942).

II – em matéria de sucessão hereditária, proceder à confirmação de testamento particular e ao inventário e à partilha de bens situados no Brasil, ainda que o autor da herança seja de nacionalidade estrangeira ou tenha domicílio fora do território nacional;

>> *Vide* arts. 10 e 12, § 1.º, da LINDB (Decreto-lei n. 4.657, de 4-9-1942).

III – em divórcio, separação judicial ou dissolução de união estável, proceder à partilha de bens situados no Brasil, ainda que o titular seja de nacionalidade estrangeira ou tenha domicílio fora do território nacional.

>> *Vide* art. 53, I, do CPC.

Art. 24. A ação proposta perante tribunal estrangeiro não induz litispendência e não obsta a que a autoridade judiciária brasileira conheça da mesma causa e das que lhe são conexas, ressalvadas as disposições em contrário de tratados internacionais e acordos bilaterais em vigor no Brasil.

>> *Vide* art. 105, I, *i*, da CF.

>> *Vide* arts. 57 e 337, §§ 1.º a 3.º, do CPC.

Parágrafo único. A pendência de causa perante a jurisdição brasileira não impede a homologação de sentença judicial estrangeira quando exigida para produzir efeitos no Brasil.

>> *Vide* art. 105, I, *i*, da CF.

Art. 25. Não compete à autoridade judiciária brasileira o processamento e o julgamento da ação quando houver cláusula de eleição de foro exclusivo estrangeiro em contrato internacional, arguida pelo réu na contestação.

§ 1.º Não se aplica o disposto no *caput* às hipóteses de competência internacional exclusiva previstas neste Capítulo.

§ 2.º Aplica-se à hipótese do *caput* o art. 63, §§ 1.º a 4.º.

Capítulo II
DA COOPERAÇÃO INTERNACIONAL

Seção I
Disposições Gerais

Art. 26. A cooperação jurídica internacional será regida por tratado de que o Brasil faz parte e observará:

I – o respeito às garantias do devido processo legal no Estado requerente;

>> *Vide* art. 5.º, LIV, da CF.

II – a igualdade de tratamento entre nacionais e estrangeiros, residentes ou não no Brasil, em relação ao acesso à justiça e à tramitação dos processos, assegurando-se assistência judiciária aos necessitados;

>> *Vide* art. 5.º, LXXIV, da CF.

>> *Vide* arts. 98 a 102 do CPC.

III – a publicidade processual, exceto nas hipóteses de sigilo previstas na legislação brasileira ou na do Estado requerente;

>> *Vide* art. 5.º, LX, da CF.

>> *Vide* arts. 11 e 189 do CPC.

IV – a existência de autoridade central para recepção e transmissão dos pedidos de cooperação;

V – a espontaneidade na transmissão de informações a autoridades estrangeiras.

§ 1.º Na ausência de tratado, a cooperação jurídica internacional poderá realizar-se com base em reciprocidade, manifestada por via diplomática.

§ 2.º Não se exigirá a reciprocidade referida no § 1.º para homologação de sentença estrangeira.

>> *Vide* art. 105, I, *i*, da CF.

>> *Vide* arts. 960 a 965 do CPC.

§ 3.º Na cooperação jurídica internacional não será admitida a prática de atos que contrariem ou que produzam resultados incompatíveis com as normas fundamentais que regem o Estado brasileiro.

§ 4.º O Ministério da Justiça exercerá as funções de autoridade central na ausência de designação específica.

Art. 27. A cooperação jurídica internacional terá por objeto:

I – citação, intimação e notificação judicial e extrajudicial;

II – colheita de provas e obtenção de informações;

III – homologação e cumprimento de decisão;

IV – concessão de medida judicial de urgência;

V – assistência jurídica internacional;

VI – qualquer outra medida judicial ou extrajudicial não proibida pela lei brasileira.

Seção II
Do Auxílio Direto

>> O Regimento Interno do STJ dispõe, em seus arts. 216-A a 216-X, sobre processos oriundos de Estados estrangeiros.

Art. 28. Cabe auxílio direto quando a medida não decorrer diretamente de decisão de autoridade jurisdicional estrangeira a ser submetida a juízo de delibação no Brasil.

Art. 29. A solicitação de auxílio direto será encaminhada pelo órgão estrangeiro interessado à autoridade central, cabendo ao Estado requerente assegurar a autenticidade e a clareza do pedido.

Art. 30. Além dos casos previstos em tratados de que o Brasil faz parte, o auxílio direto terá os seguintes objetos:

I – obtenção e prestação de informações sobre o ordenamento jurídico e sobre processos administrativos ou jurisdicionais findos ou em curso;

II – colheita de provas, salvo se a medida for adotada em processo, em curso no estrangeiro, de competência exclusiva de autoridade judiciária brasileira;

III – qualquer outra medida judicial ou extrajudicial não proibida pela lei brasileira.

Art. 31. A autoridade central brasileira comunicar-se-á diretamente com suas congêneres e, se necessário, com outros órgãos estrangeiros responsáveis pela tramitação e pela execução de pedidos de cooperação enviados e recebidos pelo Estado brasileiro, respeitadas disposições específicas constantes de tratado.

Art. 32. No caso de auxílio direto para a prática de atos que, segundo a lei brasileira, não necessitem de prestação jurisdicional, a autoridade central adotará as providências necessárias para seu cumprimento.

Art. 33. Recebido o pedido de auxílio direto passivo, a autoridade central o encaminhará à Advocacia-Geral da União, que requererá em juízo a medida solicitada.

Parágrafo único. O Ministério Público requererá em juízo a medida solicitada quando for autoridade central.

Art. 34. Compete ao juízo federal do lugar em que deva ser executada a medida apreciar pedido de auxílio direto passivo que demande prestação de atividade jurisdicional.

Seção III
Da Carta Rogatória

>> *Vide* Decreto n. 9.039, de 27-4-2017, que promulga a Convenção sobre a Obtenção de Provas no Estrangeiro em Matéria Civil ou Comercial.

Art. 35. (*Vetado*.)

Art. 36. O procedimento da carta rogatória perante o Superior Tribunal de Justiça é de jurisdição contenciosa e deve assegurar às partes as garantias do devido processo legal.

>> *Vide* art. 5.º, LIV, da CF.

>> *Vide* art. 105, I, *i*, da CF.

§ 1.º A defesa restringir-se-á à discussão quanto ao atendimento dos requisitos para que o pronunciamento judicial estrangeiro produza efeitos no Brasil.

§ 2.º Em qualquer hipótese, é vedada a revisão do mérito do pronunciamento judicial estrangeiro pela autoridade judiciária brasileira.

Seção IV
Disposições Comuns às Seções Anteriores

Art. 37. O pedido de cooperação jurídica internacional oriundo de autoridade brasileira competente será encaminhado à autoridade central para posterior envio ao Estado requerido para lhe dar andamento.

Art. 38. O pedido de cooperação oriundo de autoridade brasileira competente e os documentos anexos que o instruem serão encaminhados à autoridade central, acompanhados de tradução para a língua oficial do Estado requerido.

Art. 39. O pedido passivo de cooperação jurídica internacional será recusado se configurar manifesta ofensa à ordem pública.

Art. 40. A cooperação jurídica internacional para execução de decisão estrangeira dar-se-á por meio de carta rogatória ou de ação de homologação de sentença estrangeira, de acordo com o art. 960.

>> *Vide* art. 105, I, *i*, da CF.

Art. 41. Considera-se autêntico o documento que instruir pedido de cooperação jurídica internacional, inclusive tradução para a língua portuguesa, quando encaminhado ao Estado brasileiro por meio de autoridade central ou por via diplomática, dispensando-se ajuramentação, autenticação ou qualquer procedimento de legalização.

Parágrafo único. O disposto no *caput* não impede, quando necessária, a aplicação pelo Estado brasileiro do princípio da reciprocidade de tratamento.

Título III
DA COMPETÊNCIA INTERNA

Capítulo I
DA COMPETÊNCIA

Seção I
Disposições Gerais

Art. 42. As causas cíveis serão processadas e decididas pelo juiz nos limites de sua competência, ressalvado às partes o direito de instituir juízo arbitral, na forma da lei.

>> *Vide* Lei n. 9.307, de 23-9-1996.

>>> *Vide* arts. 299, 516 e 781 do CPC.

Art. 43. Determina-se a competência no momento do registro ou da distribuição da petição inicial, sendo irrelevantes as modificações do estado de fato ou de direito ocorridas posteriormente, salvo quando suprimirem órgão judiciário ou alterarem a competência absoluta.

>> *Vide* Súmulas 1, 11, 33, 34 e 58 do STJ.

>>> *Vide* arts. 3.º e 4.º da Lei n. 9.099, de 26-9-1995.

>>> *Vide* art 3.º da Lei n. 10.259, de 12-7-2001.

>>> *Vide* art. 2.º da Lei n. 12.153, de 22-12-2009.

Art. 44. Obedecidos os limites estabelecidos pela Constituição Federal, a competência é determinada pelas normas previstas neste Código ou em legislação especial, pelas normas de organização judiciária e, ainda, no que couber, pelas constituições dos Estados.

>> *Vide* arts. 54, 62 e 63 do CPC.

Art. 45. Tramitando o processo perante outro juízo, os autos serão remetidos ao juízo federal competente se nele intervier a União, suas empresas públicas, entidades autárquicas e fundações, ou conselho de fiscalização de atividade profissional, na qualidade de parte ou de terceiro interveniente, exceto as ações:

>> *Vide* art. 109 da CF.

I – de recuperação judicial, falência, insolvência civil e acidente de trabalho;

>> *Vide* art. 109, I, da CF.

II – sujeitas à justiça eleitoral e à justiça do trabalho.

>> *Vide* arts. 114 e 118 da CF.

§ 1.º Os autos não serão remetidos se houver pedido cuja apreciação seja de competência do juízo perante o qual foi proposta a ação.

§ 2.º Na hipótese do § 1.º, o juiz, ao não admitir a cumulação de pedidos em razão da incompetência para apreciar qualquer deles, não examinará o mérito daquele em que exista interesse da União, de suas entidades autárquicas ou de suas empresas públicas.

§ 3.º O juízo federal restituirá os autos ao juízo estadual sem suscitar conflito se o ente federal cuja presença ensejou a remessa for excluído do processo.

Art. 46. A ação fundada em direito pessoal ou em direito real sobre bens móveis será proposta, em regra, no foro de domicílio do réu.

>> *Vide* arts. 70 a 78 do CC.

>> *Vide* art. 12 da LINDB (Decreto-lei n. 4.657, de 4-9-1942).

§ 1.º Tendo mais de um domicílio, o réu será demandado no foro de qualquer deles.

> *Vide* art. 71 do CC.

§ 2.º Sendo incerto ou desconhecido o domicílio do réu, ele poderá ser demandado onde for encontrado ou no foro de domicílio do autor.

> *Vide* art. 73 do CC.

§ 3.º Quando o réu não tiver domicílio ou residência no Brasil, a ação será proposta no foro de domicílio do autor, e, se este também residir fora do Brasil, a ação será proposta em qualquer foro.

>> *Vide* art. 12 da LINDB (Decreto-lei n. 4.657, de 4-9-1942).

§ 4.º Havendo 2 (dois) ou mais réus com diferentes domicílios, serão demandados no foro de qualquer deles, à escolha do autor.

§ 5.º A execução fiscal será proposta no foro de domicílio do réu, no de sua residência ou no do lugar onde for encontrado.

>> *Vide* Lei n. 6.830, de 22-9-1980.

Art. 47. Para as ações fundadas em direito real sobre imóveis é competente o foro de situação da coisa.

>> *Vide* art. 12 da LINDB (Decreto-lei n. 4.657, de 4-9-1942).

>> *Vide* art. 48 da Lei n. 6.766, de 19-12-1979, sobre ações de loteamento.

> *Vide* arts. 554 e s. do CPC.

§ 1.º O autor pode optar pelo foro de domicílio do réu ou pelo foro de eleição se o litígio não recair sobre direito de propriedade, vizinhança, servidão, divisão e demarcação de terras e de nunciação de obra nova.

> *Vide* arts. 554 e s. do CPC.

§ 2.º A ação possessória imobiliária será proposta no foro de situação da coisa, cujo juízo tem competência absoluta.

> *Vide* arts. 554 e s. do CPC.

Art. 48. O foro de domicílio do autor da herança, no Brasil, é o competente para o inventário, a partilha, a arrecadação, o cumprimento de disposições de última vontade, a impugnação ou anulação de partilha extrajudicial e para todas as ações em que o espólio for réu, ainda que o óbito tenha ocorrido no estrangeiro.

>> *Vide* art. 23 do CPC.

>> *Vide* art. 1.785 do CC.

> *Vide* arts. 610 a 673 do CPC.

Parágrafo único. Se o autor da herança não possuía domicílio certo, é competente:

I – o foro de situação dos bens imóveis;

II – havendo bens imóveis em foros diferentes, qualquer destes;

III – não havendo bens imóveis, o foro do local de qualquer dos bens do espólio.

Art. 49. A ação em que o ausente for réu será proposta no foro de seu último domicílio, também competente para a arrecadação, o inventário, a partilha e o cumprimento de disposições testamentárias.

>> *Vide* arts. 744 e 745 do CPC.

Art. 50. A ação em que o incapaz for réu será proposta no foro de domicílio de seu representante ou assistente.

> *Vide* art. 76 do CC.

Art. 51. É competente o foro de domicílio do réu para as causas em que seja autora a União.

>> *Vide* arts. 109 e 110 da CF.

Parágrafo único. Se a União for a demandada, a ação poderá ser proposta no foro de domicílio do autor, no de ocorrência do ato ou fato que originou a demanda, no de situação da coisa ou no Distrito Federal.

>> *Vide* arts. 109 e 110 da CF.

Art. 52. É competente o foro de domicílio do réu para as causas em que seja autor Estado ou o Distrito Federal.

Parágrafo único. Se Estado ou o Distrito Federal for o demandado, a ação poderá ser proposta no foro de domicílio do autor, no de ocorrência do ato ou fato que originou a demanda, no de situação da coisa ou na capital do respectivo ente federado.

Art. 53. É competente o foro:

>> *Vide* art. 80 da Lei n. 10.741, de 1.º-10-2003 (foro do idoso).

> *Vide* art. 101, I, do CDC.

I – para a ação de divórcio, separação, anulação de casamento e reconhecimento ou dissolução de união estável:

> *Vide* arts. 693 a 699 e 731 a 734 do CPC.

> *Vide* arts. 5.º, I, e 226, § 5.º, da CF.

a) de domicílio do guardião de filho incapaz;

b) do último domicílio do casal, caso não haja filho incapaz;

c) de domicílio do réu, se nenhuma das partes residir no antigo domicílio do casal;

d) de domicílio da vítima de violência doméstica e familiar, nos termos da Lei n. 11.340, de 7 de agosto de 2006 (Lei Maria da Penha);

>> Alínea *d* acrescentada pela Lei n. 13.894, de 29-10-2019.

II – de domicílio ou residência do alimentando, para a ação em que se pedem alimentos;

>> *Vide* art. 26 da Lei n. 5.478, de 25-7-1968 (ação de alimentos).

>>> *Vide* Súmula 1 do STJ.

III – do lugar:

a) onde está a sede, para a ação em que for ré pessoa jurídica;

>> *Vide* art. 75 do CC.

> *Vide* Súmula 206 do STJ.

b) onde se acha agência ou sucursal, quanto às obrigações que a pessoa jurídica contraiu;

> *Vide* art. 75, § 1.º, do CC.

> *Vide* Súmula 206 do STJ.

c) onde exerce suas atividades, para a ação em que for ré sociedade ou associação sem personalidade jurídica;

>> *Vide* art. 75 do CPC.

d) onde a obrigação deve ser satisfeita, para a ação em que se lhe exigir o cumprimento;

>> *Vide* art. 540 do CPC.

>> *Vide* Súmula 363 do STF.

> *Vide* arts. 327 a 330 do CC.

e) de residência do idoso, para a causa que verse sobre direito previsto no respectivo estatuto;

>> *Vide* art. 80 da Lei n. 10.741, de 1.º-10-2003 (Estatuto do Idoso).

f) da sede da serventia notarial ou de registro, para a ação de reparação de dano por ato praticado em razão do ofício;

IV – do lugar do ato ou fato para a ação:

a) de reparação de dano;

b) em que for réu administrador ou gestor de negócios alheios;

V – de domicílio do autor ou do local do fato, para a ação de reparação de dano sofrido em razão de delito ou acidente de veículos, inclusive aeronaves.

>> *Vide* Súmula 540 do STJ.

Seção II
Da Modificação da Competência

Art. 54. A competência relativa poderá modificar-se pela conexão ou pela continência, observado o disposto nesta Seção.

>> *Vide* art. 286 do CPC.

> *Vide* arts. 56 e 57 do CPC.

Art. 55. Reputam-se conexas 2 (duas) ou mais ações quando lhes for comum o pedido ou a causa de pedir.

> *Vide* Súmula 383 do STJ.

§ 1.º Os processos de ações conexas serão reunidos para decisão conjunta, salvo se um deles já houver sido sentenciado.

§ 2.º Aplica-se o disposto no *caput*:

I – à execução de título extrajudicial e à ação de conhecimento relativa ao mesmo ato jurídico;

II – às execuções fundadas no mesmo título executivo.

§ 3.º Serão reunidos para julgamento conjunto os processos que possam gerar risco de prolação de decisões conflitantes ou contraditórias caso decididos separadamente, mesmo sem conexão entre eles.

Art. 56. Dá-se a continência entre 2 (duas) ou mais ações quando houver identidade quanto às partes e à causa de pedir, mas o pedido de uma, por ser mais amplo, abrange o das demais.

Art. 57. Quando houver continência e a ação continente tiver sido proposta anteriormente, no processo relativo à ação contida será proferida sentença sem resolução de mérito, caso contrário, as ações serão necessariamente reunidas.

> *Vide* Súmulas 235 e 489 do STJ.

Art. 58. A reunião das ações propostas em separado far-se-á no juízo prevento, onde serão decididas simultaneamente.

>> *Vide* art. 240 do CPC.

Art. 59. O registro ou a distribuição da petição inicial torna prevento o juízo.

> *Vide* Súmulas 106 e 204 do STJ.

> *Vide* art. 238 do CPC.

Art. 60. Se o imóvel se achar situado em mais de um Estado, comarca, seção ou subseção judiciária, a competência territorial do juízo prevento estender-se-á sobre a totalidade do imóvel.

Art. 61. A ação acessória será proposta no juízo competente para a ação principal.

>> *Vide* art. 299 do CPC.

> *Vide* arts. 132 a 137 da Lei n. 11.101, de 9-2-2005 (Lei de Falências).

Art. 62. A competência determinada em razão da matéria, da pessoa ou da função é inderrogável por convenção das partes.

>> *Vide* Súmula 335 do STF.

> *Vide* art. 78 do CC.

Art. 63. As partes podem modificar a competência em razão do valor e do território, elegendo foro onde será proposta ação oriunda de direitos e obrigações.

>> *Vide* Súmula 335 do STF.

> *Vide* art. 78 do CC.

§ 1.º A eleição de foro só produz efeito quando constar de instrumento escrito e aludir expressamente a determinado negócio jurídico.

§ 2.º O foro contratual obriga os herdeiros e sucessores das partes.

§ 3.º Antes da citação, a cláusula de eleição de foro, se abusiva, pode ser reputada ineficaz de ofício pelo juiz, que determinará a remessa dos autos ao juízo do foro de domicílio do réu.

§ 4.º Citado, incumbe ao réu alegar a abusividade da cláusula de eleição de foro na contestação, sob pena de preclusão.

Seção III
Da Incompetência

Art. 64. A incompetência, absoluta ou relativa, será alegada como questão preliminar de contestação.

>> *Vide* Súmula 33 do STJ.

§ 1.º A incompetência absoluta pode ser alegada em qualquer tempo e grau de jurisdição e deve ser declarada de ofício.

>> *Vide* arts. 957 e 966, II, do CPC.

>> *Vide* Súmula 33 do STJ.

§ 2.º Após manifestação da parte contrária, o juiz decidirá imediatamente a alegação de incompetência.

>> *Vide* Súmula 59 do STJ.

§ 3.º Caso a alegação de incompetência seja acolhida, os autos serão remetidos ao juízo competente.

>> *Vide* Súmula 59 do STJ.

§ 4.º Salvo decisão judicial em sentido contrário, conservar-se-ão os efeitos de decisão proferida pelo juízo incompetente até que outra seja proferida, se for o caso, pelo juízo competente.

Art. 65. Prorrogar-se-á a competência relativa se o réu não alegar a incompetência em preliminar de contestação.

>> *Vide* art. 335 do CPC.

Parágrafo único. A incompetência relativa pode ser alegada pelo Ministério Público nas causas em que atuar.

Art. 66. Há conflito de competência quando:

I – 2 (dois) ou mais juízes se declaram competentes;

II – 2 (dois) ou mais juízes se consideram incompetentes, atribuindo um ao outro a competência;

III – entre 2 (dois) ou mais juízes surge controvérsia acerca da reunião ou separação de processos.

> *Vide* art. 57 do CPC.

> *Vide* Súmulas 236 e 489 do STJ.

Parágrafo único. O juiz que não acolher a competência declinada deverá suscitar o conflito, salvo se a atribuir a outro juízo.

Capítulo II
DA COOPERAÇÃO NACIONAL

Art. 67. Aos órgãos do Poder Judiciário, estadual ou federal, especializado ou comum, em todas as instâncias e graus de jurisdição, inclusive aos tribunais superiores, incumbe o dever de recíproca cooperação, por meio de seus magistrados e servidores.

Art. 68. Os juízos poderão formular entre si pedido de cooperação para prática de qualquer ato processual.

Art. 69. O pedido de cooperação jurisdicional deve ser prontamente atendido, prescinde de forma específica e pode ser executado como:

> *Vide* arts. 236 e 237 do CPC.

I – auxílio direto;

II – reunião ou apensamento de processos;

III – prestação de informações;

IV – atos concertados entre os juízes cooperantes.

§ 1.º As cartas de ordem, precatória e arbitral seguirão o regime previsto neste Código.

> *Vide* arts. 232 e 237 do CPC.

§ 2.º Os atos concertados entre os juízes cooperantes poderão consistir, além de outros, no estabelecimento de procedimento para:

I – a prática de citação, intimação ou notificação de ato;

II – a obtenção e apresentação de provas e a coleta de depoimentos;

III – a efetivação de tutela provisória;

IV – a efetivação de medidas e providências para recuperação e preservação de empresas;

V – a facilitação de habilitação de créditos na falência e na recuperação judicial;

VI – a centralização de processos repetitivos;

VII – a execução de decisão jurisdicional.

§ 3.º O pedido de cooperação judiciária pode ser realizado entre órgãos jurisdicionais de diferentes ramos do Poder Judiciário.

Livro III
DOS SUJEITOS DO PROCESSO

Título I
DAS PARTES E DOS PROCURADORES

Capítulo I
DA CAPACIDADE PROCESSUAL

Art. 70. Toda pessoa que se encontre no exercício de seus direitos tem capacidade para estar em juízo.

>> *Vide* art. 8.º, § 2.º, da Lei n. 9.099, de 26-9-1995 (Lei dos Juizados Especiais).

>> *Vide* art. 5.º do CC.

Art. 71. O incapaz será representado ou assistido por seus pais, por tutor ou por curador, na forma da lei.

> *Vide* arts. 3.º, 4.º, 1.634, V, 1.690, 1.692, 1.747, I, 1.748, V, 1.767, 1.774, 1.778, 1.779 e 1.782 do CC.

Art. 72. O juiz nomeará curador especial ao:

I – incapaz, se não tiver representante legal ou se os interesses deste colidirem com os daquele, enquanto durar a incapacidade;

> *Vide* arts. 3.º e 4.º do CC.

II – réu preso revel, bem como ao réu revel citado por edital ou com hora certa, enquanto não for constituído advogado.

>> *Vide* arts. 245, §§ 4.º e 5.º, e 671 do CPC.

> *Vide* art. 1.692 do CC.

> *Vide* Súmula 196 do STJ.

Parágrafo único. A curatela especial será exercida pela Defensoria Pública, nos termos da lei.

Art. 73. O cônjuge necessitará do consentimento do outro para propor ação que verse sobre direito real imobiliário, salvo quando casados sob o regime de separação absoluta de bens.

>> *Vide* arts. 1.647 e 1.723 do CC.

§ 1.º Ambos os cônjuges serão necessariamente citados para a ação:

I – que verse sobre direito real imobiliário, salvo quando casados sob o regime de separação absoluta de bens;

II – resultante de fato que diga respeito a ambos os cônjuges ou de ato praticado por eles;

III – fundada em dívida contraída por um dos cônjuges a bem da família;

> *Vide* art. 226, § 5.º, da CF.

> *Vide* arts. 1.643 e 1.644 do CC.

IV – que tenha por objeto o reconhecimento, a constituição ou a extinção de ônus sobre imóvel de um ou de ambos os cônjuges.

>> *Vide* arts. 1.642, III, 1.648 e 1.663, *caput* e § 1.º, do CC.

> *Vide* arts. 1.225, 1.570 e 1.848 do CC.

§ 2.º Nas ações possessórias, a participação do cônjuge do autor ou do réu somente é indispensável nas hipóteses de composse ou de ato por ambos praticado.

> *Vide* arts. 1.199 e 1.335, II, do CC.

§ 3.º Aplica-se o disposto neste artigo à união estável comprovada nos autos.

Art. 74. O consentimento previsto no art. 73 pode ser suprido judicialmente quando for negado por um dos cônjuges sem justo motivo, ou quando lhe seja impossível concedê-lo.

>> *Vide* art. 226, § 5.º, da CF.

> *Vide* art. 1.647 do CC.

Parágrafo único. A falta de consentimento, quando necessário e não suprido pelo juiz, invalida o processo.

>> *Vide* arts. 485, IV, e 337, IX, do CPC.

>> *Vide* art. 226, § 5.º, da CF.

> *Vide* arts. 352 e 486, § 3.º, do CPC.

> *Vide* art. 1.648 do CC.

Art. 75. Serão representados em juízo, ativa e passivamente:

I – a União, pela Advocacia-Geral da União, diretamente ou mediante órgão vinculado;

II – o Estado e o Distrito Federal, por seus procuradores;

III – o Município, por seu prefeito ou procurador;

IV – a autarquia e a fundação de direito público, por quem a lei do ente federado designar;

>> *Vide* OJ 318 da SDI-1.

V – a massa falida, pelo administrador judicial;

> *Vide* art. 21 da Lei n. 11.101, de 9-2-2005 (Lei de Falências).

VI – a herança jacente ou vacante, por seu curador;

> *Vide* art. 739, § 1.º, I, do CPC.

VII – o espólio, pelo inventariante;

> *Vide* art. 1.991 do CC.

VIII – a pessoa jurídica, por quem os respectivos atos constitutivos designarem ou, não havendo essa designação, por seus diretores;

IX – a sociedade e a associação irregulares e outros entes organizados sem personalidade jurídica, pela pessoa a quem couber a administração de seus bens;

X – a pessoa jurídica estrangeira, pelo gerente, representante ou administrador de sua filial, agência ou sucursal aberta ou instalada no Brasil;

XI – o condomínio, pelo administrador ou síndico.

> *Vide* art. 68, § 3.º, da LSA.

> *Vide* arts. 9.º, 46 e 1.348 do CC.

> *Vide* art. 22, § 1.º, da Lei n. 4.591, de 16-12-1964, sobre prédios em condomínio.

> *Vide* art. 22, III, *n*, da Lei n. 11.101, de 9-2-2005 (Lei de Falências).

§ 1.º Quando o inventariante for dativo, os sucessores do falecido serão intimados no processo no qual o espólio seja parte.

>> *Vide* art. 618, I, do CPC.

§ 2.º A sociedade ou associação sem personalidade jurídica não poderá opor a irregularidade de sua constituição quando demandada.

> *Vide* art. 45 do CC.

§ 3.º O gerente de filial ou agência presume-se autorizado pela pessoa jurídica estrangeira a receber citação para qualquer processo.

§ 4.º Os Estados e o Distrito Federal poderão ajustar compromisso recíproco para prática de ato processual por seus procuradores em favor de outro ente federado, mediante convênio firmado pelas respectivas procuradorias.

Art. 76. Verificada a incapacidade processual ou a irregularidade da representação da parte, o juiz suspenderá o processo e designará prazo razoável para que seja sanado o vício.

> *Vide* arts. 313, I, e 485, IV, do CPC.

§ 1.º Descumprida a determinação, caso o processo esteja na instância originária:

>> *Vide* Súmula 383 do TST.

I – o processo será extinto, se a providência couber ao autor;

II – o réu será considerado revel, se a providência lhe couber;

>> *Vide* art. 344 do CPC.

III – o terceiro será considerado revel ou excluído do processo, dependendo do polo em que se encontre.

>> *Vide* arts. 313, I, e 485, IV, do CPC.

§ 2.º Descumprida a determinação em fase recursal perante tribunal de justiça, tribunal regional federal ou tribunal superior, o relator:

I – não conhecerá do recurso, se a providência couber ao recorrente;

II – determinará o desentranhamento das contrarrazões, se a providência couber ao recorrido.

Capítulo II
DOS DEVERES DAS PARTES E DE SEUS PROCURADORES

Seção I
Dos Deveres

Art. 77. Além de outros previstos neste Código, são deveres das partes, de seus procuradores e de todos aqueles que de qualquer forma participem do processo:

I – expor os fatos em juízo conforme a verdade;

> *Vide* art. 319, III, do CPC.

II – não formular pretensão ou de apresentar defesa quando cientes de que são destituídas de fundamento;

III – não produzir provas e não praticar atos inúteis ou desnecessários à declaração ou à defesa do direito;

IV – cumprir com exatidão as decisões jurisdicionais, de natureza provisória ou final, e não criar embaraços à sua efetivação;

>> *Vide* arts. 80 e 379 do CPC.

V – declinar, no primeiro momento que lhes couber falar nos autos, o endereço residencial ou profissional onde receberão intimações, atualizando essa informação sempre que ocorrer qualquer modificação temporária ou definitiva;

>> *Vide* art. 319 do CPC.

VI – não praticar inovação ilegal no estado de fato de bem ou direito litigioso.

§ 1.º Nas hipóteses dos incisos IV e VI, o juiz advertirá qualquer das pessoas mencionadas no *caput* de que sua conduta poderá ser punida como ato atentatório à dignidade da justiça.

§ 2.º A violação ao disposto nos incisos IV e VI constitui ato atentatório à dignidade da justiça, devendo o juiz, sem prejuízo das sanções criminais, civis e processuais cabíveis, aplicar ao responsável multa de até vinte por cento do valor da causa, de acordo com a gravidade da conduta.

§ 3.º Não sendo paga no prazo a ser fixado pelo juiz, a multa prevista no § 2.º será inscrita como dívida ativa da União ou do Estado após o trânsito em julgado da decisão que a fixou, e sua execução observará o procedimento da execução fiscal, revertendo-se aos fundos previstos no art. 97.

> *Vide* Lei n. 6.830, de 22-9-1980.

§ 4.º A multa estabelecida no § 2.º poderá ser fixada independentemente da incidência das previstas nos arts. 523, § 1.º, e 536, § 1.º.

§ 5.º Quando o valor da causa for irrisório ou inestimável, a multa prevista no § 2.º poderá ser fixada em até 10 (dez) vezes o valor do salário mínimo.

§ 6.º Aos advogados públicos ou privados e aos membros da Defensoria Pública e do Ministério Público não se aplica o disposto nos §§ 2.º a 5.º, devendo eventual responsabilidade disciplinar ser apurada pelo respectivo órgão de classe ou corregedoria, ao qual o juiz oficiará.

§ 7.º Reconhecida violação ao disposto no inciso VI, o juiz determinará o restabelecimento do estado anterior, podendo, ainda, proibir a parte de falar nos autos até a purgação do atentado, sem prejuízo da aplicação do § 2.º.

§ 8.º O representante judicial da parte não pode ser compelido a cumprir decisão em seu lugar.

Art. 78. É vedado às partes, a seus procuradores, aos juízes, aos membros do Ministério Público e da Defensoria Pública e a qualquer pessoa que participe do processo empregar expressões ofensivas nos escritos apresentados.

>> *Vide* art. 360 do CPC.

> *Vide* art. 7.º, § 2.º, do EAOAB.

§ 1.º Quando expressões ou condutas ofensivas forem manifestadas oral ou presencialmente, o juiz advertirá o ofensor de que não as deve usar ou repetir, sob pena de lhe ser cassada a palavra.

> *Vide* art. 360 do CPC.

> *Vide* art. 7.º, § 2.º, do EAOAB.

§ 2.º De ofício ou a requerimento do ofendido, o juiz determinará que as expressões ofensivas sejam riscadas e, a requerimento do ofendido, determinará a expedição de certidão com inteiro teor das expressões ofensivas e a colocará à disposição da parte interessada.

Seção II
Da Responsabilidade das Partes por Dano Processual

Art. 79. Responde por perdas e danos aquele que litigar de má-fé como autor, réu ou interveniente.

>> *Vide* arts. 302 e 776 do CPC.

> *Vide* arts. 186, 402 a 405, 927 e 940 do CC.

Art. 80. Considera-se litigante de má-fé aquele que:

>> *Vide* arts. 142, 772, II, e 774 do CPC.

I – deduzir pretensão ou defesa contra texto expresso de lei ou fato incontroverso;

II – alterar a verdade dos fatos;

III – usar do processo para conseguir objetivo ilegal;

IV – opuser resistência injustificada ao andamento do processo;

V – proceder de modo temerário em qualquer incidente ou ato do processo;

VI – provocar incidente manifestamente infundado;

VII – interpuser recurso com intuito manifestamente protelatório.

> *Vide* arts. 77, 142, 772, II, e 774, parágrafo único, do CPC.

Art. 81. De ofício ou a requerimento, o juiz condenará o litigante de má-fé a pagar multa, que deverá ser superior a um por cento e inferior a dez por cento do valor corrigido da causa, a indenizar a parte contrária pelos prejuízos que esta sofreu e a arcar com os honorários advocatícios e com todas as despesas que efetuou.

> *Vide* art. 32 do EAOAB.

§ 1.º Quando forem 2 (dois) ou mais os litigantes de má-fé, o juiz condenará cada um na proporção de seu respectivo interesse na causa ou solidariamente aqueles que se coligaram para lesar a parte contrária.

§ 2.º Quando o valor da causa for irrisório ou inestimável, a multa poderá ser fixada em até 10 (dez) vezes o valor do salário mínimo.

§ 3.º O valor da indenização será fixado pelo juiz ou, caso não seja possível mensurá-lo, liquidado por arbitramento ou pelo procedimento comum, nos próprios autos.

> *Vide* art. 85, § 8.º, do CPC.

> *Vide* arts. 275 a 285 do CC.

Seção III
Das Despesas, dos Honorários Advocatícios e das Multas

Art. 82. Salvo as disposições concernentes à gratuidade da justiça, incumbe às partes prover as despesas dos atos que realizarem ou requererem no processo, antecipando-lhes o pagamento, desde o início até a sentença final ou, na execução, até a plena satisfação do direito reconhecido no título.

> *Vide* art. 1.º da Lei n. 5.478, de 25-7-1968 (ação de alimentos).

> *Vide* arts. 10 e 30 do Decreto-lei n. 3.365, de 21-6-1941.

§ 1.º Incumbe ao autor adiantar as despesas relativas a ato cuja realização o juiz determinar de ofício ou a requerimento do Ministério Público, quando sua intervenção ocorrer como fiscal da ordem jurídica.

§ 2.º A sentença condenará o vencido a pagar ao vencedor as despesas que antecipou.

>> *Vide* Súmulas 14 e 105 do STJ.

> *Vide* Súmula 185 do STF.

> *Vide* Lei n. 6.899, de 8-4-1981 (correção monetária).

> *Vide* art. 23 do EAOAB.

Art. 83. O autor, brasileiro ou estrangeiro, que residir fora do Brasil ou deixar de residir no país ao longo da tramitação de processo prestará caução suficiente ao pagamento das custas e dos honorários de advogado da parte contrária nas ações que propuser, se não tiver no Brasil bens imóveis que lhes assegurem o pagamento.

§ 1.º Não se exigirá a caução de que trata o *caput*:

I – quando houver dispensa prevista em acordo ou tratado internacional de que o Brasil faz parte;

II – na execução fundada em título extrajudicial e no cumprimento de sentença;

III – na reconvenção.

>> *Vide* art. 343 do CPC.

§ 2.º Verificando-se no trâmite do processo que se desfalcou a garantia, poderá o interessado exigir reforço da caução, justificando seu pedido com a indicação da depreciação do bem dado em garantia e a importância do reforço que pretende obter.

Art. 84. As despesas abrangem as custas dos atos do processo, a indenização de viagem, a remuneração do assistente técnico e a diária de testemunha.

>> *Vide* art. 462 do CPC.

Art. 85. A sentença condenará o vencido a pagar honorários ao advogado do vencedor.

>> *Vide* Súmulas 14 e 105 do STJ.

> *Vide* Súmula 185 do STF.

> *Vide* Lei n. 6.899, de 8-4-1981 (correção monetária).

> *Vide* art. 23 do EAOAB.

§ 1.º São devidos honorários advocatícios na reconvenção, no cumprimento de sentença, provisório ou definitivo, na execução, resistida ou não, e nos recursos interpostos, cumulativamente.

>> *Vide* art. 343 do CPC.

§ 2.º Os honorários serão fixados entre o mínimo de dez e o máximo de vinte por cento sobre o valor da condenação, do proveito econômico obtido ou, não sendo possível mensurá-lo, sobre o valor atualizado da causa, atendidos:

I – o grau de zelo do profissional;

II – o lugar de prestação do serviço;

III – a natureza e a importância da causa;

IV – o trabalho realizado pelo advogado e o tempo exigido para o seu serviço.

§ 3.º Nas causas em que a Fazenda Pública for parte, a fixação dos honorários observará os critérios estabelecidos nos incisos I a IV do § 2.º e os seguintes percentuais:

I – mínimo de dez e máximo de vinte por cento sobre o valor da condenação ou do proveito econômico obtido até 200 (duzentos) salários mínimos;

II – mínimo de oito e máximo de dez por cento sobre o valor da condenação ou do proveito econômico obtido acima de 200 (duzentos) salários mínimos até 2.000 (dois mil) salários mínimos;

III – mínimo de cinco e máximo de oito por cento sobre o valor da condenação ou do proveito econômico obtido acima de 2.000 (dois mil) salários mínimos até 20.000 (vinte mil) salários mínimos;

IV – mínimo de três e máximo de cinco por cento sobre o valor da condenação ou do proveito econômico obtido acima de 20.000 (vinte mil) salários mínimos até 100.000 (cem mil) salários mínimos;

V – mínimo de um e máximo de três por cento sobre o valor da condenação ou do proveito econômico obtido acima de 100.000 (cem mil) salários mínimos.

§ 4.º Em qualquer das hipóteses do § 3.º:

I – os percentuais previstos nos incisos I a V devem ser aplicados desde logo, quando for líquida a sentença;

II – não sendo líquida a sentença, a definição do percentual, nos termos previstos nos incisos I a V, somente ocorrerá quando liquidado o julgado;

III – não havendo condenação principal ou não sendo possível mensurar o proveito econômico obtido, a condenação em honorários dar-se-á sobre o valor atualizado da causa;

IV – será considerado o salário mínimo vigente quando prolatada sentença líquida ou o que estiver em vigor na data da decisão de liquidação.

§ 5.º Quando, conforme o caso, a condenação contra a Fazenda Pública ou o benefício econômico obtido pelo vencedor ou o valor da causa for superior ao valor previsto no inciso I do § 3.º, a fixação do percentual de honorários deve observar a faixa inicial e, naquilo que a exceder, a faixa subsequente, e assim sucessivamente.

§ 6.º Os limites e critérios previstos nos §§ 2.º e 3.º aplicam-se independentemente de qual seja o conteúdo da decisão, inclusive aos casos de improcedência ou de sentença sem resolução de mérito.

§ 7.º Não serão devidos honorários no cumprimento de sentença contra a Fazenda Pública que enseje expedição de precatório, desde que não tenha sido impugnada.

§ 8.º Nas causas em que for inestimável ou irrisório o proveito econômico ou, ainda, quando o valor da causa for muito baixo, o juiz fixará o valor dos honorários por apreciação equitativa, observando o disposto nos incisos do § 2.º.

>> *Vide* Súmulas 153, 201 e 345 do STJ.

> *Vide* art. 140, parágrafo único, do CPC.

§ 9.º Na ação de indenização por ato ilícito contra pessoa, o percentual de honorários incidirá sobre a soma das prestações vencidas acrescida de 12 (doze) prestações vincendas.

>> *Vide* art. 927 do CC.

>> *Vide* Súmulas 234, 389 e 512 do STF.

>> *Vide* Súmula 111 do STJ.

§ 10. Nos casos de perda do objeto, os honorários serão devidos por quem deu causa ao processo.

§ 11. O tribunal, ao julgar recurso, majorará os honorários fixados anteriormente levando em conta o trabalho adicional realizado em grau recursal, observando, conforme o caso, o disposto nos §§ 2.º a 6.º, sendo vedado ao tribunal, no cômputo geral da fixação de honorários devidos ao advogado do vencedor, ultrapassar os respectivos limites estabelecidos nos §§ 2.º e 3.º para a fase de conhecimento.

§ 12. Os honorários referidos no § 11 são cumuláveis com multas e outras sanções processuais, inclusive as previstas no art. 77.

§ 13. As verbas de sucumbência arbitradas em embargos à execução rejeitados ou julgados improcedentes e em fase de cumprimento de sentença serão acrescidas no valor do débito principal, para todos os efeitos legais.

§ 14. Os honorários constituem direito do advogado e têm natureza alimentar, com os mesmos privilégios dos créditos oriundos da legislação do trabalho, sendo vedada a compensação em caso de sucumbência parcial.

§ 15. O advogado pode requerer que o pagamento dos honorários que lhe caibam seja efetuado em favor da sociedade de advogados que integra na qualidade de sócio, aplicando-se à hipótese o disposto no § 14.

§ 16. Quando os honorários forem fixados em quantia certa, os juros moratórios incidirão a partir da data do trânsito em julgado da decisão.

§ 17. Os honorários serão devidos quando o advogado atuar em causa própria.

§ 18. Caso a decisão transitada em julgado seja omissa quanto ao direito aos honorários ou ao seu valor, é cabível ação autônoma para sua definição e cobrança.

§ 19. Os advogados públicos perceberão honorários de sucumbência, nos termos da lei.

>> O STF, na ADI n. 6.053, por maioria, "declarou a constitucionalidade da percepção de honorários de sucumbência pelos advogados públicos e julgou parcialmente procedente o pedido formulado na ação direta para, conferindo interpretação conforme à Constituição a este § 19, estabelecer que a somatória dos subsídios e honorários de sucumbência percebidos mensalmente pelos advogados públicos não poderá exceder ao teto dos Ministros do Supremo Tribunal Federal, conforme o que dispõe o art. 37, XI, da Constituição Federal", na sessão virtual de 12-6-2020 a 19-6-2020 (*DOU* de 1.º-7-2020).

Art. 86. Se cada litigante for, em parte, vencedor e vencido, serão proporcionalmente distribuídas entre eles as despesas.

> *Vide* art. 87 do CPC.

Parágrafo único. Se um litigante sucumbir em parte mínima do pedido, o outro responderá, por inteiro, pelas despesas e pelos honorários.

Art. 87. Concorrendo diversos autores ou diversos réus, os vencidos respondem proporcionalmente pelas despesas e pelos honorários.

> *Vide* art. 86 do CPC.

> *Vide* art. 257 do CC.

§ 1.º A sentença deverá distribuir entre os litisconsortes, de forma expressa, a responsabilidade proporcional pelo pagamento das verbas previstas no *caput*.

§ 2.º Se a distribuição de que trata o § 1.º não for feita, os vencidos responderão solidariamente pelas despesas e pelos honorários.

Art. 88. Nos procedimentos de jurisdição voluntária, as despesas serão adiantadas pelo requerente e rateadas entre os interessados.

> *Vide* arts. 719 a 770 do CPC.

Art. 89. Nos juízos divisórios, não havendo litígio, os interessados pagarão as despesas proporcionalmente a seus quinhões.

> *Vide* arts. 560 e s. do CPC.

Art. 90. Proferida sentença com fundamento em desistência, em renúncia ou em reconhecimento do pedido, as despesas e os honorários serão pagos pela parte que desistiu, renunciou ou reconheceu.

>> *Vide* art. 487 do CPC.

§ 1.º Sendo parcial a desistência, a renúncia ou o reconhecimento, a responsabilidade pelas despesas e pelos honorários será proporcional à parcela reconhecida, à qual se renunciou ou da qual se desistiu.

§ 2.º Havendo transação e nada tendo as partes disposto quanto às despesas, estas serão divididas igualmente.

§ 3.º Se a transação ocorrer antes da sentença, as partes ficam dispensadas do pagamento das custas processuais remanescentes, se houver.

§ 4.º Se o réu reconhecer a procedência do pedido e, simultaneamente, cumprir integralmente a prestação reconhecida, os honorários serão reduzidos pela metade.

Art. 91. As despesas dos atos processuais praticados a requerimento da Fazenda Pública, do Ministério Público ou da Defensoria Pública serão pagas ao final pelo vencido.

> *Vide* Súmula 483 do STJ.

§ 1.º As perícias requeridas pela Fazenda Pública, pelo Ministério Público ou pela Defensoria Pública poderão ser realizadas por entidade pública ou, havendo previsão orçamentária, ter os valores adiantados por aquele que requerer a prova.

§ 2.º Não havendo previsão orçamentária no exercício financeiro para adiantamento dos honorários periciais, eles serão pagos no exercício seguinte ou ao final, pelo vencido, caso o processo se encerre antes do adiantamento a ser feito pelo ente público.

Art. 92. Quando, a requerimento do réu, o juiz proferir sentença sem resolver o mérito, o autor não poderá propor novamente a ação sem pagar ou depositar em cartório as despesas e os honorários a que foi condenado.

Art. 93. As despesas de atos adiados ou cuja repetição for necessária ficarão a cargo da parte, do auxiliar da justiça, do órgão do Ministério Público ou da Defensoria Pública ou do juiz que, sem justo motivo, houver dado causa ao adiamento ou à repetição.

>> *Vide* arts. 143, 362, § 3.º, 485, § 3.º, e 455, § 5.º, do CPC.

Art. 94. Se o assistido for vencido, o assistente será condenado ao pagamento das custas em proporção à atividade que houver exercido no processo.

> *Vide* art. 121 do CPC.

Art. 95. Cada parte adiantará a remuneração do assistente técnico que houver indicado, sendo a do perito adiantada pela parte que houver requerido a perícia ou rateada quando a perícia for determinada de ofício ou requerida por ambas as partes.

>> *Vide* art. 84 do CPC.

> *Vide* arts. 464 e s. do CPC.

> *Vide* Súmula 232 do STJ.

§ 1.º O juiz poderá determinar que a parte responsável pelo pagamento dos honorários do perito deposite em juízo o valor correspondente.

§ 2.º A quantia recolhida em depósito bancário à ordem do juízo será corrigida monetariamente e paga de acordo com o art. 465, § 4.º.

§ 3.º Quando o pagamento da perícia for de responsabilidade de beneficiário de gratuidade da justiça, ela poderá ser:

I – custeada com recursos alocados no orçamento do ente público e realizada por servidor do Poder Judiciário ou por órgão público conveniado;

II – paga com recursos alocados no orçamento da União, do Estado ou do Distrito Federal, no caso de ser realizada por particular, hipótese em que o valor será fixado conforme tabela do tribunal respectivo ou, em caso de sua omissão, do Conselho Nacional de Justiça.

>> **A Resolução n. 232, de 13-7-2016, do CNJ, fixa os valores dos honorários a serem pagos aos peritos, no âmbito da Justiça de primeiro e segundo graus, nos termos do disposto neste inciso.**

§ 4.º Na hipótese do § 3.º, o juiz, após o trânsito em julgado da decisão final, oficiará a Fazenda Pública para que promova, contra quem tiver sido condenado ao pagamento das despesas processuais, a execução dos valores gastos com a perícia particular ou com a utilização de servidor público ou da estrutura de órgão público, observando-se, caso o responsável pelo pagamento das despesas seja beneficiário de gratuidade da justiça, o disposto no art. 98, § 2.º.

§ 5.º Para fins de aplicação do § 3.º, é vedada a utilização de recursos do fundo de custeio da Defensoria Pública.

Art. 96. O valor das sanções impostas ao litigante de má-fé reverterá em benefício da parte contrária, e o valor das sanções impostas aos serventuários pertencerá ao Estado ou à União.

>> *Vide* arts. 81, 202, 234, 258, 468 e 968, II, do CPC.

Art. 97. A União e os Estados podem criar fundos de modernização do Poder Judiciário, aos quais serão revertidos os valores das sanções pecuniárias processuais destinadas à União e aos Estados, e outras verbas previstas em lei.

Seção IV
Da Gratuidade da Justiça

Art. 98. A pessoa natural ou jurídica, brasileira ou estrangeira, com insuficiência de recursos para pagar as custas, as despesas processuais e os honorários advocatícios tem direito à gratuidade da justiça, na forma da lei.

>> *Vide* art. 5.º, LXXIV, da CF.

>> Defensoria Pública: Lei Complementar n. 80, de 12-1-1994.

>> *Vide* art. 71, § 3.º, da Lei n. 10.741, de 1.º-10-2003.

§ 1.º A gratuidade da justiça compreende:

I – as taxas ou as custas judiciais;

II – os selos postais;

III – as despesas com publicação na imprensa oficial, dispensando-se a publicação em outros meios;

IV – a indenização devida à testemunha que, quando empregada, receberá do empregador salário integral, como se em serviço estivesse;

V – as despesas com a realização de exame de código genético – DNA e de outros exames considerados essenciais;

VI – os honorários do advogado e do perito e a remuneração do intérprete ou do tradutor nomeado para apresentação de versão em português de documento redigido em língua estrangeira;

VII – o custo com a elaboração de memória de cálculo, quando exigida para instauração da execução;

VIII – os depósitos previstos em lei para interposição de recurso, para propositura de ação e para a prática de outros atos processuais inerentes ao exercício da ampla defesa e do contraditório;

IX – os emolumentos devidos a notários ou registradores em decorrência da prática de registro, averbação ou qualquer outro ato notarial necessário à efetivação de decisão judicial ou à continuidade de processo judicial no qual o benefício tenha sido concedido.

§ 2.º A concessão de gratuidade não afasta a responsabilidade do beneficiário pelas despesas processuais e pelos honorários advocatícios decorrentes de sua sucumbência.

§ 3.º Vencido o beneficiário, as obrigações decorrentes de sua sucumbência ficarão sob condição suspensiva de exigibilidade e somente poderão ser executadas se, nos 5 (cinco) anos subsequentes ao trânsito em julgado da decisão que as certificou, o credor demonstrar que deixou de existir a situação de insuficiência de recursos que justificou a concessão de gratuidade, extinguindo-se, passado esse prazo, tais obrigações do beneficiário.

§ 4.º A concessão de gratuidade não afasta o dever de o beneficiário pagar, ao final, as multas processuais que lhe sejam impostas.

§ 5.º A gratuidade poderá ser concedida em relação a algum ou a todos os atos processuais, ou consistir na redução percentual de despesas processuais que o beneficiário tiver de adiantar no curso do procedimento.

§ 6.º Conforme o caso, o juiz poderá conceder direito ao parcelamento de despesas processuais que o beneficiário tiver de adiantar no curso do procedimento.

§ 7.º Aplica-se o disposto no art. 95, §§ 3.º a 5.º, ao custeio dos emolumentos previstos no § 1.º, inciso IX, do presente artigo, observada a tabela e as condições da lei estadual ou distrital respectiva.

§ 8.º Na hipótese do § 1.º, inciso IX, havendo dúvida fundada quanto ao preenchimento atual dos pressupostos para a concessão de gratuidade, o notário ou registrador, após praticar o ato, pode requerer, ao juízo competente para decidir questões notariais ou registrais, a revogação total ou parcial do benefício ou a sua substituição pelo parcelamento de que trata o § 6.º deste artigo, caso em que o beneficiário será citado para, em 15 (quinze) dias, manifestar-se sobre esse requerimento.

Art. 99. O pedido de gratuidade da justiça pode ser formulado na petição inicial, na contestação, na petição para ingresso de terceiro no processo ou em recurso.

> *Vide* arts. 119 a 138, 319 a 331, 335 a 342 e 994 e s. do CPC.

§ 1.º Se superveniente à primeira manifestação da parte na instância, o pedido poderá ser formulado por petição simples, nos autos do próprio processo, e não suspenderá seu curso.

§ 2.º O juiz somente poderá indeferir o pedido se houver nos autos elementos que evidenciem a falta dos pressupostos legais para a concessão de gratuidade, devendo, antes de indeferir o pedido, determinar à parte a comprovação do preenchimento dos referidos pressupostos.

§ 3.º Presume-se verdadeira a alegação de insuficiência deduzida exclusivamente por pessoa natural.

§ 4.º A assistência do requerente por advogado particular não impede a concessão de gratuidade da justiça.

§ 5.º Na hipótese do § 4.º, o recurso que verse exclusivamente sobre valor de honorários de sucumbência fixados em favor do advogado de beneficiário estará sujeito a preparo, salvo se o próprio advogado demonstrar que tem direito à gratuidade.

§ 6.º O direito à gratuidade da justiça é pessoal, não se estendendo a litisconsorte ou a sucessor do beneficiário, salvo requerimento e deferimento expressos.

§ 7.º Requerida a concessão de gratuidade da justiça em recurso, o recorrente estará dispensado de comprovar o recolhimento do preparo, incumbindo ao relator, neste caso, apreciar o requerimento e, se indeferi-lo, fixar prazo para realização do recolhimento.

Art. 100. Deferido o pedido, a parte contrária poderá oferecer impugnação na contestação, na réplica, nas contrarrazões de recurso ou, nos casos de pedido superveniente ou formulado por terceiro, por meio de petição simples, a ser apresentada no prazo de 15 (quinze) dias, nos autos do próprio processo, sem suspensão de seu curso.

Parágrafo único. Revogado o benefício, a parte arcará com as despesas processuais que tiver deixado de adiantar e pagará, em caso de má-fé, até o décuplo de seu valor a título de multa, que será revertida em benefício da Fazenda Pública estadual ou federal e poderá ser inscrita em dívida ativa.

>> *Vide* Lei n. 6.830, de 22-9-1980.

Art. 101. Contra a decisão que indeferir a gratuidade ou a que acolher pedido de sua revogação caberá agravo de instrumento, exceto quando a questão for resolvida na sentença, contra a qual caberá apelação.

> *Vide* arts. 1.009 a 1.020 do CPC.

§ 1.º O recorrente estará dispensado do recolhimento de custas até decisão do relator sobre a questão, preliminarmente ao julgamento do recurso.

§ 2.º Confirmada a denegação ou a revogação da gratuidade, o relator ou o órgão colegiado determinará ao recorrente o recolhimento das custas processuais, no prazo de 5 (cinco) dias, sob pena de não conhecimento do recurso.

Art. 102. Sobrevindo o trânsito em julgado de decisão que revoga a gratuidade, a parte deverá efetuar o recolhimento de todas as despesas de cujo adiantamento foi dispensada, inclusive as relativas ao recurso interposto, se houver, no prazo fixado pelo juiz, sem prejuízo de aplicação das sanções previstas em lei.

Parágrafo único. Não efetuado o recolhimento, o processo será extinto sem resolução de mérito, tratando-se do autor, e, nos demais casos, não poderá ser deferida a realização de nenhum ato ou diligência requerida pela parte enquanto não efetuado o depósito.

Capítulo III
DOS PROCURADORES

Art. 103. A parte será representada em juízo por advogado regularmente inscrito na Ordem dos Advogados do Brasil.

>> *Vide* art. 133 da CF.

>> *Vide* arts. 111, 287, e 313, § 3.º, do CPC.

>> *Vide* art. 1.º, I, do EAOAB.

>> *Vide* art. 2.º da Lei n. 5.478, de 25-7-1968.

> *Vide* art. 692 do CC.

> *Vide* art. 9.º da Lei n. 9.099, de 26-9-1995.

Parágrafo único. É lícito à parte postular em causa própria quando tiver habilitação legal.

Art. 104. O advogado não será admitido a postular em juízo sem procuração, salvo para evitar preclusão, decadência ou prescrição, ou para praticar ato considerado urgente.

>> *Vide* art. 287, parágrafo único, do CPC.

>> *Vide* Súmula 383 do TST.

>> *Vide* Súmula 115 do STJ.

> *Vide* arts. 653 e 692 do CC.

§ 1.º Nas hipóteses previstas no *caput*, o advogado deverá, independentemente de caução, exibir a procuração no prazo de 15 (quinze) dias, prorrogável por igual período por despacho do juiz.

> *Vide* art. 5.º, § 1.º, do EAOAB.

§ 2.º O ato não ratificado será considerado ineficaz relativamente àquele em cujo nome foi praticado, respondendo o advogado pelas despesas e por perdas e danos.

> *Vide* art. 402 do CC.

Art. 105. A procuração geral para o foro, outorgada por instrumento público ou particular assinado pela parte, habilita o advogado a praticar todos os atos do processo, exceto receber citação, confessar, reconhecer a procedência do pedido, transigir, desistir, renunciar ao direito sobre o qual se funda a ação, receber, dar quitação, firmar compromisso e assinar declaração de hipossuficiência econômica, que devem constar de cláusula específica.

>> *Vide* art. 390, § 1.º, do CPC.

> *Vide* art. 654 do CC.

§ 1.º A procuração pode ser assinada digitalmente, na forma da lei.

>> *Vide* Lei n. 11.419, de 19-12-2006, que dispõe sobre a informatização do processo judicial.

§ 2.º A procuração deverá conter o nome do advogado, seu número de inscrição na Ordem dos Advogados do Brasil e endereço completo.

>> *Vide* art. 4.º do EAOAB.

§ 3.º Se o outorgado integrar sociedade de advogados, a procuração também deverá conter o nome dessa, seu número de registro na Ordem dos Advogados do Brasil e endereço completo.

> *Vide* arts. 15 a 17 do EAOAB.

§ 4.º Salvo disposição expressa em sentido contrário constante do próprio instrumento, a procuração outorgada na fase de conhecimento é eficaz para todas as fases do processo, inclusive para o cumprimento de sentença.

>> *Vide* Súmula 395 do TST.

Art. 106. Quando postular em causa própria, incumbe ao advogado:

I – declarar, na petição inicial ou na contestação, o endereço, seu número de inscrição na Ordem dos Advogados do Brasil e o nome da sociedade de advogados da qual participa, para o recebimento de intimações;

II – comunicar ao juízo qualquer mudança de endereço.

§ 1.º Se o advogado descumprir o disposto no inciso I, o juiz ordenará que se supra a omissão, no prazo de 5 (cinco) dias, antes de determinar a citação do réu, sob pena de indeferimento da petição.

§ 2.º Se o advogado infringir o previsto no inciso II, serão consideradas válidas as intimações enviadas por carta registrada ou meio eletrônico ao endereço constante dos autos.

Art. 107. O advogado tem direito a:

>> *Vide* art. 289 do CPC.

>> *Vide* art. 7.º do EAOAB.

I – examinar, em cartório de fórum e secretaria de tribunal, mesmo sem procuração, autos de qualquer processo, independentemente da fase de tramitação, assegurados a obtenção de cópias e o registro de anotações, salvo na hipótese de segredo de justiça, nas quais apenas o advogado constituído terá acesso aos autos;

>> *Vide* Súmula Vinculante 14 do STF.

> *Vide* art. 7.º, XIII a XV, do EAOAB.

II – requerer, como procurador, vista dos autos de qualquer processo, pelo prazo de 5 (cinco) dias;

> *Vide* art. 234 do CPC.

III – retirar os autos do cartório ou da secretaria, pelo prazo legal, sempre que neles lhe couber falar por determinação do juiz, nos casos previstos em lei.

§ 1.º Ao receber os autos, o advogado assinará carga em livro ou documento próprio.

§ 2.º Sendo o prazo comum às partes, os procuradores poderão retirar os autos somente em conjunto ou mediante prévio ajuste, por petição nos autos.

§ 3.º Na hipótese do § 2.º, é lícito ao procurador retirar os autos para obtenção de cópias, pelo prazo de 2 (duas) a 6 (seis) horas, independentemente de ajuste e sem prejuízo da continuidade do prazo.

§ 4.º O procurador perderá no mesmo processo o direito a que se refere o § 3.º se não devolver os autos tempestivamente, salvo se o prazo for prorrogado pelo juiz.

§ 5.º O disposto no inciso I do *caput* deste artigo aplica-se integralmente a processos eletrônicos.

>> § 5.º acrescentado pela Lei n. 13.793, de 3-1-2019.

Capítulo IV
DA SUCESSÃO DAS PARTES E DOS PROCURADORES

Art. 108. No curso do processo, somente é lícita a sucessão voluntária das partes nos casos expressos em lei.

>> *Vide* art. 778, § 1.º, do CPC.

Art. 109. A alienação da coisa ou do direito litigioso por ato entre vivos, a título particular, não altera a legitimidade das partes.

>> *Vide* arts. 59, 240, 778, § 1.º, 790, I, e 808 do CPC.

§ 1.º O adquirente ou cessionário não poderá ingressar em juízo, sucedendo o alienante ou cedente, sem que o consinta a parte contrária.

§ 2.º O adquirente ou cessionário poderá intervir no processo como assistente litisconsorcial do alienante ou cedente.

>> *Vide* arts. 119 a 124 do CPC.

§ 3.º Estendem-se os efeitos da sentença proferida entre as partes originárias ao adquirente ou cessionário.

Art. 110. Ocorrendo a morte de qualquer das partes, dar-se-á a sucessão pelo seu espólio ou pelos seus sucessores, observado o disposto no art. 313, §§ 1.º e 2.º.

>> *Vide* arts. 75, VII, 221 e 618 do CPC.

Art. 111. A parte que revogar o mandato outorgado a seu advogado constituirá, no mesmo ato, outro que assuma o patrocínio da causa.

Parágrafo único. Não sendo constituído novo procurador no prazo de 15 (quinze) dias, observar-se-á o disposto no art. 76.

Art. 112. O advogado poderá renunciar ao mandato a qualquer tempo, provando, na forma prevista neste Código, que comunicou a renúncia ao mandante, a fim de que este nomeie sucessor.

>> *Vide* art. 688 do CC.

> *Vide* art. 313, I, do CPC.

§ 1.º Durante os 10 (dez) dias seguintes, o advogado continuará a representar o mandante, desde que necessário para lhe evitar prejuízo.

> *Vide* art. 13 do Código de Ética e Disciplina da OAB.

§ 2.º Dispensa-se a comunicação referida no *caput* quando a procuração tiver sido outorgada a vários advogados e a parte continuar representada por outro, apesar da renúncia.

Título II
DO LITISCONSÓRCIO

>> *Vide* art. 1.005 do CPC.

Art. 113. Duas ou mais pessoas podem litigar, no mesmo processo, em conjunto, ativa ou passivamente, quando:

> *Vide* art. 94, § 1.º, da Lei n. 11.101, de 9-2-2005 (Lei de Falências).

I – entre elas houver comunhão de direitos ou de obrigações relativamente à lide;

II – entre as causas houver conexão pelo pedido ou pela causa de pedir;

>> *Vide* art. 54 do CPC.

> *Vide* Súmula 235 do STJ.

III – ocorrer afinidade de questões por ponto comum de fato ou de direito.

> A Lei n. 3.751, de 13-4-1960 (art. 2.º, § 5.º), dispõe sobre a intervenção da Fazenda do Distrito Federal (Brasília) nos processos judiciais que lhe possam resultar direitos ou obrigações.

§ 1.º O juiz poderá limitar o litisconsórcio facultativo quanto ao número de litigantes na fase de conhecimento, na liquidação de sentença ou na execução, quando este comprometer a rápida solução do litígio ou dificultar a defesa ou o cumprimento da sentença.

>> *Vide* art. 139, II e III, do CPC.

§ 2.º O requerimento de limitação interrompe o prazo para manifestação ou resposta, que recomeçará da intimação da decisão que o solucionar.

Art. 114. O litisconsórcio será necessário por disposição de lei ou quando, pela natureza da relação jurídica controvertida, a eficácia da sentença depender da citação de todos que devam ser litisconsortes.

>> *Vide* Súmula 631 do STF.

Art. 115. A sentença de mérito, quando proferida sem a integração do contraditório, será:

I – nula, se a decisão deveria ser uniforme em relação a todos que deveriam ter integrado o processo;

II – ineficaz, nos outros casos, apenas para os que não foram citados.

Parágrafo único. Nos casos de litisconsórcio passivo necessário, o juiz determinará ao autor que requeira a citação de todos que devam ser litisconsortes, dentro do prazo que assinar, sob pena de extinção do processo.

>> *Vide* art. 94 do CDC.

>> *Vide* art. 485, III, do CPC.

> *Vide* Súmula 631 do STF.

Art. 116. O litisconsórcio será unitário quando, pela natureza da relação jurídica, o juiz tiver de decidir o mérito de modo uniforme para todos os litisconsortes.

Art. 117. Os litisconsortes serão considerados, em suas relações com a parte adversa, como litigantes distintos, exceto no litisconsórcio unitário, caso em que os atos e as omissões de um não prejudicarão os outros, mas os poderão beneficiar.

>> *Vide* arts. 345, I, 392 e 1.005 do CPC.

Art. 118. Cada litisconsorte tem o direito de promover o andamento do processo, e todos devem ser intimados dos respectivos atos.

>> *Vide* art. 229 do CPC.

Título III
DA INTERVENÇÃO DE TERCEIROS

Capítulo I
DA ASSISTÊNCIA

Seção I
Disposições Comuns

Art. 119. Pendendo causa entre 2 (duas) ou mais pessoas, o terceiro juridicamente interessado em que a sentença seja favorável a uma delas poderá intervir no processo para assisti-la.

>> *Vide* art. 364, § 1.º, do CPC.

Parágrafo único. A assistência será admitida em qualquer procedimento e em todos os graus de jurisdição, recebendo o assistente o processo no estado em que se encontre.

Art. 120. Não havendo impugnação no prazo de 15 (quinze) dias, o pedido do assistente será deferido, salvo se for caso de rejeição liminar.

Parágrafo único. Se qualquer parte alegar que falta ao requerente interesse jurídico para intervir, o juiz decidirá o incidente, sem suspensão do processo.

> *Vide* art. 330, III, do CPC.

>>> *Vide* Lei n. 9.469, de 10-7-1997.

Seção II
Da Assistência Simples

Art. 121. O assistente simples atuará como auxiliar da parte principal, exercerá os mesmos poderes e sujeitar-se-á aos mesmos ônus processuais que o assistido.

> *Vide* art. 94 do CPC.

Parágrafo único. Sendo revel ou, de qualquer outro modo, omisso o assistido, o assistente será considerado seu substituto processual.

> *Vide* arts. 319 a 322 do CPC.

Art. 122. A assistência simples não obsta a que a parte principal reconheça a procedência do pedido, desista da ação, renuncie ao direito sobre o que se funda a ação ou transija sobre direitos controvertidos.

Art. 123. Transitada em julgado a sentença no processo em que interveio o assistente, este não poderá, em processo posterior, discutir a justiça da decisão, salvo se alegar e provar que:

I – pelo estado em que recebeu o processo ou pelas declarações e pelos atos do assistido, foi impedido de produzir provas suscetíveis de influir na sentença;

II – desconhecia a existência de alegações ou de provas das quais o assistido, por dolo ou culpa, não se valeu.

> *Vide* art. 506 do CPC.

Seção III
Da Assistência Litisconsorcial

Art. 124. Considera-se litisconsorte da parte principal o assistente sempre que a sentença influir na relação jurídica entre ele e o adversário do assistido.

> *Vide* art. 229 do CPC.

Capítulo II
DA DENUNCIAÇÃO DA LIDE

Art. 125. É admissível a denunciação da lide, promovida por qualquer das partes:

I – ao alienante imediato, no processo relativo à coisa cujo domínio foi transferido ao denunciante, a fim de que possa exercer os direitos que da evicção lhe resultam;

>> *Vide* arts. 447 e s. do CC.

>>> *Vide* arts. 319 e 335 do CPC.

II – àquele que estiver obrigado, por lei ou pelo contrato, a indenizar, em ação regressiva, o prejuízo de quem for vencido no processo.

> *Vide* art. 757 do CC.

> *Vide* art. 101, II, do CDC.

§ 1.º O direito regressivo será exercido por ação autônoma quando a denunciação da lide for indeferida, deixar de ser promovida ou não for permitida.

§ 2.º Admite-se uma única denunciação sucessiva, promovida pelo denunciado, contra seu antecessor imediato na cadeia dominial ou quem seja responsável por indenizá-lo, não podendo o denunciado sucessivo promover nova denunciação, hipótese em que eventual direito de regresso será exercido por ação autônoma.

Art. 126. A citação do denunciado será requerida na petição inicial, se o denunciante for autor, ou na contestação, se o denunciante for réu, devendo ser realizada na forma e nos prazos previstos no art. 131.

Art. 127. Feita a denunciação pelo autor, o denunciado poderá assumir a posição de litisconsorte do denunciante e acrescentar novos argumentos à petição inicial, procedendo-se em seguida à citação do réu.

>> *Vide* arts. 113 a 118 do CPC.

Art. 128. Feita a denunciação pelo réu:

I – se o denunciado contestar o pedido formulado pelo autor, o processo prosseguirá tendo, na ação principal, em litisconsórcio, denunciante e denunciado;

II – se o denunciado for revel, o denunciante pode deixar de prosseguir com sua defesa, eventualmente oferecida, e abster-se de recorrer, restringindo sua atuação à ação regressiva;

>> *Vide* art. 344 do CPC.

III – se o denunciado confessar os fatos alegados pelo autor na ação principal, o denunciante poderá prosseguir com sua defesa ou, aderindo a tal reconhecimento, pedir apenas a procedência da ação de regresso.

Parágrafo único. Procedente o pedido da ação principal, pode o autor, se for o caso, requerer o cumprimento da sentença também contra o denunciado, nos limites da condenação deste na ação regressiva.

Art. 129. Se o denunciante for vencido na ação principal, o juiz passará ao julgamento da denunciação da lide.

Parágrafo único. Se o denunciante for vencedor, a ação de denunciação não terá o seu pedido examinado, sem prejuízo da condenação do denunciante ao pagamento das verbas de sucumbência em favor do denunciado.

Capítulo III
DO CHAMAMENTO AO PROCESSO

Art. 130. É admissível o chamamento ao processo, requerido pelo réu:

> *Vide* art. 831 do CC.

>>> *Vide* art. 335 do CPC.

I – do afiançado, na ação em que o fiador for réu;

> *Vide* art. 827 do CC.

II – dos demais fiadores, na ação proposta contra um ou alguns deles;

> *Vide* art. 829 do CC.

III – dos demais devedores solidários, quando o credor exigir de um ou de alguns o pagamento da dívida comum.

> *Vide* arts. 275, 827 e 829 do CC.

Art. 131. A citação daqueles que devam figurar em litisconsórcio passivo será requerida pelo réu na contestação e deve ser promovida no prazo de 30 (trinta) dias, sob pena de ficar sem efeito o chamamento.

Parágrafo único. Se o chamado residir em outra comarca, seção ou subseção judiciárias, ou em lugar incerto, o prazo será de 2 (dois) meses.

Art. 132. A sentença de procedência valerá como título executivo em favor do réu que satisfizer a dívida, a fim de que possa exigi-la, por inteiro, do devedor principal, ou, de cada um dos codevedores, a sua quota, na proporção que lhes tocar.

>> *Vide* arts. 283 a 285 e 831 do CC.

Capítulo IV
DO INCIDENTE DE DESCONSIDERAÇÃO DA PERSONALIDADE JURÍDICA

>> *Vide* art. 17 da Instrução Normativa n. 41, de 21-6-2018.

Art. 133. O incidente de desconsideração da personalidade jurídica será instaurado a pedido da parte ou do Ministério Público, quando lhe couber intervir no processo.

>> *Vide* arts. 795 e 1.062 do CPC.

>> *Vide* art. 50 do CC.

>> *Vide* art. 28 do CDC.

§ 1.º O pedido de desconsideração da personalidade jurídica observará os pressupostos previstos em lei.

§ 2.º Aplica-se o disposto neste Capítulo à hipótese de desconsideração inversa da personalidade jurídica.

Art. 134. O incidente de desconsideração é cabível em todas as fases do processo de conhecimento, no cumprimento de sentença e na execução fundada em título executivo extrajudicial.

>> *Vide* art. 790, VII, do CPC.

§ 1.º A instauração do incidente será imediatamente comunicada ao distribuidor para as anotações devidas.

>> *Vide* art. 134, § 1.º, do CPC.

§ 2.º Dispensa-se a instauração do incidente se a desconsideração da personalidade jurídica for requerida na petição inicial, hipótese em que será citado o sócio ou a pessoa jurídica.

§ 3.º A instauração do incidente suspenderá o processo, salvo na hipótese do § 2.º.

§ 4.º O requerimento deve demonstrar o preenchimento dos pressupostos legais específicos para desconsideração da personalidade jurídica.

Art. 135. Instaurado o incidente, o sócio ou a pessoa jurídica será citado para manifestar-se e requerer as provas cabíveis no prazo de 15 (quinze) dias.

Art. 136. Concluída a instrução, se necessária, o incidente será resolvido por decisão interlocutória.

Parágrafo único. Se a decisão for proferida pelo relator, cabe agravo interno.

Art. 137. Acolhido o pedido de desconsideração, a alienação ou a oneração de bens, havida em fraude de execução, será ineficaz em relação ao requerente.

Capítulo V
DO *AMICUS CURIAE*

Art. 138. O juiz ou o relator, considerando a relevância da matéria, a especificidade do tema objeto da demanda ou a repercussão social da controvérsia, poderá, por decisão irrecorrível, de ofício ou a requerimento das partes ou de quem pretenda manifestar-se, solicitar ou admitir a participação de pessoa natural ou jurídica, órgão ou entidade especializada, com representatividade adequada, no prazo de 15 (quinze) dias de sua intimação.

§ 1.º A intervenção de que trata o *caput* não implica alteração de competência nem autoriza a interposição de recursos, ressalvadas a oposição de embargos de declaração e a hipótese do § 3.º.

§ 2.º Caberá ao juiz ou ao relator, na decisão que solicitar ou admitir a intervenção, definir os poderes do *amicus curiae*.

§ 3.º O *amicus curiae* pode recorrer da decisão que julgar o incidente de resolução de demandas repetitivas.

Título IV
DO JUIZ E DOS AUXILIARES DA JUSTIÇA

Capítulo I
DOS PODERES, DOS DEVERES E DA RESPONSABILIDADE DO JUIZ

Art. 139. O juiz dirigirá o processo conforme as disposições deste Código, incumbindo-lhe:

I – assegurar às partes igualdade de tratamento;

>> *Vide* Súmula 121 do STJ.

II – velar pela duração razoável do processo;

> Lei Complementar n. 35, de 14-3-1979, art. 35, II, dispõe sobre excesso de prazo.

III – prevenir ou reprimir qualquer ato contrário à dignidade da justiça e indeferir postulações meramente protelatórias;

>> *Vide* arts. 78, 360, 772, II, e 774 do CPC.

IV – determinar todas as medidas indutivas, coercitivas, mandamentais ou sub-rogatórias necessárias para assegurar o cumprimento de ordem judicial, inclusive nas ações que tenham por objeto prestação pecuniária;

V – promover, a qualquer tempo, a autocomposição, preferencialmente com auxílio de conciliadores e mediadores judiciais;

VI – dilatar os prazos processuais e alterar a ordem de produção dos meios de prova, adequando-os às necessidades do conflito de modo a conferir maior efetividade à tutela do direito;

VII – exercer o poder de polícia, requisitando, quando necessário, força policial, além da segurança interna dos fóruns e tribunais;

VIII – determinar, a qualquer tempo, o comparecimento pessoal das partes, para inquiri-las sobre os fatos da causa, hipótese em que não incidirá a pena de confesso;

IX – determinar o suprimento de pressupostos processuais e o saneamento de outros vícios processuais;

X – quando se deparar com diversas demandas individuais repetitivas, oficiar o Ministério Público, a Defensoria Pública e, na medida do possível, outros legitimados a que se referem o art. 5.º da Lei n. 7.347, de 24 de julho de 1985, e o art. 82 da Lei n. 8.078, de 11 de setembro de 1990, para, se for o caso, promover a propositura da ação coletiva respectiva.

Parágrafo único. A dilação de prazos prevista no inciso VI somente pode ser determinada antes de encerrado o prazo regular.

Art. 140. O juiz não se exime de decidir sob a alegação de lacuna ou obscuridade do ordenamento jurídico.

>> *Vide* arts. 4.º e 5.º da LINDB (Decreto-lei n. 4.657, de 4-9-1942).

> *Vide* art. 375 do CPC.

Parágrafo único. O juiz só decidirá por equidade nos casos previstos em lei.

>> *Vide* arts. 4.º e 5.º da LINDB (Decreto-lei n. 4.657, de 4-9-1942).

> *Vide* art. 375 do CPC.

Art. 141. O juiz decidirá o mérito nos limites propostos pelas partes, sendo-lhe vedado conhecer de questões não suscitadas a cujo respeito a lei exige iniciativa da parte.

> *Vide* arts. 490 e 492 do CPC.

Art. 142. Convencendo-se, pelas circunstâncias, de que autor e réu se serviram do processo para praticar ato simulado ou conseguir fim vedado por lei, o juiz proferirá decisão que impeça os objetivos das partes, aplicando, de ofício, as penalidades da litigância de má-fé.

>> *Vide* arts. 79 a 81 e 96 do CPC.

Art. 143. O juiz responderá, civil e regressivamente, por perdas e danos quando:

>> *Vide* art. 37, § 6.º, da CF.

> *Vide* arts. 402 e s. e 927 do CC.

I – no exercício de suas funções, proceder com dolo ou fraude;

II – recusar, omitir ou retardar, sem justo motivo, providência que deva ordenar de ofício ou a requerimento da parte.

>> O art. 319 do CP dispõe sobre o crime de prevaricação.

Parágrafo único. As hipóteses previstas no inciso II somente serão verificadas depois que a parte requerer ao juiz que determine a providência e o requerimento não for apreciado no prazo de 10 (dez) dias.

>> *Vide* art. 226 do CPC.

> *Vide* arts. 93 e 235 do CPC.

> *Vide* arts. 402 a 405 do CC.

Capítulo II
DOS IMPEDIMENTOS E DA SUSPEIÇÃO

Art. 144. Há impedimento do juiz, sendo-lhe vedado exercer suas funções no processo:

>> *Vide* art. 966, II, do CPC.

I – em que interveio como mandatário da parte, oficiou como perito, funcionou como membro do Ministério Público ou prestou depoimento como testemunha;

> *Vide* art. 452, I, do CPC.

II – de que conheceu em outro grau de jurisdição, tendo proferido decisão;

> *Vide* Súmula 252 do STF.

III – quando nele estiver postulando, como defensor público, advogado ou membro do Ministério Público, seu cônjuge ou companheiro, ou qualquer parente, consanguíneo ou afim, em linha reta ou colateral, até o terceiro grau, inclusive;

IV – quando for parte no processo ele próprio, seu cônjuge ou companheiro, ou parente, consanguíneo ou afim, em linha reta ou colateral, até o terceiro grau, inclusive;

V – quando for sócio ou membro de direção ou de administração de pessoa jurídica parte no processo;

VI – quando for herdeiro presuntivo, donatário ou empregador de qualquer das partes;

VII – em que figure como parte instituição de ensino com a qual tenha relação de emprego ou decorrente de contrato de prestação de serviços;

VIII – em que figure como parte cliente do escritório de advocacia de seu cônjuge, companheiro ou parente, consanguíneo ou afim, em linha reta ou colateral, até o terceiro grau, inclusive, mesmo que patrocinado por advogado de outro escritório;

IX – quando promover ação contra a parte ou seu advogado.

§ 1.º Na hipótese do inciso III, o impedimento só se verifica quando o defensor público, o advogado ou o membro do Ministério Público já integrava o processo antes do início da atividade judicante do juiz.

§ 2.º É vedada a criação de fato superveniente a fim de caracterizar impedimento do juiz.

§ 3.º O impedimento previsto no inciso III também se verifica no caso de mandato conferido a membro de escritório de advocacia que tenha em seus quadros advogado que individualmente ostente a condição nele prevista, mesmo que não intervenha diretamente no processo.

Art. 145. Há suspeição do juiz:

I – amigo íntimo ou inimigo de qualquer das partes ou de seus advogados;

II – que receber presentes de pessoas que tiverem interesse na causa antes ou depois de iniciado o processo, que aconselhar alguma das partes acerca do objeto da causa ou que subministrar meios para atender às despesas do litígio;

III – quando qualquer das partes for sua credora ou devedora, de seu cônjuge ou companheiro ou de parentes destes, em linha reta até o terceiro grau, inclusive;

IV – interessado no julgamento do processo em favor de qualquer das partes.

>> *Vide* art. 148 do CPC.

§ 1.º Poderá o juiz declarar-se suspeito por motivo de foro íntimo, sem necessidade de declarar suas razões.

§ 2.º Será ilegítima a alegação de suspeição quando:

I – houver sido provocada por quem a alega;

II – a parte que a alega houver praticado ato que signifique manifesta aceitação do arguido.

Art. 146. No prazo de 15 (quinze) dias, a contar do conhecimento do fato, a parte alegará o impedimento ou a suspeição, em petição específica dirigida ao juiz do processo, na qual indicará o fundamento da recusa, podendo instruí-la com documentos em que se fundar a alegação e com rol de testemunhas.

>> *Vide* art. 313, III, do CPC.

§ 1.º Se reconhecer o impedimento ou a suspeição ao receber a petição, o juiz ordenará imediatamente a remessa dos autos a seu substituto legal, caso contrário, determinará a autuação em apartado da petição e, no prazo de 15 (quinze) dias, apresentará suas razões, acompanhadas de documentos e de rol de testemunhas, se houver, ordenando a remessa do incidente ao tribunal.

§ 2.º Distribuído o incidente, o relator deverá declarar os seus efeitos, sendo que, se o incidente for recebido:

I – sem efeito suspensivo, o processo voltará a correr;

II – com efeito suspensivo, o processo permanecerá suspenso até o julgamento do incidente.

§ 3.º Enquanto não for declarado o efeito em que é recebido o incidente ou quando este for recebido com efeito suspensivo, a tutela de urgência será requerida ao substituto legal.

§ 4.º Verificando que a alegação de impedimento ou de suspeição é improcedente, o tribunal rejeitá-la-á.

§ 5.º Acolhida a alegação, tratando-se de impedimento ou de manifesta suspeição, o tribunal condenará o juiz nas custas e remeterá os autos ao seu substituto legal, podendo o juiz recorrer da decisão.

§ 6.º Reconhecido o impedimento ou a suspeição, o tribunal fixará o momento a partir do qual o juiz não poderia ter atuado.

§ 7.º O tribunal decretará a nulidade dos atos do juiz, se praticados quando já presente o motivo de impedimento ou de suspeição.

Art. 147. Quando 2 (dois) ou mais juízes forem parentes, consanguíneos ou afins, em linha reta ou colateral, até o terceiro grau, inclusive, o primeiro que conhecer do processo impede que o outro nele atue, caso em que o segundo se escusará, remetendo os autos ao seu substituto legal.

Art. 148. Aplicam-se os motivos de impedimento e de suspeição:

I – ao membro do Ministério Público;

> *Vide* arts. 176 a 181 do CPC.

II – aos auxiliares da justiça;

>> *Vide* art. 7.º, § 6.º, da Resolução n. 125, de 29-11-2010.

> *Vide* arts. 149 a 175 do CPC.

III – aos demais sujeitos imparciais do processo.

§ 1.º A parte interessada deverá arguir o impedimento ou a suspeição, em petição fundamentada e devidamente instruída, na primeira oportunidade em que lhe couber falar nos autos.

§ 2.º O juiz mandará processar o incidente em separado e sem suspensão do processo, ouvindo o arguido no prazo de 15 (quinze) dias e facultando a produção de prova, quando necessária.

§ 3.º Nos tribunais, a arguição a que se refere o § 1.º será disciplinada pelo regimento interno.

§ 4.º O disposto nos §§ 1.º e 2.º não se aplica à arguição de impedimento ou de suspeição de testemunha.

Capítulo III
DOS AUXILIARES DA JUSTIÇA

Art. 149. São auxiliares da Justiça, além de outros cujas atribuições sejam determinadas pelas normas de organização judiciária, o escrivão, o chefe de secretaria, o oficial de justiça, o perito, o depositário, o administrador, o intérprete, o tradutor, o mediador, o conciliador judicial, o partidor, o distribuidor, o contabilista e o regulador de avarias.

Seção I
Do Escrivão, do Chefe de Secretaria e do Oficial de Justiça

Art. 150. Em cada juízo haverá um ou mais ofícios de justiça, cujas atribuições serão determinadas pelas normas de organização judiciária.

Art. 151. Em cada comarca, seção ou subseção judiciária haverá, no mínimo, tantos oficiais de justiça quantos sejam os juízos.

Art. 152. Incumbe ao escrivão ou ao chefe de secretaria:

I – redigir, na forma legal, os ofícios, os mandados, as cartas precatórias e os demais atos que pertençam ao seu ofício;

II – efetivar as ordens judiciais, realizar citações e intimações, bem como praticar todos os demais atos que lhe forem atribuídos pelas normas de organização judiciária;

III – comparecer às audiências ou, não podendo fazê-lo, designar servidor para substituí-lo;

IV – manter sob sua guarda e responsabilidade os autos, não permitindo que saiam do cartório, exceto:

a) quando tenham de seguir à conclusão do juiz;

b) com vista a procurador, à Defensoria Pública, ao Ministério Público ou à Fazenda Pública;

c) quando devam ser remetidos ao contabilista ou ao partidor;

d) quando forem remetidos a outro juízo em razão da modificação da competência;

V – fornecer certidão de qualquer ato ou termo do processo, independentemente de despacho, observadas as disposições referentes ao segredo de justiça;

VI – praticar, de ofício, os atos meramente ordinatórios.

§ 1.º O juiz titular editará ato a fim de regulamentar a atribuição prevista no inciso VI.

§ 2.º No impedimento do escrivão ou chefe de secretaria, o juiz convocará substituto e, não o havendo, nomeará pessoa idônea para o ato.

Art. 153. O escrivão ou o chefe de secretaria atenderá, preferencialmente, à ordem cronológica de recebimento para publicação e efetivação dos pronunciamentos judiciais.

>> *Caput* com redação determinada pela Lei n. 13.256, de 4-2-2016.

§ 1.º A lista de processos recebidos deverá ser disponibilizada, de forma permanente, para consulta pública.

§ 2.º Estão excluídos da regra do *caput*:

I – os atos urgentes, assim reconhecidos pelo juiz no pronunciamento judicial a ser efetivado;

II – as preferências legais.

§ 3.º Após elaboração de lista própria, respeitar-se-ão a ordem cronológica de recebimento entre os atos urgentes e as preferências legais.

§ 4.º A parte que se considerar preterida na ordem cronológica poderá reclamar, nos próprios autos, ao juiz do processo, que requisitará informações ao servidor, a serem prestadas no prazo de 2 (dois) dias.

§ 5.º Constatada a preterição, o juiz determinará o imediato cumprimento do ato e a instauração de processo administrativo disciplinar contra o servidor.

Art. 154. Incumbe ao oficial de justiça:

I – fazer pessoalmente citações, prisões, penhoras, arrestos e demais diligências próprias do seu ofício, sempre que possível na presença de 2 (duas) testemunhas, certificando no mandado o ocorrido, com menção ao lugar, ao dia e à hora;

II – executar as ordens do juiz a que estiver subordinado;

III – entregar o mandado em cartório após seu cumprimento;

IV – auxiliar o juiz na manutenção da ordem;

V – efetuar avaliações, quando for o caso;

VI – certificar, em mandado, proposta de autocomposição apresentada por qualquer das partes, na ocasião de realização de ato de comunicação que lhe couber.

Parágrafo único. Certificada a proposta de autocomposição prevista no inciso VI, o juiz ordenará a intimação da parte contrária para manifestar-se, no prazo de 5 (cinco) dias, sem prejuízo do andamento regular do processo, entendendo-se o silêncio como recusa.

Art. 155. O escrivão, o chefe de secretaria e o oficial de justiça são responsáveis, civil e regressivamente, quando:

> *Vide* art. 37, § 6.º, da CF.

I – sem justo motivo, se recusarem a cumprir no prazo os atos impostos pela lei ou pelo juiz a que estão subordinados;

II – praticarem ato nulo com dolo ou culpa.

Seção II
Do Perito

Art. 156. O juiz será assistido por perito quando a prova do fato depender de conhecimento técnico ou científico.

> *Vide* Súmula 232 do STJ.

§ 1.º Os peritos serão nomeados entre os profissionais legalmente habilitados e os órgãos técnicos ou científicos devidamente inscritos em cadastro mantido pelo tribunal ao qual o juiz está vinculado.

> A Resolução n. 233, de 13-7-2016, do CNJ, dispõe sobre a criação de cadastro de profissionais e órgãos técnicos ou científicos no âmbito da Justiça de primeiro e segundo graus.

§ 2.º Para formação do cadastro, os tribunais devem realizar consulta pública, por meio de divulgação na rede mundial de computadores ou em jornais de grande circulação, além de consulta direta a universidades, a conselhos de classe, ao Ministério Público, à Defensoria Pública e à Ordem dos Advogados do Brasil, para a indicação de profissionais ou de órgãos técnicos interessados.

§ 3.º Os tribunais realizarão avaliações e reavaliações periódicas para manutenção do cadastro, considerando a formação profissional, a atualização do conhecimento e a experiência dos peritos interessados.

§ 4.º Para verificação de eventual impedimento ou motivo de suspeição, nos termos dos arts. 148 e 467, o órgão técnico ou científico nomeado para realização da perícia informará ao juiz os nomes e os dados de qualificação dos profissionais que participarão da atividade.

§ 5.º Na localidade onde não houver inscrito no cadastro disponibilizado pelo tribunal, a nomeação do perito é de livre escolha pelo juiz e deverá recair sobre profissional ou órgão técnico ou científico comprovadamente detentor do conhecimento necessário à realização da perícia.

Art. 157. O perito tem o dever de cumprir o ofício no prazo que lhe designar o juiz, empregando toda sua diligência, podendo escusar-se do encargo alegando motivo legítimo.

>> *Vide* arts. 466 e 467 do CPC.

§ 1.º A escusa será apresentada no prazo de 15 (quinze) dias, contado da intimação, da suspeição ou do impedimento supervenientes, sob pena de renúncia ao direito a alegá-la.

§ 2.º Será organizada lista de peritos na vara ou na secretaria, com disponibilização dos documentos exigidos para habilitação à consulta de interessados, para que a nomeação seja distribuída de modo equitativo, observadas a capacidade técnica e a área de conhecimento.

Art. 158. O perito que, por dolo ou culpa, prestar informações inverídicas responderá pelos prejuízos que causar à parte e ficará inabilitado para atuar em outras perícias no prazo de 2 (dois) a 5 (cinco) anos, independentemente das demais sanções previstas em lei, devendo o juiz comunicar o fato ao respectivo órgão de classe para adoção das medidas que entender cabíveis.

>> *Vide* art. 342 do CP.

Seção III
Do Depositário e do Administrador

Art. 159. A guarda e a conservação de bens penhorados, arrestados, sequestrados ou arrecadados serão confiadas a depositário ou a administrador, não dispondo a lei de outro modo.

>> *Vide* art. 5.º, LXVII, da CF.

> *Vide* art. 840 do CPC.

Art. 160. Por seu trabalho o depositário ou o administrador perceberá remuneração que o juiz fixará levando em conta a situação dos bens, ao tempo do serviço e às dificuldades de sua execução.

Parágrafo único. O juiz poderá nomear um ou mais prepostos por indicação do depositário ou do administrador.

Art. 161. O depositário ou o administrador responde pelos prejuízos que, por dolo ou culpa, causar à parte, perdendo a remuneração que lhe foi arbitrada, mas tem o direito a haver o que legitimamente despendeu no exercício do encargo.

>> *Vide* art. 553 do CPC.

Parágrafo único. O depositário infiel responde civilmente pelos prejuízos causados, sem prejuízo de sua responsabilidade penal e da imposição de sanção por ato atentatório à dignidade da justiça.

> O art. 168, § 1.º, II, do CP estabelece o aumento de pena do crime de apropriação indébita para o depositário judicial.

Seção IV
Do Intérprete e do Tradutor

Art. 162. O juiz nomeará intérprete ou tradutor quando necessário para:

I – traduzir documento redigido em língua estrangeira;

II – verter para o português as declarações das partes e das testemunhas que não conhecerem o idioma nacional;

> *Vide* art. 192 do CPC.

> *Vide* arts. 1.871 e 1.880 do CC.

III – realizar a interpretação simultânea dos depoimentos das partes e testemunhas com deficiência auditiva que se comuniquem por meio da Língua Brasileira de Sinais, ou equivalente, quando assim for solicitado.

Art. 163. Não pode ser intérprete ou tradutor quem:

I – não tiver a livre administração de seus bens;

II – for arrolado como testemunha ou atuar como perito no processo;

III – estiver inabilitado para o exercício da profissão por sentença penal condenatória, enquanto durarem seus efeitos.

Art. 164. O intérprete ou tradutor, oficial ou não, é obrigado a desempenhar seu ofício, aplicando-se-lhe o disposto nos arts. 157 e 158.

Seção V
Dos Conciliadores e Mediadores Judiciais

>> *Vide* Lei n. 13.140, de 26-6-2015, que dispõe sobre a mediação entre particulares como meio de solução de controvérsias e sobre a autocomposição de conflitos no âmbito da Administração Pública.

>> *Vide* Resolução n. 125, de 29-11-2010, que dispõe sobre conflitos de interesses do Judiciário.

Art. 165. Os tribunais criarão centros judiciários de solução consensual de conflitos, responsáveis pela realização de sessões e audiências de conciliação e mediação e pelo desenvolvimento de programas destinados a auxiliar, orientar e estimular a autocomposição.

>> *Vide* art. 334 do CPC.

>> *Vide* arts. 24 a 29 da Lei n. 13.140, de 26-6-2015.

> *Vide* art. 8.º da Resolução n. 125, de 29-11-2010.

§ 1.º A composição e a organização dos centros serão definidas pelo respectivo tribunal, observadas as normas do Conselho Nacional de Justiça.

§ 2.º O conciliador, que atuará preferencialmente nos casos em que não houver vínculo anterior entre as partes, poderá sugerir soluções para o litígio, sendo vedada a utilização de qualquer tipo de constrangimento ou intimidação para que as partes conciliem.

§ 3.º O mediador, que atuará preferencialmente nos casos em que houver vínculo anterior entre as partes, auxiliará aos interessados a compreender as questões e os interesses em conflito, de modo que eles possam, pelo restabelecimento da comunicação, identificar, por si próprios, soluções consensuais que gerem benefícios mútuos.

Art. 166. A conciliação e a mediação são informadas pelos princípios da independência, da imparcialidade, da autonomia da vontade, da confidencialidade, da oralidade, da informalidade e da decisão informada.

> *Vide* art. 1.º do Anexo III da Resolução n. 125, de 29-11-2010.

§ 1.º A confidencialidade estende-se a todas as informações produzidas no curso do procedimento, cujo teor não poderá ser utilizado para fim diverso daquele previsto por expressa deliberação das partes.

§ 2.º Em razão do dever de sigilo, inerente às suas funções, o conciliador e o mediador, assim como os membros de suas equipes, não poderão divulgar ou depor acerca de fatos ou elementos oriundos da conciliação ou da mediação.

> *Vide* art. 2.º do Anexo III da Resolução n. 125, de 29-11-2010.

§ 3.º Admite-se a aplicação de técnicas negociais, com o objetivo de proporcionar ambiente favorável à autocomposição.

§ 4.º A mediação e a conciliação serão regidas conforme a livre autonomia dos interessados, inclusive no que diz respeito à definição das regras procedimentais.

Art. 167. Os conciliadores, os mediadores e as câmaras privadas de conciliação e mediação serão inscritos em cadastro nacional e em cadastro de tribunal de justiça ou de tribunal regional federal, que manterá registro de profissionais habilitados, com indicação de sua área profissional.

>> *Vide* art. 12 da Lei n. 13.140, de 26-6-2015.

>> *Vide* arts. 12-C a 12-F da Resolução n. 125, de 29-11-2010.

§ 1.º Preenchendo o requisito da capacitação mínima, por meio de curso realizado por entidade credenciada, conforme parâmetro curricular definido pelo Conselho Nacional de Justiça em conjunto com o Ministério da Justiça, o conciliador ou o mediador, com o respectivo certificado, poderá requerer sua inscrição no cadastro nacional e no cadastro de tribunal de justiça ou de tribunal regional federal.

>> *Vide* art. 11 da Lei n. 13.140, de 26-6-2015.

>> *Vide* Anexo I da Resolução n. 125, de 29-11-2010 (diretrizes curriculares do curso

de capacitação básica para conciliadores e mediadores).

§ 2.º Efetivado o registro, que poderá ser precedido de concurso público, o tribunal remeterá ao diretor do foro da comarca, seção ou subseção judiciária onde atuará o conciliador ou o mediador os dados necessários para que seu nome passe a constar da respectiva lista, a ser observada na distribuição alternada e aleatória, respeitado o princípio da igualdade dentro da mesma área de atuação profissional.

§ 3.º Do credenciamento das câmaras e do cadastro de conciliadores e mediadores constarão todos os dados relevantes para a sua atuação, tais como o número de processos de que participou, o sucesso ou insucesso da atividade, a matéria sobre a qual versou a controvérsia, bem como outros dados que o tribunal julgar relevantes.

> *Vide* art. 3.º da Resolução n. 125, de 29-11-2010.

§ 4.º Os dados colhidos na forma do § 3.º serão classificados sistematicamente pelo tribunal, que os publicará, ao menos anualmente, para conhecimento da população e para fins estatísticos e de avaliação da conciliação, da mediação, das câmaras privadas de conciliação e de mediação, dos conciliadores e dos mediadores.

>> *Vide* art. 8.º, § 9.º, da Resolução n. 125, de 29-11-2010.

§ 5.º Os conciliadores e mediadores judiciais cadastrados na forma do *caput*, se advogados, estarão impedidos de exercer a advocacia nos juízos em que desempenhem suas funções.

§ 6.º O tribunal poderá optar pela criação de quadro próprio de conciliadores e mediadores, a ser preenchido por concurso público de provas e títulos, observadas as disposições deste Capítulo.

Art. 168. As partes podem escolher, de comum acordo, o conciliador, o mediador ou a câmara privada de conciliação e de mediação.

>> *Vide* art. 8.º, § 10, da Resolução n. 125, de 29-11-2010.

§ 1.º O conciliador ou mediador escolhido pelas partes poderá ou não estar cadastrado no tribunal.

§ 2.º Inexistindo acordo quanto à escolha do mediador ou conciliador, haverá distribuição entre aqueles cadastrados no registro do tribunal, observada a respectiva formação.

§ 3.º Sempre que recomendável, haverá a designação de mais de um mediador ou conciliador.

Art. 169. Ressalvada a hipótese do art. 167, § 6.º, o conciliador e o mediador receberão pelo seu trabalho remuneração prevista em tabela fixada pelo tribunal, conforme parâmetros estabelecidos pelo Conselho Nacional de Justiça.

>> *Vide* art. 13 da Lei n. 13.140, de 26-6-2015.

> *Vide* art. 7.º, VIII, da Resolução n. 125, de 29-11-2010.

§ 1.º A mediação e a conciliação podem ser realizadas como trabalho voluntário, observada a legislação pertinente e a regulamentação do tribunal.

§ 2.º Os tribunais determinarão o percentual de audiências não remuneradas que deverão ser suportadas pelas câmaras privadas de conciliação e mediação, com o fim de atender aos processos em que deferida gratuidade da justiça, como contrapartida de seu credenciamento.

Art. 170. No caso de impedimento, o conciliador ou mediador o comunicará imediatamente, de preferência por meio eletrônico, e devolverá os autos ao juiz do processo ou ao coordenador do centro judiciário de solução de conflitos, devendo este realizar nova distribuição.

> *Vide* art. 5.º do Anexo III da Resolução n. 125, de 29-11-2010.

Parágrafo único. Se a causa de impedimento for apurada quando já iniciado o procedimento, a atividade será interrompida, lavrando-se ata com relatório do ocorrido e solicitação de distribuição para novo conciliador ou mediador.

Art. 171. No caso de impossibilidade temporária do exercício da função, o conciliador ou mediador informará o fato ao centro, preferencialmente por meio eletrônico, para que, durante o período em que perdurar a impossibilidade, não haja novas distribuições.

> *Vide* art. 6.º do Anexo III da Resolução n. 125, de 29-11-2010.

Art. 172. O conciliador e o mediador ficam impedidos, pelo prazo de 1 (um) ano, contado do término da última audiência em que atuaram, de assessorar, representar ou patrocinar qualquer das partes.

Art. 173. Será excluído do cadastro de conciliadores e mediadores aquele que:

I – agir com dolo ou culpa na condução da conciliação ou da mediação sob sua responsabilidade ou violar qualquer dos deveres decorrentes do art. 166, §§ 1.º e 2.º;

II – atuar em procedimento de mediação ou conciliação, apesar de impedido ou suspeito.

§ 1.º Os casos previstos neste artigo serão apurados em processo administrativo.

§ 2.º O juiz do processo ou o juiz coordenador do centro de conciliação e mediação, se houver, verificando atuação inadequada do mediador ou conciliador, poderá afastá-lo de suas atividades por até 180 (cento e oitenta) dias, por decisão fundamentada, informando o fato imediatamente ao tribunal para instauração do respectivo processo administrativo.

Art. 174. A União, os Estados, o Distrito Federal e os Municípios criarão câmaras de mediação e conciliação, com atribuições relacionadas à solução consensual de conflitos no âmbito administrativo, tais como:

I – dirimir conflitos envolvendo órgãos e entidades da administração pública;

II – avaliar a admissibilidade dos pedidos de resolução de conflitos, por meio de conciliação, no âmbito da administração pública;

III – promover, quando couber, a celebração de termo de ajustamento de conduta.

Art. 175. As disposições desta Seção não excluem outras formas de conciliação e mediação extrajudiciais vinculadas a órgãos institucionais ou realizadas por intermédio de profissionais independentes, que poderão ser regulamentadas por lei específica.

Parágrafo único. Os dispositivos desta Seção aplicam-se, no que couber, às câmaras privadas de conciliação e mediação.

Título V
DO MINISTÉRIO PÚBLICO

>> *Vide* arts. 127 a 130-A da CF.

>> Lei Orgânica Nacional do Ministério Público: Lei n. 8.625, de 12-2-1993.

>> Organização, atribuições e Estatuto do Ministério Público da União: Lei Complementar n. 75, de 20-5-1993.

> *Vide* Súmulas 99, 234 e 329 do STJ.

Art. 176. O Ministério Público atuará na defesa da ordem jurídica, do regime democrático e dos interesses e direitos sociais e individuais indisponíveis.

Art. 177. O Ministério Público exercerá o direito de ação em conformidade com suas atribuições constitucionais.

>> *Vide* arts. 180 e 272 do CPC.

> *Vide* art. 32 da Lei n. 8.625, de 12-2-1993 (LONMP).

Art. 178. O Ministério Público será intimado para, no prazo de 30 (trinta) dias, intervir como fiscal da ordem jurídica nas hipóteses previstas em lei ou na Constituição Federal e nos processos que envolvam:

>> *Vide* art. 279 do CPC.

I – interesse público ou social;

II – interesse de incapaz;

>> *Vide* arts. 3.º e 4.º do CC.

III – litígios coletivos pela posse de terra rural ou urbana.

>> *Vide* art. 279 do CPC.

>> *Vide* art. 75 da Lei n. 10.741, de 1.º-10-2003 (Estatuto do Idoso).

> *Vide* Súmula 226 do STJ.

Parágrafo único. A participação da Fazenda Pública não configura, por si só, hipótese de intervenção do Ministério Público.

Art. 179. Nos casos de intervenção como fiscal da ordem jurídica, o Ministério Público:

I – terá vista dos autos depois das partes, sendo intimado de todos os atos do processo;

>> *Vide* arts. 234 e 235 do CPC.

II – poderá produzir provas, requerer as medidas processuais pertinentes e recorrer.

>> *Vide* arts. 234 e 235 do CPC.

Art. 180. O Ministério Público gozará de prazo em dobro para manifestar-se nos autos, que terá início a partir de sua intimação pessoal, nos termos do art. 183, § 1.º.

>> *Vide* Súmula 116 do STJ.

§ 1.º Findo o prazo para manifestação do Ministério Público sem o oferecimento de parecer, o juiz requisitará os autos e dará andamento ao processo.

§ 2.º Não se aplica o benefício da contagem em dobro quando a lei estabelecer, de forma expressa, prazo próprio para o Ministério Público.

Art. 181. O membro do Ministério Público será civil e regressivamente responsável quando agir com dolo ou fraude no exercício de suas funções.

>> *Vide* art. 37, § 6.º, da CF.

>> *Vide* arts. 186 a 188 e 927 do CC.

Título VI
DA ADVOCACIA PÚBLICA

>> *Vide* arts. 131 e 132 da CF.

> Lei Orgânica da Advocacia-Geral da União: Lei Complementar n. 73, de 10-2-1993.

> Exercício das atribuições institucionais da Advocacia-Geral da União, em caráter emergencial e provisório: Lei n. 9.028, de 12-4-1995.

> *Vide* arts. 9.º e 10 do Regulamento Geral do EAOAB.

Art. 182. Incumbe à Advocacia Pública, na forma da lei, defender e promover os interesses públicos da União, dos Estados, do Distrito Federal e dos Municípios, por meio da representação judicial, em todos os âmbitos federativos, das pessoas jurídicas de direito público que integram a administração direta e indireta.

>> *Vide* Decreto n. 4.250, de 27-5-2002, que regulamenta a representação judicial da União, autarquias, fundações e empresas públicas federais perante os Juizados Especiais Federais.

> *Vide* Lei n. 9.469, de 10-7-1997.

Art. 183. A União, os Estados, o Distrito Federal, os Municípios e suas respectivas autarquias e fundações de direito público gozarão de prazo em dobro para todas as suas manifestações processuais, cuja contagem terá início a partir da intimação pessoal.

§ 1.º A intimação pessoal far-se-á por carga, remessa ou meio eletrônico.

> *Vide* arts. 269 a 275 do CPC.

> O Ato n. 388, de 28-8-2018, do TST, dispõe sobre as citações e intimações por via eletrônica da União, dos Estados, do Distrito Federal, dos Municípios e respectivas autarquias e fundações de direito público e da Defensoria Pública.

§ 2.º Não se aplica o benefício da contagem em dobro quando a lei estabelecer, de forma expressa, prazo próprio para o ente público.

Art. 184. O membro da Advocacia Pública será civil e regressivamente responsável quando agir com dolo ou fraude no exercício de suas funções.

>> *Vide* art. 37, § 6.º, da CF.

>> *Vide* arts. 186 a 188 e 927 do CC.

Título VII
DA DEFENSORIA PÚBLICA

>> *Vide* arts. 134 e 135 da CF.

>> Defensoria Pública: Lei Complementar n. 80, de 12-1-1994.

Art. 185. A Defensoria Pública exercerá a orientação jurídica, a promoção dos direitos humanos e a defesa dos direitos individuais e coletivos dos necessitados, em todos os graus, de forma integral e gratuita.

>> *Vide* Súmula 421 do STJ.

Art. 186. A Defensoria Pública gozará de prazo em dobro para todas as suas manifestações processuais.

§ 1.º O prazo tem início com a intimação pessoal do defensor público, nos termos do art. 183, § 1.º.

> *Vide* arts. 269 a 275 do CPC.

> O Ato n. 388, de 28-8-2018, do TST, dispõe sobre as citações e intimações por via eletrônica da Defensoria Pública.

§ 2.º A requerimento da Defensoria Pública, o juiz determinará a intimação pessoal da parte patrocinada quando o ato processual depender de providência ou informação que somente por ela possa ser realizada ou prestada.

§ 3.º O disposto no *caput* aplica-se aos escritórios de prática jurídica das faculdades de Direito reconhecidas na forma da lei e às entidades que prestam assistência jurídica gratuita em razão de convênios firmados com a Defensoria Pública.

>> *Vide* arts. 27 e 28 do Regulamento Geral do EAOAB.

§ 4.º Não se aplica o benefício da contagem em dobro quando a lei estabelecer, de forma expressa, prazo próprio para a Defensoria Pública.

Art. 187. O membro da Defensoria Pública será civil e regressivamente responsável quando agir com dolo ou fraude no exercício de suas funções.

>> *Vide* art. 37, § 6.º, da CF.

>> *Vide* arts. 186 a 188 e 927 do CC.

Livro IV
DOS ATOS PROCESSUAIS

Título I
DA FORMA, DO TEMPO E DO LUGAR DOS ATOS PROCESSUAIS

Capítulo I
DA FORMA DOS ATOS PROCESSUAIS

Seção I
Dos Atos em Geral

Art. 188. Os atos e os termos processuais independem de forma determinada, salvo quando a lei expressamente a exigir, considerando-se válidos os que, realizados de outro modo, lhe preencham a finalidade essencial.

>> *Vide* arts. 276 e 277 do CPC.

>> *Vide* Lei n. 9.800, de 26-5-1999.

Art. 189. Os atos processuais são públicos, todavia tramitam em segredo de justiça os processos:

>> *Vide* art. 5.º, LX, da CF.

> *Vide* art. 152, V, do CPC.

I – em que o exija o interesse público ou social;

II – que versem sobre casamento, separação de corpos, divórcio, separação, união estável, filiação, alimentos e guarda de crianças e adolescentes;

> *Vide* arts. 107, I, 152, V, e 368 do CPC.

> *Vide* arts. 1.511 a 1.590, 1.630 a 1.638 e 1.723 a 1.727 do CC.

> *Vide* Lei n. 5.478, de 25-7-1968.

> *Vide* Lei n. 6.515, de 26-12-1977.

> *Vide* Lei n. 8.069, de 13-7-1990 (ECA).

III – em que constem dados protegidos pelo direito constitucional à intimidade;

> *Vide* art. 5.º, X, da CF.

IV – que versem sobre arbitragem, inclusive sobre cumprimento de carta arbitral, desde que a confidencialidade estipulada na arbitragem seja comprovada perante o juízo.

> *Vide* Lei n. 9.307, de 23-9-1996.

§ 1.º O direito de consultar os autos de processo que tramite em segredo de justiça e de pedir certidões de seus atos é restrito às partes e aos seus procuradores.

>> *Vide* Lei n. 8.906, de 4-7-1994 (EAOAB).

§ 2.º O terceiro que demonstrar interesse jurídico pode requerer ao juiz certidão do dispositivo da sentença, bem como de inventário e de partilha resultantes de divórcio ou separação.

Art. 190. Versando o processo sobre direitos que admitam autocomposição, é lícito às partes plenamente capazes estipular mudanças no procedimento para ajustá-lo às especificidades da causa e convencionar sobre os seus ônus, poderes, faculdades e deveres processuais, antes ou durante o processo.

Parágrafo único. De ofício ou a requerimento, o juiz controlará a validade das convenções previstas neste artigo, recusando-lhes aplicação somente nos casos de nulidade ou de inserção abusiva em contrato de adesão ou em que alguma parte se encontre em manifesta situação de vulnerabilidade.

Art. 191. De comum acordo, o juiz e as partes podem fixar calendário para a prática dos atos processuais, quando for o caso.

§ 1.º O calendário vincula as partes e o juiz, e os prazos nele previstos somente serão modificados em casos excepcionais, devidamente justificados.

§ 2.º Dispensa-se a intimação das partes para a prática de ato processual ou a realização de audiência cujas datas tiverem sido designadas no calendário.

Art. 192. Em todos os atos e termos do processo é obrigatório o uso da língua portuguesa.

> *Vide* art. 13 da CF.

Parágrafo único. O documento redigido em língua estrangeira somente poderá ser juntado aos autos quando acompanhado de versão para a língua portuguesa tramitada por via diplomática ou pela autoridade central, ou firmada por tradutor juramentado.

>> *Vide* Súmula 259 do STF.

> *Vide* arts. 162 e 425 do CPC.

> *Vide* art. 224 do CC.

Seção II
Da Prática Eletrônica de Atos Processuais

Art. 193. Os atos processuais podem ser total ou parcialmente digitais, de forma a permitir que sejam produzidos, comunicados, armazenados e validados por meio eletrônico, na forma da lei.

>> *Vide* art. 8.º da Lei n. 11.419, de 19-12-2006 (informatização do processo judicial).

>> A Instrução Normativa n. 11, de 11-4-2019, do STJ, regulamenta a disponibilização em meio eletrônico de carta de sentença para cumprimento de decisão estrangeira homologada.

Parágrafo único. O disposto nesta Seção aplica-se, no que for cabível, à prática de atos notariais e de registro.

>> *Vide* Lei n. 8.935, de 18-11-1994.

Art. 194. Os sistemas de automação processual respeitarão a publicidade dos atos, o acesso e a participação das partes e de seus procuradores, inclusive nas audiências e sessões de julgamento, observadas as garantias da disponibilidade, independência da plataforma computacional, acessibilidade e interoperabilidade dos sistemas, serviços, dados e informações que o Poder Judiciário administre no exercício de suas funções.

Art. 195. O registro de ato processual eletrônico deverá ser feito em padrões abertos, que atenderão aos requisitos de autenticidade, integridade, temporalidade, não repúdio, conservação e, nos casos que tramitem em segredo de justiça, confidencialidade, observada a infraestrutura de chaves públicas unificada nacionalmente, nos termos da lei.

>> *Vide* art. 14 da Lei n. 11.419, de 19-12-2006 (informatização do processo judicial).

Art. 196. Compete ao Conselho Nacional de Justiça e, supletivamente, aos tribunais, regulamentar a prática e a comunicação oficial de atos processuais por meio eletrônico e velar pela compatibilidade dos sistemas, disciplinando a incorporação progressiva de novos avanços tecnológicos e editando, para esse fim, os atos que forem necessários, respeitadas as normas fundamentais deste Código.

Art. 197. Os tribunais divulgarão as informações constantes de seu sistema de automação em página própria na rede mundial de computadores, gozando a divulgação de presunção de veracidade e confiabilidade.

Parágrafo único. Nos casos de problema técnico do sistema e de erro ou omissão do auxiliar da justiça responsável pelo registro dos andamentos, poderá ser configurada a justa causa prevista no art. 223, *caput* e § 1.º.

>> *Vide* art. 10, § 2.º, da Lei n. 11.419, de 19-12-2006 (informatização do processo judicial).

Art. 198. As unidades do Poder Judiciário deverão manter gratuitamente, à disposição dos interessados, equipamentos necessários à prática de atos processuais e à consulta e ao acesso ao sistema e aos documentos dele constantes.

>> *Vide* art. 10, § 3.º, da Lei n. 11.419, de 19-12-2006 (informatização do processo judicial).

Parágrafo único. Será admitida a prática de atos por meio não eletrônico no local onde não estiverem disponibilizados os equipamentos previstos no *caput*.

Art. 199. As unidades do Poder Judiciário assegurarão às pessoas com deficiência acessibilidade aos seus sítios na rede mundial de computadores, ao meio eletrônico de prática de atos judiciais, à comunicação eletrônica dos atos processuais e à assinatura eletrônica.

Seção III
Dos Atos das Partes

Art. 200. Os atos das partes consistentes em declarações unilaterais ou bilaterais de vontade produzem imediatamente a constituição, modificação ou extinção de direitos processuais.

Parágrafo único. A desistência da ação só produzirá efeitos após homologação judicial.

>> *Vide* arts. 90, 485, VIII e § 4.º, e 343, § 2.º, do CPC.

Art. 201. As partes poderão exigir recibo de petições, arrazoados, papéis e documentos que entregarem em cartório.

Art. 202. É vedado lançar nos autos cotas marginais ou interlineares, as quais o juiz mandará riscar, impondo a quem as escrever multa correspondente à metade do salário mínimo.

Seção IV
Dos Pronunciamentos do Juiz

Art. 203. Os pronunciamentos do juiz consistirão em sentenças, decisões interlocutórias e despachos.

§ 1.º Ressalvadas as disposições expressas dos procedimentos especiais, sentença é o pronunciamento por meio do qual o juiz, com fundamento nos arts. 485 e 487, põe fim à fase cognitiva do procedimento comum, bem como extingue a execução.

>>> *Vide* arts. 485, 487 e 1.009 do CPC.

§ 2.º Decisão interlocutória é todo pronunciamento judicial de natureza decisória que não se enquadre no § 1.º.

>>> *Vide* art. 1.015 do CPC.

§ 3.º São despachos todos os demais pronunciamentos do juiz praticados no processo, de ofício ou a requerimento da parte.

§ 4.º Os atos meramente ordinatórios, como a juntada e a vista obrigatória, independem de despacho, devendo ser praticados de ofício pelo servidor e revistos pelo juiz quando necessário.

Art. 204. Acórdão é o julgamento colegiado proferido pelos tribunais.

> *Vide* arts. 941, 943, §§ 1.º e 2.º, 1.035, § 11, e 1.040 do CPC.

Art. 205. Os despachos, as decisões, as sentenças e os acórdãos serão redigidos, datados e assinados pelos juízes.

>> *Vide* arts. 152 e 210 do CPC.

§ 1.º Quando os pronunciamentos previstos no *caput* forem proferidos oralmente, o servidor os documentará, submetendo-os aos juízes para revisão e assinatura.

§ 2.º A assinatura dos juízes, em todos os graus de jurisdição, pode ser feita eletronicamente, na forma da lei.

>> *Vide* Lei n. 11.419, de 19-12-2006, que dispõe sobre a informatização do processo judicial.

§ 3.º Os despachos, as decisões interlocutórias, o dispositivo das sentenças e a ementa dos acórdãos serão publicados no Diário de Justiça Eletrônico.

Seção V
Dos Atos do Escrivão ou do Chefe de Secretaria

Art. 206. Ao receber a petição inicial de processo, o escrivão ou o chefe de secretaria a autuará, mencionando o juízo, a natureza do processo, o número de seu registro, os nomes das partes e a data de seu início, e procederá do mesmo modo em relação aos volumes em formação.

Art. 207. O escrivão ou o chefe de secretaria numerará e rubricará todas as folhas dos autos.

Parágrafo único. À parte, ao procurador, ao membro do Ministério Público, ao defensor público e aos auxiliares da justiça é facultado rubricar as folhas correspondentes aos atos em que intervierem.

Art. 208. Os termos de juntada, vista, conclusão e outros semelhantes constarão de notas datadas e rubricadas pelo escrivão ou pelo chefe de secretaria.

Art. 209. Os atos e os termos do processo serão assinados pelas pessoas que neles intervierem, todavia, quando essas não puderem ou não quiserem firmá-los, o escrivão ou o chefe de secretaria certificará a ocorrência.

§ 1.º Quando se tratar de processo total ou parcialmente documentado em autos eletrônicos, os atos processuais praticados na presença do juiz poderão ser produzidos e armazenados de modo integralmente digital em arquivo eletrônico inviolável, na forma da lei, mediante registro em termo, que será assinado digitalmente pelo juiz e pelo escrivão ou chefe de secretaria, bem como pelos advogados das partes.

§ 2.º Na hipótese do § 1.º, eventuais contradições na transcrição deverão ser suscitadas oralmente no momento de realização do ato, sob pena de preclusão, devendo o juiz decidir de plano e ordenar o registro, no termo, da alegação e da decisão.

Art. 210. É lícito o uso da taquigrafia, da estenotipia ou de outro método idôneo em qualquer juízo ou tribunal.

> *Vide* arts. 152, III, e 205 do CPC.

Art. 211. Não se admitem nos atos e termos processuais espaços em branco, salvo os que forem inutilizados, assim como entrelinhas, emendas ou rasuras, exceto quando expressamente ressalvadas.

>> *Vide* art. 426 do CPC.

Capítulo II
DO TEMPO E DO LUGAR DOS ATOS PROCESSUAIS

Seção I
Do Tempo

Art. 212. Os atos processuais serão realizados em dias úteis, das 6 (seis) às 20 (vinte) horas.

>> *Vide* art. 5.º, XI, da CF.

§ 1.º Serão concluídos após as 20 (vinte) horas os atos iniciados antes, quando o adiamento prejudicar a diligência ou causar grave dano.

§ 2.º Independentemente de autorização judicial, as citações, intimações e penhoras poderão realizar-se no período de férias forenses, onde as houver, e nos feriados ou dias úteis fora do horário estabelecido neste artigo, observado o disposto no art. 5.º, inciso XI, da Constituição Federal.

§ 3.º Quando o ato tiver de ser praticado por meio de petição em autos não eletrônicos, essa deverá ser protocolada no horário de funcionamento do fórum ou tribunal, conforme o disposto na lei de organização judiciária local.

Art. 213. A prática eletrônica de ato processual pode ocorrer em qualquer horário até as 24 (vinte e quatro) horas do último dia do prazo.

Parágrafo único. O horário vigente no juízo perante o qual o ato deve ser praticado será considerado para fins de atendimento do prazo.

>> *Vide* art. 10, § 1.º, da Lei n. 11.419, de 19-12-2006 (informatização do processo judicial).

Art. 214. Durante as férias forenses e nos feriados, não se praticarão atos processuais, excetuando-se:

>> Lei Complementar n. 35, de 14-3-1979 (LOMN), art. 66, § 1.º.

I – os atos previstos no art. 212, § 2.º;

II – a tutela de urgência.

Art. 215. Processam-se durante as férias forenses, onde as houver, e não se suspendem pela superveniência delas:

I – os procedimentos de jurisdição voluntária e os necessários à conservação de direitos, quando puderem ser prejudicados pelo adiamento;

II – a ação de alimentos e os processos de nomeação ou remoção de tutor e curador;

III – os processos que a lei determinar.

> A Lei n. 6.338, de 7-6-1976, inclui as ações de indenização por acidente do trabalho entre as que têm curso nas férias forenses.

Art. 216. Além dos declarados em lei, são feriados, para efeito forense, os sábados, os domingos e os dias em que não haja expediente forense.

Seção II
Do Lugar

Art. 217. Os atos processuais realizar-se-ão ordinariamente na sede do juízo, ou, excepcionalmente, em outro lugar em razão de deferência, de interesse da justiça, da natureza do ato ou de obstáculo arguido pelo interessado e acolhido pelo juiz.

>> *Vide* arts. 454, 481 e 483 do CPC.

Capítulo III
DOS PRAZOS

Seção I
Disposições Gerais

Art. 218. Os atos processuais serão realizados nos prazos prescritos em lei.

§ 1.º Quando a lei for omissa, o juiz determinará os prazos em consideração à complexidade do ato.

§ 2.º Quando a lei ou o juiz não determinar prazo, as intimações somente obrigarão a comparecimento após decorridas 48 (quarenta e oito) horas.

§ 3.º Inexistindo preceito legal ou prazo determinado pelo juiz, será de 5 (cinco) dias o prazo para a prática de ato processual a cargo da parte.

§ 4.º Será considerado tempestivo o ato praticado antes do termo inicial do prazo.

Art. 219. Na contagem de prazo em dias, estabelecido por lei ou pelo juiz, computar-se-ão somente os dias úteis.

>> *Vide* art. 16 da Lei n. 6.830, de 22-9-1980.

>>> *Vide* art. 12-A da Lei n. 9.099, de 26-9-1995.

Parágrafo único. O disposto neste artigo aplica-se somente aos prazos processuais.

Art. 220. Suspende-se o curso do prazo processual nos dias compreendidos entre 20 de dezembro e 20 de janeiro, inclusive.

§ 1.º Ressalvadas as férias individuais e os feriados instituídos por lei, os juízes, os membros do Ministério Público, da Defensoria Pública e da Advocacia Pública e os auxiliares da Justiça exercerão suas atribuições durante o período previsto no *caput*.

§ 2.º Durante a suspensão do prazo, não se realizarão audiências nem sessões de julgamento.

Art. 221. Suspende-se o curso do prazo por obstáculo criado em detrimento da parte ou ocorrendo qualquer das hipóteses do art. 313, devendo o prazo ser restituído por tempo igual ao que faltava para sua complementação.

Parágrafo único. Suspendem-se os prazos durante a execução de programa instituído pelo Poder Judiciário para promover a autocomposição, incumbindo aos tribunais especificar, com antecedência, a duração dos trabalhos.

Art. 222. Na comarca, seção ou subseção judiciária onde for difícil o transporte, o juiz poderá prorrogar os prazos por até 2 (dois) meses.

§ 1.º Ao juiz é vedado reduzir prazos peremptórios sem anuência das partes.

§ 2.º Havendo calamidade pública, o limite previsto no *caput* para prorrogação de prazos poderá ser excedido.

Art. 223. Decorrido o prazo, extingue-se o direito de praticar ou de emendar o ato processual, independentemente de declaração judicial, ficando assegurado, porém, à parte provar que não o realizou por justa causa.

§ 1.º Considera-se justa causa o evento alheio à vontade da parte e que a impediu de praticar o ato por si ou por mandatário.

§ 2.º Verificada a justa causa, o juiz permitirá à parte a prática do ato no prazo que lhe assinar.

>> *Vide* art. 1.004 do CPC.

Art. 224. Salvo disposição em contrário, os prazos serão contados excluindo o dia do começo e incluindo o dia do vencimento.

§ 1.º Os dias do começo e do vencimento do prazo serão protraídos para o primeiro dia útil seguinte, se coincidirem com dia em que o expediente forense for encerrado antes ou iniciado depois da hora normal ou houver indisponibilidade da comunicação eletrônica.

§ 2.º Considera-se como data de publicação o primeiro dia útil seguinte ao da disponibilização da informação no Diário da Justiça eletrônico.

>> *Vide* art. 4.º, § 3.º, da Lei n. 11.419, de 19-12-2006 (informatização do processo judicial).

§ 3.º A contagem do prazo terá início no primeiro dia útil que seguir ao da publicação.

>> *Vide* art. 1.003 do CPC.

>> *Vide* Súmula 117 do STJ.

> O art. 132 do CC dispõe sobre a corretagem dos prazos.

> O art. 775 da CLT (Decreto-lei n. 5.452, de 1.º-5-1943) dispõe sobre a contagem dos prazos trabalhistas.

> O art. 798 do CPP estabelece que todos os prazos correrão em cartório e serão contínuos e peremptórios, não se interrompendo por férias, domingo ou dia de feriado.

> O art. 210 do CTN dispõe sobre a contagem dos prazos.

> O Decreto-lei n. 3.602, de 9-9-1941, dispõe sobre a contagem dos prazos em processos ou causas de natureza fiscal ou administrativa.

Art. 225. A parte poderá renunciar ao prazo estabelecido exclusivamente em seu favor, desde que o faça de maneira expressa.

Art. 226. O juiz proferirá:

> *Vide* arts. 143 e 235 do CPC.

> Lei Complementar n. 35, de 14-3-1979, arts. 35, II, e 42.

I – os despachos no prazo de 5 (cinco) dias;

II – as decisões interlocutórias no prazo de 10 (dez) dias;

III – as sentenças no prazo de 30 (trinta) dias.

Art. 227. Em qualquer grau de jurisdição, havendo motivo justificado, pode o juiz exceder, por igual tempo, os prazos a que está submetido.

Art. 228. Incumbirá ao serventuário remeter os autos conclusos no prazo de 1 (um) dia e executar os atos processuais no prazo de 5 (cinco) dias, contado da data em que:

>> *Vide* art. 155, I, do CPC.

I – houver concluído o ato processual anterior, se lhe foi imposto pela lei;

II – tiver ciência da ordem, quando determinada pelo juiz.

§ 1.º Ao receber os autos, o serventuário certificará o dia e a hora em que teve ciência da ordem referida no inciso II.

§ 2.º Nos processos em autos eletrônicos, a juntada de petições ou de manifestações em geral ocorrerá de forma automática, independentemente de ato de serventuário da justiça.

>> *Vide* art. 10, *caput*, da Lei n. 11.419, de 19-12-2006 (informatização do processo judicial).

Art. 229. Os litisconsortes que tiverem diferentes procuradores, de escritórios de advocacia distintos, terão prazos contados em dobro para todas as suas manifestações, em qualquer juízo ou tribunal, independentemente de requerimento.

>> *Vide* art. 118 do CPC.

> *Vide* Súmula 641 do STF.

§ 1.º Cessa a contagem do prazo em dobro se, havendo apenas 2 (dois) réus, é oferecida defesa por apenas um deles.

§ 2.º Não se aplica o disposto no *caput* aos processos em autos eletrônicos.

Art. 230. O prazo para a parte, o procurador, a Advocacia Pública, a Defensoria Pública e o Ministério Público será contado da citação, da intimação ou da notificação.

Art. 231. Salvo disposição em sentido diverso, considera-se dia do começo do prazo:

I – a data de juntada aos autos do aviso de recebimento, quando a citação ou a intimação for pelo correio;

II – a data de juntada aos autos do mandado cumprido, quando a citação ou a intimação for por oficial de justiça;

III – a data de ocorrência da citação ou da intimação, quando ela se der por ato do escrivão ou do chefe de secretaria;

IV – o dia útil seguinte ao fim da dilação assinada pelo juiz, quando a citação ou a intimação for por edital;

V – o dia útil seguinte à consulta ao teor da citação ou da intimação ou ao término do prazo para que a consulta se dê, quando a citação ou a intimação for eletrônica;

>> *Vide* art. 5.º da Lei n. 11.419, de 19-12-2006 (informatização do processo judicial).

VI – a data de juntada do comunicado de que trata o art. 232 ou, não havendo esse, a data de juntada da carta aos autos de origem devidamente cumprida, quando a citação ou a intimação se realizar em cumprimento de carta;

VII – a data de publicação, quando a intimação se der pelo Diário da Justiça impresso ou eletrônico;

VIII – o dia da carga, quando a intimação se der por meio da retirada dos autos, em carga, do cartório ou da secretaria.

§ 1.º Quando houver mais de um réu, o dia do começo do prazo para contestar corresponderá à última das datas a que se referem os incisos I a VI do *caput*.

§ 2.º Havendo mais de um intimado, o prazo para cada um é contado individualmente.

§ 3.º Quando o ato tiver de ser praticado diretamente pela parte ou por quem, de qualquer forma, participe do processo, sem a intermediação de representante judicial, o dia do começo do prazo para cumprimento da determinação judicial corresponderá à data em que se der a comunicação.

§ 4.º Aplica-se o disposto no inciso II do *caput* à citação com hora certa.

Art. 232. Nos atos de comunicação por carta precatória, rogatória ou de ordem, a realização da citação ou da intimação será imediatamente informada, por meio eletrônico, pelo juiz deprecado ao juiz deprecante.

> *Vide* arts. 69, § 1.º, e 237 do CPC.

Seção II
Da Verificação dos Prazos e das Penalidades

Art. 233. Incumbe ao juiz verificar se o serventuário excedeu, sem motivo legítimo, os prazos estabelecidos em lei.

>> *Vide* art. 228 do CPC.

§ 1.º Constatada a falta, o juiz ordenará a instauração de processo administrativo, na forma da lei.

§ 2.º Qualquer das partes, o Ministério Público ou a Defensoria Pública poderá representar ao juiz contra o serventuário que injustificadamente exceder os prazos previstos em lei.

Art. 234. Os advogados públicos ou privados, o defensor público e o membro do Ministério Público devem restituir os autos no prazo do ato a ser praticado.

>> *Vide* art. 34, XXII, da Lei n. 8.906, de 4-7-1994 (EAOAB).

§ 1.º É lícito a qualquer interessado exigir os autos do advogado que exceder prazo legal.

§ 2.º Se, intimado, o advogado não devolver os autos no prazo de 3 (três) dias, perderá o direito à vista fora de cartório e incorrerá em multa correspondente à metade do salário mínimo.

§ 3.º Verificada a falta, o juiz comunicará o fato à seção local da Ordem dos Advogados do Brasil para procedimento disciplinar e imposição de multa.

>> *Vide* art. 37, I, da Lei n. 8.906, de 4-7-1994 (EAOAB).

§ 4.º Se a situação envolver membro do Ministério Público, da Defensoria Pública ou da Advocacia Pública, a multa, se for o caso, será aplicada ao agente público responsável pelo ato.

§ 5.º Verificada a falta, o juiz comunicará o fato ao órgão competente responsável pela instauração de procedimento disciplinar contra o membro que atuou no feito.

Art. 235. Qualquer parte, o Ministério Público ou a Defensoria Pública poderá representar ao corregedor do tribunal ou ao Conselho Nacional de Justiça contra juiz ou relator que injustificadamente exceder os prazos previstos em lei, regulamento ou regimento interno.

§ 1.º Distribuída a representação ao órgão competente e ouvido previamente o juiz, não sendo caso de arquivamento liminar, será instaurado procedimento para apuração da responsabilidade, com intimação do representado por meio eletrônico para, querendo, apresentar justificativa no prazo de 15 (quinze) dias.

§ 2.º Sem prejuízo das sanções administrativas cabíveis, em até 48 (quarenta e oito) horas após a apresentação ou não da justificativa de que trata o § 1.º, se for o caso, o corregedor do tribunal ou o relator no Conselho Nacional de Justiça determinará a intimação do representado por meio eletrônico para que, em 10 (dez) dias, pratique o ato.

§ 3.º Mantida a inércia, os autos serão remetidos ao substituto legal do juiz ou do relator contra o qual se representou para decisão em 10 (dez) dias.

Título II
DA COMUNICAÇÃO DOS ATOS PROCESSUAIS

Capítulo I
DISPOSIÇÕES GERAIS

Art. 236. Os atos processuais serão cumpridos por ordem judicial.

>> *Vide* arts. 67 a 69 do CPC.

§ 1.º Será expedida carta para a prática de atos fora dos limites territoriais do tribunal, da comarca, da seção ou da subseção judiciárias, ressalvadas as hipóteses previstas em lei.

§ 2.º O tribunal poderá expedir carta para juízo a ele vinculado, se o ato houver de se realizar fora dos limites territoriais do local de sua sede.

§ 3.º Admite-se a prática de atos processuais por meio de videoconferência ou outro recurso tecnológico de transmissão de sons e imagens em tempo real.

>> **A Resolução n. 354, de 19-11-2020, do CNJ, dispõe sobre o cumprimento digital de ato processual e de ordem judicial e dá outras providências.**

Art. 237. Será expedida carta:

I – de ordem, pelo tribunal, na hipótese do § 2.º do art. 236;

> *Vide* arts. 845, § 2.º, e 914, § 2.º, do CPC.

II – rogatória, para que órgão jurisdicional estrangeiro pratique ato de cooperação jurídica internacional, relativo a processo em curso perante órgão jurisdicional brasileiro;

III – precatória, para que órgão jurisdicional brasileiro pratique ou determine o cumprimento, na área de sua competência territorial, de ato relativo a pedido de cooperação judiciária formulado por órgão jurisdicional de competência territorial diversa;

> *Vide* arts. 69, § 1.º, e 232 do CPC.

IV – arbitral, para que órgão do Poder Judiciário pratique ou determine o cumprimento, na área de sua competência territorial, de ato objeto de pedido de cooperação judiciária formulado por juízo arbitral, inclusive os que importem efetivação de tutela provisória.

Parágrafo único. Se o ato relativo a processo em curso na justiça federal ou em tribunal superior houver de ser praticado em local onde não haja vara federal, a carta poderá ser dirigida ao juízo estadual da respectiva comarca.

Capítulo II
DA CITAÇÃO

Art. 238. Citação é o ato pelo qual são convocados o réu, o executado ou o interessado para integrar a relação processual.

> *Vide* arts. 114, 126, 127, 240, 243, 246, 254, 256, 329, 334, 337, I, 525, § 1.º, I, 829 e 915, § 1.º, do CPC.

> *Vide* Súmula 78 do TFR.

Art. 239. Para a validade do processo é indispensável a citação do réu ou do executado, ressalvadas as hipóteses de indeferimento da petição inicial ou de improcedência liminar do pedido.

§ 1.º O comparecimento espontâneo do réu ou do executado supre a falta ou a nulidade da citação, fluindo a partir desta data o prazo para apresentação de contestação ou de embargos à execução.

§ 2.º Rejeitada a alegação de nulidade, tratando-se de processo de:

I – conhecimento, o réu será considerado revel;

II – execução, o feito terá seguimento.

Art. 240. A citação válida, ainda quando ordenada por juízo incompetente, induz litispendência, torna litigiosa a coisa e constitui em mora o devedor, ressalvado o disposto nos arts. 397 e 398 da Lei n. 10.406, de 10 de janeiro de 2002 (Código Civil).

> *Vide* art. 238 do CPC.

> *Vide* Súmula 78 do TFR.

> *Vide* Súmulas 106, 204 e 426 do STJ.

§ 1.º A interrupção da prescrição, operada pelo despacho que ordena a citação, ainda que proferido por juízo incompetente, retroagirá à data de propositura da ação.

>> **O art. 202, I, do CC estabelece: "Art. 202. A interrupção da prescrição, que somente poderá ocorrer uma vez, dar-se-á: I – por despacho do juiz, mesmo incompetente, que ordenar a citação, se o interessado a promover no prazo e na forma da lei processual;".**

> *Vide* arts. 312 e 802 do CPC.

> *Vide* art. 8.º, § 2.º, da Lei n. 6.830, de 22-9-1980.

§ 2.º Incumbe ao autor adotar, no prazo de 10 (dez) dias, as providências necessárias para viabilizar a citação, sob pena de não se aplicar o disposto no § 1.º.

§ 3.º A parte não será prejudicada pela demora imputável exclusivamente ao serviço judiciário.

§ 4.º O efeito retroativo a que se refere o § 1.º aplica-se à decadência e aos demais prazos extintivos previstos em lei.

Art. 241. Transitada em julgado a sentença de mérito proferida em favor do réu antes da citação, incumbe ao escrivão ou ao chefe de secretaria comunicar-lhe o resultado do julgamento.

Art. 242. A citação será pessoal, podendo, no entanto, ser feita na pessoa do representante legal ou do procurador do réu, do executado ou do interessado.

> *Vide* art. 214, I, do CPC.

> *Vide* Súmula 429 do STJ.

§ 1.º Na ausência do citando, a citação será feita na pessoa de seu mandatário, administrador, preposto ou gerente, quando a ação se originar de atos por eles praticados.

>> **O art. 119 da Lei n. 6.404, de 15-12-1976 (LSA), dispõe sobre a representação de acionista residente ou domiciliado no exterior.**

§ 2.º O locador que se ausentar do Brasil sem cientificar o locatário de que deixou, na localidade onde estiver situado o imóvel, procurador com poderes para receber citação será citado na pessoa do administrador do imóvel encarregado do recebimento dos aluguéis, que será considerado habilitado para representar o locador em juízo.

§ 3.º A citação da União, dos Estados, do Distrito Federal, dos Municípios e de suas respectivas autarquias e fundações de direito público será realizada perante o órgão de Advocacia Pública responsável por sua representação judicial.

Art. 243. A citação poderá ser feita em qualquer lugar em que se encontre o réu, o executado ou o interessado.

Parágrafo único. O militar em serviço ativo será citado na unidade em que estiver servindo, se não for conhecida sua residência ou nela não for encontrado.

Art. 244. Não se fará a citação, salvo para evitar o perecimento do direito:

I – de quem estiver participando de ato de culto religioso;

II – de cônjuge, de companheiro ou de qualquer parente do morto, consanguíneo ou afim, em linha reta ou na linha colateral em segundo grau, no dia do falecimento e nos 7 (sete) dias seguintes;

> *Vide* art. 1.592 do CC.

III – de noivos, nos 3 (três) primeiros dias seguintes ao casamento;

IV – de doente, enquanto grave o seu estado.

Art. 245. Não se fará citação quando se verificar que o citando é mentalmente incapaz ou está impossibilitado de recebê-la.

>> *Vide* arts. 3.º e 4.º do CC.

§ 1.º O oficial de justiça descreverá e certificará minuciosamente a ocorrência.

§ 2.º Para examinar o citando, o juiz nomeará médico, que apresentará laudo no prazo de 5 (cinco) dias.

§ 3.º Dispensa-se a nomeação de que trata o § 2.º se pessoa da família apresentar declaração do médico do citando que ateste a incapacidade deste.

§ 4.º Reconhecida a impossibilidade, o juiz nomeará curador ao citando, observando, quanto à sua escolha, a preferência estabelecida em lei e restringindo a nomeação à causa.

>> O art. 1.775 do CC dispõe que o cônjuge ou companheiro não separado judicialmente ou de fato, é, de direito, curador do outro, quando interdito.

§ 5.º A citação será feita na pessoa do curador, a quem incumbirá a defesa dos interesses do citando.

Art. 246. A citação será feita:

I – pelo correio;

II – por oficial de justiça;

III – pelo escrivão ou chefe de secretaria, se o citando comparecer em cartório;

IV – por edital;

>> *Vide* art. 18 da Lei n. 9.099, de 26-9-1995 (Juizados Especiais).

V – por meio eletrônico, conforme regulado em lei.

>> *Vide* Lei n. 11.419, de 19-12-2006, que dispõe sobre a informatização do processo judicial.

§ 1.º Com exceção das microempresas e das empresas de pequeno porte, as empresas públicas e privadas são obrigadas a manter cadastro nos sistemas de processo em autos eletrônicos, para efeito de recebimento de citações e intimações, as quais serão efetuadas preferencialmente por esse meio.

>> *Vide* art. 1.051 do CPC.

> *Vide* art. 270, parágrafo único, do CPC.

§ 2.º O disposto no § 1.º aplica-se à União, aos Estados, ao Distrito Federal, aos Municípios e às entidades da administração indireta.

>> *Vide* art. 1.050 do CPC.

§ 3.º Na ação de usucapião de imóvel, os confinantes serão citados pessoalmente, exceto quando tiver por objeto unidade autônoma de prédio em condomínio, caso em que tal citação é dispensada.

Art. 247. A citação será feita pelo correio para qualquer comarca do país, exceto:

> *Vide* Súmula 429 do STJ.

I – nas ações de estado, observado o disposto no art. 695, § 3.º;

II – quando o citando for incapaz;

III – quando o citando for pessoa de direito público;

IV – quando o citando residir em local não atendido pela entrega domiciliar de correspondência;

V – quando o autor, justificadamente, a requerer de outra forma.

Art. 248. Deferida a citação pelo correio, o escrivão ou o chefe de secretaria remeterá ao citando cópias da petição inicial e do despacho do juiz e comunicará o prazo para resposta, o endereço do juízo e o respectivo cartório.

§ 1.º A carta será registrada para entrega ao citando, exigindo-lhe o carteiro, ao fazer a entrega, que assine o recibo.

§ 2.º Sendo o citando pessoa jurídica, será válida a entrega do mandado a pessoa com poderes de gerência geral ou de administração ou, ainda, a funcionário responsável pelo recebimento de correspondências.

> *Vide* Súmula 429 do STJ.

§ 3.º Da carta de citação no processo de conhecimento constarão os requisitos do art. 250.

§ 4.º Nos condomínios edilícios ou nos loteamentos com controle de acesso, será válida a entrega do mandado a funcionário da portaria responsável pelo recebimento de correspondência, que, entretanto, poderá recusar o recebimento, se declarar, por escrito, sob as penas da lei, que o destinatário da correspondência está ausente.

Art. 249. A citação será feita por meio de oficial de justiça nas hipóteses previstas neste Código ou em lei, ou quando frustrada a citação pelo correio.

> *Vide* art. 626, § 1.º, do CPC.

Art. 250. O mandado que o oficial de justiça tiver de cumprir conterá:

I – os nomes do autor e do citando e seus respectivos domicílios ou residências;

II – a finalidade da citação, com todas as especificações constantes da petição inicial, bem como a menção do prazo para contestar, sob pena de revelia, ou para embargar a execução;

III – a aplicação de sanção para o caso de descumprimento da ordem, se houver;

IV – se for o caso, a intimação do citando para comparecer, acompanhado de advogado ou de defensor público, à audiência de conciliação ou de mediação, com a menção do dia, da hora e do lugar do comparecimento;

V – a cópia da petição inicial, do despacho ou da decisão que deferir tutela provisória;

VI – a assinatura do escrivão ou do chefe de secretaria e a declaração de que o subscreve por ordem do juiz.

Art. 251. Incumbe ao oficial de justiça procurar o citando e, onde o encontrar, citá-lo:

I – lendo-lhe o mandado e entregando-lhe a contrafé;

II – portando por fé se recebeu ou recusou a contrafé;

III – obtendo a nota de ciente ou certificando que o citando não a apôs no mandado.

> *Vide* art. 214, I, do CPC.

Art. 252. Quando, por 2 (duas) vezes, o oficial de justiça houver procurado o citando em seu domicílio ou residência sem o encontrar, deverá, havendo suspeita de ocultação, intimar qualquer pessoa da família ou, em sua falta, qualquer vizinho de que, no dia útil imediato, voltará a fim de efetuar a citação, na hora que designar.

Parágrafo único. Nos condomínios edilícios ou nos loteamentos com controle de acesso, será válida a intimação a que se refere o *caput* feita a funcionário da portaria responsável pelo recebimento de correspondência.

Art. 253. No dia e na hora designados, o oficial de justiça, independentemente de novo despacho, comparecerá ao domicílio ou à residência do citando a fim de realizar a diligência.

§ 1.º Se o citando não estiver presente, o oficial de justiça procurará informar-se das razões da ausência, dando por feita a citação, ainda que o citando se tenha ocultado em outra comarca, seção ou subseção judiciárias.

§ 2.º A citação com hora certa será efetivada mesmo que a pessoa da família ou o vizinho que houver sido intimado esteja ausente, ou se, embora presente, a pessoa da família ou o vizinho se recusar a receber o mandado.

§ 3.º Da certidão da ocorrência, o oficial de justiça deixará contrafé com qualquer pessoa da família ou vizinho, conforme o caso, declarando-lhe o nome.

§ 4.º O oficial de justiça fará constar do mandado a advertência de que será nomeado curador especial se houver revelia.

Art. 254. Feita a citação com hora certa, o escrivão ou chefe de secretaria enviará ao réu, executado ou interessado, no prazo de 10 (dez) dias, contado da data da juntada do mandado aos autos, carta, telegrama ou correspondência eletrônica, dando-lhe de tudo ciência.

Art. 255. Nas comarcas contíguas de fácil comunicação e nas que se situem na mesma região metropolitana, o oficial de justiça poderá efetuar, em qualquer delas, citações, intimações, notificações, penhoras e quaisquer outros atos executivos.

> *Vide* art. 274 do CPC.

Art. 256. A citação por edital será feita:

I – quando desconhecido ou incerto o citando;

II – quando ignorado, incerto ou inacessível o lugar em que se encontrar o citando;

III – nos casos expressos em lei.

> *Vide* art. 830, § 2.º, do CPC.

§ 1.º Considera-se inacessível, para efeito de citação por edital, o país que recusar o cumprimento de carta rogatória.

§ 2.º No caso de ser inacessível o lugar em que se encontrar o réu, a notícia de sua citação será divulgada também pelo rádio, se na comarca houver emissora de radiodifusão.

§ 3.º O réu será considerado em local ignorado ou incerto se infrutíferas as tentativas de sua localização, inclusive mediante requisição pelo juízo de informações sobre seu endereço nos cadastros de órgãos públicos ou de concessionárias de serviços públicos.

Art. 257. São requisitos da citação por edital:

I – a afirmação do autor ou a certidão do oficial informando a presença das circunstâncias autorizadoras;

II – a publicação do edital na rede mundial de computadores, no sítio do respectivo tribunal e na plataforma de editais do Conselho Nacional de Justiça, que deve ser certificada nos autos;

> A Lei n. 8.639, de 31-3-1993, disciplina o uso de caracteres nas publicações obrigatórias.

III – a determinação, pelo juiz, do prazo, que variará entre 20 (vinte) e 60 (sessenta) dias, fluindo da data da publicação única ou, havendo mais de uma, da primeira;

IV – a advertência de que será nomeado curador especial em caso de revelia.

Parágrafo único. O juiz poderá determinar que a publicação do edital seja feita também em jornal local de ampla circulação ou por outros meios, considerando as peculiaridades da comarca, da seção ou da subseção judiciárias.

Art. 258. A parte que requerer a citação por edital, alegando dolosamente a ocorrência das circunstâncias autorizadoras para sua realização, incorrerá em multa de 5 (cinco) vezes o salário mínimo.

Parágrafo único. A multa reverterá em benefício do citando.

Art. 259. Serão publicados editais:

I – na ação de usucapião de imóvel;

II – na ação de recuperação ou substituição de título ao portador;

III – em qualquer ação em que seja necessária, por determinação legal, a provocação, para participação no processo, de interessados incertos ou desconhecidos.

CAPÍTULO III
DAS CARTAS

Art. 260. São requisitos das cartas de ordem, precatória e rogatória:

I – a indicação dos juízes de origem e de cumprimento do ato;

II – o inteiro teor da petição, do despacho judicial e do instrumento do mandato conferido ao advogado;

III – a menção do ato processual que lhe constitui o objeto;

IV – o encerramento com a assinatura do juiz.

§ 1.º O juiz mandará trasladar para a carta quaisquer outras peças, bem como instruí-la com mapa, desenho ou gráfico, sempre que esses documentos devam ser examinados, na diligência, pelas partes, pelos peritos ou pelas testemunhas.

§ 2.º Quando o objeto da carta for exame pericial sobre documento, este será remetido em original, ficando nos autos reprodução fotográfica.

§ 3.º A carta arbitral atenderá, no que couber, aos requisitos a que se refere o *caput* e será instruída com a convenção de arbitragem e com as provas da nomeação do árbitro e de sua aceitação da função.

> *Vide* art. 263 do CPC.

Art. 261. Em todas as cartas o juiz fixará o prazo para cumprimento, atendendo à facilidade das comunicações e à natureza da diligência.

> *Vide* arts. 313, V, *b*, e 377 do CPC.

§ 1.º As partes deverão ser intimadas pelo juiz do ato de expedição da carta.

§ 2.º Expedida a carta, as partes acompanharão o cumprimento da diligência perante o juízo destinatário, ao qual compete a prática dos atos de comunicação.

§ 3.º A parte a quem interessar o cumprimento da diligência cooperará para que o prazo a que se refere o *caput* seja cumprido.

Art. 262. A carta tem caráter itinerante, podendo, antes ou depois de lhe ser ordenado o cumprimento, ser encaminhada a juízo diverso do que dela consta, a fim de se praticar o ato.

> *Vide* art. 262 do CPC.

Parágrafo único. O encaminhamento da carta a outro juízo será imediatamente comunicado ao órgão expedidor, que intimará as partes.

Art. 263. As cartas deverão, preferencialmente, ser expedidas por meio eletrônico, caso em que a assinatura do juiz deverá ser eletrônica, na forma da lei.

>> *Vide* art. 7.º da Lei n. 11.419, de 19-12-2006 (informatização do processo judicial).

Art. 264. A carta de ordem e a carta precatória por meio eletrônico, por telefone ou por telegrama conterão, em resumo substancial, os requisitos mencionados no art. 250, especialmente no que se refere à aferição da autenticidade.

> *Vide* art. 413 do CPC.

Art. 265. O secretário do tribunal, o escrivão ou o chefe de secretaria do juízo deprecante transmitirá, por telefone, a carta de ordem ou a carta precatória ao juízo em que houver de se cumprir o ato, por intermédio do escrivão do primeiro ofício da primeira vara, se houver na comarca mais de um ofício ou de uma vara, observando-se, quanto aos requisitos, o disposto no art. 264.

§ 1.º O escrivão ou o chefe de secretaria, no mesmo dia ou no dia útil imediato, telefonará ou enviará mensagem eletrônica ao secretário do tribunal, ao escrivão ou ao chefe de secretaria do juízo deprecante, lendo-lhe os termos da carta e solicitando-lhe que os confirme.

§ 2.º Sendo confirmada, o escrivão ou o chefe de secretaria submeterá a carta a despacho.

Art. 266. Serão praticados de ofício os atos requisitados por meio eletrônico e de telegrama, devendo a parte depositar, contudo, na secretaria do tribunal ou no cartório do juízo deprecante, a importância correspondente às despesas que serão feitas no juízo em que houver de praticar-se o ato.

Art. 267. O juiz recusará cumprimento a carta precatória ou arbitral, devolvendo-a com decisão motivada quando:

I – a carta não estiver revestida dos requisitos legais;

II – faltar ao juiz competência em razão da matéria ou da hierarquia;

III – o juiz tiver dúvida acerca de sua autenticidade.

Parágrafo único. No caso de incompetência em razão da matéria ou da hierarquia, o juiz deprecado, conforme o ato a ser praticado, poderá remeter a carta ao juiz ou ao tribunal competente.

Art. 268. Cumprida a carta, será devolvida ao juízo de origem no prazo de 10 (dez) dias, independentemente de traslado, pagas as custas pela parte.

CAPÍTULO IV
DAS INTIMAÇÕES

>> *Vide* Súmulas 310 e 708 do STF.

Art. 269. Intimação é o ato pelo qual se dá ciência a alguém dos atos e dos termos do processo.

§ 1.º É facultado aos advogados promover a intimação do advogado da outra parte por meio do correio, juntando aos autos, a seguir, cópia do ofício de intimação e do aviso de recebimento.

§ 2.º O ofício de intimação deverá ser instruído com cópia do despacho, da decisão ou da sentença.

§ 3.º A intimação da União, dos Estados, do Distrito Federal, dos Municípios e de suas respectivas autarquias e fundações de direito público será realizada perante o órgão de Advocacia Pública responsável por sua representação judicial.

Art. 270. As intimações realizam-se, sempre que possível, por meio eletrônico, na forma da lei.

>> *Vide* Lei n. 11.419, de 19-12-2006 (informatização do processo judicial).

> O Ato n. 388, de 28-8-2018, do TST, dispõe sobre as citações e intimações por via eletrônica da União, dos Estados, do Distrito Federal, dos Municípios e respectivas autarquias e fundações de direito público e da Defensoria Pública.

Parágrafo único. Aplica-se ao Ministério Público, à Defensoria Pública e à Advocacia Pública o disposto no § 1.º do art. 246.

>> *Vide* art. 1.050 do CPC.

Art. 271. O juiz determinará de ofício as intimações em processos pendentes, salvo disposição em contrário.

Art. 272. Quando não realizadas por meio eletrônico, consideram-se feitas as intimações pela publicação dos atos no órgão oficial.

§ 1.º Os advogados poderão requerer que, na intimação a eles dirigida, figure apenas o nome da sociedade a que pertençam, desde que devidamente registrada na Ordem dos Advogados do Brasil.

§ 2.º Sob pena de nulidade, é indispensável que da publicação constem os nomes das partes e de seus advogados, com o respectivo número de inscrição na Ordem dos Advogados do Brasil, ou, se assim requerido, da sociedade de advogados.

§ 3.º A grafia dos nomes das partes não deve conter abreviaturas.

§ 4.º A grafia dos nomes dos advogados deve corresponder ao nome completo e ser a mesma que constar da procuração ou que estiver registrada na Ordem dos Advogados do Brasil.

§ 5.º Constando dos autos pedido expresso para que as comunicações dos atos processuais sejam feitas em nome dos advogados indicados, o seu desatendimento implicará nulidade.

§ 6.º A retirada dos autos do cartório ou da secretaria em carga pelo advogado, por pessoa credenciada a pedido do advogado ou da sociedade de advogados, pela Advocacia Pública, pela Defensoria Pública ou pelo Ministério Público implicará intimação de qualquer decisão contida no processo retirado, ainda que pendente de publicação.

§ 7.º O advogado e a sociedade de advogados deverão requerer o respectivo credenciamento para a retirada de autos por preposto.

§ 8.º A parte arguirá a nulidade da intimação em capítulo preliminar do próprio ato que lhe caiba praticar, o qual será tido por tempestivo se o vício for reconhecido.

§ 9.º Não sendo possível a prática imediata do ato diante da necessidade de acesso prévio aos autos, a parte limitar-se-á a arguir a nulidade da intimação, caso em que o prazo será contado da intimação da decisão que a reconheça.

Art. 273. Se inviável a intimação por meio eletrônico e não houver na localidade publicação em órgão oficial, incumbirá ao escrivão ou chefe de secretaria intimar de todos os atos do processo os advogados das partes:

I – pessoalmente, se tiverem domicílio na sede do juízo;

II – por carta registrada, com aviso de recebimento, quando forem domiciliados fora do juízo.

Art. 274. Não dispondo a lei de outro modo, as intimações serão feitas às partes, aos seus representantes legais, aos advogados e aos demais sujeitos do processo pelo correio ou, se presentes em cartório, diretamente pelo escrivão ou chefe de secretaria.

> *Vide* art. 255 do CPC.

Parágrafo único. Presumem-se válidas as intimações dirigidas ao endereço constante dos autos, ainda que não recebidas pessoalmente pelo interessado, se a modificação temporária ou definitiva não tiver sido devidamente comunicada ao juízo, fluindo os prazos a partir da juntada aos autos do comprovante de entrega da correspondência no primitivo endereço.

Art. 275. A intimação será feita por oficial de justiça quando frustrada a realização por meio eletrônico ou pelo correio.

§ 1.º A certidão de intimação deve conter:

I – a indicação do lugar e a descrição da pessoa intimada, mencionando, quando possível, o número de seu documento de identidade e o órgão que o expediu;

II – a declaração de entrega da contrafé;

III – a nota de ciente ou a certidão de que o interessado não a após no mandado.

§ 2.º Caso necessário, a intimação poderá ser efetuada com hora certa ou por edital.

Título III
DAS NULIDADES

Art. 276. Quando a lei prescrever determinada forma sob pena de nulidade, a decretação desta não pode ser requerida pela parte que lhe deu causa.

> *Vide* art. 166, IV, do CC.

Art. 277. Quando a lei prescrever determinada forma, o juiz considerará válido o ato se, realizado de outro modo, lhe alcançar a finalidade.

Art. 278. A nulidade dos atos deve ser alegada na primeira oportunidade em que couber à parte falar nos autos, sob pena de preclusão.

Parágrafo único. Não se aplica o disposto no *caput* às nulidades que o juiz deva decretar de ofício, nem prevalece a preclusão provando a parte legítimo impedimento.

> *Vide* art. 485, § 3.º, do CPC.

Art. 279. É nulo o processo quando o membro do Ministério Público não for intimado a acompanhar o feito em que deva intervir.

>> *Vide* art. 178 do CPC.

§ 1.º Se o processo tiver tramitado sem conhecimento do membro do Ministério Público, o juiz invalidará os atos praticados a partir do momento em que ele deveria ter sido intimado.

§ 2.º A nulidade só pode ser decretada após a intimação do Ministério Público, que se manifestará sobre a existência ou a inexistência de prejuízo.

Art. 280. As citações e as intimações serão nulas quando feitas sem observância das prescrições legais.

> *Vide* art. 239 do CPC.

Art. 281. Anulado o ato, consideram-se de nenhum efeito todos os subsequentes que dele dependam, todavia, a nulidade de uma parte do ato não prejudicará as outras que dela sejam independentes.

Art. 282. Ao pronunciar a nulidade, o juiz declarará que atos são atingidos e ordenará as providências necessárias a fim de que sejam repetidos ou retificados.

>> *Vide* art. 352 do CPC.

§ 1.º O ato não será repetido nem sua falta será suprida quando não prejudicar a parte.

§ 2.º Quando puder decidir o mérito a favor da parte a quem aproveite a decretação da nulidade, o juiz não a pronunciará nem mandará repetir o ato ou suprir-lhe a falta.

Art. 283. O erro de forma do processo acarreta unicamente a anulação dos atos que não possam ser aproveitados, devendo ser praticados os que forem necessários a fim de se observarem as prescrições legais.

Parágrafo único. Dar-se-á o aproveitamento dos atos praticados desde que não resulte prejuízo à defesa de qualquer parte.

Título IV
DA DISTRIBUIÇÃO E DO REGISTRO

Art. 284. Todos os processos estão sujeitos a registro, devendo ser distribuídos onde houver mais de um juiz.

Art. 285. A distribuição, que poderá ser eletrônica, será alternada e aleatória, obedecendo-se rigorosa igualdade.

Parágrafo único. A lista de distribuição deverá ser publicada no Diário de Justiça.

Art. 286. Serão distribuídas por dependência as causas de qualquer natureza:

I – quando se relacionarem, por conexão ou continência, com outra já ajuizada;

>> *Vide* Súmula 235 do STJ.

> *Vide* arts. 54, 56 e 57 do CPC.

II – quando, tendo sido extinto o processo sem resolução de mérito, for reiterado o pedido, ainda que em litisconsórcio com outros autores ou que sejam parcialmente alterados os réus da demanda;

III – quando houver ajuizamento de ações nos termos do art. 55, § 3.º, ao juízo prevento.

Parágrafo único. Havendo intervenção de terceiro, reconvenção ou outra hipótese de ampliação objetiva do processo, o juiz, de ofício, mandará proceder à respectiva anotação pelo distribuidor.

> *Vide* arts. 119 a 138 e 343 do CPC.

Art. 287. A petição inicial deve vir acompanhada de procuração, que conterá os endereços do advogado, eletrônico e não eletrônico.

Parágrafo único. Dispensa-se a juntada da procuração:

I – no caso previsto no art. 104;

II – se a parte estiver representada pela Defensoria Pública;

>> Defensoria Pública: Lei Complementar n. 80, de 12-1-1994.

III – se a representação decorrer diretamente de norma prevista na Constituição Federal ou em lei.

Art. 288. O juiz, de ofício ou a requerimento do interessado, corrigirá o erro ou compensará a falta de distribuição.

Art. 289. A distribuição poderá ser fiscalizada pela parte, por seu procurador, pelo Ministério Público e pela Defensoria Pública.

Art. 290. Será cancelada a distribuição do feito se a parte, intimada na pessoa de seu advogado, não realizar o pagamento das custas e despesas de ingresso em 15 (quinze) dias.

Título V
DO VALOR DA CAUSA

Art. 291. A toda causa será atribuído valor certo, ainda que não tenha conteúdo econômico imediatamente aferível.

Art. 292. O valor da causa constará da petição inicial ou da reconvenção e será:

>> *Vide* art. 58, III, da Lei n. 8.245, de 18-10-1991 (12 vezes o valor do aluguel mensal).

>> *Vide* art. 3.º, I, da Lei n. 9.099, de 26-9-1995 (Juizados Especiais).

>> *Vide* art. 2.º da Lei n. 12.153, de 22-12-2009 (Juizados Especiais da Fazenda Pública).

I – na ação de cobrança de dívida, a soma monetariamente corrigida do principal, dos juros de mora vencidos e de outras penalidades, se houver, até a data de propositura da ação;

II – na ação que tiver por objeto a existência, a validade, o cumprimento, a modificação, a resolução, a resilição ou a rescisão de ato jurídico, o valor do ato ou o de sua parte controvertida;

III – na ação de alimentos, a soma de 12 (doze) prestações mensais pedidas pelo autor;

IV – na ação de divisão, de demarcação e de reivindicação, o valor de avaliação da área ou do bem objeto do pedido;

V – na ação indenizatória, inclusive a fundada em dano moral, o valor pretendido;

VI – na ação em que há cumulação de pedidos, a quantia correspondente à soma dos valores de todos eles;

VII – na ação em que os pedidos são alternativos, o de maior valor;

VIII – na ação em que houver pedido subsidiário, o valor do pedido principal.

§ 1.º Quando se pedirem prestações vencidas e vincendas, considerar-se-á o valor de umas e outras.

§ 2.º O valor das prestações vincendas será igual a uma prestação anual, se a obrigação for por tempo indeterminado ou por tempo superior a 1 (um) ano, e, se por tempo inferior, será igual à soma das prestações.

§ 3.º O juiz corrigirá, de ofício e por arbitramento, o valor da causa quando verificar que não corresponde ao conteúdo patrimonial em discussão ou ao proveito econômico perseguido pelo autor, caso em que se procederá ao recolhimento das custas correspondentes.

Art. 293. O réu poderá impugnar, em preliminar da contestação, o valor atribuído à causa pelo autor, sob pena de preclusão, e o juiz decidirá a respeito, impondo, se for o caso, a complementação das custas.

Livro V
DA TUTELA PROVISÓRIA

Título I
DISPOSIÇÕES GERAIS

Art. 294. A tutela provisória pode fundamentar-se em urgência ou evidência.

Parágrafo único. A tutela provisória de urgência, cautelar ou antecipada, pode ser concedida em caráter antecedente ou incidental.

>> Concessão de medidas cautelares contra atos do Poder Público: *vide* Lei n. 8.437, de 30-6-1992.

>> *Vide* art. 102, I, *p*, da CF.

> *Vide* arts. 300, 305, 311 e 519 do CPC.

> *Vide* art. 7.º, § 1.º, da Lei n. 6.515, de 26-12-1977.

> *Vide* Lei n. 9.494, de 10-9-1997 (tutela antecipada contra a Fazenda Pública).

> *Vide* Súmula 212 do STJ.

Art. 295. A tutela provisória requerida em caráter incidental independe do pagamento de custas.

Art. 296. A tutela provisória conserva sua eficácia na pendência do processo, mas pode, a qualquer tempo, ser revogada ou modificada.

Parágrafo único. Salvo decisão judicial em contrário, a tutela provisória conservará a eficácia durante o período de suspensão do processo.

Art. 297. O juiz poderá determinar as medidas que considerar adequadas para efetivação da tutela provisória.

> *Vide* arts. 300, §§ 1.º e 2.º, do CPC.

> *Vide* Súmula 212 do STJ.

Parágrafo único. A efetivação da tutela provisória observará as normas referentes ao cumprimento provisório da sentença, no que couber.

Art. 298. Na decisão que conceder, negar, modificar ou revogar a tutela provisória, o juiz motivará seu convencimento de modo claro e preciso.

Art. 299. A tutela provisória será requerida ao juízo da causa e, quando antecedente, ao juízo competente para conhecer do pedido principal.

Parágrafo único. Ressalvada disposição especial, na ação de competência originária de tribunal e nos recursos a tutela provisória será requerida ao órgão jurisdicional competente para apreciar o mérito.

> *Vide* Súmulas 634 e 635 do STF.

Título II
DA TUTELA DE URGÊNCIA

Capítulo I
DISPOSIÇÕES GERAIS

>> *Vide* arts. 22-A e 22-B da Lei n. 9.307, de 23-9-1996.

Art. 300. A tutela de urgência será concedida quando houver elementos que evidenciem a probabilidade do direito e o perigo de dano ou o risco ao resultado útil do processo.

>> *Vide* Lei n. 9.494, de 10-9-1997.

§ 1.º Para a concessão da tutela de urgência, o juiz pode, conforme o caso, exigir caução real ou fidejussória idônea para ressarcir os danos que a outra parte possa vir a sofrer, podendo a caução ser dispensada se a parte economicamente hipossuficiente não puder oferecê-la.

> *Vide* art. 84, § 3.º, do CDC.

§ 2.º A tutela de urgência pode ser concedida liminarmente ou após justificação prévia.

§ 3.º A tutela de urgência de natureza antecipada não será concedida quando houver perigo de irreversibilidade dos efeitos da decisão.

Art. 301. A tutela de urgência de natureza cautelar pode ser efetivada mediante arresto, sequestro, arrolamento de bens, registro de protesto contra alienação de bem e qualquer outra medida idônea para asseguração do direito.

Art. 302. Independentemente da reparação por dano processual, a parte responde pelo prejuízo que a efetivação da tutela de urgência causar à parte adversa, se:

I – a sentença lhe for desfavorável;

II – obtida liminarmente a tutela em caráter antecedente, não fornecer os meios necessários para a citação do requerido no prazo de 5 (cinco) dias;

III – ocorrer a cessação da eficácia da medida em qualquer hipótese legal;

IV – o juiz acolher a alegação de decadência ou prescrição da pretensão do autor.

Parágrafo único. A indenização será liquidada nos autos em que a medida tiver sido concedida, sempre que possível.

Capítulo II
DO PROCEDIMENTO DA TUTELA ANTECIPADA REQUERIDA EM CARÁTER ANTECEDENTE

Art. 303. Nos casos em que a urgência for contemporânea à propositura da ação, a petição inicial pode limitar-se ao requerimento da tutela antecipada e à indicação do pedido de tutela final, com a exposição da lide, do direito que se busca realizar e do perigo de dano ou do risco ao resultado útil do processo.

§ 1.º Concedida a tutela antecipada a que se refere o *caput* deste artigo:

I – o autor deverá aditar a petição inicial, com a complementação de sua argumentação, a juntada de novos documentos e a confirmação do pedido de tutela final, em 15 (quinze) dias ou em outro prazo maior que o juiz fixar;

II – o réu será citado e intimado para a audiência de conciliação ou de mediação na forma do art. 334;

III – não havendo autocomposição, o prazo para contestação será contado na forma do art. 335.

§ 2.º Não realizado o aditamento a que se refere o inciso I do § 1.º deste artigo, o processo será extinto sem resolução do mérito.

§ 3.º O aditamento a que se refere o inciso I do § 1.º deste artigo dar-se-á nos mesmos autos, sem incidência de novas custas processuais.

§ 4.º Na petição inicial a que se refere o *caput* deste artigo, o autor terá de indicar o valor da causa, que deve levar em consideração o pedido de tutela final.

§ 5.º O autor indicará na petição inicial, ainda, que pretende valer-se do benefício previsto no *caput* deste artigo.

§ 6.º Caso entenda que não há elementos para a concessão de tutela antecipada, o órgão jurisdicional determinará a emenda da petição inicial em até 5 (cinco) dias, sob pena de ser indeferida e de o processo ser extinto sem resolução de mérito.

Art. 304. A tutela antecipada, concedida nos termos do art. 303, torna-se estável se da decisão que a conceder não for interposto o respectivo recurso.

§ 1.º No caso previsto no *caput*, o processo será extinto.

§ 2.º Qualquer das partes poderá demandar a outra com o intuito de rever, reformar ou invalidar a tutela antecipada estabilizada nos termos do *caput*.

§ 3.º A tutela antecipada conservará seus efeitos enquanto não revista, reformada ou invalidada por decisão de mérito proferida na ação de que trata o § 2.º.

§ 4.º Qualquer das partes poderá requerer o desarquivamento dos autos em que foi concedida a medida, para instruir a petição inicial da ação a que se refere o § 2.º, prevento o juízo em que a tutela antecipada foi concedida.

§ 5.º O direito de rever, reformar ou invalidar a tutela antecipada, previsto no § 2.º deste artigo, extingue-se após 2 (dois) anos, contados da ciência da decisão que extinguiu o processo, nos termos do § 1.º.

§ 6.º A decisão que concede a tutela não fará coisa julgada, mas a estabilidade dos respectivos efeitos só será afastada por decisão que a revir, reformar ou invalidar, proferida em ação ajuizada por uma das partes, nos termos do § 2.º deste artigo.

CAPÍTULO III
DO PROCEDIMENTO DA TUTELA CAUTELAR REQUERIDA EM CARÁTER ANTECEDENTE

Art. 305. A petição inicial da ação que visa à prestação de tutela cautelar em caráter antecedente indicará a lide e seu fundamento, a exposição sumária do direito que se objetiva assegurar e o perigo de dano ou o risco ao resultado útil do processo.

> *Vide* arts. 319 a 321 do CPC.

Parágrafo único. Caso entenda que o pedido a que se refere o *caput* tem natureza antecipada, o juiz observará o disposto no art. 303.

Art. 306. O réu será citado para, no prazo de 5 (cinco) dias, contestar o pedido e indicar as provas que pretende produzir.

> *Vide* arts. 229 e 714 do CPC.

Art. 307. Não sendo contestado o pedido, os fatos alegados pelo autor presumir-se-ão aceitos pelo réu como ocorridos, caso em que o juiz decidirá dentro de 5 (cinco) dias.

Parágrafo único. Contestado o pedido no prazo legal, observar-se-á o procedimento comum.

Art. 308. Efetivada a tutela cautelar, o pedido principal terá de ser formulado pelo autor no prazo de 30 (trinta) dias, caso em que será apresentado nos mesmos autos em que deduzido o pedido de tutela cautelar, não dependendo do adiantamento de novas custas processuais.

> *Vide* Súmula 482 do STJ.

> *Vide* art. 11 da Lei n. 8.397, de 6-1-1992.

§ 1.º O pedido principal pode ser formulado conjuntamente com o pedido de tutela cautelar.

§ 2.º A causa de pedir poderá ser aditada no momento de formulação do pedido principal.

§ 3.º Apresentado o pedido principal, as partes serão intimadas para a audiência de conciliação ou de mediação, na forma do art. 334, por seus advogados ou pessoalmente, sem necessidade de nova citação do réu.

§ 4.º Não havendo autocomposição, o prazo para contestação será contado na forma do art. 335.

Art. 309. Cessa a eficácia da tutela concedida em caráter antecedente, se:

I – o autor não deduzir o pedido principal no prazo legal;

> *Vide* art. 302, III, do CPC.

II – não for efetivada dentro de 30 (trinta) dias;

III – o juiz julgar improcedente o pedido principal formulado pelo autor ou extinguir o processo sem resolução de mérito.

Parágrafo único. Se por qualquer motivo cessar a eficácia da tutela cautelar, é vedado à parte renovar o pedido, salvo sob novo fundamento.

Art. 310. O indeferimento da tutela cautelar não obsta a que a parte formule o pedido principal, nem influi no julgamento desse, salvo se o motivo do indeferimento for o reconhecimento de decadência ou de prescrição.

> *Vide* art. 302, IV, do CPC.

TÍTULO III
DA TUTELA DA EVIDÊNCIA

Art. 311. A tutela da evidência será concedida, independentemente da demonstração de perigo de dano ou de risco ao resultado útil do processo, quando:

> *Vide* art. 300 do CPC.

I – ficar caracterizado o abuso do direito de defesa ou o manifesto propósito protelatório da parte;

> *Vide* art. 80 do CPC.

II – as alegações de fato puderem ser comprovadas apenas documentalmente e houver tese firmada em julgamento de casos repetitivos ou em súmula vinculante;

III – se tratar de pedido reipersecutório fundado em prova documental adequada do contrato de depósito, caso em que será decretada a ordem de entrega do objeto custodiado, sob cominação de multa;

IV – a petição inicial for instruída com prova documental suficiente dos fatos constitutivos do direito do autor, a que o réu não oponha prova capaz de gerar dúvida razoável.

Parágrafo único. Nas hipóteses dos incisos II e III, o juiz poderá decidir liminarmente.

LIVRO VI
DA FORMAÇÃO, DA SUSPENSÃO E DA EXTINÇÃO DO PROCESSO

TÍTULO I
DA FORMAÇÃO DO PROCESSO

Art. 312. Considera-se proposta a ação quando a petição inicial for protocolada, todavia, a propositura da ação só produz quanto ao réu os efeitos mencionados no art. 240 depois que for validamente citado.

TÍTULO II
DA SUSPENSÃO DO PROCESSO

Art. 313. Suspende-se o processo:

I – pela morte ou pela perda da capacidade processual de qualquer das partes, de seu representante legal ou de seu procurador;

> *Vide* arts. 76, 221 e 921, I, do CPC.

II – pela convenção das partes;

> *Vide* art. 921, II, do CPC.

III – pela arguição de impedimento ou de suspeição;

> *Vide* art. 221 do CPC.

IV – pela admissão de incidente de resolução de demandas repetitivas;

V – quando a sentença de mérito:

a) depender do julgamento de outra causa ou da declaração de existência ou de inexistência de relação jurídica que constitua o objeto principal de outro processo pendente;

b) tiver de ser proferida somente após a verificação de determinado fato ou a produção de certa prova, requisitada a outro juízo;

> *Vide* art. 377, *caput*, do CPC.

VI – por motivo de força maior;

> *Vide* art. 182 do CPC.

VII – quando se discutir em juízo questão decorrente de acidentes e fatos da navegação de competência do Tribunal Marítimo;

VIII – nos demais casos que este Código regula;

IX – pelo parto ou pela concessão de adoção, quando a advogada responsável pelo processo constituir a única patrona da causa;

>> Inciso IX acrescentado pela Lei n. 13.363, de 25-11-2016.

X – quando o advogado responsável pelo processo constituir o único patrono da causa e tornar-se pai.

>> Inciso X acrescentado pela Lei n. 13.363, de 25-11-2016.

§ 1.º Na hipótese do inciso I, o juiz suspenderá o processo, nos termos do art. 689.

§ 2.º Não ajuizada ação de habilitação, ao tomar conhecimento da morte, o juiz determinará a suspensão do processo e observará o seguinte:

I – falecido o réu, ordenará a intimação do autor para que promova a citação do respectivo espólio, de quem for o sucessor ou, se for o caso, dos herdeiros, no prazo que designar, de no mínimo 2 (dois) e no máximo 6 (seis) meses;

II – falecido o autor e sendo transmissível o direito em litígio, determinará a intimação de seu espólio, de quem for o sucessor ou, se for o caso, dos herdeiros, pelos meios de divulgação que reputar mais adequados, para que manifestem interesse na sucessão processual e promovam a respectiva habilitação no prazo designado, sob pena de extinção do processo sem resolução de mérito.

§ 3.º No caso de morte do procurador de qualquer das partes, ainda que iniciada a audiência de instrução e julgamento, o juiz determinará que a parte constitua novo mandatário, no prazo de 15 (quinze) dias, ao final do qual extinguirá o processo sem resolução de mérito, se o autor não nomear novo mandatário, ou ordenará o prosseguimento do processo à revelia do réu, se falecido o procurador deste.

§ 4.º O prazo de suspensão do processo nunca poderá exceder 1 (um) ano nas hipóteses do inciso V e 6 (seis) meses naquela prevista no inciso II.

§ 5.º O juiz determinará o prosseguimento do processo assim que esgotados os prazos previstos no § 4.º.

§ 6.º No caso do inciso IX, o período de suspensão será de 30 (trinta) dias, contado a partir da data do parto ou da concessão da adoção, mediante apresentação de certidão de nascimento ou documento similar que comprove a realização do parto, ou de termo judicial que tenha concedido a adoção, desde que haja notificação ao cliente.

>> § 6.º acrescentado pela Lei n. 13.363, de 25-11-2016.

§ 7.º No caso do inciso X, o período de suspensão será de 8 (oito) dias, contado a partir da data do parto ou da concessão da adoção, mediante apresentação de certidão de nascimento ou documento similar que comprove a realização do parto, ou de termo judicial que tenha concedido a adoção, desde que haja notificação ao cliente.

>> § 7.º acrescentado pela Lei n. 13.363, de 25-11-2016.

Art. 314. Durante a suspensão é vedado praticar qualquer ato processual, podendo o juiz, todavia, determinar a realização de atos urgentes a fim de evitar dano irreparável, salvo no caso de arguição de impedimento e de suspeição.

> *Vide* art. 923 do CPC.

Art. 315. Se o conhecimento do mérito depender de verificação da existência de fato delituoso, o juiz pode determinar a suspensão do processo até que se pronuncie a justiça criminal.

> *Vide* art. 65 do CPP.

§ 1.º Se a ação penal não for proposta no prazo de 3 (três) meses, contado da intimação do ato de suspensão, cessará o efeito desse, incumbindo ao juiz cível examinar incidentemente a questão prévia.

§ 2.º Proposta a ação penal, o processo ficará suspenso pelo prazo máximo de 1 (um) ano, ao final do qual aplicar-se-á o disposto na parte final do § 1.º.

Título III
DA EXTINÇÃO DO PROCESSO

Art. 316. A extinção do processo dar-se-á por sentença.

Art. 317. Antes de proferir decisão sem resolução de mérito, o juiz deverá conceder à parte oportunidade para, se possível, corrigir o vício.

PARTE ESPECIAL

Livro I
DO PROCESSO DE CONHECIMENTO E DO CUMPRIMENTO DE SENTENÇA

Título I
DO PROCEDIMENTO COMUM

Capítulo I
DISPOSIÇÕES GERAIS

Art. 318. Aplica-se a todas as causas o procedimento comum, salvo disposição em contrário deste Código ou de lei.

Parágrafo único. O procedimento comum aplica-se subsidiariamente aos demais procedimentos especiais e ao processo de execução.

Capítulo II
DA PETIÇÃO INICIAL

Seção I
Dos Requisitos da Petição Inicial

Art. 319. A petição inicial indicará:

> *Vide* arts. 294 e 330 do CPC.

I – o juízo a que é dirigida;

>>> *Vide* arts. 42 a 66 do CPC.

II – os nomes, os prenomes, o estado civil, a existência de união estável, a profissão, o número de inscrição no Cadastro de Pessoas Físicas ou no Cadastro Nacional da Pessoa Jurídica, o endereço eletrônico, o domicílio e a residência do autor e do réu;

>>> *Vide* arts. 70 a 76 do CPC.

III – o fato e os fundamentos jurídicos do pedido;

>>> *Vide* arts. 82, § 2.º, e 85 do CPC.

IV – o pedido com as suas especificações;

> *Vide* arts. 322 a 329 do CPC.

V – o valor da causa;

> *Vide* arts. 291 a 293 do CPC.

VI – as provas com que o autor pretende demonstrar a verdade dos fatos alegados;

> *Vide* arts. 369 a 484 do CPC.

VII – a opção do autor pela realização ou não de audiência de conciliação ou de mediação.

> *Vide* art. 334 do CPC.

§ 1.º Caso não disponha das informações previstas no inciso II, poderá o autor, na petição inicial, requerer ao juiz diligências necessárias a sua obtenção.

§ 2.º A petição inicial não será indeferida se, a despeito da falta de informações a que se refere o inciso II, for possível a citação do réu.

§ 3.º A petição inicial não será indeferida pelo não atendimento ao disposto no inciso II deste artigo se a obtenção de tais informações tornar impossível ou excessivamente oneroso o acesso à justiça.

> *Vide* art. 330 do CPC.

Art. 320. A petição inicial será instruída com os documentos indispensáveis à propositura da ação.

> *Vide* arts. 434 e 798 do CPC.

> *Vide* art. 8.º da Lei n. 9.507, de 12-11-1997.

Art. 321. O juiz, ao verificar que a petição inicial não preenche os requisitos dos arts. 319 e 320 ou que apresenta defeitos e irregularidades capazes de dificultar o julgamento de mérito, determinará que o autor, no prazo de 15 (quinze) dias, a emende ou a complete, indicando com precisão o que deve ser corrigido ou completado.

Parágrafo único. Se o autor não cumprir a diligência, o juiz indeferirá a petição inicial.

> *Vide* art. 485 do CPC.

Seção II Do Pedido

Art. 322. O pedido deve ser certo.

§ 1.º Compreendem-se no principal os juros legais, a correção monetária e as verbas de sucumbência, inclusive os honorários advocatícios.

> *Vide* Súmula 254 do STF.

§ 2.º A interpretação do pedido considerará o conjunto da postulação e observará o princípio da boa-fé.

Art. 323. Na ação que tiver por objeto cumprimento de obrigação em prestações sucessivas, essas serão consideradas incluídas no pedido, independentemente de declaração expressa do autor, e serão incluídas na condenação, enquanto durar a obrigação, se o devedor, no curso do processo, deixar de pagá-las ou de consigná-las.

Art. 324. O pedido deve ser determinado.

> *Vide* art. 490 do CPC.

§ 1.º É lícito, porém, formular pedido genérico:

I – nas ações universais, se o autor não puder individuar os bens demandados;

II – quando não for possível determinar, desde logo, as consequências do ato ou do fato;

III – quando a determinação do objeto ou do valor da condenação depender de ato que deva ser praticado pelo réu.

§ 2.º O disposto neste artigo aplica-se à reconvenção.

Art. 325. O pedido será alternativo quando, pela natureza da obrigação, o devedor puder cumprir a prestação de mais de um modo.

Parágrafo único. Quando, pela lei ou pelo contrato, a escolha couber ao devedor, o juiz lhe assegurará o direito de cumprir a prestação de um ou de outro modo, ainda que o autor não tenha formulado pedido alternativo.

> *Vide* art. 292, VII, do CPC.

Art. 326. É lícito formular mais de um pedido em ordem subsidiária, a fim de que o juiz conheça do posterior, quando não acolher o anterior.

> *Vide* art. 292, VIII, do CPC.

Parágrafo único. É lícito formular mais de um pedido, alternativamente, para que o juiz acolha um deles.

Art. 327. É lícita a cumulação, em um único processo, contra o mesmo réu, de vários pedidos, ainda que entre eles não haja conexão.

> *Vide* art. 292, VI, do CPC.

§ 1.º São requisitos de admissibilidade da cumulação que:

I – os pedidos sejam compatíveis entre si;

II – seja competente para conhecer deles o mesmo juízo;

III – seja adequado para todos os pedidos o tipo de procedimento.

§ 2.º Quando, para cada pedido, corresponder tipo diverso de procedimento, será admitida a cumulação se o autor empregar o procedimento comum, sem prejuízo do emprego das técnicas processuais diferenciadas previstas nos procedimentos especiais a que se sujeitam um ou mais pedidos cumulados, que não forem incompatíveis com as disposições sobre o procedimento comum.

§ 3.º O inciso I do § 1.º não se aplica às cumulações de pedidos de que trata o art. 326.

Art. 328. Na obrigação indivisível com pluralidade de credores, aquele que não participou do processo receberá sua parte, deduzidas as despesas na proporção de seu crédito.

> *Vide* arts. 260 e 261 do CC.

Art. 329. O autor poderá:

I – até a citação, aditar ou alterar o pedido ou a causa de pedir, independentemente de consentimento do réu;

II – até o saneamento do processo, aditar ou alterar o pedido e a causa de pedir, com consentimento do réu, assegurado o contraditório mediante a possibilidade de manifestação deste no prazo mínimo de 15 (quinze) dias, facultado o requerimento de prova suplementar.

Parágrafo único. Aplica-se o disposto neste artigo à reconvenção e à respectiva causa de pedir.

> *Vide* art. 343 do CPC.

Seção III Do Indeferimento da Petição Inicial

Art. 330. A petição inicial será indeferida quando:

I – for inepta;

II – a parte for manifestamente ilegítima;

III – o autor carecer de interesse processual;

> *Vide* art. 120 do CPC.

IV – não atendidas as prescrições dos arts. 106 e 321.

§ 1.º Considera-se inepta a petição inicial quando:

I – lhe faltar pedido ou causa de pedir;

> *Vide* arts. 322 a 329 do CPC.

II – o pedido for indeterminado, ressalvadas as hipóteses legais em que se permite o pedido genérico;

> *Vide* art. 286 do CPC.

III – da narração dos fatos não decorrer logicamente a conclusão;

IV – contiver pedidos incompatíveis entre si.

§ 2.º Nas ações que tenham por objeto a revisão de obrigação decorrente de empréstimo, de financiamento ou de alienação de bens, o autor terá de, sob pena de inépcia, discriminar na petição inicial, dentre as obrigações contratuais, aquelas que pretende controverter, além de quantificar o valor incontroverso do débito.

§ 3.º Na hipótese do § 2.º, o valor incontroverso deverá continuar a ser pago no tempo e modo contratados.

Art. 331. Indeferida a petição inicial, o autor poderá apelar, facultado ao juiz, no prazo de 5 (cinco) dias, retratar-se.

> *Vide* art. 198, VII, do ECA.

§ 1.º Se não houver retratação, o juiz mandará citar o réu para responder ao recurso.

§ 2.º Sendo a sentença reformada pelo tribunal, o prazo para a contestação começará a correr da intimação do retorno dos autos, observado o disposto no art. 334.

§ 3.º Não interposta a apelação, o réu será intimado do trânsito em julgado da sentença.

Capítulo III DA IMPROCEDÊNCIA LIMINAR DO PEDIDO

Art. 332. Nas causas que dispensem a fase instrutória, o juiz, independentemente da citação do réu, julgará liminarmente improcedente o pedido que contrariar:

I – enunciado de súmula do Supremo Tribunal Federal ou do Superior Tribunal de Justiça;

II – acórdão proferido pelo Supremo Tribunal Federal ou pelo Superior Tribunal de Justiça em julgamento de recursos repetitivos;

III – entendimento firmado em incidente de resolução de demandas repetitivas ou de assunção de competência;

IV – enunciado de súmula de tribunal de justiça sobre direito local.

§ 1.º O juiz também poderá julgar liminarmente improcedente o pedido se verificar, desde logo, a ocorrência de decadência ou de prescrição.

§ 2.º Não interposta a apelação, o réu será intimado do trânsito em julgado da sentença, nos termos do art. 241.

§ 3.º Interposta a apelação, o juiz poderá retratar-se em 5 (cinco) dias.

> *Vide* arts. 513 e s. do CPC.

§ 4.º Se houver retratação, o juiz determinará o prosseguimento do processo, com a citação do réu, e, se não houver retratação, determinará a citação do réu para apresentar contrarrazões, no prazo de 15 (quinze) dias.

Capítulo IV
DA CONVERSÃO DA AÇÃO INDIVIDUAL EM AÇÃO COLETIVA

Art. 333. (*Vetado*.)

Capítulo V
DA AUDIÊNCIA DE CONCILIAÇÃO OU DE MEDIAÇÃO

>> *Vide* Lei n. 13.140, de 26-6-2015, que dispõe sobre a mediação entre particulares como meio de solução de controvérsias e sobre a autocomposição de conflitos no âmbito da Administração Pública.

Art. 334. Se a petição inicial preencher os requisitos essenciais e não for o caso de improcedência liminar do pedido, o juiz designará audiência de conciliação ou de mediação com antecedência mínima de 30 (trinta) dias, devendo ser citado o réu com pelo menos 20 (vinte) dias de antecedência.

>> *Vide* arts. 24 a 29 da Lei n. 13.140, de 26-6-2015 (mediação judicial).

> *Vide* art. 1.º, parágrafo único, da Resolução n. 125, de 29-11-2010.

> *Vide* arts. 248, 257, 307 e 344 do CPC.

§ 1.º O conciliador ou mediador, onde houver, atuará necessariamente na audiência de conciliação ou de mediação, observando o disposto neste Código, bem como as disposições da lei de organização judiciária.

>> *Vide* arts. 165 e s. do CPC.

§ 2.º Poderá haver mais de uma sessão destinada à conciliação e à mediação, não podendo exceder a 2 (dois) meses da data de realização da primeira sessão, desde que necessárias à composição das partes.

§ 3.º A intimação do autor para a audiência será feita na pessoa de seu advogado.

§ 4.º A audiência não será realizada:

I – se ambas as partes manifestarem, expressamente, desinteresse na composição consensual;

II – quando não se admitir a autocomposição.

§ 5.º O autor deverá indicar, na petição inicial, seu desinteresse na autocomposição, e o réu deverá fazê-lo, por petição, apresentada com 10 (dez) dias de antecedência, contados da data da audiência.

§ 6.º Havendo litisconsórcio, o desinteresse na realização da audiência deve ser manifestado por todos os litisconsortes.

§ 7.º A audiência de conciliação ou de mediação pode realizar-se por meio eletrônico, nos termos da lei.

§ 8.º O não comparecimento injustificado do autor ou do réu à audiência de conciliação é considerado ato atentatório à dignidade da justiça e será sancionado com multa de até dois por cento da vantagem econômica pretendida ou do valor da causa, revertida em favor da União ou do Estado.

§ 9.º As partes devem estar acompanhadas por seus advogados ou defensores públicos.

> *Vide* art. 133 da CF.

§ 10. A parte poderá constituir representante, por meio de procuração específica, com poderes para negociar e transigir.

§ 11. A autocomposição obtida será reduzida a termo e homologada por sentença.

§ 12. A pauta das audiências de conciliação ou de mediação será organizada de modo a respeitar o intervalo mínimo de 20 (vinte) minutos entre o início de uma e o início da seguinte.

Capítulo VI
DA CONTESTAÇÃO

Art. 335. O réu poderá oferecer contestação, por petição, no prazo de 15 (quinze) dias, cujo termo inicial será a data:

> *Vide* art. 434 do CPC.

I – da audiência de conciliação ou de mediação, ou da última sessão de conciliação, quando qualquer parte não comparecer ou, comparecendo, não houver autocomposição;

II – do protocolo do pedido de cancelamento da audiência de conciliação ou de mediação apresentado pelo réu, quando ocorrer a hipótese do art. 334, § 4.º, inciso I;

III – prevista no art. 231, de acordo com o modo como foi feita a citação, nos demais casos.

§ 1.º No caso de litisconsórcio passivo, ocorrendo a hipótese do art. 334, § 6.º, o termo inicial previsto no inciso II será, para cada um dos réus, a data de apresentação de seu respectivo pedido de cancelamento da audiência.

§ 2.º Quando ocorrer a hipótese do art. 334, § 4.º, inciso II, havendo litisconsórcio passivo e o autor desistir da ação em relação a réu ainda não citado, o prazo para resposta correrá da data de intimação da decisão que homologar a desistência.

Art. 336. Incumbe ao réu alegar, na contestação, toda a matéria de defesa, expondo as razões de fato e de direito com que impugna o pedido do autor e especificando as provas que pretende produzir.

Art. 337. Incumbe ao réu, antes de discutir o mérito, alegar:

> *Vide* arts. 351, 352, 485, I, V, VI, VII, e 938 do CPC.

I – inexistência ou nulidade da citação;

> *Vide* art. 348 do CPC.

II – incompetência absoluta e relativa;

> *Vide* art. 64 do CPC.

III – incorreção do valor da causa;

>>> *Vide* art. 292 do CPC.

IV – inépcia da petição inicial;

> *Vide* art. 330, I e § 1.º, do CPC.

V – perempção;

>> *Vide* art. 486, § 3.º, do CPC.

VI – litispendência;

> *Vide* arts. 240, 337, §§ 1.º a 3.º, do CPC.

VII – coisa julgada;

>> *Vide* art. 5.º, XXXVI, da CF.

> *Vide* arts. 337, §§ 1.º a 4.º, e 502 a 508 do CPC.

VIII – conexão;

> *Vide* Súmula 235 do STJ.

IX – incapacidade da parte, defeito de representação ou falta de autorização;

X – convenção de arbitragem;

> *Vide* art. 485, VII, do CPC.

> *Vide* Lei n. 9.307, de 23-9-1996 (arbitragem).

> *Vide* Súmula 485 do STJ.

XI – ausência de legitimidade ou de interesse processual;

XII – falta de caução ou de outra prestação que a lei exige como preliminar;

>>> *Vide* art. 83 do CPC.

XIII – indevida concessão do benefício de gratuidade de justiça.

>>> *Vide* art. 99 do CPC.

§ 1.º Verifica-se a litispendência ou a coisa julgada quando se reproduz ação anteriormente ajuizada.

>> *Vide* art. 5.º, XXXVI, da CF.

§ 2.º Uma ação é idêntica a outra quando possui as mesmas partes, a mesma causa de pedir e o mesmo pedido.

§ 3.º Há litispendência quando se repete ação que está em curso.

> *Vide* art. 240 do CPC.

§ 4.º Há coisa julgada quando se repete ação que já foi decidida por decisão transitada em julgado.

§ 5.º Excetuadas a convenção de arbitragem e a incompetência relativa, o juiz conhecerá de ofício das matérias enumeradas neste artigo.

§ 6.º A ausência de alegação da existência de convenção de arbitragem, na forma prevista neste Capítulo, implica aceitação da jurisdição estatal e renúncia ao juízo arbitral.

Art. 338. Alegando o réu, na contestação, ser parte ilegítima ou não ser o responsável pelo prejuízo invocado, o juiz facultará ao autor, em 15 (quinze) dias, a alteração da petição inicial para substituição do réu.

Parágrafo único. Realizada a substituição, o autor reembolsará as despesas e pagará os honorários ao procurador do réu excluído, que serão fixados entre três e cinco por cento do valor da causa ou, sendo este irrisório, nos termos do art. 85, § 8.º.

Art. 339. Quando alegar sua ilegitimidade, incumbe ao réu indicar o sujeito passivo da relação jurídica discutida sempre que tiver conhecimento, sob pena de arcar com as despesas processuais e de indenizar o autor pelos prejuízos decorrentes da falta de indicação.

§ 1.º O autor, ao aceitar a indicação, procederá, no prazo de 15 (quinze) dias, à alteração da petição inicial para a substituição do réu, observando-se, ainda, o parágrafo único do art. 338.

§ 2.º No prazo de 15 (quinze) dias, o autor pode optar por alterar a petição inicial para incluir, como litisconsorte passivo, o sujeito indicado pelo réu.

Art. 340. Havendo alegação de incompetência relativa ou absoluta, a contestação poderá ser protocolada no foro de domicílio do réu, fato que será imediatamente comunicado ao juiz da causa, preferencialmente por meio eletrônico.

§ 1.º A contestação será submetida a livre distribuição ou, se o réu houver sido citado por meio de carta precatória, juntada aos autos dessa carta, seguindo-se a sua imediata remessa para o juízo da causa.

§ 2.º Reconhecida a competência do foro indicado pelo réu, o juízo para o qual for distribuída a contestação ou a carta precatória será considerado prevento.

§ 3.º Alegada a incompetência nos termos do *caput*, será suspensa a realização da audiência de conciliação ou de mediação, se tiver sido designada.

§ 4.º Definida a competência, o juízo competente designará nova data para a audiência de conciliação ou de mediação.

Art. 341. Incumbe também ao réu manifestar-se precisamente sobre as alegações de fato constantes da petição inicial, presumindo-se verdadeiras as não impugnadas, salvo se:

I – não for admissível, a seu respeito, a confissão;

>> *Vide* arts. 344 e 345 do CPC.

II – a petição inicial não estiver acompanhada de instrumento que a lei considerar da substância do ato;

III – estiverem em contradição com a defesa, considerada em seu conjunto.

Parágrafo único. O ônus da impugnação especificada dos fatos não se aplica ao defensor público, ao advogado dativo e ao curador especial.

Art. 342. Depois da contestação, só é lícito ao réu deduzir novas alegações quando:

I – relativas a direito ou a fato superveniente;

II – competir ao juiz conhecer delas de ofício;

III – por expressa autorização legal, puderem ser formuladas em qualquer tempo e grau de jurisdição.

Capítulo VII
DA RECONVENÇÃO

Art. 343. Na contestação, é lícito ao réu propor reconvenção para manifestar pretensão própria, conexa com a ação principal ou com o fundamento da defesa.

>> *Vide* art. 16, § 3.º, da LEF.

>> *Vide* art. 36, *caput*, da Lei n. 6.515, de 26-12-1977 (Lei do Divórcio).

§ 1.º Proposta a reconvenção, o autor será intimado, na pessoa de seu advogado, para apresentar resposta no prazo de 15 (quinze) dias.

§ 2.º A desistência da ação ou a ocorrência de causa extintiva que impeça o exame de seu mérito não obsta ao prosseguimento do processo quanto à reconvenção.

§ 3.º A reconvenção pode ser proposta contra o autor e terceiro.

§ 4.º A reconvenção pode ser proposta pelo réu em litisconsórcio com terceiro.

§ 5.º Se o autor for substituto processual, o reconvinte deverá afirmar ser titular de direito em face do substituído, e a reconvenção deverá ser proposta em face do autor, também na qualidade de substituto processual.

§ 6.º O réu pode propor reconvenção independentemente de oferecer contestação.

>>> *Vide* arts. 292, *caput*, e 85 do CPC.

Capítulo VIII
DA REVELIA

Art. 344. Se o réu não contestar a ação, será considerado revel e presumir-se-ão verdadeiras as alegações de fato formuladas pelo autor.

Art. 345. A revelia não produz o efeito mencionado no art. 344 se:

I – havendo pluralidade de réus, algum deles contestar a ação;

II – o litígio versar sobre direitos indisponíveis;

III – a petição inicial não estiver acompanhada de instrumento que a lei considere indispensável à prova do ato;

> *Vide* art. 341, II, do CPC.

IV – as alegações de fato formuladas pelo autor forem inverossímeis ou estiverem em contradição com prova constante dos autos.

Art. 346. Os prazos contra o revel que não tenha patrono nos autos fluirão da data de publicação do ato decisório no órgão oficial.

Parágrafo único. O revel poderá intervir no processo em qualquer fase, recebendo-o no estado em que se encontrar.

Capítulo IX
DAS PROVIDÊNCIAS PRELIMINARES E DO SANEAMENTO

Art. 347. Findo o prazo para a contestação, o juiz tomará, conforme o caso, as providências preliminares constantes das seções deste Capítulo.

Seção I
Da Não Incidência dos Efeitos da Revelia

Art. 348. Se o réu não contestar a ação, o juiz, verificando a inocorrência do efeito da revelia previsto no art. 344, ordenará que o autor especifique as provas que pretenda produzir, se ainda não as tiver indicado.

> *Vide* art. 355 do CPC.

Art. 349. Ao réu revel será lícita a produção de provas, contrapostas às alegações do autor, desde que se faça representar nos autos a tempo de praticar os atos processuais indispensáveis a essa produção.

Seção II
Do Fato Impeditivo, Modificativo ou Extintivo do Direito do Autor

Art. 350. Se o réu alegar fato impeditivo, modificativo ou extintivo do direito do autor, este será ouvido no prazo de 15 (quinze) dias, permitindo-lhe o juiz a produção de prova.

>>> *Vide* art. 437 do CPC.

Seção III
Das Alegações do Réu

Art. 351. Se o réu alegar qualquer das matérias enumeradas no art. 337, o juiz determinará a oitiva do autor no prazo de 15 (quinze) dias, permitindo-lhe a produção de prova.

>>> *Vide* art. 437 do CPC.

Art. 352. Verificando a existência de irregularidades ou de vícios sanáveis, o juiz determinará sua correção em prazo nunca superior a 30 (trinta) dias.

Art. 353. Cumpridas as providências preliminares ou não havendo necessidade delas, o juiz proferirá julgamento conforme o estado do processo, observando o que dispõe o Capítulo X.

Capítulo X
DO JULGAMENTO CONFORME O ESTADO DO PROCESSO

Seção I
Da Extinção do Processo

Art. 354. Ocorrendo qualquer das hipóteses previstas nos arts. 485 e 487, incisos II e III, o juiz proferirá sentença.

Parágrafo único. A decisão a que se refere o *caput* pode dizer respeito a apenas parcela do processo, caso em que será impugnável por agravo de instrumento.

Seção II
Do Julgamento Antecipado do Mérito

Art. 355. O juiz julgará antecipadamente o pedido, proferindo sentença com resolução de mérito, quando:

>>> *Vide* art. 1.009 do CPC.

I – não houver necessidade de produção de outras provas;

II – o réu for revel, ocorrer o efeito previsto no art. 344 e não houver requerimento de prova, na forma do art. 349.

Seção III
Do Julgamento Antecipado Parcial do Mérito

Art. 356. O juiz decidirá parcialmente o mérito quando um ou mais dos pedidos formulados ou parcela deles:

>>> *Vide* art. 1.015, II, do CPC.

I – mostrar-se incontroverso;

II – estiver em condições de imediato julgamento, nos termos do art. 355.

§ 1.º A decisão que julgar parcialmente o mérito poderá reconhecer a existência de obrigação líquida ou ilíquida.

§ 2.º A parte poderá liquidar ou executar, desde logo, a obrigação reconhecida na decisão que julgar parcialmente o mérito, independentemente de caução, ainda que haja recurso contra essa interposto.

§ 3.º Na hipótese do § 2.º, se houver trânsito em julgado da decisão, a execução será definitiva.

§ 4.º A liquidação e o cumprimento da decisão que julgar parcialmente o mérito poderão ser processados em autos suplementares, a requerimento da parte ou a critério do juiz.

§ 5.º A decisão proferida com base neste artigo é impugnável por agravo de instrumento.

Seção IV
Do Saneamento e da Organização do Processo

Art. 357. Não ocorrendo nenhuma das hipóteses deste Capítulo, deverá o juiz, em decisão de saneamento e de organização do processo:

I – resolver as questões processuais pendentes, se houver;

II – delimitar as questões de fato sobre as quais recairá a atividade probatória, especificando os meios de prova admitidos;

III – definir a distribuição do ônus da prova, observado o art. 373;

IV – delimitar as questões de direito relevantes para a decisão do mérito;

V – designar, se necessário, audiência de instrução e julgamento.

§ 1.º Realizado o saneamento, as partes têm o direito de pedir esclarecimentos ou solicitar ajustes, no prazo comum de 5 (cinco) dias, findo o qual a decisão se torna estável.

§ 2.º As partes podem apresentar ao juiz, para homologação, delimitação consensual das questões de fato e de direito a que se referem os incisos II e IV, a qual, se homologada, vincula as partes e o juiz.

§ 3.º Se a causa apresentar complexidade em matéria de fato ou de direito, deverá o juiz designar audiência para que o saneamento seja feito em cooperação com as partes, oportunidade em que o juiz, se for o caso, convidará as partes a integrar ou esclarecer suas alegações.

§ 4.º Caso tenha sido determinada a produção de prova testemunhal, o juiz fixará prazo comum não superior a 15 (quinze) dias para que as partes apresentem rol de testemunhas.

§ 5.º Na hipótese do § 3.º, as partes devem levar, para a audiência prevista, o respectivo rol de testemunhas.

§ 6.º O número de testemunhas arroladas não pode ser superior a 10 (dez), sendo 3 (três), no máximo, para a prova de cada fato.

§ 7.º O juiz poderá limitar o número de testemunhas levando em conta a complexidade da causa e dos fatos individualmente considerados.

§ 8.º Caso tenha sido determinada a produção de prova pericial, o juiz deve observar o disposto no art. 465 e, se possível, estabelecer, desde logo, calendário para sua realização.

§ 9.º As pautas deverão ser preparadas com intervalo mínimo de 1 (uma) hora entre as audiências.

Capítulo XI
DA AUDIÊNCIA DE INSTRUÇÃO E JULGAMENTO

Art. 358. No dia e na hora designados, o juiz declarará aberta a audiência de instrução e julgamento e mandará apregoar as partes e os respectivos advogados, bem como outras pessoas que dela devam participar.

Art. 359. Instalada a audiência, o juiz tentará conciliar as partes, independentemente do emprego anterior de outros métodos de solução consensual de conflitos, como a mediação e a arbitragem.

Art. 360. O juiz exerce o poder de polícia, incumbindo-lhe:

I – manter a ordem e o decoro na audiência;

II – ordenar que se retirem da sala de audiência os que se comportarem inconvenientemente;

III – requisitar, quando necessário, força policial;

IV – tratar com urbanidade as partes, os advogados, os membros do Ministério Público e da Defensoria Pública e qualquer pessoa que participe do processo;

V – registrar em ata, com exatidão, todos os requerimentos apresentados em audiência.

Art. 361. As provas orais serão produzidas em audiência, ouvindo-se nesta ordem, preferencialmente:

I – o perito e os assistentes técnicos, que responderão aos quesitos de esclarecimentos requeridos no prazo e na forma do art. 477, caso não respondidos anteriormente por escrito;

II – o autor e, em seguida, o réu, que prestarão depoimentos pessoais;

III – as testemunhas arroladas pelo autor e pelo réu, que serão inquiridas.

Parágrafo único. Enquanto depuserem o perito, os assistentes técnicos, as partes e as testemunhas, não poderão os advogados e o Ministério Público intervir ou apartear, sem licença do juiz.

Art. 362. A audiência poderá ser adiada:

I – por convenção das partes;

II – se não puder comparecer, por motivo justificado, qualquer pessoa que dela deva necessariamente participar;

III – por atraso injustificado de seu início em tempo superior a 30 (trinta) minutos do horário marcado.

>> *Vide* art. 7.º, XX, do EAOAB.

§ 1.º O impedimento deverá ser comprovado até a abertura da audiência, e, não o sendo, o juiz procederá à instrução.

§ 2.º O juiz poderá dispensar a produção das provas requeridas pela parte cujo advogado ou defensor público não tenha comparecido à audiência, aplicando-se a mesma regra ao Ministério Público.

§ 3.º Quem der causa ao adiamento responderá pelas despesas acrescidas.

Art. 363. Havendo antecipação ou adiamento da audiência, o juiz, de ofício ou a requerimento da parte, determinará a intimação dos advogados ou da sociedade de advogados para ciência da nova designação.

Art. 364. Finda a instrução, o juiz dará a palavra ao advogado do autor e do réu, bem como ao membro do Ministério Público, se for o caso de sua intervenção, sucessivamente, pelo prazo de 20 (vinte) minutos para cada um, prorrogável por 10 (dez) minutos, a critério do juiz.

§ 1.º Havendo litisconsorte ou terceiro interveniente, o prazo, que formará com o da prorrogação um só todo, dividir-se-á entre os do mesmo grupo, se não convencionarem de modo diverso.

§ 2.º Quando a causa apresentar questões complexas de fato ou de direito, o debate oral poderá ser substituído por razões finais escritas, que serão apresentadas pelo autor e pelo réu, bem como pelo Ministério Público, se for o caso de sua intervenção, em prazos sucessivos de 15 (quinze) dias, assegurada vista dos autos.

Art. 365. A audiência é una e contínua, podendo ser excepcional e justificadamente cindida na ausência de perito ou de testemunha, desde que haja concordância das partes.

Parágrafo único. Diante da impossibilidade de realização da instrução, do debate e do julgamento no mesmo dia, o juiz marcará seu prosseguimento para a data mais próxima possível, em pauta preferencial.

Art. 366. Encerrado o debate ou oferecidas as razões finais, o juiz proferirá sentença em audiência ou no prazo de 30 (trinta) dias.

Art. 367. O servidor lavrará, sob ditado do juiz, termo que conterá, em resumo, o ocorrido na audiência, bem como, por extenso, os despachos, as decisões e a sentença, se proferida no ato.

> *Vide* art. 459, § 3.º, do CPC.

§ 1.º Quando o termo não for registrado em meio eletrônico, o juiz rubricar-lhe-á as folhas, que serão encadernadas em volume próprio.

§ 2.º Subscreverão o termo o juiz, os advogados, o membro do Ministério Público e o escrivão ou chefe de secretaria, dispensadas as partes, exceto quando houver ato de disposição para cuja prática os advogados não tenham poderes.

§ 3.º O escrivão ou chefe de secretaria trasladará para os autos cópia autêntica do termo de audiência.

§ 4.º Tratando-se de autos eletrônicos, observar-se-á o disposto neste Código, em legislação específica e nas normas internas dos tribunais.

§ 5.º A audiência poderá ser integralmente gravada em imagem e em áudio, em meio digital ou analógico, desde que assegure o rápido acesso das partes e dos órgãos julgadores, observada a legislação específica.

§ 6.º A gravação a que se refere o § 5.º também pode ser realizada diretamente por qualquer das partes, independentemente de autorização judicial.

Art. 368. A audiência será pública, ressalvadas as exceções legais.

>> *Vide* art. 189 do CPC.

>> *Vide* art. 143 do ECA.

CAPÍTULO XII
DAS PROVAS

Seção I
Disposições Gerais

Art. 369. As partes têm o direito de empregar todos os meios legais, bem como os moralmente legítimos, ainda que não especificados neste Código, para provar a verdade dos fatos em que se funda o pedido ou a defesa e influir eficazmente na convicção do juiz.

>> *Vide* art. 5.º, LVI, da CF.

>> *Vide* art. 212 do CC.

Art. 370. Caberá ao juiz, de ofício ou a requerimento da parte, determinar as provas necessárias ao julgamento do mérito.

Parágrafo único. O juiz indeferirá, em decisão fundamentada, as diligências inúteis ou meramente protelatórias.

Art. 371. O juiz apreciará a prova constante dos autos, independentemente do sujeito que a tiver promovido, e indicará na decisão as razões da formação de seu convencimento.

> *Vide* art. 489, II, do CPC.

Art. 372. O juiz poderá admitir a utilização de prova produzida em outro processo, atribuindo-lhe o valor que considerar adequado, observado o contraditório.

Art. 373. O ônus da prova incumbe:

> *Vide* arts. 6.º, VIII, 38 e 51, VI, do CDC.

I – ao autor, quanto ao fato constitutivo de seu direito;

II – ao réu, quanto à existência de fato impeditivo, modificativo ou extintivo do direito do autor.

§ 1.º Nos casos previstos em lei ou diante de peculiaridades da causa relacionadas à impossibilidade ou à excessiva dificuldade de cumprir o encargo nos termos do *caput* ou à maior facilidade de obtenção da prova do fato contrário, poderá o juiz atribuir o ônus da prova de modo diverso, desde que o faça por decisão fundamentada, caso em que deverá dar à parte a oportunidade de se desincumbir do ônus que lhe foi atribuído.

>>> *Vide* art. 6.º, VIII, da Lei n. 8.078, de 11-9-1990 (Código de Defesa do Consumidor).

§ 2.º A decisão prevista no § 1.º deste artigo não pode gerar situação em que a desincumbência do encargo pela parte seja impossível ou excessivamente difícil.

§ 3.º A distribuição diversa do ônus da prova também pode ocorrer por convenção das partes, salvo quando:

I – recair sobre direito indisponível da parte;

II – tornar excessivamente difícil a uma parte o exercício do direito.

§ 4.º A convenção de que trata o § 3.º pode ser celebrada antes ou durante o processo.

Art. 374. Não dependem de prova os fatos:

I – notórios;

II – afirmados por uma parte e confessados pela parte contrária;

> *Vide* art. 348 do CPC.

III – admitidos no processo como incontroversos;

IV – em cujo favor milita presunção legal de existência ou de veracidade.

Art. 375. O juiz aplicará as regras de experiência comum subministradas pela observação do que ordinariamente acontece e, ainda, as regras de experiência técnica, ressalvado, quanto a estas, o exame pericial.

> *Vide* art. 140 do CPC.

Art. 376. A parte que alegar direito municipal, estadual, estrangeiro ou consuetudinário provar-lhe-á o teor e a vigência, se assim o juiz determinar.

Art. 377. A carta precatória, a carta rogatória e o auxílio direto suspenderão o julgamento da causa no caso previsto no art. 313, inciso V, alínea *b*, quando, tendo sido requeridos antes da decisão de saneamento, a prova neles solicitada for imprescindível.

Parágrafo único. A carta precatória e a carta rogatória não devolvidas no prazo ou concedidas sem efeito suspensivo poderão ser juntadas aos autos a qualquer momento.

Art. 378. Ninguém se exime do dever de colaborar com o Poder Judiciário para o descobrimento da verdade.

Art. 379. Preservado o direito de não produzir prova contra si própria, incumbe à parte:

I – comparecer em juízo, respondendo ao que lhe for interrogado;

II – colaborar com o juízo na realização de inspeção judicial que for considerada necessária;

> *Vide* arts. 481 a 484 do CPC.

III – praticar o ato que lhe for determinado.

>> *Vide* art. 5.º, II, da CF.

Art. 380. Incumbe ao terceiro, em relação a qualquer causa:

I – informar ao juiz os fatos e as circunstâncias de que tenha conhecimento;

>> *Vide* art. 5.º, XIV, da CF.

II – exibir coisa ou documento que esteja em seu poder.

> *Vide* arts. 396 e 401 do CPC.

Parágrafo único. Poderá o juiz, em caso de descumprimento, determinar, além da imposição de multa, outras medidas indutivas, coercitivas, mandamentais ou sub-rogatórias.

Seção II
Da Produção Antecipada da Prova

Art. 381. A produção antecipada da prova será admitida nos casos em que:

I – haja fundado receio de que venha a tornar-se impossível ou muito difícil a verificação de certos fatos na pendência da ação;

II – a prova a ser produzida seja suscetível de viabilizar a autocomposição ou outro meio adequado de solução de conflito;

III – o prévio conhecimento dos fatos possa justificar ou evitar o ajuizamento de ação.

§ 1.º O arrolamento de bens observará o disposto nesta Seção quando tiver por finalidade apenas a realização de documentação e não a prática de atos de apreensão.

§ 2.º A produção antecipada da prova é da competência do juízo do foro onde esta deva ser produzida ou do foro de domicílio do réu.

§ 3.º A produção antecipada da prova não previne a competência do juízo para a ação que venha a ser proposta.

§ 4.º O juízo estadual tem competência para produção antecipada de prova requerida em face da União, de entidade autárquica ou de empresa pública federal se, na localidade, não houver vara federal.

§ 5.º Aplica-se o disposto nesta Seção àquele que pretender justificar a existência de algum fato ou relação jurídica para simples documento e sem caráter contencioso, que exporá, em petição circunstanciada, a sua intenção.

Art. 382. Na petição, o requerente apresentará as razões que justificam a necessidade de antecipação da prova e mencionará com precisão os fatos sobre os quais a prova há de recair.

§ 1.º O juiz determinará, de ofício ou a requerimento da parte, a citação de interessados na produção da prova ou no fato a ser provado, salvo se inexistente caráter contencioso.

§ 2.º O juiz não se pronunciará sobre a ocorrência ou a inocorrência do fato, nem sobre as respectivas consequências jurídicas.

§ 3.º Os interessados poderão requerer a produção de qualquer prova no mesmo procedimento, desde que relacionada ao mesmo fato, salvo se a sua produção conjunta acarretar excessiva demora.

§ 4.º Neste procedimento, não se admitirá defesa ou recurso, salvo contra decisão que indeferir totalmente a produção da prova pleiteada pelo requerente originário.

Art. 383. Os autos permanecerão em cartório durante 1 (um) mês para extração de cópias e certidões pelos interessados.

Parágrafo único. Findo o prazo, os autos serão entregues ao promovente da medida.

Seção III
Da Ata Notarial

Art. 384. A existência e o modo de existir de algum fato podem ser atestados ou documentados, a requerimento do interessado, mediante ata lavrada por tabelião.

>> *Vide* arts. 6.º, III, e 7.º, III, da Lei n. 8.935, de 18-11-1994.

Parágrafo único. Dados representados por imagem ou som gravados em arquivos eletrônicos poderão constar da ata notarial.

Seção IV
Do Depoimento Pessoal

Art. 385. Cabe à parte requerer o depoimento pessoal da outra parte, a fim de que esta seja interrogada na audiência de instrução e julgamento, sem prejuízo do poder do juiz de ordená-lo de ofício.

§ 1.º Se a parte, pessoalmente intimada para prestar depoimento pessoal e advertida da pena de confesso, não comparecer ou, comparecendo, se recusar a depor, o juiz aplicar-lhe-á a pena.

§ 2.º É vedado a quem ainda não depôs assistir ao interrogatório da outra parte.

§ 3.º O depoimento pessoal da parte que residir em comarca, seção ou subseção judiciária diversa daquela onde tramita o processo poderá ser colhido por meio de videoconferência ou outro recurso tecnológico de transmissão de sons e imagens em tempo real, o que poderá ocorrer, inclusive, durante a realização da audiência de instrução e julgamento.

>> O art. 222, § 3.º, do CPP prevê a oitiva de testemunhas por videoconferência no processo penal.

>> A Resolução n. 354, de 19-11-2020 do CNJ, dispõe sobre o cumprimento digital de ato processual e de ordem judicial e dá outras providências.

Art. 386. Quando a parte, sem motivo justificado, deixar de responder ao que lhe for perguntado ou empregar evasivas, o juiz, apreciando as demais circunstâncias e os elementos de prova, declarará, na sentença, se houve recusa de depor.

Art. 387. A parte responderá pessoalmente sobre os fatos articulados, não podendo servir-se de escritos anteriormente preparados, permitindo-lhe o juiz, todavia, a consulta a notas breves, desde que objetivem completar esclarecimentos.

Art. 388. A parte não é obrigada a depor sobre fatos:

I – criminosos ou torpes que lhe forem imputados;

II – a cujo respeito, por estado ou profissão, deva guardar sigilo;

III – acerca dos quais não possa responder sem desonra própria, de seu cônjuge, de seu companheiro ou de parente em grau sucessível;

IV – que coloquem em perigo a vida do depoente ou das pessoas referidas no inciso III.

Parágrafo único. Esta disposição não se aplica às ações de estado e de família.

Seção V
Da Confissão

Art. 389. Há confissão, judicial ou extrajudicial, quando a parte admite a verdade de fato contrário ao seu interesse e favorável ao do adversário.

> *Vide* art. 371 do CPC.

Art. 390. A confissão judicial pode ser espontânea ou provocada.

§ 1.º A confissão espontânea pode ser feita pela própria parte ou por representante com poder especial.

> *Vide* art. 105 do CPC.

§ 2.º A confissão provocada constará do termo de depoimento pessoal.

Art. 391. A confissão judicial faz prova contra o confitente, não prejudicando, todavia, os litisconsortes.

Parágrafo único. Nas ações que versarem sobre bens imóveis ou direitos reais sobre imóveis alheios, a confissão de um cônjuge ou companheiro não valerá sem a do outro, salvo se o regime de casamento for o de separação absoluta de bens.

Art. 392. Não vale como confissão a admissão, em juízo, de fatos relativos a direitos indisponíveis.

§ 1.º A confissão será ineficaz se feita por quem não for capaz de dispor do direito a que se referem os fatos confessados.

>> *Vide* art. 213 do CC.

§ 2.º A confissão feita por um representante somente é eficaz nos limites em que este pode vincular o representado.

>> *Vide* art. 213 do CC.

Art. 393. A confissão é irrevogável, mas pode ser anulada se decorreu de erro de fato ou de coação.

>> *Vide* art. 214 do CC.

Parágrafo único. A legitimidade para a ação prevista no *caput* é exclusiva do confitente e pode ser transferida a seus herdeiros se ele falecer após a propositura.

Art. 394. A confissão extrajudicial, quando feita oralmente, só terá eficácia nos casos em que a lei não exija prova literal.

> *Vide* art. 212, I, do CC.

Art. 395. A confissão é, em regra, indivisível, não podendo a parte que a quiser invocar como prova aceitá-la no tópico que a beneficiar e rejeitá-la no que lhe for desfavorável, porém cindir-se-á quando o confitente a ela aduzir fatos novos, capazes de constituir fundamento de defesa de direito material ou de reconvenção.

> *Vide* art. 412 do CPC.

Seção VI
Da Exibição de Documento ou Coisa

> *Vide* Súmula 372 do STJ.

Art. 396. O juiz pode ordenar que a parte exiba documento ou coisa que se encontre em seu poder.

> *Vide* art. 5.º, XII e XIV, da CF.

> *Vide* art. 380, II, do CPC.

>>> *Vide* art. 1.191 do CC.

Art. 397. O pedido formulado pela parte conterá:

I – a individuação, tão completa quanto possível, do documento ou da coisa;

II – a finalidade da prova, indicando os fatos que se relacionam com o documento ou com a coisa;

III – as circunstâncias em que se funda o requerente para afirmar que o documento ou a coisa existe e se acha em poder da parte contrária.

Art. 398. O requerido dará sua resposta nos 5 (cinco) dias subsequentes à sua intimação.

Parágrafo único. Se o requerido afirmar que não possui o documento ou a coisa, o juiz permitirá que o requerente prove, por qualquer meio, que a declaração não corresponde à verdade.

> *Vide* art. 400 do CPC.

Art. 399. O juiz não admitirá a recusa se:

I – o requerido tiver obrigação legal de exibir;

II – o requerido tiver aludido ao documento ou à coisa, no processo, com o intuito de constituir prova;

III – o documento, por seu conteúdo, for comum às partes.

Art. 400. Ao decidir o pedido, o juiz admitirá como verdadeiros os fatos que, por meio do documento ou da coisa, a parte pretendia provar se:

I – o requerido não efetuar a exibição nem fizer nenhuma declaração no prazo do art. 398;

II – a recusa for havida por ilegítima.

Parágrafo único. Sendo necessário, o juiz pode adotar medidas indutivas, coercitivas, mandamentais ou sub-rogatórias para que o documento seja exibido.

Art. 401. Quando o documento ou a coisa estiver em poder de terceiro, o juiz ordenará sua citação para responder no prazo de 15 (quinze) dias.

> *Vide* art. 380, I e II, do CPC.

Art. 402. Se o terceiro negar a obrigação de exibir ou a posse do documento ou da coisa, o juiz designará audiência especial, tomando-lhe o depoimento, bem como o das partes e, se necessário, o de testemunhas, e em seguida proferirá decisão.

Art. 403. Se o terceiro, sem justo motivo, se recusar a efetuar a exibição, o juiz ordenar-lhe-á que proceda ao respectivo depósito em cartório ou em outro lugar designado, no prazo de 5 (cinco) dias, impondo ao requerente que o ressarça pelas despesas que tiver.

Parágrafo único. Se o terceiro descumprir a ordem, o juiz expedirá mandado de apreensão, requisitando, se necessário, força policial, sem prejuízo da responsabilidade por crime de desobediência, pagamento de multa e outras medidas indutivas, coercitivas, mandamentais ou sub-rogatórias necessárias para assegurar a efetivação da decisão.

>> Crime de desobediência: art. 330 do CP.

> *Vide* art. 243, § 2.º, do CPP.

> *Vide* art. 7.º, II, §§ 6.º e 7.º, do EAOAB.

> *Vide* arts. 23, 99, III, e 104 da Lei n. 11.101, de 9-2-2005.

Art. 404. A parte e o terceiro se escusam de exibir, em juízo, o documento ou a coisa se:

I – concernente a negócios da própria vida da família;

II – sua apresentação puder violar dever de honra;

III – sua publicidade redundar em desonra à parte ou ao terceiro, bem como a seus parentes consanguíneos ou afins até o terceiro grau, ou lhes representar perigo de ação penal;

IV – sua exibição acarretar a divulgação de fatos a cujo respeito, por estado ou profissão, devam guardar segredo;

V – subsistirem outros motivos graves que, segundo o prudente arbítrio do juiz, justifiquem a recusa da exibição;

VI – houver disposição legal que justifique a recusa da exibição.

Parágrafo único. Se os motivos de que tratam os incisos I a VI do *caput* disserem respeito a apenas uma parcela do documento, a parte ou o terceiro exibirá a outra em cartório, para dela ser extraída cópia reprográfica, de tudo sendo lavrado auto circunstanciado.

Seção VII
Da Prova Documental

Subseção I
Da força probante dos documentos

> A Lei n. 7.115, de 29-8-1983, dispõe sobre prova documental em alguns casos específicos.

Art. 405. O documento público faz prova não só da sua formação, mas também dos fatos que o escrivão, o chefe de secretaria, o tabelião ou o servidor declarar que ocorreram em sua presença.

Art. 406. Quando a lei exigir instrumento público como da substância do ato, nenhuma outra prova, por mais especial que seja, pode suprir-lhe a falta.

> *Vide* art. 109 do CC.

Art. 407. O documento feito por oficial público incompetente ou sem a observância das formalidades legais, sendo subscrito pelas partes, tem a mesma eficácia probatória do documento particular.

Art. 408. As declarações constantes do documento particular escrito e assinado ou somente assinado presumem-se verdadeiras em relação ao signatário.

> *Vide* art. 219 do CC.

Parágrafo único. Quando, todavia, contiver declaração de ciência de determinado fato, o documento particular prova a ciência, mas não o fato em si, incumbindo o ônus de prová-lo ao interessado em sua veracidade.

Art. 409. A data do documento particular, quando a seu respeito surgir dúvida ou impugnação entre os litigantes, provar-se-á por todos os meios de direito.

Parágrafo único. Em relação a terceiros, considerar-se-á datado o documento particular:

I – no dia em que foi registrado;

> *Vide* art. 127, I, da LRP.

II – desde a morte de algum dos signatários;

III – a partir da impossibilidade física que sobreveio a qualquer dos signatários;

IV – da sua apresentação em repartição pública ou em juízo;

V – do ato ou do fato que estabeleça, de modo certo, a anterioridade da formação do documento.

> *Vide* Súmula 132 do STJ.

Art. 410. Considera-se autor do documento particular:

I – aquele que o fez e o assinou;

II – aquele por conta de quem ele foi feito, estando assinado;

III – aquele que, mandando compô-lo, não o firmou porque, conforme a experiência comum, não se costuma assinar, como livros empresariais e assentos domésticos.

Art. 411. Considera-se autêntico o documento quando:

I – o tabelião reconhecer a firma do signatário;

II – a autoria estiver identificada por qualquer outro meio legal de certificação, inclusive eletrônico, nos termos da lei;

III – não houver impugnação da parte contra quem foi produzido o documento.

Art. 412. O documento particular de cuja autenticidade não se duvida prova que o seu autor fez a declaração que lhe é atribuída.

Parágrafo único. O documento particular admitido expressa ou tacitamente é indivisível, sendo vedado à parte que pretende utilizar-se dele aceitar os fatos que lhe são favoráveis e recusar os que são contrários ao seu interesse, salvo se provar que estes não ocorreram.

> *Vide* art. 419 do CPC.

Art. 413. O telegrama, o radiograma ou qualquer outro meio de transmissão tem a mesma força probatória do documento particular se o original constante da estação expedidora tiver sido assinado pelo remetente.

> *Vide* Súmula 216 do STJ.

Parágrafo único. A firma do remetente poderá ser reconhecida pelo tabelião, declarando-se essa circunstância no original depositado na estação expedidora.

Art. 414. O telegrama ou o radiograma presume-se conforme com o original, provando as datas de sua expedição e de seu recebimento pelo destinatário.

Art. 415. As cartas e os registros domésticos provam contra quem os escreveu quando:

I – enunciam o recebimento de um crédito;

II – contêm anotação que visa a suprir a falta de título em favor de quem é apontado como credor;

III – expressam conhecimento de fatos para os quais não se exija determinada prova.

Art. 416. A nota escrita pelo credor em qualquer parte de documento representativo de obrigação, ainda que não assinada, faz prova em benefício do devedor.

Parágrafo único. Aplica-se essa regra tanto para o documento que o credor conservar em seu poder quanto para aquele que se achar em poder do devedor ou de terceiro.

Art. 417. Os livros empresariais provam contra seu autor, sendo lícito ao empresário, todavia, demonstrar, por todos os meios permitidos em direito, que os lançamentos não correspondem à verdade dos fatos.

Art. 418. Os livros empresariais que preencham os requisitos exigidos por lei provam a favor de seu autor no litígio entre empresários.

Art. 419. A escrituração contábil é indivisível, e, se dos fatos que resultam dos lançamentos, uns são favoráveis ao interesse de seu autor e outros lhe são contrários, ambos serão considerados em conjunto, como unidade.

> *Vide* arts. 395 e 419 do CPC.

Art. 420. O juiz pode ordenar, a requerimento da parte, a exibição integral dos livros empresariais e dos documentos do arquivo:

> *Vide* art. 1.191 do CC.

I – na liquidação de sociedade;

II – na sucessão por morte de sócio;

III – quando e como determinar a lei.

Art. 421. O juiz pode, de ofício, ordenar à parte a exibição parcial dos livros e dos documentos, extraindo-se deles a suma que interessar ao litígio, bem como reproduções autenticadas.

> *Vide* Súmula 260 do STF.

Art. 422. Qualquer reprodução mecânica, como a fotográfica, a cinematográfica, a fonográfica ou de outra espécie, tem aptidão para fazer prova dos fatos ou das coisas representadas, se a sua conformidade com o documento original não for impugnada por aquele contra quem foi produzida.

§ 1.º As fotografias digitais e as extraídas da rede mundial de computadores fazem prova das imagens que reproduzem, devendo, se impugnadas, ser apresentada a respectiva autenticação eletrônica ou, não sendo possível, realizada perícia.

§ 2.º Se se tratar de fotografia publicada em jornal ou revista, será exigido um exemplar original do periódico, caso impugnada a veracidade pela outra parte.

§ 3.º Aplica-se o disposto neste artigo à forma impressa de mensagem eletrônica.

Art. 423. As reproduções dos documentos particulares, fotográficas ou obtidas por outros processos de repetição, valem como certidões sempre que o escrivão ou o chefe de secretaria certificar sua conformidade com o original.

Art. 424. A cópia de documento particular tem o mesmo valor probante que o original, cabendo ao escrivão, intimadas as partes, proceder à conferência e certificar a conformidade entre a cópia e o original.

Art. 425. Fazem a mesma prova que os originais:

I – as certidões textuais de qualquer peça dos autos, do protocolo das audiências ou de outro livro a cargo do escrivão ou do chefe de secretaria, se extraídas por ele ou sob sua vigilância e por ele subscritas;

II – os traslados e as certidões extraídas por oficial público de instrumentos ou documentos lançados em suas notas;

III – as reproduções dos documentos públicos, desde que autenticadas por oficial público ou conferidas em cartório com os respectivos originais;

> *Vide* arts. 216 e 217 do CC.

IV – as cópias reprográficas de peças do próprio processo judicial declaradas autênticas pelo advogado, sob sua responsabilidade pessoal, se não lhes for impugnada a autenticidade;

V – os extratos digitais de bancos de dados públicos e privados, desde que atestado pelo seu emitente, sob as penas da lei, que as informações conferem com o que consta na origem;

VI – as reproduções digitalizadas de qualquer documento público ou particular, quando juntadas aos autos pelos órgãos da justiça e seus auxiliares, pelo Ministério Público e seus auxiliares, pela Defensoria Pública e seus auxiliares, pelas procuradorias, pelas repartições públicas em geral e por advogados, ressalvada a alegação motivada e fundamentada de adulteração.

§ 1.º Os originais dos documentos digitalizados mencionados no inciso VI deverão ser preservados pelo seu detentor até o final do prazo para propositura de ação rescisória.

§ 2.º Tratando-se de cópia digital de título executivo extrajudicial ou de documento relevante à instrução do processo, o juiz poderá determinar seu depósito em cartório ou secretaria.

Art. 426. O juiz apreciará fundamentadamente a fé que deva merecer o documento, quando em ponto substancial e sem ressalva contiver entrelinha, emenda, borrão ou cancelamento.

> *Vide* art. 171 do CPC.

Art. 427. Cessa a fé do documento público ou particular sendo-lhe declarada judicialmente a falsidade.

> Falsificação de documento público ou particular: arts. 297 e 298 do CP.

Parágrafo único. A falsidade consiste em:

I – formar documento não verdadeiro;

II – alterar documento verdadeiro.

Art. 428. Cessa a fé do documento particular quando:

> Falsificação de documento particular: art. 298 do CP.

I – for impugnada sua autenticidade e enquanto não se comprovar sua veracidade;

II – assinado em branco, for impugnado seu conteúdo, por preenchimento abusivo.

Parágrafo único. Dar-se-á abuso quando aquele que recebeu documento assinado com texto não escrito no todo ou em parte formá-lo ou completá-lo por si ou por meio de outrem, violando o pacto feito com o signatário.

Art. 429. Incumbe o ônus da prova quando:

I – se tratar de falsidade de documento ou de preenchimento abusivo, à parte que a arguir;

II – se tratar de impugnação da autenticidade, à parte que produziu o documento.

Subseção II

Da arguição de falsidade

Art. 430. A falsidade deve ser suscitada na contestação, na réplica ou no prazo de 15 (quinze) dias, contado a partir da intimação da juntada do documento aos autos.

Parágrafo único. Uma vez arguida, a falsidade será resolvida como questão incidental, salvo se a parte requerer que o juiz a decida como questão principal, nos termos do inciso II do art. 19.

Art. 431. A parte arguirá a falsidade expondo os motivos em que funda a sua pretensão e os meios com que provará o alegado.

Art. 432. Depois de ouvida a outra parte no prazo de 15 (quinze) dias, será realizado o exame pericial.

>> *Vide* art. 478 do CPC.

Parágrafo único. Não se procederá ao exame pericial se a parte que produziu o documento concordar em retirá-lo.

Art. 433. A declaração sobre a falsidade do documento, quando suscitada como questão principal, constará da parte dispositiva da sentença e sobre ela incidirá também a autoridade da coisa julgada.

Subseção III

Da produção da prova documental

Art. 434. Incumbe à parte instruir a petição inicial ou a contestação com os documentos destinados a provar suas alegações.

> *Vide* art. 212, II, do CC.

Parágrafo único. Quando o documento consistir em reprodução cinematográfica ou fonográfica, a parte deverá trazê-lo nos termos do *caput*, mas sua exposição será realizada em audiência, intimando-se previamente as partes.

Art. 435. É lícito às partes, em qualquer tempo, juntar aos autos documentos novos, quando destinados a fazer prova de fatos ocorridos depois dos articulados ou para contrapô-los aos que foram produzidos nos autos.

Parágrafo único. Admite-se também a juntada posterior de documentos formados após a petição inicial ou a contestação, bem como dos que se tornaram conhecidos, acessíveis ou disponíveis após esses atos, cabendo à parte que os produzir comprovar o motivo que a impediu de juntá-los anteriormente e incumbindo ao juiz, em qualquer caso, avaliar a conduta da parte de acordo com o art. 5.º.

Art. 436. A parte, intimada a falar sobre documento constante dos autos, poderá:

I – impugnar a admissibilidade da prova documental;

II – impugnar sua autenticidade;

III – suscitar sua falsidade, com ou sem deflagração do incidente de arguição de falsidade;

IV – manifestar-se sobre seu conteúdo.

Parágrafo único. Nas hipóteses dos incisos II e III, a impugnação deverá basear-se em argumentação específica, não se admitindo alegação genérica de falsidade.

Art. 437. O réu manifestar-se-á na contestação sobre os documentos anexados à inicial, e o autor manifestar-se-á na réplica sobre os documentos anexados à contestação.

§ 1.º Sempre que uma das partes requerer a juntada de documento aos autos, o juiz ouvirá, a seu respeito, a outra parte, que disporá do prazo de 15 (quinze) dias para adotar qualquer das posturas indicadas no art. 436.

§ 2.º Poderá o juiz, a requerimento da parte, dilatar o prazo para manifestação sobre a prova documental produzida, levando em consideração a quantidade e a complexidade da documentação.

Art. 438. O juiz requisitará às repartições públicas, em qualquer tempo ou grau de jurisdição:

I – as certidões necessárias à prova das alegações das partes;

II – os procedimentos administrativos nas causas em que forem interessados a União, os Estados, o Distrito Federal, os Municípios ou entidades da administração indireta.

> *Vide* art. 41, parágrafo único, da LEF.

§ 1.º Recebidos os autos, o juiz mandará extrair, no prazo máximo e improrrogável de 1 (um) mês, certidões ou reproduções fotográficas das peças que indicar e das que forem indicadas pelas partes, e, em seguida, devolverá os autos à repartição de origem.

§ 2.º As repartições públicas poderão fornecer todos os documentos em meio eletrônico, conforme disposto em lei, certificando, pelo mesmo meio, que se trata de extrato fiel do que consta em seu banco de dados ou no documento digitalizado.

> *Vide* Lei n. 11.419, de 19-12-2006, que dispõe sobre a informatização do processo judicial.

Seção VIII
Dos Documentos Eletrônicos

Art. 439. A utilização de documentos eletrônicos no processo convencional dependerá de sua conversão à forma impressa e da verificação de sua autenticidade, na forma da lei.

Art. 440. O juiz apreciará o valor probante do documento eletrônico não convertido, assegurado às partes o acesso ao seu teor.

Art. 441. Serão admitidos documentos eletrônicos produzidos e conservados com a observância da legislação específica.

> A Instrução Normativa n. 11, de 11-4-2019, do STJ, regulamenta a disponibilização em meio eletrônico de carta de sentença para cumprimento de decisão estrangeira homologada.

Seção IX
Da Prova Testemunhal

Subseção I
Da admissibilidade e do valor da prova testemunhal

Art. 442. A prova testemunhal é sempre admissível, não dispondo a lei de modo diverso.

Art. 443. O juiz indeferirá a inquirição de testemunhas sobre fatos:

I – já provados por documento ou confissão da parte;

II – que só por documento ou por exame pericial puderem ser provados.

Art. 444. Nos casos em que a lei exigir prova escrita da obrigação, é admissível a prova testemunhal quando houver começo de prova por escrito, emanado da parte contra a qual se pretende produzir a prova.

Art. 445. Também se admite a prova testemunhal quando o credor não pode ou não podia, moral ou materialmente, obter a prova escrita da obrigação, em casos como o de parentesco, de depósito necessário ou de hospedagem em hotel ou em razão das práticas comerciais do local onde contraída a obrigação.

Art. 446. É lícito à parte provar com testemunhas:

I – nos contratos simulados, a divergência entre a vontade real e a vontade declarada;

II – nos contratos em geral, os vícios de consentimento.

Art. 447. Podem depor como testemunhas todas as pessoas, exceto as incapazes, impedidas ou suspeitas.

>> *Vide* art. 228 do CC.

§ 1.º São incapazes:

I – o interdito por enfermidade ou deficiência mental;

> *Vide* art. 1.767, I, do CC.

II – o que, acometido por enfermidade ou retardamento mental, ao tempo em que ocorreram os fatos, não podia discerni-los, ou, ao tempo em que deve depor, não está habilitado a transmitir as percepções;

III – o que tiver menos de 16 (dezesseis) anos;

IV – o cego e o surdo, quando a ciência do fato depender dos sentidos que lhes faltam.

§ 2.º São impedidos:

I – o cônjuge, o companheiro, o ascendente e o descendente em qualquer grau e o colateral, até o terceiro grau, de alguma das partes, por consanguinidade ou afinidade, salvo se o exigir o interesse público ou, tratando-se de causa relativa ao estado da pessoa, não se puder obter de outro modo a prova que o juiz repute necessária ao julgamento do mérito;

II – o que é parte na causa;

III – o que intervém em nome de uma parte, como o tutor, o representante legal da pessoa jurídica, o juiz, o advogado e outros que assistam ou tenham assistido as partes.

>> *Vide* art. 7.º, XIX, da Lei n. 8.906, de 4-7-1994 (EAOAB).

§ 3.º São suspeitos:

I – o inimigo da parte ou o seu amigo íntimo;

II – o que tiver interesse no litígio.

§ 4.º Sendo necessário, pode o juiz admitir o depoimento das testemunhas menores, impedidas ou suspeitas.

§ 5.º Os depoimentos referidos no § 4.º serão prestados independentemente de compromisso, e o juiz lhes atribuirá o valor que possam merecer.

Art. 448. A testemunha não é obrigada a depor sobre fatos:

I – que lhe acarretem grave dano, bem como ao seu cônjuge ou companheiro e aos seus parentes consanguíneos ou afins, em linha reta ou colateral, até o terceiro grau;

> *Vide* arts. 1.591 a 1.595 do CC.

II – a cujo respeito, por estado ou profissão, deva guardar sigilo.

> *Vide* art. 457, § 3.º, do CPC.

Art. 449. Salvo disposição especial em contrário, as testemunhas devem ser ouvidas na sede do juízo.

> *Vide* art. 361 do CPC.

Parágrafo único. Quando a parte ou a testemunha, por enfermidade ou por outro motivo relevante, estiver impossibilitada de comparecer, mas não de prestar depoimento, o juiz designará, conforme as circunstâncias, dia, hora e lugar para inquiri-la.

>> A Resolução n. 354, de 19-11-2020, do CNJ, dispõe sobre o cumprimento digital de ato processual e de ordem judicial e dá outras providências.

Subseção II
Da produção da prova testemunhal

Art. 450. O rol de testemunhas conterá, sempre que possível, o nome, a profissão, o estado civil, a idade, o número de inscrição no Cadastro de Pessoas Físicas, o número de registro de identidade e o endereço completo da residência e do local de trabalho.

Art. 451. Depois de apresentado o rol de que tratam os §§ 4.º e 5.º do art. 357, a parte só pode substituir a testemunha:

I – que falecer;

II – que, por enfermidade, não estiver em condições de depor;

III – que, tendo mudado de residência ou de local de trabalho, não for encontrada.

Art. 452. Quando for arrolado como testemunha, o juiz da causa:

I – declarar-se-á impedido, se tiver conhecimento de fatos que possam influir na decisão, caso em que será vedado à parte que o incluiu no rol desistir de seu depoimento;

II – se nada souber, mandará excluir o seu nome.

Art. 453. As testemunhas depõem, na audiência de instrução e julgamento, perante o juiz da causa, exceto:

I – as que prestam depoimento antecipadamente;

II – as que são inquiridas por carta.

§ 1.º A oitiva de testemunha que residir em comarca, seção ou subseção judiciária diversa daquela onde tramita o processo poderá ser realizada por meio de videoconferência ou outro recurso tecnológico de transmissão e recepção de sons e imagens em tempo real, o que poderá ocorrer, inclusive, durante a audiência de instrução e julgamento.

>> O art. 222, § 3.º, do CPP prevê a oitiva de testemunhas por videoconferência no processo penal.

>> A Resolução n. 354, de 19-11-2020, do CNJ, dispõe sobre o cumprimento digital de ato processual e de ordem judicial e dá outras providências.

§ 2.º Os juízos deverão manter equipamento para a transmissão e recepção de sons e imagens a que se refere o § 1.º.

Art. 454. São inquiridos em sua residência ou onde exercem sua função:

> *Vide* art. 217 do CPC.

I – o presidente e o vice-presidente da República;

II – os ministros de Estado;

III – os ministros do Supremo Tribunal Federal, os conselheiros do Conselho Nacional de Justiça e os ministros do Superior Tribunal de Justiça, do Superior Tribunal Militar, do Tribunal Superior Eleitoral, do Tribunal Superior do Trabalho e do Tribunal de Contas da União;

IV – o procurador-geral da República e os conselheiros do Conselho Nacional do Ministério Público;

V – o advogado-geral da União, o procurador-geral do Estado, o procurador-geral do Município, o defensor público-geral federal e o defensor público-geral do Estado;

VI – os senadores e os deputados federais;

VII – os governadores dos Estados e do Distrito Federal;

VIII – o prefeito;

IX – os deputados estaduais e distritais;

X – os desembargadores dos Tribunais de Justiça, dos Tribunais Regionais Federais, dos Tribunais Regionais do Trabalho e dos Tribunais Regionais Eleitorais e os conselheiros dos Tribunais de Contas dos Estados e do Distrito Federal;

XI – o procurador-geral de justiça;

XII – o embaixador de país que, por lei ou tratado, concede idêntica prerrogativa a agente diplomático do Brasil.

§ 1.º O juiz solicitará à autoridade que indique dia, hora e local a fim de ser inquirida, remetendo-lhe cópia da petição inicial ou da defesa oferecida pela parte que a arrolou como testemunha.

§ 2.º Passado 1 (um) mês sem manifestação da autoridade, o juiz designará dia, hora e local para o depoimento, preferencialmente na sede do juízo.

§ 3.º O juiz também designará dia, hora e local para o depoimento, quando a autoridade não comparecer, injustificadamente, à sessão agendada para a colheita de seu testemunho no dia, hora e local por ela mesma indicados.

Art. 455. Cabe ao advogado da parte informar ou intimar a testemunha por ele arrolada do dia, da hora e do local da audiência designada, dispensando-se a intimação do juízo.

§ 1.º A intimação deverá ser realizada por carta com aviso de recebimento, cumprindo ao advogado juntar aos autos, com antecedência de pelo menos 3 (três) dias da data da audiência, cópia da correspondência de intimação e do comprovante de recebimento.

§ 2.º A parte pode comprometer-se a levar a testemunha à audiência, independentemente da intimação de que trata o § 1.º, presumindo-se, caso a testemunha não compareça, que a parte desistiu de sua inquirição.

§ 3.º A inércia na realização da intimação a que se refere o § 1.º importa desistência da inquirição da testemunha.

§ 4.º A intimação será feita pela via judicial quando:

I – for frustrada a intimação prevista no § 1.º deste artigo;

II – sua necessidade for devidamente demonstrada pela parte ao juiz;

III – figurar no rol de testemunhas servidor público ou militar, hipótese em que o juiz o requisitará ao chefe da repartição ou ao comando do corpo em que servir;

IV – a testemunha houver sido arrolada pelo Ministério Público ou pela Defensoria Pública;

V – a testemunha for uma daquelas previstas no art. 454.

§ 5.º A testemunha que, intimada na forma do § 1.º ou do § 4.º, deixar de comparecer sem motivo justificado será conduzida e responderá pelas despesas do adiamento.

Art. 456. O juiz inquirirá as testemunhas separada e sucessivamente, primeiro as do autor e depois as do réu, e providenciará para que uma não ouça o depoimento das outras.

Parágrafo único. O juiz poderá alterar a ordem estabelecida no *caput* se as partes concordarem.

Art. 457. Antes de depor, a testemunha será qualificada, declarará ou confirmará seus dados e informará se tem relações de parentesco com a parte ou interesse no objeto do processo.

§ 1.º É lícito à parte contraditar a testemunha, arguindo-lhe a incapacidade, o impedimento ou a suspeição, bem como, caso a testemunha negue os fatos que lhe são imputados, provar a contradita com documentos ou com testemunhas, até 3 (três), apresentadas no ato e inquiridas em separado.

§ 2.º Sendo provados ou confessados os fatos a que se refere o § 1.º, o juiz dispensará a testemunha ou lhe tomará o depoimento como informante.

§ 3.º A testemunha pode requerer ao juiz que a escuse de depor, alegando os motivos previstos neste Código, decidindo o juiz de plano após ouvidas as partes.

Art. 458. Ao início da inquirição, a testemunha prestará o compromisso de dizer a verdade do que souber e lhe for perguntado.

> *Vide* art. 447, §§ 4.º e 5.º, do CPC.

Parágrafo único. O juiz advertirá à testemunha que incorre em sanção penal quem faz afirmação falsa, cala ou oculta a verdade.

> *Vide* art. 342 do CP.

> *Vide* Súmula 165 do STJ.

Art. 459. As perguntas serão formuladas pelas partes diretamente à testemunha, começando pela que a arrolou, não admitindo o juiz aquelas que puderem induzir a resposta, não tiverem relação com as questões de fato objeto da atividade probatória ou importarem repetição de outra já respondida.

§ 1.º O juiz poderá inquirir a testemunha tanto antes quanto depois da inquirição feita pelas partes.

§ 2.º As testemunhas devem ser tratadas com urbanidade, não se lhes fazendo perguntas ou considerações impertinentes, capciosas ou vexatórias.

§ 3.º As perguntas que o juiz indeferir serão transcritas no termo, se a parte o requerer.

Art. 460. O depoimento poderá ser documentado por meio de gravação.

>> **A Resolução n. 354, de 19-11-2020, do CNJ, dispõe sobre o cumprimento digital de ato processual e de ordem judicial e dá outras providências.**

§ 1.º Quando digitado ou registrado por taquigrafia, estenotipia ou outro método idôneo de documentação, o depoimento será assinado pelo juiz, pelo depoente e pelos procuradores.

§ 2.º Se houver recurso em processo em autos não eletrônicos, o depoimento somente será digitado quando for impossível o envio de sua documentação eletrônica.

>> **A Resolução n. 354, de 19-11-2020, do CNJ, dispõe sobre o cumprimento digital de ato processual e de ordem judicial e dá outras providências.**

§ 3.º Tratando-se de autos eletrônicos, observar-se-á o disposto neste Código e na legislação específica sobre a prática eletrônica de atos processuais.

Art. 461. O juiz pode ordenar, de ofício ou a requerimento da parte:

I – a inquirição de testemunhas referidas nas declarações da parte ou das testemunhas;

II – a acareação de 2 (duas) ou mais testemunhas ou de alguma delas com a parte, quando, sobre fato determinado que possa influir na decisão da causa, divergirem as suas declarações.

§ 1.º Os acareados serão reperguntados para que expliquem os pontos de divergência, reduzindo-se a termo o ato de acareação.

§ 2.º A acareação pode ser realizada por videoconferência ou por outro recurso tecnológico de transmissão de sons e imagens em tempo real.

Art. 462. A testemunha pode requerer ao juiz o pagamento da despesa que efetuou para comparecimento à audiência, devendo a parte pagá-la logo que arbitrada ou depositá-la em cartório dentro de 3 (três) dias.

Art. 463. O depoimento prestado em juízo é considerado serviço público.

Parágrafo único. A testemunha, quando sujeita ao regime da legislação trabalhista, não sofre, por comparecer à audiência, perda de salário nem desconto no tempo de serviço.

> *Vide* art. 473, VIII, da CLT.

Seção X
Da Prova Pericial

Art. 464. A prova pericial consiste em exame, vistoria ou avaliação.

§ 1.º O juiz indeferirá a perícia quando:

> *Vide* arts. 58 e 59 da Consolidação dos Provimentos da Corregedoria-Geral da Justiça do Trabalho.

I – a prova do fato não depender de conhecimento especial de técnico;

II – for desnecessária em vista de outras provas produzidas;

III – a verificação for impraticável.

§ 2.º De ofício ou a requerimento das partes, o juiz poderá, em substituição à perícia, determinar a produção de prova técnica simplificada, quando o ponto controvertido for de menor complexidade.

§ 3.º A prova técnica simplificada consistirá apenas na inquirição de especialista, pelo juiz, sobre ponto controvertido da causa que demande especial conhecimento científico ou técnico.

§ 4.º Durante a arguição, o especialista, que deverá ter formação acadêmica específica na área objeto de seu depoimento, poderá valer-se de qualquer recurso tecnológico de transmissão de sons e imagens com o fim de esclarecer os pontos controvertidos da causa.

Art. 465. O juiz nomeará perito especializado no objeto da perícia e fixará de imediato o prazo para a entrega do laudo.

§ 1.º Incumbe às partes, dentro de 15 (quinze) dias contados da intimação do despacho de nomeação do perito:

I – arguir o impedimento ou a suspeição do perito, se for o caso;

II – indicar assistente técnico;

III – apresentar quesitos.

§ 2.º Ciente da nomeação, o perito apresentará em 5 (cinco) dias:

I – proposta de honorários;

II – currículo, com comprovação de especialização;

III – contatos profissionais, em especial o endereço eletrônico, para onde serão dirigidas as intimações pessoais.

§ 3.º As partes serão intimadas da proposta de honorários para, querendo, manifestar-se no prazo comum de 5 (cinco) dias, após o que o juiz arbitrará o valor, intimando-se as partes para os fins do art. 95.

§ 4.º O juiz poderá autorizar o pagamento de até cinquenta por cento dos honorários arbitrados a favor do perito no início dos trabalhos, devendo o remanescente ser pago apenas ao final, depois de entregue o laudo e prestados todos os esclarecimentos necessários.

§ 5.º Quando a perícia for inconclusiva ou deficiente, o juiz poderá reduzir a remuneração inicialmente arbitrada para o trabalho.

§ 6.º Quando tiver de realizar-se por carta, poder-se-á proceder à nomeação de perito e à indicação de assistentes técnicos no juízo ao qual se requisitar a perícia.

> *Vide* art. 260, § 2.º, do CPC.

Art. 466. O perito cumprirá escrupulosamente o encargo que lhe foi cometido, independentemente de termo de compromisso.

§ 1.º Os assistentes técnicos são de confiança da parte e não estão sujeitos a impedimento ou suspeição.

§ 2.º O perito deve assegurar aos assistentes das partes o acesso e o acompanhamento das diligências e dos exames que realizar, com prévia comunicação, comprovada nos autos, com antecedência mínima de 5 (cinco) dias.

Art. 467. O perito pode escusar-se ou ser recusado por impedimento ou suspeição.

Parágrafo único. O juiz, ao aceitar a escusa ou ao julgar procedente a impugnação, nomeará novo perito.

Art. 468. O perito pode ser substituído quando:

I – faltar-lhe conhecimento técnico ou científico;

II – sem motivo legítimo, deixar de cumprir o encargo no prazo que lhe foi assinado.

§ 1.º No caso previsto no inciso II, o juiz comunicará a ocorrência à corporação profissional respectiva, podendo, ainda, impor multa ao perito, fixada tendo em vista o valor da causa e o possível prejuízo decorrente do atraso no processo.

§ 2.º O perito substituído restituirá, no prazo de 15 (quinze) dias, os valores recebidos pelo trabalho não realizado, sob pena de ficar impedido de atuar como perito judicial pelo prazo de 5 (cinco) anos.

§ 3.º Não ocorrendo a restituição voluntária de que trata o § 2.º, a parte que tiver realizado o adiantamento dos honorários poderá promover execução contra o perito, na forma dos arts. 513 e seguintes deste Código, com fundamento na decisão que determinar a devolução do numerário.

Art. 469. As partes poderão apresentar quesitos suplementares durante a diligência, que poderão ser respondidos pelo perito previamente ou na audiência de instrução e julgamento.

Parágrafo único. O escrivão dará à parte contrária ciência da juntada dos quesitos aos autos.

Art. 470. Incumbe ao juiz:

I – indeferir quesitos impertinentes;

II – formular os quesitos que entender necessários ao esclarecimento da causa.

Art. 471. As partes podem, de comum acordo, escolher o perito, indicando-o mediante requerimento, desde que:

I – sejam plenamente capazes;

II – a causa possa ser resolvida por autocomposição.

§ 1.º As partes, ao escolher o perito, já devem indicar os respectivos assistentes técnicos para acompanhar a realização da perícia, que se realizará em data e local previamente anunciados.

§ 2.º O perito e os assistentes técnicos devem entregar, respectivamente, laudo e pareceres em prazo fixado pelo juiz.

§ 3.º A perícia consensual substitui, para todos os efeitos, a que seria realizada por perito nomeado pelo juiz.

Art. 472. O juiz poderá dispensar prova pericial quando as partes, na inicial e na contestação, apresentarem, sobre as questões de fato, pareceres técnicos ou documentos elucidativos que considerar suficientes.

Art. 473. O laudo pericial deverá conter:

I – a exposição do objeto da perícia;

II – a análise técnica ou científica realizada pelo perito;

III – a indicação do método utilizado, esclarecendo-o e demonstrando ser predominantemente aceito pelos especialistas da área do conhecimento da qual se originou;

IV – resposta conclusiva a todos os quesitos apresentados pelo juiz, pelas partes e pelo órgão do Ministério Público.

§ 1.º No laudo, o perito deve apresentar sua fundamentação em linguagem simples e com coerência lógica, indicando como alcançou suas conclusões.

§ 2.º É vedado ao perito ultrapassar os limites de sua designação, bem como emitir opiniões pessoais que excedam o exame técnico ou científico do objeto da perícia.

§ 3.º Para o desempenho de sua função, o perito e os assistentes técnicos podem valer-se de todos os meios necessários, ouvindo testemunhas, obtendo informações, solicitando documentos que estejam em poder da parte, de terceiros ou em repartições públicas, bem como instruir o laudo com planilhas, mapas, plantas, desenhos, fotografias ou outros elementos necessários ao esclarecimento do objeto da perícia.

Art. 474. As partes terão ciência da data e do local designados pelo juiz ou indicados pelo perito para ter início a produção da prova.

Art. 475. Tratando-se de perícia complexa que abranja mais de uma área de conhecimento especializado, o juiz poderá nomear mais de um perito, e a parte, indicar mais de um assistente técnico.

Art. 476. Se o perito, por motivo justificado, não puder apresentar o laudo dentro do prazo, o juiz poderá conceder-lhe, por uma vez, prorrogação pela metade do prazo originalmente fixado.

Art. 477. O perito protocolará o laudo em juízo, no prazo fixado pelo juiz, pelo menos 20 (vinte) dias antes da audiência de instrução e julgamento.

§ 1.º As partes serão intimadas para, querendo, manifestar-se sobre o laudo do perito do juízo no prazo comum de 15 (quinze) dias, podendo o assistente técnico de cada uma das partes, em igual prazo, apresentar seu respectivo parecer.

§ 2.º O perito do juízo tem o dever de, no prazo de 15 (quinze) dias, esclarecer ponto:

I – sobre o qual exista divergência ou dúvida de qualquer das partes, do juiz ou do órgão do Ministério Público;

II – divergente apresentado no parecer do assistente técnico da parte.

§ 3.º Se ainda houver necessidade de esclarecimentos, a parte requererá ao juiz que mande intimar o perito ou o assistente técnico a comparecer à audiência de instrução e julgamento, formulando, desde logo, as perguntas, sob forma de quesitos.

>> *Vide* art. 361, I, do CPC.

§ 4.º O perito ou o assistente técnico será intimado por meio eletrônico, com pelo menos 10 (dez) dias de antecedência da audiência.

Art. 478. Quando o exame tiver por objeto a autenticidade ou a falsidade de documento ou for de natureza médico-legal, o perito será escolhido, de preferência, entre os técnicos dos estabelecimentos oficiais especializados, a cujos diretores o juiz autorizará a remessa dos autos, bem como do material sujeito a exame.

§ 1.º Nas hipóteses de gratuidade de justiça, os órgãos e as repartições oficiais deverão cumprir a determinação judicial com preferência, no prazo estabelecido.

§ 2.º A prorrogação do prazo referido no § 1.º pode ser requerida motivadamente.

§ 3.º Quando o exame tiver por objeto a autenticidade da letra e da firma, o perito poderá requisitar, para efeito de comparação, documentos existentes em repartições públicas e, na falta destes, poderá requerer ao juiz que a pessoa a quem se atribuir a autoria do documento lance em folha de papel, por cópia ou sob ditado, dizeres diferentes, para fins de comparação.

Art. 479. O juiz apreciará a prova pericial de acordo com o disposto no art. 371, indicando na sentença os motivos que o levaram a considerar ou a deixar de considerar as conclusões do laudo, levando em conta o método utilizado pelo perito.

Art. 480. O juiz determinará, de ofício ou a requerimento da parte, a realização de nova perícia quando a matéria não estiver suficientemente esclarecida.

§ 1.º A segunda perícia tem por objeto os mesmos fatos sobre os quais recaiu a primeira e destina-se a corrigir eventual omissão ou inexatidão dos resultados a que esta conduziu.

§ 2.º A segunda perícia rege-se pelas disposições estabelecidas para a primeira.

§ 3.º A segunda perícia não substitui a primeira, cabendo ao juiz apreciar o valor de uma e de outra.

Seção XI
Da Inspeção Judicial

Art. 481. O juiz, de ofício ou a requerimento da parte, pode, em qualquer fase do processo, inspecionar pessoas ou coisas, a fim de se esclarecer sobre fato que interesse à decisão da causa.

>> *Vide* art. 35, parágrafo único, da Lei n. 9.099, de 26-9-1995 (Juizados Especiais).

Art. 482. Ao realizar a inspeção, o juiz poderá ser assistido por um ou mais peritos.

Art. 483. O juiz irá ao local onde se encontre a pessoa ou a coisa quando:

I – julgar necessário para a melhor verificação ou interpretação dos fatos que deva observar;

II – a coisa não puder ser apresentada em juízo sem consideráveis despesas ou graves dificuldades;

III – determinar a reconstituição dos fatos.

Parágrafo único. As partes têm sempre direito a assistir à inspeção, prestando esclarecimentos e fazendo observações que considerem de interesse para a causa.

Art. 484. Concluída a diligência, o juiz mandará lavrar auto circunstanciado, mencionando nele tudo quanto for útil ao julgamento da causa.

Parágrafo único. O auto poderá ser instruído com desenho, gráfico ou fotografia.

Capítulo XIII
DA SENTENÇA E DA COISA JULGADA

Seção I
Disposições Gerais

Art. 485. O juiz não resolverá o mérito quando:

>> *Vide* art. 203, § 1.º, do CPC.

I – indeferir a petição inicial;

> *Vide* art. 330 do CPC.

II – o processo ficar parado durante mais de 1 (um) ano por negligência das partes;

III – por não promover os atos e as diligências que lhe incumbir, o autor abandonar a causa por mais de 30 (trinta) dias;

> *Vide* Súmula 631 do STF.

> *Vide* Súmula 240 do STJ.

IV – verificar a ausência de pressupostos de constituição e de desenvolvimento válido e regular do processo;

V – reconhecer a existência de perempção, de litispendência ou de coisa julgada;

> *Vide* art. 5.º, XXXVI, da CF.

> *Vide* arts. 337, V, e 486 do CPC.

VI – verificar ausência de legitimidade ou de interesse processual;

VII – acolher a alegação de existência de convenção de arbitragem ou quando o juízo arbitral reconhecer sua competência;

> *Vide* arts. 3.º a 12 da Lei n. 9.307, de 23-9-1996.

VIII – homologar a desistência da ação;

IX – em caso de morte da parte, a ação for considerada intransmissível por disposição legal; e

X – nos demais casos prescritos neste Código.

§ 1.º Nas hipóteses descritas nos incisos II e III, a parte será intimada pessoalmente para suprir a falta no prazo de 5 (cinco) dias.

§ 2.º No caso do § 1.º, quanto ao inciso II, as partes pagarão proporcionalmente as custas, e, quanto ao inciso III, o autor será condenado ao pagamento das despesas e dos honorários de advogado.

§ 3.º O juiz conhecerá de ofício da matéria constante dos incisos IV, V, VI e IX, em qualquer tempo e grau de jurisdição, enquanto não ocorrer o trânsito em julgado.

§ 4.º Oferecida a contestação, o autor não poderá, sem o consentimento do réu, desistir da ação.

§ 5.º A desistência da ação pode ser apresentada até a sentença.

§ 6.º Oferecida a contestação, a extinção do processo por abandono da causa pelo autor depende de requerimento do réu.

§ 7.º Interposta a apelação em qualquer dos casos de que tratam os incisos deste artigo, o juiz terá 5 (cinco) dias para retratar-se.

Art. 486. O pronunciamento judicial que não resolve o mérito não obsta a que a parte proponha de novo a ação.

> *Vide* art. 486, *caput*, do CPC.

§ 1.º No caso de extinção em razão de litispendência e nos casos dos incisos I, IV, VI e VII do art. 485, a propositura da nova ação depende da correção do vício que levou à sentença sem resolução do mérito.

§ 2.º A petição inicial, todavia, não será despachada sem a prova do pagamento ou do depósito das custas e dos honorários de advogado.

§ 3.º Se o autor der causa, por 3 (três) vezes, a sentença fundada em abandono da causa, não poderá propor nova ação contra o réu com o mesmo objeto, ficando-lhe ressalvada, entretanto, a possibilidade de alegar em defesa o seu direito.

Art. 487. Haverá resolução de mérito quando o juiz:

>> *Vide* art. 203, § 1.º, do CPC.

I – acolher ou rejeitar o pedido formulado na ação ou na reconvenção;

II – decidir, de ofício ou a requerimento, sobre a ocorrência de decadência ou prescrição;

> *Vide* art. 354 do CPC.

III – homologar:

> *Vide* art. 354 do CPC.

a) o reconhecimento da procedência do pedido formulado na ação ou na reconvenção;

b) a transação;

c) a renúncia à pretensão formulada na ação ou na reconvenção.

Parágrafo único. Ressalvada a hipótese do § 1.º do art. 332, a prescrição e a decadência não serão reconhecidas sem que antes seja dada às partes oportunidade de manifestar-se.

Art. 488. Desde que possível, o juiz resolverá o mérito sempre que a decisão for favorável à parte a quem aproveitaria eventual pronunciamento nos termos do art. 485.

Seção II
Dos Elementos e dos Efeitos da Sentença

Art. 489. São elementos essenciais da sentença:

I – o relatório, que conterá os nomes das partes, a identificação do caso, com a suma do pedido e da contestação, e o registro das principais ocorrências havidas no andamento do processo;

II – os fundamentos, em que o juiz analisará as questões de fato e de direito;

III – o dispositivo, em que o juiz resolverá as questões principais que as partes lhe submeterem.

§ 1.º Não se considera fundamentada qualquer decisão judicial, seja ela interlocutória, sentença ou acórdão, que:

>> *Vide* art. 140 do CPC.

I – se limitar à indicação, à reprodução ou à paráfrase de ato normativo, sem explicar sua relação com a causa ou a questão decidida;

II – empregar conceitos jurídicos indeterminados, sem explicar o motivo concreto de sua incidência no caso;

III – invocar motivos que se prestariam a justificar qualquer outra decisão;

IV – não enfrentar todos os argumentos deduzidos no processo capazes de, em tese, infirmar a conclusão adotada pelo julgador;

V – se limitar a invocar precedente ou enunciado de súmula, sem identificar seus fundamentos determinantes nem demonstrar que o caso sob julgamento se ajusta àqueles fundamentos;

VI – deixar de seguir enunciado de súmula, jurisprudência ou precedente invocado pela parte, sem demonstrar a existência de distinção no caso em julgamento ou a superação do entendimento.

§ 2.º No caso de colisão entre normas, o juiz deve justificar o objeto e os critérios gerais da ponderação efetuada, enunciando as razões que autorizam a interferência na norma afastada e as premissas fáticas que fundamentam a conclusão.

§ 3.º A decisão judicial deve ser interpretada a partir da conjugação de todos os seus elementos e em conformidade com o princípio da boa-fé.

Art. 490. O juiz resolverá o mérito acolhendo ou rejeitando, no todo ou em parte, os pedidos formulados pelas partes.

> *Vide* arts. 1.009 e s. do CPC.

Art. 491. Na ação relativa à obrigação de pagar quantia, ainda que formulado pedido genérico, a decisão definirá desde logo a extensão da obrigação, o índice de correção monetária, a taxa de juros, o termo inicial de ambos e a periodicidade da capitalização dos juros, se for o caso, salvo quando:

I – não for possível determinar, de modo definitivo, o montante devido;

II – a apuração do valor devido depender da produção de prova de realização demorada ou excessivamente dispendiosa, assim reconhecida na sentença.

§ 1.º Nos casos previstos neste artigo, seguir-se-á a apuração do valor devido por liquidação.

§ 2.º O disposto no *caput* também se aplica quando o acórdão alterar a sentença.

Art. 492. É vedado ao juiz proferir decisão de natureza diversa da pedida, bem como condenar a parte em quantidade superior ou em objeto diverso do que lhe foi demandado.

> *Vide* art. 141 do CPC.

Parágrafo único. A decisão deve ser certa, ainda que resolva relação jurídica condicional.

Art. 493. Se, depois da propositura da ação, algum fato constitutivo, modificativo ou extintivo do direito influir no julgamento do mérito, caberá ao juiz tomá-lo em consideração, de ofício ou a requerimento da parte, no momento de proferir a decisão.

Parágrafo único. Se constatar de ofício o fato novo, o juiz ouvirá as partes sobre ele antes de decidir.

Art. 494. Publicada a sentença, o juiz só poderá alterá-la:

> *Vide* arts. 505 e 656 do CPC.

I – para corrigir-lhe, de ofício ou a requerimento da parte, inexatidões materiais ou erros de cálculo;

II – por meio de embargos de declaração.

> *Vide* arts. 1.022 a 1.026 do CPC.

Art. 495. A decisão que condenar o réu ao pagamento de prestação consistente em dinheiro e a que determinar a conversão de prestação de fazer, de não fazer ou de dar coisa em prestação pecuniária valerão como título constitutivo de hipoteca judiciária.

§ 1.º A decisão produz a hipoteca judiciária:

> *Vide* art. 1.489 do CC.

I – embora a condenação seja genérica;

II – ainda que o credor possa promover o cumprimento provisório da sentença ou esteja pendente arresto sobre bem do devedor;

III – mesmo que impugnada por recurso dotado de efeito suspensivo.

§ 2.º A hipoteca judiciária poderá ser realizada mediante apresentação de cópia da sentença perante o cartório de registro imobiliário, independentemente de ordem judicial, de declaração expressa do juiz ou de demonstração de urgência.

§ 3.º No prazo de até 15 (quinze) dias da data de realização da hipoteca, a parte informá-la-á ao juízo da causa, que determinará a intimação da outra parte para que tome ciência do ato.

§ 4.º A hipoteca judiciária, uma vez constituída, implicará, para o credor hipotecário, o direito de preferência, quanto ao pagamento, em relação a outros credores, observada a prioridade no registro.

§ 5.º Sobrevindo a reforma ou a invalidação da decisão que impôs o pagamento de quantia, a parte responderá, independentemente de culpa, pelos danos que a outra parte tiver sofrido em razão da constituição da garantia, devendo o valor da indenização ser liquidado e executado nos próprios autos.

Seção III
Da Remessa Necessária

Art. 496. Está sujeita ao duplo grau de jurisdição, não produzindo efeito senão depois de confirmada pelo tribunal, a sentença:

I – proferida contra a União, os Estados, o Distrito Federal, os Municípios e suas respectivas autarquias e fundações de direito público;

>> *Vide* Súmula 303 do TST.

II – que julgar procedentes, no todo ou em parte, os embargos à execução fiscal.

> *Vide* Súmula 45 do STJ.

> *Vide* Lei n. 6.830, de 22-9-1980, que dispõe sobre a cobrança da dívida ativa da Fazenda Pública.

§ 1.º Nos casos previstos neste artigo, não interposta a apelação no prazo legal, o juiz ordenará a remessa dos autos ao tribunal, e, se não o fizer, o presidente do respectivo tribunal avocá-los-á.

§ 2.º Em qualquer dos casos referidos no § 1.º, o tribunal julgará a remessa necessária.

§ 3.º Não se aplica o disposto neste artigo quando a condenação ou o proveito econômico obtido na causa for de valor certo e líquido inferior a:

I – 1.000 (mil) salários mínimos para a União e as respectivas autarquias e fundações de direito público;

II – 500 (quinhentos) salários mínimos para os Estados, o Distrito Federal, as respectivas autarquias e fundações de direito público e os Municípios que constituam capitais dos Estados;

III – 100 (cem) salários mínimos para todos os demais Municípios e respectivas autarquias e fundações de direito público.

§ 4.º Também não se aplica o disposto neste artigo quando a sentença estiver fundada em:

I – súmula de tribunal superior;

II – acórdão proferido pelo Supremo Tribunal Federal ou pelo Superior Tribunal de Justiça em julgamento de recursos repetitivos;

> *Vide* arts. 1.036 a 1.041 do CPC.

III – entendimento firmado em incidente de resolução de demandas repetitivas ou de assunção de competência;

IV – entendimento coincidente com orientação vinculante firmada no âmbito administrativo do próprio ente público, consolidada em manifestação, parecer ou súmula administrativa.

Seção IV
Do Julgamento das Ações Relativas às Prestações de Fazer, de Não Fazer e de Entregar Coisa

Art. 497. Na ação que tenha por objeto a prestação de fazer ou de não fazer, o juiz, se procedente o pedido, concederá a tutela específica ou determinará providências que assegurem a obtenção de tutela pelo resultado prático equivalente.

>> *Vide* Lei n. 9.494, de 10-9-1997.

>> *Vide* art. 513 do CPC.

> *Vide* art. 84 do CDC.

> *Vide* art. 213 do ECA.

> *Vide* art. 52, V, da Lei n. 9.099, de 26-9-1995.

Parágrafo único. Para a concessão da tutela específica destinada a inibir a prática, a reiteração ou a continuação de um ilícito, ou a sua remoção, é irrelevante a demonstração da ocorrência de dano ou da existência de culpa ou dolo.

Art. 498. Na ação que tenha por objeto a entrega de coisa, o juiz, ao conceder a tutela específica, fixará o prazo para o cumprimento da obrigação.

Parágrafo único. Tratando-se de entrega de coisa determinada pelo gênero e pela quantidade, o autor individualizá-la-á na petição inicial, se lhe couber a escolha, ou, se a escolha couber ao réu, este a entregará individualizada, no prazo fixado pelo juiz.

Art. 499. A obrigação somente será convertida em perdas e danos se o autor o requerer ou se impossível a tutela específica ou a obtenção de tutela pelo resultado prático equivalente.

Art. 500. A indenização por perdas e danos dar-se-á sem prejuízo da multa fixada periodicamente para compelir o réu ao cumprimento específico da obrigação.

Art. 501. Na ação que tenha por objeto a emissão de declaração de vontade, a sentença que julgar procedente o pedido, uma vez transitada em julgado, produzirá todos os efeitos da declaração não emitida.

Seção V
Da Coisa Julgada

Art. 502. Denomina-se coisa julgada material a autoridade que torna imutável e indiscutível a decisão de mérito não mais sujeita a recurso.

> *Vide* art. 5.º, XXXVI, da CF.

> *Vide* art. 337, § 1.º, do CPC.

> *Vide* art. 6.º, *caput* e § 1.º, da LINDB.

Art. 503. A decisão que julgar total ou parcialmente o mérito tem força de lei nos limites da questão principal expressamente decidida.

§ 1.º O disposto no *caput* aplica-se à resolução de questão prejudicial, decidida expressa e incidentemente no processo, se:

>> *Vide* art. 1.054 do CPC.

I – dessa resolução depender o julgamento do mérito;

II – a seu respeito tiver havido contraditório prévio e efetivo, não se aplicando no caso de revelia;

III – o juízo tiver competência em razão da matéria e da pessoa para resolvê-la como questão principal.

§ 2.º A hipótese do § 1.º não se aplica se no processo houver restrições probatórias ou limitações à cognição que impeçam o aprofundamento da análise da questão prejudicial.

Art. 504. Não fazem coisa julgada:

I – os motivos, ainda que importantes para determinar o alcance da parte dispositiva da sentença;

II – a verdade dos fatos, estabelecida como fundamento da sentença.

Art. 505. Nenhum juiz decidirá novamente as questões já decididas relativas à mesma lide, salvo:

I – se, tratando-se de relação jurídica de trato continuado, sobreveio modificação no estado de fato ou de direito, caso em que poderá a parte pedir a revisão do que foi estatuído na sentença;

>> *Vide* art. 15 da Lei n. 5.478, de 25-7-1968 (Lei de Alimentos).

II – nos demais casos prescritos em lei.

> *Vide* arts. 493 e 494 do CPC.

Art. 506. A sentença faz coisa julgada às partes entre as quais é dada, não prejudicando terceiros.

Art. 507. É vedado à parte discutir no curso do processo as questões já decididas a cujo respeito se operou a preclusão.

Art. 508. Transitada em julgado a decisão de mérito, considerar-se-ão deduzidas e repelidas todas as alegações e as defesas que a parte poderia opor tanto ao acolhimento quanto à rejeição do pedido.

Capítulo XIV
DA LIQUIDAÇÃO DE SENTENÇA

Art. 509. Quando a sentença condenar ao pagamento de quantia ilíquida, proceder-se-á à sua liquidação, a requerimento do credor ou do devedor:

I – por arbitramento, quando determinado pela sentença, convencionado pelas partes ou exigido pela natureza do objeto da liquidação;

II – pelo procedimento comum, quando houver necessidade de alegar e provar fato novo.

§ 1.º Quando na sentença houver uma parte líquida e outra ilíquida, ao credor é lícito promover simultaneamente a execução daquela e, em autos apartados, a liquidação desta.

> Sobre execução: *vide* arts. 778 e s. do CPC.

§ 2.º Quando a apuração do valor depender apenas de cálculo aritmético, o credor poderá promover, desde logo, o cumprimento da sentença.

§ 3.º O Conselho Nacional de Justiça desenvolverá e colocará à disposição dos interessados programa de atualização financeira.

§ 4.º Na liquidação é vedado discutir de novo a lide ou modificar a sentença que a julgou.

Art. 510. Na liquidação por arbitramento, o juiz intimará as partes para a apresentação de pareceres ou documentos elucidativos, no prazo que fixar, e, caso não possa decidir de plano, nomeará perito, observando-se, no que couber, o procedimento da prova pericial.

Art. 511. Na liquidação pelo procedimento comum, o juiz determinará a intimação do requerido, na pessoa de seu advogado ou da sociedade de advogados a que estiver vinculado, para, querendo, apresentar contestação no prazo de 15 (quinze) dias, observando-se, a seguir, no que couber, o disposto no Livro I da Parte Especial deste Código.

Art. 512. A liquidação poderá ser realizada na pendência de recurso, processando-se em autos apartados no juízo de origem, cumprindo ao liquidante instruir o pedido com cópias das peças processuais pertinentes.

Título II
DO CUMPRIMENTO DA SENTENÇA

Capítulo I
DISPOSIÇÕES GERAIS

Art. 513. O cumprimento da sentença será feito segundo as regras deste Título, observando-se, no que couber e conforme a natureza da obrigação, o disposto no Livro II da Parte Especial deste Código.

§ 1.º O cumprimento da sentença que reconhece o dever de pagar quantia, provisório ou definitivo, far-se-á a requerimento do exequente.

§ 2.º O devedor será intimado para cumprir a sentença:

I – pelo *Diário da Justiça*, na pessoa de seu advogado constituído nos autos;

II – por carta com aviso de recebimento, quando representado pela Defensoria Pública ou quando não tiver procurador constituído nos autos, ressalvada a hipótese do inciso IV;

III – por meio eletrônico, quando, no caso do § 1.º do art. 246, não tiver procurador constituído nos autos;

IV – por edital, quando, citado na forma do art. 256, tiver sido revel na fase de conhecimento.

§ 3.º Na hipótese do § 2.º, incisos II e III, considera-se realizada a intimação quando o devedor houver mudado de endereço sem prévia comunicação ao juízo, observado o disposto no parágrafo único do art. 274.

§ 4.º Se o requerimento a que alude o § 1.º for formulado após 1 (um) ano do trânsito em julgado da sentença, a intimação será feita na pessoa do devedor, por meio de carta com aviso de recebimento encaminhada ao endereço constante dos autos, observado o disposto no parágrafo único do art. 274 e no § 3.º deste artigo.

§ 5.º O cumprimento da sentença não poderá ser promovido em face do fiador, do coobrigado ou do corresponsável que não tiver participado da fase de conhecimento.

Art. 514. Quando o juiz decidir relação jurídica sujeita a condição ou termo, o cumprimento da sentença dependerá de demonstração de que se realizou a condição ou de que ocorreu o termo.

>> *Vide* arts. 798 e 803, III, do CPC.

> *Vide* arts. 121 a 137 do CC.

Art. 515. São títulos executivos judiciais, cujo cumprimento dar-se-á de acordo com os artigos previstos neste Título:

I – as decisões proferidas no processo civil que reconheçam a exigibilidade de obrigação de pagar quantia, de fazer, de não fazer ou de entregar coisa;

> *Vide* art. 24 da Lei n. 8.906, de 4-7-1994.

II – a decisão homologatória de autocomposição judicial;

> *Vide* arts. 22, parágrafo único, e 74 da Lei n. 9.099, de 26-9-1995.

III – a decisão homologatória de autocomposição extrajudicial de qualquer natureza;

> *Vide* art. 57, *caput*, da Lei n. 9.099, de 26-9-1995.

IV – o formal e a certidão de partilha, exclusivamente em relação ao inventariante, aos herdeiros e aos sucessores a título singular ou universal;

>> *Vide* art. 655 do CPC.

V – o crédito de auxiliar da justiça, quando as custas, emolumentos ou honorários tiverem sido aprovados por decisão judicial;

VI – a sentença penal condenatória transitada em julgado;

> A Lei n. 7.210, de 11-7-1984, dispõe sobre pena de multa em seus arts. 164 a 170.

VII – a sentença arbitral;

> *Vide* art. 31 da Lei n. 9.307, de 23-9-1996.

VIII – a sentença estrangeira homologada pelo Superior Tribunal de Justiça;

IX – a decisão interlocutória estrangeira, após a concessão do *exequatur* à carta rogatória pelo Superior Tribunal de Justiça;

X – (*Vetado*.)

§ 1.º Nos casos dos incisos VI a IX, o devedor será citado no juízo cível para o cumprimento da sentença ou para a liquidação no prazo de 15 (quinze) dias.

§ 2.º A autocomposição judicial pode envolver sujeito estranho ao processo e versar sobre relação jurídica que não tenha sido deduzida em juízo.

Art. 516. O cumprimento da sentença efetuar-se-á perante:

I – os tribunais, nas causas de sua competência originária;

II – o juízo que decidiu a causa no primeiro grau de jurisdição;

III – o juízo cível competente, quando se tratar de sentença penal condenatória, de sentença arbitral, de sentença estrangeira ou de acórdão proferido pelo Tribunal Marítimo.

Parágrafo único. Nas hipóteses dos incisos II e III, o exequente poderá optar pelo juízo do atual domicílio do executado, pelo juízo do local onde se encontrem os bens sujeitos à execução ou pelo juízo do local onde deva ser executada a obrigação de fazer ou de não fazer, casos em que a remessa dos autos do processo será solicitada ao juízo de origem.

Art. 517. A decisão judicial transitada em julgado poderá ser levada a protesto, nos termos da lei, depois de transcorrido o prazo para pagamento voluntário previsto no art. 523.

§ 1.º Para efetivar o protesto, incumbe ao exequente apresentar certidão de teor da decisão.

§ 2.º A certidão de teor da decisão deverá ser fornecida no prazo de 3 (três) dias e indicará o nome e a qualificação do exequente e do executado, o número do processo, o valor da dívida e a data de decurso do prazo para pagamento voluntário.

§ 3.º O executado que tiver proposto ação rescisória para impugnar a decisão exequenda pode requerer, a suas expensas e sob sua responsabilidade, a anotação da propositura da ação à margem do título protestado.

§ 4.º A requerimento do executado, o protesto será cancelado por determinação do juiz, mediante ofício a ser expedido ao cartório, no prazo de 3 (três) dias, contado da data de protocolo do requerimento, desde que comprovada a satisfação integral da obrigação.

Art. 518. Todas as questões relativas à validade do procedimento de cumprimento da sentença e dos atos executivos subsequentes poderão ser arguidas pelo executado nos próprios autos e nestes serão decididas pelo juiz.

Art. 519. Aplicam-se as disposições relativas ao cumprimento da sentença, provisório ou definitivo, e à liquidação, no que couber, às decisões que concederem tutela provisória.

CAPÍTULO II
DO CUMPRIMENTO PROVISÓRIO DA SENTENÇA QUE RECONHECE A EXIGIBILIDADE DE OBRIGAÇÃO DE PAGAR QUANTIA CERTA

Art. 520. O cumprimento provisório da sentença impugnada por recurso desprovido de efeito suspensivo será realizado da mesma forma que o cumprimento definitivo, sujeitando-se ao seguinte regime:

> Sobre execução: *vide* arts. 566 e s. do CPC.

I – corre por iniciativa e responsabilidade do exequente, que se obriga, se a sentença for reformada, a reparar os danos que o executado haja sofrido;

II – fica sem efeito, sobrevindo decisão que modifique ou anule a sentença objeto da execução, restituindo-se as partes ao estado anterior e liquidando-se eventuais prejuízos nos mesmos autos;

III – se a sentença objeto de cumprimento provisório for modificada ou anulada apenas em parte, somente nesta ficará sem efeito a execução;

IV – o levantamento de depósito em dinheiro e a prática de atos que importem transferência de posse ou alienação de propriedade ou de outro direito real, ou dos quais possa resultar grave dano ao executado, dependem de caução suficiente e idônea, arbitrada de plano pelo juiz e prestada nos próprios autos.

§ 1.º No cumprimento provisório da sentença, o executado poderá apresentar impugnação, se quiser, nos termos do art. 525.

§ 2.º A multa e os honorários a que se refere o § 1.º do art. 523 são devidos no cumprimento provisório de sentença condenatória ao pagamento de quantia certa.

§ 3.º Se o executado comparecer tempestivamente e depositar o valor, com a finalidade de isentar-se da multa, o ato não será havido como incompatível com o recurso por ele interposto.

§ 4.º A restituição ao estado anterior a que se refere o inciso II não implica o desfazimento da transferência de posse ou da alienação de propriedade ou de outro direito real eventualmente já realizada, ressalvado, sempre, o direito à reparação dos prejuízos causados ao executado.

§ 5.º Ao cumprimento provisório de sentença que reconheça obrigação de fazer, de não fazer ou de dar coisa aplica-se, no que couber, o disposto neste Capítulo.

Art. 521. A caução prevista no inciso IV do art. 520 poderá ser dispensada nos casos em que:

I – o crédito for de natureza alimentar, independentemente de sua origem;

II – o credor demonstrar situação de necessidade;

III – pender o agravo do art. 1.042;

>> Inciso III com redação determinada pela Lei n. 13.256, de 4-2-2016.

IV – a sentença a ser provisoriamente cumprida estiver em consonância com súmula da jurisprudência do Supremo Tribunal Federal ou do Superior Tribunal de Justiça ou em conformidade com acórdão proferido no julgamento de casos repetitivos.

Parágrafo único. A exigência de caução será mantida quando da dispensa possa resultar manifesto risco de grave dano de difícil ou incerta reparação.

Art. 522. O cumprimento provisório da sentença será requerido por petição dirigida ao juízo competente.

Parágrafo único. Não sendo eletrônicos os autos, a petição será acompanhada de cópias das seguintes peças do processo, cuja autenticidade poderá ser certificada pelo próprio advogado, sob sua responsabilidade pessoal:

I – decisão exequenda;

II – certidão de interposição do recurso não dotado de efeito suspensivo;

III – procurações outorgadas pelas partes;

IV – decisão de habilitação, se for o caso;

V – facultativamente, outras peças processuais consideradas necessárias para demonstrar a existência do crédito.

CAPÍTULO III
DO CUMPRIMENTO DEFINITIVO DA SENTENÇA QUE RECONHECE A EXIGIBILIDADE DE OBRIGAÇÃO DE PAGAR QUANTIA CERTA

>>> *Vide* art. 15 da LINDB.

>>> *Vide* arts. 216-A a 216-N do RISTJ.

Art. 523. No caso de condenação em quantia certa, ou já fixada em liquidação, e no caso de decisão sobre parcela incontroversa, o cumprimento definitivo da sentença far-se-á a requerimento do exequente, sendo o executado intimado para pagar o débito, no prazo de 15 (quinze) dias, acrescido de custas, se houver.

>> *Vide* art. 880 da CLT.

> Sobre penhora: *vide* arts. 824 e s. do CPC.

> *Vide* art. 515 do CPC.

§ 1.º Não ocorrendo pagamento voluntário no prazo do *caput*, o débito será acrescido de multa de dez por cento e, também, de honorários de advogado de dez por cento.

§ 2.º Efetuado o pagamento parcial no prazo previsto no *caput*, a multa e os honorários previstos no § 1.º incidirão sobre o restante.

§ 3.º Não efetuado tempestivamente o pagamento voluntário, será expedido, desde logo, mandado de penhora e avaliação, seguindo-se os atos de expropriação.

> Sobre avaliação: *vide* arts. 870 e s. do CPC.

Art. 524. O requerimento previsto no art. 523 será instruído com demonstrativo discriminado e atualizado do crédito, devendo a petição conter:

I – o nome completo, o número de inscrição no Cadastro de Pessoas Físicas ou no Cadastro Nacional da Pessoa Jurídica do exequente e do executado, observado o disposto no art. 319, §§ 1.º a 3.º;

II – o índice de correção monetária adotado;

III – os juros aplicados e as respectivas taxas;

IV – o termo inicial e o termo final dos juros e da correção monetária utilizados;

V – a periodicidade da capitalização dos juros, se for o caso;

VI – especificação dos eventuais descontos obrigatórios realizados;

VII – indicação dos bens passíveis de penhora, sempre que possível.

§ 1.º Quando o valor apontado no demonstrativo aparentemente exceder os limites da condenação, a execução será iniciada pelo valor pretendido, mas a penhora terá por base a importância que o juiz entender adequada.

§ 2.º Para a verificação dos cálculos, o juiz poderá valer-se de contabilista do juízo, que terá o prazo máximo de 30 (trinta) dias para efetuá-la, exceto se outro lhe for determinado.

§ 3.º Quando a elaboração do demonstrativo depender de dados em poder de terceiros ou do executado, o juiz poderá requisitá-los, sob cominação do crime de desobediência.

§ 4.º Quando a complementação do demonstrativo depender de dados adicionais em poder do executado, o juiz poderá, a requerimento do exequente, requisitá-los, fixando prazo de até 30 (trinta) dias para o cumprimento da diligência.

§ 5.º Se os dados adicionais a que se refere o § 4.º não forem apresentados pelo executado, sem justificativa, no prazo designado, reputar-se-ão corretos os cálculos apresentados pelo exequente apenas com base nos dados de que dispõe.

Art. 525. Transcorrido o prazo previsto no art. 523 sem o pagamento voluntário, inicia-se o prazo de 15 (quinze) dias para que o executado, independentemente de penhora ou nova intimação, apresente, nos próprios autos, sua impugnação.

§ 1.º Na impugnação, o executado poderá alegar:

I – falta ou nulidade da citação se, na fase de conhecimento, o processo correu à revelia;

>>> *Vide* art. 238 do CPC.

II – ilegitimidade de parte;

>>> *Vide* art. 17 do CPC.

III – inexequibilidade do título ou inexigibilidade da obrigação;

>>> *Vide* arts. 783 e 786 do CPC.

IV – penhora incorreta ou avaliação errônea;

>>> *Vide* art. 835 do CPC.

V – excesso de execução ou cumulação indevida de execuções;

>>> *Vide* arts. 525, §§ 4.º e 5.º, 917, § 2.º, do CPC.

VI – incompetência absoluta ou relativa do juízo da execução;

VII – qualquer causa modificativa ou extintiva da obrigação, com pagamento, novação, compensação, transação ou prescrição, desde que supervenientes à sentença.

§ 2.º A alegação de impedimento ou suspeição observará o disposto nos arts. 146 e 148.

§ 3.º Aplica-se à impugnação o disposto no art. 229.

§ 4.º Quando o executado alegar que o exequente, em excesso de execução, pleiteia quantia superior à resultante da sentença, cumprir-lhe-á declarar de imediato o valor que entende correto, apresentando demonstrativo discriminado e atualizado de seu cálculo.

> Sobre excesso de execução: *vide* art. 917, § 2.º, do CPC.

§ 5.º Na hipótese do § 4.º, não apontado o valor correto ou não apresentado o demonstrativo, a impugnação será liminarmente rejeitada, se o excesso de execução for o seu único fundamento, ou, se houver outro, a impugnação será processada, mas o juiz não examinará a alegação de excesso de execução.

> Sobre excesso de execução: *vide* art. 917, § 2.º, do CPC.

§ 6.º A apresentação de impugnação não impede a prática dos atos executivos, inclusive os de expropriação, podendo o juiz, a requerimento do executado e desde que garantido o juízo com penhora, caução ou depósito suficientes, atribuir-lhe efeito suspensivo, se seus fundamentos forem relevantes e se o prosseguimento da execução for manifestamente suscetível de causar ao executado grave dano de difícil ou incerta reparação.

> Sobre penhora e depósito: *vide* arts. 831 e s. do CPC.

§ 7.º A concessão de efeito suspensivo a que se refere o § 6.º não impedirá a efetivação dos atos de substituição, de reforço ou de redução da penhora e de avaliação dos bens.

§ 8.º Quando o efeito suspensivo atribuído à impugnação disser respeito apenas a parte do objeto da execução, esta prosseguirá quanto à parte restante.

§ 9.º A concessão de efeito suspensivo à impugnação deduzida por um dos executados não suspenderá a execução contra os que não impugnaram, quando o respectivo fundamento disser respeito exclusivamente ao impugnante.

§ 10. Ainda que atribuído efeito suspensivo à impugnação, é lícito ao exequente requerer o prosseguimento da execução, oferecendo e prestando, nos próprios autos, caução suficiente e idônea a ser arbitrada pelo juiz.

§ 11. As questões relativas a fato superveniente ao término do prazo para apresentação da impugnação, assim como aquelas relativas à validade e à adequação da penhora, da avaliação e dos atos executivos subsequentes, podem ser arguidas por simples petição, tendo o executado, em qualquer dos casos, o prazo de 15 (quinze) dias para formular esta arguição, contado da comprovada ciência do fato ou da intimação do ato.

§ 12. Para efeito do disposto no inciso III do § 1.º deste artigo, considera-se também inexigível a obrigação reconhecida em título executivo judicial fundado em lei ou ato normativo considerado inconstitucional pelo Supremo Tribunal Federal, ou fundado em aplicação ou interpretação da lei ou do ato normativo tido pelo Supremo Tribunal Federal como incompatível com a Constituição Federal, em controle de constitucionalidade concentrado ou difuso.

§ 13. No caso do § 12, os efeitos da decisão do Supremo Tribunal Federal poderão ser modulados no tempo, em atenção à segurança jurídica.

>> *Vide* art. 27 da Lei n. 9.868, de 10-11-1999.

§ 14. A decisão do Supremo Tribunal Federal referida no § 12 deve ser anterior ao trânsito em julgado da decisão exequenda.

>> *Vide* art. 1.057 do CPC.

§ 15. Se a decisão referida no § 12 for proferida após o trânsito em julgado da decisão exequenda, caberá ação rescisória, cujo prazo será contado do trânsito em julgado da decisão proferida pelo Supremo Tribunal Federal.

>> *Vide* art. 1.057 do CPC.

Art. 526. É lícito ao réu, antes de ser intimado para o cumprimento da sentença, comparecer em juízo e oferecer em pagamento o valor que entender devido, apresentando memória discriminada do cálculo.

§ 1.º O autor será ouvido no prazo de 5 (cinco) dias, podendo impugnar o valor depositado, sem prejuízo do levantamento do depósito a título de parcela incontroversa.

§ 2.º Concluindo o juiz pela insuficiência do depósito, sobre a diferença incidirão multa de dez por cento e honorários advocatícios, também fixados em dez por cento, seguindo-se a execução com penhora e atos subsequentes.

§ 3.º Se o autor não se opuser, o juiz declarará satisfeita a obrigação e extinguirá o processo.

Art. 527. Aplicam-se as disposições deste Capítulo ao cumprimento provisório da sentença, no que couber.

CAPÍTULO IV
DO CUMPRIMENTO DE SENTENÇA QUE RECONHEÇA A EXIGIBILIDADE DE OBRIGAÇÃO DE PRESTAR ALIMENTOS

Art. 528. No cumprimento de sentença que condene ao pagamento de prestação alimentícia ou de decisão interlocutória que fixe alimentos, o juiz, a requerimento do exequente, mandará intimar o executado pessoalmente para, em 3 (três) dias, pagar o débito, provar que o fez ou justificar a impossibilidade de efetuá-lo.

>> *Vide* Lei n. 5.478, de 25-7-1968 (Lei de Alimentos).

>> *Vide* Lei n. 11.804, de 5-11-2008 (alimentos gravídicos).

§ 1.º Caso o executado, no prazo referido no *caput*, não efetue o pagamento, não prove que o efetuou ou não apresente justificativa da impossibilidade de efetuá-lo, o juiz mandará protestar o pronunciamento judicial, aplicando-se, no que couber, o disposto no art. 517.

§ 2.º Somente a comprovação de fato que gere a impossibilidade absoluta de pagar justificará o inadimplemento.

§ 3.º Se o executado não pagar ou se a justificativa apresentada não for aceita, o juiz, além de mandar protestar o pronunciamento judicial na forma do § 1.º, decretar-lhe-á a prisão pelo prazo de 1 (um) a 3 (três) meses.

>> *Vide* CF, art. 5.º, LXVII (prisão civil por dívida de alimento).

>> *Vide* Súmula 309 do STJ.

>> *Vide* art. 19 da Lei n. 5.478, de 25-7-1968 (Lei de Alimentos).

>> A Lei n. 14.010, de 10-6-2020, dispõe em seu art. 15: "Art. 15. Até 30 de outubro de 2020, a prisão civil por dívida alimentícia, prevista no art. 528, § 3.º e seguintes da Lei n. 13.105, de 16 de março de 2015 (Código de Processo Civil), deverá ser cumprida exclusivamente sob a modalidade de domiciliar, sem prejuízo da exigibilidade das respectivas obrigações".

§ 4.º A prisão será cumprida em regime fechado, devendo o preso ficar separado dos presos comuns.

§ 5.º O cumprimento da pena não exime o executado do pagamento das prestações vencidas e vincendas.

§ 6.º Paga a prestação alimentícia, o juiz suspenderá o cumprimento da ordem de prisão.

§ 7.º O débito alimentar que autoriza a prisão civil do alimentante é o que compreende até as 3 (três) prestações anteriores ao ajuizamento da execução e as que se vencerem no curso do processo.

§ 8.º O exequente pode optar por promover o cumprimento da sentença ou decisão desde logo, nos termos do disposto neste Livro, Título II, Capítulo III, caso em que não será admissível a prisão do executado, e, recaindo a penhora em dinheiro, a concessão de efeito suspensivo à impugnação não obsta a que o exequente levante mensalmente a importância da prestação.

§ 9.º Além das opções previstas no art. 516, parágrafo único, o exequente pode promover o cumprimento da sentença ou decisão que condena ao pagamento de prestação alimentícia no juízo de seu domicílio.

Art. 529. Quando o executado for funcionário público, militar, diretor ou gerente de empresa ou empregado sujeito à legislação do trabalho, o exequente poderá requerer o desconto em folha de pagamento da importância da prestação alimentícia.

>> *Vide* art. 833, IV, do CPC.

>> *Vide* art. 1.701, parágrafo único, do CC.

>> *Vide* art. 22, parágrafo único, da Lei n. 5.478, de 25-7-1968, que pune, de qualquer modo, todo aquele que ajuda o devedor a eximir-se da obrigação alimentar.

> O art. 115, IV, da Lei n. 8.213, de 24-7-1991 (Previdência Social), dispõe que a pensão de alimentos decretada em separação judicial pode ser descontada dos benefícios.

> O art. 462, *caput*, da CLT dispõe que ao empregador é vedado efetuar qualquer desconto nos salários do empregado, salvo quando este resultar de adiantamentos, de dispositivos de lei ou de contrato coletivo.

§ 1.º Ao proferir a decisão, o juiz oficiará à autoridade, à empresa ou ao empregador, determinando, sob pena de crime de desobediência, o desconto a partir da primeira remuneração posterior do executado, a contar do protocolo do ofício.

§ 2.º O ofício conterá o nome e o número de inscrição no Cadastro de Pessoas Físicas do exequente e do executado, a importância a ser descontada mensalmente, o tempo de sua duração e a conta na qual deve ser feito o depósito.

§ 3.º Sem prejuízo do pagamento dos alimentos vincendos, o débito objeto de execução pode ser descontado dos rendimentos ou rendas do executado, de forma parcelada, nos termos do *caput* deste artigo, contanto que, somado à parcela devida, não ultrapasse cinquenta por cento de seus ganhos líquidos.

Art. 530. Não cumprida a obrigação, observar-se-á o disposto nos arts. 831 e seguintes.

Art. 531. O disposto neste Capítulo aplica-se aos alimentos definitivos ou provisórios.

§ 1.º A execução dos alimentos provisórios, bem como a dos alimentos fixados em sentença ainda não transitada em julgado, se processa em autos apartados.

§ 2.º O cumprimento definitivo da obrigação de prestar alimentos será processado nos mesmos autos em que tenha sido proferida a sentença.

Art. 532. Verificada a conduta procrastinatória do executado, o juiz deverá, se for o caso, dar ciência ao Ministério Público dos indícios da prática do crime de abandono material.

Art. 533. Quando a indenização por ato ilícito incluir prestação de alimentos, caberá ao executado, a requerimento do exequente, constituir capital cuja renda assegure o pagamento do valor mensal da pensão.

> *Vide* art. 1.694 do CC.

§ 1.º O capital a que se refere o *caput*, representado por imóveis ou por direitos reais sobre imóveis suscetíveis de alienação, títulos da dívida pública ou aplicações financeiras em banco oficial, será inalienável e impenhorável enquanto durar a obrigação do executado, além de constituir-se em patrimônio de afetação.

§ 2.º O juiz poderá substituir a constituição do capital pela inclusão do exequente em folha de pagamento de pessoa jurídica de notória capacidade econômica ou, a requerimento do executado, por fiança bancária ou garantia real, em valor a ser arbitrado de imediato pelo juiz.

§ 3.º Se sobrevier modificação nas condições econômicas, poderá a parte requerer, conforme as circunstâncias, redução ou aumento da prestação.

§ 4.º A prestação alimentícia poderá ser fixada tomando por base o salário mínimo.

§ 5.º Finda a obrigação de prestar alimentos, o juiz mandará liberar o capital, cessar o desconto em folha ou cancelar as garantias prestadas.

Capítulo V
DO CUMPRIMENTO DE SENTENÇA QUE RECONHEÇA A EXIGIBILIDADE DE OBRIGAÇÃO DE PAGAR QUANTIA CERTA PELA FAZENDA PÚBLICA

Art. 534. No cumprimento de sentença que impuser à Fazenda Pública o dever de pagar quantia certa, o exequente apresentará demonstrativo discriminado e atualizado do crédito contendo:

I – o nome completo e o número de inscrição no Cadastro de Pessoas Físicas ou no Cadastro Nacional da Pessoa Jurídica do exequente;

II – o índice de correção monetária adotado;

III – os juros aplicados e as respectivas taxas;

IV – o termo inicial e o termo final dos juros e da correção monetária utilizados;

V – a periodicidade da capitalização dos juros, se for o caso;

VI – a especificação dos eventuais descontos obrigatórios realizados.

§ 1.º Havendo pluralidade de exequentes, cada um deverá apresentar o seu próprio demonstrativo, aplicando-se à hipótese, se for o caso, o disposto nos §§ 1.º e 2.º do art. 113.

§ 2.º A multa prevista no § 1.º do art. 523 não se aplica à Fazenda Pública.

Art. 535. A Fazenda Pública será intimada na pessoa de seu representante judicial, por carga, remessa ou meio eletrônico, para, querendo, no prazo de 30 (trinta) dias e nos próprios autos, impugnar a execução, podendo arguir:

I – falta ou nulidade da citação se, na fase de conhecimento, o processo correu à revelia;

II – ilegitimidade de parte;

III – inexequibilidade do título ou inexigibilidade da obrigação;

IV – excesso de execução ou cumulação indevida de execuções;

V – incompetência absoluta ou relativa do juízo da execução;

VI – qualquer causa modificativa ou extintiva da obrigação, como pagamento, novação, compensação, transação ou prescrição, desde que supervenientes ao trânsito em julgado da sentença.

§ 1.º A alegação de impedimento ou suspeição observará o disposto nos arts. 146 e 148.

§ 2.º Quando se alegar que o exequente, em excesso de execução, pleiteia quantia superior à resultante do título, cumprirá à executada declarar de imediato o valor que entende correto, sob pena de não conhecimento da arguição.

§ 3.º Não impugnada a execução ou rejeitadas as arguições da executada:

I – expedir-se-á, por intermédio do presidente do tribunal competente, precatório em favor do exequente, observando-se o disposto na Constituição Federal;

II – por ordem do juiz, dirigida à autoridade na pessoa de quem o ente público foi citado para o processo, o pagamento de obrigação de pequeno valor será realizado no prazo de 2 (dois) meses contado da entrega da requisição, mediante depósito na agência de banco oficial mais próxima da residência do exequente.

§ 4.º Tratando-se de impugnação parcial, a parte não questionada pela executada será, desde logo, objeto de cumprimento.

§ 5.º Para efeito do disposto no inciso III do *caput* deste artigo, considera-se também inexigível a obrigação reconhecida em título executivo judicial fundado em lei ou ato normativo considerado inconstitucional pelo Supremo Tribunal Federal, ou fundado em aplicação ou interpretação da lei ou do ato normativo tido pelo Supremo Tribunal Federal como incompatível com a Constituição Federal, em controle de constitucionalidade concentrado ou difuso.

>> *Vide* Súmula 487 do STJ.

§ 6.º No caso do § 5.º, os efeitos da decisão do Supremo Tribunal Federal poderão ser modulados no tempo, de modo a favorecer a segurança jurídica.

>> *Vide* art. 27 da Lei n. 9.868, de 10-11-1999.

§ 7.º A decisão do Supremo Tribunal Federal referida no § 5.º deve ter sido proferida antes do trânsito em julgado da decisão exequenda.

>> *Vide* art. 1.057 do CPC.

§ 8.º Se a decisão referida no § 5.º for proferida após o trânsito em julgado da decisão exequenda, caberá ação rescisória, cujo prazo será contado do trânsito em julgado da decisão proferida pelo Supremo Tribunal Federal.

>> *Vide* art. 1.057 do CPC.

Capítulo VI
DO CUMPRIMENTO DE SENTENÇA QUE RECONHEÇA A EXIGIBILIDADE DE OBRIGAÇÃO DE FAZER, DE NÃO FAZER OU DE ENTREGAR COISA

Seção I
Do Cumprimento de Sentença que Reconheça a Exigibilidade de Obrigação de Fazer ou de Não Fazer

Art. 536. No cumprimento de sentença que reconheça a exigibilidade de obrigação de fazer ou de não fazer, o juiz poderá, de ofício ou a requerimento, para a efetivação da tutela específica ou a obtenção de tutela pelo resultado prático equivalente, determinar as medidas necessárias à satisfação do exequente.

> *Vide* arts. 814 a 823 do CPC.

> *Vide* Lei n. 9.494, de 10-9-1997.

§ 1.º Para atender ao disposto no *caput*, o juiz poderá determinar, entre outras medidas, a imposição de multa, a busca e apreensão, a remoção de pessoas e coisas, o desfazimento de obras e o impedimento de atividade nociva, podendo, caso necessário, requisitar o auxílio de força policial.

> *Vide* art. 519 do CPC.

§ 2.º O mandado de busca e apreensão de pessoas e coisas será cumprido por 2 (dois) oficiais de justiça, observando-se o disposto no art. 846, §§ 1.º a 4.º, se houver necessidade de arrombamento.

§ 3.º O executado incidirá nas penas de litigância de má-fé quando injustificadamente descumprir a ordem judicial, sem prejuízo de sua responsabilização por crime de desobediência.

§ 4.º No cumprimento de sentença que reconheça a exigibilidade de obrigação de fazer ou de não fazer, aplica-se o art. 525, no que couber.

§ 5.º O disposto neste artigo aplica-se, no que couber, ao cumprimento de sentença que reconheça deveres de fazer e de não fazer de natureza não obrigacional.

Art. 537. A multa independe de requerimento da parte e poderá ser aplicada na fase de conhecimento, em tutela provisória ou na sentença, ou na fase de execução, desde que seja suficiente e compatível com a obrigação e que se determine prazo razoável para cumprimento do preceito.

§ 1.º O juiz poderá, de ofício ou a requerimento, modificar o valor ou a periodicidade da multa vincenda ou excluí-la, caso verifique que:

I – se tornou insuficiente ou excessiva;

II – o obrigado demonstrou cumprimento parcial superveniente da obrigação ou justa causa para o descumprimento.

§ 2.º O valor da multa será devido ao exequente.

§ 3.º A decisão que fixa a multa é passível de cumprimento provisório, devendo ser depositada em juízo, permitido o levantamento do valor após o trânsito em julgado da sentença favorável à parte.

>> § 3.º com redação determinada pela Lei n. 13.256, de 4-2-2016.

§ 4.º A multa será devida desde o dia em que se configurar o descumprimento da decisão e incidirá enquanto não for cumprida a decisão que a tiver cominado.

§ 5.º O disposto neste artigo aplica-se, no que couber, ao cumprimento de sentença que reconheça deveres de fazer e de não fazer de natureza não obrigacional.

Seção II
Do Cumprimento de Sentença que Reconheça a Exigibilidade de Obrigação de Entregar Coisa

Art. 538. Não cumprida a obrigação de entregar coisa no prazo estabelecido na sentença, será expedido mandado de busca e apreensão ou de imissão na posse em favor do credor, conforme se tratar de coisa móvel ou imóvel.

> *Vide* arts. 806 a 813 do CPC.

§ 1.º A existência de benfeitorias deve ser alegada na fase de conhecimento, em contestação, de forma discriminada e com atribuição, sempre que possível e justificadamente, do respectivo valor.

§ 2.º O direito de retenção por benfeitorias deve ser exercido na contestação, na fase de conhecimento.

§ 3.º Aplicam-se ao procedimento previsto neste artigo, no que couber, as disposições sobre o cumprimento de obrigação de fazer ou de não fazer.

Título III
DOS PROCEDIMENTOS ESPECIAIS

Capítulo I
DA AÇÃO DE CONSIGNAÇÃO EM PAGAMENTO

Art. 539. Nos casos previstos em lei, poderá o devedor ou terceiro requerer, com efeito de pagamento, a consignação da quantia ou da coisa devida.

>> *Vide* art. 67 da Lei n. 8.245, de 18-10-1991 (Lei de Locação de Imóveis Urbanos).

> *Vide* arts. 334 a 345 do CC.

§ 1.º Tratando-se de obrigação em dinheiro, poderá o valor ser depositado em estabelecimento bancário, oficial onde houver, situado no lugar do pagamento, cientificando-se o credor por carta com aviso de recebimento, assinado o prazo de 10 (dez) dias para a manifestação de recusa.

§ 2.º Decorrido o prazo do § 1.º, contado do retorno do aviso de recebimento, sem a manifestação de recusa, considerar-se-á o devedor liberado da obrigação, ficando à disposição do credor a quantia depositada.

§ 3.º Ocorrendo a recusa, manifestada por escrito ao estabelecimento bancário, poderá ser proposta, dentro de 1 (um) mês, a ação de consignação, instruindo-se a inicial com a prova do depósito e da recusa.

>> *Vide* art. 542, I, do CPC.

§ 4.º Não proposta a ação no prazo do § 3.º, ficará sem efeito o depósito, podendo levantá-lo o depositante.

Art. 540. Requerer-se-á a consignação no lugar do pagamento, cessando para o devedor, à data do depósito, os juros e os riscos, salvo se a demanda for julgada improcedente.

> *Vide* art. 53, III, *d*, do CPC.

Art. 541. Tratando-se de prestações sucessivas, consignada uma delas, pode o devedor continuar a depositar, no mesmo processo e sem mais formalidades, as que se forem vencendo, desde que o faça em até 5 (cinco) dias contados da data do respectivo vencimento.

>> *Vide* art. 323 do CPC.

>> *Vide* art. 67, III, da Lei n. 8.245, de 18-10-1991 (Lei de Locação de Imóveis Urbanos).

Art. 542. Na petição inicial, o autor requererá:

>> *Vide* art. 292, § 1.º, do CPC.

>>> *Vide* art. 319 do CPC.

I – o depósito da quantia ou da coisa devida, a ser efetivado no prazo de 5 (cinco) dias contados do deferimento, ressalvada a hipótese do art. 539, § 3.º;

II – a citação do réu para levantar o depósito ou oferecer contestação.

Parágrafo único. Não realizado o depósito no prazo do inciso I, o processo será extinto sem resolução do mérito.

Art. 543. Se o objeto da prestação for coisa indeterminada e a escolha couber ao credor, será este citado para exercer o direito dentro de 5 (cinco) dias, se outro prazo não constar de lei ou do contrato, ou para aceitar que o devedor a faça, devendo o juiz, ao despachar a petição inicial, fixar lugar, dia e hora em que se fará a entrega, sob pena de depósito.

Art. 544. Na contestação, o réu poderá alegar que:

>>> *Vide* art. 335 do CPC.

I – não houve recusa ou mora em receber a quantia ou a coisa devida;

II – foi justa a recusa;

III – o depósito não se efetuou no prazo ou no lugar do pagamento;

IV – o depósito não é integral.

Parágrafo único. No caso do inciso IV, a alegação somente será admissível se o réu indicar o montante que entende devido.

Art. 545. Alegada a insuficiência do depósito, é lícito ao autor completá-lo, em 10 (dez) dias, salvo se corresponder a prestação cujo inadimplemento acarrete a rescisão do contrato.

§ 1.º No caso do *caput*, poderá o réu levantar, desde logo, a quantia ou a coisa depositada, com a consequente liberação parcial do autor, prosseguindo o processo quanto à parcela controvertida.

§ 2.º A sentença que concluir pela insuficiência do depósito determinará, sempre que possível, o montante devido e valerá como título executivo, facultado ao credor promover-lhe o cumprimento nos mesmos autos, após liquidação, se necessária.

Art. 546. Julgado procedente o pedido, o juiz declarará extinta a obrigação e condenará o réu ao pagamento de custas e honorários advocatícios.

Parágrafo único. Proceder-se-á do mesmo modo se o credor receber e der quitação.

Art. 547. Se ocorrer dúvida sobre quem deva legitimamente receber o pagamento, o autor requererá o depósito e a citação dos possíveis titulares do crédito para provarem o seu direito.

Art. 548. No caso do art. 547:

I – não comparecendo pretendente algum, converter-se-á o depósito em arrecadação de coisas vagas;

II – comparecendo apenas um, o juiz decidirá de plano;

III – comparecendo mais de um, o juiz declarará efetuado o depósito e extinta a obrigação, continuando o processo a correr unicamente entre os presuntivos credores, observado o procedimento comum.

Art. 549. Aplica-se o procedimento estabelecido neste Capítulo, no que couber, ao resgate do aforamento.

Capítulo II
DA AÇÃO DE EXIGIR CONTAS

Art. 550. Aquele que afirmar ser titular do direito de exigir contas requererá a citação do réu para que as preste ou ofereça contestação no prazo de 15 (quinze) dias.

>>> *Vide* arts. 996 e 1.020 do CC.

>>> *Vide* art. 319 do CPC.

§ 1.º Na petição inicial, o autor especificará, detalhadamente, as razões pelas quais exige as contas, instruindo-a com documentos comprobatórios dessa necessidade, se existirem.

§ 2.º Prestadas as contas, o autor terá 15 (quinze) dias para se manifestar, prosseguindo-se o processo na forma do Capítulo X do Título I deste Livro.

§ 3.º A impugnação das contas apresentadas pelo réu deverá ser fundamentada e específica, com referência expressa ao lançamento questionado.

§ 4.º Se o réu não contestar o pedido, observar-se-á o disposto no art. 355.

§ 5.º A decisão que julgar procedente o pedido condenará o réu a prestar as contas no prazo de 15 (quinze) dias, sob pena de não lhe ser lícito impugnar as que o autor apresentar.

§ 6.º Se o réu apresentar as contas no prazo previsto no § 5.º, seguir-se-á o procedimento do § 2.º, caso contrário, o autor apresentá-las-á no prazo de 15 (quinze) dias, podendo o juiz determinar a realização de exame pericial, se necessário.

Art. 551. As contas do réu serão apresentadas na forma adequada, especificando-se as receitas, a aplicação das despesas e os investimentos, se houver.

§ 1.º Havendo impugnação específica e fundamentada pelo autor, o juiz estabelecerá prazo razoável para que o réu apresente os documentos justificativos dos lançamentos individualmente impugnados.

§ 2.º As contas do autor, para os fins do art. 550, § 5.º, serão apresentadas na forma adequada, já instruídas com os documentos justificativos, especificando-se as receitas, a aplicação das despesas e os investimentos, se houver, bem como o respectivo saldo.

Art. 552. A sentença apurará o saldo e constituirá título executivo judicial.

Art. 553. As contas do inventariante, do tutor, do curador, do depositário e de qualquer outro administrador serão prestadas em apenso aos autos do processo em que tiver sido nomeado.

Parágrafo único. Se qualquer dos referidos no *caput* for condenado a pagar o saldo e não o fizer no prazo legal, o juiz poderá destituí-lo, sequestrar os bens sob sua guarda, glosar o prêmio ou a gratificação a que teria direito e determinar as medidas executivas necessárias à recomposição do prejuízo.

Capítulo III
DAS AÇÕES POSSESSÓRIAS

Seção I
Disposições Gerais

Art. 554. A propositura de uma ação possessória em vez de outra não obstará a que o juiz conheça do pedido e outorgue a proteção legal correspondente àquela cujos pressupostos estejam provados.

>> *Vide* arts. 47, § 1.º, e 73, § 2.º, do CPC.

>> *Vide* Súmula 14 do TFR.

§ 1.º No caso de ação possessória em que figure no polo passivo grande número de pessoas, serão feitas a citação pessoal dos ocupantes que forem encontrados no local e a citação por edital dos demais, determinando-se, ainda, a intimação do Ministério Público e, se envolver pessoas em situação de hipossuficiência econômica, da Defensoria Pública.

§ 2.º Para fim da citação pessoal prevista no § 1.º, o oficial de justiça procurará os ocupantes no local por uma vez, citando-se por edital os que não forem encontrados.

§ 3.º O juiz deverá determinar que se dê ampla publicidade da existência da ação prevista no § 1.º e dos respectivos prazos processuais, podendo, para tanto, valer-se de anúncios em jornal ou rádio locais, da publicação de cartazes na região do conflito e de outros meios.

Art. 555. É lícito ao autor cumular ao pedido possessório o de:

I – condenação em perdas e danos;

> *Vide* arts. 402 e s. do CC.

II – indenização dos frutos.

Parágrafo único. Pode o autor requerer, ainda, imposição de medida necessária e adequada para:

I – evitar nova turbação ou esbulho;

II – cumprir-se a tutela provisória ou final.

Art. 556. É lícito ao réu, na contestação, alegando que foi o ofendido em sua posse, demandar a proteção possessória e a indenização pelos prejuízos resultantes da turbação ou do esbulho cometido pelo autor.

>>> *Vide* art. 335 do CPC.

Art. 557. Na pendência de ação possessória é vedado, tanto ao autor quanto ao réu, propor ação de reconhecimento do domínio, exceto se a pretensão for deduzida em face de terceira pessoa.

>> *Vide* Súmula 487 do STF.

> O art. 1.210, § 2.º, do CC dispõe que não obsta à manutenção ou reintegração na posse a alegação de propriedade ou de outro direito sobre a coisa.

> *Vide* Súmula 14 do TFR.

>>> *Vide* art. 1.210, § 2.º, do CC.

Parágrafo único. Não obsta à manutenção ou à reintegração de posse a alegação de propriedade ou de outro direito sobre a coisa.

Art. 558. Regem o procedimento de manutenção e de reintegração de posse as normas da Seção II deste Capítulo quando a ação for proposta dentro de ano e dia da turbação ou do esbulho afirmado na petição inicial.

Parágrafo único. Passado o prazo referido no *caput*, será comum o procedimento, não perdendo, contudo, o caráter possessório.

Art. 559. Se o réu provar, em qualquer tempo, que o autor provisoriamente mantido ou reintegrado na posse carece de idoneidade financeira para, no caso de sucumbência, responder por perdas e danos, o juiz designar-lhe-á o prazo de 5 (cinco) dias para requerer caução, real ou fidejussória, sob pena de ser depositada a coisa litigiosa, ressalvada a impossibilidade da parte economicamente hipossuficiente.

Seção II
Da Manutenção e da Reintegração de Posse

Art. 560. O possuidor tem direito a ser mantido na posse em caso de turbação e reintegrado em caso de esbulho.

>> *Vide* arts. 47 e 73 do CPC.

> O art. 1.210, *caput*, do CC dispõe sobre os efeitos da posse.

> Usucapião: arts. 183 da CF e 1.238 a 1.244 e 1.379 do CC.

Art. 561. Incumbe ao autor provar:

>>> *Vide* arts. 1.196, 1.200 e 1.210 do CC.

I – a sua posse;

> *Vide* art. 373, I, do CPC.

II – a turbação ou o esbulho praticado pelo réu;

> *Vide* art. 1.224 do CC.

III – a data da turbação ou do esbulho;

IV – a continuação da posse, embora turbada, na ação de manutenção, ou a perda da posse, na ação de reintegração.

Art. 562. Estando a petição inicial devidamente instruída, o juiz deferirá, sem ouvir o réu, a expedição do mandado liminar de manutenção ou de reintegração, caso contrário, determinará que o autor justifique previamente o alegado, citando-se o réu para comparecer à audiência que for designada.

> *Vide* Súmula 262 do STF.

Parágrafo único. Contra as pessoas jurídicas de direito público não será deferida a manutenção ou a reintegração liminar sem prévia audiência dos respectivos representantes judiciais.

Art. 563. Considerada suficiente a justificação, o juiz fará logo expedir mandado de manutenção ou de reintegração.

Art. 564. Concedido ou não o mandado liminar de manutenção ou de reintegração, o autor promoverá, nos 5 (cinco) dias subsequentes, a citação do réu para, querendo, contestar a ação no prazo de 15 (quinze) dias.

Parágrafo único. Quando for ordenada a justificação prévia, o prazo para contestar será contado da intimação da decisão que deferir ou não a medida liminar.

Art. 565. No litígio coletivo pela posse de imóvel, quando o esbulho ou a turbação afirmado na petição inicial houver ocorrido há mais de ano e dia, o juiz, antes de apreciar o pedido de concessão da medida liminar, deverá designar audiência de mediação, a realizar-se em até 30 (trinta) dias, que observará o disposto nos §§ 2.º e 4.º.

§ 1.º Concedida a liminar, se essa não for executada no prazo de 1 (um) ano, a contar da data de distribuição, caberá ao juiz designar audiência de mediação, nos termos dos §§ 2.º a 4.º deste artigo.

§ 2.º O Ministério Público será intimado para comparecer à audiência, e a Defensoria Pública será intimada sempre que houver parte beneficiária de gratuidade da justiça.

§ 3.º O juiz poderá comparecer à área objeto do litígio quando sua presença se fizer necessária à efetivação da tutela jurisdicional.

§ 4.º Os órgãos responsáveis pela política agrária e pela política urbana da União, de Estado ou do Distrito Federal e de Município onde se situe a área objeto do litígio poderão ser intimados para a audiência, a fim de se manifestarem sobre seu interesse no processo e sobre a existência de possibilidade de solução para o conflito possessório.

§ 5.º Aplica-se o disposto neste artigo ao litígio sobre propriedade de imóvel.

Art. 566. Aplica-se, quanto ao mais, o procedimento comum.

Seção III
Do Interdito Proibitório

Art. 567. O possuidor direto ou indireto que tenha justo receio de ser molestado na posse poderá requerer ao juiz que o segure da turbação ou esbulho iminente, mediante mandado proibitório em que se comine ao réu determinada pena pecuniária caso transgrida o preceito.

>> *Vide* arts. 47 e 73 do CPC.

Art. 568. Aplica-se ao interdito proibitório o disposto na Seção II deste Capítulo.

Capítulo IV
DA AÇÃO DE DIVISÃO E DA DEMARCAÇÃO DE TERRAS PARTICULARES

Seção I
Disposições Gerais

Art. 569. Cabe:

I – ao proprietário a ação de demarcação, para obrigar o seu confinante a estremar os respectivos prédios, fixando-se novos limites entre eles ou aviventando-se os já apagados;

> *Vide* arts. 1.297, *caput*, e 1.298 do CC.

II – ao condômino a ação de divisão, para obrigar os demais consortes a estremar os quinhões.

>> *Vide* arts. 47 e 73 do CPC.

> *Vide* art. 1.320 do CC.

> A Lei n. 6.383, de 7-12-1976, dispõe sobre ações discriminatórias de terras públicas.

Art. 570. É lícita a cumulação dessas ações, caso em que deverá processar-se primeiramente a demarcação total ou parcial da coisa comum, citando-se os confinantes e os condôminos.

Art. 571. A demarcação e a divisão poderão ser realizadas por escritura pública, desde que maiores, capazes e concordes todos os interessados, observando-se, no que couber, os dispositivos deste Capítulo.

Art. 572. Fixados os marcos da linha de demarcação, os confinantes considerar-se-ão terceiros quanto ao processo divisório, ficando-lhes, porém, ressalvado o direito de vindicar os terrenos de que se julguem despojados por invasão das linhas limítrofes constitutivas do perímetro ou de reclamar indenização correspondente ao seu valor.

§ 1.º No caso do *caput*, serão citados para a ação todos os condôminos, se a sentença homologatória da divisão ainda não houver transitado em julgado, e todos os quinhoeiros dos terrenos vindicados, se a ação for proposta posteriormente.

§ 2.º Neste último caso, a sentença que julga procedente a ação, condenando a restituir os terrenos ou a pagar a indenização, valerá como título executivo em favor dos quinhoeiros para haverem dos outros condôminos que forem parte na divisão ou de seus sucessores a título universal, na proporção que lhes tocar, a composição pecuniária do desfalque sofrido.

Art. 573. Tratando-se de imóvel georreferenciado, com averbação no registro de imóveis, pode o juiz dispensar a realização de prova pericial.

Seção II
Da Demarcação

Art. 574. Na petição inicial, instruída com os títulos da propriedade, designar-se-á o imóvel pela situação e pela denominação, descrever-se-ão os limites por constituir, aviventar ou renovar e nomear-se-ão todos os confinantes da linha demarcanda.

>> *Vide* arts. 47 e 73 do CPC.

> *Vide* art. 292, IV, do CPC.

Art. 575. Qualquer condômino é parte legítima para promover a demarcação do imóvel comum, requerendo a intimação dos demais para, querendo, intervir no processo.

Art. 576. A citação dos réus será feita por correio, observado o disposto no art. 247.

> *Vide* art. 589 do CPC.

Parágrafo único. Será publicado edital, nos termos do inciso III do art. 259.

Art. 577. Feitas as citações, terão os réus o prazo comum de 15 (quinze) dias para contestar.

> *Vide* art. 589 do CPC.

Art. 578. Após o prazo de resposta do réu, observar-se-á o procedimento comum.

> *Vide* art. 589 do CPC.

Art. 579. Antes de proferir a sentença, o juiz nomeará um ou mais peritos para levantar o traçado da linha demarcanda.

Art. 580. Concluídos os estudos, os peritos apresentarão minucioso laudo sobre o traçado da linha demarcanda, considerando os títulos, os marcos, os rumos, a fama da vizinhança, as informações de antigos moradores do lugar e outros elementos que coligirem.

Art. 581. A sentença que julgar procedente o pedido determinará o traçado da linha demarcanda.

Parágrafo único. A sentença proferida na ação demarcatória determinará a restituição da área invadida, se houver, declarando o domínio ou a posse do prejudicado, ou ambos.

Art. 582. Transitada em julgado a sentença, o perito efetuará a demarcação e colocará os marcos necessários.

> *Vide* art. 584 do CPC.

Parágrafo único. Todas as operações serão consignadas em planta e memorial descritivo com as referências convenientes para a identificação, em qualquer tempo, dos pontos assinalados, observada a legislação especial que dispõe sobre a identificação do imóvel rural.

> A Lei n. 6.383, de 7-12-1976, dispõe sobre ação discriminatória, art. 22, parágrafo único.

Art. 583. As plantas serão acompanhadas das cadernetas de operações de campo e do memorial descritivo, que conterá:

I – o ponto de partida, os rumos seguidos e a aviventação dos antigos com os respectivos cálculos;

II – os acidentes encontrados, as cercas, os valos, os marcos antigos, os córregos, os rios, as lagoas e outros;

III – a indicação minuciosa dos novos marcos cravados, dos antigos aproveitados, das culturas existentes e da sua produção anual;

IV – a composição geológica dos terrenos, bem como a qualidade e a extensão dos campos, das matas e das capoeiras;

V – as vias de comunicação;

VI – as distâncias a pontos de referência, tais como rodovias federais e estaduais, ferrovias, portos, aglomerações urbanas e polos comerciais;

VII – a indicação de tudo o mais que for útil para o levantamento da linha ou para a identificação da linha já levantada.

Art. 584. É obrigatória a colocação de marcos tanto na estação inicial, dita marco primordial, quanto nos vértices dos ângulos, salvo se algum desses últimos pontos for assinalado por acidentes naturais de difícil remoção ou destruição.

>> *Vide* art. 596 do CPC.

> *Vide* art. 582 do CPC.

Art. 585. A linha será percorrida pelos peritos, que examinarão os marcos e os rumos, consignando em relatório escrito a exatidão do memorial e da planta apresentados pelo agrimensor ou as divergências porventura encontradas.

Art. 586. Juntado aos autos o relatório dos peritos, o juiz determinará que as partes se manifestem sobre ele no prazo comum de 15 (quinze) dias.

Parágrafo único. Executadas as correções e as retificações que o juiz determinar, lavrar-se-á, em seguida, o auto de demarcação em que os limites demarcandos serão minuciosamente descritos de acordo com o memorial e a planta.

Art. 587. Assinado o auto pelo juiz e pelos peritos, será proferida a sentença homologatória da demarcação.

Seção III
Da Divisão

Art. 588. A petição inicial será instruída com os títulos de domínio do promovente e conterá:

>> *Vide* arts. 47, 73 e 1.320 a 1.332 do CPC.

I – a indicação da origem da comunhão e a denominação, a situação, os limites e as características do imóvel;

II – o nome, o estado civil, a profissão e a residência de todos os condôminos, especificando-se os estabelecidos no imóvel com benfeitorias e culturas;

III – as benfeitorias comuns.

> *Vide* art. 292, IV, do CPC.

Art. 589. Feitas as citações como preceitua o art. 576, prosseguir-se-á na forma dos arts. 577 e 578.

Art. 590. O juiz nomeará um ou mais peritos para promover a medição do imóvel e as operações de divisão, observada a legislação especial que dispõe sobre a identificação do imóvel rural.

Parágrafo único. O perito deverá indicar as vias de comunicação existentes, as construções e as benfeitorias, com a indicação dos seus valores e dos respectivos proprietários e ocupantes, as águas principais que banham o imóvel e quaisquer outras informações que possam concorrer para facilitar a partilha.

Art. 591. Todos os condôminos serão intimados a apresentar, dentro de 10 (dez) dias, os seus títulos, se ainda não o tiverem feito, e a formular os seus pedidos sobre a constituição dos quinhões.

Art. 592. O juiz ouvirá as partes no prazo comum de 15 (quinze) dias.

§ 1.º Não havendo impugnação, o juiz determinará a divisão geodésica do imóvel.

§ 2.º Havendo impugnação, o juiz proferirá, no prazo de 10 (dez) dias, decisão sobre os pedidos e os títulos que devam ser atendidos na formação dos quinhões.

Art. 593. Se qualquer linha do perímetro atingir benfeitorias permanentes dos confinantes feitas há mais de 1 (um) ano, serão elas respeitadas, bem como os terrenos onde estiverem, os quais não se computarão na área dividenda.

Art. 594. Os confinantes do imóvel dividendo podem demandar a restituição dos terrenos que lhes tenham sido usurpados.

§ 1.º Serão citados para a ação todos os condôminos, se a sentença homologatória da divisão ainda não houver transitado em julgado, e todos os quinhoeiros dos terrenos vindicados, se a ação for proposta posteriormente.

§ 2.º Nesse último caso terão os quinhoeiros o direito, pela mesma sentença que os obrigar à restituição, a haver dos outros condôminos do processo divisório ou de seus sucessores a título universal a composição pecuniária proporcional ao desfalque sofrido.

Art. 595. Os peritos proporão, em laudo fundamentado, a forma da divisão, devendo consultar, quanto possível, a comodidade das partes, respeitar, para adjudicação a cada condômino, a preferência dos terrenos contíguos às suas residências e benfeitorias e evitar o retalhamento dos quinhões em glebas separadas.

Art. 596. Ouvidas as partes, no prazo comum de 15 (quinze) dias, sobre o cálculo e o plano da divisão, o juiz deliberará a partilha.

Parágrafo único. Em cumprimento dessa decisão, o perito procederá à demarcação dos quinhões, observando, além do disposto nos arts. 584 e 585, as seguintes regras:

I – as benfeitorias comuns que não comportarem divisão cômoda serão adjudicadas a um dos condôminos mediante compensação;

II – instituir-se-ão as servidões que forem indispensáveis em favor de uns quinhões sobre os outros, incluindo o respectivo valor no orçamento para que, não se tratando de servidões naturais, seja compensado o condômino aquinhoado com o prédio serviente;

III – as benfeitorias particulares dos condôminos que excederem à área a que têm direito serão adjudicadas ao quinhoeiro vizinho mediante reposição;

IV – se outra coisa não acordarem as partes, as compensações e as reposições serão feitas em dinheiro.

Art. 597. Terminados os trabalhos e desenhados na planta os quinhões e as servidões aparentes, o perito organizará o memorial descritivo.

> *Vide* art. 89 do CPC.

§ 1.º Cumprido o disposto no art. 586, o escrivão, em seguida, lavrará o auto de divisão, acompanhado de uma folha de pagamento para cada condômino.

> *Vide* art. 89 do CPC.

§ 2.º Assinado o auto pelo juiz e pelo perito, será proferida sentença homologatória da divisão.

> *Vide* art. 89 do CPC.

§ 3.º O auto conterá:

I – a confinação e a extensão superficial do imóvel;

II – a classificação das terras com o cálculo das áreas de cada consorte e com a respectiva avaliação ou, quando a homogeneidade das terras não determinar diversidade de valores, a avaliação do imóvel na sua integridade;

III – o valor e a quantidade geométrica que couber a cada condômino, declarando-se as reduções e as compensações resultantes da diversidade de valores das glebas componentes de cada quinhão.

§ 4.º Cada folha de pagamento conterá:

I – a descrição das linhas divisórias do quinhão, mencionadas as confinantes;

II – a relação das benfeitorias e das culturas do próprio quinhoeiro e das que lhe foram adjudicadas por serem comuns ou mediante compensação;

III – a declaração das servidões instituídas, especificados os lugares, a extensão e o modo de exercício.

Art. 598. Aplica-se às divisões o disposto nos arts. 575 a 578.

Capítulo V
DA AÇÃO DE DISSOLUÇÃO PARCIAL DE SOCIEDADE

Art. 599. A ação de dissolução parcial de sociedade pode ter por objeto:

> Sociedades personificadas: arts. 997 e s. do CC.

>>> *Vide* arts. 1.028 a 1.030 e 1.077 do CC.

I – a resolução da sociedade empresária contratual ou simples em relação ao sócio falecido, excluído ou que exerceu o direito de retirada ou recesso; e

II – a apuração dos haveres do sócio falecido, excluído ou que exerceu o direito de retirada ou recesso; ou

III – somente a resolução ou a apuração de haveres.

§ 1.º A petição inicial será necessariamente instruída com o contrato social consolidado.

§ 2.º A ação de dissolução parcial de sociedade pode ter também por objeto a sociedade anônima de capital fechado quando demonstrado, por acionista ou acionistas que representem cinco por cento ou mais do capital social, que não pode preencher o seu fim.

>> *Vide* art. 206, II, *b*, da LSA.

Art. 600. A ação pode ser proposta:

I – pelo espólio do sócio falecido, quando a totalidade dos sucessores não ingressar na sociedade;

II – pelos sucessores, após concluída a partilha do sócio falecido;

III – pela sociedade, se os sócios sobreviventes não admitirem o ingresso do espólio ou dos sucessores do falecido na sociedade, quando esse direito decorrer do contrato social;

IV – pelo sócio que exerceu o direito de retirada ou recesso, se não tiver sido providenciada, pelos demais sócios, a alteração contratual consensual formalizando o desligamento, depois de transcorridos 10 (dez) dias do exercício do direito;

V – pela sociedade, nos casos em que a lei não autoriza a exclusão extrajudicial; ou

VI – pelo sócio excluído.

Parágrafo único. O cônjuge ou companheiro do sócio cujo casamento, união estável ou convivência terminou poderá requerer a apuração de seus haveres na sociedade, que serão pagos à conta da quota social titulada por este sócio.

Art. 601. Os sócios e a sociedade serão citados para, no prazo de 15 (quinze) dias, concordar com o pedido ou apresentar contestação.

Parágrafo único. A sociedade não será citada se todos os seus sócios o forem, mas ficará sujeita aos efeitos da decisão e à coisa julgada.

Art. 602. A sociedade poderá formular pedido de indenização compensável com o valor dos haveres a apurar.

Art. 603. Havendo manifestação expressa e unânime pela concordância da dissolução, o juiz a decretará, passando-se imediatamente à fase de liquidação.

§ 1.º Na hipótese prevista no *caput*, não haverá condenação em honorários advocatícios de nenhuma das partes, e as custas serão rateadas segundo a participação das partes no capital social.

§ 2.º Havendo contestação, observar-se-á o procedimento comum, mas a liquidação da sentença seguirá o disposto neste Capítulo.

Art. 604. Para apuração dos haveres, o juiz:

I – fixará a data da resolução da sociedade;

II – definirá o critério de apuração dos haveres à vista do disposto no contrato social; e

III – nomeará o perito.

§ 1.º O juiz determinará à sociedade ou aos sócios que nela permanecerem que depositem em juízo a parte incontroversa dos haveres devidos.

§ 2.º O depósito poderá ser, desde logo, levantado pelo ex-sócio, pelo espólio ou pelos sucessores.

§ 3.º Se o contrato social estabelecer o pagamento dos haveres, será observado o que nele se dispôs no depósito judicial da parte incontroversa.

Art. 605. A data da resolução da sociedade será:

I – no caso de falecimento do sócio, a do óbito;

II – na retirada imotivada, o sexagésimo dia seguinte ao do recebimento, pela sociedade, da notificação do sócio retirante;

III – no recesso, o dia do recebimento, pela sociedade, da notificação do sócio dissidente;

IV – na retirada por justa causa de sociedade por prazo determinado e na exclusão judicial de sócio, a do trânsito em julgado da decisão que dissolver a sociedade; e

V – na exclusão extrajudicial, a data da assembleia ou da reunião de sócios que a tiver deliberado.

Art. 606. Em caso de omissão do contrato social, o juiz definirá, como critério de apuração de haveres, o valor patrimonial apurado em balanço de determinação, tomando-se por referência a data da resolução e avaliando-se bens e direitos do ativo, tangíveis e intangíveis, a preço de saída, além do passivo também a ser apurado de igual forma.

Parágrafo único. Em todos os casos em que seja necessária a realização de perícia, a nomeação do perito recairá preferencialmente sobre especialista em avaliação de sociedades.

>>> *Vide* art. 1.031 do CC.

Art. 607. A data da resolução e o critério de apuração de haveres podem ser revistos pelo juiz, a pedido da parte, a qualquer tempo antes do início da perícia.

Art. 608. Até a data da resolução, integram o valor devido ao ex-sócio, ao espólio ou aos sucessores a participação nos lucros ou os juros sobre o capital próprio declarados pela sociedade e, se for o caso, a remuneração como administrador.

Parágrafo único. Após a data da resolução, o ex-sócio, o espólio ou os sucessores terão direito apenas à correção monetária dos valores apurados e aos juros contratuais ou legais.

Art. 609. Uma vez apurados, os haveres do sócio retirante serão pagos conforme disciplinar o contrato social e, no silêncio deste, nos termos do § 2.º do art. 1.031 da Lei n. 10.406, de 10 de janeiro de 2002 (Código Civil).

Capítulo VI
DO INVENTÁRIO E DA PARTILHA

>> *Vide* Resolução n. 35, de 24-4-2007, do CNJ.

> *Vide* art. 5.º, XXVII, XXX e XXXI, da CF, sobre herança.

Seção I
Disposições Gerais

Art. 610. Havendo testamento ou interessado incapaz, proceder-se-á ao inventário judicial.

§ 1.º Se todos forem capazes e concordes, o inventário e a partilha poderão ser feitos por escritura pública, a qual constituirá documento hábil para qualquer ato de registro, bem como para levantamento de importância depositada em instituições financeiras.

§ 2.º O tabelião somente lavrará a escritura pública se todas as partes interessadas estiverem assistidas por advogado ou por defensor público, cuja qualificação e assinatura constarão do ato notarial.

>> Os arts. 2.015 e 2.016 do CC dispõem sobre a partilha amigável e judicial respectivamente.

>> A Lei n. 6.858, de 24-11-1980, dispõe sobre pagamento a dependentes ou sucessores de valores não recebidos em vida, art. 1.º, *caput*.

>> Dispõe o art. 112 da Lei n. 8.213, de 24-7-1991 (benefícios da Previdência Social): "O valor não recebido em vida pelo segurado só será pago aos seus dependentes habilitados à pensão por morte ou, na falta deles, aos sucessores na forma da lei civil, independentemente de inventário ou arrolamento".

> O Provimento OAB n. 118, de 7-5-2007, disciplina as atividades profissionais dos advogados em escrituras públicas de inventários, partilhas, separações e divórcios.

Art. 611. O processo de inventário e de partilha deve ser instaurado dentro de 2 (dois) meses, a contar da abertura da sucessão, ultimando-se nos 12 (doze) meses subsequentes, podendo o juiz prorrogar esses prazos, de ofício ou a requerimento de parte.

>> Prazo para requerer inventário: art. 1.796 do CC.

>> A Lei n. 14.010, de 10-6-2020, dispõe em seu art. 16: "Art. 16. O prazo do art. 611 do Código de Processo Civil para sucessões abertas a partir de 1.º de fevereiro de 2020 terá seu termo inicial dilatado para 30 de outubro de 2020. Parágrafo único. O prazo de 12 (doze) meses do art. 611 do Código de Processo Civil, para que seja ultimado o processo de inventário e de partilha, caso iniciado antes de 1.º de fevereiro de 2020, ficará suspenso a partir da entrada em vigor desta Lei até 30 de outubro de 2020".

>> *Vide* Súmula 542 do STF.

> *Vide* arts. 1.991 e s. do CC (inventário e partilha).

> *Vide* art. 48 do CPC.

Art. 612. O juiz decidirá todas as questões de direito desde que os fatos relevantes estejam provados por documento, só remetendo para as vias ordinárias as questões que dependerem de outras provas.

Art. 613. Até que o inventariante preste o compromisso, continuará o espólio na posse do administrador provisório.

Art. 614. O administrador provisório representa ativa e passivamente o espólio, é obrigado a trazer ao acervo os frutos que desde a abertura da sucessão percebeu, tem direito ao reembolso das despesas necessárias e úteis que fez e responde pelo dano a que, por dolo ou culpa, der causa.

Seção II
Da Legitimidade para Requerer o Inventário

Art. 615. O requerimento de inventário e de partilha incumbe a quem estiver na posse e na administração do espólio, no prazo estabelecido no art. 611.

Parágrafo único. O requerimento será instruído com a certidão de óbito do autor da herança.

Art. 616. Têm, contudo, legitimidade concorrente:

I – o cônjuge ou companheiro supérstite;

II – o herdeiro;

III – o legatário;

IV – o testamenteiro;

V – o cessionário do herdeiro ou do legatário;

VI – o credor do herdeiro, do legatário ou do autor da herança;

VII – o Ministério Público, havendo herdeiros incapazes;

VIII – a Fazenda Pública, quando tiver interesse;

IX – o administrador judicial da falência do herdeiro, do legatário, do autor da herança ou do cônjuge ou companheiro supérstite.

Seção III
Do Inventariante e das Primeiras Declarações

Art. 617. O juiz nomeará inventariante na seguinte ordem:

> *Vide* art. 1.991 do CC.

I – o cônjuge ou companheiro sobrevivente, desde que estivesse convivendo com o outro ao tempo da morte deste;

> *Vide* art. 1.830 do CC.

II – o herdeiro que se achar na posse e na administração do espólio, se não houver cônjuge ou companheiro sobrevivente ou se estes não puderem ser nomeados;

III – qualquer herdeiro, quando nenhum deles estiver na posse e na administração do espólio;

IV – o herdeiro menor, por seu representante legal;

V – o testamenteiro, se lhe tiver sido confiada a administração do espólio ou se toda a herança estiver distribuída em legados;

VI – o cessionário do herdeiro ou do legatário;

VII – o inventariante judicial, se houver;

VIII – pessoa estranha idônea, quando não houver inventariante judicial.

Parágrafo único. O inventariante, intimado da nomeação, prestará, dentro de 5 (cinco) dias, o compromisso de bem e fielmente desempenhar a função.

Art. 618. Incumbe ao inventariante:

I – representar o espólio ativa e passivamente, em juízo ou fora dele, observando-se, quanto ao dativo, o disposto no art. 75, § 1.º;

II – administrar o espólio, velando-lhe os bens com a mesma diligência que teria se seus fossem;

III – prestar as primeiras e as últimas declarações pessoalmente ou por procurador com poderes especiais;

IV – exibir em cartório, a qualquer tempo, para exame das partes, os documentos relativos ao espólio;

V – juntar aos autos certidão do testamento, se houver;

VI – trazer à colação os bens recebidos pelo herdeiro ausente, renunciante ou excluído;

> *Vide* arts. 2.002 a 2.012 do CC.

VII – prestar contas de sua gestão ao deixar o cargo ou sempre que o juiz lhe determinar;

>> *Vide* art. 622, V, do CPC.

VIII – requerer a declaração de insolvência.

Art. 619. Incumbe ainda ao inventariante, ouvidos os interessados e com autorização do juiz:

I – alienar bens de qualquer espécie;

II – transigir em juízo ou fora dele;

III – pagar dívidas do espólio;

> *Vide* arts. 642 a 646 do CPC.

> *Vide* arts. 134, IV, e 192 do CTN.

IV – fazer as despesas necessárias para a conservação e o melhoramento dos bens do espólio.

Art. 620. Dentro de 20 (vinte) dias contados da data em que prestou o compromisso, o inventariante fará as primeiras declarações, das quais se lavrará termo circunstanciado, assinado pelo juiz, pelo escrivão e pelo inventariante, no qual serão exarados:

I – o nome, o estado, a idade e o domicílio do autor da herança, o dia e o lugar em que faleceu e se deixou testamento;

II – o nome, o estado, a idade, o endereço eletrônico e a residência dos herdeiros e, havendo cônjuge ou companheiro supérstite, além dos respectivos dados pessoais, o regime de bens do casamento ou da união estável;

III – a qualidade dos herdeiros e o grau de parentesco com o inventariado;

IV – a relação completa e individualizada de todos os bens do espólio, inclusive aqueles que devem ser conferidos à colação, e dos bens alheios que nele forem encontrados, descrevendo-se:

> *Vide* art. 674, *caput*, do CPC.

a) os imóveis, com as suas especificações, nomeadamente local em que se encontram, extensão da área, limites, confrontações, benfeitorias, origem dos títulos, números das matrículas e ônus que os gravam;

b) os móveis, com os sinais característicos;

> *Vide* arts. 82 e 84 do CC.

c) os semoventes, seu número, suas espécies, suas marcas e seus sinais distintivos;

d) o dinheiro, as joias, os objetos de ouro e prata e as pedras preciosas, declarando-se-lhes especificadamente a qualidade, o peso e a importância;

e) os títulos da dívida pública, bem como as ações, as quotas e os títulos de sociedade, mencionando-se-lhes o número, o valor e a data;

f) as dívidas ativas e passivas, indicando-se-lhes as datas, os títulos, a origem da obrigação e os nomes dos credores e dos devedores;

g) direitos e ações;

h) o valor corrente de cada um dos bens do espólio.

§ 1.º O juiz determinará que se proceda:

>> *Vide* art. 1.003, parágrafo único, do CPC.

I – ao balanço do estabelecimento, se o autor da herança era empresário individual;

II – à apuração de haveres, se o autor da herança era sócio de sociedade que não anônima.

> *Vide* Súmula 265 do STF.

§ 2.º As declarações podem ser prestadas mediante petição, firmada por procurador com poderes especiais, à qual o termo se reportará.

Art. 621. Só se pode arguir sonegação ao inventariante depois de encerrada a descrição dos bens, com a declaração, por ele feita, de não existirem outros por inventariar.

>> Os arts. 1.992 a 1.996 do CC dispõem sobre os sonegados.

Art. 622. O inventariante será removido de ofício ou a requerimento:

I – se não prestar, no prazo legal, as primeiras ou as últimas declarações;

II – se não der ao inventário andamento regular, se suscitar dúvidas infundadas ou se praticar atos meramente protelatórios;

III – se, por culpa sua, bens do espólio se deteriorarem, forem dilapidados ou sofrerem dano;

IV – se não defender o espólio nas ações em que for citado, se deixar de cobrar dívidas ativas ou se não promover as medidas necessárias para evitar o perecimento de direitos;

V – se não prestar contas ou se as que prestar não forem julgadas boas;

>> *Vide* art. 553 do CPC.

VI – se sonegar, ocultar ou desviar bens do espólio.

>> Os arts. 1.992 a 1.996 do CC dispõem sobre os sonegados.

Art. 623. Requerida a remoção com fundamento em qualquer dos incisos do art. 622, será intimado o inventariante para, no prazo de 15 (quinze) dias, defender-se e produzir provas.

Parágrafo único. O incidente da remoção correrá em apenso aos autos do inventário.

Art. 624. Decorrido o prazo, com a defesa do inventariante ou sem ela, o juiz decidirá.

Parágrafo único. Se remover o inventariante, o juiz nomeará outro, observada a ordem estabelecida no art. 617.

Art. 625. O inventariante removido entregará imediatamente ao substituto os bens do espólio e, caso deixe de fazê-lo, será compelido mediante mandado de busca e apreensão ou de imissão na posse, conforme se tratar de bem móvel ou imóvel, sem prejuízo da multa a ser fixada pelo juiz em montante não superior a três por cento do valor dos bens inventariados.

Seção IV
Das Citações e das Impugnações

Art. 626. Feitas as primeiras declarações, o juiz mandará citar, para os termos do inventário e da partilha, o cônjuge, o companheiro, os herdeiros e os legatários e intimar a Fazenda Pública, o Ministério Público, se houver herdeiro incapaz ou ausente, e o testamenteiro, se houver testamento.

§ 1.º O cônjuge ou o companheiro, os herdeiros e os legatários serão citados pelo correio, observado o disposto no art. 247, sendo, ainda, publicado edital, nos termos do inciso III do art. 259.

§ 2.º Das primeiras declarações extrair-se-ão tantas cópias quantas forem as partes.

§ 3.º A citação será acompanhada de cópia das primeiras declarações.

§ 4.º Incumbe ao escrivão remeter cópias à Fazenda Pública, ao Ministério Público, ao testamenteiro, se houver, e ao advogado, se a parte já estiver representada nos autos.

Art. 627. Concluídas as citações, abrir-se-á vista às partes, em cartório e pelo prazo comum de 15 (quinze) dias, para que se manifestem sobre as primeiras declarações, incumbindo às partes:

I – arguir erros, omissões e sonegação de bens;

II – reclamar contra a nomeação de inventariante;

III – contestar a qualidade de quem foi incluído no título de herdeiro.

§ 1.º Julgando procedente a impugnação referida no inciso I, o juiz mandará retificar as primeiras declarações.

§ 2.º Se acolher o pedido de que trata o inciso II, o juiz nomeará outro inventariante, observada a preferência legal.

§ 3.º Verificando que a disputa sobre a qualidade de herdeiro a que alude o inciso III demanda produção de provas que não a documental, o juiz remeterá a parte às vias ordinárias e sobrestará, até o julgamento da ação, a entrega do quinhão que na partilha couber ao herdeiro admitido.

Art. 628. Aquele que se julgar preterido poderá demandar sua admissão no inventário, requerendo-a antes da partilha.

§ 1.º Ouvidas as partes no prazo de 15 (quinze) dias, o juiz decidirá.

§ 2.º Se para solução da questão for necessária a produção de provas que não a documental, o juiz remeterá o requerente às vias ordinárias, mandando reservar, em poder do inventariante, o quinhão do herdeiro excluído até que se decida o litígio.

Art. 629. A Fazenda Pública, no prazo de 15 (quinze) dias, após a vista de que trata o art. 627, informará ao juízo, de acordo com os dados que constam de seu cadastro imobiliário, o valor dos bens de raiz descritos nas primeiras declarações.

Seção V
Da Avaliação e do Cálculo do Imposto

Art. 630. Findo o prazo previsto no art. 627 sem impugnação ou decidida a impugnação que houver sido oposta, o juiz nomeará, se for o caso, perito para avaliar os bens do espólio, se não houver na comarca avaliador judicial.

Parágrafo único. Na hipótese prevista no art. 620, § 1.º, o juiz nomeará perito para avaliação das quotas sociais ou apuração dos haveres.

Art. 631. Ao avaliar os bens do espólio, o perito observará, no que for aplicável, o disposto nos arts. 872 e 873.

Art. 632. Não se expedirá carta precatória para a avaliação de bens situados fora da comarca onde corre o inventário se eles forem de pequeno valor ou perfeitamente conhecidos do perito nomeado.

Art. 633. Sendo capazes todas as partes, não se procederá à avaliação se a Fazenda Pública, intimada pessoalmente, concordar de forma expressa com o valor atribuído, nas primeiras declarações, aos bens do espólio.

Art. 634. Se os herdeiros concordarem com o valor dos bens declarados pela Fazenda Pública, a avaliação cingir-se-á aos demais.

Art. 635. Entregue o laudo de avaliação, o juiz mandará que as partes se manifestem no prazo de 15 (quinze) dias, que correrá em cartório.

§ 1.º Versando a impugnação sobre o valor dado pelo perito, o juiz a decidirá de plano, à vista do que constar dos autos.

§ 2.º Julgando procedente a impugnação, o juiz determinará que o perito retifique a avaliação, observando os fundamentos da decisão.

Art. 636. Aceito o laudo ou resolvidas as impugnações suscitadas a seu respeito, lavrar-se-á em seguida o termo de últimas declarações, no qual o inventariante poderá emendar, aditar ou completar as primeiras.

> *Vide* art. 622, I, do CPC.

Art. 637. Ouvidas as partes sobre as últimas declarações no prazo comum de 15 (quinze) dias, proceder-se-á ao cálculo do tributo.

>> *Vide* Súmulas 112, 113, 114, 115 e 116 do STF.

Art. 638. Feito o cálculo, sobre ele serão ouvidas todas as partes no prazo comum de 5 (cinco) dias, que correrá em cartório, e, em seguida, a Fazenda Pública.

§ 1.º Se acolher eventual impugnação, o juiz ordenará nova remessa dos autos ao contabilista, determinando as alterações que devam ser feitas no cálculo.

§ 2.º Cumprido o despacho, o juiz julgará o cálculo do tributo.

Seção VI
Das Colações

>> Os arts. 2.002 a 2.012 do CC dispõem sobre colação.

Art. 639. No prazo estabelecido no art. 627, o herdeiro obrigado à colação conferirá por termo nos autos ou por petição à qual o termo se reportará os bens que recebeu ou, se já não os possuir, trar-lhes-á o valor.

Parágrafo único. Os bens a serem conferidos na partilha, assim como as acessões e as benfeitorias que o donatário fez, calcular-se-ão pelo valor que tiverem ao tempo da abertura da sucessão.

Art. 640. O herdeiro que renunciou à herança ou o que dela foi excluído não se exime, pelo fato da renúncia ou da exclusão, de conferir, para o efeito de repor a parte inoficiosa, as liberalidades que obteve do doador.

§ 1.º É lícito ao donatário escolher, dentre os bens doados, tantos quantos bastem para perfazer a legítima e a metade disponível, entrando na partilha o excedente para ser dividido entre os demais herdeiros.

§ 2.º Se a parte inoficiosa da doação recair sobre bem imóvel que não comporte divisão cômoda, o juiz determinará que sobre ela se proceda a licitação entre os herdeiros.

§ 3.º O donatário poderá concorrer na licitação referida no § 2.º e, em igualdade de condições, terá preferência sobre os herdeiros.

Art. 641. Se o herdeiro negar o recebimento dos bens ou a obrigação de os conferir, o juiz, ouvidas as partes no prazo comum de 15 (quinze) dias, decidirá à vista das alegações e das provas produzidas.

§ 1.º Declarada improcedente a oposição, se o herdeiro, no prazo improrrogável de 15 (quinze) dias, não proceder à conferência, o juiz mandará sequestrar-lhe, para serem inventariados e partilhados, os bens sujeitos à colação ou imputar ao seu quinhão hereditário o valor deles, se já não os possuir.

§ 2.º Se a matéria exigir dilação probatória diversa da documental, o juiz remeterá as partes às vias ordinárias, não podendo o herdeiro receber o seu quinhão hereditário, enquanto pender a demanda, sem prestar caução correspondente ao valor dos bens sobre os quais versar a conferência.

Seção VII
Do Pagamento das Dívidas

Art. 642. Antes da partilha, poderão os credores do espólio requerer ao juízo do inventário o pagamento das dívidas vencidas e exigíveis.

>> *Vide* art. 4.º da Lei n. 6.830, de 22-9-1980, sobre cobrança judicial da dívida ativa da Fazenda Pública.

> *Vide* art. 619, III, do CPC.

> O art. 1.997 do CC dispõe que a herança responde pelo pagamento das dívidas do falecido; mas, feita a partilha, só respondem os herdeiros, cada qual em proporção da parte que na herança lhe coube.

> O art. 189 do CTN estabelece que são pagos preferencialmente quaisquer créditos habilitados em inventário ou arrolamento.

§ 1.º A petição, acompanhada de prova literal da dívida, será distribuída por dependência e autuada em apenso aos autos do processo de inventário.

§ 2.º Concordando as partes com o pedido, o juiz, ao declarar habilitado o credor, mandará que se faça a separação de dinheiro ou, em sua falta, de bens suficientes para o pagamento.

§ 3.º Separados os bens, tantos quantos forem necessários para o pagamento dos credores habilitados, o juiz mandará aliená-los, observando-se as disposições deste Código relativas à expropriação.

> *Vide* art. 647 do CPC.

§ 4.º Se o credor requerer que, em vez de dinheiro, lhe sejam adjudicados, para o seu pagamento, os bens já reservados, o juiz deferir-lhe-á o pedido, concordando todas as partes.

§ 5.º Os donatários serão chamados a pronunciar-se sobre a aprovação das dívidas, sempre que haja possibilidade de resultar delas a redução das liberalidades.

Art. 643. Não havendo concordância de todas as partes sobre o pedido de pagamento feito pelo credor, será o pedido remetido às vias ordinárias.

> *Vide* art. 668, I, do CPC.

Parágrafo único. O juiz mandará, porém, reservar, em poder do inventariante, bens suficientes para pagar o credor quando a dívida constar de documento que comprove suficientemente a obrigação e a impugnação não se fundar em quitação.

Art. 644. O credor de dívida líquida e certa, ainda não vencida, pode requerer habilitação no inventário.

Parágrafo único. Concordando as partes com o pedido referido no *caput*, o juiz, ao julgar habilitado o crédito, mandará que se faça separação de bens para o futuro pagamento.

Art. 645. O legatário é parte legítima para manifestar-se sobre as dívidas do espólio:

I – quando toda a herança for dividida em legados;

> Os arts. 1.912 a 1.940 do CC dispõem sobre legado.

II – quando o reconhecimento das dívidas importar redução dos legados.

> Os arts. 1.912 a 1.940 do CC dispõem sobre legado.

Art. 646. Sem prejuízo do disposto no art. 860, é lícito aos herdeiros, ao separarem bens para o pagamento de dívidas, autorizar que o inventariante os indique à penhora no processo em que o espólio for executado.

Seção VIII
Da Partilha

Art. 647. Cumprido o disposto no art. 642, § 3.º, o juiz facultará às partes que, no prazo comum de 15 (quinze) dias, formulem o pedido de quinhão e, em seguida, proferirá a decisão de deliberação da partilha, resolvendo os pedidos das partes e designando os bens que devam constituir quinhão de cada herdeiro e legatário.

> Os arts. 2.013 e s. do CC dispõem sobre partilha.

Parágrafo único. O juiz poderá, em decisão fundamentada, deferir antecipadamente a qualquer dos herdeiros o exercício dos direitos de usar e de fruir de determinado bem, com a condição de que, ao término do inventário, tal bem integre a cota desse herdeiro, cabendo a este, desde o deferimento, todos os ônus e bônus decorrentes do exercício daqueles direitos.

Art. 648. Na partilha, serão observadas as seguintes regras:

I – a máxima igualdade possível quanto ao valor, à natureza e à qualidade dos bens;

>> *Vide* art. 2.017 do CC.

II – a prevenção de litígios futuros;

III – a máxima comodidade dos coerdeiros, do cônjuge ou do companheiro, se for o caso.

Art. 649. Os bens insuscetíveis de divisão cômoda que não couberem na parte do cônjuge ou companheiro supérstite ou no quinhão de um só herdeiro serão licitados entre os interessados ou vendidos judicialmente, partilhando-se o valor apurado, salvo se houver acordo para que sejam adjudicados a todos.

>> *Vide* art. 2.019 do CC.

Art. 650. Se um dos interessados for nascituro, o quinhão que lhe caberá será reservado em poder do inventariante até o seu nascimento.

Art. 651. O partidor organizará o esboço da partilha de acordo com a decisão judicial, observando nos pagamentos a seguinte ordem:

I – dívidas atendidas;

II – meação do cônjuge;

III – meação disponível;

IV – quinhões hereditários, a começar pelo coerdeiro mais velho.

Art. 652. Feito o esboço, as partes manifestar-se-ão sobre esse no prazo comum de 15 (quinze) dias, e, resolvidas as reclamações, a partilha será lançada nos autos.

Art. 653. A partilha constará:

I – de auto de orçamento, que mencionará:

a) os nomes do autor da herança, do inventariante, do cônjuge ou companheiro supérstite, dos herdeiros, dos legatários e dos credores admitidos;

b) o ativo, o passivo e o líquido partível, com as necessárias especificações;

c) o valor de cada quinhão;

II – de folha de pagamento para cada parte, declarando a quota a pagar-lhe, a razão do pagamento e a relação dos bens que lhe compõem o quinhão, as características que os individualizam e os ônus que os gravam.

Parágrafo único. O auto e cada uma das folhas serão assinados pelo juiz e pelo escrivão.

Art. 654. Pago o imposto de transmissão a título de morte e juntada aos autos certidão ou informação negativa de dívida para com a Fazenda Pública, o juiz julgará por sentença a partilha.

> O art. 192 do CTN estabelece que nenhuma sentença de julgamento de partilha ou adjudicação será proferida sem prova da quitação de todos os tributos relativos aos bens.

> Sobre partilha: art. 22, § 2.º, da Lei n. 4.947, de 6-4-1966 (Direito Agrário), e art. 883 do Decreto n. 3.000, de 26-3-1999 (Regulamento do Imposto de Renda).

Parágrafo único. A existência de dívida para com a Fazenda Pública não impedirá o julgamento da partilha, desde que o seu pagamento esteja devidamente garantido.

Art. 655. Transitada em julgado a sentença mencionada no art. 654, receberá o herdeiro os bens que lhe tocarem e um formal de partilha, do qual constarão as seguintes peças:

I – termo de inventariante e título de herdeiros;

II – avaliação dos bens que constituíram o quinhão do herdeiro;

III – pagamento do quinhão hereditário;

IV – quitação dos impostos;

V – sentença.

Parágrafo único. O formal de partilha poderá ser substituído por certidão de pagamento do quinhão hereditário quando esse não exceder a 5 (cinco) vezes o salário mínimo, caso em que se transcreverá nela a sentença de partilha transitada em julgado.

Art. 656. A partilha, mesmo depois de transitada em julgado a sentença, pode ser emendada nos mesmos autos do inventário, convindo todas as partes, quando tenha havido erro de fato na descrição dos bens, podendo o juiz, de ofício ou a requerimento da parte, a qualquer tempo, corrigir-lhe as inexatidões materiais.

Art. 657. A partilha amigável, lavrada em instrumento público, reduzida a termo nos autos do inventário ou constante de escrito particular homologado pelo juiz, pode ser anulada por dolo, coação, erro essencial ou intervenção de incapaz, observado o disposto no § 4.º do art. 966.

Parágrafo único. O direito à anulação de partilha amigável extingue-se em 1 (um) ano, contado esse prazo:

I – no caso de coação, do dia em que ela cessou;

II – no caso de erro ou dolo, do dia em que se realizou o ato;

III – quanto ao incapaz, do dia em que cessar a incapacidade.

>> O art. 2.027 do CC dispõe sobre anulação da partilha.

> Os arts. 171 e 2.015 do CC dispõem sobre o ato anulável do negócio jurídico e sobre a partilha amigável respectivamente.

Art. 658. É rescindível a partilha julgada por sentença:

I – nos casos mencionados no art. 657;

II – se feita com preterição de formalidades legais;

III – se preteriu herdeiro ou incluiu quem não o seja.

> *Vide* art. 966 do CPC.

Seção IX
Do Arrolamento

Art. 659. A partilha amigável, celebrada entre partes capazes, nos termos da lei, será homologada de plano pelo juiz, com observância dos arts. 660 a 663.

> A Resolução n. 35, de 24-4-2007, do CNJ, disciplina o disposto neste artigo quanto à partilha feita por escritura pública.

§ 1.º O disposto neste artigo aplica-se, também, ao pedido de adjudicação, quando houver herdeiro único.

§ 2.º Transitada em julgado a sentença de homologação de partilha ou de adjudicação, será lavrado o formal de partilha ou elaborada a carta de adjudicação e, em seguida, serão expedidos os alvarás referentes aos bens e às rendas por ele abrangidos, intimando-se o fisco para lançamento administrativo do imposto de transmissão e de outros tributos porventura incidentes, conforme dispuser a legislação tributária, nos termos do § 2.º do art. 662.

Art. 660. Na petição de inventário, que se processará na forma de arrolamento sumário, independentemente da lavratura de termos de qualquer espécie, os herdeiros:

I – requererão ao juiz a nomeação do inventariante que designarem;

II – declararão os títulos dos herdeiros e os bens do espólio, observado o disposto no art. 630;

III – atribuirão valor aos bens do espólio, para fins de partilha.

Art. 661. Ressalvada a hipótese prevista no parágrafo único do art. 663, não se procederá à avaliação dos bens do espólio para nenhuma finalidade.

Art. 662. No arrolamento, não serão conhecidas ou apreciadas questões relativas ao lançamento, ao pagamento ou à quitação de taxas judiciárias e de tributos incidentes sobre a transmissão da propriedade dos bens do espólio.

>> *Vide* art. 659, § 2.º, do CPC.

§ 1.º A taxa judiciária, se devida, será calculada com base no valor atribuído pelos herdeiros, cabendo ao fisco, se apurar em processo administrativo valor diverso do estimado, exigir a eventual diferença pelos meios adequados ao lançamento de créditos tributários em geral.

§ 2.º O imposto de transmissão será objeto de lançamento administrativo, conforme dispuser a legislação tributária, não ficando as autoridades fazendárias adstritas aos valores dos bens do espólio atribuídos pelos herdeiros.

Art. 663. A existência de credores do espólio não impedirá a homologação da partilha ou da adjudicação, se forem reservados bens suficientes para o pagamento da dívida.

Parágrafo único. A reserva de bens será realizada pelo valor estimado pelas partes, salvo se o credor, regularmente notificado, impugnar a estimativa, caso em que se promoverá a avaliação dos bens a serem reservados.

Art. 664. Quando o valor dos bens do espólio for igual ou inferior a 1.000 (mil) salários mínimos, o inventário processar-se-á na forma de arrolamento, cabendo ao inventariante nomeado, independentemente de assinatura de termo de compromisso, apresentar, com suas declarações, a atribuição de valor aos bens do espólio e o plano da partilha.

>> A Lei n. 6.858, de 24-11-1980, dispõe sobre pagamento a dependentes ou sucessores de valores não recebidos em vida, art. 1.º.

>> Dispõe o art. 112 da Lei n. 8.213, de 24-7-1991: "O valor não recebido em vida pelo segurado só será pago aos dependentes habilitados à pensão por morte ou, na falta deles, aos sucessores na forma da lei civil, independentemente de inventário ou arrolamento".

§ 1.º Se qualquer das partes ou o Ministério Público impugnar a estimativa, o juiz nomeará avaliador, que oferecerá laudo em 10 (dez) dias.

§ 2.º Apresentado o laudo, o juiz, em audiência que designar, deliberará sobre a partilha, decidindo de plano todas as reclamações e mandando pagar as dívidas não impugnadas.

§ 3.º Lavrar-se-á de tudo um só termo, assinado pelo juiz, pelo inventariante e pelas partes presentes ou por seus advogados.

§ 4.º Aplicam-se a essa espécie de arrolamento, no que couber, as disposições do art. 672, relativamente ao lançamento, ao pagamento e à quitação da taxa judiciária e do imposto sobre a transmissão da propriedade dos bens do espólio.

>> Entendemos que a remissão correta seja ao art. 662 do CPC.

§ 5.º Provada a quitação dos tributos relativos aos bens do espólio e às suas rendas, o juiz julgará a partilha.

Art. 665. O inventário processar-se-á também na forma do art. 664, ainda que haja interessado incapaz, desde que concordem todas as partes e o Ministério Público.

Art. 666. Independerá de inventário ou de arrolamento o pagamento dos valores previstos na Lei n. 6.858, de 24 de novembro de 1980.

Art. 667. Aplicam-se subsidiariamente a esta Seção as disposições das Seções VII e VIII deste Capítulo.

Seção X
Disposições Comuns a Todas as Seções

Art. 668. Cessa a eficácia da tutela provisória prevista nas Seções deste Capítulo:

> *Vide* arts. 308 e 309 do CPC.

I – se a ação não for proposta em 30 (trinta) dias contados da data em que da decisão foi intimado o impugnante, o herdeiro excluído ou o credor não admitido;

II – se o juiz extinguir o processo de inventário com ou sem resolução de mérito.

Art. 669. São sujeitos à sobrepartilha os bens:

I – sonegados;

> *Vide* arts. 1.992 a 1.996 do CC.

II – da herança descobertos após a partilha;

III – litigiosos, assim como os de liquidação difícil ou morosa;

IV – situados em lugar remoto da sede do juízo onde se processa o inventário.

Parágrafo único. Os bens mencionados nos incisos III e IV serão reservados à sobrepartilha sob a guarda e a administração do mesmo ou de diverso inventariante, a consentimento da maioria dos herdeiros.

Art. 670. Na sobrepartilha dos bens, observar-se-á o processo de inventário e de partilha.

Parágrafo único. A sobrepartilha correrá nos autos do inventário do autor da herança.

Art. 671. O juiz nomeará curador especial:

> *Vide* art. 72 do CPC.

I – ao ausente, se não o tiver;

II – ao incapaz, se concorrer na partilha com o seu representante, desde que exista colisão de interesses.

>> *Vide* art. 72 do CPC.

> O art. 1.692 do CC trata do usufruto e da administração dos bens de filhos menores.

Art. 672. É lícita a cumulação de inventários para a partilha de heranças de pessoas diversas quando houver:

I – identidade de pessoas entre as quais devam ser repartidos os bens;

II – heranças deixadas pelos dois cônjuges ou companheiros;

III – dependência de uma das partilhas em relação à outra.

Parágrafo único. No caso previsto no inciso III, se a dependência for parcial, por haver outros bens, o juiz pode ordenar a tramitação separada, se melhor convier ao interesse das partes ou à celeridade processual.

Art. 673. No caso previsto no art. 672, inciso II, prevalecerão as primeiras declarações, assim como o laudo de avaliação, salvo se alterado o valor dos bens.

CAPÍTULO VII
DOS EMBARGOS DE TERCEIRO

> *Vide* Súmula 621 do STF.

> *Vide* Súmulas 84, 134, 195, 196 e 303 do STJ.

Art. 674. Quem, não sendo parte no processo, sofrer constrição ou ameaça de constrição sobre bens que possua ou sobre os quais tenha direito incompatível com o ato constritivo, poderá requerer seu desfazimento ou sua inibição por meio de embargos de terceiro.

>> *Vide* Súmula 184 do TFR.

§ 1.º Os embargos podem ser de terceiro proprietário, inclusive fiduciário, ou possuidor.

>> *Vide* Súmulas 84 e 134 do STJ.

§ 2.º Considera-se terceiro, para ajuizamento dos embargos:

I – o cônjuge ou companheiro, quando defende a posse de bens próprios ou de sua meação, ressalvado o disposto no art. 843;

II – o adquirente de bens cuja constrição decorreu de decisão que declara a ineficácia da alienação realizada em fraude à execução;

III – quem sofre constrição judicial de seus bens por força de desconsideração da personalidade jurídica, de cujo incidente não fez parte;

IV – o credor com garantia real para obstar expropriação judicial do objeto de direito real de garantia, caso não tenha sido intimado, nos termos legais dos atos expropriatórios respectivos.

Art. 675. Os embargos podem ser opostos a qualquer tempo no processo de conhecimento enquanto não transitada em julgado a sentença e, no cumprimento de sentença ou no processo de execução, até 5 (cinco) dias depois da adjudicação, da alienação por iniciativa particular ou da arrematação, mas sempre antes da assinatura da respectiva carta.

> *Vide* art. 214, I, do CPC.

Parágrafo único. Caso identifique a existência de terceiro titular de interesse em embargar o ato, o juiz mandará intimá-lo pessoalmente.

Art. 676. Os embargos serão distribuídos por dependência ao juízo que ordenou a constrição e autuados em apartado.

>> *Vide* art. 914, § 2.º, do CPC.

>> *Vide* Súmulas 32 e 33 do TFR.

Parágrafo único. Nos casos de ato de constrição realizado por carta, os embargos serão oferecidos no juízo deprecado, salvo se indicado pelo juízo deprecante o bem constrito ou se já devolvida a carta.

Art. 677. Na petição inicial, o embargante fará a prova sumária de sua posse ou de seu domínio e da qualidade de terceiro, oferecendo documentos e rol de testemunhas.

§ 1.º É facultada a prova da posse em audiência preliminar designada pelo juiz.

§ 2.º O possuidor direto pode alegar, além da sua posse, o domínio alheio.

§ 3.º A citação será pessoal, se o embargado não tiver procurador constituído nos autos da ação principal.

§ 4.º Será legitimado passivo o sujeito a quem o ato de constrição aproveita, assim como o será seu adversário no processo principal quando for sua a indicação do bem para a constrição judicial.

Art. 678. A decisão que reconhecer suficientemente provado o domínio ou a posse determinará a suspensão das medidas constritivas sobre os bens litigiosos objeto dos embargos, bem como a manutenção ou a reintegração provisória da posse, se o embargante a houver requerido.

Parágrafo único. O juiz poderá condicionar a ordem de manutenção ou de reintegração provisória de posse à prestação de caução pelo requerente, ressalvada a impossibilidade da parte economicamente hipossuficiente.

Art. 679. Os embargos poderão ser contestados no prazo de 15 (quinze) dias, findo o qual se seguirá o procedimento comum.

Art. 680. Contra os embargos do credor com garantia real, o embargado somente poderá alegar que:

I – o devedor comum é insolvente;

II – o título é nulo ou não obriga a terceiro;

III – outra é a coisa dada em garantia.

Art. 681. Acolhido o pedido inicial, o ato de constrição judicial indevida será cancelado, com o reconhecimento do domínio, da manutenção da posse ou da reintegração definitiva do bem ou do direito ao embargante.

CAPÍTULO VIII
DA OPOSIÇÃO

Art. 682. Quem pretender, no todo ou em parte, a coisa ou o direito sobre que controvertem autor e réu poderá, até ser proferida a sentença, oferecer oposição contra ambos.

Art. 683. O opoente deduzirá o pedido em observação aos requisitos exigidos para propositura da ação.

Parágrafo único. Distribuída a oposição por dependência, serão os opostos citados, na pessoa de seus respectivos advogados, para contestar o pedido no prazo comum de 15 (quinze) dias.

Art. 684. Se um dos opostos reconhecer a procedência do pedido, contra o outro prosseguirá o opoente.

Art. 685. Admitido o processamento, a oposição será apensada aos autos e tramitará simultaneamente à ação originária, sendo ambas julgadas pela mesma sentença.

Parágrafo único. Se a oposição for proposta após o início da audiência de instrução, o juiz suspenderá o curso do processo ao fim da produção das provas, salvo se concluir que a unidade da instrução atende melhor ao princípio da duração razoável do processo.

Art. 686. Cabendo ao juiz decidir simultaneamente a ação originária e a oposição, desta conhecerá em primeiro lugar.

CAPÍTULO IX
DA HABILITAÇÃO

Art. 687. A habilitação ocorre quando, por falecimento de qualquer das partes, os interessados houverem de suceder-lhe no processo.

Art. 688. A habilitação pode ser requerida:

I – pela parte, em relação aos sucessores do falecido;

II – pelos sucessores do falecido, em relação à parte.

Art. 689. Proceder-se-á à habilitação nos autos do processo principal, na instância em que estiver, suspendendo-se, a partir de então, o processo.

Art. 690. Recebida a petição, o juiz ordenará a citação dos requeridos para se pronunciarem no prazo de 5 (cinco) dias.

Parágrafo único. A citação será pessoal, se a parte não tiver procurador constituído nos autos.

Art. 691. O juiz decidirá o pedido de habilitação imediatamente, salvo se este for impugnado e houver necessidade de dilação probatória diversa da documental, caso em que determinará que o pedido seja autuado em apartado e disporá sobre a instrução.

Art. 692. Transitada em julgado a sentença de habilitação, o processo principal retomará o seu curso, e cópia da sentença será juntada aos autos respectivos.

CAPÍTULO X
DAS AÇÕES DE FAMÍLIA

Art. 693. As normas deste Capítulo aplicam-se aos processos contenciosos de divórcio, separação, reconhecimento e extinção de união estável, guarda, visitação e filiação.

>> A Emenda Constitucional n. 66, de 13-7-2010, instituiu o divórcio direto.

> Lei do Divórcio: Lei n. 6.515, de 26-12-1977.

> União estável: Leis n. 8.971, de 29-12-1994, e 9.278, de 10-5-1996.

> *Vide* arts. 1.583 e s. do CC (guarda dos filhos).

> *Vide* Lei n. 12.318, de 26-8-2010 (alienação parental).

Parágrafo único. A ação de alimentos e a que versar sobre interesse de criança ou de adolescente observarão o procedimento previsto em legislação específica, aplicando-se, no que couber, as disposições deste Capítulo.

>> *Vide* Lei n. 5.478, de 25-7-1968.

Art. 694. Nas ações de família, todos os esforços serão empreendidos para a solução consensual da controvérsia, devendo o juiz dispor do auxílio de profissionais de outras áreas de conhecimento para a mediação e conciliação.

Parágrafo único. A requerimento das partes, o juiz pode determinar a suspensão do processo enquanto os litigantes se submetem a mediação extrajudicial ou a atendimento multidisciplinar.

Art. 695. Recebida a petição inicial e, se for o caso, tomadas as providências referentes à tutela provisória, o juiz ordenará a citação do réu para comparecer à audiência de mediação e conciliação, observado o disposto no art. 694.

§ 1.º O mandado de citação conterá apenas os dados necessários à audiência e deverá estar desacompanhado de cópia da petição inicial, assegurado ao réu o direito de examinar seu conteúdo a qualquer tempo.

§ 2.º A citação ocorrerá com antecedência mínima de 15 (quinze) dias da data designada para a audiência.

§ 3.º A citação será feita na pessoa do réu.

§ 4.º Na audiência, as partes deverão estar acompanhadas de seus advogados ou de defensores públicos.

Art. 696. A audiência de mediação e conciliação poderá dividir-se em tantas sessões quantas sejam necessárias para viabilizar a solução consensual, sem prejuízo de providências jurisdicionais para evitar o perecimento do direito.

Art. 697. Não realizado o acordo, passarão a incidir, a partir de então, as normas do procedimento comum, observado o art. 335.

Art. 698. Nas ações de família, o Ministério Público somente intervirá quando houver interesse de incapaz e deverá ser ouvido previamente à homologação de acordo.

Parágrafo único. O Ministério Público intervirá, quando não for parte, nas ações de família em que figure como parte vítima de violência doméstica e familiar, nos termos da Lei n. 11.340, de 7 de agosto de 2006 (Lei Maria da Penha).

>> Parágrafo único acrescentado pela Lei n. 13.894, de 29-10-2019.

Art. 699. Quando o processo envolver discussão sobre fato relacionado a abuso ou a alienação parental, o juiz, ao tomar o depoimento do incapaz, deverá estar acompanhado por especialista.

> *Vide* Lei n. 12.318, de 26-8-2010 (alienação parental).

Capítulo XI
DA AÇÃO MONITÓRIA

Art. 700. A ação monitória pode ser proposta por aquele que afirmar, com base em prova escrita sem eficácia de título executivo, ter direito de exigir do devedor capaz:

> *Vide* Súmulas 233, 299, 384 e 531 do STJ.

>>> *Vide* arts. 394 e 395 do CC.

I – o pagamento de quantia em dinheiro;

II – a entrega de coisa fungível ou infungível ou de bem móvel ou imóvel;

III – o adimplemento de obrigação de fazer ou de não fazer.

§ 1.º A prova escrita pode consistir em prova oral documentada, produzida antecipadamente nos termos do art. 381.

§ 2.º Na petição inicial, incumbe ao autor explicitar, conforme o caso:

>>> *Vide* art. 319 do CPC.

I – a importância devida, instruindo-a com memória de cálculo;

II – o valor atual da coisa reclamada;

III – o conteúdo patrimonial em discussão ou o proveito econômico perseguido.

§ 3.º O valor da causa deverá corresponder à importância prevista no § 2.º, incisos I a III.

§ 4.º Além das hipóteses do art. 330, a petição inicial será indeferida quando não atendido o disposto no § 2.º deste artigo.

§ 5.º Havendo dúvida quanto à idoneidade de prova documental apresentada pelo autor, o juiz intimá-lo-á para, querendo, emendar a petição inicial, adaptando-a ao procedimento comum.

§ 6.º É admissível ação monitória em face da Fazenda Pública.

§ 7.º Na ação monitória, admite-se citação por qualquer dos meios permitidos para o procedimento comum.

Art. 701. Sendo evidente o direito do autor, o juiz deferirá a expedição de mandado de pagamento, de entrega de coisa ou para execução de obrigação de fazer ou de não fazer, concedendo ao réu prazo de 15 (quinze) dias para o cumprimento e o pagamento de honorários advocatícios de cinco por cento do valor atribuído à causa.

> *Vide* Súmula 282 do STJ.

§ 1.º O réu será isento do pagamento de custas processuais se cumprir o mandado no prazo.

§ 2.º Constituir-se-á de pleno direito o título executivo judicial, independentemente de qualquer formalidade, se não realizado o pagamento e não apresentados os embargos previstos no art. 702, observando-se, no que couber, o Título II do Livro I da Parte Especial.

§ 3.º É cabível ação rescisória da decisão prevista no *caput* quando ocorrer a hipótese do § 2.º.

§ 4.º Sendo a ré Fazenda Pública, não apresentados os embargos previstos no art. 702, aplicar-se-á o disposto no art. 496, observando-se, a seguir, no que couber, o Título II do Livro I da Parte Especial.

§ 5.º Aplica-se à ação monitória, no que couber, o art. 916.

Art. 702. Independentemente de prévia segurança do juízo, o réu poderá opor, nos próprios autos, no prazo previsto no art. 701, embargos à ação monitória.

> *Vide* Súmula 292 do STJ.

§ 1.º Os embargos podem se fundar em matéria passível de alegação como defesa no procedimento comum.

§ 2.º Quando o réu alegar que o autor pleiteia quantia superior à devida, cumprir-lhe-á declarar de imediato o valor que entende correto, apresentando demonstrativo discriminado e atualizado da dívida.

§ 3.º Não apontado o valor correto ou não apresentado o demonstrativo, os embargos serão liminarmente rejeitados, se esse for o seu único fundamento, e, se houver outro fundamento, os embargos serão processados, mas o juiz deixará de examinar a alegação de excesso.

§ 4.º A oposição dos embargos suspende a eficácia da decisão referida no *caput* do art. 701 até o julgamento em primeiro grau.

§ 5.º O autor será intimado para responder aos embargos no prazo de 15 (quinze) dias.

§ 6.º Na ação monitória admite-se a reconvenção, sendo vedado o oferecimento de reconvenção à reconvenção.

> *Vide* art. 343 do CPC.

§ 7.º A critério do juiz, os embargos serão autuados em apartado, se parciais, constituindo-se de pleno direito o título executivo judicial em relação à parcela incontroversa.

§ 8.º Rejeitados os embargos, constituir-se-á de pleno direito o título executivo judicial, prosseguindo-se o processo em observância ao disposto no Título II do Livro I da Parte Especial, no que for cabível.

§ 9.º Cabe apelação contra a sentença que acolhe ou rejeita os embargos.

>>> *Vide* arts. 1.009 e s. do CPC.

§ 10. O juiz condenará o autor de ação monitória proposta indevidamente e de má-fé ao pagamento, em favor do réu, de multa de até dez por cento sobre o valor da causa.

§ 11. O juiz condenará o réu que de má-fé opuser embargos à ação monitória ao pagamento de multa de até dez por cento sobre o valor atribuído à causa, em favor do autor.

Capítulo XII
DA HOMOLOGAÇÃO DO PENHOR LEGAL

>> Os arts. 1.467 a 1.472 do CC dispõem sobre penhor legal.

Art. 703. Tomado o penhor legal nos casos previstos em lei, requererá o credor, ato contínuo, a homologação.

§ 1.º Na petição inicial, instruída com o contrato de locação ou a conta pormenorizada das despesas, a tabela dos preços e a relação dos objetos retidos, o credor pedirá a citação do devedor para pagar ou contestar na audiência preliminar que for designada.

§ 2.º A homologação do penhor legal poderá ser promovida pela via extrajudicial mediante requerimento, que conterá os requisitos previstos no § 1.º deste artigo, do credor a notário de sua livre escolha.

§ 3.º Recebido o requerimento, o notário promoverá a notificação extrajudicial do devedor para, no prazo de 5 (cinco) dias, pagar o débito ou impugnar sua cobrança, alegando por escrito uma das causas previstas no art. 704, hipótese em que o procedimento será encaminhado ao juízo competente para decisão.

§ 4.º Transcorrido o prazo sem manifestação do devedor, o notário formalizará a homologação do penhor legal por escritura pública.

Art. 704. A defesa só pode consistir em:

I – nulidade do processo;

II – extinção da obrigação;

III – não estar a dívida compreendida entre as previstas em lei ou não estarem os bens sujeitos a penhor legal;

IV – alegação de haver sido ofertada caução idônea, rejeitada pelo credor.

Art. 705. A partir da audiência preliminar, observar-se-á o procedimento comum.

Art. 706. Homologado judicialmente o penhor legal, consolidar-se-á a posse do autor sobre o objeto.

§ 1.º Negada a homologação, o objeto será entregue ao réu, ressalvado ao autor o direito de cobrar a dívida pelo procedimento comum, salvo se acolhida a alegação de extinção da obrigação.

§ 2.º Contra a sentença caberá apelação, e, na pendência de recurso, poderá o relator ordenar que a coisa permaneça depositada ou em poder do autor.

Capítulo XIII
DA REGULAÇÃO DE AVARIA GROSSA

Art. 707. Quando inexistir consenso acerca da nomeação de um regulador de avarias, o juiz de direito da comarca do primeiro porto onde o navio houver chegado, provocado por qualquer parte interessada, nomeará um de notório conhecimento.

>> *Vide* art. 783 do CCom.

Art. 708. O regulador declarará justificadamente se os danos são passíveis de rateio na forma de avaria grossa e exigirá das partes envolvidas a apresentação de garantias idôneas para que possam ser liberadas as cargas aos consignatários.

>> *Vide* art. 784 do CCom.

§ 1.º A parte que não concordar com o regulador quanto à declaração de abertura da avaria grossa deverá justificar suas razões ao juiz, que decidirá no prazo de 10 (dez) dias.

§ 2.º Se o consignatário não apresentar garantia idônea a critério do regulador, este fixará o valor da contribuição provisória com base nos fatos narrados e nos documentos que instruírem a petição inicial, que deverá ser caucionado sob a forma de depósito judicial ou de garantia bancária.

§ 3.º Recusando-se o consignatário a prestar caução, o regulador requererá ao juiz a alienação judicial de sua carga na forma dos arts. 879 a 903.

§ 4.º É permitido o levantamento, por alvará, das quantias necessárias ao pagamento das despesas da alienação a serem arcadas pelo consignatário, mantendo-se o saldo remanescente em depósito judicial até o encerramento da regulação.

Art. 709. As partes deverão apresentar nos autos os documentos necessários à regulação da avaria grossa em prazo razoável a ser fixado pelo regulador.

Art. 710. O regulador apresentará o regulamento da avaria grossa no prazo de até 12 (doze) meses, contado da data da entrega dos documentos nos autos pelas partes, podendo o prazo ser estendido a critério do juiz.

§ 1.º Oferecido o regulamento da avaria grossa, dele terão vista as partes pelo prazo comum de 15 (quinze) dias, e, não havendo impugnação, o regulamento será homologado por sentença.

§ 2.º Havendo impugnação ao regulamento, o juiz decidirá no prazo de 10 (dez) dias, após a oitiva do regulador.

Art. 711. Aplicam-se ao regulador de avarias os arts. 156 a 158, no que couber.

Capítulo XIV
DA RESTAURAÇÃO DE AUTOS

Art. 712. Verificado o desaparecimento dos autos, eletrônicos ou não, pode o juiz, de ofício, qualquer das partes ou o Ministério Público, se for o caso, promover-lhes a restauração.

> *Vide* art. 47 da Lei n. 6.515, de 26-12-1977 (Lei do Divórcio).

Parágrafo único. Havendo autos suplementares, nesses prosseguirá o processo.

Art. 713. Na petição inicial, declarará a parte o estado do processo ao tempo do desaparecimento dos autos, oferecendo:

I – certidões dos atos constantes do protocolo de audiências do cartório por onde haja corrido o processo;

II – cópia das peças que tenha em seu poder;

III – qualquer outro documento que facilite a restauração.

Art. 714. A parte contrária será citada para contestar o pedido no prazo de 5 (cinco) dias, cabendo-lhe exibir as cópias, as contrafés e as reproduções dos atos e dos documentos que estiverem em seu poder.

§ 1.º Se a parte concordar com a restauração, lavrar-se-á o auto que, assinado pelas partes e homologado pelo juiz, suprirá o processo desaparecido.

§ 2.º Se a parte não contestar ou se a concordância for parcial, observar-se-á o procedimento comum.

Art. 715. Se a perda dos autos tiver ocorrido depois da produção das provas em audiência, o juiz, se necessário, mandará repeti-las.

§ 1.º Serão reinquiridas as mesmas testemunhas, que, em caso de impossibilidade, poderão ser substituídas de ofício ou a requerimento.

§ 2.º Não havendo certidão ou cópia do laudo, far-se-á nova perícia, sempre que possível pelo mesmo perito.

§ 3.º Não havendo certidão de documentos, esses serão reconstituídos mediante cópias ou, na falta dessas, pelos meios ordinários de prova.

§ 4.º Os serventuários e os auxiliares da justiça não podem eximir-se de depor como testemunhas a respeito de atos que tenham praticado ou assistido.

§ 5.º Se o juiz houver proferido sentença da qual ele próprio ou o escrivão possua cópia, esta será juntada aos autos e terá a mesma autoridade da original.

Art. 716. Julgada a restauração, seguirá o processo os seus termos.

Parágrafo único. Aparecendo os autos originais, neles se prosseguirá, sendo-lhes apensados os autos da restauração.

Art. 717. Se o desaparecimento dos autos tiver ocorrido no tribunal, o processo de restauração será distribuído, sempre que possível, ao relator do processo.

§ 1.º A restauração far-se-á no juízo de origem quanto aos atos nele realizados.

§ 2.º Remetidos os autos ao tribunal, nele completar-se-á a restauração e proceder-se-á ao julgamento.

Art. 718. Quem houver dado causa ao desaparecimento dos autos responderá pelas custas da restauração e pelos honorários de advogado, sem prejuízo da responsabilidade civil ou penal em que incorrer.

> *Vide* art. 81 do CPC.

Capítulo XV
DOS PROCEDIMENTOS DE JURISDIÇÃO VOLUNTÁRIA

Seção I
Disposições Gerais

Art. 719. Quando este Código não estabelecer procedimento especial, regem os procedimentos de jurisdição voluntária as disposições constantes desta *Seção*.

>> *Vide* art. 215, I, do CPC.

Art. 720. O procedimento terá início por provocação do interessado, do Ministério Público ou da Defensoria Pública, cabendo-lhes formular o pedido devidamente instruído com os documentos necessários e com a indicação da providência judicial.

Art. 721. Serão citados todos os interessados, bem como intimado o Ministério Público, nos casos do art. 178, para que se manifestem, querendo, no prazo de 15 (quinze) dias.

>> *Vide* art. 279, § 1.º, do CPC.

Art. 722. A Fazenda Pública será sempre ouvida nos casos em que tiver interesse.

Art. 723. O juiz decidirá o pedido no prazo de 10 (dez) dias.

Parágrafo único. O juiz não é obrigado a observar critério de legalidade estrita, podendo adotar em cada caso a solução que considerar mais conveniente ou oportuna.

Art. 724. Da sentença caberá apelação.

Art. 725. Processar-se-á na forma estabelecida nesta Seção o pedido de:

I – emancipação;

> *Vide* arts. 5.º, parágrafo único, I, e 9.º, II, do CC.

> *Vide* arts. 89 e s. da LRP.

II – sub-rogação;

III – alienação, arrendamento ou oneração de bens de crianças ou adolescentes, de órfãos e de interditos;

IV – alienação, locação e administração da coisa comum;

V – alienação de quinhão em coisa comum;

VI – extinção de usufruto, quando não decorrer da morte do usufrutuário, do termo da sua duração ou da consolidação, e de fideicomisso, quando decorrer de renúncia ou quando ocorrer antes do evento que caracterizar a condição resolutória;

VII – expedição de alvará judicial;

VIII – homologação de autocomposição extrajudicial, de qualquer natureza ou valor.

Parágrafo único. As normas desta Seção aplicam-se, no que couber, aos procedimentos regulados nas seções seguintes.

Seção II
Da Notificação e da Interpelação

Art. 726. Quem tiver interesse em manifestar formalmente sua vontade a outrem sobre assunto juridicamente relevante poderá notificar pessoas participantes da mesma relação jurídica para dar-lhes ciência de seu propósito.

§ 1.º Se a pretensão for a de dar conhecimento geral ao público, mediante edital, o juiz só a deferirá se a tiver por fundada e necessária ao resguardo de direito.

§ 2.º Aplica-se o disposto nesta Seção, no que couber, ao protesto judicial.

Art. 727. Também poderá o interessado interpelar o requerido, no caso do art. 726, para que faça ou deixe de fazer o que o requerente entenda ser de seu direito.

Art. 728. O requerido será previamente ouvido antes do deferimento da notificação ou do respectivo edital:

I – se houver suspeita de que o requerente, por meio da notificação ou do edital, pretende alcançar fim ilícito;

II – se tiver sido requerida a averbação da notificação em registro público.

Art. 729. Deferida e realizada a notificação ou interpelação, os autos serão entregues ao requerente.

Seção III
Da Alienação Judicial

Art. 730. Nos casos expressos em lei, não havendo acordo entre os interessados sobre o modo como se deve realizar a alienação do bem, o juiz, de ofício ou a requerimento dos interessados ou do depositário, mandará aliená-lo em leilão, observando-se o disposto na Seção I deste Capítulo e, no que couber, o disposto nos arts. 879 a 903.

> *Vide* Decreto-lei n. 911, de 1.º-10-1969, sobre alienação fiduciária.

Seção IV
Do Divórcio e da Separação Consensuais, da Extinção Consensual de União Estável e da Alteração do Regime de Bens do Matrimônio

Art. 731. A homologação do divórcio ou da separação consensuais, observados os requisitos legais, poderá ser requerida em petição assinada por ambos os cônjuges, da qual constarão:

>> A Emenda Constitucional n. 66, de 13-7-2010, instituiu o divórcio direto.

I – as disposições relativas à descrição e à partilha dos bens comuns;

II – as disposições relativas à pensão alimentícia entre os cônjuges;

>> *Vide* art. 5.º, I, da CF.

> *Vide* art. 4.º da Lei n. 6.515, de 26-12-1977 (Lei do Divórcio).

> *Vide* arts. 1.694 e s. do CC.

III – o acordo relativo à guarda dos filhos incapazes e ao regime de visitas; e

>> *Vide* art. 15 da Lei n. 6.515, de 26-12-1977 (Lei do Divórcio).

>> *Vide* arts. 1.583 e s. do CC (guarda dos filhos).

IV – o valor da contribuição para criar e educar os filhos.

>> *Vide* art. 20 da Lei n. 6.515, de 26-12-1977 (Lei do Divórcio).

Parágrafo único. Se os cônjuges não acordarem sobre a partilha dos bens, far-se-á esta depois de homologado o divórcio, na forma estabelecida nos arts. 647 a 658.

Art. 732. As disposições relativas ao processo de homologação judicial de divórcio ou de separação consensuais aplicam-se, no que couber, ao processo de homologação da extinção consensual de união estável.

> União estável: arts. 1.723 e s. do CC.

Art. 733. O divórcio consensual, a separação consensual e a extinção consensual de união estável, não havendo nascituro ou filhos incapazes e observados os requisitos legais, poderão ser realizados por escritura pública, da qual constarão as disposições de que trata o art. 731.

>> A Emenda Constitucional n. 66, de 13-7-2010, instituiu o divórcio direto.

>> *Vide* Resolução n. 35, de 24-4-2007, do CNJ.

§ 1.º A escritura não depende de homologação judicial e constitui título hábil para qualquer ato de registro, bem como para levantamento de importância depositada em instituições financeiras.

§ 2.º O tabelião somente lavrará a escritura se os interessados estiverem assistidos por advogado ou por defensor público, cuja qualificação e assinatura constarão do ato notarial.

> O Provimento OAB n. 118, de 7-5-2007, disciplina as atividades profissionais dos advogados em escrituras públicas de inventários, partilhas e divórcios.

Art. 734. A alteração do regime de bens do casamento, observados os requisitos legais, poderá ser requerida, motivadamente, em petição assinada por ambos os cônjuges, na qual serão expostas as razões que justificam a alteração, ressalvados os direitos de terceiros.

>> *Vide* art. 1.639, § 2.º, do CC.

§ 1.º Ao receber a petição inicial, o juiz determinará a intimação do Ministério Público e a publicação de edital que divulgue a pretendida alteração de bens, somente podendo decidir depois de decorrido o prazo de 30 (trinta) dias da publicação do edital.

§ 2.º Os cônjuges, na petição inicial ou em petição avulsa, podem propor ao juiz meio alternativo de divulgação da alteração do regime de bens, a fim de resguardar direitos de terceiros.

§ 3.º Após o trânsito em julgado da sentença, serão expedidos mandados de averbação aos cartórios de registro civil e de imóveis e, caso qualquer dos cônjuges seja empresário, ao Registro Público de Empresas Mercantis e Atividades Afins.

Seção V
Dos Testamentos e dos Codicilos

Art. 735. Recebendo testamento cerrado, o juiz, se não achar vício externo que o torne suspeito de nulidade ou falsidade, o abrirá e mandará que o escrivão o leia em presença do apresentante.

>> *Vide* art. 214, I, do CPC.

> Os arts. 1.868 a 1.875 do CC dispõem sobre o testamento cerrado.

§ 1.º Do termo de abertura constarão o nome do apresentante e como ele obteve o testamento, a data e o lugar do falecimento do testador, com as respectivas provas, e qualquer circunstância digna de nota.

§ 2.º Depois de ouvido o Ministério Público, não havendo dúvidas a serem esclarecidas, o juiz mandará registrar, arquivar e cumprir o testamento.

§ 3.º Feito o registro, será intimado o testamenteiro para assinar o termo da testamentária.

§ 4.º Se não houver testamenteiro nomeado ou se ele estiver ausente ou não aceitar o encargo, o juiz nomeará testamenteiro dativo, observando-se a preferência legal.

§ 5.º O testamenteiro deverá cumprir as disposições testamentárias e prestar contas em juízo do que recebeu e despendeu, observando-se o disposto em lei.

>> *Vide* art. 1.980 do CC.

Art. 736. Qualquer interessado, exibindo o traslado ou a certidão de testamento público, poderá requerer ao juiz que ordene o seu cumprimento, observando-se, no que couber, o disposto nos parágrafos do art. 735.

Art. 737. A publicação do testamento particular poderá ser requerida, depois da morte do testador, pelo herdeiro, pelo legatário ou pelo testamenteiro, bem como pelo terceiro detentor do testamento, se impossibilitado de entregá-lo a algum dos outros legitimados para requerê-la.

> O art. 1.878 do CC dispõe que, morto o testador, publicar-se-á em juízo o testamento, com citação dos herdeiros legítimos.

§ 1.º Serão intimados os herdeiros que não tiverem requerido a publicação do testamento.

§ 2.º Verificando a presença dos requisitos da lei, ouvido o Ministério Público, o juiz confirmará o testamento.

§ 3.º Aplica-se o disposto neste artigo ao codicilo e aos testamentos marítimo, aeronáutico, militar e nuncupativo.

§ 4.º Observar-se-á, no cumprimento do testamento, o disposto nos parágrafos do art. 735.

Seção VI
Da Herança Jacente

Art. 738. Nos casos em que a lei considere jacente a herança, o juiz em cuja comarca tiver domicílio o falecido procederá imediatamente à arrecadação dos respectivos bens.

> Os arts. 1.819 a 1.823 do CC tratam da herança jacente.

Art. 739. A herança jacente ficará sob a guarda, a conservação e a administração de um curador até a respectiva entrega ao sucessor legalmente habilitado ou até a declaração de vacância.

>> *Vide* art. 75, VI, do CPC.

§ 1.º Incumbe ao curador:

>> *Vide* art. 739 do CPC.

I – representar a herança em juízo ou fora dele, com intervenção do Ministério Público;

>> *Vide* art. 75, VI, do CPC.

II – ter em boa guarda e conservação os bens arrecadados e promover a arrecadação de outros porventura existentes;

III – executar as medidas conservatórias dos direitos da herança;

IV – apresentar mensalmente ao juiz balancete da receita e da despesa;

V – prestar contas ao final de sua gestão.

§ 2.º Aplica-se ao curador o disposto nos arts. 159 a 161.

Art. 740. O juiz ordenará que o oficial de justiça, acompanhado do escrivão ou do chefe de secretaria e do curador, arrole os bens e descreva-os em auto circunstanciado.

§ 1.º Não podendo comparecer ao local, o juiz requisitará à autoridade policial que proceda à arrecadação e ao arrolamento dos bens, com 2 (duas) testemunhas, que assistirão às diligências.

§ 2.º Não estando ainda nomeado o curador, o juiz designará depositário e lhe entregará os bens, mediante simples termo nos autos, depois de compromissado.

§ 3.º Durante a arrecadação, o juiz ou a autoridade policial inquirirá os moradores da casa e da vizinhança sobre a qualificação do falecido, o paradeiro de seus sucessores e a existência de outros bens, lavrando-se de tudo auto de inquirição e informação.

§ 4.º O juiz examinará reservadamente os papéis, as cartas missivas e os livros domésticos e, verificando que não apresentam interesse, mandará empacotá-los e lacrá-los para serem assim entregues aos sucessores do falecido ou queimados quando os bens forem declarados vacantes.

§ 5.º Se constar ao juiz a existência de bens em outra comarca, mandará expedir carta precatória a fim de serem arrecadados.

§ 6.º Não se fará a arrecadação, ou essa será suspensa, quando, iniciada, apresentarem-se para reclamar os bens o cônjuge ou companheiro, o herdeiro ou o testamenteiro notoriamente reconhecido e não houver oposição motivada do curador, de qualquer interessado, do Ministério Público ou do representante da Fazenda Pública.

Art. 741. Ultimada a arrecadação, o juiz mandará expedir edital, que será publicado na rede mundial de computadores, no sítio do tribunal a que estiver vinculado o juízo e na plataforma de editais do Conselho Nacional de Justiça, onde permanecerá por 3 (três) meses, ou, não havendo sítio, no órgão oficial e na imprensa da comarca, por 3 (três) vezes com intervalos de 1 (um) mês, para que os sucessores do falecido venham a habilitar-se no prazo de 6 (seis) meses contado da primeira publicação.

§ 1.º Verificada a existência de sucessor ou de testamenteiro em lugar certo, far-se-á a sua citação, sem prejuízo do edital.

§ 2.º Quando o falecido for estrangeiro, será também comunicado o fato à autoridade consular.

§ 3.º Julgada a habilitação do herdeiro, reconhecida a qualidade do testamenteiro ou provada a identidade do cônjuge ou companheiro, a arrecadação converter-se-á em inventário.

§ 4.º Os credores da herança poderão habilitar-se como nos inventários ou propor a ação de cobrança.

Art. 742. O juiz poderá autorizar a alienação:

> *Vide* art. 730 do CPC.

I – de bens móveis, se forem de conservação difícil ou dispendiosa;

II – de semoventes, quando não empregados na exploração de alguma indústria;

III – de títulos e papéis de crédito, havendo fundado receio de depreciação;

IV – de ações de sociedade quando, reclamada a integralização, não dispuser a herança de dinheiro para o pagamento;

V – de bens imóveis:

a) se ameaçarem ruína, não convindo a reparação;

b) se estiverem hipotecados e vencer-se a dívida, não havendo dinheiro para o pagamento.

§ 1.º Não se procederá, entretanto, à venda se a Fazenda Pública ou o habilitando adiantar a importância para as despesas.

§ 2.º Os bens com valor de afeição, como retratos, objetos de uso pessoal, livros e obras de arte, só serão alienados depois de declarada a vacância da herança.

Art. 743. Passado 1 (um) ano da primeira publicação do edital e não havendo herdeiro habilitado nem habilitação pendente, será a herança declarada vacante.

>> *Vide* arts. 1.822 e 1.823 do CC.

§ 1.º Pendendo habilitação, a vacância será declarada pela mesma sentença que a julgar improcedente, aguardando-se, no caso de serem diversas as habilitações, o julgamento da última.

§ 2.º Transitada em julgado a sentença que declarou a vacância, o cônjuge, o companheiro, os herdeiros e os credores só poderão reclamar o seu direito por ação direta.

Seção VII
Dos Bens dos Ausentes

Art. 744. Declarada a ausência nos casos previstos em lei, o juiz mandará arrecadar os bens do ausente e nomear-lhes-á curador na forma estabelecida na Seção VI, observando-se o disposto em lei.

>> *Vide* art. 71 do CPC.

> O art. 22 do CC trata da curadoria dos bens dos ausentes.

> A Lei n. 9.140, de 4-12-1995, reconhece como mortas pessoas desaparecidas em razão de participação, ou acusação de participação, em atividades políticas, no período de 2-9-1961 a 5-10-1988.

Art. 745. Feita a arrecadação, o juiz mandará publicar editais na rede mundial de computadores, no sítio do tribunal a que estiver vinculado e na plataforma de editais do Conselho Nacional de Justiça, onde permanecerá por 1 (um) ano, ou, não havendo sítio, no órgão oficial e na imprensa da comarca, durante 1 (um) ano, reproduzida de 2 (dois) em 2 (dois) meses, anunciando a arrecadação e chamando o ausente a entrar na posse de seus bens.

§ 1.º Findo o prazo previsto no edital, poderão os interessados requerer a abertura da sucessão provisória, observando-se o disposto em lei.

§ 2.º O interessado, ao requerer a abertura da sucessão provisória, pedirá a citação pessoal dos herdeiros presentes e do curador e, por editais, a dos ausentes para requererem habilitação, na forma dos arts. 689 a 692.

§ 3.º Presentes os requisitos legais, poderá ser requerida a conversão da sucessão provisória em definitiva.

§ 4.º Regressando o ausente ou algum de seus descendentes ou ascendentes para requerer ao juiz a entrega de bens, serão citados para contestar o pedido os sucessores provisórios ou definitivos, o Ministério Público e o representante da Fazenda Pública, seguindo-se o procedimento comum.

Seção VIII
Das Coisas Vagas

Art. 746. Recebendo do descobridor coisa alheia perdida, o juiz mandará lavrar o respectivo auto, do qual constará a descrição do bem e as declarações do descobridor.

>> Os arts. 1.233 a 1.237 do CC dispõem sobre descoberta.

> O art. 169, parágrafo único, I, do CP dispõe sobre crime de apropriação de tesouro.

§ 1.º Recebida a coisa por autoridade policial, esta a remeterá em seguida ao juízo competente.

§ 2.º Depositada a coisa, o juiz mandará publicar edital na rede mundial de computadores, no sítio do tribunal a que estiver vinculado e na plataforma de editais do Conselho Nacional de Justiça ou, não havendo sítio, no órgão oficial e na imprensa da comarca, para que o dono ou o legítimo possuidor a reclame, salvo se se tratar de coisa de pequeno valor e não for possível a publicação no sítio do tribunal, caso em que o edital será apenas afixado no átrio do edifício do fórum.

§ 3.º Observar-se-á, quanto ao mais, o disposto em lei.

Seção IX
Da Interdição

Art. 747. A interdição pode ser promovida:

I – pelo cônjuge ou companheiro;

II – pelos parentes ou tutores;

> *Vide* art. 5.º, I, da CF.

III – pelo representante da entidade em que se encontra abrigado o interditando;

IV – pelo Ministério Público.

Parágrafo único. A legitimidade deverá ser comprovada por documentação que acompanhe a petição inicial.

Art. 748. O Ministério Público só promoverá interdição em caso de doença mental grave:

I – se as pessoas designadas nos incisos I, II e III do art. 747 não existirem ou não promoverem a interdição;

II – se, existindo, forem incapazes as pessoas mencionadas nos incisos I e II do art. 747.

Art. 749. Incumbe ao autor, na petição inicial, especificar os fatos que demonstram a incapacidade do interditando para administrar seus bens e, se for o caso, para praticar atos da vida civil, bem como o momento em que a incapacidade se revelou.

Parágrafo único. Justificada a urgência, o juiz pode nomear curador provisório ao interditando para a prática de determinados atos.

> *Vide* art. 1.767 do CC.

Art. 750. O requerente deverá juntar laudo médico para fazer prova de suas alegações ou informar a impossibilidade de fazê-lo.

Art. 751. O interditando será citado para, em dia designado, comparecer perante o juiz, que o entrevistará minuciosamente acerca de sua vida, negócios, bens, vontades, preferências e laços familiares e afetivos e sobre o que mais lhe parecer necessário para convencimento quanto à sua capacidade para praticar atos da vida civil, devendo ser reduzidas a termo as perguntas e respostas.

§ 1.º Não podendo o interditando deslocar-se, o juiz o ouvirá no local onde estiver.

§ 2.º A entrevista poderá ser acompanhada por especialista.

§ 3.º Durante a entrevista, é assegurado o emprego de recursos tecnológicos capazes de permitir ou de auxiliar o interditando a expressar suas vontades e preferências e a responder às perguntas formuladas.

§ 4.º A critério do juiz, poderá ser requisitada a oitiva de parentes e de pessoas próximas.

Art. 752. Dentro do prazo de 15 (quinze) dias contado da entrevista, o interditando poderá impugnar o pedido.

§ 1.º O Ministério Público intervirá como fiscal da ordem jurídica.

§ 2.º O interditando poderá constituir advogado, e, caso não o faça, deverá ser nomeado curador especial.

§ 3.º Caso o interditando não constitua advogado, o seu cônjuge, companheiro ou qualquer parente sucessível poderá intervir como assistente.

Art. 753. Decorrido o prazo previsto no art. 752, o juiz determinará a produção de prova pericial para avaliação da capacidade do interditando para praticar atos da vida civil.

§ 1.º A perícia pode ser realizada por equipe composta por expertos com formação multidisciplinar.

§ 2.º O laudo pericial indicará especificadamente, se for o caso, os atos para os quais haverá necessidade de curatela.

Art. 754. Apresentado o laudo, produzidas as demais provas e ouvidos os interessados, o juiz proferirá sentença.

Art. 755. Na sentença que decretar a interdição, o juiz:

I – nomeará curador, que poderá ser o requerente da interdição, e fixará os limites da curatela, segundo o estado e o desenvolvimento mental do interdito;

> *Vide* art. 1.767 do CC.

II – considerará as características pessoais do interdito, observando suas potencialidades, habilidades, vontades e preferências.

§ 1.º A curatela deve ser atribuída a quem melhor possa atender aos interesses do curatelado.

§ 2.º Havendo, ao tempo da interdição, pessoa incapaz sob a guarda e a responsabilidade do interdito, o juiz atribuirá a curatela a quem melhor puder atender aos interesses do interdito e do incapaz.

§ 3.º A sentença de interdição será inscrita no registro de pessoas naturais e imediatamente publicada na rede mundial de computadores, no sítio do tribunal a que estiver vinculado o juízo e na plataforma de editais do Conselho Nacional de Justiça, onde permanecerá por 6 (seis) meses, na imprensa local, 1 (uma) vez, e no órgão oficial, por 3 (três) vezes, com intervalo de 10 (dez) dias, constando do edital os nomes do interdito e do curador, a causa da interdição, os limites da curatela e, não sendo total a interdição, os atos que o interdito poderá praticar autonomamente.

> *Vide* art. 9.º, III, do CC.

> *Vide* arts. 29, V, e 92 da LRP.

Art. 756. Levantar-se-á a curatela quando cessar a causa que a determinou.

§ 1.º O pedido de levantamento da curatela poderá ser feito pelo interdito, pelo curador ou pelo Ministério Público e será apensado aos autos da interdição.

§ 2.º O juiz nomeará perito ou equipe multidisciplinar para proceder ao exame do interdito e designará audiência de instrução e julgamento após a apresentação do laudo.

§ 3.º Acolhido o pedido, o juiz decretará o levantamento da interdição e determinará a publicação da sentença, após o trânsito em julgado, na forma do art. 755, § 3.º, ou, não sendo possível, na imprensa local e no órgão oficial, por 3 (três) vezes, com intervalo de 10 (dez) dias, seguindo-se a averbação no registro de pessoas naturais.

§ 4.º A interdição poderá ser levantada parcialmente quando demonstrada a capacidade do interdito para praticar alguns atos da vida civil.

Art. 757. A autoridade do curador estende-se à pessoa e aos bens do incapaz que se encontrar sob a guarda e a responsabilidade do curatelado ao tempo da interdição, salvo se o juiz considerar outra solução como mais conveniente aos interesses do incapaz.

Art. 758. O curador deverá buscar tratamento e apoio apropriados à conquista da autonomia pelo interdito.

Seção X
Disposições Comuns à Tutela e à Curatela

Art. 759. O tutor ou o curador será intimado a prestar compromisso no prazo de 5 (cinco) dias contado da:

I – nomeação feita em conformidade com a lei;

II – intimação do despacho que mandar cumprir o testamento ou o instrumento público que o houver instituído.

> *Vide* art. 32 da Lei n. 8.069, de 13-7-1990 (ECA).

§ 1.º O tutor ou o curador prestará o compromisso por termo em livro rubricado pelo juiz.

> *Vide* art. 37 da Lei n. 8.069, de 13-7-1990 (ECA).

§ 2.º Prestado o compromisso, o tutor ou o curador assume a administração dos bens do tutelado ou do interditado.

Art. 760. O tutor ou o curador poderá eximir-se do encargo apresentando escusa ao juiz no prazo de 5 (cinco) dias contado:

> *Vide* art. 1.738 do CC.

I – antes de aceitar o encargo, da intimação para prestar compromisso;

II – depois de entrar em exercício, do dia em que sobrevier o motivo da escusa.

§ 1.º Não sendo requerida a escusa no prazo estabelecido neste artigo, considerar-se-á renunciado o direito de alegá-la.

§ 2.º O juiz decidirá de plano o pedido de escusa, e, não o admitindo, exercerá o nomeado a tutela ou a curatela enquanto não for dispensado por sentença transitada em julgado.

> *Vide* art. 1.739 do CC.

Art. 761. Incumbe ao Ministério Público ou a quem tenha legítimo interesse requerer, nos casos previstos em lei, a remoção do tutor ou do curador.

> *Vide* arts. 201, III e IV, da Lei n. 8.069, de 13-7-1990 (ECA).

Parágrafo único. O tutor ou o curador será citado para contestar a arguição no prazo de 5 (cinco) dias, findo o qual observar-se-á o procedimento comum.

Art. 762. Em caso de extrema gravidade, o juiz poderá suspender o tutor ou o curador do exercício de suas funções, nomeando substituto interino.

Art. 763. Cessando as funções do tutor ou do curador pelo decurso do prazo em que era obrigado a servir, ser-lhe-á lícito requerer a exoneração do encargo.

§ 1.º Caso o tutor ou o curador não requeira a exoneração do encargo dentro dos 10 (dez) dias seguintes à expiração do termo, entender-se-á reconduzido, salvo se o juiz o dispensar.

§ 2.º Cessada a tutela ou a curatela, é indispensável a prestação de contas pelo tutor ou pelo curador, na forma da lei civil.

Seção XI
Da Organização e da Fiscalização das Fundações

Art. 764. O juiz decidirá sobre a aprovação do estatuto das fundações e de suas alterações sempre que o requeira o interessado, quando:

I – ela for negada previamente pelo Ministério Público ou por este forem exigidas modificações com as quais o interessado não concorde;

>> *Vide* art. 67, III, do CC.

II – o interessado discordar do estatuto elaborado pelo Ministério Público.

§ 1.º O estatuto das fundações deve observar o disposto na Lei n. 10.406, de 10 de janeiro de 2002 (Código Civil).

>> *Vide* arts. 62 a 69 do CC.

§ 2.º Antes de suprir a aprovação, o juiz poderá mandar fazer no estatuto modificações a fim de adaptá-lo ao objetivo do instituidor.

Art. 765. Qualquer interessado ou o Ministério Público promoverá em juízo a extinção da fundação quando:

I – se tornar ilícito o seu objeto;

II – for impossível a sua manutenção;

III – vencer o prazo de sua existência.

> O art. 69 do CC dispõe sobre a extinção da fundação.

Seção XII
Da Ratificação dos Protestos Marítimos e dos Processos Testemunháveis Formados a Bordo

Art. 766. Todos os protestos e os processos testemunháveis formados a bordo e lançados no livro Diário da Navegação deverão ser apresentados pelo comandante ao juiz de direito do primeiro porto, nas primeiras 24 (vinte e quatro) horas de chegada da embarcação, para sua ratificação judicial.

Art. 767. A petição inicial conterá a transcrição dos termos lançados no livro Diário da Navegação e deverá ser instruída com cópias das páginas que contenham os termos que serão ratificados, dos documentos de identificação do comandante e das testemunhas arroladas, do rol de tripulantes, do documento de registro da embarcação e, quando for o caso, do manifesto das cargas sinistradas e a qualificação de seus consignatários, traduzidos, quando for o caso, de forma livre para o português.

Art. 768. A petição inicial deverá ser distribuída com urgência e encaminhada ao juiz, que ouvirá, sob compromisso a ser prestado no mesmo dia, o comandante e as testemunhas em número mínimo de 2 (duas) e máximo de 4 (quatro), que deverão comparecer ao ato independentemente de intimação.

§ 1.º Tratando-se de estrangeiros que não dominem a língua portuguesa, o autor deverá fazer-se acompanhar por tradutor, que prestará compromisso em audiência.

§ 2.º Caso o autor não se faça acompanhar por tradutor, o juiz deverá nomear outro que preste compromisso em audiência.

Art. 769. Aberta a audiência, o juiz mandará apregoar os consignatários das cargas indicados na petição inicial e outros eventuais interessados, nomeando para os ausentes curador para o ato.

Art. 770. Inquiridos o comandante e as testemunhas, o juiz, convencido da veracidade dos termos lançados no Diário da Navegação, em audiência, ratificará por sentença o protesto ou o processo testemunhável lavrado a bordo, dispensado o relatório.

Parágrafo único. Independentemente do trânsito em julgado, o juiz determinará a entrega dos autos ao autor ou ao seu advogado, mediante a apresentação de traslado.

Livro II
DO PROCESSO DE EXECUÇÃO

Título I
DA EXECUÇÃO EM GERAL

Capítulo I
DISPOSIÇÕES GERAIS

Art. 771. Este Livro regula o procedimento da execução fundada em título extrajudicial, e suas disposições aplicam-se, também, no que couber, aos procedimentos especiais de execução, aos atos executivos realizados no procedimento de cumprimento de sentença, bem como aos efeitos de atos ou fatos processuais a que a lei atribuir força executiva.

>> *Vide* arts. 783 a 785 do CPC.

Parágrafo único. Aplicam-se subsidiariamente à execução as disposições do Livro I da Parte Especial.

> *Vide* Súmula 196 do STJ.

Art. 772. O juiz pode, em qualquer momento do processo:

I – ordenar o comparecimento das partes;

II – advertir o executado de que seu procedimento constitui ato atentatório à dignidade da justiça;

III – determinar que sujeitos indicados pelo exequente forneçam informações em geral relacionadas ao objeto da execução, tais como documentos e dados que tenham em seu poder, assinando-lhes prazo razoável.

Art. 773. O juiz poderá, de ofício ou a requerimento, determinar as medidas necessárias ao cumprimento da ordem de entrega de documentos e dados.

Parágrafo único. Quando, em decorrência do disposto neste artigo, o juízo receber dados sigilosos para os fins da execução, o juiz adotará as medidas necessárias para assegurar a confidencialidade.

Art. 774. Considera-se atentatória à dignidade da justiça a conduta comissiva ou omissiva do executado que:

> *Vide* art. 847, § 2.º, do CPC.

I – frauda a execução;

> *Vide* art. 792 do CPC.

II – se opõe maliciosamente à execução, empregando ardis e meios artificiosos;

III – dificulta ou embaraça a realização da penhora;

IV – resiste injustificadamente às ordens judiciais;

V – intimado, não indica ao juiz quais são e onde estão os bens sujeitos à penhora e os respectivos valores, nem exibe prova de sua propriedade e, se for o caso, certidão negativa de ônus.

Parágrafo único. Nos casos previstos neste artigo, o juiz fixará multa em montante não superior a vinte por cento do valor atualizado do débito em execução, a qual será revertida em proveito do exequente, exigível nos próprios autos do processo, sem prejuízo de outras sanções de natureza processual ou material.

Art. 775. O exequente tem o direito de desistir de toda a execução ou de apenas alguma medida executiva.

>> *Vide* art. 200, parágrafo único, do CPC.

Parágrafo único. Na desistência da execução, observar-se-á o seguinte:

I – serão extintos a impugnação e os embargos que versarem apenas sobre questões processuais, pagando o exequente as custas processuais e os honorários advocatícios;

II – nos demais casos, a extinção dependerá da concordância do impugnante ou do embargante.

Art. 776. O exequente ressarcirá ao executado os danos que este sofreu, quando a sentença, transitada em julgado, declarar inexistente, no todo ou em parte, a obrigação que ensejou a execução.

Art. 777. A cobrança de multas ou de indenizações decorrentes de litigância de má-fé ou de prática de ato atentatório à dignidade da justiça será promovida nos próprios autos do processo.

Capítulo II
DAS PARTES

Art. 778. Pode promover a execução forçada o credor a quem a lei confere título executivo.

>> *Vide* arts. 783 a 785 do CPC.

§ 1.º Podem promover a execução forçada ou nela prosseguir, em sucessão ao exequente originário:

I – o Ministério Público, nos casos previstos em lei;

II – o espólio, os herdeiros ou os sucessores do credor, sempre que, por morte deste, lhes for transmitido o direito resultante do título executivo;

III – o cessionário, quando o direito resultante do título executivo lhe for transferido por ato entre vivos;

>> *Vide* art. 109, § 1.º, do CPC.

IV – o sub-rogado, nos casos de sub-rogação legal ou convencional.

>> *Vide* art. 857 do CPC.

> *Vide* arts. 346 a 351 do CC.

§ 2.º A sucessão prevista no § 1.º independe de consentimento do executado.

Art. 779. A execução pode ser promovida contra:

I – o devedor, reconhecido como tal no título executivo;

II – o espólio, os herdeiros ou os sucessores do devedor;

III – o novo devedor que assumiu, com o consentimento do credor, a obrigação resultante do título executivo;

>> *Vide* art. 109, § 1.º, do CPC.

IV – o fiador do débito constante em título extrajudicial;

>> *Vide* art. 794, *caput* e § 1.º, do CPC.

> *Vide* Súmula 268 do STJ.

V – o responsável titular do bem vinculado por garantia real ao pagamento do débito;

VI – o responsável tributário, assim definido em lei.

Art. 780. O exequente pode cumular várias execuções, ainda que fundadas em títulos diferentes, quando o executado for o mesmo e desde que para todas elas seja competente o mesmo juízo e idêntico o procedimento.

Capítulo III
DA COMPETÊNCIA

Art. 781. A execução fundada em título extrajudicial será processada perante o juízo competente, observando-se o seguinte:

I – a execução poderá ser proposta no foro de domicílio do executado, de eleição constante do título ou, ainda, de situação dos bens a ela sujeitos;

II – tendo mais de um domicílio, o executado poderá ser demandado no foro de qualquer deles;

III – sendo incerto ou desconhecido o domicílio do executado, a execução poderá ser proposta no lugar onde for encontrado ou no foro de domicílio do exequente;

IV – havendo mais de um devedor, com diferentes domicílios, a execução será proposta no foro de qualquer deles, à escolha do exequente;

V – a execução poderá ser proposta no foro do lugar em que se praticou o ato ou em que ocorreu o fato que deu origem ao título, mesmo que nele não mais resida o executado.

Art. 782. Não dispondo a lei de modo diverso, o juiz determinará os atos executivos, e o oficial de justiça os cumprirá.

§ 1.º O oficial de justiça poderá cumprir os atos executivos determinados pelo juiz também nas comarcas contíguas, de fácil comunicação, e nas que se situem na mesma região metropolitana.

§ 2.º Sempre que, para efetivar a execução, for necessário o emprego de força policial, o juiz a requisitará.

§ 3.º A requerimento da parte, o juiz pode determinar a inclusão do nome do executado em cadastros de inadimplentes.

§ 4.º A inscrição será cancelada imediatamente se for efetuado o pagamento, se for garantida a execução ou se a execução for extinta por qualquer outro motivo.

§ 5.º O disposto nos §§ 3.º e 4.º aplica-se à execução definitiva de título judicial.

Capítulo IV
DOS REQUISITOS NECESSÁRIOS PARA REALIZAR QUALQUER EXECUÇÃO

Seção I
Do Título Executivo

Art. 783. A execução para cobrança de crédito fundar-se-á sempre em título de obrigação certa, líquida e exigível.

Art. 784. São títulos executivos extrajudiciais:

I – a letra de câmbio, a nota promissória, a duplicata, a debênture e o cheque;

> Decreto n. 2.044, de 31-12-1908, arts. 49, 50, 51 e 56 – letras de câmbio e notas promissórias.

> Lei n. 7.357, de 2-9-1985 – Lei do Cheque.

> Decreto-lei n. 167, de 14-2-1967 – títulos de crédito rural.

> Decreto n. 57.595, de 7-1-1966 – Lei uniforme em matéria de cheque.

> Decreto n. 57.663, de 24-1-1966 – Lei uniforme sobre letras de câmbio e nota promissórias.

> Lei n. 5.474, de 18-7-1968 – Lei de Duplicatas.

> Decreto-lei n. 413, de 9-1-1969 – título de crédito industrial.

> *Vide* Súmula 258 do STJ.

II – a escritura pública ou outro documento público assinado pelo devedor;

> *Vide* arts. 215 e 221 do CC.

> O Decreto-lei n. 1.042, de 21-10-1969, dispõe sobre exigência de escritura pública para confissão de dívida.

> *Vide* Súmula 300 do STJ.

III – o documento particular assinado pelo devedor e por 2 (duas) testemunhas;

>>> *Vide* Súmula 233 do STJ.

IV – o instrumento de transação referendado pelo Ministério Público, pela Defensoria Pública, pela Advocacia Pública, pelos advogados dos transatores ou por conciliador ou mediador credenciado por tribunal;

>> *Vide* art. 57, parágrafo único, da Lei n. 9.099, de 26-9-1995 (Juizados Especiais).

> *Vide* art. 13 da Lei n. 10.741, de 1.º-10-2003.

V – o contrato garantido por hipoteca, penhor, anticrese ou outro direito real de garantia e aquele garantido por caução;

VI – o contrato de seguro de vida em caso de morte;

> *Vide* arts. 789 a 802 do CC (seguro de pessoa).

VII – o crédito decorrente de foro e laudêmio;

VIII – o crédito, documentalmente comprovado, decorrente de aluguel de imóvel, bem como de encargos acessórios, tais como taxas e despesas de condomínio;

> A Lei n. 4.591, de 16-12-1964, dispõe sobre o condomínio em edificações e as incorporações imobiliárias.

IX – a certidão de dívida ativa da Fazenda Pública da União, dos Estados, do Distrito

Federal e dos Municípios, correspondente aos créditos inscritos na forma da lei;

> *Vide* Lei n. 6.830, de 22-9-1980 (LEF).

> A Portaria Interministerial n. 1, de 23-8-2013, do Banco Central do Brasil e da AGU, dispõe sobre o protesto extrajudicial das Certidões de Dívida Ativa do Banco Central.

X – o crédito referente às contribuições ordinárias ou extraordinárias de condomínio edilício, previstas na respectiva convenção ou aprovadas em assembleia geral, desde que documentalmente comprovadas;

> *Vide* arts. 1.331 a 1.358 do CC.

> *Vide* Lei n. 4.591, de 16-12-1964.

XI – a certidão expedida por serventia notarial ou de registro relativa a valores de emolumentos e demais despesas devidas pelos atos por ela praticados, fixados nas tabelas estabelecidas em lei;

XII – todos os demais títulos aos quais, por disposição expressa, a lei atribuir força executiva.

>> *Vide* art. 24 da Lei n. 8.906, de 4-7-1994 (EAOAB).

>> *Vide* art. 211 da Lei n. 8.069, de 13-7-1990 (ECA).

>> *Vide* art. 142 da Lei n. 11.101, de 9-2-2005 (Lei de Falências e Recuperação de Empresas).

> *Vide* Súmula 233 do STJ.

§ 1.º A propositura de qualquer ação relativa a débito constante de título executivo não inibe o credor de promover-lhe a execução.

§ 2.º Os títulos executivos extrajudiciais oriundos de país estrangeiro não dependem de homologação para serem executados.

§ 3.º O título estrangeiro só terá eficácia executiva quando satisfeitos os requisitos de formação exigidos pela lei do lugar de sua celebração e quando o Brasil for indicado como o lugar de cumprimento da obrigação.

Art. 785. A existência de título executivo extrajudicial não impede a parte de optar pelo processo de conhecimento, a fim de obter título executivo judicial.

Seção II
Da Exigibilidade da Obrigação

Art. 786. A execução pode ser instaurada caso o devedor não satisfaça a obrigação certa, líquida e exigível consubstanciada em título executivo.

Parágrafo único. A necessidade de simples operações aritméticas para apurar o crédito exequendo não retira a liquidez da obrigação constante do título.

Art. 787. Se o devedor não for obrigado a satisfazer sua prestação senão mediante a contraprestação do credor, este deverá provar que a adimpliu ao requerer a execução, sob pena de extinção do processo.

>> *Vide* arts. 799 e 917, § 2.º, IV, do CPC.

Parágrafo único. O executado poderá eximir-se da obrigação, depositando em juízo a prestação ou a coisa, caso em que o juiz não permitirá que o credor a receba sem cumprir a contraprestação que lhe tocar.

Art. 788. O credor não poderá iniciar a execução ou nela prosseguir se o devedor cumprir a obrigação, mas poderá recusar o recebimento da prestação se ela não corresponder ao direito ou à obrigação estabelecidos no título executivo, caso em que poderá requerer a execução forçada, ressalvado ao devedor o direito de embargá-la.

>> O art. 313 do CC dispõe que o credor não é obrigado a receber prestação diversa da que lhe é devida, ainda que mais valiosa.

Capítulo V
DA RESPONSABILIDADE PATRIMONIAL

Art. 789. O devedor responde com todos os seus bens presentes e futuros para o cumprimento de suas obrigações, salvo as restrições estabelecidas em lei.

> *Vide* art. 824 do CPC.

Art. 790. São sujeitos à execução os bens:

I – do sucessor a título singular, tratando-se de execução fundada em direito real ou obrigação reipersecutória;

II – do sócio, nos termos da lei;

> *Vide* art. 795 do CPC.

III – do devedor, ainda que em poder de terceiros;

IV – do cônjuge ou companheiro, nos casos em que seus bens próprios ou de sua meação respondem pela dívida;

V – alienados ou gravados com ônus real em fraude à execução;

VI – cuja alienação ou gravação com ônus real tenha sido anulada em razão do reconhecimento, em ação autônoma, de fraude contra credores;

VII – do responsável, nos casos de desconsideração da personalidade jurídica.

Art. 791. Se a execução tiver por objeto obrigação de que seja sujeito passivo o proprietário de terreno submetido ao regime do direito de superfície, ou o superficiário, responderá pela dívida, exclusivamente, o direito real do qual é titular o executado, recaindo a penhora ou outros atos de constrição exclusivamente sobre o terreno, no primeiro caso, ou sobre a construção ou a plantação, no segundo caso.

> *Vide* arts. 1.369 a 1.377 do CC.

> *Vide* arts. 21 a 24 da Lei n. 10.257, de 10-7-2001 (Estatuto da Cidade).

§ 1.º Os atos de constrição a que se refere o *caput* serão averbados separadamente na matrícula do imóvel, com a identificação do executado, do valor do crédito e do objeto sobre o qual recai o gravame, devendo o oficial destacar o bem que responde pela dívida, se o terreno, a construção ou a plantação, de modo a assegurar a publicidade da responsabilidade patrimonial de cada um deles pelas dívidas e pelas obrigações que a eles estão vinculadas.

§ 2.º Aplica-se, no que couber, o disposto neste artigo à enfiteuse, à concessão de uso especial para fins de moradia e à concessão de direito real de uso.

> Concessão de uso especial para fins de moradia: Medida Provisória n. 2.220, de 4-9-2001.

Art. 792. A alienação ou a oneração de bem é considerada fraude à execução:

>> *Vide* arts. 828, § 4.º, e 856, § 3.º, do CPC.

I – quando sobre o bem pender ação fundada em direito real ou com pretensão reipersecutória, desde que a pendência do processo tenha sido averbada no respectivo registro público, se houver;

II – quando tiver sido averbada, no registro do bem, a pendência do processo de execução, na forma do art. 828;

III – quando tiver sido averbado, no registro do bem, hipoteca judiciária ou outro ato de constrição judicial originário do processo onde foi arguida a fraude;

IV – quando, ao tempo da alienação ou da oneração, tramitava contra o devedor ação capaz de reduzi-lo à insolvência;

> *Vide* Súmula 375 do STJ.

V – nos demais casos expressos em lei.

>> *Vide* arts. 774, I, 828, § 4.º, e 856, § 3.º, do CPC.

§ 1.º A alienação em fraude à execução é ineficaz em relação ao exequente.

§ 2.º No caso de aquisição de bem não sujeito a registro, o terceiro adquirente tem o ônus de provar que adotou as cautelas necessárias para a aquisição, mediante a exibição das certidões pertinentes, obtidas no domicílio do vendedor e no local onde se encontra o bem.

§ 3.º Nos casos de desconsideração da personalidade jurídica, a fraude à execução verifica-se a partir da citação da parte cuja personalidade se pretende desconsiderar.

>> *Vide* arts. 133 a 137 do CPC.

>> *Vide* art. 50 do CC.

> *Vide* art. 28 do CDC.

§ 4.º Antes de declarar a fraude à execução, o juiz deverá intimar o terceiro adquirente, que, se quiser, poderá opor embargos de terceiro, no prazo de 15 (quinze) dias.

Art. 793. O exequente que estiver, por direito de retenção, na posse de coisa pertencente ao devedor não poderá promover a execução sobre outros bens senão depois de excutida a coisa que se achar em seu poder.

Art. 794. O fiador, quando executado, tem o direito de exigir que primeiro sejam executados os bens do devedor situados na mesma comarca, livres e desembargados, indicando-os pormenorizadamente à penhora.

>> *Vide* art. 827 do CC.

§ 1.º Os bens do fiador ficarão sujeitos à execução se os do devedor, situados na mesma comarca que os seus, forem insuficientes à satisfação do direito do credor.

§ 2.º O fiador que pagar a dívida poderá executar o afiançado nos autos do mesmo processo.

§ 3.º O disposto no *caput* não se aplica se o fiador houver renunciado ao benefício de ordem.

Art. 795. Os bens particulares dos sócios não respondem pelas dívidas da sociedade, senão nos casos previstos em lei.

> *Vide* art. 790, II, do CPC.

§ 1.º O sócio réu, quando responsável pelo pagamento da dívida da sociedade, tem o direito de exigir que primeiro sejam excutidos os bens da sociedade.

> *Vide* art. 790, II, do CPC.

§ 2.º Incumbe ao sócio que alegar o benefício do § 1.º nomear quantos bens da sociedade situados na mesma comarca, livres e desembargados, bastem para pagar o débito.

§ 3.º O sócio que pagar a dívida poderá executar a sociedade nos autos do mesmo processo.

§ 4.º Para a desconsideração da personalidade jurídica é obrigatória a observância do incidente previsto neste Código.

>> *Vide* arts. 133 a 137 do CPC.

Art. 796. O espólio responde pelas dívidas do falecido, mas, feita a partilha, cada herdeiro responde por elas dentro das forças da herança e na proporção da parte que lhe coube.

Título II
DAS DIVERSAS ESPÉCIES DE EXECUÇÃO

Capítulo I
DISPOSIÇÕES GERAIS

Art. 797. Ressalvado o caso de insolvência do devedor, em que tem lugar o concurso universal, realiza-se a execução no interesse do exequente que adquire, pela penhora, o direito de preferência sobre os bens penhorados.

> *Vide* Súmula 244 do TFR.

Parágrafo único. Recaindo mais de uma penhora sobre o mesmo bem, cada exequente conservará o seu título de preferência.

>> O art. 187, parágrafo único, do CTN estabelece a ordem de preferência entre as pessoas jurídicas de direito público.

>> *Vide* arts. 908 e 909 do CPC.

Art. 798. Ao propor a execução, incumbe ao exequente:

I – instruir a petição inicial com:

>>> *Vide* art. 319 do CPC.

>>> *Vide* art. 77, V, do CPC.

a) o título executivo extrajudicial;

>>> *Vide* art. 784 do CPC.

b) o demonstrativo do débito atualizado até a data de propositura da ação, quando se tratar de execução por quantia certa;

c) a prova de que se verificou a condição ou ocorreu o termo, se for o caso;

>> *Vide* art. 917, § 2.º, V, do CPC.

d) a prova, se for o caso, de que adimpliu a contraprestação que lhe corresponde ou que lhe assegura o cumprimento, se o executado não for obrigado a satisfazer a sua prestação senão mediante a contraprestação do exequente;

>> *Vide* art. 787 do CPC.

II – indicar:

a) a espécie de execução de sua preferência, quando por mais de um modo puder ser realizada;

>> *Vide* art. 805 do CPC.

b) os nomes completos do exequente e do executado e seus números de inscrição no Cadastro de Pessoas Físicas ou no Cadastro Nacional da Pessoa Jurídica;

c) os bens suscetíveis de penhora, sempre que possível.

Parágrafo único. O demonstrativo do débito deverá conter:

I – o índice de correção monetária adotado;

II – a taxa de juros aplicada;

III – os termos inicial e final de incidência do índice de correção monetária e da taxa de juros utilizados;

IV – a periodicidade da capitalização dos juros, se for o caso;

V – a especificação de desconto obrigatório realizado.

Art. 799. Incumbe ainda ao exequente:

I – requerer a intimação do credor pignoratício, hipotecário, anticrético ou fiduciário, quando a penhora recair sobre bens gravados por penhor, hipoteca, anticrese ou alienação fiduciária;

>> *Vide* art. 804 do CPC.

II – requerer a intimação do titular de usufruto, uso ou habitação, quando a penhora recair sobre bem gravado por usufruto, uso ou habitação;

III – requerer a intimação do promitente comprador, quando a penhora recair sobre bem em relação ao qual haja promessa de compra e venda registrada;

IV – requerer a intimação do promitente vendedor, quando a penhora recair sobre direito aquisitivo derivado de promessa de compra e venda registrada;

V – requerer a intimação do superficiário, enfiteuta ou concessionário, em caso de direito de superfície, enfiteuse, concessão de uso especial para fins de moradia ou concessão de direito real de uso, quando a penhora recair sobre imóvel submetido ao regime do direito de superfície, enfiteuse ou concessão;

VI – requerer a intimação do proprietário de terreno com regime de direito de superfície, enfiteuse, concessão de uso especial para fins de moradia ou concessão de direito real de uso, quando a penhora recair sobre direitos do superficiário, do enfiteuta ou do concessionário;

VII – requerer a intimação da sociedade, no caso de penhora de quota social ou de ação de sociedade anônima fechada, para o fim previsto no art. 876, § 7.º;

VIII – pleitear, se for o caso, medidas urgentes;

IX – proceder à averbação em registro público do ato de propositura da execução e dos atos de constrição realizados, para conhecimento de terceiros;

X – requerer a intimação do titular da construção-base, bem como, se for o caso, do titular de lajes anteriores, quando a penhora recair sobre o direito real de laje;

>> Inciso X acrescentado pela Lei n. 13.465, de 11-7-2017.

XI – requerer a intimação do titular das lajes, quando a penhora recair sobre a construção-base.

>> Inciso XI acrescentado pela Lei n. 13.465, de 11-7-2017.

Art. 800. Nas obrigações alternativas, quando a escolha couber ao devedor, esse será citado para exercer a opção e realizar a prestação dentro de 10 (dez) dias, se outro prazo não lhe foi determinado em lei ou em contrato.

§ 1.º Devolver-se-á ao credor a opção, se o devedor não a exercer no prazo determinado.

§ 2.º A escolha será indicada na petição inicial da execução quando couber ao credor exercê-la.

> Os arts. 252 a 256 do CC dispõem sobre obrigações alternativas.

Art. 801. Verificando que a petição inicial está incompleta ou que não está acompanhada dos documentos indispensáveis à propositura da execução, o juiz determinará que o exequente a corrija, no prazo de 15 (quinze) dias, sob pena de indeferimento.

Art. 802. Na execução, o despacho que ordena a citação, desde que realizada em observância ao disposto no § 2.º do art. 240, interrompe a prescrição, ainda que proferido por juízo incompetente.

>> *Vide* Súmula 150 do STF.

Parágrafo único. A interrupção da prescrição retroagirá à data de propositura da ação.

Art. 803. É nula a execução se:

I – o título executivo extrajudicial não corresponder a obrigação certa, líquida e exigível;

II – o executado não for regularmente citado;

III – for instaurada antes de se verificar a condição ou de ocorrer o termo.

Parágrafo único. A nulidade de que cuida este artigo será pronunciada pelo juiz, de ofício ou a requerimento da parte, independentemente de embargos à execução.

Art. 804. A alienação de bem gravado por penhor, hipoteca ou anticrese será ineficaz em relação ao credor pignoratício, hipotecário ou anticrético não intimado.

> *Vide* art. 799, I, do CPC.

§ 1.º A alienação de bem objeto de promessa de compra e venda ou de cessão registrada será ineficaz em relação ao promitente comprador ou ao cessionário não intimado.

§ 2.º A alienação de bem sobre o qual tenha sido instituído direito de superfície, seja do solo, da plantação ou da construção, será ineficaz em relação ao concedente ou ao concessionário não intimado.

> *Vide* arts. 1.369 a 1.377 do CC.
> *Vide* arts. 21 a 24 da Lei n. 10.257, de 10-7-2001 (Estatuto da Cidade).

§ 3.º A alienação de direito aquisitivo de bem objeto de promessa de venda, de promessa de cessão ou de alienação fiduciária será ineficaz em relação ao promitente vendedor, ao promitente cedente ou ao proprietário fiduciário não intimado.

§ 4.º A alienação de imóvel sobre o qual tenha sido instituída enfiteuse, concessão de uso especial para fins de moradia ou concessão de direito real de uso será ineficaz em relação ao enfiteuta ou ao concessionário não intimado.

> Concessão de uso especial para fins de moradia: Medida Provisória n. 2.220, de 4-9-2001.

§ 5.º A alienação de direitos do enfiteuta, do concessionário de direito real de uso ou do concessionário de uso especial para fins de moradia será ineficaz em relação ao proprietário do respectivo imóvel não intimado.

§ 6.º A alienação de bem sobre o qual tenha sido instituído usufruto, uso ou habitação será ineficaz em relação ao titular desses direitos reais não intimado.

Art. 805. Quando por vários meios o exequente puder promover a execução, o juiz mandará que se faça pelo modo menos gravoso para o executado.

>> *Vide* arts. 798, II, *a*, 847 e 867 do CPC.
> *Vide* Súmula 417 do STJ.

Parágrafo único. Ao executado que alegar ser a medida executiva mais gravosa incumbe indicar outros meios mais eficazes e menos onerosos, sob pena de manutenção dos atos executivos já determinados.

CAPÍTULO II
DA EXECUÇÃO PARA A ENTREGA DE COISA

Seção I
Da Entrega de Coisa Certa

Art. 806. O devedor de obrigação de entrega de coisa certa, constante de título executivo extrajudicial, será citado para, em 15 (quinze) dias, satisfazer a obrigação.

> *Vide* arts. 233 e 238 do CC.
> *Vide* Súmula 196 do STJ.

§ 1.º Ao despachar a inicial, o juiz poderá fixar multa por dia de atraso no cumprimento da obrigação, ficando o respectivo valor sujeito a alteração, caso se revele insuficiente ou excessivo.

§ 2.º Do mandado de citação constará ordem para imissão na posse ou busca e apreensão, conforme se tratar de bem imóvel ou móvel, cujo cumprimento se dará de imediato, se o executado não satisfizer a obrigação no prazo que lhe foi designado.

Art. 807. Se o executado entregar a coisa, será lavrado o termo respectivo e considerada satisfeita a obrigação, prosseguindo-se a execução para o pagamento de frutos ou o ressarcimento de prejuízos, se houver.

> *Vide* arts. 498 e 806 do CPC.
> *Vide* arts. 233 e 234 do CC.

Art. 808. Alienada a coisa quando já litigiosa, será expedido mandado contra o terceiro adquirente, que somente será ouvido após depositá-la.

> *Vide* art. 674 do CPC.

Art. 809. O exequente tem direito a receber, além de perdas e danos, o valor da coisa, quando essa se deteriorar, não lhe for entregue, não for encontrada ou não for reclamada do poder de terceiro adquirente.

§ 1.º Não constando do título o valor da coisa e sendo impossível sua avaliação, o exequente apresentará estimativa, sujeitando-a ao arbitramento judicial.

§ 2.º Serão apurados em liquidação o valor da coisa e os prejuízos.

Art. 810. Havendo benfeitorias indenizáveis feitas na coisa pelo executado ou por terceiros de cujo poder ela houver sido tirada, a liquidação prévia é obrigatória.

> *Vide* art. 1.219 do CC.
> *Vide* art. 51, XVI, do CDC.
> *Vide* art. 35 da Lei n. 8.245, de 18-10-1991.

Parágrafo único. Havendo saldo:

I – em favor do executado ou de terceiros, o exequente o depositará ao requerer a entrega da coisa;

II – em favor do exequente, esse poderá cobrá-lo nos autos do mesmo processo.

Seção II
Da Entrega de Coisa Incerta

Art. 811. Quando a execução recair sobre coisa determinada pelo gênero e pela quantidade, o executado será citado para entregá-la individualizada, se lhe couber a escolha.

> *Vide* arts. 243 e 246 do CC.

Parágrafo único. Se a escolha couber ao exequente, esse deverá indicá-la na petição inicial.

Art. 812. Qualquer das partes poderá, no prazo de 15 (quinze) dias, impugnar a escolha feita pela outra, e o juiz decidirá de plano ou, se necessário, ouvindo perito de sua nomeação.

Art. 813. Aplicar-se-ão à execução para entrega de coisa incerta, no que couber, as disposições da Seção I deste Capítulo.

CAPÍTULO III
DA EXECUÇÃO DAS OBRIGAÇÕES DE FAZER OU DE NÃO FAZER

Seção I
Disposições Comuns

Art. 814. Na execução de obrigação de fazer ou de não fazer fundada em título extrajudicial, ao despachar a inicial, o juiz fixará multa por período de atraso no cumprimento da obrigação e a data a partir da qual será devida.

> *Vide* arts. 500 e 537 do CPC.

Parágrafo único. Se o valor da multa estiver previsto no título e for excessivo, o juiz poderá reduzi-lo.

Seção II
Da Obrigação de Fazer

Art. 815. Quando o objeto da execução for obrigação de fazer, o executado será citado para satisfazê-la no prazo que o juiz lhe designar, se outro não estiver determinado no título executivo.

> *Vide* arts. 247 a 249 do CC.
> *Vide* Súmula 410 do STJ.

Art. 816. Se o executado não satisfizer a obrigação no prazo designado, é lícito ao exequente, nos próprios autos do processo, requerer a satisfação da obrigação à custa do executado ou perdas e danos, hipótese em que se converterá em indenização.

>> *Vide* art. 249 do CC.

Parágrafo único. O valor das perdas e danos será apurado em liquidação, seguindo-se a execução para cobrança de quantia certa.

> *Vide* arts. 402 e s. do CC.

Art. 817. Se a obrigação puder ser satisfeita por terceiro, é lícito ao juiz autorizar, a requerimento do exequente, que aquele a satisfaça à custa do executado.

Parágrafo único. O exequente adiantará as quantias previstas na proposta que, ouvidas as partes, o juiz houver aprovado.

Art. 818. Realizada a prestação, o juiz ouvirá as partes no prazo de 10 (dez) dias e, não havendo impugnação, considerará satisfeita a obrigação.

Parágrafo único. Caso haja impugnação, o juiz a decidirá.

Art. 819. Se o terceiro contratado não realizar a prestação no prazo ou se o fizer de modo incompleto ou defeituoso, poderá o exequente requerer ao juiz, no prazo de 15 (quinze) dias, que o autorize a concluí-la ou a repará-la à custa do contratante.

Parágrafo único. Ouvido o contratante no prazo de 15 (quinze) dias, o juiz mandará avaliar o custo das despesas necessárias e o condenará a pagá-lo.

Art. 820. Se o exequente quiser executar ou mandar executar, sob sua direção e vigilância, as obras e os trabalhos necessários à realização da prestação, terá preferência, em igualdade de condições de oferta, em relação ao terceiro.

Parágrafo único. O direito de preferência deverá ser exercido no prazo de 5 (cinco) dias, após aprovada a proposta do terceiro.

Art. 821. Na obrigação de fazer, quando se convencionar que o executado a satisfaça pessoalmente, o exequente poderá requerer ao juiz que lhe assine prazo para cumpri-la.

> *Vide* art. 247 do CC.

Parágrafo único. Havendo recusa ou mora do executado, sua obrigação pessoal será convertida em perdas e danos, caso em que se observará o procedimento de execução por quantia certa.

Seção III
Da Obrigação de Não Fazer

Art. 822. Se o executado praticou ato a cuja abstenção estava obrigado por lei ou por contrato, o exequente requererá ao juiz que assine prazo ao executado para desfazê-lo.

> *Vide* art. 251 do CC.

Art. 823. Havendo recusa ou mora do executado, o exequente requererá ao juiz que mande desfazer o ato à custa daquele, que responderá por perdas e danos.

Parágrafo único. Não sendo possível desfazer-se o ato, a obrigação resolve-se em perdas e danos, caso em que, após a liquidação, se observará o procedimento de execução por quantia certa.

Capítulo IV
DA EXECUÇÃO POR QUANTIA CERTA

Seção I
Disposições Gerais

Art. 824. A execução por quantia certa realiza-se pela expropriação de bens do executado, ressalvadas as execuções especiais.

> *Vide* art. 792 do CPC.

Art. 825. A expropriação consiste em:

I – adjudicação;

II – alienação;

III – apropriação de frutos e rendimentos de empresa ou de estabelecimentos e de outros bens.

> *Vide* arts. 881 e 886 do CPC.

Art. 826. Antes de adjudicados ou alienados os bens, o executado pode, a todo tempo, remir a execução, pagando ou consignando a importância atualizada da dívida, acrescida de juros, custas e honorários advocatícios.

> *Vide* art. 901 do CPC.

> *Vide* arts. 304 e 305 do CC.

> *Vide* art. 19, I e II, da LEF.

Seção II
Da Citação do Devedor e do Arresto

Art. 827. Ao despachar a inicial, o juiz fixará, de plano, os honorários advocatícios de dez por cento, a serem pagos pelo executado.

§ 1.º No caso de integral pagamento no prazo de 3 (três) dias, o valor dos honorários advocatícios será reduzido pela metade.

§ 2.º O valor dos honorários poderá ser elevado até vinte por cento, quando rejeitados os embargos à execução, podendo a majoração, caso não opostos os embargos, ocorrer ao final do procedimento executivo, levando-se em conta o trabalho realizado pelo advogado do exequente.

Art. 828. O exequente poderá obter certidão de que a execução foi admitida pelo juiz, com identificação das partes e do valor da causa, para fins de averbação no registro de imóveis, de veículos ou de outros bens sujeitos a penhora, arresto ou indisponibilidade.

§ 1.º No prazo de 10 (dez) dias de sua concretização, o exequente deverá comunicar ao juízo as averbações efetivadas.

§ 2.º Formalizada penhora sobre bens suficientes para cobrir o valor da dívida, o exequente providenciará, no prazo de 10 (dez) dias, o cancelamento das averbações relativas àqueles não penhorados.

§ 3.º O juiz determinará o cancelamento das averbações, de ofício ou a requerimento, caso o exequente não o faça no prazo.

§ 4.º Presume-se em fraude à execução a alienação ou a oneração de bens efetuada após a averbação.

§ 5.º O exequente que promover averbação manifestamente indevida ou não cancelar as averbações nos termos do § 2.º indenizará a parte contrária, processando-se o incidente em autos apartados.

Art. 829. O executado será citado para pagar a dívida no prazo de 3 (três) dias, contado da citação.

> *Vide* arts. 238 e s. do CPC.

> *Vide* Lei n. 6.899, de 8-4-1981.

>>> *Vide* art. 914 do CPC.

§ 1.º Do mandado de citação constarão, também, a ordem de penhora e a avaliação a serem cumpridas pelo oficial de justiça tão logo verificado o não pagamento no prazo assinalado, de tudo lavrando-se auto, com intimação do executado.

>>> *Vide* art. 835 do CPC.

§ 2.º A penhora recairá sobre os bens indicados pelo exequente, salvo se outros forem indicados pelo executado e aceitos pelo juiz, mediante demonstração de que a constrição proposta lhe será menos onerosa e não trará prejuízo ao exequente.

Art. 830. Se o oficial de justiça não encontrar o executado, arrestar-lhe-á tantos bens quantos bastem para garantir a execução.

§ 1.º Nos 10 (dez) dias seguintes à efetivação do arresto, o oficial de justiça procurará o executado 2 (duas) vezes em dias distintos e, havendo suspeita de ocultação, realizará a citação com hora certa, certificando pormenorizadamente o ocorrido.

§ 2.º Incumbe ao exequente requerer a citação por edital, uma vez frustradas a pessoal e a com hora certa.

§ 3.º Aperfeiçoada a citação e transcorrido o prazo de pagamento, o arresto converter-se-á em penhora, independentemente de termo.

Seção III
Da Penhora, do Depósito e da Avaliação

Subseção I
Do objeto da penhora

Art. 831. A penhora deverá recair sobre tantos bens quantos bastem para o pagamento do principal atualizado, dos juros, das custas e dos honorários advocatícios.

> *Vide* arts. 212 e 214 do CPC.

Art. 832. Não estão sujeitos à execução os bens que a lei considera impenhoráveis ou inalienáveis.

> *Vide* arts. 1.711, *caput*, e 1.715 do CC.

> *Vide* Lei n. 8.009, de 29-3-1990 (Impenhorabilidade do Bem de Família).

Art. 833. São impenhoráveis:

>> *Vide* art. 4.º da Lei n. 8.009, de 29-3-1990.

I – os bens inalienáveis e os declarados, por ato voluntário, não sujeitos à execução;

> *Vide* Súmula 205 do STJ.

II – os móveis, os pertences e as utilidades domésticas que guarnecem a residência do executado, salvo os de elevado valor ou os que ultrapassem as necessidades comuns correspondentes a um médio padrão de vida;

III – os vestuários, bem como os pertences de uso pessoal do executado, salvo se de elevado valor;

IV – os vencimentos, os subsídios, os soldos, os salários, as remunerações, os proventos de aposentadoria, as pensões, os pecúlios e os montepios, bem como as quantias recebidas por liberalidade de terceiro e destinadas ao sustento do devedor e de sua família, os ganhos de trabalhador autônomo e os honorários de profissional liberal, ressalvado o § 2.º;

> *Vide* arts. 529 e 912 do CPC.

V – os livros, as máquinas, as ferramentas, os utensílios, os instrumentos ou outros bens móveis necessários ou úteis ao exercício da profissão do executado;

> *Vide* Súmula 451 do STJ.

VI – o seguro de vida;

>> *Vide* art. 5.º, parágrafo único, do Decreto-lei n. 911, de 1.º-10-1969.

VII – os materiais necessários para obras em andamento, salvo se essas forem penhoradas;

>> *Vide* art. 114 da Lei n. 8.213, de 24-7-1991.

VIII – a pequena propriedade rural, assim definida em lei, desde que trabalhada pela família;

IX – os recursos públicos recebidos por instituições privadas para aplicação compulsória em educação, saúde ou assistência social;

X – a quantia depositada em caderneta de poupança, até o limite de 40 (quarenta) salários mínimos;

XI – os recursos públicos do fundo partidário recebidos por partido político, nos termos da lei;

XII – os créditos oriundos de alienação de unidades imobiliárias, sob regime de incorporação imobiliária, vinculados à execução da obra.

§ 1.º A impenhorabilidade não é oponível à execução de dívida relativa ao próprio bem, inclusive àquela contraída para sua aquisição.

§ 2.º O disposto nos incisos IV e X do *caput* não se aplica à hipótese de penhora para pagamento de prestação alimentícia, independentemente de sua origem, bem como às importâncias excedentes a 50 (cinquenta) salários mínimos mensais, devendo a constrição observar o disposto no art. 528, § 8.º, e no art. 529, § 3.º.

§ 3.º Incluem-se na impenhorabilidade prevista no inciso V do *caput* os equipamentos, os implementos e as máquinas agrícolas pertencentes a pessoa física ou a empresa individual produtora rural, exceto quando tais bens tenham sido objeto de financiamento e estejam vinculados em garantia a negócio jurídico ou quando respondam por dívida de natureza alimentar, trabalhista ou previdenciária.

Art. 834. Podem ser penhorados, à falta de outros bens, os frutos e os rendimentos dos bens inalienáveis.

Art. 835. A penhora observará, preferencialmente, a seguinte ordem:

> *Vide* Súmula 417 do STJ.

I – dinheiro, em espécie ou em depósito ou aplicação em instituição financeira;

II – títulos da dívida pública da União, dos Estados e do Distrito Federal com cotação em mercado;

III – títulos e valores mobiliários com cotação em mercado;

IV – veículos de via terrestre;

V – bens imóveis;

VI – bens móveis em geral;

VII – semoventes;

VIII – navios e aeronaves;

IX – ações e quotas de sociedades simples e empresárias;

X – percentual do faturamento de empresa devedora;

XI – pedras e metais preciosos;

XII – direitos aquisitivos derivados de promessa de compra e venda e de alienação fiduciária em garantia;

XIII – outros direitos.

§ 1.º É prioritária a penhora em dinheiro, podendo o juiz, nas demais hipóteses, alterar a ordem prevista no *caput* de acordo com as circunstâncias do caso concreto.

§ 2.º Para fins de substituição da penhora, equiparam-se a dinheiro a fiança bancária e o seguro garantia judicial, desde que em valor não inferior ao do débito constante da inicial, acrescido de trinta por cento.

§ 3.º Na execução de crédito com garantia real, a penhora recairá sobre a coisa dada em garantia, e, se a coisa pertencer a terceiro garantidor, este também será intimado da penhora.

Art. 836. Não se levará a efeito a penhora quando ficar evidente que o produto da execução dos bens encontrados será totalmente absorvido pelo pagamento das custas da execução.

§ 1.º Quando não encontrar bens penhoráveis, independentemente de determinação judicial expressa, o oficial de justiça descreverá na certidão os bens que guarnecem a residência ou o estabelecimento do executado, quando este for pessoa jurídica.

§ 2.º Elaborada a lista, o executado ou seu representante legal será nomeado depositário provisório de tais bens até ulterior determinação do juiz.

Subseção II

Da documentação da penhora, de seu registro e do depósito

Art. 837. Obedecidas as normas de segurança instituídas sob critérios uniformes pelo Conselho Nacional de Justiça, a penhora de dinheiro e as averbações de penhoras de bens imóveis e móveis podem ser realizadas por meio eletrônico.

Art. 838. A penhora será realizada mediante auto ou termo, que conterá:

I – a indicação do dia, do mês, do ano e do lugar em que foi feita;

II – os nomes do exequente e do executado;

III – a descrição dos bens penhorados, com as suas características;

IV – a nomeação do depositário dos bens.

Art. 839. Considerar-se-á feita a penhora mediante a apreensão e o depósito dos bens, lavrando-se um só auto se as diligências forem concluídas no mesmo dia.

Parágrafo único. Havendo mais de uma penhora, serão lavrados autos individuais.

Art. 840. Serão preferencialmente depositados:

I – as quantias em dinheiro, os papéis de crédito e as pedras e os metais preciosos, no Banco do Brasil, na Caixa Econômica Federal ou em banco do qual o Estado ou o Distrito Federal possua mais da metade do capital social integralizado, ou, na falta desses estabelecimentos, em qualquer instituição de crédito designada pelo juiz;

>> *Vide* art. 1.058 do CPC.

> *Vide* art. 38, §§ 1.º e 2.º, da Lei n. 6.766, de 19-12-1979.

> *Vide* art. 32 da LEF.

II – os móveis, os semoventes, os imóveis urbanos e os direitos aquisitivos sobre imóveis urbanos, em poder do depositário judicial;

III – os imóveis rurais, os direitos aquisitivos sobre imóveis rurais, as máquinas, os utensílios e os instrumentos necessários ou úteis à atividade agrícola, mediante caução idônea, em poder do executado.

§ 1.º No caso do inciso II do *caput*, se não houver depositário judicial, os bens ficarão em poder do exequente.

§ 2.º Os bens poderão ser depositados em poder do executado nos casos de difícil remoção ou quando anuir o exequente.

§ 3.º As joias, as pedras e os objetos preciosos deverão ser depositados com registro do valor estimado de resgate.

Art. 841. Formalizada a penhora por qualquer dos meios legais, dela será imediatamente intimado o executado.

§ 1.º A intimação da penhora será feita ao advogado do executado ou à sociedade de advogados a que aquele pertença.

§ 2.º Se não houver constituído advogado nos autos, o executado será intimado pessoalmente, de preferência por via postal.

§ 3.º O disposto no § 1.º não se aplica aos casos de penhora realizada na presença do executado, que se reputa intimado.

§ 4.º Considera-se realizada a intimação a que se refere o § 2.º quando o executado houver mudado de endereço sem prévia comunicação ao juízo, observado o disposto no parágrafo único do art. 274.

Art. 842. Recaindo a penhora sobre bem imóvel ou direito real sobre imóvel, será intimado também o cônjuge do executado, salvo se forem casados em regime de separação absoluta de bens.

Art. 843. Tratando-se de penhora de bem indivisível, o equivalente à quota-parte do coproprietário ou do cônjuge alheio à execução recairá sobre o produto da alienação do bem.

§ 1.º É reservada ao coproprietário ou ao cônjuge não executado a preferência na arrematação do bem em igualdade de condições.

§ 2.º Não será levada a efeito expropriação por preço inferior ao da avaliação na qual o valor auferido seja incapaz de garantir, ao coproprietário ou ao cônjuge alheio à execução, o correspondente à sua quota-parte calculado sobre o valor da avaliação.

Art. 844. Para presunção absoluta de conhecimento por terceiros, cabe ao exequente providenciar a averbação do arresto ou da penhora no registro competente, mediante apresentação de cópia do auto ou do termo, independentemente de mandado judicial.

> *Vide* Súmula 375 do STJ.

Subseção III
Do lugar de realização da penhora

Art. 845. Efetuar-se-á a penhora onde se encontrem os bens, ainda que sob a posse, a detenção ou a guarda de terceiros.

§ 1.º A penhora de imóveis, independentemente de onde se localizem, quando apresentada certidão da respectiva matrícula, e a penhora de veículos automotores, quando apresentada certidão que ateste a sua existência, serão realizadas por termo nos autos.

§ 2.º Se o executado não tiver bens no foro do processo, não sendo possível a realização da penhora nos termos do § 1.º, a execução será feita por carta, penhorando-se, avaliando-se e alienando-se os bens no foro da situação.

> *Vide* Súmula 46 do STJ.

Art. 846. Se o executado fechar as portas da casa a fim de obstar a penhora dos bens, o oficial de justiça comunicará o fato ao juiz, solicitando-lhe ordem de arrombamento.

>> *Vide* art. 5.º, XI, da CF.

>> *Vide* arts. 212 a 216 do CPC.

§ 1.º Deferido o pedido, 2 (dois) oficiais de justiça cumprirão o mandado, arrombando cômodos e móveis em que se presuma estarem os bens, e lavrarão de tudo auto circunstanciado, que será assinado por 2 (duas) testemunhas presentes à diligência.

§ 2.º Sempre que necessário, o juiz requisitará força policial, a fim de auxiliar os oficiais de justiça na penhora dos bens.

> *Vide* art. 782, § 2.º, do CPC.

§ 3.º Os oficiais de justiça lavrarão em duplicata o auto da ocorrência, entregando uma via ao escrivão ou ao chefe de secretaria, para ser juntada aos autos, e a outra à autoridade policial a quem couber a apuração criminal dos eventuais delitos de desobediência ou de resistência.

§ 4.º Do auto da ocorrência constará o rol de testemunhas, com a respectiva qualificação.

Subseção IV
Das modificações da penhora

Art. 847. O executado pode, no prazo de 10 (dez) dias contado da intimação da penhora, requerer a substituição do bem penhorado, desde que comprove que lhe será menos onerosa e não trará prejuízo ao exequente.

§ 1.º O juiz só autorizará a substituição se o executado:

I – comprovar as respectivas matrículas e os registros por certidão do correspondente ofício, quanto aos bens imóveis;

II – descrever os bens móveis, com todas as suas propriedades e características, bem como o estado deles e o lugar onde se encontram;

III – descrever os semoventes, com indicação de espécie, de número, de marca ou sinal e do local onde se encontram;

IV – identificar os créditos, indicando quem seja o devedor, qual a origem da dívida, o título que a representa e a data do vencimento; e

V – atribuir, em qualquer caso, valor aos bens indicados à penhora, além de especificar os ônus e os encargos a que estejam sujeitos.

§ 2.º Requerida a substituição do bem penhorado, o executado deve indicar onde se encontram os bens sujeitos à execução, exibir a prova de sua propriedade e a certidão negativa ou positiva de ônus, bem como abster-se de qualquer atitude que dificulte ou embarace a realização da penhora.

§ 3.º O executado somente poderá oferecer bem imóvel em substituição caso o requeira com a expressa anuência do cônjuge, salvo se o regime for o de separação absoluta de bens.

§ 4.º O juiz intimará o exequente para manifestar-se sobre o requerimento de substituição do bem penhorado.

Art. 848. As partes poderão requerer a substituição da penhora se:

>> *Vide* art. 15 da LEF.

> *Vide* Súmula 406 do STJ.

I – ela não obedecer à ordem legal;

II – ela não incidir sobre os bens designados em lei, contrato ou ato judicial para o pagamento;

III – havendo bens no foro da execução, outros tiverem sido penhorados;

IV – havendo bens livres, ela tiver recaído sobre bens já penhorados ou objeto de gravame;

V – ela incidir sobre bens de baixa liquidez;

VI – fracassar a tentativa de alienação judicial do bem; ou

VII – o executado não indicar o valor dos bens ou omitir qualquer das indicações previstas em lei.

Parágrafo único. A penhora pode ser substituída por fiança bancária ou por seguro garantia judicial, em valor não inferior ao do débito constante da inicial, acrescido de trinta por cento.

Art. 849. Sempre que ocorrer a substituição dos bens inicialmente penhorados, será lavrado novo termo.

Art. 850. Será admitida a redução ou a ampliação da penhora, bem como sua transferência para outros bens, se, no curso do processo, o valor de mercado dos bens penhorados sofrer alteração significativa.

Art. 851. Não se procede à segunda penhora, salvo se:

I – a primeira for anulada;

II – executados os bens, o produto da alienação não bastar para o pagamento do exequente;

> *Vide* art. 874, II, do CPC.

III – o exequente desistir da primeira penhora, por serem litigiosos os bens ou por estarem submetidos a constrição judicial.

Art. 852. O juiz determinará a alienação antecipada dos bens penhorados quando:

I – se tratar de veículos automotores, de pedras e metais preciosos e de outros bens móveis sujeitos à depreciação ou à deterioração;

II – houver manifesta vantagem.

Art. 853. Quando uma das partes requerer alguma das medidas previstas nesta Subseção, o juiz ouvirá sempre a outra, no prazo de 3 (três) dias, antes de decidir.

Parágrafo único. O juiz decidirá de plano qualquer questão suscitada.

Subseção V
Da penhora de dinheiro em depósito ou em aplicação financeira

Art. 854. Para possibilitar a penhora de dinheiro em depósito ou em aplicação financeira, o juiz, a requerimento do exequente, sem dar ciência prévia do ato ao executado, determinará às instituições financeiras, por meio de sistema eletrônico gerido pela autoridade supervisora do sistema financeiro nacional, que torne indisponíveis ativos financeiros existentes em nome do executado, limitando-se a indisponibilidade ao valor indicado na execução.

§ 1.º No prazo de 24 (vinte e quatro) horas a contar da resposta, de ofício, o juiz determinará o cancelamento de eventual indisponibilidade excessiva, o que deverá ser cumprido pela instituição financeira em igual prazo.

§ 2.º Tornados indisponíveis os ativos financeiros do executado, este será intimado na pessoa de seu advogado ou, não o tendo, pessoalmente.

§ 3.º Incumbe ao executado, no prazo de 5 (cinco) dias, comprovar que:

I – as quantias tornadas indisponíveis são impenhoráveis;

II – ainda remanesce indisponibilidade excessiva de ativos financeiros.

§ 4.º Acolhida qualquer das arguições dos incisos I e II do § 3.º, o juiz determinará o cancelamento de eventual indisponibilidade irregular ou excessiva, a ser cumprido pela instituição financeira em 24 (vinte e quatro) horas.

§ 5.º Rejeitada ou não apresentada a manifestação do executado, converter-se-á a indisponibilidade em penhora, sem necessidade de lavratura de termo, devendo o juiz da execução determinar à instituição financeira depositária que, no prazo de 24 (vinte e quatro) horas, transfira o montante indisponível para conta vinculada ao juízo da execução.

§ 6.º Realizado o pagamento da dívida por outro meio, o juiz determinará, imediatamente, por sistema eletrônico gerido pela autoridade supervisora do sistema financeiro nacional, a notificação da instituição financeira para que, em até 24 (vinte e quatro) horas, cancele a indisponibilidade.

§ 7.º As transmissões das ordens de indisponibilidade, de seu cancelamento e de determinação de penhora previstas neste artigo far-se-ão por meio de sistema eletrônico gerido pela autoridade supervisora do sistema financeiro nacional.

§ 8.º A instituição financeira será responsável pelos prejuízos causados ao executado em decorrência da indisponibilidade de ativos financeiros em valor superior ao indicado na execução ou pelo juiz, bem como na hipótese de não cancelamento da indisponibilidade no prazo de 24 (vinte e quatro) horas, quando assim determinar o juiz.

§ 9.º Quando se tratar de execução contra partido político, o juiz, a requerimento do exequente, determinará às instituições financeiras, por meio de sistema eletrônico gerido por autoridade supervisora do sistema bancário, que tornem indisponíveis ativos financeiros somente em nome do órgão partidário que tenha contraído a dívida executada ou que tenha dado causa à violação de direito ou ao dano, ao qual cabe exclusivamente a responsabilidade pelos atos praticados, na forma da lei.

Subseção VI
Da penhora de créditos

Art. 855. Quando recair em crédito do executado, enquanto não ocorrer a hipótese prevista no art. 856, considerar-se-á feita a penhora pela intimação:

I – ao terceiro devedor para que não pague ao executado, seu credor;

> *Vide* art. 312 do CC.

II – ao executado, credor do terceiro, para que não pratique ato de disposição do crédito.

> *Vide* arts. 298, 312 e 1.451 a 1.460 do CC.

Art. 856. A penhora de crédito representado por letra de câmbio, nota promissória, duplicata, cheque ou outros títulos far-se-á pela apreensão do documento, esteja ou não este em poder do executado.

§ 1.º Se o título não for apreendido, mas o terceiro confessar a dívida, será este tido como depositário da importância.

§ 2.º O terceiro só se exonerará da obrigação depositando em juízo a importância da dívida.

§ 3.º Se o terceiro negar o débito em conluio com o executado, a quitação que este lhe der caracterizará fraude à execução.

> *Vide* art. 789 do CPC.

§ 4.º A requerimento do exequente, o juiz determinará o comparecimento, em audiência especialmente designada, do executado e do terceiro, a fim de lhes tomar os depoimentos.

Art. 857. Feita a penhora em direito e ação do executado, e não tendo ele oferecido embargos ou sendo estes rejeitados, o exequente ficará sub-rogado nos direitos do executado até a concorrência de seu crédito.

§ 1.º O exequente pode preferir, em vez da sub-rogação, a alienação judicial do direito penhorado, caso em que declarará sua vontade no prazo de 10 (dez) dias contado da realização da penhora.

§ 2.º A sub-rogação não impede o sub-rogado, se não receber o crédito do executado, de prosseguir na execução, nos mesmos autos, penhorando outros bens.

Art. 858. Quando a penhora recair sobre dívidas de dinheiro a juros, de direito a rendas ou de prestações periódicas, o exequente poderá levantar os juros, os rendimentos ou as prestações à medida que forem sendo depositados, abatendo-se do crédito as importâncias recebidas, conforme as regras de imputação do pagamento.

Art. 859. Recaindo a penhora sobre direito a prestação ou a restituição de coisa determinada, o executado será intimado para, no vencimento, depositá-la, correndo sobre ela a execução.

Art. 860. Quando o direito estiver sendo pleiteado em juízo, a penhora que recair sobre ele será averbada, com destaque, nos autos pertinentes ao direito e na ação correspondente à penhora, a fim de que esta seja efetivada nos bens que forem adjudicados ou que vierem a caber ao executado.

> *Vide* art. 646 do CPC.

Subseção VII
Da penhora das quotas ou das ações de sociedades personificadas

Art. 861. Penhoradas as quotas ou as ações de sócio em sociedade simples ou empresária, o juiz assinará prazo razoável, não superior a 3 (três) meses, para que a sociedade:

> Sociedades personificadas: arts. 997 e s. do CC.

I – apresente balanço especial, na forma da lei;

II – ofereça as quotas ou as ações aos demais sócios, observado o direito de preferência legal ou contratual;

III – não havendo interesse dos sócios na aquisição das ações, proceda à liquidação das quotas ou das ações, depositando em juízo o valor apurado, em dinheiro.

§ 1.º Para evitar a liquidação das quotas ou das ações, a sociedade poderá adquiri-las sem redução do capital social e com utilização de reservas, para manutenção em tesouraria.

§ 2.º O disposto no *caput* e no § 1.º não se aplica à sociedade anônima de capital aberto, cujas ações serão adjudicadas ao exequente ou alienadas em bolsa de valores, conforme o caso.

§ 3.º Para os fins da liquidação de que trata o inciso III do *caput*, o juiz poderá, a requerimento do exequente ou da sociedade, nomear administrador, que deverá submeter à aprovação judicial a forma de liquidação.

§ 4.º O prazo previsto no *caput* poderá ser ampliado pelo juiz, se o pagamento das quotas ou das ações liquidadas:

I – superar o valor do saldo de lucros ou reservas, exceto a legal, e sem diminuição do capital social, ou por doação; ou

II – colocar em risco a estabilidade financeira da sociedade simples ou empresária.

§ 5.º Caso não haja interesse dos demais sócios no exercício de direito de preferência, não ocorra a aquisição das quotas ou das ações pela sociedade e a liquidação do inciso III do *caput* seja excessivamente onerosa para a sociedade, o juiz poderá determinar o leilão judicial das quotas ou das ações.

Subseção VIII
Da penhora de empresa, de outros estabelecimentos e de semoventes

Art. 862. Quando a penhora recair em estabelecimento comercial, industrial ou agrícola, bem como em semoventes, plantações ou edifícios em construção, o juiz nomeará administrador-depositário, determinando-lhe que apresente em 10 (dez) dias o plano de administração.

§ 1.º Ouvidas as partes, o juiz decidirá.

§ 2.º É lícito às partes ajustar a forma de administração e escolher o depositário, hipótese em que o juiz homologará por despacho a indicação.

§ 3.º Em relação aos edifícios em construção sob regime de incorporação imobiliária, a penhora somente poderá recair sobre as unidades imobiliárias ainda não comercializadas pelo incorporador.

§ 4.º Sendo necessário afastar o incorporador da administração da incorporação, será ela exercida pela comissão de representantes dos adquirentes ou, se se tratar de construção financiada, por empresa ou profissional indicado pela instituição fornecedora dos recursos para a obra, devendo ser ouvida, neste último caso, a comissão de representantes dos adquirentes.

Art. 863. A penhora de empresa que funcione mediante concessão ou autorização far-se-á, conforme o valor do crédito, sobre a renda, sobre determinados bens ou sobre todo o patrimônio, e o juiz nomeará como depositário, de preferência, um de seus diretores.

> Sociedades dependentes de autorização: arts. 1.123 e s. do CC.

§ 1.º Quando a penhora recair sobre a renda ou sobre determinados bens, o administrador-depositário apresentará a forma de administração e o esquema de pagamento, observando-se, quanto ao mais, o disposto em relação ao regime de penhora de frutos e rendimentos de coisa móvel e imóvel.

§ 2.º Recaindo a penhora sobre todo o patrimônio, prosseguirá a execução em seus ulteriores termos, ouvindo-se, antes da arrematação ou da adjudicação, o ente público que houver outorgado a concessão.

Art. 864. A penhora de navio ou de aeronave não obsta que continuem navegando ou operando até a alienação, mas o juiz, ao conceder a autorização para tanto, não permitirá que saiam do porto ou do aeroporto antes que o executado faça o seguro usual contra riscos.

Art. 865. A penhora de que trata esta Subseção somente será determinada se não houver outro meio eficaz para a efetivação do crédito.

Subseção IX
Da penhora de percentual de faturamento de empresa

Art. 866. Se o executado não tiver outros bens penhoráveis ou se, tendo-os, esses forem de difícil alienação ou insuficientes para saldar o crédito executado, o juiz poderá ordenar a penhora de percentual de faturamento de empresa.

> *Vide* OJ 93 da SDI-2.

§ 1.º O juiz fixará percentual que propicie a satisfação do crédito exequendo em tempo razoável, mas que não torne inviável o exercício da atividade empresarial.

§ 2.º O juiz nomeará administrador-depositário, o qual submeterá à aprovação judicial a forma de sua atuação e prestará contas mensalmente, entregando em juízo as quantias recebidas, com os respectivos balancetes mensais, a fim de serem imputadas no pagamento da dívida.

§ 3.º Na penhora de percentual de faturamento de empresa, observar-se-á, no que couber, o disposto quanto ao regime de penhora de frutos e rendimentos de coisa móvel e imóvel.

Subseção X
Da penhora de frutos e rendimentos de coisa móvel ou imóvel

Art. 867. O juiz pode ordenar a penhora de frutos e rendimentos de coisa móvel ou imóvel quando a considerar mais eficiente para o recebimento do crédito e menos gravosa ao executado.

> *Vide* art. 805 do CPC.

> *Vide* art. 1.390 do CC.

Art. 868. Ordenada a penhora de frutos e rendimentos, o juiz nomeará administrador-depositário, que será investido de todos os poderes que concernem à administração do bem e à fruição de seus frutos e utilidades, perdendo o executado o direito de gozo do bem, até que o exequente seja pago do principal, dos juros, das custas e dos honorários advocatícios.

> *Vide* Lei n. 6.899, de 8-4-1981 (correção monetária).

§ 1.º A medida terá eficácia em relação a terceiros a partir da publicação da decisão que a conceda ou de sua averbação no ofício imobiliário, em caso de imóveis.

> *Vide* art. 1.391 do CC.

> Registro de usufruto: *vide* art. 167, I, n. 7, da LRP.

§ 2.º O exequente providenciará a averbação no ofício imobiliário mediante a apresentação de certidão de inteiro teor do ato, independentemente de mandado judicial.

Art. 869. O juiz poderá nomear administrador-depositário o exequente ou o executado, ouvida a parte contrária, e, não havendo acordo, nomeará profissional qualificado para o desempenho da função.

> *Vide* art. 1.394 do CC.

§ 1.º O administrador submeterá à aprovação judicial a forma de administração e a de prestar contas periodicamente.

§ 2.º Havendo discordância entre as partes ou entre essas e o administrador, o juiz decidirá a melhor forma de administração do bem.

§ 3.º Se o imóvel estiver arrendado, o inquilino pagará o aluguel diretamente ao exequente, salvo se houver administrador.

§ 4.º O exequente ou o administrador poderá celebrar locação do móvel ou do imóvel, ouvido o executado.

§ 5.º As quantias recebidas pelo administrador serão entregues ao exequente, a fim de serem imputadas ao pagamento da dívida.

§ 6.º O exequente dará ao executado, por termo nos autos, quitação das quantias recebidas.

Subseção XI
Da avaliação

Art. 870. A avaliação será feita pelo oficial de justiça.

Parágrafo único. Se forem necessários conhecimentos especializados e o valor da execução o comportar, o juiz nomeará avaliador, fixando-lhe prazo não superior a 10 (dez) dias para entrega do laudo.

Art. 871. Não se procederá à avaliação quando:

> *Vide* art. 1.484 do CC.

I – uma das partes aceitar a estimativa feita pela outra;

II – se tratar de títulos ou de mercadorias que tenham cotação em bolsa, comprovada por certidão ou publicação no órgão oficial;

III – se tratar de títulos da dívida pública, de ações de sociedades e de títulos de crédito negociáveis em bolsa, cujo valor será o da cotação oficial do dia, comprovada por certidão ou publicação no órgão oficial;

IV – se tratar de veículos automotores ou de outros bens cujo preço médio de mercado possa ser conhecido por meio de pesquisas realizadas por órgãos oficiais ou de anúncios de venda divulgados em meios de comunicação, caso em que caberá a quem fizer a nomeação o encargo de comprovar a cotação de mercado.

Parágrafo único. Ocorrendo a hipótese do inciso I deste artigo, a avaliação poderá ser realizada quando houver fundada dúvida do juiz quanto ao real valor do bem.

Art. 872. A avaliação realizada pelo oficial de justiça constará de vistoria e de laudo anexados ao auto de penhora ou, em caso de perícia realizada por avaliador, de laudo apresentado no prazo fixado pelo juiz, devendo-se, em qualquer hipótese, especificar:

I – os bens, com as suas características, e o estado em que se encontram;

II – o valor dos bens.

> *Vide* arts. 631 e 873 do CPC.

§ 1.º Quando o imóvel for suscetível de cômoda divisão, a avaliação, tendo em conta o crédito reclamado, será realizada em partes, sugerindo-se, com a apresentação de memorial descritivo, os possíveis desmembramentos para alienação.

§ 2.º Realizada a avaliação e, sendo o caso, apresentada a proposta de desmembramento, as partes serão ouvidas no prazo de 5 (cinco) dias.

Art. 873. É admitida nova avaliação quando:

I – qualquer das partes arguir, fundamentadamente, a ocorrência de erro na avaliação ou dolo do avaliador;

II – se verificar, posteriormente à avaliação, que houve majoração ou diminuição no valor do bem;

III – o juiz tiver fundada dúvida sobre o valor atribuído ao bem na primeira avaliação.

Parágrafo único. Aplica-se o art. 480 à nova avaliação prevista no inciso III do *caput* deste artigo.

Art. 874. Após a avaliação, o juiz poderá, a requerimento do interessado e ouvida a parte contrária, mandar:

I – reduzir a penhora aos bens suficientes ou transferi-la para outros, se o valor dos bens penhorados for consideravelmente superior ao crédito do exequente e dos acessórios;

II – ampliar a penhora ou transferi-la para outros bens mais valiosos, se o valor dos bens penhorados for inferior ao crédito do exequente.

> *Vide* art. 15, II, da LEF.

> *Vide* Súmula 406 do STJ.

Art. 875. Realizadas a penhora e a avaliação, o juiz dará início aos atos de expropriação do bem.

Seção IV
Da Expropriação de Bens

Subseção I
Da adjudicação

Art. 876. É lícito ao exequente, oferecendo preço não inferior ao da avaliação, requerer que lhe sejam adjudicados os bens penhorados.

> *Vide* art. 1.436, V, do CC.

§ 1.º Requerida a adjudicação, o executado será intimado do pedido:

I – pelo Diário da Justiça, na pessoa de seu advogado constituído nos autos;

II – por carta com aviso de recebimento, quando representado pela Defensoria Pública ou quando não tiver procurador constituído nos autos;

III – por meio eletrônico, quando, sendo o caso do § 1.º do art. 246, não tiver procurador constituído nos autos.

§ 2.º Considera-se realizada a intimação quando o executado houver mudado de endereço sem prévia comunicação ao juízo, observado o disposto no art. 274, parágrafo único.

§ 3.º Se o executado, citado por edital, não tiver procurador constituído nos autos, é dispensável a intimação prevista no § 1.º.

§ 4.º Se o valor do crédito for:

I – inferior ao dos bens, o requerente da adjudicação depositará de imediato a diferença, que ficará à disposição do executado;

II – superior ao dos bens, a execução prosseguirá pelo saldo remanescente.

§ 5.º Idêntico direito pode ser exercido por aqueles indicados no art. 889, incisos II a VIII, pelos credores concorrentes que hajam penhorado o mesmo bem, pelo cônjuge, pelo companheiro, pelos descendentes ou pelos ascendentes do executado.

§ 6.º Se houver mais de um pretendente, proceder-se-á a licitação entre eles, tendo preferência, em caso de igualdade de oferta, o cônjuge, o companheiro, o descendente ou o ascendente, nessa ordem.

§ 7.º No caso de penhora de quota social ou de ação de sociedade anônima fechada realizada em favor de exequente alheio à sociedade, esta será intimada, ficando responsável por informar aos sócios a ocorrência da penhora, assegurando-se a estes a preferência.

Art. 877. Transcorrido o prazo de 5 (cinco) dias, contado da última intimação, e decididas eventuais questões, o juiz ordenará a lavratura do auto de adjudicação.

§ 1.º Considera-se perfeita e acabada a adjudicação com a lavratura e a assinatura do auto pelo juiz, pelo adjudicatário, pelo escrivão ou chefe de secretaria, e, se estiver presente, pelo executado, expedindo-se:

I – a carta de adjudicação e o mandado de imissão na posse, quando se tratar de bem imóvel;

II – a ordem de entrega ao adjudicatário, quando se tratar de bem móvel.

§ 2.º A carta de adjudicação conterá a descrição do imóvel, com remissão à sua matrícula e aos seus registros, a cópia do auto de adjudicação e a prova de quitação do imposto de transmissão.

§ 3.º No caso de penhora de bem hipotecado, o executado poderá remi-lo até a assinatura do auto de adjudicação, oferecendo preço igual ao da avaliação, se não tiver havido licitantes, ou ao do maior lance oferecido.

§ 4.º Na hipótese de falência ou de insolvência do devedor hipotecário, o direito de remição previsto no § 3.º será deferido à massa ou aos credores em concurso, não podendo o exequente recusar o preço da avaliação do imóvel.

Art. 878. Frustradas as tentativas de alienação do bem, será reaberta oportunidade para requerimento de adjudicação, caso em que também se poderá pleitear a realização de nova avaliação.

Subseção II
Da alienação

Art. 879. A alienação far-se-á:

I – por iniciativa particular;

II – em leilão judicial eletrônico ou presencial.

Art. 880. Não efetivada a adjudicação, o exequente poderá requerer a alienação por sua própria iniciativa ou por intermédio de corretor ou leiloeiro público credenciado perante o órgão judiciário.

>> **A Resolução n. 160, de 8-11-2011, do CJF, regulamenta o procedimento de alienação por iniciativa particular.**

§ 1.º O juiz fixará o prazo em que a alienação deve ser efetivada, a forma de publicidade, o preço mínimo, as condições de pagamento, as garantias e, se for o caso, a comissão de corretagem.

§ 2.º A alienação será formalizada por termo nos autos, com a assinatura do juiz, do exequente, do adquirente e, se estiver presente, do executado, expedindo-se:

I – a carta de alienação e o mandado de imissão na posse, quando se tratar de bem imóvel;

II – a ordem de entrega ao adquirente, quando se tratar de bem móvel.

§ 3.º Os tribunais poderão editar disposições complementares sobre o procedimento da alienação prevista neste artigo, admitindo, quando for o caso, o concurso de meios eletrônicos, e dispor sobre o credenciamento dos corretores e leiloeiros públicos, os quais deverão estar em exercício profissional por não menos que 3 (três) anos.

> **A Resolução n. 236, de 13-7-2016, do CNJ, regulamenta, no âmbito do Poder Judiciário, procedimentos relativos à alienação judicial por meio eletrônico.**

§ 4.º Nas localidades em que não houver corretor ou leiloeiro público credenciado nos termos do § 3.º, a indicação será de livre escolha do exequente.

Art. 881. A alienação far-se-á em leilão judicial se não efetivada a adjudicação ou a alienação por iniciativa particular.

§ 1.º O leilão do bem penhorado será realizado por leiloeiro público.

> **Leiloeiro: Decreto n. 21.981, de 19-10-1932.**

§ 2.º Ressalvados os casos de alienação a cargo de corretores de bolsa de valores, todos os demais bens serão alienados em leilão público.

Art. 882. Não sendo possível a sua realização por meio eletrônico, o leilão será presencial.

§ 1.º A alienação judicial por meio eletrônico será realizada, observando-se as garantias processuais das partes, de acordo com regulamentação específica do Conselho Nacional de Justiça.

> **A Resolução n. 236, de 13-7-2016, do CNJ, regulamenta, no âmbito do Poder Judiciário, procedimentos relativos à alienação judicial por meio eletrônico.**

§ 2.º A alienação judicial por meio eletrônico deverá atender aos requisitos de ampla publicidade, autenticidade e segurança, com observância das regras estabelecidas na legislação sobre certificação digital.

§ 3.º O leilão presencial será realizado no local designado pelo juiz.

Art. 883. Caberá ao juiz a designação do leiloeiro público, que poderá ser indicado pelo exequente.

Art. 884. Incumbe ao leiloeiro público:

I – publicar o edital, anunciando a alienação;

II – realizar o leilão onde se encontrem os bens ou no lugar designado pelo juiz;

III – expor aos pretendentes os bens ou as amostras das mercadorias;

IV – receber e depositar, dentro de 1 (um) dia, à ordem do juiz, o produto da alienação;

V – prestar contas nos 2 (dois) dias subsequentes ao depósito.

Parágrafo único. O leiloeiro tem o direito de receber do arrematante a comissão estabelecida em lei ou arbitrada pelo juiz.

Art. 885. O juiz da execução estabelecerá o preço mínimo, as condições de pagamento e as garantias que poderão ser prestadas pelo arrematante.

Art. 886. O leilão será precedido de publicação de edital, que conterá:

> ***Vide* art. 22 da LEF.**

I – a descrição do bem penhorado, com suas características, e, tratando-se de imóvel, sua situação e suas divisas, com remissão à matrícula e aos registros;

II – o valor pelo qual o bem foi avaliado, o preço mínimo pelo qual poderá ser alienado, as condições de pagamento e, se for o caso, a comissão do leiloeiro designado;

III – o lugar onde estiverem os móveis, os veículos e os semoventes e, tratando-se de créditos ou direitos, a identificação dos autos do processo em que foram penhorados;

IV – o sítio, na rede mundial de computadores, e o período em que se realizará o leilão, salvo se este se der de modo presencial, hipótese em que serão indicados o local, o dia e a hora de sua realização;

V – a indicação de local, dia e hora de segundo leilão presencial, para a hipótese de não haver interessado no primeiro;

VI – menção da existência de ônus, recurso ou processo pendente sobre os bens a serem leiloados.

Parágrafo único. No caso de títulos da dívida pública e de títulos negociados em bolsa, constará do edital o valor da última cotação.

Art. 887. O leiloeiro público designado adotará providências para a ampla divulgação da alienação.

§ 1.º A publicação do edital deverá ocorrer pelo menos 5 (cinco) dias antes da data marcada para o leilão.

§ 2.º O edital será publicado na rede mundial de computadores, em sítio designado pelo juízo da execução, e conterá descrição detalhada e, sempre que possível, ilustrada dos bens, informando expressamente se o leilão se realizará de forma eletrônica ou presencial.

§ 3.º Não sendo possível a publicação na rede mundial de computadores ou considerando o juiz, em atenção às condições da sede do juízo, que esse modo de divulgação é insuficiente ou inadequado, o edital será afixado em local de costume e publicado, em resumo, pelo menos uma vez em jornal de ampla circulação local.

§ 4.º Atendendo ao valor dos bens e às condições da sede do juízo, o juiz poderá alterar a forma e a frequência da publicidade na imprensa, mandar publicar o edital em local de ampla circulação de pessoas e divulgar avisos em emissora de rádio ou televisão local, bem como em sítios distintos do indicado no § 2.º.

§ 5.º Os editais de leilão de imóveis e de veículos automotores serão publicados pela imprensa ou por outros meios de divulgação, preferencialmente na seção ou no local reservados à publicidade dos respectivos negócios.

§ 6.º O juiz poderá determinar a reunião de publicações em listas referentes a mais de uma execução.

Art. 888. Não se realizando o leilão por qualquer motivo, o juiz mandará publicar a transferência, observando-se o disposto no art. 887.

Parágrafo único. O escrivão, o chefe de secretaria ou o leiloeiro que culposamente der causa à transferência responde pelas despesas da nova publicação, podendo o juiz aplicar-lhe a pena de suspensão por 5 (cinco) dias a 3 (três) meses, em procedimento administrativo regular.

Art. 889. Serão cientificados da alienação judicial, com pelo menos 5 (cinco) dias de antecedência:

I – o executado, por meio de seu advogado ou, se não tiver procurador constituído nos autos, por carta registrada, mandado, edital ou outro meio idôneo;

> *Vide* art. 804 do CPC.

> *Vide* art. 1.501 do CC.

> *Vide* Súmula 121 do STJ.

II – o coproprietário de bem indivisível do qual tenha sido penhorada fração ideal;

III – o titular de usufruto, uso, habitação, enfiteuse, direito de superfície, concessão de uso especial para fins de moradia ou concessão de direito real de uso, quando a penhora recair sobre bem gravado com tais direitos reais;

IV – o proprietário do terreno submetido ao regime de direito de superfície, enfiteuse, concessão de uso especial para fins de moradia ou concessão de direito real de uso, quando a penhora recair sobre tais direitos reais;

V – o credor pignoratício, hipotecário, anticrético, fiduciário ou com penhora anteriormente averbada, quando a penhora recair sobre bens com tais gravames, caso não seja o credor, de qualquer modo, parte na execução;

> *Vide* art. 1.501 do CC.

VI – o promitente comprador, quando a penhora recair sobre bem em relação ao qual haja promessa de compra e venda registrada;

> *Vide* arts. 1.417 e 1.418 do CC.

VII – o promitente vendedor, quando a penhora recair sobre direito aquisitivo derivado de promessa de compra e venda registrada;

> *Vide* arts. 1.417 e 1.418 do CC.

VIII – a União, o Estado e o Município, no caso de alienação de bem tombado.

Parágrafo único. Se o executado for revel e não tiver advogado constituído, não constando dos autos seu endereço atual ou, ainda, não sendo ele encontrado no endereço constante do processo, a intimação considerar-se-á feita por meio do próprio edital de leilão.

Art. 890. Pode oferecer lance quem estiver na livre administração de seus bens, com exceção:

I – dos tutores, dos curadores, dos testamenteiros, dos administradores ou dos liquidantes, quanto aos bens confiados à sua guarda e à sua responsabilidade;

> *Vide* arts. 1.753 e 1.781 do CC.

II – dos mandatários, quanto aos bens de cuja administração ou alienação estejam encarregados;

> *Vide* arts. 653 e s. do CC.

III – do juiz, do membro do Ministério Público e da Defensoria Pública, do escrivão, do chefe de secretaria e dos demais servidores e auxiliares da justiça, em relação aos bens e direitos objeto de alienação na localidade onde servirem ou a que se estender a sua autoridade;

IV – dos servidores públicos em geral, quanto aos bens ou aos direitos da pessoa jurídica a que servirem ou que estejam sob sua administração direta ou indireta;

V – dos leiloeiros e seus prepostos, quanto aos bens de cuja venda estejam encarregados;

VI – dos advogados de qualquer das partes.

Art. 891. Não será aceito lance que ofereça preço vil.

> *Vide* Súmula 128 do STJ.

Parágrafo único. Considera-se vil o preço inferior ao mínimo estipulado pelo juiz e constante do edital, e, não tendo sido fixado preço mínimo, considera-se vil o preço inferior a cinquenta por cento do valor da avaliação.

Art. 892. Salvo pronunciamento judicial em sentido diverso, o pagamento deverá ser realizado de imediato pelo arrematante, por depósito judicial ou por meio eletrônico.

§ 1.º Se o exequente arrematar os bens e for o único credor, não estará obrigado a exibir o preço, mas, se o valor dos bens exceder ao seu crédito, depositará, dentro de 3 (três) dias, a diferença, sob pena de tornar-se sem efeito a arrematação, e, nesse caso, realizar-se-á novo leilão, à custa do exequente.

§ 2.º Se houver mais de um pretendente, proceder-se-á entre eles à licitação, e, no caso de igualdade de oferta, terá preferência o cônjuge, o companheiro, o descendente ou o ascendente do executado, nessa ordem.

§ 3.º No caso de leilão de bem tombado, a União, os Estados e os Municípios terão, nessa ordem, o direito de preferência na arrematação, em igualdade de oferta.

Art. 893. Se o leilão for de diversos bens e houver mais de um lançador, terá preferência aquele que se propuser a arrematá-los todos, em conjunto, oferecendo, para os bens que não tiverem lance, preço igual ao da avaliação e, para os demais, preço igual ao do maior lance que, na tentativa de arrematação individualizada, tenha sido oferecido para eles.

> *Vide* art. 23, § 1.º, da LEF.

Art. 894. Quando o imóvel admitir cômoda divisão, o juiz, a requerimento do executado, ordenará a alienação judicial de parte dele, desde que suficiente para o pagamento do exequente e para a satisfação das despesas da execução.

> *Vide* art. 87 do CC.

§ 1.º Não havendo lançador, far-se-á a alienação do imóvel em sua integridade.

§ 2.º A alienação por partes deverá ser requerida a tempo de permitir a avaliação das glebas destacadas e sua inclusão no edital, e, nesse caso, caberá ao executado instruir o requerimento com planta e memorial descritivo subscritos por profissional habilitado.

Art. 895. O interessado em adquirir o bem penhorado em prestações poderá apresentar, por escrito:

I – até o início do primeiro leilão, proposta de aquisição do bem por valor não inferior ao da avaliação;

II – até o início do segundo leilão, proposta de aquisição do bem por valor que não seja considerado vil.

§ 1.º A proposta conterá, em qualquer hipótese, oferta de pagamento de pelo menos vinte e cinco por cento do valor do lance à vista e o restante parcelado em até 30 (trinta) meses, garantido por caução idônea, quando se tratar de móveis, e por hipoteca do próprio bem, quando se tratar de imóveis.

§ 2.º As propostas para aquisição em prestações indicarão o prazo, a modalidade, o indexador de correção monetária e as condições de pagamento do saldo.

§ 3.º (*Vetado.*)

§ 4.º No caso de atraso no pagamento de qualquer das prestações, incidirá multa de dez por cento sobre a soma da parcela inadimplida com as parcelas vincendas.

§ 5.º O inadimplemento autoriza o exequente a pedir a resolução da arrematação ou promover, em face do arrematante, a execução do valor devido, devendo ambos os pedidos ser formulados nos autos da execução em que se deu a arrematação.

§ 6.º A apresentação da proposta prevista neste artigo não suspende o leilão.

§ 7.º A proposta de pagamento do lance à vista sempre prevalecerá sobre as propostas de pagamento parcelado.

§ 8.º Havendo mais de uma proposta de pagamento parcelado:

I – em diferentes condições, o juiz decidirá pela mais vantajosa, assim compreendida, sempre, a de maior valor;

II – em iguais condições, o juiz decidirá pela formulada em primeiro lugar.

§ 9.º No caso de arrematação a prazo, os pagamentos feitos pelo arrematante pertencerão ao exequente até o limite de seu crédito, e os subsequentes, ao executado.

Art. 896. Quando o imóvel de incapaz não alcançar em leilão pelo menos oitenta por cento do valor da avaliação, o juiz o confiará à guarda e à administração de depositário idôneo, adiando a alienação por prazo não superior a 1 (um) ano.

§ 1.º Se, durante o adiamento, algum pretendente assegurar, mediante caução idônea, o preço da avaliação, o juiz ordenará a alienação em leilão.

§ 2.º Se o pretendente à arrematação se arrepender, o juiz impor-lhe-á multa de vinte por cento sobre o valor da avaliação, em benefício do incapaz, valendo a decisão como título executivo.

§ 3.º Sem prejuízo do disposto nos §§ 1.º e 2.º, o juiz poderá autorizar a locação do imóvel no prazo do adiamento.

§ 4.º Findo o prazo do adiamento, o imóvel será submetido a novo leilão.

Art. 897. Se o arrematante ou seu fiador não pagar o preço no prazo estabelecido, o juiz impor-lhe-á, em favor do exequente, a perda da caução, voltando os bens a novo leilão, do qual não serão admitidos a participar o arrematante e o fiador remissos.

Art. 898. O fiador do arrematante que pagar o valor do lance e a multa poderá requerer que a arrematação lhe seja transferida.

Art. 899. Será suspensa a arrematação logo que o produto da alienação dos bens for suficiente para o pagamento do credor e para a satisfação das despesas da execução.

> *Vide* Súmula 128 do STJ.

Art. 900. O leilão prosseguirá no dia útil imediato, à mesma hora em que teve início, independentemente de novo edital, se for ultrapassado o horário de expediente forense.

> *Vide* arts. 212 a 216 do CPC.

Art. 901. A arrematação constará de auto que será lavrado de imediato e poderá abranger bens penhorados em mais de uma execução, nele mencionadas as condições nas quais foi alienado o bem.

§ 1.º A ordem de entrega do bem móvel ou a carta de arrematação do bem imóvel, com o respectivo mandado de imissão na posse, será expedida depois de efetuado o depósito ou prestadas as garantias pelo arrematante, bem como realizado o pagamento da comissão do leiloeiro e das demais despesas da execução.

> *Vide* art. 826 do CPC.

§ 2.º A carta de arrematação conterá a descrição do imóvel, com remissão à sua matrícula ou individuação e aos seus registros, a cópia do auto de arrematação e a prova de pagamento do imposto de transmissão, além da indicação da existência de eventual ônus real ou gravame.

Art. 902. No caso de leilão de bem hipotecado, o executado poderá remi-lo até a assinatura do auto de arrematação, oferecendo preço igual ao do maior lance oferecido.

Parágrafo único. No caso de falência ou insolvência do devedor hipotecário, o direito de remição previsto no *caput* defere-se à massa ou aos credores em concurso, não podendo o exequente recusar o preço da avaliação do imóvel.

Art. 903. Qualquer que seja a modalidade de leilão, assinado o auto pelo juiz, pelo arrematante e pelo leiloeiro, a arrematação será considerada perfeita, acabada e irretratável, ainda que venham a ser julgados procedentes os embargos do executado ou a ação autônoma de que trata o § 4.º deste artigo, assegurada a possibilidade de reparação pelos prejuízos sofridos.

§ 1.º Ressalvadas outras situações previstas neste Código, a arrematação poderá, no entanto, ser:

I – invalidada, quando realizada por preço vil ou com outro vício;

II – considerada ineficaz, se não observado o disposto no art. 804;

III – resolvida, se não for pago o preço ou se não for prestada a caução.

§ 2.º O juiz decidirá acerca das situações referidas no § 1.º, se for provocado em até 10 (dez) dias após o aperfeiçoamento da arrematação.

§ 3.º Passado o prazo previsto no § 2.º sem que tenha havido alegação de qualquer das situações previstas no § 1.º, será expedida a carta de arrematação e, conforme o caso, a ordem de entrega ou mandado de imissão na posse.

§ 4.º Após a expedição da carta de arrematação ou da ordem de entrega, a invalidação da arrematação poderá ser pleiteada por ação autônoma, em cujo processo o arrematante figurará como litisconsorte necessário.

§ 5.º O arrematante poderá desistir da arrematação, sendo-lhe imediatamente devolvido o depósito que tiver feito:

I – se provar, nos 10 (dez) dias seguintes, a existência de ônus real ou gravame não mencionado no edital;

II – se, antes de expedida a carta de arrematação ou a ordem de entrega, o executado alegar alguma das situações previstas no § 1.º;

III – uma vez citado para responder a ação autônoma de que trata o § 4.º deste artigo, desde que apresente a desistência no prazo de que dispõe para responder a essa ação.

§ 6.º Considera-se ato atentatório à dignidade da justiça a suscitação infundada de vício com o objetivo de ensejar a desistência do arrematante, devendo o suscitante ser condenado, sem prejuízo da responsabilidade por perdas e danos, ao pagamento de multa, a ser fixada pelo juiz e devida ao exequente, em montante não superior a vinte por cento do valor atualizado do bem.

Seção V
Da Satisfação do Crédito

Art. 904. A satisfação do crédito exequendo far-se-á:

I – pela entrega do dinheiro;

II – pela adjudicação dos bens penhorados.

Art. 905. O juiz autorizará que o exequente levante, até a satisfação integral de seu crédito, o dinheiro depositado para segurar o juízo ou o produto dos bens alienados, bem como do faturamento de empresa ou de outros frutos e rendimentos de coisas ou empresas penhoradas, quando:

> *Vide* art. 858 do CPC.

I – a execução for movida só a benefício do exequente singular, a quem, por força da penhora, cabe o direito de preferência sobre os bens penhorados e alienados;

II – não houver sobre os bens alienados outros privilégios ou preferências instituídos anteriormente à penhora.

Parágrafo único. Durante o plantão judiciário, veda-se a concessão de pedidos de levantamento de importância em dinheiro ou valores ou de liberação de bens apreendidos.

Art. 906. Ao receber o mandado de levantamento, o exequente dará ao executado, por termo nos autos, quitação da quantia paga.

Parágrafo único. A expedição de mandado de levantamento poderá ser substituída pela transferência eletrônica do valor depositado em conta vinculada ao juízo para outra indicada pelo exequente.

Art. 907. Pago ao exequente o principal, os juros, as custas e os honorários, a importância que sobrar será restituída ao executado.

> *Vide* art. 1.º da Lei n. 6.899, de 8-4-1981 (correção monetária).

> *Vide* arts. 389, 395 e 404 do CC.

> Honorários advocatícios: *vide* arts. 22 a 26 do EAOAB.

> *Vide* Súmulas 14, 36 e 67 do STJ.

Art. 908. Havendo pluralidade de credores ou exequentes, o dinheiro lhes será distribuído e entregue consoante a ordem das respectivas preferências.

> *Vide* art. 797, parágrafo único, do CPC.

> *Vide* art. 99 do CDC.

> *Vide* art. 24 do EAOAB.

§ 1.º No caso de adjudicação ou alienação, os créditos que recaem sobre o bem, inclusive os de natureza *propter rem*, sub-rogam-se sobre o respectivo preço, observada a ordem de preferência.

§ 2.º Não havendo título legal à preferência, o dinheiro será distribuído entre os concorrentes, observando-se a anterioridade de cada penhora.

Art. 909. Os exequentes formularão as suas pretensões, que versarão unicamente sobre o direito de preferência e a anterioridade da penhora, e, apresentadas as razões, o juiz decidirá.

Capítulo V
DA EXECUÇÃO CONTRA A FAZENDA PÚBLICA

Art. 910. Na execução fundada em título extrajudicial, a Fazenda Pública será citada para opor embargos em 30 (trinta) dias.

> *Vide* art. 100 da CF.

> *Vide* Súmulas 279 e 339 do STJ.

> A Resolução n. 115, de 29-6-2010, do CNJ, dispõe sobre a gestão de precatórios no âmbito do Poder Judiciário.

§ 1.º Não opostos embargos ou transitada em julgado a decisão que os rejeitar, expedir-se-á precatório ou requisição de pequeno valor em favor do exequente, observando-se o disposto no art. 100 da Constituição Federal.

§ 2.º Nos embargos, a Fazenda Pública poderá alegar qualquer matéria que lhe seria lícito deduzir como defesa no processo de conhecimento.

§ 3.º Aplica-se a este Capítulo, no que couber, o disposto nos artigos 534 e 535.

Capítulo VI
DA EXECUÇÃO DE ALIMENTOS

>> *Vide* Lei n. 5.478, de 27-7-1968, que regula a ação de alimentos.

>> *Vide* art. 5.º, LXVII, da CF (prisão civil por dívida de alimentos).

>> *Vide* arts. 1.694 a 1.710 e 1.920 do CC.

> *Vide* Súmula 309 do STJ.

Art. 911. Na execução fundada em título executivo extrajudicial que contenha obrigação alimentar, o juiz mandará citar o executado para, em 3 (três) dias, efetuar o pagamento das parcelas anteriores ao início da execução e das que se vencerem no seu curso, provar que o fez ou justificar a impossibilidade de fazê-lo.

> *Vide* art. 523, §§ 1.º e 3.º, do CPC.

> *Vide* art. 244 do CP.

Parágrafo único. Aplicam-se, no que couber, os §§ 2.º a 7.º do art. 528.

Art. 912. Quando o executado for funcionário público, militar, diretor ou gerente de empresa, bem como empregado sujeito à legislação do trabalho, o exequente poderá requerer o desconto em folha de pagamento de pessoal da importância da prestação alimentícia.

> *Vide* art. 833, IV, do CPC.

> *Vide* art. 1.701 do CC.

§ 1.º Ao despachar a inicial, o juiz oficiará à autoridade, à empresa ou ao empregador, determinando, sob pena de crime de desobediência, o desconto a partir da primeira remuneração posterior do executado, a contar do protocolo do ofício.

§ 2.º O ofício conterá os nomes e o número de inscrição no Cadastro de Pessoas Físicas do exequente e do executado, a importância a ser descontada mensalmente, a conta na qual deve ser feito o depósito e, se for o caso, o tempo de sua duração.

Art. 913. Não requerida a execução nos termos deste Capítulo, observar-se-á o disposto no art. 824 e seguintes, com a ressalva de que, recaindo a penhora em dinheiro, a concessão de efeito suspensivo aos embargos à execução não obsta a que o exequente levante mensalmente a importância da prestação.

Título III
DOS EMBARGOS À EXECUÇÃO

Art. 914. O executado, independentemente de penhora, depósito ou caução, poderá se opor à execução por meio de embargos.

> *Vide* arts. 535 e 917 do CPC.

§ 1.º Os embargos à execução serão distribuídos por dependência, autuados em apartado e instruídos com cópias das peças processuais relevantes, que poderão ser declaradas autênticas pelo próprio advogado, sob sua responsabilidade pessoal.

§ 2.º Na execução por carta, os embargos serão oferecidos no juízo deprecante ou no juízo deprecado, mas a competência para julgá-los é do juízo deprecante, salvo se versarem unicamente sobre vícios ou defeitos da penhora, da avaliação ou da alienação dos bens efetuadas no juízo deprecado.

Art. 915. Os embargos serão oferecidos no prazo de 15 (quinze) dias, contado, conforme o caso, na forma do art. 231.

> *Vide* art. 16 da LEF.

> *Vide* Súmula 394 do STJ.

§ 1.º Quando houver mais de um executado, o prazo para cada um deles embargar conta-se a partir da juntada do respectivo comprovante da citação, salvo no caso de cônjuges ou de companheiros, quando será contado a partir da juntada do último.

§ 2.º Nas execuções por carta, o prazo para embargos será contado:

I – da juntada, na carta, da certificação da citação, quando versarem unicamente sobre vícios ou defeitos da penhora, da avaliação ou da alienação dos bens;

II – da juntada, nos autos de origem, do comunicado de que trata o § 4.º deste artigo ou, não havendo este, da juntada da carta devidamente cumprida, quando versarem sobre questões diversas da prevista no inciso I deste parágrafo.

§ 3.º Em relação ao prazo para oferecimento dos embargos à execução, não se aplica o disposto no art. 229.

§ 4.º Nos atos de comunicação por carta precatória, rogatória ou de ordem, a realização da citação será imediatamente informada, por meio eletrônico, pelo juiz deprecado ao juiz deprecante.

Art. 916. No prazo para embargos, reconhecendo o crédito do exequente e comprovando o depósito de trinta por cento do valor em execução, acrescido de custas e de honorários de advogado, o executado poderá requerer que lhe seja permitido pagar o restante em até 6 (seis) parcelas mensais, acrescidas de correção monetária e de juros de um por cento ao mês.

§ 1.º O exequente será intimado para manifestar-se sobre o preenchimento dos pressupostos do *caput*, e o juiz decidirá o requerimento em 5 (cinco) dias.

§ 2.º Enquanto não apreciado o requerimento, o executado terá de depositar as parcelas vincendas, facultado ao exequente seu levantamento.

§ 3.º Deferida a proposta, o exequente levantará a quantia depositada, e serão suspensos os atos executivos.

§ 4.º Indeferida a proposta, seguir-se-ão os atos executivos, mantido o depósito, que será convertido em penhora.

§ 5.º O não pagamento de qualquer das prestações acarretará cumulativamente:

I – o vencimento das prestações subsequentes e o prosseguimento do processo, com o imediato reinício dos atos executivos;

II – a imposição ao executado de multa de dez por cento sobre o valor das prestações não pagas.

§ 6.º A opção pelo parcelamento de que trata este artigo importa renúncia ao direito de opor embargos.

§ 7.º O disposto neste artigo não se aplica ao cumprimento da sentença.

Art. 917. Nos embargos à execução, o executado poderá alegar:

I – inexequibilidade do título ou inexigibilidade da obrigação;

>>> *Vide* arts. 783 e 786 do CPC.

II – penhora incorreta ou avaliação errônea;

>>> *Vide* art. 835 do CPC.

III – excesso de execução ou cumulação indevida de execuções;

> *Vide* art. 917, §§ 3.º e 4.º, do CPC.

IV – retenção por benfeitorias necessárias ou úteis, nos casos de execução para entrega de coisa certa;

V – incompetência absoluta ou relativa do juízo da execução;

VI – qualquer matéria que lhe seria lícito deduzir como defesa em processo de conhecimento.

§ 1.º A incorreção da penhora ou da avaliação poderá ser impugnada por simples petição, no prazo de 15 (quinze) dias, contado da ciência do ato.

§ 2.º Há excesso de execução quando:

I – o exequente pleiteia quantia superior à do título;

II – ela recai sobre coisa diversa daquela declarada no título;

III – ela se processa de modo diferente do que foi determinado no título;

IV – o exequente, sem cumprir a prestação que lhe corresponde, exige o adimplemento da prestação do executado;

V – o exequente não prova que a condição se realizou.

§ 3.º Quando alegar que o exequente, em excesso de execução, pleiteia quantia superior à do título, o embargante declarará na petição inicial o valor que entende correto, apresentando demonstrativo discriminado e atualizado de seu cálculo.

§ 4.º Não apontado o valor correto ou não apresentado o demonstrativo, os embargos à execução:

I – serão liminarmente rejeitados, sem resolução de mérito, se o excesso de execução for o seu único fundamento;

II – serão processados, se houver outro fundamento, mas o juiz não examinará a alegação de excesso de execução.

§ 5.º Nos embargos de retenção por benfeitorias, o exequente poderá requerer a compensação de seu valor com o dos frutos ou dos danos considerados devidos pelo executado, cumprindo ao juiz, para a apuração dos respectivos valores, nomear perito, observando-se, então, o art. 464.

> *Vide* arts. 964 e 1.219 do CC.

> Acerca das benfeitorias feitas na vigência de contrato de locação, *vide* art. 35 da Lei n. 8.245, de 18-10-1991.

> *Vide* Súmula 158 do STF.

§ 6.º O exequente poderá a qualquer tempo ser imitido na posse da coisa, prestando caução ou depositando o valor devido pelas benfeitorias ou resultante da compensação.

§ 7.º A arguição de impedimento e suspeição observará o disposto nos arts. 146 e 148.

Art. 918. O juiz rejeitará liminarmente os embargos:

> *Vide* art. 1.012, § 1.º, III, do CPC.

I – quando intempestivos;

II – nos casos de indeferimento da petição inicial e de improcedência liminar do pedido;

III – manifestamente protelatórios.

Parágrafo único. Considera-se conduta atentatória à dignidade da justiça o oferecimento de embargos manifestamente protelatórios.

Art. 919. Os embargos à execução não terão efeito suspensivo.

§ 1.º O juiz poderá, a requerimento do embargante, atribuir efeito suspensivo aos embargos quando verificados os requisitos para a concessão da tutela provisória e desde que a execução já esteja garantida por penhora, depósito ou caução suficientes.

§ 2.º Cessando as circunstâncias que a motivaram, a decisão relativa aos efeitos dos embargos poderá, a requerimento da parte, ser modificada ou revogada a qualquer tempo, em decisão fundamentada.

§ 3.º Quando o efeito suspensivo atribuído aos embargos disser respeito apenas a parte do objeto da execução, esta prosseguirá quanto à parte restante.

§ 4.º A concessão de efeito suspensivo aos embargos oferecidos por um dos executados não suspenderá a execução contra os que não embargaram quando o respectivo fundamento disser respeito exclusivamente ao embargante.

§ 5.º A concessão de efeito suspensivo não impedirá a efetivação dos atos de substituição, de reforço ou de redução da penhora e de avaliação dos bens.

Art. 920. Recebidos os embargos:

> *Vide* art. 17 da LEF.

I – o exequente será ouvido no prazo de 15 (quinze) dias;

II – a seguir, o juiz julgará imediatamente o pedido ou designará audiência;

III – encerrada a instrução, o juiz proferirá sentença.

Título IV
DA SUSPENSÃO E DA EXTINÇÃO DO PROCESSO DE EXECUÇÃO

Capítulo I
DA SUSPENSÃO DO PROCESSO DE EXECUÇÃO

Art. 921. Suspende-se a execução:

I – nas hipóteses dos arts. 313 e 315, no que couber;

II – no todo ou em parte, quando recebidos com efeito suspensivo os embargos à execução;

III – quando o executado não possuir bens penhoráveis;

> *Vide* art. 40 da LEF.

> *Vide* Súmula 314 do STJ.

IV – se a alienação dos bens penhorados não se realizar por falta de licitantes e o exequente, em 15 (quinze) dias, não requerer a adjudicação nem indicar outros bens penhoráveis;

V – quando concedido o parcelamento de que trata o art. 916.

§ 1.º Na hipótese do inciso III, o juiz suspenderá a execução pelo prazo de 1 (um) ano, durante o qual se suspenderá a prescrição.

§ 2.º Decorrido o prazo máximo de 1 (um) ano sem que seja localizado o executado ou que sejam encontrados bens penhoráveis, o juiz ordenará o arquivamento dos autos.

§ 3.º Os autos serão desarquivados para prosseguimento da execução se a qualquer tempo forem encontrados bens penhoráveis.

§ 4.º Decorrido o prazo de que trata o § 1.º sem manifestação do exequente, começa a correr o prazo de prescrição intercorrente.

§ 5.º O juiz, depois de ouvidas as partes, no prazo de 15 (quinze) dias, poderá, de ofício, reconhecer a prescrição de que trata o § 4.º e extinguir o processo.

Art. 922. Convindo as partes, o juiz declarará suspensa a execução durante o prazo concedido pelo exequente para que o executado cumpra voluntariamente a obrigação.

Parágrafo único. Findo o prazo sem cumprimento da obrigação, o processo retomará o seu curso.

Art. 923. Suspensa a execução, não serão praticados atos processuais, podendo o juiz, entretanto, salvo no caso de arguição de impedimento ou de suspeição, ordenar providências urgentes.

> *Vide* arts. 221 e 314 do CPC.

Capítulo II
DA EXTINÇÃO DO PROCESSO DE EXECUÇÃO

Art. 924. Extingue-se a execução quando:

I – a petição inicial for indeferida;

>>> *Vide* art. 330 do CPC.

II – a obrigação for satisfeita;

> *Vide* art. 807 do CPC.

III – o executado obtiver, por qualquer outro meio, a extinção total da dívida;

> *Vide* arts. 385 a 388 e 840 a 850 do CC.

> Transação em matéria tributária: *vide* art. 171 do CTN.

IV – o exequente renunciar ao crédito;

> A Lei n. 9.469, de 10-7-1997, dispõe sobre a transação nas causas de interesse da

União, suas autarquias, fundações e empresas públicas federais.

V – ocorrer a prescrição intercorrente.

>> *Vide* art. 1.056 do CPC.

Art. 925. A extinção só produz efeito quando declarada por sentença.

LIVRO III
DOS PROCESSOS NOS TRIBUNAIS E DOS MEIOS DE IMPUGNAÇÃO DAS DECISÕES JUDICIAIS

TÍTULO I
DA ORDEM DOS PROCESSOS E DOS PROCESSOS DE COMPETÊNCIA ORIGINÁRIA DOS TRIBUNAIS

CAPÍTULO I
DISPOSIÇÕES GERAIS

Art. 926. Os tribunais devem uniformizar sua jurisprudência e mantê-la estável, íntegra e coerente.

>> *Vide* art. 18 da Instrução Normativa n. 41, de 21-6-2018.

§ 1.º Na forma estabelecida e segundo os pressupostos fixados no regimento interno, os tribunais editarão enunciados de súmula correspondentes a sua jurisprudência dominante.

§ 2.º Ao editar enunciados de súmula, os tribunais devem ater-se às circunstâncias fáticas dos precedentes que motivaram sua criação.

Art. 927. Os juízes e os tribunais observarão:

I – as decisões do Supremo Tribunal Federal em controle concentrado de constitucionalidade;

> *Vide* arts. 102, I, *a*, e 103 da CF.

II – os enunciados de súmula vinculante;

>> *Vide* art. 103-A da CF.

III – os acórdãos em incidente de assunção de competência ou de resolução de demandas repetitivas e em julgamento de recursos extraordinário e especial repetitivos;

> *Vide* arts. 1.036 a 1.041 do CPC.

IV – os enunciados das súmulas do Supremo Tribunal Federal em matéria constitucional e do Superior Tribunal de Justiça em matéria infraconstitucional;

V – a orientação do plenário ou do órgão especial aos quais estiverem vinculados.

§ 1.º Os juízes e os tribunais observarão o disposto no art. 10 e no art. 489, § 1.º, quando decidirem com fundamento neste artigo.

§ 2.º A alteração de tese jurídica adotada em enunciado de súmula ou em julgamento de casos repetitivos poderá ser precedida de audiências públicas e da participação de pessoas, órgãos ou entidades que possam contribuir para a rediscussão da tese.

§ 3.º Na hipótese de alteração de jurisprudência dominante do Supremo Tribunal Federal e dos tribunais superiores ou daquela oriunda de julgamento de casos repetitivos, pode haver modulação dos efeitos da alteração no interesse social e no da segurança jurídica.

§ 4.º A modificação de enunciado de súmula, de jurisprudência pacificada ou de tese adotada em julgamento de casos repetitivos observará a necessidade de fundamentação adequada e específica, considerando os princípios da segurança jurídica, da proteção da confiança e da isonomia.

§ 5.º Os tribunais darão publicidade a seus precedentes, organizando-os por questão jurídica decidida e divulgando-os, preferencialmente, na rede mundial de computadores.

Art. 928. Para os fins deste Código, considera-se julgamento de casos repetitivos a decisão proferida em:

I – incidente de resolução de demandas repetitivas;

> *Vide* arts. 976 a 987 do CPC.

II – recursos especial e extraordinário repetitivos.

> *Vide* arts. 1.036 a 1.041 do CPC.

Parágrafo único. O julgamento de casos repetitivos tem por objeto questão de direito material ou processual.

CAPÍTULO II
DA ORDEM DOS PROCESSOS NO TRIBUNAL

Art. 929. Os autos serão registrados no protocolo do tribunal no dia de sua entrada, cabendo à secretaria ordená-los, com imediata distribuição.

Parágrafo único. A critério do tribunal, os serviços de protocolo poderão ser descentralizados, mediante delegação a ofícios de justiça de primeiro grau.

Art. 930. Far-se-á a distribuição de acordo com o regimento interno do tribunal, observando-se a alternatividade, o sorteio eletrônico e a publicidade.

Parágrafo único. O primeiro recurso protocolado no tribunal tornará prevento o relator para eventual recurso subsequente interposto no mesmo processo ou em processo conexo.

Art. 931. Distribuídos, os autos serão imediatamente conclusos ao relator, que, em 30 (trinta) dias, depois de elaborar o voto, restituí-los-á, com relatório, à secretaria.

Art. 932. Incumbe ao relator:

I – dirigir e ordenar o processo no tribunal, inclusive em relação à produção de prova, bem como, quando for o caso, homologar autocomposição das partes;

II – apreciar o pedido de tutela provisória nos recursos e nos processos de competência originária do tribunal;

III – não conhecer de recurso inadmissível, prejudicado ou que não tenha impugnado especificamente os fundamentos da decisão recorrida;

> *Vide* Súmula 316 do STJ.

IV – negar provimento a recurso que for contrário a:

a) súmula do Supremo Tribunal Federal, do Superior Tribunal de Justiça ou do próprio tribunal;

b) acórdão proferido pelo Supremo Tribunal Federal ou pelo Superior Tribunal de Justiça em julgamento de recursos repetitivos;

c) entendimento firmado em incidente de resolução de demandas repetitivas ou de assunção de competência;

V – depois de facultada a apresentação de contrarrazões, dar provimento ao recurso se a decisão recorrida for contrária a:

a) súmula do Supremo Tribunal Federal, do Superior Tribunal de Justiça ou do próprio tribunal;

b) acórdão proferido pelo Supremo Tribunal Federal ou pelo Superior Tribunal de Justiça em julgamento de recursos repetitivos;

> *Vide* arts. 1.036 a 1.041 do CPC.

c) entendimento firmado em incidente de resolução de demandas repetitivas ou de assunção de competência;

> *Vide* arts. 976 a 987 do CPC.

VI – decidir o incidente de desconsideração da personalidade jurídica, quando este for instaurado originariamente perante o tribunal;

> *Vide* art. 50 do CC.

VII – determinar a intimação do Ministério Público, quando for o caso;

VIII – exercer outras atribuições estabelecidas no regimento interno do tribunal.

Parágrafo único. Antes de considerar inadmissível o recurso, o relator concederá o prazo de 5 (cinco) dias ao recorrente para que seja sanado vício ou complementada a documentação exigível.

> *Vide* Súmula 385 do TST.

Art. 933. Se o relator constatar a ocorrência de fato superveniente à decisão recorrida ou a existência de questão apreciável de ofício ainda não examinada que devam ser considerados no julgamento do recurso, intimará as partes para que se manifestem no prazo de 5 (cinco) dias.

§ 1.º Se a constatação ocorrer durante a sessão de julgamento, esse será imediatamente suspenso a fim de que as partes se manifestem especificamente.

§ 2.º Se a constatação se der em vista dos autos, deverá o juiz que a solicitou encaminhá-los ao relator, que tomará as providências previstas no *caput* e, em seguida, solicitará a inclusão do feito em pauta para prosseguimento do julgamento, com submissão integral da nova questão aos julgadores.

Art. 934. Em seguida, os autos serão apresentados ao presidente, que designará dia para julgamento, ordenando, em todas as hipóteses previstas neste Livro, a publicação da pauta no órgão oficial.

Art. 935. Entre a data de publicação da pauta e a da sessão de julgamento decorrerá, pelo menos, o prazo de 5 (cinco) dias, incluindo-se em nova pauta os processos que não tenham sido julgados, salvo aqueles cujo julgamento tiver sido expressamente adiado para a primeira sessão seguinte.

§ 1.º Às partes será permitida vista dos autos em cartório após a publicação da pauta de julgamento.

§ 2.º Afixar-se-á a pauta na entrada da sala em que se realizar a sessão de julgamento.

Art. 936. Ressalvadas as preferências legais e regimentais, os recursos, a remessa necessária e os processos de competência originária serão julgados na seguinte ordem:

I – aqueles nos quais houver sustentação oral, observada a ordem dos requerimentos;

II – os requerimentos de preferência apresentados até o início da sessão de julgamento;

III – aqueles cujo julgamento tenha iniciado em sessão anterior; e

IV – os demais casos.

Art. 937. Na sessão de julgamento, depois da exposição da causa pelo relator, o presidente dará a palavra, sucessivamente, ao recorrente, ao recorrido e, nos casos de sua intervenção, ao membro do Ministério Público, pelo prazo improrrogável de 15 (quinze) minutos para cada um, a fim de sustentarem suas razões, nas seguintes hipóteses, nos termos da parte final do *caput* do art. 1.021:

I – no recurso de apelação;

> *Vide* arts. 1.009 a 1.014 do CPC.

II – no recurso ordinário;

> *Vide* arts. 1.027 e 1.028 do CPC.

III – no recurso especial;

> *Vide* arts. 1.029 a 1.041 do CPC.

IV – no recurso extraordinário;

> *Vide* arts. 1.029 a 1.041 do CPC.

V – nos embargos de divergência;

> *Vide* arts. 1.043 e 1.044 do CPC.

VI – na ação rescisória, no mandado de segurança e na reclamação;

> *Vide* arts. 966 a 975 e 988 a 993 do CPC.

> *Vide* Lei n. 12.016, de 7-8-2009.

VII – (*Vetado.*)

VIII – no agravo de instrumento interposto contra decisões interlocutórias que versem sobre tutelas provisórias de urgência ou da evidência;

> *Vide* arts. 300 a 311 e 1.015 a 1.020 do CPC.

IX – em outras hipóteses previstas em lei ou no regimento interno do tribunal.

§ 1.º A sustentação oral no incidente de resolução de demandas repetitivas observará o disposto no art. 984, no que couber.

§ 2.º O procurador que desejar proferir sustentação oral poderá requerer, até o início da sessão, que o processo seja julgado em primeiro lugar, sem prejuízo das preferências legais.

§ 3.º Nos processos de competência originária previstos no inciso VI, caberá sustentação oral no agravo interno interposto contra decisão de relator que o extinga.

§ 4.º É permitido ao advogado com domicílio profissional em cidade diversa daquela onde está sediado o tribunal realizar sustentação oral por meio de videoconferência ou outro recurso tecnológico de transmissão de sons e imagens em tempo real, desde que o requeira até o dia anterior ao da sessão.

>> **A Resolução n. 354, de 19-11-2020, do CNJ, dispõe sobre o cumprimento digital de ato processual e de ordem judicial e dá outras providências.**

Art. 938. A questão preliminar suscitada no julgamento será decidida antes do mérito, deste não se conhecendo caso seja incompatível com a decisão.

§ 1.º Constatada a ocorrência de vício sanável, inclusive aquele que possa ser conhecido de ofício, o relator determinará a realização ou a renovação do ato processual, no próprio tribunal ou em primeiro grau de jurisdição, intimadas as partes.

§ 2.º Cumprida a diligência de que trata o § 1.º, o relator, sempre que possível, prosseguirá no julgamento do recurso.

§ 3.º Reconhecida a necessidade de produção de prova, o relator converterá o julgamento em diligência, que se realizará no tribunal ou em primeiro grau de jurisdição, decidindo-se o recurso após a conclusão da instrução.

§ 4.º Quando não determinadas pelo relator, as providências indicadas nos §§ 1.º e 3.º poderão ser determinadas pelo órgão competente para julgamento do recurso.

Art. 939. Se a preliminar for rejeitada ou se a apreciação do mérito for com ela compatível, seguir-se-ão a discussão e o julgamento da matéria principal, sobre a qual deverão se pronunciar os juízes vencidos na preliminar.

Art. 940. O relator ou outro juiz que não se considerar habilitado a proferir imediatamente seu voto poderá solicitar vista pelo prazo máximo de 10 (dez) dias, após o qual o recurso será reincluído em pauta para julgamento na sessão seguinte à data da devolução.

> Lei Complementar n. 35, de 14-3-1979 (Lei Orgânica da Magistratura Nacional), art. 121.

§ 1.º Se os autos não forem devolvidos tempestivamente ou se não for solicitada pelo juiz prorrogação de prazo de no máximo mais 10 (dez) dias, o presidente do órgão fracionário os requisitará para julgamento do recurso na sessão ordinária subsequente, com publicação da pauta em que for incluído.

§ 2.º Quando requisitar os autos na forma do § 1.º, se aquele que fez o pedido de vista ainda não se sentir habilitado a votar, o presidente convocará substituto para proferir voto, na forma estabelecida no regimento interno do tribunal.

Art. 941. Proferidos os votos, o presidente anunciará o resultado do julgamento, designando para redigir o acórdão o relator ou, se vencido este, o autor do primeiro voto vencedor.

§ 1.º O voto poderá ser alterado até o momento da proclamação do resultado pelo presidente, salvo aquele já proferido por juiz afastado ou substituído.

§ 2.º No julgamento de apelação ou de agravo de instrumento, a decisão será tomada, no órgão colegiado, pelo voto de 3 (três) juízes.

§ 3.º O voto vencido será necessariamente declarado e considerado parte integrante do acórdão para todos os fins legais, inclusive de prequestionamento.

Art. 942. Quando o resultado da apelação for não unânime, o julgamento terá prosseguimento em sessão a ser designada com a presença de outros julgadores, que serão convocados nos termos previamente definidos no regimento interno, em número suficiente para garantir a possibilidade de inversão do resultado inicial, assegurado às partes e a eventuais terceiros o direito de sustentar oralmente suas razões perante os novos julgadores.

§ 1.º Sendo possível, o prosseguimento do julgamento dar-se-á na mesma sessão, colhendo-se os votos de outros julgadores que porventura componham o órgão colegiado.

§ 2.º Os julgadores que já tiverem votado poderão rever seus votos por ocasião do prosseguimento do julgamento.

§ 3.º A técnica de julgamento prevista neste artigo aplica-se, igualmente, ao julgamento não unânime proferido em:

I – ação rescisória, quando o resultado for a rescisão da sentença, devendo, nesse caso, seu prosseguimento ocorrer em órgão de maior composição previsto no regimento interno;

II – agravo de instrumento, quando houver reforma da decisão que julgar parcialmente o mérito.

§ 4.º Não se aplica o disposto neste artigo ao julgamento:

I – do incidente de assunção de competência e ao de resolução de demandas repetitivas;

II – da remessa necessária;

III – não unânime proferido, nos tribunais, pelo plenário ou pela corte especial.

Art. 943. Os votos, os acórdãos e os demais atos processuais podem ser registrados em documento eletrônico inviolável e assinados eletronicamente, na forma da lei, devendo ser impressos para juntada aos autos do processo quando este não for eletrônico.

>> *Vide* Lei n. 11.419, de 19-12-2006, que dispõe sobre a informatização do processo judicial.

§ 1.º Todo acórdão conterá ementa.

§ 2.º Lavrado o acórdão, sua ementa será publicada no órgão oficial no prazo de 10 (dez) dias.

Art. 944. Não publicado o acórdão no prazo de 30 (trinta) dias, contado da data da sessão de julgamento, as notas taquigráficas o substituirão, para todos os fins legais, independentemente de revisão.

Parágrafo único. No caso do *caput*, o presidente do tribunal lavrará, de imediato, as conclusões e a ementa e mandará publicar o acórdão.

Art. 945. (*Revogado pela Lei n. 13.256, de 4-2-2016.*)

Art. 946. O agravo de instrumento será julgado antes da apelação interposta no mesmo processo.

Parágrafo único. Se ambos os recursos de que trata o *caput* houverem de ser julgados na mesma sessão, terá precedência o agravo de instrumento.

CAPÍTULO III
DO INCIDENTE DE ASSUNÇÃO DE COMPETÊNCIA

Art. 947. É admissível a assunção de competência quando o julgamento de recurso, de remessa necessária ou de processo de competência originária envolver relevante questão de direito, com grande repercussão social, sem repetição em múltiplos processos.

§ 1.º Ocorrendo a hipótese de assunção de competência, o relator proporá, de ofício ou a requerimento da parte, do Ministério Público ou da Defensoria Pública, que seja o recurso, a remessa necessária ou o processo de competência originária julgado pelo órgão colegiado que o regimento indicar.

§ 2.º O órgão colegiado julgará o recurso, a remessa necessária ou o processo de competência originária se reconhecer interesse público na assunção de competência.

§ 3.º O acórdão proferido em assunção de competência vinculará todos os juízes e órgãos fracionários, exceto se houver revisão de tese.

§ 4.º Aplica-se o disposto neste artigo quando ocorrer relevante questão de direito a respeito da qual seja conveniente a prevenção ou a composição de divergência entre câmaras ou turmas do tribunal.

CAPÍTULO IV
DO INCIDENTE DE ARGUIÇÃO DE INCONSTITUCIONALIDADE

> *Vide* arts. 52, X, 97, 102, I, *a*, e III, 103, 125 e 129, § 2.º, da CF.

Art. 948. Arguida, em controle difuso, a inconstitucionalidade de lei ou de ato normativo do poder público, o relator, após ouvir o Ministério Público e as partes, submeterá a questão à turma ou à câmara à qual competir o conhecimento do processo.

Art. 949. Se a arguição for:

I – rejeitada, prosseguirá o julgamento;

II – acolhida, a questão será submetida ao plenário do tribunal ou ao seu órgão especial, onde houver.

Parágrafo único. Os órgãos fracionários dos tribunais não submeterão ao plenário ou ao órgão especial a arguição de inconstitucionalidade quando já houver pronunciamento destes ou do plenário do Supremo Tribunal Federal sobre a questão.

Art. 950. Remetida cópia do acórdão a todos os juízes, o presidente do tribunal designará a sessão de julgamento.

§ 1.º As pessoas jurídicas de direito público responsáveis pela edição do ato questionado poderão manifestar-se no incidente de inconstitucionalidade se assim o requererem, observados os prazos e as condições previstos no regimento interno do tribunal.

§ 2.º A parte legitimada à propositura das ações previstas no art. 103 da Constituição Federal poderá manifestar-se, por escrito, sobre a questão constitucional objeto de apreciação, no prazo previsto pelo regimento interno, sendo-lhe assegurado o direito de apresentar memoriais ou de requerer a juntada de documentos.

§ 3.º Considerando a relevância da matéria e a representatividade dos postulantes, o relator poderá admitir, por despacho irrecorrível, a manifestação de outros órgãos ou entidades.

CAPÍTULO V
DO CONFLITO DE COMPETÊNCIA

Art. 951. O conflito de competência pode ser suscitado por qualquer das partes, pelo Ministério Público ou pelo juiz.

Parágrafo único. O Ministério Público somente será ouvido nos conflitos de competência relativos aos processos previstos no art. 178, mas terá qualidade de parte nos conflitos que suscitar.

Art. 952. Não pode suscitar conflito a parte que, no processo, arguiu incompetência relativa.

Parágrafo único. O conflito de competência não obsta, porém, a que a parte que não o arguiu suscite a incompetência.

Art. 953. O conflito será suscitado ao tribunal:

> *Vide* Súmula 59 do STJ.

I – pelo juiz, por ofício;

II – pela parte e pelo Ministério Público, por petição.

Parágrafo único. O ofício e a petição serão instruídos com os documentos necessários à prova do conflito.

Art. 954. Após a distribuição, o relator determinará a oitiva dos juízes em conflito ou, se um deles for suscitante, apenas do suscitado.

Parágrafo único. No prazo designado pelo relator, incumbirá ao juiz ou aos juízes prestar as informações.

Art. 955. O relator poderá, de ofício ou a requerimento de qualquer das partes, determinar, quando o conflito for positivo, o sobrestamento do processo e, nesse caso, bem como no de conflito negativo, designará um dos juízes para resolver, em caráter provisório, as medidas urgentes.

Parágrafo único. O relator poderá julgar de plano o conflito de competência quando sua decisão se fundar em:

I – súmula do Supremo Tribunal Federal, do Superior Tribunal de Justiça ou do próprio tribunal;

II – tese firmada em julgamento de casos repetitivos ou em incidente de assunção de competência.

Art. 956. Decorrido o prazo designado pelo relator, será ouvido o Ministério Público, no prazo de 5 (cinco) dias, ainda que as informações não tenham sido prestadas, e, em seguida, o conflito irá a julgamento.

Art. 957. Ao decidir o conflito, o tribunal declarará qual o juízo competente, pronunciando-se também sobre a validade dos atos do juízo incompetente.

Parágrafo único. Os autos do processo em que se manifestou o conflito serão remetidos ao juiz declarado competente.

Art. 958. No conflito que envolva órgãos fracionários dos tribunais, desembargadores e juízes em exercício no tribunal, observar-se-á o que dispuser o regimento interno do tribunal.

Art. 959. O regimento interno do tribunal regulará o processo e o julgamento do conflito de atribuições entre autoridade judiciária e autoridade administrativa.

CAPÍTULO VI
DA HOMOLOGAÇÃO DE DECISÃO ESTRANGEIRA E DA CONCESSÃO DO EXEQUATUR À CARTA ROGATÓRIA

> *Vide* art. 36 da Lei n. 9.307, de 23-9-1996 (Arbitragem).

> A Instrução Normativa n. 11, de 11-4-2019, do STJ, regulamenta a disponibilização em meio eletrônico de carta de sentença para cumprimento de decisão estrangeira homologada.

Art. 960. A homologação de decisão estrangeira será requerida por ação de homologação de decisão estrangeira, salvo disposição especial em sentido contrário prevista em tratado.

§ 1.º A decisão interlocutória estrangeira poderá ser executada no Brasil por meio de carta rogatória.

§ 2.º A homologação obedecerá ao que dispuserem os tratados em vigor no Brasil e o Regimento Interno do Superior Tribunal de Justiça.

>> A homologação de sentenças estrangeiras passou a ser do STJ após o advento da EC n. 45, de 8-12-2004, que alterou o art. 105, I, *i*, da CF.

§ 3.º A homologação de decisão arbitral estrangeira obedecerá ao disposto em tratado e em lei, aplicando-se, subsidiariamente, as disposições deste Capítulo.

Art. 961. A decisão estrangeira somente terá eficácia no Brasil após a homologação de sentença estrangeira ou a concessão do *exequatur* às cartas rogatórias, salvo disposição em sentido contrário de lei ou tratado.

§ 1.º É passível de homologação a decisão judicial definitiva, bem como a decisão não judicial que, pela lei brasileira, teria natureza jurisdicional.

§ 2.º A decisão estrangeira poderá ser homologada parcialmente.

§ 3.º A autoridade judiciária brasileira poderá deferir pedidos de urgência e realizar atos de execução provisória no processo de homologação de decisão estrangeira.

§ 4.º Haverá homologação de decisão estrangeira para fins de execução fiscal quando prevista em tratado ou em promessa de reciprocidade apresentada à autoridade brasileira.

§ 5.º A sentença estrangeira de divórcio consensual produz efeitos no Brasil, independentemente de homologação pelo Superior Tribunal de Justiça.

§ 6.º Na hipótese do § 5.º, competirá a qualquer juiz examinar a validade da decisão, em caráter principal ou incidental, quando essa questão for suscitada em processo de sua competência.

Art. 962. É passível de execução a decisão estrangeira concessiva de medida de urgência.

§ 1.º A execução no Brasil de decisão interlocutória estrangeira concessiva de medida de urgência dar-se-á por carta rogatória.

§ 2.º A medida de urgência concedida sem audiência do réu poderá ser executada, desde que garantido o contraditório em momento posterior.

§ 3.º O juízo sobre a urgência da medida compete exclusivamente à autoridade jurisdicional prolatora da decisão estrangeira.

§ 4.º Quando dispensada a homologação para que a sentença estrangeira produza efeitos no Brasil, a decisão concessiva de medida de urgência dependerá, para produzir efeitos, de ter sua validade expressamente reconhecida pelo juiz competente para dar-lhe cumprimento, dispensada a homologação pelo Superior Tribunal de Justiça.

Art. 963. Constituem requisitos indispensáveis à homologação da decisão:

I – ser proferida por autoridade competente;

>> *Vide* art. 15, *a*, da LINDB.

II – ser precedida de citação regular, ainda que verificada a revelia;

>> *Vide* art. 15, *b*, da LINDB.

III – ser eficaz no país em que foi proferida;

>> *Vide* art. 15, *c*, da LINDB.

IV – não ofender a coisa julgada brasileira;

V – estar acompanhada de tradução oficial, salvo disposição que a dispense prevista em tratado;

>> *Vide* art. 15, *d*, da LINDB.

VI – não conter manifesta ofensa à ordem pública.

>> *Vide* art. 17 da LINDB.

Parágrafo único. Para a concessão do *exequatur* às cartas rogatórias, observar-se-ão os pressupostos previstos no *caput* deste artigo e no art. 962, § 2.º.

Art. 964. Não será homologada a decisão estrangeira na hipótese de competência exclusiva da autoridade judiciária brasileira.

Parágrafo único. O dispositivo também se aplica à concessão do *exequatur* à carta rogatória.

Art. 965. O cumprimento de decisão estrangeira far-se-á perante o juízo federal competente, a requerimento da parte, conforme as normas estabelecidas para o cumprimento de decisão nacional.

>> *Vide* art. 109, X, da CF.

>> *Vide* art. 221, III, da LRP.

Parágrafo único. O pedido de execução deverá ser instruído com cópia autenticada da decisão homologatória ou do *exequatur*, conforme o caso.

CAPÍTULO VII
DA AÇÃO RESCISÓRIA

>> *Vide* CF, arts. 102, I, *j* (competência do STF para processar e julgar, originariamente, a revisão criminal e a ação rescisória de seus julgados), 105, I, *e* (competência do STJ para processar e julgar, originariamente, as revisões criminais e as ações rescisórias de seus julgados), 108, I, *b* (competência dos TRFs para processar e julgar, originariamente, as revisões criminais e as ações rescisórias de julgados seus ou dos juízes federais da região).

Art. 966. A decisão de mérito, transitada em julgado, pode ser rescindida quando:

I – se verificar que foi proferida por força de prevaricação, concussão ou corrupção do juiz;

> *Vide* arts. 316 (concussão), 317 (corrupção passiva) e 319 (prevaricação) do CP.

II – for proferida por juiz impedido ou por juízo absolutamente incompetente;

III – resultar de dolo ou coação da parte vencedora em detrimento da parte vencida ou, ainda, de simulação ou colusão entre as partes, a fim de fraudar a lei;

> *Vide* arts. 145 a 150, 171, II, 178, II, 1.909 do CC.

IV – ofender a coisa julgada;

> *Vide* arts. 502 e s. do CPC.

V – violar manifestamente norma jurídica;

> *Vide* Súmula 343 do STF.

VI – for fundada em prova cuja falsidade tenha sido apurada em processo criminal ou venha a ser demonstrada na própria ação rescisória;

VII – obtiver o autor, posteriormente ao trânsito em julgado, prova nova cuja existência ignorava ou de que não pôde fazer uso, capaz, por si só, de lhe assegurar pronunciamento favorável;

>> *Vide* Súmula 402 do TST.

VIII – for fundada em erro de fato verificável do exame dos autos.

§ 1.º Há erro de fato quando a decisão rescindenda admitir fato inexistente ou quando considerar inexistente fato efetivamente ocorrido, sendo indispensável, em ambos os casos, que o fato não represente ponto controvertido sobre o qual o juiz deveria ter se pronunciado.

§ 2.º Nas hipóteses previstas nos incisos do *caput*, será rescindível a decisão transitada em julgado que, embora não seja de mérito, impeça:

I – nova propositura da demanda; ou

II – admissibilidade do recurso correspondente.

§ 3.º A ação rescisória pode ter por objeto apenas 1 (um) capítulo da decisão.

§ 4.º Os atos de disposição de direitos, praticados pelas partes ou por outros participantes do processo e homologados pelo juízo, bem como os atos homologatórios praticados no curso da execução, estão sujeitos à anulação, nos termos da lei.

§ 5.º Cabe ação rescisória, com fundamento no inciso V do *caput* deste artigo, contra decisão baseada em enunciado de súmula ou acórdão proferido em julgamento de casos repetitivos que não tenha considerado a existência de distinção entre a questão discutida no processo e o padrão decisório que lhe deu fundamento.

>> § 5.º acrescentado pela Lei n. 13.256, de 4-2-2016.

§ 6.º Quando a ação rescisória fundar-se na hipótese do § 5.º deste artigo, caberá ao autor, sob pena de inépcia, demonstrar, fundamentadamente, tratar-se de situação particularizada por hipótese fática distinta ou de questão jurídica não examinada, a impor outra solução jurídica.

>> § 6.º acrescentado pela Lei n. 13.256, de 4-2-2016.

Art. 967. Têm legitimidade para propor a ação rescisória:

I – quem foi parte no processo ou o seu sucessor a título universal ou singular;

II – o terceiro juridicamente interessado;

III – o Ministério Público:

a) se não foi ouvido no processo em que lhe era obrigatória a intervenção;

b) quando a decisão rescindenda é o efeito de simulação ou de colusão das partes, a fim de fraudar a lei;

c) em outros casos em que se imponha sua atuação;

IV – aquele que não foi ouvido no processo em que lhe era obrigatória a intervenção.

Parágrafo único. Nas hipóteses do art. 178, o Ministério Público será intimado para intervir como fiscal da ordem jurídica quando não for parte.

Art. 968. A petição inicial será elaborada com observância dos requisitos essenciais do art. 319, devendo o autor:

I – cumular ao pedido de rescisão, se for o caso, o de novo julgamento do processo;

II – depositar a importância de cinco por cento sobre o valor da causa, que se converterá em multa caso a ação seja, por unanimidade de votos, declarada inadmissível ou improcedente.

§ 1.º Não se aplica o disposto no inciso II à União, aos Estados, ao Distrito Federal, aos Municípios, às suas respectivas autarquias e fundações de direito público, ao Ministério Público, à Defensoria Pública e aos que tenham obtido o benefício de gratuidade da justiça.

§ 2.º O depósito previsto no inciso II do *caput* deste artigo não será superior a 1.000 (mil) salários mínimos.

§ 3.º Além dos casos previstos no art. 330, a petição inicial será indeferida quando não efetuado o depósito exigido pelo inciso II do *caput* deste artigo.

§ 4.º Aplica-se à ação rescisória o disposto no art. 332.

§ 5.º Reconhecida a incompetência do tribunal para julgar a ação rescisória, o autor será intimado para emendar a petição inicial, a fim de adequar o objeto da ação rescisória, quando a decisão apontada como rescindenda:

I – não tiver apreciado o mérito e não se enquadrar na situação prevista no § 2.º do art. 966;

II – tiver sido substituída por decisão posterior.

§ 6.º Na hipótese do § 5.º, após a emenda da petição inicial, será permitido ao réu complementar os fundamentos de defesa, e, em seguida, os autos serão remetidos ao tribunal competente.

Art. 969. A propositura da ação rescisória não impede o cumprimento da decisão rescindenda, ressalvada a concessão de tutela provisória.

Art. 970. O relator ordenará a citação do réu, designando-lhe prazo nunca inferior a 15 (quinze) dias nem superior a 30 (trinta) dias para, querendo, apresentar resposta, ao fim do qual, com ou sem contestação, observar-se-á, no que couber, o procedimento comum.

Art. 971. Na ação rescisória, devolvidos os autos pelo relator, a secretaria do tribunal expedirá cópias do relatório e as distribuirá entre os juízes que compuserem o órgão competente para o julgamento.

Parágrafo único. A escolha de relator recairá, sempre que possível, em juiz que não haja participado do julgamento rescindendo.

Art. 972. Se os fatos alegados pelas partes dependerem de prova, o relator poderá delegar a competência ao órgão que proferiu a decisão rescindenda, fixando prazo de 1 (um) a 3 (três) meses para a devolução dos autos.

Art. 973. Concluída a instrução, será aberta vista ao autor e ao réu para razões finais, sucessivamente, pelo prazo de 10 (dez) dias.

> *Vide* Súmula 252 do STF.

Parágrafo único. Em seguida, os autos serão conclusos ao relator, procedendo-se ao julgamento pelo órgão competente.

> *Vide* Súmulas 249 e 515 do STF.

Art. 974. Julgando procedente o pedido, o tribunal rescindirá a decisão, proferirá, se for o caso, novo julgamento e determinará a restituição do depósito a que se refere o inciso II do art. 968.

Parágrafo único. Considerando, por unanimidade, inadmissível ou improcedente o pedido, o tribunal determinará a reversão, em favor do réu, da importância do depósito, sem prejuízo do disposto no § 2.º do art. 82.

Art. 975. O direito à rescisão se extingue em 2 (dois) anos contados do trânsito em julgado da última decisão proferida no processo.

§ 1.º Prorroga-se até o primeiro dia útil imediatamente subsequente o prazo a que se refere o *caput*, quando expirar durante férias forenses, recesso, feriados ou em dia em que não houver expediente forense.

§ 2.º Se fundada a ação no inciso VII do art. 966, o termo inicial do prazo será a data de descoberta da prova nova, observado o prazo máximo de 5 (cinco) anos, contado do trânsito em julgado da última decisão proferida no processo.

§ 3.º Nas hipóteses de simulação ou de colusão das partes, o prazo começa a contar, para o terceiro prejudicado e para o Ministério Público, que não interveio no processo, a partir do momento em que têm ciência da simulação ou da colusão.

Capítulo VIII
DO INCIDENTE DE RESOLUÇÃO DE DEMANDAS REPETITIVAS

Art. 976. É cabível a instauração do incidente de resolução de demandas repetitivas quando houver, simultaneamente:

I – efetiva repetição de processos que contenham controvérsia sobre a mesma questão unicamente de direito;

II – risco de ofensa à isonomia e à segurança jurídica.

§ 1.º A desistência ou o abandono do processo não impede o exame de mérito do incidente.

§ 2.º Se não for o requerente, o Ministério Público intervirá obrigatoriamente no incidente e deverá assumir sua titularidade em caso de desistência ou de abandono.

§ 3.º A inadmissão do incidente de resolução de demandas repetitivas por ausência de qualquer de seus pressupostos de admissibilidade não impede que, uma vez satisfeito o requisito, seja o incidente novamente suscitado.

§ 4.º É incabível o incidente de resolução de demandas repetitivas quando um dos tribunais superiores, no âmbito de sua respectiva competência, já tiver afetado recurso para definição de tese sobre questão de direito material ou processual repetitiva.

§ 5.º Não serão exigidas custas processuais no incidente de resolução de demandas repetitivas.

Art. 977. O pedido de instauração do incidente será dirigido ao presidente de tribunal:

I – pelo juiz ou relator, por ofício;

II – pelas partes, por petição;

III – pelo Ministério Público ou pela Defensoria Pública, por petição.

Parágrafo único. O ofício ou a petição será instruído com os documentos necessários à demonstração do preenchimento dos pressupostos para a instauração do incidente.

Art. 978. O julgamento do incidente caberá ao órgão indicado pelo regimento interno dentre aqueles responsáveis pela uniformização de jurisprudência do tribunal.

Parágrafo único. O órgão colegiado incumbido de julgar o incidente e de fixar a tese jurídica julgará igualmente o recurso, a remessa necessária ou o processo de competência originária de onde se originou o incidente.

Art. 979. A instauração e o julgamento do incidente serão sucedidos da mais ampla e específica divulgação e publicidade, por meio de registro eletrônico no Conselho Nacional de Justiça.

§ 1.º Os tribunais manterão banco eletrônico de dados atualizados com informações específicas sobre questões de direito submetidas ao incidente, comunicando-o imediatamente ao Conselho Nacional de Justiça para inclusão no cadastro.

§ 2.º Para possibilitar a identificação dos processos abrangidos pela decisão do incidente, o registro eletrônico das teses jurídicas constantes do cadastro conterá, no mínimo, os fundamentos determinantes da decisão e os dispositivos normativos a ela relacionados.

§ 3.º Aplica-se o disposto neste artigo ao julgamento de recursos repetitivos e da repercussão geral em recurso extraordinário.

Art. 980. O incidente será julgado no prazo de 1 (um) ano e terá preferência sobre os demais feitos, ressalvados os que envolvam réu preso e os pedidos de *habeas corpus*.

Parágrafo único. Superado o prazo previsto no *caput*, cessa a suspensão dos processos prevista no art. 982, salvo decisão fundamentada do relator em sentido contrário.

Art. 981. Após a distribuição, o órgão colegiado competente para julgar o incidente procederá ao seu juízo de admissibilidade, considerando a presença dos pressupostos do art. 976.

Art. 982. Admitido o incidente, o relator:

I – suspenderá os processos pendentes, individuais ou coletivos, que tramitam no Estado ou na região, conforme o caso;

II – poderá requisitar informações a órgãos em cujo juízo tramita processo no qual se discute o objeto do incidente, que as prestarão no prazo de 15 (quinze) dias;

III – intimará o Ministério Público para, querendo, manifestar-se no prazo de 15 (quinze) dias.

§ 1.º A suspensão será comunicada aos órgãos jurisdicionais competentes.

§ 2.º Durante a suspensão, o pedido de tutela de urgência deverá ser dirigido ao juízo onde tramita o processo suspenso.

§ 3.º Visando à garantia da segurança jurídica, qualquer legitimado mencionado no art. 977, incisos II e III, poderá requerer, ao tribunal competente para conhecer do recurso extraordinário ou especial, a suspensão de todos os processos individuais ou coletivos em curso no território nacional que versem sobre a questão objeto do incidente já instaurado.

§ 4.º Independentemente dos limites da competência territorial, a parte no processo em curso no qual se discuta a mesma questão objeto do incidente é legitimada para requerer a providência prevista no § 3.º deste artigo.

§ 5.º Cessa a suspensão a que se refere o inciso I do *caput* deste artigo se não for interposto recurso especial ou recurso extraordinário contra a decisão proferida no incidente.

Art. 983. O relator ouvirá as partes e os demais interessados, inclusive pessoas, órgãos e entidades com interesse na controvérsia, que, no prazo comum de 15 (quinze) dias, poderão requerer a juntada de documentos, bem como as diligências necessárias para a elucidação da questão de direito controvertida, e, em seguida, manifestar-se-á o Ministério Público, no mesmo prazo.

§ 1.º Para instruir o incidente, o relator poderá designar data para, em audiência pública, ouvir depoimentos de pessoas com experiência e conhecimento na matéria.

§ 2.º Concluídas as diligências, o relator solicitará dia para o julgamento do incidente.

Art. 984. No julgamento do incidente, observar-se-á a seguinte ordem:

I – o relator fará a exposição do objeto do incidente;

II – poderão sustentar suas razões, sucessivamente:

a) o autor e o réu do processo originário e o Ministério Público, pelo prazo de 30 (trinta) minutos;

b) os demais interessados, no prazo de 30 (trinta) minutos, divididos entre todos, sendo exigida inscrição com 2 (dois) dias de antecedência.

§ 1.º Considerando o número de inscritos, o prazo poderá ser ampliado.

§ 2.º O conteúdo do acórdão abrangerá a análise de todos os fundamentos suscitados concernentes à tese jurídica discutida, sejam favoráveis ou contrários.

Art. 985. Julgado o incidente, a tese jurídica será aplicada:

I – a todos os processos individuais ou coletivos que versem sobre idêntica questão de direito e que tramitem na área de jurisdição do respectivo tribunal, inclusive àqueles que tramitem nos juizados especiais do respectivo Estado ou região;

II – aos casos futuros que versem idêntica questão de direito e que venham a tramitar no território de competência do tribunal, salvo revisão na forma do art. 986.

§ 1.º Não observada a tese adotada no incidente, caberá reclamação.

§ 2.º Se o incidente tiver por objeto questão relativa a prestação de serviço concedido, permitido ou autorizado, o resultado do julgamento será comunicado ao órgão, ao ente ou à agência reguladora competente para fiscalização da efetiva aplicação, por parte dos entes sujeitos a regulação, da tese adotada.

Art. 986. A revisão da tese jurídica firmada no incidente far-se-á pelo mesmo tribunal, de ofício ou mediante requerimento dos legitimados mencionados no art. 977, inciso III.

Art. 987. Do julgamento do mérito do incidente caberá recurso extraordinário ou especial, conforme o caso.

§ 1.º O recurso tem efeito suspensivo, presumindo-se a repercussão geral de questão constitucional eventualmente discutida.

§ 2.º Apreciado o mérito do recurso, a tese jurídica adotada pelo Supremo Tribunal Federal ou pelo Superior Tribunal de Justiça será aplicada no território nacional a todos os processos individuais ou coletivos que versem sobre idêntica questão de direito.

Capítulo IX
DA RECLAMAÇÃO

Art. 988. Caberá reclamação da parte interessada ou do Ministério Público para:

> *Vide* art. 105, I, *f*, da CF.

I – preservar a competência do tribunal;

II – garantir a autoridade das decisões do tribunal;

III – garantir a observância de enunciado de súmula vinculante e de decisão do Supremo Tribunal Federal em controle concentrado de constitucionalidade;

>> Inciso III com redação determinada pela Lei n. 13.256, de 4-2-2016.

> *Vide* art. 102, I, *a*, da CF.

IV – garantir a observância de acórdão proferido em julgamento de incidente de resolução de demandas repetitivas ou de incidente de assunção de competência;

>> Inciso IV com redação determinada pela Lei n. 13.256, de 4-2-2016.

> *Vide* art. 103-A da CF.

§ 1.º A reclamação pode ser proposta perante qualquer tribunal, e seu julgamento compete ao órgão jurisdicional cuja competência se busca preservar ou cuja autoridade se pretenda garantir.

§ 2.º A reclamação deverá ser instruída com prova documental e dirigida ao presidente do tribunal.

§ 3.º Assim que recebida, a reclamação será autuada e distribuída ao relator do processo principal, sempre que possível.

§ 4.º As hipóteses dos incisos III e IV compreendem a aplicação indevida da tese jurídica e sua não aplicação aos casos que a ela correspondam.

§ 5.º É inadmissível a reclamação:

>> § 5.º, *caput*, com redação determinada pela Lei n. 13.256, de 4-2-2016.

I – proposta após o trânsito em julgado da decisão reclamada;

>> Inciso I acrescentado pela Lei n. 13.256, de 4-2-2016.

II – proposta para garantir a observância de acórdão de recurso extraordinário com repercussão geral reconhecida ou de acórdão proferido em julgamento de recursos extraordinário ou especial repetitivos, quando não esgotadas as instâncias ordinárias.

>> Inciso II acrescentado pela Lei n. 13.256, de 4-2-2016.

§ 6.º A inadmissibilidade ou o julgamento do recurso interposto contra a decisão proferida pelo órgão reclamado não prejudica a reclamação.

Art. 989. Ao despachar a reclamação, o relator:

I – requisitará informações da autoridade a quem for imputada a prática do ato impugnado, que as prestará no prazo de 10 (dez) dias;

II – se necessário, ordenará a suspensão do processo ou do ato impugnado para evitar dano irreparável;

III – determinará a citação do beneficiário da decisão impugnada, que terá prazo de 15 (quinze) dias para apresentar a sua contestação.

Art. 990. Qualquer interessado poderá impugnar o pedido do reclamante.

Art. 991. Na reclamação que não houver formulado, o Ministério Público terá vista do processo por 5 (cinco) dias, após o decurso do prazo para informações e para o oferecimento da contestação pelo beneficiário do ato impugnado.

Art. 992. Julgando procedente a reclamação, o tribunal cassará a decisão exorbitante de seu julgado ou determinará medida adequada à solução da controvérsia.

Art. 993. O presidente do tribunal determinará o imediato cumprimento da decisão, lavrando-se o acórdão posteriormente.

TÍTULO II
DOS RECURSOS

CAPÍTULO I
DISPOSIÇÕES GERAIS

Art. 994. São cabíveis os seguintes recursos:

I – apelação;

> *Vide* arts. 1.009 a 1.014 do CPC.

II – agravo de instrumento;

> *Vide* arts. 1.015 a 1.020 do CPC.

III – agravo interno;

> *Vide* art. 1.021 do CPC.

IV – embargos de declaração;

> *Vide* arts. 1.022 a 1.026 do CPC.

V – recurso ordinário;

> *Vide* arts. 1.027 e 1.028 do CPC.

VI – recurso especial;

>> *Vide* art. 105, III, da CF.

> *Vide* arts. 1.029 a 1.042 do CPC.

VII – recurso extraordinário;

> *Vide* arts. 1.029 a 1.042 do CPC.

VIII – agravo em recurso especial ou extraordinário;

> *Vide* art. 1.042 do CPC.

IX – embargos de divergência.

> *Vide* arts. 1.043 e 1.044 do CPC.

Art. 995. Os recursos não impedem a eficácia da decisão, salvo disposição legal ou decisão judicial em sentido diverso.

> *Vide* art. 1.030 do CPC.

Parágrafo único. A eficácia da decisão recorrida poderá ser suspensa por decisão do relator, se da imediata produção de seus efeitos houver risco de dano grave, de difícil ou impossível reparação, e ficar demonstrada a probabilidade de provimento do recurso.

Art. 996. O recurso pode ser interposto pela parte vencida, pelo terceiro prejudicado e pelo Ministério Público, como parte ou como fiscal da ordem jurídica.

> *Vide* arts. 70 a 77, 177 a 181 do CPC.

> *Vide* Súmulas 99, 202 e 226 do STJ.

Parágrafo único. Cumpre ao terceiro demonstrar a possibilidade de a decisão sobre a relação jurídica submetida à apreciação judicial atingir direito de que se afirme titular ou que possa discutir em juízo como substituto processual.

> *Vide* Súmula 202 do STJ.

Art. 997. Cada parte interporá o recurso independentemente, no prazo e com observância das exigências legais.

§ 1.º Sendo vencidos autor e réu, ao recurso interposto por qualquer deles poderá aderir o outro.

§ 2.º O recurso adesivo fica subordinado ao recurso independente, sendo-lhe aplicáveis as mesmas regras deste quanto aos requisitos de admissibilidade e julgamento no tribunal, salvo disposição legal diversa, observado, ainda, o seguinte:

I – será dirigido ao órgão perante o qual o recurso independente fora interposto, no prazo de que a parte dispõe para responder;

II – será admissível na apelação, no recurso extraordinário e no recurso especial;

III – não será conhecido, se houver desistência do recurso principal ou se for ele considerado inadmissível.

Art. 998. O recorrente poderá, a qualquer tempo, sem a anuência do recorrido ou dos litisconsortes, desistir do recurso.

Parágrafo único. A desistência do recurso não impede a análise de questão cuja repercussão geral já tenha sido reconhecida e daquela objeto de julgamento de recursos extraordinários ou especiais repetitivos.

Art. 999. A renúncia ao direito de recorrer independe da aceitação da outra parte.

Art. 1.000. A parte que aceitar expressa ou tacitamente a decisão não poderá recorrer.

Parágrafo único. Considera-se aceitação tácita a prática, sem nenhuma reserva, de ato incompatível com a vontade de recorrer.

Art. 1.001. Dos despachos não cabe recurso.

> *Vide* arts. 1.022 e s. do CPC.

Art. 1.002. A decisão pode ser impugnada no todo ou em parte.

Art. 1.003. O prazo para interposição de recurso conta-se da data em que os advogados, a sociedade de advogados, a Advocacia Pública, a Defensoria Pública ou o Ministério Público são intimados da decisão.

> *Vide* Súmula 25 do STJ.

§ 1.º Os sujeitos previstos no *caput* considerar-se-ão intimados em audiência quando nesta for proferida a decisão.

§ 2.º Aplica-se o disposto no art. 231, incisos I a VI, ao prazo de interposição de recurso pelo réu contra decisão proferida anteriormente à citação.

§ 3.º No prazo para interposição de recurso, a petição será protocolada em cartório ou conforme as normas de organização judiciária, ressalvado o disposto em regra especial.

§ 4.º Para aferição da tempestividade do recurso remetido pelo correio, será considerada como data de interposição a data de postagem.

§ 5.º Excetuados os embargos de declaração, o prazo para interpor os recursos e para responder-lhes é de 15 (quinze) dias.

>>> *Vide* arts. 219 e 1.024 do CPC.

>>> *Vide* art. 42 da Lei n. 9.099, de 26-9-1995.

§ 6.º O recorrente comprovará a ocorrência de feriado local no ato de interposição do recurso.

> *Vide* Súmula 385 do TST.

Art. 1.004. Se, durante o prazo para a interposição do recurso, sobrevier o falecimento da parte ou de seu advogado ou ocorrer motivo de força maior que suspenda o curso do processo, será tal prazo restituído em proveito da parte, do herdeiro ou do sucessor, contra quem começará a correr novamente depois da intimação.

> *Vide* arts. 222 e 313 do CPC.

Art. 1.005. O recurso interposto por um dos litisconsortes a todos aproveita, salvo se distintos ou opostos os seus interesses.

> *Vide* arts. 117 e 998 do CPC.

Parágrafo único. Havendo solidariedade passiva, o recurso interposto por um devedor aproveitará aos outros quando as defesas opostas ao credor lhes forem comuns.

Art. 1.006. Certificado o trânsito em julgado, com menção expressa da data de sua ocorrência, o escrivão ou o chefe de secretaria, independentemente de despacho, providenciará a baixa dos autos ao juízo de origem, no prazo de 5 (cinco) dias.

Art. 1.007. No ato de interposição do recurso, o recorrente comprovará, quando exigido pela legislação pertinente, o respectivo preparo, inclusive porte de remessa e de retorno, sob pena de deserção.

> *Vide* art. 42, § 1.º, da Lei n. 9.099, de 26-9-1995.

> *Vide* Súmula 187 do STJ.

§ 1.º São dispensados de preparo, inclusive porte de remessa e de retorno, os recursos interpostos pelo Ministério Público, pela União, pelo Distrito Federal, pelos Estados, pelos Municípios, e respectivas autarquias, e pelos que gozam de isenção legal.

§ 2.º A insuficiência no valor do preparo, inclusive porte de remessa e de retorno, implicará deserção se o recorrente, intimado na pessoa de seu advogado, não vier a supri-lo no prazo de 5 (cinco) dias.

>> *Vide* OJ 140 do SDI-1.

§ 3.º É dispensado o recolhimento do porte de remessa e de retorno no processo em autos eletrônicos.

§ 4.º O recorrente que não comprovar, no ato de interposição do recurso, o recolhimento do preparo, inclusive porte de remessa e de retorno, será intimado, na pessoa de seu advogado, para realizar o recolhimento em dobro, sob pena de deserção.

§ 5.º É vedada a complementação se houver insuficiência parcial do preparo, inclusive porte de remessa e de retorno, no recolhimento realizado na forma do § 4.º.

§ 6.º Provando o recorrente justo impedimento, o relator relevará a pena de deserção, por decisão irrecorrível, fixando-lhe prazo de 5 (cinco) dias para efetuar o preparo.

§ 7.º O equívoco no preenchimento da guia de custas não implicará a aplicação da pena de deserção, cabendo ao relator, na hipótese de dúvida quanto ao recolhimento, intimar o recorrente para sanar o vício no prazo de 5 (cinco) dias.

Art. 1.008. O julgamento proferido pelo tribunal substituirá a decisão impugnada no que tiver sido objeto de recurso.

Capítulo II
DA APELAÇÃO

Art. 1.009. Da sentença cabe apelação.

> *Vide* art. 1.003, § 5.º, do CPC.

> *Vide* Súmula 216 do STJ.

§ 1.º As questões resolvidas na fase de conhecimento, se a decisão a seu respeito não comportar agravo de instrumento, não são cobertas pela preclusão e devem ser suscitadas em preliminar de apelação, eventualmente interposta contra a decisão final, ou nas contrarrazões.

§ 2.º Se as questões referidas no § 1.º forem suscitadas em contrarrazões, o recorrente será intimado para, em 15 (quinze) dias, manifestar-se a respeito delas.

§ 3.º O disposto no *caput* deste artigo aplica-se mesmo quando as questões mencionadas no art. 1.015 integrarem capítulo da sentença.

Art. 1.010. A apelação, interposta por petição dirigida ao juízo de primeiro grau, conterá:

I – os nomes e a qualificação das partes;

II – a exposição do fato e do direito;

III – as razões do pedido de reforma ou de decretação de nulidade;

IV – o pedido de nova decisão.

§ 1.º O apelado será intimado para apresentar contrarrazões no prazo de 15 (quinze) dias.

§ 2.º Se o apelado interpuser apelação adesiva, o juiz intimará o apelante para apresentar contrarrazões.

§ 3.º Após as formalidades previstas nos §§ 1.º e 2.º, os autos serão remetidos ao tribunal pelo juiz, independentemente de juízo de admissibilidade.

Art. 1.011. Recebido o recurso de apelação no tribunal e distribuído imediatamente, o relator:

I – decidi-lo-á monocraticamente apenas nas hipóteses do art. 932, incisos III a V;

II – se não for o caso de decisão monocrática, elaborará seu voto para julgamento do recurso pelo órgão colegiado.

Art. 1.012. A apelação terá efeito suspensivo.

§ 1.º Além de outras hipóteses previstas em lei, começa a produzir efeitos imediatamente após a sua publicação a sentença que:

I – homologa divisão ou demarcação de terras;

> *Vide* arts. 569, 570 e 572 do CPC.

> *Vide* Lei n. 6.766, de 19-12-1979 (parcelamento do solo urbano).

II – condena a pagar alimentos;

> *Vide* arts. 1.694 e s. do CC.

> *Vide* Lei n. 5.478, de 25-7-1968.

III – extingue sem resolução do mérito ou julga improcedentes os embargos do executado;

> *Vide* Súmulas 317 e 331 do STJ.

IV – julga procedente o pedido de instituição de arbitragem;

> *Vide* Lei n. 9.307, de 23-9-1996 (arbitragem).

V – confirma, concede ou revoga tutela provisória;

> *Vide* arts. 294 e 300 do CPC.

VI – decreta a interdição.

§ 2.º Nos casos do § 1.º, o apelado poderá promover o pedido de cumprimento provisório depois de publicada a sentença.

> *Vide* art. 520 do CPC.

§ 3.º O pedido de concessão de efeito suspensivo nas hipóteses do § 1.º poderá ser formulado por requerimento dirigido ao:

I – tribunal, no período compreendido entre a interposição da apelação e sua distribuição, ficando o relator designado para seu exame prevento para julgá-la;

II – relator, se já distribuída a apelação.

§ 4.º Nas hipóteses do § 1.º, a eficácia da sentença poderá ser suspensa pelo relator se o apelante demonstrar a probabilidade de provimento do recurso ou se, sendo relevante a fundamentação, houver risco de dano grave ou de difícil reparação.

Art. 1.013. A apelação devolverá ao tribunal o conhecimento da matéria impugnada.

> *Vide* art. 942 do CPC.

§ 1.º Serão, porém, objeto de apreciação e julgamento pelo tribunal todas as questões suscitadas e discutidas no processo, ainda que não tenham sido solucionadas, desde que relativas ao capítulo impugnado.

> *Vide* Súmula 393 do TST.

§ 2.º Quando o pedido ou a defesa tiver mais de um fundamento e o juiz acolher apenas um deles, a apelação devolverá ao tribunal o conhecimento dos demais.

§ 3.º Se o processo estiver em condições de imediato julgamento, o tribunal deve decidir desde logo o mérito quando:

I – reformar sentença fundada no art. 485;

II – decretar a nulidade da sentença por não ser ela congruente com os limites do pedido ou da causa de pedir;

III – constatar a omissão no exame de um dos pedidos, hipótese em que poderá julgá-lo;

IV – decretar a nulidade de sentença por falta de fundamentação.

§ 4.º Quando reformar sentença que reconheça a decadência ou a prescrição, o tribunal, se possível, julgará o mérito, examinando as demais questões, sem determinar o retorno do processo ao juízo de primeiro grau.

§ 5.º O capítulo da sentença que confirma, concede ou revoga a tutela provisória é impugnável na apelação.

Art. 1.014. As questões de fato não propostas no juízo inferior poderão ser suscitadas na apelação, se a parte provar que deixou de fazê-lo por motivo de força maior.

Capítulo III
DO AGRAVO DE INSTRUMENTO

Art. 1.015. Cabe agravo de instrumento contra as decisões interlocutórias que versarem sobre:

> *Vide* art. 203, § 2.º, do CPC.

> *Vide* Súmula 255 do STJ.

I – tutelas provisórias;

II – mérito do processo;

III – rejeição da alegação de convenção de arbitragem;

IV – incidente de desconsideração da personalidade jurídica;

V – rejeição do pedido de gratuidade da justiça ou acolhimento do pedido de sua revogação;

VI – exibição ou posse de documento ou coisa;

VII – exclusão de litisconsorte;

VIII – rejeição do pedido de limitação do litisconsórcio;

IX – admissão ou inadmissão de intervenção de terceiros;

X – concessão, modificação ou revogação do efeito suspensivo aos embargos à execução;

XI – redistribuição do ônus da prova nos termos do art. 373, § 1.º;

XII – (*Vetado.*)

XIII – outros casos expressamente referidos em lei.

Parágrafo único. Também caberá agravo de instrumento contra decisões interlocutórias proferidas na fase de liquidação de sentença ou de cumprimento de sentença, no processo de execução e no processo de inventário.

Art. 1.016. O agravo de instrumento será dirigido diretamente ao tribunal competente, por meio de petição com os seguintes requisitos:

> A Resolução n. 4, de 30-11-2006, do STJ, dispõe sobre o não conhecimento do

agravo de instrumento manifestamente inadmissível.

I – os nomes das partes;

II – a exposição do fato e do direito;

III – as razões do pedido de reforma ou de invalidação da decisão e o próprio pedido;

> *Vide* Súmula 182 do STJ.

IV – o nome e o endereço completo dos advogados constantes do processo.

Art. 1.017. A petição de agravo de instrumento será instruída:

I – obrigatoriamente, com cópias da petição inicial, da contestação, da petição que ensejou a decisão agravada, da própria decisão agravada, da certidão da respectiva intimação ou outro documento oficial que comprove a tempestividade e das procurações outorgadas aos advogados do agravante e do agravado;

> *Vide* Súmulas 288 e 639 do STF.

II – com declaração de inexistência de qualquer dos documentos referidos no inciso I, feita pelo advogado do agravante, sob pena de sua responsabilidade pessoal;

III – facultativamente, com outras peças que o agravante reputar úteis.

§ 1.º Acompanhará a petição o comprovante do pagamento das respectivas custas e do porte de retorno, quando devidos, conforme tabela publicada pelos tribunais.

§ 2.º No prazo do recurso, o agravo será interposto por:

I – protocolo realizado diretamente no tribunal competente para julgá-lo;

II – protocolo realizado na própria comarca, seção ou subseção judiciárias;

III – postagem, sob registro, com aviso de recebimento;

IV – transmissão de dados tipo fac-símile, nos termos da lei;

V – outra forma prevista em lei.

> *Vide* art. 1.003 do CPC.

§ 3.º Na falta da cópia de qualquer peça ou no caso de algum outro vício que comprometa a admissibilidade do agravo de instrumento, deve o relator aplicar o disposto no art. 932, parágrafo único.

§ 4.º Se o recurso for interposto por sistema de transmissão de dados tipo fac-símile ou similar, as peças devem ser juntadas no momento de protocolo da petição original.

§ 5.º Sendo eletrônicos os autos do processo, dispensam-se as peças referidas nos incisos I e II do *caput*, facultando-se ao agravante anexar outros documentos que entender úteis para a compreensão da controvérsia.

Art. 1.018. O agravante poderá requerer a juntada, aos autos do processo, de cópia da petição do agravo de instrumento, do comprovante de sua interposição e da relação dos documentos que instruíram o recurso.

§ 1.º Se o juiz comunicar que reformou inteiramente a decisão, o relator considerará prejudicado o agravo de instrumento.

§ 2.º Não sendo eletrônicos os autos, o agravante tomará a providência prevista no *caput*, no prazo de 3 (três) dias a contar da interposição do agravo de instrumento.

§ 3.º O descumprimento da exigência de que trata o § 2.º, desde que arguido e provado pelo agravado, importa inadmissibilidade do agravo de instrumento.

Art. 1.019. Recebido o agravo de instrumento no tribunal e distribuído imediatamente, se não for o caso de aplicação do art. 932, incisos III e IV, o relator, no prazo de 5 (cinco) dias:

I – poderá atribuir efeito suspensivo ao recurso ou deferir, em antecipação de tutela, total ou parcialmente, a pretensão recursal, comunicando ao juiz sua decisão;

II – ordenará a intimação do agravado pessoalmente, por carta com aviso de recebimento, quando não tiver procurador constituído, ou pelo Diário da Justiça ou por carta com aviso de recebimento dirigida ao seu advogado, para que responda no prazo de 15 (quinze) dias, facultando-lhe juntar a documentação que entender necessária ao julgamento do recurso;

III – determinará a intimação do Ministério Público, preferencialmente por meio eletrônico, quando for o caso de sua intervenção, para que se manifeste no prazo de 15 (quinze) dias.

Art. 1.020. O relator solicitará dia para julgamento em prazo não superior a 1 (um) mês da intimação do agravado.

> *Vide* Súmula 640 do STF.

CAPÍTULO IV
DO AGRAVO INTERNO

> A Resolução n. 587, de 29-7-2016, do STF, dispõe sobre o julgamento em ambiente eletrônico de agravos internos e embargos de declaração no Supremo Tribunal Federal.

Art. 1.021. Contra decisão proferida pelo relator caberá agravo interno para o respectivo órgão colegiado, observadas, quanto ao processamento, as regras do regimento interno do tribunal.

>> A Resolução n. 450, de 3-12-2010, do STF, criou a classe processual "Recurso Extraordinário com Agravo – ARE", para o processamento de agravo interposto contra decisão que não admite recurso extraordinário ao STF, em razão da alteração feita pela Lei n. 12.322, de 9-9-2010, que extinguiu o Agravo de Instrumento (AI) aplicado nesses casos.

>> A Resolução n. 451, de 3-12-2010, do STF, dispõe sobre a aplicação da Lei n. 12.322, de 9-9-2010, para os Recursos Extraordinários e Agravos sobre matéria penal e processual penal.

>> A Resolução n. 7, de 9-12-2010, do STJ, criou a classe processual de "Agravo em Recurso Especial – AREsp", para o processamento de agravo interposto contra decisão que inadmite recurso especial.

>>> *Vide* art. 932 do CPC.

§ 1.º Na petição de agravo interno, o recorrente impugnará especificadamente os fundamentos da decisão agravada.

§ 2.º O agravo será dirigido ao relator, que intimará o agravado para manifestar-se sobre o recurso no prazo de 15 (quinze) dias, ao final do qual, não havendo retratação, o relator levá-lo-á a julgamento pelo órgão colegiado, com inclusão em pauta.

§ 3.º É vedado ao relator limitar-se à reprodução dos fundamentos da decisão agravada para julgar improcedente o agravo interno.

§ 4.º Quando o agravo interno for declarado manifestamente inadmissível ou improcedente em votação unânime, o órgão colegiado, em decisão fundamentada, condenará o agravante a pagar ao agravado multa fixada entre um e cinco por cento do valor atualizado da causa.

§ 5.º A interposição de qualquer outro recurso está condicionada ao depósito prévio do valor da multa prevista no § 4.º, à exceção da Fazenda Pública e do beneficiário de gratuidade da justiça, que farão o pagamento ao final.

CAPÍTULO V
DOS EMBARGOS DE DECLARAÇÃO

> *Vide* Súmula 98 do STJ.

> A Resolução n. 587, de 29-7-2016, do STF, dispõe sobre o julgamento em ambiente eletrônico de agravos internos e embargos de declaração no Supremo Tribunal Federal.

Art. 1.022. Cabem embargos de declaração contra qualquer decisão judicial para:

> *Vide* art. 494, II, do CPC.

I – esclarecer obscuridade ou eliminar contradição;

II – suprir omissão de ponto ou questão sobre o qual devia se pronunciar o juiz de ofício ou a requerimento;

> *Vide* Súmula 211 do STJ.

III – corrigir erro material.

Parágrafo único. Considera-se omissa a decisão que:

I – deixe de se manifestar sobre tese firmada em julgamento de casos repetitivos ou em incidente de assunção de competência aplicável ao caso sob julgamento;

II – incorra em qualquer das condutas descritas no art. 489, § 1.º.

Art. 1.023. Os embargos serão opostos, no prazo de 5 (cinco) dias, em petição dirigida ao juiz, com indicação do erro, obscuridade, contradição ou omissão, e não se sujeitam a preparo.

§ 1.º Aplica-se aos embargos de declaração o art. 229.

§ 2.º O juiz intimará o embargado para, querendo, manifestar-se, no prazo de 5 (cinco) dias, sobre os embargos opostos, caso seu eventual acolhimento implique a modificação da decisão embargada.

Art. 1.024. O juiz julgará os embargos em 5 (cinco) dias.

§ 1.º Nos tribunais, o relator apresentará os embargos em mesa na sessão subsequente, proferindo voto, e, não havendo julgamento nessa sessão, será o recurso incluído em pauta automaticamente.

§ 2.º Quando os embargos de declaração forem opostos contra decisão de relator ou outra decisão unipessoal proferida em tribunal, o órgão prolator da decisão embargada decidi-los-á monocraticamente.

§ 3.º O órgão julgador conhecerá dos embargos de declaração como agravo interno se entender ser este o recurso cabível, desde que determine previamente a intimação do recorrente para, no prazo de 5 (cinco) dias, complementar as razões recursais, de modo a ajustá-las às exigências do art. 1.021, § 1.º.

§ 4.º Caso o acolhimento dos embargos de declaração implique modificação da decisão embargada, o embargado que já tiver interposto outro recurso contra a decisão originária tem o direito de complementar ou alterar suas razões, nos exatos limites da modificação, no prazo de 15 (quinze) dias, contado da intimação da decisão dos embargos de declaração.

§ 5.º Se os embargos de declaração forem rejeitados ou não alterarem a conclusão do julgamento anterior, o recurso interposto pela outra parte antes da publicação do julgamento dos embargos de declaração será processado e julgado independentemente de ratificação.

>> *Vide* Súmula 579 do STJ.

Art. 1.025. Consideram-se incluídos no acórdão os elementos que o embargante suscitou, para fins de prequestionamento, ainda que os embargos de declaração sejam inadmitidos ou rejeitados, caso o tribunal superior considere existentes erro, omissão, contradição ou obscuridade.

>>> *Vide* Súmulas 282 e 356 do STF.

>>> *Vide* Súmulas 98, 211 e 320 do STJ.

Art. 1.026. Os embargos de declaração não possuem efeito suspensivo e interrompem o prazo para a interposição de recurso.

>>> *Vide* Súmula 418 do STJ.

§ 1.º A eficácia da decisão monocrática ou colegiada poderá ser suspensa pelo respectivo juiz ou relator se demonstrada a probabilidade de provimento do recurso ou, sendo relevante a fundamentação, se houver risco de dano grave ou de difícil reparação.

§ 2.º Quando manifestamente protelatórios os embargos de declaração, o juiz ou o tribunal, em decisão fundamentada, condenará o embargante a pagar ao embargado multa não excedente a dois por cento sobre o valor atualizado da causa.

§ 3.º Na reiteração de embargos de declaração manifestamente protelatórios, a multa será elevada a até dez por cento sobre o valor atualizado da causa, e a interposição de qualquer recurso ficará condicionada ao depósito prévio do valor da multa, à exceção da Fazenda Pública e do beneficiário de gratuidade da justiça, que a recolherão ao final.

§ 4.º Não serão admitidos novos embargos de declaração se os 2 (dois) anteriores houverem sido considerados protelatórios.

Capítulo VI
DOS RECURSOS PARA O SUPREMO TRIBUNAL FEDERAL E PARA O SUPERIOR TRIBUNAL DE JUSTIÇA

>> *Vide* CF, arts. 101 a 105, sobre a composição e competência do STF e STJ.

Seção I
Do Recurso Ordinário

Art. 1.027. Serão julgados em recurso ordinário:

I – pelo Supremo Tribunal Federal, os mandados de segurança, os *habeas data* e os mandados de injunção decididos em única instância pelos tribunais superiores, quando denegatória a decisão;

>> *Vide* art. 102, II, da CF.

II – pelo Superior Tribunal de Justiça:

a) os mandados de segurança decididos em única instância pelos tribunais regionais federais ou pelos tribunais de justiça dos Estados e do Distrito Federal e Territórios, quando denegatória a decisão;

>> *Vide* art. 105, II, da CF.

b) os processos em que forem partes, de um lado, Estado estrangeiro ou organismo internacional e, de outro, Município ou pessoa residente ou domiciliada no País.

>>> *Vide* art.109, II, da CF.

§ 1.º Nos processos referidos no inciso II, alínea *b*, contra as decisões interlocutórias caberá agravo de instrumento dirigido ao Superior Tribunal de Justiça, nas hipóteses do art. 1.015.

§ 2.º Aplica-se ao recurso ordinário o disposto nos arts. 1.013, § 3.º, e 1.029, § 5.º.

Art. 1.028. Ao recurso mencionado no art. 1.027, inciso II, alínea *b*, aplicam-se, quanto aos requisitos de admissibilidade e ao procedimento, as disposições relativas à apelação e o Regimento Interno do Superior Tribunal de Justiça.

§ 1.º Na hipótese do art. 1.027, § 1.º, aplicam-se as disposições relativas ao agravo de instrumento e o Regimento Interno do Superior Tribunal de Justiça.

§ 2.º O recurso previsto no art. 1.027, incisos I e II, alínea *a*, deve ser interposto perante o tribunal de origem, cabendo ao seu presidente ou vice-presidente determinar a intimação do recorrido para, em 15 (quinze) dias, apresentar as contrarrazões.

§ 3.º Findo o prazo referido no § 2.º, os autos serão remetidos ao respectivo tribunal superior, independentemente de juízo de admissibilidade.

Seção II
Do Recurso Extraordinário e do Recurso Especial

Subseção I
Disposições gerais

Art. 1.029. O recurso extraordinário e o recurso especial, nos casos previstos na Constituição Federal, serão interpostos perante o presidente ou o vice-presidente do tribunal recorrido, em petições distintas que conterão:

>> *Vide* arts. 102, III, e § 3.º, e 105, III, da CF.

I – a exposição do fato e do direito;

II – a demonstração do cabimento do recurso interposto;

>>> *Vide* Súmulas 282 do STF e 211 do STJ.

>>> *Vide* Súmulas 279 do STF e 7 do STJ.

III – as razões do pedido de reforma ou de invalidação da decisão recorrida.

§ 1.º Quando o recurso fundar-se em dissídio jurisprudencial, o recorrente fará a prova da divergência com a certidão, cópia ou citação do repositório de jurisprudência, oficial ou credenciado, inclusive em mídia eletrônica, em que houver sido publicado o acórdão divergente, ou ainda com a reprodução de julgado disponível na rede mundial de computadores, com indicação da respectiva fonte, devendo-se, em qualquer caso, mencionar as circunstâncias que identifiquem ou assemelhem os casos confrontados.

§ 2.º (*Revogado pela Lei n. 13.256, de 4-2-2016.*)

§ 3.º O Supremo Tribunal Federal ou o Superior Tribunal de Justiça poderá desconsiderar vício formal de recurso tempestivo ou determinar sua correção, desde que não o repute grave.

§ 4.º Quando, por ocasião do processamento do incidente de resolução de demandas repetitivas, o presidente do Supremo Tribunal Federal ou do Superior Tribunal de Justiça receber requerimento de suspensão de processos em que se discuta questão federal constitucional ou infraconstitucional, poderá, considerando razões de segurança jurídica ou de excepcional interesse social, estender a suspensão a todo o território nacional, até ulterior decisão do recurso extraordinário ou do recurso especial a ser interposto.

§ 5.º O pedido de concessão de efeito suspensivo a recurso extraordinário ou a recurso especial poderá ser formulado por requerimento dirigido:

>> *Vide* Súmula 414 do TST.

I – ao tribunal superior respectivo, no período compreendido entre a publicação da decisão de admissão do recurso e sua distribuição, ficando o relator designado para seu exame prevento para julgá-lo;

>> Inciso I com redação determinada pela Lei n. 13.256, de 4-2-2016.

II – ao relator, se já distribuído o recurso;

III – ao presidente ou ao vice-presidente do tribunal recorrido, no período compreendido entre a interposição do recurso e a publicação da decisão de admissão do recurso, assim como no caso de o recurso ter sido sobrestado, nos termos do art. 1.037.

>> Inciso III com redação determinada pela Lei n. 13.256, de 4-2-2016.

Art. 1.030. Recebida a petição do recurso pela secretaria do tribunal, o recorrido será intimado para apresentar contrarrazões no prazo de 15 (quinze) dias, findo o qual os autos serão conclusos ao presidente ou ao vice-presidente do tribunal recorrido, que deverá:

>> *Caput* com redação determinada pela Lei n. 13.256, de 4-2-2016.

> *Vide* Súmula 216 do STJ.

I – negar seguimento:

>> Inciso I, *caput*, acrescentado pela Lei n. 13.256, de 4-2-2016.

a) a recurso extraordinário que discuta questão constitucional à qual o Supremo Tribunal Federal não tenha reconhecido a existência de repercussão geral ou a recurso extraordinário interposto contra acórdão que esteja em conformidade com entendimento do Supremo Tribunal Federal exarado no regime de repercussão geral;

>> Alínea *a* acrescentada pela Lei n. 13.256, de 4-2-2016.

b) a recurso extraordinário ou a recurso especial interposto contra acórdão que esteja em conformidade com entendimento do Supremo Tribunal Federal ou do Superior Tribunal de Justiça, respectivamente, exarado no regime de julgamento de recursos repetitivos;

>> Alínea *b* acrescentada pela Lei n. 13.256, de 4-2-2016.

II – encaminhar o processo ao órgão julgador para realização do juízo de retratação, se o acórdão recorrido divergir do entendimento do Supremo Tribunal Federal ou do Superior Tribunal de Justiça exarado, conforme o caso, nos regimes de repercussão geral ou de recursos repetitivos;

>> Inciso II acrescentado pela Lei n. 13.256, de 4-2-2016.

III – sobrestar o recurso que versar sobre controvérsia de caráter repetitivo ainda não decidida pelo Supremo Tribunal Federal ou pelo Superior Tribunal de Justiça, conforme se trate de matéria constitucional ou infraconstitucional;

>> Inciso III acrescentado pela Lei n. 13.256, de 4-2-2016.

IV – selecionar o recurso como representativo de controvérsia constitucional ou infraconstitucional, nos termos do § 6.º do art. 1.036;

>> Inciso IV acrescentado pela Lei n. 13.256, de 4-2-2016.

V – realizar o juízo de admissibilidade e, se positivo, remeter o feito ao Supremo Tribunal Federal ou ao Superior Tribunal de Justiça, desde que:

>> Inciso V, *caput*, acrescentado pela Lei n. 13.256, de 4-2-2016.

a) o recurso ainda não tenha sido submetido ao regime de repercussão geral ou de julgamento de recursos repetitivos;

>> Alínea *a* acrescentada pela Lei n. 13.256, de 4-2-2016.

b) o recurso tenha sido selecionado como representativo da controvérsia; ou

>> Alínea *b* acrescentada pela Lei n. 13.256, de 4-2-2016.

c) o tribunal recorrido tenha refutado o juízo de retratação.

>> Alínea *c* acrescentada pela Lei n. 13.256, de 4-2-2016.

§ 1.º Da decisão de inadmissibilidade proferida com fundamento no inciso V caberá agravo ao tribunal superior, nos termos do art. 1.042.

>> § 1.º acrescentado pela Lei n. 13.256, de 4-2-2016.

§ 2.º Da decisão proferida com fundamento nos incisos I e III caberá agravo interno, nos termos do art. 1.021.

>> § 2.º acrescentado pela Lei n. 13.256, de 4-2-2016.

Art. 1.031. Na hipótese de interposição conjunta de recurso extraordinário e recurso especial, os autos serão remetidos ao Superior Tribunal de Justiça.

§ 1.º Concluído o julgamento do recurso especial, os autos serão remetidos ao Supremo Tribunal Federal para apreciação do recurso extraordinário, se este não estiver prejudicado.

§ 2.º Se o relator do recurso especial considerar prejudicial o recurso extraordinário, em decisão irrecorrível, sobrestará o julgamento e remeterá os autos ao Supremo Tribunal Federal.

§ 3.º Na hipótese do § 2.º, se o relator do recurso extraordinário, em decisão irrecorrível, rejeitar a prejudicialidade, devolverá os autos ao Superior Tribunal de Justiça para o julgamento do recurso especial.

Art. 1.032. Se o relator, no Superior Tribunal de Justiça, entender que o recurso especial versa sobre questão constitucional, deverá conceder prazo de 15 (quinze) dias para que o recorrente demonstre a existência de repercussão geral e se manifeste sobre a questão constitucional.

Parágrafo único. Cumprida a diligência de que trata o *caput*, o relator remeterá o recurso ao Supremo Tribunal Federal, que, em juízo de admissibilidade, poderá devolvê-lo ao Superior Tribunal de Justiça.

Art. 1.033. Se o Supremo Tribunal Federal considerar como reflexa a ofensa à Constituição afirmada no recurso extraordinário, por pressupor a revisão da interpretação de lei federal ou de tratado, remetê-lo-á ao Superior Tribunal de Justiça para julgamento como recurso especial.

Art. 1.034. Admitido o recurso extraordinário ou o recurso especial, o Supremo Tribunal Federal ou o Superior Tribunal de Justiça julgará o processo, aplicando o direito.

Parágrafo único. Admitido o recurso extraordinário ou o recurso especial por um fundamento, devolve-se ao tribunal superior o conhecimento dos demais fundamentos para a solução do capítulo impugnado.

Art. 1.035. O Supremo Tribunal Federal, em decisão irrecorrível, não conhecerá do recurso extraordinário quando a questão constitucional nele versada não tiver repercussão geral, nos termos deste artigo.

§ 1.º Para efeito de repercussão geral, será considerada a existência ou não de questões relevantes do ponto de vista econômico, político, social ou jurídico que ultrapassem os interesses subjetivos do processo.

§ 2.º O recorrente deverá demonstrar a existência de repercussão geral para apreciação exclusiva pelo Supremo Tribunal Federal.

§ 3.º Haverá repercussão geral sempre que o recurso impugnar acórdão que:

I – contrarie súmula ou jurisprudência dominante do Supremo Tribunal Federal;

II – (*Revogado pela Lei n. 13.256, de 4-2-2016.*)

III – tenha reconhecido a inconstitucionalidade de tratado ou de lei federal, nos termos do art. 97 da Constituição Federal.

§ 4.º O relator poderá admitir, na análise da repercussão geral, a manifestação de terceiros, subscrita por procurador habilitado, nos termos do Regimento Interno do Supremo Tribunal Federal.

§ 5.º Reconhecida a repercussão geral, o relator no Supremo Tribunal Federal determinará a suspensão do processamento de todos os processos pendentes, individuais ou coletivos, que versem sobre a questão e tramitem no território nacional.

§ 6.º O interessado pode requerer, ao presidente ou ao vice-presidente do tribunal de origem, que exclua da decisão de sobrestamento e inadmita o recurso extraordinário que tenha sido interposto intempestivamente, tendo o recorrente o prazo de 5 (cinco) dias para manifestar-se sobre esse requerimento.

§ 7.º Da decisão que indeferir o requerimento referido no § 6.º ou que aplicar entendimento firmado em regime de repercussão geral ou em julgamento de recursos repetitivos caberá agravo interno.

>> § 7.º com redação determinada pela Lei n. 13.256, de 4-2-2016.

§ 8.º Negada a repercussão geral, o presidente ou o vice-presidente do tribunal de origem negará seguimento aos recursos extraordinários sobrestados na origem que versem sobre matéria idêntica.

§ 9.º O recurso que tiver a repercussão geral reconhecida deverá ser julgado no prazo de 1 (um) ano e terá preferência sobre os demais feitos, ressalvados os que envolvam réu preso e os pedidos de *habeas corpus*.

§ 10. (*Revogado pela Lei n. 13.256, de 4-2-2016.*)

§ 11. A súmula da decisão sobre a repercussão geral constará de ata, que será publicada no diário oficial e valerá como acórdão.

Subseção II

Do julgamento dos recursos extraordinário e especial repetitivos

Art. 1.036. Sempre que houver multiplicidade de recursos extraordinários ou especiais com fundamento em idêntica questão de direito, haverá afetação para julgamento de acordo com as disposições desta Subseção, observado o disposto no Regimento Interno do Supremo Tribunal Federal e no do Superior Tribunal de Justiça.

§ 1.º O presidente ou o vice-presidente de tribunal de justiça ou de tribunal regional federal selecionará 2 (dois) ou mais recursos representativos da controvérsia, que serão encaminhados ao Supremo Tribunal Federal ou ao Superior Tribunal de Justiça para fins de afetação, determinando a suspensão do trâmite de todos os processos pendentes, individuais ou coletivos, que tramitem no Estado ou na região, conforme o caso.

§ 2.º O interessado pode requerer, ao presidente ou ao vice-presidente, que exclua da decisão de sobrestamento e inadmita o recurso especial ou o recurso extraordinário que tenha sido interposto intempestivamente, tendo o recorrente o prazo de 5 (cinco) dias para manifestar-se sobre esse requerimento.

§ 3.º Da decisão que indeferir o requerimento referido no § 2.º caberá apenas agravo interno.

>> § 3.º com redação determinada pela Lei n. 13.256, de 4-2-2016.

§ 4.º A escolha feita pelo presidente ou vice-presidente do tribunal de justiça ou do tribunal regional federal não vinculará o relator no tribunal superior, que poderá selecionar outros recursos representativos da controvérsia.

§ 5.º O relator em tribunal superior também poderá selecionar 2 (dois) ou mais recursos representativos da controvérsia para julgamento da questão de direito independentemente da iniciativa do presidente ou do vice-presidente do tribunal de origem.

§ 6.º Somente podem ser selecionados recursos admissíveis que contenham abrangente argumentação e discussão a respeito da questão a ser decidida.

Art. 1.037. Selecionados os recursos, o relator, no tribunal superior, constatando a presença do pressuposto do *caput* do art. 1.036, proferirá decisão de afetação, na qual:

I – identificará com precisão a questão a ser submetida a julgamento;

II – determinará a suspensão do processamento de todos os processos pendentes, individuais ou coletivos, que versem sobre a questão e tramitem no território nacional;

III – poderá requisitar aos presidentes ou aos vice-presidentes dos tribunais de justiça ou dos tribunais regionais federais a remessa de um recurso representativo da controvérsia.

§ 1.º Se, após receber os recursos selecionados pelo presidente ou pelo vice-presidente de tribunal de justiça ou de tribunal regional federal, não se proceder à afetação, o relator, no tribunal superior, comunicará o fato ao presidente ou ao vice-presidente que os houver enviado, para que seja revogada a decisão de suspensão referida no art. 1.036, § 1.º.

§ 2.º (*Revogado pela Lei n. 13.256, de 4-2-2016.*)

§ 3.º Havendo mais de uma afetação, será prevento o relator que primeiro tiver proferido a decisão a que se refere o inciso I do *caput*.

§ 4.º Os recursos afetados deverão ser julgados no prazo de 1 (um) ano e terão preferência sobre os demais feitos, ressalvados os que envolvam réu preso e os pedidos de *habeas corpus*.

§ 5.º (*Revogado pela Lei n. 13.256, de 4-2-2016.*)

§ 6.º Ocorrendo a hipótese do § 5.º, é permitido a outro relator do respectivo tribunal superior afetar 2 (dois) ou mais recursos representativos da controvérsia na forma do art. 1.036.

§ 7.º Quando os recursos requisitados na forma do inciso III do *caput* contiverem outras questões além daquela que é objeto da afetação, caberá ao tribunal decidir esta em primeiro lugar e depois as demais, em acórdão específico para cada processo.

§ 8.º As partes deverão ser intimadas da decisão de suspensão de seu processo, a ser proferida pelo respectivo juiz ou relator quando informado da decisão a que se refere o inciso II do *caput*.

§ 9.º Demonstrando distinção entre a questão a ser decidida no processo e aquela a ser julgada no recurso especial ou extraordinário afetado, a parte poderá requerer o prosseguimento do seu processo.

§ 10. O requerimento a que se refere o § 9.º será dirigido:

I – ao juiz, se o processo sobrestado estiver em primeiro grau;

II – ao relator, se o processo sobrestado estiver no tribunal de origem;

III – ao relator do acórdão recorrido, se for sobrestado recurso especial ou recurso extraordinário no tribunal de origem;

IV – ao relator, no tribunal superior, de recurso especial ou de recurso extraordinário cujo processamento houver sido sobrestado.

§ 11. A outra parte deverá ser ouvida sobre o requerimento a que se refere o § 9.º, no prazo de 5 (cinco) dias.

§ 12. Reconhecida a distinção no caso:

I – dos incisos I, II e IV do § 10, o próprio juiz ou relator dará prosseguimento ao processo;

II – do inciso III do § 10, o relator comunicará a decisão ao presidente ou ao vice-presidente que houver determinado o sobrestamento, para que o recurso especial ou o recurso extraordinário seja encaminhado ao respectivo tribunal superior, na forma do art. 1.030, parágrafo único.

>> Prejudicada a referência ao art. 1.030, parágrafo único, modificado pela Lei n. 13.256, de 4-2-2016.

§ 13. Da decisão que resolver o requerimento a que se refere o § 9.º caberá:

I – agravo de instrumento, se o processo estiver em primeiro grau;

II – agravo interno, se a decisão for de relator.

Art. 1.038. O relator poderá:

I – solicitar ou admitir manifestação de pessoas, órgãos ou entidades com interesse na controvérsia, considerando a relevância da matéria e consoante dispuser o regimento interno;

>> *Vide* art. 138 do CPC.

> O Provimento n. 128, de 8-12-2008, estabelece parâmetros de atuação do Conselho Federal da OAB para manifestação em recursos repetitivos.

II – fixar data para, em audiência pública, ouvir depoimentos de pessoas com experiência e conhecimento na matéria, com a finalidade de instruir o procedimento;

III – requisitar informações aos tribunais inferiores a respeito da controvérsia e, cumprida a diligência, intimará o Ministério Público para manifestar-se.

§ 1.º No caso do inciso III, os prazos respectivos são de 15 (quinze) dias, e os atos serão praticados, sempre que possível, por meio eletrônico.

§ 2.º Transcorrido o prazo para o Ministério Público e remetida cópia do relatório aos demais ministros, haverá inclusão em pauta, devendo ocorrer o julgamento com preferência sobre os demais feitos, ressalvados os que envolvam réu preso e os pedidos de *habeas corpus*.

§ 3.º O conteúdo do acórdão abrangerá a análise dos fundamentos relevantes da tese jurídica discutida.

>> § 3.º com redação determinada pela Lei n. 13.256, de 4-2-2016.

Art. 1.039. Decididos os recursos afetados, os órgãos colegiados declararão prejudicados os demais recursos versando sobre idêntica controvérsia ou os decidirão aplicando a tese firmada.

Parágrafo único. Negada a existência de repercussão geral no recurso extraordinário afetado, serão considerados automaticamente inadmitidos os recursos extraordinários cujo processamento tenha sido sobrestado.

Art. 1.040. Publicado o acórdão paradigma:

I – o presidente ou o vice-presidente do tribunal de origem negará seguimento aos recursos especiais ou extraordinários sobrestados na origem, se o acórdão recorrido coincidir com a orientação do tribunal superior;

II – o órgão que proferiu o acórdão recorrido, na origem, reexaminará o processo de competência originária, a remessa necessária ou o recurso anteriormente julgado, se o acórdão recorrido contrariar a orientação do tribunal superior;

III – os processos suspensos em primeiro e segundo graus de jurisdição retomarão o curso para julgamento e aplicação da tese firmada pelo tribunal superior;

IV – se os recursos versarem sobre questão relativa a prestação de serviço público objeto de concessão, permissão ou autorização, o resultado do julgamento será comunicado ao órgão, ao ente ou à agência reguladora competente para fiscalização da efetiva aplicação, por parte dos entes sujeitos a regulação, da tese adotada.

§ 1.º A parte poderá desistir da ação em curso no primeiro grau de jurisdição, antes de proferida a sentença, se a questão nela discutida for idêntica à resolvida pelo recurso representativo da controvérsia.

§ 2.º Se a desistência ocorrer antes de oferecida contestação, a parte ficará isenta do pagamento de custas e de honorários de sucumbência.

§ 3.º A desistência apresentada nos termos do § 1.º independe de consentimento do réu, ainda que apresentada contestação.

Art. 1.041. Mantido o acórdão divergente pelo tribunal de origem, o recurso especial ou extraordinário será remetido ao respectivo tribunal superior, na forma do art. 1.036, § 1.º.

§ 1.º Realizado o juízo de retratação, com alteração do acórdão divergente, o tribunal de origem, se for o caso, decidirá as demais questões ainda não decididas cujo enfrentamento se tornou necessário em decorrência da alteração.

§ 2.º Quando ocorrer a hipótese do inciso II do *caput* do art. 1.040 e o recurso versar sobre outras questões, caberá ao presidente ou ao vice-presidente do tribunal recorrido, depois do reexame pelo órgão de origem e independentemente de ratificação do recurso, sendo positivo o juízo de admissibilidade, determinar a remessa do recurso ao tribunal superior para julgamento das demais questões.

>> § 2.º com redação determinada pela Lei n. 13.256, de 4-2-2016.

Seção III
Do Agravo em Recurso Especial e em Recurso Extraordinário

Art. 1.042. Cabe agravo contra decisão do presidente ou do vice-presidente do tribunal recorrido que inadmitir recurso extraordinário ou recurso especial, salvo quando fundada na aplicação de entendimento firmado em regime de repercussão geral ou em julgamento de recursos repetitivos.

>> *Caput* com redação determinada pela Lei n. 13.256, de 4-2-2016.

>> A Resolução n. 450, de 3-12-2010, do STF, criou a classe processual "Recurso Extraordinário com Agravo – ARE", para o processamento de agravo interposto contra decisão que não admite recurso extraordinário ao STF, em razão da alteração feita pela Lei n. 12.322, de 9-9-2010, que extinguiu o Agravo de Instrumento (AI) aplicado nesses casos.

>> A Resolução n. 451, de 3-12-2010, do STF, dispõe sobre a aplicação da Lei n. 12.322, de 9-9-2010, para os Recursos Extraordinários e Agravos sobre matéria penal e processual penal.

>> A Resolução n. 7, de 9-12-2010, do STJ, criou a classe processual de "Agravo em Recurso Especial – AREsp", para o processamento de agravo interposto contra decisão que inadmite recurso especial.

I a III – (*Revogados pela Lei n. 13.256, de 4-2-2016.*)

§ 1.º (*Revogado pela Lei n. 13.256, de 4-2-2016.*)

§ 2.º A petição de agravo será dirigida ao presidente ou ao vice-presidente do tribunal de origem e independe do pagamento de custas e despesas postais, aplicando-se a ela o regime de repercussão geral e de recursos repetitivos, inclusive quanto à possibilidade de sobrestamento e do juízo de retratação.

>> § 2.º com redação determinada pela Lei n. 13.256, de 4-2-2016.

§ 3.º O agravado será intimado, de imediato, para oferecer resposta no prazo de 15 (quinze) dias.

§ 4.º Após o prazo de resposta, não havendo retratação, o agravo será remetido ao tribunal superior competente.

§ 5.º O agravo poderá ser julgado, conforme o caso, conjuntamente com o recurso especial ou extraordinário, assegurada, neste caso, sustentação oral, observando-se, ainda, o disposto no regimento interno do tribunal respectivo.

§ 6.º Na hipótese de interposição conjunta de recursos extraordinário e especial, o agravante deverá interpor um agravo para cada recurso não admitido.

§ 7.º Havendo apenas um agravo, o recurso será remetido ao tribunal competente, e, havendo interposição conjunta, os autos serão remetidos ao Superior Tribunal de Justiça.

§ 8.º Concluído o julgamento do agravo pelo Superior Tribunal de Justiça e, se for o caso, do recurso especial, independentemente de pedido, os autos serão remetidos ao Supremo Tribunal Federal para apreciação do agravo a ele dirigido, salvo se estiver prejudicado.

Seção IV
Dos Embargos de Divergência

Art. 1.043. É embargável o acórdão de órgão fracionário que:

I – em recurso extraordinário ou em recurso especial, divergir do julgamento de qualquer outro órgão do mesmo tribunal, sendo os acórdãos, embargado e paradigma, de mérito;

II – (*Revogado pela Lei n. 13.256, de 4-2-2016.*)

III – em recurso extraordinário ou em recurso especial, divergir do julgamento de qualquer outro órgão do mesmo tribunal, sendo um acórdão de mérito e outro que não tenha conhecido do recurso, embora tenha apreciado a controvérsia;

IV – (*Revogado pela Lei n. 13.256, de 4-2-2016.*)

§ 1.º Poderão ser confrontadas teses jurídicas contidas em julgamentos de recursos e de ações de competência originária.

§ 2.º A divergência que autoriza a interposição de embargos de divergência pode verificar-se na aplicação do direito material ou do direito processual.

§ 3.º Cabem embargos de divergência quando o acórdão paradigma for da mesma turma que proferiu a decisão embargada, desde que sua composição tenha sofrido alteração em mais da metade de seus membros.

§ 4.º O recorrente provará a divergência com certidão, cópia ou citação de repositório oficial ou credenciado de jurisprudência, inclusive em mídia eletrônica, onde foi publicado o acórdão divergente, ou com a reprodução de julgado disponível na rede mundial de computadores, indicando a respectiva fonte, e mencionará as circunstâncias que identificam ou assemelham os casos confrontados.

§ 5.º (*Revogado pela Lei n. 13.256, de 4-2-2016.*)

Art. 1.044. No recurso de embargos de divergência, será observado o procedimento estabelecido no regimento interno do respectivo tribunal superior.

>> Sobre embargos de divergência: arts. 330 e s. do RISTF e 266 e 267 do RISTJ.

§ 1.º A interposição de embargos de divergência no Superior Tribunal de Justiça interrompe o prazo para interposição de recurso extraordinário por qualquer das partes.

§ 2.º Se os embargos de divergência forem desprovidos ou não alterarem a conclusão do julgamento anterior, o recurso extraordinário interposto pela outra parte antes da publicação do julgamento dos embargos de divergência será processado e julgado independentemente de ratificação.

Livro Complementar

DISPOSIÇÕES FINAIS E TRANSITÓRIAS

Art. 1.045. Este Código entra em vigor após decorrido 1 (um) ano da data de sua publicação oficial.

Art. 1.046. Ao entrar em vigor este Código, suas disposições se aplicarão desde logo aos processos pendentes, ficando revogada a Lei n. 5.869, de 11 de janeiro de 1973.

§ 1.º As disposições da Lei n. 5.869, de 11 de janeiro de 1973, relativas ao procedimento sumário e aos procedimentos especiais que forem revogadas aplicar-se-ão às ações propostas e não sentenciadas até o início da vigência deste Código.

§ 2.º Permanecem em vigor as disposições especiais dos procedimentos regulados em outras leis, aos quais se aplicará supletivamente este Código.

§ 3.º Os processos mencionados no art. 1.218 da Lei n. 5.869, de 11 de janeiro de 1973, cujo procedimento ainda não tenha sido incorporado por lei submetem-se ao procedimento comum previsto neste Código.

§ 4.º As remissões a disposições do Código de Processo Civil revogado, existentes em outras leis, passam a referir-se às que lhes são correspondentes neste Código.

§ 5.º A primeira lista de processos para julgamento em ordem cronológica observará a antiguidade da distribuição entre os já conclusos na data da entrada em vigor deste Código.

Art. 1.047. As disposições de direito probatório adotadas neste Código aplicam-se apenas às provas requeridas ou determinadas de ofício a partir da data de início de sua vigência.

Art. 1.048. Terão prioridade de tramitação, em qualquer juízo ou tribunal, os procedimentos judiciais:

I – em que figure como parte ou interessado pessoa com idade igual ou superior a 60 (sessenta) anos ou portadora de doença grave, assim compreendida qualquer das enumeradas no art. 6.º, inciso XIV, da Lei n. 7.713, de 22 de dezembro de 1988;

> *Vide* art. 71 da Lei n. 10.741, de 1.º-10-2003 (Estatuto do Idoso).

II – regulados pela Lei n. 8.069, de 13 de julho de 1990 (Estatuto da Criança e do Adolescente).

III – em que figure como parte a vítima de violência doméstica e familiar, nos termos da Lei n. 11.340, de 7 de agosto de 2006 (Lei Maria da Penha).

>> Inciso III acrescentado pela Lei n. 13.894, de 29-10-2019.

§ 1.º A pessoa interessada na obtenção do benefício, juntando prova de sua condição, deverá requerê-lo à autoridade judiciária competente para decidir o feito, que determinará ao cartório do juízo as providências a serem cumpridas.

§ 2.º Deferida a prioridade, os autos receberão identificação própria que evidencie o regime de tramitação prioritária.

§ 3.º Concedida a prioridade, essa não cessará com a morte do beneficiado, estendendo-se em favor do cônjuge supérstite ou do companheiro em união estável.

§ 4.º A tramitação prioritária independe de deferimento pelo órgão jurisdicional e deverá ser imediatamente concedida diante da prova da condição de beneficiário.

Art. 1.049. Sempre que a lei remeter a procedimento previsto na lei processual sem especificá-lo, será observado o procedimento comum previsto neste Código.

Parágrafo único. Na hipótese de a lei remeter ao procedimento sumário, será observado o procedimento comum previsto neste Código, com as modificações previstas na própria lei especial, se houver.

Art. 1.050. A União, os Estados, o Distrito Federal, os Municípios, suas respectivas entidades da administração indireta, o Ministério Público, a Defensoria Pública e a Advocacia Pública, no prazo de 30 (trinta) dias a contar da data da entrada em vigor deste Código, deverão se cadastrar perante a administração do tribunal no qual atuem para cumprimento do disposto nos arts. 246, § 2.º, e 270, parágrafo único.

Art. 1.051. As empresas públicas e privadas devem cumprir o disposto no art. 246, § 1.º, no prazo de 30 (trinta) dias, a contar da data de inscrição do ato constitutivo da pessoa jurídica, perante o juízo onde tenham sede ou filial.

Parágrafo único. O disposto no *caput* não se aplica às microempresas e às empresas de pequeno porte.

Art. 1.052. Até a edição de lei específica, as execuções contra devedor insolvente, em curso ou que venham a ser propostas, permanecem reguladas pelo Livro II, Título IV, da Lei n. 5.869, de 11 de janeiro de 1973.

Art. 1.053. Os atos processuais praticados por meio eletrônico até a transição definitiva para certificação digital ficam convalidados, ainda que não tenham observado os requisitos mínimos estabelecidos por este Código, desde que tenham atingido sua finalidade e não tenha havido prejuízo à defesa de qualquer das partes.

Art. 1.054. O disposto no art. 503, § 1.º, somente se aplica aos processos iniciados após a vigência deste Código, aplicando-se aos anteriores o disposto nos arts. 5.º, 325 e 470 da Lei n. 5.869, de 11 de janeiro de 1973.

Art. 1.055. (*Vetado.*)

Art. 1.056. Considerar-se-á como termo inicial do prazo da prescrição prevista no art. 924, inciso V, inclusive para as execuções em curso, a data de vigência deste Código.

Art. 1.057. O disposto no art. 525, §§ 14 e 15, e no art. 535, §§ 7.º e 8.º, aplica-se às decisões transitadas em julgado após a entrada em vigor deste Código, e, às decisões transitadas em julgado anteriormente, aplica-se o disposto no art. 475-L, § 1.º, e no art. 741, parágrafo único, da Lei n. 5.869, de 11 de janeiro de 1973.

Art. 1.058. Em todos os casos em que houver recolhimento de importância em dinheiro, esta será depositada em nome da parte ou do interessado, em conta especial movimentada por ordem do juiz, nos termos do art. 840, inciso I.

Art. 1.059. À tutela provisória requerida contra a Fazenda Pública aplica-se o disposto nos arts. 1.º a 4.º da Lei n. 8.437, de 30 de junho de 1992, e no art. 7.º, § 2.º, da Lei n. 12.016, de 7 de agosto de 2009.

Art. 1.060. O inciso II do art. 14 da Lei n. 9.289, de 4 de julho de 1996, passa a vigorar com a seguinte redação:

"Art. 14. ....

II – aquele que recorrer da sentença adiantará a outra metade das custas, comprovando o adiantamento no ato de interposição do recurso, sob pena de deserção, observado o disposto nos §§ 1.º a 7.º do art. 1.007 do Código de Processo Civil;

.........."

A Lei n. 9.289, de 4-7-1996, dispõe sobre as custas devidas à União na Justiça Federal de 1.º e 2.º graus e dá outras providências.

Art. 1.061. O § 3.º do art. 33 da Lei n. 9.307, de 23 de setembro de 1996 (Lei de Arbitragem), passa a vigorar com a seguinte redação:

"Art. 33. ....

....

§ 3.º A decretação da nulidade da sentença arbitral também poderá ser requerida na impugnação ao cumprimento da sentença, nos termos dos arts. 525 e seguintes do Código de Processo Civil, se houver execução judicial".

Art. 1.062. O incidente de desconsideração da personalidade jurídica aplica-se ao processo de competência dos juizados especiais.

>> *Vide* arts. 133 a 137 do CPC.

Art. 1.063. Até a edição de lei específica, os juizados especiais cíveis previstos na Lei n. 9.099, de 26 de setembro de 1995, continuam competentes para o processamento e julgamento das causas previstas no art. 275, inciso II, da Lei n. 5.869, de 11 de janeiro de 1973.

Art. 1.064. O *caput* do art. 48 da Lei n. 9.099, de 26 de setembro de 1995, passa a vigorar com a seguinte redação:

"Art. 48. Caberão embargos de declaração contra sentença ou acórdão nos casos previstos no Código de Processo Civil.

..........".

Art. 1.065. O art. 50 da Lei n. 9.099, de 26 de setembro de 1995, passa a vigorar com a seguinte redação:

"Art. 50. Os embargos de declaração interrompem o prazo para a interposição de recurso".

Art. 1.066. O art. 83 da Lei n. 9.099, de 26 de setembro de 1995, passa a vigorar com a seguinte redação:

"Art. 83. Cabem embargos de declaração quando, em sentença ou acórdão, houver obscuridade, contradição ou omissão.

....

§ 2.º Os embargos de declaração interrompem o prazo para a interposição de recurso.

....".

Art. 1.067. O art. 275 da Lei n. 4.737, de 15 de julho de 1965 (Código Eleitoral), passa a vigorar com a seguinte redação:

"Art. 275. São admissíveis embargos de declaração nas hipóteses previstas no Código de Processo Civil.

§ 1.º Os embargos de declaração serão opostos no prazo de 3 (três) dias, contado da data de publicação da decisão embargada, em petição dirigida ao juiz ou relator, com a indicação do ponto que lhes deu causa.

§ 2.º Os embargos de declaração não estão sujeitos a preparo.

§ 3.º O juiz julgará os embargos em 5 (cinco) dias.

§ 4.º Nos tribunais:

I – o relator apresentará os embargos em mesa na sessão subsequente, proferindo voto;

II – não havendo julgamento na sessão referida no inciso I, será o recurso incluído em pauta;

III – vencido o relator, outro será designado para lavrar o acórdão.

§ 5.º Os embargos de declaração interrompem o prazo para a interposição de recurso.

§ 6.º Quando manifestamente protelatórios os embargos de declaração, o juiz ou o tribunal, em decisão fundamentada, condenará o embargante a pagar ao embargado multa não excedente a 2 (dois) salários mínimos.

§ 7.º Na reiteração de embargos de declaração manifestamente protelatórios, a multa será elevada a até 10 (dez) salários mínimos".

Art. 1.068. O art. 274 e o *caput* do art. 2.027 da Lei n. 10.406, de 10 de janeiro de 2002 (Código Civil), passam a vigorar com a seguinte redação:

"Art. 274. O julgamento contrário a um dos credores solidários não atinge os demais, mas o julgamento favorável aproveita-lhes, sem prejuízo de exceção pessoal que o devedor tenha direito de invocar em relação a qualquer deles".

"Art. 2.027. A partilha é anulável pelos vícios e defeitos que invalidam, em geral, os negócios jurídicos.

....".

Art. 1.069. O Conselho Nacional de Justiça promoverá, periodicamente, pesquisas estatísticas para avaliação da efetividade das normas previstas neste Código.

Art. 1.070. É de 15 (quinze) dias o prazo para a interposição de qualquer agravo, previsto em lei ou em regimento interno de tribunal, contra decisão de relator ou outra decisão unipessoal proferida em tribunal.

Art. 1.071. O Capítulo III do Título V da Lei n. 6.015, de 31 de dezembro de 1973 (Lei de Registros Públicos), passa a vigorar acrescida do seguinte art. 216-A:

"Art. 216-A. Sem prejuízo da via jurisdicional, é admitido o pedido de reconhecimento extrajudicial de usucapião, que será processado diretamente perante o cartório do registro de imóveis da comarca em que estiver situado o imóvel usucapiendo, a requerimento do interessado, representado por advogado, instruído com:

I – ata notarial lavrada pelo tabelião, atestando o tempo de posse do requerente e seus antecessores, conforme o caso e suas circunstâncias;

II – planta e memorial descritivo assinado por profissional legalmente habilitado, com prova de anotação de responsabilidade técnica no respectivo conselho de fiscalização profissional, e pelos titulares de direitos reais e de outros direitos registrados ou averbados na matrícula do imóvel usucapiendo e na matrícula dos imóveis confinantes;

III – certidões negativas dos distribuidores da comarca da situação do imóvel e do domicílio do requerente;

IV – justo título ou quaisquer outros documentos que demonstrem a origem, a continuidade, a natureza e o tempo da posse, tais como o pagamento dos impostos e das taxas que incidirem sobre o imóvel.

§ 1.º O pedido será autuado pelo registrador, prorrogando-se o prazo da prenotação até o acolhimento ou a rejeição do pedido.

§ 2.º Se a planta não contiver a assinatura de qualquer um dos titulares de direitos reais e de outros direitos registrados ou averbados na matrícula do imóvel usucapiendo e na matrícula dos imóveis confinantes, esse será notificado pelo registrador competente, pessoalmente ou pelo correio com aviso de recebimento, para manifestar seu consentimento expresso em 15 (quinze) dias, interpretado o seu silêncio como discordância.

§ 3.º O oficial de registro de imóveis dará ciência à União, ao Estado, ao Distrito Federal e ao Município, pessoalmente, por intermédio do oficial de registro de títulos e documentos, ou pelo correio com aviso de recebimento, para que se manifestem, em 15 (quinze) dias, sobre o pedido.

§ 4.º O oficial de registro de imóveis promoverá a publicação de edital em jornal de grande circulação, onde houver, para a ciência de terceiros eventualmente interessados, que poderão se manifestar em 15 (quinze) dias.

§ 5.º Para a elucidação de qualquer ponto de dúvida, poderão ser solicitadas ou realizadas diligências pelo oficial de registro de imóveis.

§ 6.º Transcorrido o prazo de que trata o § 4.º deste artigo, sem pendência de diligências na forma do § 5.º deste artigo e achando-se em ordem a documentação, com inclusão da concordância expressa dos titulares de direitos reais e de outros direitos registrados ou averbados na matrícula do imóvel usucapiendo e na matrícula dos imóveis confinantes, o oficial de registro de imóveis registrará a aquisição do imóvel com as descrições apresentadas, sendo permitida a abertura de matrícula, se for o caso.

§ 7.º Em qualquer caso, é lícito ao interessado suscitar o procedimento de dúvida, nos termos desta Lei.

§ 8.º Ao final das diligências, se a documentação não estiver em ordem, o oficial de registro de imóveis rejeitará o pedido.

§ 9.º A rejeição do pedido extrajudicial não impede o ajuizamento de ação de usucapião.

§ 10. Em caso de impugnação do pedido de reconhecimento extrajudicial de usucapião, apresentada por qualquer um dos titulares de direito reais e de outros direitos registrados ou averbados na matrícula do imóvel usucapiendo e na matrícula dos imóveis confinantes, por algum dos entes públicos ou por algum terceiro interessado, o oficial de registro de imóveis remeterá os autos ao juízo competente da comarca da situação do imóvel, cabendo ao requerente emendar a petição inicial para adequá-la ao procedimento comum".

Art. 1.072. Revogam-se:

I – o art. 22 do Decreto-lei n. 25, de 30 de novembro de 1937;

II – os arts. 227, *caput*, 229, 230, 456, 1.482, 1.483 e 1.768 a 1.773 da Lei n. 10.406, de 10 de janeiro de 2002 (Código Civil);

III – os arts. 2.º, 3.º, 4.º, 6.º, 7.º, 11, 12 e 17 da Lei n. 1.060, de 5 de fevereiro de 1950;

IV – os arts. 13 a 18, 26 a 29 e 38 da Lei n. 8.038, de 28 de maio de 1990;

V – os arts. 16 a 18 da Lei n. 5.478, de 25 de julho de 1968; e

VI – o art. 98, § 4.º, da Lei n. 12.529, de 30 de novembro de 2011.

Brasília, 16 de março de 2015; 194.º da Independência e 127.º da República.

DILMA ROUSSEFF

LEGISLAÇÃO

DECRETO N. 20.910, DE 6 DE JANEIRO DE 1932 (*)

Regula a prescrição quinquenal.

O Chefe do Governo Provisório da República dos Estados Unidos do Brasil, usando das atribuições contidas no art. 1.º do Decreto n. 19.398, de 11 de novembro de 1930, decreta:

Art. 1.º As dívidas passivas da União, dos Estados e dos Municípios, bem assim todo e qualquer direito ou ação contra a Fazenda federal, estadual ou municipal, seja qual for a sua natureza, prescrevem em 5 (cinco) anos, contados da data do ato ou fato do qual se originarem.

> *Vide* art. 37, § 5.º, da CF.

Art. 2.º Prescrevem igualmente no mesmo prazo todo o direito e as prestações correspondentes a pensões vencidas ou por vencerem, ao meio soldo e ao montepio civil e militar ou a quaisquer restituições ou diferenças.

Art. 3.º Quando o pagamento se dividir por dias, meses ou anos, a prescrição atingirá progressivamente as prestações, à medida que completarem os prazos estabelecidos pelo presente decreto.

> *Vide* Súmula 85 do STJ.

Art. 4.º Não corre a prescrição durante a demora que, no estudo, no reconhecimento ou no pagamento da dívida, considerada líquida, tiverem as repartições ou funcionários encarregados de estudar e apurá-la.

Parágrafo único. A suspensão da prescrição, neste caso, verificar-se-á pela entrada do requerimento do titular do direito ou do credor nos livros ou protocolos das repartições públicas, com designação do dia, mês e ano.

>>> *Vide* Súmula 625 do STJ.

Art. 5.º (*Revogado pela Lei n. 2.211, de 31-5-1954.*)

Art. 6.º O direito à reclamação administrativa, que não tiver prazo fixado em disposição de lei a ser formulada, prescreve em 1 (um) ano a contar da data do ato ou fato do qual a mesma se originar.

Art. 7.º A citação inicial não interrompe a prescrição quando, por qualquer motivo, o processo tenha sido anulado.

Art. 8.º A prescrição somente poderá ser interrompida uma vez.

Art. 9.º A prescrição interrompida recomeça a correr, pela metade do prazo, da data do ato que a interrompeu ou do último ato ou termo do respectivo processo.

> *Vide* art. 3.º do Decreto-lei n. 4.597, de 19-8-1942.

Art. 10. O disposto nos artigos anteriores não altera as prescrições de menor prazo, constantes das leis e regulamentos, as quais ficam subordinadas às mesmas regras.

Art. 11. Revogam-se as disposições em contrário.

Rio de Janeiro, 6 de janeiro de 1932; 111.º da Independência e 44.º da República.

GETÚLIO VARGAS

(*) Publicado no *Diário Oficial da União* de 8-1-1932.

DECRETO-LEI N. 25, DE 30 DE NOVEMBRO DE 1937 (**)

Organiza a proteção do patrimônio histórico e artístico nacional.

O Presidente da República dos Estados Unidos do Brasil, usando da atribuição que lhe confere o art. 180 da Constituição, decreta:

CAPÍTULO I
DO PATRIMÔNIO HISTÓRICO E ARTÍSTICO NACIONAL

Art. 1.º Constitui o patrimônio histórico e artístico nacional o conjunto dos bens móveis e imóveis existentes no país e cuja conservação seja de interesse público, quer por sua vinculação a fatos memoráveis da história do Brasil, quer por seu excepcional valor arqueológico ou etnográfico, bibliográfico ou artístico.

> A Lei n. 6.454, de 24-10-1977, dispõe sobre a denominação de logradouros, obras, serviços e monumentos públicos, e dá outras providências.

> A Portaria n. 127, de 30-4-2009, do Instituto do Patrimônio Histórico e Artístico Nacional – IPHAN, estabelece a chancela da Paisagem Cultural Brasileira, com a finalidade de atender ao interesse público e contribuir para a preservação do patrimônio cultural, complementando e integrando os instrumentos de promoção e proteção existentes, nos termos preconizados na CF.

§ 1.º Os bens a que se refere o presente artigo só serão considerados parte integrante do patrimônio histórico e artístico brasileiro, depois de inscritos separada ou agrupadamente num dos quatro Livros do Tombo, de que trata o art. 4.º desta lei.

§ 2.º Equiparam-se aos bens a que se refere o presente artigo e são também sujeitos a tombamento os monumentos naturais, bem como os sítios e paisagens que importe conservar e proteger pela feição notável com que tenham sido dotados pela natureza ou agenciados pela indústria humana.

Art. 2.º A presente lei se aplica às coisas pertencentes às pessoas naturais, bem como às pessoas jurídicas de direito privado e de direito público interno.

Art. 3.º Excluem-se do patrimônio histórico e artístico nacional as obras de origem estrangeira:

1) que pertençam às representações diplomáticas ou consulares acreditadas no país;

2) que adornem quaisquer veículos pertencentes a empresas estrangeiras, que façam carreira no país;

3) que se incluam entre os bens referidos no art. 10 da Introdução do Código Civil, e que continuam sujeitas à lei pessoal do proprietário;

>> **Referência prejudicada. Atualmente Lei de Introdução às Normas do Direito Brasileiro (Decreto-lei n. 4.657, de 4-9-1942).**

4) que pertençam a casas de comércio de objetos históricos ou artísticos;

5) que sejam trazidas para exposições comemorativas, educativas ou comerciais;

6) que sejam importadas por empresas estrangeiras expressamente para adorno dos respectivos estabelecimentos.

Parágrafo único. As obras mencionadas nas alíneas 4 e 5 terão guia de licença para livre trânsito, fornecida pelo Serviço do Patrimônio Histórico e Artístico Nacional.

CAPÍTULO II
DO TOMBAMENTO

Art. 4.º O Serviço do Patrimônio Histórico e Artístico Nacional possuirá quatro Livros do Tombo, nos quais serão inscritas as obras a que se refere o art. 1.º desta lei, a saber:

1) no Livro do Tombo Arqueológico, Etnográfico e Paisagístico, as coisas pertencentes às categorias de arte arqueológica, etnográfica, ameríndia e popular, e bem assim as mencionadas no § 2.º do citado art. 1.º;

2) no Livro do Tombo Histórico, as coisas de interesse histórico e as obras de arte histórica;

3) no Livro do Tombo das Belas Artes, as coisas de arte erudita, nacional ou estrangeira;

(**) Publicado no *Diário Oficial da União* de 6-12-1937. A Portaria n. 187, de 9-6-2010, do Instituto do Patrimônio Histórico e Artístico Nacional – IPHAN, dispõe sobre os procedimentos para apuração de infrações administrativas por condutas e atividades lesivas ao patrimônio cultural edificado, a imposição de sanções, os meios de defesa, o sistema recursal e a forma de cobrança dos débitos decorrentes das infrações.

4) no Livro do Tombo das Artes Aplicadas, as obras que se incluírem na categoria das artes aplicadas, nacionais ou estrangeiras.

§ 1.º Cada um dos Livros do Tombo poderá ter vários volumes.

§ 2.º Os bens, que se incluem nas categorias enumeradas nas alíneas 1, 2, 3 e 4 do presente artigo, serão definidos e especificados no regulamento que for expedido para execução da presente lei.

Art. 5.º O tombamento dos bens pertencentes à União, aos Estados e aos Municípios se fará de ofício, por ordem do diretor do Serviço do Patrimônio Histórico e Artístico Nacional, mas deverá ser notificado à entidade a quem pertencer, ou sob cuja guarda estiver a coisa tombada, a fim de produzir os necessários efeitos.

Art. 6.º O tombamento de coisa pertencente à pessoa natural ou à pessoa jurídica de direito privado se fará voluntária ou compulsoriamente.

Art. 7.º Proceder-se-á ao tombamento voluntário sempre que o proprietário o pedir e a coisa se revestir dos requisitos necessários para constituir parte integrante do patrimônio histórico e artístico nacional, a juízo do Conselho Consultivo do Serviço do Patrimônio Histórico e Artístico Nacional, ou sempre que o mesmo proprietário anuir, por escrito, à notificação, que se lhe fizer, para a inscrição da coisa em qualquer dos Livros do Tombo.

Art. 8.º Proceder-se-á ao tombamento compulsório quando o proprietário se recusar a anuir à inscrição da coisa.

Art. 9.º O tombamento compulsório se fará de acordo com o seguinte processo:

1) o Serviço do Patrimônio Histórico e Artístico Nacional, por seu órgão competente, notificará o proprietário para anuir ao tombamento, dentro do prazo de quinze dias, a contar do recebimento da notificação, ou para, se o quiser impugnar, oferecer dentro do mesmo prazo as razões de sua impugnação;

2) no caso de não haver impugnação dentro do prazo assinado, que é fatal, o diretor do Serviço do Patrimônio Histórico e Artístico Nacional mandará por simples despacho que se proceda à inscrição da coisa no competente Livro do Tombo;

3) se a impugnação for oferecida dentro do prazo assinado, far-se-á vista da mesma, dentro de outros quinze dias fatais, ao órgão de que houver emanado a iniciativa do tombamento, a fim de sustentá-la. Em seguida, independentemente de custas, será o processo remetido ao Conselho Consultivo do Serviço do Patrimônio Histórico e Artístico Nacional, que proferirá decisão a respeito, dentro do prazo de sessenta dias, a contar do seu recebimento. Dessa decisão não caberá recurso.

Art. 10. O tombamento dos bens, a que se refere o art. 6.º desta lei, será considerado provisório ou definitivo, conforme esteja o respectivo processo iniciado pela notificação ou concluído pela inscrição dos referidos bens no competente Livro do Tombo.

Parágrafo único. Para todos os efeitos, salvo a disposição do art. 13 desta lei, o tombamento provisório se equiparará ao definitivo.

CAPÍTULO III
DOS EFEITOS DO TOMBAMENTO

Art. 11. As coisas tombadas, que pertencem à União, aos Estados ou aos Municípios, inalienáveis por natureza, só poderão ser transferidas de uma à outra das referidas entidades.

Parágrafo único. Feita a transferência, dela deve o adquirente dar imediato conhecimento ao Serviço do Patrimônio Histórico e Artístico Nacional.

Art. 12. A alienabilidade das obras históricas ou artísticas tombadas, de propriedade de pessoas naturais ou jurídicas de direito privado sofrerá as restrições constantes da presente lei.

Art. 13. O tombamento definitivo dos bens de propriedade particular será, por iniciativa do órgão competente do Serviço do Patrimônio Histórico e Artístico Nacional, transcrito para os devidos efeitos em livro a cargo dos oficiais do registro de imóveis e averbado ao lado da transcrição do domínio.

§ 1.º No caso de transferência da propriedade dos bens de que trata este artigo, deverá o adquirente, dentro do prazo de trinta dias, sob pena de multa de dez por cento sobre o respectivo valor, fazê-la constar do registro, ainda que se trate de transmissão judicial ou *causa mortis*.

§ 2.º Na hipótese de deslocação de tais bens, deverá o proprietário, dentro do mesmo prazo e sob pena da mesma multa, inscrevê-los no registro do lugar para que tiverem sido deslocados.

§ 3.º A transferência deve ser comunicada pelo adquirente, e a deslocação pelo proprietário, ao Serviço do Patrimônio Histórico e Artístico Nacional, dentro do mesmo prazo e sob a mesma pena.

Art. 14. A coisa tombada não poderá sair do país, senão por curto prazo, sem transferência de domínio e para fim de intercâmbio cultural, a juízo do Conselho Consultivo do Serviço do Patrimônio Histórico e Artístico Nacional.

Art. 15. Tentada, a não ser no caso previsto no artigo anterior, a exportação, para fora do país, da coisa tombada, será esta sequestrada pela União ou pelo Estado em que se encontrar.

§ 1.º Apurada a responsabilidade do proprietário, ser-lhe-á imposta a multa de cinquenta por cento do valor da coisa, que permanecerá sequestrada em garantia do pagamento, e até que este se faça.

§ 2.º No caso de reincidência, a multa será elevada ao dobro.

§ 3.º A pessoa que tentar a exportação de coisa tombada, além de incidir na multa a que se referem os parágrafos anteriores, incorrerá nas penas cominadas no Código Penal para o crime de contrabando.

Art. 16. No caso de extravio ou furto de qualquer objeto tombado, o respectivo proprietário deverá dar conhecimento do fato ao Serviço do Patrimônio Histórico e Artístico Nacional, dentro do prazo de cinco dias, sob pena de multa de dez por cento sobre o valor da coisa.

Art. 17. As coisas tombadas não poderão, em caso nenhum, ser destruídas, demolidas ou mutiladas, nem, sem prévia autorização especial do Serviço do Patrimônio Histórico e Artístico Nacional, ser reparadas, pintadas ou restauradas, sob pena de multa de cinquenta por cento do dano causado.

Parágrafo único. Tratando-se de bens pertencentes à União, aos Estados ou aos municípios, a autoridade responsável pela infração do presente artigo incorrerá pessoalmente na multa.

Art. 18. Sem prévia autorização do Serviço do Patrimônio Histórico e Artístico Nacional, não se poderá, na vizinhança da coisa tombada, fazer construção que lhe impeça ou reduza a visibilidade, nem nela colocar anúncios ou cartazes, sob pena de ser mandada destruir a obra ou retirar o objeto, impondo-se neste caso a multa de cinquenta por cento do valor do mesmo objeto.

Art. 19. O proprietário de coisa tombada, que não dispuser de recursos para proceder às obras de conservação e reparação que a mesma requerer, levará ao conhecimento do Serviço do Patrimônio Histórico e Artístico Nacional a necessidade das mencionadas obras, sob pena de multa correspondente ao dobro da importância em que for avaliado o dano sofrido pela mesma coisa.

§ 1.º Recebida a comunicação e consideradas necessárias as obras, o diretor do Serviço do Patrimônio Histórico e Artístico Nacional mandará executá-las, a expensas da União, devendo as mesmas ser iniciadas dentro do prazo de seis meses, ou providenciará para que seja feita a desapropriação da coisa.

§ 2.º À falta de qualquer das providências previstas no parágrafo anterior, poderá o proprietário requerer que seja cancelado o tombamento da coisa.

§ 3.º Uma vez que verifique haver urgência na realização de obras e conservação ou reparação em qualquer coisa tombada, poderá o Serviço do Patrimônio Histórico e Artístico Nacional tomar a iniciativa de projetá-las e executá-las, a expensas da União, independentemente da comunicação a que alude este artigo, por parte do proprietário.

Art. 20. As coisas tombadas ficam sujeitas à vigilância permanente do Serviço do Patrimônio Histórico e Artístico Nacional, que poderá inspecioná-las sempre que for julgado conveniente, não podendo os respectivos proprietários ou responsáveis criar obstáculos à inspeção, sob pena de multa de cem mil réis, elevada ao dobro em caso de reincidência.

Art. 21. Os atentados cometidos contra os bens de que trata o art. 1.º desta lei são equiparados aos cometidos contra o patrimônio nacional.

CAPÍTULO IV
DO DIREITO DE PREFERÊNCIA

Art. 22. *(Revogado pela Lei n. 13.105, de 16-3-2015.)*

CAPÍTULO V
DISPOSIÇÕES GERAIS

Art. 23. O Poder Executivo providenciará a realização de acordos entre a União e os Estados, para melhor coordenação e desenvolvimento das atividades relativas à proteção do patrimônio histórico e artístico nacional e para a uniformização da legislação estadual complementar sobre o mesmo assunto.

Art. 24. A União manterá, para a conservação e a exposição de obras históricas de sua propriedade, além do Museu Histórico Nacional e do Museu Nacional de Belas Artes, tantos outros museus nacionais quantos se tornarem necessários, devendo outrossim providenciar no sentido de favorecer a instituição de museus estaduais e municipais, com finalidades similares.

Art. 25. O Serviço do Patrimônio Histórico e Artístico Nacional procurará entendimentos com as autoridades eclesiásticas, instituições científicas, históricas ou artísticas e pessoas naturais e jurídicas, com o objetivo de obter a cooperação das mesmas em benefício do patrimônio histórico e artístico nacional.

Art. 26. Os negociantes de antiguidades, de obras de arte de qualquer natureza, de manuscritos e livros antigos ou raros são obrigados a um registro especial no Serviço do Patrimônio Histórico e Artístico Nacional, cumprindo-lhes outrossim apresentar semestralmente ao mesmo relações completas das coisas históricas e artísticas que possuírem.

Art. 27. Sempre que os agentes de leilões tiverem de vender objetos de natureza idêntica à dos mencionados no artigo anterior, deverão apresentar a respectiva relação ao órgão competente do Serviço do Patrimônio Histórico e Artístico Nacional, sob pena de incidirem na multa de cinquenta por cento sobre o valor dos objetos vendidos.

Art. 28. Nenhum objeto de natureza idêntica à dos referidos no art. 26 desta lei poderá ser posto à venda pelos comerciantes ou agentes de leilões, sem que tenha sido previamente autenticado pelo Serviço do Patrimônio Histórico e Artístico Nacional, ou por perito em que o mesmo se louvar, sob pena de multa de cinquenta por cento sobre o valor atribuído ao objeto.

Parágrafo único. A autenticação do mencionado objeto será feita mediante o pagamento de uma taxa de peritagem de cinco por cento sobre o valor da coisa, se este for inferior ou equivalente a um conto de réis, e de mais cinco mil réis por conto de réis ou fração que exceder.

Art. 29. O titular do direito de preferência goza de privilégio especial sobre o valor produzido em praça por bens tombados, quanto ao pagamento de multas impostas em virtude de infrações da presente lei.

Parágrafo único. Só terão prioridade sobre o privilégio a que se refere este artigo os créditos inscritos no registro competente, antes do tombamento da coisa pelo Serviço do Patrimônio Histórico e Artístico Nacional.

Art. 30. Revogam-se as disposições em contrário.

Rio de Janeiro, 30 de novembro de 1937; 116.º da Independência e 49.º da República.

GETÚLIO VARGAS

DECRETO-LEI N. 2.848, DE 7 DE DEZEMBRO DE 1940 (*)

Código Penal.

PARTE GERAL

TÍTULO I
DA APLICAÇÃO DA LEI PENAL

Territorialidade

Art. 5.º Aplica-se a lei brasileira, sem prejuízo de convenções, tratados e regras de direito internacional, ao crime cometido no território nacional.

>> *Caput* com redação determinada pela Lei n. 7.209, de 11-7-1984.

§ 1.º Para os efeitos penais, consideram-se como extensão do território nacional as embarcações e aeronaves brasileiras, de natureza pública ou a serviço do governo brasileiro onde quer que se encontrem, bem como as aeronaves e as embarcações brasileiras, mercantes ou de propriedade privada, que se achem, respectivamente, no espaço aéreo correspondente ou em alto-mar.

>> § 1.º com redação determinada pela Lei n. 7.209, de 11-7-1984.

(*) Publicado no *Diário Oficial da União* de 31-12-1940, e retificado em 3-1-1941.

§ 2.º É também aplicável a lei brasileira aos crimes praticados a bordo de aeronaves ou embarcações estrangeiras de propriedade privada, achando-se aquelas em pouso no território nacional ou em voo no espaço aéreo correspondente, e estas em porto ou mar territorial do Brasil.

>> § 2.º com redação determinada pela Lei n. 7.209, de 11-7-1984.

Extraterritorialidade

Art. 7.º Ficam sujeitos à lei brasileira, embora cometidos no estrangeiro:

>> *Caput* com redação determinada pela Lei n. 7.209, de 11-7-1984.

I – os crimes:

>> Inciso *I* com redação determinada pela Lei n. 7.209, de 11-7-1984.

b) contra o patrimônio ou a fé pública da União, do Distrito Federal, de Estado, de Território, de Município, de empresa pública, sociedade de economia mista, autarquia ou fundação instituída pelo Poder Público;

>> Alínea *b* com redação determinada pela Lei n. 7.209, de 11-7-1984.

c) contra a administração pública, por quem está a seu serviço;

>> Alínea *c* com redação determinada pela Lei n. 7.209, de 11-7-1984.

TÍTULO V
DAS PENAS

CAPÍTULO I
DAS ESPÉCIES DE PENA

Seção I
Das Penas Privativas de Liberdade

Reclusão e detenção

Art. 33. A pena de reclusão deve ser cumprida em regime fechado, semiaberto ou aberto. A de detenção, em regime semiaberto, ou aberto, salvo necessidade de transferência a regime fechado.

>> *Caput* com redação determinada pela Lei n. 7.209, de 11-7-1984.

§ 1.º Considera-se:

a) regime fechado a execução da pena em estabelecimento de segurança máxima ou média;

b) regime semiaberto a execução da pena em colônia agrícola, industrial ou estabelecimento similar;

c) regime aberto a execução da pena em casa de albergado ou estabelecimento adequado.

>> § 1.º com redação determinada pela Lei n. 7.209, de 11-7-1984.

§ 2.º As penas privativas de liberdade deverão ser executadas em forma progressiva, segundo o mérito do condenado, observados os seguintes critérios e ressalvadas as hipóteses de transferência a regime mais rigoroso:

a) o condenado a pena superior a 8 (oito) anos deverá começar a cumpri-la em regime fechado;

b) o condenado não reincidente, cuja pena seja superior a 4 (quatro) anos e não exceda a 8 (oito), poderá, desde o princípio, cumpri-la em regime semiaberto;

c) o condenado não reincidente, cuja pena seja igual ou inferior a 4 (quatro) anos, poderá, desde o início, cumpri-la em regime aberto.

>> § 2.º com redação determinada pela Lei n. 7.209, de 11-7-1984.

§ 3.º A determinação do regime inicial de cumprimento da pena far-se-á com observância dos critérios previstos no art. 59 deste Código.

>> § 3.º com redação determinada pela Lei n. 7.209, de 11-7-1984.

§ 4.º O condenado por crime contra a administração pública terá a progressão de regime do cumprimento da pena condicionada à reparação do dano que causou, ou à devolução do produto do ilícito praticado, com os acréscimos legais.

>> § 4.º acrescentado pela Lei n. 10.763, de 12-11-2003.

Seção II
Das Penas Restritivas de Direitos

Interdição temporária de direitos

Art. 47. As penas de interdição temporária de direitos são:

>> *Caput*, com redação determinada pela Lei n. 7.209, de 11-7-1984.

I – proibição do exercício de cargo, função ou atividade pública, bem como de mandato eletivo;

>> Inciso I com redação determinada pela Lei n. 7.209, de 11-7-1984.

II – proibição do exercício de profissão, atividade ou ofício que dependam de habilitação especial, de licença ou autorização do poder público;

>> Inciso II com redação determinada pela Lei n. 7.209, de 11-7-1984.

III – suspensão de autorização ou de habilitação para dirigir veículo;

>> Inciso III com redação determinada pela Lei n. 7.209, de 11-7-1984.

IV – proibição de frequentar determinados lugares;

>> Inciso IV acrescentado pela Lei n. 9.714, de 25-11-1998.

V – proibição de inscrever-se em concurso, avaliação ou exame públicos.

>> Inciso V acrescentado pela Lei n. 12.550, de 15-12-2011.

Capítulo III
DA APLICAÇÃO DA PENA

Fixação da pena

Art. 59. O juiz, atendendo à culpabilidade, aos antecedentes, à conduta social, à personalidade do agente, aos motivos, às circunstâncias e consequências do crime, bem como ao comportamento da vítima, estabelecerá, conforme seja necessário e suficiente para reprovação e prevenção do crime:

I – as penas aplicáveis dentre as cominadas;

II – a quantidade de pena aplicável, dentro dos limites previstos;

III – o regime inicial de cumprimento da pena privativa de liberdade;

IV – a substituição da pena privativa da liberdade aplicada, por outra espécie de pena, se cabível.

>> Artigo com redação determinada pela Lei n. 7.209, de 11-7-1984.

Critérios especiais da pena de multa

Art. 60. Na fixação da pena de multa o juiz deve atender, principalmente, à situação econômica do réu.

>> *Caput* com redação determinada pela Lei n. 7.209, de 11-7-1984.

§ 1.º A multa pode ser aumentada até o triplo, se o juiz considerar que, em virtude da situação econômica do réu, é ineficaz, embora aplicada no máximo.

>> § 1.º com redação determinada pela Lei n. 7.209, de 11-7-1984.

Multa substitutiva

§ 2.º A pena privativa de liberdade aplicada, não superior a 6 (seis) meses, pode ser substituída pela de multa, observados os critérios dos incisos II e III do art. 44 deste Código.

>> § 2.º com redação determinada pela Lei n. 7.209, de 11-7-1984.

Capítulo VI
DOS EFEITOS DA CONDENAÇÃO

Efeitos genéricos e específicos

Art. 92. São também efeitos da condenação:

I – a perda de cargo, função pública ou mandato eletivo:

a) quando aplicada pena privativa de liberdade por tempo igual ou superior a 1 (um) ano, nos crimes praticados com abuso de poder ou violação de dever para com a Administração Pública;

> *Vide* art. 83 da Lei n. 8.666, de 21-6-1993.

Título VII
DA AÇÃO PENAL

Ação pública e de iniciativa privada

Art. 100. A ação penal é pública, salvo quando a lei expressamente a declara privativa do ofendido.

>> *Caput* com redação determinada pela Lei n. 7.209, de 11-7-1984.

§ 1.º A ação pública é promovida pelo Ministério Público, dependendo, quando a lei o exige, de representação do ofendido ou de requisição do Ministro da Justiça.

>> § 1.º com redação determinada pela Lei n. 7.209, de 11-7-1984.

> *Vide* art. 129, I, da CF.

§ 2.º A ação de iniciativa privada é promovida mediante queixa do ofendido ou de quem tenha qualidade para representá-lo.

>> § 2.º com redação determinada pela Lei n. 7.209, de 11-7-1984.

§ 3.º A ação de iniciativa privada pode intentar-se nos crimes de ação pública, se o Ministério Público não oferece denúncia no prazo legal.

>> § 3.º com redação determinada pela Lei n. 7.209, de 11-7-1984.

> *Vide* art. 103 deste Decreto-lei.

§ 4.º No caso de morte do ofendido ou de ter sido declarado ausente por decisão judicial, o direito de oferecer queixa ou de prosseguir na ação passa ao cônjuge, ascendente, descendente ou irmão.

>> § 4.º com redação determinada pela Lei n. 7.209, de 11-7-1984.

> *Vide* art. 129, I, da CF.

A ação penal no crime complexo

Art. 101. Quando a lei considera como elemento ou circunstâncias do tipo legal fatos que, por si mesmos, constituem crimes, cabe ação pública em relação àquele, desde que, em relação a qualquer destes, se deva proceder por iniciativa do Ministério Público.

>> Artigo com redação determinada pela Lei n. 7.209, de 11-7-1984.

Irretratabilidade da representação

Art. 102. A representação será irretratável depois de oferecida a denúncia.

>> Artigo com redação determinada pela Lei n. 7.209, de 11-7-1984.

Decadência do direito de queixa ou de representação

Art. 103. Salvo disposição expressa em contrário, o ofendido decai do direito de queixa ou de representação se não o exerce dentro do prazo de 6 (seis) meses, contado do dia em que veio a saber quem é o autor do crime, ou, no caso do § 3.º do art. 100 deste Código, do dia em que se esgota o prazo para oferecimento da denúncia.

>> Artigo com redação determinada pela Lei n. 7.209, de 11-7-1984.

Renúncia expressa ou tácita do direito de queixa

Art. 104. O direito de queixa não pode ser exercido quando renunciado expressa ou tacitamente.

>> *Caput* com redação determinada pela Lei n. 7.209, de 11-7-1984.

Parágrafo único. Importa renúncia tácita ao direito de queixa a prática de ato incompatível com a vontade de exercê-lo; não a implica, todavia, o fato de receber o ofendido a indenização do dano causado pelo crime.

>> Parágrafo único com redação determinada pela Lei n. 7.209, de 11-7-1984.

Perdão do ofendido

Art. 105. O perdão do ofendido, nos crimes em que somente se procede mediante queixa, obsta ao prosseguimento da ação.

>> Artigo com redação determinada pela Lei n. 7.209, de 11-7-1984.

Art. 106. O perdão, no processo ou fora dele, expresso ou tácito:

I – se concedido a qualquer dos querelados, a todos aproveita;

II – se concedido por um dos ofendidos, não prejudica o direito dos outros;

III – se o querelado o recusa, não produz efeito.

>> *Caput* e incisos com redação determinada pela Lei n. 7.209, de 11-7-1984.

§ 1.º Perdão tácito é o que resulta da prática de ato incompatível com a vontade de prosseguir na ação.

>> § 1.º com redação determinada pela Lei n. 7.209, de 11-7-1984.

§ 2.º Não é admissível o perdão depois que passa em julgado a sentença condenatória.

>> § 2.º com redação determinada pela Lei n. 7.209, de 11-7-1984.

PARTE ESPECIAL

Título I
DOS CRIMES CONTRA A PESSOA

Capítulo V
DOS CRIMES CONTRA A HONRA

> Sobre os crimes de abuso de autoridade: *vide* Lei n. 13.869, de 5-9-2019.

Calúnia

Art. 138. Caluniar alguém, imputando-lhe falsamente fato definido como crime:

Pena – detenção, de 6 (seis) meses a 2 (dois) anos, e multa.

§ 1.º Na mesma pena incorre quem, sabendo falsa a imputação, a propala ou divulga.

§ 2.º É punível a calúnia contra os mortos.

Exceção da verdade

§ 3.º Admite-se a prova da verdade, salvo:

I – se, constituindo o fato imputado crime de ação privada, o ofendido não foi condenado por sentença irrecorrível;

II – se o fato é imputado a qualquer das pessoas indicadas no n. I do art. 141;

III – se do crime imputado, embora de ação pública, o ofendido foi absolvido por sentença irrecorrível.

Difamação

Art. 139. Difamar alguém, imputando-lhe fato ofensivo à sua reputação:

Pena – detenção, de 3 (três) meses a 1 (um) ano, e multa.

Exceção da verdade

Parágrafo único. A exceção da verdade somente se admite se o ofendido é funcionário público e a ofensa é relativa ao exercício de suas funções.

Art. 140. Injuriar alguém, ofendendo-lhe a dignidade ou o decoro:

Pena – detenção, de 1 (um) a 6 (seis) meses, ou multa.

§ 1.º O juiz pode deixar de aplicar a pena:

I – quando o ofendido, de forma reprovável, provocou diretamente a injúria;

II – no caso de retorsão imediata, que consista em outra injúria.

§ 2.º Se a injúria consiste em violência ou vias de fato, que, por sua natureza ou pelo meio empregado, se considerem aviltantes:

Pena – detenção, de 3 (três) meses a 1 (um) ano, e multa, além da pena correspondente à violência.

§ 3.º Se a injúria consiste na utilização de elementos referentes a raça, cor, etnia, religião, origem ou a condição de pessoa idosa ou portadora de deficiência:

>> § 3.º, *caput*, com redação determinada pela Lei n. 10.741, de 1.º-10-2003.

> *Vide* art. 145, parágrafo único, deste Código.

Pena – reclusão de 1 (um) a 3 (três) anos e multa.

>> Pena com redação determinada pela Lei n. 9.459, de 13-5-1997.

Disposições comuns

Art. 141. As penas cominadas neste Capítulo aumentam-se de um terço, se qualquer dos crimes é cometido:

I – contra o Presidente da República, ou contra chefe de governo estrangeiro;

> *Vide* art. 145, parágrafo único, deste Código.

II – contra funcionário público, em razão de suas funções;

> *Vide* art. 145, parágrafo único, deste Código.

Exclusão do crime

Art. 142. Não constituem injúria ou difamação punível:

III – o conceito desfavorável emitido por funcionário público, em apreciação ou informação que preste no cumprimento de dever do ofício.

Art. 145. Nos crimes previstos neste Capítulo somente se procede mediante queixa, salvo quando, no caso do art. 140, § 2.º, da violência resulta lesão corporal.

Parágrafo único. Procede-se mediante requisição do Ministro da Justiça, no caso do inciso I do *caput* do art. 141 deste Código, e mediante representação do ofendido, no caso do inciso II do mesmo artigo bem como no caso do § 3.º do art. 140 deste Código.

>> Parágrafo único com redação determinada pela Lei n. 12.033, de 29-9-2009.

> *Vide* Súmula 714 do STF.

Capítulo VI
DOS CRIMES CONTRA A LIBERDADE INDIVIDUAL

Seção II
Dos Crimes contra a Inviolabilidade do Domicílio

Violação de domicílio

Art. 150. Entrar ou permanecer, clandestina ou astuciosamente, ou contra a vontade expressa ou tácita de quem de direito, em casa alheia ou em suas dependências:

Pena – detenção, de 1 (um) a 3 (três) meses, ou multa.

> Sobre os crimes de abuso de autoridade: *vide* Lei n. 13.869, de 5-9-2019.

§ 2.º (*Revogado pela Lei n. 13.869, de 5-9-2019, em vigor 120 dias da data de publicação – DOU de 5-9-2019 – Edição extra.*)

>> O texto revogado dizia: "§ 2.º Aumenta-se a pena de um terço, se o fato é cometido por funcionário público, fora dos casos legais, ou com inobservância das formalidades estabelecidas em lei, ou com abuso do poder".

Seção III
Dos Crimes Contra a Inviolabilidade de Correspondência

> Sobre os crimes de abuso de autoridade: *vide* Lei n. 13.869, de 5-9-2019.

Violação de correspondência

Art. 151. Devassar indevidamente o conteúdo de correspondência fechada, dirigida a outrem:

Pena – detenção, de 1 (um) a 6 (seis) meses, ou multa.

> Sobre os crimes de abuso de autoridade: *vide* Lei n. 13.869, de 5-9-2019.

Sonegação ou destruição de correspondência

§ 1.º Na mesma pena incorre:

I – quem se apossa indevidamente de correspondência alheia, embora não fechada e, no todo ou em parte, a sonega ou destrói;

Violação de comunicação telegráfica, radioelétrica ou telefônica

II – quem indevidamente divulga, transmite a outrem ou utiliza abusivamente comunicação telegráfica ou radioelétrica dirigida a terceiro, ou conversação telefônica entre outras pessoas;

III – quem impede a comunicação ou a conversação referidas no número anterior;

IV – quem instala ou utiliza estação ou aparelho radioelétrico, sem observância de disposição legal.

§ 2.º As penas aumentam-se de metade, se há dano para outrem.

§ 3.º Se o agente comete o crime, com abuso de função em serviço postal, telegráfico, radioelétrico ou telefônico:

Pena – detenção, de 1 (um) a 3 (três) anos.

§ 4.º Somente se procede mediante representação, salvo nos casos do § 1.º, IV, e do § 3.º.

Seção IV
Dos Crimes contra a Inviolabilidade dos Segredos

Divulgação de segredo

Art. 153. Divulgar alguém, sem justa causa, conteúdo de documento particular ou de correspondência confidencial, de que é destinatário ou detentor, e cuja divulgação possa produzir dano a outrem:

Pena – detenção, de 1 (um) a 6 (seis) meses, ou multa.

§ 1.º-A. Divulgar, sem justa causa, informações sigilosas ou reservadas, assim definidas em lei, contidas ou não nos sistemas de informações ou banco de dados da Administração Pública:

Pena – detenção, de 1 (um) a 4 (quatro) anos, e multa.

>> § 1.º-A acrescentado pela Lei n. 9.983, de 14-7-2000.

§ 1.º Somente se procede mediante representação.

>> Primitivo parágrafo único renumerado pela Lei n. 9.983, de 14-7-2000.

§ 2.º Quando resultar prejuízo para a Administração Pública, a ação penal será incondicionada.

>> § 2.º acrescentado pela Lei n. 9.983, de 14-7-2000.

TÍTULO II
DOS CRIMES CONTRA O PATRIMÔNIO

CAPÍTULO IV
DO DANO

Dano

Art. 163. Destruir, inutilizar ou deteriorar coisa alheia:

Pena – detenção, de 1 (um) a 6 (seis) meses, ou multa.

Dano qualificado

Parágrafo único. Se o crime é cometido:

I – com violência à pessoa ou grave ameaça;

II – com emprego de substância inflamável ou explosiva, se o fato não constitui crime mais grave;

III – contra o patrimônio da União, de Estado, do Distrito Federal, de Município ou de autarquia, fundação pública, empresa pública, sociedade de economia mista ou empresa concessionária de serviços públicos;

>> Inciso III com redação determinada pela Lei n. 13.531, de 7-12-2017.

IV – por motivo egoístico ou com prejuízo considerável para a vítima:

Pena – detenção, de 6 (seis) meses a 3 (três) anos, e multa, além da pena correspondente à violência.

CAPÍTULO V
DA APROPRIAÇÃO INDÉBITA

Apropriação indébita previdenciária

>> Os arts. 9.º da Lei n. 10.684, de 30-5-2003, e 68 e 69 da Lei n. 11.941, de 27-5-2009, dispõem sobre a suspensão da pretensão punitiva do Estado e a extinção da punibilidade dos crimes previstos neste artigo.

Art. 168-A. Deixar de repassar à previdência social as contribuições recolhidas dos contribuintes, no prazo e forma legal ou convencional:

Pena – reclusão, de 2 (dois) a 5 (cinco) anos, e multa.

>> *Caput* acrescentado pela Lei n. 9.983, de 14-7-2000.

> O art. 83 da Lei n. 9.430, de 27-12-1996 (crimes contra a ordem tributária), dispõe que a representação fiscal para fins penais relativa aos crimes contra a Previdência Social, previsto neste artigo, será encaminhada ao Ministério Público depois de proferida a decisão final, na esfera administrativa, sobre a exigência fiscal do crédito tributário correspondente.

§ 1.º Nas mesmas penas incorre quem deixar de:

I – recolher, no prazo legal, contribuição ou outra importância destinada à previdência social que tenha sido descontada de pagamento efetuado a segurados, a terceiros ou arrecadada do público;

II – recolher contribuições devidas à previdência social que tenham integrado despesas contábeis ou custos relativos à venda de produtos ou à prestação de serviços;

III – pagar benefício devido a segurado, quando as respectivas cotas ou valores já tiverem sido reembolsados à empresa pela previdência social.

>> § 1.º acrescentado pela Lei n. 9.983, de 14-7-2000.

§ 2.º É extinta a punibilidade se o agente, espontaneamente, declara, confessa e efetua o pagamento das contribuições, importâncias ou valores e presta as informações devidas à previdência social, na forma definida em lei ou regulamento, antes do início da ação fiscal.

>> § 2.º acrescentado pela Lei n. 9.983, de 14-7-2000.

§ 3.º É facultado ao juiz deixar de aplicar a pena ou aplicar somente a de multa se o agente for primário e de bons antecedentes, desde que:

I – tenha promovido, após o início da ação fiscal e antes de oferecida a denúncia, o pagamento da contribuição social previdenciária, inclusive acessórios; ou

II – o valor das contribuições devidas, inclusive acessórios, seja igual ou inferior àquele estabelecido pela previdência social, administrativamente, como sendo o mínimo para o ajuizamento de suas execuções fiscais.

>> § 3.º acrescentado pela Lei n. 9.983, de 14-7-2000.

§ 4.º A faculdade prevista no § 3.º deste artigo não se aplica aos casos de parcelamento de contribuições cujo valor, inclusive dos acessórios, seja superior àquele estabelecido, administrativamente, como sendo o mínimo para o ajuizamento de suas execuções fiscais.

>> § 4.º acrescentado pela Lei n. 13.606, de 9-1-2018.

CAPÍTULO VII
DA RECEPTAÇÃO

Receptação

Art. 180. Adquirir, receber, transportar, conduzir ou ocultar, em proveito próprio ou alheio, coisa que sabe ser produto de crime, ou influir para que terceiro, de boa-fé, a adquira, receba ou oculte:

Pena – reclusão, de 1 (um) a 4 (quatro) anos, e multa.

>> *Caput* com redação determinada pela Lei n. 9.426, de 24-12-1996.

Receptação qualificada

§ 1.º Adquirir, receber, transportar, conduzir, ocultar, ter em depósito, desmontar, montar, remontar, vender, expor à venda, ou de qualquer forma utilizar, em proveito próprio ou alheio, no exercício de atividade comercial ou industrial, coisa que deve saber ser produto de crime:

Pena – reclusão de 3 (três) a 8 (oito) anos, e multa.

>> § 1.º com redação determinada pela Lei n. 9.426, de 24-12-1996.

§ 2.º Equipara-se à atividade comercial, para efeito do parágrafo anterior, qualquer forma de comércio irregular ou clandestino, inclusive o exercido em residência.

>> § 2.º com redação determinada pela Lei n. 9.426, de 24-12-1996.

§ 3.º Adquirir ou receber coisa que, por sua natureza ou pela desproporção entre o valor e o preço, ou pela condição de quem a oferece, deve presumir-se obtida por meio criminoso:

Pena – detenção, de 1 (um) mês a 1 (um) ano, ou multa, ou ambas as penas.

>> § 3.º com redação determinada pela Lei n. 9.426, de 24-12-1996.

§ 4.º A receptação é punível, ainda que desconhecido ou isento de pena o autor do crime de que proveio a coisa.

>> § 4.º com redação determinada pela Lei n. 9.426, de 24-12-1996.

§ 5.º Na hipótese do § 3.º, se o criminoso é primário, pode o juiz, tendo em consideração as circunstâncias, deixar de aplicar a pena. Na receptação dolosa aplica-se o disposto no § 2.º do art. 155.

>> § 5.º acrescentado pela Lei n. 9.426, de 24-12-1996.

§ 6.º Tratando-se de bens do patrimônio da União, de Estado, do Distrito Federal, de Município ou de autarquia, fundação pública, empresa pública, sociedade de economia mista ou empresa concessionária de serviços públicos, aplica-se em dobro a pena prevista no *caput* deste artigo.

>> § 6.º com redação determinada pela Lei n. 13.531, de 7-12-2017.

....

Título X
DOS CRIMES CONTRA A FÉ PÚBLICA

Capítulo I
DA MOEDA FALSA

Moeda falsa

Art. 289. Falsificar, fabricando-a ou alterando-a, moeda metálica ou papel-moeda de curso legal no país ou no estrangeiro:

Pena – reclusão, de 3 (três) a 12 (doze) anos, e multa.

> *Vide* Súmula 73 do STJ.

....

§ 3.º É punido com reclusão, de 3 (três) a 15 (quinze) anos, e multa, o funcionário público ou diretor, gerente, ou fiscal de banco de emissão que fabrica, emite ou autoriza a fabricação ou emissão:

I – de moeda com título ou peso inferior ao determinado em lei;

II – de papel-moeda em quantidade superior à autorizada.

....

Capítulo III
DA FALSIDADE DOCUMENTAL

Falsificação do selo ou sinal público

Art. 296. Falsificar, fabricando-os ou alterando-os:

I – selo público destinado a autenticar atos oficiais da União, de Estado ou de Município;

II – selo ou sinal atribuído por lei a entidade de direito público, ou a autoridade, ou sinal público de tabelião:

Pena – reclusão, de 2 (dois) a 6 (seis) anos, e multa.

§ 1.º Incorre nas mesmas penas:

....

III – quem altera, falsifica ou faz uso indevido de marcas, logotipos, siglas ou quaisquer outros símbolos utilizados ou identificadores de órgãos ou entidades da Administração Pública.

>> Inciso III acrescentado pela Lei n. 9.983, de 14-7-2000.

§ 2.º Se o agente é funcionário público, e comete o crime prevalecendo-se do cargo, aumenta-se a pena de sexta parte.

Falsificação de documento público

Art. 297. Falsificar, no todo ou em parte, documento público, ou alterar documento público verdadeiro:

Pena – reclusão, de 2 (dois) a 6 (seis) anos, e multa.

§ 1.º Se o agente é funcionário público, e comete o crime prevalecendo-se do cargo, aumenta-se a pena de sexta parte.

§ 2.º Para os efeitos penais, equiparam-se a documento público o emanado de entidade paraestatal, o título ao portador ou transmissível por endosso, as ações de sociedade comercial, os livros mercantis e o testamento particular.

....

Falsidade ideológica

Art. 299. Omitir, em documento público ou particular, declaração que dele devia constar, ou nele inserir ou fazer inserir declaração falsa ou diversa da que devia ser escrita, com o fim de prejudicar direito, criar obrigação ou alterar a verdade sobre fato juridicamente relevante:

Pena – reclusão, de 1 (um) a 5 (cinco) anos, e multa, se o documento é público, e reclusão, de 1 (um) a 3 (três) anos, e multa, se o documento é particular.

Parágrafo único. Se o agente é funcionário público, e comete o crime prevalecendo-se do cargo, ou se a falsificação ou alteração é de assentamento de registro civil, aumenta-se a pena de sexta parte.

....

Capítulo IV
DE OUTRAS FALSIDADES

....

Adulteração de sinal identificador de veículo automotor

Art. 311. Adulterar ou remarcar número de chassi ou qualquer sinal identificador de veículo automotor, de seu componente ou equipamento:

Pena – reclusão, de 3 (três) a 6 (seis) anos, e multa.

§ 1.º Se o agente comete o crime no exercício da função pública ou em razão dela, a pena é aumentada de um terço.

>> § 1.º acrescentado pela Lei n. 9.426, de 24-12-1996.

§ 2.º Incorre nas mesmas penas o funcionário público que contribui para o licenciamento ou registro do veículo remarcado ou adulterado, fornecendo indevidamente material ou informação oficial.

>> § 2.º acrescentado pela Lei n. 9.426, de 24-12-1996.

Capítulo V
DAS FRAUDES EM CERTAMES DE INTERESSE PÚBLICO

>> Capítulo V acrescentado pela Lei n. 12.550, de 15-12-2011.

Fraudes em certames de interesse público

Art. 311-A. Utilizar ou divulgar, indevidamente, com o fim de beneficiar a si ou a outrem, ou de comprometer a credibilidade do certame, conteúdo sigiloso de:

I – concurso público;

II – avaliação ou exame públicos;

III – processo seletivo para ingresso no ensino superior; ou

IV – exame ou processo seletivo previstos em lei:

Pena – reclusão, de 1 (um) a 4 (quatro) anos, e multa.

>> *Caput* e incisos acrescentados pela Lei n. 12.550, de 15-12-2011.

§ 1.º Nas mesmas penas incorre quem permite ou facilita, por qualquer meio, o acesso de pessoas não autorizadas às informações mencionadas no *caput*.

>> § 1.º acrescentado pela Lei n. 12.550, de 15-12-2011.

§ 2.º Se da ação ou omissão resulta dano à administração pública:

Pena – reclusão, de 2 (dois) a 6 (seis) anos, e multa.

>> § 2.º acrescentado pela Lei n. 12.550, de 15-12-2011.

§ 3.º Aumenta-se a pena de 1/3 (um terço) se o fato é cometido por funcionário público.

>> § 3.º acrescentado pela Lei n. 12.550, de 15-12-2011.

Título XI
DOS CRIMES CONTRA A ADMINISTRAÇÃO PÚBLICA

Capítulo I
DOS CRIMES PRATICADOS POR FUNCIONÁRIO PÚBLICO CONTRA A ADMINISTRAÇÃO EM GERAL

> A Portaria n. 1.750, de 12-11-2018, da SRFB, dispõe sobre representação fiscal para fins penais referente a crimes contra a ordem tributária, contra a previdência social e de contrabando ou descaminho, sobre representação para fins penais referente a crimes contra a Administração Pública Federal, em detrimento da Fazenda Nacional ou contra Administração Pública estrangeira, de falsidade de títulos, papéis e documentos públicos e de "lavagem" ou ocultação de bens, direitos e valores, e sobre representação referente a atos de improbidade administrativa.

Peculato

Art. 312. Apropriar-se o funcionário público de dinheiro, valor ou qualquer outro bem móvel, público ou particular, de que tem a posse em razão do cargo, ou desviá-lo, em proveito próprio ou alheio:

Pena – reclusão, de 2 (dois) a 12 (doze) anos, e multa.

§ 1.º Aplica-se a mesma pena, se o funcionário público, embora não tendo a posse do dinheiro, valor ou bem, o subtrai, ou concorre para que seja subtraído, em proveito próprio ou alheio, valendo-se de facilidade que lhe proporciona a qualidade de funcionário.

Peculato culposo

§ 2.º Se o funcionário concorre culposamente para o crime de outrem:

Pena – detenção, de 3 (três) meses a 1 (um) ano.

§ 3.º No caso do parágrafo anterior, a reparação do dano, se precede à sentença irrecorrível, extingue a punibilidade; se lhe é posterior, reduz de metade a pena imposta.

Peculato mediante erro de outrem

Art. 313. Apropriar-se de dinheiro ou qualquer utilidade que, no exercício do cargo, recebeu por erro de outrem:

Pena – reclusão, de 1 (um) a 4 (quatro) anos, e multa.

Inserção de dados falsos em sistema de informações

Art. 313-A. Inserir ou facilitar, o funcionário autorizado, a inserção de dados falsos, alterar ou excluir indevidamente dados corretos nos sistemas informatizados ou bancos de dados da Administração Pública com o fim de obter vantagem indevida para si ou para outrem ou para causar dano:

Pena – reclusão, de 2 (dois) a 12 (doze) anos, e multa.

>> Artigo acrescentado pela Lei n. 9.983, de 14-7-2000.

Modificação ou alteração não autorizada de sistema de informações

Art. 313-B. Modificar ou alterar, o funcionário, sistema de informações ou programa de informática sem autorização ou solicitação de autoridade competente:

Pena – detenção, de 3 (três) meses a 2 (dois) anos, e multa.

>> *Caput* acrescentado pela Lei n. 9.983, de 14-7-2000.

Parágrafo único. As penas são aumentadas de um terço até a metade se da modificação ou alteração resulta dano para a Administração Pública ou para o administrado.

>> Parágrafo único acrescentado pela Lei n. 9.983, de 14-7-2000.

Extravio, sonegação ou inutilização de livro ou documento

Art. 314. Extraviar livro oficial ou qualquer documento, de que tem a guarda em razão do cargo; sonegá-lo ou inutilizá-lo, total ou parcialmente:

Pena – reclusão, de 1 (um) a 4 (quatro) anos, se o fato não constitui crime mais grave.

Emprego irregular de verbas ou rendas públicas

Art. 315. Dar às verbas ou rendas públicas aplicação diversa da estabelecida em lei:

Pena – detenção, de 1 (um) a 3 (três) meses, ou multa.

Concussão

Art. 316. Exigir, para si ou para outrem, direta ou indiretamente, ainda que fora da função ou antes de assumi-la, mas em razão dela, vantagem indevida:

Pena – reclusão, de 2 (dois) a 12 (doze) anos, e multa.

>> Pena com redação determinada pela Lei n. 13.964, de 24-12-2019.

> Sobre os crimes de abuso de autoridade: *vide* Lei n. 13.869, de 5-9-2019.

Excesso de exação

§ 1.º Se o funcionário exige tributo ou contribuição social que sabe ou deveria saber indevido, ou, quando devido, emprega na cobrança meio vexatório ou gravoso, que a lei não autoriza:

Pena – reclusão, de 3 (três) a 8 (oito) anos, e multa.

>> § 1.º com redação determinada pela Lei n. 8.137, de 27-12-1990.

§ 2.º Se o funcionário desvia, em proveito próprio ou de outrem, o que recebeu indevidamente para recolher aos cofres públicos:

Pena – reclusão, de 2 (dois) a 12 (doze) anos, e multa.

Corrupção passiva

Art. 317. Solicitar ou receber, para si ou para outrem, direta ou indiretamente, ainda que fora da função ou antes de assumi-la, mas em razão dela, vantagem indevida, ou aceitar promessa de tal vantagem:

Pena – reclusão, de 2 (dois) a 12 (doze) anos, e multa.

>> Pena alterada pela Lei n. 10.763, de 12-11-2003.

§ 1.º A pena é aumentada de um terço, se, em consequência da vantagem ou promessa, o funcionário retarda ou deixa de praticar qualquer ato de ofício ou o pratica infringindo dever funcional.

§ 2.º Se o funcionário pratica, deixa de praticar ou retarda ato de ofício, com infração de dever funcional, cedendo a pedido ou influência de outrem:

Pena – detenção, de 3 (três) meses a 1 (um) ano, ou multa.

Facilitação de contrabando ou descaminho

Art. 318. Facilitar, com infração de dever funcional, a prática de contrabando ou descaminho (art. 334):

Pena – reclusão, de 3 (três) a 8 (oito) anos, e multa.

>> Pena alterada pela Lei n. 8.137, de 27-12-1990.

> *Vide* arts. 334 e 334-A do CP.

> *Vide* art. 144, § 1.º, II, da CF.

Prevaricação

Art. 319. Retardar ou deixar de praticar, indevidamente, ato de ofício, ou praticá-lo contra disposição expressa de lei, para satisfazer interesse ou sentimento pessoal:

Pena – detenção, de 3 (três) meses a 1 (um) ano, e multa.

Art. 319-A. Deixar o Diretor de Penitenciária e/ou agente público, de cumprir seu dever de vedar ao preso o acesso a aparelho telefônico, de rádio ou similar, que permita a comunicação com outros presos ou com o ambiente externo:

Pena – detenção, de 3 (três) meses a 1 (um) ano.

>> Artigo acrescentado pela Lei n. 11.466, de 28-3-2007.

Condescendência criminosa

Art. 320. Deixar o funcionário, por indulgência, de responsabilizar subordinado que cometeu infração no exercício do cargo ou, quando lhe falte competência, não levar o fato ao conhecimento da autoridade competente:

Pena – detenção, de 15 (quinze) dias a 1 (um) mês, ou multa.

Advocacia administrativa

Art. 321. Patrocinar, direta ou indiretamente, interesse privado perante a administração pública, valendo-se da qualidade de funcionário:

Pena – detenção, de 1 (um) a 3 (três) meses, ou multa.

Parágrafo único. Se o interesse é ilegítimo:

Pena – detenção, de 3 (três) meses a 1 (um) ano, além da multa.

>> *Vide* art. 91 da Lei n. 8.666, de 21-6-1993.

Violência arbitrária

Art. 322. Praticar violência, no exercício de função ou a pretexto de exercê-la:

Pena – detenção, de 6 (seis) meses a 3 (três) anos, além da multa correspondente à violência.

> Sobre abuso de autoridade: *vide* Lei n. 13.869, de 5-9-2019.

Abandono de função

Art. 323. Abandonar cargo público, fora dos casos permitidos em lei:

Pena – detenção, de 15 (quinze) dias a 1 (um) mês, ou multa.

§ 1.º Se do fato resulta prejuízo público:

Pena – detenção, de 3 (três) meses a 1 (um) ano, e multa.

§ 2.º Se o fato ocorre em lugar compreendido na faixa de fronteira:

Pena – detenção, de 1 (um) a 3 (três) anos, e multa.

> Faixa de fronteira: *vide* arts. 204 e 205 do Decreto-lei n. 9.760, de 5-9-1946.

Exercício funcional ilegalmente antecipado ou prolongado

Art. 324. Entrar no exercício de função pública antes de satisfeitas as exigências legais, ou continuar a exercê-la, sem autorização, depois de saber oficialmente que foi exonerado, removido, substituído ou suspenso:

Pena – detenção, de 15 (quinze) dias a 1 (um) mês, ou multa.

Violação de sigilo funcional

Art. 325. Revelar fato de que tem ciência em razão do cargo e que deva permanecer em segredo, ou facilitar-lhe a revelação:

Pena – detenção, de 6 (seis) meses a 2 (dois) anos, ou multa, se o fato não constitui crime mais grave.

§ 1.º Nas mesmas penas deste artigo incorre quem:

>> § 1.º, *caput*, acrescentado pela Lei n. 9.983, de 14-7-2000.

I – permite ou facilita, mediante atribuição, fornecimento e empréstimo de senha ou qualquer outra forma, o acesso de pessoas não autorizadas a sistemas de informações ou banco de dados da Administração Pública;

>> Inciso I acrescentado pela Lei n. 9.983, de 14-7-2000.

II – se utiliza, indevidamente, do acesso restrito.

>> Inciso II acrescentado pela Lei n. 9.983, de 14-7-2000.

§ 2.º Se da ação ou omissão resulta dano à Administração Pública ou a outrem:

Pena – reclusão, de 2 (dois) a 6 (seis) anos, e multa.

>> § 2.º acrescentado pela Lei n. 9.983, de 14-7-2000.

Violação do sigilo de proposta de concorrência

Art. 326. Devassar o sigilo de proposta de concorrência pública, ou proporcionar a terceiro o ensejo de devassá-lo:

Pena – detenção, de 3 (três) meses a 1 (um) ano, e multa.

>> Prejudicado em face do disposto no art. 94 da Lei n. 8.666, de 21-6-1993, constante nesta obra. *Vide* arts. 85 e 99 dessa Lei.

Funcionário público

Art. 327. Considera-se funcionário público, para os efeitos penais, quem, embora transitoriamente ou sem remuneração, exerce cargo, emprego ou função pública.

§ 1.º Equipara-se a funcionário público quem exerce cargo, emprego ou função em entidade paraestatal, e quem trabalha para empresa prestadora de serviço contratada ou conveniada para a execução de atividade típica da Administração Pública.

>> § 1.º com redação determinada pela Lei n. 9.983, de 14-7-2000.

> Funcionário público estrangeiro: *vide* art. 337-D do CP.

§ 2.º A pena será aumentada da terça parte quando os autores dos crimes previstos neste Capítulo forem ocupantes de cargos em comissão ou de função de direção ou assessoramento de órgão da administração direta, sociedade de economia mista, empresa pública ou fundação instituída pelo poder público.

>> § 2.º acrescentado pela Lei n. 6.799, de 23-6-1980.

>> Refere-se ao Capítulo "Dos crimes praticados por funcionário público contra a administração em geral", arts. 312 a 327.

> *Vide* arts. 83 e 84 da Lei n. 8.666, de 21-6-1993.

Capítulo II
DOS CRIMES PRATICADOS POR PARTICULAR CONTRA A ADMINISTRAÇÃO EM GERAL

Usurpação de função pública

Art. 328. Usurpar o exercício de função pública:

Pena – detenção, de 3 (três) meses a 2 (dois) anos, e multa.

Parágrafo único. Se do fato o agente aufere vantagem:

Pena – reclusão, de 2 (dois) a 5 (cinco) anos, e multa.

Resistência

Art. 329. Opor-se à execução de ato legal, mediante violência ou ameaça a funcionário competente para executá-lo ou a quem lhe esteja prestando auxílio:

Pena – detenção, de 2 (dois) meses a 2 (dois) anos.

§ 1.º Se o ato, em razão da resistência, não se executa:

Pena – reclusão, de 1 (um) a 3 (três) anos.

§ 2.º As penas deste artigo são aplicáveis sem prejuízo das correspondentes à violência.

Desobediência

Art. 330. Desobedecer a ordem legal de funcionário público:

Pena – detenção, de 15 (quinze) dias a 6 (seis) meses, e multa.

Desacato

Art. 331. Desacatar funcionário público no exercício da função ou em razão dela:

Pena – detenção, de 6 (seis) meses a 2 (dois) anos, ou multa.

Tráfico de influência

>> Rubrica com redação determinada pela Lei n. 9.127, de 16-11-1995.

Art. 332. Solicitar, exigir, cobrar ou obter, para si ou para outrem, vantagem ou promessa de vantagem, a pretexto de influir em ato praticado por funcionário público no exercício da função:

Pena – reclusão, de 2 (dois) a 5 (cinco) anos, e multa.

>> *Caput* com redação determinada pela Lei n. 9.127, de 16-11-1995.

Parágrafo único. A pena é aumentada da metade, se o agente alega ou insinua que a vantagem é também destinada ao funcionário.

>> Parágrafo único com redação determinada pela Lei n. 9.127, de 16-11-1995.

> *Vide* arts. 337-C e 357 do CP.

Corrupção ativa

Art. 333. Oferecer ou prometer vantagem indevida a funcionário público, para determiná-lo a praticar, omitir ou retardar ato de ofício:

Pena – reclusão, de 2 (dois) a 12 (doze) anos, e multa.

>> Pena alterada pela Lei n. 10.763, de 12-11-2003.

Parágrafo único. A pena é aumentada de um terço, se, em razão da vantagem ou promessa, o funcionário retarda ou omite ato de ofício, ou o pratica infringindo dever funcional.

> *Vide* art. 337-B do CP.

Descaminho

>> Rubrica com redação determinada pela Lei n. 13.008, de 26-6-2014.

Art. 334. Iludir, no todo ou em parte, o pagamento de direito ou imposto devido pela entrada, pela saída ou pelo consumo de mercadoria:

Pena – reclusão, de 1 (um) a 4 (quatro) anos.

>> *Caput* com redação determinada pela Lei n. 13.008, de 26-6-2014.

> *Vide* art. 318 do CP.

> *Vide* art. 144, § 1.º, II, da CF.

> *Vide* Súmula 151 do STJ.

> A Portaria n. 1.750, de 12-11-2018, da SRFB, dispõe sobre representação fiscal para fins penais referente a crimes contra a ordem tributária, contra a previdência social e de contrabando ou descaminho, sobre representação para fins penais referente a crimes contra a Administração Pública Federal, em detrimento da Fazenda Nacional ou contra Administração Pública estrangeira, de falsidade de títulos, papéis e documentos públicos e de "lavagem" ou ocultação de bens, direitos e valores, e sobre representação referente a atos de improbidade administrativa.

§ 1.º Incorre na mesma pena quem:

>> § 1.º com redação determinada pela Lei n. 13.008, de 26-6-2014.

I – pratica navegação de cabotagem, fora dos casos permitidos em lei;

>> Inciso I acrescentado pela Lei n. 13.008, de 26-6-2014.

II – pratica fato assimilado, em lei especial, a descaminho;

>> Inciso II acrescentado pela Lei n. 13.008, de 26-6-2014.

III – vende, expõe à venda, mantém em depósito ou, de qualquer forma, utiliza em proveito próprio ou alheio, no exercício de atividade comercial ou industrial, mercadoria de procedência estrangeira que introduziu clandestinamente no País ou importou fraudulentamente ou que sabe ser produto de introdução clandestina no território nacional ou de importação fraudulenta por parte de outrem;

>> Inciso III acrescentado pela Lei n. 13.008, de 26-6-2014.

IV – adquire, recebe ou oculta, em proveito próprio ou alheio, no exercício de atividade comercial ou industrial, mercadoria de procedência estrangeira, desacompanhada de documentação legal ou acompanhada de documentos que sabe serem falsos.

>> Inciso IV acrescentado pela Lei n. 13.008, de 26-6-2014.

§ 2.º Equipara-se às atividades comerciais, para os efeitos deste artigo, qualquer forma de comércio irregular ou clandestino de mercadorias estrangeiras, inclusive o exercido em residências.

>> § 2.º com redação determinada pela Lei n. 13.008, de 26-6-2014.

§ 3.º A pena aplica-se em dobro se o crime de descaminho é praticado em transporte aéreo, marítimo ou fluvial.

>> § 3.º com redação determinada pela Lei n. 13.008, de 26-6-2014.

Contrabando

>> Rubrica acrescentada pela Lei n. 13.008, de 26-6-2014.

Art. 334-A. Importar ou exportar mercadoria proibida:

Pena – reclusão, de 2 (dois) a 5 (cinco) anos.

>> *Caput* acrescentado pela Lei n. 13.008, de 26-6-2014.

> A Portaria n. 1.750, de 12-11-2018, da SRFB, dispõe sobre representação fiscal para fins penais referente a crimes contra a ordem tributária, contra a previdência social e de contrabando ou descaminho, sobre representação para fins penais referente a crimes contra a Administração Pública Federal, em detrimento da Fazenda Nacional ou contra Administração Pública estrangeira, de falsidade de títulos, papéis e documentos públicos e de "lavagem" ou ocultação de bens, direitos e valores, e sobre representação referente a atos de improbidade administrativa.

§ 1.º Incorre na mesma pena quem:

>> § 1.º acrescentado pela Lei n. 13.008, de 26-6-2014.

I – pratica fato assimilado, em lei especial, a contrabando;

>> Inciso I acrescentado pela Lei n. 13.008, de 26-6-2014.

II – importa ou exporta clandestinamente mercadoria que dependa de registro, análise ou autorização de órgão público competente;

>> Inciso II acrescentado pela Lei n. 13.008, de 26-6-2014.

III – reinsere no território nacional mercadoria brasileira destinada à exportação;

>> Inciso III acrescentado pela Lei n. 13.008, de 26-6-2014.

IV – vende, expõe à venda, mantém em depósito ou, de qualquer forma, utiliza em proveito próprio ou alheio, no exercício de atividade comercial ou industrial, mercadoria proibida pela lei brasileira;

>> Inciso IV acrescentado pela Lei n. 13.008, de 26-6-2014.

V – adquire, recebe ou oculta, em proveito próprio ou alheio, no exercício de atividade comercial ou industrial, mercadoria proibida pela lei brasileira.

>> Inciso V acrescentado pela Lei n. 13.008, de 26-6-2014.

§ 2.º Equipara-se às atividades comerciais, para os efeitos deste artigo, qualquer forma de comércio irregular ou clandestino de mercadorias estrangeiras, inclusive o exercido em residências.

>> § 2.º acrescentado pela Lei n. 13.008, de 26-6-2014.

§ 3.º A pena aplica-se em dobro se o crime de contrabando é praticado em transporte aéreo, marítimo ou fluvial.

>> § 3.º acrescentado pela Lei n. 13.008, de 26-6-2014.

Impedimento, perturbação ou fraude de concorrência

Art. 335. Impedir, perturbar ou fraudar concorrência pública ou venda em hasta pública, promovida pela administração federal, estadual ou municipal, ou por entidade paraestatal; afastar ou procurar afastar concorrente ou licitante, por meio de violência, grave ameaça, fraude ou oferecimento de vantagem:

Pena – detenção, de 6 (seis) meses a 2 (dois) anos, ou multa, além da pena correspondente à violência.

Parágrafo único. Incorre na mesma pena quem se abstém de concorrer ou licitar, em razão de vantagem oferecida.

>> Prejudicado este artigo em face do disposto nos arts. 93 e 95 da Lei n. 8.666, de 21-6-1993, constante nesta obra.

Inutilização de edital ou de sinal

Art. 336. Rasgar ou, de qualquer forma, inutilizar ou conspurcar edital afixado por ordem de funcionário público; violar ou inutilizar selo ou sinal empregado, por determinação legal ou por ordem de funcionário público, para identificar ou cerrar qualquer objeto:

Pena – detenção, de 1 (um) mês a 1 (um) ano, ou multa.

Subtração ou inutilização de livro ou documento

Art. 337. Subtrair, ou inutilizar, total ou parcialmente, livro oficial, processo ou documento confiado à custódia de funcionário, em razão de ofício, ou de particular em serviço público:

Pena – reclusão, de 2 (dois) a 5 (cinco) anos, se o fato não constitui crime mais grave.

Sonegação de contribuição previdenciária

>> Os arts. 9.º da Lei n. 10.684, de 30-5-2003, e 68 e 69 da Lei n. 11.941, de 27-5-2009, dispõem sobre a suspensão da pretensão punitiva do Estado e a extinção da punibilidade dos crimes previstos neste artigo.

Art. 337-A. Suprimir ou reduzir contribuição social previdenciária e qualquer acessório, mediante as seguintes condutas:

>> *Caput* acrescentado pela Lei n. 9.983, de 14-7-2000.

> O art. 83 da Lei n. 9.430, de 27-12-1996 (crimes contra a ordem tributária), dispõe que a representação fiscal para fins penais relativa aos crimes contra a Previdência Social, previsto neste artigo, será encaminhada ao Ministério Público depois de proferida a decisão final, na esfera administrativa, sobre a exigência fiscal do crédito tributário correspondente.

I – omitir de folha de pagamento da empresa ou de documento de informações previsto pela legislação previdenciária segurados empregado, empresário, trabalhador avulso ou trabalhador autônomo ou a este equiparado que lhe prestem serviços;

>> Inciso I acrescentado pela Lei n. 9.983, de 14-7-2000.

II – deixar de lançar mensalmente nos títulos próprios da contabilidade da empresa as quantias descontadas dos segurados ou as devidas pelo empregador ou pelo tomador de serviços;

>> Inciso II acrescentado pela Lei n. 9.983, de 14-7-2000.

III – omitir, total ou parcialmente, receitas ou lucros auferidos, remunerações pagas ou creditadas e demais fatos geradores de contribuições sociais previdenciárias:

Pena – reclusão, de 2 (dois) a 5 (cinco) anos, e multa.

>> Inciso III acrescentado pela Lei n. 9.983, de 14-7-2000.

§ 1.º É extinta a punibilidade se o agente, espontaneamente, declara e confessa as contribuições, importâncias ou valores e presta as informações devidas à previdência social, na forma definida em lei ou regulamento, antes do início da ação fiscal.

>> § 1.º acrescentado pela Lei n. 9.983, de 14-7-2000.

§ 2.º É facultado ao juiz deixar de aplicar a pena ou aplicar somente a de multa se o agente for primário e de bons antecedentes, desde que:

I – (*Vetado*.);

II – o valor das contribuições devidas, inclusive acessórios, seja igual ou inferior àquele estabelecido pela previdência social, administrativamente, como sendo o mínimo para o ajuizamento de suas execuções fiscais.

>> § 2.º acrescentado pela Lei n. 9.983, de 14-7-2000.

§ 3.º Se o empregador não é pessoa jurídica e sua folha de pagamento mensal não ultrapassa R$ 1.510,00 (um mil, quinhentos e dez reais), o juiz poderá reduzir a pena de um terço até a metade ou aplicar apenas a de multa.

>> § 3.º acrescentado pela Lei n. 9.983, de 14-7-2000.

>> A Portaria n. 3.659, de 10-2-2020, do Ministério da Economia, estabelece que, a partir de 1.º de janeiro de 2020, o valor de que trata este parágrafo será de R$ 5.386,27 (cinco mil, trezentos e oitenta e seis reais e vinte e sete centavos).

§ 4.º O valor a que se refere o parágrafo anterior será reajustado nas mesmas datas e nos mesmos índices do reajuste dos benefícios da previdência social.

>> § 4.º acrescentado pela Lei n. 9.983, de 14-7-2000.

CAPÍTULO II-A
DOS CRIMES PRATICADOS POR PARTICULAR CONTRA A ADMINISTRAÇÃO PÚBLICA ESTRANGEIRA

>> Capítulo acrescentado pela Lei n. 10.467, de 11-6-2002.

> O Decreto n. 3.678, de 30-11-2000, promulga a Convenção sobre o Combate da Corrupção de Funcionários Públicos Estrangeiros em Transações Comerciais Internacionais, concluída em Paris, em 17-12-1997.

Corrupção ativa em transação comercial internacional

Art. 337-B. Prometer, oferecer ou dar, direta ou indiretamente, vantagem indevida a funcionário público estrangeiro, ou a terceira pessoa, para determiná-lo a praticar, omitir ou retardar ato de ofício relacionado à transação comercial internacional:

Pena – reclusão, de 1 (um) a 8 (oito) anos, e multa.

>> *Caput* acrescentado pela Lei n. 10.467, de 11-6-2002.

Parágrafo único. A pena é aumentada de um terço, se, em razão da vantagem ou promessa, o funcionário público estrangeiro retarda ou omite o ato de ofício, ou o pratica infringindo dever funcional.

>> Parágrafo único acrescentado pela Lei n. 10.467, de 11-6-2002.

> Corrupção ativa comum (funcionário público brasileiro): *vide* art. 333 do CP.

> Corrupção passiva: *vide* art. 317 do CP.

Tráfico de influência em transação comercial internacional

Art. 337-C. Solicitar, exigir, cobrar ou obter, para si ou para outrem, direta ou indiretamente, vantagem ou promessa de vantagem a pretexto de influir em ato praticado por funcionário público estrangeiro no exercício de suas funções, relacionado a transação comercial internacional:

Pena – reclusão, de 2 (dois) a 5 (cinco) anos, e multa.

>> *Caput* acrescentado pela Lei n. 10.467, de 11-6-2002.

Parágrafo único. A pena é aumentada da metade, se o agente alega ou insinua que a vantagem é também destinada a funcionário estrangeiro.

>> Parágrafo único acrescentado pela Lei n. 10.467, de 11-6-2002.

> Tráfico de influência comum: *vide* art. 332 do CP.

Funcionário público estrangeiro

Art. 337-D. Considera-se funcionário público estrangeiro, para os efeitos penais, quem, ainda que transitoriamente ou sem remuneração, exerce cargo, emprego ou função pública em entidades estatais ou em representações diplomáticas de país estrangeiro.

>> *Caput* acrescentado pela Lei n. 10.467, de 11-6-2002.

Parágrafo único. Equipara-se a funcionário público estrangeiro quem exerce cargo, emprego ou função em empresas controladas, diretamente ou indiretamente, pelo Poder Público de país estrangeiro ou em organizações públicas internacionais.

>> Parágrafo único acrescentado pela Lei n. 10.467, de 11-6-2002.

> *Vide* art. 327 do CP.

CAPÍTULO III
DOS CRIMES CONTRA A ADMINISTRAÇÃO DA JUSTIÇA

Reingresso de estrangeiro expulso

Art. 338. Reingressar no território nacional o estrangeiro que dele foi expulso:

Pena – reclusão, de 1 (um) a 4 (quatro) anos, sem prejuízo de nova expulsão após o cumprimento da pena.

> Expulsão: arts. 54 a 60 da Lei n. 13.445, de 24-5-2017 (Lei de Migração).

Denunciação caluniosa

Art. 339. Dar causa à instauração de investigação policial, de processo judicial, instauração de investigação administrativa, inquérito civil ou ação de improbidade administrativa contra alguém, imputando-lhe crime de que o sabe inocente:

>> *Caput* com redação determinada pela Lei n. 10.028, de 19-10-2000.

Pena – reclusão, de 2 (dois) a 8 (oito) anos, e multa.

§ 1.º A pena é aumentada de sexta parte, se o agente se serve de anonimato ou de nome suposto.

§ 2.º A pena é diminuída de metade, se a imputação é de prática de contravenção.

Comunicação falsa de crime ou de contravenção

Art. 340. Provocar a ação de autoridade, comunicando-lhe a ocorrência de crime ou de contravenção que sabe não se ter verificado:

Pena – detenção, de 1 (um) a 6 (seis) meses, ou multa.

Autoacusação falsa

Art. 341. Acusar-se, perante a autoridade, de crime inexistente ou praticado por outrem:

Pena – detenção, de 3 (três) meses a 2 (dois) anos, ou multa.

Falso testemunho ou falsa perícia

Art. 342. Fazer afirmação falsa, ou negar ou calar a verdade, como testemunha, perito, contador, tradutor ou intérprete em processo judicial, ou administrativo, inquérito policial, ou em juízo arbitral:

>> *Caput* com redação determinada pela Lei n. 10.268, de 28-8-2001.

Pena – reclusão, de 2 (dois) a 4 (quatro) anos, e multa.

>> Pena com redação determinada pela Lei n. 12.850, de 2-8-2013.

§ 1.º As penas aumentam-se de um sexto a um terço, se o crime é praticado mediante suborno ou se cometido com o fim de obter prova destinada a produzir efeito em processo penal, ou em processo civil em que for parte entidade da administração pública direta ou indireta.

>> § 1.º com redação determinada pela Lei n. 10.268, de 28-8-2001.

§ 2.º O fato deixa de ser punível se, antes da sentença no processo em que ocorreu o ilícito, o agente se retrata ou declara a verdade.

>> § 2.º com redação determinada pela Lei n. 10.268, de 28-8-2001.

>> Na redação original, constava um § 3.º, não reproduzido na lei alteradora.

Art. 343. Dar, oferecer, ou prometer dinheiro ou qualquer outra vantagem a testemunha, perito, contador, tradutor ou intérprete, para fazer afirmação falsa, negar ou calar a verdade em depoimento, perícia, cálculos, tradução ou interpretação:

Pena – reclusão, de 3 (três) a 4 (quatro) anos, e multa.

>> *Caput* com redação determinada pela Lei n. 10.268, de 28-8-2001.

Parágrafo único. As penas aumentam-se de um sexto a um terço, se o crime é cometido com o fim de obter prova destinada a produzir efeito em processo penal ou em processo civil em que for parte entidade da administração pública direta ou indireta.

>> Parágrafo único com redação determinada pela Lei n. 10.268, de 28-8-2001.

Coação no curso do processo

Art. 344. Usar de violência ou grave ameaça, com o fim de favorecer interesse próprio ou alheio, contra autoridade, parte, ou qualquer outra pessoa que funciona ou é chamada a intervir em processo judicial, policial ou administrativo, ou em juízo arbitral:

Pena – reclusão, de 1 (um) a 4 (quatro) anos, e multa, além da pena correspondente à violência.

Exercício arbitrário das próprias razões

Art. 345. Fazer justiça pelas próprias mãos, para satisfazer pretensão, embora legítima, salvo quando a lei o permite:

Pena – detenção, de 15 (quinze) dias a 1 (um) mês, ou multa, além da pena correspondente à violência.

Parágrafo único. Se não há emprego de violência, somente se procede mediante queixa.

Art. 346. Tirar, suprimir, destruir ou danificar coisa própria, que se acha em poder de terceiro por determinação judicial ou convenção:

Pena – detenção, de 6 (seis) meses a 2 (dois) anos, e multa.

Fraude processual

Art. 347. Inovar artificiosamente, na pendência de processo civil ou administrativo, o estado de lugar, de coisa ou de pessoa, com o fim de induzir a erro o juiz ou o perito:

Pena – detenção, de 3 (três) meses a 2 (dois) anos, e multa.

Parágrafo único. Se a inovação se destina a produzir efeito em processo penal, ainda que não iniciado, as penas aplicam-se em dobro.

Favorecimento pessoal

Art. 348. Auxiliar a subtrair-se à ação de autoridade pública autor de crime a que é cominada pena de reclusão:

Pena – detenção, de 1 (um) a 6 (seis) meses, e multa.

§ 1.º Se ao crime não é cominada pena de reclusão:

Pena – detenção, de 15 (quinze) dias a 3 (três) meses, e multa.

§ 2.º Se quem presta o auxílio é ascendente, descendente, cônjuge ou irmão do criminoso, fica isento de pena.

Favorecimento real

Art. 349. Prestar a criminoso, fora dos casos de coautoria ou de receptação, auxílio destinado a tornar seguro o proveito do crime:

Pena – detenção, de 1 (um) a 6 (seis) meses, e multa.

Art. 349-A. Ingressar, promover, intermediar, auxiliar ou facilitar a entrada de aparelho telefônico de comunicação móvel, de rádio ou similar, sem autorização legal, em estabelecimento prisional.

Pena – detenção, de 3 (três) meses a 1 (um) ano.

>> Artigo acrescentado pela Lei n. 12.012, de 6-8-2009.

Exercício arbitrário ou abuso de poder

Art. 350. (*Revogado pela Lei n. 13.869, de 5-9-2019, em vigor 120 dias da data de publicação – DOU de 5-9-2019 – Edição extra.*)

Fuga de pessoa presa ou submetida a medida de segurança

Art. 351. Promover ou facilitar a fuga de pessoa legalmente presa ou submetida a medida de segurança detentiva:

Pena – detenção, de 6 (seis) meses a 2 (dois) anos.

§ 1.º Se o crime é praticado a mão armada, ou por mais de uma pessoa, ou mediante arrombamento, a pena é de reclusão, de 2 (dois) a 6 (seis) anos.

§ 2.º Se há emprego de violência contra pessoa, aplica-se também a pena correspondente à violência.

§ 3.º A pena é de reclusão, de 1 (um) a 4 (quatro) anos, se o crime é praticado por pessoa sob cuja custódia ou guarda está o preso ou o internado.

§ 4.º No caso de culpa do funcionário incumbido da custódia ou guarda, aplica-se a pena de detenção, de 3 (três) meses a 1 (um) ano, ou multa.

Evasão mediante violência contra a pessoa

Art. 352. Evadir-se ou tentar evadir-se o preso ou o indivíduo submetido a medida de segurança detentiva, usando de violência contra a pessoa:

Pena – detenção, de 3 (três) meses a 1 (um) ano, além da pena correspondente à violência.

Arrebatamento de preso

Art. 353. Arrebatar preso, a fim de maltratá-lo, do poder de quem o tenha sob custódia ou guarda:

Pena – reclusão, de 1 (um) a 4 (quatro) anos, além da pena correspondente à violência.

Motim de presos

Art. 354. Amotinarem-se presos, perturbando a ordem ou disciplina da prisão:

Pena – detenção, de 6 (seis) meses a 2 (dois) anos, além da pena correspondente à violência.

Patrocínio infiel

Art. 355. Trair, na qualidade de advogado ou procurador, o dever profissional, prejudicando interesse, cujo patrocínio, em juízo, lhe é confiado:

Pena – detenção, de 6 (seis) meses a 3 (três) anos, e multa.

Patrocínio simultâneo ou tergiversação

Parágrafo único. Incorre na pena deste artigo o advogado ou procurador judicial que defende na mesma causa, simultânea ou sucessivamente, partes contrárias.

Sonegação de papel ou objeto de valor probatório

Art. 356. Inutilizar, total ou parcialmente, ou deixar de restituir autos, documento ou objeto de valor probatório, que recebeu na qualidade de advogado ou procurador.

Pena – detenção, de 6 (seis) meses a 3 (três) anos, e multa.

Exploração de prestígio

Art. 357. Solicitar ou receber dinheiro ou qualquer outra utilidade, a pretexto de influir em juiz, jurado, órgão do Ministério Público, funcionário de justiça, perito, tradutor, intérprete ou testemunha:

Pena – reclusão, de 1 (um) a 5 (cinco) anos, e multa.

Parágrafo único. As penas aumentam-se de um terço, se o agente alega ou insinua que o dinheiro ou utilidade também se destina a qualquer das pessoas referidas neste artigo.

Violência ou fraude em arrematação judicial

Art. 358. Impedir, perturbar ou fraudar arrematação judicial; afastar ou procurar afastar concorrente ou licitante, por meio de violência, grave ameaça, fraude ou oferecimento de vantagem:

Pena – detenção, de 2 (dois) meses a 1 (um) ano, ou multa, além da pena correspondente à violência.

> *Vide* arts. 93 e 95 da Lei n. 8.666, de 21-6-1993.

Desobediência a decisão judicial sobre perda ou suspensão de direito

Art. 359. Exercer função, atividade, direito, autoridade ou múnus, de que foi suspenso ou privado por decisão judicial:

Pena – detenção, de 3 (três) meses a 2 (dois) anos, ou multa.

Capítulo IV
DOS CRIMES CONTRA AS FINANÇAS PÚBLICAS

>> Capítulo IV acrescentado pela Lei n. 10.028, de 19-10-2000.

Contratação de operação de crédito

Art. 359-A. Ordenar, autorizar ou realizar operação de crédito, interno ou externo, sem prévia autorização legislativa:

Pena – reclusão, de 1 (um) a 2 (dois) anos.

>> *Caput* acrescentado pela Lei n. 10.028, de 19-10-2000.

Parágrafo único. Incide na mesma pena quem ordena, autoriza ou realiza operação de crédito, interno ou externo:

>> Parágrafo único acrescentado pela Lei n. 10.028, de 19-10-2000.

I – com inobservância de limite, condição ou montante estabelecido em lei ou em resolução do Senado Federal;

>> Inciso *I* acrescentado pela Lei n. 10.028, de 19-10-2000.

II – quando o montante da dívida consolidada ultrapassa o limite máximo autorizado por lei.

>> Inciso II acrescentado pela Lei n. 10.028, de 19-10-2000.

> Dívida consolidada: *vide* art. 29, I, da Lei Complementar n. 101, de 4-5-2000.

Inscrição de despesas não empenhadas em restos a pagar

Art. 359-B. Ordenar ou autorizar a inscrição em restos a pagar, de despesa que não tenha sido previamente empenhada ou que exceda limite estabelecido em lei:

Pena – detenção, de 6 (seis) meses a 2 (dois) anos.

>> Artigo acrescentado pela Lei n. 10.028, de 19-10-2000.

> *Vide* art. 42 da Lei Complementar n. 101, de 4-5-2000.

Assunção de obrigação no último ano do mandato ou legislatura

Art. 359-C. Ordenar ou autorizar a assunção de obrigação, nos dois últimos quadrimestres do último ano do mandato ou legislatura, cuja despesa não possa ser paga no mesmo exercício financeiro ou, caso reste parcela a ser paga no exercício seguinte, que não tenha contrapartida suficiente de disponibilidade de caixa:

Pena – reclusão, de 1 (um) a 4 (quatro) anos.

>> Artigo acrescentado pela Lei n. 10.028, de 19-10-2000.

Ordenação de despesa não autorizada

Art. 359-D. Ordenar despesa não autorizada por lei:

Pena – reclusão, de 1 (um) a 4 (quatro) anos.

>> Artigo acrescentado pela Lei n. 10.028, de 19-10-2000.

Prestação de garantia graciosa

Art. 359-E. Prestar garantia em operação de crédito sem que tenha sido constituída contragarantia em valor igual ou superior ao valor da garantia prestada, na forma da lei:

Pena – detenção, de 3 (três) meses a 1 (um) ano.

>> Artigo acrescentado pela Lei n. 10.028, de 19-10-2000.

Não cancelamento de restos a pagar

Art. 359-F. Deixar de ordenar, de autorizar ou de promover o cancelamento do montante de restos a pagar inscrito em valor superior ao permitido em lei:

Pena – detenção, de 6 (seis) meses a 2 (dois) anos.

>> Artigo acrescentado pela Lei n. 10.028, de 19-10-2000.

Aumento de despesa total com pessoal no último ano do mandato ou legislatura

Art. 359-G. Ordenar, autorizar ou executar ato que acarrete aumento de despesa total com pessoal, nos 180 (cento e oitenta) dias anteriores ao final do mandato ou da legislatura:

Pena – reclusão, de 1 (um) a 4 (quatro) anos.

>> Artigo acrescentado pela Lei n. 10.028, de 19-10-2000.

Oferta pública ou colocação de títulos no mercado

Art. 359-H. Ordenar, autorizar ou promover oferta pública ou a colocação no mercado financeiro de títulos da dívida pública sem que tenham sido criados por lei ou sem que estejam registrados em sistema centralizado de liquidação e de custódia:

Pena – reclusão, de 1 (um) a 4 (quatro) anos.

>> Artigo acrescentado pela Lei n. 10.028, de 19-10-2000.

DISPOSIÇÕES FINAIS

....

Art. 361. Este Código entrará em vigor no dia 1.º de janeiro de 1942.

Rio de Janeiro, 7 de dezembro de 1940; 119.º da Independência e 52.º da República.

Getúlio Vargas

DECRETO-LEI N. 3.365, DE 21 DE JUNHO DE 1941 (*)

Dispõe sobre desapropriações por utilidade pública.

O Presidente da República, usando da atribuição que lhe confere o art. 180 da Constituição, decreta:

DISPOSIÇÕES PRELIMINARES

Art. 1.º A desapropriação por utilidade pública regular-se-á por esta Lei, em todo o território nacional.

Art. 2.º Mediante declaração de utilidade pública, todos os bens poderão ser desapropriados pela União, pelos Estados, Municípios, Distrito Federal e Territórios.

> O art. 519 do CC dispõe: "Se a coisa expropriada para fins de necessidade ou utilidade pública, ou por interesse social, não tiver o destino para que se desapropriou, ou não for utilizada em obras ou serviços públicos, caberá ao expropriado direito de preferência, pelo preço atual da coisa".

> *Vide* art. 4.º, V, *a*, da Lei n. 10.257, de 10-7-2001.

§ 1.º A desapropriação do espaço aéreo ou do subsolo só se tornará necessária, quando de sua utilização resultar prejuízo patrimonial do proprietário do solo.

§ 2.º Os bens do domínio dos Estados, Municípios, Distrito Federal e Territórios poderão ser desapropriados pela União, e os dos Municípios pelos Estados, mas, em qualquer caso, ao ato deverá preceder autorização legislativa.

§ 3.º É vedada a desapropriação, pelos Estados, Distrito Federal, Territórios e Municípios, de ações, cotas e direitos representativos do capital de instituições e empresas cujo funcionamento dependa de autorização do Governo Federal e se subordine à sua fiscalização, salvo mediante prévia autorização, por decreto do Presidente da República.

>> § 3.º acrescentado pelo Decreto-lei n. 856, de 11-9-1969.

Art. 3.º Os concessionários de serviços públicos e os estabelecimentos de caráter público ou que exerçam funções delegadas de poder público poderão promover desapropriações mediante autorização expressa, constante de lei ou contrato.

Art. 4.º A desapropriação poderá abranger a área contígua necessária ao desenvolvimento da obra a que se destina, e as zonas que se valorizarem extraordinariamente, em consequência da realização do serviço. Em qualquer caso, a declaração de utilidade pública deverá compreendê-las, mencionando-se quais as indispensáveis à continuação da obra e as que se destinam à revenda.

Parágrafo único. Quando a desapropriação destinar-se à urbanização ou à reurba-

(*) Publicado no *Diário Oficial da União* de 18-7-1941. Sobre desapropriação, na CF, *vide* os arts. 5.º, XXIV, 22, II, 182, §§ 3.º e 4.º, 184, 185 e 216 e 78 do ADCT. *Vide* Lei n. 4.132, de 10-9-1962, Decreto-lei n. 1.075, de 22-1-1970, e Lei n. 10.257, de 10-7-2001.

nização realizada mediante concessão ou parceria público-privada, o edital de licitação poderá prever que a receita decorrente da revenda ou utilização imobiliária integre projeto associado por conta e risco do concessionário, garantido ao poder concedente no mínimo o ressarcimento dos desembolsos com indenizações, quando estas ficarem sob sua responsabilidade.

>> Parágrafo único acrescentado pela Lei n. 12.873, de 25-10-2013.

Art. 5.º Consideram-se casos de utilidade pública:

> *Vide* nota ao art. 2.º, *caput*, deste Decreto-lei.

a) a segurança nacional;

b) a defesa do Estado;

c) o socorro público em caso de calamidade;

d) a salubridade pública;

e) a criação e melhoramento de centros de população, seu abastecimento regular de meios de subsistência;

f) o aproveitamento industrial das minas e das jazidas minerais, das águas e da energia hidráulica;

g) a assistência pública, as obras de higiene e decoração, casas de saúde, clínicas, estações de clima e fontes medicinais;

h) a exploração ou a conservação dos serviços públicos;

i) a abertura, conservação e melhoramento de vias ou logradouros públicos; a execução de planos de urbanização; o parcelamento do solo, com ou sem edificação, para sua melhor utilização econômica, higiênica ou estética; a construção ou ampliação de distritos industriais;

>> Alínea *i* com redação determinada pela Lei n. 9.785, de 29-1-1999.

j) o funcionamento dos meios de transporte coletivo;

k) a preservação e conservação dos monumentos históricos e artísticos, isolados ou integrados em conjuntos urbanos ou rurais, bem como as medidas necessárias a manter-lhes e realçar-lhes os aspectos mais valiosos ou característicos e, ainda, a proteção de paisagens e locais particularmente dotados pela natureza;

l) a preservação e a conservação adequada de arquivos, documentos e outros bens móveis de valor histórico ou artístico;

m) a construção de edifícios públicos, monumentos comemorativos e cemitérios;

n) a criação de estádios, aeródromos ou campos de pouso para aeronaves;

o) a reedição ou divulgação de obra ou invento de natureza científica, artística ou literária;

p) os demais casos previstos por leis especiais.

§ 1.º A construção ou ampliação de distritos industriais, de que trata a alínea *i* do *caput*, deste artigo, inclui o loteamento das áreas necessárias à instalação de indústrias e atividades correlatas, bem como a revenda ou locação dos respectivos lotes a empresas previamente qualificadas.

>> § 1.º acrescentado pela Lei n. 6.602, de 7-12-1978.

§ 2.º A efetivação da desapropriação para fins de criação ou ampliação de distritos industriais depende de aprovação, prévia e expressa, pelo Poder Público competente, do respectivo projeto de implantação.

>> § 2.º acrescentado pela Lei n. 6.602, de 7-12-1978.

§ 3.º Ao imóvel desapropriado para implantação de parcelamento popular, destinado às classes de menor renda, não se dará outra utilização nem haverá retrocessão.

>> § 3.º acrescentado pela Lei n. 9.785, de 29-1-1999.

Art. 6.º A declaração de utilidade pública far-se-á por decreto do Presidente da República, Governador, Interventor ou Prefeito.

Art. 7.º Declarada a utilidade pública, ficam as autoridades administrativas autorizadas a penetrar nos prédios compreendidos na declaração, podendo recorrer, em caso de oposição, ao auxílio de força policial.

Àquele que for molestado por excesso ou abuso de poder, cabe indenização por perdas e danos, sem prejuízo da ação penal.

> *Vide* Súmula 23 do STF.

Art. 8.º O Poder Legislativo poderá tomar a iniciativa da desapropriação, cumprindo, neste caso, ao Executivo, praticar os atos necessários à sua efetivação.

Art. 9.º Ao Poder Judiciário é vedado, no processo de desapropriação, decidir se se verificam ou não os casos de utilidade pública.

Art. 10. A desapropriação deverá efetivar-se mediante acordo ou intentar-se judicialmente dentro de cinco anos, contados da data da expedição do respectivo decreto e findos os quais este caducará.

Neste caso, somente decorrido um ano, poderá ser o mesmo bem objeto de nova declaração.

>> A Lei n. 13.867, de 26-8-2019, propôs nova redação para este artigo, todavia teve seu texto vetado.

> *Vide* Súmula 23 do STF.

Parágrafo único. Extingue-se em cinco anos o direito de propor ação que vise a indenização por restrições decorrentes de atos do Poder Público.

>> Parágrafo único acrescentado pela Medida Provisória n. 2.183-56, de 24-8-2001.

Art. 10-A. O poder público deverá notificar o proprietário e apresentar-lhe oferta de indenização.

>> *Caput* acrescentado pela Lei n. 13.867, de 26-8-2019.

§ 1.º A notificação de que trata o *caput* deste artigo conterá:

>> § 1.º, *caput*, acrescentado pela Lei n. 13.867, de 26-8-2019.

I – cópia do ato de declaração de utilidade pública;

>> Inciso I acrescentado pela Lei n. 13.867, de 26-8-2019.

II – planta ou descrição dos bens e suas confrontações;

>> Inciso II acrescentado pela Lei n. 13.867, de 26-8-2019.

III – valor da oferta;

>> Inciso III acrescentado pela Lei n. 13.867, de 26-8-2019.

IV – informação de que o prazo para aceitar ou rejeitar a oferta é de 15 (quinze) dias e de que o silêncio será considerado rejeição;

>> Inciso IV acrescentado pela Lei n. 13.867, de 26-8-2019.

V – (*Vetado.*)

>> Inciso V acrescentado pela Lei n. 13.867, de 26-8-2019.

§ 2.º Aceita a oferta e realizado o pagamento, será lavrado acordo, o qual será título hábil para a transcrição no registro de imóveis.

>> § 2.º acrescentado pela Lei n. 13.867, de 26-8-2019.

§ 3.º Rejeitada a oferta, ou transcorrido o prazo sem manifestação, o poder público procederá na forma dos arts. 11 e seguintes deste Decreto-lei.

>> § 3.º acrescentado pela Lei n. 13.867, de 26-8-2019.

Art. 10-B. Feita a opção pela mediação ou pela via arbitral, o particular indicará um dos órgãos ou instituições especializados em mediação ou arbitragem previamente cadastrados pelo órgão responsável pela desapropriação.

>> *Caput* acrescentado pela Lei n. 13.867, de 26-8-2019.

§ 1.º A mediação seguirá as normas da Lei n. 13.140, de 26 de junho de 2015, e, subsidiariamente, os regulamentos do órgão ou instituição responsável.

>> § 1.º acrescentado pela Lei n. 13.867, de 26-8-2019.

§ 2.º Poderá ser eleita câmara de mediação criada pelo poder público, nos termos do art. 32 da Lei n. 13.140, de 26 de junho de 2015.

>> § 2.º acrescentado pela Lei n. 13.867, de 26-8-2019.

§ 3.º (*Vetado.*)

>> § 3.º acrescentado pela Lei n. 13.867, de 26-8-2019.

§ 4.º A arbitragem seguirá as normas da Lei n. 9.307, de 23 de setembro de 1996, e, subsidiariamente, os regulamentos do órgão ou instituição responsável.

>> § 4.º acrescentado pela Lei n. 13.867, de 26-8-2019.

§ 5.º (*Vetado.*)

>> § 5.º acrescentado pela Lei n. 13.867, de 26-8-2019.

DO PROCESSO JUDICIAL

Art. 11. A ação, quando a União for autora, será proposta no Distrito Federal ou no foro da Capital do Estado onde for domiciliado o réu, perante o juízo privativo, se houver; sendo outro o autor, no foro da situação dos bens.

Art. 12. Somente os juízes que tiverem garantia de vitaliciedade, inamovibilidade e irredutibilidade de vencimentos poderão conhecer dos processos de desapropriação.

Art. 13. A petição inicial, além dos requisitos previstos no Código de Processo Civil, conterá a oferta do preço e será instruída com um exemplar do contrato, ou do jornal oficial que houver publicado o decreto de desapropriação, ou cópia autenticada dos mesmos, e a planta ou descrição dos bens e suas confrontações.

Parágrafo único. Sendo o valor da causa igual ou inferior a dois contos de réis, dispensam-se os autos suplementares.

Art. 14. Ao despachar a inicial, o juiz designará um perito de sua livre escolha, sempre que possível, técnico, para proceder à avaliação dos bens.

Parágrafo único. O autor e o réu poderão indicar assistente técnico do perito.

Art. 15. Se o expropriante alegar urgência e depositar quantia arbitrada de conformidade com o art. 685 do Código de Processo Civil, o juiz mandará imiti-lo provisoriamente na posse dos bens.

>> A referência é feita a dispositivos do CPC de 1939. A matéria era tratada nos arts. 826 a 838 do CPC de 1973. Sem correspondência no CPC de 2015.

> *Vide* Decreto-lei n. 1.075, de 22-1-1970.

> *Vide* Súmulas 69 e 70 do STJ.

§ 1.º A imissão provisória poderá ser feita, independentemente da citação do réu, mediante o depósito:

> *Vide* Súmula 652 do STF.

a) do preço oferecido, se este for superior a vinte vezes o valor locativo, caso o imóvel esteja sujeito ao imposto predial;

b) da quantia correspondente a vinte vezes o valor locativo, estando o imóvel sujeito ao imposto predial e sendo menor o preço oferecido;

c) do valor cadastral do imóvel, para fins de lançamento do imposto territorial, urbano ou rural, caso o referido valor tenha sido atualizado no ano fiscal imediatamente anterior;

d) não tendo havido a atualização a que se refere o inciso c, o juiz fixará, independentemente de avaliação, a importância do depósito, tendo em vista a época em que houver sido fixado originariamente o valor cadastral e a valorização ou desvalorização posterior do imóvel.

>> § 1.º com redação determinada pela Lei n. 2.786, de 21-5-1956.

> *Vide* notas ao *caput* deste artigo.

§ 2.º A alegação de urgência, que não poderá ser renovada, obrigará o expropriante a requerer a imissão provisória dentro do prazo improrrogável de 120 (cento e vinte) dias.

>> § 2.º com redação determinada pela Lei n. 2.786, de 21-5-1956.

> *Vide* notas ao *caput* deste artigo.

§ 3.º Excedido o prazo fixado no parágrafo anterior não será concedida a imissão provisória.

>> § 3.º com redação determinada pela Lei n. 2.786, de 21-5-1956.

> *Vide* notas ao *caput* deste artigo.

§ 4.º A imissão provisória na posse será registrada no registro de imóveis competente.

>> § 4.º acrescentado pela Lei n. 11.977, de 7-7-2009.

Art. 15-A. No caso de imissão prévia na posse, na desapropriação por necessidade ou utilidade pública e interesse social, inclusive para fins de reforma agrária, havendo divergência entre o preço ofertado em juízo e o valor do bem, fixado na sentença, expressos em termos reais, incidirão juros compensatórios de até 6% (seis por cento) ao ano sobre o valor da diferença eventualmente apurada, a contar da imissão na posse, vedado o cálculo de juros compostos.

>> *Caput* acrescentado pela Medida Provisória n. 2.183-56, de 24-8- 2001.

>> O STF, na ADI n. 2.332, de 17-5-2018 (*DOU* de 28-5-2018), declarou a inconstitucionalidade do vocábulo "até" e deu interpretação conforme a CF ao *caput* deste artigo.

>> *Vide* Súmula 618 do STF.

§ 1.º Os juros compensatórios destinam-se, apenas, a compensar a perda de renda comprovadamente sofrida pelo proprietário.

>> § 1.º acrescentado pela Medida Provisória n. 2.183-56, de 24-8-2001.

>> O STF, na ADI n. 2.332, de 17-5-2018 (*DOU* de 28-5-2018), reconheceu a constitucionalidade deste § 1.º.

§ 2.º Não serão devidos juros compensatórios quando o imóvel possuir graus de utilização da terra e de eficiência na exploração iguais a zero.

>> § 2.º acrescentado pela Medida Provisória n. 2.183-56, de 24-8-2001.

>> O STF, na ADI n. 2.332, de 17-5-2018 (*DOU* de 28-5-2018), reconheceu a constitucionalidade deste § 2.º.

§ 3.º O disposto no *caput* deste artigo aplica-se também às ações ordinárias de indenização por apossamento administrativo ou desapropriação indireta, bem assim às ações que visem a indenização por restrições decorrentes de atos do Poder Público, em especial aqueles destinados à proteção ambiental, incidindo os juros sobre o valor fixado na sentença.

>> § 3.º acrescentado pela Medida Provisória n. 2.183-56, de 24-8-2001.

>> O STF, na ADI n. 2.332, de 17-5-2018 (*DOU* de 28-5-2018), reconheceu a constitucionalidade deste § 3.º.

§ 4.º Nas ações referidas no § 3.º, não será o Poder Público onerado por juros compensatórios relativos a período anterior à aquisição da propriedade ou posse titulada pelo autor da ação.

>> § 4.º acrescentado pela Medida Provisória n. 2.183-56, de 24-8-2001.

>> O STF, na ADI n. 2.332, de 17-5-2018 (*DOU* de 28-5-2018), declarou a inconstitucionalidade deste § 4.º.

Art. 15-B. Nas ações a que se refere o art. 15-A, os juros moratórios destinam-se a recompor a perda decorrente do atraso no efetivo pagamento da indenização fixada na decisão final de mérito, e somente serão devidos à razão de até seis por cento ao ano, a partir de 1.º de janeiro do exercício seguinte àquele em que o pagamento deveria ser feito, nos termos do art. 100 da Constituição.

>> Artigo acrescentado pela Medida Provisória n. 2.183-56, de 24-8-2001.

Art. 16. A citação far-se-á por mandado na pessoa do proprietário dos bens; a do marido dispensa a da mulher; a de um sócio, ou administrador, a dos demais, quando o bem pertencer a sociedade; a do administrador da coisa no caso de condomínio, exceto o de edifício de apartamento constituindo cada um propriedade autônoma, a dos demais condôminos e a do inventariante, e, se não houver, a do cônjuge, herdeiro, ou legatário, detentor da herança, a dos demais interessados, quando o bem pertencer a espólio.

Parágrafo único. Quando não encontrar o citando, mas ciente de que se encontra no território da jurisdição do juiz, o oficial portador do mandado marcará desde logo hora certa para a citação, ao fim de 48 horas, independentemente de nova diligência ou despacho.

Art. 17. Quando a ação não for proposta no foro do domicílio ou da residência do réu, a citação far-se-á por precatória, se o mesmo estiver em lugar certo, fora do território da jurisdição do juiz.

Art. 18. A citação far-se-á por edital se o citando não for conhecido, ou estiver em lugar ignorado, incerto ou inacessível, ou, ainda, no estrangeiro, o que dois oficiais do juízo certificarão.

Art. 19. Feita a citação, a causa seguirá com o rito ordinário.

Art. 20. A contestação só poderá versar sobre vício do processo judicial ou impugnação do preço; qualquer outra questão deverá ser decidida por ação direta.

Art. 21. A instância não se interrompe. No caso de falecimento do réu, ou perda de sua capacidade civil, o juiz, logo que disso tenha conhecimento, nomeará curador à lide, até que se habilite o interessado.

Parágrafo único. Os atos praticados da data do falecimento ou perda da capacidade à investidura do curador à lide poderão ser ratificados ou impugnados por ele, ou pelo representante do espólio ou do incapaz.

Art. 22. Havendo concordância sobre o preço, o juiz o homologará por sentença no despacho saneador.

Art. 23. Findo o prazo para a contestação e não havendo concordância expressa quanto ao preço, o perito apresentará o laudo em cartório até cinco dias, pelo menos, antes da audiência de instrução e julgamento.

§ 1.º O perito poderá requisitar das autoridades públicas os esclarecimentos ou documentos que se tornarem necessários à elaboração do laudo, e deverá indicar nele, entre outras circunstâncias atendíveis para a fixação da indenização, as enumeradas no art. 27.

Ser-lhe-ão abonadas, como custas, as despesas com certidões e, a arbítrio do juiz, as de outros documentos que juntar ao laudo.

§ 2.º Antes de proferido o despacho saneador, poderá o perito solicitar prazo especial para apresentação do laudo.

Art. 24. Na audiência de instrução e julgamento proceder-se-á na conformidade do Código de Processo Civil. Encerrado o debate, o juiz proferirá sentença fixando o preço da indenização.

Parágrafo único. Se não se julgar habilitado a decidir, o juiz designará desde logo outra audiência que se realizará dentro de 10 dias, a fim de publicar a sentença.

Art. 25. O principal e os acessórios serão computados em parcelas autônomas.

Parágrafo único. O juiz poderá arbitrar quantia módica para desmonte e transporte de maquinismos instalados e em funcionamento.

Art. 26. No valor da indenização que será contemporâneo da avaliação não se incluirão direitos de terceiros contra o expropriado.

>> *Caput* com redação determinada pela Lei n. 2.786, de 21-5-1956.

> *Vide* Súmula 70 do STJ.

§ 1.º Serão atendidas as benfeitorias necessárias feitas após a desapropriação; as úteis, quando feitas com autorização do expropriante.

>> Primitivo parágrafo único renumerado pela Lei n. 4.686, de 21-6-1965.

§ 2.º Decorrido prazo superior a 1 (um) ano a partir da avaliação, o juiz ou o tribunal, antes da decisão final, determinará a correção monetária do valor apurado, conforme índice que será fixado, trimestralmente, pela Secretaria de Planejamento da Presidência da República.

>> § 2.º com redação determinada pela Lei n. 6.306, de 15-12-1975.

> *Vide* Súmulas 67, 69, 70, 113, 114 e 119 do STJ.

Art. 27. O juiz indicará na sentença os fatos que motivaram o seu convencimento e deverá atender, especialmente, à estimação dos bens para efeitos fiscais; ao preço de aquisição o interesse que deles aufere o proprietário; à sua situação, estado de conservação e segurança; ao valor venal dos da mesma espécie, nos últimos 5 (cinco) anos, à valorização ou depreciação de área remanescente, pertencente ao réu.

§ 1.º A sentença que fixar o valor da indenização quando este for superior ao preço oferecido condenará o desapropriante a pagar honorários do advogado, que serão fixados entre meio e cinco por cento do valor da diferença, observado o disposto no § 4.º do art. 20 do Código de Processo Civil, não podendo os honorários ultrapassar R$ 151.000,00 (cento e cinquenta e um mil reais).

>> § 1.º com redação determinada pela Medida Provisória n. 2.183-56, de 24-8-2001.

>> O STF, na ADI n. 2.332, de 17-5-2018 (*DOU* de 28-5-2018), reconheceu a "constitucionalidade da estipulação de parâmetros mínimo e máximo para a concessão de honorários advocatícios" previstos neste § 1.º e declarou a inconstitucionalidade da expressão "não podendo os honorários ultrapassar R$ 151.000,00 (cento e cinquenta e um mil reais)".

>> A referência é feita ao CPC de 1973. *Vide* art. 85, § 8.º, do CPC de 2015.

> *Vide* Súmula 141 do STJ.

§ 2.º A transmissão da propriedade decorrente de desapropriação amigável ou judicial, não ficará sujeita ao Imposto de Lucro Imobiliário.

>> § 2.º acrescentado pela Lei n. 2.786, de 21-5-1956.

§ 3.º O disposto no § 1.º deste artigo se aplica:

>> § 3.º, *caput*, acrescentado pela Medida Provisória n. 2.183-56, de 24-8-2001.

I – ao procedimento contraditório especial, de rito sumário, para o processo de desapropriação de imóvel rural, por interesse social, para fins de reforma agrária;

>> Inciso I acrescentado pela Medida Provisória n. 2.183-56, de 24-8-2001.

II – às ações de indenização por apossamento administrativo ou desapropriação indireta.

>> Inciso II acrescentado pela Medida Provisória n. 2.183-56, de 24-8-2001.

§ 4.º O valor a que se refere o § 1.º será atualizado, a partir de maio de 2000, no dia 1.º de janeiro de cada ano, com base na variação acumulada do Índice de Preços ao Consumidor Amplo – IPCA do respectivo período.

>> § 4.º acrescentado pela Medida Provisória n. 2.183-56, de 24-8-2001.

Art. 28. Da sentença que fixar o preço da indenização caberá apelação com efeito simplesmente devolutivo, quando interposta pelo expropriado, e com ambos os efeitos, quando o for pelo expropriante.

§ 1.º A sentença que condenar a Fazenda Pública em quantia superior ao dobro da oferecida fica sujeita ao duplo grau de jurisdição.

>> § 1.º com redação determinada pela Lei n. 6.071, de 3-7-1974.

§ 2.º Nas causas de valor igual ou inferior a dois contos de réis, observar-se-á o disposto no art. 839 do Código de Processo Civil.

>> A norma deste parágrafo tornou-se prejudicada com o advento do CPC de 2015.

Art. 29. Efetuado o pagamento ou a consignação, expedir-se-á, em favor do expropriante, mandado de imissão de posse valendo a sentença como título hábil para a transcrição no Registro de Imóveis.

Art. 30. As custas serão pagas pelo autor se o réu aceitar o preço oferecido; em caso contrário, pelo vencido, ou em proporção, na forma da lei.

DISPOSIÇÕES FINAIS

Art. 31. Ficam sub-rogados no preço quaisquer ônus ou direitos que recaiam sobre o bem expropriado.

Art. 32. O pagamento do preço será prévio e em dinheiro.

>> *Caput* com redação determinada pela Lei n. 2.786, de 21-5-1956.

§ 1.º As dívidas fiscais serão deduzidas dos valores depositados, quando inscritas e ajuizadas.

>> § 1.º acrescentado pela Lei n. 11.977, de 7-7-2009.

§ 2.º Incluem-se na disposição prevista no § 1.º as multas decorrentes de inadimplemento e de obrigações fiscais.

>> § 2.º acrescentado pela Lei n. 11.977, de 7-7-2009.

§ 3.º A discussão acerca dos valores inscritos ou executados será realizada em ação própria.

>> § 3.º acrescentado pela Lei n. 11.977, de 7-7-2009.

Art. 33. O depósito do preço fixado por sentença, à disposição do juiz da causa, é considerado pagamento prévio da indenização.

§ 1.º O depósito far-se-á no Banco do Brasil ou, onde este não tiver agência, em estabelecimento bancário acreditado, a critério do juiz.

>> Primitivo parágrafo único renumerado pela Lei n. 2.786, de 21-5-1956.

§ 2.º O desapropriado, ainda que discorde do preço oferecido, do arbitrado ou do fixado pela sentença, poderá levantar até 80% (oitenta por cento) do depósito feito para o fim previsto neste e no art. 15, observado o processo estabelecido no art. 34.

>> § 2.º acrescentado pela Lei n. 2.786, de 21-5-1956.

Art. 34. O levantamento do preço será deferido mediante prova de propriedade, de quitação de dívidas fiscais que recaiam sobre o bem expropriado, e publicação de editais, com o prazo de 10 dias, para conhecimento de terceiros.

Parágrafo único. Se o juiz verificar que há dúvida fundada sobre o domínio, o preço ficará em depósito, ressalvada aos interessados a ação própria para disputá-lo.

>> *Vide* art. 5.º do Decreto-lei n. 1.075, de 22-1-1970.

Art. 34-A. Se houver concordância, reduzida a termo, do expropriado, a decisão concessiva da imissão provisória na posse implicará a aquisição da propriedade pelo expropriante com o consequente registro da propriedade na matrícula do imóvel.

>> *Caput* acrescentado pela Lei n. 13.465, de 11-7-2017.

§ 1.º A concordância escrita do expropriado não implica renúncia ao seu direito de questionar o preço ofertado em juízo.

>> § 1.º acrescentado pela Lei n. 13.465, de 11-7-2017.

§ 2.º Na hipótese deste artigo, o expropriado poderá levantar 100% (cem por cento) do depósito de que trata o art. 33 deste Decreto-lei.

>> § 2.º acrescentado pela Lei n. 13.465, de 11-7-2017.

§ 3.º Do valor a ser levantado pelo expropriado devem ser deduzidos os valores dispostos nos §§ 1.º e 2.º do art. 32 deste Decreto-lei, bem como, a critério do juiz, aqueles tidos como necessários para o custeio das despesas processuais.

>> § 3.º acrescentado pela Lei n. 13.465, de 11-7-2017.

Art. 35. Os bens expropriados, uma vez incorporados à Fazenda Pública, não podem ser objeto de reivindicação, ainda que fundada em nulidade do processo de desapropriação. Qualquer ação, julgada procedente, resolver-se-á em perdas e danos.

Art. 36. É permitida a ocupação temporária, que será indenizada, a final, por ação própria, de terrenos não edificados, vizinhos às obras e necessários à sua realização.

O expropriante prestará caução, quando exigida.

Art. 37. Aquele cujo bem for prejudicado extraordinariamente em sua destinação econômica pela desapropriação de áreas contíguas terá direito a reclamar perdas e danos do expropriante.

Art. 38. O réu responderá perante terceiros, e por ação própria, pela omissão ou sonegação de quaisquer informações que possam interessar à marcha do processo ou ao recebimento da indenização.

Art. 39. A ação de desapropriação pode ser proposta durante as férias forenses, e não se interrompe pela superveniência destas.

Art. 40. O expropriante poderá constituir servidões, mediante indenização na forma desta Lei.

Art. 41. As disposições desta Lei aplicam-se aos processos de desapropriação em curso, não se permitindo depois de sua vigência outros termos e atos além dos por ela admitidos, nem o seu processamento por forma diversa da que por ela é regulada.

Art. 42. No que esta Lei for omissa aplica-se o Código de Processo Civil.

Art. 43. Esta Lei entrará em vigor 10 dias depois de publicada, no Distrito Federal, e 30 dias nos Estados e Território do Acre; revogadas as disposições em contrário.

Rio de Janeiro, em 21 de junho de 1941; 120.º da Independência e 53.º da República.

GETÚLIO VARGAS

DECRETO-LEI N. 3.689, DE 3 DE OUTUBRO DE 1941 (*)

Código de Processo Penal.

O Presidente da República, usando da atribuição que lhe confere o art. 180 da Constituição, decreta a seguinte Lei:

CÓDIGO DE PROCESSO PENAL

LIVRO I

DO PROCESSO EM GERAL

TÍTULO I

DISPOSIÇÕES PRELIMINARES

Art. 1.º O processo penal reger-se-á, em todo o território brasileiro, por este Código, ressalvados:

I – os tratados, as convenções e regras de direito internacional;

> O Decreto n. 3.167, de 14-9-1999, promulga a Convenção sobre a Prevenção e Punição de Crimes contra Pessoas que Gozam de Proteção Internacional.

> O Decreto n. 4.388, de 25-9-2002, promulga o Estatuto de Roma do Tribunal Penal Internacional.

II – as prerrogativas constitucionais do Presidente da República, dos ministros de Estado, nos crimes conexos com os do Presidente da República, e dos ministros do Supremo Tribunal Federal, nos crimes de responsabilidade (Constituição, arts. 86, 89, § 2.º, e 100);

>> Os artigos citados são da Constituição de 1937. *Vide* arts. 50, § 2.º, 52, I e parágrafo único, 85, 86, § 1.º, II, e 102, I, *b*, da CF.

>> *Vide* Lei n. 1.079, de 10-4-1950 (crimes de responsabilidade).

III – os processos da competência da Justiça Militar;

>> CPP Militar: Decreto-lei n. 1.002, de 21-10-1969.

>> Nos termos do art. 124, *caput*, da CF, a competência para processar e julgar os crimes militares é da Justiça Militar.

IV – os processos da competência do tribunal especial (Constituição, art. 122, n. 17);

>> Refere-se o texto à CF de 1937.

V – os processos por crimes de imprensa.

Parágrafo único. Aplicar-se-á, entretanto, este Código aos processos referidos nos n. IV e V, quando as leis especiais que os regulam não dispuserem de modo diverso.

Art. 2.º A lei processual penal aplicar-se-á desde logo, sem prejuízo da validade dos atos realizados sob a vigência da lei anterior.

Art. 3.º A lei processual penal admitirá interpretação extensiva e aplicação analógica, bem como o suplemento dos princípios gerais de direito.

Juiz das Garantias

>> Rubrica acrescentada pela Lei n. 13.964, de 24-12-2019.

Art. 3.º-A. O processo penal terá estrutura acusatória, vedadas a iniciativa do juiz na fase de investigação e a substituição da atuação probatória do órgão de acusação.

>> Artigo acrescentado pela Lei n. 13.964, de 24-12-2019.

Art. 3.º-B. O juiz das garantias é responsável pelo controle da legalidade da investigação criminal e pela salvaguarda dos direitos individuais cuja franquia tenha sido reservada à autorização prévia do Poder Judiciário, competindo-lhe especialmente:

>> *Caput* acrescentado pela Lei n. 13.964, de 24-12-2019.

I – receber a comunicação imediata da prisão, nos termos do inciso LXII do *caput* do art. 5.º da Constituição Federal;

>> Inciso I acrescentado pela Lei n. 13.964, de 24-12-2019.

II – receber o auto da prisão em flagrante para o controle da legalidade da prisão, observado o disposto no art. 310 deste Código;

>> Inciso II acrescentado pela Lei n. 13.964, de 24-12-2019.

III – zelar pela observância dos direitos do preso, podendo determinar que este seja conduzido à sua presença, a qualquer tempo;

>> Inciso III acrescentado pela Lei n. 13.964, de 24-12-2019.

IV – ser informado sobre a instauração de qualquer investigação criminal;

>> Inciso IV acrescentado pela Lei n. 13.964, de 24-12-2019.

V – decidir sobre o requerimento de prisão provisória ou outra medida cautelar, observado o disposto no § 1.º deste artigo;

>> Inciso V acrescentado pela Lei n. 13.964, de 24-12-2019.

VI – prorrogar a prisão provisória ou outra medida cautelar, bem como substi-

(*) Publicado no *Diário Oficial da União* de 13-10-1941. Retificado em 24-10-1941.

tuí-las ou revogá-las, assegurado, no primeiro caso, o exercício do contraditório em audiência pública e oral, na forma do disposto neste Código ou em legislação especial pertinente;

>> Inciso VI acrescentado pela Lei n. 13.964, de 24-12-2019.

VII – decidir sobre o requerimento de produção antecipada de provas consideradas urgentes e não repetíveis, assegurados o contraditório e a ampla defesa em audiência pública e oral;

>> Inciso VII acrescentado pela Lei n. 13.964, de 24-12-2019.

VIII – prorrogar o prazo de duração do inquérito, estando o investigado preso, em vista das razões apresentadas pela autoridade policial e observado o disposto no § 2.º deste artigo;

>> Inciso VIII acrescentado pela Lei n. 13.964, de 24-12-2019.

IX – determinar o trancamento do inquérito policial quando não houver fundamento razoável para sua instauração ou prosseguimento;

>> Inciso IX acrescentado pela Lei n. 13.964, de 24-12-2019.

X – requisitar documentos, laudos e informações ao delegado de polícia sobre o andamento da investigação;

>> Inciso X acrescentado pela Lei n. 13.964, de 24-12-2019.

XI – decidir sobre os requerimentos de:

>> Inciso XI, *caput*, acrescentado pela Lei n. 13.964, de 24-12-2019.

a) interceptação telefônica, do fluxo de comunicações em sistemas de informática e telemática ou de outras formas de comunicação;

>> Alínea *a* acrescentada pela Lei n. 13.964, de 24-12-2019.

b) afastamento dos sigilos fiscal, bancário, de dados e telefônico;

>> Alínea *b* acrescentada pela Lei n. 13.964, de 24-12-2019.

c) busca e apreensão domiciliar;

>> Alínea *c* acrescentada pela Lei n. 13.964, de 24-12-2019.

d) acesso a informações sigilosas;

>> Alínea *d* acrescentada pela Lei n. 13.964, de 24-12-2019.

e) outros meios de obtenção da prova que restrinjam direitos fundamentais do investigado;

>> Alínea *e* acrescentada pela Lei n. 13.964, de 24-12-2019.

XII – julgar o *habeas corpus* impetrado antes do oferecimento da denúncia;

>> Inciso XII acrescentado pela Lei n. 13.964, de 24-12-2019.

XIII – determinar a instauração de incidente de insanidade mental;

>> Inciso XIII acrescentado pela Lei n. 13.964, de 24-12-2019.

XIV – decidir sobre o recebimento da denúncia ou queixa, nos termos do art. 399 deste Código;

>> Inciso XIV acrescentado pela Lei n. 13.964, de 24-12-2019.

XV – assegurar prontamente, quando se fizer necessário, o direito outorgado ao investigado e ao seu defensor de acesso a todos os elementos informativos e provas produzidos no âmbito da investigação criminal, salvo no que concerne, estritamente, às diligências em andamento;

>> Inciso XV acrescentado pela Lei n. 13.964, de 24-12-2019.

XVI – deferir pedido de admissão de assistente técnico para acompanhar a produção da perícia;

>> Inciso XVI acrescentado pela Lei n. 13.964, de 24-12-2019.

XVII – decidir sobre a homologação de acordo de não persecução penal ou os de colaboração premiada, quando formalizados durante a investigação;

>> Inciso XVII acrescentado pela Lei n. 13.964, de 24-12-2019.

XVIII – outras matérias inerentes às atribuições definidas no *caput* deste artigo.

>> Inciso XVIII acrescentado pela Lei n. 13.964, de 24-12-2019.

§ 1.º (*Vetado.*)

>> § 1.º acrescentado pela Lei n. 13.964, de 24-12-2019.

§ 2.º Se o investigado estiver preso, o juiz das garantias poderá, mediante representação da autoridade policial e ouvido o Ministério Público, prorrogar, uma única vez, a duração do inquérito por até 15 (quinze) dias, após o que, se ainda assim a investigação não for concluída, a prisão será imediatamente relaxada.

>> § 2.º acrescentado pela Lei n. 13.964, de 24-12-2019.

Art. 3.º-C. A competência do juiz das garantias abrange todas as infrações penais, exceto as de menor potencial ofensivo, e cessa com o recebimento da denúncia ou queixa na forma do art. 399 deste Código.

>> *Caput* acrescentado pela Lei n. 13.964, de 24-12-2019.

§ 1.º Recebida a denúncia ou queixa, as questões pendentes serão decididas pelo juiz da instrução e julgamento.

>> § 1.º acrescentado pela Lei n. 13.964, de 24-12-2019.

§ 2.º As decisões proferidas pelo juiz das garantias não vinculam o juiz da instrução e julgamento, que, após o recebimento da denúncia ou queixa, deverá reexaminar a necessidade das medidas cautelares em curso, no prazo máximo de 10 (dez) dias.

>> § 2.º acrescentado pela Lei n. 13.964, de 24-12-2019.

§ 3.º Os autos que compõem as matérias de competência do juiz das garantias ficarão acautelados na secretaria desse juízo, à disposição do Ministério Público e da defesa, e não serão apensados aos autos do processo enviados ao juiz da instrução e julgamento, ressalvados os documentos relativos às provas irrepetíveis, medidas de obtenção de provas ou de antecipação de provas, que deverão ser remetidos para apensamento em apartado.

>> § 3.º acrescentado pela Lei n. 13.964, de 24-12-2019.

§ 4.º Fica assegurado às partes o amplo acesso aos autos acautelados na secretaria do juízo das garantias.

>> § 4.º acrescentado pela Lei n. 13.964, de 24-12-2019.

Art. 3.º-D. O juiz que, na fase de investigação, praticar qualquer ato incluído nas competências dos arts. 4.º e 5.º deste Código ficará impedido de funcionar no processo.

>> *Caput* acrescentado pela Lei n. 13.964, de 24-12-2019.

Parágrafo único. Nas comarcas em que funcionar apenas um juiz, os tribunais criarão um sistema de rodízio de magistrados, a fim de atender às disposições deste Capítulo.

>> Parágrafo único acrescentado pela Lei n. 13.964, de 24-12-2019.

Art. 3.º-E. O juiz das garantias será designado conforme as normas de organização judiciária da União, dos Estados e do Distrito Federal, observando critérios objetivos a serem periodicamente divulgados pelo respectivo tribunal.

>> Artigo acrescentado pela Lei n. 13.964, de 24-12-2019.

Art. 3.º-F. O juiz das garantias deverá assegurar o cumprimento das regras para o tratamento dos presos, impedindo o acordo ou ajuste de qualquer autoridade com órgãos da imprensa para explorar a imagem da pessoa submetida à prisão, sob pena de responsabilidade civil, administrativa e penal.

>> *Caput* acrescentado pela Lei n. 13.964, de 24-12-2019.

Parágrafo único. Por meio de regulamento, as autoridades deverão disciplinar, em 180 (cento e oitenta) dias, o modo pelo qual as informações sobre a realização da prisão e a identidade do preso serão, de modo padronizado e respeitada a programação normativa aludida no *caput* deste artigo, transmitidas à imprensa, assegurados a efetividade da persecução penal, o direito à informação e a dignidade da pessoa submetida à prisão.

>> Parágrafo único acrescentado pela Lei n. 13.964, de 24-12-2019.

TÍTULO V
DA COMPETÊNCIA

Capítulo VII
DA COMPETÊNCIA PELA PRERROGATIVA DE FUNÇÃO

Art. 84. A competência pela prerrogativa de função é do Supremo Tribunal Federal, do Superior Tribunal de Justiça, dos Tribunais Regionais Federais e Tribunais de Justiça dos Estados e do Distrito Federal, relativamente às pessoas que devam responder perante eles por crimes comuns e de responsabilidade.

>> *Caput* com redação determinada pela Lei n. 10.628, de 24-12-2002.

> *Vide* Lei n. 1.079, de 10-4-1950 (crimes de responsabilidade).

> *Vide* Súmula 704 do STF.

§ 1.º A competência especial por prerrogativa de função, relativa a atos administrativos do agente, prevalece ainda que o inquérito ou a ação judicial sejam iniciados após a cessação do exercício da função pública.

>> § 1.º acrescentado pela Lei n. 10.628, de 24-12-2002.

>> A Lei n. 10.628, de 24-12-2002, que acrescentou este parágrafo, foi declarada inconstitucional nas ADIs n. 2.797-2 e n. 2.860-0, julgadas em 15-9-2005.

§ 2.º A ação de improbidade, de que trata a Lei n. 8.429, de 2 de junho de 1992, será proposta perante o tribunal competente para processar e julgar criminalmente o funcionário ou autoridade na hipótese de prerrogativa de foro em razão do exercício de função pública, observado o disposto no § 1.º.

>> § 2.º acrescentado pela Lei n. 10.628, de 24-12-2002.

>> A Lei n. 10.628, de 24-12-2002, que acrescentou este parágrafo, foi declarada inconstitucional nas ADIs n. 2.797-2 e n. 2.860-0, julgadas em 15-9-2005.

> A Lei n. 8.429, de 2-6-1992, dispõe sobre improbidade administrativa.

Art. 85. Nos processos por crime contra a honra, em que forem querelantes as pessoas que a Constituição sujeita à jurisdição do Supremo Tribunal Federal e dos Tribunais de Apelação, àquele ou a estes caberá o julgamento, quando oposta e admitida a exceção da verdade.

>> Os Tribunais de Apelação, a partir da promulgação da CF de 1946, passaram a denominar-se Tribunais de Justiça.

> O CP dispõe sobre os crimes contra a honra nos arts. 138 a 145.

Art. 86. Ao Supremo Tribunal Federal competirá, privativamente, processar e julgar:

> *Vide* arts. 52, 102, 105, I, e 108, I, da CF.

I – os seus ministros, nos crimes comuns;

II – os ministros de Estado, salvo nos crimes conexos com os do Presidente da República;

III – o procurador-geral da República, os desembargadores dos Tribunais de Apelação, os ministros do Tribunal de Contas e os embaixadores e ministros diplomáticos, nos crimes comuns e de responsabilidade.

Art. 87. Competirá, originariamente, aos Tribunais de Apelação o julgamento dos governadores ou interventores nos Estados ou Territórios, e prefeito do Distrito Federal, seus respectivos secretários e chefes de Polícia, juízes de instância inferior e órgãos do Ministério Público.

>> Os Tribunais de Apelação, a partir da promulgação da CF de 1946, passaram a denominar-se Tribunais de Justiça.

Livro III
DAS NULIDADES E DOS RECURSOS EM GERAL

Título II
DOS RECURSOS EM GERAL

Capítulo X
DO *HABEAS CORPUS* E SEU PROCESSO

> *Vide*, sobre o *habeas corpus*, os arts. 5.º, LXVIII, LXIX, LXXVII, 102, I, *d* e *i*, e II, *a*, 105, I, *c*, II, *a*, 108, I, *d*, 109, VII, 121, §§ 3.º e 4.º, V, e 142, § 2.º, da CF.

> *Vide* Súmulas 208, 299, 319, 344, 395, 431, 606, 690, 691, 692, 693, 694 e 695 do STF.

Art. 647. Dar-se-á *habeas corpus* sempre que alguém sofrer ou se achar na iminência de sofrer violência ou coação ilegal na sua liberdade de ir e vir, salvo nos casos de punição disciplinar.

> *Vide* Súmulas 395, 693 e 694 do STF.

> *Vide* art. 5.º, LXVIII, da CF.

Art. 648. A coação considerar-se-á ilegal:

I – quando não houver justa causa;

II – quando alguém estiver preso por mais tempo do que determina a lei;

III – quando quem ordenar a coação não tiver competência para fazê-lo;

IV – quando houver cessado o motivo que autorizou a coação;

V – quando não for alguém admitido a prestar fiança, nos casos em que a lei a autoriza;

VI – quando o processo for manifestamente nulo;

VII – quando extinta a punibilidade.

> Extinção da Punibilidade no CP: art. 107.

Art. 649. O juiz ou o tribunal, dentro dos limites da sua jurisdição, fará passar imediatamente a ordem impetrada, nos casos em que tenha cabimento, seja qual for a autoridade coatora.

Art. 650. Competirá conhecer, originariamente, do pedido de *habeas corpus*:

I – ao Supremo Tribunal Federal, nos casos previstos no art. 101, I, *g*, da Constituição;

>> Refere-se à CF de 1937. Corresponde ao art. 102, I, *d* e *i*, da atual CF.

II – aos Tribunais de Apelação, sempre que os atos de violência ou coação forem atribuídos aos governadores ou interventores dos Estados ou Territórios e ao prefeito do Distrito Federal, ou a seus secretários, ou aos chefes de Polícia.

>> Os Tribunais de Apelação, a partir da promulgação da CF de 1946, passaram a denominar-se Tribunais de Justiça.

§ 1.º A competência do juiz cessará sempre que a violência ou coação provier de autoridade judiciária de igual ou superior jurisdição.

> *Vide* Súmula 606 do STF.

§ 2.º Não cabe o *habeas corpus* contra a prisão administrativa, atual ou iminente, dos responsáveis por dinheiro ou valor pertencente à Fazenda Pública, alcançados ou omissos em fazer o seu recolhimento nos prazos legais, salvo se o pedido for acompanhado de prova de quitação ou de depósito do alcance verificado, ou se a prisão exceder o prazo legal.

>> Sobre prisão administrativa, *vide* art. 5.º, LXI, da CF.

Art. 651. A concessão do *habeas corpus* não obstará, nem porá termo ao processo, desde que este não esteja em conflito com os fundamentos daquela.

Art. 652. Se o *habeas corpus* for concedido em virtude de nulidade do processo, este será renovado.

Art. 653. Ordenada a soltura do paciente em virtude de *habeas corpus*, será condenada nas custas a autoridade que, por má-fé ou evidente abuso de poder, tiver determinado a coação.

> Abuso de autoridade: *vide* Lei n. 13.869, de 5-9-2019.

Parágrafo único. Neste caso, será remetida ao Ministério Público cópia das peças necessárias para ser promovida a responsabilidade da autoridade.

Art. 654. O *habeas corpus* poderá ser impetrado por qualquer pessoa, em seu favor ou de outrem, bem como pelo Ministério Público.

> *Vide* art. 1.º, § 1.º, da Lei n. 8.906, de 4-7-1994.

> A Lei n. 8.625, de 12-2-1993 (LONMP), dispõe em seu art. 32, I: "Além de outras funções cometidas nas Constituições Federal e Estadual, na Lei Orgânica e demais leis, compete aos Promotores de Justiça, dentro de suas esferas de atribuições: I – impetrar *habeas corpus* e mandado de segurança e requerer correição parcial, inclusive perante os Tribunais locais competentes;".

§ 1.º A petição de *habeas corpus* conterá:

a) o nome da pessoa que sofre ou está ameaçada de sofrer violência ou coação e o de quem exercer a violência, coação ou ameaça;

b) a declaração da espécie de constrangimento ou, em caso de simples ameaça de coação, as razões em que funda o seu temor;

c) a assinatura do impetrante, ou de alguém a seu rogo, quando não souber ou não puder escrever, e a designação das respectivas residências.

§ 2.º Os juízes e os tribunais têm competência para expedir de ofício ordem de *habeas corpus*, quando no curso de processo verificarem que alguém sofre ou está na iminência de sofrer coação ilegal.

Art. 655. O carcereiro ou o diretor da prisão, o escrivão, o oficial de justiça ou a autoridade judiciária ou policial que embaraçar ou procrastinar a expedição de ordem de *habeas corpus*, as informações sobre a causa da prisão, a condução e apresentação do paciente, ou a sua soltura, será multado na quantia de duzentos mil-réis a um conto de réis, sem prejuízo das penas em que incorrer. As multas serão impostas pelo juiz do tribunal que julgar o *habeas corpus*, salvo quando se tratar de autoridade judiciária, caso em que caberá ao Supremo Tribunal Federal ou ao Tribunal de Apelação impor as multas.

> Abuso de autoridade: *vide* Lei n. 13.869, de 5-9-2019.

Art. 656. Recebida a petição de *habeas corpus*, o juiz, se julgar necessário, e estiver preso o paciente, mandará que este lhe seja imediatamente apresentado em dia e hora que designar.

Parágrafo único. Em caso de desobediência, será expedido mandado de prisão contra o detentor, que será processado na forma da lei, e o juiz providenciará para que o paciente seja tirado da prisão e apresentado em juízo.

Art. 657. Se o paciente estiver preso, nenhum motivo escusará a sua apresentação, salvo:

I – grave enfermidade do paciente;

II – não estar ele sob a guarda da pessoa a quem se atribui a detenção;

III – se o comparecimento não tiver sido determinado pelo juiz ou pelo tribunal.

Parágrafo único. O juiz poderá ir ao local em que o paciente se encontrar, se este não puder ser apresentado por motivo de doença.

Art. 658. O detentor declarará à ordem de quem o paciente estiver preso.

Art. 659. Se o juiz ou o tribunal verificar que já cessou a violência ou coação ilegal, julgará prejudicado o pedido.

> *Vide* Súmula 695 do STF.

Art. 660. Efetuadas as diligências, e interrogado o paciente, o juiz decidirá, fundamentadamente, dentro de 24 (vinte e quatro) horas.

§ 1.º Se a decisão for favorável ao paciente, será logo posto em liberdade, salvo se por outro motivo dever ser mantido na prisão.

§ 2.º Se os documentos que instruírem a petição evidenciarem a ilegalidade da coação, o juiz ou o tribunal ordenará que cesse imediatamente o constrangimento.

> *Vide* Súmula 431 do STF.

§ 3.º Se a ilegalidade decorrer do fato de não ter sido o paciente admitido a prestar fiança, o juiz arbitrará o valor desta, que poderá ser prestada perante ele, remetendo, neste caso, à autoridade os respectivos autos, para serem anexados aos do inquérito policial ou aos do processo judicial.

§ 4.º Se a ordem de *habeas corpus* for concedida para evitar ameaça de violência ou coação ilegal, dar-se-á ao paciente salvo-conduto assinado pelo juiz.

§ 5.º Será incontinenti enviada cópia da decisão à autoridade que tiver ordenado a prisão ou tiver o paciente à sua disposição, a fim de juntar-se aos autos do processo.

§ 6.º Quando o paciente estiver preso em lugar que não seja o da sede do juízo ou do tribunal que conceder a ordem, o alvará de soltura será expedido pelo telégrafo, se houver, observadas as formalidades estabelecidas no art. 289, parágrafo único, *in fine*, ou por via postal.

> O art. 289, parágrafo único, *in fine*, do CPP, determina que no original levado à agência telegráfica será autenticada a firma do juiz, o que se mencionará no telegrama.

Art. 661. Em caso de competência originária do Tribunal de Apelação, a petição de *habeas corpus* será apresentada ao secretário, que a enviará imediatamente ao presidente do tribunal, ou da câmara criminal, ou da turma, que estiver reunida, ou primeiro tiver de reunir-se.

>> Os Tribunais de Apelação, a partir da promulgação da CF de 1946, passaram a denominar-se Tribunais de Justiça.

Art. 662. Se a petição contiver os requisitos do art. 654, § 1.º, o presidente, se necessário, requisitará da autoridade indicada como coatora informações por escrito. Faltando, porém, qualquer daqueles requisitos, o presidente mandará preenchê-lo, logo que lhe for apresentada a petição.

Art. 663. As diligências do artigo anterior não serão ordenadas, se o presidente entender que o *habeas corpus* deva ser indeferido *in limine*. Nesse caso, levará a petição ao tribunal, câmara ou turma, para que delibere a respeito.

Art. 664. Recebidas as informações, ou dispensadas, o *habeas corpus* será julgado na primeira sessão, podendo, entretanto, adiar-se o julgamento para a sessão seguinte.

> *Vide* Súmula 431 do STF.

Parágrafo único. A decisão será tomada por maioria de votos. Havendo empate, se o presidente não tiver tomado parte na votação, proferirá voto de desempate; no caso contrário, prevalecerá a decisão mais favorável ao paciente.

Art. 665. O secretário do tribunal lavrará a ordem que, assinada pelo presidente do tribunal, câmara ou turma, será dirigida, por ofício ou telegrama, ao detentor, ao carcereiro ou autoridade que exercer ou ameaçar exercer o constrangimento.

Parágrafo único. A ordem transmitida por telegrama obedecerá ao disposto no art. 289, parágrafo único, *in fine*.

> *Vide* nota ao art. 660, § 6.º.

Art. 666. Os regimentos dos Tribunais de Apelação estabelecerão as normas complementares para o processo e julgamento do pedido de *habeas corpus* de sua competência originária.

>> Os Tribunais de Apelação, a partir da promulgação da CF de 1946, passaram a denominar-se *Tribunais de Justiça*.

> O Decreto-lei n. 552, de 25-4-1969, dispõe em seu art. 1.º: "Ao Ministério Público será sempre concedida, nos Tribunais Federais ou Estaduais, vista dos autos relativos a processos de *habeas corpus* originários ou em grau de recurso pelo prazo de 2 (dois) dias".

Art. 667. No processo e julgamento do *habeas corpus* de competência originária do Supremo Tribunal Federal, bem como nos de recurso das decisões de última ou única instância, denegatórias de *habeas corpus*, observar-se-á, no que lhes for aplicável, o disposto nos artigos anteriores, devendo o regimento interno do tribunal estabelecer as regras complementares.

> *Vide* Súmula 431 do STF.

Livro VI
DISPOSIÇÕES GERAIS

Art. 810. Este Código entrará em vigor no dia 1.º de janeiro de 1942.

Art. 811. Revogam-se as disposições em contrário.

Rio de Janeiro, em 3 de outubro de 1941; 120.º da Independência e 53.º da República.

GETÚLIO VARGAS

DECRETO-LEI N. 4.597, DE 19 DE AGOSTO DE 1942 (*)

Dispõe sobre a prescrição das ações contra a Fazenda Pública e dá outras providências.

O Presidente da República, usando da atribuição que lhe confere o art. 180 da Constituição, decreta:

(*) Publicado no *Diário Oficial da União* de 20-8-1942.

Art. 1.º Salvo o caso do foro do contrato, compete, à justiça de cada Estado e à do Distrito Federal, processar e julgar as causas em que for interessado, como autor, réu assistente ou opoente, respectivamente, o mesmo Estado ou seus Municípios, e o Distrito Federal.

Parágrafo único. O disposto neste artigo não se aplica às causas já ajuizadas.

Art. 2.º O Decreto n. 20.910, de 6 de janeiro de 1932, que regula a prescrição quinquenal, abrange as dívidas passivas das autarquias, ou entidades e órgãos paraestatais, criados por lei e mantidos mediante impostos, taxas ou quaisquer contribuições exigidas em virtude de lei federal, estadual ou municipal, bem como a todo e qualquer direito e ação contra os mesmos.

> Citado diploma consta nesta obra.

> *Vide* Súmula 39 do STJ.

Art. 3.º A prescrição das dívidas, direitos e ações a que se refere o Decreto n. 20.910, de 6 de janeiro de 1932, somente pode ser interrompida uma vez, e recomeça a correr, pela metade do prazo, da data do ato que a interrompeu, ou do último do processo para a interromper; consumar-se-á a prescrição no curso da lide sempre que a partir do último ato ou termo da mesma, inclusive da sentença nela proferida, embora passada em julgado, decorrer o prazo de dois anos e meio.

Art. 4.º As disposições do artigo anterior aplicam-se desde logo a todas as dívidas, direitos e ações a que se referem, ainda não extintos por qualquer causa, ajuizados ou não, devendo a prescrição ser alegada e decretada em qualquer tempo e instância, inclusive nas execuções de sentença.

Art. 5.º Este Decreto-lei entrará em vigor na data de sua publicação, revogadas as disposições em contrário.

Rio de Janeiro, 19 de agosto de 1942; 121.º da Independência e 54.º da República.

GETÚLIO VARGAS

DECRETO-LEI N. 4.657, DE 4 DE SETEMBRO DE 1942 (*)

Lei de Introdução às Normas do Direito Brasileiro.

(*) Publicado no *Diário Oficial da União*, de 9-9-1942. Retificado em 8-10-1942 e em 17-6-1943. Entrou em vigor no dia 24-10-1942, por força do disposto no Decreto-lei n. 4.707, de 17-9-1942. A Lei Complementar n. 95, de 26-2-1998, regulamentada pelo Decreto n. 4.176, de 28-3-2002, dispõe sobre a elaboração, a redação, a alteração e a consolidação das leis conforme determina o parágrafo único do art. 59 da Constituição Federal, e estabelece normas para a consolidação dos atos normativos que menciona. *Vide* Decreto n. 9.830, de 10-6-2019 que regulamenta o disposto nos arts. 20 a 30 da LINDB.

>> Ementa com redação determinada pela Lei n. 12.376, de 30-12-2010.

O Presidente da República, usando da atribuição que lhe confere o art. 180 da Constituição, decreta:

Art. 1.º Salvo disposição contrária, a lei começa a vigorar em todo o País 45 (quarenta e cinco) dias depois de oficialmente publicada.

>> *Vide* art. 62, §§ 3.º, 4.º, 6.º e 7.º, da CF.

> Sobre vigência de leis tributárias, dos atos administrativos, decisões normativas de órgãos administrativos, convênios tributários, dispõe a Lei n. 5.172, de 25-10-1966 (CTN), arts. 101 a 104.

> Dispõe o art. 8.º da Lei Complementar n. 95, de 26-2-1998:

"Art. 8.º A vigência da lei será indicada de forma expressa e de modo a contemplar prazo razoável para que dela se tenha amplo conhecimento, reservada a cláusula 'entra em vigor na data de sua publicação' para as leis de pequena repercussão.

§ 1.º A contagem do prazo para entrada em vigor das leis que estabeleçam período de vacância far-se-á com a inclusão da data da publicação e do último dia do prazo, entrando em vigor no dia subsequente à sua consumação integral. § 2.º As leis que estabeleçam período de vacância deverão utilizar a cláusula 'esta lei entra em vigor após decorridos (o número de) dias de sua publicação oficial'".

§ 1.º Nos Estados estrangeiros, a obrigatoriedade da lei brasileira, quando admitida, se inicia 3 (três) meses depois de oficialmente publicada.

§ 2.º (*Revogado pela Lei n. 12.036, de 1.º-10-2009.*)

§ 3.º Se, antes de entrar a lei em vigor, ocorrer nova publicação de seu texto, destinada a correção, o prazo deste artigo e dos parágrafos anteriores começará a correr da nova publicação.

§ 4.º As correções a texto de lei já em vigor consideram-se lei nova.

Art. 2.º Não se destinando à vigência temporária, a lei terá vigor até que outra a modifique ou revogue.

§ 1.º A lei posterior revoga a anterior quando expressamente o declare, quando seja com ela incompatível ou quando regule inteiramente a matéria de que tratava a lei anterior.

§ 2.º A lei nova, que estabeleça disposições gerais ou especiais a par das já existentes, não revoga nem modifica a lei anterior.

§ 3.º Salvo disposição em contrário, a lei revogada não se restaura por ter a lei revogadora perdido a vigência.

Art. 3.º Ninguém se escusa de cumprir a lei, alegando que não a conhece.

Art. 4.º Quando a lei for omissa, o juiz decidirá o caso de acordo com a analogia, os costumes e os princípios gerais de direito.

> Normas complementares das leis tributárias: arts. 100 e s. do CTN.

Art. 5.º Na aplicação da lei, o juiz atenderá aos fins sociais a que ela se dirige e às exigências do bem comum.

> *Vide* art. 5.º, LIV, da CF.

> Normas de interpretação das leis tributárias: arts. 107 a 112 da Lei n. 5.172, de 25-10-1966.

Art. 6.º A Lei em vigor terá efeito imediato e geral, respeitados o ato jurídico perfeito, o direito adquirido e a coisa julgada.

>> *Vide* art. 5.º, XXXVI, da CF.

§ 1.º Reputa-se ato jurídico perfeito o já consumado segundo a lei vigente ao tempo em que se efetuou.

§ 2.º Consideram-se adquiridos assim os direitos que o seu titular, ou alguém por ele, possa exercer, como aqueles cujo começo do exercício tenha termo pré-fixo, ou condição preestabelecida inalterável, a arbítrio de outrem.

§ 3.º Chama-se coisa julgada ou caso julgado a decisão judicial de que já não caiba recurso.

>> § 3.º com redação determinada pela Lei n. 3.238, de 1.º-8-1957.

> *Vide* art. 5.º, XXXVI, da CF.

> Aplicação da lei tributária: Lei n. 5.172, de 25-10-1966, arts. 105 e 106 (CTN).

> *Vide* arts. 337, § 1.º, e 502 do CPC.

Art. 7.º A lei do país em que for domiciliada a pessoa determina as regras sobre o começo e o fim da personalidade, o nome, a capacidade e os direitos de família.

> *Vide* art. 71 da Lei n. 13.445, de 24-5-2017.

§ 1.º Realizando-se o casamento no Brasil, será aplicada a lei brasileira quanto aos impedimentos dirimentes e às formalidades da celebração.

> A Lei n. 1.110, de 23-5-1950, regula o reconhecimento dos efeitos civis do casamento religioso.

§ 2.º O casamento de estrangeiros poderá celebrar-se perante autoridades diplomáticas ou consulares do país de ambos os nubentes.

>> § 2.º com redação determinada pela Lei n. 3.238, de 1.º-8-1957.

§ 3.º Tendo os nubentes domicílio diverso, regerá os casos de invalidade do matrimônio a lei do primeiro domicílio conjugal.

§ 4.º O regime de bens, legal ou convencional, obedece à lei do país em que tiverem os nubentes domicílio, e, se este for diverso, à do primeiro domicílio conjugal.

§ 5.º O estrangeiro casado, que se naturalizar brasileiro, pode, mediante expressa anuência de seu cônjuge, requerer ao juiz, no ato de entrega do decreto de naturalização, se apostile ao mesmo a adoção do regime de comunhão parcial de bens, respeitados os direitos de terceiros e dada esta adoção ao competente registro.

>> § 5.º com redação determinada pela Lei n. 6.515, de 26-12-1977.

§ 6.º O divórcio realizado no estrangeiro, se um ou ambos os cônjuges forem brasileiros, só será reconhecido no Brasil depois de 1 (um) ano da data da sentença, salvo se houver sido antecedida de separação judicial por igual prazo, caso em que a homologação produzirá efeito imediato, obedecidas as condições estabelecidas para a eficácia das sentenças estrangeiras no país. O Superior Tribunal de Justiça, na forma de seu regimento interno, poderá reexaminar, a requerimento do interessado, decisões já proferidas em pedidos de homologação de sentenças estrangeiras de divórcio de brasileiros, a fim de que passem a produzir todos os efeitos legais.

>> § 6.º com redação determinada pela Lei n. 12.036, de 1.º-10-2009.

>> O Provimento n. 51, de 22-9-2015, do CNJ, dispõe sobre a averbação de carta de sentença expedida após homologação de sentença estrangeira relativa a divórcio ou separação judicial.

>> *Vide* art. 226, § 6.º, da CF.

> *Vide* art. 227, § 6.º, da CF.

> *Vide* art. 961 do CPC.

§ 7.º Salvo o caso de abandono, o domicílio do chefe da família estende-se ao outro cônjuge e aos filhos não emancipados, e o do tutor ou curador aos incapazes sob sua guarda.

>> *Vide* art. 226, § 5.º, da CF.

§ 8.º Quando a pessoa não tiver domicílio, considerar-se-á domiciliada no lugar de sua residência ou naquele em que se encontre.

>> *Vide* art. 46, § 3.º, do CPC.

Art. 8.º Para qualificar os bens e regular as relações a eles concernentes, aplicar-se-á a lei do país em que estiverem situados.

§ 1.º Aplicar-se-á a lei do país em que for domiciliado o proprietário, quanto aos bens móveis que ele trouxer ou se destinarem a transporte para outros lugares.

§ 2.º O penhor regula-se pela lei do domicílio que tiver a pessoa, em cuja posse se encontre a coisa apenhada.

Art. 9.º Para qualificar e reger as obrigações, aplicar-se-á a lei do país em que se constituírem.

§ 1.º Destinando-se a obrigação a ser executada no Brasil e dependendo de forma essencial, será esta observada, admitidas as peculiaridades da lei estrangeira quanto aos requisitos extrínsecos do ato.

> O Decreto-lei n. 857, 11-9-1969, consolida e altera a legislação sobre moeda de pagamento de obrigações exequíveis no Brasil.

§ 2.º A obrigação resultante do contrato reputa-se constituída no lugar em que residir o proponente.

Art. 10. A sucessão por morte ou por ausência obedece à lei do país em que era domiciliado o defunto ou o desaparecido, qualquer que seja a natureza e a situação dos bens.

§ 1.º A sucessão de bens de estrangeiros, situados no País, será regulada pela lei brasileira em benefício do cônjuge ou dos filhos brasileiros, ou de quem os represente, sempre que não lhes seja mais favorável a lei pessoal do *de cujus*.

>> § 1.º com redação determinada pela Lei n. 9.047, de 18-5-1995.

>> *Vide* art. 5.º, XXXI, da CF.

§ 2.º A lei do domicílio do herdeiro ou legatário regula a capacidade para suceder.

> *Vide* art. 23 do CPC.

Art. 11. As organizações destinadas a fins de interesse coletivo, como as sociedades e as fundações, obedecem à lei do Estado em que se constituírem.

§ 1.º Não poderão, entretanto, ter no Brasil filiais, agências ou estabelecimentos antes de serem os atos constitutivos aprovados pelo Governo brasileiro, ficando sujeitas à lei brasileira.

>> Do registro das sociedades no CC: arts. 1.150 a 1.154.

>> Das sociedades estrangeiras no CC: arts. 1.134 a 1.141.

> *Vide* art. 170, parágrafo único, da CF.

§ 2.º Os governos estrangeiros, bem como as organizações de qualquer natureza, que eles tenham constituído, dirijam ou hajam investido de funções públicas, não poderão adquirir no Brasil bens imóveis ou suscetíveis de desapropriação.

§ 3.º Os governos estrangeiros podem adquirir a propriedade dos prédios necessários à sede dos representantes diplomáticos ou dos agentes consulares.

> A Lei n. 4.331, de 1.º-6-1964, dispõe sobre a aquisição por governos estrangeiros no Distrito Federal de imóveis necessários à residência dos agentes diplomáticos das respectivas missões diplomáticas.

Art. 12. É competente a autoridade judiciária brasileira, quando for o réu domiciliado no Brasil ou aqui tiver de ser cumprida a obrigação.

§ 1.º Só à autoridade judiciária brasileira compete conhecer das ações relativas a imóveis situados no Brasil.

§ 2.º A autoridade judiciária brasileira cumprirá, concedido o *exequatur* e segundo a forma estabelecida pela lei brasileira, as diligências deprecadas por autoridade estrangeira competente, observando a lei desta, quanto ao objeto das diligências.

>> *Vide* arts. 105, I, *i*, e 109, X, da CF.

Art. 13. A prova dos fatos ocorridos em país estrangeiro rege-se pela lei que nele vigorar, quanto ao ônus e aos meios de produzir-se, não admitindo os tribunais brasileiros provas que a lei brasileira desconheça.

> Sobre provas, *vide* arts. 369 e s. do CPC.

Art. 14. Não conhecendo a lei estrangeira, poderá o juiz exigir de quem a invoca prova do texto e da vigência.

> *Vide* art. 376 do CPC.

Art. 15. Será executada no Brasil a sentença proferida no estrangeiro, que reúna os seguintes requisitos:

> Os arts. 787 a 790 do CPP e os arts. 960 e s. do CPC dispõem sobre homologação de sentença estrangeira.

a) haver sido proferida por juiz competente;

b) terem sido as partes citadas ou haver-se legalmente verificado a revelia;

c) ter passado em julgado e estar revestida das formalidades necessárias para a execução no lugar em que foi proferida;

d) estar traduzida por intérprete autorizado;

e) ter sido homologada pelo Supremo Tribunal Federal.

>> Com o advento da Emenda Constitucional n. 45, de 8-12-2004, que alterou o art. 105, I, *i*, da CF, a competência para homologar sentenças estrangeiras passou a ser do STJ.

> *Vide* art. 961 do CPC.

Parágrafo único. (*Revogado pela Lei n. 12.036, de 1.º-10-2009.*)

Art. 16. Quando, nos termos dos artigos precedentes, se houver de aplicar a lei estrangeira, ter-se-á em vista a disposição desta, sem considerar-se qualquer remissão por ela feita a outra lei.

Art. 17. As leis, atos e sentenças de outro país, bem como quaisquer declarações de vontade, não terão eficácia no Brasil, quando ofenderem a soberania nacional, a ordem pública e os bons costumes.

> O art. 781 do CPP dispõe sobre sentenças estrangeiras.

Art. 18. Tratando-se de brasileiros, são competentes as autoridades consulares brasileiras para lhes celebrar o casamento e os mais atos de Registro Civil e de tabelionato, inclusive o registro de nascimento e de óbito dos filhos de brasileiro ou brasileira nascidos no país da sede do Consulado.

>> *Caput* com redação determinada pela Lei n. 3.238, de 1.º-8-1957.

>> *Vide* art. 12, I, *c*, da CF.

> O Decreto n. 8.742, de 4-5-2016, simplifica a legalização de certidões de atos consulares.

§ 1.º As autoridades consulares brasileiras também poderão celebrar a separação consensual e o divórcio consensual de brasileiros, não havendo filhos menores ou incapazes do casal e observados os requisitos legais quanto aos prazos, devendo constar da respectiva escritura pública as disposições relativas à descrição e à partilha dos bens comuns e à pensão alimentícia e, ainda, ao acordo quanto à retomada pelo cônjuge de seu nome de solteiro ou à manutenção do nome adotado quando se deu o casamento.

>> § 1.º acrescentado pela Lei n. 12.874, de 29-10-2013.

§ 2.º É indispensável a assistência de advogado, devidamente constituído, que se dará mediante a subscrição de petição, juntamente com ambas as partes, ou com apenas uma delas, caso a outra constitua advogado próprio, não se fazendo necessário que a assinatura do advogado conste da escritura pública.

>> § 2.º acrescentado pela Lei n. 12.874, de 29-10-2013.

Art. 19. Reputam-se válidos todos os atos indicados no artigo anterior e celebrados pelos cônsules brasileiros na vigência do Decreto-lei n. 4.657, de 4 de setembro de 1942, desde que satisfaçam todos os requisitos legais.

>> *Caput* acrescentado pela Lei n. 3.238, de 1.º-8-1957.

Art. 20. Nas esferas administrativa, controladora e judicial, não se decidirá com base em valores jurídicos abstratos sem que sejam consideradas as consequências práticas da decisão.

>> *Caput* acrescentado pela Lei n. 13.655, de 25-4-2018.

>> Artigo regulamentado pelo Decreto n. 9.830, de 10-6-2019.

>> *Vide* art. 3.º do Decreto n. 9.830, de 10-6-2019.

Parágrafo único. A motivação demonstrará a necessidade e a adequação da medida imposta ou da invalidação de ato, contrato, ajuste, processo ou norma administrativa, inclusive em face das possíveis alternativas.

>> Parágrafo único acrescentado pela Lei n. 13.655, de 25-4-2018.

Art. 21. A decisão que, nas esferas administrativa, controladora ou judicial, decretar a invalidação de ato, contrato, ajuste, processo ou norma administrativa deverá indicar de modo expresso suas consequências jurídicas e administrativas.

>> *Caput* acrescentado pela Lei n. 13.655, de 25-4-2018.

>> Artigo regulamentado pelo Decreto n. 9.830, de 10-6-2019.

Parágrafo único. A decisão a que se refere o *caput* deste artigo deverá, quando for o caso, indicar as condições para que a regularização ocorra de modo proporcional e equânime e sem prejuízo aos interesses gerais, não se podendo impor aos sujeitos atingidos ônus ou perdas que, em função das peculiaridades do caso, sejam anormais ou excessivos.

>> Parágrafo único acrescentado pela Lei n. 13.655, de 25-4-2018.

Art. 22 Na interpretação de normas sobre gestão pública, serão considerados os obstáculos e as dificuldades reais do gestor e as exigências das políticas públicas a seu cargo, sem prejuízo dos direitos dos administrados.

>> *Caput* acrescentado pela Lei n. 13.655, de 25-4-2018.

>> Artigo regulamentado pelo Decreto n. 9.830, de 10-6-2019.

§ 1.º Em decisão sobre regularidade de conduta ou validade de ato, contrato, ajuste, processo ou norma administrativa, serão consideradas as circunstâncias práticas que houverem imposto, limitado ou condicionado a ação do agente.

>> § 1.º acrescentado pela Lei n. 13.655, de 25-4-2018.

§ 2.º Na aplicação de sanções, serão consideradas a natureza e a gravidade da infração cometida, os danos que dela provierem para a administração pública, as circunstâncias agravantes ou atenuantes e os antecedentes do agente.

>> § 2.º acrescentado pela Lei n. 13.655, de 25-4-2018.

§ 3.º As sanções aplicadas ao agente serão levadas em conta na dosimetria das demais sanções de mesma natureza e relativas ao mesmo fato.

>> § 3.º acrescentado pela Lei n. 13.655, de 25-4-2018.

Art. 23. A decisão administrativa, controladora ou judicial que estabelecer interpretação ou orientação nova sobre norma de conteúdo indeterminado, impondo novo dever ou novo condicionamento de direito, deverá prever regime de transição quando indispensável para que o novo dever ou condicionamento de direito seja cumprido de modo proporcional, equânime e eficiente e sem prejuízo aos interesses gerais.

>> *Caput* acrescentado pela Lei n. 13.655, de 25-4-2018.

>> Artigo regulamentado pelo Decreto n. 9.830, de 10-6-2019.

Parágrafo único. (*Vetado.*)

>> Parágrafo único acrescentado pela Lei n. 13.655, de 25-4-2018.

Art. 24. A revisão, nas esferas administrativa, controladora ou judicial, quanto à validade de ato, contrato, ajuste, processo ou norma administrativa cuja produção já se houver completado levará em conta as orientações gerais da época, sendo vedado que, com base em mudança posterior de orientação geral, se declarem inválidas situações plenamente constituídas.

>> *Caput* acrescentado pela Lei n. 13.655, de 25-4-2018.

>> Artigo regulamentado pelo Decreto n. 9.830, de 10-6-2019.

Parágrafo único. Consideram-se orientações gerais as interpretações e especificações contidas em atos públicos de caráter geral ou em jurisprudência judicial ou administrativa majoritária, e ainda as adotadas por prática administrativa reiterada e de amplo conhecimento público.

>> Parágrafo único acrescentado pela Lei n. 13.655, de 25-4-2018.

Art. 25. (*Vetado.*)

>> Artigo acrescentado pela Lei n. 13.655, de 25-4-2018.

Art. 26. Para eliminar irregularidade, incerteza jurídica ou situação contenciosa na aplicação do direito público, inclusive no caso de expedição de licença, a autoridade administrativa poderá, após oitiva do órgão jurídico e, quando for o caso, após realização de consulta pública, e presentes razões de relevante interesse geral, celebrar compromisso com os interessados, observada a legislação aplicável, o qual só produzirá efeitos a partir de sua publicação oficial.

>> *Caput* acrescentado pela Lei n. 13.655, de 25-4-2018.

>> Artigo regulamentado pelo Decreto n. 9.830, de 10-6-2019.

§ 1.º O compromisso referido no *caput* deste artigo:

>> § 1.º acrescentado pela Lei n. 13.655, de 25-4-2018.

I – buscará solução jurídica proporcional, equânime, eficiente e compatível com os interesses gerais;

>> Inciso I acrescentado pela Lei n. 13.655, de 25-4-2018.

II – (*Vetado.*);

>> Inciso II acrescentado pela Lei n. 13.655, de 25-4-2018.

III – não poderá conferir desoneração permanente de dever ou condicionamento de direito reconhecidos por orientação geral;

>> Inciso III acrescentado pela Lei n. 13.655, de 25-4-2018.

IV – deverá prever com clareza as obrigações das partes, o prazo para seu cumprimento e as sanções aplicáveis em caso de descumprimento.

>> Inciso IV acrescentado pela Lei n. 13.655, de 25-4-2018.

§ 2.º (*Vetado.*)

>> § 2.º acrescentado pela Lei n. 13.655, de 25-4-2018.

Art. 27. A decisão do processo, nas esferas administrativa, controladora ou judicial, poderá impor compensação por benefícios indevidos ou prejuízos anormais ou injustos resultantes do processo ou da conduta dos envolvidos.

>> *Caput* acrescentado pela Lei n. 13.655, de 25-4-2018.

>> Artigo regulamentado pelo Decreto n. 9.830, de 10-6-2019.

§ 1.º A decisão sobre a compensação será motivada, ouvidas previamente as partes sobre seu cabimento, sua forma e, se for o caso, seu valor.

>> § 1.º acrescentado pela Lei n. 13.655, de 25-4-2018.

§ 2.º Para prevenir ou regular a compensação, poderá ser celebrado compromisso processual entre os envolvidos.

>> § 2.º acrescentado pela Lei n. 13.655, de 25-4-2018.

Art. 28. O agente público responderá pessoalmente por suas decisões ou opiniões técnicas em caso de dolo ou erro grosseiro.

>> *Caput* acrescentado pela Lei n. 13.655, de 25-4-2018.

>> Artigo regulamentado pelo Decreto n. 9.830, de 10-6-2019.

>> *Vide* art. 3.º do Decreto n. 9.830, de 10-6-2019.

§ 1.º (*Vetado.*)

>> § 1.º acrescentado pela Lei n. 13.655, de 25-4-2018.

§ 2.º (*Vetado.*)

>> § 2.º acrescentado pela Lei n. 13.655, de 25-4-2018.

§ 3.º (*Vetado.*)

>> § 3.º acrescentado pela Lei n. 13.655, de 25-4-2018.

Art. 29. Em qualquer órgão ou Poder, a edição de atos normativos por autoridade administrativa, salvo os de mera organização interna, poderá ser precedida de consulta pública para manifestação de interessados, preferencialmente por meio eletrônico, a qual será considerada na decisão.

>> *Caput* acrescentado pela Lei n. 13.655, de 25-4-2018.

>> Artigo regulamentado pelo Decreto n. 9.830, de 10-6-2019.

§ 1.º A convocação conterá a minuta do ato normativo e fixará o prazo e demais condições da consulta pública, observadas as normas legais e regulamentares específicas, se houver.

>> § 1.º acrescentado pela Lei n. 13.655, de 25-4-2018.

§ 2.º (*Vetado.*)

>> § 2.º acrescentado pela Lei n. 13.655, de 25-4-2018.

Art. 30. As autoridades públicas devem atuar para aumentar a segurança jurídica na aplicação das normas, inclusive por meio de regulamentos, súmulas administrativas e respostas a consultas.

>> *Caput* acrescentado pela Lei n. 13.655, de 25-4-2018.

>> Artigo regulamentado pelo Decreto n. 9.830, de 10-6-2019.

>> *Vide* arts. 18 e 19 do Decreto n. 9.830, de 10-6-2019.

Parágrafo único. Os instrumentos previstos no *caput* deste artigo terão caráter vinculante em relação ao órgão ou entidade a que se destinam, até ulterior revisão.

>> Parágrafo único acrescentado pela Lei n. 13.655, de 25-4-2018.

Rio de Janeiro, 4 de setembro de 1942; 121.º da Independência e 54.º da República.

GETÚLIO VARGAS

DECRETO-LEI N. 9.760, DE 5 DE SETEMBRO DE 1946 (*)

Dispõe sobre os bens imóveis da União e dá outras providências.

(*) Publicado no *Diário Oficial da União* de 6-9-1946.

O Presidente da República, usando da atribuição que lhe confere o art. 180 da Constituição, decreta:

TÍTULO I
DOS BENS IMÓVEIS DA UNIÃO

CAPÍTULO I
DA DECLARAÇÃO DOS BENS

Seção I
Da Enunciação

Art. 1.º Incluem-se entre os bens imóveis da União:

a) os terrenos de marinha e seus acrescidos;

b) os terrenos marginais dos rios navegáveis, em Territórios Federais, se, por qualquer título legítimo, não pertencerem a particular;

c) os terrenos marginais de rios e as ilhas nestes situadas, na faixa da fronteira do território nacional e nas zonas onde se faça sentir a influência das marés;

d) as ilhas situadas nos mares territoriais ou não, se por qualquer título legítimo não pertencerem aos Estados, Municípios ou particulares;

e) a porção de terras devolutas que for indispensável para a defesa da fronteira, fortificações, construções militares e estradas de ferro federais;

f) as terras devolutas situadas nos Territórios Federais;

g) as estradas de ferro, instalações portuárias, telégrafos, telefones, fábricas, oficinas e fazendas nacionais;

h) os terrenos dos extintos aldeamentos de índios e das colônias militares que não tenham passado, legalmente, para o domínio dos Estados, Municípios ou particulares;

i) os arsenais com todo o material de marinha, exército e aviação, as fortalezas, fortificações e construções militares, bem como os terrenos adjacentes, reservados por ato imperial;

j) os que foram do domínio da Coroa;

k) os bens perdidos pelo criminoso condenado por sentença proferida em processo judiciário federal;

l) os que tenham sido a algum título, ou em virtude de lei, incorporados ao seu patrimônio.

Seção II
Da Conceituação

Art. 2.º São terrenos de marinha, em uma profundidade de 33 (trinta e três) metros, medidos horizontalmente, para a parte da terra, da posição da linha do preamar médio de 1831:

a) os situados no continente, na costa marítima e nas margens dos rios e lagoas, até onde se faça sentir a influência das marés;

b) os que contornam as ilhas situadas em zona onde se faça sentir a influência das marés.

Parágrafo único. Para os efeitos deste artigo a influência das marés é caracterizada pela oscilação periódica de 5 (cinco) centímetros pelo menos do nível das águas, que ocorra em qualquer época do ano.

Art. 3.º São terrenos acrescidos de marinha os que se tiverem formado, natural ou artificialmente, para o lado do mar ou dos rios e lagoas, em seguimento aos terrenos de marinha.

Art. 4.º São terrenos marginais os que banhados pelas correntes navegáveis, fora do alcance das marés, vão até a distância de 15 (quinze) metros medidos horizontalmente para a parte da terra, contados desde a linha média das enchentes ordinárias.

Art. 5.º São devolutas, na faixa da fronteira, nos Territórios Federais e no Distrito Federal, as terras que, não sendo próprias nem aplicadas a algum uso público federal, estadual ou municipal, não se incorporaram ao domínio privado:

a) por força da Lei n. 601, de 18 de setembro de 1850, Decreto n. 1.318, de 30 de janeiro de 1854, e outras leis e decretos gerais, federais e estaduais;

b) em virtude de alienação, concessão ou reconhecimento por parte da União ou dos Estados;

c) em virtude de lei ou concessão emanada de governo estrangeiro e ratificada ou reconhecida, expressa ou implicitamente, pelo Brasil, em tratado ou convenção de limites;

d) em virtude de sentença judicial com força de coisa julgada;

e) por se acharem em posse contínua e incontestada com justo título e boa-fé, por termo superior a 20 (vinte) anos;

>> **Dispõe o CC (Lei n. 10.406, de 10-1-2002):**

"Art. 1.238. Aquele que, por quinze anos, sem interrupção, nem oposição, possuir como seu um imóvel, adquire-lhe a propriedade, independentemente de título e boa-fé, podendo requerer ao juiz que assim o declare por sentença, a qual servirá de título para o registro no Cartório de Registro de Imóveis.

Art. 1.242. Adquire também a propriedade do imóvel aquele que, contínua e incontestadamente, com justo título e boa-fé, o possuir por dez anos".

f) por se acharem em posse pacífica e ininterrupta, por 30 (trinta) anos, independentemente de justo título e boa-fé;

>> *Vide* nota anterior.

g) por força de sentença declaratória nos termos do art. 148 da Constituição Federal, de 10 de novembro de 1937.

Parágrafo único. A posse a que a União condiciona a sua liberalidade não pode constituir latifúndio e depende do efetivo aproveitamento e morada do possuidor ou do seu preposto, integralmente satisfeitas por estes, no caso de posse de terras situadas na faixa da fronteira, as condições especiais impostas na lei.

Capítulo II
DA IDENTIFICAÇÃO DOS BENS

Seção I
Disposições Gerais

Arts. 6.º a 8.º (*Revogados pela Lei n. 11.481, de 31-5-2007.*)

Seção II
Da Demarcação dos Terrenos de Marinha

Art. 9.º É da competência do Serviço do Patrimônio da União (SPU) a determinação da posição das linhas do preamar médio do ano de 1831 e da média das enchentes ordinárias.

Art. 10. A determinação será feita à vista de documentos e plantas de autenticidade irrecusável, relativos àquele ano, ou quando não obtidos, à época que do mesmo se aproxime.

Art. 11. Antes de dar início aos trabalhos demarcatórios e com o objetivo de contribuir para sua efetivação, a Secretaria do Patrimônio da União do Ministério do Planejamento, Orçamento e Gestão realizará audiência pública, preferencialmente, na Câmara de Vereadores do Município ou dos Municípios onde estiver situado o trecho a ser demarcado.

>> *Caput* com redação determinada pela Lei n. 13.139, de 26-6-2015.

§ 1.º Na audiência pública, além de colher plantas, documentos e outros elementos relativos aos terrenos compreendidos no trecho a ser demarcado, a Secretaria do Patrimônio da União do Ministério do Planejamento, Orçamento e Gestão apresentará à população interessada informações e esclarecimentos sobre o procedimento demarcatório.

>> § 1.º acrescentado pela Lei n. 13.139, de 26-6-2015.

§ 2.º A Secretaria do Patrimônio da União do Ministério do Planejamento, Orçamento e Gestão fará o convite para a audiência pública, por meio de publicação em jornal de grande circulação nos Municípios abrangidos pelo trecho a ser demarcado e no *Diário Oficial da União*, com antecedência mínima de 30 (trinta) dias da data de sua realização.

>> § 2.º acrescentado pela Lei n. 13.139, de 26-6-2015.

§ 3.º A Secretaria do Patrimônio da União do Ministério do Planejamento, Orçamento e Gestão notificará o Município para que apresente os documentos e plantas que possuir relativos ao trecho a ser demarcado, com antecedência mínima de 30 (trinta) dias da data da realização da audiência pública a que se refere o *caput*.

>> § 3.º acrescentado pela Lei n. 13.139, de 26-6-2015.

§ 4.º Serão realizadas pelo menos 2 (duas) audiências públicas em cada Município situado no trecho a ser demarcado cuja população seja superior a 100.000 (cem mil) habitantes, de acordo com o último censo oficial.

>> § 4.º acrescentado pela Lei n. 13.139, de 26-6-2015.

Art. 12. Após a realização dos trabalhos técnicos que se fizerem necessários, o Superintendente do Patrimônio da União no Estado determinará a posição da linha demarcatória por despacho.

>> *Caput* com redação determinada pela Lei n. 13.139, de 26-6-2015.

Parágrafo único. (*Revogado pela Lei n. 13.139, de 26-6-2015.*)

Art. 12-A. A Secretaria do Patrimônio da União do Ministério do Planejamento, Orçamento e Gestão fará notificação pessoal dos interessados certos alcançados pelo traçado da linha demarcatória para, no prazo de 60 (sessenta) dias, oferecerem quaisquer impugnações.

>> *Caput* acrescentado pela Lei n. 13.139, de 26-6-2015.

§ 1.º Na área urbana, considera-se interessado certo o responsável pelo imóvel alcançado pelo traçado da linha demarcatória até a linha limite de terreno marginal ou de terreno de marinha que esteja cadastrado na Secretaria do Patrimônio da União ou inscrito no cadastro do Imposto Predial e Territorial Urbano (IPTU) ou outro cadastro que vier a substituí-lo.

>> § 1.º acrescentado pela Lei n. 13.139, de 26-6-2015.

§ 2.º Na área rural, considera-se interessado certo o responsável pelo imóvel alcançado pelo traçado da linha demarcatória até a linha limite de terreno marginal que esteja cadastrado na Secretaria do Patrimônio da União e, subsidiariamente, esteja inscrito no Cadastro Nacional de Imóveis Rurais (CNIR) ou outro que vier a substituí-lo.

>> § 2.º acrescentado pela Lei n. 13.139, de 26-6-2015.

§ 3.º O Município e o Instituto Nacional de Colonização e Reforma Agrária (Incra), no prazo de 30 (trinta) dias contado da solicitação da Secretaria do Patrimônio da União, deverão fornecer a relação dos inscritos nos cadastros previstos nos §§ 1.º e 2.º.

>> § 3.º acrescentado pela Lei n. 13.139, de 26-6-2015.

§ 4.º A relação dos imóveis constantes dos cadastros referidos nos §§ 1.º e 2.º deverá ser fornecida pelo Município e pelo Incra no prazo de 30 (trinta) dias contado da solicitação da Secretaria do Patrimônio da União.

>> § 4.º acrescentado pela Lei n. 13.139, de 26-6-2015.

§ 5.º A atribuição da qualidade de interessado certo independe da existência de título registrado no Cartório de Registro de Imóveis.

>> § 5.º acrescentado pela Lei n. 13.139, de 26-6-2015.

Art. 12-B. A Secretaria do Patrimônio da União do Ministério do Planejamento, Orçamento e Gestão fará notificação por edital, por meio de publicação em jornal de grande circulação no local do trecho demarcado e no *Diário Oficial da União*, dos interessados incertos alcançados pelo traçado da linha demarcatória para, no prazo de 60 (sessenta) dias, apresentarem quaisquer impugnações, que poderão ser dotadas de efeito suspensivo nos termos do parágrafo único do art. 61 da Lei n. 9.784, de 29 de janeiro de 1999.

>> Artigo acrescentado pela Lei n. 13.139, de 26-6-2015.

Art. 12-C. Fica a Secretaria do Patrimônio da União (SPU) autorizada a concluir até 31 de dezembro de 2025 a identificação dos terrenos marginais de rio federal navegável, dos terrenos de marinha e seus acrescidos, de que tratam os arts. 2.º, 3.º e 4.º deste Decreto-lei.

>> *Caput* acrescentado pela Lei n. 13.465, de 11-7-2017.

Parágrafo único. A conclusão de que trata este artigo refere-se ao disposto no *caput* do art. 12 deste Decreto-lei.

>> Parágrafo único acrescentado pela Lei n. 13.465, de 11-7-2017.

Art. 13. Tomando conhecimento das impugnações eventualmente apresentadas, o Superintendente do Patrimônio da União no Estado reexaminará o assunto e, se confirmar sua decisão, notificará os recorrentes que, no prazo improrrogável de 20 (vinte) dias contado da data de sua ciência, poderão interpor recurso, que poderá ser dotado de efeito suspensivo, dirigido ao Secretário do Patrimônio da União do Ministério do Planejamento, Orçamento e Gestão.

>> *Caput* com redação determinada pela Lei n. 13.139, de 26-6-2015.

Parágrafo único. O efeito suspensivo de que tratam o *caput* e o art. 12-B aplicar-se-á apenas à demarcação do trecho impugnado, salvo se o fundamento alegado na impugnação ou no recurso for aplicável a trechos contíguos, hipótese em que o efeito suspensivo, se deferido, será estendido a todos eles.

>> Parágrafo único com redação determinada pela Lei n. 13.139, de 26-6-2015.

Art. 14. Da decisão proferida pelo Secretário de Coordenação e Governança do Patrimônio da União da Secretaria Especial de Desestatização, Desinvestimento e Mercados do Ministério da Economia será dado conhecimento aos recorrentes que, no prazo de 20 (vinte) dias, contado da data de sua ciência, poderão interpor recurso, sem efeito suspensivo, dirigido ao superior hierárquico, em última instância.

>> Artigo com redação determinada pela Lei n. 13.874, de 20-9-2019.

Seção III
Da Demarcação de Terras Interiores

Art. 15. Serão promovidas pelo SPU as demarcações e aviventações de rumos desde que necessárias à exata individuação dos imóveis de domínio da União e sua perfeita discriminação da propriedade de terceiros.

Art. 16. Na eventualidade prevista no artigo anterior, o órgão local do SPU convidará, por edital, sem prejuízo sempre que possível, de convite por outro meio, os que se julgarem com direito aos imóveis confinantes a, dentro do prazo de 60 (sessenta) dias, oferecerem a exame os títulos, em que fundamentem seus direitos, e bem assim, quaisquer documentos elucidativos, como plantas, memoriais etc.

Parágrafo único. O edital será afixado na repartição arrecadadora da Fazenda Nacional, na localidade da situação do imóvel, e publicado no órgão oficial do Estado ou Território, ou na folha que lhe publicar o expediente, e no *Diário Oficial da União*, em se tratando de imóvel situado no Distrito Federal.

Art. 17. Examinados os documentos exibidos pelos interessados e quaisquer outros de que possa dispor, o SPU, se entender aconselhável, proporá ao confinante a realização da diligência de demarcação administrativa, mediante prévia assinatura de termo em que as partes interessadas se comprometam a aceitar a decisão que for proferida em última instância pelo CTU, desde que seja o caso.

§ 1.º Se não concordarem as partes na indicação de um só, os trabalhos demarcatórios serão efetuados por 2 (dois) peritos, obrigatoriamente engenheiros ou agrimensores, designados um pelo SPU, outro pelo confinante.

§ 2.º Concluídas suas investigações preliminares os peritos apresentarão, conjuntamente ou não, laudo minucioso, concluindo pelo estabelecimento da linha divisória das propriedades demarcadas.

§ 3.º Em face do laudo ou laudos apresentados, se houver acordo entre a União, representada pelo Procurador da Fazenda Pública, e o confinante, quanto ao estabelecimento da linha divisória, lavrar-se-á termo em livro próprio, do órgão local do SPU, efetuando o seu perito a cravação dos marcos, de acordo com o vencido.

§ 4.º O termo a que se refere o parágrafo anterior, isento de selos ou quaisquer emolumentos, terá força de escritura pública, e por meio de certidão de inteiro teor será devidamente averbado no Registro Geral da situação dos imóveis demarcandos.

§ 5.º Não chegando as partes ao acordo a que se refere o § 3.º deste artigo, o processo será submetido ao exame do CTU, cuja decisão terá força de sentença definitiva para a averbação aludida no parágrafo anterior.

§ 6.º As despesas com a diligência da demarcação serão rateadas entre o confinante e a União, indenizada esta da metade a cargo daquele.

Art. 18. Não sendo atendido pelo confinante o convite mencionado no art. 16, ou se ele se recusar a assinar o termo em que se comprometa a aceitar a demarcação administrativa, o SPU providenciará no sentido de se proceder à demarcação judicial, pelos meios ordinários.

Seção III-A
Da Demarcação de Terrenos para Regularização Fundiária de Interesse Social

>> Seção III-A acrescentada pela Lei n. 11.481, de 31-5-2007.

> A Lei n. 11.952, de 25-6-2009, regulamentada pelo Decreto n. 6.992, de 28-10-2009, dispõe sobre a regularização fundiária das ocupações incidentes em terras situadas em áreas da União (rurais e urbanas) no âmbito da Amazônia Legal.

Art. 18-A. A União poderá lavrar auto de demarcação nos seus imóveis, nos casos de regularização fundiária de interesse social, com base no levantamento da situação da área a ser regularizada.

>> *Caput* acrescentado pela Lei n. 11.481, de 31-5-2007.

§ 1.º Considera-se regularização fundiária de interesse social aquela destinada a atender a famílias com renda familiar mensal não superior a 5 (cinco) salários mínimos.

>> § 1.º acrescentado pela Lei n. 11.481, de 31-5-2007.

§ 2.º O auto de demarcação assinado pelo Secretário do Patrimônio da União deve ser instruído com:

>> § 2.º acrescentado pela Lei n. 11.481, de 31-5-2007.

I – planta e memorial descritivo da área a ser regularizada, dos quais constem a sua descrição, com suas medidas perimetrais, área total, localização, confrontantes, coordenadas preferencialmente georreferenciadas dos vértices definidores de seus limites, bem como seu número de matrícula ou transcrição e o nome do pretenso proprietário, quando houver;

>> Inciso I acrescentado pela Lei n. 11.481, de 31-5-2007.

II – planta de sobreposição da área demarcada com a sua situação constante do registro de imóveis e, quando houver, transcrição ou matrícula respectiva;

>> Inciso II acrescentado pela Lei n. 11.481, de 31-5-2007.

III – certidão da matrícula ou transcrição relativa à área a ser regularizada, emitida pelo registro de imóveis competente e das circunscrições imobiliárias anteriormente competentes, quando houver;

>> Inciso III acrescentado pela Lei n. 11.481, de 31-5-2007.

IV – certidão da Secretaria do Patrimônio da União de que a área pertence ao patrimônio da União, indicando o Registro Imobiliário Patrimonial – RIP e o responsável pelo imóvel, quando for o caso;

>> Inciso IV acrescentado pela Lei n. 11.481, de 31-5-2007.

V – planta de demarcação da Linha Preamar Média – LPM, quando se tratar de terrenos de marinha ou acrescidos; e

>> Inciso V acrescentado pela Lei n. 11.481, de 31-5-2007.

VI – planta de demarcação da Linha Média das Enchentes Ordinárias – LMEO, quando se tratar de terrenos marginais de rios federais.

>> Inciso VI acrescentado pela Lei n. 11.481, de 31-5-2007.

§ 3.º As plantas e memoriais mencionados nos incisos I e II do § 2.º deste artigo devem ser assinados por profissional legalmente habilitado, com prova de anotação de responsabilidade técnica no competente Conselho Regional de Engenharia e Arquitetura – CREA.

>> § 3.º acrescentado pela Lei n. 11.481, de 31-5-2007.

§ 4.º Entende-se por responsável pelo imóvel o titular de direito outorgado pela União, devidamente identificado no RIP.

>> § 4.º acrescentado pela Lei n. 11.481, de 31-5-2007.

Art. 18-B. Prenotado e autuado o pedido de registro da demarcação no registro de imóveis, o oficial, no prazo de 30 (trinta) dias, procederá às buscas para identificação de matrículas ou transcrições correspondentes à área a ser regularizada e examinará os documentos apresentados, comunicando ao apresentante, de 1 (uma) única vez, a existência de eventuais exigências para a efetivação do registro.

>> Artigo acrescentado pela Lei n. 11.481, de 31-5-2007.

Art. 18-C. Inexistindo matrícula ou transcrição anterior e estando a documentação em ordem, ou atendidas as exigências feitas no art. 18-B desta Lei, o oficial do registro de imóveis deve abrir matrícula do imóvel em nome da União e registrar o auto de demarcação.

>> Artigo acrescentado pela Lei n. 11.481, de 31-5-2007.

Art. 18-D. Havendo registro anterior, o oficial do registro de imóveis deve notificar pessoalmente o titular de domínio, no imóvel, no endereço que constar do registro imobiliário ou no endereço fornecido pela União, e, por meio de edital, os confrontantes, ocupantes e terceiros interessados.

>> *Caput* acrescentado pela Lei n. 11.481, de 31-5-2007.

§ 1.º Não sendo encontrado o titular de domínio, tal fato será certificado pelo oficial encarregado da diligência, que promoverá sua notificação mediante o edital referido no *caput* deste artigo.

>> § 1.º acrescentado pela Lei n. 11.481, de 31-5-2007.

§ 2.º O edital conterá resumo do pedido de registro da demarcação, com a descrição que permita a identificação da área demarcada, e deverá ser publicado por 2 (duas) vezes, dentro do prazo de 30 (trinta) dias, em um jornal de grande circulação local.

>> § 2.º acrescentado pela Lei n. 11.481, de 31-5-2007.

§ 3.º No prazo de 15 (quinze) dias, contado da última publicação, poderá ser apresentada impugnação do pedido de registro do auto de demarcação perante o registro de imóveis.

>> § 3.º acrescentado pela Lei n. 11.481, de 31-5-2007.

§ 4.º Presumir-se-á a anuência dos notificados que deixarem de apresentar impugnação no prazo previsto no § 3.º deste artigo.

>> § 4.º acrescentado pela Lei n. 11.481, de 31-5-2007.

§ 5.º A publicação dos editais de que trata este artigo será feita pela União, que encaminhará ao oficial do registro de imóveis os exemplares dos jornais que os tenham publicado.

>> § 5.º acrescentado pela Lei n. 11.481, de 31-5-2007.

Art. 18-E. Decorrido o prazo previsto no § 3.º do art. 18-D desta Lei sem impugnação, o oficial do registro de imóveis deve abrir matrícula do imóvel em nome da União e registrar o auto de demarcação, procedendo às averbações necessárias nas matrículas ou transcrições anteriores, quando for o caso.

>> *Caput* acrescentado pela Lei n. 11.481, de 31-5-2007.

Parágrafo único. Havendo registro de direito real sobre a área demarcada ou parte dela, o oficial deverá proceder ao cancelamento de seu registro em decorrência da abertura da nova matrícula em nome da União.

>> Parágrafo único acrescentado pela Lei n. 11.481, de 31-5-2007.

Art. 18-F. Havendo impugnação, o oficial do registro de imóveis dará ciência de seus termos à União.

>> *Caput* acrescentado pela Lei n. 11.481, de 31-5-2007.

§ 1.º Não havendo acordo entre impugnante e a União, a questão deve ser encaminhada ao juízo competente, dando-se continuidade ao procedimento de registro relativo ao remanescente incontroverso.

>> § 1.º acrescentado pela Lei n. 11.481, de 31-5-2007.

§ 2.º Julgada improcedente a impugnação, os autos devem ser encaminhados ao registro de imóveis para que o oficial proceda na forma do art. 18-E desta Lei.

>> § 2.º acrescentado pela Lei n. 11.481, de 31-5-2007.

§ 3.º Sendo julgada procedente a impugnação, os autos devem ser restituídos ao registro de imóveis para as anotações necessárias e posterior devolução ao poder público.

>> § 3.º acrescentado pela Lei n. 11.481, de 31-5-2007.

§ 4.º A prenotação do requerimento de registro da demarcação ficará prorrogada até o cumprimento da decisão proferida pelo juiz ou até seu cancelamento a requerimento da União, não se aplicando às regularizações previstas nesta Seção o cancelamento por decurso de prazo.

>> § 4.º acrescentado pela Lei n. 11.481, de 31-5-2007.

Seção IV
Da Discriminação de Terras da União

>> Não se aplicam os arts. 19 a 31 deste Decreto-lei aos imóveis rurais (art. 32 da Lei n. 6.383, de 7-12-1976, constante desta obra).

Subseção I
Disposições preliminares

Art. 19. Incumbe ao SPU promover, em nome da Fazenda Nacional, a discriminação administrativa das terras na faixa de fronteira e nos Territórios Federais bem como de outras terras do domínio da União, a fim de descrevê-las, medi-las e extremá-las das do domínio particular.

Art. 20. Aos bens imóveis da União, quando indevidamente ocupados, invadidos, turbados na posse, ameaçados de perigos ou confundidos em suas limitações, cabem os remédios de direito comum.

Art. 21. Desdobra-se em duas fases ou instâncias o processo discriminatório, uma administrativa ou amigável, outra judicial, recorrendo a Fazenda Nacional à segunda, relativamente àqueles contra quem não houver surtido ou não puder surtir efeitos a primeira.

Parágrafo único. Dispensar-se-á, todavia, a fase administrativa ou amigável, nas discriminatórias, em que a Fazenda Nacional verificar ser a mesma de todo ou em grande parte ineficaz pela incapacidade, ausência ou conhecida oposição da totalidade ou maioria dos interessados.

Subseção II
Da discriminação administrativa

Art. 22. Precederá à abertura da instância administrativa o reconhecimento prévio da área discriminada, por engenheiro ou agrimensor com exercício no órgão local do SPU, que apresentará relatório ou memorial descritivo:

a) do perímetro com suas características e continência certa ou aproximada;

b) das propriedades e posses nele localizadas ou a ele confinantes, com os nomes e residências dos respectivos proprietários e possuidores;

c) das criações, benfeitorias e culturas, encontradas, assim como de qualquer manifestação evidente de posse das terras;

d) de um *croquis* circunstanciado quanto possível;

e) de outras quaisquer informações interessantes.

Art. 23. Com o memorial e documentos que porventura o instruírem, o procurador da Fazenda Pública iniciará o processo, convocando os interessados para em dia, hora e lugar indicados com o prazo antecedente não menor de 60 (sessenta) dias se instalarem os trabalhos de discriminação e apresentarem as partes seus títulos, documentos e informações que lhe possam interessar.

§ 1.º O processo discriminatório correrá na sede da situação da área discriminanda ou de sua maior parte.

§ 2.º A convocação ou citação será feita aos proprietários, possuidores, confinantes, a todos os interessados em geral, inclusive às mulheres casadas, por editais, e, além disso, cautelariamente, por carta àqueles cujos nomes constarem do memorial do engenheiro ou agrimensor.

§ 3.º Os editais serão afixados em lugares públicos nas sedes dos municípios e distritos de paz, publicados 3 (três) vezes no *Diário Oficial da União, do Estado ou Território*, consoante seja o caso, ou na folha que lhe der publicidade ao expediente, e 2 (duas) vezes, na imprensa local, onde houver.

Art. 24. No dia, hora e lugar aprazados, o procurador da Fazenda Pública, acompanhado do engenheiro ou agrimensor autor do memorial, do escrivão para isso designado pelo chefe do órgão local do SPU e dos servidores deste que forem necessários, abrirá a diligência, dará por instalados os trabalhos e mandará fazer pelo escrivão a chamada dos interessados, procedendo-se a seguir ao recebimento, exame e conferência dos memoriais, requerimentos, informações, títulos e documentos apresentados pelos mesmos, bem como ao arrolamento das testemunhas informantes e indicação de 1 (um) ou 2 (dois) peritos que os citados porventura queiram eleger, por maioria de votos, para acompanhar e esclarecer o engenheiro ou agrimensor nos trabalhos topográficos.

§ 1.º Com os documentos pedidos e informações, deverão os interessados, sempre que lhes for possível e tanto quanto o for, prestar esclarecimentos, por escrito ou verbalmente, para serem reduzidos a termo pelo escrivão, acerca da origem e sequência de seus títulos ou posse, da localização, valor estimado e área certa ou aproximada das terras de que se julgarem legítimos senhores ou possuidores, de suas confrontações, dos nomes dos confrontantes, da natureza, qualidade, quantidade e valor das benfeitorias, culturas e criações nelas existentes e o montante do imposto territorial porventura pago.

§ 2.º As testemunhas oferecidas podem ser ouvidas desde logo e seus depoimentos tomados por escrito como elementos instrutivos do direito dos interessados.

§ 3.º A diligência se prolongará por tantos dias quantos necessários, lavrando-se diariamente auto do que se passar com assinatura dos presentes.

§ 4.º Ultimados os trabalhos desta diligência, serão designados dia e hora para a seguinte, ficando as partes, presentes e revéis, convocadas para ela sem mais intimação.

§ 5.º Entre as duas diligências mediará intervalo de 30 (trinta) a 60 (sessenta) dias, durante o qual o procurador da Fazenda Pública estudará os autos, habilitando-se a pronunciar sobre as alegações, documentos e direitos dos interessados.

Art. 25. A segunda diligência instalar-se-á com as formalidades da primeira, tendo por objeto a audiência dos interessados de lado a lado, o acordo que entre eles se firmar sobre a propriedade e posses que forem reconhecidas, o registro dos que são excluídos do processo, por não haverem chegado a acordo ou serem revéis, e a designação do ponto de partida dos trabalhos topográficos: o que tudo se assentará em autos circunstanciados, com a assinatura dos interessados presentes.

Art. 26. Em seguida o engenheiro ou agrimensor, acompanhado de tantos auxiliares quantos necessários, procederá aos trabalhos geodésicos e topográficos de levantamento da planta geral das terras, sua situação quanto à divisão administrativa e judiciária do Estado, Distrito ou Território, sua discriminação, medição e demarcação, separando as da Fazenda Nacional das dos particulares.

§ 1.º O levantamento técnico se fará com instrumentos de precisão, orientada a planta segundo o meridiano do lugar e determinada a declinação da agulha magnética.

§ 2.º A planta deve ser tão minuciosa quanto possível, assinalando as correntes de água com seu valor mecânico, e conformação orográfica aproximativa dos terrenos, as construções existentes, os quinhões de cada um, com as respectivas áreas e situação na divisão administrativa e judiciária do Estado, Distrito ou Território, valos, cercas, muros, tapumes, limites ou marcos divisórios, vias de comunicação e, por meio de convenções, as culturas, campos, matas, capoeiras, cerrados, caatingas e brejos.

§ 3.º A planta será acompanhada de relatório que descreverá circunstanciadamente as indicações daquela, as propriedades culturais, mineralógicas, pastoris e industriais do solo, a qualidade e quantidade das várias áreas de vegetação diversa, a distância dos povoados, pontos de embarque e vias de comunicação.

§ 4.º Os peritos nomeados e as partes que quiserem poderão acompanhar os trabalhos topográficos.

§ 5.º Se durante estes surgirem dúvidas que interrompam ou embaracem as operações, o engenheiro ou agrimensor as submeterá ao chefe do órgão local do SPU para que as resolva com a parte interessada, ouvindo os peritos e testemunhas, se preciso.

Art. 27. Tomar-se-á nos autos termo à parte para cada um dos interessados, assinado pelo representante do órgão local do SPU, contendo a descrição precisa das linhas e marcos divisórios, culturas e outras especificações constantes da planta geral e relatório do engenheiro ou agrimensor.

Art. 28. Findos os trabalhos, de tudo se lavrará auto solene e circunstanciado, em que as partes de lado a lado reconheçam e aceitem, em todos os seus atos, dizeres e operações, a discriminação feita.

O auto fará menção expressa de cada um dos termos a que alude o artigo antecedente e será assinado por todos os interessados, fazendo-o em nome da União, o procurador da Fazenda Pública.

Art. 29. A discriminação administrativa ou amigável não confere direito algum contra terceiros, senão contra a União e aqueles que forem partes no feito.

Art. 30. É lícito ao interessado tirar no SPU, para seu título, instrumento de discriminação, em forma de carta de sentença, contendo o termo e auto solene a que aludem os arts. 27 e 28.

Tal carta, assinada pelo diretor do SPU, terá força orgânica de instrumento público e conterá todos os requisitos necessários para transcrição e averbações nos Registros Públicos.

Parágrafo único. Para a providência de que trata este artigo, subirão ao diretor do SPU, em traslado, todas as peças que interessem ao despacho do pedido, com o parecer do órgão local do mesmo Serviço.

Art. 31. Os particulares não pagam custas no processo discriminatório, administrativo, salvo pelas diligências a seu exclusivo interesse e pela expedição das cartas de discriminação, para as quais as taxas serão as do Regimento de Custas.

Parágrafo único. Serão fornecidas gratuitamente as certidões necessárias à instrução do processo e as cartas de discriminação requeridas pelos possuidores de áreas consideradas diminutas, cujo valor declarado não seja superior a Cr$ 5.000,00 (cinco mil cruzeiros), a critério do SPU.

Subseção III

Da discriminação judicial

>> *Vide* a Lei n. 6.383, de 7-12-1976, que derroga esta Subseção III.

Art. 32. Contra aqueles que discordarem em qualquer termo da instância administrativa ou por qualquer motivo não entrarem em composição amigável, abrirá a União, por seu representante em Juízo, a instância judicial contenciosa.

Art. 33. Correrá o processo judiciário de discriminação perante o juízo competente, de acordo com a organização judiciária.

Art. 34. Na petição inicial, a União requererá a citação dos proprietários, possuidores, confinantes e em geral de todos os interessados, para acompanharem o processo de discriminação até o final, exibindo seus títulos de propriedade ou prestando minuciosas informações sobre suas posses ou ocupações, ainda que sem títulos documentários.

Parágrafo único. A petição será instruída com o relatório a que alude o art. 22.

Art. 35. A citação inicial compreenderá todos os atos do processo discriminatório, sendo de rigor a citação da mulher casada e do Ministério Público, quando houver menor interessado.

Art. 36. A forma e os prazos de citação obedecerão ao que dispõe o Código do Processo Civil.

Art. 37. Entregue em cartório o mandado de citação pessoal devidamente cumprido e findo o prazo da citação por edital, terão os interessados o prazo comum de 30 (trinta) dias para as providências do artigo seguinte.

Art. 38. Com os títulos, documentos e informações, deverão os interessados oferecer esclarecimentos por escrito, tão minuciosos quanto possível, especialmente acerca da origem e sequência de seus títulos, posses e ocupação.

Art. 39. Organizados os autos, tê-los-á com vista por 60 (sessenta) dias o representante da União em juízo para manifestar-se em memorial minucioso sobre os documentos, informações e pretensões dos interessados, bem como sobre o direito da União às terras que não forem do domínio particular, nos termos do art. 5.º deste Decreto-lei.

Parágrafo único. O juiz poderá prorrogar, mediante requerimento, o prazo de que trata este artigo no máximo por mais 60 (sessenta) dias.

Art. 40. No memorial, depois de requerer a exclusão das áreas que houver reconhecido como do domínio particular, na forma do artigo antecedente, pedirá a Procuradoria da República a discriminação das remanescentes como de domínio da União, indicando todos os elementos indispensáveis para esclarecimento da causa e, especialmente, os característicos das áreas que devem ser declaradas do mesmo domínio.

Art. 41. No memorial pedir-se-á a produção das provas juntamente com as perícias necessárias à demonstração do alegado pela União.

Art. 42. Devolvidos os autos a cartório, dar-se-á por edital, com prazo de 30 (trinta) dias, conhecimento das conclusões do memorial aos interessados, para que possam, querendo, concordar com as conclusões da Fazenda Nacional, e requerer a regularização de sua posses ou sanar quaisquer omissões que hajam cometido na defesa de seus direitos.

Este edital será publicado 1 (uma) vez no *Diário Oficial da União, do Estado*, ou *do Território*, consoante seja o caso, ou na folha que lhe publicar o expediente, bem como na imprensa local, onde houver.

Art. 43. Conclusos os autos, o juiz tomando conhecimento do memorial da União excluirá as áreas por esta reconhecidas como do domínio particular e, quanto ao pedido de discriminação das áreas restantes, nomeará para as operações discriminatórias o engenheiro ou agrimensor, 2 (dois) peritos da confiança dele Juiz e os suplentes daquele e destes.

§ 1.º O engenheiro ou agrimensor e seu suplente serão propostos pelo SPU dentre os servidores de que dispuser, ficando-lhe facultado contratar auxiliares para os serviços de campo.

§ 2.º Poderão as partes, por maioria de votos, indicar, ao juiz, assistente técnico de sua confiança ao engenheiro ou agrimensor.

Art. 44. Em seguida terão as partes o prazo comum de 20 (vinte) dias para contestação, a contar da publicação do despacho a que se refere o artigo precedente, e que se fará no *Diário Oficial da União, do Estado* ou *do Território*, consoante seja o caso, ou na folha que lhe editar o expediente, bem como na imprensa local, se houver.

Art. 45. Se nenhum interessado contestar o pedido, o juiz julgará de plano procedente a ação.

Parágrafo único. Havendo contestação a causa tomará o curso ordinário e o juiz proferirá o despacho saneador.

Art. 46. No despacho saneador procederá o juiz na forma do art. 294 do Código de Processo Civil.

>> Refere-se ao Código de 1939.

Art. 47. Se não houver sido requerida prova alguma ou findo o prazo para sua produção, mandará o juiz que se proceda à audiência da instrução e julgamento na forma do Código de Processo Civil.

Art. 48. Proferida a sentença e dela intimados os interessados, iniciar-se-á, a despeito de qualquer recurso, o levantamento e demarcação do perímetro declarado devoluto, extremando-o das áreas declaradas particulares, contestes e incontestes; para o que requererá a Fazenda Nacional, ou qualquer dos interessados: designação de dia, hora e lugar para começo das operações técnicas da discriminação, notificadas as partes presentes ou representadas, o engenheiro ou agrimensor e os peritos.

§ 1.º O recurso da sentença será o que determinar o Código de Processo Civil para decisões análogas.

§ 2.º O recurso subirá ao juízo *ad quem* nos autos suplementares, que se organizarão como no processo ordinário.

§ 3.º Serão desde logo avaliadas, na forma de direito, as benfeitorias indenizáveis dos interessados que foram excluídos ou de terceiros, reconhecidos de boa-fé pela sentença (Código de Processo Civil, art. 996, parágrafo único).

>> Refere-se ao Código de 1939.

Art. 49. Em seguida, o engenheiro ou agrimensor, acompanhado de seus auxiliares, procederá aos trabalhos geodésicos e topográficos de levantamento da planta geral das terras, sua situação quanto à divisão administrativa e judiciária do Estado, Distrito ou Território, sua discriminação, medição e demarcação, separando-as das terras particulares.

Parágrafo único. Na demarcação do perímetro devoluto atenderá o engenheiro ou agrimensor à sentença, títulos, posses, marcos, rumos, vestígios encontrados, fama da vizinhança, informações de testemunhas e antigos conhecedores do lugar e a outros elementos que coligir.

Art. 50. A planta levantada com os requisitos do artigo antecedente será instruída pelo engenheiro ou agrimensor com minucioso relatório ou memorial, donde conste necessariamente a descrição de todas as glebas devolutas abarcadas pelo perímetro geral. Para execução desses trabalhos o juiz marcará prazo prorrogável a seu prudente arbítrio.

Art. 51. A planta, que será autenticada pelo juiz, engenheiro ou agrimensor e peritos, deverá ser tão minuciosa quanto possível, assinalando as correntes d'água, a conformação orográfica aproximativa dos terrenos, as construções existentes, os quinhões de cada um, com as respectivas áreas e situação na divisão administrativa e judiciária do Estado, Distrito ou Território, valos, cerca, muros, tapumes, limites ou marcos divisórios, vias de comunicação e, por meio de convenções, as culturas, campos, matas, capoeiras, cerrados, caatingas e brejos.

Art. 52. O relatório ou memorial descreverá circunstanciadamente as indicações da planta, as propriedades culturais, mineralógicas, pastoris e industriais do solo, a qualidade e quantidade das várias áreas de vegetação diversa, a distância dos povoados, pontos de embarque e vias de comunicação.

Art. 53. Se durante os trabalhos técnicos da discriminação surgirem dúvidas que reclamem a deliberação do juiz, a este as submeterá o engenheiro ou agrimensor a fim de que as resolva, ouvidos, se preciso, os peritos.

Parágrafo único. O juiz ouvirá os peritos, quando qualquer interessado alegar falta que deva ser corrigida.

Art. 54. As plantas serão organizadas com observância das normas técnicas que lhes forem aplicáveis.

Art. 55. À planta anexar-se-ão o relatório ou memorial descritivo e as cadernetas das operações de campo, autenticadas pelo engenheiro ou agrimensor.

Art. 56. Concluídas as operações técnicas de discriminação, assinará o juiz o prazo comum de 30 (trinta) dias aos interessados e outro igual à Fazenda Nacional, para sucessivamente falarem sobre o feito.

Art. 57. A seguir, subirão os autos à conclusão do juiz para este homologar a discriminação e declarar judicialmente do domínio da União as terras devolutas apuradas no perímetro discriminado e incorporadas ao patrimônio dos particulares, respectivamente, as declaradas do domínio particular, ordenando antes as diligências ou retificações que lhe parecerem necessárias para sua sentença homologatória.

Parágrafo único. Será meramente devolutivo o recurso que couber contra a sentença homologatória.

Art. 58. As custas do primeiro estádio da causa serão pagas pela parte vencida; as do estádio das operações executivas, topográficas e geodésicas, sê-lo-ão pela União e pelos particulares *pro rata*, na proporção da área dos respectivos domínios.

Art. 59. Constituirá atentado, que o juiz coibirá, mediante simples monitória, o ato da parte que, no decurso do processo, dilatar a área de seus domínios ou ocupações, assim como o do terceiro que se intrusar no imóvel em discriminação.

Art. 60. As áreas disputadas pelos que houverem recorrido da sentença a que alude o art. 48 serão discriminadas com as demais, descritas no relatório ou memorial do engenheiro ou agrimensor e assinaladas na planta, em convenções específicas, a fim de que, julgados os recursos, se atribuam à União ou aos particulares, conforme o caso, mediante simples juntada aos autos da decisão superior, despacho do juiz mandando cumpri-la e anotação do engenheiro ou agrimensor na planta.

Parágrafo único. Terão os recorrentes direito de continuar a intervir nos atos discriminatórios e deverão ser para eles intimados até decisão final dos respectivos recursos.

Seção V
Da Regularização da Ocupação de Imóveis Presumidamente de Domínio da União

>> A Instrução Normativa n. 4, de 14-8-2018, da SPU, estabelece os procedimentos administrativos para a inscrição de ocupação em terrenos e imóveis da União.

Art. 61. O SPU exigirá, de todo aquele que estiver ocupando imóvel presumidamente pertencente à União, que lhe apresente os documentos e títulos comprobatórios de seus direitos sobre o mesmo.

§ 1.º Para cumprimento do disposto neste artigo, o órgão local do SPU, por edital, sem prejuízo de intimação por outro meio, dará aos interessados o prazo de 60 (sessenta) dias, prorrogáveis por igual termo, a seu prudente arbítrio.

§ 2.º O edital será afixado na repartição arrecadadora da Fazenda Nacional, na localidade da situação do imóvel, e publicado no órgão oficial do Estado ou Território, ou na folha que lhe publicar o expediente, e no *Diário Oficial da União*, em se tratando de imóvel situado no Distrito Federal.

Art. 62. Apreciados os documentos exibidos pelos interessados e quaisquer outros que possa produzir, o SPU, com seu parecer, submeterá ao CTU a apreciação do caso.

Parágrafo único. Examinado o estado de fato e declarado o direito que lhe é aplicável, o CTU restituirá o processo ao SPU para o cumprimento da decisão, que então proferir.

Art. 63. Não exibidos os documentos na forma prevista no art. 61, o SPU declarará irregular a situação do ocupante, e, imediatamente, providenciará no sentido de recuperar a União a posse do imóvel esbulhado.

§ 1.º Para advertência a eventuais interessados de boa-fé e imputação de responsabilidades civis e penais, se for o caso, o SPU tornará pública, por edital, a decisão que declarar a irregularidade da detenção do imóvel esbulhado.

§ 2.º A partir da publicação da decisão a que alude o § 1.º, se do processo já não constar a prova do vício manifesto da ocupação anterior, considera-se constituída em má-fé a detenção de imóvel do domínio presumido da União, obrigado o detentor a satisfazer plenamente as composições da lei.

TÍTULO II
DA UTILIZAÇÃO DOS BENS IMÓVEIS DA UNIÃO

CAPÍTULO I
DISPOSIÇÕES GERAIS

> *Vide* Lei n. 9.636, de 15-5-1998.

> *Vide* Lei n. 13.240, de 30-12-2015.

Art. 64. Os bens imóveis da União não utilizados em serviço público poderão, qualquer que seja a sua natureza, ser alugados, aforados ou cedidos.

§ 1.º A *locação* se fará quando houver conveniência em tornar o imóvel produtivo, conservando, porém, a União sua plena propriedade, considerada *arrendamento* mediante condições especiais, quando objetivada a exploração de frutos ou prestação de serviços.

§ 2.º O *aforamento* se dará quando coexistirem a conveniência de radicar-se o indivíduo ao solo e a de manter-se o vínculo da propriedade pública.

§ 3.º A *cessão* se fará quando interessar à União concretizar, com a permissão da utilização gratuita de imóvel seu, auxílio ou colaboração que entenda prestar.

Arts. 65 e 66. (*Revogados pela Lei n. 9.636, de 15-5-1998.*)

Art. 67. Cabe privativamente ao SPU a fixação do valor locativo e venal dos imóveis de que trata este Decreto-lei.

Art. 68. Os foros, laudêmios, taxas, cotas, aluguéis e multas serão recolhidos na estação arrecadadora da Fazenda Nacional com jurisdição na localidade do imóvel.

Parágrafo único. Excetuam-se dessa disposição os pagamentos que, na forma deste Decreto-lei, devam ser efetuados mediante desconto em folha.

Art. 69. As repartições pagadoras da União remeterão mensalmente ao SPU relação nominal dos servidores que, a título de taxa ou aluguel, tenham sofrido desconto em folha de pagamento, com indicação das importâncias correspondentes.

Parágrafo único. O desconto a que se refere o presente artigo não se somará a outras consignações, para efeito de qualquer limite.

Art. 70. O ocupante do próprio nacional, sob qualquer das modalidades previstas neste Decreto-lei, é obrigado a zelar pela conservação do imóvel, sendo responsável pelos danos ou prejuízos que nele tenha causado.

Art. 71. O ocupante de imóvel da União, sem assentimento desta, poderá ser sumariamente despejado e perderá, sem direito a qualquer indenização, tudo quanto haja incorporado ao solo, ficando ainda sujeito ao disposto nos arts. 513, 515 e 517 do Código Civil.

>> Refere-se ao antigo CC de 1916. Correspondem aos arts. 1.216, 1.218 e 1.220 do CC (Lei n. 10.406, de 10-1-2002).

Parágrafo único. Excetuam-se dessa disposição os ocupantes de boa-fé, com cultura efetiva e moradia habitual, e os com direitos assegurados por este Decreto-lei.

Art. 72. Os editais de convocação a concorrências serão obrigatoriamente afixados, pelo prazo mínimo de quinze dias, na estação arrecadadora da Fazenda Nacional com jurisdição na localidade do imóvel e, quando convier, em outras repartições federais, devendo, ainda, sempre que possível, ter ampla divulgação em órgão de imprensa oficial e por outros meios de publicidade.

Parágrafo único. A fixação do edital será sempre atestada pelo chefe da repartição em que se tenha feito.

Art. 73. As concorrências serão realizadas na sede da repartição local do SPU.

§ 1.º Quando o diretor do mesmo Serviço julgar conveniente, poderá qualquer concorrência ser realizada na sede do órgão central da repartição.

§ 2.º Quando o objeto da concorrência for imóvel situado em lugar distante ou de difícil comunicação, poderá o chefe da repartição local do SPU delegar competência ao coletor federal da localidade para realizá-la.

§ 3.º As concorrências serão aprovadas pelo chefe da repartição local do SPU, *ad referendum* do diretor do mesmo Serviço, salvo no caso previsto no § 1.º deste artigo, em que compete ao diretor do SPU aprová-las.

Art. 74. Os termos, ajustes ou contratos relativos a imóveis da União, serão lavrados na repartição local do SPU e terão, para qualquer efeito, força de escritura pública, sendo isentos de publicação, para fins de seu registro pelo Tribunal de Contas.

§ 1.º Quando as circunstâncias aconselharem, poderão os atos de que trata o presente artigo ser lavrados em repartição arrecadadora da Fazenda, situada na localidade do imóvel.

§ 2.º Os termos de que trata o item 1 do art. 85 serão lavrados na sede da repartição a que tenha sido entregue o imóvel.

§ 3.º São isentos de registro pelo Tribunal de Contas os termos e contratos celebrados para os fins previstos nos arts. 79 e 80 deste Decreto-lei.

Art. 75. Nos termos, ajustes e contratos relativos a imóveis, a União será representada por procurador da Fazenda Pública que poderá, para esse fim, delegar competência a outro servidor federal.

§ 1.º Nos termos de que trata o art. 79, representará o SPU o chefe de sua repartição local, que, no interesse do Serviço, poderá para isso delegar competência a outro funcionário do Ministério da Fazenda.

§ 2.º Os termos a que se refere o art. 85 serão assinados perante o chefe da repartição interessada.

CAPÍTULO II
DA UTILIZAÇÃO EM SERVIÇO PÚBLICO

Seção I
Disposições Gerais

Art. 76. São considerados como utilizados em serviço público os imóveis ocupados:

I – por serviço federal;

II – por servidor da União, como residência em caráter obrigatório.

Art. 77. A administração dos próprios nacionais aplicados em serviço público compete às repartições que os tenham a seu cargo, enquanto durar a aplicação. Cessada esta, passarão esses imóveis, independentemente do ato especial, à administração do SPU.

Art. 78. O SPU velará para que não sejam mantidos em uso público ou administrativo imóveis da União que ao mesmo uso não sejam estritamente necessários, levando ao conhecimento da autoridade competente as ocorrências que a esse respeito se verifiquem.

Seção II
Da Aplicação em Serviço Federal

Art. 79. A entrega de imóvel para uso da Administração Pública Federal direta compete privativamente à Secretaria do Patrimônio da União – SPU.

>> *Caput* com redação determinada pela Lei n. 9.636, de 15-5-1998.

§ 1.º A entrega, que se fará mediante termo, ficará sujeita a confirmação 2 (dois) anos após a assinatura do mesmo, cabendo ao SPU ratificá-la; desde que, nesse período, tenha o imóvel sido devidamente utilizado no fim para que fora entregue.

§ 2.º O chefe de repartição, estabelecimento ou serviço federal que tenha a seu cargo próprio nacional, não poderá permitir, sob pena de responsabilidade, sua invasão, cessão, locação ou utilização em fim diferente do qual lhe tenha sido prescrito.

§ 3.º Havendo necessidade de destinar imóvel ao uso de entidade da Administração Pública Federal indireta, a aplicação se fará sob o regime da cessão de uso.

>> § 3.º acrescentado pela Lei n. 9.636, de 15-5-1998.

§ 4.º Não subsistindo o interesse do órgão da administração pública federal direta na utilização de imóvel da União entregue para uso no serviço público, deverá ser formalizada a devolução mediante termo acompanhado de laudo de vistoria, recebido pela gerência regional da Secretaria do Patrimônio da União, no qual deverá ser informada a data da devolução.

>> § 4.º acrescentado pela Lei n. 11.481, de 31-5-2007.

§ 5.º Constatado o exercício de posse para fins de moradia em bens entregues a órgãos ou entidades da administração pública federal e havendo interesse público na utilização destes bens para fins de implantação de programa ou ações de regularização fundiária ou para titulação em áreas ocupadas por comunidades tradicionais, a Secretaria do Patrimônio da União fica autorizada a reaver o imóvel por meio de ato de cancelamento da entrega, destinando o imóvel para a finalidade que motivou a medida, ressalvados os bens imóveis da União que estejam sob a administração do Ministério da Defesa e dos Comandos da Marinha, do Exército e da Aeronáutica, e observado o disposto no inciso III do § 1.º do art. 91 da Constituição Federal.

>> § 5.º acrescentado pela Lei n. 11.481, de 31-5-2007.

§ 6.º O disposto no § 5.º deste artigo aplica-se, também, a imóveis não utilizados para a finalidade prevista no ato de entrega de que trata o *caput* deste artigo, quando verificada a necessidade de sua utilização em programas de provisão habitacional de interesse social.

>> § 6.º acrescentado pela Lei n. 11.481, de 31-5-2007.

Seção III
Da Residência Obrigatória de Servidor da União

Art. 80. A residência de servidor da União em próprio nacional ou em outro imóvel utilizado em serviço público somente será considerada obrigatória quando for indispensável, por necessidade de vigilância ou assistência constante.

Art. 81. O ocupante, em caráter obrigatório, de próprio nacional ou de outro imóvel utilizado em serviço público federal, fica sujeito ao pagamento da taxa de 3% (três por cento) ao ano sobre o valor atualizado, do imóvel ou da parte nele ocupada, sem exceder a 20% (vinte por cento) do seu vencimento ou salário.

§ 1.º Em caso de ocupação de imóvel alugado pela União, a taxa será de 50% (cinquenta por cento) sobre o valor locativo da parte ocupada.

§ 2.º A taxa que trata o presente artigo será arrecadada mediante desconto mensal em folha de pagamento.

§ 3.º É isento do pagamento da taxa o servidor da União que ocupar:

I – construção improvisada, junto à obra em que esteja trabalhando;

II – próprio nacional ou prédio utilizado por serviço público federal, em missão de caráter transitório, de guarda, plantão, proteção ou assistência; ou

III – alojamentos militares ou instalações semelhantes.

§ 4.º O servidor que ocupar próprio nacional ou outro imóvel utilizado em serviço público da União, situado na zona rural, pagará apenas a taxa anual de 0,50% (meio por cento), sobre o valor atualizado do imóvel, ou da parte nele ocupada.

>> § 4.º acrescentado pela Lei n. 9.636, de 15-5-1998.

§ 5.º A taxa de uso dos imóveis ocupados por servidores militares continuará a ser regida pela legislação específica que dispõe sobre a remuneração dos militares, resguardado o disposto no § 3.º em se tratando de residência em alojamentos militares ou em instalações semelhantes.

>> § 5.º acrescentado pela Lei n. 9.636, de 15-5-1998.

Art. 82. A obrigatoriedade da residência será determinada expressamente por ato do Ministro de Estado, sob a jurisdição de cujo Ministério se encontrar o imóvel, ouvido previamente o SPU.

>> *Caput* com redação determinada pela Lei n. 225, de 3-2-1948.

Parágrafo único. Os imóveis residenciais administrados pelos órgãos militares e destinados à ocupação por servidor militar, enquanto utilizados nesta finalidade serão considerados de caráter obrigatório, independentemente dos procedimentos previstos neste artigo.

>> Parágrafo único com redação determinada pela Lei n. 9.636, de 15-5-1998.

Art. 83. O ocupante, em caráter obrigatório, de próprio nacional não poderá, no todo ou em parte, cedê-lo, alugá-lo ou dar-lhe destino diferente do residencial.

§ 1.º A infração do disposto neste artigo constituirá falta grave, para o fim previsto no art. 234 do Decreto-lei n. 1.713, de 28 de outubro de 1939.

§ 2.º Verificada a hipótese prevista no parágrafo anterior, o SPU, ouvida a repartição interessada, examinará a necessidade de ser mantida a condição de obrigatoriedade de residência no imóvel, e submeterá o assunto, com o seu parecer e pelos meios competentes, à deliberação do Presidente da República.

Art. 84. Baixado o ato a que se refere o art. 82, se o caso for de residência em próprio nacional, o Ministério o remeterá, por cópia, ao SPU.

>> *Caput* com redação determinada pela Lei n. 225, de 3-2-1948.

Parágrafo único. A repartição federal que dispuser de imóvel que deva ser ocupado nas condições previstas no § 3.º do art. 81 deste Decreto-lei, comunicá-lo-á ao SPU, justificando-o.

Art. 85. A repartição federal que tenha sob sua jurisdição imóvel utilizado como residência obrigatória de servidor da União deverá:

I – entregá-lo ou recebê-lo do respectivo ocupante, mediante termo de que constarão as condições prescritas pelo SPU;

II – remeter cópia do termo ao SPU;

III – comunicar à repartição pagadora competente a importância do desconto que deva ser feito em folha de pagamento, para o fim previsto no § 2.º do art. 81, remetendo ao SPU cópia deste expediente;

IV – comunicar ao SPU qualquer alteração havida no desconto a que se refere o item anterior esclarecendo devidamente o motivo que a determinou; e

V – comunicar imediatamente ao SPU qualquer infração das disposições deste Decreto-lei, bem como a cessação da obrigatoriedade de residência, não podendo utilizar o imóvel em nenhum outro fim sem autorização do mesmo serviço.

Capítulo III
DA LOCAÇÃO

Seção I
Disposições Gerais

Art. 86. Os próprios nacionais não aplicados, total ou parcialmente, nos fins previstos no art. 76 deste Decreto-lei, poderão, a juízo do SPU, ser alugados:

I – para residência de autoridades federais ou de outros servidores da União, no interesse do serviço;

II – para residência de servidor da União, em caráter voluntário;

III – a quaisquer interessados.

Art. 87. A locação de imóveis da União se fará mediante contrato, não ficando sujeita a disposições de outras leis concernentes à locação.

Art. 88. É proibida a sublocação do imóvel, no todo ou em parte, bem como a transferência de locação.

Art. 89. O contrato de locação poderá ser rescindido:

I – quando ocorrer infração do disposto no artigo anterior;

II – quando os aluguéis não forem pagos nos prazos estipulados;

III – quando o imóvel for necessário a serviço público, e desde que não tenha a locação sido feita em condições especiais, aprovadas pelo Ministro da Fazenda;

IV – quando ocorrer inadimplemento de cláusula contratual.

§ 1.º Nos casos previstos nos itens I e II a rescisão dar-se-á de pleno direito, imitindo-se a União sumariamente na posse da coisa locada.

§ 2.º Na hipótese do item III, a rescisão poderá ser feita em qualquer tempo, por ato administrativo da União, sem que esta fique por isso obrigada a pagar ao locatário indenização de qualquer espécie, excetuada a que se refira a benfeitorias necessárias.

§ 3.º A rescisão, no caso do parágrafo anterior, será feita por notificação, em que se consignará o prazo para restituição do imóvel, que será:

a) de 90 (noventa) dias, quando situado em zona urbana;

b) de 180 (cento e oitenta) dias, quando em zona rural.

§ 4.º Os prazos fixados no parágrafo precedente poderão, a critério do SPU, ser prorrogados, se requerida a prorrogação em tempo hábil e justificadamente.

Art. 90. As benfeitorias necessárias só serão indenizáveis pela União quando o SPU tiver sido notificado da realização das mesmas dentro de 120 (cento e vinte) dias contados da sua execução.

Art. 91. Os aluguéis serão pagos:

I – mediante desconto em folha de pagamento, quando a locação se fizer na forma do item I do art. 86;

II – mediante recolhimento à estação arrecadadora da Fazenda Nacional, nos casos previstos nos itens II e III do mesmo art. 86.

§ 1.º O SPU comunicará às repartições competentes a importância dos descontos que devam ser feitos para os fins previstos neste artigo.

§ 2.º O pagamento dos aluguéis de que trata o item II deste artigo será garantido por depósito em dinheiro, em importância correspondente a 3 (três) meses de aluguel.

Seção II
Da Residência de Servidor da União no Interesse do Serviço

Art. 92. Poderão ser reservados pelo SPU próprios nacionais, no todo ou em parte, para moradia de servidores da União no exercício de cargo em comissão ou função gratificada, ou que, no interesse do serviço, convenha residam nas repartições respectivas ou nas suas proximidades.

Parágrafo único. A locação se fará sem concorrência e por aluguel correspondente à parte ocupada do imóvel.

Art. 93. As repartições que necessitem de imóveis para o fim previsto no artigo anterior solicitarão sua reserva ao SPU, justificando a necessidade.

Parágrafo único. Reservado o imóvel e assinado o contrato de locação, o SPU fará sua entrega ao servidor que deverá ocupá-lo.

Seção III
Da Residência Voluntária de Servidor da União

Art. 94. Os próprios nacionais não aplicados nos fins previstos no art. 76 ou no item I do art. 86 deste Decreto-lei, e que se prestem para moradia, poderão ser alugados para residência de servidor da União.

§ 1.º A locação se fará pelo aluguel que for fixado e mediante concorrência, que versará sobre as qualidades preferenciais dos candidatos, relativas ao número de dependentes, remuneração e tempo de serviço público.

§ 2.º As qualidades preferenciais serão apuradas conforme tabela organizada pelo SPU e aprovada pelo Diretor-Geral da Fazenda Nacional, tendo em vista o amparo dos mais necessitados.

Seção IV
Da Locação a Quaisquer Interessados

Art. 95. Os imóveis da União não aplicados em serviço público e que não forem utilizados nos fins previstos nos itens I e II do art. 86, poderão ser alugados a quaisquer interessados.

Parágrafo único. A locação se fará em concorrência pública e pelo maior preço oferecido, na base mínima do valor locativo fixado.

Art. 96. Em se tratando de exploração de frutos ou prestação de serviços, a locação se fará sob forma de arrendamento, mediante condições especiais, aprovadas pelo Ministro da Fazenda.

Parágrafo único. Salvo em casos especiais, expressamente determinados em lei, não se fará arrendamento por prazo superior a 20 (vinte) anos.

>> Parágrafo único com redação determinada pela Lei n. 11.314, de 3-7-2006.

Art. 97. Terão preferência para a locação de próprio nacional os Estados e Municípios que, porém, ficarão sujeitos ao pagamento da cota ou aluguel fixado e ao cumprimento das demais obrigações estipuladas em contrato.

Art. 98. Ao possuidor de benfeitorias, que estiver cultivando, por si e regularmente, terras compreendidas entre as de que trata o art. 65, fica assegurada a preferência para o seu arrendamento, se tal regime houver sido julgado aconselhável para a utilização das mesmas.

> O art. 65 foi revogado pela Lei n. 9.636, de 15-5-1998.

Parágrafo único. Não usando desse direito no prazo que for estipulado, será o possuidor das benfeitorias indenizado do valor das mesmas, arbitrado pelo SPU.

Capítulo IV
DO AFORAMENTO

> *Vide* Lei n. 9.636, de 15-5-1998.

Seção I
Disposições Gerais

Art. 99. A utilização do terreno sob regime de aforamento dependerá de prévia autorização do Presidente da República, salvo se já permitida em expressa disposição legal.

Parágrafo único. Em se tratando de terreno beneficiado com construção constituída de unidades autônomas, ou, comprovadamente, para tal fim destinado, o aforamento poderá ter por objeto as partes ideais correspondentes às mesmas unidades.

Art. 100. A aplicação do regime de aforamento a terras da União, quando autorizada na forma deste Decreto-lei, compete ao SPU, sujeita, porém, a prévia audiência:

a) dos Ministérios da Guerra, por intermédio dos Comandos das Regiões Militares; da Marinha, por intermédio das Capitanias dos Portos; da Aeronáutica, por intermédio dos Comandos das Zonas Aéreas, quando se tratar de terrenos situados dentro da faixa de fronteiras, da faixa de 100 (cem) metros ao longo da costa marítima ou de uma circunferência de 1.320 (um mil trezentos e vinte) metros de raio em torno das fortificações e estabelecimentos militares;

b) do Ministério da Agricultura, por intermédio dos seus órgãos locais interessados, quando se tratar de terras suscetíveis de aproveitamento agrícola ou pastoril;

c) do Ministério da Viação e Obras Públicas, por intermédio de seus órgãos próprios locais, quando se tratar de terrenos situados nas proximidades de obras portuárias, ferroviárias, rodoviárias, de saneamento ou de irrigação;

d) das Prefeituras Municipais, quando se tratar de terreno situado em zona que esteja sendo urbanizada.

§ 1.º A consulta versará sobre zona determinada devidamente caracterizada.

§ 2.º Os órgãos consultados deverão se pronunciar dentro de 30 (trinta) dias do recebimento da consulta, prazo que poderá ser prorrogado por outros 30 (trinta) dias, quando solicitado, importando o silêncio em assentimento à aplicação do regime enfitêutico na zona caracterizada na consulta.

§ 3.º As impugnações, que se poderão restringir a parte da zona sobre que haja versado a consulta, deverão ser devidamente fundamentadas.

§ 4.º O aforamento, à vista de ponderações dos órgãos consultados, poderá subordinar-se a condições especiais.

§ 5.º Considerada improcedente a impugnação, a autoridade submeterá o recurso à autoridade superior, nos termos estabelecidos em regulamento.

>> § 5.º com redação determinada pela Lei n. 13.874, de 20-9-2019.

§ 6.º Nos casos de aplicação do regime de aforamento gratuito com vistas na regularização fundiária de interesse social, ficam dispensadas as audiências previstas neste artigo, ressalvados os bens imóveis sob administração do Ministério da Defesa e dos Comandos do Exército, da Marinha e da Aeronáutica.

>> § 6.º acrescentado pela Lei n. 11.481, de 31-5-2007.

§ 7.º Quando se tratar de imóvel situado em áreas urbanas consolidadas e fora da faixa de segurança de que trata o § 3.º do art. 49 do Ato das Disposições Constitucionais Transitórias, serão dispensadas as audiências previstas neste artigo e o procedimento será estabelecido em norma da Secretaria do Patrimônio da União.

>> § 7.º acrescentado pela Lei n. 13.240, de 30-12-2015.

Art. 101. Os terrenos aforados pela União ficam sujeitos ao foro de 0,6% (seis décimos por cento) do valor do respectivo domínio pleno, que será anualmente atualizado.

>> *Caput* com redação determinada pela Lei n. 7.450, de 23-12-1985.

Parágrafo único. O não pagamento do foro durante 3 (três) anos consecutivos, ou 4 (quatro) anos intercalados, importará a caducidade do aforamento.

>> Parágrafo único com redação determinada pela Lei n. 9.636, de 15-5-1998.

Art. 102. (*Revogado pelo Decreto-lei n. 2.398, de 21-12-1987.*)

Art. 103. O aforamento extinguir-se-á:

>> *Caput* com redação determinada pela Lei n. 11.481, de 31-5-2007.

I – por inadimplemento de cláusula contratual;

>> Inciso I acrescentado pela Lei n. 11.481, de 31-5-2007.

II – por acordo entre as partes;

>> Inciso II acrescentado pela Lei n. 11.481, de 31-5-2007.

III – pela remissão do foro, nas zonas onde não mais subsistam os motivos determinantes da aplicação do regime enfitêutico;

>> Inciso III acrescentado pela Lei n. 11.481, de 31-5-2007.

IV – pelo abandono do imóvel, caracterizado pela ocupação, por mais de 5 (cinco) anos, sem contestação, de assentamentos informais de baixa renda, retornando o domínio útil à União; ou

>> Inciso IV acrescentado pela Lei n. 11.481, de 31-5-2007.

V – por interesse público, mediante prévia indenização.

>> Inciso V acrescentado pela Lei n. 11.481, de 31-5-2007.

§ 1.º Consistindo o inadimplemento de cláusula contratual no não pagamento do foro durante 3 (três) anos consecutivos, ou 4 (quatro) anos intercalados, é facultado ao foreiro, sem prejuízo do disposto no art. 120, revigorar o aforamento mediante as condições que lhe forem impostas.

>> § 1.º com redação determinada pela Lei n. 9.636, de 15-5-1998.

§ 2.º Na consolidação pela União do domínio pleno de terreno que haja concedido em aforamento, deduzir-se-á do valor do mesmo domínio a importância equivalente a 17% (dezessete por cento) correspondente ao valor do domínio direto.

>> § 2.º com redação determinada pela Lei n. 9.636, de 15-5-1998.

Seção II
Da Constituição

Art. 104. Decidida a aplicação do regime enfitêutico a terrenos compreendidos em determinada zona, a SPU notificará os interessados com preferência ao aforamento nos termos dos arts. 105 e 215, para que requeiram dentro do prazo de 180 (cento e oitenta) dias, sob pena de perda dos direitos que porventura lhes assistam.

>> *Caput* com redação determinada pela Lei n. 9.636, de 15-5-1998.

Parágrafo único. A notificação será feita por edital afixado na repartição arrecadadora da Fazenda Nacional com jurisdição na localidade do imóvel, e publicado no *Diário Oficial da União*, mediante aviso publicado 3 (três) vezes, durante o período de convocação, nos 2 (dois) jornais de maior veiculação local e, sempre que houver interessados conhecidos, por carta registrada.

>> Parágrafo único com redação determinada pela Lei n. 9.636, de 15-5-1998.

Art. 105. Têm preferência ao aforamento:

I – os que tiverem título de propriedade devidamente transcrito no Registro de Imóveis;

II – os que estejam na posse dos terrenos, com fundamento em título outorgado pelos Estados ou Municípios;

III – os que, necessariamente, utilizam os terrenos para acesso às suas propriedades;

IV – os ocupantes inscritos até o ano de 1940, e que estejam quites com o pagamento das devidas taxas, quanto aos terrenos de marinha e seus acrescidos;

V – (*Revogado pela Lei n. 9.636, de 15-5-1998.*)

VI – os concessionários de terrenos de marinha, quanto aos seus acrescidos, desde que estes não possam constituir unidades autônomas;

VII – os que no terreno possuam benfeitorias, anteriores ao ano de 1940, de valor apreciável em relação ao daquele;

VIII a X – (*Revogados pela Lei n. 9.636, de 15-5-1998.*)

§ 1.º As divergências sobre propriedade, servidão ou posse devem ser decididas pelo Poder Judiciário.

>> § 1.º acrescentado pela Lei n. 13.139, de 26-6-2015.

§ 2.º A decisão da Secretaria do Patrimônio da União quanto ao pedido formulado com fundamento no direito de preferência previsto neste artigo constitui ato vinculado e somente poderá ser desfavorável, de forma fundamentada, caso haja algum impedimento, entre aqueles já previstos em lei, informado em consulta formulada entre aquelas previstas na legislação em vigor, ou nas hipóteses previstas no inciso II do art. 9.º da Lei n. 9.636, de 15 de maio de 1998.

>> § 2.º acrescentado pela Lei n. 13.139, de 26-6-2015.

Art. 106. Os pedidos de aforamento serão dirigidos ao chefe do órgão local do SPU, acompanhados dos documentos comprobatórios dos direitos alegados pelo interessado e de planta ou croquis que identifique o terreno.

Art. 107. (*Revogado pelo Decreto-lei n. 2.398, de 21-12-1987.*)

Art. 108. O Superintendente do Patrimônio da União no Estado apreciará a documentação e, deferindo o pedido, calculará o foro, com base no art. 101, e concederá o aforamento, devendo o foreiro comprovar sua regularidade fiscal perante a Fazenda Nacional até o ato da contratação.

>> *Caput* com redação determinada pela Lei n. 13.139, de 26-6-2015.

Parágrafo único. O Ministério do Planejamento, Orçamento e Gestão estabelecerá diretrizes e procedimentos simplificados para a concessão do aforamento de que trata o *caput*.

>> Parágrafo único acrescentado pela Lei n. 13.139, de 26-6-2015.

Art. 109. Concedido o aforamento, será lavrado em livro próprio da Superintendência do Patrimônio da União o contrato enfitêutico de que constarão as condições estabelecidas e as características do terreno aforado.

>> *Caput* com redação determinada pela Lei n. 13.139, de 26-6-2015.

Art. 110. Expirado o prazo de que trata o art. 104 e não havendo interesse do serviço público na manutenção do imóvel no domínio pleno da União, a SPU promoverá a venda do domínio útil dos terrenos sem posse, ou daqueles que se encontrem na posse de quem não tenha atendido à notificação a que se refere o mesmo artigo ou de quem, tendo requerido, não tenha preenchido as condições necessárias para obter a concessão do aforamento.

>> Artigo com redação determinada pela Lei n. 9.636, de 15-5-1998.

Art. 111. (*Revogado pelo Decreto-lei n. 2.398, de 21-12-1987.*)

Seção III
Da Transferência

Arts. 112 a 115. (*Revogados pelo Decreto-lei n. 2.398, de 21-12-1987.*)

Art. 115-A. Efetuada a transação e transcrito o título no registro de imóveis, o antigo foreiro, exibindo os documentos comprobatórios, deverá comunicar a transferência à Superintendência do Patrimônio da União, no prazo de até sessenta dias, sob pena de permanecer responsável pelos débitos que vierem a incidir sobre o imóvel até a data da comunicação.

>> Artigo acrescentado pela Lei n. 13.465, de 11-7-2017.

Art. 116. Efetuada a transação e transcrito o título no Registro de Imóveis, o adquirente, exibindo os documentos comprobatórios, deverá requerer, no prazo de 60 (sessenta) dias, que para o seu nome se transfiram as obrigações enfitêuticas.

§ 1.º A transferência das obrigações será feita mediante averbação, no órgão local do SPU, do título de aquisição devidamente transcrito no Registro de Imóveis, ou, em caso de transmissão parcial, do terreno mediante termo.

§ 2.º O adquirente estará sujeito à multa de 0,50% (cinquenta centésimos por cento), por mês ou fração, sobre o valor do terreno, caso não requeira a transferência no prazo estabelecido no *caput* deste artigo.

>> § 2.º com redação determinada pela Lei n. 13.465, de 11-7-2017.

§ 3.º Para fatos geradores anteriores a 22 de dezembro de 2016, a cobrança da multa de que trata o § 2.º deste artigo será efetuada de forma proporcional, regulamentada por intermédio de ato específico da Secretaria do Patrimônio da União (SPU).

>> § 3.º acrescentado pela Lei n. 13.465, de 11-7-2017.

Art. 117. (*Revogado pelo Decreto-lei n. 2.398, de 21-12-1987.*)

Seção IV
Da Caducidade e Revigoração

Art. 118. Caduco o aforamento na forma do parágrafo único do art. 101, o órgão local do SPU notificará o foreiro, por edital, ou, quando possível, por carta registrada, marcando-lhe o prazo de 90 (noventa) dias para apresentar qualquer reclamação ou solicitar a revigoração do aforamento.

>> *Caput* com redação determinada pela Lei n. 9.636, de 15-5-1998.

Parágrafo único. Em caso de apresentação de reclamação, o prazo para o pedido de revigoração será contado da data da notificação ao foreiro da decisão final proferida.

Art. 119. Reconhecido o direito do requerente e pagos os foros em atraso, o chefe do órgão local da Secretaria do Patrimônio da União concederá a revigoração do aforamento.

>> *Caput* com redação determinada pela Lei n. 11.481, de 31-5-2007.

Parágrafo único. A Secretaria do Patrimônio da União disciplinará os procedimentos operacionais destinados à revigoração de que trata o *caput* deste artigo.

>> Parágrafo único acrescentado pela Lei n. 11.481, de 31-5-2007.

Art. 120. A revigoração do aforamento poderá ser negada se a União necessitar do terreno para serviço público, ou, quanto às terras de que trata o art. 65, quando não estiverem as mesmas sendo utilizadas apropriadamente, obrigando-se, nesses casos, à indenização das benfeitorias porventura existentes.

>> O art. 65 foi revogado pela Lei n. 9.636, de 15-5-1998.

Art. 121. Decorrido o prazo de que trata o art. 118, sem que haja sido solicitada a revigoração do aforamento, o chefe do órgão local do SPU providenciará no sentido de ser cancelado o aforamento no Registro de Imóveis e procederá na forma do disposto no art. 110.

Parágrafo único. Nos casos de cancelamento do registro de aforamento, considera-se a certidão da Secretaria do Patrimônio da União de cancelamento de aforamento documento hábil para o cancelamento de registro nos termos do inciso III do *caput* do art. 250 da Lei n. 6.015, de 31 de dezembro de 1973.

>> Parágrafo único acrescentado pela Lei n. 11.481, de 31-5-2007.

Seção V
Da Remissão

Art. 122. Autorizada, na forma do disposto no art. 103, a remissão do aforamento dos terrenos compreendidos em determinada zona, o SPU notificará os foreiros, na forma do parágrafo único do art. 104, da autorização concedida.

Parágrafo único. A decisão da Secretaria do Patrimônio da União sobre os pedidos de remissão do aforamento de terreno de marinha e/ou acrescido de marinha localizado fora da faixa de segurança constitui ato vinculado.

>> Parágrafo único com redação determinada pela Lei n. 13.139, de 26-6-2015.

Art. 123. A remição do aforamento será feita pela importância correspondente a 17% (dezessete por cento) do valor do domínio pleno do terreno, excluídas as benfeitorias.

>> Artigo com redação determinada pela Lei n. 13.240, de 30-12-2015.

> *Vide* art. 24, § 5.º, da Lei n. 9.636, de 15-5-1998.

Art. 124. Efetuado o resgate, o órgão local do SPU expedirá certificado de remissão, para averbação no Registro de Imóveis.

Capítulo V
DA CESSÃO

Arts. 125 e 126. (*Revogados pela Lei n. 9.636, de 15-5-1998.*)

Capítulo VI
DA OCUPAÇÃO

>> Não se aplicam aos imóveis rurais os arts. 127 a 133 deste Decreto-lei (Lei n. 6.383, de 7-12-1976).

>> A Instrução Normativa n. 4, de 14-8-2018, da SPU, estabelece os procedimentos administrativos para a inscrição de ocupação em terrenos e imóveis da União.

Art. 127. Os atuais ocupantes de terrenos da União, sem título outorgado por esta, ficam obrigados ao pagamento anual da taxa de ocupação.

§§ 1.º e 2.º (*Revogados pelo Decreto-lei n. 2.398, de 21-12-1987.*)

Art. 128. O pagamento da taxa será devido a partir da inscrição de ocupação, efetivada de ofício ou a pedido do interessado, não se vinculando ao cadastramento do imóvel.

>> *Caput* com redação determinada pela Lei n. 13.139, de 26-6-2015.

§§ 1.º a 3.º (*Revogados pela Lei n. 13.139, de 26-6-2015.*)

§ 4.º Caso o imóvel objeto do pedido de inscrição de ocupação não se encontre cadastrado, a Secretaria do Patrimônio da União do Ministério do Planejamento, Orçamento e Gestão efetuará o cadastramento.

>> § 4.º acrescentado pela Lei n. 13.139, de 26-6-2015.

Arts. 129 e 130. (*Revogados pelo Decreto-lei n. 2.398, de 21-12-1987.*)

Art. 131. A inscrição e o pagamento da taxa de ocupação não importam, em absoluto, no reconhecimento, pela União, de qualquer direito de propriedade do ocupante sobre o terreno ou ao seu aforamento, salvo no caso previsto no item 4 do art. 105.

Art. 132. A União poderá, em qualquer tempo que necessitar do terreno, imitir-se na posse do mesmo, promovendo sumariamente a sua desocupação, observados os prazos fixados no § 3.º, do art. 89.

§ 1.º As benfeitorias existentes no terreno somente serão indenizadas, pela importância arbitrada pelo SPU, se por este for julgada de boa-fé a ocupação.

§ 2.º Do julgamento proferido na forma do parágrafo anterior, cabe recurso para o CTU, no prazo de 30 (trinta) dias da ciência dada ao ocupante.

§ 3.º O preço das benfeitorias será depositado em juízo pelo SPU, desde que a parte interessada não se proponha recebê-lo.

Art. 132-A. Efetuada a transferência do direito de ocupação, o antigo ocupante, exibindo os documentos comprobatórios, deverá comunicar a transferência à Superintendência do Patrimônio da União, no prazo de até sessenta dias, sob pena de permanecer responsável pelos débitos que vierem a incidir sobre o imóvel até a data da comunicação.

>> Artigo acrescentado pela Lei n. 13.465, de 11-7-2017.

Art. 133. *(Revogado pela Lei n. 9.636, de 15-5-1998.)*

Título III
DA ALIENAÇÃO DOS BENS IMÓVEIS DA UNIÃO

Capítulo I
DISPOSIÇÕES GERAIS

Arts. 134 a 140. *(Revogados pelo Decreto-lei n. 2.398, de 21-12-1987.)*

Capítulo II
DOS IMÓVEIS UTILIZÁVEIS EM FINS RESIDENCIAIS

Arts. 141 a 144. *(Revogados pelo Decreto-lei n. 2.398, de 21-12-1987.)*

Capítulo III
DOS IMÓVEIS UTILIZÁVEIS EM FINS COMERCIAIS OU INDUSTRIAIS

Arts. 145 a 148. *(Revogados pelo Decreto-lei n. 2.398, de 21-12-1987.)*

Capítulo IV
DOS TERRENOS DESTINADOS A FINS AGRÍCOLAS E DE COLONIZAÇÃO

Art. 149. Serão reservados em zonas rurais, mediante escolha do Ministério da Agricultura, na forma da lei, terrenos da União, para estabelecimento de núcleos coloniais.

§ 1.º Os terrenos assim reservados, excluídas as áreas destinadas à sede, logradouros e outros serviços gerais do núcleo, serão loteados para venda de acordo com plano organizado pelo Ministério da Agricultura.

§ 2.º O Ministério da Agricultura remeterá ao SPU cópia do plano geral do núcleo, devidamente aprovado.

Art. 150. Os lotes de que trata o § 1.º do artigo anterior serão vendidos a nacionais que queiram dedicar-se à agricultura e a estrangeiros agricultores, a critério, na forma da lei, do Ministério da Agricultura.

Art. 151. O preço de venda dos lotes será estabelecido por comissão de avaliação designada pelo Diretor da Divisão de Terras e Colonização (DTC) do Departamento Nacional da Produção Vegetal, do Ministério da Agricultura.

Art. 152. O preço da aquisição poderá ser pago em prestações anuais até o máximo de 15 (quinze), compreendendo amortização e juros de 6% (seis por cento) ao ano, em total constante e discriminável conforme o estado real da dívida.

§ 1.º A primeira prestação vencer-se-á no último dia do terceiro ano e as demais no último dos anos restantes, sob pena de multa de mora de 5% (cinco por cento) ao ano sobre o valor da dívida.

§ 2.º Em casos de atraso de pagamento superior a 2 (dois) anos proceder-se-á à cobrança executiva da dívida, salvo motivo justificado, a critério da DTC.

§ 3.º O adquirente poderá, em qualquer tempo, antecipar o pagamento da dívida, bem como fazer amortização em cotas parciais, não inferiores a Cr$ 1.000,00 (um mil cruzeiros), para o fim de reduzir a importância ou o número das prestações, ou ambos.

Art. 153. Ajustada a transação, lavrar-se-á contrato de promessa de compra e venda, de que constarão todas as condições que hajam sido estipuladas.

Parágrafo único. Para elaboração da minuta do contrato, a DTC remeterá ao SPU os elementos necessários, concernentes à qualificação do adquirente, à identificação do lote e às obrigações estabelecidas, quanto ao pagamento e à utilização do terreno.

Art. 154. Pago o preço total da aquisição, e cumpridas as demais obrigações assumidas, será lavrado o contrato definitivo de compra e venda.

Parágrafo único. Em caso de falecimento do adquirente que tenha pago 3 (três) prestações será dispensado o pagamento do restante da dívida aos seus herdeiros, aos quais será outorgado o título definitivo.

Art. 155. O promitente comprador e, quanto a núcleos coloniais não emancipados, o proprietário do lote, não poderão onerar nem por qualquer forma transferir o imóvel, sem prévia licença da DTC.

Parágrafo único. A DTC dará conhecimento ao SPU das licenças que tiver concedido para os fins de que trata o presente artigo.

Art. 156. As terras de que trata o art. 65 poderão ser alienadas, sem concorrência, pelo SPU, com prévia audiência do Ministério da Agricultura, aos seus arrendatários, possuidores ou ocupantes.

>> O art. 65 foi revogado pela Lei n. 9.636, de 15-5-1998.

Parágrafo único. A alienação poderá ser feita nas condições previstas nos arts. 152, 153 e 154, vencível, porém, a primeira prestação no último dia do primeiro ano, e excluída a dispensa de que trata o parágrafo único do art. 154.

Art. 157. Os contratos, de que tratam os artigos anteriores, são sujeitos às disposições deste Decreto-lei.

Art. 158. Cabe ao SPU fiscalizar o pagamento das prestações devidas e à DTC o cumprimento das demais obrigações contratuais.

Capítulo V
DOS TERRENOS OCUPADOS

Arts. 159 a 163. *(Revogados pelo Decreto-lei n. 2.398, de 21-12-1987.)*

Capítulo VI
DA LEGITIMAÇÃO DE POSSE DE TERRAS DEVOLUTAS

>> Não se aplicam aos imóveis rurais os arts. 164 a 174 deste Decreto-lei (Lei n. 6.383, de 7-12-1976, art. 32).

Art. 164. Proferida a sentença homologatória a que se refere o art. 57, iniciará a Fazenda Nacional a execução, sem embargo de qualquer recurso, requerendo preliminarmente ao juiz da causa a intimação dos possuidores de áreas reconhecidas ou julgadas devolutas a legitimarem suas posses, caso o queiram, a lei o permita e o Governo Federal consinta-lhes fazê-lo, mediante pagamento das custas que porventura estiverem devendo e recolhimento aos cofres da União, dentro de 60 (sessenta) dias, da taxa de legitimação.

Parágrafo único. O termo de 60 (sessenta) dias começará a correr da data em que entrar em cartório a avaliação da área possuída.

Art. 165. Declarar-se-ão no requerimento aqueles a quem o Governo Federal recusa legitimação.

Dentro de 20 (vinte) dias da intimação os possuidores que quiserem e puderem legitimar suas posses fá-lo-ão saber, mediante comunicação autêntica ao juiz da causa ou ao SPU.

Art. 166. Consistirá a taxa de legitimação em porcentagem sobre a avaliação que será feita por perito residente no foro *rei sitae*, nomeado pelo juiz.

O perito não terá direito a emolumentos superiores aos cifrados no Regimento de Custas Judiciais.

Art. 167. A avaliação recairá exclusivamente sobre o valor do solo, excluído o das benfeitorias, culturas, animais, acessórios e pertences do legitimante.

Art. 168. A taxa será de 5% (cinco por cento) em relação às posses titulares de menos de 20 (vinte) e mais de 10 (dez) anos; de 10% (dez por cento) às tituladas de menos de 10 (dez) anos; de 20% (vinte por cento) e 15% (quinze por cento) para as não tituladas respectivamente de menos de 15 (quinze) anos ou menos de 30 (trinta) e mais de 15 (quinze).

Art. 169. Recolhidas aos cofres públicos nacionais as custas porventura devidas, as da avaliação e a taxa de legitimação, expedirá o Diretor do SPU, a quem subirá o respectivo processo, o titulo de legitimação, pelo qual pagará o legitimante apenas o selo devido.

§ 1.º O titulo será confeccionado em forma de carta de sentença, com todos os característicos e individuações da propriedade a que se refere, segundo modelo oficial.

§ 2.º Deverá ser registrado em livro a isso destinado pelo SPU, averbando-se ao lado, em coluna própria, a publicação no *Diário Oficial da União*, do Estado ou do Território, consoante seja o caso, ou na folha que lhe publicar o expediente bem como a transcrição que do respectivo título se fizer no Registro Geral de Imóveis da Comarca de situação das terras, segundo o artigo subsequente.

Art. 170. Será o título transcrito no competente Registro Geral de Imóveis, feita a necessária publicação no *Diário Oficial da União*, do Estado ou do Território, conforme o caso, ou na folha que lhe editar o expediente.

§ 1.º O oficial do Registro de Imóveis remeterá ao SPU uma certidão em relatório da transcrição feita, a fim de ser junta aos autos.

§ 2.º Incorrerá na multa de Cr$ 200,00 (duzentos cruzeiros) a Cr$ 1.000,00 (um mil cruzeiros), aplicada pela autoridade judiciária local, a requerimento do SPU, o oficial que não fizer a transcrição ou remessa dentro de 30 (trinta) dias do recebimento do título.

Art. 171. Contra os que, sendo-lhes permitido fazer, não fizerem a legitimação no prazo legal, promoverá o SPU a execução de sentença por mandado de imissão de posse.

Art. 172. Providenciará o SPU a transcrição no competente Registro Geral de Imóveis, das terras sobre que versar a execução, assim como de todas declaradas de domínio da União e a ele incorporadas, para o que se habilitará com carta de sentença, aparelhada no estilo do direito comum.

Art. 173. Aos brasileiros natos ou naturalizados, possuidores de áreas consideradas diminutas, atendendo-se às peculiaridades locais, com títulos externamente perfeitos de aquisições de boa-fé, é lícito requerer e ao SPU conceder expedição de título de domínio, sem taxa ou com taxa inferior à fixada no presente Decreto-lei.

Art. 174. O Governo Federal negará legitimação, quando assim entender de justiça, de interesse público ou quando assim lhe ordenar a disposição da lei, cumprindo-lhe, se for o caso, indenizar as benfeitorias feitas de boa-fé.

TÍTULO IV
DA JUSTIFICAÇÃO DE POSSE DE TERRAS DEVOLUTAS

Art. 175. Aos interessados que se acharem nas condições das letras *e*, *f*, *g* e parágrafo único do art. 5.º será facultada a justificação administrativa de suas posses perante o órgão local do SPU, a fim de se forrarem a possíveis inquietações da parte da União e a incômodos de pleitos em tela judicial.

Art. 176. As justificações só têm eficácia nas relações dos justificantes com a Fazenda Nacional e não obstam, ainda em caso de malogro, o uso dos remédios que porventura lhes caibam e a dedução de seus direitos em juízo, na forma e medida da legislação civil.

Art. 177. O requerimento de justificação será dirigido ao chefe do órgão local do SPU, indicando o nome, nacionalidade, estado civil e residência do requerente e de seu representante no local da posse, se o tiver; a data da posse e os documentos que possam determinar a época do seu início e continuidade; a situação das terras e indicação da área certa ou aproximada, assim como a natureza das benfeitorias, culturas e criações que houver, com o valor real ou aproximado de uma e outras, a descrição dos limites da posse com indicação de todos os confrontantes e suas residências, o rol de testemunhas e documentos que acaso corroborem o alegado.

Art. 178. Recebido, protocolado e autuado o requerimento com os documentos que o instruírem, serão os autos distribuídos ao Procurador da Fazenda Pública para tomar conhecimento do pedido e dirigir o processo.

Parágrafo único. Se o pedido não se achar em forma, ordenará o referido Procurador ao requerente que complete as omissões, que contiver; se se achar em forma ou for sanado das omissões, admiti-lo-á a processo.

Art. 179. Do pedido dar-se-á então conhecimento a terceiros, por aviso circunstanciado publicado 3 (três) vezes dentro de 60 (sessenta) dias, no *Diário Oficial da União*, do Estado ou Território, consoante for o caso, ou na folha que lhe der publicidade ao expediente, e 2 (duas) vezes, com intervalo de 20 (vinte) dias, no jornal da Comarca, ou Município, onde estiverem as terras, se houver, adiantadas as respectivas despesas pelo requerente.

Art. 180. Poderão contestar o pedido terceiros por ele prejudicados, dentro de 30 (trinta) dias, depois de findo o prazo edital.

Parágrafo único. A contestação mencionará o nome e residência do contestante, motivos de sua oposição e provas em que se fundar. Apresentada a contestação ou findo o prazo para ela marcado, o Procurador da Fazenda Pública requisitará ao SPU um dos seus engenheiros ou agrimensores para, em face dos autos, proceder a uma vistoria sumária da área objeto da justificação e prestar todas as informações que interessem ao despacho do pedido.

Art. 181. Realizada a vistoria, serão as partes admitidas, uma após outra, a inquirir suas testemunhas cujos depoimentos serão reduzidos a escrito em forma breve pelo escrivão *ad hoc*, que for designado para servir no processo.

Art. 182. Terminadas as inquirições serão os autos encaminhados, com parecer do Procurador da Fazenda Pública, ao chefe do órgão local do SPU, para decidir o caso de acordo com as provas colhidas e com outras que possa determinar *ex officio*.

Art. 183. Da decisão proferida pelo chefe do órgão local do SPU cabe ao Procurador da Fazenda Pública e às partes recurso voluntário para o Conselho de Terras da União (CTU), dentro do prazo de 30 (trinta) dias da ciência dada aos interessados pessoalmente ou por carta registrada.

Parágrafo único. Antes de presente ao CTU subirão os autos do recurso ao diretor do SPU para manifestar-se sobre o mesmo.

Art. 184. Julgada procedente a justificação e transitando em julgado a decisão administrativa, expedirá o Diretor do SPU, à vista do processo respectivo, título recognitivo do domínio do justificante, título que será devidamente formalizado como o de legitimação.

Art. 185. Carregar-se-ão às partes interessadas as custas e despesas feitas, salvo as de justificação com assento no art. 148 da Constituição Federal, que serão gratuitas, quando julgadas procedentes.

A contagem se fará pelo Regimento das Custas Judiciais.

>> Refere-se à CF de 1946. Atualmente *vide* art. 173, § 4.º, da CF de 1988.

TÍTULO V
DO CONSELHO DE TERRAS DA UNIÃO

>> O Conselho de Terras da União foi extinto pelo Decreto n. 73.977, de 23-4-1974.

Art. 186. Fica criado, no Ministério da Fazenda, o Conselho de Terras da União (CTU), órgão coletivo de julgamento e deliberação na esfera administrativa, de questões concernentes a direitos de propriedade ou posse de imóveis entre a União e terceiros, e de consulta do Ministro da Fazenda.

Parágrafo único. O CTU terá, além disso, as atribuições específicas que lhe forem conferidas no presente Decreto-lei.

Art. 187. O CTU será constituído por 6 (seis) membros nomeados pelo Presidente da República, e cujos mandatos, com a duração de 3 (três) anos, serão renovados pelo terço.

§ 1.º As nomeações recairão em 3 (três) servidores da União, 2 (dois) dos quais Engenheiros e 1 (um) Bacharel em Direito, dentre nomes indicados pelo Ministro da Fazenda, e os restantes escolhidos de listas tríplices apresentadas pela Federação Brasileira de Engenheiros, pela Ordem dos Advogados do Brasil e pela Federação das Associações de Proprietários de Imóveis do Brasil ou, na falta destes, por entidades congêneres.

§ 2.º Os conselheiros terão suplentes, indicados e nomeados na mesma forma daqueles.

§ 3.º Aos suplentes cabe, quando convocados pelo presidente do Conselho, substituir, nos impedimentos temporários e nos casos de perda ou renúncia de mandato, os respectivos conselheiros.

Art. 188. O CTU será presidido por um conselheiro, eleito anualmente pelos seus pares na primeira reunião de cada ano.

Parágrafo único. Concomitantemente com a do presidente, far-se-á a eleição do vice-presidente, que substituirá aquele em suas faltas e impedimentos.

Art. 189. O CTU funcionará com a maioria de seus membros e realizará no mínimo 8 (oito) sessões mensais, das quais será lavrada ata circunstanciada.

Art. 190. Os processos submetidos ao Conselho serão distribuídos, em sessão, ao conselheiro relator, mediante sorteio.

§ 1.º Os conselheiros poderão reter, pelo prazo de 15 (quinze) dias, prorrogável, quando solicitado, a critério do Conselho, os processos que lhe tenham sido distribuídos para o relatório ou conclusos, mediante pedido de vista.

§ 2.º Ao presidente do Conselho, além das que lhe forem cometidas pelo Regimento, compete as mesmas atribuições dos demais conselheiros.

Art. 191. O CTU decidirá por maioria de votos dos membros presentes cabendo ao seu presidente, além do de qualidade, o voto de desempate.

Art. 192. Das decisões do Conselho caberá recurso para o próprio Conselho, no prazo de 20 (vinte) dias úteis, contados da data da decisão proferida.

Parágrafo único. Os recursos somente serão julgados com a presença de, no mínimo, igual número dos membros presentes à sessão em que haja sido proferida a decisão recorrida.

Art. 193. Junto ao Conselho serão admitidos procuradores das partes interessadas no julgamento, aos quais será permitido pronunciamento oral em sessão, constando do processo o instrumento do mandato.

§ 1.º A Fazenda Nacional será representada por servidor da União, designado pelo Ministro da Fazenda, cabendo-lhe ter vista dos processos, pelo prazo improrrogável de 15 (quinze) dias, antes do seu julgamento e depois de estudados pelo conselheiro relator.

§ 2.º O representante da Fazenda terá suplente, pela mesma forma designado, que o substituirá em suas faltas e impedimentos.

Art. 194. O CTU votará e aprovará seu Regimento.

Parágrafo único. Nenhuma alteração se fará no Regimento sem aprovação do Conselho, em 2 (duas) sessões consecutivas, a que estejam presentes pelo menos 5 (cinco) conselheiros.

Art. 195. O Conselho terá uma secretaria, que será chefiada por um secretário e terá os auxiliares necessários, todos designados pelo diretor-geral da Fazenda Nacional.

Parágrafo único. Ao secretário competirá, além das atribuições que lhe forem cometidas no Regimento, lavrar e assinar as atas das sessões, que serão submetidas à aprovação do Conselho.

Art. 196. O conselheiro que, sem causa justificada, a critério do próprio Conselho, faltar a 4 (quatro) sessões consecutivas, perderá o mandato.

Art. 197. Serão considerados de efetivo exercício os dias em que o conselheiro, servidor da União, ou o representante da Fazenda estiver afastado do serviço público ordinário, em virtude de comparecimento a sessão do Conselho.

TÍTULO VI
DISPOSIÇÕES FINAIS E TRANSITÓRIAS

Art. 198. A União tem por insubsistentes e nulas quaisquer pretensões sobre o domínio pleno de terrenos de marinha e seus acrescidos, salvo quando originais em títulos por ela outorgados na forma do presente Decreto-lei.

Art. 199. A partir da data da publicação do presente Decreto-lei, cessarão as atribuições cometidas a outros órgãos da administração federal, que não o CTU, concernentes ao exame e julgamento, na esfera administrativa, de questões entre a União e terceiros, relativas à propriedade ou posse de imóvel.

§ 1.º Os órgãos a que se refere este artigo remeterão ao CTU, dentro de 30 (trinta) dias, os respectivos processos pendentes de decisão final.

§ 2.º Poderá, a critério do governo, ser concedido novo prazo para apresentação, ao CTU, dos títulos de que trata o art. 2.º do Decreto-lei n. 893, de 26 de novembro de 1938.

Art. 200. Os bens imóveis da União, seja qual for a sua natureza, não são sujeitos a usucapião.

Art. 201. São consideradas dívidas ativas da União para efeito de cobrança executiva, as provenientes de aluguéis, taxas, foros, laudêmios e outras contribuições concernentes à utilização de bens imóveis da União.

Art. 202. Ficam confirmadas as demarcações de terrenos de marinha com fundamento em lei vigente na época em que tenham sido realizadas.

Art. 203. Fora dos casos expressos em lei, não poderão as terras devolutas da União ser alienadas ou concedidas senão a título oneroso.

Parágrafo único. Até que sejam regularmente instalados nos Territórios Federais os órgãos locais do SPU, continuarão os governadores a exercer as atribuições que a lei lhes confere, no que respeita às concessões de terras.

Art. 204. Na faixa de fronteira observar-se-á rigorosamente, em matéria de concessão de terras, o que a respeito estatuir a lei especial, cujos dispositivos prevalecerão em qualquer circunstância.

Art. 205. À pessoa estrangeira física ou jurídica, não serão alienados, concedidos ou transferidos imóveis da União situados nas zonas de que trata a letra *a* do art. 100, exceto se houver autorização do Presidente da República.

§ 1.º Fica dispensada a autorização quando se tratar de unidade autônoma de condomínio, regulados pela Lei n. 4.591, de 16 de dezembro de 1964, desde que o imóvel esteja situado em zona urbana, e as frações ideais pretendidas, em seu conjunto, não ultrapassem 1/3 (um terço) de sua área total.

>> § 1.º acrescentado pela Lei n. 7.450, de 23-12-1985.

§ 2.º A competência prevista neste artigo poderá ser delegada ao Ministro de Estado do Planejamento, Orçamento e Gestão, permitida a subdelegação ao Secretário do Patrimônio da União do Ministério do Planejamento, Orçamento e Gestão.

>> § 2.º com redação determinada pela Lei n. 13.139, de 26-6-2015.

§ 3.º Exclusivamente para pessoas físicas, fica dispensada a autorização quando se tratar de transferência de titularidade de terrenos de até mil metros quadrados, situados dentro da faixa de cem metros ao longo da costa marítima.

>> § 3.º acrescentado pela Lei n. 13.465, de 11-7-2017.

§ 4.º A dispensa de que trata o § 3.º deste artigo aplica-se, também, aos processos de transferência protocolados na Secretaria do Patrimônio da União (SPU) até 22 de dezembro de 2016.

>> § 4.º acrescentado pela Lei n. 13.465, de 11-7-2017.

Art. 206. Os pedidos de aforamento de terrenos da União, já formulados ao SPU, deverão prosseguir em seu processamento, observadas, porém, as disposições deste Decreto-lei no que for aplicável.

Art. 207. A DTC do Departamento Nacional da Produção Vegetal, do Ministério da Agricultura, remeterá ao SPU, no prazo de 180 (cento e oitenta) dias da publicação deste Decreto-lei, cópia das plantas coloniais, bem como dos termos, ajustes, contratos e títulos referentes à aquisição de lotes dos mesmos núcleos, e, ainda, relação dos adquirentes e dos pagamentos por eles efetuados.

Art. 208. Dentro de 90 (noventa) dias da publicação deste Decreto-lei, as repartições federais interessadas deverão remeter ao SPU relação dos imóveis de que necessitam, total ou parcialmente, para os fins previstos no art. 76 e no item I do art. 86, justificando o pedido.

Parágrafo único. Findo esse prazo, o SPU encaminhará dentro de 30 (trinta) dias ao Presidente da República as relações que dependam de sua aprovação, podendo dar aos demais imóveis da União a aplicação que julgar conveniente, na forma deste Decreto-lei.

Art. 209. As repartições federais deverão remeter ao SPU, no prazo de 60 (sessenta) dias da publicação deste Decreto-lei, relação dos imóveis que tenham a seu cargo, acompanhada da documentação respectiva, com indicação dos que estejam servindo de residência de servidor da União, em caráter obrigatório, e do ato determinante da obrigatoriedade.

Art. 210. Fica cancelada toda dívida existente, até à data da publicação deste Decreto-lei, oriunda de aluguel de imóvel ocupado por servidor da União como residência em caráter obrigatório, determinado em lei, regulamento, regimento, ou outros atos do governo.

Art. 211. Enquanto não forem aprovadas, na forma deste Decreto-lei, as relações de que trata o art. 208, os ocupantes de imóveis, que devam constituir residência obrigatória de servidor da União, ficam sujeitos ao pagamento do aluguel comum, que for fixado.

Art. 212. Serão mantidas as locações, mediante contrato, de imóveis da União, existentes na data da publicação deste Decreto-lei.

Parágrafo único. Findo o prazo contratual, o SPU promoverá a conveniente utilização do imóvel.

Art. 213. Havendo, na data da publicação deste Decreto-lei, prédio residencial ocupado sem contrato e que não seja necessário aos fins previstos no art. 76 e no item I do art. 86, o SPU promoverá a realização de concorrência para sua regular locação.

§ 1.º Enquanto não realizada a concorrência, poderá o ocupante permanecer no imóvel, pagando o aluguel que for fixado.

§ 2.º Será mantida a locação, independentemente de concorrência, de próprio nacional ocupado por servidor da União pelo tempo ininterrupto de 3 (três) ou mais anos, contados da data da publicação deste Decreto-lei, desde que durante esse período tenha o locatário pago com pontualidade os respectivos aluguéis e, a critério do SPU, conservado satisfatoriamente o imóvel.

§ 3.º Na hipótese prevista no parágrafo precedente, o órgão local do SPU promoverá imediatamente a assinatura do respectivo contrato de locação, mediante o aluguel que for fixado.

§ 4.º Nos demais casos, ao ocupante será assegurada, na concorrência, preferência à locação, em igualdade de condições.

§ 5.º Ao mesmo ocupante far-se-á notificação com antecedência de 30 (trinta) dias da abertura da concorrência.

Art. 214. No caso do artigo anterior, sendo, porém, necessário o imóvel aos fins nele mencionados ou não convindo à União alugá-lo por prazo certo, poderá o ocupante nele permanecer, sem contrato, pagando o aluguel que for fixado enquanto não utilizar-se a União do imóvel ou não lhe der outra aplicação.

Art. 215. Os direitos peremptos por força do disposto nos arts. 20, 28 e 35 do Decreto-lei n. 3.438, de 17 de julho de 1941, e 7.º do Decreto-lei n. 5.666, de 15 de julho de 1943, ficam revigorados, correndo os prazos para o seu exercício da data da notificação de que trata o art. 104 deste Decreto-lei.

Art. 216. O Ministro de Estado da Economia, diretamente ou por ato do Secretário Especial de Desestatização, Desinvestimento e Mercados do Ministério da Economia, ouvido previamente o Secretário de Coordenação e Governança do Patrimônio da União, editará os atos necessários à execução do disposto neste Decreto-lei.

>> Artigo com redação determinada pela Lei n. 13.874, de 20-9-2019.

Art. 217. O presente Decreto-lei entra em vigor na data de sua publicação.

Art. 218. Revogam-se as disposições em contrário.

Rio de Janeiro, 5 de setembro de 1946; 125.º da Independência e 58.º da República.

EURICO G. DUTRA

LEI N. 1.079, DE 10 DE ABRIL DE 1950 (*)

Define os crimes de responsabilidade e regula o respectivo processo de julgamento.

O Presidente da República

Faço saber que o Congresso Nacional decreta e eu sanciono a seguinte Lei:

PARTE PRIMEIRA
DO PRESIDENTE DA REPÚBLICA E MINISTROS DE ESTADO

> *Vide* arts. 50, § 2.º, e 85 e parágrafo único, da CF.

Art. 1.º São crimes de responsabilidade os que esta Lei especifica.

Art. 2.º Os crimes definidos nesta Lei, ainda quando simplesmente tentados, são passíveis da pena de perda do cargo, com inabilitação, até cinco anos, para o exercício de qualquer função pública, imposta pelo Senado Federal nos processos contra o Presidente da República ou ministros de Estado, contra os ministros do Supremo Tribunal Federal ou contra o procurador-geral da República.

>> Inabilitação: passou para oito anos por força do art. 52, parágrafo único, da CF.

Art. 3.º A imposição da pena referida no artigo anterior não exclui o processo e julgamento do acusado por crime comum, na justiça ordinária, nos termos das leis de processo penal.

Art. 4.º São crimes de responsabilidade os atos do Presidente da República que atentarem contra a Constituição Federal, e, especialmente, contra:

I – a existência da União;

> *Vide* art. 85, I, da CF.

II – o livre exercício do Poder Legislativo, do Poder Judiciário e dos poderes constitucionais dos Estados;

> *Vide* art. 85, II, da CF.

III – o exercício dos direitos políticos, individuais e sociais;

> *Vide* art. 85, III, da CF.

IV – a segurança interna do País;

> *Vide* art. 85, IV, da CF.

V – a probidade na administração;

> *Vide* art. 85, V, da CF.

VI – a lei orçamentária;

> *Vide* art. 85, VI, da CF.

VII – a guarda e o legal emprego dos dinheiros públicos;

VIII – o cumprimento das decisões judiciárias (Constituição, art. 89).

> Refere-se à CF de 1946. *Vide* art. 85, VII, da CF.

TÍTULO I
CAPÍTULO I
DOS CRIMES CONTRA A EXISTÊNCIA DA UNIÃO

Art. 5.º São crimes de responsabilidade contra a existência política da União:

1) entreter, direta ou indiretamente, inteligência com governo estrangeiro, provocando-o a fazer guerra ou cometer hostilidade contra a República, prometer-lhe assistência ou favor, ou dar-lhe qualquer auxílio nos preparativos ou planos de guerra contra a República;

2) tentar, diretamente, e por fatos, submeter a União ou algum dos Estados ou Territórios a domínio estrangeiro, ou dela separar qualquer Estado ou porção do território nacional;

3) cometer ato de hostilidade contra nação estrangeira, expondo a República ao perigo da guerra ou comprometendo-lhe a neutralidade;

4) revelar negócios políticos ou militares, que devam ser mantidos secretos a bem da defesa da segurança externa ou dos interesses da Nação;

5) auxiliar, por qualquer modo, nação inimiga a fazer a guerra ou a cometer hostilidade contra a República;

6) celebrar tratados, convenções ou ajustes que comprometam a dignidade da Nação;

7) violar a imunidade dos embaixadores ou ministros estrangeiros acreditados no País;

8) declarar a guerra, salvo os casos de invasão ou agressão estrangeira, ou fazer a paz, sem autorização do Congresso Nacional;

9) não empregar contra o inimigo os meios de defesa de que poderia dispor;

10) permitir o Presidente da República, durante as sessões legislativas e sem autoriza-

(*) Publicada no *Diário Oficial da União* de 12-4-1950.

ção do Congresso Nacional, que forças estrangeiras transitem pelo território do País, ou, por motivo de guerra, nele permaneçam temporariamente;

11) violar tratados legitimamente feitos com nações estrangeiras.

Capítulo II
DOS CRIMES CONTRA O LIVRE EXERCÍCIO DOS PODERES CONSTITUCIONAIS

Art. 6.º São crimes de responsabilidade contra o livre exercício dos Poderes Legislativo e Judiciário e dos poderes constitucionais dos Estados:

1) tentar dissolver o Congresso Nacional, impedir a reunião ou tentar impedir por qualquer modo o funcionamento de qualquer de suas Câmaras;

2) usar de violência ou ameaça contra algum representante da Nação para afastá-lo da Câmara a que pertença ou para coagi-lo no modo de exercer o seu mandato bem como conseguir ou tentar conseguir o mesmo objetivo mediante suborno ou outras formas de corrupção;

3) violar as imunidades asseguradas aos membros do Congresso Nacional, das Assembleias Legislativas dos Estados, da Câmara dos Vereadores do Distrito Federal e das Câmaras Municipais;

4) permitir que força estrangeira transite pelo território do País ou nele permaneça quando a isso se oponha o Congresso Nacional;

5) opor-se diretamente e por fatos ao livre exercício do Poder Judiciário, ou obstar, por meios violentos, ao efeito dos seus atos, mandados ou sentenças;

6) usar de violência ou ameaça, para constranger juiz, ou jurado, a proferir ou deixar de proferir despacho, sentença ou voto, ou a fazer ou deixar de fazer ato do seu ofício;

7) praticar contra os poderes estaduais ou municipais ato definido como crime neste artigo;

8) intervir em negócios peculiares aos Estados ou aos Municípios com desobediência às normas constitucionais.

Capítulo III
DOS CRIMES CONTRA O EXERCÍCIO DOS DIREITOS POLÍTICOS, INDIVIDUAIS E SOCIAIS

Art. 7.º São crimes de responsabilidade contra o livre exercício dos direitos políticos, individuais e sociais:

1) impedir por violência, ameaça ou corrupção, o livre exercício do voto;

2) obstar ao livre exercício das funções dos mesários eleitorais;

3) violar o escrutínio de seção eleitoral ou inquinar de nulidade o seu resultado pela subtração, desvio ou inutilização do respectivo material;

4) utilizar o poder federal para impedir a livre execução da lei eleitoral;

5) servir-se das autoridades sob sua subordinação imediata para praticar abuso do poder, ou tolerar que essas autoridades o pratiquem sem repressão sua;

6) subverter ou tentar subverter por meios violentos a ordem política e social;

7) incitar militares à desobediência à lei ou infração à disciplina;

8) provocar animosidade entre as classes armadas ou contra elas, ou delas contra as instituições civis;

9) violar patentemente qualquer direito ou garantia individual constante do art. 141 e bem assim os direitos sociais assegurados no art. 157 da Constituição;

> Refere-se à CF de 1946.

10) tomar ou autorizar, durante o estado de sítio, medidas de repressão que excedam os limites estabelecidos na Constituição.

Capítulo IV
DOS CRIMES CONTRA A SEGURANÇA INTERNA DO PAÍS

Art. 8.º São crimes contra a segurança interna do País:

1) tentar mudar por violência a forma de governo da República;

2) tentar mudar por violência a Constituição Federal ou de algum dos Estados, ou lei da União, de Estado ou Município;

3) decretar o estado de sítio, estando reunido o Congresso Nacional, ou no recesso deste, não havendo comoção interna grave nem fatos que evidenciem estar a mesma a irromper ou não ocorrendo guerra externa;

4) praticar ou concorrer para que se perpetre qualquer dos crimes contra a segurança interna, definidos na legislação penal;

5) não dar as providências de sua competência para impedir ou frustrar a execução desses crimes;

6) ausentar-se do País sem autorização do Congresso Nacional;

7) permitir, de forma expressa ou tácita, a infração de lei federal de ordem pública;

8) deixar de tomar, nos prazos fixados, as providências determinadas por lei ou tratado federal e necessárias à sua execução e cumprimento.

Capítulo V
DOS CRIMES CONTRA A PROBIDADE NA ADMINISTRAÇÃO

Art. 9.º São crimes de responsabilidade contra a probidade na administração:

> *Vide* Lei n. 8.429, de 2-6-1992.

1) omitir ou retardar dolosamente a publicação das leis e resoluções do Poder Legislativo ou dos atos do Poder Executivo;

2) não prestar ao Congresso Nacional, dentro de sessenta dias após a abertura da sessão legislativa, as contas relativas ao exercício anterior;

3) não tornar efetiva a responsabilidade dos seus subordinados, quando manifesta em delitos funcionais ou na prática de atos contrários à Constituição;

4) expedir ordens ou fazer requisição de forma contrária às disposições expressas da Constituição;

5) infringir, no provimento dos cargos públicos, as normas legais;

6) usar de violência ou ameaça contra funcionário público para coagi-lo a proceder ilegalmente, bem como utilizar-se de suborno ou de qualquer outra forma de corrupção para o mesmo fim;

7) proceder de modo incompatível com a dignidade, a honra e o decoro do cargo.

Capítulo VI
DOS CRIMES CONTRA A LEI ORÇAMENTÁRIA

> *Vide* arts. 359-A a 359-H do CP.

> *Vide* art. 1.º, XVI a XXIII, do Decreto-lei n. 201, de 27-2-1967.

Art. 10. São crimes de responsabilidade contra a lei orçamentária:

1) não apresentar ao Congresso Nacional a proposta do orçamento da República dentro dos primeiros dois meses de cada sessão legislativa;

2) exceder ou transportar, sem autorização legal, as verbas do orçamento;

3) realizar o estorno de verbas;

4) infringir, patentemente, e de qualquer modo, dispositivo da lei orçamentária;

5) deixar de ordenar a redução do montante da dívida consolidada, nos prazos estabelecidos em lei, quando o montante ultrapassar o valor resultante da aplicação do limite máximo fixado pelo Senado Federal;

>> Item 5 acrescentado pela Lei n. 10.028, de 19-10-2000.

6) ordenar ou autorizar a abertura de crédito em desacordo com os limites estabelecidos pelo Senado Federal, sem fundamento na lei orçamentária ou na de crédito adicional ou com inobservância de prescrição legal;

>> Item 6 acrescentado pela Lei n. 10.028, de 19-10-2000.

7) deixar de promover ou de ordenar, na forma da lei, o cancelamento, a amortização ou a constituição de reserva para anular os efeitos de operação de crédito realizada com inobservância de limite, condição ou montante estabelecido em lei;

>> Item 7 acrescentado pela Lei n. 10.028, de 19-10-2000.

8) deixar de promover ou de ordenar a liquidação integral de operação de crédito por antecipação de receita orçamentária, inclusive os respectivos juros e demais encargos, até o encerramento do exercício financeiro;

>> Item 8 acrescentado pela Lei n. 10.028, de 19-10-2000.

9) ordenar ou autorizar, em desacordo com a lei, a realização de operação de crédito com qualquer um dos demais entes da Federação, inclusive suas entidades da administração indireta, ainda que na forma de novação, refinanciamento ou postergação de dívida contraída anteriormente;

>> Item 9 acrescentado pela Lei n. 10.028, de 19-10-2000.

10) captar recursos a título de antecipação de receita de tributo ou contribuição cujo fato gerador ainda não tenha ocorrido;

>> Item 10 acrescentado pela Lei n. 10.028, de 19-10-2000.

11) ordenar ou autorizar a destinação de recursos provenientes da emissão de títulos para finalidade diversa da prevista na lei que a autorizou;

>> Item 11 acrescentado pela Lei n. 10.028, de 19-10-2000.

12) realizar ou receber transferência voluntária em desacordo com limite ou condição estabelecida em lei.

>> Item 12 acrescentado pela Lei n. 10.028, de 19-10-2000.

CAPÍTULO VII
DOS CRIMES CONTRA A GUARDA E LEGAL EMPREGO DOS DINHEIROS PÚBLICOS

Art. 11. São crimes de responsabilidade contra a guarda e o legal emprego dos dinheiros públicos:

1) ordenar despesas não autorizadas por lei ou sem observância das prescrições legais relativas às mesmas;

2) abrir crédito sem fundamento em lei ou sem as formalidades legais;

3) contrair empréstimo, emitir moeda corrente ou apólices, ou efetuar operação de crédito sem autorização legal;

4) alienar imóveis nacionais ou empenhar rendas públicas sem autorização em lei;

5) negligenciar a arrecadação das rendas, impostos e taxas, bem como a conservação do patrimônio nacional.

CAPÍTULO VIII
DOS CRIMES CONTRA O CUMPRIMENTO DAS DECISÕES JUDICIÁRIAS

Art. 12. São crimes de responsabilidade contra as decisões judiciárias:

1) impedir, por qualquer meio, o efeito dos atos, mandados ou decisões do Poder Judiciário;

2) recusar o cumprimento das decisões do Poder Judiciário no que depender do exercício das funções do Poder Executivo;

3) deixar de atender a requisição de intervenção federal do Supremo Tribunal Federal ou do Tribunal Superior Eleitoral;

4) impedir ou frustrar pagamento determinado por sentença judiciária.

TÍTULO II
DOS MINISTROS DE ESTADO

>> *Vide* art. 50, § 2.º, da CF.

Art. 13. São crimes de responsabilidade dos ministros de Estado:

1) os atos definidos nesta Lei, quando por eles praticados ou ordenados;

2) os atos previstos nesta Lei que os ministros assinarem com o Presidente da República ou por ordem deste praticarem;

3) a falta de comparecimento sem justificação, perante a Câmara dos Deputados ou o Senado Federal, ou qualquer das suas comissões, quando uma ou outra casa do Congresso os convocar para, pessoalmente, prestarem informações acerca de assunto previamente determinado;

4) não prestarem dentro em trinta dias e sem motivo justo, a qualquer das Câmaras do Congresso Nacional, as informações que ela lhes solicitar por escrito, ou prestarem-nas com falsidade.

PARTE SEGUNDA
PROCESSO E JULGAMENTO

TÍTULO ÚNICO
DO PRESIDENTE DA REPÚBLICA E MINISTROS DE ESTADO

CAPÍTULO I
DA DENÚNCIA

Art. 14. É permitido a qualquer cidadão denunciar o Presidente da República ou ministro de Estado, por crime de responsabilidade, perante a Câmara dos Deputados.

> Sobre a responsabilidade do Presidente da República, *vide* arts. 85 e 86 da CF.

Art. 15. A denúncia só poderá ser recebida enquanto o denunciado não tiver, por qualquer motivo, deixado definitivamente o cargo.

Art. 16. A denúncia assinada pelo denunciante e com a firma reconhecida, deve ser acompanhada dos documentos que a comprovem, ou da declaração de impossibilidade de apresentá-los, com a indicação do local onde possam ser encontrados. Nos crimes de que haja prova testemunhal, a denúncia deverá conter o rol das testemunhas, em número de cinco no mínimo.

Art. 17. No processo de crime de responsabilidade, servirá de escrivão um funcionário da secretaria da Câmara dos Deputados, ou do Senado, conforme se achar o mesmo em uma ou outra casa do Congresso Nacional.

Art. 18. As testemunhas arroladas no processo deverão comparecer para prestar o seu depoimento, e a mesa da Câmara dos Deputados ou do Senado, por ordem de quem serão notificadas, tomará as providências legais que se tornarem necessárias para compeli-las à obediência.

CAPÍTULO II
DA ACUSAÇÃO

Art. 19. Recebida a denúncia, será lida no expediente da sessão seguinte e despachada a uma comissão especial eleita, da qual participem, observada a respectiva proporção, representantes de todos os partidos para opinar sobre a mesma.

>> O STF, na Medida Cautelar na ADPF n. 378, de 17-12-2015, declarou este artigo recepcionado pela CF.

Art. 20. A comissão a que alude o artigo anterior se reunirá dentro de 48 horas e, depois de eleger seu presidente e relator, emitirá parecer, dentro do prazo de dez dias, sobre se a denúncia deve ser ou não julgada objeto de deliberação. Dentro desse período poderá a comissão proceder às diligências que julgar necessárias ao esclarecimento da denúncia.

>> O STF, na Medida Cautelar na ADPF n. 378, de 17-12-2015, declarou este artigo recepcionado pela CF.

§ 1.º O parecer da comissão especial será lido no expediente da sessão da Câmara dos Deputados e publicado integralmente no Diário do Congresso Nacional e em avulsos, juntamente com a denúncia, devendo as publicações ser distribuídas a todos os deputados.

§ 2.º Quarenta e oito horas após a publicação oficial do parecer da comissão especial será o mesmo incluído, em primeiro lugar, na ordem do dia da Câmara dos Deputados, para uma discussão única.

Art. 21. Cinco representantes de cada partido poderão falar, durante uma hora, sobre o parecer, ressalvado ao relator da comissão especial o direito de responder a cada um.

>> O STF, na Medida Cautelar na ADPF n. 378, de 17-12-2015, declarou este artigo recepcionado pela CF.

Art. 22. Encerrada a discussão do parecer, e submetido o mesmo a votação nominal, será a denúncia, com os documentos que a instruam, arquivada, se não for considerada objeto de deliberação. No caso contrário, será remetida por cópia autêntica ao denunciado, que terá o prazo de vinte dias para contestá-la e indicar os meios de prova com que pretenda demonstrar a verdade do alegado.

>> O STF, na Medida Cautelar na ADPF n. 378, de 17-12-2015, declarou não recepcionada a 2.ª parte deste *caput* ("No caso contrário").

§ 1.º Findo esse prazo e com ou sem a contestação, a comissão especial determinará as diligências requeridas, ou que julgar convenientes, e realizará as sessões necessárias para a tomada do depoimento das testemunhas de ambas as partes, podendo ouvir o denunciante e o denunciado, que poderá assistir pessoalmente, ou por seu procurador, a todas as audiências e diligências realizadas pela comissão, interrogando e contestando as testemunhas e requerendo a reinquirição ou acareação das mesmas.

>> O STF, na Medida Cautelar na ADPF n. 378, de 17-12-2015, declarou não recepcionado pela CF este § 1.º.

§ 2.º Findas essas diligências, a comissão especial proferirá, no prazo de 10 (dez) dias, parecer sobre a procedência ou improcedência da denúncia.

>> O STF, na Medida Cautelar na ADPF n. 378, de 17-12-2015, declarou não recepcionado pela CF este § 2.º.

§ 3.º Publicado e distribuído esse parecer na forma do § 1.º do art. 20, será o mesmo incluído na ordem do dia da sessão imediata para ser submetido a duas discussões, com o interregno de 48 horas entre uma e outra.

>> O STF, na Medida Cautelar na ADPF n. 378, de 17-12-2015, declarou não recepcionado pela CF este § 3.º.

§ 4.º Nas discussões do parecer sobre a procedência ou improcedência da denúncia, cada representante de partido poderá falar uma só vez e durante uma hora, ficando as questões de ordem subordinadas ao disposto no § 2.º do art. 20.

>> O STF, na Medida Cautelar na ADPF n. 378, de 17-12-2015, declarou não recepcionado pela CF este § 4.º.

Art. 23. Encerrada a discussão do parecer, será o mesmo submetido a votação nominal, não sendo permitidas, então, questões de ordem, nem encaminhamento de votação.

§ 1.º Se da aprovação do parecer resultar a procedência da denúncia, considerar-se-á decretada a acusação pela Câmara dos Deputados.

>> O STF, na Medida Cautelar na ADPF n. 378, de 17-12-2015, declarou este § 1.º não recepcionado pela CF.

§ 2.º Decretada a acusação, será o denunciado intimado imediatamente pela mesa da Câmara dos Deputados, por intermédio do 1.º secretário.

§ 3.º Se o denunciado estiver ausente do Distrito Federal, a sua intimação será solicitada pela mesa da Câmara dos Deputados, ao presidente do Tribunal de Justiça do Estado em que ele se encontrar.

§ 4.º A Câmara dos Deputados elegerá uma comissão de três membros para acompanhar o julgamento do acusado.

>> O STF, na Medida Cautelar na ADPF n. 378, de 17-12-2015, declarou este § 4.º não recepcionado pela CF.

§ 5.º São efeitos imediatos ao decreto da acusação do Presidente da República, ou de ministro de Estado, a suspensão do exercício das funções do acusado e da metade do subsídio ou do vencimento, até sentença final.

>> O STF, na Medida Cautelar na ADPF n. 378, de 17-12-2015, declarou este § 5.º não recepcionado pela CF.

§ 6.º Conforme se trate da acusação de crime comum ou de responsabilidade, o processo será enviado ao Supremo Tribunal Federal ou ao Senado Federal.

Capítulo III
DO JULGAMENTO

Art. 24. Recebido no Senado o decreto de acusação com o processo enviado pela Câmara dos Deputados e apresentado o libelo pela comissão acusadora, remeterá o presidente cópia de tudo ao acusado, que, na mesma ocasião e nos termos dos §§ 2.º e 3.º do art. 23, será notificado para comparecer em dia prefixado perante o Senado.

>> O STF, na Medida Cautelar na ADPF n. 378, de 17-12-2015, declarou este artigo recepcionado pela CF, a fim de declarar que "o recebimento da denúncia no processo de *impeachment* ocorrerá apenas após a decisão do Plenário do Senado Federal", e ainda que "a votação nominal deverá ser tomada por maioria simples e presente a maioria absoluta de seus membros".

Parágrafo único. Ao presidente do Supremo Tribunal Federal enviar-se-á o processo em original, com a comunicação do dia designado para o julgamento.

Art. 25. O acusado comparecerá, por si ou pelos seus advogados, podendo, ainda, oferecer novos meios de prova.

Art. 26. No caso de revelia, marcará o presidente novo dia para o julgamento e nomeará para a defesa do acusado um advogado, a quem se facultará o exame de todas as peças de acusação.

Art. 27. No dia aprazado para o julgamento, presentes o acusado, seus advogados, ou o defensor nomeado à sua revelia, e a comissão acusadora, o presidente do Supremo Tribunal Federal, abrindo a sessão, mandará ler o processo preparatório, o libelo e os artigos de defesa; em seguida inquirirá as testemunhas, que deverão depor publicamente e fora da presença umas das outras.

Art. 28. Qualquer membro da comissão acusadora ou do Senado, e bem assim o acusado ou seus advogados, poderão requerer que se façam às testemunhas perguntas que julgarem necessárias.

Parágrafo único. A comissão acusadora, ou o acusado ou seus advogados, poderão contestar ou arguir as testemunhas sem contudo interrompê-las e requerer a acareação.

Art. 29. Realizar-se-á a seguir o debate verbal entre a comissão acusadora e o acusado ou os seus advogados pelo prazo que o presidente fixar e que não poderá exceder de duas horas.

Art. 30. Findos os debates orais e retiradas as partes, abrir-se-á discussão sobre o objeto da acusação.

Art. 31. Encerrada a discussão o presidente do Supremo Tribunal Federal fará relatório resumido da denúncia e das provas da acusação e da defesa e submeterá à votação nominal dos senadores o julgamento.

Art. 32. Se o julgamento for absolutório produzirá, desde logo, todos os efeitos a favor do acusado.

Art. 33. No caso de condenação, o Senado por iniciativa do presidente fixará o prazo de inabilitação do condenado para o exercício de qualquer função pública; e no caso de haver crime comum deliberará ainda sobre se o presidente o deverá submeter à justiça ordinária, independentemente da ação de qualquer interessado.

Art. 34. Proferida a sentença condenatória, o acusado estará, *ipso facto*, destituído do cargo.

Art. 35. A resolução do Senado constará de sentença que será lavrada, nos autos do processo, pelo presidente do Supremo Tribunal Federal, assinada pelos senadores que funcionarem como juízes, transcrita na ata da sessão e, dentro desta, publicada no *Diário Oficial* e no *Diário do Congresso Nacional*.

Art. 36. Não pode interferir, em nenhuma fase do processo de responsabilidade do Presidente da República ou dos ministros de Estado, o deputado ou senador:

a) que tiver parentesco consanguíneo ou afim, com o acusado, em linha reta; em linha colateral, os irmãos, cunhados, enquanto durar o cunhadio, e os primos coirmãos;

b) que, como testemunha do processo, tiver deposto de ciência própria.

Art. 37. O Congresso Nacional deverá ser convocado, extraordinariamente, pelo terço de uma de suas câmaras, caso a sessão legislativa se encerre sem que se tenha ultimado o julgamento do Presidente da República, ou de ministro de Estado, bem como no caso de ser necessário o início imediato do processo.

Art. 38. No processo e julgamento do Presidente da República e dos ministros de Estado, serão subsidiários desta Lei naquilo em que lhes forem aplicáveis, assim os regimentos internos da Câmara dos Deputados e do Senado Federal, como o Código de Processo Penal.

>> O STF, na Medida Cautelar na ADPF n. 378, de 17-12-2015, estabeleceu, em interpretação conforme à CF deste artigo, que "é possível a aplicação subsidiária dos Regimentos Internos da Câmara e do Senado ao processo de *impeachment*, desde que sejam compatíveis com os preceitos legais e constitucionais pertinentes".

PARTE TERCEIRA

TÍTULO I

CAPÍTULO I

DOS MINISTROS DO SUPREMO TRIBUNAL FEDERAL

Art. 39. São crimes de responsabilidade dos Ministros do Supremo Tribunal Federal:

1) alterar, por qualquer forma, exceto por via de recurso, a decisão ou voto já proferido em sessão do tribunal;

2) proferir julgamento, quando, por lei, seja suspeito na causa;

3) exercer atividade político-partidária;

4) ser patentemente desidioso no cumprimento dos deveres do cargo;

5) proceder de modo incompatível com a honra, dignidade e decoro de suas funções.

Art. 39-A. Constituem, também, crimes de responsabilidade do Presidente do Supremo Tribunal Federal ou de seu substituto quando no exercício da Presidência, as condutas previstas no art. 10 desta Lei, quando por eles ordenadas ou praticadas.

>> *Caput* acrescentado pela Lei n. 10.028, de 19-10-2000.

Parágrafo único. O disposto neste artigo aplica-se aos Presidentes, e respectivos substitutos quando no exercício da Presidência, dos Tribunais Superiores, dos Tribunais de Contas, dos Tribunais Regionais Federais, do Trabalho e Eleitorais, dos Tribunais de Justiça e de Alçada dos Estados e do Distrito Federal, e aos Juízes Diretores de Foro ou função equivalente no primeiro grau de jurisdição.

>> Parágrafo único acrescentado pela Lei n. 10.028, de 19-10-2000.

CAPÍTULO II

DO PROCURADOR-GERAL DA REPÚBLICA

> Processo e julgamento do Procurador-Geral da República: *vide* art. 52, II, da CF.

Art. 40. São crimes de responsabilidade do Procurador-Geral da República:

1) emitir parecer, quando, por lei, seja suspeito na causa;

2) recusar-se à prática de ato que lhe incumba;

3) ser patentemente desidioso no cumprimento de suas atribuições;

4) proceder de modo incompatível com a dignidade e o decoro do cargo.

Art. 40-A. Constituem, também, crimes de responsabilidade do Procurador-Geral da República, ou de seu substituto quando no exercício da chefia do Ministério Público da União, as condutas previstas no art. 10 desta Lei, quando por eles ordenadas ou praticadas.

>> *Caput* acrescentado pela Lei n. 10.028, de 19-10-2000.

Parágrafo único. O disposto neste artigo aplica-se:

>> Parágrafo único acrescentado pela Lei n. 10.028, de 19-10-2000.

I – ao Advogado-Geral da União;

>> Inciso I acrescentado pela Lei n. 10.028, de 19-10-2000.

II – aos Procuradores-Gerais do Trabalho, Eleitoral e Militar, aos Procuradores-Gerais de Justiça dos Estados e do Distrito Federal, aos Procuradores-Gerais dos Estados e do Distrito Federal, e aos membros do Ministério Público da União e dos Estados, da Advocacia-Geral da União, das Procuradorias dos Estados e do Distrito Federal, quando no exercício de função de chefia das unidades regionais ou locais das respectivas instituições.

>> Inciso II acrescentado pela Lei n. 10.028, de 19-10-2000.

TÍTULO II

DO PROCESSO E JULGAMENTO

CAPÍTULO I

DA DENÚNCIA

Art. 41. É permitido a todo cidadão denunciar, perante o Senado Federal, os ministros do Supremo Tribunal Federal e o Procurador-Geral da República, pelos crimes de responsabilidade que cometerem (arts. 39 e 40).

Art. 41-A. Respeitada a prerrogativa de foro que assiste às autoridades a que se referem o parágrafo único do art. 39-A e o inciso II do parágrafo único do art. 40-A, as ações penais contra elas ajuizadas pela prática dos crimes de responsabilidade previstos no art. 10 desta Lei serão processadas e julgadas de acordo com o rito instituído pela Lei n. 8.038, de 28 de maio de 1990, permitido, a todo cidadão, o oferecimento da denúncia.

>> Artigo acrescentado pela Lei n. 10.028, de 19-10-2000.

> A Lei n. 8.038, de 28-5-1990, institui normas para processos perante o STJ e o STF.

Art. 42. A denúncia só poderá ser recebida se o denunciado não tiver, por qualquer motivo, deixado definitivamente o cargo.

Art. 43. A denúncia, assinada pelo denunciante com a firma reconhecida, deve ser acompanhada dos documentos que a comprovem ou da declaração de impossibilidade de apresentá-los, com a indicação do local onde possam ser encontrados. Nos crimes de que haja prova testemunhal, a denúncia deverá conter o rol das testemunhas, em número de cinco, no mínimo.

Art. 44. Recebida a denúncia pela mesa do Senado, será lida no expediente da sessão seguinte e despachada a uma comissão especial, eleita para opinar sobre a mesma.

Art. 45. A comissão a que alude o artigo anterior, reunir-se-á dentro de 48 horas e, depois de eleger o seu presidente e relator, emitirá parecer no prazo de 10 dias sobre se a denúncia deve ser, ou não, julgada objeto de deliberação. Dentro desse período poderá a comissão proceder às diligências que julgar necessárias.

Art. 46. O parecer da comissão, com a denúncia e os documentos que a instruírem será lido no expediente de sessão do Senado, publicado no Diário do Congresso Nacional e em avulsos, que deverão ser distribuídos entre os senadores, e dado para ordem do dia da sessão seguinte.

Art. 47. O parecer será submetido a uma só discussão, e a votação nominal, considerando-se aprovado se reunir a maioria simples de votos.

Art. 48. Se o Senado resolver que a denúncia não deve constituir objeto de deliberação, serão os papéis arquivados.

Art. 49. Se a denúncia for considerada objeto de deliberação, a mesa remeterá cópia de tudo ao denunciado, para responder à acusação no prazo de 10 dias.

Art. 50. Se o denunciado estiver fora do Distrito Federal, a cópia lhe será entregue pelo presidente do Tribunal de Justiça do Estado em que se achar. Caso se ache fora do País ou em lugar incerto e não sabido, o que será verificado pelo 1.º secretário do Senado, a intimação far-se-á por edital, publicado no *Diário do Congresso Nacional*, com a antecedência de 60 dias, aos quais se acrescerá, em comparecendo o denunciado, o prazo do art. 49.

Art. 51. Findo o prazo para a resposta do denunciado, seja esta recebida, ou não, a comissão dará parecer, dentro de dez dias, sobre a procedência ou improcedência da acusação.

Art. 52. Perante a comissão, o denunciante e o denunciado poderão comparecer pessoalmente ou por procurador, assistir a todos os atos e diligências por ela praticados, inquirir, reinquirir, contestar testemunhas e requerer a sua acareação. Para esse efeito, a comissão dará aos interessados conhecimento das suas reuniões e das diligências a que deva proceder, com a indicação de lugar, dia e hora.

Art. 53. Findas as diligências, a comissão emitirá sobre elas o seu parecer, que será publicado e distribuído, com todas as peças que o instruírem, e dado para ordem do dia 48 horas, no mínimo, depois da distribuição.

Art. 54. Esse parecer terá uma só discussão e considerar-se-á aprovado se, em votação nominal, reunir a maioria simples dos votos.

Art. 55. Se o Senado entender que não procede a acusação, serão os papéis arquivados. Caso decida o contrário, a mesa dará imediato conhecimento dessa decisão ao Supremo Tribunal Federal, ao Presidente da República, ao denunciante e ao denunciado.

Art. 56. Se o denunciado não estiver no Distrito Federal, a decisão ser-lhe-á comunicada a requisição da mesa, pelo presidente do Tribunal de Justiça do Estado onde se achar. Se estiver fora do País ou em lugar incerto e não sabido, o que será verificado pelo 1.º secretário do Senado, far-se-á a intimação mediante edital pelo *Diário do Congresso Nacional*, com a antecedência de 60 dias.

Art. 57. A decisão produzirá desde a data da sua intimação os seguintes efeitos contra o denunciado:

a) ficar suspenso do exercício das suas funções até sentença final;

b) ficar sujeito à acusação criminal;

c) perder, até sentença final, um terço dos vencimentos, que lhe será pago no caso de absolvição.

Capítulo II
DA ACUSAÇÃO E DA DEFESA

Art. 58. Intimado o denunciante ou o seu procurador da decisão a que aludem os três últimos artigos, ser-lhe-á dada vista do processo, na secretaria do Senado, para, dentro de 48 horas, oferecer o libelo acusatório e o rol das testemunhas. Em seguida abrir-se-á vista ao denunciado ou ao seu defensor, pelo mesmo prazo para oferecer a contrariedade e o rol das testemunhas.

Art. 59. Decorridos esses prazos, com o libelo e a contrariedade ou sem eles, serão os autos remetidos, em original, ao presidente do Supremo Tribunal Federal, ou ao seu substituto legal, quando seja ele o denunciado, comunicando-se-lhe o dia designado para o julgamento e convidando-o para presidir a sessão.

Art. 60. O denunciante e o acusado serão notificados pela forma estabelecida no art. 56, para assistirem ao julgamento, devendo as testemunhas ser, por um magistrado, intimadas a comparecer à requisição da mesa.

Parágrafo único. Entre a notificação e o julgamento deverá mediar o prazo mínimo de 10 dias.

Art. 61. No dia e hora marcados para o julgamento, o Senado reunir-se-á, sob a presidência do presidente do Supremo Tribunal Federal ou do seu substituto legal. Verificada a presença de número legal de senadores, será aberta a sessão e feita a chamada das partes, acusador e acusado, que poderão comparecer pessoalmente ou pelos seus procuradores.

Art. 62. A revelia do acusador não importará transferência do julgamento, nem perempção da acusação.

§ 1.º A revelia do acusado determinará o adiamento do julgamento, para o qual o presidente designará novo dia, nomeando um advogado para defender o revel.

§ 2.º Ao defensor nomeado será facultado o exame de todas as peças do processo.

Art. 63. No dia definitivamente aprazado para o julgamento, verificado o número legal de senadores, será aberta a sessão e facultado o ingresso às partes ou aos seus procuradores. Serão juízes todos os senadores presentes, com exceção dos impedidos nos termos do art. 36.

Parágrafo único. O impedimento poderá ser oposto pelo acusador ou pelo acusado e invocado por qualquer senador.

Art. 64. Constituído o Senado em tribunal de julgamento, o presidente mandará ler o processo e, em seguida, inquirirá publicamente as testemunhas, fora da presença umas das outras.

Art. 65. O acusador e o acusado, ou os seus procuradores, poderão reinquirir as testemunhas, contestá-las sem interrompê-las e requerer a sua acareação. Qualquer senador poderá requerer sejam feitas as perguntas que julgar necessárias.

Art. 66. Finda a inquirição, haverá debate oral, facultadas a réplica e a tréplica entre o acusador e o acusado, pelo prazo que o presidente determinar.

Parágrafo único. Ultimado o debate, retirar-se-ão as partes do recinto da sessão e abrir-se-á uma discussão única entre os senadores sobre o objeto da acusação.

Art. 67. Encerrada a discussão, fará o presidente um relatório resumido dos fundamentos da acusação e da defesa, bem como das respectivas provas, submetendo em seguida o caso a julgamento.

Capítulo III
DA SENTENÇA

Art. 68. O julgamento será feito, em votação nominal pelos senadores desimpedidos que responderão "sim" ou "não" à seguinte pergunta enunciada pelo presidente: "Cometeu o acusado F o crime que lhe é imputado e deve ser condenado à perda do seu cargo?".

Parágrafo único. Se a resposta afirmativa obtiver, pelo menos, dois terços dos votos dos senadores presentes, o presidente fará nova consulta ao plenário sobre o tempo, não excedente de cinco anos, durante o qual o condenado deverá ficar inabilitado para o exercício de qualquer função pública.

>> **Inabilitação: passou para oito anos, por força do art. 52, parágrafo único, da CF.**

Art. 69. De acordo com a decisão do Senado, o presidente lavrará, nos autos, a sentença que será assinada por ele e pelos senadores, que tiverem tomado parte no julgamento, e transcrita na ata.

Art. 70. No caso de condenação, fica o acusado desde logo destituído do seu cargo. Se a sentença for absolutória, produzirá a imediata reabilitação do acusado, que voltará ao exercício do cargo, com direito à parte dos vencimentos de que tenha sido privado.

Art. 71. Da sentença, dar-se-á imediato conhecimento ao Presidente da República, ao Supremo Tribunal Federal e ao acusado.

Art. 72. Se no dia do encerramento do Congresso Nacional não estiver concluído o processo ou julgamento de ministro do Supremo Tribunal Federal ou do Procurador-Geral da República, deverá ele ser convocado extraordinariamente pelo terço do Senado Federal.

Art. 73. No processo e julgamento de ministro do Supremo Tribunal, ou do Procurador-Geral da República, serão subsidiários desta Lei, naquilo em que lhes forem aplicáveis, o Regimento Interno do Senado Federal e o Código de Processo Penal.

PARTE QUARTA

Título Único

Capítulo I
DOS GOVERNADORES E SECRETÁRIOS DOS ESTADOS

Art. 74. Constituem crimes de responsabilidade dos governadores dos Estados ou dos seus secretários, quando por eles praticados, os atos definidos como crimes nesta Lei.

Capítulo II
DA DENÚNCIA, ACUSAÇÃO E JULGAMENTO

Art. 75. É permitido a todo cidadão denunciar o governador perante a Assembleia Legislativa, por crime de responsabilidade.

Art. 76. A denúncia, assinada pelo denunciante e com a firma reconhecida, deve ser acompanhada dos documentos que a comprovem, ou da declaração de impossibilidade de apresentá-los, com a indicação do local em que possam ser encontrados. Nos crimes de que houver prova testemunhal, conterão o rol das testemunhas, em número de cinco pelo menos.

Parágrafo único. Não será recebida a denúncia depois que o governador, por qualquer motivo, houver deixado definitivamente o cargo.

Art. 77. Apresentada a denúncia e julgada objeto de deliberação, se a Assembleia Legislativa, por maioria absoluta, decretar a procedência da acusação, será o governador imediatamente suspenso de suas funções.

Art. 78. O governador será julgado, nos crimes de responsabilidade, pela forma que determinar a Constituição do Estado e não poderá ser condenado, senão à perda do cargo, com inabilitação, até cinco anos, para o exercício de qualquer função pública, sem prejuízo da ação da justiça comum.

>> **Inabilitação: passou para oito anos, por força do art. 52, parágrafo único, da CF.**

§ 1.º Quando o tribunal de julgamento for de jurisdição mista, serão iguais, pelo número, os representantes dos órgãos que o integrarem, excluído o presidente, que será o presidente do Tribunal de Justiça.

§ 2.º Em qualquer hipótese, só poderá ser decretada a condenação pelo voto de dois terços dos membros de que se compuser o tribunal de julgamento.

§ 3.º Nos Estados, onde as Constituições não determinarem o processo nos crimes de responsabilidade dos governadores, aplicar-se-á o disposto nesta Lei, devendo, porém, o julgamento ser proferido por um tribunal composto de cinco membros do Legislativo e de cinco desembargadores, sob a presidência do presidente do Tribunal de Justiça local, que terá direito de voto no caso de empate. A escolha desse tribunal será feita – a dos membros do Legislativo, mediante eleição pela Assembleia; a dos desembargadores, mediante sorteio.

§ 4.º Esses atos deverão ser executados dentro em cinco dias contados da data em que a Assembleia enviar ao presidente do Tribunal de Justiça os autos do processo, depois de decretada a procedência da acusação.

Art. 79. No processo e julgamento do governador serão subsidiários desta Lei naquilo em que lhe forem aplicáveis, assim o regimento interno da Assembleia Legislativa e do Tribunal de Justiça, como o Código de Processo Penal.

Parágrafo único. Os secretários de Estado, nos crimes conexos com os dos governadores, serão sujeitos ao mesmo processo e julgamento.

DISPOSIÇÕES GERAIS

Art. 80. Nos crimes de responsabilidade do Presidente da República e dos ministros de Estado, a Câmara dos Deputados é tribunal de pronúncia e o Senado Federal, tribunal de julgamento; nos crimes de responsabilidade dos ministros do Supremo Tribunal Federal e do Procurador-Geral da República, o Senado Federal é, simultaneamente, tribunal de pronúncia e julgamento.

>> O STF, na Medida Cautelar na ADPF n. 378, de 17-12-2015, declarou não recepcionada pela CF a 1.ª parte deste *caput*.

Parágrafo único. O Senado Federal, na apuração e julgamento dos crimes de responsabilidade, funciona sob a presidência do presidente do Supremo Tribunal, e só proferirá sentença condenatória pelo voto de dois terços dos seus membros.

Art. 81. A declaração de procedência da acusação nos crimes de responsabilidade só poderá ser decretada pela maioria absoluta da Câmara que a proferir.

>> O STF, na Medida Cautelar na ADPF n. 378, de 17-12-2015, declarou este artigo recepcionado pela CF.

Art. 82. Não poderá exceder de cento e vinte dias, contados da data da declaração da procedência da acusação, o prazo para o processo e julgamento dos crimes definidos nesta lei.

Art. 83. Esta lei entrará em vigor na data da sua publicação, revogadas as disposições em contrário.

Rio de Janeiro, 10 de abril de 1950; 129.º da Independência e 62.º da República.

EURICO G. DUTRA

LEI N. 1.408, DE 9 DE AGOSTO DE 1951 (*)

Prorroga vencimentos de prazos judiciais e dá outras providências.

O Presidente da República:

Faço saber que o Congresso Nacional decreta e eu sanciono a seguinte Lei:

Art. 1.º Sempre que, por motivo de ordem pública, se fizer necessário o fechamento do Foro, de edifícios anexos ou de quaisquer dependências do serviço judiciário ou o respectivo expediente tiver de ser encerrado antes da hora legal, observar-se-á o seguinte:

a) os prazos serão restituídos aos interessados na medida em que houverem sido atingidos pela providência tomada;

b) as audiências, que ficarem prejudicadas, serão realizadas em outro dia mediante designação da autoridade competente.

Art. 2.º O fechamento extraordinário do Foro e dos edifícios anexos e as demais medidas, a que se refere o art. 1.º, poderão ser determinados pelo presidente dos Tribunais de Justiça, nas comarcas onde esses tribunais tiverem a sede e pelos juízes de direito nas respectivas comarcas.

Art. 3.º Os prazos judiciais que se iniciarem ou vencerem aos sábados, serão prorrogados por um dia útil.

>> Artigo com redação determinada pela Lei n. 4.674, de 15-6-1965.

Art. 4.º Se o jornal, que divulgar o expediente oficial do Foro, se publicar à tarde, serão dilatados de 1 (um) dia os prazos que devam correr de sua inserção nessa folha e feitas, na véspera da realização do ato oficial, as publicações que devam ser efetuadas no dia fixado para esse ato.

Art. 5.º Não haverá expediente do Foro e nos ofícios de justiça, no "Dia da Justiça", nos feriados nacionais, na terça-feira de Carnaval, na Sexta-feira Santa, e nos dias que a lei estadual designar.

Parágrafo único. Os casamentos e atos de registro civil serão realizados em qualquer dia.

Art. 6.º Esta Lei entrará em vigor na data de sua publicação, revogadas as disposições em contrário.

Rio de Janeiro, 9 de agosto de 1951; 130.º da Independência e 63.º da República.

GETÚLIO VARGAS

LEI N. 1.579, DE 18 DE MARÇO DE 1952 (**)

(*) Publicada no *Diário Oficial da União*, de 13-8-1951.

(**) Publicada no *Diário Oficial da União* de 21-3-1952. *Vide* Lei n. 10.001, de 4-9-2000.

Dispõe sobre as Comissões Parlamentares de Inquérito.

O Presidente da República

Faço saber que o Congresso Nacional decreta e eu sanciono a seguinte Lei:

Art. 1.º As Comissões Parlamentares de Inquérito, criadas na forma do § 3.º do art. 58 da Constituição Federal, terão poderes de investigação próprios das autoridades judiciais, além de outros previstos nos regimentos da Câmara dos Deputados e do Senado Federal, com ampla ação nas pesquisas destinadas a apurar fato determinado e por prazo certo.

>> *Caput* com redação determinada pela Lei n. 13.367, de 5-12-2016.

Parágrafo único. A criação de Comissão Parlamentar de Inquérito dependerá de requerimento de um terço da totalidade dos membros da Câmara dos Deputados e do Senado Federal, em conjunto ou separadamente.

>> Parágrafo único com redação determinada pela Lei n. 13.367, de 5-12-2016.

Art. 2.º No exercício de suas atribuições, poderão as Comissões Parlamentares de Inquérito determinar diligências que reputarem necessárias e requerer a convocação de Ministros de Estado, tomar o depoimento de quaisquer autoridades federais, estaduais ou municipais, ouvir os indiciados, inquirir testemunhas sob compromisso, requisitar da administração pública direta, indireta ou fundacional informações e documentos, e transportar-se aos lugares onde se fizer mister a sua presença.

>> Artigo com redação determinada pela Lei n. 13.367, de 5-12-2016.

Art. 3.º Indiciados e testemunhas serão intimados de acordo com as prescrições estabelecidas na legislação penal.

§ 1.º Em caso de não comparecimento da testemunha sem motivo justificado, a sua intimação será solicitada ao juiz criminal da localidade em que resida ou se encontre, nos termos dos arts. 218 e 219 do Decreto-lei n. 3.689, de 3 de outubro de 1941 – Código de Processo Penal.

>> § 1.º com redação determinada pela Lei n. 13.367, de 5-12-2016.

>> Dispõem citados artigos do CPP:

"Art. 218. Se, regularmente intimada, a testemunha deixar de comparecer sem motivo justificado, o juiz poderá requisitar à autoridade policial a sua apresentação ou determinar seja conduzida por oficial de justiça, que poderá solicitar o auxílio da força pública. Art. 219. O juiz poderá aplicar à testemunha faltosa a multa prevista no art. 453, sem prejuízo do processo penal por crime de desobediência, e condená-la ao pagamento das custas da diligência".

§ 2.º O depoente poderá fazer-se acompanhar de advogado, ainda que em reunião secreta.

>> § 2.º acrescentado pela Lei n. 10.679, de 23-5-2003.

Art. 3.º-A. Caberá ao presidente da Comissão Parlamentar de Inquérito, por deliberação desta, solicitar, em qualquer fase da investigação, ao juízo criminal competente medida cautelar necessária, quando se verificar a existência de indícios veementes da proveniência ilícita de bens.

>> Artigo acrescentado pela Lei n. 13.367, de 5-12-2016.

Art. 4.º Constitui crime:

I – Impedir, ou tentar impedir, mediante violência, ameaça ou assuadas, o regular funcionamento de Comissão Parlamentar de Inquérito, ou livre exercício das atribuições de qualquer dos seus membros.

Pena – a do art. 329 do Código Penal.

>> Citado dispositivo consta deste volume.

II – Fazer afirmação falsa, ou negar ou calar a verdade como testemunha, perito, tradutor ou intérprete, perante a Comissão Parlamentar de Inquérito.

Pena – a do art. 342 do Código Penal.

>> Citado dispositivo consta deste volume.

Art. 5.º As Comissões Parlamentares de Inquérito apresentarão relatório de seus trabalhos à respectiva Câmara, concluindo por projeto de resolução.

§ 1.º Se forem diversos os fatos, objeto de inquérito, a comissão dirá, em separado, sobre cada um, podendo fazê-lo antes mesmo de finda a investigação dos demais.

§ 2.º A incumbência da Comissão Parlamentar de Inquérito termina com a sessão legislativa em que tiver sido outorgada, salvo deliberação da respectiva Câmara, prorrogando-a dentro da legislatura em curso.

Art. 6.º O processo e a instrução dos inquéritos obedecerão ao que prescreve esta Lei, no que lhes for aplicável, às normas do processo penal.

Art. 6.º-A. A Comissão Parlamentar de Inquérito encaminhará relatório circunstanciado, com suas conclusões, para as devidas providências, entre outros órgãos, ao Ministério Público ou à Advocacia-Geral da União, com cópia da documentação, para que promovam a responsabilidade civil ou criminal por infrações apuradas e adotem outras medidas decorrentes de suas funções institucionais.

>> Artigo acrescentado pela Lei n. 13.367, de 5-12-2016.

Art. 7.º Esta Lei entrará em vigor na data de sua publicação, revogadas as disposições em contrário.

Rio de Janeiro, 18 de março de 1952; 131.º da Independência e 64.º da República.

GETÚLIO VARGAS

LEI N. 4.117, DE 27 DE AGOSTO DE 1962 (*)

Institui o Código Brasileiro de Telecomunicações.

O Presidente da República

Faço saber que o Congresso Nacional decreta e eu sanciono a seguinte Lei:

CAPÍTULO I
INTRODUÇÃO

Art. 1.º Os serviços de telecomunicações em todo o território do País, inclusive águas territoriais e espaço aéreo, assim como nos lugares em que princípios e convenções internacionais lhes reconheçam extraterritorialidade obedecerão aos preceitos da presente lei e aos regulamentos baixados para a sua execução.

....

CAPÍTULO VII
DAS INFRAÇÕES E PENALIDADES

Art. 52. A liberdade de radiodifusão não exclui a punição dos que praticarem abusos no seu exercício.

Art. 53. Constitui abuso, no exercício da liberdade da radiodifusão, o emprego desse meio de comunicação para a prática de crime ou contravenção previstos na legislação em vigor no País, inclusive:

a) incitar a desobediência às leis ou decisões judiciárias;

b) divulgar segredos de Estado ou assuntos que prejudiquem a defesa nacional;

c) ultrajar a honra nacional;

d) fazer propaganda de guerra ou de processos de subversão da ordem política e social;

e) promover campanha discriminatória de classe, cor, raça ou religião;

f) insuflar a rebeldia ou a indisciplina nas forças armadas ou nas organizações de segurança pública;

g) comprometer as relações internacionais do País;

h) ofender a moral familiar, pública, ou os bons costumes;

i) caluniar, injuriar ou difamar os Poderes Legislativo, Executivo ou Judiciário ou os respectivos membros;

j) veicular notícias falsas, com perigo para a ordem pública, econômica e social;

l) colaborar na prática de rebeldia, desordens ou manifestações proibidas.

>> Artigo com redação determinada pelo Decreto-lei n. 236, de 28-2-1967.

(*) Publicada no *Diário Oficial da União* de 5-10-1962. *Vide* Lei n. 9.472, de 16-7-1997, que dispõe sobre a organização dos serviços de telecomunicações, e revoga a Lei n. 4.117, de 27-8-1962, salvo quanto a matéria penal não tratada por ela e quanto aos preceitos relativos à radiodifusão.

Parágrafo único. Se a divulgação das notícias falsas houver resultado de erro de informação e for objeto de desmentido imediato, a nenhuma penalidade ficará sujeita a concessionária ou permissionária.

>> Parágrafo único vetado pelo Presidente da República e mantido pelo Congresso Nacional.

Art. 54. São livres as críticas e os conceitos desfavoráveis, ainda que veementes, bem como a narrativa de fatos verdadeiros, guardadas as restrições estabelecidas em lei, inclusive de atos de qualquer dos poderes do Estado.

>> Artigo vetado pelo Presidente da República e mantido pelo Congresso Nacional.

Art. 55. É inviolável a telecomunicação nos termos desta Lei.

>> Artigo vetado pelo Presidente da República e mantido pelo Congresso Nacional.

> *Vide* art. 3.º, V, da Lei n. 9.472, de 16-7-1997.

Art. 56. Pratica crime de violação de telecomunicação quem, transgredindo lei ou regulamento, exiba autógrafo ou qualquer documento do arquivo, divulgue ou comunique, informe ou capte, transmita a outrem ou utilize o conteúdo, resumo, significado, interpretação, indicação ou efeito de qualquer comunicação dirigida a terceiro.

§ 1.º Pratica, também, crime de violação de telecomunicações quem ilegalmente receber, divulgar ou utilizar, telecomunicação interceptada.

§ 2.º Somente os serviços fiscais das estações e postos oficiais poderão interceptar telecomunicação.

Art. 57. Não constitui violação de telecomunicação:

I – a recepção de telecomunicação dirigida por quem diretamente ou como cooperação esteja legalmente autorizado;

II – o conhecimento dado:

a) ao destinatário da telecomunicação ou a seu representante legal;

b) aos intervenientes necessários ao curso da telecomunicação;

c) ao comandante ou chefe, sob cujas ordens imediatas estiver servindo;

d) aos fiscais do governo junto aos concessionários ou permissionários;

e) ao juiz competente, mediante requisição ou intimação deste.

Parágrafo único. Não estão compreendidas nas proibições contidas nesta Lei as radiocomunicações destinadas a ser livremente recebidas, as de amadores, as relativas a navios e aeronaves em perigo, ou as transmitidas nos casos de calamidade pública.

Art. 58. Nos crimes de violação da telecomunicação, a que se referem esta Lei e o art. 151 do Código Penal, caberão, ainda, as seguintes penas:

> Citado dispositivo consta deste volume.

I – para as concessionárias ou permissionárias as previstas nos arts. 62 e 63, se culpados por ação ou omissão e independentemente da ação criminal;

II – para as pessoas físicas:

a) 1 (um) a 2 (dois) anos de detenção ou perda de cargo ou emprego, apurada a responsabilidade em processo regular, iniciado com o afastamento imediato do acusado até decisão final;

b) para autoridade responsável por violação da telecomunicação, as penas previstas na legislação em vigor serão aplicadas em dobro;

c) serão suspensos ou cassados, na proporção da gravidade da infração, os certificados dos operadores profissionais e dos amadores responsáveis pelo crime de violação da telecomunicação.

>> Artigo com redação determinada pelo Decreto-lei n. 236, de 28-2-1967.

Art. 59. As penas por infração desta Lei são:

>> *Caput* com redação determinada pelo Decreto-lei n. 236, de 28-2-1967.

> *Vide* Lei n. 9.472, de 16-7-1997.

a) multa, até o valor de dez mil cruzeiros novos;

>> Alínea *a* com redação determinada pelo Decreto-lei n. 236, de 28-2-1967.

>> A Portaria n. 562, de 22-12-2011, do Ministério das Comunicações, fixa em R$ 76.155,21 (setenta e seis mil, cento e cinquenta e cinco reais e vinte e um centavos) o valor máximo da multa prevista nesta alínea.

b) suspensão, até 30 (trinta) dias;

>> Alínea *b* com redação determinada pelo Decreto-lei n. 236, de 28-2-1967.

c) cassação;

>> Alínea *c* com redação determinada pelo Decreto-lei n. 236, de 28-2-1967.

d) detenção.

>> Alínea *d* com redação determinada pelo Decreto-lei n. 236, de 28-2-1967.

§ 1.º Nas infrações em que, o juízo do CONTEL, não se justificar a aplicação de pena, o infrator será advertido, considerando-se a advertência como agravante na aplicação de penas por inobservância do mesmo ou de outro preceito desta Lei.

>> § 1.º com redação determinada pelo Decreto-lei n. 236, de 28-2-1967.

§ 2.º A pena de multa poderá ser aplicada isolada ou conjuntamente, com outras sanções especiais estatuídas nesta Lei.

>> § 2.º com redação determinada pelo Decreto-lei n. 236, de 28-2-1967.

§ 3.º O valor das multas será atualizado de três em três anos, de acordo com os níveis de correção monetária.

>> § 3.º com redação determinada pelo Decreto-lei n. 236, de 28-2-1967.

Art. 60. A aplicação das penas desta Lei compete:

a) ao CONTEL: multa e suspensão, em qualquer caso; cassação, quando se tratar de permissão;

b) ao Presidente da República: cassação, mediante representação do CONTEL em parecer fundamentado.

>> Artigo com redação determinada pelo Decreto-lei n. 236, de 28-2-1967.

>> Órgão regulador: Agência Nacional de Telecomunicações.

Art. 61. A pena será imposta de acordo com a infração cometida, considerados os seguintes fatores:

a) gravidade da falta;

b) antecedentes da entidade faltosa;

c) reincidência específica.

>> Artigo com redação determinada pelo Decreto-lei n. 236, de 28-2-1967.

Art. 62. A pena de multa poderá ser aplicada por infração de qualquer dispositivo legal, ou quando a concessionária ou permissionária não houver cumprido, dentro do prazo estipulado, exigência que tenha sido feita pelo CONTEL.

>> Artigo com redação determinada pelo Decreto-lei n. 236, de 28-2-1967.

>> Órgão regulador: Agência Nacional de Telecomunicações.

Art. 63. A pena de suspensão poderá ser aplicada nos seguintes casos:

a) infração dos arts. 38, *a*, *b*, *c*, *e*, *g* e *h*, 53, 57, 71 e seus parágrafos;

b) infração à liberdade de manifestação do pensamento e de informação (Lei n. 5.250, de 9 de fevereiro de 1967);

>> A Lei n. 5.250, de 9-2-1967, regulava a liberdade de manifestação do pensamento e de informação (Lei de Imprensa). O STF, no julgamento da ADPF n. 130-7, em 30-4-2009, declarou esta Lei revogada em sua totalidade. *Vide* arts. 220 a 224 da CF.

c) quando a concessionária ou permissionária não houver cumprido, dentro do prazo estipulado, exigência que lhe tenha sido feita pelo CONTEL;

> Órgão regulador: Agência Nacional de Telecomunicações.

d) quando seja criada situação de perigo de vida;

e) utilização de equipamentos diversos dos aprovados ou instalações fora das especificações técnicas constantes da portaria que as tenha aprovado;

f) execução de serviço para o qual não está autorizado.

>> *Caput* e alíneas com redação determinada pelo Decreto-lei n. 236, de 28-2-1967.

Parágrafo único. No caso das letras *d*, *e* e *f* deste artigo, poderá ser determinada a interrupção do serviço pelo agente fiscalizador, *ad referendum* do CONTEL.

>> Parágrafo único com redação determinada pelo Decreto-lei n. 236, de 28-2-1967.

> Órgão regulador: Agência Nacional de Telecomunicações.

Art. 64. A pena de cassação poderá ser imposta nos seguintes casos:

a) infringência do art. 53;

b) reincidência em infração anteriormente punida com suspensão;

c) interrupção do funcionamento por mais de 30 (trinta) dias consecutivos, exceto quando tenha, para isso, obtido autorização prévia do CONTEL;

> Órgão regulador: Agência Nacional de Telecomunicações.

d) superveniência da incapacidade legal, técnica, financeira ou econômica para execução dos serviços da concessão ou permissão;

e) não haver a concessionária ou permissionária, no prazo estipulado, corrigido as irregularidades motivadoras da suspensão anteriormente imposta;

f) não haver a concessionária ou permissionária cumprido as exigências e prazos estipulados, até o licenciamento definitivo de sua estação;

>> *Caput* e alíneas *a* a *f* com redação determinada pelo Decreto-lei n. 236, de 28-2-1967.

g) não observância, pela concessionária ou permissionária, das disposições contidas no art. 222, *caput* e seus §§ 1.º e 2.º, da Constituição.

>> Alínea *g* acrescentada pela Lei n. 10.610, de 20-12-2002.

Art. 65. O CONTEL promoverá as medidas cabíveis, punindo ou propondo a punição, por iniciativa própria ou sempre que receber representação de qualquer autoridade.

>> Artigo com redação determinada pelo Decreto-lei n. 236, de 28-2-1967.

>> Órgão regulador: Agência Nacional de Telecomunicações.

Art. 66. Antes de decidir da aplicação de qualquer das penalidades previstas, o CONTEL notificará a interessada para exercer o direito de defesa, dentro do prazo de 5 (cinco) dias, contados do recebimento da notificação.

>> *Caput* com redação determinada pelo Decreto-lei n. 236, de 28-2-1967.

> Órgão regulador: Agência Nacional de Telecomunicações.

§ 1.º A repetição da falta no período decorrido entre o recebimento da notificação e a tomada de decisão, será considerada como reincidência e, no caso das transgressões citadas no art. 53, o presidente do CONTEL suspenderá a emissora provisoriamente.

>> § 1.º com redação determinada pelo Decreto-lei n. 236, de 28-2-1967.

§ 2.º Quando a representação for feita por uma das autoridades a seguir relacionadas, o presidente do CONTEL verificará *in limine* sua procedência, podendo deixar de ser feita a notificação a que se refere este artigo:

I – Em todo o território nacional:

a) mesa da Câmara dos Deputados ou do Senado Federal;

b) presidente do Supremo Tribunal Federal;

c) ministros de Estado;

d) secretário-geral do Conselho de Segurança Nacional;

e) procurador-geral da República;

f) chefe do Estado-Maior das Forças Armadas.

II – Nos Estados:

a) mesa da Assembleia Legislativa;

b) presidente do Tribunal de Justiça;

c) secretário de assuntos relativos à Justiça;

d) chefe do Ministério Público estadual.

III – Nos Municípios:

a) mesa da Câmara Municipal;

b) prefeito municipal.

>> § 2.º com redação determinada pelo Decreto-lei n. 236, de 28-2-1967.

Art. 67. A perempção da concessão ou autorização será declarada pelo Presidente da República, precedendo parecer do Conselho Nacional de Telecomunicações, se a concessionária ou permissionária decair do direito à renovação.

>> *Caput* com redação determinada pelo Decreto-lei n. 236, de 28-2-1967.

Parágrafo único. O direito à renovação decorre do cumprimento, pela empresa, de seu contrato de concessão ou permissão, das exigências legais e regulamentares, bem como das finalidades educacionais, culturais e morais a que se obrigou, e de persistirem a possibilidade técnica e o interesse público em sua existência.

>> Parágrafo único com redação determinada pelo Decreto-lei n. 236, de 28-2-1967.

Art. 68. A caducidade da concessão ou da autorização será declarada pelo Presidente da República, precedendo parecer do Conselho Nacional de Telecomunicações, nos seguintes casos:

a) quando a concessão ou a autorização decorra de convênio com outro país, cuja denúncia a torne inexequível;

b) quando expirarem os prazos de concessão ou autorização decorrente de convênio com outro país, sendo inviável a prorrogação.

>> *Caput* e alíneas com redação determinada pelo Decreto-lei n. 236, de 28-2-1967.

Parágrafo único. A declaração de caducidade só se dará se for impossível evitá-la por convênio com qualquer país ou por inexistência comprovada de frequência no Brasil, que possa ser atribuída à concessionária ou permissionária, a fim de que não cesse seu funcionamento.

>> Parágrafo único com redação determinada pelo Decreto-lei n. 236, de 28-2-1967.

Art. 69. A declaração da perempção ou da caducidade, quando viciada por ilegalidade, abuso do poder ou pela desconformidade com os fins ou motivos alegados, titulará o prejudicado a postular reparação do seu direito perante o Judiciário.

>> Artigo com redação determinada pelo Decreto-lei n. 236, de 28-2-1967.

Art. 70. Constitui crime punível com a pena de detenção de 1 (um) a 2 (dois) anos, aumentada da metade se houver dano a terceiro, a instalação ou utilização de telecomunicações, sem observância do disposto nesta Lei e nos regulamentos.

>> *Caput* com redação determinada pelo Decreto-lei n. 236, de 28-2-1967.

> *Vide* art. 183 da Lei n. 9.472, de 16-7-1997.

Parágrafo único. Precedendo ao processo penal, para os efeitos referidos neste artigo, será liminarmente procedida a busca e apreensão da estação ou aparelho ilegal.

>> Parágrafo único com redação determinada pelo Decreto-lei n. 236, de 28-2-1967.

Art. 71. Toda irradiação será gravada e mantida em arquivo durante as 24 horas subsequentes ao encerramento dos trabalhos diários da emissora.

>> *Caput* com redação determinada pelo Decreto-lei n. 236, de 28-2-1967.

§ 1.º As emissoras de televisão poderão gravar apenas o som dos programas transmitidos.

>> § 1.º com redação determinada pelo Decreto-lei n. 236, de 28-2-1967.

§ 2.º As emissoras deverão conservar em seus arquivos os textos dos programas, inclusive noticiosos, devidamente autenticados pelos responsáveis, durante 60 (sessenta) dias.

>> § 2.º com redação determinada pelo Decreto-lei n. 236, de 28-2-1967.

§ 3.º As gravações dos programas políticos, de debates, entrevistas, pronunciamentos da mesma natureza e qualquer irradiação não registrada em texto, deverão ser conservadas em arquivo pelo prazo de 20 (vinte) dias depois de transmitidas, para as concessionárias ou permissionárias até 1 kw e 30 (trinta) dias para as demais.

>> § 3.º com redação determinada pelo Decreto-lei n. 236, de 28-2-1967.

§ 4.º As transmissões compulsoriamente estatuídas por lei serão gravadas em material fornecido pelos interessados.

>> § 4.º com redação determinada pelo Decreto-lei n. 236, de 28-2-1967.

Art. 72. A autoridade que impedir ou embaraçar a liberdade da radiodifusão ou da televisão, fora dos casos autorizados em lei, incidirá, no que couber, na sanção do art. 322 do Código Penal.

>> Artigo com redação determinada pelo Decreto-lei n. 236, de 28-2-1967.

> Citado dispositivo consta nesta obra.

....

Capítulo VIII
DAS TAXAS E TARIFAS

....

Art. 129. Revogam-se as disposições em contrário.

Brasília, 27 de agosto de 1962; 141.º da Independência e 74.º da República.

João Goulart

LEI N. 4.132, DE 10 DE SETEMBRO DE 1962 (*)

Define os casos de desapropriação por interesse social e dispõe sobre sua aplicação.

O Presidente da República:

Faço saber que o Congresso Nacional decreta e eu sanciono a seguinte Lei:

Art. 1.º A desapropriação por interesse social será decretada para promover a justa distribuição da propriedade ou condicionar o seu uso ao bem-estar social, na forma do art. 147 da Constituição Federal.

>> A referência é à CF de 1946. *Vide* art. 184 da CF.

Art. 2.º Considera-se de interesse social:

I – o aproveitamento de todo bem improdutivo ou explorado sem correspondência com as necessidades de habitação, trabalho e consumo dos centros de população a que deve ou possa suprir por seu destino econômico;

II – a instalação ou a intensificação das culturas nas áreas em cuja exploração não se obedeça a plano de zoneamento agrícola (*Vetado*);

III – o estabelecimento e a manutenção de colônias ou cooperativas de povoamento e trabalho agrícola;

IV – a manutenção de posseiros em terrenos urbanos onde, com a tolerância expressa ou tácita do proprietário, tenham construído sua habitação, formando núcleos residenciais de mais de dez famílias;

V – a construção de casas populares;

VI – as terras e águas suscetíveis de valorização extraordinária, pela conclusão de obras e serviços públicos, notadamente de saneamento, portos, transporte, eletrificação, armazenamento de água e irrigação, no caso em que não sejam ditas áreas socialmente aproveitadas;

VII – a proteção do solo e a preservação de cursos e mananciais de água e de reservas florestais;

VIII – a utilização de áreas, locais ou bens que, por suas características, sejam apropriados ao desenvolvimento de atividades turísticas.

>> Inciso VIII acrescentado pela Lei n. 6.513, de 20-12-1977.

§ 1.º O disposto no item I deste artigo só se aplicará nos casos de bens retirados de produção ou tratando-se de imóveis rurais cuja produção, por ineficientemente explorados, seja inferior à média da região, aten-

(*) Publicada no *Diário Oficial da União* de 13-11-1962. *Vide* arts. 184 e s. da CF. A Instrução Normativa n. 34, de 23-5-2006, do INCRA, estabelece critérios e procedimentos para a realização de acordo judicial e extrajudicial nas ações de obtenção de terra, para fins de reforma agrária.

didas as condições naturais do seu solo e sua situação em relação aos mercados.

§ 2.º As necessidades de habitação, trabalho e consumo serão apuradas anualmente segundo a conjuntura e condições econômicas locais, cabendo o seu estudo e verificação às autoridades encarregadas de velar pelo bem-estar e pelo abastecimento das respectivas populações.

Art. 3.º O expropriante tem o prazo de 2 (dois) anos, a partir da decretação da desapropriação por interesse social, para efetivar a aludida desapropriação e iniciar as providências de aproveitamento do bem expropriado.

Parágrafo único. (*Vetado.*)

Art. 4.º Os bens desapropriados serão objeto de venda ou locação, a quem estiver em condições de dar-lhes a destinação social prevista.

Art. 5.º No que esta Lei for omissa aplicam-se as normas legais que regulam a desapropriação por utilidade pública, inclusive no tocante ao processo e à justa indenização devida ao proprietário.

Art. 6.º Revogam-se as disposições em contrário.

Brasília, 10 de setembro de 1962; 141.º da Independência e 74.º da República.

João Goulart

LEI N. 4.320, DE 17 DE MARÇO DE 1964 (*)

Estatui normas gerais de direito financeiro para elaboração e controle dos orçamentos e balanços da União, dos Estados, dos Municípios e do Distrito Federal.

DISPOSIÇÃO PRELIMINAR

Art. 1.º Esta Lei estatui normas gerais de direito financeiro para elaboração e controle dos orçamentos e balanços da União, dos Estados, dos Municípios e do Distrito Federal, de acordo com o disposto no art. 5.º, XV, *b*, da Constituição Federal.

> Refere-se à CF de 1946. *Vide* arts. 24, I e II, 30, II, 165, §§ 5.º e 9.º, e 168 da CF.

TÍTULO I
DA LEI DE ORÇAMENTO

(*) Publicada no *Diário Oficial da União* de 23-3-1964. As partes vetadas pelo Presidente da República e mantidas pelo Congresso Nacional foram publicadas no *Diário Oficial da União* de 5-5-1964. Os anexos aqui mencionados sofreram sucessivas alterações por atos administrativos. Optamos por não mantê-los na presente edição. A Lei n. 6.830, de 22-9-1980, dispõe sobre cobrança judicial da Dívida Ativa da Fazenda Pública. *Vide* CF, arts. 163 a 169.

CAPÍTULO I
DISPOSIÇÕES GERAIS

Art. 2.º A Lei de Orçamento conterá a discriminação da receita e despesa de forma a evidenciar a política econômico-financeira e o programa de trabalho do Governo, obedecidos os princípios de unidade, universalidade e anualidade.

> *Vide* art. 165, §§ 5.º a 8.º, da CF.

§ 1.º Integrarão a Lei de Orçamento:

I – sumário geral da receita por fontes e da despesa por funções do Governo;

II – quadro demonstrativo da receita e despesa segundo as categorias econômicas, na forma do Anexo n. 1;

III – quadro discriminativo da receita por fontes e respectiva legislação;

IV – quadro das dotações por órgãos do Governo e da Administração.

§ 2.º Acompanharão a Lei de Orçamento:

I – quadros demonstrativos da receita e planos de aplicação dos fundos especiais;

II – quadros demonstrativos da despesa, na forma dos Anexos n. 6 e 9;

III – quadro demonstrativo do programa anual de trabalho do Governo, em termos de realização de obras e de prestação de serviços.

Art. 3.º A Lei de Orçamento compreenderá todas as receitas, inclusive as de operações de crédito autorizadas em lei.

> *Vide* arts. 167, III, e 165, § 8.º, da CF.

Parágrafo único. Não se consideram para os fins deste artigo as operações de crédito por antecipação da receita, as emissões de papel-moeda e outras entradas compensatórias no ativo e passivo financeiros.

>> Este parágrafo único foi vetado pelo Presidente e mantido pelo Congresso Nacional.

Art. 4.º A Lei de Orçamento compreenderá todas as despesas próprias dos órgãos do Governo e da Administração centralizada, ou que, por intermédio deles se devam realizar, observado o disposto no art. 2.º.

> *Vide* art. 165, § 5.º, da CF.

Art. 5.º A Lei de Orçamento não consignará dotações globais destinadas a atender indiferentemente a despesas de pessoal, material, serviços de terceiros, transferências ou quaisquer outras, ressalvado o disposto no art. 20 e seu parágrafo único.

Art. 6.º Todas as receitas e despesas constarão da Lei de Orçamento pelos seus totais, vedadas quaisquer deduções.

§ 1.º As cotas de receitas que uma entidade pública deva transferir a outra incluir-se-ão, como despesa, no orçamento da entidade obrigada à transferência e, como receita, no orçamento da que as deva receber.

§ 2.º Para cumprimento do disposto no parágrafo anterior, o cálculo das cotas terá por base os dados apurados no balanço do exercício anterior àquele em que se elaborar a proposta orçamentária do Governo obrigado à transferência.

>> Este § 2.º foi vetado pelo Presidente e mantido pelo Congresso Nacional.

Art. 7.º A Lei de Orçamento poderá conter autorização ao Executivo para:

> *Vide* arts. 167, III, e 165, § 8.º, da CF.

I – abrir créditos suplementares até determinada importância, obedecidas as disposições do art. 43;

>> A expressão "obedecidas as disposições do art. 43" foi vetada pelo Presidente e mantida pelo Congresso Nacional.

II – realizar, em qualquer mês do exercício financeiro, operações de crédito por antecipação da receita, para atender a insuficiências de caixa.

§ 1.º Em casos de déficit, a Lei de Orçamento indicará as fontes de recursos que o Poder Executivo fica autorizado a utilizar para atender a sua cobertura.

§ 2.º O produto estimado de operações de crédito e de alienação de bens imóveis somente se incluirá na receita quando umas e outras forem especificamente autorizadas pelo Poder Legislativo em forma que juridicamente possibilite ao Poder Executivo realizá-las no exercício.

§ 3.º A autorização legislativa a que se refere o parágrafo anterior, no tocante a operações de crédito, poderá constar da própria Lei de Orçamento.

Art. 8.º A discriminação da receita geral e da despesa de cada órgão do Governo ou unidade administrativa, a que se refere o art. 2.º, § 1.º, III e IV, obedecerá a forma do Anexo n. 2.

§ 1.º Os itens da discriminação da receita e da despesa, mencionados nos arts. 11, § 4.º, e 13, serão identificados por números de código decimal, na forma dos Anexos n. 3 e 4.

§ 2.º Completarão os números do código decimal referido no parágrafo anterior os algarismos caracterizadores da classificação funcional da despesa conforme estabelece o Anexo n. 5.

§ 3.º O código geral estabelecido nesta Lei não prejudicará a adoção de códigos locais.

CAPÍTULO II
DA RECEITA

Art. 9.º Tributo é a receita derivada, instituída pelas entidades de direito público, compreendendo os impostos, as taxas e contribuições, nos termos da Constituição e das leis vigentes em matéria financeira, destinando-se o seu produto ao custeio de atividades gerais ou específicas exercidas por essas entidades.

>> Este artigo foi vetado pelo Presidente e mantido pelo Congresso Nacional.

> *Vide* art. 167, IV, da CF.

> *Vide* art. 116 da Lei n. 8.666, de 21-6-1993 (Licitações e Contratos da Administração Pública).

Art. 10. (*Vetado.*)

Art. 11. A receita classificar-se-á nas seguintes categorias econômicas: Receitas Correntes e Receitas de Capital.

>> *Caput* com redação determinada pelo Decreto-lei n. 1.939, de 20-5-1982.

§ 1.º São Receitas Correntes as receitas tributária, de contribuições, patrimonial, agropecuária, industrial, de serviços e outras e, ainda, as provenientes de recursos financeiros recebidos de outras pessoas de direito público ou privado, quando destinadas a atender despesas classificáveis em Despesas Correntes.

>> § 1.º com redação determinada pelo Decreto-lei n. 1.939, de 20-5-1982.

§ 2.º São Receitas de Capital as provenientes da realização de recursos financeiros oriundos de constituição de dívidas; da conversão, em espécie, de bens e direitos; os recursos recebidos de outras pessoas de direito público ou privado, destinados a atender despesas classificáveis em Despesas de Capital e, ainda, o superávit do Orçamento Corrente.

>> § 2.º com redação determinada pelo Decreto-lei n. 1.939, de 20-5-1982.

> *Vide* art. 17 da Lei n. 8.666, de 21-6-1993.

§ 3.º O superávit do Orçamento Corrente resultante do balanceamento dos totais das receitas e despesas correntes, apurado na demonstração a que se refere o Anexo n. 1, não constituirá item de receita orçamentária.

>> § 3.º com redação determinada pelo Decreto-lei n. 1.939, de 20-5-1982.

§ 4.º A classificação da receita obedecerá ao seguinte esquema:

Receitas Correntes:

Receita Tributária:

Impostos;

Taxas;

Contribuições de Melhoria;

Receita de Contribuições;

Receita Patrimonial;

Receita Agropecuária;

Receita Industrial;

Receita de Serviços;

Transferências Correntes.

Receitas de Capital:

Operações de Crédito;

Alienação de Bens;

Amortização de Empréstimos;

Transferências de Capital;

Outras Receitas de Capital.

>> § 4.º com redação determinada pelo Decreto-lei n. 1.939, de 20-5-1982.

> Diz o art. 2.º do Decreto-lei n. 1.939, de 20-5-1982, referindo-se às novas disposições do art. 11, §§ 1.º a 4.º, desta Lei: "As disposições deste Decreto-lei serão aplicadas aos Orçamentos e Balanços a partir do exercício de 1983, inclusive, revogadas as disposições em contrário".

CAPÍTULO III
DA DESPESA

Art. 12. A despesa será classificada nas seguintes categorias econômicas:

> *Vide* art. 67 desta Lei.

> *Vide* art. 100 da CF.

DESPESAS CORRENTES

Despesas de Custeio.

Transferências Correntes.

DESPESAS DE CAPITAL

Investimentos.

Inversões Financeiras.

Transferências de Capital.

§ 1.º Classificam-se como Despesas de Custeio as dotações para manutenção de serviços anteriormente criados, inclusive as destinadas a atender a obras de conservação e adaptação de bens imóveis.

§ 2.º Classificam-se como Transferências Correntes as dotações para despesas às quais não corresponda contraprestação direta em bens ou serviços, inclusive para contribuições e subvenções destinadas a atender à manifestação de outras entidades de direito público ou privado.

> *Vide* arts. 157 a 162 da CF.

§ 3.º Consideram-se subvenções, para os efeitos desta Lei, as transferências destinadas a cobrir despesas de custeio das entidades beneficiadas, distinguindo-se como:

I – subvenções sociais, as que se destinem a instituições públicas ou privadas de caráter assistencial ou cultural, sem finalidade lucrativa;

II – subvenções econômicas, as que se destinem a empresas públicas ou privadas de caráter industrial, comercial, agrícola ou pastoril.

§ 4.º Classificam-se como investimentos as dotações para o planejamento e a execução de obras, inclusive as destinadas à aquisição de imóveis considerados necessários à realização destas últimas, bem como para os programas especiais de trabalho, aquisição de instalações, equipamentos e material permanente e constituição ou aumento do capital de empresas que não sejam de caráter comercial ou financeiro.

§ 5.º Classificam-se como Inversões Financeiras as dotações destinadas a:

I – aquisição de imóveis, ou de bens de capital já em utilização;

II – aquisição de títulos representativos do capital de empresas ou entidades de qualquer espécie, já constituídas, quando a operação não importe aumento do capital;

III – constituição ou aumento do capital de entidades ou empresas que visem a objetivos comerciais ou financeiros, inclusive operações bancárias ou de seguros.

§ 6.º São Transferências de Capital as dotações para investimentos ou inversões financeiras que outras pessoas de direito público ou privado devam realizar, independentemente de contraprestação direta em bens ou serviços, constituindo essas transferências auxílios ou contribuições, segundo derivem diretamente da Lei de Orçamento ou de lei especialmente anterior, bem como as dotações para amortização da dívida pública.

Art. 13. Observadas as categorias econômicas do art. 12, a discriminação ou especificação da despesa por elementos, em cada unidade administrativa ou órgão de governo, obedecerá ao seguinte esquema:

DESPESAS CORRENTES

Despesas de Custeio

Pessoal Civil.

Pessoal Militar.

Material de Consumo.

Serviços de Terceiros.

Encargos Diversos.

Transferências Correntes

Subvenções Sociais.

Subvenções Econômicas.

Inativos.

Pensionistas.

Salário-Família e Abono Familiar.

Juros da Dívida Pública.

Contribuições de Previdência Social.

Diversas Transferências Correntes.

DESPESAS DE CAPITAL

Investimentos

Obras Públicas.

Serviços em Regime de Programação Especial.

Equipamentos e Instalações.

Material Permanente.

Participação em Constituição ou Aumento de Capital de Empresas ou Entidades Industriais ou Agrícolas.

Inversões Financeiras

Aquisição de Imóveis.

Participação em Constituição ou Aumento de Capital de Empresas ou Entidades Comerciais ou Financeiras.

Aquisição de Títulos Representativos de Capital de Empresa em Funcionamento.

Constituição de Fundos Rotativos.

Concessão de Empréstimos.

Diversas Inversões Financeiras.

Transferência de Capital

Amortização da Dívida Pública.

Auxílios para Obras Públicas.

Auxílios para Equipamentos e Instalações.

Auxílios para Inversões Financeiras.

Outras Contribuições.

Art. 14. Constitui unidade orçamentária o agrupamento de serviços subordinados ao mesmo órgão ou repartição a que serão consignadas dotações próprias.

>> A expressão "subordinados ao mesmo órgão ou repartição" foi vetada pelo Presidente e mantida pelo Congresso Nacional.

Parágrafo único. Em casos excepcionais, serão consignadas dotações a unidades administrativas subordinadas ao mesmo órgão.

Art. 15. Na Lei de Orçamento a discriminação da despesa far-se-á, no mínimo, por elementos.

>> A expressão "no mínimo" foi vetada pelo Presidente e mantida pelo Congresso Nacional.

§ 1.º Entende-se por elementos o desdobramento da despesa com pessoal, material, serviços, obras e outros meios de que se serve a administração pública para consecução dos seus fins.

>> Este § 1.º foi vetado pelo Presidente e mantido pelo Congresso Nacional.

§ 2.º Para efeito de classificação da despesa, considera-se material permanente o de duração superior a 2 (dois) anos.

Seção I
Das Despesas Correntes

Subseção Única
Das transferências correntes

I) Das Subvenções Sociais

Art. 16. Fundamentalmente e nos limites das possibilidades financeiras a concessão de subvenções sociais visará a prestação de serviços essenciais de assistência social, médica e educacional, sempre que a suplementação de recursos de origem privada aplicados a esses objetivos revelar-se mais econômica.

Parágrafo único. O valor das subvenções, sempre que possível, será calculado com base em unidades de serviços efetivamente prestados ou postos à disposição dos interessados, obedecidos os padrões mínimos de eficiência previamente fixados.

Art. 17. Somente à instituição cujas condições de funcionamento forem julgadas satisfatórias pelos órgãos oficiais de fiscalização serão concedidas subvenções.

II) Das Subvenções Econômicas

Art. 18. A cobertura dos déficits de manutenção das empresas públicas, de natureza autárquica ou não, far-se-á mediante subvenções econômicas expressamente incluídas nas despesas correntes do orçamento da União, do Estado, do Município ou do Distrito Federal.

Parágrafo único. Consideram-se, igualmente, como subvenções econômicas:

a) as dotações destinadas a cobrir a diferença entre os preços de mercado e os preços de revenda, pelo Governo, de gêneros alimentícios ou outros materiais;

b) as dotações destinadas ao pagamento de bonificações a produtores de determinados gêneros ou materiais.

Art. 19. A Lei de Orçamento não consignará ajuda financeira, a qualquer título, a empresa de fins lucrativos, salvo quando se tratar de subvenções cuja concessão tenha sido expressamente autorizada em lei especial.

Seção II
Das Despesas de Capital

Subseção I
Dos investimentos

Art. 20. Os investimentos serão discriminados na Lei de Orçamento segundo os projetos de obras e de outras aplicações.

Parágrafo único. Os programas especiais de trabalho que, por sua natureza, não possam cumprir-se subordinadamente às normas gerais de execução da despesa poderão ser custeados por dotações globais, classificadas entre as Despesas de Capital.

Subseção II
Das transferências de capital

Art. 21. A Lei de Orçamento não consignará auxílio para investimentos que se devam incorporar ao patrimônio das empresas privadas de fins lucrativos.

Parágrafo único. O disposto neste artigo aplica-se às transferências de capital à conta de fundos especiais ou dotações sob regime excepcional de aplicação.

Título II
DA PROPOSTA ORÇAMENTÁRIA

Capítulo I
CONTEÚDO E FORMA DA PROPOSTA ORÇAMENTÁRIA

Art. 22. A proposta orçamentária que o Poder Executivo encaminhará ao Poder Legislativo, nos prazos estabelecidos nas Constituições e nas Leis Orgânicas dos Municípios, compor-se-á de:

> *Vide* art. 165 da CF.

I – mensagem, que conterá: exposição circunstanciada da situação econômico-financeira, documentada com demonstração da dívida fundada e flutuante, saldos de créditos especiais, restos a pagar e outros compromissos financeiros exigíveis; exposição e justificação da política econômico-financeira do Governo; justificação da receita e despesa, particularmente no tocante ao orçamento de capital;

II – projeto de Lei de Orçamento;

III – tabelas explicativas, das quais, além das estimativas de receita e despesa, constarão, em colunas distintas e para fins de comparação:

a) a receita arrecadada nos três últimos exercícios anteriores àquele em que se elaborou a proposta;

b) a receita prevista para o exercício em que se elabora a proposta;

c) a receita prevista para o exercício a que se refere a proposta;

d) a despesa realizada no exercício imediatamente anterior;

e) a despesa fixada para o exercício em que se elabora a proposta; e

f) a despesa prevista para o exercício a que se refere a proposta;

IV – especificação dos programas especiais de trabalho custeados por dotações globais, em termos de metas visadas, decompostas em estimativa do custo das obras a realizar e dos serviços a prestar, acompanhadas de justificação econômica, financeira, social e administrativa.

Parágrafo único. Constará da proposta orçamentária, para cada unidade administrativa, descrição sucinta de suas principais finalidades, com indicação da respectiva legislação.

Capítulo II
DA ELABORAÇÃO DA PROPOSTA ORÇAMENTÁRIA

Seção I
Das Previsões Plurianuais

Art. 23. As receitas e despesas de capital serão objeto de um Quadro de Recursos e de Aplicação de Capital, aprovado por decreto do Poder Executivo, abrangendo, no mínimo, um triênio.

> *Vide* arts. 165 e 167 da CF.

Parágrafo único. O Quadro de Recursos e de Aplicação de Capital será anualmente reajustado acrescentando-se-lhe as previsões de mais um ano, de modo a assegurar a projeção contínua dos períodos.

Art. 24. O Quadro de Recursos e de Aplicação de Capital abrangerá:

I – as despesas e, como couber, também as receitas previstas em planos especiais aprovados em lei e destinados a atender a regiões ou a setores da administração ou da economia;

II – as despesas à conta de fundos especiais e, como couber, as receitas que os constituam;

III – em anexos, as despesas de capital das entidades referidas no Título X desta Lei, com indicação das respectivas receitas, para as quais forem previstas transferências de capital.

Art. 25. Os programas constantes do Quadro de Recursos e de Aplicação de Capital sempre que possível serão correlacionados a metas objetivas em termos de realização de obras e de prestação de serviços.

Parágrafo único. Consideram-se metas os resultados que se pretendem obter com a realização de cada programa.

Art. 26. A proposta orçamentária conterá o programa anual atualizado dos investimentos, inversões financeiras e transferências previstos no Quadro de Recursos e de Aplicação de Capital.

Seção II
Das Previsões Anuais

Art. 27. As propostas parciais de orçamento guardarão estrita conformidade com a política econômico-financeira, o programa anual de trabalho do Governo e, quando fixado, o limite global máximo para o orçamento de cada unidade administrativa.

Art. 28. As propostas parciais das unidades administrativas, organizadas em formulário próprio, serão acompanhadas de:

I – tabelas explicativas da despesa, sob a forma estabelecida no art. 22, III, *d*, e e *f*;

II – justificação pormenorizada de cada dotação solicitada, com a indicação dos atos de aprovação de projetos e orçamentos de obras públicas, para cujo início ou prosseguimento ela se destina.

Art. 29. Caberá aos órgãos de contabilidade ou de arrecadação organizar demonstrações mensais da receita arrecadada, segundo as rubricas, para servirem de base a estimativa da receita na proposta orçamentária.

Parágrafo único. Quando houver órgão central de orçamento, essas demonstrações ser-lhe-ão remetidas mensalmente.

Art. 30. A estimativa da receita terá por base as demonstrações a que se refere o artigo anterior à arrecadação dos três últimos exercícios, pelo menos, bem como as circunstâncias de ordem conjuntural e outras, que possam afetar a produtividade de cada fonte de receita.

Art. 31. As propostas orçamentárias parciais serão revistas e coordenadas na proposta geral, considerando-se a receita estimada e as novas circunstâncias.

Título III
DA ELABORAÇÃO DA LEI DE ORÇAMENTO

Art. 32. Se não receber a proposta orçamentária no prazo fixado nas Constituições ou nas Leis Orgânicas dos Municípios, o Poder Legislativo considerará como proposta a Lei de Orçamento vigente.

> *Vide* arts. 165, § 9.º, e 166, § 8.º, da CF.

> *Vide* art. 35, § 2.º, do ADCT.

Art. 33. Não se admitirão emendas ao projeto de Lei de Orçamento que visem a:

> *Vide* art. 166, § 3.º, III, da CF.

a) alterar a dotação solicitada para despesa de custeio, salvo quando provada, nesse ponto, a inexatidão da proposta;

b) conceder dotação para o início de obra cujo projeto não esteja aprovado pelos órgãos competentes;

c) conceder dotação para instalação ou funcionamento de serviço que não esteja anteriormente criado;

d) conceder dotação superior aos quantitativos previamente fixados em resolução do Poder Legislativo para concessão de auxílios e subvenções.

> *Vide* arts. 54 a 80 da Lei n. 8.666, de 21-6-1993.

Título IV
DO EXERCÍCIO FINANCEIRO

> *Vide* art. 165, § 9.º, I, da CF.

Art. 34. O exercício financeiro coincidirá com o ano civil.

Art. 35. Pertencem ao exercício financeiro:

I – as receitas nele arrecadadas;

II – as despesas nele legalmente empenhadas.

> *Vide* art. 57 da Lei n. 8.666, de 21-6-1993.

Art. 36. Consideram-se Restos a Pagar as despesas empenhadas mas não pagas até o dia 31 de dezembro, distinguindo-se as processadas das não processadas.

Parágrafo único. Os empenhos que correm a conta de créditos com vigência plurianual, que não tenham sido liquidados, só serão computados como Restos a Pagar no último ano de vigência do crédito.

Art. 37. As despesas de exercícios encerrados, para as quais o orçamento respectivo consignava crédito próprio, com saldo suficiente para atendê-las, que não se tenham processado na época própria, bem como os Restos a Pagar com prescrição interrompida e os compromissos reconhecidos após o encerramento do exercício correspondente poderão ser pagos à conta de dotação específica consignada no orçamento, discriminada por elementos, obedecida, sempre que possível, a ordem cronológica.

Art. 38. Reverte à dotação a importância de despesa anulada no exercício: quando a anulação ocorrer após o encerramento deste considerar-se-á receita do ano em que se efetivar.

Art. 39. Os créditos da Fazenda Pública, de natureza tributária ou não tributária, serão escriturados como receita do exercício em que forem arrecadados, nas respectivas rubricas orçamentárias.

>> *Caput* com redação determinada pelo Decreto-lei n. 1.735, de 20-12-1979.

§ 1.º Os créditos de que trata este artigo, exigíveis pelo transcurso do prazo para pagamento, serão inscritos, na forma da legislação própria, como Dívida Ativa, em registro próprio, após apurada a sua liquidez e certeza, e a respectiva receita será escriturada a esse título.

>> § 1.º com redação determinada pelo Decreto-lei n. 1.735, de 20-12-1979.

§ 2.º Dívida Ativa Tributária é o crédito da Fazenda Pública dessa natureza, proveniente de obrigação legal relativa a tributos e respectivos adicionais e multas, e Dívida Ativa Não Tributária são os demais créditos da Fazenda Pública, tais como os provenientes de empréstimos compulsórios, contribuições estabelecidas em lei, multas de qualquer origem ou natureza, exceto as tributárias, foros, laudêmios, aluguéis ou taxas de ocupação, custas processuais, preços de serviços prestados por estabelecimentos públicos, indenizações, reposições, restituições, alcances dos responsáveis definitivamente julgados, bem assim os créditos decorrentes de obrigações em moeda estrangeira, de sub-rogação de hipoteca, fiança, aval ou outra garantia, de contratos em geral ou de outras obrigações legais.

>> § 2.º com redação determinada pelo Decreto-lei n. 1.735, de 20-12-1979.

§ 3.º O valor do crédito da Fazenda Nacional em moeda estrangeira será convertido ao correspondente valor na moeda nacional à taxa cambial oficial, para compra, na data da notificação ou intimação do devedor, pela autoridade administrativa, ou, à sua falta, na data da inscrição da Dívida Ativa, incidindo, a partir da conversão, a atualização monetária e os juros de mora, de acordo com preceitos legais pertinentes aos débitos tributários.

>> § 3.º com redação determinada pelo Decreto-lei n. 1.735, de 20-12-1979.

§ 4.º A receita da Dívida Ativa abrange os créditos mencionados nos parágrafos anteriores, bem como os valores correspondentes à respectiva atualização monetária, à multa e juros de mora e ao encargo de que tratam o art. 1.º do Decreto-lei n. 1.025, de 21 de outubro de 1969, e o art. 3.º do Decreto-lei n. 1.645, de 11 de dezembro de 1978.

>> § 4.º com redação determinada pelo Decreto-lei n. 1.735, de 20-12-1979.

§ 5.º A Dívida Ativa da União será apurada e inscrita na Procuradoria da Fazenda Nacional.

>> § 5.º com redação determinada pelo Decreto-lei n. 1.735, de 20-12-1979.

Título V
DOS CRÉDITOS ADICIONAIS

Art. 40. São créditos adicionais as autorizações de despesa não computadas ou insuficientemente dotadas na Lei de Orçamento.

Art. 41. Os créditos adicionais classificam-se em:

I – suplementares, os destinados a reforço de dotação orçamentária;

II – especiais, os destinados a despesas para as quais não haja dotação orçamentária específica;

III – extraordinários, os destinados a despesas urgentes e imprevistas, em caso de guerra, comoção intestina ou calamidade pública.

> *Vide* art. 167, § 3.º, da CF.

> Dispõe o art. 2.º, § 6.º, da Resolução n. 1, de 8-5-2002, do Congresso Nacional: "Quando se tratar de Medida Provisória que abra crédito extraordinário à lei orçamentária anual, conforme os arts. 62 e 167, § 3.º, da CF, o exame e o parecer serão realizados pela Comissão Mista, prevista no art. 166, § 1.º, da Constituição, observando-se os prazos e o rito estabelecidos nesta Resolução".

Art. 42. Os créditos suplementares e especiais serão autorizados por lei e abertos por decreto executivo.

> *Vide* arts. 84, XXIII, 165 a 167, da CF.

Art. 43. A abertura dos créditos suplementares e especiais depende da existência de recursos disponíveis para ocorrer à despesa e será precedida de exposição justificativa.

> *Vide* art. 167, V, da CF.

§ 1.º Consideram-se recursos para o fim deste artigo, desde que não comprometidos:

I – o superávit financeiro apurado em balanço patrimonial do exercício anterior;

II – os provenientes de excesso de arrecadação;

III – os resultantes de anulação parcial ou total de dotações orçamentárias ou de créditos adicionais, autorizados em lei;

IV – o produto de operações de crédito autorizadas, em forma que juridicamente possibilite ao Poder Executivo realizá-las.

§ 2.º Entende-se por superávit financeiro a diferença positiva entre o ativo financeiro e o passivo financeiro, conjugando-se, ainda, os saldos dos créditos adicionais transferidos e as operações de crédito a eles vinculadas.

§ 3.º Entende-se por excesso de arrecadação, para os fins deste artigo, o saldo positivo das diferenças acumuladas mês a mês, entre a arrecadação prevista e a realizada, considerando-se, ainda, a tendência do exercício.

§ 4.º Para o fim de apurar os recursos utilizáveis, provenientes de excesso de arrecadação, deduzir-se-á a importância dos créditos extraordinários abertos no exercício.

>> Este artigo e seus parágrafos foram vetados pelo Presidente e mantidos pelo Congresso Nacional.

Art. 44. Os créditos extraordinários serão abertos por decreto do Poder Executivo, que deles dará imediato conhecimento ao Poder Legislativo.

Art. 45. Os créditos adicionais terão vigência adstrita ao exercício financeiro em que forem abertos, salvo expressa disposição legal em contrário, quanto aos especiais e extraordinários.

> *Vide* art. 167, § 2.º, da CF.

Art. 46. O ato que abrir crédito adicional indicará a importância, a espécie do mesmo e a classificação da despesa, até onde for possível.

TÍTULO VI
DA EXECUÇÃO DO ORÇAMENTO

> *Vide* art. 8.º da Lei Complementar n. 101, de 4-5-2000.

CAPÍTULO I
DA PROGRAMAÇÃO DA DESPESA

Art. 47. Imediatamente após a promulgação da Lei de Orçamento e com base nos limites nela fixados, o Poder Executivo aprovará um quadro de cotas trimestrais da despesa que cada unidade orçamentária fica autorizada a utilizar.

> *Vide* arts. 74 e 168 da CF.

Art. 48. A fixação das cotas a que se refere o artigo anterior atenderá aos seguintes objetivos:

a) assegurar às unidades orçamentárias, em tempo útil, a soma de recursos necessários e suficientes a melhor execução do seu programa anual de trabalho;

b) manter, durante o exercício, na medida do possível o equilíbrio entre a receita arrecadada e a despesa realizada, de modo a reduzir ao mínimo eventuais insuficiências de tesouraria.

Art. 49. A programação da despesa orçamentária, para efeito do disposto no artigo anterior, levará em conta os créditos adicionais e as operações extraorçamentárias.

Art. 50. As cotas trimestrais poderão ser alteradas durante o exercício, observados o limite da dotação e o comportamento da execução orçamentária.

CAPÍTULO II
DA RECEITA

Art. 51. Nenhum tributo será exigido ou aumentado sem que a lei o estabeleça, nenhum será cobrado em cada exercício sem prévia autorização orçamentária, ressalvados a tarifa aduaneira e o imposto lançado por motivo de guerra.

> *Vide* art. 150, I e III, *b*, da CF.

Art. 52. São objeto de lançamento os impostos diretos e quaisquer outras rendas com vencimento determinado em lei, regulamento ou contrato.

> O procedimento administrativo do lançamento hoje é tratado nos arts. 142 a 150 da Lei n. 5.172, de 25-10-1966 (CTN).

Art. 53. O lançamento da receita é ato da repartição competente, que verifica a procedência do crédito fiscal e a pessoa que lhe é devedora e inscreve o débito desta.

> *Vide* nota ao artigo anterior.

Art. 54. Não será admitida a compensação da observação de recolher rendas ou receitas com direito creditório contra a Fazenda Pública.

> *Vide* Súmulas 212 e 213 do STJ.

Art. 55. Os agentes da arrecadação devem fornecer recibos das importâncias que arrecadarem.

§ 1.º Os recibos devem conter o nome da pessoa que paga a soma arrecadada, proveniência e classificação, bem como a data e assinatura do agente arrecadador.

>> Este § 1.º foi vetado pelo Presidente e mantido pelo Congresso Nacional.

§ 2.º Os recibos serão fornecidos em uma única via.

Art. 56. O recolhimento de todas as receitas far-se-á em estrita observância ao princípio de unidade de tesouraria, vedada qualquer fragmentação para criação de caixas especiais.

Art. 57. Ressalvado o disposto no parágrafo único do art. 3.º desta Lei serão classificadas como receita orçamentária, sob as rubricas próprias, todas as receitas arrecadadas, inclusive as provenientes de operações de crédito, ainda que não previstas no Orçamento.

>> A expressão "Ressalvado o disposto no parágrafo único do art. 3.º desta Lei" foi vetada pelo Presidente e mantida pelo Congresso Nacional.

>> *Vide* art. 150, I e III, *a* e *b*, da CF.

CAPÍTULO III
DA DESPESA

Art. 58. O empenho de despesa é o ato emanado de autoridade competente que cria para o Estado obrigação de pagamento pendente ou não de implemento de condição.

>> A expressão "ou não" foi vetada pelo Presidente e mantida pelo Congresso Nacional.

Art. 59. O empenho da despesa não poderá exceder o limite dos créditos concedidos.

>> *Caput* com redação determinada pela Lei n. 6.397, de 10-12-1976.

§ 1.º Ressalvado o disposto no art. 67 da Constituição Federal, é vedado aos Municípios empenhar, no último mês do mandato do prefeito, mais do que o duodécimo da despesa prevista no Orçamento vigente.

>> § 1.º com redação determinada pela Lei n. 6.397, de 10-12-1976.

§ 2.º Fica, também, vedado aos Municípios, no mesmo período, assumir, por qualquer forma, compromissos financeiros para execução depois do término do mandato do prefeito.

>> § 2.º com redação determinada pela Lei n. 6.397, de 10-12-1976.

§ 3.º As disposições dos parágrafos anteriores não se aplicam nos casos comprovados de calamidade pública.

>> § 3.º com redação determinada pela Lei n. 6.397, de 10-12-1976.

§ 4.º Reputam-se nulos e de nenhum efeito os empenhos e atos praticados em desacordo com o disposto nos §§ 1.º e 2.º deste artigo, sem prejuízo da responsabilidade do prefeito nos termos do art. 1.º, V, do Decreto-lei n. 201, de 27 de fevereiro de 1967.

>> § 4.º com redação determinada pela Lei n. 6.397, de 10-12-1976.

> Citado dispositivo consta nesta obra.

Art. 60. É vedada a realização de despesa sem prévio empenho.

§ 1.º Em casos especiais previstos na legislação específica será dispensada a emissão da nota de empenho.

> *Vide* art. 62 da Lei n. 8.666, de 21-6-1993.

§ 2.º Será feito por estimativa o empenho da despesa cujo montante não se possa determinar.

§ 3.º É permitido o empenho global de despesas contratuais e outras, sujeitas a parcelamento.

Art. 61. Para cada empenho será extraído um documento denominado "nota de empenho" que indicará o nome do credor, a representação e a importância da despesa, bem como a dedução desta do saldo da dotação própria.

> *Vide* art. 62 da Lei n. 8.666, de 21-6-1993.

Art. 62. O pagamento da despesa só será efetuado quando ordenado após sua regular liquidação.

> *Vide* art. 55 da Lei n. 8.666, de 21-6-1993.

Art. 63. A liquidação da despesa consiste na verificação do direito adquirido pelo credor tendo por base os títulos e documentos comprobatórios do respectivo crédito.

> *Vide* art. 55, § 3.º, da Lei n. 8.666, de 21-6-1993.

§ 1.º Essa verificação tem por fim apurar:

I – a origem e o objeto do que se deve pagar;

II – a importância exata a pagar;

III – a quem se deve pagar a importância, para extinguir a obrigação.

§ 2.º A liquidação da despesa por fornecimentos feitos ou serviços prestados terá por base:

I – o contrato, ajuste ou acordo respectivo;

II – a nota de empenho;

III – os comprovantes da entrega de material ou da prestação efetiva do serviço.

Art. 64. A ordem de pagamento é o despacho exarado por autoridade competente, determinando que a despesa seja paga.

Parágrafo único. A ordem de pagamento só poderá ser exarada em documentos processados pelos serviços de contabilidade.

>> Este parágrafo único foi vetado pelo Presidente e mantido pelo Congresso Nacional.

Art. 65. O pagamento da despesa será efetuado por tesouraria ou pagadoria regularmente instituídos por estabelecimentos bancários credenciados e, em casos excepcionais, por meio de adiantamento.

Art. 66. As dotações atribuídas às diversas unidades orçamentárias poderão quando expressamente determinado na Lei de Orçamento ser movimentadas por órgãos centrais de administração geral.

Parágrafo único. É permitida a redistribuição de parcelas das dotações de pessoal, de uma para outra unidade orçamentária, quando considerada indispensável à movimentação de pessoal dentro das tabelas ou quadros comuns às unidades interessadas, a que se realize em obediência à legislação específica.

>> *Vide* art. 167, VI, da CF.

Art. 67. Os pagamentos devidos pela Fazenda Pública, em virtude de sentença judiciária, far-se-ão na ordem de apresentação dos precatórios e à conta dos créditos respectivos, sendo proibida a designação de casos ou de pessoas nas dotações orçamentárias e nos créditos adicionais abertos para esse fim.

>> *Vide* art. 100 da CF.

Art. 68. O regime de adiantamento é aplicável aos casos de despesas expressamente definidos em lei e consiste na entrega de numerário a servidor, sempre precedida de empenho na dotação própria para o fim de realizar despesas que não possam subordinar-se ao processo normal de aplicação.

Art. 69. Não se fará adiantamento a servidor em alcance nem a responsável por dois adiantamentos.

>> A expressão "nem a responsável por dois adiantamentos" foi vetada pelo Presidente e mantida pelo Congresso Nacional.

Art. 70. A aquisição de material, o fornecimento e a adjudicação de obras e serviços serão regulados em lei, respeitado o princípio da concorrência.

> *Vide* Lei n. 8.666, de 21-6-1993.

Título VII
DOS FUNDOS ESPECIAIS

Art. 71. Constitui fundo especial o produto de receitas especificadas que por lei se vinculam à realização de determinados objetivos ou serviços, facultada a adoção de normas peculiares de aplicação.

>> *Vide* art. 167, IV, da CF, e art. 36 do ADCT.

Art. 72. A aplicação das receitas orçamentárias vinculadas a fundos especiais far-se-á através de dotação consignada na Lei de Orçamento ou em créditos adicionais.

Art. 73. Salvo determinação em contrário da lei que o instituiu, o saldo positivo do fundo especial apurado em balanço será transferido para o exercício seguinte, a crédito do mesmo fundo.

Art. 74. A lei que instituir fundo especial poderá determinar normas peculiares de controle, prestação e tomada de contas, sem, de qualquer modo, elidir a competência específica do Tribunal de Contas ou órgão equivalente.

Título VIII
DO CONTROLE DA EXECUÇÃO ORÇAMENTÁRIA

Capítulo I
DISPOSIÇÕES GERAIS

Art. 75. O controle da execução orçamentária compreenderá:

I – a legalidade dos atos de que resultem a arrecadação da receita ou a realização da despesa, o nascimento ou a extinção de direitos e obrigações;

II – a fidelidade funcional dos agentes da administração, responsáveis por bens e valores públicos;

III – o cumprimento do programa de trabalho expresso em termos monetários e em termos de realização de obras e prestação de serviços.

> *Vide* arts. 70 e 74 da CF.

Capítulo II
DO CONTROLE INTERNO

Art. 76. O Poder Executivo exercerá os três tipos de controle a que se refere o art. 75, sem prejuízo das atribuições do Tribunal de Contas ou órgão equivalente.

> *Vide* arts. 31, § 3.º, e 74 da CF.

Art. 77. A verificação da legalidade dos atos de execução orçamentária será prévia, concomitante e subsequente.

Art. 78. Além da prestação ou tomada de contas anual, quando instituída em lei, ou por fim de gestão, poderá haver, a qualquer tempo, levantamento, prestação ou tomada de contas de todos os responsáveis por bens ou valores públicos.

Art. 79. Ao órgão incumbido da elaboração da proposta orçamentária ou a outro indicado na legislação, caberá o controle estabelecido no inciso III do art. 75.

Parágrafo único. Esse controle far-se-á, quando for o caso, em termos de unidades de medida, previamente estabelecidos para cada atividade.

Art. 80. Compete aos serviços de contabilidade ou órgãos equivalentes verificar a exata observância dos limites das cotas trimestrais atribuídas a cada unidade orçamentária, dentro do sistema que for instituído para esse fim.

Capítulo III
DO CONTROLE EXTERNO

Art. 81. O controle da execução orçamentária, pelo Poder Legislativo, terá por objetivo verificar a probidade da administração, a guarda e legal emprego dos dinheiros públicos e o cumprimento da Lei de Orçamento.

> *Vide* arts. 31, 70 e 71 da CF.

Art. 82. O Poder Executivo, anualmente, prestará contas ao Poder Legislativo, no prazo estabelecido nas Constituições ou nas Leis Orgânicas dos Municípios.

§ 1.º As contas do Poder Executivo serão submetidas ao Poder Legislativo, com parecer prévio do Tribunal de Contas ou órgão equivalente.

§ 2.º Ressalvada a competência do Tribunal de Contas ou órgão equivalente, a Câmara de Vereadores poderá designar peritos-contadores para verificarem as contas do prefeito e sobre elas emitirem parecer.

> *Vide* arts. 31, §§ 2.º e 3.º, e 71 da CF.

Título IX
DA CONTABILIDADE

> O Decreto n. 6.976, de 7-10-2009, dispõe sobre o Sistema de Contabilidade Federal, que tem por finalidade registrar atos e fatos relacionados com a administração orçamentária, financeira e patrimonial, para evidenciar a situação da União referente a estes quesitos.

Capítulo I
DISPOSIÇÕES GERAIS

Art. 83. A contabilidade evidenciará perante a Fazenda Pública a situação de todos quantos, de qualquer modo, arrecadem receitas, efetuem despesas, administrem ou guardem bens a ela pertencentes ou confiados.

Art. 84. Ressalvada a competência do Tribunal de Contas ou órgão equivalente, a tomada de contas dos agentes responsáveis por bens ou dinheiros públicos será realizada ou superintendida pelos serviços de contabilidade.

Art. 85. Os serviços de contabilidade serão organizados de forma a permitirem o acompanhamento da execução orçamentária, o conhecimento da composição patrimonial, a determinação dos custos dos serviços industriais, o levantamento dos balanços gerais, a análise e a interpretação dos resultados econômicos e financeiros.

Art. 86. A escrituração sintética das operações financeiras e patrimoniais efetuar-se-á pelo método das partidas dobradas.

Art. 87. Haverá controle contábil dos direitos e obrigações oriundos de ajustes ou contratos em que a administração pública for parte.

Art. 88. Os débitos e créditos serão escriturados com individuação do devedor ou do credor e especificação da natureza, importância e data do vencimento, quando fixada.

Art. 89. A contabilidade evidenciará os fatos ligados à administração orçamentária, financeira, patrimonial e industrial.

Capítulo II
DA CONTABILIDADE ORÇAMENTÁRIA E FINANCEIRA

Art. 90. A contabilidade deverá evidenciar, em seus registros, o montante dos créditos orçamentários vigentes, a despesa empenhada e a despesa realizada, à conta dos mesmos créditos, e às dotações disponíveis.

Art. 91. O registro contábil da receita e da despesa far-se-á de acordo com as especificações constantes da Lei de Orçamento e dos créditos adicionais.

Art. 92. A dívida flutuante compreende:

I – os restos a pagar, excluídos os serviços da dívida;

II – os serviços da dívida a pagar;

III – os depósitos;

IV – os débitos de tesouraria.

Parágrafo único. O registro dos Restos a Pagar far-se-á por exercício e por credor, distinguindo-se as despesas processadas das não processadas.

Art. 93. Todas as operações de que resultem débitos e créditos de natureza financeira, não compreendidas na execução orçamentária, serão também objeto de registro, individuação e controle contábil.

Capítulo III
DA CONTABILIDADE PATRIMONIAL E INDUSTRIAL

Art. 94. Haverá registros analíticos de todos os bens de caráter permanente, com indicação dos elementos necessários para a perfeita caracterização de cada um deles e dos agentes responsáveis pela sua guarda e administração.

Art. 95. A contabilidade manterá registros sintéticos dos bens móveis e imóveis.

Art. 96. O levantamento geral dos bens móveis e imóveis terá por base o inventário analítico de cada unidade administrativa e os elementos da escrituração sintética na contabilidade.

Art. 97. Para fins orçamentários e determinação dos devedores, ter-se-á o registro contábil das receitas patrimoniais, fiscalizando-se sua efetivação.

Art. 98. A dívida fundada compreende os compromissos de exigibilidade superior a 12 (doze) meses, contraídos para atender a desequilíbrio orçamentário ou a financeiro de obras e serviços públicos.

Parágrafo único. A dívida fundada será escriturada com individuação e especificações que permitem verificar, a qualquer momento, a posição dos empréstimos, bem como os respectivos serviços de amortização e juros.

>> Este artigo e seu parágrafo foram vetados pelo Presidente e mantidos pelo Congresso Nacional.

> *Vide* art. 52, V a VIII, da CF.

> A Resolução n. 40, de 20-12-2001, do Senado Federal, dispõe sobre os limites globais para o montante da dívida pública consolidada e da dívida mobiliária dos Estados, do Distrito Federal e dos Municípios.

> A Resolução n. 43, de 21-12-2001, do Senado Federal, dispõe sobre as operações de crédito interno e externo dos Estados, do Distrito Federal e dos Municípios, inclusive concessão de garantias, seus limites e condições de autorização.

> A Resolução n. 33, de 13-7-2006, do Senado Federal, autoriza a cessão, para cobrança, da dívida ativa dos municípios a instituições financeiras.

Art. 99. Os serviços públicos industriais, ainda que não organizados como empresa pública ou autárquica, manterão contabilidade especial para determinação dos custos, ingressos e resultados, sem prejuízo da escrituração patrimonial e financeira comum.

Art. 100. As alterações da situação líquida patrimonial, que abrangem os resultados da execução orçamentária, bem como as variações independentes dessa execução e as superveniências e insubsistências ativas e passivas, constituirão elementos da conta patrimonial.

Capítulo IV
DOS BALANÇOS

Art. 101. Os resultados gerais do exercício serão demonstrados no Balanço Orçamentário, no Balanço Financeiro, no Balanço Patrimonial, na Demonstração das Variações Patrimoniais, segundo os Anexos n. 12, 13, 14 e 15 e os quadros demonstrativos constantes dos Anexos n. 1, 6, 7, 8, 9, 10, 11, 16 e 17.

Art. 102. O Balanço Orçamentário demonstrará as receitas e despesas previstas em confronto com as realizadas.

Art. 103. O Balanço Financeiro demonstrará a receita e a despesa orçamentárias, bem como os recebimentos e os pagamentos de natureza extraorçamentária, conjugados com os saldos em espécie provenientes do exercício anterior, e os que se transferem para o exercício seguinte.

Parágrafo único. Os Restos a Pagar do exercício serão computados na receita extraorçamentária para compensar sua inclusão na despesa orçamentária.

Art. 104. A Demonstração das Variações Patrimoniais evidenciará as alterações verificadas no patrimônio, resultantes ou independentes da execução orçamentária, e indicará o resultado patrimonial do exercício.

Art. 105. O Balanço Patrimonial demonstrará:

I – o Ativo Financeiro;

II – o Ativo Permanente;

III – o Passivo Financeiro;

IV – o Passivo Permanente;

V – o Saldo Patrimonial;

VI – as Contas de Compensação.

§ 1.º O Ativo Financeiro compreenderá os créditos e valores realizáveis independentemente de autorização orçamentária e os valores numerários.

§ 2.º O Ativo Permanente compreenderá os bens, créditos e valores, cuja mobilização ou alienação dependa de autorização legislativa.

§ 3.º O Passivo Financeiro compreenderá as dívidas fundadas e outras, cujo pagamento independa de autorização orçamentária.

§ 4.º O Passivo Permanente compreenderá as dívidas fundadas e outras que dependam de autorização legislativa para amortização ou resgate.

§ 5.º Nas contas de compensação serão registrados os bens, valores, obrigações, e situações não compreendidas nos parágrafos anteriores e que, imediata ou indiretamente, possam vir a afetar o patrimônio.

Art. 106. A avaliação dos elementos patrimoniais obedecerá às normas seguintes:

I – os débitos e créditos, bem como os títulos de renda, pelo seu valor nominal, feita a conversão, quando em moeda estrangeira, à taxa de câmbio vigente na data do balanço;

II – os bens móveis e imóveis, pelo valor de aquisição ou pelo custo de produção ou de construção;

III – os bens de almoxarifado, pelo preço médio ponderado das compras.

§ 1.º Os valores em espécie, assim como os débitos e créditos, quando em moeda estrangeira, deverão figurar ao lado das correspondentes importâncias em moeda nacional.

§ 2.º As variações resultantes da conversão dos débitos, créditos e valores em espécie serão levadas à conta patrimonial.

§ 3.º Poderão ser feitas reavaliações dos bens móveis e imóveis.

TÍTULO X
DAS AUTARQUIAS E OUTRAS ENTIDADES

Art. 107. As entidades autárquicas ou paraestatais, inclusive de previdência social ou investidas de delegação para arrecadação de contribuições parafiscais da União, dos Estados, dos Municípios e do Distrito Federal, terão seus orçamentos aprovados por decreto do Poder Executivo, salvo se disposição legal expressa determinar que o sejam pelo Poder Legislativo.

Parágrafo único. Compreendem-se nesta disposição as empresas com autonomia financeira e administrativa cujo capital pertencer, integralmente, ao Poder Público.

> *Vide* art. 165, § 5.º, da CF.

Art. 108. Os orçamentos das entidades referidas no artigo anterior vincular-se-ão ao orçamento da União, dos Estados, dos Municípios e do Distrito Federal, pela inclusão:

I – como receita, salvo disposição legal em contrário, de saldo positivo previsto entre os totais das receitas e despesas;

II – como subvenção econômica, na receita do orçamento da beneficiária, salvo disposição legal em contrário, do saldo negativo previsto entre os totais das receitas e despesas.

§ 1.º Os investimentos ou inversões financeiras da União, dos Estados, dos Municípios e do Distrito Federal, realizados por intermédio das entidades aludidas no artigo anterior, serão classificados como receita de capital destas e despesa de transferência de capital daqueles.

§ 2.º As previsões para depreciação serão computadas para efeito de apuração do saldo líquido das mencionadas entidades.

Art. 109. Os orçamentos e balanços das entidades compreendidas no art. 107 serão publicados como complemento dos orçamentos e balanços da União, dos Estados, dos Municípios e do Distrito Federal a que estejam vinculados.

Art. 110. Os orçamentos e balanços das entidades já referidas obedecerão aos padrões e normas instituídas por esta Lei, ajustados às respectivas peculiaridades.

Parágrafo único. Dentro do prazo que a legislação fixar, os balanços serão remetidos ao órgão central de contabilidade da União, dos Estados, dos Municípios e do Distrito Federal, para fins de incorporação dos resultados, salvo disposição legal em contrário.

TÍTULO XI
DISPOSIÇÕES FINAIS

Art. 111. O Conselho Técnico de Economia e Finanças do Ministério da Fazenda, além de outras apurações, para fins estatísticos, de interesse nacional, organizará e publicará o balanço consolidado das contas da União, Estados, Municípios e Distrito Federal, suas autarquias e outras entidades, bem como um quadro estruturalmente idêntico, baseado em dados orçamentários.

§ 1.º Os quadros referidos neste artigo terão a estrutura do Anexo n. 1.

§ 2.º O quadro baseado nos orçamentos será publicado até o último dia do primeiro semestre do próprio exercício e o baseado nos balanços, até o último dia do segundo semestre do exercício imediato àquele a que se referirem.

Art. 112. Para cumprimento do disposto no artigo precedente, a União, os Estados, os Municípios e o Distrito Federal remeterão ao mencionado órgão, até 30 de abril, os orçamentos do exercício, e até 30 de junho, os balanços do exercício anterior.

Parágrafo único. O pagamento, pela União, de auxílio ou contribuição a Estados, Municípios ou Distrito Federal, cuja concessão não decorra de imperativo constitucional, dependerá de prova do atendimento ao que se determina neste artigo.

Art. 113. Para fiel e uniforme aplicação das presentes normas, o Conselho Técnico de Economia e Finanças do Ministério da Fazenda atenderá a consultas, coligirá elementos, promoverá o intercâmbio de dados informativos, expedirá recomendações técnicas, quando solicitadas, e atualizará, sempre que julgar conveniente, os anexos que integram a presente Lei.

>> Os anexos aqui mencionados sofreram sucessivas alterações através de portarias da Secretaria de Orçamento e Finanças.

Parágrafo único. Para os fins previstos neste artigo, poderão ser promovidas, quando necessário, conferências ou reuniões técnicas, com a participação de representantes das entidades abrangidas por estas normas.

Art. 114. Os efeitos desta Lei são contados a partir de 1.º de janeiro de 1964, para o fim da elaboração dos orçamentos, e a partir de 1.º de janeiro de 1965, quanto às demais atividades estatuídas.

>> Artigo com redação determinada pela Lei n. 4.489, de 19-11-1964.

Art. 115. Revogam-se as disposições em contrário.

Brasília, 17 de março de 1964; 143.º da Independência e 76.º da República.

JOÃO GOULART

LEI N. 4.595, DE 31 DE DEZEMBRO DE 1964 (*)

Dispõe sobre a política e as instituições monetárias, bancárias e creditícias, cria o Conselho Monetário Nacional e dá outras providências.

O Presidente da República:

Faço saber que o Congresso Nacional decreta e eu sanciono a seguinte Lei:

CAPÍTULO I
DO SISTEMA FINANCEIRO NACIONAL

Art. 1.º O Sistema Financeiro Nacional, estruturado e regulado pela presente Lei, será constituído:

I – do Conselho Monetário Nacional;

II – do Banco Central do Brasil;

III – do Banco do Brasil S.A.;

IV – do Banco Nacional do Desenvolvimento Econômico;

>> O Banco Nacional do Desenvolvimento Econômico teve sua denominação alterada para Banco Nacional do Desenvolvimento Econômico e Social (BNDES).

V – das demais instituições financeiras públicas e privadas.

CAPÍTULO II
DO CONSELHO MONETÁRIO NACIONAL

>> A Lei n. 9.069, de 29-6-1995, dispõe que a partir de 1.º de julho de 1994 a unidade do Sistema Monetário Nacional passa a ser

(*) Publicada no *Diário Oficial da União*, de 31-12-1964. Retificada em 3-2-1965. O Decreto-lei n. 278, de 28-2-1967, alterou a denominação do Banco Central da República do Brasil para Banco Central do Brasil. Crimes contra o sistema financeiro nacional: Lei n. 7.492, de 16-6-1986. Cadastro Nacional da Pessoa Jurídica – CNPJ: Instrução Normativa n. 1.470, de 30-5-2014, da Secretaria da Receita Federal do Brasil.

o REAL, que terá curso legal em todo o território nacional.

>> O Decreto n. 1.307, de 9-11-1994, aprova o Regimento Interno do Conselho Monetário Nacional.

Art. 2.º Fica extinto o Conselho da atual Superintendência da Moeda e do Crédito, e criado, em substituição, o Conselho Monetário Nacional, com a finalidade de formular a política da moeda e do crédito, como previsto nesta Lei, objetivando o progresso econômico e social do País.

Art. 3.º A política do Conselho Monetário Nacional objetivará:

I – adaptar o volume dos meios de pagamento às reais necessidades da economia nacional e seu processo de desenvolvimento;

II – regular o valor interno da moeda, para tanto prevenindo ou corrigindo os surtos inflacionários ou deflacionários de origem interna ou externa, as depressões econômicas e outros desequilíbrios oriundos de fenômenos conjunturais;

III – regular o valor externo da moeda e o equilíbrio no balanço de pagamento do País, tendo em vista a melhor utilização dos recursos em moeda estrangeira;

IV – orientar a aplicação dos recursos das instituições financeiras, quer públicas, quer privadas, tendo em vista propiciar, nas diferentes regiões do País, condições favoráveis ao desenvolvimento harmônico da economia nacional;

V – propiciar o aperfeiçoamento das instituições e dos instrumentos financeiros, com vistas à maior eficiência do sistema de pagamentos e de mobilização de recursos;

VI – zelar pela liquidez e solvência das instituições financeiras;

VII – coordenar as políticas monetária, creditícia, orçamentária, fiscal e da dívida pública, interna e externa.

Art. 4.º Compete ao Conselho Monetário Nacional, segundo diretrizes estabelecidas pelo Presidente da República:

>> *Caput* com redação determinada pela Lei n. 6.045, de 15-5-1974.

I – Autorizar as emissões de papel-moeda (*Vetado*) as quais ficarão na prévia dependência de autorização legislativa, quando se destinarem ao financiamento direto, pelo Banco Central do Brasil, das operações de crédito com o Tesouro Nacional, nos termos do art. 49 desta Lei: O Conselho Monetário Nacional pode, ainda, autorizar o Banco Central do Brasil a emitir, anualmente, até o limite de 10% (dez por cento) dos meios de pagamento existentes a 31 de dezembro do ano anterior, para atender às exigências das atividades produtivas e da circulação da riqueza do País, devendo, porém, solicitar autorização do Poder Legislativo, mediante mensagem do Presidente da República, para as emissões que, justificadamente, se tornarem necessárias além daquele limite.

Quando necessidades urgentes e imprevistas para o financiamento dessas atividades o determinarem, pode o Conselho Monetário Nacional autorizar as emissões que se fizerem indispensáveis, solicitando imediatamente, através de mensagem do Presidente da República, homologação do Poder Legislativo para as emissões assim realizadas;

II – Estabelecer condições para que o Banco Central do Brasil emita papel-moeda (*Vetado*) de curso forçado, nos termos e limites decorrentes desta Lei, bem como as normas reguladoras do meio circulante;

III – Aprovar os orçamentos monetários, preparados pelo Banco Central do Brasil, por meio dos quais se estimarão as necessidades globais de moeda e crédito;

IV – Determinar as características gerais (*Vetado*) das cédulas e das moedas;

V – Fixar as diretrizes e normas da política cambial, inclusive quanto à compra e venda de ouro e quaisquer operações em Direitos Especiais de Saque e em moeda estrangeira;

>> Inciso V com redação determinada pelo Decreto-lei n. 581, de 14-5-1969.

VI – Disciplinar o crédito em todas as suas modalidades e as operações creditícias em todas as suas formas, inclusive aceites, avais e prestações de quaisquer garantias por parte das instituições financeiras;

> A Resolução n. 2.933, de 28-2-2002, do Banco Central do Brasil, autoriza a realização de operações de derivativos de crédito, por parte das instituições que especifica.

VII – Coordenar a política de que trata o art. 3.º desta Lei com a de investimentos do Governo Federal;

VIII – Regular a constituição, funcionamento e fiscalização dos que exercerem atividades subordinadas a esta Lei, bem como a aplicação das penalidades previstas;

>> A Resolução n. 1.065, de 5-12-1985, do Banco Central do Brasil, regulamenta a aplicação de penalidades aos estabelecimentos de crédito.

> *Vide* Súmula 19 do STJ.

> A Resolução n. 2.932, de 28-2-2002, do Banco Central do Brasil, altera e consolida as normas que dispõem sobre horário de funcionamento das instituições financeiras e demais instituições autorizadas a funcionar pelo Banco Central do Brasil, bem como acerca dos dias úteis para fins de operações praticadas no mercado financeiro.

IX – Limitar, sempre que necessário, as taxas de juros, descontos, comissões e qualquer outra forma de remuneração de operações e serviços bancários ou financeiros, inclusive os prestados pelo Banco Central do Brasil, assegurando taxas favorecidas aos financiamentos que se destinem a promover:

>> A Resolução n. 3.919, de 25-11-2010, do Banco Central do Brasil, disciplina a cobrança de tarifas pela prestação de serviços por parte das instituições financeiras e demais instituições autorizadas a funcionar pelo Banco Central do Brasil.

– recuperação e fertilização do solo;

– reflorestamento;

– combate a epizootias e pragas, nas atividades rurais;

– eletrificação rural;

– mecanização;

– irrigação;

– investimentos indispensáveis às atividades agropecuárias;

X – Determinar a percentagem máxima dos recursos que as instituições financeiras poderão emprestar a um mesmo cliente ou grupo de empresas;

XI – Estipular índices e outras condições técnicas sobre encaixes, mobilizações e outras relações patrimoniais, a serem observadas pelas instituições financeiras;

XII – Expedir normas gerais de contabilidade e estatística a serem observadas pelas instituições financeiras;

XIII – Delimitar, com periodicidade não inferior a 2 (dois) anos, o capital mínimo das instituições financeiras privadas, levando em conta sua natureza, bem como a localização de suas sedes e agências ou filiais;

XIV – Determinar recolhimento de até 60% (sessenta por cento) do total dos depósitos e/ou outros títulos contábeis das instituições financeiras, seja na forma de subscrição de letras ou obrigações do Tesouro Nacional ou compra de títulos da Dívida Pública Federal, seja através de recolhimento em espécie, em ambos os casos entregues ao Banco Central do Brasil, na forma e condições que o Conselho Monetário Nacional determinar, podendo este:

a) adotar percentagens diferentes em função: das regiões geoeconômicas; das prioridades que atribuir às aplicações; da natureza das instituições financeiras;

b) determinar percentuais que não serão recolhidos, desde que tenham sido reaplicados em financiamentos à agricultura, sob juros favorecidos e outras condições fixadas pelo Conselho Monetário Nacional;

>> Inciso XIV com redação determinada pelo Decreto-lei n. 1.959, de 14-9-1982.

XV – Estabelecer para as instituições financeiras públicas a dedução dos depósitos de pessoas jurídicas de direito público que lhes detenham o controle acionário, bem como dos das respectivas autarquias e sociedades de economia mista, no cálculo a que se refere o inciso anterior;

XVI – Enviar obrigatoriamente ao Congresso Nacional, até o último dia do mês subsequente, relatório e mapa demonstrativos da aplicação dos recolhimentos compulsórios (*Vetado*);

XVII – Regulamentar, fixando limites, prazos e outras condições, as operações de redescontos e de empréstimo, efetuadas com quaisquer instituições financeiras públicas e privadas de natureza bancária;

XVIII – Outorgar ao Banco Central do Brasil o monopólio das operações de câmbio quando ocorrer grave desequilíbrio no balanço de pagamentos ou houver sérias razões para prever a iminência de tal situação;

XIX – Estabelecer normas a serem observadas pelo Banco Central do Brasil em suas transações com títulos públicos e de entidades de que participe o Estado;

XX – Autorizar o Banco Central do Brasil e as instituições financeiras públicas federais a efetuar a subscrição, compra e venda de ações e outros papéis emitidos ou de responsabilidade das sociedades de economia mista e empresas do Estado;

XXI – Disciplinar as atividades das bolsas de valores e dos corretores de fundos públicos;

XXII – Estatuir normas para as operações das instituições financeiras públicas, para preservar sua solidez e adequar seu funcionamento aos objetivos desta Lei;

XXIII – Fixar, até 15 (quinze) vezes a soma do capital realizado e reservas livres, o limite além do qual os excedentes dos depósitos das instituições financeiras serão recolhidos ao Banco Central do Brasil ou aplicados de acordo com as normas que o Conselho estabelecer;

XXIV – Decidir de sua própria organização, elaborando seu regimento interno no prazo máximo de 30 (trinta) dias;

XXV – Decidir da estrutura técnica e administrativa do Banco Central do Brasil e fixar seu quadro de pessoal, bem como estabelecer os vencimentos e vantagens de seus funcionários, servidores e diretores, cabendo ao presidente deste apresentar as respectivas propostas;

XXVI – Conhecer dos recursos de decisões do Banco Central do Brasil;

>> Criado, no Ministério da Fazenda, o Conselho de Recursos do Sistema Financeiro Nacional, com a finalidade de julgar, em segunda e última instância, os recursos interpostos das decisões relativas à aplicação de penalidades administrativas previstas no inciso XXVI e no § 7.º do art. 4.º, e nos incisos I, II, III e IV do art. 44 da Lei n. 4.595, de 31-12-1964; Decretos n. 91.152, de 15-3-1985, art. 1.º, I e III, e 1.935, de 20-6-1996, art. 2.º, I.

XXVII – Aprovar o regimento interno e as contas do Banco Central do Brasil e decidir sobre seu orçamento e sobre seus sistemas de contabilidade, bem como sobre a forma e prazo de transferência de seus resultados para o Tesouro Nacional, sem prejuízo da competência do Tribunal de Contas da União;

>> Inciso XXVII com redação determinada pelo Decreto-lei n. 2.376, de 25-11-1987.

> A Portaria n. 84.287, de 27-2-2015, divulga o novo Regimento Interno do Banco Central do Brasil.

XXVIII – Aplicar aos bancos estrangeiros que funcionem no País as mesmas vedações ou restrições equivalentes, que vigorem, nas praças de suas matrizes, em relação a bancos brasileiros ali instalados ou que nelas desejem estabelecer-se;

XXIX – Colaborar com o Senado Federal, na instrução dos processos de empréstimos externos dos Estados, do Distrito Federal e dos Municípios, para cumprimento do disposto no art. 63, II, da Constituição Federal;

>> Refere-se à CF de 1946; *vide* art. 52, V, da CF.

XXX – Expedir normas e regulamentação para as designações e demais efeitos do art. 7.º desta Lei;

XXXI – Baixar normas que regulem as operações de câmbio, inclusive *swaps*, fixando limites, taxas, prazos e outras condições;

XXXII – Regular os depósitos a prazo de instituições financeiras e demais sociedades autorizadas a funcionar pelo Banco Central do Brasil, inclusive entre aquelas sujeitas ao mesmo controle acionário ou coligadas.

>> Inciso XXXII com redação determinada pelo Decreto-lei n. 2.290, de 21-11-1986.

§ 1.º O Conselho Monetário Nacional, no exercício das atribuições previstas no inciso VIII deste artigo, poderá determinar que o Banco Central do Brasil recuse autorização para o funcionamento de novas instituições financeiras, em função de conveniências de ordem geral.

§ 2.º Competirá ao Banco Central do Brasil acompanhar a execução dos orçamentos monetários e relatar a matéria ao Conselho Monetário Nacional, apresentando as sugestões que considerar convenientes.

§ 3.º As emissões de moeda metálica serão feitas sempre contra recolhimento (*Vetado*) de igual montante em cédulas.

§ 4.º O Conselho Monetário Nacional poderá convidar autoridades, pessoas ou entidades para prestar esclarecimentos considerados necessários.

§ 5.º Nas hipóteses do art. 4.º, I, e do § 6.º do art. 49 desta Lei, se o Congresso Nacional negar homologação à emissão extraordinária efetuada, as autoridades responsáveis serão responsabilizadas nos termos da Lei n. 1.079, de 10 de abril de 1950.

§ 6.º O Conselho Monetário Nacional encaminhará ao Congresso Nacional, até 31 de março de cada ano, relatório da evolução da situação monetária e creditícia do País no ano anterior, no qual descreverá, minudentemente, as providências adotadas para cumprimento dos objetivos estabelecidos nesta Lei, justificando, destacadamente, os montantes das emissões de papel-moeda que tenham sido feitas para atendimento das atividades produtivas.

§ 7.º O Banco Nacional da Habitação é o principal instrumento de execução da política habitacional do Governo Federal e integra o sistema financeiro nacional, juntamente com as sociedades de crédito imobiliário, sob orientação, autorização, coordenação e fiscalização do Conselho Monetário Nacional e do Banco Central do Brasil, quanto à execução, nos termos desta Lei, revogadas as disposições especiais em contrário.

>> *Vide* notas ao inciso XXVI deste artigo.

Art. 5.º As deliberações do Conselho Monetário Nacional entendem-se de responsabilidade de seu presidente para os efeitos do art. 104, I, *b*, da Constituição Federal e obrigarão também os órgãos oficiais, inclusive autarquias e sociedades de economia mista, nas atividades que afetem o mercado financeiro e o de capitais.

>> Refere-se à CF de 1946; *vide* art. 105, I, *b*, da CF.

Art. 6.º O Conselho Monetário Nacional será integrado pelos seguintes membros:

>> *Caput* com redação determinada pela Lei n. 5.362, de 30-11-1967.

I – Ministro da Fazenda, que será o presidente;

II – presidente do Banco do Brasil S.A.;

III – presidente do Banco Nacional do Desenvolvimento Econômico;

>> *Vide* nota ao art. 1.º, IV, desta Lei.

IV – sete membros nomeados pelo Presidente da República, após aprovação do Senado Federal, escolhidos entre brasileiros de ilibada reputação e notória capacidade em assuntos econômico-financeiros, com mandato de 7 (sete) anos, podendo ser reconduzidos.

§ 1.º O Conselho Monetário Nacional deliberará por maioria de votos, com a presença, no mínimo, de seis membros, cabendo ao presidente também o voto de qualidade.

§ 2.º Poderão participar das reuniões do Conselho Monetário Nacional (*Vetado*) o Ministro da Indústria e do Comércio e o Ministro para Assuntos de Planejamento e Economia, cujos pronunciamentos constarão obrigatoriamente da ata das reuniões.

§ 3.º Em suas faltas ou impedimentos, o Ministro da Fazenda será substituído, na presidência do Conselho Monetário Nacional, pelo Ministro da Indústria e do Comércio, ou, na falta deste, pelo Ministro para Assuntos de Planejamento e Economia.

§ 4.º Exclusivamente motivos relevantes, expostos em representação fundamentada do Conselho Monetário Nacional, poderão determinar a exoneração de seus membros referidos no inciso IV deste artigo.

§ 5.º Vagando-se cargo com mandato o substituto será nomeado com observância do disposto no inciso IV deste artigo, para complementar o tempo do substituído.

§ 6.º Os membros do Conselho Monetário Nacional, a que se refere o inciso IV deste artigo, devem ser escolhidos levando-se em atenção, o quanto possível, as diferentes regiões geoeconômicas do País.

Art. 7.º Junto ao Conselho Monetário Nacional funcionarão as seguintes Comissões Consultivas:

>> *Vide* notas ao inciso XXVI, art. 4.º, desta Lei.

I – bancária, constituída de representantes:

1. do Conselho Nacional de Economia;

2. do Banco Central do Brasil;

3. do Banco do Brasil S.A.;

4. do Banco Nacional do Desenvolvimento Econômico;

>> *Vide* nota ao art. 1.º, IV, desta Lei.

5. do Conselho Superior das Caixas Econômicas Federais;

6. do Banco Nacional de Crédito Cooperativo;

>> A Lei n. 8.029, de 12-4-1990, e o Decreto n. 99.226, de 27-4-1990, tratam da extinção e da dissolução desta sociedade de economia mista.

7. do Banco do Nordeste do Brasil S.A.;

8. do Banco de Crédito da Amazônia S.A.;

9. dos Bancos e Caixas Econômicas Estaduais;

10. dos bancos privados;

11. das sociedades de crédito, financiamento e investimentos;

12. das bolsas de valores;

13. do comércio;

14. da indústria;

15. da agropecuária;

16. das cooperativas que operam em crédito.

II – de mercado de capitais, constituída de representantes:

1. do Ministério da Indústria e do Comércio;

2. do Conselho Nacional de Economia;

3. do Banco Central do Brasil;

4. do Banco Nacional do Desenvolvimento Econômico;

>> *Vide* nota ao art. 1.º, IV, desta Lei.

5. dos bancos privados;

6. das sociedades de crédito, financiamento e investimentos;

7. das bolsas de valores;

8. das companhias de seguros privados e capitalização;

9. da Caixa de Amortização.

III – de crédito rural, constituída de representantes:

1. do Ministério da Agricultura;

2. da Superintendência da Reforma Agrária;

3. da Superintendência Nacional de Abastecimento;

4. do Banco Central do Brasil;

5. da Carteira de Crédito Agrícola e Industrial do Banco do Brasil S.A.;

6. da Carteira de Colonização do Banco do Brasil S.A.;

7. do Banco Nacional de Crédito Cooperativo;

>> A Lei n. 8.029, de 12-4-1990, e o Decreto n. 99.226, de 27-4-1990, tratam da extinção e da dissolução desta sociedade de economia mista.

8. do Banco do Nordeste do Brasil S.A.;

9. do Banco de Crédito da Amazônia S.A.;

10. do Instituto Brasileiro do Café;

>> A Lei n. 8.029, de 12-4-1990, trata da extinção e dissolução desta autarquia.

11. do Instituto do Açúcar e do Álcool;

12. dos bancos privados;

13. da Confederação Rural Brasileira;

14. das instituições financeiras públicas estaduais ou municipais, que operem em crédito rural;

15. das cooperativas de crédito agrícola.

IV – (*Vetado*.);

1 a 15. (*Vetados*.)

V – de crédito industrial, constituída de representantes:

1. do Ministério da Indústria e do Comércio;

2. do Ministério Extraordinário para os Assuntos de Planejamento e Economia;

3. do Banco Central do Brasil;

4. do Banco Nacional do Desenvolvimento Econômico;

>> *Vide* nota ao art. 1.º, IV, desta Lei.

5. da Carteira de Crédito Agrícola e Industrial do Banco do Brasil S.A.;

6. dos bancos privados;

7. das sociedades de crédito, financiamento e investimentos;

8. da indústria.

§ 1.º A organização e o funcionamento das Comissões Consultivas serão regulados pelo Conselho Monetário Nacional, inclusive prescrevendo normas que:

a) lhes concedam iniciativa própria junto ao mesmo Conselho;

b) estabeleçam prazos para o obrigatório preenchimento dos cargos nas referidas Comissões;

c) tornem obrigatória a audiência das Comissões Consultivas, pelo Conselho Monetário Nacional, no trato das matérias atinentes às finalidades específicas das referidas Comissões, ressalvados os casos em que se impuser sigilo.

§ 2.º Os representantes a que se refere este artigo serão indicados pelas entidades nele referidas e designados pelo Conselho Monetário Nacional.

§ 3.º O Conselho Monetário Nacional, pelo voto de dois terços de seus membros, poderá ampliar a competência das Comissões Consultivas, bem como admitir a participação de representantes de entidades não mencionadas neste artigo, desde que tenham funções diretamente relacionadas com suas atribuições.

CAPÍTULO III
DO BANCO CENTRAL DO BRASIL

Art. 8.º A atual Superintendência da Moeda e do Crédito é transformada em autarquia federal, tendo sede e foro na Capital da República, sob a denominação de Banco Central do Brasil, com personalidade jurídica e patrimônio próprios, este constituído dos bens, direitos e valores que lhe são transferidos na forma desta Lei e ainda da apropriação dos juros e rendas resultantes, na data da vigência desta Lei, do disposto no art. 9.º do Decreto-lei n. 8.495, de 28 de dezembro de 1945, dispositivo que ora é expressamente revogado.

Parágrafo único. Os resultados obtidos pelo Banco Central do Brasil, consideradas as receitas e despesas de todas as suas operações, serão, a partir de 1.º de janeiro de 1988, apurados pelo regime de competência e transferidos para o Tesouro Nacional, após compensados eventuais prejuízos de exercícios anteriores.

>> Parágrafo único com redação determinada pelo Decreto-lei n. 2.376, de 25-11-1987.

Art. 9.º Compete ao Banco Central do Brasil cumprir e fazer cumprir as disposições que lhe são atribuídas pela legislação em vigor e as normas expedidas pelo Conselho Monetário Nacional.

> *Vide* Súmula 23 do STJ.

Art. 10. Compete privativamente ao Banco Central do Brasil:

I – emitir moeda-papel e moeda metálica, nas condições e limites autorizados pelo Conselho Monetário Nacional (*Vetado*);

>> A competência para emissão de moeda é da União (CF, art. 21, VII). Cabe ao Congresso Nacional, com a sanção do Presidente da República, dispor sobre moeda, seus limites de emissão e montante da dívida mobiliária federal (CF, art. 48, XIV). A competência da União para emitir moeda será exercida exclusivamente pelo Banco Central. É vedado ao Banco Central conceder, direta ou indiretamente, empréstimos ao Tesouro Nacional e a qualquer órgão ou entidade que não seja instituição financeira. O Banco Central poderá comprar e vender títulos de emissão do Tesouro Nacional, com o objetivo de regular a oferta de moeda ou a taxa de juros. As disponibilidades de caixa da União serão depositadas no Banco Central (CF, art. 164 e §§ 1.º a 3.º).

II – executar os serviços do meio circulante;

> A Circular n. 3.109, de 10-4-2002, do Banco Central do Brasil, institui o Sistema do Meio Circulante – CIR, que disciplina as operações de meio circulante realizadas pela rede bancária no âmbito do Sistema Brasileiro de Pagamento.

III – determinar o recolhimento de até 100% (cem por cento) do total dos depósitos à vista e de até 60% (sessenta por cento) de outros títulos contábeis das instituições financeiras, seja na forma de subscrição de Letras ou Obrigações do Tesouro Nacional ou compra de títulos da Dívida Pública Federal, seja através de recolhimento em espécie, em ambos os casos entregues ao Banco Central do Brasil, a forma e condições por ele determinadas, podendo:

a) adotar percentagens diferentes em função:

1 – das regiões geoeconômicas;

2 – das prioridades que atribuir às aplicações;

3 – da natureza das instituições financeiras;

b) determinar percentuais que não serão recolhidos, desde que tenham sido reaplicados em financiamentos à agricultura, sob juros favorecidos e outras condições por ele fixadas;

>> Inciso acrescentado pela Lei n. 7.730, de 31-1-1989.

IV – receber os recolhimentos compulsórios de que trata o inciso anterior e, ainda, os depósitos voluntários à vista das instituições financeiras, nos termos do inciso III e § 2.º do art. 19;

>> Inciso renumerado pela Lei n. 7.730, de 31-1-1989.

V – realizar operações de redesconto e empréstimo a instituições financeiras bancárias e as referidas no art. 4.º, XIV, *b*, e no § 4.º do art. 49 desta Lei;

>> Inciso renumerado pela Lei n. 7.730, de 31-1-1989.

VI – exercer o controle do crédito sob todas as suas formas;

>> Inciso renumerado pela Lei n. 7.730, de 31-1-1989.

VII – efetuar o controle dos capitais estrangeiros, nos termos da lei;

>> Inciso renumerado pela Lei n. 7.730, de 31-1-1989.

VIII – ser depositário das reservas oficiais de ouro de moeda estrangeira e de Direitos Especiais de Saque e fazer com estas últimas todas e quaisquer operações previstas no Convênio Constitutivo do Fundo Monetário Internacional;

>> Inciso VIII com redação determinada pelo Decreto-lei n. 581, de 14-5-1969, renumerado pela Lei n. 7.730, de 31-1-1989.

IX – exercer a fiscalização das instituições financeiras e aplicar as penalidades previstas;

>> Inciso renumerado pela Lei n. 7.730, de 31-1-1989.

>> A Resolução n. 2.901, de 31-10-2001, do Banco Central do Brasil, define critérios para a aplicação de penalidades na prestação de informações ao Banco Central do Brasil e na inobservância de procedimentos relativos a operações de câmbio e a transferências internacionais em reais.

X – conceder autorização às instituições financeiras, a fim de que possam:

>> Inciso renumerado pela Lei n. 7.730, de 31-1-1989.

a) funcionar no País;

b) instalar ou transferir suas sedes, ou dependências, inclusive no Exterior;

c) ser transformadas, fundidas, incorporadas ou encampadas;

d) praticar operações de câmbio, crédito real e venda habitual de títulos da dívida pública federal, estadual ou municipal, ações, debêntures, letras hipotecárias e outros títulos de crédito ou imobiliários;

e) ter prorrogados os prazos concedidos para funcionamento;

f) alterar seus estatutos;

g) alienar ou, por qualquer outra forma, transferir o seu controle acionário;

>> Alínea *g* acrescentada pelo Decreto-lei n. 2.321, de 25-2-1987.

> *Vide* Súmula 283 do STJ.

XI – estabelecer condições para a posse e para o exercício de quaisquer cargos de administração de instituições financeiras privadas, assim como para o exercício de quaisquer funções em órgãos consultivos, fiscais e semelhantes, segundo normas que forem expedidas pelo Conselho Monetário Nacional;

>> Inciso renumerado pela Lei n. 7.730, de 31-1-1989.

XII – efetuar, como instrumento de política monetária, operações de compra e venda de títulos públicos federais;

>> Inciso renumerado pela Lei n. 7.730, de 31-1-1989.

XIII – determinar que as matrizes das instituições financeiras registrem os cadastros das firmas que operam com suas agências há mais de 1 (um) ano.

>> Inciso renumerado pela Lei n. 7.730, de 31-1-1989.

§ 1.º No exercício das atribuições a que se refere o inciso IX deste artigo, com base nas normas estabelecidas pelo Conselho Monetário Nacional, o Banco Central do Brasil estudará os pedidos que lhe sejam formulados e resolverá conceder ou recusar a autorização pleiteada, podendo (*Vetado*) incluir as cláusulas que reputar convenientes ao interesse público.

>> Citado inciso IX passou a X por determinação da Lei n. 7.730, de 31-1-1989.

> *Vide* arts. 1.123 a 1.141 do CC.

§ 2.º Observado o disposto no parágrafo anterior, as instituições financeiras estrangeiras dependem de autorização do Poder Executivo, mediante decreto, para que possam funcionar no País (*Vetado*).

> *Vide* arts. 1.123 a 1.141 do CC.

Art. 11. Compete ao Banco Central do Brasil:

I – entender-se, em nome do Governo brasileiro, com as instituições financeiras estrangeiras e internacionais;

II – promover, como agente do Governo Federal, a colocação de empréstimos internos ou externos, podendo, também, encarregar-se dos respectivos serviços;

III – atuar no sentido de funcionamento regular do mercado cambial, da estabilidade relativa das taxas de câmbio e do equilíbrio no balanço de pagamentos, podendo para esse fim comprar e vender ouro e moeda estrangeira, bem como realizar operações de crédito no exterior, inclusive as referentes aos Direitos Especiais de Saque e separar os mercados de câmbio financeiro e comercial;

>> Inciso III com redação determinada pelo Decreto-lei n. 581, de 14-5-1969.

> A Circular n. 3.083, de 30-1-2002, dispõe sobre a atuação do Banco Central do Brasil no mercado de câmbio.

IV – efetuar compra e venda de títulos de sociedades de economia mista e empresas do Estado;

V – emitir títulos de responsabilidade própria, de acordo com as condições estabelecidas pelo Conselho Monetário Nacional;

VI – regular a execução dos serviços de compensação de cheques e outros papéis;

> A Circular n. 3.532, de 25-4-2011, do Banco Central do Brasil, institui a truncagem como procedimento padrão no âmbito da Centralizadora da Compensação de Cheques (Compe), altera e consolida a pertinente regulamentação.

VII – exercer permanente vigilância nos mercados financeiros e de capitais sobre empresas que, direta, ou indiretamente, interfiram nesses mercados e em relação às modalidades ou processos operacionais que utilizem;

VIII – prover, sob controle do Conselho Monetário Nacional, os serviços de sua Secretaria.

§ 1.º No exercício das atribuições a que se refere o inciso VIII do art. 10 desta Lei, o Banco Central do Brasil poderá examinar os livros e documentos das pessoas naturais ou jurídicas que detenham o controle acionário de instituição financeira, ficando essas pessoas sujeitas ao disposto no art. 44, § 8.º, desta Lei.

>> § 1.º acrescentado pelo Decreto-lei n. 2.321, de 25-2-1987.

>> Citado inciso VIII passado a IX pela Lei n. 7.730, de 31-1-1989.

§ 2.º O Banco Central do Brasil instalará delegacias, com autorização do Conselho Monetário Nacional, nas diferentes regiões geoeconômicas do País, tendo em vista a descentralização administrativa para distribuição e recolhimento da moeda e o cumprimento das decisões adotadas pelo mesmo Conselho ou prescritas em lei.

>> Primitivo parágrafo único renumerado pelo Decreto-lei n. 2.321, de 25-2-1987.

Art. 12. O Banco Central do Brasil operará exclusivamente com instituições financeiras públicas e privadas, vedadas operações bancárias de qualquer natureza com outras pessoas de direito público ou privado, salvo as expressamente autorizadas por lei.

Art. 13. Os encargos e serviços de competência do Banco Central, quando por ele não executados diretamente, serão contratados de preferência com o Banco do Brasil S.A., exceto nos casos especialmente autorizados pelo Conselho Monetário Nacional.

>> Artigo com redação determinada pelo Decreto-lei n. 278, de 28-2-1967.

Art. 14. O Banco Central do Brasil será administrado por uma diretoria de cinco membros, um dos quais será o presidente, escolhidos pelo Conselho Monetário Nacional dentre seus membros mencionados no inciso IV do art. 6.º desta Lei.

>> *Caput* com redação determinada pela Lei n. 5.362, de 30-11-1967.

>> O art. 1.º do Decreto n. 91.961, de 19-11-1985, modifica o disposto neste artigo, estabelecendo que: "O Banco Central do Brasil será administrado por uma diretoria composta de 9 (nove) membros, um dos quais será seu Presidente, todos nomeados pelo Presidente da República, entre brasileiros de ilibada reputação e notória capacidade em assuntos econômico-financeiros, sendo demissíveis *ad nutum*". O mesmo Decreto em seu art. 2.º diz que "compete ao Presidente do Banco Central do Brasil definir a competência e as atribuições dos membros de sua diretoria".

>> *Vide* arts. 52, III, *d*, e 84, XIV, da CF.

§ 1.º O presidente do Banco Central do Brasil será substituído pelo diretor que o Conselho Monetário Nacional designar.

§ 2.º O término do mandato, a renúncia ou a perda da qualidade de membro do Conselho Monetário Nacional determinam, igualmente, a perda da função de diretor do Banco Central do Brasil.

Art. 15. O regimento interno do Banco Central do Brasil, a que se refere o inciso XXVII do art. 4.º desta Lei, prescreverá as atribuições do presidente e dos diretores e especificará os casos que dependerão de deliberação da diretoria, a qual será tomada por maioria de votos, presentes no mínimo o presidente ou seu substituto eventual e dois outros diretores, cabendo ao presidente também o voto de qualidade.

Parágrafo único. A diretoria se reunirá, ordinariamente, uma vez por semana, e, extraordinariamente, sempre que necessário, por convocação do presidente ou a requerimento de, pelo menos, dois de seus membros.

Art. 16. Constituem receita do Banco Central do Brasil as rendas:

I – de operações financeiras e de outras aplicações de seus recursos;

II – das suas operações de câmbio, da compra e venda de ouro e de quaisquer outras operações em moeda estrangeira;

III – eventuais, inclusive as derivadas de multas e de juros de mora aplicados por força do disposto na legislação em vigor.

>> *Caput* com redação determinada pelo Decreto-lei n. 2.376, de 25-11-1987.

§ 1.º Do resultado das operações de câmbio de que trata o inciso II deste artigo, ocorrido a partir da data de entrada em vigor desta Lei, 75% (setenta e cinco por cento) da parte referente ao lucro realizado na compra e venda de moeda estrangeira destinar-se-á à formação de reserva monetária do Banco Central do Brasil, que registrará esses recursos em conta específica, na forma que for estabelecida pelo Conselho Monetário Nacional.

>> § 1.º com redação determinada pelo Decreto-lei n. 2.076, de 20-12-1983.

§ 2.º A critério do Conselho Monetário Nacional, poderão também ser destinados à reserva monetária de que trata o § 1.º os recursos provenientes de rendimentos gerados por:

a) suprimentos específicos do Banco Central do Brasil ao Banco do Brasil S.A., concedidos nos termos do § 1.º, do art. 19, desta Lei;

b) suprimentos especiais do Banco Central do Brasil aos fundos e programas que administra.

>> § 2.º acrescentado pelo Decreto-lei n. 2.076, de 20-12-1983.

§ 3.º O Conselho Monetário Nacional estabelecerá, observado o disposto no § 1.º do art. 19 desta Lei, a cada exercício, as bases da remuneração das operações referidas no § 2.º e as condições para incorporação desses rendimentos à referida reserva monetária.

>> § 3.º acrescentado pelo Decreto-lei n. 2.076, de 20-12-1983.

CAPÍTULO IV
DAS INSTITUIÇÕES FINANCEIRAS

Seção I
Da Caracterização e Subordinação

Art. 17. Consideram-se instituições financeiras, para os efeitos da legislação em vigor, as pessoas jurídicas públicas ou privadas, que tenham como atividade principal ou acessória a coleta, intermediação ou aplicação de recursos financeiros próprios ou de terceiros, em moeda nacional ou estrangeira, e a custódia de valor de propriedade de terceiros.

Parágrafo único. Para os efeitos desta Lei e da legislação em vigor, equiparam-se às instituições financeiras as pessoas físicas que exerçam qualquer das atividades referidas neste artigo, de forma permanente ou eventual.

>> A Lei n. 7.492, de 16-6-1986, define os crimes contra o sistema financeiro nacional. Seu art. 1.º diz: "considera-se instituição financeira, para efeito desta Lei, a pessoa jurídica de direito público ou privado, que tenha como atividade principal ou acessória, cumulativamente ou não, a captação, intermediação ou aplicação de recursos financeiros (*VETADO*) de terceiros, em moeda nacional ou estrangeira, ou a custódia, emissão, distribuição, negociação, intermediação ou administração de valores mobiliários". Continua o parágrafo único: "equipara-se à instituição financeira: I – a pessoa jurídica que capte ou administre seguros, câmbio, consórcio, capitalização ou qualquer tipo de poupança, ou recursos de terceiros; II – a pessoa natural que exerça quaisquer das atividades referidas neste artigo, ainda que de forma eventual".

>> A Resolução n. 1.065, de 5-12-1985, do Banco Central do Brasil, prevê a instauração de processo administrativo contra instituições financeiras, seus diretores, membros de conselhos e gerentes, bem como às pessoas físicas ou jurídicas a ela equiparadas, por descumprimento a disposição legal ou regulamentar.

>> A Lei n. 10.305, de 7-11-2001, que estabelece normas para registro do resultado líquido negativo decorrente do ajuste dos valores em reais de obrigações e créditos e dá outras providências, não se aplica às instituições financeiras e demais instituições autorizadas a funcionar pelo Banco Central do Brasil.

Art. 18. As instituições financeiras somente poderão funcionar no País mediante prévia autorização do Banco Central do Brasil ou decreto do Poder Executivo, quando forem estrangeiras.

§ 1.º Além dos estabelecimentos bancários oficiais ou privados, das sociedades de crédito, financiamento e investimentos, das caixas econômicas e das cooperativas de crédito ou a seção de crédito das cooperativas que a tenham, também se subordinam às disposições e disciplinas desta Lei no que for aplicável, as bolsas de valores, companhias de seguros e de capitalização, as sociedades que efetuam distribuição de prêmios em imóveis, mercadoria ou dinheiro, mediante sorteio de títulos de sua emissão ou por qualquer forma, e as pessoas físicas ou jurídicas que exerçam, por conta própria ou de terceiros, atividade relacionada com a compra e venda de ações e outros quaisquer títulos, realizando, nos mercados financeiros e de capitais, operações ou serviços de natureza dos executados pelas instituições financeiras.

§ 2.º O Banco Central do Brasil, no exercício da fiscalização que lhe compete, regulará as condições de concorrência entre instituições financeiras, coibindo-lhes os abusos com a aplicação da pena (*Vetado*) nos termos desta Lei.

§ 3.º Dependerão de prévia autorização do Banco Central do Brasil as campanhas destinadas à coleta de recursos do público, praticadas por pessoas físicas ou jurídicas abrangidas neste artigo, salvo para subscrição pública de ações, nos termos da lei das sociedades por ações.

Seção II
Do Banco do Brasil S.A.

> O Decreto n. 3.905, de 31-8-2001, dispõe sobre a composição, indicação, eleição e nomeação dos membros dos órgãos colegiados do Banco do Brasil S.A.

Art. 19. Ao Banco do Brasil S.A. competirá, precipuamente, sob a supervisão do Conselho Monetário Nacional e como instrumento de execução da política creditícia e financeira do Governo Federal:

I – na qualidade de Agente Financeiro do Tesouro Nacional, sem prejuízo de outras funções que lhe venham a ser atribuídas e ressalvado o disposto no art. 8.º da Lei n. 1.628, de 20 de junho de 1952:

a) receber, a crédito do Tesouro Nacional, as importâncias provenientes da arrecadação de tributos ou rendas federais e ainda o produto das operações de que trata o art. 49 desta Lei;

b) realizar os pagamentos e suprimentos necessários à execução do Orçamento Geral da União e leis complementares que lhe forem transmitidas pelo Ministério da Fazenda, as quais não poderão exceder o montante global dos recursos a que se refere a letra anterior, vedada a concessão, pelo Banco, de créditos de qualquer natureza ao Tesouro Nacional;

c) conceder aval, fiança e outras garantias, consoante expressa autorização legal;

d) adquirir e financiar estoques de produção exportável;

e) executar a política de preços mínimos dos produtos agropastoris;

f) ser agente pagador e receber fora do País;

g) executar o serviço da dívida pública consolidada;

II – como principal executor dos serviços bancários de interesse do Governo Federal, inclusive suas autarquias, receber em depósito, com exclusividade, as disponibilidades de quaisquer entidades federais, compreendendo as repartições de todos os ministérios civis e militares, instituições de previdência e outras autarquias, comissões, departamentos, entidades em regime especial de administração e quaisquer pessoas físicas ou jurídicas responsáveis por adiantamentos, ressalvados o disposto no § 5.º deste artigo, as exceções previstas em lei ou casos especiais, expressamente autorizadas pelo Conselho Monetário Nacional, por proposta do Banco Central do Brasil;

III – arrecadar os depósitos voluntários, à vista, das instituições de que trata o inciso III, do art. 10, desta Lei, escriturando as respectivas contas;

>> Inciso III com redação determinada pelo Decreto-lei n. 2.284, de 10-3-1986.

>> Atualmente a matéria é tratada pelo art. 10, IV, desta Lei.

IV – executar os serviços de compensação de cheques e outros papéis;

> A Circular n. 3.532, de 25-4-2011, do Banco Central do Brasil, institui a truncagem como procedimento padrão no âmbito da Centralizadora da Compensação de Cheques (Compe), altera e consolida a pertinente regulamentação.

V – receber, com exclusividade, os depósitos de que tratam os arts. 38, item 3.º, do Decreto-lei n. 2.627, de 26 de setembro de 1940, e 1.º do Decreto-lei n. 5.956, de 1.º de novembro de 1943, ressalvado o disposto no art. 27 desta Lei;

>> *Vide* art. 80, III, da Lei n. 6.404, de 15-12-1976 (LSA).

VI – realizar, por conta própria, operações de compra e venda de moeda estrangeira e, por conta do Banco Central do Brasil, nas condições estabelecidas pelo Conselho Monetário Nacional;

VII – realizar recebimento ou pagamentos e outros serviços de interesse do Banco Central do Brasil, mediante contratação na forma do art. 13 desta Lei;

VIII – dar execução à política de comércio exterior (*Vetado*);

IX – financiar a aquisição e instalação da pequena e média propriedade rural, nos termos da legislação que regular a matéria;

X – financiar as atividades industriais e rurais, estas com o favorecimento referido no art. 4.º, IX, e art. 53 desta Lei;

XI – difundir e orientar o crédito, inclusive as atividades comerciais suplementando a ação da rede bancária:

a) no financiamento das atividades econômicas, atendendo às necessidades creditícias das diferentes regiões do País;

b) no financiamento das exportações e importações.

§ 1.º O Conselho Monetário Nacional assegurará recursos específicos que possibilitem ao Banco do Brasil S.A., sob adequada remuneração, o atendimento dos encargos previstos nesta Lei.

§ 2.º Do montante global dos depósitos arrecadados, na forma do inciso III deste artigo, o Banco do Brasil S.A. colocará à disposição do Banco Central do Brasil, observadas as normas que forem estabelecidas pelo Conselho Monetário Nacional, a parcela que exceder as necessidades normais de movimentação das contas respectivas, em função dos serviços aludidos no inciso IV deste artigo.

§ 3.º Os encargos referidos no inciso I deste artigo serão objeto de contratação entre o Banco do Brasil S.A. e a União Federal, esta representada pelo Ministro da Fazenda.

§ 4.º O Banco do Brasil S.A. prestará ao Banco Central do Brasil todas as informações por este julgadas necessárias para a exata execução desta Lei.

§ 5.º Os depósitos de que trata o inciso II deste artigo também poderão ser feitos nas Caixas Econômicas Federais, nos limites e condições fixados pelo Conselho Monetário Nacional.

Art. 20. O Banco do Brasil S.A. e o Banco Central do Brasil elaborarão, em conjunto, o programa global de aplicações e recursos do primeiro, para fins de inclusão nos orçamentos monetários de que trata o inciso III do art. 4.º desta Lei.

Art. 21. O presidente e os diretores do Banco do Brasil S.A. deverão ser pessoas de reputação ilibada e notória capacidade.

§ 1.º A nomeação do presidente do Banco do Brasil S.A. será feita pelo Presidente da República, após aprovação do Senado Federal.

§ 2.º As substituições eventuais do presidente do Banco do Brasil S.A. não poderão exceder o prazo de 30 (trinta) dias consecutivos, sem que o Presidente da República submeta ao Senado Federal o nome do substituto.

§§ 3.º e 4.º (*Vetados.*)

Seção III
Das Instituições Financeiras Públicas

Art. 22. As instituições financeiras públicas são órgãos auxiliares da execução da política de crédito do Governo Federal.

§ 1.º O Conselho Monetário Nacional regulará as atividades, capacidade e modalidade operacionais das instituições financeiras públicas federais, que deverão submeter à aprovação daquele órgão, com a prioridade por ele prescrita, seus programas de recursos e aplicações, de forma que se ajustem à política de crédito do Governo Federal.

§ 2.º A escolha dos diretores ou administradores das instituições financeiras públicas federais e a nomeação dos respectivos presidentes e designação dos substitutos observarão o disposto no art. 21, §§ 1.º e 2.º, desta Lei.

§ 3.º A atuação das instituições financeiras públicas será coordenada nos termos do art. 4.º desta Lei.

Art. 23. O Banco Nacional do Desenvolvimento Econômico é o principal instrumento de execução de política de investimentos do Governo Federal, nos termos das Leis n. 1.628, de 20 de junho de 1952, e 2.973, de 26 de novembro de 1956.

>> *Vide* nota ao art. 1.º, IV.

Art. 24. As instituições financeiras públicas não federais ficam sujeitas às disposições relativas às instituições financeiras privadas, assegurada a forma de constituição das existentes na data da publicação desta Lei.

Parágrafo único. As Caixas Econômicas Estaduais equiparam-se, no que couber, às Caixas Econômicas Federais, para os efeitos da legislação em vigor, estando isentas do recolhimento a que se refere o art. 4.º, XIV, e à taxa de fiscalização, mencionada no art. 16 desta Lei.

Seção IV
Das Instituições Financeiras Privadas

Art. 25. As instituições financeiras privadas, exceto as cooperativas de crédito, constituir-se-ão unicamente sob a forma de sociedade anônima, devendo a totalidade de seu capital com direito a voto ser representada por ações nominativas.

>> *Caput* com redação determinada pela Lei n. 5.710, de 7-10-1971.

§ 1.º Observadas as normas fixadas pelo Conselho Monetário Nacional, as instituições a que se refere este artigo poderão emitir até o limite de 50% (cinquenta por cento) de seu capital social em ações preferenciais, nas formas nominativas, e ao portador, sem direito a voto, às quais não se aplicará o disposto no parágrafo único do art. 81 do Decreto-lei n. 2.627, de 26 de setembro de 1940.

>> § 1.º acrescentado pela Lei n. 5.710, de 7-10-1971.

>> O citado art. 81 do Decreto-lei n. 2.627, de 26-9-1940, foi revogado pela Lei n. 6.404, de 15-12-1976 (LSA).

§ 2.º A emissão de ações preferenciais ao portador, que poderá ser feita em virtude de aumento de capital, conversão de ações ordinárias ou de ações preferenciais nominativas, ficará sujeita a alterações prévias dos estatutos das sociedades, a fim de que sejam neles incluídas as declarações sobre:

I – as vantagens preferenciais e restrições atribuídas a cada classe de ações preferenciais, de acordo com o Decreto-lei n. 2.627, de 26 de setembro de 1940;

>> *Vide* Lei n. 6.404, de 15-12-1976 (LSA).

II – as formas e prazos em que poderá ser autorizada a conversão das ações, vedada a conversão das ações preferenciais em outro tipo de ações com direito a voto.

>> § 2.º acrescentado pela Lei n. 5.710, de 7-10-1971.

§ 3.º Os títulos e cautelas representativas das ações preferenciais, emitidos nos termos dos parágrafos anteriores, deverão conter expressamente as restrições ali especificadas.

>> § 3.º acrescentado pela Lei n. 5.710, de 7-10-1971.

Art. 26. O capital inicial das instituições financeiras públicas e privadas será sempre realizado em moeda corrente.

Art. 27. Na subscrição do capital inicial e na de seus aumentos em moeda corrente, será exigida no ato a realização de, pelo menos, 50% (cinquenta por cento) do montante subscrito.

§ 1.º As quantias recebidas dos subscritores de ações serão recolhidas no prazo de 5 (cinco) dias, contados do recebimento, ao Banco Central do Brasil, permanecendo indisponíveis até a solução do respectivo processo.

§ 2.º O remanescente do capital subscrito, inicial ou aumentado, em moeda corrente, deverá ser integralizado dentro de 1 (um) ano da data da solução do respectivo processo.

Art. 28. Os aumentos de capital, que não forem realizados em moeda corrente, poderão decorrer da incorporação de reservas, segundo normas expedidas pelo Conselho Monetário Nacional, e da reavaliação da parcela dos bens do ativo imobilizado, representado por imóveis de uso e instalações, aplicados no caso, como limite máximo, os índices fixados pelo Conselho Nacional de Economia.

Art. 29. As instituições financeiras privadas deverão aplicar, de preferência, não menos de 50% (cinquenta por cento) dos depósitos do público que recolherem, na respectiva Unidade Federada ou Território.

§ 1.º O Conselho Monetário Nacional poderá, em casos especiais, admitir que o percentual referido neste artigo seja aplicado em cada Estado e Território isoladamente ou por grupos de Estados e Territórios componentes da mesma região geoeconômica.

§ 2.º (*Revogado pelo Decreto-lei n. 48, de 18-11-1966.*)

Art. 30. As instituições financeiras de direito privado, exceto as de investimento, só poderão participar de capital de quaisquer sociedades com prévia autorização do Banco Central do Brasil, solicitada justificadamente e concedida expressamente, ressalvados os casos de garantia de subscrição, nas condições que forem estabelecidas, em caráter geral, pelo Conselho Monetário Nacional.

Parágrafo único. (*Vetado.*)

Art. 31. As instituições financeiras levantarão balanços gerais a 30 de junho e 31 de dezembro de cada ano, obrigatoriamente, com observância das regras contábeis estabelecidas pelo Conselho Monetário Nacional.

Art. 32. As instituições financeiras públicas deverão comunicar ao Banco Central do Brasil a nomeação ou a eleição de diretores e membros de órgãos consultivos, fiscais e semelhantes, no prazo de 15 (quinze) dias da data de sua ocorrência.

Art. 33. As instituições financeiras privadas deverão comunicar ao Banco Central do Brasil os atos relativos à eleição de diretores e membros de órgãos consultivos, fiscais e semelhantes, no prazo de 15 (quinze) dias de sua ocorrência, de acordo com o estabelecido no art. 10, X, desta Lei.

>> Citado inciso X passado a XI pela Lei n. 7.730, de 31-1-1989.

§ 1.º O Banco Central do Brasil, no prazo máximo de 60 (sessenta) dias, decidirá aceitar ou recusar o nome do eleito, que não atender às condições a que se refere o art. 10, X, desta Lei.

§ 2.º A posse do eleito dependerá da aceitação a que se refere o parágrafo anterior.

§ 3.º Oferecida integralmente a documentação prevista nas normas referidas no art. 10, X, desta Lei, e decorrido, sem manifestações do Banco Central do Brasil, o prazo mencionado no § 1.º deste artigo, entender-se-á não ter havido recusa à posse.

>> *Vide* nota ao *caput* deste artigo.

Art. 34. É vedado às instituições financeiras realizar operação de crédito com a parte relacionada.

>> *Caput* com redação determinada pela Lei n. 13.506, de 13-11-2017.

>> A Resolução n. 4.693, de 29-10-2018, do Banco Central do Brasil, dispõe sobre condições e limites para a realização de operações de crédito com partes relacionadas por instituições financeiras e por sociedades de arrendamento mercantil, para fins do disposto neste artigo.

§§ 1.º e 2.º (*Revogados pela Lei n. 13.506, de 13-11-2017.*)

§ 3.º Considera-se parte relacionada à instituição financeira, para efeitos deste artigo:

>> § 3.º, *caput*, acrescentado pela Lei n. 13.506, de 13-11-2017.

I – seus controladores, pessoas físicas ou jurídicas, nos termos do art. 116 da Lei n. 6.404, de 15 de dezembro de 1976;

>> Inciso I acrescentado pela Lei n. 13.506, de 13-11-2017.

II – seus diretores e membros de órgãos estatutários ou contratuais;

>> Inciso II acrescentado pela Lei n. 13.506, de 13-11-2017.

III – o cônjuge, o companheiro e os parentes, consanguíneos ou afins, até o segundo grau, das pessoas mencionadas nos incisos I e II deste parágrafo;

>> Inciso III acrescentado pela Lei n. 13.506, de 13-11-2017.

IV – as pessoas físicas com participação societária qualificada em seu capital; e

>> Inciso IV acrescentado pela Lei n. 13.506, de 13-11-2017.

V – as pessoas jurídicas:

>> Inciso V, *caput*, acrescentado pela Lei n. 13.506, de 13-11-2017.

a) com participação qualificada em seu capital;

>> Alínea *a* acrescentada pela Lei n. 13.506, de 13-11-2017.

b) em cujo capital, direta ou indiretamente, haja participação societária qualificada;

>> Alínea *b* acrescentada pela Lei n. 13.506, de 13-11-2017.

c) nas quais haja controle operacional efetivo ou preponderância nas deliberações, independentemente da participação societária; e

>> Alínea *c* acrescentada pela Lei n. 13.506, de 13-11-2017.

d) que possuírem diretor ou membro de conselho de administração em comum.

>> Alínea *d* acrescentada pela Lei n. 13.506, de 13-11-2017.

§ 4.º Excetuam-se da vedação de que trata o *caput* deste artigo, respeitados os limites e as condições estabelecidos em regulamentação:

>> § 4.º acrescentado pela Lei n. 13.506, de 13-11-2017.

I – as operações realizadas em condições compatíveis com as de mercado, inclusive quanto a limites, taxas de juros, carência, prazos, garantias requeridas e critérios para classificação de risco para fins de constituição de provisão para perdas prováveis e baixa como prejuízo, sem benefícios adicionais ou diferenciados comparativamente às operações deferidas aos demais clientes de mesmo perfil das respectivas instituições;

>> Inciso I acrescentado pela Lei n. 13.506, de 13-11-2017.

II – as operações com empresas controladas pela União, no caso das instituições financeiras públicas federais;

>> Inciso II acrescentado pela Lei n. 13.506, de 13-11-2017.

III – as operações de crédito que tenham como contraparte instituição financeira integrante do mesmo conglomerado prudencial, desde que contenham cláusula contratual de subordinação, observado o disposto no inciso V do art. 10 desta Lei, no caso das instituições financeiras bancárias;

>> Inciso III acrescentado pela Lei n. 13.506, de 13-11-2017.

IV – os depósitos interfinanceiros regulados na forma do inciso XXXII do *caput* do art. 4.º desta Lei;

>> Inciso IV acrescentado pela Lei n. 13.506, de 13-11-2017.

V – as obrigações assumidas entre partes relacionadas em decorrência de responsabilidade imposta a membros de compensação e demais participantes de câmaras ou prestadores de serviços de compensação e de liquidação autorizados pelo Banco Central do Brasil ou pela Comissão de Valores Mobiliários e suas respectivas contrapartes em operações conduzidas no âmbito das referidas câmaras ou prestadores de serviços; e

>> Inciso V acrescentado pela Lei n. 13.506, de 13-11-2017.

VI – os demais casos autorizados pelo Conselho Monetário Nacional.

>> Inciso VI acrescentado pela Lei n. 13.506, de 13-11-2017.

§ 5.º Considera-se também realizada com parte relacionada qualquer operação que caracterize negócio indireto, simulado ou mediante interposição de terceiro, com o fim de realizar operação vedada nos termos deste artigo.

>> § 5.º acrescentado pela Lei n. 13.506, de 13-11-2017.

§ 6.º O Conselho Monetário Nacional disciplinará o disposto neste artigo, inclusive a definição de operação de crédito, de limites e de participação qualificada.

>> § 6.º acrescentado pela Lei n. 13.506, de 13-11-2017.

Arts. 35 e 36. (*Revogados pela Lei n. 13.506, de 13-11-2017.*)

Art. 37. As instituições financeiras, entidades e pessoas referidas nos arts. 17 e 18 desta Lei, bem como os corretores de fundos públicos, ficam obrigados a fornecer ao Banco Central do Brasil, na forma por ele determinada, os dados ou informes julgados necessários para o fiel desempenho de suas atribuições.

Art. 38. (*Revogado pela Lei Complementar n. 105, de 10-1-2001.*)

Art. 39. Aplicam-se às instituições financeiras estrangeiras, em funcionamento ou que venham a se instalar no País, as disposições da presente Lei, sem prejuízo das que se contêm na legislação vigente.

Arts. 40 e 41. (*Revogados pela Lei Complementar n. 130, de 17-4-2009.*)

Capítulo V
DAS PENALIDADES

>> Os crimes contra o Sistema Financeiro Nacional estão previstos na Lei n. 7.492, de 16-6-1986.

Arts. 42 a 44. (*Revogados pela Lei n. 13.506, de 13-11-2017.*)

Art. 45. As instituições financeiras públicas não federais e as privadas estão sujeitas, nos termos da legislação vigente, à intervenção efetuada pelo Banco Central do Brasil ou à liquidação extrajudicial.

Parágrafo único. A partir da vigência desta Lei, as instituições de que trata este artigo não poderão impetrar concordata.

Capítulo VI
DISPOSIÇÕES GERAIS

Art. 46. Ficam transferidas as atribuições legais e regulamentares do Ministério da Fazenda relativamente ao meio circulante, inclusive as exercidas pela Caixa de Amortização para o Conselho Monetário Nacional, e (*Vetado*) para o Banco Central do Brasil.

Art. 47. Será transferido à responsabilidade do Tesouro Nacional, mediante encampação, sendo definitivamente incorporado ao meio circulante, o montante das emissões feitas por solicitação da Carteira de Redesconto do Banco do Brasil S.A., e da Caixa de Mobilização Bancária.

§ 1.º O valor correspondente à encampação será destinado à liquidação das responsabilidades financeiras do Tesouro Nacional no Banco do Brasil S.A., inclusive as decorrentes de operações de câmbio concluídas até a data da vigência desta Lei, mediante aprovação específica do Poder Legislativo, ao qual será submetida a lista completa dos débitos assim amortizados.

§ 2.º Para a liquidação do saldo remanescente das responsabilidades do Tesouro Nacional, após a encampação das emissões atuais por solicitação da Carteira de Redescontos do Banco do Brasil S.A., e da Caixa de Mobilização Bancária, o Poder Executivo submeterá ao Poder Legislativo proposta específica, indicando os recursos e os meios necessários a esse fim.

Art. 48. Concluídos os acertos financeiros previstos no artigo anterior, a responsabilidade da moeda em circulação passará a ser do Banco Central do Brasil.

Art. 49. As operações de crédito da União, por antecipação de receita orçamentária ou a qualquer outro título dentro dos limites legalmente autorizados, somente serão realizadas mediante colocação de obrigações, apólices ou letras do Tesouro Nacional.

§ 1.º A lei de orçamento, nos termos do art. 73, § 1.º, II, da Constituição Federal, determinará, quando for o caso, a parcela do *deficit* que poderá ser coberta pela venda de títulos do Tesouro Nacional diretamente ao Banco Central do Brasil.

>> Refere-se à CF de 1946. Do orçamento na CF: arts. 165 a 169.

§ 2.º O Banco Central do Brasil, mediante autorização do Conselho Monetário Nacional baseada na lei orçamentária do exercício, poderá adquirir diretamente letras do Tesouro Nacional, com emissão de papel-moeda.

§ 3.º O Conselho Monetário Nacional decidirá, a seu exclusivo critério, a política de sustentação em bolsa da cotação dos títulos de emissão do Tesouro Nacional.

§ 4.º No caso de despesas urgentes e inadiáveis do Governo Federal, a serem atendidas mediante créditos suplementares ou especiais, autorizados após a lei do orçamento, o Congresso Nacional determinará, especificamente, os recursos a serem utilizados na cobertura de tais despesas, estabelecendo, quando a situação do Tesouro Nacional for deficitária, a discriminação prevista neste artigo.

§ 5.º Na ocorrência das hipóteses citadas no parágrafo único do art. 75 da Constituição Federal, o Presidente da República poderá determinar que o Conselho Monetário Nacional, através do Banco Central do Brasil, faça aquisição de letras do Tesouro Nacional com a emissão de papel-moeda até o montante do crédito extraordinário que tiver sido decretado.

>> Refere-se à CF de 1946. A matéria agora é tratada no art. 167, § 3.º, da CF.

§ 6.º O Presidente da República fará acompanhar a determinação ao Conselho Monetário Nacional, mencionada no parágrafo anterior, de cópia da mensagem que deverá dirigir ao Congresso Nacional, indicando os motivos que tornaram indispensável a emissão e solicitando a sua homologação.

§ 7.º As letras do Tesouro Nacional, colocadas por antecipação de receita, não poderão ter vencimentos posteriores a 120 (cento e vinte) dias do encerramento do exercício respectivo.

§ 8.º Até 15 de março do ano seguinte, o Poder Executivo enviará mensagem ao Poder Legislativo, propondo a forma de liquidação das letras do Tesouro Nacional emitidas no exercício anterior e não resgatadas.

§ 9.º É vedada a aquisição dos títulos mencionados neste artigo pelo Banco do Brasil S.A., e pelas instituições bancárias de que a União detenha a maioria das ações.

>> Em casos excepcionais, o Conselho Monetário Nacional poderá autorizar o levantamento da proibição estabelecida neste parágrafo (art. 4.º, *a*, do Decreto-lei n. 1.290, de 3-12-1973).

Art. 50. O Conselho Monetário Nacional, o Banco Central do Brasil, o Banco Nacional do Desenvolvimento Econômico, o Banco do Brasil S.A., o Banco do Nordeste do Brasil S.A. e o Banco de Crédito da Amazônia S.A. gozarão dos favores, isenções e privilégios, inclusive fiscais, que são próprios da Fazenda Nacional, ressalvado quanto aos três últimos o regime especial de tributação do Imposto de Renda a que estão sujeitos na forma da legislação em vigor.

>> *Vide* nota ao art. 1.º, IV, desta Lei.

Parágrafo único. São mantidos os favores, isenções e privilégios de que atualmente gozam as instituições financeiras.

Art. 51. Ficam abolidas, após 3 (três) meses da data da vigência desta Lei, as exigências de "visto" em "pedidos de licença" para efeito de exportação, excetuadas as referentes às armas, munições, entorpecentes, materiais estratégicos, objetos e obras de valor artístico, cultural ou histórico.

Parágrafo único. Quando o interesse nacional exigir, o Conselho Monetário Nacional criará o "visto" ou exigência equivalente.

Art. 52. O quadro de pessoal do Banco Central do Brasil será constituído de:

I – pessoal próprio, admitido mediante concurso público de provas ou de títulos e provas, sujeita à pena de nulidade a admissão que se processar com inobservância destas exigências;

II – pessoal requisitado ao Banco do Brasil S.A. e a outras instituições financeiras federais, de comum acordo com as respectivas administrações;

III – pessoal requisitado a outras instituições e que venham prestando serviços à Superintendência da Moeda e do Crédito há mais de 1 (um) ano, contado da data da publicação desta Lei.

§ 1.º O Banco Central do Brasil baixará, dentro de 90 (noventa) dias da vigência desta Lei, o estatuto de seus funcionários e servidores, no qual serão garantidos os direitos legalmente atribuídos a seus atuais servidores e mantidos deveres e obrigações que lhes são inerentes.

§ 2.º Aos funcionários e servidores requisitados, na forma deste artigo, as instituições de origem lhes assegurarão os direitos e vantagens que lhes cabem ou lhes venham a ser atribuídos, como se em efetivo exercício nelas estivessem.

§ 3.º Correrão por conta do Banco Central do Brasil todas as despesas decorrentes do cumprimento do disposto no parágrafo anterior, inclusive as de aposentadoria e pensão que sejam de responsabilidade das instituições de origem ali mencionadas, estas últimas rateadas proporcionalmente em função dos prazos de vigência da requisição.

§ 4.º Os funcionários do quadro pessoal próprio permanecerão com seus direitos e garantias regidos pela legislação de proteção ao trabalho e de previdência social, incluídos na categoria profissional de bancários.

§ 5.º Durante o prazo de 10 (dez) anos, contados da data da vigência desta Lei, é facultado aos funcionários de que tratam os incisos II e III deste artigo, manifestarem opção para transferência para o quadro do pessoal próprio do Banco Central do Brasil, desde que:

a) tenham sido admitidos nas respectivas instituições de origem, consoante determina o inciso I deste artigo;

b) estejam em exercício (*Vetado*) há mais de 2 (dois) anos;

c) seja a opção feita pela diretoria do Banco Central do Brasil, que sobre ela deverá pronunciar-se conclusivamente no prazo máximo de 3 (três) meses, contados da entrega do respectivo requerimento.

Art. 53. (*Revogado pela Lei n. 4.829, de 5-11-1965.*)

Capítulo VII
DISPOSIÇÕES TRANSITÓRIAS

Art. 54. O Poder Executivo, com base em proposta do Conselho Monetário Nacional, que deverá ser apresentada dentro de 90 (noventa) dias de sua instalação, submeterá ao Poder Legislativo projeto de lei que institucionalize o crédito rural, regule seu campo específico e caracterize as modalidades de aplicação, indicando as respectivas fontes de recursos.

Parágrafo único. A Comissão Consultiva do Crédito Rural dará assessoramento ao Conselho Monetário Nacional, na elaboração da proposta que estabelecerá a coordenação das instituições existentes ou que venham a ser criadas, com o objetivo de garantir sua melhor utilização e da rede bancária privada na difusão do crédito rural, inclusive com redução de seu custo.

Art. 55. Ficam transferidas ao Banco Central do Brasil as atribuições cometidas por lei ao Ministério da Agricultura, no que concerne à autorização de funcionamento e fiscalização de cooperativas de crédito de qualquer tipo, bem assim da seção de crédito das cooperativas que a tenham.

Art. 56. Ficam extintas a Carteira de Redescontos do Banco do Brasil S.A. e a Caixa de Mobilização Bancária, incorporando-se seus bens, direitos e obrigações ao Banco Central do Brasil.

Parágrafo único. As atribuições e prerrogativas legais da Caixa de Mobilização Bancária passam a ser exercidas pelo Banco Central do Brasil, sem solução de continuidade.

Art. 57. Passam à competência do Conselho Monetário Nacional as atribuições de caráter normativo da legislação cambial vigente e as executivas ao Banco Central do Brasil e ao Banco do Brasil S.A., nos termos desta Lei.

Parágrafo único. Fica extinta a Fiscalização Bancária do Banco do Brasil S.A., passando suas atribuições e prerrogativas legais ao Banco Central do Brasil.

Art. 58. Os prejuízos decorrentes das operações de câmbio concluídas e eventualmente não regularizadas nos termos desta Lei, bem como os das operações de câmbio contratadas e não concluídas até a data de vigência desta Lei, pelo Banco do Brasil S.A., como mandatário do Governo Federal, serão, na medida em que se efetivarem, transferidos ao Banco Central do Brasil, sendo neste registrados como responsabilidade do Tesouro Nacional.

§ 1.º Os débitos do Tesouro Nacional perante o Banco Central do Brasil, provenientes das transferências de que trata este artigo, serão regularizados com recursos orçamentários da União.

§ 2.º O disposto neste artigo se aplica também aos prejuízos decorrentes de operações de câmbio que outras instituições financeiras federais, de natureza bancária, tenham realizado como mandatárias do Governo Federal.

Art. 59. É mantida, no Banco do Brasil S.A., a Carteira de Comércio Exterior, criada nos termos da Lei n. 2.145, de 29 de dezembro de 1953, e regulamentada pelo Decreto n. 42.820, de 16 de dezembro de 1957, como órgão executor da política de comércio exterior (*Vetado*).

Art. 60. O valor equivalente aos recursos financeiros que, nos termos desta Lei, passarem à responsabilidade do Banco Central do Brasil, e estejam, na data de sua vigência, em poder do Banco do Brasil S.A., será neste escriturado em conta e em nome do primeiro, considerando-se como suprimento de recursos, nos termos do § 1.º do art. 19 desta Lei.

Art. 61. Para cumprir as disposições desta Lei, o Banco do Brasil S.A. tomará providências no sentido de que seja remodelada sua estrutura administrativa, a fim de que possa eficazmente exercer os encargos e executar os serviços que lhe estão reservados, como principal instrumento de execução da política de crédito do Governo Federal.

Art. 62. O Conselho Monetário Nacional determinará providências no sentido de que a transferência de atribuições dos órgãos existentes para o Banco Central do Brasil se processe sem solução de continuidade dos serviços atingidos por esta Lei.

Art. 63. Os mandatos dos primeiros membros do Conselho Monetário Nacional, a que alude o inciso IV do art. 6.º desta Lei, serão respectivamente de 6 (seis), 5 (cinco), 4 (quatro), 3 (três), 2 (dois) e 1 (um) anos.

Art. 64. O Conselho Monetário Nacional fixará prazo de até 1 (um) ano de vigência desta Lei para a adaptação das instituições financeiras às disposições desta Lei.

§ 1.º Em casos excepcionais o Conselho Monetário Nacional poderá prorrogar até mais de 1 (um) ano o prazo para que seja complementada a adaptação a que se refere este artigo.

§ 2.º Será de 1 (um) ano, prorrogável, nos termos do parágrafo anterior, o prazo para cumprimento do estabelecido por força do art. 30 desta Lei.

Art. 65. Esta Lei entrará em vigor 90 (noventa) dias após a data de sua publicação, revogadas as disposições em contrário.

Brasília, 31 de dezembro de 1964; 143.º da Independência e 76.º da República.

H. Castello Branco

LEI N. 4.619, DE 28 DE ABRIL DE 1965 (*)

Dispõe sobre a ação regressiva da União contra seus agentes.

O Presidente da República

Faço saber que o Congresso Nacional decreta e eu sanciono a seguinte Lei:

Art. 1.º Os Procuradores da República são obrigados a propor as competentes ações regressivas contra os funcionários de qualquer categoria declarados culpados por haverem causado a terceiros lesões de direito que a Fazenda Nacional seja condenada judicialmente a reparar.

Parágrafo único. Considera-se funcionário para os efeitos desta Lei, qualquer pessoa investida em função pública, na esfera Administrativa, seja qual for a forma de investidura ou a natureza da função.

(*) Publicada no *Diário Oficial da União* de 30-4-1965.

Art. 2.º O prazo para ajuizamento da ação regressiva será de sessenta dias a partir da data em que transitar em julgado a condenação imposta à Fazenda.

Art. 3.º A não obediência, por ação ou omissão ao disposto nesta Lei, apurada em processo regular, constitui falta de exação no cumprimento do dever.

Art. 4.º A competência para iniciar a ação regressiva cabe ao Procurador lotado no Estado em que haja corrido o processo judicial cuja decisão contra a Fazenda haja transitado em julgado.

§ 1.º No Distrito Federal e nos Estados em que funcionem mais de um Procurador, a obrigação cabe ao que tenha funcionado no feito de que tenha resultado a condenação da Fazenda; e se mais de um houver funcionado, qualquer deles terá competência para propor a consequente ação regressiva contra o funcionário ou pessoa investida em função pública, incorrendo todos na mesma falta, se nenhum deles intentar a referida ação.

§ 2.º Ocorrendo a falta coletiva prevista no § 1.º deste artigo, o Procurador-Geral designará um dos Procuradores para propor imediatamente a ação regressiva.

Art. 5.º A cessação, por qualquer forma, do exercício da função pública, não exclui o funcionário, ou pessoa nela investida, da responsabilidade perante a Fazenda.

Art. 6.º A liquidação do que for devido pelo funcionário estável à Fazenda Nacional poderá ser feita mediante desconto em folha de pagamento, o qual não excederá de uma quinta parte da importância de seu vencimento ou remuneração.

Art. 7.º Esta Lei entrará em vigor na data de sua publicação, revogadas as disposições em contrário.

Brasília, 28 de abril de 1965; 144.º da Independência e 77.º da República.

H. Castello Branco

LEI N. 4.717, DE 29 DE JUNHO DE 1965 (**)

Regula a ação popular.

O Presidente da República:

Faço saber que o Congresso Nacional decreta e eu sanciono a seguinte Lei:

Da ação popular

Art. 1.º Qualquer cidadão será parte legítima para pleitear a anulação ou a declaração de nulidade de atos lesivos ao patrimônio da

(**) Publicada no *Diário Oficial da União* de 5-7-1965. Republicada em 8-4-1974, por determinação do art. 20 da Lei n. 6.014, de 27-12-1973. *Vide* art. 5.º, LXXIII, da CF, sobre ação popular.

União, do Distrito Federal, dos Estados e dos Municípios, de entidades autárquicas, de sociedades de economia mista (Constituição, art. 141, § 38), de sociedades mútuas de seguro nas quais a União represente os segurados ausentes, de empresas públicas, de serviços sociais autônomos, de instituições ou fundações para cuja criação ou custeio o tesouro público haja concorrido ou concorra com mais de cinquenta por cento do patrimônio ou da receita ânua de empresas incorporadas ao patrimônio da União, do Distrito Federal, dos Estados e dos Municípios e de quaisquer pessoas jurídicas ou entidades subvencionadas pelos cofres públicos.

>> Refere-se à CF de 1946.

§ 1.º Consideram-se patrimônio público para os fins referidos neste artigo, os bens e direitos de valor econômico, artístico, estético, histórico ou turístico.

>> § 1.º com redação determinada pela Lei n. 6.513, de 20-12-1977.

§ 2.º Em se tratando de instituições ou fundações, para cuja criação ou custeio o tesouro público concorra com menos de cinquenta por cento do patrimônio ou da receita ânua, bem como de pessoas jurídicas ou entidades subvencionadas, as consequências patrimoniais da invalidez dos atos lesivos terão por limite a repercussão deles sobre a contribuição dos cofres públicos.

§ 3.º A prova da cidadania, para ingresso em juízo, será feita com o título eleitoral, ou com documento que a ele corresponda.

§ 4.º Para instruir a inicial, o cidadão poderá requerer às entidades a que se refere este artigo, as certidões e informações que julgar necessárias, bastando para isso indicar a finalidade das mesmas.

§ 5.º As certidões e informações, a que se refere o parágrafo anterior, deverão ser fornecidas dentro de 15 (quinze) dias da entrega, sob recibo, dos respectivos requerimentos, e só poderão ser utilizadas para a instrução de ação popular.

§ 6.º Somente nos casos em que o interesse público, devidamente justificado, impuser sigilo, poderá ser negada certidão ou informação.

§ 7.º Ocorrendo a hipótese do parágrafo anterior, a ação poderá ser proposta desacompanhada das certidões ou informações negadas, cabendo ao juiz, após apreciar os motivos do indeferimento e salvo em se tratando de razão de segurança nacional, requisitar umas e outras; feita a requisição, o processo correrá em segredo de justiça, que cessará com o trânsito em julgado de sentença condenatória.

Art. 2.º São nulos os atos lesivos ao patrimônio das entidades mencionadas no artigo anterior, nos casos de:

a) incompetência;

b) vício de forma;

c) ilegalidade do objeto;

d) inexistência dos motivos;

e) desvio de finalidade.

Parágrafo único. Para a conceituação dos casos de nulidade observar-se-ão as seguintes normas:

a) a incompetência fica caracterizada quando o ato não se incluir nas atribuições legais do agente que o praticou;

b) o vício de forma consiste na omissão ou na observância incompleta ou irregular de formalidades indispensáveis à existência ou seriedade do ato;

c) a ilegalidade do objeto ocorre quando o resultado do ato importa em violação de lei, regulamento ou outro ato normativo;

d) a inexistência dos motivos se verifica quando a matéria de fato ou de direito, em que se fundamenta o ato, é materialmente inexistente ou juridicamente inadequada ao resultado obtido;

e) o desvio de finalidade se verifica quando o agente pratica o ato visando a fim diverso daquele previsto, explícita ou implicitamente, na regra de competência.

Art. 3.º Os atos lesivos ao patrimônio das pessoas de direito público ou privado, ou das entidades mencionadas no art. 1.º, cujos vícios não se compreendam nas especificações do artigo anterior, serão anuláveis, segundo as prescrições legais, enquanto compatíveis com a natureza deles.

Art. 4.º São também nulos os seguintes atos ou contratos, praticados ou celebrados por quaisquer das pessoas ou entidades referidas no art. 1.º:

I – a admissão ao serviço público remunerado, com desobediência, quanto às condições de habilitação das normas legais, regulamentares ou constantes de instruções gerais;

II – a operação bancária ou de crédito real, quando:

a) for realizada com desobediência a normas legais, regulamentares, estatutárias, regimentais ou internas;

b) o valor real do bem dado em hipoteca ou penhor for inferior ao constante de escritura, contrato ou avaliação;

III – a empreitada, a tarefa e a concessão do serviço público, quando:

a) o respectivo contrato houver sido celebrado sem prévia concorrência pública ou administrativa, sem que essa condição seja estabelecida em lei, regulamento ou norma geral;

b) no edital de concorrência forem incluídas cláusulas ou condições, que comprometam o seu caráter competitivo;

c) a concorrência administrativa for processada em condições que impliquem na limitação das possibilidades normais de competição;

IV – as modificações ou vantagens, inclusive prorrogações que forem admitidas, em favor do adjudicatário, durante a execução dos contratos de empreitada, tarefa e concessão de serviço público, sem que estejam previstas em lei ou nos respectivos instrumentos;

V – a compra e venda de bens móveis ou imóveis, nos casos em que não for cabível concorrência pública ou administrativa, quando:

a) for realizada com desobediência a normas legais regulamentares, ou constantes de instruções gerais;

b) o preço de compra dos bens for superior ao corrente no mercado, na época da operação;

c) o preço de venda dos bens for inferior ao corrente no mercado, na época da operação;

VI – a concessão de licença de exportação ou importação, qualquer que seja a sua modalidade, quando:

a) houver sido praticada com violação das normas legais e regulamentares ou de instruções e ordens de serviço;

b) resulta em exceção ou privilégio, em favor de exportador ou importador;

VII – a operação de redesconto quando, sob qualquer aspecto, inclusive o limite de valor, desobedecer a normas legais, regulamentares ou constantes de instruções gerais;

VIII – o empréstimo concedido pelo Banco Central da República, quando:

a) concedido com desobediência de quaisquer normas legais, regulamentares, regimentais ou constantes de instruções gerais;

b) o valor dos bens dados em garantia, na época da operação, for inferior ao da avaliação;

IX – a emissão quando efetuada sem observância das normas constitucionais, legais e regulamentadoras que regem a espécie.

DA COMPETÊNCIA

Art. 5.º Conforme a origem do ato impugnado, é competente para conhecer da ação, processá-la e julgá-la, o juiz que, de acordo com a organização judiciária de cada Estado, o for para as causas que interessem à União, ao Distrito Federal, ao Estado ou ao Município.

§ 1.º Para fins de competência, equiparam-se atos da União, do Distrito Federal, do Estado ou dos Municípios os atos das pessoas criadas ou mantidas por essas pessoas jurídicas de direito público, bem como os atos das sociedades de que elas sejam acionistas e os das pessoas ou entidades por elas subvencionadas ou em relação às quais tenham interesse patrimonial.

§ 2.º Quando o pleito interessar simultaneamente à União e a qualquer outra pessoa ou entidade, será competente o juiz das causas da União, se houver; quando interessar simultaneamente ao Estado e ao Município, será competente o juiz das causas do Estado, se houver.

§ 3.º A propositura da ação prevenirá a jurisdição do juízo para todas as ações, que forem posteriormente intentadas contra as mesmas partes e sob os mesmos fundamentos.

§ 4.º Na defesa do patrimônio público caberá a suspensão liminar do ato lesivo impugnado.

>> § 4.º acrescentado pela Lei n. 6.513, de 20-12-1977.

Dos sujeitos passivos da ação e dos assistentes

Art. 6.º A ação será proposta contra as pessoas públicas ou privadas e as entidades referidas no art. 1.º, contra as autoridades, funcionários ou administradores que houverem autorizado, aprovado, ratificado ou praticado o ato impugnado, ou que, por omissão, tiverem dado oportunidade à lesão, e contra os beneficiários diretos do mesmo.

§ 1.º Se não houver beneficiário direto do ato lesivo, ou se for ele indeterminado ou desconhecido, a ação será proposta somente contra as outras pessoas indicadas neste artigo.

§ 2.º No caso de que trata o inciso II, *b*, do art. 4.º, quando o valor real do bem for inferior ao da avaliação, citar-se-ão como réus, além das pessoas públicas ou privadas e entidades referidas no art. 1.º, apenas os responsáveis pela avaliação inexata e os beneficiários da mesma.

§ 3.º A pessoa jurídica de direito público ou de direito privado, cujo ato seja objeto de impugnação, poderá abster-se de contestar o pedido, ou poderá atuar ao lado do autor, desde que isso se afigure útil ao interesse público, a juízo do respectivo representante legal ou dirigente.

§ 4.º O Ministério Público acompanhará a ação, cabendo-lhe apressar a produção da prova e promover a responsabilidade, civil ou criminal, dos que nela incidirem, sendo-lhe vedado, em qualquer hipótese, assumir a defesa do ato impugnado ou dos seus autores.

§ 5.º É facultado a qualquer cidadão habilitar-se como litisconsorte ou assistente do autor da ação popular.

DO PROCESSO

Art. 7.º A ação obedecerá ao procedimento ordinário, previsto no Código de Processo Civil, observadas as seguintes normas modificativas:

I – Ao despachar a inicial, o juiz ordenará:

a) além da citação dos réus, a intimação do representante do Ministério Público;

b) a requisição às entidades indicadas na petição inicial, dos documentos que tiverem sido referidos pelo autor (art. 1.º, § 6.º), bem como a de outros que se lhe afigurem necessários ao esclarecimento dos fatos, fixando prazos de 15 (quinze) a 30 (trinta) dias para o atendimento.

§ 1.º O representante do Ministério Público providenciará para que as requisições, a que se refere o inciso anterior, sejam atendidas dentro dos prazos fixados pelo juiz.

§ 2.º Se os documentos e informações não puderem ser oferecidos nos prazos assinalados, o juiz poderá autorizar prorrogação dos mesmos, por prazo razoável.

II – Quando o autor o preferir, a citação dos beneficiários far-se-á por edital com o prazo de 30 (trinta) dias, afixado na sede do juízo e publicado três vezes no jornal oficial do Distrito Federal, ou da Capital do Estado ou Território em que seja ajuizada a ação. A publicação será gratuita e deverá iniciar-se no máximo 3 (três) dias após a entrega, na repartição competente, sob protocolo, de uma via autenticada do mandado.

III – Qualquer pessoa, beneficiada ou responsável pelo ato impugnado, cuja existência ou identidade se torne conhecida no curso do processo e antes de proferida a sentença final de primeira instância, deverá ser citada para a integração do contraditório, sendo-lhe restituído o prazo para contestação e produção de provas. Salvo quanto a beneficiário, se a citação se houver feito na forma do inciso anterior.

IV – O prazo de contestação é de 20 (vinte) dias prorrogáveis por mais 20 (vinte), a requerimento do interessado, se particularmente difícil a produção de prova documental, e será comum a todos os interessados, correndo da entrega em cartório do mandado cumprido, ou, quando for o caso, do decurso do prazo assinado em edital.

V – Caso não requerida, até o despacho saneador, a produção de prova testemunhal ou pericial, o juiz ordenará vista às partes por 10 (dez) dias, para alegações, sendo-lhe os autos conclusos, para sentença, 48 (quarenta e oito) horas após a expiração desse prazo; havendo requerimento de prova, o processo tomará o rito ordinário.

VI – A sentença, quando não prolatada em audiência de instrução e julgamento, deverá ser proferida dentro de 15 (quinze) dias do recebimento dos autos pelo juiz.

Parágrafo único. O proferimento da sentença além do prazo estabelecido privará o juiz da inclusão em lista de merecimento para promoção, durante 2 (dois) anos, e acarretará a perda, para efeito de promoção por antiguidade, de tantos dias, quantos forem os do retardamento; salvo motivo justo, declinado nos autos e comprovado perante o órgão disciplinar competente.

Art. 8.º Ficará sujeita à pena de desobediência, salvo motivo justo devidamente comprovado, a autoridade, o administrador ou o dirigente, que deixar de fornecer, no prazo fixado no art. 1.º, § 5.º, ou naquele que tiver sido estipulado pelo juiz (art. 7.º, I, *b*), informações e certidão ou fotocópia de documento necessários à instrução da causa.

Parágrafo único. O prazo contar-se-á do dia em que entregue, sob recibo, o requerimento do interessado ou o ofício de requisição (art. 1.º, § 5.º, e art. 7.º, I, *b*).

Art. 9.º Se o autor desistir da ação ou der motivo à absolvição da instância, serão publicados editais nos prazos e condições previstos no art. 7.º, II, ficando assegurado a qualquer cidadão, bem como ao representante do Ministério Público, dentro do prazo de 90 (noventa) dias da última publicação feita, promover o prosseguimento da ação.

Art. 10. As partes só pagarão custas e preparo a final.

>> *Vide* art. 5.º, LXXIII, da CF (isenção de custas).

Art. 11. A sentença que julgando procedente a ação popular decretar a invalidade do ato impugnado, condenará ao pagamento de perdas e danos os responsáveis pela sua prática e os beneficiários dele, ressalvada a ação regressiva contra os funcionários causadores de dano, quando incorrerem em culpa.

Art. 12. A sentença incluirá sempre na condenação dos réus, o pagamento, ao autor, das custas e demais despesas, judiciais e extrajudiciais, diretamente relacionadas com a ação e comprovadas, bem como o dos honorários de advogado.

Art. 13. A sentença que, apreciando o fundamento de direito do pedido, julgar a lide manifestamente temerária, condenará o autor ao pagamento do décuplo das custas.

Art. 14. Se o valor da lesão ficar provado no curso da causa, será indicado na sentença; se depender de avaliação ou perícia, será apurado na execução.

§ 1.º Quando a lesão resultar da falta ou isenção de qualquer pagamento, a condenação imporá o pagamento devido, com acréscimo de juros de mora e multa legal ou contratual, se houver.

§ 2.º Quando a lesão resultar da execução fraudulenta, simulada ou irreal de contratos, a condenação versará sobre a reposição do débito, com juros de mora.

§ 3.º Quando o réu condenado perceber dos cofres públicos, a execução far-se-á por desconto em folha até o integral ressarcimento do dano causado, se assim mais convier ao interesse público.

§ 4.º A parte condenada a restituir bens ou valores ficará sujeita a sequestro e penhora, desde a prolação da sentença condenatória.

Art. 15. Se, no curso da ação, ficar provada a infringência da lei penal ou a prática de falta disciplinar a que a lei comine a pena de demissão, ou a de rescisão de contrato de trabalho, o juiz, *ex officio*, determinará a remessa de cópia autenticada das peças necessárias às autoridades ou aos administradores a quem competir aplicar a sanção.

Art. 16. Caso decorridos 60 (sessenta) dias da publicação da sentença condenatória de segunda instância, sem que o autor ou terceiro promova a respectiva execução, o representante do Ministério Público a promoverá nos 30 (trinta) dias seguintes, sob pena de falta grave.

Art. 17. É sempre permitido às pessoas ou entidades referidas no art. 1.º, ainda que hajam contestado a ação, promover, em qualquer tempo, e no que as beneficiar, a execução da sentença contra os demais réus.

Art. 18. A sentença terá eficácia de coisa julgada oponível *erga omnes*, exceto no caso de haver sido a ação julgada improcedente por deficiência de prova; neste caso, qualquer cidadão poderá intentar outra ação com idêntico fundamento, valendo-se de nova prova.

Art. 19. A sentença que concluir pela carência ou pela improcedência da ação está sujeita ao duplo grau de jurisdição, não produzindo efeito senão depois de confirmada pelo tribunal; da que julgar a ação procedente, caberá apelação, com efeito suspensivo.

>> *Caput* com redação determinada pela Lei n. 6.014, de 27-12-1973.

§ 1.º Das decisões interlocutórias cabe agravo de instrumento.

>> § 1.º com redação determinada pela Lei n. 6.014, de 27-12-1973.

§ 2.º Das sentenças e decisões proferidas contra o autor da ação e suscetíveis de recurso, poderá recorrer qualquer cidadão e também o Ministério Público.

>> § 2.º com redação determinada pela Lei n. 6.014, de 27-12-1973.

DISPOSIÇÕES GERAIS

Art. 20. Para os fins desta Lei, consideram-se entidades autárquicas:

a) o serviço estatal descentralizado com personalidade jurídica, custeado mediante orçamento próprio, independente do orçamento geral;

b) as pessoas jurídicas especialmente instituídas por lei, para a execução de serviços de interesse público ou social, custeados por tributos de qualquer natureza ou por outros recursos oriundos do Tesouro Público;

c) as entidades de direito público ou privado a que a lei tiver atribuído competência para receber e aplicar contribuições parafiscais.

Art. 21. A ação prevista nesta Lei prescreve em 5 (cinco) anos.

Art. 22. Aplicam-se à ação popular as regras do Código de Processo Civil, naquilo em que não contrariem os dispositivos desta Lei, nem à natureza específica da ação.

Brasília, 29 de junho de 1965; 144.º da Independência e 77.º da República.

H. CASTELLO BRANCO

LEI N. 4.729, DE 14 DE JULHO DE 1965 (*)

Define o crime de sonegação fiscal e dá outras providências.

O Presidente da República.

Faço saber que o Congresso Nacional decreta e eu sanciono a seguinte Lei:

Art. 1.º Constitui crime de sonegação fiscal:

>> O art. 34 da Lei n. 9.249, de 26-12-1995, dispõe sobre a extinção da punibilidade dos crimes previstos neste artigo.

>> *Vide* art. 5.º da Lei n. 13.254, de 13-1-2016.

> *Vide* Súmula 609 do STF.

I – prestar declaração falsa ou omitir, total ou parcialmente, informação que deva ser produzida a agentes das pessoas jurídicas de direito público interno, com a intenção de eximir-se, total ou parcialmente, do pagamento de tributos, taxas e quaisquer adicionais devidos por lei;

II – inserir elementos inexatos ou omitir rendimentos ou operações de qualquer natureza em documentos ou livros exigidos pelas leis fiscais, com a intenção de exonerar-se do pagamento de tributos devidos à Fazenda Pública;

III – alterar faturas e quaisquer documentos relativos a operações mercantis com o propósito de fraudar a Fazenda Pública;

IV – fornecer ou emitir documentos graciosos ou alterar despesas, majorando-as, com o objetivo de obter dedução de tributos devidos à Fazenda Pública, sem prejuízo das sanções administrativas cabíveis;

V – exigir, pagar ou receber, para si ou para o contribuinte beneficiário da paga, qualquer percentagem sobre a parcela dedutível ou deduzida do Imposto sobre a Renda como incentivo fiscal.

>> Inciso V acrescentado pela Lei n. 5.569, de 25-11-1969.

> *Vide* Decreto n. 2.730, de 10-8-1998.

Pena: Detenção, de 6 (seis) meses a 2 (dois) anos, e multa de 2 (duas) a 5 (cinco) vezes o valor do tributo.

>> A Lei n. 7.209, de 11-7-1984, em seu art. 2.º, cancela, na Parte Especial do CP e em algumas leis especiais, quaisquer referências a valores de multas, substituindo-se a expressão "multa de" por "multa".

§ 1.º Quando se tratar de criminoso primário, a pena será reduzida à multa de 10 (dez) vezes o valor do tributo.

§ 2.º Se o agente cometer o crime prevalecendo-se do cargo público que exerce, a pena será aumentada da sexta parte.

§ 3.º O funcionário público com atribuições de verificação, lançamento ou fiscalização de tributos, que concorrer para a prática do crime de sonegação fiscal, será punido com a pena deste artigo, aumentada da terça parte, com a abertura obrigatória do competente processo administrativo.

Art. 2.º (*Revogado pela Lei n. 8.383, de 30-12-1991.*)

Art. 3.º Somente os atos definidos nesta Lei poderão constituir crime de sonegação fiscal.

Art. 4.º A multa aplicada nos termos desta Lei será computada e recolhida, integralmente, como receita pública extraordinária.

Art. 5.º No art. 334, do Código Penal, substituam-se os §§ 1.º e 2.º pelos seguintes:

>> Alteração já processada no diploma modificado.

Art. 6.º Quando se tratar de pessoa jurídica, a responsabilidade penal pelas infrações previstas nesta Lei será de todos os que, direta ou indiretamente ligados à mesma, de modo permanente ou eventual, tenham praticado ou concorrido para a prática da sonegação fiscal.

Art. 7.º As autoridades administrativas que tiverem conhecimento de crime previsto nesta Lei, inclusive em autos e papéis que conhecerem, sob pena de responsabilidade, remeterão ao Ministério Público os elementos comprobatórios da infração, para instrução do procedimento criminal cabível.

§ 1.º Se os elementos comprobatórios forem suficientes, o Ministério Público oferecerá, desde logo, denúncia.

§ 2.º Sendo necessários esclarecimentos, documentos ou diligências complementares, o Ministério Público os requisitará, na forma estabelecida no Código de Processo Penal.

Art. 8.º Em tudo o mais em que couber e não contrariar os arts. 1.º a 7.º desta Lei, aplicar-se-ão o Código Penal e o Código de Processo Penal.

Art. 9.º (*Revogado pela Lei n. 8.021, de 12-4-1990.*)

Art. 10. O Poder Executivo procederá às alterações do Regulamento do Imposto de Renda decorrentes das modificações constantes desta Lei.

Art. 11. Esta Lei entrará em vigor 60 (sessenta) dias após sua publicação.

Art. 12. Revogam-se as disposições em contrário.

Brasília, em 14 de julho de 1965; 144.º da Independência e 77.º da República.

H. Castello Branco

(*) Publicada no *Diário Oficial da União*, de 19-7-1965. *Vide* Lei n. 8.137, de 27-12-1990, que define crimes contra a ordem tributária, econômica e contra as relações de consumo.

LEI N. 5.143, DE 20 DE OUTUBRO DE 1966 (**)

Institui o Imposto sobre Operações Financeiras, regula a respectiva cobrança, dispõe sobre a aplicação das reservas monetárias oriundas da sua receita, e dá outras providências.

O Presidente da República

Faço saber que o Congresso Nacional decreta e eu sanciono a seguinte Lei:

Art. 1.º O Imposto sobre Operações Financeiras incide nas operações de crédito e seguro, realizadas por instituições financeiras e seguradoras, e tem como fato gerador:

>> Regulamento: Decreto n. 6.306, de 14-12-2007.

I – no caso de operações de crédito, a entrega do respectivo valor ou sua colocação à disposição do interessado;

II – no caso de operações de seguro, o recebimento do prêmio.

Art. 2.º Constituirá a base do imposto:

I – nas operações de crédito, o valor global dos saldos das operações de empréstimo de abertura de crédito, e de desconto de títulos, apurados mensalmente;

II – nas operações de seguro, o valor global dos prêmios recebidos em cada mês.

Art. 3.º O imposto será cobrado com as seguintes alíquotas:

I – empréstimos sob qualquer modalidade, as aberturas de crédito, e os descontos de títulos – 0,3%;

II – seguro de vida e congêneres e de acidentes pessoais e do trabalho – 1,0%;

III – seguros de bens, valores, coisas e outros não especificados, excluídos o resseguro, o seguro de crédito à exportação e o de transporte de mercadorias em viagens internacionais – 2,0%.

>> Alteração das alíquotas: Decreto n. 6.306, de 14-12-2007.

Art. 4.º São contribuintes do imposto os tomadores de crédito e os segurados.

>> Artigo com redação determinada pelo Decreto-lei n. 914, de 7-10-1969.

Art. 5.º São responsáveis pela cobrança do imposto e pelo seu recolhimento ao Banco Central do Brasil, ou a quem este determinar, nos prazos fixados pelo Conselho Monetário Nacional:

>> *Caput* com redação determinada pelo Decreto-lei n. 914, de 7-10-1969.

I – nas operações de crédito, as instituições financeiras a que se refere o art. 17 da Lei n. 4.595, de 31 de dezembro de 1964;

>> Inciso I com redação determinada pelo Decreto-lei n. 914, de 7-10-1969.

(**) Publicada no *Diário Oficial da União*, de 24-10-1966.

II – nas operações de seguro, o segurador ou as instituições financeiras a quem este encarregar da cobrança dos prêmios.

>> Inciso II com redação determinada pelo Decreto-lei n. 914, de 7-10-1969.

Art. 6.º Sem prejuízo da pena criminal que couber, serão punidos com:

I – multa de 30% (trinta por cento) a 100% (cem por cento) do valor do imposto devido, a falta de recolhimento do imposto no prazo fixado;

II – multa de valor equivalente a 500 (quinhentas) Obrigações do Tesouro Nacional – OTN: a falsificação ou adulteração de guia, livro ou outro papel necessário ao registro ou ao recolhimento do imposto ou a coautoria na prática de qualquer dessas infrações;

>> Inciso II com redação determinada pelo Decreto-lei n. 2.391, de 18-12-1987.

III – multa de valor equivalente a 350 (trezentas e cinquenta) Obrigações do Tesouro Nacional – OTN: o embaraço ou impedimento da ação fiscalizadora ou a recusa de exibição de livros, guias ou outro papel necessário ao registro ou ao recolhimento do imposto, quando solicitado pela fiscalização;

>> Inciso III com redação determinada pelo Decreto-lei n. 2.391, de 18-12-1987.

>> *Vide* sobre OTN a Nota da Editora (SIGLAS).

IV – multa de valor equivalente a 20 (vinte) Obrigações do Tesouro Nacional – OTN: qualquer outra infração prevista no Regulamento.

>> Inciso IV com redação determinada pelo Decreto-lei n. 2.391, de 18-12-1987.

>> *Vide* sobre OTN a Nota da Editora (SIGLAS).

Parágrafo único. Na hipótese do inciso III será imposta cumulativamente a penalidade que couber, se for apurada a prática de outra infração.

Art. 7.º A instituição financeira ou seguradora, que, antes de qualquer procedimento fiscal, recolher espontaneamente o imposto fora do prazo previsto, ficará sujeita à multa de 20% (vinte por cento) do imposto, a qual será incluída na mesma guia correspondente ao tributo, sem necessidade de autorização ou despacho.

>> *Caput* com redação determinada pelo Decreto-lei n. 914, de 7-10-1969.

Parágrafo único. O pagamento do imposto, sem a multa a que se refere este artigo, importará na aplicação das penalidades do art. 6.º.

>> Parágrafo único com redação determinada pelo Decreto-lei n. 914, de 7-10-1969.

Art. 8.º A fiscalização da aplicação desta Lei caberá ao Banco Central da República do Brasil, que poderá delegá-la, no todo ou em parte, ao Departamento Nacional de Seguros Privados e Capitalização do Ministério da Indústria e do Comércio, no que respeita às operações previstas nos incisos II e III do art. 3.º, ou a outros órgãos ou autoridades em todo o País ou apenas em certas regiões, segundo entenda conveniente.

Art. 9.º O Conselho Monetário Nacional baixará normas para execução do presente Decreto-lei, estabelecendo inclusive o processo fiscal aplicável às controvérsias a respeito do imposto.

>> *Caput* com redação determinada pelo Decreto-lei n. 914, de 7-10-1969.

§ 1.º Enquanto não for expedida a regulamentação de que trata este artigo, aplicar-se-ão as normas de processo fiscal relativas ao Imposto sobre Produtos Industrializados.

>> § 1.º acrescentado pelo Decreto-lei n. 914, de 7-10-1969.

§ 2.º O julgamento dos processos contraditórios caberá:

I – em primeira instância, ao órgão ou autoridade que o Conselho Monetário Nacional designar;

II – em segunda instância, ao Terceiro Conselho de Contribuintes.

>> Primitivo parágrafo único renumerado pelo Decreto-lei n. 914, de 7-10-1969.

Art. 10. O Conselho Monetário Nacional poderá desdobrar as hipóteses de incidência, modificar ou eliminar as alíquotas e alterar as bases de cálculo do imposto, observado no caso de aumento, o limite máximo do dobro daquela que resultar das normas desta Lei.

Art. 11. Do produto da arrecadação do imposto será destacada uma parcela, não superior a 2% (dois por cento), destinada às despesas de custeio do Banco Central da República do Brasil na substituição da taxa de fiscalização referida no § 1.º do art. 16 da Lei n. 4.595, de 31 de dezembro de 1964, que fica extinta.

Art. 12. (*Revogado pela Lei n. 14.007, de 2-6-2020.*)

Art. 13. As vinculações da receita de Imposto de Selo, de que tratam o art. 4.º da Lei n. 3.519, de 30 de dezembro de 1958, e o art. 6.º da Lei n. 3.736, de 22 de março de 1960, passarão a ser feitas com base na arrecadação do Imposto sobre Produtos Industrializados correspondente à posição n. 24.02 da Tabela anexa à Lei n. 4.502, de 30 de novembro de 1964.

>> A Lei n. 3.736, de 22-3-1960, foi revogada pela Lei n. 8.246, de 22-10-1991.

Art. 14. Os casos omissos nesta Lei serão resolvidos pelo Conselho Monetário Nacional.

Art. 15. São revogadas as leis relativas ao Imposto de Selo e as disposições em contrário, e o art. 11 da Lei n. 1.002, de 24 de dezembro de 1949, observado o seguinte:

I – aplicar-se-á a legislação vigente à época em que se constitui a obrigação tributária, no caso de exigência do imposto cujo fato gerador tenha ocorrido até 31 de dezembro de 1966;

II – a complementação periódica ao Imposto de Selo deixará de ser obrigatória a partir de 1.º de janeiro de 1967, ainda que a ocorrência do respectivo fato gerador seja anterior à vigência desta Lei;

III – as sanções previstas na Lei n. 4.505, de 30 de novembro de 1964, regulamentada pelo Decreto n. 55.852, de 22 de março de 1955, aplicam-se às infrações das respectivas normas ocorridas durante a sua vigência, ainda que se relacionem com hipóteses de incidência que esta Lei revoga.

Art. 16. A partir da data da publicação desta Lei, o Ministro da Fazenda, por proposta do Conselho Monetário Nacional, poderá reduzir ou suprimir o Imposto de Selo sobre operações de câmbio.

Art. 17. O Conselho Monetário Nacional poderá permitir que a assinatura no cheque seja impressa, por processo mecânico, atendidas as cautelas que estabelecer.

Art. 18. Esta Lei entrará em vigor no dia 1.º de janeiro de 1967, salvo quanto aos arts. 16 e 17, que vigorarão a partir da data de sua publicação.

Brasília, em 20 de outubro de 1965; 145.º da Independência e 78.º da República.

H. Castello Branco

DECRETO-LEI N. 37, DE 18 DE NOVEMBRO DE 1966 (*)

Dispõe sobre o Imposto de Importação, reorganiza os serviços aduaneiros e dá outras providências.

O Presidente da República, usando da atribuição que lhe confere o art. 31, parágrafo único, do Ato Institucional n. 2, de 27 de outubro de 1965, decreta:

Título I
IMPOSTO DE IMPORTAÇÃO

Capítulo I
INCIDÊNCIA

Art. 1.º O Imposto de Importação incide sobre mercadoria estrangeira e tem como fato gerador sua entrada no território nacional.

(*) Publicado no *Diário Oficial da União*, de 21-11-1966. *Vide* Súmulas 89, 132, 142, 302 e 577 do STF. *Vide* art. 153, I e § 1.º, da CF.

>> *Caput* com redação determinada pelo Decreto-lei n. 2.472, de 1.º-9-1988.

§ 1.º Para fins de incidência do imposto, considerar-se-á também estrangeira a mercadoria nacional ou nacionalizada exportada, que retornar ao País, salvo se:

a) enviada em consignação e não vendida no prazo autorizado;

b) devolvida por motivo de defeito técnico, para reparo ou substituição;

c) por motivo de modificações na sistemática de importação por parte do país importador;

d) por motivo de guerra ou calamidade pública;

e) por outros fatores alheios à vontade do exportador.

>> § 1.º acrescentado pelo Decreto-lei n. 2.472, de 1.º-9-1988.

§ 2.º Para efeito de ocorrência do fato gerador, considerar-se-á entrada no território nacional a mercadoria que constar como tendo sido importada e cuja falta venha a ser apurada pela autoridade aduaneira.

>> § 2.º acrescentado pelo Decreto-lei n. 2.472, de 1.º-9-1988.

§ 3.º Para fins de aplicação do disposto no § 2.º deste artigo, o regulamento poderá estabelecer percentuais de tolerância para a falta apurada na importação de granéis que, por sua natureza ou condições de manuseio na descarga, estejam sujeitos a quebra ou decréscimo de quantidade ou peso.

>> § 3.º acrescentado pelo Decreto-lei n. 2.472, de 1.º-9-1988.

§ 4.º O imposto não incide sobre mercadoria estrangeira:

I – destruída sob controle aduaneiro, sem ônus para a Fazenda Nacional, antes de desembaraçada;

>> Inciso I com redação determinada pela Lei n. 12.350, de 20-12-2010.

II – em trânsito aduaneiro de passagem, acidentalmente destruída; ou

III – que tenha sido objeto de pena de perdimento, exceto na hipótese em que não seja localizada, tenha sido consumida ou revendida.

>> § 4.º acrescentado pela Lei n. 10.833, de 29-12-2003.

Capítulo II
BASE DE CÁLCULO

Art. 2.º A base de cálculo do imposto é:

I – quando a alíquota for específica, a quantidade de mercadoria, expressa na unidade de medida indicada na tarifa;

II – quando a alíquota for *ad valorem*, o valor aduaneiro apurado segundo normas do art. VII do Acordo Geral sobre Tarifas Aduaneiras e Comércio (GATT).

>> Artigo com redação determinada pelo Decreto-lei n. 2.472, de 1.º-9-1988.

....

Seção V
Similaridade

Art. 17. A isenção do Imposto de Importação somente beneficia produto sem similar nacional, em condições de substituir o importado.

Parágrafo único. Excluem-se do disposto neste artigo:

I – os casos previstos no art. 13 e nos incisos IV a VIII do art. 15 deste Decreto-lei e no art. 4.º da Lei n. 3.244, de 14 de agosto de 1957;

II – as partes, peças, acessórios, ferramentas e utensílios:

a) que, em quantidade normal, acompanham o aparelho, instrumento, máquina ou equipamento;

b) destinados, exclusivamente, na forma do regulamento, ao reparo ou manutenção de aparelho, instrumento, máquina ou equipamento de procedência estrangeira, instalado ou em funcionamento no País;

III – os casos de importações resultando de concorrência com financiamento internacional superior a 15 (quinze) anos, em que tiver sido assegurada a participação da indústria nacional com uma margem de proteção não inferior a 15% (quinze por cento) sobre o preço do CIF, porto de desembarque brasileiro, de equipamento estrangeiro oferecido de acordo com as normas que regulam a matéria;

IV – (*Revogado pelo Decreto-lei n. 2.433, de 19-5-1988.*);

V – bens doados, destinados a fins culturais, científicos e assistenciais, desde que os beneficiários sejam entidades sem fins lucrativos.

>> Inciso V acrescentado pela Lei n. 10.833, de 29-12-2003.

Art. 18. O Conselho de Política Aduaneira formulará critérios, gerais ou específicos, para julgamento da similaridade, à vista das condições de oferta do produto nacional, e observadas as seguintes normas básicas:

I – preço não superior ao custo de importação em cruzeiros do similar estrangeiro, calculado com base no preço normal, acrescido dos tributos que incidem sobre a importação, e de outros encargos de efeito equivalente;

II – prazo de entrega normal ou corrente para o mesmo tipo de mercadoria;

III – qualidade equivalente e especificações adequadas.

§ 1.º Ao formular critérios de similaridade, o Conselho de Política Aduaneira considerará a orientação de órgãos governamentais incumbidos da política relativa a produtos ou a setores de produção.

§ 2.º Quando se tratar de projeto de interesse econômico fundamental, financiado por entidade internacional de crédito, poderão ser consideradas, para efeito de aplicação do disposto neste artigo, as condições especiais que regularem a participação da indústria nacional no fornecimento de bens.

§ 3.º Não será aplicável o conceito de similaridade quando importar em fracionamento da peça ou máquina, com prejuízo da garantia em funcionamento ou com retardamento substancial no prazo de entrega ou montagem.

Art. 19. A apuração da similaridade deverá ser feita pelo Conselho de Política Aduaneira, diretamente ou em colaboração com outros órgãos governamentais ou entidades de classe, antes da importação.

Parágrafo único. Os critérios de similaridade fixados na forma estabelecida neste Decreto-lei e seu regulamento serão observados pela Carteira de Comércio Exterior, quando do exame dos pedidos de importação.

Art. 20. Independem de apuração, para serem considerados similares, os produtos naturais ou com beneficiamento primário, as matérias-primas e os bens de consumo, de notória produção no País.

Art. 21. No caso das disposições da Tarifa Aduaneira que condicionam a incidência do imposto ou o nível de alíquota à exigência de similar, registrado, o Conselho de Política Aduaneira publicará a relação dos produtos com similar nacional.

Capítulo IV
CÁLCULO E RECOLHIMENTO DO IMPOSTO

Art. 22. O imposto será calculado pela aplicação, das alíquotas previstas na Tarifa Aduaneira, sobre a base de cálculo definida no Capítulo II deste Título.

Art. 23. Quando se tratar de mercadoria despachada para consumo, considera-se ocorrido o fato gerador na data do registro, na repartição aduaneira, da declaração a que se refere o art. 44.

Parágrafo único. A mercadoria ficará sujeita aos tributos vigorantes na data em que a autoridade aduaneira efetuar o correspondente lançamento de ofício no caso de:

>> Parágrafo único, *caput*, com redação determinada pela Lei n. 12.350, de 20-12-2010.

I – falta, na hipótese a que se refere o § 2.º do art. 1.º; e

>> Inciso I acrescentado pela Lei n. 12.350, de 20-12-2010.

II – introdução no País sem o registro de declaração de importação, a que se refere o inciso III do § 4.º do art. 1.º.

>> Inciso II acrescentado pela Lei n. 12.350, de 20-12-2010.

Art. 24. Para efeito de cálculo do imposto, os valores expressos em moeda estrangeira serão convertidos em moeda nacional à taxa de câmbio vigente no momento da ocorrência do fato gerador.

Parágrafo único. A taxa a que se refere este artigo será estabelecida para venda da moeda respectiva no último dia útil de cada semana, para vigência na semana subsequente.

>> Parágrafo único com redação determinada pela Lei n. 7.683, de 2-12-1988.

>> *Vide* art. 106 da Lei n. 8.981, de 20-1-1995.

Art. 25. Na ocorrência de dano casual ou de acidente, o valor aduaneiro da mercadoria será reduzido proporcionalmente ao prejuízo, para efeito de cálculo dos tributos devidos, observado o disposto no art. 60.

>> *Caput* com redação determinada pela Lei n. 12.350, de 20-12-2010.

Parágrafo único. Quando a alíquota for específica, o montante do imposto será reduzido proporcionalmente ao valor do prejuízo apurado.

Art. 26. Na transferência de propriedade ou uso de bens prevista no art. 11, os tributos e gravames cambiais dispensados quando da importação, serão reajustados pela aplicação dos índices de correção monetária fixados pelo Conselho Nacional de Economia e das taxas de depreciação estabelecidas no regulamento.

Art. 27. O recolhimento do imposto será realizado na forma e momento indicados no regulamento.

Capítulo V
RESTITUIÇÃO

Art. 28. Conceder-se-á restituição do imposto, na forma do regulamento:

I – quando apurado excesso no pagamento, decorrente de erro de cálculo ou de aplicação de alíquota;

II – quando houver dano ou avaria, perda ou extravio.

§ 1.º A restituição de tributos independe da iniciativa do contribuinte, podendo processar-se de ofício, como estabelecer o regulamento sempre que se apurar excesso de pagamento na conformidade deste artigo.

§ 2.º As reclamações do importador quanto a erro ou engano, nas declarações, sobre quantidade ou qualidade da mercadoria, ou no caso do inciso II deste artigo, deverão ser apresentadas antes de sua saída de recintos aduaneiros.

Art. 29. A restituição será efetuada, mediante anulação contábil da respectiva receita, pela autoridade incumbida de promover a cobrança originária a qual, ao reconhecer o direito creditório contra a Fazenda Nacional, autorizará a entrega da importância considerada indevida.

§ 1.º Quando a importância a ser restituída for superior a cinco milhões de cruzeiros o chefe da repartição aduaneira recorrerá de ofício para o diretor do Departamento de Rendas Aduaneiras.

§ 2.º Nos casos de que trata o parágrafo anterior, a importância da restituição será classificada em conta de responsáveis, a débito dos beneficiários, até que seja anotada a decisão do diretor do Departamento de Rendas Aduaneiras.

Art. 30. Na restituição de depósitos, que também poderá processar-se de ofício, a importância da correção monetária, de que trata o art. 7.º, § 3.º, da Lei n. 4.357, de 16 de julho de 1964, obedecerá igualmente ao que dispõe o artigo anterior.

Capítulo VI
CONTRIBUINTES E RESPONSÁVEIS

Art. 31. É contribuinte do imposto:

I – o importador, assim considerada qualquer pessoa que promova a entrada de mercadoria estrangeira no território nacional;

II – o destinatário de remessa postal internacional indicado pelo respectivo remetente;

III – o adquirente de mercadoria entrepostada.

>> Artigo com redação determinada pelo Decreto-lei n. 2.472, de 1.º-9-1988.

Art. 32. É responsável pelo imposto:

I – o transportador, quando transportar mercadoria procedente do exterior ou sob controle aduaneiro, inclusive em percurso interno;

II – o depositário, assim considerada qualquer pessoa incumbida da custódia de mercadoria sob controle aduaneiro.

>> *Caput* e incisos com redação determinada pelo Decreto-lei n. 2.472, de 1.º-9-1988.

Parágrafo único. É responsável solidário:

>> Parágrafo único, *caput*, acrescentado pelo Decreto-lei n. 2.472, de 1.º-9-1988.

a) o adquirente ou cessionário de mercadoria beneficiada com isenção ou redução do imposto;

>> Alínea *a* acrescentada pelo Decreto-lei n. 2.472, de 1.º-9-1988.

b) o representante, no País, do transportador estrangeiro;

>> Alínea *b* acrescentada pelo Decreto-lei n. 2.472, de 1.º-9-1988.

c) o adquirente de mercadoria de procedência estrangeira, no caso de importação realizada por sua conta e ordem, por intermédio de pessoa jurídica importadora;

>> Alínea *c* acrescentada pela Lei n. 11.281, de 20-2-2006.

d) o encomendante predeterminado que adquire mercadoria de procedência estrangeira de pessoa jurídica importadora.

>> Alínea *d* acrescentada pela Lei n. 11.281, de 20-2-2006.

>> A Medida Provisória n. 2.158-35, de 24-8-2001, havia transformado as alíneas *a* e *b* em incisos I e II e acrescentado o inciso III a este parágrafo único.

Título II
CONTROLE ADUANEIRO

Capítulo I
JURISDIÇÃO DOS SERVIÇOS ADUANEIROS

Art. 33. A jurisdição dos serviços aduaneiros se estende por todo o território aduaneiro, e abrange:

I – zona primária – compreendendo as faixas internas de portos e aeroportos, recintos alfandegados e locais habilitados nas fronteiras terrestres, bem como outras áreas nos quais se efetuem operações de carga e descarga de mercadoria, ou embarque e desembarque de passageiros, procedentes do exterior ou a ele destinados;

II – zona secundária – compreendendo a parte restante do território nacional, nela incluídos as águas territoriais e o espaço aéreo correspondente.

Parágrafo único. Para efeito de adoção de medidas de controle fiscal, poderão ser demarcadas, na orla marítima e na faixa de fronteira, zonas de vigilância aduaneira, nas quais a existência e a circulação de mercadoria estarão sujeitas às cautelas fiscais, proibições e restrições que forem prescritas no regulamento.

Art. 34. O regulamento disporá sobre:

I – registro de pessoas que cruzem as fronteiras;

II – apresentação de mercadorias às autoridades aduaneiras da jurisdição dos portos, aeroportos e outros locais de entrada e saída do território aduaneiro;

III – controle de veículos, mercadorias, animais e pessoas, na zona primária e na zona de vigilância aduaneira;

IV – apuração de infrações por descumprimento de medidas de controle estabelecidas pela legislação aduaneira.

Art. 35. Em tudo o que interessar à fiscalização aduaneira, na zona primária, a autoridade aduaneira tem precedência sobre as demais que ali exercem suas atribuições.

Art. 36. A fiscalização aduaneira poderá ser ininterrupta, em horários determinados, ou eventual, nos portos, aeroportos, pontos de fronteira e recintos alfandegados.

>> *Caput* com redação determinada pela Lei n. 10.833, de 29-12-2003.

§ 1.º A administração aduaneira determinará os horários e as condições de realização dos serviços aduaneiros, nos locais referidos no *caput*.

§ 2.º O atendimento em dias e horas fora do expediente normal da repartição aduaneira é considerado serviço extraordinário, caso em que os interessados deverão, na forma estabelecida em regulamento, ressarcir a Administração das despesas decorrentes dos serviços a eles efetivamente prestados, como tais também compreendida a remuneração dos funcionários.

>> § 2.º acrescentado pelo Decreto-lei n. 2.472, de 1.º-9-1988.

Capítulo II
NORMAS GERAIS DO CONTROLE ADUANEIRO DE VEÍCULOS

Art. 37. O transportador deve prestar à Secretaria da Receita Federal, na forma e no prazo por ela estabelecidos, as informações sobre as cargas transportadas, bem como sobre a chegada de veículo procedente do exterior ou a ele destinado.

>> *Caput* com redação determinada pela Lei n. 10.833, de 29-12-2003.

§ 1.º O agente de carga, assim considerada qualquer pessoa que, em nome do importador ou do exportador, contrate o transporte de mercadoria, consolide ou desconsolide cargas e preste serviços conexos, e o operador portuário, também devem prestar as informações sobre as operações que executem e respectivas cargas.

>> § 1.º com redação determinada pela Lei n. 10.833, de 29-12-2003.

§ 2.º Não poderá ser efetuada qualquer operação de carga ou descarga, em embarcações, enquanto não forem prestadas as informações referidas neste artigo.

>> § 2.º com redação determinada pela Lei n. 10.833, de 29-12-2003.

§ 3.º A Secretaria da Receita Federal fica dispensada de participar da visita a embarcações prevista no art. 32 da Lei n. 5.025, de 10 de junho de 1966.

>> § 3.º com redação determinada pela Lei n. 10.833, de 29-12-2003.

>> Citada Lei n. 5.025, de 10-6-1966, dispõe sobre o intercâmbio comercial com o exterior, cria o Conselho Nacional do Comércio Exterior, e dá outras providências.

§ 4.º A autoridade aduaneira poderá proceder às buscas em veículos necessárias para prevenir e reprimir a ocorrência de infração à legislação, inclusive em momento anterior à prestação das informações referidas no *caput*.

>> Anterior parágrafo único renumerado pela Lei n. 10.833, de 29-12-2003.

....

Seção I
Despacho Aduaneiro

>> Seção I com denominação determinada pelo Decreto-lei n. 2.472, de 1.º-9-1988.

Art. 44. Toda mercadoria procedente do exterior por qualquer via, destinada a consumo ou a outro regime, sujeita ou não ao pagamento do imposto, deverá ser submetida a despacho aduaneiro, que será processado com base em declaração apresentada à repartição aduaneira no prazo e na forma prescritos em regulamento.

>> Artigo com redação determinada pelo Decreto-lei n. 2.472, de 1.º-9-1988.

Art. 45. As declarações do importador subsistem para quaisquer efeitos fiscais, ainda quando o despacho seja interrompido e a mercadoria abandonada.

>> Artigo com redação determinada pelo Decreto-lei n. 2.472, de 1.º-9-1988.

Art. 46. Além da declaração de que trata o art. 44 deste Decreto-lei e de outros documentos previstos em leis ou regulamentos, serão exigidas, para o processamento do despacho aduaneiro, a prova de posse ou propriedade da mercadoria e a fatura comercial, com as exceções que estabelecer o regulamento.

>> *Caput* com redação determinada pelo Decreto-lei n. 2.472, de 1.º-9-1988.

§ 1.º O conhecimento aéreo poderá equiparar-se à fatura comercial, se contiver as indicações de quantidade, espécie e valor das mercadorias que lhe correspondam.

>> § 1.º acrescentado pelo Decreto-lei n. 2.472, de 1.º-9-1988.

§ 2.º O regulamento disporá sobre dispensa de visto consular na fatura.

>> § 2.º acrescentado pelo Decreto-lei n. 2.472, de 1.º-9-1988.

Art. 47. Quando exigível depósito ou pagamento de quaisquer ônus financeiros ou cambiais, a tramitação do despacho aduaneiro ficará sujeita à prévia satisfação da mencionada exigência.

>> Artigo com redação determinada pelo Decreto-lei n. 2.472, de 1.º-9-1988.

Art. 48. Na hipótese de mercadoria, cuja importação esteja sujeita a restrições especiais distintas das de natureza cambial, que chegar ao País com inobservância das formalidades pertinentes, a autoridade aduaneira procederá de acordo com as leis e regulamentos que hajam estabelecido as referidas restrições.

>> Artigo com redação determinada pelo Decreto-lei n. 2.472, de 1.º-9-1988.

Art. 49. O despacho aduaneiro poderá ser efetuado em zona primária ou em outros locais admitidos pela autoridade aduaneira.

>> Artigo com redação determinada pelo Decreto-lei n. 2.472, de 1.º-9-1988.

Art. 50. A verificação de mercadoria, na conferência aduaneira ou em outra ocasião, será realizada por Auditor-Fiscal da Receita Federal do Brasil ou, sob a sua supervisão, por Analista-Tributário, na presença do viajante, do importador, do exportador ou de seus representantes, podendo ser adotados critérios de seleção e amostragem, de conformidade com o estabelecido pela Secretaria da Receita Federal do Brasil.

>> *Caput* com redação determinada pela Lei n. 12.350, de 20-12-2010.

§ 1.º Na hipótese de mercadoria depositada em recinto alfandegado, a verificação poderá ser realizada na presença do depositário ou de seus prepostos, dispensada a exigência da presença do importador ou do exportador.

>> § 1.º acrescentado pela Lei n. 10.833, de 29-12-2003.

§ 2.º A verificação de bagagem ou de outra mercadoria que esteja sob a responsabilidade do transportador poderá ser realizada na presença deste ou de seus prepostos, dispensada a exigência da presença do viajante, do importador ou do exportador.

>> § 2.º acrescentado pela Lei n. 10.833, de 29-12-2003.

§ 3.º Nas hipóteses dos §§ 1.º e 2.º, o depositário e o transportador, ou seus prepostos, representam o viajante, o importador ou o exportador, para efeitos de identificação, quantificação e descrição da mercadoria verificada.

>> § 3.º acrescentado pela Lei n. 10.833, de 29-12-2003.

Art. 51. Concluída a conferência aduaneira, sem exigência fiscal relativamente a valor aduaneiro, classificação ou outros elementos do despacho, a mercadoria será desembaraçada e posta à disposição do importador.

>> *Caput* com redação determinada pelo Decreto-lei n. 2.472, de 1.º-9-1988.

§ 1.º Se, no curso da conferência aduaneira, houver exigência fiscal na forma deste artigo, a mercadoria poderá ser desembaraçada, desde que, na forma do regulamento, sejam adotadas as indispensáveis cautelas fiscais.

>> § 1.º acrescentado pelo Decreto-lei n. 2.472, de 1.º-9-1988.

§ 2.º O regulamento disporá sobre os casos em que a mercadoria poderá ser posta à disposição do importador antecipadamente ao desembaraço.

>> § 2.º acrescentado pelo Decreto-lei n. 2.472, de 1.º-9-1988.

Seção II
Conclusão do Despacho

Art. 54. A apuração da regularidade do pagamento do imposto e demais gravames devidos à Fazenda Nacional ou do benefício fiscal aplicado, e da exatidão das informações prestadas pelo importador será realizada na forma que estabelecer o regulamento e processada no prazo de 5 (cinco) anos, contado do registro da declaração de que trata o art. 44 deste Decreto-lei.

>> Artigo com redação determinada pelo Decreto-lei n. 2.472, de 1.º-9-1988.

Título IV
INFRAÇÕES E PENALIDADES

Capítulo I
INFRAÇÕES

Art. 94. Constitui infração toda ação ou omissão, voluntária ou involuntária, que importe inobservância, por parte da pessoa natural ou jurídica, de norma estabelecida neste Decreto-lei, no seu regulamento ou em ato administrativo de caráter normativo destinado a completá-los.

§ 1.º O regulamento e demais atos administrativos não poderão estabelecer ou disciplinar obrigação, nem definir infração ou cominar penalidade que estejam autorizadas ou previstas em lei.

§ 2.º Salvo disposição expressa em contrário, a responsabilidade por infração independe da intenção do agente ou do responsável e da efetividade, natureza e extensão dos efeitos do ato.

Art. 95. Respondem pela infração:

I – conjunta ou isoladamente, quem quer que, de qualquer forma, concorra para sua prática, ou dela se beneficie;

II – conjunta ou isoladamente, o proprietário e o consignatário do veículo, quanto à que decorrer do exercício de atividade própria do veículo, ou de ação ou omissão de seus tripulantes;

III – o comandante ou condutor de veículo nos casos do inciso anterior, quando o veículo proceder do exterior sem estar consignada a pessoa natural ou jurídica estabelecida no ponto de destino;

IV – a pessoa natural ou jurídica, em razão do despacho que promover, de qualquer mercadoria;

V – conjunta ou isoladamente, o adquirente de mercadoria de procedência estrangeira, no caso da importação realizada por sua conta e ordem, por intermédio de pessoa jurídica importadora;

>> Inciso V acrescentado pela Medida Provisória n. 2.158-35, de 24-8-2001.

VI – conjunta ou isoladamente, o encomendante predeterminado que adquire mercadoria de procedência estrangeira de pessoa jurídica importadora.

>> Inciso VI acrescentado pela Lei n. 11.281, de 20-2-2006.

Capítulo II
PENALIDADES

Seção I
Espécies de Penalidades

Art. 96. As infrações estão sujeitas às seguintes penas, aplicáveis separada ou cumulativamente:

I – perda do veículo transportador;

II – perda da mercadoria;

III – multa;

IV – proibição de transacionar com repartição pública ou autárquica federal, empresa pública e sociedade de economia mista.

Seção II
Aplicação e Graduação das Penalidades

Art. 97. Compete à autoridade julgadora:

I – determinar a pena ou as penas aplicáveis ao infrator ou a quem deva responder pela infração, nos termos da lei;

II – fixar a quantidade da pena, respeitados os limites legais.

Art. 98. Quando a pena de multa for expressa em faixa variável de quantidade, o chefe da repartição aduaneira imporá a pena mínima prevista para a infração, só a majorando em razão de circunstância que demonstre a existência de artifício doloso na prática da infração, ou que importe agravar suas consequências ou retardar seu conhecimento pela autoridade fazendária.

Art. 99. Apurando-se, no mesmo processo, a prática de duas ou mais infrações pela mesma pessoa natural ou jurídica, aplicam-se cumulativamente, no grau correspondente, quando for o caso, as penas a elas cominadas, se as infrações não forem idênticas.

§ 1.º Quando se tratar de infração continuada em relação à qual tenham sido lavrados diversos autos ou representações, serão eles reunidos em um só processo, para imposição da pena.

§ 2.º Não se considera infração continuada a repetição de falta já arrolada em processo fiscal de cuja instauração o infrator tenha sido intimado.

Art. 100. Se do processo se apurar responsabilidade de duas ou mais pessoas, será imposta a cada uma delas a pena relativa à infração que houver cometido.

Art. 101. Não será aplicada penalidade – enquanto prevalecer o entendimento – a quem proceder ou pagar o imposto:

I – de acordo com interpretação fiscal constante de decisão irrecorrível de última instância administrativa, proferida em processo fiscal inclusive de consulta, seja o interessado parte ou não;

II – de acordo com interpretação fiscal constante de decisão de primeira instância proferida em processo fiscal, inclusive de consulta, em que o interessado for parte;

III – de acordo com interpretação fiscal constante de circular, instrução, portaria, ordem de serviço e outros atos interpretativos baixados pela autoridade fazendária competente.

Art. 102. A denúncia espontânea da infração, acompanhada, se for o caso, do pagamento do imposto e dos acréscimos, excluirá a imposição da correspondente penalidade.

>> *Caput* com redação determinada pelo Decreto-lei n. 2.472, de 1.º-9-1988.

§ 1.º Não se considera espontânea a denúncia apresentada:

>> § 1.º, *caput*, acrescentado pelo Decreto-lei n. 2.472, de 1.º-9-1988.

a) no curso do despacho aduaneiro, até o desembaraço da mercadoria;

>> Alínea *a* acrescentada pelo Decreto-lei n. 2.472, de 1.º-9-1988.

b) após o início de qualquer outro procedimento fiscal, mediante ato de ofício, escrito, praticado por servidor competente, tendente a apurar a infração.

>> Alínea *b* acrescentada pelo Decreto-lei n. 2.472, de 1.º-9-1988.

§ 2.º A denúncia espontânea exclui a aplicação de penalidades de natureza tributária ou administrativa, com exceção das penalidades aplicáveis na hipótese de mercadoria sujeita a pena de perdimento.

>> § 2.º com redação determinada pela Lei n. 12.350, de 20-12-2010.

Art. 103. A aplicação da penalidade fiscal, e seu cumprimento, não elidem, em caso algum, o pagamento dos tributos devidos e a regularização cambial nem prejudicam a aplicação das penas cominadas para o mesmo fato pela legislação criminal e especial.

Seção III
Perda do Veículo

Art. 104. Aplica-se a pena de perda do veículo nos seguintes casos:

I – quando o veículo transportador estiver em situação ilegal, quanto às normas que o habilitem a exercer a navegação ou o transporte internacional correspondente à sua espécie;

II – quando o veículo transportador efetuar operação de descarga de mercadoria estrangeira ou a carga de mercadoria nacional ou nacionalizada fora do porto, aeroporto ou outro local para isso habilitado;

III – quando a embarcação atracar a navio ou quando qualquer veículo, na zona primária, se colocar nas proximidades de outro, vindo um deles do exterior ou a eles destinado, de modo a tornar possível o transbordo de pessoa ou carga, sem observância das normas legais e regulamentares;

IV – quando a embarcação navegar dentro do porto, sem trazer escrito, em tipo destacado e em local visível do casco, seu nome de registro;

V – quando o veículo conduzir mercadoria sujeita à pena de perda, se pertencente ao responsável por infração punível com aquela sanção;

VI – quando o veículo terrestre utilizado no trânsito de mercadoria estrangeira desviar-se de sua rota legal, sem motivo justificado.

Parágrafo único. Aplicam-se cumulativamente:

>> Parágrafo único, *caput*, com redação determinada pela Lei n. 10.833, de 29-12-2003.

I – no caso do inciso II do *caput*, a pena de perdimento da mercadoria;

>> Inciso I com redação determinada pela Lei n. 10.833, de 29-12-2003.

II – no caso do inciso III do *caput*, a multa de R$ 200,00 (duzentos reais) por passageiro ou tripulante conduzido pelo veículo que efetuar a operação proibida, além do perdimento da mercadoria que transportar.

>> Inciso II com redação determinada pela Lei n. 10.833, de 29-12-2003.

Seção IV
Perda da Mercadoria

Art. 105. Aplica-se a pena de perda da mercadoria:

> A Instrução Normativa n. 1.986, de 29-10-2020, da Secretaria Especial da Receita Federal do Brasil, dispõe sobre o procedimento de fiscalização utilizado no combate às fraudes aduaneiras.

I – em operação de carga já carregada, em qualquer veículo ou dele descarregada ou em descarga, sem ordem, despacho ou licença, por escrito da autoridade aduaneira ou não cumprimento de outra formalidade especial estabelecida em texto normativo;

II – incluída em listas de sobressalentes e previsões de bordo quando em desacordo, quantitativo ou qualificativo, com as necessidades do serviço e do custeio do veículo e da manutenção de sua tripulação e passageiros;

III – oculta, a bordo do veículo ou na zona primária, qualquer que seja o processo utilizado;

IV – existente a bordo do veículo, sem registro um manifesto, em documento de efeito equivalente ou em outras declarações;

V – nacional ou nacionalizada em grande quantidade ou de vultoso valor, encontrada na zona de vigilância aduaneira, em circunstâncias que tornem evidente destinar-se a exportação clandestina;

VI – estrangeira ou nacional, na importação ou na exportação, se qualquer documento necessário ao seu embarque ou desembaraço tiver sido falsificado ou adulterado;

VII – nas condições do inciso anterior possuída a qualquer título ou para qualquer fim;

VIII – estrangeira que apresente característica essencial falsificada ou adulterada, que impeça ou dificulte sua identificação, ainda que a falsificação ou a adulteração não influa no seu tratamento tributário ou cambial;

IX – estrangeira, encontrada ao abandono, desacompanhada de prova de pagamento dos tributos aduaneiros, salvo as do art. 58;

X – estrangeira, exposta à venda, depositada ou em circulação comercial no país, se não for feita prova de sua importação regular;

XI – estrangeira, já desembaraçada e cujos tributos aduaneiros tenham sido pagos apenas em parte, mediante artifício doloso;

XII – estrangeira, chegada ao país com falsa declaração de conteúdo;

XIII – transferida a terceiro, sem o pagamento dos tributos aduaneiros e outros gravames, quando desembaraçada nos termos do inciso III do art. 13;

XIV – encontrada em poder de pessoa natural ou jurídica não habilitada, tratando-se de papel com linha ou marca-d'água, inclusive aparas;

XV – constante de remessa postal internacional com falsa declaração de conteúdo;

XVI – fracionada em duas ou mais remessas postais ou encomendas aéreas internacionais visando a elidir, no todo ou em parte, o pagamento dos tributos aduaneiros ou quaisquer normas estabelecidas para o controle das importações ou, ainda, a beneficiar-se de regime de tributação simplificada;

>> Inciso XVI com redação determinada pelo Decreto-lei n. 1.804, de 3-9-1980.

XVII – estrangeira, em trânsito no território aduaneiro, quando o veículo terrestre que a conduzir, desviar-se de sua rota legal, sem motivo justificado;

XVIII – estrangeira, acondicionada sob fundo falso, ou de qualquer modo oculta;

XIX – estrangeira, atentatória à moral, aos bons costumes, à saúde ou ordem públicas.

Seção V
Multas

Art. 106. Aplicam-se as seguintes multas, proporcionais ao valor do imposto incidente sobre a importação da mercadoria ou o que incidiria se não houvesse isenção ou redução:

I – de 100% (cem por cento):

a) pelo não emprego dos bens de qualquer natureza nos fins ou atividades para que foram importados com isenção de tributos;

b) pelo desvio, por qualquer forma, dos bens importados com isenção ou redução de tributos;

c) pelo uso de falsidade nas provas exigidas para obtenção dos benefícios e estímulos previstos neste Decreto;

d) pela não apresentação de mercadoria depositada em entreposto aduaneiro;

II – de 50% (cinquenta por cento):

a) pela transferência, a terceiro, a qualquer título, dos bens importados com isenção de tributos, sem prévia autorização da repartição aduaneira, ressalvado o caso previsto no inciso XIII do art. 105;

b) pelo não retorno ao exterior, no prazo fixado, dos bens importados sob regime de admissão temporária;

c) pela importação, como bagagem de mercadoria que, por sua quantidade e características, revele finalidade comercial;

d) pelo extravio ou falta de mercadoria, inclusive apurado em ato de vistoria aduaneira;

III – de 20% (vinte por cento):

a) (*Revogada pela Lei n. 10.833, de 29-12-2003.*);

b) pela chegada ao país de bagagem e bens de passageiro fora dos prazos regulamentares, quando se tratar de mercadoria sujeita a tributação;

IV – de 10% (dez por cento):

a) (*Revogada pela Lei n. 10.833, de 29-12-2003.*);

b) pela apresentação de fatura comercial sem o visto consular, quando exige essa formalidade;

c) pela comprovação, fora do prazo, da chegada da mercadoria no destino, nos casos de reexportação e trânsito;

V – (*Revogado pela Lei n. 10.833, de 29-12-2003.*)

§ 1.º No caso de papel com linhas ou marcas-d'água, as multas previstas nos incisos I e II serão de 150% e 75%, respectivamente, adotando-se, para calculá-las, a maior alíquota do imposto taxada para papel, similar, destinado a impressão, sem aquelas características.

>> § 1.º acrescentado pelo Decreto-lei n. 751, de 8-8-1969.

§ 2.º Aplicam-se as multas, calculadas pela forma referida no parágrafo anterior, de 75% e 20%, respectivamente, também nos seguintes casos:

>> § 2.º acrescentado pelo Decreto-lei n. 751, de 8-8-1969.

a) venda não faturada de sobra de papel não impresso (mantas, aparas de bobinas e restos de bobinas);

>> Alínea *a* acrescentada pelo Decreto-lei n. 751, de 8-8-1969.

b) venda de sobra de papel não impresso, mantas, aparas de bobinas e restos de bobinas, salvo a editoras ou, como matéria-prima a fábricas.

>> Alínea *b* acrescentada pelo Decreto-lei n. 751, de 8-8-1969.

Art. 107. Aplicam-se ainda as seguintes multas:

>> *Caput* com redação determinada pela Lei n. 10.833, de 29-12-2003.

I – de R$ 50.000,00 (cinquenta mil reais), por contêiner ou qualquer veículo contendo mercadoria, inclusive a granel, ingressado em local ou recinto sob controle aduaneiro, que não seja localizado;

>> Inciso I com redação determinada pela Lei n. 10.833, de 29-12-2003.

II – de R$ 15.000,00 (quinze mil reais), por contêiner ou veículo contendo mercadoria, inclusive a granel, no regime de trânsito aduaneiro, que não seja localizado;

>> Inciso II com redação determinada pela Lei n. 10.833, de 29-12-2003.

III – de R$ 10.000,00 (dez mil reais), por desacato à autoridade aduaneira;

>> Inciso III com redação determinada pela Lei n. 10.833, de 29-12-2003.

IV – de R$ 5.000,00 (cinco mil reais):

>> Inciso IV, *caput*, com redação determinada pela Lei n. 10.833, de 29-12-2003.

a) por ponto percentual que ultrapasse a margem de 5% (cinco por cento), na diferença de peso apurada em relação ao manifesto de carga a granel apresentado pelo transportador marítimo, fluvial ou lacustre;

>> Alínea *a* acrescentada pela Lei n. 10.833, de 29-12-2003.

b) por mês-calendário, a quem não apresentar à fiscalização os documentos relativos à operação que realizar ou em que intervier, bem como outros documentos exigidos pela Secretaria da Receita Federal, ou não mantiver os correspondentes arquivos em boa guarda e ordem;

>> Alínea *b* acrescentada pela Lei n. 10.833, de 29-12-2003.

c) a quem, por qualquer meio ou forma, omissiva ou comissiva, embaraçar, dificultar ou impedir ação de fiscalização aduaneira, inclusive no caso de não apresentação de resposta, no prazo estipulado, a intimação em procedimento fiscal;

>> Alínea *c* acrescentada pela Lei n. 10.833, de 29-12-2003.

d) a quem promover a saída de veículo de local ou recinto sob controle aduaneiro, sem autorização prévia da autoridade aduaneira;

>> Alínea *d* acrescentada pela Lei n. 10.833, de 29-12-2003.

e) por deixar de prestar informação sobre veículo ou carga nele transportada, ou sobre as operações que execute, na forma e no prazo estabelecidos pela Secretaria da Receita Federal, aplicada à empresa de transporte internacional, inclusive a prestadora de serviços de transporte internacional expresso porta a porta, ou ao agente de carga; e

>> Alínea *e* acrescentada pela Lei n. 10.833, de 29-12-2003.

f) por deixar de prestar informação sobre carga armazenada, ou sob sua responsabilidade, ou sobre as operações que execute, na forma e no prazo estabelecidos pela Secretaria da Receita Federal, aplicada ao depositário ou ao operador portuário;

>> Alínea *f* acrescentada pela Lei n. 10.833, de 29-12-2003.

V – de R$ 3.000,00 (três mil reais), ao transportador de carga ou de passageiro, pelo descumprimento de exigência estabelecida para a circulação de veículos e mercadorias em zona de vigilância aduaneira;

>> Inciso V com redação determinada pela Lei n. 10.833, de 29-12-2003.

VI – de R$ 2.000,00 (dois mil reais), no caso de violação de volume ou unidade de carga que contenha mercadoria sob controle aduaneiro, ou de dispositivo de segurança;

>> Inciso VI com redação determinada pela Lei n. 10.833, de 29-12-2003.

VII – de R$ 1.000,00 (mil reais):

>> Inciso VII, *caput*, com redação determinada pela Lei n. 10.833, de 29-12-2003.

a) por volume depositado em local ou recinto sob controle aduaneiro, que não seja localizado;

>> Alínea *a* acrescentada pela Lei n. 10.833, de 29-12-2003.

b) pela importação de mercadoria estrangeira atentatória à moral, aos bons costumes, à saúde ou à ordem pública, sem prejuízo da aplicação da pena prevista no inciso XIX do art. 105;

>> Alínea *b* acrescentada pela Lei n. 10.833, de 29-12-2003.

c) pela substituição do veículo transportador, em operação de trânsito aduaneiro, sem autorização prévia da autoridade aduaneira;

>> Alínea *c* acrescentada pela Lei n. 10.833, de 29-12-2003.

d) por dia, pelo descumprimento de condição estabelecida pela administração aduaneira para a prestação de serviços relacionados com o despacho aduaneiro;

>> Alínea *d* acrescentada pela Lei n. 10.833, de 29-12-2003.

e) por dia, pelo descumprimento de requisito, condição ou norma operacional para habilitar-se ou utilizar regime aduaneiro especial ou aplicado em áreas especiais, ou para habilitar-se ou manter recintos nos quais tais regimes sejam aplicados;

>> Alínea *e* acrescentada pela Lei n. 10.833, de 29-12-2003.

f) por dia, pelo descumprimento de requisito, condição ou norma operacional para executar atividades de movimentação e armazenagem de mercadorias sob controle aduaneiro, e serviços conexos; e

>> Alínea *f* acrescentada pela Lei n. 10.833, de 29-12-2003.

g) por dia, pelo descumprimento de condição estabelecida para utilização de procedimento aduaneiro simplificado;

>> Alínea *g* acrescentada pela Lei n. 10.833, de 29-12-2003.

VIII – de R$ 500,00 (quinhentos reais):

>> Inciso VIII acrescentado pela Lei n. 10.833, de 29-12-2003.

a) por ingresso de pessoa em local ou recinto sob controle aduaneiro sem a regular autorização, aplicada ao administrador do local ou recinto;

>> Alínea *a* acrescentada pela Lei n. 10.833, de 29-12-2003.

b) por tonelada de carga a granel depositada em local ou recinto sob controle aduaneiro, que não seja localizada;

>> Alínea *b* acrescentada pela Lei n. 10.833, de 29-12-2003.

c) por dia de atraso ou fração, no caso de veículo que, em operação de trânsito aduaneiro, chegar ao destino fora do prazo estabelecido, sem motivo justificado;

>> Alínea *c* acrescentada pela Lei n. 10.833, de 29-12-2003.

d) por erro ou omissão de informação em declaração relativa ao controle de papel imune; e

>> Alínea *d* acrescentada pela Lei n. 10.833, de 29-12-2003.

e) pela não apresentação do romaneio de carga (*packing-list*) nos documentos de instrução da declaração aduaneira;

>> Alínea *e* acrescentada pela Lei n. 10.833, de 29-12-2003.

IX – de R$ 300,00 (trezentos reais), por volume de mercadoria, em regime de trânsito aduaneiro, que não seja localizado no veículo transportador, limitada ao valor de R$ 15.000,00 (quinze mil reais);

>> Inciso IX acrescentado pela Lei n. 10.833, de 29-12-2003.

X – de R$ 200,00 (duzentos reais):

>> Inciso X, *caput*, acrescentado pela Lei n. 10.833, de 29-12-2003.

a) por tonelada de carga a granel em regime de trânsito aduaneiro que não seja localizada no veículo transportador, limitada ao valor de R$ 15.000,00 (quinze mil reais);

>> Alínea *a* acrescentada pela Lei n. 10.833, de 29-12-2003.

b) para a pessoa que ingressar em local ou recinto sob controle aduaneiro sem a regular autorização; e

>> Alínea *b* acrescentada pela Lei n. 10.833, de 29-12-2003.

c) pela apresentação de fatura comercial em desacordo com uma ou mais de uma das indicações estabelecidas no regulamento; e

>> Alínea *c* acrescentada pela Lei n. 10.833, de 29-12-2003.

XI – de R$ 100,00 (cem reais):

>> Inciso XI, *caput*, acrescentado pela Lei n. 10.833, de 29-12-2003.

a) por volume de carga não manifestada pelo transportador, sem prejuízo da aplicação da pena prevista no inciso IV do art. 105; e

>> Alínea *a* acrescentada pela Lei n. 10.833, de 29-12-2003.

b) por ponto percentual que ultrapasse a margem de 5% (cinco por cento), na diferença de peso apurada em relação ao manifesto de carga a granel apresentado pelo transportador rodoviário ou ferroviário.

>> Alínea *b* acrescentada pela Lei n. 10.833, de 29-12-2003.

§ 1.º O recolhimento das multas previstas nas alíneas *e*, *f* e *g* do inciso VII não garante o direito a regular operação do regime ou do recinto, nem a execução da atividade, do serviço ou do procedimento concedidos a título precário.

>> § 1.º acrescentado pela Lei n. 10.833, de 29-12-2003.

§ 2.º As multas previstas neste artigo não prejudicam a exigência dos impostos incidentes, a aplicação de outras penalidades cabíveis e a representação fiscal para fins penais, quando for o caso.

>> § 2.º acrescentado pela Lei n. 10.833, de 29-12-2003.

Art. 108. Aplica-se a multa de 50% (cinquenta por cento) da diferença de imposto apurada em razão de declaração indevida de mercadoria, ou atribuição de valor ou quantidade diferente do real, quando a diferença do imposto for superior a 10% (dez por cento) quanto ao preço e a 5% (cinco por cento) quanto a quantidade ou peso em relação ao declarado pelo importador.

Parágrafo único. Será de 100% (cem por cento) a multa relativa a falsa declaração correspondente ao valor, à natureza e à quantidade.

Art. 109. (*Revogado pela Lei n. 10.833, de 29-12-2003.*)

Art. 110. Todos os valores expressos em cruzeiros, nesta Lei, serão atualizados anualmente, segundo os índices de correção monetária fixados pelo Conselho Nacional de Economia.

Art. 111. Somente quando procedendo do exterior ou a ele se destinar, é alcançado pelas normas das Seções III, IV e V deste Capítulo, o veículo assim designado e suas operações ali indicadas.

Parágrafo único. Excluem-se da regra deste artigo os casos dos incisos V e VI do art. 104.

Art. 112. No caso de extravio ou falta de mercadoria previsto na alínea *d* do inciso II do art. 106, os tributos e multa serão calculados sobre o valor que constar do manifesto ou outros documentos ou sobre o valor da mercadoria contida em volume idêntico ao do manifesto, quando forem incompletas as declarações relativas ao não descarregado.

Parágrafo único. Se à declaração corresponder mais de uma alíquota da Tarifa Aduaneira, sendo impossível precisar a competente, por ser genérica a declaração, o cálculo se fará pela alíquota mais elevada.

Art. 113. No que couber, aplicam-se as disposições deste Capítulo a qualquer meio de transporte vindo do exterior ou a ele destinado, bem como a seu proprietário, condutor ou responsável, documentação, carga, tripulantes e passageiros.

Art. 114. No caso de o responsável pela infração conformar-se com o procedimento fiscal, poderão ser recolhidas, no prazo de 10 (dez) dias, independentemente do processo, as multas cominadas nos incisos III e V do art.106 bem como no art. 108.

Parágrafo único. Não efetuado o pagamento do débito no prazo fixado, será instaurado processo fiscal, na forma do art.118.

Art. 115. Ao funcionário que houver apontado a infração serão adjudicados 40% (quarenta por cento) da multa aplicada, exceto nos casos dos incisos IV e V do art. 106, quando o produto dela será integralmente recolhido ao Tesouro Nacional, observado o que dispõe o art. 23 da Lei n. 4.863, de 29 de novembro de 1965.

> A Lei n. 4.863, de 29-11-1965, que reajustava os vencimentos dos servidores civis e militares, dispõe em seu art. 23 que o Poder Executivo regulamentará a adjudicação dessa espécie de vantagem.

§ 1.º Quando a infração for apurada mediante denúncia, metade da quota-parte atribuída aos funcionários caberá ao denunciante.

§ 2.º Exclui-se da regra deste artigo a infração prevista no inciso I do art. 107.

Seção VI
Proibição de Transacionar

Art. 116. O devedor, inclusive o fiador, declarado remisso, é proibido de transacionar, a qualquer título, com repartição pública ou autárquica federal, empresa pública e sociedade de economia mista.

§ 1.º A declaração da remissão será feita pelo órgão aduaneiro local, após decorridos trinta dias da data em que se tornar irrecorrível, na esfera administrativa, a decisão condenatória, desde que o devedor não tenha feito prova de pagamento da dívida ou de ter iniciado, perante a autoridade judicial, ação anulatória de ato administrativo, com o depósito da importância em litígio, em dinheiro ou em títulos da dívida pública federal, na repartição competente de seu domicílio fiscal.

§ 2.º No caso do parágrafo anterior, o chefe da repartição fará a declaração nos 15 (quinze) dias seguintes ao término do prazo ali marcado, publicando a decisão no órgão oficial, ou, na sua falta, comunicando-a, para o mesmo fim, ao Departamento de Rendas Aduaneiras, sem prejuízo da sua afixação em lugar visível do prédio da repartição.

Art. 117. No caso de reincidência na fraude punida no parágrafo único do art. 108 e no inciso II do art. 60 da Lei n. 3.244, de 14 de agosto de 1957, com a redação que lhe dá o art. 169 deste Decreto-lei, o Diretor do Departamento de Rendas Aduaneiras:

>> Citado art. 60 da Lei n. 3.244, de 14-8-1957, foi revogado pela Lei n. 6.562, de 18-9-1978.

I – suspenderá, pelo prazo de 1 (um) a 5 (cinco) anos, a aceitação, por repartição aduaneira, de declaração apresentada pelo infrator;

II – aplicará a proibição de transacionar à firma ou sociedade estrangeira que, de qualquer modo, concorrer para a prática do ato.

Título V
PROCESSO FISCAL

Capítulo I
DISPOSIÇÕES GERAIS

Art. 118. A infração será apurada mediante processo fiscal, que terá por base a representação ou auto lavrado pelo agente fiscal do imposto aduaneiro ou guarda aduaneiro, observadas, quanto a este, as restrições do regulamento.

Parágrafo único. O regulamento definirá os casos em que o processo fiscal terá por base a representação.

Art. 119. São anuláveis:

I – o auto, a representação ou o termo:

a) que não contenha elementos suficientes para determinar a infração e o infrator, ressalvados, quanto à identificação deste, os casos de abandono da mercadoria pelo próprio infrator;

b) lavrado por funcionário diferente do indicado no art. 118;

II – a decisão ou o despacho proferido por autoridade incompetente, ou com preterição do direito de defesa.

Parágrafo único. A nulidade é sanável pela repetição do ato ou suprida pela sua retificação ou complementação, nos termos do regulamento.

Art. 120. A nulidade de qualquer ato não prejudicará senão os posteriores que dele dependam diretamente ou dele sejam consequência.

Art. 121. Nas fases de defesa, recurso e pedido de reconsideração, dar-se-á vista do processo ao sujeito passivo de procedimento fiscal.

Art. 122. Compete o preparo do processo fiscal à repartição aduaneira com jurisdição no local onde se formalizar o procedimento.

Art. 123. O responsável pela infração será intimado a apresentar defesa no prazo de 30 (trinta) dias da ciência do procedimento fiscal, prorrogável por mais 10 (dez) dias, por motivo imperioso, alegado pelo interessado.

Parágrafo único. Se o término do prazo cair em dia em que não haja expediente normal na repartição, considerar-se-á prorrogado o prazo até o primeiro dia útil seguinte.

Art. 124. A intimação a que se refere o artigo anterior, ou para satisfazer qualquer exigência, obedecerá a uma das seguintes formas, como estabelecer o regulamento:

I – pessoalmente;

II – através do Correio, pelo sistema denominado "AR" (Aviso de Recebimento);

III – mediante publicação no *Diário Oficial da União* ou do Estado em que estiver localizada a repartição ou em jornal local de grande circulação;

IV – por edital afixado na portaria da repartição.

§ 1.º Omitida a data no recibo "AR" a que se refere o inciso II deste artigo, dar-se-á por feita a intimação 15 (quinze) dias depois da entrada da carta de notificação no Correio.

§ 2.º O regulamento estabelecerá os prazos não afixados neste Decreto-lei, para qualquer diligência.

Art. 125. A competência para julgamento do processo fiscal será estabelecida no regulamento.

Art. 126. As inexatidões materiais, devidas a lapso manifesto, e os erros de escrita ou cálculo, existentes na decisão, poderão ser corrigidos por despacho de ofício ou por provocação do interessado ao funcionário.

Art. 127. Proferida a decisão, dela serão cientificadas as partes, na forma do art. 124.

Capítulo II
PEDIDO DE RECONSIDERAÇÃO E RECURSO

Art. 128. Da decisão caberá:

I – em primeira ou segunda instância, pedido de reconsideração apresentado no prazo de 30 (trinta) dias, que fluirá simultaneamente com o da interposição do recurso, quando for o caso;

II – recurso:

a) voluntário, em igual prazo, mediante prévio depósito do valor em litígio ou prestação de fiança idônea, para o Conselho Superior de Tarifa;

b) de ofício, na própria decisão ou posteriormente em novo despacho, quando o litígio, de valor superior a quinhentos mil cruzeiros, for decidido a favor da parte, total ou parcialmente.

Parágrafo único. No caso de restituição de tributo, o recurso será interposto para o diretor do Departamento de Rendas Aduaneiras, impondo-se o de ofício quando o litígio for de valor superior a cinco milhões de cruzeiros.

Art. 129. O recurso terá efeito suspensivo se voluntário, ou sem ele no de ofício.

§ 1.º No caso de apreensão julgada improcedente, a devolução da coisa de valor superior a quinhentos mil cruzeiros, antes do julgamento do recurso de ofício, dependerá de prévia observância da norma prevista no § 2.º do art. 71.

§ 2.º Não interposto o recurso de ofício cabível, cumpre ao funcionário autor do procedimento fiscal representar à autoridade prolatora da decisão, propondo a medida.

Art. 130. Ressalvados os casos de ausência de depósito ou fiança, compete à instância superior julgar da perempção do recurso.

....

Título VI
DECADÊNCIA E PRESCRIÇÃO

>> Título VI com denominação determinada pelo Decreto-lei n. 2.472, de 1.º-9-1988.

Capítulo Único
DISPOSIÇÕES GERAIS

Art. 137. (*Revogado pela Lei n. 10.833, de 29-12-2003.*)

Art. 138. O direito de exigir o tributo extingue-se em 5 (cinco) anos, a contar do primeiro dia do exercício seguinte àquele em que poderia ter sido lançado.

>> *Caput* com redação determinada pelo Decreto-lei n. 2.472, de 1.º-9-1988.

Parágrafo único. Tratando-se de exigência de diferença de tributo, contar-se-á o prazo a partir do pagamento efetuado.

>> Parágrafo único com redação determinada pelo Decreto-lei n. 2.472, de 1.º-9-1988.

Art. 139. No mesmo prazo do artigo anterior se extingue o direito de impor penalidade, a contar da data da infração.

Art. 140. Prescreve em 5 (cinco) anos, a contar de sua constituição definitiva, a cobrança do crédito tributário.

>> Artigo com redação determinada pelo Decreto-lei n. 2.472, de 1.º-9-1988.

Art. 141. O prazo a que se refere o artigo anterior não corre:

>> *Caput* com redação determinada pelo Decreto-lei n. 2.472, de 1.º-9-1988.

I – enquanto o processo de cobrança depender de exigência a ser satisfeita pelo contribuinte;

>> Inciso I com redação determinada pelo Decreto-lei n. 2.472, de 1.º-9-1988.

II – até que a autoridade aduaneira seja diretamente informada pelo Juízo de Direito, Tribunal ou órgão do Ministério Público, da revogação de ordem ou decisão judicial que haja suspenso, anulado ou modificado exigência, inclusive no caso de sobrestamento do processo.

>> Inciso II com redação determinada pelo Decreto-lei n. 2.472, de 1.º-9-1988.

....

Título VIII
DISPOSIÇÕES FINAIS E TRANSITÓRIAS

....

Art. 169. Constituem infrações administrativas ao controle das importações:

>> *Caput* com redação determinada pela Lei n. 6.562, de 18-9-1978.

I – importar mercadorias do exterior:

>> Inciso I, *caput*, com redação determinada pela Lei n. 6.562, de 18-9-1978.

a) sem Guia de Importação ou documento equivalente, que implique a falta de depósito ou a falta de pagamento de quaisquer ônus financeiros ou cambiais:

Pena: multa de 100% (cem por cento) do valor da mercadoria.

>> Alínea *a* acrescentada pela Lei n. 6.562, de 18-9-1978.

b) sem Guia de Importação ou documento equivalente, que não implique a falta de depósito ou a falta de pagamento de quaisquer ônus financeiros ou cambiais:

Pena: multa de 30% (trinta por cento) do valor da mercadoria.

>> Alínea *b* acrescentada pela Lei n. 6.562, de 18-9-1978.

II – subfaturar ou superfaturar o preço ou valor da mercadoria:

Pena: multa de 100% (cem por cento) da diferença.

>> Inciso II com redação determinada pela Lei n. 6.562, de 18-9-1978.

III – descumprir outros requisitos de controle da importação, constantes ou não de Guia de Importação ou de documento equivalente:

>> Inciso III, *caput*, acrescentado pela Lei n. 6.562, de 18-9-1978.

a) embarque da mercadoria após vencido o prazo de validade da Guia de Importação respectiva ou do documento equivalente:

>> Alínea *a* acrescentada pela Lei n. 6.562, de 18-9-1978.

1 – até 20 (vinte) dias:

Pena: multa de 10% (dez por cento) do valor da mercadoria.

2 – de mais de 20 (vinte) até 40 (quarenta) dias:

Pena: multa de 20% (vinte por cento) do valor da mercadoria.

b) embarque da mercadoria antes de emitida a Guia de Importação ou documento equivalente:

Pena: multa de 30% (trinta por cento) do valor da mercadoria.

>> Alínea *b* acrescentada pela Lei n. 6.562, de 18-9-1978.

c) não apresentação ao órgão competente de relação discriminatória do material importado ou fazê-la fora do prazo, no caso de Guia de Importação ou de documento equivalente expedidos sob tal cláusula:

Pena: alternativamente, como abaixo indicado, consoante ocorra, respectivamente, uma das figuras do inciso I:

1 – no caso da alínea *a*: multa de 100% (cem por cento) do valor da mercadoria;

2 – no caso da alínea *b*: multa de 30% (trinta por cento) do valor da mercadoria.

>> Alínea *c* acrescentada pela Lei n. 6.562, de 18-9-1978.

d) não compreendidos nas alíneas anteriores:

Pena: multa de 20% (vinte por cento) do valor da mercadoria.

>> Alínea *d* acrescentada pela Lei n. 6.562, de 18-9-1978.

§ 1.º Após o vencimento dos prazos indicados no inciso III, alínea *a*, do *caput* deste artigo, a importação será considerada como tendo sido realizada sem Guia de Importação ou documento equivalente.

>> § 1.º com redação determinada pela Lei n. 10.833, de 29-12-2003.

§ 2.º As multas previstas neste artigo não poderão ser:

>> § 2.º, *caput*, com redação determinada pela Lei n. 10.833, de 29-12-2003.

I – inferiores a R$ 500,00 (quinhentos reais);

>> Inciso I com redação determinada pela Lei n. 10.833, de 29-12-2003.

II – superiores a R$ 5.000,00 (cinco mil reais) nas hipóteses previstas nas alíneas *a*, *b* e *c*, item 2, do inciso III do *caput* deste artigo.

>> Inciso II com redação determinada pela Lei n. 10.833, de 29-12-2003.

§ 3.º Os limites de valor, a que se refere o parágrafo anterior, serão atualizados anualmente pelo Secretário da Receita Federal, de acordo com o índice de correção das Obrigações Reajustáveis do Tesouro Nacional, desprezadas, para o limite mínimo, as frações de Cr$ 100,00 (cem cruzeiros) e para o limite máximo as frações de Cr$ 1.000,00 (hum mil cruzeiros).

>> § 3.º com redação determinada pela Lei n. 6.562, de 18-9-1978.

§ 4.º Salvo no caso do inciso II do *caput* deste artigo, na ocorrência simultânea de mais de uma infração, será punida apenas aquela a que for cominada a penalidade mais grave.

>> § 4.º acrescentado pela Lei n. 6.562, de 18-9-1978.

§ 5.º A aplicação das penas previstas neste artigo:

>> § 5.º, *caput*, acrescentado pela Lei n. 6.562, de 18-9-1978.

I – não exclui o pagamento dos tributos devidos, nem a imposição de outras penas, inclusive criminais, previstas em legislação específica;

>> Inciso I acrescentado pela Lei n. 6.562, de 18-9-1978.

II – não prejudica a imunidade e, salvo disposição expressa em contrário, a isenção de impostos, de que goze a importação, em virtude de lei ou de outro ato específico baixado pelo órgão competente;

>> Inciso II acrescentado pela Lei n. 6.562, de 18-9-1978.

III – não elide o depósito ou o pagamento de quaisquer ônus financeiros ou cambiais, quando a importação estiver sujeita ao cumprimento de tais requisitos.

>> Inciso III acrescentado pela Lei n. 6.562, de 18-9-1978.

§ 6.º Para efeito do disposto neste artigo, o valor da mercadoria será aquele obtido segundo a aplicação da legislação relativa à base de cálculo do Imposto sobre a Importação.

>> § 6.º acrescentado pela Lei n. 6.562, de 18-9-1978.

§ 7.º Não constituirão infrações:

>> § 7.º, *caput*, acrescentado pela Lei n. 6.562, de 18-9-1978.

I – a diferença, para mais ou para menos, não superior a 10% (dez por cento) quanto ao preço, e a 5% (cinco por cento) quanto à quantidade ou ao peso, desde que não ocorram concomitantemente;

>> Inciso I acrescentado pela Lei n. 6.562, de 18-9-1978.

II – nos casos do inciso III do *caput* deste artigo, se alterados pelo órgão competente os dados constantes da Guia de Importação ou de documento equivalente;

>> Inciso II acrescentado pela Lei n. 6.562, de 18-9-1978.

III – a importação de máquinas e equipamentos declaradamente originários de determinado país, constituindo um todo integrado, embora contenham partes ou componentes produzidos em outros países que não o indicado na Guia de Importação.

>> Inciso III acrescentado pela Lei n. 6.562, de 18-9-1978.

....

Art. 178. Este Decreto-lei entrará em vigor em 1.º de janeiro de 1967, salvo quanto às disposições que dependam de regulamentação, cuja vigência será fixada no regulamento.

Brasília, 18 de novembro de 1966; 145.º da Independência e 78.º da República.

H. Castello Branco

DECRETO-LEI N. 57, DE 18 DE NOVEMBRO DE 1966 (*)

Altera dispositivos sobre lançamento e cobrança do Imposto sobre a Propriedade Territorial Rural, institui normas sobre arrecadação da Dívida Ativa correspondente, e dá outras providências.

O Presidente da República, no uso das atribuições que lhe são conferidas pelo artigo 31, parágrafo único, do Ato Institucional n. 2, de 27 de outubro de 1965, e pelo artigo 2.º do Ato Complementar n. 23, de 20 de outubro de 1996, decreta:

Art. 1.º Os débitos dos contribuintes, relativos ao Imposto sobre a Propriedade Territorial Rural (ITR), Taxas de Serviços Cadastrais e respectivas multas, não liquidados em cada exercício, serão inscritos como dívida ativa, acrescidos da multa de 20% (vinte por cento).

Art. 2.º A dívida ativa de que trata o artigo anterior, enquanto não liquidada, estará sujeita à multa de 20% (vinte por cento) por exercício, devido a partir de primeiro de janeiro de cada ano, sempre sobre o montante do débito de 31 de dezembro do ano anterior.

§ 1.º Os débitos em dívida ativa, na data de primeiro de janeiro de cada exercício subsequente, estarão sujeitos aos juros de mora de 12% a.a. (doze por cento ao ano) e mais correção monetária, aplicados sobre o total da dívida em 31 de dezembro do exercício anterior.

§ 2.º O Conselho Nacional de Economia fixará os índices de correção monetária específicos para o previsto no parágrafo anterior.

Art. 3.º Enquanto não for iniciada a cobrança judicial, os débitos inscritos em dívida ativa poderão ser incluídos na guia de arrecadação do ITR dos exercícios subsequentes, para sua liquidação conjunta.

Parágrafo único. Ressalvada a hipótese prevista neste artigo, não será permitido o pagamento dos tributos referentes a um exercício, sem que o contribuinte comprove a liquidação dos débitos do exercício anterior ou o competente depósito judicial das quantias devidas.

Art. 4.º Do produto do ITR e seus acrescidos, cabe ao Instituto Brasileiro de Reforma Agrária (IBRA) a parcela de 20% (vinte por cento) para custeio do respectivo serviço de lançamento e arrecadação.

>> Artigo suspenso pela Resolução do Senado Federal n. 337, de 27-9-1983.

Art. 5.º A taxa de serviços cadastrais cobrada pelo IBRA, pela emissão do Certificado de Cadastro, incide sobre todos os imóveis rurais, ainda que isentos do ITR.

(*) Publicado no *Diário Oficial da União*, de 21-11-1966. Regulamentado pelo Decreto n. 59.900, de 30-12-1966.

>> O Decreto-lei n. 1.989, de 28-12-1982, dispõe sobre a taxa de serviços cadastrais de que trata este artigo.

>> O Decreto-lei n. 2.377, de 30-11-1987, estabelece em seu art. 1.º que ficam cancelados os débitos correspondentes aos exercícios de 1981 e 1986, concernente a imóveis rurais com área igual ou inferior a três módulos fiscais, relativos à taxa de serviço cadastral, de que trata este artigo.

§§ 1.º e 2.º (*Revogados pela Lei n. 5.868, de 12-12-1972.*)

Art. 6.º As isenções concedidas pelo art. 66 da Lei n. 4.504, de 30 de novembro de 1964, não se referem ao ITR e à Taxa de Serviços Cadastrais.

>> O art. 66 da Lei n. 4.504, de 30-11-1964, dispõe: "Art. 66. Os compradores e promitentes compradores de parcelas resultantes de colonização oficial ou particular, ficam isentos do pagamento dos tributos federais que incidam diretamente sobre o imóvel durante o período de cinco anos, a contar da data da compra ou compromisso.

Parágrafo único. O órgão competente firmará convênios com o fim de obter, para os compradores e promitentes compradores, idênticas isenções de tributos estaduais e municipais".

Art. 7.º (*Revogado pela Lei n. 5.868, de 12-12-1972.*)

Art. 8.º Para fins de cadastramento e do lançamento do ITR, a área destinada à exploração mineral, em um imóvel rural, será considerada como inaproveitável, desde que seja comprovado que a mencionada destinação impede a exploração da mesma em atividades agrícolas, pecuária ou agroindustrial e que sejam satisfeitas as exigências estabelecidas na regulamentação deste Decreto-lei.

Art. 9.º Para fins de cadastramento e lançamento do ITR, as empresas industriais situadas em imóvel rural poderão incluir como inaproveitáveis as áreas ocupadas por suas instalações e as não cultivadas necessárias ao seu funcionamento, desde que feita a comprovação, junto ao IBRA, na forma do disposto na regulamentação deste Decreto-lei.

Art. 10. As notificações de lançamento e de cobrança do ITR e da Taxa de Cadastro considerar-se-ão feitas aos contribuintes, pela só publicação dos respectivos editais, no Diário Oficial da União e sua afixação na sede das Prefeituras em cujos municípios se localizam os imóveis, devendo os Prefeitos promoverem a mais ampla divulgação desses editais.

Parágrafo único. Até que sejam instalados os equipamentos próprios de computação do IBRA, que permitam a programação das emissões na forma estabelecida no inciso IV do artigo 48 da Lei n. 4.504, de 30 de novembro de 1964, o período de emissão de Guias será de 1.º de abril a 31 de julho de cada exercício.

>> O referido inciso IV determina que as épocas de cobrança do ITR deverão ser fixadas em regulamento, de tal forma que em cada região se ajustem o mais possível aos períodos normais de comercialização da produção.

Art. 11. (*Revogado pela Lei n. 5.868, de 12-12-1972.*)

Art. 12. Os tabeliães e oficiais do Registro de Imóvel franquearão seus livros, registros e demais papéis ao IBRA, por seus representantes devidamente credenciados, para a obtenção de elementos necessários ao Cadastro de Imóveis Rurais.

Art. 13. As terras de empresas organizadas como pessoa jurídica, pública ou privada, somente poderão ser consideradas como terras racionalmente aproveitadas, para os fins de aplicação do § 7.º do art. 50 da Lei n. 4.504, de 30 de novembro de 1964, quando satisfaçam, comprovadamente, junto ao IBRA, as exigências da referida lei e estejam classificadas como empresas de capital aberto, na forma do disposto no art. 59 da Lei n. 4.728, de 14 de julho de 1965.

Art. 14. (*Revogado pela Lei n. 5.868, de 12-12-1972.*)

Art. 15. O disposto no art. 32 da Lei n. 5.172, de 25 de outubro de 1966, não abrange o imóvel de que, comprovadamente, seja utilizado em exploração extrativa vegetal, agrícola, pecuária ou agroindustrial, incidindo assim, sobre o mesmo, o ITR e demais tributos com o mesmo cobrados.

>> A Resolução do Senado Federal n. 9, de 7-6-2005, suspendeu a revogação deste artigo.

Art. 16. Os loteamentos das áreas situadas fora da zona urbana, referidos no § 2.º do art. 32 da Lei n. 5.172, de 25 de outubro de 1966, só serão permitidos quando atendido o disposto no art. 61 da Lei n. 4.504, de 30 de novembro de 1964.

Art. 17. O Poder Executivo baixará dentro do prazo de 30 dias, regulamento sobre a aplicação deste Decreto-lei.

Art. 18. O presente Decreto-lei entra em vigor, na data de sua publicação, revogadas as disposições em contrário.

Brasília, 18 de novembro de 1966; 145.º da Independência e 78.º da República.

H. CASTELLO BRANCO

DECRETO-LEI N. 195, DE 24 DE FEVEREIRO DE 1967 (*)

Dispõe sobre a cobrança da Contribuição de Melhoria.

(*) Publicado no *Diário Oficial da União*, de 27-2-1967. Retificado em 8-3-1967. *Vide* Súmula 129 do STF e art. 145, III, da CF.

O Presidente da República, usando das atribuições que lhe confere o § 2.º do art. 9.º do Ato Institucional n. 4, de 7 de dezembro de 1966, resolve baixar o seguinte Decreto-lei:

Art. 1.º A Contribuição de Melhoria, prevista na Constituição Federal, tem como fato gerador o acréscimo do valor do imóvel localizado nas áreas beneficiadas direta ou indiretamente por obras públicas.

Art. 2.º Será devida a Contribuição de Melhoria, no caso de valorização de imóveis de propriedade privada, em virtude de qualquer das seguintes obras públicas:

I – abertura, alargamento, pavimentação, iluminação, arborização, esgotos pluviais e outros melhoramentos de praças e vias públicas;

II – construção e ampliação de parques, campos de desportos, pontes, túneis e viadutos;

III – construção ou ampliação de sistemas de trânsito rápido, inclusive todas as obras e edificações necessárias ao funcionamento do sistema;

IV – serviços e obras de abastecimento de água potável, esgotos, instalações de redes elétricas, telefônicas, transportes e comunicações em geral ou de suprimento de gás, funiculares, ascensores e instalações de comodidade pública;

V – proteção contra secas, inundações, erosão, ressacas, e de saneamento e drenagem em geral, diques, cais, desobstrução de barras, portos e canais, retificação e regularização de cursos d'água e irrigação;

VI – construção de estradas de ferro e construção, pavimentação e melhoramento de estradas de rodagem;

VII – construção de aeródromos e aeroportos e seus acessos;

VIII – aterros e realizações de embelezamento em geral, inclusive desapropriações em desenvolvimento de plano de aspecto paisagístico.

Art. 3.º A Contribuição de Melhoria a ser exigida pela União, Estados, Distrito Federal e Municípios, para fazer face ao custo das obras públicas, será cobrada pela Unidade administrativa que as realizar, adotando-se como critério o benefício resultante da obra, calculado através de índices cadastrais das respectivas zonas de influência, a serem fixados em regulamentação deste Decreto-lei.

§ 1.º A apuração, dependendo da natureza das obras, far-se-á levando em conta a situação do imóvel na zona de influência, sua testada, área, finalidade de exploração econômica e outros elementos a serem considerados, isolada ou conjuntamente.

§ 2.º A determinação da Contribuição de Melhoria far-se-á rateando, proporcionalmente, o custo parcial ou total das obras, entre todos os imóveis incluídos nas respectivas zonas de influência.

§ 3.º A Contribuição de Melhoria será cobrada dos proprietários de imóveis do domínio privado, situados nas áreas direta e indiretamente beneficiadas pela obra.

§ 4.º Reputam-se feitas pela União as obras executadas pelos Territórios.

Art. 4.º A cobrança da Contribuição de Melhoria terá como limite o custo das obras, computadas as despesas de estudos, projetos, fiscalização, desapropriações, administração, execução e financiamento, inclusive prêmios de reembolso e outras de praxe em financiamento ou empréstimos e terá a sua expressão monetária atualizada na época do lançamento mediante aplicação de coeficientes de correção monetária.

§ 1.º Serão incluídos, nos orçamentos de custo das obras, todos os investimentos necessários para que os benefícios delas decorrentes sejam integralmente alcançados pelos imóveis situados nas respectivas zonas de influência.

§ 2.º A percentagem do custo real a ser cobrada mediante Contribuição de Melhoria será fixada tendo em vista a natureza da obra, os benefícios para os usuários, as atividades econômicas predominantes e o nível de desenvolvimento da região.

Art. 5.º Para cobrança da Contribuição de Melhoria, a Administração competente deverá publicar edital, contendo, entre outros, os seguintes elementos:

I – delimitação das áreas direta e indiretamente beneficiadas e a relação dos imóveis nelas compreendidos;

II – memorial descritivo do projeto;

III – orçamento total ou parcial do custo das obras;

IV – determinação da parcela do custo das obras a ser ressarcida pela contribuição, com o correspondente plano de rateio entre os imóveis beneficiados.

Parágrafo único. O disposto neste artigo aplica-se, também, aos casos de cobrança da Contribuição de Melhoria por obras públicas em execução, constantes de projetos ainda não concluídos.

Art. 6.º Os proprietários de imóveis situados nas zonas beneficiadas pelas obras públicas têm o prazo de 30 (trinta) dias, a começar da data da publicação do edital referido no art. 5.º, para a impugnação de qualquer dos elementos dele constantes, cabendo ao impugnante o ônus da prova.

> Ônus da prova no CPC: *vide* art. 373.

Art. 7.º A impugnação deverá ser dirigida à Administração competente, através de petição, que servirá para o início do processo administrativo conforme venha a ser regulamentado por decreto federal.

Art. 8.º Responde pelo pagamento da Contribuição de Melhoria o proprietário do imóvel ao tempo do seu lançamento, e esta responsabilidade se transmite aos adquirentes e sucessores, a qualquer título, do domínio do imóvel.

§ 1.º No caso de enfiteuse, responde pela Contribuição de Melhoria o enfiteuta.

§ 2.º No imóvel locado é lícito ao locador exigir aumento de aluguel correspondente a 10% (dez por cento) ao ano da Contribuição de Melhoria efetivamente paga.

> Lei de Locação de Imóveis: Lei n. 8.245, de 18-10-1991.

§ 3.º É nula a cláusula do contrato de locação que atribua ao locatário o pagamento, no todo ou em parte, da Contribuição de Melhoria lançada sobre o imóvel.

§ 4.º Os bens indivisos serão considerados como pertencentes a um só proprietário e aquele que for lançado terá direito de exigir dos condôminos as parcelas que lhes couberem.

Art. 9.º Executada a obra de melhoramento na sua totalidade ou em parte suficiente para beneficiar determinados imóveis, de modo a justificar o início da cobrança da Contribuição de Melhoria, proceder-se-á ao lançamento referente a esses imóveis depois de publicado o respectivo demonstrativo de custos.

Art. 10. O órgão encarregado do lançamento deverá escriturar, em registro próprio, o débito da Contribuição de Melhoria correspondente a cada imóvel, notificando o proprietário, diretamente ou por edital, do:

I – valor da Contribuição de Melhoria lançada;

II – prazo para o seu pagamento, suas prestações e vencimentos;

III – prazo para a impugnação;

IV – local do pagamento.

Parágrafo único. Dentro do prazo que lhe for concedido na notificação do lançamento, que não será inferior a 30 (trinta) dias, o contribuinte poderá reclamar, ao órgão lançador, contra:

I – o erro na localização e dimensões do imóvel;

II – o cálculo dos índices atribuídos;

III – o valor da contribuição;

IV – o número de prestações.

Art. 11. Os requerimentos de impugnação de reclamação, como também quaisquer recursos administrativos, não suspendem o início ou prosseguimento das obras e nem terão efeito de obstar a administração a prática dos atos necessários ao lançamento e cobrança da Contribuição de Melhoria.

Art. 12. A Contribuição de Melhoria será paga pelo contribuinte de forma que a sua parcela anual não exceda a 3% (três por cento) do maior valor fiscal do seu imóvel, atualizado à época da cobrança.

§ 1.º O ato da autoridade que determinar o lançamento poderá fixar descontos para o pagamento à vista, ou em prazos menores do que o lançado.

§ 2.º As prestações da Contribuição de Melhoria serão corrigidas monetariamente, de acordo com os coeficientes aplicáveis na correção dos débitos fiscais.

§ 3.º O atraso no pagamento das prestações fixadas no lançamento sujeitará o contribuinte à multa de mora de 12% (doze por cento) ao ano.

§ 4.º É lícito ao contribuinte liquidar a Contribuição de Melhoria com títulos da dívida pública, emitidos especialmente para financiamento da obra pela qual foi lançado; neste caso, o pagamento será feito pelo valor nominal do título, se o preço do mercado for inferior.

§ 5.º No caso do serviço público concedido, o poder concedente poderá lançar e arrecadar a contribuição.

§ 6.º Mediante convênio, a União poderá legar aos Estados e Municípios, ou ao Distrito Federal, o lançamento e a arrecadação da Contribuição de Melhoria devida por obra pública federal, fixando a percentagem da receita, que caberá ao Estado ou Município que arrecadar a contribuição.

§ 7.º Nas obras federais, quando, por circunstâncias da área a ser lançada ou da natureza da obra, o montante previsto na arrecadação da Contribuição de Melhoria não compensar o lançamento pela União, ou por seus órgãos, o lançamento poderá ser delegado aos municípios interessados e neste caso:

a) caberão aos Municípios o lançamento, arrecadação e as receitas apuradas; e

b) o órgão federal delegante se limitará a fixar os índices e critérios para o lançamento.

Art. 13. A cobrança da Contribuição de Melhoria resultante de obras executadas pela União, situadas em áreas urbanas de um único Município, poderá ser efetuada pelo órgão arrecadador municipal, em convênio com o órgão federal que houver realizado as referidas obras.

Art. 14. A conservação, a operação e a manutenção das obras referidas no artigo anterior, depois de concluídas, constituem encargos do Município em que estiverem situadas.

Art. 15. Os encargos de conservação, operação e manutenção das obras de drenagem e irrigação, não abrangidas pelo art. 13 e implantadas através da Contribuição de Melhoria, serão custeados pelos seus usuários.

Art. 16. Do produto de arrecadação de Contribuição de Melhoria, nas áreas prioritárias para a Reforma Agrária, cobrada pela União e prevista como integrante do Fundo Nacional da Reforma Agrária (art. 28, I, da Lei n. 4.504, de 30-11-1964), o Instituto Brasileiro de Reforma Agrária destinará importância idêntica a recolhida, para ser aplicada em novas obras e projetos de Reforma Agrária pelo mesmo órgão que realizou as obras públicas do que decorreu a contribuição.

> Estatuto da Terra: Lei n. 4.504, de 30-11-1964.

Art. 17. Para efeito do Imposto sobre a Renda, devido sobre a valorização imobiliária resultante de obra pública, deduzir-se-á a importância que o contribuinte houver pago, a título de Contribuição de Melhoria.

Art. 18. A dívida fiscal oriunda da Contribuição de Melhoria terá preferência sobre outras dívidas fiscais quanto ao imóvel beneficiado.

> *Vide* Lei n. 6.830, de 22-9-1980, que dispõe sobre a cobrança judicial da Dívida Ativa da Fazenda Pública.

Art. 19. Fica revogada a Lei n. 854, de 10 de outubro de 1949, e demais disposições legais em contrário.

Art. 20. Dentro de 90 (noventa) dias o Poder Executivo baixará decreto regulamentando o presente Decreto-lei, que entra em vigor na data de sua publicação.

Brasília, 24 de fevereiro de 1967; 146.º da Independência e 79.º da República.

H. CASTELLO BRANCO

DECRETO-LEI N. 200, DE 25 DE FEVEREIRO DE 1967 (*)

Dispõe sobre a organização da Administração Federal, estabelece diretrizes para a Reforma Administrativa e dá outras providências.

O Presidente da República, usando das atribuições que lhe confere o art. 9.º, § 2.º, do Ato Institucional n. 4, de 7 de dezembro de 1966, decreta:

TÍTULO I
DA ADMINISTRAÇÃO FEDERAL

Art. 1.º O Poder Executivo é exercido pelo Presidente da República auxiliado pelos Ministros de Estado.

>> *Vide* art. 76 da CF.

Art. 2.º O Presidente da República e os Ministros de Estado exercem as atribuições de sua competência constitucional, legal e regulamentar, com o auxílio dos órgãos que compõem a administração federal.

(*) Publicado no *Diário Oficial da União* de 27-2-1967. *Vide* Lei n. 13.844, de 18-6-2019, que dispõe sobre a organização da Presidência da República e dos Ministérios.

Art. 3.º Respeitada a competência constitucional do Poder Legislativo estabelecida no art. 46, II e IV, da Constituição, o Poder Executivo regulará a estruturação, as atribuições e o funcionamento dos órgãos da administração federal.

>> Artigo com redação determinada pelo Decreto-lei n. 900, de 29-9-1969.

> *Vide* art. 48, XI, da CF.

Art. 4.º A administração federal compreende:

I – a administração direta, que se constitui dos serviços integrados na estrutura administrativa da Presidência da República e dos ministérios;

II – a administração indireta, que compreende as seguintes categorias de entidades, dotadas de personalidade jurídica própria:

a) autarquias;

b) empresas públicas;

c) sociedades de economia mista;

d) fundações públicas.

>> Alínea *d* acrescentada pela Lei n. 7.596, de 10-4-1987.

Parágrafo único. As entidades compreendidas na administração indireta vinculam-se ao ministério em cuja área de competência estiver enquadrada sua principal atividade.

>> Primitivo § 1.º transformado em parágrafo único pela Lei n. 7.596, de 10-4-1987.

Art. 5.º Para os fins desta lei, considera-se:

I – autarquia – o serviço autônomo, criado por lei, com personalidade jurídica, patrimônio e receita próprios, para executar atividades típicas da administração pública, que requeiram, para seu melhor funcionamento, gestão administrativa e financeira descentralizada;

II – empresa pública – a entidade dotada de personalidade jurídica de direito privado, com patrimônio próprio e capital exclusivo da União, criada por lei para a exploração de atividade econômica que o Governo seja levado a exercer por força de contingência ou de conveniência administrativa, podendo revestir-se de qualquer das formas admitidas em direito;

>> Inciso II com redação determinada pelo Decreto-lei n. 900, de 29-9-1969.

>> *Vide* art. 5.º do Decreto-lei n. 900, de 29-9-1969, que prevê a participação de capital de outras pessoas jurídicas de direito público.

>> A Lei n. 12.353, de 28-12-2010, dispõe sobre a participação de empregados nos conselhos de administração das empresas públicas e sociedades de economia mista, suas subsidiárias e controladas e demais empresas em que a União, direta ou indiretamente, detenha a maioria do capital social com direito a voto.

III – sociedade de economia mista – a entidade dotada de personalidade jurídica de direito privado, criada por lei para a exploração de atividade econômica, sob a forma de sociedade anônima, cujas ações com direito a voto pertençam, em sua maioria, à União ou a entidade da administração indireta;

>> Inciso III com redação determinada pelo Decreto-lei n. 900, de 29-9-1969.

>> *Vide* notas ao inciso anterior.

IV – fundação pública – a entidade dotada de personalidade jurídica de direito privado, sem fins lucrativos, criada em virtude de autorização legislativa, para o desenvolvimento de atividades que não exijam execução por órgãos ou entidades de direito público, com autonomia administrativa, patrimônio próprio gerido pelos respectivos órgãos de direção, e funcionamento custeado por recursos da União e de outras fontes.

>> Inciso IV acrescentado pela Lei n. 7.596, de 10-4-1987.

§ 1.º No caso do inciso III, quando a atividade for submetida a regime de monopólio estatal, a maioria acionária caberá apenas à União, em caráter permanente.

§ 2.º O Poder Executivo enquadrará as entidades da administração indireta existentes nas categorias constantes deste artigo.

§ 3.º As entidades de que trata o inciso IV deste artigo adquirem personalidade jurídica com a inscrição da escritura pública de sua constituição no Registro Civil de Pessoas Jurídicas, não se lhes aplicando as demais disposições do Código Civil concernentes às fundações.

>> § 3.º acrescentado pela Lei n. 7.596, de 10-4-1987.

TÍTULO II
DOS PRINCÍPIOS FUNDAMENTAIS

Art. 6.º As atividades da administração federal obedecerão aos seguintes princípios fundamentais:

I – planejamento;

II – coordenação;

III – descentralização;

IV – delegação de competência;

V – controle.

> *Vide* art. 37 da CF.

CAPÍTULO I
DO PLANEJAMENTO

Art. 7.º A ação governamental obedecerá a planejamento que vise a promover o desenvolvimento econômico-social do País e a segurança nacional, norteando-se segundo planos e programas elaborados na forma do Título III, e compreenderá a elaboração e atualização dos seguintes instrumentos básicos:

a) plano geral de governo;

b) programas gerais, setoriais e regionais, de duração plurianual;

c) orçamento-programa anual;

d) programação financeira de desembolso.

CAPÍTULO II
DA COORDENAÇÃO

Art. 8.º As atividades da administração federal e, especialmente, a execução dos planos e programas de governo, serão objeto de permanente coordenação.

§ 1.º A coordenação será exercida em todos os níveis da administração, mediante a atuação das chefias individuais, a realização sistemática de reuniões com a participação das chefias subordinadas e a instituição e funcionamento de comissões de coordenação em cada nível administrativo.

§ 2.º No nível superior da administração federal, a coordenação será assegurada através de reuniões do Ministério, reuniões de Ministros de Estado responsáveis por áreas afins, atribuição de incumbência coordenadora a um dos Ministros de Estado (art. 36), funcionamento das secretarias-gerais (art. 23, § 1.º) e coordenação central dos sistemas de atividades auxiliares (art. 31).

§ 3.º Quando submetidos ao Presidente da República, os assuntos deverão ter sido previamente coordenados com todos os setores neles interessados, inclusive no que respeita aos aspectos administrativos pertinentes, através de consultas e entendimentos, de modo a sempre compreenderem soluções integradas e que se harmonizem com a política geral e setorial do Governo. Idêntico procedimento será adotado nos demais níveis da administração federal, antes da submissão dos assuntos à decisão da autoridade competente.

Art. 9.º Os órgãos que operam na mesma área geográfica serão submetidos à coordenação com o objetivo de assegurar a programação e execução integrada dos serviços federais.

Parágrafo único. Quando ficar demonstrada a inviabilidade de celebração de convênio (alínea *b* do § 1.º do art. 10) com os órgãos estaduais e municipais que exerçam atividades idênticas, os órgãos federais buscarão com eles coordenar-se, para evitar dispersão de esforços e de investimentos na mesma área geográfica.

CAPÍTULO III
DA DESCENTRALIZAÇÃO

Art. 10. A execução das atividades da administração federal deverá ser amplamente descentralizada.

§ 1.º A descentralização será posta em prática em três planos principais:

a) dentro dos quadros da administração federal, distinguindo-se claramente o nível de direção do de execução;

b) da administração federal para a das unidades federadas, quando estejam devidamente aparelhadas e mediante convênio;

c) da administração federal para a órbita privada, mediante contratos ou concessões.

§ 2.º Em cada órgão da administração federal, os serviços que compõem a estrutura central de direção devem permanecer liberados das rotinas de execução e das tarefas de mera formalização de atos administrativos, para que possam concentrar-se nas atividades de planejamento, supervisão, coordenação e controle.

§ 3.º A administração casuística, assim entendida a decisão de casos individuais, compete, em princípio, ao nível de execução, especialmente aos serviços de natureza local, que estão em contato com os fatos e com o público.

§ 4.º Compete à estrutura central de direção o estabelecimento das normas, critérios, programas e princípios, que os serviços responsáveis pela execução são obrigados a respeitar na solução dos casos individuais e no desempenho de suas atribuições.

§ 5.º Ressalvados os casos de manifesta impraticabilidade ou inconveniência, a execução de programas federais de caráter nitidamente local deverá ser delegada, no todo ou em parte, mediante convênio, aos órgãos estaduais ou municipais incumbidos de serviços correspondentes.

§ 6.º Os órgãos federais responsáveis pelos programas conservarão a autoridade normativa e exercerão controle e fiscalização indispensáveis sobre a execução local, condicionando-se a liberação dos recursos ao fiel cumprimento dos programas e convênios.

§ 7.º Para melhor desincumbir-se das tarefas de planejamento, coordenação, supervisão e controle, e com o objetivo de impedir o crescimento desmesurado da máquina administrativa, a administração procurará desobrigar-se da realização material de tarefas executivas, recorrendo, sempre que possível, à execução indireta, mediante contrato, desde que exista, na área, iniciativa privada suficientemente desenvolvida e capacitada a desempenhar os encargos de execução.

§ 8.º A aplicação desse critério está condicionada, em qualquer caso, aos ditames do interesse público e às conveniências da segurança nacional.

CAPÍTULO IV
DA DELEGAÇÃO DE COMPETÊNCIA

Art. 11. A delegação de competência será utilizada como instrumento de descentralização administrativa, com o objetivo de assegurar maior rapidez e objetividade às decisões, situando-as na proximidade dos fatos, pessoas ou problemas a atender.

Art. 12. É facultado ao Presidente da República, aos Ministros de Estado e, em geral, às autoridades da administração federal delegar competência para a prática de atos administrativos, conforme se dispuser em regulamento.

Parágrafo único. O ato de delegação indicará com precisão a autoridade delegante, a autoridade delegada e as atribuições objeto de delegação.

CAPÍTULO V
DO CONTROLE

Art. 13. O controle das atividades da administração federal deverá exercer-se em todos os níveis e em todos os órgãos, compreendendo particularmente:

a) o controle, pela chefia competente, da execução dos programas e da observância das normas que governam a atividade específica do órgão controlado;

b) o controle, pelos órgãos próprios de cada sistema, da observância das normas gerais que regulam o exercício das atividades auxiliares;

c) o controle da aplicação dos dinheiros públicos e da guarda dos bens da União pelos órgãos próprios do sistema de contabilidade e auditoria.

Art. 14. O trabalho administrativo será racionalizado mediante simplificação de processos e supressão de controles que se evidenciarem como puramente formais ou cujo custo seja evidentemente superior ao risco.

TÍTULO IV
DA SUPERVISÃO MINISTERIAL

Art. 19. Todo e qualquer órgão da administração federal, direta ou indireta, está sujeito à supervisão do Ministro de Estado competente, excetuados unicamente os órgãos mencionados no art. 32, que estão submetidos à supervisão direta do Presidente da República.

Art. 20. O Ministro de Estado é responsável, perante o Presidente da República, pela supervisão dos órgãos da administração federal enquadrados em sua área de competência.

Parágrafo único. A supervisão ministerial exercer-se-á através da orientação, coordenação e controle das atividades dos órgãos subordinados ou vinculados ao ministério, nos termos desta lei.

Art. 21. O Ministro de Estado exercerá a supervisão de que trata este título com apoio nos órgãos centrais.

>> *Caput* com redação determinada pelo Decreto-lei n. 900, de 29-9-1969.

Parágrafo único. No caso dos ministros militares, a supervisão ministerial terá, também, como objetivo colocar a administração dentro dos princípios gerais estabelecidos nesta lei, em coerência com a destinação constitucional precípua das Forças Armadas, que constitui a atividade-fim dos respectivos ministérios.

>> Parágrafo único com redação determinada pelo Decreto-lei n. 900, de 29-9-1969.

Art. 22. Haverá, na estrutura de cada ministério civil, os seguintes órgãos centrais:

I – órgãos centrais de planejamento, coordenação e controle financeiro;

II – órgãos centrais de direção superior.

....

Art. 25. A supervisão ministerial tem por principal objetivo, na área de competência do Ministro de Estado:

I – assegurar a observância da legislação federal;

II – promover a execução dos programas do Governo;

III – fazer observar os princípios fundamentais enunciados no Título II;

IV – coordenar as atividades dos órgãos supervisionados e harmonizar sua atuação com a dos demais ministérios;

V – avaliar o comportamento administrativo dos órgãos supervisionados e diligenciar no sentido de que estejam confiados a dirigentes capacitados;

VI – proteger a administração dos órgãos supervisionados contra interferências e pressões ilegítimas;

VII – fortalecer o sistema do mérito;

VIII – fiscalizar a aplicação e utilização de dinheiros, valores e bens públicos;

IX – acompanhar os custos globais dos programas setoriais do Governo a fim de alcançar uma prestação econômica de serviços;

X – fornecer ao órgão próprio do Ministério da Fazenda os elementos necessários à prestação de contas do exercício financeiro;

XI – transmitir ao Tribunal de Contas, sem prejuízo da fiscalização deste, informes relativos à administração financeira e patrimonial dos órgãos do ministério.

Art. 26. No que se refere à administração indireta, a supervisão ministerial visará a assegurar, essencialmente:

I – a realização dos objetivos fixados nos atos de constituição da entidade;

II – a harmonia com a política e a programação do Governo no setor de atuação da entidade;

III – a eficiência administrativa;

IV – a autonomia administrativa, operacional e financeira da entidade.

Parágrafo único. A supervisão exercer-se-á mediante adoção das seguintes medidas, além de outras estabelecidas em regulamento:

a) indicação ou nomeação pelo ministro ou, se for o caso, eleição dos dirigentes da entidade, conforme sua natureza jurídica;

b) designação, pelo ministro, dos representantes do Governo Federal nas assembleias gerais e órgãos de administração ou controle da entidade;

c) recebimento sistemático de relatórios, boletins, balancetes, balanços e informações que permitam ao ministro acompanhar as atividades da entidade e a execução do orçamento-programa e da programação financeira aprovados pelo Governo;

d) aprovação anual da proposta de orçamento-programa e da programação financeira da entidade, no caso de autarquia;

e) aprovação de contas, relatórios e balanços, diretamente ou através dos representantes ministeriais nas assembleias e órgãos de administração ou controle;

f) fixação, em níveis compatíveis com os critérios de operação econômica, das despesas de pessoal e de administração;

g) fixação de critérios para gastos de publicidade, divulgação e relações públicas;

h) realização de auditoria e avaliação periódica de rendimento e produtividade;

i) intervenção, por motivo de interesse público.

Art. 27. Assegurada a supervisão ministerial, o Poder Executivo outorgará aos órgãos da administração federal a autoridade executiva necessária ao eficiente desempenho de sua responsabilidade legal ou regulamentar.

Parágrafo único. Assegurar-se-ão às empresas públicas e às sociedades de economia mista condições de funcionamento idênticas às do setor privado, cabendo a essas entidades, sob a supervisão ministerial, ajustar-se ao plano geral do Governo.

Art. 28. A entidade da administração indireta deverá estar habilitada a:

I – prestar contas da sua gestão, pela forma e nos prazos estipulados em cada caso;

II – prestar a qualquer momento, por intermédio do Ministro de Estado, as informações solicitadas pelo Congresso Nacional;

III – evidenciar os resultados positivos ou negativos de seus trabalhos, indicando suas causas e justificando as medidas postas em prática ou cuja adoção se impuser, no interesse do serviço público.

Art. 29. Em cada ministério civil, além dos órgãos centrais de que trata o art. 22, o Ministro de Estado disporá da assistência direta e imediata de:

I – gabinete;

II – consultor jurídico, exceto no Ministério da Fazenda;

III – divisão de segurança e informações.

§ 1.º O gabinete assiste o Ministro de Estado em sua representação política e social, e incumbe-se das relações públicas, encarregando-se do preparo e despacho do expediente pessoal do ministro.

§ 2.º O consultor jurídico incumbe-se do assessoramento jurídico do Ministro de Estado.

§ 3.º A divisão de segurança e informações colabora com a Secretaria-Geral do Conselho de Segurança Nacional e com o Serviço Nacional de Informações.

§ 4.º No Ministério da Fazenda, o serviço de consulta jurídica continua afeto à Procuradoria-Geral da Fazenda Nacional e aos seus órgãos integrantes, cabendo a função de Consultor Jurídico do Ministro de Estado ao Procurador-Geral, nomeado em comissão, pelo critério de confiança e livre escolha, entre bacharéis em direito.

TÍTULO V
DOS SISTEMAS DE ATIVIDADES AUXILIARES

Art. 30. Serão organizadas sob a forma de sistema as atividades de pessoal, orçamento, estatística, administração financeira, contabilidade e auditoria, e serviços gerais, além de outras atividades auxiliares comuns a todos os órgãos da administração que, a critério do Poder Executivo, necessitem de coordenação central.

§ 1.º Os serviços incumbidos do exercício das atividades de que trata este artigo consideram-se integrados no sistema respectivo e ficam, consequentemente, sujeitos à orientação normativa, à supervisão técnica e à fiscalização específica do órgão central do sistema, sem prejuízo da subordinação ao órgão em cuja estrutura administrativa estiverem integrados.

§ 2.º O chefe do órgão central do sistema é responsável pelo fiel cumprimento das leis e regulamentos pertinentes e pelo funcionamento eficiente e coordenado do sistema.

§ 3.º É dever dos responsáveis pelos diversos órgãos competentes dos sistemas atuar de modo a imprimir o máximo rendimento e a reduzir os custos operacionais da administração.

§ 4.º Junto ao órgão central de cada sistema poderá funcionar uma comissão de coordenação, cujas atribuições e composição serão definidas em decreto.

....

TÍTULO X
DAS NORMAS DE ADMINISTRAÇÃO FINANCEIRA E DE CONTABILIDADE

> *Vide* arts. 70 e s. da CF.

Art. 68. O Presidente da República prestará anualmente ao Congresso Nacional as contas relativas ao exercício anterior, sobre as quais dará parecer prévio o Tribunal de Contas.

Art. 69. Os órgãos da administração direta observarão um plano de contas único e as normas gerais de contabilidade e da auditoria que forem aprovados pelo Governo.

Art. 70. Publicados a lei orçamentária ou os decretos de abertura de créditos adicionais, as unidades orçamentárias, os órgãos administrativos, os de contabilização e os de fiscalização financeira ficam, desde logo, habilitados a tomar as providências cabíveis para o desempenho das suas tarefas.

Art. 71. A discriminação das dotações orçamentárias globais de despesas será feita:

I – no Poder Legislativo e órgãos auxiliares, pelas Mesas da Câmara dos Deputados e do Senado Federal e pelo Presidente do Tribunal de Contas;

II – no Poder Judiciário, pelos Presidentes dos Tribunais e demais órgãos competentes;

III – no Poder Executivo, pelos Ministros de Estado ou dirigentes de órgão da Presidência da República.

Art. 72. Com base na lei orçamentária, créditos adicionais e seus atos complementares, o órgão central da programação financeira fixará as cotas e prazos de utilização de recursos pelos órgãos da Presidência da República, pelos Ministérios e pelas autoridades dos Poderes Legislativo e Judiciário, para atender à movimentação dos créditos orçamentários ou adicionais.

§ 1.º Os Ministros de Estado e os dirigentes de Órgãos da Presidência da República aprovarão a programação financeira setorial e autorizarão as unidades administrativas a movimentar os respectivos créditos, dando ciência ao Tribunal de Contas.

§ 2.º O Ministro de Estado, por proposta do Inspetor-Geral de Finanças, decidirá quanto aos limites de descentralização da administração dos créditos, tendo em conta as atividades peculiares de cada órgão.

Art. 73. Nenhuma despesa poderá ser realizada sem a existência de crédito que a comporte ou quando imputada a dotação própria, vedada expressamente qualquer atribuição de fornecimento ou prestação de serviços cujo custo exceda aos limites previamente fixados em lei.

Parágrafo único. Mediante representação do órgão contábil serão impugnados quaisquer atos referentes a despesas que incidam na proibição do presente artigo.

Art. 74. Na realização da receita e da despesa pública será utilizada a via bancária, de acordo com as normas estabelecidas em regulamento.

§ 1.º Nos casos em que se torne indispensável a arrecadação de receita diretamente pelas unidades administrativas, o recolhimento à conta bancária far-se-á no prazo regulamentar.

§ 2.º O pagamento de despesa, obedecidas as normas que regem a execução orçamentária (Lei n. 4.320, de 17-3-1964), far-se-á mediante ordem bancária ou cheque nominativo, contabilizado pelo órgão competente e obrigatoriamente assinado pelo ordenador da despesa e pelo encarregado do setor financeiro.

§ 3.º Em casos excepcionais, quando houver despesa não atendível pela via bancária, as autoridades ordenadoras poderão autorizar suprimentos de fundos, de preferência a agentes afiançados, fazendo-se os lançamentos contábeis necessários e fixando-se prazo para comprovação dos gastos.

Art. 75. Os órgãos da administração federal prestarão ao Tribunal de Contas, ou suas delegações, os informes relativos à administração dos créditos orçamentários e facilitarão a realização das inspeções de controle externo dos órgãos de administração financeira, contabilidade e auditorias.

>> *Caput* com redação determinada pelo Decreto-lei n. 900, de 29-9-1969.

Parágrafo único. As informações previstas neste artigo são as imprescindíveis ao exercício da auditoria financeira e orçamentária, realizada com base nos documentos enumerados nos itens I e II do art. 36 do Decreto-Lei n. 199, de 25 de fevereiro de 1967, vedada a requisição sistemática de documentos ou comprovantes arquivados nos órgãos da administração federal, cujo exame se possa realizar através das inspeções de controle externo.

>> Parágrafo único com redação determinada pelo Decreto-lei n. 900, de 29-9-1969.

>> Citado Decreto-lei n. 199, de 25-2-1967, foi expressamente revogado pela Lei n. 8.443, de 16-7-1992.

Art. 76. Caberá ao Inspetor-Geral de Finanças ou autoridade delegada autorizar a inscrição de despesas na conta "Restos a Pagar" (Lei n. 4.320, de 17 de março de 1964), obedecendo-se na liquidação respectiva às mesmas formalidades fixadas para a administração dos créditos orçamentários.

Parágrafo único. As despesas inscritas na conta de "Restos a Pagar" serão liquidadas quando do recebimento do material, da execução da obra ou da prestação do serviço, ainda que ocorram depois do encerramento do exercício financeiro.

Art. 77. Todo ato de gestão financeira deve ser realizado por força do documento que comprove a operação e registrado na contabilidade, mediante classificação em conta adequada.

Art. 78. O acompanhamento da execução orçamentária será feito pelos órgãos de contabilização.

§ 1.º Em cada unidade responsável pela administração de créditos proceder-se-á sempre à contabilização destes.

§ 2.º A contabilidade sintética ministerial caberá à Inspetoria-Geral de Finanças.

§ 3.º A contabilidade geral caberá à Inspetoria-Geral de Finanças do Ministério da Fazenda.

§ 4.º Atendidas as conveniências do serviço, um único órgão de contabilidade analítica poderá encarregar-se da contabilização para várias unidades operacionais do mesmo ou de vários Ministérios.

§ 5.º Os documentos relativos à escrituração dos atos da receita e despesa ficarão arquivados no órgão de contabilidade analítica e à disposição das autoridades responsáveis pelo acompanhamento administrativo e fiscalização financeira e, bem assim, dos agentes incumbidos do controle externo, de competência do Tribunal de Contas.

Art. 79. A contabilidade deverá apurar os custos dos serviços, de forma a evidenciar os resultados da gestão.

Art. 80. Os órgãos de contabilidade inscreverão como responsável todo o ordenador de despesa, o qual só poderá ser exonerado de sua responsabilidade após julgadas regulares suas contas pelo Tribunal de Contas.

§ 1.º Ordenador de despesa é toda e qualquer autoridade de cujos atos resultarem emissão de empenho, autorização de pagamento, suprimento ou dispêndio de recursos da União ou pela qual esta responda.

§ 2.º O ordenador de despesa, salvo conivência, não é responsável por prejuízos causados à Fazenda Nacional decorrentes de atos praticados por agente subordinado que exorbitar das ordens recebidas.

§ 3.º As despesas feitas por meio de suprimentos, desde que não impugnadas pelo ordenador, serão escrituradas e incluídas na sua tomada de contas, na forma prescrita; quando impugnadas, deverá o ordenador determinar imediatas providências administrativas para a apuração das responsabilidades e imposição das penalidades cabíveis, sem prejuízo do julgamento da regularidade das contas pelo Tribunal de Contas.

Art. 81. Todo ordenador de despesa ficará sujeito a tomada de contas realizada pelo órgão de contabilidade e verificada pelo órgão de auditoria interna, antes de ser encaminhada ao Tribunal de Contas (art. 82).

Parágrafo único. O funcionário que receber suprimento de fundos, na forma do disposto no art. 74, § 3.º, é obrigado a prestar contas de sua aplicação, procedendo-se, automaticamente, a tomada de contas se não o fizer no prazo assinalado.

Art. 82. As tomadas de contas serão objeto de pronunciamento expresso do Ministro de Estado, dos dirigentes de órgãos da Presidência da República ou de autoridade a quem estes delegarem competência, antes de seu encaminhamento ao Tribunal de Contas para os fins constitucionais e legais.

§ 1.º A tomada de contas dos ordenadores, agentes recebedores, tesoureiros ou pagadores será feita no prazo máximo de 180 (cento e oitenta) dias do encerramento do exercício financeiro pelos órgãos encarregados da contabilidade analítica e, antes de ser submetida a pronunciamento do Ministro de Estado, dos dirigentes de órgãos da Presidência da República ou da autoridade a quem estes delegarem competência, terá sua regularidade certificada pelo órgão de auditoria.

§ 2.º Sem prejuízo do encaminhamento ao Tribunal de Contas, a autoridade a que se refere o parágrafo anterior no caso de irregularidade, determinará as providências que, a seu critério, se tornarem indispensáveis para resguardar o interesse público e a probidade na aplicação dos dinheiros públicos, dos quais dará ciência oportunamente ao Tribunal de Contas.

§ 3.º Sempre que possível, desde que não retardem nem dificultem as tomadas de contas, estas poderão abranger conjuntamente as dos ordenadores e tesoureiros ou pagadores.

Art. 83. Cabe aos detentores de suprimentos de fundos fornecer indicação precisa dos saldos em seu poder em 31 de dezembro, para efeito de contabilização e reinscrição da respectiva responsabilidade pela sua aplicação em data posterior, observados os prazos assinalados pelo ordenador da despesa.

Parágrafo único. A importância aplicada até 31 de dezembro será comprovada até 15 de janeiro seguinte.

Art. 84. Quando se verificar que determinada conta não foi prestada, ou que ocorreu desfalque, desvio de bens ou outra irregularidade de que resulte prejuízo para a Fazenda Pública, as autoridades administrativas, sob pena de corresponsabilidade e sem embargo dos procedimentos disciplinares, deverão tomar imediatas providências para assegurar o respectivo ressarcimento e instaurar a tomada de contas, fazendo-se as comunicações a respeito ao Tribunal de Contas.

Art. 85. A Inspetoria-Geral de Finanças, em cada Ministério, manterá atualizada relação de responsáveis por dinheiros, valores e bens públicos, cujo rol deverá ser transmitido anualmente ao Tribunal de Contas, comunicando-se trimestralmente as alterações.

Art. 86. A movimentação dos créditos destinados à realização de despesas reservadas ou confidenciais será feita sigilosamente e nesse caráter serão tomadas as contas dos responsáveis.

>> O STF julgou procedente a ADPF n. 129, na sessão virtual de 25-10-2019 a 4-11-2019 (*DOU* de 12-11-2019), a fim de reconhecer a incompatibilidade deste artigo com o texto constitucional.

Art. 87. Os bens móveis, materiais e equipamentos em uso ficarão sob a responsabilidade dos chefes de serviço, procedendo-se periodicamente a verificações pelos competentes órgãos de controle.

Art. 88. Os estoques serão obrigatoriamente contabilizados, fazendo-se a tomada anual das contas dos responsáveis.

Art. 89. Todo aquele que, a qualquer título, tenha a seu cargo serviço de contabilidade da União é pessoalmente responsável pela exatidão das contas e oportuna apresentação dos balancetes, balanços e demonstrações contábeis dos atos relativos à administração financeira e patrimonial do setor sob sua jurisdição.

Art. 90. Responderão pelos prejuízos que causarem à Fazenda Pública o ordenador de despesa e o responsável pela guarda de dinheiros, valores e bens.

Art. 91. Sob a denominação de Reserva de Contingência, o Orçamento anual poderá conter dotação global não especificamente destinada a determinado órgão, unidade orçamentária, programa ou categoria econômica, cujos recursos serão utilizados para abertura de créditos adicionais.

>> Artigo com redação determinada pelo Decreto-lei n. 1.763, de 16-1-1980.

Art. 92. Com o objetivo de obter maior economia operacional e racionalizar a execução da programação financeira de desembolso, o Ministério da Fazenda promoverá a unificação de recursos movimentados pelo Tesouro Nacional através de sua caixa junto ao agente financeiro da União.

Parágrafo único. Os saques contra a Caixa do Tesouro só poderão ser efetuados dentro dos limites autorizados pelo Ministro da Fazenda ou autoridade delegada.

Art. 93. Quem quer que utilize dinheiros públicos terá de justificar seu bom e regular emprego na conformidade das leis, regulamentos e normas emanadas das autoridades administrativas competentes.

Título XV
DAS DISPOSIÇÕES GERAIS

Capítulo I
DAS DISPOSIÇÕES INICIAIS

....

Art. 178. As autarquias, as empresas públicas e as sociedades de economia mista, integrantes da Administração Federal Indireta, bem assim as fundações criadas pela União ou mantidas com recursos federais, sob supervisão ministerial, e as demais sociedades sob o controle direto ou indireto da União, que acusem a ocorrência de prejuízos, estejam inativas, desenvolvam atividades já atendidas satisfatoriamente pela iniciativa privada ou não previstas no objeto social, poderão ser dissolvidas ou incorporadas a outras entidades, a critério e por ato do Poder Executivo, resguardados os direitos assegurados aos eventuais acionistas minoritários, nas leis e atos constitutivos de cada entidade.

>> Artigo com redação determinada pelo Decreto-lei n. 2.299, de 21-11-1986.

Art. 182. Nos casos dos incisos II e III do art. 5.º e no do inciso I do mesmo artigo, quando se tratar de serviços industriais, o regime de pessoal será o da Consolidação das Leis do Trabalho; nos demais casos, o regime jurídico do pessoal será fixado pelo Poder Executivo.

Art. 183. As entidades e organizações em geral, dotadas de personalidade jurídica de direito privado, que recebem contribuições parafiscais e prestam serviços de interesse público ou social, estão sujeitas à fiscalização do Estado nos termos e condições estabelecidas na legislação pertinente a cada uma.

....

Título XVII
DAS DISPOSIÇÕES FINAIS

....

Art. 215. Revogam-se as disposições em contrário.

Brasília, em 25 de fevereiro de 1967; 146.º da Independência e 79.º da República.

H. Castello Branco

DECRETO-LEI N. 201, DE 27 DE FEVEREIRO DE 1967 (*)

Dispõe sobre a responsabilidade dos prefeitos e vereadores, e dá outras providências.

O Presidente da República, usando da atribuição que lhe confere o § 2.º do art. 9.º do Ato Institucional n. 4, de 7 de dezembro de 1966, decreta:

Art. 1.º São crimes de responsabilidade dos prefeitos municipais, sujeitos ao julgamento do Poder Judiciário, independentemente do pronunciamento da Câmara dos Vereadores:

> *Vide* Súmulas 702 e 703 do STF e Súmula 164 do STJ.

I – apropriar-se de bens ou rendas públicas, ou desviá-los em proveito próprio ou alheio;

> *Vide* Súmulas 208 e 209 do STJ.

II – utilizar-se, indevidamente, em proveito próprio ou alheio, de bens, rendas ou serviços públicos;

III – desviar, ou aplicar indevidamente, rendas ou verbas públicas;

IV – empregar subvenções, auxílios, empréstimos ou recursos de qualquer natureza, em desacordo com os planos ou programas a que se destinam;

V – ordenar ou efetuar despesas não autorizadas por lei, ou realizá-las em desacordo com as normas financeiras pertinentes;

VI – deixar de prestar contas anuais da administração financeira do Município à Câmara de Vereadores, ou ao órgão que a Constituição do Estado indicar, nos prazos e condições estabelecidos;

VII – deixar de prestar contas, no devido tempo, ao órgão competente, da aplicação

(*) Publicado no *Diário Oficial da União* de 27-2-1967 e retificado em 14-3-1967.

de recursos, empréstimos, subvenções ou auxílios internos ou externos, recebidos a qualquer título;

VIII – contrair empréstimos, emitir apólices, ou obrigar o Município por títulos de crédito, sem autorização da Câmara, ou em desacordo com a lei;

IX – conceder empréstimos, auxílios ou subvenções sem autorização da Câmara, ou em desacordo com a lei;

X – alienar ou onerar bens imóveis, ou rendas municipais, sem autorização da Câmara, ou em desacordo com a lei;

XI – adquirir bens, ou realizar serviços e obras, sem concorrência ou coleta de preços, nos casos exigidos em lei;

XII – antecipar ou inverter a ordem de pagamento a credores do Município, sem vantagem para o erário;

XIII – nomear, admitir ou designar servidor, contra expressa disposição de lei;

XIV – negar execução a lei federal, estadual ou municipal, ou deixar de cumprir ordem judicial, sem dar o motivo da recusa ou da impossibilidade, por escrito, à autoridade competente;

XV – deixar de fornecer certidões de atos ou contratos municipais dentro do prazo estabelecido em lei;

> *Vide* Súmula 164 do STJ.

XVI – deixar de ordenar a redução do montante da dívida consolidada, nos prazos estabelecidos em lei, quando o montante ultrapassar o valor resultante da aplicação do limite máximo fixado pelo Senado Federal;

>> Inciso XVI acrescentado pela Lei n. 10.028, de 19-10-2000.

XVII – ordenar ou autorizar a abertura de crédito em desacordo com os limites estabelecidos pelo Senado Federal, sem fundamento na lei orçamentária ou na de crédito adicional ou com inobservância de prescrição legal;

>> Inciso XVII acrescentado pela Lei n. 10.028, de 19-10-2000.

XVIII – deixar de promover ou de ordenar, na forma da lei, o cancelamento, a amortização ou a constituição de reserva para anular os efeitos de operação de crédito realizada com inobservância de limite, condição ou montante estabelecido em lei;

>> Inciso XVIII acrescentado pela Lei n. 10.028, de 19-10-2000.

XIX – deixar de promover ou de ordenar a liquidação integral de operação de crédito por antecipação de receita orçamentária, inclusive os respectivos juros e demais encargos, até o encerramento do exercício financeiro;

>> Inciso XIX acrescentado pela Lei n. 10.028, de 19-10-2000.

XX – ordenar ou autorizar, em desacordo com a lei, a realização de operação de crédito com qualquer um dos demais entes da Federação, inclusive suas entidades da administração indireta, ainda que na forma de novação, refinanciamento ou postergação de dívida contraída anteriormente;

>> Inciso XX acrescentado pela Lei n. 10.028, de 19-10-2000.

XXI – captar recursos a título de antecipação de receita de tributo ou contribuição cujo fato gerador ainda não tenha ocorrido;

>> Inciso XXI acrescentado pela Lei n. 10.028, de 19-10-2000.

XXII – ordenar ou autorizar a destinação de recursos provenientes da emissão de títulos para finalidade diversa da prevista na lei que a autorizou;

>> Inciso XXII acrescentado pela Lei n. 10.028, de 19-10-2000.

XXIII – realizar ou receber transferência voluntária em desacordo com limite ou condição estabelecida em lei.

>> Inciso XXIII acrescentado pela Lei n. 10.028, de 19-10-2000.

§ 1.º Os crimes definidos neste artigo são de ordem pública, punidos os dos itens I e II, com a pena de reclusão, de dois a doze anos, e os demais, com a pena de detenção, de três meses a três anos.

§ 2.º A condenação definitiva em qualquer dos crimes definidos neste artigo, acarreta a perda de cargo e a inabilitação, pelo prazo de cinco anos, para o exercício de cargo ou função pública, eletivo ou de nomeação, sem prejuízo da reparação civil do dano causado ao patrimônio público ou particular.

Art. 2.º O processo dos crimes definidos no artigo anterior é o comum do juízo singular, estabelecido pelo Código de Processo Penal, com as seguintes modificações:

I – Antes de receber a denúncia, o Juiz ordenará a notificação do acusado para apresentar defesa prévia no prazo de cinco dias. Se o acusado não for encontrado para a notificação, ser-lhe-á nomeado defensor, a quem caberá apresentar a defesa, dentro no mesmo prazo.

II – Ao receber a denúncia, o Juiz manifestar-se-á, obrigatória e motivadamente, sobre a prisão preventiva do acusado, nos casos dos itens I e II do artigo anterior, e sobre o seu afastamento do exercício do cargo durante a instrução criminal, em todos os casos.

III – Do despacho, concessivo ou denegatório, de prisão preventiva, ou de afastamento do cargo do acusado, caberá recurso, em sentido estrito, para o Tribunal competente, no prazo de cinco dias, em autos apartados. O recurso do despacho que decreta a prisão preventiva ou o afastamento do cargo terá efeito suspensivo.

§ 1.º Os órgãos federais, estaduais ou municipais, interessados na apuração da responsabilidade do Prefeito, podem requerer a abertura do inquérito policial ou a instauração da ação penal pelo Ministério Público, bem como intervir, em qualquer fase do processo, como assistente da acusação.

§ 2.º Se as providências para a abertura do inquérito policial ou instauração da ação penal não forem atendidas pela autoridade policial ou pelo Ministério Público estadual, poderão ser requeridas ao Procurador-Geral da República.

Art. 3.º O Vice-Prefeito, ou quem vier a substituir o Prefeito, fica sujeito ao mesmo processo do substituído, ainda que tenha cessado a substituição.

Art. 4.º São infrações político-administrativas dos Prefeitos Municipais sujeitas ao julgamento pela Câmara dos Vereadores e sancionadas com a cassação do mandato:

I – Impedir o funcionamento regular da Câmara.

II – Impedir o exame de livros, folhas de pagamento e demais documentos que devam constar dos arquivos da Prefeitura, bem como a verificação de obras e serviços municipais, por comissão de investigação da Câmara ou auditoria, regularmente instituída.

III – Desatender, sem motivo justo, as convocações ou os pedidos de informações da Câmara, quando feitos a tempo e em forma regular.

IV – Retardar a publicação ou deixar de publicar as leis e atos sujeitos a essa formalidade.

V – Deixar de apresentar à Câmara, no devido tempo, e em forma regular, a proposta orçamentária.

VI – Descumprir o orçamento aprovado para o exercício financeiro.

VII – Praticar, contra expressa disposição de lei, ato de sua competência ou omitir-se na sua prática.

VIII – Omitir-se ou negligenciar na defesa de bens, rendas, direitos ou interesses do Município, sujeitos à administração da Prefeitura.

IX – Ausentar-se do Município, por tempo superior ao permitido em lei, ou afastar-se da Prefeitura, sem autorização da Câmara dos Vereadores.

X – Proceder de modo incompatível com a dignidade e o decoro do cargo.

Art. 5.º O processo de cassação do mandato do Prefeito pela Câmara, por infrações definidas no artigo anterior, obedecerá ao seguinte rito, se outro não for estabelecido pela legislação do Estado respectivo:

I – A denúncia escrita da infração poderá ser feita por qualquer eleitor, com a exposição dos fatos e a indicação das provas. Se o denunciante for Vereador, ficará impedido de votar sobre a denúncia e de integrar a Comissão processante, podendo, todavia, praticar todos os atos de acusação. Se o denunciante for o Presidente da Câmara, passará a Presidência ao substituto legal, para os atos do processo, e só votará se necessário para completar o *quorum* de julgamento. Será convocado o suplente do Vereador impedido de votar, o qual não poderá integrar a Comissão processante.

II – De posse da denúncia, o Presidente da Câmara, na primeira sessão, determinará sua leitura e consultará a Câmara sobre o seu recebimento. Decidido o recebimento, pelo voto da maioria dos presentes, na mesma sessão será constituída a Comissão processante, com três Vereadores sorteados entre os desimpedidos, os quais elegerão, desde logo, o Presidente e o Relator.

III – Recebendo o processo, o Presidente da Comissão iniciará os trabalhos, dentro em cinco dias, notificando o denunciado, com a remessa de cópia da denúncia e documentos que a instruírem, para que, no prazo de dez dias, apresente defesa prévia, por escrito, indique as provas que pretender produzir e arrole testemunhas, até o máximo de dez. Se estiver ausente do Município, a notificação far-se-á por edital, publicado duas vezes, no órgão oficial, com intervalo de três dias, pelo menos, contado o prazo da primeira publicação. Decorrido o prazo de defesa, a Comissão processante emitirá parecer dentro em cinco dias, opinando pelo prosseguimento ou arquivamento da denúncia, o qual, neste caso, será submetido ao Plenário. Se a Comissão opinar pelo prosseguimento, o Presidente designará, desde logo, o início da instrução, e determinará os atos, diligências e audiências que se fizerem necessários, para o depoimento do denunciado e inquirição das testemunhas.

IV – O denunciado deverá ser intimado de todos os atos do processo, pessoalmente, ou na pessoa de seu procurador, com a antecedência, pelo menos, de vinte e quatro horas, sendo-lhe permitido assistir às diligências e audiências, bem como formular perguntas e reperguntas às testemunhas e requerer o que for de interesse da defesa.

V – Concluída a instrução, será aberta vista do processo ao denunciado, para razões escritas, no prazo de 5 (cinco) dias, e, após, a Comissão processante emitirá parecer final, pela procedência ou improcedência da acusação, e solicitará ao Presidente da Câmara a convocação de sessão para julgamento. Na sessão de julgamento, serão lidas as peças requeridas por qualquer dos Vereadores e pelos denunciados, e, a seguir, os que desejarem poderão manifestar-se verbalmente, pelo tempo máximo de 15 (quinze) minutos cada um, e, ao final, o denunciado, ou seu procurador, terá o prazo máximo de 2 (duas) horas para produzir sua defesa oral.

>> Inciso V com redação determinada pela Lei n. 11.966, de 3-7-2009.

VI – Concluída a defesa, proceder-se-á a tantas votações nominais quantas forem as infrações articuladas na denúncia. Considerar-se-á afastado, definitivamente, do cargo, o denunciado que for declarado pelo voto de dois terços, pelo menos, dos membros da Câmara, incurso em qualquer das infrações especificadas na denúncia. Concluído o julgamento, o Presidente da Câmara proclamará imediatamente o resultado e fará lavrar ata que consigne a votação nominal sobre cada infração, e, se houver condenação, expedirá o competente decreto legislativo de cassação do mandato de Prefeito. Se o resultado da votação for absolutório, o Presidente determinará o arquivamento do processo. Em qualquer dos casos, o Presidente da Câmara comunicará à Justiça Eleitoral o resultado.

VII – O processo, a que se refere este artigo, deverá estar concluído dentro em noventa dias, contados da data em que se efetivar a notificação do acusado. Transcorrido o prazo sem o julgamento, o processo será arquivado, sem prejuízo de nova denúncia ainda que sobre os mesmos fatos.

Art. 6.º Extingue-se o mandato de Prefeito, e, assim, deve ser declarado pelo Presidente da Câmara de Vereadores, quando:

I – Ocorrer falecimento, renúncia por escrito, cassação dos direitos políticos ou condenação por crime funcional ou eleitoral.

II – Deixar de tomar posse, sem motivo justo aceito pela Câmara, dentro do prazo estabelecido em lei.

III – Incidir nos impedimentos para o exercício do cargo, estabelecidos em lei, e não se desincompatibilizar até a posse, e, nos casos supervenientes, no prazo que a lei ou a Câmara fixar.

Parágrafo único. A extinção do mandato independe de deliberação do plenário e se tornará efetiva desde a declaração do fato ou ato extintivo pelo Presidente e sua inserção em ata.

Art. 7.º A Câmara poderá cassar o mandato de Vereador, quando:

I – Utilizar-se do mandato para a prática de atos de corrupção ou de improbidade administrativa.

II – Fixar residência fora do Município.

III – Proceder de modo incompatível com a dignidade da Câmara ou faltar com o decoro na sua conduta pública.

§ 1.º O processo de cassação de mandato de Vereador é, no que couber, o estabelecido no art. 5.º deste Decreto-lei.

§ 2.º (*Revogado pela Lei n. 9.504, de 30-9-1997.*)

Art. 8.º Extingue-se o mandato do Vereador e assim será declarado pelo Presidente da Câmara, quando:

I – Ocorrer falecimento, renúncia por escrito, cassação dos direitos políticos ou condenação por crime funcional ou eleitoral.

II – Deixar de tomar posse, sem motivo justo aceito pela Câmara, dentro do prazo estabelecido em lei.

III – Deixar de comparecer, em cada sessão legislativa anual, à terça parte das sessões ordinárias da Câmara Municipal, salvo por motivo de doença comprovada, licença ou missão autorizada pela edilidade; ou, ainda, deixar de comparecer a cinco sessões extraordinárias convocadas pelo Prefeito, por escrito e mediante recibo de recebimento, para apreciação de matéria urgente, assegurada ampla defesa, em ambos os casos.

>> Inciso III com redação determinada pela Lei n. 6.793, de 11-6-1980.

IV – Incidir nos impedimentos para o exercício do mandato, estabelecidos em lei e não se desincompatibilizar até a posse, e, nos casos supervenientes, no prazo fixado em lei ou pela Câmara.

§ 1.º Ocorrido e comprovado o ato ou fato extintivo, o Presidente da Câmara, na primeira sessão, comunicará ao plenário e fará constar da ata a declaração da extinção do mandato e convocará imediatamente o respectivo suplente.

§ 2.º Se o Presidente da Câmara omitir-se nas providências do parágrafo anterior, o suplente Vereador ou o Prefeito Municipal poderá requerer a declaração de extinção do mandato, por via judicial, e se procedente, o juiz condenará o Presidente omisso nas custas do processo e honorários de advogado que fixará de plano, importando a decisão judicial na destituição automática do cargo da Mesa e no impedimento para nova investidura durante toda a legislatura.

§ 3.º O disposto no item III não se aplicará às sessões extraordinárias que forem convocadas pelo Prefeito, durante os períodos de recesso das Câmaras Municipais.

>> § 3.º acrescentado pela Lei n. 5.659, de 8-6-1971.

Art. 9.º O presente Decreto-lei entrará em vigor na data de sua publicação, revogadas as Leis n. 211, de 7 de janeiro de 1948, e 3.528, de 3 de janeiro de 1959, e demais disposições em contrário.

Brasília, 27 de fevereiro de 1967; 146.º da Independência e 79.º da República.

H. CASTELLO BRANCO

DECRETO-LEI N. 271, DE 28 DE FEVEREIRO DE 1967 (*)

Dispõe sobre loteamento urbano, responsabilidade do loteador, concessão de uso do espaço aéreo, e dá outras providências.

O Presidente da República, usando da atribuição que lhe confere o art. 9.º, § 2.º, do Ato Institucional n. 4, de 7 de dezembro de 1966, decreta:

....

(*) Publicado no *Diário Oficial da União* de 28-2-1967. O loteamento de terreno urbano é regulado pela Lei n. 6.766, de 19-12-1979.

Art. 5.º Nas desapropriações, não se indenizarão as benfeitorias ou construções realizadas em lotes ou loteamentos irregulares, nem se considerarão como terrenos loteados ou loteáveis, para fins de indenização, as glebas não inscritas ou irregularmente inscritas como loteamentos urbanos ou para fins urbanos.

> Sobre desapropriações, *vide* Decreto-lei n. 3.365, de 21-6-1941, e Leis n. 4.132, de 10-9-1962, e 10.257, de 10-7-2001.

Art. 6.º O loteador, ainda que já tenha vendido todos os lotes, ou os vizinhos são partes legítimas para promover ação destinada a impedir construção em desacordo com as restrições urbanísticas do loteamento ou contrárias a quaisquer outras normas de edificação ou de urbanização referentes aos lotes.

Art. 7.º É instituída a concessão de uso de terrenos públicos ou particulares remunerada ou gratuita, por tempo certo ou indeterminado, como direito real resolúvel, para fins específicos de regularização fundiária de interesse social, urbanização, industrialização, edificação, cultivo da terra, aproveitamento sustentável das várzeas, preservação das comunidades tradicionais e seus meios de subsistência ou outras modalidades de interesse social em áreas urbanas.

>> *Caput* com redação determinada pela Lei n. 11.481, de 31-5-2007.

> *Vide* Medida Provisória n. 2.220, de 4-9-2001.

§ 1.º A concessão de uso poderá ser contratada por instrumento público ou particular, ou por simples termo administrativo, e será inscrita e cancelada em livro especial.

§ 2.º Desde a inscrição da concessão de uso, o concessionário fruirá plenamente do terreno para os fins estabelecidos no contrato e responderá por todos os encargos civis, administrativos e tributários que venham a incidir sobre o imóvel e suas rendas.

§ 3.º Resolve-se a concessão antes de seu termo, desde que o concessionário dê ao imóvel destinação diversa da estabelecida no contrato ou termo, ou descumpra cláusula resolutória do ajuste, perdendo, neste caso, as benfeitorias de qualquer natureza.

§ 4.º A concessão de uso, salvo disposição contratual em contrário, transfere-se por ato *inter vivos*, ou por sucessão legítima ou testamentária, como os demais direitos reais sobre coisas alheias, registrando-se a transferência.

§ 5.º Para efeito de aplicação do disposto no *caput* deste artigo, deverá ser observada a anuência prévia:

>> § 5.º, *caput*, acrescentado pela Lei n. 11.481, de 31-5-2007.

I – do Ministério da Defesa e dos Comandos da Marinha, do Exército ou da Aeronáutica, quando se tratar de imóveis que estejam sob sua administração; e

>> Inciso I acrescentado pela Lei n. 11.481, de 31-5-2007.

II – do Gabinete de Segurança Institucional da Presidência de República, observados os termos do inciso III do § 1.º do art. 91 da Constituição Federal.

>> Inciso II acrescentado pela Lei n. 11.481, de 31-5-2007.

Art. 8.º É permitida a concessão de uso do espaço aéreo sobre a superfície de terrenos públicos ou particulares, tomada em projeção vertical, nos termos e para os fins do artigo anterior e na forma que for regulamentada.

Art. 9.º Este decreto-lei não se aplica aos loteamentos que na data da publicação deste decreto-lei já estiverem protocolados ou aprovados nas prefeituras municipais para os quais continua prevalecendo a legislação em vigor até essa data.

Parágrafo único. As alterações de loteamentos enquadrados no *caput* deste artigo estão, porém, sujeitas ao disposto neste decreto-lei.

Art. 10. Este Decreto-lei entrará em vigor na data de sua publicação, mantidos o decreto-lei n. 58, de 10 de dezembro de 1937 e o Decreto n. 3.079, de 15 de setembro de 1938, no que couber e não for revogado por dispositivo expresso deste decreto-lei, da Lei n. 4.591, de 16 de dezembro de 1964 e dos atos normativos mencionados no art. 2.º deste decreto-lei.

Brasília, 28 de fevereiro de 1967; 146.º da Independência e 79.º da República.

H. Castello Branco

DECRETO-LEI N. 406, DE 31 DE DEZEMBRO DE 1968 (*)

Estabelece normas gerais de direito financeiro, aplicáveis aos impostos sobre operações relativas à circulação de mercadorias e sobre serviços de qualquer natureza, e dá outras providências.

O Presidente da República, usando das atribuições que lhe confere o § 1.º do art. 2.º do Ato Institucional n. 5, de 13 de dezembro de 1968, resolve baixar o seguinte Decreto-lei:

Art. 1.º O Imposto sobre Operações Relativas à Circulação de Mercadorias tem como fato gerador:

> *Vide* Súmulas 20, 68, 71, 80, 87, 94, 95, 129, 135, 155, 163, 166, 198, 237, 334, 350, 391, 395, 431, 432 e 433 do STJ.

I – a saída de mercadorias de estabelecimento comercial, industrial ou produtor;

II – a entrada em estabelecimento comercial, industrial ou produtor, de mercadoria importada do Exterior pelo titular do estabelecimento;

III – o fornecimento de alimentação, bebidas e outras mercadorias em restaurantes, bares, cafés e estabelecimentos similares.

> *Vide* Súmula 163 do STJ.

§ 1.º Equipara-se à saída a transmissão da propriedade de mercadoria, quando esta não transitar pelo estabelecimento do transmitente.

§ 2.º Quando a mercadoria for remetida para armazém geral ou para depósito fechado do próprio contribuinte, no mesmo Estado, a saída considera-se ocorrida no lugar do estabelecimento remetente:

I – no momento da saída da mercadoria do armazém geral ou do depósito fechado, salvo se para retornar ao estabelecimento de origem;

II – no momento da transmissão de propriedade da mercadoria depositada em armazém geral ou em depósito fechado.

> *Vide* Súmula 166 do STJ.

§ 3.º O Imposto não incide:

I – sobre a saída de produtos industrializados destinados ao Exterior;

II – sobre a alienação fiduciária em garantia;

>> A Lei n. 5.589, de 3-7-1970, deu a seguinte nova redação ao item II do § 3.º do art. 52 da Lei n. 5.172, de 25-10-1966: "II – sobre a alienação fiduciária em garantia, bem como na operação posterior ao vencimento do contrato de financiamento respectivo, efetuado pelo credor, em razão do inadimplemento do devedor", quando deveria ter alterado o item II do § 3.º do art. 1.º do Decreto-lei n. 406, de 31-12-1968, que revogou o citado art. 52 da Lei n. 5.172/66.

III – sobre a saída de estabelecimento prestador dos serviços a que se refere o art. 8.º, de mercadorias a serem ou que tenham sido utilizadas na prestação de tais serviços, ressalvados os casos de incidência previstos na lista de serviços tributados;

>> Inciso III com redação determinada pelo Decreto-lei n. 834, de 8-9-1969.

>> Referência prejudicada em face da revogação do art. 8.º pela Lei Complementar n. 116, de 31-7-2003, que passou a tratar do assunto.

(*) Publicado no *Diário Oficial da União*, de 31-12-1968, retificado em 9-1-1969 e 4-2-1969. Sobre ICM, *vide* Súmulas 536, 569, 571, 572, 573, 574, 576, 577, 578, 579, 660, 661, 662 e 663 do STF; Súmulas 20, 68, 71, 80, 87, 94, 95, 129, 135, 155, 163, 166, 198, 237, 334, 350, 391, 395, 431, 432 e 433 do STJ; e Lei Complementar n. 24, de 7-1-1975. Sobre ISS, *vide* Súmulas 588 do STF e 94, 156, 167 e 424 do STJ e, na CF, o art. 156, III e § 3.º, e a Lei Complementar n. 116, de 31-7-2003. Sobre ICMS na CF, *vide* arts. 155, II e § 2.º, 156, § 3.º, 161, I, e ainda o art. 34, §§ 6.º, 8.º e 9.º, do ADCT.

IV – sobre a saída de estabelecimento de empresa de transporte ou de depósito por conta e ordem desta, de mercadorias de terceiros.

§ 4.º São isentas do imposto:

I – as saídas de vasilhame, recipientes e embalagens, inclusive sacaria, quando não cobrados do destinatário ou não computados no valor das mercadorias que acondicionam e desde que devam retornar ao estabelecimento remetente ou a outro do mesmo titular;

II – as saídas de vasilhame, recipiente e embalagens, inclusive sacaria, em retorno ao estabelecimento remetente ou a outro do mesmo titular ou a depósito em seu nome;

III – a saída de mercadorias destinadas ao mercado interno e produzidas em estabelecimentos industriais como resultado de concorrência internacional, com participação de indústrias do País, contra pagamento com recursos oriundos de divisas conversíveis provenientes de financiamento a longo prazo de instituições financeiras internacionais ou entidades governamentais estrangeiras;

IV – as entradas de mercadorias em estabelecimento do importador, quando importadas do Exterior e destinadas a fabricação de peças, máquinas e equipamentos para o mercado interno como resultado de concorrência internacional com participação da indústria do País, contra pagamento com recursos provenientes de divisas conversíveis provenientes de financiamento a longo prazo de instituições financeiras internacionais ou entidades governamentais estrangeiras;

V – a entrada de mercadorias importadas do Exterior quando destinadas à utilização como matéria-prima em processos de industrialização, em estabelecimento do importador, desde que a saída dos produtos industrializados resultantes fique efetivamente sujeita ao pagamento do imposto;

VI – a entrada de mercadorias cuja importação estiver isenta do imposto, de competência da União, sobre a importação de produtos estrangeiros;

VII – a entrada, em estabelecimento do importador, de mercadorias importadas do Exterior sob o regime de *drawback*;

VIII – a saída, de estabelecimento de empreiteiro de construção civil, obras hidráulicas e outras obras semelhantes, inclusive serviços auxiliares ou complementares, de mercadorias adquiridas de terceiros e destinadas às construções, obras ou serviços referidos a cargo do remetente;

>> Inciso VIII com redação determinada pelo Decreto-lei n. 834, de 8-9-1969.

IX – as saídas de mercadorias de estabelecimento de produtor para estabelecimento de cooperativa de que faça parte, situado no mesmo Estado;

X – as saídas de mercadorias de estabelecimento de cooperativa de produtores para estabelecimentos, no mesmo Estado, da própria cooperativa, de cooperativa central ou de federação de cooperativas de que a cooperativa remetente faça parte.

> *Vide* Súmula 615 do STF.

§ 5.º O disposto no § 3.º, I, aplica-se também à saída de mercadorias de estabelecimentos, indústrias ou de seus depósitos com destino:

I – a empresas comerciais que operem exclusivamente no comércio de exportação;

II – a armazéns alfandegados e entrepostos aduaneiros.

§ 6.º No caso do § 5.º, a reintrodução da mercadoria no mercado interno tornará exigível o imposto devido pela saída com destino aos estabelecimentos ali referidos.

> *Vide* Súmula 166 do STJ.

§ 7.º Os Estados isentarão do Imposto de Circulação de Mercadorias a venda a varejo, diretamente ao consumidor, dos gêneros de primeira necessidade que especificarem, não podendo estabelecer diferença em função dos que participam da operação tributada.

Art. 2.º A base de cálculo do imposto é:

I – o valor da operação de que decorrer a saída da mercadoria;

> *Vide* Súmulas 395 e 431 do STJ.

II – na falta do valor a que se refere o inciso anterior, o preço corrente da mercadoria, ou sua similar, no mercado atacadista da praça remetente;

III – na falta do valor e na impossibilidade de determinar o preço aludido no inciso anterior:

a) se o remetente for industrial, o preço FOB estabelecimento industrial, à vista;

b) se o remetente for comerciante, o preço FOB estabelecimento comercial, à vista, em vendas a outros comerciantes ou industriais;

IV – no caso do inciso II do art. 1.º, a base de cálculo é o valor constante dos documentos de importação, convertido em cruzeiros à taxa cambial efetivamente aplicada em cada caso e acrescido do valor dos Impostos de Importação e sobre Produtos Industrializados e demais despesas aduaneiras efetivamente pagos.

§ 1.º Nas saídas de mercadorias para estabelecimento em outro Estado, pertencente ao mesmo titular ou seu representante, quando as mercadorias não devam sofrer, no estabelecimento de destino, alteração de qualquer espécie, salvo reacondicionamento e quando a remessa for feita por preço de venda a não contribuinte, uniforme em todo o País, a base de cálculo será equivalente a 75% (setenta e cinco por cento) deste preço.

§ 2.º Na hipótese do inciso III, *b*, deste artigo, se o estabelecimento comercial remetente não efetuar vendas a outros comerciantes ou a industriais, a base de cálculo será equivalente a 75% (setenta e cinco por cento) do preço de venda no estabelecimento remetente, observado o disposto no § 3.º.

§ 3.º Para aplicação do inciso III do *caput* deste artigo, adotar-se-á a média ponderada dos preços efetivamente cobrados pelo estabelecimento remetente, no segundo mês anterior ao da remessa.

§ 4.º Nas operações interestaduais entre estabelecimentos de contribuintes diferentes, quando houver reajuste do valor da operação depois da remessa, a diferença ficará sujeita ao imposto no estabelecimento de origem.

§ 5.º O montante do Imposto sobre Produtos Industrializados não integra a base de cálculo definida neste artigo:

I – quando a operação constitua fato gerador de ambos os tributos;

II – em relação a mercadorias sujeitas ao Imposto sobre Produtos Industrializados com base de cálculo relacionada com o preço máximo de vendas no varejo marcado pelo fabricante.

§ 6.º Nas saídas de mercadorias decorrentes de operações de vendas aos encarregados da execução da política de preços mínimos, a base de cálculo é o preço mínimo fixado pela autoridade federal competente.

§ 7.º O montante do Imposto de Circulação de Mercadorias integra a base de cálculo a que se refere este artigo, constituindo o respectivo destaque mera indicação para fins de controle.

§ 8.º Na saída de mercadorias para o Exterior ou para os estabelecimentos a que se refere o § 5.º do art. 1.º, a base de cálculo será o valor líquido faturado, a ele não se adicionando frete auferido por terceiro, seguro, ou despesas decorrentes do serviço de embarque por via aérea ou marítima.

§ 9.º Quando for atribuída a condição de responsável, ao industrial, ao comerciante atacadista ou ao produtor, relativamente ao imposto devido pelo comerciante varejista, a base de cálculo do imposto será:

a) o valor da operação promovida pelo responsável acrescido da margem estimada de lucro do comerciante varejista obtida mediante aplicação de percentual fixado em lei sobre aquele valor;

b) o valor da operação promovida pelo responsável, acrescido da margem de lucro atribuída ao revendedor, no caso de mercadorias com preço de venda, máximo ou único, marcado pelo fabricante ou fixado pela autoridade competente.

>> § 9.º acrescentado pela Lei Complementar n. 44, de 7-12-1983.

§ 10. Caso a margem de lucro efetiva seja normalmente superior à estimada na forma da alínea *a* do parágrafo anterior, o percentual ali estabelecido será substituído pelo que for determinado em convênio celebrado na forma do disposto no § 6.º do art. 23 da Constituição Federal.

>> § 10 acrescentado pela Lei Complementar n. 44, de 7-12-1983.

Art. 3.º O Imposto sobre Circulação de Mercadorias é não cumulativo, abatendo-se, em cada operação, o montante cobrado nas anteriores, pelo mesmo ou por outro Estado.

> *Vide* Súmula 129 do STJ.

§ 1.º A lei estadual disporá de forma que o montante devido resulte da diferença a maior, em determinado período, entre o imposto referente às mercadorias saídas do estabelecimento e o pago relativamente às mercadorias nele entradas. O saldo verificado em determinado período a favor do contribuinte transfere-se para o período ou períodos seguintes.

§ 2.º Os Estados poderão facultar aos produtores a opção pelo abatimento de uma percentagem fixa, a título do montante do imposto pago relativamente às mercadorias entradas no respectivo estabelecimento.

§ 3.º Não se exigirá o estorno do imposto relativo às mercadorias entradas para utilização, como matéria-prima ou material secundário, na fabricação e embalagem dos produtos de que tratam o § 3.º, I, e o § 4.º, III, do art. 1.º. O disposto neste parágrafo não se aplica, salvo disposição da legislação estadual em contrário, às matérias-primas de origem animal ou vegetal que representem, individualmente, mais de 50% (cinquenta por cento) do valor do produto resultante de sua industrialização.

§ 4.º As empresas produtoras de discos fonográficos e de outros materiais de gravação de som poderão abater, do montante do Imposto de Circulação de Mercadorias, o valor dos direitos autorais, artísticos e conexos, comprovadamente pagos pela empresa, no mesmo período, aos autores e artistas, nacionais ou domiciliados no País, assim como aos seus herdeiros e sucessores, mesmo através de entidades que os representem.

§ 5.º Para efeito do cálculo a que se refere o § 1.º deste artigo, os Estados podem determinar a exclusão de imposto referente a mercadorias entradas no estabelecimento quando este imposto tiver sido devolvido, no todo ou em parte, ao próprio ou a outros contribuintes, por qualquer entidade tributante, mesmo sob forma de prêmio ou estímulo.

§ 6.º O disposto no parágrafo anterior não se aplica a mercadorias cuja industrialização for objeto de incentivo fiscal, prêmio ou estímulo, resultante de reconhecimento ou concessão por ato administrativo anterior a 31 de dezembro de 1968 e baseada em lei estadual promulgada até a mesma data.

>> § 6.º acrescentado pelo Decreto-lei n. 834, de 8-9-1969.

§ 7.º A lei estadual poderá estabelecer que o montante devido pelo contribuinte, em determinado período, seja calculado com base em valor fixado por estimativa, garantida, ao final do período, a complementação ou a restituição em moeda ou sob a forma de utilização como crédito fiscal, em relação, respectivamente, às quantias pagas com insuficiência ou em excesso.

>> § 7.º acrescentado pela Lei Complementar n. 44, de 7-12-1983.

Art. 4.º Em substituição ao sistema de que trata o artigo anterior, os Estados poderão dispor que o imposto devido resulte da diferença a maior, entre o montante do imposto relativo à operação a tributar e o pago na incidência anterior sobre a mesma mercadoria, nas seguintes hipóteses:

I – saída, de estabelecimentos comerciais atacadistas ou de cooperativas de beneficiamento e venda em comum, de produtos agrícolas *in natura* ou simplesmente beneficiados;

II – operações de vendedores ambulantes e de estabelecimentos de existência transitória.

Art. 5.º A alíquota do Imposto de Circulação de Mercadorias será uniforme para todas as mercadorias; o Senado Federal, através de resolução adotada por iniciativa do Presidente da República, fixará as alíquotas máximas para as operações internas, para as operações interestaduais e para as operações de exportação para o estrangeiro.

Parágrafo único. O limite a que se refere este artigo substituirá a alíquota estadual, quando esta for superior.

Art. 6.º Contribuinte do imposto é o comerciante, industrial ou produtor que promove a saída da mercadoria, o que a importa do Exterior ou que arremata em leilão ou adquire, em concorrência promovida pelo poder público, mercadoria importada e apreendida.

> *Vide* Súmulas 155 e 198 do STJ.

§ 1.º Consideram-se também contribuintes:

I – as sociedades civis de fins econômicos, inclusive cooperativas que pratiquem com habitualidade operações relativas à circulação de mercadorias;

II – as sociedades civis de fins não econômicos que explorem estabelecimentos industriais ou que pratiquem, com habitualidade, venda de mercadorias que para esse fim adquirem;

III – os órgãos da administração pública direta, as autarquias e empresas públicas, federais, estaduais ou municipais, que vendam, ainda que apenas a compradores de determinada categoria profissional ou funcional, mercadorias que, para esse fim, adquirirem ou produzirem.

§ 2.º Os Estados poderão considerar como contribuinte autônomo cada estabelecimento comercial, industrial ou produtor, permanente ou temporário, do contribuinte, inclusive veículos utilizados por este no comércio ambulante.

> *Vide* Súmula 166 do STJ.

§ 3.º A lei estadual poderá atribuir a condição de responsável:

a) ao industrial, comerciante ou outra categoria de contribuinte, quanto ao imposto devido na operação ou operações anteriores promovidas com a mercadoria ou seus insumos;

b) ao produtor industrial ou comerciante atacadista, quanto ao imposto devido pelo comerciante varejista;

c) ao produtor ou industrial, quanto ao imposto devido pelo comerciante atacadista e pelo comerciante varejista;

d) aos transportadores, depositários e demais encarregados da guarda ou comercialização de mercadorias.

>> § 3.º acrescentado pela Lei Complementar n. 44, de 7-12-1983.

§ 4.º Caso o responsável e o contribuinte substituído estejam estabelecidos em Estados diversos, a substituição dependerá de convênio entre os Estados interessados.

>> § 4.º acrescentado pela Lei Complementar n. 44, de 7-12-1983.

Art. 7.º Nas remessas de mercadorias para fora do Estado será obrigatória a emissão de documento fiscal, segundo modelo estabelecido em decreto do Poder Executivo federal.

Art. 8.º (*Revogado pela Lei Complementar n. 116, de 31-7-2003.*)

>> *Vide* Lei Complementar n. 116, de 31-7-2003.

Art. 9.º A base de cálculo do imposto é o preço do serviço.

§ 1.º Quando se tratar de prestação de serviços sob a forma de trabalho pessoal do próprio contribuinte, o imposto será calculado, por meio de alíquotas fixas ou variáveis, em função da natureza do serviço ou de outros fatores pertinentes, nestes não compreendida a importância paga a título de remuneração do próprio trabalho.

>> *Vide* art. 8.º, II, da Lei Complementar n. 116, de 31-7-2003.

> *Vide* Súmula 663 do STF.

§ 2.º Na prestação dos serviços a que se referem os itens 19 e 20 da lista anexa o imposto será calculado sobre o preço deduzido das parcelas correspondentes:

a) ao valor dos materiais fornecidos pelo prestador dos serviços;

b) ao valor das subempreitadas já tributadas pelo imposto.

>> § 2.º com redação determinada pelo Decreto-lei n. 834, de 8-9-1969.

§ 3.º Quando os serviços a que se referem os itens 1, 4, 8, 25, 52, 88, 89, 90, 91 e 92 da lista anexa forem prestados por sociedades, estas ficarão sujeitas ao imposto na forma do § 1.º, calculado em relação a cada profissional habilitado, sócio, empregado ou não, que preste serviços em nome da sociedade, embora assumindo responsabilidade pessoal, nos termos da lei aplicável.

>> § 3.º com redação dada pela Lei Complementar n. 56, de 15-12-1987.

> *Vide* Súmula 663 do STF.

§ 4.º Na prestação do serviço a que se refere o item 101 da Lista Anexa, o imposto é calculado sobre a parcela do preço correspondente à proporção direta da parcela da extensão da rodovia explorada, no território do Município, ou da metade da extensão de ponte que una dois Municípios.

>> § 4.º acrescentado pela Lei Complementar n. 100, de 22-12-1999.

> *Vide* art. 7.º, § 1.º, da Lei Complementar n. 116, de 31-7-2003.

§ 5.º A base de cálculo apurado nos termos do parágrafo anterior:

I – é reduzida, nos Municípios onde não haja posto de cobrança de pedágio, para 60% (sessenta por cento) de seu valor;

II – é acrescida, nos Municípios onde haja posto de cobrança de pedágio, do complemento necessário à sua integralidade em relação à rodovia explorada.

>> § 5.º acrescentado pela Lei Complementar n. 100, de 22-12-1999.

§ 6.º Para efeitos do disposto nos §§ 4.º e 5.º, considera-se rodovia explorada o trecho limitado pelos pontos equidistantes entre cada posto de cobrança de pedágio ou entre o mais próximo deles e o ponto inicial ou terminal da rodovia.

>> § 6.º acrescentado pela Lei Complementar n. 100, de 22-12-1999.

Arts. 10 a 12. (*Revogados pela Lei Complementar n. 116, de 31-7-2003.*)

Art. 13. Revogam-se os arts. 52, 53, 54, 55, 56, 57, 58, 71, 72 e 73 da Lei n. 5.172, de 25 de outubro de 1966, com suas modificações posteriores, bem como todas as demais disposições em contrário.

Art. 14. Este Decreto-lei entrará em vigor em 1.º de janeiro de 1969.

Brasília, 31 de dezembro de 1968; 147.º da Independência e 80.º da República.

A. Costa e Silva

LISTA DE SERVIÇOS (*)

> *Vide* Súmula 424 do STJ.

Serviços de:

1 – Médicos, inclusive análises clínicas, eletricidade médica, radioterapia, ultrassonografia, radiologia, tomografia e congêneres.

2 – Hospitais, clínicas, sanatórios, laboratórios de análise, ambulatórios, prontos-socorros, manicômios, casas de saúde, de repouso e de recuperação e congêneres.

3 – Bancos de sangue, leite, pele, olhos, sêmen e congêneres.

4 – Enfermeiros, obstetras, ortópticos, fonoaudiólogos, protéticos (prótese dentária).

5 – Assistência médica e congêneres previstos nos itens 1, 2 e 3 desta lista, prestados através de planos de medicina de grupo, convênios, inclusive com empresas para assistência a empregados.

6 – Planos de saúde, prestados por empresa que não esteja incluída no item 5 desta lista e que se cumpram através de serviços prestados por terceiros, contratados pela empresa ou apenas pagos por esta, mediante indicação do beneficiário do plano.

7 – (*Vetado.*)

8 – Médicos veterinários.

9 – Hospitais veterinários, clínicas veterinárias e congêneres.

10 – Guarda, tratamento, amestramento, adestramento, embelezamento, alojamento e congêneres, relativos a animais.

11 – Barbeiros, cabeleireiros, manicuros, pedicuros, tratamento de pele, depilação e congêneres.

12 – Banhos, duchas, sauna, massagens, ginásticas e congêneres.

13 – Varrição, coleta, remoção e incineração de lixo.

14 – Limpeza e dragagem de portos, rios e canais.

15 – Limpeza, manutenção e conservação de imóveis, inclusive vias públicas, parques e jardins.

16 – Desinfecção, imunização, higienização, desratização e congêneres.

17 – Controle e tratamento de efluentes de qualquer natureza e de agentes físicos e biológicos.

18 – Incineração de resíduos quaisquer.

19 – Limpeza de chaminés.

20 – Saneamento ambiental e congêneres.

21 – Assistência técnica (*Vetado*).

22 – Assessoria ou consultoria de qualquer natureza, não contida em outros itens desta lista, organização, programação, planejamento, assessoria, processamento de dados, consultoria técnica, financeira ou administrativa (*Vetado*).

23 – Planejamento, coordenação, programação ou organização técnica, financeira ou administrativa (*Vetado*).

24 – Análises, inclusive de sistemas, exames, pesquisas e informações, coleta e processamento de dados de qualquer natureza.

25 – Contabilidade, auditoria, guarda-livros, técnicos em contabilidade e congêneres.

26 – Perícias, laudos, exames técnicos e análises técnicas.

27 – Traduções e interpretações.

28 – Avaliação de bens.

29 – Datilografia, estenografia, expediente, secretaria em geral e congêneres.

30 – Projetos, cálculos e desenhos técnicos de qualquer natureza.

31 – Aerofotogrametria (inclusive interpretação), mapeamento e topografia.

32 – Execução, por administração, empreitada ou subempreitada, de construção civil, de obras hidráulicas e outras obras semelhantes e respectiva engenharia consultiva, inclusive serviços auxiliares ou complementares (exceto o fornecimento de mercadorias produzidas pelo prestador de serviços, fora do local da prestação dos serviços, que fica sujeito ao ICM).

33 – Demolição.

34 – Reparação, conservação e reforma de edifícios, estradas, pontes, portos e congêneres (exceto o fornecimento de mercadorias produzidas pelo prestador de serviços fora do local da prestação dos serviços, que fica sujeito ao ICM).

35 – Pesquisa, perfuração, cimentação, perfilagem (*Vetado*), estimulação e outros serviços relacionados com a exploração e explotação de petróleo e gás natural.

36 – Florestamento e reflorestamento.

37 – Escoramento e contenção de encostas e serviços congêneres.

38 – Paisagismo, jardinagem e decoração (exceto o fornecimento de mercadorias, que fica sujeito ao ICM).

39 – Raspagem, calafetação, polimento, lustração de pisos, paredes e divisórias.

40 – Ensino, instrução, treinamento, avaliação de conhecimentos, de qualquer grau ou natureza.

41 – Planejamento, organização e administração de feiras, exposições, congressos e congêneres.

42 – Organização de festas e recepções: *buffet* (exceto o fornecimento de alimentação e bebidas, que fica sujeito ao ICM).

43 – Administração de bens e negócios de terceiros e de consórcio (*Vetado*).

44 – Administração de fundos mútuos (exceto a realizada por instituições autorizadas a funcionar pelo Banco Central).

45 – Agenciamento, corretagem ou intermediação de câmbio, de seguros e de planos de previdência privada.

(*) Com redação determinada pela Lei Complementar n. 56, de 15-12-1987. *Vide* Lista de Serviços da Lei Complementar n. 116, de 31-7-2003.

46 – Agenciamento, corretagem ou intermediação de títulos quaisquer (exceto os serviços executados por instituições autorizadas a funcionar pelo Banco Central).

47 – Agenciamento, corretagem ou intermediação de direitos da propriedade industrial, artística ou literária.

48 – Agenciamento, corretagem ou intermediação de contratos de franquia (*franchise*) e de faturação (*factoring*) (excetuam-se os serviços prestados por instituições autorizadas a funcionar pelo Banco Central).

49 – Agenciamento, organização, promoção e execução de programas de turismo, passeios, excursões, guias de turismo e congêneres.

50 – Agenciamento, corretagem ou intermediação de bens móveis e imóveis não abrangidos nos itens 45, 46, 47 e 48.

51 – Despachantes.

52 – Agentes da propriedade industrial.

53 – Agentes da propriedade artística ou literária.

54 – Leilão.

55 – Regulação de sinistros cobertos por contratos de seguros; inspeção e avaliação de riscos para cobertura de contratos de seguros; prevenção e gerência de riscos seguráveis, prestados por quem não seja o próprio segurado ou companhia de seguro.

56 – Armazenamento, depósito, carga, descarga, arrumação e guarda de bens de qualquer espécie (exceto depósitos feitos em instituições financeiras autorizadas a funcionar pelo Banco Central).

57 – Guarda e estacionamento de veículos automotores terrestres.

58 – Vigilância ou segurança de pessoas e bens.

59 – Transporte, coleta, remessa ou entrega de bens ou valores, dentro do território do município.

60 – Diversões públicas:

a) (*Vetado*), cinemas, (*Vetado*), *taxi dancings* e congêneres;

b) bilhares, boliches, corridas de animais e outros jogos;

c) exposições com cobrança de ingresso;

d) bailes, *shows*, festivais, recitais e congêneres, inclusive espetáculos que sejam também transmitidos, mediante compra de direitos para tanto, pela televisão ou pelo rádio;

e) jogos eletrônicos;

f) competições esportivas ou de destreza física ou intelectual, com ou sem a participação do espectador, inclusive a venda de direitos à transmissão pelo rádio ou pela televisão;

g) execução de música, individualmente ou por conjuntos (*Vetado*).

61 – Distribuição e venda de bilhetes de loteria, cartões, pules ou cupons de apostas, sorteios ou prêmios.

62 – Fornecimento de música, mediante transmissão por qualquer processo, para vias públicas ou ambientes fechados (exceto transmissões radiofônicas ou de televisão).

63 – Gravação e distribuição de filmes e *video tapes*.

64 – Fonografia ou gravação de sons ou ruídos, inclusive trucagem, dublagem e mixagem sonora.

65 – Fotografia e cinematografia, inclusive revelação, ampliação, cópia, reprodução e trucagem.

66 – Produção, para terceiros, mediante ou sem encomenda prévia, de espetáculos, entrevistas e congêneres.

67 – Colocação de tapetes e cortinas, com material fornecido pelo usuário final do serviço.

68 – Lubrificação, limpeza e revisão de máquinas, veículos, aparelhos e equipamentos (exceto o fornecimento de peças e partes, que fica sujeito ao ICM).

69 – Conserto, restauração, manutenção e conservação de máquinas, veículos, motores, elevadores ou de qualquer objeto (exceto o fornecimento de peças e partes, que fica sujeito ao ICM).

70 – Recondicionamento de motores (o valor das peças fornecidas pelo prestador do serviço fica sujeito ao ICM).

71 – Recauchutagem ou regeneração de pneus para o usuário final.

72 – Recondicionamento, acondicionamento, pintura, beneficiamento, lavagem, secagem, tingimento, galvanoplastia, anodização, corte, recorte, polimento, plastificação e congêneres, de objetos não destinados à industrialização ou comercialização.

73 – Lustração de bens móveis quando o serviço for prestado para usuário final do objeto lustrado.

74 – Instalação e montagem de aparelhos, máquinas e equipamentos, prestados ao usuário final do serviço, exclusivamente com material por ele fornecido.

75 – Montagem industrial, prestada ao usuário final do serviço, exclusivamente com material por ele fornecido.

76 – Cópia ou reprodução, por quaisquer processos, de documentos e outros papéis, plantas ou desenhos.

77 – Composição gráfica, fotocomposição, clicheria, zincografia, litografia e fotolitografia.

78 – Colocação de molduras e afins, encadernação, gravação e douração de livros, revistas e congêneres.

79 – Locação de bens móveis, inclusive arrendamento mercantil.

80 – Funerais.

81 – Alfaiataria e costura, quando o material for fornecido pelo usuário final, exceto aviamento.

82 – Tinturaria e lavanderia.

83 – Taxidermia.

84 – Recrutamento, agenciamento, seleção, colocação ou fornecimento de mão de obra, mesmo em caráter temporário, inclusive por empregados do prestador do serviço ou por trabalhadores avulsos por ele contratados.

85 – Propaganda e publicidade, inclusive promoção de vendas, planejamento de campanhas ou sistemas de publicidade, elaboração de desenhos, textos e demais materiais publicitários (exceto sua impressão, reprodução ou fabricação).

86 – Veiculação e divulgação de textos, desenhos e outros materiais de publicidade, por qualquer meio (exceto em jornais, periódicos, rádios e televisão).

87 – Serviços portuários e aeroportuários; utilização de porto ou aeroporto; atracação; capatazia; armazenagem interna, externa e especial; suprimento de água, serviços acessórios; movimentação de mercadoria fora do cais.

88 – Advogados.

89 – Engenheiros, arquitetos, urbanistas, agrônomos.

90 – Dentistas.

91 – Economistas.

92 – Psicólogos.

93 – Assistentes sociais.

94 – Relações públicas.

95 – Cobranças e recebimentos por conta de terceiros, inclusive direitos autorais, protestos de títulos, sustação de protestos, devolução de títulos não pagos, manutenção de títulos vencidos, fornecimentos de posição de cobrança ou recebimento e outros serviços correlatos da cobrança ou recebimento (este item abrange também os serviços prestados por instituições autorizadas a funcionar pelo Banco Central).

96 – Instituições financeiras autorizadas a funcionar pelo Banco Central: fornecimento de talão de cheques; emissão de cheques administrativos; transferência de fundos; devolução de cheques; sustação de pagamento de cheques; ordens de pagamento e de créditos, por

qualquer meio; emissão e renovação de cartões magnéticos; consultas em terminais eletrônicos; pagamentos por conta de terceiros, inclusive os feitos fora do estabelecimento; elaboração de ficha cadastral; aluguel de cofres; fornecimento de segunda via de avisos de lançamento de extrato de contas; emissão de carnês (neste item não está abrangido o ressarcimento, a instituições financeiras, de gastos com portes do Correio, telegramas, telex e teleprocessamento, necessários à prestação dos serviços).

97 – Transporte de natureza estritamente municipal.

98 – Comunicações telefônicas de um para outro aparelho dentro do mesmo município.

99 – Hospedagem em hotéis, motéis, pensões e congêneres (o valor da alimentação, quando incluído no preço da diária, fica sujeito ao Imposto sobre Serviços).

100– Distribuição de bens de terceiros em representação de qualquer natureza.

101– Exploração de rodovia mediante cobrança de preço dos usuários, envolvendo execução de serviços de conservação, manutenção, melhoramentos para adequação de capacidade e segurança de trânsito, operação, monitoração, assistência aos usuários e outros definidos em contratos, atos de concessão ou de permissão ou em normas oficiais.

>> Item 101 acrescentado pela Lei Complementar n. 100, de 22-12-1999.

DECRETO-LEI N. 900, DE 29 DE SETEMBRO DE 1969 (*)

Altera disposições do Decreto-lei n. 200, de 25 de fevereiro de 1967, e dá outras providências.

Os Ministros da Marinha de Guerra, do Exército e da Aeronáutica Militar, usando das atribuições que lhes confere o art. 1.º do Ato Institucional n. 12, de 31 de agosto de 1969, combinado com o § 1.º do art. 2.º do Ato Institucional n. 5, de 13 de dezembro de 1968, decretam:

....

Art. 4.º A aprovação de quadros e tabelas de pessoal das autarquias federais e a fixação dos respectivos vencimentos e salários são da competência do Presidente da República, ficando revogadas quaisquer disposições que atribuam a órgãos das próprias autarquias competência para a prática destes atos.

Art. 5.º Desde que a maioria do capital votante permaneça de propriedade da União, será admitida, no capital da Empresa Pública (art. 5.º, II, do Decreto-lei n. 200, de 25-2-1967), a participação de outras pessoas jurídicas de direito público interno bem como de entidades da Administração Indireta da União, dos Estados, Distrito Federal e Municípios.

....

Art. 9.º Este Decreto-lei entrará em vigor na data de sua publicação, revogadas as disposições em contrário.

Brasília, 29 de setembro de 1969; 148.º da Independência e 81.º da República.

Augusto Hamann Rademaker Grunewald

(*) Publicado no *Diário Oficial da União* de 30-9-1969 e retificado em 2-10-1969.

DECRETO-LEI N. 1.075, DE 22 DE JANEIRO DE 1970 (**)

Regula a imissão de posse, initio litis, *em imóveis residenciais urbanos.*

O Presidente da República, usando da atribuição que lhe confere o art. 55, I, da Constituição, e

>> A referência é à CF de 1967. *Vide* art. 62 da CF.

Considerando que, na cidade de São Paulo, o grande número de desapropriações em zona residencial ameaça desalojar milhares de famílias;

Considerando que os proprietários de prédios residenciais encontram dificuldade, no sistema jurídico vigente, de obter, *initio litis*, uma indenização suficiente para a aquisição de nova casa própria;

Considerando que a oferta do poder expropriante, baseada em valor cadastral do imóvel, é inferior ao valor real apurado em avaliação no processo de desapropriação;

Considerando, finalmente, que o desabrigo dos expropriados causa grave risco à segurança nacional, por ser fermento de agitação social, decreta:

Art. 1.º Na desapropriação por utilidade pública de prédio urbano residencial, o expropriante, alegando urgência, poderá imitir-se provisoriamente na posse do bem, mediante o depósito do preço oferecido, se este não for impugnado pelo expropriado em 5 (cinco) dias da intimação da oferta.

> *Vide* arts. 1.º e 2.º do Decreto-lei n. 3.365, de 21-6-1941.

Art. 2.º Impugnada a oferta pelo expropriado, o juiz, servindo-se, caso necessário, de perito avaliador, fixará em 48 (quarenta e oito) horas o valor provisório do imóvel.

Parágrafo único. O perito, quando designado, deverá apresentar o laudo no prazo máximo de 5 (cinco) dias.

Art. 3.º Quando o valor arbitrado for superior à oferta, o juiz só autorizará a imissão provisória na posse do imóvel, se o expropriante complementar o depósito para que este atinja a metade do valor arbitrado.

Art. 4.º No caso do artigo anterior, fica, porém, fixado em 2.300 (dois mil e trezentos) salários mínimos vigentes na região, o máximo do depósito a que será obrigado o expropriante.

Art. 5.º O expropriado, observadas as cautelas previstas no art. 34 do Decreto-lei n. 3.365, de 21 de junho de 1941, poderá levantar toda a importância depositada e complementada nos termos do art. 3.º.

Parágrafo único. Quando o valor arbitrado for inferior ou igual ao dobro do preço oferecido, é lícito ao expropriado optar entre o levantamento de 80% (oitenta por cento) do preço oferecido ou da metade do valor arbitrado.

Art. 6.º O disposto neste Decreto-lei só se aplica à desapropriação de prédio residencial urbano, habitado pelo proprietário ou compromissário comprador, cuja promessa de compra esteja devidamente inscrita no Registro de Imóveis.

Art. 7.º Este Decreto-lei entra em vigor na data de sua publicação, aplicando-se às ações já ajuizadas.

Art. 8.º Revogam-se as disposições em contrário.

Brasília, 22 de janeiro de 1970; 149.º da Independência e 82.º da República.

EMÍLIO G. MÉDICI

(**) Publicado no *Diário Oficial da União* de 22-1-1970.

LEI COMPLEMENTAR N. 7, DE 7 DE SETEMBRO DE 1970 (***)

Institui o Programa de Integração Social e dá outras providências.

O Presidente da República

Faço saber que o Congresso Nacional decreta e eu sanciono a seguinte Lei Complementar:

Art. 1.º É instituído, na forma prevista nesta Lei, o Programa de Integração Social, destinado a promover a integração do empregado na vida e no desenvolvimento das empresas.

(***) Publicada no *Diário Oficial da União*, de 8-9-1970. Retificada em 10-9-1970. Regulamentada pelo Decreto n. 4.524, de 17-12-2002. *Vide* Lei Complementar n. 8, de 3-12-1970. A Lei n. 9.701, de 17-11-1998, dispõe sobre a base de cálculo da contribuição para o PIS.

>> *Vide* Decreto n. 4.524, de 17-12-2002.

§ 1.º Para os fins desta Lei, entende-se por empresa a pessoa jurídica, nos termos da legislação do Imposto de Renda, e por empregado todo aquele assim definido pela Legislação Trabalhista.

§ 2.º A participação dos trabalhadores avulsos, assim definidos os que prestam serviços a diversas empresas, sem relação empregatícia, no Programa de Integração Social, far-se-á nos termos do Regulamento a ser baixado, de acordo com o art. 11 desta Lei.

Art. 2.º O Programa de que trata o artigo anterior será executado mediante Fundo de Participação, constituído por depósitos efetuados pelas empresas na Caixa Econômica Federal.

Parágrafo único. A Caixa Econômica Federal poderá celebrar convênios com estabelecimentos da rede bancária nacional, para o fim de receber os depósitos a que se refere este artigo.

Art. 3.º O Fundo de Participação será constituído por duas parcelas:

a) a primeira, mediante dedução do Imposto de Renda devido, na forma estabelecida no § 1.º deste artigo, processando-se o seu recolhimento ao Fundo juntamente com o pagamento do Imposto de Renda;

b) a segunda, com recursos próprios da empresa, calculados com base no faturamento, como segue:

>> *Vide* Lei Complementar n. 17, de 12-12-1973.

1) no exercício de 1971, 0,15%;

2) no exercício de 1972, 0,25%;

3) no exercício de 1973, 0,40%;

4) no exercício de 1974 e subsequentes, 0,50%.

§ 1.º A dedução a que se refere a alínea *a* deste artigo será feita sem prejuízo do direito de utilização dos incentivos fiscais previstos na legislação em vigor e calculada com base no valor do Imposto de Renda devido, nas seguintes proporções:

a) no exercício de 1971: 2%;

b) no exercício de 1972: 3%;

c) no exercício de 1973 e subsequentes: 5%.

§ 2.º As instituições financeiras, sociedades seguradoras e outras empresas que não realizam operações de vendas de mercadorias participarão do Programa de Integração Social com uma contribuição ao Fundo de Participação de recursos próprios de valor idêntico do que for apurado na forma do parágrafo anterior.

§ 3.º As empresas que a título de incentivos fiscais estejam isentas, ou venham a ser isentadas, do pagamento do Imposto de Renda contribuirão para o Fundo de Participação, na base de cálculo como se aquele tributo fosse devido, obedecidas as percentagens previstas neste artigo.

§ 4.º As entidades de fins não lucrativos, que tenham empregados assim definidos pela Legislação Trabalhista, contribuirão para o Fundo na forma da lei.

§ 5.º A Caixa Econômica Federal resolverá os casos omissos de acordo com os critérios fixados pelo Conselho Monetário Nacional.

Art. 4.º O Conselho Monetário Nacional poderá alterar, até 50% (cinquenta por cento), para mais ou para menos, os percentuais de contribuição de que trata o § 2.º do art. 3.º, tendo em vista a proporcionalidade das contribuições.

Art. 5.º A Caixa Econômica Federal emitirá, em nome de cada empregado, uma Caderneta de Participação – Programa de Integração Social – movimentável na forma dos arts. 8.º e 9.º desta Lei.

Art. 6.º A efetivação dos depósitos no Fundo correspondente à contribuição referida na alínea *b* do art. 3.º será processada mensalmente a partir de 1.º de julho de 1971.

Parágrafo único. A contribuição de julho será calculada com base no faturamento de janeiro; a de agosto, com base no faturamento de fevereiro; e assim sucessivamente.

> *Vide* Súmula 468 do STJ.

Art. 7.º A participação do empregado no Fundo far-se-á mediante depósitos efetuados em contas individuais abertas em nome de cada empregado, obedecidos os seguintes critérios:

a) 50% (cinquenta por cento) do valor destinado ao Fundo será dividido em partes proporcionais ao montante de salários recebidos no período;

b) os 50% (cinquenta por cento) restantes serão divididos em partes proporcionais aos quinquênios de serviços prestados pelo empregado.

§ 1.º Para os fins deste artigo, a Caixa Econômica Federal, com base nas informações fornecidas pelas empresas, no prazo de 180 (cento e oitenta) dias, contados da publicação desta Lei, organizará um Cadastro-Geral dos participantes do Fundo, na forma que for estabelecida em regulamento.

§ 2.º A omissão dolosa de nome de empregado entre os participantes do Fundo sujeitará a empresa a multa, em benefício do Fundo, no valor de 10 (dez) meses de salários, devidos ao empregado cujo nome houver sido omitido.

§ 3.º Igual penalidade será aplicada em caso de declaração falsa sobre o valor do salário e do tempo de serviço do empregado na empresa.

Arts. 8.º e 9.º (*Revogados pela Lei Complementar n. 26, de 11-9-1975.*)

Art. 10. As obrigações das empresas, decorrentes desta Lei, são de caráter exclusivamente fiscal, não gerando direitos de natureza trabalhista nem incidência de qualquer contribuição previdenciária em relação a quaisquer prestações devidas, por lei ou por sentença judicial, ao empregado.

Parágrafo único. As importâncias incorporadas ao Fundo não se classificam como rendimento do trabalho, para qualquer efeito da Legislação Trabalhista, de Previdência Social ou Fiscal e não se incorporam aos salários ou gratificações, nem estão sujeitas ao Imposto sobre a Renda e proventos de qualquer natureza.

Art. 11. Dentro de 120 (cento e vinte) dias, a contar da vigência desta Lei, a Caixa Econômica Federal submeterá à aprovação do Conselho Monetário Nacional o regulamento do Fundo, fixando as normas para o recolhimento e a distribuição dos recursos, assim como as diretrizes e os critérios para a sua aplicação.

Parágrafo único. O Conselho Monetário Nacional pronunciar-se-á, no prazo de 60 (sessenta) dias, a contar do seu recebimento, sobre o Projeto de regulamento do Fundo.

Art. 12. As disposições desta Lei não se aplicam a quaisquer entidades integrantes da administração pública federal, estadual ou municipal, dos Territórios e do Distrito Federal, direta ou indireta, adotando-se, em todos os níveis, para efeito de conceituação, como entidades da Administração Indireta, os critérios constantes dos Decretos-leis n. 200, de 25 de fevereiro de 1967, e 900, de 29 de setembro de 1969.

Art. 13. Esta Lei Complementar entrará em vigor na data de sua publicação.

Art. 14. Revogam-se as disposições em contrário.

Brasília, 7 de setembro de 1970; 149.º da Independência e 82.º da República.

EMÍLIO G. MÉDICI

A Lei n. 9.715, de 25-11-1998, dispõe sobre as contribuições para os Programas de Integração Social e de Formação do Patrimônio do Servidor Público – PIS/PASEP.

Vide art. 239 da CF e a Lei n. 9.718, de 27-11-1998.

LEI COMPLEMENTAR N. 8, DE 3 DE DEZEMBRO DE 1970 (*)

Institui o Programa de Formação do Patrimônio do Servidor Público e dá outras providências.

O Presidente da República

(*) Publicada no *Diário Oficial da União*, de 4-12-1970. Regulamentada pelo Decreto n. 4.524, de 17-12-2002.

A Lei n. 9.715, de 25-11-1998, dispõe sobre as contribuições para os Programas de Integração Social e de Formação do Patrimônio do Servidor Público – PIS/PASEP.

Faço saber que o Congresso Nacional decreta e eu sanciono a seguinte Lei Complementar:

Art. 1.º É instituído, na forma prevista nesta Lei Complementar, o Programa de Formação do Patrimônio do Servidor Público.

Art. 2.º A União, os Estados, os Municípios, o Distrito Federal e os Territórios contribuirão para o Programa, mediante recolhimento mensal ao Banco do Brasil das seguintes parcelas:

I – União:

1% (um por cento) das receitas correntes efetivamente arrecadadas, deduzidas as transferências feitas a outras entidades da Administração Pública, a partir de 1.º de julho de 1971; 1,5% (um e meio por cento) em 1972 e 2% (dois por cento) no ano de 1973 e subsequentes;

II – Estados, Municípios, Distrito Federal e Territórios:

a) 1% (um por cento) das receitas correntes próprias, deduzidas as transferências feitas a outras entidades da Administração Pública, a partir de 1.º de julho de 1971; 1,5% (um e meio por cento) em 1972 e 2% (dois por cento) no ano de 1973 e subsequentes;

b) 2% (dois por cento) das transferências recebidas do Governo da União e dos Estados através do Fundo de Participações dos Estados, Distrito Federal e Municípios, a partir de 1.º de julho de 1971.

Parágrafo único. Não recairá, em nenhuma hipótese, sobre as transferências de que trata este artigo, mais de uma contribuição.

Art. 3.º As autarquias, empresas públicas, sociedades de economia mista e fundações, da União, dos Estados, dos Municípios, do Distrito Federal e dos Territórios contribuirão para o Programa com 0,4% (quatro décimos por cento) da receita orçamentária, inclusive transferências e receita operacional, a partir de 1.º de julho de 1971; 0,6% (seis décimos por cento) em 1972 e 0,8% (oito décimos por cento) no ano de 1973 e subsequentes.

Art. 4.º As contribuições recebidas pelo Banco do Brasil serão distribuídas entre todos os servidores em atividades, civis e militares, da União, dos Estados, Municípios, Distrito Federal e Territórios, bem como das suas entidades da administração indireta e fundações, observados os seguintes critérios:

a) 50% (cinquenta por cento) proporcionais ao montante da remuneração percebida pelo servidor, no período;

b) 50% (cinquenta por cento) em partes proporcionais aos quinquênios de serviços prestados pelo servidor.

Parágrafo único. A distribuição de que trata este artigo somente beneficiará os titulares, nas entidades mencionadas nesta Lei Complementar, de cargo ou função de provimento efetivo ou que possam adquirir estabilidade, ou de emprego de natureza não eventual, regido pela legislação trabalhista.

Art. 5.º O Banco do Brasil S.A., ao qual competirá a administração do Programa, manterá contas individualizadas para cada servidor e cobrará uma comissão de serviço, tudo na forma que for estipulada pelo Conselho Monetário Nacional.

§ 1.º Os depósitos a que se refere este artigo não estão sujeitos a Imposto de Renda ou contribuição previdenciária, nem se incorporam, para qualquer fim, à remuneração do cargo, função ou emprego.

§§ 2.º a 5.º *(Revogados pela Lei Complementar n. 26, de 11-9-1975.)*

§ 6.º O Banco do Brasil S.A. organizará o cadastro geral dos beneficiários desta Lei Complementar.

Art. 6.º *(Revogado pela Lei Complementar n. 19, de 25-6-1974.)*

Art. 7.º As importâncias creditadas nas contas do Programa de Formação do Patrimônio do Servidor Público e do Programa de Integração Social são inalienáveis e impenhoráveis, e serão obrigatoriamente transferidas de um para outro, no caso de passar o servidor, pela alteração da relação de emprego, do setor público para o privado, e vice-versa.

Art. 8.º A aplicação do disposto nesta Lei Complementar aos Estados e Municípios, às suas entidades da administração indireta e fundações, bem como aos seus servidores, dependerá de norma legislativa estadual ou municipal.

Art. 9.º Esta Lei Complementar entrará em vigor na data de sua publicação, revogadas as disposições em contrário.

Brasília, 3 de dezembro de 1970; 149.º da Independência e 82.º da República.

EMÍLIO G. MÉDICI

DECRETO N. 70.235, DE 6 DE MARÇO DE 1972 (*)

Dispõe sobre o processo administrativo fiscal e dá outras providências.

O Presidente da República, usando das atribuições que lhe confere o art. 81, III, da Constituição e tendo em vista o disposto no art. 2.º do Decreto-lei n. 822, de 5 de setembro de 1969, decreta:

DISPOSIÇÃO PRELIMINAR

Art. 1.º Este Decreto rege o processo administrativo de determinação e exigência dos créditos tributários da União e o de consulta sobre a aplicação da legislação tributária federal.

CAPÍTULO I
DO PROCESSO FISCAL

Seção I
Dos Atos e Termos Processuais

Art. 2.º Os atos e termos processuais, quando a lei não prescrever forma determinada, conterão somente o indispensável à sua finalidade, sem espaço em branco, e sem entrelinhas, rasuras ou emendas não ressalvadas.

Parágrafo único. Os atos e termos processuais poderão ser formalizados, tramitados, comunicados e transmitidos em formato digital, conforme disciplinado em ato da administração tributária.

>> Parágrafo único com redação determinada pela Lei n. 12.865, de 9-10-2013.

Art. 3.º A autoridade local fará realizar, no prazo de trinta dias, os atos processuais que devam ser praticados em sua jurisdição, por solicitação de outra autoridade preparadora ou julgadora.

Art. 4.º Salvo disposição em contrário, o servidor executará os atos processuais no prazo de oito dias.

Seção II
Dos Prazos

Art. 5.º Os prazos serão contínuos, excluindo-se na sua contagem o dia do início e incluindo-se o do vencimento.

Parágrafo único. Os prazos só se iniciam ou vencem no dia de expediente normal no órgão em que corra o processo ou deva ser praticado o ato.

Art. 6.º *(Revogado pela Lei n. 8.748, de 9-12-1993.)*

Seção III
Do Procedimento

Art. 7.º O procedimento fiscal tem início com:

I – o primeiro ato de ofício, escrito, praticado por servidor competente, cientificado o sujeito passivo da obrigação tributária ou seu preposto;

II – a apreensão de mercadorias, documentos ou livros;

III – o começo de despacho aduaneiro de mercadoria importada.

§ 1.º O início do procedimento exclui a espontaneidade do sujeito passivo em relação aos atos anteriores e, independentemente de intimação, a dos demais envolvidos nas infrações verificadas.

§ 2.º Para os efeitos do disposto no § 1.º, os atos referidos nos incisos I e II valerão pelo prazo de sessenta dias, prorrogável, sucessivamente, por igual período, com qualquer outro ato escrito que indique o prosseguimento dos trabalhos.

(*) Publicado no *Diário Oficial da União* de 7-3-1972.

>> Dispõe a Lei Complementar n. 105, de 10-1-2001, regulamentada pelo Decreto n. 3.724, de 10-1-2001, em seu art. 6.º: "As autoridades e os agentes fiscais tributários da União, dos Estados, do Distrito Federal e dos Municípios somente poderão examinar documentos, livros e registros de instituições financeiras, inclusive os referentes a contas de depósitos e aplicações financeiras, quando houver processo administrativo instaurado ou procedimento fiscal em curso e tais exames sejam considerados indispensáveis pela autoridade administrativa competente. Parágrafo único. O resultado dos exames, as informações e os documentos a que se refere este artigo serão conservados em sigilo, observada a legislação tributária".

Art. 8.º Os termos decorrentes de atividade fiscalizadora serão lavrados, sempre que possível, em livro fiscal, extraindo-se cópia para anexação ao processo; quando não lavrados em livro, entregar-se-á cópia autenticada à pessoa sob fiscalização.

Art. 9.º A exigência do crédito tributário e a aplicação de penalidade isolada serão formalizados em autos de infração ou notificações de lançamento, distintos para cada tributo ou penalidade, os quais deverão estar instruídos com todos os termos, depoimentos, laudos e demais elementos de prova indispensáveis à comprovação do ilícito.

>> *Caput* com redação determinada pela Lei n. 11.941, de 27-5-2009.

§ 1.º Os autos de infração e as notificações de lançamento de que trata o *caput* deste artigo, formalizados em relação ao mesmo sujeito passivo, podem ser objeto de um único processo, quando a comprovação dos ilícitos depender dos mesmos elementos de prova.

>> § 1.º com redação determinada pela Lei n. 11.196, de 21-11-2005.

§ 2.º Os procedimentos de que tratam este artigo e o art. 7.º serão válidos, mesmo que formalizados por servidor competente de jurisdição diversa da do domicílio tributário do sujeito passivo.

>> § 2.º com redação determinada pela Lei n. 8.748, de 9-12-1993.

§ 3.º A formalização da exigência, nos termos do parágrafo anterior, previne a jurisdição e prorroga a competência da autoridade que dela primeiro conhecer.

>> § 3.º com redação determinada pela Lei n. 8.748, de 9-12-1993.

§ 4.º O disposto no *caput* deste artigo aplica-se também nas hipóteses em que, constatada infração à legislação tributária, dela não resulte exigência de crédito tributário.

>> § 4.º acrescentado pela Lei n. 11.941, de 27-5-2009.

§ 5.º Os autos de infração e as notificações de lançamento de que trata o *caput* deste artigo, formalizados em decorrência de fiscalização relacionada a regime especial unificado de arrecadação de tributos, poderão conter lançamento único para todos os tributos por eles abrangidos.

>> § 5.º acrescentado pela Lei n. 11.941, de 27-5-2009.

§ 6.º O disposto no *caput* deste artigo não se aplica às contribuições de que trata o art. 3.º da Lei n. 11.457, de 16 de março de 2007.

>> § 6.º acrescentado pela Lei n. 11.941, de 27-5-2009.

>> Citado dispositivo trata do recolhimento das contribuições à seguridade social devido a terceiros (outras entidades e fundos).

Art. 10. O auto de infração será lavrado por servidor competente, no local da verificação da falta, e conterá obrigatoriamente:

I – a qualificação do autuado;

II – o local, a data e a hora da lavratura;

III – a descrição do fato;

IV – a disposição legal infringida e a penalidade aplicável;

V – a determinação da exigência e a intimação para cumpri-la ou impugná-la no prazo de trinta dias;

VI – a assinatura do autuante e a indicação de seu cargo ou função e o número de matrícula.

Art. 11. A notificação de lançamento será expedida pelo órgão que administra o tributo e conterá obrigatoriamente:

I – a qualificação do notificado;

II – o valor do crédito tributário e o prazo para recolhimento ou impugnação;

III – a disposição legal infringida, se for o caso;

IV – a assinatura do chefe do órgão expedidor ou de outro servidor autorizado e a indicação de seu cargo ou função e o número de matrícula.

Parágrafo único. Prescinde de assinatura a notificação de lançamento emitida por processo eletrônico.

Art. 12. O servidor que verificar a ocorrência de infração à legislação tributária federal e não for competente para formalizar a exigência comunicará o fato, em representação circunstanciada, a seu chefe imediato, que adotará as providências necessárias.

Art. 13. A autoridade preparadora determinará que seja informado, no processo, se o infrator é reincidente, conforme definição da lei específica, se essa circunstância não tiver sido declarada na formalização da exigência.

Art. 14. A impugnação da exigência instaura a fase litigiosa do procedimento.

Art. 14-A. No caso de determinação e exigência de créditos tributários da União cujo sujeito passivo seja órgão ou entidade de direito público da administração pública federal, a submissão do litígio à composição extrajudicial pela Advocacia-Geral da União é considerada reclamação, para fins do disposto no inciso III do art. 151 da Lei n. 5.172, de 25 de outubro de 1966 – Código Tributário Nacional.

>> Artigo acrescentado pela Lei n. 13.140, de 26-6-2015.

> O inciso III do art. 151 do CTN dispõe: "Art. 151. III – as reclamações e os recursos, nos termos das leis reguladoras do processo tributário administrativo;".

Art. 15. A impugnação, formalizada por escrito e instruída com os documentos em que se fundamentar, será apresentada ao órgão preparador no prazo de trinta dias, contados da data em que for feita a intimação da exigência.

>> *Vide* art. 18, § 3.º, deste Decreto.

Parágrafo único. (*Revogado pela Lei n. 11.941, de 27-5-2009.*)

Art. 16. A impugnação mencionará:

I – a autoridade julgadora a quem é dirigida;

II – a qualificação do impugnante;

III – os motivos de fato e de direito em que se fundamenta, os pontos de discordância e as razões e provas que possuir;

>> Inciso III com redação determinada pela Lei n. 8.748, de 9-12-1993.

IV – as diligências, ou perícias que o impugnante pretenda sejam efetuadas, expostos os motivos que as justifiquem, com a formulação dos quesitos referentes aos exames desejados, assim como, no caso de perícia, o nome, o endereço e a qualificação profissional do seu perito;

>> Inciso IV com redação determinada pela Lei n. 8.748, de 9-12-1993.

V – se a matéria impugnada foi submetida à apreciação judicial, devendo ser juntada cópia da petição.

>> Inciso V com redação determinada pela Lei n. 11.196, de 21-11-2005.

§ 1.º Considerar-se-á não formulado o pedido de diligência ou perícia que deixar de atender aos requisitos previstos no inciso IV do art. 16.

>> § 1.º acrescentado pela Lei n. 8.748, de 9-12-1993.

§ 2.º É defeso ao impugnante, ou a seu representante legal, empregar expressões injuriosas nos escritos apresentados no processo, cabendo ao julgador, de ofício ou a requerimento do ofendido, mandar riscá-las.

>> § 2.º acrescentado pela Lei n. 8.748, de 9-12-1993.

§ 3.º Quando o impugnante alegar direito municipal, estadual ou estrangeiro, provar-lhe-á o teor e a vigência, se assim o determinar o julgador.

>> § 3.º acrescentado pela Lei n. 8.748, de 9-12-1993.

§ 4.º A prova documental será apresentada na impugnação, precluindo o direito de o impugnante fazê-lo em outro momento processual, a menos que:

a) fique demonstrada a impossibilidade de sua apresentação oportuna, por motivo de força maior;

b) refira-se a fato ou a direito superveniente;

c) destine-se a contrapor fatos ou razões posteriormente trazidas aos autos.

>> § 4.º acrescentado pela Lei n. 9.532, de 10-12-1997.

§ 5.º A juntada de documentos após a impugnação deverá ser requerida à autoridade julgadora, mediante petição em que se demonstre, com fundamentos, a ocorrência de uma das condições previstas nas alíneas do parágrafo anterior.

>> § 5.º acrescentado pela Lei n. 9.532, de 10-12-1997.

§ 6.º Caso já tenha sido proferida a decisão, os documentos apresentados permanecerão nos autos para, se for interposto recurso, serem apreciados pela autoridade julgadora de segunda instância.

>> § 6.º acrescentado pela Lei n. 9.532, de 10-12-1997.

Art. 17. Considerar-se-á não impugnada a matéria que não tenha sido expressamente contestada pelo impugnante.

>> Artigo com redação determinada pela Lei n. 9.532, de 10-12-1997.

Art. 18. A autoridade julgadora de primeira instância determinará, de ofício ou a requerimento do impugnante, a realização de diligências ou perícias, quando entendê-las necessárias, indeferindo as que considerar prescindíveis ou impraticáveis, observando o disposto no art. 28, *in fine*.

>> *Caput* com redação determinada pela Lei n. 8.748, de 9-12-1993.

§ 1.º Deferido o pedido de perícia, ou determinada de ofício sua realização, a autoridade designará servidor para, como perito da União, a ela proceder e intimará o perito do sujeito passivo a realizar o exame requerido, cabendo a ambos apresentar os respectivos laudos em prazo que será fixado segundo o grau de complexidade dos trabalhos a serem executados.

>> § 1.º com redação determinada pela Lei n. 8.748, de 9-12-1993.

§ 2.º Os prazos para realização de diligência ou perícia poderão ser prorrogados, a juízo da autoridade.

>> § 2.º com redação determinada pela Lei n. 8.748, de 9-12-1993.

§ 3.º Quando, em exames posteriores, diligências ou perícias, realizados no curso do processo, forem verificadas incorreções, omissões ou inexatidões de que resultem agravamento da exigência inicial, inovação ou alteração da fundamentação legal da exigência, será lavrado auto de infração ou emitida notificação de lançamento complementar, devolvendo-se, ao sujeito passivo, prazo para impugnação no concernente à matéria modificada.

>> § 3.º com redação determinada pela Lei n. 8.748, de 9-12-1993.

Art. 19. (*Revogado pela Lei n. 8.748, de 9-12-1993.*)

Art. 20. No âmbito da Secretaria da Receita Federal, a designação de servidor para proceder aos exames relativos a diligências ou perícias recairá sobre Auditor-Fiscal do Tesouro Nacional.

>> Artigo com redação determinada pela Lei n. 8.748, de 9-12-1993.

>> A Secretaria da Receita Federal passa a denominar-se Secretaria da Receita Federal do Brasil, por força da Lei n. 11.457, de 16-3-2007.

Art. 21. Não sendo cumprida nem impugnada a exigência, a autoridade preparadora declarará a revelia, permanecendo o processo no órgão preparador, pelo prazo de trinta dias, para cobrança amigável.

>> *Caput* com redação determinada pela Lei n. 8.748, de 9-12-1993.

§ 1.º No caso de impugnação parcial, não cumprida a exigência relativa à parte não litigiosa do crédito, o órgão preparador, antes da remessa dos autos a julgamento, providenciará a formação de autos apartados para a imediata cobrança da parte não contestada, consignando essa circunstância no processo original.

>> § 1.º com redação determinada pela Lei n. 8.748, de 9-12-1993.

§ 2.º A autoridade preparadora, após a declaração de revelia e findo o prazo previsto no *caput* deste artigo, procederá, em relação às mercadorias e outros bens perdidos em razão de exigência não impugnada, na forma do art. 63.

>> § 2.º com redação determinada pela Lei n. 8.748, de 9-12-1993.

§ 3.º Esgotado o prazo de cobrança amigável sem que tenha sido pago o crédito tributário, o órgão preparador declarará o sujeito passivo devedor remisso e encaminhará o processo à autoridade competente para promover a cobrança executiva.

§ 4.º O disposto no parágrafo anterior aplicar-se-á aos casos em que o sujeito passivo não cumprir as condições estabelecidas para a concessão de moratória.

§ 5.º A autoridade preparadora, após a declaração de revelia e findo o prazo previsto no *caput* deste artigo, procederá, em relação às mercadorias ou outros bens perdidos em razão de exigência não impugnada, na forma do art. 63.

Art. 22. O processo será organizado em ordem cronológica e terá suas folhas numeradas e rubricadas.

Seção IV
Da Intimação

Art. 23. Far-se-á a intimação:

I – pessoal, pelo autor do procedimento ou por agente do órgão preparador, na repartição ou fora dela, provada com a assinatura do sujeito passivo, seu mandatário ou preposto, ou, no caso de recusa, com declaração escrita de quem o intimar;

>> Inciso I com redação determinada pela Lei n. 9.532, de 10-12-1997.

II – por via postal, telegráfica ou por qualquer outro meio ou via com prova de recebimento no domicílio tributário eleito pelo sujeito passivo;

>> Inciso II com redação determinada pela Lei n. 9.532, de 10-12-1997.

III – por meio eletrônico, com prova de recebimento, mediante:

>> Inciso III, *caput*, com redação determinada pela Lei n. 11.196, de 21-11-2005.

a) envio ao domicílio tributário do sujeito passivo; ou

>> Alínea *a* acrescentada pela Lei n. 11.196, de 21-11-2005.

b) registro em meio magnético ou equivalente utilizado pelo sujeito passivo.

>> Alínea *b* acrescentada pela Lei n. 11.196, de 21-11-2005.

§ 1.º Quando resultar improfícuo um dos meios previstos no *caput* deste artigo ou quando o sujeito passivo tiver sua inscrição declarada inapta perante o cadastro fiscal, a intimação poderá ser feita por edital publicado:

>> § 1.º com redação determinada pela Lei n. 11.941, de 27-5-2009.

I – no endereço da administração tributária na internet;

>> Inciso I com redação determinada pela Lei n. 11.196, de 21-11-2005.

II – em dependência, franqueada ao público, do órgão encarregado da intimação; ou

>> Inciso II com redação determinada pela Lei n. 11.196, de 21-11-2005.

III – uma única vez, em órgão da imprensa oficial local.

>> Inciso III com redação determinada pela Lei n. 11.196, de 21-11-2005.

§ 2.º Considera-se feita a intimação:

I – na data da ciência do intimado ou da declaração de quem fizer a intimação, se pessoal;

II – no caso do inciso II do *caput* deste artigo, na data do recebimento ou, se omitida, quinze dias após a data da expedição da intimação;

>> Inciso II com redação determinada pela Lei n. 9.532, de 10-12-1997.

III – se por meio eletrônico:

>> Inciso III, *caput*, com redação determinada pela Lei n. 12.844, de 19-7-2013.

a) 15 (quinze) dias contados da data registrada no comprovante de entrega no domicílio tributário do sujeito passivo;

>> Alínea *a* com redação determinada pela Lei n. 12.844, de 19-7-2013.

b) na data em que o sujeito passivo efetuar consulta no endereço eletrônico a ele atribuído pela administração tributária, se ocorrida antes do prazo previsto na alínea *a*; ou

>> Alínea *b* com redação determinada pela Lei n. 12.844, de 19-7-2013.

c) na data registrada no meio magnético ou equivalente utilizado pelo sujeito passivo;

>> Alínea *c* acrescentada pela Lei n. 12.844, de 19-7-2013.

IV – 15 (quinze) dias após a publicação do edital, se este for o meio utilizado.

>> Inciso IV com redação determinada pela Lei n. 11.196, de 21-11-2005.

§ 3.º Os meios de intimação previstos nos incisos do *caput* deste artigo não estão sujeitos a ordem de preferência.

>> § 3.º com redação determinada pela Lei n. 11.196, de 21-11-2005.

§ 4.º Para fins de intimação, considera-se domicílio tributário do sujeito passivo:

>> § 4.º, *caput*, com redação determinada pela Lei n. 11.196, de 21-11-2005.

I – o endereço postal por ele fornecido, para fins cadastrais, à administração tributária; e

>> Inciso I com redação determinada pela Lei n. 11.196, de 21-11-2005.

II – o endereço eletrônico a ele atribuído pela administração tributária, desde que autorizado pelo sujeito passivo.

>> Inciso II com redação determinada pela Lei n. 11.196, de 21-11-2005.

§ 5.º O endereço eletrônico de que trata este artigo somente será implementado com expresso consentimento do sujeito passivo, e a administração tributária informar-lhe-á as normas e condições de sua utilização e manutenção.

>> § 5.º acrescentado pela Lei n. 11.196, de 21-11-2005.

§ 6.º As alterações efetuadas por este artigo serão disciplinadas em ato da administração tributária.

>> § 6.º acrescentado pela Lei n. 11.196, de 21-11-2005.

§ 7.º Os Procuradores da Fazenda Nacional serão intimados pessoalmente das decisões do Conselho de Contribuintes e da Câmara Superior de Recursos Fiscais, do Ministério da Fazenda na sessão das respectivas câmaras subsequente à formalização do acórdão.

>> § 7.º acrescentado pela Lei n. 11.457, de 16-3-2007.

§ 8.º Se os Procuradores da Fazenda Nacional não tiverem sido intimados pessoalmente em até 40 (quarenta) dias contados da formalização do acórdão do Conselho de Contribuintes ou da Câmara Superior de Recursos Fiscais, do Ministério da Fazenda, os respectivos autos serão remetidos e entregues, mediante protocolo, à Procuradoria da Fazenda Nacional, para fins de intimação.

>> § 8.º acrescentado pela Lei n. 11.457, de 16-3-2007.

§ 9.º Os Procuradores da Fazenda Nacional serão considerados intimados pessoalmente das decisões do Conselho de Contribuintes e da Câmara Superior de Recursos Fiscais, do Ministério da Fazenda, com o término do prazo de 30 (trinta) dias contados da data em que os respectivos autos forem entregues à Procuradoria na forma do § 8.º deste artigo.

>> § 9.º acrescentado pela Lei n. 11.457, de 16-3-2007.

Seção V
Da Competência

Art. 24. O preparo do processo compete à autoridade local do órgão encarregado da administração do tributo.

Parágrafo único. Quando o ato for praticado por meio eletrônico, a administração tributária poderá atribuir o preparo do processo a unidade da administração tributária diversa da prevista no *caput* deste artigo.

>> Parágrafo único acrescentado pela Lei n. 11.941, de 27-5-2009.

Art. 25. O julgamento do processo de exigência de tributos ou contribuições administrados pela Secretaria da Receita Federal compete:

>> *Caput* com redação determinada pela Medida Provisória n. 2.158-35, de 24-8-2001.

I – em primeira instância, às Delegacias da Receita Federal de Julgamento, órgãos de deliberação interna e natureza colegiada da Secretaria da Receita Federal;

>> Inciso I com redação determinada pela Medida Provisória n. 2.158-35, de 24-8-2001.

II – em segunda instância, ao Conselho Administrativo de Recursos Fiscais, órgão colegiado, paritário, integrante da estrutura do Ministério da Fazenda, com atribuição de julgar recursos de ofício e voluntários de decisão de primeira instância, bem como recursos de natureza especial.

>> Inciso II com redação determinada pela Lei n. 11.941, de 27-5-2009.

§ 1.º O Conselho Administrativo de Recursos Fiscais será constituído por seções e pela Câmara Superior de Recursos Fiscais.

>> § 1.º com redação determinada pela Lei n. 11.941, de 27-5-2009.

§ 2.º As seções serão especializadas por matéria e constituídas por câmaras.

>> § 2.º com redação determinada pela Lei n. 11.941, de 27-5-2009.

§ 3.º A Câmara Superior de Recursos Fiscais será constituída por turmas, compostas pelos Presidentes e Vice-Presidentes das câmaras.

>> § 3.º com redação determinada pela Lei n. 11.941, de 27-5-2009.

§ 4.º As câmaras poderão ser divididas em turmas.

>> § 4.º com redação determinada pela Lei n. 11.941, de 27-5-2009.

§ 5.º O Ministro de Estado da Fazenda poderá criar, nas seções, turmas especiais, de caráter temporário, com competência para julgamento de processos que envolvam valores reduzidos, que poderão funcionar nas cidades onde estão localizadas as Superintendências Regionais da Receita Federal do Brasil.

>> § 5.º com redação determinada pela Lei n. 11.941, de 27-5-2009.

§ 6.º (*Vetado.*)

>> § 6.º acrescentado pela Lei n. 11.941, de 27-5-2009.

§ 7.º As turmas da Câmara Superior de Recursos Fiscais serão constituídas pelo Presidente do Conselho Administrativo de Recursos Fiscais, pelo Vice-Presidente, pelos Presidentes e pelos Vice-Presidentes das câmaras, respeitada a paridade.

>> § 7.º acrescentado pela Lei n. 11.941, de 27-5-2009.

§ 8.º A presidência das turmas da Câmara Superior de Recursos Fiscais será exercida pelo Presidente do Conselho Administrativo de Recursos Fiscais e a vice-presidência, por conselheiro representante dos contribuintes.

>> § 8.º acrescentado pela Lei n. 11.941, de 27-5-2009.

§ 9.º Os cargos de Presidente das Turmas da Câmara Superior de Recursos Fiscais, das câmaras, das suas turmas e das turmas especiais serão ocupados por conselheiros representantes da Fazenda Nacional, que, em caso de empate, terão o voto de qualidade, e os cargos de Vice-Presidente, por representantes dos contribuintes.

>> § 9.º acrescentado pela Lei n. 11.941, de 27-5-2009.

> A Portaria n. 260, de 1.º-7-2020, do Ministério da Economia, disciplina a proclamação de resultado do julgamento no âmbito do CARF, nas hipóteses de empate na votação.

§ 10. Os conselheiros serão designados pelo Ministro de Estado da Fazenda para mandato, limitando-se as reconduções, na forma e no prazo estabelecidos no regimento interno.

>> § 10 acrescentado pela Lei n. 11.941, de 27-5-2009.

§ 11. O Ministro de Estado da Fazenda, observado o devido processo legal, decidirá sobre a perda do mandato dos conselheiros que incorrerem em falta grave, definida no regimento interno.

>> § 11 acrescentado pela Lei n. 11.941, de 27-5-2009.

Art. 26. Compete ao Ministro da Fazenda, em instância especial:

I – julgar recursos de decisões dos Conselhos de Contribuintes, interpostos pelos procuradores representantes da Fazenda junto aos mesmos Conselhos;

II – decidir sobre as propostas de aplicação de equidade apresentadas pelos Conselhos de Contribuintes.

Art. 26-A. No âmbito do processo administrativo fiscal, fica vedado aos órgãos de julgamento afastar a aplicação ou deixar de observar tratado, acordo internacional, lei ou decreto, sob fundamento de inconstitucionalidade.

>> *Caput* com redação determinada pela Lei n. 11.941, de 27-5-2009.

§§ 1.º a 5.º (*Revogados pela Lei n. 11.941, de 27-5-2009.*)

§ 6.º O disposto no *caput* deste artigo não se aplica aos casos de tratado, acordo internacional, lei ou ato normativo:

>> § 6.º, *caput*, acrescentado pela Lei n. 11.941, de 27-5-2009.

I – que já tenha sido declarado inconstitucional por decisão definitiva plenária do Supremo Tribunal Federal;

>> Inciso I acrescentado pela Lei n. 11.941, de 27-5-2009.

II – que fundamente crédito tributário objeto de:

>> Inciso II, *caput*, acrescentado pela Lei n. 11.941, de 27-5-2009.

a) dispensa legal de constituição ou de ato declaratório do Procurador-Geral da Fazenda Nacional, na forma dos arts. 18 e 19 da Lei n. 10.522, de 19 de julho de 2002;

>> Alínea *a* acrescentada pela Lei n. 11.941, de 27-5-2009.

> Citada Lei dispõe sobre o Cadastro Informativo dos créditos não quitados de órgãos e entidades federais.

b) súmula da Advocacia-Geral da União, na forma do art. 43 da Lei Complementar n. 73, de 10 de fevereiro de 1993; ou

>> Alínea *b* acrescentada pela Lei n. 11.941, de 27-5-2009.

> *Vide* citado dispositivo constante deste volume.

c) pareceres do Advogado-Geral da União aprovados pelo Presidente da República, na forma do art. 40 da Lei Complementar n. 73, de 10 de fevereiro de 1993.

>> Alínea *c* acrescentada pela Lei n. 11.941, de 27-5-2009.

> *Vide* citado dispositivo constante deste volume.

Seção VI
Do Julgamento em Primeira Instância

Art. 27. Os processos remetidos para apreciação da autoridade julgadora de primeira instância deverão ser qualificados e identificados, tendo prioridade no julgamento aqueles em que estiverem presentes as circunstâncias de crime contra a ordem tributária ou de elevado valor, este definido em ato do Ministro de Estado da Fazenda.

>> *Caput* com redação determinada pela Lei n. 9.532, de 10-12-1997.

Parágrafo único. Os processos serão julgados na ordem e nos prazos estabelecidos em ato do Secretário da Receita Federal, observada a prioridade de que trata o *caput* deste artigo.

>> Parágrafo único acrescentado pela Lei n. 9.532, de 10-12-1997.

Art. 28. Na decisão em que for julgada questão preliminar será também julgado o mérito, salvo quando incompatíveis, e dela constará o indeferimento fundamentado do pedido de diligência ou perícia, se for o caso.

>> Artigo com redação determinada pela Lei n. 8.748, de 9-12-1993.

Art. 29. Na apreciação da prova, a autoridade julgadora formará livremente sua convicção, podendo determinar as diligências que entender necessárias.

Art. 30. Os laudos ou pareceres do Laboratório Nacional de Análises, do Instituto Nacional de Tecnologia e de outros órgãos federais congêneres serão adotados nos aspectos técnicos de sua competência, salvo se comprovada a improcedência desses laudos ou pareceres.

§ 1.º Não se considera como aspecto técnico a classificação fiscal de produtos.

§ 2.º A existência no processo de laudos ou pareceres técnicos não impede a autoridade julgadora de solicitar outros a qualquer dos órgãos referidos neste artigo.

§ 3.º Atribuir-se-á eficácia aos laudos e pareceres técnicos sobre produtos, exarados em outros processos administrativos fiscais e transladados mediante certidão de inteiro teor ou cópia fiel, nos seguintes casos:

a) quando tratarem de produtos originários do mesmo fabricante, com igual denominação, marca e especificação;

b) quando tratarem de máquinas, aparelhos, equipamentos, veículos e outros produtos complexos de fabricação em série, do mesmo fabricante, com iguais especificações, marca e modelo.

>> § 3.º acrescentado pela Lei n. 9.532, de 10-12-1997.

Art. 31. A decisão conterá relatório resumido do processo, fundamentos legais, conclusão e ordem de intimação, devendo referir-se, expressamente, a todos os autos de infração e notificações de lançamento objeto do processo, bem como às razões de defesa suscitadas pelo impugnante contra todas as exigências.

>> Artigo com redação determinada pela Lei n. 8.748, de 9-12-1993.

Art. 32. As inexatidões materiais devidas a lapso manifesto e os erros de escrita ou de cálculos existentes na decisão poderão ser corrigidos de ofício ou a requerimento do sujeito passivo.

> *Vide* art. 60 deste Decreto.

Art. 33. Da decisão caberá recurso voluntário, total ou parcial, com efeito suspensivo, dentro dos trinta dias seguintes à ciência da decisão.

§ 1.º (*Revogado pela Lei n. 12.096, de 24-11-2009.*)

§ 2.º Em qualquer caso, o recurso voluntário somente terá seguimento se o recorrente arrolar bens e direitos de valor equivalente a 30% (trinta por cento) da exigência fiscal definida na decisão, limitado o arrolamento, sem prejuízo do seguimento do recurso, ao total do ativo permanente se pessoa jurídica ou ao patrimônio se pessoa física.

>> § 2.º acrescentado pela Lei n. 10.522, de 19-7-2002.

>> O STF, na ADI n. 1.976-7, de 28-3-2007, declara a inconstitucionalidade do art. 32 da Medida Provisória n. 1.699-41, de 27-10-1998, convertida na Lei n. 10.522, de 19-7-2002, que deu nova redação para este parágrafo.

> A Deliberação n. 458, de 29-4-2003, da CVM, estabelece procedimentos para o arrolamento de bens e direitos previsto neste Decreto.

§ 3.º O arrolamento de que trata o § 2.º será realizado preferencialmente sobre bens imóveis.

>> § 3.º acrescentado pela Lei n. 10.522, de 19-7-2002.

§ 4.º O Poder Executivo editará as normas regulamentares necessárias à operacionalização do arrolamento previsto no § 2.º.

>> § 4.º acrescentado pela Lei n. 10.522, de 19-7-2002.

>> Regulamentação: Decreto n. 4.523, de 17-12-2002.

Art. 34. A autoridade de primeira instância recorrerá de ofício sempre que a decisão:

I – exonerar o sujeito passivo do pagamento de tributo e encargos de multa de valor total (lançamento principal e decorrentes) a ser fixado em ato do Ministro de Estado da Fazenda.

>> Inciso I com redação determinada pela Lei n. 9.532, de 10-12-1997.

II – deixar de aplicar pena de perda de mercadorias ou outros bens cominada à infração denunciada na formalização da exigência.

§ 1.º O recurso será interposto mediante declaração na própria decisão.

§ 2.º Não sendo interposto o recurso, o servidor que verificar o fato representará à autoridade julgadora, por intermédio de seu chefe imediato, no sentido de que seja observada aquela formalidade.

Art. 35. O recurso, mesmo perempto, será encaminhado ao órgão de segunda instância, que julgará a perempção.

Art. 36. Da decisão de primeira instância não cabe pedido de reconsideração.

Seção VII
Do Julgamento em Segunda Instância

Art. 37. O julgamento no Conselho Administrativo de Recursos Fiscais far-se-á conforme dispuser o regimento interno.

>> *Caput* com redação determinada pela Lei n. 11.941, de 27-5-2009.

§ 1.º (*Revogado pelo Decreto n. 83.304, de 28-3-1979.*)

§ 2.º Caberá recurso especial à Câmara Superior de Recursos Fiscais, no prazo de 15 (quinze) dias da ciência do acórdão ao interessado:

I – (*Vetado*.);

II – de decisão que der à lei tributária interpretação divergente da que lhe tenha dado outra Câmara, turma de Câmara, turma especial ou a própria Câmara Superior de Recursos Fiscais.

>> § 2.º com redação determinada pela Lei n. 11.941, de 27-5-2009.

§ 3.º (*Vetado*.)

>> A Lei n. 11.941, de 27-5-2009, propôs nova redação para o *caput* deste § 3.º, mas o texto foi vetado. Seus incisos I e II originais, contudo, foram revogados.

I e II – (*Revogados pela Lei n. 11.941, de 27-5-2009*.)

Art. 38. O julgamento em outros órgãos da administração federal far-se-á de acordo com a legislação própria, ou, na sua falta, conforme dispuser o órgão que administra o tributo.

Seção VIII
Do Julgamento em Instância Especial

Art. 39. Não cabe pedido de reconsideração de ato do Ministro da Fazenda que julgar ou decidir as matérias de sua competência.

Art. 40. As propostas de aplicação de equidade apresentadas pelos Conselhos de Contribuintes atenderão às características pessoais ou materiais da espécie julgada e serão restritas à dispensa total ou parcial de penalidade pecuniária, nos casos em que não houver reincidência nem sonegação, fraude ou conluio.

Art. 41. O órgão preparador dará ciência ao sujeito passivo da decisão do Ministro da Fazenda, intimando-o, quando for o caso, a cumpri-la, no prazo de trinta dias.

Seção IX
Da Eficácia e Execução das Decisões

Art. 42. São definitivas as decisões:

I – de primeira instância, esgotado o prazo para recurso voluntário sem que este tenha sido interposto;

II – de segunda instância, de que não caiba recurso ou, se cabível, quando decorrido o prazo sem sua interposição;

III – de instância especial.

Parágrafo único. Serão também definitivas as decisões de primeira instância na parte que não for objeto de recurso voluntário ou não estiver sujeita a recurso de ofício.

Art. 43. A decisão definitiva contrária ao sujeito passivo será cumprida no prazo para cobrança amigável fixado no art. 21, aplicando-se, no caso de descumprimento, o disposto no § 3.º do mesmo artigo.

§ 1.º A quantia depositada para evitar a correção monetária do crédito tributário ou para liberar mercadoria será convertida em renda se o sujeito passivo não comprovar, no prazo legal, a propositura de ação judicial.

§ 2.º Se o valor depositado não for suficiente para cobrir o crédito tributário, aplicar-se-á à cobrança do restante o disposto no *caput* deste artigo; se exceder o exigido, a autoridade promoverá a restituição da quantia excedente, na forma da legislação específica.

Art. 44. A decisão que declarar a perda de mercadoria ou outros bens será executada pelo órgão preparador, findo o prazo previsto no art. 21, segundo dispuser a legislação aplicável.

Art. 45. No caso de decisão definitiva favorável ao sujeito passivo, cumpre à autoridade preparadora exonerá-lo, de ofício, dos gravames decorrentes do litígio.

Capítulo II
DO PROCESSO DE CONSULTA

> Processo administrativo de consulta: Lei n. 9.430, de 27-12-1996, arts. 48 a 50.

Art. 46. O sujeito passivo poderá formular consulta sobre dispositivos da legislação tributária aplicáveis a fato determinado.

Parágrafo único. Os órgãos da administração pública e as entidades representativas de categorias econômicas ou profissionais também poderão formular consulta.

Art. 47. A consulta deverá ser apresentada por escrito, no domicílio tributário do consulente, ao órgão local da entidade incumbida de administrar o tributo sobre que versa.

Art. 48. Salvo o disposto no artigo seguinte, nenhum procedimento fiscal será instaurado contra o sujeito passivo relativamente à espécie consultada, a partir da apresentação da consulta até o trigésimo dia subsequente à data da ciência:

I – de decisão de primeira instância da qual não haja sido interposto recurso;

II – de decisão de segunda instância.

Art. 49. A consulta não suspende o prazo para recolhimento de tributo, retido na fonte ou autolançado antes ou depois de sua apresentação, nem o prazo para apresentação de declaração de rendimentos.

Art. 50. A decisão de segunda instância não obriga ao recolhimento de tributo que deixou de ser retido ou autolançado após a decisão reformada e de acordo com a orientação desta, no período compreendido entre as datas de ciência das duas decisões.

Art. 51. No caso de consulta formulada por entidade representativa de categoria econômica ou profissional, os efeitos referidos no art. 48 só alcançam seus associados ou filiados depois de cientificado o consulente da decisão.

Art. 52. Não produzirá efeito a consulta formulada:

I – em desacordo com os arts. 46 e 47;

II – por quem tiver sido intimado a cumprir obrigação relativa ao fato objeto da consulta;

III – por quem estiver sob procedimento fiscal iniciado para apurar fatos que se relacionem com a matéria consultada;

IV – quando o fato já houver sido objeto de decisão anterior, ainda não modificada, proferida em consulta ou litígio em que tenha sido parte o consulente;

V – quando o fato estiver disciplinado em ato normativo, publicado antes de sua apresentação;

VI – quando o fato estiver definido ou declarado em disposição literal da lei;

VII – quando o fato for definido como crime ou contravenção penal;

VIII – quando não descrever, completa ou exatamente, a hipótese a que se referir, ou não contiver os elementos necessários à sua solução, salvo se a inexatidão ou omissão for escusável, a critério da autoridade julgadora.

Art. 53. O preparo do processo compete ao órgão local da entidade encarregada da administração do tributo.

Art. 54. O julgamento compete:

I – em primeira instância:

a) aos superintendentes regionais da Receita Federal, quanto aos tributos administrados pela Secretaria da Receita Federal, atendida, no julgamento, a orientação emanada dos atos normativos da Coordenação do Sistema de Tributação;

>> A Secretaria da Receita Federal passa a denominar-se Secretaria da Receita Federal do Brasil, por força da Lei n. 11.457, de 16-3-2007.

b) às autoridades referidas na alínea *b* do inciso I do art. 25;

II – em segunda instância:

a) ao coordenador do Sistema de Tributação da Secretaria da Receita Federal, salvo quanto aos tributos incluídos na competência julgadora de outro órgão da administração federal;

b) à autoridade mencionada na legislação dos tributos ressalvados na alínea precedente ou, na falta dessa indicação, à que for designada pela entidade que administra o tributo;

III – em instância única, ao coordenador do Sistema de Tributação, quanto às consultas relativas aos tributos administrados pela Secretaria da Receita Federal e formuladas:

a) sobre classificação fiscal de mercadorias;

b) pelos órgãos centrais da administração pública;

c) por entidades representativas de categorias econômicas ou profissionais, de âmbito nacional.

Art. 55. Compete à autoridade julgadora declarar a ineficácia da consulta.

Art. 56. Cabe recurso voluntário, com efeito suspensivo, de decisão de primeira instância, dentro de trinta dias, contados da ciência.

Art. 57. A autoridade de primeira instância recorrerá de ofício de decisão favorável ao consulente.

Art. 58. Não cabe pedido de reconsideração de decisão proferida em processo de consulta, inclusive da que declarar a sua ineficácia.

Capítulo III
DAS NULIDADES

Art. 59. São nulos:

I – os atos e termos lavrados por pessoa incompetente;

II – os despachos e decisões proferidos por autoridade incompetente ou com preterição do direito de defesa.

§ 1.º A nulidade de qualquer ato só prejudica os posteriores que dele diretamente dependam ou sejam consequência.

§ 2.º Na declaração de nulidade, a autoridade dirá os atos alcançados e determinará as providências necessárias ao prosseguimento ou solução do processo.

§ 3.º Quando puder decidir do mérito a favor do sujeito passivo a quem aproveitaria a declaração de nulidade, a autoridade julgadora não a pronunciará nem mandará repetir o ato ou suprir-lhe a falta.

>> § 3.º acrescentado pela Lei n. 8.748, de 9-12-1993.

Art. 60. As irregularidades, incorreções e omissões diferentes das referidas no artigo anterior não importarão em nulidade e serão sanadas quando resultarem em prejuízo para o sujeito passivo, salvo se este lhes houver dado causa, ou quando não influírem na solução do litígio.

> *Vide* art. 32 deste Decreto.

Art. 61. A nulidade será declarada pela autoridade competente para praticar o ato ou julgar a sua legitimidade.

Capítulo IV
DISPOSIÇÕES FINAIS E TRANSITÓRIAS

Art. 62. Durante a vigência de medida judicial que determinar a suspensão da cobrança do tributo não será instaurado procedimento fiscal contra o sujeito passivo favorecido pela decisão, relativamente à matéria sobre que versar a ordem de suspensão.

Parágrafo único. Se a medida referir-se à matéria objeto do processo fiscal, o curso deste não será suspenso exceto quanto aos atos executórios.

Art. 63. A destinação de mercadorias ou outros bens apreendidos ou dados em garantia de pagamento do crédito tributário obedecerá às normas estabelecidas na legislação aplicável.

Art. 64. Os documentos que instruem o processo poderão ser restituídos, em qualquer fase, a requerimento do sujeito passivo, desde que a medida não prejudique a instrução e deles fique cópia autenticada no processo.

Art. 64-A. Os documentos que instruem o processo poderão ser objeto de digitalização, observado o disposto nos arts. 1.º e 3.º da Lei n. 12.682, de 9 de julho de 2012.

>> Artigo acrescentado pela Lei n. 12.865, de 9-10-2013.

Art. 64-B. No processo eletrônico, os atos, documentos e termos que o instruem poderão ser natos digitais ou produzidos por meio de digitalização, observado o disposto na Medida Provisória n. 2.200-2, de 24 de agosto de 2001.

>> *Caput* acrescentado pela Lei n. 12.865, de 9-10-2013.

§ 1.º Os atos, termos e documentos submetidos a digitalização pela administração tributária e armazenados eletronicamente possuem o mesmo valor probante de seus originais.

>> § 1.º acrescentado pela Lei n. 12.865, de 9-10-2013.

§ 2.º Os autos de processos eletrônicos, ou parte deles, que tiverem de ser remetidos a órgãos ou entidades que não disponham de sistema compatível de armazenagem e tramitação poderão ser encaminhados impressos em papel ou por meio digital, conforme disciplinado em ato da administração tributária.

>> § 2.º acrescentado pela Lei n. 12.865, de 9-10-2013.

§ 3.º As matrizes físicas dos atos, dos termos e dos documentos digitalizados e armazenados eletronicamente, nos termos do § 1.º, poderão ser descartadas, conforme regulamento.

>> § 3.º acrescentado pela Lei n. 13.097, de 19-1-2015.

Art. 65. O disposto neste Decreto não prejudicará a validade dos atos praticados na vigência da legislação anterior.

§ 1.º O preparo dos processos em curso, até a decisão de primeira instância, continuará regido pela legislação precedente.

§ 2.º Não se modificarão os prazos iniciados antes da entrada em vigor deste Decreto.

Art. 66. O Conselho Superior de Tarifa passa a denominar-se 4.º Conselho de Contribuintes.

>> O 4.º Conselho de Contribuintes passou, por determinação do art. 2.º do Decreto n. 79.630, de 29-4-1977, a denominar-se 3.º Conselho de Contribuintes.

Art. 67. Os Conselhos de Contribuintes, no prazo de noventa dias, adaptarão seus regimentos internos às disposições deste Decreto.

Art. 68. Revogam-se as disposições em contrário.

Brasília, 6 de março de 1972; 151.º da Independência e 84.º da República.

Emílio G. Médici

LEI N. 6.099, DE 12 DE SETEMBRO DE 1974 (*)

Dispõe sobre o tratamento tributário das operações de arrendamento mercantil, e dá outras providências.

O Presidente da República.

Faço saber que o Congresso Nacional decreta e eu sanciono a seguinte Lei:

Art. 1.º O tratamento tributário das operações de arrendamento mercantil reger-se-á pelas disposições desta Lei.

>> *Vide* art. 49 da Lei n. 12.973, de 13-5-2014.

> *Vide* Súmula 138 do STJ.

Parágrafo único. Considera-se arrendamento mercantil, para os efeitos desta Lei, o negócio jurídico realizado entre pessoa jurídica, na qualidade de arrendadora, e pessoa física ou jurídica, na qualidade de arrendatária, e que tenha por objeto o arrendamento de bens adquiridos pela arrendadora, segundo especificações da arrendatária e para uso próprio desta.

>> Parágrafo único com redação determinada pela Lei n. 7.132, de 26-10-1983.

>> *Vide* Súmula 564 do STJ.

Art. 2.º Não terá o tratamento previsto nesta Lei o arrendamento de bens contratado entre pessoas jurídicas direta ou indiretamente coligadas ou interdependentes, assim como o contratado com o próprio fabricante.

§ 1.º O Conselho Monetário Nacional especificará em regulamento os casos de coligação e interdependência.

§ 2.º Somente farão jus ao tratamento previsto nesta Lei as operações realizadas ou por empresas arrendadoras que fizerem dessa operação o objeto principal de sua atividade ou que centralizarem tais operações em um departamento especializado com escrituração própria.

Art. 3.º Serão escriturados em conta especial do ativo imobilizado da arrendadora os bens destinados a arrendamento mercantil.

Art. 4.º A pessoa jurídica arrendadora manterá registro individualizado que permita a verificação do fator determinante da receita e do tempo efetivo de arrendamento.

Art. 5.º Os contratos de arrendamento mercantil conterão as seguintes disposições:

a) prazo do contrato;

b) valor de cada contraprestação por períodos determinados, não superiores a 1 (um) semestre;

c) opção de compra ou renovação de contrato, como faculdade do arrendatário;

d) preço para opção de compra ou critério para sua fixação, quando for estipulada esta cláusula.

(*) Publicada no *Diário Oficial da União*, de 13-9-1974, e retificada em 20-9-1974. A Lei n. 11.649, de 4-4-2008, dispõe sobre arrendamento mercantil de veículo automotor.

Parágrafo único. Poderá o Conselho Monetário Nacional, nas operações que venha a definir, estabelecer que as contraprestações sejam estipuladas por períodos superiores aos previstos na alínea *b* deste artigo.

>> Parágrafo único acrescentado pela Lei n. 7.132, de 26-10-1983.

Art. 6.º O Conselho Monetário Nacional poderá estabelecer índices máximos para a soma das contraprestações, acrescidas do preço para exercício da opção da compra nas operações de arrendamento mercantil.

§ 1.º Ficam sujeitas à regra deste artigo as prorrogações do arrendamento nele referido.

§ 2.º Os índices de que trata este artigo serão fixados, considerando o custo do arrendamento em relação ao do financiamento da compra e venda.

Art. 7.º Todas as operações de arrendamento mercantil subordinam-se ao controle e fiscalização do Banco Central do Brasil, segundo normas estabelecidas pelo Conselho Monetário Nacional, a elas se aplicando, no que couber, as disposições da Lei n. 4.595, de 31 de dezembro de 1964, e legislação posterior relativa ao Sistema Financeiro Nacional.

Art. 8.º O Conselho Monetário Nacional poderá baixar resolução disciplinando as condições segundo as quais as instituições financeiras poderão financiar suas controladas, coligadas ou interdependentes que se especializarem em operações de arrendamento mercantil.

>> *Caput* com redação determinada pela Lei n. 11.882, de 23-12-2008.

Parágrafo único. A aquisição de debêntures emitidas por sociedades de arrendamento mercantil, em mercado primário ou secundário, constitui obrigação de natureza cambiária, não caracterizando operação de empréstimo ou adiantamento.

>> Parágrafo único acrescentado pela Lei n. 11.882, de 23-12-2008.

Art. 9.º As operações de arrendamento mercantil contratadas com o próprio vendedor do bem ou com pessoas jurídicas a ele vinculadas, mediante quaisquer das relações previstas no art. 2.º desta Lei, poderão também ser realizadas por instituições financeiras expressamente autorizadas pelo Conselho Monetário Nacional, que estabelecerá as condições para a realização das operações previstas neste artigo.

>> *Caput* com redação determinada pela Lei n. 7.132, de 26-10-1983.

Parágrafo único. Nos casos deste artigo, o prejuízo decorrente da venda do bem não será dedutível na determinação do lucro real.

>> Parágrafo único com redação determinada pela Lei n. 7.132, de 26-10-1983.

Art. 10. Somente poderão ser objeto de arrendamento mercantil os bens de produção estrangeira que forem enumerados pelo Conselho Monetário Nacional, que poderá, também, estabelecer condições para seu arrendamento a empresas cujo controle acionário pertencer a pessoas residentes no Exterior.

Art. 11. Serão considerados como custo ou despesa operacional da pessoa jurídica arrendatária as contraprestações pagas ou creditadas por força do contrato de arrendamento mercantil.

§ 1.º A aquisição pelo arrendatário de bens arrendados em desacordo com as disposições desta Lei será considerada operação de compra e venda a prestação.

> *Vide* Súmula 293 do STJ.

§ 2.º O preço de compra e venda, no caso do parágrafo anterior, será o total das contraprestações pagas durante a vigência do arrendamento, acrescido da parcela paga a título de preço de aquisição.

§ 3.º Na hipótese prevista no § 1.º deste artigo, as importâncias já deduzidas, como custo ou despesa operacional pela adquirente, acrescerão ao lucro tributável pelo Imposto sobre a Renda, no exercício correspondente à respectiva dedução.

§ 4.º O imposto não recolhido, na hipótese do parágrafo anterior, será devido com acréscimo de juros e correção monetária, multa e demais penalidades legais.

Art. 12. Serão admitidas como custos das pessoas jurídicas arrendadoras as cotas de depreciação do preço de aquisição de bem arrendado, calculadas de acordo com a vida útil do bem.

§ 1.º Entende-se por vida útil do bem o prazo durante o qual se possa esperar a sua efetiva utilização econômica.

§ 2.º A Secretaria da Receita Federal publicará periodicamente o prazo de vida útil admissível, em condições normais, para cada espécie de bem.

>> A Secretaria da Receita Federal passa a denominar-se Secretaria da Receita Federal do Brasil, por força da Lei n. 11.457, de 16-3-2007.

§ 3.º Enquanto não forem publicados os prazos de vida útil de que trata o parágrafo anterior, a sua determinação se fará segundo as normas previstas pela legislação do Imposto sobre a Renda para fixação da taxa de depreciação.

Art. 13. Nos casos de operações de vendas de bens que tenham sido objeto de arrendamento mercantil, o saldo não depreciado será admitido como custo para efeito de apuração do lucro tributável pelo Imposto sobre a Renda.

Art. 14. Não será dedutível, para fins de apuração do lucro tributável pelo Imposto sobre a Renda, a diferença a menor entre o valor contábil residual do bem arrendado e o seu preço de venda, quando do exercício da opção de compra.

Art. 15. (*Revogado pela Lei n. 12.973, de 13-5-2014.*)

Art. 16. Os contratos de arrendamento mercantil celebrados com entidades domiciliadas no Exterior serão submetidos a registro no Banco Central do Brasil.

>> *Caput* com redação determinada pela Lei n. 7.132, de 26-10-1983.

§ 1.º O Conselho Monetário Nacional estabelecerá as normas para a concessão do registro a que se refere este artigo, observando as seguintes condições:

a) razoabilidade da contraprestação e de sua composição;

b) critérios para fixação do prazo de vida útil do bem;

c) compatibilidade do prazo de arrendamento do bem com a sua vida útil;

d) relação entre o preço internacional do bem e o custo total do arrendamento;

e) cláusula de opção de compra ou renovação do contrato;

f) outras cautelas ditadas pela política econômico-financeira nacional.

>> § 1.º com redação determinada pela Lei n. 7.132, de 26-10-1983.

§ 2.º Mediante prévia autorização do Banco Central do Brasil, segundo normas para este fim expedidas pelo Conselho Monetário Nacional, os bens objeto das operações de que trata este artigo poderão ser arrendados a sociedades arrendadoras domiciliadas no País, para o fim de subarrendamento.

>> § 2.º com redação determinada pela Lei n. 7.132, de 26-10-1983.

§ 3.º Estender-se-ão ao subarrendamento as normas aplicáveis aos contratos de arrendamento mercantil celebrados com entidades domiciliadas no Exterior.

>> § 3.º acrescentado pela Lei n. 7.132, de 26-10-1983.

§ 4.º No subarrendamento poderá haver vínculo de coligação ou de interdependência entre a entidade domiciliada no Exterior e a sociedade arrendatária subarrendadora, domiciliada no País.

>> § 4.º acrescentado pela Lei n. 7.132, de 26-10-1983.

§ 5.º Mediante as condições que estabelecer, o Conselho Monetário Nacional poderá autorizar o registro de contratos sem cláusula de opção de compra, bem como fixar prazos mínimos para as operações previstas neste artigo.

>> § 5.º acrescentado pela Lei n. 7.132, de 26-10-1983.

Art. 17. A entrada no território nacional dos bens objeto de arrendamento mercantil, contratado com entidades arrendadoras domiciliadas no Exterior, não se confunde com o regime de admissão temporária de que trata o Decreto-lei n. 37, de 18 de novembro de 1966, e se sujeitará a todas as normas legais que regem a importação.

>> Artigo com redação determinada pela Lei n. 7.132, de 26-10-1983.

Art. 18. A base de cálculo, para efeito do Imposto sobre Produtos Industrializados, do fato gerador que ocorrer por ocasião da remessa de bens importados ao estabelecimento da empresa arrendatária, corresponderá ao preço atacado desse bem na praça em que a empresa arrendadora estiver domiciliada.

>> *Caput* com redação determinada pela Lei n. 7.132, de 26-10-1983.

§ 1.º (*Revogado pela Lei n. 9.532, de 10-12-1997.*)

§ 2.º Nas hipóteses em que o preço dos bens importados para o fim de arrendamento for igual ou superior ao que seria pago pelo arrendatário se os importasse diretamente, a base de cálculo mencionada no *caput* deste artigo será o valor que servir de base para o recolhimento do Imposto sobre Produtos Industrializados, por ocasião do desembaraço alfandegário desses bens.

Art. 19. Fica equiparada à exportação a compra e venda de bens no mercado interno, para o fim específico de arrendamento pelo comprador a arrendatário domiciliado no Exterior.

Art. 20. São assegurados ao vendedor dos bens de que trata o artigo anterior todos os benefícios fiscais concedidos por lei para incentivo à exportação, observadas as condições de qualidade da pessoa do vendedor e outras exigidas para os casos de exportação direta ou indireta.

§ 1.º Os benefícios fiscais de que trata este artigo serão concedidos sobre o equivalente em moeda nacional de garantia irrevogável do pagamento das contraprestações do arrendamento contratado, limitada a base de cálculo ao preço da compra e venda.

§ 2.º Para os fins do disposto no § 1.º, a equivalência em moeda nacional será determinada pela maior taxa de câmbio do dia da utilização dos benefícios fiscais, quando o pagamento das contraprestações do arrendamento contratado for efetivado em moeda estrangeira de livre conversibilidade.

>> § 2.º com redação determinada pela Lei n. 12.024, de 27-8-2009.

Art. 21. O Ministro da Fazenda poderá estender aos arrendatários de máquinas, aparelhos e equipamentos de produção nacional, objeto de arrendamento mercantil, os benefícios de que trata o Decreto-lei n. 1.136, de 7 de dezembro de 1970.

Art. 22. As pessoas jurídicas que estiverem operando com arrendamento de bens, e que se ajustarem às disposições desta Lei dentro de 180 (cento e oitenta) dias, a contar da sua vigência, terão as suas operações regidas por este Diploma legal, desde que ajustem convenientemente os seus contratos, mediante instrumentos de aditamento.

Art. 23. Fica o Conselho Monetário Nacional autorizado a:

a) expedir normas que visem a estabelecer mecanismos reguladores das atividades previstas nesta Lei, inclusive excluir modalidades de operações do tratamento nela previsto e limitar ou proibir sua prática por determinadas categorias de pessoas físicas ou jurídicas;

>> Alínea *a* com redação determinada pela Lei n. 7.132, de 26-10-1983.

b) enumerar restritivamente os bens que não poderão ser objeto de arrendamento mercantil, tendo em vista a política econômico-financeira do País.

Art. 24. A cessão do contrato de arrendamento mercantil a entidade domiciliada no Exterior reger-se-á pelo disposto nesta Lei e dependerá de prévia autorização do Banco Central do Brasil, conforme normas expedidas pelo Conselho Monetário Nacional.

>> *Caput* acrescentado pela Lei n. 7.132, de 26-10-1983.

Parágrafo único. Observado o disposto neste artigo, poderão ser transferidos, exclusiva e independentemente da cessão do contrato, os direitos de crédito relativos às contraprestações devidas.

>> Parágrafo único acrescentado pela Lei n. 7.132, de 26-10-1983.

Art. 25. Esta Lei entrará em vigor na data de sua publicação, revogadas as disposições em contrário.

>> Primitivo art. 24 renumerado pela Lei n. 7.132, de 26-10-1983.

Brasília, 12 de setembro de 1974; 153.º da Independência e 86.º da República.

ERNESTO GEISEL

LEI COMPLEMENTAR N. 24, DE 7 DE JANEIRO DE 1975 (*)

Dispõe sobre os convênios para a concessão de isenções do imposto sobre operações relativas à circulação de mercadorias e dá outras providências.

O Presidente da República

Faço saber que o Congresso Nacional decreta e eu sanciono a seguinte Lei Complementar:

Art. 1.º As isenções do imposto sobre operações relativas à circulação de mercadorias serão concedidas ou revogadas nos termos de convênios celebrados e ratificados pelos Estados e pelo Distrito Federal, segundo esta Lei.

> *Vide* Lei Complementar n. 160, de 7-8-2017, que dispõe sobre convênio que permite aos Estados e ao Distrito Federal deliberar sobre remissão de créditos tributários, isenções, incentivos e benefícios fiscais.

Parágrafo único. O disposto neste artigo também se aplica:

I – à redução da base de cálculo;

II – à devolução total ou parcial, direta ou indireta, condicionada ou não, do tributo, ao contribuinte, a responsável ou a terceiros;

III – à concessão de créditos presumidos;

IV – a quaisquer outros incentivos ou favores fiscais ou financeiro-fiscais, concedidos com base no Imposto de Circulação de Mercadorias, dos quais resulte redução ou eliminação, direta ou indireta, do respectivo ônus;

V – às prorrogações e às extensões das isenções vigentes nesta data.

Art. 2.º Os convênios a que alude o art. 1.º serão celebrados em reuniões para as quais tenham sido convocados representantes de todos os Estados e do Distrito Federal, sob a presidência de representantes do Governo Federal.

§ 1.º As reuniões se realizarão com a presença de representantes da maioria das Unidades da Federação.

§ 2.º A concessão de benefícios dependerá sempre de decisão unânime dos Estados representados; a sua revogação total ou parcial dependerá de aprovação de 4/5 (quatro quintos), pelo menos, dos representantes presentes.

§ 3.º Dentro de 10 (dez) dias, contados da data final da reunião a que se refere este artigo, a resolução nela adotada será publicada no *Diário Oficial da União*.

Art. 3.º Os convênios podem dispor que a aplicação de qualquer de suas cláusulas seja limitada a uma ou a algumas Unidades da Federação.

Art. 4.º Dentro do prazo de 15 (quinze) dias contados da publicação dos convênios no *Diário Oficial da União*, e independentemente de qualquer outra comunicação, o Poder Executivo de cada Unidade da Federação publicará decreto ratificando ou não os convênios celebrados, considerando-se ratificação tácita dos convênios a falta de manifestação no prazo assinalado neste artigo.

§ 1.º O disposto neste artigo aplica-se também às Unidades da Federação cujos representantes não tenham comparecido à reunião em que hajam sido celebrados os convênios.

§ 2.º Considerar-se-á rejeitado o convênio que não for expressa ou tacitamente ratificado pelo Poder Executivo de todas as Unidades da Federação ou, nos casos de revogação a que se refere o art. 2.º, § 2.º, desta Lei, pelo Poder Executivo de, no mínimo, 4/5 (quatro quintos) das Unidades da Federação.

Art. 5.º Até 10 (dez) dias depois de findo o prazo de ratificação dos convênios, promover-se-á, segundo o disposto em Regimento, a publicação relativa à ratificação ou à rejeição no *Diário Oficial da União*.

Art. 6.º Os convênios entrarão em vigor no trigésimo dia após a publicação a que se refere o art. 5.º, salvo disposição em contrário.

(*) Publicada no *Diário Oficial da União*, de 9-1-1975.

Art. 7.º Os convênios ratificados obrigam todas as Unidades da Federação inclusive as que, regularmente convocadas, não se tenham feito representar na reunião.

Art. 8.º A inobservância dos dispositivos desta Lei acarretará, cumulativamente:

> *Vide* art. 5.º da Lei Complementar n. 160, de 7-8-2017.

I – a nulidade do ato e a ineficácia do crédito fiscal atribuído ao estabelecimento recebedor da mercadoria;

II – a exigibilidade do imposto não pago ou devolvido e a ineficácia da lei ou ato que conceda remissão do débito correspondente.

Parágrafo único. As sanções previstas neste artigo poder-se-ão acrescer a presunção de irregularidade das contas correspondentes ao exercício, a juízo do Tribunal de Contas da União, e a suspensão do pagamento das quotas referentes ao Fundo de Participação, ao Fundo Especial e aos impostos referidos nos itens VIII e IX do art. 21 da Constituição Federal.

>> Referência à CF de 1969.

Art. 9.º É vedado aos Municípios, sob pena das sanções previstas no artigo anterior, concederem qualquer dos benefícios relacionados no art. 1.º no que se refere à sua parcela na receita do imposto de circulação de mercadorias.

Art. 10. Os convênios definirão as condições gerais em que se poderão conceder, unilateralmente, anistia, remissão, transação, moratória, parcelamento de débitos fiscais e ampliação do prazo de recolhimento do imposto de circulação de mercadorias.

Art. 11. O Regimento das reuniões de representantes das Unidades da Federação será aprovado em convênio.

Art. 12. São mantidos os benefícios fiscais decorrentes de convênios regionais e nacionais vigentes à data desta Lei, até que revogados ou alterados por outro.

§ 1.º Continuam em vigor os benefícios fiscais ressalvados pelo § 6.º do art. 3.º do Decreto-lei n. 406, de 31 de dezembro de 1968, com a redação que lhe deu o art. 5.º do Decreto-lei n. 834, de 8 de setembro de 1969, até o vencimento do prazo ou cumprimento das condições correspondentes.

§ 2.º Quaisquer outros benefícios fiscais concedidos pela legislação estadual considerar-se-ão revogados se não forem convalidados pelo primeiro convênio que se realizar na forma desta Lei, ressalvados os concedidos por prazo certo ou em função de determinadas condições que já tenham sido incorporadas ao patrimônio jurídico de contribuinte. O prazo para a celebração deste convênio será de 90 (noventa) dias a contar da data da publicação desta Lei.

§ 3.º A convalidação de que trata o parágrafo anterior se fará pela aprovação de 2/3 (dois terços) dos representantes presentes, observando-se, na respectiva ratificação, este *quorum* e o mesmo processo do disposto no art. 4.º.

Art. 13. O art. 178 do Código Tributário Nacional (Lei n. 5.172, de 25-10-1966) passa a vigorar com a seguinte redação:

>> Alteração já processada no diploma modificado.

Art. 14. Sairão com suspensão do Imposto de Circulação de Mercadorias:

I – as mercadorias remetidas pelo estabelecimento do produtor para estabelecimento de Cooperativa de que faça parte, situada no mesmo Estado;

II – as mercadorias remetidas pelo estabelecimento de Cooperativa de Produtores, para estabelecimento, no mesmo Estado, da própria Cooperativa, de Cooperativa Central ou de Federação de Cooperativas de que a Cooperativa remetente faça parte.

§ 1.º O imposto devido pelas saídas mencionadas nos incisos I e II será recolhido pelo destinatário quando da saída subsequente, esteja esta sujeita ou não ao pagamento do tributo.

§ 2.º Ficam revogados os incisos IX e X do art. 1.º da Lei Complementar n. 4, de 2 de dezembro de 1969.

Art. 15. O disposto nesta Lei não se aplica às indústrias instaladas ou que vierem a instalar-se na Zona Franca de Manaus, sendo vedado às demais Unidades da Federação determinar a exclusão de incentivo fiscal, prêmio ou estímulo concedido pelo Estado do Amazonas.

Art. 16. Esta Lei entrará em vigor na data de sua publicação, revogadas as disposições em contrário.

Brasília, em 7 de janeiro de 1975; 154.º da Independência e 87.º da República.

ERNESTO GEISEL

LEI N. 6.226, DE 14 DE JULHO DE 1975 (*)

Dispõe sobre a contagem recíproca e tempo de serviço público federal e de atividade privada, para efeito de aposentadoria.

O Presidente da República

Faço saber que o Congresso Nacional decreta e eu sanciono a seguinte Lei:

Art. 1.º Os funcionários públicos civis de órgãos da Administração Federal Direta e das Autarquias Federais que houverem completado 5 (cinco) anos de efetivo exercício terão computado, para efeito de aposentadoria por invalidez, por tempo de serviço e compulsória, na forma da Lei n. 1.711, de 28 de outubro de 1952, o tempo de serviço prestado em atividade vinculada ao regime da Lei n. 3.807, de 26 de agosto de 1960, e legislação subsequente.

>> *Vide* art. 40, §§ 9.º e 10, da CF.

>> *Vide* arts. 100 e s. da Lei n. 8.112, de 11-12-1990.

Art. 2.º Os segurados do Instituto Nacional de Previdência Social (INPS) que já houverem realizado 60 (sessenta) contribuições mensais terão computado, para todos os benefícios previstos na Lei n. 3.807, de 26 de agosto de 1960, com as alterações contidas na Lei n. 5.890, de 8 de junho de 1973, ressalvado o disposto no art. 6.º, o tempo de serviço público prestado à Administração Federal Direta e às Autarquias Federais.

Art. 3.º O disposto nesta Lei estender-se-á aos servidores públicos civis e militares, inclusive autárquicos, dos Estados e Municípios que assegurem, mediante legislação – própria, a contagem do tempo de serviço prestado em atividade regida pela Lei n. 3.807, de 26 de agosto de 1960, para efeito de aposentadoria por invalidez, por tempo de serviço e compulsória, pelos cofres estaduais ou municipais.

>> Artigo com redação determinada pela Lei n. 6.864, de 1.º-12-1980.

Art. 4.º Para efeitos desta Lei, o tempo de serviço ou de atividades, conforme o caso, será computado de acordo com a legislação pertinente, observadas as seguintes normas:

I – Não será admitida a contagem de tempo de serviço em dobro ou em outras condições especiais;

II – É vedada a acumulação de tempo de serviço público com o de atividades privadas, quando concomitante;

III – Não será contado por um sistema o tempo de serviço que já tenha servido de base para a concessão de aposentadoria pelo outro sistema;

IV – o tempo de serviço, anterior ou posterior à filiação obrigatória à Previdência Social, dos segurados – empregadores, empregados domésticos, trabalhadores autônomos – e o de atividade dos religiosos, de que trata a Lei n. 6.696, de 8 de outubro de 1979, somente será contado se for recolhida a contribuição correspondente ao período de atividade, com os acréscimos legais na forma a ser fixada em regulamento.

>> Inciso IV com redação determinada pela Lei n. 6.864, de 1.º-12-1980.

Art. 5.º A aposentadoria por tempo de serviço, com o aproveitamento da contagem recíproca, autorizada por esta Lei, somente será concedida ao funcionário público federal ou ao segurado do Instituto Nacional de Previdência Social (INPS) que contar ou venha a completar 35 (trinta e cinco) anos de serviço, ressalvadas as hipóteses expressamente

(*) Publicada no *Diário Oficial da União*, de 15-7-1975.

previstas na Constituição Federal, de redução para 30 (trinta) anos de serviço, se mulher ou Juiz, e para 25 (vinte e cinco) anos, se ex-combatente.

Parágrafo único. Se a soma dos tempos de serviço ultrapassar os limites previstos neste artigo, o excesso não será considerado para qualquer efeito.

Art. 6.º O segurado do sexo masculino, beneficiado pela contagem recíproca de tempo de serviço na forma desta Lei, não fará jus ao abono mensal de que trata o item II do § 4.º do art. 10 da Lei n. 5.890, de 8 de junho de 1973.

Art. 7.º As disposições da presente Lei aplicam-se aos segurados do Serviço de Assistência e Seguro Social dos Economiários (SASSE), observadas as normas contidas no art. 9.º.

Art. 8.º As aposentadorias e demais benefícios de que tratam os arts. 1.º e 2.º, resultantes da contagem recíproca de tempo de serviço prevista nesta Lei, serão concedidos e pagos pelo sistema a que pertencer o interessado ao requerê-los e seu valor será calculado na forma da legislação pertinente.

Parágrafo único. O ônus financeiro decorrente caberá, conforme o caso, integralmente ao Tesouro Nacional, à Autarquia Federal ou ao SASSE, à conta de dotações orçamentárias próprias, ou ao INPS, à conta de recursos que lhe forem consignados pela União, na forma do inciso IV do art. 69 da Lei n. 3.807, de 26 de agosto de 1960, com a redação que lhe deu a Lei n. 5.890, de 8 de junho de 1973.

Art. 9.º A contagem de tempo de serviço prevista nesta Lei, não se aplica às aposentadorias já concedidas nem aos casos de opção regulados pelas Leis n. 6.184 e 6.185, de 11 de dezembro de 1974, em que serão observadas as disposições específicas.

Art. 10. Esta Lei entrará em vigor no primeiro dia do terceiro mês seguinte ao de sua publicação, revogados a Lei n. 3.841, de 15 de dezembro de 1960, o Decreto-lei n. 367, de 19 de dezembro de 1968, e demais disposições em contrário. Brasília, 14 de julho de 1975; 154.º da Independência e 87.º da República.

ERNESTO GEISEL

LEI N. 6.383, DE 7 DE DEZEMBRO DE 1976 (*)

Dispõe sobre o processo discriminatório de terras devolutas da União e dá outras providências.

O Presidente da República

Faço saber que o Congresso Nacional decreta e eu sanciono a seguinte Lei:

(*) Publicada no *Diário Oficial da União* de 9-12-1976, e retificada em 15-12-1976.

CAPÍTULO I
DAS DISPOSIÇÕES PRELIMINARES

Art. 1.º O processo discriminatório das terras devolutas da União será regulado por esta Lei.

Parágrafo único. O processo discriminatório será administrativo ou judicial.

CAPÍTULO II
DO PROCESSO ADMINISTRATIVO

Art. 2.º O processo discriminatório administrativo será instaurado por Comissões Especiais constituídas de três membros, a saber: um bacharel em direito do Serviço Jurídico do Instituto Nacional de Colonização e Reforma Agrária – INCRA, que a presidirá; um engenheiro agrônomo e um outro funcionário que exercerá as funções de secretário.

§ 1.º As Comissões Especiais serão criadas por ato do presidente do Instituto Nacional de Colonização e Reforma Agrária – INCRA, e terão jurisdição e sede estabelecidas no respectivo ato de criação, ficando os seus presidentes investidos de poderes de representação da União, para promover o processo discriminatório administrativo previsto nesta Lei.

§ 2.º O Instituto Nacional de Colonização e Reforma Agrária – INCRA, no prazo de 30 (trinta) dias após a vigência desta Lei, baixará Instruções Normativas, dispondo, inclusive, sobre o apoio administrativo às Comissões Especiais.

Art. 3.º A Comissão Especial instruirá inicialmente o processo com memorial descritivo da área, no qual constará:

I – o perímetro com suas características e confinância, certa ou aproximada, aproveitando, em princípio, os acidentes naturais;

II – a indicação de registro da transcrição das propriedades;

III – o rol das ocupações conhecidas;

IV – o esboço circunstanciado da gleba a ser discriminada ou seu levantamento aerofotogramétrico;

V – outras informações de interesse.

Art. 4.º O presidente da Comissão Especial convocará os interessados para apresentarem, no prazo de 60 (sessenta) dias e em local a ser fixado no edital de convocação, seus títulos, documentos, informações de interesse e, se for o caso, testemunhas.

§ 1.º Consideram-se de interesse as informações relativas à origem e sequência dos títulos, localização, valor estimado e área certa ou aproximada das terras de quem se julgar legítimo proprietário ou ocupante; suas confrontações e nome dos confrontantes; natureza, qualidade e valor das benfeitorias; culturas e criações nelas existentes; financiamento e ônus incidentes sobre o imóvel e comprovantes de impostos pagos, se houver.

§ 2.º O edital de convocação conterá a delimitação perimétrica da área a ser discriminada com suas características e será dirigido, nominalmente, a todos os interessados, proprietários, ocupantes, confinantes certos e respectivos cônjuges, bem como aos demais interessados incertos ou desconhecidos.

§ 3.º O edital deverá ter a maior divulgação possível, observado o seguinte procedimento:

a) afixação em lugar público na sede dos municípios e distritos, onde se situar a área nele indicada;

b) publicação simultânea, por duas vezes, no *Diário Oficial da União*, nos órgãos oficiais do Estado ou Território Federal e na imprensa local, onde houver, com intervalo mínimo de 8 (oito) e máximo de 15 (quinze) dias entre a primeira e a segunda.

§ 4.º O prazo de apresentação dos interessados será contado a partir da segunda publicação no *Diário Oficial da União*.

Art. 5.º A Comissão Especial autuará e processará a documentação recebida de cada interessado, em separado, de modo a ficar bem caracterizado o domínio ou a ocupação com suas respectivas confrontações.

§ 1.º Quando se apresentarem dois ou mais interessados no mesmo imóvel, ou parte dele, a Comissão Especial procederá à apensação dos processos.

§ 2.º Serão tomadas por termo as declarações dos interessados e, se for o caso, os depoimentos de testemunhas previamente arroladas.

Art. 6.º Constituído o processo, deverá ser realizada, desde logo, obrigatoriamente, a vistoria para identificação dos imóveis e, se forem necessárias, outras diligências.

Art. 7.º Encerrado o prazo estabelecido no edital de convocação, o presidente da Comissão Especial, dentro de 30 (trinta) dias improrrogáveis, deverá pronunciar-se sobre as alegações, títulos de domínio, documentos dos interessados e boa-fé das ocupações, mandando lavrar os respectivos termos.

Art. 8.º Reconhecida a existência de dúvida sobre a legitimidade do título, o presidente da Comissão Especial reduzirá a termo as irregularidades encontradas, encaminhando-o à Procuradoria do Instituto Nacional de Colonização e Reforma Agrária – INCRA, para propositura da ação competente.

Art. 9.º Encontradas ocupações, legitimáveis ou não, serão lavrados os respectivos termos de identificação, que serão encaminhados ao órgão competente do Instituto Nacional de Colonização e Reforma Agrária – INCRA, para as providências cabíveis.

Art. 10. Serão notificados, por ofício, os interessados e seus cônjuges para, no prazo não inferior a 8 (oito) nem superior a 30 (trinta) dias, a contar da juntada ao processo do recibo de notificação, celebrarem com a União os termos cabíveis.

Art. 11. Celebrado, em cada caso, o termo que couber, o presidente da Comissão Especial designará agrimensor para, em dia e hora avençados com os interessados, iniciar o levantamento geodésico e topográfico das terras objeto de discriminação, ao fim do qual determinará a demarcação das terras devolutas, bem como, se for o caso, das retificações objeto de acordo.

§ 1.º Aos interessados será permitido indicar um perito para colaborar com o agrimensor designado.

§ 2.º A designação do perito, a que se refere o parágrafo anterior, deverá ser feita até a véspera do dia fixado para início do levantamento geodésico e topográfico.

Art. 12. Concluídos os trabalhos demarcatórios, o presidente da Comissão Especial mandará lavrar o termo de encerramento da discriminação administrativa, do qual constarão, obrigatoriamente:

I – o mapa detalhado da área discriminada;

II – o rol de terras devolutas apuradas, com suas respectivas confrontações;

III – a descrição dos acordos realizados;

IV – a relação das áreas com titulação transcrita no Registro de Imóveis, cujos presumidos proprietários ou ocupantes não atenderam ao edital de convocação ou à notificação (arts. 4.º e 10 desta Lei);

V – o rol das ocupações legitimáveis;

VI – o rol das propriedades reconhecidas; e

VII – a relação dos imóveis cujos títulos suscitaram dúvidas.

Art. 13. Encerrado o processo discriminatório, o Instituto Nacional de Colonização e Reforma Agrária – INCRA, providenciará o registro, em nome da União, das terras devolutas discriminadas, definidas em lei, como bens da União.

Parágrafo único. Caberá ao oficial do Registro de Imóveis proceder à matrícula e ao registro da área devoluta discriminada em nome da União.

Art. 14. O não atendimento ao edital de convocação ou à notificação (arts. 4.º e 10 da presente Lei) estabelece a presunção de discordância e acarretará imediata propositura da ação judicial prevista no art. 19, II.

Parágrafo único. Os presumíveis proprietários e ocupantes, nas condições do presente artigo, não terão acesso ao crédito oficial ou aos benefícios de incentivos fiscais, bem como terão cancelados os respectivos cadastros rurais junto ao órgão competente.

Art. 15. O presidente da Comissão Especial comunicará a instauração do processo discriminatório administrativo a todos os oficiais de Registro de Imóveis da jurisdição.

Art. 16. Uma vez instaurado o processo discriminatório administrativo, o oficial do Registro de Imóveis não efetuará matrícula, registro, inscrição ou averbação estranhas à discriminação, relativamente aos imóveis situados, total ou parcialmente, dentro da área discriminada, sem que desses atos tome prévio conhecimento o presidente da Comissão Especial.

Parágrafo único. Contra os atos praticados com infração do disposto no presente artigo, o presidente da Comissão Especial solicitará que a Procuradoria do Instituto Nacional de Colonização e Reforma Agrária – INCRA, utilize os instrumentos previstos no Código de Processo Civil, incorrendo o oficial do Registro de Imóveis infrator nas penas do crime de prevaricação.

Art. 17. Os particulares não pagam custas no processo administrativo, salvo para serviços de demarcação e diligências a seu exclusivo interesse.

CAPÍTULO III
DO PROCESSO JUDICIAL

Art. 18. O Instituto Nacional de Colonização e Reforma Agrária – INCRA, fica investido de poderes de representação da União, para promover a discriminação judicial das terras devolutas da União.

Art. 19. O processo discriminatório judicial será promovido:

I – quando o processo discriminatório administrativo for dispensado ou interrompido por presumida ineficácia;

II – contra aqueles que não atenderem ao edital de convocação ou à notificação (arts. 4.º e 10 da presente Lei); e

III – quando configurada a hipótese do art. 25 desta Lei.

Parágrafo único. Compete à Justiça Federal processar e julgar o processo discriminatório judicial regulado nesta Lei.

Art. 20. No processo discriminatório judicial será observado o procedimento sumaríssimo de que trata o Código de Processo Civil.

>> Hoje procedimento sumário: arts. 275 a 281 do CPC.

§ 1.º A petição inicial será instruída com o memorial descritivo da área, de que trata o art. 3.º desta Lei.

§ 2.º A citação será feita por edital, observados os prazos e condições estabelecidos no art. 4.º desta Lei.

Art. 21. Da sentença proferida caberá apelação somente no efeito devolutivo, facultada a execução provisória.

Art. 22. A demarcação da área será procedida, ainda que em execução provisória da sentença, valendo esta, para efeitos de registro, como título de propriedade.

Parágrafo único. Na demarcação observar-se-á, no que couber, o procedimento prescrito nos arts. 959 a 966 do Código de Processo Civil.

Art. 23. O processo discriminatório judicial tem caráter preferencial e prejudicial em relação às ações em andamento, referentes a domínio ou posse de imóveis situados, no todo ou em parte, na área discriminada, determinando o imediato deslocamento da competência para a Justiça Federal.

Parágrafo único. Nas ações em que a União não for parte dar-se-á, para os efeitos previstos neste artigo, a sua intervenção.

CAPÍTULO IV
DAS DISPOSIÇÕES GERAIS E FINAIS

Art. 24. Iniciado o processo discriminatório, não poderão alterar-se quaisquer divisas na área discriminada, sendo defesa a derrubada da cobertura vegetal, a construção de cercas e transferências de benfeitorias a qualquer título, sem assentimento do representante da União.

Art. 25. A infração ao disposto no artigo anterior constituirá atentado, cabendo a aplicação das medidas cautelares previstas no Código de Processo Civil.

>> Os arts. 879 a 881 do CPC disciplinam o procedimento cautelar específico do atentado.

Art. 26. No processo discriminatório judicial os vencidos pagarão as custas a que houverem dado causa e participarão *pro rata* das despesas da demarcação, considerada a extensão da linha ou linhas de confrontação com as áreas públicas.

Art. 27. O processo discriminatório previsto nesta Lei aplicar-se-á, no que couber, às terras devolutas estaduais, observado o seguinte:

I – na instância administrativa, por intermédio de órgão estadual específico, ou através do Instituto Nacional de Colonização e Reforma Agrária – INCRA, mediante convênio;

II – na instância judicial, na conformidade do que dispuser a Lei de Organização Judiciária local.

Art. 28. Sempre que se apurar, através de pesquisa nos registros públicos, a inexistência de domínio particular em áreas rurais declaradas indispensáveis à segurança e ao desenvolvimento nacionais, a União, desde logo, as arrecadará mediante ato do presidente do Instituto Nacional de Colonização e Reforma Agrária – INCRA, do qual constará:

I – a circunscrição judiciária ou administrativa em que está situado o imóvel, conforme o critério adotado pela legislação local;

II – a eventual denominação, as características e confrontações do imóvel.

§ 1.º A autoridade que promover a pesquisa, para fins deste artigo, instruirá o processo de arrecadação com certidão negativa comprobatória da inexistência de domínio particular, expedida pelo Cartório de Registro de Imóveis, certidões do Serviço do Patrimônio da União e do órgão estadual competente que comprovem não haver contestação ou reclamação administrativa promovida por terceiros, quanto ao domínio e posse do imóvel.

§ 2.º As certidões negativas mencionadas neste artigo consignarão expressamente a sua finalidade.

Art. 29. O ocupante de terras públicas, que as tenha tornado produtivas com o seu trabalho e o de sua família, fará jus à legitimação da posse de área contínua até 100 (cem) hectares, desde que preencha os seguintes requisitos:

> A Instrução Normativa n. 80, de 13-5-2014, do INCRA, fixa os procedimentos para legitimação de posses em áreas de até 100 (cem) hectares, localizadas em terras públicas rurais da União ou do INCRA, adquiridas, desapropriadas ou arrecadadas, fora da Amazônia Legal.

I – não seja proprietário de imóvel rural;

II – comprove a morada permanente e cultura efetiva, pelo prazo mínimo de 1 (um) ano.

§ 1.º A legitimação da posse de que trata o presente artigo consistirá no fornecimento de uma Licença de Ocupação, pelo prazo mínimo de mais 4 (quatro) anos, findo o qual o ocupante terá a preferência para aquisição do lote, pelo valor histórico da terra nua, satisfeitos os requisitos de morada permanente e cultura efetiva e comprovada a sua capacidade para desenvolver a área ocupada.

§ 2.º Aos portadores de Licenças de Ocupação, concedidas na forma da legislação anterior, será assegurada a preferência para aquisição de área até 100 (cem) hectares, nas condições do parágrafo anterior, e, o que exceder esse limite, pelo valor atual da terra nua.

§ 3.º A Licença de Ocupação será intransferível *inter vivos* e inegociável, não podendo ser objeto de penhora e arresto.

Art. 30. A Licença de Ocupação dará acesso aos financiamentos concedidos pelas instituições financeiras integrantes do Sistema Nacional de Crédito Rural.

§ 1.º As obrigações assumidas pelo detentor de Licença de Ocupação serão garantidas pelo Instituto Nacional de Colonização e Reforma Agrária – INCRA.

§ 2.º Ocorrendo inadimplência do favorecido, o Instituto Nacional de Colonização e Reforma Agrária – INCRA, cancelará a Licença de Ocupação e providenciará a alienação do imóvel, na forma da lei, a fim de ressarcir-se do que houver assegurado.

Art. 31. A União poderá, por necessidade ou utilidade pública, em qualquer tempo que necessitar do imóvel, cancelar a Licença de Ocupação e imitir-se na posse do mesmo, promovendo, sumariamente, a sua desocupação no prazo de 180 (cento e oitenta) dias.

§ 1.º As benfeitorias existentes serão indenizadas pela importância fixada através de avaliação pelo Instituto Nacional de Colonização e Reforma Agrária – INCRA, considerados os valores declarados para fins de cadastro.

§ 2.º Caso o interessado se recuse a receber o valor estipulado, o mesmo será depositado em juízo.

§ 3.º O portador da Licença de Ocupação, na hipótese prevista no presente artigo, fará jus, se o desejar, à instalação em outra gleba da União, assegurada a indenização, de que trata o § 1.º deste artigo, e computados os prazos de morada habitual e cultura efetiva da antiga ocupação.

Art. 32. Não se aplica aos imóveis rurais o disposto nos arts. 19 a 31, 127 a 133, 139, 140 e 159 a 174 do Decreto-lei n. 9.760, de 5 de setembro de 1946.

>> Os arts. 129, 130, 139, 140 e 159 a 163 foram revogados pelo Decreto-lei n. 2.398, de 21-12-1987.

Art. 33. Esta Lei entrará em vigor na data de sua publicação, aplicando-se, desde logo, aos processos pendentes.

Art. 34. Revogam-se a Lei n. 3.081, de 22 de dezembro de 1956, e as demais disposições em contrário.

Brasília, 7 de dezembro de 1976; 155.º da Independência e 88.º da República.

ERNESTO GEISEL

DECRETO-LEI N. 1.578, DE 11 DE OUTUBRO DE 1977 (*)

Dispõe sobre o Imposto sobre a Exportação, e dá outras providências.

O Presidente da República, no uso das atribuições que lhe confere o art. 55, II, da Constituição, decreta:

Art. 1.º O Imposto sobre a Exportação, para o estrangeiro, de produto nacional ou nacionalizado tem como fato gerador a saída deste do território nacional.

§ 1.º Considera-se ocorrido o fato gerador no momento da expedição da Guia de Exportação ou documento equivalente.

§ 2.º (*Revogado pela Lei n. 9.019, de 30-3-1995.*)

§ 3.º O Poder Executivo relacionará os produtos sujeitos ao imposto.

>> § 3.º acrescentado pela Lei n. 9.716, de 26-11-1998.

Art. 2.º A base de cálculo do imposto é o preço normal que o produto, ou seu similar, alcançaria, ao tempo da exportação, em uma venda em condições de livre concorrência no mercado internacional, observadas as normas expedidas pelo Poder Executivo, mediante ato da CAMEX – Câmara de Comércio Exterior.

>> *Caput* com redação determinada pela Medida Provisória n. 2.158-35, de 24-8-2001.

(*) Publicado no *Diário Oficial da União*, de 12-10-1977.

§ 1.º O preço à vista do produto, FOB ou posto na fronteira, é indicativo do preço normal.

§ 2.º Quando o preço do produto for de difícil apuração ou for susceptível de oscilações bruscas no mercado internacional, o Poder Executivo, mediante ato da CAMEX, fixará critérios específicos ou estabelecerá pauta de valor mínimo, para apuração de base de cálculo.

>> § 2.º com redação determinada pela Medida Provisória n. 2.158-35, de 24-8-2001.

§ 3.º Para efeito de determinação da base de cálculo do imposto, o preço de venda das mercadorias exportadas não poderá ser inferior ao seu custo de aquisição ou produção, acrescido dos impostos e das contribuições incidentes e de margem de lucro de 15% (quinze por cento) sobre a soma dos custos, mais impostos e contribuições.

>> § 3.º acrescentado pela Lei n. 9.716, de 26-11-1998.

Art. 3.º A alíquota do imposto é de 30% (trinta por cento), facultado ao Poder Executivo reduzi-la ou aumentá-la, para atender aos objetivos da política cambial e do comércio exterior.

>> *Caput* com redação determinada pela Lei n. 9.716, de 26-11-1998.

> O Decreto n. 4.732, de 10-6-2003, dispõe sobre a Câmara de Comércio Exterior – CAMEX.

Parágrafo único. Em caso de elevação, a alíquota do imposto não poderá ser superior a 5 (cinco) vezes o percentual fixado neste artigo.

>> Parágrafo único com redação determinada pela Lei n. 9.716, de 26-11-1998.

Art. 4.º O pagamento do imposto será realizado na forma e no momento fixados pelo Ministro da Fazenda, que poderá determinar sua exigibilidade antes da efetiva saída do produto a ser exportado.

Parágrafo único. Poderá ser dispensada a cobrança do imposto em função do destino da mercadoria exportada, observadas normas editadas pelo Ministro de Estado da Fazenda.

>> Parágrafo único acrescentado pela Lei n. 9.716, de 26-11-1998.

Art. 5.º O contribuinte do imposto é o exportador, assim considerado qualquer pessoa que promova a saída do produto do território nacional.

Art. 6.º Não efetivada a exportação do produto ou ocorrendo o seu retorno na forma do art. 11 do Decreto-lei n. 491, de 5 de março de 1969, a quantia paga a título de imposto será restituída a requerimento do interessado acompanhado da respectiva documentação comprobatória.

Art. 7.º (*Revogado pela Lei n. 10.833, de 29-12-2003.*)

Art. 8.º No que couber, aplicar-se-á, subsidiariamente, ao Imposto sobre a Exportação a legislação relativa ao Imposto sobre a Importação.

Art. 9.º O produto da arrecadação do Imposto sobre a Exportação constituirá reserva monetária, a crédito do Banco Central do Brasil, a qual só poderá ser aplicada na forma estabelecida pelo Conselho Monetário Nacional.

Art. 10. A CAMEX expedirá normas complementares a este Decreto-lei, respeitado o disposto no § 2.º do art. 1.º, *caput* e § 2.º do art. 2.º, e arts. 3.º e 9.º.

>> Artigo com redação determinada pela Medida Provisória n. 2.158-35, de 24-8-2001.

Art. 11. Este Decreto-lei entrará em vigor na data de sua publicação, revogadas a Lei n. 5.072, de 12 de agosto de 1966, e demais disposições em contrário.

Brasília, 11 de outubro de 1977; 156.º da Independência e 89.º da República.

Ernesto Geisel

LEI N. 6.830, DE 22 DE SETEMBRO DE 1980 (*)

Dispõe sobre a cobrança judicial da Dívida Ativa da Fazenda Pública e dá outras providências.

O Presidente da República

Faço saber que o Congresso Nacional decreta e eu sanciono a seguinte Lei:

Art. 1.º A execução judicial para cobrança da Dívida Ativa da União, dos Estados, do Distrito Federal, dos Municípios e respectivas autarquias será regida por esta Lei e, subsidiariamente, pelo Código de Processo Civil.

> *Vide* Súmulas 121, 128 e 153 do STJ.

Art. 2.º Constitui Dívida Ativa da Fazenda Pública aquela definida como tributária ou não tributária na Lei n. 4.320, de 17 de março de 1964, com as alterações posteriores, que estatui normas gerais de direito financeiro para elaboração e controle dos orçamentos e balanços da União, dos Estados, dos Municípios e do Distrito Federal.

> Citado diploma consta neste volume.

§ 1.º Qualquer valor, cuja cobrança seja atribuída por lei às entidades de que trata o art. 1.º, será considerado Dívida Ativa da Fazenda Pública.

§ 2.º A Dívida Ativa da Fazenda Pública, compreendendo a tributária e a não tributária, abrange atualização monetária, juros e multa de mora e demais encargos previstos em lei ou contrato.

§ 3.º A inscrição, que se constitui no ato de controle administrativo da legalidade, será feita pelo órgão competente para apurar a liquidez e certeza do crédito e suspenderá a prescrição, para todos os efeitos de direito, por 180 dias, ou até a distribuição da execução fiscal, se esta ocorrer antes de findo aquele prazo.

§ 4.º A Dívida Ativa da União será apurada e inscrita na Procuradoria da Fazenda Nacional.

§ 5.º O Termo de Inscrição de Dívida Ativa deverá conter:

I – o nome do devedor, dos corresponsáveis e, sempre que conhecido, o domicílio ou residência de um e de outros;

II – o valor originário da dívida, bem como o termo inicial e a forma de calcular os juros de mora e demais encargos previstos em lei ou contrato;

III – a origem, a natureza e o fundamento legal ou contratual da dívida;

IV – a indicação, se for o caso, de estar a dívida sujeita à atualização monetária, bem como o respectivo fundamento legal e o termo inicial para o cálculo;

V – a data e o número da inscrição, no Registro de Dívida Ativa; e

VI – o número do processo administrativo ou do auto de infração, se neles estiver apurado o valor da dívida.

§ 6.º A Certidão de Dívida Ativa conterá os mesmos elementos do Termo de Inscrição e será autenticada pela autoridade competente.

§ 7.º O Termo de Inscrição e a Certidão de Dívida Ativa poderão ser preparados e numerados por processo manual, mecânico ou eletrônico.

§ 8.º Até a decisão de primeira instância, a Certidão de Dívida Ativa poderá ser emendada ou substituída, assegurada ao executado a devolução do prazo para embargos.

> *Vide* Súmula 392 do STJ.

§ 9.º O prazo para a cobrança das contribuições previdenciárias continua a ser o estabelecido no art. 144 da Lei n. 3.807, de 26 de agosto de 1960.

>> Atualmente, a Lei n. 8.212, de 24-7-1991, dispõe sobre a Organização da Seguridade Social.

Art. 3.º A Dívida Ativa regularmente inscrita goza da presunção de certeza e liquidez.

> *Vide* Súmula 279 do STJ.

Parágrafo único. A presunção a que se refere este artigo é relativa e pode ser ilidida por prova inequívoca, a cargo do executado ou de terceiro, a quem aproveite.

Art. 4.º A execução fiscal poderá ser promovida contra:

I – o devedor;

II – o fiador;

III – o espólio;

IV – a massa;

V – o responsável, nos termos da lei, por dívidas, tributárias ou não, de pessoas físicas ou pessoas jurídicas de direito privado; e

VI – os sucessores a qualquer título.

§ 1.º Ressalvado o disposto no art. 31, o síndico, o comissário, o liquidante, o inventariante e o administrador, nos casos de falência, concordata, liquidação, inventário, insolvência ou concurso de credores, se, antes de garantidos os créditos da Fazenda Pública, alienarem ou derem em garantia quaisquer dos bens administrados, respondem, solidariamente, pelo valor desses bens.

§ 2.º À Dívida Ativa da Fazenda Pública, de qualquer natureza, aplicam-se as normas relativas à responsabilidade prevista na legislação tributária, civil e comercial.

> *Vide* Súmula 189 do STJ.

§ 3.º Os responsáveis, inclusive as pessoas indicadas no § 1.º deste artigo, poderão nomear bens livres e desembaraçados do devedor, tantos quantos bastem para pagar a dívida. Os bens dos responsáveis ficarão, porém, sujeitos à execução, se os do devedor forem insuficientes à satisfação da dívida.

§ 4.º Aplica-se à Dívida Ativa da Fazenda Pública de natureza não tributária o disposto nos arts. 186 e 188 a 192 do Código Tributário Nacional.

Art. 5.º A competência para processar e julgar a execução da Dívida Ativa da Fazenda Pública exclui a de qualquer outro Juízo, inclusive o da falência, da concordata, da liquidação, da insolvência ou do inventário.

Art. 6.º A petição inicial indicará apenas:

I – o juiz a quem é dirigida;

II – o pedido; e

III – o requerimento para a citação.

§ 1.º A petição inicial será instruída com a Certidão da Dívida Ativa, que dela fará parte integrante, como se estivesse transcrita.

§ 2.º A petição inicial e a Certidão de Dívida Ativa poderão constituir um único documento, preparado inclusive por processo eletrônico.

§ 3.º A produção de provas pela Fazenda Pública independe de requerimento na petição inicial.

§ 4.º O valor da causa será o da dívida constante da certidão, com os encargos legais.

Art. 7.º O despacho do Juiz que deferir a inicial importa em ordem para:

I – citação, pelas sucessivas modalidades previstas no art. 8.º;

II – penhora, se não for paga a dívida, nem garantida a execução, por meio de depósito, fiança ou seguro garantia;

>> Inciso II com redação determinada pela Lei n. 13.043, de 13-11-2014.

III – arresto, se o executado não tiver domicílio ou dele se ocultar;

IV – registro da penhora ou do arresto, independentemente do pagamento de custas ou outras despesas, observado o disposto no art. 14; e

(*) Publicada no *Diário Oficial da União* de 24-9-1980.

V – avaliação dos bens penhorados ou arrestados.

Art. 8.º O executado será citado para, no prazo de 5 (cinco) dias, pagar a dívida com os juros e multa de mora e encargos indicados na Certidão de Dívida Ativa, ou garantir a execução, observadas as seguintes normas:

I – a citação será feita pelo correio, com aviso de recepção, se a Fazenda Pública não a requerer por outra forma;

II – a citação pelo correio considera-se feita na data da entrega da carta no endereço do executado, ou, se a data for omitida, no aviso de recepção, 10 (dez) dias após a entrega da carta à agência postal;

III – se o aviso de recepção não retornar no prazo de 15 (quinze) dias da entrega da carta à agência postal, a citação será feita por oficial de justiça ou por edital;

> *Vide* Súmula 190 do STJ.

IV – o edital de citação será afixado na sede do Juízo, publicado uma só vez no órgão oficial, gratuitamente, como expediente judiciário, com o prazo de 30 (trinta) dias, e conterá, apenas, a indicação da exequente, o nome do devedor e dos corresponsáveis, a quantia devida, a natureza da dívida, a data e o número da inscrição no Registro da Dívida Ativa, o prazo e o endereço da sede do Juízo.

§ 1.º O executado ausente do País será citado por edital, com prazo de 60 (sessenta) dias.

§ 2.º O despacho do Juiz, que ordenar a citação, interrompe a prescrição.

Art. 9.º Em garantia da execução, pelo valor da dívida, juros e multa de mora e encargos indicados na Certidão de Dívida Ativa, o executado poderá:

I – efetuar depósito em dinheiro, à ordem do Juízo em estabelecimento oficial de crédito, que assegure atualização monetária;

II – oferecer fiança bancária ou seguro garantia;

>> **Inciso II com redação determinada pela Lei n. 13.043, de 13-11-2014.**

III – nomear bens à penhora, observada a ordem do artigo 11; ou

IV – indicar à penhora bens oferecidos por terceiros e aceitos pela Fazenda Pública.

§ 1.º O executado só poderá indicar e o terceiro oferecer bem imóvel à penhora com o consentimento expresso do respectivo cônjuge.

§ 2.º Juntar-se-á aos autos a prova do depósito, da fiança bancária, do seguro garantia ou da penhora dos bens do executado ou de terceiros.

>> **§ 2.º com redação determinada pela Lei n. 13.043, de 13-11-2014.**

§ 3.º A garantia da execução, por meio de depósito em dinheiro, fiança bancária ou seguro garantia, produz os mesmos efeitos da penhora.

>> **§ 3.º com redação determinada pela Lei n. 13.043, de 13-11-2014.**

§ 4.º Somente o depósito em dinheiro, na forma do art. 32, faz cessar a responsabilidade pela atualização monetária e juros de mora.

§ 5.º A fiança bancária prevista no inciso II obedecerá às condições preestabelecidas pelo Conselho Monetário Nacional.

§ 6.º O executado poderá pagar parcela da dívida, que julgar incontroversa, e garantir a execução do saldo devedor.

Art. 10. Não ocorrendo o pagamento, nem a garantia da execução de que trata o art. 9.º, a penhora poderá recair em qualquer bem do executado, exceto os que a lei declare absolutamente impenhoráveis.

Art. 11. A penhora ou arresto de bens obedecerá à seguinte ordem:

> *Vide* Súmula 406 do STJ.

I – dinheiro;

II – título da dívida pública, bem como título de crédito, que tenham cotação em bolsa;

III – pedras e metais preciosos;

IV – imóveis;

V – navios e aeronaves;

VI – veículos;

VII – móveis ou semoventes; e

VIII – direitos e ações.

§ 1.º Excepcionalmente, a penhora poderá recair sobre estabelecimento comercial, industrial ou agrícola, bem como em plantações ou edifícios em construção.

§ 2.º A penhora efetuada em dinheiro será convertida no depósito de que trata o inciso I do art. 9.º.

§ 3.º O Juiz ordenará a remoção do bem penhorado para depósito judicial, particular ou da Fazenda Pública exequente, sempre que esta o requerer, em qualquer fase do processo.

Art. 12. Na execução fiscal, far-se-á a intimação da penhora ao executado, mediante publicação, no órgão oficial, do ato de juntada do termo ou do auto de penhora.

§ 1.º Nas comarcas do interior dos Estados, a intimação poderá ser feita pela remessa de cópia do termo ou do auto de penhora, pelo correio, na forma estabelecida no art. 8.º, I e II, para a citação.

§ 2.º Se a penhora recair sobre imóvel, far-se-á a intimação ao cônjuge, observadas as normas previstas para a citação.

§ 3.º Far-se-á a intimação da penhora pessoalmente ao executado se, na citação feita pelo correio, o aviso de recepção não contiver a assinatura do próprio executado, ou de seu representante legal.

Art. 13. O termo ou auto de penhora conterá, também, a avaliação dos bens penhorados, efetuada por quem o lavrar.

§ 1.º Impugnada a avaliação, pelo executado, ou pela Fazenda Pública, antes de publicado o edital de leilão, o Juiz, ouvida a outra parte, nomeará avaliador oficial para proceder a nova avaliação dos bens penhorados.

§ 2.º Se não houver, na comarca, avaliador oficial ou este não puder apresentar o laudo de avaliação no prazo de 15 (quinze) dias, será nomeada pessoa ou entidade habilitada a critério do juiz.

§ 3.º Apresentado o laudo, o Juiz decidirá de plano sobre a avaliação.

Art. 14. O Oficial de Justiça entregará contrafé e cópia do termo ou do auto de penhora ou arresto, com a ordem de registro de que trata o art. 7.º, IV:

I – no Ofício próprio, se o bem for imóvel ou a ele equiparado;

II – na repartição competente para emissão de certificado de registro, se for veículo;

III – na Junta Comercial, na Bolsa de Valores, e na sociedade comercial, se forem ações, debênture, parte beneficiária, cota ou qualquer outro título, crédito ou direito societário nominativo.

Art. 15. Em qualquer fase do processo, será deferida pelo juiz:

I – ao executado, a substituição da penhora por depósito em dinheiro, fiança bancária ou seguro garantia; e

>> **Inciso I com redação determinada pela Lei n. 13.043, de 13-11-2014.**

II – à Fazenda Pública, a substituição dos bens penhorados por outros, independentemente da ordem enumerada no art. 11, bem como o reforço da penhora insuficiente.

> *Vide* Súmula 406 do STJ.

Art. 16. O executado oferecerá embargos, no prazo de 30 (trinta) dias, contados:

>> *Vide* art. 219 do CPC.

I – do depósito;

II – da juntada da prova da fiança bancária ou do seguro garantia;

>> **Inciso II com redação determinada pela Lei n. 13.043, de 13-11-2014.**

III – da intimação da penhora.

§ 1.º Não são admissíveis embargos do executado antes de garantida a execução.

§ 2.º No prazo dos embargos, o executado deverá alegar toda matéria útil à defesa, requerer provas e juntar aos autos os documentos e rol de testemunhas, até três, ou, a critério do juiz, até o dobro desse limite.

§ 3.º Não será admitida reconvenção, nem compensação, e as exceções, salvo as de suspeição, incompetência e impedimentos, serão arguidas como matéria preliminar e serão processadas e julgadas com os embargos.

Art. 17. Recebidos os embargos, o Juiz mandará intimar a Fazenda, para impugná-los no prazo de 30 (trinta) dias, designando, em seguida, audiência de instrução e julgamento.

Parágrafo único. Não se realizará audiência, se os embargos versarem sobre matéria de direito, ou, sendo de direito e de fato, a prova for exclusivamente documental, caso em que o Juiz proferirá a sentença no prazo de 30 (trinta) dias.

Art. 18. Caso não sejam oferecidos os embargos, a Fazenda Pública manifestar-se-á sobre a garantia da execução.

Art. 19. Não sendo embargada a execução ou sendo rejeitados os embargos, no caso de garantia prestada por terceiro, será este intimado, sob pena de contra ele prosseguir a execução nos próprios autos, para, no prazo de 15 (quinze) dias:

I – remir o bem, se a garantia for real; ou

II – pagar o valor da dívida, juros e multa de mora e demais encargos, indicados na Certidão de Dívida Ativa pelos quais se obrigou se a garantia for fidejussória.

Art. 20. Na execução por carta, os embargos do executado serão oferecidos no Juízo deprecado, que os remeterá ao Juízo deprecante, para instrução e julgamento.

Parágrafo único. Quando os embargos tiverem por objeto vícios ou irregularidades de atos do próprio Juízo deprecado, caber-lhe-á unicamente o julgamento dessa matéria.

Art. 21. Na hipótese de alienação antecipada dos bens penhorados, o produto será depositado em garantia da execução, nos termos previstos no art. 9.º, I.

Art. 22. A arrematação será precedida de edital, afixado no local de costume, na sede do juízo, e publicado em resumo, uma só vez, gratuitamente, como expediente judiciário, no órgão oficial.

§ 1.º O prazo entre as datas de publicação do edital e do leilão não poderá ser superior a 30 (trinta), nem inferior a 10 (dez) dias.

§ 2.º O representante judicial da Fazenda Pública, será intimado, pessoalmente, da realização do leilão, com a antecedência prevista no parágrafo anterior.

Art. 23. A alienação de quaisquer bens penhorados será feita em leilão público, no lugar designado pelo Juiz.

> *Vide* Súmula 128 do STJ.

§ 1.º A Fazenda Pública e o executado poderão requerer que os bens sejam leiloados englobadamente ou em lotes que indicarem.

§ 2.º Cabe ao arrematante o pagamento da comissão do leiloeiro e demais despesas indicadas no edital.

Art. 24. A Fazenda Pública poderá adjudicar os bens penhorados:

I – antes do leilão, pelo preço da avaliação, se a execução não for embargada ou se rejeitados os embargos;

II – findo o leilão:

a) se não houver licitante, pelo preço da avaliação;

b) havendo licitantes, com preferência, em igualdade de condições com a melhor oferta, no prazo de 30 (trinta) dias.

Parágrafo único. Se o preço da avaliação ou o valor da melhor oferta for superior aos dos créditos da Fazenda Pública, a adjudicação somente será deferida pelo juiz se a diferença for depositada, pela exequente, à ordem do juízo, no prazo de 30 (trinta) dias.

Art. 25. Na execução fiscal, qualquer intimação ao representante judicial da Fazenda Pública será feita pessoalmente.

Parágrafo único. A intimação de que trata este artigo poderá ser feita mediante vista dos autos, com imediata remessa ao representante judicial da Fazenda Pública, pelo cartório ou secretaria.

Art. 26. Se, antes da decisão de primeira instância, a inscrição de Divida Ativa for, a qualquer título, cancelada, a execução fiscal será extinta, sem qualquer ônus para as partes.

> *Vide* Súmula 153 do STJ.

Art. 27. As publicações de atos processuais poderão ser feitas resumidamente ou reunir num só texto os de diferentes processos.

Parágrafo único. As publicações farão sempre referência ao número do processo no respectivo Juízo e ao número da correspondente inscrição de Dívida Ativa, bem como ao nome das partes e de seus advogados, suficientes para a sua identificação.

Art. 28. O juiz, a requerimento das partes, poderá, por conveniência da unidade da garantia da execução, ordenar a reunião de processos contra o mesmo devedor.

Parágrafo único. Na hipótese deste artigo, os processos serão redistribuídos ao juízo da primeira distribuição.

Art. 29. A cobrança judicial da Dívida Ativa da Fazenda Pública não é sujeita a concurso de credores ou habilitação em falência, concordata, liquidação, inventário ou arrolamento.

Parágrafo único. O concurso de preferência somente se verifica entre pessoas jurídicas de direito público, na seguinte ordem:

I – União e suas autarquias;

II – Estados, Distrito Federal e Territórios e suas autarquias, conjuntamente e *pro rata*;

III – Municípios e suas autarquias, conjuntamente e *pro rata*.

Art. 30. Sem prejuízo dos privilégios especiais sobre determinados bens, que sejam previstos em lei, responde pelo pagamento da Dívida Ativa da Fazenda Pública a totalidade dos bens e das rendas, de qualquer origem ou natureza, do sujeito passivo, seu espólio ou sua massa, inclusive os gravados por ônus real ou cláusula de inalienabilidade ou impenhorabilidade, seja qual for a data da constituição do ônus ou da cláusula, excetuados unicamente os bens e rendas que a lei declara absolutamente impenhoráveis.

Art. 31. Nos processos de falência, concordata, liquidação, inventário, arrolamento ou concurso de credores, nenhuma alienação será judicialmente autorizada sem a prova de quitação da Dívida Ativa ou a concordância da Fazenda Pública.

Art. 32. Os depósitos judiciais em dinheiro serão obrigatoriamente feitos:

I – na Caixa Econômica Federal, de acordo com o Decreto-lei n. 1.737, de 20 de dezembro de 1979, quando relacionados com a execução fiscal proposta pela União ou suas autarquias;

II – na Caixa Econômica ou no banco oficial da unidade federativa ou, à sua falta, na Caixa Econômica Federal, quando relacionados com execução fiscal proposta pelo Estado, Distrito Federal, Municípios e suas autarquias.

§ 1.º Os depósitos de que trata este artigo estão sujeitos à atualização monetária, segundo os índices estabelecidos para os débitos tributários federais.

§ 2.º Após o trânsito em julgado da decisão, o depósito, monetariamente atualizado, será devolvido ao depositante ou entregue à Fazenda Pública, mediante ordem do juízo competente.

Art. 33. O juízo, do Ofício, comunicará à repartição competente da Fazenda Pública, para fins de averbação no Registro da Dívida Ativa, a decisão final, transitada em julgado, que der por improcedente a execução, total ou parcialmente.

Art. 34. Das sentenças de primeira instância proferidas em execuções de valor igual ou inferior a 50 (cinquenta) Obrigações do Tesouro Nacional – ORTN, só se admitirão embargos infringentes e de declaração.

>> Extinção da OTN: Lei n. 7.730, de 31-1-1989.

> *Vide* Súmula 640 do STF.

§ 1.º Para os efeitos deste artigo considerar-se-á o valor da dívida monetariamente atualizado e acrescido de multa e juros de mora e de mais encargos legais, na data da distribuição.

§ 2.º Os embargos infringentes, instruídos, ou não, com documentos novos, serão deduzidos, no prazo de 10 (dez) dias perante o mesmo juízo, em petição fundamentada.

§ 3.º Ouvido o embargado, no prazo de 10 (dez) dias, serão os autos conclusos ao juiz, que, dentro de 20 (vinte) dias, os rejeitará ou reformará a sentença.

Art. 35. Nos processos regulados por esta Lei, poderá ser dispensada a audiência de revisor, no julgamento das apelações.

Art. 36. Compete à Fazenda Pública baixar normas sobre o recolhimento da Dívida Ativa respectiva, em juízo ou fora dele, e aprovar, inclusive, os modelos de documentos de arrecadação.

Art. 37. O Auxiliar de Justiça que, por ação ou omissão, culposa ou dolosa, prejudicar a execução, será responsabilizado, civil, penal e administrativamente.

Parágrafo único. O Oficial de Justiça deverá efetuar, em 10 (dez) dias, as diligências que lhe forem ordenadas, salvo motivo de força maior devidamente justificado perante o juízo.

Art. 38. A discussão judicial da Dívida Ativa da Fazenda Pública só é admissível em execução, na forma desta Lei, salvo as hipóteses de mandado de segurança, ação de repetição do indébito ou ação anulatória do ato declarativo da dívida, esta precedida do depósito preparatório do valor do débito, monetariamente corrigido e acrescido dos juros e multa de mora e demais encargos.

Parágrafo único. A propositura, pelo contribuinte, da ação prevista neste artigo importa em renúncia ao poder de recorrer na esfera administrativa e desistência do recurso acaso interposto.

Art. 39. A Fazenda Pública não está sujeita ao pagamento de custas e emolumentos. A prática dos atos judiciais de seu interesse independerá de preparo ou de prévio depósito.

Parágrafo único. Se vencida, a Fazenda Pública ressarcirá o valor das despesas feitas pela parte contrária.

Art. 40. O juiz suspenderá o curso da execução, enquanto não for localizado o devedor ou encontrados bens sobre os quais possa recair a penhora, e, nesses casos, não correrá o prazo de prescrição.

>> *Vide* Súmula 314 do STJ.

§ 1.º Suspenso o curso da execução, será aberta vista dos autos ao representante judicial da Fazenda Pública.

§ 2.º Decorrido o prazo máximo de 1 (um) ano, sem que seja localizado o devedor ou encontrados bens penhoráveis, o juiz ordenará o arquivamento dos autos.

§ 3.º Encontrados que sejam, a qualquer tempo, o devedor ou os bens, serão desarquivados os autos para prosseguimento da execução.

§ 4.º Se da decisão que ordenar o arquivamento tiver decorrido o prazo prescricional, o juiz, depois de ouvida a Fazenda Pública, poderá, de ofício, reconhecer a prescrição intercorrente e decretá-la de imediato.

>> § 4.º acrescentado pela Lei n. 11.051, de 29-12-2004.

>> *Vide* Súmula 314 do STJ.

§ 5.º A manifestação prévia da Fazenda Pública prevista no § 4.º deste artigo será dispensada no caso de cobranças judiciais cujo valor seja inferior ao mínimo fixado por ato do Ministro de Estado da Fazenda.

>> § 5.º acrescentado pela Lei n. 11.960, de 29-6-2009.

Art. 41. O processo administrativo correspondente à inscrição de Dívida Ativa, à execução fiscal ou à ação proposta contra a Fazenda Pública será mantido na repartição competente, dele se extraindo as cópias autenticadas ou certidões, que forem requeridas pelas partes ou requisitadas pelo juiz ou pelo Ministério Público.

Parágrafo único. Mediante requisição do juiz à repartição competente, com dia e hora previamente marcados, poderá o processo administrativo ser exibido na sede do juízo, pelo funcionário para esse fim designado, lavrando o serventuário termo da ocorrência, com indicação, se for o caso, das peças a serem trasladadas.

Art. 42. Revogadas as disposições em contrário, esta Lei entrará em vigor 90 (noventa) dias após a data de sua publicação.

Brasília, 22 de setembro de 1980; 159.º da Independência e 92.º da República.

João Figueiredo

REGIMENTO INTERNO DO SUPREMO TRIBUNAL FEDERAL (*)

Disposição Inicial

Art. 1.º Este Regimento estabelece a composição e a competência dos órgãos do Supremo Tribunal Federal, regula o processo e o julgamento dos feitos que lhe são atribuídos pela Constituição da República e a disciplina dos seus serviços.

PARTE I
DA ORGANIZAÇÃO E COMPETÊNCIA

Título I
DO TRIBUNAL

Capítulo I
DA COMPOSIÇÃO DO TRIBUNAL

Art. 2.º O Tribunal compõe-se de onze Ministros, tem sede na Capital da República e jurisdição em todo Território Nacional.

Parágrafo único. O Presidente e Vice-Presidente são eleitos pelo Tribunal, dentre os Ministros.

Art. 3.º São órgãos do Tribunal o Plenário, as Turmas e o Presidente.

Art. 4.º As Turmas são constituídas de cinco Ministros.

Capítulo II
DA COMPETÊNCIA DO PLENÁRIO

Art. 5.º Compete ao Plenário processar e julgar originariamente:

I – nos crimes comuns, o Presidente da República, o Vice-Presidente da República, os Deputados e Senadores, os Ministros do Supremo Tribunal Federal e o Procurador-Geral da República, e nos crimes comuns e de responsabilidade, os Ministros de Estado e os Comandantes da Marinha, do Exército e da Aeronáutica, ressalvado o disposto no art. 52, I, da Constituição Federal, os membros dos Tribunais Superiores, os do Tribunal de Contas da União e os chefes de missão diplomática de caráter permanente, bem como apreciar pedidos de arquivamento por atipicidade da conduta.

>> Inciso I com redação determinada pela Emenda Regimental n. 57, de 16-10-2020.

II – (*Revogado pela Emenda Regimental n. 49, de 3-6-2014.*);

III – os litígios entre Estados estrangeiros ou organismos internacionais e a União, os Estados, o Distrito Federal ou os Territórios;

IV – as causas e conflitos entre a União, os Estados, o Distrito Federal e os Territórios ou entre uns e outros, inclusive os respectivos órgãos da administração indireta;

V – os mandados de segurança contra atos do Presidente da República, das Mesas da Câmara e do Senado Federal, do Supremo Tribunal Federal, bem como os impetrados pela União contra atos de governos estaduais, ou por um Estado contra outro;

>> Inciso V com redação determinada pela Emenda Regimental n. 49, de 3-6-2014.

VI – a declaração de suspensão de direitos prevista no art. 154 da Constituição;

VII – a representação do Procurador-Geral da República, por inconstitucionalidade ou para interpretação de lei ou ato normativo federal ou estadual;

VIII – a requisição de intervenção federal nos Estados, ressalvada a competência do Tribunal Superior Eleitoral prevista no art. 11, § 1.º, *b*, da Constituição;

IX – o pedido de avocação e as causas avocadas a que se refere o art. 119, I, *o*, da Constituição;

X – o pedido de medida cautelar nas representações oferecidas pelo Procurador-Geral da República;

XI – as ações contra atos individuais do Presidente do Conselho Nacional de Justiça e do Presidente do Conselho Nacional do Ministério Público.

>> Inciso XI acrescentado pela Emenda Regimental n. 49, de 3-6-2014.

XII – apreciar, *ad referendum*, decisão do relator sobre pedido de tutela de urgência, quando o objeto de questionamento for ato do Presidente da República, do Presidente da Câmara dos Deputados, do Presidente do Senado Federal e do Presidente do Supremo Tribunal Federal.

>> Inciso XII acrescentado pela Emenda Regimental n. 54, de 1.º-7-2020.

Art. 6.º Também compete ao Plenário:

I – processar e julgar originariamente:

a) o *habeas corpus*, quando for coator ou paciente o Presidente da República, a Câmara, o Senado, o próprio Tribunal ou qualquer de seus Ministros, o Conselho Nacional da Magistratura, o Procurador-Geral da República,

(*) Publicado no *Diário da Justiça da União* de 27-10-1980. O Regimento Interno do STF refere-se à CF de 1967, alterada pela Emenda Constitucional n. 1, de 1969. *Vide* arts. 101 a 103-A da CF. A Emenda Constitucional n. 45, de 8-12-2004, aprovou a Reforma do Judiciário.

ou quando a coação provier do Tribunal Superior Eleitoral, ou, nos casos do art. 129, § 2.º, da Constituição, do Superior Tribunal Militar, bem assim quando se relacionar com extradição requisitada por Estado estrangeiro;

b) a revisão criminal de julgado do Tribunal;

c) a ação rescisória de julgados do Tribunal;

d) a g) (*Revogadas pela Emenda Regimental n. 45, de 10-6-2011.*);

h) as arguições de suspeição;

i) (*Revogada pela Emenda Regimental n. 45, de 10-6-2011.*)

II – julgar:

a) além do disposto no art. 5.º, VII, as arguições de inconstitucionalidade suscitadas nos demais processos;

b) os processos remetidos pelas Turmas e os incidentes de execução que, de acordo com o art. 343, lhe forem submetidos;

c) os *habeas corpus* remetidos ao seu julgamento pelo Relator;

d) o agravo regimental contra ato do Presidente e contra despacho do Relator nos processos de sua competência;

III – julgar em recurso ordinário:

a) os *habeas corpus* denegados pelo Tribunal Superior Eleitoral ou, nos casos do art. 129, § 2.º, da Constituição, pelo Superior Tribunal Militar;

b) os *habeas corpus* denegados pelo Tribunal Federal de Recursos, quando for coator Ministro de Estado;

c) a ação penal julgada pelo Superior Tribunal Militar, quando o acusado for Governador ou Secretário de Estado;

d) as causas em que forem partes Estado estrangeiro ou organismo internacional, de um lado, e, de outro, município ou pessoa domiciliada ou residente no país;

IV – julgar, em grau de embargos, os processos decididos pelo Plenário ou pelas Turmas, nos casos previstos neste regimento;

Parágrafo único. Nos casos das letras *a* e *b* do inciso III, o recurso ordinário não poderá ser substituído por pedido originário.

Art. 8.º Compete ao Plenário e às Turmas, nos feitos de sua competência:

I – julgar o agravo regimental, o de instrumento, os embargos declaratórios e as medidas cautelares;

II – censurar ou advertir os juízes das instâncias inferiores e condená-los nas custas, sem prejuízo da competência do Conselho Nacional da Magistratura;

III – homologar as desistências requeridas em sessão, antes de iniciada a votação;

IV – representar à autoridade competente quando, em autos ou documentos de que conhecer, houver indício de crime de ação pública;

V – mandar riscar expressões desrespeitosas em requerimentos, pareceres ou quaisquer alegações submetidas ao Tribunal.

Capítulo III
DA COMPETÊNCIA DAS TURMAS

Art. 9.º Além do disposto no art. 8.º, compete às Turmas:

I – processar e julgar originariamente:

a) o *habeas corpus*, quando o coator ou paciente for Tribunal, funcionário ou autoridade, cujos atos estejam diretamente subordinados à jurisdição do Supremo Tribunal Federal, ou se tratar de crime sujeito à mesma jurisdição em única instância, ressalvada a competência do Plenário;

b) os incidentes de execução que, de acordo com o art. 343, III, lhes forem submetidos;

c) a reclamação que vise a preservar a competência do Tribunal ou a garantir a autoridade de suas decisões ou Súmulas Vinculantes;

>> Alínea *c* com redação determinada pela Emenda Regimental n. 49, de 3-6-2014.

d) os mandados de segurança contra atos do Tribunal de Contas da União e do Procurador-Geral da República.

>> Alínea *d* com redação determinada pela Emenda Regimental n. 49, de 3-6-2014.

e) os mandados de injunção contra atos do Tribunal de Contas da União e dos Tribunais Superiores;

>> Alínea *e* acrescentada pela Emenda Regimental n. 45, de 10-6-2011.

f) os *habeas data* contra atos do Tribunal de Contas da União e do Procurador-Geral da República;

>> Alínea *f* acrescentada pela Emenda Regimental n. 45, de 10-6-2011.

g) a ação em que todos os membros da magistratura sejam direta ou indiretamente interessados, e aquela em que mais da metade dos membros do tribunal de origem estejam impedidos ou sejam direta ou indiretamente interessados;

>> Alínea *g* acrescentada pela Emenda Regimental n. 45, de 10-6-2011.

h) a extradição requisitada por Estado estrangeiro;

>> Alínea *h* acrescentada pela Emenda Regimental n. 45, de 10-6-2011.

i) as ações contra o Conselho Nacional de Justiça ou contra o Conselho Nacional do Ministério Público, ressalvada a competência do Plenário;

>> Alínea *i* acrescentada pela Emenda Regimental n. 49, de 3-6-2014.

j) e k) (*Revogadas pela Emenda Regimental n. 57, de 16-10-2020.*)

II – julgar em recurso ordinário:

a) os *habeas corpus* denegados em única ou última instância pelos tribunais locais ou federais, ressalvada a competência do Plenário;

b) a ação penal nos casos do art. 129, § 1.º, da Constituição, ressalvada a hipótese prevista no art. 6.º, III, *c*.

III – julgar, em recurso extraordinário, as causas a que se referem os arts. 119, III, 139 e 143 da Constituição, observado o disposto no art. 11 e seu parágrafo único.

Parágrafo único. No caso da letra *a* do inciso II, o recurso ordinário não poderá ser substituído por pedido originário.

Art. 10. A Turma que tiver conhecimento da causa ou de algum de seus incidentes, inclusive de agravo para subida de recurso denegado ou procrastinado na instância de origem, tem jurisdição preventa para os recursos, reclamações e incidentes posteriores, mesmo em execução, ressalvada a competência do Plenário e do Presidente do Tribunal.

>> *Caput* com redação determinada pela Emenda Regimental n. 9, de 8-10-2001.

§ 1.º Prevalece o disposto neste artigo, ainda que a Turma haja submetido a causa, ou algum de seus incidentes, ao julgamento do Plenário.

§ 2.º A prevenção, se não reconhecida de ofício, poderá ser arguida por qualquer das partes ou pelo Procurador-Geral até o início do julgamento pela outra Turma.

§ 3.º Desaparecerá a prevenção se da Turma não fizer parte nenhum dos Ministros que funcionaram em julgamento anterior ou se tiver havido total alteração da composição das Turmas.

§ 4.º Salvo o caso do parágrafo anterior, prevenção do Relator que deixe o Tribunal comunica-se à Turma.

>> § 4.º acrescentado pela Emenda Regimental n. 34, de 7-8-2009.

Art. 11. A Turma remeterá o feito ao julgamento do Plenário independente de acórdão e de nova pauta:

I – quando considerar relevante a arguição de inconstitucionalidade ainda não decidida pelo Plenário, e o Relator não lhe houver afetado o julgamento;

II – quando, não obstante decidida pelo Plenário, a questão de inconstitucionalidade, algum Ministro propuser o seu reexame;

III – quando algum Ministro propuser revisão da jurisprudência compendiada na Súmula.

Parágrafo único. Poderá a Turma proceder da mesma forma, nos casos do art. 22, parágrafo único, quando não o houver feito o Relator.

Capítulo IV
DO PRESIDENTE E DO VICE-PRESIDENTE

Art. 13. São atribuições do Presidente:

V – **despachar:**

>> Inciso V, *caput*, com redação determinada pela Emenda Regimental n. 54, de 1.º-7-2020.

a) antes da distribuição, o pedido de assistência judiciária;

b) a reclamação por erro de ata referente a sessão que lhe caiba presidir;

c) **como Relator, nos termos dos arts. 932 e 1.042 do Código de Processo Civil, até eventual distribuição, as petições, os recursos extraordinários e os agravos em recurso extraordinário ineptos ou manifestamente inadmissíveis, inclusive por incompetência, intempestividade, deserção, prejuízo ou ausência de preliminar formal e fundamentada de repercussão geral, bem como aqueles cujo tema seja destituído de repercussão geral, conforme jurisprudência do Tribunal;**

>> Alínea *c* com redação determinada pela Emenda Regimental n. 54, de 1.º-7-2020.

d) **como Relator, nos termos dos arts. 932 e 1.042 do Código de Processo Civil, até eventual distribuição, os recursos extraordinários e os agravos que veiculem pretensão contrária a jurisprudência dominante ou a súmula do Supremo Tribunal Federal;**

>> Alínea *d* com redação determinada pela Emenda Regimental n. 54, de 1.º-7-2020.

e) **como Relator, até eventual distribuição, os *habeas corpus* que sejam inadmissíveis em razão de incompetência manifesta, encaminhando os autos ao órgão que repute competente.**

>> Alínea *e* acrescentada pela Emenda Regimental n. 54, de 1.º-7-2020.

VI – executar e fazer cumprir os seus despachos, suas decisões monocráticas, suas resoluções, suas ordens e os acórdãos transitados em julgado e por ele relatados, bem como as deliberações do Tribunal tomadas em sessão administrativa e outras de interesse institucional, facultada a delegação de atribuições para a prática de atos processuais não decisórios;

>> Inciso VI com redação determinada pela Emenda Regimental n. 41, de 16-9-2010.

VII – decidir questões de ordem ou submetê-las ao Tribunal quando entender necessário;

VIII – decidir questões urgentes nos períodos de recesso ou de férias;

>> Inciso VIII com redação determinada pela Emenda Regimental n. 26, de 22-10-2008.

IX – proferir voto de qualidade nas decisões do Plenário, para as quais o Regimento Interno não preveja solução diversa, quando o empate na votação decorra de ausência de Ministro em virtude de:

a) impedimento ou suspeição;

b) vaga ou licença médica superior a 30 (trinta) dias, quando seja urgente a matéria e não se possa convocar o Ministro licenciado;

>> Inciso IX com redação determinada pela Emenda Regimental n. 35, de 2-12-2009.

Capítulo V
DOS MINISTROS

Seção II
Do Relator

Art. 21. São atribuições do Relator:

I – ordenar e dirigir o processo;

II – executar e fazer cumprir os seus despachos, suas decisões monocráticas, suas ordens e seus acórdãos transitados em julgado, bem como determinar às autoridades judiciárias e administrativas providências relativas ao andamento e à instrução dos processos de sua competência, facultada a delegação de atribuições para a prática de atos processuais não decisórios a outros Tribunais e a juízos de primeiro grau de jurisdição;

>> Inciso II com redação determinada pela Emenda Regimental n. 41, de 16-9-2010.

III – submeter ao Plenário, à Turma, ou aos Presidentes, conforme a competência, questões de ordem para o bom andamento dos processos;

IV – submeter ao Plenário ou à Turma, nos processos da competência respectiva, medidas cautelares necessárias à proteção de direito suscetível de grave dano de incerta reparação, ou ainda destinadas a garantir a eficácia da ulterior decisão da causa;

V – determinar, em caso de urgência, as medidas do inciso anterior, *ad referendum* do Plenário ou da Turma;

V-A – decidir questões urgentes no plantão judicial realizado nos dias de sábado, domingo, feriados e naqueles em que o Tribunal o determinar, na forma regulamentada em Resolução;

>> Inciso V-A acrescentado pela Emenda Regimental n. 42, de 2-12-2010.

VI – determinar, em agravo de instrumento, a subida, com as razões das partes, de recurso denegado ou procrastinado, para melhor exame;

VII – requisitar os autos originais, quando necessário;

VIII – homologar as desistências, ainda que o feito se ache em mesa para julgamento;

IX – julgar prejudicado pedido ou recurso que haja perdido o objeto;

X – pedir dia para julgamento dos feitos nos quais estiver habilitado a proferir voto, ou passá-los ao Revisor, com o relatório, se for o caso;

XI – remeter *habeas corpus* ou recurso de *habeas corpus* ao julgamento do Plenário;

XII – assinar cartas de sentença;

XIII – delegar atribuições a outras autoridades judiciárias, nos casos previstos em lei e neste Regimento;

XIV – apresentar em mesa para julgamento os feitos que independam de pauta;

XV – determinar a instauração de inquérito a pedido do Procurador-Geral da República, da autoridade policial ou do ofendido, bem como o seu arquivamento, quando o requerer o Procurador-Geral da República, ou quando verificar:

>> Inciso XV, *caput*, com redação determinada pela Emenda Regimental n. 44, de 2-6-2011.

a) a existência manifesta de causa excludente da ilicitude do fato;

>> Alínea *a* acrescentada pela Emenda Regimental n. 44, de 2-6-2011.

b) a existência manifesta de causa excludente da culpabilidade do agente, salvo inimputabilidade;

>> Alínea *b* acrescentada pela Emenda Regimental n. 44, de 2-6-2011.

c) que o fato narrado evidentemente não constitui crime;

>> Alínea *c* acrescentada pela Emenda Regimental n. 44, de 2-6-2011.

d) extinta a punibilidade do agente; ou

>> Alínea *d* acrescentada pela Emenda Regimental n. 44, de 2-6-2011.

e) ausência de indícios mínimos de autoria ou materialidade;

>> Alínea *e* acrescentada pela Emenda Regimental n. 44, de 2-6-2011.

XVI – assinar a correspondência oficial, em nome do Supremo Tribunal Federal, nas matérias e nos processos sujeitos à sua competência jurisdicional, podendo dirigir-se a qualquer autoridade pública, inclusive ao Chefe dos Poderes da República;

>> Inciso XVI com redação determinada pela Emenda Regimental n. 7, de 6-4-1998.

XVII – convocar audiência pública para ouvir o depoimento de pessoas com experiência e autoridade em determinada matéria, sempre que entender necessário o esclarecimento de questões ou circunstâncias de fato, com repercussão geral ou de interesse público relevante;

>> Inciso XVII acrescentado pela Emenda Regimental n. 29, de 18-2-2009.

XVIII – decidir, de forma irrecorrível, sobre a manifestação de terceiros, subscrita por procurador habilitado, em audiências públicas ou nos processos de sua relatoria;

>> Inciso XVIII acrescentado pela Emenda Regimental n. 29, de 18-2-2009.

XIX – julgar o pedido de assistência judiciária;

>> Inciso XIX acrescentado pela Emenda Regimental n. 33, de 7-8-2009.

XX – praticar os demais atos que lhe incumbam ou sejam facultados em lei e no Regimento.

>> Primitivo inciso XVII renumerado pela Emenda Regimental n. 33, de 7-8-2009.

§ 1.º Poderá o(a) Relator(a) negar seguimento a pedido ou recurso manifestamente inadmissível, improcedente ou contrário à jurisprudência dominante ou à Súmula do Tribunal, deles não conhecer em caso de incompetência manifesta, encaminhando os autos ao órgão que repute competente, bem como cassar ou reformar, liminarmente, acórdão contrário à orientação firmada nos termos do art. 543-B do Código de Processo Civil.

>> § 1.º com redação determinada pela Emenda Regimental n. 21, de 30-4-2007.

§ 2.º Poderá ainda o Relator, em caso de manifesta divergência com a Súmula, prover, desde logo, o recurso extraordinário.

>> § 2.º acrescentado pela Emenda Regimental n. 2, de 4-12-1985.

§ 3.º Ao pedir dia para julgamento ou apresentar o feito em mesa, indicará o Relator, nos autos, se o submete ao Plenário ou à Turma, salvo se pela simples designação da classe estiver fixado o órgão competente.

>> Primitivo § 2.º renumerado pela Emenda Regimental n. 2, de 4-12-1985.

§ 4.º O Relator comunicará à Presidência, para os fins do art. 328 deste Regimento, as matérias sobre as quais proferir decisões de sobrestamento ou devolução de autos, nos termos do art. 543-B do CPC.

>> § 4.º acrescentado pela Emenda Regimental n. 22, de 30-11-2007.

....

Art. 22. O Relator submeterá o feito ao julgamento do Plenário, quando houver relevante arguição de inconstitucionalidade ainda não decidida.

Parágrafo único. Poderá o Relator proceder na forma deste artigo:

a) quando houver matéria em que divirjam as Turmas entre si ou alguma delas em relação ao Plenário;

b) quando, em razão da relevância da questão jurídica ou da necessidade de prevenir divergência entre as Turmas, convier pronunciamento do Plenário.

Seção III
Do Revisor

Art. 23. Há revisão nos seguintes processos:

I – ação rescisória;

II – revisão criminal;

III – ação penal originária prevista no art. 5.º, I e II;

IV – recurso ordinário criminal previsto no art. 6.º, III, c;

V – declaração de suspensão de direitos do art. 5.º, VI.

Parágrafo único. Nos embargos relativos aos processos referidos, não haverá revisão.

Art. 24. Será Revisor o Ministro que se seguir ao Relator na ordem decrescente de antiguidade.

Parágrafo único. Em caso de substituição definitiva do Relator, será também substituído o Revisor, consoante o disposto neste artigo.

Art. 25. Compete ao Revisor:

I – sugerir ao Relator medidas ordinatórias do processo que tenham sido omitidas;

II – confirmar, completar ou retificar o relatório;

III – pedir dia para julgamento dos feitos nos quais estiver habilitado a proferir voto.

Capítulo VI
DAS COMISSÕES

Art. 26. As Comissões colaboram no desempenho dos encargos do Tribunal.

Art. 27. As Comissões são:

I – Permanentes;

II – Temporárias;

§ 1.º São Permanentes:

I – a Comissão de Regimento;

II – a Comissão de Jurisprudência;

III – a Comissão de Documentação;

....

Art. 32. São atribuições da Comissão de Jurisprudência:

I – selecionar os acórdãos que devam publicar-se em seu inteiro teor na Revista Trimestral de Jurisprudência, preferindo os indicados pelos Relatores;

II – promover a divulgação, em sumário, das decisões não publicadas na íntegra, bem como a edição de um boletim interno, para conhecimento, antes da publicação dos acórdãos, das questões jurídicas decididas pelas Turmas e pelo Plenário;

III – providenciar a publicação, abreviada ou por extenso, das decisões sobre matéria constitucional, em volumes seriados;

IV – velar pela expansão, atualização e publicação da Súmula;

V – superintender:

a) os serviços de sistematização e divulgação da jurisprudência do Tribunal;

b) a edição da Revista Trimestral de Jurisprudência e outras publicações, bem como de índices que facilitem a pesquisa de julgados ou processos;

VI – emitir pronunciamento sobre pedido de inscrição como repertório autorizado.

....

Título II
DA PROCURADORIA-GERAL DA REPÚBLICA

....

Art. 49. O Procurador-Geral manifestar-se-á nas oportunidades previstas em lei e neste Regimento.

Art. 50. Sempre que couber ao Procurador-Geral manifestar-se, o Relator mandará abrir-lhe vista antes de pedir dia para julgamento ou passar os autos ao Revisor.

§ 1.º Quando não fixado diversamente neste Regimento, será de quinze dias o prazo para o Procurador-Geral manifestar-se.

§ 2.º Excedido o prazo, o Relator poderá requisitar os autos, facultando, se ainda oportuna, a posterior juntada do parecer.

§ 3.º Caso omitida a vista, considerar-se-á sanada a falta se não for arguida até a abertura da sessão de julgamento, exceto na ação penal originária ou inquérito de que possa resultar responsabilidade penal.

Art. 51. Nos processos em que atuar como representante judicial da União, ou como titular da ação penal, o Procurador-Geral tem os mesmos poderes e ônus que as partes, ressalvadas as disposições expressas em lei ou neste Regimento.

Art. 52. O Procurador-Geral terá vista dos autos:

I – nas representações e outras arguições de inconstitucionalidade;

II – nas causas avocadas;

III – nos processos oriundos de Estados estrangeiros;

IV – nos litígios entre Estado estrangeiro ou organismo internacional e a União, os Estados, o Distrito Federal e os Territórios;

V – nas ações penais originárias;

VI – nas ações cíveis originárias;

VII – nos conflitos de jurisdição ou competência e de atribuições;

VIII – nos *habeas corpus* originários e nos recursos de *habeas corpus*;

IX – nos mandados de segurança;

X – nas revisões criminais e ações rescisórias;

XI – nos pedidos de intervenção federal;

XII – nos inquéritos de que possa resultar responsabilidade penal;

XIII – nos recursos criminais;

XIV – nos outros processos em que a lei impuser a intervenção do Ministério Público;

XV – nos demais processos, quando, pela relevância da matéria, ele a requerer, ou for determinada pelo Relator, Turma ou Plenário.

Parágrafo único. Salvo na ação penal originária ou nos inquéritos, poderá o Relator dispensar a vista ao Procurador-Geral quando houver urgência, ou quando sobre a matéria versada no processo já houver o Plenário firmado jurisprudência.

Art. 53. O Procurador-Geral poderá pedir preferência para julgamento de processo em pauta.

PARTE II
DO PROCESSO

Título I
DISPOSIÇÕES GERAIS

Capítulo I
DO REGISTRO E CLASSIFICAÇÃO

Art. 54. As petições iniciais e os processos remetidos, ou incidentes, serão protocolados no dia da entrada, na ordem de recebimento, e registrados no primeiro dia útil imediato.

Art. 55. O registro far-se-á em numeração contínua e seriada em cada uma das classes seguintes:

I – Ação Cível Originária;

II – Ação Penal;

III – Ação Rescisória;

IV – Agravo de Instrumento;
V – Apelação Cível;
VI – Arguição de Relevância;
VII – Arguição de Suspeição;
VIII – Carta Rogatória;
IX – Comunicação;
X – Conflito de Atribuições;
XI – Conflito de Jurisdição;
XII – Extradição;
XIII – *Habeas Corpus*;
XIV – Inquérito;
XV – Intervenção Federal;
XVI – Mandado de Segurança;
XVII – Pedido de Avocação;
XVIII – Petição;
XIX – Processo Administrativo;
XX – Reclamação;
XXI – Recurso Criminal;
XXII – Recurso Extraordinário;
XXIII – Representação;
XXIV – Revisão Criminal;
XXV – Sentença Estrangeira;
XXVI – Suspensão de Direitos;
XXVII – Suspensão de Segurança;
XXVIII – Proposta de Súmula Vinculante.

>> Inciso XXVIII acrescentado pela Emenda Regimental n. 46, de 6-7-2011.

Art. 56. O Presidente resolverá, mediante instrução normativa, as dúvidas que se suscitarem na classificação dos feitos, observando-se as seguintes normas:

I – na classe *habeas corpus* serão incluídos os pedidos originários e os recursos, inclusive os da Justiça Eleitoral;

II – na classe Recurso Extraordinário serão incluídos:

a) os recursos eleitorais e trabalhistas fundados em inconstitucionalidade;

b) os recursos extraordinários criminais;

c) os recursos extraordinários em mandado de segurança;

III – na classe Recurso Criminal serão incluídos os recursos criminais ordinários;

IV – na classe Ação Penal serão incluídas as ações penais privadas;

V – na classe Inquérito serão incluídos os policiais e os administrativos, de que possa resultar responsabilidade penal, e que só passarão à classe Ação Penal após o recebimento da denúncia ou queixa;

VI – a classe Intervenção Federal compreende os pedidos autônomos e os formulados em execução de julgado do Tribunal; estes últimos serão autuados em apenso, salvo se os autos principais tiverem sido enviados a outra instância;

VII – na classe Processo Administrativo serão incluídos os que devam ser apreciados pelo Tribunal; os que devam ser submetidos ao Presidente ou ao Diretor-Geral obedecerão à classificação estabelecida pelo Presidente;

VIII – na classe Pedido de Avocação se compreende o julgamento das causas avocadas;

IX – os expedientes que não tenham classificação específica nem sejam acessórios ou incidentes serão incluídos na classe Petição, se contiverem requerimento, ou na classe Comunicação, em qualquer outro caso;

X – não se altera a classe do processo:

a) pela interposição de embargos ou agravo regimental;

b) pela exceção de suspeição de juiz de outra instância;

c) pela arguição de inconstitucionalidade formulada incidentemente pelas partes ou pelo Procurador-Geral;

d) pela reclamação por erro de ata;

e) pelos pedidos incidentes ou acessórios;

f) pelos pedidos de execução, salvo a intervenção federal;

XI – far-se-á na autuação nota distintiva do recurso ou incidente, quando este não alterar a classe e o número do processo.

Capítulo II
DO PREPARO E DA DESERÇÃO

Art. 57. Salvo os casos de isenção, compete às partes antecipar o pagamento do respectivo preparo.

>> *Caput* com redação determinada pela Emenda Regimental n. 42, de 2-12-2010.

Parágrafo único. O preparo compreende o recolhimento de custas e das despesas de todos os atos do processo, inclusive o porte de remessa e retorno, quando for o caso.

>> Parágrafo único com redação determinada pela Emenda Regimental n. 42, de 2-12-2010.

Art. 58. Quando autor e réu recorrerem, cada recurso estará sujeito a preparo integral.

§ 1.º Tratando-se de litisconsortes necessários, bastará que um dos recursos seja preparado, para que todos sejam julgados, ainda que não coincidam suas pretensões.

§ 2.º O assistente é equiparado para esse efeito ao litisconsorte.

§ 3.º O terceiro prejudicado que recorrer fará o preparo do seu recurso, independentemente do preparo dos recursos que, porventura, tenham sido interpostos pelo autor ou pelo réu.

Art. 59. O recolhimento do preparo:

>> *Caput* com redação determinada pela Emenda Regimental n. 42, de 2-12-2010.

I – quando se tratar de recurso, será feito no tribunal de origem, perante as suas secretarias e no prazo previsto na lei processual;

>> Inciso I com redação determinada pela Emenda Regimental n. 42, de 2-12-2010.

II – quando se tratar de feitos de competência originária, será comprovado no ato de seu protocolo.

>> Inciso II com redação determinada pela Emenda Regimental n. 42, de 2-12-2010.

§ 1.º Nenhum recurso subirá ao Supremo Tribunal Federal, salvo caso de isenção, sem a prova do respectivo preparo e do pagamento das despesas de remessa e retorno, no prazo legal.

§ 2.º O preparo efetuar-se-á, mediante guia, à repartição arrecadadora competente, juntando-se aos autos o comprovante.

§ 3.º A não comprovação do pagamento do preparo no ato do protocolo da ação originária ou seu pagamento parcial serão certificados nos autos pela Secretaria Judiciária.

>> § 3.º com redação determinada pela Emenda Regimental n. 42, de 2-12-2010.

Art. 60. Com ou sem preparo, ao autos serão distribuídos ao Relator ou registrados à Presidência, de acordo com a respectiva competência, salvo os casos definidos neste Regimento.

>> Artigo com redação determinada pela Emenda Regimental n. 42, de 2-12-2010.

Art. 61. Cabe às partes prover o pagamento antecipado das despesas dos atos que realizem ou requeiram no processo, ficando o vencido, afinal, responsável pelas custas e despesas pagas pelo vencedor.

§ 1.º Haverá isenção do preparo:

I – nos conflitos de jurisdição, nos *habeas corpus*, e nos demais processos criminais, salvo a ação penal privada;

II – nos pedidos e recursos formulados ou interpostos pelo Procurador-Geral da República, pela Fazenda Pública em geral ou por beneficiário de assistência judiciária.

§ 2.º Nas causas em que forem partes Estados estrangeiros e organismos internacionais, prevalecerá o que dispuserem os tratados ratificados pelo Brasil.

Art. 62. A assistência judiciária, perante o Tribunal, será requerida ao Presidente antes da distribuição; nos demais casos, ao Relator.

Art. 63. Sem prejuízo da nomeação, quando couber, de defensor ou curador dativo, o pedido de assistência judiciária será deferido ou não, de acordo com a legislação em vigor.

Parágrafo único. Prevalecerá no Tribunal a assistência judiciária já concedida em outra instância.

Art. 64. O pagamento dos preços cobrados pelo fornecimento de cópias, autenticadas ou não, ou de certidões por fotocópia ou meio equivalente será antecipado ou garantido com depósito na Secretaria, consoante tabela aprovada pelo Presidente.

Art. 65. A deserção do recurso por falta de preparo será declarada:

I – pelo Presidente, antes da distribuição;

II – pelo Relator;

III – pelo Plenário ou pela Turma, ao conhecer do feito.

Parágrafo único. Do despacho que declarar a deserção caberá agravo regimental.

Capítulo III
DA DISTRIBUIÇÃO

Art. 66. A distribuição será feita por sorteio, mediante sistema informatizado, acionado automaticamente, em horários predeterminados em cada classe de processo, ressalvadas as exceções previstas neste Regimento.

>> *Caput* com redação determinada pela Emenda Regimental n. 18, de 2-8-2006.

§ 1.º O sistema informatizado de distribuição automática e aleatória de processos é público, e seus dados são acessíveis aos interessados.

>> § 1.º acrescentado pela Emenda Regimental n. 18, de 2-8-2006.

§ 2.º Sorteado o Relator, ser-lhe-ão imediatamente conclusos os autos.

>> § 2.º acrescentado pela Emenda Regimental n. 18, de 2-8-2006.

Art. 68. Em *habeas corpus*, mandado de segurança, reclamação, extradição, conflitos de jurisdição e de atribuições, diante de risco grave de perecimento de direito ou na hipótese de a prescrição da pretensão punitiva ocorrer nos seis meses seguintes ao início da licença, ausência ou vacância, poderá o Presidente determinar a redistribuição, se o requerer o interessado ou o Ministério Público, quando o Relator estiver licenciado, ausente ou o cargo estiver vago por mais de trinta dias.

>> *Caput* com redação determinada pela Emenda Regimental n. 42, de 2-12-2010.

§ 1.º Em caráter excepcional poderá o Presidente do Tribunal, nos demais feitos, fazer uso da faculdade prevista neste artigo.

§ 2.º (*Revogado pela Emenda Regimental n. 42, de 2-12-2010.*)

§ 3.º Far-se-á compensação, salvo dispensa do Tribunal, quando cessar a licença ou ausência ou preenchido o cargo vago.

>> § 3.º com redação determinada pela Emenda Regimental n. 42, de 2-12-2010.

Art. 69. A distribuição da ação ou do recurso gera prevenção para todos os processos a eles vinculados por conexão ou continência.

>> *Caput* com redação determinada pela Emenda Regimental n. 34, de 7-8-2009.

§ 1.º O conhecimento excepcional de processo por outro Ministro que não o prevento prorroga-lhe a competência nos termos do § 6.º do art. 67.

>> § 1.º com redação determinada pela Emenda Regimental n. 34, de 7-8-2009.

§ 2.º Não se caracterizará prevenção, se o Relator, sem ter apreciado liminar, nem o mérito da causa, não conhecer do pedido, declinar da competência, ou homologar pedido de desistência por decisão transitada em julgado.

>> § 2.º com redação determinada pela Emenda Regimental n. 34, de 7-8-2009.

Art. 70. Será distribuída ao Relator do feito principal a reclamação que tenha como causa de pedir o descumprimento de decisão cujos efeitos sejam restritos às partes.

>> *Caput* com redação determinada pela Emenda Regimental n. 34, de 7-8-2009.

§ 1.º Será objeto de livre distribuição a reclamação que tenha como causa de pedir o descumprimento de súmula vinculante ou de decisão dotada de efeito *erga omnes*.

>> § 1.º acrescentado pela Emenda Regimental n. 34, de 7-8-2009.

§ 2.º Se o Relator da causa principal já não integrar o Tribunal, a reclamação será distribuída ao sucessor.

>> § 2.º acrescentado pela Emenda Regimental n. 34, de 7-8-2009

§ 3.º Se o Relator assumir a Presidência do Tribunal, a reclamação será redistribuída ao Ministro que o substituir na Turma.

>> § 3.º acrescentado pela Emenda Regimental n. 34, de 7-8-2009

§ 4.º Será distribuída ao Presidente a reclamação que tiver como causa de pedir a usurpação da sua competência ou o descumprimento de decisão sua.

>> § 4.º acrescentado pela Emenda Regimental n. 34, de 7-8-2009

§ 5.º Julgada procedente a reclamação por usurpação da competência, fica prevento o Relator para o processo avocado.

>> § 5.º acrescentado pela Emenda Regimental n. 34, de 7-8-2009

§ 6.º A reclamação, que tiver como causa de pedir a usurpação da competência por prerrogativa de foro, será distribuída ao Relator de *habeas corpus* oriundo do mesmo inquérito ou ação penal.

>> § 6.º acrescentado pela Emenda Regimental n. 34, de 7-8-2009.

Art. 71. Os embargos declaratórios e as questões incidentes terão como Relator o do processo principal.

Art. 72. O prolator do despacho impugnado será o Relator do agravo regimental.

Art. 73. A arguição de suspeição a Ministro terá como Relator o Presidente do Tribunal, ou o Vice-Presidente, se aquele for o recusado.

Art. 74. A ação penal será distribuída ao mesmo Relator do inquérito.

§ 1.º O inquérito ou a ação penal, que retornar ao Tribunal por restabelecimento da competência por prerrogativa de foro, será distribuído ao Relator original.

>> § 1.º acrescentado pela Emenda Regimental n. 34, de 7-8-2009.

§ 2.º Na hipótese anterior, se o Relator original já não estiver no Tribunal, o processo será distribuído livremente.

>> § 2.º acrescentado pela Emenda Regimental n. 34, de 7-8-2009.

Art. 75. O Ministro eleito Presidente continuará como Relator ou Revisor do processo em que tiver lançado o relatório ou aposto o seu visto.

Art. 76. Se a decisão embargada for de uma Turma, far-se-á a distribuição dos embargos dentre os Ministros da outra; se do Plenário, serão excluídos da distribuição o Relator e o Revisor.

Art. 77. Na distribuição de ação rescisória e de revisão criminal, será observado o critério estabelecido no artigo anterior.

Parágrafo único. Tratando-se de recurso extraordinário eleitoral, de *habeas corpus* contra ato do Tribunal Superior Eleitoral, ou de recurso de *habeas corpus* denegado pelo mesmo Tribunal, serão excluídos da distribuição, se possível, os Ministros que ali tenham funcionado no mesmo processo ou no processo originário.

Art. 77-A. Serão distribuídos ao mesmo Relator a ação cautelar e o processo ou recurso principais.

>> Artigo acrescentado pela Emenda Regimental n. 34, de 7-8-2009.

Art. 77-B. Na ação direta de inconstitucionalidade, na ação direta de inconstitucionalidade por omissão, na ação declaratória de constitucionalidade e na arguição de descumprimento de preceito fundamental, aplica-se a regra de distribuição por prevenção quando haja coincidência total ou parcial de objetos.

>> Artigo acrescentado pela Emenda Regimental n. 34, de 7-8-2009.

Art. 77-C. Serão distribuídos ao mesmo Relator requerimento de prisão preventiva para extradição e outro pedido de extradição da mesma pessoa, ainda que formulado por Estado diferente.

>> *Caput* acrescentado pela Emenda Regimental n. 34, de 7-8-2009.

Parágrafo único. Fica prevento para reiteração de pedido de extradição o Relator que tenha negado seguimento ao primeiro pedido por decisão transitada em julgado.

>> Parágrafo único acrescentado pela Emenda Regimental n. 34, de 7-8-2009.

Art. 77-D. Serão distribuídos por prevenção os *habeas corpus* oriundos do mesmo inquérito ou ação penal.

>> *Caput* acrescentado pela Emenda Regimental n. 34, de 7-8-2009.

§ 1.º A prevenção para *habeas corpus* relativo a ações penais distintas oriundas de um mesmo inquérito observará os critérios de conexão e de continência.

>> § 1.º acrescentado pela Emenda Regimental n. 34, de 7-8-2009.

§ 2.º O Relator da reclamação que tenha como causa de pedir a usurpação da competência em inquérito ou ação penal fica prevento para *habeas corpus* a eles relativo.

>> § 2.º acrescentado pela Emenda Regimental n. 34, de 7-8-2009.

§ 3.º *Habeas corpus* contra ato praticado em inquérito ou ação penal em trâmite no Tribunal será distribuído com exclusão do respectivo Relator.

>> § 3.º acrescentado pela Emenda Regimental n. 34, de 7-8-2009.

§ 4.º Os inquéritos e as ações penais, que passem a ser de competência do Tribunal em virtude de prerrogativa de foro, serão distribuídos por prevenção ao Relator de *habeas corpus* a eles relativo.

>> § 4.º acrescentado pela Emenda Regimental n. 34, de 7-8-2009.

§ 5.º O Relator da revisão criminal fica prevento para *habeas corpus* relativo ao mesmo processo.

>> § 5.º acrescentado pela Emenda Regimental n. 34, de 7-8-2009.

Capítulo IV
DOS ATOS E FORMALIDADES

Seção I
Disposições Gerais

Art. 78. O ano judiciário no Tribunal divide-se em dois períodos, recaindo as férias em janeiro e julho.

§ 1.º Constituem recesso os feriados forenses compreendidos entre os dias 20 de dezembro e 6 de janeiro, inclusive.

>> § 1.º com redação determinada pela Emenda Regimental n. 50, de 19-4-2016.

§ 2.º Sem prejuízo do disposto no inciso VII do art. 13 e inciso V-A do art. 21, suspendem-se os trabalhos do Tribunal durante o recesso e as férias, bem como nos sábados e domingos, feriados e nos dias em que o Tribunal determinar.

>> § 2.º com redação determinada pela Emenda Regimental n. 42, de 2-12-2010.

§ 3.º Os Ministros indicarão seu endereço para eventual convocação durante as férias ou recesso.

....

Art. 83. A publicação da pauta de julgamento antecederá quarenta e oito horas, pelo menos, à sessão em que os processos possam ser chamados.

§ 1.º Independem de pauta:

I – as questões de ordem sobre a tramitação dos processos;

II – o julgamento do processo remetido pela Turma ao Plenário;

III – o julgamento de *habeas corpus* ou de conflito de jurisdições, competências ou atribuições; e

>> Inciso III com redação determinada pela Emenda Regimental n. 54, de 1.º-7-2020.

>> *Vide* art. 105, I, *d* e *g*, da CF.

IV – o julgamento de embargos de declaração ou de agravo regimental em matéria processual penal.

>> Inciso IV acrescentado pela Emenda Regimental n. 54, de 1.º-7-2020.

§ 2.º Havendo expressa concordância das partes, poderá ser dispensada a inclusão de outros processos na pauta de julgamento.

....

Art. 87. Aos Ministros julgadores será distribuída cópia do relatório antecipadamente:

I – nas representações por inconstitucionalidade ou para interpretação de lei ou ato normativo federal ou estadual;

II – nos feitos em que haja Revisor;

III – nas causas evocadas;

IV – nos demais feitos, a critério do Relator.

....

Seção III
Das Decisões

Art. 93. As conclusões do Plenário e das Turmas, em suas decisões, constarão de acórdão, do qual fará parte a transcrição do áudio do julgamento.

>> *Caput* com redação determinada pela Emenda Regimental n. 26, de 22-10-2008.

Parágrafo único. Dispensam acórdão as decisões de remessa de processo ao Plenário e de provimento de agravo de instrumento.

Art. 94. Nos processos julgados no Pleno e nas Turmas, o Relator subscreverá o acórdão, registrando o nome do Presidente.

>> Artigo com redação determinada pela Emenda Regimental n. 16, de 25-8-2005.

Art. 95. A publicação do acórdão, por suas conclusões e ementa, far-se-á, para todos os efeitos, no *Diário da Justiça*.

>> A Resolução n. 341, de 16-4-2007, institui o *Diário da Justiça Eletrônico* do STF.

§ 1.º Salvo manifestação expressa de ministro em sentido contrário, a publicação do acórdão no *Diário da Justiça* far-se-á automaticamente quando transcorrido o prazo de sessenta dias desde a proclamação do resultado do julgamento.

>> § 1.º acrescentado pela Emenda Regimental n. 54, de 1.º-7-2020.

>> A Emenda Regimental n. 54, de 1.º-7-2020, (*DJE* de 3-7-2020) dispõe em seu art. 3.º: "Art. 3.º Esta Emenda Regimental entra em vigor na data de sua publicação. § 1.º As alterações no art. 95, §§ 1.º, 2.º e 3.º, do Regimento Interno aplicam-se imediatamente aos processos julgados a partir da publicação desta emenda. § 2.º Para os processos julgados antes da publicação desta emenda, o prazo de publicação dos acórdãos previsto no art. 95, § 1.º, começa a correr após 30 dias da data de publicação da emenda".

§ 2.º Nos casos em que não tenham sido liberados pelos respectivos Ministros o relatório, os votos escritos e a revisão de apartes de julgamento, no prazo previsto no § 1.º, a Secretaria Judiciária fará constar do texto transcrito do julgamento a ressalva de que ele não foi revisto pelo respectivo ministro.

>> § 2.º acrescentado pela Emenda Regimental n. 54, de 1.º-7-2020.

§ 3.º Na hipótese prevista no § 2.º, a ementa do acórdão consistirá no dispositivo do voto vencedor.

>> § 3.º acrescentado pela Emenda Regimental n. 54, de 1.º-7-2020.

....

Seção IV
Da Jurisprudência

....

Art. 101. A declaração de constitucionalidade ou inconstitucionalidade de lei ou ato normativo, pronunciada por maioria qualificada, aplica-se aos novos feitos submetidos às Turmas ou ao Plenário, salvo o disposto no art. 103.

Art. 102. A jurisprudência assentada pelo Tribunal será compendiada na Súmula do Supremo Tribunal Federal.

§ 1.º A inclusão de enunciados na Súmula, bem como a sua alteração ou cancelamento, será deliberadas em Plenário, por maioria absoluta.

§ 2.º Os verbetes cancelados ou alterados guardarão a respectiva numeração com a nota correspondente, tomando novos números os que forem modificados.

§ 3.º Os adendos e emendas à Súmula, datados e numerados em séries separadas e sucessivas, serão publicados três vezes consecutivas no *Diário da Justiça*.

§ 4.º A citação da Súmula, pelo número correspondente, dispensará, perante o Tribunal, a referência a outros julgados no mesmo sentido.

Art. 103. Qualquer dos Ministros pode propor a revisão da jurisprudência assentada em matéria constitucional e da compendiada na Súmula, procedendo-se ao sobrestamento do feito, se necessário.

Capítulo V
DOS PRAZOS

Art. 104. Os prazos no Tribunal correm da publicação do ato ou do aviso no *Diário da Justiça*, salvo o disposto nos parágrafos seguintes.

§ 1.º As intimações decorrentes de publicação de ato ou aviso consideram-se feitas no dia da circulação do *Diário da Justiça*.

§ 2.º Os prazos somente começam a correr a partir do primeiro dia útil após a intimação.

§ 3.º As decisões ou despachos designativos de prazos podem determinar que estes corram da intimação pessoal ou da ciência por outro meio eficaz.

§ 4.º Os prazos marcados em correspondência postal, telegráfica ou telefônica correm do seu recebimento, a menos que, sendo confirmativa ou *pro memoria*, tal comunicação se refira a prazo com data diversa para o seu começo.

§ 5.º Considera-se prorrogado o prazo até o primeiro dia útil imediato, se o vencimento cair em feriado, ou em dia em que for determinado o fechamento da Secretaria ou o encerramento do expediente antes da hora normal.

§ 6.º As citações obedecerão ao disposto nas leis processuais.

Art. 105. Não correm os prazos nos períodos de férias e recesso, salvo as hipóteses previstas em lei ou neste Regimento.

§ 1.º Nos casos deste artigo, os prazos começam ou continuam a fluir no dia de reabertura do expediente.

§ 2.º Também não corre prazo, havendo obstáculo judicial ou motivo de força maior comprovado, reconhecido pelo Tribunal.

§ 3.º As informações oficiais, apresentadas fora do prazo por justo motivo, podem ser admitidas, se ainda oportuna a sua apreciação.

§ 4.º Ficam inalterados, durante os recessos forenses e as férias do Tribunal, os prazos determinados pela Presidência no exercício da competência prevista no art. 13, VIII, deste Regimento Interno.

>> § 4.º acrescentado pela Emenda Regimental n. 37, de 11-2-2010.

Art. 106. Mediante pedido conjunto de ambas as partes, inclusive por telegrama ou radiograma, o Relator pode admitir redução ou prorrogação de prazo dilatório por tempo razoável.

Parágrafo único. Na hipótese deste artigo, cabe às partes diligenciar o conhecimento do despacho concessivo ou denegatório, independente de publicação ou intimação.

Art. 107. O prazo para o preparo que deva ser feito no Supremo Tribunal Federal é de dez dias.

Art. 108. Os prazos para diligências serão fixadas nos atos que as ordenarem, salvo disposição em contrário deste Regimento.

Art. 109. Os prazos para editais são os fixados neste Regimento e na lei.

Art. 110. Os prazos não especificados neste Regimento:

I – serão fixados pelo Tribunal, pelo Presidente, pelas Turmas ou por seus Presidentes, ou pelo Relator, conforme o caso;

II – não tendo sido fixado prazo, nos termos do item anterior, este será de quinze dias para contestação e de cinco dias para interposição de recurso ou qualquer outro ato.

Parágrafo único. O Procurador-Geral da República e a Fazenda Pública em geral têm prazo em quádruplo para contestação e em dobro para interposição de recurso, observando-se, no mais, o que dispõem a lei e o Regimento.

Art. 111. Os prazos para os Ministros, salvo acúmulo de serviço, são os seguintes:

I – dez dias para atos administrativos e despachos em geral;

II – vinte dias para o visto do Revisor;

III – trinta dias para o visto do Relator.

Art. 112. Salvo disposição em contrário, os servidores do Tribunal terão o prazo de quarenta e oito horas para os atos do processo.

Título II
DAS PROVAS

Capítulo I
DISPOSIÇÕES GERAIS

Art. 113. A proposição, admissão e produção de provas no Tribunal obedecerão as leis processuais, observados os preceitos especiais deste Título.

Capítulo II
DOS DOCUMENTOS E INFORMAÇÕES

Art. 114. Se a parte não puder instruir, desde logo, suas alegações, por impedimento ou demora em obter certidões ou cópias autenticadas de notas ou registros em repartições ou estabelecimentos públicos, o Relator conceder-lhe-á prazo para esse fim. Se houver recusa no fornecimento, o Relator as requisitará.

Art. 115. Nos recursos interpostos em instância inferior, não se admitirá juntada de documentos desde que recebidos os autos no Tribunal, salvo:

I – para comprovação de textos legais ou de precedentes judiciais, desde que estes últimos não se destinem a suprir, tardiamente, pressuposto recursal não observado;

II – para prova de fatos supervenientes, inclusive decisões em processos conexos, que afetem ou prejudiquem os direitos postulados;

III – em cumprimento de determinação do Relator, do Plenário ou da Turma.

§ 1.º O disposto neste artigo aplica-se aos recursos interpostos perante o Tribunal.

§ 2.º Após o julgamento, serão devolvidos às partes os documentos que estiverem juntos por linha, salvo se deliberada a sua anexação aos autos.

Art. 116. Em caso de impugnação, as partes comprovarão a fidelidade da transcrição de textos de leis e demais atos do poder público, bem como a vigência e o teor de normas pertinentes à causa, quando emanarem de Estado estrangeiro, de organismo internacional ou, no Brasil, de Estado e Municípios.

Art. 117. A parte será intimada por publicação no *Diário da Justiça* ou, se o Relator o determinar, pela forma indicada no art. 81, para falar sobre o documento junto pela parte contrária, após sua última intervenção no processo.

> Citado artigo dispõe que a intimação poderá ser feita por servidor credenciado da Secretaria, por via postal ou por qualquer modo eficaz de telecomunicação.

Art. 118. O advogado prestará os esclarecimentos pedidos pelos Ministros, durante o julgamento, sobre peças dos autos e sobre citações que tiver feito de texto legais, precedentes judiciais e trabalhos doutrinários.

Capítulo III
DA APRESENTAÇÃO DE PESSOAS E OUTRAS DILIGÊNCIAS

Art. 119. No processo em que se fizer necessária a presença da parte ou de terceiro, o Plenário, a Turma ou o Relator poderá, independente de outras sanções legais, expedir ordem de condução da pessoa que, intimada, deixar de comparecer sem motivo justificado.

Art. 120. Observar-se-ão as formalidades da lei na realização de exames periciais, arbitramentos, buscas e apreensões, na exibição de conferência de documentos e em quaisquer outras diligências determinadas ou deferidas pelo Plenário, pela Turma ou pelo Relator.

Capítulo IV
DOS DEPOIMENTOS

Art. 121. Os depoimentos poderão ser gravados e, depois de transcritos, serão assinados pelo Relator e pelo depoente.

>> *Caput* com redação determinada pela Emenda Regimental n. 26, 22-10-2008.

Parágrafo único. Aplica-se o disposto neste artigo ao interrogatório dos acusados.

Título III
DAS SESSÕES

Capítulo I
DISPOSIÇÕES GERAIS

Art. 126. Os processos conexos poderão ser objeto de um só julgamento.

Parágrafo único. Se houver mais de um Relator, os relatórios serão feitos sucessivamente, antes do debate e julgamento.

Art. 127. Podem ser julgados conjuntamente os processos que versarem a mesma questão jurídica, ainda que apresentem peculiaridades.

Parágrafo único. Na hipótese deste artigo, os relatórios sucessivos reportar-se-ão ao anterior, indicando as peculiaridades do caso.

Art. 128. Os julgamentos a que o Regimento não der prioridade realizar-se-ão, sempre que possível, de conformidade com a ordem crescente de numeração dos feitos em cada classe.

§ 1.º Os processos serão chamados pela ordem de antiguidade decrescente dos respectivos Relatores. O critério da numeração referir-se-á a cada Relator.

§ 2.º O Presidente poderá dar preferência aos julgamentos nos quais os advogados devam produzir sustentação oral.

Art. 129. Em caso de urgência, o Relator poderá indicar preferência para o julgamento.

Art. 130. Poderá ser deferida a preferência, a requerimento do Procurador-Geral, de julgamento relativo a processos em que houver medida cautelar.

> *Vide* art. 53 deste Regimento Interno.

Art. 131. Nos julgamentos, o Presidente do Plenário ou da Turma, feito o relatório, dará a palavra, sucessivamente, ao autor, recorrente, peticionário ou impetrante, e ao réu, recorrido ou impetrado, para sustentação oral.

§ 1.º O assistente somente poderá produzir sustentação oral quando já admitido.

§ 2.º Não haverá sustentação oral nos julgamentos de agravo, embargos declaratórios, arguição de suspeição e medida cautelar.

§ 3.º Admitida a intervenção de terceiros no processo de controle concentrado de constitucionalidade, fica-lhes facultado produzir sustentação oral, aplicando-se, quando for o caso, a regra do § 2.º do art. 132 deste Regimento.

>> § 3.º acrescentado pela Emenda Regimental n. 15, de 30-3-2004.

§ 4.º No julgamento conjunto de causas ou recursos sobre questão idêntica, a sustentação oral por mais de um advogado obedecerá ao disposto no § 2.º do artigo 132.

>> § 4.º acrescentado pela Emenda Regimental n. 20, de 16-10-2006.

§ 5.º Os advogados e procuradores que desejarem realizar sustentação oral por videoconferência, nas sessões presenciais de julgamento do Plenário e das Turmas, deverão inscrever-se, utilizando o formulário eletrônico disponibilizado no sítio eletrônico do Supremo Tribunal Federal até 48 horas antes do dia da sessão.

>> § 5.º acrescentado pela Emenda Regimental n. 53, de 18-3-2020.

Art. 132. Cada uma das partes falará pelo tempo máximo de 15 minutos, excetuada a ação penal originária, na qual o prazo será de uma hora, prorrogável pelo Presidente.

§ 1.º O Procurador-Geral terá o prazo igual ao das partes, falando em primeiro lugar se a União for autora ou recorrente.

> *Vide* arts. 127 a 131 da CF.

§ 2.º Se houver litisconsortes não representados pelo mesmo advogado, o prazo, que se contará em dobro, será dividido igualmente entre os do mesmo grupo, se diversamente entre eles não se convencionar.

§ 3.º O opoente terá prazo próprio para falar, igual ao das partes.

§ 4.º Havendo assistente, na ação penal pública, falará depois do Procurador-Geral, a menos que o recurso seja deste.

§ 5.º O Procurador-Geral falará depois do autor da ação penal privada.

§ 6.º Se, em ação penal, houver recurso de corréus em posição antagônica, cada grupo terá prazo completo para falar.

§ 7.º Nos processos criminais, havendo corréus que sejam coautores, se não tiverem o mesmo defensor, o prazo será contado em dobro e dividido igualmente entre os defensores, salvo se estes convencionarem outra divisão de tempo.

Art. 133. Cada Ministro poderá falar duas vezes sobre o assunto em discussão e mais uma vez, se for o caso, para explicar a modificação do voto. Nenhum falará sem autorização do Presidente, nem interromperá a quem estiver usando a palavra, salvo para apartes, quando solicitados e concedidos.

Art. 134. O ministro que pedir vista dos autos deverá apresentá-los, para prosseguimento da votação, no prazo de trinta dias, contado da data da publicação da ata de julgamento.

>> *Caput* com redação determinada pela Emenda Regimental n. 54, de 1.º-7-2020.

§ 1.º Ao reencetar-se o julgamento, serão computados os votos já proferidos pelos Ministros, ainda que não compareçam ou hajam deixado o exercício do cargo.

§ 2.º Não participarão do julgamento os Ministros que não tenham assistido ao relatório ou aos debates, salvo quando se derem por esclarecidos.

>> § 2.º com redação determinada pela Emenda Regimental n. 2, de 4-12-1985.

§ 3.º Se, para o efeito do *quorum* ou desempate na votação, for necessário o voto de Ministro nas condições do parágrafo anterior, serão renovados o relatório e a sustentação oral, computando-se os votos anteriormente proferidos.

§ 4.º O prazo a que se refere o *caput* ficará suspenso nos períodos de recesso ou férias coletivas e poderá ser prorrogado, por uma única vez, por igual período, mediante manifestação expressa do ministro vistor ao presidente do respectivo colegiado.

>> § 4.º acrescentado pela Emenda Regimental n. 54, de 1.º-7-2020.

Art. 135. Concluído o debate oral, o Presidente tomará os votos do Relator, do Revisor, se houver, e dos outros Ministros, na ordem inversa de antiguidade.

§ 1.º Os Ministros poderão antecipar o voto se o Presidente autorizar.

§ 2.º Encerrada a votação, o Presidente proclamará a decisão.

§ 3.º Se o Relator for vencido, ficará designado o Revisor para redigir o acórdão.

§ 4.º Se não houver Revisor, ou se este também ficar vencido, designar-se-á para redigir o acórdão o Ministro que houver proferido o primeiro voto prevalecente, ressalvado o disposto no artigo 324, § 3.º, deste Regimento.

>> § 4.º com redação determinada pela Emenda Regimental n. 49, de 3-6-2014.

Art. 136. As questões preliminares serão julgadas antes do mérito, deste não se conhecendo se incompatível com a decisão daquelas.

§ 1.º Sempre que, no curso do relatório, ou antes dele, algum dos Ministros suscitar preliminar, será ela, antes de julgada, discutida pelas partes, que poderão usar da palavra pelo prazo regimental. Se não acolhida a preliminar, prosseguir-se-á no julgamento.

§ 2.º Quando a preliminar versar nulidade suprível, converter-se-á o julgamento em diligência e o Relator, se for necessário, ordenará a remessa dos autos ao juiz de primeira instância ou ao Presidente do Tribunal *a quo* para os fins de direito.

Art. 137. Rejeitada a preliminar, ou se com ela for compatível a apreciação do mérito, seguir-se-ão a discussão e julgamento da matéria principal, pronunciando-se sobre esta os juízes vencidos na preliminar.

Art. 138. Preferirá aos demais, na sua classe, o processo, em mesa, cujo julgamento tenha sido iniciado.

Art. 139. O julgamento, uma vez iniciado, ultimar-se-á na mesma sessão, ainda que excedida a hora regimental.

Art. 140. O Plenário ou a Turma poderá converter o julgamento em diligência, quando necessária à decisão da causa.

Capítulo III
DAS SESSÕES DO PLENÁRIO

Art. 145. Terão prioridade, no julgamento do Plenário, observados os arts. 128 a 130 e 138:

I – os *habeas corpus*;

II – os pedidos de extradição;

III – as causas criminais e, dentre estas, as de réu preso;

IV – os conflitos de jurisdição;

V – os recursos oriundos do Tribunal Superior Eleitoral;

VI – os mandados de segurança;

VII – as reclamações;

VIII – as representações;

IX – os pedidos de avocação e as causas avocadas.

Art. 146. Havendo, por ausência ou falta de um Ministro, nos termos do art. 13, IX, empate na votação de matéria cuja solução dependa de maioria absoluta, considerar-se-á julgada a questão proclamando-se a solução contrária à pretendida ou à proposta.

>> *Caput* com redação determinada pela Emenda Regimental n. 35, de 2-12-2009.

Parágrafo único. No julgamento de *habeas corpus* e de recursos de *habeas corpus* proclamar-se-á, na hipótese de empate, a decisão mais favorável ao paciente.

>> Parágrafo único com redação determinada pela Emenda Regimental n. 35, de 2-12-2009.

Capítulo IV
DAS SESSÕES DAS TURMAS

Art. 149. Terão prioridade, no julgamento, observados os arts. 128 a 130 e 138:

I – os *habeas corpus*;

II – as causas criminais, dentre estas as de réu preso;

III – as reclamações.

>> Inciso III acrescentado pela Emenda Regimental n. 9, de 8-10-2001.

Art. 150. O Presidente da Turma terá sempre direito a voto.

§ 1.º Se ocorrer empate, será adiada a decisão até tomar-se o voto do Ministro que esteve ausente.

§ 2.º Persistindo a ausência, ou havendo vaga, impedimento ou licença de Ministro da Turma, por mais de 1 (um) mês, convocar-se-á Ministro da outra, na ordem decrescente de antiguidade.

§ 3.º Nos *habeas corpus* e recursos em matéria criminal, exceto o recurso extraordinário, havendo empate, prevalecerá a decisão mais favorável ao paciente ou réu.

Título V
DOS PROCESSOS SOBRE COMPETÊNCIA

Capítulo I
DA RECLAMAÇÃO

Art. 156. Caberá reclamação do Procurador-Geral da República, ou do interessado na causa, para preservar a competência do Tribunal ou garantir a autoridade das suas decisões.

Parágrafo único. A reclamação será instruída com prova documental.

Art. 157. O Relator requisitará informações da autoridade, a quem for imputada a prática do ato impugnado, que as prestará no prazo de cinco dias.

Art. 158. O Relator poderá determinar a suspensão do curso do processo em que se tenha verificado o ato reclamado, ou a remessa dos respectivos autos ao Tribunal.

Art. 159. Qualquer interessado poderá impugnar o pedido do reclamante.

Art. 160. Decorrido o prazo para informações, dar-se-á vista ao Procurador-Geral, quando a reclamação não tenha sido por ele formulada.

Art. 161. Julgando procedente a reclamação, o Plenário ou a Turma poderá:

>> *Caput* com redação determinada pela Emenda Regimental n. 9, de 8-10-2001.

I – avocar o conhecimento do processo em que se verifique usurpação de sua competência;

II – ordenar que lhe sejam remetidos, com urgência, os autos do recurso para ele interposto;

III – cassar decisão exorbitante de seu julgado, ou determinar medida adequada observância de sua jurisdição.

Parágrafo único. O Relator poderá julgar a reclamação quando a matéria for objeto de jurisprudência consolidada do Tribunal.

>> Parágrafo único acrescentado pela Emenda Regimental n. 13, de 25-3-2004.

Art. 162. O Presidente do Tribunal ou da Turma determinará o imediato cumprimento da decisão, lavrando-se o acórdão posteriormente.

>> Artigo com redação determinada pela Emenda Regimental n. 9, de 8-10-2001.

Capítulo II
DO CONFLITO DE JURISDIÇÃO OU COMPETÊNCIA E DE ATRIBUIÇÕES

Art. 163. O conflito de jurisdição ou competência poderá ocorrer entre autoridades judiciárias; o de atribuições, entre autoridades judiciárias e administrativas.

Art. 164. Dar-se-á conflito nos casos previstos nas leis processuais.

Art. 165. O conflito poderá ser suscitado pela parte interessada, pelo Ministério Público ou por qualquer das autoridades conflitantes.

Art. 166. Poderá o Relator, de ofício, ou a requerimento de qualquer das partes, determinar, quando o conflito for positivo, seja sobrestado o processo, e, neste caso, bem assim no de conflito negativo, designar um dos órgãos para resolver, em caráter provisório, as medidas urgentes.

Art. 167. Sempre que necessário, o Relator mandará ouvir as autoridades em conflito, no prazo de dez dias.

Art. 168. Prestadas ou não as informações, o Relator dará vista do processo ao Procurador-Geral e, a seguir, apresentá-lo-á em mesa para julgamento.

§ 1.º Na decisão do conflito, compreender-se-á como expresso o que nela virtualmente se contenha ou dela resulte.

§ 2.º Da decisão de conflito não caberá recurso.

§ 3.º No caso de conflito positivo, o Presidente poderá determinar o imediato cumprimento da decisão, lavrando-se o acórdão, posteriormente.

Título VI
DA DECLARAÇÃO DE INCONSTITUCIONALIDADE E DA INTERPRETAÇÃO DE LEI

Capítulo I
DA DECLARAÇÃO DE INCONSTITUCIONALIDADE DE LEI OU ATO NORMATIVO

> *Vide* Lei n. 9.868, de 10-11-1999.

Art. 169. O Procurador-Geral da República poderá submeter ao Tribunal, mediante representação, o exame de lei ou ato normativo federal ou estadual, para que seja declarada a sua inconstitucionalidade.

§ 1.º Proposta a representação, não se admitirá desistência, ainda que afinal o Procurador-Geral se manifeste pela sua improcedência.

>> Primitivo parágrafo único renumerado pela Emenda Regimental n. 2, de 4-12-1985.

§ 2.º Não se admitirá assistência a qualquer das partes.

>> § 2.º acrescentado pela Emenda Regimental n. 2, de 4-12-1985.

Art. 170. O Relator pedirá informações à autoridade da qual tiver emanado o ato, bem como ao Congresso Nacional ou à Assembleia Legislativa, se for o caso.

§ 1.º Se houver pedido de medida cautelar, o Relator submetê-la-á ao Plenário e somente após a decisão solicitará as informações.

§ 2.º As informações serão prestadas no prazo de trinta dias, contados do recebimento do pedido, podendo ser dispensadas, em caso de urgência, pelo Relator, *ad referendum* do Tribunal.

§ 3.º Se, ao receber os autos, ou no curso do processo, o Relator entender que a decisão é urgente, em face do relevante interesse de ordem pública que envolve, poderá, com prévia ciência das partes, submetê-lo ao conhecimento do Tribunal, que terá a faculdade de julgá-lo com os elementos de que dispuser.

Art. 171. Recebidas as informações, será aberta vista ao Procurador-Geral, pelo prazo de quinze dias, para emitir parecer.

Art. 172. Decorrido o prazo do artigo anterior, ou dispensadas as informações em razão da urgência, o Relator, lançado o relatório, do qual a Secretaria remeterá cópia a todos os Ministros, pedirá dia para julgamento.

Art. 173. Efetuado o julgamento, com o *quorum* do art. 143, parágrafo único, proclamar-se-á a inconstitucionalidade ou a constitucionalidade do preceito ou do ato impugnados, se num ou noutro sentido se tiverem manifestado seis Ministros.

Parágrafo único. Se não for alcançada a maioria necessária à declaração de inconstitucionalidade, estando licenciados ou ausentes Ministros em número que possa influir no julgamento, este será suspenso a fim de aguardar-se o comparecimento dos Ministros ausentes, até que se atinja o *quorum*.

Art. 174. Proclamada a constitucionalidade na forma do artigo anterior, julgar-se-á improcedente a representação.

>> Artigo com redação determinada pela Emenda Regimental n. 2, de 4-12-1985.

Art. 175. Julgada procedente a representação e declarada a inconstitucionalidade total ou parcial de Constituição Estadual, de lei ou decreto federal ou estadual, de resolução de órgão judiciário ou legislativo, bem como de qualquer outro ato normativo federal ou estadual ou de autoridade da Administração direta ou indireta, far-se-á comunicação à autoridade ou órgão responsável pela expedição do ato normativo impugnado.

Parágrafo único. Se a declaração de inconstitucionalidade de lei, ou ato estadual, se fundar nos incisos VI e VII do art. 10 da Constituição, a comunicação será feita, logo após a decisão, à autoridade interessada, bem como, depois do trânsito em julgado, ao Presidente da República, para os efeitos do § 2.º do art. 11 da Constituição.

>> Refere-se à CF de 1967, com a redação determinada pela Emenda Constitucional n. 1, de 17-10-1969. *Vide* art. 97 da CF.

Art. 176. Arguida a inconstitucionalidade de lei ou ato normativo federal, estadua ou municipal, em qualquer outro processo submetido ao Plenário, será ela julgada em conformidade com o disposto nos arts. 172 a 174, depois de ouvido o Procurador-Geral.

§ 1.º Feita a arguição em processo de competência da Turma, e considerada relevante, será ela submetida ao Plenário, independente de acórdão, depois de ouvido o Procurador-Geral.

§ 2.º De igual modo procederão o Presidente do Tribunal e os das Turmas, se a inconstitucionalidade for alegada em processo de sua competência.

Art. 177. O Plenário julgará a prejudicial de inconstitucionalidade e as demais questões da causa.

Art. 178. Declarada, incidentalmente, a inconstitucionalidade, na forma prevista nos arts. 176 e 177, far-se-á comunicação, logo após a decisão, à autoridade ou órgão interessado, bem como, depois do trânsito em julgado, ao Senado Federal, para os efeitos do art. 42, VII, da Constituição.

>> Refere-se à CF de 1967, com a redação determinada pela Emenda Constitucional n. 1, de 17-10-1969. *Vide* art. 52, X, da CF.

Capítulo II
DA INTERPRETAÇÃO DE LEI

Art. 179. O Procurador-Geral da República poderá submeter ao Tribunal o exame de lei ou ato normativo federal ou estadual, para que este lhe fixe a interpretação.

Art. 180. A representação será instruída com o texto integral da lei ou do ato normativo e conterá os motivos que justificam a necessidade de sua interpretação prévia, bem como o entendimento que lhe dá o representante.

Art. 181. Proposta a representação, dela não poderá desistir o Procurador-Geral.

>> *Caput* com redação determinada pela Emenda Regimental n. 2, de 4-12-1985.

Parágrafo único. Não se admitirá assistência a qualquer das partes.

>> Parágrafo único com redação determinada pela Emenda Regimental n. 2, de 4-12-1985.

Art. 182. O Relator, se entender que não há motivos que justifiquem a necessidade da interpretação prévia, poderá indeferir, liminarmente, a representação, em despacho fundamentado, do qual caberá agravo regimental.

Art. 183. Se não indeferir liminarmente a representação, o Relator solicitará informações à autoridade da qual tiver emanado o ato, bem como ao Congresso Nacional ou à Assembleia Legislativa, se for o caso.

Parágrafo único. As informações, prestadas no prazo de trinta dias, serão acompanhadas, em se tratando de lei, de cópia de todas as peças do processo legislativo.

Art. 184. Recebidas as informações, o Relator, lançado o relatório do qual a secretaria remeterá cópia a todos os Ministros, pedirá dia para julgamento.

Art. 185. Efetuado o julgamento, com o *quorum* do parágrafo único do art. 143, proclamar-se-á a interpretação que tiver apoio de, pelo menos, seis Ministros.

> Dispõe citado parágrafo único: "O *quorum* para a votação de matéria constitucional e para a eleição do Presidente e do Vice-Presidente, dos membros do Conselho Nacional da Magistratura e do Tribunal Superior Eleitoral é de oito Ministros".

§ 1.º Se não for alcançada a maioria necessária, estando licenciados ou ausentes Ministros em número que possa influir no julgamento, este será suspenso a fim de aguardar-se o comparecimento desses Ministros, até que se atinja o *quorum*.

§ 2.º Na hipótese de os votos se dividirem entre mais de duas interpretações, proceder-se-á, em outra sessão designada pelo Presidente, à segunda votação restrita à escolha, pelo *quorum* de seis Ministros, pelo menos, de uma dentre as duas interpretações anteriormente mais votadas.

Art. 186. A interpretação adotada no julgamento da representação será imediatamente comunicada, pelo Presidente do Tribunal, à autoridade a quem tiverem sido solicitadas as informações.

Art. 187. A partir da publicação do acórdão, por suas conclusões e ementa, no *Diário da Justiça da União*, a interpretação nele fixada terá força vinculante para todos os efeitos.

>> A Resolução n. 341, de 16-4-2007, institui o *Diário da Justiça Eletrônico* do STF.

Título VII
DAS GARANTIAS CONSTITUCIONAIS

Capítulo I
DO *HABEAS CORPUS*

Art. 188. Dar-se-á *habeas corpus* sempre que alguém sofrer ou se achar ameaçado de sofrer violência ou coação em sua liberdade de locomoção, por ilegalidade ou abuso de poder.

Art. 189. O *habeas corpus* pode ser impetrado:

I – por qualquer pessoa, em seu favor ou de outrem;

II – pelo Ministério Público.

Art. 190. A petição de *habeas corpus* deverá conter:

I – o nome do impetrante, bem como o do paciente e do coator;

II – os motivos do pedido e, quando possível, a prova documental dos fatos alegados;

III – a assinatura do impetrante ou de alguém a seu rogo, se não souber ou não puder escrever.

Art. 191. O Relator requisitará informações do apontado coator e, sem prejuízo do disposto no art. 21, IV e V, poderá:

I – sendo relevante a matéria, nomear advogado para acompanhar e defender oralmente o pedido, se o impetrante não for diplomado em direito;

II – ordenar diligências necessárias à instrução do pedido, no prazo que estabelecer, se a deficiência deste não for imputável ao impetrante;

III – determinar a apresentação do paciente à sessão do julgamento, se entender conveniente;

IV – no *habeas corpus* preventivo, expedir salvo-conduto em favor do paciente, até decisão do feito, se houver grave risco de consumar-se a violência.

Art. 192. Quando a matéria for objeto de jurisprudência consolidada do tribunal o Relator poderá desde logo denegar ou conceder a ordem, ainda que de ofício, à vista da documentação da petição inicial ou do teor das informações.

>> *Caput* com redação determinada pela Emenda Regimental n. 30, de 29-5-2009.

§ 1.º Não se verificando a hipótese do *caput*, instruído o processo e ouvido o Procurador-Geral em dois (2) dias, o Relator apresentará o feito em mesa para julgamento na primeira sessão da Turma ou do Plenário, observando-se, quanto à votação, o disposto nos arts. 146, parágrafo único, e 150, § 3.º.

>> § 1.º acrescentado pela Emenda Regimental n. 30, de 29-5-2009.

§ 2.º Não apresentado o processo na primeira sessão, o impetrante poderá requerer seja cientificado pelo Gabinete, por qualquer via, da data do julgamento.

>> § 2.º acrescentado pela Emenda Regimental n. 30, de 29-5-2009.

§ 3.º Não se conhecerá de pedido desautorizado pelo paciente.

>> § 3.º acrescentado pela Emenda Regimental n. 30, de 29-5-2009.

Art. 193. O Tribunal poderá, de ofício:

I – usar da faculdade prevista no art. 191, III;

II – expedir ordem de *habeas corpus* quando, no curso de qualquer processo, verificar que alguém sofre ou se ache ameaçado de sofrer violência ou coação em sua liberdade de locomoção, por ilegalidade ou abuso de poder.

Art. 194. A decisão concessiva de *habeas corpus* será imediatamente comunicada às autoridades a quem couber cumpri-la, sem prejuízo da remessa de cópia autenticada do acórdão.

Parágrafo único. A comunicação mediante ofício, telegrama ou radiograma, bem como o salvo-conduto, em caso de ameaça de violência ou coação, serão firmados pelo Presidente do Tribunal ou da Turma.

Art. 195. Ordenada a soltura do paciente, em virtude de *habeas corpus*, a autoridade que, por má-fé ou evidente abuso de poder, tiver determinado a coação, será condenada nas custas, remetendo-se ao Ministério Público traslado das peças necessárias à apuração de sua responsabilidade penal.

Art. 196. O carcereiro ou diretor da prisão, o escrivão, o oficial de justiça ou a autoridade judiciária, policial ou militar que embaraçarem ou procrastinarem o encaminhamento do pedido de *habeas corpus*, as informações sobre a causa da violência, coação ou ameaça, ou a condução e apresentação do paciente, serão multados na forma da legislação processual vigente, sem prejuízo de outras sanções penais e administrativas.

Art. 197. Havendo desobediência ou retardamento abusivo no cumprimento da ordem de *habeas corpus*, por parte do detentor ou carcereiro, o Presidente do Tribunal expedirá mandado de prisão contra o desobediente e oficiará ao Ministério Público, a fim de que promova a ação penal.

Parágrafo único. Na hipótese deste artigo, o Tribunal ou o seu Presidente tomarão as providências necessárias ao cumprimento da decisão, com emprego de meios legais cabíveis, e determinarão, se necessário, a apresentação do paciente ao Relator ou a magistrado local por ele designado.

Art. 198. As fianças que se tiverem de prestar perante o Tribunal, em virtude de *habeas corpus*, serão processadas pelo Relator, a menos que este delegue essa atribuição a outro magistrado.

Art. 199. Se, pendente o processo de *habeas corpus*, cessar a violência ou coação, julgar-se-á prejudicado o pedido, podendo, porém, o Tribunal declarar a ilegalidade do ato e tomar as providências cabíveis para a punição do responsável.

Capítulo II
DO MANDADO DE SEGURANÇA

Art. 200. Conceder-se-á mandado de segurança para proteger direito líquido e certo não amparado por *habeas corpus*, quando a autoridade responsável pela ilegalidade ou abuso de poder estiver sob a jurisdição do Tribunal.

> *Vide* Lei n. 12.016, de 7-8-2009.

Parágrafo único. O direito de pedir segurança extingue-se após cento e vinte dias da ciência, pelo interessado, do ato impugnado.

Art. 201. Não se dará mandado de segurança quando estiver em causa:

I – ato de que caiba recurso administrativo com efeito suspensivo, independente de caução;

II – despacho ou decisão judicial, de que caiba recurso, ou que seja suscetível de correição;

III – ato disciplinar, salvo se praticado por autoridade incompetente ou com inobservância de formalidade essencial.

Art. 202. A petição inicial, que deverá preencher os requisitos dos arts. 282 e 283 do Código de Processo Civil, será apresentada em duas vias, e os documentos que instruírem a primeira deverão ser reproduzidos, por cópia, na segunda, salvo o disposto no art. 114 deste Regimento.

Art. 203. O Relator mandará notificar a autoridade coatora para prestar informações no prazo previsto em lei.

§ 1.º Quando relevante o fundamento e do ato impugnado puder resultar a ineficácia da medida, caso deferida, o Relator determinar-lhe-á a suspensão, salvo nos casos vedados em lei.

§ 2.º A notificação será instruída com a segunda via da inicial e cópias dos documentos, bem como do despacho concessivo da liminar, se houver.

Art. 204. A medida liminar vigorará pelo prazo de noventa dias, contado de sua efetivação e prorrogável por mais trinta dias, se o acúmulo de serviço o justificar.

Parágrafo único. Se, por ação ou omissão, o beneficiário da liminar der causa à procrastinação do julgamento do pedido, poderá o Relator revogar a medida.

Art. 205. Recebidas as informações ou transcorrido o respectivo prazo, sem o seu oferecimento, o Relator, após vista ao Procurador-Geral, pedirá dia para julgamento, ou, quando a matéria for objeto de jurisprudência consolidada do Tribunal, julgará o pedido.

>> *Caput* com redação determinada pela Emenda Regimental n. 28, de 18-2-2009.

Parágrafo único. O julgamento de mandado de segurança contra ato do Presidente do Supremo Tribunal Federal ou do Conselho Nacional da Magistratura será presidido pelo Vice-Presidente ou, no caso de ausência ou impedimento, pelo Ministro mais antigo dentre os presentes à sessão. Se lhe couber votar, nos termos do art. 146, I a III e V, e seu voto produzir empate, observar-se-á o seguinte:

>> Após a alteração do citado artigo pela Emenda Regimental n. 35, de 2-12-2009, a remissão deve ser feita a seu *caput* e parágrafo único.

I – não havendo votado algum Ministro, por motivo de ausência ou licença que não deva perdurar por mais de três meses, aguardar-se-á o seu voto;

II – havendo votado todos os Ministros, salvo os impedidos ou licenciados por período remanescente superior a três meses, prevalecerá o ato impugnado.

Art. 206. A concessão ou a denegação de segurança na vigência de medida liminar serão imediatamente comunicadas à autoridade apontada como coatora.

Título VIII
DOS PROCESSOS ORIUNDOS DE ESTADOS ESTRANGEIROS

Capítulo I
DA EXTRADIÇÃO

>> Extradição: arts. 81 a 99 da Lei n. 13.445, de 24-5-2017 (Lei de Migração).

Art. 207. Não se concederá extradição sem prévio pronunciamento do Supremo Tribunal Federal sobre a legalidade e a procedência do pedido, observada a legislação vigente.

Art. 208. Não terá andamento o pedido de extradição sem que o extraditando seja preso e colocado à disposição do Tribunal.

Art. 209. O Relator designará dia e hora para o interrogatório do extraditando e requisitará a sua apresentação.

Art. 210. No interrogatório, ou logo após, intimar-se-á o defensor do extraditando para apresentar defesa escrita no prazo de dez dias.

§ 1.º O Relator dará advogado ao extraditando que não o tiver, e curador, se for o caso.

§ 2.º Será substituído o defensor, constituído ou dativo, que não apresentar a defesa no prazo deste artigo.

Art. 211. É facultado ao Relator delegar o interrogatório do extraditando a juiz do local onde estiver preso.

Parágrafo único. Para o fim deste artigo, serão os autos remetidos ao juiz delegado, que os devolverá, uma vez apresentada a defesa ou exaurido o prazo.

Art. 212. Junta a defesa e aberta vista por dez dias ao Procurador-Geral, o Relator pedirá dia para julgamento.

Parágrafo único. O Estado requerente da extradição poderá ser representado por advogado para acompanhar o processo perante o Tribunal.

Art. 213. O extraditando permanecerá na prisão, à disposição do Tribunal, até o julgamento final.

Art. 214. No processo de extradição, não se suspende no recesso e nas férias o prazo fixado por lei para o cumprimento de diligência determinada pelo Relator ou pelo Tribunal.

Capítulo II
DA HOMOLOGAÇÃO DE SENTENÇA ESTRANGEIRA

>> Atualmente compete ao STJ processar e julgar originariamente a homologação de sentenças estrangeiras (CF, art. 105, I, *i*).

Art. 215. A sentença estrangeira não terá eficácia no Brasil sem a prévia homologação pelo Supremo Tribunal Federal ou por seu Presidente.

>> Artigo com redação determinada pela Emenda Regimental n. 1, de 25-11-1981.

Art. 216. Não será homologada sentença que ofenda a soberania nacional, a ordem pública e os bons costumes.

Art. 217. Constituem requisitos indispensáveis à homologação da sentença estrangeira:

I – haver sido proferida por juiz competente;

II – terem sido as partes citadas ou haver-se legalmente verificado a revelia;

III – ter passado em julgado e estar revestida das formalidades necessárias à execução no lugar em que foi proferida;

IV – estar autenticada pelo cônsul brasileiro e acompanhada de tradução oficial.

Art. 218. A homologação será requerida pela parte interessada, devendo a petição inicial conter as indicações constantes da lei processual e ser instruída com a certidão ou cópia autêntica do texto integral da sentença estrangeira e com outros documentos indispensáveis, devidamente traduzidos e autenticados.

Parágrafo único. (*Suprimido pela Emenda Regimental n. 1, de 25-11-1981.*)

Art. 219. Se a petição inicial não preencher os requisitos exigidos no artigo anterior ou apresentar defeitos ou irregularidades que dificultem o julgamento, o Presidente mandará que o requerente a emende ou complete, no prazo de dez dias, sob pena de indeferimento.

Parágrafo único. Se o requerente não promover, no prazo marcado, mediante intimação ao advogado, ato ou diligência que lhe for determinado no curso do processo, será este julgado extinto pelo Presidente ou pelo Plenário, conforme o caso.

>> Parágrafo único com redação determinada pela Emenda Regimental n. 1, de 25-11-1981.

Art. 220. Autuados a petição e os documentos, o Presidente mandará citar o requerido para, em quinze dias, contestar o pedido.

§ 1.º O requerido será citado por oficial de justiça, se domiciliado no Brasil, expedindo-se, para isso, carta de ordem; se domiciliado no estrangeiro, pela forma estabelecida na lei do País, expedindo-se carta rogatória.

§ 2.º Certificado pelo oficial de justiça ou afirmado, em qualquer caso, pelo requerente, que o citando se encontre em lugar ignorado, incerto ou inacessível, a citação far-se-á por edital.

Art. 221. A contestação somente poderá versar sobre a autenticidade dos documentos, a inteligência da sentença e a observância dos requisitos indicados nos arts. 217 e 218.

§ 1.º Revel ou incapaz o requerido, dar-se-lhe-á curador especial que será pessoalmente notificado.

§ 2.º Apresentada a contestação, será admitida réplica em cinco dias.

§ 3.º Transcorrido o prazo da contestação ou da réplica, oficiará o Procurador-Geral no prazo de dez dias.

Art. 222. Se o requerido, o curador especial ou o Procurador-Geral não impugnarem o pedido de homologação, sobre ele decidirá o Presidente.

>> *Caput* com redação determinada pela Emenda Regimental n. 1, de 25-11-1981.

Parágrafo único. Da decisão do Presidente que negar a homologação cabe agravo regimental.

>> Parágrafo único acrescentado pela Emenda Regimental n. 1, de 25-11-1981.

Art. 223. Havendo impugnação à homologação, o processo será distribuído para julgamento pelo Plenário.

>> *Caput* com redação determinada pela Emenda Regimental n. 1, de 25-11-1981.

Parágrafo único. Caberão ao Relator os demais atos relativos ao andamento e à instrução do processo e o pedido de dia para o julgamento.

>> Parágrafo único com redação determinada pela Emenda Regimental n. 1, de 25-11-1981.

Art. 224. A execução far-se-á por carta de sentença, no juízo competente, observadas as regras estabelecidas para a execução de julgado nacional da mesma natureza.

Capítulo III
DA CARTA ROGATÓRIA

>> Atualmente compete ao STJ conceder *exequatur* a cartas rogatórias (CF, art. 105, I, *i*).

Art. 225. Compete ao Presidente do Tribunal conceder *exequatur* a cartas rogatórias de Juízos ou Tribunais estrangeiros.

Art. 226. Recebida a rogatória, o interessado residente no país será intimado, podendo, no prazo de cinco dias, impugná-la.

>> *Caput* com redação determinada pela Emenda Regimental n. 2, de 4-12-1985.

§ 1.º Findo esse prazo, abrir-se-á vista ao Procurador-Geral, que também poderá impugnar o cumprimento da rogatória.

>> § 1.º acrescentado pela Emenda Regimental n. 2, de 4-12-1985.

§ 2.º A impugnação só será admitida se a rogatória atentar contra a soberania nacional ou a ordem pública, ou se lhe faltar autenticidade.

>> § 2.º acrescentado pela Emenda Regimental n. 2, de 4-12-1985.

Art. 227. Concedido o *exequatur*, seguir-se-á a remessa da rogatória ao juízo no qual deva ser cumprida.

Parágrafo único. Da concessão ou denegação do *exequatur* cabe agravo regimental.

Art. 228. No cumprimento da carta rogatória cabem embargos relativos a quaisquer atos que lhe sejam referentes, opostos no prazo de dez dias, por qualquer interessado ou pelo Ministério Público local, julgando-os o Presidente, após audiência do Procurador-Geral.

>> *Caput* com redação determinada pela Emenda Regimental n. 2, de 4-12-1985.

Parágrafo único. Da decisão que julgar os embargos cabe agravo regimental.

>> Parágrafo único com redação determinada pela Emenda Regimental n. 2, de 4-12-1985.

Art. 229. Cumprida a rogatória, será devolvida ao Supremo Tribunal Federal, no prazo de dez dias, e por este remetida, em igual prazo, por via diplomática, ao Juízo ou Tribunal de origem.

Título IX
DAS AÇÕES ORIGINÁRIAS

Capítulo I
DA AÇÃO PENAL ORIGINÁRIA

....

Capítulo II
DA AÇÃO CÍVEL ORIGINÁRIA

Art. 247. A ação cível originária, prevista no art. 192, I, *c* e *d*, da Constituição, será processada nos termos deste Regimento e da lei.

>> Refere-se à CF de 1967, com redação determinada pela Emenda Constitucional n. 1, de 17-10-1969. *Vide* art. 102, I, *e* e *f*, da CF.

§ 1.º O prazo para a contestação será fixado pelo Relator.

§ 2.º O Relator poderá delegar atos instrutórios a juiz ou membro de outro Tribunal que tenha competência territorial no local onde devam ser produzidos.

Art. 248. Encerrada a fase postulatória, o Relator proferirá despacho saneador, nos termos da lei processual.

Art. 249. Finda a instrução, o Relator dará vista, sucessivamente, ao autor, ao réu e ao Procurador-Geral, se não for parte, para arrazoarem, no prazo de cinco dias.

Art. 250. Findos os prazos do artigo anterior, o Relator lançará nos autos o relatório, do qual a Secretaria remeterá cópia aos demais Ministros, e pedirá dia para julgamento.

Art. 251. Na sessão de julgamento, será dada a palavra às partes e ao Procurador-Geral pelo tempo de trinta minutos, prorrogável pelo Presidente.

Capítulo III
DA AVOCAÇÃO DE CAUSAS

Art. 252. Quando, de decisão proferida em qualquer Juízo ou Tribunal, decorrer imediato perigo de grave lesão à ordem, à saúde, à segurança ou às finanças públicas, poderá o Procurador-Geral da República requerer a avocação da causa, para que se lhe suspendam os efeitos, devolvendo-se o conhecimento integral do litígio ao Supremo Tribunal Federal, salvo se a decisão se restringir a questão incidente, caso em que o conhecimento a ela se limitará.

Parágrafo único. Não caberá pedido de avocação, se a decisão impugnada houver transitado em julgado, ou admitir recurso com efeito suspensivo.

Art. 253. No requerimento, que deverá ser acompanhado de certidão da decisão impugnada e da data de sua intimação, o Procurador-Geral da República identificará a causa a ser avocada e apresentará as razões que justificam a avocação.

Art. 254. Distribuído o pedido, poderá o Relator:

I – se entender necessário, solicitar, para serem prestadas em dez dias, informações ao juiz ou Tribunal que houver proferido a decisão;

II – indeferir, liminarmente, por despacho do qual caberá agravo regimental, o pedido que manifestamente não atenda aos requisitos da avocatória;

III – determinar a imediata suspensão dos efeitos da decisão, até a deliberação final do Plenário.

Art. 255. Se não indeferir liminarmente o pedido, determinará o Relator ao juiz ou Tribunal de origem que faça intimar os procuradores das partes para que se manifestem nos autos principais no prazo comum de dez dias.

Parágrafo único. Com a manifestação das partes, ou sem ela, subirão os autos principais ao Supremo Tribunal Federal, onde serão apensados aos do pedido de avocação.

Art. 256. Observado o disposto no artigo anterior e conclusos os autos ao Relator, deverá este, no prazo de dez dias, mandar incluí-los em pauta para julgamento.

§ 1.º Após o relatório, será facultada a palavra ao Procurador-Geral e às partes pelo tempo máximo de quinze minutos.

§ 2.º Encerrados os debates, o Tribunal passará a deliberar, em sessão secreta sem a presença das partes e do Procurador-Geral, e proclamará o resultado do julgamento em sessão pública.

Art. 257. Indeferida a avocatória, os autos apensados serão devolvidos à instância de origem, onde os prazos, considerados suspensos (arts. 254, III, e 255), retomarão seu curso, após intimação das partes.

Art. 258. Deferido o pedido, os autos da causa avocada serão conclusos ao Relator que, se não determinar diligência, mandará ouvir, sucessivamente, pelo prazo de cinco dias, as partes e o Procurador-Geral; em seguida, lançará o relatório, do qual a Secretaria remeterá cópia a todos os Ministros, e pedirá dia para julgamento.

Capítulo IV
DA AÇÃO RESCISÓRIA

>> *Vide* art. 102, I, *j*, da CF.

Art. 259. Caberá ação rescisória de decisão proferida pelo Plenário ou por Turma do Tribunal, bem assim pelo Presidente, nos casos previstos na lei processual.

Art. 260. Distribuída a inicial, o Relator mandará citar o réu, fixando-lhe prazo para contestação.

Art. 261. Contestada a ação, ou transcorrido o prazo, o Relator proferirá despacho saneador e deliberará sobre as provas requeridas.

Parágrafo único. O Relator poderá delegar atos instrutórios a juiz ou membro de outro Tribunal que tenha competência territorial no local onde devam ser produzidos.

Art. 262. Concluída a instrução, o Relator abrirá vista sucessiva às partes, por dez dias, para oferecimento de razões e, após ouvido o Procurador-Geral, lançará o relatório e passará os autos ao Revisor que pedirá dia para julgamento.

Capítulo VI
DOS LITÍGIOS COM ESTADOS ESTRANGEIROS OU ORGANISMOS INTERNACIONAIS

>> *Vide* art. 102, I, e, da CF.

Art. 273. O processo dos litígios entre Estados estrangeiros e a União, os Estados, o Distrito Federal ou os Territórios observará o rito estabelecido para ação cível originária.

Art. 274. Obedecerão ao mesmo procedimento as ações entre os organismos internacionais, de que o Brasil participe, e as entidades de direito público interno referidas no artigo anterior.

Art. 275. A capacidade processual e a legitimidade de representação dos Estados estrangeiros e dos organismos internacionais regulam-se pelas normas estabelecidas nos tratados ratificados pelo Brasil.

Título X
DOS PROCESSOS INCIDENTES

Capítulo III
DA SUSPENSÃO DE SEGURANÇA

Art. 297. Pode o Presidente, a requerimento do Procurador-Geral, ou da pessoa jurídica de direito público interessada, e para evitar grave lesão à ordem, à saúde, à segurança e à economia pública, suspender, em despacho fundamentado, a execução de liminar, ou da decisão concessiva de mandado de segurança, proferida em única ou última instância, pelos tribunais locais ou federais.

§ 1.º O Presidente pode ouvir o impetrante, em cinco dias, e o Procurador-Geral, quando não for o requerente, em igual prazo.

§ 2.º Do despacho que conceder a suspensão caberá agravo regimental.

§ 3.º A suspensão de segurança vigorará enquanto pender o recurso, ficando sem efeito, se a decisão concessiva for mantida pelo Supremo Tribunal Federal ou transitar em julgado.

Capítulo IV
DA RECONSTITUIÇÃO DE AUTOS PERDIDOS

Art. 298. O pedido de reconstituição de autos, no Tribunal, será apresentado ao Presidente e distribuído ao Relator do processo desaparecido ou ao seu substituto.

Art. 299. A parte contrária será citada para contestar o pedido no prazo de 5 (cinco) dias, cabendo ao Relator exigir as cópias, contrafés e reproduções dos atos e documentos que estiverem em seu poder.

Parágrafo único. Se o citado concordar com a reconstituição, lavrar-se-á o respectivo auto que, assinado pelas partes e homologado pelo Relator, suprirá o processo desaparecido.

Art. 300. O Relator determinará as diligências necessárias, solicitando informações e cópias autênticas, se for o caso, a outros juízes e tribunais.

Art. 301. O julgamento de reconstituição caberá ao Plenário ou à Turma competente para o processo extraviado.

Art. 302. Quem tiver dado causa à perda ou extravio responderá pelas despesas de reconstituição.

Art. 303. Julgada a reconstituição, o processo seguirá os trâmites normais.

Parágrafo único. Encontrado o processo original, nele prosseguirá o feito, apensando-se os autos reconstituídos.

Título XI
DOS RECURSOS

>> A Resolução n. 450, de 3-12-2010, institui nova classe processual denominada recurso extraordinário com agravo.

Capítulo I
DISPOSIÇÕES GERAIS

Art. 304. Admitir-se-ão medidas cautelares nos recursos, independentemente dos seus efeitos.

Art. 305. Não caberá recurso da deliberação da Turma ou do Relator que remeter o processo ao julgamento do Plenário, ou que determinar, em agravo de instrumento, o processamento de recurso denegado ou procrastinado.

Art. 306. Os recursos serão processados, na instância de origem, pelas normas da legislação aplicável, observados os arts. 59, 307 e 308 deste Regimento.

Capítulo II
DOS RECURSOS CRIMINAIS

Seção I
Dos Recursos Ordinários

>> *Vide* art. 102, II, *b*, da CF.

Art. 307. Caberá recurso ordinário para o Tribunal, no prazo de três dias (art. 565 do Código de Processo Penal Militar), de decisão de única ou de última instância da Justiça Militar, nos casos do art. 129, §§ 1.º e 2.º, da Constituição.

>> Refere-se à CF de 1967, com a redação determinada pela Emenda Constitucional n. 1, de 17-10-1969. *Vide* art. 124 da CF.

> CPPM (Decreto-lei n. 1.002, de 21-10-1969): "Art. 565. O recurso será interposto por petição dirigida ao relator, no prazo de três dias, contados da intimação ou publicação do acórdão, em pública audiência, na presença das partes".

Art. 308. Recebido o recurso, abrir-se-á vista às partes, sucessivamente, por cinco dias, para o oferecimento de razões, na instância de origem (art. 566 do Código de Processo Penal Militar).

> CPPM (Decreto-lei n. 1.002, de 21-10-1969): "Art. 566. Recebido o recurso pelo relator, o recorrente e, depois dele, o recorrido terão o prazo de cinco dias para oferecer razões.

Parágrafo único. Findo esse prazo, subirão os autos ao STF".

Art. 309. Distribuído o recurso, a Secretaria, imediatamente, fará os autos com vista ao

Procurador-Geral. Devolvidos e conclusos ao Relator, este pedirá dia para julgamento, no Plenário ou na Turma, conforme o caso.

Parágrafo único. Na hipótese do art. 6.º, III, *c*, lançado o relatório, passará os autos ao Revisor que pedirá dia para julgamento. Logo após, a Secretaria remeterá cópia do relatório aos Ministros.

Seção II
Do Recurso de *Habeas Corpus*

>> *Vide* art. 102, II, *a*, da CF.

Art. 310. O recurso ordinário para o Tribunal, das decisões denegatórias de *habeas corpus*, será interposto no prazo de 5 (cinco) dias, nos próprios autos em que se houver proferido a decisão recorrida, com as razões do pedido de reforma.

Art. 311. Distribuído o recurso, a Secretaria, imediatamente, fará os autos com vista ao Procurador-Geral, pelo prazo de 2 (dois) dias. Conclusos ao Relator, este submeterá o feito a julgamento do Plenário ou da Turma, conforme o caso.

Art. 312. Aplicar-se-á, no que couber, ao processamento do recurso o disposto com relação ao pedido originário de *habeas corpus*.

Capítulo III
DOS AGRAVOS

Seção I
Do Agravo de Instrumento

Art. 313. Caberá agravo de instrumento:

I – de decisão de juiz de primeira instância nas causas a que se refere o art. 6.º, III, *d*, nos casos admitidos na legislação processual;

>> *Vide* art. 105, II, *c*, da CF, sobre a atual competência do STJ.

II – de despacho de Presidente de Tribunal que não admitir recurso da competência do Supremo Tribunal Federal;

III – quando se retardar, injustificadamente, por mais de trinta dias, o despacho a que se refere o inciso anterior, ou a remessa do processo ao Tribunal.

Parágrafo único. Na petição do agravo a que se refere o inciso I deste artigo, poderá o agravante requerer que o agravo fique retido nos autos, a fim de que o Tribunal dele conheça, preliminarmente, por ocasião do julgamento da apelação, desde que assim o solicite nas razões ou contrarrazões desta.

Art. 314. O agravo de instrumento obedecerá, no Juízo ou Tribunal de origem, às normas da legislação processual vigente.

Art. 314-A. O agravo em recurso extraordinário será registrado ao Presidente para que exerça as atribuições conferidas no art. 13, inciso V, alíneas *c* e *d*, ou determine a distribuição dos processos quando não identificar a presença dos óbices nelas previstos.

>> *Caput* acrescentado pela Emenda Regimental n. 54, de 1.º-7-2020.

Parágrafo único. Os agravos oriundos do Tribunal Superior Eleitoral e aqueles concernentes a matérias criminais em que haja prevenção, nos termos deste regimento, serão encaminhados diretamente à distribuição.

>> Parágrafo único acrescentado pela Emenda Regimental n. 54, de 1.º-7-2020.

Art. 315. Distribuído o agravo e ouvido, se necessário, o Procurador-Geral, o Relator o colocará em mesa para julgamento, sem prejuízo das atribuições que lhe confere o art. 21, nos incisos VI e IX e no seu § 1.º.

Parágrafo único. Quando interposto contra despacho que houver indeferido o processamento de arguição de relevância, o agravo de instrumento prescindirá de Relator e será julgado em Conselho, observando-se, no que couber, o disposto no art. 328, incisos VII e X.

Art. 316. O provimento de agravo de instrumento, ou a determinação do Relator para que subam os autos, não prejudica o exame e o julgamento, no momento oportuno, do cabimento do recurso denegado.

§ 1.º O provimento será registrado na ata e certificado nos autos, juntando-se ulteriormente a transcrição do áudio.

>> § 1.º com redação determinada pela Emenda Regimental n. 26, de 22-10-2008.

§ 2.º O provimento do agravo de instrumento e a determinação do Relator para que suba o recurso serão comunicados ao tribunal de origem pelo Presidente do Tribunal para processamento do recurso.

§ 3.º Se os autos principais tiverem subido em virtude de recurso da parte contrária, serão devolvidos à origem para processamento do recurso admitido.

Seção II
Do Agravo Regimental

Art. 317. Ressalvadas as exceções previstas neste Regimento, caberá agravo regimental, no prazo de cinco dias, de decisão do Presidente do Tribunal, de Presidente de Turma ou do Relator, que causar prejuízo ao direito da parte.

§ 1.º A petição conterá, sob pena de rejeição liminar, as razões do pedido de reforma da decisão agravada.

§ 2.º O agravo regimental será protocolado e, sem qualquer outra formalidade, submetido ao prolator do despacho, que poderá reconsiderar o seu ato ou submeter o agravo ao julgamento do Plenário ou da Turma, a quem caiba a competência, computando-se também o seu voto.

§ 3.º Provido o agravo, o Plenário ou a Turma determinará o que for de direito.

§ 4.º O agravo regimental não terá efeito suspensivo.

§ 5.º O agravo interno poderá, a critério do relator, ser submetido a julgamento por meio eletrônico, observada a respectiva competência da Turma ou do Plenário.

>> § 5.º acrescentado pela Emenda Regimental n. 51, de 22-6-2016.

Capítulo IV
DA APELAÇÃO CÍVEL

>> *Vide* art. 105, II, *c*, da CF, sobre a atual competência do STJ.

Art. 318. Caberá apelação nas causas em que forem partes um Estado estrangeiro ou organismo internacional, de um lado, e, de outro, município ou pessoa domiciliada ou residente no país.

Art. 319. O Relator, após a vista ao Procurador-Geral, pedirá dia para o julgamento.

Art. 320. O agravo retido nos autos, se houver, será julgado preliminarmente.

Parágrafo único. Quando não influir na decisão do mérito, o provimento do agravo não impedirá o imediato julgamento da apelação.

Capítulo V
DO RECURSO EXTRAORDINÁRIO

Art. 321. O recurso extraordinário para o Tribunal será interposto no prazo estabelecido na lei processual pertinente, com indicação do dispositivo que o autorize, dentre os casos previstos nos arts. 102, III, *a*, *b*, *c*, e 121, § 3.º, da Constituição Federal.

>> *Caput* com redação determinada pela Emenda Regimental n. 12, de 12-12-2003.

§ 1.º Se na causa tiverem sido vencidos autor e réu, qualquer deles poderá aderir ao recurso da outra parte nos termos da lei processual civil.

§ 2.º Aplicam-se ao recurso adesivo as normas de admissibilidade, preparo e julgamento do recurso extraordinário, não sendo processado ou conhecido quando houver desistência do recurso principal, ou for este declarado inadmissível ou deserto.

§ 3.º Se o recurso extraordinário for admitido pelo Tribunal ou pelo Relator do agravo de instrumento, o recorrido poderá interpor recurso adesivo juntamente com a apresentação de suas contrarrazões.

§ 4.º O recurso extraordinário não tem efeito suspensivo.

§ 5.º (*Revogado pela Emenda Regimental n. 21, de 30-4-2007.*)

Art. 322. O Tribunal recusará recurso extraordinário cuja questão constitucional não oferecer repercussão geral, nos termos deste capítulo.

>> *Caput* com redação determinada pela Emenda Regimental n. 21, de 30-4-2007.

Parágrafo único. Para efeito da repercussão geral, será considerada a existência, ou não, de questões que, relevantes do ponto de vista econômico, político, social ou jurídico, ultrapassem os interesses subjetivos das partes.

>> Parágrafo único com redação determinada pela Emenda Regimental n. 21, de 30-4-2007.

Art. 323. Quando não for o caso de inadmissibilidade do recurso por outra razão, o(a)

Relator(a) ou o Presidente submeterá por meio eletrônico, aos demais ministros, cópia de sua manifestação sobre a existência, ou não, de repercussão geral.

>> *Caput* com redação determinada pela Emenda Regimental n. 42, de 2-12-2010.

§ 1.º Nos processos em que o Presidente atuar como relator, sendo reconhecida a existência de repercussão geral, seguir-se-á livre distribuição para o julgamento de mérito.

>> § 1.º com redação determinada pela Emenda Regimental n. 42, de 2-12-2010.

§ 2.º Tal procedimento não terá lugar, quando o recurso versar questão cuja repercussão já houver sido reconhecida pelo Tribunal, ou quando impugnar decisão contrária a súmula ou a jurisprudência dominante, casos em que se presume a existência de repercussão geral.

>> § 2.º com redação determinada pela Emenda Regimental n. 42, de 2-12-2010.

§ 3.º Mediante decisão irrecorrível, poderá o(a) Relator(a) admitir de ofício ou a requerimento, em prazo que fixar, a manifestação de terceiros, subscrita por procurador habilitado, sobre a questão da repercussão geral.

>> § 3.º acrescentado pela Emenda Regimental n. 42, de 2-12-2010.

Art. 323-A. O julgamento de mérito de questões com repercussão geral, nos casos de reafirmação de jurisprudência dominante da Corte, também poderá ser realizado por meio eletrônico.

>> *Caput* acrescentado pela Emenda Regimental n. 42, de 2-12-2010.

Parágrafo único. Quando o relator não propuser a reafirmação de jurisprudência dominante, outro ministro poderá fazê-lo, mediante manifestação devidamente fundamentada.

>> Parágrafo único acrescentado pela Emenda Regimental n. 54, de 1.º-7-2020.

Art. 323-B. O relator poderá propor, por meio eletrônico, a revisão do reconhecimento da repercussão geral quando o mérito do tema ainda não tiver sido julgado.

>> Artigo acrescentado pela Emenda Regimental n. 54, de 1.º-7-2020.

Art. 324. Recebida a manifestação do(a) Relator(a), os demais Ministros encaminhar-lhe-ão, também por meio eletrônico, no prazo comum de 20 (vinte) dias, manifestação sobre a questão da repercussão geral.

>> *Caput* com redação determinada pela Emenda Regimental n. 31, de 29-5-2009.

§ 1.º Somente será analisada a repercussão geral da questão se a maioria absoluta dos ministros reconhecerem a existência de matéria constitucional.

>> § 1.º com redação determinada pela Emenda Regimental n. 54, de 1.º-7-2020.

§ 2.º A decisão da maioria absoluta dos ministros no sentido da natureza infraconstitucional da matéria terá os mesmos efeitos da ausência de repercussão geral, autorizando a negativa de seguimento aos recursos extraordinários sobrestados na origem que versem sobre matéria idêntica.

>> § 2.º com redação determinada pela Emenda Regimental n. 54, de 1.º-7-2020.

§ 3.º O ministro que não se manifestar no prazo previsto no *caput* terá sua não participação registrada na ata do julgamento.

>> § 3.º com redação determinada pela Emenda Regimental n. 54, de 1.º-7-2020.

§ 4.º Não alcançado o quórum necessário para o reconhecimento da natureza infraconstitucional da questão ou da existência, ou não, de repercussão geral, o julgamento será suspenso e automaticamente retomado na sessão em meio eletrônico imediatamente seguinte, com a coleta das manifestações dos ministros ausentes.

>> § 4.º acrescentado pela Emenda Regimental n. 54, de 1.º-7-2020.

§ 5.º No julgamento realizado por meio eletrônico, se vencido o relator, redigirá o acórdão o ministro sorteado dentre aqueles que dele divergiram ou não se manifestaram, a quem competirá relatar o caso para o exame do mérito ou de eventuais incidentes processuais.

>> § 5.º acrescentado pela Emenda Regimental n. 54, de 1.º-7-2020.

Art. 325. O(A) Relator(a) juntará cópia das manifestações aos autos, quando não se tratar de processo informatizado, e, uma vez definida a existência da repercussão geral, julgará o recurso ou pedirá dia para seu julgamento, após vista ao Procurador-Geral, se necessária; negada a existência, formalizará e subscreverá decisão de recusa do recurso.

>> *Caput* com redação determinada pela Emenda Regimental n. 21, de 30-4-2007.

Parágrafo único. O teor da decisão preliminar sobre a existência da repercussão geral, que deve integrar a decisão monocrática ou o acórdão, constará sempre das publicações dos julgamentos no *Diário Oficial*, com menção clara à matéria do recurso.

>> Parágrafo único acrescentado pela Emenda Regimental n. 21, de 30-4-2007.

Art. 325-A. Reconhecida a repercussão geral, serão distribuídos ou redistribuídos ao relator do recurso paradigma, por prevenção, os processos relacionados ao mesmo tema.

>> Artigo acrescentado pela Emenda Regimental n. 42, de 2-12-2010.

Art. 326. Toda decisão de inexistência de repercussão geral é irrecorrível e, valendo para todos os recursos sobre questão idêntica, deve ser comunicada, pelo(a) Relator(a), à Presidência do Tribunal, para os fins do artigo subsequente e do artigo 329.

>> Artigo com redação determinada pela Emenda Regimental n. 21, de 30-4-2007.

§ 1.º Poderá o relator negar repercussão geral com eficácia apenas para o caso concreto.

>> § 1.º acrescentado pela Emenda Regimental n. 54, de 1.º-7-2020.

§ 2.º Se houver recurso, a decisão do relator de restringir a eficácia da ausência de repercussão geral ao caso concreto deverá ser confirmada por dois terços dos ministros para prevalecer.

>> § 2.º acrescentado pela Emenda Regimental n. 54, de 1.º-7-2020.

§ 3.º Caso a proposta do relator não seja confirmada por dois terços dos ministros, o feito será redistribuído, na forma do art. 324, § 5.º, deste Regimento Interno, sem que isso implique reconhecimento automático da repercussão geral da questão constitucional discutida no caso.

>> § 3.º acrescentado pela Emenda Regimental n. 54, de 1.º-7-2020.

§ 4.º Na hipótese do § 3.º, o novo relator sorteado prosseguirá no exame de admissibilidade do recurso, na forma dos arts. 323 e 324 deste Regimento Interno.

>> § 4.º acrescentado pela Emenda Regimental n. 54, de 1.º-7-2020.

Art. 326-A. Os recursos indicados como representativos de controvérsia constitucional pelas instâncias de origem e os feitos julgados no Superior Tribunal de Justiça sob a sistemática de recursos repetitivos serão registrados previamente ao Presidente, que poderá afetar o tema diretamente ao Plenário Virtual, na forma do art. 323 do regimento interno, distribuindo-se o feito por sorteio, em caso de reconhecimento da repercussão geral, a um dos ministros que tenham se manifestado nesse sentido.

>> *Caput* acrescentado pela Emenda Regimental n. 54, de 1.º-7-2020.

§ 1.º Caso os recursos representativos de controvérsia constitucional ou os feitos julgados no STJ sob a sistemática de recursos repetitivos não recebam proposta de afetação pelo Presidente e sejam distribuídos, poderá o relator proceder na forma do art. 326, *caput* e parágrafos.

>> § 1.º acrescentado pela Emenda Regimental n. 54, de 1.º-7-2020.

§ 2.º A decisão proferida nos processos mencionados no § 1.º será comunicada à instância de origem e ao Superior Tribunal de Justiça, respectivamente, inclusive para os fins do art. 1.037, § 1.º, do Código de Processo Civil.

>> § 2.º acrescentado pela Emenda Regimental n. 54, de 1.º-7-2020.

Art. 327. A Presidência do Tribunal recusará recursos que não apresentem preliminar formal e fundamentada de repercussão geral, bem como aqueles cuja matéria carecer de repercussão geral, segundo precedente do Tribunal, salvo se a tese tiver sido revista ou estiver em procedimento de revisão.

>> *Caput* com redação determinada pela Emenda Regimental n. 21, de 30-4-2007.

§ 1.º Igual competência exercerá o(a) Relator(a) sorteado(a), quando o recurso não tiver sido liminarmente recusado pela Presidência.

>> § 1.º com redação determinada pela Emenda Regimental n. 21, de 30-4-2007.

§ 2.º Da decisão que recusar recurso, nos termos deste artigo, caberá agravo.

>> § 2.º com redação determinada pela Emenda Regimental n. 21, de 30-4-2007.

Art. 328. Protocolado ou distribuído recurso cuja questão for suscetível de reproduzir-se em múltiplos feitos, a Presidência do Tribunal ou o(a) Relator(a), de ofício ou a requerimento da parte interessada, comunicará o fato aos tribunais ou turmas de juizado especial, a fim de que observem o disposto no art. 543-B do Código de Processo Civil, podendo pedir-lhes informações, que deverão ser prestadas em 5 (cinco) dias, e sobrestar todas as demais causas com questão idêntica.

>> *Caput* com redação determinada pela Emenda Regimental n. 21, de 30-4-2007.

>> Refere-se ao CPC de 1973. *Vide* art. 1.036 do CPC de 2015.

Parágrafo único. Quando se verificar subida ou distribuição de múltiplos recursos com fundamento em idêntica controvérsia, a Presidência do Tribunal ou o(a) Relator(a) selecionará um ou mais representativos da questão e determinará a devolução dos demais aos tribunais ou turmas de juizado especial de origem, para aplicação dos parágrafos do art. 543-B do Código de Processo Civil.

>> Parágrafo único acrescentado pela Emenda Regimental n. 21, de 30-4-2007.

>> Refere-se ao CPC de 1973. *Vide* art. 1.036 do CPC de 2015.

Art. 328-A. Nos casos previstos no art. 543-B, *caput*, do Código de Processo Civil, o Tribunal de origem não emitirá juízo de admissibilidade sobre os recursos extraordinários já sobrestados, nem sobre os que venham a ser interpostos, até que o Supremo Tribunal Federal decida os que tenham sido selecionados nos termos do § 1.º daquele artigo.

>> *Caput* acrescentado pela Emenda Regimental n. 23, de 11-3-2008.

>> Refere-se ao CPC de 1973. *Vide* art. 1.036 do CPC de 2015.

§ 1.º Nos casos anteriores, o Tribunal de origem sobrestará os agravos de instrumento contra decisões que não tenham admitido os recursos extraordinários, julgando-os prejudicados nas hipóteses do art. 543-B, § 2.º, e, quando coincidente o teor dos julgamentos, § 3.º.

>> § 1.º com redação determinada pela Emenda Regimental n. 27, de 28-11-2008.

§ 2.º Julgado o mérito do recurso extraordinário em sentido contrário ao dos acórdãos recorridos, o Tribunal de origem remeterá ao Supremo Tribunal Federal os agravos em que não se retratar.

>> § 2.º acrescentado pela Emenda Regimental n. 23, de 11-3-2008.

Art. 329. A Presidência do Tribunal promoverá ampla e específica divulgação do teor das decisões sobre repercussão geral, bem como formação e atualização de banco eletrônico de dados a respeito.

>> Artigo com redação determinada pela Emenda Regimental n. 21, de 30-4-2007.

CAPÍTULO VI
DOS EMBARGOS

Seção I
Dos Embargos de Divergência e dos Embargos Infringentes

Art. 330. Cabem embargos de divergência à decisão de Turma que, em recurso extraordinário ou em agravo de instrumento, divergir de julgado de outra Turma ou do Plenário na interpretação do direito federal.

>> *Vide* art. 105, II, *c*, da CF, sobre a atual competência do STJ.

Art. 331. A divergência será comprovada mediante certidão, cópia autenticada ou pela citação do repositório de jurisprudência, oficial ou credenciado, inclusive em mídia eletrônica, em que tiver sido publicada a decisão divergente, ou ainda pela reprodução de julgado disponível na internet, com indicação da respectiva fonte, mencionando, em qualquer caso, as circunstâncias que identifiquem ou assemelhem os casos confrontados.

>> *Caput* com redação determinada pela Emenda Regimental n. 26, de 22-10-2008.

Parágrafo único. (*Revogado pela Emenda Regimental n. 26, de 22-10-2008.*)

Art. 332. Não cabem embargos, se a jurisprudência do Plenário ou de ambas as Turmas estiver firmada no sentido da decisão embargada, salvo o disposto no art. 103.

Art. 333. Cabem embargos infringentes à decisão não unânime do Plenário ou da Turma:

I – que julgar procedente a ação penal;

II – que julgar improcedente a revisão criminal;

III – que julgar a ação rescisória;

IV – que julgar a representação de inconstitucionalidade;

V – que, em recurso criminal ordinário, for desfavorável ao acusado.

Parágrafo único. O cabimento dos embargos, em decisão do Plenário, depende da existência, no mínimo, de quatro votos divergentes, salvo nos casos de julgamento criminal em sessão secreta.

>> Parágrafo único com redação determinada pela Emenda Regimental n. 2, de 4-12-1985.

Art. 334. Os embargos de divergência e os embargos infringentes serão opostos no prazo de quinze dias, perante a Secretaria, e juntos aos autos, independentemente de despacho.

Art. 335. Interpostos os embargos, o Relator abrirá vista ao recorrido, por quinze dias, para contrarrazões.

>> *Caput* com redação determinada pela Emenda Regimental n. 47, de 24-2-2012.

§ 1.º Transcorrido o prazo do *caput*, o Relator do acórdão embargado apreciará a admissibilidade do recurso.

>> § 1.º com redação determinada pela Emenda Regimental n. 47, de 24-2-2012.

§ 2.º Da decisão que não admitir os embargos, caberá agravo, em cinco dias, para o órgão competente para o julgamento do recurso.

>> § 2.º com redação determinada pela Emenda Regimental n. 47, de 24-2-2012.

§ 3.º Admitidos os embargos, proceder-se-á a distribuição nos termos do art. 76.

>> § 3.º com redação determinada pela Emenda Regimental n. 47, de 24-2-2012.

Art. 336. Na sessão de julgamento, aplicar-se-ão, supletivamente, as normas do processo originário, observado o disposto no art. 146.

Parágrafo único. Recebidos os embargos de divergência, o Plenário julgará a matéria restante, salvo nos casos do art. 313, I e II, quando determinará a subida do recurso principal.

>> *Vide* art. 105, II, *c*, da CF, sobre a atual competência do STJ.

Seção II
Dos Embargos de Declaração

Art. 337. Cabem embargos de declaração, quando houver no acórdão obscuridade, dúvida, contradição ou omissão que devam ser sanadas.

§ 1.º Os embargos declaratórios serão interpostos no prazo de cinco dias.

§ 2.º Independentemente de distribuição ou preparo, a petição será dirigida ao Relator do acórdão que, sem qualquer outra formalidade, a submeterá a julgamento na primeira sessão da Turma ou do Plenário, conforme o caso.

§ 3.º Os embargos de declaração poderão, a critério do relator, ser submetidos a julgamento por meio eletrônico, observada a respectiva competência da Turma ou do Plenário.

>> § 3.º acrescentado pela Emenda Regimental n. 51, de 22-6-2016.

Art. 338. Se os embargos forem recebidos, a nova decisão se limitará a corrigir a inexatidão, ou a sanar a obscuridade, dúvida, omissão ou contradição, salvo se algum outro aspecto da causa tiver de ser apreciado como consequência necessária.

Art. 339. Os embargos declaratórios suspendem o prazo para interposição de outro recurso, salvo na hipótese do § 2.º deste artigo.

§ 1.º O prazo para a interposição de outro recurso, nos termos deste artigo, é suspenso na data de interposição dos embargos de declaração, e o que lhe sobejar começa a correr do primeiro dia útil seguinte à publicação da decisão proferida nos mesmos embargos.

§ 2.º Quando meramente protelatórios, assim declarados expressamente, será o embargante condenado a pagar ao embargado multa não excedente de um por cento sobre o valor da causa.

Título XII
DA EXECUÇÃO

Capítulo II
DA EXECUÇÃO CONTRA A FAZENDA PÚBLICA

Art. 345. Na execução por quantia certa, fundada em decisão proferida contra a Fazenda Pública em ação de competência originária do Tribunal, citar-se-á a devedora para opor embargos em dez dias; se esta não os opuser, no prazo regimental, observar-se-ão as seguintes regras:

I – o Presidente do Tribunal requisitará o pagamento ao Presidente da República, ao Governador ou ao Prefeito, conforme o caso;

II – far-se-á o pagamento na ordem de apresentação do respectivo pedido e à conta do crédito próprio.

Art. 346. Se o credor for preterido no seu direito de preferência, o Presidente do Tribunal poderá, depois de ouvido o Procurador-Geral, em cinco dias, ordenar o sequestro da quantia necessária para satisfazer o débito.

Capítulo III
DA CARTA DE SENTENÇA

Art. 347. Será extraída carta de sentença, a requerimento do interessado, para execução da decisão:

I – quando deferida a homologação de sentença estrangeira;

II – quando o interessado não a houver providenciado na instância de origem e pender de julgamento do Tribunal recurso sem efeito suspensivo.

Art. 348. O pedido será dirigido ao Presidente ou ao Relator, que o apreciará.

Art. 349. A carta de sentença conterá as peças indicadas na lei processual e outras que o requerente indicar; será autenticada pelo funcionário encarregado e assinada pelo Presidente ou Relator.

Capítulo IV
DA INTERVENÇÃO FEDERAL NOS ESTADOS

>> *Vide* arts. 34 a 36 da CF.

Art. 350. A requisição de intervenção federal, prevista no art. 112, § 1.º, *a*, *b* e *c* da Constituição, será promovida:

>> Refere-se à CF de 1967, com a redação determinada pela Emenda Constitucional n. 1.º, de 17-10-1969. *Vide* art. 84, X, da CF.

I – de ofício, ou mediante pedido do Presidente do Tribunal de Justiça do Estado, no caso do inciso IV do art. 10 da Constituição, se a coação for exercida contra o Poder Judiciário;

II – de ofício, ou mediante pedido do Presidente de Tribunal de Justiça do Estado ou de Tribunal Federal, quando se tratar de prover a execução de ordem ou decisão judiciária, com ressalva, conforme a matéria, da competência do Tribunal Superior Eleitoral e do disposto no inciso seguinte;

III – de ofício, ou mediante pedido da parte interessada, quando se tratar de prover a execução de ordem ou decisão do Supremo Tribunal Federal;

IV – mediante representação do Procurador-Geral, no caso do inciso VII do art. 10 da Constituição, assim como no do inciso VI, quando se tratar de prover a execução de lei federal.

> *Vide* nota ao *caput* deste artigo.

Art. 351. O Presidente, ao receber o pedido:

I – tomará as providências oficiais que lhe parecerem adequadas para remover, administrativamente, a causa do pedido;

II – mandará arquivá-lo, se for manifestamente infundado, cabendo do seu despacho agravo regimental.

Art. 352. Realizada a gestão prevista no inciso I do artigo anterior, solicitadas informações à autoridade estadual e ouvido o Procurador-Geral, o pedido será relatado pelo Presidente, em sessão plenária pública ou secreta.

Art. 353. O julgamento, se não tiver sido público, será proclamado em sessão pública.

Art. 354. Julgado procedente o pedido, o Presidente do Supremo Tribunal Federal imediatamente comunicará a decisão aos órgãos do Poder Público interessados e requisitará a intervenção ao Presidente da República.

Título XI
DA SÚMULA VINCULANTE

>> Título XI acrescentado pela Emenda Regimental n. 46, de 6-7-2011.

Art. 354-A. Recebendo proposta de edição, revisão ou cancelamento de Súmula Vinculante, a Secretaria Judiciária a autuará e registrará ao Presidente, para apreciação, no prazo de 5 (cinco) dias, quanto à adequação formal da proposta.

>> Artigo acrescentado pela Emenda Regimental n. 46, de 6-7-2011.

Art. 354-B. Verificado o atendimento dos requisitos formais, a Secretaria Judiciária publicará edital no sítio do Tribunal e no *Diário da Justiça Eletrônico*, para ciência e manifestação de interessados no prazo de 5 (cinco) dias, encaminhando a seguir os autos ao Procurador-Geral da República.

>> Artigo acrescentado pela Emenda Regimental n. 46, de 6-7-2011.

Art. 354-C. Devolvidos os autos com a manifestação do Procurador-Geral da República, o Presidente submeterá as manifestações e a proposta de edição, revisão ou cancelamento de Súmula aos Ministros da Comissão de Jurisprudência, em meio eletrônico, para que se manifestem no prazo comum de 15 (quinze) dias; decorrido o prazo, a proposta, com ou sem manifestação, será submetida, também por meio eletrônico, aos demais Ministros, pelo mesmo prazo comum.

>> Artigo acrescentado pela Emenda Regimental n. 46, de 6-7-2011.

Art. 354-D. Decorridos os prazos previstos no art. 354-C, o Presidente submeterá a proposta de edição, revisão ou cancelamento de súmula vinculante à deliberação do Tribunal Pleno, mediante inclusão em pauta, salvo se já houver manifestação contrária à proposta por parte da maioria absoluta dos Ministros do Tribunal, hipótese em que o Presidente a rejeitará monocraticamente.

>> *Caput* com redação determinada pela Emenda Regimental n. 54, de 1.º-7-2020.

Parágrafo único. Contra a decisão do Presidente pela rejeição de proposta atinente a súmula vinculante caberá agravo regimental, na forma do art. 317 deste regimento.

>> Parágrafo único acrescentado pela Emenda Regimental n. 54, de 1.º-7-2020.

Art. 354-E. A proposta de edição, revisão ou cancelamento de Súmula Vinculante poderá versar sobre questão com repercussão geral reconhecida, caso em que poderá ser apresentada por qualquer Ministro logo após o julgamento de mérito do processo, para deliberação imediata do Tribunal Pleno na mesma sessão.

>> Artigo acrescentado pela Emenda Regimental n. 46, de 6-7-2011.

Art. 354-F. O teor da proposta de Súmula aprovada, que deve constar do acórdão, conterá cópia dos debates que lhe deram origem, integrando-o, e constarão das publicações dos julgamentos no *Diário da Justiça Eletrônico*.

>> Artigo acrescentado pela Emenda Regimental n. 46, de 6-7-2011.

Art. 354-G. A proposta de edição, revisão ou cancelamento de Súmula tramitará sob a forma eletrônica, e as informações correspondentes ficarão disponíveis aos interessados no sítio do STF.

>> Artigo acrescentado pela Emenda Regimental n. 46, de 6-7-2011.

PARTE IV
DISPOSIÇÕES FINAIS

Título Único
DAS EMENDAS REGIMENTAIS E DEMAIS ATOS NORMATIVOS OU INDIVIDUAIS, E DISPOSIÇÕES GERAIS E TRANSITÓRIAS

>> Epígrafe com redação determinada pela Emenda Regimental n. 1, de 25-11-1981.

Capítulo II
DISPOSIÇÕES GERAIS E TRANSITÓRIAS

Art. 367. Compete ao Presidente o julgamento do pedido de reexame de decisão do Supremo Tribunal Federal, ou de seu Presidente, que houver homologado sentença estrangeira do divórcio de brasileiro com as restrições inerentes ao art. 7.º, § 6.º, da Lei de Introdução às Normas do Direito Brasileiro, na redação anterior à que lhe deu o art. 49 da Lei n. 6.515, de 26 de dezembro de 1977.

§ 1.º O pedido de reexame poderá ser feito por ambos os cônjuges ou por um deles, devendo processar-se nos próprios autos da homologação.

§ 2.º Aplicam-se, no que couber, ao pedido de reexame as normas regimentais do procedimento de homologação, inclusive as pertinentes à execução e ao recurso cabível.

Art. 368. Este Regimento entrará em vigor em 1.º de dezembro de 1980.

Parágrafo único. Às decisões proferidas até 30 de novembro de 1980 continuará aplicável o art. 308 do Regimento Interno aprovado a 18 de junho de 1970, com as modificações introduzidas pelas Emendas Regimentais posteriores.

Art. 369. Revogam-se o Regimento Interno aprovado a 18 de junho de 1970, as Emendas Regimentais que lhe alteraram a redação, e as Emendas Regimentais n. 6, de 9 de março de 1978, 7, de 23 de agosto de 1978, e 8, de 7 de junho de 1979, bem assim as demais disposições em contrário.

Sala das Sessões, em 15 de outubro de 1980.

Antonio Neder

LEI N. 7.170, DE 14 DE DEZEMBRO DE 1983 (*)

Define os crimes contra a segurança nacional, a ordem política e social, estabelece seu processo e julgamento e dá outras providências.

O Presidente da República:

Faço saber que o Congresso Nacional decreta e eu sanciono a seguinte Lei:

Título I
DISPOSIÇÕES GERAIS

Art. 1.º Esta Lei prevê os crimes que lesam ou expõem a perigo de lesão:

I – a integridade territorial e a soberania nacional;

II – o regime representativo e democrático, a Federação e o Estado de Direito;

III – a pessoa dos chefes dos Poderes da União.

Art. 2.º Quando o fato estiver também previsto como crime no Código Penal, no Código Penal Militar ou em leis especiais, levar-se-ão em conta, para a aplicação desta Lei:

I – a motivação e os objetivos do agente;

II – a lesão real ou potencial aos bens jurídicos mencionados no artigo anterior.

Art. 3.º Pune-se a tentativa com a pena correspondente ao crime consumado, reduzida de um a dois terços, quando não houver expressa previsão e cominação específica para a figura tentada.

Parágrafo único. O agente que, voluntariamente, desiste de prosseguir na execução, ou impede que o resultado se produza, só responde pelos atos já praticados.

Art. 4.º São circunstâncias que sempre agravam a pena, quando não elementares do crime:

I – ser o agente reincidente;

II – ter o agente:

a) praticado o crime com o auxílio, de qualquer espécie, de governo, organização internacional ou grupos estrangeiros;

b) promovido, organizado ou dirigido a atividade dos demais, no caso do concurso de agentes.

Art. 5.º Em tempo de paz, a execução da pena privativa da liberdade, não superior a 2 (dois) anos, pode ser suspensa, por 2 (dois) a 6 (seis) anos, desde que:

I – o condenado não seja reincidente em crime doloso, salvo o disposto no § 1.º do art. 71 do Código Penal Militar;

>> O CP Militar (Decreto-lei n. 1.001, de 21-10-1969), no dispositivo citado, estabelece: "Não se toma em conta, para efeito da reincidência, a condenação anterior, se, entre a data do cumprimento ou extinção da pena e o crime posterior, decorreu período de tempo superior a 5 (cinco) anos".

II – os seus antecedentes e personalidade, os motivos e as circunstâncias do crime, bem como sua conduta posterior, autorizem a presunção de que não tornará a delinquir.

Parágrafo único. A sentença especificará as condições a que fica subordinada a suspensão.

Art. 6.º Extingue-se a punibilidade dos crimes previstos nesta Lei:

I – pela morte do agente;

II – pela anistia ou indulto;

III – pela retroatividade da lei que não mais considera o fato como criminoso;

IV – pela prescrição.

Art. 7.º Na aplicação desta Lei, observar-se-á, no que couber, a Parte Geral do Código Penal Militar e, subsidiariamente, a sua Parte Especial.

Parágrafo único. Os menores de 18 (dezoito) anos são penalmente inimputáveis, ficando sujeitos às normas estabelecidas na legislação especial.

Título II
DOS CRIMES E DAS PENAS

Art. 8.º Entrar em entendimento ou negociação com governo ou grupo estrangeiro, ou seus agentes, para provocar guerra ou atos de hostilidade contra o Brasil.

Pena – reclusão, de 3 (três) a 15 (quinze) anos.

Parágrafo único. Ocorrendo a guerra ou sendo desencadeados os atos de hostilidade, a pena aumenta-se até o dobro.

Art. 9.º Tentar submeter o território nacional, ou parte dele, ao domínio ou à soberania de outro país.

Pena – reclusão, de 4 (quatro) a 20 (vinte) anos.

Parágrafo único. Se do fato resulta lesão corporal grave, a pena aumenta-se até um terço; se resulta morte, aumenta-se até a metade.

Art. 10. Aliciar indivíduos de outro país para invasão do território nacional.

Pena – reclusão, de 3 (três) a 10 (dez) anos.

Parágrafo único. Ocorrendo a invasão, a pena aumenta-se até o dobro.

Art. 11. Tentar desmembrar parte do território nacional para constituir país independente.

Pena – reclusão, de 4 (quatro) a 12 (doze) anos.

Art. 12. Importar ou introduzir, no território nacional, por qualquer forma, sem autorização da autoridade federal competente, armamento ou material militar privativo das Forças Armadas.

Pena – reclusão, de 3 (três) a 10 (dez) anos.

Parágrafo único. Na mesma pena incorre quem, sem autorização legal, fabrica, vende, transporta, recebe, oculta, mantém em depósito ou distribui o armamento ou material militar de que trata este artigo.

Art. 13. Comunicar, entregar ou permitir a comunicação ou a entrega, a governo ou grupo estrangeiro, ou a organização ou grupo de existência ilegal, de dados, documentos ou cópias de documentos, planos, códigos, cifras ou assuntos que, no interesse do Estado brasileiro, são classificados como sigilosos.

Pena – reclusão, de 3 (três) a 15 (quinze) anos.

Parágrafo único. Incorre na mesma pena quem:

I – com o objetivo de realizar os atos previstos neste artigo, mantém serviço de espionagem ou dele participa;

II – com o mesmo objetivo, realiza atividade aerofotográfica ou de sensoreamento remoto, em qualquer parte do território nacional;

(*) Publicada no *Diário Oficial da União*, de 15-12-1983.

III – oculta ou presta auxílio a espião, sabendo-o tal, para subtraí-lo à ação da autoridade pública;

IV – obtém ou revela, para fim de espionagem, desenhos, projetos, fotografias, notícias ou informações a respeito de técnicas, de tecnologias, de componentes, de equipamentos, de instalações ou de sistemas de processamento automatizado de dados, em uso ou em desenvolvimento no País, que, reputados essenciais para a sua defesa, segurança ou economia, devem permanecer em segredo.

Art. 14. Facilitar, culposamente, a prática de qualquer dos crimes previstos nos arts. 12 e 13, e seus parágrafos.

Pena – detenção, de 1 (um) a 5 (cinco) anos.

Art. 15. Praticar sabotagem contra instalações militares, meios de comunicações, meios e vias de transporte, estaleiros, portos, aeroportos, fábricas, usinas, barragens, depósitos e outras instalações congêneres.

Pena – reclusão, de 3 (três) a 10 (dez) anos.

§ 1.º Se do fato resulta:

a) lesão corporal grave, a pena aumenta-se até a metade;

b) dano, destruição ou neutralização de meios de defesa ou de segurança; paralisação, total ou parcial, de atividade ou serviços públicos reputados essenciais para a defesa, a segurança ou a economia do País, a pena aumenta-se até o dobro;

c) morte, a pena aumenta-se até o triplo.

§ 2.º Punem-se os atos preparatórios de sabotagem com a pena deste artigo reduzida de dois terços, se o fato não constitui crime mais grave.

Art. 16. Integrar ou manter associação, partido, comitê, entidade de classe ou grupamento que tenha por objetivo a mudança do regime vigente ou do Estado de Direito, por meios violentos ou com emprego de grave ameaça.

Pena – reclusão, de 1 (um) a 5 (cinco) anos.

Art. 17. Tentar mudar, com emprego de violência ou grave ameaça, a ordem, o regime vigente ou o Estado de Direito.

Pena – reclusão, de 3 (três) a 15 (quinze) anos.

Parágrafo único. Se do fato resulta lesão corporal grave, a pena aumenta-se até a metade; se resulta morte, aumenta-se até o dobro.

Art. 18. Tentar impedir, com emprego de violência ou grave ameaça, o livre exercício de qualquer dos Poderes da União ou dos Estados.

Pena – reclusão, de 2 (dois) a 6 (seis) anos.

Art. 19. Apoderar-se ou exercer o controle de aeronave, embarcação ou veículo de transporte coletivo, com emprego de violência ou grave ameaça à tripulação ou a passageiros.

Pena – reclusão, de 2 (dois) a 10 (dez) anos.

Parágrafo único. Se do fato resulta lesão corporal grave, a pena aumenta-se até o dobro; se resulta morte, aumenta-se até o triplo.

Art. 20. Devastar, saquear, extorquir, roubar, sequestrar, manter em cárcere privado, incendiar, depredar, provocar explosão, praticar atentado pessoal ou atos de terrorismo, por inconformismo político ou para obtenção de fundos destinados à manutenção de organizações políticas clandestinas ou subversivas.

Pena – reclusão, de 3 (três) a 10 (dez) anos.

Parágrafo único. Se do fato resulta lesão corporal grave, a pena aumenta-se até o dobro; se resulta morte, aumenta-se até o triplo.

Art. 21. Revelar segredo obtido em razão de cargo, emprego ou função pública, relativamente a planos, ações ou operações militares ou policiais contra rebeldes, insurretos ou revolucionários.

Pena – reclusão, de 2 (dois) a 10 (dez) anos.

Art. 22. Fazer, em público, propaganda:

I – de processos violentos ou ilegais para alteração da ordem política ou social;

II – de discriminação racial, de luta pela violência entre as classes sociais, de perseguição religiosa;

III – de guerra;

IV – de qualquer dos crimes previstos nesta Lei.

Pena – detenção, de 1 (um) a 4 (quatro) anos.

§ 1.º A pena é aumentada de um terço quando a propaganda for feita em local de trabalho ou por meio de rádio ou televisão.

§ 2.º Sujeita-se à mesma pena quem distribui ou redistribui:

a) fundos destinados a realizar a propaganda de que trata este artigo;

b) ostensiva ou clandestinamente boletins ou panfletos contendo a mesma propaganda.

§ 3.º Não constitui propaganda criminosa a exposição, a crítica ou o debate de quaisquer doutrinas.

Art. 23. Incitar:

I – à subversão da ordem política ou social;

II – à animosidade entre as Forças Armadas ou entre estas e as classes sociais ou as instituições civis;

III – à luta com violência entre as classes sociais;

IV – à prática de qualquer dos crimes previstos nesta Lei.

Pena – reclusão, de 1 (um) a 4 (quatro) anos.

Art. 24. Constituir, integrar ou manter organização ilegal de tipo militar, de qualquer forma ou natureza, armada ou não, com ou sem fardamento, com finalidade combativa.

Pena – reclusão, de 2 (dois) a 8 (oito) anos.

Art. 25. Fazer funcionar, de fato, ainda que sob falso nome ou forma simulada, partido político ou associação dissolvidos por força de disposição legal ou de decisão judicial.

Pena – reclusão, de 1 (um) a 5 (cinco) anos.

Art. 26. Caluniar ou difamar o Presidente da República, o do Senado Federal, o da Câmara dos Deputados ou o do Supremo Tribunal Federal, imputando-lhes fato definido como crime ou fato ofensivo à reputação.

Pena – reclusão, de 1 (um) a 4 (quatro) anos.

Parágrafo único. Na mesma pena incorre quem, conhecendo o caráter ilícito da imputação, a propala ou divulga.

Art. 27. Ofender a integridade corporal ou a saúde de qualquer das autoridades mencionadas no artigo anterior.

Pena – reclusão, de 1 (um) a 3 (três) anos.

§ 1.º Se a lesão é grave, aplica-se a pena de reclusão de 3 (três) a 15 (quinze) anos.

§ 2.º Se da lesão resulta a morte e as circunstâncias evidenciam que este resultado pode ser atribuído a título de culpa ao agente, a pena é aumentada até um terço.

Art. 28. Atentar contra a liberdade pessoal de qualquer das autoridades referidas no art. 26.

Pena – reclusão, de 4 (quatro) a 12 (doze) anos.

Art. 29. Matar qualquer das autoridades referidas no art. 26.

Pena – reclusão, de 15 (quinze) a 30 (trinta) anos.

Art. 30. Compete à Justiça Militar processar e julgar os crimes previstos nesta Lei, com observância das normas estabelecidas no Código de Processo Penal Militar, no que não colidirem com disposição desta Lei, ressalvada a competência originária do Supremo Tribunal Federal nos casos previstos na Constituição.

Parágrafo único. A ação penal é pública, promovendo-a o Ministério Público.

Art. 31. Para apuração de fato que configure crime previsto nesta Lei instaurar-se-á inquérito policial, pela Polícia Federal:

I – de ofício;

II – mediante requisição do Ministério Público;

III – mediante requisição de autoridade militar responsável pela segurança interna;

IV – mediante requisição do Ministro da Justiça.

Parágrafo único. Poderá a União delegar, mediante convênio, a Estado, ao Distrito Federal ou a Território, atribuições para a realização do inquérito referido neste artigo.

Art. 32. Será instaurado inquérito Policial-Militar se o agente for militar ou assemelhado, ou quando o crime:

I – lesar patrimônio sob administração militar;

II – for praticado em lugar diretamente sujeito à administração militar ou contra militar ou assemelhado em serviço;

III – for praticado nas regiões alcançadas pela decretação do estado de emergência ou do estado de sítio.

Art. 33. Durante as investigações, a autoridade que presidir o inquérito poderá manter o indiciado preso ou sob custódia, pelo prazo de 15 (quinze) dias, comunicando imediatamente o fato ao juízo competente.

§ 1.º Em caso de justificada necessidade, esse prazo poderá ser dilatado por mais 15 (quinze) dias, por decisão do juiz, a pedido do encarregado do inquérito, ouvido o Ministério Público.

§ 2.º A incomunicabilidade do indiciado, no período inicial das investigações, será permitida pelo prazo improrrogável de, no máximo, 5 (cinco) dias.

§ 3.º O preso ou custodiado deve ser recolhido e mantido em lugar diverso do destinado aos presos por crimes comuns, com estrita observância do disposto nos arts. 237 a 242 do Código de Processo Penal Militar.

§ 4.º Em qualquer fase do inquérito, a requerimento da defesa, do indiciado, de seu cônjuge, descendente ou ascendente, será realizado exame na pessoa do indiciado para verificação de sua integridade física e mental; uma via do laudo, elaborado por 2 (dois) peritos médicos e instruída com fotografias, será juntada aos autos do inquérito.

§ 5.º Esgotado o prazo de 15 (quinze) dias de prisão ou custódia ou de sua eventual prorrogação, o indiciado será imediatamente libertado, salvo se decretada a prisão preventiva, a requerimento do encarregado do inquérito ou do Órgão do Ministério Público.

§ 6.º O tempo de prisão ou custódia será computado no de execução da pena privativa de liberdade.

Art. 34. Esta Lei entra em vigor na data de sua publicação.

Art. 35. Revogam-se a Lei n. 6.620, de 17 de dezembro de 1978, e demais disposições em contrário.

Brasília, em 14 de dezembro de 1983; 162.º da Independência e 95.º da República.

JOÃO FIGUEIREDO

LEI N. 7.347, DE 24 DE JULHO DE 1985 (*)

Disciplina a ação civil pública de responsabilidade por danos causados ao meio ambiente, ao consumidor, a bens e direitos de valor artístico, estético, histórico, turístico e paisagístico (vetado) e dá outras providências.

O Presidente da República:

Faço saber que o Congresso Nacional decreta e eu sanciono a seguinte Lei:

Art. 1.º Regem-se pelas disposições desta Lei, sem prejuízo da ação popular, as ações de responsabilidade por danos morais e patrimoniais causados:

>> *Caput* com redação determinada pela Lei n. 12.529, de 30-11-2011.

> A Lei n. 7.913, de 7-12-1989, dispõe sobre a ação civil pública de responsabilidade por danos causados aos investidores no mercado de valores mobiliários.

> *Vide* Súmula 329 do STJ.

I – ao meio ambiente;

II – ao consumidor;

>> *Vide* Súmula 601 do STJ.

III – a bens e direitos de valor artístico, estético, histórico, turístico e paisagístico;

>> A Lei n. 10.257, de 10-7-2001, em seu art. 53, acrescentou novo inciso III a este artigo, renumerando os primitivos incisos III a V. Posteriormente, a Medida Provisória n. 2.180-35, de 24-8-2001, revogou tal determinação, prevalecendo sua redação original.

IV – a qualquer outro interesse difuso ou coletivo;

>> Inciso IV acrescentado pela Lei n. 8.078, de 11-9-1990.

V – por infração da ordem econômica;

>> Inciso V com redação determinada pela Lei n. 12.529, de 30-11-2011.

VI – à ordem urbanística;

>> Inciso VI acrescentado pela Medida Provisória n. 2.180-35, de 24-8-2001.

> *Vide* Lei n. 10.257, de 10-7-2001.

VII – à honra e à dignidade de grupos raciais, étnicos ou religiosos;

>> Inciso VII acrescentado pela Lei n. 12.966, de 24-4-2014.

VIII – ao patrimônio público e social.

>> Inciso VIII acrescentado pela Lei n. 13.004, de 24-6-2014.

Parágrafo único. Não será cabível ação civil pública para veicular pretensões que envolvam tributos, contribuições previdenciárias, o Fundo de Garantia do Tempo de Serviço – FGTS ou outros fundos de natureza institucional cujos beneficiários podem ser individualmente determinados.

>> Parágrafo único acrescentado pela Medida Provisória n. 2.180-35, de 24-8-2001.

Art. 2.º As ações previstas nesta Lei serão propostas no foro do local onde ocorrer o dano, cujo juízo terá competência funcional para processar e julgar a causa.

Parágrafo único. A propositura da ação prevenirá a jurisdição do juízo para todas as ações posteriormente intentadas que possuam a mesma causa de pedir ou o mesmo objeto.

>> Parágrafo único acrescentado pela Medida Provisória n. 2.180-35, de 24-8-2001.

Art. 3.º A ação civil poderá ter por objeto a condenação em dinheiro ou o cumprimento de obrigação de fazer ou não fazer.

>> *Vide* Súmula 629 do STJ.

Art. 4.º Poderá ser ajuizada ação cautelar para os fins desta Lei, objetivando, inclusive, evitar dano ao patrimônio público e social, ao meio ambiente, ao consumidor, à honra e à dignidade de grupos raciais, étnicos ou religiosos, à ordem urbanística ou aos bens e direitos de valor artístico, estético, histórico, turístico e paisagístico.

>> Artigo com redação determinada pela Lei n. 13.004, de 24-6-2014.

Art. 5.º Têm legitimidade para propor a ação principal e a ação cautelar:

>> *Caput* com redação determinada pela Lei n. 11.448, de 15-1-2007.

I – o Ministério Público;

>> Inciso *I* com redação determinada pela Lei n. 11.448, de 15-1-2007.

II – a Defensoria Pública;

>> Inciso II com redação determinada pela Lei n. 11.448, de 15-1-2007.

III – a União, os Estados, o Distrito Federal e os Municípios;

>> Inciso III acrescentado pela Lei n. 11.448, de 15-1-2007.

IV – a autarquia, empresa pública, fundação ou sociedade de economia mista;

>> Inciso IV acrescentado pela Lei n. 11.448, de 15-1-2007.

V – a associação que, concomitantemente:

>> Inciso V acrescentado pela Lei n. 11.448, de 15-1-2007.

a) esteja constituída há pelo menos 1 (um) ano nos termos da lei civil;

>> Alínea *a* acrescentada pela Lei n. 11.448, de 15-1-2007.

b) inclua, entre suas finalidades institucionais, a proteção ao patrimônio público e social, ao meio ambiente, ao consumidor, à ordem econômica, à livre concorrência, aos direitos de grupos raciais, étnicos ou religiosos ou ao patrimônio artístico, estético, histórico, turístico e paisagístico.

>> Alínea *b* com redação determinada pela Lei n. 13.004, de 24-6-2014.

§ 1.º O Ministério Público, se não intervier no processo como parte, atuará obrigatoriamente como fiscal da lei.

§ 2.º Fica facultado ao Poder Público e a outras associações legitimadas nos termos deste artigo habilitar-se como litisconsortes de qualquer das partes.

§ 3.º Em caso de desistência infundada ou abandono da ação por associação legitimada, o Ministério Público ou outro legitimado assumirá a titularidade ativa.

>> § 3.º com redação determinada pela Lei n. 8.078, de 11-9-1990.

§ 4.º O requisito da pré-constituição poderá ser dispensado pelo juiz, quando haja manifesto interesse social evidenciado pela dimensão ou característica do dano, ou pela relevância do bem jurídico a ser protegido.

>> § 4.º acrescentado pela Lei n. 8.078, de 11-9-1990.

§ 5.º Admitir-se-á o litisconsórcio facultativo entre os Ministérios Públicos da União, do Distrito Federal e dos Estados na defesa dos interesses e direitos de que cuida esta Lei.

>> § 5.º acrescentado pela Lei n. 8.078, de 11-9-1990.

§ 6.º Os órgãos públicos legitimados poderão tomar dos interessados compromisso

(*) Publicada no *Diário Oficial da União* de 25-7-1985.

de ajustamento de sua conduta às exigências legais, mediante cominações, que terá eficácia de título executivo extrajudicial.

>> § 6.º acrescentado pela Lei n. 8.078, de 11-9-1990.

Art. 6.º Qualquer pessoa poderá e o servidor público deverá provocar a iniciativa do Ministério Público, ministrando-lhe informações sobre fatos que constituam objeto da ação civil e indicando-lhe os elementos de convicção.

Art. 7.º Se, no exercício de suas funções, os juízes e tribunais tiverem conhecimento de fatos que possam ensejar a propositura da ação civil, remeterão peças ao Ministério Público para as providências cabíveis.

Art. 8.º Para instruir a inicial, o interessado poderá requerer às autoridades competentes as certidões e informações que julgar necessárias, a serem fornecidas no prazo de 15 (quinze) dias.

§ 1.º O Ministério Público poderá instaurar, sob sua presidência, inquérito civil, ou requisitar, de qualquer organismo público ou particular, certidões, informações, exames ou perícias, no prazo que assinalar, o qual não poderá ser inferior a 10 (dez) dias úteis.

> A Resolução n. 87, de 3-8-2006, do Conselho Superior do Ministério Público Federal regulamenta, no âmbito do Ministério Público Federal, a instauração e tramitação do inquérito civil.

§ 2.º Somente nos casos em que a lei impuser sigilo, poderá ser negada certidão ou informação, hipótese em que a ação poderá ser proposta desacompanhada daqueles documentos, cabendo ao juiz requisitá-los.

Art. 9.º Se o órgão do Ministério Público, esgotadas todas as diligências, se convencer da inexistência de fundamento para a propositura da ação civil, promoverá o arquivamento dos autos do inquérito civil ou das peças informativas, fazendo-o fundamentadamente.

§ 1.º Os autos do inquérito civil ou das peças de informação arquivadas serão remetidos, sob pena de se incorrer em falta grave, no prazo de 3 (três) dias, ao Conselho Superior do Ministério Público.

§ 2.º Até que, em sessão do Conselho Superior do Ministério Público, seja homologada ou rejeitada a promoção de arquivamento, poderão as associações legitimadas apresentar razões escritas ou documentos, que serão juntados aos autos do inquérito ou anexados às peças de informação.

§ 3.º A promoção de arquivamento será submetida a exame e deliberação do Conselho Superior do Ministério Público, conforme dispuser o seu Regimento.

§ 4.º Deixando o Conselho Superior de homologar a promoção de arquivamento, designará, desde logo, outro órgão do Ministério Público para o ajuizamento da ação.

Art. 10. Constitui crime, punido com pena de reclusão de 1 (um) a 3 (três) anos, mais multa de 10 (dez) a 1.000 (mil) Obrigações do Tesouro Nacional – OTN, a recusa, o retardamento ou a omissão de dados técnicos indispensáveis à propositura da ação civil, quando requisitados pelo Ministério Público.

>> Extinção da OTN: Lei n. 7.730, de 31-1-1989.

Art. 11. Na ação que tenha por objeto o cumprimento de obrigação de fazer ou não fazer, o juiz determinará o cumprimento da prestação da atividade devida ou a cessação da atividade nociva, sob pena de execução específica, ou de cominação de multa diária, se esta for suficiente ou compatível, independentemente de requerimento do autor.

Art. 12. Poderá o juiz conceder mandado liminar, com ou sem justificação prévia, em decisão sujeita a agravo.

§ 1.º A requerimento de pessoa jurídica de direito público interessada, e para evitar grave lesão à ordem, à saúde, à segurança e à economia pública, poderá o Presidente do Tribunal a que competir o conhecimento do respectivo recurso suspender a execução da liminar, em decisão fundamentada, da qual caberá agravo para uma das turmas julgadoras, no prazo de 5 (cinco) dias a partir da publicação do ato.

§ 2.º A multa cominada liminarmente só será exigível do réu após o trânsito em julgado da decisão favorável ao autor, mas será devida desde o dia em que se houver configurado o descumprimento.

Art. 13. Havendo condenação em dinheiro, a indenização pelo dano causado reverterá a um fundo gerido por um Conselho Federal ou por Conselhos Estaduais de que participarão necessariamente o Ministério Público e representantes da comunidade, sendo seus recursos destinados à reconstituição dos bens lesados.

§ 1.º Enquanto o fundo não for regulamentado, o dinheiro ficará depositado em estabelecimento oficial de crédito, em conta com correção monetária.

>> Primitivo parágrafo único renumerado pela Lei n. 12.288, de 20-7-2010.

§ 2.º Havendo acordo ou condenação com fundamento em dano causado por ato de discriminação étnica nos termos do disposto no art. 1.º desta Lei, a prestação em dinheiro reverterá diretamente ao fundo de que trata o *caput* e será utilizada para ações de promoção da igualdade étnica, conforme definição do Conselho Nacional de Promoção da Igualdade Racial, na hipótese de extensão nacional, ou dos Conselhos de Promoção de Igualdade Racial estaduais ou locais, nas hipóteses de danos com extensão regional ou local, respectivamente.

>> § 2.º acrescentado pela Lei n. 12.288, de 20-7-2010.

Art. 14. O juiz poderá conferir efeito suspensivo aos recursos, para evitar dano irreparável à parte.

Art. 15. Decorridos sessenta dias do trânsito em julgado da sentença condenatória, sem que a associação autora lhe promova a execução, deverá fazê-lo o Ministério Público, facultada igual iniciativa aos demais legitimados.

>> Artigo com redação determinada pela Lei n. 8.078, de 11-9-1990.

Art. 16. A sentença civil fará coisa julgada *erga omnes*, nos limites da competência territorial do órgão prolator, exceto se o pedido for julgado improcedente por insuficiência de provas, hipótese em que qualquer legitimado poderá intentar outra ação com idêntico fundamento, valendo-se de nova prova.

>> Artigo com redação determinada pela Lei n. 9.494, de 10-9-1997.

Art. 17. Em caso de litigância de má-fé, a associação autora e os diretores responsáveis pela propositura da ação serão solidariamente condenados em honorários advocatícios e ao décuplo das custas, sem prejuízo da responsabilidade por perdas e danos.

>> O *caput* do art. 17 foi suprimido passando o parágrafo único a constituir o *caput*, de acordo com a Lei n. 8.078, de 11-9-1990.

>> Artigo com redação retificada no *Diário Oficial da União* de 10-1-2007.

Art. 18. Nas ações de que trata esta Lei, não haverá adiantamento de custas, emolumentos, honorários periciais e quaisquer outras despesas, nem condenação da associação autora, salvo comprovada má-fé, em honorários de advogado, custas e despesas processuais.

>> Artigo com redação determinada pela Lei n. 8.078, de 11-9-1990.

Art. 19. Aplica-se à ação civil pública, prevista nesta Lei, o Código de Processo Civil, aprovado pela Lei n. 5.869, de 11 de janeiro de 1973, naquilo em que não contrarie suas disposições.

Art. 20. O fundo de que trata o art. 13 desta Lei será regulamentado pelo Poder Executivo no prazo de 90 (noventa) dias.

Art. 21. Aplicam-se à defesa dos direitos e interesses difusos, coletivos e individuais, no que for cabível, os dispositivos do Título III da Lei que instituiu o Código de Defesa do Consumidor.

>> Artigo acrescentado pela Lei n. 8.078, de 11-9-1990.

Art. 22. Esta Lei entra em vigor na data de sua publicação.

>> Artigo renumerado pela Lei n. 8.078, de 11-9-1990.

Art. 23. Revogam-se as disposições em contrário.

>> Artigo renumerado pela Lei n. 8.078, de 11-9-1990.

Brasília, em 24 de julho de 1985; 164.º da Independência e 97.º da República.

José Sarney

LEI N. 7.689, DE 15 DE DEZEMBRO DE 1988 (*)

Institui contribuição social sobre o lucro das pessoas jurídicas, e dá outras providências.

(*) Publicada no *Diário Oficial da União*, de 16-12-1988. Sobre OTN, *vide* Nota da Editora. *Vide* Lei n. 8.981, de 20-1-1995.

Faço saber que o Presidente da República adotou a Medida Provisória n. 22, de 6 de dezembro de 1988, que o Congresso Nacional aprovou, e eu, Humberto Lucena, Presidente do Senado Federal, para os efeitos do disposto no parágrafo único do art. 62 da Constituição Federal, promulgo a seguinte Lei:

Art. 1.º Fica instituída contribuição social sobre o lucro das pessoas jurídicas, destinada ao financiamento da seguridade social.

Art. 2.º A base de cálculo da contribuição é o valor do resultado do exercício, antes da provisão para o Imposto sobre a Renda.

§ 1.º Para efeito do disposto neste artigo:

a) será considerado o resultado do período-base encerrado em 31 de dezembro de cada ano;

b) no caso de incorporação, fusão, cisão ou encerramento de atividades, a base de cálculo é o resultado apurado no respectivo balanço;

c) o resultado do período-base, apurado com observância da legislação comercial, será ajustado pela:

>> Alínea *c*, *caput*, com redação determinada pela Lei n. 8.034, de 12-4-1990.

1 – adição do resultado negativo da avaliação de investimentos pelo valor de patrimônio líquido;

>> Item 1 com redação determinada pela Lei n. 8.034, de 12-4-1990.

2 – adição do valor de reserva de reavaliação, baixado durante o período-base, cuja contrapartida não tenha sido computada no resultado do período-base;

>> Item 2 com redação determinada pela Lei n. 8.034, de 12-4-1990.

3 – adição do valor das provisões não dedutíveis da determinação do lucro real, exceto a provisão para o imposto de renda;

>> Item 3 com redação determinada pela Lei n. 8.034, de 12-4-1990.

4 – exclusão do resultado positivo da avaliação de investimentos pelo valor de patrimônio líquido;

>> Item 4 com redação determinada pela Lei n. 8.034, de 12-4-1990;

5 – exclusão dos lucros e dividendos derivados de participações societárias em pessoas jurídicas domiciliadas no Brasil que tenham sido computados como receita;

>> Item 5 com redação determinada pela Lei n. 12.973, de 13-5-2014.

6 – exclusão do valor, corrigido monetariamente, das provisões adicionadas na forma do item 3, que tenham sido baixadas no curso de período-base.

>> Item 6 acrescentado pela Lei n. 8.034, de 12-4-1990.

§ 2.º No caso de pessoa jurídica desobrigada de escrituração contábil, a base de cálculo da contribuição corresponderá a 10% (dez por cento) da receita bruta auferida no período de 1.º de janeiro a 31 de dezembro de cada ano, ressalvado o disposto na alínea *b* do parágrafo anterior.

>> *Vide* art. 20 da Lei n. 9.249, de 26-12-1995 (mudança da base de cálculo).

>> *Vide* arts. 28 a 30 da Lei n. 9.430, de 27-12-1996.

Art. 3.º A alíquota da contribuição é de:

>> *Caput* com redação determinada pela Lei n. 11.727, de 23-6-2008.

>> *Vide* art. 41, II, da Lei n. 11.727, de 23-6-2008.

I – 20% (vinte por cento), no período compreendido entre 1.º de setembro de 2015 e 31 de dezembro de 2018, e 15% (quinze por cento) a partir de 1.º de janeiro de 2019, no caso das pessoas jurídicas de seguros privados, das de capitalização e das referidas nos incisos I a VII e X do § 1.º do art. 1.º da Lei Complementar n. 105, de 10 de janeiro de 2001;

>> Inciso I com redação determinada pela Lei n. 13.169, de 6-10-2015, em vigor na data de sua publicação e produzindo efeitos a partir do primeiro dia do quarto mês subsequente ao da publicação da Medida Provisória n. 675, de 21 de maio de 2015 (*DOU* de 22-5-2015).

>> *Vide* art. 32 da Emenda Constitucional n. 103, de 12-11-2019.

II – 17% (dezessete por cento), no período compreendido entre 1.º de outubro de 2015 e 31 de dezembro de 2018, e 15% (quinze por cento) a partir de 1.º de janeiro de 2019, no caso das pessoas jurídicas referidas no inciso IX do § 1.º do art. 1.º da Lei Complementar n. 105, de 10 de janeiro de 2001;

>> Inciso II com redação determinada pela Lei n. 13.169, de 6-10-2015.

III – 9% (nove por cento), no caso das demais pessoas jurídicas.

>> Inciso III acrescentado pela Lei n. 13.169, de 6-10-2015, em vigor na data de sua publicação e produzindo efeitos a partir do primeiro dia do quarto mês subsequente ao da publicação da Medida Provisória n. 675, de 21 de maio de 2015 (*DOU* de 22-5-2015).

Art. 4.º São contribuintes as pessoas jurídicas domiciliadas no País e as que lhes são equiparadas pela legislação tributária.

>> A Lei n. 14.057, de 11-9-2020, propôs nova redação para este artigo, todavia teve seu texto vetado.

Art. 5.º A contribuição social será convertida em número de Obrigações do Tesouro Nacional – OTN, mediante a divisão de seu valor em cruzados pelo valor de uma OTN, vigente no mês de encerramento do período-base de sua apuração.

§ 1.º A contribuição será paga em 6 (seis) prestações mensais iguais e consecutivas, expressas em número de OTN, vencíveis no último dia útil de abril a setembro de cada exercício financeiro.

§ 2.º No caso do art. 2.º, § 1.º, alínea *b*, a contribuição social deverá ser paga até o último dia útil do mês subsequente ao da incorporação, fusão, cisão ou encerramento de atividades.

§ 3.º Os valores da contribuição social e de cada parcela serão expressos em número de OTN até a 2.ª (segunda) casa decimal quando resultarem fracionários, abandonando-se as demais.

§ 4.º Nenhuma parcela, exceto parcela única, será inferior ao valor de 10 (dez) OTN.

§ 5.º O valor em cruzados de cada parcela será determinado mediante a multiplicação de seu valor, expresso em número de OTN, pelo valor da OTN no mês de seu pagamento.

Art. 6.º A administração e fiscalização da contribuição social de que trata esta Lei compete à Secretaria da Receita Federal.

Parágrafo único. Aplicam-se à contribuição social, no que couber, as disposições da legislação do Imposto sobre a Renda referentes à administração, ao lançamento, à consulta, à cobrança, às penalidades, às garantias e ao processo administrativo.

Art. 7.º Os órgãos da Secretaria da Receita Federal enviarão às Procuradorias da Fazenda Nacional os demonstrativos de débitos da contribuição de que trata esta Lei, para fins de apuração e inscrição em Dívida Ativa da União.

§ 1.º Os débitos de que trata este artigo poderão, sem prejuízo da respectiva liquidez e certeza, ser inscritos em Dívida Ativa pelo valor expresso em OTN.

§ 2.º Far-se-á a conversão do débito na forma prevista no parágrafo anterior com base no valor da OTN no mês de seu vencimento.

Art. 8.º A contribuição social será devida a partir do resultado apurado no período-base a ser encerrado em 31 de dezembro de 1988.

>> A Resolução n. 11, de 4-4-1995, do Senado Federal, suspendeu a execução do disposto neste artigo.

>> O STF, na ADI n. 15-2, de 14-6-2007, declara a inconstitucionalidade deste artigo.

Art. 9.º Ficam mantidas as contribuições previstas na legislação em vigor, incidentes sobre a folha de salários e a de que trata o Decreto-lei n. 1.940, de 25 de maio de 1982, e alterações posteriores, incidente sobre o faturamento das empresas, com fundamento no art. 195, I, da Constituição Federal.

>> O STF, na ADI n. 15-2, de 14-6-2007, declara a inconstitucionalidade deste artigo.

...

Art. 12. Esta Lei entra em vigor na data de sua publicação.

Art. 13. Revogam-se as disposições em contrário.

Senado Federal, em 15 de dezembro de 1988; 167.º da Independência e 100.º da República.

HUMBERTO LUCENA

LEI N. 7.713, DE 22 DE DEZEMBRO DE 1988 (*)

(*) Publicada no *Diário Oficial da União*, de 23-12-1988. Sobre OTN, *vide* Nota da Editora.

Altera a legislação do Imposto sobre a Renda, e dá outras providências.

O Presidente da República.

Faço saber que o Congresso Nacional decreta e eu sanciono a seguinte Lei:

Art. 1.º Os rendimentos e ganhos de capital percebidos a partir de 1.º de janeiro de 1989, por pessoas físicas residentes ou domiciliadas no Brasil, serão tributados pelo Imposto sobre a Renda na forma da legislação vigente, com as modificações introduzidas por esta Lei.

Art. 2.º O Imposto sobre a Renda das pessoas físicas será devido, mensalmente, à medida em que os rendimentos e ganhos de capital forem percebidos.

Art. 3.º O imposto incidirá sobre o rendimento bruto, sem qualquer dedução, ressalvado o disposto nos arts. 9.º a 14 desta Lei.

§ 1.º Constituem rendimento bruto todo o produto do capital, do trabalho ou da combinação de ambos, os alimentos e pensões percebidos em dinheiro, e ainda os proventos de qualquer natureza, assim também entendidos os acréscimos patrimoniais não correspondentes aos rendimentos declarados.

§ 2.º Integrará o rendimento bruto, como ganho de capital, o resultado da soma dos ganhos auferidos no mês, decorrentes de alienação de bens ou direitos de qualquer natureza, considerando-se como ganho a diferença positiva entre o valor de transmissão do bem ou direito e o respectivo custo de aquisição corrigido monetariamente, observado o disposto nos arts. 15 a 22 desta Lei.

§ 3.º Na apuração do ganho de capital serão consideradas as operações que importem alienação, a qualquer título, de bens ou direitos ou cessão ou promessa de cessão de direitos à sua aquisição, tais como as realizadas por compra e venda, permuta, adjudicação, desapropriação, dação em pagamento, doação, procuração em causa própria, promessa de compra e venda, cessão de direitos ou promessa de cessão de direitos e contratos afins.

§ 4.º A tributação independe da denominação dos rendimentos, títulos ou direitos, da localização, condição jurídica ou nacionalidade da fonte, da origem dos bens produtores da renda, e da forma de percepção das rendas ou proventos, bastando, para a incidência do imposto, o benefício do contribuinte por qualquer forma e a qualquer título.

> *Vide* Súmula 125 do STJ.

§ 5.º Ficam revogados todos os dispositivos legais concessivos de isenção ou exclusão, da base de cálculo do Imposto sobre a Renda das pessoas físicas, de rendimentos e proventos de qualquer natureza, bem como os que autorizam redução do imposto por investimento de interesse econômico ou social.

§ 6.º Ficam revogados todos os dispositivos legais que autorizam deduções cedulares ou abatimentos da renda bruta do contribuinte, para efeito de incidência do Imposto sobre a Renda.

Art. 4.º Fica suprimida a classificação por cédulas dos rendimentos e ganhos de capital percebidos pelas pessoas físicas.

Art. 5.º Salvo disposição em contrário, o imposto retido na fonte sobre rendimentos e ganhos de capital percebidos por pessoas físicas será considerado redução do apurado na forma dos arts. 23 e 24 desta Lei.

Art. 6.º Ficam isentos do Imposto sobre a Renda os seguintes rendimentos percebidos por pessoas físicas:

I – a alimentação, o transporte e os uniformes ou vestimentas especiais de trabalho, fornecidos gratuitamente pelo empregador a seus empregados, ou a diferença entre o preço cobrado e o valor de mercado;

II – as diárias destinadas, exclusivamente, ao pagamento de despesas de alimentação e pousada, por serviço eventual realizado em município diferente do da sede de trabalho;

III – o valor locativo do prédio construído, quando ocupado por seu proprietário ou cedido gratuitamente para uso do cônjuge ou de parentes de primeiro grau;

IV – as indenizações por acidentes de trabalho;

> *Vide* Súmula 125 do STJ.

V – a indenização e o aviso prévio pagos por despedida ou rescisão de contrato de trabalho, até o limite garantido por lei, bem como o montante recebido pelos empregados e diretores, ou respectivos beneficiários, referente aos depósitos, juros e correção monetária creditados em contas vinculadas, nos termos da legislação do Fundo de Garantia do Tempo de Serviço;

> *Vide* Súmula 125 do STJ.

VI – o montante dos depósitos, juros, correção monetária e quotas-partes creditados em contas individuais pelo Programa de Integração Social e pelo Programa de Formação do Patrimônio do Servidor Público;

VII – os seguros recebidos de entidades de previdência privada decorrentes de morte ou invalidez permanente do participante;

>> Inciso VII com redação determinada pela Lei n. 9.250, de 26-12-1995.

VIII – as contribuições pagas pelos empregadores relativas a programas de previdência privada em favor de seus empregados e dirigentes;

IX – os valores resgatados dos Planos de Poupança e Investimento – PAIT, de que trata o Decreto-lei n. 2.292, de 21 de novembro de 1986, relativamente à parcela correspondente às contribuições efetuadas pelo participante;

> O Decreto-lei n. 2.292, de 21-11-1986, dispõe sobre a instituição, em benefício do trabalhador, de Planos de Poupança e Investimento – PAIT.

X – as contribuições empresariais a Plano de Poupança e Investimento – PAIT, a que se refere o art. 5.º, § 2.º, do Decreto-lei n. 2.292, de 21 de novembro de 1986;

XI – o pecúlio recebido pelos aposentados que voltam a trabalhar em atividade sujeita ao regime previdenciário, quando dela se afastarem, e pelos trabalhadores que ingressarem nesse regime após completarem 60 (sessenta) anos de idade, pago pelo Instituto Nacional de Previdência Social ao segurado ou a seus dependentes, após sua morte, nos termos do art. 1.º da Lei n. 6.243, de 24 de setembro de 1975;

XII – as pensões e os proventos concedidos de acordo com os Decretos-leis n. 8.794 e 8.795, de 23 de janeiro de 1946, e Lei n. 2.579, de 23 de agosto de 1955, e art. 30 da Lei n. 4.242, de 17 de julho de 1963, em decorrência de reforma ou falecimento de ex-combatente da Força Expedicionária Brasileira;

XIII – capital das apólices de seguro ou pecúlio pago por morte do segurado, bem como os prêmios de seguro restituídos em qualquer caso, inclusive no de renúncia do contrato;

XIV – os proventos de aposentadoria ou reforma motivada por acidente em serviço e os percebidos pelos portadores de moléstia profissional, tuberculose ativa, alienação mental, esclerose múltipla, neoplasia maligna, cegueira, hanseníase, paralisia irreversível e incapacitante, cardiopatia grave, doença de Parkinson, espondiloartrose anquilosante, nefropatia grave, hepatopatia grave, estados avançados da doença de Paget (osteíte deformante), contaminação por radiação, síndrome da imunodeficiência adquirida, com base em conclusão da medicina especializada, mesmo que a doença tenha sido contraída depois da aposentadoria ou reforma;

>> Inciso XIV com redação determinada pela Lei n. 11.052, de 29-12-2004.

>> *Vide* art. 30 da Lei n. 9.250, de 26-12-1995.

XV – os rendimentos provenientes de aposentadoria e pensão, de transferência para a reserva remunerada ou de reforma pagos pela Previdência Social da União, dos Estados, do Distrito Federal e dos Municípios, por qualquer pessoa jurídica de direito público interno ou por entidade de previdência privada, a partir do mês em que o contribuinte completar 65 (sessenta e cinco) anos de idade, sem prejuízo da parcela isenta prevista na tabela de incidência mensal do imposto, até o valor de:

>> Inciso XV, *caput*, com redação determinada pela Lei n. 11.482, de 31-5-2007.

a) R$ 1.313,69 (mil, trezentos e treze reais e sessenta e nove centavos), por mês, para o ano-calendário de 2007;

>> Alínea *a* acrescentada pela Lei n. 11.482, de 31-5-2007.

b) R$ 1.372,81 (mil, trezentos e setenta e dois reais e oitenta e um centavos), por mês, para o ano-calendário de 2008;

>> Alínea *b* acrescentada pela Lei n. 11.482, de 31-5-2007.

c) R$ 1.434,59 (mil, quatrocentos e trinta e quatro reais e cinquenta e nove centavos), por mês, para o ano-calendário de 2009;

>> Alínea *c* acrescentada pela Lei n. 11.482, de 31-5-2007.

d) R$ 1.499,15 (mil, quatrocentos e noventa e nove reais e quinze centavos), por mês, para o ano-calendário de 2010;

>> Alínea *d* com redação determinada pela Lei n. 12.469, de 26-8-2011.

e) R$ 1.566,61 (mil, quinhentos e sessenta e seis reais e sessenta e um centavos), por mês, para o ano-calendário de 2011;

>> Alínea *e* acrescentada pela Lei n. 12.469, de 26-8-2011.

f) R$ 1.637,11 (mil, seiscentos e trinta e sete reais e onze centavos), por mês, para o ano-calendário de 2012;

>> Alínea *f* acrescentada pela Lei n. 12.469, de 26-8-2011.

g) R$ 1.710,78 (mil, setecentos e dez reais e setenta e oito centavos), por mês, para o ano-calendário de 2013;

>> Alínea *g* acrescentada pela Lei n. 12.469, de 26-8-2011.

h) R$ 1.787,77 (mil, setecentos e oitenta e sete reais e setenta e sete centavos), por mês, para o ano-calendário de 2014 e nos meses de janeiro a março do ano-calendário de 2015; e

>> Alínea *h* com redação determinada pela Lei n. 13.149, de 21-7-2015.

i) R$ 1.903,98 (mil, novecentos e três reais e noventa e oito centavos), por mês, a partir do mês de abril do ano-calendário de 2015;

>> Alínea *i* acrescentada pela Lei n. 13.149, de 21-7-2015.

XVI – o valor dos bens adquiridos por doação ou herança;

XVII – os valores decorrentes de aumento de capital:

a) mediante a incorporação de reservas ou lucros que tenham sido tributados na forma do art. 36 desta Lei;

b) efetuado com observância do disposto no art. 63 do Decreto-lei n. 1.598, de 26 de dezembro de 1977, relativamente aos lucros apurados em períodos-base encerrados anteriormente à vigência desta Lei;

> O Decreto-lei n. 1.598, de 26-12-1977, em seu art. 63, *caput*, dispõe: "Os aumentos de capital das pessoas jurídicas mediante incorporação de lucros ou reservas não sofrerão tributação do Imposto sobre a Renda".

XVIII – a correção monetária de investimentos, calculada aos mesmos índices aprovados para os Bônus do Tesouro Nacional – BTN, e desde que seu pagamento ou crédito ocorra em intervalos não inferiores a 30 (trinta) dias;

>> Inciso XVIII com redação determinada pela Lei n. 7.799, de 10-7-1989.

XIX – a diferença entre o valor de aplicação e o de resgate de quotas de fundos de aplicações de curto prazo;

XX – ajuda de custo destinada a atender às despesas com transporte, frete e locomoção do beneficiado e seus familiares, em caso de remoção de um município para outro, sujeita à comprovação posterior pelo contribuinte;

XXI – os valores recebidos a título de pensão quando o beneficiário desse rendimento for portador das doenças relacionadas no inciso XIV deste artigo, exceto as decorrentes de moléstia profissional, com base em conclusão da medicina especializada, mesmo que a doença tenha sido contraída após a concessão da pensão;

>> Inciso XXI acrescentado pela Lei n. 8.541, de 23-12-1992.

>> *Vide* art. 30 da Lei n. 9.250, de 26-12-1995.

XXII – os valores pagos em espécie pelos Estados, Distrito Federal e Municípios, relativos ao Imposto sobre Operações relativas à Circulação de Mercadorias e sobre Prestações de Serviços de Transporte Interestadual e Intermunicipal e de Comunicação – ICMS e ao Imposto sobre Serviços de Qualquer Natureza – ISS, no âmbito de programas de concessão de crédito voltados ao estímulo à solicitação de documento fiscal na aquisição de mercadorias e serviços;

>> Inciso XXII acrescentado pela Lei n. 11.945, de 4-6-2009.

XXIII – o valor recebido a título de vale-cultura.

>> Inciso XXIII acrescentado pela Lei n. 12.761, de 27-12-2012.

Parágrafo único. O disposto no inciso XXII do *caput* deste artigo não se aplica aos prêmios recebidos por meio de sorteios, em espécie, bens ou serviços, no âmbito dos referidos programas.

>> Parágrafo único acrescentado pela Lei n. 11.945, de 4-6-2009.

Art. 7.º Ficam sujeitos à incidência do Imposto sobre a Renda na fonte, calculado de acordo com o disposto no art. 25 desta Lei:

>> *Vide* art. 1.º da Lei n. 11.482, de 31-5-2007.

I – os rendimentos do trabalho assalariado, pagos ou creditados por pessoas físicas ou jurídicas;

II – os demais rendimentos percebidos por pessoas físicas, que não estejam sujeitos à tributação exclusiva na fonte, pagos ou creditados por pessoas jurídicas.

§ 1.º O imposto a que se refere este artigo será retido por ocasião de cada pagamento ou crédito e, se houver mais de um pagamento ou crédito, pela mesma fonte pagadora, aplicar-se-á a alíquota correspondente à soma dos rendimentos pagos ou creditados à pessoa física no mês, a qualquer título.

§ 2.º (*Revogado pela Lei n. 8.218, de 29-8-1991.*)

§ 3.º (*Vetado.*)

Art. 8.º Fica sujeita ao pagamento do Imposto sobre a Renda, calculado de acordo com o disposto no art. 25 desta Lei, a pessoa física que receber de outra pessoa física, ou de fontes situadas no exterior, rendimentos e ganhos de capital que não tenham sido tributados na fonte, no País.

>> *Vide* art. 1.º da Lei n. 11.482, de 31-5-2007.

§ 1.º O disposto neste artigo se aplica, também, aos emolumentos e custas dos serventuários da Justiça, como tabeliães, notários, oficiais públicos e outros, quando não forem remunerados exclusivamente pelos cofres públicos.

§ 2.º O imposto de que trata este artigo deverá ser pago até o último dia útil da 1.ª (primeira) quinzena do mês subsequente ao da percepção dos rendimentos.

Art. 9.º Quando o contribuinte auferir rendimentos da prestação de serviços de transporte, em veículo próprio locado, ou adquirido com reservas de domínio ou alienação fiduciária, o Imposto sobre a Renda incidirá sobre:

I – 10% (dez por cento) do rendimento bruto, decorrente do transporte de carga;

>> Inciso I com redação determinada pela Lei n. 12.794, de 2-4-2013, em vigor a partir de 1º-1-2013.

II – 60% (sessenta por cento) do rendimento bruto, decorrente do transporte de passageiros.

Parágrafo único. O percentual referido no item I deste artigo aplica-se também sobre o rendimento bruto da prestação de serviços com trator, máquina de terraplenagem, colheitadeira e assemelhados.

Art. 10. O imposto incidirá sobre 10% (dez por cento) do rendimento bruto auferido pelos garimpeiros matriculados nos termos do art. 73 do Decreto-lei n. 227, de 28 de fevereiro de 1967, renumerado pelo art. 2.º do Decreto-lei n. 318, de 14 de março de 1967, na venda a empresas legalmente habilitadas de metais preciosos, pedras preciosas e semipreciosas por eles extraídos.

Parágrafo único. A prova de origem dos rendimentos de que trata este artigo far-se-á com base na via da nota de aquisição destinada ao garimpeiro pela empresa compradora.

Art. 11. Os titulares dos serviços notariais e de registro a que se refere o art. 236 da Constituição da República, desde que mantenham escrituração das receitas e das despesas, poderão deduzir dos emolumentos recebidos, para efeito da incidência do imposto:

I – a remuneração paga a terceiros, desde que com vínculo empregatício, inclusive encargos trabalhistas e previdenciários;

II – os emolumentos pagos a terceiros;

III – as despesas de custeio necessárias à manutenção dos serviços notariais e de registro.

>> *Vide* art. 236 da CF.

§ 1.º Fica ainda assegurada aos odontólogos a faculdade de deduzir, da receita decorrente do exercício da respectiva profissão, as despesas com a aquisição do material odontológico por eles aplicadas nos serviços prestados aos seus pacientes, assim como as despesas com o pagamento dos profissionais dedicados à prótese e à anestesia, eventualmente utilizados na prestação dos serviços, desde que, em qualquer caso, mantenham escrituração das receitas e despesas realizadas.

>> § 1.º acrescentado pela Lei n. 7.975, de 26-12-1989.

§ 2.º (*Vetado.*)

>> § 2.º acrescentado pela Lei n. 7.975, de 26-12-1989.

Art. 12. (*Revogado pela Lei n. 13.149, de 21-7-2015.*)

Art. 12-A. Os rendimentos recebidos acumuladamente e submetidos à incidência do imposto sobre a renda com base na tabela progressiva, quando correspondentes a anos-calendário anteriores ao do recebimento, serão tributados exclusivamente na fonte, no mês do recebimento ou crédito, em separado dos demais rendimentos recebidos no mês.

>> *Caput* com redação determinada pela Lei n. 13.149, de 21-7-2015.

>> A Instrução Normativa n. 1.500, de 29-10-2014, da Secretaria da Receita Federal do Brasil, dispõe sobre normas gerais de tributação relativas ao Imposto sobre a Renda das Pessoas Físicas.

§ 1.º O imposto será retido, pela pessoa física ou jurídica obrigada ao pagamento ou pela instituição financeira depositária do crédito, e calculado sobre o montante dos rendimentos pagos, mediante a utilização de tabela progressiva resultante da multiplicação da quantidade de meses a que se refiram os rendimentos pelos valores constantes da tabela progressiva mensal correspondente ao mês do recebimento ou crédito.

>> § 1.º acrescentado pela Lei n. 12.350, de 20-12-2010.

§ 2.º Poderão ser excluídas as despesas, relativas ao montante dos rendimentos tributáveis, com ação judicial necessárias ao seu recebimento, inclusive de advogados, se tiverem sido pagas pelo contribuinte, sem indenização.

>> § 2.º acrescentado pela Lei n. 12.350, de 20-12-2010.

§ 3.º A base de cálculo será determinada mediante a dedução das seguintes despesas relativas ao montante dos rendimentos tributáveis:

>> § 3.º, *caput*, acrescentado pela Lei n. 12.350, de 20-12-2010.

I – importâncias pagas em dinheiro a título de pensão alimentícia em face das normas do Direito de Família, quando em cumprimento de decisão judicial, de acordo homologado judicialmente ou de separação ou divórcio consensual realizado por escritura pública; e

>> Inciso I acrescentado pela Lei n. 12.350, de 20-12-2010.

II – contribuições para a Previdência Social da União, dos Estados, do Distrito Federal e dos Municípios.

>> Inciso II acrescentado pela Lei n. 12.350, de 20-12-2010.

§ 4.º Não se aplica ao disposto neste artigo o constante no art. 27 da Lei n. 10.833, de 29 de dezembro de 2003, salvo o previsto nos seus §§ 1.º e 3.º.

>> § 4.º acrescentado pela Lei n. 12.350, de 20-12-2010.

§ 5.º O total dos rendimentos de que trata o *caput*, observado o disposto no § 2.º, poderá integrar a base de cálculo do Imposto sobre a Renda na Declaração de Ajuste Anual do ano-calendário do recebimento, à opção irretratável do contribuinte.

>> § 5.º acrescentado pela Lei n. 12.350, de 20-12-2010.

§ 6.º Na hipótese do § 5.º, o Imposto sobre a Renda Retido na Fonte será considerado antecipação do imposto devido apurado na Declaração de Ajuste Anual.

>> § 6.º acrescentado pela Lei n. 12.350, de 20-12-2010.

§ 7.º Os rendimentos de que trata o *caput*, recebidos entre 1.º de janeiro de 2010 e o dia anterior ao de publicação da Lei resultante da conversão da Medida Provisória n. 497, de 27 de julho de 2010, poderão ser tributados na forma deste artigo, devendo ser informados na Declaração de Ajuste Anual referente ao ano-calendário de 2010.

>> § 7.º acrescentado pela Lei n. 12.350, de 20-12-2010.

§ 8.º (*Vetado.*)

>> § 8.º acrescentado pela Lei n. 12.350, de 20-12-2010.

§ 9.º A Secretaria da Receita Federal do Brasil disciplinará o disposto neste artigo.

>> § 9.º acrescentado pela Lei n. 12.350, de 20-12-2010.

Art. 12-B. Os rendimentos recebidos acumuladamente, quando correspondentes ao ano-calendário em curso, serão tributados, no mês do recebimento ou crédito, sobre o total dos rendimentos, diminuídos do valor das despesas com ação judicial necessárias ao seu recebimento, inclusive de advogados, se tiverem sido pagas pelo contribuinte, sem indenização.

>> Artigo acrescentado pela Lei n. 13.149, de 21-7-2015.

Arts. 13 e 14. (*Revogados pela Lei n. 8.383, de 30-12-1991.*)

Art. 15. (*Revogado pela Lei n. 7.774, de 8-6-1989.*)

Art. 16. O custo de aquisição dos bens e direitos será o preço ou valor pago, e, na ausência deste, conforme o caso:

I – o valor atribuído para efeito de pagamento do Imposto sobre a Transmissão;

II – o valor que tenha servido de base para o cálculo do Imposto sobre a Importação acrescido do valor dos tributos e das despesas de desembaraço aduaneiro;

III – o valor da avaliação no inventário ou arrolamento;

IV – o valor de transmissão utilizado, na aquisição, para cálculo do ganho de capital do alienante;

V – seu valor corrente, na data da aquisição.

§ 1.º O valor da contribuição de melhoria integra o custo do imóvel.

§ 2.º O custo de aquisição de títulos e valores mobiliários, de quotas de capital e dos bens fungíveis será a média ponderada dos custos unitários, por espécie, desses bens.

§ 3.º No caso de participações societárias resultantes de aumento de capital por incorporação de lucros e reservas, que tenham sido tributados na forma do art. 36 desta Lei, o custo de aquisição é igual à parcela do lucro ou reserva capitalizado, que corresponder ao sócio ou acionista beneficiário.

§ 4.º O custo é considerado igual a 0 (zero) no caso das participações societárias resultantes de aumento de capital por incorporação de lucros e reservas, no caso de partes beneficiárias adquiridas gratuitamente, assim como de qualquer bem cujo valor não possa ser determinado nos termos previstos neste artigo.

Art. 17. O valor de aquisição de cada bem ou direito, expresso em cruzados novos, apurado de acordo com o artigo anterior, deverá ser corrigido monetariamente, a partir da data do pagamento, da seguinte forma:

>> *Caput* com redação determinada pela Lei n. 7.959, de 21-12-1989.

I – até janeiro de 1989, pela variação da OTN;

>> Inciso I com redação determinada pela Lei n. 7.959, de 21-12-1989.

II – nos meses de fevereiro a abril de 1989, pelas seguintes variações: em fevereiro, 31,2025%; em março, 30,5774%; em abril, 9,2415%;

>> Inciso II com redação determinada pela Lei n. 7.959, de 21-12-1989.

III – a partir de maio de 1989, pela variação do BTN.

>> Inciso III com redação determinada pela Lei n. 7.959, de 21-12-1989.

§ 1.º Na falta de documento que comprove a data do pagamento, no caso de bens e direitos adquiridos até 31 de dezembro de 1988, a conversão poderá ser feita pelo valor da OTN no mês de dezembro do ano em que este tiver constado pela primeira vez na declaração de bens.

>> § 1.º com redação determinada pela Lei n. 7.799, de 10-7-1989.

§ 2.º Os bens ou direitos da mesma espécie, pagos em datas diferentes, mas que constem agrupadamente na declaração de bens, poderão ser convertidos na forma do parágrafo anterior, desde que tomados isoladamente em relação ao ano da aquisição.

§ 3.º No caso do parágrafo anterior, não sendo possível identificar o ano dos pagamentos, a conversão será efetuada tomando-se por base o ano da aquisição mais recente.

§ 4.º No caso de aquisição com pagamento parcelado, a correção monetária será efetivada em relação a cada parcela.

>> § 4.º com redação determinada pela Lei n. 7.799, de 10-7-1989.

Art. 18. Para apuração do valor a ser tributado, no caso de alienação de bens imóveis, poderá ser aplicado um percentual de redução sobre o ganho de capital apurado, segundo o ano de aquisição ou incorporação do bem, de acordo com a seguinte Tabela:

Ano de Aquisição ou Incorporação	Percentual de Redução %	Ano de Aquisição ou Incorporação	Percentual de Redução %
Até 1969	100	1979	50
1970	95	1980	45
1971	90	1981	40
1972	85	1982	35
1973	80	1983	30
1974	75	1984	25
1975	70	1985	20
1976	65	1986	15
1977	60	1987	10
1978	55	1988	5

Parágrafo único. Não haverá redução, relativamente aos imóveis cuja aquisição venha a ocorrer a partir de 1.º de janeiro de 1989.

Art. 19. Valor da transmissão é o preço efetivo da operação de venda ou da cessão de direitos, ressalvado o disposto no art. 20 desta Lei.

Parágrafo único. Nas operações em que o valor não se expressar em dinheiro, o valor da transmissão será arbitrado segundo o valor de mercado.

Art. 20. A autoridade lançadora, mediante processo regular, arbitrará o valor ou preço, sempre que não mereça fé, por notoriamente diferente do de mercado, o valor ou preço informado pelo contribuinte, ressalvada em caso de contestação, avaliação contraditória, administrativa ou judicial.

Parágrafo único. (*Vetado.*)

Art. 21. Nas alienações a prazo, o ganho de capital será tributado na proporção das parcelas recebidas em cada mês, considerando-se a respectiva atualização monetária, se houver.

Art. 22. Na determinação do ganho de capital serão excluídos:

I – o ganho de capital decorrente da alienação do único imóvel que o titular possua, desde que não tenha realizado outra operação nos últimos 5 (cinco) anos e o valor da alienação não seja superior ao equivalente a setenta milhões de cruzeiros no mês da operação;

>> Inciso I com redação determinada pela Lei n. 8.134, de 27-12-1990, corrigido pela Lei n. 8.218, de 29-8-1991.

II – (*Revogado pela Lei n. 8.014, de 6-4-1990.*);

III – as transferências *causa mortis* e as doações em adiantamento da legítima;

IV – o ganho de capital auferido na alienação de bens de pequeno valor, definido pelo Poder Executivo.

Parágrafo único. Não se considera ganho de capital o valor decorrente de indenização por desapropriação para fins de reforma agrária, conforme o disposto no § 5.º do art. 184 da Constituição Federal, e de liquidação de sinistro, furto ou roubo, relativo a objeto segurado.

Arts. 23 e 24. (*Revogados pela Lei n. 8.134, de 27-12-1990.*)

Art. 25. O imposto será calculado, observado o seguinte:

>> *Caput* com redação determinada pela Lei n. 8.269, de 16-12-1991.

>> *Vide* Lei n. 11.482, de 31-5-2007.

I – se o rendimento mensal for de até Cr$ 750.000,00, será deduzida uma parcela correspondente a Cr$ 250.000,00 e, sobre o saldo remanescente incidirá alíquota de 10% (dez por cento);

>> Inciso I com redação determinada pela Lei n. 8.269, de 16-12-1991.

II – se o rendimento mensal for superior a Cr$ 750.000,00, será deduzida uma parcela correspondente a Cr$ 550.000,00 e, sobre o saldo remanescente incidirá alíquota de 25% (vinte e cinco por cento).

>> Inciso II com redação determinada pela Lei n. 8.269, de 16-12-1991.

§ 1.º Na determinação da base de cálculo sujeita a incidência do imposto poderão ser deduzidos:

>> § 1.º, *caput*, com redação determinada pela Lei n. 7.959, de 21-12-1989.

a) Cr$ 20.000,00 por dependente, até o limite de 5 (cinco) dependentes;

>> Alínea *a* com redação determinada pela Lei n. 7.959, de 21-12-1989.

b) Cr$ 250.000,00 correspondentes à parcela isenta dos rendimentos provenientes de aposentadoria e pensão, transferência para reserva remunerada ou reforma pagos pela Previdência Social da União, dos Estados, do Distrito Federal e dos Municípios, ou por qualquer pessoa jurídica de direito público interno, a partir do mês em que o contribuinte completar 65 (sessenta e cinco) anos de idade;

>> Alínea *b* com redação determinada pela Lei n. 7.959, de 21-12-1989.

c) o valor da contribuição paga, no mês, para a previdência social da União, dos Estados, do Distrito Federal e dos Municípios;

>> Alínea *c* com redação determinada pela Lei n. 7.959, de 21-12-1989.

d) o valor da pensão judicial paga.

>> Alínea *d* com redação determinada pela Lei n. 7.959, de 21-12-1989.

§ 2.º As disposições deste artigo aplicam-se aos pagamentos efetuados a partir de 1.º de dezembro de 1991.

>> § 2.º com redação determinada pela Lei n. 8.269, de 16-12-1991.

Art. 26. O valor da gratificação de Natal (13.º salário) a que se referem as Leis n. 4.090, de 13 de julho de 1962, e n. 4.281, de 8 de novembro de 1963, e o art. 10 do Decreto-lei n. 2.413, de 10 de fevereiro de 1988, será tributado à mesma alíquota (art. 25) a que estiver sujeito o rendimento mensal do contribuinte, antes de sua inclusão.

> A Lei n. 4.090, de 13-7-1962, instituiu a gratificação de Natal para os trabalhadores.

> A Lei n. 4.281, de 8-11-1963, instituiu abono especial, em caráter permanente, para aposentados de institutos de previdência.

Art. 27. (*Revogado pela Lei n. 9.250, de 26-12-1995.*)

Arts. 28 e 29. (*Revogados pela Lei n. 8.134, de 27-12-1990.*)

Art. 30. Permanecem em vigor as isenções de que tratam os arts. 3.º a 7.º do Decreto-lei n. 1.380, de 23 de dezembro de 1974, e o art. 5.º da Lei n. 4.506, de 30 de novembro de 1964.

>> O Decreto-lei n. 1.380, de 23-12-1974, foi revogado pela Lei n. 9.250, de 26-12-1995.

Art. 31. Ficam sujeitos à incidência do Imposto sobre a Renda na fonte, calculado de acordo com o disposto no art. 25 desta Lei, relativamente à parcela correspondente às contribuições cujo ônus não tenha sido do beneficiário ou quando os rendimentos e ganhos de capital produzidos pelo patrimônio da entidade de previdência não tenham sido tributados na fonte:

>> *Caput* com redação determinada pela Lei n. 7.751, de 14-4-1989.

I – as importâncias pagas ou creditadas a pessoas físicas, sob a forma de resgate, pecúlio ou renda periódica, pelas entidades de previdência privada;

II – os valores resgatados dos Planos de Poupança e Investimento – PAIT de que trata o Decreto-lei n. 2.292, de 21 de novembro de 1986.

§ 1.º O imposto será retido por ocasião do pagamento ou crédito, pela entidade de previdência privada, no caso do inciso I, e pelo administrador da carteira, fundo ou clube PAIT, no caso do inciso II.

§ 2.º (*Vetado.*)

Art. 32. Ficam sujeitos à incidência do Imposto sobre a Renda na fonte, à alíquota de 25% (vinte e cinco por cento):

I – os benefícios líquidos resultantes da amortização antecipada, mediante sorteio, dos títulos de economia denominados capitalização;

II – os benefícios atribuídos aos portadores de títulos de capitalização nos lucros da empresa emitente.

§ 1.º A alíquota prevista neste artigo será de 15% (quinze por cento) em relação aos prêmios pagos aos proprietários e criadores de cavalos de corrida.

§ 2.º O imposto de que trata este artigo será considerado:

a) antecipação do devido na declaração de rendimentos, quando o beneficiário for pessoa jurídica tributada com base no lucro real;

b) devido exclusivamente na fonte, nos demais casos, inclusive quando o beneficiário for pessoa jurídica isenta.

§ 3.º (*Vetado.*)

Art. 33. Ressalvado o disposto em normas especiais, no caso de ganho de capital auferido por residente ou domiciliado no exterior, o imposto será devido, à alíquota de 25% (vinte e cinco por cento), no momento da alienação do bem ou direito.

Parágrafo único. O imposto deverá ser pago no prazo de 15 (quinze) dias contados da realização da operação ou por ocasião da remessa, sempre que esta ocorrer antes desse prazo.

Art. 34. Na inexistência de outros bens sujeitos a inventário ou arrolamento, os valores relativos ao Imposto sobre a Renda e outros tributos administrados pela Secretaria da Receita Federal, bem como o resgate de quotas dos fundos fiscais criados pelos Decretos-leis ns. 157, de 10 de fevereiro de 1967, e 880, de 18 de setembro de 1969, não recebidos em vida pelos respectivos titulares, poderão ser restituídos ao cônjuge, filho e demais dependentes do contribuinte falecido, inexigível a apresentação de alvará judicial.

>> A Secretaria da Receita Federal passa a denominar-se Secretaria da Receita Federal do Brasil, por força da Lei n. 11.457, de 16-3-2007.

> O Decreto-lei n. 157, de 10-2-1967, concede estímulos fiscais à capitalização das empresas, reforça os incentivos à compra de ações e facilita o pagamento dos débitos fiscais.

Parágrafo único. Existindo outros bens sujeitos a inventário ou arrolamento, a restituição ao meeiro, herdeiros ou sucessores, far-se-á na forma e condições do alvará expedido pela autoridade judicial para essa finalidade.

Art. 35. O sócio-quotista, o acionista ou o titular da empresa individual ficará sujeito ao Imposto sobre a Renda na fonte, à alíquota de 8% (oito por cento), calculado com base no lucro líquido apurado pelas pessoas jurídicas na data do encerramento do período-base.

>> A Resolução n. 82, de 18-11-1996, do Senado Federal, suspende, em parte, a execução da Lei n. 7.713, de 22-12-1988, no que diz respeito à expressão *o acionista* contida neste artigo.

§ 1.º Para efeito da incidência de que trata este artigo, o lucro líquido do período-base apurado com observância da legislação comercial, será ajustado pela:

a) adição do valor das provisões não dedutíveis na determinação do lucro real, exceto a provisão para o Imposto sobre a Renda;

b) adição do valor da reserva de reavaliação, baixado no curso do período-base, que não tenha sido computado no lucro líquido;

c) exclusão do valor, corrigido monetariamente, das provisões adicionadas, na forma da alínea *a*, que tenham sido baixadas no curso do período-base, utilizando-se a variação do BTN Fiscal;

>> Alínea *c* com redação determinada pela Lei n. 7.799, de 10-7-1989.

d) compensação de prejuízos contábeis apurados em balanço de encerramento de período-base anterior, desde que tenham sido compensados contabilmente, ressalvado o disposto no § 2.º deste artigo;

e) exclusão do resultado positivo da avaliação de investimentos pelo valor de patrimônio líquido;

f) exclusão dos lucros e dividendos derivados de investimentos avaliados pelo custo de aquisição, que tenham sido computados como receita;

g) adição do resultado negativo da avaliação de investimentos pelo valor de patrimônio líquido.

>> Alíneas *e*, *f* e *g* acrescentadas pela Lei n. 7.959, de 21-12-1989.

§ 2.º Não poderão ser compensados os prejuízos:

a) que absorverem lucros ou reservas que não tenham sido tributados na forma deste artigo;

b) absorvidos na redução de capital que tenha sido aumentado com os benefícios do art. 63 do Decreto-lei n. 1.598, de 26 de dezembro de 1977.

§ 3.º O disposto nas alíneas *a* e *c* do § 1.º não se aplica em relação às provisões admitidas pela Comissão de Valores Mobiliários, Banco Central do Brasil e Superintendência de Seguros Privados, quando constituídas por pessoas jurídicas submetidas à orientação normativa dessas entidades.

§ 4.º O imposto de que trata este artigo:

a) será considerado devido exclusivamente na fonte, quando o beneficiário do lucro for pessoa física;

b) (*Revogada pela Lei n. 7.959, de 21-12-1989.*);

c) poderá ser compensado com o imposto incidente na fonte sobre a parcela dos lucros apurados pelas pessoas jurídicas, que corresponder à participação de beneficiário, pessoa física ou jurídica, residente ou domiciliado no exterior.

§ 5.º É dispensada a retenção na fonte do imposto a que se refere este artigo sobre a parcela do lucro líquido que corresponder à participação de pessoa jurídica imune ou isenta do imposto de renda.

>> § 5.º com redação determinada pela Lei n. 7.730, de 31-1-1989.

§ 6.º O disposto neste artigo se aplica em relação ao lucro líquido apurado nos períodos-base encerrados a partir da data da vigência desta Lei.

Art. 36. Os lucros que forem tributados na forma do artigo anterior, quando distribuídos, não estarão sujeitos à incidência do Imposto sobre a Renda na fonte.

Parágrafo único. Incide, entretanto, o Imposto sobre a Renda na fonte:

a) em relação aos lucros que não tenham sido tributados na forma do artigo anterior;

b) no caso de pagamento, crédito, entrega, emprego ou remessa de lucros, quando o beneficiário for residente ou domiciliado no exterior.

Art. 37. O imposto a que se refere o art. 36 desta Lei será convertido em número de OTN, pelo valor desta no mês de encerramento do período-base e deverá ser pago até o último dia útil do 4.º (quarto) mês subsequente ao do encerramento do período-base.

Art. 38. O disposto no art. 63 do Decreto-lei n. 1.598, de 26 de dezembro de 1977, somente se aplicará aos lucros e reservas relativos a resultados de períodos-base encerrados anteriormente à data da vigência desta Lei.

Art. 39. O disposto no art. 36 desta Lei não se aplicará às sociedades civis de que trata o art. 1.º do Decreto-lei n. 2.397, de 21 de dezembro de 1987.

>> O art. 1.º do Decreto-lei n. 2.397 foi revogado pela Lei n. 9.430, de 27-12-1996.

Art. 40. Fica sujeita ao pagamento do Imposto sobre a Renda à alíquota de 10% (dez por cento), a pessoa física que auferir ganhos líquidos nas operações realizadas nas Bolsas de Valores, de Mercadorias, de Futuros e Assemelhadas, ressalvado o disposto no inciso II do art. 22 desta Lei.

>> *Caput* com redação determinada pela Lei n. 7.751, de 14-4-1989.

§ 1.º Considera-se ganho líquido o resultado positivo auferido nas operações ou contratos liquidados em cada mês, admitida a dedução dos custos e despesas efetivamente incorridos, necessários à realização das operações, e à compensação das perdas efetivas ocorridas no mesmo período.

§ 2.º O ganho líquido será constituído:

a) no caso dos mercados à vista, pela diferença positiva entre o valor de transmissão do ativo e o custo de aquisição do mesmo;

b) no caso do mercado de opções:

1 – nas operações tendo por objeto a opção, a diferença positiva apurada entre o valor das posições encerradas ou não exercidas até o vencimento da opção;

2 – nas operações de exercício, a diferença positiva apurada entre o valor de venda à vista ou o preço médio à vista na data do exercício e o preço fixado para o exercício, ou a diferença positiva entre o preço do exercício acrescido do prêmio e o custo de aquisição;

>> Alíneas *a* e *b* com redação determinada pela Lei n. 7.730, de 31-1-1989.

c) no caso dos mercados a termo, a diferença positiva apurada entre o valor da venda a vista ou o preço médio a vista na data da liquidação do contrato a termo e o preço neste estabelecido;

d) no caso dos mercados futuros, o resultado líquido positivo dos ajustes diários apurados no período.

§ 3.º Se o contribuinte apurar resultado negativo no mês será admitida a sua apropriação nos meses subsequentes.

>> § 3.º com redação determinada pela Lei n. 7.730, de 31-1-1989.

§ 4.º O imposto deverá ser pago até o último dia útil da 1.ª (primeira) quinzena do mês subsequente ao da percepção dos rendimentos.

§ 5.º (*Revogado pela Lei n. 8.014, de 6-4-1990.*)

§ 6.º O Poder Executivo poderá baixar normas para apuração e demonstração de ganhos líquidos, bem como autorizar a compensação de perdas entre dois ou mais mercados ou modalidades operacionais, previstos neste artigo.

Art. 41. As deduções de despesas, bem como a compensação de perdas previstas no artigo anterior, serão admitidas exclusivamente para as operações realizadas em mercados organizados, geridos ou sob a responsabilidade de instituição credenciada pelo Poder Executivo e com objetivos semelhantes aos das Bolsas de Valores, de mercadorias ou de futuros.

Art. 42. (*Revogado pela Lei n. 8.134, de 27-12-1990.*)

Art. 43. Fica sujeito à incidência do Imposto sobre a Renda na fonte, à alíquota de 7,5% (sete inteiros e cinco décimos por cento), o rendimento bruto produzido por quaisquer aplicações financeiras.

>> *Caput* com redação determinada pela Lei n. 7.738, de 9-3-1989.

§ 1.º O disposto neste artigo aplica-se, também, às operações de financiamento realizadas em Bolsas de Valores, de mercadorias, de futuros ou assemelhadas.

>> § 1.º com redação determinada pela Lei n. 7.738, de 9-3-1989.

§ 2.º O disposto neste artigo não se aplica ao rendimento bruto auferido:

a) em aplicações em fundos de curto prazo, tributados nos termos do Decreto-lei n. 2.458, de 25 de agosto de 1988;

> **O Decreto-lei n. 2.458, de 25-8-1988, a partir de 1.º-9-1988, determina que os rendimentos e ganhos de capital auferidos pelos fundos de aplicação de curto prazo estão sujeitos, exclusivamente, ao imposto de renda retido na fonte.**

b) em operações financeiras de curto prazo, assim consideradas as de prazo inferior a 90 (noventa) dias, que serão tributadas às seguintes alíquotas, sobre o rendimento bruto:

1 – quando a operação se iniciar e encerrar no mesmo dia, 40% (quarenta por cento);

2 – nas demais operações, 10% (dez por cento), quando o beneficiário se identificar e 30% (trinta por cento), quando o beneficiário não se identificar.

>> § 2.º com redação determinada pela Lei n. 7.738, de 9-3-1989.

§ 3.º Nas operações tendo por objeto Letras Financeiras do Tesouro – LFT ou títulos estaduais e municipais a elas equiparados, o Imposto sobre a Renda na fonte será calculado à alíquota de:

a) 40% (quarenta por cento), em se tratando de operação de curto prazo; e

b) 25% (vinte e cinco por cento), quando o prazo da operação for igual ou superior a 90 (noventa) dias.

>> § 3.º com redação determinada pela Lei n. 7.738, de 9-3-1989.

§ 4.º A base de cálculo do Imposto sobre a Renda na fonte sobre as operações de que trata o § 3.º será constituída pelo rendimento que exceder à remuneração calculada com base na taxa referencial acumulada da Letra Financeira do Tesouro no período, divulgada pelo Banco Central do Brasil.

>> § 4.º com redação determinada pela Lei n. 7.738, de 9-3-1989.

§ 5.º O Imposto sobre a Renda será retido pela fonte pagadora:

a) em relação aos juros de depósitos em cadernetas de poupança, na data do crédito ou pagamento;

b) em relação às operações de financiamento realizadas em bolsas de valores, de mercadorias, de futuros e assemelhadas, na liquidação;

c) nos demais casos, na data da cessão, liquidação ou resgate, ou nos pagamentos periódicos de rendimentos.

>> § 5.º com redação determinada pela Lei n. 7.738, de 9-3-1989.

§ 6.º Nas aplicações em fundos em condomínio, exceto os de curto prazo, ou clubes de investimentos, efetuadas até 31 de dezembro de 1988, o rendimento real será determinado tomando-se por base o valor da quota em 1.º de janeiro de 1989, facultado à administradora optar pela tributação do rendimento no ato da liquidação ou resgate do título ou aplicação, em substituição à tributação quando do resgate das quotas.

>> § 6.º com redação determinada pela Lei n. 7.738, de 9-3-1989.

§ 7.º A alíquota de que trata o *caput* aplicar-se-á aos rendimentos de títulos, obrigações ou aplicações produzidas a partir do período iniciado em 16 de janeiro de 1989, mesmo quando adquiridos ou efetuadas anteriormente a esta data.

>> § 7.º com redação determinada pela Lei n. 7.738, de 9-3-1989.

§ 8.º As alíquotas de que tratam os §§ 2.º e 3.º, incidentes sobre rendimentos auferidos em operações de curto prazo, são aplicáveis às operações iniciadas a partir de 13 de fevereiro de 1989.

>> § 8.º com redação determinada pela Lei n. 7.738, de 9-3-1989.

Art. 44. O imposto de que trata o artigo anterior será considerado:

I – antecipação do devido na declaração de rendimentos, quando o beneficiário for pessoa jurídica tributada com base no lucro real;

II – devido exclusivamente na fonte nos demais casos, inclusive quando o beneficiário for pessoa jurídica isenta, observado o disposto no art. 47 desta Lei.

Art. 45. (*Revogado pela Lei n. 8.134, de 27-12-1990.*)

Art. 46. (*Revogado pela Lei n. 7.730, de 31-1-1989.*)

Art. 47. Fica sujeito à incidência do Imposto sobre a Renda exclusivamente na fonte, à alíquota de 30% (trinta por cento), todo rendimento real ou ganho de capital pago a beneficiário não identificado.

Art. 48. A tributação de que tratam os arts. 7.º, 8.º e 23 não se aplica aos rendimentos e ganhos de capital tributados na forma dos arts. 41 e 47 desta Lei.

Art. 49. O disposto nesta Lei não se aplica aos rendimentos da atividade agrícola e pastoril, que serão tributados na forma da legislação específica.

Art. 50. (*Vetado.*)

Art. 51. A isenção do Imposto sobre a Renda de que trata o art. 11, item I, da Lei n. 7.256, de 27 de novembro de 1984, não se aplica à empresa que se encontre nas situações previstas no art. 3.º, itens I a V, da referida lei, nem às empresas que prestem serviços profissionais de corretor, despachante, ator, empresário e produtor de espetáculos públicos, cantor, músico, médico, dentista, enfermeiro, engenheiro, físico, químico, economista, contador, auditor, estatístico, administrador, programador, analista de sistema, advogado, psicólogo, professor, jornalista, publicitário, ou assemelhados, e qualquer outra profissão cujo exercício dependa de habilitação profissional legalmente exigida.

>> **A Lei n. 7.256, de 27-11-1984, foi expressamente revogada pela Lei n. 9.841, de 5-10-1999, que passou a dispor sobre as microempresas – ME e as empresas de pequeno porte – EPP (a Lei Complementar n. 123, de 14-12-2006, dispõe atualmente sobre a matéria).**

Art. 52. A falta ou insuficiência de recolhimento do imposto ou de quota deste, nos prazos fixados nesta Lei, apresentada ou não a declaração, sujeitará o contribuinte às multas e acréscimos previstos na legislação do Imposto sobre a Renda.

Art. 53. Os juros e as multas serão calculados sobre o imposto ou quota, observado o seguinte:

a) quando expresso em BTN, serão convertidos em cruzados novos pelo valor do BTN no mês do pagamento;

b) quando expresso em BTN Fiscal, serão convertidos em cruzados novos pelo valor do BTN Fiscal no dia do pagamento.

>> Artigo com redação determinada pela Lei n. 7.799, de 10-7-1989.

Art. 54. Fica o Poder Executivo autorizado a implantar medidas de estímulo à eficiência da atividade fiscal em programas especiais de fiscalização.

Art. 55. Fica reduzida para 1% (um por cento) a alíquota aplicável às importâncias pagas ou creditadas, a partir do mês de janeiro de 1989, a pessoas jurídicas, civis ou mercantis, pela prestação de serviços de limpeza, conservação, segurança, vigilância e por locação de mão de obra, de que trata o art. 3.º do Decreto-lei n. 2.462, de 30 de agosto de 1988.

Art. 56. (*Revogado pela Lei n. 9.430, de 27-12-1996.*)

Art. 57. Esta Lei entra em vigor em 1.º de janeiro de 1989.

Art. 58. Revogam-se o art. 50 da Lei n. 4.862, de 29 de novembro de 1965, os arts. 1.º a 9.º do Decreto-lei n. 1.510, de 27 de dezembro de 1976, os arts. 65 e 66 do Decreto-lei n. 1.598, de 26 de dezembro de 1977, os arts. 1.º a 4.º do Decreto-lei n. 1.641, de 7 de dezembro de 1978, os arts. 12 e 13 do Decreto-lei n. 1.950, de 14 de julho de 1982, os arts. 15 e 100 da Lei n. 7.450, de 23 de dezembro de 1985, o art. 18 do Decreto-lei n. 2.287, de 23 de julho de 1986, o item IV e o parágrafo único, do art. 12, do Decreto-lei n. 2.292, de 21 de novembro de 1986, o item III, do art. 2.º, do Decreto-lei n. 2.301, de 21 de novembro de 1986, o item III, do art. 7.º, do Decreto-lei n. 2.394, de 21 de dezembro de 1987, e demais disposições em contrário.

Brasília, 22 de dezembro de 1988; 167.º da Independência e 100.º da República.

JOSÉ SARNEY

REGIMENTO INTERNO DO SUPERIOR TRIBUNAL DE JUSTIÇA (*)

O Superior Tribunal de Justiça, no uso de suas atribuições, resolve aprovar o seguinte Regimento Interno:

PARTE I
DA COMPOSIÇÃO, ORGANIZAÇÃO E COMPETÊNCIA

TÍTULO I
DO TRIBUNAL

CAPÍTULO I
DA COMPOSIÇÃO E ORGANIZAÇÃO

Art. 1.º O Superior Tribunal de Justiça, com sede na Capital Federal e jurisdição em todo o território nacional, compõe-se de trinta e três Ministros.

> Estrutura orgânica do STJ: Resolução n. 9, de 29-7-2011.

Art. 2.º O Tribunal funciona:

I – em Plenário e pelo seu órgão especial (Constituição, art. 93, XI), denominado Corte Especial;

II – em Seções especializadas;

III – em Turmas especializadas.

§ 1.º O Plenário, constituído da totalidade dos Ministros, é presidido pelo Presidente do Tribunal.

§ 2.º A Corte Especial será integrada pelos quinze Ministros mais antigos e presidida pelo Presidente do Tribunal.

>> § 2.º com redação determinada pela Emenda Regimental n. 9, de 24-9-2008.

§ 3.º Há no Tribunal três Seções, integradas pelos componentes das Turmas da respectiva área de especialização. As Seções são presididas pelo Ministro mais antigo, por um período de dois anos, vedada a recondução, até que todos os componentes da Seção hajam exercido a presidência.

§ 4.º As Seções compreendem seis Turmas, constituídas de cinco Ministros cada uma. A Primeira e a Segunda Turmas compõem a Primeira Seção; a Terceira e a Quarta Turmas, a Segunda Seção; e a Quinta e a Sexta Turmas, a Terceira Seção. O Ministro mais antigo integrante da Turma é o seu presidente, observada a disposição do parágrafo anterior quanto à periodicidade.

>> § 4.º com redação determinada pela Emenda Regimental n. 4, de 2-12-1993.

§ 5.º Na composição das Turmas, observar-se-á a opção feita pelo Ministro, atendendo-se à ordem de antiguidade.

§ 6.º Para os fins dos §§ 3.º e 4.º deste artigo, considerar-se-á a antiguidade dos Ministros no respectivo órgão fracionário.

>> § 6.º acrescentado pela Emenda Regimental n. 4, de 2-12-1993.

....

Art. 6.º Junto ao Tribunal funciona o Conselho da Justiça Federal, com atuação em todo o território nacional, cabendo-lhe a supervisão administrativa e orçamentária da Justiça Federal de primeiro e segundo graus.

>> Artigo com redação determinada pela Emenda Regimental n. 4, de 2-12-1993.

....

CAPÍTULO II
DA COMPETÊNCIA DO PLENÁRIO, DA CORTE ESPECIAL, DAS SEÇÕES E DAS TURMAS

Seção I
Das Áreas de Especialização

Art. 8.º Há no Tribunal três áreas de especialização estabelecidas em razão da matéria.

>> *Caput* com redação determinada pela Emenda Regimental n. 2, de 4-6-1992.

Parágrafo único. A competência da Corte Especial não está sujeita à especialização.

Art. 9.º A competência das Seções e das respectivas Turmas é fixada em função da natureza da relação jurídica litigiosa.

§ 1.º À Primeira Seção cabe processar e julgar os feitos relativos a:

>> § 1.º, *caput*, com redação determinada pela Emenda Regimental n. 2, de 4-6-1992.

I – licitações e contratos administrativos;

>> Inciso I com redação determinada pela Emenda Regimental n. 2, de 4-6-1992.

II – nulidade ou anulabilidade de atos administrativos;

>> Inciso II com redação determinada pela Emenda Regimental n. 2, de 4-6-1992.

III – ensino superior;

>> Inciso III com redação determinada pela Emenda Regimental n. 2, de 4-6-1992.

IV – inscrição e exercício profissionais;

>> Inciso IV com redação determinada pela Emenda Regimental n. 2, de 4-6-1992.

V – direito sindical;

>> Inciso V com redação determinada pela Emenda Regimental n. 2, de 4-6-1992.

VI – nacionalidade;

>> Inciso VI com redação determinada pela Emenda Regimental n. 2, de 4-6-1992.

VII – desapropriação, inclusive a indireta;

>> Inciso VII com redação determinada pela Emenda Regimental n. 2, de 4-6-1992.

VIII – responsabilidade civil do Estado;

>> Inciso VIII com redação determinada pela Emenda Regimental n. 2, de 4-6-1992.

IX – tributos de modo geral, impostos, taxas, contribuições e empréstimos compulsórios;

>> Inciso IX com redação determinada pela Emenda Regimental n. 2, de 4-6-1992.

X – preços públicos e multas de qualquer natureza;

>> Inciso X com redação determinada pela Emenda Regimental n. 2, de 4-6-1992.

XI – servidores públicos civis e militares;

>> Inciso XI com redação determinada pela Emenda Regimental n. 11, de 6-4-2010.

>> O art. 3.º da Emenda Regimental n. 11, de 6-4-2010, determina que não haverá redistribuição dos feitos em decorrência das alterações de competência resultantes desta Emenda.

XII – *habeas corpus* referentes às matérias de sua competência;

>> Inciso XII acrescentado pela Emenda Regimental n. 11, de 6-4-2010.

>> *Vide* nota ao inciso anterior.

XIII – benefícios previdenciários, inclusive os decorrentes de acidentes do trabalho;

>> Inciso XIII com redação determinada pela Emenda Regimental n. 14, de 5-12-2011.

>> O art. 5.º da Emenda Regimental n. 14, de 5-12-2011, determina que não haverá redistribuição dos feitos em decorrência

(*) Publicado no *Diário da Justiça* de 7-7-1989, e republicados dispositivos no *Diário da Justiça*, de 17-8-1989.

das alterações de competência resultantes desta Emenda.

XIV – direito público em geral.

>> Inciso XIV acrescentado pela Emenda Regimental n. 14, de 5-12-2011.

>> *Vide* nota ao inciso anterior.

>> *Vide* nota do inciso XI deste artigo.

§ 2.º À Segunda Seção cabe processar e julgar os feitos relativos a:

>> § 2.º, *caput*, com redação determinada pela Emenda Regimental n. 2, de 4-6-1992.

I – domínio, posse e direitos reais sobre coisa alheia, salvo quando se tratar de desapropriação;

>> Inciso I com redação determinada pela Emenda Regimental n. 2, de 4-6-1992.

II – obrigações em geral de direito privado, mesmo quando o Estado participar do contrato;

>> Inciso II com redação determinada pela Emenda Regimental n. 2, de 4-6-1992.

III – responsabilidade civil, salvo quando se tratar de responsabilidade civil do Estado;

>> Inciso III com redação determinada pela Emenda Regimental n. 2, de 4-6-1992.

IV – direito de família e sucessões;

>> Inciso IV com redação determinada pela Emenda Regimental n. 2, de 4-6-1992.

V – direito do trabalho;

>> Inciso V com redação determinada pela Emenda Regimental n. 2, de 4-6-1992.

VI – propriedade industrial, mesmo quando envolverem arguição de nulidade do registro;

>> Inciso VI com redação determinada pela Emenda Regimental n. 2, de 4-6-1992.

VII – constituição, dissolução e liquidação de sociedade;

>> Inciso VII com redação determinada pela Emenda Regimental n. 2, de 4-6-1992.

VIII – comércio em geral, inclusive o marítimo e o aéreo, bolsas de valores, instituições financeiras e mercado de capitais;

>> Inciso VIII com redação determinada pela Emenda Regimental n. 2, de 4-6-1992.

IX – falências e concordatas;

>> Inciso IX com redação determinada pela Emenda Regimental n. 2, de 4-6-1992.

X – títulos de crédito;

>> Inciso X com redação determinada pela Emenda Regimental n. 2, de 4-6-1992.

XI – registros públicos, mesmo quando o Estado participar da demanda;

>> Inciso XI com redação determinada pela Emenda Regimental n. 2, de 4-6-1992.

XII – locação predial urbana;

>> Inciso XII com redação determinada pela Emenda Regimental n. 11, de 6-4-2010.

>> O art. 3.º da Emenda Regimental n. 11, de 6-4-2010, determina que não haverá redistribuição dos feitos em decorrência das alterações de competência resultantes desta Emenda.

XIII – *habeas corpus* referentes às matérias de sua competência;

>> Inciso XIII acrescentado pela Emenda Regimental n. 11, de 6-4-2010.

>> *Vide* nota ao inciso anterior.

XIV – direito privado em geral.

>> Inciso XIV acrescentado pela Emenda Regimental n. 11, de 6-4-2010.

>> *Vide* nota do inciso XII deste artigo.

§ 3.º À Terceira Seção cabe processar e julgar os feitos relativos à matéria penal em geral, salvo os casos de competência originária da Corte Especial e os *habeas corpus* de competência das Turmas que compõem a Primeira e a Segunda Seção.

>> § 3.º com redação determinada pela Emenda Regimental n. 14, de 5-12-2011.

>> O art. 5.º da Emenda Regimental n. 14, de 5-12-2011, determina que não haverá redistribuição dos feitos em decorrência das alterações de competência resultantes desta Emenda.

Seção II
Da Competência do Plenário

Art. 10. Compete ao Plenário:

....

VI – elaborar as listas tríplices dos Juízes, Desembargadores, advogados e membros do Ministério Público que devam compor o Tribunal (Constituição, art. 104 e seu parágrafo único);

VII – propor ao Poder Legislativo a alteração do número de membros do Tribunal e dos Tribunais Regionais Federais, a criação e a extinção de cargos, e a fixação de vencimentos de seus membros, dos Juízes dos Tribunais Regionais e dos Juízes Federais, bem assim a criação ou extinção de Tribunal Regional Federal e a alteração da organização e divisão judiciárias;

>> Inciso VII com redação determinada pela Emenda Regimental n. 4, de 2-12-1993.

VIII – aprovar o Regimento Interno do Conselho da Justiça Federal;

>> Inciso VIII acrescentado pela Emenda Regimental n. 4, de 2-12-1993.

IX – eleger, dentre os Ministros do Tribunal, o que deve compor o Conselho Nacional de Justiça, observada a ordem de antiguidade;

>> Inciso IX acrescentado pela Emenda Regimental n. 15, de 17-9-2014.

X – indicar, na forma do inciso XXXII e do parágrafo único do art. 21, um juiz federal e um juiz de Tribunal Regional Federal para as vagas do Conselho Nacional de Justiça e um juiz para a vaga do Conselho Nacional do Ministério Público.

>> Inciso X acrescentado pela Emenda Regimental n. 15, de 17-9-2014.

Seção III
Da Competência da Corte Especial

Art. 11. Compete à Corte Especial processar e julgar:

I – nos crimes comuns, os Governadores dos Estados e do Distrito Federal, e, nestes e nos de responsabilidade, os Desembargadores dos Tribunais de Justiça dos Estados e do Distrito Federal, os membros dos Tribunais de Contas dos Estados e do Distrito Federal, os dos Tribunais Regionais Federais, dos Tribunais Regionais Eleitorais e do Trabalho, os membros dos Conselhos ou Tribunais de Contas dos Municípios e os do Ministério Público da União que oficiem perante Tribunais;

II – os *habeas corpus*, quando for paciente qualquer das pessoas mencionadas no inciso anterior;

III – os mandados de injunção, quando a elaboração da norma regulamentadora for atribuição de órgão, entidade ou autoridade federal, da administração direta ou indireta, excetuados os casos de competência do Supremo Tribunal Federal e dos órgãos da Justiça Militar, da Justiça Eleitoral, da Justiça do Trabalho e da Justiça Federal;

IV – os mandados de segurança e os *habeas data* contra ato do próprio Tribunal ou de qualquer de seus órgãos;

V – as revisões criminais e as ações rescisórias de seus próprios julgados;

VI – o incidente de assunção de competência quando a matéria for comum a mais de uma seção;

>> Inciso VI com redação determinada pela Emenda Regimental n. 24, de 28-9-2016

VII – a exceção da verdade, quando o querelante, em virtude de prerrogativa de função, deva ser julgado originariamente pelo Tribunal;

VIII – a requisição de intervenção federal nos Estados e no Distrito Federal, ressalvada a competência do Supremo Tribunal Federal e do Tribunal Superior Eleitoral (Constituição, art. 36, II e IV);

IX – as arguições de inconstitucionalidade de lei ou ato normativo suscitadas nos processos submetidos ao julgamento do Tribunal;

X – as reclamações para a preservação de sua competência e garantia de suas decisões;

XI – as questões incidentes, em processos da competência das Seções ou Turmas, as quais lhe tenham sido submetidas (art. 16);

XII – os conflitos de competência entre relatores ou Turmas integrantes de Seções diversas, ou entre estas;

XIII – os embargos de divergência, se a divergência for entre Turmas de Seções diversas, entre Seções, entre Turma e Seção que não integre ou entre Turma e Seção com a própria Corte Especial;

>> Inciso XIII com redação determinada pela Emenda Regimental n. 24, de 28-9-2016.

XIV – (*Revogado pela Emenda Regimental n. 22, de 16-3-2016.*);

XV – as suspeições e impedimentos levantados contra Ministro em processo de sua competência;

XVI – o recurso especial repetitivo.

>> Inciso XVI acrescentado pela Emenda Regimental n. 24, de 28-9-2016.

Parágrafo único. Compete, ainda, à Corte Especial:

...

IV – constituir comissões, bem como aprovar a designação do Ministro Coordenador do Centro de Soluções Consensuais de Conflitos do Superior Tribunal de Justiça;

>> Inciso IV com redação determinada pela Emenda Regimental n. 23, de 28-9-2016.

...

VII – sumular a jurisprudência uniforme comum às Seções e deliberar sobre a alteração e o cancelamento de suas súmulas;

VIII – apreciar e encaminhar ao Poder Legislativo propostas de criação ou extinção de cargos do quadro de servidores do Tribunal e a fixação dos respectivos vencimentos, bem como do Conselho da Justiça Federal e da Justiça Federal de primeiro e segundo graus;

>> Inciso VIII com redação determinada pela Emenda Regimental n. 4, de 2-12-1993.

IX – apreciar e encaminhar ao Poder Legislativo projeto de lei sobre o regimento de custas da Justiça Federal e do Superior Tribunal de Justiça.

>> Inciso IX com redação determinada pela Emenda Regimental n. 22, de 16-3-2016.

X – (*Suprimido pela Emenda Regimental n. 9, de 24-9-2008.*)

Seção IV
Da Competência das Seções

Art. 12. Compete às Seções processar e julgar:

I – os mandados de segurança, os *habeas corpus* e o *habeas data* contra ato de Ministro de Estado;

II – as revisões criminais e as ações rescisórias de seus julgados e das Turmas que compõem a respectiva área de especialização;

III – as reclamações para a preservação de suas competências e garantia da autoridade de suas decisões e das Turmas;

IV – os conflitos de competência entre quaisquer tribunais, ressalvada a competência do Supremo Tribunal Federal (Constituição, art. 102, I, *o*), bem assim entre Tribunal e Juízes a ele não vinculados e Juízes vinculados a Tribunais diversos;

V – os conflitos de competência entre relatores e Turmas integrantes da Seção;

VI – os conflitos de atribuições entre autoridades administrativas e judiciárias da União, ou entre autoridades judiciárias de um Estado e administrativas de outro, ou do Distrito Federal, ou entre as deste e da União;

VII – as questões incidentes em processos da competência das Turmas da respectiva área de especialização, as quais lhes tenham sido submetidas por essas;

VIII – as suspeições e os impedimentos levantados contra os Ministros, salvo em se tratando de processo da competência da Corte Especial;

IX – o incidente de assunção de competência quando a matéria for restrita a uma Seção;

>> Inciso IX com redação determinada pela Emenda Regimental n. 24, de 28-9-2016.

X – o recurso especial repetitivo.

>> Inciso X acrescentado pela Emenda Regimental n. 24, de 28-9-2016.

Parágrafo único. Compete, ainda, às Seções:

I – julgar embargos de divergência, quando as Turmas divergirem entre si ou de decisão da Seção que integram;

>> Inciso I com redação determinada pela Emenda Regimental n. 24, de 28-9-2016.

II – julgar feitos de competência de Turma, e por esta remetidos (art. 14);

III – sumular a jurisprudência uniforme das Turmas da respectiva área de especialização e deliberar sobre a alteração e o cancelamento de súmulas.

Seção V
Da Competência das Turmas

Art. 13. Compete às Turmas:

I – processar e julgar, originariamente:

a) os *habeas corpus*, quando for coator Governador de Estado e do Distrito Federal, Desembargador dos Tribunais de Justiça dos Estados e do Distrito Federal, membro dos Tribunais de Contas dos Estados e do Distrito Federal, dos Tribunais Regionais Federais, dos Tribunais Regionais Eleitorais e do Trabalho, dos Conselhos ou Tribunais de Contas dos Municípios e do Ministério Público da União que oficie perante Tribunais;

b) os *habeas corpus*, quando o coator for Tribunal cujos atos estejam diretamente subordinados à jurisdição do Superior Tribunal de Justiça;

II – julgar em recurso ordinário:

a) os *habeas corpus* decididos em única ou última instância pelos Tribunais Regionais Federais ou pelos Tribunais dos Estados, do Distrito Federal e Territórios, quando denegatória a decisão;

b) os mandados de segurança decididos em única instância pelos Tribunais Regionais Federais ou pelos Tribunais dos Estados, do Distrito Federal e Territórios, quando denegatória a decisão;

III – julgar os recursos ordinários e os agravos nas causas em que forem partes Estado estrangeiro ou organismo internacional de um lado e, do outro, Município ou pessoa residente ou domiciliada no país;

>> Inciso III com redação determinada pela Emenda Regimental n. 24, de 28-9-2016.

IV – julgar, em recurso especial, as causas decididas em única ou última instância pelos Tribunais Regionais Federais ou pelos Tribunais dos Estados, do Distrito Federal e Territórios, quando a decisão recorrida:

a) contrariar tratado ou lei federal, ou negar-lhes vigência;

b) julgar válida lei ou ato de governo local contestado em face de lei federal;

c) der à lei federal interpretação divergente da que lhe haja atribuído outro Tribunal.

Art. 14. As Turmas remeterão os feitos de sua competência à Seção de que são integrantes:

I – quando algum dos Ministros propuser revisão da jurisprudência assentada em Súmula pela Seção;

II – quando convier pronunciamento da Seção, em razão da relevância da questão, e para prevenir divergência entre as Turmas da mesma Seção;

III – nos incidentes de assunção de competência.

>> Inciso III com redação determinada pela Emenda Regimental n. 24, de 28-9-2016.

Parágrafo único. A remessa do feito à Seção far-se-á independentemente de acórdão, salvo no caso do item III (art. 118, § 1.º).

Seção VI
Disposições Comuns

Art. 15. À Corte Especial, às Seções e às Turmas cabe, ainda, nos processos de sua competência:

I – julgar os agravos, os embargos de declaração e as demais arguições;

>> Inciso I com redação determinada pela Emenda Regimental n. 22, de 16-3-2016.

II – julgar os incidentes de execução que lhes forem submetidos;

III – julgar a restauração de autos físicos ou eletrônicos desaparecidos;

>> Inciso III com redação determinada pela Emenda Regimental n. 22, de 16-3-2016.

IV – representar à autoridade competente, quando, em autos ou documentos de que conhecer, houver indício de crime de ação pública.

Art. 16. As Seções e as Turmas remeterão os feitos de sua competência à Corte Especial:

I – quando acolherem a arguição de inconstitucionalidade, desde que a matéria ainda não tenha sido decidida pela Corte Especial;

II – quando algum dos Ministros propuser revisão da jurisprudência assentada em súmula pela Corte Especial;

III – (*Revogado pela Emenda Regimental n. 22, de 16-3-2016.*);

IV – quando convier pronunciamento da Corte Especial em razão da relevância da questão jurídica, ou da necessidade de prevenir divergência entre as Seções.

Parágrafo único. A remessa do feito à Corte Especial far-se-á independentemente de acórdão, salvo nos casos dos itens I e III.

Capítulo III
DO PRESIDENTE E DO VICE-PRESIDENTE

...

Seção II
Das Atribuições do Presidente

Art. 21. São atribuições do Presidente:

...

XIII – decidir:

a) as petições de recursos para o Supremo Tribunal Federal, resolvendo os incidentes que se suscitarem;

b) os pedidos de suspensão da execução de medida liminar ou de sentença, sendo ele o relator das reclamações para preservar a sua competência ou garantir a autoridade das suas decisões nesses feitos;

>> Alínea *b* com redação determinada pela Emenda Regimental n. 7, de 1.º-3-2004.

c) durante o recesso do Tribunal ou nas férias coletivas dos seus membros, os pedidos de liminar em mandado de segurança, podendo, ainda, determinar liberdade provisória ou sustação de ordem de prisão, e demais medidas que reclamem urgência;

d) sobre pedidos de livramento condicional, bem assim sobre os incidentes em processos de indulto, anistia e graça;

e) sobre deserção de recursos não preparados no Tribunal;

f) sobre a expedição de ordens de pagamento devido pela Fazenda Pública, despachando os precatórios;

g) sobre o sequestro, no caso do art. 731 do Código de Processo Civil;

h) os pedidos de extração de carta de sentença;

i) (*Revogada pela Emenda Regimental n. 24, de 28-9-2016.*);

j) as reclamações, por erro da ata do Plenário e da Corte Especial, e na publicação de acórdãos;

k) (*Revogada pela Emenda Regimental n. 24, de 28-9-2016.*);

l) sobre dúvidas suscitadas pela Secretaria do Tribunal relacionadas a distribuição de feitos e a incidentes referentes à redistribuição disciplinada no art. 72;

>> Alínea *l* acrescentada pela Emenda Regimental n. 24, de 28-9-2016.

m) sobre os pedidos de suspensão de processos em incidente de resolução de demandas repetitivas;

>> Alínea *m* acrescentada pela Emenda Regimental n. 24, de 28-9-2016.

n) sobre a necessidade de determinar, na autuação do feito, a identificação do nome da parte apenas por suas iniciais, nas hipóteses em que, expressamente, a lei indicar ser indispensável a restrição à publicidade de seu nome como meio para a proteção de bem objeto de sigilo no processo.

>> Alínea *n* acrescentada pela Emenda Regimental n. 24, de 28-9-2016.

....

XVII – criar comissões temporárias e designar os seus membros e ainda os das comissões permanentes, bem como designar o Ministro Coordenador do Centro de Soluções Consensuais de Conflitos do Superior Tribunal de Justiça, com aprovação da Corte Especial;

>> Inciso XVII com redação determinada pela Emenda Regimental n. 23, de 28-9-2016.

....

XXXII – fixar a data de início do procedimento de escolha e indicação de um juiz federal e de um juiz do Tribunal Regional Federal para as vagas do Conselho Nacional de Justiça e de um juiz para a vaga do Conselho Nacional do Ministério Público.

>> Inciso XXXII acrescentado pela Emenda Regimental n. 15, de 17-9-2014.

Parágrafo único. O procedimento previsto neste inciso terá início até sessenta dias do término do mandato do conselheiro, ou, caso não cumprido integralmente, logo após a vacância do cargo, observadas as seguintes disposições:

>> Parágrafo único, *caput*, acrescentado pela Emenda Regimental n. 15, de 17-9-2014.

I – os magistrados de primeiro e segundo graus interessados em ocupar uma das vagas disponíveis deverão apresentar seus currículos ao Superior Tribunal de Justiça e serão convocados mediante:

>> Inciso I acrescentado pela Emenda Regimental n. 15, de 17-9-2014.

a) publicação no *Diário da Justiça eletrônico*;

>> Alínea *a* acrescentada pela Emenda Regimental n. 15, de 17-9-2014.

b) divulgação na página eletrônica do Superior Tribunal de Justiça na rede mundial de computadores (internet);

>> Alínea *b* acrescentada pela Emenda Regimental n. 15, de 17-9-2014.

c) comunicação aos respectivos Tribunais, para que divulguem, por todos os meios disponíveis, o prazo e a forma de inscrição aos juízes de primeiro e segundo graus a eles vinculados, informando à Presidência do Superior Tribunal de Justiça as medidas efetivamente tomadas para a divulgação da convocação;

>> Alínea *c* acrescentada pela Emenda Regimental n. 15, de 17-9-2014.

II – o prazo para encaminhamento dos currículos será de dez dias, se outro não fixar a Presidência, contados da data da publicação da convocação no *Diário da Justiça eletrônico*;

>> Inciso II acrescentado pela Emenda Regimental n. 15, de 17-9-2014.

III – o currículo deverá ser encaminhado ao Superior Tribunal de Justiça por via eletrônica, e seu conteúdo deverá ser preenchido em formulário padronizado posto à disposição na página eletrônica;

>> Inciso III acrescentado pela Emenda Regimental n. 15, de 17-9-2014.

IV – encerrado o prazo, a Presidência colocará os currículos à disposição dos Ministros e convocará sessão do Plenário para a escolha do nome;

>> Inciso IV acrescentado pela Emenda Regimental n. 15, de 17-9-2014.

V – a lista de magistrados inscritos, com *links* para os respectivos currículos, será colocada à disposição do público, inclusive na página eletrônica;

>> Inciso V acrescentado pela Emenda Regimental n. 15, de 17-9-2014.

VI – a indicação será definida em sessão do Plenário, por votação secreta, cabendo a cada Ministro votar em um juiz ou em um desembargador por vaga;

>> Inciso VI acrescentado pela Emenda Regimental n. 15, de 17-9-2014.

VII – será indicado o juiz ou o desembargador que obtiver a maioria absoluta dos votos;

>> Inciso VII acrescentado pela Emenda Regimental n. 15, de 17-9-2014.

VIII – não sendo alcançada a maioria absoluta de votos por nenhum juiz ou desembargador, seguir-se-á um segundo sufrágio, em que concorrerão os candidatos que tiverem obtido as duas maiores votações na etapa anterior, sendo indicado o que obtiver a maioria simples dos votos;

>> Inciso VIII acrescentado pela Emenda Regimental n. 15, de 17-9-2014.

IX – em caso de empate no segundo sufrágio, será indicado o juiz ou o desembargador mais antigo na carreira e, persistindo o empate, o mais idoso;

>> Inciso IX acrescentado pela Emenda Regimental n. 15, de 17-9-2014.

X – o nome do juiz ou do desembargador escolhido será publicado no *Diário da Justiça eletrônico* e divulgado na página eletrônica do Superior Tribunal de Justiça.

>> Inciso X acrescentado pela Emenda Regimental n. 15, de 17-9-2014.

Art. 21-A. O Presidente do Tribunal, por indicação do relator, poderá convocar magistrado vitalício para a realização de atos de instrução das sindicâncias, inquéritos, ações e demais procedimentos penais originários, na sede do STJ ou no local onde se deva produzir o ato, bem como definir os limites de sua atuação.

>> *Caput* acrescentado pela Emenda Regimental n. 21, de 3-2-2016.

§ 1.º Caberá ao magistrado instrutor convocado na forma do *caput*:

>> § 1.º, *caput*, acrescentado pela Emenda Regimental n. 21, de 3-2-2016.

I – designar e realizar as audiências de interrogatório, inquirição de testemunhas, acareação, transação, suspensão condicional do processo, admonitórias e outras;

>> Inciso I acrescentado pela Emenda Regimental n. 21, de 3-2-2016.

II – requisitar testemunhas e determinar condução coercitiva, caso necessário;

>> Inciso II acrescentado pela Emenda Regimental n. 21, de 3-2-2016.

III – expedir e controlar o cumprimento das cartas de ordem;

>> Inciso III acrescentado pela Emenda Regimental n. 21, de 3-2-2016.

IV – determinar intimações e notificações;

>> Inciso IV acrescentado pela Emenda Regimental n. 21, de 3-2-2016.

V – decidir questões incidentes durante a realização dos atos sob sua responsabilidade;

>> Inciso V acrescentado pela Emenda Regimental n. 21, de 3-2-2016.

VI – requisitar documentos ou informações existentes em bancos de dados;

>> Inciso VI acrescentado pela Emenda Regimental n. 21, de 3-2-2016.

VII – fixar ou prorrogar prazos para a prática de atos durante a instrução;

>> Inciso VII acrescentado pela Emenda Regimental n. 21, de 3-2-2016.

VIII – realizar inspeções judiciais;

>> Inciso VIII acrescentado pela Emenda Regimental n. 21, de 3-2-2016.

IX – requisitar aos órgãos locais do Poder Judiciário apoio de pessoal e de equipamentos e instalações adequados para os atos processuais que devam ser produzidos fora da sede do Tribunal;

>> Inciso IX acrescentado pela Emenda Regimental n. 21, de 3-2-2016.

X – exercer outras funções que lhe sejam delegadas pelo relator ou pelo Tribunal.

>> Inciso X acrescentado pela Emenda Regimental n. 21, de 3-2-2016.

§ 2.º As decisões proferidas pelo magistrado instrutor no exercício das atribuições previstas no parágrafo anterior ficam sujeitas a posterior controle do relator, de ofício ou mediante provocação do interessado, no prazo de cinco dias da ciência do ato.

>> § 2.º acrescentado pela Emenda Regimental n. 21, de 3-2-2016.

§ 3.º A convocação de magistrados instrutores vigerá pelo prazo de seis meses, prorrogável por igual período, até o máximo de dois anos, a critério do relator, sem prejuízo das vantagens e direitos de seu cargo de origem, ficando condicionada à disponibilidade orçamentária.

>> § 3.º acrescentado pela Emenda Regimental n. 21, de 3-2-2016.

§ 4.º O número máximo de juízes instrutores no Tribunal é restrito a treze, um para cada gabinete de Ministro integrante da Corte Especial, excluídos o Presidente e o Corregedor Nacional de Justiça.

>> § 4.º acrescentado pela Emenda Regimental n. 21, de 3-2-2016.

Art. 21-B. **O Presidente do Tribunal poderá convocar magistrados vitalícios até o número de sete, para atuarem como juízes auxiliares em apoio à Presidência.**

>> *Caput* com redação determinada pela Emenda Regimental n. 37, de 4-9-2020.

§ 1.º O Presidente ainda convocará um juiz federal para exercer a função de Secretário-Geral do Conselho da Justiça Federal e um juiz vitalício para prestar auxílio à Escola Nacional de Formação e Aperfeiçoamento de Magistrados Ministro Sálvio de Figueiredo Teixeira, por indicação do Diretor-Geral da Escola.

>> § 1.º com redação determinada pela Emenda Regimental n. 37, de 4-9-2020.

§ 2.º A convocação de juiz auxiliar vigerá pelo prazo de um ano, prorrogável por igual período, sem prejuízo dos direitos e vantagens de seu cargo de origem, ficando condicionada à disponibilidade orçamentária.

>> § 2.º com redação determinada pela Emenda Regimental n. 37, de 4-9-2020.

§ 3.º *(Revogado pela Emenda Regimental n. 37, de 4-9-2020.)*

Art. 21-C. Sem prejuízo dos arts. 21-A e 21-B, os Ministros podem indicar ao Presidente a convocação de um magistrado vitalício para auxiliá-los nos afazeres de seus gabinetes, em caráter excepcional, quando o justificado acúmulo de serviço o exigir.

>> *Caput* acrescentado pela Emenda Regimental n. 21, de 3-2-2016.

Parágrafo único. A convocação de juiz auxiliar vigerá pelo prazo de um ano, prorrogável por igual período, sem prejuízo dos direitos e vantagens de seu cargo de origem, ficando condicionada à disponibilidade orçamentária.

>> Parágrafo único acrescentado pela Emenda Regimental n. 21, de 3-2-2016.

Art. 21-D. Serão regulados por resolução as convocações, direitos, vantagens, vencimentos e dispensas dos magistrados instrutores e auxiliares.

>> Artigo acrescentado pela Emenda Regimental n. 21, de 3-2-2016.

Art. 21-E. São atribuições do Presidente antes da distribuição:

>> *Caput* acrescentado pela Emenda Regimental n. 24, de 28-9-2016.

I – apreciar e homologar pedidos de desistência, de autocomposição das partes e de habilitação em razão de falecimento de qualquer das partes;

>> Inciso I acrescentado pela Emenda Regimental n. 24, de 28-9-2016.

II – apreciar os pedidos de gratuidade da justiça nos feitos de competência originária;

>> Inciso II acrescentado pela Emenda Regimental n. 24, de 28-9-2016.

III – determinar o cancelamento do registro do feito se a parte, intimada na pessoa de seu advogado, não realizar o pagamento, em quinze dias, das custas e despesas de ingresso;

>> Inciso III acrescentado pela Emenda Regimental n. 24, de 28-9-2016.

IV – apreciar os *habeas corpus* e as revisões criminais inadmissíveis por incompetência manifesta, encaminhando os autos ao órgão que repute competente;

>> Inciso IV acrescentado pela Emenda Regimental n. 24, de 28-9-2016.

V – não conhecer de recurso inadmissível, prejudicado ou que não tiver impugnado especificamente todos os fundamentos da decisão recorrida;

>> Inciso V acrescentado pela Emenda Regimental n. 24, de 28-9-2016.

VI – negar provimento a recurso que for contrário a súmula do Supremo Tribunal Federal ou do Superior Tribunal de Justiça, a acórdão proferido em julgamento de recursos repetitivos ou a entendimento firmado em incidente de assunção de competência;

>> Inciso VI acrescentado pela Emenda Regimental n. 24, de 28-9-2016.

VII – dar provimento a recurso se a decisão recorrida for contrária a súmula do Supremo Tribunal Federal ou do Superior Tribunal de Justiça, a acórdão proferido em julgamento de recursos repetitivos ou a entendimento firmado em incidente de assunção de competência;

>> Inciso VII acrescentado pela Emenda Regimental n. 24, de 28-9-2016.

VIII – determinar a devolução ao Tribunal de origem dos recursos fundados em controvérsia idêntica àquela já submetida ao rito de julgamento de casos repetitivos para adoção das medidas cabíveis;

>> Inciso VIII acrescentado pela Emenda Regimental n. 24, de 28-9-2016.

IX – remeter o processo ao Supremo Tribunal Federal após juízo positivo de admissibilidade quando entender versar o recurso especial sobre matéria constitucional, dando vista ao recorrente pelo prazo de quinze dias para que demonstre a existência de repercussão geral e manifeste-se sobre a questão constitucional, bem como vista à parte adversa para, por igual prazo, apresentar contrarrazões.

>> Inciso IX acrescentado pela Emenda Regimental n. 24, de 28-9-2016.

§ 1.º Opostos embargos de declaração contra decisão do Presidente, caberá a ele a sua análise.

>> § 1.º acrescentado pela Emenda Regimental n. 24, de 28-9-2016.

§ 2.º Interposto agravo interno contra a decisão do Presidente proferida no exercício das competências previstas neste artigo, os autos serão distribuídos, observado o disposto no art. 9.º deste Regimento, caso não haja retratação da decisão agravada.

>> § 2.º acrescentado pela Emenda Regimental n. 24, de 28-9-2016.

§ 3.º O Presidente do Tribunal poderá delegar ao Vice-Presidente e aos Presidentes das Seções, dentro de suas respectivas áreas de atuação, a análise das matérias previstas neste artigo, observado o que dispõem os §§ 1.º e 2.º.

>> § 3.º acrescentado pela Emenda Regimental n. 24, de 28-9-2016.

§ 4.º A delegação de que trata o § 3.º far-se-á mediante ato do Presidente do Tribunal, se houver concordância dos delegatários.

>> § 4.º acrescentado pela Emenda Regimental n. 24, de 28-9-2016.

§ 5.º Os Presidentes das Seções poderão indicar ao Presidente do Tribunal, para subdelegação, um membro integrante da respectiva Seção.

>> § 5.º acrescentado pela Emenda Regimental n. 24, de 28-9-2016.

Seção III
Das Atribuições do Vice-Presidente

Art. 22. Ao Vice-Presidente incumbe substituir o Presidente nas férias, licenças, ausências e impedimentos eventuais, e sucedê-lo, no caso de vaga, na forma do art. 18.

§ 1.º O Vice-Presidente integra o Plenário e a Corte Especial também nas funções de relator e revisor.

§ 2.º Ao Vice-Presidente incumbe, ainda:

I – por delegação do Presidente:

a) decidir as petições de recursos para o Supremo Tribunal Federal, resolvendo os incidentes que se suscitarem;

b) auxiliar na supervisão e fiscalização dos serviços da Secretaria do Tribunal;

c) (Revogada pela Emenda Regimental n. 10, de 11-11-2009.);

d) decidir as matérias previstas no art. 21-E deste Regimento.

>> Alínea *d* acrescentada pela Emenda Regimental n. 24, de 28-9-2016.

II – exercer, no Conselho da Justiça Federal, as funções que lhe competirem, de acordo com o Regimento Interno.

§ 3.º A delegação das atribuições previstas no item I do parágrafo anterior far-se-á mediante ato do Presidente e de comum acordo com o Vice-Presidente.

CAPÍTULO IV
DAS ATRIBUIÇÕES DO CORREGEDOR-GERAL DA JUSTIÇA FEDERAL

>> Capítulo IV com redação determinada pela Emenda Regimental n. 22, de 16-3-2016.

Art. 23. O Corregedor-Geral exercerá, no Conselho da Justiça Federal, as atribuições que lhe couberem, na conformidade da lei e do seu Regimento Interno e integrará o Plenário e a Corte Especial também nas funções de relator e revisor.

>> Artigo com redação determinada pela Emenda Regimental n. 22, de 16-3-2016.

CAPÍTULO V
DAS ATRIBUIÇÕES DO PRESIDENTE DE SEÇÃO

Art. 24. Compete ao Presidente de Seção:

I – presidir as sessões, onde terá apenas o voto de desempate;

II – manter a ordem nas sessões;

III – convocar sessões extraordinárias;

IV – mandar incluir em pauta os processos de sua Seção e assinar as atas das sessões;

V – assinar os ofícios executórios e quaisquer comunicações referentes aos processos julgados pela respectiva Seção;

>> Primitivo inciso VI renumerado pela Emenda Regimental n. 6, de 12-8-2002, que suprimiu o anterior inciso V.

VI – indicar ao Presidente funcionários da Secretaria do Tribunal a serem designados para os cargos de direção de sua Seção;

>> Primitivo inciso VII renumerado pela Emenda Regimental n. 6, de 12-8-2002, que suprimiu o anterior inciso V.

VII – assinar a correspondência de sua Seção;

>> Primitivo inciso VIII renumerado pela Emenda Regimental n. 6, de 12-8-2002, que suprimiu o anterior inciso V.

VIII – decidir, por delegação do Presidente do Tribunal e no âmbito de sua atuação, as matérias previstas no art. 21-E deste Regimento.

>> Inciso VIII acrescentado pela Emenda Regimental n. 24, de 28-9-2016.

CAPÍTULO VI
DAS ATRIBUIÇÕES DO PRESIDENTE DE TURMA

Art. 25. Compete ao Presidente de Turma:

I – presidir as sessões de sua Turma, onde terá participação também na condição de relator, revisor ou vogal;

II – manter a ordem nas sessões;

III – convocar as sessões extraordinárias;

IV – mandar incluir em pauta os processos da respectiva Turma e assinar as atas das sessões;

V – assinar os ofícios executórios e quaisquer comunicações referentes aos processos julgados pela respectiva Turma;

>> Primitivo inciso VI renumerado pela Emenda Regimental n. 6, de 12-8-2002, que suprimiu o anterior inciso V.

VI – indicar ao Presidente funcionários da Secretaria do Tribunal a serem designados para os cargos de direção de sua Turma;

>> Primitivo inciso VII renumerado pela Emenda Regimental n. 6, de 12-8-2002, que suprimiu o anterior inciso V.

VII – assinar a correspondência de sua Turma.

>> Primitivo inciso VIII renumerado pela Emenda Regimental n. 6, de 12-8-2002, que suprimiu o anterior inciso V.

CAPÍTULO VII
DOS MINISTROS

....

Seção II
Do Relator

Art. 34. São atribuições do relator:

I – ordenar e dirigir o processo;

II – determinar às autoridades judiciárias e administrativas, sujeitas à sua jurisdição, providências relativas ao andamento e à instrução do processo, exceto se forem da competência da Corte Especial, da Seção, da Turma ou de seus Presidentes;

III – delegar atribuições a autoridades judiciárias de instância inferior, nos casos previstos em lei ou neste Regimento;

IV – submeter à Corte Especial, à Seção, à Turma, ou aos Presidentes, conforme a competência, questões de ordem para o bom andamento dos processos;

V – submeter à Corte Especial, à Seção, à Turma, nos processos da competência respectiva, medidas cautelares ou tutelas provisórias necessárias à proteção de direito suscetível de grave dano de incerta reparação ou ainda destinadas a garantir a eficácia da ulterior decisão da causa;

>> Inciso V com redação determinada pela Emenda Regimental n. 24, de 28-9-2016.

VI – determinar, em caso de urgência, as medidas ou tutelas do inciso anterior, *ad referendum* da Corte Especial, da Seção ou da Turma;

>> Inciso VI com redação determinada pela Emenda Regimental n. 24, de 28-9-2016.

VII – decidir o agravo interposto de decisão que inadmitir recurso especial;

>> Inciso VII com redação determinada pela Emenda Regimental n. 22, de 16-3-2016.

VIII – requisitar os autos originais, quando necessário;

IX – apreciar e homologar pedidos de desistência, de autocomposição das partes e de habilitação em razão de falecimento de qualquer das partes, ainda que o feito se ache em pauta ou em mesa para julgamento;

>> Inciso IX com redação determinada pela Emenda Regimental n. 24, de 28-9-2016.

X – pedir dia para julgamento dos feitos que lhe couberem por distribuição ou passá-los ao revisor, com o relatório, se for o caso;

XI – julgar prejudicado pedido ou recurso que haja perdido objeto;

XII – propor à Seção ou à Turma seja o processo submetido à Corte Especial ou à Seção, conforme o caso;

XIII – decidir o pedido de carta de sentença e assiná-la;

XIV – apresentar em mesa para julgamento os feitos que independem de pauta;

XV – redigir o acórdão, quando o seu voto for o vencedor no julgamento;

XVI – determinar a autuação do agravo como recurso especial;

XVII – determinar o arquivamento de inquérito, ou peças informativas quando o requerer o Ministério Público, ou submeter o requerimento à decisão do órgão competente do Tribunal;

XVIII – distribuídos os autos:

>> Inciso XVIII com redação determinada pela Emenda Regimental n. 22, de 16-3-2016.

a) não conhecer do recurso ou pedido inadmissível, prejudicado ou daquele que não tiver impugnado especificamente todos os fundamentos da decisão recorrida;

>> Alínea *a* acrescentada pela Emenda Regimental n. 22, de 16-3-2016.

b) negar provimento ao recurso ou pedido que for contrário a tese fixada em julgamento de recurso repetitivo ou de repercussão geral, a entendimento firmado em incidente de assunção de competência, a súmula do Supremo Tribunal Federal ou do Superior

Tribunal de Justiça ou, ainda, a jurisprudência dominante acerca do tema;

>> Alínea *b* acrescentada pela Emenda Regimental n. 22, de 16-3-2016.

c) dar provimento ao recurso se o acórdão recorrido for contrário a tese fixada em julgamento de recurso repetitivo ou de repercussão geral, a entendimento firmado em incidente de assunção de competência, a súmula do Supremo Tribunal Federal ou do Superior Tribunal de Justiça ou, ainda, a jurisprudência dominante acerca do tema;

>> Alínea *c* acrescentada pela Emenda Regimental n. 22, de 16-3-2016.

XIX – decidir o mandado de segurança quando for inadmissível, prejudicado ou quando se conformar com tese fixada em julgamento de recurso repetitivo ou de repercussão geral, a entendimento firmado em incidente de assunção de competência, a súmula do Superior Tribunal de Justiça ou do Supremo Tribunal Federal, a jurisprudência dominante acerca do tema ou as confrontar;

>> Inciso XIX com redação determinada pela Emenda Regimental n. 24, de 28-9-2016.

XX – decidir o *habeas corpus* quando for inadmissível, prejudicado ou quando a decisão impugnada se conformar com tese fixada em julgamento de recurso repetitivo ou de repercussão geral, a entendimento firmado em incidente de assunção de competência, a súmula do Superior Tribunal de Justiça ou do Supremo Tribunal Federal, a jurisprudência dominante acerca do tema ou as confrontar;

>> Inciso XX com redação determinada pela Emenda Regimental n. 24, de 28-9-2016.

XXI – decidir o agravo de instrumento interposto com base no art. 1.027, §1.º, do CPC;

>> Inciso XXI acrescentado pela Emenda Regimental n. 22, de 16-3-2016.

XXII – decidir o conflito de competência quando for inadmissível, prejudicado ou quando se conformar com tese fixada em julgamento de recurso repetitivo ou de repercussão geral, a entendimento firmado em incidente de assunção de competência, a súmula do Superior Tribunal de Justiça ou do Supremo Tribunal Federal, a jurisprudência dominante acerca do tema ou as confrontar;

>> Inciso XXII acrescentado pela Emenda Regimental n. 24, de 28-9-2016.

XXIII – remeter o processo ao Supremo Tribunal Federal após juízo positivo de admissibilidade quando entender versar o recurso especial sobre matéria constitucional, dando vista ao recorrente pelo prazo de quinze dias para que demonstre a existência de repercussão geral e manifeste-se sobre a questão constitucional, bem como vista à parte adversa para, por igual prazo, apresentar contrarrazões;

>> Inciso XXIII acrescentado pela Emenda Regimental n. 24, de 28-9-2016.

XXIV – determinar a devolução ao Tribunal de origem dos recursos especiais fundados em controvérsia idêntica àquela já submetida ao rito de julgamento de casos repetitivos para adoção das medidas cabíveis;

>> Inciso XXIV acrescentado pela Emenda Regimental n. 24, de 28-9-2016.

XXV – julgar recurso fundado em nulidade da decisão recorrida por vício de procedimento;

>> Inciso XXV acrescentado pela Emenda Regimental n. 24, de 28-9-2016.

XXVI – executar e fazer cumprir os despachos, as decisões monocráticas, as ordens e os acórdãos transitados em julgado nas ações penais, inquéritos e demais procedimentos penais originários de sua relatoria, bem como determinar às autoridades judiciárias e administrativas providências relativas ao andamento e à instrução de processos, facultada a delegação de atribuições para a prática de atos processuais previstos no art. 21-A deste Regimento a outros Tribunais e a juízos de primeiro grau de jurisdição, ficando as decisões proferidas sujeitas a posterior controle do relator, de ofício ou mediante provocação do interessado, no prazo de cinco dias da ciência do ato.

>> Inciso XXVI acrescentado pela Emenda Regimental n. 24, de 28-9-2016.

Seção III
Do Revisor

Art. 35. Sujeitam-se a revisão os seguintes processos:

>> *Caput* com redação determinada pela Emenda Regimental n. 1, de 23-5-1991.

I – ação rescisória;

>> Inciso I com redação determinada pela Emenda Regimental n. 1, de 23-5-1991.

II – ação penal originária;

>> Inciso II com redação determinada pela Emenda Regimental n. 1, de 23-5-1991.

III – revisão criminal.

>> Inciso III com redação determinada pela Emenda Regimental n. 1, de 23-5-1991.

Art. 36. Será revisor o Ministro que se seguir ao relator, na ordem decrescente de antiguidade, no órgão julgador.

Parágrafo único. Em caso de substituição definitiva do relator, será também substituído o revisor, na conformidade do disposto neste artigo.

>> Parágrafo único acrescentado pela Emenda Regimental n. 4, de 2-12-1993.

Art. 37. Compete ao revisor:

I – sugerir ao relator medidas ordinatórias do processo, que tenham sido omitidas;

II – confirmar, completar ou retificar o relatório;

III – pedir dia para julgamento;

IV – determinar a juntada de petição, enquanto os autos lhe estiverem conclusos, submetendo, conforme o caso, desde logo, a matéria à consideração do relator.

....

Capítulo IX
Das Comissões

Art. 40. As comissões, permanentes ou temporárias, colaboram no desempenho dos encargos do Tribunal.

§ 1.º São Comissões permanentes:

>> § 1.º, *caput*, com redação determinada pela Emenda Regimental n. 2, de 4-6-1992.

I – a Comissão de Regimento Interno;

>> Inciso I com redação determinada pela Emenda Regimental n. 2, de 4-6-1992.

II – a Comissão de Jurisprudência;

>> Inciso II com redação determinada pela Emenda Regimental n. 2, de 4-6-1992.

III – a Comissão de Documentação;

>> Inciso III com redação determinada pela Emenda Regimental n. 2, de 4-6-1992.

IV – a Comissão de Coordenação;

>> Inciso IV com redação determinada pela Emenda Regimental n. 2, de 4-6-1992.

V – a Comissão Gestora de Precedentes.

>> Inciso V acrescentado pela Emenda Regimental n. 26, de 13-12-2016.

....

Art. 44. À Comissão de Jurisprudência cabe:

I – velar pela expansão, atualização e publicação da Súmula da Jurisprudência Predominante do Tribunal;

II – supervisionar os serviços de sistematização da jurisprudência do Tribunal, sugerindo medidas que facilitem a pesquisa de julgados ou processos;

III – orientar iniciativas de coleta e divulgação dos trabalhos dos Ministros que já se afastaram definitivamente do Tribunal;

IV – propor à Corte Especial ou à Seção que seja compendiada em súmula a jurisprudência do Tribunal, quando verificar que as Turmas não divergem na interpretação do direito;

V – sugerir medidas destinadas a abreviar a publicação dos acórdãos.

....

Capítulo X
Do Conselho da Justiça Federal

Art. 47. Ao Conselho da Justiça Federal, que funciona junto ao Tribunal, cabe exercer a supervisão administrativa e orçamentária da Justiça Federal de primeiro e segundo graus.

>> Artigo com redação determinada pela Emenda Regimental n. 4, de 2-12-1993.

Art. 48. O Conselho da Justiça Federal elaborará o seu Regimento Interno e o submeterá à aprovação do Plenário do Tribunal.

>> Artigo com redação determinada pela Emenda Regimental n. 4, de 2-12-1993.

Art. 49. Dos atos e decisões do Conselho da Justiça Federal não cabe recurso administrativo.

....

Título II
DO MINISTÉRIO PÚBLICO

Art. 61. Perante o Tribunal, funciona o Procurador-Geral da República, ou o Subprocurador-Geral, mediante delegação do Procurador-Geral.

Art. 62. O Ministério Público Federal manifestar-se-á nas oportunidades previstas em lei e neste Regimento.

Art. 63. Nos processos em que atuar como titular da ação penal, o Procurador-Geral ou o Subprocurador-Geral têm os mesmos poderes e ônus que as partes, ressalvadas as disposições expressas em lei ou neste Regimento.

Art. 64. O Ministério Público terá vista dos autos:

I – nas arguições de inconstitucionalidade;

II – nos incidentes de assunção de competência;

>> Inciso II com redação determinada pela Emenda Regimental n. 24, de 28-9-2016.

III – nos mandados de segurança, mandados de injunção, *habeas corpus* e *habeas data*, originários ou em grau de recurso;

IV – nas ações penais originárias e nas revisões criminais;

V – nos conflitos de competência e de atribuições;

VI – nas ações rescisórias e apelações cíveis;

VII – nos pedidos de intervenção federal;

VIII – nas notícias-crime;

>> Inciso VIII com redação determinada pela Emenda Regimental n. 4, de 2-12-1993.

IX – nos inquéritos de que possa resultar responsabilidade penal;

>> Inciso IX com redação determinada pela Emenda Regimental n. 4, de 2-12-1993.

X – nos recursos criminais;

>> Inciso X com redação determinada pela Emenda Regimental n. 4, de 2-12-1993.

XI – nas reclamações que não houver formulado;

>> Inciso XI com redação determinada pela Emenda Regimental n. 4, de 2-12-1993.

XII – nos outros processos em que a lei impuser a intervenção do Ministério Público;

>> Inciso XII com redação determinada pela Emenda Regimental n. 4, de 2-12-1993.

XIII – nos demais feitos quando, pela relevância da matéria, ele a requerer, ou for determinada pelo relator.

>> Inciso XIII acrescentado pela Emenda Regimental n. 4, de 2-12-1993.

Parágrafo único. Salvo na ação penal originária ou nos inquéritos, poderá o relator, quando houver urgência, ou quando sobre a matéria versada no processo já houver a Corte Especial firmado jurisprudência, tomar o parecer do Ministério Público oralmente.

>> Parágrafo único com redação determinada pela Emenda Regimental n. 4, de 2-12-1993.

Art. 65. O Procurador-Geral ou Subprocurador-Geral poderão pedir preferência para julgamento de processo em pauta.

Título III
DA DEFENSORIA PÚBLICA

>> Título III acrescentado pela Emenda Regimental n. 19, de 11-11-2015.

Art. 65-A. Perante o Tribunal, atuarão os defensores públicos:

>> *Caput* acrescentado pela Emenda Regimental n. 19, de 11-11-2015.

I – em processos oriundos:

>> Inciso I, *caput*, acrescentado pela Emenda Regimental n. 19, de 11-11-2015.

a) da Defensoria Pública da União nos Estados e no Distrito Federal;

>> Alínea *a* acrescentada pela Emenda Regimental n. 19, de 11-11-2015.

b) das Defensorias Públicas dos Estados e do Distrito Federal;

>> Alínea *b* acrescentada pela Emenda Regimental n. 19, de 11-11-2015.

II – nos casos de curadoria especial;

>> Inciso II acrescentado pela Emenda Regimental n. 19, de 11-11-2015.

III – em processos nos quais houver parte desassistida por advogado ou patrocinada por advogado dativo.

>> Inciso III acrescentado pela Emenda Regimental n. 19, de 11-11-2015.

Art. 65-B. O relator do recurso especial repetitivo poderá autorizar manifestação da Defensoria Pública na condição de *amicus curiae*.

>> Artigo acrescentado pela Emenda Regimental n. 19, de 11-11-2015.

PARTE II
DO PROCESSO

Título I
DISPOSIÇÕES GERAIS

Capítulo I
DO REGISTRO E CLASSIFICAÇÃO DOS FEITOS

Art. 66. As petições e os processos serão registrados no protocolo da Secretaria do Tribunal no mesmo dia do recebimento.

Parágrafo único. O Presidente do Tribunal, mediante instrução normativa, disciplinará o uso de meio eletrônico na tramitação de processos judiciais, comunicação de atos e transmissão de peças processuais, com observância da lei processual.

>> Parágrafo único com redação determinada pela Emenda Regimental n. 22, de 16-3-2016.

Art. 67. O registro far-se-á em numeração contínua e seriada em cada uma das classes seguintes:

I – Ação Penal (APn);

II – Ação Rescisória (AR);

III – Agravo de Instrumento (Ag);

IV – Recurso Ordinário (RO);

>> Inciso IV com redação determinada pela Emenda Regimental n. 24, de 28-9-2016.

V – Comunicação (Com);

VI – Conflito de Competência (CC);

VII – Conflito de Atribuições (CAt);

VIII – Exceção de Impedimento (ExImp);

IX – Exceção de Suspeição (ExSusp);

X – Exceção da Verdade (ExVerd);

XI – *Habeas corpus* (HC);

XII – *Habeas data* (HD);

XIII – Inquérito (Inq);

>> Inciso XIII com redação determinada pela Emenda Regimental n. 4, de 2-12-1993.

XIV – Interpelação Judicial (IJ);

>> Inciso XIV com redação determinada pela Emenda Regimental n. 4, de 2-12-1993.

XV – Intervenção Federal (IF);

>> Inciso XV com redação determinada pela Emenda Regimental n. 4, de 2-12-1993.

XVI – Mandado de Injunção (MI);

>> Inciso XVI com redação determinada pela Emenda Regimental n. 4, de 2-12-1993.

XVII – Mandado de Segurança (MS);

>> Inciso XVII com redação determinada pela Emenda Regimental n. 4, de 2-12-1993.

XVIII – Pedido de Tutela Provisória (TP);

>> Inciso XVIII com redação determinada pela Emenda Regimental n. 24, de 28-9-2016.

XIX – Petição (Pet);

>> Anterior inciso XX renumerado pela Emenda Regimental n. 7, de 1.º-3-2004.

XX – Precatório (Prc);

>> Anterior inciso XXI renumerado pela Emenda Regimental n. 7, de 1.º-3-2004.

XXI – Processo Administrativo (PA);

>> Anterior inciso XXII renumerado pela Emenda Regimental n. 7, de 1.º-3-2004.

XXII – Reclamação (Rcl);

>> Anterior inciso XXIII renumerado pela Emenda Regimental n. 7, de 1.º-3-2004.

XXIII – Recurso Especial (REsp);

>> Anterior inciso XXIV renumerado pela Emenda Regimental n. 7, de 1.º-3-2004.

XXIV – Representação (Rp);

>> Anterior inciso XXV renumerado pela Emenda Regimental n. 7, de 1.º-3-2004.

XXV – Recurso em *Habeas Corpus* (RHC);

>> Anterior inciso XXVI renumerado pela Emenda Regimental n. 7, de 1.º-3-2004.

XXVI – Recurso em Mandado de Segurança (RMS);

>> Anterior inciso XXVII renumerado pela Emenda Regimental n. 7, de 1.º-3-2004.

XXVII – Revisão Criminal (RvCr);

>> Anterior inciso XXVIII renumerado pela Emenda Regimental n. 7, de 1.º-3-2004.

XXVIII – Sindicância (Sd);

>> Inciso XXVIII acrescentado pela Emenda Regimental n. 7, de 1.º-3-2004.

XXIX – Suspensão de Liminar e de Sentença (SLS);

>> Inciso XXIX acrescentado pela Emenda Regimental n. 7, de 1.º-3-2004.

XXX – Suspensão de Segurança (SS);

>> Anterior inciso XXIX renumerado pela Emenda Regimental n. 7, de 1.º-3-2004.

XXXI – Homologação de Decisão Estrangeira (HDE);

>> Inciso XXXI com redação determinada pela Emenda Regimental n. 24, de 28-9-2016.

XXXII – Carta Rogatória (CR);

>> Inciso XXXII acrescentado pela Emenda Regimental n. 18, de 17-12-2014.

XXXIII – Agravo em Recurso Especial (AREsp);

>> Inciso XXXIII acrescentado pela Emenda Regimental n. 22, de 16-3-2016.

XXXIV – Embargos de Divergência em Recurso Especial (EREsp);

>> Inciso XXXIV acrescentado pela Emenda Regimental n. 22, de 16-3-2016.

XXXV – Embargos de Divergência em Agravo em Recurso Especial (EAREsp);

>> Inciso XXXV acrescentado pela Emenda Regimental n. 22, de 16-3-2016.

XXXVI – Suspensão em Incidente de Resolução de Demandas Repetitivas (SIRDR);

>> Inciso XXXVI acrescentado pela Emenda Regimental n. 22, de 16-3-2016.

XXXVII – Medidas Protetivas de Urgência – Lei Maria da Penha (MPUMP);

>> Inciso XXXVII acrescentado pela Emenda Regimental n. 22, de 16-3-2016.

XXXVIII – Medidas Protetivas – Estatuto do Idoso (MPEI);

>> Inciso XXXVIII acrescentado pela Emenda Regimental n. 22, de 16-3-2016.

XXXIX – Pedido de Busca e Apreensão Criminal (PBAC);

>> Inciso XXXIX acrescentado pela Emenda Regimental n. 22, de 16-3-2016.

XL – Pedido de Prisão Preventiva (PePrPr);

>> Inciso XL acrescentado pela Emenda Regimental n. 22, de 16-3-2016.

XLI – Pedido de Prisão Temporária (PePrTe);

>> Inciso XLI acrescentado pela Emenda Regimental n. 22, de 16-3-2016.

XLII – Pedido de Quebra de Sigilo de Dados e/ou Telefônico (QuebSig);

>> Inciso XLII acrescentado pela Emenda Regimental n. 22, de 16-3-2016.

XLIII – Medidas Investigativas sobre Organizações Criminosas (MISOC);

>> Inciso XLIII acrescentado pela Emenda Regimental n. 22, de 16-3-2016.

XLIV – Cautelar Inominada Criminal (CauInomCrim);

>> Inciso XLIV acrescentado pela Emenda Regimental n. 22, de 16-3-2016.

XLV – Alienação de Bens do Acusado (AlienBac);

>> Inciso XLV acrescentado pela Emenda Regimental n. 22, de 16-3-2016.

XLVI – Embargos de Terceiro (ET);

>> Inciso XLVI acrescentado pela Emenda Regimental n. 22, de 16-3-2016.

XLVII – Embargos do Acusado (EmbAc);

>> Inciso XLVII acrescentado pela Emenda Regimental n. 22, de 16-3-2016.

XLVIII – Insanidade Mental do Acusado (InsanAc);

>> Inciso XLVIII acrescentado pela Emenda Regimental n. 22, de 16-3-2016.

XLIX – Restituição de Coisas Apreendidas (ReCoAp);

>> Inciso XLIX acrescentado pela Emenda Regimental n. 22, de 16-3-2016.

L – Pedido de Uniformização de Interpretação de Lei (PUIL).

>> Inciso L acrescentado pela Emenda Regimental n. 22, de 16-3-2016.

Parágrafo único. O Presidente resolverá, mediante instrução normativa, as dúvidas que se suscitarem na classificação dos feitos e papéis, observando-se as seguintes normas:

>> Primitivo § 1.º passado a parágrafo único pela Emenda Regimental n. 4, de 2-12-1993.

I – na classe Comunicação (Com), incluem-se as comunicações de prisão;

II – na classe Recurso Especial (REsp), incluem-se os recursos especiais de modo geral: cíveis, criminais, em mandado de segurança e em *habeas corpus;*

III – a classe Recurso Ordinário (RO) compreende o recurso ordinário interposto nas causas em que forem partes Estado estrangeiro ou organismo internacional de um lado e, do outro, Município ou pessoa residente ou domiciliada no País;

>> Inciso III com redação determinada pela Emenda Regimental n. 24, de 28-9-2016.

IV – as classes Recurso em *Habeas Corpus* (RHC) e Recurso em Mandado de Segurança (RMS) compreendem os recursos ordinários interpostos na forma do disposto no art. 105, II, *a* e *b*, da Constituição;

>> Inciso IV com redação determinada pela Emenda Regimental n. 4, de 2-12-1993.

IV-A – a classe Suspensão em Incidente de Resolução de Demandas Repetitivas (SIRDR) compreende o pedido de suspensão de todos os processos individuais ou coletivos em curso no território nacional que versem sobre a questão objeto do incidente já instaurado;

>> Inciso IV-A acrescentado pela Emenda Regimental n. 22, de 16-3-2016.

V – na classe Inquérito (Inq), são incluídos os policiais e os administrativos que possam resultar em responsabilidade penal, e que só passarão à classe Ação Penal (APn) após oferecimento da denúncia ou queixa;

>> Inciso V com redação determinada pela Emenda Regimental n. 4, de 2-12-1993.

VI – na classe Sindicância (Sd), são incluídas as administrativas ou policiais, assim como quaisquer informações relativas à prática de ilícitos;

>> Inciso VI com redação determinada pela Emenda Regimental n. 7, de 1.º-3-2004.

VII – a classe Intervenção Federal (IF) compreende os pedidos autônomos e os formulados em execução de julgado do Tribunal; estes últimos serão autuados em apenso, salvo se os autos principais tiverem sido enviados a outra instância;

VIII – os expedientes que não tenham classificação específica, nem sejam acessórios ou incidentes, serão incluídos na classe Petição (Pet), se contiverem requerimento, ou na classe Comunicação (Com), em qualquer outro caso;

VIII-A – a classe Pedido de Uniformização de Interpretação de Lei (PUIL) compreende a medida interposta contra decisão:

>> Inciso VIII-A, *caput*, acrescentado pela Emenda Regimental n. 24, de 28-9-2016.

a) da Turma Nacional de Uniformização no âmbito da Justiça Federal que, em questões de direito material, contrarie súmula ou jurisprudência dominante no Superior Tribunal de Justiça;

>> Alínea *a* acrescentada pela Emenda Regimental n. 24, de 28-9-2016.

b) da Turma Recursal dos Juizados Especiais da Fazenda Pública no âmbito dos Estados, do Distrito Federal, dos Territórios e dos Municípios quando as Turmas de diferentes Estados derem a lei federal interpretações divergentes, ou quando a decisão proferida estiver em contrariedade com súmula do Superior Tribunal de Justiça; e

>> Alínea *b* acrescentada pela Emenda Regimental n. 24, de 28-9-2016.

c) das Turmas de Uniformização dos Juizados Especiais da Fazenda Pública no âmbito dos Estados, do Distrito Federal, dos Territórios e dos Municípios quando a orientação adotada pelas Turmas de Uniformização contrariar súmula do Superior Tribunal de Justiça;

>> Alínea *c* acrescentada pela Emenda Regimental n. 24, de 28-9-2016.

VIII-B – a classe Pedido de Tutela Provisória (TP) compreende o pedido de tutela provisória de urgência de caráter antecedente;

>> Inciso VIII-B acrescentado pela Emenda Regimental n. 24, de 28-9-2016.

IX – não se altera a classe do processo:

a) pela oposição de Embargos de Declaração (EDcl) e pela interposição de Agravo Interno (AgInt);

>> Alínea *a* com redação determinada pela Emenda Regimental n. 22, de 16-3-2016.

b) pelos pedidos incidentes ou acessórios, inclusive pela interposição de exceções de impedimento e de suspeição;

c) pela arguição de inconstitucionalidade formulada incidentemente pelas partes;

d) pelos pedidos de execução, salvo a intervenção federal;

X – far-se-á na autuação nota distintiva do recurso ou incidente, quando este não alterar a classe e o número do processo.

Capítulo II
DA DISTRIBUIÇÃO

Art. 68. Os processos da competência do Tribunal serão distribuídos por classe, tendo, cada uma, designação distintiva e numeração segundo a ordem em que houverem sido apresentados os feitos, observando-se as classes mencionadas no art. 67.

....

Art. 71. A distribuição da ação, do recurso ou do incidente torna preventa a competência do relator para todos os feitos posteriores referentes ao mesmo processo ou a processo conexo, inclusive na fase de cumprimento de decisão; a distribuição do inquérito e da sindicância, bem como a realizada para efeito da concessão de fiança ou de decretação de prisão preventiva ou de qualquer diligência anterior à denúncia ou queixa, prevenirá a da ação penal.

>> *Caput* com redação determinada pela Emenda Regimental n. 24, de 28-9-2016.

§ 1.º Se o relator deixar o Tribunal ou transferir-se de Seção, a prevenção será do órgão julgador.

§ 2.º Vencido o relator, a prevenção referir-se-á ao Ministro designado para lavrar o acórdão.

§ 3.º Se o recurso tiver subido por decisão do relator no agravo de instrumento, ser-lhe-á distribuído ou ao seu sucessor.

§ 4.º A prevenção, se não for reconhecida de ofício, poderá ser arguida por qualquer das partes ou pelo órgão do Ministério Público, até o início do julgamento.

§ 5.º Observar-se-á a regra da distribuição por prevenção de processo para o Presidente de Seção e para as hipóteses previstas no art. 70, §§ 5.º e 6.º.

>> § 5.º acrescentado pela Emenda Regimental n. 24, de 28-9-2016.

§ 6.º Há prevenção nas ações e nos recursos decorrentes do mesmo procedimento policial investigatório, ainda que derivados de inquéritos diversos.

>> § 6.º acrescentado pela Emenda Regimental n. 24, de 28-9-2016.

....

Capítulo III
DOS ATOS E FORMALIDADES

Seção I
Disposições Gerais

Art. 81. O ano judiciário no Tribunal divide-se em dois períodos, recaindo as férias dos Ministros nos períodos de 2 a 31 de janeiro e de 2 a 31 de julho.

§ 1.º O Tribunal iniciará e encerrará seus trabalhos, respectivamente, no primeiro e no último dia útil de cada período, com a realização de sessão da Corte Especial.

§ 2.º Além dos fixados em lei, serão feriados no Tribunal:

I – os dias compreendidos no período de 20 de dezembro a 6 de janeiro;

>> Inciso I com redação determinada pela Emenda Regimental n. 16, de 19-11-2014.

II – os dias da Semana Santa, compreendidos desde a quarta-feira até o domingo de Páscoa;

III – os dias de segunda e terça-feira de carnaval;

IV – os dias 11 de agosto, 1.º e 2 de novembro e 8 de dezembro.

....

Art. 83. Suspendem-se as atividades judicantes do Tribunal nos feriados, nas férias coletivas e nos dias em que o Tribunal o determinar.

§ 1.º Nas hipóteses previstas neste artigo, poderá o Presidente ou seu substituto legal decidir pedidos de liminar em mandado de segurança e *habeas corpus*, determinar liberdade provisória ou sustação de ordem de prisão, e demais medidas que reclamem urgência.

§ 2.º Os Ministros indicarão seu endereço para eventual convocação durante as férias.

....

Art. 89. As pautas do Plenário, da Corte Especial, das Seções e das Turmas serão organizadas pelos Secretários, com aprovação dos respectivos Presidentes.

Art. 90. A publicação da pauta de julgamento antecederá cinco dias úteis, pelo menos, à sessão em que os processos poderão ser chamados e será certificada nos autos.

>> *Caput* com redação determinada pela Emenda Regimental n. 20, de 2-12-2015.

§ 1.º A pauta de julgamento será afixada na entrada da sala em que se realizará a sessão de julgamento.

>> § 1.º com redação determinada pela Emenda Regimental n. 20, de 2-12-2015.

§ 2.º Serão incluídos em nova pauta os processos que não tiverem sido julgados, salvo aqueles expressamente adiados para a primeira sessão seguinte, observado o disposto no parágrafo único do art. 150 deste Regimento.

>> § 2.º com redação determinada pela Emenda Regimental n. 20, de 2-12-2015.

Art. 91. Independem de pauta:

I – o julgamento de *habeas corpus*, recursos de *habeas corpus*, conflitos de competência e de atribuições e exceções de suspeição e impedimento;

>> Inciso I com redação determinada pela Emenda Regimental n. 22, de 16-3-2016.

II – as questões de ordem sobre o processamento de feitos.

Parágrafo único. A regra deste artigo não se aplica ao processo cuja matéria tenha sido objeto de audiência pública nos termos do inciso I do art. 185 deste Regimento.

>> Parágrafo único com redação determinada pela Emenda Regimental n. 22, de 16-3-2016.

Art. 92. Os editais destinados à divulgação do ato poderão conter, apenas, o essencial à defesa ou à resposta, observados os requisitos processuais.

§ 1.º A parte que requerer a publicação nos termos deste artigo fornecerá o respectivo resumo, respondendo pelas suas deficiências, nos termos da lei processual.

>> § 1.º com redação determinada pela Emenda Regimental n. 22, de 16-3-2016.

§ 2.º O prazo do edital será determinado entre vinte e sessenta dias, a critério do relator, e correrá da data de sua publicação no Diário da Justiça eletrônico, com observância da lei processual.

>> § 2.º com redação determinada pela Emenda Regimental n. 22, de 16-3-2016.

§ 3.º A publicação do edital deverá ser feita no prazo de vinte dias, contados de sua expedição, e certificada nos autos, sob pena de extinguir-se o processo sem resolução do mérito, se a parte, intimada pelo Diário da Justiça eletrônico, não suprir a falta em dez dias.

>> § 3.º com redação determinada pela Emenda Regimental n. 22, de 16-3-2016.

§ 4.º O prazo para a defesa ou resposta começará a correr do termo do prazo determinado no edital.

Art. 93. Nenhuma publicação terá efeito de citação ou intimação, quando ocorrida nos feriados ou nas férias do Tribunal, salvo nos casos do art. 83, § 1.º.

Art. 94. A vista às partes transcorre na Secretaria, podendo o advogado retirar autos nos casos previstos em lei, mediante recibo.

§ 1.º Os advogados constituídos após a remessa do processo ao Tribunal poderão, a requerimento, ter vista dos autos, na oportunidade e pelo prazo que o relator estabelecer.

§ 2.º O relator indeferirá o pedido, se houver justo motivo.

....

Seção III
Das Decisões

>> Seção III com redação determinada pela Emenda Regimental n. 35, de 8-5-2019.

Art. 100. As conclusões da Corte Especial, das Seções e das Turmas, em suas decisões, constarão de acórdão.

>> *Caput* com redação determinada pela Emenda Regimental n. 35, de 8-5-2019.

Parágrafo único. Dispensam acórdão:

I – a remessa do feito à Seção ou à Corte Especial, em razão da relevância da questão jurídica, ou da necessidade de prevenir divergência entre as Turmas;

II – a remessa do feito à Corte Especial, ou à Seção respectiva, para o fim de ser compendiada em Súmula a jurisprudência do Tribunal, ou para revisão da Súmula;

III – a conversão do julgamento em diligência;

IV – se o órgão julgador do Tribunal o determinar.

Art. 101. Subscreve o acórdão o relator que o lavrou, e, na Corte Especial, também o Ministro que presidiu o julgamento. Se o relator for vencido na questão principal, ficará designado o revisor para redigir o acórdão. Se não houver revisor, ou se este também tiver sido vencido, será designado para redigir o acórdão o Ministro que proferiu o primeiro voto vencedor (art. 52, II).

>> *Caput* com redação determinada pela Emenda Regimental n. 6, de 12-8-2002.

§ 1.º Se o relator, por ausência ou outro motivo relevante, não o puder fazer, lavrará o acórdão o revisor, ou o Ministro que o seguir na ordem de antiguidade.

§ 2.º Se o Ministro que presidiu o julgamento na Corte Especial, por ausência ou outro motivo relevante, não puder assinar o acórdão, apenas o relator o fará, mencionando-se, no local da assinatura do Presidente, a circunstância.

>> § 2.º com redação determinada pela Emenda Regimental n. 6, de 12-8-2002.

Art. 102. A publicação do acórdão por suas conclusões e ementa far-se-á, para intimar as partes, no *Diário da Justiça* eletrônico.

>> *Caput* com redação determinada pela Emenda Regimental n. 22, de 16-3-2016.

Parágrafo único. As partes serão intimadas, das decisões em que se tiver dispensado o acórdão, pela publicação da ata da sessão de julgamento.

Art. 103. Em cada julgamento, o relatório e os votos, fundamentados, serão juntados aos autos com o acórdão, depois de revistos.

>> *Caput* com redação determinada pela Emenda Regimental n. 35, de 8-5-2019.

§ 1.º As inexatidões materiais e os erros de escrita ou cálculo contidos na decisão poderão ser corrigidos por despacho do relator ou por via de embargos de declaração, quando couberem.

>> § 1.º com redação determinada pela Emenda Regimental n. 35, de 8-5-2019.

§ 2.º Concluído o julgamento, o Gabinete do Ministro providenciará a elaboração dos documentos para publicação no prazo improrrogável de trinta dias.

>> § 2.º com redação determinada pela Emenda Regimental n. 35, de 8-5-2019.

§ 3.º Decorridos os trinta dias mencionados no parágrafo anterior, os autos serão conclusos ao relator, para que lavre o acórdão.

>> § 3.º com redação determinada pela Emenda Regimental n. 35, de 8-5-2019.

§ 4.º A publicação do acórdão no Diário da Justiça eletrônico far-se-á no prazo máximo de quarenta dias, contados a partir da data da sessão em que tiver sido proclamado o resultado do julgamento.

>> § 4.º com redação determinada pela Emenda Regimental n. 35, de 8-5-2019.

§ 5.º Escoado o prazo de que trata o parágrafo anterior sem que tenha sido publicado o acórdão, a secretaria do órgão julgador providenciará, nos dez dias subsequentes, a publicação do acórdão independentemente de revisão, adotando-se como ementa a apresentação em sessão.

>> § 5.º com redação determinada pela Emenda Regimental n. 35, de 8-5-2019.

§ 6.º O prazo de publicação ficará suspenso nos períodos de recesso e de férias coletivas.

>> § 6.º com redação determinada pela Emenda Regimental n. 35, de 8-5-2019.

§§ 7.º e 8.º (*Revogados pela Emenda Regimental n. 35, de 8-5-2019.*)

Art. 104. Também se juntará aos autos, como parte integrante do acórdão, a minuta do julgamento, que conterá:

I – a decisão proclamada pelo Presidente;

II – os nomes do Presidente do órgão julgador, do relator, ou, quando vencido, do que for designado, dos demais Ministros que tiverem participado do julgamento e do Subprocurador-Geral, quando presente;

III – os nomes dos Ministros impedidos e ausentes;

IV – os nomes dos advogados que tiverem feito sustentação oral.

Art. 104-A. Os acórdãos proferidos em julgamento de incidente de assunção de competência e de recursos especiais repetitivos deverão, nos termos do § 3.º do art. 1.038, c/c art. 984, § 2.º, do Código de Processo Civil, conter:

>> *Caput* acrescentado pela Emenda Regimental n. 24, de 28-9-2016.

I – os fundamentos relevantes da questão jurídica discutida, favoráveis ou contrários, entendidos esses como a conclusão dos argumentos deduzidos no processo capazes de, em tese, respectivamente, confirmar ou infirmar a conclusão adotada pelo órgão julgador;

>> Inciso I acrescentado pela Emenda Regimental n. 24, de 28-9-2016.

II – a definição dos fundamentos determinantes do julgado;

>> Inciso II acrescentado pela Emenda Regimental n. 24, de 28-9-2016

III – a tese jurídica firmada pelo órgão julgador, em destaque;

>> Inciso III acrescentado pela Emenda Regimental n. 24, de 28-9-2016.

IV – a solução dada ao caso concreto pelo órgão julgador.

>> Inciso IV acrescentado pela Emenda Regimental n. 24, de 28-9-2016.

§ 1.º Para definição dos fundamentos determinantes do julgado, o processo poderá ter etapas diferentes de deliberação, caso o órgão julgador, mesmo com votos convergentes, tenha adotado fundamentos diversos para a solução da causa.

>> § 1.º acrescentado pela Emenda Regimental n. 24, de 28-9-2016.

§ 2.º O Presidente do órgão julgador, identificando que o(s) fundamento(s) determinante(s) para o julgamento da causa não possui(em) a adesão da maioria dos votos dos Ministros, convocará, na mesma sessão de julgamento, nova etapa de deliberação, que contemplará apenas a definição do(s) fundamento(s) determinante(s).

>> § 2.º acrescentado pela Emenda Regimental n. 24, de 28-9-2016.

Seção IV
Dos Prazos

Art. 105. A contagem dos prazos observará o disposto na lei processual.

>> *Caput* com redação determinada pela Emenda Regimental n. 22, de 16-3-2016.

§§ 1.º e 2.º (*Revogados pela Emenda Regimental n. 22, de 16-3-2016.*)

Art. 106. Não correm os prazos no período aludido no art. 81, § 2.º, I, e nas férias, salvo nas hipóteses previstas em lei.

>> *Caput* com redação determinada pela Emenda Regimental n. 1, de 23-5-1991.

§ 1.º Nos casos deste artigo, os prazos começam ou continuam a fluir no dia de reabertura do expediente.

§ 2.º Também não corre prazo nas hipóteses previstas em lei, quando houver obstáculo criado em detrimento da parte ou for comprovado motivo de força maior, reconhecido pelo Tribunal.

>> § 2.º com redação determinada pela Emenda Regimental n. 22, de 16-3-2016.

§ 3.º As informações oficiais apresentadas fora do prazo por justo motivo poderão ser admitidas, se ainda oportuna a sua apreciação.

Art. 107. Mediante pedido conjunto das partes, o relator poderá admitir prorrogação de prazo por tempo razoável.

Art. 108. Os prazos para diligências serão fixados nos atos que as ordenarem, salvo disposição em contrário deste Regimento.

Art. 109. Os prazos não especificados em lei ou neste Regimento serão fixados pela Corte Especial, pelo Presidente, pelas Seções, pelas Turmas, ou por seus Presidentes, ou pelo relator, conforme o caso.

§ 1.º Computar-se-á em dobro o prazo para manifestações nos autos, quando forem partes o Ministério Público, a Defensoria Pública, a União, os Estados, o Distrito Federal, os Municípios ou suas respectivas autarquias e fundações de direito público.

>> § 1.º acrescentado pela Emenda Regimental n. 24, de 28-9-2016.

§ 2.º O Ministério Público, a Defensoria Pública e os entes públicos mencionados no § 1.º serão intimados pessoalmente, mediante carga, nos autos físicos, ou por meio eletrônico, contando-se-lhes em dobro todos os prazos.

>> § 2.º acrescentado pela Emenda Regimental n. 24, de 28-9-2016.

§ 3.º Não se aplica o prazo em dobro ao Ministério Público quando se tratar de processo criminal.

>> § 3.º acrescentado pela Emenda Regimental n. 24, de 28-9-2016.

Art. 110. Os prazos para os Ministros, salvo acúmulo de serviço, se de outra forma não dispuser a lei processual ou este Regimento, são os seguintes:

>> *Caput* com redação determinada pela Emenda Regimental n. 22, de 16-3-2016.

I – dez dias para atos administrativos e para decisões interlocutórias;

>> Inciso I com redação determinada pela Emenda Regimental n. 22, de 16-3-2016.

II – vinte dias para o "visto" do revisor;

III – trinta dias para o "visto" do relator.

Art. 111. Salvo disposição em contrário, os servidores do Tribunal terão o prazo de cinco dias para executar os atos do processo, inclusive para certificar a data do trânsito em julgado da decisão e, na sequência, independentemente de despacho e conforme o caso, arquivar os autos, remeter ao Supremo Tribunal Federal ou baixar ao juízo de origem.

>> Artigo com redação determinada pela Emenda Regimental n. 22, de 16-3-2016.

Seção V
Das Despesas Processuais

Art. 112. No Tribunal, serão devidas custas nos processos de sua competência originária e recursal, nos termos da lei.

>> *Caput* com redação determinada pela Emenda Regimental n. 9, de 24-9-2008.

§ 1.º Não são custas os preços cobrados pelo fornecimento de cópias autenticadas ou não, ou de certidões e traslados por fotocópia ou processo equivalente de reprodução.

§ 2.º O pagamento dos preços será antecipado ou garantido com depósito, consoante tabela aprovada pelo Presidente.

§ 3.º O Presidente do Tribunal, anualmente, fará expedir a tabela de custas atualizada segundo o índice estabelecido em lei.

>> § 3.º acrescentado pela Emenda Regimental n. 9, de 24-9-2008.

§ 4.º É dispensado o recolhimento do porte de remessa e de retorno no processo em autos eletrônicos.

>> § 4.º acrescentado pela Emenda Regimental n. 22, de 16-3-2016.

§ 5.º O Presidente do Tribunal, mediante instrução normativa, disciplinará o regime de cobrança do porte de remessa e retorno dos autos dos processos que tiverem de ser digitalizados.

>> § 5.º acrescentado pela Emenda Regimental n. 22, de 16-3-2016.

Art. 113. O preparo de recurso da competência do Supremo Tribunal Federal será feito no prazo e na forma do disposto na lei processual, bem como no Regimento Interno e na Tabela de Custas do Supremo Tribunal Federal.

>> Artigo com redação determinada pela Emenda Regimental n. 22, de 16-3-2016.

Seção VI
Da Assistência Judiciária

Art. 114. O requerimento dos benefícios da assistência judiciária, no Tribunal, será apresentado ao Presidente ou ao relator, conforme o estado da causa, na forma da Lei n. 1.060/50, com as alterações introduzidas pela Lei n. 7.510/86.

Art. 115. Sem prejuízo da nomeação, quando couber, de defensor ou curador dativo, o pedido de assistência judiciária será decidido de acordo com a legislação em vigor.

§ 1.º Não cabe recurso da decisão que se proferir, mas a Corte Especial, a Seção ou a Turma, ao conhecerem do feito, poderão conceder o benefício negado.

§ 2.º Prevalecerá no Tribunal a assistência judiciária já concedida em outra instância.

Art. 116. Nos crimes de ação privada, o Presidente ou o relator, a requerimento da parte necessitada, oficiará à Defensoria Pública da União para que promova a ação penal quando de competência originária do Tribunal, ou intimará membro da Defensoria Pública a prosseguir no processo quando em grau de recurso.

>> Artigo com redação determinada pela Emenda Regimental n. 19, de 11-11-2015.

Capítulo IV
DA JURISPRUDÊNCIA

Seção I
Da Uniformização de Jurisprudência

Arts. 118 a 121. (*Revogados pela Emenda Regimental n. 22, de 16-3-2016.*)

Seção I-A
Do Registro e da Formação dos Precedentes Qualificados

>> Seção I-A acrescentada pela Emenda Regimental n. 24, de 28-9-2016.

Art. 121-A. Os acórdãos proferidos em julgamento de incidente de assunção de competência e de recursos especiais repetitivos bem como os enunciados de súmulas do Superior Tribunal de Justiça constituem, segundo o art. 927 do Código de Processo Civil, precedentes qualificados de estrita observância pelos Juízes e Tribunais.

>> *Caput* acrescentado pela Emenda Regimental n. 24, de 28-9-2016.

§ 1.º Os incidentes de assunção de competência e os processos afetados para julgamento sob o rito dos recursos especiais repetitivos serão organizados e divulgados por meio de enunciados de temas com numeração sequencial, contendo o registro da matéria a ser decidida e, após o julgamento, a tese firmada e seus fundamentos determinantes.

>> § 1.º acrescentado pela Emenda Regimental n. 24, de 28-9-2016.

§ 2.º Os precedentes qualificados deverão ser divulgados na internet, de forma sistematizada, com a indicação precisa das informações relacionadas a todas as fases percorridas de seu procedimento.

>> § 2.º acrescentado pela Emenda Regimental n. 24, de 28-9-2016.

Seção II
Da Súmula

Art. 122. A jurisprudência firmada pelo Tribunal será compendiada na Súmula do Superior Tribunal de Justiça.

§ 1.º Poderão ser inscritos na súmula os enunciados correspondentes às decisões firmadas por unanimidade dos membros componentes da Corte Especial ou da Seção, em um caso, por maioria absoluta em pelo menos dois julgamentos concordantes.

>> § 1.º acrescentado pela Emenda Regimental n. 24, de 28-9-2016.

§ 2.º A inclusão da matéria objeto de julgamento na Súmula da Jurisprudência do Tribunal será deliberada pela Corte Especial ou pela Seção, por maioria absoluta dos seus membros.

§ 3.º Se a Seção entender que a matéria a ser sumulada é comum às Seções, remeterá o feito à Corte Especial.

Art. 123. Os enunciados da Súmula, seus adendos e emendas, datados e numerados, serão publicados três vezes no *Diário da União*, em datas próximas.

Parágrafo único. As edições ulteriores da Súmula incluirão os adendos e emendas.

Art. 124. A citação da Súmula pelo número correspondente dispensará, perante o Tribunal, a referência a outros julgados no mesmo sentido.

Art. 125. Os enunciados da Súmula prevalecem e serão revistos na forma estabelecida neste Regimento Interno.

§ 1.º Qualquer dos Ministros poderá propor, em novos feitos, a revisão da jurisprudência compendiada na Súmula, sobrestando-se o julgamento, se necessário.

§ 2.º Se algum dos Ministros propuser revisão da jurisprudência compendiada na súmula, em julgamento perante a Turma, esta, se acolher a proposta, remeterá o feito ao julgamento da Corte Especial ou da Seção, dispensada a lavratura do acórdão, juntando-se, entretanto, a certidão de julgamento e tomando-se o parecer do Ministério Público Federal.

>> § 2.º com redação determinada pela Emenda Regimental n. 35, de 8-5-2019.

§ 3.º A alteração ou o cancelamento do enunciado da Súmula serão deliberados na Corte Especial ou nas Seções, conforme o caso, por maioria absoluta dos seus membros, com a presença de, no mínimo, dois terços de seus componentes.

§ 4.º Ficarão vagos, com a nota correspondente, para efeito de eventual restabelecimento, os números dos enunciados que o Tribunal cancelar ou alterar, tomando os que forem modificados novos números da série.

Art. 126. Qualquer Ministro poderá propor, na Turma, a remessa do feito à Corte Especial, ou à Seção, para o fim de ser compendiada em Súmula a jurisprudência do Tribunal, quando verificar que as Turmas não divergem na interpretação do direito.

§ 1.º Na hipótese referida neste artigo, dispensa-se a lavratura de acórdão, certificada nos autos a decisão da Turma.

>> § 1.º com redação determinada pela Emenda Regimental n. 35, de 8-5-2019.

§ 2.º O processo e o julgamento observarão, no que couber, o disposto nos arts. 271-B e seguintes deste Regimento.

>> § 2.º com redação determinada pela Emenda Regimental n. 24, de 28-9-2016.

§ 3.º A Comissão de Jurisprudência poderá, também, propor à Corte Especial ou à Seção que seja compendiada em Súmula a jurisprudência do Tribunal, quando verificar que as Turmas não divergem na interpretação do direito.

§ 4.º Proferido o julgamento, em decisão tomada pela maioria absoluta dos membros que integram o Órgão Julgador, o relator deverá redigir o projeto de súmula, a ser aprovado pelo Tribunal na mesma sessão ou na primeira sessão ordinária seguinte.

>> § 4.º acrescentado pela Emenda Regimental n. 22, de 16-3-2016.

Art. 127. Quando convier pronunciamento da Corte Especial ou da Seção, em razão da relevância da questão jurídica, ou da necessidade de prevenir divergências entre as Turmas, o relator, ou outro Ministro, no julgamento de qualquer recurso, poderá propor a remessa do feito à apreciação da Seção respectiva, ou da Corte Especial, se a matéria for comum às Seções.

§ 1.º Acolhida a proposta, a Turma remeterá o feito ao julgamento da Seção ou da Corte Especial, dispensada a lavratura do acórdão. Com a certidão de julgamento, os autos irão ao Presidente do órgão do Tribunal, para designar a sessão de julgamento. A secretaria expedirá cópias do relatório e fará sua distribuição aos Ministros que comporem o órgão competente para o julgamento.

>> § 1.º com redação determinada pela Emenda Regimental n. 35, de 8-5-2019.

§ 2.º Proferido o julgamento, cópia do acórdão será, no prazo da sua publicação, remetida à Comissão de Jurisprudência, para elaboração de projeto de Súmula, se for o caso.

Título II
DAS PROVAS

Capítulo I
DISPOSIÇÃO GERAL

Art. 139. A proposição, admissão e produção de provas, no Tribunal, obedecerão às leis processuais, observados os preceitos especiais deste título.

Capítulo II
DOS DOCUMENTOS E INFORMAÇÕES

Art. 140. Se a parte não puder instruir, desde logo, suas alegações, por impedimento ou demora em obter certidões ou cópias autenticadas de notas ou registros em estabelecimentos públicos, o relator conceder-lhe-á prazo para esse fim ou as requisitará diretamente àqueles estabelecimentos.

Art. 141. (*Revogado pela Emenda Regimental n. 22, de 16-3-2016.*)

Art. 142. Em caso de impugnação, ou por determinação do relator, as partes deverão provar a fidelidade da transcrição de textos de leis e demais atos do poder público, bem como a vigência e o teor de normas pertinentes à causa, quando emanarem de Estado estrangeiro, de organismo internacional, ou, no Brasil, de Estados e Municípios.

Art. 143. A parte será intimada por publicação no *Diário da Justiça eletrônico* ou, se o relator o determinar, pela forma indicada no art. 87 deste Regimento, para pronunciar-se sobre documento juntado pela parte contrária, após a última intervenção dela no processo.

>> Artigo com redação determinada pela Emenda Regimental n. 22, de 16-3-2016.

> Citado artigo dispõe que a intimação poderá ser feita por servidor credenciado da secretaria, por via postal ou por qualquer modo eficaz de Telecomunicação.

Art. 144. Os Ministros poderão solicitar esclarecimentos ao advogado, durante o julgamento, sobre peças dos autos e sobre as citações que tiver feito de textos legais, de precedentes judiciais e de trabalhos doutrinários.

Capítulo III
DA APRESENTAÇÃO DE PESSOAS E OUTRAS DILIGÊNCIAS

Art. 145. Quando, em qualquer processo, for necessária a apresentação da parte ou de terceiro que não tiver atendido à notificação, a Corte Especial, a Seção, a Turma ou o relator poderá expedir ordem de condução de recalcitrante.

Art. 146. Observar-se-ão as formalidades da lei na realização de exames periciais, arbitramentos, buscas e apreensões, na exibição e conferência de documentos e em quaisquer outras diligências determinadas ou deferidas pela Corte Especial, pela Seção, pela Turma ou pelo relator.

Capítulo IV
DOS DEPOIMENTOS

Art. 147. Os depoimentos poderão ser gravados com a utilização de recursos audiovisuais, e os termos de audiência serão assinados no ato pelo relator, pelo depoente, pelo membro do Ministério Público e pelos advogados.

>> *Caput* com redação determinada pela Emenda Regimental n. 35, de 8-5-2019.

Parágrafo único. (*Revogado pela Emenda Regimental n. 22, de 16-3-2016.*)

§ 1.º Admite-se a prática de atos processuais por meio de videoconferência ou de outro recurso tecnológico de transmissão de sons e imagens em tempo real.

>> § 1.º acrescentado pela Emenda Regimental n. 22, de 16-3-2016.

§ 2.º Aplica-se o disposto neste artigo ao interrogatório.

>> § 2.º acrescentado pela Emenda Regimental n. 22, de 16-3-2016.

Título III
DAS SESSÕES

Capítulo I
DISPOSIÇÕES GERAIS

....

Art. 154. No julgamento das ações penais originárias, das revisões criminais, dos pedidos de intervenção federal, dos recursos especiais, dos embargos de divergência, dos recursos ordinários, dos mandados de segurança, dos recursos ordinários em mandados de segurança, dos mandados de injunção e das ações rescisórias, o relator distribuirá, sempre que possível, por meio eletrônico, cópia do relatório aos demais integrantes do órgão julgador.

>> Artigo com redação determinada pela Emenda Regimental n. 24, de 28-9-2016.

....

Capítulo IV
DAS SESSÕES DA CORTE ESPECIAL

Art. 172. A Corte Especial, que se reúne com a presença da maioria absoluta de seus membros, é dirigida pelo Presidente do Tribunal.

Parágrafo único. No julgamento de matéria constitucional, intervenção federal, ação penal originária, sumulação de jurisprudência e alteração ou cancelamento de enunciado de súmula e incidente de assunção de competência, será exigida a presença de dois terços de seus membros.

>> Parágrafo único com redação determinada pela Emenda Regimental n. 24, de 28-9-2016.

Art. 173. Terão prioridade no julgamento da Corte Especial:

I – as causas criminais, havendo réu preso;

II – o mandado de segurança, o mandado de injunção e o *habeas data*;

III – a requisição de intervenção federal nos Estados;

IV – as reclamações;

V – os conflitos de competência e de atribuições;

VI – recurso especial repetitivo.

>> Inciso VI acrescentado pela Emenda Regimental n. 22, de 16-3-2016.

Art. 174. Excetuados os casos em que se exige o voto de maioria qualificada, as decisões serão tomadas pelo voto da maioria dos Ministros.

Art. 175. O Presidente não proferirá voto, salvo:

I – nos casos em que o julgamento depender de *quorum* qualificado para apuração do resultado;

II – em matéria administrativa;

III – nos demais casos, quando ocorrer empate.

Capítulo V
DAS SESSÕES DAS SEÇÕES

Art. 176. As Seções se reúnem com a presença da maioria absoluta de seus integrantes.

Parágrafo único. No julgamento da sumulação de jurisprudência e alteração ou cancelamento de súmula e incidente de assunção de competência, será exigida a presença de dois terços de seus membros.

>> Parágrafo único com redação determinada pela Emenda Regimental n. 24, de 28-9-2016.

Art. 177. Terão prioridade no julgamento da Seção:

I – as causas criminais, havendo réu preso;

II – os *habeas corpus*;

III – o mandado de segurança e o *habeas data*;

IV – os conflitos de competência e de atribuições;

V – recurso especial repetitivo.

>> Inciso V acrescentado pela Emenda Regimental n. 22, de 16-3-2016.

Art. 178. Excetuados os casos em que se exige o voto da maioria absoluta dos seus membros, as decisões serão tomadas pelo voto da maioria dos Ministros.

Capítulo VI
DAS SESSÕES DAS TURMAS

Art. 179. As Turmas reúnem-se com a presença de, pelo menos, três Ministros.

Art. 180. Terão prioridade no julgamento das Turmas:

I – as causas criminais, havendo réu preso;

II – os *habeas corpus*.

Art. 181. A decisão da Turma será tomada pelo voto da maioria absoluta dos seus membros.

§ 1.º O Presidente da Turma participa dos seus julgamentos com as funções de relator, revisor e vogal.

§ 2.º Não alcançada a maioria de que trata este artigo, será adiado o julgamento para o fim de ser tomado o voto do Ministro ausente.

§ 3.º Persistindo a ausência, ou havendo vaga, impedimento ou licença, por mais de um mês, convocar-se-á Ministro de outra Turma (art. 55).

§ 4.º No *habeas corpus* e no recurso em *habeas corpus*, havendo empate, prevalecerá a decisão mais favorável ao paciente.

Título V
DOS PROCESSOS SOBRE COMPETÊNCIA

Capítulo I
DA RECLAMAÇÃO

Art. 187. Para preservar a competência do Tribunal, garantir a autoridade de suas decisões e a observância de julgamento proferido em incidente de assunção de competência, caberá reclamação da parte interessada ou do Ministério Público desde que, na primeira hipótese, haja esgotado a instância ordinária.

>> *Caput* com redação determinada pela Emenda Regimental n. 24, de 28-9-2016.

Parágrafo único. A reclamação, dirigida ao Presidente do Tribunal e instruída com prova documental, será autuada e distribuída ao relator da causa principal, sempre que possível.

Art. 188. Ao despachar a reclamação, o relator:

I – requisitará informações da autoridade a quem for imputada a prática do ato impugnado, a qual as prestará no prazo de dez dias;

II – ordenará, se necessário, para evitar dano irreparável a suspensão do processo ou do ato impugnado;

III – determinará a citação do beneficiário da decisão impugnada, que terá quinze dias para apresentar contestação.

>> Inciso III acrescentado pela Emenda Regimental n. 22, de 16-3-2016.

Art. 189. Qualquer interessado poderá impugnar o pedido do reclamante.

Art. 190. O Ministério Público, nas reclamações que não houver formulado, terá vista do processo por cinco dias, após o decurso do prazo para informações e para oferecimento da contestação pelo beneficiário do ato impugnado.

>> Artigo com redação determinada pela Emenda Regimental n. 22, de 16-3-2016.

Art. 191. Julgando procedente a reclamação, o Tribunal cassará a decisão exorbitante de seu julgado ou determinará medida adequada à preservação de sua competência.

Art. 192. O Presidente determinará o imediato cumprimento da decisão, lavrando-se o acórdão posteriormente.

Capítulo II
DO CONFLITO DE COMPETÊNCIA E DE ATRIBUIÇÕES

Art. 193. O conflito de competência poderá ocorrer entre autoridades judiciárias; o de atribuições, entre autoridades judiciárias e administrativas.

Art. 194. Dar-se-á o conflito nos casos previstos nas leis processuais.

Art. 195. O conflito poderá ser suscitado pela parte interessada, pelo Ministério Público, ou por qualquer das autoridades conflitantes.

Art. 196. Poderá o relator, de ofício, ou a requerimento de qualquer das partes, determinar, quando o conflito for positivo, seja sobrestado o processo, e, neste caso, bem assim no de conflito negativo, designar um dos órgãos para resolver, em caráter provisório, as medidas urgentes.

Art. 197. Sempre que necessário, o relator mandará ouvir as autoridades em conflito no prazo de dez dias.

Art. 198. Prestadas ou não as informações, o relator dará vista do processo ao Ministério Público, pelo prazo de quinze dias, e, após, apresentá-lo-á em mesa para julgamento.

>> *Caput* com redação determinada pela Emenda Regimental n. 1, de 23-5-1991.

§ 1.º Da decisão será dada ciência, antes mesmo da lavratura do acórdão, por via telegráfica, aos órgãos envolvidos no conflito.

§ 2.º No caso de conflito entre relatores ou Turmas integrantes de Seções diversas, ou entre estas, feita a distribuição, proceder-se-á, no que couber, na forma estabelecida no presente Capítulo.

Título VI
DA DECLARAÇÃO DE INCONSTITUCIONALIDADE DE LEI OU DE ATO NORMATIVO DO PODER PÚBLICO

Art. 199. Se, por ocasião do julgamento perante a Corte Especial, for arguida a inconstitucionalidade de lei ou ato normativo do poder público, suspender-se-á o julgamento, a fim de ser tomado o parecer do Ministério Público, no prazo de quinze dias.

§ 1.º Devolvidos os autos e lançado o relatório, serão eles encaminhados ao Presidente da Corte Especial para designar a sessão de julgamento. A Secretaria distribuirá cópias autenticadas do relatório aos Ministros.

§ 2.º Proclamar-se-á a inconstitucionalidade ou a constitucionalidade do preceito ou ato impugnado, se num ou noutro sentido se tiver manifestado a maioria absoluta dos membros da Corte Especial.

§ 3.º Se não for alcançada a maioria absoluta necessária à declaração de inconstitucionalidade, estando ausentes Ministros em número que possa influir no julgamento, este será suspenso, a fim de aguardar-se o comparecimento dos Ministros ausentes, até que se atinja o *quorum;* não atingido, desta forma, o *quorum,* será convocado Ministro não integrante da Corte, observada a ordem de antiguidade (art. 162, § 3.º).

§ 4.º Cópia do acórdão será, no prazo para sua publicação, remetida à Comissão de Jurisprudência que, após registrá-lo, ordenará a sua publicação na Revista do Tribunal.

Art. 200. A Seção ou a Turma remeterá o feito ao julgamento da Corte Especial quando a maioria acolher arguição de inconstitucionalidade por ela ainda não decidida.

§ 1.º Acolhida a arguição, será publicado o acórdão, ouvido, em seguida, o representante do Ministério Público, em quinze dias.

§ 2.º Devolvidos os autos, observar-se-á o disposto nos parágrafos 1.º e 3.º do artigo anterior.

§ 3.º O relator, ainda que não integre a Corte Especial, dela participará no julgamento do incidente, excluindo-se o Ministro mais moderno.

TÍTULO VII
DAS GARANTIAS CONSTITUCIONAIS

CAPÍTULO I
DO *HABEAS CORPUS*

Art. 201. O relator requisitará informações do apontado coator, no prazo que fixar, podendo, ainda:

I – nomear advogado para acompanhar e defender oralmente o pedido, se o impetrante não for bacharel em Direito;

II – ordenar diligências necessárias à instrução do pedido;

III – se convier ouvir o paciente, determinar sua apresentação à sessão do julgamento;

IV – no *habeas corpus* preventivo, expedir salvo-conduto em favor do paciente, até decisão do feito, se houver grave risco de consumar-se a violência.

Art. 202. Instruído o processo e ouvido o Ministério Público em dois dias, o relator o colocará em mesa para julgamento, na primeira sessão da Turma, da Seção ou da Corte Especial, ou, se a matéria for objeto de jurisprudência consolidada do Superior Tribunal de Justiça ou do Supremo Tribunal Federal, poderá decidir monocraticamente.

>> *Caput* com redação determinada pela Emenda Regimental n. 16, de 19-11-2014.

§ 1.º Opondo-se o paciente, não se conhecerá do pedido.

§ 2.º Às comunicações de prisão aplicam-se o procedimento previsto neste artigo e, no que couber, as disposições do presente capítulo.

Art. 203. O Tribunal poderá, de ofício:

I – se convier ouvir o paciente, determinar sua apresentação à sessão de julgamento;

II – expedir ordem de *habeas corpus,* quando, no curso de qualquer processo, verificar que alguém sofre ou está na iminência de sofrer coação ilegal.

Art. 204. A decisão concessiva de *habeas corpus* será imediatamente comunicada às autoridades a quem couber cumpri-la, sem prejuízo da remessa de cópia do acórdão.

§ 1.º A comunicação, mediante ofício ou telegrama, bem como o salvo-conduto, em caso de ameaça de violência ou coação, serão firmados pelo Presidente do órgão julgador que tiver concedido a ordem.

§ 2.º Na hipótese de anulação do processo, poderá o Tribunal ou o Juiz aguardar o recebimento da cópia do acórdão para efeito de renovação dos atos processuais.

Art. 205. Ordenada a soltura do paciente, em virtude de *habeas corpus,* a autoridade que, por má-fé ou evidente abuso de poder, tiver determinado a coação, será condenada nas custas, remetendo-se ao Ministério Público traslado das peças necessárias à propositura da ação penal.

Art. 206. O carcereiro ou o diretor da prisão, o escrivão, o oficial de justiça ou a autoridade judiciária, policial ou militar, que embaraçarem ou procrastinarem o encaminhamento do pedido de *habeas corpus,* ou as informações sobre a causa da violência, coação ou ameaça, serão multados na forma da legislação processual vigente, sem prejuízo de outras sanções penais ou administrativas.

Art. 207. Havendo desobediência ou retardamento abusivo no cumprimento da ordem de *habeas corpus,* de parte do detentor ou carcereiro, o Presidente do Tribunal, Seção ou da Turma expedirá mandado contra o desobediente e oficiará ao Ministério Público, a fim de que promova a ação penal.

Parágrafo único. Na hipótese deste artigo, a Seção, a Turma ou respectivo Presidente tomará as providências necessárias ao cumprimento da decisão, com emprego dos meios legais cabíveis, e determinará, se necessário, a apresentação do paciente ao relator ou ao Juiz por ele designado.

Art. 208. As fianças que tiverem de ser prestadas perante o Tribunal serão processadas e julgadas pelo relator, a menos que este delegue essa atribuição a outro magistrado.

Art. 209. Se, pendente o processo de *habeas corpus,* cessar a violência ou coação, julgar-se-á prejudicado o pedido, podendo, porém, o Tribunal declarar a ilegalidade do ato e tomar as providências cabíveis para punição do responsável.

Art. 210. Quando o pedido for manifestamente incabível, ou for manifesta a incompetência do Tribunal para dele tomar conhecimento originariamente, ou for reiteração de outro com os mesmos fundamentos, o relator o indeferirá liminarmente.

CAPÍTULO II
DO MANDADO DE SEGURANÇA

Art. 211. O mandado de segurança, de competência originária do Tribunal, terá seu processo iniciado por petição em duplicata que preencherá os requisitos legais e conterá a indicação precisa da autoridade a quem se atribua o ato impugnado.

§ 1.º A segunda via da inicial será instruída com cópias de todos os documentos, autenticadas pelo requerente e conferidas pela Secretaria do Tribunal.

§ 2.º Se o requerente afirmar que o documento necessário à prova de suas alegações se acha em repartição ou estabelecimento público, ou em poder de autoridade que lhe recuse certidão, o relator requisitará, preliminarmente, por ofício, a exibição do documento, em original ou cópia autenticada, no prazo de dez dias. Se a autoridade indicada pelo requerente for a coatora, a requisição se fará no próprio instrumento da notificação.

§ 3.º Nos casos do parágrafo anterior, a Secretaria do Tribunal mandará extrair tantas cópias do documento quantas se tornarem necessárias à instrução do processo.

Art. 212. Se for manifesta a incompetência do Tribunal, ou manifestamente incabível a segurança, ou se a petição inicial não atender aos requisitos legais, ou excedido o prazo estabelecido no art. 18, da Lei n. 1.533, de 1951, poderá o relator indeferir, desde logo, o pedido.

>> *Vide* art. 23 da Lei n. 12.016, de 7-8-2009, atual Lei do Mandado de Segurança.

Art. 213. Ao despachar a inicial, o relator mandará ouvir a autoridade apontada coatora, mediante ofício, acompanhado da segunda via da petição, instruída com as cópias dos documentos, a fim de que preste informações, no prazo de dez dias.

§ 1.º Se o relator entender relevante o fundamento do pedido, e do ato impugnado puder resultar a ineficácia da medida, caso deferida, ordenará a respectiva suspensão liminar até o julgamento.

§ 2.º Havendo litisconsortes, a citação far-se-á, também, mediante ofício, para o que serão apresentadas tantas cópias quantos forem os citados. O ofício será remetido pelo correio, através de carta registrada, com aviso de recepção, a fim de ser juntado aos autos.

§ 3.º A Secretaria juntará aos autos cópia autenticada de ofício e prova de sua remessa ao destinatário.

Art. 214. Transcorrido o prazo de dez dias do pedido de informações, com ou sem estas, serão os autos encaminhados ao Ministério Público que emitirá parecer no prazo de cinco dias.

Parágrafo único. Devolvidos os autos, o relator, em cinco dias, pedirá dia para julgamento, ou, se a matéria for objeto de jurisprudência consolidada do Superior Tribunal de Justiça ou do Supremo Tribunal Federal, poderá decidir monocraticamente.

>> Parágrafo único com redação determinada pela Emenda Regimental n. 16, de 19-11-2014.

Art. 215. Os processos de mandado de segurança terão prioridade sobre todos os feitos, salvo *habeas corpus*.

CAPÍTULO III
DO MANDADO DE INJUNÇÃO E DO *HABEAS DATA*

Art. 216. No mandado de injunção e no *habeas data*, serão observadas as normas da legislação de regência. Enquanto estas não forem promulgadas, observar-se-ão, no que couber, o Código de Processo Civil e a Lei n. 1.533, de 1951.

>> A Lei n. 1.533, de 1951, foi revogada pela Lei n. 12.016, de 7-8-2009, atual Lei do Mandado de Segurança.

TÍTULO VII-A
DOS PROCESSOS ORIUNDOS DE ESTADOS ESTRANGEIROS

>> Título VII-A acrescentado pela Emenda Regimental n. 18, de 17-12-2014.

CAPÍTULO I
DA HOMOLOGAÇÃO DE DECISÃO ESTRANGEIRA

>> Capítulo I com redação determinada pela Emenda Regimental n. 24, de 28-9-2016.

Art. 216-A. É atribuição do Presidente do Tribunal homologar decisão estrangeira, ressalvado o disposto no art. 216-K.

>> *Caput* com redação determinada pela Emenda Regimental n. 24, de 28-9-2016.

§ 1.º Serão homologados os provimentos não judiciais que, pela lei brasileira, tiverem natureza de sentença.

>> § 1.º acrescentado pela Emenda Regimental n. 18, de 17-12-2014.

§ 2.º As decisões estrangeiras poderão ser homologadas parcialmente.

>> § 2.º com redação determinada pela Emenda Regimental n. 24, de 28-9-2016.

Art. 216-B. A decisão estrangeira não terá eficácia no Brasil sem a prévia homologação do Superior Tribunal de Justiça.

>> Artigo com redação determinada pela Emenda Regimental n. 24, de 28-9-2016.

Art. 216-C. A homologação da decisão estrangeira será proposta pela parte requerente, devendo a petição inicial conter os requisitos indicados na lei processual, bem como os previstos no art. 216-D, e ser instruída com o original ou cópia autenticada da decisão homologanda e de outros documentos indispensáveis, devidamente traduzidos por tradutor oficial ou juramentado no Brasil e chancelados pela autoridade consular brasileira competente, quando for o caso.

>> Artigo com redação determinada pela Emenda Regimental n. 24, de 28-9-2016.

Art. 216-D. A decisão estrangeira deverá:

>> *Caput* com redação determinada pela Emenda Regimental n. 24, de 28-9-2016.

I – ter sido proferida por autoridade competente;

>> Inciso I acrescentado pela Emenda Regimental n. 18, de 17-12-2014.

II – conter elementos que comprovem terem sido as partes regularmente citadas ou ter sido legalmente verificada a revelia;

>> Inciso II acrescentado pela Emenda Regimental n. 18, de 17-12-2014.

III – ter transitado em julgado.

>> Inciso III acrescentado pela Emenda Regimental n. 18, de 17-12-2014.

Art. 216-E. Se a petição inicial não preencher os requisitos exigidos nos artigos anteriores ou apresentar defeitos ou irregularidades que dificultem o julgamento do mérito, o Presidente assinará prazo razoável para que o requerente a emende ou complete.

>> *Caput* acrescentado pela Emenda Regimental n. 18, de 17-12-2014.

Parágrafo único. Após a intimação, se o requerente ou o seu procurador não promover, no prazo assinalado, ato ou diligência que lhe for determinada no curso do processo, será este arquivado pelo Presidente.

>> Parágrafo único acrescentado pela Emenda Regimental n. 18, de 17-12-2014.

Art. 216-F. Não será homologada a decisão estrangeira que ofender a soberania nacional, a dignidade da pessoa humana e/ou a ordem pública.

>> Artigo com redação determinada pela Emenda Regimental n. 24, de 28-9-2016.

Art. 216-G. Admitir-se-á a tutela provisória nos procedimentos de homologação de decisão estrangeira.

>> Artigo com redação determinada pela Emenda Regimental n. 24, de 28-9-2016.

Art. 216-H. A parte interessada será citada para, no prazo de quinze dias, contestar o pedido.

>> *Caput* acrescentado pela Emenda Regimental n. 18, de 17-12-2014.

Parágrafo único. A defesa somente poderá versar sobre a inteligência da decisão alienígena e a observância dos requisitos indicados nos arts. 216-C, 216-D e 216-F.

>> Parágrafo único acrescentado pela Emenda Regimental n. 18, de 17-12-2014.

Art. 216-I. Revel ou incapaz o requerido, dar-se-lhe-á curador especial, que será pessoalmente notificado.

>> Artigo acrescentado pela Emenda Regimental n. 18, de 17-12-2014.

Art. 216-J. Apresentada contestação, serão admitidas réplica e tréplica em cinco dias.

>> Artigo acrescentado pela Emenda Regimental n. 18, de 17-12-2014.

Art. 216-K. Contestado o pedido, o processo será distribuído para julgamento pela Corte Especial, cabendo ao relator os demais atos relativos ao andamento e à instrução do processo.

>> *Caput* acrescentado pela Emenda Regimental n. 18, de 17-12-2014.

Parágrafo único. O relator poderá decidir monocraticamente nas hipóteses em que já houver jurisprudência consolidada da Corte Especial a respeito do tema.

>> Parágrafo único acrescentado pela Emenda Regimental n. 18, de 17-12-2014.

Art. 216-L. O Ministério Público terá vista dos autos pelo prazo de quinze dias, podendo impugnar o pedido.

>> Artigo com redação determinada pela Emenda Regimental n. 24, de 28-9-2016.

Art. 216-M. Das decisões do Presidente ou do relator caberá agravo.

>> Artigo acrescentado pela Emenda Regimental n. 18, de 17-12-2014.

Art. 216-N. A decisão estrangeira homologada será executada por carta de sentença no Juízo Federal competente.

>> Artigo com redação determinada pela Emenda Regimental n. 24, de 28-9-2016.

CAPÍTULO II
DA CONCESSÃO DE *EXEQUATUR* A CARTAS ROGATÓRIAS

>> Capítulo II acrescentado pela Emenda Regimental n. 18, de 17-12-2014.

Art. 216-O. É atribuição do Presidente conceder *exequatur* a cartas rogatórias, ressalvado o disposto no art. 216-T.

>> *Caput* acrescentado pela Emenda Regimental n. 18, de 17-12-2014.

§ 1.º Será concedido *exequatur* à carta rogatória que tiver por objeto atos decisórios ou não decisórios.

>> § 1.º acrescentado pela Emenda Regimental n. 18, de 17-12-2014.

§ 2.º Os pedidos de cooperação jurídica internacional que tiverem por objeto atos que não ensejem juízo deliberatório do Superior Tribunal de Justiça, ainda que denominados de carta rogatória, serão encaminhados ou devolvidos ao Ministério da Justiça para as providências necessárias ao cumprimento por auxílio direto.

>> § 2.º acrescentado pela Emenda Regimental n. 18, de 17-12-2014.

Art. 216-P. Não será concedido *exequatur* à carta rogatória que ofender a soberania nacional, a dignidade da pessoa humana e/ou a ordem pública.

>> Artigo acrescentado pela Emenda Regimental n. 18, de 17-12-2014.

Art. 216-Q. A parte requerida será intimada para, no prazo de quinze dias, impugnar o pedido de concessão do *exequatur*.

>> *Caput* acrescentado pela Emenda Regimental n. 18, de 17-12-2014.

§ 1.º A medida solicitada por carta rogatória poderá ser realizada sem ouvir a parte requerida, quando sua intimação prévia puder resultar na ineficiência da cooperação internacional.

>> § 1.º acrescentado pela Emenda Regimental n. 18, de 17-12-2014.

§ 2.º No processo de concessão do *exequatur*, a defesa somente poderá versar sobre a autenticidade dos documentos, a inteligência da decisão e a observância dos requisitos previstos neste Regimento.

>> § 2.º acrescentado pela Emenda Regimental n. 18, de 17-12-2014.

Art. 216-R. Revel ou incapaz a parte requerida, dar-se-lhe-á curador especial.

>> Artigo acrescentado pela Emenda Regimental n. 18, de 17-12-2014.

Art. 216-S. O Ministério Público terá vista dos autos nas cartas rogatórias pelo prazo de quinze dias, podendo impugnar o pedido de concessão do *exequatur*.

>> Artigo com redação determinada pela Emenda Regimental n. 24, de 28-9-2016.

Art. 216-T. Havendo impugnação ao pedido de concessão de *exequatur* a carta rogatória de ato decisório, o Presidente poderá determinar a distribuição dos autos do processo para julgamento pela Corte Especial.

>> Artigo acrescentado pela Emenda Regimental n. 18, de 17-12-2014.

Art. 216-U. Das decisões do Presidente ou do relator na concessão de *exequatur* a carta rogatória caberá agravo.

>> Artigo acrescentado pela Emenda Regimental n. 18, de 17-12-2014.

Art. 216-V. Após a concessão do *exequatur*, a carta rogatória será remetida ao Juízo Federal competente para cumprimento.

>> *Caput* acrescentado pela Emenda Regimental n. 18, de 17-12-2014.

§ 1.º Das decisões proferidas pelo Juiz Federal competente no cumprimento da carta rogatória caberão embargos, que poderão ser opostos pela parte interessada ou pelo Ministério Público Federal no prazo de dez dias, julgando-os o Presidente deste Tribunal.

>> § 1.º acrescentado pela Emenda Regimental n. 18, de 17-12-2014.

§ 2.º Os embargos de que trata o parágrafo anterior poderão versar sobre qualquer ato referente ao cumprimento da carta rogatória, exceto sobre a própria concessão da medida ou o seu mérito.

>> § 2.º acrescentado pela Emenda Regimental n. 18, de 17-12-2014.

Art. 216-W. Da decisão que julgar os embargos cabe agravo.

>> *Caput* acrescentado pela Emenda Regimental n. 18, de 17-12-2014.

Parágrafo único. O Presidente ou o relator do agravo, quando possível, poderá ordenar diretamente o atendimento à medida solicitada.

>> Parágrafo único acrescentado pela Emenda Regimental n. 18, de 17-12-2014.

Art. 216-X. Cumprida a carta rogatória ou verificada a impossibilidade de seu cumprimento, será devolvida ao Presidente deste Tribunal no prazo de dez dias, e ele a remeterá, em igual prazo, por meio do Ministério da Justiça ou do Ministério das Relações Exteriores, à autoridade estrangeira de origem.

>> Artigo acrescentado pela Emenda Regimental n. 18, de 17-12-2014.

TÍTULO VIII
DAS AÇÕES ORIGINÁRIAS

CAPÍTULO II
DA AÇÃO RESCISÓRIA

Art. 233. A ação rescisória terá início por petição escrita, acompanhada de tantas cópias quantos forem os réus.

Art. 234. Distribuída a inicial, preenchendo esta os requisitos legais (Código de Processo Civil, arts. 319, 320, 330, 332 e 968), o relator mandará citar o réu, assinando-lhe prazo nunca inferior a quinze dias nem superior a trinta, para responder aos termos da ação.

>> Artigo com redação determinada pela Emenda Regimental n. 22, de 16-3-2016.

Art. 235. Contestada a ação, ou transcorrido o prazo, o relator fará o saneamento do processo, deliberando sobre as provas requeridas.

Art. 236. O relator poderá delegar competência a Juiz ou a membro de outro Tribunal do local onde deva ser produzida a prova, fixando prazo para a devolução dos autos.

Art. 237. Concluída a instrução, o relator abrirá vista, sucessivamente, ao autor e ao réu pelo prazo de dez dias, para razões finais, cabendo ao representante do Ministério Público emitir parecer após o prazo para as razões finais do autor e do réu; em seguida, o relator pedirá dia para julgamento.

>> *Caput* com redação determinada pela Emenda Regimental n. 24, de 28-9-2016.

Parágrafo único. A Secretaria, ao ser incluído o feito em pauta, expedirá cópias autenticadas do relatório e as distribuirá entre os Ministros que compuserem o órgão do Tribunal competente para o julgamento.

Art. 238. A escolha de relator recairá, sempre que possível, em Ministro que não haja participado do julgamento rescindendo.

>> Artigo com redação determinada pela Emenda Regimental n. 24, de 28-9-2016.

TÍTULO IX
DOS RECURSOS

CAPÍTULO I
DOS RECURSOS ORDINÁRIOS

Seção I
Do Recurso Ordinário em *Habeas Corpus*

Art. 244. O recurso ordinário em *habeas corpus* será interposto na forma e no prazo estabelecidos na legislação processual vigente.

Art. 245. Distribuído o recurso, a Secretaria fará os autos com vista ao Ministério Público pelo prazo de dois dias.

Parágrafo único. Conclusos os autos ao relator, este submeterá o feito a julgamento na primeira sessão que se seguir à data da conclusão.

Art. 246. Será aplicado, no que couber, ao processo e julgamento do recurso, o disposto com relação ao pedido originário de *habeas corpus* (arts. 201 e segs.).

Seção II
Do Recurso Ordinário em Mandado de Segurança

Art. 247. Aplicam-se ao recurso ordinário em mandado de segurança, quanto aos requisitos de admissibilidade e ao procedimento no Tribunal recorrido, as regras do art. 1.028 do Código de Processo Civil.

>> Artigo com redação determinada pela Emenda Regimental n. 22, de 16-3-2016.

Art. 248. Distribuído o recurso, a Secretaria fará os autos com vista ao Ministério Público pelo prazo de cinco dias.

Parágrafo único. Conclusos os autos ao relator, este pedirá dia para julgamento.

Seção III
Do Recurso Ordinário em Processos em que for Parte Estado Estrangeiro

>> Seção III com redação determinada pela Emenda Regimental n. 22, de 16-3-2016.

Art. 249. Aplicam-se ao recurso ordinário, quanto aos requisitos de admissibilidade e ao procedimento no Juízo de origem, as normas do Código de Processo Civil relativas à apelação, no que couber.

>> Artigo com redação determinada pela Emenda Regimental n. 22, de 16-3-2016.

Art. 250. Distribuído o recurso ordinário, será aberta vista ao Ministério Público pelo prazo de vinte dias.

>> *Caput* com redação determinada pela Emenda Regimental n. 22, de 16-3-2016.

Parágrafo único. Conclusos os autos ao relator, este pedirá dia para julgamento.

Art. 251. O recurso ordinário não será incluído em pauta antes do agravo de instrumento interposto do mesmo processo.

>> Artigo com redação determinada pela Emenda Regimental n. 22, de 16-3-2016.

Art. 252. (*Revogado pela Emenda Regimental n. 22, de 16-3-2016.*)

Seção IV
Do Agravo em Recurso Especial

>> Seção IV com denominação determinada pela Emenda Regimental n. 16, de 19-11-2014.

Art. 253. O agravo interposto de decisão que não admitiu o recurso especial obedecerá, no Tribunal de origem, às normas da legislação processual vigente.

>> *Caput* com redação determinada pela Emenda Regimental n. 16, de 19-11-2014.

Parágrafo único. Distribuído o agravo e ouvido, se necessário, o Ministério Público no prazo de cinco dias, o relator poderá:

>> Parágrafo único, *caput*, com redação determinada pela Emenda Regimental n. 16, de 19-11-2014.

I – não conhecer do agravo inadmissível, prejudicado ou daquele que não tenha impugnado especificamente todos os fundamentos da decisão recorrida;

>> Inciso I com redação determinada pela Emenda Regimental n. 22, de 16-3-2016.

II – conhecer do agravo para:

>> Inciso II com redação determinada pela Emenda Regimental n. 22, de 16-3-2016.

a) não conhecer do recurso especial inadmissível, prejudicado ou daquele que não tenha impugnado especificamente todos os fundamentos da decisão recorrida;

>> Alínea *a* com redação determinada pela Emenda Regimental n. 22, de 16-3-2016.

b) negar provimento ao recurso especial que for contrário a tese fixada em julgamento de recurso repetitivo ou de repercussão geral, a entendimento firmado em incidente de assunção de competência, a súmula do Supremo Tribunal Federal ou do Superior Tribunal de Justiça ou, ainda, a jurisprudência dominante acerca do tema;

>> Alínea *b* com redação determinada pela Emenda Regimental n. 22, de 16-3-2016.

c) dar provimento ao recurso especial se o acórdão recorrido for contrário a tese fixada em julgamento de recurso repetitivo ou de repercussão geral, a entendimento firmado em incidente de assunção de competência, a súmula do Supremo Tribunal Federal ou do Superior Tribunal de Justiça ou, ainda, a jurisprudência dominante acerca do tema;

>> Alínea *c* com redação determinada pela Emenda Regimental n. 22, de 16-3-2016.

d) determinar sua autuação como recurso especial quando não verificada qualquer das hipóteses previstas nas alíneas *b* e *c*, observando-se, daí em diante, o procedimento relativo a esse recurso.

>> Alínea *d* acrescentada pela Emenda Regimental n. 16, de 19-11-2014.

Seção V
Do Agravo de Instrumento

>> Seção V acrescentada pela Emenda Regimental n. 16, de 19-11-2014.

Art. 254. O agravo interposto de decisão interlocutória nas causas em que forem partes Estado estrangeiro ou organismo internacional de um lado e, do outro, Município ou pessoa residente ou domiciliada no País seguirá o disposto na legislação processual em vigor.

>> Artigo com redação determinada pela Emenda Regimental n. 16, de 19-11-2014.

Capítulo II
DO RECURSO ESPECIAL

Art. 255. O recurso especial será interposto na forma e no prazo estabelecido na legislação processual vigente e recebido no efeito devolutivo, salvo quando interposto do julgamento de mérito do incidente de resolução de demandas repetitivas, hipótese em que terá efeito suspensivo.

>> *Caput* com redação determinada pela Emenda Regimental n. 22, de 16-3-2016.

§ 1.º Quando o recurso fundar-se em dissídio jurisprudencial, o recorrente fará a prova da divergência com a certidão, cópia ou citação do repositório de jurisprudência, oficial ou credenciado, inclusive em mídia eletrônica, em que houver sido publicado o acórdão divergente, ou ainda com a reprodução de julgado disponível na internet, com indicação da respectiva fonte, devendo-se, em qualquer caso, mencionar as circunstâncias que identifiquem ou assemelhem os casos confrontados.

>> § 1.º com redação determinada pela Emenda Regimental n. 22, de 16-3-2016.

>> A Instrução Normativa n. 1, de 11-2-2008, determina quais são os repositórios oficiais de jurisprudência do STJ.

§ 2.º (*Revogado pela Emenda Regimental n. 22, de 16-3-2016.*)

§ 3.º São repositórios oficiais de jurisprudência, para o fim do § 1.º deste artigo, a Revista Trimestral de Jurisprudência do Supremo Tribunal Federal, a Revista do Superior Tribunal de Justiça e a Revista do Tribunal Federal de Recursos e, autorizados ou credenciados, os habilitados na forma do art. 134 e seu parágrafo único deste Regimento.

>> § 3.º com redação determinada pela Emenda Regimental n. 22, de 16-3-2016.

§ 4.º Distribuído o recurso, o relator, após vista ao Ministério Público, se necessário, pelo prazo de vinte dias, poderá:

>> § 4.º acrescentado pela Emenda Regimental n. 24, de 28-9-2016.

I – não conhecer do recurso especial inadmissível, prejudicado ou que não tiver impugnado especificamente os fundamentos da decisão recorrida;

>> Inciso I acrescentado pela Emenda Regimental n. 24, de 28-9-2016.

II – negar provimento ao recurso especial que for contrário a tese fixada em julgamento de recurso repetitivo ou de repercussão geral, a entendimento firmado em incidente de assunção de competência, ou, ainda, a súmula ou jurisprudência consolidada do Supremo Tribunal Federal ou do Superior Tribunal de Justiça;

>> Inciso II acrescentado pela Emenda Regimental n. 24, de 28-9-2016.

III – dar provimento ao recurso especial após vista ao recorrido, se o acórdão recorrido for contrário a tese fixada em julgamento de recurso repetitivo ou de repercussão geral, a entendimento firmado em incidente de assunção de competência ou, ainda, a súmula ou jurisprudência consolidada do Supremo Tribunal Federal ou do Superior Tribunal de Justiça.

>> Inciso III acrescentado pela Emenda Regimental n. 24, de 28-9-2016.

§ 5.º No julgamento do recurso especial, verificar-se-á, preliminarmente, se o recurso é cabível. Decidida a preliminar pela negativa, a Turma não conhecerá do recurso; se pela afirmativa, julgará a causa, aplicando o direito à espécie, com observância da regra prevista no art. 10 do Código de Processo Civil.

>> § 5.º acrescentado pela Emenda Regimental n. 24, de 28-9-2016.

§ 6.º Julgado o recurso especial criminal, a decisão favorável ao réu preso será imediatamente comunicada às autoridades a quem couber cumpri-la, sem prejuízo da remessa de cópia do acórdão.

>> § 6.º acrescentado pela Emenda Regimental n. 24, de 28-9-2016.

Capítulo II-A
DO RECURSO ESPECIAL REPETITIVO

>> Capítulo II-A acrescentado pela Emenda Regimental n. 24, de 28-9-2016.

Seção I
Do Recurso Especial Representativo da Controvérsia

>> Seção I acrescentada pela Emenda Regimental n. 24, de 28-9-2016.

>> O art. 2.º da Emenda Regimental n. 24, de 28-9-2016 (*DJE* de 14-10-2016), dispõe:

"Art. 2.º Os recursos especiais indicados pelos Tribunais de origem como representativos da controvérsia em tramitação nesta Corte que não possuem decisão de afetação ao rito dos recursos repetitivos deverão ser analisados pelo relator, a fim de confirmar ou não a indicação do Tribunal de origem, no prazo de sessenta dias úteis a contar da publicação desta emenda.

Parágrafo único. Não adotada a providência prevista no *caput*, presumir-se-á que o recurso teve sua indicação de representativo da controvérsia rejeitada pelo relator, nos termos do art. 1.º desta emenda, no que se refere à inclusão do art. 256-G ao Regimento Interno".

Art. 256. Havendo multiplicidade de recursos especiais com fundamento em idêntica questão de direito, caberá ao presidente ou ao vice-presidente dos Tribunais de origem (Tribunal de Justiça ou Tribunal Regional Federal), conforme o caso, admitir dois ou mais recursos especiais representativos da controvérsia, que serão encaminhados ao Superior Tribunal de Justiça, ficando os demais processos, individuais ou coletivos, suspensos até o pronunciamento do STJ.

>> *Caput* com redação determinada pela Emenda Regimental n. 24, de 28-9-2016.

§ 1.º Os recursos especiais representativos da controvérsia serão selecionados pelo Tribunal de origem, que deverá levar em consideração o preenchimento dos requisitos de admissibilidade e, preferencialmente:

>> § 1.º, *caput*, acrescentado pela Emenda Regimental n. 24, de 28-9-2016.

I – a maior diversidade de fundamentos constantes do acórdão e dos argumentos no recurso especial;

>> Inciso I acrescentado pela Emenda Regimental n. 24, de 28-9-2016.

II – a questão de mérito que puder tornar prejudicadas outras questões suscitadas no recurso;

>> Inciso II acrescentado pela Emenda Regimental n. 24, de 28-9-2016.

III – a divergência, se existente, entre órgãos julgadores do Tribunal de origem, caso em que deverá ser observada a representação de todas as teses em confronto.

>> Inciso III acrescentado pela Emenda Regimental n. 24, de 28-9-2016.

§ 2.º O Tribunal de origem, no juízo de admissibilidade:

>> § 2.º, *caput*, acrescentado pela Emenda Regimental n. 24, de 28-9-2016.

I – delimitará a questão de direito a ser processada e julgada sob o rito do recurso especial repetitivo, com a indicação dos respectivos códigos de assuntos da Tabela Processual Unificada do Conselho Nacional de Justiça;

>> Inciso I acrescentado pela Emenda Regimental n. 24, de 28-9-2016.

II – informará, objetivamente, a situação fática específica na qual surgiu a controvérsia;

>> Inciso II acrescentado pela Emenda Regimental n. 24, de 28-9-2016.

III – indicará, precisamente, os dispositivos legais em que se fundou o acórdão recorrido;

>> Inciso III acrescentado pela Emenda Regimental n. 24, de 28-9-2016.

IV – informará a quantidade de processos que ficarão suspensos na origem com a mesma questão de direito em tramitação no STJ;

>> Inciso IV acrescentado pela Emenda Regimental n. 24, de 28-9-2016.

V – informará se outros recursos especiais representativos da mesma controvérsia estão sendo remetidos conjuntamente, destacando, na decisão de admissibilidade de cada um deles, os números dos demais;

>> Inciso V acrescentado pela Emenda Regimental n. 24, de 28-9-2016.

VI – explicitará, na parte dispositiva, que o recurso especial foi admitido como representativo da controvérsia.

>> Inciso VI acrescentado pela Emenda Regimental n. 24, de 28-9-2016.

Art. 256-A. No Superior Tribunal de Justiça, os recursos especiais encaminhados pelos Tribunais de origem como representativos da controvérsia deverão receber identificação própria no sistema informatizado e, após as etapas de autuação e classificação, ser registrados ao Presidente do STJ.

>> Artigo acrescentado pela Emenda Regimental n. 24, de 28-9-2016.

Art. 256-B. Compete ao Presidente do STJ:

>> *Caput* acrescentado pela Emenda Regimental n. 24, de 28-9-2016.

I – oficiar ao presidente ou ao vice-presidente do Tribunal de origem, conforme o caso, para complementar informações do recurso especial representativo da controvérsia;

>> Inciso I acrescentado pela Emenda Regimental n. 24, de 28-9-2016.

II – abrir vista dos autos ao Ministério Público Federal para que, no prazo improrrogável de quinze dias, manifeste-se exclusivamente a respeito dos pressupostos de admissibilidade do recurso especial como representativo da controvérsia.

>> Inciso II acrescentado pela Emenda Regimental n. 24, de 28-9-2016.

Art. 256-C. Com ou sem o parecer do Ministério Público Federal, o processo será concluso ao Presidente do STJ para que, no prazo de vinte dias, em despacho irrecorrível, decida se o recurso especial representativo da controvérsia preenche os requisitos do art. 256 deste Regimento.

>> Artigo acrescentado pela Emenda Regimental n. 24, de 28-9-2016.

Art. 256-D. Caso o Presidente do STJ admita o recurso especial, determinará a distribuição dos autos nos seguintes termos:

>> *Caput* acrescentado pela Emenda Regimental n. 24, de 28-9-2016.

I – por dependência, para os recursos especiais representativos da controvérsia que contiverem a mesma questão de direito;

>> Inciso I acrescentado pela Emenda Regimental n. 24, de 28-9-2016.

II – de forma livre, mediante sorteio automático, para as demais hipóteses.

>> Inciso II acrescentado pela Emenda Regimental n. 24, de 28-9-2016.

Parágrafo único. O Superior Tribunal de Justiça manterá, em sua página na internet, em destaque, relação dos recursos especiais representativos da controvérsia aptos, com a respectiva descrição da questão de direito e com o número sequencial correspondente à controvérsia.

>> Parágrafo único acrescentado pela Emenda Regimental n. 24, de 28-9-2016.

Art. 256-E. Compete ao relator do recurso especial representativo da controvérsia, no prazo máximo de sessenta dias úteis a contar da data de conclusão do processo, reexaminar a admissibilidade do recurso representativo da controvérsia a fim de:

>> *Caput* acrescentado pela Emenda Regimental n. 24, de 28-9-2016.

I – rejeitar, de forma fundamentada, a indicação do recurso especial como representativo da controvérsia devido à ausência dos pressupostos recursais genéricos ou específicos e ao não cumprimento dos requisitos regimentais, observado o disposto no art. 256-F deste Regimento;

>> Inciso I acrescentado pela Emenda Regimental n. 24, de 28-9-2016.

II – propor à Corte Especial ou à Seção a afetação do recurso especial representativo da controvérsia para julgamento sob o rito dos recursos repetitivos, nos termos do Código de Processo Civil e da Seção II deste Capítulo.

>> Inciso II acrescentado pela Emenda Regimental n. 24, de 28-9-2016.

Art. 256-F. Caso o relator inadmita o recurso especial como representativo da controvérsia devido à ausência dos pressupostos recursais genéricos ou específicos ou ao não cumprimento dos requisitos previstos neste Regimento, indicará recursos especiais existentes em seu acervo em substituição ao recurso inadmitido ou determinará a comunicação ao presidente ou vice-presidente do Tribunal de origem para que remeta ao STJ, em substituição, dois ou mais recursos especiais aptos que tratem da mesma questão de direito.

>> *Caput* acrescentado pela Emenda Regimental n. 24, de 28-9-2016.

§ 1.º Será inadmitido na origem recurso especial que apresente o mesmo óbice de admissibilidade reconhecido pelo Presidente do STJ ou pelo relator no julgamento de recurso representativo de idêntica questão de direito.

>> § 1.º acrescentado pela Emenda Regimental n. 24, de 28-9-2016.

§ 2.º Os recursos especiais aptos encaminhados pelo Tribunal de origem em substituição, nos termos do *caput* deste artigo, seguirão, no STJ, o mesmo procedimento do recurso representativo da controvérsia.

>> § 2.º acrescentado pela Emenda Regimental n. 24, de 28-9-2016.

§ 3.º Os recursos anteriormente suspensos nos Tribunais de origem permanecerão nessa condição, contendo a indicação do número sequencial da controvérsia de que trata o parágrafo único do art. 256- D deste Regimento.

>> § 3.º acrescentado pela Emenda Regimental n. 24, de 28-9-2016.

§ 4.º Caso o relator inadmita o recurso especial representativo da controvérsia porque a matéria não é apta a julgamento repetitivo ou porque não caracterizada a multiplicidade de recursos capaz de ensejar a afetação do processo para julgamento pelo sistema dos recursos repetitivos à Seção ou à Corte Especial, os processos suspensos em todo o território nacional retomarão seu curso normal.

>> § 4.º acrescentado pela Emenda Regimental n. 24, de 28-9-2016.

Art. 256-G. Não adotadas as providências previstas nos incisos I e II do art. 256-E deste Regimento no prazo estabelecido no seu *caput*, presumir-se-á que o recurso especial representativo da controvérsia teve sua indicação rejeitada pelo relator.

>> *Caput* acrescentado pela Emenda Regimental n. 24, de 28-9-2016.

>> O art. 2.º da Emenda Regimental n. 24, de 28-9-2016 (*DJE* de 14-10-2016), dispõe:

"Art. 2.º Os recursos especiais indicados pelos Tribunais de origem como representativos da controvérsia em tramitação nesta Corte que não possuem decisão de afetação ao rito dos recursos repetitivos deverão ser analisados pelo relator, a fim de confirmar ou não a indicação do Tribunal de origem, no prazo de sessenta dias úteis a contar da publicação desta emenda.

Parágrafo único. Não adotada a providência prevista no *caput*, presumir-se-á que o recurso teve sua indicação de representativo da controvérsia rejeitada pelo relator, nos termos do art. 1.º desta emenda, no que se refere à inclusão do art. 256-G ao Regimento Interno".

§ 1.º A rejeição, expressa ou presumida, do recurso especial representativo da controvérsia será comunicada aos Ministros do STJ e aos presidentes ou vice-presidentes dos Tribunais de origem.

>> § 1.º acrescentado pela Emenda Regimental n. 24, de 28-9-2016.

§ 2.º Os processos suspensos em todo o território nacional em razão de recurso especial representativo da controvérsia rejeitado retomarão seu curso normal.

>> § 2.º acrescentado pela Emenda Regimental n. 24, de 28-9-2016.

Art. 256-H. Os recursos especiais interpostos em julgamento de mérito do incidente de resolução de demandas repetitivas serão processados nos termos desta Seção, não se aplicando a presunção prevista no art. 256-G deste Regimento.

>> Artigo acrescentado pela Emenda Regimental n. 24, de 28-9-2016.

Seção II
Da Competência para Afetação e do Procedimento Preparatório para o Julgamento do Recurso Especial Repetitivo

>> Seção II acrescentada pela Emenda Regimental n. 24, de 28-9-2016.

Art. 256-I. O recurso especial representativo da controvérsia apto, bem como o recurso especial distribuído cuja multiplicidade de processos com idêntica questão de direito seja reconhecida pelo relator, nos termos do art. 1.037 do Código de Processo Civil, será submetido pela Seção ou pela Corte Especial, conforme o caso, ao rito dos recursos repetitivos para julgamento, observadas as regras previstas no Capítulo II-B do Título IX da Parte I do Regimento Interno.

>> *Caput* acrescentado pela Emenda Regimental n. 24, de 28-9-2016.

Parágrafo único. O Superior Tribunal de Justiça manterá, em sua página na internet, em destaque, relação dos recursos especiais afetados, com a respectiva descrição da questão de direito e com o número sequencial correspondente ao tema afetado.

>> Parágrafo único acrescentado pela Emenda Regimental n. 24, de 28-9-2016.

Art. 256-J. O relator poderá solicitar informações aos Tribunais de origem a respeito da questão afetada e autorizar, em decisão irrecorrível, ante a relevância da matéria, a manifestação escrita de pessoas naturais ou jurídicas, órgãos ou entidades especializadas, com representatividade adequada, a serem prestadas no prazo improrrogável de quinze dias.

>> Artigo acrescentado pela Emenda Regimental n. 24, de 28-9-2016.

Art. 256-K. A fim de instruir o procedimento, pode o relator, nos termos dos arts. 185 e 186 deste Regimento, fixar data para ouvir pessoas ou entidades com experiência e conhecimento na matéria em audiência pública.

>> Artigo acrescentado pela Emenda Regimental n. 24, de 28-9-2016.

Art. 256-L. Publicada a decisão de afetação, os demais recursos especiais em tramitação no STJ fundados em idêntica questão de direito:

>> *Caput* acrescentado pela Emenda Regimental n. 24, de 28-9-2016.

I – se já distribuídos, serão devolvidos ao Tribunal de origem, para nele permanecerem suspensos, por meio de decisão fundamentada do relator;

>> Inciso I acrescentado pela Emenda Regimental n. 24, de 28-9-2016.

II – se ainda não distribuídos, serão devolvidos ao Tribunal de origem por decisão fundamentada do Presidente do STJ.

>> Inciso II acrescentado pela Emenda Regimental n. 24, de 28-9-2016.

Art. 256-M. Após a publicação da decisão de afetação, será concedida vista dos autos ao Ministério Público Federal pelo prazo de quinze dias.

>> *Caput* acrescentado pela Emenda Regimental n. 24, de 28-9-2016.

Parágrafo único. Com ou sem o parecer do Ministério Público Federal, o processo será concluso ao relator para elaboração do voto.

>> Parágrafo único acrescentado pela Emenda Regimental n. 24, de 28-9-2016.

Seção III
Do Julgamento do Recurso Especial Repetitivo

>> Seção III acrescentada pela Emenda Regimental n. 24, de 28-9-2016.

Art. 256-N. Após a liberação do relator, o processo será incluído na pauta para julgamento na Seção ou na Corte Especial.

>> *Caput* acrescentado pela Emenda Regimental n. 24, de 28-9-2016.

§ 1.º O julgamento de recurso especial repetitivo terá preferência sobre os demais processos, ressalvados os casos de réu preso e os pedidos de *habeas corpus* e de mandado de segurança.

>> § 1.º acrescentado pela Emenda Regimental n. 24, de 28-9-2016.

§ 2.º Deve ser observado o prazo máximo de um ano para o julgamento do tema repetitivo, a contar da data da publicação da afetação.

>> § 2.º acrescentado pela Emenda Regimental n. 24, de 28-9-2016.

§ 3.º Quando o órgão julgador decidir questão relativa ao procedimento de recursos repetitivos ou à aplicação da sistemática da repercussão geral no Tribunal, os documentos relacionados ao julgamento serão disponibilizados ao Núcleo de Gerenciamento de Precedentes – Nugep.

>> § 3.º acrescentado pela Emenda Regimental n. 24, de 28-9-2016.

Art. 256-O. Desafetado o processo da sistemática do recurso repetitivo, deverão constar da decisão ou do resultado do julgamento as consequências desse ato e sua motivação.

>> *Caput* acrescentado pela Emenda Regimental n. 24, de 28-9-2016.

§ 1.º Caso não seja cancelado o tema, a decisão de que trata o *caput* explicitará, ainda, se há necessidade de envio de novos recursos representativos da controvérsia tratando da mesma questão de direito, em substituição, para julgamento do mérito do tema.

>> § 1.º acrescentado pela Emenda Regimental n. 24, de 28-9-2016.

§ 2.º A Secretaria comunicará o teor da decisão proferida nos termos do *caput* e do § 1.º deste artigo aos Ministros integrantes do respectivo órgão julgador e aos Tribunais de origem.

>> § 2.º acrescentado pela Emenda Regimental n. 24, de 28-9-2016.

§ 3.º Os recursos especiais enviados em substituição serão distribuídos por dependência ao Ministro que determinou a desafetação do recurso especial ou ao sucessor do acervo, excetuada a hipótese de o Ministro não compor mais o órgão julgador competente para apreciar a matéria ou de alteração de competência para apreciação da matéria, caso em que o recurso será distribuído entre os integrantes do órgão julgador competente para apreciar a questão.

>> § 3.º acrescentado pela Emenda Regimental n. 24, de 28-9-2016.

§ 4.º Na hipótese do § 2.º deste artigo, os recursos anteriormente suspensos permanecerão nessa condição, vinculados ao número do tema no STJ.

>> § 4.º acrescentado pela Emenda Regimental n. 24, de 28-9-2016.

§ 5.º Caso seja cancelado o tema, os processos suspensos em todo o território nacional retomarão seu curso normal.

>> § 5.º acrescentado pela Emenda Regimental n. 24, de 28-9-2016.

Art. 256-P. O Presidente do respectivo órgão julgador velará pelo cumprimento dos prazos previstos neste capítulo.

>> *Caput* acrescentado pela Emenda Regimental n. 24, de 28-9-2016.

Parágrafo único. A fim de dar cumprimento ao disposto no *caput*, quando ultrapassados oito meses a contar da publicação da decisão de afetação, o Presidente do órgão julgador determinará que seja cientificado o relator ou o Ministro que tiver pedido vista, respeitados os prazos do art. 162 deste Regimento.

>> Parágrafo único acrescentado pela Emenda Regimental n. 24, de 28-9-2016.

Art. 256-Q. No julgamento de mérito do tema repetitivo, o relator ou o Ministro relator para acórdão delimitará objetivamente a tese firmada pelo órgão julgador.

>> *Caput* acrescentado pela Emenda Regimental n. 24, de 28-9-2016.

§ 1.º Alterada a tese firmada no julgamento de recurso interposto contra o acórdão citado no *caput*, proceder-se-á à nova delimitação com os fundamentos determinantes da tese.

>> § 1.º acrescentado pela Emenda Regimental n. 24, de 28-9-2016.

§ 2.º A decisão de que trata o § 1.º deste artigo será objeto de comunicação aos Ministros do órgão julgador, ao Presidente do STJ e aos presidentes ou vice-presidentes dos Tribunais de origem.

>> § 2.º acrescentado pela Emenda Regimental n. 24, de 28-9-2016.

§ 3.º O acórdão deverá ser redigido nos termos do art. 104-A deste Regimento.

>> § 3.º acrescentado pela Emenda Regimental n. 24, de 28-9-2016.

Seção IV
Da Publicação do Acórdão

>> Seção IV acrescentada pela Emenda Regimental n. 24, de 28-9-2016.

Art. 256-R. O acórdão proferido no julgamento do recurso especial repetitivo gerará as seguintes consequências nos demais recursos especiais fundados em idêntica questão de direito:

>> *Caput* acrescentado pela Emenda Regimental n. 24, de 28-9-2016.

I – se já distribuídos e não devolvidos à origem por trazerem outras questões além da afetada, serão julgados pelo relator, observada a tese firmada no julgamento de mérito do respectivo tema;

>> Inciso I acrescentado pela Emenda Regimental n. 24, de 28-9-2016.

II – se ainda não distribuídos e não devolvidos à origem, serão julgados pelo Presidente do STJ;

>> Inciso II acrescentado pela Emenda Regimental n. 24, de 28-9-2016.

III – se suspensos nas instâncias de origem, aplicam-se os arts. 1.040 e 1.041 do Código de Processo Civil.

>> Inciso III acrescentado pela Emenda Regimental n. 24, de 28-9-2016.

Parágrafo único. O disposto no inciso III aplica-se a todos os processos que tratem de idêntica questão de direito, mesmo que não tenham sido objeto de suspensão.

>> Parágrafo único acrescentado pela Emenda Regimental n. 24, de 28-9-2016.

Seção V
Da Revisão de Entendimento Firmado em Tema Repetitivo

>> Seção V acrescentada pela Emenda Regimental n. 24, de 28-9-2016.

Art. 256-S. É cabível a revisão de entendimento consolidado em enunciado de tema repetitivo, por proposta de Ministro integrante do respectivo órgão julgador ou de representante do Ministério Público Federal que oficie perante o Superior Tribunal de Justiça.

>> *Caput* acrescentado pela Emenda Regimental n. 24, de 28-9-2016.

§ 1.º A revisão ocorrerá nos próprios autos do processo julgado sob o rito dos recursos repetitivos, caso ainda esteja em tramitação, ou será objeto de questão de ordem, independentemente de processo a ela vinculado.

>> § 1.º acrescentado pela Emenda Regimental n. 24, de 28-9-2016.

§ 2.º A revisão de entendimento terá como relator o Ministro integrante do órgão julgador que a propôs ou o seu Presidente nos casos de proposta formulada pelo representante do Ministério Público Federal.

>> § 2.º acrescentado pela Emenda Regimental n. 24, de 28-9-2016.

§ 3.º O acórdão proferido na questão de ordem será inserido, como peça eletrônica complementar, no(s) processo(s) relacionado(s) ao enunciado de tema repetitivo.

>> § 3.º acrescentado pela Emenda Regimental n. 24, de 28-9-2016.

Art. 256-T. O procedimento de revisão de entendimento será iniciado por:

>> *Caput* acrescentado pela Emenda Regimental n. 24, de 28-9-2016.

I – decisão do Ministro proponente com a indicação expressa de se tratar de proposta de revisão de enunciado de tema repetitivo e exposição dos fundamentos da alteração da tese anteriormente firmada;

>> Inciso I acrescentado pela Emenda Regimental n. 24, de 28-9-2016.

II – petição do representante do Ministério Público Federal dirigida ao relator do processo que ensejou a criação do tema, ou ao Presidente do órgão julgador, dependendo do caso, com os requisitos previstos no inciso I.

>> Inciso II acrescentado pela Emenda Regimental n. 24, de 28-9-2016.

§ 1.º No prazo de vinte dias, o relator do processo que ensejou a criação do tema ou o Presidente do órgão julgador decidirá se a proposta de revisão de entendimento preenche os requisitos deste artigo.

>> § 1.º acrescentado pela Emenda Regimental n. 24, de 28-9-2016.

§ 2.º Nos casos de propostas formuladas por Ministro do STJ, será concedida vista dos autos ao Ministério Público Federal pelo prazo improrrogável de quinze dias para manifestação sobre a revisão proposta.

>> § 2.º acrescentado pela Emenda Regimental n. 24, de 28-9-2016.

Art. 256-U. Com ou sem o parecer do Ministério Público Federal, o processo será concluso ao relator ou ao Presidente do órgão julgador, conforme o caso, para julgamento.

>> *Caput* acrescentado pela Emenda Regimental n. 24, de 28-9-2016.

Parágrafo único. A revisão deve observar, em relação ao julgamento e à publicação do acórdão, o disposto nas Seções III e IV deste Capítulo.

>> Parágrafo único acrescentado pela Emenda Regimental n. 24, de 28-9-2016.

Art. 256-V. O Presidente do órgão julgador poderá propor, em questão de ordem, a revisão de entendimento consolidado em enunciado de tema repetitivo para adequação ao entendimento do Supremo Tribunal Federal em repercussão geral, em ação de controle concentrado de constitucionalidade, em enunciado de súmula vinculante e em incidente de assunção de competência.

>> *Caput* acrescentado pela Emenda Regimental n. 24, de 28-9-2016.

§ 1.º A revisão ocorrerá nos próprios autos do recurso julgado sob o rito dos repetitivos, caso ainda esteja em tramitação, ou será objeto de questão de ordem, independentemente de processo a ela vinculado.

>> § 1.º acrescentado pela Emenda Regimental n. 24, de 28-9-2016.

§ 2.º O acórdão proferido na questão de ordem será inserido, como peça eletrônica complementar, no(s) processo(s) relacionado(s) ao tema repetitivo.

>> § 2.º acrescentado pela Emenda Regimental n. 24, de 28-9-2016.

Seção VI
Das Disposições Finais

>> Seção VI acrescentada pela Emenda Regimental n. 24, de 28-9-2016.

Art. 256-W. O Superior Tribunal de Justiça publicará, em sua página na internet, até o dia 15 de cada mês, relatório com o quantitativo de decisões proferidas pela Presidência com fundamento nos incisos I e II do art. 1.040 do Código de Processo Civil.

>> *Caput* acrescentado pela Emenda Regimental n. 24, de 28-9-2016.

Parágrafo único. O relatório previsto no *caput* será encaminhado eletronicamente ao Conselho Nacional de Justiça.

>> Parágrafo único acrescentado pela Emenda Regimental n. 24, de 28-9-2016.

Art. 256-X. As competências atribuídas ao Presidente do STJ neste capítulo podem ser delegadas ao Vice-Presidente e aos Presidentes das Seções, dentro de suas respectivas áreas de atuação.

>> *Caput* acrescentado pela Emenda Regimental n. 24, de 28-9-2016.

§ 1.º A delegação de que trata o *caput* far-se-á mediante ato do Presidente do Tribunal, se houver concordância do Presidente do respectivo Órgão Fracionário.

>> § 1.º acrescentado pela Emenda Regimental n. 24, de 28-9-2016.

§ 2.º Os Presidentes das Seções poderão indicar ao Presidente do Tribunal, para subdelegação, um membro integrante da respectiva Seção.

>> § 2.º acrescentado pela Emenda Regimental n. 24, de 28-9-2016.

Capítulo II-B
DA AFETAÇÃO DE PROCESSOS À SISTEMÁTICA DOS RECURSOS REPETITIVOS E DA ADMISSÃO DE INCIDENTE DE ASSUNÇÃO DE COMPETÊNCIA EM MEIO ELETRÔNICO

>> Capítulo II-B acrescentado pela Emenda Regimental n. 24, de 28-9-2016.

Art. 257. É obrigatório ao relator o uso da ferramenta eletrônica de afetação do recurso especial à sistemática dos repetitivos e de admissão do incidente de assunção de competência, nos termos desse capítulo.

>> Artigo com redação determinada pela Emenda Regimental n. 24, de 28-9-2016.

Art. 257-A. Incluída pelo relator, em meio eletrônico, a proposta de afetação ou de admissão do processo à sistemática dos recursos repetitivos ou da assunção de competência, os demais Ministros do respectivo órgão julgador terão o prazo de sete dias corridos para se manifestar sobre a proposição.

>> *Caput* acrescentado pela Emenda Regimental n. 24, de 28-9-2016.

§ 1.º Para a afetação ou admissão eletrônica, os Ministros deverão observar, entre outros requisitos, se o processo veicula matéria de competência do STJ, se preenche os pressupostos recursais genéricos e específicos, se não possui vício grave que impeça o seu conhecimento e, no caso da afetação do recurso à sistemática dos repetitivos, se possui multiplicidade de processos com idêntica questão de direito ou potencial de multiplicidade.

>> § 1.º acrescentado pela Emenda Regimental n. 24, de 28-9-2016.

§ 2.º Caso a maioria dos Ministros integrantes do respectivo órgão julgador decidam, na sessão eletrônica, pelo não preenchimento dos requisitos previstos no § 1.º, a questão não será afetada ou admitida para julgamento repetitivo ou como assunção de competência, retornando os autos ao relator para decisão.

>> § 2.º acrescentado pela Emenda Regimental n. 24, de 28-9-2016.

§ 3.º Rejeitada a proposta de afetação ou de admissão porque a questão não é de competência do STJ, a matéria discutida no processo não será objeto de nova inclusão para afetação ou admissão eletrônica.

>> § 3.º acrescentado pela Emenda Regimental n. 24, de 28-9-2016.

Art. 257-B. Não sendo o caso de impedimento ou suspeição, ou de licença ou afastamento que perdurem pelos cinco últimos dias de votação, a não manifestação do Ministro no prazo do art. 257-A deste Regimento acarretará a adesão à manifestação de afetação ou de admissão apresentada pelo relator.

>> Artigo acrescentado pela Emenda Regimental n. 24, de 28-9-2016.

Art. 257-C. Findo o prazo de que trata o art. 257-A deste Regimento, o sistema contabilizará as manifestações e lançará, de forma automatizada, na plataforma eletrônica, suma com o resultado da deliberação colegiada sobre a afetação do processo à sistemática dos recursos repetitivos ou a admissão do incidente de assunção de competência.

>> *Caput* acrescentado pela Emenda Regimental n. 24, de 28-9-2016.

Parágrafo único. Será afetado para julgamento pela sistemática dos recursos repetitivos ou admitido o incidente de assunção de competência à Corte Especial ou à Seção o processo que contar com o voto da maioria simples dos Ministros.

>> Parágrafo único acrescentado pela Emenda Regimental n. 24, de 28-9-2016.

Art. 257-D. Afetado o recurso ou admitido o incidente, os dados serão incluídos no sistema informatizado do Tribunal, sendo-lhe atribuído número sequencial referente ao enunciado de tema.

>> Artigo acrescentado pela Emenda Regimental n. 24, de 28-9-2016.

Art. 257-E. Será publicada, no *Diário da Justiça eletrônico*, a decisão colegiada pela afetação do recurso ou pela admissão do incidente, acompanhada das manifestações porventura apresentadas pelos demais Ministros.

>> Artigo acrescentado pela Emenda Regimental n. 24, de 28-9-2016.

Capítulo III
DOS RECURSOS DE DECISÕES PROFERIDAS NO TRIBUNAL

Seção I
Do Agravo Regimental em Matéria Penal

>> Seção I com redação determinada pela Emenda Regimental n. 24, de 28-9-2016.

Art. 258. A parte que se considerar agravada por decisão do Presidente da Corte Especial, de Seção, de Turma ou de relator, à exceção do indeferimento de liminar em procedimento de *habeas corpus* e recurso ordinário em *habeas corpus*, poderá requerer, dentro de cinco dias, a apresentação do feito em mesa relativo à matéria penal em geral, para que a Corte Especial, a Seção ou a Turma sobre ela se pronuncie, confirmando-a ou reformando-a.

>> *Caput* com redação determinada pela Emenda Regimental n. 24, de 28-9-2016.

§ 1.º O órgão do Tribunal competente para conhecer do agravo é o que seria competente para o julgamento do pedido ou recurso.

§ 2.º Não cabe agravo regimental da decisão do relator que der provimento a agravo de instrumento, para determinar a subida de recurso não admitido.

§ 3.º O agravo regimental será submetido ao prolator da decisão, que poderá reconsiderá-la ou submeter o agravo ao julgamento da Corte Especial, da Seção ou da Turma, conforme o caso, computando-se também o seu voto.

>> § 3.º acrescentado pela Emenda Regimental n. 24, de 28-9-2016.

§ 4.º Se a decisão agravada for do Presidente da Corte Especial ou da Seção, o julgamento será presidido por seu substituto, que votará no caso de empate.

>> § 4.º acrescentado pela Emenda Regimental n. 24, de 28-9-2016.

Seção I-A
Do Agravo Interno

>> Seção I-A acrescentada pela Emenda Regimental n. 24, de 28-9-2016.

Art. 259. Contra decisão proferida por Ministro caberá agravo interno para que o respectivo órgão colegiado sobre ela se pronuncie, confirmando-a ou reformando-a.

>> *Caput* com redação determinada pela Emenda Regimental n. 24, de 28-9-2016.

§ 1.º O órgão do Tribunal competente para conhecer do agravo é o que seria competente para o julgamento do pedido ou recurso.

>> § 1.º acrescentado pela Emenda Regimental n. 24, de 28-9-2016.

§ 2.º Na petição de agravo interno, o recorrente impugnará especificadamente os fundamentos da decisão agravada.

>> § 2.º acrescentado pela Emenda Regimental n. 24, de 28-9-2016.

§ 3.º O agravo será dirigido ao relator, que intimará o agravado para manifestar-se sobre o recurso no prazo de quinze dias, ao final do qual, não havendo retratação, o relator levá-lo-á a julgamento pelo órgão colegiado, com inclusão em pauta.

>> § 3.º acrescentado pela Emenda Regimental n. 24, de 28-9-2016.

§ 4.º Quando o agravo interno for declarado manifestamente inadmissível ou improcedente em votação unânime, o órgão colegiado, em decisão fundamentada, condenará o agravante a pagar ao agravado multa fixada entre 1% e 5% do valor atualizado da causa.

>> § 4.º acrescentado pela Emenda Regimental n. 24, de 28-9-2016.

§ 5.º A interposição de qualquer outro recurso está condicionada ao depósito prévio do valor da multa prevista no § 4.º, à exceção da Fazenda Pública e do beneficiário de gratuidade da justiça, que farão o pagamento ao final.

>> § 5.º acrescentado pela Emenda Regimental n. 24, de 28-9-2016.

§ 6.º O agravo interno será submetido ao prolator da decisão, que poderá reconsiderá-la ou submeter o agravo ao julgamento da

Corte Especial, da Seção ou da Turma, conforme o caso, computando-se também o seu voto.

>> § 6.º acrescentado pela Emenda Regimental n. 24, de 28-9-2016.

§ 7.º Se a decisão agravada for do Presidente da Corte Especial ou da Seção, o julgamento será presidido por seu substituto, que votará no caso de empate.

>> § 7.º acrescentado pela Emenda Regimental n. 24, de 28-9-2016.

Seção II
Dos Embargos Infringentes

Arts. 260 a 262. (*Revogados pela Emenda Regimental n. 22, de 16-3-2016.*)

Seção III
Dos Embargos de Declaração

Art. 263. Cabem embargos de declaração contra qualquer decisão judicial, a serem opostos no prazo legal, para:

>> *Caput* com redação determinada pela Emenda Regimental n. 22, de 16-3-2016.

I – esclarecer obscuridade ou eliminar contradição;

>> Inciso I acrescentado pela Emenda Regimental n. 22, de 16-3-2016.

II – suprir omissão de ponto ou questão sobre a qual devia pronunciar-se o Órgão Julgador de ofício ou a requerimento; ou

>> Inciso II acrescentado pela Emenda Regimental n. 22, de 16-3-2016.

III – corrigir erro material.

>> Inciso III acrescentado pela Emenda Regimental n. 22, de 16-3-2016.

§ 1.º O embargado será intimado para, querendo, manifestar-se, no prazo legal, sobre os embargos opostos, caso seu eventual acolhimento possa implicar a modificação da decisão embargada.

>> § 1.º com redação determinada pela Emenda Regimental n. 22, de 16-3-2016.

§ 2.º (*Revogado pela Emenda Regimental n. 22, de 16-3-2016.*)

Art. 264. Os embargos de declaração serão incluídos em pauta, salvo se opostos nas classes previstas no art. 91 deste Regimento ou nas demais classes criminais.

>> *Caput* com redação determinada pela Emenda Regimental n. 24, de 28-9-2016.

§ 1.º Se os embargos de declaração forem opostos contra decisão de relator ou outra decisão unipessoal, o Órgão Julgador da decisão embargada decidi-los-á monocraticamente.

>> § 1.º acrescentado pela Emenda Regimental n. 22, de 16-3-2016.

§ 2.º Quando manifestamente protelatórios os embargos de declaração, na forma do § 4.º do art. 1.026 do Código de Processo Civil, condenar-se-á o embargante, em decisão fundamentada, a pagar ao embargado multa não excedente a 2% sobre o valor atualizado da causa.

>> § 2.º acrescentado pela Emenda Regimental n. 22, de 16-3-2016.

Art. 265. Os embargos de declaração interrompem o prazo para a interposição de recursos por qualquer das partes, salvo quando manifestamente protelatórios, na forma do § 4.º do art. 1.026 do Código de Processo Civil.

>> *Caput* com redação determinada pela Emenda Regimental n. 22, de 16-3-2016.

Parágrafo único. (*Revogado pela Emenda Regimental n. 22, de 16-3-2016.*)

Seção IV
Dos Embargos de Divergência

Art. 266. Cabem embargos de divergência contra acórdão de Órgão Fracionário que, em recurso especial, divergir do julgamento atual de qualquer outro Órgão Jurisdicional deste Tribunal, sendo:

>> *Caput* com redação determinada pela Emenda Regimental n. 22, de 16-3-2016.

I – os acórdãos, embargado e paradigma, de mérito;

>> Inciso I acrescentado pela Emenda Regimental n. 22, de 16-3-2016.

II – um acórdão de mérito e outro que não tenha conhecido do recurso, embora tenha apreciado a controvérsia.

>> Inciso II acrescentado pela Emenda Regimental n. 22, de 16-3-2016.

§ 1.º Poderão ser confrontadas teses jurídicas contidas em julgamentos de recursos e de ações de competência originária.

>> § 1.º com redação determinada pela Emenda Regimental n. 22, de 16-3-2016.

§ 2.º A divergência que autoriza a interposição de embargos de divergência pode verificar-se na aplicação do direito material ou do direito processual.

>> § 2.º com redação determinada pela Emenda Regimental n. 22, de 16-3-2016.

§ 3.º Cabem embargos de divergência quando o acórdão paradigma for do mesmo Órgão Fracionário que proferiu a decisão embargada, desde que sua composição tenha sofrido alteração em mais da metade de seus membros.

>> § 3.º com redação determinada pela Emenda Regimental n. 22, de 16-3-2016.

§ 4.º O recorrente provará a divergência com certidão, cópia ou citação de repositório oficial ou credenciado de jurisprudência, inclusive em mídia eletrônica, em que foi publicado o acórdão divergente, ou com a reprodução de julgado disponível na internet, indicando a respectiva fonte, e mencionará as circunstâncias que identificam ou assemelham os casos confrontados.

>> § 4.º com redação determinada pela Emenda Regimental n. 22, de 16-3-2016.

Art. 266-A. Os embargos de divergência serão juntados aos autos independentemente de despacho, e sua oposição interrompe o prazo para interposição de recurso extraordinário por qualquer das partes.

>> Artigo acrescentado pela Emenda Regimental n. 22, de 16-3-2016.

Art. 266-B. Se os embargos de divergência não forem providos ou não alterarem a conclusão do julgamento anterior, o recurso extraordinário interposto pela outra parte antes da publicação do julgamento dos embargos de divergência será processado e julgado independentemente de ratificação.

>> Artigo acrescentado pela Emenda Regimental n. 22, de 16-3-2016.

Art. 266-C. Sorteado o relator, ele poderá indeferir os embargos de divergência liminarmente se intempestivos ou se não comprovada ou não configurada a divergência jurisprudencial atual, ou negar-lhes provimento caso a tese deduzida no recurso seja contrária a fixada em julgamento de recurso repetitivo ou de repercussão geral, a entendimento firmado em incidente de assunção de competência, a súmula do Supremo Tribunal Federal ou do Superior Tribunal de Justiça ou, ainda, a jurisprudência dominante acerca do tema.

>> Artigo acrescentado pela Emenda Regimental n. 22, de 16-3-2016.

Art. 266-D. O Ministério Público, quando necessário seu pronunciamento sobre os embargos de divergência, terá vista dos autos por vinte dias.

>> Artigo acrescentado pela Emenda Regimental n. 22, de 16-3-2016.

Art. 267. Admitidos os embargos de divergência em decisão fundamentada, promover-se-á a publicação, no *Diário da Justiça eletrônico*, do termo de vista ao embargado, para apresentar impugnação nos quinze dias subsequentes.

>> *Caput* com redação determinada pela Emenda Regimental n. 22, de 16-3-2016.

Parágrafo único. Impugnados ou não os embargos, serão os autos conclusos ao relator, que pedirá a inclusão do feito na pauta de julgamento.

Capítulo IV
DOS RECURSOS PARA O SUPREMO TRIBUNAL FEDERAL

Art. 268. Das decisões do Tribunal são cabíveis os seguintes recursos para o Supremo Tribunal Federal:

I – recurso ordinário, nos casos previstos no art. 102, II, *a*, da Constituição;

II – recurso extraordinário, nos casos previstos no art. 102, III, *a*, *b* e *c*, da Constituição.

Art. 269. Os recursos serão processados, no âmbito do Tribunal, na conformidade da legislação processual vigente e do Regimento Interno do Supremo Tribunal Federal.

Art. 270. O Presidente do Tribunal decidirá a respeito da admissibilidade do recurso.

Parágrafo único. Da decisão que não admitir o recurso, caberá agravo para o Supremo Tribunal Federal, salvo quando fundado na aplicação de entendimento firmado em regime de repercussão geral ou em julgamento de recurso repetitivo.

>> Parágrafo único com redação determinada pela Emenda Regimental n. 24, de 28-9-2016.

Título X
DOS PROCESSOS INCIDENTES

Capítulo I
DA SUSPENSÃO DE SEGURANÇA, DE LIMINAR E DE SENTENÇA

>> Capítulo com denominação determinada pela Emenda Regimental n. 7, de 1.º-3-2004.

Art. 271. Poderá o Presidente do Tribunal, a requerimento da pessoa jurídica de direito público interessada ou do Procurador-Geral da República, e para evitar grave lesão à ordem, à saúde, à segurança e à economia públicas, suspender, em despacho fundamentado, a execução de liminar ou de decisão concessiva de mandado de segurança, proferida, em única ou última instância, pelos Tribunais Regionais Federais ou pelos Tribunais dos Estados e do Distrito Federal.

Igualmente, em caso de manifesto interesse público ou de flagrante ilegitimidade e para evitar grave lesão à ordem, à saúde, à segurança e à economia públicas, poderá o Presidente do Tribunal suspender, em despacho fundamentado, a requerimento do Ministério Público ou da pessoa jurídica de direito público interessada, a execução da liminar nas ações movidas contra o Poder Público ou seus agentes que for concedida ou mantida pelos Tribunais Regionais Federais ou pelos Tribunais dos Estados e do Distrito Federal, inclusive em tutela antecipada, bem como suspender a execução de sentença proferida em processo de ação cautelar inominada, em processo de ação popular e em ação civil pública, enquanto não transitada em julgado.

>> *Caput* com redação determinada pela Emenda Regimental n. 7, de 1.º-3-2004.

§ 1.º O Presidente poderá ouvir o impetrante, em cinco dias, e, o Procurador-Geral, quando este não for o requerente, em igual prazo.

>> § 1.º com redação determinada pela Emenda Regimental n. 1, de 23-5-1991.

§ 2.º Da decisão a que se refere este artigo caberá agravo regimental, no prazo de cinco dias, para a Corte Especial.

>> § 2.º com redação determinada pela Emenda Regimental n. 12, de 1.º-9-2010.

§ 3.º A suspensão vigorará enquanto pender o recurso, ficando sem efeito se a decisão concessiva for mantida pelo Superior Tribunal de Justiça ou transitar em julgado.

>> § 3.º acrescentado pela Emenda Regimental n. 1, de 23-5-1991.

Capítulo I-A
DA SUSPENSÃO DE PROCESSOS EM INCIDENTE DE RESOLUÇÃO DE DEMANDAS REPETITIVAS

>> Capítulo I-A acrescentado pela Emenda Regimental n. 22, de 16-3-2016.

Art. 271-A. Poderá o Presidente do Tribunal, a requerimento do Ministério Público, da Defensoria Pública ou das partes de incidente de resolução de demandas repetitivas em tramitação, considerando razões de segurança jurídica ou de excepcional interesse social, suspender, em decisão fundamentada, todos os processos individuais ou coletivos em curso no território nacional que versem sobre a questão objeto do incidente.

>> *Caput* acrescentado pela Emenda Regimental n. 22, de 16-3-2016.

§ 1.º A parte de processo em curso em localidade de competência territorial diversa daquela em que tramita o incidente de resolução de demandas repetitivas deverá comprovar a inadmissão do incidente no Tribunal com jurisdição sobre o estado ou região em que tramite a sua demanda.

>> § 1.º acrescentado pela Emenda Regimental n. 22, de 16-3-2016.

§ 2.º O Presidente poderá ouvir, no prazo de cinco dias, o relator do incidente no Tribunal de origem e o Ministério Público Federal.

>> § 2.º acrescentado pela Emenda Regimental n. 22, de 16-3-2016.

§ 3.º A suspensão vigorará até o trânsito em julgado da decisão proferida no incidente de resolução de demanda repetitiva.

>> § 3.º acrescentado pela Emenda Regimental n. 22, de 16-3-2016.

Capítulo I-B
DO INCIDENTE DE ASSUNÇÃO DE COMPETÊNCIA

>> Capítulo I-B acrescentado pela Emenda Regimental n. 24, de 28-9-2016.

Art. 271-B. O relator ou o Presidente proporá, de ofício ou a requerimento da parte, do Ministério Público ou da Defensoria Pública, na forma preconizada pelo Capítulo II-B do Título IX da Parte I do Regimento Interno, mediante decisão irrecorrível, a assunção de competência de julgamento de recurso, de remessa necessária ou de processo de competência originária que envolver relevante questão de direito, com grande repercussão social, sem repetição em múltiplos processos.

>> *Caput* acrescentado pela Emenda Regimental n. 24, de 28-9-2016.

§ 1.º A Corte Especial ou a Seção, conforme o caso, admitirá o recurso, a remessa necessária ou o processo de competência originária se reconhecer interesse público na assunção de competência.

>> § 1.º acrescentado pela Emenda Regimental n. 24, de 28-9-2016.

§ 2.º A desistência ou o abandono do processo não impedem o exame do mérito.

>> § 2.º acrescentado pela Emenda Regimental n. 24, de 28-9-2016.

§ 3.º Se não for o requerente, o Ministério Público intervirá obrigatoriamente no processo e deverá assumir sua titularidade em caso de desistência ou de abandono.

>> § 3.º acrescentado pela Emenda Regimental n. 24, de 28-9-2016.

Art. 271-C. Na decisão que determinou a assunção de competência, o relator ou o Presidente identificará com precisão a questão a ser submetida a julgamento.

>> Artigo acrescentado pela Emenda Regimental n. 24, de 28-9-2016.

Art. 271-D. O relator ou o Presidente ouvirá as partes e os demais interessados, inclusive pessoas, órgãos e entidades com interesse na controvérsia, que, no prazo comum de quinze dias, poderão requerer a juntada de documentos, bem como as diligências necessárias para a elucidação da questão de direito controvertida; em seguida, manifestar-se-á o Ministério Público Federal no mesmo prazo.

>> *Caput* acrescentado pela Emenda Regimental n. 24, de 28-9-2016.

§ 1.º A fim de instruir o procedimento, pode o Presidente ou o relator, nos termos dos arts. 185 e 186 deste Regimento, fixar data para ouvir pessoas ou entidades com experiência e conhecimento na matéria em audiência pública.

>> § 1.º acrescentado pela Emenda Regimental n. 24, de 28-9-2016.

§ 2.º Concluídas as diligências, o Presidente ou o relator solicitará dia para julgamento do processo.

>> § 2.º acrescentado pela Emenda Regimental n. 24, de 28-9-2016.

Art. 271-E. No julgamento do incidente de assunção de competência, a Corte Especial e as Seções se reunirão com o *quorum* mínimo de dois terços de seus membros.

>> Artigo acrescentado pela Emenda Regimental n. 24, de 28-9-2016.

Art. 271-F. O acórdão deverá ser redigido nos termos do art. 104-A deste Regimento.

>> Artigo acrescentado pela Emenda Regimental n. 24, de 28-9-2016.

Art. 271-G. O acórdão proferido, em assunção de competência, pela Corte Especial vinculará todos os órgãos do Tribunal e, pela Seção, vinculará as Turmas e Ministros que a compõem, exceto se houver revisão de tese.

>> *Caput* acrescentado pela Emenda Regimental n. 24, de 28-9-2016.

Parágrafo único. O Superior Tribunal de Justiça manterá, em sua página na internet, em destaque, relação dos incidentes de assunção de competência pendentes de julgamento e julgados, com a indicação da respectiva descrição da questão de direito e com o número sequencial do incidente.

>> Parágrafo único acrescentado pela Emenda Regimental n. 24, de 28-9-2016.

Capítulo IV
DA TUTELA PROVISÓRIA

>> Capítulo IV com redação determinada pela Emenda Regimental n. 22, de 16-3-2016.

Art. 288. Admitir-se-ão tutela de urgência ou tutela da evidência requeridas em caráter antecedente ou incidental na forma da lei processual.

>> *Caput* com redação determinada pela Emenda Regimental n. 22, de 16-3-2016.

§ 1.º A petição inicial da ação que visa à prestação de tutela de urgência em caráter antecedente será apensada oportunamente ao processo a que se refere.

>> § 1.º com redação determinada pela Emenda Regimental n. 22, de 16-3-2016.

§ 2.º O relator poderá apreciar a liminar e a própria tutela de urgência, ou submetê-las ao Órgão Julgador competente.

>> § 2.º com redação determinada pela Emenda Regimental n. 22, de 16-3-2016.

Capítulo V
DA MEDIAÇÃO

>> Capítulo V acrescentado pela Emenda Regimental n. 23, de 28-9-2016.

Art. 288-A. O Centro de Soluções Consensuais de Conflitos do Superior Tribunal de Justiça, responsável por realizar sessões e audiências de conciliação e mediação e por desenvolver programas destinados a auxiliar, orientar e estimular a autocomposição, será coordenado pelo Ministro designado pelo Presidente.

>> *Caput* acrescentado pela Emenda Regimental n. 23, de 28-9-2016.

Parágrafo único. O Presidente, por proposta do Ministro Coordenador, disciplinará a criação e o funcionamento do Centro, bem como a inscrição, a remuneração, os impedimentos, a forma de desligamento e os afastamentos dos mediadores, com observância das normas de regência.

>> Parágrafo único acrescentado pela Emenda Regimental n. 23, de 28-9-2016.

Art. 288-B. O mediador judicial será designado pelo Ministro Coordenador dentre aqueles que constarem do cadastro de mediadores mantido pelo Centro de Soluções Consensuais de Conflitos do Superior Tribunal de Justiça ou de cadastro de âmbito nacional.

>> *Caput* acrescentado pela Emenda Regimental n. 23, de 28-9-2016.

§ 1.º O relator poderá solicitar ao Centro a indicação de mediador para auxiliá-lo também em procedimento de conciliação.

>> § 1.º acrescentado pela Emenda Regimental n. 23, de 28-9-2016.

§ 2.º O relator pode encaminhar o processo de ofício para a mediação.

>> § 2.º acrescentado pela Emenda Regimental n. 23, de 28-9-2016.

Art. 288-C. É admitido o uso da mediação para solução das controvérsias sujeitas à competência do Tribunal que versem sobre direitos disponíveis ou sobre direitos indisponíveis que admitam transação, conforme a legislação de regência, resguardada a gratuidade da mediação aos necessitados.

>> Artigo acrescentado pela Emenda Regimental n. 23, de 28-9-2016.

Capítulo VI
DA DESCONSIDERAÇÃO DA PERSONALIDADE JURÍDICA

>> Capítulo VI acrescentado pela Emenda Regimental n. 24, de 28-9-2016.

Art. 288-D. O incidente de desconsideração da personalidade jurídica será instaurado a pedido da parte ou do Ministério Público, quando lhe couber intervir no processo, e é cabível em todas as fases da ação de competência originária.

>> *Caput* acrescentado pela Emenda Regimental n. 24, de 28-9-2016.

§ 1.º Compete ao relator apreciar o pedido de desconsideração da personalidade jurídica, que deve ser fundamentado e demonstrar o preenchimento dos pressupostos específicos previstos em lei.

>> § 1.º acrescentado pela Emenda Regimental n. 24, de 28-9-2016.

§ 2.º A instauração do incidente de desconsideração da personalidade jurídica suspenderá o processo e será comunicada imediatamente à Secretaria Judiciária, para as anotações devidas.

>> § 2.º acrescentado pela Emenda Regimental n. 24, de 28-9-2016.

§ 3.º Dispensa-se a instauração do incidente se a desconsideração da personalidade jurídica for requerida na petição inicial de ação de competência originária, hipótese em que haverá imediata distribuição, será citado o sócio ou a pessoa jurídica e não se suspenderá o processo.

>> § 3.º acrescentado pela Emenda Regimental n. 24, de 28-9-2016.

Art. 288-E. Instaurado o incidente, o sócio ou a pessoa jurídica será citado para manifestar-se e requerer as provas cabíveis no prazo de quinze dias.

>> Artigo acrescentado pela Emenda Regimental n. 24, de 28-9-2016.

Art. 288-F. Concluída a instrução, se necessária, o incidente será resolvido pelo relator por decisão interlocutória, sujeita a agravo interno.

>> Artigo acrescentado pela Emenda Regimental n. 24, de 28-9-2016.

Art. 288-G. Aplica-se o disposto neste Capítulo à hipótese de desconsideração inversa da personalidade jurídica.

>> Artigo acrescentado pela Emenda Regimental n. 24, de 28-9-2016.

Título XII
DO CUMPRIMENTO DAS DECISÕES DO TRIBUNAL

>> Título XII com redação determinada pela Emenda Regimental n. 22, de 16-3-2016.

Capítulo I
DISPOSIÇÕES GERAIS

Art. 301. As determinações necessárias ao cumprimento das decisões competem:

>> *Caput* com redação determinada pela Emenda Regimental n. 22, de 16-3-2016.

I – ao Presidente, quanto às decisões que houver proferido e quanto às decisões tomadas pelo Plenário, pela Corte Especial e pelo Conselho de Administração;

>> Inciso I com redação determinada pela Emenda Regimental n. 22, de 16-3-2016.

II – ao Presidente da Seção, quanto aos acórdãos e às decisões desta e às suas decisões individuais;

>> Inciso II com redação determinada pela Emenda Regimental n. 22, de 16-3-2016.

III – ao Presidente de Turma, quanto aos acórdãos e às decisões desta e às suas decisões individuais;

>> Inciso III acrescentado pela Emenda Regimental n. 22, de 16-3-2016.

IV – ao relator, quanto às suas decisões acautelatórias ou de instrução e direção do processo.

>> Inciso IV acrescentado pela Emenda Regimental n. 22, de 16-3-2016.

Parágrafo único. As disposições deste artigo não se aplicam às ações penais originárias.

>> Parágrafo único acrescentado pela Emenda Regimental n. 24, de 28-9-2016.

Art. 302. (*Revogado pela Emenda Regimental n. 22, de 16-3-2016.*)

Art. 302-A. Nas ações penais originárias, os atos de execução e de cumprimento das decisões e acórdãos transitados em julgado serão requisitados diretamente ao Ministro que funcionou como relator do processo na fase de conhecimento.

>> Artigo acrescentado pela Emenda Regimental n. 24, de 28-9-2016.

Art. 303. Os atos executivos de cumprimento das decisões do Tribunal serão requisitados ou delegados a quem os deva praticar.

>> Artigo com redação determinada pela Emenda Regimental n. 22, de 16-3-2016.

Art. 304. As impugnações ao cumprimento das decisões e os eventuais incidentes poderão ser levados à apreciação:

>> *Caput* com redação determinada pela Emenda Regimental n. 22, de 16-3-2016.

I – da Corte Especial, pelo Presidente, pelo relator, pela Seção ou pela Turma ou por seus Presidentes;

II – da Seção, por seu Presidente ou pelo relator;

III – da Turma, por seu Presidente ou pelo relator.

Art. 305. O cumprimento das decisões do Tribunal atenderá, no que couber, à legislação processual.

>> Artigo com redação determinada pela Emenda Regimental n. 22, de 16-3-2016.

Capítulo II
DA CARTA DE SENTENÇA PENAL

>> Capítulo II com redação determinada pela Emenda Regimental n. 24, de 28-9-2016.

Art. 306. A carta de sentença deve conter, pelo menos, as seguintes peças e informações:

>> *Caput* com redação determinada pela Emenda Regimental n. 24, de 28-9-2016.

I – qualificação completa do executado;

>> Inciso I com redação determinada pela Emenda Regimental n. 24, de 28-9-2016.

II – interrogatório do executado na polícia e em juízo, conforme o caso;

>> Inciso II com redação determinada pela Emenda Regimental n. 24, de 28-9-2016.

III – cópia da denúncia;

>> Inciso III acrescentado pela Emenda Regimental n. 24, de 28-9-2016.

IV – cópia da sentença, voto(s) e acórdão(s) e respectivo(s) termo(s) de publicação, inclusive contendo, se for o caso, a menção expressa ao deferimento de detração que importe determinação de regime de cumprimento de pena mais benéfico do que o legalmente cabível sem a detração, pelo próprio juízo do processo de conhecimento, nos termos do art. 387, § 2.º, do Código de Processo Penal, acrescentado pela Lei n. 12.736/2012;

>> Inciso IV acrescentado pela Emenda Regimental n. 24, de 28-9-2016.

V – informação sobre os endereços em que o executado possa ser localizado, os antecedentes criminais e o grau de instrução;

>> Inciso V acrescentado pela Emenda Regimental n. 24, de 28-9-2016.

VI – instrumentos de mandato, substabelecimentos, despachos de nomeação de defensores dativos ou de intimação da Defensoria Pública;

>> Inciso VI acrescentado pela Emenda Regimental n. 24, de 28-9-2016.

VII – certidões de trânsito em julgado da condenação para a acusação e para a defesa;

>> Inciso VII acrescentado pela Emenda Regimental n. 24, de 28-9-2016.

VIII – cópia do mandado de prisão temporária e/ou preventiva, com a respectiva certidão da data do cumprimento, para cômputo da detração;

>> Inciso VIII acrescentado pela Emenda Regimental n. 24, de 28-9-2016.

IX – cópia de eventual alvará de soltura, com a certidão da data do cumprimento da ordem de soltura, para cômputo da detração, caso esta já não tenha sido apreciada pelo Juízo do processo de conhecimento para determinação do regime de cumprimento de pena, nos termos do art. 387, § 2.º, do Código de Processo Penal, acrescentado pela Lei n. 12.736/2012;

>> Inciso IX acrescentado pela Emenda Regimental n. 24, de 28-9-2016.

X – nome e endereço do curador, se houver;

>> Inciso X acrescentado pela Emenda Regimental n. 24, de 28-9-2016.

XI – informações acerca do estabelecimento prisional em que o condenado encontra-se recolhido e para o qual deve ser removido, na hipótese de deferimento de detração que importe determinação de regime de cumprimento de pena mais benéfico do que o legalmente cabível sem a detração pelo próprio juízo do processo de conhecimento, nos termos do art. 387, § 2.º, do Código de Processo Penal, acrescentado pela Lei n. 12.736/2012;

>> Inciso XI acrescentado pela Emenda Regimental n. 24, de 28-9-2016.

XII – cópias da decisão de pronúncia e da certidão de preclusão em se tratando de condenação em crime doloso contra a vida;

>> Inciso XII acrescentado pela Emenda Regimental n. 24, de 28-9-2016.

XIII – certidão carcerária;

>> Inciso XIII acrescentado pela Emenda Regimental n. 24, de 28-9-2016.

XIV – cópias de outras peças do processo reputadas indispensáveis à adequada execução da pena, a critério do relator.

>> Inciso XIV acrescentado pela Emenda Regimental n. 24, de 28-9-2016.

Arts. 307 e 308. (*Revogados pela Emenda Regimental n. 24, de 28-9-2016.*)

Capítulo III
DO CUMPRIMENTO DE DECISÃO DO TRIBUNAL QUE RECONHEÇA A EXIGIBILIDADE DE OBRIGAÇÃO DE PAGAR QUANTIA CERTA PELA FAZENDA PÚBLICA

>> Capítulo III com redação determinada pela Emenda Regimental n. 22, de 16-3-2016.

Art. 309. A execução por quantia certa fundada em decisão proferida contra a Fazenda Pública em ação da competência originária do Tribunal observará o disposto na lei processual.

>> *Caput* com redação determinada pela Emenda Regimental n. 22, de 16-3-2016.

I e II – (*Revogados pela Emenda Regimental n. 22, de 16-3-2016.*)

§ 1.º A Fazenda Pública será intimada na pessoa de seu representante judicial por carga ou meio eletrônico, para, querendo, no prazo de trinta dias e nos próprios autos, impugnar o cumprimento de decisão.

>> § 1.º acrescentado pela Emenda Regimental n. 22, de 16-3-2016.

§ 2.º Se não houver impugnação no prazo regimental ou se forem rejeitadas as arguições da executada, observar-se-á o disposto na lei processual.

>> § 2.º acrescentado pela Emenda Regimental n. 22, de 16-3-2016.

Art. 310. As requisições de pagamento das somas ao qual a Fazenda Pública for condenada serão dirigidas ao Presidente do Tribunal, que determinará as providências ao devedor para depósito ou alocação orçamentária.

>> Artigo com redação determinada pela Emenda Regimental n. 22, de 16-3-2016.

Art. 311. O Presidente do Tribunal determinará o pagamento integral das requisições e autorizará, a requerimento do credor e exclusivamente para os casos de preterimento de seu direito de precedência ou de não alocação orçamentária do valor necessário à satisfação do seu débito, o sequestro da quantia respectiva.

>> Artigo com redação determinada pela Emenda Regimental n. 22, de 16-3-2016.

Capítulo IV
DA INTERVENÇÃO FEDERAL NOS ESTADOS

Art. 312. A requisição de intervenção federal, prevista nos arts. 34, VI e 36, II e IV, da Constituição, será promovida:

I – de ofício, ou mediante pedido do Presidente do Tribunal de Justiça do Estado, ou do Presidente de Tribunal Federal, quando se tratar de prover a execução de ordem ou decisão judicial, com ressalva, conforme a matéria, da competência do Supremo Tribunal Federal ou do Tribunal Superior Eleitoral (Constituição, art. 34, VI, e art. 36, II);

II – de ofício, ou mediante pedido da parte interessada, quando se tratar de prover a execução de ordem ou decisão do Superior Tribunal de Justiça (Constituição, art. 34, VI, e art. 36, II);

III – mediante representação do Procurador-Geral da República, quando se tratar de prover a execução de lei federal (Constituição, art. 34, VI, e art. 36, IV).

Art. 313. O Presidente, ao receber o pedido:

I – tomará as providências oficiais que lhe parecerem adequadas para remover, administrativamente, a causa do pedido;

II – mandará arquivá-lo, se for manifestamente infundado, cabendo da sua decisão agravo regimental.

Art. 314. Realizada a gestão prevista no inc. I do artigo anterior, solicitadas informações à autoridade estadual, que as deverá prestar, no prazo de 30 (trinta) dias, e ouvido o Procurador-Geral, em igual prazo, o pedido será distribuído a um relator.

>> *Caput* com redação determinada pela Emenda Regimental n. 1, de 23-5-1991.

Parágrafo único. Tendo em vista o interesse público, poderá a Corte Especial limitar a presença no recinto às partes e seus advogados, ou somente a estes.

>> Parágrafo único acrescentado pela Emenda Regimental n. 1, de 23-5-1991.

Art. 315. Julgado procedente o pedido, o Presidente do Tribunal comunicará imediatamente a decisão aos órgãos interessados do Poder Público e requisitará a intervenção ao Presidente da República.

PARTE IV
DISPOSIÇÕES FINAIS

Título II
DAS DISPOSIÇÕES GERAIS E TRANSITÓRIAS

Art. 340. Os embargos de declaração, interpostos de acórdãos proferidos em processos dos quais o Tribunal haja perdido a competência para julgar, serão encaminhados ao Tribunal Regional Federal respectivo.

Art. 341. Os acórdãos proferidos pelo Tribunal Federal de Recursos e ainda não publicados, serão incluídos no expediente de publicação do Tribunal, e aguardarão, na Secretaria deste, a interposição de recurso.

Parágrafo único. Interposto o recurso, serão os autos encaminhados ao Tribunal Regional Federal respectivo, para o seu processamento. Igual procedimento será adotado em relação a recursos interpostos de acórdãos do Tribunal Federal de Recursos, que estejam sendo processados na Secretaria do Superior Tribunal de Justiça.

Art. 342. Os feitos da competência do Tribunal Federal de Recursos e incluídos na competência do Superior Tribunal de Justiça serão redistribuídos.

Art. 343. Os precatórios de requisição de pagamento das somas a que a Fazenda Pública tiver sido condenada, e em andamento na Secretaria do Tribunal, serão objeto de resolução a ser baixada pela Presidência do Tribunal.

Art. 344. Este Regimento Interno entrará em vigor quinze dias após a sua publicação, revogadas as disposições em contrário.

Superior Tribunal de Justiça, 22 de junho de 1989.

Ministro *Evandro Gueiros Leite*, Presidente

LEI N. 8.009, DE 29 DE MARÇO DE 1990 (*)

Dispõe sobre a impenhorabilidade do bem de família.

Faço saber que o Presidente da República adotou a Medida Provisória n. 143, de 1990, que o Congresso Nacional aprovou, e eu, Nelson Carneiro, Presidente do Senado Federal, para os efeitos do disposto no parágrafo único do art. 62 da Constituição Federal, promulgo a seguinte Lei:

Art. 1.º O imóvel residencial próprio do casal, ou da entidade familiar, é impenhorável e não responderá por qualquer tipo de dívida civil, comercial, fiscal, previdenciária ou de outra natureza, contraída pelos cônjuges ou pelos pais ou filhos que sejam seus proprietários e nele residam, salvo nas hipóteses previstas nesta Lei.

> *Vide* Súmula 449 do STJ.

Parágrafo único. A impenhorabilidade compreende o imóvel sobre o qual se assentam a construção, as plantações, as benfeitorias de qualquer natureza e todos os equipamentos, inclusive os de uso profissional, ou móveis que guarnecem a casa, desde que quitados.

Art. 2.º Excluem-se da impenhorabilidade os veículos de transporte, obras de arte e adornos suntuosos.

Parágrafo único. No caso de imóvel locado, a impenhorabilidade aplica-se aos bens móveis quitados que guarneçam a residência e que sejam de propriedade do locatário, observado o disposto neste artigo.

Art. 3.º A impenhorabilidade é oponível em qualquer processo de execução civil, fiscal, previdenciária, trabalhista ou de outra natureza, salvo se movido:

>> *Vide* Súmula 205 do STJ.

I – (*Revogado pela Lei Complementar n. 150, de 1.º-6-2015.*);

II – pelo titular do crédito decorrente do financiamento destinado à construção ou à aquisição do imóvel, no limite dos créditos e acréscimos constituídos em função do respectivo contrato;

III – pelo credor da pensão alimentícia, resguardados os direitos, sobre o bem, do seu coproprietário que, com o devedor, integre união estável ou conjugal, observadas as hipóteses em que ambos responderão pela dívida;

>> Inciso III com redação determinada pela Lei n. 13.144, de 6-7-2015.

IV – para cobrança de impostos, predial ou territorial, taxas e contribuições devidas em função do imóvel familiar;

V – para execução de hipoteca sobre o imóvel oferecido como garantia real pelo casal ou pela entidade familiar;

VI – por ter sido adquirido com produto de crime ou para execução de sentença penal condenatória a ressarcimento, indenização ou perdimento de bens;

VII – por obrigação decorrente de fiança concedida em contrato de locação.

>> Inciso VII acrescentado pela Lei n. 8.245, de 18-10-1991.

Art. 4.º Não se beneficiará do disposto nesta Lei aquele que, sabendo-se insolvente, adquire de má-fé imóvel mais valioso para transferir a residência familiar, desfazendo-se ou não da moradia antiga.

§ 1.º Neste caso poderá o juiz, na respectiva ação do credor, transferir a impenhorabilidade para a moradia familiar anterior, ou anular-lhe a venda, liberando a mais valiosa para execução ou concurso, conforme a hipótese.

§ 2.º Quando a residência familiar constituir-se em imóvel rural, a impenhorabilidade restringir-se-á à sede de moradia, com os respectivos bens móveis, e, nos casos do art. 5.º, inciso XXVI, da Constituição, à área limitada como pequena propriedade rural.

Art. 5.º Para os efeitos de impenhorabilidade, de que trata esta Lei, considera-se residência um único imóvel utilizado pelo casal ou pela entidade familiar para moradia permanente.

> *Vide* Súmula 486 do STJ.

Parágrafo único. Na hipótese de o casal, ou entidade familiar, ser possuidor de vários imóveis utilizados como residência, a impenhorabilidade recairá sobre o de menor valor, salvo se outro tiver sido registrado, para esse fim, no Registro de Imóveis e na forma do art. 70 do Código Civil.

Art. 6.º São canceladas as execuções suspensas pela Medida Provisória n. 143, de 8 de março de 1990, que deu origem a esta Lei.

Art. 7.º Esta Lei entra em vigor na data de sua publicação.

Art. 8.º Revogam-se as disposições em contrário.

Senado Federal, em 29 de março de 1990; 169.º da Independência e 102.º da República.

Nelson Carneiro

(*) Publicada no *Diário Oficial da União*, de 30-3-1990.

LEI N. 8.021, DE 12 DE ABRIL DE 1990 (**)

Dispõe sobre a identificação dos contribuintes para fins fiscais e dá outras providências.

O Presidente da República.

Faço saber que o Congresso Nacional decreta e eu sanciono a seguinte Lei:

Art. 1.º A partir da vigência desta Lei, fica vedado o pagamento ou resgate de qualquer título ou aplicação, bem como dos seus rendimentos ou ganhos, a beneficiário não identificado.

Parágrafo único. O descumprimento do disposto neste artigo sujeitará o responsável pelo pagamento ou resgate a multa igual ao valor da operação, corrigido monetariamente a partir da data da operação até o dia do seu efetivo pagamento.

(**) Publicada no *Diário Oficial da União*, de 13-4-1990. Retificada no *Diário Oficial da União*, de 23-4-1990. Sobre BTN Fiscal, *vide* Nota da Editora. A Lei n. 8.749, de 10-12-1993, dispõe sobre os recursos não reclamados correspondentes a aplicações em fundos de curto prazo emitidas sob a forma ao portador de que trata esta Lei.

Art. 2.º A partir da data de publicação desta Lei fica vedada:

I – a emissão de quotas ao portador ou nominativas-endossáveis, pelos fundos em condomínio;

II – a emissão de títulos e a captação de depósitos ou aplicações ao portador ou nominativos-endossáveis;

> O CC dispõe sobre títulos ao portador em seus arts. 904 a 909.

III – (*Revogado pela Lei n. 9.069, de 29-6-1995.*)

Parágrafo único. Os cheques emitidos em desacordo com o estabelecido no inciso III deste artigo não serão compensáveis por meio do Serviço de Compensação de Cheques e outros Papéis.

>> Parágrafo único prejudicado pela revogação do inciso III deste artigo, pela Lei n. 9.069, de 29-6-1995.

Art. 3.º O contribuinte que receber o resgate de quotas de fundos ao portador e de títulos ou aplicações de renda fixa ao portador ou nominativos-endossáveis, existentes em 16 de março de 1990, ficará sujeito à retenção de imposto de renda na fonte, à alíquota de 25% (vinte e cinco por cento), calculado sobre o valor do resgate recebido.

§ 1.º O imposto será retido pela instituição que efetuar o pagamento dos títulos e aplicações e seu recolhimento deverá ser efetuado de conformidade com as normas aplicáveis ao imposto de renda retido na fonte.

§ 2.º O valor sobre o qual for calculado o imposto, diminuído deste, será computado como rendimento líquido, para efeito de justificar acréscimo patrimonial na declaração de bens (Lei n. 4.069, de 11-6-1962, art. 51) a ser apresentada no exercício financeiro subsequente.

§ 3.º A retenção do imposto, prevista neste artigo, não exclui a incidência do imposto de renda na fonte sobre os rendimentos produzidos pelos respectivos títulos ou aplicações.

§ 4.º A retenção do imposto, prevista neste artigo, será dispensada caso o contribuinte comprove, perante o Departamento da Receita Federal, que o valor resgatado tem origem em rendimentos próprios, declarados na forma da legislação do imposto de renda.

§ 5.º A liberação dos recursos sem a observância do disposto no parágrafo anterior sujeitará a instituição financeira à multa de 25% (vinte e cinco por cento) sobre o valor do resgate dos títulos ou aplicações, corrigido monetariamente a partir da data do resgate até a data do seu efetivo recolhimento.

Art. 4.º O art. 20 da Lei n. 6.404, de 15 de dezembro de 1976, passa a vigorar com a seguinte redação:

"Art. 20. As ações devem ser nominativas".

Art. 5.º As sociedades por ações terão um prazo de 2 (dois) anos para adaptar seus estatutos ao disposto no artigo anterior.

§ 1.º No prazo a que se refere este artigo, as operações com ações, ao portador ou endossáveis, existentes na data da publicação desta Lei, emitidas pelas sociedades por ações, somente poderão ser efetuadas quando atenderem, cumulativamente, às seguintes condições:

a) estiverem as ações sob custódia de instituição financeira ou de bolsa de valores, autorizada a operar por ato da Comissão de Valores Mobiliários – CVM ou do Banco Central do Brasil, no âmbito de sua competência;

b) houver a identificação do vendedor e do comprador.

§ 2.º As ações mencionadas neste artigo somente poderão ser retiradas da custódia mediante a identificação do proprietário.

§ 3.º A instituição financeira ou bolsa custodiante deverá enviar ao Departamento da Receita Federal, até o dia 15 de cada mês, comunicação que identifique o proprietário, a quantidade, a espécie e o valor de aquisição das ações que houverem sido retiradas de sua custódia no mês anterior.

§ 4.º A inobservância do disposto no parágrafo anterior sujeitará a instituição financeira ou bolsa custodiante à multa de 25% (vinte e cinco por cento) do valor das ações, corrigido monetariamente a partir do vencimento do prazo para a comunicação até a data do seu efetivo pagamento.

§ 5.º Para efeito do disposto no parágrafo anterior, considera-se valor da ação o preço médio de negociação em pregão de Bolsas de Valores no dia da retirada da ação ou, na falta deste, o preço médio da ação da última negociação em pregão da Bolsa de Valores, corrigido pelo BTN Fiscal até o dia da retirada da ação.

§ 6.º Para as ações não admitidas à negociação em Bolsas de Valores, considera-se o valor patrimonial da ação corrigido pelo BTN Fiscal desde a data do último balanço até a data de sua retirada da custódia.

Art. 6.º O lançamento de ofício, além dos casos já especificados em lei, far-se-á arbitrando-se os rendimentos com base na renda presumida, mediante utilização dos sinais exteriores de riqueza.

§ 1.º Considera-se sinal exterior de riqueza a realização de gastos incompatíveis com a renda disponível do contribuinte.

§ 2.º Constitui renda disponível a receita auferida pelo contribuinte, diminuída dos abatimentos e deduções admitidos pela legislação do imposto de renda em vigor e do imposto de renda pago pelo contribuinte.

§ 3.º Ocorrendo a hipótese prevista neste artigo, o contribuinte será notificado para o devido procedimento fiscal de arbitramento.

§ 4.º No arbitramento tomar-se-ão como base os preços de mercado vigentes à época da ocorrência dos fatos ou eventos, podendo, para tanto, ser adotados índices ou indicadores econômicos oficiais ou publicações técnicas especializadas.

§ 5.º (*Revogado pela Lei n. 9.430, de 27-12-1996.*)

§ 6.º Qualquer que seja a modalidade escolhida para o arbitramento, será sempre levada a efeito aquela que mais favorecer o contribuinte.

Art. 7.º A autoridade fiscal do Ministério da Economia, Fazenda e Planejamento poderá proceder a exames de documentos, livros e registros das bolsas de valores, de mercadorias, de futuros e assemelhadas, bem como solicitar a prestação de esclarecimentos e informações a respeito de operações por elas praticadas, inclusive em relação a terceiros.

§ 1.º As informações deverão ser prestadas no prazo máximo de dez dias úteis contados da data da solicitação. O não cumprimento desse prazo sujeitará a instituição a multa de valor equivalente a mil BTN Fiscais por dia útil de atraso.

§ 2.º As informações obtidas com base neste artigo somente poderão ser utilizadas para efeito de verificação do cumprimento de obrigações tributárias.

§ 3.º O servidor que revelar informações que tiver obtido na forma deste artigo estará sujeito às penas previstas no art. 325 do Código Penal brasileiro.

Art. 8.º Iniciado o procedimento fiscal, a autoridade fiscal poderá solicitar informações sobre operações realizadas pelo contribuinte em instituições financeiras, inclusive extratos de contas bancárias, não se aplicando, nesta hipótese, o disposto no art. 38 da Lei n. 4.595, de 31 de dezembro de 1964.

Parágrafo único. As informações, que obedecerão às normas regulamentares expedidas pelo Ministério da Economia, Fazenda e Planejamento, deverão ser prestadas no prazo máximo de 10 (dez) dias úteis contados da data da solicitação, aplicando-se, no caso de descumprimento desse prazo, a penalidade prevista no § 1.º do art. 7.º.

Art. 9.º Os estabelecimentos bancários autorizados a acolher depósitos de qualquer natureza deverão centralizar, em um único estabelecimento de sua rede de agências, as contas de não residentes no País.

Art. 10. Fica o Poder Executivo autorizado a celebrar convênios com outros países para repatriar bens de qualquer natureza, inclusive financeiros e títulos de valores mobiliários, pertencentes a empresas brasileiras e pessoas físicas residentes e domiciliadas no País.

Parágrafo único. Os valores repatriados ficarão sujeitos ao imposto de renda à alíquota de 25% (vinte e cinco por cento).

Art. 11. O Poder Executivo regulamentará o disposto nesta Lei.

Art. 12. Esta Lei entra em vigor na data de sua publicação.

Art. 13. Revogam-se o art. 9.º da Lei n. 4.729, de 14 de julho de 1965, os arts. 32 e 33 da Lei n. 6.404, de 15 de dezembro de 1976, e demais disposições em contrário.

Brasília, em 12 de abril de 1990; 169.º da Independência e 102.º da República.

FERNANDO COLLOR

LEI N. 8.027, DE 12 DE ABRIL DE 1990 (*)

Dispõe sobre normas de conduta dos servidores públicos civis da União, das Autarquias e das Fundações Públicas, e dá outras providências.

O Presidente da República,

Faço saber que o Congresso Nacional decreta e eu sanciono a seguinte lei:

Art. 1.º Para os efeitos desta lei, servidor público é a pessoa legalmente investida em cargo ou em emprego público na administração direta, nas autarquias ou nas fundações públicas.

Art. 2.º São deveres dos servidores públicos civis:

>> *Vide* art. 116 da Lei n. 8.112, de 11-12-1990.

I – exercer com zelo e dedicação as atribuições legais e regulamentares inerentes ao cargo ou função;

II – ser leal às instituições a que servir;

III – observar as normas legais e regulamentares;

IV – cumprir as ordens superiores, exceto quando manifestamente ilegais;

V – atender com presteza:

a) ao público em geral, prestando as informações requeridas, ressalvadas as protegidas pelo sigilo;

b) à expedição de certidões requeridas para a defesa de direito ou esclarecimento de situações de interesse pessoal;

VI – zelar pela economia do material e pela conservação do patrimônio público;

VII – guardar sigilo sobre assuntos da repartição, desde que envolvam questões relativas à segurança pública e da sociedade;

VIII – manter conduta compatível com a moralidade pública;

IX – ser assíduo e pontual ao serviço;

X – tratar com urbanidade os demais servidores públicos e o público em geral;

XI – representar contra ilegalidade, omissão ou abuso de poder.

Parágrafo único. A representação de que trata o inciso XI deste artigo será obrigatoriamente apreciada pela autoridade superior àquela contra a qual é formulada, assegurando-se ao representado ampla defesa, com os meios e recursos a ela inerentes.

Art. 3.º São faltas administrativas, puníveis com a pena de advertência por escrito:

>> *Vide* arts. 129 e 131 da Lei n. 8.112, de 11-12-1990.

I – ausentar-se do serviço durante o expediente, sem prévia autorização do superior imediato;

II – recusar fé a documentos públicos;

III – delegar a pessoa estranha à repartição, exceto nos casos previstos em lei, atribuição que seja de sua competência e responsabilidade ou de seus subordinados.

Art. 4.º São faltas administrativas, puníveis com a pena de suspensão por até 90 (noventa) dias, cumulada, se couber, com a destituição do cargo em comissão:

>> *Vide* arts. 130 e 131 da Lei n. 8.112, de 11-12-1990.

I – retirar, sem prévia autorização, por escrito, da autoridade competente, qualquer documento ou objeto da repartição;

II – opor resistência ao andamento de documento, processo ou à execução de serviço;

III – atuar como procurador ou intermediário junto a repartições públicas;

IV – aceitar comissão, emprego ou pensão de Estado estrangeiro, sem licença do Presidente da República;

V – atribuir a outro servidor público funções ou atividades estranhas às do cargo, emprego ou função que ocupa, exceto em situação de emergência e transitoriedade;

VI – manter sob a sua chefia imediata cônjuge, companheiro ou parente até o segundo grau civil;

VII – praticar comércio de compra e venda de bens ou serviços no recinto da repartição, ainda que fora do horário normal de expediente.

Parágrafo único. Quando houver conveniência para o serviço, a penalidade de suspensão poderá ser convertida em multa, na base de cinquenta por cento da remuneração do servidor, ficando este obrigado a permanecer em serviço.

Art. 5.º São faltas administrativas, puníveis com a pena de demissão, a bem do serviço público:

>> *Vide* art. 132 da Lei n. 8.112, de 11-12-1990.

I – valer-se, ou permitir dolosamente que terceiros tirem proveito de informação, prestígio ou influência, obtidos em função do cargo, para lograr, direta ou indiretamente, proveito pessoal ou de outrem, em detrimento da dignidade da função pública;

II – exercer comércio ou participar de sociedade comercial, exceto como acionista, cotista ou comanditário;

III – participar da gerência ou da administração de empresa privada e, nessa condição, transacionar com o Estado;

IV – utilizar pessoal ou recursos materiais da repartição em serviços ou atividades particulares;

V – exercer quaisquer atividades incompatíveis com o cargo ou a função pública, ou, ainda, com horário de trabalho;

VI – abandonar o cargo, caracterizando-se o abandono pela ausência injustificada do servidor público ao serviço, por mais de trinta dias consecutivos;

VII – apresentar inassiduidade habitual, assim entendida a falta ao serviço, por vinte dias, interpoladamente, sem causa justificada no período de seis meses;

VIII – aceitar ou prometer aceitar propinas ou presentes, de qualquer tipo ou valor, bem como empréstimos pessoais ou vantagem de qualquer espécie em razão de suas atribuições.

Parágrafo único. A penalidade de demissão também será aplicada nos seguintes casos:

I – improbidade administrativa;

>> *Vide* Lei n. 8.429, de 2-6-1992.

II – insubordinação grave em serviço;

III – ofensa física, em serviço, a servidor público ou a particular, salvo em legítima defesa própria ou de outrem;

IV – procedimento desidioso, assim entendido a falta ao dever de diligência no cumprimento de suas atribuições;

V – revelação de segredo de que teve conhecimento em função do cargo ou emprego.

Art. 6.º Constitui infração grave, passível de aplicação da pena de demissão, a acumulação remunerada de cargos, empregos e funções públicas, vedada pela Constituição Federal, estendendo- se às autarquias, empresas públicas, sociedades de economia mista da União, dos Estados, do Distrito Federal e dos Municípios, e fundações mantidas pelo Poder Público.

>> *Vide* art. 133 da Lei n. 8.112, de 11-12-1990.

Art. 7.º Os servidores públicos civis são obrigados a declarar, no ato de investidura e sob as penas da lei, quais os cargos públicos, empregos e funções que exercem, abrangidos ou não pela vedação constitucional, devendo fazer prova de exoneração ou demissão, na data da investidura, na hipótese de acumulação constitucionalmente vedada.

§ 1.º Todos os atuais servidores públicos civis deverão apresentar ao respectivo órgão de pessoal, no prazo estabelecido pelo Poder Executivo, a declaração a que se refere o *caput* deste artigo.

§ 2.º Caberá ao órgão de pessoal fazer a verificação da incidência ou não da acumulação vedada pela Constituição Federal.

(*) Publicada no *Diário Oficial da União* de 13-4-1990.

§ 3.º Verificada, a qualquer tempo, a incidência da acumulação vedada, assim como a não apresentação, pelo servidor, no prazo a que se refere o § 1.º deste artigo, da respectiva declaração de acumulação de que trata o *caput*, a autoridade competente promoverá a imediata instauração do processo administrativo para a apuração da infração disciplinar, nos termos desta lei, sob pena de destituição do cargo em comissão ou função de confiança, da autoridade e do chefe de pessoal.

Art. 8.º Pelo exercício irregular de suas atribuições o servidor público civil responde civil, penal e administrativamente, podendo as cominações civis, penais e disciplinares cumular-se, sendo umas e outras independentes entre si, bem assim as instâncias civil, penal e administrativa.

§ 1.º Na aplicação das penas disciplinares definidas nesta lei, serão consideradas a natureza e a gravidade da infração e os danos que dela provierem para o serviço público, podendo cumular-se, se couber, com as cominações previstas no § 4.º do art. 37 da Constituição.

§ 2.º A competência para a imposição das penas disciplinares será determinada em ato do Poder Executivo.

§ 3.º Os atos de advertência, suspensão e demissão mencionarão sempre a causa da penalidade.

§ 4.º A penalidade de advertência converte-se automaticamente em suspensão, por trinta dias, no caso de reincidência.

§ 5.º A aplicação da penalidade de suspensão acarreta o cancelamento automático do valor da remuneração do servidor, durante o período de vigência da suspensão.

§ 6.º A demissão ou a destituição de cargo em comissão incompatibiliza o ex-servidor para nova investidura em cargo público federal, pelo prazo de cinco anos.

§ 7.º Ainda que haja transcorrido o prazo a que se refere o parágrafo anterior, a nova investidura do servidor demitido ou destituído do cargo em comissão, por atos de que tenham resultado prejuízos ao erário, somente se dará após o ressarcimento dos prejuízos em valor atualizado até a data do pagamento.

§ 8.º O processo administrativo disciplinar para a apuração das infrações e para a aplicação das penalidades reguladas por esta lei permanece regido pelas normas legais e regulamentares em vigor, assegurado o direito à ampla defesa.

>> *Vide* arts. 143 e s. da Lei n. 8.112, de 11-12-1990.

§ 9.º Prescrevem:

I – em dois anos, a falta sujeita às penas de advertência e suspensão;

II – em cinco anos, a falta sujeita à pena de demissão ou à pena de cassação de aposentadoria ou disponibilidade.

§ 10. A falta, também prevista na lei penal, como crime, prescreverá juntamente com este.

Art. 9.º Será cassada a aposentadoria ou a disponibilidade do inativo que houver praticado, na ativa, falta punível com demissão, após apurada a infração em processo administrativo disciplinar, com direito à ampla defesa.

> *Vide* art. 134 da Lei n. 8.112, de 11-12-1990.

Parágrafo único. Será igualmente cassada a disponibilidade do servidor que não assumir no prazo legal o exercício do cargo ou emprego em que for aproveitado.

Art. 10. Essa lei entra em vigor na data de sua publicação.

Art. 11. Revogam-se as disposições em contrário.

Brasília, 12 de abril de 1990; 169.º da Independência e 102.º da República.

FERNANDO COLLOR

LEI N. 8.038, DE 28 DE MAIO DE 1990 (*)

Institui normas procedimentais para os processos que especifica, perante o Superior Tribunal de Justiça e o Supremo Tribunal Federal.

O Presidente da República:

Faço saber que o Congresso Nacional decreta e eu sanciono a seguinte Lei:

TÍTULO I
PROCESSOS DE COMPETÊNCIA ORIGINÁRIA

CAPÍTULO I
AÇÃO PENAL ORIGINÁRIA

Art. 1.º Nos crimes de ação penal pública, o Ministério Público terá o prazo de 15 (quinze) dias para oferecer denúncia ou pedir arquivamento do inquérito ou das peças informativas.

§ 1.º Diligências complementares poderão ser deferidas pelo relator, com interrupção do prazo deste artigo.

§ 2.º Se o indiciado estiver preso:

a) o prazo para oferecimento da denúncia será de 5 (cinco) dias;

b) as diligências complementares não interromperão o prazo, salvo se o relator, ao deferi-las, determinar o relaxamento da prisão.

§ 3.º Não sendo o caso de arquivamento e tendo o investigado confessado formal e circunstanciadamente a prática de infração penal sem violência ou grave ameaça e com pena mínima inferior a 4 (quatro) anos, o Ministério Público poderá propor acordo de não persecução penal, desde que necessário e suficiente para a reprovação e prevenção do crime, nos termos do art. 28-A do Decreto-lei n. 3.689, de 3 de outubro de 1941 (Código de Processo Penal).

>> § 3.º acrescentado pela Lei n. 13.964, de 24-12-2019.

Art. 2.º O relator, escolhido na forma regimental, será o juiz da instrução, que se realizará segundo o disposto neste capítulo, no Código de Processo Penal, no que for aplicável, e no Regimento Interno do Tribunal.

Parágrafo único. O relator terá as atribuições que a legislação processual confere aos juízes singulares.

Art. 3.º Compete ao relator:

I – determinar o arquivamento do inquérito ou de peças informativas, quando o requerer o Ministério Público, ou submeter o requerimento à decisão competente do Tribunal;

II – decretar a extinção da punibilidade, nos casos previstos em lei;

III – convocar desembargadores de Turmas Criminais dos Tribunais de Justiça ou dos Tribunais Regionais Federais, bem como juízes de varas criminais da Justiça dos Estados e da Justiça Federal, pelo prazo de 6 (seis) meses, prorrogável por igual período, até o máximo de 2 (dois) anos, para a realização do interrogatório e de outros atos da instrução, na sede do tribunal ou no local onde se deva produzir o ato.

>> Inciso III acrescentado pela Lei n. 12.019, de 21-8-2009.

>> A Emenda Regimental n. 36, de 2-12-2009, regulamenta a aplicação, no âmbito do STF, do disposto neste inciso.

Art. 4.º Apresentada a denúncia ou a queixa ao Tribunal, far-se-á a notificação do acusado para oferecer resposta no prazo de 15 (quinze) dias.

§ 1.º Com a notificação, serão entregues ao acusado cópia da denúncia ou da queixa, do despacho do relator e dos documentos por este indicados.

§ 2.º Se desconhecido o paradeiro do acusado, ou se este criar dificuldades para que o oficial cumpra a diligência, proceder-se-á a sua notificação por edital, contendo o teor resumido da acusação, para que compareça ao Tribunal, em 5 (cinco) dias, onde terá vista dos autos pelo prazo de 15 (quinze) dias, a fim de apresentar a resposta prevista neste artigo.

Art. 5.º Se, com a resposta, forem apresentados novos documentos, será intimada a parte contrária para sobre eles se manifestar, no prazo de 5 (cinco) dias.

Parágrafo único. Na ação penal de iniciativa privada, será ouvido, em igual prazo, o Ministério Público.

Art. 6.º A seguir, o relator pedirá dia para que o Tribunal delibere sobre o recebimento, a rejeição da denúncia ou da queixa, ou a im-

(*) Publicada no *Diário Oficial da União* de 29-5-1990.

procedência da acusação, se a decisão não depender de outras provas.

§ 1.º No julgamento de que trata este artigo, será facultada sustentação oral pelo prazo de 15 (quinze) minutos, primeiro à acusação, depois à defesa.

§ 2.º Encerrados os debates, o Tribunal passará a deliberar, determinando o Presidente as pessoas que poderão permanecer no recinto, observado o disposto no inciso II do art. 12 desta Lei.

Art. 7.º Recebida a denúncia ou a queixa, o relator designará dia e hora para o interrogatório, mandando citar o acusado ou querelado e intimar o órgão do Ministério Público, bem como o querelante ou o assistente, se for o caso.

Art. 8.º O prazo para defesa prévia será de 5 (cinco) dias, contado do interrogatório ou da intimação do defensor dativo.

Art. 9.º A instrução obedecerá, no que couber, ao procedimento comum do Código de Processo Penal.

§ 1.º O relator poderá delegar a realização do interrogatório ou de outro ato da instrução ao juiz ou membro de tribunal com competência territorial no local de cumprimento da carta de ordem.

§ 2.º Por expressa determinação do relator, as intimações poderão ser feitas por carta registrada com aviso de recebimento.

Art. 10. Concluída a inquirição de testemunhas, serão intimadas a acusação e a defesa, para requerimento de diligências no prazo de 5 (cinco) dias.

Art. 11. Realizadas as diligências, ou não sendo estas requeridas nem determinadas pelo relator, serão intimadas a acusação e a defesa para, sucessivamente, apresentarem, no prazo de 15 (quinze) dias, alegações escritas.

§ 1.º Será comum o prazo do acusador e do assistente, bem como o dos corréus.

§ 2.º Na ação penal de iniciativa privada, o Ministério Público terá vista, por igual prazo, após as alegações das partes.

§ 3.º O relator poderá, após as alegações escritas, determinar de ofício a realização de provas reputadas imprescindíveis para o julgamento da causa.

Art. 12. Finda a instrução, o Tribunal procederá ao julgamento, na forma determinada pelo regimento interno, observando-se o seguinte:

I – a acusação e a defesa terão, sucessivamente, nessa ordem, prazo de uma hora para sustentação oral, assegurado ao assistente um quarto do tempo da acusação;

II – encerrados os debates, o Tribunal passará a proferir o julgamento, podendo o Presidente limitar a presença no recinto às partes e seus advogados, ou somente a estes, se o interesse público exigir.

Capítulo II
RECLAMAÇÃO

Arts. 13 a 18. (*Revogados pela Lei n. 13.105, de 16-3-2015.*)

Capítulo III
INTERVENÇÃO FEDERAL

Art. 19. A requisição de intervenção federal prevista nos incisos II e IV do art. 36 da Constituição Federal será promovida:

I – de ofício, ou mediante pedido de Presidente de Tribunal de Justiça do Estado, ou de Presidente de Tribunal Federal, quando se tratar de prover a execução de ordem ou decisão judicial, com ressalva, conforme a matéria, da competência do Supremo Tribunal Federal ou do Tribunal Superior Eleitoral;

II – de ofício, ou mediante pedido da parte interessada, quando se tratar de prover a execução de ordem ou decisão do Superior Tribunal de Justiça;

III – mediante representação do Procurador-Geral da República, quando se tratar de prover a execução de lei federal.

Art. 20. O Presidente, ao receber o pedido:

I – tomará as providências que lhe parecerem adequadas para remover, administrativamente, a causa do pedido;

II – mandará arquivá-lo, se for manifestamente infundado, cabendo do seu despacho agravo regimental.

Art. 21. Realizada a gestão prevista no inciso I do artigo anterior, solicitadas informações à autoridade estadual e ouvido o Procurador-Geral, o pedido será distribuído a um relator.

Parágrafo único. Tendo em vista o interesse público, poderá ser permitida a presença no recinto às partes e seus advogados, ou somente a estes.

Art. 22. Julgado procedente o pedido, o Presidente do Superior Tribunal de Justiça comunicará, imediatamente, a decisão aos órgãos do poder público interessados e requisitará a intervenção ao Presidente da República.

Capítulo IV
HABEAS CORPUS

Art. 23. Aplicam-se ao *habeas corpus* perante o Superior Tribunal de Justiça as normas do Livro III, Título II, Capítulo X do Código de Processo Penal.

Capítulo V
OUTROS PROCEDIMENTOS

Art. 24. Na ação rescisória, nos conflitos de competência, de jurisdição e de atribuições, na revisão criminal e no mandado de segurança, será aplicada a legislação processual em vigor.

Parágrafo único. No mandado de injunção e no *habeas data*, serão observadas, no que couber, as normas do mandado de segurança, enquanto não editada legislação específica.

>> *Vide* Lei n. 13.300, de 23-6-2016, que disciplina o processo e o julgamento dos mandados de injunção individual e coletivo.

Art. 25. Salvo quando a causa tiver por fundamento matéria constitucional, compete ao Presidente do Superior Tribunal de Justiça, a requerimento do Procurador-Geral da República ou da pessoa jurídica de direito público interessada, e para evitar grave lesão à ordem, à saúde, à segurança e à economia pública, suspender, em despacho fundamentado, a execução de liminar ou de decisão concessiva de mandado de segurança, proferida, em única ou última instância, pelos Tribunais Regionais Federais ou pelos Tribunais dos Estados e do Distrito Federal.

§ 1.º O Presidente pode ouvir o impetrante, em 5 (cinco) dias, e o Procurador-Geral quando não for o requerente, em igual prazo.

§ 2.º Do despacho que conceder a suspensão caberá agravo regimental.

§ 3.º A suspensão de segurança vigorará enquanto pender o recurso, ficando sem efeito, se a decisão concessiva for mantida pelo Superior Tribunal de Justiça ou transitar em julgado.

> *Vide* Súmula 626 do STF.

Título II
RECURSOS

Capítulo I
RECURSO EXTRAORDINÁRIO E RECURSO ESPECIAL

Arts. 26 a 29. (*Revogados pela Lei n. 13.105, de 16-3-2015.*)

Capítulo II
RECURSO ORDINÁRIO EM *HABEAS CORPUS*

Art. 30. O recurso ordinário para o Superior Tribunal de Justiça, das decisões denegatórias de *habeas corpus*, proferidas pelos Tribunais Regionais Federais ou pelos Tribunais dos Estados e do Distrito Federal, será interposto no prazo de 5 (cinco) dias, com as razões do pedido de reforma.

Art. 31. Distribuído o recurso, a Secretaria, imediatamente, fará os autos com vista ao Ministério Público, pelo prazo de 2 (dois) dias.

Parágrafo único. Conclusos os autos ao relator, este submeterá o feito a julgamento independentemente de pauta.

Art. 32. Será aplicado, no que couber, ao processo e julgamento do recurso, o disposto com relação ao pedido originário de *habeas corpus*.

Capítulo III
RECURSO ORDINÁRIO EM MANDADO DE SEGURANÇA

Art. 33. O recurso ordinário para o Superior Tribunal de Justiça, das decisões denegatórias de mandado de segurança, proferidas em única instância pelos Tribunais Regionais Federais ou pelos Tribunais de Estados e do Distrito Federal, será interposto no prazo de 15 (quinze) dias, com as razões do pedido de reforma.

Art. 34. Serão aplicadas, quanto aos requisitos de admissibilidade e ao procedimento no Tribunal recorrido, as regras do Código de Processo Civil relativas à apelação.

Art. 35. Distribuído o recurso, a Secretaria, imediatamente, fará os autos com vista ao Ministério Público, pelo prazo de 5 (cinco) dias.

Parágrafo único. Conclusos os autos ao relator, este pedirá dia para julgamento.

Capítulo IV
APELAÇÃO CÍVEL E AGRAVO DE INSTRUMENTO

> *Vide* arts. 1.015 a 1.020 do CPC.

Art. 36. Nas causas em que forem partes, de um lado, Estado estrangeiro ou organismo internacional e, de outro, município ou pessoa domiciliada ou residente no País, caberá:

I – apelação da sentença;

II – agravo de instrumento, das decisões interlocutórias.

Art. 37. Os recursos mencionados no artigo anterior serão interpostos para o Superior Tribunal de Justiça, aplicando-se-lhes, quanto aos requisitos de admissibilidade e ao procedimento, o disposto no Código de Processo Civil.

Título III
DISPOSIÇÕES GERAIS

Art. 38. (*Revogado pela Lei n. 13.105, de 16-3-2015, em vigor um ano após a sua publicação – DOU de 17-3-2015.*)

Art. 39. Da decisão do Presidente do Tribunal, de Seção, de Turma ou de Relator que causar gravame à parte, caberá agravo para o órgão especial, Seção ou Turma, conforme o caso, no prazo de 5 (cinco) dias.

> *Vide* Súmula 116 do STJ.

Art. 40. Haverá revisão, no Superior Tribunal de Justiça, nos seguintes processos:

I – ação rescisória;

II – ação penal originária;

III – revisão criminal.

Art. 41. Em caso de vaga ou afastamento de Ministro do Superior Tribunal de Justiça, por prazo superior a 30 (trinta) dias, poderá ser convocado Juiz de Tribunal Regional Federal ou Desembargador, para substituição, pelo voto da maioria absoluta dos seus membros.

Art. 41-A. A decisão de Turma, no Superior Tribunal de Justiça, será tomada pelo voto da maioria absoluta de seus membros.

>> *Caput* acrescentado pela Lei n. 9.756, de 17-12-1998.

Parágrafo único. Em *habeas corpus* originário ou recursal, havendo empate, prevalecerá a decisão mais favorável ao paciente.

>> Parágrafo único acrescentado pela Lei n. 9.756, de 17-12-1998.

Art. 41-B. As despesas do porte de remessa e retorno dos autos serão recolhidas mediante documento de arrecadação, de conformidade com instruções e tabela expedidas pelo Supremo Tribunal Federal e pelo Superior Tribunal de Justiça.

>> *Caput* acrescentado pela Lei n. 9.756, de 17-12-1998.

> A Resolução n. 8, de 1.º-10-2003, do STJ, fixa o valor a ser recolhido para o pagamento do porte de remessa e retorno de autos.

Parágrafo único. A secretaria do tribunal local zelará pelo recolhimento das despesas postais.

>> Parágrafo único acrescentado pela Lei n. 9.756, de 17-12-1998.

Art. 42. Os arts. 496, 497, 498, inciso II do art. 500, e 508 da Lei n. 5.869, de 11 de janeiro de 1973 – Código de Processo Civil, passam a vigorar com a seguinte redação:

>> Alteração prejudicada em face da revogação do CPC de 1973 pela Lei n. 13.105, de 16-3-2015.

Art. 43. Esta Lei entra em vigor na data de sua publicação.

Art. 44. Revogam-se as disposições em contrário, especialmente os arts. 541 a 546 do Código de Processo Civil e a Lei n. 3.396, de 2 de junho de 1958.

>> Alteração prejudicada em face da revogação do CPC de 1973 pela Lei n. 13.105, de 16-3-2015.

Brasília, 28 de maio de 1990; 169.º da Independência e 102.º da República.

Fernando Collor

LEI N. 8.078, DE 11 DE SETEMBRO DE 1990 (*)

Dispõe sobre a proteção do consumidor e dá outras providências.

O Presidente da República:

Faço saber que o Congresso Nacional decreta e eu sanciono a seguinte Lei:

Título I
DOS DIREITOS DO CONSUMIDOR

Capítulo I
DISPOSIÇÕES GERAIS

Art. 1.º O presente Código estabelece normas de proteção e defesa do consumidor, de ordem pública e interesse social, nos termos dos arts. 5.º, XXXII, 170, V, da Constituição Federal e art. 48 de suas Disposições Transitórias.

> A Lei n. 14.046, de 24-8-2020, dispõe sobre o cancelamento de serviços, de reservas e de eventos dos setores de turismo e cultura em razão do estado de calamidade pública.

Art. 2.º Consumidor é toda pessoa física ou jurídica que adquire ou utiliza produto ou serviço como destinatário final.

Parágrafo único. Equipara-se a consumidor a coletividade de pessoas, ainda que indetermináveis, que haja intervindo nas relações de consumo.

Art. 3.º Fornecedor é toda pessoa física ou jurídica, pública ou privada, nacional ou estrangeira, bem como os entes despersonalizados, que desenvolvem atividades de produção, montagem, criação, construção, transformação, importação, exportação, distribuição ou comercialização de produtos ou prestação de serviços.

§ 1.º Produto é qualquer bem, móvel ou imóvel, material ou imaterial.

§ 2.º Serviço é qualquer atividade fornecida no mercado de consumo, mediante remuneração, inclusive as de natureza bancária, financeira, de crédito e securitária, salvo as decorrentes das relações de caráter trabalhista.

> *Vide* Súmula 297 do STJ.

Capítulo II
DA POLÍTICA NACIONAL DE RELAÇÕES DE CONSUMO

Art. 4.º A Política Nacional das Relações de Consumo tem por objetivo o atendimento das necessidades dos consumidores, o respeito à sua dignidade, saúde e segurança, a proteção de seus interesses econômicos, a melhoria da sua qualidade de vida, bem como a transparência e harmonia das relações de consumo, atendidos os seguintes princípios:

>> *Caput* com redação determinada pela Lei n. 9.008, de 21-3-1995.

I – reconhecimento da vulnerabilidade do consumidor no mercado de consumo;

II – ação governamental no sentido de proteger efetivamente o consumidor:

a) por iniciativa direta;

b) por incentivos à criação e desenvolvimento de associações representativas;

c) pela presença do Estado no mercado de consumo;

d) pela garantia dos produtos e serviços com padrões adequados de qualidade, segurança, durabilidade e desempenho;

III – harmonização dos interesses dos participantes das relações de consumo e compatibilização da proteção do consumidor com a necessidade de desenvolvimento econômi-

(*) Publicada no *Diário Oficial da União* de 12-9-1990, em Suplemento. Retificada em 10-1-2007. O Decreto n. 6.523, de 31-7-2008, regulamenta esta Lei, para fixar normas gerais sobre o Serviço de Atendimento ao Consumidor – SAC. A Lei n. 12.291, de 20-7-2010, torna obrigatória a manutenção de exemplar do CDC nos estabelecimentos comerciais e de prestação de serviços. O Decreto n. 7.962, de 15-3-2013, regulamenta esta Lei para dispor sobre a contratação no comércio eletrônico.

co e tecnológico, de modo a viabilizar os princípios nos quais se funda a ordem econômica (art. 170, da Constituição Federal), sempre com base na boa-fé e equilíbrio nas relações entre consumidores e fornecedores;

> A Lei n. 9.791, de 24-3-1999, dispõe sobre a obrigatoriedade de as concessionárias de serviços públicos estabelecerem ao consumidor e ao usuário datas opcionais para o vencimento de seus débitos.

IV – educação e informação de fornecedores e consumidores, quanto aos seus direitos e deveres, com vistas à melhoria do mercado de consumo;

V – incentivo à criação pelos fornecedores de meios eficientes de controle de qualidade e segurança de produtos e serviços, assim como de mecanismos alternativos de solução de conflitos de consumo;

> A Lei n. 9.307, de 23-9-1996, dispõe sobre arbitragem.

> *Vide* Lei n. 13.140, de 26-6-2015.

VI – coibição e repressão eficientes de todos os abusos praticados no mercado de consumo, inclusive a concorrência desleal e utilização indevida de inventos e criações industriais das marcas e nomes comerciais e signos distintivos, que possam causar prejuízos aos consumidores;

> *Vide* art. 170 da CF

> *Vide* Lei n. 12.529, de 30-11-2011.

VII – racionalização e melhoria dos serviços públicos;

VIII – estudo constante das modificações do mercado de consumo.

Art. 5.º Para a execução da Política Nacional das Relações de Consumo, contará o Poder Público com os seguintes instrumentos, entre outros:

> *Vide* art. 5.º, LXXIV, da CF.

I – manutenção de assistência jurídica, integral e gratuita para o consumidor carente;

II – instituição de Promotorias de Justiça de Defesa do Consumidor, no âmbito do Ministério Público;

III – criação de delegacias de polícia especializadas no atendimento de consumidores vítimas de infrações penais de consumo;

IV – criação de Juizados Especiais de Pequenas Causas e Varas Especializadas para a solução de litígios de consumo;

> *Vide* Lei n. 10.259, de 12-7-2001 (juizados especiais federais).

V – concessão de estímulos à criação e desenvolvimento das Associações de Defesa do Consumidor.

§ 1.º (*Vetado.*)

§ 2.º (*Vetado.*)

Capítulo III
DOS DIREITOS BÁSICOS DO CONSUMIDOR

>> *Vide* art. 6.º da Lei n. 13.460, de 26-6-2017 (direitos básicos do usuário de serviços públicos).

Art. 6.º São direitos básicos do consumidor:

I – a proteção da vida, saúde e segurança contra os riscos provocados por práticas no fornecimento de produtos e serviços considerados perigosos ou nocivos;

II – a educação e divulgação sobre o consumo adequado dos produtos e serviços, asseguradas a liberdade de escolha e a igualdade nas contratações;

III – a informação adequada e clara sobre os diferentes produtos e serviços, com especificação correta de quantidade, características, composição, qualidade, tributos incidentes e preço, bem como sobre os riscos que apresentem;

>> Inciso III com redação determinada pela Lei n. 12.741, de 8-12-2012, em vigor 6 meses após a publicação (*DOU* de 10-12-2012).

>> A Lei n. 10.962, de 11-10-2004, dispõe sobre a oferta e as formas de afixação de preços de produtos e serviços para o consumidor.

>> O Decreto n. 5.903, de 20-9-2006, dispõe sobre as práticas infracionais que atentam contra o direito básico do consumidor de obter informação adequada e clara sobre produtos e serviços.

> *Vide* Súmula 595 do STJ.

IV – a proteção contra a publicidade enganosa e abusiva, métodos comerciais coercitivos ou desleais, bem como contra práticas e cláusulas abusivas ou impostas no fornecimento de produtos e serviços;

> *Vide* notas ao inciso anterior.

V – a modificação das cláusulas contratuais que estabeleçam prestações desproporcionais ou sua revisão em razão de fatos supervenientes que as tornem excessivamente onerosas;

VI – a efetiva prevenção e reparação de danos patrimoniais e morais, individuais, coletivos e difusos;

VII – o acesso aos órgãos judiciários e administrativos, com vistas à prevenção ou reparação de danos patrimoniais e morais, individuais, coletivos ou difusos, assegurada a proteção jurídica, administrativa e técnica aos necessitados;

VIII – a facilitação da defesa de seus direitos, inclusive com a inversão do ônus da prova, a seu favor, no processo civil, quando, a critério do juiz, for verossímil a alegação ou quando for ele hipossuficiente, segundo as regras ordinárias de experiências;

IX – (*Vetado.*);

X – a adequada e eficaz prestação dos serviços públicos em geral.

> O Decreto n. 9.094, de 17-7-2017, dispõe sobre a simplificação do atendimento prestado aos usuários dos serviços públicos, ratifica a dispensa do reconhecimento de firma e da autenticação em documentos produzidos no País e institui a Carta de Serviços ao Usuário.

Parágrafo único. A informação de que trata o inciso III do *caput* deste artigo deve ser acessível à pessoa com deficiência, observado o disposto em regulamento.

>> Parágrafo único acrescentado pela Lei n. 13.146, de 6-7-2015.

Art. 7.º Os direitos previstos neste Código não excluem outros decorrentes de tratados ou convenções internacionais de que o Brasil seja signatário, da legislação interna ordinária, de regulamentos expedidos pelas autoridades administrativas competentes, bem como dos que derivem dos princípios gerais do direito, analogia, costumes e equidade.

> *Vide* art. 5.º, §§ 2.º e 3.º, da CF.

Parágrafo único. Tendo mais de um autor a ofensa, todos responderão solidariamente pela reparação dos danos previstos nas normas de consumo.

Capítulo IV
DA QUALIDADE DE PRODUTOS E SERVIÇOS, DA PREVENÇÃO E DA REPARAÇÃO DOS DANOS

Seção I
Da Proteção à Saúde e Segurança

Art. 8.º Os produtos e serviços colocados no mercado de consumo não acarretarão riscos à saúde ou segurança dos consumidores, exceto os considerados normais e previsíveis em decorrência de sua natureza e fruição, obrigando-se os fornecedores, em qualquer hipótese, a dar as informações necessárias e adequadas a seu respeito.

§ 1.º Em se tratando de produto industrial, ao fabricante cabe prestar as informações a que se refere este artigo, através de impressos apropriados que devam acompanhar o produto.

>> Parágrafo único renumerado pela Lei n. 13.486, de 3-10-2017.

§ 2.º O fornecedor deverá higienizar os equipamentos e utensílios utilizados no fornecimento de produtos ou serviços, ou colocados à disposição do consumidor, e informar, de maneira ostensiva e adequada, quando for o caso, sobre o risco de contaminação.

>> § 2.º acrescentado pela Lei n. 13.486, de 3-10-2017.

Art. 9.º O fornecedor de produtos e serviços potencialmente nocivos ou perigosos à saúde ou segurança deverá informar, de maneira ostensiva e adequada, a respeito da sua nocividade ou periculosidade, sem prejuízo da adoção de outras medidas cabíveis em cada caso concreto.

Art. 10. O fornecedor não poderá colocar no mercado de consumo produto ou serviço que sabe ou deveria saber apresentar alto grau de nocividade ou periculosidade à saúde ou segurança.

§ 1.º O fornecedor de produtos e serviços que, posteriormente à sua introdução no mercado de consumo, tiver conhecimento da periculosidade que apresentem, deverá comunicar o fato imediatamente às autoridades competentes e aos consumidores, mediante anúncios publicitários.

>> A Portaria n. 487, de 15-3-2012, do Ministério da Justiça, disciplina o procedimento de chamamento dos consumidores ou *recall* de produtos e serviços que, posteriormente à sua introdução no mercado de consumo, forem considerados nocivos ou perigosos.

§ 2.º Os anúncios publicitários a que se refere o parágrafo anterior serão veiculados na imprensa, rádio e televisão, às expensas do fornecedor do produto ou serviço.

§ 3.º Sempre que tiverem conhecimento de periculosidade de produtos ou serviços à saúde ou segurança dos consumidores, a União, os Estados, o Distrito Federal e os Municípios deverão informá-los a respeito.

Art. 11. (*Vetado.*)

>> A Lei n. 13.425, de 30-3-2017, propôs o acréscimo do art. 11-A a esta Lei, porém teve seu texto vetado.

Seção II
Da Responsabilidade pelo Fato do Produto e do Serviço

Art. 12. O fabricante, o produtor, o construtor, nacional ou estrangeiro, e o importador respondem, independentemente da existência de culpa, pela reparação dos danos causados aos consumidores por defeitos decorrentes de projeto, fabricação, construção, montagem, fórmulas, manipulação, apresentação ou acondicionamento de seus produtos, bem como por informações insuficientes ou inadequadas sobre sua utilização e riscos.

§ 1.º O produto é defeituoso quando não oferece a segurança que dele legitimamente se espera, levando-se em consideração as circunstâncias relevantes, entre as quais:

I – sua apresentação;

II – o uso e os riscos que razoavelmente dele se esperam;

III – a época em que foi colocado em circulação.

§ 2.º O produto não é considerado defeituoso pelo fato de outro de melhor qualidade ter sido colocado no mercado.

§ 3.º O fabricante, o construtor, o produtor ou importador só não será responsabilizado quando provar:

I – que não colocou o produto no mercado;

II – que, embora haja colocado o produto no mercado, o defeito inexiste;

III – a culpa exclusiva do consumidor ou de terceiro.

Art. 13. O comerciante é igualmente responsável, nos termos do artigo anterior, quando:

I – o fabricante, o construtor, o produtor ou o importador não puderem ser identificados;

II – o produto for fornecido sem identificação clara do seu fabricante, produtor, construtor ou importador;

III – não conservar adequadamente os produtos perecíveis.

Parágrafo único. Aquele que efetivar o pagamento ao prejudicado poderá exercer o direito de regresso contra os demais responsáveis, segundo sua participação na causação do evento danoso.

Art. 14. O fornecedor de serviços responde, independentemente da existência de culpa, pela reparação dos danos causados aos consumidores por defeitos relativos à prestação dos serviços, bem como por informações insuficientes ou inadequadas sobre sua fruição e riscos.

> *Vide* Súmula 595 do STJ.

§ 1.º O serviço é defeituoso quando não fornece a segurança que o consumidor dele pode esperar, levando-se em consideração as circunstâncias relevantes, entre as quais:

I – o modo de seu fornecimento;

II – o resultado e os riscos que razoavelmente dele se esperam;

III – a época em que foi fornecido.

§ 2.º O serviço não é considerado defeituoso pela adoção de novas técnicas.

§ 3.º O fornecedor de serviços só não será responsabilizado quando provar:

I – que, tendo prestado o serviço, o defeito inexiste;

II – a culpa exclusiva do consumidor ou de terceiro.

§ 4.º A responsabilidade pessoal dos profissionais liberais será apurada mediante a verificação de culpa.

Arts. 15 e 16. (*Vetados.*)

Art. 17. Para os efeitos desta Seção, equiparam-se aos consumidores todas as vítimas do evento.

> *Vide* nota ao art. 10, § 1.º, desta Lei.

Seção III
Da Responsabilidade por Vício do Produto e do Serviço

Art. 18. Os fornecedores de produtos de consumo duráveis ou não duráveis respondem solidariamente pelos vícios de qualidade ou quantidade que os tornem impróprios ou inadequados ao consumo a que se destinam ou lhes diminuam o valor, assim como por aqueles decorrentes da disparidade, com as indicações constantes do recipiente, da embalagem, rotulagem ou mensagem publicitária, respeitadas as variações decorrentes de sua natureza, podendo o consumidor exigir a substituição das partes viciadas.

§ 1.º Não sendo o vício sanado no prazo máximo de 30 (trinta) dias, pode o consumidor exigir, alternativamente e à sua escolha:

I – a substituição do produto por outro da mesma espécie, em perfeitas condições de uso;

II – a restituição imediata da quantia paga, monetariamente atualizada, sem prejuízo de eventuais perdas e danos;

III – o abatimento proporcional do preço.

§ 2.º Poderão as partes convencionar a redução ou ampliação do prazo previsto no parágrafo anterior, não podendo ser inferior a 7 (sete) nem superior a 180 (cento e oitenta) dias. Nos contratos de adesão, a cláusula de prazo deverá ser convencionada em separado, por meio de manifestação expressa do consumidor.

§ 3.º O consumidor poderá fazer uso imediato das alternativas do § 1.º deste artigo, sempre que, em razão da extensão do vício, a substituição das partes viciadas puder comprometer a qualidade ou características do produto, diminuir-lhe o valor ou se tratar de produto essencial.

§ 4.º Tendo o consumidor optado pela alternativa do inciso I do § 1.º deste artigo, e não sendo possível a substituição do bem, poderá haver substituição por outro de espécie, marca ou modelo diversos, mediante complementação ou restituição de eventual diferença de preço, sem prejuízo do disposto nos incisos II e III do § 1.º deste artigo.

§ 5.º No caso de fornecimento de produtos *in natura*, será responsável perante o consumidor o fornecedor imediato, exceto quando identificado claramente seu produtor.

§ 6.º São impróprios ao uso e consumo:

I – os produtos cujos prazos de validade estejam vencidos;

II – os produtos deteriorados, alterados, adulterados, avariados, falsificados, corrompidos, fraudados, nocivos à vida ou à saúde, perigosos ou, ainda, aqueles em desacordo com as normas regulamentares de fabricação, distribuição ou apresentação;

III – os produtos que, por qualquer motivo, se revelem inadequados ao fim a que se destinam.

Art. 19. Os fornecedores respondem solidariamente pelos vícios de quantidade do produto sempre que, respeitadas as variações decorrentes de sua natureza, seu conteúdo líquido for inferior às indicações constantes do recipiente, da embalagem, rotulagem ou de mensagem publicitária, podendo o consumidor exigir, alternativamente e à sua escolha:

I – o abatimento proporcional do preço;

II – complementação do peso ou medida;

III – a substituição do produto por outro da mesma espécie, marca ou modelo, sem os aludidos vícios;

IV – a restituição imediata da quantia paga, monetariamente atualizada, sem prejuízo de eventuais perdas e danos.

§ 1.º Aplica-se a este artigo o disposto no § 4.º do artigo anterior.

§ 2.º O fornecedor imediato será responsável quando fizer a pesagem ou a medição e o instrumento utilizado não estiver aferido segundo os padrões oficiais.

Art. 20. O fornecedor de serviços responde pelos vícios de qualidade que os tornem impróprios ao consumo ou lhes diminuam o valor, assim como por aqueles decorrentes da disparidade com as indicações constantes da oferta ou mensagem publicitária, podendo o consumidor exigir, alternativamente e à sua escolha:

> *Vide* Súmula 595 do STJ.

I – a reexecução dos serviços, sem custo adicional e quando cabível;

II – a restituição imediata da quantia paga, monetariamente atualizada, sem prejuízo de eventuais perdas e danos;

III – o abatimento proporcional do preço.

§ 1.º A reexecução dos serviços poderá ser confiada a terceiros devidamente capacitados, por conta e risco do fornecedor.

§ 2.º São impróprios os serviços que se mostrem inadequados para os fins que razoavelmente deles se esperam, bem como aqueles que não atendam as normas regulamentares de prestabilidade.

Art. 21. No fornecimento de serviços que tenham por objetivo a reparação de qualquer produto considerar-se-á implícita a obrigação do fornecedor de empregar componentes de reposição originais adequados e novos, ou que mantenham as especificações técnicas do fabricante, salvo, quanto a estes últimos, autorização em contrário do consumidor.

Art. 22. Os órgãos públicos, por si ou suas empresas, concessionárias, permissionárias ou sob qualquer outra forma de empreendimento, são obrigados a fornecer serviços adequados, eficientes, seguros e, quanto aos essenciais, contínuos.

Parágrafo único. Nos casos de descumprimento, total ou parcial, das obrigações referidas neste artigo, serão as pessoas jurídicas compelidas a cumpri-las e a reparar os danos causados, na forma prevista neste Código.

Art. 23. A ignorância do fornecedor sobre os vícios de qualidade por inadequação dos produtos e serviços não o exime de responsabilidade.

Art. 24. A garantia legal de adequação do produto ou serviço independe de termo expresso, vedada a exoneração contratual do fornecedor.

Art. 25. É vedada a estipulação contratual de cláusula que impossibilite, exonere ou atenue a obrigação de indenizar prevista nesta e nas Seções anteriores.

§ 1.º Havendo mais de um responsável pela causação do dano, todos responderão solidariamente pela reparação prevista nesta e nas Seções anteriores.

§ 2.º Sendo o dano causado por componente ou peça incorporada ao produto ou serviço, são responsáveis solidários seu fabricante, construtor ou importador e o que realizou a incorporação.

Seção IV
Da Decadência e da Prescrição

Art. 26. O direito de reclamar pelos vícios aparentes ou de fácil constatação caduca em:

I – 30 (trinta) dias, tratando-se de fornecimento de serviço e de produto não duráveis;

II – 90 (noventa) dias, tratando-se de fornecimento de serviço e de produto duráveis.

§ 1.º Inicia-se a contagem do prazo decadencial a partir da entrega efetiva do produto ou do término da execução dos serviços.

§ 2.º Obstam a decadência:

I – a reclamação comprovadamente formulada pelo consumidor perante o fornecedor de produtos e serviços até a resposta negativa correspondente, que deve ser transmitida de forma inequívoca;

II – (*Vetado.*);

III – a instauração de inquérito civil, até seu encerramento.

§ 3.º Tratando-se de vício oculto, o prazo decadencial inicia-se no momento em que ficar evidenciado o defeito.

Art. 27. Prescreve em 5 (cinco) anos a pretensão à reparação pelos danos causados por fato do produto ou do serviço prevista na Seção II deste Capítulo, iniciando-se a contagem do prazo a partir do conhecimento do dano e de sua autoria.

Parágrafo único. (*Vetado.*)

Seção V
Da Desconsideração da Personalidade Jurídica

Art. 28. O juiz poderá desconsiderar a personalidade jurídica da sociedade quando, em detrimento do consumidor, houver abuso de direito, excesso de poder, infração da lei, fato ou ato ilícito ou violação dos estatutos ou contrato social. A desconsideração também será efetivada quando houver falência, estado de insolvência, encerramento ou inatividade da pessoa jurídica provocados por má administração.

§ 1.º (*Vetado.*)

§ 2.º As sociedades integrantes dos grupos societários e as sociedades controladas são subsidiariamente responsáveis pelas obrigações decorrentes deste Código.

§ 3.º As sociedades consorciadas são solidariamente responsáveis pelas obrigações decorrentes deste Código.

§ 4.º As sociedades coligadas só responderão por culpa.

§ 5.º Também poderá ser desconsiderada a pessoa jurídica sempre que sua personalidade for, de alguma forma, obstáculo ao ressarcimento de prejuízos causados aos consumidores.

Capítulo V
DAS PRÁTICAS COMERCIAIS

Seção I
Das Disposições Gerais

Art. 29. Para os fins deste Capítulo e do seguinte, equiparam-se aos consumidores todas as pessoas determináveis ou não, expostas às práticas nele previstas.

Seção II
Da Oferta

Art. 30. Toda informação ou publicidade, suficientemente precisa, veiculada por qualquer forma ou meio de comunicação com relação a produtos e serviços oferecidos ou apresentados, obriga o fornecedor que a fizer veicular ou dela se utilizar e integra o contrato que vier a ser celebrado.

Art. 31. A oferta e apresentação de produtos ou serviços devem assegurar informações corretas, claras, precisas, ostensivas e em língua portuguesa sobre suas características, qualidade, quantidade, composição, preço, garantia, prazos de validade e origem, entre outros dados, bem como sobre os riscos que apresentam à saúde e segurança dos consumidores.

>> O Decreto n. 4.680, de 24-4-2003, regulamenta o direito à informação quanto aos alimentos e ingredientes alimentares destinados ao consumo humano ou animal que contenham ou sejam produzidos a partir de organismos geneticamente modificados.

>> A Lei n. 10.962, de 11-10-2004, dispõe sobre a oferta e as formas de afixação de preços de produtos e serviços para o consumidor.

> O Decreto n. 5.903, de 20-9-2006, dispõe sobre as práticas infracionais que atentam contra o direito básico do consumidor de obter informação adequada e clara sobre produtos e serviços.

Parágrafo único. As informações de que trata este artigo, nos produtos refrigerados oferecidos ao consumidor, serão gravadas de forma indelével.

>> Parágrafo único acrescentado pela Lei n. 11.989, de 27-7-2009.

Art. 32. Os fabricantes e importadores deverão assegurar a oferta de componentes e peças de reposição enquanto não cessar a fabricação ou importação do produto.

Parágrafo único. Cessadas a produção ou importação, a oferta deverá ser mantida por período razoável de tempo, na forma da lei.

Art. 33. Em caso de oferta ou venda por telefone ou reembolso postal, devem constar o nome do fabricante e endereço na embalagem, publicidade e em todos os impressos utilizados na transação comercial.

Parágrafo único. É proibida a publicidade de bens e serviços por telefone, quando a chamada for onerosa ao consumidor que a origina.

>> Parágrafo único acrescentado pela Lei n. 11.800, de 29-10-2008.

Art. 34. O fornecedor do produto ou serviço é solidariamente responsável pelos atos de seus prepostos ou representantes autônomos.

Art. 35. Se o fornecedor de produtos ou serviços recusar cumprimento à oferta, apresentação ou publicidade, o consumidor poderá, alternativamente e à sua livre escolha:

I – exigir o cumprimento forçado da obrigação, nos termos da oferta, apresentação ou publicidade;

II – aceitar outro produto ou prestação de serviço equivalente;

III – rescindir o contrato, com direito à restituição de quantia eventualmente antecipada, monetariamente atualizada, e a perdas e danos.

Seção III
Da Publicidade

Art. 36. A publicidade deve ser veiculada de tal forma que o consumidor, fácil e imediatamente, a identifique como tal.

> *Vide* art. 35 do CDC.

Parágrafo único. O fornecedor, na publicidade de seus produtos ou serviços, manterá, em seu poder, para informação dos legítimos interessados, os dados fáticos, técnicos e científicos que dão sustentação à mensagem.

Art. 37. É proibida toda publicidade enganosa ou abusiva.

> *Vide* Súmula 595 do STJ.

§ 1.º É enganosa qualquer modalidade de informação ou comunicação de caráter publicitário, inteira ou parcialmente falsa, ou, por qualquer outro modo, mesmo por omissão, capaz de induzir em erro o consumidor a respeito da natureza, características, qualidade, quantidade, propriedades, origem, preço e quaisquer outros dados sobre produtos e serviços.

§ 2.º É abusiva, dentre outras, a publicidade de discriminatória de qualquer natureza, a que incite à violência, explore o medo ou a superstição, se aproveite da deficiência de julgamento e experiência da criança, desrespeite valores ambientais, ou que seja capaz de induzir o consumidor a se comportar de forma prejudicial ou perigosa à sua saúde ou segurança.

§ 3.º Para os efeitos deste Código, a publicidade é enganosa por omissão quando deixar de informar sobre dado essencial do produto ou serviço.

§ 4.º (*Vetado.*)

Art. 38. O ônus da prova da veracidade e correção da informação ou comunicação publicitária cabe a quem as patrocina.

> *Vide* art. 35 do CDC.

Seção IV
Das Práticas Abusivas

Art. 39. É vedado ao fornecedor de produtos ou serviços, dentre outras práticas abusivas:

>> *Caput* com redação determinada pela Lei n. 8.884, de 11-6-1994.

I – condicionar o fornecimento de produto ou de serviço ao fornecimento de outro produto ou serviço, bem como, sem justa causa, a limites quantitativos;

II – recusar atendimento às demandas dos consumidores, na exata medida de suas disponibilidades de estoque, e, ainda, de conformidade com os usos e costumes;

III – enviar ou entregar ao consumidor, sem solicitação prévia, qualquer produto, ou fornecer qualquer serviço;

IV – prevalecer-se da fraqueza ou ignorância do consumidor, tendo em vista sua idade, saúde, conhecimento ou condição social, para impingir-lhe seus produtos ou serviços;

V – exigir do consumidor vantagem manifestamente excessiva;

VI – executar serviços sem a prévia elaboração de orçamento e autorização expressa do consumidor, ressalvadas as decorrentes de práticas anteriores entre as partes;

VII – repassar informação depreciativa referente a ato praticado pelo consumidor no exercício de seus direitos;

VIII – colocar, no mercado de consumo, qualquer produto ou serviço em desacordo com as normas expedidas pelos órgãos oficiais competentes ou, se normas específicas não existirem, pela Associação Brasileira de Normas Técnicas ou outra entidade credenciada pelo Conselho Nacional de Metrologia, Normalização e Qualidade Industrial – CONMETRO;

IX – recusar a venda de bens ou a prestação de serviços, diretamente a quem se disponha a adquiri-los mediante pronto pagamento, ressalvados os casos de intermediação regulados em leis especiais;

>> Inciso IX com redação determinada pela Lei n. 8.884, de 11-6-1994.

X – elevar sem justa causa o preço de produtos ou serviços;

>> Inciso X com redação determinada pela Lei n. 8.884, de 11-6-1994.

>> A Medida Provisória n. 1.890-67, de 22-10-1999, que foi convertida na Lei n. 9.870, de 23-11-1999, acrescentava o inciso XI a este artigo. Porém, na conversão passou a acrescentar o inciso XIII, com redação idêntica, sem mencionar o inciso XI.

XII – deixar de estipular prazo para o cumprimento de sua obrigação ou deixar a fixação de seu termo inicial a seu exclusivo critério;

>> Inciso XII acrescentado pela Lei n. 9.008, de 21-3-1995.

XIII – aplicar fórmula ou índice de reajuste diverso do legal ou contratualmente estabelecido;

>> Inciso XIII acrescentado pela Lei n. 9.870, de 23-11-1999.

XIV – permitir o ingresso em estabelecimentos comerciais ou de serviços de um número maior de consumidores que o fixado pela autoridade administrativa como máximo.

>> Inciso XIV acrescentado pela Lei n. 13.425, de 30-3-2017.

Parágrafo único. Os serviços prestados e os produtos remetidos ou entregues ao consumidor, na hipótese prevista no inciso III, equiparam-se às amostras grátis, inexistindo obrigação de pagamento.

Art. 40. O fornecedor de serviço será obrigado a entregar ao consumidor orçamento prévio discriminando o valor da mão de obra, dos materiais e equipamentos a serem empregados, as condições de pagamento, bem como as datas de início e término dos serviços.

§ 1.º Salvo estipulação em contrário, o valor orçado terá validade pelo prazo de 10 (dez) dias, contados de seu recebimento pelo consumidor.

§ 2.º Uma vez aprovado pelo consumidor o orçamento obriga os contraentes e somente pode ser alterado mediante livre negociação das partes.

§ 3.º O consumidor não responde por quaisquer ônus ou acréscimos decorrentes da contratação de serviços de terceiros, não previstos no orçamento prévio.

Art. 41. No caso de fornecimento de produtos ou de serviços sujeitos ao regime de controle ou de tabelamento de preços, os fornecedores deverão respeitar os limites oficiais sob pena de, não o fazendo, responderem pela restituição da quantia recebida em excesso, monetariamente atualizada, podendo o consumidor exigir, à sua escolha, o desfazimento do negócio, sem prejuízo de outras sanções cabíveis.

Seção V
Da Cobrança de Dívidas

Art. 42. Na cobrança de débitos o consumidor inadimplente não será exposto a ridículo, nem será submetido a qualquer tipo de constrangimento ou ameaça.

Parágrafo único. O consumidor cobrado em quantia indevida tem direito à repetição do indébito, por valor igual ao dobro do que pagou em excesso, acrescido de correção monetária e juros legais, salvo hipótese de engano justificável.

Art. 42-A. Em todos os documentos de cobrança de débitos apresentados ao consumidor, deverão constar o nome, o endereço e o número de inscrição no Cadastro de Pessoas Físicas – CPF ou no Cadastro Nacional de Pessoa Jurídica – CNPJ do fornecedor do produto ou serviço correspondente.

>> Artigo acrescentado pela Lei n. 12.039, de 1.º-10-2009.

Seção VI
Dos Bancos de Dados e Cadastros de Consumidores

>> A Lei n. 12.414, de 9-6-2011, disciplina a formação e consulta a bancos de dados com informações de adimplemento, de pessoas naturais ou de pessoas jurídicas, para formação de histórico de crédito.

Art. 43. O consumidor, sem prejuízo do disposto no art. 86, terá acesso às informações existentes em cadastros, fichas, registros e dados pessoais e de consumo arquivados sobre ele, bem como sobre as suas respectivas fontes.

>> *Vide* Súmula 572 do STJ.

§ 1.º Os cadastros e dados de consumidores devem ser objetivos, claros, verdadeiros e em linguagem de fácil compreensão, não podendo conter informações negativas referentes a período superior a 5 (cinco) anos.

§ 2.º A abertura de cadastro, ficha, registro e dados pessoais e de consumo deverá ser comunicada por escrito ao consumidor, quando não solicitada por ele.

§ 3.º O consumidor, sempre que encontrar inexatidão nos seus dados e cadastros, poderá exigir sua imediata correção, devendo o arquivista, no prazo de 5 (cinco) dias úteis, comunicar a alteração aos eventuais destinatários das informações incorretas.

§ 4.º Os bancos de dados e cadastros relativos a consumidores, os serviços de proteção ao crédito e congêneres são considerados entidades de caráter público.

§ 5.º Consumada a prescrição relativa à cobrança de débitos do consumidor, não serão fornecidas, pelos respectivos Sistemas de Proteção ao Crédito, quaisquer informações que possam impedir ou dificultar novo acesso ao crédito junto aos fornecedores.

§ 6.º Todas as informações de que trata o *caput* deste artigo devem ser disponibilizadas em formatos acessíveis, inclusive para a pessoa com deficiência, mediante solicitação do consumidor.

>> § 6.º acrescentado pela Lei n. 13.146, de 6-7-2015.

Art. 44. Os órgãos públicos de defesa do consumidor manterão cadastros atualizados de reclamações fundamentadas contra fornecedores de produtos e serviços, devendo divulgá-los pública e anualmente. A divulgação indicará se a reclamação foi atendida ou não pelo fornecedor.

§ 1.º É facultado o acesso às informações lá constantes para orientação e consulta por qualquer interessado.

§ 2.º Aplicam-se a este artigo, no que couber, as mesmas regras enunciadas no artigo anterior e as do parágrafo único do art. 22 deste Código.

Art. 45. (*Vetado*.)

Capítulo VI
DA PROTEÇÃO CONTRATUAL

Seção I
Disposições Gerais

Art. 46. Os contratos que regulam as relações de consumo não obrigarão os consumidores, se não lhes for dada a oportunidade de tomar conhecimento prévio de seu conteúdo, ou se os respectivos instrumentos forem redigidos de modo a dificultar a compreensão de seu sentido e alcance.

Art. 47. As cláusulas contratuais serão interpretadas de maneira mais favorável ao consumidor.

Art. 48. As declarações de vontade constantes de escritos particulares, recibos e pré-contratos relativos às relações de consumo, vinculam o fornecedor, ensejando inclusive execução específica, nos termos do art. 84 e parágrafos.

Art. 49. O consumidor pode desistir do contrato, no prazo de 7 (sete) dias a contar de sua assinatura ou do ato de recebimento do produto ou serviço, sempre que a contratação de fornecimento de produtos e serviços ocorrer fora do estabelecimento comercial, especialmente por telefone ou a domicílio.

>> A Lei n. 14.010, de 10-6-2020, dispõe em seu art. 8.º: "Art. 8.º Até 30 de outubro de 2020, fica suspensa a aplicação do art. 49 do Código de Defesa do Consumidor na hipótese de entrega domiciliar (*delivery*) de produtos perecíveis ou de consumo imediato e de medicamentos".

Parágrafo único. Se o consumidor exercitar o direito de arrependimento previsto neste artigo, os valores eventualmente pagos, a qualquer título, durante o prazo de reflexão, serão devolvidos, de imediato, monetariamente atualizados.

Art. 50. A garantia contratual é complementar à legal e será conferida mediante termo escrito.

Parágrafo único. O termo de garantia ou equivalente deve ser padronizado e esclarecer, de maneira adequada, em que consiste a mesma garantia, bem como a forma, o prazo e o lugar em que pode ser exercitada e os ônus a cargo do consumidor, devendo ser-lhe entregue, devidamente preenchido pelo fornecedor, no ato do fornecimento, acompanhado de manual de instrução, de instalação e uso de produto em linguagem didática, com ilustrações.

Seção II
Das Cláusulas Abusivas

Art. 51. São nulas de pleno direito, entre outras, as cláusulas contratuais relativas ao fornecimento de produtos e serviços que:

I – impossibilitem, exonerem ou atenuem a responsabilidade do fornecedor por vícios de qualquer natureza dos produtos e serviços ou impliquem renúncia ou disposição de direitos. Nas relações de consumo entre o fornecedor e o consumidor-pessoa jurídica, a indenização poderá ser limitada, em situações justificáveis;

II – subtraiam ao consumidor a opção de reembolso da quantia já paga, nos casos previstos neste Código;

III – transfiram responsabilidades a terceiros;

IV – estabeleçam obrigações consideradas iníquas, abusivas, que coloquem o consumidor em desvantagem exagerada, ou sejam incompatíveis com a boa-fé ou a equidade;

> *Vide* Súmulas 543 e 609 do STJ.

V – (*Vetado*.);

VI – estabeleçam inversão do ônus da prova em prejuízo do consumidor;

VII – determinem a utilização compulsória de arbitragem;

VIII – imponham representante para concluir ou realizar outro negócio jurídico pelo consumidor;

IX – deixem ao fornecedor a opção de concluir ou não o contrato, embora obrigando o consumidor;

X – permitam ao fornecedor, direta ou indiretamente, variação do preço de maneira unilateral;

XI – autorizem o fornecedor a cancelar o contrato unilateralmente, sem que igual direito seja conferido ao consumidor;

XII – obriguem o consumidor a ressarcir os custos de cobrança de sua obrigação, sem que igual direito lhe seja conferido contra o fornecedor;

XIII – autorizem o fornecedor a modificar unilateralmente o conteúdo ou a qualidade do contrato, após sua celebração;

XIV – infrinjam ou possibilitem a violação de normas ambientais;

XV – estejam em desacordo com o sistema de proteção ao consumidor;

XVI – possibilitem a renúncia do direito de indenização por benfeitorias necessárias.

§ 1.º Presume-se exagerada, entre outros casos, a vantagem que:

I – ofende os princípios fundamentais do sistema jurídico a que pertence;

II – restringe direitos ou obrigações fundamentais inerentes à natureza do contrato, de tal modo a ameaçar seu objeto ou o equilíbrio contratual;

III – se mostra excessivamente onerosa para o consumidor, considerando-se a natureza e conteúdo do contrato, o interesse das partes e outras circunstâncias peculiares ao caso.

§ 2.º A nulidade de uma cláusula contratual abusiva não invalida o contrato, exceto quando de sua ausência, apesar dos esforços de integração, decorrer ônus excessivo a qualquer das partes.

§ 3.º (*Vetado*.)

§ 4.º É facultado a qualquer consumidor ou entidade que o represente requerer ao Ministério Público que ajuíze a competente ação para ser declarada a nulidade de cláusula contratual que contrarie o disposto neste Código ou de qualquer forma não assegure o justo equilíbrio entre direitos e obrigações das partes.

>> As Portarias n. 4, de 13-3-1998, 3, de 19-3-1999, 3, de 15-3-2001, e 5, de 27-8-2002, da Secretaria de Direito Econômico do Ministério da Justiça, dispõem sobre o elenco de cláusulas abusivas de que trata este artigo.

Art. 52. No fornecimento de produtos ou serviços que envolva outorga de crédito ou concessão de financiamento ao consumidor, o fornecedor deverá, entre outros requisitos, informá-lo prévia e adequadamente sobre:

I – preço do produto ou serviço em moeda corrente nacional;

II – montante dos juros de mora e da taxa efetiva anual de juros;

III – acréscimos legalmente previstos;

IV – número e periodicidade das prestações;

V – soma total a pagar, com e sem financiamento.

§ 1.º As multas de mora decorrentes do inadimplemento de obrigações no seu termo não poderão ser superiores a 2% (dois por cento) do valor da prestação.

>> § 1.º com redação determinada pela Lei n. 9.298, de 1.º-8-1996.

§ 2.º É assegurada ao consumidor a liquidação antecipada do débito, total ou parcialmente, mediante redução proporcional dos juros e demais acréscimos.

§ 3.º (*Vetado.*)

Art. 53. Nos contratos de compra e venda de móveis ou imóveis mediante pagamento em prestações, bem como nas alienações fiduciárias em garantia, consideram-se nulas de pleno direito as cláusulas que estabeleçam a perda total das prestações pagas em benefício do credor que, em razão do inadimplemento, pleitear a resolução do contrato e a retomada do produto alienado.

§ 1.º (*Vetado.*)

§ 2.º Nos contratos do sistema de consórcio de produtos duráveis, a compensação ou a restituição das parcelas quitadas, na forma deste artigo, terá descontada, além da vantagem econômica auferida com a fruição, os prejuízos que o desistente ou inadimplente causar ao grupo.

§ 3.º Os contratos de que trata o *caput* deste artigo serão expressos em moeda corrente nacional.

Seção III
Dos Contratos de Adesão

Art. 54. Contrato de adesão é aquele cujas cláusulas tenham sido aprovadas pela autoridade competente ou estabelecidas unilateralmente pelo fornecedor de produtos ou serviços, sem que o consumidor possa discutir ou modificar substancialmente seu conteúdo.

>> *Vide* Súmula 620 do STJ.

§ 1.º A inserção de cláusula no formulário não desfigura a natureza de adesão do contrato.

§ 2.º Nos contratos de adesão admite-se cláusula resolutória, desde que alternativa, cabendo a escolha ao consumidor, ressalvando-se o disposto no § 2.º do artigo anterior.

§ 3.º Os contratos de adesão escritos serão redigidos em termos claros e com caracteres ostensivos e legíveis, cujo tamanho da fonte não será inferior ao corpo doze, de modo a facilitar sua compreensão pelo consumidor.

>> § 3.º com redação determinada pela Lei n. 11.785, de 22-9-2008.

§ 4.º As cláusulas que implicarem limitação de direito do consumidor deverão ser redigidas com destaque, permitindo sua imediata e fácil compreensão.

§ 5.º (*Vetado.*)

Capítulo VII
DAS SANÇÕES ADMINISTRATIVAS

>> Sanções administrativas: Decreto n. 2.181, de 20-3-1997.

>> A Portaria n. 487, de 15-3-2012, do Ministério da Justiça, disciplina o procedimento de chamamento dos consumidores ou *recall* de produtos e serviços que, posteriormente à sua introdução no mercado de consumo, forem considerados nocivos ou perigosos.

Art. 55. A União, os Estados e o Distrito Federal, em caráter concorrente e nas suas respectivas áreas de atuação administrativa, baixarão normas relativas à produção, industrialização, distribuição e consumo de produtos e serviços.

§ 1.º A União, os Estados, o Distrito Federal e os Municípios fiscalizarão e controlarão a produção, industrialização, distribuição, a publicidade de produtos e serviços e o mercado de consumo, no interesse da preservação da vida, da saúde, da segurança, da informação e do bem-estar do consumidor, baixando as normas que se fizerem necessárias.

§ 2.º (*Vetado.*)

§ 3.º Os órgãos federais, estaduais, do Distrito Federal e municipais com atribuições para fiscalizar e controlar o mercado de consumo manterão comissões permanentes para elaboração, revisão e atualização das normas referidas no § 1.º, sendo obrigatória a participação dos consumidores e fornecedores.

§ 4.º Os órgãos oficiais poderão expedir notificações aos fornecedores para que, sob pena de desobediência, prestem informações sobre questões de interesse do consumidor, resguardado o segredo industrial.

Art. 56. As infrações das normas de defesa do consumidor ficam sujeitas, conforme o caso, às seguintes sanções administrativas, sem prejuízo das de natureza civil, penal e das definidas em normas específicas:

> O art. 5.º da Lei n. 14.046, de 24-8-2020, dispõe sobre o cancelamento de serviços, de reservas e de eventos dos setores de turismo e cultura em razão do estado de calamidade pública.

I – multa;

II – apreensão do produto;

III – inutilização do produto;

IV – cassação do registro do produto junto ao órgão competente;

V – proibição de fabricação do produto;

VI – suspensão de fornecimento de produtos ou serviço;

VII – suspensão temporária de atividade;

VIII – revogação de concessão ou permissão de uso;

IX – cassação de licença do estabelecimento ou de atividade;

X – interdição, total ou parcial, de estabelecimento, de obra ou de atividade;

XI – intervenção administrativa;

XII – imposição de contrapropaganda.

Parágrafo único. As sanções previstas neste artigo serão aplicadas pela autoridade administrativa, no âmbito de sua atribuição, podendo ser aplicadas cumulativamente, inclusive por medida cautelar antecedente ou incidente de procedimento administrativo.

Art. 57. A pena de multa, graduada de acordo com a gravidade da infração, a vantagem auferida e a condição econômica do fornecedor, será aplicada mediante procedimento administrativo, revertendo para o Fundo de que trata a Lei n. 7.347, de 24 de julho de 1985, os valores cabíveis à União, ou para os Fundos estaduais ou municipais de proteção ao consumidor nos demais casos.

>> *Caput* com redação determinada pela Lei n. 8.656, de 21-5-1993.

>> O Decreto n. 1.306, de 9-11-1994, regulamenta o Fundo de Defesa de Direitos Difusos.

Parágrafo único. A multa será em montante não inferior a duzentas e não superior a três milhões de vezes o valor da Unidade Fiscal de Referência (UFIR), ou índice equivalente que venha a substituí-lo.

>> Parágrafo único acrescentado pela Lei n. 8.703, de 6-9-1993.

Art. 58. As penas de apreensão, de inutilização de produtos, de proibição de fabricação de produtos, de suspensão do fornecimento de produto ou serviço, de cassação do registro do produto e revogação da concessão ou permissão de uso serão aplicadas pela administração, mediante procedimento administrativo, assegurada ampla defesa, quando forem constatados vícios de quantidade ou de qualidade por inadequação ou insegurança do produto ou serviço.

Art. 59. As penas de cassação de alvará de licença, de interdição e de suspensão temporária da atividade, bem como a de intervenção administrativa serão aplicadas mediante procedimento administrativo, assegurada ampla defesa, quando o fornecedor reincidir na prática das infrações de maior gravidade previstas neste Código e na legislação de consumo.

§ 1.º A pena de cassação da concessão será aplicada à concessionária de serviço público quando violar obrigação legal ou contratual.

§ 2.º A pena de intervenção administrativa será aplicada sempre que as circunstâncias de fato desaconselharem a cassação de licença, a interdição ou suspensão da atividade.

§ 3.º Pendendo ação judicial na qual se discuta a imposição de penalidade administrativa, não haverá reincidência até o trânsito em julgado da sentença.

Art. 60. A imposição de contrapropaganda será cominada quando o fornecedor incorrer na prática de publicidade enganosa ou abusiva, nos termos do art. 36 e seus parágrafos, sempre às expensas do infrator.

>> Onde se lê art. 36 e seus parágrafos, acreditamos seja art. 37 e parágrafos.

§ 1.º A contrapropaganda será divulgada pelo responsável da mesma forma, frequência e dimensão e, preferencialmente no mesmo veículo, local, espaço e horário, de forma capaz de desfazer o malefício da publicidade enganosa ou abusiva.

§§ 2.º e 3.º (*Vetados*.)

Título II
DAS INFRAÇÕES PENAIS

Art. 61. Constituem crimes contra as relações de consumo previstas neste Código, sem prejuízo do disposto no Código Penal e leis especiais, as condutas tipificadas nos artigos seguintes.

Art. 62. (*Vetado*.)

Art. 63. Omitir dizeres ou sinais ostensivos sobre a nocividade ou periculosidade de produtos, nas embalagens, nos invólucros, recipientes ou publicidade:

Pena – Detenção de 6 (seis) meses a 2 (dois) anos e multa.

§ 1.º Incorrerá nas mesmas penas quem deixar de alertar, mediante recomendações escritas ostensivas, sobre a periculosidade do serviço a ser prestado.

§ 2.º Se o crime é culposo:

Pena – Detenção de 1 (um) a 6 (seis) meses ou multa.

Art. 64. Deixar de comunicar à autoridade competente e aos consumidores a nocividade ou periculosidade de produtos cujo conhecimento seja posterior à sua colocação no mercado:

Pena – Detenção de 6 (seis) meses a 2 (dois) anos e multa.

Parágrafo único. Incorrerá nas mesmas penas quem deixar de retirar do mercado, imediatamente quando determinado pela autoridade competente, os produtos nocivos ou perigosos, na forma deste artigo.

Art. 65. Executar serviço de alto grau de periculosidade, contrariando determinação de autoridade competente:

Pena – Detenção de 6 (seis) meses a 2 (dois) anos e multa.

§ 1.º As penas deste artigo são aplicáveis sem prejuízo das correspondentes à lesão corporal e à morte.

>> Parágrafo único renumerado pela Lei n. 13.425, de 30-3-2017.

§ 2.º A prática do disposto no inciso XIV do art. 39 desta Lei também caracteriza o crime previsto no *caput* deste artigo.

>> § 2.º acrescentado pela Lei n. 13.425, de 30-3-2017.

Art. 66. Fazer afirmação falsa ou enganosa, ou omitir informação relevante sobre a natureza, característica, qualidade, quantidade, segurança, desempenho, durabilidade, preço ou garantia de produtos ou serviços:

Pena – Detenção de 3 (três) meses a 1 (um) ano e multa.

§ 1.º Incorrerá nas mesmas penas quem patrocinar a oferta.

§ 2.º Se o crime é culposo:

Pena – Detenção de 1 (um) a 6 (seis) meses ou multa.

Art. 67. Fazer ou promover publicidade que sabe ou deveria saber ser enganosa ou abusiva:

>> *Vide* art. 37 desta Lei.

Pena – Detenção de 3 (três) meses a 1 (um) ano e multa.

Parágrafo único. (*Vetado*.)

Art. 68. Fazer ou promover publicidade que sabe ou deveria saber ser capaz de induzir o consumidor a se comportar de forma prejudicial ou perigosa a sua saúde ou segurança:

Pena – Detenção de 6 (seis) meses a 2 (dois) anos e multa.

Parágrafo único. (*Vetado*.)

Art. 69. Deixar de organizar dados fáticos, técnicos e científicos que dão base à publicidade:

Pena – Detenção de 1 (um) a 6 (seis) meses ou multa.

Art. 70. Empregar, na reparação de produtos, peças ou componentes de reposição usados, sem autorização do consumidor:

Pena – Detenção de 3 (três) meses a 1 (um) ano e multa.

Art. 71. Utilizar, na cobrança de dívidas, de ameaça, coação, constrangimento físico ou moral, afirmações falsas, incorretas ou enganosas ou de qualquer outro procedimento que exponha o consumidor, injustificadamente, a ridículo ou interfira com seu trabalho, descanso ou lazer:

Pena – Detenção de 3 (três) meses a 1 (um) ano e multa.

Art. 72. Impedir ou dificultar o acesso do consumidor às informações que sobre ele constem em cadastros, banco de dados, fichas e registros:

Pena – Detenção de 6 (seis) meses a 1 (um) ano ou multa.

>> A Lei n. 12.414, de 9-6-2011, disciplina a formação e consulta a bancos de dados com informações de adimplemento, de pessoas naturais ou de pessoas jurídicas, para formação de histórico de crédito.

Art. 73. Deixar de corrigir imediatamente informação sobre consumidor constante de cadastro, banco de dados, fichas ou registros que sabe ou deveria saber ser inexata:

Pena – Detenção de 1 (um) a 6 (seis) meses ou multa.

Art. 74. Deixar de entregar ao consumidor o termo de garantia adequadamente preenchido e com especificação clara de seu conteúdo:

Pena – Detenção de 1 (um) a 6 (seis) meses ou multa.

Art. 75. Quem, de qualquer forma, concorrer para os crimes referidos neste Código incide nas penas a esses cominadas na medida de sua culpabilidade, bem como o diretor, administrador ou gerente da pessoa jurídica que promover, permitir ou por qualquer modo aprovar o fornecimento, oferta, exposição à venda ou manutenção em depósito de produtos ou a oferta e prestação de serviços nas condições por ele proibidas.

Art. 76. São circunstâncias agravantes dos crimes tipificados neste Código:

I – serem cometidos em época de grave crise econômica ou por ocasião de calamidade;

II – ocasionarem grave dano individual ou coletivo;

III – dissimular-se a natureza ilícita do procedimento;

IV – quando cometidos:

a) por servidor público, ou por pessoa cuja condição econômico-social seja manifestamente superior à da vítima;

b) em detrimento de operário ou rurícola; de menor de 18 (dezoito) ou maior de 60 (sessenta) anos ou de pessoas portadoras de deficiência mental, interditadas ou não;

V – serem praticados em operações que envolvam alimentos, medicamentos ou quaisquer outros produtos ou serviços essenciais.

Art. 77. A pena pecuniária prevista nesta Secção será fixada em dias-multa, correspondente ao mínimo e ao máximo de dias de duração da pena privativa da liberdade cominada ao crime. Na individualização desta multa, o juiz observará o disposto no art. 60, § 1.º, do Código Penal.

> Citado dispositivo consta deste volume.

Art. 78. Além das penas privativas de liberdade e de multa, podem ser impostas, cumulativa ou alternadamente, observado o disposto nos arts. 44 a 47, do Código Penal:

I – a interdição temporária de direitos;

II – a publicação em órgãos de comunicação de grande circulação ou audiência, às expensas do condenado, de notícia sobre os fatos e a condenação;

III – a prestação de serviços à comunidade.

Art. 79. O valor da fiança, nas infrações de que trata este Código, será fixado pelo juiz, ou pela autoridade que presidir o inquérito, entre 100 (cem) e 200.000 (duzentas mil) vezes o valor do Bônus do Tesouro Nacional – BTN, ou índice equivalente que venha substituí-lo.

Parágrafo único. Se assim recomendar a situação econômica do indiciado ou réu, a fiança poderá ser:

a) reduzida até a metade de seu valor mínimo;

b) aumentada pelo juiz até 20 (vinte) vezes.

Art. 80. No processo penal atinente aos crimes previstos neste Código, bem como a outros crimes e contravenções que envolvam relações de consumo, poderão intervir, como assistentes do Ministério Público, os legitimados indicados no art. 82, incisos III e IV, aos quais também é facultado propor ação penal subsidiária, se a denúncia não for oferecida no prazo legal.

TÍTULO III
DA DEFESA DO CONSUMIDOR EM JUÍZO

>> O Decreto n. 8.573, de 19-11-2015, dispõe sobre o Consumidor.gov.br, sistema alternativo de solução de conflitos de consumo, e dá outras providências.

> Sistema Nacional de Defesa do Consumidor: Decreto n. 2.181, de 20-3-1997.

CAPÍTULO I
DISPOSIÇÕES GERAIS

Art. 81. A defesa dos interesses e direitos dos consumidores e das vítimas poderá ser exercida em juízo individualmente, ou a título coletivo.

Parágrafo único. A defesa coletiva será exercida quando se tratar de:

I – interesses ou direitos difusos, assim entendidos, para efeitos deste Código, os transindividuais, de natureza indivisível, de que sejam titulares pessoas indeterminadas e ligadas por circunstâncias de fato;

II – interesses ou direitos coletivos, assim entendidos, para efeitos deste Código, os transindividuais de natureza indivisível de que seja titular grupo, categoria ou classe de pessoas ligadas entre si ou com a parte contrária por uma relação jurídica base;

III – interesses ou direitos individuais homogêneos, assim entendidos os decorrentes de origem comum.

> A Lei n. 10.259, de 12-7-2001, que institui os Juizados Especiais Cíveis e Criminais no âmbito da Justiça Federal, dispõe em seu art. 3.º, § 1.º, I, que não se incluem na competência desses Juizados as demandas sobre direitos ou interesses difusos, coletivos ou individuais homogêneos.

Art. 82. Para os fins do art. 81, parágrafo único, são legitimados concorrentemente:

>> *Caput* com redação determinada pela Lei n. 9.008, de 21-3-1995.

> *Vide* art. 47 da Lei n. 12.529, de 30-11-2011.

I – o Ministério Público;

>> *Vide* Súmula 601 do STJ.

II – a União, os Estados, os Municípios e o Distrito Federal;

III – as entidades e órgãos da administração pública, direta ou indireta, ainda que sem personalidade jurídica, especificamente destinados à defesa dos interesses e direitos protegidos por este Código;

IV – as associações legalmente constituídas há pelo menos um ano e que incluam entre seus fins institucionais a defesa dos interesses e direitos protegidos por este Código, dispensada a autorização assemblear.

§ 1.º O requisito da pré-constituição pode ser dispensado pelo juiz, nas ações previstas no art. 91 e seguintes, quando haja manifesto interesse social evidenciado pela dimensão ou característica do dano, ou pela relevância do bem jurídico a ser protegido.

§ 2.º (*Vetado.*)

§ 3.º (*Vetado.*)

Art. 83. Para a defesa dos direitos e interesses protegidos por este Código são admissíveis todas as espécies de ações capazes de propiciar sua adequada e efetiva tutela.

> Juizados Especiais Cíveis: Lei n. 9.099, de 26-9-1995.

Parágrafo único. (*Vetado.*)

Art. 84. Na ação que tenha por objeto o cumprimento da obrigação de fazer ou não fazer, o juiz concederá a tutela específica da obrigação ou determinará providências que assegurem o resultado prático equivalente ao do adimplemento.

§ 1.º A conversão da obrigação em perdas e danos somente será admissível se por elas optar o autor ou se impossível a tutela específica ou a obtenção do resultado prático correspondente.

§ 2.º A indenização por perdas e danos se fará sem prejuízo da multa (art. 287 do CPC).

§ 3.º Sendo relevante o fundamento da demanda e havendo justificado receio de ineficácia do provimento final, é lícito ao juiz conceder a tutela liminarmente ou após justificação prévia, citado o réu.

> A Lei n. 9.494, de 10-9-1997, disciplina a aplicação da tutela antecipada contra a Fazenda Pública.

§ 4.º O juiz poderá, na hipótese do § 3.º ou na sentença, impor multa diária ao réu, independentemente de pedido do autor, se for suficiente ou compatível com a obrigação, fixando prazo razoável para o cumprimento do preceito.

§ 5.º Para a tutela específica ou para a obtenção do resultado prático equivalente, poderá o juiz determinar as medidas necessárias, tais como busca e apreensão, remoção de coisas e pessoas, desfazimento de obra, impedimento de atividade nociva, além de requisição de força policial.

Arts. 85 e 86. (*Vetados.*)

Art. 87. Nas ações coletivas de que trata este Código não haverá adiantamento de custas, emolumentos, honorários periciais e quaisquer outras despesas, nem condenação da associação autora, salvo comprovada má-fé, em honorários de advogados, custas e despesas processuais.

Parágrafo único. Em caso de litigância de má-fé, a associação autora e os diretores responsáveis pela propositura da ação serão solidariamente condenados em honorários advocatícios e ao décuplo das custas, sem prejuízo da responsabilidade por perdas e danos.

Art. 88. Na hipótese do art. 13, parágrafo único, deste Código, a ação de regresso poderá ser ajuizada em processo autônomo, facultada a possibilidade de prosseguir-se nos mesmos autos, vedada a denunciação da lide.

Art. 89. (*Vetado.*)

Art. 90. Aplicam-se às ações previstas neste Título as normas do Código de Processo Civil e da Lei n. 7.347, de 24 de julho de 1985, inclusive no que respeita ao inquérito civil, naquilo que não contrariar suas disposições.

> Citada Lei consta nesta obra.

CAPÍTULO II
DAS AÇÕES COLETIVAS PARA A DEFESA DE INTERESSES INDIVIDUAIS HOMOGÊNEOS

Art. 91. Os legitimados de que trata o art. 82 poderão propor, em nome próprio e no interesse das vítimas ou seus sucessores, ação civil coletiva de responsabilidade pelos danos individualmente sofridos, de acordo com o disposto nos artigos seguintes.

>> Artigo com redação determinada pela Lei n. 9.008, de 21-3-1995.

Art. 92. O Ministério Público, se não ajuizar a ação, atuará sempre como fiscal da lei.

Parágrafo único. (*Vetado.*)

Art. 93. Ressalvada a competência da Justiça Federal, é competente para a causa a justiça local:

I – no foro do lugar onde ocorreu ou deva ocorrer o dano, quando de âmbito local;

II – no foro da Capital do Estado ou no do Distrito Federal, para os danos de âmbito nacional ou regional, aplicando-se as regras do Código de Processo Civil aos casos de competência concorrente.

Art. 94. Proposta a ação, será publicado edital no órgão oficial, a fim de que os interessados possam intervir no processo como litisconsortes, sem prejuízo de ampla divulgação pelos meios de comunicação social por parte dos órgãos de defesa do consumidor.

Art. 95. Em caso de procedência do pedido, a condenação será genérica, fixando a responsabilidade do réu pelos danos causados.

Art. 96. (*Vetado.*)

Art. 97. A liquidação e a execução de sentença poderão ser promovidas pela vítima e seus sucessores, assim como pelos legitimados de que trata o art. 82.

Parágrafo único. (*Vetado.*)

Art. 98. A execução poderá ser coletiva, sendo promovida pelos legitimados de que trata o art. 82, abrangendo as vítimas cujas indenizações já tiveram sido fixadas em sentença de liquidação, sem prejuízo do ajuizamento de outras execuções.

>> *Caput* com redação determinada pela Lei n. 9.008, de 21-3-1995.

§ 1.º A execução coletiva far-se-á com base em certidão das sentenças de liquidação, da qual deverá constar a ocorrência ou não do trânsito em julgado.

§ 2.º É competente para a execução o juízo:

I – da liquidação da sentença ou da ação condenatória, no caso de execução individual;

II – da ação condenatória, quando coletiva a execução.

Art. 99. Em caso de concurso de créditos decorrentes de condenação prevista na Lei n. 7.347, de 24 de julho de 1985, e de indenizações pelos prejuízos individuais resultantes do mesmo evento danoso, estas terão preferência no pagamento.

Parágrafo único. Para efeito do disposto neste artigo, a destinação da importância recolhida ao Fundo criado pela Lei n. 7.347, de 24 de julho de 1985, ficará sustada enquanto pendentes de decisão de segundo grau as ações de indenização pelos danos individuais, salvo na hipótese de o patrimônio do devedor ser manifestamente suficiente para responder pela integralidade das dívidas.

Art. 100. Decorrido o prazo de 1 (um) ano sem habilitação de interessados em número compatível com a gravidade do dano, poderão os legitimados do art. 82 promover a liquidação e execução da indenização devida.

Parágrafo único. O produto da indenização devida reverterá para o Fundo criado pela Lei n. 7.347, de 24 de julho de 1985.

> *Vide* arts. 13 e 20 da Lei n. 7.347, de 24-7-1985.

CAPÍTULO III
DAS AÇÕES DE RESPONSABILIDADE DO FORNECEDOR DE PRODUTOS E SERVIÇOS

Art. 101. Na ação de responsabilidade civil do fornecedor de produtos e serviços, sem prejuízo do disposto nos Capítulos I e II deste Título, serão observadas as seguintes normas:

I – a ação pode ser proposta no domicílio do autor;

II – o réu que houver contratado seguro de responsabilidade poderá chamar ao processo o segurador, vedada a integração do contraditório pelo Instituto de Resseguros do Brasil. Nesta hipótese, a sentença que julgar procedente o pedido condenará o réu nos termos do art. 80 do Código de Processo Civil. Se o réu houver sido declarado falido, o síndico será intimado a informar a existência de seguro de responsabilidade facultando-se, em caso afirmativo, o ajuizamento de ação de indenização diretamente contra o segurador, vedada a denunciação da lide ao Instituto de Resseguros do Brasil e dispensado o litisconsórcio obrigatório com este.

>> A referência é feita ao CPC de 1973. *Vide* art. 132 do CPC de 2015.

Art. 102. Os legitimados a agir na forma deste Código poderão propor ação visando compelir o Poder Público competente a proibir, em todo o território nacional, a produção, divulgação, distribuição ou venda, ou a determinar alteração na composição, estrutura, fórmula ou acondicionamento de produto, cujo uso ou consumo regular se revele nocivo ou perigoso à saúde pública e à incolumidade pessoal.

§§ 1.º e 2.º (*Vetados*.)

CAPÍTULO IV
DA COISA JULGADA

Art. 103. Nas ações coletivas de que trata este Código, a sentença fará coisa julgada:

I – *erga omnes*, exceto se o pedido for julgado improcedente por insuficiência de provas, hipótese em que qualquer legitimado poderá intentar outra ação, com idêntico fundamento, valendo-se de nova prova, na hipótese do inciso I do parágrafo único do art. 81;

II – *ultra partes*, mas limitadamente ao grupo, categoria ou classe, salvo improcedência por insuficiência de provas, nos termos do inciso anterior, quando se tratar da hipótese prevista no inciso II do parágrafo único do art. 81;

III – *erga omnes*, apenas no caso de procedência do pedido, para beneficiar todas as vítimas e seus sucessores, na hipótese do inciso III do parágrafo único do art. 81.

§ 1.º Os efeitos da coisa julgada previstos nos incisos I e II não prejudicarão interesses e direitos individuais dos integrantes da coletividade, do grupo, categoria ou classe.

§ 2.º Na hipótese prevista no inciso III, em caso de improcedência do pedido, os interessados que não tiverem intervindo no processo como litisconsortes poderão propor ação de indenização a título individual.

§ 3.º Os efeitos da coisa julgada de que cuida o art. 16, combinado com o art. 13 da Lei n. 7.347, de 24 de julho de 1985, não prejudicarão as ações de indenização por danos pessoalmente sofridos, propostas individualmente ou na forma prevista neste Código, mas, se procedente o pedido, beneficiarão as vítimas e seus sucessores, que poderão proceder à liquidação e à execução, nos termos dos arts. 96 a 99.

§ 4.º Aplica-se o disposto no parágrafo anterior à sentença penal condenatória.

Art. 104. As ações coletivas, previstas nos incisos I e II do parágrafo único do art. 81, não induzem litispendência para as ações individuais, mas os efeitos da coisa julgada *erga omnes* ou *ultra partes* a que aludem os incisos II e III do artigo anterior não beneficiarão os autores das ações individuais, se não for requerida sua suspensão no prazo de 30 (trinta) dias, a contar da ciência nos autos do ajuizamento da ação coletiva.

>> Acreditamos que a remissão certa seria aos incisos II e III do parágrafo único do art. 81.

TÍTULO IV
DO SISTEMA NACIONAL DE DEFESA DO CONSUMIDOR

>> O Decreto n. 2.181, de 20-3-1997, dispõe sobre a organização do Sistema Nacional de Defesa do Consumidor – SNDC e estabelece as normas gerais de aplicação das sanções administrativas previstas nesta Lei.

Art. 105. Integram o Sistema Nacional de Defesa do Consumidor – SNDC, os órgãos federais, estaduais, do Distrito Federal e municipais e as entidades privadas de defesa do consumidor.

Art. 106. O Departamento Nacional de Defesa do Consumidor, da Secretaria Nacional de Direito Econômico – MJ, ou órgão federal que venha substituí-lo, é organismo de coordenação da política do Sistema Nacional de Defesa do Consumidor, cabendo-lhe:

I – planejar, elaborar, propor, coordenar e executar a política nacional de proteção ao consumidor;

II – receber, analisar, avaliar e encaminhar consultas, denúncias ou sugestões apresentadas por entidades representativas ou pessoas jurídicas de direito público ou privado;

III – prestar aos consumidores orientação permanente sobre seus direitos e garantias;

IV – informar, conscientizar e motivar o consumidor através dos diferentes meios de comunicação;

>> A Lei n. 12.741, de 8-12-2012, propôs nova redação para este inciso, todavia sofreu veto presidencial.

V – solicitar à polícia judiciária a instauração de inquérito policial para a apreciação de delito contra os consumidores, nos termos da legislação vigente;

VI – representar ao Ministério Público competente para fins de adoção de medidas processuais no âmbito de suas atribuições;

VII – levar ao conhecimento dos órgãos competentes as infrações de ordem administrativa que violarem os interesses difusos, coletivos, ou individuais dos consumidores;

VIII – solicitar o concurso de órgãos e entidades da União, Estados, do Distrito Federal e Municípios, bem como auxiliar a fiscalização de preços, abastecimento, quantidade e segurança de bens e serviços;

IX – incentivar, inclusive com recursos financeiros e outros programas especiais, a formação de entidades de defesa do consumidor pela população e pelos órgãos públicos estaduais e municipais;

X a XII – (*Vetados*.);

XIII – desenvolver outras atividades compatíveis com suas finalidades.

Parágrafo único. Para a consecução de seus objetivos, o Departamento Nacional de Defesa do Consumidor poderá solicitar o concurso de órgãos e entidades de notória especialização técnico-científica.

Título V
DA CONVENÇÃO COLETIVA DE CONSUMO

Art. 107. As entidades civis de consumidores e as associações de fornecedores ou sindicatos de categoria econômica podem regular, por convenção escrita, relações de consumo que tenham por objeto estabelecer condições relativas ao preço, à qualidade, à quantidade, à garantia e características de produtos e serviços, bem como à reclamação e composição do conflito de consumo.

§ 1.º A convenção tornar-se-á obrigatória a partir do registro do instrumento no cartório de títulos e documentos.

§ 2.º A convenção somente obrigará os filiados às entidades signatárias.

§ 3.º Não se exime de cumprir a convenção o fornecedor que se desligar da entidade em data posterior ao registro do instrumento.

Art. 108. (*Vetado.*)

Título VI
DISPOSIÇÕES FINAIS

Art. 109. (*Vetado.*)

Art. 110. Acrescente-se o seguinte inciso IV ao art. 1.º da Lei n. 7.347, de 24 de julho de 1985:

>> Alteração já processada no diploma modificado.

Art. 111. O inciso II do art. 5.º da Lei n. 7.347, de 24 de julho de 1985, passa a ter a seguinte redação:

>> Prejudicada esta alteração por modificação posterior determinada pela Lei n. 8.884, de 11-6-1994.

Art. 112. O § 3.º do art. 5.º da Lei n. 7.347, de 24 de julho de 1985, passa a ter a seguinte redação:

>> Alteração já processada no diploma modificado.

Art. 113. Acrescente-se os seguintes §§ 4.º, 5.º e 6.º ao art. 5.º da Lei n. 7.347, de 24 de julho de 1985:

>> Alteração já processada no diploma modificado.

Art. 114. O art. 15 da Lei n. 7.347, de 24 de julho de 1985, passa a ter a seguinte redação:

>> Alteração já processada no diploma modificado.

Art. 115. Suprima-se o *caput* do art. 17 da Lei n. 7.347, de 24 de julho de 1985, passando o parágrafo único a constituir o *caput*, com a seguinte redação:

>> Alteração já processada no diploma modificado.

Art. 116. Dê-se a seguinte redação ao art. 18 da Lei n. 7.347, de 24 de julho de 1985:

>> Alteração já processada no diploma modificado.

Art. 117. Acrescente-se à Lei n. 7.347, de 24 de julho de 1985, o seguinte dispositivo, renumerando-se os seguintes:

>> Alteração já processada no diploma modificado.

Art. 118. Este Código entrará em vigor dentro de 180 (cento e oitenta) dias a contar de sua publicação.

Art. 119. Revogam-se as disposições em contrário.

Brasília, em 11 de setembro de 1990; 169.º da Independência e 102.º da República.

Fernando Collor

LEI N. 8.112, DE 11 DE DEZEMBRO DE 1990 (*)

Dispõe sobre o Regime Jurídico dos Servidores Públicos Civis da União, das autarquias e das fundações públicas federais.

O Presidente da República.

Faço saber que o Congresso Nacional decreta e eu sanciono a seguinte Lei:

Título I
Capítulo Único
DAS DISPOSIÇÕES PRELIMINARES

Art. 1.º Esta Lei institui o regime jurídico dos servidores públicos civis da União, das autarquias, inclusive as em regime especial, e das fundações públicas federais.

> A Lei n. 11.440, de 29-12-2006, institui o regime jurídico dos servidores do serviço exterior brasileiro e dá outras providências.

> O Decreto n. 7.944, de 6-3-2013, promulga a Convenção n. 151 e a Recomendação n. 159 da OIT sobre as relações de trabalho na Administração Pública.

Art. 2.º Para os efeitos desta Lei, servidor é a pessoa legalmente investida em cargo público.

> *Vide* arts. 48, X, 61, §1.º, II, *a*, e 84, VI, *b*, da CF.

> *Vide* Lei n. 9.962, de 22-2-2000.

Art. 3.º Cargo público é o conjunto de atribuições e responsabilidades previstas na estrutura organizacional que devem ser cometidas a um servidor.

Parágrafo único. Os cargos públicos, acessíveis a todos os brasileiros, são criados por lei, com denominação própria e vencimento pago pelos cofres públicos, para provimento em caráter efetivo ou em comissão.

>> *Vide* art. 37, I, da CF.

Art. 4.º É proibida a prestação de serviços gratuitos, salvo os casos previstos em lei.

(*) Publicada no *Diário Oficial da União* de 12-12-1990 e republicada em 18-3-1998. A Lei n. 9.717, de 27-11-1998, dispõe sobre as regras gerais para a organização próprias de previdência social dos servidores públicos da União, dos Estados, do Distrito Federal e dos Municípios, dos militares dos Estados e do Distrito Federal.

Título II
DO PROVIMENTO, VACÂNCIA, REMOÇÃO, REDISTRIBUIÇÃO E SUBSTITUIÇÃO

Capítulo I
DO PROVIMENTO

Seção I
Disposições Gerais

Art. 5.º São requisitos básicos para investidura em cargo público:

>> A Lei n. 6.185, de 11-12-1974, dispõe sobre os servidores públicos com vínculo empregatício.

I – a nacionalidade brasileira;

> Sobre nacionalidade: *vide* arts. 12 e 13 da CF.

II – o gozo dos direitos políticos;

> Sobre direitos políticos: *vide* arts. 14 a 16 da CF.

III – a quitação com as obrigações militares e eleitorais;

> Serviço militar obrigatório: *vide* art. 143 e §§ 1.º e 2.º da CF.

IV – o nível de escolaridade exigido para o exercício do cargo;

V – a idade mínima de 18 (dezoito) anos;

VI – aptidão física e mental.

§ 1.º As atribuições do cargo podem justificar a exigência de outros requisitos estabelecidos em lei.

§ 2.º Às pessoas portadoras de deficiência é assegurado o direito de se inscrever em concurso público para provimento de cargo cujas atribuições sejam compatíveis com a deficiência de que são portadoras; para tais pessoas serão reservadas até 20% (vinte por cento) das vagas oferecidas no concurso.

>> Da reserva de percentual dos cargos e empregos públicos aos portadores de deficiência: *vide* art. 37, VIII, da CF.

> *Vide* Súmula 377 do STJ.

§ 3.º As universidades e instituições de pesquisa científica e tecnológica federais poderão prover seus cargos com professores, técnicos e cientistas estrangeiros, de acordo com as normas e os procedimentos desta Lei.

>> § 3.º acrescentado pela Lei n. 9.515, de 20-11-1997.

> *Vide* art. 207, §§ 1.º e 2.º da CF, sobre educação.

Art. 6.º O provimento dos cargos públicos far-se-á mediante ato da autoridade competente de cada Poder.

Art. 7.º A investidura em cargo público ocorrerá com a posse.

> *Vide* art. 37, II, da CF.

Art. 8.º São formas de provimento de cargo público:

I – nomeação;

II – promoção;

> *Vide* Súmula 685 do STF.

III e IV – (*Revogados pela Lei n. 9.527, de 10-12-1997.*);

V – readaptação;

VI – reversão;

VII – aproveitamento;

VIII – reintegração;

IX – recondução.

Seção II
Da Nomeação

>> O Decreto n. 8.821, de 26-7-2016, dispõe sobre a competência para os atos de nomeação e de designação para cargos e funções de confiança no âmbito da administração pública federal.

Art. 9.º A nomeação far-se-á:

> *Vide* Súmula Vinculante 13 do STF, sobre nepotismo.

I – em caráter efetivo, quando se tratar de cargo isolado de provimento efetivo ou de carreira;

II – em comissão, inclusive na condição de interino, para cargos de confiança vagos.

>> Inciso II com redação determinada pela Lei n. 9.527, de 10-12-1997.

Parágrafo único. O servidor ocupante de cargo em comissão ou de natureza especial poderá ser nomeado para ter exercício, interinamente, em outro cargo de confiança, sem prejuízo das atribuições do que atualmente ocupa, hipótese em que deverá optar pela remuneração de um deles durante o período da interinidade.

>> Parágrafo único com redação determinada pela Lei n. 9.527, de 10-12-1997.

Art. 10. A nomeação para cargo de carreira ou cargo isolado de provimento efetivo depende de prévia habilitação em concurso público de provas ou de provas e títulos, obedecidos a ordem de classificação e o prazo de sua validade.

Parágrafo único. Os demais requisitos para o ingresso e o desenvolvimento do servidor na carreira, mediante promoção, serão estabelecidos pela lei que fixar as diretrizes do sistema de carreira na Administração Pública Federal e seus regulamentos.

>> Parágrafo único com redação determinada pela Lei n. 9.527, de 10-12-1997.

Seção III
Do Concurso Público

>> O Decreto n. 9.739, de 28-3-2019, estabelece normas sobre concursos públicos.

Art. 11. O concurso será de provas ou de provas e títulos, podendo ser realizado em duas etapas, conforme dispuserem a lei e o regulamento do respectivo plano de carreira, condicionada a inscrição do candidato ao pagamento do valor fixado no edital, quando indispensável ao seu custeio, e ressalvadas as hipóteses de isenção nele expressamente previstas.

>> Artigo com redação determinada pela Lei n. 9.527, de 10-12-1997.

>> Artigo regulamentado pelo Decreto n. 6.593, de 2-10-2008, quanto à isenção de pagamento de taxa de inscrição em concursos públicos realizados no âmbito do Poder Executivo Federal.

> *Vide* Súmulas 683 e 686 do STF.

> *Vide* Súmula 266 do STJ.

Art. 12. O concurso público terá validade de até 2 (dois) anos, podendo ser prorrogada uma única vez, por igual período.

>> Da validade dos concursos públicos: *vide* art. 37, II a IV, da CF.

> *Vide* Súmula Vinculante 13 do STF, sobre nepotismo.

§ 1.º O prazo de validade do concurso e as condições de sua realização serão fixados em edital, que será publicado no *Diário Oficial da União* e em jornal diário de grande circulação.

§ 2.º Não se abrirá novo concurso enquanto houver candidato aprovado em concurso anterior com prazo de validade não expirado.

Seção IV
Da Posse e do Exercício

Art. 13. A posse dar-se-á pela assinatura do respectivo termo, no qual deverão constar as atribuições, os deveres, as responsabilidades e os direitos inerentes ao cargo ocupado, que não poderão ser alterados unilateralmente, por qualquer das partes, ressalvados os atos de ofício previstos em lei.

§ 1.º A posse ocorrerá no prazo de trinta dias contados da publicação do ato de provimento.

>> § 1.º com redação determinada pela Lei n. 9.527, de 10-12-1997.

§ 2.º Em se tratando de servidor, que esteja na data de publicação do ato de provimento, em licença prevista nos incisos I, III e V do art. 81, ou afastado nas hipóteses dos incisos I, IV, VI, VIII, alíneas *a*, *b*, *d*, *e* e *f*, IX e X do art. 102, o prazo será contado do término do impedimento.

>> § 2.º com redação determinada pela Lei n. 9.527, de 10-12-1997.

§ 3.º A posse poderá dar-se mediante procuração específica.

§ 4.º Só haverá posse nos casos de provimento de cargo por nomeação.

>> § 4.º com redação determinada pela Lei n. 9.527, de 10-12-1997.

§ 5.º No ato da posse, o servidor apresentará declaração de bens e valores que constituem seu patrimônio e declaração quanto ao exercício ou não de outro cargo, emprego ou função pública.

> *Vide* art. 13 da Lei n. 8.429, de 2-6-1992.

> *Vide* Lei n. 8.730, de 10-11-1993.

> O Decreto n. 10.571, de 9-12-2020, dispõe sobre a apresentação e a análise das declarações de bens e de situações que possam gerar conflitos de interesses por agentes públicos civis da administração pública federal.

§ 6.º Será tornado sem efeito o ato de provimento se a posse não ocorrer no prazo previsto no § 1.º deste artigo.

Art. 14. A posse em cargo público dependerá de prévia inspeção médica oficial.

Parágrafo único. Só poderá ser empossado aquele que for julgado apto física e mentalmente para o exercício do cargo.

Art. 15. Exercício é o efetivo desempenho das atribuições do cargo público ou da função de confiança.

>> *Caput* com redação determinada pela Lei n. 9.527, de 10-12-1997.

§ 1.º É de 15 (quinze) dias o prazo para o servidor empossado em cargo público entrar em exercício, contados da data da posse.

>> § 1.º com redação determinada pela Lei n. 9.527, de 10-12-1997.

§ 2.º O servidor será exonerado do cargo ou será tornado sem efeito o ato de sua designação para função de confiança, se não entrar em exercício nos prazos previstos neste artigo, observado o disposto no art. 18.

>> § 2.º com redação determinada pela Lei n. 9.527, de 10-12-1997.

§ 3.º À autoridade competente do órgão ou entidade para onde for nomeado ou designado o servidor compete dar-lhe exercício.

>> § 3.º com redação determinada pela Lei n. 9.527, de 10-12-1997.

§ 4.º O início do exercício de função de confiança coincidirá com a data de publicação do ato de designação, salvo quando o servidor estiver em licença ou afastado por qualquer outro motivo legal, hipótese em que recairá no primeiro dia útil após o término do impedimento, que não poderá exceder a 30 (trinta) dias da publicação.

>> § 4.º acrescentado pela Lei n. 9.527, de 10-12-1997.

Art. 16. O início, a suspensão, a interrupção e o reinício do exercício serão registrados no assentamento individual do servidor.

Parágrafo único. Ao entrar em exercício, o servidor apresentará ao órgão competente os elementos necessários ao seu assentamento individual.

Art. 17. A promoção não interrompe o tempo de exercício, que é contado no novo posicionamento na carreira a partir da data de publicação do ato que promover o servidor.

>> Artigo com redação determinada pela Lei n. 9.527, de 10-12-1997.

Art. 18. O servidor que deva ter exercício em outro Município em razão de ter sido removido, redistribuído, requisitado, cedido ou posto em exercício provisório terá, no mínimo, 10 (dez) e, no máximo, 30 (trinta) dias de prazo contados da publicação do ato, para a retomada do efetivo desempenho das atribuições do cargo, incluído nesse prazo o tempo necessário para o deslocamento para a nova sede.

>> *Caput* com redação determinada pela Lei n. 9.527, de 10-12-1997.

§ 1.º Na hipótese de o servidor encontrar-se em licença ou afastado legalmente, o prazo a que se refere este artigo será contado a partir do término do impedimento.

>> § 1.º acrescentado pela Lei n. 9.527, de 10-12-1997.

§ 2.º É facultado ao servidor declinar dos prazos estabelecidos no *caput*.

>> § 2.º acrescentado pela Lei n. 9.527, de 10-12-1997.

Art. 19. Os servidores cumprirão jornada de trabalho fixada em razão das atribuições pertinentes aos respectivos cargos, respeitada a duração máxima do trabalho semanal de quarenta horas e observados os limites mínimo e máximo de seis horas e oito horas diárias, respectivamente.

>> *Caput* com redação determinada pela Lei n. 8.270, de 17-12-1991.

>> O Decreto n. 1.590, de 10-8-1995, dispõe sobre a jornada de trabalho dos servidores da Administração Pública Federal direta, das autarquias e das fundações públicas federais.

>> A Instrução Normativa n. 2, de 12-9-2018, da Secretaria de Gestão de Pessoas, estabelece orientação, critérios e procedimentos gerais a serem observados pelos órgãos e entidades integrantes do Sistema de Pessoal Civil da Administração Federal – Sipec, quanto à jornada de trabalho de que trata este artigo.

§ 1.º O ocupante de cargo em comissão ou função de confiança submete-se a regime de integral dedicação ao serviço, observado o disposto no art. 120, podendo ser convocado sempre que houver interesse da Administração.

>> § 1.º com redação determinada pela Lei n. 9.527, de 10-12-1997.

§ 2.º O disposto neste artigo não se aplica à duração de trabalho estabelecida em leis especiais.

>> § 2.º com redação determinada pela Lei n. 8.270, de 17-12-1991.

Art. 20. Ao entrar em exercício, o servidor nomeado para cargo de provimento efetivo ficará sujeito a estágio probatório por período de 24 (vinte e quatro) meses, durante o qual a sua aptidão e capacidade serão objeto de avaliação para o desempenho do cargo, observados os seguintes fatores:

>> *Vide* art. 41, *caput*, da CF.

I – assiduidade;

II – disciplina;

III – capacidade de iniciativa;

IV – produtividade;

V – responsabilidade.

§ 1.º Quatro meses antes de findo o período do estágio probatório, será submetida à homologação da autoridade competente a avaliação do desempenho do servidor, realizada por comissão constituída para essa finalidade, de acordo com o que dispuser a lei ou o regulamento da respectiva carreira ou cargo, sem prejuízo da continuidade de apuração dos fatores enumerados nos incisos I a V do *caput* deste artigo.

>> § 1.º com redação determinada pela Lei n. 11.784, de 22-9-2008.

§ 2.º O servidor não aprovado no estágio probatório será exonerado ou, se estável, reconduzido ao cargo anteriormente ocupado, observado o disposto no parágrafo único do art. 29.

§ 3.º O servidor em estágio probatório poderá exercer quaisquer cargos de provimento em comissão ou funções de direção, chefia ou assessoramento no órgão ou entidade de lotação, e somente poderá ser cedido a outro órgão ou entidade para ocupar cargos de Natureza Especial, cargos de provimento em comissão do Grupo-Direção e Assessoramento Superiores – DAS, de níveis 6, 5 e 4, ou equivalentes.

>> § 3.º acrescentado pela Lei n. 9.527, de 10-12-1997.

§ 4.º Ao servidor em estágio probatório somente poderão ser concedidas as licenças e os afastamentos previstos nos arts. 81, I a IV, 94, 95 e 96, bem assim afastamento para participar de curso de formação decorrente de aprovação em concurso para outro cargo na Administração Pública Federal.

>> § 4.º acrescentado pela Lei n. 9.527, de 10-12-1997.

§ 5.º O estágio probatório ficará suspenso durante as licenças e os afastamentos previstos nos arts. 83, 84, § 1.º, 86 e 96, bem assim na hipótese de participação em curso de formação, e será retomado a partir do término do impedimento.

>> § 5.º acrescentado pela Lei n. 9.527, de 10-12-1997.

Seção V
Da Estabilidade

Art. 21. O servidor habilitado em concurso público e empossado em cargo de provimento efetivo adquirirá estabilidade no serviço público ao completar 2 (dois) anos de efetivo exercício.

>> *Vide* art. 41 da CF, que estabelece o prazo de três anos de efetivo exercício para aquisição de estabilidade no serviço público.

>> *Vide* arts. 19 a 21 do ADCT.

> *Vide* Súmula 21 do STF.

Art. 22. O servidor estável só perderá o cargo em virtude de sentença judicial transitada em julgado ou de processo administrativo disciplinar no qual lhe seja assegurada ampla defesa.

Seção VI
Da Transferência

Art. 23. (*Revogado pela Lei n. 9.527, de 10-12-1997.*)

Seção VII
Da Readaptação

Art. 24. Readaptação é a investidura do servidor em cargo de atribuições e responsabilidades compatíveis com a limitação que tenha sofrido em sua capacidade física ou mental verificada em inspeção médica.

§ 1.º Se julgado incapaz para o serviço público, o readaptando será aposentado.

§ 2.º A readaptação será efetivada em cargo de atribuições afins, respeitada a habilitação exigida, nível de escolaridade e equivalência de vencimentos e, na hipótese de inexistência de cargo vago, o servidor exercerá suas atribuições como excedente, até a ocorrência de vaga.

>> § 2.º com redação determinada pela Lei n. 9.527, de 10-12-1997.

Seção VIII
Da Reversão

Art. 25. Reversão é o retorno à atividade de servidor aposentado:

>> *Caput* com redação determinada pela Medida Provisória n. 2.225-45, de 4-9-2001.

>> Artigo regulamentado pelo Decreto n. 3.644, de 30-10-2000.

I – por invalidez, quando junta médica oficial declarar insubsistentes os motivos da aposentadoria; ou

>> Inciso I acrescentado pela Medida Provisória n. 2.225-45, de 4-9-2001.

II – no interesse da administração, desde que:

>> Inciso II, *caput*, acrescentado pela Medida Provisória n. 2.225-45, de 4-9-2001.

a) tenha solicitado a reversão;

>> Alínea *a* acrescentada pela Medida Provisória n. 2.225-45, de 4-9-2001.

b) a aposentadoria tenha sido voluntária;

>> Alínea *b* acrescentada pela Medida Provisória n. 2.225-45, de 4-9-2001.

c) estável quando na atividade;

>> Alínea *c* acrescentada pela Medida Provisória n. 2.225-45, de 4-9-2001.

d) a aposentadoria tenha ocorrido nos cinco anos anteriores à solicitação;

>> Alínea *d* acrescentada pela Medida Provisória n. 2.225-45, de 4-9-2001.

e) haja cargo vago.

>> Alínea *e* acrescentada pela Medida Provisória n. 2.225-45, de 4-9-2001.

§ 1.º A reversão far-se-á no mesmo cargo ou no cargo resultante de sua transformação.

>> § 1.º acrescentado pela Medida Provisória n. 2.225-45, de 4-9-2001.

§ 2.º O tempo em que o servidor estiver em exercício será considerado para concessão da aposentadoria.

>> § 2.º acrescentado pela Medida Provisória n. 2.225-45, de 4-9-2001.

§ 3.º No caso do inciso I, encontrando-se provido o cargo, o servidor exercerá suas atribuições como excedente, até a ocorrência de vaga.

>> § 3.º acrescentado pela Medida Provisória n. 2.225-45, de 4-9-2001.

§ 4.º O servidor que retornar à atividade por interesse da administração perceberá, em substituição aos proventos da aposentadoria, a remuneração do cargo que voltar a exercer, inclusive com as vantagens de natureza pessoal que percebia anteriormente à aposentadoria.

>> § 4.º acrescentado pela Medida Provisória n. 2.225-45, de 4-9-2001.

§ 5.º O servidor de que trata o inciso II somente terá os proventos calculados com base nas regras atuais se permanecer pelo menos cinco anos no cargo.

>> § 5.º acrescentado pela Medida Provisória n. 2.225-45, de 4-9-2001.

§ 6.º O Poder Executivo regulamentará o disposto neste artigo.

>> § 6.º acrescentado pela Medida Provisória n. 2.225-45, de 4-9-2001.

Art. 26. (*Revogado pela Medida Provisória n. 2.225-45, de 4-9-2001.*)

Art. 27. Não poderá reverter o aposentado que já tiver completado 70 (setenta) anos de idade.

Seção IX
Da Reintegração

Art. 28. A reintegração é a reinvestidura do servidor estável no cargo anteriormente ocupado, ou no cargo resultante de sua transformação, quando invalidada a sua demissão por decisão administrativa ou judicial, com ressarcimento de todas as vantagens.

> *Vide* Súmula 173 do STJ.

§ 1.º Na hipótese de o cargo ter sido extinto, o servidor ficará em disponibilidade, observado o disposto nos arts. 30 e 31.

>> *Vide* art. 41, § 3.º, da CF.

§ 2.º Encontrando-se provido o cargo, o seu eventual ocupante será reconduzido ao cargo de origem, sem direito a indenização ou aproveitado em outro cargo, ou, ainda, posto em disponibilidade.

>> *Vide* art. 41, § 3.º, da CF.

Seção X
Da Recondução

> *Vide* art. 41, § 2.º, da CF.

Art. 29. Recondução é o retorno do servidor estável ao cargo anteriormente ocupado e decorrerá de:

I – inabilitação em estágio probatório relativo a outro cargo;

II – reintegração do anterior ocupante.

Parágrafo único. Encontrando-se provido o cargo de origem, o servidor será aproveitado em outro, observado o disposto no art. 30.

> *Vide* art. 20, § 2.º, desta Lei.

Seção XI
Da Disponibilidade e do Aproveitamento

Art. 30. O retorno à atividade de servidor em disponibilidade far-se-á mediante aproveitamento obrigatório em cargo de atribuições e vencimentos compatíveis com o anteriormente ocupado.

> *Vide* arts. 28, § 1.º, 29, parágrafo único, e 37, § 2.º, desta Lei.

> *Vide* Súmula 11 do STF.

Art. 31. O Órgão Central do Sistema de Pessoal Civil determinará o imediato aproveitamento de servidor em disponibilidade em vaga que vier a ocorrer nos órgãos ou entidades da administração pública federal.

> O Decreto n. 3.151, de 23-8-1999, disciplina a prática dos atos de extinção e de declaração de desnecessidade de cargos públicos.

> *Vide* art. 28, § 1.º, desta Lei.

Parágrafo único. Na hipótese prevista no § 3.º do art. 37, o servidor posto em disponibilidade poderá ser mantido sob responsabilidade do órgão central do Sistema de Pessoal Civil da Administração Federal – SIPEC, até o seu adequado aproveitamento em outro órgão ou entidade.

>> Parágrafo único acrescentado pela Lei n. 9.527, de 10-12-1997.

Art. 32. Será tornado sem efeito o aproveitamento e cassada a disponibilidade se o servidor não entrar em exercício no prazo legal, salvo doença comprovada por junta médica oficial.

Capítulo II
DA VACÂNCIA

Art. 33. A vacância do cargo público decorrerá de:

I – exoneração;

II – demissão;

III – promoção;

IV e V – (*Revogados pela Lei n. 9.527, de 10-12-1997.*);

VI – readaptação;

VII – aposentadoria;

VIII – posse em outro cargo inacumulável;

IX – falecimento.

Art. 34. A exoneração de cargo efetivo dar-se-á a pedido do servidor, ou de ofício.

> Do Programa de Desligamento Voluntário (PDV): Lei n. 9.468, de 10-7-1997.

> *Vide* Súmula 21 do STF.

Parágrafo único. A exoneração de ofício dar-se-á:

I – quando não satisfeitas as condições do estágio probatório;

> *Vide* art. 172, parágrafo único, desta Lei.

II – quando, tendo tomado posse, o servidor não entrar em exercício no prazo estabelecido.

Art. 35. A exoneração de cargo em comissão e a dispensa de função de confiança dar-se-á:

>> *Caput* com redação determinada pela Lei n. 9.527, de 10-12-1997.

I – a juízo da autoridade competente;

II – a pedido do próprio servidor.

Parágrafo único. (*Revogado pela Lei n. 9.527, de 10-12-1997.*)

Capítulo III
DA REMOÇÃO E DA REDISTRIBUIÇÃO

Seção I
Da Remoção

Art. 36. Remoção é o deslocamento do servidor, a pedido ou de ofício, no âmbito do mesmo quadro, com ou sem mudança de sede.

Parágrafo único. Para fins do disposto neste artigo, entende-se por modalidades de remoção:

>> Parágrafo único, *caput*, com redação determinada pela Lei n. 9.527, de 10-12-1997.

I – de ofício, no interesse da Administração;

>> Inciso I acrescentado pela Lei n. 9.527, de 10-12-1997.

II – a pedido, a critério da Administração;

>> Inciso II acrescentado pela Lei n. 9.527, de 10-12-1997.

III – a pedido, para outra localidade, independentemente do interesse da Administração:

>> Inciso III acrescentado pela Lei n. 9.527, de 10-12-1997.

a) para acompanhar cônjuge ou companheiro, também servidor público civil ou militar, de qualquer dos Poderes da União, dos Estados, do Distrito Federal e dos Municípios, que foi deslocado no interesse da Administração;

>> Alínea *a* acrescentada pela Lei n. 9.527, de 10-12-1997.

>> *Vide* art. 142, § 3.º, da CF.

b) por motivo de saúde do servidor, cônjuge, companheiro ou dependente que viva às suas expensas e conste do seu assentamento funcional, condicionada à comprovação por junta médica oficial;

>> Alínea *b* acrescentada pela Lei n. 9.527, de 10-12-1997.

c) em virtude de processo seletivo promovido, na hipótese em que o número de interessados for superior ao número de vagas, de acordo com normas preestabelecidas pelo órgão ou entidade em que aqueles estejam lotados.

>> Alínea *c* acrescentada pela Lei n. 9.527, de 10-12-1997.

Seção II
Da Redistribuição

>> O Decreto n. 3.151, de 23-8-1999, disciplina a prática dos atos de extinção e de declaração de desnecessidade de cargos públicos.

Art. 37. Redistribuição é o deslocamento de cargo de provimento efetivo, ocupado ou vago no âmbito do quadro geral de pessoal, para outro órgão ou entidade do mesmo Poder, com prévia apreciação do órgão central do SIPEC, observados os seguintes preceitos:

>> *Caput* com redação determinada pela Lei n. 9.527, de 10-12-1997.

I – interesse da administração;

>> Inciso I acrescentado pela Lei n. 9.527, de 10-12-1997.

II – equivalência de vencimentos;

>> Inciso II acrescentado pela Lei n. 9.527, de 10-12-1997.

> *Vide* art. 23-A da Lei n. 9.637, de 15-5-1998.

III – manutenção da essência das atribuições do cargo;

>> Inciso III acrescentado pela Lei n. 9.527, de 10-12-1997.

IV – vinculação entre os graus de responsabilidade e complexidade das atividades;

>> Inciso IV acrescentado pela Lei n. 9.527, de 10-12-1997.

V – mesmo nível de escolaridade, especialidade ou habilitação profissional;

>> Inciso V acrescentado pela Lei n. 9.527, de 10-12-1997.

VI – compatibilidade entre as atribuições do cargo e as finalidades institucionais do órgão ou entidade.

>> Inciso VI acrescentado pela Lei n. 9.527, de 10-12-1997.

§ 1.º A redistribuição ocorrerá *ex officio* para ajustamento de lotação e da força de trabalho às necessidades dos serviços, inclusive nos casos de reorganização, extinção ou criação de órgão ou entidade.

>> § 1.º com redação determinada pela Lei n. 9.527, de 10-12-1997.

§ 2.º A redistribuição de cargos efetivos vagos se dará mediante ato conjunto entre o órgão central do SIPEC e os órgãos e entidades da Administração Pública Federal envolvidos.

>> § 2.º acrescentado pela Lei n. 9.527, de 10-12-1997.

§ 3.º Nos casos de reorganização ou extinção de órgão ou entidade, extinto o cargo ou declarada sua desnecessidade no órgão ou entidade, o servidor estável que não for redistribuído será colocado em disponibilidade, até seu aproveitamento na forma dos arts. 30 e 31.

>> § 3.º renumerado e alterado pela Lei n. 9.527, de 10-12-1997.

§ 4.º O servidor que não for redistribuído ou colocado em disponibilidade poderá ser mantido sob responsabilidade do órgão central do SIPEC, e ter exercício provisório, em outro órgão ou entidade, até seu adequado aproveitamento.

>> § 4.º acrescentado pela Lei n. 9.527, de 10-12-1997.

Capítulo IV
DA SUBSTITUIÇÃO

Art. 38. Os servidores investidos em cargo ou função de direção ou chefia e os ocupantes de cargo de Natureza Especial terão substitutos indicados no regimento interno ou, no caso de omissão, previamente designados pelo dirigente máximo do órgão ou entidade.

>> *Caput* com redação determinada pela Lei n. 9.527, de 10-12-1997.

§ 1.º O substituto assumirá automática e cumulativamente, sem prejuízo do cargo que ocupa, o exercício do cargo ou função de direção ou chefia e os de Natureza Especial, nos afastamentos, impedimentos legais ou regulamentares do titular e na vacância do cargo, hipóteses em que deverá optar pela remuneração de um deles durante o respectivo período.

>> § 1.º com redação determinada pela Lei n. 9.527, de 10-12-1997.

§ 2.º O substituto fará jus à retribuição pelo exercício do cargo ou função de direção ou chefia ou de cargo de Natureza Especial, nos casos dos afastamentos ou impedimentos legais do titular, superiores a 30 (trinta) dias consecutivos, paga na proporção dos dias de efetiva substituição, que excederem o referido período.

>> § 2.º com redação determinada pela Lei n. 9.527, de 10-12-1997.

Art. 39. O disposto no artigo anterior aplica-se aos titulares de unidades administrativas organizadas em nível de assessoria.

Título III
DOS DIREITOS E VANTAGENS

Capítulo I
DO VENCIMENTO E DA REMUNERAÇÃO

>> O Decreto n. 8.690, de 11-3-2016, dispõe sobre a gestão das consignações em folha de pagamento no âmbito do sistema de gestão de pessoas do Poder Executivo federal.

Art. 40. Vencimento é a retribuição pecuniária pelo exercício de cargo público, com valor fixado em lei.

>> *Vide* art. 1.º da Lei n. 8.852, de 4-2-1994.

> *Vide* Súmula 378 do STJ.

Parágrafo único. (*Revogado pela Lei n. 11.784, de 22-9-2008.*)

Art. 41. Remuneração é o vencimento do cargo efetivo, acrescido das vantagens pecuniárias permanentes estabelecidas em lei.

> *Vide* art. 86, § 2.º, desta Lei.

> *Vide* Súmula Vinculante 4 do STF.

> *Vide* Súmulas 339, 680, 681 e 682 do STF.

§ 1.º A remuneração do servidor investido em função ou cargo em comissão será paga na forma prevista no art. 62.

§ 2.º O servidor investido em cargo em comissão de órgão ou entidade diversa da de sua lotação receberá a remuneração de acordo com o estabelecido no § 1.º do art. 93.

§ 3.º O vencimento do cargo efetivo, acrescido das vantagens de caráter permanente, é irredutível.

> *Vide* art. 189 desta Lei.

§ 4.º É assegurada a isonomia de vencimentos para cargos de atribuições iguais ou assemelhadas do mesmo Poder, ou entre servidores dos três Poderes, ressalvadas as vantagens de caráter individual e as relativas à natureza ou ao local de trabalho.

>> *Vide* art. 37, XIII, da CF.

§ 5.º Nenhum servidor receberá remuneração inferior ao salário mínimo.

>> § 5.º acrescentado pela Lei n. 11.784, de 22-9-2008.

> *Vide* Súmulas Vinculantes 6, 15 e 16 do STF.

> *Vide* Súmula 378 do STJ.

Art. 42. Nenhum servidor poderá perceber, mensalmente, a título de remuneração, importância superior à soma dos valores percebidos como remuneração, em espécie, a qualquer título, no âmbito dos respectivos Poderes, pelos Ministros de Estado, por membros do Congresso Nacional e Ministros do Supremo Tribunal Federal.

> *Vide* art. 37, XI, da CF.

> *Vide* art. 215 desta Lei.

Parágrafo único. Excluem-se do teto de remuneração as vantagens previstas nos incisos II a VII do art. 61.

Art. 43. (*Revogado pela Lei n. 9.624, de 2-4-1998.*)

Art. 44. O servidor perderá:

I – a remuneração do dia em que faltar ao serviço, sem motivo justificado;

>> Inciso I com redação determinada pela Lei n. 9.527, de 10-12-1997.

II – a parcela de remuneração diária, proporcional aos atrasos, ausências justificadas, ressalvadas as concessões de que trata o art. 97, e saídas antecipadas, salvo na hipótese de compensação de horário, até o mês subsequente ao da ocorrência, a ser estabelecida pela chefia imediata.

>> Inciso II com redação determinada pela Lei n. 9.527, de 10-12-1997.

Parágrafo único. As faltas justificadas decorrentes de caso fortuito ou de força maior poderão ser compensadas a critério da chefia imediata, sendo assim consideradas como efetivo exercício.

>> Parágrafo único acrescentado pela Lei n. 9.527, de 10-12-1997.

Art. 45. Salvo por imposição legal, ou mandado judicial, nenhum desconto incidirá sobre a remuneração ou provento.

§ 1.º Mediante autorização do servidor, poderá haver consignação em folha de pagamento em favor de terceiros, a critério da administração e com reposição de custos, na forma definida em regulamento.

>> § 1.º renumerado pela Lei n. 13.172, de 21-10-2015.

§ 2.º O total de consignações facultativas de que trata o § 1.º não excederá a 35% (trinta e cinco por cento) da remuneração mensal, sendo 5% (cinco por cento) reservados exclusivamente para:

>> § 2.º, *caput*, com redação determinada pela Lei n. 13.172, de 21-10-2015.

I – a amortização de despesas contraídas por meio de cartão de crédito; ou

>> Inciso I acrescentado pela Lei n. 13.172, de 21-10-2015.

II – a utilização com a finalidade de saque por meio do cartão de crédito.

>> Inciso II acrescentado pela Lei n. 13.172, de 21-10-2015.

Art. 46. As reposições e indenizações ao erário, atualizadas até 30 de junho de 1994, serão previamente comunicadas ao servidor ativo, aposentado ou ao pensionista, para pagamento, no prazo máximo de trinta dias, podendo ser parceladas, a pedido do interessado.

>> *Caput* com redação determinada pela Medida Provisória n. 2.225-45, de 4-9-2001.

§ 1.º O valor de cada parcela não poderá ser inferior ao correspondente a 10% (dez por cento) da remuneração, provento ou pensão.

>> § 1.º com redação determinada pela Medida Provisória n. 2.225-45, de 4-9-2001.

§ 2.º Quando o pagamento indevido houver ocorrido no mês anterior ao do processamento da folha, a reposição será feita imediatamente, em uma única parcela.

>> § 2.º com redação determinada pela Medida Provisória n. 2.225-45, de 4-9-2001.

§ 3.º Na hipótese de valores recebidos em decorrência de cumprimento a decisão liminar, a tutela antecipada ou a sentença que venha a ser revogada ou rescindida, serão eles atualizados até a data da reposição.

>> § 3.º com redação determinada pela Medida Provisória n. 2.225-45, de 4-9-2001.

Art. 47. O servidor em débito com o erário, que for demitido, exonerado ou que tiver sua aposentadoria ou disponibilidade cassada, terá o prazo de sessenta dias para quitar o débito.

>> *Caput* com redação determinada pela Medida Provisória n. 2.225-45, de 4-9-2001.

Parágrafo único. A não quitação do débito no prazo previsto implicará sua inscrição em dívida ativa.

>> Parágrafo único com redação determinada pela Medida Provisória n. 2.225-45, de 4-9-2001.

Art. 48. O vencimento, a remuneração e o provento não serão objeto de arresto, sequestro ou penhora, exceto nos casos de prestação de alimentos resultante de decisão judicial.

> *Vide* Súmula 97 do STJ.

Capítulo II
DAS VANTAGENS

> *Vide* Súmula 97 do STJ.

Art. 49. Além do vencimento, poderão ser pagas ao servidor as seguintes vantagens:

I – indenizações;

II – gratificações;

III – adicionais.

§ 1.º As indenizações não se incorporam ao vencimento ou provento para qualquer efeito.

§ 2.º As gratificações e os adicionais incorporam-se ao vencimento ou provento, nos casos e condições indicados em lei.

Art. 50. As vantagens pecuniárias não serão computadas, nem acumuladas, para efeito de concessão de quaisquer outros acréscimos pecuniários ulteriores, sob o mesmo título ou idêntico fundamento.

>> *Vide* art. 37, XIV, da CF.

> *Vide* Súmula Vinculante 4 do STF.

Seção I
Das Indenizações

Art. 51. Constituem indenizações ao servidor:

I – ajuda de custo;

II – diárias;

III – transporte;

IV – auxílio-moradia.

>> Inciso IV acrescentado pela Lei n. 11.355, de 19-10-2006.

Art. 52. Os valores das indenizações estabelecidas nos incisos I a III do art. 51 desta Lei, assim como as condições para a sua concessão, serão estabelecidos em regulamento.

>> Artigo com redação determinada pela Lei n. 11.355, de 19-10-2006.

Subseção I
Da ajuda de custo

Art. 53. A ajuda de custo destina-se a compensar as despesas de instalação do servidor que, no interesse do serviço, passar a ter exercício em nova sede, com mudança de domicílio em caráter permanente, vedado o duplo pagamento de indenização, a qualquer tempo, no caso de o cônjuge ou companheiro que detenha também a condição de servidor, vier a ter exercício na mesma sede.

>> *Caput* com redação determinada pela Lei n. 9.527, de 10-12-1997.

§ 1.º Correm por conta da administração as despesas de transporte do servidor e de sua família, compreendendo passagem, bagagem e bens pessoais.

§ 2.º À família do servidor que falecer na nova sede são assegurados ajuda de custo e transporte para a localidade de origem, dentro do prazo de 1 (um) ano, contado do óbito.

§ 3.º Não será concedida ajuda de custo nas hipóteses de remoção previstas nos incisos II e III do parágrafo único do art. 36.

>> § 3.º acrescentado pela Lei n. 12.998, de 18-6-2014.

Art. 54. A ajuda de custo é calculada sobre a remuneração do servidor, conforme se dispuser em regulamento, não podendo exceder a importância correspondente a 3 (três) meses.

Art. 55. Não será concedida ajuda de custo ao servidor que se afastar do cargo, ou reassumi-lo, em virtude de mandato eletivo.

Art. 56. Será concedida ajuda de custo àquele que, não sendo servidor da União, for nomeado para cargo em comissão, com mudança de domicílio.

Parágrafo único. No afastamento previsto no inciso I do art. 93, a ajuda de custo será paga pelo órgão cessionário, quando cabível.

Art. 57. O servidor ficará obrigado a restituir a ajuda de custo quando, injustificadamente, não se apresentar na nova sede no prazo de 30 (trinta) dias.

Subseção II
Das diárias

Art. 58. O servidor que, a serviço, afastar-se da sede em caráter eventual ou transitório para outro ponto do território nacional ou para o exterior, fará jus a passagens e diárias destinadas a indenizar as parcelas de despesas extraordinárias com pousada, alimentação e locomoção urbana, conforme dispuser em regulamento.

>> *Caput* com redação determinada pela Lei n. 9.527, de 10-12-1997.

§ 1.º A diária será concedida por dia de afastamento, sendo devida pela metade quando o deslocamento não exigir pernoite fora da sede, ou quando a União custear, por meio diverso, as despesas extraordinárias cobertas por diárias.

>> § 1.º com redação determinada pela Lei n. 9.527, de 10-12-1997.

§ 2.º Nos casos em que o deslocamento da sede constituir exigência permanente do cargo, o servidor não fará jus a diárias.

§ 3.º Também não fará jus a diárias o servidor que se deslocar dentro da mesma região metropolitana, aglomeração urbana ou microrregião, constituídas por municípios limítrofes e regularmente instituídas, ou em áreas de controle integrado mantidas com países limítrofes, cuja jurisdição e competência dos órgãos, entidades e servidores brasileiros considera-se estendida, salvo se houver pernoite fora da sede, hipóteses em que as diárias pagas serão sempre as fixadas para os afastamentos dentro do território nacional.

>> § 3.º acrescentado pela Lei n. 9.527, de 10-12-1997.

Art. 59. O servidor que receber diárias e não se afastar da sede, por qualquer motivo, fica obrigado a restituí-las integralmente, no prazo de 5 (cinco) dias.

Parágrafo único. Na hipótese de o servidor retornar à sede em prazo menor do que o previsto para o seu afastamento, restituirá as diárias recebidas em excesso, no prazo previsto no *caput*.

Subseção III
Da indenização de transporte

Art. 60. Conceder-se-á indenização de transporte ao servidor que realizar despesas com a utilização de meio próprio de locomoção para a execução de serviços externos, por força das atribuições próprias do cargo, conforme se dispuser em regulamento.

Subseção IV
Do Auxílio-Moradia

>> Subseção IV acrescentada pela Lei n. 11.355, de 19-10-2006.

Art. 60-A. O auxílio-moradia consiste no ressarcimento das despesas comprovadamente realizadas pelo servidor com aluguel de moradia ou com meio de hospedagem administrado por empresa hoteleira, no prazo de um mês após a comprovação da despesa pelo servidor.

>> Artigo com redação determinada pela Lei n. 11.355, de 19-10-2006.

Art. 60-B. Conceder-se-á auxílio-moradia ao servidor se atendidos os seguintes requisitos:

>> *Caput* acrescentado pela Lei n. 11.355, de 19-10-2006.

I – não exista imóvel funcional disponível para uso pelo servidor;

>> Inciso I acrescentado pela Lei n. 11.355, de 19-10-2006.

II – o cônjuge ou companheiro do servidor não ocupe imóvel funcional;

>> Inciso II acrescentado pela Lei n. 11.355, de 19-10-2006.

III – o servidor ou seu cônjuge ou companheiro não seja ou tenha sido proprietário, promitente comprador, cessionário ou promitente cessionário de imóvel no Município aonde for exercer o cargo, incluída a hipótese de lote edificado sem averbação de construção, nos 12 (doze) meses que antecederem a sua nomeação;

>> Inciso III acrescentado pela Lei n. 11.355, de 19-10-2006.

IV – nenhuma outra pessoa que resida com o servidor receba auxílio-moradia;

>> Inciso IV acrescentado pela Lei n. 11.355, de 19-10-2006.

V – o servidor tenha se mudado do local de residência para ocupar cargo em comissão ou função de confiança do Grupo-Direção e Assessoramento Superiores – DAS, níveis 4, 5 e 6, de Natureza Especial, de Ministro de Estado ou equivalentes;

>> Inciso V acrescentado pela Lei n. 11.355, de 19-10-2006.

VI – o Município no qual assuma o cargo em comissão ou função de confiança não se enquadre nas hipóteses do art. 58 desta Lei; em relação ao local de residência ou domicílio do servidor;

>> Inciso VI acrescentado pela Lei n. 11.355, de 19-10-2006.

VII – o servidor não tenha sido domiciliado ou tenha residido no Município, nos últimos 12 (doze) meses, aonde for exercer o cargo em comissão ou função de confiança, desconsiderando-se prazo inferior a 60 (sessenta) dias dentro desse período; e

>> Inciso VII acrescentado pela Lei n. 11.355, de 19-10-2006.

VIII – o deslocamento não tenha sido por força de alteração de lotação ou nomeação para cargo efetivo;

>> Inciso VIII acrescentado pela Lei n. 11.355, de 19-10-2006.

IX – o deslocamento tenha ocorrido após 30 de junho de 2006.

>> Inciso IX acrescentado pela Lei n. 11.490, de 20-6-2007.

Parágrafo único. Para fins do inciso VII do *caput* deste artigo, não será considerado o prazo no qual o servidor estava ocupando outro cargo em comissão relacionado no inciso V do *caput* deste artigo.

>> Parágrafo único acrescentado pela Lei n. 11.355, de 19-10-2006.

Art. 60-C. (*Revogado pela Lei n. 12.998, de 18-6-2014.*)

Art. 60-D. O valor mensal do auxílio-moradia é limitado a 25% (vinte e cinco por cento) do valor do cargo em comissão, função comissionada ou cargo de Ministro de Estado ocupado.

>> *Caput* com redação determinada pela Lei n. 11.784, de 22-9-2008.

§ 1.º O valor do auxílio-moradia não poderá superar vinte e cinco por cento da remuneração de Ministro de Estado.

>> § 1.º acrescentado pela Lei n. 11.784, de 22-9-2008.

§ 2.º Independentemente do valor do cargo em comissão ou função comissionada, fica garantido a todos os que preencherem os requisitos o ressarcimento até o valor de R$ 1.800,00 (mil e oitocentos reais).

>> § 2.º acrescentado pela Lei n. 11.784, de 22-9-2008.

Art. 60-E. No caso de falecimento, exoneração, colocação de imóvel funcional à disposição do servidor ou aquisição de imóvel, o auxílio-moradia continuará sendo pago por um mês.

>> Artigo acrescentado pela Lei n. 11.355, de 19-10-2006.

Seção II
Das Gratificações e Adicionais

>> *Vide* art. 39, § 7.º, da CF.

> *Vide* Súmula Vinculante 4 do STF.

Art. 61. Além do vencimento e das vantagens previstas nesta Lei, serão deferidos aos servidores as seguintes retribuições, gratificações e adicionais:

>> *Caput* com redação determinada pela Lei n. 9.527, de 10-12-1997.

I – retribuição pelo exercício de função de direção, chefia e assessoramento;

>> Inciso I com redação determinada pela Lei n. 9.527, de 10-12-1997.

II – gratificação natalina;

III – (*Revogado pela Medida Provisória n. 2.225-45, de 4-9-2001.*);

IV – adicional pelo exercício de atividades insalubres, perigosas ou penosas;

V – adicional pela prestação de serviço extraordinário;

VI – adicional noturno;

VII – adicional de férias;

VIII – outros, relativos ao local ou à natureza do trabalho;

IX – gratificação por encargo de curso ou concurso.

>> Inciso IX acrescentado pela Lei n. 11.314, de 3-7-2006.

Subseção I
Da retribuição pelo exercício de função de direção, chefia e assessoramento

>> Subseção I com denominação determinada pela Lei n. 9.527, de 10-12-1997.

Art. 62. Ao servidor ocupante de cargo efetivo investido em função de direção, chefia ou assessoramento, cargo de provimento em comissão ou de Natureza Especial é devida retribuição pelo seu exercício.

>> *Caput* com redação determinada pela Lei n. 9.527, de 10-12-1997.

>> *Vide* art. 1.º, III, da Lei n. 8.852, de 4-2-1994.

Parágrafo único. Lei específica estabelecerá a remuneração dos cargos em comissão de que trata o inciso II do art. 9.º.

>> Parágrafo único com redação determinada pela Lei n. 9.527, de 10-12-1997.

Art. 62-A. Fica transformada em Vantagem Pessoal Nominalmente Identificada – VPNI a incorporação da retribuição pelo exercício de função de direção, chefia ou assessoramento, cargo de provimento em comissão ou de Natureza Especial a que se referem os arts. 3.º e 10 da Lei n. 8.911, de 11 de julho de 1994, e o art. 3.º da Lei n. 9.624, de 2 de abril de 1998.

>> *Caput* acrescentado pela Medida Provisória n. 2.225-45, de 4-9-2001.

Parágrafo único. A VPNI de que trata o *caput* deste artigo somente estará sujeita às revisões gerais de remuneração dos servidores públicos federais.

>> Parágrafo único acrescentado pela Medida Provisória n. 2.225-45, de 4-9-2001.

Subseção II
Da gratificação natalina

Art. 63. A gratificação natalina corresponde a 1/12 (um doze avos) da remuneração a que o servidor fizer jus no mês de dezembro, por mês de exercício no respectivo ano.

Parágrafo único. A fração igual ou superior a 15 (quinze) dias será considerada como mês integral.

Art. 64. A gratificação será paga até o dia 20 (vinte) do mês de dezembro de cada ano.

Parágrafo único. (*Vetado.*)

Art. 65. O servidor exonerado perceberá sua gratificação natalina, proporcionalmente aos meses de exercício, calculada sobre a remuneração do mês da exoneração.

Art. 66. A gratificação natalina não será considerada para cálculo de qualquer vantagem pecuniária.

Subseção III
Do adicional por tempo de serviço

Art. 67. (*Revogado pela Medida Provisória n. 2.225-45, de 4-9-2001.*)

Subseção IV
Dos adicionais de insalubridade, periculosidade ou atividades penosas

Art. 68. Os servidores que trabalhem com habitualidade em locais insalubres ou em contato permanente com substâncias tóxicas, radioativas ou com risco de vida, fazem jus a um adicional sobre o vencimento do cargo efetivo.

>> A Resolução n. 165, de 7-8-2020, da DPU, disciplina a concessão do adicional de insalubridade previsto neste artigo.

§ 1.º O servidor que fizer jus aos adicionais de insalubridade e de periculosidade deverá optar por um deles.

§ 2.º O direito ao adicional de insalubridade ou periculosidade cessa com a eliminação das condições ou dos riscos que deram causa a sua concessão.

Art. 69. Haverá permanente controle da atividade de servidores em operações ou locais considerados penosos, insalubres ou perigosos.

Parágrafo único. A servidora gestante ou lactante será afastada, enquanto durar a gestação e a lactação, das operações e locais previstos neste artigo, exercendo suas atividades em local salubre e em serviço não penoso e não perigoso.

Art. 70. Na concessão dos adicionais de atividades penosas, de insalubridade e de periculosidade, serão observadas as situações estabelecidas em legislação específica.

Art. 71. O adicional de atividade penosa será devido aos servidores em exercício em zonas de fronteira ou em localidades cujas condições de vida o justifiquem, nos termos, condições e limites fixados em regulamento.

> *Vide* art. 186, § 2.º, desta Lei.

Art. 72. Os locais de trabalho e os servidores que operam com Raios X ou substâncias radioativas serão mantidos sob controle permanente, de modo que as doses de radiação ionizante não ultrapassem o nível máximo previsto na legislação própria.

Parágrafo único. Os servidores a que se refere este artigo serão submetidos a exames médicos a cada 6 (seis) meses.

Subseção V

Do adicional por serviço extraordinário

> A Orientação Normativa n. 3, de 28-4-2015, da Secretaria de Gestão Pública, estabelece orientações aos órgãos e entidades integrantes do Sistema de Pessoal Civil da Administração Federal (SIPEC) quanto aos procedimentos a serem adotados para concessão do adicional por serviço extraordinário, de que trata esta Subseção.

Art. 73. O serviço extraordinário será remunerado com acréscimo de 50% (cinquenta por cento) em relação à hora normal de trabalho.

>> O Decreto n. 948, de 5-10-1993, dispõe sobre a aplicação deste artigo.

> *Vide* art. 75, parágrafo único, desta Lei.

Art. 74. Somente será permitido serviço extraordinário para atender a situações excepcionais e temporárias, respeitado o limite máximo de 2 (duas) horas por jornada.

>> O Decreto n. 948, de 5-10-1993, dispõe sobre a aplicação deste artigo.

Subseção VI

Do adicional noturno

Art. 75. O serviço noturno, prestado em horário compreendido entre 22 (vinte e duas) horas de um dia e 5 (cinco) horas do dia seguinte, terá o valor-hora acrescido de 25% (vinte e cinco por cento), computando-se cada hora como cinquenta e dois minutos e trinta segundos.

Parágrafo único. Em se tratando de serviço extraordinário, o acréscimo de que trata este artigo incidirá sobre a remuneração prevista no art. 73.

Subseção VII

Do adicional de férias

Art. 76. Independentemente de solicitação, será pago ao servidor, por ocasião das férias, um adicional correspondente a 1/3 (um terço) da remuneração do período das férias.

> *Vide* Súmulas 125 e 136 do STJ.

Parágrafo único. No caso de o servidor exercer função de direção, chefia ou assessoramento, ou ocupar cargo em comissão, a respectiva vantagem será considerada no cálculo do adicional de que trata este artigo.

Subseção VIII

Da Gratificação por Encargo de Curso ou Concurso

>> Subseção VIII acrescentada pela Lei n. 11.314, de 3-7-2006.

Art. 76-A. A Gratificação por Encargo de Curso ou Concurso é devida ao servidor que, em caráter eventual:

>> *Caput* acrescentado pela Lei n. 11.314, de 3-7-2006.

>> O Decreto n. 6.114, de 15-5-2007, regulamenta o pagamento da Gratificação por Encargo de Curso ou Concurso de que trata este artigo.

>> A Portaria n. 6, de 16-1-2017, do Ministério do Planejamento, Desenvolvimento e Gestão, estabelece que, para fins de pagamento da gratificação de que trata este artigo, o valor do maior vencimento básico da Administração Pública Federal a ser aplicado corresponde ao cargo de Auditor-Fiscal da Receita Federal do Brasil e de Auditor-Fiscal do Trabalho, cujo valor é de R$ 24.943,07 (vinte e quatro mil novecentos e quarenta e três reais e sete centavos).

> *Vide* art. 98, § 4.º, desta Lei.

I – atuar como instrutor em curso de formação, de desenvolvimento ou de treinamento regularmente instituído no âmbito da administração pública federal;

>> Inciso I acrescentado pela Lei n. 11.314, de 3-7-2006.

> *Vide* art. 98, § 4.º, desta Lei.

II – participar de banca examinadora ou de comissão para exames orais, para análise curricular, para correção de provas discursivas, para elaboração de questões de provas ou para julgamento de recursos intentados por candidatos;

>> Inciso II acrescentado pela Lei n. 11.314, de 3-7-2006.

> *Vide* art. 98, § 4.º, desta Lei.

III – participar da logística de preparação e de realização de concurso público envolvendo atividades de planejamento, coordenação, supervisão, execução e avaliação de resultado, quando tais atividades não estiverem incluídas entre as suas atribuições permanentes;

>> Inciso III acrescentado pela Lei n. 11.314, de 3-7-2006.

IV – participar da aplicação, fiscalizar ou avaliar provas de exame vestibular ou de concurso público ou supervisionar essas atividades.

>> Inciso IV acrescentado pela Lei n. 11.314, de 3-7-2006.

§ 1.º Os critérios de concessão e os limites da gratificação de que trata este artigo serão fixados em regulamento, observados os seguintes parâmetros:

>> § 1.º, *caput*, acrescentado pela Lei n. 11.314, de 3-7-2006.

I – o valor da gratificação será calculado em horas, observadas a natureza e a complexidade da atividade exercida;

>> Inciso I acrescentado pela Lei n. 11.314, de 3-7-2006.

II – a retribuição não poderá ser superior ao equivalente a 120 (cento e vinte) horas de trabalho anuais, ressalvada situação de excepcionalidade, devidamente justificada e previamente aprovada pela autoridade máxima do órgão ou entidade, que poderá autorizar o acréscimo de até 120 (cento e vinte) horas de trabalho anuais;

>> Inciso II acrescentado pela Lei n. 11.314, de 3-7-2006.

III – o valor máximo da hora trabalhada corresponderá aos seguintes percentuais, incidentes sobre o maior vencimento básico da administração pública federal:

>> Inciso III, *caput*, acrescentado pela Lei n. 11.314, de 3-7-2006.

a) 2,2% (dois inteiros e dois décimos por cento), em se tratando de atividades previstas nos incisos I e II do *caput* deste artigo;

>> Alínea *a* com redação determinada pela Lei n. 11.501, de 11-7-2007.

b) 1,2% (um inteiro e dois décimos por cento), em se tratando de atividade prevista nos incisos III e IV do *caput* deste artigo.

>> Alínea *b* com redação determinada pela Lei n. 11.501, de 11-7-2007.

§ 2.º A Gratificação por Encargo de Curso ou Concurso somente será paga se as atividades referidas nos incisos do *caput* deste artigo forem exercidas sem prejuízo das atribuições do cargo de que o servidor for titular, devendo ser objeto de compensação de carga horária quando desempenhadas durante a jornada de trabalho, na forma do § 4.º do art. 98 desta Lei.

>> § 2.º acrescentado pela Lei n. 11.314, de 3-7-2006.

§ 3.º A Gratificação por Encargo de Curso ou Concurso não se incorpora ao vencimento ou salário do servidor para qualquer efeito e não poderá ser utilizada como base de cálculo para quaisquer outras vantagens, inclusive para fins de cálculo dos proventos da aposentadoria e das pensões.

>> § 3.º acrescentado pela Lei n. 11.314, de 3-7-2006.

CAPÍTULO III
DAS FÉRIAS

Art. 77. O servidor fará jus a 30 (trinta) dias de férias, que podem ser acumuladas, até o máximo de 2 (dois) períodos, no caso de necessidade do serviço, ressalvadas as hipóteses em que haja legislação específica.

>> *Caput* com redação determinada pela Lei n. 9.525, de 3-12-1997.

§ 1.º Para o primeiro período aquisitivo de férias serão exigidos 12 (doze) meses de exercício.

§ 2.º É vedado levar à conta de férias qualquer falta ao serviço.

§ 3.º As férias poderão ser parceladas em até 3 (três) etapas, desde que assim requeridas pelo servidor, e no interesse da administração pública.

>> § 3.º acrescentado pela Lei n. 9.525, de 3-12-1997.

Art. 78. O pagamento da remuneração das férias será efetuado até 2 (dois) dias antes do início do respectivo período, observando-se o disposto no § 1.º deste artigo.

§§ 1.º e 2.º (*Revogados pela Lei n. 9.527, de 10-12-1997.*)

§ 3.º O servidor exonerado do cargo efetivo, ou em comissão, perceberá indenização relativa ao período das férias a que tiver direito e ao incompleto, na proporção de 1/12 (um doze avos) por mês de efetivo exercício, ou fração superior a 14 (quatorze) dias.

>> § 3.º acrescentado pela Lei n. 8.216, de 13-8-1991.

§ 4.º A indenização será calculada com base na remuneração do mês em que for publicado o ato exoneratório.

>> § 4.º acrescentado pela Lei n. 8.216, de 13-8-1991.

§ 5.º Em caso de parcelamento, o servidor receberá o valor adicional previsto no inciso XVII do art. 7.º da Constituição Federal quando da utilização do primeiro período.

>> § 5.º acrescentado pela Lei n. 9.525, de 3-12-1997.

Art. 79. O servidor que opera direta e permanentemente com Raios X ou substâncias radioativas gozará 20 (vinte) dias consecutivos de férias, por semestre de atividade profissional, proibida em qualquer hipótese a acumulação.

Parágrafo único. (*Revogado pela Lei n. 9.527, de 10-12-1997.*)

Art. 80. As férias somente poderão ser interrompidas por motivo de calamidade pública, comoção interna, convocação para júri, serviço militar ou eleitoral, ou por necessidade do serviço declarada pela autoridade máxima do órgão ou entidade.

>> *Caput* com redação determinada pela Lei n. 9.527, de 10-12-1997.

> *Vide* Lei n. 8.745, de 9-12-1993, que dispõe sobre a contratação por tempo determinado para atender à necessidade temporária de excepcional interesse público, nos termos do inciso IX do art. 37 da CF.

Parágrafo único. O restante do período interrompido será gozado de uma só vez, observado o disposto no art. 77.

>> Parágrafo único acrescentado pela Lei n. 9.527, de 10-12-1997.

Capítulo IV
DAS LICENÇAS

Seção I
Disposições Gerais

Art. 81. Conceder-se-á ao servidor licença:

I – por motivo de doença em pessoa da família;

II – por motivo de afastamento do cônjuge ou companheiro;

III – para o serviço militar;

IV – para atividade política;

V – para capacitação;

>> Inciso V com redação determinada pela Lei n. 9.527, de 10-12-1997.

VI – para tratar de interesses particulares;

VII – para desempenho de mandato classista.

§ 1.º A licença prevista no inciso I do *caput* deste artigo bem como cada uma de suas prorrogações serão precedidas de exame por perícia médica oficial, observado o disposto no art. 204 desta Lei.

>> § 1.º com redação determinada pela Lei n. 11.907, de 2-2-2009.

§ 2.º (*Revogado pela Lei n. 9.527, de 10-12-1997.*)

§ 3.º É vedado o exercício de atividade remunerada durante o período da licença prevista no inciso I deste artigo.

Art. 82. A licença concedida dentro de 60 (sessenta) dias do término de outra da mesma espécie será considerada como prorrogação.

Seção II
Da Licença por Motivo de Doença em Pessoa da Família

Art. 83. Poderá ser concedida licença ao servidor por motivo de doença do cônjuge ou companheiro, dos pais, dos filhos, do padrasto ou madrasta e enteado, ou dependente que viva as suas expensas e conste do seu assentamento funcional, mediante comprovação por perícia médica oficial.

>> *Caput* com redação determinada pela Lei n. 11.907, de 2-2-2009.

§ 1.º A licença somente será deferida se a assistência direta do servidor for indispensável e não puder ser prestada simultaneamente com o exercício do cargo ou mediante compensação de horário, na forma do disposto no inciso II do art. 44.

>> § 1.º com redação determinada pela Lei n. 9.527, de 10-12-1997.

§ 2.º A licença de que trata o *caput*, incluídas as prorrogações, poderá ser concedida a cada período de doze meses nas seguintes condições:

>> § 2.º, *caput*, com redação determinada pela Lei n. 12.269, de 21-6-2010.

I – por até 60 (sessenta) dias, consecutivos ou não, mantida a remuneração do servidor; e

>> Inciso I acrescentado pela Lei n. 12.269, de 21-6-2010.

II – por até 90 (noventa) dias, consecutivos ou não, sem remuneração.

>> Inciso II acrescentado pela Lei n. 12.269, de 21-6-2010.

§ 3.º O início do interstício de 12 (doze) meses será contado a partir da data do deferimento da primeira licença concedida.

>> § 3.º acrescentado pela Lei n. 12.269, de 21-6-2010.

>> Nos termos do art. 24 da Lei n. 12.269, de 21-6-2010, será considerado como início do interstício a data da primeira licença por motivo de doença em pessoa da família concedida a partir de 29-12-2009.

§ 4.º A soma das licenças remuneradas e das licenças não remuneradas, incluídas as respectivas prorrogações, concedidas em um mesmo período de 12 (doze) meses, observado o disposto no § 3.º, não poderá ultrapassar os limites estabelecidos nos incisos I e II do § 2.º.

>> § 4.º acrescentado pela Lei n. 12.269, de 21-6-2010.

Seção III
Da Licença por Motivo de Afastamento do Cônjuge

Art. 84. Poderá ser concedida licença ao servidor para acompanhar cônjuge ou companheiro que foi deslocado para outro ponto do território nacional, para o exterior ou para o exercício de mandato eletivo dos Poderes Executivo e Legislativo.

§ 1.º A licença será por prazo indeterminado e sem remuneração.

§ 2.º No deslocamento de servidor cujo cônjuge ou companheiro também seja servidor público, civil ou militar, de qualquer dos Poderes da União, dos Estados, do Distrito Federal e dos Municípios, poderá haver exercício provisório em órgão ou entidade da Administração Federal direta, autárquica ou fundacional, desde que para o exercício de atividade compatível com o seu cargo.

>> § 2.º com redação determinada pela Lei n. 9.527, de 10-12-1997.

>> *Vide* art. 142, § 3.º, da CF.

Seção IV
Da Licença para o Serviço Militar

Art. 85. Ao servidor convocado para o serviço militar será concedida licença, na forma e condições previstas na legislação específica.

Parágrafo único. Concluído o serviço militar, o servidor terá até 30 (trinta) dias sem remuneração para reassumir o exercício do cargo.

Seção V
Da Licença para Atividade Política

Art. 86. O servidor terá direito a licença, sem remuneração, durante o período que mediar entre a sua escolha em convenção partidária, como candidato a cargo eletivo, e a véspera do registro de sua candidatura perante a Justiça Eleitoral.

§ 1.º O servidor candidato a cargo eletivo na localidade onde desempenha suas funções e que exerça cargo de direção, chefia, assessoramento, arrecadação ou fiscalização, dele será afastado, a partir do dia imediato ao do registro de sua candidatura perante a Justiça Eleitoral, até o 10.º (décimo) dia seguinte ao do pleito.

>> § 1.º com redação determinada pela Lei n. 9.527, de 10-12-1997.

§ 2.º A partir do registro da candidatura e até o 10.º (décimo) dia seguinte ao da eleição, o servidor fará jus à licença, assegurados os vencimentos do cargo efetivo, somente pelo período de 3 (três) meses.

>> § 2.º com redação determinada pela Lei n. 9.527, de 10-12-1997.

Seção VI
Da Licença para Capacitação

>> Seção VI com denominação determinada pela Lei n. 9.527, de 10-12-1997.

>> O Decreto n. 5.707, de 23-2-2006, regulamenta esta Seção.

Art. 87. Após cada quinquênio de efetivo exercício, o servidor poderá, no interesse da Administração, afastar-se do exercício do cargo efetivo, com a respectiva remuneração, por até 3 (três) meses, para participar de curso de capacitação profissional.

>> *Caput* com redação determinada pela Lei n. 9.527, de 10-12-1997.

>> O art. 10 do Decreto n. 5.707, de 23-2-2006, regulamenta este artigo.

Parágrafo único. Os períodos de licença de que trata o *caput* não são acumuláveis.

>> Parágrafo único com redação determinada pela Lei n. 9.527, de 10-12-1997.

Arts. 88 e 89. (*Revogados pela Lei n. 9.527, de 10-12-1997.*)

Art. 90. (*Vetado.*)

Seção VII
Da Licença para Tratar de Interesses Particulares

Art. 91. A critério da Administração, poderão ser concedidas ao servidor ocupante de cargo efetivo, desde que não esteja em estágio probatório, licenças para o trato de assuntos particulares pelo prazo de até 3 (três) anos consecutivos, sem remuneração.

>> *Caput* com redação determinada pela Medida Provisória n. 2.225-45, de 4-9-2001.

Parágrafo único. A licença poderá ser interrompida, a qualquer tempo, a pedido do servidor ou no interesse do serviço.

>> Anterior § 1.º transformado em parágrafo único pela Medida Provisória n. 2.225-45, de 4-9-2001.

Seção VIII
Da Licença para o Desempenho de Mandato Classista

Art. 92. É assegurado ao servidor o direito à licença sem remuneração para o desempenho de mandato em confederação, federação, associação de classe de âmbito nacional, sindicato representativo da categoria ou entidade fiscalizadora da profissão ou, ainda, para participar de gerência ou administração em sociedade cooperativa constituída por servidores públicos para prestar serviços a seus membros, observado o disposto na alínea *c* do inciso VIII do art. 102 desta Lei, conforme disposto em regulamento e observados os seguintes limites:

>> *Caput* com redação determinada pela Lei n. 11.094, de 13-1-2005.

>> Artigo regulamentado pelo Decreto n. 2.066, de 12-11-1996.

>> A Lei n. 12.998, de 18-6-2014, propôs nova redação para o *caput* deste artigo, porém sofreu veto.

> *Vide* art. 94, § 2.º, desta Lei.

I – para entidades com até 5.000 (cinco mil) associados, 2 (dois) servidores;

>> Inciso I com redação determinada pela Lei n. 12.998, de 18-6-2014.

II – para entidades com 5.001 (cinco mil e um) a 30.000 (trinta mil) associados, 4 (quatro) servidores;

>> Inciso II com redação determinada pela Lei n. 12.998, de 18-6-2014.

III – para entidades com mais de 30.000 (trinta mil) associados, 8 (oito) servidores.

>> Inciso III com redação determinada pela Lei n. 12.998, de 18-6-2014.

§ 1.º Somente poderão ser licenciados os servidores eleitos para cargos de direção ou de representação nas referidas entidades, desde que cadastradas no órgão competente.

>> § 1.º com redação determinada pela Lei n. 12.998, de 18-6-2014.

§ 2.º A licença terá duração igual à do mandato, podendo ser renovada, no caso de reeleição.

>> § 2.º com redação determinada pela Lei n. 12.998, de 18-6-2014.

Capítulo V
DOS AFASTAMENTOS

Seção I
Do Afastamento para Servir a Outro Órgão ou Entidade

>> *Vide* Decreto n. 9.144, de 22-8-2017.

Art. 93. O servidor poderá ser cedido para ter exercício em outro órgão ou entidade dos Poderes da União, dos Estados, ou do Distrito Federal e dos Municípios, nas seguintes hipóteses:

>> *Caput* com redação determinada pela Lei n. 8.270, de 17-12-1991.

>> A Lei n. 13.464, de 10-7-2017, propôs nova redação para este *caput*, todavia teve seu texto vetado.

>> Artigo regulamentado pelo Decreto n.9.144, de 22-8-2017.

I – para exercício de cargo em comissão ou função de confiança;

>> Inciso I com redação determinada pela Lei n. 8.270, de 17-12-1991.

>> A Lei n. 13.464, de 10-7-2017, propôs nova redação para este inciso, todavia teve seu texto vetado.

§ 1.º Na hipótese do inciso I, sendo a cessão para órgãos ou entidades dos Estados, do Distrito Federal ou dos Municípios, o ônus da remuneração será do órgão ou entidade cessionária, mantido o ônus para o cedente nos demais casos.

>> § 1.º com redação determinada pela Lei n. 8.270, de 17-12-1991.

>> A Lei n. 13.464, de 10-7-2017, propôs nova redação para este § 1.º, todavia teve seu texto vetado.

§ 2.º Na hipótese de o servidor cedido a empresa pública ou sociedade de economia mista, nos termos das respectivas normas, optar pela remuneração do cargo efetivo ou pela remuneração do cargo efetivo acrescida de percentual da retribuição do cargo em comissão, a entidade cessionária efetuará o reembolso das despesas realizadas pelo órgão ou entidade de origem.

>> § 2.º com redação determinada pela Lei n. 11.355, de 19-10-2006.

>> A Lei n. 13.464, de 10-7-2017, propôs nova redação para este § 2.º, todavia teve seu texto vetado.

§ 3.º A cessão far-se-á mediante Portaria publicada no *Diário Oficial da União*.

>> § 3.º com redação determinada pela Lei n. 8.270, de 17-12-1991.

§ 4.º Mediante autorização expressa do Presidente da República, o servidor do Poder Executivo poderá ter exercício em outro órgão da Administração Federal direta que não tenha quadro próprio de pessoal, para fim determinado e a prazo certo.

>> § 4.º com redação determinada pela Lei n. 8.270, de 17-12-1991.

§ 5.º Aplica-se à União, em se tratando de empregado ou servidor por ela requisitado, as disposições dos §§ 1.º e 2.º deste artigo.

>> § 5.º com redação determinada pela Lei n. 10.470, de 25-6-2002.

§ 6.º As cessões de empregados de empresa pública ou de sociedade de economia mista, que receba recursos de Tesouro Nacional para o custeio total ou parcial da sua folha de pagamento de pessoal, independem das disposições contidas nos incisos I e II e §§ 1.º e 2.º deste artigo, ficando o exercício do empregado cedido condicionado a autorização específica do Ministério do Planejamento, Orçamento e Gestão, exceto nos casos de ocupação de cargo em comissão ou função gratificada.

>> § 6.º acrescentado pela Lei n. 10.470, de 25-6-2002.

§ 7.º O Ministério do Planejamento, Orçamento e Gestão, com a finalidade de promover a composição da força de trabalho dos órgãos e entidades da Administração Pública Federal, poderá determinar a lotação ou o exercício de empregado ou servidor, independentemente da observância do constante no inciso I e nos §§ 1.º e 2.º deste artigo.

>> § 7.º acrescentado pela Lei n. 10.470, de 25-6-2002.

>> A Lei n. 13.464, de 10-7-2017, propôs o acréscimo do § 8.º, todavia teve seu texto vetado.

>> O Decreto n. 5.375, de 17-2-2005, dispõe sobre a aplicação deste parágrafo.

>> *Vide* art. 7.º, § 2.º, do Decreto n. 9.144, de 22-8-2017.

Seção II
Do Afastamento para Exercício de Mandato Eletivo

Art. 94. Ao servidor investido em mandato eletivo aplicam-se as seguintes disposições:

I – tratando-se de mandato federal, estadual ou distrital, ficará afastado do cargo;

II – investido no mandato de Prefeito, será afastado do cargo, sendo-lhe facultado optar pela sua remuneração;

III – investido no mandato de vereador:

a) havendo compatibilidade de horário, perceberá as vantagens de seu cargo, sem prejuízo da remuneração do cargo eletivo;

b) não havendo compatibilidade de horário, será afastado do cargo, sendo-lhe facultado optar pela sua remuneração.

§ 1.º No caso de afastamento do cargo, o servidor contribuirá para a seguridade social como se em exercício estivesse.

§ 2.º O servidor investido em mandato eletivo ou classista não poderá ser removido ou redistribuído de ofício para localidade diversa daquela onde exerce o mandato.

Seção III
Do Afastamento para Estudo ou Missão no Exterior

>> O Decreto n. 1.387, de 7-2-1995, dispõe sobre o afastamento do País de servidores civis da Administração Pública Federal.

Art. 95. O servidor não poderá ausentar-se do País para estudo ou missão oficial, sem autorização do Presidente da República, Presidente dos Órgãos do Poder Legislativo e Presidente do Supremo Tribunal Federal.

§ 1.º A ausência não excederá a 4 (quatro) anos, e finda a missão ou estudo, somente decorrido igual período, será permitida nova ausência.

§ 2.º Ao servidor beneficiado pelo disposto neste artigo não será concedida exoneração ou licença para tratar de interesse particular antes de decorrido período igual ao do afastamento, ressalvada a hipótese de ressarcimento da despesa havida com seu afastamento.

§ 3.º O disposto neste artigo não se aplica aos servidores da carreira diplomática.

§ 4.º As hipóteses, condições e formas para a autorização de que trata este artigo, inclusive no que se refere à remuneração do servidor, serão disciplinadas em regulamento.

>> § 4.º acrescentado pela Lei n. 9.527, de 10-12-1997.

Art. 96. O afastamento de servidor para servir em organismo internacional de que o Brasil participe ou com o qual coopere dar-se-á com perda total da remuneração.

Seção IV
Do Afastamento para Participação em Programa de Pós-Graduação *Stricto Sensu* no País

>> Seção IV acrescentada pela Lei n. 11.907, de 2-2-2009.

Art. 96-A. O servidor poderá, no interesse da Administração, e desde que a participação não possa ocorrer simultaneamente com o exercício do cargo ou mediante compensação de horário, afastar-se do exercício do cargo efetivo, com a respectiva remuneração, para participar em programa de pós-graduação *stricto sensu* em instituição de ensino superior no País.

>> *Caput* com redação determinada pela Lei n. 11.907, de 2-2-2009.

§ 1.º Ato do dirigente máximo do órgão ou entidade definirá, em conformidade com a legislação vigente, os programas de capacitação e os critérios para participação em programas de pós-graduação no País, com ou sem afastamento do servidor, que serão avaliados por um comitê constituído para este fim.

>> § 1.º acrescentado pela Lei n. 11.907, de 2-2-2009.

§ 2.º Os afastamentos para realização de programas de mestrado e doutorado somente serão concedidos aos servidores titulares de cargos efetivos no respectivo órgão ou entidade há pelo menos 3 (três) anos para mestrado e 4 (quatro) anos para doutorado, incluído o período de estágio probatório, que não tenham se afastado por licença para tratar de assuntos particulares para gozo de licença capacitação ou com fundamento neste artigo nos 2 (dois) anos anteriores à data da solicitação de afastamento.

>> § 2.º acrescentado pela Lei n. 11.907, de 2-2-2009.

§ 3.º Os afastamentos para realização de programas de pós-doutorado somente serão concedidos aos servidores titulares de cargos efetivos no respectivo órgão ou entidade há pelo menos quatro anos, incluído o período de estágio probatório, e que não tenham se afastado por licença para tratar de assuntos particulares ou com fundamento neste artigo, nos quatro anos anteriores à data da solicitação de afastamento.

>> § 3.º com redação determinada pela Lei n. 12.269, de 21-6-2010.

§ 4.º Os servidores beneficiados pelos afastamentos previstos nos §§ 1.º, 2.º e 3.º deste artigo terão que permanecer no exercício de suas funções após o seu retorno por um período igual ao do afastamento concedido.

>> § 4.º acrescentado pela Lei n. 11.907, de 2-2-2009.

§ 5.º Caso o servidor venha a solicitar exoneração do cargo ou aposentadoria, antes de cumprido o período de permanência previsto no § 4.º deste artigo, deverá ressarcir o órgão ou entidade, na forma do art. 47 da Lei n. 8.112, de 11 de dezembro de 1990, dos gastos com seu aperfeiçoamento.

>> § 5.º acrescentado pela Lei n. 11.907, de 2-2-2009.

§ 6.º Caso o servidor não obtenha o título ou grau que justificou seu afastamento no período previsto, aplica-se o disposto no § 5.º deste artigo, salvo na hipótese comprovada de força maior ou de caso fortuito, a critério do dirigente máximo do órgão ou entidade.

>> § 6.º acrescentado pela Lei n. 11.907, de 2-2-2009.

§ 7.º Aplica-se à participação em programa de pós-graduação no Exterior, autorizado nos termos do art. 95 desta Lei, o disposto nos §§ 1.º a 6.º deste artigo.

>> § 7.º acrescentado pela Lei n. 11.907, de 2-2-2009.

Capítulo VI
DAS CONCESSÕES

Art. 97. Sem qualquer prejuízo, poderá o servidor ausentar-se do serviço:

I – por 1 (um) dia, para doação de sangue;

II – pelo período comprovadamente necessário para alistamento ou recadastramento eleitoral, limitado, em qualquer caso, a 2 (dois) dias; e

>> Inciso II com redação determinada pela Lei n. 12.998, de 18-6-2014.

III – por 8 (oito) dias consecutivos em razão de:

a) casamento;

b) falecimento do cônjuge, companheiro, pais, madrasta ou padrasto, filhos, enteados, menor sob guarda ou tutela e irmãos.

> *Vide* art. 102 desta Lei.

Art. 98. Será concedido horário especial ao servidor estudante, quando comprovada a incompatibilidade entre o horário escolar e o da repartição, sem prejuízo do exercício do cargo.

§ 1.º Para efeito do disposto neste artigo, será exigida a compensação de horário no órgão ou entidade que tiver exercício, respeitada a duração semanal do trabalho.

>> Primitivo parágrafo único renumerado e alterado pela Lei n. 9.527, de 10-12-1997.

§ 2.º Também será concedido horário especial ao servidor portador de deficiência, quando comprovada a necessidade por junta médica oficial, independentemente de compensação de horário.

>> § 2.º acrescentado pela Lei n. 9.527, de 10-12-1997.

§ 3.º As disposições constantes do § 2.º são extensivas ao servidor que tenha cônjuge, filho ou dependente com deficiência.

>> § 3.º com redação determinada pela Lei n. 13.370, de 12-12-2016.

§ 4.º Será igualmente concedido horário especial, vinculado à compensação de horário a ser efetivada no prazo de até 1 (um) ano, ao servidor que desempenhe atividade prevista nos incisos I e II do *caput* do art. 76-A desta Lei.

>> § 4.º com redação determinada pela Lei n. 11.501, de 11-7-2007.

Art. 99. Ao servidor estudante que mudar de sede no interesse da administração é assegurada, na localidade da nova residência ou na mais próxima, matrícula em instituição de ensino congênere, em qualquer época, independentemente de vaga.

Parágrafo único. O disposto neste artigo estende-se ao cônjuge ou companheiro, aos filhos ou enteados do servidor que vivam na sua companhia, bem como aos menores sob sua guarda, com autorização judicial.

CAPÍTULO VII
DO TEMPO DE SERVIÇO

>> *Vide* art. 40, §§ 9.º e 10, da CF.

>> A Lei n. 6.226, de 14-7-1975, dispõe sobre a contagem de tempo recíproca do serviço público federal e atividade privada.

Art. 100. É contado para todos os efeitos o tempo de serviço público federal, inclusive o prestado às Forças Armadas.

Art. 101. A apuração do tempo de serviço será feita em dias, que serão convertidos em anos, considerado o ano como de trezentos e sessenta e cinco dias.

Parágrafo único. (*Revogado pela Lei n. 9.527, de 10-12-1997.*)

Art. 102. Além das ausências ao serviço previstas no art. 97, são considerados como de efetivo exercício os afastamentos em virtude de:

I – férias;

II – exercício de cargo em comissão ou equivalente, em órgão ou entidade dos Poderes da União, dos Estados, Municípios e Distrito Federal;

III – exercício de cargo ou função de governo ou administração, em qualquer parte do território nacional, por nomeação do Presidente da República;

IV – participação em programa de treinamento regularmente instituído ou em programa de pós-graduação *stricto sensu* no País, conforme dispuser o regulamento;

>> Inciso IV com redação determinada pela Lei n. 11.907, de 2-2-2009.

V – desempenho de mandato eletivo federal, estadual, municipal ou do Distrito Federal, exceto para promoção por merecimento;

VI – júri e outros serviços obrigatórios por lei;

VII – missão ou estudo no exterior, quando autorizado o afastamento, conforme dispuser o regulamento;

>> Inciso VII com redação determinada pela Lei n. 9.527, de 10-12-1997.

>> Inciso VII regulamentado pelo Decreto n. 5.707, de 23-2-2006.

VIII – licença:

a) à gestante, à adotante e à paternidade;

>> A Lei n. 11.770, de 9-9-2008, regulamentada pelo Decreto n. 7.052, de 23-12-2009, que institui o Programa Empresa Cidadã, destinado a prorrogar por 60 dias a duração da licença-maternidade, dispõe em seu art. 2.º que é a administração pública, direta, indireta e fundacional, autorizada a instituir programa que garanta prorrogação da licença-maternidade para suas servidoras.

b) para tratamento da própria saúde, até o limite de vinte e quatro meses, cumulativo ao longo do tempo de serviço público prestado à União, em cargo de provimento efetivo;

>> Alínea *b* com redação determinada pela Lei n. 9.527, de 10-12-1997.

c) para o desempenho de mandato classista ou participação de gerência ou administração em sociedade cooperativa constituída por servidores para prestar serviços a seus membros, exceto para efeito de promoção por merecimento;

>> Alínea *c* com redação determinada pela Lei n. 11.094, de 13-1-2005.

> *Vide* art. 92, *caput*, desta Lei.

d) por motivo de acidente em serviço ou doença profissional;

e) para capacitação, conforme dispuser o regulamento;

>> Alínea *e* com redação determinada pela Lei n. 9.527, de 10-12-1997.

f) por convocação para o serviço militar;

IX – deslocamento para a nova sede de que trata o art. 18;

X – participação em competição desportiva nacional ou convocação para integrar representação desportiva nacional, no País ou no exterior, conforme disposto em lei específica;

XI – afastamento para servir em organismo internacional de que o Brasil participe ou com o qual coopere.

>> Inciso XI acrescentado pela Lei n. 9.527, de 10-12-1997.

Art. 103. Contar-se-á apenas para efeito de aposentadoria e disponibilidade:

I – o tempo de serviço público prestado aos Estados, Municípios e Distrito Federal;

II – a licença para tratamento de saúde de pessoal da família do servidor, com remuneração, que exceder a 30 (trinta) dias em período de 12 (doze) meses;

>> Inciso II com redação determinada pela Lei n. 12.269, de 21-6-2010.

III – a licença para atividade política, no caso do art. 86, § 2.º;

IV – o tempo correspondente ao desempenho de mandato eletivo federal, estadual, municipal ou distrital, anterior ao ingresso no serviço público federal;

V – o tempo de serviço em atividade privada, vinculada à Previdência Social;

VI – o tempo de serviço relativo a tiro de guerra;

VII – o tempo de licença para tratamento da própria saúde que exceder o prazo a que se refere a alínea *b* do inciso VIII do art. 102.

>> Inciso VII acrescentado pela Lei n. 9.527, de 10-12-1997.

§ 1.º O tempo em que o servidor esteve aposentado será contado apenas para nova aposentadoria.

§ 2.º Será contado em dobro o tempo de serviço prestado às Forças Armadas em operações de guerra.

§ 3.º É vedada a contagem cumulativa de tempo de serviço prestado concomitantemente em mais de um cargo ou função de órgão ou entidades dos Poderes da União, Estado, Distrito Federal e Município, autarquia, fundação pública, sociedade de economia mista e empresa pública.

CAPÍTULO VIII
DO DIREITO DE PETIÇÃO

Art. 104. É assegurado ao servidor o direito de requerer aos Poderes Públicos, em defesa de direito ou interesse legítimo.

Art. 105. O requerimento será dirigido à autoridade competente para decidi-lo e encaminhado por intermédio daquela a que estiver imediatamente subordinado o requerente.

Art. 106. Cabe pedido de reconsideração à autoridade que houver expedido o ato ou proferido a primeira decisão, não podendo ser renovado.

Parágrafo único. O requerimento e o pedido de reconsideração de que tratam os artigos anteriores deverão ser despachados no prazo de 5 (cinco) dias e decididos dentro de 30 (trinta) dias.

Art. 107. Caberá recurso:

I – do indeferimento do pedido de reconsideração;

II – das decisões sobre os recursos sucessivamente interpostos.

§ 1.º O recurso será dirigido à autoridade imediatamente superior à que tiver expedido o ato ou proferido a decisão, e, sucessivamente, em escala ascendente, às demais autoridades.

§ 2.º O recurso será encaminhado por intermédio da autoridade a que estiver imediatamente subordinado o requerente.

Art. 108. O prazo para interposição de pedido de reconsideração ou de recurso é de 30 (trinta) dias, a contar da publicação ou da ciência, pelo interessado, da decisão recorrida.

Art. 109. O recurso poderá ser recebido com efeito suspensivo, a juízo da autoridade competente.

Parágrafo único. Em caso de provimento do pedido de reconsideração ou do recurso, os efeitos da decisão retroagirão à data do ato impugnado.

Art. 110. O direito de requerer prescreve:

I – em 5 (cinco) anos, quanto aos atos de demissão e de cassação de aposentadoria ou disponibilidade, ou que afetem interesse patrimonial e créditos resultantes das relações de trabalho;

II – em 120 (cento e vinte) dias, nos demais casos, salvo quando outro prazo for fixado em lei.

Parágrafo único. O prazo de prescrição será contado da data da publicação do ato impugnado ou da data da ciência pelo interessado, quando o ato não for publicado.

Art. 111. O pedido de reconsideração e o recurso, quando cabíveis, interrompem a prescrição.

Art. 112. A prescrição é de ordem pública, não podendo ser relevada pela administração.

Art. 113. Para o exercício do direito de petição, é assegurada vista do processo ou documento, na repartição, ao servidor ou a procurador por ele constituído.

Art. 114. A administração deverá rever seus atos, a qualquer tempo, quando eivados de ilegalidade.

Art. 115. São fatais e improrrogáveis os prazos estabelecidos neste Capítulo, salvo motivo de força maior.

> *Vide* arts. 53 e 54 da Lei n. 9.784, de 29-1-1999.

TÍTULO IV
DO REGIME DISCIPLINAR

CAPÍTULO I
DOS DEVERES

Art. 116. São deveres do servidor:

>> A Lei n. 8.027, de 12-4-1990, dispõe sobre normas de conduta dos servidores públicos civis da União, das Autarquias e das Fundações Públicas.

> *Vide* Crimes contra a administração pública: arts. 312 e s. do CP.

> *Vide* Crimes de improbidade administrativa: Lei n. 8.429, de 2-6-1992.

> Código de Ética Profissional: Decreto n. 1.171, de 22-6-1994.

I – exercer com zelo e dedicação as atribuições do cargo;

II – ser leal às instituições a que servir;

III – observar as normas legais e regulamentares;

IV – cumprir as ordens superiores, exceto quando manifestamente ilegais;

V – atender com presteza:

a) ao público em geral, prestando as informações requeridas, ressalvadas as protegidas por sigilo;

b) à expedição de certidões requeridas para defesa de direito ou esclarecimento de situações de interesse pessoal;

c) às requisições para a defesa da Fazenda Pública;

VI – levar as irregularidades de que tiver ciência em razão do cargo ao conhecimento da autoridade superior ou, quando houver suspeita de envolvimento desta, ao conhecimento de outra autoridade competente para apuração;

>> Inciso VI com redação determinada pela Lei n. 12.527, de 18-11-2011.

VII – zelar pela economia do material e a conservação do patrimônio público;

VIII – guardar sigilo sobre assunto da repartição;

IX – manter conduta compatível com a moralidade administrativa;

X – ser assíduo e pontual ao serviço;

XI – tratar com urbanidade as pessoas;

XII – representar contra ilegalidade, omissão ou abuso de poder.

Parágrafo único. A representação de que trata o inciso XII será encaminhada pela via hierárquica e apreciada pela autoridade superior àquela contra a qual é formulada, assegurando-se ao representando ampla defesa.

CAPÍTULO II
DAS PROIBIÇÕES

Art. 117. Ao servidor é proibido:

> *Vide* art. 129 desta Lei.

I – ausentar-se do serviço durante o expediente, sem prévia autorização do chefe imediato;

II – retirar, sem prévia anuência da autoridade competente, qualquer documento ou objeto da repartição;

III – recusar fé a documentos públicos;

IV – opor resistência injustificada ao andamento de documento e processo ou execução de serviço;

V – promover manifestação de apreço ou desapreço no recinto da repartição;

VI – cometer a pessoa estranha à repartição, fora dos casos previstos em lei, o desempenho de atribuição que seja de sua responsabilidade ou de seu subordinado;

VII – coagir ou aliciar subordinados no sentido de filiarem-se a associação profissional ou sindical, ou a partido político;

VIII – manter sob sua chefia imediata, em cargo ou função de confiança, cônjuge, companheiro ou parente até o segundo grau civil;

> Sobre a obrigatoriedade de prestação de informações sobre vínculos familiares pelos agentes públicos: *vide* Decreto n. 6.906, de 21-7-2009.

IX – valer-se do cargo para lograr proveito pessoal ou de outrem, em detrimento da dignidade da função pública;

> *Vide* art. 137 desta Lei.

X – participar de gerência ou administração de sociedade privada, personificada ou não personificada, exercer o comércio, exceto na qualidade de acionista, cotista ou comanditário;

>> Inciso X acrescentado pela Lei n. 11.784, de 22-9-2008.

XI – atuar, como procurador ou intermediário, junto a repartições públicas, salvo quando se tratar de benefícios previdenciários ou assistenciais de parentes até o segundo grau, e de cônjuge ou companheiro;

>> *Vide* art. 129 desta Lei.

XII – receber propina, comissão, presente ou vantagem de qualquer espécie, em razão de suas atribuições;

XIII – aceitar comissão, emprego ou pensão de estado estrangeiro;

XIV – praticar usura sob qualquer de suas formas;

XV – proceder de forma desidiosa;

XVI – utilizar pessoal ou recursos materiais da repartição em serviços ou atividades particulares;

> *Vide* art. 37, § 4.º, da CF.

> *Vide* Lei n. 8.429, de 2-6-1992 (improbidade administrativa).

XVII – cometer a outro servidor atribuições estranhas ao cargo que ocupa, exceto em situações de emergência e transitórias;

XVIII – exercer quaisquer atividades que sejam incompatíveis com o exercício do cargo ou função e com o horário de trabalho;

XIX – recusar-se a atualizar seus dados cadastrais quando solicitado.

>> Inciso XIX acrescentado pela Lei n. 9.527, de 10-12-1997.

Parágrafo único. A vedação de que trata o inciso X do *caput* deste artigo não se aplica nos seguintes casos:

>> Parágrafo único, *caput*, acrescentado pela Lei n. 11.784, de 22-9-2008.

I – participação nos conselhos de administração e fiscal de empresas ou entidades em que a União detenha, direta ou indiretamente, participação no capital social ou em sociedade cooperativa constituída para prestar serviços a seus membros; e

>> Inciso I acrescentado pela Lei n. 11.784, de 22-9-2008.

II – gozo de licença para o trato de interesses particulares, na forma do art. 91, observada a legislação sobre conflito de interesses.

>> Inciso II acrescentado pela Lei n. 11.784, de 22-9-2008.

CAPÍTULO III
DA ACUMULAÇÃO

Art. 118. Ressalvados os casos previstos na Constituição, é vedada a acumulação remunerada de cargos públicos.

> *Vide* art. 37, XVII, da CF.

§ 1.º A proibição de acumular estende-se a cargos, empregos e funções em autarquias, fundações públicas, empresas públicas, sociedades de economia mista da União, do Distrito Federal, dos Estados, dos Territórios e dos Municípios.

§ 2.º A acumulação de cargos, ainda que lícita, fica condicionada à comprovação da compatibilidade de horários.

§ 3.º Considera-se acumulação proibida a percepção de vencimento de cargo ou emprego público efetivo com proventos da inatividade, salvo quando os cargos de que decorram essas remunerações forem acumuláveis na atividade.

>> § 3.º acrescentado pela Lei n. 9.527, de 10-12-1997.

Art. 119. O servidor não poderá exercer mais de um cargo em comissão, exceto no caso previsto no parágrafo único do art. 9.º, nem ser remunerado pela participação em órgão de deliberação coletiva.

>> *Caput* com redação determinada pela Lei n. 9.527, de 10-12-1997.

Parágrafo único. O disposto neste artigo não se aplica à remuneração devida pela participação em conselhos de administração e fiscal das empresas públicas e sociedades de economia mista, suas subsidiárias e controladas, bem como quaisquer empresas ou entidades em que a União, direta ou indiretamente, detenha participação no capital social, observado o que, a respeito, dispuser legislação específica.

>> Parágrafo único com redação determinada pela Medida Provisória n. 2.225-45, de 4-9-2001.

Art. 120. O servidor vinculado ao regime desta Lei, que acumular licitamente dois cargos efetivos, quando investido em cargo de provimento em comissão, ficará afastado de ambos os cargos efetivos, salvo na hipótese em que houver compatibilidade de horário e local com o exercício de um deles, declarada pelas autoridades máximas dos órgãos ou entidades envolvidos.

>> Artigo com redação determinada pela Lei n. 9.527, de 10-12-1997.

CAPÍTULO IV
DAS RESPONSABILIDADES

Art. 121. O servidor responde civil, penal e administrativamente pelo exercício irregular de suas atribuições.

> *Vide* art. 37, *caput*, da CF.

Art. 122. A responsabilidade civil decorre de ato omissivo ou comissivo, doloso ou culposo, que resulte em prejuízo ao erário ou a terceiros.

>> *Vide* art. 37, § 6.º, da CF.

§ 1.º A indenização de prejuízo dolosamente causado ao erário somente será liquidada na forma prevista no art. 46, na falta de outros bens que assegurem a execução do débito pela via judicial.

§ 2.º Tratando-se de dano causado a terceiros, responderá o servidor perante a Fazenda Pública, em ação regressiva.

§ 3.º A obrigação de reparar o dano estende-se aos sucessores e contra eles será executada, até o limite do valor da herança recebida.

> *Vide* art. 37, § 6.º, da CF.

> *Vide* art. 8.º da Lei n. 8.429, de 2-6-1992.

Art. 123. A responsabilidade penal abrange os crimes e contravenções imputadas ao servidor, nessa qualidade.

> *Vide* arts. 312 a 327 do CP.

> Abuso de autoridade: *vide* Lei n. 13.869, de 5-9-2019.

Art. 124. A responsabilidade civil-administrativa resulta de ato omissivo ou comissivo praticado no desempenho do cargo ou função.

> *Vide* arts. 5.º, XLV, e 37, § 5.º, da CF.

Art. 125. As sanções civis, penais e administrativas poderão cumular-se, sendo independentes entre si.

Art. 126. A responsabilidade administrativa do servidor será afastada no caso de absolvição criminal que negue a existência do fato ou sua autoria.

Art. 126-A. Nenhum servidor poderá ser responsabilizado civil, penal ou administrativamente por dar ciência à autoridade superior ou, quando houver suspeita de envolvimento desta, a outra autoridade competente para apuração de informação concernente à prática de crimes ou improbidade de que tenha conhecimento, ainda que em decorrência do exercício de cargo, emprego ou função pública.

>> Artigo acrescentado pela Lei n. 12.527, de 18-11-2011.

> *Vide* Lei n. 8.429, de 2-6-1992.

CAPÍTULO V
DAS PENALIDADES

Art. 127. São penalidades disciplinares:

I – advertência;

II – suspensão;

III – demissão;

IV – cassação de aposentadoria ou disponibilidade;

V – destituição de cargo em comissão;

VI – destituição de função comissionada.

> *Vide* art. 5.º, XXXIX, XLVI, LIV, LV, da CF.

Art. 128. Na aplicação das penalidades serão consideradas a natureza e a gravidade da infração cometida, os danos que dela provierem para o serviço público, as circunstâncias agravantes ou atenuantes e os antecedentes funcionais.

Parágrafo único. O ato de imposição da penalidade mencionará sempre o fundamento legal e a causa da sanção disciplinar.

>> Parágrafo único acrescentado pela Lei n. 9.527, de 10-12-1997.

Art. 129. A advertência será aplicada por escrito, nos casos de violação de proibição constante do art. 117, I a VIII e XIX, e de inobservância de dever funcional previsto em lei, regulamentação ou norma interna, que não justifique imposição de penalidade mais grave.

>> Artigo com redação determinada pela Lei n. 9.527, de 10-12-1997.

>> A Resolução n. 666, de 9-11-2020, do CJF, dispõe sobre a possibilidade de utilização de Termo de Ajustamento de Conduta – TAC para infrações de menor gravidade, sem significativo prejuízo ao erário, praticadas por servidores do Conselho e da Justiça Federal de 1.º e 2.º graus.

Art. 130. A suspensão será aplicada em caso de reincidência das faltas punidas com advertência e de violação das demais proibições que não tipifiquem infração sujeita a penalidade de demissão, não podendo exceder de 90 (noventa) dias.

§ 1.º Será punido com suspensão de até 15 (quinze) dias o servidor que, injustificadamente, recusar-se a ser submetido a inspeção médica determinada pela autoridade competente, cessando os efeitos da penalidade uma vez cumprida a determinação.

§ 2.º Quando houver conveniência para o serviço, a penalidade de suspensão poderá ser convertida em multa, na base de 50% (cinquenta por cento) por dia de vencimento ou remuneração, ficando o servidor obrigado a permanecer em serviço.

Art. 131. As penalidades de advertência e de suspensão terão seus registros cancelados, após o decurso de 3 (três) e 5 (cinco) anos de efetivo exercício, respectivamente, se o servidor não houver, nesse período, praticado nova infração disciplinar.

Parágrafo único. O cancelamento da penalidade não surtirá efeitos retroativos.

Art. 132. A demissão será aplicada nos seguintes casos:

> *Vide* art. 12, parágrafo único, da Lei n. 12.813, de 16-5-2013.

> *Vide* Súmula 25 do STF.

I – crime contra a administração pública;

> *Vide* art. 137, parágrafo único, desta Lei.

> Crimes contra a administração pública: *vide* arts. 312 e s. do CP.

II – abandono do cargo;

III – inassiduidade habitual;

IV – improbidade administrativa;

> *Vide* arts. 136 e 137, parágrafo único, desta Lei.

> *Vide* art. 37, § 4.º, da CF.

> *Vide* Lei n. 8.429, de 2-6-1992.

V – incontinência pública e conduta escandalosa, na repartição;

VI – insubordinação grave em serviço;

VII – ofensa física, em serviço, a servidor ou a particular, salvo em legítima defesa própria ou de outrem;

VIII – aplicação irregular de dinheiros públicos;

IX – revelação de segredo do qual se apropriou em razão do cargo;

X – lesão aos cofres públicos e dilapidação do patrimônio nacional;

> *Vide* arts. 136 e 137, parágrafo único, desta Lei.

XI – corrupção;

> *Vide* arts. 136 e 137, parágrafo único, desta Lei.

XII – acumulação ilegal de cargos, empregos ou funções públicas;

XIII – transgressão dos incisos IX a XVI do art. 117.

Art. 133. Detectada a qualquer tempo a acumulação ilegal de cargos, empregos ou funções públicas, a autoridade a que se refere o art. 143 notificará o servidor, por intermédio de sua chefia imediata, para apresentar opção no prazo improrrogável de dez dias, contados da data da ciência e, na hipótese de omissão, adotará procedimento sumário para a sua apuração e regularização imediata, cujo processo administrativo disciplinar se desenvolverá nas seguintes fases:

>> *Caput* com redação determinada pela Lei n. 9.527, de 10-12-1997.

I – instauração, com a publicação do ato que constituir a comissão, a ser composta por dois servidores estáveis, e simultaneamente indicar a autoria e a materialidade da transgressão objeto da apuração;

>> Inciso I acrescentado pela Lei n. 9.527, de 10-12-1997.

II – instrução sumária, que compreende indiciação, defesa e relatório;

>> Inciso II acrescentado pela Lei n. 9.527, de 10-12-1997.

III – julgamento.

>> Inciso III acrescentado pela Lei n. 9.527, de 10-12-1997.

§ 1.º A indicação da autoria de que trata o inciso I dar-se-á pelo nome e matrícula do servidor, e a materialidade pela descrição dos cargos, empregos ou funções públicas em situação de acumulação ilegal, dos órgãos ou entidades de vinculação, das datas de ingresso, do horário de trabalho e do correspondente regime jurídico.

>> § 1.º com redação determinada pela Lei n. 9.527, de 10-12-1997.

§ 2.º A comissão lavrará, até 3 (três) dias após a publicação do ato que a constituiu, termo de indiciação em que serão transcritas as informações de que trata o parágrafo anterior, bem como promoverá a citação pessoal do servidor indiciado, ou por intermédio de sua chefia imediata, para, no prazo de 5 (cinco) dias, apresentar defesa escrita, assegurando-se-lhe vista do processo na repartição, observado o disposto nos arts. 163 e 164.

>> § 2.º com redação determinada pela Lei n. 9.527, de 10-12-1997.

§ 3.º Apresentada a defesa, a comissão elaborará relatório conclusivo quanto à inocência ou à responsabilidade do servidor, em que resumirá as peças principais dos autos, opinará sobre a licitude da acumulação em exame, indicará o respectivo dispositivo legal e remeterá o processo à autoridade instauradora, para julgamento.

>> § 3.º acrescentado pela Lei n. 9.527, de 10-12-1997.

§ 4.º No prazo de 5 (cinco) dias, contados do recebimento do processo, a autoridade julgadora proferirá a sua decisão, aplicando-se, quando for o caso, o disposto no § 3.º do art. 167.

>> § 4.º acrescentado pela Lei n. 9.527, de 10-12-1997.

§ 5.º A opção pelo servidor até o último dia de prazo para defesa configurará sua boa-fé, hipótese em que se converterá automaticamente em pedido de exoneração do outro cargo.

>> § 5.º acrescentado pela Lei n. 9.527, de 10-12-1997.

§ 6.º Caracterizada a acumulação ilegal e provada a má-fé, aplicar-se-á a pena de demissão, destituição ou cassação de aposentadoria ou disponibilidade em relação aos cargos, empregos ou funções públicas em regime de acumulação ilegal, hipótese em que os órgãos ou entidades de vinculação serão comunicados.

>> § 6.º acrescentado pela Lei n. 9.527, de 10-12-1997.

§ 7.º O prazo para a conclusão do processo administrativo disciplinar submetido ao rito sumário não excederá 30 (trinta) dias, contados da data de publicação do ato que constituir a comissão, admitida a sua prorrogação por até 15 (quinze) dias, quando as circunstâncias o exigirem.

>> § 7.º acrescentado pela Lei n. 9.527, de 10-12-1997.

§ 8.º O procedimento sumário rege-se pelas disposições deste artigo, observando-se, no que lhe for aplicável, subsidiariamente, as disposições dos Títulos IV e V desta Lei.

>> § 8.º acrescentado pela Lei n. 9.527, de 10-12-1997.

Art. 134. Será cassada a aposentadoria ou a disponibilidade do inativo que houver praticado, na atividade, falta punível com a demissão.

> *Vide* art. 40 da CF.

Art. 135. A destituição de cargo em comissão exercido por não ocupante de cargo efetivo será aplicada nos casos de infração sujeita às penalidades de suspensão e de demissão.

Parágrafo único. Constatada a hipótese de que trata este artigo, a exoneração efetuada nos termos do art. 35 será convertida em destituição de cargo em comissão.

Art. 136. A demissão ou a destituição de cargo em comissão, nos casos dos incisos IV, VIII, X e XI do art. 132, implica a indisponibilidade dos bens e o ressarcimento ao erário, sem prejuízo da ação penal cabível.

Art. 137. A demissão, ou a destituição de cargo em comissão por infringência do art. 117, IX e XI, incompatibiliza o ex-servidor para nova investidura em cargo público federal, pelo prazo de 5 (cinco) anos.

Parágrafo único. Não poderá retornar ao serviço público federal o servidor que for demitido ou destituído do cargo em comissão por infringência do art. 132, I, IV, VIII, X e XI.

> *Vide* arts. 9.º, 10 e 11 da Lei n. 8.429, de 2-6-1992.

Art. 138. Configura abandono de cargo a ausência intencional do servidor ao serviço por mais de 30 (trinta) dias consecutivos.

Art. 139. Entende-se por inassiduidade habitual a falta ao serviço, sem causa justificada, por 60 (sessenta) dias, interpoladamente, durante o período de 12 (doze) meses.

Art. 140. Na apuração de abandono de cargo ou inassiduidade habitual, também será adotado o procedimento sumário a que se refere o art. 133, observando-se especialmente que:

>> *Caput* com redação determinada pela Lei n. 9.527, de 10-12-1997.

I – a indicação da materialidade dar-se-á:

>> Inciso I acrescentado pela Lei n. 9.527, de 10-12-1997.

a) na hipótese de abandono de cargo, pela indicação precisa do período de ausência intencional do servidor ao serviço superior a 30 (trinta) dias;

>> Alínea *a* acrescentada pela Lei n. 9.527, de 10-12-1997.

b) no caso de inassiduidade habitual, pela indicação dos dias de falta ao serviço sem causa justificada, por período igual ou superior a 60 (sessenta) dias interpoladamente, durante o período de 12 (doze) meses;

>> Alínea *b* acrescentada pela Lei n. 9.527, de 10-12-1997.

II – após a apresentação da defesa a comissão elaborará relatório conclusivo quanto à inocência ou à responsabilidade do servidor, em que resumirá as peças principais dos autos, indicará o respectivo dispositivo legal, opinará, na hipótese de abandono de cargo, sobre a intencionalidade da ausência ao serviço superior a 30 (trinta) dias e remeterá o processo à autoridade instauradora para julgamento.

>> Inciso II acrescentado pela Lei n. 9.527, de 10-12-1997.

Art. 141. As penalidades disciplinares serão aplicadas:

I – pelo Presidente da República, pelos Presidentes das Casas do Poder Legislativo e dos Tribunais Federais e pelo Procurador-Geral da República, quando se tratar de demissão e cassação de aposentadoria ou disponibilidade de servidor vinculado ao respectivo Poder, órgão, ou entidade;

> *Vide* art. 167, § 3.º, desta Lei.

II – pelas autoridades administrativas de hierarquia imediatamente inferior àquelas mencionadas no inciso anterior quando se tratar de suspensão superior a 30 (trinta) dias;

III – pelo chefe da repartição e outras autoridades na forma dos respectivos regimentos ou regulamentos, nos casos de advertência ou de suspensão de até 30 (trinta) dias;

IV – pela autoridade que houver feito a nomeação, quando se tratar de destituição de cargo em comissão.

Art. 142. A ação disciplinar prescreverá:

>> *Vide* Súmula 635 do STJ.

I – em 5 (cinco) anos, quanto às infrações puníveis com demissão, cassação de aposentadoria ou disponibilidade e destituição de cargo em comissão;

II – em 2 (dois) anos, quanto à suspensão;

III – em 180 (cento e oitenta) dias, quanto à advertência.

§ 1.º O prazo de prescrição começa a correr da data em que o fato se tornou conhecido.

§ 2.º Os prazos de prescrição previstos na lei penal aplicam-se às infrações disciplinares capituladas também como crime.

> *Vide* art. 169, § 2.º, desta Lei.

§ 3.º A abertura de sindicância ou a instauração de processo disciplinar interrompe a prescrição, até a decisão final proferida por autoridade competente.

§ 4.º Interrompido o curso da prescrição, o prazo começará a correr a partir do dia em que cessar a interrupção.

> *Vide* Lei n. 9.873, de 23-11-1999.

TÍTULO V
DO PROCESSO ADMINISTRATIVO DISCIPLINAR

> *Vide* Lei n. 9.784, de 29-1-1999.

CAPÍTULO I
DISPOSIÇÕES GERAIS

Art. 143. A autoridade que tiver ciência de irregularidade no serviço público é obrigada a promover a sua apuração imediata, mediante sindicância ou processo administrativo disciplinar, assegurada ao acusado ampla defesa.

>> *Vide* Súmulas 611 e 635 do STJ.

> *Vide* art. 11, II, da Lei n. 8.429, de 2-6-1992.

> *Vide* art. 17 da Lei n. 9.784, de 29-1-1999.

> A Portaria n. 136, de 6-2-2013, da Secretaria da Receita Federal do Brasil, dispõe sobre a apuração de irregularidades funcionais no âmbito desta secretaria.

§ 1.º (*Revogado pela Lei n. 11.204, de 5-12-2005.*)

§ 2.º (*Revogado pela Lei n. 11.204, de 5-12-2005.*)

§ 3.º A apuração de que trata o *caput*, por solicitação da autoridade a que se refere, poderá ser promovida por autoridade de órgão ou entidade diverso daquele em que tenha ocorrido a irregularidade, mediante competência específica para tal finalidade, delegada em caráter permanente ou temporário pelo Presidente da República, pelos presidentes das Casas do Poder Legislativo e dos Tribunais Federais e pelo Procurador-Geral da República, no âmbito do respectivo Poder, órgão ou entidade, preservadas as competências para o julgamento que se seguir à apuração.

>> § 3.º acrescentado pela Lei n. 9.527, de 10-12-1997.

Art. 144. As denúncias sobre irregularidades serão objeto de apuração, desde que contenham a identificação e o endereço do denunciante e sejam formuladas por escrito, confirmada a autenticidade.

>> *Vide* Súmula 611 do STJ.

> *Vide* art. 37, *caput*, da CF.

> O Decreto n. 5.687, de 31-1-2006, promulga a Convenção das Nações Unidas contra a Corrupção.

Parágrafo único. Quando o fato narrado não configurar evidente infração disciplinar ou ilícito penal, a denúncia será arquivada, por falta de objeto.

Art. 145. Da sindicância poderá resultar:

I – arquivamento do processo;

II – aplicação de penalidade de advertência ou suspensão de até 30 (trinta) dias;

III – instauração de processo disciplinar.

Parágrafo único. O prazo para conclusão da sindicância não excederá 30 (trinta) dias, podendo ser prorrogado por igual período, a critério da autoridade superior.

Art. 146. Sempre que o ilícito praticado pelo servidor ensejar a imposição de penalidade de suspensão por mais de 30 (trinta) dias, de demissão, cassação de aposentadoria ou disponibilidade, ou destituição de cargo em comissão, será obrigatória a instauração de processo disciplinar.

CAPÍTULO II
DO AFASTAMENTO PREVENTIVO

Art. 147. Como medida cautelar e a fim de que o servidor não venha a influir na apuração da irregularidade, a autoridade instauradora do processo disciplinar poderá determinar o seu afastamento do exercício do cargo, pelo prazo de até 60 (sessenta) dias, sem prejuízo da remuneração.

Parágrafo único. O afastamento poderá ser prorrogado por igual prazo, findo o qual cessarão os seus efeitos, ainda que não concluído o processo.

CAPÍTULO III
DO PROCESSO DISCIPLINAR

>> *Vide* Súmulas 591 e 592 do STJ.

Art. 148. O processo disciplinar é o instrumento destinado a apurar responsabilidade de servidor por infração praticada no exercício de suas atribuições, ou que tenha relação com as atribuições do cargo em que se encontre investido.

> *Vide* Lei n. 8.429, de 2-6-1992.

> *Vide* Lei n. 9.784, de 29-1-1999.

Art. 149. O processo disciplinar será conduzido por comissão composta de 3 (três) servidores estáveis designados pela autoridade competente, observado o disposto no § 3.º do art. 143, que indicará, dentre eles, o seu presidente, que deverá ser ocupante de cargo efetivo superior ou de mesmo nível, ou ter nível de escolaridade igual ou superior ao do indiciado.

>> *Caput* com redação determinada pela Lei n. 9.527, de 10-12-1997.

> *Vide* art. 41 da CF.

§ 1.º A Comissão terá como secretário servidor designado pelo seu presidente, podendo a indicação recair em um de seus membros.

§ 2.º Não poderá participar de comissão de sindicância ou de inquérito, cônjuge, companheiro ou parente do acusado, consanguíneo ou afim, em linha reta ou colateral, até o terceiro grau.

Art. 150. A Comissão exercerá suas atividades com independência e imparcialidade, assegurado o sigilo necessário à elucidação do fato ou exigido pelo interesse da administração.

Parágrafo único. As reuniões e as audiências das comissões terão caráter reservado.

Art. 151. O processo disciplinar se desenvolve nas seguintes fases:

I – instauração, com a publicação do ato que constituir a comissão;

>> *Vide* Súmula 641 do STJ.

II – inquérito administrativo, que compreende instrução, defesa e relatório;

III – julgamento.

Art. 152. O prazo para a conclusão do processo disciplinar não excederá 60 (sessenta) dias, contados da data de publicação do ato que constituir a comissão, admitida a sua prorrogação por igual prazo, quando as circunstâncias o exigirem.

>> *Vide* Súmula 635 do STJ.

§ 1.º Sempre que necessário, a Comissão dedicará tempo integral aos seus trabalhos, ficando seus membros dispensados do ponto, até a entrega do relatório final.

§ 2.º As reuniões da Comissão serão registradas em atas que deverão detalhar as deliberações adotadas.

> *Vide* art. 5.º, LXXVIII, da CF.

Seção I
Do Inquérito

Art. 153. O inquérito administrativo obedecerá ao princípio do contraditório, assegurada ao acusado ampla defesa, com a utilização dos meios e recursos admitidos em direito.

> A Instrução Normativa n. 12, de 1.º-11-2011, da Corregedoria-Geral da União, regulamenta a adoção de videoconferência na instrução de processos e procedimentos disciplinares no âmbito do Sistema de Correição do Poder Executivo Federal, visando assegurar os direitos ao contraditório e à ampla defesa.

Art. 154. Os autos da sindicância integrarão o processo disciplinar, como peça informativa da instrução.

Parágrafo único. Na hipótese de o relatório da sindicância concluir que a infração está capitulada como ilícito penal, a autoridade competente encaminhará cópia dos autos ao

Ministério Público, independentemente da imediata instauração do processo disciplinar.

Art. 155. Na fase do inquérito, a comissão promoverá a tomada de depoimentos, acareações, investigações e diligências cabíveis, objetivando a coleta de prova, recorrendo, quando necessário, a técnicos e peritos, de modo a permitir a completa elucidação dos fatos.

Art. 156. É assegurado ao servidor o direito de acompanhar o processo pessoalmente ou por intermédio de procurador, arrolar e reinquirir testemunhas, produzir provas e contraprovas e formular quesitos, quando se tratar de prova pericial.

§ 1.º O presidente da comissão poderá denegar pedidos considerados impertinentes, meramente protelatórios, ou de nenhum interesse para o esclarecimento dos fatos.

§ 2.º Será indeferido o pedido de prova pericial, quando a comprovação do fato independer de conhecimento especial de perito.

Art. 157. As testemunhas serão intimadas a depor mediante mandado expedido pelo presidente da comissão, devendo a segunda via, com o ciente do interessado, ser anexada aos autos.

> *Vide* art. 159 desta Lei.

Parágrafo único. Se a testemunha for servidor público, a expedição do mandado será imediatamente comunicada ao chefe da repartição onde serve, com a indicação do dia e hora marcados para inquirição.

Art. 158. O depoimento será prestado oralmente e reduzido a termo, não sendo lícito à testemunha trazê-lo por escrito.

> *Vide* art. 159 desta Lei.

§ 1.º As testemunhas serão inquiridas separadamente.

§ 2.º Na hipótese de depoimentos contraditórios ou que se infirmem, proceder-se-á à acareação entre os depoentes.

Art. 159. Concluída a inquirição das testemunhas, a comissão promoverá o interrogatório do acusado, observados os procedimentos previstos nos arts. 157 e 158.

§ 1.º No caso de mais de um acusado, cada um deles será ouvido separadamente, e sempre que divergirem em suas declarações sobre fatos ou circunstâncias, será promovida a acareação entre eles.

§ 2.º O procurador do acusado poderá assistir ao interrogatório, bem como à inquirição das testemunhas, sendo-lhe vedado interferir nas perguntas e respostas, facultando-se-lhe, porém, reinquiri-las, por intermédio do presidente da comissão.

Art. 160. Quando houver dúvida sobre a sanidade mental do acusado, a comissão proporá à autoridade competente que ele seja submetido a exame por junta médica oficial, da qual participe pelo menos um médico psiquiatra.

Parágrafo único. O incidente de sanidade mental será processado em auto apartado e apenso ao processo principal, após a expedição do laudo pericial.

Art. 161. Tipificada a infração disciplinar, será formulada a indiciação do servidor, com a especificação dos fatos a ele imputados e das respectivas provas.

§ 1.º O indiciado será citado por mandado expedido pelo presidente da comissão para apresentar defesa escrita, no prazo de 10 (dez) dias, assegurando-se-lhe vista do processo na repartição.

> *Vide* Súmula Vinculante 5 do STF.

§ 2.º Havendo 2 (dois) ou mais indiciados, o prazo será comum e de 20 (vinte) dias.

§ 3.º O prazo de defesa poderá ser prorrogado pelo dobro, para diligências reputadas indispensáveis.

§ 4.º No caso de recusa do indiciado em apor o ciente na cópia da citação, o prazo para defesa contar-se-á da data declarada, em termo próprio, pelo membro da comissão que fez a citação, com a assinatura de 2 (duas) testemunhas.

Art. 162. O indiciado que mudar de residência fica obrigado a comunicar à comissão o lugar onde poderá ser encontrado.

Art. 163. Achando-se o indiciado em lugar incerto e não sabido, será citado por edital, publicado no *Diário Oficial da União* e em jornal de grande circulação na localidade do último domicílio conhecido, para apresentar defesa.

Parágrafo único. Na hipótese deste artigo, o prazo para defesa será de 15 (quinze) dias a partir da última publicação do edital.

Art. 164. Considerar-se-á revel o indiciado que, regularmente citado, não apresentar defesa no prazo legal.

§ 1.º A revelia será declarada, por termo, nos autos do processo e devolverá o prazo para a defesa.

§ 2.º Para defender o indiciado revel, a autoridade instauradora do processo designará um servidor como defensor dativo, que deverá ser ocupante de cargo efetivo superior ou de mesmo nível, ou ter nível de escolaridade igual ou superior ao do indiciado.

>> § 2.º com redação determinada pela Lei n. 9.527, de 10-12-1997.

Art. 165. Apreciada a defesa, a comissão elaborará relatório minucioso, onde resumirá as peças principais dos autos e mencionará as provas em que se baseou para formar a sua convicção.

§ 1.º O relatório será sempre conclusivo quanto à inocência ou à responsabilidade do servidor.

§ 2.º Reconhecida a responsabilidade do servidor, a comissão indicará o dispositivo legal ou regulamentar transgredido, bem como as circunstâncias agravantes ou atenuantes.

Art. 166. O processo disciplinar, com o relatório da comissão, será remetido à autoridade que determinou a sua instauração, para julgamento.

Seção II
Do Julgamento

Art. 167. No prazo de 20 (vinte) dias, contados do recebimento do processo, a autoridade julgadora proferirá a sua decisão.

>> *Vide* Súmula 635 do STJ.

§ 1.º Se a penalidade a ser aplicada exceder a alçada da autoridade instauradora do processo, este será encaminhado à autoridade competente, que decidirá em igual prazo.

§ 2.º Havendo mais de um indiciado e diversidade de sanções, o julgamento caberá à autoridade competente para a imposição da pena mais grave.

§ 3.º Se a penalidade prevista for a demissão ou cassação de aposentadoria ou disponibilidade, o julgamento caberá às autoridades de que trata o inciso I do art. 141.

§ 4.º Reconhecida pela comissão a inocência do servidor, a autoridade instauradora do processo determinará o seu arquivamento, salvo se flagrantemente contrária à prova dos autos.

>> § 4.º acrescentado pela Lei n. 9.527, de 10-12-1997.

Art. 168. O julgamento acatará o relatório da comissão, salvo quando contrário às provas dos autos.

Parágrafo único. Quando o relatório da comissão contrariar as provas dos autos, a autoridade julgadora poderá, motivadamente, agravar a penalidade proposta, abrandá-la ou isentar o servidor de responsabilidade.

Art. 169. Verificada a ocorrência de vício insanável, a autoridade que determinou a instauração do processo ou outra de hierarquia superior declarará a sua nulidade, total ou parcial, e ordenará, no mesmo ato, a constituição de outra comissão para instauração de novo processo.

>> *Caput* com redação determinada pela Lei n. 9.527, de 10-12-1997.

§ 1.º O julgamento fora do prazo legal não implica nulidade do processo.

>> *Vide* Súmula 592 do STJ.

§ 2.º A autoridade julgadora que der causa à prescrição de que trata o art. 142, § 2.º, será responsabilizada na forma do Capítulo IV do Título IV.

Art. 170. Extinta a punibilidade pela prescrição, a autoridade julgadora determinará o registro do fato nos assentamentos individuais do servidor.

Art. 171. Quando a infração estiver capitulada como crime, o processo disciplinar será remetido ao Ministério Público para instauração da ação penal, ficando trasladado na repartição.

Art. 172. O servidor que responder a processo disciplinar só poderá ser exonerado a pedido, ou aposentado voluntariamente, após a conclusão do processo e o cumprimento da penalidade, acaso aplicada.

Parágrafo único. Ocorrida a exoneração de que trata o parágrafo único, inciso I do art. 34, o ato será convertido em demissão, se for o caso.

Art. 173. Serão assegurados transporte e diárias:

I – ao servidor convocado para prestar depoimento fora da sede de sua repartição, na condição de testemunha, denunciado ou indiciado;

II – aos membros da comissão e ao secretário, quando obrigados a se deslocarem da sede dos trabalhos para a realização de missão essencial ao esclarecimento dos fatos.

Seção III
Da Revisão do Processo

Art. 174. O processo disciplinar poderá ser revisto, a qualquer tempo, a pedido ou de ofício, quando se aduzirem fatos novos ou circunstâncias suscetíveis de justificar a inocência do punido ou a inadequação da penalidade aplicada.

> *Vide* art. 14, § 3.º, da Lei n. 8.429, de 2-6-1992.

§ 1.º Em caso de falecimento, ausência ou desaparecimento do servidor, qualquer pessoa da família poderá requerer a revisão do processo.

§ 2.º No caso de incapacidade mental do servidor, a revisão será requerida pelo respectivo curador.

Art. 175. No processo revisional, o ônus da prova cabe ao requerente.

Art. 176. A simples alegação de injustiça da penalidade não constitui fundamento para a revisão, que requer elementos novos ainda não apreciados no processo originário.

Art. 177. O requerimento de revisão do processo será dirigido ao Ministro de Estado ou autoridade equivalente, que, se autorizar a revisão, encaminhará o pedido ao dirigente do órgão ou entidade onde se originou o processo disciplinar.

Parágrafo único. Deferida a petição, a autoridade competente providenciará a constituição de comissão, na forma do art. 149.

Art. 178. A revisão correrá em apenso ao processo originário.

Parágrafo único. Na petição inicial, o requerente pedirá dia e hora para a produção de provas e inquirição das testemunhas que arrolar.

Art. 179. A comissão revisora terá 60 (sessenta) dias para a conclusão dos trabalhos.

Art. 180. Aplicam-se aos trabalhos da comissão revisora, no que couber, as normas e procedimentos próprios da comissão do processo disciplinar.

Art. 181. O julgamento caberá à autoridade que aplicou a penalidade, nos termos do art. 141.

Parágrafo único. O prazo para julgamento será de 20 (vinte) dias, contados do recebimento do processo, no curso do qual a autoridade julgadora poderá determinar diligências.

Art. 182. Julgada procedente a revisão, será declarada sem efeito a penalidade aplicada, restabelecendo-se todos os direitos do servidor, exceto em relação à destituição de cargo em comissão, que será convertida em exoneração.

Parágrafo único. Da revisão do processo não poderá resultar agravamento de penalidade.

TÍTULO VI
DA SEGURIDADE SOCIAL DO SERVIDOR

> Seguridade Social na CF: *vide* arts. 194 a 204.

CAPÍTULO I
DISPOSIÇÕES GERAIS

Art. 183. A União manterá Plano de Seguridade Social para o servidor e sua família.

§ 1.º O servidor ocupante de cargo em comissão que não seja, simultaneamente, ocupante de cargo ou emprego efetivo na administração pública direta, autárquica e fundacional não terá direito aos benefícios do Plano de Seguridade Social, com exceção da assistência à saúde.

>> Primitivo parágrafo único renumerado pela Lei n. 10.667, de 14-5-2003.

§ 2.º O servidor afastado ou licenciado do cargo efetivo, sem direito à remuneração, inclusive para servir em organismo oficial internacional do qual o Brasil seja membro efetivo ou com o qual coopere, ainda que contribua para regime de previdência social no exterior, terá suspenso o seu vínculo com o regime do Plano de Seguridade Social do Servidor Público enquanto durar o afastamento ou a licença, não lhes assistindo, neste período, os benefícios do mencionado regime de previdência.

>> § 2.º acrescentado pela Lei n. 10.667, de 14-5-2003.

§ 3.º Será assegurado ao servidor licenciado ou afastado sem remuneração a manutenção da vinculação ao regime do Plano de Seguridade Social do Servidor Público, mediante o recolhimento mensal da respectiva contribuição, no mesmo percentual devido pelos servidores em atividade, incidente sobre a remuneração total do cargo a que faz jus no exercício de suas atribuições, computando-se, para esse efeito, inclusive, as vantagens pessoais.

>> § 3.º acrescentado pela Lei n. 10.667, de 14-5-2003.

§ 4.º O recolhimento de que trata o § 3.º deve ser efetuado até o segundo dia útil após a data do pagamento das remunerações dos servidores públicos, aplicando-se os procedimentos de cobrança e execução dos tributos federais quando não recolhidas na data de vencimento.

>> § 4.º acrescentado pela Lei n. 10.667, de 14-5-2003.

Art. 184. O Plano de Seguridade Social visa a dar cobertura aos riscos a que estão sujeitos o servidor e sua família, e compreende um conjunto de benefícios e ações que atendam às seguintes finalidades:

I – garantir meios de subsistência nos eventos de doença, invalidez, velhice, acidente em serviço, inatividade, falecimento e reclusão;

II – proteção à maternidade, à adoção e à paternidade;

III – assistência à saúde.

Parágrafo único. Os benefícios serão concedidos nos termos e condições definidos em regulamento, observadas as disposições desta Lei.

> O Decreto n. 977, de 10-11-1993, regulamenta a assistência pré-escolar, destinada aos dependentes dos servidores públicos da Administração Pública direta, autárquica e fundacional, na faixa etária compreendida desde o nascimento até 6 (seis) anos de idade.

Art. 185. Os benefícios do Plano de Seguridade Social do servidor compreendem:

I – quanto ao servidor:

a) aposentadoria;

b) auxílio-natalidade;

c) salário-família;

d) licença para tratamento de saúde;

e) licença à gestante, à adotante e licença-paternidade;

>> A Lei n. 11.770, de 9-9-2008, cria o Programa Empresa Cidadão, destinado à prorrogação da licença-maternidade mediante concessão de incentivo fiscal.

f) licença por acidente em serviço;

g) assistência à saúde;

h) garantia de condições individuais e ambientais de trabalho satisfatórias;

II – quanto ao dependente:

> A Resolução n. 39, de 14-8-2007, do Conselho Nacional de Justiça, estabelece regras para o reconhecimento de dependente econômico de servidor, para fins de concessão de benefícios.

a) pensão vitalícia e temporária;

b) auxílio-funeral;

c) auxílio-reclusão;

d) assistência à saúde.

§ 1.º As aposentadorias e pensões serão concedidas e mantidas pelos órgãos ou entidades aos quais se encontram vinculados os servidores, observado o disposto nos arts. 189 e 224.

§ 2.º O recebimento indevido de benefícios havidos por fraude, dolo ou má-fé, implicará devolução ao erário do total auferido, sem prejuízo da ação penal cabível.

Capítulo II
Dos Benefícios

> Sobre a aposentadoria na CF: *vide* arts. 7.º, XXIV, 40, 93, VI, e 202.

Seção I
Da Aposentadoria

Art. 186. O servidor será aposentado:

I – por invalidez permanente, sendo os proventos integrais quando decorrente de acidente em serviço, moléstia profissional ou doença grave, contagiosa ou incurável, especificada em lei, e proporcionais nos demais casos;

II – compulsoriamente, aos 70 (setenta) anos de idade, com proventos proporcionais ao tempo de serviço;

III – voluntariamente:

a) aos 35 (trinta e cinco) anos de serviço, se homem, e aos 30 (trinta) se mulher, com proventos integrais;

b) aos 30 (trinta) anos de efetivo exercício em funções de magistério, se professor, e 25 (vinte e cinco) se professora, com proventos integrais;

c) aos 30 (trinta) anos de serviço, se homem, e aos 25 (vinte e cinco) se mulher, com proventos proporcionais a esse tempo;

d) aos 65 (sessenta e cinco) anos de idade, se homem, e aos 60 (sessenta) se mulher, com proventos proporcionais ao tempo de serviço.

§ 1.º Consideram-se doenças graves, contagiosas ou incuráveis, a que se refere o inciso I deste artigo, tuberculose ativa, alienação mental, esclerose múltipla, neoplasia maligna, cegueira posterior ao ingresso no serviço público, hanseníase, cardiopatia grave, doença de Parkinson, paralisia irreversível e incapacitante, espondiloartrose anquilosante, nefropatia grave, estados avançados do mal de Paget (osteíte deformante), Síndrome de Imunodeficiência Adquirida – AIDS, e outras que a lei indicar, com base na medicina especializada.

> *Vide* arts. 190 e 205 desta Lei.

§ 2.º Nos casos de exercício de atividades consideradas insalubres ou perigosas, bem como nas hipóteses previstas no art. 71, a aposentadoria de que trata o inciso III, *a* e *c*, observará o disposto em lei específica.

§ 3.º Na hipótese do inciso I o servidor será submetido à junta médica oficial, que atestará a invalidez quando caracterizada a incapacidade para o desempenho das atribuições do cargo ou a impossibilidade de se aplicar o disposto no art. 24.

>> § 3.º acrescentado pela Lei n. 9.527, de 10-12-1997.

Art. 187. A aposentadoria compulsória será automática, e declarada por ato, com vigência a partir do dia imediato àquele em que o servidor atingir a idade-limite de permanência no serviço ativo.

Art. 188. A aposentadoria voluntária ou por invalidez vigorará a partir da data da publicação do respectivo ato.

§ 1.º A aposentadoria por invalidez será precedida de licença para tratamento de saúde, por período não excedente a 24 (vinte e quatro) meses.

§ 2.º Expirado o período de licença e não estando em condições de reassumir o cargo ou de ser readaptado, o servidor será aposentado.

§ 3.º O lapso de tempo compreendido entre o término da licença e a publicação do ato da aposentadoria será considerado como de prorrogação da licença.

§ 4.º Para os fins do disposto no § 1.º deste artigo, serão consideradas apenas as licenças motivadas pela enfermidade ensejadora da invalidez ou doenças correlacionadas.

>> § 4.º acrescentado pela Lei n. 11.907, de 2-2-2009.

§ 5.º A critério da Administração, o servidor em licença para tratamento de saúde ou aposentado por invalidez poderá ser convocado a qualquer momento, para avaliação das condições que ensejaram o afastamento ou a aposentadoria.

>> § 5.º acrescentado pela Lei n. 11.907, de 2-2-2009.

Art. 189. O provento da aposentadoria será calculado com observância do disposto no § 3.º do art. 41, e revisto na mesma data e proporção, sempre que se modificar a remuneração dos servidores em atividade.

> *Vide* arts. 185, § 1.º, e 224 desta Lei.

Parágrafo único. São estendidos aos inativos quaisquer benefícios ou vantagens posteriormente concedidas aos servidores em atividade, inclusive quando decorrentes de transformação ou reclassificação do cargo ou função em que se deu a aposentadoria.

Art. 190. O servidor aposentado com provento proporcional ao tempo de serviço se acometido de qualquer das moléstias especificadas no § 1.º do art. 186 desta Lei e, por esse motivo, for considerado inválido por junta médica oficial passará a perceber provento integral, calculado com base no fundamento legal de concessão da aposentadoria.

>> *Caput* com redação determinada pela Lei n. 11.907, de 2-2-2009.

Art. 191. Quando proporcional ao tempo de serviço, o provento não será inferior a 1/3 (um terço) da remuneração da atividade.

Arts. 192 e 193. (*Revogados pela Lei n. 9.527, de 10-12-1997.*)

Art. 194. Ao servidor aposentado será paga a gratificação natalina, até o dia vinte do mês de dezembro, em valor equivalente ao respectivo provento, deduzido o adiantamento recebido.

Art. 195. Ao ex-combatente que tenha efetivamente participado de operações bélicas, durante a Segunda Guerra Mundial, nos termos da Lei n. 5.315, de 12 de setembro de 1967, será concedida aposentadoria com provento integral, aos 25 (vinte e cinco) anos de serviço efetivo.

>> Referida norma regulamentava o art. 178 da CF de 1967, dispondo sobre os ex-combatentes da Segunda Guerra Mundial.

>> *Vide* art. 53, V, das Disposições Transitórias da CF.

> A Lei n. 8.059, de 4-7-1990, dispõe sobre a pensão especial devida aos ex-combatentes da Segunda Guerra Mundial e a seus dependentes.

Seção II
Do Auxílio-Natalidade

Art. 196. O auxílio-natalidade é devido à servidora por motivo de nascimento de filho, em quantia equivalente ao menor vencimento do serviço público, inclusive no caso de natimorto.

>> A Portaria n. 6, de 16-1-2017, do Ministério do Planejamento, Desenvolvimento e Gestão, estabelece que para fins de pagamento do auxílio de que trata este artigo, o valor do menor vencimento básico da Administração Pública Federal a ser aplicado corresponde ao cargo de Auxiliar de Serviços Diversos da carreira do Seguro Social, cujo valor é de R$ 659,25 (seiscentos e cinquenta e nove reais e vinte e cinco centavos).

§ 1.º Na hipótese de parto múltiplo, o valor será acrescido de 50% (cinquenta por cento), por nascituro.

§ 2.º O auxílio será pago ao cônjuge ou companheiro servidor público, quando a parturiente não for servidora.

Seção III
Do Salário-Família

> Salário-família: *vide* arts. 7.º, XII, da CF, e 13 da Emenda Constitucional n. 20, de 15-12-1998.

Art. 197. O salário-família é devido ao servidor ativo ou ao inativo, por dependente econômico.

Parágrafo único. Consideram-se dependentes econômicos para efeito de percepção do salário-família:

I – o cônjuge ou companheiro e os filhos, inclusive os enteados até 21 (vinte e um) anos de idade ou, se estudante, até 24 (vinte e quatro) anos ou, se inválido, de qualquer idade;

II – o menor de 21 (vinte e um) anos que, mediante autorização judicial, viver na companhia e às expensas do servidor, ou do inativo;

III – a mãe e o pai sem economia própria.

Art. 198. Não se configura a dependência econômica quando o beneficiário do salário-família perceber rendimento do trabalho ou de qualquer outra fonte, inclusive pensão ou provento da aposentadoria, em valor igual ou superior ao salário mínimo.

Art. 199. Quando pai e mãe forem servidores públicos e viverem em comum, o salário-

-família será pago a um deles; quando separados, será pago a um e outro, de acordo com a distribuição dos dependentes.

Parágrafo único. Ao pai e à mãe equiparam-se o padrasto, a madrasta e, na falta destes, os representantes legais dos incapazes.

Art. 200. O salário-família não está sujeito a qualquer tributo, nem servirá de base para qualquer contribuição, inclusive para a Previdência Social.

Art. 201. O afastamento do cargo efetivo, sem remuneração, não acarreta a suspensão do pagamento do salário-família.

Seção IV
Da Licença para Tratamento de Saúde

>> Regulamento: Decreto n. 7.003, de 9-11-2009.

Art. 202. Será concedida ao servidor licença para tratamento de saúde, a pedido ou de ofício, com base em perícia médica, sem prejuízo da remuneração a que fizer jus.

Art. 203. A licença de que trata o art. 202 desta Lei será concedida com base em perícia oficial.

>> *Caput* com redação determinada pela Lei n. 11.907, de 2-2-2009.

§ 1.º Sempre que necessário, a inspeção médica será realizada na residência do servidor ou no estabelecimento hospitalar onde se encontrar internado.

§ 2.º Inexistindo médico no órgão ou entidade no local onde se encontra ou tenha exercício em caráter permanente o servidor, e não se configurando as hipóteses previstas nos parágrafos do art. 230, será aceito atestado passado por médico particular.

>> § 2.º com redação determinada pela Lei n. 9.527, de 10-12-1997.

§ 3.º No caso do § 2.º deste artigo, o atestado somente produzirá efeitos depois de recepcionado pela unidade de recursos humanos do órgão ou entidade.

>> § 3.º com redação determinada pela Lei n. 11.907, de 2-2-2009.

§ 4.º A licença que exceder o prazo de 120 (cento e vinte) dias no período de 12 (doze) meses a contar do primeiro dia de afastamento será concedida mediante avaliação por junta médica oficial.

>> § 4.º com redação determinada pela Lei n. 11.907, de 2-2-2009.

§ 5.º A perícia oficial para concessão da licença de que trata o *caput* deste artigo, bem como nos demais casos de perícia oficial previstos nesta Lei, será efetuada por cirurgiões-dentistas, nas hipóteses em que abranger o campo de atuação da odontologia.

>> § 5.º acrescentado pela Lei n. 11.907, de 2-2-2009.

Art. 204. A licença para tratamento de saúde inferior a 15 (quinze) dias, dentro de 1 (um) ano, poderá ser dispensada de perícia oficial, na forma definida em regulamento.

>> Artigo com redação determinada pela Lei n. 11.907, de 2-2-2009.

Art. 205. O atestado e o laudo da junta médica não se referirão ao nome ou natureza da doença, salvo quando se tratar de lesões produzidas por acidente em serviço, doença profissional ou qualquer das doenças especificadas no art. 186, § 1.º.

Art. 206. O servidor que apresentar indícios de lesões orgânicas ou funcionais será submetido a inspeção médica.

Art. 206-A. O servidor será submetido a exames médicos periódicos, nos termos e condições definidos em regulamento.

>> *Caput* acrescentado pela Lei n. 11.907, de 2-2-2009.

>> *Caput* regulamentado pelo Decreto n. 6.856, de 25-5-2009. Os exames médicos periódicos (avaliação clínica, exames laboratoriais e oftalmológicos) serão realizados com intervalos: bienal, para os servidores com idade entre dezoito e quarenta e cinco anos; anual, para os servidores com idade acima de quarenta e cinco anos; e anual ou com intervalos menores, para os servidores expostos a riscos que possam implicar o desencadeamento ou agravamento de doença ocupacional ou profissional e para os portadores de doenças crônicas. Os servidores que operam com Raios X ou substâncias radioativas serão submetidos a exames médicos complementares a cada seis meses. É lícito ao servidor se recusar a realizar os exames, mas a recusa deverá ser por ele consignada formalmente ou reduzida a termo pelo órgão ou entidade.

Parágrafo único. Para os fins do disposto no *caput*, a União e suas entidades autárquicas e fundacionais poderão:

>> Parágrafo único, *caput*, acrescentado pela Lei n. 12.998, de 18-6-2014.

I – prestar os exames médicos periódicos diretamente pelo órgão ou entidade à qual se encontra vinculado o servidor;

>> Inciso I acrescentado pela Lei n. 12.998, de 18-6-2014.

II – celebrar convênio ou instrumento de cooperação ou parceria com os órgãos e entidades da administração direta, suas autarquias e fundações;

>> Inciso II acrescentado pela Lei n. 12.998, de 18-6-2014.

III – celebrar convênios com operadoras de plano de assistência à saúde, organizadas na modalidade de autogestão, que possuam autorização de funcionamento do órgão regulador, na forma do art. 230; ou

>> Inciso III acrescentado pela Lei n. 12.998, de 18-6-2014.

IV – prestar os exames médicos periódicos mediante contrato administrativo, observado o disposto na Lei n. 8.666, de 21 de junho de 1993, e demais normas pertinentes.

>> Inciso IV acrescentado pela Lei n. 12.998, de 18-6-2014.

Seção V
Da Licença à Gestante, à Adotante e da Licença-Paternidade

> A Resolução n. 321, de 15-5-2020, do CNJ, dispõe sobre a concessão de licença-paternidade, licença à gestante e de licença à adotante para magistrados e servidores do Poder Judiciário brasileiro.

Art. 207. Será concedida licença à servidora gestante por 120 (cento e vinte) dias consecutivos, sem prejuízo da remuneração.

>> Licença-gestante: *vide* art. 7.º, XVIII, da CF.

>> A Lei n. 11.770, de 9-9-2008, faculta a prorrogação da licença-paternidade e da licença-maternidade, mediante concessão de incentivo fiscal.

> O Decreto n. 6.690, de 11-12-2008, institui o Programa de Prorrogação da Licença à Gestante e à Adotante, e estabelece critérios de adesão ao Programa.

§ 1.º A licença poderá ter início no primeiro dia do nono mês de gestação, salvo antecipação por prescrição médica.

§ 2.º No caso de nascimento prematuro, a licença terá início a partir do parto.

§ 3.º No caso de natimorto, decorridos 30 (trinta) dias do evento, a servidora será submetida a exame médico, e se julgada apta, reassumirá o exercício.

§ 4.º No caso de aborto atestado por médico oficial, a servidora terá direito a 30 (trinta) dias de repouso remunerado.

Art. 208. Pelo nascimento ou adoção de filhos, o servidor terá direito à licença-paternidade de 5 (cinco) dias consecutivos.

>> A Lei n. 11.770, de 9-9-2008 (Programa Empresa Cidadã), alterada pela Lei n. 13.257, de 8-3-2016, prorroga por 15 (quinze) dias a duração da licença prevista neste artigo.

>> O Decreto n. 8.737, de 3-5-2016, estabelece que a prorrogação da licença-paternidade será concedida ao servidor público que requeira o benefício no prazo de dois dias úteis após o nascimento ou a adoção e terá duração de quinze dias, além dos cinco dias concedidos neste artigo.

Art. 209. Para amamentar o próprio filho, até a idade de seis meses, a servidora lactante terá direito, durante a jornada de trabalho, a uma hora de descanso, que poderá ser parcelada em 2 (dois) períodos de meia hora.

Art. 210. À servidora que adotar ou obtiver guarda judicial de criança até 1 (um) ano de idade, serão concedidos 90 (noventa) dias de licença remunerada.

> *Vide* notas ao art. 207 desta Lei.

Parágrafo único. No caso de adoção ou guarda judicial de criança com mais de 1 (um) ano de idade, o prazo de que trata este artigo será de 30 (trinta) dias.

Seção VI
Da Licença por Acidente em Serviço

Art. 211. Será licenciado, com remuneração integral, o servidor acidentado em serviço.

Art. 212. Configura acidente em serviço o dano físico ou mental sofrido pelo servidor, que se relacione, mediata ou imediatamente, com as atribuições do cargo exercido.

Parágrafo único. Equipara-se ao acidente em serviço o dano:

I – decorrente de agressão sofrida e não provocada pelo servidor no exercício do cargo;

II – sofrido no percurso da residência para o trabalho e vice-versa.

Art. 213. O servidor acidentado em serviço que necessite de tratamento especializado poderá ser tratado em instituição privada, à conta de recursos públicos.

Parágrafo único. O tratamento recomendado por junta médica oficial constitui medida de exceção e somente será admissível quando inexistirem meios e recursos adequados em instituição pública.

Art. 214. A prova do acidente será feita no prazo de 10 (dez) dias, prorrogável quando as circunstâncias o exigirem.

Seção VII Da Pensão

Art. 215. Por morte do servidor, os seus dependentes, nas hipóteses legais, fazem jus à pensão por morte, observados os limites estabelecidos no inciso XI do ***caput*** do art. 37 da Constituição Federal e no art. 2.º da Lei n. 10.887, de 18 de junho de 2004.

>> Artigo com redação determinada pela Lei n. 13.846, de 18-6-2019.

Art. 216. (*Revogado pela Lei n. 13.135, de 17-6-2015.*)

Art. 217. São beneficiários das pensões:

I – o cônjuge;

>> Inciso I com redação determinada pela Lei n. 13.135, de 17-6-2015.

a) a e) (*Revogadas pela Lei n. 13.135, de 17-6-2015.*)

II – o cônjuge divorciado ou separado judicialmente ou de fato, com percepção de pensão alimentícia estabelecida judicialmente;

>> Inciso II com redação determinada pela Lei n. 13.135, de 17-6-2015.

a) a d) (*Revogadas pela Lei n. 13.135, de 17-6-2015.*)

III – o companheiro ou companheira que comprove união estável como entidade familiar;

>> Inciso III acrescentado pela Lei n. 13.135, de 17-6-2015.

IV – o filho de qualquer condição que atenda a um dos seguintes requisitos:

>> Inciso IV, *caput*, acrescentado pela Lei n. 13.135, de 17-6-2015.

a) seja menor de 21 (vinte e um) anos;

>> Alínea *a* acrescentada pela Lei n. 13.135, de 17-6-2015.

b) seja inválido;

>> Alínea *b* acrescentada pela Lei n. 13.135, de 17-6-2015.

c) tenha deficiência grave; ou

>> Alínea *c* acrescentada pela Lei n. 13.135, de 17-6-2015, em vigor 2 anos após a sua data de publicação (*DOU* de 18-6-2015).

d) tenha deficiência intelectual ou mental;

>> Alínea *d* com redação determinada pela Lei n. 13.846, de 18-6-2019.

V – a mãe e o pai que comprovem dependência econômica do servidor; e

>> Inciso V acrescentado pela Lei n. 13.135, de 17-6-2015.

VI – o irmão de qualquer condição que comprove dependência econômica do servidor e atenda a um dos requisitos previstos no inciso IV.

>> Inciso VI acrescentado pela Lei n. 13.135, de 17-6-2015.

§ 1.º A concessão de pensão aos beneficiários de que tratam os incisos I a IV do *caput* exclui os beneficiários referidos nos incisos V e VI.

>> § 1.º com redação determinada pela Lei n. 13.135, de 17-6-2015.

§ 2.º A concessão de pensão aos beneficiários de que trata o inciso V do *caput* exclui o beneficiário referido no inciso VI.

>> § 2.º com redação determinada pela Lei n. 13.135, de 17-6-2015.

§ 3.º O enteado e o menor tutelado equiparam-se a filho mediante declaração do servidor e desde que comprovada dependência econômica, na forma estabelecida em regulamento.

>> § 3.º acrescentado pela Lei n. 13.135, de 17-6-2015.

§ 4.º (*Vetado.*)

>> § 4.º acrescentado pela Lei n. 13.846, de 18-6-2019.

Art. 218. Ocorrendo habilitação de vários titulares à pensão, o seu valor será distribuído em partes iguais entre os beneficiários habilitados.

>> *Caput* com redação determinada pela Lei n. 13.135, de 17-6-2015.

§§ 1.º a 3.º (*Revogados pela Lei n. 13.135, de 17-6-2015.*)

Art. 219 A pensão por morte será devida ao conjunto dos dependentes do segurado que falecer, aposentado ou não, a contar da data:

>> *Caput* com redação determinada pela Lei n. 13.846, de 18-6-2019.

I – do óbito, quando requerida em até 180 (cento e oitenta dias) após o óbito, para os filhos menores de 16 (dezesseis) anos, ou em até 90 (noventa) dias após o óbito, para os demais dependentes;

>> Inciso I acrescentado pela Lei n. 13.846, de 18-6-2019.

II – do requerimento, quando requerida após o prazo previsto no inciso I do ***caput*** deste artigo; ou

>> Inciso II acrescentado pela Lei n. 13.846, de 18-6-2019.

III – da decisão judicial, na hipótese de morte presumida.

>> Inciso III acrescentado pela Lei n. 13.846, de 18-6-2019.

§ 1.º A concessão da pensão por morte não será protelada pela falta de habilitação de outro possível dependente e a habilitação posterior que importe em exclusão ou inclusão de dependente só produzirá efeito a partir da data da publicação da portaria de concessão da pensão ao dependente habilitado.

>> Parágrafo único renumerado pela Lei n. 13.846, de 18-6-2019.

§ 2.º Ajuizada a ação judicial para reconhecimento da condição de dependente, este poderá requerer a sua habilitação provisória ao benefício de pensão por morte, exclusivamente para fins de rateio dos valores com outros dependentes, vedado o pagamento da respectiva cota até o trânsito em julgado da respectiva ação, ressalvada a existência de decisão judicial em contrário.

>> § 2.º acrescentado pela Lei n. 13.846, de 18-6-2019.

§ 3.º Nas ações em que for parte o ente público responsável pela concessão da pensão por morte, este poderá proceder de ofício à habilitação excepcional da referida pensão, apenas para efeitos de rateio, descontando-se os valores referentes a esta habilitação das demais cotas, vedado o pagamento da respectiva cota até o trânsito em julgado da respectiva ação, ressalvada a existência de decisão judicial em contrário.

>> § 3.º acrescentado pela Lei n. 13.846, de 18-6-2019.

§ 4.º Julgada improcedente a ação prevista no § 2.º ou § 3.º deste artigo, o valor retido será corrigido pelos índices legais de reajustamento e será pago de forma proporcional aos demais dependentes, de acordo com as suas cotas e o tempo de duração de seus benefícios.

>> § 4.º acrescentado pela Lei n. 13.846, de 18-6-2019.

§ 5.ºEm qualquer hipótese, fica assegurada ao órgão concessor da pensão por morte a cobrança dos valores indevidamente pagos em função de nova habilitação.

>> § 5.º acrescentado pela Lei n. 13.846, de 18-6-2019.

Art. 220. Perde o direito à pensão por morte:

>> *Caput* com redação determinada pela Lei n. 13.135, de 17-6-2015.

I – após o trânsito em julgado, o beneficiário condenado pela prática de crime de que tenha dolosamente resultado a morte do servidor;

>> Inciso I acrescentado pela Lei n. 13.135, de 17-6-2015.

II – o cônjuge, o companheiro ou a companheira se comprovada, a qualquer tempo, simulação ou fraude no casamento ou na união estável, ou a formalização desses com o fim exclusivo de constituir benefício previdenciário, apuradas em processo judicial no qual será assegurado o direito ao contraditório e à ampla defesa.

>> Inciso II acrescentado pela Lei n. 13.135, de 17-6-2015.

Art. 221. Será concedida pensão provisória por morte presumida do servidor, nos seguintes casos:

I – declaração de ausência, pela autoridade judiciária competente;

II – desaparecimento em desabamento, inundação, incêndio ou acidente não caracterizado como em serviço;

III – desaparecimento no desempenho das atribuições do cargo ou em missão de segurança.

Parágrafo único. A pensão provisória será transformada em vitalícia ou temporária, conforme o caso, decorridos 5 (cinco) anos de sua vigência, ressalvado o eventual reaparecimento do servidor, hipótese em que o benefício será automaticamente cancelado.

Art. 222. Acarreta perda da qualidade de beneficiário:

I – o seu falecimento;

II – a anulação do casamento, quando a decisão ocorrer após a concessão da pensão ao cônjuge;

III – a cessação da invalidez, em se tratando de beneficiário inválido, ou o afastamento da deficiência, em se tratando de beneficiário com deficiência, respeitados os períodos mínimos decorrentes da aplicação das alíneas *a* e *b* do inciso VII do *caput* deste artigo;

>> Inciso III com redação determinada pela Lei n. 13.846, de 18-6-2019.

IV – o implemento da idade de 21 (vinte e um) anos, pelo filho ou irmão;

>> Inciso IV com redação determinada pela Lei n. 13.135, de 17-6-2015.

V – a acumulação de pensão na forma do art. 225;

VI – a renúncia expressa; e

>> Inciso VI acrescentado pela Lei n. 13.135, de 17-6-2015.

VII – em relação aos beneficiários de que tratam os incisos I a III do *caput* do art. 217:

>> Inciso VII, *caput*, acrescentado pela Lei n. 13.135, de 17-6-2015.

a) o decurso de 4 (quatro) meses, se o óbito ocorrer sem que o servidor tenha vertido 18 (dezoito) contribuições mensais ou se o casamento ou a união estável tiverem sido iniciados em menos de 2 (dois) anos antes do óbito do servidor;

>> Alínea *a* acrescentada pela Lei n. 13.135, de 17-6-2015.

b) o decurso dos seguintes períodos, estabelecidos de acordo com a idade do pensionista na data de óbito do servidor, depois de vertidas 18 (dezoito) contribuições mensais e pelo menos 2 (dois) anos após o início do casamento ou da união estável:

>> Alínea *b*, *caput*, acrescentada pela Lei n. 13.135, de 17-6-2015.

1) 3 (três) anos, com menos de 21 (vinte e um) anos de idade;

>> Item 1 acrescentado pela Lei n. 13.135, de 17-6-2015.

2) 6 (seis) anos, entre 21 (vinte e um) e 26 (vinte e seis) anos de idade;

>> Item 2 acrescentado pela Lei n. 13.135, de 17-6-2015.

3) 10 (dez) anos, entre 27 (vinte e sete) e 29 (vinte e nove) anos de idade;

>> Item 3 acrescentado pela Lei n. 13.135, de 17-6-2015.

4) 15 (quinze) anos, entre 30 (trinta) e 40 (quarenta) anos de idade;

>> Item 4 acrescentado pela Lei n. 13.135, de 17-6-2015.

5) 20 (vinte) anos, entre 41 (quarenta e um) e 43 (quarenta e três) anos de idade;

>> Item 5 acrescentado pela Lei n. 13.135, de 17-6-2015.

6) vitalícia, com 44 (quarenta e quatro) ou mais anos de idade.

>> Item 6 acrescentado pela Lei n. 13.135, de 17-6-2015.

§ 1.º A critério da administração, o beneficiário de pensão cuja preservação seja motivada por invalidez, por incapacidade ou por deficiência poderá ser convocado a qualquer momento para avaliação das referidas condições.

>> § 1.º acrescentado pela Lei n. 13.135, de 17-6-2015.

§ 2.º Serão aplicados, conforme o caso, a regra contida no inciso III ou os prazos previstos na alínea *b* do inciso VII, ambos do *caput*, se o óbito do servidor decorrer de acidente de qualquer natureza ou de doença profissional ou do trabalho, independentemente do recolhimento de 18 (dezoito) contribuições mensais ou da comprovação de 2 (dois) anos de casamento ou de união estável.

>> § 2.º acrescentado pela Lei n. 13.135, de 17-6-2015.

§ 3.º Após o transcurso de pelo menos 3 (três) anos e desde que nesse período se verifique o incremento mínimo de um ano inteiro na média nacional única, para ambos os sexos, correspondente à expectativa de sobrevida da população brasileira ao nascer, poderão ser fixadas, em números inteiros, novas idades para os fins previstos na alínea *b* do inciso VII do *caput*, em ato do Ministro de Estado do Planejamento, Orçamento e Gestão, limitado o acréscimo na comparação com as idades anteriores ao referido incremento.

>> § 3.º acrescentado pela Lei n. 13.135, de 17-6-2015.

§ 4.º O tempo de contribuição a Regime Próprio de Previdência Social (RPPS) ou ao Regime Geral de Previdência Social (RGPS) será considerado na contagem das 18 (dezoito) contribuições mensais referidas nas alíneas *a* e *b* do inciso VII do *caput*.

>> § 4.º acrescentado pela Lei n. 13.135, de 17-6-2015.

§ 5.º Na hipótese de o servidor falecido estar, na data de seu falecimento, obrigado por determinação judicial a pagar alimentos temporários a ex-cônjuge, ex-companheiro ou ex-companheira, a pensão por morte será devida pelo prazo remanescente na data do óbito, caso não incida outra hipótese de cancelamento anterior do benefício.

>> § 5.º acrescentado pela Lei n. 13.846, de 18-6-2019.

§ 6.º O beneficiário que não atender à convocação de que trata o § 1.º deste artigo terá o benefício suspenso, observado o disposto nos incisos I e II do *caput* do art. 95 da Lei n. 13.146, de 6 de julho de 2015.

>> § 6.º acrescentado pela Lei n. 13.846, de 18-6-2019.

§ 7.º O exercício de atividade remunerada, inclusive na condição de microempreendedor individual, não impede a concessão ou manutenção da cota da pensão de dependente com deficiência intelectual ou mental ou com deficiência grave.

>> § 7.º acrescentado pela Lei n. 13.846, de 18-6-2019.

§ 8.º No ato de requerimento de benefícios previdenciários, não será exigida apresentação de termo de curatela de titular ou de beneficiário com deficiência, observados os procedimentos a serem estabelecidos em regulamento.

>> § 8.º acrescentado pela Lei n. 13.846, de 18-6-2019.

Art. 223. Por morte ou perda da qualidade de beneficiário, a respectiva cota reverterá para os cobeneficiários.

>> *Caput* com redação determinada pela Lei n. 13.135, de 17-6-2015.

I e II – (*Revogados pela Lei n. 13.135, de 17-6-2015.*)

Art. 224. As pensões serão automaticamente atualizadas na mesma data e na mesma proporção dos reajustes dos vencimentos dos servidores, aplicando-se o disposto no parágrafo único do art. 189.

> *Vide* art. 185, § 1.º, desta Lei.

Art. 225. Ressalvado o direito de opção, é vedada a percepção cumulativa de pensão deixada por mais de um cônjuge ou companheiro ou companheira e de mais de 2 (duas) pensões.

>> Artigo com redação determinada pela Lei n. 13.135, de 17-6-2015.

Seção VIII
Do Auxílio-Funeral

Art. 226. O auxílio-funeral é devido à família do servidor falecido na atividade ou aposentado, em valor equivalente a um mês da remuneração ou provento.

§ 1.º No caso de acumulação legal de cargos, o auxílio será pago somente em razão do cargo de maior remuneração.

§ 2.º (*Vetado.*)

§ 3.º O auxílio será pago no prazo de 48 (quarenta e oito) horas, por meio de procedimento sumaríssimo, à pessoa da família que houver custeado o funeral.

Art. 227. Se o funeral for custeado por terceiro, este será indenizado, observado o disposto no artigo anterior.

Art. 228. Em caso de falecimento de servidor em serviço fora do local de trabalho, inclusive no exterior, as despesas de transporte do corpo correrão à conta de recursos da União, autarquia ou fundação pública.

Seção IX
Do Auxílio-Reclusão

>> *Vide* art. 13 da Emenda Constitucional n. 20, de 15-12-1998.

Art. 229. À família do servidor ativo é devido o auxílio-reclusão, nos seguintes valores:

I – dois terços da remuneração, quando afastado por motivo de prisão, em flagrante ou preventiva, determinada pela autoridade competente, enquanto perdurar a prisão;

II – metade da remuneração, durante o afastamento, em virtude de condenação, por sentença definitiva, a pena que não determine a perda de cargo.

§ 1.º Nos casos previstos no inciso I deste artigo, o servidor terá direito à integralização da remuneração, desde que absolvido.

§ 2.º O pagamento do auxílio-reclusão cessará a partir do dia imediato àquele em que o servidor for posto em liberdade, ainda que condicional.

§ 3.º Ressalvado o disposto neste artigo, o auxílio-reclusão será devido, nas mesmas condições da pensão por morte, aos dependentes do segurado recolhido à prisão.

>> § 3.º acrescentado pela Lei n. 13.135, de 17-6-2015.

Capítulo III
DA ASSISTÊNCIA À SAÚDE

Art. 230. A assistência à saúde do servidor, ativo ou inativo, e de sua família compreende assistência médica, hospitalar, odontológica, psicológica e farmacêutica, terá como diretriz básica o implemento de ações preventivas voltadas para a promoção da saúde e será prestada pelo Sistema Único de Saúde – SUS, diretamente pelo órgão ou entidade ao qual estiver vinculado o servidor, ou mediante convênio ou contrato, ou ainda na forma de auxílio, mediante ressarcimento parcial do valor despendido pelo servidor, ativo ou inativo, e seus dependentes ou pensionistas com planos ou seguros privados de assistência à saúde, na forma estabelecida em regulamento.

>> *Caput* com redação determinada pela Lei n. 11.302, de 10-5-2006.

> O Decreto s/n., de 7-10-2013, dispõe sobre a forma de patrocínio da União e de suas autarquias e fundações GEAP – autogestão em saúde para prestação de serviços de assistência à saúde para os seus servidores ou empregados ativos, aposentados, pensionistas, bem como para seus respectivos grupos familiares.

§ 1.º Nas hipóteses previstas nesta Lei em que seja exigida perícia, avaliação ou inspeção médica, na ausência de médico ou junta médica oficial, para a sua realização o órgão ou entidade celebrará, preferencialmente, convênio com unidades de atendimento do sistema público de saúde, entidades sem fins lucrativos declaradas de utilidade pública, ou com o Instituto Nacional do Seguro Social – INSS.

>> § 1.º acrescentado pela Lei n. 9.527, de 10-12-1997.

§ 2.º Na impossibilidade, devidamente justificada, da aplicação do disposto no parágrafo anterior, o órgão ou entidade promoverá a contratação da prestação de serviços por pessoa jurídica, que constituirá junta médica especificamente para esses fins, indicando os nomes e especialidades dos seus integrantes, com a comprovação de suas habilitações e de que não estejam respondendo a processo disciplinar junto à entidade fiscalizadora da profissão.

>> § 2.º acrescentado pela Lei n. 9.527, de 10-12-1997.

§ 3.º Para os fins do disposto no *caput* deste artigo, ficam a União e suas entidades autárquicas e fundacionais autorizadas a:

>> § 3.º, *caput*, acrescentado pela Lei n. 11.302, de 10-5-2006.

I – celebrar convênios exclusivamente para a prestação de serviços de assistência à saúde para os seus servidores ou empregados ativos, aposentados, pensionistas, bem como para seus respectivos grupos familiares definidos, com entidades de autogestão por elas patrocinadas por meio de instrumentos jurídicos efetivamente celebrados e publicados até 12 de fevereiro de 2006 e que possuam autorização de funcionamento do órgão regulador, sendo certo que os convênios celebrados depois dessa data somente poderão sê-lo na forma da regulamentação específica sobre patrocínio de autogestões, a ser publicada pelo mesmo órgão regulador, no prazo de 180 (cento e oitenta) dias da vigência desta Lei, normas essas também aplicáveis aos convênios existentes até 12 de fevereiro de 2006;

>> Inciso I acrescentado pela Lei n. 11.302, de 10-5-2006.

II – contratar, mediante licitação, na forma da Lei n. 8.666, de 21 de junho de 1993, operadoras de planos e seguros privados de assistência à saúde que possuam autorização de funcionamento do órgão regulador;

>> Inciso II acrescentado pela Lei n. 11.302, de 10-5-2006.

III – (*Vetado.*)

>> Inciso III acrescentado pela Lei n. 11.302, de 10-5-2006.

§ 4.º (*Vetado.*)

>> § 4.º acrescentado pela Lei n. 11.302, de 10-5-2006.

§ 5.º O valor do ressarcimento fica limitado ao total despendido pelo servidor ou pensionista civil com plano ou seguro privado de assistência à saúde.

>> § 5.º acrescentado pela Lei n. 11.302, de 10-5-2006.

Capítulo IV
DO CUSTEIO

Art. 231. (*Revogado pela Lei n. 9.783, de 28-1-1999.*)

Título VII
Capítulo Único
DA CONTRATAÇÃO TEMPORÁRIA DE EXCEPCIONAL INTERESSE PÚBLICO

Arts. 232 a 235. (*Revogados pela Lei n. 8.745, de 9-12-1993.*)

Título VIII
Capítulo Único
DAS DISPOSIÇÕES GERAIS

Art. 236. O Dia do Servidor Público será comemorado a vinte e oito de outubro.

Art. 237. Poderão ser instituídos, no âmbito dos Poderes Executivo, Legislativo e Judiciário, os seguintes incentivos funcionais, além daqueles já previstos nos respectivos planos de carreira:

> *Vide* art. 39, § 7.º, da CF.

I – prêmios pela apresentação de ideias, inventos ou trabalhos que favoreçam o aumento de produtividade e a redução dos custos operacionais;

II – concessão de medalhas, diplomas de honra ao mérito, condecoração e elogio.

Art. 238. Os prazos previstos nesta Lei serão contados em dias corridos, excluindo-se o dia do começo e incluindo-se o do vencimento, ficando prorrogado, para o primeiro dia útil seguinte, o prazo vencido em dia em que não haja expediente.

Art. 239. Por motivo de crença religiosa ou de convicção filosófica ou política, o servidor não poderá ser privado de quaisquer dos seus direitos, sofrer discriminação em sua vida funcional, nem eximir-se do cumprimento de seus deveres.

Art. 240. Ao servidor público civil é assegurado, nos termos da Constituição Federal, o direito à livre associação sindical e os seguintes direitos entre outros, dela decorrentes:

>> Livre associação sindical: *vide* art. 37, VI, da CF.

a) de ser representado pelo sindicato, inclusive como substituto processual;

b) de inamovibilidade do dirigente sindical, até um ano após o final do mandato, exceto se a pedido;

c) de descontar em folha, sem ônus para a entidade sindical a que for filiado, o valor das mensalidades e contribuições definidas em assembleia geral da categoria;

d) e *e)* (*Revogadas pela Lei n. 9.527, de 10-12-1997.*)

Art. 241. Consideram-se da família do servidor, além do cônjuge e filhos, quaisquer pessoas que vivam às suas expensas e constem do seu assentamento individual.

Parágrafo único. Equipara-se ao cônjuge a companheira ou companheiro, que comprove união estável como entidade familiar.

> A Resolução n. 40, de 14-8-2007, do CNJ, dispõe sobre os procedimentos de reconhecimento de união estável.

Art. 242. Para os fins desta Lei, considera-se sede o município onde a repartição estiver instalada e onde o servidor tiver exercício, em caráter permanente.

Título IX

Capítulo Único

DAS DISPOSIÇÕES TRANSITÓRIAS E FINAIS

Art. 243. Ficam submetidos ao regime jurídico instituído por esta Lei, na qualidade de servidores públicos, os servidores dos Poderes da União, dos ex-Territórios, das autarquias, inclusive as em regime especial, e das fundações públicas, regidos pela Lei n. 1.711, de 28 de outubro de 1952 – Estatuto dos Funcionários Públicos Civis da União, ou pela Consolidação das Leis do Trabalho, aprovada pelo Decreto-Lei n. 5.452, de 1.º de maio de 1943, exceto os contratados por prazo determinado, cujos contratos não poderão ser prorrogados após o vencimento do prazo de prorrogação.

> *Vide* Lei n. 9.962, de 22-2-2000.

§ 1.º Os empregos ocupados pelos servidores incluídos no regime instituído por esta Lei ficam transformados em cargos, na data de sua publicação.

§ 2.º As funções de confiança exercidas por pessoas não integrantes de tabela permanente do órgão ou entidade onde têm exercício ficam transformadas em cargos em comissão, e mantidas enquanto não for implantado o plano de cargos dos órgãos ou entidades na forma da lei.

§ 3.º As Funções de Assessoramento Superior – FAS, exercidas por servidor integrante de quadro ou tabela de pessoal, ficam extintas na data da vigência desta Lei.

§ 4.º (*Vetado.*)

§ 5.º O regime jurídico desta Lei é extensivo aos serventuários da Justiça, remunerados com recursos da União, no que couber.

§ 6.º Os empregos dos servidores estrangeiros com estabilidade no serviço público, enquanto não adquirirem a nacionalidade brasileira, passarão a integrar tabela em extinção, do respectivo órgão ou entidade, sem prejuízo dos direitos inerentes aos planos de carreira aos quais se encontrem vinculados os empregos.

§ 7.º Os servidores públicos de que trata o *caput* deste artigo, não amparados pelo art. 19 do Ato das Disposições Constitucionais Transitórias, poderão, no interesse da Administração e conforme critérios estabelecidos em regulamento, ser exonerados mediante indenização de 1 (um) mês de remuneração por ano de efetivo exercício no serviço público federal.

>> § 7.º acrescentado pela Lei n. 9.527, de 10-12-1997.

§ 8.º Para fins de incidência do imposto de renda na fonte e na declaração de rendimentos, serão considerados como indenizações isentas os pagamentos efetuados a título de indenização prevista no parágrafo anterior.

>> § 8.º acrescentado pela Lei n. 9.527, de 10-12-1997.

§ 9.º Os cargos vagos em decorrência da aplicação do disposto no § 7.º poderão ser extintos pelo Poder Executivo quando considerados desnecessários.

>> § 9.º acrescentado pela Lei n. 9.527, de 10-12-1997.

Art. 244. Os adicionais por tempo de serviço, já concedidos aos servidores abrangidos por esta Lei, ficam transformados em anuênio.

Art. 245. A licença especial disciplinada pelo art. 116 da Lei n. 1.711, de 1952, ou por outro diploma legal, fica transformada em licença-prêmio por assiduidade, na forma prevista nos arts. 87 a 90.

>> O disposto neste artigo acha-se prejudicado em face da nova redação determinada aos arts. 87 a 90 desta Lei.

Art. 246. (*Vetado.*)

Art. 247. Para efeito do disposto no Título VI desta Lei, haverá ajuste de contas com a Previdência Social, correspondente ao período de contribuição por parte dos servidores celetistas abrangidos pelo art. 243.

>> Artigo com redação determinada pela Lei n. 8.162, de 8-1-1991.

Art. 248. As pensões estatutárias, concedidas até a vigência desta Lei, passam a ser mantidas pelo órgão ou entidade de origem do servidor.

Art. 249. Até a edição da lei prevista no § 1.º do art. 231, os servidores abrangidos por esta Lei contribuirão na forma e nos percentuais atualmente estabelecidos para o servidor civil da União, conforme regulamento próprio.

Art. 250. O servidor que já tiver satisfeito ou vier a satisfazer, dentro de 1 (um) ano, as condições necessárias para a aposentadoria nos termos do inciso II do art. 184 do antigo Estatuto dos Funcionários Públicos Civis da União, Lei n. 1.711, de 28 de outubro de 1952, aposentar-se-á com a vantagem prevista naquele dispositivo.

>> Artigo vetado pelo Presidente da República, mantido pelo Congresso Nacional.

Art. 251. (*Revogado pela Lei n. 9.527, de 10-12-1997.*)

Art. 252. Esta Lei entra em vigor na data de sua publicação, com efeitos financeiros a partir do primeiro dia do mês subsequente.

Art. 253. Ficam revogadas a Lei n. 1.711, de 28 de outubro de 1952, e respectiva legislação complementar, bem como as demais disposições em contrário.

> Citada Lei aprovava o Estatuto dos Funcionários Públicos Civis da União.

Brasília, 11 de dezembro de 1990; 169.º da Independência e 102.º da República.

Fernando Collor

LEI N. 8.137, DE 27 DE DEZEMBRO DE 1990 (*)

Define crimes contra a ordem tributária, econômica e contra as relações de consumo, e dá outras providências.

O Presidente da República.

Faço saber que o Congresso Nacional decreta e eu sanciono a seguinte Lei:

Capítulo I

DOS CRIMES CONTRA A ORDEM TRIBUTÁRIA

>> O art. 87 da Lei n. 12.529, de 30-11-2011, estabelece que, nos crimes contra a ordem tributária tipificados nesta Lei, e nos demais crimes diretamente relacionados à prática de cartel, a celebração do acordo de leniência determina a suspensão do curso do prazo prescricional e impede o oferecimento da denúncia com relação ao agente beneficiário da leniência.

Seção I

Dos Crimes Praticados por Particulares

Art. 1.º Constitui crime contra a ordem tributária suprimir ou reduzir tributo, ou contribuição social e qualquer acessório, mediante as seguintes condutas:

>> Sobre suspensão da pretensão punitiva do Estado e extinção da punibilidade dos crimes previstos neste artigo, tratam as Leis n. 9.249, de 26-12-1995, art. 34, n. 9.964, de 10-4-2000, art. 15, e n. 10.684, de 30-5-2003, art. 9.º.

>> *Vide* Lei n. 13.254, de 13-1-2016.

>> *Vide* art. 83 da Lei n. 9.430, de 27-12-1996.

> *Vide* art. 1.º, I, do Decreto n. 2.730, de 10-8-1998.

I – omitir informação, ou prestar declaração falsa às autoridades fazendárias;

>> *Vide* Súmula Vinculante 24.

(*) Publicada no *Diário Oficial da União*, de 28-12-1990. A Medida Provisória n. 2.172-32, de 23-8-2001, estabelece a nulidade para as disposições contratuais com estipulações usurárias.

II – fraudar a fiscalização tributária, inserindo elementos inexatos, ou omitindo operação de qualquer natureza, em documento ou livro exigido pela lei fiscal;

III – falsificar ou alterar nota fiscal, fatura, duplicata, nota de venda, ou qualquer outro documento relativo à operação tributável;

IV – elaborar, distribuir, fornecer, emitir ou utilizar documento que saiba ou deva saber falso ou inexato;

>> *Vide* Súmula Vinculante 24.

V – negar ou deixar de fornecer, quando obrigatório, nota fiscal ou documento equivalente, relativa a venda de mercadoria ou prestação de serviço, efetivamente realizada, ou fornecê-la em desacordo com a legislação.

Pena – reclusão, de 2 (dois) a 5 (cinco) anos, e multa.

Parágrafo único. A falta de atendimento da exigência da autoridade, no prazo de 10 (dez) dias, que poderá ser convertido em horas em razão da maior ou menor complexidade da matéria ou da dificuldade quanto ao atendimento da exigência, caracteriza a infração prevista no inciso V.

Art. 2.º Constitui crime da mesma natureza:

>> Sobre suspensão da pretensão punitiva do Estado e extinção da punibilidade dos crimes previstos neste artigo, tratam as Leis n. 9.249, de 26-12-1995, art. 34, n. 9.964, de 10-4-2000, art. 15, e n. 10.684, de 30-5-2003, art. 9.º.

>> *Vide* art. 83 da Lei n. 9.430, de 27-12-1996.

> *Vide* art. 1.º, I, do Decreto n. 2.730, de 10-8-1998.

I – fazer declaração falsa ou omitir declaração sobre rendas, bens ou fatos, ou empregar outra fraude, para eximir-se, total ou parcialmente, de pagamento de tributo;

>> *Vide* art. 5.º da Lei n. 13.254, de 13-1-2016.

II – deixar de recolher, no prazo legal, valor de tributo ou de contribuição social, descontado ou cobrado, na qualidade de sujeito passivo de obrigação e que deveria recolher aos cofres públicos;

>> *Vide* art. 5.º da Lei n. 13.254, de 13-1-2016.

III – exigir, pagar ou receber, para si ou para o contribuinte beneficiário, qualquer percentagem sobre a parcela dedutível ou deduzida de imposto ou de contribuição como incentivo fiscal;

IV – deixar de aplicar, ou aplicar em desacordo com o estatuído, incentivo fiscal ou parcelas de imposto liberadas por órgão ou entidade de desenvolvimento;

>> *Vide* art. 5.º da Lei n. 13.254, de 13-1-2016.

V – utilizar ou divulgar programa de processamento de dados que permita ao sujeito passivo da obrigação tributária possuir informação contábil diversa daquela que é, por lei, fornecida à Fazenda Pública.

Pena – detenção, de 6 (seis) meses a 2 (dois) anos, e multa.

Seção II
Dos Crimes Praticados por Funcionários Públicos

Art. 3.º Constitui crime funcional contra a ordem tributária, além dos previstos no Decreto-lei n. 2.848, de 7 de dezembro de 1940 – Código Penal (Título XI, Capítulo I):

>> O art. 34 da Lei n. 9.249, de 26-12-1995, dispõe sobre a extinção da punibilidade dos crimes previstos neste artigo.

>> *Vide* Decreto n. 325, de 1.º-11-1991, disciplina a comunicação ao Ministério Público Federal, da prática de ilícitos penais previstos na legislação tributária e de crime funcional contra a ordem tributária e dá outras providências.

I – extraviar livro oficial, processo fiscal ou qualquer documento, de que tenha a guarda em razão da função; sonegá-lo, ou inutilizá-lo, total ou parcialmente, acarretando pagamento indevido ou inexato de tributo ou contribuição social;

II – exigir, solicitar ou receber, para si ou para outrem, direta ou indiretamente, ainda que fora da função ou antes de iniciar seu exercício, mas em razão dela, vantagem indevida; ou aceitar promessa de tal vantagem, para deixar de lançar ou cobrar tributo ou contribuição social, ou cobrá-los parcialmente;

Pena – reclusão, de 3 (três) a 8 (oito) anos, e multa.

III – patrocinar, direta ou indiretamente, interesse privado perante a administração fazendária, valendo-se da qualidade de funcionário público.

Pena – reclusão, de 1 (um) a 4 (quatro) anos, e multa.

Capítulo II
DOS CRIMES CONTRA A ORDEM ECONÔMICA E AS RELAÇÕES DE CONSUMO

> CDC: Lei n. 8.078, de 11-9-1990.

Art. 4.º Constitui crime contra a ordem econômica:

>> O art. 34 da Lei n. 9.249, de 26-12-1995, dispõe sobre a extinção da punibilidade dos crimes previstos neste artigo.

I – abusar do poder econômico, dominando o mercado ou eliminando, total ou parcialmente, a concorrência mediante qualquer forma de ajuste ou acordo de empresas;

>> Inciso I com redação determinada pela Lei n. 12.529, de 30-11-2011.

a)* a *f) (*Revogadas pela Lei n. 12.529, de 30-11-2011.*)

II – formar acordo, convênio, ajuste ou aliança entre ofertantes, visando:

>> Inciso II, *caput*, com redação determinada pela Lei n. 12.529, de 30-11-2011.

a) à fixação artificial de preços ou quantidades vendidas ou produzidas;

>> Alínea *a* com redação determinada pela Lei n. 12.529, de 30-11-2011.

b) ao controle regionalizado do mercado por empresa ou grupo de empresas;

>> Alínea *b* com redação determinada pela Lei n. 12.529, de 30-11-2011.

c) ao controle, em detrimento da concorrência, de rede de distribuição ou de fornecedores.

>> Alínea *c* com redação determinada pela Lei n. 12.529, de 30-11-2011.

Pena – reclusão, de 2 (dois) a 5 (cinco) anos e multa.

III a VII – (*Revogados pela Lei n. 12.529, de 30-11-2011.*)

Arts. 5.º e 6.º (*Revogados pela Lei n. 12.529, de 30-11-2011.*)

Art. 7.º Constitui crime contra as relações de consumo:

>> O art. 34 da Lei n. 9.249, de 26-12-1995, dispõe sobre a extinção da punibilidade dos crimes previstos neste artigo.

I – favorecer ou preferir, sem justa causa, comprador ou freguês, ressalvados os sistemas de entrega ao consumo por intermédio de distribuidores ou revendedores;

II – vender ou expor à venda mercadoria cuja embalagem, tipo, especificação, peso ou composição esteja em desacordo com as prescrições legais, ou que não corresponda à respectiva classificação oficial;

III – misturar gêneros e mercadorias de espécies diferentes, para vendê-los ou expô-los à venda como puros; misturar gêneros e mercadorias de qualidades desiguais para vendê-los ou expô-los à venda por preço estabelecido para os de mais alto custo;

IV – fraudar preços por meio de:

a) alteração, sem modificação essencial ou de qualidade, de elementos tais como denominação, sinal externo, marca, embalagem, especificação técnica, descrição, volume, peso, pintura ou acabamento de bem ou serviço;

b) divisão em partes de bem ou serviço, habitualmente oferecido à venda em conjunto;

c) junção de bens ou serviços, comumente oferecidos à venda em separado;

d) aviso de inclusão de insumo não empregado na produção do bem ou na prestação dos serviços;

V – elevar o valor cobrado nas vendas a prazo de bens ou serviços, mediante a exigência de comissão ou de taxa de juros ilegais;

VI – sonegar insumos ou bens, recusando-se a vendê-los a quem pretenda comprá-los nas condições publicamente ofertadas, ou retê-los para o fim de especulação;

VII – induzir o consumidor ou usuário a erro, por via de indicação ou afirmação falsa ou enganosa sobre a natureza, qualidade de bem ou serviço, utilizando-se de qualquer meio, inclusive a veiculação ou divulgação publicitária;

VIII – destruir, inutilizar ou danificar matéria-prima ou mercadoria, com o fim de provocar alta de preço, em proveito próprio ou de terceiros;

IX – vender, ter em depósito para vender ou expor à venda ou, de qualquer forma, entregar matéria-prima ou mercadoria, em condições impróprias ao consumo.

Pena – detenção, de 2 (dois) a 5 (cinco) anos, ou multa.

Parágrafo único. Nas hipóteses dos incisos II, III e IX pune-se a modalidade culposa, reduzindo-se a pena e a detenção de 1/3 (um terço) ou a de multa à quinta parte.

CAPÍTULO III
DAS MULTAS

Art. 8.º Nos crimes definidos nos arts. 1.º a 3.º desta Lei, a pena de multa será fixada entre 10 (dez) e 360 (trezentos e sessenta) dias-multa, conforme seja necessário e suficiente para reprovação e prevenção do crime.

Parágrafo único. O dia-multa será fixado pelo juiz em valor não inferior a 14 (quatorze) nem superior a 200 (duzentos) Bônus do Tesouro Nacional – BTN.

Art. 9.º A pena de detenção ou reclusão poderá ser convertida em multa de valor equivalente a:

I – 200.000 (duzentos mil) até 5.000.000 (cinco milhões) de BTN, nos crimes definidos no art. 4.º;

II – 5.000 (cinco mil) até 200.000 (duzentos mil) BTN, nos crimes definidos nos arts. 5.º e 6.º;

III – 50.000 (cinquenta mil) até 1.000.000 (um milhão) de BTN, nos crimes definidos no art. 7.º.

>> Sobre valores, *vide* Nota da Editora.

Art. 10. Caso o juiz, considerado o ganho ilícito e a situação econômica do réu, verifique a insuficiência ou excessiva onerosidade das penas pecuniárias previstas nesta Lei, poderá diminuí-las até a 10.ª (décima) parte ou elevá-las ao décuplo.

CAPÍTULO IV
DAS DISPOSIÇÕES GERAIS

Art. 11. Quem, de qualquer modo, inclusive por meio de pessoa jurídica, concorre para os crimes definidos nesta Lei, incide nas penas a estes cominadas, na medida de sua culpabilidade.

Parágrafo único. Quando a venda ao consumidor for efetuada por sistema de entrega ao consumo ou por intermédio de distribuidor ou revendedor, seja em regime de concessão comercial ou outro em que o preço ao consumidor é estabelecido ou sugerido pelo fabricante ou concedente, o ato por este praticado não alcança o distribuidor ou revendedor.

Art. 12. São circunstâncias que podem agravar de 1/3 (um terço) até a metade as penas previstas nos arts. 1.º, 2.º e 4.º a 7.º:

I – ocasionar grave dano à coletividade;

II – ser o crime cometido por servidor público no exercício de suas funções;

III – ser o crime praticado em relação à prestação de serviços ou ao comércio de bens essenciais à vida ou à saúde.

Art. 13. (*Vetado.*)

Art. 14. (*Revogado pela Lei n. 8.383, de 30-12-1991.*)

Art. 15. Os crimes previstos nesta Lei são de ação penal pública, aplicando-se-lhes o disposto no art. 100 do Decreto-lei n. 2.848, de 7 de dezembro de 1940 – Código Penal.

Art. 16. Qualquer pessoa poderá provocar a iniciativa do Ministério Público nos crimes descritos nesta Lei, fornecendo-lhe por escrito informações sobre o fato e a autoria, bem como indicando o tempo, o lugar e os elementos de convicção.

Parágrafo único. Nos crimes previstos nesta Lei, cometidos em quadrilha ou coautoria, o coautor ou partícipe que através de confissão espontânea revelar à autoridade policial ou judicial toda a trama delituosa terá a sua pena reduzida de 1 (um) a 2/3 (dois terços).

>> Parágrafo único acrescentado pela Lei n. 9.080, de 19-7-1995.

Art. 17. Compete ao Departamento Nacional de Abastecimento e Preços, quando e se necessário, providenciar a desapropriação de estoques, a fim de evitar crise no mercado ou colapso no abastecimento.

Art. 18. (*Revogado pela Lei n. 8.176, de 8-2-1991.*)

....

Art. 22. Esta Lei entra em vigor na data de sua publicação.

Art. 23. Revogam-se as disposições em contrário e, em especial, o art. 279 do Decreto-lei n. 2.848, de 7 de dezembro de 1940 – Código Penal.

Brasília, 27 de dezembro de 1990; 169.º da Independência e 102.º da República.

FERNANDO COLLOR

LEI N. 8.212, DE 24 DE JULHO DE 1991 (*)

Dispõe sobre a organização da Seguridade Social, institui Plano de Custeio, e dá outras providências.

O Presidente da República.

Faço saber que o Congresso Nacional decreta e eu sanciono a seguinte Lei:

LEI ORGÂNICA DA SEGURIDADE SOCIAL

TÍTULO I
CONCEITUAÇÃO E PRINCÍPIOS CONSTITUCIONAIS

Art. 1.º A Seguridade Social compreende um conjunto integrado de ações de iniciativa dos poderes públicos e da sociedade, destinado a assegurar o direito relativo à saúde, à previdência e à assistência social.

Parágrafo único. A Seguridade Social obedecerá aos seguintes princípios e diretrizes:

a) universalidade da cobertura e do atendimento;

b) uniformidade e equivalência dos benefícios e serviços às populações urbanas e rurais;

c) seletividade e distributividade na prestação dos benefícios e serviços;

d) irredutibilidade do valor dos benefícios;

e) equidade na forma de participação no custeio;

f) diversidade da base de financiamento;

g) caráter democrático e descentralizado da gestão administrativa com a participação da comunidade, em especial de trabalhadores, empresários e aposentados.

....

TÍTULO VI
DO FINANCIAMENTO DA SEGURIDADE SOCIAL

....

CAPÍTULO II
DA CONTRIBUIÇÃO DA UNIÃO

Art. 16. A contribuição da União é constituída de recursos adicionais do Orçamento Fiscal, fixados obrigatoriamente na lei orçamentária anual.

Parágrafo único. A União é responsável pela cobertura de eventuais insuficiências financeiras da Seguridade Social, quando decorrentes do pagamento de benefícios de prestação continuada da Previdência Social, na forma da Lei Orçamentária Anual.

Art. 17. Para pagamento dos encargos previdenciários da União, poderão contribuir os recursos da Seguridade Social referidos na alínea *d* do parágrafo único do art. 11 desta Lei, na forma da Lei Orçamentária anual, assegurada a destinação de recursos para as ações de Saúde e Assistência Social.

>> Artigo com redação determinada pela Lei n. 9.711, de 20-11-1998.

Art. 18. Os recursos da Seguridade Social referidos nas alíneas *a*, *b*, *c* e *d* do parágrafo único do art. 11 desta Lei poderão contribuir, a partir do exercício de 1992, para o financiamento das despesas com pessoal e administração geral apenas do Instituto Nacional do Seguro Social – INSS, do Instituto Nacional de Assistência Médica da Previdência Social – INAMPS, da Fundação Legião Brasileira de Assistência – LBA e da Fundação Centro Brasileiro para Infância e Adolescência.

> A Lei n. 9.649, de 27-5-1998, extinguiu as Fundações Legião Brasileira de Assistência (LBA) e Centro Brasileiro para a Infância e Adolescência (CBIA).

(*) Publicada no *Diário Oficial da União*, de 25-7-1991. Republicada em 11-4-1996 e 14-8-1998. Regulamentada pelo Decreto n. 3.048, de 6-5-1999.

Art. 19. O Tesouro Nacional repassará mensalmente recursos referentes às contribuições mencionadas nas alíneas *d* e *e* do parágrafo único do art. 11 desta Lei, destinados à execução do Orçamento da Seguridade Social.

>> Artigo com redação determinada pela Lei n. 9.711, de 20-11-1998.

Capítulo III
DA CONTRIBUIÇÃO DO SEGURADO

Seção I
Da Contribuição dos Segurados Empregado, Empregado Doméstico e Trabalhador Avulso

>> *Vide* art. 28 da Emenda Constitucional n. 103, de 12-11-2019.

Art. 20. A contribuição do empregado, inclusive o doméstico, e a do trabalhador avulso é calculada mediante a aplicação da correspondente alíquota sobre o seu salário de contribuição mensal, de forma não cumulativa, observado o disposto no art. 28, de acordo com a seguinte tabela:

>> *Caput* com redação determinada pela Lei n. 9.032, de 28-4-1995.

Salário de contribuição (R$)	Alíquota não cumulativa para fins de recolhimento ao INSS
até 1.045,00	7,5%
de 1.045,01 até 2.089,60	9%
de 2.089,61 até 3.134,40	12%
de 3.134,41 até 6.101,06	14%

>> Valores atualizados de acordo com a Portaria n. 3.659, de 10-2-2020, do Ministério da Economia, válidos a partir de 1.º-3-2020.

§ 1.º Os valores do salário de contribuição serão reajustados, a partir da data de entrada em vigor desta Lei, na mesma época e com os mesmos índices que os do reajustamento dos benefícios de prestação continuada da Previdência Social.

>> § 1.º com redação determinada pela Lei n. 8.620, de 5-1-1993.

§ 2.º O disposto neste artigo aplica-se também aos segurados empregados e trabalhadores avulsos que prestem serviços a microempresas.

>> § 2.º com redação determinada pela Lei n. 8.620, de 5-1-1993.

Seção II
Da Contribuição dos Segurados Contribuinte Individual e Facultativo

>> Seção II com denominação determinada pela Lei n. 9.876, de 26-11-1999.

Art. 21. A alíquota de contribuição dos segurados contribuinte individual e facultativo será de 20% (vinte por cento) sobre o respectivo salário de contribuição.

>> *Caput* com redação determinada pela Lei n. 9.876, de 26-11-1999.

I e II – (*Revogados pela Lei n. 9.876, de 26-11-1999.*)

§ 1.º Os valores do salário de contribuição serão reajustados, a partir da data de entrada em vigor desta Lei, na mesma época e com os mesmos índices que os do reajustamento dos benefícios de prestação continuada da Previdência Social.

>> Primitivo parágrafo único com redação determinada pela Lei n. 9.711, de 20-11-1998, e renumerado pela Lei Complementar n. 123, de 14-12-2006.

§ 2.º No caso de opção pela exclusão do direito ao benefício de aposentadoria por tempo de contribuição, a alíquota de contribuição incidente sobre o limite mínimo mensal do salário de contribuição será de:

>> § 2.º, *caput*, com redação determinada pela Lei n. 12.470, de 31-8-2011.

I – 11% (onze por cento), no caso do segurado contribuinte individual, ressalvado o disposto no inciso II, que trabalhe por conta própria, sem relação de trabalho com empresa ou equiparado e do segurado facultativo, observado o disposto na alínea *b* do inciso II deste parágrafo;

>> Inciso I acrescentado pela Lei n. 12.470, de 31-8-2011.

II – 5% (cinco por cento):

>> Inciso II, *caput*, acrescentado pela Lei n. 12.470, de 31-8-2011.

a) no caso do microempreendedor individual, de que trata o art. 18-A da Lei Complementar n. 123, de 14 de dezembro de 2006; e

>> Alínea *a* acrescentada pela Lei n. 12.470, de 31-8-2011, produzindo efeitos a partir de 1.º-5-2011.

b) do segurado facultativo sem renda própria que se dedique exclusivamente ao trabalho doméstico no âmbito de sua residência, desde que pertencente a família de baixa renda.

>> Alínea *b* acrescentada pela Lei n. 12.470, de 31-8-2011.

§ 3.º O segurado que tenha contribuído na forma do § 2.º deste artigo e pretenda contar o tempo de contribuição correspondente para fins de obtenção da aposentadoria por tempo de contribuição ou da contagem recíproca do tempo de contribuição a que se refere o art. 94 da Lei n. 8.213, de 24 de julho de 1991, deverá complementar a contribuição mensal mediante recolhimento, sobre o valor correspondente ao limite mínimo mensal do salário de contribuição em vigor na competência a ser complementada, da diferença entre o percentual pago e o de 20% (vinte por cento), acrescido dos juros moratórios de que trata o § 3.º do art. 5.º da Lei n. 9.430, de 27 de dezembro de 1996.

>> § 3.º com redação determinada pela Lei n. 12.470, de 31-8-2011, produzindo efeitos a partir de 1.º-5-2011.

§ 4.º Considera-se de baixa renda, para os fins do disposto na alínea *b* do inciso II do § 2.º deste artigo, a família inscrita no Cadastro Único para Programas Sociais do Governo Federal – CadÚnico cuja renda mensal seja de até 2 (dois) salários mínimos.

>> § 4.º com redação determinada pela Lei n. 12.470, de 31-8-2011.

§ 5.º A contribuição complementar a que se refere o § 3.º deste artigo será exigida a qualquer tempo, sob pena de indeferimento do benefício.

>> § 5.º acrescentado pela Lei n. 12.507, de 11-10-2011.

Capítulo IV
DA CONTRIBUIÇÃO DA EMPRESA

Art. 22. A contribuição a cargo da empresa, destinada à Seguridade Social, além do disposto no art. 23, é de:

> A Lei Complementar n. 123, de 14-12-2006, dispõe sobre o tratamento diferenciado e favorecido dispensado às microempresas e empresas de pequeno porte.

I – 20% (vinte por cento) sobre o total das remunerações pagas, devidas ou creditadas a qualquer título, durante o mês, aos segurados empregados e trabalhadores avulsos que lhe prestem serviços, destinadas a retribuir o trabalho, qualquer que seja a sua forma, inclusive as gorjetas, os ganhos habituais sob a forma de utilidades e os adiantamentos decorrentes de reajuste salarial, quer pelos serviços efetivamente prestados, quer pelo tempo à disposição do empregador ou tomador de serviços, nos termos da lei ou do contrato ou, ainda, de convenção ou acordo coletivo de trabalho ou sentença normativa;

>> Inciso I com redação determinada pela Lei n. 9.876, de 26-11-1999.

> *Vide* arts. 22-A e 22-B desta Lei.

II – para o financiamento do benefício previsto nos arts. 57 e 58 da Lei n. 8.213, de 24 de julho de 1991, e daqueles concedidos em razão do grau de incidência de incapacidade laborativa decorrente dos riscos ambientais do trabalho, sobre o total das remunerações pagas ou creditadas, no decorrer do mês, aos segurados empregados e trabalhadores avulsos:

> **A alíquota de contribuição de um, dois ou três por cento, destinada ao financiamento do benefício de aposentadoria especial ou daqueles concedidos em razão do grau de incidência de incapacidade laborativa decorrente dos riscos ambientais do trabalho, de que trata este inciso, poderá ser reduzida, em até cinquenta por cento, ou aumentada, em até cem por cento, conforme dispuser o regulamento, em razão do desempenho da empresa em relação à respectiva atividade econômica, apurado em conformidade com os resultados obtidos a partir dos índices de frequência, gravidade e custo, calculados segundo metodologia aprovada pelo Conselho Nacional de Previdência Social, por força do art. 10 da Lei n. 10.666, de 8-5-2003.**

a) 1% (um por cento) para as empresas em cuja atividade preponderante o risco de acidentes do trabalho seja considerado leve;

b) 2% (dois por cento) para as empresas em cuja atividade preponderante esse risco seja considerado médio;

c) 3% (três por cento) para as empresas em cuja atividade preponderante esse risco seja considerado grave;

>> Inciso II com redação determinada pela Lei n. 9.732, de 11-12-1998.

> *Vide* arts. 22-A e 22-B desta Lei.

III – 20% (vinte por cento) sobre o total das remunerações pagas ou creditadas a qualquer título, no decorrer do mês, aos segurados contribuintes individuais que lhe prestem serviços;

>> Inciso III acrescentado pela Lei n. 9.876, de 26-11-1999.

IV – 15% (quinze por cento) sobre o valor bruto da nota fiscal ou fatura de prestação de serviços, relativamente a serviços que lhe são prestados por cooperados por intermédio de cooperativas de trabalho.

>> Inciso IV acrescentado pela Lei n. 9.876, de 26-11-1999.

>> A Resolução n. 10, de 30-3-2016, do Senado Federal, suspende a execução deste inciso IV.

§ 1.º No caso de bancos comerciais, bancos de investimentos, bancos de desenvolvimento, caixas econômicas, sociedades de crédito, financiamento e investimento, sociedades de crédito imobiliário, sociedades corretoras, distribuidoras de títulos e valores mobiliários, empresas de arrendamento mercantil, cooperativas de crédito, empresas de seguros privados e de capitalização, agentes autônomos de seguros privados e de crédito e entidades de previdência privada abertas e fechadas, além das contribuições referidas neste artigo e no art. 23, é devida a contribuição adicional de 2,5% (dois vírgula cinco por cento) sobre a base de cálculo definida nos incisos I e III deste artigo.

>> § 1.º com redação determinada pela Lei n. 9.876, de 26-11-1999.

>> A Medida Provisória n. 2.158-35, de 24-8-2001, reduziu a alíquota para 0,65% (sessenta e cinco centésimos por cento) em relação aos fatos geradores ocorridos a partir de 1.º-2-1999, para as pessoas jurídicas de que trata este parágrafo.

>> *Vide* Súmula 584 do STJ.

> A Instrução Normativa n. 1.285, de 13-8-2012, dispõe sobre a incidência da Contribuição para PIS/Pasep e da COFINS devidas pelas pessoas jurídicas elencadas neste § 1.º.

§ 2.º Não integram a remuneração as parcelas de que trata o § 9.º do art. 28.

§ 3.º O Ministério do Trabalho e da Previdência Social poderá alterar, com base nas estatísticas de acidentes do trabalho, apuradas em inspeção, o enquadramento de empresas para efeito da contribuição a que se refere o inciso II deste artigo, a fim de estimular investimentos em prevenção de acidentes.

§ 4.º O Poder Executivo estabelecerá, na forma da lei, ouvido o Conselho Nacional da Seguridade Social, mecanismos de estímulo às empresas que se utilizem de empregados portadores de deficiências física, sensorial e/ou mental com desvio do padrão médio.

§ 5.º (*Revogado pela Lei n. 10.256, de 9-7-2001.*)

§ 6.º A contribuição empresarial da associação desportiva que mantém a equipe de futebol profissional destinada à Seguridade Social, em substituição à prevista nos incisos I e II deste artigo, corresponde a 5% (cinco por cento) da receita bruta, decorrente dos espetáculos desportivos de que participem em todo território nacional em qualquer modalidade desportiva, inclusive jogos internacionais, e de qualquer forma de patrocínio, licenciamento de uso de marcas e símbolos, publicidade, propaganda e de transmissão de espetáculos desportivos.

>> § 6.º acrescentado pela Lei n. 9.528, de 10-12-1997.

§ 7.º Caberá à entidade promotora do espetáculo a responsabilidade de efetuar o desconto de 5% (cinco por cento) da receita bruta decorrente dos espetáculos desportivos e o respectivo recolhimento ao Instituto Nacional do Seguro Social, no prazo de até 2 (dois) dias úteis após a realização do evento.

>> § 7.º acrescentado pela Lei n. 9.528, de 10-12-1997.

§ 8.º Caberá à associação desportiva que mantém equipe de futebol profissional informar à entidade promotora do espetáculo desportivo todas as receitas auferidas no evento, discriminando-as detalhadamente.

>> § 8.º acrescentado pela Lei n. 9.528, de 10-12-1997.

§ 9.º No caso de a associação desportiva que mantém equipe de futebol profissional receber recursos de empresa ou entidade, a título de patrocínio, licenciamento de uso de marcas e símbolos, publicidade, propaganda e transmissão de espetáculos, esta última ficará com a responsabilidade de reter e recolher o percentual de 5% (cinco por cento) da receita bruta decorrente do evento, inadmitida qualquer dedução, no prazo estabelecido na alínea *b*, inciso I, do art. 30 desta Lei.

>> § 9.º acrescentado pela Lei n. 9.528, de 10-12-1997.

§ 10. Não se aplica o disposto nos §§ 6.º ao 9.º às demais associações desportivas, que devem contribuir na forma dos incisos I e II deste artigo e do art. 23 desta Lei.

>> § 10 acrescentado pela Lei n. 9.528, de 10-12-1997.

§ 11. O disposto nos §§ 6.º ao 9.º deste artigo aplica-se à associação desportiva que mantenha equipe de futebol profissional e atividade econômica organizada para a produção e circulação de bens e serviços e que se organize regularmente, segundo um dos tipos regulados nos arts. 1.039 a 1.092 da Lei n. 10.406, de 10 de janeiro de 2002 – Código Civil.

>> § 11 com redação determinada pela Lei n. 11.345, de 14-9-2006.

>> A Lei n. 13.155, de 4-8-2015, propôs nova redação para esse parágrafo, todavia teve o seu texto vetado.

§ 11-A. O disposto no § 11 deste artigo aplica-se apenas às atividades diretamente relacionadas com a manutenção e administração de equipe profissional de futebol, não se estendendo às outras atividades econômicas exercidas pelas referidas sociedades empresariais beneficiárias.

>> § 11-A acrescentado pela Lei n. 11.505, de 18-7-2007.

§ 12. (*Vetado.*)

>> § 12 acrescentado pela Lei n. 10.170, de 29-12-2000.

§ 13. Não se considera como remuneração direta ou indireta, para os efeitos desta Lei, os valores despendidos pelas entidades religiosas e instituições de ensino vocacional com ministro de confissão religiosa, membros de instituto de vida consagrada, de congregação ou de ordem religiosa em face do seu mister religioso ou para sua subsistência desde que fornecidos em condições que independam da natureza e da quantidade do trabalho executado.

>> § 13 acrescentado pela Lei n. 10.170, de 29-12-2000.

§ 14. Para efeito de interpretação do § 13 deste artigo:

>> § 14, *caput*, acrescentado pela Lei n. 13.137, de 19-6-2015.

I – os critérios informadores dos valores despendidos pelas entidades religiosas e instituições de ensino vocacional aos ministros de confissão religiosa, membros de vida consagrada, de congregação ou de ordem religiosa não são taxativos e sim exemplificativos;

>> Inciso I acrescentado pela Lei n. 13.137, de 19-6-2015.

II – os valores despendidos, ainda que pagos de forma e montante diferenciados, em pecúnia ou a título de ajuda de custo de moradia, transporte, formação educacional, vinculados exclusivamente à atividade religiosa não configuram remuneração direta ou indireta.

>> Inciso II acrescentado pela Lei n. 13.137, de 19-6-2015.

§ 15. Na contratação de serviços de transporte rodoviário de carga ou de passageiro, de serviços prestados com a utilização de trator, máquina de terraplenagem, colheitadeira e assemelhados, a base de cálculo da contribuição da empresa corresponde a 20% (vinte por cento) do valor da nota fiscal, fatura ou recibo, quando esses serviços forem prestados por condutor autônomo de veículo rodoviário, auxiliar de condutor autônomo de veículo rodoviário, bem como por operador de máquinas.

>> § 15 acrescentado pela Lei n. 13.202, de 8-12-2015.

§ 16. Conforme previsto nos arts. 106 e 110 da Lei n. 5.172, de 25 de outubro de 1966 (Código Tributário Nacional), o disposto no § 14 deste artigo aplica-se aos fatos geradores anteriores à data de vigência da Lei n. 13.137, de 19 de junho de 2015, consideradas nulas as autuações emitidas em desrespeito ao previsto no respectivo diploma legal.

>> § 16 acrescentado pela Lei n. 14.057, de 11-9-2020.

Art. 22-A. A contribuição devida pela agroindústria, definida, para os efeitos desta Lei, como sendo o produtor rural pessoa jurídica cuja atividade econômica seja a industrialização de produção própria ou de produção própria e adquirida de terceiros, incidente sobre o valor da receita bruta proveniente da comercialização da produção, em substituição às previstas nos incisos I e II do art. 22 desta Lei, é de:

>> *Caput* acrescentado pela Lei n. 10.256, de 9-7-2001.

> Dispõe o art. 5.º da Lei n. 10.256, de 9-7-2001, que acrescentou este artigo:

"Art. 5.º Esta Lei entra em vigor na data de sua publicação produzindo efeitos, quanto ao disposto no art. 22-A da Lei n. 8.212, de 24-7-1991, com a redação dada por esta Lei, a partir do dia 1.º (primeiro) do mês seguinte ao 90.º (nonagésimo) dia daquela publicação, sendo mantida, até essa data, a obrigatoriedade dos recolhimentos praticados na forma da legislação anterior".

I – 2,5% (dois vírgula cinco por cento) destinados à Seguridade Social;

>> Inciso I acrescentado pela Lei n. 10.256, de 9-7-2001.

II – 0,1% (zero vírgula um por cento) para o financiamento do benefício previsto nos arts. 57 e 58 da Lei n. 8.213, de 24 de julho de 1991, e daqueles concedidos em razão do grau de incidência de incapacidade para o trabalho decorrente dos riscos ambientais da atividade.

>> Inciso II acrescentado pela Lei n. 10.256, de 9-7-2001.

> *Vide* Súmula 351 do STJ.

§ 1.º (*Vetado.*)

>> § 1.º acrescentado pela Lei n. 10.256, de 9-7-2001.

§ 2.º O disposto neste artigo não se aplica às operações relativas à prestação de serviços a terceiros, cujas contribuições previdenciárias continuam sendo devidas na forma do art. 22 desta Lei.

>> § 2.º acrescentado pela Lei n. 10.256, de 9-7-2001.

§ 3.º Na hipótese do § 2.º, a receita bruta correspondente aos serviços prestados a terceiros será excluída da base de cálculo da contribuição de que trata o *caput*.

>> § 3.º acrescentado pela Lei n. 10.256, de 9-7-2001.

§ 4.º O disposto neste artigo não se aplica às sociedades cooperativas e às agroindústrias de piscicultura, carcinicultura, suinocultura e avicultura.

>> § 4.º acrescentado pela Lei n. 10.256, de 9-7-2001.

§ 5.º O disposto no inciso I do art. 3.º da Lei n. 8.315, de 23 de dezembro de 1991, não se aplica ao empregador de que trata este artigo, que contribuirá com o adicional de 0,25% (zero vírgula vinte e cinco por cento) da receita bruta proveniente da comercialização da produção, destinado ao Serviço Nacional de Aprendizagem Rural (SENAR).

>> § 5.º acrescentado pela Lei n. 10.256, de 9-7-2001.

§ 6.º Não se aplica o regime substitutivo de que trata este artigo à pessoa jurídica que, relativamente à atividade rural, se dedique apenas ao florestamento e reflorestamento como fonte de matéria-prima para industrialização própria mediante a utilização de processo industrial que modifique a natureza química da madeira ou a transforme em pasta celulósica.

>> § 6.º acrescentado pela Lei n. 10.684, de 30-5-2003.

§ 7.º Aplica-se o disposto no § 6.º ainda que a pessoa jurídica comercialize resíduos vegetais ou sobras ou partes da produção, desde que a receita bruta decorrente dessa comercialização represente menos de um por cento de sua receita bruta proveniente da comercialização da produção.

>> § 7.º acrescentado pela Lei n. 10.684, de 30-5-2003.

Art. 22-B. As contribuições de que tratam os incisos I e II do art. 22 desta Lei são substituídas, em relação à remuneração paga, devida ou creditada ao trabalhador rural contratado pelo consórcio simplificado de produtores rurais de que trata o art. 25-A, pela contribuição dos respectivos produtores rurais, calculada na forma do art. 25 desta Lei.

>> Artigo acrescentado pela Lei n. 10.256, de 9-7-2001.

Art. 23. As contribuições a cargo da empresa provenientes do faturamento e do lucro, destinadas à Seguridade Social, além do disposto no art. 22, são calculadas mediante a aplicação das seguintes alíquotas:

I – 2% (dois por cento) sobre sua receita bruta, estabelecida segundo o disposto no § 1.º do art. 1.º do Decreto-lei n. 1.940, de 25 de maio de 1982, com a redação dada pelo art. 22, do Decreto-lei n. 2.397, de 21 de dezembro de 1987, e alterações posteriores;

>> Esta alíquota, a partir de 1.º-4-1992, por força da Lei Complementar n. 70, de 30-12-1991, passou a incidir sobre o faturamento mensal.

II – 10% (dez por cento) sobre o lucro líquido do período-base, antes da provisão para o Imposto de Renda, ajustado na forma do art. 2.º da Lei n. 8.034, de 12 de abril de 1990.

>> A Lei n. 9.249, de 26-12-1995, alterou a contribuição sobre o lucro líquido, passando a alíquota a ser de 8% (oito por cento).

§ 1.º No caso das instituições citadas no § 1.º do art. 22 desta Lei, a alíquota da contribuição prevista no inciso II é de 15% (quinze por cento).

>> Alíquota elevada em mais 8% (oito por cento) pela Lei Complementar n. 70, de 30-12-1991, e posteriormente reduzida para 18% (dezoito por cento) por força da Lei n. 9.249, de 26-12-1995.

§ 2.º O disposto neste artigo não se aplica às pessoas de que trata o art. 25.

Capítulo V
DA CONTRIBUIÇÃO DO EMPREGADOR DOMÉSTICO

Art. 24. A contribuição do empregador doméstico incidente sobre o salário de contribuição do empregado doméstico a seu serviço é de:

>> *Caput* com redação determinada pela Lei n. 13.202, de 8-12-2015.

I – 8% (oito por cento); e

>> Inciso I acrescentado pela Lei n. 13.202, de 8-12-2015.

II – 0,8% (oito décimos por cento) para o financiamento do seguro contra acidentes de trabalho.

>> Inciso II acrescentado pela Lei n. 13.202, de 8-12-2015.

Parágrafo único. Presentes os elementos da relação de emprego doméstico, o empregador doméstico não poderá contratar microempreendedor individual de que trata o art. 18-A da Lei Complementar n.123, de 14 de dezembro de 2006, sob pena de ficar sujeito a todas as obrigações dela decorrentes, inclusive trabalhistas, tributárias e previdenciárias.

>> Parágrafo único acrescentado pela Lei n. 12.470, de 31-8-2011.

Capítulo VI
DA CONTRIBUIÇÃO DO PRODUTOR RURAL E DO PESCADOR

>> Capítulo VI com denominação determinada pela Lei n. 8.398, de 7-1-1992.

Art. 25. A contribuição do empregador rural pessoa física, em substituição à contribuição de que tratam os incisos I e II do art. 22, e a do segurado especial, referidos, respectivamente, na alínea *a* do inciso V e no inciso VII do art. 12 desta Lei, destinada à Seguridade Social, é de:

>> *Caput* com redação determinada pela Lei n. 10.256, de 9-7-2001.

I – 1,2% (um inteiro e dois décimos por cento) da receita bruta proveniente da comercialização da sua produção;

>> Inciso I com redação determinada pela Lei n. 13.606, de 9-1-2018.

II – 0,1% (um décimo por cento) da receita bruta proveniente da comercialização da sua produção para financiamento das prestações por acidente do trabalho.

>> Inciso II com redação determinada pela Lei n. 9.528, de 10-12-1997.

>> A Resolução n. 15, de 12-9-2017, do Senado Federal, suspende a execução deste inciso II.

§ 1.º O segurado especial de que trata este artigo, além da contribuição obrigatória referida no *caput*, poderá contribuir, facultativamente, na forma do art. 21 desta Lei.

>> § 1.º com redação determinada pela Lei n. 8.540, de 22-12-1992.

§ 2.º A pessoa física de que trata a alínea *a* do inciso V do art. 12 contribui, também, obrigatoriamente, na forma do art. 21 desta Lei.

>> § 2.º com redação determinada pela Lei n. 8.540, de 22-12-1992.

§ 3.º Integram a produção, para os efeitos deste artigo, os produtos de origem animal ou vegetal, em estado natural ou submetidos a processos de beneficiamento ou industrialização rudimentar, assim compreendidos, entre outros, os processos de lavagem, limpeza, descaroçamento, pilagem, descascamento, lenhamento, pasteurização, resfriamento, secagem, fermentação, embalagem, cristalização, fundição, carvoejamento, cozimento, destilação, moagem e torrefação, bem como os subprodutos e os resíduos obtidos por meio desses processos, exceto, no caso de sociedades cooperativas, a parcela de produção que não seja objeto de repasse ao cooperado por meio de fixação de preço.

>> § 3.º com redação determinada pela Lei n. 13.986, de 7-4-2020, originalmente vetado, todavia promulgado em 20-8-2020.

§ 4.º (*Revogado pela Lei n. 11.718, de 20-6-2008.*)

§ 5.º (*Vetado.*)

>> § 5.º acrescentado pela Lei n. 8.540, de 22-12-1992.

§§ 6.º a 8.º (*Revogados pela Lei n. 10.256, de 9-7-2001.*)

§ 9.º (*Vetado.*)

>> § 9.º acrescentado pela Lei n. 10.256, de 9-7-2001.

§ 10. Integra a receita bruta de que trata este artigo, além dos valores decorrentes da comercialização da produção relativa aos produtos a que se refere o § 3.º deste artigo, a receita proveniente:

>> § 10, *caput*, acrescentado pela Lei n. 11.718, de 20-6-2008.

I – da comercialização da produção obtida em razão de contrato de parceria ou meação de parte do imóvel rural;

>> Inciso I acrescentado pela Lei n. 11.718, de 20-6-2008.

II – da comercialização de artigos de artesanato de que trata o inciso VII do § 10 do art. 12 desta Lei;

>> Inciso II acrescentado pela Lei n. 11.718, de 20-6-2008.

III – de serviços prestados, de equipamentos utilizados e de produtos comercializados no imóvel rural, desde que em atividades turística e de entretenimento desenvolvidas no próprio imóvel, inclusive hospedagem, alimentação, recepção, recreação e atividades pedagógicas, bem como taxa de visitação e serviços especiais;

>> Inciso III acrescentado pela Lei n. 11.718, de 20-6-2008.

IV – do valor de mercado da produção rural dada em pagamento ou que tiver sido trocada por outra, qualquer que seja o motivo ou finalidade; e

>> Inciso IV acrescentado pela Lei n. 11.718, de 20-6-2008.

V – de atividade artística de que trata o inciso VIII do § 10 do art. 12 desta Lei.

>> Inciso V acrescentado pela Lei n. 11.718, de 20-6-2008.

§ 11. Considera-se processo de beneficiamento ou industrialização artesanal aquele realizado diretamente pelo próprio produtor rural pessoa física, desde que não esteja sujeito à incidência do Imposto Sobre Produtos Industrializados – IPI.

>> § 11 acrescentado pela Lei n. 11.718, de 20-6-2008.

§ 12. Não integra a base de cálculo da contribuição de que trata o *caput* deste artigo a produção rural destinada ao plantio ou reflorestamento, nem o produto animal destinado à reprodução ou criação pecuária ou granjeira e à utilização como cobaia para fins de pesquisas científicas, quando vendido pelo próprio produtor e por quem a utilize diretamente com essas finalidades e, no caso de produto vegetal, por pessoa ou entidade registrada no Ministério da Agricultura, Pecuária e Abastecimento que se dedique ao comércio de sementes e mudas no País.

>> § 12 com redação determinada pela Lei n. 13.606, de 9-1-2018, originalmente vetado, todavia promulgado em 18-4-2018.

§ 13. O produtor rural pessoa física poderá optar por contribuir na forma prevista no *caput* deste artigo ou na forma dos incisos I e II do *caput* do art. 22 desta Lei, manifestando sua opção mediante o pagamento da contribuição incidente sobre a folha de salários relativa a janeiro de cada ano, ou à primeira competência subsequente ao início da atividade rural, e será irretratável para todo o ano-calendário.

>> § 13 acrescentado pela Lei n. 13.606, de 9-1-2018, produzindo efeitos a partir de 1.º-1-2019.

§ 14. Considera-se receita bruta proveniente da comercialização da produção o valor da fixação de preço repassado ao cooperado pela cooperativa ao qual esteja associado, por ocasião da realização do ato cooperativo de que trata o art. 79 da Lei n. 5.764, de 16 de dezembro de 1971, não compreendidos valores pagos, creditados ou capitalizados a título de sobras, os quais não representam preço ou complemento de preço.

>> § 14 acrescentado pela Lei n. 13.986, de 7-4-2020, originalmente vetado, todavia promulgado em 20-8-2020.

§ 15. Não se considera receita bruta, para fins de base de cálculo das contribuições sociais devidas pelo produtor rural cooperado, a entrega ou o retorno de produção para a cooperativa nas operações em que não ocorra repasse pela cooperativa a título de fixação de preço, não podendo o mero retorno caracterizar permuta, compensação, dação em pagamento ou ressarcimento que represente valor, preço ou complemento de preço.

>> § 15 acrescentado pela Lei n. 13.986, de 7-4-2020, originalmente vetado, todavia promulgado em 20-8-2020.

§ 16. Aplica-se ao disposto no *caput* e nos §§ 3.º, 14 e 15 deste artigo o caráter interpretativo de que trata o art. 106 da Lei n. 5.172, de 25 de outubro de 1966 (Código Tributário Nacional).

>> § 16 acrescentado pela Lei n. 13.986, de 7-4-2020, originalmente vetado, todavia promulgado em 20-8-2020.

Art. 25-A. Equipara-se ao empregador rural pessoa física o consórcio simplificado de produtores rurais, formado pela união de produtores rurais pessoas físicas, que outorgar a um deles poderes para contratar, gerir e demitir trabalhadores para prestação de serviços, exclusivamente, aos seus integrantes, mediante documento registrado em cartório de títulos e documentos.

>> *Caput* acrescentado pela Lei n. 10.256, de 9-7-2001.

§ 1.º O documento de que trata o *caput* deverá conter a identificação de cada produtor, seu endereço pessoal e o de sua propriedade rural, bem como o respectivo registro no Instituto Nacional de Colonização e Reforma Agrária – INCRA ou informações relativas a parceria, arrendamento ou equivalente e a matrícula no Instituto Nacional do Seguro Social – INSS de cada um dos produtores rurais.

>> § 1.º acrescentado pela Lei n. 10.256, de 9-7-2001.

§ 2.º O consórcio deverá ser matriculado no INSS em nome do empregador a quem hajam sido outorgados os poderes, na forma do regulamento.

>> § 2.º acrescentado pela Lei n. 10.256, de 9-7-2001.

§ 3.º Os produtores rurais integrantes do consórcio de que trata o *caput* serão responsáveis solidários em relação às obrigações previdenciárias.

>> § 3.º acrescentado pela Lei n. 10.256, de 9-7-2001.

§ 4.º (*Vetado.*)

>> § 4.º acrescentado pela Lei n. 10.256, de 9-7-2001.

Capítulo VII
DA CONTRIBUIÇÃO SOBRE A RECEITA DE CONCURSOS DE PROGNÓSTICOS

Art. 26. Constitui receita da Seguridade Social a contribuição social sobre a receita de concursos de prognósticos a que se refere o inciso III do *caput* do art. 195 da Constituição Federal.

>> *Caput* com redação determinada pela Lei n. 13.756, de 12-12-2018.

§§ 1.º a 3.º (*Revogados pela Lei n. 13.756, de 12-12-2018.*)

§ 4.º O produto da arrecadação da contribuição será destinado ao financiamento da Seguridade Social.

>> § 4.º acrescentado pela Lei n. 13.756, de 12-12-2018.

§ 5.º A base de cálculo da contribuição equivale à receita auferida nos concursos de prognósticos, sorteios e loterias.

>> § 5.º acrescentado pela Lei n. 13.756, de 12-12-2018.

§ 6.º A alíquota da contribuição corresponde ao percentual vinculado à Seguridade Social em cada modalidade lotérica, conforme previsto em lei.

>> § 6.º acrescentado pela Lei n. 13.756, de 12-12-2018.

Capítulo VIII
DAS OUTRAS RECEITAS

Art. 27. Constituem outras receitas da Seguridade Social:

I – as multas, a atualização monetária e os juros moratórios;

II – a remuneração recebida por serviços de arrecadação, fiscalização e cobrança prestados a terceiros;

III – as receitas provenientes de prestação de outros serviços e de fornecimento ou arrendamento de bens;

IV – as demais receitas patrimoniais, industriais e financeiras;

V – as doações, legados, subvenções e outras receitas eventuais;

VI – 50% (cinquenta por cento) dos valores obtidos e aplicados na forma do parágrafo único do art. 243 da Constituição Federal;

> O mencionado parágrafo único dispõe sobre valores econômicos apreendidos em decorrência do tráfico ilícito de entorpecentes e drogas afins.

VII – 40% (quarenta por cento) do resultado dos leilões dos bens apreendidos pelo Departamento da Receita Federal;

VIII – outras receitas previstas em legislação específica.

Parágrafo único. As companhias seguradoras que mantêm o seguro obrigatório de danos pessoais causados por veículos automotores de vias terrestres, de que trata a Lei n. 6.194, de 19 de dezembro de 1974, deverão repassar à Seguridade Social 50% (cinquenta por cento) do valor total do prêmio recolhido e destinado ao Sistema Único de Saúde – SUS, para custeio da assistência médico-hospitalar dos segurados vitimados em acidentes de trânsito.

>> O art. 1.º do Decreto n. 2.867, de 8-12-1998, dispõe:

"O prêmio do Seguro Obrigatório de Danos Pessoais causados por Veículos Automotores de Vias Terrestres – DPVAT será arrecadado pela rede bancária e repassado diretamente e sem qualquer retenção, do seguinte modo:

I – 45% (quarenta e cinco por cento) do valor bruto recolhido do segurado a crédito direto do Fundo Nacional de Saúde, para custeio da assistência médico-hospitalar dos segurados vitimados em acidentes de trânsito, nos termos do parágrafo único do art. 27 da Lei n. 8.212, de 24-7-1991;

II – 5% (cinco por cento) do valor bruto recolhido do segurado ao Departamento Nacional de Trânsito, por meio de crédito direto à conta única do Tesouro Nacional, para aplicação exclusiva em programas destinados à prevenção de acidentes de trânsito, nos termos do parágrafo único do art. 78 da Lei n. 9.503, de 23-9-1997;

III – 50% (cinquenta por cento) do valor bruto recolhido do segurado à companhia seguradora, na forma da regulamentação vigente".

Capítulo X
DA ARRECADAÇÃO E RECOLHIMENTO DAS CONTRIBUIÇÕES

Art. 45-A. O contribuinte individual que pretenda contar como tempo de contribuição, para fins de obtenção de benefício no Regime Geral de Previdência Social ou de contagem recíproca do tempo de contribuição, período de atividade remunerada alcançada pela decadência deverá indenizar o INSS.

>> *Caput* acrescentado pela Lei Complementar n. 128, de 19-12-2008.

§ 1.º O valor da indenização a que se refere o *caput* deste artigo e o § 1.º do art. 55 da Lei n. 8.213, de 24 de julho de 1991, corresponderá a 20% (vinte por cento):

I – da média aritmética simples dos maiores salários de contribuição, reajustados, correspondentes a 80% (oitenta por cento) de todo o período contributivo decorrido desde a competência julho de 1994; ou

II – da remuneração sobre a qual incidem as contribuições para o regime próprio de previdência social a que estiver filiado o interessado, no caso de indenização para fins da contagem recíproca de que tratam os arts. 94 a 99 da Lei n. 8.213, de 24 de julho de 1991, observados o limite máximo previsto no art. 28 e o disposto em regulamento.

>> § 1.º acrescentado pela Lei Complementar n. 128, de 19-12-2008.

§ 2.º Sobre os valores apurados na forma do § 1.º deste artigo incidirão juros moratórios de 0,5% (cinco décimos por cento) ao mês, capitalizados anualmente, limitados ao percentual máximo de 50% (cinquenta por cento), e multa de 10% (dez por cento).

>> § 2.º acrescentado pela Lei Complementar n. 128, de 19-12-2008.

§ 3.º O disposto no § 1.º deste artigo não se aplica aos casos de contribuições em atraso não alcançadas pela decadência do direito de a Previdência constituir o respectivo crédito, obedecendo-se, em relação a elas, as disposições aplicadas às empresas em geral.

>> § 3.º acrescentado pela Lei Complementar n. 128, de 19-12-2008.

Art. 46. (*Revogado pela Lei Complementar n. 128, de 19-12-2008.*)

Capítulo XI
DA PROVA DE INEXISTÊNCIA DE DÉBITO

Art. 47. É exigida Certidão Negativa de Débito – CND, fornecida pelo órgão competente, nos seguintes casos:

>> *Caput* com redação determinada pela Lei n. 9.032, de 28-4-1995.

I – da empresa:

a) na contratação com o Poder Público e no recebimento de benefícios ou incentivo fiscal ou creditício concedido por ele;

b) na alienação ou oneração, a qualquer título, de bem imóvel ou direito a ele relativo;

c) na alienação ou oneração, a qualquer título, de bem móvel de valor superior a Cr$ 2.500.000,00 (dois milhões e quinhentos mil cruzeiros) incorporado ao ativo permanente da empresa;

>> Valor atualizado, a partir de 1.º-1-2020, pela Portaria n. 3.659, de 10-2-2020, do Ministério da Economia, para R$ 62.981,70 (sessenta e dois mil, novecentos e oitenta e um reais e setenta centavos).

d) no registro ou arquivamento, no órgão próprio, de ato relativo a baixa ou redução de capital de firma individual, redução de capital social, cisão total ou parcial, transformação ou extinção de entidade ou sociedade comercial ou civil e transferência de controle de cotas de sociedades de responsabilidade limitada;

>> Alínea *d* com redação determinada pela Lei n. 9.528, de 10-12-1997.

>> A Lei Complementar n. 155, de 27-10-2016, propôs a revogação desta alínea *d*, porém teve o texto vetado.

II – do proprietário, pessoa física ou jurídica, de obra de construção civil, quando de sua averbação no registro de imóveis, salvo no caso do inciso VIII do art. 30.

§ 1.º A prova de inexistência de débito deve ser exigida da empresa em relação a todas as suas dependências, estabelecimentos e obras de construção civil, independentemente do local onde se encontrem, ressalvado aos órgãos competentes o direito de cobrança de qualquer débito apurado posteriormente.

§ 2.º A prova de inexistência de débito, quando exigível ao incorporador, independe da apresentada no registro de imóveis por ocasião da inscrição do memorial de incorporação.

§ 3.º Fica dispensada a transcrição, em instrumento público ou particular, do inteiro teor do documento comprobatório de inexistência de débito, bastando a referência ao seu número de série e data da emissão, bem como a guarda do documento comprobatório à disposição dos órgãos competentes.

§ 4.º O documento comprobatório de inexistência de débito poderá ser apresentado por cópia autenticada, dispensada a indicação de sua finalidade, exceto no caso do inciso II deste artigo.

§ 5.º O prazo de validade da Certidão Negativa de Débito – CND é de 60 (sessenta) dias, contados da sua emissão, podendo ser ampliado por regulamento para até cento e oitenta dias.

>> § 5.º com redação determinada pela Lei n. 9.711, de 20-11-1998.

§ 6.º Independe de prova de inexistência de débito:

a) a lavratura ou assinatura de instrumento, ato ou contrato que constitua retificação, ratificação ou efetivação de outro anterior para o qual já foi feita a prova;

b) a constituição de garantia para concessão de crédito rural, em qualquer de suas modalidades, por instituição de crédito pública ou privada desde que o contribuinte referido no art. 25 não seja responsável direto pelo recolhimento de contribuições sobre a sua produção para a Seguridade Social;

c) a averbação prevista no inciso II deste artigo, relativa a imóvel cuja construção tenha sido concluída antes de 22 de novembro de 1966;

d) o recebimento pelos Municípios de transferência de recursos destinados a ações de assistência social, educação, saúde e em caso de calamidade pública;

>> Alínea *d* acrescentada pela Lei n. 11.960, de 29-6-2009.

e) a averbação da construção civil localizada em área objeto de regularização fundiária de interesse social, na forma da Lei n. 11.977, de 7 de julho de 2009.

>> Alínea *e* acrescentada pela Lei n. 12.424, de 16-6-2011.

§ 7.º O condômino adquirente de unidades imobiliárias de obra de construção civil não incorporada na forma da Lei n. 4.591, de 16 de dezembro de 1964 poderá obter documento comprobatório de inexistência de débito, desde que comprove o pagamento das contribuições relativas à sua unidade, conforme dispuser o regulamento.

§ 8.º *(Revogado pela Lei n. 11.941, de 27-5-2009.)*

Art. 48. A prática de ato com inobservância do disposto no artigo anterior, ou o seu registro, acarretará a responsabilidade solidária dos contratantes e do oficial que lavrar ou registrar o instrumento, sendo o ato nulo para todos os efeitos.

§ 1.º Os órgãos competentes podem intervir em instrumento que depender de prova de inexistência de débito, a fim de autorizar sua lavratura, desde que o débito seja pago no ato ou o seu pagamento fique assegurado mediante confissão de dívida fiscal com o oferecimento de garantias reais suficientes, na forma estabelecida em regulamento.

§ 2.º Em se tratando de alienação de bens do ativo de empresa em regime de liquidação extrajudicial, visando à obtenção de recursos necessários ao pagamento dos credores, independentemente do pagamento ou da confissão de dívida fiscal, o Instituto Nacional do Seguro Social – INSS poderá autorizar a lavratura do respectivo instrumento, desde que o valor do crédito previdenciário conste, regularmente, do quadro geral de credores, observada a ordem de preferência legal.

>> § 2.º acrescentado pela Lei n. 9.639, de 25-5-1998.

§ 3.º O servidor, o serventuário da Justiça, o titular de serventia extrajudicial e a autoridade ou órgão que infringirem o disposto no artigo anterior incorrerão em multa aplicada na forma estabelecida no art. 92 sem prejuízo da responsabilidade administrativa e penal cabível.

>> § 3.º renumerado e com redação determinada pela Lei n. 9.639, de 25-5-1998.

Título VIII
DAS DISPOSIÇÕES FINAIS E TRANSITÓRIAS

Capítulo II
DAS DEMAIS DISPOSIÇÕES

Art. 95. *(Caput e alíneas a a j revogados pela Lei n. 9.983, de 14-7-2000.)*

§ 1.º *(Revogado pela Lei n. 9.983, de 14-7-2000.)*

§ 2.º A empresa que transgredir as normas desta Lei, além das outras sanções previstas, sujeitar-se-á, nas condições em que dispuser o regulamento:

a) à suspensão de empréstimos e financiamentos, por instituições financeiras oficiais;

b) à revisão de incentivos fiscais de tratamento tributário especial;

c) à inabilitação para licitar e contratar com qualquer órgão ou entidade da administração pública direta ou indireta federal, estadual, do Distrito Federal ou municipal;

d) à interdição para o exercício do comércio, se for sociedade mercantil ou comerciante individual;

e) à desqualificação para impetrar concordata;

f) à cassação de autorização para funcionar no país, quando for o caso.

§§ 3.º a 5.º *(Revogados pela Lei n. 9.983, de 14-7-2000.)*

Art. 104. Esta Lei entrará em vigor na data de sua publicação.

Art. 105. Revogam-se as disposições em contrário.

Brasília, 24 de julho de 1991; 170.º da Independência e 103.º da República.

Fernando Collor

DECRETO N. 325, DE 1.º DE NOVEMBRO DE 1991 (*)

Disciplina a comunicação, ao Ministério Público Federal, da prática de ilícitos penais previstos na legislação tributária e de crime funcional contra a ordem tributária e dá outras providências.

O Presidente da República, no uso das atribuições que lhe confere o art. 84, IV e VI, da Constituição, e tendo em vista o disposto nas Leis n. 4.357, de 16 de julho de 1964, 4.729, de 14 de julho de 1965, e 8.137, de 27 de dezembro de 1990, decreta:

Art. 1.º *(Revogado pelo Decreto n. 982, de 12-11-1993.)*

Art. 2.º Os servidores que tiverem conhecimento da prática de crime funcional contra a ordem tributária (Lei n. 8.137, de 1990, art. 3.º), representarão perante o titular da unidade administrativa do Ministério da Economia, Fazenda e Planejamento onde o representado tiver exercício.

§ 1.º O titular da unidade administrativa providenciará a formação de processo administrativo correspondente à representação, que conterá:

a) exposição circunstanciada dos fatos;

b) elementos comprobatórios do ilícito;

c) identificação do representado e do representante e, se houver, o rol das testemunhas.

§ 2.º Havendo na representação elementos suficientes à caracterização do ilícito, o titular da unidade administrativa determinará a imediata instauração de comissão destinada a apurar a responsabilidade do servidor, procedendo ao seu afastamento preventivo (arts. 147 a 152 da Lei n. 8.112, de 11-12-1990), sem prejuízo do encaminhamento de cópia da representação ao Superintendente da Receita Federal.

§ 3.º A representação formulada em desacordo com o disposto nos parágrafos precedentes será objeto de diligências complementares visando à sua adequada instrução.

Art. 3.º O Superintendente da Receita Federal remeterá os autos (art. 1.º) ou as cópias (art. 2.º), no prazo de 10 (dez) dias contados do respectivo recebimento, ao Diretor da Receita Federal que, em igual prazo, os encaminhará, mediante ofício, ao Procurador-Geral da República, com cópia ao Procurador-Geral da Fazenda Nacional.

Parágrafo único. A medida de que trata este artigo será efetivada sem prejuízo e independentemente da remessa do processo administrativo fiscal à Procuradoria da Fazenda Nacional, na forma da legislação pertinente, para fins de apuração, inscrição e cobrança da Dívida Ativa da União.

Art. 4.º O eventual pagamento do tributo ou contribuição social, inclusive acessórios, bem assim a conclusão da comissão instituída para a apuração da responsabilidade do servidor (art. 2.º, § 2.º) serão igualmente comunicados, ao titular do Ministério Público Federal, na forma prevista no artigo precedente.

Art. 5.º *(Revogado pelo Decreto n. 2.331, de 1.º-10-1997.)*

Art. 6.º O Ministro da Economia, Fazenda e Planejamento expedirá as instruções necessárias à fiel execução do disposto neste Decreto.

Art. 7.º Este Decreto entra em vigor na data de sua publicação.

(*) Publicado no *Diário Oficial da União*, de 4-11-1991. *Vide* Decreto n. 2.730, de 10-8-1998.

Brasília, 1.º de novembro de 1991; 170.º da Independência e 103.º da República.

FERNANDO COLLOR

LEI N. 8.383, DE 30 DE DEZEMBRO DE 1991 (*)

Institui a Unidade Fiscal de Referência, altera a legislação do imposto de renda, e dá outras providências.

O Presidente da República

Faço saber que o Congresso Nacional decreta e eu sanciono a seguinte Lei:

CAPÍTULO I
DA UNIDADE DE REFERÊNCIA – UFIR

Art. 1.º Fica instituída a Unidade Fiscal de Referência – UFIR, como medida de valor e parâmetro de atualização monetária de tributos e de valores expressos em cruzeiros na legislação tributária federal, bem como os relativos a multas e penalidades de qualquer natureza.

§ 1.º O disposto neste Capítulo aplica-se a tributos e contribuições sociais, inclusive previdenciárias, de intervenção no domínio econômico e de interesse de categorias profissionais ou econômicas.

§ 2.º É vedada a utilização da UFIR em negócio jurídico como referencial de correção monetária do preço de bens ou serviços e de salários, aluguéis ou *royalties*.

Art. 2.º A expressão monetária da UFIR mensal será fixa em cada mês-calendário; e da UFIR diária ficará sujeita a variação em cada dia e a do primeiro dia do mês será igual à da UFIR do mesmo mês.

>> O art. 43 da Lei n. 9.069, de 29-6-1995, declara extinta, a partir de 1.º-9-1994, a UFIR diária de que trata esta Lei.

>> *Vide* art. 1.º da Lei n. 8.981, de 20-1-1995.

>> *Vide*, sobre UFIR, Nota da Editora.

§ 1.º O Ministério da Economia, Fazenda e Planejamento, por intermédio do Departamento da Receita Federal, divulgará a expressão monetária da UFIR mensal:

a) até o dia 1.º de janeiro de 1992, para esse mês, mediante a aplicação, sobre Cr$ 126,8621, do Índice Nacional de Preços ao Consumidor – INPC acumulado desde fevereiro até novembro de 1991, e do Índice de Preços ao Consumidor Ampliado – IPCA, de dezembro de 1991, apurados pelo Instituto Brasileiro de Geografia e Estatística (IBGE);

b) até o primeiro dia de cada mês, a partir de 1.º de fevereiro de 1992, com base no IPCA.

§ 2.º O IPCA, a que se refere o parágrafo anterior, será constituído por série especial cuja apuração compreenderá o período entre o dia 16 do mês anterior e o dia 15 do mês de referência.

§ 3.º Interrompida a apuração ou divulgação da série especial do IPCA, a expressão monetária da UFIR será estabelecida com base nos indicadores disponíveis, observada precedência em relação àqueles apurados por instituições oficiais de pesquisa.

§ 4.º No caso do parágrafo anterior, o Departamento da Receita Federal divulgará a metodologia adotada para a determinação da expressão monetária da UFIR.

§ 5.º (*Revogado pela Lei n. 9.069, de 29-6-1995.*)

§ 6.º A expressão monetária do Fator de Atualização Patrimonial – FAP, instituído em decorrência da Lei n. 8.200, de 28 de junho de 1991, será igual, no mês de dezembro de 1991, à expressão monetária da UFIR apurada conforme a alínea *a* do § 1.º deste artigo.

§ 7.º A expressão monetária do coeficiente utilizado na apuração do ganho de capital, de que trata a Lei n. 8.218, de 29 de agosto de 1991, corresponderá, a partir de janeiro de 1992, à expressão monetária da UFIR mensal.

Art. 3.º Os valores expressos em cruzeiros na legislação tributária ficam convertidos em quantidade de UFIR, utilizando-se como divisores:

I – o valor de Cr$ 215,6656, se relativos a multas e penalidades de qualquer natureza;

II – o valor de Cr$ 126,8621, nos demais casos.

CAPÍTULO II
DO IMPOSTO DE RENDA DAS PESSOAS FÍSICAS

Art. 4.º A renda e os proventos de qualquer natureza, inclusive os rendimentos e ganhos de capital, percebidos por pessoas físicas residentes ou domiciliadas no Brasil, serão tributados pelo imposto de renda na forma da legislação vigente, com as modificações introduzidas por esta Lei.

Art. 5.º A partir de 1.º de janeiro do ano-calendário de 1992, o imposto de renda incidente sobre os rendimentos de que tratam os arts. 7.º, 8.º e 12 da Lei n. 7.713, de 22 de dezembro de 1988, será calculado de acordo com a seguinte tabela progressiva:

BASE DE CÁLCULO (EM UFIR)	PARCELA A DEDUZIR DA BASE DE CÁLCULO (EM UFIR)	ALÍQUOTA
Até 1.000	–	isento
Acima de 1.000 até 1.950	1.000	15%
Acima de 1.950	1.380	25%

>> *Vide* art. 1.º da Lei n. 11.482, de 31-5-2007.

Parágrafo único. O imposto de que trata este artigo será calculado sobre os rendimentos efetivamente recebidos em cada mês.

Art. 6.º O imposto sobre os rendimentos de que trata o art. 8.º da Lei n. 7.713, de 1988:

I – será convertido em quantidade de UFIR pelo valor desta no mês em que os rendimentos forem recebidos;

II – deverá ser pago até o último dia útil do mês subsequente ao da percepção dos rendimentos.

Parágrafo único. A quantidade de UFIR de que trata o inciso I será reconvertida em cruzeiros pelo valor de UFIR no mês do pagamento do imposto.

Art. 7.º Sem prejuízo dos pagamentos obrigatórios estabelecidos na legislação, fica facultado ao contribuinte efetuar, no curso do ano, complementação do imposto que for devido sobre os rendimentos recebidos.

Art. 8.º O imposto retido na fonte ou pago pelo contribuinte, salvo disposição em contrário, será deduzido do apurado na forma do inciso I do art. 15 desta Lei.

Parágrafo único. Para efeito da redução, o imposto retido ou pago será convertido em quantidade de UFIR pelo valor desta:

a) no mês em que os rendimentos forem pagos ao beneficiário, no caso de imposto retido na fonte;

b) no mês do pagamento do imposto, nos demais casos.

Art. 9.º As receitas e despesas a que se refere o art. 6.º da Lei n. 8.134, de 27 de dezembro de 1990, serão convertidas em quantidade de UFIR pelo valor desta no mês em que forem recebidas ou pagas, respectivamente.

Art. 10. Na determinação da base de cálculo sujeita à incidência mensal do imposto de renda poderão ser deduzidas:

I – a soma dos valores referidos nos incisos do art. 6.º da Lei n. 8.134, de 1990;

II – as importâncias pagas em dinheiro a título de alimentos ou pensões, em cumprimento de acordo ou decisão judicial, inclusive a prestação de alimentos provisionais;

III – a quantia equivalente a cem UFIR por dependente;

>> Inciso III com redação determinada pela Lei n. 9.069, de 29-6-1995.

IV – as contribuições para a Previdência Social da União, dos Estados, do Distrito Federal e dos Municípios;

V – o valor de 1.000 (mil) UFIR, correspondente à parcela isenta dos rendimentos provenientes de aposentadoria e pensão, transferência para reserva remunerada ou reforma pagos pela Previdência Social da União, dos Estados, do Distrito Federal e dos Municípios, ou por qualquer pessoa jurídica de direito público interno, a partir do mês em que o contribuinte completar sessenta e cinco anos de idade.

Art. 11. Na declaração de ajuste anual (art. 12) poderão ser deduzidos:

I – os pagamentos feitos, no ano-calendário, a médicos, dentistas, psicólogos, fisioterapeutas, fonoaudiólogos, terapeutas ocu-

(*) Publicada no *Diário Oficial da União*, de 31-12-1991. Sobre UFIR, *vide* Nota da Editora. A Lei n. 9.069, de 29-6-1995, dispõe sobre o Plano Real.

pacionais e hospitais, bem como as despesas provenientes de exames laboratoriais e serviços radiológicos;

II – as contribuições e doações efetuadas a entidades de que trata o art. 1.º da Lei n. 3.830, de 25 de novembro de 1960, observadas as condições estabelecidas no art. 2.º da mesma Lei;

III – as doações de que trata o art. 260 da Lei n. 8.069, de 13 de julho de 1990;

IV – a soma dos valores referidos no art. 10 desta Lei;

V – as despesas feitas com instrução do contribuinte e seus dependentes até o limite anual individual de 650 (seiscentos e cinquenta) UFIR.

§ 1.º O disposto no inciso I:

a) aplica-se, também, aos pagamentos feitos a empresas brasileiras ou autorizadas a funcionar no País, destinados à cobertura de despesas com hospitalização e cuidados médicos e dentários, bem como a entidades que assegurem direito de atendimento ou ressarcimento de despesas de natureza médica, odontológica e hospitalar;

b) restringe-se aos pagamentos feitos pelo contribuinte, relativos ao seu próprio tratamento e ao de seus dependentes;

c) é condicionado a que os pagamentos sejam especificados e comprovados, com indicação do nome, endereço e número de inscrição no Cadastro de Pessoas Físicas ou no Cadastro de Pessoas Jurídicas de quem os recebeu, podendo, na falta de documentação, ser feita indicação do cheque nominativo pelo qual foi efetuado o pagamento.

§ 2.º Não se incluem entre as deduções de que trata o inciso I deste artigo as despesas ressarcidas por entidade de qualquer espécie.

§ 3.º A soma das deduções previstas nos incisos II e III está limitada a 10% (dez por cento) da base de cálculo do imposto, na declaração de ajuste anual.

§ 4.º As deduções de que trata este artigo serão convertidas em quantidade de UFIR pelo valor desta no mês do pagamento ou no mês em que tiverem sido consideradas na base de cálculo sujeita à incidência mensal do imposto.

Art. 12. As pessoas físicas deverão apresentar anualmente declaração de ajuste, na qual se determinará o saldo do imposto a pagar ou valor a ser restituído.

§ 1.º Os ganhos a que se referem o art. 26 desta Lei e o inciso I do art. 18 da Lei n. 8.134, de 1990, serão apurados e tributados em separado, não integrarão a base de cálculo do imposto de renda na declaração de ajuste anual e o imposto pago não poderá ser deduzido na declaração.

§ 2.º A declaração de ajuste anual, em modelo aprovado pelo Departamento da Receita Federal, deverá ser apresentada até o último dia útil do mês de abril do ano subsequente ao da percepção dos rendimentos ou ganhos de capital.

§ 3.º Ficam dispensadas da apresentação de declaração:

a) as pessoas físicas cujos rendimentos do trabalho assalariado, no ano-calendário, inclusive Gratificação de Natal ou Gratificação Natalina, conforme o caso, acrescidos dos demais rendimentos recebidos, exceto os não tributados ou tributados exclusivamente na fonte, sejam iguais ou inferiores a 13.000 (treze mil) UFIR;

b) os aposentados, inativos e pensionistas da Previdência Social da União, dos Estados, do Distrito Federal e dos Municípios ou dos respectivos Tesouros, cujos proventos e pensões no ano-calendário, acrescidos dos demais rendimentos recebidos, exceto os não tributados ou tributados exclusivamente na fonte, sejam iguais ou inferiores a 13.000 (treze mil) UFIR;

c) outras pessoas físicas declaradas em ato do Ministro da Economia, Fazenda e Planejamento, cuja qualificação fiscal assegure a preservação dos controles fiscais pela administração tributária.

Art. 13. Para efeito de cálculo do imposto a pagar ou do valor a ser restituído, os rendimentos serão convertidos em quantidade de UFIR pelo valor desta no mês em que forem recebidos pelo beneficiado.

Parágrafo único. A base de cálculo do imposto, na declaração de ajuste anual, será a diferença entre as somas, em quantidade de UFIR:

a) de todos os rendimentos percebidos durante o ano-calendário, exceto os isentos, os não tributáveis e os tributados exclusivamente na fonte; e

b) das deduções de que trata o art. 11 desta Lei.

Art. 14. O resultado da atividade rural será apurado segundo o disposto na Lei n. 8.023, de 12 de abril de 1990, e, quando positivo, integrará a base de cálculo do imposto definida no artigo anterior.

§ 1.º O resultado da atividade rural e a base de cálculo do imposto serão expressos em quantidade de UFIR.

§ 2.º As receitas, despesas e demais valores, que integram o resultado e a base de cálculo, serão convertidos em UFIR pelo valor desta no mês do efetivo pagamento ou recebimento.

Art. 15. O saldo do imposto a pagar ou o valor a ser restituído na declaração de ajuste anual (art. 12) será determinado com observância das seguintes normas:

I – será calculado o imposto progressivo de acordo com a tabela (art. 16);

II – será deduzido o imposto pago ou retido na fonte, correspondente a rendimentos incluídos na base de cálculo;

III – o montante assim determinado, expresso em quantidade de UFIR, constituirá, se positivo, o saldo do imposto a pagar e, se negativo, o valor a ser restituído.

Art. 16. Para fins do ajuste de que trata o artigo anterior, o imposto de renda progressivo será calculado de acordo com a seguinte tabela:

BASE DE CÁLCULO (EM UFIR)	PARCELA A DEDUZIR DA BASE DE CÁLCULO (EM UFIR)	ALÍQUOTA
Até 12.000	–	isento
Acima de 12.000 até 23.400	12.000	15%
Acima de 23.400	16.560	25%

>> *Vide* art. 1.º da Lei n. 11.482, de 31-5-2007.

Art. 17. O saldo do imposto (art. 15, III) poderá ser pago em até 6 (seis) quotas iguais, mensais e sucessivas, observado o seguinte:

I – nenhuma quota será inferior a 50 (cinquenta) UFIR e o imposto de valor inferior a 100 (cem) UFIR será pago de uma só vez;

II – a primeira quota ou quota única deverá ser paga no mês de abril do ano subsequente ao da percepção dos rendimentos;

III – as quotas vencerão no último dia útil de cada mês;

IV – é facultado ao contribuinte antecipar, total ou parcialmente, o pagamento do imposto ou das quotas.

Parágrafo único. A quantidade de UFIR será reconvertida em cruzeiros pelo valor da UFIR no mês do pagamento do imposto ou da respectiva quota.

Art. 18. Para cálculo do imposto, os valores da tabela progressiva anual (art. 16) serão divididos proporcionalmente ao número de meses do período abrangido pela tributação, em relação ao ano-calendário, nos casos de declaração apresentada:

I – em nome do espólio, no exercício em que for homologada a partilha ou feita a adjudicação dos bens;

II – pelo contribuinte, residente ou domiciliado no Brasil, que se retirar em caráter definitivo do território nacional.

Art. 19. As pessoas físicas ou jurídicas que efetuarem pagamentos com retenção do imposto de renda na fonte deverão fornecer à pessoa física beneficiária, até o dia 28 de fevereiro, documento comprobatório, em 2 (duas) vias, com indicação da natureza e do montante do pagamento, das deduções e do imposto de renda retido no ano anterior.

§ 1.º Tratando-se de rendimentos pagos por pessoas jurídicas, quando não tenha havido retenção do imposto de renda na fonte, o comprovante deverá ser fornecido no mesmo prazo ao contribuinte que o tenha solicitado até o dia 15 de janeiro do ano subsequente.

§ 2.º No documento de que trata este artigo, o imposto retido na fonte, as deduções e os rendimentos deverão ser informados por seus valores em cruzeiros e em quantidade de UFIR, convertidos segundo o disposto na alínea *a* do parágrafo único do art. 8.º, no § 4.º do art. 11 e no art. 13 desta Lei.

§ 3.º As pessoas físicas ou jurídicas que deixarem de fornecer aos beneficiários, dentro do prazo, ou fornecerem com inexatidão, o documento a que se refere este artigo ficarão sujeitas ao pagamento de multa de 35 (trinta e cinco) UFIR por documento.

§ 4.º À fonte pagadora que prestar informação falsa sobre rendimentos pagos, deduções, ou imposto retido na fonte, será aplicada a multa de 150% (cento e cinquenta por cento) sobre o valor que for indevidamente utilizável como redução do imposto de renda devido, independentemente de outras penalidades administrativas ou criminais.

§ 5.º Na mesma penalidade incorrerá aquele que se beneficiar da informação sabendo ou devendo saber da falsidade.

CAPÍTULO III
DA TRIBUTAÇÃO DAS OPERAÇÕES FINANCEIRAS

Art. 20. O rendimento produzido por aplicação financeira de renda fixa iniciada a partir de 1.º de janeiro de 1992, auferido por qualquer beneficiário, inclusive pessoa jurídica isenta, sujeita-se à incidência do imposto sobre a renda na fonte às alíquotas seguintes:

I – (*Revogado pela Lei n. 8.541, de 23-12-1992.*);

II – demais operações: 30% (trinta por cento).

§ 1.º O disposto neste artigo aplica-se, inclusive, às operações de financiamento realizadas em bolsas de valores, de mercadorias, de futuros e assemelhadas, na forma da legislação em vigor.

§ 2.º Fica dispensada a retenção do imposto de renda na fonte em relação à operação iniciada e encerrada no mesmo dia quando o alienante for instituição financeira, sociedade de arrendamento mercantil, sociedade corretora de títulos e valores mobiliários ou sociedade distribuidora de títulos e valores mobiliários.

§ 3.º A base de cálculo do imposto é constituída pela diferença positiva entre o valor da alienação, líquido do imposto sobre operações de crédito, câmbio e seguro, e sobre operações relativas a títulos e valores mobiliários – IOF (art. 18 da Lei n. 8.088, de 31-10-1990) e o valor da aplicação financeira de renda fixa, atualizado com base na variação acumulada da UFIR diária, desde a data inicial da operação até a da alienação.

§ 4.º Serão adicionados ao valor de alienação, para fins de composição da base de cálculo do imposto, os rendimentos periódicos produzidos pelo título ou aplicação, bem como qualquer remuneração adicional aos rendimentos prefixados, pagos ou creditados ao alienante e não submetidos à incidência do imposto de renda na fonte, atualizados com base na variação acumulada da UFIR diária, desde a data do crédito ou pagamento até a da alienação.

§ 5.º Para fins da incidência do imposto de renda na fonte, a alienação compreende qualquer forma de transmissão da propriedade, bem como a liquidação, resgate ou repactuação do título ou aplicação.

§ 6.º Fica incluída na tabela "D" a que se refere o art. 4.º, inciso II, da Lei n. 7.940, de 20 de dezembro de 1989, sujeita à alíquota de até 0,64% (sessenta e quatro centésimos por cento), a operação de registro de emissão de outros valores mobiliários.

Art. 21. Nas aplicações em fundos de renda fixa, resgatadas a partir de 1.º de janeiro de 1992, a base de cálculo do imposto de renda na fonte será constituída pela diferença positiva entre o valor do resgate, líquido de IOF, e o custo de aquisição da quota, atualizado com base na variação acumulada da UFIR diária, desde a data da conversão da aplicação em quotas até a da reconversão das quotas em cruzeiros.

§ 1.º Na determinação do custo de aquisição da quota, quando atribuída a remuneração ao valor resgatado, observar-se-á a precedência segundo a ordem sequencial direta das aplicações realizadas pelo beneficiário.

§ 2.º (*Revogado pela Lei n. 8.894, de 21-6-1994.*)

§ 3.º O imposto de renda na fonte, calculado à alíquota de 30% (trinta por cento), e o IOF serão retidos pelo administrador do fundo de renda fixa na data do resgate.

§ 4.º Excluem-se do disposto neste artigo as aplicações em Fundo de Aplicação Financeira – FAF, que continuam sujeitas à tributação pelo imposto de renda na fonte à alíquota de 5% (cinco por cento) sobre o rendimento bruto apropriado diariamente ao quotista.

§ 5.º Na determinação da base de cálculo do imposto em relação ao resgate de quota existente em 31 de dezembro de 1991, adotar-se-á, a título de custo de aquisição, o valor da quota na mesma data.

Art. 22. São isentos do imposto de renda na fonte:

I – os rendimentos creditados ao quotista pelo Fundo de Investimento em Quotas de Fundos de Aplicação, correspondente aos créditos apropriados por FAF;

II – os rendimentos auferidos por FAF, tributados quando da apropriação ao quotista.

Art. 23. A operação de mútuo e a operação de compra vinculada à revenda, no mercado secundário, tendo por objeto ouro, ativo financeiro, iniciadas a partir de 1.º de janeiro de 1992, ficam equiparadas à operação de renda fixa para fins de incidência do imposto de renda na fonte.

§ 1.º Constitui fato gerador do imposto a liquidação da operação de mútuo ou a revenda de ouro, ativo financeiro.

§ 2.º A base de cálculo do imposto nas operações de mútuo será constituída:

a) pelo valor do rendimento em moeda corrente, atualizado entre a data do recebimento e a data de liquidação do contrato; ou

b) quando o rendimento for fixado em quantidade de ouro, pelo valor da conversão do ouro em moeda corrente, estabelecido com base nos preços médios das operações realizadas no mercado à vista da bolsa em que ocorrer o maior volume de ouro transacionado na data de liquidação do contrato.

§ 3.º A base de cálculo nas operações de revenda e de compra de ouro, quando vinculadas, será constituída pela diferença positiva entre o valor de revenda e o de compra do ouro, atualizada com base na variação acumulada da UFIR diária, entre a data de início e de encerramento da operação.

§ 4.º O valor da operação de que trata a alínea *a* do § 2.º será atualizado com base na UFIR diária.

§ 5.º O imposto de renda na fonte será calculado aplicando-se alíquotas previstas no art. 20, de acordo com o prazo de operação.

§ 6.º Fica o Poder Executivo autorizado a baixar normas com vistas a definir as características da operação de compra vinculada à revenda, bem como a equiparar às operações de que trata este artigo outras que, pelas suas características, produzam os mesmos efeitos das operações indicadas.

§ 7.º O Conselho Monetário Nacional poderá estabelecer prazo mínimo para as operações de que trata este artigo.

Art. 24. (*Revogado pela Lei n. 8.541, de 23-12-1992.*)

Art. 25. O rendimento auferido no resgate, a partir de 1.º de janeiro de 1992, de quota de fundo mútuo de ações, clube de investimento e outros fundos da espécie, inclusive Plano de Poupança e Investimentos – PAIT, de que trata o Decreto-lei n. 2.292, de 21 de novembro de 1986, constituídos segundo a legislação aplicável, quando o beneficiário for pessoa física ou pessoa jurídica não tributada com base no lucro real, inclusive isenta, sujeita-se à incidência do imposto de renda na fonte à alíquota de 25% (vinte e cinco por cento).

§ 1.º A base de cálculo do imposto é constituída pela diferença positiva entre o valor de resgate e o custo médio de aquisição da quota, atualizado com base na variação acumulada da UFIR diária da data da conversão em quotas até a de reconversão das quotas em cruzeiros.

§ 2.º Os ganhos líquidos a que se refere o artigo seguinte e os rendimentos produzidos por aplicações financeiras de renda fixa, auferidos por fundo mútuo de ações, clube de investimentos e outros fundos da espécie, não estão sujeitos à incidência do imposto de renda na fonte.

§ 3.º O imposto será retido pelo administrador do fundo ou clube de investimento na data do resgate.

§ 4.º Fica o Poder Executivo autorizado a permitir a compensação de perdas ocorridas em aplicações de que trata este artigo.

Art. 26. Ficam sujeitas ao pagamento do imposto de renda, à alíquota de vinte e cinco por cento, a pessoa física e a pessoa jurídica não tributada com base no lucro real, inclusive isenta, que auferirem ganhos líquidos nas operações realizadas nas bolsas de valores, de mercadorias, de futuros e assemelhadas, encerradas a partir de 1.º de janeiro de 1992.

§ 1.º Os custos de aquisição, os preços de exercício e os prêmios serão considerados pelos valores médios pagos, atualizados com base na variação acumulada da UFIR diária da data da aquisição até a data da alienação do ativo.

§ 2.º O Poder Executivo poderá baixar normas para apuração e demonstração dos ganhos líquidos, bem como autorizar a compensação de perdas em um mesmo ou entre dois ou mais mercados ou modalidades operacionais, previstos neste artigo, ressalvado o disposto no art. 28 desta Lei.

§ 3.º O disposto neste artigo aplica-se, também, aos ganhos líquidos decorrentes da alienação de ouro, ativo financeiro, fora da bolsa, com a interveniência de instituições integrantes do Sistema Financeiro Nacional.

§ 4.º O imposto de que trata este artigo será apurado mensalmente.

Art. 27. As deduções de despesas, bem como a compensação de perdas na forma prevista no § 2.º do artigo precedente, são admitidas exclusivamente para as operações realizadas nos mercados organizados, geridos ou sob responsabilidade de instituição credenciada pelo Poder Executivo e com objetivos semelhantes aos das bolsas de valores, de mercadorias ou de futuros.

Art. 28. Os prejuízos decorrentes de operações financeiras de compra e subsequente venda ou de venda e subsequente compra, realizadas no mesmo dia (*day-trade*), tendo por objeto ativo, título, valor mobiliário ou direito de natureza e características semelhantes, somente podem ser compensados com ganhos auferidos em operações da mesma espécie ou em operações de cobertura (*hedge*) à qual estejam vinculadas nos termos admitidos pelo Poder Executivo.

§ 1.º O ganho líquido mensal correspondente às operações *day-trade*, quando auferido por beneficiário dentre os referidos no art. 26, integra a base de cálculo do imposto de renda de que trata o mesmo artigo.

§ 2.º Os prejuízos decorrentes de operações realizadas fora de mercados organizados, geridos ou sob responsabilidade de instituição credenciada pelo Poder Público, não podem ser deduzidos da base de cálculo do imposto de renda e da apuração do ganho líquido de que trata o art. 26, bem como não podem ser compensados com ganhos auferidos em operações de espécie, realizadas em qualquer mercado.

Art. 29. Os residentes ou domiciliados no exterior sujeitam-se às mesmas normas de tributação pelo imposto de renda, previstas para os residentes ou domiciliados no País, em relação aos:

>> *Caput* com redação determinada pela Lei n. 8.849, de 28-1-1994.

I – rendimentos decorrentes de aplicações financeiras de renda fixa;

>> Inciso I com redação determinada pela Lei n. 8.849, de 28-1-1994.

II – ganhos líquidos auferidos em operações realizadas em bolsas de valores, de mercadorias, de futuros e assemelhadas;

>> Inciso II com redação determinada pela Lei n. 8.849, de 28-1-1994.

III – rendimentos obtidos em aplicações em fundos e clubes de investimentos de renda variável.

>> Inciso III com redação determinada pela Lei n. 8.849, de 28-1-1994.

Parágrafo único. Sujeitam-se à tributação pelo imposto de renda, nos termos dos arts. 31 a 33, os rendimentos e ganhos de capital decorrentes de aplicações financeiras, auferidos por fundos, sociedades de investimento e carteiras de valores mobiliários de que participem, exclusivamente, pessoas físicas ou jurídicas, fundos ou outras entidades de investimento coletivo residentes, domiciliadas ou com sede no exterior.

>> Parágrafo único com redação determinada pela Lei n. 8.849, de 28-1-1994.

Art. 30. O investimento estrangeiro nos mercados financeiros e de valores mobiliários somente poderá ser realizado no País por intermédio de representante legal, previamente designado dentre as instituições autorizadas pelo Poder Executivo a prestar tal serviço e que será responsável, nos termos do art. 128 do Código Tributário Nacional (Lei n. 5.172, de 25-10-1966), pelo cumprimento das obrigações tributárias decorrentes das operações que realizar por conta e ordem do representado.

>> *Caput* com redação determinada pela Lei n. 8.849, de 28-1-1994.

§ 1.º O representante legal não será responsável pela retenção e recolhimento do imposto de renda na fonte sobre aplicações financeiras quando, nos termos da legislação pertinente, tal responsabilidade for atribuída a terceiro.

>> § 1.º com redação determinada pela Lei n. 8.849, de 28-1-1994.

§ 2.º O Poder Executivo poderá excluir determinadas categorias de investidores da obrigatoriedade prevista neste artigo.

>> § 2.º com redação determinada pela Lei n. 8.849, de 28-1-1994.

Art. 31. Sujeitam-se à tributação pelo imposto de renda, à alíquota de 25% (vinte e cinco por cento), os rendimentos e ganhos de capital auferidos no resgate pelo quotista, quando distribuídos, sob qualquer forma e a qualquer título, por fundos em condomínio, a que se refere o art. 50 da Lei n. 4.728, de 14 de julho de 1965, constituídos na forma prescrita pelo Conselho Monetário Nacional e mantidos com recursos provenientes de conversão de débitos externos brasileiros, e de que participem, exclusivamente, pessoas físicas ou jurídicas, fundos ou outras entidades de investimentos coletivos, residentes, domiciliados, ou com sede no exterior.

>> *Caput* com redação determinada pela Lei n. 8.849, de 28-1-1994.

§ 1.º A base de cálculo do imposto é constituída pela diferença positiva entre o valor de resgate e o custo médio de aquisição da quota, atualizados com base na variação acumulada da UFIR diária da data da aplicação até a data da distribuição ao exterior.

>> § 1.º com redação determinada pela Lei n. 8.849, de 28-1-1994.

§ 2.º Os rendimentos e ganhos de capital auferidos pelas carteiras dos fundos em condomínio de que trata este artigo, ficam excluídos da retenção do imposto de renda na fonte e do imposto de renda sobre o ganho líquido mensal.

>> § 2.º com redação determinada pela Lei n. 8.849, de 28-1-1994.

Art. 32. Ressalvados os rendimentos de Fundos de Aplicação Financeira – FAF, que continuam tributados de acordo com o disposto no art. 21, § 4.º, ficam sujeitos ao imposto de renda na fonte, à alíquota de 15% (quinze por cento), os rendimentos auferidos:

I – pelas entidades mencionadas nos arts. 1.º e 2.º do Decreto-lei n. 2.285, de 23 de julho de 1986;

II – pelas sociedades de investimento a que se refere o art. 49 da Lei n. 4.728, de 1965, de que participem investidores estrangeiros;

III – pelas carteiras de valores mobiliários, inclusive vinculadas à emissão, no exterior, de certificados representativos de ações, mantidas por investidores estrangeiros.

>> *Caput* e incisos com redação determinada pela Lei n. 8.849, de 28-1-1994.

§ 1.º Os ganhos de capital ficam excluídos da incidência do imposto de renda quando auferidos e distribuídos, sob qualquer forma e a qualquer título, inclusive em decorrência de liquidação parcial ou total do investimento pelos fundos, sociedades ou carteiras referidos no *caput* deste artigo.

>> § 1.º com redação determinada pela Lei n. 8.849, de 28-1-1994.

§ 2.º Para os efeitos deste artigo, consideram-se:

a) rendimentos: quaisquer valores que constituam remuneração de capital aplicado, inclusive aquela produzida por títulos de renda variável, tais como juros, prêmios, comissões, ágio, deságio, dividendos, bonificações em dinheiro e participações nos lucros, bem como os resultados positivos auferidos em aplicações nos fundos e clubes de investimento de que trata o art. 25;

b) ganhos de capital, os resultados positivos auferidos:

b.1) nas operações realizadas em bolsas de valores, de mercadorias, de futuros e assemelhadas;

b.2) nas operações com ouro, ativo financeiro, fora de bolsa, intermediadas por instituições integrantes do Sistema Financeiro Nacional.

>> § 2.º com redação determinada pela Lei n. 8.849, de 28-1-1994.

§ 3.º A base de cálculo do imposto de renda sobre os rendimentos auferidos pelas entidades de que trata este artigo será apurada:

a) de acordo com os critérios previstos no § 3.º do art. 20 e no art. 21, no caso de aplicações de renda fixa;

b) de acordo com o tratamento previsto no § 4.º do art. 20, no caso de rendimentos periódicos ou qualquer remuneração adicional não submetidos à incidência do imposto de renda na fonte;

c) pelo valor do respectivo rendimento ou resultado positivo nos demais casos.

>> § 3.º com redação determinada pela Lei n. 8.849, de 28-1-1994.

§ 4.º Na apuração do imposto de que trata este artigo serão indedutíveis os prejuízos apurados em operações de renda fixa e de renda variável.

>> § 4.º com redação determinada pela Lei n. 8.849, de 28-1-1994.

§ 5.º O disposto neste artigo alcança, exclusivamente, as entidades que atenderem às normas e condições estabelecidas pelo Conselho Monetário Nacional, não se aplicando, entretanto, aos fundos em condomínio referidos no art. 31.

>> § 5.º com redação determinada pela Lei n. 8.849, de 28-1-1994.

Art. 33. O imposto de renda na fonte sobre os rendimentos auferidos pelas entidades de que trata o art. 32, será devido por ocasião da cessão, resgate, repactuação ou liquidação de cada operação de renda fixa, ou do recebimento ou crédito, o que primeiro ocorrer, de outros rendimentos, inclusive dividendos e bonificações em dinheiro.

>> *Caput* com redação determinada pela Lei n. 8.849, de 28-1-1994.

§ 1.º Com exceção do imposto sobre aplicações no FAF, o imposto sobre os demais rendimentos será retido pela instituição administradora do fundo, sociedade de investimento ou carteira, e pelo banco custodiante, no caso de certificados representativos de ações, sendo considerado, mesmo no caso do FAF, como exclusivo de fonte.

>> § 1.º com redação determinada pela Lei n. 8.849, de 28-1-1994.

§ 2.º No caso de rendimentos auferidos em operações realizadas antes de 1.º de janeiro de 1994 e ainda não distribuídos, a base de cálculo do imposto de renda de que trata este artigo será determinada de acordo com as normas da legislação aplicável às operações de renda fixa realizadas por residentes no País, ressalvado o disposto no art. 34, devendo o imposto ser calculado à alíquota de 15% (quinze por cento) e recolhido pelos administradores dos fundos, sociedades ou carteiras até 31 de janeiro de 1994 ou na data da distribuição dos rendimentos, se ocorrer primeiro, sem atualização monetária.

>> § 2.º com redação determinada pela Lei n. 8.849, de 28-1-1994.

§ 3.º Os dividendos que foram atribuídos às ações integrantes do patrimônio do fundo, sociedade ou carteira, serão registrados, na data em que as ações foram cotadas sem os respectivos direitos (ex-dividendos), em conta representativa de rendimentos a receber, em contrapartida à diminuição de idêntico valor da parcela do ativo correspondente às ações as quais se vinculam, acompanhados de transferência para a receita de dividendos de igual valor a débito da conta de resultado de variação da carteira de ações.

>> § 3.º com redação determinada pela Lei n. 8.849, de 28-1-1994.

§ 4.º Os rendimentos submetidos à sistemática de tributação de que trata este artigo não se sujeitam à nova incidência do imposto de renda quando distribuídos.

>> § 4.º com redação determinada pela Lei n. 8.849, de 28-1-1994.

§ 5.º O imposto deverá ser convertido em quantidade de UFIR diária pelo valor desta no dia da ocorrência do fato gerador, e pago no prazo previsto no art. 52, inciso II, alínea *d*.

>> § 5.º com redação determinada pela Lei n. 8.849, de 28-1-1994.

Art. 34. As disposições dos arts. 31 a 33 desta Lei abrangem as operações compreendidas no período entre 15 de junho de 1989, inclusive, e 1.º de janeiro de 1992, exceto em relação ao imposto de que trata o art. 3.º do Decreto-lei n. 1.986, de 28 de dezembro de 1982, vedada a restituição ou compensação de imposto pago no mesmo período.

Art. 35. Na cessão, liquidação ou resgate, será apresentada a nota de aquisição do título ou o documento relativo à aplicação, que identifique as partes envolvidas na operação.

§ 1.º Quando não apresentado o documento de que trata este artigo, considerar-se-á como preço de aquisição o valor da emissão ou o da primeira colocação do título, prevalecendo o menor.

§ 2.º Não comprovado o valor a que se refere o § 1.º, a base de cálculo do imposto de renda na fonte será arbitrada em 50% (cinquenta por cento) do valor bruto da alienação.

§ 3.º Fica dispensada a exigência prevista neste artigo relativamente a título ou aplicação revestidos, exclusivamente, da forma escritural.

Art. 36. O imposto de renda retido na fonte sobre aplicações financeiras ou pago sobre ganhos líquidos mensais de que trata o art. 26 será considerado:

I – se o beneficiário for pessoa jurídica tributada com base no lucro real: antecipação do devido na declaração;

II – se o beneficiário for pessoa física ou pessoa jurídica não tributada com base no lucro real, inclusive isenta: tributação definitiva, vedada a compensação na declaração de ajuste anual.

Art. 37. A alíquota do imposto de renda na fonte sobre rendimentos produzidos por títulos ou aplicações integrantes do patrimônio do fundo de renda fixa de que trata o art. 21 desta Lei será de 25% (vinte e cinco por cento) e na base de cálculo será considerado como valor de alienação aquele pelo qual o título ou aplicação constar da carteira no dia 31 de dezembro de 1991.

Parágrafo único. O recolhimento do imposto será efetuado pelo administrador do fundo, sem correção monetária, até o dia seguinte ao da alienação do título ou resgate da aplicação.

CAPÍTULO IV
DO IMPOSTO DE RENDA DAS PESSOAS JURÍDICAS

Art. 38. A partir do mês de janeiro de 1992, o imposto de renda das pessoas jurídicas será devido mensalmente, à medida que os lucros forem auferidos.

§ 1.º Para efeito do disposto neste artigo, as pessoas jurídicas deverão apurar, mensalmente, a base de cálculo do imposto e o imposto devido.

§ 2.º A base de cálculo do imposto será convertida em quantidade de UFIR diária pelo valor desta no último dia do mês a que corresponder.

§ 3.º O imposto devido será calculado mediante a aplicação da alíquota sobre a base de cálculo expressa em UFIR.

§ 4.º Do imposto apurado na forma do parágrafo anterior a pessoa jurídica poderá diminuir:

a) os incentivos fiscais de dedução do imposto devido, podendo o valor excedente ser compensado nos meses subsequentes, observados os limites e prazos fixados na legislação específica;

b) os incentivos fiscais de redução e isenção do imposto, calculados com base no lucro da exploração apurado mensalmente;

c) o imposto de renda retido na fonte sobre receitas computadas na base de cálculo do imposto.

§ 5.º Os valores de que tratam as alíneas do parágrafo anterior serão convertidos em quantidade de UFIR diária pelo valor desta no último dia do mês a que corresponderem.

§ 6.º O saldo do imposto devido em cada mês será pago até o último dia útil do mês subsequente.

§ 7.º O prejuízo apurado na demonstração do lucro real em um mês poderá ser compensado com o lucro real dos meses subsequentes.

§ 8.º Para efeito de compensação, o prejuízo será corrigido monetariamente com base na variação acumulada da UFIR diária.

§ 9.º Os resultados apurados em cada mês serão corrigidos monetariamente (Lei n. 8.200, de 1991).

Art. 39. As pessoas jurídicas tributadas com base no lucro real poderão optar pelo pagamento, até o último dia útil do mês subsequente, do imposto devido mensalmente, calculado por estimativa, observado o seguinte:

I – nos meses de janeiro a abril, o imposto estimado corresponderá, em cada mês, a um duodécimo do imposto e adicional apurados em balanço ou balancete anual levantado em 31 de dezembro do ano anterior ou, na inexistência deste, a um sexto do imposto e adicional apurados no balanço ou balancete semestral levantado em 30 de junho do ano anterior;

II – nos meses de maio a agosto, o imposto estimado corresponderá, em cada mês, a um duodécimo do imposto e adicional apurados no balanço anual de 31 de dezembro do ano anterior;

III – nos meses de setembro a dezembro, o imposto estimado corresponderá, em cada mês, a um sexto do imposto e adicional apurados em balanço ou balancete semestral levantado em 30 de junho do ano em curso.

§ 1.º A opção será efetuada na data do pagamento do imposto correspondente ao mês de janeiro e só poderá ser alterada em relação ao imposto referente aos meses do ano subsequente.

§ 2.º A pessoa jurídica poderá suspender ou reduzir o pagamento do imposto mensal estimado, enquanto balanços ou balancetes mensais demonstrarem que o valor acumulado já pago excede o valor do imposto calculado com base no lucro real do período em curso.

§ 3.º O imposto apurado nos balanços ou balancetes será convertido em quantidade de UFIR diária pelo valor desta no último dia do mês a que se referir.

§ 4.º O imposto de renda retido na fonte sobre rendimentos computados na determinação do lucro real poderá ser deduzido do imposto estimado de cada mês.

§ 5.º A diferença entre o imposto devido, apurado na declaração de ajuste anual (art. 43), e a importância paga nos termos deste artigo será:

a) paga em quota única, até a data fixada para a entrega da declaração de ajuste anual, se positiva;

b) compensada, corrigida monetariamente, com o imposto mensal a ser pago nos meses subsequentes ao fixado para a entrega da declaração de ajuste anual, se negativa, assegurada a alternativa de requerer a restituição do montante pago indevidamente.

Art. 40. (*Revogado pela Lei n. 8.541, de 23-12-1992.*)

Art. 41. A tributação com base no lucro arbitrado somente será admitida em caso de lançamento de ofício, observadas a legislação vigente e as alterações introduzidas por esta Lei.

§ 1.º O lucro arbitrado e a contribuição social serão apurados mensalmente.

§ 2.º O lucro arbitrado, diminuído do imposto de renda da pessoa jurídica e da contribuição social, será considerado distribuído aos sócios ou ao titular da empresa e tributado exclusivamente na fonte à alíquota de 25% (vinte e cinco por cento).

§ 3.º A contribuição social sobre o lucro das pessoas jurídicas tributadas com base no lucro arbitrado será devida mensalmente.

Art. 42. (*Revogado pela Lei n. 9.317, de 5-12-1996.*)

Art. 43. As pessoas jurídicas deverão apresentar, em cada ano, declaração de ajuste anual consolidando os resultados mensais auferidos nos meses de janeiro a dezembro do ano anterior, nos seguintes prazos:

I – até o último dia útil do mês de março, as tributadas com base no lucro presumido;

II – até o último dia útil do mês de abril, as tributadas com base no lucro real;

III – até o último dia útil do mês de junho, as demais.

Parágrafo único. Os resultados mensais serão apurados, ainda que a pessoa jurídica tenha optado pela forma de pagamento do imposto e adicional referida no art. 39.

Art. 44. Aplicam-se à contribuição social sobre o lucro (Lei n. 7.689, de 1988) e ao imposto incidente na fonte sobre o lucro líquido (Lei n. 7.713, de 1988, art. 35) as mesmas normas de pagamento estabelecidas para o imposto de renda das pessoas jurídicas.

Parágrafo único. (*Revogado pela Lei n. 8.981, de 20-1-1995.*)

Art. 45. O valor em cruzeiros do imposto ou contribuição será determinado mediante a multiplicação da sua quantidade em UFIR pelo valor da UFIR diária na data do pagamento.

Art. 46. As pessoas jurídicas tributadas com base no lucro real poderão depreciar, em 24 (vinte e quatro) quotas mensais, o custo de aquisição ou construção de máquinas e equipamentos novos, adquiridos entre 1.º de janeiro de 1992 e 31 de dezembro de 1994, utilizados em processo industrial da adquirente.

>> *Caput* com redação determinada pela Lei n. 8.643, de 31-3-1993.

§ 1.º A parcela da depreciação acelerada que exceder à depreciação normal constituirá exclusão do lucro líquido e será escriturada no livro de apuração do lucro real.

§ 2.º O total da depreciação acumulada, incluída a normal e a parcela excedente, não poderá ultrapassar o custo de aquisição do bem, corrigido monetariamente.

§ 3.º A partir do mês em que for atingido o limite de que trata o parágrafo anterior, a depreciação normal, corrigida monetariamente, registrada na escrituração comercial, deverá ser adicionada ao lucro líquido para determinar o lucro real.

§ 4.º Para efeito do disposto nos §§ 2.º e 3.º deste artigo, a conta de depreciação excedente à normal, registrada no livro de apuração do lucro real, será corrigida monetariamente.

§ 5.º As disposições contidas neste artigo aplicam-se às máquinas e equipamentos objeto de contratos de arrendamento mercantil.

Art. 47. (*Revogado pela Lei n. 8.981, de 20-1-1995.*)

Art. 48. A partir de 1.º de janeiro de 1992, a correção monetária das demonstrações financeiras será efetuada com base na UFIR diária.

Art. 49. A partir do mês de janeiro de 1992, o adicional de que trata o art. 25 da Lei n. 7.450, de 23 de dezembro de 1985, incidirá à alíquota de 10% (dez por cento) sobre a parcela do lucro real ou arbitrado, apurado mensalmente, que exceder a 25.000 (vinte e cinco mil) UFIR.

Parágrafo único. A alíquota será de 15% (quinze por cento) para os bancos comerciais, bancos de investimento, bancos de desenvolvimento, caixas econômicas, sociedades de crédito, financiamento e investimento, sociedades de crédito imobiliário, sociedades corretoras, distribuidoras de títulos e valores mobiliários e empresas de arrendamento mercantil.

Art. 50. As despesas referidas na alínea *b* do parágrafo único do art. 52 e no item 2 da alínea e do parágrafo único do art. 71, da Lei n. 4.506, de 30 de novembro de 1964, decorrentes de contratos que, posteriormente a 31 de dezembro de 1991, venham a ser assinados, averbados no Instituto Nacional da Propriedade Industrial (INPI) e registrados no Banco Central do Brasil, passam a ser dedutíveis para fins de apuração do lucro real, observados os limites e condições estabelecidos pela legislação em vigor.

Parágrafo único. A vedação contida no art. 14 da Lei n. 4.131, de 3 de setembro de 1962, não se aplica às despesas dedutíveis na forma deste artigo.

Art. 51. Os balanços ou balancetes referidos nesta Lei deverão ser levantados com observância das leis comerciais e fiscais e transcritos no Diário ou no Livro de Apuração do Lucro Real.

CAPÍTULO V
DA ATUALIZAÇÃO E DO PAGAMENTO DE IMPOSTOS E CONTRIBUIÇÕES

Art. 52. Em relação aos fatos geradores que vierem a ocorrer a partir de 1.º de novembro de 1993, os pagamentos dos impostos e contribuições relacionados a seguir deverão ser efetuados nos seguintes prazos:

>> *Caput* com redação determinada pela Lei n. 8.850, de 28-1-1994.

I – Imposto sobre Produtos Industrializados – IPI:

>> Inciso I, *caput*, com redação determinada pela Lei n. 11.774, de 17-9-2008.

>> *Vide* art. 93, III, da Lei n. 10.833, de 29-12-2003.

a) no caso dos produtos classificados no código 2402.20.00, da Nomenclatura Comum do Mercosul – NCM, até o 10.º (décimo) dia do mês subsequente ao mês de ocorrência dos fatos geradores, observado o disposto no § 4.º deste artigo;

>> Alínea *a* com redação determinada pela Lei n. 11.933, de 28-4-2009.

b) (*Revogada pela Lei n. 11.774, de 17-9-2008.*);

c) no caso dos demais produtos, até o 25.º (vigésimo quinto) dia do mês subsequente ao mês de ocorrência dos fatos geradores, pelas demais pessoas jurídicas, observado o disposto no § 4.º deste artigo;

>> Alínea *c* com redação determinada pela Lei n. 11.933, de 28-4-2009.

II – Imposto de Renda na Fonte – IRF:

>> Inciso II, *caput*, com redação determinada pela Lei n. 8.850, de 28-1-1994.

a) até o último dia útil do mês subsequente ao de ocorrência do fato gerador ou na data da remessa, quando esta for efetuada antes, no caso de lucro de filiais, sucursais, agências ou representações, no País, de pessoas jurídicas com sede no exterior;

>> Alínea *a* com redação determinada pela Lei n. 8.850, de 28-1-1994.

b) na data da ocorrência do fato gerador, nos casos dos demais rendimentos atribuídos a residentes ou domiciliados no exterior;

>> Alínea *b* com redação determinada pela Lei n. 8.850, de 28-1-1994.

c) até o último dia útil do mês subsequente ao da distribuição automática dos lucros, no caso de que trata o art. 1.º do Decreto-lei n. 2.397, de 21 de dezembro de 1987;

>> Alínea *c* com redação determinada pela Lei n. 8.850, de 28-1-1994.

d) até o terceiro dia útil da quinzena subsequente à de ocorrência dos fatos geradores, nos demais casos;

>> Alínea *d* com redação determinada pela Lei n. 8.850, de 28-1-1994.

III – imposto sobre operações de crédito, câmbio e seguro e sobre operações relativas a títulos e valores mobiliários – IOF:

>> Inciso III, *caput*, com redação determinada pela Lei n. 8.850, de 28-1-1994.

a) até o terceiro dia útil da quinzena subsequente à de ocorrência dos fatos geradores, no caso de aquisição de ouro, ativo financeiro, bem assim nos de que tratam os incisos II a IV do art. 1.º da Lei n. 8.033, de 12 de abril de 1990;

>> Alínea *a* com redação determinada pela Lei n. 8.850, de 28-1-1994.

b) até o terceiro dia útil do decêndio subsequente ao de cobrança ou registro contábil do imposto, nos demais casos;

>> Alínea *b* com redação determinada pela Lei n. 8.850, de 28-1-1994.

IV – contribuição para financiamento da Seguridade Social (COFINS), instituída pela Lei Complementar n. 70, de 30 de dezembro de 1991, e contribuições para o Programa de Integração Social e para o Programa de Formação do Patrimônio do Servidor Público (PIS/PASEP), até o quinto dia útil do mês subsequente ao de ocorrência dos fatos geradores.

>> Inciso IV com redação determinada pela Lei n. 8.850, de 28-1-1994.

>> *Vide* Decreto n. 4.524, de 17-12-2002, regulamenta a Contribuição para o Financiamento da Seguridade Social – COFINS, instituída pela Lei Complementar citada.

§ 1.º O imposto incidente sobre ganhos de capital na alienação de bens ou direitos (Lei n. 8.134, de 27-12-1990, art. 18) deverá ser pago até o último dia útil do mês subsequente àquele em que os ganhos houverem sido percebidos.

>> § 1.º com redação determinada pela Lei n. 8.850, de 28-1-1994.

§ 2.º O imposto, apurado mensalmente, sobre os ganhos líquidos auferidos em operações realizadas em bolsas de valores, de mercadorias, de futuros e assemelhadas, será pago até o último dia útil do mês subsequente àquele em que os ganhos houverem sido percebidos.

>> § 2.º com redação determinada pela Lei n. 8.850, de 28-1-1994.

§ 3.º O disposto no inciso I do *caput* deste artigo não se aplica ao IPI incidente no desembaraço aduaneiro dos produtos importados.

>> § 3.º acrescentado pela Lei n. 11.774, de 17-9-2008.

§ 4.º Se o dia do vencimento de que tratam as alíneas *a* e *c* do inciso I do *caput* deste artigo não for dia útil, considerar-se-á antecipado o prazo para o primeiro dia útil que o anteceder.

>> § 4.º com redação determinada pela Lei n. 11.933, de 28-4-2009.

Art. 53. Os tributos e contribuições relacionados a seguir serão convertidos em quantidade de UFIR diária pelo valor desta:

>> *Caput* com redação determinada pela Lei n. 8.850, de 28-1-1994.

I – IPI, no último dia do decêndio de ocorrência dos fatos geradores;

>> Inciso I com redação determinada pela Lei n. 8.850, de 28-1-1994.

II – IRF, no dia da ocorrência do fato gerador;

>> Inciso II com redação determinada pela Lei n. 8.850, de 28-1-1994.

III – IOF:

>> Inciso III com redação determinada pela Lei n. 8.850, de 28-1-1994.

a) no último dia da quinzena de ocorrência dos fatos geradores, na hipótese de aquisição de ouro, ativo financeiro;

b) no dia da ocorrência dos fatos geradores, ou da apuração da base de cálculo, nos demais casos;

IV – contribuição para o financiamento da Seguridade Social (COFINS), instituída pela Lei Complementar n. 70, de 1991, e contribuições para o Programa de Integração Social e para o Programa de Formação do Patrimônio do Servidor Público (PIS/PASEP), no último dia do mês de ocorrência dos fatos geradores;

>> Inciso IV com redação determinada pela Lei n. 8.850, de 28-1-1994.

V – demais tributos, contribuições e receitas da União, arrecadados pela Secretaria da Receita Federal, não referidos nesta Lei, nas datas dos respectivos vencimentos;

>> Inciso V com redação determinada pela Lei n. 8.850, de 28-1-1994.

VI – contribuições previdenciárias, no primeiro dia do mês subsequente ao de competência.

>> Inciso VI com redação determinada pela Lei n. 8.850, de 28-1-1994.

Parágrafo único. O imposto de que tratam os parágrafos do artigo anterior será convertido em quantidade de UFIR pelo valor desta no mês do recebimento ou ganho.

>> Parágrafo único com redação determinada pela Lei n. 8.850, de 28-1-1994.

Capítulo VI
DA ATUALIZAÇÃO DE DÉBITOS FISCAIS

Art. 54. Os débitos de qualquer natureza para com a Fazenda Nacional e os decorrentes de contribuições arrecadadas pela União, constituídos ou não, vencidos até 31 de dezembro de 1991 e não pagos até 2 de janeiro de 1992, serão atualizados monetariamente com base na legislação aplicável e convertidos, nessa data, em quantidade de UFIR diária.

§ 1.º Os juros de mora calculados até 2 de janeiro de 1992 serão, também, convertidos em quantidade de UFIR, na mesma data.

§ 2.º Sobre a parcela correspondente ao tributo ou contribuição, convertida em quantidade de UFIR, incidirão juros moratórios à razão de 1% (um por cento), por mês-calendário ou fração, a partir de fevereiro de 1992, inclusive, além da multa de mora ou de ofício.

§ 3.º O valor a ser recolhido será obtido multiplicando-se a correspondente quantidade de UFIR pelo valor diário desta na data do pagamento.

Art. 55. Os débitos que forem objeto de parcelamento serão consolidados na data da concessão e expressos em quantidade de UFIR diária.

§ 1.º O valor do débito consolidado, expresso em quantidade de UFIR, será dividido pelo número de parcelas mensais concedidas.

§ 2.º O valor de cada parcela mensal, por ocasião do pagamento, será acrescido de juros na forma da legislação pertinente.

§ 3.º Para efeito de pagamento, o valor em cruzeiros de cada parcela mensal será determinado mediante a multiplicação de seu valor, expresso em quantidade de UFIR, pelo valor desta no dia do pagamento.

Art. 56. No caso de parcelamento concedido administrativamente até o dia 31 de dezembro de 1991, o saldo devedor, a partir de 1.º de janeiro de 1992, será expresso em quantidade de UFIR diária mediante a divisão do débito, atualizado monetariamente, pelo valor da UFIR diária no dia 1.º de janeiro de 1992.

Parágrafo único. O valor em cruzeiros do débito ou da parcela será determinado mediante a multiplicação da respectiva quantidade de UFIR pelo valor diário desta na data do pagamento.

Art. 57. Os débitos de qualquer natureza para com a Fazenda Nacional, bem como os decorrentes de contribuições arrecadadas pela União, poderão, sem prejuízo da respectiva liquidez e certeza, ser inscritos como Dívida Ativa da União, pelo valor expresso em quantidade de UFIR.

§ 1.º Os débitos de que trata este artigo, que forem objeto de parcelamento, serão consolidados na data de sua concessão e expressos em quantidade de UFIR.

§ 2.º O encargo referido no art. 1.º do Decreto-lei n. 1.025, de 21 de outubro de 1969, modificado pelo art. 3.º do Decreto-lei n. 1.569, de 8 de agosto de 1977, e art. 3.º do Decreto-lei n. 1.645, de 11 de dezembro de 1978, será calculado sobre o montante do débito, inclusive multas, atualizado monetariamente e acrescido de juros e multa de mora.

Art. 58. No caso de lançamento de ofício, a base de cálculo, o imposto, as contribuições arrecadadas pela União e os acréscimos legais serão expressos em UFIR diária ou mensal, conforme a legislação de regência do tributo ou contribuição.

Parágrafo único. Os juros e a multa de lançamento de ofício serão calculados com base no imposto ou contribuição expresso em quantidade de UFIR.

Capítulo VII
DAS MULTAS E DOS JUROS DE MORA

Art. 59. Os tributos e contribuições administrados pelo Departamento da Receita Federal, que não forem pagos até a data do vencimento, ficarão sujeitos à multa de mora de 20% (vinte por cento) e a juros de mora de 1% (um por cento) ao mês-calendário ou fração, calculados sobre o valor do tributo ou contribuição corrigido monetariamente.

§ 1.º A multa de mora será reduzida a 10% (dez por cento), quando o débito for pago até o último dia útil do mês subsequente ao do vencimento.

§ 2.º A multa incidirá a partir do primeiro dia após o vencimento do débito; os juros, a partir do primeiro dia do mês subsequente.

Art. 60. (*Revogado pela Lei n. 11.941, de 27-5-2009.*)

Art. 61. As contribuições previdenciárias arrecadadas pelo Instituto Nacional de Seguro Social – INSS ficarão sujeitas à multa variável, de caráter não relevável, nos seguintes percentuais, incidentes sobre os valores atualizados monetariamente até a data do pagamento:

I – 10% (dez por cento) sobre os valores das contribuições em atraso que, até a data do pagamento, não tenham sido incluídas em notificação de débito;

II – 20% (vinte por cento) sobre os valores pagos dentro de 15 (quinze) dias contados da data do recebimento da correspondente notificação de débito;

III – 30% (trinta por cento) sobre todos os valores pagos mediante parcelamento, desde que requerido no prazo do inciso anterior;

IV – 60% (sessenta por cento) sobre os valores pagos em quaisquer outros casos, inclusive por falta de cumprimento de acordo para o parcelamento.

Parágrafo único. É facultada a realização de depósito, à disposição da Seguridade Social, sujeito aos mesmos percentuais dos incisos I e II, conforme o caso, para apresentação de defesa.

Capítulo VIII
DAS DISPOSIÇÕES FINAIS E TRANSITÓRIAS

Art. 63. (*Revogado pela Lei n. 11.033, de 21-12-2004.*)

Art. 64. Responderão como coautores de crime de falsidade o gerente e o administrador de instituição financeira ou assemelhadas que concorrerem para que seja aberta conta ou movimentados recursos sob nome:

I – falso;

II – de pessoa física ou de pessoa jurídica inexistente;

III – de pessoa jurídica liquidada de fato ou sem representação regular.

Parágrafo único. É facultado às instituições financeiras e às assemelhadas solicitar ao Departamento da Receita Federal a confirmação do número de inscrição no Cadastro de Pessoas Físicas ou no Cadastro Geral de Contribuintes.

Art. 65. Terá o tratamento de permuta a entrega, pelo licitante vencedor, de títulos da dívida pública federal ou de outros créditos contra a União, como contrapartida à aquisição das ações ou quotas leiloadas no âmbito do Programa Nacional de Desestatização.

§ 1.º Na hipótese de adquirente pessoa física, deverá ser considerado como custo de aquisição das ações ou quotas da empresa privatizável o custo de aquisição dos direitos contra a União, corrigido monetariamente até a data da permuta.

§ 2.º Na hipótese de pessoa jurídica não tributada com base no lucro real, o custo de aquisição será apurado na forma do parágrafo anterior.

§ 3.º No caso de pessoa jurídica tributada com base no lucro real, o custo de aquisição das ações ou quotas leiloadas será igual ao valor contábil dos títulos ou créditos entregues pelo adquirente na data da operação.

§ 4.º Quando se configurar, na aquisição, investimento relevante em coligada ou controlada, avaliável pelo valor do patrimônio líquido, a adquirente deverá registrar o valor da equivalência no patrimônio adquirido, em conta própria de investimentos, e o valor do ágio ou deságio na aquisição em subconta do mesmo investimento, que deverá ser computado na determinação do lucro real do mês de realização do investimento, a qualquer título.

Art. 66. Nos casos de pagamento indevido ou a maior de tributos, contribuições federais, inclusive previdenciárias, e receitas patrimoniais, mesmo quando resultante de reforma, anulação, revogação, ou rescisão de decisão condenatória, o contribuinte poderá efetuar a compensação desse valor no recolhimento de importância correspondente a período subsequente.

>> *Caput* com redação determinada pela Lei n. 9.069, de 29-6-1995.

>> Sobre a compensação de que trata este artigo, *vide* art. 39 e § 4.º da Lei n. 9.250, de 26-12-1995.

§ 1.º A compensação só poderá ser efetuada entre tributos, contribuições e receitas da mesma espécie.

>> § 1.º com redação determinada pela Lei n. 9.069, de 29-6-1995.

> *Vide* Súmulas 212, 213 e 464 do STJ.

§ 2.º É facultado ao contribuinte optar pelo pedido de restituição.

> *Vide* Súmula 461 do STJ.

§ 3.º A compensação ou restituição será efetuada pelo valor do tributo ou contribuição ou receita corrigido monetariamente com base na variação da UFIR.

>> § 3.º com redação determinada pela Lei n. 9.069, de 29-6-1995.

§ 4.º As Secretarias da Receita Federal e do Patrimônio da União e o Instituto Nacional de Seguro Social – INSS expedirão as instruções necessárias ao cumprimento do disposto neste artigo.

>> § 4.º com redação determinada pela Lei n. 9.069, de 29-6-1995.

Art. 67. A competência de que trata o art. 1.º da Lei n. 8.022, de 12 de abril de 1990, relativa à apuração, inscrição e cobrança da Dívida Ativa oriunda das receitas arrecadadas pelo Instituto Nacional de Colonização e Reforma Agrária – INCRA, bem como a representação judicial nas respectivas execuções fiscais, cabe à Procuradoria-Geral da Fazenda Nacional.

> *Vide* Súmula 139 do STJ.

Art. 68. O Anexo I do Decreto-lei n. 2.225, de 10 de janeiro de 1985, passa a vigorar na forma do Anexo I a esta Lei.

Parágrafo único. Fica igualmente aprovado o Anexo II a esta Lei, que altera a composição prevista no Decreto-lei n. 2.192, de 26 de dezembro de 1984.

>> Os anexos previstos no *caput* e no parágrafo único deste artigo deixam de ser publicados, por não interessarem à obra.

Art. 69. O produto da arrecadação de multas, inclusive as que fazem parte do valor pago por execução da Dívida Ativa e de sua respectiva correção monetária, incidentes sobre tributos e contribuições administrados pelo Departamento da Receita Federal e próprios da União, bem como daquelas aplicadas à rede arrecadadora de receitas federais, constituirá receita do Fundo instituído pelo Decreto-lei n. 1.437, de 17 de dezembro de 1975, sem prejuízo do disposto na legislação pertinente, excluídas as transferências constitucionais para os Estados, o Distrito Federal e os Municípios.

Art. 70. Ficam isentas dos tributos incidentes sobre a importação as mercadorias destinadas a consumo no recinto de congressos, feiras e exposições internacionais, e eventos assemelhados, a título de promoção ou degustação, de montagem ou conservação de estandes, ou de demonstração de equipamentos em exposição.

§ 1.º A isenção não se aplica a mercadorias destinadas à montagem de estandes, susceptíveis de serem aproveitadas após o evento.

§ 2.º É condição para gozo da isenção que nenhum pagamento, a qualquer título, seja efetuado ao exterior, em relação às mercadorias mencionadas no *caput* deste artigo.

§ 3.º A importação das mercadorias objeto da isenção fica dispensada da Guia de importação mas sujeita-se a limites de quantidade e valor, além de outros requisitos estabelecidos pelo Ministro da Economia, Fazenda e Planejamento.

Art. 71. As pessoas jurídicas de que trata o art. 1.º do Decreto-lei n. 2.397, de 21 de dezembro de 1987, que preencham os requisitos dos incisos I e II do art. 40, poderão optar pela tributação com base no lucro presumido.

Parágrafo único. Em caso de opção, a pessoa jurídica pagará o imposto correspondente ao ano-calendário de 1992, obedecendo ao disposto no art. 40, sem prejuízo do pagamento do imposto devido por seus sócios no exercício de 1992, ano-base de 1991.

Art. 72. Ficam isentas do IOF as operações de financiamento para a aquisição de automóveis de passageiros de fabricação nacional de até 127 HP de potência bruta (SAE), quando adquiridos por:

>> A Lei n. 13.755, de 10-12-2018, propôs nova redação para este *caput*, porém teve seu texto vetado.

I – motoristas profissionais que, na data da publicação desta Lei, exerçam comprovadamente em veículo de sua propriedade a atividade de condutor autônomo de passageiros, na condição de titular de autorização, permissão ou concessão do poder concedente e que destinem o automóvel à utilização na categoria de aluguel (táxi);

II – motoristas profissionais autônomos titulares de autorização, permissão ou concessão para exploração do serviço de transporte individual de passageiros (táxi), impedidos de continuar exercendo essa atividade em virtude de destruição completa, furto ou roubo do veículo, desde que destinem o veículo adquirido à utilização na categoria de aluguel (táxi);

III – cooperativas de trabalho que sejam permissionárias ou concessionárias de transporte público de passageiros, na categoria de aluguel (táxi), desde que tais veículos se destinem à utilização nessa atividade;

IV – pessoas portadoras de deficiência física, atestada pelo Departamento de Trânsito do Estado onde residirem em caráter permanente, cujo laudo de perícia médica especifique:

a) o tipo de defeito físico e a total incapacidade do requerente para dirigir automóveis convencionais;

b) a habilitação do requerente para dirigir veículo com adaptações especiais, descritas no referido laudo;

V – trabalhador desempregado ou subempregado, titular de financiamento do denominado Projeto Balcão de Ferramentas, destinado à aquisição de maquinário, equipamentos e ferramentas que possibilitem a aquisição de bens e a prestação de serviços à comunidade.

§ 1.º O benefício previsto neste artigo:

a) poderá ser utilizado uma única vez;

b) será reconhecido pelo Departamento da Receita Federal mediante prévia verificação de que o adquirente possui os requisitos.

§ 2.º Na hipótese do inciso V, o reconhecimento ficará adstrito aos tomadores residentes na área de atuação do Projeto, os quais serão indicados pelos Governos Estaduais, mediante convênio celebrado com a Caixa Econômica Federal.

§ 3.º A alienação do veículo antes de 3 (três) anos contados da data de sua aquisição, a pessoas que não satisfaçam as condições e os requisitos, acarretará o pagamento, pelo alienante, da importância correspondente à diferença da alíquota aplicável à operação e a de que trata este artigo, calculada sobre o valor do financiamento, sem prejuízo da incidência dos demais encargos previstos na legislação tributária.

....

Art. 74. Integrarão a remuneração dos beneficiários:

I – a contraprestação de arrendamento mercantil ou o aluguel ou, quando for o caso, os respectivos encargos de depreciação, atualizados monetariamente até a data do balanço:

a) de veículo utilizado no transporte de administradores, diretores, gerentes e seus assessores ou de terceiros em relação à pessoa jurídica;

b) de imóvel cedido para uso de qualquer pessoa dentre as referidas na alínea precedente;

II – as despesas com benefícios e vantagens concedidos pela empresa a administradores, diretores, gerentes e seus assessores, pagos diretamente ou através da contratação de terceiros, tais como:

a) a aquisição de alimentos ou quaisquer outros bens para utilização pelo beneficiário fora do estabelecimento da empresa;

b) os pagamentos relativos a clubes e assemelhados;

c) o salário e respectivos encargos sociais de empregados postos à disposição ou cedidos, pela empresa, a administradores, diretores, gerentes e seus assessores ou de terceiros;

d) a conservação, o custeio e a manutenção dos bens referidos no item I.

§ 1.º A empresa identificará os beneficiários das despesas e adicionará aos respectivos salários os valores a elas correspondentes.

§ 2.º A inobservância do disposto neste artigo implicará a tributação dos respectivos valores, exclusivamente na fonte, à alíquota de 33% (trinta e três por cento).

> *Vide* art. 61 da Lei n. 8.981, de 20-1-1995.

Art. 75. Sobre os lucros apurados a partir de 1.º de janeiro de 1993 não incidirá o imposto de renda na fonte sobre o lucro líquido, de que trata o art. 35 da Lei n. 7.713, de 1988, permanecendo em vigor a não incidência do imposto sobre o que for distribuído a pessoas físicas ou jurídicas, residentes ou domiciliadas no País.

Parágrafo único. (*Vetado.*)

Art. 76. Não mais será exigido o imposto suplementar de renda de que trata o art. 43 da Lei n. 4.131, de 3 de setembro de 1962, com a redação dada pelo art. 1.º do Decreto-lei n. 2.073, de 20 de junho de 1983, relativamente aos triênios encerrados posteriormente a 31 de dezembro de 1991.

Art. 77. A partir de 1.º de janeiro de 1993, a alíquota do imposto de renda incidente na fonte sobre lucros e dividendos de que trata o art. 97 do Decreto-lei n. 5.844, de 23 de setembro de 1943, com as modificações posteriormente introduzidas, passará a ser de 15% (quinze por cento).

Art. 78. Relativamente ao exercício financeiro de 1992, ano-base de 1991, o saldo do imposto a pagar ou o valor a ser restituído, apurado pelas pessoas físicas de acordo com a Lei n. 8.134, de 1990, será convertido em quantidade de UFIR pelo valor desta no mês de janeiro de 1992.

§ 1.º O saldo do imposto devido será pago nos prazos e condições fixados na legislação vigente.

§ 2.º Os valores em cruzeiros do imposto ou de quota deste, bem assim o do saldo a ser restituído, serão determinados mediante a multiplicação de seu valor, expresso em quantidade de UFIR, pelo valor desta no mês de pagamento.

Art. 79. O valor do imposto de renda incidente sobre o lucro real, presumido ou arbitrado, da contribuição social sobre o lucro (Lei n. 7.689, de 1988) e do imposto sobre o lucro líquido (Lei n. 7.713, de 1988, art. 35), relativos ao exercício financeiro de 1992, período-base de 1991, será convertido em quantidade de UFIR diária, segundo o valor desta no dia 1.º de janeiro de 1992.

Parágrafo único. Os impostos e a contribuição social, bem como cada duodécimo ou quota destes, serão reconvertidos em cruzeiros mediante a multiplicação da quantidade de UFIR diária pelo valor dela na data do pagamento.

Art. 80. Fica autorizada a compensação do valor pago ou recolhido a título de encargo relativo à Taxa Referencial Diária – TRD acumulada entre a data da ocorrência do fato gerador e a do vencimento dos tributos e contribuições federais, inclusive previdenciárias, pagos ou recolhidos a partir de 4 de fevereiro de 1991.

Art. 81. A compensação dos valores de que trata o artigo precedente, pagos pelas pessoas jurídicas, dar-se-á na forma a seguir:

I – os valores referentes à TRD pagos em relação a parcelas do imposto de renda das pessoas jurídicas, imposto de renda na fonte sobre o lucro líquido (Lei n. 7.713, de 1988, art. 35), bem como correspondentes a recolhimento do imposto de renda retido na fonte sobre rendimentos de qualquer espécie poderão ser compensados com impostos da mesma espécie ou entre si, dentre os referidos neste inciso, inclusive com os valores a recolher a título de parcela estimada do imposto de renda;

II – os valores referentes à TRD pagos em relação às parcelas da contribuição social sobre o lucro (Lei n. 7.689, de 1988), do FINSOCIAL e do PIS/PASEP, somente poderão ser compensados com as parcelas a pagar de contribuições da mesma espécie;

III – os valores referentes à TRD recolhidos em relação a parcelas do Imposto sobre Produtos Industrializados – IPI e os pagos em relação às parcelas dos demais tributos ou contribuições somente poderão ser compensados com parcelas de tributos e contribuições da mesma espécie.

Art. 82. Fica a pessoa física autorizada a compensar os valores referentes à TRD, pagos sobre as parcelas de imposto de renda por ela devidas, relacionadas a seguir:

I – quotas do imposto de renda das pessoas físicas;

II – parcelas devidas a título de "carnê-leão";

III – imposto de renda sobre ganho de capital na alienação de bens móveis ou imóveis;

IV – imposto de renda sobre ganhos líquidos apurados no mercado de renda variável.

Art. 83. Na impossibilidade da compensação total ou parcial dos valores referentes à TRD, o saldo não compensado terá o tratamento de crédito de imposto de renda, que poderá ser compensado com o imposto apurado na declaração de ajuste anual da pessoa jurídica ou física, a ser apresentada a partir do exercício financeiro de 1992.

Art. 84. Alternativamente ao procedimento autorizado no artigo anterior, o contribuinte poderá pleitear a restituição do valor referente à TRD mediante processo regular apresentado na repartição do Departamento da Receita Federal do seu domicílio fiscal, observando as exigências de comprovação do valor a ser restituído.

Art. 85. Ficam convalidados os procedimentos de compensação de valores referentes à TRD pagos ou recolhidos e efetuados antes da vigência desta Lei, desde que tenham sido observadas as normas e condições da mesma.

Art. 86. As pessoas jurídicas de que trata o art. 3.º do Decreto-lei n. 2.354, de 24 de agosto de 1987, deverão pagar o imposto de renda relativo ao período-base encerrado em 31 de dezembro de 1991 e o relativo aos meses dos anos-calendário de 1992 e 1993, da seguinte forma:

I – o do período-base encerrado em 31 de dezembro de 1991:

a) nos meses de janeiro a março, em duodécimos mensais, na forma do referido Decreto-lei;

b) nos meses de abril a junho, em quotas mensais, iguais e sucessivas, vencendo-se cada uma no último dia útil dos mesmos meses;

II – o dos meses do ano-calendário de 1992, em nove parcelas mensais e sucessivas, vencíveis, cada uma, no último dia útil a partir do mês de julho, observado o seguinte:

a) em julho de 1992, o referente aos meses de janeiro e fevereiro;

b) em agosto de 1992, o referente aos meses de março e abril;

c) em setembro de 1992, o referente aos meses de maio e junho;

d) em outubro de 1992, o referente ao mês de julho;

e) em novembro de 1992, o referente ao mês de agosto;

f) em dezembro de 1992, o referente ao mês de setembro;

g) em janeiro de 1993, o referente ao mês de outubro;

h) em fevereiro de 1993, o referente ao mês de novembro; e,

i) em março de 1993, o referente ao mês de dezembro.

III – (*Revogado pela Lei n. 8.541, de 23-12-1992.*)

§ 1.º Ressalvado o disposto no § 2.º, as pessoas jurídicas de que trata este artigo poderão optar pelo pagamento do imposto correspondente aos meses do ano-calendário de 1992, calculado por estimativa, da seguinte forma:

a) nos meses de julho, agosto e setembro de 1992, no último dia útil de cada um, dois duodécimos do imposto e adicional apurados no balanço anual levantado em 31 de dezembro de 1991;

b) nos meses de outubro de 1992 a março de 1993, no último dia útil de cada um, um sexto do imposto e adicional apurados em balanço ou balancete semestral levantado em 30 de junho de 1992.

§ 2.º No ano-calendário de 1992, não poderá optar pelo pagamento do imposto calculado por estimativa a pessoa jurídica que, no exercício de 1992, período-base de 1991, apresentou prejuízo fiscal.

§ 3.º (*Revogado pela Lei n. 8.541, de 23-12-1992.*)

§ 4.º As pessoas jurídicas que exercerem a opção prevista nos parágrafos anteriores deverão observar o disposto nos §§ 4.º e 5.º do art. 39.

§ 5.º As disposições deste artigo aplicam-se também ao pagamento da contribuição social sobre o lucro (Lei n. 7.689, de 1988) e do imposto de renda incidente na fonte sobre o lucro líquido (Lei n. 7.713, de 1988, art. 35), correspondente ao período-base encerrado em 31 de dezembro de 1991 e ao ano-calendário de 1992.

§ 6.º O imposto de renda e a contribuição social serão convertidos em quantidade de UFIR diária pelo valor desta no último dia do mês a que corresponderem.

§ 7.º É facultado à pessoa jurídica pagar antecipadamente o imposto, duodécimo ou quota.

§ 8.º (*Revogado pela Lei n. 8.541, de 23-12-1992.*)

Art. 87. As pessoas jurídicas tributadas com base no lucro real, não submetidas ao disposto no artigo anterior, deverão pagar o imposto de renda relativo ao período-base encerrado em 31 de dezembro de 1991 e o relativo aos meses dos anos-calendário de 1992 e 1993, da seguinte forma:

I – o do período-base encerrado em 31 de dezembro de 1991, em seis quotas mensais, iguais e sucessivas, vencíveis no último dia útil dos meses de abril a setembro de 1992;

II – o dos meses do ano-calendário de 1992, em 6 (seis) quotas mensais e sucessivas, vencíveis no último dia útil, a partir do mês de outubro de 1992, observado o seguinte:

a) em outubro de 1992, o imposto referente aos meses de janeiro e fevereiro;

b) em novembro de 1992, o imposto referente aos meses de março e abril;

c) em dezembro de 1992, o imposto referente aos meses de maio e junho;

d) em janeiro de 1993, o imposto referente aos meses de julho e agosto;

e) em fevereiro de 1993, o imposto referente aos meses de setembro e outubro;

f) em março de 1993, o imposto referente aos meses de novembro e dezembro;

III – (*Revogado pela Lei n. 8.541, de 23-12-1992.*)

§ 1.º As pessoas jurídicas de que trata este artigo poderão optar pelo pagamento do imposto correspondente aos meses dos anos-calendário de 1992 e 1993, calculado por estimativa, da seguinte forma:

I – o relativo ao ano-calendário de 1992, nos meses de outubro de 1992 a março de 1993, no último dia útil de cada um, dois sextos do imposto e adicional apurados em balanço ou balancete semestral levantado em 30 de junho de 1992;

II – (*Revogado pela Lei n. 8.541, de 23-12-1992.*)

§ 2.º As disposições deste artigo aplicam-se também ao pagamento da contribuição social sobre o lucro (Lei n. 7.689, de 1988), correspondente ao período-base encerrado em 31 de dezembro de 1991 e aos anos-calendário de 1992 e 1993, estendendo-se o mesmo regime ao imposto sobre o lucro líquido (Lei n. 7.713, de 1988, art. 35), enquanto este vigorar.

§ 3.º O imposto de renda e a contribuição social serão convertidos em quantidade de UFIR diária pelo valor desta no último dia do mês a que corresponder.

§ 4.º É facultado à pessoa jurídica pagar antecipadamente o imposto, duodécimo ou quota.

§ 5.º A partir do mês de fevereiro de 1994, as pessoas jurídicas de que trata este artigo iniciarão o pagamento do imposto referente aos meses do ano em curso.

Art. 88. (*Revogado pela Lei n. 8.541, de 23-12-1992.*)

Art. 89. As empresas que optarem pela tributação com base no lucro presumido deverão pagar o imposto de renda da pessoa jurídica e a contribuição social sobre o lucro (Lei n. 7.689, de 1988):

I – relativos ao período-base de 1991, nos prazos fixados na legislação em vigor, sem as modificações introduzidas por esta Lei;

II – a partir do ano-calendário de 1992, segundo o disposto no art. 40.

>> Citado dispositivo encontra-se revogado pela Lei n. 8.541, de 23-12-1992.

Art. 90. A pessoa jurídica que, no ano-calendário de 1991, tiver auferido receita bruta total igual ou inferior a um bilhão de cruzeiros poderá optar pela tributação com base no lucro presumido no ano-calendário de 1992.

Art. 91. As parcelas de antecipação do imposto de renda e da contribuição social sobre o lucro, relativas ao exercício financeiro de 1992, pagas no ano de 1991, serão corrigidas monetariamente com base na variação acumulada no INPC desde o mês do pagamento até dezembro de 1991.

Parágrafo único. A contrapartida do registro da correção monetária referida neste artigo será escriturada como variação monetária ativa, na data do balanço.

Art. 92. (*Revogado pela Lei n. 9.430, de 27-12-1996.*)

Art. 93. O art. 1.º e o art. 2.º do Decreto-lei n. 1.804, de 3 de setembro de 1980, passam a vigorar com as seguintes modificações:

>> Alteração no art. 1.º prejudicada em face de posterior revogação de seu § 3.º pela Lei n. 9.001, de 16-3-1995.

Art. 94. O Ministro da Economia, Fazenda e Planejamento expedirá os atos necessários à execução do disposto nesta Lei, observados os princípios e as diretrizes nela estabelecidos, objetivando, especialmente, a simplificação e a desburocratização dos procedimentos.

Parágrafo único. (*Revogado pela Lei n. 8.541, de 23-12-1992.*)

Art. 95. O Ministro da Economia, Fazenda e Planejamento poderá, em 1992 e 1993, alongar o prazo de pagamento dos impostos e da contribuição social sobre o lucro, se a conjuntura econômica assim o exigir.

Art. 96. No exercício financeiro de 1992, ano-calendário de 1991, o contribuinte apresentará declaração de bens na qual os bens e direitos serão individualmente avaliados a valor de mercado no dia 31 de dezembro de 1991, e convertidos em quantidade de UFIR pelo valor desta no mês de janeiro de 1992.

§ 1.º A diferença entre o valor de mercado referido neste artigo e o constante de declarações de exercícios anteriores será considerada rendimento isento.

§ 2.º A apresentação da declaração de bens com estes avaliados em valores de mercado não exime os declarantes de manter e apresentar elementos que permitam a identificação de seus custos de aquisição.

§ 3.º A autoridade lançadora, mediante processo regular, arbitrará o valor informado, sempre que este não mereça fé, por notoriamente diferente do de mercado, ressalvada, em caso de contestação, avaliação contraditória administrativa ou judicial.

§ 4.º Todos e quaisquer bens e direitos adquiridos, a partir de 1.º de janeiro de 1992, serão informados, nas declarações de bens de exercícios posteriores, pelos respectivos valores em UFIR, convertidos com base no valor desta no mês de aquisição.

§ 5.º Na apuração de ganhos de capital na alienação dos bens e direitos de que trata este artigo será considerado custo de aquisição o valor em UFIR:

a) constante da declaração relativa ao exercício financeiro de 1992, relativamente aos bens e direitos adquiridos até 31 de dezembro de 1991;

b) determinado na forma do parágrafo anterior, relativamente aos bens e direitos adquiridos a partir de 1.º de janeiro de 1992.

§ 6.º A conversão, em quantidade de UFIR, das aplicações financeiras em títulos e valores mobiliários de renda variável, bem como em ouro ou certificados representativos de ouro, ativo financeiro, será realizada adotando-se o maior dentre os seguintes valores:

a) de aquisição, acrescido da correção monetária e da variação da Taxa Referencial Diária – TRD até 31 de dezembro de 1991, nos termos admitidos em lei;

b) de mercado, assim entendido o preço médio ponderado das negociações do ativo, ocorridas na última quinzena do mês de dezembro de 1991, em bolsas do País, desde que reflitam condições regulares de oferta e procura, ou o valor da quota resultante da avaliação da carteira do fundo mútuo de ações ou clube de investimento, exceto Plano de Poupança e Investimento – PAIT, em 31 de dezembro de 1991, mediante aplicação dos preços médios ponderados.

§ 7.º Excluem-se do disposto neste artigo os direitos ou créditos relativos a operações financeiras de renda fixa, que serão informados pelos valores de aquisição ou aplicação, em cruzeiros.

§ 8.º A isenção de que trata o § 1.º não alcança:

a) os direitos ou créditos de que trata o parágrafo precedente;

b) os bens adquiridos até 31 de dezembro de 1990, não relacionados na declaração de bens relativa ao exercício de 1991.

§ 9.º Os bens adquiridos no ano-calendário de 1991 serão declarados em moeda corrente nacional, pelo valor de aquisição, e em UFIR, pelo valor de mercado em 31 de dezembro de 1991.

§ 10. O Poder Executivo fica autorizado a baixar as instruções necessárias à aplicação deste artigo, bem como a estabelecer critério alternativo para determinação do valor de mercado de títulos e valores mobiliários, se não ocorrerem negociações nos termos do § 6.º.

Art. 97. Esta Lei entra em vigor na data de sua publicação e produzirá efeitos a partir de 1.º de janeiro de 1992.

Art. 98. Revogam-se o art. 44 da Lei n. 4.131, de 3 de setembro de 1962, os §§ 1.º e 2.º do art. 11 da Lei n. 4.357, de 16 de julho de 1964, o art. 2.º da Lei n. 4.729, de 14 de julho de 1965, o art. 5.º do Decreto-lei n. 1.060, de 21 de outubro de 1969, os arts. 13 e 14 da Lei n. 7.713, de 1988, os incisos III e IV e os §§ 1.º e 2.º do art. 7.º e o art. 10 da Lei n. 8.023, de 1990, o inciso III e parágrafo único do art. 11 da Lei n. 8.134, de 27 de dezembro de 1990 e o art. 14 da Lei n. 8.137, de 27 de dezembro de 1990.

Brasília, 30 de dezembro de 1991; 170.º da Independência e 103.º da República.

FERNANDO COLLOR

LEI COMPLEMENTAR N. 70, DE 30 DE DEZEMBRO DE 1991 (*)

Institui contribuição para financiamento da Seguridade Social, eleva a alíquota da contribuição social sobre o lucro das instituições financeiras, e dá outras providências.

O Presidente da República.

Faço saber que o Congresso Nacional decreta e eu sanciono a seguinte Lei Complementar:

Art. 1.º Sem prejuízo da cobrança das contribuições para o Programa de Integração Social – PIS e para o Programa de Formação do Patrimônio do Servidor Público – PASEP, fica instituída contribuição social para financiamento da Seguridade Social, nos termos do inciso I do art. 195 da Constituição Federal, devida pelas pessoas jurídicas, inclusive as a elas equiparadas pela legislação do Imposto sobre a Renda, destinadas exclusivamente às despesas com atividades-fins das áreas de saúde, previdência e assistência social.

>> *Vide* Decreto n. 4.524, de 17-12-2002, regulamenta a Contribuição para o Financiamento da Seguridade Social – COFINS, instituída por esta Lei Complementar.

> *Vide* Súmula 659 do STF.

> *Vide* Súmula 423 do STJ.

Art. 2.º A contribuição de que trata o artigo anterior será de 2% (dois por cento) e incidirá sobre o faturamento mensal, assim considerado a receita bruta das vendas de mercadorias, de mercadorias e serviços e de serviço de qualquer natureza.

> *Vide* Súmula 423 do STJ.

Parágrafo único. Não integra a receita de que trata este artigo, para efeito de determinação da base de cálculo da contribuição, o valor:

a) do imposto sobre produtos industrializados, quando destacado em separado no documento fiscal;

b) das vendas canceladas, das devolvidas e dos descontos a qualquer título concedidos incondicionalmente.

Art. 3.º A base de cálculo da contribuição mensal devida pelos fabricantes de cigarros, na condição de contribuintes e de substitutos dos comerciantes varejistas, será obtida multiplicando-se o preço de venda do produto no varejo por 118% (cento e dezoito por cento).

>> A Lei n. 11.196, de 21-11-2005, com redação determinada pela Lei n. 12.024, de 27-8-2009, altera o percentual multiplicador a que se refere este artigo para 291,69% (duzentos e noventa e um inteiros e sessenta e nove centésimos por cento).

> *Vide* art. 29 da Lei n. 10.865, de 30-4-2004.

Art. 4.º A contribuição mensal devida pelos distribuidores de derivados de petróleo e álcool etílico hidratado para fins carburantes, na condição de substitutos dos comerciantes varejistas, será calculada sobre o menor valor, no País, constante da tabela de preços máximos fixados para venda a varejo, sem prejuízo da contribuição incidente sobre suas próprias vendas.

Art. 5.º A contribuição será convertida, no primeiro dia do mês subsequente ao de ocorrência do fato gerador, pela medida de valor e parâmetro de atualização monetária diária utilizada para os tributos federais, e paga até o dia vinte do mesmo mês.

Art. 6.º São isentas da contribuição:

I – (*Revogado pela Medida Provisória n. 2.158-35, de 24-8-2001.*);

II – as sociedades civis de que trata o art. 1.º do Decreto-lei n. 2.397, de 21 de dezembro de 1987;

>> *Vide* Súmula 508 do STJ.

>> *Vide* art. 56 da Lei n. 9.430, de 27-12-1996.

III – (*Revogado pela Medida Provisória n. 2.158-35, de 24-8-2001.*);

IV – a Academia Brasileira de Letras, a Associação Brasileira de Imprensa e o Instituto Histórico e Geográfico Brasileiro.

>> Inciso IV acrescentado pela Lei n. 13.353, de 3-11-2016.

Art. 7.º (*Revogado pela Medida Provisória n. 2.158-35, de 24-8-2001.*)

Art. 8.º (*Vetado.*)

Art. 9.º A contribuição social sobre o faturamento de que trata esta Lei Complementar não extingue as atuais fontes de custeio da Seguridade Social, salvo a prevista no art. 23, I, da Lei n. 8.212, de 24 de julho de 1991, a qual deixará de ser cobrada a partir da data em que for exigível a contribuição ora instituída.

Art. 10. O produto da arrecadação da contribuição social sobre o faturamento, instituída por esta Lei Complementar, observado o disposto na segunda parte do art. 33 da Lei n. 8.212, de 24 de julho de 1991, integrará o Orçamento da Seguridade Social.

Parágrafo único. À contribuição referida neste artigo aplicam-se as normas relativas ao processo administrativo-fiscal de determinação e exigência de créditos tributários federais, bem como, subsidiariamente e no que couber, as disposições referentes ao Imposto sobre a Renda, especialmente quanto a atraso de pagamento e quanto a penalidades.

Art. 11. Fica elevada em 8 (oito) pontos percentuais a alíquota referida no § 1.º do art. 23 da Lei n. 8.212, de 24 de julho de 1991, relativa à contribuição social sobre o lucro das instituições a que se refere o § 1.º do art. 22 da mesma lei, mantidas as demais normas da Lei n. 7.689, de 15 de dezembro de 1988, com as alterações posteriormente introduzidas.

Parágrafo único. As pessoas jurídicas sujeitas ao disposto neste artigo ficam excluídas do pagamento da contribuição social sobre o faturamento, instituída pelo art. 1.º desta Lei Complementar.

Art. 12. Sem prejuízo do disposto na legislação em vigor, as instituições financeiras, as sociedades corretoras e distribuidoras de títulos e valores mobiliários, as sociedades de investimento e as de arrendamento mercantil, os agentes do Sistema Financeiro da Habitação, as bolsas de valores, de mercadorias, de futuros e instituições assemelhadas e seus associados, e as empresas administradoras de cartões de crédito fornecerão à Receita Federal, nos termos estabelecidos pelo Ministro da Economia, Fazenda e Planejamento, informações cadastrais sobre os usuários dos respectivos serviços, relativas ao nome, à filiação, ao endereço e ao número de inscrição do cliente no Cadastro de Pessoas Físicas – CPF ou no Cadastro Geral de Contribuintes – CGC.

>> A Secretaria da Receita Federal passa a denominar-se Secretaria da Receita Federal do Brasil, por força da Lei n. 11.457, de 16-3-2007.

§ 1.º Às informações recebidas nos termos deste artigo aplica-se o disposto no § 7.º do art. 38 da Lei n. 4.595, de 31 de dezembro de 1964.

§ 2.º As informações de que trata o *caput* deste artigo serão prestadas a partir das relações de usuários constantes dos registros relativos ao ano-calendário de 1992.

§ 3.º A não observância do disposto neste artigo sujeitará o infrator, independentemente de outras penalidades administrativas, à multa equivalente a trinta e cinco unidades de valor referidas no art. 5.º desta Lei Complementar, por usuário omitido.

Art. 13. Esta Lei Complementar entra em vigor na data de sua publicação, produzindo efeitos a partir do primeiro dia do mês seguinte aos 90 (noventa) dias posteriores àquela publicação, mantidos, até essa data, o Decreto-lei n. 1.940, de 25 de maio de 1982 e alterações posteriores, a alíquota fixada no art. 11 da Lei n. 8.114, de 12 de dezembro de 1990.

Art. 14. Revoga-se o art. 2.º do Decreto-lei n. 326, de 8 de maio de 1967 e demais disposições em contrário.

Brasília, 30 de dezembro de 1991; 170.º da Independência e 103.º da República.

FERNANDO COLLOR

(*) Publicada no *Diário Oficial da União*, de 31-12-1991.

LEI N. 8.397, DE 6 DE JANEIRO DE 1992 (**)

Institui medida cautelar fiscal e dá outras providências.

(**) Publicada no *Diário Oficial da União*, de 7-1-1992 e retificada em 16-1-1992.

O Presidente da República.

Faço saber que o Congresso Nacional decreta e eu sanciono a seguinte Lei:

Art. 1.º O procedimento cautelar fiscal poderá ser instaurado após a constituição do crédito, inclusive no curso da execução judicial da Dívida Ativa da União, dos Estados, do Distrito Federal, dos Municípios e respectivas autarquias.

>> *Caput* com redação determinada pela Lei n. 9.532, de 10-12-1997.

> A Instrução Normativa n. 1.565, de 11-5-2015, da Secretaria da Receita Federal do Brasil, estabelece procedimentos para o arrolamento de bens e direitos e representação para propositura de medida cautelar fiscal.

Parágrafo único. O requerimento da medida cautelar, na hipótese dos incisos V, *b*, e VII, do art. 2.º, independe da prévia constituição do crédito tributário.

>> Parágrafo único acrescentado pela Lei n. 9.532, de 10-12-1997.

Art. 2.º A medida cautelar fiscal poderá ser requerida contra o sujeito passivo de crédito tributário ou não tributário, quando o devedor:

>> *Caput* com redação determinada pela Lei n. 9.532, de 10-12-1997.

I – sem domicílio certo, intenta ausentar-se ou alienar bens que possui ou deixa de pagar a obrigação no prazo fixado;

II – tendo domicílio certo, ausenta-se ou tenta se ausentar, visando a elidir o adimplemento da obrigação;

III – caindo em insolvência, aliena ou tenta alienar bens;

>> Inciso III com redação determinada pela Lei n. 9.532, de 10-12-1997.

IV – contrai ou tenta contrair dívidas que comprometam a liquidez do seu patrimônio;

>> Inciso IV com redação determinada pela Lei n. 9.532, de 10-12-1997.

V – notificado pela Fazenda Pública para que proceda ao recolhimento do crédito fiscal:

a) deixa de pagá-lo no prazo legal, salvo se suspensa sua exigibilidade;

b) põe ou tenta pôr seus bens em nome de terceiros;

>> Inciso V com redação determinada pela Lei n. 9.532, de 10-12-1997.

VI – possui débitos, inscritos ou não em Dívida Ativa, que somados ultrapassem 30% (trinta por cento) do seu patrimônio conhecido;

>> Inciso VI acrescentado pela Lei n. 9.532, de 10-12-1997.

VII – aliena bens ou direitos sem proceder à devida comunicação ao órgão da Fazenda Pública competente, quando exigível em virtude de lei;

>> Inciso VII acrescentado pela Lei n. 9.532, de 10-12-1997.

VIII – tem sua inscrição no cadastro de contribuintes declarada inapta, pelo órgão fazendário;

>> Inciso VIII acrescentado pela Lei n. 9.532, de 10-12-1997.

IX – pratica outros atos que dificultem ou impeçam a satisfação do crédito.

>> Inciso IX acrescentado pela Lei n. 9.532, de 10-12-1997.

Art. 3.º Para a concessão da medida cautelar fiscal é essencial:

I – prova literal da constituição do crédito fiscal;

II – prova documental de algum dos casos mencionados no artigo antecedente.

Art. 4.º A decretação da medida cautelar fiscal produzirá, de imediato, a indisponibilidade dos bens do requerido, até o limite da satisfação da obrigação.

§ 1.º Na hipótese de pessoa jurídica, a indisponibilidade recairá somente sobre os bens do ativo permanente, podendo, ainda, ser estendida aos bens do acionista controlador e aos dos que em razão do contrato social ou estatuto tenham poderes para fazer a empresa cumprir suas obrigações fiscais, ao tempo:

a) do fato gerador, nos casos de lançamento de ofício;

b) do inadimplemento da obrigação fiscal, nos demais casos.

§ 2.º A indisponibilidade patrimonial poderá ser estendida em relação aos bens adquiridos a qualquer título do requerido ou daqueles que estejam ou tenham estado na função de administrador (§ 1.º), desde que seja capaz de frustrar a pretensão da Fazenda Pública.

§ 3.º Decretada a medida cautelar fiscal, será comunicada imediatamente ao registro público de imóveis, ao Banco Central do Brasil, à Comissão de Valores Mobiliários e às demais repartições que processem registros de transferência de bens, a fim de que, no âmbito de suas atribuições, façam cumprir a constrição judicial.

Art. 5.º A medida cautelar fiscal será requerida ao juiz competente para a execução judicial da Dívida Ativa da Fazenda Pública.

Parágrafo único. Se a execução judicial estiver em Tribunal, será competente o relator do recurso.

Art. 6.º A Fazenda Pública pleiteará a medida cautelar fiscal em petição devidamente fundamentada, que indicará:

I – o juiz a quem é dirigida;

II – a qualificação e o endereço, se conhecido, do requerido;

III – as provas que serão produzidas;

IV – o requerimento para citação.

Art. 7.º O juiz concederá liminarmente a medida cautelar fiscal, dispensada a Fazenda Pública de justificação prévia e de prestação de caução.

Parágrafo único. Do despacho que conceder liminarmente a medida cautelar caberá agravo de instrumento.

Art. 8.º O requerido será citado para, no prazo de 15 (quinze) dias, contestar o pedido, indicando as provas que pretenda produzir.

Parágrafo único. Conta-se o prazo da juntada aos autos do mandado:

a) de citação, devidamente cumprido;

b) da execução da medida cautelar fiscal, quando concedida liminarmente.

Art. 9.º Não sendo contestado o pedido, presumir-se-ão aceitos pelo requerido, como verdadeiros, os fatos alegados pela Fazenda Pública, caso em que o juiz decidirá em 10 (dez) dias.

Parágrafo único. Se o requerido contestar no prazo legal, o juiz designará audiência de instrução e julgamento, havendo prova a ser nela produzida.

Art. 10. A medida cautelar fiscal decretada poderá ser substituída, a qualquer tempo, pela prestação de garantia correspondente ao valor da pretensão da Fazenda Pública, na forma do art. 9.º da Lei n. 6.830, de 22 de setembro de 1980.

Parágrafo único. A Fazenda Pública será ouvida necessariamente sobre o pedido de substituição, no prazo de 5 (cinco) dias, presumindo-se da omissão a sua aquiescência.

Art. 11. Quando a medida cautelar fiscal for concedida em procedimento preparatório, deverá a Fazenda Pública propor a execução judicial da Dívida Ativa no prazo de 60 (sessenta) dias, contados da data em que a exigência se tornar irrecorrível na esfera administrativa.

Art. 12. A medida cautelar fiscal conserva a sua eficácia no prazo do artigo antecedente e na pendência do processo de execução judicial da Dívida Ativa, mas pode, a qualquer tempo, ser revogada ou modificada.

Parágrafo único. Salvo decisão em contrário, a medida cautelar fiscal conservará sua eficácia durante o período de suspensão do crédito tributário ou não tributário.

Art. 13. Cessa a eficácia da medida cautelar fiscal:

I – se a Fazenda Pública não propuser a execução judicial da Dívida Ativa no prazo fixado no art. 11 desta Lei;

II – se não for executada dentro de 30 (trinta) dias;

III – se for julgada extinta a execução judicial da Dívida Ativa da Fazenda Pública;

IV – se o requerido promover a quitação do débito que está sendo executado.

Parágrafo único. Se, por qualquer motivo, cessar a eficácia da medida, é defeso à Fazenda Pública repetir o pedido pelo mesmo fundamento.

Art. 14. Os autos do procedimento cautelar fiscal serão apensados aos do processo de execução judicial da Dívida Ativa da Fazenda Pública.

Art. 15. O indeferimento da medida cautelar fiscal não obsta a que a Fazenda Pública intente a execução judicial da Dívida Ativa, nem influi no julgamento desta, salvo se o juiz, no procedimento cautelar fiscal, acolher alegação de pagamento, de compensação, de transação, de remissão, de prescrição ou decadência, de conversão do depósito em renda, ou qualquer outra modalidade de extinção da pretensão deduzida.

Art. 16. Ressalvado o disposto no art. 15, a sentença proferida na medida cautelar fiscal não faz coisa julgada, relativamente à execução judicial da Dívida Ativa da Fazenda Pública.

Art. 17. Da sentença que decretar a medida cautelar fiscal caberá apelação, sem efeito suspensivo, salvo se o requerido oferecer garantia na forma do art. 10 desta Lei.

Art. 18. As disposições desta Lei aplicam-se, também, ao crédito proveniente das contribuições sociais previstas no art. 195 da Constituição Federal.

Art. 19. Esta Lei entra em vigor na data de sua publicação.

Art. 20. Revogam-se as disposições em contrário.

Brasília, 6 de janeiro de 1992; 171.º da Independência e 104.º da República.

FERNANDO COLLOR

LEI N. 8.429, DE 2 DE JUNHO DE 1992 (*)

Dispõe sobre as sanções aplicáveis aos agentes públicos nos casos de enriquecimento ilícito no exercício de mandato, cargo, emprego ou função na administração pública direta, indireta ou fundacional e dá outras providências.

O Presidente da República

Faço saber que o Congresso Nacional decreta e eu sanciono a seguinte Lei:

CAPÍTULO I
DAS DISPOSIÇÕES GERAIS

Art. 1.º Os atos de improbidade praticados por qualquer agente público, servidor ou não, contra a administração direta, indireta ou fundacional de qualquer dos Poderes da União, dos Estados, do Distrito Federal, dos Municípios, de Território, de empresa incorporada ao patrimônio público ou de entidade para cuja criação ou custeio o erário haja concorrido ou concorra com mais de cinquenta por cento do patrimônio ou da receita anual, serão punidos na forma desta Lei.

> *Vide* arts. 85 e s. da CF.

> *Vide* art. 52 da Lei n. 10.257, de 10-7-2001.

Parágrafo único. Estão também sujeitos às penalidades desta Lei os atos de improbidade praticados contra o patrimônio de entidade que receba subvenção, benefício ou incentivo, fiscal ou creditício, de órgão público bem como daquelas para cuja criação ou custeio o erário haja concorrido ou concorra com menos de cinquenta por cento do patrimônio ou da receita anual, limitando-se, nestes casos, a sanção patrimonial à repercussão do ilícito sobre a contribuição dos cofres públicos.

> *Vide* art. 37, § 4.º, da CF.

Art. 2.º Reputa-se agente público, para os efeitos desta Lei, todo aquele que exerce, ainda que transitoriamente ou sem remuneração, por eleição, nomeação, designação, contratação ou qualquer outra forma de investidura ou vínculo, mandato, cargo, emprego ou função nas entidades mencionadas no artigo anterior.

> *Vide* arts. 85, V, e 102, I, *c*, da CF.

> *Vide* art. 327 do CP.

> *Vide* Lei n. 1.079, de 10-4-1950.

Art. 3.º As disposições desta Lei são aplicáveis, no que couber, àquele que, mesmo não sendo agente público, induza ou concorra para a prática do ato de improbidade ou dele se beneficie sob qualquer forma direta ou indireta.

>> *Vide* Súmula 634 do STJ.

Art. 4.º Os agentes públicos de qualquer nível ou hierarquia são obrigados a velar pela estrita observância dos princípios de legalidade, impessoalidade, moralidade e publicidade no trato dos assuntos que lhe são afetos.

> *Vide* art. 37, *caput*, da CF.

> *Vide* art. 126-A da Lei n. 8.112, de 11-12-1990.

Art. 5.º Ocorrendo lesão ao patrimônio público por ação ou omissão, dolosa ou culposa, do agente ou de terceiro, dar-se-á o integral ressarcimento do dano.

Art. 6.º No caso de enriquecimento ilícito, perderá o agente público ou terceiro beneficiário os bens ou valores acrescidos ao seu patrimônio.

Art. 7.º Quando o ato de improbidade causar lesão ao patrimônio público ou ensejar enriquecimento ilícito, caberá à autoridade administrativa responsável pelo inquérito representar ao Ministério Público, para a indisponibilidade dos bens do indiciado.

Parágrafo único. A indisponibilidade a que se refere o *caput* deste artigo recairá sobre bens que assegurem o integral ressarcimento do dano, ou sobre o acréscimo patrimonial resultante do enriquecimento ilícito.

Art. 8.º O sucessor daquele que causar lesão ao patrimônio público ou se enriquecer ilicitamente está sujeito às cominações desta Lei até o limite do valor da herança.

CAPÍTULO II
DOS ATOS DE IMPROBIDADE ADMINISTRATIVA

> O Decreto n. 4.410, de 7-10-2002, promulga a Convenção Interamericana contra a Corrupção, de 29-3-1996.

> *Vide* Lei n. 4.717, de 29-6-1965.

> *Vide* art. 52 da Lei n. 10.257, de 10-7-2001 (Estatuto da Cidade).

Seção I
Dos Atos de Improbidade Administrativa que Importam Enriquecimento Ilícito

Art. 9.º Constitui ato de improbidade administrativa importando enriquecimento ilícito auferir qualquer tipo de vantagem patrimonial indevida em razão do exercício de cargo, mandato, função, emprego ou atividade nas entidades mencionadas no art. 1.º desta Lei, e notadamente:

> *Vide* art. 12, I, desta Lei.

I – receber, para si ou para outrem, dinheiro, bem móvel ou imóvel, ou qualquer outra vantagem econômica, direta ou indireta, a título de comissão, percentagem, gratificação ou presente de quem tenha interesse, direto ou indireto, que possa ser atingido ou amparado por ação ou omissão decorrente das atribuições do agente público;

II – perceber vantagem econômica, direta ou indireta, para facilitar a aquisição, permuta ou locação de bem móvel ou imóvel, ou a contratação de serviços pelas entidades referidas no art. 1.º por preço superior ao valor de mercado;

III – perceber vantagem econômica, direta ou indireta, para facilitar a alienação, permuta ou locação de bem público ou o fornecimento de serviço por ente estatal por preço inferior ao valor de mercado;

IV – utilizar, em obra ou serviço particular, veículos, máquinas, equipamentos ou material de qualquer natureza, de propriedade ou à disposição de qualquer das entidades mencionadas no art. 1.º desta Lei, bem como o trabalho de servidores públicos, empregados ou terceiros contratados por essas entidades;

V – receber vantagem econômica de qualquer natureza, direta ou indireta, para tolerar a exploração ou a prática de jogos de azar, de lenocínio, de narcotráfico, de contrabando, de usura ou de qualquer outra atividade ilícita, ou aceitar promessa de tal vantagem;

VI – receber vantagem econômica de qualquer natureza, direta ou indireta, para fazer declaração falsa sobre medição ou avaliação em obras públicas ou qualquer outro serviço, ou sobre quantidade, peso, medida, qualidade ou característica de mercadorias ou bens fornecidos a qualquer das entidades mencionadas no art. 1.º desta Lei;

(*) Publicada no *Diário Oficial da União* de 3-6-1992. A Resolução n. 44, de 20-11-2007, do Conselho Nacional de Justiça, dispõe sobre a criação do Cadastro Nacional de Condenados por Ato de Improbidade Administrativa no âmbito do Poder Judiciário Nacional.

VII – adquirir, para si ou para outrem, no exercício de mandato, cargo, emprego ou função pública, bens de qualquer natureza cujo valor seja desproporcional à evolução do patrimônio ou à renda do agente público;

VIII – aceitar emprego, comissão ou exercer atividade de consultoria ou assessoramento para pessoa física ou jurídica que tenha interesse suscetível de ser atingido ou amparado por ação ou omissão decorrente das atribuições do agente público, durante a atividade;

IX – perceber vantagem econômica para intermediar a liberação ou aplicação de verba pública de qualquer natureza;

X – receber vantagem econômica de qualquer natureza, direta ou indiretamente, para omitir ato de ofício, providência ou declaração a que esteja obrigado;

XI – incorporar, por qualquer forma, ao seu patrimônio bens, rendas, verbas ou valores integrantes do acervo patrimonial das entidades mencionadas no art. 1.º desta Lei;

XII – usar, em proveito próprio, bens, rendas, verbas ou valores integrantes do acervo patrimonial das entidades mencionadas no art. 1.º desta Lei.

>> *Vide* art. 12, I, desta Lei.

Seção II
Dos Atos de Improbidade Administrativa que Causam Prejuízo ao Erário

Art. 10. Constitui ato de improbidade administrativa que causa lesão ao erário qualquer ação ou omissão, dolosa ou culposa, que enseje perda patrimonial, desvio, apropriação, malbaratamento ou dilapidação dos bens ou haveres das entidades referidas no art. 1.º desta Lei, e notadamente:

> *Vide* art. 12, II, desta Lei.

I – facilitar ou concorrer por qualquer forma para a incorporação ao patrimônio particular, de pessoa física ou jurídica, de bens, rendas, verbas ou valores integrantes do acervo patrimonial das entidades mencionadas no art. 1.º desta Lei;

II – permitir ou concorrer para que pessoa física ou jurídica privada utilize bens, rendas, verbas ou valores integrantes do acervo patrimonial das entidades mencionadas no art. 1.º desta Lei, sem a observância das formalidades legais ou regulamentares aplicáveis à espécie;

III – doar à pessoa física ou jurídica bem como ao ente despersonalizado, ainda que de fins educativos ou assistenciais, bens, rendas, verbas ou valores do patrimônio de qualquer das entidades mencionadas no art. 1.º desta Lei, sem observância das formalidades legais e regulamentares aplicáveis à espécie;

IV – permitir ou facilitar a alienação, permuta ou locação de bem integrante do patrimônio de qualquer das entidades referidas no art. 1.º desta lei, ou ainda a prestação de serviço por parte delas, por preço inferior ao de mercado;

V – permitir ou facilitar a aquisição, permuta ou locação de bem ou serviço por preço superior ao de mercado;

VI – realizar operação financeira sem observância das normas legais e regulamentares ou aceitar garantia insuficiente ou inidônea;

VII – conceder benefício administrativo ou fiscal sem a observância das formalidades legais ou regulamentares aplicáveis à espécie;

VIII – frustrar a licitude de processo licitatório ou de processo seletivo para celebração de parcerias com entidades sem fins lucrativos, ou dispensá-los indevidamente;

>> Inciso VIII com redação determinada pela Lei n. 13.019, de 31-7-2014.

>> O art. 88 da Lei n. 13.019, de 31-7-2014, dispõe:

"Art. 88. Esta lei entra em vigor após decorridos quinhentos e quarenta dias de sua publicação oficial, observado o disposto nos §§ 1.º e 2.º deste artigo.

§ 1.º Para os Municípios, esta Lei entra em vigor a partir de 1.º de janeiro de 2017.

§ 2.º Por ato administrativo local, o disposto nesta Lei poderá ser implantado nos Municípios a partir da data decorrente do disposto no *caput*".

IX – ordenar ou permitir a realização de despesas não autorizadas em lei ou regulamento;

X – agir negligentemente na arrecadação de tributo ou renda, bem como no que diz respeito à conservação do patrimônio público;

XI – liberar verba pública sem a estrita observância das normas pertinentes ou influir de qualquer forma para a sua aplicação irregular;

XII – permitir, facilitar ou concorrer para que terceiro se enriqueça ilicitamente;

XIII – permitir que se utilize, em obra ou serviço particular, veículos, máquinas, equipamentos ou material de qualquer natureza, de propriedade ou à disposição de qualquer das entidades mencionadas no art. 1.º desta Lei, bem como o trabalho de servidor público, empregados ou terceiros contratados por essas entidades;

>> *Vide* art. 12, II, desta Lei.

XIV – celebrar contrato ou outro instrumento que tenha por objeto a prestação de serviços públicos por meio da gestão associada sem observar as formalidades previstas na lei;

>> Inciso XIV acrescentado pela Lei n. 11.107, de 6-4-2005.

XV – celebrar contrato de rateio de consórcio público sem suficiente e prévia dotação orçamentária, ou sem observar as formalidades previstas na lei;

>> Inciso XV acrescentado pela Lei n. 11.107, de 6-4-2005.

XVI – facilitar ou concorrer, por qualquer forma, para a incorporação, ao patrimônio particular de pessoa física ou jurídica, de bens, rendas, verbas ou valores públicos transferidos pela administração pública a entidades privadas mediante celebração de parcerias, sem a observância das formalidades legais ou regulamentares aplicáveis à espécie;

>> Inciso XVI acrescentado pela Lei n. 13.019, de 31-7-2014.

XVII – permitir ou concorrer para que pessoa física ou jurídica privada utilize bens, rendas, verbas ou valores públicos transferidos pela administração pública a entidade privada mediante celebração de parcerias, sem a observância das formalidades legais ou regulamentares aplicáveis à espécie;

>> Inciso XVII acrescentado pela Lei n. 13.019, de 31-7-2014.

XVIII – celebrar parcerias da administração pública com entidades privadas sem a observância das formalidades legais ou regulamentares aplicáveis à espécie;

>> Inciso XVIIII acrescentado pela Lei n. 13.019, de 31-7-2014.

XIX – agir negligentemente na celebração, fiscalização e análise das prestações de contas de parcerias firmadas pela administração pública com entidades privadas;

>> Inciso XIX acrescentado pela Lei n. 13.019, de 31-7-2014.

>> Sobre vigência, *vide* 2.ª nota ao art. 10, VIII, desta Lei.

XX – liberar recursos de parcerias firmadas pela administração pública com entidades privadas sem a estrita observância das normas pertinentes ou influir de qualquer forma para a sua aplicação irregular.

>> Inciso XX acrescentado pela Lei n. 13.019, de 31-7-2014.

>> Sobre vigência, *vide* 2.ª nota ao art. 10, VIII, desta Lei.

XXI – liberar recursos de parcerias firmadas pela administração pública com entidades privadas sem a estrita observância das normas pertinentes ou influir de qualquer forma para a sua aplicação irregular.

>> Inciso XXI acrescentado pela Lei n. 13.019, de 31-7-2014.

>> Sobre vigência, *vide* 2.ª nota ao art. 10, VIII, desta Lei.

>> Redação conforme publicação oficial.

Seção II-A
Dos Atos de Improbidade Administrativa Decorrentes de Concessão ou Aplicação Indevida de Benefício Financeiro ou Tributário

>> Seção II-A acrescentada pela Lei Complementar n. 157, de 29-12-2016.

Art. 10-A. Constitui ato de improbidade administrativa qualquer ação ou omissão para conceder, aplicar ou manter benefício financeiro ou tributário contrário ao que dispõem o *caput* e o § 1.º do art. 8.º-A da Lei Complementar n. 116, de 31 de julho de 2003.

>> Artigo acrescentado pela Lei Complementar n. 157, de 29-12-2016.

Seção III
Dos Atos de Improbidade Administrativa que Atentam contra os Princípios da Administração Pública

Art. 11. Constitui ato de improbidade administrativa que atenta contra os princípios da administração pública qualquer ação ou omissão que viole os deveres de honestidade, imparcialidade, legalidade, e lealdade às instituições, e notadamente:

> *Vide* art. 37, *caput*, da CF.

> *Vide* art. 12, III, desta Lei.

> *Vide* art. 12 da Lei n. 12.813, de 16-5-2013.

I – praticar ato visando fim proibido em lei ou regulamento ou diverso daquele previsto na regra de competência;

II – retardar ou deixar de praticar, indevidamente, ato de ofício;

III – revelar fato ou circunstância de que tem ciência em razão das atribuições e que deva permanecer em segredo;

> *Vide* art. 3.º, II, da Lei n. 12.813, de 16-5-2013.

IV – negar publicidade aos atos oficiais;

V – frustrar a licitude de concurso público;

> *Vide* art. 37, II, III e IV da CF.

> *Vide* Súmula 683 do STF.

VI – deixar de prestar contas quando esteja obrigado a fazê-lo;

VII – revelar ou permitir que chegue ao conhecimento de terceiro, antes da respectiva divulgação oficial, teor de medida política ou econômica capaz de afetar o preço de mercadoria, bem ou serviço;

> *Vide* art. 12, III, desta Lei.

VIII – descumprir as normas relativas à celebração, fiscalização e aprovação de contas de parcerias firmadas pela administração pública com entidades privadas;

>> Inciso VIII acrescentado pela Lei n. 13.019, de 31-7-2014.

IX – deixar de cumprir a exigência de requisitos de acessibilidade previstos na legislação;

>> Inciso IX acrescentado pela Lei n. 13.146, de 6-7-2015.

X – transferir recurso à entidade privada, em razão da prestação de serviços na área de saúde sem a prévia celebração de contrato, convênio ou instrumento congênere, nos termos do parágrafo único do art. 24 da Lei n. 8.080, de 19 de setembro de 1990.

>> Inciso X acrescentado pela Lei n. 13.650, de 11-4-2018.

Capítulo III
DAS PENAS

Art. 12. Independentemente das sanções penais, civis e administrativas previstas na legislação específica, está o responsável pelo ato de improbidade sujeito às seguintes cominações, que podem ser aplicadas isolada ou cumulativamente, de acordo com a gravidade do fato:

>> *Caput* com redação determinada pela Lei n. 12.120, de 15-12-2009.

> *Vide* art. 37, § 4.º, da CF.

I – na hipótese do art. 9.º, perda dos bens ou valores acrescidos ilicitamente ao patrimônio, ressarcimento integral do dano, quando houver, perda da função pública, suspensão dos direitos políticos de oito a dez anos, pagamento de multa civil de até três vezes o valor do acréscimo patrimonial e proibição de contratar com o Poder Público ou receber benefícios ou incentivos fiscais ou creditícios, direta ou indiretamente, ainda que por intermédio de pessoa jurídica da qual seja sócio majoritário, pelo prazo de dez anos;

II – na hipótese do art. 10, ressarcimento integral do dano, perda dos bens ou valores acrescidos ilicitamente ao patrimônio, se concorrer esta circunstância, perda da função pública, suspensão dos direitos políticos de cinco a oito anos, pagamento de multa civil de até duas vezes o valor do dano e proibição de contratar com o Poder Público ou receber benefícios ou incentivos fiscais ou creditícios, direta ou indiretamente, ainda que por intermédio de pessoa jurídica da qual seja sócio majoritário, pelo prazo de cinco anos;

III – na hipótese do art. 11, ressarcimento integral do dano, se houver, perda da função pública, suspensão dos direitos políticos de três a cinco anos, pagamento de multa civil de até cem vezes o valor da remuneração percebida pelo agente e proibição de contratar com o Poder Público ou receber benefícios ou incentivos fiscais ou creditícios, direta ou indiretamente, ainda que por intermédio de pessoa jurídica da qual seja sócio majoritário, pelo prazo de três anos;

IV – na hipótese prevista no art. 10-A, perda da função pública, suspensão dos direitos políticos de 5 (cinco) a 8 (oito) anos e multa civil de até 3 (três) vezes o valor do benefício financeiro ou tributário concedido.

>> Inciso IV acrescentado pela Lei Complementar n. 157, de 29-12-2016.

Parágrafo único. Na fixação das penas previstas nesta Lei o juiz levará em conta a extensão do dano causado, assim como o proveito patrimonial obtido pelo agente.

Capítulo IV
DA DECLARAÇÃO DE BENS

Art. 13. A posse e o exercício de agente público ficam condicionados à apresentação de declaração dos bens e valores que compõem o seu patrimônio privado, a fim de ser arquivada no Serviço de Pessoal competente.

> A Instrução Normativa n. 67, de 6-7-2011, do TCU, dispõe sobre os procedimentos referentes às Declarações de Bens e Rendas a serem apresentadas pelas autoridades e servidores públicos federais a que se refere esta Lei.

> A Resolução n. 282, de 13-2-2014, do CJF, dispõe sobre os procedimentos para a entrega da declaração de bens e rendas no âmbito do Conselho e da Justiça Federal de 1.º e 2.º graus a que alude esta Lei.

>> O Decreto n. 10.571, de 9-12-2020, dispõe sobre a apresentação e a análise das declarações de bens e de situações que possam gerar conflitos de interesses por agentes públicos civis da administração pública federal.

§ 1.º A declaração compreenderá imóveis, móveis, semoventes, dinheiro, títulos, ações, e qualquer outra espécie de bens e valores patrimoniais, localizado no País ou no exterior, e, quando for o caso, abrangerá os bens e valores patrimoniais do cônjuge ou companheiro, dos filhos e de outras pessoas que vivam sob a dependência econômica do declarante, excluídos apenas os objetos e utensílios de uso doméstico.

> *Vide* nota ao *caput* deste artigo.

§ 2.º A declaração de bens será anualmente atualizada e na data em que o agente público deixar o exercício do mandato, cargo, emprego ou função.

§ 3.º Será punido com a pena de demissão, a bem do serviço público, sem prejuízo de outras sanções cabíveis, o agente público que se recusar a prestar declaração dos bens, dentro do prazo determinado, ou que a prestar falsa.

§ 4.º O declarante, a seu critério, poderá entregar cópia da declaração anual de bens apresentada à Delegacia da Receita Federal na conformidade da legislação do Imposto sobre a Renda e proventos de qualquer natureza, com as necessárias atualizações, para suprir a exigência contida no *caput* e no § 2.º deste artigo.

Capítulo V
DO PROCEDIMENTO ADMINISTRATIVO E DO PROCESSO JUDICIAL

Art. 14. Qualquer pessoa poderá representar à autoridade administrativa competente para que seja instaurada investigação destinada a apurar a prática de ato de improbidade.

> *Vide* art. 52 da Lei n. 10.257, de 10-7-2001.

§ 1.º A representação, que será escrita ou reduzida a termo e assinada, conterá a qualificação do representante, as informações sobre o fato e sua autoria e a indicação das provas de que tenha conhecimento.

§ 2.º A autoridade administrativa rejeitará a representação, em despacho fundamentado, se esta não contiver as formalidades estabelecidas no § 1.º deste artigo. A rejeição não impede a representação ao Ministério Público, nos termos do art. 22 desta Lei.

§ 3.º Atendidos os requisitos da representação, a autoridade determinará a imediata apuração dos fatos que, em se tratando de servidores federais, será processada na forma prevista nos arts. 148 a 182 da Lei n. 8.112, de 11 de dezembro de 1990, e, em se tratando de servidor militar, de acordo com os respectivos regulamentos disciplinares.

> Citados dispositivos constam nesta obra.

Art. 15. A comissão processante dará conhecimento ao Ministério Público e ao Tribunal ou Conselho de Contas da existência de procedimento administrativo para apurar a prática de ato de improbidade.

Parágrafo único. O Ministério Público ou Tribunal ou Conselho de Contas poderá, a requerimento, designar representante para acompanhar o procedimento administrativo.

Art. 16. Havendo fundados indícios de responsabilidade, a comissão representará ao Ministério Público ou à procuradoria do órgão para que requeira ao juízo competente a decretação do sequestro dos bens do agente ou terceiro que tenha enriquecido ilicitamente ou causado dano ao patrimônio público.

§ 1.º O pedido de sequestro será processado de acordo com o disposto nos arts. 822 e 825 do Código de Processo Civil.

> A referência é feita a dispositivos do CPC de 1973. Sem correspondência no Código de 2015.

§ 2.º Quando for o caso, o pedido incluirá a investigação, o exame e o bloqueio de bens, contas bancárias e aplicações financeiras mantidas pelo indiciado no exterior, nos termos da lei e dos tratados internacionais.

Art. 17. A ação principal, que terá o rito ordinário, será proposta pelo Ministério Público ou pela pessoa jurídica interessada, dentro de trinta dias da efetivação da medida cautelar.

>> Dispõe o CPP em seu art. 84: "A competência pela prerrogativa de função é do STF, do STJ, dos Tribunais Regionais Federais e Tribunais de Justiça dos Estados e do Distrito Federal, relativamente às pessoas que devam responder perante eles por crimes comuns e de responsabilidade".

> O Decreto n. 983, de 12-11-1993, dispõe sobre a colaboração dos órgãos e entidades da Administração Pública Federal com o Ministério Público Federal na repressão a todas as formas de improbidade administrativa.

§ 1.º As ações de que trata este artigo admitem a celebração de acordo de não persecução cível, nos termos desta Lei.

>> § 1.º com redação determinada pela Lei n. 13.964, de 24-12-2019.

§ 2.º A Fazenda Pública, quando for o caso, promoverá as ações necessárias à complementação do ressarcimento do patrimônio público.

§ 3.º No caso de a ação principal ter sido proposta pelo Ministério Público, aplica-se, no que couber, o disposto no § 3.º do art. 6.º da Lei n. 4.717, de 29 de junho de 1965.

>> § 3.º com redação determinada pela Lei n. 9.366, de 16-12-1996.

> Citado dispositivo consta deste volume.

> *Vide* arts. 114 e 115 do CPC.

§ 4.º O Ministério Público, se não intervir no processo como parte, atuará, obrigatoriamente, como fiscal da lei, sob pena de nulidade.

> *Vide* art. 178, III, do CPC.

§ 5.º A propositura da ação prevenirá a jurisdição do juízo para todas as ações posteriormente intentadas que possuam a mesma causa de pedir ou o mesmo objeto.

>> § 5.º acrescentado pela Medida Provisória n. 2.180-35, de 24-8-2001.

§ 6.º A ação será instruída com documentos ou justificação que contenham indícios suficientes da existência do ato de improbidade ou com razões fundamentadas da impossibilidade de apresentação de qualquer dessas provas, observada a legislação vigente, inclusive as disposições inscritas nos arts. 16 a 18 do Código de Processo Civil.

>> § 6.º acrescentado pela Medida Provisória n. 2.225-45, de 4-9-2001.

> A referência é feita a dispositivos do CPC de 1973. *Vide* arts. 79 a 81 do CPC de 2015.

§ 7.º Estando a inicial em devida forma, o juiz mandará autuá-la e ordenará a notificação do requerido, para oferecer manifestação por escrito, que poderá ser instruída com documentos e justificações, dentro do prazo de quinze dias.

>> § 7.º acrescentado pela Medida Provisória n. 2.225-45, de 4-9-2001.

§ 8.º Recebida a manifestação, o juiz, no prazo de trinta dias, em decisão fundamentada, rejeitará a ação, se convencido da inexistência do ato de improbidade, da improcedência da ação ou da inadequação da via eleita.

>> § 8.º acrescentado pela Medida Provisória n. 2.225-45, de 4-9-2001.

§ 9.º Recebida a petição inicial, será o réu citado para apresentar contestação.

>> § 9.º acrescentado pela Medida Provisória n. 2.225-45, de 4-9-2001.

§ 10. Da decisão que receber a petição inicial, caberá agravo de instrumento.

>> § 10 acrescentado pela Medida Provisória n. 2.225-45, de 4-9-2001.

§ 10-A. Havendo a possibilidade de solução consensual, poderão as partes requerer ao juiz a interrupção do prazo para a contestação, por prazo não superior a 90 (noventa) dias.

>> § 10-A acrescentado pela Lei n. 13.964, de 24-12-2019.

§ 11. Em qualquer fase do processo, reconhecida a inadequação da ação de improbidade, o juiz extinguirá o processo sem julgamento do mérito.

>> § 11 acrescentado pela Medida Provisória n. 2.225-45, de 4-9-2001.

§ 12. Aplica-se aos depoimentos ou inquirições realizadas nos processos regidos por esta Lei o disposto no art. 221, *caput* e § 1.º, do Código de Processo Penal.

>> § 12 acrescentado pela Medida Provisória n. 2.225-45, de 4-9-2001.

§ 13. Para os efeitos deste artigo, também se considera pessoa jurídica interessada o ente tributante que figurar no polo ativo da obrigação tributária de que tratam o § 4.º do art. 3.º e o art. 8.º-A da Lei Complementar n. 116, de 31 de julho de 2003.

>> § 13 acrescentado pela Lei Complementar n. 157, de 29-12-2016.

Art. 17-A. (*Vetado.*)

>> Artigo acrescentado pela Lei n. 13.964, de 24-12-2019.

Art. 18. A sentença que julgar procedente ação civil de reparação de dano ou decretar a perda dos bens havidos ilicitamente determinará o pagamento ou a reversão dos bens, conforme o caso, em favor da pessoa jurídica prejudicada pelo ilícito.

Capítulo VI
DAS DISPOSIÇÕES PENAIS

Art. 19. Constitui crime a representação por ato de improbidade contra agente público ou terceiro beneficiário, quando o autor da denúncia o sabe inocente.

Pena – detenção de seis a dez meses e multa.

> *Vide* art. 339 do CP.

Parágrafo único. Além da sanção penal, o denunciante está sujeito a indenizar o denunciado pelos danos materiais, morais ou à imagem que houver provocado.

Art. 20. A perda da função pública e a suspensão dos direitos políticos só se efetivam com o trânsito em julgado da sentença condenatória.

Parágrafo único. A autoridade judicial ou administrativa competente poderá determinar o afastamento do agente público do exercício do cargo, emprego ou função, sem prejuízo da remuneração, quando a medida se fizer necessária à instrução processual.

Art. 21. A aplicação das sanções previstas nesta Lei independe:

I – da efetiva ocorrência de dano ao patrimônio público, salvo quanto à pena de ressarcimento;

>> Inciso I com redação determinada pela Lei n. 12.120, de 15-12-2009.

> *Vide* art. 37, § 5.º, da CF.

II – da aprovação ou rejeição das contas pelo órgão de controle interno ou pelo Tribunal ou Conselho de Contas.

Art. 22. Para apurar qualquer ilícito previsto nesta Lei, o Ministério Público, de ofício, a requerimento de autoridade administrativa ou mediante representação formulada de acordo com o disposto no art. 14, poderá requisitar a instauração de inquérito policial ou procedimento administrativo.

Capítulo VII
DA PRESCRIÇÃO

Art. 23. As ações destinadas a levar a efeito as sanções previstas nesta Lei podem ser propostas:

I – até cinco anos após o término do exercício de mandato, de cargo em comissão ou de função de confiança;

>> *Vide* Súmula 634 do STJ.

II – dentro do prazo prescricional previsto em lei específica para faltas disciplinares puníveis com demissão a bem do serviço público, nos casos de exercício de cargo efetivo ou emprego;

>> *Vide* Súmula 634 do STJ.

> *Vide* art. 142 da Lei n. 8.112, de 11-12-1990.

III – até cinco anos da data da apresentação à administração pública da prestação de contas final pelas entidades referidas no parágrafo único do art. 1.º desta Lei.

>> Inciso III acrescentado pela Lei n. 13.019, de 31-7-2014.

Capítulo VIII
DAS DISPOSIÇÕES FINAIS

Art. 24. Esta Lei entra em vigor na data de sua publicação.

Art. 25. Ficam revogadas as Leis n. 3.164, de 1.º de junho de 1957, e 3.502, de 21 de dezembro de 1958, e demais disposições em contrário.

Rio de Janeiro, 2 de junho de 1992; 171.º da Independência e 104.º da República.

Fernando Collor

DECRETO N. 577, DE 24 DE JUNHO DE 1992 (*)

Dispõe sobre a expropriação das glebas, onde forem encontradas culturas ilegais de plantas psicotrópicas, e dá outras providências.

O Presidente da República, no uso da atribuição que lhe confere o art. 84, IV, da Constituição, e tendo em vista o que dispõe a Lei n. 8.257, de 26 de novembro de 1991, decreta:

Art. 1.º Compete à Polícia Federal promover as diligências necessárias à localização de culturas ilegais de plantas psicotrópicas, a fim de que seja promovida a imediata expropriação do imóvel em que forem localizadas e que será especialmente destinado ao assentamento de colonos, para o cultivo de produtos alimentícios e medicamentosos, sem qualquer indenização ao proprietário, ao possuidor ou ocupante a qualquer título, sem prejuízo de outras sanções previstas em lei.

Art. 2.º Para os devidos efeitos, plantas psicotrópicas são aquelas que permitem a obtenção de substâncias entorpecentes proscritas, catalogadas em portaria do Ministério da Saúde.

Art. 3.º A autoridade policial articular-se-á com a autoridade responsável pela representação judicial da União e com o Instituto Nacional de Colonização e Reforma Agrária – INCRA, a fim de serem providenciadas medidas que possibilitem o pronto ajuizamento da ação expropriatória prevista na Lei n. 8.257, de 26 de novembro de 1991, com pedido de imissão de posse liminar, nos termos do art. 10 da mesma Lei, e efetiva ocupação do imóvel.

Art. 4.º O procedimento terá início com a remessa de cópia do inquérito policial e o recolhimento de dados que integrarão o relatório técnico.

Parágrafo único. O relatório técnico conterá:

a) a caracterização do imóvel onde foi localizada a cultura ilegal de plantas psicotrópicas, mediante indicação, pelo menos, da denominação e das confrontações e das vias de acesso;

b) descrição da área onde localizada a cultura;

c) comprovação da existência do cultivo ilegal;

d) indicação e qualificação do proprietário ou do possuidor do imóvel, bem como as de todos os seus ocupantes e de outras pessoas nele presentes no momento da lavratura do auto de apreensão;

e) relação de bens móveis encontrados na área e apreendidos.

Art. 5.º O relatório técnico a que se refere o art. 4.º será elaborado no prazo de 8 (oito) dias e, juntamente com a cópia do inquérito policial, e outra peças que a autoridade policial julgar necessárias, formará processo que será enviado ao responsável pela representação judicial da União, com cópia para o INCRA, a fim de que seja ajuizada a ação expropriatória.

Art. 6.º Fica o INCRA investido de poderes para imitir-se, em nome da União, na posse do imóvel expropriando, devendo, para tanto, adotar as medidas cabíveis e indicar ao responsável pela representação judicial da União o assistente técnico, nos termos do art. 8.º da Lei n. 8.257, de 1991.

Art. 7.º Transitada em julgado a sentença, o INCRA adotará as providências necessárias à incorporação do imóvel ao Patrimônio da União, inclusive apresentando relatório circunstanciado da situação do imóvel.

Art. 8.º Todo e qualquer bem de valor econômico apreendido em decorrência do tráfico ilícito de entorpecentes e drogas afins será confiscado e reverterá em benefício de instituições especializadas no tratamento e custeio de atividades de fiscalização, controle, prevenção e repressão do crime de tráfico dessas substâncias.

Parágrafo único. Os recursos referidos neste artigo terão a destinação prevista no art. 4.º, da Lei n. 7.560, de 19 de dezembro de 1986, de acordo com a regulamentação baixada pelo Decreto n. 95.650, de 19 de janeiro de 1988.

Art. 9.º A Polícia Federal e o INCRA poderão firmar entre si e com os Estados, Municípios, órgãos e entidades das respectivas administrações os convênios e ajustes com o objetivo de dar agilidade e garantia às providências de ocupação dos imóveis e assentamento dos colonos.

Parágrafo único. O convênio a que se refere este artigo poderá conter cláusula de fiscalização do imóvel, quando ocorrer a hipótese do parágrafo único do art. 15 da Lei n. 8.257, de 1991.

Art. 10. Os Ministros de Estado da Justiça e da Agricultura e Reforma Agrária baixarão as instruções complementares necessárias à execução do disposto neste Decreto.

Art. 11. Este Decreto entra em vigor na data de sua publicação.

Brasília, 24 de junho de 1992; 171.º da Independência e 104.º da República.

Fernando Collor

(*) Publicado no *Diário Oficial da União*, de 25-6-1992.

LEI N. 8.437, DE 30 DE JUNHO DE 1992 (**)

Dispõe sobre a concessão de medidas cautelares contra atos do Poder Público e dá outras providências.

O Presidente da República

Faço saber que o Congresso Nacional decreta e eu sanciono a seguinte lei:

Art. 1.º Não será cabível medida liminar contra atos do Poder Público, no procedimento cautelar ou em quaisquer outras ações de natureza cautelar ou preventiva, toda vez que providência semelhante não puder ser concedida em ações de mandado de segurança, em virtude de vedação legal.

> *Vide* Lei n. 9.494, de 10-9-1997.

§ 1.º Não será cabível, no juízo de primeiro grau, medida cautelar inominada ou a sua liminar, quando impugnado ato de autoridade sujeita, na via de mandado de segurança, à competência originária de tribunal.

§ 2.º O disposto no parágrafo anterior não se aplica aos processos de ação popular e de ação civil pública.

§ 3.º Não será cabível medida liminar que esgote, no todo ou em parte, o objeto da ação.

§ 4.º Nos casos em que cabível medida liminar, sem prejuízo da comunicação ao dirigente do órgão ou entidade, o respectivo representante judicial dela será imediatamente intimado.

>> § 4.º acrescentado pela Medida Provisória n. 2.180-35, de 24-8-2001.

§ 5.º Não será cabível medida liminar que defira compensação de créditos tributários ou previdenciários.

>> § 5.º acrescentado pela Medida Provisória n. 2.180-35, de 24-8-2001.

Art. 2.º No mandado de segurança coletivo e na ação civil pública, a liminar será concedida, quando cabível, após a audiência do representante judicial da pessoa jurídica de direito público, que deverá se pronunciar no prazo de setenta e duas horas.

Art. 3.º O recurso voluntário ou *ex officio*, interposto contra sentença em processo caute-

(**) Publicada no *Diário Oficial da União* de 1.º-7-1992.

lar, proferida contra pessoa jurídica de direito público ou seus agentes, que importe em outorga ou adição de vencimentos ou de reclassificação funcional, terá efeito suspensivo.

> *Vide* Lei n. 9.494, de 10-9-1997.

Art. 4.º Compete ao presidente do tribunal, ao qual couber o conhecimento do respectivo recurso, suspender, em despacho fundamentado, a execução da liminar nas ações movidas contra o Poder Público ou seus agentes, a requerimento do Ministério Público ou da pessoa jurídica de direito público interessada, em caso de manifesto interesse público ou de flagrante ilegitimidade, e para evitar grave lesão à ordem, à saúde, à segurança e à economia públicas.

> *Vide* Lei n. 9.494, de 10-9-1997.

§ 1.º Aplica-se o disposto neste artigo à sentença proferida em processo de ação cautelar inominada, no processo de ação popular e na ação civil pública, enquanto não transitada em julgado.

§ 2.º O Presidente do Tribunal poderá ouvir o autor e o Ministério Público, em setenta e duas horas.

>> § 2.º com redação determinada pela Medida Provisória n. 2.180-35, de 24-8-2001.

§ 3.º Do despacho que conceder ou negar a suspensão, caberá agravo, no prazo de cinco dias, que será levado a julgamento na sessão seguinte a sua interposição.

>> § 3.º com redação determinada pela Medida Provisória n. 2.180-35, de 24-8-2001.

§ 4.º Se do julgamento do agravo de que trata o § 3.º resultar a manutenção ou o restabelecimento da decisão que se pretende suspender, caberá novo pedido de suspensão ao Presidente do Tribunal competente para conhecer de eventual recurso especial ou extraordinário.

>> § 4.º acrescentado pela Medida Provisória n. 2.180-35, de 24-8-2001.

§ 5.º É cabível também o pedido de suspensão a que se refere o § 4.º, quando negado provimento a agravo de instrumento interposto contra a liminar a que se refere este artigo.

>> § 5.º acrescentado pela Medida Provisória n. 2.180-35, de 24-8-2001.

§ 6.º A interposição do agravo de instrumento contra liminar concedida nas ações movidas contra o Poder Público e seus agentes não prejudica nem condiciona o julgamento do pedido de suspensão a que se refere este artigo.

>> § 6.º acrescentado pela Medida Provisória n. 2.180-35, de 24-8-2001.

§ 7.º O Presidente do Tribunal poderá conferir ao pedido efeito suspensivo liminar, se constatar, em juízo prévio, a plausibilidade do direito invocado e a urgência na concessão da medida.

>> § 7.º acrescentado pela Medida Provisória n. 2.180-35, de 24-8-2001.

§ 8.º As liminares cujo objeto seja idêntico poderão ser suspensas em uma única decisão, podendo o Presidente do Tribunal estender os efeitos da suspensão a liminares supervenientes, mediante simples aditamento do pedido original.

>> § 8.º acrescentado pela Medida Provisória n. 2.180-35, de 24-8-2001.

§ 9.º A suspensão deferida pelo Presidente do Tribunal vigorará até o trânsito em julgado da decisão de mérito na ação principal.

>> § 9.º acrescentado pela Medida Provisória n. 2.180-35, de 24-8-2001.

Art. 5.º Esta Lei entra em vigor na data de sua publicação.

Art. 6.º Revogam-se as disposições em contrário.

Brasília, 30 de junho de 1992; 171.º da Independência e 104.º da República.

FERNANDO COLLOR

LEI N. 8.443, DE 16 DE JULHO DE 1992 (*)

Dispõe sobre a Lei Orgânica do Tribunal de Contas da União e dá outras providências.

O Presidente da República

Faço saber que o Congresso Nacional decreta e eu sanciono a seguinte Lei:

TÍTULO I
NATUREZA, COMPETÊNCIA E JURISDIÇÃO

CAPÍTULO I
NATUREZA E COMPETÊNCIA

Art. 1.º Ao Tribunal de Contas da União, órgão de controle externo, compete, nos termos da Constituição Federal e na forma estabelecida nesta Lei:

I – julgar as contas dos administradores e demais responsáveis por dinheiros, bens e valores públicos das unidades dos poderes da União e das entidades da administração indireta, incluídas as fundações e sociedades instituídas e mantidas pelo poder público federal, e as contas daqueles que derem causa a perda, extravio ou outra irregularidade de que resulte dano ao Erário;

II – proceder, por iniciativa própria ou por solicitação do Congresso Nacional, de suas Casas ou das respectivas Comissões, à fiscalização contábil, financeira, orçamentária, operacional e patrimonial das unidades dos poderes da União e das demais entidades referidas no inciso anterior;

III – apreciar as contas prestadas anualmente pelo Presidente da República, nos termos do art. 36 desta Lei;

IV – acompanhar a arrecadação da receita a cargo da União e das entidades referidas no inciso I deste artigo, mediante inspeções e auditorias, ou por meio de demonstrativos próprios, na forma estabelecida no Regimento Interno;

V – apreciar, para fins de registro, na forma estabelecida no Regimento Interno, a legalidade dos atos de admissão de pessoal, a qualquer título, na administração direta e indireta, incluídas as fundações instituídas e mantidas pelo poder público federal, excetuadas as nomeações para cargo de provimento em comissão, bem como a das concessões de aposentadorias, reformas e pensões, ressalvadas as melhorias posteriores que não alterem o fundamento legal do ato concessório;

VI – efetuar, observada a legislação pertinente, o cálculo das quotas referentes aos fundos de participação a que alude o parágrafo único do art. 161 da Constituição Federal, fiscalizando a entrega dos respectivos recursos;

VII – emitir, nos termos do § 2.º do art. 33 da Constituição Federal, parecer prévio sobre as contas do Governo de Território Federal, no prazo de sessenta dias, a contar de seu recebimento, na forma estabelecida no Regimento Interno;

VIII – representar ao poder competente sobre irregularidades ou abusos apurados, indicando o ato inquinado e definindo responsabilidades, inclusive as de Ministro de Estado ou autoridade de nível hierárquico equivalente;

IX – aplicar aos responsáveis as sanções previstas nos arts. 57 a 61 desta Lei;

X – elaborar e alterar seu Regimento Interno;

XI – eleger seu Presidente e seu Vice-Presidente, e dar-lhes posse;

XII – conceder licença, férias e outros afastamentos aos ministros, auditores e membros do Ministério Público junto ao Tribunal, dependendo de inspeção por junta médica a licença para tratamento de saúde por prazo superior a seis meses;

XIII – propor ao Congresso Nacional a fixação de vencimentos dos ministros, auditores e membros do Ministério Público junto ao Tribunal;

XIV – organizar sua Secretaria, na forma estabelecida no Regimento Interno, e prover-lhe os cargos e empregos, observada a legislação pertinente;

XV – propor ao Congresso Nacional a criação, transformação e extinção de cargos, empregos e funções do Quadro de Pessoal de sua Secretaria, bem como a fixação da respectiva remuneração;

XVI – decidir sobre denúncia que lhe seja encaminhada por qualquer cidadão, partido

(*) Publicada no *Diário Oficial da União* de 17-7-1992.

político, associação ou sindicato, na forma prevista nos arts. 53 a 55 desta Lei;

XVII – decidir sobre consulta que lhe seja formulada por autoridade competente, a respeito de dúvida suscitada na aplicação de dispositivos legais e regulamentares concernentes a matéria de sua competência, na forma estabelecida no Regimento Interno.

§ 1.º No julgamento de contas e na fiscalização que lhe compete, o Tribunal decidirá sobre a legalidade, a legitimidade e a economicidade dos atos de gestão e das despesas deles decorrentes, bem como sobre a aplicação de subvenções e a renúncia de receitas.

§ 2.º A resposta à consulta a que se refere o inciso XVII deste artigo tem caráter normativo e constitui prejulgamento da tese, mas não do fato ou caso concreto.

§ 3.º Será parte essencial das decisões do Tribunal ou de suas Câmaras:

I – o relatório do Ministro-Relator, de que constarão as conclusões da instrução (do relatório da equipe de auditoria ou do técnico responsável pela análise do processo, bem como do parecer das chefias imediatas, da Unidade Técnica), e do Ministério Público junto ao Tribunal;

II – fundamentação com que o Ministro-Relator analisará as questões de fato e de direito;

III – dispositivo com que o Ministro-Relator decidirá sobre o mérito do processo.

Art. 2.º Para o desempenho de sua competência o Tribunal receberá, em cada exercício, o rol de responsáveis e suas alterações, e outros documentos ou informações que considerar necessários, na forma estabelecida no Regimento Interno.

Parágrafo único. O Tribunal poderá solicitar ao Ministro de Estado supervisor da área, ou à autoridade de nível hierárquico equivalente outros elementos indispensáveis ao exercício de sua competência.

Art. 3.º Ao Tribunal de Contas da União, no âmbito de sua competência e jurisdição, assiste o poder regulamentar, podendo, em consequência, expedir atos e instruções normativas sobre matéria de suas atribuições e sobre a organização dos processos que lhe devam ser submetidos, obrigando ao seu cumprimento, sob pena de responsabilidade.

Capítulo II
JURISDIÇÃO

Art. 4.º O Tribunal de Contas da União tem jurisdição própria e privativa, em todo o território nacional, sobre as pessoas e matérias sujeitas à sua competência.

Art. 5.º A jurisdição do Tribunal abrange:

I – qualquer pessoa física, órgão ou entidade a que se refere o inciso I do art. 1.º desta Lei, que utilize, arrecade, guarde, gerencie ou administre dinheiros, bens e valores públicos ou pelos quais a União responda, ou que, em nome desta, assuma obrigações de natureza pecuniária;

II – aqueles que derem causa a perda, extravio ou outra irregularidade de que resulte dano ao Erário;

III – os dirigentes ou liquidantes das empresas encampadas ou sob intervenção ou que de qualquer modo venham a integrar, provisória ou permanentemente, o patrimônio da União ou de outra entidade pública federal;

IV – os responsáveis pelas contas nacionais das empresas supranacionais de cujo capital social a União participe, de forma direta ou indireta, nos termos do tratado constitutivo;

V – os responsáveis por entidades dotadas de personalidade jurídica de direito privado que recebam contribuições parafiscais e prestem serviço de interesse público ou social;

VI – todos aqueles que lhe devam prestar contas ou cujos atos estejam sujeitos à sua fiscalização por expressa disposição de lei;

VII – os responsáveis pela aplicação de quaisquer recursos repassados pela União, mediante convênio, acordo, ajuste ou outros instrumentos congêneres, a Estado, ao Distrito Federal ou a Município;

VIII – os sucessores dos administradores e responsáveis a que se refere este artigo, até o limite do valor do patrimônio transferido, nos termos do inciso XLV do art. 5.º da Constituição Federal;

IX – os representantes da União ou do Poder Público na assembleia geral das empresas estatais e sociedades anônimas de cujo capital a União ou o Poder Público participem, solidariamente, com os membros dos Conselhos Fiscal e de Administração, pela prática de atos de gestão ruinosa ou liberalidade à custa das respectivas sociedades.

Título II
JULGAMENTO E FISCALIZAÇÃO

Capítulo I
JULGAMENTO DE CONTAS

Seção I
Tomada e Prestação de Contas

Art. 6.º Estão sujeitas à tomada de contas e, ressalvado o disposto no inciso XXXV do art. 5.º da Constituição Federal, só por decisão do Tribunal de Contas da União podem ser liberadas dessa responsabilidade as pessoas indicadas nos incisos I a VI do art. 5.º desta Lei.

Art. 7.º As contas dos administradores e responsáveis a que se refere o artigo anterior serão anualmente submetidas a julgamento do Tribunal, sob forma de tomada ou prestação de contas, organizadas de acordo com normas estabelecidas em instrução normativa.

> A Instrução Normativa n. 63, de 1.º-9-2010, do TCU, estabelece normas de organização e de apresentação dos relatórios de gestão e das peças complementares que constituirão os processos de contas da Administração Pública Federal, para julgamento do Tribunal de Contas da União, nos termos deste artigo.

Parágrafo único. Nas tomadas ou prestações de contas a que alude este artigo devem ser incluídos todos os recursos, orçamentários e extraorçamentários, geridos ou não pela unidade ou entidade.

Art. 8.º Diante da omissão no dever de prestar contas, da não comprovação da aplicação dos recursos repassados pela União, na forma prevista no inciso VII do art. 5.º desta Lei, da ocorrência de desfalque ou desvio de dinheiros, bens ou valores públicos, ou, ainda, da prática de qualquer ato ilegal, ilegítimo ou antieconômico de que resulte dano ao Erário, a autoridade administrativa competente, sob pena de responsabilidade solidária, deverá imediatamente adotar providências com vistas à instauração da tomada de contas especial para apuração dos fatos, identificação dos responsáveis e quantificação do dano.

> A Instrução Normativa n. 71, de 28-11-2012, do TCU, dispõe sobre a instauração, a organização e o encaminhamento a esse Tribunal dos processos de tomada de contas especial.

§ 1.º Não atendido o disposto no *caput* deste artigo, o Tribunal determinará a instauração da tomada de contas especial, fixando prazo para cumprimento dessa decisão.

§ 2.º A tomada de contas especial prevista no *caput* deste artigo e em seu § 1.º será, desde logo, encaminhada ao Tribunal de Contas da União para julgamento, se o dano causado ao Erário for de valor igual ou superior à quantia para esse efeito fixada pelo Tribunal em cada ano civil, na forma estabelecida no seu Regimento Interno.

§ 3.º Se o dano for de valor inferior à quantia referida no parágrafo anterior, a tomada de contas especial será anexada ao processo da respectiva tomada ou prestação de contas anual do administrador ou ordenador de despesa, para julgamento em conjunto.

Art. 9.º Integrarão a tomada ou prestação de contas, inclusive a tomada de contas especial, dentre outros elementos estabelecidos no Regimento Interno, os seguintes:

I – relatório de gestão;

II – relatório do tomador de contas, quando couber;

III – relatório e certificado de auditoria, com o parecer do dirigente do órgão de controle interno, que consignará qualquer irregularidade ou ilegalidade constatada, indicando as medidas adotadas para corrigir as faltas encontradas;

IV – pronunciamento do Ministro de Estado supervisor da área ou da autoridade de nível hierárquico equivalente, na forma do art. 52 desta Lei.

Seção II
Decisões em Processo de Tomada ou Prestação de Contas

Art. 10. A decisão em processo de tomada ou prestação de contas pode ser preliminar, definitiva ou terminativa.

§ 1.º Preliminar é a decisão pela qual o Relator ou o Tribunal, antes de pronunciar-se quanto ao mérito das contas, resolve sobrestar o julgamento, ordenar a citação ou a audiência dos responsáveis ou, ainda, determinar outras diligências necessárias ao saneamento do processo.

§ 2.º Definitiva é a decisão pela qual o Tribunal julga as contas regulares, regulares com ressalva, ou irregulares.

§ 3.º Terminativa é a decisão pela qual o Tribunal ordena o trancamento das contas que forem consideradas iliquidáveis, nos termos dos arts. 20 e 21 desta Lei.

Art. 11. O Relator presidirá a instrução do processo, determinando, mediante despacho singular, de ofício ou por provocação do órgão de instrução ou do Ministério Público junto ao Tribunal, o sobrestamento do julgamento, a citação ou a audiência dos responsáveis, ou outras providências consideradas necessárias ao saneamento dos autos, fixando prazo, na forma estabelecida no Regimento Interno, para o atendimento das diligências, após o que submeterá o feito ao Plenário ou à Câmara respectiva para decisão de mérito.

Art. 12. Verificada irregularidade nas contas, o Relator ou o Tribunal:

I – definirá a responsabilidade individual ou solidária pelo ato de gestão inquinado;

II – se houver débito, ordenará a citação do responsável para, no prazo estabelecido no Regimento Interno, apresentar defesa ou recolher a quantia devida;

III – se não houver débito, determinará a audiência do responsável para, no prazo estabelecido no Regimento Interno, apresentar razões de justificativa;

IV – adotará outras medidas cabíveis.

§ 1.º O responsável cuja defesa for rejeitada pelo Tribunal será cientificado para, em novo e improrrogável prazo estabelecido no Regimento Interno, recolher a importância devida.

§ 2.º Reconhecida pelo Tribunal a boa-fé, a liquidação tempestiva do débito atualizado monetariamente sanará o processo, se não houver sido observada outra irregularidade nas contas.

§ 3.º O responsável que não atender à citação ou à audiência será considerado revel pelo Tribunal, para todos os efeitos, dando-se prosseguimento ao processo.

Art. 13. A decisão preliminar a que se refere o art. 11 desta Lei poderá, a critério do Relator, ser publicada no *Diário Oficial da União*.

Art. 14. O Tribunal julgará as tomadas ou prestações de contas até o término do exercício seguinte àquele em que estas lhe tiverem sido apresentadas.

Art. 15. Ao julgar as contas, o Tribunal decidirá se estas são regulares, regulares com ressalva, ou irregulares.

Art. 16. As contas serão julgadas:

I – regulares, quando expressarem, de forma clara e objetiva, a exatidão dos demonstrativos contábeis, a legalidade, a legitimidade e a economicidade dos atos de gestão do responsável;

II – regulares com ressalva, quando evidenciarem impropriedade ou qualquer outra falta de natureza formal de que não resulte dano ao Erário;

III – irregulares, quando comprovada qualquer das seguintes ocorrências:

a) omissão no dever de prestar contas;

b) prática de ato de gestão ilegal, ilegítimo, antieconômico, ou infração à norma legal ou regulamentar de natureza contábil, financeira, orçamentária, operacional ou patrimonial;

c) dano ao Erário decorrente de ato de gestão ilegítimo ou antieconômico;

d) desfalque ou desvio de dinheiros, bens ou valores públicos.

§ 1.º O Tribunal poderá julgar irregulares as contas no caso de reincidência no descumprimento de determinação de que o responsável tenha tido ciência, feita em processo de tomada ou prestação de contas.

§ 2.º Nas hipóteses do inciso III, alíneas *c* e *d* deste artigo, o Tribunal, ao julgar irregulares as contas, fixará a responsabilidade solidária:

a) do agente público que praticou o ato irregular; e

b) do terceiro que, como contratante ou parte interessada na prática do mesmo ato, de qualquer modo haja concorrido para o cometimento do dano apurado.

§ 3.º Verificada a ocorrência prevista no parágrafo anterior deste artigo, o Tribunal providenciará a imediata remessa de cópia da documentação pertinente ao Ministério Público da União, para ajuizamento das ações civis e penais cabíveis.

Subseção I
Contas regulares

Art. 17. Quando julgar as contas regulares, o Tribunal dará quitação plena ao responsável.

Subseção II
Contas regulares com ressalva

Art. 18. Quando julgar as contas regulares com ressalva, o Tribunal dará quitação ao responsável e lhe determinará, ou a quem lhe haja sucedido, a adoção de medidas necessárias à correção das impropriedades ou faltas identificadas, de modo a prevenir a ocorrência de outras semelhantes.

Subseção III
Contas irregulares

Art. 19. Quando julgar as contas irregulares, havendo débito, o Tribunal condenará o responsável ao pagamento da dívida atualizada monetariamente, acrescida dos juros de mora devidos, podendo, ainda, aplicar-lhe a multa prevista no art. 57 desta Lei, sendo o instrumento da decisão considerado título executivo para fundamentar a respectiva ação de execução.

Parágrafo único. Não havendo débito, mas comprovada qualquer das ocorrências previstas nas alíneas *a*, *b* e *c* do inciso III, do art. 16, o Tribunal aplicará ao responsável a multa prevista no inciso I do art. 58, desta Lei.

Subseção IV
Contas iliquidáveis

Art. 20. As contas serão consideradas iliquidáveis quando caso fortuito ou de força maior, comprovadamente alheio à vontade do responsável, tornar materialmente impossível o julgamento de mérito a que se refere o art. 16 desta Lei.

Art. 21. O Tribunal ordenará o trancamento das contas que forem consideradas iliquidáveis e o consequente arquivamento do processo.

§ 1.º Dentro do prazo de cinco anos contados da publicação da decisão terminativa no *Diário Oficial da União*, o Tribunal poderá, à vista de novos elementos que considere suficientes, autorizar o desarquivamento do processo e determinar que se ultime a respectiva tomada ou prestação de contas.

§ 2.º Transcorrido o prazo referido no parágrafo anterior sem que tenha havido nova decisão, as contas serão consideradas encerradas, com baixa na responsabilidade do administrador.

Seção III
Execução das Decisões

Art. 22. A citação, a audiência, a comunicação de diligência ou a notificação far-se-á:

I – mediante ciência do responsável ou do interessado, na forma estabelecida no Regimento Interno;

II – pelo correio, mediante carta registrada, com aviso de recebimento;

III – por edital publicado no *Diário Oficial da União* quando o seu destinatário não for localizado.

Parágrafo único. A comunicação de rejeição dos fundamentos da defesa ou das razões de justificativa será transmitida ao responsável ou interessado, na forma prevista neste artigo.

Art. 23. A decisão definitiva será formalizada nos termos estabelecidos no Regimento Interno, por acórdão, cuja publicação no *Diário Oficial da União* constituirá:

I – no caso de contas regulares, certificado de quitação plena do responsável para com o Erário;

II – no caso de contas regulares com ressalva, certificado de quitação com determinação, nos termos do art. 18 desta Lei;

III – no caso de contas irregulares:

a) obrigação de o responsável, no prazo estabelecido no Regimento Interno, comprovar perante o Tribunal que recolheu aos cofres públicos a quantia correspondente ao débito que lhe tiver sido imputado ou da multa cominada, na forma prevista nos arts. 19 e 57 desta Lei;

b) título executivo bastante para cobrança judicial da dívida decorrente do débito ou da multa, se não recolhida no prazo pelo responsável;

c) fundamento para que a autoridade competente proceda à efetivação das sanções previstas nos arts. 60 e 61 desta Lei.

Art. 24. A decisão do Tribunal, de que resulte imputação de débito ou cominação de multa, torna a dívida líquida e certa e tem eficácia de título executivo, nos termos da alínea *b* do inciso III do art. 23 desta Lei.

Art. 25. O responsável será notificado para, no prazo estabelecido no Regimento Interno, efetuar e comprovar o recolhimento da dívida a que se refere o art. 19 e seu parágrafo único desta Lei.

Parágrafo único. A notificação será feita na forma prevista no art. 22 desta Lei.

Art. 26. Em qualquer fase do processo, o Tribunal poderá autorizar o recolhimento parcelado da importância devida, na forma estabelecida no Regimento Interno, incidindo sobre cada parcela os correspondentes acréscimos legais.

Parágrafo único. A falta de recolhimento de qualquer parcela importará no vencimento antecipado do saldo devedor.

Art. 27. Comprovado o recolhimento integral, o Tribunal expedirá quitação do débito ou da multa.

Art. 28. Expirado o prazo a que se refere o *caput* do art. 25 desta Lei, sem manifestação do responsável, o Tribunal poderá:

I – determinar o desconto integral ou parcelado da dívida nos vencimentos, salários ou proventos do responsável, observados os limites previstos na legislação pertinente; ou

II – autorizar a cobrança judicial da dívida por intermédio do Ministério Público junto ao Tribunal, na forma prevista no inciso III do art. 81 desta Lei.

Art. 29. A decisão terminativa, acompanhada de seus fundamentos, será publicada no *Diário Oficial da União.*

Art. 30. Os prazos referidos nesta Lei contam-se da data:

I – do recebimento pelo responsável ou interessado:

a) da citação ou da comunicação de audiência;

b) da comunicação de rejeição dos fundamentos da defesa ou das razões de justificativa;

c) da comunicação de diligência;

d) da notificação;

II – da publicação de edital no *Diário Oficial da União*, quando, nos casos indicados no inciso anterior, o responsável ou interessado não for localizado;

III – nos demais casos, salvo disposição legal expressa em contrário, da publicação da decisão ou do acórdão no *Diário Oficial da União.*

Seção IV
Recursos

Art. 31. Em todas as etapas do processo de julgamento de contas será assegurada ao responsável ou interessado ampla defesa.

Art. 32. De decisão proferida em processo de tomada ou prestação de contas cabem recursos de:

I – reconsideração;

II – embargos de declaração;

III – revisão.

Parágrafo único. Não se conhecerá de recurso interposto fora do prazo, salvo em razão da superveniência de fatos novos na forma prevista no Regimento Interno.

Art. 33. O recurso de reconsideração, que terá efeito suspensivo, será apreciado por quem houver proferido a decisão recorrida, na forma estabelecida no Regimento Interno, e poderá ser formulado por escrito uma só vez, pelo responsável ou interessado, ou pelo Ministério Público junto ao Tribunal, dentro do prazo de quinze dias, contados na forma prevista no art. 30 desta Lei.

Art. 34. Cabem embargos de declaração para corrigir obscuridade, omissão ou contradição da decisão recorrida.

§ 1.º Os embargos de declaração podem ser opostos por escrito pelo responsável ou interessado, ou pelo Ministério Público junto ao Tribunal, dentro do prazo de dez dias, contados na forma prevista no art. 30 desta Lei.

§ 2.º Os embargos de declaração suspendem os prazos para cumprimento da decisão embargada e para interposição dos recursos previstos nos incisos I e III do art. 32 desta Lei.

Art. 35. De decisão definitiva caberá recurso de revisão ao Plenário, sem efeito suspensivo, interposto por escrito, uma só vez, pelo responsável, seus sucessores, ou pelo Ministério Público junto ao Tribunal, dentro do prazo de cinco anos, contados na forma prevista no inciso III do art. 30 desta Lei, e fundar-se-á:

I – em erro de cálculo nas contas;

II – em falsidade ou insuficiência de documentos em que se tenha fundamentado a decisão recorrida;

III – na superveniência de documentos novos com eficácia sobre a prova produzida.

Parágrafo único. A decisão que der provimento a recurso de revisão ensejará a correção de todo e qualquer erro ou engano apurado.

Capítulo II
FISCALIZAÇÃO A CARGO DO TRIBUNAL

Seção I
Contas do Presidente da República

Art. 36. Ao Tribunal de Contas da União compete, na forma estabelecida no Regimento Interno, apreciar as contas prestadas anualmente pelo Presidente da República, mediante parecer prévio a ser elaborado em sessenta dias a contar de seu recebimento.

Parágrafo único. As contas consistirão nos balanços gerais da União e no relatório do órgão central do sistema de controle interno do Poder Executivo sobre a execução dos orçamentos de que trata o § 5.º do art. 165 da Constituição Federal.

Seção II
Fiscalização Exercida por Iniciativa do Congresso Nacional

Art. 37. (*Vetado.*)

Parágrafo único. (*Vetado.*)

Art. 38. Compete, ainda, ao Tribunal:

I – realizar por iniciativa da Câmara dos Deputados, do Senado Federal, de comissão técnica ou de inquérito, inspeções e auditorias de natureza contábil, financeira, orçamentária, operacional e patrimonial nas unidades administrativas dos Poderes Legislativo, Executivo e Judiciário e nas entidades da administração indireta, incluídas as fundações e sociedades instituídas e mantidas pelo poder público federal;

> A Instrução Normativa n. 59, de 12-8-2009, do Tribunal de Contas da União, estabelece normas de tramitação e de acompanhamento das solicitações do Senado Federal acerca das resoluções de autorização das operações de crédito externo dos Estados, do Distrito Federal e dos Municípios, com garantia da União.

II – prestar as informações solicitadas pelo Congresso Nacional, por qualquer de suas Casas, ou por suas Comissões, sobre a fiscalização contábil, financeira, orçamentária, operacional e patrimonial e sobre resultados de inspeções e auditorias realizadas;

III – emitir, no prazo de trinta dias contados do recebimento da solicitação, pronunciamento conclusivo sobre matéria que seja submetida a sua apreciação pela Comissão mista permanente de Senadores e Deputados, nos termos dos §§ 1.º e 2.º do art. 72 da Constituição Federal;

IV – auditar, por solicitação da Comissão a que se refere o art. 166, § 1.º, da Constituição Federal, ou comissão técnica de qualquer das Casas do Congresso Nacional, projetos e programas autorizados na lei orçamentária anual, avaliando os seus resultados quanto à eficácia, eficiência e economicidade.

Seção III
Atos Sujeitos a Registro

Art. 39. De conformidade com o preceituado nos arts. 5.º, XXIV, 71, II e III, 73 *in fine*, 74, § 2.º, 96, I, *a*, 97, 39, §§ 1.º e 2.º e 40, § 4.º, da Constituição Federal, o Tribunal apreciará, para fins de registro ou reexame, os atos de:

I – admissão de pessoal, a qualquer título, na administração direta e indireta, incluídas as fundações instituídas e mantidas pelo poder público, excetuadas as nomeações para cargo de provimento em comissão;

II – concessão inicial de aposentadoria, reformas e pensões, bem como de melhorias posteriores que tenham alterado o fundamento legal do respectivo concessório inicial.

Parágrafo único. Os atos a que se refere este artigo serão apreciados pelo Tribunal na forma estabelecida no Regimento Interno.

Art. 40. O Relator presidirá a instrução do processo, determinando, mediante despacho singular, por sua ação própria e direta, ou por provocação do órgão de instrução ou do Ministério Público junto ao Tribunal, a adoção das providências consideradas necessárias ao saneamento dos autos, fixando prazo, na forma estabelecida no Regimento Interno, para o atendimento das diligências, após o que submeterá o feito ao Plenário ou à Câmara respectiva para decisão de mérito.

Seção IV
Fiscalização de Atos e Contratos

Art. 41. Para assegurar a eficácia do controle e para instruir o julgamento das contas, o Tribunal efetuará a fiscalização dos atos de que resulte receita ou despesa, praticados pelos responsáveis sujeitos à sua jurisdição, competindo-lhe, para tanto, em especial:

I – acompanhar, pela publicação no *Diário Oficial da União*, ou por outro meio estabelecido no Regimento Interno:

a) a lei relativa ao plano plurianual, a lei de diretrizes orçamentárias, a lei orçamentária anual e a abertura de créditos adicionais;

b) os editais de licitação, os contratos, inclusive administrativos, e os convênios, acordos, ajustes ou outros instrumentos congêneres, bem como os atos referidos no art. 38 desta Lei;

II – realizar, por iniciativa própria, na forma estabelecida no Regimento Interno, inspeções e auditorias de mesma natureza que as previstas no inciso I do art. 38 desta Lei;

III – fiscalizar, na forma estabelecida no Regimento Interno, as contas nacionais das empresas supranacionais de cujo capital social a União participe, de forma direta ou indireta, nos termos do tratado constitutivo;

IV – fiscalizar, na forma estabelecida no Regimento Interno, a aplicação de quaisquer recursos repassados pela União mediante convênio, acordo, ajuste ou outros instrumentos congêneres, a Estado, ao Distrito Federal ou a Município.

§ 1.º As inspeções e auditorias de que trata esta Seção serão regulamentadas no Regimento Interno e realizadas por servidores da Secretaria do Tribunal.

§ 2.º O Tribunal comunicará às autoridades competentes dos poderes da União o resultado das inspeções e auditorias que realizar, para as medidas saneadoras das impropriedades e faltas identificadas.

Art. 42. Nenhum processo, documento ou informação poderá ser sonegado ao Tribunal em suas inspeções ou auditorias, sob qualquer pretexto.

§ 1.º No caso de sonegação, o Tribunal assinará prazo para apresentação dos documentos, informações e esclarecimentos julgados necessários, comunicando o fato ao Ministro de Estado supervisor da área ou à autoridade de nível hierárquico equivalente, para as medidas cabíveis.

§ 2.º Vencido o prazo e não cumprida a exigência, o Tribunal aplicará as sanções previstas no inciso IV do art. 58 desta Lei.

Art. 43. Ao proceder à fiscalização de que trata este Capítulo, o Relator ou o Tribunal:

I – determinará as providências estabelecidas no Regimento Interno, quando não apurada transgressão a norma legal ou regulamentar de natureza contábil, financeira, orçamentária, operacional e patrimonial, ou for constatada, tão somente, falta ou impropriedade de caráter formal;

II – se verificar a ocorrência de irregularidade quanto à legitimidade ou economicidade, determinará a audiência do responsável para, no prazo estabelecido no Regimento Interno, apresentar razões de justificativa.

Parágrafo único. Não elidido o fundamento da impugnação, o Tribunal aplicará ao responsável a multa prevista no inciso III do art. 58 desta Lei.

Art. 44. No início ou no curso de qualquer apuração, o Tribunal, de ofício ou a requerimento do Ministério Público, determinará, cautelarmente, o afastamento temporário do responsável, se existirem indícios suficientes de que, prosseguindo no exercício de suas funções, possa retardar ou dificultar a realização de auditoria ou inspeção, causar novos danos ao Erário ou inviabilizar o seu ressarcimento.

§ 1.º Estará solidariamente responsável a autoridade superior competente que, no prazo determinado pelo Tribunal, deixar de atender à determinação prevista no *caput* deste artigo.

§ 2.º Nas mesmas circunstâncias do *caput* deste artigo e do parágrafo anterior, poderá o Tribunal, sem prejuízo das medidas previstas nos arts. 60 e 61 desta Lei, decretar, por prazo não superior a um ano, a indisponibilidade de bens do responsável, tantos quantos considerados bastantes para garantir o ressarcimento dos danos em apuração.

Art. 45. Verificada a ilegalidade de ato ou contrato, o Tribunal, na forma estabelecida no Regimento Interno, assinará prazo para que o responsável adote as providências necessárias ao exato cumprimento da lei, fazendo indicação expressa dos dispositivos a serem observados.

§ 1.º No caso de ato administrativo, o Tribunal, se não atendido:

I – sustará a execução do ato impugnado;

II – comunicará a decisão à Câmara dos Deputados e ao Senado Federal;

III – aplicará ao responsável a multa prevista no inciso II do art. 58 desta Lei.

§ 2.º No caso de contrato, o Tribunal, se não atendido, comunicará o fato ao Congresso Nacional, a quem compete adotar o ato de sustação e solicitar, de imediato, ao Poder Executivo, as medidas cabíveis.

§ 3.º Se o Congresso Nacional ou o Poder Executivo, no prazo de noventa dias, não efetivar as medidas previstas no parágrafo anterior, o Tribunal decidirá a respeito da sustação do contrato.

Art. 46. Verificada a ocorrência de fraude comprovada à licitação, o Tribunal declarará a inidoneidade do licitante fraudador para participar, por até cinco anos, de licitação na Administração Pública Federal.

Art. 47. Ao exercer a fiscalização, se configurada a ocorrência de desfalque, desvio de bens ou outra irregularidade de que resulte dano ao Erário, o Tribunal ordenará, desde logo, a conversão do processo em tomada de contas especial, salvo a hipótese prevista no art. 93 desta Lei.

Parágrafo único. O processo de tomada de contas especial a que se refere este artigo tramitará em separado das respectivas contas anuais.

Seção V
Pedido de Reexame

Art. 48. De decisão proferida em processos concernentes às matérias de que tratam as Seções III e IV deste Capítulo caberá pedido de reexame, que terá efeito suspensivo.

Parágrafo único. O pedido de reexame reger-se-á pelo disposto no parágrafo único do art. 32 e no art. 33 desta Lei.

CAPÍTULO III
CONTROLE INTERNO

Art. 49. Os Poderes Legislativo, Executivo e Judiciário manterão, de forma integrada, sistema de controle interno, com a finalidade de:

I – avaliar o cumprimento das metas previstas no plano plurianual, a execução dos programas de governo e dos orçamentos da União;

II – comprovar a legalidade e avaliar os resultados quanto à eficácia e à eficiência da gestão orçamentária, financeira e patrimonial nos órgãos e entidades da administração federal, bem como da aplicação de recursos públicos por entidades de direito privado;

III – exercer o controle das operações de crédito, avais e garantias, bem como dos direitos e haveres da União;

> A Instrução Normativa n. 59, de 12-8-2009, do Tribunal de Contas da União, estabelece normas de tramitação e de acompanhamento das solicitações do Senado Federal acerca das resoluções de autorização das operações de crédito externo dos Estados, do Distrito Federal e dos Municípios, com garantia da União.

IV – apoiar o controle externo no exercício de sua missão institucional.

Art. 50. No apoio ao controle externo, os órgãos integrantes do sistema de controle interno deverão exercer, dentre outras, as seguintes atividades:

I – (*Vetado*.);

II – realizar auditorias nas contas dos responsáveis sob seu controle, emitindo relatório, certificado de auditoria e parecer;

III – alertar formalmente a autoridade administrativa competente para que instaure tomada de contas especial, sempre que tiver conhecimento de qualquer das ocorrências referidas no *caput* do art. 8.º desta Lei.

Art. 51. Os responsáveis pelo controle interno, ao tomarem conhecimento de qualquer irregularidade ou ilegalidade, dela darão ciência de imediato ao Tribunal de Contas da União, sob pena de responsabilidade solidária.

§ 1.º Na comunicação ao Tribunal, o dirigente do órgão competente indicará as providências adotadas para evitar ocorrências semelhantes.

§ 2.º Verificada em inspeção ou auditoria, ou no julgamento de contas, irregularidade ou ilegalidade que não tenha sido comunicada tempestivamente ao Tribunal, e provada a omissão, o dirigente do órgão de controle interno, na qualidade de responsável solidário, ficará sujeito às sanções previstas para a espécie nesta Lei.

Art. 52. O Ministro de Estado supervisor da área ou a autoridade de nível hierárquico equivalente emitirá, sobre as contas e o parecer do controle interno, expresso e indelegável pronunciamento, no qual atestará haver tomado conhecimento das conclusões nele contidas.

Capítulo IV
DENÚNCIA

Art. 53. Qualquer cidadão, partido político, associação ou sindicato é parte legítima para denunciar irregularidades ou ilegalidades perante o Tribunal de Contas da União.

§§ 1.º e 2.º (*Vetados*.)

§ 3.º A denúncia será apurada em caráter sigiloso, até que se comprove a sua procedência, e somente poderá ser arquivada após efetuadas as diligências pertinentes, mediante despacho fundamentado do responsável.

§ 4.º Reunidas as provas que indiquem a existência de irregularidade ou ilegalidade, serão públicos os demais atos do processo, assegurando-se aos acusados a oportunidade de ampla defesa.

Art. 54. O denunciante poderá requerer ao Tribunal de Contas da União certidão dos despachos e dos fatos apurados, a qual deverá ser fornecida no prazo máximo de quinze dias, a contar do recebimento do pedido, desde que o respectivo processo de apuração tenha sido concluído ou arquivado.

Parágrafo único. Decorrido o prazo de noventa dias, a contar do recebimento da denúncia, será obrigatoriamente fornecida a certidão de que trata este artigo, ainda que não estejam concluídas as investigações.

Art. 55. No resguardo dos direitos e garantias individuais, o Tribunal dará tratamento sigiloso às denúncias formuladas, até decisão definitiva sobre a matéria.

§ 1.º Ao decidir, caberá ao Tribunal manter ou não o sigilo quanto ao objeto e à autoria da denúncia.

>> A Resolução n. 16, de 14-3-2006, do Senado Federal, suspende a execução da expressão "manter ou não o sigilo quanto ao objeto e à autoria da denúncia", constante deste parágrafo.

§ 2.º O denunciante não se sujeitará a qualquer sanção administrativa, cível ou penal, em decorrência da denúncia, salvo em caso de comprovada má-fé.

§ 3.º Ao decidir, caberá ao Tribunal manter o sigilo do objeto e da autoria da denúncia quando imprescindível à segurança da sociedade e do Estado.

>> § 3.º acrescentado pela Lei n. 13.866, de 26-8-2019.

Capítulo V
SANÇÕES

Seção I
Disposição Geral

Art. 56. O Tribunal de Contas da União poderá aplicar aos administradores ou responsáveis, na forma prevista nesta Lei e no seu Regimento Interno, as sanções previstas neste Capítulo.

Seção II
Multas

Art. 57. Quando o responsável for julgado em débito, poderá ainda o Tribunal aplicar-lhe multa de até cem por cento do valor atualizado do dano causado ao Erário.

Art. 58. O Tribunal poderá aplicar multa de até Cr$ 42.000.000,00 (quarenta e dois milhões de cruzeiros), ou valor equivalente em outra moeda que venha a ser adotada como moeda nacional, aos responsáveis por:

>> A Portaria n. 46, de 11-1-2017, do TCU, fixa em R$ 58.269,07 (cinquenta e oito mil duzentos e sessenta e nove reais e sete centavos), para o exercício de 2017, o valor máximo da multa a que se refere este artigo.

I – contas julgadas irregulares de que não resulte débito, nos termos do parágrafo único do art. 19 desta Lei;

II – ato praticado com grave infração à norma legal ou regulamentar de natureza contábil, financeira, orçamentária, operacional e patrimonial;

III – ato de gestão ilegítimo ou antieconômico de que resulte injustificado dano ao Erário;

IV – não atendimento, no prazo fixado, sem causa justificada, a diligência do Relator ou a decisão do Tribunal;

V – obstrução ao livre exercício das inspeções e auditorias determinadas;

VI – sonegação de processo, documento ou informação, em inspeções ou auditorias realizadas pelo Tribunal;

VII – reincidência no descumprimento de determinação do Tribunal.

§ 1.º Ficará sujeito à multa prevista no *caput* deste artigo aquele que deixar de dar cumprimento à decisão do Tribunal, salvo motivo justificado.

§ 2.º O valor estabelecido no *caput* deste artigo será atualizado, periodicamente, por portaria da Presidência do Tribunal, com base na variação acumulada, no período, pelo índice utilizado para atualização dos créditos tributários da União.

§ 3.º O Regimento Interno disporá sobre a gradação da multa prevista no *caput* deste artigo, em função da gravidade da infração.

Art. 59. O débito decorrente de multa aplicada pelo Tribunal de Contas da União no art. 57 desta Lei, quando pago após o seu vencimento, será atualizado monetariamente na data do efetivo pagamento.

Art. 60. Sem prejuízo das sanções previstas na seção anterior e das penalidades administrativas, aplicáveis pelas autoridades competentes, por irregularidades constatadas pelo Tribunal de Contas da União, sempre que este, por maioria absoluta de seus membros, considerar grave a infração cometida, o responsável ficará inabilitado, por um período que variará de cinco a oito anos, para o exercício de cargo em comissão ou função de confiança no âmbito da Administração Pública.

Art. 61. O Tribunal poderá, por intermédio do Ministério Público, solicitar à Advocacia-Geral da União ou, conforme o caso, aos dirigentes das entidades que lhe sejam jurisdicionadas, as medidas necessárias ao arresto dos bens dos responsáveis julgados em débito, devendo ser ouvido quanto à liberação dos bens arrestados e sua restituição.

Título III
ORGANIZAÇÃO DO TRIBUNAL

Capítulo I
SEDE E COMPOSIÇÃO

Art. 62. O Tribunal de Contas da União tem sede no Distrito Federal e compõe-se de nove ministros.

Art. 63. Os ministros, em suas ausências e impedimentos por motivo de licença, férias ou outro afastamento legal, serão substituídos, mediante convocação do Presidente do Tribunal, pelos auditores, observada a ordem de antiguidade no cargo, ou a maior idade, no caso de idêntica antiguidade.

§ 1.º Os auditores serão também convocados para substituir ministros, para efeito de *quorum*, sempre que os titulares comunicarem, ao Presidente do Tribunal ou da Câmara respectiva, a impossibilidade de comparecimento à sessão.

§ 2.º Em caso de vacância de cargo de ministro, o Presidente do Tribunal convocará auditor para exercer as funções inerentes ao cargo vago, até novo provimento, observado o critério estabelecido no *caput* deste artigo.

Art. 64. Funciona junto ao Tribunal de Contas da União o Ministério Público, na forma estabelecida nos arts. 80 a 84 desta Lei.

Art. 65. O Tribunal de Contas da União disporá de Secretaria para atender às atividades de apoio técnico e administrativo necessárias ao exercício de sua competência.

CAPÍTULO II
PLENÁRIO E CÂMARAS

Art. 66. O Plenário do Tribunal de Contas da União, dirigido por seu Presidente, terá a competência e o funcionamento regulados nesta Lei e no seu Regimento Interno.

Art. 67. O Tribunal de Contas da União poderá dividir-se em Câmaras, mediante deliberação da maioria absoluta de seus ministros titulares.

§ 1.º Não será objeto de deliberação das Câmaras matéria da competência privativa do Plenário, a ser definida no Regimento Interno.

§ 2.º A competência, o número, a composição, a presidência e o funcionamento das Câmaras serão regulados no Regimento Interno.

Art. 68. O Tribunal fixará, no Regimento Interno, os períodos de funcionamento das sessões do Plenário e das Câmaras e o recesso que entender conveniente, sem ocasionar a interrupção de seus trabalhos.

CAPÍTULO III
PRESIDENTE E VICE-PRESIDENTE

Art. 69. Os ministros elegerão o Presidente e o Vice-Presidente do Tribunal para mandato correspondente a um ano civil, permitida a reeleição apenas por um período de igual duração.

§ 1.º A eleição realizar-se-á em escrutínio secreto, na última sessão ordinária do mês de dezembro, ou, em caso de vaga eventual, na primeira sessão ordinária após sua ocorrência, exigida a presença de, pelo menos, cinco ministros titulares, inclusive o que presidir o ato.

§ 2.º O Vice-Presidente substituirá o Presidente em suas ausências ou impedimentos e exercerá as funções de Corregedor, cujas atribuições serão as estabelecidas no Regimento Interno.

§ 3.º Na ausência ou impedimento do Vice-Presidente, o Presidente será substituído pelo ministro mais antigo em exercício no cargo.

§ 4.º O eleito para a vaga que ocorrer antes do término do mandato exercerá o cargo no período restante.

§ 5.º Não se procederá a nova eleição se a vaga ocorrer dentro dos sessenta dias anteriores ao término do mandato.

§ 6.º A eleição do Presidente precederá à do Vice-Presidente.

§ 7.º Considerar-se-á eleito o ministro que obtiver a maioria dos votos. Não alcançada esta, proceder-se-á a novo escrutínio entre os dois mais votados, decidindo-se afinal, entre esses, pela antiguidade no cargo de ministro do Tribunal, caso nenhum consiga a maioria dos votos.

§ 8.º Somente os ministros titulares, ainda que em gozo de licença, férias, ou ausentes com causa justificada, poderão tomar parte nas eleições, na forma estabelecida no Regimento Interno.

Art. 70. Compete ao Presidente, dentre outras atribuições estabelecidas no Regimento Interno:

I – dirigir o Tribunal;

II – dar posse aos ministros, auditores, membros do Ministério Público junto ao Tribunal e dirigentes das unidades da Secretaria, na forma estabelecida no Regimento Interno;

III – expedir atos de nomeação, admissão, exoneração, remoção, dispensa, aposentadoria e outros atos relativos aos servidores do Quadro de Pessoal da Secretaria, os quais serão publicados no *Diário Oficial da União* e no Boletim do Tribunal;

IV – diretamente ou por delegação, movimentar as dotações e os créditos orçamentários próprios e praticar os atos de administração financeira, orçamentária e patrimonial necessários ao funcionamento do Tribunal.

CAPÍTULO IV
MINISTROS

Art. 71. Os ministros do Tribunal de Contas da União serão nomeados dentre brasileiros que satisfaçam os seguintes requisitos:

I – ter mais de trinta e cinco e menos de sessenta e cinco anos de idade;

II – idoneidade moral e reputação ilibada;

III – notórios conhecimentos jurídicos, contábeis, econômicos e financeiros ou de administração pública;

IV – contar mais de dez anos de exercício de função ou de efetiva atividade profissional que exija os conhecimentos mencionados no inciso anterior.

Art. 72. Os ministros do Tribunal de Contas da União serão escolhidos:

I – um terço pelo Presidente da República, com aprovação do Senado Federal, sendo dois alternadamente dentre auditores e membros do Ministério Público junto ao Tribunal, indicados em lista tríplice pelo Plenário, segundo os critérios de antiguidade e merecimento;

II – dois terços pelo Congresso Nacional.

Art. 73. Os ministros do Tribunal de Contas da União terão as mesmas garantias, prerrogativas, impedimentos, vencimentos e vantagens dos ministros do Superior Tribunal de Justiça e somente poderão aposentar-se com as vantagens do cargo quando o tiverem exercido efetivamente por mais de cinco anos.

Parágrafo único. Os ministros do Tribunal gozarão das seguintes garantias e prerrogativas:

I – vitaliciedade, não podendo perder o cargo senão por sentença judicial transitada em julgado;

II – inamovibilidade;

III – irredutibilidade de vencimentos, observado, quanto à remuneração, o disposto nos arts. 37, XI, 150, II, 153, III e 153, § 2.º, I, da Constituição Federal;

IV – aposentadoria, com proventos integrais, compulsoriamente aos setenta anos de idade ou por invalidez comprovada, e facultativa após trinta anos de serviço, contados na forma da lei, observada a ressalva prevista no *caput*, *in fine*, deste artigo.

Art. 74. É vedado ao ministro do Tribunal de Contas da União:

I – exercer, ainda que em disponibilidade, outro cargo ou função, salvo uma de magistério;

II – exercer cargo técnico ou de direção de sociedade civil, associação ou fundação, de qualquer natureza ou finalidade, salvo de associação de classe, sem remuneração;

III – exercer comissão remunerada ou não, inclusive em órgãos de controle da administração direta ou indireta, ou em concessionárias de serviço público;

IV – exercer profissão liberal, emprego particular, comércio, ou participar de sociedade comercial, exceto como acionista ou cotista sem ingerência;

V – celebrar contrato com pessoa jurídica de direito público, empresa pública, sociedade de economia mista, fundação, sociedade instituída e mantida pelo poder público ou empresa concessionária de serviço público, salvo quando o contrato obedecer a normas uniformes para todo e qualquer contratante;

VI – dedicar-se à atividade político-partidária.

Art. 75. (*Vetado.*)

Parágrafo único. (*Vetado.*)

Art. 76. Não podem ocupar, simultaneamente, cargos de ministro parentes consanguíneos ou afins, na linha reta ou na colateral, até o segundo grau.

Parágrafo único. A incompatibilidade decorrente da restrição imposta no *caput* deste artigo resolve-se:

I – antes da posse, contra o último nomeado ou contra o mais moço, se nomeados na mesma data;

II – depois da posse, contra o que lhe deu causa;

III – se a ambos imputável, contra o que tiver menos tempo de exercício no Tribunal.

Capítulo V
AUDITORES

Art. 77. Os auditores, em número de três, serão nomeados pelo Presidente da República, dentre os cidadãos que satisfaçam os requisitos exigidos para o cargo de ministro do Tribunal de Contas da União, mediante concurso público de provas e títulos, observada a ordem de classificação.

Parágrafo único. A comprovação do efetivo exercício por mais de dez anos de cargo da carreira de Controle Externo do Quadro de Pessoal da Secretaria do Tribunal constitui título computável para efeito do concurso a que se refere o *caput* deste artigo.

Art. 78. (*Vetado.*)

Parágrafo único. O auditor, quando não convocado para substituir ministro, presidirá à instrução dos processos que lhe forem distribuídos, relatando-os com proposta de decisão a ser votada pelos integrantes do Plenário ou da Câmara para a qual estiver designado.

Art. 79. O auditor, depois de empossado, só perderá o cargo por sentença judicial transitada em julgado.

Parágrafo único. Aplicam-se ao auditor as vedações e restrições previstas nos arts. 74 e 76 desta Lei.

Capítulo VI
MINISTÉRIO PÚBLICO JUNTO AO TRIBUNAL

Art. 80. O Ministério Público junto ao Tribunal de Contas da União, ao qual se aplicam os princípios institucionais da unidade, da indivisibilidade e da independência funcional, compõe-se de um procurador-geral, três subprocuradores-gerais e quatro procuradores, nomeados pelo Presidente da República, dentre brasileiros, bacharéis em direito.

§ 1.º (*Vetado.*)

§ 2.º A carreira do Ministério Público junto ao Tribunal de Contas da União é constituída pelos cargos de subprocurador-geral e procurador, este inicial e aquele representando o último nível da carreira, não excedendo a dez por cento a diferença de vencimentos de uma classe para outra, respeitada igual diferença entre os cargos de subprocurador-geral e procurador-geral.

§ 3.º O ingresso na carreira far-se-á no cargo de procurador, mediante concurso público de provas e títulos, assegurada a participação da Ordem dos Advogados do Brasil em sua realização e observada, nas nomeações, a ordem de classificação, enquanto a promoção ao cargo de subprocurador-geral far-se-á, alternadamente, por antiguidade e merecimento.

Art. 81. Competem ao procurador-geral junto ao Tribunal de Contas da União, em sua missão de guarda da lei e fiscal de sua execução, além de outras estabelecidas no Regimento Interno, as seguintes atribuições:

I – promover a defesa da ordem jurídica, requerendo, perante o Tribunal de Contas da União as medidas de interesse da justiça, da administração e do Erário;

II – comparecer às sessões do Tribunal e dizer de direito, verbalmente ou por escrito, em todos os assuntos sujeitos à decisão do Tribunal, sendo obrigatória sua audiência nos processos de tomada ou prestação de contas e nos concernentes aos atos de admissão de pessoal e de concessão de aposentadorias, reformas e pensões;

III – promover junto à Advocacia-Geral da União ou, conforme o caso, perante os dirigentes das entidades jurisdicionadas do Tribunal de Contas da União, as medidas previstas no inciso II do art. 28 e no art. 61 desta Lei, remetendo-lhes a documentação e instruções necessárias;

IV – interpor os recursos permitidos em lei.

Art. 82. Aos subprocuradores-gerais e procuradores compete, por delegação do procurador-geral, exercer as funções previstas no artigo anterior.

Parágrafo único. Em caso de vacância e em suas ausências e impedimentos por motivo de licença, férias ou outro afastamento legal, o procurador-geral será substituído pelos subprocuradores-gerais e, na ausência destes, pelos procuradores, observada, em ambos os casos, a ordem de antiguidade no cargo, ou a maior idade, no caso de idêntica antiguidade, fazendo jus, nessas substituições, aos vencimentos do cargo exercido.

Art. 83. O Ministério Público contará com o apoio administrativo e de pessoal da secretaria do Tribunal, conforme organização estabelecida no Regimento Interno.

Art. 84. Aos membros do Ministério Público junto ao Tribunal de Contas da União aplicam-se, subsidiariamente, no que couber, as disposições da Lei Orgânica do Ministério Público da União, pertinentes a direitos, garantias, prerrogativas, vedações, regime disciplinar e forma de investidura no cargo inicial da carreira.

Capítulo VII
SECRETARIA DO TRIBUNAL

Seção I
Objetivo e Estrutura

Art. 85. À Secretaria incumbe a prestação de apoio técnico e a execução dos serviços administrativos do Tribunal de Contas da União.

§ 1.º A organização, atribuições e normas de funcionamento da Secretaria são as estabelecidas no Regimento Interno.

§ 2.º O Tribunal poderá manter unidades integrantes de sua Secretaria nos estados federados.

Art. 86. São obrigações do servidor que exerce funções específicas de controle externo no Tribunal de Contas da União:

I – manter, no desempenho de suas tarefas, atitude de independência, serenidade e imparcialidade;

II – representar à chefia imediata contra os responsáveis pelos órgãos e entidades sob sua fiscalização, em casos de falhas e/ou irregularidades;

III – propor a aplicação de multas, nos casos previstos no Regimento Interno;

IV – guardar sigilo sobre dados e informações obtidos em decorrência do exercício de suas funções e pertinentes aos assuntos sob sua fiscalização, utilizando-os, exclusivamente, para a elaboração de pareceres e relatórios destinados à chefia imediata.

Art. 87. Ao servidor a que se refere o artigo anterior, quando credenciado pelo Presidente do Tribunal ou, por delegação deste, pelos dirigentes das unidades técnicas da Secretaria do Tribunal, para desempenhar funções de auditoria, de inspeções e diligências expressamente determinadas pelo Tribunal ou por sua Presidência, são asseguradas as seguintes prerrogativas:

I – livre ingresso em órgãos e entidades sujeitos à jurisdição do Tribunal de Contas da União;

II – acesso a todos os documentos e informações necessários à realização de seu trabalho;

III – competência para requerer, nos termos do Regimento Interno, aos responsáveis pelos órgãos e entidades objeto de inspeções, auditorias e diligências, as informações e documentos necessários para instrução de processos e relatórios de cujo exame esteja expressamente encarregado por sua chefia imediata.

Art. 88. Fica criado, na Secretaria, diretamente subordinado à Presidência, um instituto que terá a seu cargo:

I – a realização periódica de concursos públicos de provas ou de provas e títulos, para seleção dos candidatos a matrícula nos cursos de formação requeridos para ingresso nas carreiras do Quadro de Pessoal do Tribunal;

II – a organização e a administração de cursos de níveis superior e médio, para formação e aprovação final dos candidatos selecionados nos concursos referidos no inciso anterior;

III – a organização e a administração de cursos de treinamento e de aperfeiçoamento para os servidores do Quadro de Pessoal;

IV – a promoção e a organização de simpósios, seminários, trabalhos e pesquisas sobre questões relacionadas com as técnicas de controle da administração pública;

V – a organização e administração de biblioteca e de centro de documentação, nacional e internacional, sobre doutrina, técnicas e legislação pertinentes ao controle e questões correlatas.

Parágrafo único. O Tribunal regulamentará em resolução a organização, as atribuições e as normas de funcionamento do instituto referido neste artigo.

Seção II
Orçamentos

Art. 89. (*Vetado.*)

§§ 1.º a 3.º (*Vetados.*)

Título IV
DISPOSIÇÕES GERAIS E TRANSITÓRIAS

Art. 90. A fiscalização contábil, financeira, orçamentária, operacional e patrimonial do Tribunal de Contas da União será exercida pelo Congresso Nacional, na forma definida no seu Regimento Comum.

§ 1.º O Tribunal encaminhará ao Congresso Nacional, trimestral e anualmente, relatório de suas atividades.

§ 2.º No relatório anual, o Tribunal apresentará análise da evolução dos custos de controle e de sua eficiência, eficácia e economicidade.

Art. 91. Para a finalidade prevista no art. 1.º, I, *g* e no art. 3.º, ambos da Lei Complementar n. 64, de 18 de maio de 1990, o Tribunal enviará ao Ministério Público Eleitoral, em tempo hábil, o nome dos responsáveis cujas contas houverem sido julgadas irregulares nos cinco anos imediatamente anteriores à realização de cada eleição.

Art. 92. Os atos relativos a despesa de natureza reservada serão, com esse caráter, examinados pelo Tribunal, que poderá, à vista das demonstrações recebidas, ordenar a verificação *in loco* dos correspondentes comprobatórios, na forma estabelecida no Regimento Interno.

Art. 93. A título de racionalização administrativa e economia processual, e com o objetivo de evitar que o custo da cobrança seja superior ao valor do ressarcimento, o Tribunal poderá determinar, desde logo, o arquivamento do processo, sem cancelamento do débito, a cujo pagamento continuará obrigado o devedor, para que lhe possa ser dada quitação.

Art. 94. É vedado a ministro, auditor e membro do Ministério Público junto ao Tribunal intervir em processo de interesse próprio, de cônjuge ou de parente consanguíneo ou afim, na linha reta ou na colateral, até o segundo grau.

Art. 95. Os ministros, auditores e membros do Ministério Público junto ao Tribunal têm prazo de trinta dias, a partir da publicação do ato de nomeação no *Diário Oficial da União*, prorrogável por mais sessenta dias, no máximo, mediante solicitação escrita, para posse e exercício no cargo.

Art. 96. As atas das sessões do Tribunal serão publicadas, na íntegra, sem ônus, no *Diário Oficial da União*.

Art. 97. As publicações editadas pelo Tribunal são as definidas no Regimento Interno.

Art. 98. O Boletim do Tribunal de Contas da União é considerado órgão oficial.

Art. 99. O Regimento Interno do Tribunal somente poderá ser aprovado e alterado pela maioria absoluta de seus ministros titulares.

Art. 100. O Tribunal de Contas da União poderá firmar acordo de cooperação com os Tribunais de Contas dos Estados, do Distrito Federal, dos Municípios, ou dos Conselhos ou Tribunais de Contas dos Municípios, na forma estabelecida pelo Regimento Interno.

Art. 101. O Tribunal de Contas da União, para o exercício de sua competência institucional, poderá requisitar aos órgãos e entidades federais, sem quaisquer ônus, a prestação de serviços técnicos especializados, a serem executados em prazo previamente estabelecido, sob pena de aplicação da sanção prevista no art. 58 desta Lei.

Art. 102. Entidade competente do Poder Executivo federal fará publicar no *Diário Oficial da União*, para os fins previstos no inciso VI do art. 1.º desta Lei, a relação das populações:

>> *Caput* com redação determinada pela Lei Complementar n. 143, de 17-7-2013.

I – até 31 de dezembro de cada ano, no caso dos Estados e do Distrito Federal;

>> Inciso I acrescentado pela Lei Complementar n. 143, de 17-7-2013.

II – até 31 de agosto de cada ano, no caso dos Municípios.

>> Inciso II acrescentado pela Lei Complementar n. 143, de 17-7-2013.

§§ 1.º e 2.º (*Revogados pela Lei Complementar n. 143, de 17-7-2013.*)

§ 3.º Far-se-á nova comunicação sempre que houver, transcorrido o prazo fixado nos incisos I e II do *caput*, a criação de novo Estado ou Município a ser implantado no exercício subsequente.

>> § 3.º acrescentado pela Lei Complementar n. 143, de 17-7-2013.

Art. 103. O Tribunal de Contas da União prestará auxílio à comissão mista do Congresso Nacional incumbida do exame do endividamento externo brasileiro, nos termos do art. 26 do Ato das Disposições Constitucionais Transitórias.

Art. 104. Os ordenadores de despesas dos órgãos da administração direta, bem assim os dirigentes das entidades da administração indireta e fundações e quaisquer servidores responsáveis por atos de que resulte despesa pública, remeterão ao Tribunal de Contas da União, por solicitação do Plenário ou de suas Câmaras, cópia das suas declarações de rendimentos e de bens.

§ 1.º O descumprimento da obrigação estabelecida neste artigo ensejará a aplicação da multa estabelecida no art. 58 desta Lei, pelo Tribunal, que manterá em sigilo o conteúdo das declarações apresentadas e poderá solicitar os esclarecimentos que entender convenientes sobre a variação patrimonial dos declarantes.

§ 2.º O sigilo assegurado no parágrafo anterior poderá ser quebrado por decisão do Plenário, em processo no qual fique comprovado enriquecimento ilícito por exercício irregular da função pública.

§ 3.º A quebra de sigilo sem autorização do Plenário constitui infração funcional punível na forma do art. 132, IX, da Lei n. 8.112, de 11 de dezembro de 1990.

§ 4.º O disposto neste artigo aplica-se à autoridade a que se refere o art. 52 desta Lei.

Art. 105. O processo de escolha de ministro do Tribunal de Contas da União, em caso de vaga ocorrida ou que venha a ocorrer após a promulgação da Constituição de 1988, obedecerá ao seguinte critério:

I – na primeira, quarta e sétima vagas, a escolha caberá ao Presidente da República, devendo recair as duas últimas, respectivamente, em auditor e membro do Ministério Público junto ao Tribunal;

II – na segunda, terceira, quinta, sexta, oitava e nona vagas, a escolha será da competência do Congresso Nacional;

III – a partir da décima vaga, reinicia-se o processo previsto nos incisos anteriores, observada a alternância quanto à escolha de auditor e membro do Ministério Público junto ao Tribunal, nos termos do inciso I do § 2.º do art. 73 da Constituição Federal.

>> O STF, em 27-8-2014, julgou parcialmente procedente a ADI n. 2.117, para declarar a inconstitucionalidade deste inciso III.

Art. 106. Aos ministros do Tribunal de Contas da União que, na data da promulgação da Constituição Federal de 1988, preenchiam os requisitos necessários à aposentadoria com as vantagens do cargo, não se aplica a ressalva prevista no art. 73, *caput*, *in fine*, desta Lei.

Art. 107. A distribuição dos processos observará os princípios da publicidade, da alternatividade e do sorteio.

Art. 108. Serão públicas as sessões ordinárias do Tribunal de Contas da União.

§ 1.º O Tribunal poderá realizar sessões extraordinárias de caráter reservado, para tratar de assuntos de natureza administrativa interna ou quando a preservação de direitos individuais e o interesse público o exigirem.

§ 2.º Na hipótese do parágrafo anterior, os atos processuais terão o concurso das partes envolvidas, se assim desejarem seus advogados, podendo consultar os autos e pedir cópia de peças e certidões dos mesmos.

§ 3.º Nenhuma sessão extraordinária de caráter reservado poderá ser realizada sem a presença obrigatória de representante do Ministério Público.

Art. 109. O Tribunal de Contas da União ajustará o exame dos processos em curso às disposições desta Lei.

Art. 110. No prazo de noventa dias a contar da entrada em vigor desta Lei, o Tribunal encaminhará ao Congresso Nacional projeto de lei dispondo sobre o quadro próprio de pessoal de sua secretaria, com observância dos princípios constitucionais pertinentes e, especialmente, das seguintes diretrizes:

I – regime jurídico único;

II – previsão das respectivas estrutura orgânica e atribuições;

III – condicionamento, como indispensável a investidura em cargo ou emprego, à prévia aprovação em concurso público de provas ou de provas e títulos, bem como em cursos organizados na forma preconizada no inciso II do art. 88 desta Lei;

IV – provimento dos cargos em comissão e funções de confiança por servidores do quadro de pessoal, exceto quanto aos Gabinetes de Ministro, do Procurador-Geral e de Auditor em relação a um Oficial de Gabinete e a um Assistente, que serão de livre escolha da autoridade, obedecidos os requisitos legais e regimentais;

>> Inciso IV com redação determinada pela Lei n. 9.165, de 19-12-1995.

V – competência do Tribunal para, em relação aos cargos em comissão e funções de confiança:

a) estabelecer-lhes o escalonamento, segundo a legislação pertinente;

b) transformá-los e reclassificá-los em consonância com os parâmetros previstos na Lei de Diretrizes Orçamentárias;

VI – fixação da respectiva remuneração, observados os limites orçamentários fixados, os níveis de remuneração adotados para os servidores do Poder Legislativo e, no que couber, os princípios reguladores do Sistema de Pessoal da União.

Parágrafo único. É vedada a nomeação em comissão, e a designação, para funções de confiança, de cônjuge, companheiro ou parentes, consanguíneos ou afins, em linha reta ou colateral, até o terceiro grau, de ministro, auditor ou membro do Ministério Público junto ao Tribunal, em atividade ou aposentados há menos de cinco anos, exceto se admitidos no quadro próprio de pessoal mediante concurso público.

>> Parágrafo único acrescentado pela Lei n. 9.165, de 19-12-1995.

Art. 111. Os atuais cargos de subprocurador-geral junto ao Tribunal de Contas da União integrarão quadro em extinção, assegurados os direitos e observadas as vedações aplicáveis a seus titulares.

Art. 112. Esta Lei entra em vigor na data de sua publicação.

Art. 113. Revogam-se as disposições em contrário, em especial o Decreto-lei n. 199, de 25 de fevereiro de 1967.

Brasília, 16 de julho de 1992; 171.º da Independência e 104.º da República.

FERNANDO COLLOR

CONVENÇÃO AMERICANA SOBRE DIREITOS HUMANOS (*)

PACTO DE SÃO JOSÉ DA COSTA RICA

PARTE I
DEVERES DOS ESTADOS E DIREITOS PROTEGIDOS

CAPÍTULO I
ENUMERAÇÃO DE DEVERES

Artigo 1.º

Obrigação de Respeitar os Direitos

1. Os Estados-Partes nesta Convenção comprometem-se a respeitar os direitos e liberdades nela reconhecidos e a garantir seu livre e pleno exercício a toda pessoa que esteja sujeita à sua jurisdição, sem discriminação alguma por motivo de raça, cor, sexo, idioma, religião, opiniões políticas ou de qualquer outra natureza, origem nacional ou social, posição econômica, nascimento ou qualquer outra condição social.

2. Para os efeitos desta Convenção, pessoa é todo ser humano.

>> *Vide* arts. 3.º a 5.º da CF.

> *Vide* Lei n. 7.716, de 5-1-1989 (crimes resultantes de preconceito de raça ou de cor).

> O Decreto n. 3.956, de 8-10-2001, promulga a Convenção Interamericana para Eliminação de todas as Formas de Discriminação contra Pessoas Portadoras de Deficiência.

> O Decreto n. 4.377, de 13-9-2002, promulga a Convenção sobre Eliminação de todas as Formas de Discriminação contra a Mulher.

> *Vide* Lei n. 12.288, de 20-7-2010 (Estatuto da Igualdade Racial).

Artigo 2.º

Dever de Adotar Disposições de Direito Interno

Se o exercício dos direitos e liberdades mencionados no art. 1.º ainda não estiver garantido por disposições legislativas ou de outra natureza, os Estados-Partes comprometem-se a adotar, de acordo com as suas normas constitucionais e com as disposições desta Convenção, as medidas legislativas ou de outra natureza que forem necessárias para tornar efetivos tais direitos e liberdades.

CAPÍTULO II
DIREITOS CIVIS E POLÍTICOS

Artigo 3.º

Direito ao Reconhecimento da Personalidade Jurídica

Toda pessoa tem direito ao reconhecimento de sua personalidade jurídica.

>> O Provimento n. 73, de 28-6-2018, do CNJ, dispõe sobre a averbação da alteração do prenome e do gênero nos assentos de nascimento e casamento de pessoa transgênero no Registro Civil das Pessoas Naturais (RCPN).

Artigo 4.º

Direito à Vida

1. Toda pessoa tem o direito de que se respeite sua vida. Esse direito deve ser protegido pela lei e, em geral, desde o momento da concepção. Ninguém pode ser privado da vida arbitrariamente.

2. Nos países que não houverem abolido a pena de morte, esta só poderá ser imposta pelos delitos mais graves, em cumprimento de sentença final de tribunal competente e em conformidade com lei que estabeleça tal pena, promulgada antes de haver o delito sido cometido. Tampouco se estenderá sua aplicação a delitos aos quais não se aplique atualmente.

3. Não se pode restabelecer a pena de morte nos Estados que a hajam abolido.

4. Em nenhum caso pode a pena de morte ser aplicada por delitos políticos, nem por delitos comuns conexos com delitos políticos.

5. Não se deve impor a pena de morte a pessoa que, no momento da perpetração do delito, for menor de dezoito anos, ou maior de setenta, nem aplicá-la a mulher em estado de gravidez.

6. Toda pessoa condenada à morte tem direito a solicitar anistia, indulto ou comutação da pena, os quais podem ser concedidos em todos os casos. Não se pode executar a pena de morte enquanto o pedido estiver pendente de decisão ante a autoridade competente.

(*) Aprovada pelo Decreto n. 678, de 6-11-1992 (*DOU*, de 9-11-1992).

Artigo 5.º

Direito à Integridade Pessoal

1. Toda pessoa tem o direito de que se respeite sua integridade física, psíquica e moral.

2. Ninguém deve ser submetido a torturas, nem a penas ou tratos cruéis, desumanos ou degradantes. Toda pessoa privada da liberdade deve ser tratada com o respeito devido à dignidade inerente ao ser humano.

>> *Vide* Decreto n. 8.858, de 26-9-2016 (uso de algemas).

3. A pena não pode passar da pessoa do delinquente.

4. Os processados devem ficar separados dos condenados, salvo em circunstâncias excepcionais, e ser submetidos a tratamento adequado à sua condição de pessoas não condenadas.

5. Os menores, quando puderem ser processados, devem ser separados dos adultos e conduzidos a tribunal especializado, com a maior rapidez possível, para seu tratamento.

6. As penas privativas da liberdade devem ter por finalidade essencial a reforma e a readaptação social dos condenados.

Artigo 6.º

Proibição da Escravidão e da Servidão

> O Decreto n. 5.017, de 12-3-2004, promulga o Protocolo Adicional à Convenção das Nações Unidas contra o Crime Organizado Transnacional Relativo à Prevenção, Repressão e Punição do Tráfico de Pessoas, em Especial Mulheres e Crianças.

> *Vide* arts. 149, 149-A, 203, 206 e 207 do CP.

1. Ninguém pode ser submetido a escravidão ou a servidão, e tanto estas como o tráfico de escravos e o tráfico de mulheres são proibidos em todas as formas.

2. Ninguém deve ser constrangido a executar trabalho forçado ou obrigatório. Nos países em que se prescreve, para certos delitos, pena privativa da liberdade acompanhada de trabalhos forçados, esta disposição não pode ser interpretada no sentido de que proíbe o cumprimento da dita pena, imposta por juiz ou tribunal competente. O trabalho forçado não deve afetar a dignidade nem a capacidade física e intelectual do recluso.

3. Não constituem trabalhos forçados ou obrigatórios para os efeitos deste artigo:

a) os trabalhos ou serviços normalmente exigidos de pessoa reclusa em cumprimento de sentença ou resolução formal expedida pela autoridade judiciária competente. Tais trabalhos ou serviços devem ser executados sob a vigilância e controle das autoridades públicas, e os indivíduos que os executarem não devem ser postos à disposição de particulares, companhias ou pessoas jurídicas de caráter privado;

b) o serviço militar e, nos países onde se admite a isenção por motivos de consciência, o serviço nacional que a lei estabelecer em lugar daquele;

c) o serviço imposto em casos de perigo ou calamidade que ameace a existência ou o bem-estar da comunidade; e

d) o trabalho ou serviço que faça parte das obrigações cívicas normais.

Artigo 7.º

Direito à Liberdade Pessoal

1. Toda pessoa tem direito à liberdade e à segurança pessoais.

>> O Provimento n. 73, de 28-6-2018, do CNJ, dispõe sobre a averbação da alteração do prenome e do gênero nos assentos de nascimento e casamento de pessoa transgênero no Registro Civil das Pessoas Naturais (RCPN).

2. Ninguém pode ser privado de sua liberdade física, salvo pelas causas e nas condições previamente fixadas pelas constituições políticas dos Estados-Partes ou pelas leis de acordo com elas promulgadas.

3. Ninguém pode ser submetido a detenção ou encarceramento arbitrários.

4. Toda pessoa detida ou retida deve ser informada das razões da sua detenção e notificada, sem demora, da acusação ou acusações formuladas contra ela.

5. Toda pessoa detida ou retida deve ser conduzida, sem demora, à presença de um juiz ou outra autoridade autorizada pela lei a exercer funções judiciais e tem direito a ser julgada dentro de um prazo razoável ou a ser posta em liberdade, sem prejuízo de que prossiga o processo. Sua liberdade pode ser condicionada a garantias que assegurem o seu comparecimento em juízo.

> A Resolução n. 213, de 15-12-2015, do CNJ, dispõe sobre a apresentação de toda pessoa presa à autoridade judicial no prazo de 24 horas.

6. Toda pessoa privada da liberdade tem direito a recorrer a um juiz ou tribunal competente, a fim de que este decida, sem demora, sobre a legalidade de sua prisão ou detenção e ordene sua soltura se a prisão ou a detenção forem ilegais. Nos Estados-Partes cujas leis preveem que toda pessoa que se vir ameaçada de ser privada de sua liberdade tem direito a recorrer a um juiz ou tribunal competente a fim de que este decida sobre a legalidade de tal ameaça, tal recurso não pode ser restringido nem abolido. O recurso pode ser interposto pela própria pessoa ou por outra pessoa.

7. Ninguém deve ser detido por dívida. Este princípio não limita os mandados de autoridade judiciária competente expedidos em virtude de inadimplemento de obrigação alimentar.

>> *Vide* art. 5.º, LXVII, da CF.

> *Vide* Súmula 419 do STJ e Súmula Vinculante 25 do STF, que estabelecem ser descabida a prisão civil de depositário judicial infiel.

Artigo 8.º

Garantias Judiciais

>> *Vide* art. 5.º, LIII a LXIX, da CF.

1. Toda pessoa tem direito a ser ouvida, com as devidas garantias e dentro de um prazo razoável, por um juiz ou tribunal competente, independente e imparcial, estabelecido anteriormente por lei, na apuração de qualquer acusação penal formulada contra ela, ou para que se determinem seus direitos ou obrigações de natureza civil, trabalhista, fiscal ou de qualquer outra natureza.

2. Toda pessoa acusada de delito tem direito a que se presuma sua inocência enquanto não se comprove legalmente sua culpa. Durante o processo, toda pessoa tem direito, em plena igualdade, às seguintes garantias mínimas:

a) direito do acusado de ser assistido gratuitamente por tradutor ou intérprete, se não compreender ou não falar o idioma do juízo ou tribunal;

b) comunicação prévia e pormenorizada ao acusado da acusação formulada;

c) concessão ao acusado do tempo e dos meios adequados para a preparação de sua defesa;

d) direito do acusado de defender-se pessoalmente ou de ser assistido por um defensor de sua escolha e de comunicar-se, livremente e em particular, com seu defensor;

e) direito irrenunciável de ser assistido por um defensor proporcionado pelo Estado, remunerado ou não, segundo a legislação interna, se o acusado não se defender ele próprio nem nomear defensor dentro do prazo estabelecido pela lei;

f) direito da defesa de inquirir as testemunhas presentes no tribunal e de obter o comparecimento, como testemunhas ou peritos, de outras pessoas que possam lançar luz sobre os fatos;

g) direito de não ser obrigado a depor contra si mesma, nem a declarar-se culpada; e

h) direito de recorrer da sentença para juiz ou tribunal superior.

3. A confissão do acusado só é válida se feita sem coação de nenhuma natureza.

4. O acusado absolvido por sentença passada em julgado não poderá ser submetido a novo processo pelos mesmos fatos.

5. O processo penal deve ser público, salvo no que for necessário para preservar os interesses da justiça.

Artigo 9.º

Princípios da Legalidade e da Retroatividade

>> *Vide* art. 5.º, XXXIX e XL, da CF.

Ninguém pode ser condenado por ações ou omissões que, no momento em que forem cometidas, não sejam delituosas, de acordo com o direito aplicável. Tampouco se pode impor pena mais grave que a aplicável no momento da perpetração do delito. Se depois da perpetração do delito a lei dispuser a imposição de pena mais leve, o delinquente será por isso beneficiado.

Artigo 10

Direito a Indenização

Toda pessoa tem direito de ser indenizada conforme a lei, no caso de haver sido condenada em sentença passada em julgado, por erro judiciário.

Artigo 11

Proteção da Honra e da Dignidade

>> *Vide* art. 5.º, X, da CF.

1. Toda pessoa tem direito ao respeito de sua honra e ao reconhecimento de sua dignidade.

2. Ninguém pode ser objeto de ingerências arbitrárias ou abusivas em sua vida privada, na de sua família, em seu domicílio ou em sua correspondência, nem de ofensas ilegais à sua honra ou reputação.

>> O Provimento n. 73, de 28-6-2018, do CNJ, dispõe sobre a averbação da alteração do prenome e do gênero nos assentos de nascimento e casamento de pessoa transgênero no Registro Civil das Pessoas Naturais (RCPN).

3. Toda pessoa tem direito à proteção da lei contra tais ingerências ou tais ofensas.

Artigo 12

Liberdade de Consciência e de Religião

>> *Vide* art. 5.º, VI a VIII, da CF.

1. Toda pessoa tem direito à liberdade de consciência e de religião. Esse direito implica a liberdade de conservar sua religião ou suas crenças, ou de mudar de religião ou de crenças, bem como a liberdade de professar e divulgar sua religião ou suas crenças, individual ou coletivamente, tanto em público como em privado.

2. Ninguém pode ser objeto de medidas restritivas que possam limitar sua liberdade de conservar sua religião ou suas crenças, ou de mudar de religião ou de crenças.

3. A liberdade de manifestar a própria religião e as próprias crenças está sujeita unicamente às limitações prescritas pela lei e que sejam necessárias para proteger a segurança, a ordem, a saúde ou a moral públicas ou os direitos ou liberdades das demais pessoas.

4. Os pais, e quando for o caso os tutores, têm direito a que seus filhos ou pupilos recebam a educação religiosa e moral que esteja acorde com suas próprias convicções.

Artigo 13

Liberdade de Pensamento e de Expressão

>> *Vide* art. 5.º, IX, da CF.

1. Toda pessoa tem direito à liberdade de pensamento e de expressão. Esse direito compreende a liberdade de buscar, receber e difundir informações e ideias de toda natureza, sem consideração de fronteiras, verbalmente ou por escrito, ou em forma impressa ou artística, ou por qualquer outro processo de sua escolha.

2. O exercício do direito previsto no inciso precedente não pode estar sujeito a censura prévia, mas a responsabilidades ulteriores, que devem ser expressamente fixadas pela lei a ser necessárias para assegurar:

a) o respeito aos direitos ou à reputação das demais pessoas; ou

b) a proteção da segurança nacional, da ordem pública, ou da saúde ou da moral públicas.

3. Não se pode restringir o direito de expressão por vias ou meios indiretos, tais como o abuso de controles oficiais ou particulares de papel de imprensa, de frequências radioelétricas ou de equipamentos e aparelhos usados na difusão de informação, nem por quaisquer outros meios destinados a obstar a comunicação e a circulação de ideias e opiniões.

4. A lei pode submeter os espetáculos públicos a censura prévia, com o objetivo exclusivo de regular o acesso a eles, para proteção moral da infância e da adolescência, sem prejuízo do disposto no inciso 2.

5. A lei deve proibir toda propaganda a favor da guerra, bem como toda apologia ao ódio nacional, racial ou religioso que constitua incitação à discriminação, à hostilidade, ao crime ou à violência.

Artigo 14

Direito de Retificação ou Resposta

>> *Vide* art. 5.º, V, da CF.

1. Toda pessoa atingida por informações inexatas ou ofensivas emitidas em seu prejuízo por meios de difusão legalmente regulamentados e que se dirijam ao público em geral, tem direito a fazer, pelo mesmo órgão de difusão, sua retificação ou resposta, nas condições que estabeleça a lei.

2. Em nenhum caso a retificação ou a resposta eximirão das outras responsabilidades legais em que se houver incorrido.

3. Para a efetiva proteção da honra e da reputação, toda publicação ou empresa jornalística, cinematográfica, de rádio ou televisão, deve ter uma pessoa responsável que não seja protegida por imunidades nem goze de foro especial.

Artigo 15

Direito de Reunião

>> *Vide* art. 5.º, XVI, da CF.

É reconhecido o direito de reunião pacífica e sem armas. O exercício de tal direito só pode estar sujeito às restrições previstas pela lei e que sejam necessárias, numa sociedade democrática, no interesse da segurança nacional, da segurança ou da ordem públicas, ou para proteger a saúde ou a moral públicas ou os direitos e liberdades das demais pessoas.

Artigo 16

Liberdade de Associação

>> *Vide* art. 5.º, XVII a XXI, da CF.

1. Todas as pessoas têm o direito de associar-se livremente com fins ideológicos, religiosos, políticos, econômicos, trabalhistas, sociais, culturais, desportivos ou de qualquer outra natureza.

2. O exercício de tal direito só pode estar sujeito às restrições previstas pela lei que sejam necessárias, numa sociedade democrática, no interesse da segurança nacional, da segurança ou da ordem públicas, ou para proteger a saúde ou a moral públicas ou os direitos e liberdades das demais pessoas.

3. O disposto neste artigo não impede a imposição de restrições legais, e mesmo a privação do exercício do direito de associação, aos membros das forças armadas e da polícia.

Artigo 17

Proteção da Família

>> *Vide* art. 226 da CF.

1. A família é o elemento natural e fundamental da sociedade e deve ser protegida pela sociedade e pelo Estado.

2. É reconhecido o direito do homem e da mulher de contraírem casamento e de fundarem uma família, se tiverem a idade e as condições para isso exigidas pelas leis internas, na medida em que não afetem estas o princípio da não discriminação estabelecido nesta Convenção.

3. O casamento não pode ser celebrado sem o livre e pleno consentimento dos contraentes.

4. Os Estados-Partes devem tomar medidas apropriadas no sentido de assegurar a igualdade de direitos e a adequada equivalência de responsabilidades dos cônjuges quanto ao casamento, durante o casamento e em caso de dissolução do mesmo. Em caso de dissolução, serão adotadas disposições que assegurem a proteção necessária aos filhos, com base unicamente no interesse e conveniência dos mesmos.

5. A lei deve reconhecer iguais direitos tanto aos filhos nascidos fora do casamento como aos nascidos dentro do casamento.

Artigo 18

Direito ao Nome

>> *Vide* art. 16 do CC.

Toda pessoa tem direito a um prenome e aos nomes de seus pais ou ao de um destes. A lei deve regular a forma de assegurar a todos esse direito, mediante nomes fictícios, se for necessário.

>> O Provimento n. 73, de 28-6-2018, do CNJ, dispõe sobre a averbação da alteração do prenome e do gênero nos assentos de nascimento e casamento de pessoa transgênero no Registro Civil das Pessoas Naturais (RCPN).

Artigo 19

Direitos da Criança

>> *Vide* art. 227 da CF.

>> *Vide* ECA.

Toda criança tem direito às medidas de proteção que a sua condição de menor requer por parte da sua família, da sociedade e do Estado.

Artigo 20

Direito à Nacionalidade

> *Vide* art. 12 da CF.

1. Toda pessoa tem direito a uma nacionalidade.

2. Toda pessoa tem direito à nacionalidade do Estado em cujo território houver nascido, se não tiver direito a outra.

3. A ninguém se deve privar arbitrariamente de sua nacionalidade nem do direito de mudá-la.

Artigo 21

Direito à Propriedade Privada

>> *Vide* art. 5.º, XXII a XXV, da CF.

1. Toda pessoa tem direito ao uso e gozo dos seus bens. A lei pode subordinar esse uso e gozo ao interesse social.

2. Nenhuma pessoa pode ser privada de seus bens, salvo mediante o pagamento de indenização justa, por motivo de utilidade pública ou de interesse social e nos casos e na forma estabelecidos pela lei.

3. Tanto a usura como qualquer outra forma de exploração do homem pelo homem devem ser reprimidas pela lei.

Artigo 22

Direito de Circulação e de Residência

>> *Vide* art. 5.º, XV, LI e LII, da CF.

> *Vide* Lei n. 13.445, de 24-5-2017 (Lei de Migração).

1. Toda pessoa que se ache legalmente no território de um Estado tem direito de circular nele e de nele residir em conformidade com as disposições legais.

2. Toda pessoa tem o direito de sair livremente de qualquer país, inclusive do próprio.

3. O exercício dos direitos acima mencionados não pode ser restringido senão em virtude de lei, na medida indispensável, numa sociedade democrática, para prevenir infrações penais ou para proteger a segurança nacional, a segurança ou a ordem públicas, a moral ou a saúde públicas, ou os direitos e liberdades das demais pessoas.

4. O exercício dos direitos reconhecidos no inciso 1 pode também ser restringido pela lei, em zonas determinadas, por motivos de interesse público.

5. Ninguém pode ser expulso do território do Estado do qual for nacional, nem ser privado do direito de nele entrar.

6. O estrangeiro que se ache legalmente no território de um Estado-Parte nesta Convenção só poderá dele ser expulso em cumprimento de decisão adotada de acordo com a lei.

7. Toda pessoa tem o direito de buscar e receber asilo em território estrangeiro, em caso de perseguição por delitos políticos ou comuns conexos com delitos políticos e de acordo com a legislação de cada Estado e com os convênios internacionais.

8. Em nenhum caso o estrangeiro pode ser expulso ou entregue a outro país, seja ou não de origem, onde seu direito à vida ou à liberdade pessoal esteja em risco de violação por causa da sua raça, nacionalidade, religião, condição social ou de suas opiniões políticas.

9. É proibida a expulsão coletiva de estrangeiros.

Artigo 23

Direitos Políticos

>> *Vide* arts. 14 a 17 da CF.

1. Todos os cidadãos devem gozar dos seguintes direitos e oportunidades:

a) de participar da direção dos assuntos públicos, diretamente ou por meio de representantes livremente eleitos;

b) de votar e ser eleitos em eleições periódicas autênticas, realizadas por sufrágio universal e igual e por voto secreto que garanta a livre expressão da vontade dos eleitores; e

c) de ter acesso, em condições gerais de igualdade, às funções públicas de seu país.

2. A lei pode regular o exercício dos direitos e oportunidades a que se refere o inciso anterior, exclusivamente por motivos de idade, nacionalidade, residência, idioma, instrução, capacidade civil ou mental, ou condenação, por juiz competente, em processo penal.

Artigo 24

Igualdade perante a Lei

>> *Vide* art. 5.º, *caput*, da CF.

Todas as pessoas são iguais perante a lei. Por conseguinte, têm direito, sem discriminação, a igual proteção da lei.

Artigo 25

Proteção Judicial

>> *Vide* art. 5.º, XXXV, da CF.

1. Toda pessoa tem direito a um recurso simples e rápido ou a qualquer outro recurso efetivo, perante os juízes ou tribunais competentes, que a proteja contra atos que violem seus direitos fundamentais reconhecidos pela constituição, pela lei ou pela presente Convenção, mesmo quando tal violação seja cometida por pessoas que estejam atuando no exercício de suas funções oficiais.

2. Os Estados-Partes comprometem-se:

a) a assegurar que a autoridade competente prevista pelo sistema legal do Estado decida sobre os direitos de toda pessoa que interpuser tal recurso;

b) a desenvolver as possibilidades de recurso judicial; e

c) a assegurar o cumprimento, pelas autoridades competentes, de toda decisão em que se tenha considerado procedente o recurso.

Capítulo III
DIREITOS ECONÔMICOS, SOCIAIS E CULTURAIS

Artigo 26

Desenvolvimento Progressivo

Os Estados-Partes comprometem-se a adotar providências, tanto no âmbito interno como mediante cooperação internacional, especialmente econômica e técnica, a fim de conseguir progressivamente a plena efetividade dos direitos que decorrem das normas econômicas, sociais e sobre educação, ciência e cultura, constantes da Carta da Organização dos Estados Americanos, reformada pelo Protocolo de Buenos Aires, na medida dos recursos disponíveis, por via legislativa ou por outros meios apropriados.

Capítulo IV
SUSPENSÃO DE GARANTIAS, INTERPRETAÇÃO E APLICAÇÃO

Artigo 27

Suspensão de Garantias

1. Em caso de guerra, de perigo público, ou de outra emergência que ameace a independência ou segurança do Estado-Parte, este poderá adotar disposições que, na medida e pelo tempo estritamente limitados às exigências da situação, suspendam as obrigações contraídas em virtude desta Convenção, desde que tais disposições não sejam incompatíveis com as demais obrigações que lhe impõe o Direito Internacional e não encerrem discriminação alguma fundada em motivos de raça, cor, sexo, idioma, religião ou origem social.

2. A disposição precedente não autoriza a suspensão dos direitos determinados nos seguintes artigos: 3.º (Direito ao Reconhecimento da Personalidade Jurídica), 4.º (Direito à Vida), 5.º (Direito à Integridade Pessoal), 6.º (Proibição da Escravidão e Servidão), 9.º (Princípio da Legalidade e da Retroatividade), 12 (Liberdade de Consciência e de Religião), 17 (Proteção da Família), 18 (Direito ao Nome), 19 (Direitos da Criança), 20 (Direito à Nacionalidade) e 23 (Direitos Políticos), nem das garantias indispensáveis para a proteção de tais direitos.

3. Todo Estado-Parte que fizer uso do direito de suspensão deverá informar imediatamente os outros Estados-Partes na presente Convenção, por intermédio do Secretário-Geral da Organização dos Estados Americanos, das disposições cuja aplicação haja suspendido, dos motivos determinantes da suspensão e da data em que haja dado por terminada tal suspensão.

Artigo 28

Cláusula Federal

1. Quando se tratar de um Estado-Parte constituído como Estado federal, o governo

nacional do aludido Estado-Parte cumprirá todas as disposições da presente Convenção, relacionadas com as matérias sobre as quais exerce competência legislativa e judicial.

2. No tocante às disposições relativas às matérias que correspondem à competência das entidades componentes da federação, o governo nacional deve tomar imediatamente as medidas pertinentes, em conformidade com sua constituição e suas leis, a fim de que as autoridades competentes das referidas entidades possam adotar as disposições cabíveis para o cumprimento desta Convenção.

3. Quando dois ou mais Estados-Partes decidirem constituir entre eles uma federação ou outro tipo de associação, diligenciarão no sentido de que o pacto comunitário respectivo contenha as disposições necessárias para que continuem sendo efetivas no novo Estado assim organizado as normas da presente Convenção.

Artigo 29

Normas de Interpretação

Nenhuma disposição desta Convenção pode ser interpretada no sentido de:

a) permitir a qualquer dos Estados-Partes, grupo ou pessoa, suprimir o gozo e exercício dos direitos e liberdades reconhecidos na Convenção ou limitá-los em maior medida do que a nela prevista;

b) limitar o gozo e exercício de qualquer direito ou liberdade que possam ser reconhecidos de acordo com as leis de qualquer dos Estados-Partes ou de acordo com outra convenção em que seja parte um dos referidos Estados;

c) excluir outros direitos e garantias que são inerentes ao ser humano ou que decorrem da forma democrática representativa de governo; e

d) excluir ou limitar o efeito que possam produzir a Declaração Americana dos Direitos e Deveres do Homem e outros atos internacionais da mesma natureza.

Artigo 30

Alcance das Restrições

As restrições permitidas, de acordo com esta Convenção, ao gozo e exercício dos direitos e liberdades nela reconhecidos, não podem ser aplicadas senão de acordo com leis que forem promulgadas por motivo de interesse geral e com o propósito para o qual houverem sido estabelecidas.

Artigo 31

Reconhecimento de Outros Direitos

Poderão ser incluídos no regime de proteção desta Convenção outros direitos e liberdades que forem reconhecidos de acordo com os processos estabelecidos nos artigos 69 e 70.

>> Redação de acordo com a publicação oficial. *Vide* arts. 76 e 77 desta Convenção.

Capítulo V
DEVERES DAS PESSOAS

Artigo 32

Correlação entre Deveres e Direitos

1. Toda pessoa tem deveres para com a família, a comunidade e a humanidade.

2. Os direitos de cada pessoa são limitados pelos direitos dos demais, pela segurança de todos e pelas justas exigências do bem comum, numa sociedade democrática.

PARTE II
MEIOS DA PROTEÇÃO

Capítulo VI
ÓRGÃOS COMPETENTES

Artigo 33

São competentes para conhecer dos assuntos relacionados com o cumprimento dos compromissos assumidos pelos Estados-Partes nesta Convenção:

a) a Comissão Interamericana de Direitos Humanos, doravante denominada a Comissão; e

b) a Corte Interamericana de Direitos Humanos, doravante denominada a Corte.

Capítulo VII
COMISSÃO INTERAMERICANA DE DIREITOS HUMANOS

Seção 1
Organização

Artigo 34

A Comissão Interamericana de Direitos Humanos compor-se-á de sete membros, que deverão ser pessoas de alta autoridade moral e de reconhecido saber em matéria de direitos humanos.

Artigo 35

A Comissão representa todos os Membros da Organização dos Estados Americanos.

Artigo 36

1. Os membros da Comissão serão eleitos a título pessoal, pela Assembleia Geral da Organização, de uma lista de candidatos propostos pelos governos dos Estados-Membros.

2. Cada um dos referidos governos pode propor até três candidatos, nacionais do Estado que os propuser ou de qualquer outro Estado-Membro da Organização dos Estados Americanos. Quando for proposta uma lista de três candidatos, pelo menos um deles deverá ser nacional de Estado diferente do proponente.

Artigo 37

1. Os membros da Comissão serão eleitos por quatro anos e só poderão ser reeleitos uma vez, porém o mandato de três dos membros designados na primeira eleição expirará ao cabo de dois anos. Logo depois da referida eleição, serão determinadas por sorteio, na Assembleia Geral, os nomes desses três membros.

2. Não pode fazer parte da Comissão mais de um nacional de um mesmo Estado.

Artigo 38

As vagas que ocorrerem na Comissão, que não se devam à expiração normal do mandato, serão preenchidas pelo Conselho Permanente da Organização, de acordo com o que dispuser o Estatuto da Comissão.

Artigo 39

A Comissão elaborará seu estatuto e submetê-lo-á à aprovação da Assembleia Geral e expedirá seu próprio regulamento.

Artigo 40

Os serviços de secretaria da Comissão devem ser desempenhados pela unidade funcional especializada que faz parte da Secretaria-Geral da Organização e deve dispor dos recursos necessários para cumprir as tarefas que lhe forem confiadas pela Comissão.

Seção 2
Funções

Artigo 41

A Comissão tem a função principal de promover a observância e a defesa dos direitos humanos e, no exercício do seu mandato, tem as seguintes funções e atribuições:

a) estimular a consciência dos direitos humanos nos povos da América;

b) formular recomendações aos governos dos Estados-Membros, quando o considerar conveniente, no sentido de que adotem medidas progressivas em prol dos direitos humanos no âmbito de suas leis internas e seus preceitos constitucionais, bem como disposições apropriadas para promover o devido respeito a esses direitos;

c) preparar os estudos ou relatórios que considerar convenientes para o desempenho de suas funções;

d) solicitar aos governos dos Estados-Membros que lhe proporcionem informações sobre as medidas que adotarem em matéria de direitos humanos;

e) atender às consultas que, por meio da Secretaria-Geral da Organização dos Estados Americanos, lhe formularem os Estados-Membros sobre questões relacionadas com os direitos humanos e, dentro de suas possibilidades, prestar-lhes o assessoramento que eles lhe solicitarem;

f) atuar com respeito às petições e outras comunicações, no exercício de sua autoridade, de conformidade com o disposto nos artigos 44 a 51 desta Convenção; e

g) apresentar um relatório anual à Assembleia Geral da Organização dos Estados Americanos.

Artigo 42

Os Estados-Partes devem remeter à Comissão cópia dos relatórios e estudos que, em seus respectivos campos, submetem anualmente às Comissões Executivas do Conselho Interamericano Econômico e Social e do Conselho Interamericano de Educação, Ciência e Cultura, a fim de que aquela vele por que se promovam os direitos decorrentes das normas econômicas, sociais e sobre educação, ciência e cultura, constantes da Carta da Organização dos Estados Americanos, reformada pelo Protocolo de Buenos Aires.

Artigo 43

Os Estados-Partes obrigam-se a proporcionar à Comissão as informações que esta lhes solicitar sobre a maneira pela qual o seu direito interno assegura a aplicação efetiva de quaisquer disposições desta Convenção.

Seção 3
Competência

Artigo 44

Qualquer pessoa ou grupo de pessoas, ou entidade não governamental legalmente reconhecida em um ou mais Estados-Membros da Organização, pode apresentar à Comissão petições que contenham denúncias ou queixas de violação desta Convenção por um Estado-Parte.

Artigo 45

1. Todo Estado-Parte pode, no momento do depósito do seu instrumento de ratificação desta Convenção ou de adesão a ela, ou em qualquer momento posterior, declarar que reconhece a competência da Comissão para receber e examinar as comunicações em que um Estado-Parte alegue haver outro Estado-Parte incorrido em violações dos direitos humanos estabelecidos nesta Convenção.

2. As comunicações feitas em virtude deste artigo só podem ser admitidas e examinadas se forem apresentadas por um Estado-Parte que haja feito uma declaração pela qual reconheça a referida competência da Comissão. A Comissão não admitirá nenhuma comunicação contra um Estado-Parte que não haja feito tal declaração.

3. As declarações sobre reconhecimento de competência podem ser feitas para que esta vigore por tempo indefinido, por período determinado ou para casos específicos.

4. As declarações serão depositadas na Secretaria-Geral da Organização dos Estados Americanos, a qual encaminhará cópia das mesmas aos Estados-Membros da referida Organização.

Artigo 46

1. Para que uma petição ou comunicação apresentada de acordo com os artigos 44 ou 45 seja admitida pela Comissão, será necessário:

a) que hajam sido interpostos e esgotados os recursos da jurisdição interna, de acordo com os princípios de direito internacional geralmente reconhecidos;

b) que seja apresentada dentro do prazo de seis meses, a partir da data em que o presumido prejudicado em seus direitos tenha sido notificado da decisão definitiva;

c) que a matéria da petição ou comunicação não esteja pendente de outro processo de solução internacional; e

d) que, no caso do artigo 44, a petição contenha o nome, a nacionalidade, a profissão, o domicílio e a assinatura da pessoa ou pessoas ou do representante legal da entidade que submeter a petição.

2. As disposições das alíneas *a* e *b* do inciso 1 deste artigo não se aplicarão quando:

a) não existir, na legislação interna do Estado de que se tratar, o devido processo legal para a proteção do direito ou direitos que se alegue tenham sido violados;

b) não se houver permitido ao presumido prejudicado em seus direitos o acesso aos recursos da jurisdição interna, ou houver sido ele impedido de esgotá-los; e

c) houver demora injustificada na decisão sobre os mencionados recursos.

Artigo 47

A Comissão declarará inadmissível toda petição ou comunicação apresentada de acordo com os artigos 44 ou 45 quando:

a) não preencher algum dos requisitos estabelecidos no artigo 46;

b) não expuser fatos que caracterizem violação dos direitos garantidos por esta Convenção;

c) pela exposição do próprio peticionário ou do Estado, for manifestamente infundada a petição ou comunicação ou for evidente sua total improcedência; ou

d) for substancialmente reprodução de petição ou comunicação anterior, já examinada pela Comissão ou por outro organismo internacional.

Seção 4
Processo

Artigo 48

1. A Comissão, ao receber uma petição ou comunicação na qual se alegue violação de qualquer dos direitos consagrados nesta Convenção, procederá da seguinte maneira:

a) se reconhecer a admissibilidade da petição ou comunicação, solicitará informações ao Governo do Estado ao qual pertença a autoridade apontada como responsável pela violação alegada e transcreverá as partes pertinentes da petição ou comunicação. As referidas informações devem ser enviadas dentro de um prazo razoável, fixado pela Comissão ao considerar as circunstâncias de cada caso;

b) recebidas as informações, ou transcorrido o prazo fixado sem que sejam elas recebidas, verificará se existem ou subsistem os motivos da petição ou comunicação. No caso de não existirem ou não subsistirem, mandará arquivar o expediente;

c) poderá também declarar a inadmissibilidade ou a improcedência da petição ou comunicação, com base em informação ou prova superveniente;

d) se o expediente não houver sido arquivado, e com o fim de comprovar os fatos, a Comissão procederá, com conhecimento das partes, a um exame do assunto exposto na petição ou comunicação. Se for necessário e conveniente, a Comissão procederá a uma investigação para cuja eficaz realização solicitará, e os Estados interessados lhe proporcionarão, todas as facilidades necessárias;

e) poderá pedir aos Estados interessados qualquer informação pertinente e receberá, se isso lhe for solicitado, as exposições verbais ou escritas que apresentarem os interessados; e

f) pôr-se-á à disposição das partes interessadas, a fim de chegar a uma solução amistosa do assunto, fundada no respeito aos direitos humanos reconhecidos nesta Convenção.

2. Entretanto, em casos graves e urgentes, pode ser realizada uma investigação, mediante prévio consentimento do Estado em cujo território se alegue haver sido cometida a violação, tão somente com a apresentação de uma petição ou comunicação que reúna todos os requisitos formais de admissibilidade.

Artigo 49

Se se houver chegado a uma solução amistosa de acordo com as disposições do inciso 1, *f*, do artigo 48, a Comissão redigirá um relatório que será encaminhado ao peticionário e aos Estados-Partes nesta Convenção e, posteriormente, transmitido, para sua publicação, ao Secretário-Geral da Organização dos Estados Americanos. O referido relatório conterá uma breve exposição dos fatos e da solução alcançada. Se qualquer das partes no caso o solicitar, ser-lhe-á proporcionada a mais ampla informação possível.

Artigo 50

1. Se não se chegar a uma solução, e dentro do prazo que for fixado pelo Estatuto da Comissão, esta redigirá um relatório no qual exporá os fatos e suas conclusões. Se o relatório não representar, no todo ou em parte, o acordo unânime dos membros da Comissão, qualquer deles poderá agregar ao referido relatório seu voto em separado. Também se agregarão ao relatório as exposições verbais ou escritas que houverem sido feitas pelos interessados em virtude do inciso 1, *e*, do artigo 48.

2. O relatório será encaminhado aos Estados interessados, aos quais não será facultado publicá-lo.

3. Ao encaminhar o relatório, a Comissão pode formular as proposições e recomendações que julgar adequadas.

Artigo 51

1. Se no prazo de três meses, a partir da remessa aos Estados interessados do relatório da Comissão, o assunto não houver sido solucionado ou submetido à decisão da Corte pela Comissão ou pelo Estado interessado, aceitando sua competência, a Comissão poderá emitir, pelo voto da maioria absoluta dos seus membros, sua opinião e conclusões sobre a questão submetida à sua consideração.

2. A Comissão fará as recomendações pertinentes e fixará um prazo dentro do qual o Estado deve tomar as medidas que lhe competirem para remediar a situação examinada.

3. Transcorrido o prazo fixado, a Comissão decidirá, pelo voto da maioria absoluta dos seus membros, se o Estado tomou ou não medidas adequadas e se publica ou não seu relatório.

Capítulo VIII
CORTE INTERAMERICANA DE DIREITOS HUMANOS

Seção 1
Organização

Artigo 52

1. A Corte compor-se-á de sete juízes, nacionais dos Estados-Membros da Organização, eleitos a título pessoal dentre juristas da mais alta autoridade moral, de reconhecida competência em matéria de direitos humanos, que reúnam as condições requeridas para o exercício das mais elevadas funções judiciais, de acordo com a lei do Estado do qual sejam nacionais, ou do Estado que os propuser como candidatos.

2. Não deve haver dois juízes da mesma nacionalidade.

Artigo 53

1. Os juízes da Corte serão eleitos, em votação secreta e pelo voto da maioria absoluta dos Estados-Partes na Convenção, na Assembleia Geral da Organização, de uma lista de candidatos propostos pelos mesmos Estados.

2. Cada um dos Estados-Partes pode propor até três candidatos, nacionais do Estado que os propuser ou de qualquer outro Estado-Membro da Organização dos Estados Americanos. Quando se propuser uma lista de três candidatos, pelo menos um deles deverá ser nacional de Estado diferente do proponente.

Artigo 54

1. Os juízes da Corte serão eleitos por um período de seis anos e só poderão ser reeleitos uma vez. O mandato de três dos juízes designados na primeira eleição expirará ao cabo de três anos. Imediatamente depois da referida eleição, determinar-se-ão por sorteio, na Assembleia Geral, os nomes desses três juízes.

2. O juiz eleito para substituir outro cujo mandato não haja expirado, completará o período deste.

3. Os juízes permanecerão em suas funções até o término dos seus mandatos. Entretanto, continuarão funcionando nos casos de que já houverem tomado conhecimento e que se encontrem em fase de sentença e, para tais efeitos, não serão substituídos pelos novos juízes eleitos.

Artigo 55

1. O juiz que for nacional de algum dos Estados-Partes no caso submetido à Corte conservará o seu direito de conhecer o mesmo.

2. Se um dos juízes chamados a conhecer do caso for de nacionalidade de um dos Estados-Partes, outro Estado-Parte no caso poderá designar uma pessoa de sua escolha para integrar a Corte na qualidade de juiz *ad hoc*.

3. Se, dentre os juízes chamados a conhecer do caso, nenhum for da nacionalidade dos Estados-Partes, cada um destes poderá designar um juiz *ad hoc*.

4. O juiz *ad hoc* deve reunir os requisitos indicados no artigo 52.

5. Se vários Estados-Partes na Convenção tiverem o mesmo interesse no caso, serão considerados como uma só parte, para os fins das disposições anteriores. Em caso de dúvida, a Corte decidirá.

Artigo 56

O *quorum* para as deliberações da Corte é constituído por cinco juízes.

Artigo 57

A Comissão comparecerá em todos os casos perante a Corte.

Artigo 58

1. A Corte terá sua sede no lugar que for determinado, na Assembleia Geral da Organização, pelo Estado-Parte na Convenção, mas poderá realizar reuniões no território de qualquer Estado-Membro da Organização dos Estados Americanos em que o considerar conveniente pela maioria dos seus membros e mediante prévia aquiescência do Estado respectivo. Os Estados-Partes na Convenção podem, na Assembleia Geral, por dois terços dos seus votos, mudar a sede da Corte.

2. A Corte designará seu Secretário.

3. O Secretário residirá na sede da Corte e deverá assistir às reuniões que ela realizar fora da mesma.

Artigo 59

A Secretaria da Corte será por esta estabelecida e funcionará sob a direção do Secretário da Corte, de acordo com as normas administrativas da Secretaria-Geral da Organização em tudo o que não for incompatível com a independência da Corte. Seus funcionários serão nomeados pelo Secretário-Geral da Organização, em consulta com o Secretário da Corte.

Artigo 60

A Corte elaborará seu estatuto e submetê-lo-á à aprovação da Assembleia Geral e expedirá seu regimento.

Seção 2
Competência e Funções

Artigo 61

1. Somente os Estados-Partes e a Comissão têm direito de submeter caso à decisão da Corte.

2. Para que a Corte possa conhecer de qualquer caso, é necessário que sejam esgotados os processos previstos nos artigos 48 a 50.

Artigo 62

1. Todo Estado-Parte pode, no momento do depósito do seu instrumento de ratificação desta Convenção ou de adesão a ela, ou em qualquer momento posterior, declarar que reconhece como obrigatória, de pleno direito e sem convenção especial, a competência da Corte em todos os casos relativos à interpretação ou aplicação desta Convenção.

2. A declaração pode ser feita incondicionalmente, ou sob condição de reciprocidade, por prazo determinado ou para casos específicos. Deverá ser apresentada ao Secretário-Geral da Organização, que encaminhará cópias da mesma aos outros Estados-Membros da Organização e ao Secretário da Corte.

3. A Corte tem competência para conhecer de qualquer caso relativo à interpretação e aplicação das disposições desta Convenção que lhe seja submetido, desde que os Estados-Partes no caso tenham reconhecido ou reconheçam a referida competência, seja por declaração especial, como preveem os incisos anteriores, seja por convenção especial.

Artigo 63

1. Quando decidir que houve violação de um direito ou liberdade protegido nesta Convenção, a Corte determinará que se assegure ao prejudicado o gozo do seu direito ou liberdade violados. Determinará também, se isso for procedente, que sejam reparadas as consequências da medida ou situação que haja configurado a violação desses direitos, bem como o pagamento de indenização justa à parte lesada.

2. Em casos de extrema gravidade e urgência, e quando se fizer necessário evitar danos irreparáveis às pessoas, a Corte, nos assuntos de que estiver conhecendo, poderá tomar as medidas provisórias que considerar pertinentes. Se se tratar de assuntos que ainda não estiverem submetidos ao seu conhecimento, poderá atuar a pedido da Comissão.

Artigo 64

1. Os Estados-Membros da Organização poderão consultar a Corte sobre a interpretação desta Convenção ou de outros tratados concernentes à proteção dos direitos hu-

manos nos Estados americanos. Também poderão consultá-la, no que lhes compete, os órgãos enumerados no Capítulo X da Carta da Organização dos Estados Americanos, reformada pelo Protocolo de Buenos Aires.

2. A Corte, a pedido de um Estado-Membro da Organização, poderá emitir pareceres sobre a compatibilidade entre qualquer de suas leis internas e os mencionados instrumentos internacionais.

Artigo 65

A Corte submeterá à consideração da Assembleia Geral da Organização, em cada período ordinário de sessões, um relatório sobre suas atividades no ano anterior. De maneira especial, e com as recomendações pertinentes, indicará os casos em que um Estado não tenha dado cumprimento a suas sentenças.

Seção 3
Processo

Artigo 66

1. A sentença da Corte deve ser fundamentada.

2. Se a sentença não expressar no todo ou em parte a opinião unânime dos juízes, qualquer deles terá direito a que se agregue à sentença o seu voto dissidente ou individual.

Artigo 67

A sentença da Corte será definitiva e inapelável. Em caso de divergência sobre o sentido ou alcance da sentença, a Corte interpretá-la-á, a pedido de qualquer das partes, desde que o pedido seja apresentado dentro de noventa dias a partir da data da notificação da sentença.

Artigo 68

1. Os Estados-Partes na Convenção comprometem-se a cumprir a decisão da Corte em todo caso em que forem partes.

2. A parte da sentença que determinar indenização compensatória poderá ser executada no país respectivo pelo processo interno vigente para a execução de sentenças contra o Estado.

Artigo 69

A sentença da Corte deve ser notificada às partes no caso e transmitida aos Estados-Partes na Convenção.

Capítulo IX
DISPOSIÇÕES COMUNS

Artigo 70

1. Os juízes da Corte e os membros da Comissão gozam, desde o momento de sua eleição e enquanto durar o seu mandato, das imunidades reconhecidas aos agentes diplomáticos pelo Direito Internacional.

Durante o exercício dos seus cargos gozam, além disso, dos privilégios diplomáticos necessários para o desempenho de suas funções.

2. Não se poderá exigir responsabilidade em tempo algum dos juízes da Corte, nem dos membros da Comissão, por votos e opiniões emitidos no exercício de suas funções.

Artigo 71

Os cargos de juiz da Corte ou de membro da Comissão são incompatíveis com outras atividades que possam afetar sua independência ou imparcialidade conforme o que for determinado nos respectivos estatutos.

Artigo 72

Os juízes da Corte e os membros da Comissão perceberão honorários e despesas de viagem na forma e nas condições que determinarem os seus estatutos, levando em conta a importância e independência de suas funções. Tais honorários e despesas de viagem serão fixados no orçamento-programa da Organização dos Estados Americanos, no qual devem ser incluídas, além disso, as despesas da Corte e da sua Secretaria. Para tais efeitos, a Corte elaborará o seu próprio projeto de orçamento e submetê-lo-á à aprovação da Assembleia Geral, por intermédio da Secretaria-Geral. Esta última não poderá nele introduzir modificações.

Artigo 73

Somente por solicitação da Comissão ou da Corte, conforme o caso, cabe à Assembleia Geral da Organização resolver sobre as sanções aplicáveis aos membros da Comissão ou aos juízes da Corte que incorrerem nos casos previstos nos respectivos estatutos. Para expedir uma resolução, será necessária maioria de dois terços dos votos dos Estados-Membros da Organização, no caso dos membros da Comissão; e, além disso, de dois terços dos votos dos Estados-Partes na Convenção, se se tratar dos juízes da Corte.

PARTE III
DISPOSIÇÕES GERAIS E TRANSITÓRIAS

Capítulo X
ASSINATURA, RATIFICAÇÃO, RESERVA, EMENDA, PROTOCOLO E DENÚNCIA

Artigo 74

1. Esta Convenção fica aberta à assinatura e à ratificação ou adesão de todos os Estados-Membros da Organização dos Estados Americanos.

2. A ratificação desta Convenção ou a adesão a ela efetuar-se-á mediante depósito de um instrumento de ratificação ou de adesão na Secretaria-Geral da Organização dos Estados Americanos. Esta Convenção entrará em vigor logo que onze Estados houverem depositado os seus respectivos instrumentos de ratificação ou de adesão. Com referência a qualquer outro Estado que a ratificar ou que a ela aderir ulteriormente, a Convenção entrará em vigor na data do depósito do seu instrumento de ratificação ou de adesão.

3. O Secretário-Geral informará todos os Estados-Membros da Organização sobre a entrada em vigor da Convenção.

Artigo 75

Esta Convenção só pode ser objeto de reservas em conformidade com as disposições da Convenção de Viena sobre Direito dos Tratados, assinada em 23 de maio de 1969.

Artigo 76

1. Qualquer Estado-Parte, diretamente, e a Comissão ou a Corte, por intermédio do Secretário-Geral, podem submeter à Assembleia Geral, para o que julgarem conveniente, proposta de emenda a esta Convenção.

2. As emendas entrarão em vigor para os Estados que ratificarem as mesmas na data em que houver sido depositado o respectivo instrumento de ratificação que corresponda ao número de dois terços dos Estados-Partes nesta Convenção. Quanto aos outros Estados-Partes, entrarão em vigor na data em que depositarem eles os seus respectivos instrumentos de ratificação.

Artigo 77

1. De acordo com a faculdade estabelecida no artigo 31, qualquer Estado-Parte e a Comissão podem submeter à consideração dos Estados-Partes reunidos por ocasião da Assembleia Geral, projetos de protocolos adicionais a esta Convenção, com a finalidade de incluir progressivamente no regime de proteção da mesma outros direitos e liberdades.

2. Cada protocolo deve estabelecer as modalidades de sua entrada em vigor e será aplicado somente entre os Estados-Partes no mesmo.

Artigo 78

1. Os Estados-Partes poderão denunciar esta Convenção depois de expirado um prazo de cinco anos, a partir da data de entrada em vigor da mesma e mediante aviso prévio de um ano, notificando o Secretário-Geral da Organização, o qual deve informar as outras Partes.

2. Tal denúncia não terá o efeito de desligar o Estado-Parte interessado das obrigações contidas nesta Convenção, no que diz respeito a qualquer ato que, podendo constituir violação dessas obrigações, houver sido cometido por ele anteriormente à data na qual a denúncia produzir efeito.

Capítulo XI
DISPOSIÇÕES TRANSITÓRIAS

Seção 1
Comissão Interamericana de Direitos Humanos

Artigo 79

Ao entrar em vigor esta Convenção, o Secretário-Geral pedirá por escrito a cada Estado-Membro da Organização que apresente, dentro de um prazo de noventa dias, seus candidatos a membro da Comissão Interamericana de Direitos Humanos. O Secretário-Geral preparará uma lista por ordem alfabética dos candidatos apresentados e a encaminhará aos Estados-Membros da Organização pelo menos trinta dias antes da Assembleia Geral seguinte.

Artigo 80

A eleição dos membros da Comissão far-se-á dentre os candidatos que figurem na lista a que se refere o artigo 79, por votação secreta da Assembleia Geral, e serão declarados eleitos os candidatos que obtiverem maior número de votos e a maioria absoluta dos votos dos representantes dos Estados-Membros. Se, para eleger todos os membros da Comissão, for necessário realizar várias votações, serão eliminados sucessivamente, na forma que for determinada pela Assembleia Geral, os candidatos que receberem menor número de votos.

Seção 2
Corte Interamericana de Direitos Humanos

Artigo 81

Ao entrar em vigor esta Convenção, o Secretário-Geral solicitará por escrito a cada Estado-Parte que apresente, dentro de um prazo de noventa dias, seus candidatos a juiz da Corte Interamericana de Direitos Humanos. O Secretário-Geral preparará uma lista por ordem alfabética dos candidatos apresentados e a encaminhará aos Estados-Partes pelo menos trinta dias antes da Assembleia Geral seguinte.

Artigo 82

A eleição dos juízes da Corte far-se-á dentre os candidatos que figurem na lista a que se refere o artigo 81, por votação secreta dos Estados-Partes, na Assembleia Geral, e serão declarados eleitos os candidatos que obtiverem maior número de votos e a maioria absoluta dos votos dos representantes dos Estados-Partes. Se, para eleger todos os juízes da Corte, for necessário realizar várias votações, serão eliminados sucessivamente, na forma que for determinada pelos Estados-Partes, os candidatos que receberem menor número de votos.

DECLARAÇÕES E RESERVAS

Declaração do Chile

A Delegação do Chile apõe sua assinatura a esta Convenção, sujeita à sua posterior aprovação parlamentar e ratificação, em conformidade com as normas constitucionais vigentes.

Declaração do Equador

A Delegação do Equador tem a honra de assinar a Convenção Americana sobre Direitos Humanos. Não crê necessário especificar reserva alguma, deixando a salvo tão somente a faculdade geral constante da mesma Convenção, que deixa aos governos a liberdade de ratificá-la.

Reserva do Uruguai

O artigo 80, parágrafo 2.º, da Constituição da República Oriental do Uruguai, estabelece que se suspende a cidadania "pela condição de legalmente processado em causa criminal de que possa resultar pena de penitenciária". Essa limitação ao exercício dos direitos reconhecidos no artigo 23 da Convenção não está prevista entre as circunstâncias que a tal respeito prevê o parágrafo 2.º do referido artigo 23, motivo por que a Delegação do Uruguai formula a reserva pertinente.

Em fé do que, os plenipotenciários abaixo-assinados, cujos plenos poderes foram encontrados em boa e devida forma, assinam esta Convenção, que se denominará "Pacto de São José da Costa Rica", na cidade de São José, Costa Rica, em vinte e dois de novembro de mil novecentos e sessenta e nove.

Declaração Interpretativa do Brasil

Ao depositar a Carta de Adesão à Convenção Americana sobre Direitos Humanos (Pacto de São José da Costa Rica), em 25 de setembro de 1992, o Governo brasileiro fez a seguinte declaração interpretativa sobre os artigos 43 e 48, alínea *d*:

"O Governo do Brasil entende que os artigos 43 e 48, alínea *d*, não incluem o direito automático de visitas e inspeções *in loco* da Comissão Interamericana de Direitos Humanos, as quais dependerão da anuência expressa do Estado".

LEI N. 8.617, DE 4 DE JANEIRO DE 1993 (*)

Dispõe sobre o mar territorial, a zona contígua, a zona econômica exclusiva e a plataforma continental brasileiros, e dá outras providências.

O Presidente da República

Faço saber que o Congresso Nacional decreta e eu sanciono a seguinte Lei:

CAPÍTULO I
DO MAR TERRITORIAL

Art. 1.º O mar territorial brasileiro compreende uma faixa de 12 (doze) milhas marítimas de largura, medidas a partir da linha de baixa-mar do litoral continental e insular brasileiro, tal como indicada nas cartas náuticas de grande escala, reconhecidas oficialmente no Brasil.

Parágrafo único. Nos locais em que a costa apresente recortes profundos e reentrâncias ou em que exista uma franja de ilhas ao longo da costa na sua proximidade imediata, será adotado o método das linhas de base retas, ligando pontos apropriados, para o traçado da linha de base, a partir da qual será medida a extensão do mar territorial.

Art. 2.º A soberania do Brasil estende-se ao mar territorial, ao espaço aéreo sobrejacente, bem como ao seu leito e subsolo.

Art. 3.º É reconhecido aos navios de todas as nacionalidades o direito de passagem inocente no mar territorial brasileiro.

§ 1.º A passagem será considerada inocente desde que não seja prejudicial à paz, à boa ordem ou à segurança do Brasil, devendo ser contínua e rápida.

§ 2.º A passagem inocente poderá compreender o parar e o fundear, mas apenas na medida em que tais procedimentos constituam incidentes comuns de navegação ou sejam impostos por motivos de força maior ou por dificuldade grave, ou tenham por fim prestar auxílio a pessoas, a navios ou aeronaves em perigo ou em dificuldade grave.

§ 3.º Os navios estrangeiros no mar territorial brasileiro estarão sujeitos aos regulamentos estabelecidos pelo governo brasileiro.

CAPÍTULO II
DA ZONA CONTÍGUA

Art. 4.º A zona contígua brasileira compreende uma faixa que se estende das 12 (doze) às 24 (vinte e quatro) milhas marítimas, contadas a partir das linhas de base que servem para medir a largura do mar territorial.

Art. 5.º Na zona contígua, o Brasil poderá tomar as medidas de fiscalização necessárias para:

I – evitar as infrações às leis e aos regulamentos aduaneiros, fiscais, de imigração ou sanitários, no seu território ou no seu mar territorial;

II – reprimir as infrações às leis e aos regulamentos, no seu território ou no seu mar territorial.

CAPÍTULO III
DA ZONA ECONÔMICA EXCLUSIVA

Art. 6.º A zona econômica exclusiva brasileira compreende uma faixa que se estende das 12 (doze) às 200 (duzentas) milhas marítimas, contadas a partir das linhas de base que servem para medir a largura do mar territorial.

Art. 7.º Na zona econômica exclusiva, o Brasil tem direitos de soberania para fins de exploração e aproveitamento, conservação e gestão dos recursos naturais, vivos ou não vivos, das águas sobrejacentes ao leito do mar, do leito do mar e seu subsolo, e no que se refere a outras atividades com vistas à exploração e ao aproveitamento da zona para fins econômicos.

(*) Publicada no *Diário Oficial da União* de 5-1-1993.

Art. 8.º Na zona econômica exclusiva, o Brasil, no exercício de sua jurisdição, tem o direito exclusivo de regulamentar a investigação científica marinha, a proteção e preservação do meio marinho, bem como a construção, operação e uso de todos os tipos de ilhas artificiais, instalações e estruturas.

Parágrafo único. A investigação científica marinha na zona econômica exclusiva só poderá ser conduzida por outros Estados com o consentimento prévio do governo brasileiro, nos termos da legislação em vigor que regula a matéria.

Art. 9.º A realização por outros Estados, na zona econômica exclusiva, de exercícios ou manobras militares, em particular as que impliquem o uso de armas ou explosivos, somente poderá ocorrer com o consentimento do governo brasileiro.

Art. 10. É reconhecido a todos os Estados o gozo, na zona econômica exclusiva, das liberdades de navegação e sobrevoo, bem como de outros usos do mar internacionalmente lícitos, relacionados com as referidas liberdades, tais como os ligados à operação de navios e aeronaves.

Capítulo IV
DA PLATAFORMA CONTINENTAL

Art. 11. A plataforma continental do Brasil compreende o leito e o subsolo das áreas submarinas que se estendem além do seu mar territorial, em toda a extensão do prolongamento natural de seu território terrestre, até o bordo exterior da margem continental, ou até uma distância de 200 (duzentas) milhas marítimas das linhas de base, a partir das quais se mede a largura do mar territorial, nos casos em que o bordo exterior da margem continental não atinja essa distância.

Parágrafo único. O limite exterior da plataforma continental será fixado de conformidade com os critérios estabelecidos no art. 76 da Convenção das Nações Unidas sobre o Direito do Mar, celebrada em Montego Bay, em 10 de dezembro de 1982.

Art. 12. O Brasil exerce direitos de soberania sobre a plataforma continental, para efeitos de exploração e aproveitamento dos seus recursos naturais.

Parágrafo único. Os recursos naturais a que se refere o *caput* são os recursos minerais e outros recursos não vivos do leito do mar e subsolo, bem como os organismos vivos pertencentes a espécies sedentárias, isto é, aquelas que no período de captura estão imóveis no leito do mar ou no seu subsolo, ou que só podem mover-se em constante contato físico com esse leito ou subsolo.

Art. 13. Na plataforma continental, o Brasil, no exercício de sua jurisdição, tem o direito exclusivo de regulamentar a investigação científica marinha, a proteção e preservação do meio marinho, bem como a construção, operação e o uso de todos os tipos de ilhas artificiais, instalações e estruturas.

§ 1.º A investigação científica marinha, na plataforma continental, só poderá ser conduzida por outros Estados com o consentimento prévio do governo brasileiro, nos termos da legislação em vigor que regula a matéria.

§ 2.º O governo brasileiro tem o direito exclusivo de autorizar e regulamentar as perfurações na plataforma continental, quaisquer que sejam os seus fins.

Art. 14. É reconhecido a todos os Estados o direito de colocar cabos e dutos na plataforma continental.

§ 1.º O traçado da linha para a colocação de tais cabos e dutos na plataforma continental dependerá do consentimento do governo brasileiro.

§ 2.º O governo brasileiro poderá estabelecer condições para a colocação dos cabos e dutos que penetrem seu território ou seu mar territorial.

Art. 15. Esta Lei entra em vigor na data de sua publicação.

Art. 16. Revogam-se o Decreto-lei n. 1.098, de 25 de março de 1970, e as demais disposições em contrário.

Brasília, 4 de janeiro de 1993; 172.º da Independência e 105.º da República.

Itamar Franco

LEI COMPLEMENTAR N. 73, DE 10 DE FEVEREIRO DE 1993 (*)

Institui a Lei Orgânica da Advocacia-Geral da União e dá outras providências.

O Presidente da República:

Faço saber que o Congresso Nacional decreta e eu sanciono a seguinte lei complementar:

Título I
DAS FUNÇÕES INSTITUCIONAIS E DA COMPOSIÇÃO

Capítulo I
DAS FUNÇÕES INSTITUCIONAIS

Art. 1.º A Advocacia-Geral da União é a instituição que representa a União judicial e extrajudicialmente.

Parágrafo único. À Advocacia-Geral da União cabem as atividades de consultoria e assessoramento jurídicos ao Poder Executivo, nos termos desta Lei Complementar.

(*) Publicada no *Diário Oficial da União* de 11-2-1993. A Lei n. 9.028, de 12-4-1995, dispõe sobre o exercício das atribuições institucionais da Advocacia-Geral da União, em caráter emergencial e provisório.

Capítulo II
DA COMPOSIÇÃO

Art. 2.º A Advocacia-Geral da União compreende:

I – órgãos de direção superior:

a) o Advogado-Geral da União;

b) a Procuradoria-Geral da União e a da Fazenda Nacional;

c) Consultoria-Geral da União;

d) o Conselho Superior da Advocacia-Geral da União; e

e) a Corregedoria-Geral da Advocacia da União;

II – órgãos de execução:

a) as Procuradorias Regionais da União e as da Fazenda Nacional e as Procuradorias da União e as da Fazenda Nacional nos Estados e no Distrito Federal e as Procuradorias Seccionais destas;

b) a Consultoria da União, as Consultorias Jurídicas dos Ministérios, da Secretaria-Geral e das demais Secretarias da Presidência da República e do Estado-Maior das Forças Armadas;

III – órgão de assistência direta e imediata ao Advogado-Geral da União: o Gabinete do Advogado-Geral da União;

IV – (*Vetado.*)

§ 1.º Subordinam-se diretamente ao Advogado-Geral da União, além do seu gabinete, a Procuradoria-Geral da União, a Consultoria-Geral da União, a Corregedoria-Geral da Advocacia-Geral da União, a Secretaria de Controle Interno e, técnica e juridicamente, a Procuradoria-Geral da Fazenda Nacional.

§ 2.º As Procuradorias Seccionais, subordinadas às Procuradorias da União e da Fazenda Nacional nos Estados e no Distrito Federal, serão criadas, no interesse do serviço, por proposta do Advogado-Geral da União.

§ 3.º As Procuradorias e Departamentos Jurídicos das autarquias e fundações públicas são órgãos vinculados à Advocacia-Geral da União.

§ 4.º O Advogado-Geral da União é auxiliado por dois Secretários-Gerais: o de Contencioso e o de Consultoria.

§ 5.º São membros da Advocacia-Geral da União: o Advogado-Geral da União, o Procurador-Geral da União, o Procurador-Geral da Fazenda Nacional, o Consultor-Geral da União, o Corregedor-Geral da Advocacia da União, os Secretários-Gerais de Contencioso e de Consultoria, os Procuradores Regionais, os Consultores da União, os Corregedores Auxiliares, os Procuradores-Chefes, os Consultores Jurídicos, os Procuradores Seccionais, os Advogados da União, os Procuradores da Fazenda Nacional e os Assistentes Jurídicos.

TÍTULO II
DOS ÓRGÃOS DA ADVOCACIA-GERAL DA UNIÃO

CAPÍTULO I
DO ADVOGADO-GERAL DA UNIÃO

Art. 3.º A Advocacia-Geral da União tem por chefe o Advogado-Geral da União, de livre nomeação pelo Presidente da República, dentre cidadãos maiores de trinta e cinco anos, de notável saber jurídico e reputação ilibada.

§ 1.º O Advogado-Geral da União é o mais elevado órgão de assessoramento jurídico do Poder Executivo, submetido à direta, pessoal e imediata supervisão do Presidente da República.

§ 2.º O Advogado-Geral da União terá substituto eventual nomeado pelo Presidente da República, atendidas as condições deste artigo.

Art. 4.º São atribuições do Advogado-Geral da União:

I – dirigir a Advocacia-Geral da União, superintender e coordenar suas atividades e orientar-lhe a atuação;

II – despachar com o Presidente da República;

III – representar a União junto ao Supremo Tribunal Federal;

IV – defender, nas ações diretas de inconstitucionalidade, a norma legal ou ato normativo, objeto de impugnação;

V – apresentar as informações a serem prestadas pelo Presidente da República, relativas a medidas impugnadoras de ato ou omissão presidencial;

VI – desistir, transigir, acordar e firmar compromisso nas ações de interesse da União, nos termos da legislação vigente;

>> **Inciso VI regulamentado pela Lei n. 9.469, de 10-7-1997, constante nesta obra.**

> *Vide* Instrução Normativa n. 1, de 19-7-1996.

VII – assessorar o Presidente da República em assuntos de natureza jurídica, elaborando pareceres e estudos ou propondo normas, medidas e diretrizes;

VIII – assistir o Presidente da República no controle interno da legalidade dos atos da Administração;

IX – sugerir ao Presidente da República medidas de caráter jurídico reclamadas pelo interesse público;

X – fixar a interpretação da Constituição, das leis, dos tratados e demais atos normativos, a ser uniformemente seguida pelos órgãos e entidades da Administração Federal;

XI – unificar a jurisprudência administrativa, garantir a correta aplicação das leis, prevenir e dirimir as controvérsias entre os órgãos jurídicos da Administração Federal;

XII – editar enunciados de súmula administrativa, resultantes de jurisprudência iterativa dos Tribunais;

XIII – exercer orientação normativa e supervisão técnica quanto aos órgãos jurídicos das entidades a que alude o Capítulo IX do Título II desta Lei Complementar;

> A Lei n. 9.704, de 17-11-1998, institui normas relativas ao exercício, pelo Advogado-Geral da União, de orientação normativa e de supervisão técnica sobre os órgãos jurídicos das autarquias federais e das fundações instituídas e mantidas pela União.

> O Decreto n. 7.153, de 9-4-2010, dispõe sobre a representação e a defesa extrajudicial dos órgãos e entidades da Administração Federal junto ao Tribunal de Contas da União, por intermédio da AGU.

XIV – baixar o Regimento Interno da Advocacia-Geral da União;

XV – proferir decisão nas sindicâncias e nos processos administrativos disciplinares promovidos pela Corregedoria-Geral e aplicar penalidades, salvo a de demissão;

XVI – homologar os concursos públicos de ingresso nas Carreiras da Advocacia-Geral da União;

XVII – promover a lotação e a distribuição dos Membros e servidores, no âmbito da Advocacia-Geral da União;

XVIII – editar e praticar os atos normativos ou não, inerentes a suas atribuições;

XIX – propor, ao Presidente da República, as alterações a esta Lei Complementar.

§ 1.º O Advogado-Geral da União pode representá-la junto a qualquer juízo ou Tribunal.

§ 2.º O Advogado-Geral da União pode avocar quaisquer matérias jurídicas de interesse desta, inclusive no que concerne a sua representação extrajudicial.

§ 3.º É permitida a delegação das atribuições previstas no inciso VI ao Procurador-Geral da União, bem como a daquelas objeto do inciso XVII deste artigo, relativamente a servidores.

CAPÍTULO II
DA CORREGEDORIA-GERAL DA ADVOCACIA DA UNIÃO

Art. 5.º A Corregedoria-Geral da Advocacia da União tem como atribuições:

I – fiscalizar as atividades funcionais dos Membros da Advocacia-Geral da União;

II – promover correição nos órgãos jurídicos da Advocacia-Geral da União, visando à verificação da regularidade e eficácia dos serviços, e à proposição de medidas, bem como à sugestão de providências necessárias ao seu aprimoramento;

III – apreciar as representações relativas à atuação dos Membros da Advocacia-Geral da União;

IV – coordenar o estágio confirmatório dos integrantes das Carreiras da Advocacia-Geral da União;

V – emitir parecer sobre o desempenho dos integrantes das Carreiras da Advocacia-Geral da União submetidos ao estágio confirmatório, opinando, fundamentadamente, por sua confirmação no cargo ou exoneração;

VI – instaurar, de ofício ou por determinação superior, sindicâncias e processos administrativos contra os Membros da Advocacia-Geral da União.

Art. 6.º Compete, ainda, à Corregedoria-Geral supervisionar e promover correições nos órgãos vinculados à Advocacia-Geral da União.

CAPÍTULO III
DO CONSELHO SUPERIOR DA ADVOCACIA-GERAL DA UNIÃO

Art. 7.º O Conselho Superior da Advocacia-Geral da União tem as seguintes atribuições:

I – propor, organizar e dirigir os concursos de ingresso nas Carreiras da Advocacia-Geral da União;

II – organizar as listas de promoção e de remoção, julgar reclamações e recursos contra a inclusão, exclusão e classificação em tais listas, e encaminhá-las ao Advogado-Geral da União;

III – decidir, com base no parecer previsto no art. 5.º, V desta Lei Complementar, sobre a confirmação no cargo ou exoneração dos Membros das Carreiras da Advocacia-Geral da União submetidos a estágio confirmatório;

IV – editar o respectivo Regimento Interno.

Parágrafo único. Os critérios disciplinadores dos concursos a que se refere o inciso I deste artigo são integralmente fixados pelo Conselho Superior da Advocacia-Geral da União.

Art. 8.º Integram o Conselho Superior da Advocacia-Geral da União:

I – o Advogado-Geral da União, que o preside;

II – o Procurador-Geral da União, o Procurador-Geral da Fazenda Nacional, o Consultor-Geral da União, e o Corregedor-Geral da Advocacia da União;

III – um representante, eleito, de cada carreira da Advocacia-Geral da União, e respectivo suplente.

> A Portaria n. 178, de 7-5-2012, da AGU, regulamenta a eleição dos membros do Conselho Superior da Advocacia-Geral da União que neste representam a respectiva carreira, e seus suplentes.

§ 1.º Todos os membros do Conselho Superior da Advocacia-Geral da União têm direito a voto, cabendo ao presidente o de desempate.

§ 2.º O mandato dos membros eleitos do Conselho Superior da Advocacia-Geral da União é de dois anos, vedada a recondução.

§ 3.º Os membros do Conselho são substituídos, em suas faltas e impedimentos, na forma estabelecida no respectivo Regimento Interno.

Capítulo IV
DA PROCURADORIA-GERAL DA UNIÃO

Art. 9.º À Procuradoria-Geral da União, subordinada direta e imediatamente ao Advogado-Geral da União, incumbe representá-la, judicialmente, nos termos e limites desta Lei Complementar.

§ 1.º Ao Procurador-Geral da União compete representá-la junto aos tribunais superiores.

§ 2.º Às Procuradorias Regionais da União cabe sua representação perante os demais tribunais.

§ 3.º Às Procuradorias da União organizadas em cada Estado e no Distrito Federal, incumbe representá-la junto à primeira instância da Justiça Federal, comum e especializada.

§ 4.º O Procurador-Geral da União pode atuar perante os órgãos judiciários referidos nos §§ 2.º e 3.º, e os Procuradores Regionais da União junto aos mencionados no § 3.º deste artigo.

Capítulo V
DA CONSULTORIA-GERAL DA UNIÃO

Art. 10. À Consultoria-Geral da União, direta e imediatamente subordinada ao Advogado-Geral da União, incumbe, principalmente, colaborar com este em seu assessoramento jurídico ao Presidente da República produzindo pareceres, informações e demais trabalhos jurídicos que lhes sejam atribuídos pelo chefe da instituição.

Parágrafo único. Compõem a Consultoria-Geral da União o Consultor-Geral da União e a Consultoria da União.

Capítulo VI
DAS CONSULTORIAS JURÍDICAS

> *Vide* art. 8.º-G da Lei n. 9.028, de 12-4-1995.

Art. 11. Às Consultorias Jurídicas, órgãos administrativamente subordinados aos Ministros de Estado, ao Secretário-Geral e aos demais titulares de Secretarias da Presidência da República e ao Chefe do Estado-Maior das Forças Armadas, compete, especialmente:

I – assessorar as autoridades indicadas no *caput* deste artigo;

II – exercer a coordenação dos órgãos jurídicos dos respectivos órgãos autônomos e entidades vinculadas;

III – fixar a interpretação da Constituição, das leis, dos tratados e dos demais atos normativos a ser uniformemente seguida em suas áreas de atuação e coordenação quando não houver orientação normativa do Advogado-Geral da União;

IV – elaborar estudos e preparar informações, por solicitação de autoridade indicada no *caput* deste artigo;

V – assistir a autoridade assessorada no controle interno da legalidade administrativa dos atos a serem por ela praticados ou já efetivados, e daqueles oriundos de órgão ou entidade sob sua coordenação jurídica;

VI – examinar, prévia e conclusivamente, no âmbito do Ministério, Secretaria e Estado-Maior das Forças Armadas:

a) os textos de edital de licitação, como os dos respectivos contratos ou instrumentos congêneres, a serem publicados e celebrados;

b) os atos pelos quais se vá reconhecer a inexigibilidade, ou decidir a dispensa, de licitação.

Capítulo VII
DA PROCURADORIA-GERAL DA FAZENDA NACIONAL

Art. 12. À Procuradoria-Geral da Fazenda Nacional, órgão administrativamente subordinado ao titular do Ministério da Fazenda, compete especialmente:

I – apurar a liquidez e certeza da dívida ativa da União de natureza tributária, inscrevendo-a para fins de cobrança, amigável ou judicial;

II – representar privativamente a União, na execução de sua dívida ativa de caráter tributário;

> *Vide* Súmula 139 do STJ.

III – (*Vetado.*);

IV – examinar previamente a legalidade dos contratos, acordos, ajustes e convênios que interessem ao Ministério da Fazenda, inclusive os referentes à dívida pública externa, e promover a respectiva rescisão por via administrativa ou judicial;

V – representar a União nas causas de natureza fiscal.

> *Vide* art. 3.º, § 1.º, I, da Lei n. 10.259, de 12-7-2001, e art. 1.º do Decreto n. 4.250, de 27-5-2002.

> *Vide* Súmula 139 do STJ.

Parágrafo único. São consideradas causas de natureza fiscal as relativas a:

I – tributos de competência da União, inclusive infrações à legislação tributária;

II – empréstimos compulsórios;

III – apreensão de mercadorias, nacionais ou estrangeiras;

IV – decisões de órgãos do contencioso administrativo fiscal;

V – benefícios e isenções fiscais;

VI – créditos e estímulos fiscais à exportação;

VII – responsabilidade tributária de transportadores e agentes marítimos;

VIII – incidentes processuais suscitados em ações de natureza fiscal.

> *Vide* art. 3.º, § 1.º, I, da Lei n. 10.259, de 12-7-2001, e art. 1.º do Decreto n. 4.250, de 27-5-2002.

Art. 13. A Procuradoria-Geral da Fazenda Nacional desempenha as atividades de consultoria e assessoramento jurídicos no âmbito do Ministério da Fazenda e seus órgãos autônomos e entes tutelados.

Parágrafo único. No desempenho das atividades de consultoria e assessoramento jurídicos, a Procuradoria-Geral da Fazenda Nacional rege-se pela presente Lei Complementar.

Art. 14. (*Vetado.*)

Capítulo VIII
DO GABINETE DO ADVOGADO-GERAL DA UNIÃO E DA SECRETARIA DE CONTROLE INTERNO

Art. 15. O Gabinete do Advogado-Geral da União tem sua competência e estrutura fixadas no Regimento Interno da Advocacia-Geral da União.

Art. 16. A Secretaria de Controle Interno rege-se, quanto às suas competências e estrutura básica, pela legislação específica.

Capítulo IX
DOS ÓRGÃOS VINCULADOS

Art. 17. Aos órgãos jurídicos das autarquias e das fundações públicas compete:

> A Lei n. 9.704, de 17-11-1998, institui normas relativas ao exercício, pelo Advogado-Geral da União, de orientação normativa e de supervisão técnica sobre os órgãos jurídicos das autarquias federais e das fundações instituídas e mantidas pela União.

I – a sua representação judicial e extrajudicial;

> *Vide* Súmula 139 do STJ.

II – as respectivas atividades de consultoria e assessoramento jurídicos;

> *Vide* nota ao *caput* deste artigo.

III – a apuração da liquidez e certeza dos créditos, de qualquer natureza, inerentes às suas atividades, inscrevendo-os em dívida ativa, para fins de cobrança amigável ou judicial.

Art. 18. No desempenho das atividades de consultoria e assessoramento aos órgãos jurídicos das autarquias e das fundações públicas aplica-se, no que couber, o disposto no art. 11 desta lei complementar.

Art. 19. (*Vetado.*)

Título III
DOS MEMBROS EFETIVOS DA ADVOCACIA-GERAL DA UNIÃO

Capítulo I
DAS CARREIRAS

Art. 20. As carreiras de Advogado da União, de Procurador da Fazenda Nacional e de Assistente Jurídico compõem-se dos seguintes cargos efetivos:

I – carreira de Advogado da União:

a) Advogado da União de 2.ª Categoria (inicial);

b) Advogado da União de 1.ª Categoria (intermediária);

c) Advogado da União de Categoria Especial (final);

II – carreira de Procurador da Fazenda Nacional:

a) Procurador da Fazenda Nacional de 2.ª Categoria (inicial);

b) Procurador da Fazenda Nacional de 1.ª Categoria (intermediária);

c) Procurador da Fazenda Nacional de Categoria Especial (final);

III – carreira de Assistente Jurídico:

a) Assistente Jurídico de 2.ª Categoria (inicial);

b) Assistente Jurídico de 1.ª Categoria (intermediária);

c) Assistente Jurídico de Categoria Especial (final).

Art. 21. O ingresso nas carreiras da Advocacia-Geral da União ocorre nas categorias iniciais, mediante nomeação, em caráter efetivo, de candidatos habilitados em concursos públicos, de provas e títulos, obedecida a ordem de classificação.

§ 1.º Os concursos públicos devem ser realizados na hipótese em que o número de vagas da carreira exceda a dez por cento dos respectivos cargos, ou, com menor número, observado o interesse da Administração e a critério do Advogado-Geral da União.

§ 2.º O candidato, no momento da inscrição, há de comprovar um mínimo de dois anos de prática forense.

§ 3.º Considera-se título, para o fim previsto neste artigo, além de outros regularmente admitidos em direito, o exercício profissional de consultoria, assessoria e diretoria, bem como o desempenho de cargo, emprego ou função de nível superior, com atividades eminentemente jurídicas.

§ 4.º A Ordem dos Advogados do Brasil é representada na banca examinadora dos concursos de ingresso nas carreiras da Advocacia-Geral da União.

§ 5.º Nos dez dias seguintes à nomeação, o Conselho Superior da Advocacia-Geral da União deve convocar os nomeados para escolha de vagas, fixando-lhes prazo improrrogável.

§ 6.º Perde o direito à escolha de vaga o nomeado que não atender à convocação a que se refere o parágrafo anterior.

Art. 22. Os dois primeiros anos de exercício em cargo inicial das carreiras da Advocacia-Geral da União correspondem a estágio confirmatório.

Parágrafo único. São requisitos da confirmação no cargo a observância dos respectivos deveres, proibições e impedimentos, a eficiência, a disciplina e a assiduidade.

CAPÍTULO II
DA LOTAÇÃO E DA DISTRIBUIÇÃO

Art. 23. Os membros efetivos da Advocacia-Geral da União são lotados e distribuídos pelo Advogado-Geral da União.

Parágrafo único. A lotação de Assistente Jurídico nos Ministérios, na Secretaria-Geral e nas demais Secretarias da Presidência da República e no Estado-Maior das Forças Armadas é proposta por seus titulares, e a lotação e distribuição de Procuradores da Fazenda Nacional, pelo respectivo titular.

CAPÍTULO III
DA PROMOÇÃO

> A Resolução n. 11, de 30-12-2008, do Conselho Superior da Advocacia-Geral da União, dispõe sobre o regulamento de promoções relativas às carreiras da Advocacia-Geral da União.

Art. 24. A promoção de membro efetivo da Advocacia-Geral da União consiste em seu acesso à categoria imediatamente superior àquela em que se encontra.

Parágrafo único. As promoções serão processadas semestralmente pelo Conselho Superior da Advocacia-Geral da União, para vagas ocorridas até 30 de junho e até 31 de dezembro de cada ano, obedecidos, alternadamente, os critérios de antiguidade e merecimento.

> O Decreto n. 7.737, de 25-5-2012, dispõe sobre a apuração de antiguidade nas carreiras de advogado da União, de procurador da Fazenda Nacional, de procurador federal e de procurador do Banco Central.

Art. 25. A promoção por merecimento deve obedecer a critérios objetivos, fixados pelo Conselho Superior da Advocacia-Geral da União, dentre os quais a presteza e a segurança no desempenho da função, bem como a frequência e o aproveitamento em cursos de aperfeiçoamento reconhecidos por órgãos oficiais.

Parágrafo único. *(Vetado.)*

CAPÍTULO IV
DOS DIREITOS, DOS DEVERES, DAS PROIBIÇÕES, DOS IMPEDIMENTOS E DAS CORREIÇÕES

Seção I
Dos Direitos

Art. 26. Os membros efetivos da Advocacia-Geral da União têm os direitos assegurados pela Lei n. 8.112, de 11 de dezembro de 1990, e nesta Lei Complementar.

> Citada Lei consta nesta obra.

Parágrafo único. Os cargos das carreiras da Advocacia-Geral da União têm o vencimento e remuneração estabelecidos em lei própria.

Seção II
Dos Deveres, das Proibições e dos Impedimentos

Art. 27. Os membros efetivos da Advocacia-Geral da União têm os deveres previstos na Lei n. 8.112, de 11 de dezembro de 1990, sujeitando-se ainda às proibições e impedimentos estabelecidos nesta Lei Complementar.

Art. 28. Além das proibições decorrentes do exercício de cargo público, aos membros efetivos da Advocacia-Geral da União é vedado:

I – exercer advocacia fora das atribuições institucionais;

II – contrariar súmula, parecer normativo ou orientação técnica adotada pelo Advogado-Geral da União;

III – manifestar-se, por qualquer meio de divulgação, sobre assunto pertinente às suas funções, salvo ordem, ou autorização expressa do Advogado-Geral da União.

Art. 29. É defeso aos membros efetivos da Advocacia-Geral da União exercer suas funções em processo judicial ou administrativo:

I – em que sejam parte;

II – em que hajam atuado como advogado de qualquer das partes;

III – em que seja interessado parente consanguíneo ou afim, em linha reta ou colateral, até o segundo grau, bem como cônjuge ou companheiro;

IV – nas hipóteses da legislação processual.

Art. 30. Os membros efetivos da Advocacia-Geral da União devem dar-se por impedidos:

I – quando hajam proferido parecer favorável à pretensão deduzida em juízo pela parte adversa;

II – nas hipóteses da legislação processual.

Parágrafo único. Nas situações previstas neste artigo, cumpre seja dada ciência, ao superior hierárquico imediato, em expediente reservado, dos motivos do impedimento, objetivando a designação de substituto.

Art. 31. Os membros efetivos da Advocacia-Geral da União não podem participar de comissão ou banca de concurso, intervir no seu julgamento e votar sobre organização de lista para promoção ou remoção, quando concorrer parente consanguíneo ou afim, em linha reta ou colateral, até o segundo grau, bem como cônjuge ou companheiro.

Seção III
Das Correições

Art. 32. A atividade funcional dos membros efetivos da Advocacia-Geral da União está sujeita a:

I – correição ordinária, realizada anualmente pelo Corregedor-Geral e respectivos auxiliares;

II – correição extraordinária, também realizada pelo Corregedor-Geral e por seus auxiliares, de ofício ou por determinação do Advogado-Geral da União.

Art. 33. Concluída a correição, o Corregedor-Geral deve apresentar ao Advogado-Geral da União relatório, propondo-lhe as medidas e providências a seu juízo cabíveis.

Art. 34. Qualquer pessoa pode representar ao Corregedor-Geral da Advocacia da União contra abuso, erro grosseiro, omissão ou qualquer outra irregularidade funcional dos membros da Advocacia-Geral da União.

TÍTULO IV
DAS CITAÇÕES, DAS INTIMAÇÕES E DAS NOTIFICAÇÕES

Art. 35. A União é citada nas causas em que seja interessada, na condição de autora, ré, assistente, oponente, recorrente ou recorrida, na pessoa:

>> A Portaria n. 213, de 29-3-2019, da Advocacia-Geral da União, estabelece procedimentos a serem adotados nos casos de citações, intimações e notificações efetivadas em desacordo com o disposto neste artigo.

I – do Advogado-Geral da União, privativamente, nas hipóteses de competência do Supremo Tribunal Federal;

II – do Procurador-Geral da União, nas hipóteses de competência dos tribunais superiores;

III – do Procurador-Regional da União, nas hipóteses de competência dos demais tribunais;

IV – do Procurador-Chefe ou do Procurador-Seccional da União, nas hipóteses de competência dos juízos de primeiro grau.

Art. 36. Nas causas de que trata o art. 12, a União será citada na pessoa:

>> A Portaria n. 213, de 29-3-2019, da Advocacia-Geral da União, estabelece procedimentos a serem adotados nos casos de citações, intimações e notificações efetivadas em desacordo com o disposto neste artigo.

I – (*Vetado*.);

II – do Procurador-Regional da Fazenda Nacional, nas hipóteses de competência dos demais tribunais;

III – do Procurador-Chefe ou do Procurador-Seccional da Fazenda Nacional nas hipóteses de competência dos juízos de primeiro grau.

Art. 37. Em caso de ausência das autoridades referidas nos arts. 35 e 36, a citação se dará na pessoa do substituto eventual.

Art. 38. As intimações e notificações são feitas nas pessoas do Advogado da União ou do Procurador da Fazenda Nacional que oficie nos respectivos autos.

>> A Portaria n. 213, de 29-3-2019, da Advocacia-Geral da União, estabelece procedimentos a serem adotados nos casos de citações, intimações e notificações efetivadas em desacordo com o disposto neste artigo.

TÍTULO V
DOS PARECERES E DA SÚMULA DA ADVOCACIA-GERAL DA UNIÃO

Art. 39. É privativo do Presidente da República submeter assuntos ao exame do Advogado-Geral da União, inclusive para seu parecer.

Art. 40. Os pareceres do Advogado-Geral da União são por este submetidos à aprovação do Presidente da República.

§ 1.º O parecer aprovado e publicado juntamente com o despacho presidencial vincula a Administração Federal, cujos órgãos e entidades ficam obrigados a lhe dar fiel cumprimento.

§ 2.º O parecer aprovado, mas não publicado, obriga apenas as repartições interessadas, a partir do momento em que dele tenham ciência.

Art. 41. Consideram-se, igualmente, pareceres do Advogado-Geral da União, para os efeitos do artigo anterior, aqueles que, emitidos pela Consultoria-Geral da União, sejam por ele aprovados e submetidos ao Presidente da República.

Art. 42. Os pareceres das Consultorias Jurídicas, aprovados pelo Ministro de Estado, pelo Secretário-Geral e pelos titulares das demais Secretarias da Presidência da República ou pelo Chefe do Estado-Maior das Forças Armadas, obrigam, também, os respectivos órgãos autônomos e entidades vinculadas.

Art. 43. A Súmula da Advocacia-Geral da União tem caráter obrigatório quanto a todos os órgãos jurídicos enumerados nos arts. 2.º e 17 desta Lei Complementar.

§ 1.º O enunciado da Súmula editado pelo Advogado-Geral da União há de ser publicado no *Diário Oficial da União*, por três dias consecutivos.

§ 2.º No início de cada ano, os enunciados existentes devem ser consolidados e publicados no *Diário Oficial da União*.

Art. 44. Os pareceres aprovados do Advogado-Geral da União inserem-se em coletânea denominada *Pareceres da Advocacia-Geral da União*, a ser editada pela Imprensa Nacional.

TÍTULO VI
DAS DISPOSIÇÕES GERAIS E FINAIS

Art. 45. O Regimento Interno da Advocacia-Geral da União é editado pelo Advogado-Geral da União, observada a presente Lei Complementar.

§ 1.º O Regimento Interno deve dispor sobre a competência, a estrutura e o funcionamento da Corregedoria-Geral da Advocacia da União, da Procuradoria-Geral da União, da Consultoria-Geral da União, das Consultorias Jurídicas, do Gabinete do Advogado-Geral da União e dos Gabinetes dos Secretários-Gerais, do Centro de Estudos, da Diretoria-Geral de Administração e da Secretaria de Controle Interno, bem como sobre as atribuições de seus titulares e demais integrantes.

§ 2.º O Advogado-Geral da União pode conferir, no Regimento Interno, ao Procurador-Geral da União e ao Consultor-Geral da União, atribuições conexas às que lhe prevê o art. 4.º desta Lei Complementar.

§ 3.º No Regimento Interno são disciplinados os procedimentos administrativos concernentes aos trabalhos jurídicos da Advocacia-Geral da União.

Art. 46. É facultado ao Advogado-Geral da União convocar quaisquer dos integrantes dos órgãos jurídicos que compõem a Advocacia-Geral da União, para instruções e esclarecimentos.

Art. 47. O Advogado-Geral da União pode requisitar servidores dos órgãos ou entidades da Administração Federal, para o desempenho de cargo em comissão ou atividade outra na Advocacia-Geral da União, assegurados ao servidor todos os direitos e vantagens a que faz jus no órgão ou entidade de origem, inclusive promoção.

Art. 48. Os cargos da Advocacia-Geral da União integram quadro próprio.

Art. 49. São nomeados pelo Presidente da República:

I – mediante indicação do Advogado-Geral da União, os titulares dos cargos de natureza especial de Corregedor-Geral da Advocacia da União, de Procurador-Geral da União, de Consultor-Geral da União, de Secretário-Geral de Contencioso e de Secretário-Geral de Consultoria, como os titulares dos cargos em comissão de Corregedor-Auxiliar, de Procurador Regional, de Consultor da União, de Procurador-Chefe e de Diretor-Geral de Administração;

II – mediante indicação do Ministro de Estado, do Secretário-Geral ou titular de Secretaria da Presidência da República, ou do Chefe do Estado-Maior das Forças Armadas, os titulares dos cargos em comissão de Consultor Jurídico;

III – mediante indicação do Ministro de Estado da Fazenda, o titular do cargo de natureza especial de Procurador-Geral da Fazenda Nacional.

§ 1.º São escolhidos dentre os membros efetivos da Advocacia-Geral da União o Corregedor-Geral, os Corregedores-Auxiliares, os Procuradores Regionais e os Procuradores-Chefes.

§ 2.º O Presidente da República pode delegar ao Advogado-Geral da União competência para prover, nos termos da lei, os demais cargos, efetivos e em comissão, da instituição.

Art. 50. Aplica-se ao Advogado-Geral da União, ao Procurador-Geral da União, ao Consultor-Geral da União, aos Consultores da União e aos Consultores Jurídicos, no que couber, o Capítulo IV do Título III desta Lei Complementar.

Art. 51. Aos titulares de cargos de confiança, sejam de natureza especial ou em comissão, da Advocacia-Geral da União, assim como aos membros efetivos desta é vedado manter, sob sua chefia imediata, parente consanguíneo ou afim, em linha reta ou colateral, até o segundo grau, bem assim como cônjuge ou companheiro.

Art. 52. Os membros e servidores da Advocacia-Geral da União detêm identificação funcional específica, conforme modelos previstos em seu Regimento Interno.

Título VII
DAS DISPOSIÇÕES TRANSITÓRIAS

Art. 53. É extinto o cargo de Consultor-Geral da República, de natureza especial.

Art. 54. É criado, com natureza especial, o cargo de Advogado-Geral da União.

Art. 55. São criados, com natureza especial, os cargos de Procurador-Geral da União, Procurador-Geral da Fazenda Nacional, Consultor-Geral da União e de Corregedor-Geral da Advocacia da União, privativos de Bacharel em Direito, de elevado saber jurídico e reconhecida idoneidade, com dez anos de prática forense e maior de trinta e cinco anos.

Art. 56. São extintos os cargos em comissão de Procurador-Geral da Fazenda Nacional e de Secretário-Geral da Consultoria-Geral da República.

Art. 57. São criados os cargos de Secretário-Geral de Contencioso e de Secretário-Geral de Consultoria, de natureza especial, privativos de Bacharel em Direito que reúna as condições estabelecidas no art. 55 desta Lei Complementar.

Art. 58. Os cargos de Consultor Jurídico são privativos de Bacharel em Direito de provada capacidade e experiência, e reconhecida idoneidade, que tenham cinco anos de prática forense.

Arts. 59 e 60. (*Vetados.*)

Art. 61. A opção, facultada pelo § 2.º do art. 29 do Ato das Disposições Constitucionais Transitórias da Constituição Federal, aos Procuradores da República, deve ser manifestada, ao Advogado-Geral da União, no prazo improrrogável de quinze dias, contado da publicação da lei prevista no parágrafo único do art. 26 desta Lei Complementar.

Art. 62. São criados, no Quadro da Advocacia-Geral da União, seiscentos cargos de Advogado da União, providos mediante aprovação em concurso público, de provas e títulos, distribuídos entre as categorias, na forma estabelecida no Regimento Interno da Advocacia-Geral da União.

§ 1.º Cabe ao Advogado-Geral da União disciplinar, em ato próprio, o primeiro concurso público de provas e títulos, destinado ao provimento de cargos de Advogado da União de 2.ª Categoria.

§ 2.º O concurso público a que se refere o parágrafo anterior deve ter o respectivo edital publicado nos sessenta dias seguintes à posse do Advogado-Geral da União.

Art. 63. Passam a integrar o Quadro da Advocacia-Geral da União os cargos efetivos das atividades-meio da Consultoria-Geral da República e seus titulares.

Art. 64. Até que seja promulgada a lei prevista no art. 26 desta Lei Complementar, ficam assegurados aos titulares dos cargos efetivos e em comissão, privativos de Bacharel em Direito, dos atuais órgãos da Advocacia Consultiva da União, os vencimentos e vantagens a que fazem jus.

Art. 65. (*Vetado.*)

Art. 66. Nos primeiros dezoito meses de vigência desta Lei Complementar, os cargos de confiança referidos no § 1.º do art. 49 podem ser exercidos por Bacharel em Direito não integrante das carreiras de Advogado da União e de Procurador da Fazenda Nacional, observados os requisitos impostos pelos arts. 55 e 58, bem como o disposto no Capítulo IV do Título III desta Lei Complementar.

>> **A Lei n. 9.028, de 12-4-1995, determina, em seu art. 20, que o prazo fixado neste artigo passa a ser de 36 (trinta e seis) meses. *Vide* nota ao art. 20 da Lei n. 9.028, de 1995.**

Art. 67. São interrompidos, por trinta dias, os prazos em favor da União, a partir da vigência desta Lei Complementar.

Parágrafo único. A interrupção prevista no *caput* deste artigo não se aplica às causas em que as autarquias e as fundações públicas sejam autoras, rés, assistentes, oponentes, recorrentes e recorridas, e àquelas de competência da Procuradoria-Geral da Fazenda Nacional.

Art. 68. (*Vetado.*)

Art. 69. O Advogado-Geral da União poderá, tendo em vista a necessidade do serviço, designar, excepcional e provisoriamente, como representantes judiciais da União, titulares de cargos de Procurador da Fazenda Nacional e de Assistente Jurídico.

Parágrafo único. No prazo de dois anos, contado da publicação desta Lei Complementar, cessará a faculdade prevista neste artigo.

>> **A Lei n. 9.028, de 12-4-1995, determina, em seu art. 20, que o prazo fixado neste artigo passa a ser de 36 (trinta e seis) meses. *Vide* nota ao art. 20 da Lei n. 9.028, de 1995.**

Arts. 70 e 71. (*Vetados.*)

Art. 72. Esta Lei Complementar entra em vigor na data de sua publicação.

Art. 73. Revogam-se as disposições em contrário.

Brasília, 10 de fevereiro de 1993; 172.º da Independência e 105.º da República.

ITAMAR FRANCO

LEI N. 8.629, DE 25 DE FEVEREIRO DE 1993 (*)

Dispõe sobre a regulamentação dos dispositivos constitucionais relativos à reforma agrária, previstos no Capítulo III, Título VII, da Constituição Federal.

O Presidente da República

Faço saber que o Congresso Nacional decreta e eu sanciono a seguinte Lei:

Art. 1.º Esta Lei regulamenta e disciplina disposições relativas à reforma agrária, previstas no Capítulo III, Título VII, da Constituição Federal.

Art. 2.º A propriedade rural que não cumprir a função social prevista no art. 9.º é passível de desapropriação, nos termos desta Lei, respeitados os dispositivos constitucionais.

§ 1.º Compete à União desapropriar por interesse social, para fins de reforma agrária, o imóvel rural que não esteja cumprindo sua função social.

§ 2.º Para os fins deste artigo, fica a União, através do órgão federal competente, autorizada a ingressar no imóvel de propriedade particular para levantamento de dados e informações, mediante prévia comunicação escrita ao proprietário, preposto ou seu representante.

>> **§ 2.º com redação determinada pela Medida Provisória n. 2.183-56, de 24-8-2001.**

>> **A Resolução do Senado Federal n. 4, de 17-4-2007, suspende a execução deste § 2.º, com redação da Medida Provisória n. 2.183-56, de 24-8-2001, declarada inconstitucional por decisão definitiva do STF no Mandado de Segurança n. 23.562/4-TO.**

§ 3.º Na ausência do proprietário, do preposto ou do representante, a comunicação será feita mediante edital, a ser publicado, por três vezes consecutivas, em jornal de grande circulação na capital do Estado de localização do imóvel.

>> **§ 3.º acrescentado pela Medida Provisória n. 2.183-56, de 24-8-2001.**

§ 4.º Não será considerada, para os fins desta Lei, qualquer modificação, quanto ao domínio, à dimensão e às condições de uso do imóvel, introduzida ou ocorrida até seis meses após a data da comunicação para levantamento de dados e informações de que tratam os §§ 2.º e 3.º.

(*) Publicada no *Diário Oficial da União* de 26-2-1993. Regulamentada pelo Decreto n. 9.311, de 15-3-2018, que dispõe sobre o processo de seleção, permanência e titulação das famílias beneficiárias do Programa Nacional de Reforma Agrária.

vantamento de dados e informações de que tratam os §§ 2.º e 3.º.

>> § 4.º acrescentado pela Medida Provisória n. 2.183-56, de 24-8-2001.

§ 5.º No caso de fiscalização decorrente do exercício de poder de polícia, será dispensada a comunicação de que tratam os §§ 2.º e 3.º.

>> § 5.º acrescentado pela Medida Provisória n. 2.183-56, de 24-8-2001.

§ 6.º O imóvel rural de domínio público ou particular objeto de esbulho possessório ou invasão motivada por conflito agrário ou fundiário de caráter coletivo não será vistoriado, avaliado ou desapropriado nos dois anos seguintes à sua desocupação, ou no dobro desse prazo, em caso de reincidência; e deverá ser apurada a responsabilidade civil e administrativa de quem concorra com qualquer ato omissivo ou comissivo que propicie o descumprimento dessas vedações.

>> § 6.º acrescentado pela Medida Provisória n. 2.183-56, de 24-8-2001.

§ 7.º Será excluído do Programa de Reforma Agrária do Governo Federal quem, já estando beneficiado com lote em Projeto de Assentamento, ou sendo pretendente desse benefício na condição de inscrito em processo de cadastramento e seleção de candidatos ao acesso à terra, for efetivamente identificado como participante direto ou indireto em conflito fundiário que se caracterize por invasão ou esbulho de imóvel rural de domínio público ou privado em fase de processo administrativo de vistoria ou avaliação para fins de reforma agrária, ou que esteja sendo objeto de processo judicial de desapropriação em vias de imissão de posse ao ente expropriante; e bem assim quem for efetivamente identificado como participante de invasão de prédio público, de atos de ameaça, sequestro ou manutenção de servidores públicos e outros cidadãos em cárcere privado, ou de quaisquer outros atos de violência real ou pessoal praticados em tais situações.

>> § 7.º acrescentado pela Medida Provisória n. 2.183-56, de 24-8-2001.

§ 8.º A entidade, a organização, a pessoa jurídica, o movimento ou a sociedade de fato que, de qualquer forma, direta ou indiretamente, auxiliar, colaborar, incentivar, incitar, induzir ou participar de invasão de imóveis rurais ou de bens públicos, ou em conflito agrário ou fundiário de caráter coletivo, não receberá, a qualquer título, recursos públicos.

>> § 8.º acrescentado pela Medida Provisória n. 2.183-56, de 24-8-2001.

§ 9.º Se, na hipótese do § 8.º, a transferência ou repasse dos recursos públicos já tiverem sido autorizados, assistirá ao Poder Público o direito de retenção, bem assim o de rescisão do contrato, convênio ou instrumento similar.

>> § 9.º acrescentado pela Medida Provisória n. 2.183-56, de 24-8-2001.

Art. 2.º-A. Na hipótese de fraude ou simulação de esbulho ou invasão, por parte do proprietário ou legítimo possuidor do imóvel, para os fins dos §§ 6.º e 7.º do art. 2.º, o órgão executor do Programa Nacional de Reforma Agrária aplicará pena administrativa de R$ 55.000,00 (cinquenta e cinco mil reais) a R$ 535.000,00 (quinhentos e trinta e cinco mil reais) e o cancelamento do cadastro do imóvel no Sistema Nacional de Cadastro Rural, sem prejuízo das demais sanções penais e civis cabíveis.

>> *Caput* acrescentado pela Medida Provisória n. 2.183-56, de 24-8-2001.

Parágrafo único. Os valores a que se refere este artigo serão atualizados, a partir de maio de 2000, no dia 1.º de janeiro de cada ano, com base na variação acumulada do Índice Geral de Preços – Disponibilidade Interna – IGP-DI, da Fundação Getúlio Vargas, no respectivo período.

>> Parágrafo único acrescentado pela Medida Provisória n. 2.183-56, de 24-8-2001.

Art. 3.º (*Vetado.*)

Art. 4.º Para os efeitos desta Lei, conceituam-se:

I – Imóvel Rural – o prédio rústico de área contínua, qualquer que seja a sua localização, que se destine ou possa se destinar à exploração agrícola, pecuária, extrativa vegetal, florestal ou agroindustrial;

II – Pequena Propriedade – o imóvel rural:

a) de área até quatro módulos fiscais, respeitada a fração mínima de parcelamento;

>> Alínea *a* com redação determinada pela Lei n. 13.465, de 11-7-2017.

b) e *c)* (*Vetadas.*);

III – Média Propriedade – o imóvel rural:

a) de área superior a 4 (quatro) e até 15 (quinze) módulos fiscais;

b) (*Vetada.*)

§ 1.º São insuscetíveis de desapropriação para fins de reforma agrária a pequena e a média propriedade rural, desde que o seu proprietário não possua outra propriedade rural.

>> Parágrafo único renumerado pela Lei n. 13.465, de 11-7-2017.

§ 2.º É obrigatória a manutenção no Sistema Nacional de Cadastro Rural (SNCR) de informações específicas sobre imóveis rurais com área de até um módulo fiscal.

>> § 2.º acrescentado pela Lei n. 13.465, de 11-7-2017.

Art. 5.º A desapropriação por interesse social, aplicável ao imóvel rural que não cumpra sua função social, importa prévia e justa indenização em títulos da dívida agrária.

§ 1.º As benfeitorias úteis e necessárias serão indenizadas em dinheiro.

§ 2.º O decreto que declarar o imóvel como de interesse social, para fins de reforma agrária, autoriza a União a propor ação de desapropriação.

§ 3.º Os títulos da dívida agrária, que conterão cláusula assecuratória de preservação de seu valor real, serão resgatáveis a partir do segundo ano de sua emissão, em percentual proporcional ao prazo, observados os seguintes critérios:

I – do segundo ao décimo quinto ano, quando emitidos para indenização de imóvel com área de até setenta módulos fiscais;

>> Inciso I com redação determinada pela Medida Provisória n. 2.183-56, de 24-8-2001.

II – do segundo ao décimo oitavo ano, quando emitidos para indenização de imóvel com área acima de setenta e até cento e cinquenta módulos fiscais; e

>> Inciso II com redação determinada pela Medida Provisória n. 2.183-56, de 24-8-2001.

III – do segundo ao vigésimo ano, quando emitidos para indenização de imóvel com área superior a cento e cinquenta módulos fiscais.

>> Primitivo inciso IV renumerado pela Medida Provisória n. 2.183-56, de 24-8-2001.

§ 4.º Na hipótese de acordo administrativo ou acordo realizado no âmbito do procedimento previsto na Lei Complementar n. 76, de 6 de julho de 1993, o pagamento será efetuado de forma escalonada em Títulos da Dívida Agrária (TDA), resgatáveis em parcelas anuais, iguais e sucessivas, a partir do segundo ano de sua emissão, observadas as seguintes condições:

>> § 4.º com redação determinada pela Lei n. 13.465, de 11-7-2017.

§ 5.º Os prazos previstos no § 4.º, quando iguais ou superiores a dez anos, poderão ser reduzidos em cinco anos, desde que o proprietário concorde em receber o pagamento do valor das benfeitorias úteis e necessárias integralmente em TDA.

>> § 5.º acrescentado pela Medida Provisória n. 2.183-56, de 24-8-2001.

§ 6.º Aceito pelo proprietário o pagamento das benfeitorias úteis e necessárias em TDA, os prazos de resgates dos respectivos títulos serão fixados mantendo-se a mesma proporcionalidade estabelecida para aqueles relativos ao valor da terra e suas acessões naturais.

>> § 6.º acrescentado pela Medida Provisória n. 2.183-56, de 24-8-2001.

§ 7.º Na aquisição por compra e venda ou na arrematação judicial de imóveis rurais destinados à implementação de projetos integrantes do Programa Nacional de Reforma Agrária, o pagamento poderá ser feito em dinheiro, na forma estabelecida em regulamento.

>> § 7.º acrescentado pela Lei n. 13.465, de 11-7-2017.

§ 8.º Na hipótese de decisão judicial transitada em julgado fixar a indenização da terra nua ou das benfeitorias indenizáveis em valor superior ao ofertado pelo expropriante, corrigido monetariamente, a diferença será paga na forma do art. 100 da Constituição Federal.

>> § 8.º acrescentado pela Lei n. 13.465, de 11-7-2017.

§ 9.º e houver imissão prévia na posse e, posteriormente, for verificada divergência entre o preço ofertado em juízo e o valor do bem fixado na sentença definitiva, expressos em termos reais, sobre a diferença eventualmente apurada incidirão juros compensatórios a contar da imissão de posse, em percentual correspondente ao fixado para os títulos da dívida agrária depositados como oferta inicial para a terra nua, vedado o cálculo de juros compostos.

>> § 9.º acrescentado pela Lei n. 13.465, de 11-7-2017.

Art. 6.º Considera-se propriedade produtiva aquela que, explorada econômica e racionalmente, atinge, simultaneamente, graus de utilização da terra e de eficiência na exploração, segundo índices fixados pelo órgão federal competente.

> A Instrução Normativa n. 63, de 11-10-2010, do INCRA, dispõe sobre o procedimento administrativo de ratificação das alienações e concessões de terras devolutas feitas pelos Estados na faixa da fronteira.

§ 1.º O grau de utilização da terra, para efeito do *caput* deste artigo, deverá ser igual ou superior a 80% (oitenta por cento), calculado pela relação percentual entre a área efetivamente utilizada e a área aproveitável total do imóvel.

§ 2.º O grau de eficiência na exploração da terra deverá ser igual ou superior a 100% (cem por cento), e será obtido de acordo com a seguinte sistemática:

I – para os produtos vegetais, divide-se a quantidade colhida de cada produto pelos respectivos índices de rendimento estabelecidos pelo órgão competente do Poder Executivo, para cada Microrregião Homogênea;

II – para a exploração pecuária, divide-se o número total de Unidades Animais (UA) do rebanho, pelo índice de lotação estabelecido pelo órgão competente do Poder Executivo, para cada Microrregião Homogênea;

III – a soma dos resultados obtidos na forma dos incisos I e II deste artigo, dividida pela área efetivamente utilizada e multiplicada por 100 (cem), determina o grau de eficiência na exploração.

§ 3.º Consideram-se efetivamente utilizadas:

I – as áreas plantadas com produtos vegetais;

II – as áreas de pastagens nativas e plantadas, observado o índice de lotação por zona de pecuária, fixado pelo Poder Executivo;

III – as áreas de exploração extrativa vegetal ou florestal, observados os índices de rendimento estabelecidos pelo órgão competente do Poder Executivo, para cada Microrregião Homogênea, e a legislação ambiental;

IV – as áreas de exploração de florestas nativas, de acordo com plano de exploração e nas condições estabelecidas pelo órgão federal competente;

V – as áreas sob processos técnicos de formação ou recuperação de pastagens ou de culturas permanentes, tecnicamente conduzidas e devidamente comprovadas, mediante documentação e Anotação de Responsabilidade Técnica.

>> Inciso V com redação determinada pela Medida Provisória n. 2.183-56, de 24-8-2001.

§ 4.º No caso de consórcio ou intercalação de culturas, considera-se efetivamente utilizada a área total do consórcio ou intercalação.

§ 5.º No caso de mais de um cultivo no ano, com um ou mais produtos, no mesmo espaço, considera-se efetivamente utilizada a maior área usada no ano considerado.

§ 6.º Para os produtos que não tenham índices de rendimentos fixados, adotar-se-á a área utilizada com esses produtos, com resultado do cálculo previsto no inciso I do § 2.º deste artigo.

§ 7.º Não perderá a qualificação de propriedade produtiva o imóvel que, por razões de força maior, caso fortuito ou de renovação de passagens tecnicamente conduzidas, devidamente comprovados pelo órgão competente, deixar de apresentar, no ano respectivo, os graus de eficiência na exploração, exigidos para a espécie.

§ 8.º São garantidos os incentivos fiscais referentes ao Imposto Territorial Rural relacionados com os graus de utilização e de eficiência na exploração, conforme o disposto no art. 49 da Lei n. 4.504, de 30 de novembro de 1964.

Art. 7.º Não será passível de desapropriação, para fins de reforma agrária, o imóvel que comprove estar sendo objeto de implantação de projeto técnico que atenda aos seguintes requisitos:

I – seja elaborado por profissional legalmente habilitado e identificado;

II – esteja cumprindo o cronograma físico-financeiro originalmente previsto, não admitidas prorrogações dos prazos;

III – preveja que, no mínimo, 80% (oitenta por cento) da área total aproveitável do imóvel esteja efetivamente utilizada em, no máximo, 3 (três) anos para as culturas anuais e 5 (cinco) anos para as culturas permanentes;

IV – haja sido aprovado pelo órgão federal competente, na forma estabelecida em regulamento, no mínimo seis meses antes da comunicação de que tratam os §§ 2.º e 3.º do art. 2.º.

>> Inciso IV com redação determinada pela Medida Provisória n. 2.183-56, de 24-8-2001.

Parágrafo único. Os prazos previstos no inciso III deste artigo poderão ser prorrogados em até 50% (cinquenta por cento), desde que o projeto receba, anualmente, a aprovação do órgão competente para fiscalização e tenha sua implantação iniciada no prazo de 6 (seis) meses, contado de sua aprovação.

Art. 8.º Ter-se-á como racional e adequado o aproveitamento de imóvel rural, quando esteja oficialmente destinado à execução de atividades de pesquisa e experimentação que objetivem o avanço tecnológico da agricultura.

Parágrafo único. Para os fins deste artigo só serão consideradas as propriedades que tenham destinados às atividades de pesquisa, no mínimo, 80% (oitenta por cento) da área total aproveitável do imóvel, sendo consubstanciadas tais atividades em projeto:

I – adotado pelo Poder Público, se pertencente a entidade de administração direta ou indireta, ou a empresa sob seu controle;

II – aprovado pelo Poder Público, se particular o imóvel.

Art. 9.º A função social é cumprida quando a propriedade rural atende, simultaneamente, segundo graus e critérios estabelecidos nesta Lei, os seguintes requisitos:

I – aproveitamento racional e adequado;

II – utilização adequada dos recursos naturais disponíveis e preservação do meio ambiente;

III – observância das disposições que regulam as relações de trabalho;

IV – exploração que favoreça o bem-estar dos proprietários e dos trabalhadores.

§ 1.º Considera-se racional e adequado o aproveitamento que atinja os graus de utilização da terra e de eficiência na exploração especificados nos §§ 1.º a 7.º do art. 6.º desta Lei.

§ 2.º Considera-se adequada a utilização dos recursos naturais disponíveis quando a exploração se faz respeitando a vocação natural da terra, de modo a manter o potencial produtivo da propriedade.

§ 3.º Considera-se preservação do meio ambiente a manutenção das características próprias do meio natural e da qualidade dos recursos ambientais, na medida adequada à manutenção do equilíbrio ecológico da propriedade e da saúde e qualidade de vida das comunidades vizinhas.

§ 4.º A observância das disposições que regulam as relações de trabalho implica tanto o respeito às leis trabalhistas e aos contratos coletivos de trabalho, como às disposições que disciplinam os contratos de arrendamento e parceria rurais.

§ 5.º A exploração que favorece o bem-estar dos proprietários e trabalhadores rurais é a que objetiva o atendimento das necessidades básicas dos que trabalham a terra, observa as normas de segurança do trabalho e não provoca conflitos e tensões sociais no imóvel.

§ 6.º (*Vetado*.)

Art. 10. Para efeito do que dispõe esta Lei, consideram-se não aproveitáveis:

I – as áreas ocupadas por construções e instalações, excetuadas aquelas destinadas a fins produtivos, como estufas, viveiros, sementeiros, tanques de reprodução e criação de peixes e outros semelhantes;

II – as áreas comprovadamente imprestáveis para qualquer tipo de exploração agrícola, pecuária, florestal ou extrativa vegetal;

III – as áreas sob efetiva exploração mineral;

IV – as áreas de efetiva preservação permanente e demais áreas protegidas por legislação relativa à conservação dos recursos naturais e à preservação do meio ambiente.

Art. 11. Os parâmetros, índices e indicadores que informam o conceito de produtividade serão ajustados, periodicamente, de modo a levar em conta o progresso científico e tecnológico da agricultura e o desenvolvimento regional, pelos Ministros de Estado do Desenvolvimento Agrário e da Agricultura e do Abastecimento, ouvido o Conselho Nacional de Política Agrícola.

>> Artigo com redação determinada pela Medida Provisória n. 2.183-56, de 24-8-2001.

Art. 12. Considera-se justa a indenização que reflita o preço atual de mercado do imóvel em sua totalidade, aí incluídas as terras e acessões naturais, matas e florestas e as benfeitorias indenizáveis, observados os seguintes aspectos:

>> *Caput* com redação determinada pela Medida Provisória n. 2.183-56, de 24-8-2001.

I – localização do imóvel;

>> Inciso *I* acrescentado pela Medida Provisória n. 2.183-56, de 24-8-2001.

II – aptidão agrícola;

>> Inciso II acrescentado pela Medida Provisória n. 2.183-56, de 24-8-2001.

III – dimensão do imóvel;

>> Inciso III acrescentado pela Medida Provisória n. 2.183-56, de 24-8-2001.

IV – área ocupada e ancianidade das posses;

>> Inciso IV acrescentado pela Medida Provisória n. 2.183-56, de 24-8-2001.

V – funcionalidade, tempo de uso e estado de conservação das benfeitorias.

>> Inciso V acrescentado pela Medida Provisória n. 2.183-56, de 24-8-2001.

§ 1.º Verificado o preço atual de mercado da totalidade do imóvel, proceder-se-á à dedução do valor das benfeitorias indenizáveis a serem pagas em dinheiro, obtendo-se o preço da terra a ser indenizado em TDA.

>> § 1.º com redação determinada pela Medida Provisória n. 2.183-56, de 24-8-2001.

§ 2.º Integram o preço da terra as florestas naturais, matas nativas e qualquer outro tipo de vegetação natural, não podendo o preço apurado superar, em qualquer hipótese, o preço de mercado do imóvel.

>> § 2.º com redação determinada pela Medida Provisória n. 2.183-56, de 24-8-2001.

§ 3.º O Laudo de Avaliação será subscrito por engenheiro agrônomo com registro de Anotação de Responsabilidade Técnica – ART, respondendo o subscritor, civil, penal e administrativamente, pela superavaliação comprovada ou fraude na identificação das informações.

>> § 3.º acrescentado pela Medida Provisória n. 2.183-56, de 24-8-2001.

Art. 13. As terras rurais de domínio da União, dos Estados e dos Municípios ficam destinadas, preferencialmente, à execução de planos de reforma agrária.

Parágrafo único. Excetuando-se as reservas indígenas e os parques, somente se admitirá a existência de imóveis rurais de propriedade pública, com objetivos diversos dos previstos neste artigo, se o Poder Público os explorar direta ou indiretamente para pesquisa, experimentação, demonstração e fomento de atividades relativas ao desenvolvimento da agricultura, pecuária, preservação ecológica, áreas de segurança, treinamento militar, educação de todo tipo, readequação social e defesa nacional.

Arts. 14 e 15. (*Vetados.*)

Art. 16. Efetuada a desapropriação, o órgão expropriante, dentro do prazo de 3 (três) anos, contados da data de registro do título translativo de domínio, destinará a respectiva área aos beneficiários da reforma agrária, admitindo-se, para tanto, formas de exploração individual, condominial, cooperativa, associativa ou mista.

Art. 17. O assentamento de trabalhadores rurais deverá ser realizado em terras economicamente úteis, de preferência na região por eles habitada, observado o seguinte:

>> *Caput* com redação determinada pela Medida Provisória n. 2.183-56, de 24-8-2001.

> A Norma de Execução n. 69, de 12-3-2008, do Ministério do Desenvolvimento Agrário, dispõe sobre o processo de criação e reconhecimento de projetos de assentamento de reforma agrária.

I – a obtenção de terras rurais destinadas à implantação de projetos de assentamento integrantes do programa de reforma agrária será precedida de estudo sobre a viabilidade econômica e a potencialidade de uso dos recursos naturais;

>> Inciso I acrescentado pela Medida Provisória n. 2.183-56, de 24-8-2001.

II – os beneficiários dos projetos de que trata o inciso I manifestarão sua concordância com as condições de obtenção das terras destinadas à implantação dos projetos de assentamento, inclusive quanto ao preço a ser pago pelo órgão federal executor do programa de reforma agrária e com relação aos recursos naturais;

>> Inciso II acrescentado pela Medida Provisória n. 2.183-56, de 24-8-2001.

III – nos projetos criados será elaborado Plano de Desenvolvimento de Assentamento – PDA, que orientará a fixação de normas técnicas para a sua implantação e os respectivos investimentos;

>> Inciso III acrescentado pela Medida Provisória n. 2.183-56, de 24-8-2001.

IV – integrarão a clientela de trabalhadores rurais, para fins de assentamento em projetos de reforma agrária, somente aqueles que satisfizerem os requisitos fixados para seleção e classificação previstos nesta Lei; e

>> Inciso IV com redação determinada pela Lei n. 13.465, de 11-7-2017.

V – a consolidação dos projetos de assentamento integrantes dos programas de reforma agrária dar-se-á com a concessão de créditos de instalação e a conclusão dos investimentos, bem como com a outorga do instrumento definitivo de titulação.

>> Inciso V acrescentado pela Medida Provisória n. 2.183-56, de 24-8-2001.

>> O Decreto n. 9.424, de 26-6-2018 regulamenta a concessão dos créditos de instalação previstos neste inciso V.

§ 1.º (*Vetado.*)

>> § 1.º renumerado pela Lei n. 13.001, de 20-6-2014.

§ 2.º Para a consolidação dos projetos de que trata o inciso V do *caput*, fica o Poder Executivo autorizado a conceder créditos de instalação aos assentados, nos termos do regulamento.

>> § 2.º acrescentado pela Lei n. 13.001, de 20-6-2014.

§ 3.º Poderá ser contratada instituição financeira federal para a operacionalização da concessão referida no inciso V do *caput*, dispensada a licitação.

>> § 3.º acrescentado pela Lei n. 13.001, de 20-6-2014.

§ 4.º As despesas relativas à concessão de crédito de que trata o inciso V do *caput* adequar-se-ão às disponibilidades orçamentárias e financeiras do órgão responsável pela execução do referido programa.

>> § 4.º acrescentado pela Lei n. 13.001, de 20-6-2014.

§ 5.º O regulamento a que se refere o § 2.º estabelecerá prazos, carências, termos, condições, rebates para liquidação e procedimentos simplificados para o cumprimento do disposto neste artigo.

>> § 5.º acrescentado pela Lei n. 13.001, de 20-6-2014.

§ 6.º Independentemente da implementação dos requisitos exigidos no inciso V do caput deste artigo, considera-se consolidado o projeto de assentamento que atingir o prazo de quinze anos de sua implantação, salvo por decisão fundamentada do Incra.

>> § 6.º acrescentado pela Lei n. 13.465, de 11-7-2017.

§ 7.º Os assentamentos que, em 1.º de junho de 2017, contarem com quinze anos ou mais de criação, deverão ser consolidados em até três anos.

>> § 7.º acrescentado pela Lei n. 13.465, de 11-7-2017.

§ 8.º A quitação dos créditos de que trata o § 2.º deste artigo não é requisito para a liberação das condições resolutivas do título de domínio ou da Concessão de Direito Real de Uso (CDRU), autorizada a cobrança da dívida na forma legal.

>> § 8.º acrescentado pela Lei n. 13.465, de 11-7-2017.

Art. 18. A distribuição de imóveis rurais pela reforma agrária far-se-á por meio de títulos de domínio, concessão de uso ou concessão de direito real de uso – CDRU instituído pelo art. 7.º do Decreto-Lei n. 271, de 28 de fevereiro de 1967.

>> *Caput* com redação determinada pela Lei n. 13.001, de 20-6-2014.

§ 1.º Os títulos de domínio e a CDRU são inegociáveis pelo prazo de dez anos, contado da data de celebração do contrato de concessão de uso ou de outro instrumento equivalente, observado o disposto nesta Lei.

>> § 1.º com redação determinada pela Lei n. 13.465, de 11-7-2017.

§ 2.º Na implantação do projeto de assentamento, será celebrado com o beneficiário do programa de reforma agrária contrato de concessão de uso, gratuito, inegociável, de forma individual ou coletiva, que conterá cláusulas resolutivas, estipulando-se os direitos e as obrigações da entidade concedente e dos concessionários, assegurando-se a estes o direito de adquirir título de domínio ou a CDRU nos termos desta Lei.

>> § 2.º com redação determinada pela Lei n. 13.001, de 20-6-2014.

§ 3.º O título de domínio e a CDRU conterão cláusulas resolutivas e será outorgado ao beneficiário do programa de reforma agrária, de forma individual ou coletiva, após a realização dos serviços de medição e demarcação topográfica do imóvel a ser alienado.

>> § 3.º com redação determinada pela Lei n. 13.001, de 20-6-2014.

§ 4.º Regulamento disporá sobre as condições e a forma de outorga dos títulos de domínio e da CDRU aos beneficiários dos projetos de assentamento do Programa Nacional de Reforma Agrária.

>> § 4.º com redação determinada pela Lei n. 13.465, de 11-7-2017.

§ 5.º O valor da alienação, na hipótese de outorga de título de domínio, considerará o tamanho da área e será estabelecido entre 10% (dez por cento) e 50% (cinquenta por cento) do valor mínimo da pauta de valores da terra nua para fins de titulação e regularização fundiária elaborada pelo Incra, com base nos valores de imóveis avaliados para a reforma agrária, conforme regulamento.

>> § 5.º com redação determinada pela Lei n. 13.465, de 11-7-2017.

§ 6.º As condições de pagamento, carência e encargos financeiros serão definidas em regulamento, não podendo ser superiores às condições estabelecidas para os financiamentos concedidos ao amparo da Lei Complementar n. 93, de 4 de fevereiro de 1998, e alcançarão os títulos de domínio cujos prazos de carência ainda não expiraram.

>> § 6.º com redação determinada pela Lei n. 13.001, de 20-6-2014.

§ 7.º A alienação de lotes de até 1 (um) módulo fiscal, em projetos de assentamento criados em terras devolutas discriminadas e registradas em nome do Incra ou da União, ocorrerá de forma gratuita.

>> § 7.º com redação determinada pela Lei n. 13.001, de 20-6-2014.

§ 8.º São considerados não reembolsáveis:

>> § 8.º, *caput*, acrescentado pela Lei n. 13.001, de 20-6-2014.

I – os valores relativos às obras de infraestrutura de interesse coletivo;

>> Inciso I acrescentado pela Lei n. 13.001, de 20-6-2014.

II – aos custos despendidos com o plano de desenvolvimento do assentamento; e

>> Inciso II acrescentado pela Lei n. 13.001, de 20-6-2014.

III – aos serviços de medição e demarcação topográficos.

>> Inciso III acrescentado pela Lei n. 13.001, de 20-6-2014.

§ 9.º O título de domínio ou a CDRU de que trata o *caput* poderão ser concedidos aos beneficiários com o cumprimento das obrigações estabelecidas com fundamento no inciso V do art. 17 desta Lei e no regulamento.

>> § 9.º acrescentado pela Lei n. 13.001, de 20-6-2014.

§ 10. Falecendo qualquer dos concessionários do contrato de concessão de uso ou de CDRU, seus herdeiros ou legatários receberão o imóvel, cuja transferência será processada administrativamente, não podendo fracioná-lo.

>> § 10 acrescentado pela Lei n. 13.001, de 20-6-2014.

§ 11. Os herdeiros ou legatários que adquirirem, por sucessão, a posse do imóvel não poderão fracioná-lo.

>> § 11 acrescentado pela Lei n. 13.001, de 20-6-2014.

§ 12. O órgão federal executor do programa de reforma agrária manterá atualizado o cadastro de áreas desapropriadas e das adquiridas por outros meios e de beneficiários da reforma agrária e disponibilizará os dados na rede mundial de computadores.

>> § 12 acrescentado pela Lei n. 13.001, de 20-6-2014.

§ 13. Os títulos de domínio, a concessão de uso ou a CDRU a que se refere o caput deste artigo serão conferidos ao homem, na ausência de cônjuge ou companheira, à mulher, na ausência de cônjuge ou companheiro, ou ao homem e à mulher, obrigatoriamente, nos casos de casamento ou união estável.

>> § 13 acrescentado pela Lei n. 13.465, de 11-7-2017.

§ 14. Para fins de interpretação, a outorga coletiva a que se refere o § 3.º deste artigo não permite a titulação, provisória ou definitiva, a pessoa jurídica.

>> § 14 acrescentado pela Lei n. 13.465, de 11-7-2017.

§ 15. Os títulos emitidos sob a vigência de norma anterior poderão ter seus valores reenquadrados, de acordo com o previsto no § 5.º deste artigo, mediante requerimento do interessado, observados os termos estabelecidos em regulamento e vedada a restituição de valores já pagos que eventualmente excedam o valor devido após o reenquadramento.

>> § 15 acrescentado pela Lei n. 13.465, de 11-7-2017.

Art. 18-A. Os lotes a serem distribuídos pelo Programa Nacional de Reforma Agrária não poderão ter área superior a 2 (dois) módulos fiscais ou inferior à fração mínima de parcelamento.

>> *Caput* acrescentado pela Lei n. 13.001, de 20-6-2014.

§ 1.º Fica o Incra autorizado, nos assentamentos com data de criação anterior ao período de dois anos, contado retroativamente a partir de 22 de dezembro de 2016, a conferir o título de domínio ou a CDRU relativos às áreas em que ocorreram desmembramentos ou remembramentos após a concessão de uso, desde que observados os seguintes requisitos:

>> § 1.º, *caput*, com redação determinada pela Lei n. 13.465, de 11-7-2017.

I – observância da fração mínima de parcelamento e do limite de área de até quatro módulos fiscais por beneficiário, observado o disposto no art. 8.º da Lei n. 5.868, de 12 de dezembro de 1972;

>> Inciso I com redação determinada pela Lei n. 13.465, de 11-7-2017.

II – o beneficiário não possua outro imóvel a qualquer título;

>> Inciso II acrescentado pela Lei n. 13.001, de 20-6-2014.

III – o beneficiário preencha os requisitos exigidos no art. 3.º da Lei n. 11.326, de 24 de julho de 2006; e

>> Inciso III acrescentado pela Lei n. 13.001, de 20-6-2014.

IV – o desmembramento ou o remembramento seja anterior ao período de dois anos, contado retroativamente a partir de 22 de dezembro de 2016.

>> Inciso IV com redação determinada pela Lei n. 13.465, de 11-7-2017.

§ 2.º O beneficiário titulado nos termos do § 1.º não fará jus aos créditos de instalação de que trata o art. 17 desta Lei.

>> § 2.º acrescentado pela Lei n. 13.001, de 20-6-2014.

§ 3.º Os títulos concedidos nos termos do § 1.º deste artigo são inegociáveis pelo prazo de dez anos, contado da data de sua expedição.

>> § 3.º acrescentado pela Lei n. 13.465, de 11-7-2017.

Art. 18-B. Identificada a ocupação ou a exploração de área objeto de projeto de assentamento por indivíduo que não se enquadre como beneficiário do Programa Nacional de Reforma Agrária, o ocupante será notificado para desocupação da área, nos termos estabelecidos em regulamento, sem prejuízo de eventual responsabilização nas esferas cível e penal.

>> Artigo acrescentado pela Lei n. 13.465, de 11-7-2017.

Art. 19. O processo de seleção de indivíduos e famílias candidatos a beneficiários do Programa Nacional de Reforma Agrária será realizado por projeto de assentamento, observada a seguinte ordem de preferência na distribuição de lotes:

>> *Caput* com redação determinada pela Lei n. 13.465, de 11-7-2017.

I – ao desapropriado, ficando-lhe assegurada a preferência para a parcela na qual se situe a sede do imóvel, hipótese em que esta será excluída da indenização devida pela desapropriação;

>> Inciso I com redação determinada pela Lei n. 13.465, de 11-7-2017.

II – aos que trabalham no imóvel desapropriado como posseiros, assalariados, parceiros ou arrendatários, identificados na vistoria;

>> Inciso II com redação determinada pela Lei n. 13.465, de 11-7-2017.

III – aos trabalhadores rurais desintrusados de outras áreas, em virtude de demarcação de terra indígena, criação de unidades de conservação, titulação de comunidade quilombola ou de outras ações de interesse público;

>> Inciso III com redação determinada pela Lei n. 13.465, de 11-7-2017.

IV – ao trabalhador rural em situação de vulnerabilidade social que não se enquadre nas hipóteses previstas nos incisos I, II e III deste artigo;

>> Inciso IV com redação determinada pela Lei n. 13.465, de 11-7-2017.

V – ao trabalhador rural vítima de trabalho em condição análoga à de escravo;

>> Inciso V com redação determinada pela Lei n. 13.465, de 11-7-2017.

VI – aos que trabalham como posseiros, assalariados, parceiros ou arrendatários em outros imóveis rurais;

>> Inciso VI com redação determinada pela Lei n. 13.465, de 11-7-2017.

VII – aos ocupantes de áreas inferiores à fração mínima de parcelamento.

>> Inciso VII acrescentado pela Lei n. 13.465, de 11-7-2017.

§ 1.º O processo de seleção de que trata o caput deste artigo será realizado pelo Incra com ampla divulgação do edital de convocação na internet e no Município em que será instalado o projeto de assentamento, bem como nos Municípios limítrofes, na forma do regulamento.

>> § 1.º com redação determinada pela Lei n. 13.465, de 11-7-2017.

§ 2.º Nos projetos de assentamentos ambientalmente diferenciados, definidos em regulamento, o processo de seleção será restrito às famílias que já residam na área, observadas as vedações constantes do art. 20 desta Lei.

>> § 2.º acrescentado pela Lei n. 13.465, de 11-7-2017.

§ 3.º Caso a capacidade do projeto de assentamento não atenda todos os candidatos selecionados, será elaborada lista dos candidatos excedentes, com prazo de validade de dois anos, a qual será observada de forma prioritária quando houver substituição dos beneficiários originários dos lotes, nas hipóteses de desistência, abandono ou reintegração de posse.

>> § 3.º acrescentado pela Lei n. 13.465, de 11-7-2017.

§ 4.º Esgotada a lista dos candidatos excedentes de que trata o § 3.º deste artigo ou expirada sua validade, será instaurado novo processo de seleção específico para os lotes vagos no projeto de assentamento em decorrência de desistência, abandono ou reintegração de posse.

>> § 4º acrescentado pela Lei n. 13.465, de 11-7-2017.

§ 5.º A situação de vulnerabilidade social do candidato a que se refere o inciso IV do *caput* deste artigo será comprovada por meio da respectiva inscrição no Cadastro Único para Programas Sociais do Governo Federal (CadÚnico), ou em outro cadastro equivalente definido em regulamento.

>> § 5.º acrescentado pela Lei n. 13.465, de 11-7-2017.

Art. 19-A. Caberá ao Incra, observada a ordem de preferência a que se refere o art. 19, classificar os candidatos a beneficiários do Programa Nacional de Reforma Agrária, segundo os seguintes critérios:

>> *Caput* acrescentado pela Lei n. 13.465, de 11-7-2017.

I – família mais numerosa cujos membros se proponham a exercer a atividade agrícola na área objeto do projeto de assentamento;

>> Inciso I acrescentado pela Lei n. 13.465, de 11-7-2017.

II – família ou indivíduo que resida há mais tempo no Município em que se localize a área objeto do projeto de assentamento para o qual se destine a seleção, ou nos Municípios limítrofes;

>> Inciso II acrescentado pela Lei n. 13.465, de 11-7-2017.

III – família chefiada por mulher;

>> Inciso III acrescentado pela Lei n. 13.465, de 11-7-2017.

IV – família ou indivíduo integrante de acampamento situado no Município em que se localize a área objeto do projeto de assentamento ou nos Municípios limítrofes;

>> Inciso IV acrescentado pela Lei n. 13.465, de 11-7-2017.

V – filhos que tenham entre dezoito e vinte e nove anos idade de pais assentados que residam na área objeto do mesmo projeto de assentamento;

>> Inciso V acrescentado pela Lei n. 13.465, de 11-7-2017.

VI – famílias de trabalhadores rurais que residam em área objeto de projeto de assentamento na condição de agregados; e

>> Inciso VI acrescentado pela Lei n. 13.465, de 11-7-2017.

VII – outros critérios sociais, econômicos e ambientais estabelecidos por regulamento, de acordo com as áreas de reforma agrária para as quais a seleção é realizada.

>> Inciso VII acrescentado pela Lei n. 13.465, de 11-7-2017.

§ 1.º Regulamento estabelecerá a pontuação a ser conferida aos candidatos de acordo com os critérios definidos por este artigo.

>> § 1.º acrescentado pela Lei n. 13.465, de 11-7-2017.

§ 2.º Considera-se família chefiada por mulher aquela em que a mulher, independentemente do estado civil, seja responsável pela maior parte do sustento material de seus dependentes.

>> § 2.º acrescentado pela Lei n. 13.465, de 11-7-2017.

§ 3.º Em caso de empate, terá preferência o candidato de maior idade.

>> § 3.º acrescentado pela Lei n. 13.465, de 11-7-2017.

Art. 20. Não poderá ser selecionado como beneficiário dos projetos de assentamento a que se refere esta Lei quem:

>> *Caput* com redação determinada pela Lei n. 13.465, de 11-7-2017.

I – for ocupante de cargo, emprego ou função pública remunerada;

>> Inciso I acrescentado pela Lei n. 13.465, de 11-7-2017.

II – tiver sido excluído ou se afastado do programa de reforma agrária, de regularização fundiária ou de crédito fundiário sem consentimento de seu órgão executor;

>> Inciso II acrescentado pela Lei n. 13.465, de 11-7-2017.

III – for proprietário rural, exceto o desapropriado do imóvel e o agricultor cuja propriedade seja insuficiente para o sustento próprio e o de sua família;

>> Inciso III acrescentado pela Lei n. 13.465, de 11-7-2017.

IV – for proprietário, cotista ou acionista de sociedade empresária em atividade;

>> Inciso IV acrescentado pela Lei n. 13.465, de 11-7-2017.

V – for menor de dezoito anos não emancipado na forma da lei civil; ou

>> Inciso V acrescentado pela Lei n. 13.465, de 11-7-2017.

VI – auferir renda familiar proveniente de atividade não agrária superior a três salários mínimos mensais ou superior a um salário mínimo *per capita*.

>> Inciso VI acrescentado pela Lei n. 13.465, de 11-7-2017.

§ 1.º As disposições constantes dos incisos I, II, III, IV e VI do *caput* deste artigo aplicam-se aos cônjuges e conviventes, inclusive em regime de união estável, exceto em relação ao cônjuge que, em caso de separação judicial ou de fato, não tenha sido beneficiado pelos programas de que trata o inciso II do *caput* deste artigo.

>> § 1.º acrescentado pela Lei n. 13.465, de 11-7-2017.

§ 2.º A vedação de que trata o inciso I do caput deste artigo não se aplica ao candidato que preste serviços de interesse comunitário à comunidade rural ou à vizinhança da área objeto do projeto de assentamento, desde que o exercício do cargo, do emprego ou da função pública seja compatível com a exploração da parcela pelo indivíduo ou pelo núcleo familiar beneficiado.

>> § 2.º acrescentado pela Lei n. 13.465, de 11-7-2017.

§ 3.º São considerados serviços de interesse comunitário, para os fins desta Lei, as atividades prestadas nas áreas de saúde, educação, transporte, assistência social e agrária.

>> § 3.º acrescentado pela Lei n. 13.465, de 11-7-2017.

§ 4.º Não perderá a condição de beneficiário aquele que passe a se enquadrar nos incisos I, III, IV e VI do *caput* deste artigo, desde que a atividade assumida seja compatível com a exploração da parcela pelo indivíduo ou pelo núcleo familiar beneficiado.

>> § 4.º acrescentado pela Lei n. 13.465, de 11-7-2017.

Art. 21. Nos instrumentos que conferem o título de domínio, concessão de uso ou CDRU, os beneficiários da reforma agrária assumirão, obrigatoriamente, o compromisso de cultivar o imóvel direta e pessoalmente, ou por meio de seu núcleo familiar, mesmo que por intermédio de cooperativas, e o de não ceder o seu uso a terceiros, a qualquer título, pelo prazo de 10 (dez) anos.

>> *Caput* com redação determinada pela Lei n. 13.001, de 20-6-2014.

Parágrafo único. A família beneficiária poderá celebrar o contrato de integração de que trata a Lei n. 13.288, de 16 de maio de 2016.

>> Parágrafo único acrescentado pela Lei n. 13.465, de 11-7-2017.

Art. 22. Constará, obrigatoriamente, dos instrumentos translativos de domínio, de concessão de uso ou de CDRU, cláusula resolutória que preveja a rescisão do contrato e o retorno do imóvel ao órgão alienante ou concedente, no caso de descumprimento de quaisquer das obrigações assumidas pelo adquirente ou concessionário.

>> *Caput* com redação determinada pela Lei n. 13.001, de 20-6-2014.

§ 1.º Após transcorrido o prazo de inegociabilidade de dez anos, o imóvel objeto de título translativo de domínio somente poderá ser alienado se a nova área titulada não vier a integrar imóvel rural com área superior a quatro módulos fiscais.

>> § 1.º com redação determinada pela Lei n. 13.465, de 11-7-2017.

§ 2.º Na hipótese de a parcela titulada passar a integrar zona urbana ou de expansão urbana, o Incra deverá priorizar a análise do requerimento de liberação das condições resolutivas.

>> § 2.º com redação determinada pela Lei n. 13.465, de 11-7-2017.

Art. 22-A. As benfeitorias, reprodutivas ou não, existentes no imóvel destinado para reforma agrária poderão ser cedidas aos beneficiários para exploração individual ou coletiva ou doadas em benefício da comunidade de assentados, na forma estabelecida em regulamento.

>> Artigo acrescentado pela Lei n. 13.465, de 11-7-2017.

Art. 23. O estrangeiro residente no País e a pessoa jurídica autorizada a funcionar no Brasil só poderão arrendar imóvel rural na forma da Lei n. 5.709, de 7 de outubro de 1971.

> A Lei n. 5.709, de 7-10-1971, regula a aquisição de imóvel rural por estrangeiro residente no país ou pessoa jurídica estrangeira autorizada a funcionar no Brasil, e dá outras providências.

> O Provimento n. 43, de 17-4-2015, da Corregedoria Nacional de Justiça, dispõe sobre o arrendamento de imóvel rural por estrangeiro residente ou autorizado a funcionar no Brasil, bem como por pessoa jurídica brasileira da qual participe, a qualquer título, pessoa estrangeira física ou jurídica que resida ou tenha sede no exterior e possua a maioria do capital social.

§ 1.º Aplicam-se ao arrendamento todos os limites, restrições e condições aplicáveis à aquisição de imóveis rurais por estrangeiro, constantes da lei referida no *caput* deste artigo.

§ 2.º Compete ao Congresso Nacional autorizar tanto a aquisição ou o arrendamento além dos limites de área e percentual fixados na Lei n. 5.709, de 7 de outubro de 1971, como a aquisição ou arrendamento, por pessoa jurídica estrangeira, de área superior a 100 (cem) módulos de exploração indefinida.

Art. 24. As ações de reforma agrária devem ser compatíveis com as ações da política agrícola, das políticas sociais e das constantes no Plano Plurianual da União.

>> Artigo com redação determinada pela Lei n. 13.001, de 20-6-2014.

Art. 25. O orçamento da União fixará, anualmente, o volume de títulos da dívida agrária e dos recursos destinados, no exercício, ao atendimento do Programa de Reforma Agrária.

§ 1.º Os recursos destinados à execução do Plano Nacional de Reforma Agrária deverão constar do orçamento do ministério responsável por sua implementação e do órgão executor da política de colonização e reforma agrária, salvo aqueles que, por sua natureza, exijam instituições especializadas para a sua aplicação.

§ 2.º Objetivando a compatibilização dos programas de trabalho e propostas orçamentárias, o órgão executor da reforma agrária encaminhará, anualmente e em tempo hábil, aos órgãos da administração pública responsáveis por ações complementares, o programa a ser implantado no ano subsequente.

Art. 26. São isentas de impostos federais, estaduais e municipais, inclusive do Distrito Federal, as operações de transferência de imóveis desapropriados para fins de reforma agrária, bem como a transferência ao beneficiário do programa.

Art. 26-A. Não serão cobradas custas ou emolumentos para registro de títulos translativos de domínio de imóveis rurais desapropriados para fins de reforma agrária.

>> Artigo acrescentado pela Medida Provisória n. 2.183-56, de 24-8-2001.

Art. 26-B. A ocupação de lote sem autorização do Incra em área objeto de projeto de assentamento criado há, no mínimo, dois anos, contados a partir de 22 de dezembro de 2016, poderá ser regularizada pelo Incra, observadas as vedações constantes do art. 20 desta Lei.

>> *Caput* acrescentado pela Lei n. 13.465, de 11-7-2017.

§ 1.º A regularização poderá ser processada a pedido do interessado ou mediante atuação, de ofício, do Incra, desde que atendidas, cumulativamente, as seguintes condições:

>> § 1.º, *caput*, acrescentado pela Lei n. 13.465, de 11-7-2017.

I – ocupação e exploração da parcela pelo interessado há, no mínimo, um ano, contado a partir de 22 de dezembro de 2016;

>> Inciso I acrescentado pela Lei n. 13.465, de 11-7-2017.

II – inexistência de candidatos excedentes interessados na parcela elencados na lista de selecionados de que trata o § 3.º do art. 19 desta Lei para o projeto de assentamento;

>> Inciso II acrescentado pela Lei n. 13.465, de 11-7-2017.

III – observância pelo interessado dos requisitos de elegibilidade para ser beneficiário da reforma agrária; e

>> Inciso III acrescentado pela Lei n. 13.465, de 11-7-2017.

IV – quitação ou assunção pelo interessado, até a data de assinatura de novo contrato de concessão de uso, dos débitos relativos ao crédito de instalação reembolsável concedido ao beneficiário original.

>> Inciso IV acrescentado pela Lei n. 13.465, de 11-7-2017.

§ 2.º Atendidos os requisitos de que trata o § 1.º deste artigo, o Incra celebrará contrato de concessão de uso nos termos do § 2.º do art. 18 desta Lei.

>> § 2.º acrescentado pela Lei n. 13.465, de 11-7-2017.

Art. 27. Esta Lei entra em vigor na data de sua publicação.

Art. 28. Revogam-se as disposições em contrário.

Brasília, 25 de fevereiro de 1993; 172.º da Independência e 105.º da República.

ITAMAR FRANCO

LEI N. 8.666, DE 21 DE JUNHO DE 1993 (*)

Regulamenta o art. 37, XXI, da Constituição Federal, institui normas para licitações e contratos da Administração Pública e dá outras providências.

O Presidente da República

Faço saber que o Congresso Nacional decreta e eu sanciono a seguinte Lei:

CAPÍTULO I
DAS DISPOSIÇÕES GERAIS

Seção I
Dos Princípios

Art. 1.º Esta Lei estabelece normas gerais sobre licitações e contratos administrativos pertinentes a obras, serviços, inclusive de publicidade, compras, alienações e locações no âmbito dos Poderes da União, dos Estados, do Distrito Federal e dos Municípios.

> *Vide* art. 22, XXI, da CF.

> *Vide* art. 54 desta Lei.

> *Vide* Lei n. 8.987, de 13-2-1995.

> *Vide* Lei n. 10.520, de 17-7-2002 (modalidade de licitação denominada pregão).

> A Lei Complementar n. 123, de 14-12-2006 (Estatuto da Microempresa), determina preferência para a contratação de microempresas e empresas de pequeno porte pela Administração Pública.

> O Decreto n. 7.174, de 12-5-2010, regulamenta as contratações de bens e serviços de informática e automação pelos órgãos e entidades da administração pública federal, direta e indireta, pelas fundações instituídas e mantidas pelo Poder Público e pelas demais organizações sob o controle direto ou indireto da União, que serão realizadas conforme o disciplinado em tal Decreto, assegurada a atribuição das preferências previstas no art. 3.º da Lei n. 8.248, de 23-10-1991, e na Lei Complementar n. 123, de 14-12-2006.

> A Lei n. 12.598, de 22-3-2012, estabelece normas especiais para as compras, as contratações e o desenvolvimento de produtos e de sistemas de defesa.

> O Decreto n. 8.538, de 6-10-2015, regulamenta o tratamento favorecido, diferenciado e simplificado para as microempresas, empresas de pequeno porte, agricultores familiares, produtores rurais pessoa física, microempreendedores individuais e sociedades cooperativas de consumo nas contratações públicas de bens, serviços e obras no âmbito da administração pública federal.

Parágrafo único. Subordinam-se ao regime desta Lei, além dos órgãos da administração direta, os fundos especiais, as autarquias, as fundações públicas, as empresas públicas, as sociedades de economia mista e demais entidades controladas direta ou indiretamente pela União, Estados, Distrito Federal e Municípios.

>> *Vide* art. 1.º, § 2.º, da Lei n. 12.462, de 4-8-2011.

> *Vide* art. 173, § 1.º, III, da CF.

> *Vide* art. 4.º desta Lei.

> *Vide* Súmula 333 do STJ.

Art. 2.º As obras, serviços, inclusive de publicidade, compras, alienações, concessões, permissões e locações da Administração Pública, quando contratadas com terceiros, serão necessariamente precedidas de licitação, ressalvadas as hipóteses previstas nesta Lei.

> *Vide* art. 37, XXI, da CF.

> *Vide* Lei n. 8.987, de 13-2-1995.

> *Vide* Lei n. 12.232, de 29-4-2010, que dispõe sobre as normas gerais para licitação e contratação pela administração pública de serviços de publicidade prestados por intermédio de agências de propaganda.

Parágrafo único. Para os fins desta Lei, considera-se contrato todo e qualquer ajuste entre órgãos ou entidades da Administração Pública e particulares, em que haja um acordo de vontade para a formação de vínculo e a estipulação de obrigações recíprocas, seja qual for a denominação utilizada.

> *Vide* art. 37, *caput*, da CF.

> *Vide* art. 54 desta Lei.

Art. 3.º A licitação destina-se a garantir a observância do princípio constitucional da isonomia, a seleção da proposta mais vantajosa para a administração e a promoção do desenvolvimento nacional sustentável e será processada e julgada em estrita conformidade com os princípios básicos da legalidade, da impessoalidade, da moralidade, da igualdade, da publicidade, da probidade administrativa, da vinculação ao instrumento convocatório, do julgamento objetivo e dos que lhes são correlatos.

>> *Caput* com redação determinada pela Lei n. 12.349, de 15-12-2010.

>> Artigo regulamentado pelo Decreto n. 7.746, de 5-6-2012.

> *Vide* art. 37, *caput*, da CF.

> *Vide* arts. 25 e 38, II, da Lei n. 12.462, de 4-8-2011.

> A Instrução Normativa n. 1, de 19-1-2010, da Secretaria de Logística e Tecnologia da Informação, dispõe sobre os critérios de sustentabilidade ambiental na aquisição de bens, contratação de serviços ou obras pela Administração Pública Federal direta, autárquica e fundacional.

> O Decreto n. 7.756, de 14-6-2012, estabelece a aplicação da margem de preferência nas licitações realizadas no âmbito da administração pública federal para aquisição de produtos de confecções, calçados e artefatos, para os fins do disposto neste artigo.

> O Decreto n. 7.767, de 27-6-2012, estabelece a aplicação de margem de preferência em licitações realizadas no âmbito da administração pública federal para aquisição de produtos médicos para fins do disposto neste artigo.

§ 1.º É vedado aos agentes públicos:

I – admitir, prever, incluir ou tolerar, nos atos de convocação, cláusulas ou condições que comprometam, restrinjam ou frustrem o seu caráter competitivo, inclusive nos casos de sociedades cooperativas, e estabeleçam preferências ou distinções em razão da naturalidade, da sede ou domicílio dos licitantes ou de qualquer outra circunstância impertinente ou irrelevante para o específico objeto do contrato, ressalvado o disposto nos §§ 5.º a 12 deste artigo e no art. 3.º da Lei n. 8.248, de 23 de outubro de 1991;

>> Inciso I com redação determinada pela Lei n. 12.349, de 15-12-2010.

>> A Lei n. 8.248, de 23-10-1991, dispõe sobre a capacitação e competitividade do setor de informática e automação.

II – estabelecer tratamento diferenciado de natureza comercial, legal, trabalhista, previdenciária ou qualquer outra, entre empresas brasileiras e estrangeiras, inclusive no que se refere a moeda, modalidade e local de pagamentos, mesmo quando envolvidos financiamentos de agências internacionais, ressalvado o disposto no parágrafo seguinte e no art. 3.º da Lei n. 8.248, de 23 de outubro de 1991.

> A Lei n. 8.248, de 23-10-1991, que trata da capacitação e competitividade do setor de informática e automação, dispõe em seu art. 3.º sobre a preferência na aquisição de bens e serviços desse gênero pelos órgãos e entidades da Administração Pública.

§ 2.º Em igualdade de condições, como critério de desempate, será assegurada preferência, sucessivamente, aos bens e serviços:

> *Vide* art. 45, § 2.º, desta Lei.

(*) Publicada no *Diário Oficial da União* de 22-6-1993, republicada em 6-7-1994 e retificada em 2-7-2003. Legislação completa sobre licitações poderá ser encontrada no volume *Licitações e contratos da Administração Pública*, da Coleção Saraiva de Legislação.

I – (*Revogado pela Lei n. 12.349, de 15-12-2010.*);

II – produzidos no País;

III – produzidos ou prestados por empresas brasileiras;

IV – produzidos ou prestados por empresas que invistam em pesquisa e no desenvolvimento de tecnologia no País;

>> Inciso IV acrescentado pela Lei n. 11.196, de 21-11-2005.

V – produzidos ou prestados por empresas que comprovem cumprimento de reserva de cargos prevista em lei para pessoa com deficiência ou para reabilitado da Previdência Social e que atendam às regras de acessibilidade previstas na legislação.

>> Inciso V acrescentado pela Lei n. 13.146, de 6-7-2015.

§ 3.º A licitação não será sigilosa, sendo públicos e acessíveis ao público os atos de seu procedimento, salvo quanto ao conteúdo das propostas, até a respectiva abertura.

§ 4.º (*Vetado.*)

§ 5.º Nos processos de licitação, poderá ser estabelecida margem de preferência para:

>> § 5.º, *caput*, com redação determinada pela Lei n. 13.146, de 6-7-2015.

I – produtos manufaturados e para serviços nacionais que atendam a normas técnicas brasileiras; e

>> Inciso I acrescentado pela Lei n. 13.146, de 6-7-2015.

II – bens e serviços produzidos ou prestados por empresas que comprovem cumprimento de reserva de cargos prevista em lei para pessoa com deficiência ou para reabilitado da Previdência Social e que atendam às regras de acessibilidade previstas na legislação.

>> Inciso II acrescentado pela Lei n. 13.146, de 6-7-2015.

§ 6.º A margem de preferência de que trata o § 5.º será estabelecida com base em estudos revistos periodicamente, em prazo não superior a 5 (cinco) anos, que levem em consideração:

>> § 6.º, *caput*, acrescentado pela Lei n. 12.349, de 15-12-2010.

>> § 6.º regulamentado pelo Decreto n. 7.546, de 2-8-2011.

I – geração de emprego e renda;

>> Inciso I acrescentado pela Lei n. 12.349, de 15-12-2010.

II – efeito na arrecadação de tributos federais, estaduais e municipais;

>> Inciso II acrescentado pela Lei n. 12.349, de 15-12-2010.

III – desenvolvimento e inovação tecnológica realizados no País;

>> Inciso III acrescentado pela Lei n. 12.349, de 15-12-2010.

IV – custo adicional dos produtos e serviços; e

>> Inciso IV acrescentado pela Lei n. 12.349, de 15-12-2010.

V – em suas revisões, análise retrospectiva de resultados.

>> Inciso V acrescentado pela Lei n. 12.349, de 15-12-2010.

§ 7.º Para os produtos manufaturados e serviços nacionais resultantes de desenvolvimento e inovação tecnológica realizados no País, poderá ser estabelecido margem de preferência adicional àquela prevista no § 5.º.

>> § 7.º acrescentado pela Lei n. 12.349, de 15-12-2010.

>> § 7.º regulamentado pelo Decreto n. 7.546, de 2-8-2011.

§ 8.º As margens de preferência por produto, serviço, grupo de produtos ou grupo de serviços, a que se referem os §§ 5.º e 7.º, serão definidas pelo Poder Executivo federal, não podendo a soma delas ultrapassar o montante de 25% (vinte e cinco por cento) sobre o preço dos produtos manufaturados e serviços estrangeiros.

>> § 8.º acrescentado pela Lei n. 12.349, de 15-12-2010.

>> § 8.º regulamentado pelo Decreto n. 7.546, de 2-8-2011.

§ 9.º As disposições contidas nos §§ 5.º e 7.º deste artigo não se aplicam aos bens e aos serviços cuja capacidade de produção ou prestação no País seja inferior:

>> § 9.º, *caput*, acrescentado pela Lei n. 12.349, de 15-12-2010.

>> § 9.º regulamentado pelo Decreto n. 7.546, de 2-8-2011.

I – à quantidade a ser adquirida ou contratada; ou

>> Inciso I acrescentado pela Lei n. 12.349, de 15-12-2010.

II – ao quantitativo fixado com fundamento no § 7.º do art. 23 desta Lei, quando for o caso.

>> Inciso II acrescentado pela Lei n. 12.349, de 15-12-2010.

§ 10. A margem de preferência a que se refere o § 5.º poderá ser estendida, total ou parcialmente, aos bens e serviços originários dos Estados Partes do Mercado Comum do Sul – Mercosul.

>> § 10 acrescentado pela Lei n. 12.349, de 15-12-2010.

>> § 10 regulamentado pelo Decreto n. 7.546, de 2-8-2011.

§ 11. Os editais de licitação para a contratação de bens, serviços e obras poderão, mediante prévia justificativa da autoridade competente, exigir que o contratado promova, em favor de órgão ou entidade integrante da administração pública ou daqueles por ela indicados a partir de processo isonômico, medidas de compensação comercial, industrial, tecnológica ou acesso a condições vantajosas de financiamento, cumulativamente ou não, na forma estabelecida pelo Poder Executivo federal.

>> § 11 acrescentado pela Lei n. 12.349, de 15-12-2010.

>> § 11 regulamentado pelo Decreto n. 7.546, de 2-8-2011.

>> O Decreto n. 7.546, de 2-8-2011, determina em seu art. 6.º, parágrafo único, que a aplicação das condições vantajosas de financiamento para serviços e obras de que trata este parágrafo, observará o disposto no § 3.º do art. 7.º da Lei n. 8.666, de 21-6-1993.

§ 12. Nas contratações destinadas à implantação, manutenção e ao aperfeiçoamento dos sistemas de tecnologia de informação e comunicação, considerados estratégicos em ato do Poder Executivo federal, a licitação poderá ser restrita a bens e serviços com tecnologia desenvolvida no País e produzidos de acordo com o processo produtivo básico de que trata a Lei n. 10.176, de 11 de janeiro de 2001.

>> § 12 acrescentado pela Lei n. 12.349, de 15-12-2010.

>> § 12 regulamentado pelo Decreto n. 7.546, de 2-8-2011.

>> O art. 10 do Decreto n. 7.546, de 2-8-2011, determina que nas contratações a que se refere este § 12 a licitação poderá ser restrita a bens e serviços desenvolvidos no País, desde que considerados estratégicos por meio do ato conjunto dos Ministérios do Planejamento, Orçamento e Gestão, de Ciência e Tecnologia e do Desenvolvimento, Indústria e Comércio Exterior.

§ 13. Será divulgada na internet, a cada exercício financeiro, a relação de empresas favorecidas em decorrência do disposto nos §§ 5.º, 7.º, 10, 11 e 12 deste artigo, com indicação do volume de recursos destinados a cada uma delas.

>> § 13 acrescentado pela Lei n. 12.349, de 15-12-2010.

§ 14. As preferências definidas neste artigo e nas demais normas de licitação e contratos devem privilegiar o tratamento diferenciado e favorecido às microempresas e empresas de pequeno porte na forma da lei.

>> § 14 acrescentado pela Lei Complementar n. 147, de 7-8-2014.

>> O Decreto n. 8.538, de 6-10-2015, regulamenta o tratamento favorecido, diferenciado e simplificado para as microempresas, empresas de pequeno porte, agricultores familiares, produtores rurais, pessoa física, microempreendedores individuais e sociedades cooperativas de consumo nas contratações públicas de bens de serviços e obras no âmbito da administração pública federal.

§ 15. As preferências dispostas neste artigo prevalecem sobre as demais preferências previstas na legislação quando estas forem aplicadas sobre produtos ou serviços estrangeiros.

>> § 15 acrescentado pela Lei Complementar n. 147, de 7-8-2014.

>> O Decreto n. 8.538, de 6-10-2015, regulamenta o tratamento favorecido, diferenciado e simplificado para as microempresas, empresas de pequeno porte, agricultores familiares, produtores rurais, pessoa

física, microempreendedores individuais e sociedades cooperativas de consumo nas contratações públicas de bens de serviços e obras no âmbito da administração pública federal.

Art. 4.º Todos quantos participem de licitação promovida pelos órgãos ou entidades a que se refere o art. 1.º têm direito público subjetivo à fiel observância do pertinente procedimento estabelecido nesta Lei, podendo qualquer cidadão acompanhar o seu desenvolvimento, desde que não interfira de modo a perturbar ou impedir a realização dos trabalhos.

Parágrafo único. O procedimento licitatório previsto nesta Lei caracteriza ato administrativo formal, seja ele praticado em qualquer esfera da Administração Pública.

> *Vide* Súmula 333 do STJ.

Art. 5.º Todos os valores, preços e custos utilizados nas licitações terão como expressão monetária a moeda corrente nacional, ressalvado o disposto no art. 42 desta Lei, devendo cada unidade da Administração, no pagamento das obrigações relativas ao fornecimento de bens, locações, realização de obras e prestação de serviços, obedecer, para cada fonte diferenciada de recursos, a estrita ordem cronológica das datas de suas exigibilidades, salvo quando presentes relevantes razões de interesse público e mediante prévia justificativa da autoridade competente, devidamente publicada.

§ 1.º Os créditos a que se refere este artigo terão seus valores corrigidos por critérios previstos no ato convocatório e que lhes preservem o valor.

§ 2.º A correção de que trata o parágrafo anterior, cujo pagamento será feito junto com o principal, correrá à conta das mesmas dotações orçamentárias que atenderam aos créditos a que se referem.

>> § 2.º com redação determinada pela Lei n. 8.883, de 8-6-1994.

§ 3.º Observado o disposto no *caput*, os pagamentos decorrentes de despesas cujos valores não ultrapassem o limite de que trata o inciso II do art. 24, sem prejuízo do que dispõe seu parágrafo único, deverão ser efetuados no prazo de até 5 (cinco) dias úteis, contados da apresentação da fatura.

>> § 3.º acrescentado pela Lei n. 9.648, de 27-5-1998.

Art. 5.º-A. As normas de licitações e contratos devem privilegiar o tratamento diferenciado e favorecido às microempresas e empresas de pequeno porte na forma da lei.

>> Artigo acrescentado pela Lei Complementar n. 147, de 7-8-2014.

Seção II
Das Definições

Art. 6.º Para os fins desta Lei, considera-se:

I – Obra – toda construção, reforma, fabricação, recuperação ou ampliação, realizada por execução direta ou indireta;

II – Serviço – toda atividade destinada a obter determinada utilidade de interesse para a Administração, tais como: demolição, conserto, instalação, montagem, operação, conservação, reparação, adaptação, manutenção, transporte, locação de bens, publicidade, seguro ou trabalhos técnico-profissionais;

> *Vide* Lei n. 12.232, de 29-4-2010.

III – Compra – toda aquisição remunerada de bens para fornecimento de uma só vez ou parceladamente;

> *Vide* arts. 14 a 16 desta Lei.

IV – Alienação – toda transferência de domínio de bens a terceiros;

> *Vide* arts. 17 a 19 desta Lei.

V – Obras, serviços e compras de grande vulto – aquelas cujo valor estimado seja superior a 25 (vinte e cinco) vezes o limite estabelecido na alínea *c* do inciso I do art. 23 desta Lei;

VI – Seguro-Garantia – o seguro que garante o fiel cumprimento das obrigações assumidas por empresas em licitações e contratos;

VII – Execução direta – a que é feita pelos órgãos e entidades da Administração, pelos próprios meios;

VIII – Execução indireta – a que o órgão ou entidade contrata com terceiros, sob qualquer dos seguintes regimes:

>> Inciso VIII, *caput*, com redação determinada pela Lei n. 8.883, de 8-6-1994.

a) empreitada por preço global – quando se contrata a execução da obra ou do serviço por preço certo e total;

b) empreitada por preço unitário – quando se contrata a execução da obra ou do serviço por preço certo de unidades determinadas;

c) (*Vetado*.);

d) tarefa – quando se ajusta mão de obra para pequenos trabalhos por preço certo, com ou sem fornecimento de materiais;

e) empreitada integral – quando se contrata um empreendimento em sua integralidade, compreendendo todas as etapas das obras, serviços e instalações necessárias, sob inteira responsabilidade da contratada até a sua entrega ao contratante em condições de entrada em operação, atendidos os requisitos técnicos e legais para sua utilização em condições de segurança estrutural e operacional e com as características adequadas às finalidades para que foi contratada;

IX – Projeto Básico – conjunto de elementos necessários e suficientes, com nível de precisão adequado, para caracterizar a obra ou serviço, ou complexo de obras ou serviços objeto da licitação, elaborado com base nas indicações dos estudos técnicos preliminares, que assegurem a viabilidade técnica e o adequado tratamento do impacto ambiental do empreendimento, e que possibilite a avaliação do custo da obra e a definição dos métodos e do prazo de execução, devendo conter os seguintes elementos:

a) desenvolvimento da solução escolhida de forma a fornecer visão global da obra e identificar todos os seus elementos constitutivos com clareza;

b) soluções técnicas globais e localizadas, suficientemente detalhadas, de forma a minimizar a necessidade de reformulação ou de variantes durante as fases de elaboração do projeto executivo e de realização das obras e montagem;

c) identificação dos tipos de serviços a executar e de materiais e equipamentos a incorporar à obra, bem como suas especificações que assegurem os melhores resultados para o empreendimento, sem frustrar o caráter competitivo para a sua execução;

d) informações que possibilitem o estudo e a dedução de métodos construtivos, instalações provisórias e condições organizacionais para a obra, sem frustrar o caráter competitivo para a sua execução;

e) subsídios para montagem do plano de licitação e gestão da obra, compreendendo a sua programação, a estratégia de suprimentos, as normas de fiscalização e outros dados necessários em cada caso;

f) orçamento detalhado do custo global da obra, fundamentado em quantitativos de serviços e fornecimentos propriamente avaliados;

X – Projeto Executivo – o conjunto dos elementos necessários e suficientes à execução completa da obra, de acordo com as normas pertinentes da Associação Brasileira de Normas Técnicas – ABNT;

XI – Administração Pública – a administração direta e indireta da União, dos Estados, do Distrito Federal e dos Municípios, abrangendo inclusive as entidades com personalidade jurídica de direito privado sob controle do poder público e das fundações por ele instituídas ou mantidas;

XII – Administração – órgão, entidade ou unidade administrativa pela qual a Administração Pública opera e atua concretamente;

XIII – Imprensa Oficial – veículo oficial de divulgação da Administração Pública, sendo para a União o *Diário Oficial da União*, e, para os Estados, o Distrito Federal e os Municípios, o que for definido nas respectivas leis;

>> Inciso XIII com redação determinada pela Lei n. 8.883, de 8-6-1994.

XIV – Contratante – é o órgão ou entidade signatária do instrumento contratual;

XV – Contratado – a pessoa física ou jurídica signatária de contrato com a Administração Pública;

XVI – Comissão – comissão, permanente ou especial, criada pela Administração com a função de receber, examinar e julgar todos os documentos e procedimentos relativos às licitações e ao cadastramento de licitantes;

XVII – produtos manufaturados nacionais – produtos manufaturados, produzidos no território nacional de acordo com o processo produtivo básico ou com as regras de origem estabelecidas pelo Poder Executivo federal;

>> Inciso XVII acrescentado pela Lei n. 12.349, de 15-12-2010.

XVIII – serviços nacionais – serviços prestados no País, nas condições estabelecidas pelo Poder Executivo federal;

>> Inciso XVIII acrescentado pela Lei n. 12.349, de 15-12-2010.

XIX – sistemas de tecnologia de informação e comunicação estratégicos – bens e serviços de tecnologia da informação e comunicação cuja descontinuidade provoque dano significativo à administração pública e que envolvam pelo menos um dos seguintes requisitos relacionados às informações críticas: disponibilidade, confiabilidade, segurança e confidencialidade;

>> Inciso XIX acrescentado pela Lei n. 12.349, de 15-12-2010.

XX – produtos para pesquisa e desenvolvimento – bens, insumos, serviços e obras necessários para atividade de pesquisa científica e tecnológica, desenvolvimento de tecnologia ou inovação tecnológica, discriminados em projeto de pesquisa aprovado pela instituição contratante.

>> Inciso XX acrescentado pela Lei n. 13.243, de 11-1-2016.

Seção III
Das Obras e Serviços

Art. 7.º As licitações para a execução de obras e para a prestação de serviços obedecerão ao disposto neste artigo e, em particular, à seguinte sequência:

> *Vide* art. 11 desta Lei.

I – projeto básico;

II – projeto executivo;

III – execução das obras e serviços.

§ 1.º A execução de cada etapa será obrigatoriamente precedida da conclusão e aprovação, pela autoridade competente, dos trabalhos relativos às etapas anteriores, à exceção do projeto executivo, o qual poderá ser desenvolvido concomitantemente com a execução das obras e serviços, desde que também autorizado pela Administração.

§ 2.º As obras e os serviços somente poderão ser licitados quando:

I – houver projeto básico aprovado pela autoridade competente e disponível para exame dos interessados em participar do processo licitatório;

II – existir orçamento detalhado em planilhas que expressem a composição de todos os seus custos unitários;

> *Vide* art. 124, parágrafo único, desta Lei.

> O Decreto n. 7.983, de 8-4-2013, estabelece regras e critérios para elaboração do orçamento de referência de obras e serviços de engenharia, contratados e executados com recursos dos orçamentos da União, e dá outras providências.

III – houver previsão de recursos orçamentários que assegurem o pagamento das obrigações decorrentes de obras ou serviços a ser executados no exercício financeiro em curso, de acordo com o respectivo cronograma;

IV – o produto dela esperado estiver contemplado nas metas estabelecidas no Plano Plurianual de que trata o art. 165 da Constituição Federal, quando for o caso.

> Citado dispositivo consta nesta obra.

§ 3.º É vedado incluir no objeto da licitação a obtenção de recursos financeiros para sua execução, qualquer que seja a sua origem, exceto nos casos de empreendimentos executados e explorados sob o regime de concessão, nos termos da legislação específica.

> *Vide* Lei n. 8.987, de 13-2-1995 – Concessão e Permissão da prestação de serviços públicos.

§ 4.º É vedada, ainda, a inclusão, no objeto da licitação, de fornecimento de materiais e serviços sem previsão de quantidades ou cujos quantitativos não correspondam às previsões reais do projeto básico ou executivo.

§ 5.º É vedada a realização de licitação cujo objeto inclua bens e serviços sem similaridade ou de marcas, características e especificações exclusivas, salvo nos casos em que for tecnicamente justificável, ou ainda quando o fornecimento de tais materiais e serviços for feito sob o regime de administração contratada, previsto e discriminado no ato convocatório.

§ 6.º A infringência do disposto neste artigo implica a nulidade dos atos ou contratos realizados e a responsabilidade de quem lhes tenha dado causa.

§ 7.º Não será ainda computado como valor da obra ou serviço, para fins de julgamento das propostas de preços, a atualização monetária das obrigações de pagamento, desde a data final de cada período de aferição até a do respectivo pagamento, que será calculada pelos mesmos critérios estabelecidos obrigatoriamente no ato convocatório.

> O Decreto n. 1.054, de 7-2-1994, regulamenta o reajuste de preços nos contratos da Administração Federal direta e indireta.

§ 8.º Qualquer cidadão poderá requerer à Administração Pública os quantitativos das obras e preços unitários de determinada obra executada.

§ 9.º O disposto neste artigo aplica-se também, no que couber, aos casos de dispensa e de inexigibilidade de licitação.

Art. 8.º A execução das obras e dos serviços deve programar-se, sempre, em sua totalidade, previstos seus custos atual e final e considerados os prazos de sua execução.

Parágrafo único. É proibido o retardamento imotivado da execução de obra ou serviço, ou de suas parcelas, se existente previsão orçamentária para sua execução total, salvo insuficiência financeira ou comprovado motivo de ordem técnica, justificados em despacho circunstanciado da autoridade a que se refere o art. 26 desta Lei.

>> Parágrafo único com redação determinada pela Lei n. 8.883, de 8-6-1994.

Art. 9.º Não poderá participar, direta ou indiretamente, da licitação ou da execução de obra ou serviço e do fornecimento de bens a eles necessários:

I – o autor do projeto, básico ou executivo, pessoa física ou jurídica;

II – empresa, isoladamente ou em consórcio, responsável pela elaboração do projeto básico ou executivo ou da qual o autor do projeto seja dirigente, gerente, acionista ou detentor de mais de 5% (cinco por cento) do capital com direito a voto ou controlador, responsável técnico ou subcontratado;

III – servidor ou dirigente de órgão ou entidade contratante ou responsável pela licitação.

§ 1.º É permitida a participação do autor do projeto ou da empresa a que se refere o inciso II deste artigo, na licitação de obra ou serviço, ou na execução, como consultor ou técnico, nas funções de fiscalização, supervisão ou gerenciamento, exclusivamente a serviço da Administração interessada.

§ 2.º O disposto neste artigo não impede a licitação ou contratação de obra ou serviço que inclua a elaboração de projeto executivo como encargo do contratado ou pelo preço previamente fixado pela Administração.

§ 3.º Considera-se participação indireta, para fins do disposto neste artigo, a existência de qualquer vínculo de natureza técnica, comercial, econômica, financeira ou trabalhista entre o autor do projeto, pessoa física ou jurídica, e o licitante ou responsável pelos serviços, fornecimentos e obras, incluindo-se os fornecimentos de bens e serviços a estes necessários.

§ 4.º O disposto no parágrafo anterior aplica-se aos membros da comissão de licitação.

Art. 10. As obras e serviços poderão ser executados nas seguintes formas:

>> *Caput* com redação determinada pela Lei n. 8.883, de 8-6-1994.

I – execução direta;

II – execução indireta, nos seguintes regimes:

>> Inciso II, *caput*, com redação determinada pela Lei n. 8.883, de 8-6-1994.

a) empreitada por preço global;

b) empreitada por preço unitário;

c) (*Vetada.*);

d) tarefa;

e) empreitada integral.

Parágrafo único. (*Vetado.*)

Art. 11. As obras e serviços destinados aos mesmos fins terão projetos padronizados por tipos, categorias ou classes, exceto quando o projeto-padrão não atender às condições peculiares do local ou às exigências específicas do empreendimento.

Art. 12. Nos projetos básicos e projetos executivos de obras e serviços serão considerados principalmente os seguintes requisitos:

>> *Caput* com redação determinada pela Lei n. 8.883, de 8-6-1994.

I – segurança;

II – funcionalidade e adequação ao interesse público;

III – economia na execução, conservação e operação;

IV – possibilidade de emprego de mão de obra, materiais, tecnologia e matérias-primas existentes no local para execução, conservação e operação;

V – facilidade na execução, conservação e operação, sem prejuízo da durabilidade da obra ou do serviço;

VI – adoção das normas técnicas, de saúde e de segurança do trabalho adequadas;

>> Inciso VI com redação determinada pela Lei n. 8.883, de 8-6-1994.

VII – impacto ambiental.

Seção IV
Dos Serviços Técnicos Profissionais Especializados

Art. 13. Para os fins desta Lei, consideram-se serviços técnicos profissionais especializados os trabalhos relativos a:

> *Vide* art. 25, II, desta Lei.

I – estudos técnicos, planejamentos e projetos básicos ou executivos;

II – pareceres, perícias e avaliações em geral;

III – assessorias ou consultorias técnicas e auditorias financeiras ou tributárias;

>> Inciso III com redação determinada pela Lei n. 8.883, de 8-6-1994.

IV – fiscalização, supervisão ou gerenciamento de obras ou serviços;

V – patrocínio ou defesa de causas judiciais ou administrativas;

VI – treinamento e aperfeiçoamento de pessoal;

VII – restauração de obras de arte e bens de valor histórico;

> *Vide* art. 25, II, desta Lei.

VIII – (*Vetado.*)

§ 1.º Ressalvados os casos de inexigibilidade de licitação, os contratos para a prestação de serviços técnicos profissionais especializados deverão, preferencialmente, ser celebrados mediante a realização de concurso, com estipulação prévia de prêmio ou remuneração.

§ 2.º Aos serviços técnicos previstos neste artigo aplica-se, no que couber, o disposto no art. 111 desta Lei.

§ 3.º A empresa de prestação de serviços técnicos especializados que apresente relação de integrantes de seu corpo técnico em procedimento licitatório ou como elemento de justificação de dispensa ou inexigibilidade de licitação, ficará obrigada a garantir que os referidos integrantes realizem pessoal e diretamente os serviços objeto do contrato.

Seção V
Das Compras

Art. 14. Nenhuma compra será feita sem a adequada caracterização de seu objeto e indicação dos recursos orçamentários para seu pagamento, sob pena de nulidade do ato e responsabilidade de quem lhe tiver dado causa.

Art. 15. As compras, sempre que possível, deverão:

> *Vide* art. 11 da Lei n. 10.520, de 17-7-2002.

I – atender ao princípio da padronização, que imponha compatibilidade de especificações técnicas e de desempenho, observadas, quando for o caso, as condições de manutenção, assistência técnica e garantia oferecidas;

II – ser processadas através de sistema de registro de preços;

>> *Vide* Decreto n. 7.892, de 23-1-2013, que regulamenta o sistema de registro de preços.

III – submeter-se às condições de aquisição e pagamento semelhantes às do setor privado;

IV – ser subdivididas em tantas parcelas quantas necessárias para aproveitar as peculiaridades do mercado, visando economicidade;

V – balizar-se pelos preços praticados no âmbito dos órgãos e entidades da Administração Pública.

§ 1.º O registro de preços será precedido de ampla pesquisa de mercado.

§ 2.º Os preços registrados serão publicados trimestralmente para orientação da Administração, na imprensa oficial.

§ 3.º O sistema de registro de preços será regulamentado por decreto, atendidas as peculiaridades regionais, observadas as seguintes condições:

I – seleção feita mediante concorrência;

II – estipulação prévia do sistema de controle e atualização dos preços registrados;

III – validade do registro não superior a um ano.

> *Vide* art. 12 do Decreto n. 7.892, de 23-1-2013.

§ 4.º A existência de preços registrados não obriga a Administração a firmar as contratações que deles poderão advir, ficando-lhe facultada a utilização de outros meios, respeitada a legislação relativa às licitações, sendo assegurado ao beneficiário do registro preferência em igualdade de condições.

§ 5.º O sistema de controle originado no quadro geral de preços, quando possível, deverá ser informatizado.

§ 6.º Qualquer cidadão é parte legítima para impugnar preço constante do quadro geral em razão de incompatibilidade desse com o preço vigente no mercado.

§ 7.º Nas compras deverão ser observadas, ainda:

I – a especificação completa do bem a ser adquirido sem indicação de marca;

II – a definição das unidades e das quantidades a serem adquiridas em função do consumo e utilização prováveis, cuja estimativa será obtida, sempre que possível, mediante adequadas técnicas quantitativas de estimação;

III – as condições de guarda e armazenamento que não permitam a deterioração do material.

§ 8.º O recebimento de material de valor superior ao limite estabelecido no art. 23 desta Lei, para a modalidade de convite, deverá ser confiado a uma comissão de, no mínimo, 3 (três) membros.

Art. 16. Será dada publicidade, mensalmente, em órgão de divulgação oficial ou em quadro de avisos de amplo acesso público, à relação de todas as compras feitas pela Administração direta ou indireta, de maneira a clarificar a identificação do bem comprado, seu preço unitário, a quantidade adquirida, o nome do vendedor e o valor total da operação, podendo ser aglutinadas por itens as compras feitas com dispensa e inexigibilidade de licitação.

>> *Caput* com redação determinada pela Lei n. 8.883, de 8-6-1994.

Parágrafo único. O disposto neste artigo não se aplica aos casos de dispensa de licitação previstos no inciso IX do art. 24.

>> Parágrafo único com redação determinada pela Lei n. 8.883, de 8-6-1994.

Seção VI
Das Alienações

Art. 17. A alienação de bens da Administração Pública, subordinada à existência de interesse público devidamente justificado, será precedida de avaliação e obedecerá às seguintes normas:

I – quando imóveis, dependerá de autorização legislativa para órgãos da administração direta e entidades autárquicas e fundacionais, e, para todos, inclusive as entidades paraestatais, dependerá de avaliação prévia e de licitação na modalidade de concorrência, dispensada esta nos seguintes casos:

a) dação em pagamento;

b) doação, permitida exclusivamente para outro órgão ou entidade da administração pública, de qualquer esfera de governo, ressalvado o disposto nas alíneas *f*, *h* e *i*;

>> Alínea *b* com redação determinada pela Lei n. 11.952, de 25-6-2009.

c) permuta, por outro imóvel que atenda aos requisitos constantes do inciso X do art. 24 desta Lei;

>> O STF em medida cautelar deferida na ADI n. 927-3, de 3-11-1993 (*DJ* de 10-11-1993), suspendeu os efeitos desta alínea.

d) investidura;

e) venda a outro órgão ou entidade da Administração Pública, de qualquer esfera de governo;

>> Alínea *e* acrescentada pela Lei n. 8.883, de 8-6-1994.

f) alienação gratuita ou onerosa, aforamento, concessão de direito real de uso, locação ou permissão de uso de bens imóveis residenciais construídos, destinados ou efetivamente utilizados no âmbito de programas habitacionais ou de regularização fundiária de interesse social desenvolvidos por órgãos ou entidades da administração pública;

>> Alínea *f* com redação determinada pela Lei n. 11.481, de 31-5-2007.

g) procedimentos de legitimação de posse de que trata o art. 29 da Lei n. 6.383, de 7 de dezembro de 1976, mediante iniciativa e deliberação dos órgãos da Administração Pública em cuja competência legal inclua-se tal atribuição;

>> Alínea *g* acrescentada pela Lei n. 11.196, de 21-11-2005.

h) alienação gratuita ou onerosa, aforamento, concessão de direito real de uso, locação ou permissão de uso de bens imóveis de uso comercial de âmbito local com área de até 250 m² (duzentos e cinquenta metros quadrados) e inseridos no âmbito de programas de regularização fundiária de interesse social desenvolvidos por órgãos ou entidades da administração pública;

>> Alínea *h* acrescentada pela Lei n. 11.481, de 31-5-2007.

i) alienação e concessão de direito real de uso, gratuita ou onerosa, de terras públicas rurais da União e do Incra, onde incidam ocupações até o limite de que trata o § 1.º do art. 6.º da Lei n. 11.952, de 25 de junho de 2009, para fins de regularização fundiária, atendidos os requisitos legais; e

>> Alínea *i* com redação determinada pela Lei n. 13.465, de 11-7-2017.

II – quando móveis, dependerá de avaliação prévia e de licitação, dispensada esta nos seguintes casos:

a) doação, permitida exclusivamente para fins e uso de interesse social, após avaliação de sua oportunidade e conveniência socioeconômica, relativamente à escolha de outra forma de alienação;

b) permuta, permitida exclusivamente entre órgãos ou entidades da Administração Pública;

>> O STF em medida cautelar deferida na ADI n. 927-3, de 3-11-1993 (*DJ* de 10-11-1993), suspendeu a eficácia da expressão "permitida exclusivamente entre órgãos ou entidades da Administração Pública", contida nesta alínea, quanto aos Estados, o Distrito Federal e os Municípios.

c) venda de ações, que poderão ser negociadas em bolsa, observada a legislação específica;

d) venda de títulos, na forma da legislação pertinente;

e) venda de bens produzidos ou comercializados por órgãos ou entidades da Administração Pública, em virtude de suas finalidades;

f) venda de materiais e equipamentos para outros órgãos ou entidades da Administração Pública, sem utilização previsível por quem deles dispõe.

§ 1.º Os imóveis doados com base na alínea *b* do inciso I deste artigo, cessadas as razões que justificaram a sua doação, reverterão ao patrimônio da pessoa jurídica doadora, vedada a sua alienação pelo beneficiário.

>> O STF em medida cautelar deferida na ADI n. 927-3, de 3-11-1993 (*DJ* de 10-11-1993), suspendeu os efeitos deste parágrafo.

§ 2.º A Administração também poderá conceder título de propriedade ou de direito real de uso de imóveis, dispensada licitação, quando o uso destinar-se:

>> § 2.º, *caput*, com redação determinada pela Lei n. 11.196, de 21-11-2005.

I – a outro órgão ou entidade da Administração Pública, qualquer que seja a localização do imóvel;

>> Inciso I acrescentado pela Lei n. 11.196, de 21-11-2005.

II – a pessoa natural que, nos termos de lei, regulamento ou ato normativo do órgão competente, haja implementado os requisitos mínimos de cultura, ocupação mansa e pacífica e exploração direta sobre área rural, observado o limite de que trata o § 1.º do art. 6.º da Lei n. 11.952, de 25 de junho de 2009;

>> Inciso II com redação determinada pela Lei n. 13.465, de 11-7-2017.

§ 2.º-A. As hipóteses do inciso II do § 2.º ficam dispensadas de autorização legislativa, porém submetem-se aos seguintes condicionamentos:

>> § 2.º-A, *caput*, com redação determinada pela Lei n. 11.952, de 25-6-2009.

I – aplicação exclusivamente às áreas em que a detenção por particular seja comprovadamente anterior a 1.º de dezembro de 2004;

>> Inciso I acrescentado pela Lei n. 11.196, de 21-11-2005.

II – submissão aos demais requisitos e impedimentos do regime legal e administrativo da destinação e da regularização fundiária de terras públicas;

>> Inciso II acrescentado pela Lei n. 11.196, de 21-11-2005.

III – vedação de concessões para hipóteses de exploração não contempladas na lei agrária, nas leis de destinação de terras públicas, ou nas normas legais ou administrativas de zoneamento ecológico-econômico; e

>> Inciso III acrescentado pela Lei n. 11.196, de 21-11-2005.

IV – previsão de rescisão automática da concessão, dispensada notificação, em caso de declaração de utilidade, ou necessidade pública ou interesse social.

>> Inciso IV acrescentado pela Lei n. 11.196, de 21-11-2005.

§ 2.º-B. A hipótese do inciso II do § 2.º deste artigo:

>> § 2.º-B, *caput*, acrescentado pela Lei n. 11.196, de 21-11-2005.

I – só se aplica a imóvel situado em zona rural, não sujeito a vedação, impedimento ou inconveniente a sua exploração mediante atividades agropecuárias;

>> Inciso I acrescentado pela Lei n. 11.196, de 21-11-2005.

II – fica limitada a áreas de até quinze módulos fiscais, desde que não exceda mil e quinhentos hectares, vedada a dispensa de licitação para áreas superiores a esse limite;

>> Inciso II com redação determinada pela Lei n. 11.763, de 1.º-8-2008.

III – pode ser cumulada com o quantitativo de área decorrente da figura prevista na alínea *g* do inciso I do *caput* deste artigo, até o limite previsto no inciso II deste parágrafo;

>> Inciso III acrescentado pela Lei n. 11.196, de 21-11-2005.

IV – (*Vetado.*)

>> Inciso IV acrescentado e vetado pela Lei n. 11.763, de 1.º-8-2008.

§ 3.º Entende-se por investidura, para os fins desta Lei:

>> § 3.º, *caput*, com redação determinada pela Lei n. 9.648, de 27-5-1998.

I – a alienação aos proprietários de imóveis lindeiros de área remanescente ou resultante de obra pública, área esta que se tornar inaproveitável isoladamente, por preço nunca inferior ao da avaliação e desde que esse não ultrapasse a 50% (cinquenta por cento) do valor constante da alínea *a* do inciso II do art. 23 desta Lei;

>> Inciso I com redação determinada pela Lei n. 9.648, de 27-5-1998.

II – a alienação, aos legítimos possuidores diretos ou, na falta destes, ao Poder Público, de imóveis para fins residenciais construídos em núcleos urbanos anexos a Usinas Hidrelétricas, desde que considerados dispensáveis na fase de operação dessas unidades e não integrem a categoria de bens reversíveis ao final da concessão.

>> Inciso II com redação determinada pela Lei n. 9.648, de 27-5-1998.

§ 4.º A doação com encargo será licitada e de seu instrumento constarão obrigatoriamente os encargos, o prazo de seu cumprimento e cláusula de reversão, sob pena de nulidade do ato, sendo dispensada a licitação no caso de interesse público devidamente justificado.

>> § 4.º com redação determinada pela Lei n. 8.883, de 8-6-1994.

§ 5.º Na hipótese do parágrafo anterior, caso o donatário necessite oferecer o imóvel em garantia de financiamento, a cláusula de reversão e demais obrigações serão garantidas por hipoteca em 2.º grau em favor do doador.

>> § 5.º acrescentado pela Lei n. 8.883, de 8-6-1994.

§ 6.º Para a venda de bens móveis avaliados, isolada ou globalmente, em quantia não superior ao limite previsto no art. 23, II, *b*, desta Lei, a Administração poderá permitir o leilão.

>> § 6.º acrescentado pela Lei n. 8.883, de 8-6-1994.

§ 7.º (*Vetado*.)

>> A Lei n. 11.481, de 31-5-2007, propôs o acréscimo de um § 7.º neste artigo, porém teve seu texto vetado.

Art. 18. Na concorrência para a venda de bens imóveis, a fase de habilitação limitar-se-á à comprovação do recolhimento de quantia correspondente a 5% (cinco por cento) da avaliação.

Parágrafo único. (*Revogado pela Lei n. 8.883, de 8-6-1994*.)

Art. 19. Os bens imóveis da Administração Pública, cuja aquisição haja derivado de procedimentos judiciais ou de dação em pagamento, poderão ser alienados por ato da autoridade competente, observadas as seguintes regras:

I – avaliação dos bens alienáveis;

II – comprovação da necessidade ou utilidade da alienação;

III – adoção do procedimento licitatório, sob a modalidade de concorrência ou leilão.

>> Inciso III com redação determinada pela Lei n. 8.883, de 8-6-1994.

CAPÍTULO II
DA LICITAÇÃO

Seção I
Das Modalidades, Limites e Dispensa

Art. 20. As licitações serão efetuadas no local onde se situar a repartição interessada, salvo por motivo de interesse público, devidamente justificado.

Parágrafo único. O disposto neste artigo não impedirá a habilitação de interessados residentes ou sediados em outros locais.

Art. 21. Os avisos contendo os resumos dos editais das concorrências e das tomadas de preços, dos concursos e dos leilões, embora realizadas no local da repartição interessada, deverão ser publicados com antecedência, no mínimo, por uma vez:

>> *Caput* com redação determinada pela Lei n. 8.883, de 8-6-1994.

I – no *Diário Oficial da União*, quando se tratar de licitação feita por órgão ou entidade da Administração Pública Federal, e ainda, quando se tratar de obras financiadas parcial ou totalmente com recursos federais ou garantidas por instituições federais;

>> Inciso I com redação determinada pela Lei n. 8.883, de 8-6-1994.

II – no *Diário Oficial do Estado*, ou do Distrito Federal, quando se tratar, respectivamente, de licitação feita por órgão ou entidade da Administração Pública Estadual ou Municipal, ou do Distrito Federal;

>> Inciso II com redação determinada pela Lei n. 8.883, de 8-6-1994.

III – em jornal diário de grande circulação no Estado e também, se houver, em jornal de circulação no Município ou na região onde será realizada a obra, prestado o serviço, fornecido, alienado ou alugado o bem, podendo ainda a Administração, conforme o vulto da licitação, utilizar-se de outros meios de divulgação para ampliar a área de competição.

>> Inciso III com redação determinada pela Lei n. 8.883, de 8-6-1994.

§ 1.º O aviso publicado conterá a indicação do local em que os interessados poderão ler e obter o texto integral do edital e todas as informações sobre a licitação.

§ 2.º O prazo mínimo até o recebimento das propostas ou da realização do evento será:

I – quarenta e cinco dias para:

a) concurso;

b) concorrência, quando o contrato a ser celebrado contemplar o regime de empreitada integral ou quando a licitação for do tipo *melhor técnica* ou *técnica e preço*;

>> Inciso I com redação determinada pela Lei n. 8.883, de 8-6-1994.

II – trinta dias para:

a) concorrência, nos casos não especificados na alínea *b* do inciso anterior;

b) tomada de preços, quando a licitação for do tipo *melhor técnica* ou *técnica e preço*;

>> Inciso II com redação determinada pela Lei n. 8.883, de 8-6-1994.

III – quinze dias para tomada de preços, nos casos não especificados na alínea *b* do inciso anterior, ou leilão;

>> Inciso III com redação determinada pela Lei n. 8.883, de 8-6-1994.

IV – cinco dias úteis para convite.

>> Inciso IV com redação determinada pela Lei n. 8.883, de 8-6-1994.

§ 3.º Os prazos estabelecidos no parágrafo anterior serão contados a partir da última publicação do edital resumido ou da expedição do convite, ou ainda da efetiva disponibilidade do edital ou do convite e respectivos anexos, prevalecendo a data que ocorrer mais tarde.

>> § 3.º com redação determinada pela Lei n. 8.883, de 8-6-1994.

§ 4.º Qualquer modificação no edital exige divulgação pela mesma forma que se deu o texto original, reabrindo-se o prazo inicialmente estabelecido, exceto quando, inquestionavelmente, a alteração não afetar a formulação das propostas.

Art. 22. São modalidades de licitação:

I – concorrência;

>> *Vide* art. 23 desta Lei.

II – tomada de preços;

>> *Vide* art. 23 desta Lei.

III – convite;

>> *Vide* art. 23 desta Lei.

IV – concurso;

V – leilão.

>> *Vide* Lei n. 10.520, de 17-7-2002, que institui a modalidade de licitação denominada pregão.

> Os arts. 55 e 58 da Lei n. 9.472, de 16-9-1997, dispõem da modalidade de licitação "consulta".

> *Vide* Decreto n. 10.024, de 20-9-2019, que regulamenta o pregão, na forma eletrônica, para aquisição de bens e serviços comuns e dispõe sobre o uso da dispensa eletrônica, no âmbito da administração pública federal.

§ 1.º Concorrência é a modalidade de licitação entre quaisquer interessados que, na fase inicial de habilitação preliminar, comprovem possuir os requisitos mínimos de qualificação exigidos no edital para execução de seu objeto.

> *Vide* arts. 2.º, II, e 18-A da Lei n. 8.987, de 13-2-1995.

> *Vide* art. 10 da Lei n. 11.079, de 30-12-2004.

§ 2.º Tomada de preços é a modalidade de licitação entre interessados devidamente cadastrados ou que atenderem a todas as condições exigidas para cadastramento até o terceiro dia anterior à data do recebimento das propostas, observada a necessária qualificação.

§ 3.º Convite é a modalidade de licitação entre interessados do ramo pertinente ao seu objeto, cadastrados ou não, escolhidos e convidados em número mínimo de 3 (três) pela unidade administrativa, a qual afixará, em local apropriado, cópia do instrumento convocatório e o estenderá aos demais cadastrados na correspondente especialidade que manifestarem seu interesse com antecedência de até 24 (vinte e quatro) horas da apresentação das propostas.

> *Vide* art. 23, § 4.º, desta Lei.

§ 4.º Concurso é a modalidade de licitação entre quaisquer interessados para escolha de trabalho técnico, científico ou artístico, mediante a instituição de prêmios ou remuneração aos vencedores, conforme critérios constantes de edital publicado na imprensa oficial com antecedência mínima de 45 (quarenta e cinco) dias.

> *Vide* art. 52 desta Lei.

§ 5.º Leilão é a modalidade de licitação entre quaisquer interessados para a venda de bens móveis inservíveis para a Administração ou de produtos legalmente apreendidos ou penhorados, ou para a alienação de bens imóveis prevista no art. 19, a quem oferecer o maior lance, igual ou superior ao valor da avaliação.

>> § 5.º com redação determinada pela Lei n. 8.883, de 8-6-1994.

> *Vide* art. 17, § 6.º, desta Lei.

§ 6.º Na hipótese do § 3.º deste artigo, existindo na praça mais de três possíveis interessados, a cada novo convite realizado para objeto idêntico ou assemelhado é obrigatório o convite a, no mínimo, mais um interessado, enquanto existirem cadastrados não convidados nas últimas licitações.

>> § 6.º com redação determinada pela Lei n. 8.883, de 8-6-1994.

§ 7.º Quando, por limitações do mercado ou manifesto desinteresse dos convidados, for impossível a obtenção do número mínimo de licitantes exigidos no § 3.º deste artigo, essas circunstâncias deverão ser devidamente justificadas no processo, sob pena de repetição do convite.

§ 8.º É vedada a criação de outras modalidades de licitação ou a combinação das referidas neste artigo.

§ 9.º Na hipótese do § 2.º deste artigo, a Administração somente poderá exigir do licitante não cadastrado os documentos previstos nos arts. 27 a 31, que comprovem habilitação compatível com o objeto da licitação, nos termos do edital.

>> § 9.º acrescentado pela Lei n. 8.883, de 8-6-1994.

Art. 23. As modalidades de licitação a que se referem os incisos I a III do artigo anterior serão determinadas em função dos seguintes limites, tendo em vista o valor estimado da contratação:

> *Vide* art. 15, § 8.º, desta Lei.

I – para obras e serviços de engenharia:

>> Inciso I, *caput*, com redação determinada pela Lei n. 9.648, de 27-5-1998.

a) convite – até R$ 150.000,00 (cento e cinquenta mil reais);

>> Alínea *a* com redação determinada pela Lei n. 9.648, de 27-5-1998.

>> O Decreto n. 9.412, de 18-6-2018, atualiza o valor desta alínea para até R$ 330.000,00 (trezentos e trinta mil reais).

b) tomada de preços – até R$ 1.500.000,00 (um milhão e quinhentos mil reais);

>> Alínea *b* com redação determinada pela Lei n. 9.648, de 27-5-1998.

>> O Decreto n. 9.412, de 18-6-2018, atualiza o valor desta alínea para até R$ 3.300.000,00 (três milhões e trezentos mil reais).

c) concorrência – acima de R$ 1.500.000,00 (um milhão e quinhentos mil reais);

>> Alínea *c* com redação determinada pela Lei n. 9.648, de 27-5-1998.

>> O Decreto n. 9.412, de 18-6-2018, atualiza o valor desta alínea para acima de R$ 3.300.000,00 (três milhões e trezentos mil reais).

> *Vide* arts. 6.º, V, e 39 desta Lei.

II – para compras e serviços não referidos no inciso anterior:

>> Inciso II, *caput*, com redação determinada pela Lei n. 9.648, de 27-5-1998.

a) convite – até R$ 80.000,00 (oitenta mil reais);

>> Alínea *a* com redação determinada pela Lei n. 9.648, de 27-5-1998.

>> O Decreto n. 9.412, de 18-6-2018, atualiza o valor desta alínea para até R$ 176.000,00 (cento e setenta e seis mil reais).

> *Vide* arts. 17, § 3.º, I, 60, parágrafo único, e 74, III, desta Lei.

b) tomada de preços – até R$ 650.000,00 (seiscentos e cinquenta mil reais);

>> Alínea *b* com redação determinada pela Lei n. 9.648, de 27-5-1998.

>> O Decreto n. 9.412, de 18-6-2018, atualiza o valor desta alínea para até R$ 1.430.000,00 (um milhão, quatrocentos e trinta mil reais).

c) concorrência – acima de R$ 650.000,00 (seiscentos e cinquenta mil reais).

>> Alínea *c* com redação determinada pela Lei n. 9.648, de 27-5-1998.

>> O Decreto n. 9.412, de 18-6-2018, atualiza o valor desta alínea para acima de R$ 1.430.000,00 (um milhão, quatrocentos e trinta mil reais).

>> *Vide* art. 120 desta Lei.

§ 1.º As obras, serviços e compras efetuadas pela Administração serão divididas em tantas parcelas quantas se comprovarem técnica e economicamente viáveis, procedendo-se à licitação com vistas ao melhor aproveitamento dos recursos disponíveis no mercado e à ampliação da competitividade sem perda da economia de escala.

>> § 1.º com redação determinada pela Lei n. 8.883, de 8-6-1994.

§ 2.º Na execução de obras e serviços e nas compras de bens, parceladas nos termos do parágrafo anterior, a cada etapa ou conjunto de etapas da obra, serviço ou compra há de corresponder licitação distinta, preservada a modalidade pertinente para a execução do objeto em licitação.

>> § 2.º com redação determinada pela Lei n. 8.883, de 8-6-1994.

§ 3.º A concorrência é a modalidade de licitação cabível, qualquer que seja o valor de seu objeto, tanto na compra ou alienação de bens imóveis, ressalvado o disposto no art. 19, como nas concessões de direito real de uso e nas licitações internacionais, admitindo-se neste último caso, observados os limites deste artigo, a tomada de preços, quando o órgão ou entidade dispuser de cadastro internacional de fornecedores, ou o convite, quando não houver fornecedor do bem ou serviço no País.

>> § 3.º com redação determinada pela Lei n. 8.883, de 8-6-1994.

§ 4.º Nos casos em que couber convite, a Administração poderá utilizar a tomada de preços e, em qualquer caso, a concorrência.

> *Vide* art. 22, § 3.º, desta Lei.

§ 5.º É vedada a utilização da modalidade de convite ou tomada de preços, conforme o caso, para parcelas de uma mesma obra ou serviço, ou ainda para obras e serviços da mesma natureza e no mesmo local que possam ser realizadas conjunta e concomitantemente, sempre que o somatório de seus valores caracterizar o caso de tomada de preços ou concorrência, respectivamente, nos termos deste artigo, exceto para as parcelas de natureza específica que possam ser executadas por pessoas ou empresas de especialidade diversa daquela do executor da obra ou serviço.

>> § 5.º com redação determinada pela Lei n. 8.883, de 8-6-1994.

§ 6.º As organizações industriais da Administração Federal direta, em face de suas peculiaridades, obedecerão aos limites estabelecidos no inciso I deste artigo também para suas compras e serviços em geral, desde que para a aquisição de materiais aplicados exclusivamente na manutenção, reparo ou fabricação de meios operacionais bélicos pertencentes à União.

>> § 6.º acrescentado pela Lei n. 8.883, de 8-6-1994.

§ 7.º Na compra de bens de natureza divisível e desde que não haja prejuízo para o conjunto ou complexo, é permitida a cotação de quantidade inferior à demandada na licitação, com vistas à ampliação da competitividade, podendo o edital fixar quantitativo mínimo para preservar a economia de escala.

>> § 7.º acrescentado pela Lei n. 9.648, de 27-5-1998.

> *Vide* art. 45, § 6.º, desta Lei.

§ 8.º No caso de consórcios públicos, aplicar-se-á o dobro dos valores mencionados no *caput* deste artigo quando formado por até 3 (três) entes da Federação, e o triplo, quando formado por maior número.

>> § 8.º acrescentado pela Lei n. 11.107, de 6-4-2005.

Art. 24. É dispensável a licitação:

>> *Vide* art. 29 da Lei n. 13.303, de 30-6-2016 (dispensa de licitação por empresas públicas e sociedades de economia mista).

> *Vide* arts. 26 e 89 desta Lei.

> *Vide* art. 35 da Lei n. 12.462, de 4-8-2011.

> O Decreto n. 8.135, de 4-11-2013, dispõe sobre as comunicações de dados da administração pública federal direta, autárquica e fundacional, e sobre a dispensa de licitação nas contratações que possam comprometer a segurança nacional.

I – para obras e serviços de engenharia de valor até 10% (dez por cento) do limite previsto na alínea *a* do inciso I do artigo anterior, desde que não se refiram a parcelas de uma mesma obra ou serviço ou ainda para obras e serviços da mesma natureza e no mesmo local que possam ser realizadas conjunta e concomitantemente;

>> Inciso I com redação determinada pela Lei n. 9.648, de 27-5-1998.

> *Vide* art. 24, § 1.º, desta Lei.

> *Vide* Lei n. 14.065, de 30-9-2020, que autoriza pagamentos antecipados nas licitações e nos contratos, adequa os limites de dispensa de licitação e amplia o uso do Regime Diferenciado de Contratações Públicas – RDC durante o estado de calamidade pública.

II – para outros serviços e compras de valor até 10% (dez por cento) do limite previsto na alínea *a*, do inciso II do artigo anterior, e para alienações, nos casos previstos nesta Lei, desde que não se refiram a parcelas de um mesmo serviço, compra ou alienação de maior vulto que possa ser realizada de uma só vez;

>> Inciso II com redação determinada pela Lei n. 9.648, de 27-5-1998.

> *Vide* art. 24, § 1.º, desta Lei.

> *Vide* Lei n. 14.065, de 30-9-2020, que autoriza pagamentos antecipados nas licitações e nos contratos, adequa os limites de dispensa de licitação e amplia o uso do Regime Diferenciado de Contratações Públicas – RDC durante o estado de calamidade pública.

III – nos casos de guerra ou grave perturbação da ordem;

> *Vide* art. 26 desta Lei.

IV – nos casos de emergência ou de calamidade pública, quando caracterizada urgência de atendimento de situação que possa ocasionar prejuízo ou comprometer a segurança de pessoas, obras, serviços, equipamentos e outros bens, públicos ou particulares, e somente para os bens necessários ao atendimento da situação emergencial ou calamitosa e para as parcelas de obras e serviços que possam ser concluídas no prazo máximo de 180 (cento e oitenta) dias consecutivos e ininterruptos, contados da ocorrência da emergência ou calamidade, vedada a prorrogação dos respectivos contratos;

V – quando não acudirem interessados à licitação anterior e esta, justificadamente, não puder ser repetida sem prejuízo para a Administração, mantidas, neste caso, todas as condições preestabelecidas;

VI – quando a União tiver que intervir no domínio econômico para regular preços ou normalizar o abastecimento;

VII – quando as propostas apresentadas consignarem preços manifestamente superiores aos praticados no mercado nacional, ou forem incompatíveis com os fixados pelos órgãos oficiais competentes, casos em que, observado o parágrafo único do art. 48 desta Lei e, persistindo a situação, será admitida a adjudicação direta dos bens ou serviços, por valor não superior ao constante do registro de preços, ou dos serviços;

>> Citado dispositivo sofreu alteração pela Lei n. 8.883, de 8-6-1994, e o parágrafo único corresponde agora ao art. 48, II.

VIII – para a aquisição, por pessoa jurídica de direito público interno, de bens produzidos ou serviços prestados por órgão ou entidade que integre a Administração Pública e que tenha sido criado para esse fim específico em data anterior à vigência desta Lei, desde que o preço contratado seja compatível com o praticado no mercado;

>> Inciso VIII com redação determinada pela Lei n. 8.883, de 8-6-1994.

IX – quando houver possibilidade de comprometimento da segurança nacional, nos casos estabelecidos em decreto do Presidente da República, ouvido o Conselho de Defesa Nacional;

>> Inciso IX regulamentado pelo Decreto n. 2.295, de 4-8-1997.

X – para a compra ou locação de imóvel destinado ao atendimento das finalidades precípuas da Administração, cujas necessidades de instalação e localização condicionem a sua escolha, desde que o preço seja compatível com o valor de mercado, segundo avaliação prévia;

>> Inciso X com redação determinada pela Lei n. 8.883, de 8-6-1994.

XI – na contratação de remanescente de obra, serviço ou fornecimento, em consequência de rescisão contratual, desde que atendida a ordem de classificação da licitação anterior e aceitas as mesmas condições oferecidas pelo licitante vencedor, inclusive quanto ao preço, devidamente corrigido;

> *Vide* art. 41 da Lei n. 12.462, de 4-8-2011.

XII – nas compras de hortifrutigranjeiros, pão e outros gêneros perecíveis, no tempo necessário para a realização dos processos licitatórios correspondentes, realizadas diretamente com base no preço do dia;

>> Inciso XII com redação determinada pela Lei n. 8.883, de 8-6-1994.

XIII – na contratação de instituição brasileira incumbida regimental ou estatutariamente da pesquisa, do ensino ou do desenvolvimento institucional, ou de instituição dedicada à recuperação social do preso, desde que a contratada detenha inquestionável reputação ético-profissional e não tenha fins lucrativos;

>> Inciso XIII com redação determinada pela Lei n. 8.883, de 8-6-1994.

XIV – para a aquisição de bens ou serviços nos termos de acordo internacional específico aprovado pelo Congresso Nacional, quando as condições ofertadas forem manifestamente vantajosas para o Poder Público;

>> Inciso XIV com redação determinada pela Lei n. 8.883, de 8-6-1994.

XV – para a aquisição ou restauração de obras de arte e objetos históricos, de autenticidade certificada, desde que compatíveis ou inerentes às finalidades do órgão ou entidade;

XVI – para a impressão dos diários oficiais, de formulários padronizados de uso da Administração e de edições técnicas oficiais, bem como para a prestação de serviços de informática a pessoa jurídica de direito público interno, por órgãos ou entidades que integrem a Administração Pública, criados para esse fim específico;

>> Inciso XVI acrescentado pela Lei n. 8.883, de 8-6-1994.

XVII – para a aquisição de componentes ou peças de origem nacional ou estrangeira, necessários à manutenção de equipamentos durante o período de garantia técnica, junto ao fornecedor original desses equipamentos, quando tal condição de exclusividade for indispensável para a vigência da garantia;

>> Inciso XVII acrescentado pela Lei n. 8.883, de 8-6-1994.

XVIII – nas compras ou contratações de serviços para o abastecimento de navios, embarcações, unidades aéreas ou tropas e seus meios de deslocamento, quando em estada eventual de curta duração em portos, aeroportos ou localidades diferentes de suas sedes, por motivos de movimentação operacional ou de adestramento, quando a exiguidade dos prazos legais puder comprometer a normalidade e os propósitos das operações e desde que seu valor não exceda ao limite previsto na alínea *a* do inciso II do art. 23 desta Lei;

>> Inciso XVIII acrescentado pela Lei n. 8.883, de 8-6-1994.

XIX – para as compras de materiais de uso pelas Forças Armadas, com exceção de materiais de uso pessoal e administrativo, quando houver necessidade de manter a padronização requerida pela estrutura de apoio logístico dos meios navais, aéreos e terrestres, mediante parecer de comissão instituída por decreto;

>> Inciso XIX acrescentado pela Lei n. 8.883, de 8-6-1994.

XX – na contratação de associação de portadores de deficiência física, sem fins lucrativos e de comprovada idoneidade, por órgãos ou entidades da Administração Pública, para a prestação de serviços ou fornecimento de mão de obra, desde que o preço contratado seja compatível com o praticado no mercado;

>> Inciso XX acrescentado pela Lei n. 8.883, de 8-6-1994.

XXI – para a aquisição ou contratação de produto para pesquisa e desenvolvimento, limitada, no caso de obras e serviços de engenharia, a 20% (vinte por cento) do valor de que trata a alínea *b* do inciso I do *caput* do art. 23;

>> Inciso XXI com redação determinada pela Lei n. 13.243, de 11-1-2016.

XXII – na contratação de fornecimento ou suprimento de energia elétrica e gás natural com concessionário, permissionário ou autorizado, segundo as normas da legislação específica;

>> Inciso XXII com redação determinada pela Lei n. 10.438, de 26-4-2002.

> *Vide* arts. 4.º a 25 da Lei n. 9.074, de 7-7-1995.

XXIII – na contratação realizada por empresa pública ou sociedade de economia mista com suas subsidiárias e controladas, para a aquisição ou alienação de bens, prestação ou obtenção de serviços, desde que o preço contratado seja compatível com o praticado no mercado;

>> Inciso XXIII acrescentado pela Lei n. 9.648, de 27-5-1998.

XXIV – para a celebração de contratos de prestação de serviços com as organizações sociais, qualificadas no âmbito das respectivas esferas de governo, para atividades contempladas no contrato de gestão;

>> Inciso XXIV acrescentado pela Lei n. 9.648, de 27-5-1998.

>> Das organizações sociais: *vide* Lei n. 9.637, de 15-5-1998.

>> O STF, na ADI n. 1.923, de 16-4-2015 (*DOU* de 5-5-2015), julgou parcialmente procedente o pedido, apenas para conferir interpretação conforme à CF a este inciso.

XXV – na contratação realizada por Instituição Científica e Tecnológica – ICT ou por agência de fomento para a transferência de tecnologia e para o licenciamento de direito de uso ou de exploração de criação protegida;

>> Inciso XXV acrescentado pela Lei n. 10.973, de 2-12-2004.

XXVI – na celebração de contrato de programa com ente da Federação ou com entidade de sua administração indireta, para a prestação de serviços públicos de forma associada nos termos do autorizado em contrato de consórcio público ou em convênio de cooperação;

>> Inciso XXVI acrescentado pela Lei n. 11.107, de 6-4-2005.

XXVII – na contratação da coleta, processamento e comercialização de resíduos sólidos urbanos recicláveis ou reutilizáveis, em áreas com sistema de coleta seletiva de lixo, efetuados por associações ou cooperativas formadas exclusivamente por pessoas físicas de baixa renda reconhecidas pelo poder público como catadores de materiais recicláveis, com o uso de equipamentos compatíveis com as normas técnicas, ambientais e de saúde pública;

>> Inciso XXVII com redação determinada pela Lei n. 11.445, de 5-1-2007.

XXVIII – para o fornecimento de bens e serviços, produzidos ou prestados no País, que envolvam, cumulativamente, alta complexidade tecnológica e defesa nacional, mediante parecer de comissão especialmente designada pela autoridade máxima do órgão;

>> Inciso XXVIII acrescentado pela Lei n. 11.484, de 31-5-2007.

XXIX – na aquisição de bens e contratação de serviços para atender aos contingentes militares das Forças Singulares brasileiras empregadas em operações de paz no exterior, necessariamente justificadas quanto ao preço e à escolha do fornecedor ou executante e ratificadas pelo Comandante da Força;

>> Inciso XXIX acrescentado pela Lei n. 11.783, de 17-9-2008.

XXX – na contratação de instituição ou organização, pública ou privada, com ou sem fins lucrativos, para a prestação de serviços de assistência técnica e extensão rural no âmbito do Programa Nacional de Assistência Técnica e Extensão Rural na Agricultura Familiar e na Reforma Agrária, instituído por lei federal;

>> Inciso XXX acrescentado pela Lei n. 12.188, de 11-1-2010.

XXXI – nas contratações visando ao cumprimento do disposto nos arts. 3.º, 4.º, 5.º e 20 da Lei n. 10.973, de 2 de dezembro de 2004, observados os princípios gerais de contratação dela constantes;

>> Inciso XXXI acrescentado pela Lei n. 12.349, de 15-12-2010.

> A Lei n. 10.973, de 2-12-2004, dispõe sobre incentivos à inovação e à pesquisa científica e tecnológica no ambiente produtivo.

XXXII – na contratação em que houver transferência de tecnologia de produtos estratégicos para o Sistema Único de Saúde – SUS, no âmbito da Lei n. 8.080, de 19 de setembro de 1990, conforme elencados em ato da direção nacional do SUS, inclusive por ocasião da aquisição destes produtos durante as etapas de absorção tecnológica;

>> Inciso XXXII acrescentado pela Lei n. 12.715, de 17-9-2012.

XXXIII – na contratação de entidades privadas sem fins lucrativos, para a implementação de cisternas ou outras tecnologias sociais de acesso à água para consumo humano e produção de alimentos, para beneficiar as famílias rurais de baixa renda atingidas pela seca ou falta regular de água;

>> Inciso XXXIII acrescentado pela Lei n. 12.873, de 24-10-2013.

XXXIV – para a aquisição por pessoa jurídica de direito público interno de insumos estratégicos para a saúde produzidos ou distribuídos por fundação que, regimental ou estatutariamente, tenha por finalidade apoiar órgão da administração pública direta, sua autarquia ou fundação em projetos de ensino, pesquisa, extensão, desenvolvimento institucional, científico e tecnológico e estímulo à inovação, inclusive na gestão administrativa e financeira necessária à execução desses projetos, ou em parcerias que envolvam transferência de tecnologia de produtos estratégicos para o Sistema Único de Saúde – SUS, nos termos do inciso XXXII deste artigo, e que tenha sido criada para esse fim específico em data anterior à vigência desta Lei, desde que o preço contratado seja compatível com o praticado no mercado;

>> Inciso XXXIV acrescentado pela Lei 13.204, de 14-12-2015.

XXXV – para a construção, a ampliação, a reforma e o aprimoramento de estabelecimentos penais, desde que configurada situação de grave e iminente risco à segurança pública.

>> Inciso XXXV acrescentado pela Lei n. 13.500, de 26-10-2017.

§ 1.º Os percentuais referidos nos incisos I e II do *caput* deste artigo serão 20% (vinte por cento) para compras, obras e serviços contratados por consórcios públicos, sociedade de economia mista, empresa pública e por autarquia ou fundação qualificadas, na forma da lei, como Agências Executivas.

>> § 1.º acrescentado pela Lei n. 12.715, de 17-9-2012.

> Agências executivas: *vide* Decretos n. 2.487, de 2-2-1998, e 2.488, de 2-2-1998.

§ 2.º O limite temporal de criação do órgão ou entidade que integre a administração pública estabelecido no inciso VIII do *caput* deste artigo não se aplica aos órgãos ou entidades que produzem produtos estratégicos para o SUS, no âmbito da Lei n. 8.080, de 19 de setembro de 1990, conforme elencados em ato da direção nacional do SUS.

>> § 2.º acrescentado pela Lei n. 12.715, de 17-9-2012.

§ 3.º A hipótese de dispensa prevista no inciso XXI do *caput*, quando aplicada a obras e serviços de engenharia, seguirá procedimentos especiais instituídos em regulamentação específica.

>> § 3.º acrescentado pela Lei n. 13.243, de 11-1-2016.

>> § 3.º regulamentado pelo Decreto n. 9.283, de 7-2-2018.

§ 4.º Não se aplica a vedação prevista no inciso I do *caput* do art. 9.º à hipótese prevista no inciso XXI do *caput*.

>> § 4.º acrescentado pela Lei n. 13.243, de 11-1-2016.

Art. 25. É inexigível a licitação quando houver inviabilidade de competição, em especial:

>> *Vide* art. 30 da Lei n. 13.303, de 30-6-2016.

> *Vide* arts. 26 e 89 desta Lei.

> *Vide* art. 23 da Lei n. 9.427, de 26-12-1996.

> *Vide* art. 35 da Lei n. 12.462, de 4-8-2011.

I – para aquisição de materiais, equipamentos, ou gêneros que só possam ser fornecidos por produtor, empresa ou representante comercial exclusivo, vedada a preferência de marca, devendo a comprovação de exclusividade ser feita através de atestado fornecido pelo órgão de registro do comércio do local em que se realizaria a licitação ou a obra ou o serviço, pelo Sindicato, Federação ou Confederação Patronal, ou, ainda, pelas entidades equivalentes;

II – para a contratação de serviços técnicos enumerados no art. 13 desta Lei, de natureza singular, com profissionais ou empresas de notória especialização, vedada a inexigibilidade para serviços de publicidade e divulgação;

> *Vide* Lei n. 12.232, de 29-4-2010.

III – para contratação de profissional de qualquer setor artístico, diretamente ou através de empresário exclusivo, desde que consagrado pela crítica especializada ou pela opinião pública.

§ 1.º Considera-se de notória especialização o profissional ou empresa cujo conceito no campo de sua especialidade, decorrente de desempenho anterior, estudos, experiências, publicações, organização, aparelhamento, equipe técnica, ou de outros requisitos relacionados com suas atividades, permita inferir que o seu trabalho é essencial e indiscutivelmente o mais adequado à plena satisfação do objeto do contrato.

> *Vide* art. 30, § 1.º, da Lei n. 13.303, de 30-6-2016.

§ 2.º Na hipótese deste artigo e em qualquer dos casos de dispensa, se comprovado superfaturamento, respondem solidariamente pelo dano causado à Fazenda Pública o fornecedor ou o prestador de serviços e o agente público responsável, sem prejuízo de outras sanções legais cabíveis.

Art. 26. As dispensas previstas nos §§ 2.º e 4.º do art. 17 e no inciso III e seguintes do art. 24, as situações de inexigibilidade referidas no art. 25, necessariamente justificadas, e o retardamento previsto no final do parágrafo único do art. 8.º desta Lei deverão ser comunicados, dentro de 3 (três) dias, à autoridade superior, para ratificação e publicação na imprensa oficial, no prazo de 5 (cinco) dias, como condição para a eficácia dos atos.

>> *Caput* com redação determinada pela Lei n. 11.107, de 6-4-2005.

> *Vide* art. 35 da Lei n. 12.462, de 4-8-2011.

> *Vide* arts. 8.º, parágrafo único, 17, §§ 2.º e 4.º, 24, III a XXIV, 25 e 89 desta Lei.

Parágrafo único. O processo de dispensa, de inexigibilidade ou de retardamento, previsto neste artigo, será instruído, no que couber, com os seguintes elementos:

I – caracterização da situação emergencial, calamitosa ou de grave e iminente risco à segurança pública que justifique a dispensa, quando for o caso;

>> Inciso I com redação determinada pela Lei n. 13.500, de 26-10-2017.

II – razão da escolha do fornecedor ou executante;

III – justificativa do preço;

IV – documento de aprovação dos projetos de pesquisas aos quais os bens serão alocados.

>> Inciso IV acrescentado pela Lei n. 9.648, de 27-5-1998.

Seção II
Da Habilitação

>> *Vide* art. 14 da Lei n. 12.462, de 4-8-2011.

Art. 27. Para a habilitação nas licitações exigir-se-á dos interessados, exclusivamente, documentação relativa a:

> *Vide* arts. 22, § 9.º, 34, 35, 37, 40, VI, 55, XIII, e 78, XVIII, desta Lei.

> O art. 45 do Decreto n. 7.581, de 11-10-2011, regulamenta o Regime Diferenciado de Contratações Públicas – RDC.

I – habilitação jurídica;

II – qualificação técnica;

III – qualificação econômico-financeira;

IV – regularidade fiscal e trabalhista;

>> Inciso IV com redação determinada pela Lei n. 12.440, de 7-7-2011.

V – cumprimento do disposto no inciso XXXIII do art. 7.º da Constituição Federal.

>> Inciso V acrescentado pela Lei n. 9.854, de 27-10-1999.

Art. 28. A documentação relativa à habilitação jurídica, conforme o caso, consistirá em:

> *Vide* art. 32, §§ 1.º e 2.º, e 33, III, desta Lei.

I – cédula de identidade;

II – registro comercial, no caso de empresa individual;

III – ato constitutivo, estatuto ou contrato social em vigor, devidamente registrado, em se tratando de sociedades comerciais, e, no caso de sociedades por ações, acompanhado de documentos de eleição de seus administradores;

IV – inscrição do ato constitutivo, no caso de sociedades civis, acompanhada de prova de diretoria em exercício;

V – decreto de autorização, em se tratando de empresa ou sociedade estrangeira em funcionamento no País, e ato de registro ou autorização para funcionamento expedido pelo órgão competente, quando a atividade assim o exigir.

Art. 29. A documentação relativa à regularidade fiscal e trabalhista, conforme o caso, consistirá em:

>> *Caput* com redação determinada pela Lei n. 12.440, de 7-7-2011.

> *Vide* arts. 32, §§ 1.º e 2.º, desta Lei.

I – prova de inscrição no Cadastro de Pessoas Físicas (CPF) ou no Cadastro Geral de Contribuintes (CGC);

II – prova de inscrição no cadastro de contribuintes estadual ou municipal, se houver, relativo ao domicílio ou sede do licitante, pertinente ao seu ramo de atividade e compatível com o objeto contratual;

III – prova de regularidade para com a Fazenda Federal, Estadual e Municipal do domicílio ou sede do licitante, ou outra equivalente, na forma da lei;

IV – prova de regularidade relativa à Seguridade Social e ao Fundo de Garantia por Tempo de Serviço (FGTS), demonstrando situação regular no cumprimento dos encargos sociais instituídos por lei.

>> Inciso IV com redação determinada pela Lei n. 8.883, de 8-6-1994.

V – prova de inexistência de débitos inadimplidos perante a Justiça do Trabalho, mediante a apresentação de certidão negativa, nos termos do Título VII-A da Consolidação das Leis do Trabalho, aprovada pelo Decreto-lei n. 5.452, de 1.º de maio de 1943.

>> Inciso V acrescentado pela Lei n. 12.440, de 7-7-2011.

Art. 30. A documentação relativa à qualificação técnica limitar-se-á a:

I – registro ou inscrição na entidade profissional competente;

II – comprovação de aptidão para desempenho de atividade pertinente e compatível em características, quantidades e prazos com o objeto da licitação, e indicação das instalações e do aparelhamento e do pessoal técnico adequados e disponíveis para a realização do objeto da licitação, bem como da qualificação de cada um dos membros da equipe técnica que se responsabilizará pelos trabalhos;

III – comprovação, fornecida pelo órgão licitante, de que recebeu os documentos, e, quando exigido, de que tomou conhecimento de todas as informações e das condições locais para o cumprimento das obrigações objeto da licitação;

IV – prova de atendimento de requisitos previstos em lei especial, quando for o caso.

§ 1.º A comprovação de aptidão referida no inciso II do *caput* deste artigo, no caso das licitações pertinentes a obras e serviços, será feita por atestados fornecidos por pessoas jurídicas de direito público ou privado, devidamente registrados nas entidades profissionais competentes, limitadas as exigências a:

>> § 1.º, *caput*, com redação determinada pela Lei n. 8.883, de 8-6-1994.

I – capacitação técnico-profissional: comprovação do licitante de possuir em seu quadro permanente, na data prevista para entrega da proposta, profissional de nível superior ou outro devidamente reconhecido pela entidade competente, detentor de atestado de responsabilidade técnica por execução de obra ou serviço de características semelhantes, limitadas estas exclusivamente às parcelas de maior relevância e valor significativo do objeto da licitação, vedadas as exigências de quantidades mínimas ou prazos máximos;

>> Inciso I com redação determinada pela Lei n. 8.883, de 8-6-1994.

II – (*Vetado.*)

a) **e** ***b)*** (*Vetadas.*)

§ 2.º As parcelas de maior relevância técnica e de valor significativo, mencionadas no parágrafo anterior, serão definidas no instrumento convocatório.

>> § 2.º com redação determinada pela Lei n. 8.883, de 8-6-1994.

§ 3.º Será sempre admitida a comprovação de aptidão através de certidões ou atestados de obras ou serviços similares de complexidade tecnológica e operacional equivalente ou superior.

§ 4.º Nas licitações para fornecimento de bens, a comprovação de aptidão, quando for o caso, será feita através de atestados fornecidos por pessoa jurídica de direito público ou privado.

§ 5.º É vedada a exigência de comprovação de atividade ou de aptidão com limitações de tempo ou de época ou ainda em locais específicos, ou quaisquer outras não previstas nesta Lei, que inibam a participação na licitação.

§ 6.º As exigências mínimas relativas a instalações de canteiros, máquinas, equipamentos e pessoal técnico especializado, considerados essenciais para o cumprimento do objeto da licitação, serão atendidas mediante a apresentação de relação explícita e da declaração formal da sua disponibilidade, sob as penas cabíveis, vedadas as exigências de propriedade e de localização prévia.

§ 7.º (*Vetado.*)

I e II – (*Vetados.*)

§ 8.º No caso de obras, serviços e compras de grande vulto, de alta complexidade técnica, poderá a Administração exigir dos licitantes a metodologia de execução, cuja avaliação, para efeito de sua aceitação ou não, antecederá sempre à análise dos preços e será efetuada exclusivamente por critérios objetivos.

§ 9.º Entende-se por licitação de alta complexidade técnica aquela que envolva alta especialização, como fator de extrema relevância para garantir a execução do objeto a ser contratado, ou que possa comprometer a continuidade da prestação de serviços públicos essenciais.

§ 10. Os profissionais indicados pelo licitante para fins de comprovação da capacitação técnico-operacional de que trata o inciso I do § 1.º deste artigo deverão participar da obra ou serviço objeto da licitação, admitindo-se a substituição por profissionais de experiência equivalente ou superior, desde que aprovada pela Administração.

>> § 10 acrescentado pela Lei n. 8.883, de 8-6-1994.

§§ 11 e 12. (*Vetados.*)

Art. 31. A documentação relativa à qualificação econômico-financeira limitar-se-á a:

I – balanço patrimonial e demonstrações contábeis do último exercício social, já exigíveis e apresentados na forma da lei, que comprovem a boa situação financeira da empresa, vedada a sua substituição por balancetes ou balanços provisórios, podendo ser atualizados por índices oficiais quando encerrados há mais de 3 (três) meses da data de apresentação da proposta;

>> Dispõe o art. 1.065 do CC: "Art. 1.065. Ao término de cada exercício social, proceder-se-á à elaboração do inventário, do balanço patrimonial e do balanço de resultado econômico".

II – certidão negativa de falência ou concordata expedida pelo distribuidor da sede da pessoa jurídica, ou de execução patrimonial, expedida no domicílio da pessoa física;

III – garantia, nas mesmas modalidades e critérios previstos no *caput* e § 1.º do art. 56 desta Lei, limitada a 1% (um por cento) do valor estimado do objeto da contratação.

§ 1.º A exigência de índices limitar-se-á à demonstração da capacidade financeira do licitante com vistas aos compromissos que terá que assumir caso lhe seja adjudicado o contrato, vedada a exigência de valores mínimos de faturamento anterior, índices de rentabilidade ou lucratividade.

>> § 1.º com redação determinada pela Lei n. 8.883, de 8-6-1994.

§ 2.º A Administração, nas compras para entrega futura e na execução de obras e serviços, poderá estabelecer, no instrumento convocatório da licitação, a exigência de capital mínimo ou de patrimônio líquido mínimo, ou ainda as garantias previstas no § 1.º do art. 56 desta Lei, como dado objetivo de comprovação da qualificação econômico-financeira dos licitantes e para efeito de garantia ao adimplemento do contrato a ser ulteriormente celebrado.

§ 3.º O capital mínimo ou o valor do patrimônio líquido a que se refere o parágrafo anterior não poderá exceder a 10% (dez por cento) do valor estimado da contratação, devendo a comprovação ser feita relativamente à data da apresentação da proposta, na forma da lei, admitida a atualização para esta data através de índices oficiais.

§ 4.º Poderá ser exigida, ainda, a relação dos compromissos assumidos pelo licitante que importem diminuição da capacidade operativa ou absorção de disponibilidade financeira, calculada esta em função do patrimônio líquido atualizado e sua capacidade de rotação.

§ 5.º A comprovação da boa situação financeira da empresa será feita de forma objetiva, através do cálculo de índices contábeis previstos no edital e devidamente justificados no processo administrativo da licitação que tenha dado início ao certame licitatório, vedada a exigência de índices e valores não usualmente adotados para a correta avaliação de situação financeira suficiente ao cumprimento das obrigações decorrentes da licitação.

>> § 5.º com redação determinada pela Lei n. 8.883, de 8-6-1994.

§ 6.º (*Vetado.*)

Art. 32. Os documentos necessários à habilitação poderão ser apresentados em original, por qualquer processo de cópia autenticada por cartório competente ou por servidor da Administração, ou publicação em órgão da imprensa oficial.

>> *Caput* com redação determinada pela Lei n. 8.883, de 8-6-1994.

§ 1.º A documentação de que tratam os arts. 28 a 31 desta Lei poderá ser dispensada, no todo ou em parte, nos casos de convite, concurso, fornecimento de bens para pronta entrega e leilão.

§ 2.º O certificado de registro cadastral a que se refere o § 1.º do art. 36 substitui os documentos enumerados nos arts. 28 a 31, quanto às informações disponibilizadas em sistema informatizado de consulta direta indicado no edital, obrigando-se a parte a declarar, sob as penalidades legais, a superveniência de fato impeditivo da habilitação.

>> § 2.º com redação determinada pela Lei n. 9.648, de 27-5-1998.

§ 3.º A documentação referida neste artigo poderá ser substituída por registro cadastral emitido por órgão ou entidade pública, desde que previsto no edital e o registro tenha sido feito em obediência ao disposto nesta Lei.

§ 4.º As empresas estrangeiras que não funcionem no País, tanto quanto possível, atenderão, nas licitações internacionais, às exigências dos parágrafos anteriores mediante documentos equivalentes, autenticados pelos respectivos consulados e traduzidos por tradutor juramentado, devendo ter representação legal no Brasil com poderes expressos para receber citação e responder administrativa ou judicialmente.

§ 5.º Não se exigirá, para a habilitação de que trata este artigo, prévio recolhimento de taxas ou emolumentos, salvo os referentes a fornecimento do edital, quando solicitado, com os seus elementos constitutivos, limitados ao valor do custo efetivo de reprodução gráfica da documentação fornecida.

§ 6.º O disposto no § 4.º deste artigo, no § 1.º do art. 33 e no § 2.º do art. 55 não se aplica às licitações internacionais para a aquisição de bens e serviços cujo pagamento seja feito com o produto de financiamento concedido por organismo financeiro internacional de que o Brasil faça parte, ou por agência estrangeira de cooperação, nem nos casos de contratação com empresa estrangeira, para a compra de equipamentos fabricados e entregues no exterior, desde que para este caso tenha havido prévia autorização do Chefe do Poder Executivo, nem nos casos de aquisição de bens e serviços realizada por unidades administrativas com sede no exterior.

§ 7.º A documentação de que tratam os arts. 28 a 31 e este artigo poderá ser dispensada, nos termos de regulamento, no todo ou em parte, para a contratação de produto para pesquisa e desenvolvimento, desde que para pronta entrega ou até o valor previsto na alínea *a* do inciso II do *caput* do art. 23.

>> § 7.º acrescentado pela Lei n. 13.243, de 11-1-2016.

>> § 7.º regulamentado pelo Decreto n. 9.283, de 7-2-2018.

Art. 33. Quando permitida na licitação a participação de empresas em consórcio, observar-se-ão as seguintes normas:

I – comprovação do compromisso público ou particular de constituição de consórcio, subscrito pelos consorciados;

II – indicação da empresa responsável pelo consórcio que deverá atender às condições de liderança, obrigatoriamente fixadas no edital;

III – apresentação dos documentos exigidos nos arts. 28 a 31 desta Lei por parte de cada consorciado, admitindo-se, para efeito de qualificação técnica, o somatório dos quantitativos de cada consorciado, e, para efeito de qualificação econômico-financeira, o somatório dos valores de cada consorciado, na proporção de sua respectiva participação, podendo a Administração estabelecer, para o consórcio, um acréscimo de até 30% (trinta por cento) dos valores exigidos para licitante individual, inexigível este acréscimo para os consórcios compostos, em sua totalidade, por micro e pequenas empresas assim definidas em lei;

IV – impedimento de participação de empresa consorciada, na mesma licitação, através de mais de um consórcio ou isoladamente;

V – responsabilidade solidária dos integrantes pelos atos praticados em consórcio, tanto na fase de licitação quanto na de execução do contrato.

§ 1.º No consórcio de empresas brasileiras e estrangeiras a liderança caberá, obrigatoriamente, à empresa brasileira, observado o disposto no inciso II deste artigo.

> *Vide* art. 32, § 6.º, desta Lei.

§ 2.º O licitante vencedor fica obrigado a promover, antes da celebração do contrato, a constituição e o registro do consórcio, nos termos do compromisso referido no inciso I deste artigo.

Seção III
Dos Registros Cadastrais

Art. 34. Para os fins desta Lei, os órgãos e entidades da Administração Pública que realizem frequentemente licitações manterão registros cadastrais para efeito de habilitação, na forma regulamentar, válidos por, no máximo, um ano.

>> Artigo regulamentado pelo Decreto n. 3.722, de 9-1-2001.

§ 1.º O registro cadastral deverá ser amplamente divulgado e deverá estar permanentemente aberto aos interessados, obrigando-se a unidade por ele responsável a proceder, no mínimo anualmente, através da imprensa oficial e de jornal diário, a chamamento público para a atualização dos registros existentes e para o ingresso de novos interessados.

§ 2.º É facultado às unidades administrativas utilizarem-se de registros cadastrais de outros órgãos ou entidades da Administração Pública.

Art. 35. Ao requerer inscrição no cadastro, ou atualização deste, a qualquer tempo, o interessado fornecerá os elementos necessários à satisfação das exigências do art. 27 desta Lei.

Art. 36. Os inscritos serão classificados por categorias, tendo-se em vista sua especialização, subdivididas em grupos, segundo a qualificação técnica e econômica avaliada pelos elementos constantes da documentação relacionada nos arts. 30 e 31 desta Lei.

§ 1.º Aos inscritos será fornecido certificado, renovável sempre que atualizarem o registro.

§ 2.º A atuação do licitante no cumprimento de obrigações assumidas será anotada no respectivo registro cadastral.

> *Vide* art. 32, § 6.º, desta Lei.

Art. 37. A qualquer tempo poderá ser alterado, suspenso ou cancelado o registro do inscrito que deixar de satisfazer as exigências do art. 27 desta Lei, ou as estabelecidas para classificação cadastral.

Seção IV
Do Procedimento e Julgamento

Art. 38. O procedimento da licitação será iniciado com a abertura de processo administrativo, devidamente autuado, protocolado e numerado, contendo a autorização respectiva, a indicação sucinta de seu objeto e do recurso próprio para a despesa, e ao qual serão juntados oportunamente:

I – edital ou convite e respectivos anexos, quando for o caso;

> *Vide* art. 40 desta Lei.

II – comprovante das publicações do edital resumido, na forma do art. 21 desta Lei, ou da entrega do convite;

III – ato de designação da comissão de licitação, do leiloeiro administrativo ou oficial, ou do responsável pelo convite;

> *Vide* art. 51 desta Lei.

IV – original das propostas e dos documentos que as instruírem;

V – atas, relatórios e deliberações da Comissão Julgadora;

> *Vide* arts. 43, § 1.º, e 51 desta Lei.

VI – pareceres técnicos ou jurídicos emitidos sobre a licitação, dispensa ou inexigibilidade;

VII – atos de adjudicação do objeto da licitação e da sua homologação;

> *Vide* art. 43, VI, desta Lei.

VIII – recursos eventualmente apresentados pelos licitantes e respectivas manifestações e decisões;

> *Vide* art. 109 desta Lei.

IX – despacho de anulação ou de revogação da licitação, quando for o caso, fundamentado circunstanciadamente;

> *Vide* art. 49 desta Lei.

X – termo de contrato ou instrumento equivalente, conforme o caso;

XI – outros comprovantes de publicações;

XII – demais documentos relativos à licitação.

Parágrafo único. As minutas de editais de licitação, bem como as dos contratos, acordos, convênios ou ajustes devem ser previamente examinadas e aprovadas por assessoria jurídica da Administração.

>> Parágrafo único com redação determinada pela Lei n. 8.883, de 8-6-1994.

Art. 39. Sempre que o valor estimado para uma licitação ou para um conjunto de licitações simultâneas ou sucessivas for superior a 100 (cem) vezes o limite previsto no art. 23, I, *c*, desta Lei, o processo licitatório será iniciado, obrigatoriamente, com uma audiência pública concedida pela autoridade responsável com antecedência mínima de 15 (quinze) dias úteis da data prevista para a publicação do edital, e divulgada, com a antecedência mínima de 10 (dez) dias úteis de sua realização, pelos mesmos meios previstos para a publicidade da licitação, à qual terão acesso e direito a todas as informações pertinentes e a se manifestar todos os interessados.

Parágrafo único. Para os fins deste artigo, consideram-se licitações simultâneas aquelas com objetos similares e com realização prevista para intervalos não superiores a trinta dias, e licitações sucessivas aquelas em que, também com objetos similares, o edital subsequente tenha uma data anterior a cento e vinte dias após o término do contrato resultante da licitação antecedente.

>> Parágrafo único com redação determinada pela Lei n. 8.883, de 8-6-1994.

Art. 40. O edital conterá no preâmbulo o número de ordem em série anual, o nome da repartição interessada e de seu setor, a modalidade, o regime de execução e o tipo da licitação, a menção de que será regida por esta Lei, o local, dia e hora para recebimento da documentação e proposta, bem como para início da abertura dos envelopes, e indicará, obrigatoriamente, o seguinte:

I – objeto da licitação, em descrição sucinta e clara;

II – prazo e condições para assinatura do contrato ou retirada dos instrumentos, como previsto no art. 64 desta Lei, para execução do contrato e para entrega do objeto da licitação;

III – sanções para o caso de inadimplemento;

> *Vide* art. 55, VII, desta Lei.

IV – local onde poderá ser examinado e adquirido o projeto básico;

> *Vide* arts. 6.º, X, 7.º, I, e 12 desta Lei.

V – se há projeto executivo disponível na data da publicação do edital de licitação e o local onde possa ser examinado e adquirido;

VI – condições para participação na licitação, em conformidade com os arts. 27 a 31 desta Lei, e forma de apresentação das propostas;

VII – critério para julgamento, com disposições claras e parâmetros objetivos;

> *Vide* art. 41 desta Lei.

VIII – locais, horários e códigos de acesso dos meios de comunicação à distância em que serão fornecidos elementos, informações e esclarecimentos relativos à licitação e às condições para atendimento das obrigações necessárias ao cumprimento de seu objeto;

IX – condições equivalentes de pagamento entre empresas brasileiras e estrangeiras, no caso de licitações internacionais;

> *Vide* art. 42, § 1.º, desta Lei.

X – o critério de aceitabilidade dos preços unitário e global, conforme o caso, permitida a fixação de preços máximos e vedados à fixação de preços mínimos, critérios estatísticos ou faixas de variação em relação a preços de referência, ressalvado o disposto nos §§ 1.º e 2.º do art. 48.

>> Inciso X com redação determinada pela Lei n. 9.648, de 27-5-1998.

XI – critério de reajuste, que deverá retratar a variação efetiva do custo de produção, admitida a adoção de índices específicos ou setoriais, desde a data prevista para apresentação da proposta, ou do orçamento a que essa proposta se referir, até a data do adimplemento de cada parcela;

>> Inciso XI com redação determinada pela Lei n. 8.883, de 8-6-1994.

XII – (*Vetado.*);

XIII – limites para pagamento de instalação e mobilização para execução de obras ou serviços que serão obrigatoriamente previstos em separado das demais parcelas, etapas ou tarefas;

XIV – condições de pagamento, prevendo:

a) prazo de pagamento, não superior a trinta dias, contado a partir da data final do período de adimplemento de cada parcela;

>> Alínea *a* com redação determinada pela Lei n. 8.883, de 8-6-1994.

b) cronograma de desembolso máximo por período, em conformidade com a disponibilidade de recursos financeiros;

c) critério de atualização financeira dos valores a serem pagos, desde a data final do período de adimplemento de cada parcela até a data do efetivo pagamento;

>> Alínea *c* com redação determinada pela Lei n. 8.883, de 8-6-1994.

d) compensações financeiras e penalizações, por eventuais atrasos, e descontos, por eventuais antecipações de pagamentos;

e) exigência de seguros, quando for o caso.

XV – instruções e normas para os recursos previstos nesta Lei;

XVI – condições de recebimento do objeto da licitação;

XVII – outras indicações específicas ou peculiares da licitação.

§ 1.º O original do edital deverá ser datado, rubricado em todas as folhas e assinado pela autoridade que o expedir, permanecendo no processo de licitação, e dele extraindo-se cópias integrais ou resumidas, para sua divulgação e fornecimento aos interessados.

§ 2.º Constituem anexos do edital, dele fazendo parte integrante:

I – o projeto básico e/ou executivo, com todas as suas partes, desenhos, especificações e outros complementos;

II – orçamento estimado em planilhas de quantitativos e preços unitários;

>> Inciso II com redação determinada pela Lei n. 8.883, de 8-6-1994.

III – a minuta do contrato a ser firmado entre a Administração e o licitante vencedor;

> *Vide* arts. 54 e 55 desta Lei.

IV – as especificações complementares e as normas de execução pertinentes à licitação.

§ 3.º Para efeito do disposto nesta Lei, considera-se como adimplemento da obrigação contratual a prestação do serviço, a realização da obra, a entrega do bem ou de parcela destes, bem como qualquer outro evento contratual a cuja ocorrência esteja vinculada a emissão de documento de cobrança.

§ 4.º Nas compras para entrega imediata, assim entendidas aquelas com prazo de entrega até trinta dias da data prevista para apresentação da proposta, poderão ser dispensados:

I – o disposto no inciso XI deste artigo;

II – a atualização financeira a que se refere a alínea *c* do inciso XIV deste artigo, correspondente ao período compreendido entre as datas do adimplemento e a prevista para o pagamento, desde que não superior a quinze dias.

>> § 4.º acrescentado pela Lei n. 8.883, de 8-6-1994.

§ 5.º A Administração Pública poderá, nos editais de licitação para a contratação de serviços, exigir da contratada que um percentual mínimo de sua mão de obra seja oriundo ou egresso do sistema prisional, com a finalidade de ressocialização do reeducando, na forma estabelecida em regulamento.

>> § 5.º acrescentado pela Lei n. 13.500, de 26-10-2017.

>> O Decreto n. 9.450, de 24-7-2018, regulamenta este § 5.º e institui a Política Nacional de Trabalho no âmbito do Sistema Prisional, voltada à ampliação e qualificação da oferta de vagas de trabalho, ao empreendedorismo e à formação profissional das pessoas presas e egressas do sistema prisional.

Art. 41. A Administração não pode descumprir as normas e condições do edital, ao qual se acha estritamente vinculada.

§ 1.º Qualquer cidadão é parte legítima para impugnar edital de licitação por irregularidade na aplicação desta Lei, devendo protocolar o pedido até 5 (cinco) dias úteis antes da data fixada para a abertura dos envelopes de habilitação, devendo a Administração julgar e responder à impugnação em até 3 (três) dias úteis, sem prejuízo da faculdade prevista no § 1.º do art. 113.

§ 2.º Decairá do direito de impugnar os termos do edital de licitação perante a Administração o licitante que não o fizer até o segundo dia útil que anteceder a abertura dos envelopes de habilitação em concorrência, a abertura dos envelopes com as propostas em convite, tomada de preços ou concurso, ou a realização de leilão, as falhas ou irregularidades que viciariam esse edital, hipótese em que tal comunicação não terá efeito de recurso.

>> § 2.º com redação determinada pela Lei n. 8.883, de 8-6-1994.

§ 3.º A impugnação feita tempestivamente pelo licitante não o impedirá de participar do processo licitatório até o trânsito em julgado da decisão a ela pertinente.

§ 4.º A inabilitação do licitante importa preclusão do seu direito de participar das fases subsequentes.

Art. 42. Nas concorrências de âmbito internacional, o edital deverá ajustar-se às diretrizes da política monetária e do comércio exterior e atender às exigências dos órgãos competentes.

> *Vide* art. 5.º desta Lei.

§ 1.º Quando for permitido ao licitante estrangeiro cotar preço em moeda estrangeira, igualmente o poderá fazer o licitante brasileiro.

> *Vide* art. 40, IX, desta Lei.

§ 2.º O pagamento feito ao licitante brasileiro eventualmente contratado em virtude da licitação de que trata o parágrafo anterior será efetuado em moeda brasileira, à taxa de câmbio vigente no dia útil imediatamente anterior à data do efetivo pagamento.

>> § 2.º com redação determinada pela Lei n. 8.883, de 8-6-1994.

§ 3.º As garantias de pagamento ao licitante brasileiro serão equivalentes àquelas oferecidas ao licitante estrangeiro.

§ 4.º Para fins de julgamento da licitação, as propostas apresentadas por licitantes estrangeiros serão acrescidas dos gravames consequentes dos mesmos tributos que oneram exclusivamente os licitantes brasileiros quanto à operação final de venda.

§ 5.º Para a realização de obras, prestação de serviços ou aquisição de bens com recursos provenientes de financiamento ou doação oriundos de agência oficial de cooperação estrangeira ou organismo financeiro multilateral de que o Brasil seja parte, poderão ser admitidas, na respectiva licitação, as condições decorrentes de acordos, protocolos, convenções ou tratados internacionais, aprovados pelo Congresso Nacional, bem como as normas e procedimentos daquelas entidades, inclusive quanto ao critério de seleção da proposta mais vantajosa para a Administração, o qual poderá contemplar, além do preço, outros fatores de avaliação, desde que por elas exigidos para a obtenção do financiamento ou da doação, e que também não conflitem com o princípio do julgamento objetivo e sejam objeto de despacho motivado do órgão executor do contrato, despacho esse ratificado pela autoridade imediatamente superior.

>> § 5.º com redação determinada pela Lei n. 8.883, de 8-6-1994.

§ 6.º As cotações de todos os licitantes serão para entrega no mesmo local de destino.

Art. 43. A licitação será processada e julgada com observância dos seguintes procedimentos:

I – abertura dos envelopes contendo a documentação relativa à habilitação dos concorrentes, e sua apreciação;

II – devolução dos envelopes fechados aos concorrentes inabilitados, contendo as respectivas propostas, desde que não tenha havido recurso ou após sua denegação;

III – abertura dos envelopes contendo as propostas dos concorrentes habilitados, desde que transcorrido o prazo sem interposição de recurso, ou tenha havido desistência expressa, ou após o julgamento dos recursos interpostos;

IV – verificação da conformidade de cada proposta com os requisitos do edital e, conforme o caso, com os preços correntes no mercado ou fixados por órgão oficial competente, ou ainda com os constantes do sistema de registro de preços, os quais deverão ser devidamente registrados na ata de julgamento, promovendo-se a desclassificação das propostas desconformes ou incompatíveis;

V – julgamento e classificação das propostas de acordo com os critérios de avaliação constantes do edital;

VI – deliberação da autoridade competente quanto à homologação e adjudicação do objeto da licitação.

§ 1.º A abertura dos envelopes contendo a documentação para habilitação e as propostas será realizada sempre em ato público previamente designado, do qual se lavrará ata circunstanciada, assinada pelos licitantes presentes e pela Comissão.

§ 2.º Todos os documentos e propostas serão rubricados pelos licitantes presentes e pela Comissão.

§ 3.º É facultada à Comissão ou autoridade superior, em qualquer fase da licitação, a promoção de diligência destinada a esclarecer ou a complementar a instrução do processo, vedada a inclusão posterior de documento ou informação que deveria constar originariamente da proposta.

§ 4.º O disposto neste artigo aplica-se à concorrência e, no que couber, ao concurso, ao leilão, à tomada de preços e ao convite.

>> § 4.º com redação determinada pela Lei n. 8.883, de 8-6-1994.

§ 5.º Ultrapassada a fase de habilitação dos concorrentes (incisos I e II) e abertas as propostas (inciso III), não cabe desclassificá-los por motivo relacionado com a habilitação, salvo em razão de fatos supervenientes ou só conhecidos após o julgamento.

§ 6.º Após a fase de habilitação, não cabe desistência de proposta, salvo por motivo justo decorrente de fato superveniente e aceito pela Comissão.

Art. 44. No julgamento das propostas, a Comissão levará em consideração os critérios objetivos definidos no edital ou convite, os quais não devem contrariar as normas e princípios estabelecidos por esta Lei.

§ 1.º É vedada a utilização de qualquer elemento, critério ou fator sigiloso, secreto, subjetivo ou reservado que possa ainda que indiretamente elidir o princípio da igualdade entre os licitantes.

§ 2.º Não se considerará qualquer oferta de vantagem não prevista no edital ou no convite, inclusive financiamentos subsidiados ou a fundo perdido, nem preço ou vantagem baseada nas ofertas dos demais licitantes.

§ 3.º Não se admitirá proposta que apresente preços global ou unitários simbólicos, irrisórios ou de valor zero, incompatíveis com os preços dos insumos e salários de mercado, acrescidos dos respectivos encargos, ainda que o ato convocatório da licitação não tenha estabelecido limites mínimos, exceto quando se referirem a materiais e instalações de propriedade do próprio licitante, para os quais ele renuncie à parcela ou à totalidade da remuneração.

>> § 3.º com redação determinada pela Lei n. 8.883, de 8-6-1994.

§ 4.º O disposto no parágrafo anterior se aplica também às propostas que incluam mão de obra estrangeira ou importações de qualquer natureza.

>> § 4.º com redação determinada pela Lei n. 8.883, de 8-6-1994.

Art. 45. O julgamento das propostas será objetivo, devendo a Comissão de licitação ou o responsável pelo convite realizá-lo em conformidade com os tipos de licitação, os critérios previamente estabelecidos no ato convocatório e de acordo com os fatores exclusivamente nele referidos, de maneira a possibilitar sua aferição pelos licitantes e pelos órgãos de controle.

> *Vide* art. 37, *caput*, da CF.

> *Vide* art. 3.º desta Lei.

§ 1.º Para os efeitos deste artigo, constituem tipos de licitação, exceto na modalidade de concurso:

>> § 1.º, *caput*, com redação determinada pela Lei n. 8.883, de 8-6-1994.

I – a de menor preço – quando o critério de seleção da proposta mais vantajosa para a Administração determinar que será vencedor o licitante que apresentar a proposta de acordo com as especificações do edital ou convite e ofertar o menor preço;

II – a de melhor técnica;

III – a de técnica e preço;

IV – a de maior lance ou oferta – nos casos de alienação de bens ou concessão de direito real de uso.

>> Inciso IV acrescentado pela Lei n. 8.883, de 8-6-1994.

§ 2.º No caso de empate entre duas ou mais propostas, e após obedecido o disposto no § 2.º do art. 3.º desta Lei, a classificação se fará, obrigatoriamente, por sorteio, em ato público, para o qual todos os licitantes serão convocados, vedado qualquer outro processo.

§ 3.º No caso da licitação do tipo *menor preço*, entre os licitantes considerados qualificados a classificação se dará pela ordem crescente dos preços propostos, prevalecendo, no caso de empate, exclusivamente o critério previsto no parágrafo anterior.

>> § 3.º com redação determinada pela Lei n. 8.883, de 8-6-1994.

§ 4.º Para contratação de bens e serviços de informática, a Administração observará o disposto no art. 3.º da Lei n. 8.248, de 23 de outubro de 1991, levando em conta os fatores especificados em seu § 2.º e adotando obrigatoriamente o tipo de licitação *técnica e preço*, permitido o emprego de outro tipo de licitação nos casos indicados em Decreto do Poder Executivo.

>> § 4.º com redação determinada pela Lei n. 8.883, de 8-6-1994.

> O Decreto n. 7.174, de 12-5-2010, dispõe sobre contratação de bens e serviços de informática e automação pela Administração Pública Federal, Direta ou Indireta, pelas Fundações instituídas ou mantidas

pelo Poder Público e pelas demais organizações sob o controle direto ou indireto da União.

§ 5.º É vedada a utilização de outros tipos de licitação não previstos neste artigo.

§ 6.º Na hipótese prevista no art. 23, § 7.º, serão selecionadas tantas propostas quantas necessárias até que se atinja a quantidade demandada na licitação.

>> § 6.º acrescentado pela Lei n. 9.648, de 27-5-1998.

Art. 46. Os tipos de licitação *melhor técnica* ou *técnica e preço* serão utilizados exclusivamente para serviços de natureza predominantemente intelectual, em especial na elaboração de projetos, cálculos, fiscalização, supervisão e gerenciamento e de engenharia consultiva em geral e, em particular, para a elaboração de estudos técnicos preliminares e projetos básicos e executivos, ressalvado o disposto no § 4.º do artigo anterior.

>> *Caput* com redação determinada pela Lei n. 8.883, de 8-6-1994.

§ 1.º Nas licitações do tipo melhor técnica será adotado o seguinte procedimento claramente explicitado no instrumento convocatório, o qual fixará o preço máximo que a Administração se propõe a pagar:

I – serão abertos os envelopes contendo as propostas técnicas exclusivamente dos licitantes previamente qualificados e feita então a avaliação e classificação destas propostas de acordo com os critérios pertinentes e adequados ao objeto licitado, definidos com clareza e objetividade no instrumento convocatório e que considerem a capacitação e a experiência do proponente, a qualidade técnica da proposta, compreendendo metodologia, organização, tecnologias e recursos materiais a serem utilizados nos trabalhos, e a qualificação das equipes técnicas a serem mobilizadas para a sua execução;

II – uma vez classificadas as propostas técnicas, proceder-se-á à abertura das propostas de preço dos licitantes que tenham atingido a valorização mínima estabelecida no instrumento convocatório e à negociação das condições propostas, com a proponente melhor classificada, com base nos orçamentos detalhados apresentados e respectivos preços unitários e tendo como referência o limite representado pela proposta de menor preço entre os licitantes que obtiveram a valorização mínima;

III – no caso de impasse na negociação anterior, procedimento idêntico será adotado, sucessivamente, com os demais proponentes, pela ordem de classificação, até a consecução de acordo para a contratação;

IV – as propostas de preços serão devolvidas intactas aos licitantes que não forem preliminarmente habilitados ou que não obtiverem a valorização mínima estabelecida para a proposta técnica.

§ 2.º Nas licitações do tipo *técnica e preço* será adotado, adicionalmente ao inciso I do parágrafo anterior, o seguinte procedimento claramente explicitado no instrumento convocatório:

I – será feita a avaliação e a valorização das propostas de preços, de acordo com critérios objetivos preestabelecidos no instrumento convocatório;

II – a classificação dos proponentes far-se-á de acordo com a média ponderada das valorizações das propostas técnicas e de preço, de acordo com os pesos preestabelecidos no instrumento convocatório.

§ 3.º Excepcionalmente, os tipos de licitação previstos neste artigo poderão ser adotados, por autorização expressa e mediante justificativa circunstanciada da maior autoridade da Administração promotora constante do ato convocatório, para fornecimento de bens e execução de obras ou prestação de serviços de grande vulto majoritariamente dependentes de tecnologia nitidamente sofisticada e de domínio restrito, atestado por autoridades técnicas de reconhecida qualificação, nos casos em que o objeto pretendido admitir soluções alternativas e variações de execução, com repercussões significativas sobre sua qualidade, produtividade, rendimento e durabilidade concretamente mensuráveis, e estas puderem ser adotadas à livre escolha dos licitantes, na conformidade dos critérios objetivamente fixados no ato convocatório.

§ 4.º (*Vetado.*)

Art. 47. Nas licitações para a execução de obras e serviços, quando for adotada a modalidade de execução de empreitada por preço global, a Administração deverá fornecer obrigatoriamente, junto com o edital, todos os elementos e informações necessárias para que os licitantes possam elaborar suas propostas de preços com total e completo conhecimento do objeto da licitação.

Art. 48. Serão desclassificadas:

I – as propostas que não atendam às exigências do ato convocatório da licitação;

II – propostas com valor global superior ao limite estabelecido ou com preços manifestamente inexequíveis, assim considerados aqueles que não venham a ter demonstrada sua viabilidade através de documentação que comprove que os custos dos insumos são coerentes com os de mercado e que os coeficientes de produtividade são compatíveis com a execução do objeto do contrato, condições estas necessariamente especificadas no ato convocatório da licitação.

>> Inciso II com redação determinada pela Lei n. 8.883, de 8-6-1994.

§ 1.º Para os efeitos do disposto no inciso II deste artigo, consideram-se manifestamente inexequíveis, no caso de licitações de menor preço para obras e serviços de engenharia, as propostas cujos valores sejam inferiores a 70% (setenta por cento) do menor dos seguintes valores:

> *Vide* art. 40, X, desta Lei.

a) média aritmética dos valores das propostas superiores a 50% (cinquenta por cento) do valor orçado pela Administração, ou

b) valor orçado pela Administração.

>> § 1.º acrescentado pela Lei n. 9.648, de 27-5-1998.

§ 2.º Dos licitantes classificados na forma do parágrafo anterior cujo valor global da proposta for inferior a 80% (oitenta por cento) do menor valor a que se referem as alíneas *a* e *b*, será exigida, para a assinatura do contrato, prestação de garantia adicional, dentre as modalidades previstas no § 1.º do art. 56, igual a diferença entre o valor resultante do parágrafo anterior e o valor da correspondente proposta.

>> § 2.º acrescentado pela Lei n. 9.648, de 27-5-1998.

> *Vide* art. 40, X, desta Lei.

§ 3.º Quando todos os licitantes forem inabilitados ou todas as propostas forem desclassificadas, a Administração poderá fixar aos licitantes o prazo de 8 (oito) dias úteis para a apresentação de nova documentação ou de outras propostas escoimadas das causas referidas neste artigo, facultada, no caso de convite, a redução deste prazo para 3 (três) dias úteis.

>> Primitivo parágrafo único transformado em § 3.º pela Lei n. 9.648, de 27-5-1998.

Art. 49. A autoridade competente para a aprovação do procedimento somente poderá revogar a licitação por razões de interesse público decorrente de fato superveniente devidamente comprovado, pertinente e suficiente para justificar tal conduta, devendo anulá-la por ilegalidade, de ofício ou por provocação de terceiros, mediante parecer escrito e devidamente fundamentado.

> *Vide* art. 44 da Lei n. 12.462, de 4-8-2011.

> *Vide* Súmula 473 do STF.

§ 1.º A anulação do procedimento licitatório por motivo de ilegalidade não gera obrigação de indenizar, ressalvado o disposto no parágrafo único do art. 59 desta Lei.

§ 2.º A nulidade do procedimento licitatório induz à do contrato, ressalvado o disposto no parágrafo único do art. 59 desta Lei.

§ 3.º No caso de desfazimento do processo licitatório, fica assegurado o contraditório e a ampla defesa.

§ 4.º O disposto neste artigo e seus parágrafos aplica-se aos atos do procedimento de dispensa e de inexigibilidade de licitação.

Art. 50. A Administração não poderá celebrar o contrato com preterição da ordem de classificação das propostas ou com terceiros estranhos ao procedimento licitatório, sob pena de nulidade.

Art. 51. A habilitação preliminar, a inscrição em registro cadastral, a sua alteração ou cancelamento, e as propostas serão processadas e julgadas por comissão permanente ou especial de, no mínimo, 3 (três) membros, sendo pelo menos 2 (dois) deles servidores qualificados pertencentes aos quadros permanentes dos órgãos da Administração responsáveis pela licitação.

> *Vide* art. 6.º, XVI, desta Lei.

§ 1.º No caso de convite, a Comissão de licitação, excepcionalmente, nas pequenas unidades administrativas e em face da exiguidade de pessoal disponível, poderá ser substituída por servidor formalmente designado pela autoridade competente.

§ 2.º A Comissão para julgamento dos pedidos de inscrição em registro cadastral, sua alteração ou cancelamento, será integrada por profissionais legalmente habilitados no caso de obras, serviços ou aquisição de equipamentos.

§ 3.º Os membros das Comissões de licitação responderão solidariamente por todos os atos praticados pela Comissão, salvo se posição individual divergente estiver devidamente fundamentada e registrada em ata lavrada na reunião em que tiver sido tomada a decisão.

§ 4.º A investidura dos membros das Comissões permanentes não excederá a 1 (um) ano, vedada a recondução da totalidade de seus membros para a mesma comissão no período subsequente.

§ 5.º No caso de concurso, o julgamento será feito por uma comissão especial integrada por pessoas de reputação ilibada e reconhecido conhecimento da matéria em exame, servidores públicos ou não.

Art. 52. O concurso a que se refere o § 4.º do art. 22 desta Lei deve ser precedido de regulamento próprio, a ser obtido pelos interessados no local indicado no edital.

§ 1.º O regulamento deverá indicar:

I – a qualificação exigida dos participantes;

II – as diretrizes e a forma de apresentação do trabalho;

III – as condições de realização do concurso e os prêmios a serem concedidos.

§ 2.º Em se tratando de projeto, o vencedor deverá autorizar a Administração a executá-lo quando julgar conveniente.

Art. 53. O leilão pode ser cometido a leiloeiro oficial ou a servidor designado pela Administração, procedendo-se na forma da legislação pertinente.

§ 1.º Todo bem a ser leiloado será previamente avaliado pela Administração para fixação do preço mínimo de arrematação.

§ 2.º Os bens arrematados serão pagos à vista ou no percentual estabelecido no edital, não inferior a 5% (cinco por cento), e, após a assinatura da respectiva ata lavrada no local do leilão, imediatamente entregues ao arrematante, o qual se obrigará ao pagamento do restante no prazo estipulado no edital de convocação, sob pena de perder em favor da Administração o valor já recolhido.

§ 3.º Nos leilões internacionais, o pagamento da parcela à vista poderá ser feito em até vinte e quatro horas.

>> § 3.º com redação determinada pela Lei n. 8.883, de 8-6-1994.

§ 4.º O edital de leilão deve ser amplamente divulgado principalmente no município em que se realizará.

>> 4.º acrescentado pela Lei n. 8.883, de 8-6-1994.

Capítulo III
DOS CONTRATOS

> *Vide* art. 2.º, parágrafo único, desta Lei.

Seção I
Disposições Preliminares

Art. 54. Os contratos administrativos de que trata esta Lei regulam-se pelas suas cláusulas e pelos preceitos de direito público, aplicando-se-lhes, supletivamente, os princípios da teoria geral dos contratos e as disposições de direito privado.

§ 1.º Os contratos devem estabelecer com clareza e precisão as condições para sua execução, expressas em cláusulas que definam os direitos, obrigações e responsabilidades das partes, em conformidade com os termos da licitação e da proposta a que se vinculam.

§ 2.º Os contratos decorrentes de dispensa ou de inexigibilidade de licitação devem atender aos termos do ato que os autorizou e da respectiva proposta.

Art. 55. São cláusulas necessárias em todo contrato as que estabeleçam:

> *Vide* art. 62, §§ 2.º e 3.º, desta Lei.

I – o objeto e seus elementos característicos;

II – o regime de execução ou a forma de fornecimento;

III – o preço e as condições de pagamento, os critérios, data-base e periodicidade do reajustamento de preços, os critérios de atualização monetária entre a data do adimplemento das obrigações e a do efetivo pagamento;

IV – os prazos de início de etapas de execução, de conclusão, de entrega, de observação e de recebimento definitivo, conforme o caso;

V – o crédito pelo qual correrá a despesa, com a indicação da classificação funcional programática e da categoria econômica;

VI – as garantias oferecidas para assegurar sua plena execução, quando exigidas;

VII – os direitos e as responsabilidades das partes, as penalidades cabíveis e os valores das multas;

VIII – os casos de rescisão;

IX – o reconhecimento dos direitos da Administração, em caso de rescisão administrativa prevista no art. 77 desta Lei;

X – as condições de importação, a data e a taxa de câmbio para conversão, quando for o caso;

XI – a vinculação ao edital de licitação ou ao termo que a dispensou ou a inexigiu, ao convite e à proposta do licitante vencedor;

XII – a legislação aplicável à execução do contrato e especialmente aos casos omissos;

XIII – a obrigação do contratado de manter, durante toda a execução do contrato, em compatibilidade com as obrigações por ele assumidas, todas as condições de habilitação e qualificação exigidas na licitação.

§ 1.º (*Vetado.*)

§ 2.º Nos contratos celebrados pela Administração Pública com pessoas físicas ou jurídicas, inclusive aquelas domiciliadas no estrangeiro, deverá constar necessariamente cláusula que declare competente o foro da sede da Administração para dirimir qualquer questão contratual, salvo o disposto no § 6.º do art. 32 desta Lei.

§ 3.º No ato da liquidação da despesa, os serviços de contabilidade comunicarão, aos órgãos incumbidos da arrecadação e fiscalização de tributos da União, Estado ou Município, as características e os valores pagos, segundo o disposto no art. 63 da Lei n. 4.320, de 17 de março de 1964.

> Citado dispositivo consta nesta obra.

Art. 56. A critério da autoridade competente, em cada caso, e desde que prevista no instrumento convocatório, poderá ser exigida prestação de garantia nas contratações de obras, serviços e compras.

> *Vide* art. 31, III, desta Lei.

§ 1.º Caberá ao contratado optar por uma das seguintes modalidades de garantia:

I – caução em dinheiro ou em títulos da dívida pública, devendo estes ter sido emitidos sob a forma escritural, mediante registro em sistema centralizado de liquidação e de custódia autorizado pelo Banco Central do Brasil e avaliados pelos seus valores econômicos, conforme definido pelo Ministério da Fazenda;

>> Inciso I com redação determinada pela Lei n. 11.079, de 30-12-2004.

II – seguro-garantia;

III – fiança bancária.

>> § 1.º com redação determinada pela Lei n. 8.883, de 8-6-1994.

§ 2.º A garantia a que se refere o *caput* deste artigo não excederá a 5% (cinco por cento) do valor do contrato e terá seu valor atualizado nas mesmas condições daquele, ressalvado o previsto no § 3.º deste artigo.

>> § 2.º com redação determinada pela Lei n. 8.883, de 8-6-1994.

§ 3.º Para obras, serviços e fornecimentos de grande vulto envolvendo alta complexidade técnica e riscos financeiros consideráveis, demonstrados através de parecer tecnicamente aprovado pela autoridade competente, o limite de garantia previsto no parágrafo anterior poderá ser elevado para até 10% (dez por cento) do valor do contrato.

>> § 3.º com redação determinada pela Lei n. 8.883, de 8-6-1994.

> *Vide* art. 5.º, VIII, da Lei n. 11.079, de 30-12-2004.

§ 4.º A garantia prestada pelo contratado será liberada ou restituída após a execução do contrato e, quando em dinheiro, atualizada monetariamente.

§ 5.º Nos casos de contratos que importem na entrega de bens pela Administração, dos quais o contratado ficará depositário, ao valor da garantia deverá ser acrescido o valor desses bens.

Art. 57. A duração dos contratos regidos por esta Lei ficará adstrita à vigência dos respectivos créditos orçamentários, exceto quanto aos relativos:

> *Vide* arts. 42 e 43 da Lei n. 12.462, de 4-8-2011.

> *Vide* art. 12, § 2.º, do Decreto n. 7.892, de 23-1-2013.

> O Decreto n. 9.046, de 5-5-2017, dispõe sobre as condições para a contratação plurianual de obras, bens e serviços, no âmbito do Poder Executivo Federal.

I – aos projetos cujos produtos estejam contemplados nas metas estabelecidas no Plano Plurianual, os quais poderão ser prorrogados se houver interesse da Administração e desde que isso tenha sido previsto no ato convocatório;

II – a prestação de serviços a serem executados de forma contínua, que poderão ter a sua duração prorrogada por iguais e sucessivos períodos com vistas à obtenção de preços e condições mais vantajosas para a Administração, limitada a sessenta meses;

>> Inciso II com redação determinada pela Lei n. 9.648, de 27-5-1998.

III – (*Vetado*.);

IV – ao aluguel de equipamentos e à utilização de programas de informática, podendo a duração estender-se pelo prazo de até 48 (quarenta e oito) meses após o início da vigência do contrato;

V – às hipóteses previstas nos incisos IX, XIX, XXVIII e XXXI do art. 24, cujos contratos poderão ter vigência por até 120 (cento e vinte) meses, caso haja interesse da administração.

>> Inciso V acrescentado pela Lei n. 12.349, de 15-12-2010.

§ 1.º Os prazos de início de etapas de execução, de conclusão e de entrega admitem prorrogação, mantidas as demais cláusulas do contrato e assegurada a manutenção de seu equilíbrio econômico-financeiro, desde que ocorra algum dos seguintes motivos, devidamente autuados em processo:

I – alteração do projeto ou especificações, pela Administração;

II – superveniência de fato excepcional ou imprevisível, estranho à vontade das partes, que altere fundamentalmente as condições de execução do contrato;

III – interrupção da execução do contrato ou diminuição do ritmo de trabalho por ordem e no interesse da Administração;

IV – aumento das quantidades inicialmente previstas no contrato, nos limites permitidos por esta Lei;

V – impedimento de execução do contrato por fato ou ato de terceiro reconhecido pela Administração em documento contemporâneo à sua ocorrência;

VI – omissão ou atraso de providências a cargo da Administração, inclusive quanto aos pagamentos previstos de que resulte, diretamente, impedimento ou retardamento na execução do contrato, sem prejuízo das sanções legais aplicáveis aos responsáveis.

§ 2.º Toda prorrogação de prazo deverá ser justificada por escrito e previamente autorizada pela autoridade competente para celebrar o contrato.

§ 3.º É vedado o contrato com prazo de vigência indeterminado.

§ 4.º Em caráter excepcional, devidamente justificado e mediante autorização da autoridade superior, o prazo de que trata o inciso II do *caput* deste artigo poderá ser prorrogado em até doze meses.

>> § 4.º acrescentado pela Lei n. 9.648, de 27-5-1998.

Art. 58. O regime jurídico dos contratos administrativos instituído por esta Lei confere à Administração, em relação a eles, a prerrogativa de:

> *Vide* art. 62, § 3.º, desta Lei.

I – modificá-los, unilateralmente, para melhor adequação às finalidades de interesse público, respeitados os direitos do contratado;

II – rescindi-los, unilateralmente, nos casos especificados no inciso I do art. 79 desta Lei;

III – fiscalizar-lhes a execução;

IV – aplicar sanções motivadas pela inexecução total ou parcial do ajuste;

V – nos casos de serviços essenciais, ocupar provisoriamente bens móveis, imóveis, pessoal e serviços vinculados ao objeto do contrato, na hipótese da necessidade de acautelar apuração administrativa de faltas contratuais pelo contratado, bem como na hipótese de rescisão do contrato administrativo.

> *Vide* art. 80, II, desta Lei.

§ 1.º As cláusulas econômico-financeiras e monetárias dos contratos administrativos não poderão ser alteradas sem prévia concordância do contratado.

§ 2.º Na hipótese do inciso I deste artigo, as cláusulas econômico-financeiras do contrato deverão ser revistas para que se mantenha o equilíbrio contratual.

Art. 59. A declaração de nulidade do contrato administrativo opera retroativamente impedindo os efeitos jurídicos que ele, ordinariamente, deveria produzir, além de desconstituir os já produzidos.

> *Vide* arts. 49, §§ 1.º e 2.º, e 62, § 3.º, desta Lei.

Parágrafo único. A nulidade não exonera a Administração do dever de indenizar o contratado pelo que este houver executado até a data em que ela for declarada e por outros prejuízos regularmente comprovados, contanto que não lhe seja imputável, promovendo-se a responsabilidade de quem lhe deu causa.

> *Vide* art. 49, §§ 1.º e 2.º, desta Lei.

Seção II
Da Formalização dos Contratos

Art. 60. Os contratos e seus aditamentos serão lavrados nas repartições interessadas, as quais manterão arquivo cronológico dos seus autógrafos e registro sistemático do seu extrato, salvo os relativos a direitos reais sobre imóveis, que se formalizam por instrumento lavrado em cartório de notas, de tudo juntando-se cópia no processo que lhe deu origem.

> *Vide* arts. 2.º, parágrafo único, e 62, § 3.º, desta Lei.

Parágrafo único. É nulo e de nenhum efeito o contrato verbal com a Administração, salvo o de pequenas compras de pronto pagamento, assim entendidas aquelas de valor não superior a 5% (cinco por cento) do limite estabelecido no art. 23, II, *a*, desta Lei, feitas em regime de adiantamento.

Art. 61. Todo contrato deve mencionar os nomes das partes e os de seus representantes, a finalidade, o ato que autorizou a sua lavratura, o número do processo da licitação, da dispensa ou da inexigibilidade, a sujeição dos contratantes às normas desta Lei e às cláusulas contratuais.

> *Vide* art. 62, § 3.º, desta Lei.

Parágrafo único. A publicação resumida do instrumento de contrato ou de seus aditamentos na imprensa oficial, que é condição indispensável para sua eficácia, será providenciada pela Administração até o quinto dia útil do mês seguinte ao de sua assinatura, para ocorrer no prazo de 20 (vinte) dias daquela data, qualquer que seja o seu valor, ainda que sem ônus, ressalvado o disposto no art. 26 desta Lei.

>> Parágrafo único com redação determinada pela Lei n. 8.883, de 8-6-1994.

Art. 62. O instrumento de contrato é obrigatório nos casos de concorrência e de tomada de preços, bem como nas dispensas e inexigibilidades cujos preços estejam compreendidos nos limites destas duas modalidades de licitação, e facultativo nos demais em que a Administração puder substituí-lo por outros instrumentos hábeis, tais como carta-contrato, nota de empenho de despesa, autorização de compra ou ordem de execução de serviço.

§ 1.º A minuta do futuro contrato integrará sempre o edital ou ato convocatório da licitação.

> *Vide* art. 40, § 2.º, III, desta Lei.

§ 2.º Em carta-contrato, nota de empenho de despesa, autorização de compra, ordem de execução de serviço ou outros instrumentos hábeis aplica-se, no que couber, o disposto no art. 55 desta Lei.

>> § 2.º com redação determinada pela Lei n. 8.883, de 8-6-1994.

§ 3.º Aplica-se o disposto nos arts. 55 e 58 a 61 desta Lei e demais normas gerais, no que couber:

I – aos contratos de seguro, de financiamento, de locação em que o Poder Público seja locatário, e aos demais cujo conteúdo seja regido, predominantemente, por norma de direito privado;

II – aos contratos em que a Administração for parte como usuária de serviço público.

> *Vide* arts. 60 e 61 desta Lei.

§ 4.º É dispensável o *termo de contrato* e facultada a substituição prevista neste artigo, a critério da Administração e independentemente de seu valor, nos casos de compra com entrega imediata e integral dos bens adquiridos, dos quais não resultem obrigações futuras, inclusive assistência técnica.

Art. 63. É permitido a qualquer licitante o conhecimento dos termos do contrato e do respectivo processo licitatório e, a qualquer interessado, a obtenção de cópia autenticada, mediante o pagamento dos emolumentos devidos.

Art. 64. A Administração convocará regularmente o interessado para assinar o termo de contrato, aceitar ou retirar o instrumento equivalente, dentro do prazo e condições estabelecidos, sob pena de decair o direito à contratação, sem prejuízo das sanções previstas no art. 81 desta Lei.

§ 1.º O prazo de convocação poderá ser prorrogado uma vez, por igual período, quando solicitado pela parte durante o seu transcurso e desde que ocorra motivo justificado aceito pela Administração.

§ 2.º É facultado à Administração, quando o convocado não assinar o termo de contrato ou não aceitar ou retirar o instrumento equivalente no prazo e condições estabelecidos, convocar os licitantes remanescentes, na ordem de classificação, para fazê-lo em igual prazo e nas mesmas condições propostas pelo primeiro classificado, inclusive quanto aos preços atualizados de conformidade com o ato convocatório, ou revogar a licitação independentemente da cominação prevista no art. 81 desta Lei.

> *Vide* art. 81, parágrafo único, desta Lei.

§ 3.º Decorridos 60 (sessenta) dias da data da entrega das propostas, sem convocação para a contratação, ficam os licitantes liberados dos compromissos assumidos.

Seção III
Da Alteração dos Contratos

Art. 65. Os contratos regidos por esta Lei poderão ser alterados, com as devidas justificativas, nos seguintes casos:

> *Vide* art. 12, § 3.º, do Decreto n. 7.892, de 23-1-2013.

I – unilateralmente pela Administração:

a) quando houver modificação do projeto ou das especificações, para melhor adequação técnica aos seus objetivos;

b) quando necessária a modificação do valor contratual em decorrência de acréscimo ou diminuição quantitativa de seu objeto, nos limites permitidos por esta Lei;

II – por acordo das partes:

a) quando conveniente a substituição da garantia de execução;

b) quando necessária a modificação do regime de execução da obra ou serviço, bem como do modo de fornecimento, em face de verificação técnica da inaplicabilidade dos termos contratuais originários;

c) quando necessária a modificação da forma de pagamento, por imposição de circunstâncias supervenientes, mantido o valor inicial atualizado, vedada a antecipação do pagamento, com relação ao cronograma financeiro fixado, sem a correspondente contraprestação de fornecimento de bens ou execução de obra ou serviço;

d) para restabelecer a relação que as partes pactuaram inicialmente entre os encargos do contratado e a retribuição da Administração para a justa remuneração da obra, serviço ou fornecimento, objetivando a manutenção do equilíbrio econômico-financeiro inicial do contrato, na hipótese de sobrevirem fatos imprevisíveis, ou previsíveis porém de consequências incalculáveis, retardadores ou impeditivos da execução do ajustado, ou, ainda, em caso de força maior, caso fortuito ou fato do príncipe, configurando álea econômica extraordinária e extracontratual.

>> Alínea *d* com redação determinada pela Lei n. 8.883, de 8-6-1994.

§ 1.º O contratado fica obrigado a aceitar, nas mesmas condições contratuais, os acréscimos ou supressões que se fizerem nas obras, serviços ou compras, até 25% (vinte e cinco por cento) do valor inicial atualizado do contrato, e, no caso particular de reforma de edifício ou de equipamento, até o limite de 50% (cinquenta por cento) para os seus acréscimos.

> *Vide* art. 9.º, § 4.º, II, da Lei n. 12.462, de 4-8-2011.

> *Vide* arts. 78, XIII, e 121 desta Lei.

> O Decreto n. 7.581, de 11-10-2011, regulamenta o Regime Diferenciado de Contratações Públicas – RDC.

§ 2.º Nenhum acréscimo ou supressão poderá exceder os limites estabelecidos no parágrafo anterior, salvo:

I – (*Vetado.*);

II – as supressões resultantes de acordo celebrado entre os contratantes.

>> § 2.º com redação determinada pela Lei n. 9.648, de 27-5-1998.

§ 3.º Se no contrato não houverem sido contemplados preços unitários para obras ou serviços, esses serão fixados mediante acordo entre as partes, respeitados os limites estabelecidos no § 1.º deste artigo.

§ 4.º No caso de supressão de obras, bens ou serviços, se o contratado já houver adquirido os materiais e posto no local dos trabalhos, estes deverão ser pagos pela Administração pelos custos de aquisição regularmente comprovados e monetariamente corrigidos, podendo caber indenização por outros danos eventualmente decorrentes da supressão, desde que regularmente comprovados.

§ 5.º Quaisquer tributos ou encargos legais criados, alterados ou extintos, bem como a superveniência de disposições legais, quando ocorridas após a data da apresentação da proposta, de comprovada repercussão nos preços contratados, implicarão a revisão destes para mais ou para menos, conforme o caso.

§ 6.º Em havendo alteração unilateral do contrato que aumente os encargos do contratado, a Administração deverá restabelecer, por aditamento, o equilíbrio econômico-financeiro inicial.

§ 7.º (*Vetado.*)

§ 8.º A variação do valor contratual para fazer face ao reajuste de preços previsto no próprio contrato, as atualizações, compensações ou penalizações financeiras decorrentes das condições de pagamento nele previstas, bem como o empenho de dotações orçamentárias suplementares até o limite do seu valor corrigido, não caracterizam alteração do mesmo, podendo ser registrados por simples apostila, dispensando a celebração de aditamento.

Seção IV
Da Execução dos Contratos

Art. 66. O contrato deverá ser executado fielmente pelas partes, de acordo com as cláusulas avençadas e as normas desta Lei, respondendo cada uma pelas consequências de sua inexecução total ou parcial.

Art. 66-A. As empresas enquadradas no inciso V do § 2.º e no inciso II do § 5.º do art. 3.º desta Lei deverão cumprir, durante todo o período de execução do contrato, a reserva de cargos prevista em lei para pessoa com deficiência ou para reabilitado da Previdência Social, bem como as regras de acessibilidade previstas na legislação.

>> *Caput* acrescentado pela Lei n. 13.146, de 6-7-2015.

Parágrafo único. Cabe à administração fiscalizar o cumprimento dos requisitos de acessibilidade nos serviços e nos ambientes de trabalho.

>> Parágrafo único acrescentado pela Lei n. 13.146, de 6-7-2015.

Art. 67. A execução do contrato deverá ser acompanhada e fiscalizada por um representante da Administração especialmente designado, permitida a contratação de terceiros para assisti-lo e subsidiá-lo de informações pertinentes a essa atribuição.

§ 1.º O representante da Administração anotará em registro próprio todas as ocorrências relacionadas com a execução do contrato, determinando o que for necessário à regularização das faltas ou defeitos observados.

> *Vide* art. 78, VIII, desta Lei.

§ 2.º As decisões e providências que ultrapassarem a competência do representante deverão ser solicitadas a seus superiores em tempo hábil para a adoção das medidas convenientes.

Art. 68. O contratado deverá manter preposto, aceito pela Administração, no local da obra ou serviço, para representá-lo na execução do contrato.

Art. 69. O contratado é obrigado a reparar, corrigir, remover, reconstruir ou substituir, às suas expensas, no total ou em parte, o objeto do contrato em que se verificarem vícios, defeitos ou incorreções resultantes da execução ou de materiais empregados.

> *Vide* art. 73, I, *b*, desta Lei.

Art. 70. O contratado é responsável pelos danos causados diretamente à Administração ou a terceiros, decorrentes de sua culpa ou dolo na execução do contrato, não excluindo ou reduzindo essa responsabilidade a fiscalização ou o acompanhamento pelo órgão interessado.

Art. 71. O contratado é responsável pelos encargos trabalhistas, previdenciários, fiscais e comerciais resultantes da execução do contrato.

§ 1.º A inadimplência do contratado, com referência aos encargos trabalhistas, fiscais e comerciais não transfere à Administração Pública a responsabilidade por seu pagamento, nem poderá onerar o objeto do contrato ou restringir a regularização e o uso das obras e edificações, inclusive perante o registro de imóveis.

>> § 1.º com redação determinada pela Lei n. 9.032, de 28-4-1995.

>> O STF na ADC n. 29.212, de 24-11-2010, declara a constitucionalidade deste parágrafo.

§ 2.º A Administração Pública responde solidariamente com o contratado pelos encargos previdenciários resultantes da execução do contrato, nos termos do art. 31 da Lei n. 8.212, de 24 de julho de 1991.

>> § 2.º com redação determinada pela Lei n. 9.032, de 28-4-1995.

§ 3.º (*Vetado.*)

>> § 3.º acrescentado pela Lei n. 8.883, de 8-6-1994.

Art. 72. O contratado, na execução do contrato, sem prejuízo das responsabilidades contratuais e legais, poderá subcontratar partes da obra, serviço ou fornecimento, até o limite admitido, em cada caso, pela Administração.

Art. 73. Executado o contrato, o seu objeto será recebido:

I – em se tratando de obras e serviços:

a) provisoriamente, pelo responsável por seu acompanhamento e fiscalização, mediante termo circunstanciado, assinado pelas partes em até 15 (quinze) dias da comunicação escrita do contratado;

b) definitivamente, por servidor ou comissão designada pela autoridade competente, mediante termo circunstanciado, assinado pelas partes, após o decurso do prazo de observação, ou vistoria que comprove a adequação do objeto aos termos contratuais, observado o disposto no art. 69 desta Lei;

II – em se tratando de compras ou de locação de equipamentos:

a) provisoriamente, para efeito de posterior verificação da conformidade do material com a especificação;

b) definitivamente, após a verificação da qualidade e quantidade do material e consequente aceitação.

§ 1.º Nos casos de aquisição de equipamentos de grande vulto, o recebimento far-se-á mediante termo circunstanciado e, nos demais, mediante recibo.

§ 2.º O recebimento provisório ou definitivo não exclui a responsabilidade civil pela solidez e segurança da obra ou do serviço, nem ético-profissional pela perfeita execução do contrato, dentro dos limites estabelecidos pela lei ou pelo contrato.

§ 3.º O prazo a que se refere a alínea *b* do inciso I deste artigo não poderá ser superior a 90 (noventa) dias, salvo em casos excepcionais, devidamente justificados e previstos no edital.

§ 4.º Na hipótese de o termo circunstanciado ou a verificação a que se refere este artigo não serem, respectivamente, lavrado ou procedida dentro dos prazos fixados, reputar-se-ão como realizados, desde que comunicados à Administração nos 15 (quinze) dias anteriores à exaustão dos mesmos.

Art. 74. Poderá ser dispensado o recebimento provisório nos seguintes casos:

I – gêneros perecíveis e alimentação preparada;

II – serviços profissionais;

III – obras e serviços de valor até o previsto no art. 23, II, *a*, desta Lei, desde que não se componham de aparelhos, equipamentos e instalações sujeitos à verificação de funcionamento e produtividade.

Parágrafo único. Nos casos deste artigo, o recebimento será feito mediante recibo.

Art. 75. Salvo disposições em contrário constantes do edital, do convite ou de ato normativo, os ensaios, testes e demais provas exigidos por normas técnicas oficiais para a boa execução do objeto do contrato correm por conta do contratado.

Art. 76. A Administração rejeitará, no todo ou em parte, obra, serviço ou fornecimento executado em desacordo com o contrato.

Seção V
Da Inexecução e da Rescisão dos Contratos

Art. 77. A inexecução total ou parcial do contrato enseja a sua rescisão, com as consequências contratuais e as previstas em lei ou regulamento.

> *Vide* art. 55, IX, desta Lei.

> *Vide* art. 36 da Lei n. 8.987, de 13-2-1995.

Art. 78. Constituem motivo para rescisão do contrato:

I – o não cumprimento de cláusulas contratuais, especificações, projetos ou prazos;

II – o cumprimento irregular de cláusulas contratuais, especificações, projetos e prazos;

III – a lentidão do seu cumprimento, levando a Administração a comprovar a impossibilidade da conclusão da obra, do serviço ou do fornecimento, nos prazos estipulados;

IV – o atraso injustificado no início da obra, serviço ou fornecimento;

V – a paralisação da obra, do serviço ou do fornecimento, sem justa causa e prévia comunicação à Administração;

VI – a subcontratação total ou parcial do seu objeto, a associação do contratado com outrem, a cessão ou transferência, total ou parcial, bem como a fusão, cisão ou incorporação, não admitidas no edital e no contrato;

VII – o desatendimento das determinações regulares da autoridade designada para acompanhar e fiscalizar a sua execução, assim como as de seus superiores;

VIII – o cometimento reiterado de faltas na sua execução, anotadas na forma do § 1.º do art. 67 desta Lei;

IX – a decretação de falência ou a instauração de insolvência civil;

> *Vide* art. 748 do CPC.

> A Lei n. 11.101, de 9-2-2005, dispõe sobre recuperação de empresas e falência.

X – a dissolução da sociedade ou o falecimento do contratado;

XI – a alteração social ou a modificação da finalidade ou da estrutura da empresa, que prejudique a execução do contrato;

XII – razões de interesse público, de alta relevância e amplo conhecimento, justificadas e determinadas pela máxima autoridade da esfera administrativa a que está subordinado o contratante e exaradas no processo administrativo a que se refere o contrato;

XIII – a supressão, por parte da Administração, de obras, serviços ou compras, acarretando modificação do valor inicial do contrato além do limite permitido no § 1.º do art. 65 desta Lei;

XIV – a suspensão de sua execução, por ordem escrita da Administração, por prazo superior a 120 (cento e vinte) dias, salvo em caso de calamidade pública, grave perturbação da ordem interna ou guerra, ou ainda por repetidas suspensões que totalizem o mesmo prazo, independentemente do pagamento obrigatório de indenizações pelas sucessivas e contratualmente imprevistas desmobilizações e mobilizações e outras previstas, assegurado ao contratado, nesses casos, o direito de optar pela suspensão do cumprimento das obrigações assumidas até que seja normalizada a situação;

XV – o atraso superior a 90 (noventa) dias dos pagamentos devidos pela Administração decorrentes de obras, serviços ou fornecimento, ou parcelas destes, já recebidos ou executados, salvo em caso de calamidade pública, grave perturbação da ordem interna ou guerra, assegurado ao contratado o direito de optar pela suspensão do cumprimento de suas obrigações até que seja normalizada a situação;

> *Vide* art. 37, *caput*, da CF.

> *Vide* art. 121 desta Lei.

XVI – a não liberação, por parte da Administração, de área, local ou objeto para execução de obra, serviço ou fornecimento, nos prazos contratuais, bem como das fontes de materiais naturais especificadas no projeto;

XVII – a ocorrência de caso fortuito ou de força maior, regularmente comprovada, impeditiva da execução do contrato;

XVIII – descumprimento do disposto no inciso V do art. 27, sem prejuízo das sanções penais cabíveis.

>> Inciso XVIII acrescentado pela Lei n. 9.854, de 27-10-1999.

Parágrafo único. Os casos de rescisão contratual serão formalmente motivados nos autos do processo, assegurado o contraditório e a ampla defesa.

Art. 79. A rescisão do contrato poderá ser:

I – determinada por ato unilateral e escrito da Administração, nos casos enumerados nos incisos I a XII e XVII do artigo anterior;

> *Vide* art. 45, II, *f*, da Lei n. 12.462, de 4-8-2011.

> *Vide* arts. 58, II, e 109, I, *e*, desta Lei.

II – amigável, por acordo entre as partes, reduzida a termo no processo da licitação, desde que haja conveniência para a Administração;

III – judicial, nos termos da legislação;

IV – (*Vetado*.)

§ 1.º A rescisão administrativa ou amigável deverá ser precedida de autorização escrita e fundamentada da autoridade competente.

§ 2.º Quando a rescisão ocorrer com base nos incisos XII a XVII do artigo anterior, sem que haja culpa do contratado, será este ressarcido dos prejuízos regularmente comprovados que houver sofrido, tendo ainda direito a:

I – devolução de garantia;

II – pagamentos devidos pela execução do contrato até a data da rescisão;

III – pagamento do custo da desmobilização.

§§ 3.º e 4.º (*Vetados*.)

§ 5.º Ocorrendo impedimento, paralisação ou sustação do contrato, o cronograma de execução será prorrogado automaticamente por igual tempo.

Art. 80. A rescisão de que trata o inciso I do artigo anterior acarreta as seguintes consequências, sem prejuízo das sanções previstas nesta Lei:

I – assunção imediata do objeto do contrato, no estado e local em que se encontrar, por ato próprio da Administração;

II – ocupação e utilização do local, instalações, equipamentos, material e pessoal empregados na execução do contrato, necessários à sua continuidade, na forma do inciso V do art. 58 desta Lei;

III – execução da garantia contratual, para ressarcimento da Administração, e dos valores das multas e indenizações a ela devidos;

IV – retenção dos créditos decorrentes do contrato até o limite dos prejuízos causados à Administração.

§ 1.º A aplicação das medidas previstas nos incisos I e II deste artigo fica a critério da Administração, que poderá dar continuidade à obra ou ao serviço por execução direta ou indireta.

§ 2.º É permitido à Administração, no caso de concordata do contratado, manter o contrato, podendo assumir o controle de determinadas atividades de serviços essenciais.

§ 3.º Na hipótese do inciso II deste artigo, o ato deverá ser precedido de autorização expressa do Ministro de Estado competente, ou Secretário Estadual ou Municipal, conforme o caso.

§ 4.º A rescisão de que trata o inciso IV do artigo anterior permite à Administração, a seu critério, aplicar a medida prevista no inciso I deste artigo.

Capítulo IV
DAS SANÇÕES ADMINISTRATIVAS E DA TUTELA JUDICIAL

>> *Vide* art. 47, § 2.º, da Lei n. 12.462, de 4-8-2011.

Seção I
Das Disposições Gerais

Art. 81. A recusa injustificada do adjudicatário em assinar o contrato, aceitar ou retirar o instrumento equivalente, dentro do prazo estabelecido pela Administração, caracteriza o descumprimento total da obrigação assumida, sujeitando-o às penalidades legalmente estabelecidas.

> *Vide* art. 64 e § 2.º, desta Lei.

Parágrafo único. O disposto neste artigo não se aplica aos licitantes convocados nos termos do art. 64, § 2.º, desta Lei, que não aceitarem a contratação, nas mesmas condições propostas pelo primeiro adjudicatário, inclusive quanto ao prazo e preço.

Art. 82. Os agentes administrativos que praticarem atos em desacordo com os preceitos desta Lei ou visando a frustrar os objetivos da licitação sujeitam-se às sanções previstas nesta Lei e nos regulamentos próprios, sem prejuízo das responsabilidades civil e criminal que seu ato ensejar.

> *Vide* arts. 312 a 329 do CP.

> Sobre os crimes de abuso de autoridade: *vide* Lei n. 13.869, de 5-9-2019.

> *Vide* Lei n. 8.429, de 2-6-1992, sobre improbidade administrativa.

Art. 83. Os crimes definidos nesta Lei, ainda que simplesmente tentados, sujeitam os seus autores, quando servidores públicos, além das sanções penais, à perda do cargo, emprego, função ou mandato eletivo.

> *Vide* Lei n. 8.112, de 11-12-1990.

> *Vide* art. 92, I, *a*, do CP.

Art. 84. Considera-se servidor público, para os fins desta Lei, aquele que exerce, mesmo que transitoriamente ou sem remuneração, cargo, função ou emprego público.

> *Vide* art. 327 do CP.

> *Vide* Lei n. 8.112, de 11-12-1990.

§ 1.º Equipara-se a servidor público, para os fins desta Lei, quem exerce cargo, emprego ou função em entidade paraestatal, assim consideradas, além das fundações, empresas públicas e sociedades de economia mista, as demais entidades sob controle, direto ou indireto, do Poder Público.

> *Vide* art. 327, § 1.º, do CP.

§ 2.º A pena imposta será acrescida da terça parte, quando os autores dos crimes previstos nesta Lei forem ocupantes de cargo em comissão ou de função de confiança em órgão da Administração direta, autarquia, empresa pública, sociedade de economia mista, fundação pública, ou outra entidade controlada direta ou indiretamente pelo Poder Público.

> *Vide* art. 327, § 2.º, do CP.

Art. 85. As infrações penais previstas nesta Lei pertinem às licitações e aos contratos celebrados pela União, Estados, Distrito Federal, Municípios, e respectivas autarquias, empresas públicas, sociedades de economia mista, fundações públicas, e quaisquer outras entidades sob seu controle direto ou indireto.

> *Vide* art. 326 do CP.

Seção II
Das Sanções Administrativas

>> A Instrução Normativa n. 43, de 8-6-2020, dispõe sobre a dispensa, o parcelamento, a compensação e a suspensão de cobrança de multa administrativa no âmbito da Administração Pública federal direta, autárquica e fundacional, não inscritas em dívida ativa.

Art. 86. O atraso injustificado na execução do contrato sujeitará o contratado à multa de mora, na forma prevista no instrumento convocatório ou no contrato.

§ 1.º A multa a que alude este artigo não impede que a Administração rescinda unilateralmente o contrato e aplique as outras sanções previstas nesta Lei.

§ 2.º A multa, aplicada após regular processo administrativo, será descontada da garantia do respectivo contratado.

§ 3.º Se a multa for de valor superior ao valor da garantia prestada, além da perda desta, responderá o contratado pela sua diferença, a qual será descontada dos pagamentos eventualmente devidos pela Administração ou ainda, quando for o caso, cobrada judicialmente.

Art. 87. Pela inexecução total ou parcial do contrato a Administração poderá, garantida a prévia defesa, aplicar ao contratado as seguintes sanções:

> *Vide* art. 5.º, LV, da CF.

I – advertência;

II – multa, na forma prevista no instrumento convocatório ou no contrato;

III – suspensão temporária de participação em licitação e impedimento de contratar com a Administração, por prazo não superior a 2 (dois) anos;

> *Vide* art. 6.º, XII, desta Lei.

IV – declaração de inidoneidade para licitar ou contratar com a Administração Pública enquanto perdurarem os motivos determinantes da punição ou até que seja promovida a reabilitação perante a própria autoridade que aplicou a penalidade, que será concedida sempre que o contratado ressarcir a Administração pelos prejuízos resultantes e após decorrido o prazo da sanção aplicada com base no inciso anterior.

>> A Portaria n. 1.214, de 8-6-2020, regulamenta os requisitos e o procedimento de reabilitação.

> *Vide* art. 6.º, XII, desta Lei.

> O Decreto n. 7.581, de 11-10-2011 regulamenta o Regime Diferenciado de Contratações Públicas – RDC.

> A Lei n. 12.232, de 29-4-2012 dispõe sobre as Normas Gerais para Licitação e Contratação pela Administração Pública de Serviços de Publicidade Prestados por Intermédio de Agências de Propaganda.

§ 1.º Se a multa aplicada for superior ao valor da garantia prestada, além da perda desta, responderá o contratado pela sua diferença, que será descontada dos pagamentos eventualmente devidos pela Administração ou cobrada judicialmente.

§ 2.º As sanções previstas nos incisos I, III e IV deste artigo poderão ser aplicadas juntamente com a do inciso II, facultada a defesa prévia do interessado, no respectivo processo, no prazo de 5 (cinco) dias úteis.

§ 3.º A sanção estabelecida no inciso IV deste artigo é de competência exclusiva do Ministro de Estado, do Secretário Estadual ou Municipal, conforme o caso, facultada a defesa do interessado no respectivo processo, no prazo de 10 (dez) dias da abertura de vista, podendo a reabilitação ser requerida após 2 (dois) anos de sua aplicação.

>> A Portaria n. 1.214, de 8-6-2020, regulamenta os requisitos e o procedimento de reabilitação.

> *Vide* art. 109, III, desta Lei.

Art. 88. As sanções previstas nos incisos III e IV do artigo anterior poderão também ser aplicadas às empresas ou aos profissionais que, em razão dos contratos regidos por esta Lei:

I – tenham sofrido condenação definitiva por praticarem, por meios dolosos, fraude fiscal no recolhimento de quaisquer tributos;

II – tenham praticado atos ilícitos visando a frustrar os objetivos da licitação;

III – demonstrem não possuir idoneidade para contratar com a Administração em virtude de atos ilícitos praticados.

Seção III
Dos Crimes e das Penas

> *Vide* art. 41 da Lei n. 13.303, de 30-6-2016.

Art. 89. Dispensar ou inexigir licitação fora das hipóteses previstas em lei, ou deixar de observar as formalidades pertinentes à dispensa ou à inexigibilidade:

> *Vide* arts. 24 a 26 e 99 desta Lei.

Pena – detenção, de 3 (três) a 5 (cinco) anos, e multa.

Parágrafo único. Na mesma pena incorre aquele que, tendo comprovadamente concorrido para a consumação da ilegalidade, beneficiou-se da dispensa ou inexigibilidade ilegal, para celebrar contrato com o Poder Público.

Art. 90. Frustrar ou fraudar, mediante ajuste, combinação ou qualquer outro expediente, o caráter competitivo do procedimento licitatório, com o intuito de obter, para si ou para outrem, vantagem decorrente da adjudicação do objeto da licitação:

Pena – detenção, de 2 (dois) a 4 (quatro) anos, e multa.

Art. 91. Patrocinar, direta ou indiretamente, interesse privado perante a Administração, dando causa à instauração de licitação ou à celebração de contrato, cuja invalidação vier a ser decretada pelo Poder Judiciário:

> *Vide* art. 321 do CP.

Pena – detenção, de 6 (seis) meses a 2 (dois) anos, e multa.

Art. 92. Admitir, possibilitar ou dar causa a qualquer modificação ou vantagem, inclusive prorrogação contratual, em favor do adjudicatário, durante a execução dos contratos celebrados com o Poder Público, sem autorização em lei, no ato convocatório da licitação ou nos respectivos instrumentos contratuais, ou, ainda, pagar fatura com preterição da ordem cronológica de sua exigibilidade, observado o disposto no art. 121 desta Lei:

Pena – detenção, de 2 (dois) a 4 (quatro) anos, e multa.

>> *Caput* com redação determinada pela Lei n. 8.883, de 8-6-1994.

Parágrafo único. Incide na mesma pena o contratado que, tendo comprovadamente concorrido para a consumação da ilegalidade, obtém vantagem indevida ou se beneficia, injustamente, das modificações ou prorrogações contratuais.

Art. 93. Impedir, perturbar ou fraudar a realização de qualquer ato de procedimento licitatório:

Pena – detenção, de 6 (seis) meses a 2 (dois) anos, e multa.

> *Vide* art. 335 do CP.

Art. 94. Devassar o sigilo de proposta apresentada em procedimento licitatório, ou proporcionar a terceiro o ensejo de devassá-lo:

Pena – detenção, de 2 (dois) a 3 (três) anos, e multa.

> *Vide* art. 326 do CP.

Art. 95. Afastar ou procurar afastar licitante, por meio de violência, grave ameaça, fraude ou oferecimento de vantagem de qualquer tipo:

Pena – detenção, de 2 (dois) a 4 (quatro) anos, e multa, além da pena correspondente à violência.

> *Vide* arts. 335 e parágrafo único, e 358 do CP.

Parágrafo único. Incorre na mesma pena quem se abstém ou desiste de licitar, em razão da vantagem oferecida.

Art. 96. Fraudar, em prejuízo da Fazenda Pública, licitação instaurada para aquisição ou venda de bens ou mercadorias, ou contrato dela decorrente:

I – elevando arbitrariamente os preços;

II – vendendo, como verdadeira ou perfeita, mercadoria falsificada ou deteriorada;

III – entregando uma mercadoria por outra;

IV – alterando substância, qualidade ou quantidade da mercadoria fornecida;

V – tornando, por qualquer modo, injustamente, mais onerosa a proposta ou a execução do contrato:

Pena – detenção, de 3 (três) a 6 (seis) anos, e multa.

Art. 97. Admitir à licitação ou celebrar contrato com empresa ou profissional declarado inidôneo:

Pena – detenção, de 6 (seis) meses a 2 (dois) anos, e multa.

Parágrafo único. Incide na mesma pena aquele que, declarado inidôneo, venha a licitar ou a contratar com a Administração.

Art. 98. Obstar, impedir ou dificultar, injustamente, a inscrição de qualquer interessado nos registros cadastrais ou promover indevidamente a alteração, suspensão ou cancelamento de registro do inscrito:

Pena – detenção, de 6 (seis) meses a 2 (dois) anos, e multa.

> *Vide* art. 99 desta Lei.

Art. 99. A pena de multa cominada nos arts. 89 a 98 desta Lei consiste no pagamento de quantia fixada na sentença e calculada em índices percentuais, cuja base corresponderá ao valor da vantagem efetivamente obtida ou potencialmente auferível pelo agente.

§ 1.º Os índices a que se refere este artigo não poderão ser inferiores a 2% (dois por cento), nem superiores a 5% (cinco por cento) do valor do contrato licitado ou celebrado com dispensa ou inexigibilidade de licitação.

§ 2.º O produto da arrecadação da multa reverterá, conforme o caso, à Fazenda Federal, Distrital, Estadual ou Municipal.

Seção IV
Do Processo e do Procedimento Judicial

Art. 100. Os crimes definidos nesta Lei são de ação penal pública incondicionada, cabendo ao Ministério Público promovê-la.

> *Vide* nota ao art. 103 desta Lei.

> *Vide* art. 129, I, da CF.

Art. 101. Qualquer pessoa poderá provocar, para os efeitos desta Lei, a iniciativa do Ministério Público, fornecendo-lhe, por escrito, informações sobre o fato e sua autoria, bem como as circunstâncias em que se deu a ocorrência.

Parágrafo único. Quando a comunicação for verbal, mandará a autoridade reduzi-la a termo, assinado pelo apresentante e por duas testemunhas.

Art. 102. Quando em autos ou documentos de que conhecerem, os magistrados, os membros dos Tribunais ou Conselhos de Contas ou os titulares dos órgãos integrantes do sistema de controle interno de qualquer dos Poderes, verificarem a existência dos crimes definidos nesta Lei remeterão ao Ministério Público as cópias e os documentos necessários ao oferecimento da denúncia.

Art. 103. Será admitida ação penal privada subsidiária da pública, se esta não for ajuizada no prazo legal, aplicando-se, no que couber, o disposto nos arts. 29 e 30 do Código de Processo Penal.

>> Dispõe o CPP:

"Art. 29. Será admitida ação privada nos crimes de ação pública, se esta não for intentada no prazo legal, cabendo ao Ministério Público aditar a queixa, repudiá-la e oferecer denúncia substitutiva, intervir em todos os termos do processo, fornecer elementos de prova, interpor recurso e, a todo tempo, no caso de negligência do querelante, retomar a ação como parte principal.

Art. 30. Ao ofendido ou a quem tenha qualidade para representá-lo caberá intentar a ação privada".

Art. 104. Recebida a denúncia e citado o réu, terá este o prazo de 10 (dez) dias para apresentação de defesa escrita, contado da data do seu interrogatório, podendo juntar documentos, arrolar as testemunhas que tiver, em número não superior a 5 (cinco), e indicar as demais provas que pretenda produzir.

Art. 105. Ouvidas as testemunhas da acusação e da defesa e praticadas as diligências instrutórias deferidas ou ordenadas pelo juiz, abrir-se-á, sucessivamente, o prazo de 5 (cinco) dias a cada parte para alegações finais.

Art. 106. Decorrido esse prazo, e conclusos os autos dentro de 24 (vinte e quatro) horas, terá o juiz 10 (dez) dias para proferir a sentença.

Art. 107. Da sentença cabe apelação, interponível no prazo de 5 (cinco) dias.

Art. 108. No processamento e julgamento das infrações penais definidas nesta Lei, assim como nos recursos e nas execuções que lhes digam respeito, aplicar-se-ão, subsidiariamente, o Código de Processo Penal e a Lei de Execução Penal.

Capítulo V
DOS RECURSOS ADMINISTRATIVOS

Art. 109. Dos atos da Administração decorrentes da aplicação desta Lei cabem:

I – recurso, no prazo de 5 (cinco) dias úteis a contar da intimação do ato ou da lavratura da ata, nos casos de:

a) habilitação ou inabilitação do licitante;

b) julgamento das propostas;

c) anulação ou revogação da licitação;

d) indeferimento do pedido de inscrição em registro cadastral, sua alteração ou cancelamento;

e) rescisão do contrato, a que se refere o inciso I do art. 79 desta Lei;

>> Alínea e com redação determinada pela Lei n. 8.883, de 8-6-1994.

f) aplicação das penas de advertência, suspensão temporária ou de multa;

II – representação, no prazo de 5 (cinco) dias úteis da intimação da decisão relacionada com o objeto da licitação ou do contrato, de que não caiba recurso hierárquico;

III – pedido de reconsideração, de decisão de Ministro de Estado, ou Secretário Estadual ou Municipal, conforme o caso, na hipótese do § 4.º do art. 87 desta Lei, no prazo de 10 (dez) dias úteis da intimação do ato.

>> Redação conforme publicação oficial. Onde consta § 4.º do art. 87 entendemos que deveria ser § 3.º do art. 87.

§ 1.º A intimação dos atos referidos no inciso I, alíneas *a*, *b*, *c* e *e*, deste artigo, excluídos os relativos a advertência e multa de mora, e no inciso III, será feita mediante publicação na imprensa oficial, salvo, para os casos previstos nas alíneas *a* e *b*, se presentes os prepostos dos licitantes no ato em que foi adotada a decisão, quando poderá ser feita por comunicação direta aos interessados e lavrada em ata.

§ 2.º O recurso previsto nas alíneas *a* e *b* do inciso I deste artigo terá efeito suspensivo, podendo a autoridade competente, motivadamente e presentes razões de interesse público, atribuir ao recurso interposto eficácia suspensiva aos demais recursos.

§ 3.º Interposto, o recurso será comunicado aos demais licitantes, que poderão impugná-lo no prazo de 5 (cinco) dias úteis.

§ 4.º O recurso será dirigido à autoridade superior, por intermédio da que praticou o ato recorrido, a qual poderá reconsiderar sua decisão, no prazo de 5 (cinco) dias úteis, ou, nesse mesmo prazo, fazê-lo subir, devidamente informado, devendo, neste caso, a decisão ser proferida dentro do prazo de 5 (cinco) dias úteis, contado do recebimento do recurso, sob pena de responsabilidade.

§ 5.º Nenhum prazo de recurso, representação ou pedido de reconsideração se inicia ou corre sem que os autos do processo estejam com vista franqueada ao interessado.

§ 6.º Em se tratando de licitações efetuadas na modalidade de carta convite os prazos estabelecidos nos incisos I e II e no § 3.º deste artigo serão de 2 (dois) dias úteis.

>> § 6.º acrescentado pela Lei n. 8.883, de 8-6-1994.

Capítulo VI
DAS DISPOSIÇÕES FINAIS E TRANSITÓRIAS

Art. 110. Na contagem dos prazos estabelecidos nesta Lei, excluir-se-á o dia do início e incluir-se-á o do vencimento, e considerar-se-ão os dias consecutivos, exceto quando for explicitamente disposto em contrário.

Parágrafo único. Só se iniciam e vencem os prazos referidos neste artigo em dia de expediente no órgão ou na entidade.

Art. 111. A Administração só poderá contratar, pagar, premiar ou receber projeto ou serviço técnico especializado desde que o autor ceda os direitos patrimoniais a ele relativos e a Administração possa utilizá-lo de acordo com o previsto no regulamento de concurso ou no ajuste para sua elaboração.

> *Vide* art. 13, § 2.º, desta Lei.

Parágrafo único. Quando o projeto referir-se a obra imaterial de caráter tecnológico, insuscetível de privilégio, a cessão dos direitos incluirá o fornecimento de todos os dados, documentos e elementos de informação pertinentes à tecnologia de concepção, desenvolvimento, fixação em suporte físico de qualquer natureza e aplicação da obra.

Art. 112. Quando o objeto do contrato interessar a mais de uma entidade pública, caberá ao órgão contratante, perante a entidade interessada, responder pela sua boa execução, fiscalização e pagamento.

§ 1.º Os consórcios públicos poderão realizar licitação da qual, nos termos do edital, decorram contratos administrativos celebrados por órgãos ou entidades dos entes da Federação consorciados.

>> § 1.º acrescentado pela Lei n. 11.107, de 6-4-2005.

> O art. 19 do Decreto n. 6.017, de 17-1-2007, fixa normas gerais de contratação de consórcios públicos.

§ 2.º É facultado à entidade interessada o acompanhamento da licitação e da execução do contrato.

>> § 2.º acrescentado pela Lei n. 11.107, de 6-4-2005.

Art. 113. O controle das despesas decorrentes dos contratos e demais instrumentos regidos por esta Lei será feito pelo Tribunal de Contas competente, na forma da legislação pertinente, ficando os órgãos interessados da Administração responsáveis pela demonstração da legalidade e regularidade da despesa e execução, nos termos da Constituição e sem prejuízo do sistema de controle interno nela previsto.

> *Vide* art. 46 da Lei n. 12.462, de 4-8-2011.

§ 1.º Qualquer licitante, contratado ou pessoa física ou jurídica poderá representar ao Tribunal de Contas ou aos órgãos integrantes do sistema de controle interno contra irregularidades na aplicação desta Lei, para os fins do disposto neste artigo.

> *Vide* art. 41, § 1.º, desta Lei.

§ 2.º Os Tribunais de Contas e os órgãos integrantes do sistema de controle interno poderão solicitar para exame, até o dia útil imediatamente anterior à data de recebimento das propostas, cópia do edital de licitação já publicado, obrigando-se os órgãos ou entidades da Administração interessada à adoção de medidas corretivas pertinentes que, em função desse exame, lhes forem determinadas.

>> § 2.º com redação determinada pela Lei n. 8.883, de 8-6-1994.

Art. 114. O sistema instituído nesta Lei não impede a pré-qualificação de licitantes nas concorrências, a ser procedida sempre que o objeto da licitação recomende análise mais detida da qualificação técnica dos interessados.

§ 1.º A adoção do procedimento de pré-qualificação será feita mediante proposta da autoridade competente, aprovada pela imediatamente superior.

§ 2.º Na pré-qualificação serão observadas as exigências desta Lei relativas à concorrência, à convocação dos interessados, ao procedimento e à análise da documentação.

Art. 115. Os órgãos da Administração poderão expedir normas relativas aos procedimentos operacionais a serem observados na execução das licitações, no âmbito de sua competência, observadas as disposições desta Lei.

Parágrafo único. As normas a que se refere este artigo, após aprovação da autoridade competente, deverão ser publicadas na imprensa oficial.

Art. 116. Aplicam-se as disposições desta Lei, no que couber, aos convênios, acordos, ajustes e outros instrumentos congêneres celebrados por órgãos e entidades da Administração.

> O art. 11 do Decreto n. 6.170, de 25-7-2007, dispõe sobre as normas relativas às transferências de recursos da União, mediante convênios e contratos de repasse.

> *Vide* Lei n. 11.107, de 6-4-2005, sobre consórcios públicos.

§ 1.º A celebração de convênio, acordo ou ajuste pelos órgãos ou entidades da Administração Pública depende de prévia aprovação de competente plano de trabalho proposto pela organização interessada, o qual deverá conter, no mínimo, as seguintes informações:

I – identificação do objeto a ser executado;

II – metas a serem atingidas;

III – etapas ou fases de execução;

IV – plano de aplicação dos recursos financeiros;

V – cronograma de desembolso;

VI – previsão de início e fim da execução do objeto, bem assim da conclusão das etapas ou fases programadas;

VII – se o ajuste compreender obra ou serviço de engenharia, comprovação de que os recursos próprios para complementar a execução do objeto estão devidamente assegurados, salvo se o custo total do empreendimento recair sobre a entidade ou órgão descentralizador.

§ 2.º Assinado o convênio, a entidade ou órgão repassador dará ciência do mesmo à Assembleia Legislativa ou à Câmara Municipal respectiva.

§ 3.º As parcelas do convênio serão liberadas em estrita conformidade com o plano de aplicação aprovado, exceto nos casos a seguir, em que as mesmas ficarão retidas até o saneamento das impropriedades ocorrentes:

I – quando não tiver havido comprovação da boa e regular aplicação da parcela anteriormente recebida, na forma da legislação aplicável, inclusive mediante procedimentos de fiscalização local, realizados periodicamente pela entidade ou órgão descentralizador dos recursos ou pelo órgão competente do sistema de controle interno da Administração Pública;

II – quando verificado desvio de finalidade na aplicação dos recursos, atrasos não justificados no cumprimento das etapas ou fases programadas, práticas atentatórias aos princípios fundamentais de Administração Pública nas contratações e demais atos praticados na execução do convênio, ou o inadimplemento do executor com relação a outras cláusulas conveniais básicas;

III – quando o executor deixar de adotar as medidas saneadoras apontadas pelo partícipe repassador dos recursos ou por integrantes do respectivo sistema de controle interno.

§ 4.º Os saldos de convênio, enquanto não utilizados, serão obrigatoriamente aplicados em cadernetas de poupança de instituição financeira oficial se a previsão de seu uso for igual ou superior a um mês, ou em fundo de aplicação financeira de curto prazo ou operação de mercado aberto lastreada em títulos da dívida pública, quando a utilização dos mesmos verificar-se em prazos menores que um mês.

§ 5.º As receitas financeiras auferidas na forma do parágrafo anterior serão obrigatoriamente computadas a crédito do convênio e aplicadas, exclusivamente, no objeto de sua finalidade, devendo constar de demonstrativo específico que integrará as prestações de contas do ajuste.

§ 6.º Quando da conclusão, denúncia, rescisão ou extinção do convênio, acordo ou ajuste, os saldos financeiros remanescentes, inclusive os provenientes das receitas obtidas das aplicações financeiras realizadas, serão devolvidos à entidade ou órgão repassador dos recursos, no prazo improrrogável de 30 (trinta) dias do evento, sob pena da imediata instauração de tomada de contas especial do responsável, providenciada pela autoridade competente do órgão ou entidade titular dos recursos.

Art. 117. As obras, serviços, compras e alienações realizadas pelos órgãos dos Poderes Legislativo e Judiciário e do Tribunal de Contas regem-se pelas normas desta Lei, no que couber, nas três esferas administrativas.

Art. 118. Os Estados, o Distrito Federal, os Municípios e as entidades da Administração indireta deverão adaptar suas normas sobre licitações e contratos ao disposto nesta Lei.

Art. 119. As sociedades de economia mista, empresas e fundações públicas e demais entidades controladas direta ou indiretamente pela União e pelas entidades referidas no artigo anterior editarão regulamentos próprios devidamente publicados, ficando sujeitas às disposições desta Lei.

Parágrafo único. Os regulamentos a que se refere este artigo, no âmbito da Administração Pública, após aprovados pela autoridade de nível superior a que estiverem vinculados os respectivos órgãos, sociedades e entidades, deverão ser publicados na imprensa oficial.

Art. 120. Os valores fixados por esta Lei, poderão ser anualmente revistos pelo Poder Executivo Federal, que os fará publicar no *Diário Oficial da União*, observando como limite superior a variação geral dos preços do mercado, no período.

>> Artigo com redação determinada pela Lei n. 9.648, de 27-5-1998.

Art. 121. O disposto nesta Lei não se aplica às licitações instauradas e aos contratos assinados anteriormente a sua vigência, ressalvado o disposto no art. 57, nos §§ 1.º, 2.º e

8.º do art. 65, no inciso XV do art. 78, bem assim o disposto no *caput* do art. 5.º, com relação ao pagamento das obrigações na ordem cronológica, podendo esta ser observada, no prazo de 90 (noventa) dias contados da vigência desta Lei, separadamente para as obrigações relativas aos contratos regidos por legislação anterior à Lei n. 8.666, de 21 de junho de 1993.

>> *Caput* com redação determinada pela Lei n. 8.883, de 8-6-1994.

> *Vide* art. 92 desta Lei.

Parágrafo único. Os contratos relativos a imóveis do patrimônio da União continuam a reger-se pelas disposições do Decreto-lei n. 9.760, de 5 de setembro de 1946, com suas alterações, e os relativos a operações de crédito interno ou externo celebrados pela União ou a concessão de garantia do Tesouro Nacional continuam regidos pela legislação pertinente, aplicando-se esta Lei, no que couber.

> Referida norma consta nesta obra.

Art. 122. Nas concessões de linhas aéreas, observar-se-á procedimento licitatório específico, a ser estabelecido no Código Brasileiro de Aeronáutica.

> Código Brasileiro de Aeronáutica: Lei n. 7.565, de 19-12-1986.

Art. 123. Em suas licitações e contratações administrativas, as repartições sediadas no exterior observarão as peculiaridades locais e os princípios básicos desta Lei, na forma de regulamentação específica.

Art. 124. Aplicam-se às licitações e aos contratos para permissão ou concessão de serviços públicos os dispositivos desta Lei que não conflitem com a legislação específica sobre o assunto.

>> *Caput* com redação determinada pela Lei n. 8.883, de 8-6-1994.

Parágrafo único. As exigências contidas nos incisos II a IV do § 2.º do art. 7.º serão dispensadas nas licitações para concessão de serviços com execução prévia de obras em que não foram previstos desembolsos por parte da Administração Pública concedente.

>> Parágrafo único acrescentado pela Lei n. 8.883, de 8-6-1994.

Art. 125. Esta lei entra em vigor na data de sua publicação.

Art. 126. Revogam-se as disposições em contrário, especialmente os Decretos-leis n. 2.300, de 21 de novembro de 1986, 2.348, de 24 de julho de 1987, 2.360, de 16 de setembro de 1987, a Lei n. 8.220, de 4 de setembro de 1991, e o art. 83 da Lei n. 5.194, de 24 de dezembro de 1966.

Brasília, 21 de junho de 1993; 172.º da Independência e 105.º da República.

Itamar Franco

LEI N. 8.730, DE 10 DE NOVEMBRO DE 1993 (*)

Estabelece a obrigatoriedade da declaração de bens e rendas para o exercício de cargos, empregos e funções nos Poderes Executivo, Legislativo e Judiciário, e dá outras providências.

O Presidente da República

Faço saber que o Congresso Nacional decreta e eu sanciono a seguinte Lei:

Art. 1.º É obrigatória a apresentação de declaração de bens, com indicação das fontes de renda, no momento da posse ou, inexistindo esta, na entrada em exercício de cargo, emprego ou função, bem como no final de cada exercício financeiro, no término da gestão ou mandato e nas hipóteses de exoneração, renúncia ou afastamento definitivo, por parte das autoridades e servidores públicos adiante indicados:

> A Instrução Normativa n. 67, de 6-7-2011, do Tribunal de Contas da União, dispõe sobre os procedimentos referentes às Declarações de Bens e Rendas a serem apresentadas pelas autoridades e servidores públicos federais a que se refere esta Lei.

> A Resolução n. 282, de 13-2-2014, do CJF, dispõe sobre os procedimentos para a entrega da declaração de bens e rendas no âmbito do Conselho e da Justiça Federal de 1.º e 2.º graus a que alude esta Lei.

I – Presidente da República;

II – Vice-Presidente da República;

III – Ministros de Estado;

IV – membros do Congresso Nacional;

V – membros da Magistratura Federal;

VI – membros do Ministério Público da União;

VII – todos quantos exerçam cargos eletivos e cargos, empregos ou funções de confiança, na administração direta, indireta e fundacional, de qualquer dos Poderes da União.

§ 1.º A declaração de bens e rendas será transcrita em livro próprio de cada órgão e assinada pelo declarante.

§ 2.º O declarante remeterá, incontinenti, uma cópia da declaração ao Tribunal de Contas da União, para o fim de este:

I – manter registro próprio dos bens e rendas do patrimônio privado de autoridades públicas;

II – exercer o controle da legalidade e legitimidade desses bens e rendas, com apoio nos sistemas de controle interno de cada Poder;

III – adotar as providências inerentes às suas atribuições e, se for o caso, representar ao Poder competente sobre irregularidades ou abusos apurados;

IV – publicar, periodicamente, no *Diário Oficial da União*, por extrato, dados e elementos constantes da declaração;

V – prestar a qualquer das Câmaras do Congresso Nacional ou às respectivas Comissões, informações solicitadas por escrito;

VI – fornecer certidões e informações requeridas por qualquer cidadão, para propor ação popular que vise a anular ato lesivo ao patrimônio público ou à moralidade administrativa, na forma da lei.

Art. 2.º A declaração a que se refere o artigo anterior, excluídos os objetos e utensílios de uso doméstico de módico valor, constará de relação pormenorizada dos bens imóveis, móveis, semoventes, títulos ou valores mobiliários, direitos sobre veículos automóveis, embarcações ou aeronaves e dinheiros ou aplicações financeiras que, no País ou no exterior, constituam, separadamente, o patrimônio do declarante e de seus dependentes, na data respectiva.

§ 1.º Os bens serão declarados, discriminadamente, pelos valores de aquisição constantes dos respectivos instrumentos de transferência de propriedade, com indicação concomitante de seus valores venais.

§ 2.º No caso de inexistência do instrumento de transferência de propriedade, será dispensada a indicação do valor de aquisição do bem, facultada a indicação de seu valor venal à época do ato translativo, ao lado do valor venal atualizado.

§ 3.º O valor de aquisição dos bens existentes no exterior será mencionado na declaração e expresso na moeda do país em que estiverem localizados.

§ 4.º Na declaração de bens e rendas também serão consignados os ônus reais e obrigações do declarante, inclusive de seus dependentes, dedutíveis na apuração do patrimônio líquido, em cada período, discriminando-se entre os credores, se for o caso, a Fazenda Pública, as instituições oficiais de crédito e quaisquer entidades, públicas ou privadas, no País e no exterior.

§ 5.º Relacionados os bens, direitos e obrigações, o declarante apurará a variação patrimonial ocorrida no período, indicando a origem dos recursos que hajam propiciado o eventual acréscimo.

§ 6.º Na declaração constará, ainda, menção a cargos de direção e de órgãos colegiados que o declarante exerça ou haja exercido nos últimos dois anos, em empresas privadas ou do setor público e outras instituições, no País e no exterior.

§ 7.º O Tribunal de Contas da União poderá:

a) expedir instruções sobre formulários da declaração e prazos máximos de remessa de sua cópia;

b) exigir, a qualquer tempo, a comprovação da legitimidade da procedência dos bens e rendas, acrescidos ao patrimônio no período relativo à declaração.

Art. 3.º A não apresentação da declaração a que se refere o art. 1.º, por ocasião da posse, implicará a não realização daquele ato, ou sua nulidade, se celebrado sem esse requisito essencial.

(*) Publicada no *Diário Oficial da União* de 11-11-1993.

Parágrafo único. Nas demais hipóteses, a não apresentação da declaração, a falta e atraso de remessa de sua cópia ao Tribunal de Contas da União ou a declaração dolosamente inexata implicarão, conforme o caso:

a) crime de responsabilidade, para o Presidente e o Vice-Presidente da República, os Ministros de Estado e demais autoridades previstas em lei especial, observadas suas disposições; ou

> *Vide* Lei n. 1.079, de 10-4-1950.

b) infração político-administrativa, crime funcional ou falta grave disciplinar, passível de perda do mandato, demissão do cargo, exoneração do emprego ou destituição da função, além da inabilitação, até cinco anos, para o exercício de novo mandato e de qualquer cargo, emprego ou função pública, observada a legislação específica.

>> A inabilitação passou para 8 (oito) anos por força do art. 52, parágrafo único, da CF.

Art. 4.º Os administradores ou responsáveis por bens e valores públicos da administração direta, indireta e fundacional de qualquer dos Poderes da União, assim como toda a pessoa que, por força da lei, estiver sujeita à prestação de contas do Tribunal de Contas da União, são obrigados a juntar, à documentação correspondente, cópia da declaração de rendimentos e de bens, relativa ao período-base da gestão, entregue à repartição competente, de conformidade com a legislação do Imposto sobre a Renda.

§ 1.º O Tribunal de Contas da União considerará como não recebida a documentação que lhe for entregue em desacordo com o previsto neste artigo.

§ 2.º Será lícito ao Tribunal de Contas da União utilizar as declarações de rendimentos e de bens, recebidas nos termos deste artigo, para proceder ao levantamento da evolução patrimonial do seu titular e ao exame de sua compatibilização com os recursos e as disponibilidades declarados.

Art. 5.º A Fazenda Pública Federal e o Tribunal de Contas da União poderão realizar, em relação às declarações de que trata esta Lei, troca de dados e informações que lhes possam favorecer o desempenho das respectivas atribuições legais.

Parágrafo único. O dever do sigilo sobre informações de natureza fiscal e de riqueza de terceiros, imposto aos funcionários da Fazenda Pública, que cheguem ao seu conhecimento em razão do ofício, estende-se aos funcionários do Tribunal de Contas da União que, em cumprimento das disposições desta Lei, encontrem-se em idêntica situação.

Art. 6.º Os atuais ocupantes de cargos, empregos ou funções mencionados no art. 1.º, e obedecido o disposto no art. 2.º, prestarão a respectiva declaração de bens e rendas, bem como remeterão cópia ao Tribunal de Contas da União, no prazo e condições por este fixados.

Art. 7.º As disposições constantes desta Lei serão adotadas pelos Estados, pelo Distrito Federal e pelos Municípios, no que couber, como normas gerais de direito financeiro, velando pela sua observância os órgãos a que se refere o art. 75 da Constituição Federal.

Art. 8.º Esta Lei entra em vigor na data de sua publicação.

Art. 9.º Revogam-se as disposições em contrário.

Brasília, 10 de novembro de 1993; 172.º da Independência e 105.º da República.

ITAMAR FRANCO

LEI N. 8.745, DE 9 DE DEZEMBRO DE 1993 (*)

Dispõe sobre a contratação por tempo determinado para atender a necessidade temporária de excepcional interesse público, nos termos do inciso IX do art. 37 da Constituição Federal e dá outras providências.

O Presidente da República

Faço saber que o Congresso Nacional decreta e eu sanciono a seguinte Lei:

Art. 1.º Para atender a necessidade temporária de excepcional interesse público, os órgãos da Administração Federal direta, as autarquias e as fundações públicas poderão efetuar contratação de pessoal por tempo determinado, nas condições e prazos previstos nesta Lei.

Art. 2.º Considera-se necessidade temporária de excepcional interesse público:

I – assistência a situações de calamidade pública;

>> *Vide* art. 4.º, I, desta Lei.

> *Vide* art. 9.º, III, e parágrafo único, VI, desta Lei.

II – assistência a emergências em saúde pública;

>> Inciso II com redação determinada pela Lei n. 12.314, de 19-8-2010.

>> *Vide* art. 4.º, II, e parágrafo único, VI, desta Lei.

III – realização de recenseamentos e outras pesquisas de natureza estatística efetuadas pela Fundação Instituto Brasileiro de Geografia e Estatística – IBGE;

>> Inciso III com redação determinada pela Lei n. 9.849, de 26-10-1999.

>> *Vide* art. 4.º, II, e parágrafo único, I, desta Lei

IV – admissão de professor substituto e professor visitante;

>> Inciso IV regulamentado pelo Decreto n. 7.485, de 18-5-2011.

>> *Vide* arts. 2.º, § 1.º, 4.º, II e parágrafo único, I, e 7.º, I, desta Lei.

(*) Publicada no *Diário Oficial da União* de 10-12-1993.

V – admissão de professor e pesquisador visitante estrangeiro;

>> *Vide* art. 4.º, V, e parágrafo único, III, desta Lei.

VI – atividades:

a) especiais nas organizações das Forças Armadas para atender à área industrial ou a encargos temporários de obras e serviços de engenharia;

>> Alínea *a* com redação determinada pela Lei n. 9.849, de 26-10-1999.

>> *Vide* art. 4.º, V, e parágrafo único, III, desta Lei.

b) de identificação e demarcação territorial;

>> Alínea *b* com redação determinada pela Lei n. 11.784, de 22-9-2008.

>> *Vide* art. 4.º, parágrafo único, I, desta Lei.

c) (*Revogada pela Lei n. 10.667, de 14-5-2003.*);

d) finalísticas do Hospital das Forças Armadas;

>> Alínea *d* com redação determinada pela Lei n. 9.849, de 26-10-1999.

>> O STF, na ADI n. 3.237, de 26-3-2014 (*DOU* de 19-8-2014), julgou parcialmente procedente a ação para declarar a inconstitucionalidade desta alínea *d*, limitando-se os efeitos dessa declaração para que ocorram um ano após a publicação da decisão final no *DOU*.

>> *Vide* art. 4.º, II, e parágrafo único, I, desta Lei.

e) de pesquisa e desenvolvimento de produtos destinados à segurança de sistemas de informações, sob responsabilidade do Centro de Pesquisa e Desenvolvimento para a Segurança das Comunicações – CEPESC;

>> Alínea *e* com redação determinada pela Lei n. 9.849, de 26-10-1999.

> *Vide* art. 4.º, II, desta Lei.

f) de vigilância e inspeção, relacionadas à defesa agropecuária, no âmbito do Ministério da Agricultura e do Abastecimento, para atendimento de situações emergenciais ligadas ao comércio internacional de produtos de origem animal ou vegetal ou de iminente risco à saúde animal, vegetal ou humana;

>> Alínea *f* com redação determinada pela Lei n. 9.849, de 26-10-1999.

>> *Vide* art. 4.º, II, e parágrafo único, I, desta Lei.

g) desenvolvidas no âmbito dos projetos do Sistema de Vigilância da Amazônia – SIVAM e do Sistema de Proteção da Amazônia – SIPAM;

>> Alínea *g* com redação determinada pela Lei n. 9.849, de 26-10-1999.

>> O STF, na ADI n. 3.237, de 26-3-2014 (*DOU* de 19-8-2014), julgou parcialmente procedente a ação para declarar a inconstitucionalidade desta alínea *g*, limitando-se os efeitos dessa declaração para que ocorram após quatro anos da publicação da decisão final no *DOU*.

>> *Vide* art. 4.º, V, e parágrafo único, IV, desta Lei.

h) técnicas especializadas, no âmbito de projetos de cooperação com prazo determinado, implementados mediante acordos internacionais, desde que haja, em seu desempenho, subordinação do contratado ao órgão ou entidade pública;

>> Alínea *h* acrescentada pela Lei n. 10.667, de 14-5-2003.

>> *Vide* art. 4.º, IV, e parágrafo único, III, desta Lei.

> *Vide* art. 7.º, § 2.º, desta Lei.

> As atividades técnicas especializadas de que trata esta alínea serão objeto de contratação por tempo determinado, nos termos do Decreto n. 4.748, de 16-6-2003.

i) técnicas especializadas necessárias à implantação de órgãos ou entidades ou de novas atribuições definidas para organizações existentes ou as decorrentes de aumento transitório no volume de trabalho, que não possam ser atendidas mediante a aplicação do art. 74 da Lei n. 8.112, 11 de dezembro de 1990;

>> Alínea *i* acrescentada pela Lei n. 11.784, de 22-9-2008.

>> *Vide* art. 4.º, V, e parágrafo único, IV, desta Lei.

>> *Vide* art. 7.º, § 2.º, desta Lei.

j) técnicas especializadas de tecnologia da informação, de comunicação e de revisão de processos de trabalho, não alcançadas pela alínea i e que não se caracterizem como atividades permanentes do órgão ou entidade;

>> Alínea *j* acrescentada pela Lei n. 11.784, de 22-9-2008.

>> *Vide* art. 4.º, V, e parágrafo único, IV, desta Lei.

> *Vide* art. 7.º, § 2.º, desta Lei.

l) didático-pedagógicas em escolas de governo; e

>> Alínea l acrescentada pela Lei n. 11.784, de 22-9-2008.

>> *Vide* art. 4.º, IV, e parágrafo único, III, desta Lei.

> *Vide* art. 7.º, § 2.º, desta Lei.

m) de assistência à saúde junto a comunidades indígenas; e

>> Alínea *m* acrescentada pela Lei n. 11.784, de 22-9-2008.

>> O Decreto n. 7.395, de 22-12-2010, estabelece a remuneração para as contratações temporárias voltadas a atividades de assistência à saúde para as comunidades indígenas, de que trata esta alínea.

>> *Vide* art. 4.º, II, e parágrafo único, III, desta Lei.

n) com o objetivo de atender a encargos temporários de obras e serviços de engenharia destinados à construção, à reforma, à ampliação e ao aprimoramento de estabelecimentos penais;

>> Alínea *n* acrescentada pela Lei n. 13.886, de 17-10-2019.

VII – admissão de professor, pesquisador e tecnólogo substitutos para suprir a falta de professor, pesquisador ou tecnólogo ocupante de cargo efetivo, decorrente de licença para exercer atividade empresarial relativa à inovação;

>> Inciso VII acrescentado pela Lei n. 10.973, de 2-12-2004.

>> *Vide* art. 4.º, IV, desta Lei.

VIII – admissão de pesquisador, de técnico com formação em área tecnológica de nível intermediário ou de tecnólogo, nacionais ou estrangeiros, para projeto de pesquisa com prazo determinado, em instituição destinada à pesquisa, ao desenvolvimento e à inovação;

>> Inciso VIII com redação determinada pela Lei n. 13.243, de 11-1-2016.

>> *Vide* art. 4.º, IV, e parágrafo único, III, desta Lei.

IX – combate a emergências ambientais, na hipótese de declaração, pelo Ministro de Estado do Meio Ambiente, da existência de emergência ambiental na região específica;

>> Inciso IX acrescentado pela Lei n. 11.784, de 22-9-2008.

> *Vide* art. 9.º, III, desta Lei.

X – admissão de professor para suprir demandas decorrentes da expansão das instituições federais de ensino, respeitados os limites e as condições fixados em ato conjunto dos Ministérios do Planejamento, Orçamento e Gestão e da Educação;

>> Inciso X acrescentado pela Lei n. 12.425, de 17-6-2011.

> *Vide* arts. 4.º, II e parágrafo único, I, e 7.º, I, desta Lei.

XI – admissão de professor para suprir demandas excepcionais decorrentes de programas e projetos de aperfeiçoamento de médicos na área de Atenção Básica em saúde em regiões prioritárias para o Sistema Único de Saúde (SUS), mediante integração ensino-serviço, respeitados os limites e as condições fixados em ato conjunto dos Ministros de Estado do Planejamento, Orçamento e Gestão, da Saúde e da Educação;

>> Inciso XI acrescentado pela Lei n. 12.871, de 22-10-2013.

XII – admissão de profissional de nível superior especializado para atendimento a pessoas com deficiência, nos termos da legislação, matriculadas regularmente em cursos técnicos de nível médio e em cursos de nível superior nas instituições federais de ensino, em ato conjunto do Ministério do Planejamento, Desenvolvimento e Gestão e do Ministério da Educação.

>> Inciso XII acrescentado pela Lei n. 13.530, de 7-12-2017.

§ 1.º A contratação de professor substituto de que trata o inciso IV do *caput* poderá ocorrer para suprir a falta de professor efetivo em razão de:

>> § 1.º, *caput*, com redação determinada pela Lei n. 12.425, de 17-6-2011.

I – vacância do cargo;

>> Inciso I acrescentado pela Lei n. 12.425, de 17-6-2011.

II – afastamento ou licença, na forma do regulamento; ou

>> Inciso II acrescentado pela Lei n. 12.425, de 17-6-2011.

>> O art. 14 do Decreto n. 7.485, de 18-5-2011, dispõe: "Art. 14. A contratação de professores substitutos para suprir os afastamentos e licenças, em conformidade com o disposto no inciso II do § 1.º do art. 2.º da Lei n. 8.745, de 1993, poderá ocorrer: I – para licenças e afastamentos previstos nos arts. 84,85, 91, 92, 95, 96, 96-A e 207 da Lei n. 8.112, de 11 de dezembro de 1990, a partir da publicação do ato de concessão; II – para o afastamento de que trata o art. 93 da Lei n. 8.112, de 1990, a partir da publicação de portaria de cessão, pela autoridade competente; III – para o afastamento de que trata o art. 94 da Lei n. 8.112, de 1990, a partir do início do mandato; e IV – para licença de que trata o art. 202 da Lei n. 8.112, de 1990, quando superior a sessenta dias, a partir do ato de concessão".

III – nomeação para ocupar cargo de direção de reitor, vice-reitor, pró-reitor e diretor de *campus*.

>> Inciso III acrescentado pela Lei n. 12.425, de 17-6-2011.

§ 2.º O número total de professores de que trata o inciso IV do *caput* não poderá ultrapassar 20% (vinte por cento) do total de docentes efetivos em exercício na instituição federal de ensino.

>> § 2.º com redação determinada pela Lei n. 12.425, de 17-6-2011.

§ 3.º As contratações a que se refere a alínea *h* do inciso VI serão feitas exclusivamente por projeto, vedado o aproveitamento dos contratados em qualquer área da administração pública.

>> § 3.º acrescentado pela Lei n. 10.667, de 14-5-2003.

§ 4.º Ato do Poder Executivo disporá, para efeitos desta Lei, sobre a declaração de emergências em saúde pública.

>> § 4.º acrescentado pela Lei n. 12.314, de 19-8-2010.

Art. 3.º O recrutamento do pessoal a ser contratado, nos termos desta Lei, será feito mediante processo seletivo simplificado sujeito a ampla divulgação, inclusive através do Diário Oficial da União, prescindindo de concurso público.

§ 1.º A contratação para atender às necessidades decorrentes de calamidade pública, de emergência ambiental e de emergências em saúde pública prescindirá de processo seletivo.

>> § 1.º com redação determinada pela Lei n. 12.314, de 19-8-2010.

§ 2.º A contratação de pessoal, nos casos do professor visitante referido nos incisos IV e V, e nos casos dos incisos V, VI, alíneas *a*, *d*, *e*, *g*, *l* e *m* do inciso VI e do VIII do *caput* do art. 2.º, poderá ser efetivada em vista de notória capacidade técnica ou científica do profissional, mediante análise do *curriculum vitae*.

>> § 2.º com redação determinada pela Lei n. 11.784, de 22-9-2008.

§ 3.º As contratações de pessoal no caso das alíneas *h* e *i*, do inciso VI do art. 2.º desta Lei serão feitas mediante processo seletivo simplificado, observados os critérios e condições estabelecidos pelo Poder Executivo.

>> § 3.º com redação determinada pela Lei n. 11.784, de 22-9-2008.

>> O Decreto n. 4.748, de 16-6-2003, regulamenta o processo seletivo simplificado a que se refere este parágrafo e dá outras providências.

Art. 4.º As contratações serão feitas por tempo determinado, observados os seguintes prazos máximos:

>> *Caput* com redação determinada pela Lei n. 10.667, de 14-5-2003.

I – 6 (seis) meses, nos casos dos incisos I, II e IX do *caput* do art. 2.º desta Lei;

>> Inciso I com redação determinada pela Lei n. 11.784, de 22-9-2008.

II – 1 (um) ano, nos casos dos incisos III e IV, das alíneas *d* e *f* do inciso VI e do inciso X do *caput* do art. 2.º;

>> Inciso II com redação determinada pela Lei n. 12.425, de 17-6-2011.

III – 2 (dois) anos, nos casos das alíneas *b*, *e* e *m* do inciso VI do art. 2.º;

>> Inciso III com redação determinada pela Lei n. 12.314, de 19-8-2010.

IV – 3 (três) anos, nos casos das alíneas *h* e *l* do inciso VI e dos incisos VII, VIII e XI do *caput* do art. 2.º desta Lei;

>> Inciso IV com redação determinada pela Lei n. 12.871, de 22-10-2013.

V – 4 (quatro) anos, nos casos do inciso V e das alíneas *a*, *g*, *i*, *j* e *n* do inciso VI do *caput* do art. 2.º desta Lei.

>> Inciso V com redação determinada pela Lei n. 13.886, de 17-10-2019.

Parágrafo único. É admitida a prorrogação dos contratos:

>> Parágrafo único acrescentado pela Lei n. 10.667, de 14-5-2003.

I – no caso do inciso IV, das alíneas *b*, *d* e *f* do inciso VI e do inciso X do *caput* do art. 2.º, desde que o prazo total não exceda a 2 (dois) anos;

>> Inciso I com redação determinada pela Lei n. 12.998, de 18-6-2014.

II – no caso do inciso III e da alínea *e* do inciso VI do *caput* do art. 2.º, desde que o prazo total não exceda a 3 (três) anos;

>> Inciso II com redação determinada pela Lei n. 12.998, de 18-6-2014.

III – nos casos do inciso V, das alíneas *a*, *h*, *l*, *m* e *n* do inciso VI e do inciso VIII do *caput* do art. 2.º desta Lei, desde que o prazo total não exceda a 4 (quatro) anos;

>> Inciso III com redação determinada pela Lei n. 13.886, de 17-10-2019.

IV – no caso das alíneas *g*, *i* e *j* do inciso VI do *caput* do art. 2.º, desde que o prazo total não exceda a 5 (cinco) anos;

>> Inciso IV com redação determinada pela Lei n. 11.784, de 22-9-2008.

V – no caso dos incisos VII e XI do *caput* do art. 2.º, desde que o prazo total não exceda 6 (seis) anos; e

>> Inciso V com redação determinada pela Lei n. 12.871, de 22-10-2013.

VI – nos casos dos incisos I e II do *caput* do art. 2.º desta Lei, pelo prazo necessário à superação da situação de calamidade pública ou das situações de emergências em saúde pública, desde que não exceda a 2 (dois) anos.

>> Inciso VI com redação determinada pela Lei n. 12.314, de 19-8-2010.

Art. 5.º As contratações somente poderão ser feitas com observância da dotação orçamentária específica e mediante prévia autorização do Ministro de Estado do Planejamento, Orçamento e Gestão e do Ministro de Estado sob cuja supervisão se encontrar o órgão ou entidade contratante, conforme estabelecido em regulamento.

>> *Caput* com redação determinada pela Lei n. 9.849, de 26-10-1999.

Parágrafo único. (*Revogado pela Lei n. 9.849, de 26-10-1999.*)

Art. 5.º-A. Os órgãos e entidades contratantes encaminharão à Secretaria de Recursos Humanos do Ministério do Planejamento, Orçamento e Gestão, para controle do disposto nesta Lei, síntese dos contratos efetivados.

>> Artigo com redação determinada pela Lei n. 10.667, de 14-5-2003.

Art. 6.º É proibida a contratação, nos termos desta Lei, de servidores da Administração direta ou indireta da União, dos Estados, do Distrito Federal e dos Municípios, bem como de empregados ou servidores de suas subsidiárias e controladas.

§ 1.º Excetua-se do disposto no *caput* deste artigo, condicionada à formal comprovação da compatibilidade de horários, a contratação de:

>> § 1.º, *caput*, com redação determinada pela Lei n. 11.123, de 7-6-2005.

I – professor substituto nas instituições federais de ensino, desde que o contratado não ocupe cargo efetivo integrante das carreiras de magistério de que trata a Lei n. 7.596, de 10 de abril de 1987;

>> Inciso I acrescentado pela Lei n. 11.123, de 7-6-2005.

II – profissionais de saúde em unidades hospitalares, quando administradas pelo Governo Federal e para atender às necessidades decorrentes de calamidade pública, desde que o contratado não ocupe cargo efetivo ou emprego permanente em órgão ou entidade da administração pública federal direta e indireta.

>> Inciso II acrescentado pela Lei n. 11.123, de 7-6-2005.

§ 2.º Sem prejuízo da nulidade do contrato, a infração do disposto neste artigo importará responsabilidade administrativa da autoridade contratante e do contratado, inclusive, se for o caso, solidariedade quanto à devolução dos valores pagos ao contratado.

>> § 2.º acrescentado pela Lei n. 9.849, de 26-10-1999.

Art. 7.º A remuneração do pessoal contratado nos termos desta Lei será fixada:

I – nos casos dos incisos IV, X e XI do *caput* do art. 2.º, em importância não superior ao valor da remuneração fixada para os servidores de final de Carreira das mesmas categorias, nos planos de retribuição ou nos quadros de cargos e salários do órgão ou entidade contratante;

>> Inciso I com redação determinada pela Lei n. 12.998, de 18-6-2014.

II – nos casos dos incisos I a III, V, VI e VIII do *caput* do art. 2.º, em importância não superior ao valor da remuneração constante dos planos de retribuição ou dos quadros de cargos e salários do serviço público, para servidores que desempenhem função semelhante, ou, não existindo a semelhança, às condições do mercado de trabalho; e

>> Inciso II com redação determinada pela Lei n. 12.998, de 18-6-2014.

III – no caso do inciso III do art. 2.º, quando se tratar de coleta de dados, o valor da remuneração poderá ser formado por unidade produzida, desde que obedecido ao disposto no inciso II deste artigo.

>> Inciso III acrescentado pela Lei n. 9.849, de 26-10-1999.

§ 1.º Para os efeitos deste artigo, não se consideram as vantagens de natureza individual dos servidores ocupantes de cargos tomados como paradigma.

>> Primitivo parágrafo único renumerado pela Lei n. 10.667, de 14-5-2003.

§ 2.º Caberá ao Poder Executivo fixar as tabelas de remuneração para as hipóteses de contratações previstas nas alíneas *h*, *i*, *j*, *l* e *m* do inciso VI do *caput* do art. 2.º.

>> § 2.º com redação determinada pela Lei n. 12.314, de 19-8-2010.

Art. 8.º Ao pessoal contratado nos termos desta Lei aplica-se o disposto na Lei n. 8.647, de 13 de abril de 1993.

>> A Lei n. 8.647, de 13-4-1993, dispõe sobre a vinculação do servidor público civil, ocupante de cargo em comissão sem vínculo efetivo com a Administração Pública Federal, ao Regime Geral de Previdência Social e dá outras providências.

Art. 9.º O pessoal contratado nos termos desta Lei não poderá:

I – receber atribuições, funções ou encargos não previstos no respectivo contrato;

II – ser nomeado ou designado, ainda que a título precário ou em substituição, para o exercício de cargo em comissão ou função de confiança;

III – ser novamente contratado, com fundamento nesta Lei, antes de decorridos 24 (vinte e quatro) meses, do encerramento de seu contrato anterior, salvo nas hipóteses dos incisos I e IX do art. 2.º desta Lei, mediante prévia autorização, conforme determina o art. 5.º desta Lei.

>> Inciso III com redação determinada pela Lei n. 11.784, de 22-9-2008.

Parágrafo único. (*Revogado pela Lei n. 11.784, de 22-9-2008.*)

Art. 10. As infrações disciplinares atribuídas ao pessoal contratado nos termos desta Lei serão apuradas mediante sindicância, concluída no prazo de trinta dias e assegurada ampla defesa.

Art. 11. Aplica-se ao pessoal contratado nos termos desta Lei o disposto nos arts. 53 e 54; 57 a 59; 63 a 80; 97; 104 a 109; 110, I, *in fine*, e II, parágrafo único, a 115; 116, I a V, *a* e *c*, VI a XII e parágrafo único; 117, I a VI e IX a XVIII; 118 a 126; 127, I, II e III, a 132, I a VII, e IX a XIII; 136 a 142, I, primeira parte, a III, e §§ 1.º a 4.º; 236; 238 a 242, da Lei n. 8.112, de 11 de dezembro de 1990.

Art. 12. O contrato firmado de acordo com esta Lei extinguir-se-á, sem direito a indenizações:

I – pelo término do prazo contratual;

II – por iniciativa do contratado;

III – pela extinção ou conclusão do projeto, definidos pelo contratante, nos casos da alínea *h* do inciso VI do art. 2.º.

>> Inciso III acrescentado pela Lei n. 10.667, de 14-5-2003.

§ 1.º A extinção do contrato, nos casos dos incisos II e III, será comunicada com a antecedência mínima de trinta dias.

>> § 1.º com redação determinada pela Lei n. 10.667, de 14-5-2003.

§ 2.º A extinção do contrato, por iniciativa do órgão ou entidade contratante, decorrente de conveniência administrativa, importará no pagamento ao contratado de indenização correspondente à metade do que lhe caberia referente ao restante do contrato.

Arts. 13 a 15. (*Revogados pela Lei n. 11.440, de 29-12-2006.*)

Art. 16. O tempo de serviço prestado em virtude de contratação nos termos desta Lei será contado para todos os efeitos.

Art. 17. Esta Lei entra em vigor na data de sua publicação.

Art. 18. Revogam-se as disposições em contrário, especialmente os arts. 232 a 235 da Lei n. 8.112, de 11 de dezembro de 1990.

Brasília, 9 de dezembro de 1993; 172.º da Independência e 105.º da República.

ITAMAR FRANCO

LEI N. 8.748, DE 9 DE DEZEMBRO DE 1993 (*)

Altera a legislação reguladora do processo administrativo de determinação e exigência de créditos tributários da União e dá outras providências.

O Presidente da República.

Faço saber que o Congresso Nacional decreta e eu sanciono a seguinte Lei:

Art. 1.º Os dispositivos a seguir, do Decreto n. 70.235, de 6 de março de 1972, que, por delegação do Decreto-lei n. 822, de 5 de setembro de 1969, regula o processo administrativo de determinação e exigência de créditos tributários da União, passam a vigorar com a seguinte redação:

>> Alterações já processadas no texto do diploma modificado.

Art. 2.º São criadas 18 (dezoito) Delegacias da Receita Federal especializadas nas atividades concernentes ao julgamento de processos relativos a tributos e contribuições federais administrados pela Secretaria da Receita Federal, sendo de competência dos respectivos Delegados o julgamento, em primeira instância, daqueles processos.

>> A Secretaria da Receita Federal passa a denominar-se Secretaria da Receita Federal do Brasil, por força da Lei n. 11.457, de 16-3-2007.

§ 1.º As Delegacias a que se refere este artigo serão instaladas, no prazo de 120 (cento e vinte) dias, por ato do Ministro da Fazenda, que fixará a lotação de cada unidade, mediante aproveitamento de cargos e funções existentes, ou que venham a ser criados, na Secretaria da Receita Federal.

§ 2.º Até que sejam instaladas as Delegacias de que trata o *caput* deste artigo, o julgamento nele referido continuará sendo de competência dos Delegados da Receita Federal.

Art. 3.º Compete aos Conselhos de Contribuintes, observada sua competência por matéria e dentro de limites de alçada fixados pelo Ministro da Fazenda:

I – julgar os recursos de ofício e voluntário de decisão de primeira instância, nos processos a que se refere o art. 1.º desta Lei;

II – julgar recurso voluntário de decisão de primeira instância nos processos relativos a restituição de impostos e contribuições e a ressarcimento de créditos do Imposto sobre Produtos Industrializados.

>> Inciso II com redação determinada pela Lei n. 10.522, de 19-7-2002.

Art. 4.º O Ministro da Fazenda expedirá as instruções necessárias à aplicação do disposto nesta Lei, inclusive à adequação dos Regimentos Internos dos Conselhos de Contribuintes e da Câmara Superior de Recursos Fiscais.

Art. 5.º As despesas decorrentes desta Lei correrão à conta das dotações orçamentárias próprias do Ministério da Fazenda.

Art. 6.º Esta Lei entra em vigor na data de sua publicação.

Art. 7.º Revogam-se os arts. 6.º e 19 do Decreto n. 70.235, de 1972.

Brasília, 9 de dezembro de 1993; 172.º da Independência e 105.º da República.

ITAMAR FRANCO

LEI N. 8.906, DE 4 DE JULHO DE 1994 (**)

Dispõe sobre o Estatuto da Advocacia e a Ordem dos Advogados do Brasil – OAB.

O Presidente da República

Faço saber que o Congresso Nacional decreta e eu sanciono a seguinte Lei:

TÍTULO I
DA ADVOCACIA

CAPÍTULO I
DA ATIVIDADE DE ADVOCACIA

Art. 1.º São atividades privativas de advocacia:

I – a postulação a qualquer órgão do Poder Judiciário e aos juizados especiais;

>> O STF, na ADI n. 1.1727-8, de 17-5-2006 (*DOU* de 26-5-2006), declarou a inconstitucionalidade da expressão "qualquer" constante deste inciso.

II – as atividades de consultoria, assessoria e direção jurídicas.

§ 1.º Não se inclui na atividade privativa de advocacia a impetração de *habeas corpus* em qualquer instância ou tribunal.

§ 2.º Os atos e contratos constitutivos de pessoas jurídicas, sob pena de nulidade, só podem ser admitidos a registro, nos órgãos competentes, quando visados por advogados.

>> A Lei Complementar n.123, de 14-12-2006, dispõe em seu art. 9.º, § 2.º: "§ 2.º Não se aplica às microempresas e às empresas de pequeno porte o disposto no § 2.º do art. 1.º da Lei n. 8.906, de 4-7-1994".

§ 3.º É vedada a divulgação de advocacia em conjunto com outra atividade.

Art. 2.º O advogado é indispensável à administração da justiça.

§ 1.º No seu ministério privado, o advogado presta serviço público e exerce função social.

§ 2.º No processo judicial, o advogado contribui, na postulação de decisão favorável ao seu constituinte, ao convencimento do julgador, e seus atos constituem múnus público.

§ 3.º No exercício da profissão, o advogado é inviolável por seus atos e manifestações, nos limites desta Lei.

(*) Publicada no *Diário Oficial da União*, de 10-12-1993.

(**) Publicada no *Diário Oficial da União* de 5-7-1994. A Lei n. 13.688, de 3-7-2018, institui o Diário Eletrônico da Ordem dos Advogados do Brasil.

Art. 3.º O exercício da atividade de advocacia no território brasileiro e a denominação de advogado são privativos dos inscritos na Ordem dos Advogados do Brasil – OAB.

§ 1.º Exercem atividade de advocacia, sujeitando-se ao regime desta Lei, além do regime próprio a que se subordinem, os integrantes da Advocacia-Geral da União, da Procuradoria da Fazenda Nacional, da Defensoria Pública e das Procuradorias e Consultorias Jurídicas dos Estados, do Distrito Federal, dos Municípios e das respectivas entidades de administração indireta e fundacional.

>> A Resolução n. 55, de 3-10-2011, do Conselho Superior da Defensoria Pública da União, dispõe, em seu art. 1.º, que "a capacidade postulatória dos membros da Defensoria Pública da União decorre exclusivamente de sua nomeação e posse no cargo público, sendo prescindível a inscrição na Ordem dos Advogados do Brasil para o exercício de suas atribuições institucionais e legais (Lei Complementar n. 80, art. 4.º, § 6.º)".

§ 2.º O estagiário de advocacia, regularmente inscrito, pode praticar os atos previstos no art. 1.º, na forma do Regulamento Geral, em conjunto com advogado e sob responsabilidade deste.

Art. 3.º-A. Os serviços profissionais de advogado são, por sua natureza, técnicos e singulares, quando comprovada sua notória especialização, nos termos da lei.

>> *Caput* acrescentado pela Lei n. 14.039, de 17-8-2020.

Parágrafo único. Considera-se notória especialização o profissional ou a sociedade de advogados cujo conceito no campo de sua especialidade, decorrente de desempenho anterior, estudos, experiências, publicações, organização, aparelhamento, equipe técnica ou de outros requisitos relacionados com suas atividades, permita inferir que o seu trabalho é essencial e indiscutivelmente o mais adequado à plena satisfação do objeto do contrato.

>> Parágrafo único acrescentado pela Lei n. 14.039, de 17-8-2020.

Art. 4.º São nulos os atos privativos de advogado praticados por pessoa não inscrita na OAB, sem prejuízo das sanções civis, penais e administrativas.

Parágrafo único. São também nulos os atos praticados por advogado impedido – no âmbito do impedimento – suspenso, licenciado ou que passar a exercer atividade incompatível com a advocacia.

Art. 5.º O advogado postula, em juízo ou fora dele, fazendo prova do mandato.

§ 1.º O advogado, afirmando urgência, pode atuar sem procuração, obrigando-se a apresentá-la no prazo de quinze dias, prorrogável por igual período.

§ 2.º A procuração para o foro em geral habilita o advogado a praticar todos os atos judiciais, em qualquer juízo ou instância, salvo os que exijam poderes especiais.

§ 3.º O advogado que renunciar ao mandato continuará, durante os dez dias seguintes à notificação da renúncia, a representar o mandante, salvo se for substituído antes do término desse prazo.

Capítulo II
DOS DIREITOS DO ADVOGADO

Art. 6.º Não há hierarquia nem subordinação entre advogados, magistrados e membros do Ministério Público, devendo todos tratar-se com consideração e respeito recíprocos.

Parágrafo único. As autoridades, os servidores públicos e os serventuários da justiça devem dispensar ao advogado, no exercício da profissão, tratamento compatível com a dignidade da advocacia e condições adequadas a seu desempenho.

Art. 7.º São direitos do advogado:

I – exercer, com liberdade, a profissão em todo o território nacional;

II – a inviolabilidade de seu escritório ou local de trabalho, bem como de seus instrumentos de trabalho, de sua correspondência escrita, eletrônica, telefônica e telemática, desde que relativas ao exercício da advocacia;

>> Inciso II com redação determinada pela Lei n. 11.767, de 7-8-2008.

III – comunicar-se com seus clientes, pessoal e reservadamente, mesmo sem procuração, quando estes se acharem presos, detidos ou recolhidos em estabelecimentos civis ou militares, ainda que considerados incomunicáveis;

> A Resolução n. 8, de 30-5-2006, do Conselho Nacional de Política Criminal e Penitenciária, recomenda, em obediência às garantias e princípios constitucionais, que a inviolabilidade da privacidade nas entrevistas do preso com seu advogado seja assegurada em todas as unidades prisionais.

IV – ter a presença de representante da OAB, quando preso em flagrante, por motivo ligado ao exercício da advocacia, para lavratura do auto respectivo, sob pena de nulidade e, nos demais casos, a comunicação expressa à seccional da OAB;

V – não ser recolhido preso, antes de sentença transitada em julgado, senão em sala de Estado-Maior, com instalações e comodidades condignas, assim reconhecidas pela OAB e, na sua falta, em prisão domiciliar;

>> O STF, na ADI n. 1.127-8, de 17-5-2006 (*DOU* de 26-5-2006), declarou a inconstitucionalidade da expressão "assim reconhecidas pela OAB" constante deste inciso.

VI – ingressar livremente:

a) nas salas de sessões dos tribunais, mesmo além dos cancelos que separam a parte reservada aos magistrados;

b) nas salas e dependências de audiências, secretarias, cartórios, ofícios de justiça, serviços notariais e de registro, e, no caso de delegacias e prisões, mesmo fora da hora de expediente e independentemente da presença de seus titulares;

c) em qualquer edifício ou recinto em que funcione repartição judicial ou outro serviço público onde o advogado deva praticar ato ou colher prova ou informação útil ao exercício da atividade profissional, dentro do expediente ou fora dele, e ser atendido, desde que se ache presente qualquer servidor ou empregado;

d) em qualquer Assembleia ou reunião de que participe ou possa participar o seu cliente, ou perante a qual este deva comparecer, desde que munido de poderes especiais;

VII – permanecer sentado ou em pé e retirar-se de quaisquer locais indicados no inciso anterior, independentemente de licença;

VIII – dirigir-se diretamente aos magistrados nas salas e gabinetes de trabalho, independentemente de horário previamente marcado ou outra condição, observando-se a ordem de chegada;

IX – sustentar oralmente as razões de qualquer recurso ou processo, nas sessões de julgamento, após o voto do relator, em instância judicial ou administrativa, pelo prazo de quinze minutos, salvo se prazo maior for concedido;

>> O STF, nas ADIs n. 1.105-7 e 1.127-8 (*DOU* de 26-5-2006), declarou a inconstitucionalidade deste inciso.

X – usar da palavra, pela ordem, em qualquer juízo ou tribunal, mediante intervenção sumária, para esclarecer equívoco ou dúvida surgida em relação a fatos, documentos ou afirmações que influam no julgamento, bem como para replicar acusação ou censura que lhe forem feitas;

XI – reclamar, verbalmente ou por escrito, perante qualquer juízo, tribunal ou autoridade, contra a inobservância de preceito de lei, regulamento ou regimento;

XII – falar, sentado ou em pé, em juízo, tribunal ou órgão de deliberação coletiva da Administração Pública ou do Poder Legislativo;

XIII – examinar, em qualquer órgão dos Poderes Judiciário e Legislativo, ou da Administração Pública em geral, autos de processos findos ou em andamento, mesmo sem procuração, quando não estiverem sujeitos a sigilo ou segredo de justiça, assegurada a obtenção de cópias, com possibilidade de tomar apontamentos;

>> Inciso XIII com redação determinada pela Lei n. 13.793, de 3-1-2019.

XIV – examinar, em qualquer instituição responsável por conduzir investigação, mesmo sem procuração, autos de flagrante e de investigações de qualquer natureza, findos ou em andamento, ainda que conclusos à autoridade, podendo copiar peças e tomar apontamentos, em meio físico ou digital;

>> Inciso XIV com redação determinada pela Lei n. 13.245, de 12-1-2016.

XV – ter vista dos processos judiciais ou administrativos de qualquer natureza, em cartório ou na repartição competente, ou retirá-los pelos prazos legais;

XVI – retirar autos de processos findos, mesmo sem procuração, pelo prazo de dez dias;

XVII – ser publicamente desagravado, quando ofendido no exercício da profissão ou em razão dela;

XVIII – usar os símbolos privativos da profissão de advogado;

XIX – recusar-se a depor como testemunha em processo no qual funcionou ou deva funcionar, ou sobre fato relacionado com pessoa de quem seja ou foi advogado, mesmo quando autorizado ou solicitado pelo constituinte, bem como sobre fato que constitua sigilo profissional;

XX – retirar-se do recinto onde se encontre aguardando pregão para ato judicial, após trinta minutos do horário designado e ao qual ainda não tenha comparecido a autoridade que deva presidir a ele, mediante comunicação protocolizada em juízo;

XXI – assistir a seus clientes investigados durante a apuração de infrações, sob pena de nulidade absoluta do respectivo interrogatório ou depoimento e, subsequentemente, de todos os elementos investigatórios e probatórios dele decorrentes ou derivados, direta ou indiretamente, podendo, inclusive, no curso da respectiva apuração:

>> Inciso XXI acrescentado pela Lei n. 13.245, de 12-1-2016.

a) apresentar razões e quesitos;

>> Alínea *a* acrescentada pela Lei n. 13.245, de 12-1-2016.

b) (*Vetado.*)

>> Alínea *b* acrescentada pela Lei n. 13.245, de 12-1-2016.

§ 1.º Não se aplica o disposto nos incisos XV e XVI:

1) aos processos sob regime de segredo de justiça;

2) quando existirem nos autos documentos originais de difícil restauração ou ocorrer circunstância relevante que justifique a permanência dos autos no cartório, secretaria ou repartição, reconhecida pela autoridade em despacho motivado, proferido de ofício, mediante representação ou a requerimento da parte interessada;

3) até o encerramento do processo, ao advogado que houver deixado de devolver os respectivos autos no prazo legal, e só o fizer depois de intimado.

§ 2.º O advogado tem imunidade profissional, não constituindo injúria, difamação ou desacato puníveis qualquer manifestação de sua parte, no exercício de sua atividade, em juízo ou fora dele, sem prejuízo das sanções disciplinares perante a OAB, pelos excessos que cometer.

>> O STF, na ADI n.1.127-8, de 17-5-2006 (*DOU* de 26-5-2006), declarou a inconstitucionalidade da expressão "ou desacato" constante deste parágrafo.

§ 3.º O advogado somente poderá ser preso em flagrante, por motivo de exercício da profissão, em caso de crime inafiançável, observado o disposto no inciso IV deste artigo.

§ 4.º O Poder Judiciário e o Poder Executivo devem instalar, em todos os juizados, fóruns, tribunais, delegacias de polícia e presídios, salas especiais permanentes para os advogados, com uso e controle assegurados à OAB.

>> O STF, na ADI n.1.127-8, de 17-5-2006 (*DOU* de 26-5-2006), declarou a inconstitucionalidade da expressão "e controle" constante deste parágrafo.

§ 5.º No caso de ofensa a inscrito na OAB, no exercício da profissão ou de cargo ou função de órgão da OAB, o conselho competente deve promover o desagravo público do ofendido, sem prejuízo da responsabilidade criminal em que incorrer o infrator.

>> A Lei n.11.767, de 7-8-2008, propôs nova redação para este § 5.º, mas teve seu texto vetado.

§ 6.º Presentes indícios de autoria e materialidade da prática de crime por parte de advogado, a autoridade judiciária competente poderá decretar a quebra da inviolabilidade de que trata o inciso II do *caput* deste artigo, em decisão motivada, expedindo mandado de busca e apreensão, específico e pormenorizado, a ser cumprido na presença de representante da OAB, sendo, em qualquer hipótese, vedada a utilização dos documentos, das mídias e dos objetos pertencentes a clientes do advogado averiguado, bem como dos demais instrumentos de trabalho que contenham informações sobre clientes.

>> § 6.º acrescentado pela Lei n. 11.767, de 7-8-2008.

§ 7.º A ressalva constante do § 6.º deste artigo não se estende a clientes do advogado averiguado que estejam sendo formalmente investigados como seus partícipes ou coautores pela prática do mesmo crime que deu causa à quebra da inviolabilidade.

>> § 7.º acrescentado pela Lei n. 11.767, de 7-8-2008.

§ 8.º (*Vetado.*)

>> § 8.º acrescentado pela Lei n. 11.767, de 7-8-2008.

§ 9.º (*Vetado.*)

>> § 9.º acrescentado pela Lei n. 11.767, de 7-8-2008.

§ 10. Nos autos sujeitos a sigilo, deve o advogado apresentar procuração para o exercício dos direitos de que trata o inciso XIV.

>> § 10 acrescentado pela Lei n. 13.245, de 12-1-2016.

§ 11. No caso previsto no inciso XIV, a autoridade competente poderá delimitar o acesso do advogado aos elementos de prova relacionados a diligências em andamento e ainda não documentados nos autos, quando houver risco de comprometimento da eficiência, da eficácia ou da finalidade das diligências.

>> § 11 acrescentado pela Lei n. 13.245, de 12-1-2016.

§ 12. A inobservância aos direitos estabelecidos no inciso XIV, o fornecimento incompleto de autos ou o fornecimento de autos em que houve a retirada de peças já incluídas no caderno investigativo implicará responsabilização criminal e funcional por abuso de autoridade do responsável que impedir o acesso do advogado com o intuito de prejudicar o exercício da defesa, sem prejuízo do direito subjetivo do advogado de requerer acesso aos autos ao juiz competente.

>> § 12 acrescentado pela Lei n. 13.245, de 12-1-2016.

§ 13. O disposto nos incisos XIII e XIV do *caput* deste artigo aplica-se integralmente a processos e a procedimentos eletrônicos, ressalvado o disposto nos §§ 10 e 11 deste artigo.

>> § 13 acrescentado pela Lei n. 13.793, de 3-1-2019.

Art. 7.º-A. São direitos da advogada:

>> *Caput* acrescentado pela Lei n. 13.363, de 25-11-2016.

I – gestante:

>> Inciso I, *caput*, acrescentado pela Lei n. 13.363, de 25-11-2016.

a) entrada em tribunais sem ser submetida a detectores de metais e aparelhos de raios X;

>> Alínea *a* acrescentada pela Lei n. 13.363, de 25-11-2016.

b) reserva de vaga em garagens dos fóruns dos tribunais;

>> Alínea *b* acrescentada pela Lei n. 13.363, de 25-11-2016.

II – lactante, adotante ou que der à luz, acesso a creche, onde houver, ou a local adequado ao atendimento das necessidades do bebê;

>> Inciso II acrescentado pela Lei n. 13.363, de 25-11-2016.

III – gestante, lactante, adotante ou que der à luz, preferência na ordem das sustentações orais e das audiências a serem realizadas a cada dia, mediante comprovação de sua condição;

>> Inciso III acrescentado pela Lei n. 13.363, de 25-11-2016.

IV – adotante ou que der à luz, suspensão de prazos processuais quando for a única patrona da causa, desde que haja notificação por escrito ao cliente.

>> Inciso IV acrescentado pela Lei n. 13.363, de 25-11-2016.

§ 1.º Os direitos previstos à advogada gestante ou lactante aplicam-se enquanto perdurar, respectivamente, o estado gravídico ou o período de amamentação.

>> § 1.º acrescentado pela Lei n. 13.363, de 25-11-2016.

§ 2.º Os direitos assegurados nos incisos II e III deste artigo à advogada adotante ou que der à luz serão concedidos pelo prazo previsto no art. 392 do Decreto-lei n. 5.452, de 1.º de maio de 1943 (Consolidação das Leis do Trabalho).

>> § 2.º acrescentado pela Lei n. 13.363, de 25-11-2016.

>> Dispõe o art. 392, *caput*, da CLT: "A empregada gestante tem direito à licença-mater-

nidade de 120 (cento e vinte) dias, sem prejuízo do emprego e do salário".

§ 3.º O direito assegurado no inciso IV deste artigo à advogada adotante ou que der à luz será concedido pelo prazo previsto no § 6.º do art. 313 da Lei n. 13.105, de 16 de março de 2015 (Código de Processo Civil).

>> § 3.º acrescentado pela Lei n. 13.363, de 25-11-2016.

Art. 7.º-B. Constitui crime violar direito ou prerrogativa de advogado previstos nos incisos II, III, IV e V do *caput* do art. 7.º desta Lei:

>> *Caput* acrescentado pela Lei n. 13.869, de 5-9-2019, originalmente vetado, todavia promulgado em 27-9-2019.

>> O Provimento n. 201, de 27-10-2020, da OAB, dispõe sobre a participação da OAB no cumprimento do disposto neste art. 7.º-B.

Pena - detenção, de 3 (três) meses a 1 (um) ano, e multa.

>> Pena acrescentada pela Lei n. 13.869, de 5-9-2019, originalmente vetada, todavia promulgada em 27-9-2019.

CAPÍTULO III
DA INSCRIÇÃO

Art. 8.º Para inscrição como advogado é necessário:

I – capacidade civil;

II – diploma ou certidão de graduação em direito, obtido em instituição de ensino oficialmente autorizada e credenciada;

III – título de eleitor e quitação do serviço militar, se brasileiro;

IV – aprovação em Exame de Ordem;

V – não exercer atividade incompatível com a advocacia;

VI – idoneidade moral;

VII – prestar compromisso perante o Conselho.

§ 1.º O Exame da Ordem é regulamentado em provimento do Conselho Federal da OAB.

§ 2.º O estrangeiro ou brasileiro, quando não graduado em direito no Brasil, deve fazer prova do título de graduação, obtido em instituição estrangeira, devidamente revalidado, além de atender aos demais requisitos previstos neste artigo.

§ 3.º A inidoneidade moral, suscitada por qualquer pessoa, deve ser declarada mediante decisão que obtenha no mínimo dois terços dos votos de todos os membros do conselho competente, em procedimento que observe os termos do processo disciplinar.

§ 4.º Não atende ao requisito de idoneidade moral aquele que tiver sido condenado por crime infamante, salvo reabilitação judicial.

Art. 9.º Para inscrição como estagiário é necessário:

I – preencher os requisitos mencionados nos incisos I, III, V, VI e VII do art. 8.º;

II – ter sido admitido em estágio profissional de advocacia.

§ 1.º O estágio profissional de advocacia, com duração de dois anos, realizado nos últimos anos do curso jurídico, pode ser mantido pelas respectivas instituições de ensino superior, pelos Conselhos da OAB, ou por setores, órgãos jurídicos e escritórios de advocacia credenciados pela OAB, sendo obrigatório o estudo deste Estatuto e do Código de Ética e Disciplina.

§ 2.º A inscrição do estagiário é feita no Conselho Seccional em cujo território se localize seu curso jurídico.

§ 3.º O aluno de curso jurídico que exerça atividade incompatível com a advocacia pode frequentar o estágio ministrado pela respectiva instituição de ensino superior, para fins de aprendizagem, vedada a inscrição na OAB.

§ 4.º O estágio profissional poderá ser cumprido por bacharel em Direito que queira se inscrever na Ordem.

Art. 10. A inscrição principal do advogado deve ser feita no Conselho Seccional em cujo território pretende estabelecer o seu domicílio profissional, na forma do regulamento geral.

§ 1.º Considera-se domicílio profissional a sede principal da atividade de advocacia, prevalecendo, na dúvida, o domicílio da pessoa física do advogado.

§ 2.º Além da principal, o advogado deve promover a inscrição suplementar nos Conselhos Seccionais em cujos territórios passar a exercer habitualmente a profissão, considerando-se habitualidade a intervenção judicial que exceder de cinco causas por ano.

§ 3.º No caso de mudança efetiva de domicílio profissional para outra unidade federativa, deve o advogado requerer a transferência de sua inscrição para o Conselho Seccional correspondente.

§ 4.º O Conselho Seccional deve suspender o pedido de transferência ou de inscrição suplementar, ao verificar a existência de vício ou ilegalidade na inscrição principal, contra ela representando ao Conselho Federal.

Art. 11. Cancela-se a inscrição do profissional que:

I – assim o requerer;

II – sofrer penalidade de exclusão;

III – falecer;

IV – passar a exercer, em caráter definitivo, atividade incompatível com a advocacia;

V – perder qualquer um dos requisitos necessários para inscrição.

§ 1.º Ocorrendo uma das hipóteses dos incisos II, III e IV, o cancelamento deve ser promovido, de ofício, pelo Conselho competente ou em virtude de comunicação por qualquer pessoa.

§ 2.º Na hipótese de novo pedido de inscrição – que não restaura o número de inscrição anterior – deve o interessado fazer prova dos requisitos dos incisos I, V, VI e VII do art. 8.º.

§ 3.º Na hipótese do inciso II deste artigo, o novo pedido de inscrição também deve ser acompanhado de provas de reabilitação.

Art. 12. Licencia-se o profissional que:

I – assim o requerer, por motivo justificado;

II – passar a exercer, em caráter temporário, atividade incompatível com o exercício da advocacia;

III – sofrer doença mental considerada curável.

Art. 13. O documento de identidade profissional, na forma prevista no Regulamento Geral, é de uso obrigatório no exercício da atividade de advogado ou de estagiário e constitui prova de identidade civil para todos os fins legais.

Art. 14. É obrigatória a indicação do nome e do número de inscrição em todos os documentos assinados pelo advogado, no exercício de sua atividade.

Parágrafo único. É vedado anunciar ou divulgar qualquer atividade relacionada com o exercício da advocacia ou o uso da expressão "escritório de advocacia", sem indicação expressa do nome e do número de inscrição dos advogados que o integrem ou o número de registro da sociedade de advogados na OAB.

CAPÍTULO IV
DA SOCIEDADE DE ADVOGADOS

> O Provimento OAB n. 170, de 24-2-2016, dispõe sobre as sociedades unipessoais de advocacia.

Art. 15. Os advogados podem reunir-se em sociedade simples de prestação de serviços de advocacia ou constituir sociedade unipessoal de advocacia, na forma disciplinada nesta Lei e no regulamento geral.

>> *Caput* com redação determinada pela Lei n. 13.247, de 12-1-2016.

§ 1.º A sociedade de advogados e a sociedade unipessoal de advocacia adquirem personalidade jurídica com o registro aprovado dos seus atos constitutivos no Conselho Seccional da OAB em cuja base territorial tiver sede.

>> § 1.º com redação determinada pela Lei n. 13.247, de 12-1-2016.

§ 2.º Aplica-se à sociedade de advogados e à sociedade unipessoal de advocacia o Código de Ética e Disciplina, no que couber.

>> § 2.º com redação determinada pela Lei n. 13.247, de 12-1-2016.

§ 3.º As procurações devem ser outorgadas individualmente aos advogados e indicar a sociedade de que façam parte.

§ 4.º Nenhum advogado pode integrar mais de uma sociedade de advogados, constituir mais de uma sociedade unipessoal de advocacia, ou integrar, simultaneamente, uma sociedade de advogados e uma sociedade unipessoal de advocacia, com sede ou filial na mesma área territorial do respectivo Conselho Seccional.

>> § 4.º com redação determinada pela Lei n. 13.247, de 12-1-2016.

§ 5.º O ato de constituição de filial deve ser averbado no registro da sociedade e arquivado no Conselho Seccional onde se instalar, ficando os sócios, inclusive o titular da sociedade unipessoal de advocacia, obrigados à inscrição suplementar.

>> § 5.º com redação determinada pela Lei n. 13.247, de 12-1-2016.

§ 6.º Os advogados sócios de uma mesma sociedade profissional não podem representar em juízo clientes de interesses opostos.

§ 7.º A sociedade unipessoal de advocacia pode resultar da concentração por um advogado das quotas de uma sociedade de advogados, independentemente das razões que motivaram tal concentração.

>> § 7.º acrescentado pela Lei n. 13.247, de 12-1-2016.

Art. 16. Não são admitidas a registro nem podem funcionar todas as espécies de sociedades de advogados que apresentem forma ou características de sociedade empresária, que adotem denominação de fantasia, que realizem atividades estranhas à advocacia, que incluam como sócio ou titular de sociedade unipessoal de advocacia pessoa não inscrita como advogado ou totalmente proibida de advogar.

>> *Caput* com redação determinada pela Lei n. 13.247, de 12-1-2016.

§ 1.º A razão social deve ter, obrigatoriamente, o nome de, pelo menos, um advogado responsável pela sociedade, podendo permanecer o de sócio falecido, desde que prevista tal possibilidade no ato constitutivo.

§ 2.º O licenciamento do sócio para exercer atividade incompatível com a advocacia em caráter temporário deve ser averbado no registro da sociedade, não alterando sua constituição.

§ 3.º É proibido o registro, nos cartórios de registro civil de pessoas jurídicas e nas juntas comerciais, de sociedade que inclua, entre outras finalidades, a atividade de advocacia.

§ 4.º A denominação da sociedade unipessoal de advocacia deve ser obrigatoriamente formada pelo nome do seu titular, completo ou parcial, com a expressão "Sociedade Individual de Advocacia".

>> § 4.º acrescentado pela Lei n. 13.247, de 12-1-2016.

Art. 17. Além da sociedade, o sócio e o titular da sociedade individual de advocacia respondem subsidiária e ilimitadamente pelos danos causados aos clientes por ação ou omissão no exercício da advocacia, sem prejuízo da responsabilidade disciplinar em que possam incorrer.

>> Artigo com redação determinada pela Lei n. 13.247, de 12-1-2016.

Capítulo V
DO ADVOGADO EMPREGADO

> Dispõe o art. 4.º da Lei n. 9.527, de 10-12-1997:

"Art. 4.º As disposições constantes no Capítulo V, Título I, da Lei n. 8.906, de 4-7-1994, não se aplicam a Administração Pública direta da União, dos Estados, do Distrito Federal e dos Municípios, bem como às autarquias, às fundamentações instituídas pelo Poder Público, às empresas e às sociedades de economia mista".

Art. 18. A relação de emprego, na qualidade de advogado, não retira a isenção técnica nem reduz a independência profissional inerentes à advocacia.

Parágrafo único. O advogado empregado não está obrigado à prestação de serviços profissionais de interesse pessoal dos empregadores, fora da relação de emprego.

Art. 19. O salário mínimo profissional do advogado será fixado em sentença normativa, salvo se ajustado em acordo ou convenção coletiva de trabalho.

Art. 20. A jornada de trabalho do advogado empregado, no exercício da profissão, não poderá exceder a duração diária de quatro horas contínuas e a de vinte horas semanais, salvo acordo ou convenção coletiva ou em caso de dedicação exclusiva.

§ 1.º Para efeitos deste artigo, considera-se como período de trabalho o tempo em que o advogado estiver à disposição do empregador, aguardando ou executando ordens, no seu escritório ou em atividades externas, sendo-lhe reembolsadas as despesas feitas com transporte, hospedagem e alimentação.

§ 2.º As horas trabalhadas que excederem a jornada normal são remuneradas por um adicional não inferior a cem por cento sobre o valor da hora normal, mesmo havendo contrato escrito.

§ 3.º As horas trabalhadas no período das vinte horas de um dia até as cinco horas do dia seguinte são remuneradas como noturnas, acrescidas do adicional de vinte e cinco por cento.

Art. 21. Nas causas em que for parte o empregador, ou pessoa por este representada, os honorários de sucumbência são devidos aos advogados empregados.

>> O STF, em 20-5-2009, julgou parcialmente procedente a ADI n.1.194-4 (*DOU* de 28-9-2009), para dar ao *caput* e parágrafo único deste artigo, interpretação conforme a CF.

Parágrafo único. Os honorários de sucumbência, percebidos por advogado empregado de sociedade de advogados são partilhados entre ele e a empregadora, na forma estabelecida em acordo.

Capítulo VI
DOS HONORÁRIOS ADVOCATÍCIOS

Art. 22. A prestação de serviço profissional assegura aos inscritos na OAB o direito aos honorários convencionados, aos fixados por arbitramento judicial e aos de sucumbência.

§ 1.º O advogado, quando indicado para patrocinar causa de juridicamente necessitado, no caso de impossibilidade da Defensoria Pública no local da prestação de serviço, tem direito aos honorários fixados pelo juiz, segundo tabela organizada pelo Conselho Seccional da OAB, e pagos pelo Estado.

§ 2.º Na falta de estipulação ou de acordo, os honorários são fixados por arbitramento judicial, em remuneração compatível com o trabalho e o valor econômico da questão, não podendo ser inferiores aos estabelecidos na tabela organizada pelo Conselho Seccional da OAB.

§ 3.º Salvo estipulação em contrário, 1/3 (um terço) dos honorários é devido no início do serviço, outro terço até a decisão de primeira instância e o restante no final.

§ 4.º Se o advogado fizer juntar aos autos o seu contrato de honorários antes de expedir-se o mandado de levantamento ou precatório, o juiz deve determinar que lhe sejam pagos diretamente, por dedução da quantia a ser recebida pelo constituinte, salvo se este provar que já os pagou.

§ 5.º O disposto neste artigo não se aplica quando se tratar de mandato outorgado por advogado para defesa em processo oriundo de ato ou omissão praticada no exercício da profissão.

§ 6.º O disposto neste artigo aplica-se aos honorários assistenciais, compreendidos como os fixados em ações coletivas propostas por entidades de classe em substituição processual, sem prejuízo aos honorários convencionais.

>> § 6.º acrescentado pela Lei n. 13.725, de 4-10-2018.

§ 7.º Os honorários convencionados com entidades de classe para atuação em substituição processual poderão prever a faculdade de indicar os beneficiários que, ao optarem por adquirir os direitos, assumirão as obrigações decorrentes do contrato originário a partir do momento em que este foi celebrado, sem a necessidade de mais formalidades.

>> § 7.º acrescentado pela Lei n. 13.725, de 4-10-2018.

Art. 23. Os honorários incluídos na condenação, por arbitramento ou sucumbência, pertencem ao advogado, tendo este direito autônomo para executar a sentença nesta parte, podendo requerer que o precatório, quando necessário, seja expedido em seu favor.

>> O STF, na ADI n. 6.053, por maioria, "declarou a constitucionalidade da percepção de honorários de sucumbência pelos advogados públicos e julgou parcialmente procedente o pedido formulado na ação direta para, conferindo interpretação conforme à Constituição a este art. 23, estabelecer que a somatória dos subsídios e honorários de sucumbência percebidos mensalmente pelos advogados públicos não poderá exceder ao teto dos Ministros do Supremo Tribunal Federal, conforme o que dispõe o art. 37, XI, da Constituição Federal", na sessão virtual de 12-6-2020 a 19-6-2020 (*DOU* de 1.º-7-2020).

> *Vide* Súmula 306 do STJ.

Art. 24. A decisão judicial que fixar ou arbitrar honorários e o contrato escrito que os estipular são títulos executivos e constituem crédito privilegiado na falência, concordata, concurso de credores, insolvência civil e liquidação extrajudicial.

§ 1.º A execução dos honorários pode ser promovida nos mesmos autos da ação em que tenha atuado o advogado, se assim lhe convier.

§ 2.º Na hipótese de falecimento ou incapacidade civil do advogado, os honorários de sucumbência, proporcionais ao trabalho realizado, são recebidos por seus sucessores ou representantes legais.

§ 3.º É nula qualquer disposição, cláusula, regulamento ou convenção individual ou coletiva que retire do advogado o direito ao recebimento dos honorários de sucumbência.

>> O STF, em 20-5-2009, na ADI n.1.194-4, de 20-5-2009 (*DOU* de 28-9-2009), declarou a inconstitucionalidade deste parágrafo.

§ 4.º O acordo feito pelo cliente do advogado e a parte contrária, salvo aquiescência do profissional, não lhe prejudica os honorários, quer os convencionados, quer os concedidos por sentença.

Art. 25. Prescreve em 5 (cinco) anos a ação de cobrança de honorários de advogado, contado o prazo:

I – do vencimento do contrato, se houver;

II – do trânsito em julgado da decisão que os fixar;

III – da ultimação do serviço extrajudicial;

IV – da desistência ou transação;

V – da renúncia ou revogação do mandato.

Art. 25-A. Prescreve em cinco anos a ação de prestação de contas pelas quantias recebidas pelo advogado de seu cliente, ou de terceiros por conta dele (art. 34, XXI).

>> Artigo com redação determinada pela Lei n.11.902, de 12-1-2009.

Art. 26. O advogado substabelecido, com reserva de poderes, não pode cobrar honorários sem a intervenção daquele que lhe conferiu o substabelecimento.

Capítulo VII
DAS INCOMPATIBILIDADES E IMPEDIMENTOS

Art. 27. A incompatibilidade determina a proibição total, e o impedimento, a proibição parcial do exercício da advocacia.

Art. 28. A advocacia é incompatível, mesmo em causa própria, com as seguintes atividades:

I – chefe do Poder Executivo e membros da Mesa do Poder Legislativo e seus substitutos legais;

II – membros de órgãos do Poder Judiciário, do Ministério Público, dos tribunais e conselhos de contas, dos juizados especiais, da justiça de paz, juízes classistas, bem como de todos os que exerçam função de julgamento em órgãos de deliberação coletiva da administração pública direta ou indireta;

>> O STF, na ADI n.1.127-8, de 17-5-2006 (*DOU* de 26-5-2006), determina que sejam excluídos da abrangência deste inciso os juízes eleitorais e seus suplentes.

III – ocupantes de cargos ou funções de direção em órgãos da Administração Pública direta ou indireta, em suas fundações e em suas empresas controladas ou concessionárias de serviço público;

IV – ocupantes de cargos ou funções vinculados direta ou indiretamente a qualquer órgão do Poder Judiciário e os que exercem serviços notariais e de registro;

V – ocupantes de cargos ou funções vinculados direta ou indiretamente a atividade policial de qualquer natureza;

VI – militares de qualquer natureza, na ativa;

VII – ocupantes de cargos ou funções que tenham competência de lançamento, arrecadação ou fiscalização de tributos e contribuições parafiscais;

VIII – ocupantes de funções de direção e gerência em instituições financeiras, inclusive privadas.

§ 1.º A incompatibilidade permanece mesmo que o ocupante do cargo ou função deixe de exercê-lo temporariamente.

§ 2.º Não se incluem nas hipóteses do inciso III os que não detenham poder de decisão relevante sobre interesses de terceiro, a juízo do Conselho competente da OAB, bem como a administração acadêmica diretamente relacionada ao magistério jurídico.

Art. 29. Os Procuradores-Gerais, Advogados Gerais, Defensores Gerais e dirigentes de órgãos jurídicos da Administração Pública direta, indireta e fundacional são exclusivamente legitimados para o exercício da advocacia vinculada à função que exerçam, durante o período da investidura.

Art. 30. São impedidos de exercer a advocacia:

> A Resolução n. 27, de 10-3-2008, do CNMP, disciplina a vedação do exercício da advocacia por parte dos servidores do Ministério Público dos Estados e da União.

I – os servidores da administração direta, indireta e fundacional, contra a Fazenda Pública que os remunere ou à qual seja vinculada a entidade empregadora;

II – os membros do Poder Legislativo, em seus diferentes níveis, contra ou a favor das pessoas jurídicas de direito público, empresas públicas, sociedades de economia mista, fundações públicas, entidades paraestatais ou empresas concessionárias ou permissionárias de serviço público.

Parágrafo único. Não se incluem nas hipóteses do inciso I os docentes dos cursos jurídicos.

Capítulo VIII
DA ÉTICA DO ADVOGADO

Art. 31. O advogado deve proceder de forma que o torne merecedor de respeito e que contribua para o prestígio da classe e da advocacia.

§ 1.º O advogado, no exercício da profissão, deve manter independência em qualquer circunstância.

§ 2.º Nenhum receio de desagradar a magistrado ou a qualquer autoridade, nem de incorrer em impopularidade, deve deter o advogado no exercício da profissão.

Art. 32. O advogado é responsável pelos atos que, no exercício profissional, praticar com dolo ou culpa.

Parágrafo único. Em caso de lide temerária, o advogado será solidariamente responsável com seu cliente, desde que coligado com este para lesar a parte contrária, o que será apurado em ação própria.

Art. 33. O advogado obriga-se a cumprir rigorosamente os deveres consignados no Código de Ética e Disciplina.

Parágrafo único. O Código de Ética e Disciplina regula os deveres do advogado para com a comunidade, o cliente, o outro profissional e, ainda, a publicidade, a recusa do patrocínio, o dever de assistência jurídica, o dever geral de urbanidade e os respectivos procedimentos disciplinares.

Capítulo IX
DAS INFRAÇÕES E SANÇÕES DISCIPLINARES

Art. 34. Constitui infração disciplinar:

I – exercer a profissão, quando impedido de fazê-lo, ou facilitar, por qualquer meio, o seu exercício aos não inscritos, proibidos ou impedidos;

II – manter sociedade profissional fora das normas e preceitos estabelecidos nesta lei;

III – valer-se de agenciador de causas, mediante participação nos honorários a receber;

IV – angariar ou captar causas, com ou sem a intervenção de terceiros;

V – assinar qualquer escrito destinado a processo judicial ou para fim extrajudicial que não tenha feito, ou em que não tenha colaborado;

VI – advogar contra literal disposição de lei, presumindo-se a boa-fé quando fundamentado na inconstitucionalidade, na injustiça da lei ou em pronunciamento judicial anterior;

VII – violar, sem justa causa, sigilo profissional;

VIII – estabelecer entendimento com a parte adversa sem autorização do cliente ou ciência do advogado contrário;

IX – prejudicar, por culpa grave, interesse confiado ao seu patrocínio;

X – acarretar, conscientemente, por ato próprio, a anulação ou a nulidade do processo em que funcione;

XI – abandonar a causa sem justo motivo ou antes de decorridos 10 (dez) dias da comunicação da renúncia;

XII – recusar-se a prestar, sem justo motivo, assistência jurídica, quando nomeado em virtude de impossibilidade da Defensoria Pública;

XIII – fazer publicar na imprensa, desnecessária e habitualmente, alegações forenses ou relativas a causas pendentes;

XIV – deturpar o teor de dispositivo de lei, de citação doutrinária ou de julgado, bem como de depoimentos, documentos e alegações da parte contrária, para confundir o adversário ou iludir o juiz da causa;

XV – fazer, em nome do constituinte, sem autorização escrita deste, imputação a terceiro de fato definido como crime;

XVI – deixar de cumprir, no prazo estabelecido, determinação emanada do órgão ou autoridade da Ordem, em matéria da competência desta, depois de regularmente notificado;

XVII – prestar concurso a clientes ou a terceiros para realização de ato contrário à lei ou destinado a fraudá-la;

XVIII – solicitar ou receber de constituinte qualquer importância para aplicação ilícita ou desonesta;

XIX – receber valores, da parte contrária ou de terceiro, relacionados com o objeto do mandato, sem expressa autorização do constituinte;

XX – locupletar-se, por qualquer forma, à custa do cliente ou da parte adversa, por si ou interposta pessoa;

XXI – recusar-se, injustificadamente, a prestar contas ao cliente de quantias recebidas dele ou de terceiros por conta dele;

XXII – reter, abusivamente, ou extraviar autos recebidos com vista ou em confiança;

XXIII – deixar de pagar as contribuições, multas e preços de serviços devidos à OAB, depois de regularmente notificado a fazê-lo;

XXIV – incidir em erros reiterados que evidenciem inépcia profissional;

XXV – manter conduta incompatível com a advocacia;

XXVI – fazer falsa prova de qualquer dos requisitos para inscrição na OAB;

XXVII – tornar-se moralmente inidôneo para o exercício da advocacia;

XXVIII – praticar crime infamante;

XXIX – praticar, o estagiário, ato excedente de sua habilitação.

Parágrafo único. Inclui-se na conduta incompatível:

a) prática reiterada de jogo de azar, não autorizado por lei;

b) incontinência pública e escandalosa;

c) embriaguez ou toxicomania habituais.

Art. 35. As sanções disciplinares consistem em:

I – censura;

II – suspensão;

III – exclusão;

IV – multa.

Parágrafo único. As sanções devem constar dos assentamentos do inscrito, após o trânsito em julgado da decisão, não podendo ser objeto de publicidade a de censura.

Art. 36. A censura é aplicável nos casos de:

I – infrações definidas nos incisos I a XVI e XXIX do art. 34;

II – violação a preceito do Código de Ética e Disciplina;

III – violação a preceito desta lei, quando para a infração não se tenha estabelecido sanção mais grave.

Parágrafo único. A censura pode ser convertida em advertência, em ofício reservado, sem registro nos assentamentos do inscrito, quando presente circunstância atenuante.

Art. 37. A suspensão é aplicável nos casos de:

I – infrações definidas nos incisos XVII a XXV do art. 34;

II – reincidência em infração disciplinar.

§ 1.º A suspensão acarreta ao infrator a interdição do exercício profissional, em todo o território nacional, pelo prazo de trinta dias a doze meses, de acordo com os critérios de individualização previstos neste capítulo.

§ 2.º Nas hipóteses dos incisos XXI e XXIII do art. 34, a suspensão perdura até que satisfaça integralmente a dívida, inclusive com correção monetária.

> **A Súmula 3, do Conselho Federal da OAB, dispõe sobre a obrigatoriedade do pagamento de anuidades pelo advogado suspenso temporariamente de suas atividades profissionais.**

§ 3.º Na hipótese do inciso XXIV do art. 34, a suspensão perdura até que preste novas provas de habilitação.

Art. 38. A exclusão é aplicável nos casos de:

I – aplicação, por três vezes, de suspensão;

II – infrações definidas nos incisos XXVI a XXVIII do art. 34.

Parágrafo único. Para a aplicação da sanção disciplinar de exclusão, é necessária a manifestação favorável de dois terços dos membros do Conselho Seccional competente.

Art. 39. A multa, variável entre o mínimo correspondente ao valor de uma anuidade e o máximo de seu décuplo, é aplicável cumulativamente com a censura ou suspensão, em havendo circunstâncias agravantes.

Art. 40. Na aplicação das sanções disciplinares, são consideradas, para fins de atenuação, as seguintes circunstâncias, entre outras:

I – falta cometida na defesa de prerrogativa profissional;

II – ausência de punição disciplinar anterior;

III – exercício assíduo e proficiente de mandato ou cargo em qualquer órgão da OAB;

IV – prestação de relevantes serviços à advocacia ou à causa pública.

Parágrafo único. Os antecedentes profissionais do inscrito, as atenuantes, o grau de culpa por ele revelada, as circunstâncias e as consequências da infração são considerados para o fim de decidir:

a) sobre a conveniência da aplicação cumulativa da multa e de outra sanção disciplinar;

b) sobre o tempo de suspensão e o valor da multa aplicáveis.

Art. 41. É permitido ao que tenha sofrido qualquer sanção disciplinar requerer, um ano após seu cumprimento, a reabilitação, em face de provas efetivas de bom comportamento.

Parágrafo único. Quando a sanção disciplinar resultar da prática de crime, o pedido de reabilitação depende também da correspondente reabilitação criminal.

Art. 42. Fica impedido de exercer o mandato o profissional a quem forem aplicadas as sanções disciplinares de suspensão ou exclusão.

Art. 43. A pretensão à punibilidade das infrações disciplinares prescreve em cinco anos, contados da data da constatação oficial do fato.

§ 1.º Aplica-se a prescrição a todo processo disciplinar paralisado por mais de três anos, pendente de despacho ou julgamento, devendo ser arquivado de ofício, ou a requerimento da parte interessada, sem prejuízo de serem apuradas as responsabilidades pela paralisação.

§ 2.º A prescrição interrompe-se:

I – pela instauração de processo disciplinar ou pela notificação válida feita diretamente ao representado;

II – pela decisão condenatória recorrível de qualquer órgão julgador da OAB.

TÍTULO II
DA ORDEM DOS ADVOGADOS DO BRASIL

CAPÍTULO I
DOS FINS E DA ORGANIZAÇÃO

Art. 44. A Ordem dos Advogados do Brasil (OAB), serviço público, dotada de personalidade jurídica e forma federativa, tem por finalidade:

I – defender a Constituição, a ordem jurídica do Estado democrático de direito, os direitos humanos, a justiça social, e pugnar pela boa aplicação das leis, pela rápida administração da justiça e pelo aperfeiçoamento da cultura e das instituições jurídicas;

II – promover, com exclusividade, a representação, a defesa, a seleção e a disciplina dos advogados em toda a República Federativa do Brasil.

§ 1.º A OAB não mantém com órgãos da Administração Pública qualquer vínculo funcional ou hierárquico.

§ 2.º O uso da sigla OAB é privativo da Ordem dos Advogados do Brasil.

Art. 45. São órgãos da OAB:

I – o Conselho Federal;

II – os Conselhos Seccionais;

III – as Subseções;

IV – as Caixas de Assistência dos Advogados.

§ 1.º O Conselho Federal, dotado de personalidade jurídica própria, com sede na capital da República, é o órgão supremo da OAB.

§ 2.º Os Conselhos Seccionais, dotados de personalidade jurídica própria, têm jurisdição sobre os respectivos territórios dos Estados-membros, do Distrito Federal e dos Territórios.

§ 3.º As Subseções são partes autônomas do Conselho Seccional, na forma desta lei e de seu ato constitutivo.

§ 4.º As Caixas de Assistência dos Advogados, dotadas de personalidade jurídica própria, são criadas pelos Conselhos Seccionais, quando estes contarem com mais de mil e quinhentos inscritos.

§ 5.º A OAB, por constituir serviço público, goza de imunidade tributária total em relação a seus bens, rendas e serviços.

§ 6.º Os atos, as notificações e as decisões dos órgãos da OAB, salvo quando reservados ou de administração interna, serão publicados no Diário Eletrônico da Ordem dos Advogados do Brasil, a ser disponibilizado na internet, podendo ser afixados no fórum local, na íntegra ou em resumo.

>> § 6.º com redação determinada pela Lei n. 13.688, de 3-7-2018.

>> O Provimento n. 182, de 2-10-2018, do Conselho Federal da OAB, regulamenta o Diário Eletrônico da Ordem dos Advogados do Brasil – DEOAB.

Art. 46. Compete à OAB fixar e cobrar, de seus inscritos, contribuições, preços de serviços e multas.

Parágrafo único. Constitui título executivo extrajudicial a certidão passada pela diretoria do Conselho competente, relativa a crédito previsto neste artigo.

Art. 47. O pagamento da contribuição anual à OAB isenta os inscritos nos seus quadros do pagamento obrigatório da contribuição sindical.

Art. 48. O cargo de conselheiro ou de membro de diretoria de órgão da OAB é de exercício gratuito e obrigatório, considerado serviço público relevante, inclusive para fins de disponibilidade e aposentadoria.

Art. 49. Os Presidentes dos Conselhos e das Subseções da OAB têm legitimidade para agir, judicial e extrajudicialmente, contra qualquer pessoa que infringir as disposições ou os fins desta lei.

Parágrafo único. As autoridades mencionadas no *caput* deste artigo têm, ainda, legitimidade para intervir, inclusive como assistentes, nos inquéritos e processos em que sejam indiciados, acusados ou ofendidos os inscritos na OAB.

Art. 50. Para os fins desta Lei, os Presidentes dos Conselhos da OAB e das Subseções podem requisitar cópias de peças de autos e documentos a qualquer tribunal, magistrado, cartório e órgão da Administração Pública direta, indireta e fundacional.

>> O STF, na ADI n. 1.127-8, de 17-5-2006 (*DOU* de 26-5-2006), dá interpretação a este artigo, sem redução de texto, nos seguintes termos: "de modo a fazer compreender a palavra 'requisitar' como dependente de motivação, compatibilização com as finalidades da lei e atendimento de custas desta requisição. Ficam ressalvados, desde já, os documentos cobertos por sigilo".

Capítulo II
DO CONSELHO FEDERAL

Art. 51. O Conselho Federal compõe-se:

I – dos conselheiros federais, integrantes das delegações de cada unidade federativa;

II – dos seus ex-presidentes, na qualidade de membros honorários vitalícios.

§ 1.º Cada delegação é formada por três conselheiros federais.

§ 2.º Os ex-presidentes têm direito apenas a voz nas sessões.

Art. 52. Os presidentes dos Conselhos Seccionais, nas sessões do Conselho Federal, têm lugar reservado junto à delegação respectiva e direito somente a voz.

Art. 53. O Conselho Federal tem sua estrutura e funcionamento definidos no Regulamento Geral da OAB.

§ 1.º O Presidente, nas deliberações do Conselho, tem apenas o voto de qualidade.

§ 2.º O voto é tomado por delegação, e não pode ser exercido nas matérias de interesse da unidade que represente.

§ 3.º Na eleição para a escolha da Diretoria do Conselho Federal, cada membro da delegação terá direito a 1 (um) voto, vedado aos membros honorários vitalícios.

>> § 3.º acrescentado pela Lei n. 11.179, de 22-9-2005.

Art. 54. Compete ao Conselho Federal:

I – dar cumprimento efetivo às finalidades da OAB;

II – representar, em juízo ou fora dele, os interesses coletivos ou individuais dos advogados;

III – velar pela dignidade, independência, prerrogativas e valorização da advocacia;

IV – representar, com exclusividade, os advogados brasileiros nos órgãos e eventos internacionais da advocacia;

V – editar e alterar o Regulamento Geral, o Código de Ética e Disciplina, e os Provimentos que julgar necessários;

VI – adotar medidas para assegurar o regular funcionamento dos Conselhos Seccionais;

VII – intervir nos Conselhos Seccionais, onde e quando constatar grave violação desta lei ou do Regulamento Geral;

VIII – cassar ou modificar, de ofício ou mediante representação, qualquer ato, de órgão ou autoridade da OAB, contrário a esta lei, ao Regulamento Geral, ao Código de Ética e Disciplina, e aos Provimentos, ouvida a autoridade ou o órgão em causa;

IX – julgar, em grau de recurso, as questões decididas pelos Conselhos Seccionais, nos casos previstos neste Estatuto e no Regulamento Geral;

X – dispor sobre a identificação dos inscritos na OAB e sobre os respectivos símbolos privativos;

XI – apreciar o relatório anual e deliberar sobre o balanço e as contas de sua diretoria;

XII – homologar ou mandar suprir relatório anual, o balanço e as contas dos Conselhos Seccionais;

XIII – elaborar as listas constitucionalmente previstas, para o preenchimento dos cargos nos tribunais judiciários de âmbito nacional ou interestadual, com advogados que estejam em pleno exercício da profissão, vedada a inclusão de nome de membro do próprio Conselho ou de outro órgão da OAB;

XIV – ajuizar ação direta de inconstitucionalidade de normas legais e atos normativos, ação civil pública, mandado de segurança coletivo, mandado de injunção e demais ações cuja legitimação lhe seja outorgada por lei;

>> *Vide* Lei n. 12.016, de 7-8-2009, que disciplina o mandado de segurança individual e coletivo.

>> *Vide* Lei n. 13.300, de 23-6-2016, que disciplina o processo e o julgamento dos mandados de injunção individual e coletivo.

XV – colaborar com o aperfeiçoamento dos cursos jurídicos, e opinar, previamente, nos pedidos apresentados aos órgãos competentes para criação, reconhecimento ou credenciamento desses cursos;

XVI – autorizar, pela maioria absoluta das delegações, a oneração ou alienação de seus bens imóveis;

XVII – participar de concursos públicos, nos casos previstos na Constituição e na lei, em todas as suas fases, quando tiverem abrangência nacional ou interestadual;

XVIII – resolver os casos omissos neste Estatuto.

Parágrafo único. A intervenção referida no inciso VII deste artigo depende de prévia aprovação por dois terços das delegações, garantido o amplo direito de defesa do Conselho Seccional respectivo, nomeando-se diretoria provisória para o prazo que se fixar.

Art. 55. A diretoria do Conselho Federal é composta de um Presidente, de um Vice-Presidente, de um Secretário-Geral, de um Secretário-Geral Adjunto e de um Tesoureiro.

§ 1.º O Presidente exerce a representação nacional e internacional da OAB, competindo-lhe convocar o Conselho Federal, presidi-lo, representá-lo ativa e passivamente, em juízo ou fora dele, promover-lhe a administração patrimonial e dar execução às suas decisões.

§ 2.º O Regulamento Geral define as atribuições dos membros da Diretoria e a ordem de substituição em caso de vacância, licença, falta ou impedimento.

§ 3.º Nas deliberações do Conselho Federal, os membros da diretoria votam como membros de suas delegações, cabendo ao Presidente, apenas, o voto de qualidade e o direito de embargar a decisão, se esta não for unânime.

Capítulo III
DO CONSELHO SECCIONAL

Art. 56. O Conselho Seccional compõe-se de conselheiros em número proporcional ao de seus inscritos, segundo critérios estabelecidos no Regulamento Geral.

§ 1.º São membros honorários vitalícios os seus ex-presidentes, somente com direito a voz em suas sessões.

§ 2.º O Presidente do Instituto dos Advogados local é membro honorário, somente com direito a voz nas sessões do Conselho.

§ 3.º Quando presentes às sessões do Conselho Seccional, o Presidente do Conselho Federal, os Conselheiros Federais integrantes da respectiva delegação, o Presidente da Caixa de Assistência dos Advogados e os Presidentes das Subseções, têm direito a voz.

Art. 57. O Conselho Seccional exerce e observa, no respectivo território, as competências, vedações e funções atribuídas ao Conselho Federal, no que couber e no âmbito de sua competência material e territorial, e as normas gerais estabelecidas nesta Lei, no Regulamento Geral, no Código de Ética e Disciplina, e nos Provimentos.

Art. 58. Compete privativamente ao Conselho Seccional:

I – editar seu Regimento Interno e Resoluções;

II – criar as Subseções e a Caixa de Assistência dos Advogados;

III – julgar, em grau de recurso, as questões decididas por seu Presidente, por sua diretoria, pelo Tribunal de Ética e Disciplina, pelas diretorias das Subseções e da Caixa de Assistência dos Advogados;

IV – fiscalizar a aplicação da receita, apreciar o relatório anual e deliberar sobre o balanço e as contas de sua diretoria, das diretorias das Subseções e da Caixa de Assistência dos Advogados;

V – fixar a tabela de honorários, válida para todo o território estadual;

VI – realizar o Exame de Ordem;

VII – decidir os pedidos de inscrição nos quadros de advogados e estagiários;

VIII – manter cadastro de seus inscritos;

IX – fixar, alterar e receber contribuições obrigatórias, preços de serviços e multas;

X – participar da elaboração dos concursos públicos, em todas as suas fases, nos casos previstos na Constituição e nas leis, no âmbito do seu território;

XI – determinar, com exclusividade, critérios para o traje dos advogados, no exercício profissional;

XII – aprovar e modificar seu orçamento anual;

XIII – definir a composição e o funcionamento do Tribunal de Ética e Disciplina, e escolher seus membros;

XIV – eleger as listas, constitucionalmente previstas, para preenchimento dos cargos nos tribunais judiciários, no âmbito de sua competência e na forma do Provimento do Conselho Federal, vedada a inclusão de membros do próprio Conselho e de qualquer órgão da OAB;

XV – intervir nas Subseções e na Caixa de Assistência dos Advogados;

XVI – desempenhar outras atribuições previstas no Regulamento Geral.

Art. 59. A diretoria do Conselho Seccional tem composição idêntica e atribuições equivalentes às do Conselho Federal, na forma do Regimento Interno daquele.

Capítulo IV
DA SUBSEÇÃO

Art. 60. A Subseção pode ser criada pelo Conselho Seccional, que fixa sua área territorial e seus limites de competência e autonomia.

§ 1.º A área territorial da Subseção pode abranger um ou mais municípios, ou parte de município, inclusive da capital do Estado, contando com um mínimo de quinze advogados, nela profissionalmente domiciliados.

§ 2.º A Subseção é administrada por uma diretoria, com atribuições e composição equivalentes às da diretoria do Conselho Seccional.

§ 3.º Havendo mais de cem advogados, a Subseção pode ser integrada, também, por um Conselho em número de membros fixado pelo Conselho Seccional.

§ 4.º Os quantitativos referidos nos §§ 1.º e 3.º deste artigo podem ser ampliados, na forma do Regimento Interno do Conselho Seccional.

§ 5.º Cabe ao Conselho Seccional fixar, em seu orçamento, dotações específicas destinadas à manutenção das Subseções.

§ 6.º O Conselho Seccional, mediante o voto de dois terços de seus membros, pode intervir nas Subseções, onde constatar grave violação desta Lei ou do Regimento Interno daquele.

Art. 61. Compete à Subseção, no âmbito de seu território:

I – dar cumprimento efetivo às finalidades da OAB;

II – velar pela dignidade, independência e valorização da advocacia, e fazer valer as prerrogativas do advogado;

III – representar a OAB perante os poderes constituídos;

IV – desempenhar as atribuições previstas no Regulamento Geral ou por delegação de competência do Conselho Seccional.

Parágrafo único. Ao Conselho da Subseção, quando houver, compete exercer as funções e atribuições do Conselho Seccional, na forma do Regimento Interno deste, e ainda:

a) editar seu Regimento Interno, a ser referendado pelo Conselho Seccional;

b) editar resoluções, no âmbito de sua competência;

c) instaurar e instruir processos disciplinares, para julgamento pelo Tribunal de Ética e Disciplina;

d) receber pedido de inscrição nos quadros de advogado e estagiário, instruindo e emitindo parecer prévio, para decisão do Conselho Seccional.

Capítulo V
DA CAIXA DE ASSISTÊNCIA DOS ADVOGADOS

Art. 62. A Caixa de Assistência dos Advogados, com personalidade jurídica própria, destina-se a prestar assistência aos inscritos no Conselho Seccional a que se vincule.

§ 1.º A Caixa é criada e adquire personalidade jurídica com a aprovação e registro de seu estatuto pelo respectivo Conselho Seccional da OAB, na forma do Regulamento Geral.

§ 2.º A Caixa pode, em benefício dos advogados, promover a seguridade complementar.

§ 3.º Compete ao Conselho Seccional fixar contribuição obrigatória devida por seus inscritos, destinada à manutenção do disposto no parágrafo anterior, incidente sobre atos decorrentes do efetivo exercício da advocacia.

§ 4.º A diretoria da Caixa é composta de cinco membros, com atribuições definidas no seu Regimento Interno.

§ 5.º Cabe à Caixa a metade da receita das anuidades recebidas pelo Conselho Seccional, considerado o valor resultante após as deduções regulamentares obrigatórias.

§ 6.º Em caso de extinção ou desativação da Caixa, seu patrimônio se incorpora ao do Conselho Seccional respectivo.

§ 7.º O Conselho Seccional, mediante voto de dois terços de seus membros, pode intervir na Caixa de Assistência dos Advogados, no caso de descumprimento de suas finalidades, designando diretoria provisória, enquanto durar a intervenção.

CAPÍTULO VI
DAS ELEIÇÕES E DOS MANDATOS

Art. 63. A eleição dos membros de todos os órgãos da OAB será realizada na segunda quinzena do mês de novembro, do último ano do mandato, mediante cédula única e votação direta dos advogados regularmente inscritos.

§ 1.º A eleição, na forma e segundo os critérios e procedimentos estabelecidos no Regulamento Geral, é de comparecimento obrigatório para todos os advogados inscritos na OAB.

§ 2.º O candidato deve comprovar situação regular perante a OAB, não ocupar cargo exonerável *ad nutum*, não ter sido condenado por infração disciplinar, salvo reabilitação, e exercer efetivamente a profissão há mais de 3 (três) anos, nas eleições para os cargos de Conselheiro Seccional e das Subseções, quando houver, e há mais de 5 (cinco) anos, nas eleições para os demais cargos.

>> § 2.º com redação determinada pela Lei n. 13.875, de 20-9-2019.

Art. 64. Consideram-se eleitos os candidatos integrantes da chapa que obtiver a maioria dos votos válidos.

§ 1.º A chapa para o Conselho Seccional deve ser composta dos candidatos ao conselho e à sua Diretoria e, ainda, à delegação ao Conselho Federal e à Diretoria da Caixa de Assistência dos Advogados para eleição conjunta.

§ 2.º A chapa para a Subseção deve ser composta com os candidatos à diretoria, e de seu conselho quando houver.

Art. 65. O mandato em qualquer órgão da OAB é de três anos, iniciando-se em primeiro de janeiro do ano seguinte ao da eleição, salvo o Conselho Federal.

Parágrafo único. Os conselheiros federais eleitos iniciam seus mandatos em primeiro de fevereiro do ano seguinte ao da eleição.

Art. 66. Extingue-se o mandato automaticamente, antes do seu término, quando:

I – ocorrer qualquer hipótese de cancelamento de inscrição ou de licenciamento do profissional;

II – o titular sofrer condenação disciplinar;

III – o titular faltar, sem motivo justificado, a três reuniões ordinárias consecutivas de cada órgão deliberativo do Conselho ou da diretoria da Subseção ou da Caixa de Assistência dos Advogados, não podendo ser reconduzido no mesmo período de mandato.

Parágrafo único. Extinto qualquer mandato, nas hipóteses deste artigo, cabe ao Conselho Seccional escolher o substituto, caso não haja suplente.

Art. 67. A eleição da Diretoria do Conselho Federal, que tomará posse no dia 1.º de fevereiro, obedecerá às seguintes regras:

I – será admitido registro, junto ao Conselho Federal, de candidatura à presidência, desde seis meses até um mês antes da eleição;

II – o requerimento de registro deverá vir acompanhado do apoiamento de, no mínimo, seis Conselhos Seccionais;

III – até um mês antes das eleições, deverá ser requerido o registro da chapa completa, sob pena de cancelamento da candidatura respectiva;

IV – no dia 31 de janeiro do ano seguinte ao da eleição, o Conselho Federal elegerá, em reunião presidida pelo conselheiro mais antigo, por voto secreto e para mandato de 3 (três) anos, sua diretoria, que tomará posse no dia seguinte;

>> Inciso IV com redação determinada pala Lei n. 11.179, de 22-9-2005.

V – será considerada eleita a chapa que obtiver maioria simples dos votos dos Conselheiros Federais, presente a metade mais 1 (um) de seus membros.

>> Inciso V com redação determinada pala Lei n. 11.179, de 22-9-2005.

Parágrafo único. Com exceção do candidato a Presidente, os demais integrantes da chapa deverão ser conselheiros federais eleitos.

TÍTULO III
DO PROCESSO NA OAB

CAPÍTULO I
DISPOSIÇÕES GERAIS

Art. 68. Salvo disposição em contrário, aplicam-se subsidiariamente ao processo disciplinar as regras da legislação processual penal comum e, aos demais processos, as regras gerais do procedimento administrativo comum e da legislação processual civil, nessa ordem.

Art. 69. Todos os prazos necessários à manifestação de advogados, estagiários e terceiros, nos processos em geral da OAB, são de quinze dias, inclusive para interposição de recursos.

§ 1.º Nos casos de comunicação por ofício reservado, ou de notificação pessoal, o prazo se conta a partir do dia útil imediato ao da notificação do recebimento.

§ 2.º No caso de atos, notificações e decisões divulgados por meio do Diário Eletrônico da Ordem dos Advogados do Brasil, o prazo terá início no primeiro dia útil seguinte à publicação, assim considerada o primeiro dia útil seguinte ao da disponibilização da informação no Diário.

>> § 2.º com redação determinada pela Lei n. 13.688, de 3-7-2018.

>> O Provimento n. 182, de 2-10-2018, do Conselho Federal da OAB, regulamenta o Diário Eletrônico da Ordem dos Advogados do Brasil – DEOAB.

CAPÍTULO II
DO PROCESSO DISCIPLINAR

Art. 70. O poder de punir disciplinarmente os inscritos na OAB compete exclusivamente ao Conselho Seccional em cuja base territorial tenha ocorrido a infração, salvo se a falta for cometida perante o Conselho Federal.

>> A Resolução n. 1, de 20-9-2011, determina que compete às Turmas da Segunda Câmara processar e julgar, originariamente, os processos ético-disciplinares instaurados em virtude de falta cometida perante o Conselho Federal da OAB.

> *Vide* arts. 51 e 52 do Código de Ética da OAB.

§ 1.º Cabe ao Tribunal de Ética e Disciplina, do Conselho Seccional competente, julgar os processos disciplinares, instruídos pelas Subseções ou por relatores do próprio Conselho.

§ 2.º A decisão condenatória irrecorrível deve ser imediatamente comunicada ao Conselho Seccional onde o representado tenha inscrição principal, para constar dos respectivos assentamentos.

§ 3.º O Tribunal de Ética e Disciplina do Conselho onde o acusado tenha inscrição principal pode suspendê-lo preventivamente, em caso de repercussão prejudicial à dignidade da advocacia, depois de ouvi-lo em sessão especial para a qual deve ser notificado a comparecer, salvo se não atender à notificação. Neste caso, o processo disciplinar deve ser concluído no prazo máximo de noventa dias.

Art. 71. A jurisdição disciplinar não exclui a comum e, quando o fato constituir crime ou contravenção, deve ser comunicado às autoridades competentes.

Art. 72. O processo disciplinar instaura-se de ofício ou mediante representação de qualquer autoridade ou pessoa interessada.

§ 1.º O Código de Ética e Disciplina estabelece os critérios de admissibilidade da representação e os procedimentos disciplinares.

§ 2.º O processo disciplinar tramita em sigilo, até o seu término, só tendo acesso às suas informações as partes, seus defensores e a autoridade judiciária competente.

Art. 73. Recebida a representação, o Presidente deve designar relator, a quem compete a instrução do processo e o oferecimento de parecer preliminar a ser submetido ao Tribunal de Ética e Disciplina.

§ 1.º Ao representado deve ser assegurado o amplo direito de defesa, podendo acompanhar o processo em todos os termos, pessoalmente ou por intermédio de procurador, oferecendo defesa prévia após ser notificado, razões finais após a instrução e defesa oral perante o Tribunal de Ética e Disciplina, por ocasião do julgamento.

§ 2.º Se, após a defesa prévia, o relator se manifestar pelo indeferimento liminar da representação, este deve ser decidido pelo Presidente do Conselho Seccional, para determinar seu arquivamento.

§ 3.º O prazo para defesa prévia pode ser prorrogado por motivo relevante, a juízo do relator.

§ 4.º Se o representado não for encontrado, ou for revel, o Presidente do Conselho ou da Subseção deve designar-lhe defensor dativo;

§ 5.º É também permitida a revisão do processo disciplinar, por erro de julgamento ou por condenação baseada em falsa prova.

Art. 74. O Conselho Seccional pode adotar as medidas administrativas e judiciais pertinentes, objetivando a que o profissional suspenso ou excluído devolva os documentos de identificação.

Capítulo III
DOS RECURSOS

Art. 75. Cabe recurso ao Conselho Federal de todas as decisões definitivas proferidas pelo Conselho Seccional, quando não tenham sido unânimes ou, sendo unânimes, contrariem esta Lei, decisão do Conselho Federal ou de outro Conselho Seccional e, ainda, o Regulamento Geral, o Código de Ética e Disciplina e os Provimentos.

> A Súmula 4, do Órgão Especial do Conselho Federal da OAB, dispõe que não cabe agravo no âmbito dos processos administrativos da OAB, mas apenas os recursos previstos neste artigo.

Parágrafo único. Além dos interessados, o Presidente do Conselho Seccional é legitimado a interpor o recurso referido neste artigo.

Art. 76. Cabe recurso ao Conselho Seccional de todas as decisões proferidas por seu Presidente, pelo Tribunal de Ética e Disciplina, ou pela diretoria da Subseção ou da Caixa de Assistência dos Advogados.

Art. 77. Todos os recursos têm efeito suspensivo, exceto quando tratarem de eleições (arts. 63 e seguintes), de suspensão preventiva decidida pelo Tribunal de Ética e Disciplina, e de cancelamento da inscrição obtida com falsa prova.

Parágrafo único. O Regulamento Geral disciplina o cabimento de recursos específicos, no âmbito de cada órgão julgador.

Título IV
DAS DISPOSIÇÕES GERAIS E TRANSITÓRIAS

Art. 78. Cabe ao Conselho Federal da OAB, por deliberação de dois terços, pelo menos, das delegações, editar o Regulamento Geral deste Estatuto, no prazo de seis meses, contados da publicação desta Lei.

Art. 79. Aos servidores da OAB, aplica-se o regime trabalhista.

§ 1.º Aos servidores da OAB, sujeitos ao regime da Lei n. 8.112, de 11 de dezembro de 1990, é concedido o direito de opção pelo regime trabalhista, no prazo de noventa dias a partir da vigência desta Lei, sendo assegurado aos optantes o pagamento de indenização, quando da aposentadoria, correspondente a cinco vezes o valor da última remuneração.

§ 2.º Os servidores que não optarem pelo regime trabalhista serão posicionados no quadro em extinção, assegurado o direito adquirido ao regime legal anterior.

Art. 80. Os Conselhos Federal e Seccionais devem promover trienalmente as respectivas Conferências, em data não coincidente com o ano eleitoral, e, periodicamente, reunião do colégio de presidentes a eles vinculados, com finalidade consultiva.

Art. 81. Não se aplicam aos que tenham assumido originariamente o cargo de Presidente do Conselho Federal ou dos Conselhos Seccionais, até a data da publicação desta Lei, as normas contidas no Título II, acerca da composição desses Conselhos, ficando assegurado o pleno direito de voz e voto em suas sessões.

Art. 82. Aplicam-se as alterações previstas nesta Lei, quanto a mandatos, eleições, composição e atribuições dos órgãos da OAB, a partir do término do mandato dos atuais membros, devendo os Conselhos Federal e Seccionais disciplinarem os respectivos procedimentos de adaptação.

Parágrafo único. Os mandatos dos membros dos órgãos da OAB, eleitos na primeira eleição sob a vigência desta Lei, e na forma do Capítulo VI do Título II, terão início no dia seguinte ao término dos atuais mandatos, encerrando-se em 31 de dezembro do terceiro ano do mandato e em 31 de janeiro do terceiro ano do mandato, neste caso com relação ao Conselho Federal.

Art. 83. Não se aplica o disposto no art. 28, inciso II, desta Lei, aos membros do Ministério Público que, na data de promulgação da Constituição, se incluam na previsão do art. 29, § 3.º, do seu Ato das Disposições Constitucionais Transitórias.

Art. 84. O estagiário, inscrito no respectivo quadro, fica dispensado do Exame de Ordem, desde que comprove, em até dois anos da promulgação desta Lei, o exercício e resultado do estágio profissional ou a conclusão, com aproveitamento, do estágio de Prática Forense e Organização Judiciária, realizado junto à respectiva faculdade, na forma da legislação em vigor.

Art. 85. O Instituto dos Advogados Brasileiros e as instituições a ele filiadas têm qualidade para promover perante a OAB o que julgarem do interesse dos advogados em geral ou de qualquer dos seus membros.

Art. 86. Esta Lei entra em vigor na data de sua publicação.

Art. 87. Revogam-se as disposições em contrário, especialmente a Lei n. 4.215, de 27 de abril de 1963, a Lei n. 5.390, de 23 de fevereiro de 1968, o Decreto-Lei n. 505, de 18 de março de 1969, a Lei n. 5.681, de 20 de julho de 1971, a Lei n. 5.842, de 6 de dezembro de 1972, a Lei n. 5.960, de 10 de dezembro de 1973, a Lei n. 6.743, de 5 de dezembro de 1979, a Lei n. 6.884, de 9 de dezembro de 1980, a Lei n. 6.994, de 26 de maio de 1982, mantidos os efeitos da Lei n. 7.346, de 22 de julho de 1985.

Brasília, 4 de julho de 1994; 173.º da Independência e 106.º da República.

Itamar Franco

CÓDIGO DE ÉTICA E DISCIPLINA DA ORDEM DOS ADVOGADOS DO BRASIL – OAB (*)

O Conselho Federal da Ordem dos Advogados do Brasil, ao instituir o Código de Ética e Disciplina, norteou-se por princípios que formam a consciência profissional do advogado e representam imperativos de sua conduta, os quais se traduzem nos seguintes mandamentos: lutar sem receio pelo primado da Justiça; pugnar pelo cumprimento da Constituição e pelo respeito à Lei, fazendo com que o ordenamento jurídico seja interpretado com retidão, em perfeita sintonia com os fins sociais a que se dirige e as exigências do bem comum; ser fiel à verdade para poder servir à Justiça como um de seus elementos essenciais; proceder com lealdade e boa-fé em suas relações profissionais e em todos os atos do seu ofício; empenhar-se na defesa das causas confiadas ao seu patrocínio, dando ao constituinte o amparo do Direito, e proporcionando-lhe a realização prática de seus legítimos interesses; comportar-se, nesse mister, com independência e altivez, defendendo com o mesmo denodo humildes e poderosos; exercer a advocacia com o indispensável senso profissional, mas também com desprendimento, jamais permitindo que o anseio de ganho material sobreleve a finalidade social do seu trabalho; aprimorar-se no culto dos princípios éticos e no domínio da ciência jurídica, de modo a tornar-se merecedor da confiança do cliente e da sociedade como um todo, pelos atributos intelectuais e pela probidade pessoal; agir, em suma, com a dignidade e a correção dos profissionais que honram e engrandecem a sua classe.

Inspirado nesses postulados, o Conselho Federal da Ordem dos Advogados do Brasil, no uso das atribuições que lhe são conferidas pelos arts. 33 e 54, V, da Lei n. 8.906, de 4 de julho de 1994, aprova e edita este Códi-

(*) Aprovado pela Resolução n. 2, de 19-10-2015, do CFOAB. Publicado no *Diário Oficial da União* de 4-11-2015.

go, exortando os advogados brasileiros à sua fiel observância.

Título I
DA ÉTICA DO ADVOGADO

Capítulo I
DOS PRINCÍPIOS FUNDAMENTAIS

Art. 1.º O exercício da advocacia exige conduta compatível com os preceitos deste Código, do Estatuto, do Regulamento Geral, dos Provimentos e com os princípios da moral individual, social e profissional.

Art. 2.º O advogado, indispensável à administração da Justiça, é defensor do Estado Democrático de Direito, dos direitos humanos e garantias fundamentais, da cidadania, da moralidade, da Justiça e da paz social, cumprindo-lhe exercer o seu ministério em consonância com a sua elevada função pública e com os valores que lhe são inerentes.

Parágrafo único. São deveres do advogado:

I – preservar, em sua conduta, a honra, a nobreza e a dignidade da profissão, zelando pelo caráter de essencialidade e indispensabilidade da advocacia;

II – atuar com destemor, independência, honestidade, decoro, veracidade, lealdade, dignidade e boa-fé;

III – velar por sua reputação pessoal e profissional;

IV – empenhar-se, permanentemente, no aperfeiçoamento pessoal e profissional;

V – contribuir para o aprimoramento das instituições, do Direito e das leis;

VI – estimular, a qualquer tempo, a conciliação e a mediação entre os litigantes, prevenindo, sempre que possível, a instauração de litígios;

VII – desaconselhar lides temerárias, a partir de um juízo preliminar de viabilidade jurídica;

VIII – abster-se de:

a) utilizar de influência indevida, em seu benefício ou do cliente;

b) vincular seu nome ou nome social a empreendimentos sabidamente escusos;

>> Alínea *b* com redação determinada pela Resolução n. 7, de 7-6-2016.

c) emprestar concurso aos que atentem contra a ética, a moral, a honestidade e a dignidade da pessoa humana;

d) entender-se diretamente com a parte adversa que tenha patrono constituído, sem o assentimento deste;

e) ingressar ou atuar em pleitos administrativos ou judiciais perante autoridades com as quais tenha vínculos negociais ou familiares;

f) contratar honorários advocatícios em valores aviltantes.

IX – pugnar pela solução dos problemas da cidadania e pela efetivação dos direitos individuais, coletivos e difusos;

X – adotar conduta consentânea com o papel de elemento indispensável à administração da Justiça;

XI – cumprir os encargos assumidos no âmbito da Ordem dos Advogados do Brasil ou na representação da classe;

XII – zelar pelos valores institucionais da OAB e da advocacia;

XIII – ater-se, quando no exercício da função de defensor público, à defesa dos necessitados.

Art. 3.º O advogado deve ter consciência de que o Direito é um meio de mitigar as desigualdades para o encontro de soluções justas e que a lei é um instrumento para garantir a igualdade de todos.

Art. 4.º O advogado, ainda que vinculado ao cliente ou constituinte, mediante relação empregatícia ou por contrato de prestação permanente de serviços, ou como integrante de departamento jurídico, ou de órgão de assessoria jurídica, público ou privado, deve zelar pela sua liberdade e independência.

Parágrafo único. É legítima a recusa, pelo advogado, do patrocínio de causa e de manifestação, no âmbito consultivo, de pretensão concernente a direito que também lhe seja aplicável ou contrarie orientação que tenha manifestado anteriormente.

Art. 5.º O exercício da advocacia é incompatível com qualquer procedimento de mercantilização.

Art. 6.º É defeso ao advogado expor os fatos em Juízo ou na via administrativa falseando deliberadamente a verdade e utilizando de má-fé.

Art. 7.º É vedado o oferecimento de serviços profissionais que implique, direta ou indiretamente, angariar ou captar clientela.

Capítulo II
DA ADVOCACIA PÚBLICA

Art. 8.º As disposições deste Código obrigam igualmente os órgãos de advocacia pública, e advogados públicos, incluindo aqueles que ocupem posição de chefia e direção jurídica.

§ 1.º O advogado público exercerá suas funções com independência técnica, contribuindo para a solução ou redução de litigiosidade, sempre que possível.

§ 2.º O advogado público, inclusive o que exerce cargo de chefia ou direção jurídica, observará nas relações com os colegas, autoridades, servidores e o público em geral, o dever de urbanidade, tratando a todos com respeito e consideração, ao mesmo tempo em que preservará suas prerrogativas e o direito de receber igual tratamento das pessoas com as quais se relacione.

Capítulo III
DAS RELAÇÕES COM O CLIENTE

Art. 9.º O advogado deve informar o cliente, de modo claro e inequívoco, quanto a eventuais riscos da sua pretensão, e das consequências que poderão advir da demanda. Deve, igualmente, denunciar, desde logo, a quem lhe solicite parecer ou patrocínio, qualquer circunstância que possa influir na resolução de submeter-lhe a consulta ou confiar-lhe a causa.

Art. 10. As relações entre advogado e cliente baseiam-se na confiança recíproca. Sentindo o advogado que essa confiança lhe falta, é recomendável que externe ao cliente sua impressão e, não se dissipando as dúvidas existentes, promova, em seguida, o substabelecimento do mandato ou a ele renuncie.

Art. 11. O advogado, no exercício do mandato, atua como patrono da parte, cumprindo-lhe, por isso, imprimir à causa orientação que lhe pareça mais adequada, sem se subordinar a intenções contrárias do cliente, mas, antes, procurando esclarecê-lo quanto à estratégia traçada.

Art. 12. A conclusão ou desistência da causa, tenha havido, ou não, extinção do mandato, obriga o advogado a devolver ao cliente bens, valores e documentos que lhe hajam sido confiados e ainda estejam em seu poder, bem como a prestar-lhe contas, pormenorizadamente, sem prejuízo de esclarecimentos complementares que se mostrem pertinentes e necessários.

Parágrafo único. A parcela dos honorários paga pelos serviços até então prestados não se inclui entre os valores a ser devolvidos.

Art. 13. Concluída a causa ou arquivado o processo, presume-se cumprido e extinto o mandato.

Art. 14. O advogado não deve aceitar procuração de quem já tenha patrono constituído, sem prévio conhecimento deste, salvo por motivo plenamente justificável ou para adoção de medidas judiciais urgentes e inadiáveis.

Art. 15. O advogado não deve deixar ao abandono ou ao desamparo as causas sob seu patrocínio, sendo recomendável que, em face de dificuldades insuperáveis ou inércia do cliente quanto a providências que lhe tenham sido solicitadas, renuncie ao mandato.

Art. 16. A renúncia ao patrocínio deve ser feita sem menção do motivo que a determinou, fazendo cessar a responsabilidade profissional pelo acompanhamento da causa, uma vez decorrido o prazo previsto em lei (EAOAB, art. 5.º, § 3.º).

§ 1.º A renúncia ao mandato não exclui responsabilidade por danos eventualmente causados ao cliente ou a terceiros.

§ 2.º O advogado não será responsabilizado por omissão do cliente quanto a documento ou informação que lhe devesse fornecer para a prática oportuna de ato processual do seu interesse.

Art. 17. A revogação do mandato judicial por vontade do cliente não o desobriga do pagamento das verbas honorárias contratadas, assim como não retira o direito do advogado de receber o quanto lhe seja devido em eventual verba honorária de sucumbência, calculada proporcionalmente em face do serviço efetivamente prestado.

Art. 18. O mandato judicial ou extrajudicial não se extingue pelo decurso de tempo, salvo se o contrário for consignado no respectivo instrumento.

Art. 19. Os advogados integrantes da mesma sociedade profissional, ou reunidos em caráter permanente para cooperação recíproca, não podem representar, em juízo ou fora dele, clientes com interesses opostos.

Art. 20. Sobrevindo conflitos de interesse entre seus constituintes e não conseguindo o advogado harmonizá-los, caber-lhe-á optar, com prudência e discrição, por um dos mandatos, renunciando aos demais, resguardado sempre o sigilo profissional.

Art. 21. O advogado, ao postular em nome de terceiros, contra ex-cliente ou ex-empregador, judicial e extrajudicialmente, deve resguardar o sigilo profissional.

Art. 22. Ao advogado cumpre abster-se de patrocinar causa contrária à validade ou legitimidade de ato jurídico em cuja formação haja colaborado ou intervindo de qualquer maneira; da mesma forma, deve declinar seu impedimento ou o da sociedade que integre quando houver conflito de interesses motivado por intervenção anterior no trato de assunto que se prenda ao patrocínio solicitado.

Art. 23. É direito e dever do advogado assumir a defesa criminal, sem considerar sua própria opinião sobre a culpa do acusado.

Parágrafo único. Não há causa criminal indigna de defesa, cumprindo ao advogado agir, como defensor, no sentido de que a todos seja concedido tratamento condizente com a dignidade da pessoa humana, sob a égide das garantias constitucionais.

Art. 24. O advogado não se sujeita à imposição do cliente que pretenda ver com ele atuando outros advogados, nem fica na contingência de aceitar a indicação de outro profissional para com ele trabalhar no processo.

Art. 25. É defeso ao advogado funcionar no mesmo processo, simultaneamente, como patrono e preposto do empregador ou cliente.

Art. 26. O substabelecimento do mandato, com reserva de poderes, é ato pessoal do advogado da causa.

§ 1.º O substabelecimento do mandato sem reserva de poderes exige o prévio e inequívoco conhecimento do cliente.

§ 2.º O substabelecido com reserva de poderes deve ajustar antecipadamente seus honorários com o substabelecente.

Capítulo IV
DAS RELAÇÕES COM OS COLEGAS, AGENTES POLÍTICOS, AUTORIDADES, SERVIDORES PÚBLICOS E TERCEIROS

Art. 27. O advogado observará, nas suas relações com os colegas de profissão, agentes políticos, autoridades, servidores públicos e terceiros em geral, o dever de urbanidade, tratando a todos com respeito e consideração, ao mesmo tempo em que preservará seus direitos e prerrogativas, devendo exigir igual tratamento de todos com quem se relacione.

§ 1.º O dever de urbanidade há de ser observado, da mesma forma, nos atos e manifestações relacionados aos pleitos eleitorais no âmbito da Ordem dos Advogados do Brasil.

§ 2.º No caso de ofensa à honra do advogado ou à imagem da instituição, adotar-se-ão as medidas cabíveis, instaurando-se processo ético-disciplinar e dando-se ciência às autoridades competentes para apuração de eventual ilícito penal.

Art. 28. Consideram-se imperativos de uma correta atuação profissional o emprego de linguagem escorreita e polida, bem como a observância da boa técnica jurídica.

Art. 29. O advogado que se valer do concurso de colegas na prestação de serviços advocatícios, seja em caráter individual, seja no âmbito de sociedade de advogados ou de empresa ou entidade em que trabalhe, dispensar-lhes-á tratamento condigno, que não os torne subalternos seus nem lhes avilte os serviços prestados mediante remuneração incompatível com a natureza do trabalho profissional ou inferior ao mínimo fixado pela Tabela de Honorários que for aplicável.

Parágrafo único. Quando o aviltamento de honorários for praticado por empresas ou entidades públicas ou privadas, os advogados responsáveis pelo respectivo departamento ou gerência jurídica serão instados a corrigir o abuso, inclusive intervindo junto aos demais órgãos competentes e com poder de decisão da pessoa jurídica de que se trate, sem prejuízo das providências que a Ordem dos Advogados do Brasil possa adotar com o mesmo objetivo.

Capítulo V
DA ADVOCACIA *PRO BONO*

> O Provimento OAB n. 166, de 9-11-2015, dispõe sobre a advocacia *pro bono*.

Art. 30. No exercício da advocacia *pro bono*, e ao atuar como defensor nomeado, conveniado ou dativo, o advogado empregará o zelo e a dedicação habituais, de forma que a parte por ele assistida se sinta amparada e confie no seu patrocínio.

§ 1.º Considera-se advocacia *pro bono* a prestação gratuita, eventual e voluntária de serviços jurídicos em favor de instituições sociais sem fins econômicos e aos seus assistidos, sempre que os beneficiários não dispuserem de recursos para a contratação de profissional.

§ 2.º A advocacia *pro bono* pode ser exercida em favor de pessoas naturais que, igualmente, não dispuserem de recursos para, sem prejuízo do próprio sustento, contratar advogado.

§ 3.º A advocacia *pro bono* não pode ser utilizada para fins político-partidários ou eleitorais, nem beneficiar instituições que visem a tais objetivos, ou como instrumento de publicidade para captação de clientela.

Capítulo VI
DO EXERCÍCIO DE CARGOS E FUNÇÕES NA OAB E NA REPRESENTAÇÃO DA CLASSE

Art. 31. O advogado, no exercício de cargos ou funções em órgãos da Ordem dos Advogados do Brasil ou na representação da classe junto a quaisquer instituições, órgãos ou comissões, públicos ou privados, manterá conduta consentânea com as disposições deste Código e que revele plena lealdade aos interesses, direitos e prerrogativas da classe dos advogados que representa.

Art. 32. Não poderá o advogado, enquanto exercer cargos ou funções em órgãos da OAB ou representar a classe junto a quaisquer instituições, órgãos ou comissões, públicos ou privados, firmar contrato oneroso de prestação de serviços ou fornecimento de produtos com tais entidades nem adquirir bens imóveis ou móveis infungíveis de quaisquer órgãos da OAB, ou a estes aliená-los.

>> *Caput* com redação determinada pela Resolução n. 4, de 7-6-2016.

Parágrafo único. Não há impedimento ao exercício remunerado de atividade de magistério na Escola Nacional de Advocacia – ENA, nas Escolas de Advocacia – ESAs e nas Bancas do Exame de Ordem, observados os princípios da moralidade e da modicidade dos valores estabelecidos a título de remuneração.

>> Parágrafo único acrescentado pela Resolução n. 4, de 7-6-2016.

Art. 33. Salvo em causa própria, não poderá o advogado, enquanto exercer cargos ou funções em órgãos da OAB ou tiver assento, em qualquer condição, nos seus Conselhos, atuar em processos que tramitem perante a entidade nem oferecer pareceres destinados a instruí-los.

Parágrafo único. A vedação estabelecida neste artigo não se aplica aos dirigentes de Seccionais quando atuem, nessa qualidade, como legitimados a recorrer nos processos em trâmite perante os órgãos da OAB.

Art. 34. Ao submeter seu nome à apreciação do Conselho Federal ou dos Conselhos Seccionais com vistas à inclusão em listas destinadas ao provimento de vagas reservadas à classe nos tribunais, no Conselho Nacional de Justiça, no Conselho Nacional do Ministério Público e em outros colegiados, o candidato assumirá o compromisso de respeitar os direitos e prerrogativas do advogado, não praticar nepotismo nem agir em desacordo com a moralidade administrativa e com os princípios deste Código, no exercício de seu mister.

Capítulo VII
DO SIGILO PROFISSIONAL

Art. 35. O advogado tem o dever de guardar sigilo dos fatos de que tome conhecimento no exercício da profissão.

Parágrafo único. O sigilo profissional abrange os fatos de que o advogado tenha tido conhecimento em virtude de funções desempenhadas na Ordem dos Advogados do Brasil.

Art. 36. O sigilo profissional é de ordem pública, independendo de solicitação de reserva que lhe seja feita pelo cliente.

§ 1.º Presumem-se confidenciais as comunicações de qualquer natureza entre advogado e cliente.

§ 2.º O advogado, quando no exercício das funções de mediador, conciliador e árbitro, se submete às regras de sigilo profissional.

Art. 37. O sigilo profissional cederá em face de circunstâncias excepcionais que configurem justa causa, como nos casos de grave ameaça ao direito à vida e à honra ou que envolvam defesa própria.

Art. 38. O advogado não é obrigado a depor, em processo ou procedimento judicial, administrativo ou arbitral, sobre fatos a cujo respeito deva guardar sigilo profissional.

Capítulo VIII
DA PUBLICIDADE PROFISSIONAL

>> O Provimento OAB n. 94, de 5-9-2000, dispõe sobre publicidade, propaganda e informação da advocacia.

> *Vide* art. 1.º, § 3.º, da Lei n. 8.906, de 4-7-1994.

Art. 39. A publicidade profissional do advogado tem caráter meramente informativo e deve primar pela discrição e sobriedade, não podendo configurar captação de clientela ou mercantilização da profissão.

Art. 40. Os meios utilizados para a publicidade profissional hão de ser compatíveis com a diretriz estabelecida no artigo anterior, sendo vedados:

I – a veiculação da publicidade por meio de rádio, cinema e televisão;

II – o uso de *outdoors*, painéis luminosos ou formas assemelhadas de publicidade;

III – as inscrições em muros, paredes, veículos, elevadores ou em qualquer espaço público;

IV – a divulgação de serviços de advocacia juntamente com a de outras atividades ou a indicação de vínculos entre uns e outras;

V – o fornecimento de dados de contato, como endereço e telefone, em colunas ou artigos literários, culturais, acadêmicos ou jurídicos, publicados na imprensa, bem assim quando de eventual participação em programas de rádio ou televisão, ou em veiculação de matérias pela internet, sendo permitida a referência a *e-mail*;

VI – a utilização de mala direta, a distribuição de panfletos ou formas assemelhadas de publicidade, com o intuito de captação de clientela.

Parágrafo único. Exclusivamente para fins de identificação dos escritórios de advocacia, é permitida a utilização de placas, painéis luminosos e inscrições em suas fachadas, desde que respeitadas as diretrizes previstas no artigo 39.

Art. 41. As colunas que o advogado mantiver nos meios de comunicação social ou os textos que por meio deles divulgar não deverão induzir o leitor a litigar nem promover, dessa forma, captação de clientela.

Art. 42. É vedado ao advogado:

I – responder com habitualidade a consulta sobre matéria jurídica, nos meios de comunicação social;

II – debater, em qualquer meio de comunicação, causa sob o patrocínio de outro advogado;

III – abordar tema de modo a comprometer a dignidade da profissão e da instituição que o congrega;

IV – divulgar ou deixar que sejam divulgadas listas de clientes e demandas;

V – insinuar-se para reportagens e declarações públicas.

Art. 43. O advogado que eventualmente participar de programa de televisão ou de rádio, de entrevista na imprensa, de reportagem televisionada ou veiculada por qualquer outro meio, para manifestação profissional, deve visar a objetivos exclusivamente ilustrativos, educacionais e instrutivos, sem propósito de promoção pessoal ou profissional, vedados pronunciamentos sobre métodos de trabalho usados por seus colegas de profissão.

Parágrafo único. Quando convidado para manifestação pública, por qualquer modo e forma, visando ao esclarecimento de tema jurídico de interesse geral, deve o advogado evitar insinuações com o sentido de promoção pessoal ou profissional, bem como o debate de caráter sensacionalista.

Art. 44. Na publicidade profissional que promover ou nos cartões e material de escritório de que se utilizar, o advogado fará constar seu nome, nome social ou o da sociedade de advogados, o número ou os números de inscrição na OAB.

>> *Caput* com redação determinada pela Resolução n. 7, de 7-6-2016.

§ 1.º Poderão ser referidos apenas os títulos acadêmicos do advogado e as distinções honoríficas relacionadas à vida profissional, bem como as instituições jurídicas de que faça parte, e as especialidades a que se dedicar, o endereço, *e-mail*, *site*, página eletrônica, QR *code*, logotipo e a fotografia do escritório, o horário de atendimento e os idiomas em que o cliente poderá ser atendido.

§ 2.º É vedada a inclusão de fotografias pessoais ou de terceiros nos cartões de visitas do advogado, bem como menção a qualquer emprego, cargo ou função ocupado, atual ou pretérito, em qualquer órgão ou instituição, salvo o de professor universitário.

Art. 45. São admissíveis como formas de publicidade o patrocínio de eventos ou publicações de caráter científico ou cultural, assim como a divulgação de boletins, por meio físico ou eletrônico, sobre matéria cultural de interesse dos advogados, desde que sua circulação fique adstrita a clientes e a interessados do meio jurídico.

Art. 46. A publicidade veiculada pela internet ou por outros meios eletrônicos deverá observar as diretrizes estabelecidas neste capítulo.

Parágrafo único. A telefonia e a internet podem ser utilizadas como veículo de publicidade, inclusive para o envio de mensagens a destinatários certos, desde que estas não impliquem o oferecimento de serviços ou representem forma de captação de clientela.

Art. 47. As normas sobre publicidade profissional constantes deste capítulo poderão ser complementadas por outras que o Conselho Federal aprovar, observadas as diretrizes do presente Código.

Art. 47-A. Será admitida a celebração de termo de ajustamento de conduta no âmbito dos Conselhos Seccionais e do Conselho Federal para fazer cessar a publicidade irregular praticada por advogados e estagiários.

>> *Caput* acrescentado pela Resolução n. 4, de 27-10-2020.

>> O Provimento n. 200, de 27-10-2020, da OAB, regulamenta este art. 47-A.

Parágrafo único. O termo previsto neste artigo será regulamentado mediante edição de provimento do Conselho Federal, que estabelecerá seus requisitos e condições.

>> Parágrafo único acrescentado pela Resolução n. 4, de 27-10-2020.

Capítulo IX
DOS HONORÁRIOS PROFISSIONAIS

>> Honorários advocatícios: *vide* arts. 21 a 26 e 34, III, da Lei n. 8.906, de 4-7-1994.

> *Vide* Súmula 201 do STJ.

Art. 48. A prestação de serviços profissionais por advogado, individualmente ou integrado em sociedades, será contratada, preferentemente, por escrito.

§ 1.º O contrato de prestação de serviços

de advocacia não exige forma especial, devendo estabelecer, porém, com clareza e precisão, o seu objeto, os honorários ajustados, a forma de pagamento, a extensão do patrocínio, esclarecendo se este abrangerá todos os atos do processo ou limitar-se-á a determinado grau de jurisdição, além de dispor sobre a hipótese de a causa encerrar-se mediante transação ou acordo.

§ 2.º A compensação de créditos, pelo advogado, de importâncias devidas ao cliente, somente será admissível quando o contrato de prestação de serviços a autorizar ou quando houver autorização especial do cliente para esse fim, por este firmada.

§ 3.º O contrato de prestação de serviços poderá dispor sobre a forma de contratação de profissionais para serviços auxiliares, bem como sobre o pagamento de custas e emolumentos, os quais, na ausência de disposição em contrário, presumem-se devam ser atendidos pelo cliente. Caso o contrato preveja que o advogado antecipe tais despesas, ser-lhe-á lícito reter o respectivo valor atualizado, no ato de prestação de contas, mediante comprovação documental.

§ 4.º As disposições deste capítulo aplicam-se à mediação, à conciliação, à arbitragem ou a qualquer outro método adequado de solução dos conflitos.

§ 5.º É vedada, em qualquer hipótese, a diminuição dos honorários contratados em decorrência da solução do litígio por qualquer mecanismo adequado de solução extrajudicial.

§ 6.º Deverá o advogado observar o valor mínimo da Tabela de Honorários instituída pelo respectivo Conselho Seccional onde for realizado o serviço, inclusive aquele referente às diligências, sob pena de caracterizar-se aviltamento de honorários.

§ 7.º O advogado promoverá, preferentemente, de forma destacada a execução dos honorários contratuais ou sucumbenciais.

Art. 49. Os honorários profissionais devem ser fixados com moderação, atendidos os elementos seguintes:

I – a relevância, o vulto, a complexidade e a dificuldade das questões versadas;

II – o trabalho e o tempo a ser empregados;

III – a possibilidade de ficar o advogado impedido de intervir em outros casos, ou de se desavir com outros clientes ou terceiros;

IV – o valor da causa, a condição econômica do cliente e o proveito para este resultante do serviço profissional;

V – o caráter da intervenção, conforme se trate de serviço a cliente eventual, frequente ou constante;

VI – o lugar da prestação dos serviços, conforme se trate do domicílio do advogado ou de outro;

VII – a competência do profissional;

VIII – a praxe do foro sobre trabalhos análogos.

Art. 50. Na hipótese da adoção de cláusula *quota litis*, os honorários devem ser necessariamente representados por pecúnia e, quando acrescidos dos honorários da sucumbência, não podem ser superiores às vantagens advindas a favor do cliente.

§ 1.º A participação do advogado em bens particulares do cliente só é admitida em caráter excepcional, quando esse, comprovadamente, não tiver condições pecuniárias de satisfazer o débito de honorários e ajustar com o seu patrono, em instrumento contratual, tal forma de pagamento.

§ 2.º Quando o objeto do serviço jurídico versar sobre prestações vencidas e vincendas, os honorários advocatícios poderão incidir sobre o valor de umas e outras, atendidos os requisitos da moderação e da razoabilidade.

Art. 51. Os honorários da sucumbência e os honorários contratuais, pertencendo ao advogado que houver atuado na causa, poderão ser por ele executados, assistindo-lhe direito autônomo para promover a execução do capítulo da sentença que os estabelecer ou para postular, quando for o caso, a expedição de precatório ou requisição de pequeno valor em seu favor.

§ 1.º No caso de substabelecimento, a verba correspondente aos honorários da sucumbência será repartida entre o substabelecente e o substabelecido, proporcionalmente à atuação de cada um no processo ou conforme haja sido entre eles ajustado.

§ 2.º Quando for o caso, a Ordem dos Advogados do Brasil ou os seus Tribunais de Ética e Disciplina poderão ser solicitados a indicar mediador que contribua no sentido de que a distribuição dos honorários da sucumbência, entre advogados, se faça segundo o critério estabelecido no § 1.º.

§ 3.º Nos processos disciplinares que envolverem divergência sobre a percepção de honorários da sucumbência, entre advogados, deverá ser tentada a conciliação destes, preliminarmente, pelo relator.

Art. 52. O crédito por honorários advocatícios, seja do advogado autônomo, seja de sociedade de advogados, não autoriza o saque de duplicatas ou qualquer outro título de crédito de natureza mercantil, podendo, apenas, ser emitida fatura, quando o cliente assim pretender, com fundamento no contrato de prestação de serviços, a qual, porém, não poderá ser levada a protesto.

Parágrafo único. Pode, todavia, ser levado a protesto o cheque ou a nota promissória emitido pelo cliente em favor do advogado, depois de frustrada a tentativa de recebimento amigável.

Art. 53. É lícito ao advogado ou à sociedade de advogados empregar, para o recebimento de honorários, sistema de cartão de crédito, mediante credenciamento junto a empresa operadora do ramo.

Parágrafo único. Eventuais ajustes com a empresa operadora que impliquem pagamento antecipado não afetarão a responsabilidade do advogado perante o cliente, em caso de rescisão do contrato de prestação de serviços, devendo ser observadas as disposições deste quanto à hipótese.

Art. 54. Havendo necessidade de promover arbitramento ou cobrança judicial de honorários, deve o advogado renunciar previamente ao mandato que recebera do cliente em débito.

Título II
DO PROCESSO DISCIPLINAR

Capítulo I
DOS PROCEDIMENTOS

Art. 55. O processo disciplinar instaura-se de ofício ou mediante representação do interessado.

§ 1.º A instauração, de ofício, do processo disciplinar dar-se-á em função do conhecimento do fato, quando obtido por meio de fonte idônea ou em virtude de comunicação da autoridade competente.

§ 2.º Não se considera fonte idônea a que consistir em denúncia anônima.

Art. 56. A representação será formulada ao Presidente do Conselho Seccional ou ao Presidente da Subseção, por escrito ou verbalmente, devendo, neste último caso, ser reduzida a termo.

Parágrafo único. Nas Seccionais cujos Regimentos Internos atribuírem competência ao Tribunal de Ética e Disciplina para instaurar o processo ético disciplinar, a representação poderá ser dirigida ao seu Presidente ou será a este encaminhada por qualquer dos dirigentes referidos no *caput* deste artigo que a houver recebido.

Art. 57. A representação deverá conter:

I – a identificação do representante, com a sua qualificação civil e endereço;

II – a narração dos fatos que a motivam, de forma que permita verificar a existência, em tese, de infração disciplinar;

III – os documentos que eventualmente a instruam e a indicação de outras provas a ser produzidas, bem como, se for o caso, o rol de testemunhas, até o máximo de cinco;

IV – a assinatura do representante ou a certificação de quem a tomou por termo, na impossibilidade de obtê-la.

Art. 58. Recebida a representação, o Presidente do Conselho Seccional ou o da Subseção, quando esta dispuser de Conselho, designa relator, por sorteio, um de seus integrantes, para presidir a instrução processual.

§ 1.º Os atos de instrução processual podem ser delegados ao Tribunal de Ética e Disciplina, conforme dispuser o regimento interno do Conselho Seccional, caso em que caberá ao seu Presidente, por sorteio, designar relator.

§ 2.º Antes do encaminhamento dos autos ao relator, serão juntadas a ficha cadastral do representado e certidão negativa ou positiva sobre a existência de punições anteriores, com menção das faltas atribuídas. Será providenciada, ainda, certidão sobre a existência ou não de representações em andamento, a qual, se positiva, será acompanhada da informação sobre as faltas imputadas.

§ 3.º O relator, atendendo aos critérios de admissibilidade, emitirá parecer propondo a instauração de processo disciplinar ou o arquivamento liminar da representação, no prazo de 30 (trinta) dias, sob pena de redistribuição do feito pelo Presidente do Conselho Seccional ou da Subseção para outro relator, observando-se o mesmo prazo.

§ 4.º O Presidente do Conselho competente ou, conforme o caso, o do Tribunal de Ética e Disciplina, proferirá despacho declarando instaurado o processo disciplinar ou determinando o arquivamento da representação, nos termos do parecer do relator ou segundo os fundamentos que adotar.

§ 5.º A representação contra membros do Conselho Federal e Presidentes de Conselhos Seccionais é processada e julgada pelo Conselho Federal, sendo competente a Segunda Câmara reunida em sessão plenária. A representação contra membros da diretoria do Conselho Federal, Membros Honorários Vitalícios e detentores da Medalha Rui Barbosa será processada e julgada pelo Conselho Federal, sendo competente o Conselho Pleno.

§ 6.º A representação contra dirigente de Subseção é processada e julgada pelo Conselho Seccional.

§ 7.º Os Conselhos Seccionais poderão instituir Comissões de Admissibilidade no âmbito dos Tribunais de Ética e Disciplina, compostas por seus membros ou por Conselheiros Seccionais, com atribuição de análise prévia dos pressupostos de admissibilidade das representações ético-disciplinares, podendo propor seu arquivamento liminar.

>> § 7.º acrescentado pela Resolução n. 4, de 7-6-2016.

Art. 58-A. Nos casos de infração ético-disciplinar punível com censura, será admissível a celebração de termo de ajustamento de conduta, se o fato apurado não tiver gerado repercussão negativa à advocacia.

>> *Caput* acrescentado pela Resolução n. 4, de 27-10-2020.

>> O Provimento n. 200, de 27-10-2020, da OAB, regulamenta este art. 58-A.

Parágrafo único. O termo de ajustamento de conduta previsto neste artigo será regulamentado em provimento do Conselho Federal da OAB.

>> Parágrafo único acrescentado pela Resolução n. 4, de 27-10-2020.

Art. 59. Compete ao relator do processo disciplinar determinar a notificação dos interessados para prestar esclarecimentos ou a do representado para apresentar defesa prévia, no prazo de 15 (quinze) dias, em qualquer caso.

> A Resolução n. 1, de 20-9-2011, da OAB, determina em seu art. 1.º que compete às Turmas da Segunda Câmara processar e julgar, originariamente, os processos ético-disciplinares em casos de falta perante o Conselho Federal.

§ 1.º A notificação será expedida para o endereço constante do cadastro de inscritos do Conselho Seccional, observando-se, quanto ao mais, o disposto no Regulamento Geral.

§ 2.º Se o representado não for encontrado ou ficar revel, o Presidente do Conselho competente ou, conforme o caso, o do Tribunal de Ética e Disciplina designar-lhe-á defensor dativo.

§ 3.º Oferecida a defesa prévia, que deve ser acompanhada dos documentos que possam instruí-la e do rol de testemunhas, até o limite de 5 (cinco), será proferido despacho saneador e, ressalvada a hipótese do § 2.º do art. 73 do EAOAB, designada, se for o caso, audiência para oitiva do representante, do representado e das testemunhas.

§ 4.º O representante e o representado incumbir-se-ão do comparecimento de suas testemunhas, salvo se, ao apresentarem o respectivo rol, requererem, por motivo justificado, sejam elas notificadas a comparecer à audiência de instrução do processo.

§ 5.º O relator pode determinar a realização de diligências que julgar convenientes, cumprindo-lhe dar andamento ao processo, de modo que este se desenvolva por impulso oficial.

§ 6.º O relator somente indeferirá a produção de determinado meio de prova quando esse for ilícito, impertinente, desnecessário ou protelatório, devendo fazê-lo fundamentadamente.

§ 7.º Concluída a instrução, o relator profere parecer preliminar, a ser submetido ao Tribunal de Ética e Disciplina, dando enquadramento legal aos fatos imputados ao representado.

§ 8.º Abre-se, em seguida, prazo comum de 15 (quinze) dias para apresentação de razões finais.

Art. 60. O Presidente do Tribunal de Ética e Disciplina, após o recebimento do processo, devidamente instruído, designa, por sorteio, relator para proferir voto.

§ 1.º Se o processo já estiver tramitando perante o Tribunal de Ética e Disciplina ou perante o Conselho competente, o relator não será o mesmo designado na fase de instrução.

§ 2.º O processo será incluído em pauta na primeira sessão de julgamentos após a distribuição ao relator.

>> § 2.º com redação determinada pela Resolução n. 1, de 24-2-2016.

§ 3.º O representante e o representado são notificados pela Secretaria do Tribunal, com 15 (quinze) dias de antecedência, para comparecerem à sessão de julgamento.

§ 4.º Na sessão de julgamento, após o voto do relator, é facultada a sustentação oral pelo tempo de 15 (quinze) minutos, primeiro pelo representante e, em seguida, pelo representado.

Art. 61. Do julgamento do processo disciplinar lavrar-se-á acórdão, do qual constarão, quando procedente a representação, o enquadramento legal da infração, a sanção aplicada, o quórum de instalação e o de deliberação, a indicação de haver sido esta adotada com base no voto do relator ou em voto divergente, bem como as circunstâncias agravantes ou atenuantes consideradas e as razões determinantes de eventual conversão da censura aplicada em advertência sem registro nos assentamentos do inscrito.

Art. 62. Nos acórdãos serão observadas, ainda, as seguintes regras:

§ 1.º O acórdão trará sempre a ementa, contendo a essência da decisão.

§ 2.º O autor do voto divergente que tenha prevalecido figurará como redator para o acórdão.

§ 3.º O voto condutor da decisão deverá ser lançado nos autos, com os seus fundamentos.

§ 4.º O voto divergente, ainda que vencido, deverá ter seus fundamentos lançados nos autos, em voto escrito ou em transcrição na ata de julgamento do voto oral proferido, com seus fundamentos.

§ 5.º Será atualizado nos autos o relatório de antecedentes do representado, sempre que o relator o determinar.

Art. 63. Na hipótese prevista no art. 70, § 3.º, do EAOAB, em sessão especial designada pelo Presidente do Tribunal, serão facultadas ao representado ou ao seu defensor a apresentação de defesa, a produção de prova e a sustentação oral.

Art. 64. As consultas submetidas ao Tribunal de Ética e Disciplina receberão autuação própria, sendo designado relator, por sorteio, para o seu exame, podendo o Presidente, em face da complexidade da questão, designar, subsequentemente, revisor.

Parágrafo único. O relator e o revisor têm prazo de 10 (dez) dias cada um para elaboração de seus pareceres, apresentando-os na primeira sessão seguinte, para deliberação.

Art. 65. As sessões do Tribunal de Ética e Disciplina obedecerão ao disposto no respectivo Regimento Interno, aplicando-se-lhes, subsidiariamente, o do Conselho Seccional.

Art. 66. A conduta dos interessados, no processo disciplinar, que se revele temerária ou caracterize a intenção de alterar a verdade dos fatos, assim como a interposição de recursos com intuito manifestamente protelatório, contrariam os princípios deste Código, sujeitando os responsáveis à correspondente sanção.

Art. 67. Os recursos contra decisões do Tribunal de Ética e Disciplina, ao Conselho Seccional, regem-se pelas disposições do Estatuto da Advocacia e da Ordem dos Advogados do Brasil, do Regulamento Geral e do Regimento Interno do Conselho Seccional.

Parágrafo único. O Tribunal dará conhecimento de todas as suas decisões ao Conselho Seccional, para que determine periodicamente a publicação de seus julgados.

Art. 68. Cabe revisão do processo disciplinar, na forma prevista no Estatuto da Advocacia e da Ordem dos Advogados do Brasil (art. 73, § 5.º).

§ 1.º Tem legitimidade para requerer a revisão o advogado punido com a sanção disciplinar.

§ 2.º A competência para processar e julgar o processo de revisão é do órgão de que emanou a condenação final.

§ 3.º Quando o órgão competente for o Conselho Federal, a revisão processar-se-á perante a Segunda Câmara, reunida em sessão plenária.

§ 4.º Observar-se-á, na revisão, o procedimento do processo disciplinar, no que couber.

§ 5.º O pedido de revisão terá autuação própria, devendo os autos respectivos ser apensados aos do processo disciplinar a que se refira.

§ 6.º O pedido de revisão não suspende os efeitos da decisão condenatória, salvo quando o relator, ante a relevância dos fundamentos e o risco de consequências irreparáveis para o requerente, conceder tutela cautelar para que se suspenda a execução.

>> § 6.º acrescentado pela Resolução n. 4, de 7-6-2016.

§ 7.º A parte representante somente será notificada para integrar o processo de revisão quando o relator entender que deste poderá resultar dano ao interesse jurídico que haja motivado a representação.

>> § 7.º acrescentado pela Resolução n. 4, de 7-6-2016.

Art. 69. O advogado que tenha sofrido sanção disciplinar poderá requerer reabilitação, no prazo e nas condições previstos no Estatuto da Advocacia e da Ordem dos Advogados do Brasil (art. 41).

§ 1.º A competência para processar e julgar o pedido de reabilitação é do Conselho Seccional em que tenha sido aplicada a sanção disciplinar. Nos casos de competência originária do Conselho Federal, perante este tramitará o pedido de reabilitação.

§ 2.º Observar-se-á, no pedido de reabilitação, o procedimento do processo disciplinar, no que couber.

§ 3.º O pedido de reabilitação terá autuação própria, devendo os autos respectivos ser apensados aos do processo disciplinar a que se refira.

§ 4.º O pedido de reabilitação será instruído com provas de bom comportamento, no exercício da advocacia e na vida social, cumprindo à Secretaria do Conselho competente certificar, nos autos, o efetivo cumprimento da sanção disciplinar pelo requerente.

§ 5.º Quando o pedido não estiver suficientemente instruído, o relator assinará prazo ao requerente para que complemente a documentação; não cumprida a determinação, o pedido será liminarmente arquivado.

Capítulo II
DOS ÓRGÃOS DISCIPLINARES

Seção I
Dos Tribunais de Ética e Disciplina

> *Vide* arts. 58, III, parágrafo único, *c*, 68 e 70 a 74 da Lei n. 8.906, de 4-7-1994.

Art. 70. O Tribunal de Ética e Disciplina poderá funcionar dividido em órgãos fracionários, de acordo com seu regimento interno.

Art. 71. Compete aos Tribunais de Ética e Disciplina:

I – julgar, em primeiro grau, os processos ético-disciplinares;

II – responder a consultas formuladas, em tese, sobre matéria ético-disciplinar;

III – exercer as competências que lhe sejam conferidas pelo Regimento Interno da Seccional ou por este Código para a instauração, instrução e julgamento de processos ético-disciplinares;

IV – suspender, preventivamente, o acusado, em caso de conduta suscetível de acarretar repercussão prejudicial à advocacia, nos termos do Estatuto da Advocacia e da Ordem dos Advogados do Brasil;

V – organizar, promover e ministrar cursos, palestras, seminários e outros eventos da mesma natureza acerca da ética profissional do advogado ou estabelecer parcerias com as Escolas de Advocacia, com o mesmo objetivo;

VI – atuar como órgão mediador ou conciliador nas questões que envolvam:

a) dúvidas e pendências entre advogados;

> O Provimento OAB n. 83, de 17-6-1996, dispõe sobre processos éticos de representação por advogado contra advogado.

b) partilha de honorários contratados em conjunto ou decorrentes de substabelecimento, bem como os que resultem de sucumbência, nas mesmas hipóteses;

c) controvérsias surgidas quando da dissolução de sociedade de advogados.

Seção II
Das Corregedorias-Gerais

Art. 72. As Corregedorias-Gerais integram o sistema disciplinar da Ordem dos Advogados do Brasil.

§ 1.º O Secretário-Geral Adjunto exerce, no âmbito do Conselho Federal, as funções de Corregedor-Geral, cuja competência é definida em Provimento.

§ 2.º Nos Conselhos Seccionais, as Corregedorias-Gerais terão atribuições da mesma natureza, observando, no que couber, Provimento do Conselho Federal sobre a matéria.

§ 3.º A Corregedoria-Geral do Processo Disciplinar coordenará ações do Conselho Federal e dos Conselhos Seccionais voltadas para o objetivo de reduzir a ocorrência das infrações disciplinares mais frequentes.

Título III
DAS DISPOSIÇÕES GERAIS E TRANSITÓRIAS

Art. 73. O Conselho Seccional deve oferecer os meios e o suporte de apoio material, logístico, de informática e de pessoal necessários ao pleno funcionamento e ao desenvolvimento das atividades do Tribunal de Ética e Disciplina.

§ 1.º Os Conselhos Seccionais divulgarão, trimestralmente, na internet, a quantidade de processos ético-disciplinares em andamento e as punições decididas em caráter definitivo, preservadas as regras de sigilo.

§ 2.º A divulgação das punições referidas no parágrafo anterior destacará cada infração tipificada no art. 34 da Lei n. 8.906/94.

Art. 74. Em até 180 (cento e oitenta) dias após o início da vigência do presente Código de Ética e Disciplina da OAB, os Conselhos Seccionais e os Tribunais de Ética e Disciplina deverão elaborar ou rever seus Regimentos Internos, adaptando-os às novas regras e disposições deste Código. No caso dos Tribunais de Ética e Disciplina, os Regimentos Internos serão submetidos à aprovação do respectivo Conselho Seccional e, subsequentemente, do Conselho Federal.

Art. 75. A pauta de julgamentos do Tribunal é publicada no Diário Eletrônico da OAB e no quadro de avisos gerais, na sede do Conselho Seccional, com antecedência de 15 (quinze) dias, devendo ser dada prioridade, nos julgamentos, aos processos cujos interessados estiverem presentes à respectiva sessão.

>> Artigo com redação determinada pela Resolução n. 5, de 2-10-2018.

Art. 76. As disposições deste Código obrigam igualmente as sociedades de advogados, os consultores e as sociedades consultoras em direito estrangeiro e os estagiários, no que lhes forem aplicáveis.

Art. 77. As disposições deste Código aplicam-se, no que couber, à mediação, à conciliação e à arbitragem, quando exercidas por advogados.

Art. 78. Os autos do processo disciplinar podem ter caráter virtual, mediante adoção de processo eletrônico.

Parágrafo único. O Conselho Federal da OAB regulamentará em Provimento o processo ético-disciplinar por meio eletrônico.

>> O Provimento OAB n. 176, 27-6-2017, regulamenta o processo ético-disciplinar em meio eletrônico na OAB, nos termos deste parágrafo único.

Art. 79. Este Código entra em vigor a 1.º de setembro de 2016, cabendo ao Conselho Federal e aos Conselhos Seccionais, bem como às Subseções da OAB, promover-lhe ampla divulgação.

>> Artigo com redação determinada pela Resolução n. 3, de 12-4-2016.

Art. 80. Fica revogado o Código de Ética e Disciplina editado em 13 de fevereiro de 1995, bem como as demais disposições em contrário.

Brasília, 19 de outubro de 2015.

Marcus Vinícius Furtado Coelho

LEI N. 8.981, DE 20 DE JANEIRO DE 1995 (*)

Altera a legislação tributária federal e dá outras providências.

Faço saber que o Presidente da República adotou a Medida Provisória n. 812, de 1994, que o Congresso Nacional aprovou, e eu, Humberto Lucena, Presidente do Senado Federal, para os efeitos do disposto no parágrafo único do art. 62 da Constituição Federal, promulgo a seguinte Lei:

CAPÍTULO I
DISPOSIÇÕES GERAIS

Art. 1.º A partir do ano-calendário de 1995 a expressão monetária da Unidade Fiscal de Referência – UFIR será fixa por períodos trimestrais.

§ 1.º O Ministério da Fazenda divulgará a expressão monetária da UFIR trimestral com base no IPCA – Série Especial de que trata o art. 2.º da Lei n. 8.383, de 30 de dezembro de 1991.

§ 2.º O IPCA – Série Especial será apurado a partir do período de apuração iniciado em 16 de dezembro de 1994 e divulgado trimestralmente pela Fundação Instituto Brasileiro de Geografia e Estatística (FIBGE).

§ 3.º A expressão monetária da UFIR referente ao primeiro trimestre de 1995 é de R$ 0,6767.

(*) Publicada no *Diário Oficial da União*, de 23-1-1995. *Vide* Lei n. 9.430, de 27-12-1996.

>> *Vide*, sobre UFIR, Nota da Editora.

Art. 2.º Para efeito de aplicação dos limites, bem como dos demais valores expressos em UFIR na legislação federal, a conversão dos valores em Reais para UFIR será efetuada utilizando-se o valor da UFIR vigente no trimestre de referência.

Art. 3.º A base de cálculo e o imposto de renda das pessoas jurídicas tributadas com base no lucro real, presumido ou arbitrado, correspondentes aos períodos-base encerrados no ano-calendário de 1994, serão expressos em quantidade de UFIR, observada a legislação então vigente.

Art. 4.º O imposto de renda devido pelas pessoas físicas, correspondente ao ano-calendário de 1994, será expresso em quantidade de UFIR, observada a legislação então vigente.

Art. 5.º Os débitos de qualquer natureza para com a Fazenda Nacional e os decorrentes de contribuições arrecadadas pela União, constituídos ou não, cujos fatos geradores ocorrerem até 31 de dezembro de 1994, inclusive os que foram objeto de parcelamento, expressos em quantidade de UFIR, serão reconvertidos para Real com base no valor desta fixado para o trimestre do pagamento.

Parágrafo único. O disposto neste artigo se aplica também às contribuições sociais arrecadadas pelo Instituto Nacional de Seguro Social – INSS, relativas a períodos de competência anteriores a 1.º de janeiro de 1995.

Art. 6.º Os tributos e contribuições sociais, cujos fatos geradores vierem a ocorrer a partir de 1.º de janeiro de 1995, serão apurados em Reais.

CAPÍTULO II
DO IMPOSTO DE RENDA DAS PESSOAS FÍSICAS

Seção I
Disposições Gerais

Art. 7.º A partir de 1.º de janeiro de 1995, a renda e os proventos de qualquer natureza, inclusive os rendimentos e ganhos de capital, percebidos por pessoas físicas residentes ou domiciliadas no Brasil, serão tributados pelo imposto de renda na forma da legislação vigente, com as modificações introduzidas por esta Lei.

Seção II
Da Incidência Mensal do Imposto

Arts. 8.º a 10. (*Revogados pela Lei n. 9.250, de 26-12-1995.*)

Seção III
Da Declaração de Rendimentos

Arts. 11 a 20. (*Revogados pela Lei n. 9.250, de 26-12-1995.*)

Seção IV
Tributação dos Ganhos de Capital das Pessoas Físicas

Art. 21. O ganho de capital percebido por pessoa física em decorrência da alienação de bens e direitos de qualquer natureza sujeita-se à incidência do imposto sobre a renda, com as seguintes alíquotas:

>> *Caput* com redação determinada pela Lei n. 13.259, de 16-3-2016.

>> *Vide* art. 2.º da Lei n. 13.259, de 16-3-2016.

I – 15% (quinze por cento) sobre a parcela dos ganhos que não ultrapassar R$ 5.000.000,00 (cinco milhões de reais);

>> Inciso I acrescentado pela Lei n. 13.259, de 16-3-2016.

II – 17,5% (dezessete inteiros e cinco décimos por cento) sobre a parcela dos ganhos que exceder R$ 5.000.000,00 (cinco milhões de reais) e não ultrapassar R$ 10.000.000,00 (dez milhões de reais);

>> Inciso II acrescentado pela Lei n. 13.259, de 16-3-2016.

III – 20% (vinte por cento) sobre a parcela dos ganhos que exceder R$ 10.000.000,00 (dez milhões de reais) e não ultrapassar R$ 30.000.000,00 (trinta milhões de reais); e

>> Inciso III acrescentado pela Lei n. 13.259, de 16-3-2016.

IV – 22,5% (vinte e dois inteiros e cinco décimos por cento) sobre a parcela dos ganhos que ultrapassar R$ 30.000.000,00 (trinta milhões de reais).

>> Inciso IV acrescentado pela Lei n. 13.259, de 16-3-2016.

§ 1.º O imposto de que trata este artigo deverá ser pago até o último dia útil do mês subsequente ao da percepção dos ganhos.

§ 2.º Os ganhos a que se refere este artigo serão apurados e tributados em separado e não integrarão a base de cálculo do imposto de renda na declaração de ajuste anual, e o imposto pago não poderá ser deduzido do devido na declaração.

§ 3.º Na hipótese de alienação em partes do mesmo bem ou direito, a partir da segunda operação, desde que realizada até o final do ano-calendário seguinte ao da primeira operação, o ganho de capital deve ser somado aos ganhos auferidos nas operações anteriores, para fins da apuração do imposto na forma do *caput*, deduzindo-se o montante do imposto pago nas operações anteriores.

>> § 3.º acrescentado pela Lei n. 13.259, de 16-3-2016.

§ 4.º Para fins do disposto neste artigo, considera-se integrante do mesmo bem ou direito o conjunto de ações ou quotas de uma mesma pessoa jurídica.

>> § 4.º acrescentado pela Lei n. 13.259, de 16-3-2016.

§ 5.º (*Vetado.*)

>> § 5.º acrescentado pela Lei n. 13.259, de 16-3-2016.

Art. 22. Na apuração dos ganhos de capital na alienação de bens e direitos será considerado como custo de aquisição:

I – no caso de bens e direitos adquiridos até 31 de dezembro de 1994, o valor em UFIR, apurado na forma da legislação então vigente;

II – no caso de bens e direitos adquiridos a partir de 1.º de janeiro de 1995, o valor pago convertido em UFIR com base no valor desta fixado para o trimestre de aquisição ou de cada pagamento, quando se tratar de pagamento parcelado.

Parágrafo único. O custo de aquisição em UFIR será reconvertido para Reais com base no valor da UFIR vigente no trimestre em que ocorrer a alienação.

Art. 23. *(Revogado pela Lei n. 9.250, de 26-12-1995.)*

Seção V
Declaração de Bens e Direitos

Art. 24. A partir do exercício financeiro de 1996, a pessoa física deverá apresentar relação pormenorizada de todos os bens e direitos, em Reais, que, no país ou no exterior, constituam, em 31 de dezembro do ano-calendário anterior, seu patrimônio e o de seus dependentes.

Parágrafo único. Os valores dos bens e direitos adquiridos até 31 de dezembro de 1994, declarados em UFIR, serão reconvertidos para Reais, para efeito de preenchimento da declaração de bens e direitos a partir do ano-calendário de 1995, exercício de 1996, com base no valor da UFIR vigente no primeiro trimestre do ano-calendário de 1995.

Capítulo III
DO IMPOSTO DE RENDA DAS PESSOAS JURÍDICAS

Seção I
Normas Gerais

Art. 25. A partir de 1.º de janeiro de 1995, o imposto de renda das pessoas jurídicas, inclusive das equiparadas, será devido à medida em que os rendimentos, ganhos e lucros forem sendo auferidos.

Art. 26. As pessoas jurídicas determinarão o imposto de renda segundo as regras aplicáveis ao regime de tributação com base no lucro real, presumido ou arbitrado.

§ 1.º É facultado às sociedades civis de prestação de serviços relativos às profissões regulamentadas (art. 1.º do Decreto-lei n. 2.397, de 21-12-1987) optarem pelo regime de tributação com base no lucro real ou presumido.

§ 2.º Na hipótese do parágrafo anterior, a opção, de caráter irretratável, se fará mediante o pagamento do imposto correspondente ao mês de janeiro do ano-calendário da opção ou do mês de início da atividade.

Seção II
Do Pagamento Mensal do Imposto

> *Vide* art. 20 da Lei n. 9.249, de 26-12-1995.

Art. 27. Para efeito de apuração do imposto de renda, relativo aos fatos geradores ocorridos em cada mês, a pessoa jurídica determinará a base de cálculo mensalmente, de acordo com as regras previstas nesta Seção, sem prejuízo do ajuste previsto no art. 37.

>> *Vide* art. 20 da Lei n. 9.249, de 26-12-1995.

> O art. 14, I, da Lei n. 10.522, de 19-7-2002, veda o parcelamento de débito.

Art. 28. *(Revogado pela Lei n. 9.249, de 26-12-1995.)*

Art. 29. No caso das pessoas jurídicas a que se refere o art. 36, inciso III, desta Lei, a base de cálculo do imposto será determinada mediante a aplicação do percentual de 9% (nove por cento) sobre a receita bruta.

>> *Vide* art. 20 da Lei n. 9.249, de 26-12-1995.

§ 1.º Poderão ser deduzidas da receita bruta:

a) no caso das instituições financeiras, sociedades corretoras de títulos, valores mobiliários e câmbio, e sociedades distribuidoras de títulos e valores mobiliários:

a.1) as despesas incorridas na captação de recursos de terceiros;

a.2) as despesas com obrigações por refinanciamentos, empréstimos e repasses de recursos de órgãos e instituições oficiais e do exterior;

a.3) as despesas de cessão de créditos;

a.4) as despesas de câmbio;

a.5) as perdas com títulos e aplicações financeiras de renda fixa;

a.6) as perdas nas operações de renda variável previstas no inciso III do art. 77;

b) no caso de empresas de seguros privados: o cosseguro e resseguro cedidos, os valores referentes a cancelamentos e restituições de prêmios e a parcela dos prêmios destinada à constituição de provisões ou reservas técnicas;

c) no caso de entidades de previdência privada abertas e de empresas de capitalização: a parcela das contribuições e prêmios, respectivamente, destinada à constituição de provisões ou reservas técnicas;

d) no caso de operadoras de planos de assistência à saúde: as corresponsabilidades cedidas e a parcela das contraprestações pecuniárias destinada à constituição de provisões técnicas.

>> Alínea *d* acrescentada pela Medida Provisória n. 2.158-35, de 24-8-2001.

§ 2.º É vedada a dedução de qualquer despesa administrativa.

Art. 30. As pessoas jurídicas que explorem atividades imobiliárias relativas a loteamento de terrenos, incorporação imobiliária, construção de prédios destinados à venda, bem como a venda de imóveis construídos ou adquiridos para revenda, deverão considerar como receita bruta o montante efetivamente recebido, relativo às unidades imobiliárias vendidas.

Parágrafo único. O disposto neste artigo aplica-se, inclusive, aos casos de empreitada ou fornecimento contratado nas condições do art. 10 do Decreto-lei n. 1.598, de 26 de dezembro de 1977, com pessoa jurídica de direito público, ou empresa sob seu controle, empresa pública, sociedade de economia mista ou sua subsidiária.

>> Parágrafo único acrescentado pela Lei n. 9.065, de 20-6-1995.

>> *Vide* arts. 15 e 20 da Lei n. 9.249, de 26-12-1995.

Art. 31. *(Revogado pela Lei n. 12.973, de 13-5-2014.)*

Art. 32. Os ganhos de capital, demais receitas e os resultados positivos decorrentes de receitas não abrangidas pelo artigo anterior, serão acrescidos à base de cálculo determinada na forma dos arts. 28 ou 29, para efeito de incidência do imposto de renda de que trata esta Seção.

> Citado art. 28 encontra-se revogado pela Lei n. 9.249, de 26-12-1995.

§ 1.º O disposto neste artigo não se aplica aos rendimentos tributados na forma dos arts. 65, 66, 67, 70, 72, 73 e 74, decorrentes das operações ali mencionadas, bem como aos lucros, dividendos ou resultado positivo decorrente da avaliação de investimentos pela equivalência patrimonial.

§ 2.º O ganho de capital nas alienações de bens ou direitos classificados como investimento, imobilizado ou intangível e de aplicações em ouro, não tributadas na forma do art. 72, corresponderá à diferença positiva verificada entre o valor da alienação e o respectivo valor contábil.

>> § 2.º com redação determinada pela Lei n. 12.973, de 13-5-2014.

§ 3.º Na apuração dos valores de que trata o *caput*, deverão ser considerados os respectivos valores decorrentes do ajuste a valor presente de que trata o inciso VIII do *caput* do art. 183 da Lei n. 6.404, de 15 de dezembro de 1976.

>> § 3.º acrescentado pela Lei n. 12.973, de 13-5-2014.

§ 4.º Para fins do disposto no § 2.º, poderão ser considerados no valor contábil, e na proporção deste, os respectivos valores decorrentes dos efeitos do ajuste a valor presente de que trata o inciso III do *caput* do art. 184 da Lei n. 6.404, de 15 de dezembro de 1976.

>> § 4.º acrescentado pela Lei n. 12.973, de 13-5-2014.

§ 5.º Os ganhos decorrentes de avaliação de ativo ou passivo com base no valor justo não integrarão a base de cálculo do imposto, no momento em que forem apurados.

>> § 5.º acrescentado pela Lei n. 12.973, de 13-5-2014.

§ 6.º Para fins do disposto no *caput*, os ganhos e perdas decorrentes de avaliação do ativo com base em valor justo não serão considerados como parte integrante do valor contábil.

>> § 6.º acrescentado pela Lei n. 12.973, de 13-5-2014.

§ 7.º O disposto no § 6.º não se aplica aos ganhos que tenham sido anteriormente computados na base de cálculo do imposto.

>> § 7.º acrescentado pela Lei n. 12.973, de 13-5-2014.

Art. 33. *(Revogado pela Lei n. 9.430, de 27-12-1996.)*

Art. 34. Para efeito de pagamento, a pessoa jurídica poderá deduzir, do imposto apurado no mês, o imposto de renda pago ou retido na fonte sobre as receitas que integraram a base de cálculo correspondente (arts. 28 ou 29), bem como os incentivos de dedução do imposto, relativos ao Programa de Alimentação do Trabalhador, Vale-Transporte, Doações aos Fundos da Criança e do Adolescente, Atividades Culturais ou Artísticas e Atividade Audiovisual, observados os limites e prazos previstos na legislação vigente.

>> Artigo com redação determinada pela Lei n. 9.065, de 20-6-1995.

>> *Vide* arts. 15 e 20 da Lei n. 9.249, de 26-12-1995.

Art. 35. A pessoa jurídica poderá suspender ou reduzir o pagamento do imposto devido em cada mês, desde que demonstre, através de balanços ou balancetes mensais, que o valor acumulado já pago excede o valor do imposto, inclusive adicional, calculado com base no lucro real do período em curso.

>> *Vide* art. 35, parágrafo único, da Lei n. 12.973, de 13-5-2014.

§ 1.º Os balanços ou balancetes de que trata este artigo:

a) deverão ser levantados com observância das leis comerciais e fiscais e transcritos no livro Diário;

b) somente produzirão efeitos para determinação da parcela do imposto de renda e da contribuição social sobre o lucro devidos no decorrer do ano-calendário.

§ 2.º Estão dispensadas do pagamento de que tratam os arts. 28 e 29 as pessoas jurídicas que, através de balanço ou balancetes mensais, demonstrem a existência de prejuízos fiscais apurados a partir do mês de janeiro do ano-calendário.

>> § 2.º com redação determinada pela Lei n. 9.065, de 20-6-1995.

§ 3.º O pagamento mensal, relativo ao mês de janeiro do ano-calendário, poderá ser efetuado com base em balanço ou balancete mensal, desde que neste fique demonstrado que o imposto devido no período é inferior ao calculado com base no disposto nos arts. 28 e 29.

>> § 3.º acrescentado pela Lei n. 9.065, de 20-6-1995.

§ 4.º O Poder Executivo poderá baixar instruções para a aplicação do disposto neste artigo.

>> § 4.º acrescentado pela Lei n. 9.065, de 20-6-1995.

>> *Vide* art. 15 da Lei n. 9.249, de 26-12-1995.

Seção III
Do Regime de Tributação com Base no Lucro Real

Art. 36. *(Revogado pela Lei n. 9.718, de 27-11-1998.)*

Art. 37. Sem prejuízo dos pagamentos mensais do imposto, as pessoas jurídicas obrigadas ao regime de tributação com base no lucro real (art. 36) e as pessoas jurídicas que não optarem pelo regime de tributação com base no lucro presumido (art. 44) deverão, para efeito de determinação do saldo de imposto a pagar ou a ser compensado, apurar o lucro real em 31 de dezembro de cada ano--calendário ou na data da extinção.

§ 1.º A determinação do lucro real será precedida da apuração do lucro líquido com observância das disposições das leis comerciais.

§ 2.º Sobre o lucro real será aplicada a alíquota de 25% (vinte e cinco por cento), sem prejuízo do disposto no art. 39.

§ 3.º Para efeito de determinação do saldo do imposto a pagar ou a ser compensado, a pessoa jurídica poderá deduzir do imposto devido o valor:

a) dos incentivos fiscais de dedução do imposto, observados os limites e prazos fixados na legislação vigente, bem como o disposto no § 2.º do art. 39;

>> A Lei n. 13.840, de 5-6-2019, propôs nova redação para esta alínea, porém teve seu texto vetado.

b) dos incentivos fiscais de redução e isenção do imposto, calculados com base no lucro da exploração;

c) do imposto de renda pago ou retido na fonte, incidentes sobre receitas computadas na determinação do lucro real;

d) do imposto de renda calculado na forma dos arts. 27 a 35 desta Lei, pago mensalmente.

§ 4.º *(Revogado pela Lei n. 9.430, de 27-12-1996.)*

§ 5.º O disposto no *caput* somente alcança as pessoas jurídicas que:

a) efetuaram o pagamento do imposto de renda e da contribuição social sobre o lucro, devidos no curso do ano-calendário, com base nas regras previstas nos arts. 27 a 34;

b) demonstrarem, através de balanços ou balancetes mensais (art. 35):

b.1) que o valor pago a menor decorreu da apuração do lucro real e da base de cálculo da contribuição social sobre o lucro, na forma da legislação comercial e fiscal; ou

b.2) a existência de prejuízos fiscais, a partir do mês de janeiro do referido ano-calendário.

>> Alínea *b* com redação determinada pela Lei n. 9.065, de 20-6-1995.

§ 6.º As pessoas jurídicas não enquadradas nas disposições contidas no § 5.º deverão determinar, mensalmente, o lucro real e a base de cálculo da contribuição social sobre o lucro, de acordo com a legislação comercial e fiscal.

>> *Vide* art. 3.º, parágrafo único, da Lei n. 9.065, de 20-6-1995.

§ 7.º Na hipótese do parágrafo anterior o imposto e a contribuição social sobre o lucro devidos terão por vencimento o último dia útil do mês subsequente ao de encerramento do período mensal.

Art. 38. *(Revogado pela Lei n. 9.430, de 27-12-1996.)*

Art. 39. O lucro real ou arbitrado da pessoa jurídica estará sujeito a um adicional do imposto de renda à alíquota de:

I – 12% (doze por cento) sobre a parcela do lucro real que ultrapassar R$ 180.000,00 até R$ 780.000,00;

II – 18% (dezoito por cento) sobre a parcela do lucro real que ultrapassar R$ 780.000,00;

III – 12% (doze por cento) sobre a parcela do lucro arbitrado que ultrapassar R$ 15.000,00 até R$ 65.000,00;

IV – 18% (dezoito por cento) sobre a parcela do lucro arbitrado que ultrapassar R$ 65.000,00.

§ 1.º Os limites previstos nos incisos I e II serão proporcionais ao número de meses transcorridos do ano-calendário, quando o período de apuração for inferior a doze meses.

§ 2.º O valor do adicional será recolhido integralmente, não sendo permitidas quaisquer deduções.

Art. 40. *(Revogado pela Lei n. 9.430, de 27-12-1996.)*

Subseção I
Das alterações na apuração do lucro real

Art. 41. Os tributos e contribuições são dedutíveis, na determinação do lucro real, segundo o regime de competência.

§ 1.º O disposto neste artigo não se aplica aos tributos e contribuições cuja exigibilidade esteja suspensa, nos termos dos incisos II a IV do art. 151 da Lei n. 5.172, de 25 de outubro de 1966, haja ou não depósito judicial.

§ 2.º Na determinação do lucro real, a pessoa jurídica não poderá deduzir como custo ou despesa o imposto de renda de que for sujeito passivo como contribuinte ou responsável em substituição ao contribuinte.

§ 3.º A dedutibilidade, como custo ou despesa, de rendimentos pagos ou creditados a terceiros abrange o imposto sobre os rendimentos que o contribuinte, como fonte pagadora, tiver o dever legal de reter e recolher, ainda que assuma o ônus do imposto.

§ 4.º Os impostos pagos pela pessoa jurídica na aquisição de bens do ativo permanente poderão, a seu critério, ser registrados como custo de aquisição ou deduzidos como despesas operacionais, salvo os pagos na importação de bens que se acrescerão ao custo de aquisição.

§ 5.º Não são dedutíveis como custo ou despesas operacionais as multas por infrações fiscais, salvo as de natureza compensatória e as impostas por infrações de que não resultem falta ou insuficiência de pagamento de tributo.

§ 6.º As contribuições sociais incidentes sobre o faturamento ou receita bruta e sobre o valor das importações, pagas pela pessoa jurídica na aquisição de bens destinados ao ativo permanente, serão acrescidas ao custo de aquisição.

>> § 6.º acrescentado pela Lei n. 10.865, de 30-4-2004.

Art. 42. A partir de 1.º de janeiro de 1995, para efeito de determinar o lucro real, o lucro líquido ajustado pelas adições e exclusões previstas ou autorizadas pela legislação do imposto de renda poderá ser reduzido em no máximo 30% (trinta por cento).

Parágrafo único. A parcela dos prejuízos fiscais apurados até 31 de dezembro de 1994, não compensada em razão do disposto no *caput* deste artigo poderá ser utilizada nos anos-calendário subsequentes.

Art. 43. (*Revogado pela Lei n. 9.430, de 27-12-1996.*)

Seção IV
Do Regime de Tributação com Base no Lucro Presumido

Art. 44. As pessoas jurídicas, cuja receita total, no ano-calendário anterior, tenha sido igual ou inferior a R$ 12.000.000,00 (doze milhões de reais), poderão optar, por ocasião da entrega da declaração de rendimentos, pelo regime de tributação com base no lucro presumido.

>> *Caput* com redação determinada pela Lei n. 9.065, de 20-6-1995. Valor corrigido pela Lei n. 9.249, de 26-12-1995.

§ 1.º O limite previsto neste artigo será proporcional ao número de meses do ano-calendário, no caso de início de atividade.

§ 2.º Na hipótese deste artigo, o imposto de renda devido, relativo aos fatos geradores ocorridos em cada mês (arts. 27 a 32) será considerado definitivo.

§ 3.º (*Revogado pela Lei n. 9.065, de 20-6-1995.*)

Art. 45. A pessoa jurídica habilitada à opção pelo regime de tributação com base no lucro presumido deverá manter:

I – escrituração contábil nos termos da legislação comercial;

II – Livro Registro de Inventário, no qual deverão constar registrados os estoques existentes no término do ano-calendário abrangido pelo regime de tributação simplificada;

III – em boa guarda e ordem, enquanto não decorrido o prazo decadencial e não prescritas eventuais ações que lhes sejam pertinentes, todos os livros de escrituração obrigatórios por legislação fiscal específica, bem como os documentos e demais papéis que serviram de base para escrituração comercial e fiscal.

Parágrafo único. O disposto no inciso I deste artigo não se aplica à pessoa jurídica que, no decorrer do ano-calendário, mantiver livro Caixa, no qual deverá estar escriturado toda a movimentação financeira, inclusive bancária.

Art. 46. (*Revogado pela Lei n. 9.249, de 26-12-1995.*)

Seção V
Do Regime de Tributação com Base no Lucro Arbitrado

Art. 47. O lucro da pessoa jurídica será arbitrado quando:

I – o contribuinte, obrigado à tributação com base no lucro real ou submetido ao regime de tributação de que trata o Decreto-lei n. 2.397, de 1987, não mantiver escrituração na forma das leis comerciais e fiscais, ou deixar de elaborar as demonstrações financeiras exigidas pela legislação fiscal;

II – a escrituração a que estiver obrigado o contribuinte revelar evidentes indícios de fraude ou contiver vícios, erros ou deficiências que a tornem imprestável para:

a) identificar a efetiva movimentação financeira, inclusive bancária; ou

b) determinar o lucro real;

III – o contribuinte deixar de apresentar à autoridade tributária os livros e documentos da escrituração comercial e fiscal, ou o livro Caixa, na hipótese de que trata o art. 45, parágrafo único;

IV – o contribuinte optar indevidamente pela tributação com base no lucro presumido;

V – o comissário ou representante da pessoa jurídica estrangeira deixar de cumprir o disposto no § 1.º do art. 76 da Lei n. 3.470, de 28 de novembro de 1958;

VI – (*Revogado pela Lei n. 9.718, de 27-11-1998.*);

VII – o contribuinte não mantiver, em boa ordem e segundo as normas contábeis recomendadas, livro Razão ou fichas utilizados para resumir e totalizar, por conta ou subconta, os lançamentos efetuados no Diário;

VIII – o contribuinte não escriturar ou deixar de apresentar à autoridade tributária os livros ou registros auxiliares de que trata o § 2.º do art. 177 da Lei n. 6.404, de 15 de dezembro de 1976, e § 2.º do art. 8.º do Decreto-lei n. 1.598, de 26 de dezembro de 1977.

>> Inciso VIII acrescentado pela Lei n. 11.941, de 27-5-2009.

§ 1.º Quando conhecida a receita bruta, o contribuinte poderá efetuar o pagamento do imposto de renda correspondente com base nas regras previstas nesta Seção.

§ 2.º Na hipótese do parágrafo anterior:

a) a apuração do imposto de renda com base no lucro arbitrado abrangerá todo o ano-calendário, assegurada a tributação com base no lucro real relativa aos meses não submetidos ao arbitramento, se a pessoa jurídica dispuser de escrituração exigida pela legislação comercial e fiscal que demonstre o lucro real dos períodos não abrangido por aquela modalidade de tributação, observado o disposto no § 5.º do art. 37;

b) o imposto apurado com base no lucro real, na forma da alínea anterior, terá por vencimento o último dia útil do mês subsequente ao de encerramento do referido período.

Art. 48. (*Revogado pela Lei n. 9.249, de 26-12-1995.*)

Art. 49. As pessoas jurídicas que se dedicarem à venda de imóveis construídos ou adquiridos para revenda, ao loteamento de terrenos e à incorporação de prédios em condomínio terão seus lucros arbitrados deduzindo-se da receita bruta o custo do imóvel devidamente comprovado.

Parágrafo único. O lucro arbitrado será tributado na proporção da receita recebida ou cujo recebimento esteja previsto para o próprio mês.

Art. 50. (*Revogado pela Lei n. 9.430, de 27-12-1996.*)

Art. 51. O lucro arbitrado das pessoas jurídicas, quando não conhecida a receita bruta, será determinado através de procedimento de ofício, mediante a utilização de uma das seguintes alternativas de cálculo:

I – 1,5 (um inteiro e cinco décimos) do lucro real referente ao último período em que pessoa jurídica manteve escrituração de acordo com as leis comerciais e fiscais, atualizado monetariamente;

II – 0,04 (quatro centésimos) da soma dos valores do ativo circulante, realizável a longo prazo e permanente, existentes no último balanço patrimonial conhecido, atualizado monetariamente;

III – 0,07 (sete centésimos) do valor do capital, inclusive a sua correção monetária contabilizada como reserva de capital, constante do último balanço patrimonial conhecido ou registrado nos atos de constituição ou alteração da sociedade, atualizado monetariamente;

IV – 0,05 (cinco centésimos) do valor do patrimônio líquido constante do último balanço patrimonial conhecido, atualizado monetariamente;

V – 0,4 (quatro décimos) do valor das compras de mercadorias efetuadas no mês;

VI – 0,4 (quatro décimos) da soma, em cada mês, dos valores da folha de pagamento dos empregados e das compras de matérias-primas, produtos intermediários e materiais de embalagem;

VII – 0,8 (oito décimos) da soma dos valores devidos no mês a empregados;

VIII – 0,9 (nove décimos) do valor mensal do aluguel devido.

§ 1.º As alternativas previstas nos incisos V, VI e VII, a critério da autoridade lançadora, poderão ter sua aplicação limitada, respectivamente, às atividades comerciais, industriais e de prestação de serviços e, no caso de empresas com atividade de mista, ser adotados isoladamente em cada atividade.

§ 2.º Para os efeitos da aplicação do disposto no inciso I, quando o lucro real for decorrente de período-base anual, o valor que servirá de base ao arbitramento será proporcional ao número de meses do período-base considerado.

§ 3.º Para cálculo da atualização monetária a que se referem os incisos deste artigo, serão adotados os índices utilizados para fins de correção monetária das demonstrações financeiras, tomando-se como termo inicial a data do encerramento do período-base utilizado, e, como termo final, o mês a que se referir o arbitramento.

§ 4.º Nas alternativas previstas nos incisos V e VI do *caput*, as compras serão consideradas pelos valores totais das operações, devendo ser incluídos os valores decorrentes do ajuste a valor presente de que trata o inciso III do art. 184 da Lei n. 6.404, de 15 de dezembro de 1976.

>> § 4.º acrescentado pela Lei n. 12.973, de 13-5-2014.

Arts. 52 e 53. (*Revogados pela Lei n. 9.430, de 27-12-1996.*)

Art. 54. (*Revogado pela Lei n. 9.249, de 26-12-1995.*)

Art. 55. O lucro arbitrado na forma do art. 51 constituirá também base de cálculo da contribuição social sobre o lucro, de que trata a Lei n. 7.689, de 15 de dezembro de 1988.

Seção VI
Da Declaração de Rendimentos das Pessoas Jurídicas

Art. 56. As pessoas jurídicas deverão apresentar, até o último dia útil do mês de março, declaração de rendimentos demonstrando os resultados auferidos no ano-calendário anterior.

>> *Caput* com redação determinada pela Lei n. 9.065, de 20-6-1995.

§ 1.º A declaração de rendimentos será entregue na unidade local da Secretaria da Receita Federal que jurisdicionar o declarante ou nos estabelecimentos bancários autorizados, localizados na mesma jurisdição.

>> A Secretaria da Receita Federal passa a denominar-se Secretaria da Receita Federal do Brasil, por força da Lei n. 11.457, de 16-3-2007.

§ 2.º No caso de encerramento de atividades, a declaração de rendimentos deverá ser entregue até o último dia útil do mês subsequente ao da extinção.

§ 3.º A declaração de rendimentos das pessoas jurídicas deverá ser apresentada em meio magnético, ressalvado o disposto no parágrafo subsequente.

>> § 3.º com redação determinada pela Lei n. 9.532, de 10-12-1997.

§ 4.º O Ministro de Estado da Fazenda poderá permitir que as empresas de que trata a Lei n. 9.317, de 5 de dezembro de 1996, optantes pelo SIMPLES, apresentem suas declarações por meio de formulários.

>> § 4.º com redação determinada pela Lei n. 9.532, de 10-12-1997.

Capítulo IV
DA CONTRIBUIÇÃO SOCIAL SOBRE O LUCRO

Art. 57. Aplicam-se à Contribuição Social sobre o Lucro (Lei n. 7.689, de 1988) as mesmas normas de apuração e de pagamento estabelecidas para o imposto de renda das pessoas jurídicas, inclusive no que se refere ao disposto no art. 38, mantidas a base de cálculo e as alíquotas previstas na legislação em vigor, com as alterações introduzidas por esta Lei.

>> *Caput* com redação determinada pela Lei n. 9.065, de 20-6-1995.

> O art. 38 encontra-se revogado pela Lei n. 9.430, de 27-12-1996.

§ 1.º Para efeito de pagamento mensal, a base de cálculo da contribuição social será o valor correspondente a 10% (dez por cento) do somatório:

a) da receita bruta mensal;

b) das demais receitas e ganhos de capital;

c) dos ganhos líquidos obtidos em operações realizadas nos mercados de renda variável;

d) dos rendimentos produzidos por aplicações financeiras de renda fixa.

§ 2.º No caso das pessoas jurídicas de que trata o inciso III do art. 36, a base de cálculo da contribuição social corresponderá ao valor decorrente da aplicação do percentual de 9% (nove por cento) sobre a receita bruta ajustada, quando for o caso, pelo valor das deduções previstas no art. 29.

>> § 2.º com redação determinada pela Lei n. 9.065, de 20-6-1995.

§ 3.º A pessoa jurídica que determinar o imposto de renda a ser pago em cada mês com base no lucro real (art. 35), deverá efetuar o pagamento da contribuição social sobre o lucro, calculando-a com base no lucro líquido ajustado apurado em cada mês.

§ 4.º No caso de pessoa jurídica submetida ao regime de tributação com base no lucro real, a contribuição determinada na forma dos §§ 1.º a 3.º será deduzida da contribuição apurada no encerramento do período de apuração.

Art. 58. Para efeito de determinação da base de cálculo da contribuição social sobre o lucro, o lucro líquido ajustado poderá ser reduzido por compensação da base de cálculo negativa, apurada em períodos-base anteriores em, no máximo, 30% (trinta por cento).

Art. 59. A contribuição social sobre o lucro das sociedades civis, submetidas ao regime de tributação de que trata o art. 1.º do Decreto-lei n. 2.397, de 1987, deverá ser paga até o último dia útil do mês de janeiro de cada ano-calendário.

Capítulo V
DA TRIBUTAÇÃO DO IMPOSTO DE RENDA NA FONTE

Art. 60. Estão sujeitas ao desconto do imposto de renda na fonte, à alíquota de 5% (cinco por cento), as importâncias pagas às pessoas jurídicas:

I – a título de juros e de indenizações por lucros cessantes, decorrentes de sentença judicial;

II – (*Revogado pela Lei n. 9.249, de 26-12-1995.*)

Parágrafo único. O imposto descontado na forma deste artigo será deduzido do imposto devido apurado no encerramento do período-base.

Art. 61. Fica sujeito à incidência do imposto de renda exclusivamente na fonte, à alíquota de 35% (trinta e cinco por cento), todo pagamento efetuado pelas pessoas jurídicas a beneficiário não identificado, ressalvado o disposto em normas especiais.

§ 1.º A incidência prevista no *caput* aplica-se, também, aos pagamentos efetuados ou aos recursos entregues a terceiros ou sócios, acionistas ou titular, contabilizados ou não, quando não for comprovada a operação ou a sua causa, bem como à hipótese de que trata o § 2.º, do art. 74 da Lei n. 8.383, de 1991.

§ 2.º Considera-se vencido o imposto de renda na fonte no dia do pagamento da referida importância.

§ 3.º O rendimento de que trata este artigo será considerado líquido, cabendo o reajustamento do respectivo rendimento bruto sobre o qual recairá o imposto.

Art. 62. A partir de 1.º de janeiro de 1995, a alíquota do imposto de renda na fonte de que trata o art. 44 da Lei n. 8.541, de 1992, será de 35% (trinta e cinco por cento).

Art. 63. Os prêmios distribuídos sob a forma de bens e serviços, através de concursos e sorteios de qualquer espécie, estão sujeitos à incidência do imposto, à alíquota de 20% (vinte por cento), exclusivamente na fonte.

>> *Caput* com redação determinada pela Lei n. 9.065, de 20-6-1995, e retificado em 3-7-1995.

§ 1.º O imposto de que trata este artigo incidirá sobre o valor de mercado do prêmio, na data da distribuição.

>> § 1.º com redação determinada pela Lei n. 11.196, de 21-11-2005.

>> *Vide* art. 132, IV, *b*, da Lei n. 11.196, de 21-11-2005.

§ 2.º Compete à pessoa jurídica que proceder à distribuição de prêmios, efetuar o pagamento do imposto correspondente, não se aplicando o reajustamento da base de cálculo.

§ 3.º O disposto neste artigo não se aplica aos prêmios em dinheiro, que continuam sujeitos à tributação na forma do art. 14 da Lei n. 4.506, de 30 de novembro de 1964.

Art. 64. O art. 45 da Lei n. 8.541, de 1992, passa a ter a seguinte redação:

>> Alteração já processada no texto da referida Lei.

CAPÍTULO VI
DA TRIBUTAÇÃO DAS OPERAÇÕES FINANCEIRAS

Seção I
Do Mercado de Renda Fixa

Art. 65. O rendimento produzido por aplicação financeira de renda fixa, auferido por qualquer beneficiário, inclusive pessoa jurídica isenta, a partir de 1.º de janeiro de 1995, sujeita-se à incidência do imposto de renda na fonte à alíquota de 10% (dez por cento).

§ 1.º A base de cálculo do imposto é constituída pela diferença positiva entre o valor da alienação, líquido do imposto sobre operações de crédito, câmbio e seguro, e sobre operações relativas a títulos ou valores mobiliários – IOF, de que trata a Lei n. 8.894, de 21 de junho de 1994, e o valor da aplicação financeira.

§ 2.º Para fins de incidência do imposto de renda na fonte, a alienação compreende qualquer forma de transmissão da propriedade, bem como a liquidação, resgate, cessão ou repactuação do título ou aplicação.

§ 3.º Os rendimentos periódicos produzidos por título ou aplicação, bem como qualquer remuneração adicional aos rendimentos prefixados, serão submetidos à incidência do imposto de renda na fonte por ocasião de sua percepção.

>> O art. 5.º da Lei n. 12.431, de 24-6-2011, dispõe: "Art. 5.º O Imposto sobre a Renda incidente sobre os rendimentos periódicos a que se refere o § 3.º do art. 65 da Lei n. 8.981, de 1995, incidirá, *pro rata tempore*, sobre a parcela do rendimento produzido entre a data de aquisição ou a data do pagamento periódico anterior e a data de sua percepção, podendo ser deduzida da base de cálculo a parcela dos rendimentos correspondente ao período entre a data do pagamento do rendimento periódico anterior e a data de aquisição do título. § 1.º Ocorrido o primeiro pagamento periódico de rendimentos após a aquisição do título sem alienação pelo adquirente, a parcela do rendimento não submetida à incidência do imposto sobre a renda na fonte deverá ser deduzida do custo de aquisição para fins de apuração da base de cálculo do imposto, quando de sua alienação. § 2.º As instituições intervenientes deverão manter registro que permitam verificar a correta apuração da base de cálculo do imposto de que trata este artigo, na forma regulamentada pela Secretaria da Receita Federal do Brasil".

§ 4.º O disposto neste artigo aplica-se também:

a) às operações conjugadas que permitam a obtenção de rendimentos predeterminados, realizadas nas bolsas de valores, de mercadorias, de futuros e assemelhadas, bem como no mercado de balcão;

b) às operações de transferência de dívidas realizadas com instituição financeira, demais instituições autorizadas a funcionar pelo Banco Central do Brasil ou com pessoa jurídica não financeira;

c) aos rendimentos auferidos pela entrega de recursos a pessoa jurídica, sob qualquer forma e a qualquer título, independentemente de ser ou não a fonte pagadora instituição autorizada a funcionar pelo Banco Central do Brasil.

§ 5.º Em relação às operações de que tratam as alíneas *a* e *b* do § 4.º, a base de cálculo do imposto será:

a) o resultado positivo auferido no encerramento ou liquidação das operações conjugadas;

b) a diferença positiva entre o valor da dívida e o valor entregue à pessoa jurídica responsável pelo pagamento da obrigação, acrescida do respectivo imposto de renda retido.

§ 6.º Fica o Poder Executivo autorizado a baixar normas com vistas a definir as características das operações de que tratam as alíneas *a* e *b* do § 4.º.

§ 7.º O imposto de que trata este artigo será retido:

a) por ocasião do recebimento dos recursos destinados ao pagamento de dívidas, no caso de que trata a alínea *b* do § 4.º;

b) por ocasião do pagamento dos rendimentos, ou da alienação do título ou da aplicação, nos demais casos.

§ 8.º É responsável pela retenção do imposto a pessoa jurídica que receber os recursos, no caso de operações de transferência de dívidas, e a pessoa jurídica que efetuar o pagamento do rendimento, nos demais casos.

Art. 66. Nas aplicações em fundos de renda fixa, inclusive, em Fundo de Aplicação Financeira – FAF, resgatadas a partir de 1.º de janeiro de 1995, a base de cálculo do imposto sobre a renda na fonte será constituída pela diferença positiva entre o valor do resgate, líquido de IOF, e o valor de aquisição da quota.

Parágrafo único. O imposto, calculado à alíquota de 10% (dez por cento), será retido pelo administrador do fundo na data do resgate.

Art. 67. As aplicações financeiras de que tratam os arts. 65, 66 e 70, existentes em 31 de dezembro de 1994, terão os respectivos rendimentos apropriados *pro rata tempore* até aquela data e tributados nos termos da legislação à época vigente.

§ 1.º O imposto apurado nos termos deste artigo será adicionado àquele devido por ocasião da alienação ou resgate do título ou aplicação.

§ 2.º Para efeitos de apuração da base de cálculo do imposto quando da alienação ou resgate, o valor dos rendimentos, apropriado nos termos deste artigo, será acrescido ao valor de aquisição da aplicação financeira.

§ 3.º O valor de aquisição existente em 31 de dezembro de 1994, expresso em quantidade de UFIR, será convertido em Real, pelo valor de R$ 0,6767.

§ 4.º Excluem-se do disposto neste artigo as aplicações em Fundo de Aplicação Financeira – FAF existentes em 31 de dezembro de 1994, cujo valor de aquisição será apurado com base no valor da quota na referida data.

§ 5.º Os rendimentos das aplicações financeiras de que trata este artigo, produzidos a partir de 1.º de janeiro de 1995, poderão ser excluídos do lucro real, para efeito de incidência do adicional do imposto de renda de que trata o art. 39.

§ 6.º A faculdade prevista no parágrafo anterior não se aplica aos rendimentos das aplicações financeiras auferidos por instituição financeira, sociedade corretora de títulos e valores mobiliários, sociedade distribuidora de títulos e valores mobiliários, sociedades de seguro, previdência e capitalização.

Art. 68. São isentos do imposto de renda:

I – os rendimentos auferidos pelas carteiras dos fundos de renda fixa;

II – os rendimentos auferidos nos resgates de quotas de fundos de investimentos, de titularidade de fundos cujos recursos sejam aplicados na aquisição de quotas de fundos de investimentos;

III – os rendimentos auferidos por pessoa física em contas de depósitos de poupança, de Depósitos Especiais Remunerados – DER e sobre os juros produzidos por letras hipotecárias.

Art. 69. Ficam revogadas as isenções previstas na legislação do imposto de renda sobre os rendimentos auferidos por pessoas jurídicas em contas de depósitos de poupança, de Depósitos Especiais Remunerados – DER e sobre os juros produzidos por letras hipotecárias.

Parágrafo único. O imposto devido sobre os rendimentos de que trata este artigo será retido por ocasião do crédito ou pagamento do rendimento.

Art. 70. As operações de mútuo e de compra vinculada à revenda, no mercado secundário, tendo por objeto ouro, ativo financeiro, continuam equiparadas às operações de renda fixa para fins de incidência do imposto de renda na fonte.

§ 1.º Constitui fato gerador do imposto:

a) na operação de mútuo, o pagamento ou crédito do rendimento ao mutuante;

b) na operação de compra vinculada à revenda, a operação de revenda do ouro.

§ 2.º A base de cálculo do imposto será constituída:

a) na operação de mútuo, pelo valor do rendimento pago ou creditado ao mutuante;

b) na operação de compra vinculada à revenda, pela diferença positiva entre o valor de revenda e o de compra do ouro.

§ 3.º A base de cálculo do imposto, em Reais, na operação de mútuo, quando o rendimento for fixado em quantidade de ouro, será apurada com base no preço médio verificado no mercado à vista da bolsa em que ocorrer o maior volume de operações com ouro, na data da liquidação do contrato, acrescida do imposto de renda retido na fonte.

§ 4.º No caso de pessoa jurídica tributada com base no lucro real deverão ser ainda observados que:

a) a diferença positiva entre o valor de mercado, na data do mútuo, e o custo de aquisição do ouro será incluída pelo mutuante na apuração do ganho líquido de que trata o art. 72;

b) as alterações no preço do ouro durante o decurso do prazo do contrato de mútuo, em relação ao preço verificado na data de realização do contrato, serão reconhecidas pelo mutuante e pelo mutuário como receita ou despesa, segundo o regime de competência;

c) para efeito do disposto na alínea *b* será considerado o preço médio do ouro verificado no mercado à vista da bolsa em que ocorrer o maior volume de operações, na data do registro da variação.

§ 5.º O imposto de renda na fonte será calculado aplicando-se a alíquota prevista no art. 65.

§ 6.º Fica o Poder Executivo autorizado a baixar normas com vistas a definir as características da operação de compra vinculada à revenda de que trata este artigo.

Art. 71. Fica dispensada a retenção do imposto de renda na fonte sobre rendimentos de aplicações financeiras de renda fixa ou de renda variável quando o beneficiário do rendimento declarar à fonte pagadora, por escrito, sua condição de entidade imune.

>> Artigo com redação determinada pela Lei n. 9.065, de 20-6-1995.

Seção II

Do Mercado de Renda Variável

Art. 72. Os ganhos líquidos auferidos, a partir de 1.º de janeiro de 1995, por qualquer beneficiário, inclusive pessoa jurídica isenta, em operações realizadas nas bolsas de valores, de mercadorias, de futuros e assemelhadas, serão tributados pelo imposto de renda na forma da legislação vigente, com as alterações introduzidas por esta Lei.

§ 1.º A alíquota do imposto será de 10% (dez por cento), aplicável sobre os ganhos líquidos apurados mensalmente.

§ 2.º Os custos de aquisição dos ativos objeto das operações de que trata este artigo serão:

a) considerados pela média ponderada dos custos unitários;

b) convertidos em Real pelo valor de R$ 0,6767, no caso de ativos existentes em 31 de dezembro de 1994, expressos em quantidade de UFIR.

§ 3.º O disposto neste artigo aplica-se também:

a) aos ganhos líquidos auferidos por qualquer beneficiário, na alienação de ouro, ativo financeiro, fora de bolsa;

b) aos ganhos líquidos auferidos pelas pessoas jurídicas na alienação de participações societárias, fora de bolsa.

§ 4.º As perdas apuradas nas operações de que trata este artigo poderão ser compensadas com os ganhos líquidos auferidos nos meses subsequentes, em operações da mesma natureza.

§§ 5.º e 6.º (*Revogados pela Lei n. 9.959, de 27-1-2000.*)

§ 7.º O disposto nos §§ 4.º e 5.º aplica-se, inclusive, às perdas existentes em 31 de dezembro de 1994.

§ 8.º Ficam isentos do imposto de renda os ganhos líquidos auferidos por pessoa física em operações no mercado à vista de ações nas bolsas de valores e em operações com ouro, ativo financeiro, cujo valor das alienações realizadas em cada mês seja igual ou inferior a 5.000,00 UFIR, para o conjunto de ações e para o ouro, ativo financeiro, respectivamente.

Art. 73. O rendimento auferido no resgate de quota de fundo de ações, de *commodities*, de investimento no exterior, clube de investimento e outros fundos da espécie, por qualquer beneficiário, inclusive pessoa jurídica isenta, sujeita-se à incidência do imposto de renda na fonte à alíquota de 10% (dez por cento).

§ 1.º A base de cálculo do imposto é constituída pela diferença positiva entre o valor de resgate, líquido de IOF, e o valor de aquisição da quota.

§ 2.º Os ganhos líquidos previstos nos arts. 72 a 74 e os rendimentos produzidos por aplicações financeiras de renda fixa auferidos pelas carteiras dos fundos e clubes de que trata este artigo são isentos de imposto de renda.

§ 3.º O imposto de que trata este artigo será retido pelo administrador do fundo ou clube na data do resgate.

§ 4.º As aplicações nos fundos e clubes de que trata este artigo, existentes em 31 de dezembro de 1994, terão os respectivos rendimentos apropriados *pro rata tempore* até aquela data.

§ 5.º No resgate de quotas, existentes em 31 de dezembro de 1994, deverão ser observados os seguintes procedimentos:

a) se o valor de aquisição da aplicação, calculado segundo o disposto no § 2.º do art. 67, for inferior ao valor de resgate, o imposto devido será acrescido do imposto apurado nos termos daquele artigo;

b) em qualquer outro caso, a base de cálculo do imposto no resgate das quotas será a diferença positiva entre o valor de resgate, líquido do IOF, e o valor original de aquisição, aplicando-se a alíquota vigente em 31 de dezembro de 1994.

§ 6.º Para efeito da apuração prevista na alínea *b* do § 5.º, o valor original de aquisição em 31 de dezembro de 1994, expresso em quantidade de UFIR, será convertido em Real pelo valor de R$ 0,6767.

§ 7.º Os rendimentos produzidos a partir de 1.º de janeiro de 1995, referentes a aplicações existentes em 31 de dezembro de 1994 nos fundos e clubes de que trata este artigo, poderão ser excluídos do lucro real para efeito de incidência do adicional do imposto de renda de que trata o art. 39.

Art. 74. Ficam sujeitos à incidência do imposto de renda na fonte, à alíquota de 10% (dez por cento), os rendimentos auferidos em operações de *swap*.

§ 1.º A base de cálculo do imposto das operações de que trata este artigo será o resultado positivo auferido na liquidação do contrato de *swap*.

§ 2.º O imposto será retido pela pessoa jurídica que efetuar o pagamento do rendimento, na data da liquidação do respectivo contrato.

§ 3.º Somente será admitido o reconhecimento de perdas em operações de *swap* registradas nos termos da legislação vigente.

Art. 75. Ressalvado o disposto no § 3.º do art. 74, fica o Poder Executivo autorizado a permitir a compensação dos resultados apurados nas operações de que tratam os arts. 73 e 74, definindo as condições para a sua realização.

Seção III

Das Disposições Comuns à Tributação das Operações Financeiras

Art. 76. O imposto de renda retido na fonte sobre os rendimentos de aplicações financeiras de renda fixa e de renda variável, ou pago sobre os ganhos líquidos mensais, será:

>> *Caput* com redação determinada pela Lei n. 9.065, de 20-6-1995.

I – deduzido do apurado no encerramento do período ou na data da extinção, no caso de pessoa jurídica submetida ao regime de tributação com base no lucro real;

II – definitivo, no caso de pessoa jurídica não submetida ao regime de tributação com base no lucro real, inclusive isenta, e de pessoa física.

§ 1.º No caso de sociedade civil de prestação de serviços, submetida ao regime de tributação de que trata o art. 1.º do Decreto-lei n. 2.397, de 1987, o imposto poderá ser compensado com o imposto retido por ocasião do pagamento dos rendimentos aos sócios beneficiários.

§ 2.º Os rendimentos de aplicações financeiras de renda fixa e de renda variável e os ganhos líquidos produzidos a partir de 1.º de janeiro de 1995 integrarão o lucro real.

§ 3.º As perdas incorridas em operações iniciadas e encerradas no mesmo dia (*day-trade*), realizadas em mercado de renda fixa ou de renda variável, não serão dedutíveis na apuração do lucro real.

§ 4.º Ressalvado o disposto no parágrafo anterior, as perdas apuradas nas operações de que tratam os arts. 72 a 74 somente serão dedutíveis na determinação do lucro real até o limite dos ganhos auferidos em operações previstas naqueles artigos.

§ 5.º Na hipótese do § 4.º, a parcela das perdas adicionadas poderá, nos anos-calendário subsequentes, ser excluída na determinação do lucro real, até o limite correspondente à diferença positiva apurada em cada ano, entre os ganhos e perdas decorrentes das operações realizadas.

>> § 5.º com redação determinada pela Lei n. 9.065, de 20-6-1995.

§ 6.º Fica reduzida a zero a alíquota do IOF incidente sobre operações com títulos e valores mobiliários de renda fixa e de renda variável.

§ 7.º O disposto no § 6.º não elide a faculdade do Poder Executivo alterar a alíquota daquele imposto, conforme previsto no § 1.º do art. 153 da Constituição Federal e no parágrafo único do art. 1.º da Lei n. 8.894, de 21 de junho de 1994.

Art. 77. O regime de tributação previsto neste Capítulo não se aplica aos rendimentos ou ganhos líquidos:

>> *Caput* com redação determinada pela Lei n. 9.065, de 20-6-1995.

I – em aplicações financeiras de renda fixa de titularidade de instituição financeira, inclusive sociedade de seguro, previdência e capitalização, sociedade corretora de títulos, valores mobiliários e câmbio, sociedade distribuidora de títulos e valores mobiliários ou sociedade de arrendamento mercantil;

>> Inciso I com redação determinada pela Lei n. 9.065, de 20-6-1995.

II – (*Revogado pela Lei n. 10.833, de 29-12-2003.*);

III – nas operações de renda variável realizadas em bolsa, no mercado de balcão organizado, autorizado pelo órgão competente, ou através de fundos de investimento, para a carteira própria das entidades citadas no inciso I;

>> Inciso III com redação determinada pela Lei n. 9.249, de 26-12-1995.

IV – na alienação de participações societárias permanentes em sociedades coligadas e controladas, e de participações societárias que permaneceram no ativo da pessoa jurídica até o término do ano-calendário seguinte ao de suas aquisições;

V – em operações de cobertura (*hedge*) realizadas em bolsa de valores, de mercadoria e de futuros ou no mercado de balcão.

§ 1.º Para efeito do disposto no inciso V, consideram-se de cobertura (*hedge*) as operações destinadas, exclusivamente, à proteção contra riscos inerentes às oscilações de preço ou de taxas, quando o objeto do contrato negociado:

a) estiver relacionado com as atividades operacionais da pessoa jurídica;

b) destinar-se à proteção de direitos ou obrigações da pessoa jurídica.

§ 2.º O Poder Executivo poderá definir requisitos adicionais para a caracterização das operações de que trata o parágrafo anterior, bem como estabelecer procedimentos para registro e apuração dos ajustes diários incorridos nessas operações.

§ 3.º Os rendimentos e ganhos líquidos de que trata este artigo deverão compor a base de cálculo prevista nos arts. 28 ou 29 e o lucro real.

§ 4.º Para as associações de poupança e empréstimo, os rendimentos e ganhos líquidos auferidos nas aplicações financeiras serão tributados de forma definitiva, à alíquota de 25% (vinte e cinco por cento) sobre a base de cálculo prevista no art. 29.

>> § 4.º com redação determinada pela Lei n. 9.065, de 20-6-1995.

Seção IV
Da Tributação das Operações Financeiras Realizadas por Residentes ou Domiciliados no Exterior

Art. 78. Os residentes ou domiciliados no exterior sujeitam-se às mesmas normas de tributação pelo imposto de renda, previstas para os residentes ou domiciliados no país, em relação aos:

I – rendimentos decorrentes de aplicações financeiras de renda fixa;

II – ganhos líquidos auferidos em operações realizadas em bolsas de valores, de mercadorias, de futuros e assemelhadas;

III – rendimentos obtidos em aplicações em fundos de renda fixa e de renda variável e em clubes de investimentos.

Parágrafo único. Sujeitam-se à tributação pelo imposto de renda, nos termos dos arts. 80 a 82, os rendimentos e ganhos de capital decorrentes de aplicações financeiras, auferidos por fundos, sociedades de investimento e carteiras de valores mobiliários de que participem, exclusivamente, pessoas físicas ou jurídicas, fundos ou outras entidades de investimento coletivo residentes, domiciliados ou com sede no exterior.

Art. 79. O investimento estrangeiro nos mercados financeiros e de valores mobiliários somente poderá ser realizado no país por intermédio de representante legal, previamente designado dentre as instituições autorizadas pelo Poder Executivo a prestar tal serviço e que será responsável, nos termos do art. 128 do Código Tributário Nacional (Lei n. 5.172, de 25-10-1966) pelo cumprimento das obrigações tributárias decorrentes das operações que realizar por conta e ordem do representado.

§ 1.º O representante legal não será responsável pela retenção e recolhimento do imposto de renda na fonte sobre aplicações financeiras quando, nos termos da legislação pertinente tal responsabilidade for atribuída a terceiro.

§ 2.º O Poder Executivo poderá excluir determinadas categorias de investidores da obrigatoriedade prevista neste artigo.

Art. 80. Sujeitam-se à tributação pelo imposto de renda, à alíquota de 10% (dez por cento), os rendimentos e ganhos de capital auferidos no resgate pelo quotista, quando distribuídos, sob qualquer forma e a qualquer título, por fundos em condomínio, a que se refere o art. 50 da Lei n. 4.728, de 14 de julho de 1965, constituídos na forma prescrita pelo Conselho Monetário Nacional e mantidos com recursos provenientes de conversão de débitos externos brasileiros, e de que participem, exclusivamente, pessoas físicas ou jurídicas, fundos ou outras entidades de investimentos coletivos, residentes, domiciliados, ou com sede no exterior.

§ 1.º A base de cálculo do imposto é constituída pela diferença positiva entre o valor de resgate e o custo de aquisição da quota.

§ 2.º Os rendimentos e ganhos de capital auferidos pelas carteiras dos fundos de que trata este artigo, são isentos de imposto de renda.

Art. 81. Ficam sujeitos ao imposto de renda na fonte, à alíquota de 10% (dez por cento), os rendimentos auferidos:

I – pelas entidades mencionadas nos arts. 1.º e 2.º do Decreto-lei n. 2.285, de 23 de julho de 1986;

II – pelas sociedades de investimento a que se refere o art. 49 da Lei n. 4.728, de 1965, de que participem, exclusivamente, investidores estrangeiros;

III – pelas carteiras de valores mobiliários, inclusive vinculadas à emissão, no exterior, de certificados representativos de ações, mantidas, exclusivamente, por investidores estrangeiros.

§ 1.º Os ganhos de capital ficam excluídos da incidência do imposto de renda quando auferidos e distribuídos, sob qualquer forma e a qualquer título, inclusive em decorrência de liquidação parcial ou total do investimento pelos fundos, sociedades ou carteiras referidos no *caput* deste artigo.

§ 2.º Para os efeitos deste artigo, consideram-se:

a) rendimentos: quaisquer valores que constituam remuneração de capital aplicado, inclusive aquela produzida por títulos de renda variável, tais como juros, prêmios, comissões, ágio, deságio e participações nos lucros, bem como os resultados positivos auferidos em aplicações nos fundos e clubes de investimento de que trata o art. 73;

>> O *caput* do art. 1.º da Lei n. 12.431, de 24-6-2011, dispõe: "Art. 1.º Fica reduzida a 0 (zero) a alíquota do imposto sobre a renda incidente sobre os rendimentos definidos nos termos da alínea *a* do § 2.º do art. 81 da Lei n. 8.981, de 20 de janeiro de 1995, quando pagos, creditados, entregues ou remetidos a beneficiário residente ou domiciliado no exterior, exceto em país que não tribute a renda ou que a tribute à alíquota máxima inferior a 20% (vinte por cento), produzidos por: I – títulos ou valores mobiliários adquiridos a partir de 1.º de janeiro de 2011, objeto de distribuição pública, de emissão de pessoas jurídicas de direito privado não classificadas como instituições financeiras; ou II – fundos de investimento em direitos creditórios constituídos sob a forma de condomínio fechado, regulamentados pela Comissão de Valores Mobiliários – CVM, cujo originador ou cedente da carteira de direitos creditórios não seja instituição financeira".

b) ganhos de capital, os resultados positivos auferidos:

b.1) nas operações realizadas em bolsas de valores, de mercadorias, de futuros e assemelhadas, com exceção das operações conjugadas de que trata a alínea *a* do § 4.º do art. 65;

b.2) nas operações com ouro, ativo financeiro, fora de bolsa.

§ 3.º A base de cálculo do imposto de renda sobre os rendimentos auferidos pelas entidades de que trata este artigo será apurada:

a) de acordo com os critérios previstos nos arts. 65 a 67 no caso de aplicações de renda fixa;

b) de acordo com o tratamento previsto no § 3.º do art. 65 no caso de rendimentos periódicos;

c) pelo valor do respectivo rendimento ou resultado positivo, nos demais casos.

§ 4.º Na apuração do imposto de que trata este artigo serão indedutíveis os prejuízos apurados em operações de renda fixa e de renda variável.

§ 5.º O disposto neste artigo alcança, exclusivamente, as entidades que atenderem às normas e condições estabelecidas pelo Conselho Monetário Nacional, não se aplicando, entretanto, aos fundos em condomínio referidos no art. 80.

§ 6.º Os dividendos e as bonificações em dinheiro estão sujeitos ao imposto de renda à alíquota de 15% (quinze por cento).

Art. 82. O imposto de renda na fonte sobre os rendimentos auferidos pelas entidades de que trata o art. 81, será devido por ocasião da cessão, resgate, repactuação ou liquidação de cada operação de renda fixa, ou do recebimento ou crédito, o que primeiro ocorrer, de outros rendimentos, inclusive dividendos e bonificações em dinheiro.

§ 1.º (*Revogado pela Lei n. 9.430, de 27-12-1996.*)

§ 2.º Os dividendos que forem atribuídos às ações integrantes do patrimônio do fundo, sociedade ou carteira, serão registrados, na data em que as ações forem cotadas sem os respectivos direitos (ex-dividendos), em conta representativa de rendimentos a receber, em contrapartida à diminuição de idêntico valor da parcela do ativo correspondente às ações às quais se vinculam, acompanhados de transferência para a receita de dividendos de igual valor a débito da conta de resultado de variação da carteira de ações.

§ 3.º Os rendimentos submetidos à sistemática de tributação de que trata este artigo não se sujeitam a nova incidência do imposto de renda quando distribuídos.

§ 4.º (*Revogado pela Lei n. 11.196, de 21-11-2005.*)

Capítulo VII
DOS PRAZOS DE RECOLHIMENTO

Art. 83. Em relação aos fatos geradores cuja ocorrência se verifique a partir de 1.º de janeiro de 1995, os pagamentos do imposto de renda retido na fonte, do imposto sobre operações de crédito, câmbio e seguro e sobre operações relativas a títulos e valores mobiliários e da contribuição para o Programa de Integração Social – PIS/PASEP deverão ser efetuados nos seguintes prazos:

I e II – (*Revogados pela Lei n. 11.196, de 21-11-2005.*)

III – Contribuição para o Programa de Integração Social e para o Programa de Formação do Patrimônio do Servidor Público (PIS/PASEP): até o último dia útil da quinzena subsequente ao mês de ocorrência dos fatos geradores.

Capítulo VIII
DAS PENALIDADES E DOS ACRÉSCIMOS MORATÓRIOS

Art. 84. Os tributos e contribuições sociais arrecadados pela Secretaria da Receita Federal, cujos fatos geradores vierem a ocorrer a partir de 1.º de janeiro de 1995, não pagos nos prazos previstos na legislação tributária serão acrescidos de:

>> A Secretaria da Receita Federal passa a denominar-se Secretaria da Receita Federal do Brasil, por força da Lei n. 11.457, de 16-3-2007.

I – juros de mora, equivalentes à taxa média mensal de captação do Tesouro Nacional relativa à Dívida Mobiliária Federal Interna;

II – multa de mora aplicada da seguinte forma:

a) 10% (dez por cento), se o pagamento se verificar no próprio mês do vencimento;

b) 20% (vinte por cento), quando o pagamento ocorrer no mês seguinte ao do vencimento;

c) 30% (trinta por cento), quando o pagamento for efetuado a partir do segundo mês subsequente ao do vencimento.

§ 1.º Os juros de mora incidirão a partir do primeiro dia do mês subsequente ao do vencimento, e a multa de mora, a partir do primeiro dia após o vencimento do débito.

§ 2.º O percentual dos juros de mora relativo ao mês em que o pagamento estiver sendo efetuado será de 1% (um por cento).

§ 3.º Em nenhuma hipótese os juros de mora previstos no inciso I, deste artigo, poderão ser inferiores à taxa de juros estabelecida no art. 161, § 1.º, da Lei n. 5.172, de 25 de outubro de 1966, no art. 59 da Lei n. 8.383, de 1991, e no art. 3.º da Lei n. 8.620, de 5 de janeiro de 1993.

>> Referido art. 3.º da Lei n. 8.620, de 5-1-1993, encontra-se revogado por força da Lei n. 9.528, de 10-12-1997.

>> *Vide* Lei n. 9.430, de 27-12-1996, art. 61.

§ 4.º Os juros de mora de que trata o inciso I, deste artigo, serão aplicados também às contribuições sociais arrecadadas pelo INSS e aos débitos para com o patrimônio imobiliário, quando não recolhidos nos prazos previstos na legislação específica.

§ 5.º Em relação aos débitos referidos no art. 5.º desta Lei incidirão, a partir de 1.º de janeiro de 1995, juros de mora de 1% (um por cento) ao mês-calendário ou fração.

§ 6.º O disposto no § 2.º aplica-se, inclusive, às hipóteses de pagamento parcelado de tributos e contribuições sociais, previstos nesta Lei.

§ 7.º A Secretaria do Tesouro Nacional divulgará mensalmente a taxa a que se refere o inciso I deste artigo.

§ 8.º O disposto neste artigo aplica-se aos demais créditos da Fazenda Nacional, cuja inscrição e cobrança como Dívida Ativa da União seja de competência da Procuradoria-Geral da Fazenda Nacional.

>> § 8.º acrescentado pela Lei n. 10.522, de 19-7-2002.

Art. 85. O produto da arrecadação dos juros de mora, no que diz respeito aos tributos e contribuições, exceto as contribuições arrecadadas pelo INSS, integra os recursos referidos nos arts. 3.º, parágrafo único, 4.º e 5.º, § 1.º, da Lei n. 7.711, de 22 de dezembro de 1988, e no art. 69 da Lei n. 8.383, de 1991, até o limite de juros previstos no art. 161, § 1.º, da Lei n. 5.172, de 25 de outubro de 1966.

Art. 86. As pessoas físicas ou jurídicas que efetuarem pagamentos com retenção do imposto de renda na fonte, deverão fornecer à pessoa física ou jurídica beneficiária, até o dia 31 de janeiro, documento comprobatório, em duas vias, com indicação da natureza e do montante do pagamento, das deduções e do imposto de renda retido no ano-calendário anterior, quando for o caso.

§ 1.º No documento de que trata este artigo, o imposto retido na fonte, as deduções e os rendimentos, deverão ser informados por seus valores em Reais.

§ 2.º As pessoas físicas ou jurídicas que deixarem de fornecer aos beneficiários, dentro do prazo, ou fornecerem com inexatidão, o documento a que se refere este artigo, ficarão sujeitas ao pagamento de multa de 50 (cinquenta) UFIR por documento.

§ 3.º À fonte pagadora que prestar informação falsa sobre rendimentos pagos, deduções ou imposto retido na fonte, será aplicada multa de 300% (trezentos por cento) sobre o valor que for indevidamente utilizável, como redução do imposto de renda a pagar ou aumento do imposto a restituir ou compensar, independentemente de outras penalidades administrativas ou criminais.

§ 4.º Na mesma penalidade incorrerá aquele que se beneficiar da informação, sabendo ou devendo saber da sua falsidade.

Art. 87. Aplicar-se-ão às microempresas, as mesmas penalidades previstas na legislação do imposto de renda para as demais pessoas jurídicas.

Art. 88. A falta de apresentação da declaração de rendimentos ou a sua apresentação fora do prazo fixado, sujeitará a pessoa física ou jurídica:

I – à multa de mora de 1% (um por cento) ao mês ou fração sobre o imposto de renda devido, ainda que integralmente pago;

II – à multa de 200 (duzentas) UFIR a 8.000 (oito mil) UFIR, no caso de declaração de que não resulte imposto devido.

§ 1.º O valor mínimo a ser aplicado será:

a) de 200 (duzentas) UFIR, para as pessoas físicas;

b) de 500 (quinhentas) UFIR, para as pessoas jurídicas.

§ 2.º A não regularização no prazo previsto na intimação, ou em caso de reincidência, acarretará o agravamento da multa em 100% (cem por cento) sobre o valor anteriormente aplicado.

§ 3.º As reduções previstas no art. 6.º da Lei n. 8.218, de 29 de agosto de 1991 e art. 60 da Lei n. 8.383, de 1991, não se aplicam às multas previstas neste artigo.

§ 4.º *(Revogado pela Lei n. 9.065, de 20-6-1995.)*

Art. 89. *(Revogado pela Lei n. 9.430, de 27-12-1996.)*

Art. 90. O art. 14 da Lei n. 8.847, de 28 de janeiro de 1994, com a redação dada pelo art. 6.º da Lei n. 8.850, de 28 de janeiro de 1994, passa a vigorar com a seguinte redação:

>> Alteração prejudicada em face da posterior revogação do artigo citado pela Lei n. 9.393, de 19-12-1996.

CAPÍTULO IX
DO PARCELAMENTO DE DÉBITOS

Art. 91. *(Revogado pela Lei n. 10.522, de 19-7-2002.)*

Art. 92. Os débitos vencidos até 31 de outubro de 1994 poderão ser parcelados em até 60 (sessenta) prestações, desde que os pedidos sejam apresentados na unidade da Secretaria da Receita Federal da jurisdição do contribuinte até 31 de março de 1995.

>> A Secretaria da Receita Federal passa a denominar-se Secretaria da Receita Federal do Brasil, por força da Lei n. 11.457, de 16-3-2007.

Parágrafo único. Sobre os débitos parcelados nos termos deste artigo, não incidirá o encargo adicional de que trata a alínea *b.1* do parágrafo único do art. 91.

Arts. 93 e 94. *(Revogados pela Lei n. 10.522, de 19-7-2002.)*

CAPÍTULO X
DAS DISPOSIÇÕES FINAIS

Art. 95. As empresas industriais titulares de Programas Especiais de Exportação aprovados até 3 de junho de 1993, pela Comissão para Concessão de Benefícios Fiscais a Programas Especiais de Exportação – BEFIEX, poderão compensar o prejuízo fiscal verificado em um período-base com o lucro real determinado nos seis anos-calendário subsequentes, independentemente da distribuição de lucros ou dividendos a seus sócios ou acionistas.

>> Artigo com redação determinada pela Lei n. 9.065, de 20-6-1995.

Art. 96. A opção de que trata o § 4.º do art. 31 da Lei n. 8.541, de 1992, relativo ao imposto incidente sobre o lucro inflacionário acumulado realizado no mês de dezembro de 1994, será manifestada pelo pagamento até o vencimento da 1.ª quota ou quota única do respectivo tributo.

Art. 97. A falta ou insuficiência de pagamento do imposto de renda e da contribuição social sobre o lucro está sujeita aos acréscimos legais previstos na legislação tributária federal.

Parágrafo único. No caso de lançamento de ofício, no decorrer do ano-calendário, será observada a forma de apuração da base de cálculo do imposto adotada pela pessoa jurídica.

Art. 98. *(Revogado pela Lei n. 9.430, de 27-12-1996.)*

Art. 99. No caso de lançamento de ofício, as penalidades previstas na legislação tributária federal, expressas em UFIR, serão reconvertidas para Reais, quando aplicadas a infrações cometidas a partir de 1.º de janeiro de 1995.

Art. 100. Poderão ser excluídos do lucro líquido, para determinação do lucro real e da base de cálculo da contribuição social sobre o lucro, os juros reais produzidos por Notas do Tesouro Nacional – NTN, emitidas para troca compulsória no âmbito do Programa Nacional de Privatização – PND.

Parágrafo único. O valor excluído será controlado na parte *B* do Livro de Apuração do Lucro Real – LALUR, e computado na determinação do lucro real e da contribuição social sobre o lucro no período do seu recebimento.

....

Art. 102. O disposto nos arts. 100 e 101 aplica-se, inclusive, em relação ao ano-calendário de 1994.

Art. 103. As pessoas jurídicas que explorarem atividade comercial de vendas de produtos e serviços poderão promover depreciação acelerada dos equipamentos Emissores de Cupom Fiscal – ECF novos, que vierem a ser adquiridos no período compreendido entre 1.º de janeiro de 1995 a 31 de dezembro de 1995.

§ 1.º A depreciação acelerada de que trata este artigo será calculada pela aplicação da taxa de depreciação usualmente admitida, sem prejuízo da depreciação normal.

§ 2.º O total acumulado da depreciação, inclusive a normal, não poderá ultrapassar o custo de aquisição do bem.

§ 3.º O disposto neste artigo somente alcança os equipamentos:

a) que identifiquem no cupom fiscal emitido os produtos ou serviços vendidos; e

b) cuja utilização tenha sido autorizada pelo órgão competente dos Estados, do Distrito Federal ou dos Municípios.

Arts. 104 e 105. *(Revogados pela Lei n. 9.065, de 20-6-1995.)*

Art. 106. Fica o Poder Executivo autorizado a alterar a forma de fixação da taxa de câmbio, para cálculo dos impostos incidentes na importação, de que trata o parágrafo único do art. 24 do Decreto-lei n. 37, de 18 de novembro de 1966, com a redação dada pelo art. 1.º da Lei n. 7.683, de 2 de dezembro de 1988.

....

Art. 114. O lucro inflacionário acumulado existente em 31 de dezembro de 1994, continua submetido aos critérios de realização previstos na Lei n. 7.799, de 10 de julho de 1989, observado o disposto no art. 32, da Lei n. 8.541, de 1992.

Art. 115. O disposto nos arts. 48 a 51, 53, 55 e 56 da Medida Provisória n. 785, de 23 de dezembro de 1994, aplica-se somente aos fatos geradores ocorridos até 31 de dezembro de 1994.

Art. 116. Esta Lei entra em vigor na data de sua publicação, produzindo efeitos a partir de 1.º de janeiro de 1995.

Art. 117. Revogam-se as disposições em contrário, e, especificamente:

I – os arts. 12 e 21, e o parágrafo único do art. 42 da Lei n. 8.541, de 23 de dezembro de 1992;

II – o parágrafo único do art. 44 e o art. 47 da Lei n. 8.383, de 30 de dezembro de 1991;

III – o art. 8.º do Decreto-lei n. 2.287, de 23 de julho de 1986;

IV – o § 3.º do art. 3.º da Lei n. 8.847, de 28 de janeiro de 1994;

V – o art. 5.º da Lei n. 8.850, de 28 de janeiro de 1994;

VI – o art. 6.º da Lei n. 7.965, de 22 de dezembro de 1989.

Senado Federal, em 20 de janeiro de 1995.

Humberto Lucena

LEI N. 8.987, DE 13 DE FEVEREIRO DE 1995 (*)

Dispõe sobre o regime de concessão e permissão da prestação de serviços públicos previsto no art. 175 da Constituição Federal, e dá outras providências.

O Presidente da República

Faço saber que o Congresso Nacional decreta e eu sanciono a seguinte Lei:

Capítulo I
DAS DISPOSIÇÕES PRELIMINARES

Art. 1.º As concessões de serviços públicos e de obras públicas e as permissões de serviços públicos reger-se-ão pelos termos do art. 175 da Constituição Federal, por esta Lei, pelas normas legais pertinentes e pelas cláusulas dos indispensáveis contratos.

Parágrafo único. A União, os Estados, o Distrito Federal e os Municípios promoverão a revisão e as adaptações necessárias de sua legislação às prescrições desta Lei, buscando atender as peculiaridades das diversas modalidades dos seus serviços.

Art. 2.º Para os fins do disposto nesta Lei, considera-se:

I – poder concedente: a União, o Estado, o Distrito Federal ou o Município, em cuja competência se encontre o serviço público, precedido ou não da execução de obra pública, objeto de concessão ou permissão;

II – concessão de serviço público: a delegação de sua prestação, feita pelo poder concedente, mediante licitação, na modalidade de concorrência, à pessoa jurídica ou consórcio de empresas que demonstre capacidade para seu desempenho, por sua conta e risco e por prazo determinado;

(*) Publicada no *Diário Oficial da União* de 14-2-1995 e republicada em 28-9-1998.

III – concessão de serviço público precedida da execução de obra pública: a construção, total ou parcial, conservação, reforma, ampliação ou melhoramento de quaisquer obras de interesse público, delegada pelo poder concedente, mediante licitação, na modalidade de concorrência, à pessoa jurídica ou consórcio de empresas que demonstre capacidade para a sua realização, por sua conta e risco, de forma que o investimento da concessionária seja remunerado e amortizado mediante a exploração do serviço ou da obra por prazo determinado;

IV – permissão de serviço público: a delegação, a título precário, mediante licitação, da prestação de serviços públicos, feita pelo poder concedente à pessoa física ou jurídica que demonstre capacidade para seu desempenho, por sua conta e risco.

Art. 3.º As concessões e permissões sujeitar-se-ão à fiscalização pelo poder concedente responsável pela delegação, com a cooperação dos usuários.

Art. 4.º A concessão de serviço público, precedida ou não da execução de obra pública, será formalizada mediante contrato, que deverá observar os termos desta Lei, das normas pertinentes e do edital de licitação.

Art. 5.º O poder concedente publicará, previamente ao edital de licitação, ato justificando a conveniência da outorga de concessão ou permissão, caracterizando seu objeto, área e prazo.

Capítulo II
DO SERVIÇO ADEQUADO

Art. 6.º Toda concessão ou permissão pressupõe a prestação de serviço adequado ao pleno atendimento dos usuários, conforme estabelecido nesta Lei, nas normas pertinentes e no respectivo contrato.

§ 1.º Serviço adequado é o que satisfaz as condições de regularidade, continuidade, eficiência, segurança, atualidade, generalidade, cortesia na sua prestação e modicidade das tarifas.

§ 2.º A atualidade compreende a modernidade das técnicas, do equipamento e das instalações e a sua conservação, bem como a melhoria e expansão do serviço.

§ 3.º Não se caracteriza como descontinuidade do serviço a sua interrupção em situação de emergência ou após prévio aviso, quando:

I – motivada por razões de ordem técnica ou de segurança das instalações; e

II – por inadimplemento do usuário, considerado o interesse da coletividade.

§ 4.º A interrupção do serviço na hipótese prevista no inciso II do § 3.º deste artigo não poderá iniciar-se na sexta-feira, no sábado ou no domingo, nem em feriado ou no dia anterior a feriado.

>> § 4.º acrescentado pela Lei n. 14.015, de 15-6-2020.

Capítulo III
DOS DIREITOS E OBRIGAÇÕES DOS USUÁRIOS

Art. 7.º Sem prejuízo do disposto na Lei n. 8.078, de 11 de setembro de 1990, são direitos e obrigações dos usuários:

> Citada Lei consta nesta obra.

I – receber serviço adequado;

II – receber do poder concedente e da concessionária informações para a defesa de interesses individuais ou coletivos;

III – obter e utilizar o serviço, com liberdade de escolha entre vários prestadores de serviços, quando for o caso, observadas as normas do poder concedente;

>> Inciso III com redação determinada pela Lei n. 9.648, de 27-5-1998.

IV – levar ao conhecimento do poder público e da concessionária as irregularidades de que tenham conhecimento, referentes ao serviço prestado;

V – comunicar às autoridades competentes os atos ilícitos praticados pela concessionária na prestação do serviço;

VI – contribuir para a permanência das boas condições dos bens públicos através dos quais lhes são prestados os serviços.

Art. 7.º-A. As concessionárias de serviços públicos, de direito público e privado, nos Estados e no Distrito Federal, são obrigadas a oferecer ao consumidor e ao usuário, dentro do mês de vencimento, o mínimo de seis datas opcionais para escolherem os dias de vencimento de seus débitos.

>> *Caput* acrescentado pela Lei n. 9.791, de 24-3-1999.

Parágrafo único. (*Vetado.*)

>> Parágrafo único acrescentado pela Lei n. 9.791, de 24-3-1999.

Capítulo IV
DA POLÍTICA TARIFÁRIA

> Política tarifária do serviço de transporte público coletivo: *vide* arts. 8.º e s. da Lei n. 12.587, de 3-1-2012 (Política Nacional de Mobilidade Urbana).

> *Vide* Súmula 391 do STJ.

Art. 8.º (*Vetado.*)

Art. 9.º A tarifa do serviço público concedido será fixada pelo preço da proposta vencedora da licitação e preservada pelas regras de revisão previstas nesta Lei, no edital e no contrato.

§ 1.º A tarifa não será subordinada à legislação específica anterior, e somente nos casos expressamente previstos em lei, sua cobrança poderá ser condicionada à existência de serviço público alternativo e gratuito para o usuário.

>> § 1.º com redação determinada pela Lei n. 9.648, de 27-5-1998.

§ 2.º Os contratos poderão prever mecanismos de revisão das tarifas, a fim de manter-se o equilíbrio econômico-financeiro.

§ 3.º Ressalvados os impostos sobre a renda, a criação, alteração ou extinção de quaisquer tributos ou encargos legais, após a apresentação da proposta, quando comprovado seu impacto, implicará a revisão da tarifa, para mais ou para menos, conforme o caso.

§ 4.º Em havendo alteração unilateral do contrato que afete o seu inicial equilíbrio econômico-financeiro, o poder concedente deverá restabelecê-lo, concomitantemente à alteração.

§ 5.º A concessionária deverá divulgar em seu sítio eletrônico, de forma clara e de fácil compreensão pelos usuários, tabela com o valor das tarifas praticadas e a evolução das revisões ou reajustes realizados nos últimos cinco anos.

>> § 5.º acrescentado pela Lei n. 13.673, de 5-6-2018.

Art. 10. Sempre que forem atendidas as condições do contrato, considera-se mantido seu equilíbrio econômico-financeiro.

Art. 11. No atendimento às peculiaridades de cada serviço público, poderá o poder concedente prever, em favor da concessionária, no edital de licitação, a possibilidade de outras fontes provenientes de receitas alternativas, complementares, acessórias ou de projetos associados, com ou sem exclusividade, com vistas a favorecer a modicidade das tarifas, observado o disposto no art. 17 desta Lei.

Parágrafo único. As fontes de receita previstas neste artigo serão obrigatoriamente consideradas para a aferição do inicial equilíbrio econômico-financeiro do contrato.

Art. 12. (*Vetado.*)

Art. 13. As tarifas poderão ser diferenciadas em função das características técnicas e dos custos específicos provenientes do atendimento aos distintos segmentos de usuários.

> *Vide* Súmula 407 do STJ.

Capítulo V
DA LICITAÇÃO

> *Vide* Lei n. 8.666, de 21-6-1993.

Art. 14. Toda concessão de serviço público, precedida ou não da execução de obra pública, será objeto de prévia licitação, nos termos da legislação própria e com observância dos princípios da legalidade, moralidade, publicidade, igualdade, do julgamento por critérios objetivos e da vinculação ao instrumento convocatório.

Art. 15. No julgamento da licitação será considerado um dos seguintes critérios:

>> *Caput* com redação determinada pela Lei n. 9.648, de 27-5-1998.

I – o menor valor da tarifa do serviço público a ser prestado;

>> Inciso I com redação determinada pela Lei n. 9.648, de 27-5-1998.

II – a maior oferta, nos casos de pagamento ao poder concedente pela outorga de concessão;

>> Inciso II com redação determinada pela Lei n. 9.648, de 27-5-1998.

III – a combinação, dois a dois, dos critérios referidos nos incisos I, II e VII;

>> Inciso III com redação determinada pela Lei n. 9.648, de 27-5-1998.

IV – melhor proposta técnica, com preço fixado no edital;

>> Inciso IV acrescentado pela Lei n. 9.648, de 27-5-1998.

V – melhor proposta em razão da combinação dos critérios de menor valor da tarifa do serviço público a ser prestado com o de melhor técnica;

>> Inciso V acrescentado pela Lei n. 9.648, de 27-5-1998.

VI – melhor proposta em razão da combinação dos critérios de maior oferta pela outorga da concessão com o de melhor técnica; ou

>> Inciso VI acrescentado pela Lei n. 9.648, de 27-5-1998.

VII – melhor oferta de pagamento pela outorga após qualificação de propostas técnicas.

>> Inciso VII acrescentado pela Lei n. 9.648, de 27-5-1998.

§ 1.º A aplicação do critério previsto no inciso III só será admitida quando previamente estabelecida no edital de licitação, inclusive com regras e fórmulas precisas para avaliação econômico-financeira.

>> § 1.º com redação determinada pela Lei n. 9.648, de 27-5-1998.

§ 2.º Para fins de aplicação do disposto nos incisos IV, V, VI e VII, deste artigo, o edital de licitação conterá parâmetros e exigências para formulação de propostas técnicas.

>> § 2.º com redação determinada pela Lei n. 9.648, de 27-5-1998.

§ 3.º O poder concedente recusará propostas manifestamente inexequíveis ou financeiramente incompatíveis com os objetivos da licitação.

>> § 3.º com redação determinada pela Lei n. 9.648, de 27-5-1998.

§ 4.º Em igualdade de condições, será dada preferência à proposta apresentada por empresa brasileira.

>> § 4.º acrescentado pela Lei n. 9.648, de 27-5-1998.

Art. 16. A outorga de concessão ou permissão não terá caráter de exclusividade, salvo no caso de inviabilidade técnica ou econômica justificada no ato a que se refere o art. 5.º desta Lei.

Art. 17. Considerar-se-á desclassificada a proposta que, para sua viabilização, necessite de vantagens ou subsídios que não estejam previamente autorizados em lei e à disposição de todos os concorrentes.

§ 1.º Considerar-se-á, também, desclassificada a proposta de entidade estatal alheia à esfera político-administrativa do poder concedente que, para sua viabilização, necessite de vantagens ou subsídios do poder público controlador da referida entidade.

>> Primitivo parágrafo único renumerado pela Lei n. 9.648, de 27-5-1998.

§ 2.º Inclui-se nas vantagens ou subsídios de que trata este artigo, qualquer tipo de tratamento tributário diferenciado, ainda que em consequência da natureza jurídica do licitante, que comprometa a isonomia fiscal que deve prevalecer entre todos os concorrentes.

>> § 2.º acrescentado pela Lei n. 9.648, de 27-5-1998.

Art. 18. O edital de licitação será elaborado pelo poder concedente, observados, no que couber, os critérios e as normas gerais da legislação própria sobre licitações e contratos e conterá, especialmente:

I – o objeto, metas e prazo da concessão;

II – a descrição das condições necessárias à prestação adequada do serviço;

III – os prazos para recebimento das propostas, julgamento da licitação e assinatura do contrato;

IV – prazo, local e horário em que serão fornecidos, aos interessados, os dados, estudos e projetos necessários à elaboração dos orçamentos e apresentação das propostas;

V – os critérios e a relação dos documentos exigidos para a aferição da capacidade técnica, da idoneidade financeira e da regularidade jurídica e fiscal;

> *Vide* Lei n. 12.007, de 29-7-2009.

VI – as possíveis fontes de receitas alternativas, complementares ou acessórias, bem como as provenientes de projetos associados;

VII – os direitos e obrigações do poder concedente e da concessionária em relação a alterações e expansões a serem realizadas no futuro, para garantir a continuidade da prestação do serviço;

VIII – os critérios de reajuste e revisão da tarifa;

IX – os critérios, indicadores, fórmulas e parâmetros a serem utilizados no julgamento técnico e econômico-financeiro da proposta;

X – a indicação dos bens reversíveis;

XI – as características dos bens reversíveis e as condições em que estes serão postos à disposição, nos casos em que houver sido extinta a concessão anterior;

XII – a expressa indicação do responsável pelo ônus das desapropriações necessárias à execução do serviço ou da obra pública, ou para a instituição de servidão administrativa;

XIII – as condições de liderança da empresa responsável, na hipótese em que for permitida a participação de empresas em consórcio;

XIV – nos casos de concessão, a minuta do respectivo contrato, que conterá as cláusulas essenciais referidas no art. 23 desta Lei, quando aplicáveis;

XV – nos casos de concessão de serviços públicos precedida da execução de obra pública, os dados relativos à obra, dentre os quais os elementos do projeto básico que permitam sua plena caracterização, bem assim as garantias exigidas para essa parte específica do contrato, adequadas a cada caso e limitadas ao valor da obra;

>> Inciso XV com redação determinada pela Lei n. 9.648, de 27-5-1998.

XVI – nos casos de permissão, os termos do contrato de adesão a ser firmado.

>> A Lei n. 13.448, de 5-6-2017, propôs o acréscimo do inciso XVII, porém teve seu texto vetado.

Art. 18-A. O edital poderá prever a inversão da ordem das fases de habilitação e julgamento, hipótese em que:

>> *Caput* acrescentado pela Lei n. 11.196, de 21-11-2005.

I – encerrada a fase de classificação das propostas ou o oferecimento de lances, será aberto o invólucro com os documentos de habilitação do licitante mais bem classificado, para verificação do atendimento das condições fixadas no edital;

>> Inciso I acrescentado pela Lei n. 11.196, de 21-11-2005.

II – verificado o atendimento das exigências do edital, o licitante será declarado vencedor;

>> Inciso II acrescentado pela Lei n. 11.196, de 21-11-2005.

III – inabilitado o licitante melhor classificado, serão analisados os documentos habilitatórios do licitante com a proposta classificada em segundo lugar, e assim sucessivamente, até que um licitante classificado atenda às condições fixadas no edital;

>> Inciso III acrescentado pela Lei n. 11.196, de 21-11-2005.

IV – proclamado o resultado final do certame, o objeto será adjudicado ao vencedor nas condições técnicas e econômicas por ele ofertadas.

>> Inciso IV acrescentado pela Lei n. 11.196, de 21-11-2005.

Art. 19. Quando permitida, na licitação, a participação de empresas em consórcio, observar-se-ão as seguintes normas:

I – comprovação de compromisso, público ou particular, de constituição de consórcio, subscrito pelas consorciadas;

II – indicação da empresa responsável pelo consórcio;

III – apresentação dos documentos exigidos nos incisos V e XIII do artigo anterior, por parte de cada consorciada;

IV – impedimento de participação de empresas consorciadas na mesma licitação, por intermédio de mais de um consórcio ou isoladamente.

§ 1.º O licitante vencedor fica obrigado a promover, antes da celebração do contrato, a constituição e registro do consórcio, nos termos do compromisso referido no inciso I deste artigo.

§ 2.º A empresa líder do consórcio é a responsável perante o poder concedente pelo cumprimento do contrato de concessão, sem prejuízo da responsabilidade solidária das demais consorciadas.

Art. 20. É facultado ao poder concedente, desde que previsto no edital, no interesse do serviço a ser concedido, determinar que o licitante vencedor, no caso de consórcio, se constitua em empresa antes da celebração do contrato.

Art. 21. Os estudos, investigações, levantamentos, projetos, obras e despesas ou investimentos já efetuados, vinculados à concessão, de utilidade para a licitação, realizados pelo poder concedente ou com a sua autorização, estarão à disposição dos interessados, devendo o vencedor da licitação ressarcir os dispêndios correspondentes, especificados no edital.

Art. 22. É assegurada a qualquer pessoa a obtenção de certidão sobre atos, contratos, decisões ou pareceres relativos à licitação ou às próprias concessões.

Capítulo VI
DO CONTRATO DE CONCESSÃO

Art. 23. São cláusulas essenciais do contrato de concessão as relativas:

I – ao objeto, à área e ao prazo da concessão;

II – ao modo, forma e condições de prestação do serviço;

III – aos critérios, indicadores, fórmulas e parâmetros definidores da qualidade do serviço;

IV – ao preço do serviço e aos critérios e procedimentos para o reajuste e a revisão das tarifas;

V – aos direitos, garantias e obrigações do poder concedente e da concessionária, inclusive os relacionados às previsíveis necessidades de futura alteração e expansão do serviço e consequente modernização, aperfeiçoamento e ampliação dos equipamentos e das instalações;

VI – aos direitos e deveres dos usuários para obtenção e utilização do serviço;

VII – à forma de fiscalização das instalações, dos equipamentos, dos métodos e práticas de execução do serviço, bem como a indicação dos órgãos competentes para exercê-la;

VIII – às penalidades contratuais e administrativas a que se sujeita a concessionária e sua forma de aplicação;

IX – aos casos de extinção da concessão;

X – aos bens reversíveis;

XI – aos critérios para o cálculo e a forma de pagamento das indenizações devidas à concessionária, quando for o caso;

XII – às condições para prorrogação do contrato;

XIII – à obrigatoriedade, forma e periodicidade da prestação de contas da concessionária ao poder concedente;

XIV – à exigência da publicação de demonstrações financeiras periódicas da concessionária; e

XV – ao foro e ao modo amigável de solução das divergências contratuais.

>> A Lei n. 13.448, de 5-6-2017, propôs o acréscimo do inciso XVI, porém teve seu texto vetado.

Parágrafo único. Os contratos relativos à concessão de serviço público precedido da execução de obra pública deverão, adicionalmente:

I – estipular os cronogramas físico-financeiros de execução das obras vinculadas à concessão; e

II – exigir garantia do fiel cumprimento, pela concessionária, das obrigações relativas às obras vinculadas à concessão.

Art. 23-A. O contrato de concessão poderá prever o emprego de mecanismos privados para resolução de disputas decorrentes ou relacionadas ao contrato, inclusive a arbitragem, a ser realizada no Brasil e em língua portuguesa, nos termos da Lei n. 9.307, de 23 de setembro de 1996.

>> Artigo acrescentado pela Lei n. 11.196, de 21-11-2005.

Art. 24. (*Vetado.*)

Art. 25. Incumbe à concessionária a execução do serviço concedido, cabendo-lhe responder por todos os prejuízos causados ao poder concedente, aos usuários ou a terceiros, sem que a fiscalização exercida pelo órgão competente exclua ou atenue essa responsabilidade.

§ 1.º Sem prejuízo da responsabilidade a que se refere este artigo, a concessionária poderá contratar com terceiros o desenvolvimento de atividades inerentes, acessórias ou complementares ao serviço concedido, bem como a implementação de projetos associados.

>> O STF, no julgamento das ADCs n. 26, de 22-8-2019 (*DOU* de 23-9-2019), e 57, de 3-10-2019 (*DOU* de 18-10-2019), julgou procedente o pedido formulado na ação para declarar a constitucionalidade deste § 1.º.

§ 2.º Os contratos celebrados entre a concessionária e os terceiros a que se refere o parágrafo anterior reger-se-ão pelo direito privado, não se estabelecendo qualquer relação jurídica entre os terceiros e o poder concedente.

§ 3.º A execução das atividades contratadas com terceiros pressupõe o cumprimento das normas regulamentares da modalidade do serviço concedido.

Art. 26. É admitida a subconcessão, nos termos previstos no contrato de concessão, desde que expressamente autorizada pelo poder concedente.

§ 1.º A outorga de subconcessão será sempre precedida de concorrência.

§ 2.º O subconcessionário se sub-rogará todos os direitos e obrigações da subconcedente dentro dos limites da subconcessão.

Art. 27. A transferência de concessão ou do controle societário da concessionária sem prévia anuência do poder concedente implicará a caducidade da concessão.

§ 1.º Para fins de obtenção da anuência de que trata o *caput* deste artigo, o pretendente deverá:

I – atender às exigências de capacidade técnica, idoneidade financeira e regularidade jurídica e fiscal necessárias à assunção do serviço; e

II – comprometer-se a cumprir todas as cláusulas do contrato em vigor.

>> Primitivo parágrafo único transformado em § 1.º pela Lei n. 11.196, de 21-11-2005.

§§ 2.º a 4.º (*Revogados pela Lei n. 13.097, de 19-1-2015.*)

Art. 27-A. Nas condições estabelecidas no contrato de concessão, o poder concedente autorizará a assunção do controle ou da administração temporária da concessionária por seus financiadores e garantidores com quem não mantenha vínculo societário direto, para promover sua reestruturação financeira e assegurar a continuidade da prestação dos serviços.

>> *Caput* acrescentado pela Lei n. 13.097, de 19-1-2015.

§ 1.º Na hipótese prevista no *caput*, o poder concedente exigirá dos financiadores e dos garantidores que atendam às exigências de regularidade jurídica e fiscal, podendo alterar ou dispensar os demais requisitos previstos no inciso I do parágrafo único do art. 27.

>> § 1.º acrescentado pela Lei n. 13.097, de 19-1-2015.

§ 2.º A assunção do controle ou da administração temporária autorizadas na forma do *caput* deste artigo não alterará as obrigações da concessionária e de seus controladores para com terceiros, poder concedente e usuários dos serviços públicos.

>> § 2.º acrescentado pela Lei n. 13.097, de 19-1-2015.

§ 3.º Configura-se o controle da concessionária, para os fins dispostos no *caput* deste artigo, a propriedade resolúvel de ações ou quotas por seus financiadores e garantidores que atendam os requisitos do art. 116 da Lei n. 6.404, de 15 de dezembro de 1976.

>> § 3.º acrescentado pela Lei n. 13.097, de 19-1-2015.

§ 4.º Configura-se a administração temporária da concessionária por seus financiadores e garantidores quando, sem a transferência da propriedade de ações ou quotas, forem outorgados os seguintes poderes:

>> § 4.º, *caput*, acrescentado pela Lei n. 13.097, de 19-1-2015.

I – indicar os membros do Conselho de Administração, a serem eleitos em Assembleia Geral pelos acionistas, nas sociedades regidas pela Lei n. 6.404, de 15 de dezembro de 1976; ou administradores, a serem eleitos pelos quotistas, nas demais sociedades;

>> Inciso I acrescentado pela Lei n. 13.097, de 19-1-2015.

II – indicar os membros do Conselho Fiscal, a serem eleitos pelos acionistas ou quotistas controladores em Assembleia Geral;

>> Inciso II acrescentado pela Lei n. 13.097, de 19-1-2015.

III – exercer poder de veto sobre qualquer proposta submetida à votação dos acionistas ou quotistas da concessionária, que representem, ou possam representar, prejuízos aos fins previstos no *caput* deste artigo;

>> Inciso III acrescentado pela Lei n. 13.097, de 19-1-2015.

IV – outros poderes necessários ao alcance dos fins previstos no *caput* deste artigo.

>> Inciso IV acrescentado pela Lei n. 13.097, de 19-1-2015.

§ 5.º A administração temporária autorizada na forma deste artigo não acarretará responsabilidade aos financiadores e garantidores em relação à tributação, encargos, ônus, sanções, obrigações ou compromissos com terceiros, inclusive com o poder concedente ou empregados.

>> § 5.º acrescentado pela Lei n. 13.097, de 19-1-2015.

§ 6.º O Poder Concedente disciplinará sobre o prazo da administração temporária.

>> § 6.º acrescentado pela Lei n. 13.097, de 19-1-2015.

Art. 28. Nos contratos de financiamento, as concessionárias poderão oferecer em garantia os direitos emergentes da concessão, até o limite que não comprometa a operacionalização e a continuidade da prestação do serviço.

Parágrafo único. (*Revogado pela Lei n. 9.074, de 7-7-1995.*)

Art. 28-A. Para garantir contratos de mútuo de longo prazo, destinados a investimentos relacionados a contratos de concessão, em qualquer de suas modalidades, as concessionárias poderão ceder ao mutuante, em caráter fiduciário, parcela de seus créditos operacionais futuros, observadas as seguintes condições:

>> *Caput* acrescentado pela Lei n. 11.196, de 21-11-2005.

I – o contrato de cessão dos créditos deverá ser registrado em Cartório de Títulos e Documentos para ter eficácia perante terceiros;

>> Inciso I acrescentado pela Lei n. 11.196, de 21-11-2005.

II – sem prejuízo do disposto no inciso I do *caput* deste artigo, a cessão do crédito não terá eficácia em relação ao Poder Público concedente senão quando for este formalmente notificado;

>> Inciso II acrescentado pela Lei n. 11.196, de 21-11-2005.

III – os créditos futuros cedidos nos termos deste artigo serão constituídos sob a titularidade do mutuante, independentemente de qualquer formalidade adicional;

>> Inciso III acrescentado pela Lei n. 11.196, de 21-11-2005.

IV – o mutuante poderá indicar instituição financeira para efetuar a cobrança e receber os pagamentos dos créditos cedidos ou permitir que a concessionária o faça, na qualidade de representante e depositária;

>> Inciso IV acrescentado pela Lei n. 11.196, de 21-11-2005.

V – na hipótese de ter sido indicada instituição financeira, conforme previsto no inciso IV do *caput* deste artigo, fica a concessionária obrigada a apresentar a essa os créditos para cobrança;

>> Inciso V acrescentado pela Lei n. 11.196, de 21-11-2005.

VI – os pagamentos dos créditos cedidos deverão ser depositados pela concessionária ou pela instituição encarregada da cobrança em conta corrente bancária vinculada ao contrato de mútuo;

>> Inciso VI acrescentado pela Lei n. 11.196, de 21-11-2005.

VII – a instituição financeira depositária deverá transferir os valores recebidos ao mutuante à medida que as obrigações do contrato de mútuo tornarem-se exigíveis; e

>> Inciso VII acrescentado pela Lei n. 11.196, de 21-11-2005.

VIII – o contrato de cessão disporá sobre a devolução à concessionária dos recursos excedentes, sendo vedada a retenção do saldo após o adimplemento integral do contrato.

>> Inciso VIII acrescentado pela Lei n. 11.196, de 21-11-2005.

Parágrafo único. Para os fins deste artigo, serão considerados contratos de longo prazo aqueles cujas obrigações tenham prazo médio de vencimento superior a 5 (cinco) anos.

>> Parágrafo único acrescentado pela Lei n. 11.196, de 21-11-2005.

CAPÍTULO VII
DOS ENCARGOS DO PODER CONCEDENTE

Art. 29. Incumbe ao poder concedente:

I – regulamentar o serviço concedido e fiscalizar permanentemente a sua prestação;

II – aplicar as penalidades regulamentares e contratuais;

III – intervir na prestação do serviço, nos casos e condições previstos em lei;

IV – extinguir a concessão, nos casos previstos nesta Lei e na forma prevista no contrato;

V – homologar reajustes e proceder à revisão das tarifas na forma desta Lei, das normas pertinentes e do contrato;

VI – cumprir e fazer cumprir as disposições regulamentares do serviço e as cláusulas contratuais da concessão;

VII – zelar pela boa qualidade do serviço, receber, apurar e solucionar queixas e reclamações dos usuários, que serão cientificados, em até trinta dias, das providências tomadas;

VIII – declarar de utilidade pública os bens necessários à execução do serviço ou obra pública, promovendo as desapropriações, diretamente ou mediante outorga de poderes à concessionária, caso em que será desta a responsabilidade pelas indenizações cabíveis;

IX – declarar de necessidade ou utilidade pública, para fins de instituição de servidão administrativa, os bens necessários à execução de serviço ou obra pública, promovendo-a diretamente ou mediante outorga de poderes à concessionária, caso em que será desta a responsabilidade pelas indenizações cabíveis;

X – estimular o aumento da qualidade, produtividade, preservação do meio ambiente e conservação;

XI – incentivar a competitividade; e

XII – estimular a formação de associações de usuários para defesa de interesses relativos ao serviço.

Art. 30. No exercício da fiscalização, o poder concedente terá acesso aos dados relativos à administração, contabilidade, recursos técnicos, econômicos e financeiros da concessionária.

Parágrafo único. A fiscalização do serviço será feita por intermédio de órgão técnico do poder concedente ou por entidade com ele conveniada, e, periodicamente, conforme previsto em norma regulamentar, por comissão composta de representantes do poder concedente, da concessionária e dos usuários.

Capítulo VIII
DOS ENCARGOS DA CONCESSIONÁRIA

Art. 31. Incumbe à concessionária:

I – prestar serviço adequado, na forma prevista nesta Lei, nas normas técnicas aplicáveis e no contrato;

II – manter em dia o inventário e o registro dos bens vinculados à concessão;

> A Resolução n. 3.543, de 7-7-2010, do Ministério dos Transportes, estabelece procedimentos e prazos a serem adotados pelas concessionárias, prestadoras de serviço público de transporte ferroviário para registro de bens, investimentos e projetos associados junto a ANTT.

III – prestar contas da gestão do serviço ao poder concedente e aos usuários, nos termos definidos no contrato;

IV – cumprir e fazer cumprir as normas do serviço e as cláusulas contratuais da concessão;

V – permitir aos encarregados da fiscalização livre acesso, em qualquer época, às obras, aos equipamentos e às instalações integrantes do serviço, bem como a seus registros contábeis;

VI – promover as desapropriações e constituir servidões autorizadas pelo poder concedente, conforme previsto no edital e no contrato;

VII – zelar pela integridade dos bens vinculados à prestação do serviço, bem como segurá-los adequadamente; e

VIII – captar, aplicar e gerir os recursos financeiros necessários à prestação do serviço.

>> A Lei n. 13.448, de 5-6-2017, propôs o acréscimo do inciso IX, porém teve seu texto vetado.

Parágrafo único. As contratações, inclusive de mão de obra, feitas pela concessionária serão regidas pelas disposições de direito privado e pela legislação trabalhista, não se estabelecendo qualquer relação entre os terceiros contratados pela concessionária e o poder concedente.

Capítulo IX
DA INTERVENÇÃO

Art. 32. O poder concedente poderá intervir na concessão, com o fim de assegurar a adequação na prestação do serviço, bem como o fiel cumprimento das normas contratuais, regulamentares e legais pertinentes.

Parágrafo único. A intervenção far-se-á por decreto do poder concedente, que conterá a designação do interventor, o prazo da intervenção e os objetivos e limites da medida.

Art. 33. Declarada a intervenção, o poder concedente deverá, no prazo de trinta dias, instaurar procedimento administrativo para comprovar as causas determinantes da medida e apurar responsabilidades, assegurado o direito de ampla defesa.

§ 1.º Se ficar comprovado que a intervenção não observou os pressupostos legais e regulamentares será declarada sua nulidade, devendo o serviço ser imediatamente devolvido à concessionária, sem prejuízo de seu direito à indenização.

§ 2.º O procedimento administrativo a que se refere o *caput* deste artigo deverá ser concluído no prazo de até cento e oitenta dias, sob pena de considerar-se inválida a intervenção.

Art. 34. Cessada a intervenção, se não for extinta a concessão, a administração do serviço será devolvida à concessionária, precedida de prestação de contas pelo interventor, que responderá pelos atos praticados durante a sua gestão.

Capítulo X
DA EXTINÇÃO DA CONCESSÃO

Art. 35. Extingue-se a concessão por:

I – advento do termo contratual;

II – encampação;

III – caducidade;

IV – rescisão;

V – anulação; e

VI – falência ou extinção da empresa concessionária e falecimento ou incapacidade do titular, no caso de empresa individual.

§ 1.º Extinta a concessão, retornam ao poder concedente todos os bens reversíveis, direitos e privilégios transferidos ao concessionário conforme previsto no edital e estabelecido no contrato.

§ 2.º Extinta a concessão, haverá a imediata assunção do serviço pelo poder concedente, procedendo-se aos levantamentos, avaliações e liquidações necessários.

§ 3.º A assunção do serviço autoriza a ocupação das instalações e a utilização, pelo poder concedente, de todos os bens reversíveis.

§ 4.º Nos casos previstos nos incisos I e II deste artigo, o poder concedente, antecipando-se à extinção da concessão, procederá aos levantamentos e avaliações necessários à determinação dos montantes da indenização que será devida à concessionária, na forma dos arts. 36 e 37 desta Lei.

Art. 36. A reversão no advento do termo contratual far-se-á com a indenização das parcelas dos investimentos vinculados a bens reversíveis, ainda não amortizados ou depreciados, que tenham sido realizados com o objetivo de garantir a continuidade e atualidade do serviço concedido.

Art. 37. Considera-se encampação a retomada do serviço pelo poder concedente durante o prazo da concessão, por motivo de interesse público, mediante lei autorizativa específica e após prévio pagamento da indenização, na forma do artigo anterior.

Art. 38. A inexecução total ou parcial do contrato acarretará, a critério do poder concedente, a declaração de caducidade da concessão ou a aplicação das sanções contratuais, respeitadas as disposições deste artigo, do art. 27, e as normas convencionadas entre as partes.

§ 1.º A caducidade da concessão poderá ser declarada pelo poder concedente quando:

I – o serviço estiver sendo prestado de forma inadequada ou deficiente, tendo por base as normas, critérios, indicadores e parâmetros definidores da qualidade do serviço;

II – a concessionária descumprir cláusulas contratuais ou disposições legais ou regulamentares concernentes à concessão;

III – a concessionária paralisar o serviço ou concorrer para tanto, ressalvadas as hipóteses decorrentes de caso fortuito ou força maior;

IV – a concessionária perder as condições econômicas, técnicas ou operacionais para manter a adequada prestação do serviço concedido;

V – a concessionária não cumprir as penalidades impostas por infrações, nos devidos prazos;

VI – a concessionária não atender a intimação do poder concedente no sentido de regularizar a prestação do serviço; e

VII – a concessionária não atender a intimação do poder concedente para, em 180 (cento e oitenta) dias, apresentar a documentação relativa a regularidade fiscal, no curso da concessão, na forma do art. 29 da Lei n. 8.666, de 21 de junho de 1993.

>> Inciso VII com redação determinada pela Lei n. 12.767, de 27-12-2012.

§ 2.º A declaração da caducidade da concessão deverá ser precedida da verificação da inadimplência da concessionária em processo administrativo, assegurado o direito de ampla defesa.

§ 3.º Não será instaurado processo administrativo de inadimplência antes de comunicados à concessionária, detalhadamente, os descumprimentos contratuais referidos no § 1.º deste artigo, dando-lhe um prazo para corrigir as falhas e transgressões apontadas e para o enquadramento, nos termos contratuais.

§ 4.º Instaurado o processo administrativo e comprovada a inadimplência, a caducidade será declarada por decreto do poder concedente, independentemente de indenização prévia, calculada no decurso do processo.

§ 5.º A indenização de que trata o parágrafo anterior, será devida na forma do art. 36 desta Lei e do contrato, descontado o valor das multas contratuais e dos danos causados pela concessionária.

§ 6.º Declarada a caducidade, não resultará para o poder concedente qualquer espécie de responsabilidade em relação aos encargos, ônus, obrigações ou compromissos com terceiros ou com empregados da concessionária.

Art. 39. O contrato de concessão poderá ser rescindido por iniciativa da concessionária, no caso de descumprimento das normas contratuais pelo poder concedente, mediante ação judicial especialmente intentada para esse fim.

Parágrafo único. Na hipótese prevista no *caput* deste artigo, os serviços prestados pela concessionária não poderão ser interrompidos ou paralisados, até a decisão judicial transitada em julgado.

CAPÍTULO XI
DAS PERMISSÕES

Art. 40. A permissão de serviço público será formalizada mediante contrato de adesão, que observará os termos desta Lei, das demais normas pertinentes e do edital de licitação, inclusive quanto à precariedade e à revogabilidade unilateral do contrato pelo poder concedente.

Parágrafo único. Aplica-se às permissões o disposto nesta Lei.

CAPÍTULO XII
DISPOSIÇÕES FINAIS E TRANSITÓRIAS

Art. 41. O disposto nesta Lei não se aplica à concessão, permissão e autorização para o serviço de radiodifusão sonora e de sons e imagens.

Art. 42. As concessões de serviço público outorgadas anteriormente à entrada em vigor desta Lei consideram-se válidas pelo prazo fixado no contrato ou no ato de outorga, observado o disposto no art. 43 desta Lei.

> *Vide* art. 4.º da Lei n. 9.074, de 7-7-1995.

§ 1.º Vencido o prazo mencionado no contrato ou ato de outorga, o serviço poderá ser prestado por órgão ou entidade do poder concedente, ou delegado a terceiros, mediante novo contrato.

>> § 1.º com redação determinada pela Lei n. 11.445, de 5-1-2007.

>> O STF, na ADI n. 4.058, de 19-12-2018 (*DOU* de 11-2-2019), julgou parcialmente procedente o pedido "apenas para conferir ao § 1.º do art. 42 da Lei n. 8.987/1995 interpretação conforme à Constituição, sem redução de texto, no sentido de ser imprescindível a realização de licitação prévia à nova delegação a terceiros".

§ 2.º As concessões em caráter precário, as que estiverem com prazo vencido e as que estiverem em vigor por prazo indeterminado, inclusive por força de legislação anterior, permanecerão válidas pelo prazo necessário à realização dos levantamentos e avaliações indispensáveis à organização das licitações que precederão a outorga das concessões que as substituirão, prazo esse que não será inferior a vinte e quatro meses.

§ 3.º As concessões a que se refere o § 2.º deste artigo, inclusive as que não possuam instrumento que as formalize ou que possuam cláusula que preveja prorrogação, terão validade máxima até o dia 31 de dezembro de 2010, desde que, até o dia 30 de junho de 2009, tenham sido cumpridas, cumulativamente, as seguintes condições:

>> § 3.º, *caput*, acrescentado pela Lei n. 11.445, de 5-1-2007.

I – levantamento mais amplo e retroativo possível dos elementos físicos constituintes da infraestrutura de bens reversíveis e dos dados financeiros, contábeis e comerciais relativos à prestação dos serviços, em dimensão necessária e suficiente para a realização do cálculo de eventual indenização relativa aos investimentos ainda não amortizados pelas receitas emergentes da concessão, observadas as disposições legais e contratuais que regulavam a prestação do serviço ou a ela aplicáveis nos 20 (vinte) anos anteriores ao da publicação desta Lei;

>> Inciso I acrescentado pela Lei n. 11.445, de 5-1-2007.

II – celebração de acordo entre o poder concedente e o concessionário sobre os critérios e a forma de indenização de eventuais créditos remanescentes de investimentos ainda não amortizados ou depreciados, apurados a partir dos levantamentos referidos no inciso I deste parágrafo e auditados por instituição especializada escolhida de comum acordo pelas partes; e

>> Inciso II acrescentado pela Lei n. 11.445, de 5-1-2007.

III – publicação na imprensa oficial de ato formal de autoridade do poder concedente, autorizando a prestação precária dos serviços por prazo de até 6 (seis) meses, renovável até 31 de dezembro de 2008, mediante comprovação do cumprimento do disposto nos incisos I e II deste parágrafo.

>> Inciso III acrescentado pela Lei n. 11.445, de 5-1-2007.

§ 4.º Não ocorrendo o acordo previsto no inciso II do § 3.º deste artigo, o cálculo da indenização de investimentos será feito com base nos critérios previstos no instrumento de concessão antes celebrado ou, na omissão deste, por avaliação de seu valor econômico ou reavaliação patrimonial, depreciação e amortização de ativos imobilizados definidos pelas legislações fiscal e das sociedades por ações, efetuada por empresa de auditoria independente escolhida de comum acordo pelas partes.

>> § 4.º acrescentado pela Lei n. 11.445, de 5-1-2007.

§ 5.º No caso do § 4.º deste artigo, o pagamento de eventual indenização será realizado, mediante garantia real, por meio de 4 (quatro) parcelas anuais, iguais e sucessivas, da parte ainda não amortizada de investimentos e de outras indenizações relacionadas à prestação dos serviços, realizados com capital próprio do concessionário ou de seu controlador, ou originários de operações de financiamento, ou obtidos mediante emissão de ações, debêntures e outros títulos mobiliários, com a primeira parcela paga até o último dia útil do exercício financeiro em que ocorrer a reversão.

>> § 5.º acrescentado pela Lei n. 11.445, de 5-1-2007.

§ 6.º Ocorrendo acordo, poderá a indenização de que trata o § 5.º deste artigo ser paga mediante receitas de novo contrato que venha a disciplinar a prestação do serviço.

>> § 6.º acrescentado pela Lei n. 11.445, de 5-1-2007.

Art. 43. Ficam extintas todas as concessões de serviços públicos outorgadas sem licitação na vigência da Constituição de 1988.

> *Vide* Lei n. 9.074, de 7-7-1995.

Parágrafo único. Ficam também extintas todas as concessões outorgadas sem licitação anteriormente à Constituição de 1988, cujas obras ou serviços não tenham sido iniciados ou que se encontrem paralisados quando da entrada em vigor desta Lei.

Art. 44. As concessionárias que tiverem obras que se encontrem atrasadas, na data da publicação desta Lei, apresentarão ao poder concedente, dentro de cento e oitenta dias, plano efetivo de conclusão das obras.

> *Vide* Lei n. 9.074, de 7-7-1995.

Parágrafo único. Caso a concessionária não apresente o plano a que se refere este artigo ou se este plano não oferecer condições efetivas para o término da obra, o poder concedente poderá declarar extinta a concessão, relativa a essa obra.

Art. 45. Nas hipóteses de que tratam os arts. 43 e 44 desta Lei, o poder concedente indenizará as obras e serviços realizados somente no caso e com os recursos da nova licitação.

Parágrafo único. A licitação de que trata o *caput* deste artigo deverá, obrigatoriamente, levar em conta, para fins de avaliação, o estágio das obras paralisadas ou atrasadas, de modo a permitir a utilização do critério de julgamento estabelecido no inciso III do art. 15 desta Lei.

Art. 46. Esta Lei entra em vigor na data de sua publicação.

Art. 47. Revogam-se as disposições em contrário.

Brasília, 13 de fevereiro de 1995; 174.º da Independência e 107.º da República.

FERNANDO HENRIQUE CARDOSO

LEI N. 9.028, DE 12 DE ABRIL DE 1995 (*)

Dispõe sobre o exercício das atribuições institucionais da Advocacia-Geral da União, em caráter emergencial e provisório, e dá outras providências.

O Presidente da República

Faço saber que o Congresso Nacional decreta e eu sanciono a seguinte Lei:

Art. 1.º O exercício das atribuições institucionais previstas na Lei Complementar n. 73, de 10 de fevereiro de 1993, dar-se-á, em caráter emergencial e provisório, até a criação e implantação da estrutura administrativa da Advocacia-Geral da União – AGU, nos termos e condições previstos nesta lei.

> Citada norma consta nesta obra.

Art. 2.º O Poder Público, por seus órgãos, entes e instituições, poderá, mediante termo, convênio ou ajuste outro, fornecer à AGU, gratuitamente, bens e serviços necessários à sua implantação e funcionamento.

Art. 3.º Os Procuradores Regionais da União exercerão a coordenação das atividades das Procuradorias da União localizadas em sua área de atuação.

>> *Caput* com redação determinada pela Medida Provisória n. 2.180-35, de 24-8-2001.

§ 1.º O Advogado-Geral da União, com o objetivo de racionalizar os serviços, poderá desativar Procuradoria da União situada em Capital de Unidade da Federação onde esteja instalada Procuradoria Regional, hipótese em que esta absorverá as atribuições daquela.

>> § 1.º com redação determinada pela Medida Provisória n. 2.180-35, de 24-8-2001.

§ 2.º Ocorrendo a hipótese de que trata o § 1.º, incumbirá ao Advogado-Geral da União dispor sobre a reestruturação da Procuradoria Regional, podendo remanejar cargos e servidores da Procuradoria desativada.

>> § 2.º acrescentado pela Medida Provisória n. 2.180-35, de 24-8-2001.

§ 3.º A reestruturação e o remanejamento de que trata o § 2.º serão possíveis inclusive na hipótese de coexistência das duas Procuradorias, se conveniente a utilização de estrutura de apoio única para atender a ambas.

>> § 3.º acrescentado pela Medida Provisória n. 2.180-35, de 24-8-2001.

§ 4.º Com a mesma finalidade de racionalização de serviços, fica o Advogado-Geral da União igualmente autorizado a desativar ou deixar de instalar Procuradoria Seccional da União, aplicando-se à hipótese, no que couber, o disposto na parte final do § 1.º e no § 2.º deste artigo.

>> § 4.º acrescentado pela Medida Provisória n. 2.180-35, de 24-8-2001.

Art. 4.º Na defesa dos direitos ou interesses da União, os órgãos ou entidades da Administração Federal fornecerão os elementos de fato, de direito e outros necessários à atuação dos membros da AGU, inclusive nas hipóteses de mandado de segurança, *habeas data* e *habeas corpus* impetrados contra ato ou omissão de autoridade federal.

§ 1.º As requisições objeto deste artigo terão tratamento preferencial e serão atendidas no prazo nelas assinalado.

§ 2.º A responsabilidade pela inobservância do disposto neste artigo será apurada na forma da Lei n. 8.112, de 11 de dezembro de 1990.

> Citada Lei consta nesta obra.

§ 3.º O disposto neste artigo aplica-se às requisições feitas pelos representantes judiciais da União designados na forma do art. 69 da Lei Complementar n. 73, de 1993.

§ 4.º Mediante requisição do Advogado-Geral da União ou de dirigente de Procuradoria da Advocacia-Geral da União, e para os fins previstos no *caput*, os órgãos e as entidades da Administração Federal designarão servidores para que atuem como peritos ou assistentes técnicos em feitos específicos, aplicáveis a esta requisição as disposições dos §§ 1.º e 2.º do presente artigo.

>> § 4.º acrescentado pela Medida Provisória n. 2.180-35, de 24-8-2001.

> *Vide* art. 5.º do Decreto n. 4.250, de 27-5-2002.

Art. 5.º Nas audiências de reclamações trabalhistas em que a União seja parte, será obrigatório o comparecimento de preposto que tenha completo conhecimento do fato objeto da reclamação, o qual, na ausência do representante judicial da União, entregará a contestação subscrita pelo mesmo.

Art. 6.º A intimação de membro da Advocacia-Geral da União, em qualquer caso, será feita pessoalmente.

§ 1.º O disposto neste artigo se aplica aos representantes judiciais da União designados na forma do art. 69 da Lei Complementar n. 73, de 1993.

>> Primitivo parágrafo único renumerado pela Medida Provisória n. 2.180-35, de 24-8-2001.

§ 2.º As intimações a serem concretizadas fora da sede do juízo serão feitas, necessariamente, na forma prevista no art. 237, II, do Código de Processo Civil.

>> § 2.º acrescentado pela Medida Provisória n. 2.180-35, de 24-8-2001.

>> Citado dispositivo do CPC trata da intimação por carta registrada.

....

Art. 8.º-B. São instituídas na Advocacia-Geral da União, com funções de integração e coordenação, a Câmara de Atividades de Contencioso e a Câmara de Atividades de Consultoria.

>> *Caput* acrescentado pela Medida Provisória n. 2.180-35, de 24-8-2001.

Parágrafo único. As Câmaras objeto do *caput* terão disciplinamento em ato do Advogado-Geral da União.

>> Parágrafo único acrescentado pela Medida Provisória n. 2.180-35, de 24-8-2001.

Art. 8.º-C. O Advogado-Geral da União, na defesa dos interesses desta e em hipóteses as quais possam trazer reflexos de natureza econômica, ainda que indiretos, ao erário federal, poderá avocar, ou integrar e coordenar, os trabalhos a cargo de órgão jurídico de empresa pública ou sociedade de economia mista, a se desenvolverem em sede judicial ou extrajudicial.

>> *Caput* acrescentado pela Medida Provisória n. 2.180-35, de 24-8-2001.

Parágrafo único. Poderão ser cometidas, à Câmara competente da Advocacia-Geral da União, as funções de executar a integração e a coordenação previstas neste artigo.

>> Parágrafo único acrescentado pela Medida Provisória n. 2.180-35, de 24-8-2001.

Art. 8.º-D. É criado o Departamento de Cálculos e Perícias da Advocacia-Geral da União, integrante da estrutura organizacional da Procuradoria-Geral da União e ao titular desta imediatamente subordinado.

>> *Caput* acrescentado pela Medida Provisória n. 2.180-35, de 24-8-2001.

(*) Publicada no *Diário Oficial da União* de 13-4-1995 e retificada em 17 e 19-4-1995.

§ 1.º Ao Departamento de Cálculos e Perícias compete, especialmente:

>> § 1.º, *caput*, acrescentado pela Medida Provisória n. 2.180-35, de 24-8-2001.

I – supervisionar, coordenar, realizar, rever e acompanhar os trabalhos técnicos, de cálculo e periciais, referentes aos feitos de interesse da União, de suas autarquias e fundações públicas, às liquidações de sentença e aos processos de execução; e

>> Inciso I acrescentado pela Medida Provisória n. 2.180-35, de 24-8-2001.

II – examinar os cálculos constantes dos precatórios judiciários de responsabilidade da União, das autarquias e fundações públicas federais, antes do pagamento dos respectivos débitos.

>> Inciso II acrescentado pela Medida Provisória n. 2.180-35, de 24-8-2001.

§ 2.º O Departamento de Cálculos e Perícias participará, nos aspectos de sua competência, do acompanhamento, controle e centralização de precatórios, de interesse da Administração Federal direta e indireta, atribuídos à Advocacia-Geral da União pela Lei n. 9.995, de 25 de julho de 2000.

>> § 2.º acrescentado pela Medida Provisória n. 2.180-35, de 24-8-2001.

§ 3.º As unidades, das autarquias e fundações públicas, que tenham a seu cargo as matérias de competência do Departamento de Cálculos e Perícias, da Advocacia-Geral da União, atuarão sob a supervisão técnica deste.

>> § 3.º acrescentado pela Medida Provisória n. 2.180-35, de 24-8-2001.

§ 4.º Os órgãos e entidades da Administração Federal prestarão, ao Departamento de Cálculos e Perícias, o apoio que se faça necessário ao desempenho de suas atividades, inclusive colocando à sua disposição pessoal especializado.

>> § 4.º acrescentado pela Medida Provisória n. 2.180-35, de 24-8-2001.

§ 5.º O Advogado-Geral da União disporá, nos termos do art. 45 da Lei Complementar n. 73, de 10 de fevereiro de 1993, sobre o Departamento de Cálculos e Perícias e editará os demais atos necessários ao cumprimento do disposto neste artigo.

>> § 5.º acrescentado pela Medida Provisória n. 2.180-35, de 24-8-2001.

Art. 8.º-E. É criada, na Procuradoria-Geral da União, a Coordenadoria de Ações de Recomposição do Patrimônio da União, com a finalidade de recuperar perdas patrimoniais sofridas pela União, à qual incumbe também a execução de títulos judiciais e extrajudiciais, inclusive os expedidos pelo Tribunal de Contas da União.

>> *Caput* acrescentado pela Medida Provisória n. 2.180-35, de 24-8-2001.

Parágrafo único. As demais Procuradorias da União poderão ter unidades com semelhantes atribuições, conforme dispuser ato do Advogado-Geral da União.

>> Parágrafo único acrescentado pela Medida Provisória n. 2.180-35, de 24-8-2001.

Art. 8.º-F. O Advogado-Geral da União poderá instalar Núcleos de Assessoramento Jurídico nas Capitais dos Estados e, quando o interesse do serviço recomendar, em outras cidades.

>> *Caput* acrescentado pela Medida Provisória n. 2.180-35, de 24-8-2001.

§ 1.º Incumbirão aos Núcleos atividades de assessoramento jurídico aos órgãos e autoridades da Administração Federal Direta localizados fora do Distrito Federal, quanto às matérias de competência legal ou regulamentar dos órgãos e autoridades assessorados, sem prejuízo das competências das Consultorias Jurídicas dos respectivos Ministérios.

>> § 1.º acrescentado pela Medida Provisória n. 2.180-35, de 24-8-2001.

§ 2.º As matérias específicas do Ministério ao qual pertença o órgão ou a autoridade assessorados, que requeiram a manifestação da Consultoria Jurídica, serão a esta encaminhadas pelo Coordenador do Núcleo de Assessoramento Jurídico.

>> § 2.º acrescentado pela Medida Provisória n. 2.180-35, de 24-8-2001.

§ 3.º O Advogado-Geral da União providenciará a lotação, nos Núcleos de Assessoramento Jurídico, dos Assistentes Jurídicos integrantes da Advocacia-Geral da União, inclusive do quadro suplementar, que estejam em exercício em cidade sede dos referidos Núcleos, respeitados os casos de cessão a outros órgãos ou entidades e os de exercício temporário em órgão vinculado à Advocacia-Geral da União, bem como os de designação como representante judicial da União, de que trata o art. 69 da Lei Complementar n. 73, de 1993.

>> § 3.º acrescentado pela Medida Provisória n. 2.180-35, de 24-8-2001.

§ 4.º Excepcionalmente, o Advogado-Geral da União poderá designar, para ter exercício nos Núcleos de Assessoramento Jurídico, outros membros efetivos da Advocacia-Geral da União, bem como Procuradores Federais.

>> § 4.º acrescentado pela Medida Provisória n. 2.180-35, de 24-8-2001.

§ 5.º Os Núcleos de Assessoramento Jurídico integram a Consultoria-Geral da União.

>> § 5.º acrescentado pela Medida Provisória n. 2.180-35, de 24-8-2001.

§ 6.º Os recursos eventualmente necessários à instalação e manutenção dos Núcleos de Assessoramento Jurídico, correrão à conta de dotações orçamentárias da Advocacia-Geral da União.

>> § 6.º acrescentado pela Medida Provisória n. 2.180-35, de 24-8-2001.

§ 7.º O Advogado-Geral da União editará ato, nos termos do art. 45 da Lei Complementar n. 73, de 1993, dispondo sobre os Núcleos de Assessoramento Jurídico de que trata este artigo.

>> § 7.º acrescentado pela Medida Provisória n. 2.180-35, de 24-8-2001.

Art. 8.º-G. São criadas, na Consultoria Jurídica do Ministério da Defesa, as Consultorias Jurídicas-Adjuntas dos Comandos da Marinha, do Exército e da Aeronáutica, ficando extintas as Consultorias Jurídicas dos antigos Ministérios Militares.

>> *Caput* acrescentado pela Medida Provisória n. 2.180-35, de 24-8-2001.

§ 1.º As Consultorias Jurídicas-Adjuntas objeto deste artigo terão competência especializada, cabendo-lhes, no respectivo âmbito de atuação e no que couber, os poderes funcionais previstos no art. 11 da Lei Complementar n. 73, de 1993, sem prejuízo da competência geral da Consultoria Jurídica do Ministério da Defesa.

>> § 1.º acrescentado pela Medida Provisória n. 2.180-35, de 24-8-2001.

....

Art. 10. As Procuradorias da União têm sede nas capitais dos Estados e as Procuradorias Seccionais da União, nas cidades onde estejam instaladas varas da Justiça Federal.

Art. 11. A União poderá, perante Tribunal situado fora da sede de Procuradoria Regional, ser representada por seu Procurador-Chefe.

Art. 11-A. Fica autorizada a Advocacia-Geral da União a assumir, por suas Procuradorias, temporária e excepcionalmente, a representação judicial de autarquias ou fundações públicas nas seguintes hipóteses:

>> *Caput* acrescentado pela Medida Provisória n. 2.180-35, de 24-8-2001.

I – ausência de procurador ou advogado;

>> Inciso I acrescentado pela Medida Provisória n. 2.180-35, de 24-8-2001.

II – impedimento dos integrantes do órgão jurídico.

>> Inciso II acrescentado pela Medida Provisória n. 2.180-35, de 24-8-2001.

§ 1.º A representação judicial extraordinária prevista neste artigo poderá ocorrer por solicitação do dirigente da entidade ou por iniciativa do Advogado-Geral da União.

>> § 1.º acrescentado pela Medida Provisória n. 2.180-35, de 24-8-2001.

§ 2.º A inexistência de órgão jurídico integrante da respectiva Procuradoria ou Departamento Jurídico, em cidade sede de Órgão judiciário perante o qual corra feito de interesse de autarquia ou fundação da União, configura a hipótese de ausência prevista no inciso I deste artigo.

>> § 2.º acrescentado pela Medida Provisória n. 2.180-35, de 24-8-2001.

§ 3.º O Advogado-Geral da União, com a finalidade de suprir deficiências ocasionais de Órgãos Vinculados à Advocacia-Geral da União, poderá designar para prestar-lhes colaboração temporária membros efetivos da

Advocacia-Geral da União, Procuradores Autárquicos, Assistentes Jurídicos e Advogados de outras entidades, seja em atividades de representação judicial ou de consultoria e assessoramento jurídicos, estando, enquanto durar a colaboração temporária, investidos dos mesmos poderes conferidos aos integrantes do respectivo Órgão Vinculado.

>> § 3.º acrescentado pela Medida Provisória n. 2.180-35, de 24-8-2001.

> *Vide* art. 1.º do Decreto n. 4.250, de 27-5-2002.

Art. 11-B. A representação judicial da União, quanto aos assuntos confiados às autarquias e fundações federais relacionadas no Anexo V a esta Lei, passa a ser feita diretamente pelos órgãos próprios da Advocacia-Geral da União, permanecendo os Órgãos Jurídicos daquelas entidades responsáveis pelas respectivas atividades de consultoria e assessoramento jurídicos.

>> *Caput* acrescentado pela Medida Provisória n. 2.180-35, de 24-8-2001.

>> Deixamos de publicar o Anexo V por não atender ao propósito da obra. Relaciona ele as entidades vinculadas a vários Ministérios.

§ 1.º Os Procuradores Autárquicos, Assistentes Jurídicos e Advogados integrantes dos quadros das entidades de que trata o *caput* neles permanecerão, até que lei disponha sobre a nova forma de representação judicial, direta e indireta, da União, consideradas as suas entidades autárquicas e fundacionais, bem como sobre a prestação de consultoria e assessoramento jurídicos a essas entidades.

>> § 1.º acrescentado pela Medida Provisória n. 2.180-35, de 24-8-2001.

§ 2.º Os órgãos jurídicos das entidades relacionadas no Anexo V desta Lei continuarão, até 7 de julho de 2000, como responsáveis pela representação judicial quanto aos assuntos de competência da respectiva autarquia ou fundação.

>> § 2.º acrescentado pela Medida Provisória n. 2.180-35, de 24-8-2001.

§ 3.º As citações, intimações e notificações das autarquias e fundações relacionadas no Anexo V desta Lei, bem como nas hipóteses de que trata o art. 11-A, serão feitas às respectivas Procuradorias da Advocacia-Geral da União, asseguradas aos seus membros, no exercício da representação judicial de que trata o art. 11-A e este artigo, as prerrogativas processuais previstas em lei.

>> § 3.º acrescentado pela Medida Provisória n. 2.180-35, de 24-8-2001.

§ 4.º Os Órgãos Jurídicos das entidades de que trata o *caput*, juntamente com os respectivos Órgãos da Advocacia-Geral da União, no prazo de sessenta dias, farão o levantamento dos processos judiciais em andamento, indicando a fase em que se encontram.

>> § 4.º acrescentado pela Medida Provisória n. 2.180-35, de 24-8-2001.

§ 5.º Até o advento da Lei referida no § 1.º deste artigo, o Advogado-Geral da União, de ofício ou mediante proposta de dirigente de Procuradoria da União, poderá designar Procuradores Autárquicos, Advogados e Assistentes Jurídicos das entidades relacionadas no Anexo V desta Lei para terem exercício nas Procuradorias da Advocacia-Geral da União.

>> § 5.º acrescentado pela Medida Provisória n. 2.180-35, de 24-8-2001.

§ 6.º A Procuradoria-Geral da Fundação Nacional do Índio permanece responsável pelas atividades judiciais que, de interesse individual ou coletivo dos índios, não se confundam com a representação judicial da União.

>> § 6.º acrescentado pela Medida Provisória n. 2.180-35, de 24-8-2001.

> A Portaria n. 839, de 18-6-2010, da AGU, disciplina e estabelece critérios para a atuação dos órgãos da Procuradoria-Geral Federal na defesa dos direitos indígenas.

§ 7.º Na hipótese de coexistirem, em determinada ação, interesses da União e de índios, a Procuradoria-Geral da Fundação Nacional do Índio ingressará no feito juntamente com a Procuradoria da Advocacia-Geral da União.

>> § 7.º acrescentado pela Medida Provisória n. 2.180-35, de 24-8-2001.

> *Vide* art. 1.º do Decreto n. 4.250, de 27-5-2002.

....

Art. 14. O preenchimento dos cargos previstos nesta Lei dar-se-á segundo a necessidade do serviço e na medida das disponibilidades orçamentárias.

Art. 15. Fica o Ministério da Fazenda com a responsabilidade de prestar o apoio necessário à instalação e ao funcionamento da Procuradoria-Geral da União, em todo o território nacional.

Parágrafo único. O apoio de que trata este artigo compreende o fornecimento de recursos materiais e financeiros, e será especificado pelo Advogado-Geral da União.

Art. 16. A Secretaria de Controle Interno da Presidência da República fica responsável pelas atividades de controle interno da AGU, até a criação do órgão próprio da Instituição.

....

Art. 19. São transpostos para as carreiras da Advocacia-Geral da União os atuais cargos efetivos de Subprocurador-Geral da Fazenda Nacional e Procurador da Fazenda Nacional, como os de Assistente Jurídico da Administração Federal direta, os quais:

I – tenham titulares cuja investidura haja observado as pertinentes normas constitucionais e ordinárias, anteriores a 5 de outubro de 1988, e, se posterior a essa data, tenha decorrido de aprovação em concurso público ou da incidência do § 3.º do art. 41 da Constituição;

II – estejam vagos.

§ 1.º Nas hipóteses previstas no inciso I, a transposição objeto deste artigo abrange os cargos e seus titulares.

§ 2.º A transposição deve observar a correlação estabelecida no Anexo IV.

>> Deixamos de publicar o Anexo IV por não atender ao propósito da obra.

§ 3.º À Advocacia-Geral da União incumbe examinar, caso a caso, a licitude da investidura nos cargos a que se refere este artigo.

§ 4.º Verificada a ocorrência de investidura ilegítima, ao Advogado-Geral da União compete adotar, ou propor, as providências cabíveis.

§ 5.º As transposições efetivadas por este artigo alcançaram tão somente servidores estáveis no serviço público, mencionados no item I do *caput*.

>> § 5.º acrescentado pela Medida Provisória n. 2.180-35, de 24-8-2001.

Art. 19-A. São transpostos, para a Carreira de Assistente Jurídico da Advocacia-Geral da União, os atuais cargos efetivos da Administração Federal direta, privativos de bacharel em Direito, cujas atribuições, fixadas em ato normativo hábil, tenham conteúdo eminentemente jurídico e correspondam àquelas de assistência fixadas aos cargos da referida Carreira, ou as abranjam, e os quais:

>> *Caput* acrescentado pela Medida Provisória n. 2.180-35, de 24-8-2001.

I – estejam vagos; ou

>> Inciso I acrescentado pela Medida Provisória n. 2.180-35, de 24-8-2001.

II – tenham como titulares servidores, estáveis no serviço público, que:

>> Inciso II, *caput*, acrescentado pela Medida Provisória n. 2.180-35, de 24-8-2001.

a) anteriormente a 5 de outubro de 1988 já detinham cargo efetivo, ou emprego permanente, privativo de bacharel em Direito, de conteúdo eminentemente jurídico, nos termos do *caput*, na Administração Federal direta, autárquica ou fundacional, conforme as normas constitucionais e legais então aplicáveis;

>> Alínea *a* acrescentada pela Medida Provisória n. 2.180-35, de 24-8-2001.

b) investidos após 5 de outubro de 1988, o tenham sido em decorrência de aprovação em concurso público ou da aplicação do § 3.º do art. 41 da Constituição.

>> Alínea *b* acrescentada pela Medida Provisória n. 2.180-35, de 24-8-2001.

§ 1.º Nas situações previstas no inciso II, a transposição objeto deste artigo abrange os cargos e seus titulares.

>> § 1.º acrescentado pela Medida Provisória n. 2.180-35, de 24-8-2001.

§ 2.º A transposição de servidor egresso de autarquia ou fundação pública federal, prevista no inciso II, alíneas *a* e *b*, alcança tão somente aquele que passou a integrar a Administração direta em decorrência da extinção ou da alteração da natureza jurídica da entidade à qual pertencia, e desde que as atribuições da respectiva entidade e o seu quadro de pessoal tenham sido, por lei, absorvidos por órgãos da Administração direta.

>> § 2.º acrescentado pela Medida Provisória n. 2.180-35, de 24-8-2001.

§ 3.º Às transposições disciplinadas neste artigo aplicam-se, também, a correlação e os procedimentos constantes do art. 19 desta Lei (§§ 2.º, 3.º e 4.º).

>> § 3.º acrescentado pela Medida Provisória n. 2.180-35, de 24-8-2001.

§ 4.º As transposições de que trata este artigo serão formalizadas em ato declaratório do Advogado-Geral da União.

>> § 4.º acrescentado pela Medida Provisória n. 2.180-35, de 24-8-2001.

§ 5.º Os eventuais efeitos financeiros, das transposições em referência, somente serão devidos, aos seus beneficiários, a partir da data em que publicado o ato declaratório, objeto do § 4.º.

>> § 5.º acrescentado pela Medida Provisória n. 2.180-35, de 24-8-2001.

§ 6.º Os titulares máximos dos órgãos da Administração Federal direta, nos quais existam cargos na situação descrita no *caput* e inciso I, deverão indicá-los à Advocacia-Geral da União, por intermédio do Ministério do Planejamento, Orçamento e Gestão, explicitando, relativamente a cada cargo vago, sua origem, evolução, atribuições e regência normativa.

>> § 6.º acrescentado pela Medida Provisória n. 2.180-35, de 24-8-2001.

§ 7.º Cada caso deverá ser instruído pelo órgão de recursos humanos do respectivo Ministério ou Secretaria de Estado, com a documentação necessária a comprovar que o servidor atende ao disposto neste artigo, após o que deverá ser encaminhado ao Advogado-Geral da União, na forma por ele regulamentada, acompanhado de manifestação conclusiva do respectivo órgão de assessoramento jurídico.

>> § 7.º acrescentado pela Medida Provisória n. 2.180-35, de 24-8-2001.

Art. 20. Passam a ser de trinta e seis meses os prazos fixados nos arts. 66 e 69, parágrafo único, da Lei Complementar n. 73, de 1993.

>> A Lei n. 9.366, de 16-12-1996, em seu art. 6.º, prorrogou por mais 24 meses os prazos deste artigo. A Lei n. 9.651, de 27-5-1998, em seu art. 26, prorrogou os prazos constantes do art. 6.º da Lei n. 9.366, de 1996, para 11-2-1999. A Medida Provisória n. 2.180-35, de 24-8-2001, prorrogou os prazos do art. 26 da Lei n. 9.651, de 1998, por 48 meses a partir do seu término.

Art. 21. Aos titulares dos cargos de Advogado da União, de Procurador da Fazenda Nacional e de Assistente Jurídico das respectivas carreiras da Advocacia-Geral da União incumbe representá-la judicial e extrajudicialmente, bem como executar as atividades de assessoramento jurídico do Poder Executivo, conforme dispuser ato normativo do Advogado-Geral da União.

>> Artigo com redação determinada pela Medida Provisória n. 2.180-35, de 24-8-2001.

Art. 22. A Advocacia-Geral da União e os seus órgãos vinculados, nas respectivas áreas de atuação, ficam autorizados a representar judicialmente os titulares e os membros dos Poderes da República, das Instituições Federais referidas no Título IV, Capítulo IV, da Constituição, bem como os titulares dos Ministérios e demais órgãos da Presidência da República, de autarquias e fundações públicas federais, e de cargos de natureza especial, de direção e assessoramento superiores e daqueles efetivos, inclusive promovendo ação penal privada ou representando perante o Ministério Público, quando vítimas de crime, quanto a atos praticados no exercício de suas atribuições constitucionais, legais ou regulamentares, no interesse público, especialmente da União, suas respectivas autarquias e fundações, ou das Instituições mencionadas, podendo, ainda, quanto aos mesmos atos, impetrar *habeas corpus* e mandado de segurança em defesa dos agentes públicos de que trata este artigo.

>> *Caput* com redação determinada pela Medida Provisória n. 2.216-37, de 31-8-2001.

>> A Portaria n. 408, de 23-3-2009, da AGU, disciplina os procedimentos relativos à representação judicial dos agentes públicos de que trata este artigo.

§ 1.º O disposto neste artigo aplica-se aos ex-titulares dos cargos ou funções referidos no *caput*, e ainda:

>> § 1.º, *caput*, com redação determinada pela Medida Provisória n. 2.216-37, de 31-8-2001.

I – aos designados para a execução dos regimes especiais previstos na Lei n. 6.024, de 13 de março de 1974, e nos Decretos-Leis ns. 73, de 21 de novembro de 1966, e 2.321, de 25 de fevereiro de 1987, e para a intervenção na concessão de serviço público de energia elétrica;

>> Inciso I com redação determinada pela Lei n. 12.767, de 27-12-2012.

II – aos militares das Forças Armadas e aos integrantes do órgão de segurança do Gabinete de Segurança Institucional da Presidência da República, quando, em decorrência do cumprimento de dever constitucional, legal ou regulamentar, responderem a inquérito policial ou a processo judicial.

>> Inciso II com redação determinada pela Medida Provisória n. 2.216-37, de 31-8-2001.

§ 2.º O Advogado-Geral da União, em ato próprio, poderá disciplinar a representação autorizada por este artigo.

>> § 2.º acrescentado pela Medida Provisória n. 2.216-37, de 31-8-2001.

Art. 23. O Advogado-Geral da União editará os atos necessários ao cumprimento do disposto nesta Lei.

Art. 24. As despesas decorrentes desta Lei correrão à conta das dotações orçamentárias próprias.

Art. 24-A. A União, suas autarquias e fundações, são isentas de custas e emolumentos e demais taxas judiciárias, bem como de depósito prévio e multa em ação rescisória, em quaisquer foros e instâncias.

>> *Caput* acrescentado pela Medida Provisória n. 2.180-35, de 24-8-2001.

Parágrafo único. Aplica-se o disposto neste artigo a todos os processos administrativos e judiciais em que for parte o Fundo de Garantia do Tempo de Serviço – FGTS, seja no polo ativo ou passivo, extensiva a isenção à pessoa jurídica que o representar em Juízo ou fora dele.

>> Parágrafo único acrescentado pela Medida Provisória n. 2.180-35, de 24-8-2001.

Art. 25. Esta Lei entra em vigor na data de sua publicação.

Art. 26. Revogam-se as disposições em contrário.

Brasília, 12 de abril de 1995; 174.º da Independência e 107.º da República.

FERNANDO HENRIQUE CARDOSO

LEI N. 9.051, DE 18 DE MAIO DE 1995 (*)

Dispõe sobre a expedição de certidões para a defesa de direitos e esclarecimentos de situações.

O Presidente da República

Faço saber que o Congresso Nacional decreta e eu sanciono a seguinte Lei:

Art. 1.º As certidões para a defesa de direitos e esclarecimentos de situações, requeridas aos órgãos da administração centralizada ou autárquica, às empresas públicas, às sociedades de economia mista e às fundações públicas da União, dos Estados, do Distrito Federal e dos Municípios, deverão ser expedidas no prazo improrrogável de quinze dias, contado do registro do pedido no órgão expedidor.

Art. 2.º Nos requerimentos que objetivam a obtenção das certidões a que se refere esta Lei, deverão os interessados fazer constar esclarecimentos relativos aos fins e razões do pedido.

Art. 3.º (*Vetado.*)

Art. 4.º Esta Lei entra em vigor na data de sua publicação.

Art. 5.º Revogam-se as disposições em contrário.

(*) Publicada no *Diário Oficial da União* de 19-5-1995.

Brasília, 18 de maio de 1995; 174.º da Independência e 107.º da República.

FERNANDO HENRIQUE CARDOSO

LEI N. 9.074, DE 7 DE JULHO DE 1995 (*)

Estabelece normas para outorga e prorrogações das concessões e permissões de serviços públicos e dá outras providências.

O Presidente da República

Faço saber que o Congresso Nacional decreta e eu sanciono a seguinte Lei:

CAPÍTULO I
DAS DISPOSIÇÕES INICIAIS

Art. 1.º Sujeitam-se ao regime de concessão ou, quando couber, de permissão, nos termos da Lei n. 8.987, de 13 de fevereiro de 1995, os seguintes serviços e obras públicas de competência da União:

I a III – (*Vetados*.);

IV – vias federais, precedidas ou não da execução de obra pública;

V – exploração de obras ou serviços federais de barragens, contenções, eclusas ou outros dispositivos de transposição hidroviária de níveis, diques, irrigações, precedidas ou não da execução de obras públicas;

>> Inciso V com redação determinada pela Lei n. 13.081, de 2-1-2015.

VI – estações aduaneiras e outros terminais alfandegados de uso público, não instalados em área de porto ou aeroporto, precedidos ou não de obras públicas;

VII – serviços postais.

>> Inciso VII acrescentado pela Lei n. 9.648, de 27-5-1998.

§ 1.º (*Revogado pela Lei n. 11.668, de 2-5-2008.*)

>> A Lei n. 11.668, de 2-5-2008, que dispõe sobre o exercício da atividade de franquia postal, e revogou este § 1.º, estabelece em seu art. 7.º: "Art. 7.º Até que entrem em vigor os contratos de franquia postal celebrados de acordo com o estabelecido nesta Lei, continuarão com eficácia aqueles firmados com as Agências de Correios Franqueadas que estiverem em vigor em 27-11-2007. Parágrafo único. A ECT deverá concluir as contratações a que se refere este artigo até 30-9-2012."

§ 2.º O prazo das concessões e permissões de que trata o inciso VI deste artigo será de vinte e cinco anos, podendo ser prorrogado por dez anos.

>> § 2.º acrescentado pela Lei n. 10.684, de 30-5-2003.

§ 3.º Ao término do prazo, as atuais concessões e permissões, mencionadas no § 2.º, incluídas as anteriores à Lei n. 8.987, de 13 de fevereiro de 1995, serão prorrogadas pelo prazo previsto no § 2.º.

>> § 3.º acrescentado pela Lei n. 10.684, de 30-5-2003.

> Citada Lei consta nesta obra.

Art. 2.º É vedado à União, aos Estados, ao Distrito Federal e aos Municípios executarem obras e serviços públicos por meio de concessão e permissão de serviço público, sem lei que lhes autorize e fixe os termos, dispensada a lei autorizativa nos casos de saneamento básico e limpeza urbana e nos já referidos na Constituição Federal, nas Constituições Estaduais e nas Leis Orgânicas do Distrito Federal e Municípios, observados, em qualquer caso, os termos da Lei n. 8.987, de 1995.

> Citada Lei consta nesta obra.

§ 1.º A contratação dos serviços e obras públicas resultantes dos processos iniciados com base na Lei n. 8.987, de 1995, entre a data de sua publicação e a da presente Lei, fica dispensada de lei autorizativa.

§ 2.º Independe de concessão, permissão ou autorização o transporte de cargas pelos meios rodoviário e aquaviário.

>> § 2.º com redação determinada pela Lei n. 9.432, de 8-1-1997.

§ 3.º Independe de concessão ou permissão o transporte:

I – aquaviário, de passageiros, que não seja realizado entre portos organizados;

II – rodoviário e aquaviário de pessoas, realizado por operadoras de turismo no exercício dessa atividade;

III – de pessoas, em caráter privativo de organizações públicas ou privadas, ainda que em forma regular.

Art. 3.º Na aplicação dos arts. 42, 43 e 44 da Lei n. 8.987, de 1995, serão observadas pelo poder concedente as seguintes determinações:

> Citada Lei consta nesta obra.

I – garantia da continuidade na prestação dos serviços públicos;

II – prioridade para conclusão de obras paralisadas ou em atraso;

III – aumento da eficiência das empresas concessionárias, visando à elevação da competitividade global da economia nacional;

IV – atendimento abrangente ao mercado, sem exclusão das populações de baixa renda e das áreas de baixa densidade populacional inclusive as rurais;

V – uso racional dos bens coletivos, inclusive os recursos naturais.

CAPÍTULO II
DOS SERVIÇOS DE ENERGIA ELÉTRICA

Seção I
Das Concessões, Permissões e Autorizações

Art. 4.º As concessões, permissões e autorizações de exploração de serviços e instalações de energia elétrica e de aproveitamento energético dos cursos de água serão contratadas, prorrogadas ou outorgadas nos termos desta e da Lei n. 8.987, de 1995, e das demais.

> Citada Lei consta nesta obra.

§ 1.º As contratações, outorgas e prorrogações de que trata este artigo poderão ser feitas a título oneroso em favor da União.

§ 2.º As concessões de geração de energia elétrica anteriores a 11 de dezembro de 2003 terão o prazo necessário à amortização dos investimentos, limitado a 35 (trinta e cinco) anos, contado da data de assinatura do imprescindível contrato, podendo ser prorrogado por até 20 (vinte) anos, a critério do Poder Concedente, observadas as condições estabelecidas nos contratos.

>> § 2.º com redação determinada pela Lei n. 10.848, de 15-3-2004.

§ 3.º As concessões de transmissão e de distribuição de energia elétrica, contratadas a partir desta Lei, terão o prazo necessário à amortização dos investimentos, limitado a trinta anos, contado da data de assinatura do imprescindível contrato, podendo ser prorrogado no máximo por igual período, a critério do poder concedente, nas condições estabelecidas no contrato.

§ 4.º As prorrogações referidas neste artigo deverão ser requeridas pelo concessionário ou permissionário, no prazo de até trinta e seis meses anteriores à data final do respectivo contrato, devendo o poder concedente manifestar-se sobre o requerimento até dezoito meses antes dessa data.

§ 5.º As concessionárias, as permissionárias e as autorizadas de serviço público de distribuição de energia elétrica que atuem no sistema Interligado Nacional – SIN não poderão desenvolver atividades:

>> § 5.º, *caput*, acrescentado pela Lei n. 10.848, de 15-3-2004.

I – de geração de energia elétrica;

>> Inciso I acrescentado pela Lei n. 10.848, de 15-3-2004.

II – de transmissão de energia elétrica;

>> Inciso II acrescentado pela Lei n. 10.848, de 15-3-2004.

III – de venda de energia a consumidores de que tratam os arts. 15 e 16 desta Lei, exceto às unidades consumidoras localizadas na área de concessão ou permissão da empresa distribuidora, sob as mesmas condições reguladas aplicáveis aos demais consumidores não abrangidos por aqueles artigos, in-

(*) Publicada no *Diário Oficial da União* de 8-7-1995 e republicada em 28-9-1998.

clusive tarifas e prazos, ressalvado o disposto no § 13;

>> Inciso III com redação determinada pela Lei n. 13.360, de 17-11-2016.

IV – de participação em outras sociedades de forma direta ou indireta, ressalvado o disposto no art. 31, VIII, da Lei n. 8.987, de 13 de fevereiro de 1995, e nos respectivos contratos de concessão; ou

>> Inciso IV acrescentado pela Lei n. 10.848, de 15-3-2004.

V – estranhas ao objeto da concessão, permissão ou autorização, exceto nos casos previstos em lei e nos respectivos contratos de concessão.

>> Inciso V acrescentado pela Lei n. 10.848, de 15-3-2004.

§ 6.º Não se aplica o disposto no § 5.º deste artigo às concessionárias, permissionárias e autorizadas de distribuição e às cooperativas de eletrificação rural:

>> § 6.º, *caput*, com redação determinada pela Lei n. 11.292, de 26-4-2006.

I – no atendimento a sistemas elétricos isolados;

>> Inciso I acrescentado pela Lei n. 10.848, de 15-3-2004.

II – no atendimento ao seu mercado próprio, desde que seja inferior a 500 (quinhentos) GWh/ano e a totalidade da energia gerada seja a ele destinada;

>> Inciso II com redação determinada pela Lei n. 11.292, de 26-4-2006.

III – na captação, aplicação ou empréstimo de recursos financeiros destinados ao próprio agente ou a sociedade coligada, controlada, controladora ou vinculada a controladora comum, desde que destinados ao serviço público de energia elétrica, mediante anuência prévia da ANEEL, observado o disposto no inciso XIII do art. 3.º da Lei n. 9.427, de 26 de dezembro de 1996, com redação dada pelo art. 17 da Lei n. 10.438, de 26 de abril de 2002, garantida a modicidade tarifária e atendido ao disposto na Lei n. 6.404, de 15 de dezembro de 1976.

>> Inciso III acrescentado pela Lei n. 10.848, de 15-3-2004.

> Fundo de Garantia a Empreendimentos de Energia Elétrica – FGEE: Lei n. 11.943, de 28-5-2009.

§ 7.º As concessionárias e as autorizadas de geração de energia elétrica que atuem no Sistema Interligado Nacional – SIN não poderão ser coligadas ou controladoras de sociedades que desenvolvam atividades de distribuição de energia elétrica no SIN.

>> § 7.º acrescentado pela Lei n. 10.848, de 15-3-2004.

§ 8.º A regulamentação deverá prever sanções para o descumprimento do disposto nos §§ 5.º, 6.º e 7.º deste artigo após o período estabelecido para a desverticalização.

>> § 8.º acrescentado pela Lei n. 10.848, de 15-3-2004.

§ 9.º As concessões de geração de energia elétrica, contratadas a partir da Medida Provisória n. 144, de 11 de dezembro de 2003, terão o prazo necessário à amortização dos investimentos, limitado a 35 (trinta e cinco) anos, contado da data de assinatura do imprescindível contrato.

>> § 9.º acrescentado pela Lei n. 10.848, de 15-3-2004.

§ 10. Fica a Agência Nacional de Energia Elétrica – ANEEL autorizada a celebrar aditivos aos contratos de concessão de uso de bem público de aproveitamentos de potenciais hidráulicos feitos a título oneroso em favor da União, mediante solicitação do respectivo titular, com a finalidade de permitir que o início do pagamento pelo uso de bem público coincida com uma das seguintes situações, a que ocorrer primeiro:

>> *Caput* acrescentado pela Lei n. 11.488, de 15-6-2007.

>> O art. 25 da Lei n. 11.488, de 15-6-2007, estabelece que o efetivo início do pagamento pelo uso de bem público, de que trata este parágrafo, não poderá ter prazo superior a 5 anos, contados a partir de 15-6-2007.

I – o início da entrega da energia objeto de Contratos de Comercialização de Energia no Ambiente Regulado – CCEAR; ou

>> Inciso I acrescentado pela Lei n. 11.488, de 15-6-2007.

II – a efetiva entrada em operação comercial do aproveitamento.

>> Inciso II acrescentado pela Lei n. 11.488, de 15-6-2007.

§ 11. Quando da solicitação de que trata o § 10 deste artigo resultar postergação do início de pagamento pelo uso de bem público, a celebração do aditivo contratual estará condicionada à análise e à aceitação pela ANEEL das justificativas apresentadas pelo titular da concessão para a postergação solicitada.

>> § 11 acrescentado pela Lei n. 11.488, de 15-6-2007.

>> O art. 25 da Lei n. 11.488, de 15-6-2007, estabelece que o efetivo início do pagamento pelo uso de bem público, de que trata este parágrafo, não poderá ter prazo superior a 5 anos, contados a partir de 15-6-2007.

§ 12. No caso de postergação do início do pagamento, sobre o valor não pago incidirá apenas atualização monetária mediante a aplicação do índice previsto no contrato de concessão.

>> § 12 acrescentado pela Lei n. 11.488, de 15-6-2007.

>> O art. 25 da Lei n. 11.488, de 15-6-2007, estabelece que o efetivo início do pagamento pelo uso de bem público, de que trata este parágrafo, não poderá ter prazo superior a 5 anos, contados a partir de 15-6-2007.

§ 13. As concessionárias do serviço público de distribuição de energia elétrica poderão, conforme regulação da Aneel, negociar com consumidores de que tratam os arts. 15 e 16 desta Lei, afastada a vedação de que trata o inciso III do § 5.º, contratos de venda de energia elétrica lastreados no excesso de energia contratada para atendimento à totalidade do mercado.

>> § 13 acrescentado pela Lei n. 13.360, de 17-11-2016.

>> A Resolução n. 824, de 10-7-2018, da ANEEL, regulamenta este § 13 sobre a venda de excedentes.

Art. 4.º-A. Os concessionários de geração de aproveitamentos hidrelétricos outorgados até 15 de março de 2004 que não entrarem em operação até 30 de junho de 2013 terão o prazo de 30 (trinta) dias para requerer a rescisão de seus contratos de concessão, sendo-lhes assegurado, no que couber:

>> *Caput* acrescentado pela Lei n. 12.839, de 9-7-2013.

I – a liberação ou restituição das garantias de cumprimento das obrigações do contrato de concessão;

>> Inciso I acrescentado pela Lei n. 12.839, de 9-7-2013.

II – o não pagamento pelo uso de bem público durante a vigência do contrato de concessão;

>> Inciso II acrescentado pela Lei n. 12.839, de 9-7-2013.

III – o ressarcimento dos custos incorridos na elaboração de estudos ou projetos que venham a ser aprovados para futura licitação para exploração do aproveitamento, nos termos do art. 28 da Lei n. 9.427, de 26 de dezembro de 1996.

>> Inciso III acrescentado pela Lei n. 12.839, de 9-7-2013.

§ 1.º O poder concedente poderá expedir diretrizes complementares para fins do disposto neste artigo.

>> § 1.º acrescentado pela Lei n. 12.839, de 9-7-2013.

§ 2.º A fim de garantir a condição estabelecida no inciso II do *caput*, fica assegurada ao concessionário a devolução do valor de Uso de Bem Público – UBP efetivamente pago e ou a remissão dos encargos de mora contratualmente previstos.

>> § 2.º acrescentado pela Lei n. 12.839, de 9-7-2013.

Art. 4.º-B. As concessionárias de distribuição de energia elétrica sujeitas a controle societário comum que, reunidas, atendam a critérios de racionalidade operacional e econômica, conforme regulamento, poderão solicitar o reagrupamento das áreas de concessão com a unificação do termo contratual.

>> Artigo acrescentado pela Lei n. 12.839, de 9-7-2013.

Art. 4.º-C. O concessionário, permissionário ou autorizatário de serviços e instalações de energia elétrica poderá apresentar plano de transferência de controle societário como alternativa à extinção da outorga, conforme regulação da Aneel.

>> *Caput* acrescentado pela Lei n. 13.360, de 17-11-2016.

§ 1.º O plano de transferência de controle societário deverá demonstrar a viabilidade da troca de controle e o benefício dessa medida para a adequação do serviço prestado.

>> § 1.º acrescentado pela Lei n. 13.360, de 17-11-2016.

§ 2.º A aprovação do plano de transferência de controle societário pela Aneel suspenderá o processo de extinção da concessão.

>> § 2.º acrescentado pela Lei n. 13.360, de 17-11-2016.

§ 3.º A transferência do controle societário, dentro do prazo definido pela Aneel, ensejará o arquivamento do processo de extinção da concessão.

>> § 3.º acrescentado pela Lei n. 13.360, de 17-11-2016.

Art. 4.º-D. (*Vetado.*)

>> Artigo acrescentado pela Lei n. 13.360, de 17-11-2016.

Art. 5.º São objeto de concessão, mediante licitação:

I – o aproveitamento de potenciais hidráulicos e a implantação de usinas termoelétricas de potência superior a 50.000 kW (cinquenta mil quilowatts) destinados a execução de serviço público;

>> Inciso I com redação determinada pela Lei n. 13.360, de 17-11-2016.

II – o aproveitamento de potenciais hidráulicos de potência superior a 50.000 kW (cinquenta mil quilowatts) destinados a produção independente de energia elétrica;

>> Inciso II com redação determinada pela Lei n. 13.360, de 17-11-2016.

III – de UBP, o aproveitamento de potenciais hidráulicos de potência superior a 50.000 kW (cinquenta mil quilowatts) destinados a uso exclusivo de autoprodutor, resguardado direito adquirido relativo às concessões existentes.

>> Inciso III com redação determinada pela Lei n. 13.360, de 17-11-2016.

§ 1.º Nas licitações previstas neste e no artigo seguinte, o poder concedente deverá especificar as finalidades do aproveitamento ou da implantação das usinas.

§ 2.º Nenhum aproveitamento hidrelétrico poderá ser licitado sem a definição do "aproveitamento ótimo" pelo poder concedente, podendo ser atribuída ao licitante vencedor a responsabilidade pelo desenvolvimento dos projetos básico e executivo.

§ 3.º Considera-se "aproveitamento ótimo" todo potencial definido em sua concepção global pelo melhor eixo do barramento, arranjo físico geral, níveis d'água operativos, reservatório e potência, integrante da alternativa escolhida para divisão de quedas de uma bacia hidrográfica.

Art. 6.º As usinas termelétricas destinadas à produção independente poderão ser objeto de concessão mediante licitação ou autorização.

Art. 7.º São objeto de autorização:

I – a implantação de usinas termoelétricas de potência superior a 5.000 kW (cinco mil quilowatts) destinadas a uso exclusivo do autoprodutor e a produção independente de energia;

>> Inciso I com redação determinada pela Lei n. 13.360, de 17-11-2016.

II – o aproveitamento de potenciais hidráulicos de potência superior a 5.000 kW (cinco mil quilowatts) e igual ou inferior a 50.000 kW (cinquenta mil quilowatts) destinados a uso exclusivo do autoprodutor e a produção independente de energia.

>> Inciso II com redação determinada pela Lei n. 13.360, de 17-11-2016.

Parágrafo único. As usinas termelétricas referidas neste e nos arts. 5.º e 6.º não compreendem aquelas cuja fonte primária de energia é a nuclear.

Art. 8.º O aproveitamento de potenciais hidráulicos e a implantação de usinas termoelétricas de potência igual ou inferior a 5.000 kW (cinco mil quilowatts) estão dispensados de concessão, permissão ou autorização, devendo apenas ser comunicados ao poder concedente.

>> *Caput* com redação determinada pela Lei n. 13.360, de 17-11-2016.

§ 1.º Não poderão ser implantados aproveitamentos hidráulicos descritos no *caput* que estejam localizados em trechos de rios em que outro interessado detenha Registro Ativo para desenvolvimento de Projeto Básico ou Estudo de Viabilidade no âmbito da Aneel, ou ainda em que já haja aproveitamento outorgado.

>> § 1.º acrescentado pela Lei n. 13.097, de 19-1-2015.

§ 2.º No caso de empreendimento hidroelétrico igual ou inferior a 5.000 kW (cinco mil quilowatts) construído em rio sem inventário aprovado pela Aneel, na eventualidade de o empreendimento ser afetado por aproveitamento ótimo do curso de água, não caberá qualquer ônus ao poder concedente ou à Aneel.

>> § 2.º com redação determinada pela Lei n. 13.360, de 17-11-2016.

§ 3.º Os empreendimentos hidroelétricos de potência igual ou inferior a 5.000 kW (cinco mil quilowatts) deverão respeitar a partição de quedas aprovada no inventário do respectivo rio.

>> § 3.º acrescentado pela Lei n. 13.360, de 17-11-2016.

Art. 9.º É o poder concedente autorizado a regularizar, mediante outorga de autorização, o aproveitamento hidrelétrico existente na data de publicação desta Lei, sem ato autorizativo.

Parágrafo único. O requerimento de regularização deverá ser apresentado ao poder concedente no prazo máximo de cento e oitenta dias da data de publicação desta Lei.

Art. 10. Cabe à Agência Nacional de Energia Elétrica – ANEEL declarar a utilidade pública, para fins de desapropriação ou instituição de servidão administrativa, das áreas necessárias à implantação de instalações de concessionários, permissionários e autorizados de serviços de energia elétrica.

>> Artigo com redação determinada pela Lei n. 9.648, de 27-5-1998.

Seção II
Do Produtor Independente de Energia Elétrica

Art. 11. Considera-se produtor independente de energia elétrica a pessoa jurídica ou empresas reunidas em consórcio que recebam concessão ou autorização do poder concedente, para produzir energia elétrica destinada ao comércio de toda ou parte da energia produzida, por sua conta e risco.

Parágrafo único. O Produtor Independente de energia elétrica estará sujeito às regras de comercialização regulada ou livre, atendido ao disposto nesta Lei, na legislação em vigor e no contrato de concessão ou no ato de autorização, sendo-lhe assegurado o direito de acesso à rede das concessionárias e permissionárias do serviço público de distribuição e das concessionárias do serviço público de transmissão.

>> Parágrafo único com redação determinada pela Lei n. 11.943, de 28-5-2009.

Art. 12. A venda de energia elétrica por produtor independente poderá ser feita para:

I – concessionário de serviço público de energia elétrica;

II – consumidor de energia elétrica, nas condições estabelecidas nos arts. 15 e 16;

III – consumidores de energia elétrica integrantes de complexo industrial ou comercial, aos quais o produtor independente também forneça vapor oriundo de processo de cogeração;

IV – conjunto de consumidores de energia elétrica, independentemente de tensão e carga, nas condições previamente ajustadas com o concessionário local de distribuição;

V – qualquer consumidor que demonstre ao poder concedente não ter o concessionário local lhe assegurado o fornecimento no prazo de até cento e oitenta dias contado da respectiva solicitação.

Parágrafo único. A comercialização na forma prevista nos incisos I, IV e V do *caput* deste artigo deverá ser exercida de acordo com critérios gerais fixados pelo Poder Concedente.

>> Parágrafo único com redação determinada pela Lei n. 10.848, de 15-3-2004.

Art. 13. O aproveitamento de potencial hidráulico, para fins de produção independente, dar-se-á mediante contrato de concessão de uso de bem público, na forma desta Lei.

Art. 14. As linhas de transmissão de interesse restrito aos aproveitamentos de produção independente poderão ser concedidas ou autorizadas, simultânea ou complementarmente, aos respectivos contratos de uso do bem público.

Seção III
Das Opções de Compra de Energia Elétrica por parte dos Consumidores

Art. 15. Respeitados os contratos de fornecimento vigentes, a prorrogação das atuais e as novas concessões serão feitas sem exclusividade de fornecimento de energia elétrica a consumidores com carga igual ou maior que 10.000 kW, atendidos em tensão igual ou superior a 69 kV, que podem optar por contratar seu fornecimento, no todo ou em parte, com produtor independente de energia elétrica.

§ 1.º Decorridos três anos da publicação desta Lei, os consumidores referidos neste artigo poderão estender sua opção de compra a qualquer concessionário, permissionário ou autorizado de energia elétrica do mesmo sistema interligado.

>> § 1.º com redação determinada pela Lei n. 9.648, de 27-5-1998.

§ 2.º Decorridos cinco anos da publicação desta Lei, os consumidores com carga igual ou superior a 3.000 kW, atendidos em tensão igual ou superior a 69 kV, poderão optar pela compra de energia elétrica a qualquer concessionário, permissionário ou autorizado de energia elétrica do mesmo sistema interligado.

§ 2.º-A. A partir de 1.º de janeiro de 2019, os consumidores que, em 7 de julho de 1995, consumirem carga igual ou superior a 3.000 kW (três mil quilowatts) e forem atendidos em tensão inferior a 69 kV poderão optar pela compra de energia elétrica a qualquer concessionário, permissionário ou autorizatário de energia elétrica do sistema.

>> § 2.º-A acrescentado pela Lei n. 13.360, de 17-11-2016.

§ 3.º Após oito anos da publicação desta Lei, o poder concedente poderá diminuir os limites de carga e tensão estabelecidos neste e no art. 16.

§ 4.º Os consumidores que não tiverem cláusulas de tempo determinado em seus contratos de fornecimento só poderão exercer a opção de que trata este artigo de acordo com prazos, formas e condições fixados em regulamentação específica, sendo que nenhum prazo poderá exceder a 36 (trinta e seis) meses, contado a partir da data de manifestação formal à concessionária, à permissionária ou à autorizada de distribuição que os atenda.

>> § 4.º com redação determinada pela Lei n. 10.848, de 15-3-2004.

§ 5.º O exercício da opção pelo consumidor não poderá resultar em aumento tarifário para os consumidores remanescentes da concessionária de serviços públicos de energia elétrica que haja perdido mercado.

>> § 5.º com redação determinada pela Lei n. 9.648, de 27-5-1998.

§ 6.º É assegurado aos fornecedores e respectivos consumidores livre acesso aos sistemas de distribuição e transmissão de concessionário e permissionário de serviço público, mediante ressarcimento do custo de transporte envolvido, calculado com base em critérios fixados pelo poder concedente.

§ 7.º O consumidor que exercer a opção prevista neste artigo e no art. 16 desta Lei deverá garantir o atendimento à totalidade de sua carga, mediante contratação, com um ou mais fornecedores, sujeito a penalidade pelo descumprimento dessa obrigação, observado o disposto no art. 3.º, X, da Lei n. 9.427, de 26 de dezembro de 1996.

>> § 7.º com redação determinada pela Lei n. 10.848, de 15-3-2004.

> Citado dispositivo consta deste volume.

§ 8.º Os consumidores que exercerem a opção prevista neste artigo e no art. 16 desta Lei poderão retornar à condição de consumidor atendido mediante tarifa regulada, garantida a continuidade da prestação dos serviços, nos termos da lei e da regulamentação, desde que informem à concessionária, à permissionária ou à autorizada de distribuição local, com antecedência mínima de 5 (cinco) anos.

>> § 8.º acrescentado pela Lei n. 10.848, de 15-3-2004.

§ 9.º Os prazos definidos nos §§ 4.º e 8.º deste artigo poderão ser reduzidos, a critério da concessionária, da permissionária ou da autorizada de distribuição local.

>> § 9.º acrescentado pela Lei n. 10.848, de 15-3-2004.

§ 10. Até 31 de dezembro de 2009, respeitados os contratos vigentes, será facultada aos consumidores que pretendam utilizar, em suas unidades industriais, energia elétrica produzida por geração própria, em regime de autoprodução ou produção independente, a redução da demanda e da energia contratadas ou a substituição dos contratos de fornecimento por contratos de uso dos sistemas elétricos, mediante notificação à concessionária de distribuição ou geração, com antecedência mínima de 180 (cento e oitenta) dias.

>> § 10 acrescentado pela Lei n. 10.848, de 15-3-2004.

Art. 16. É de livre escolha dos novos consumidores, cuja carga seja igual ou maior que 3.000 kW, atendidos em qualquer tensão, o fornecedor com quem contratará sua compra de energia elétrica.

Seção IV
Das Instalações de Transmissão e dos Consórcios de Geração

Art. 17. O poder concedente deverá definir, dentre as instalações de transmissão, as que se destinam à formação da rede básica dos sistemas interligados, as de âmbito próprio do concessionário de distribuição, as de interesse exclusivo das centrais de geração e as destinadas a interligações internacionais.

>> *Caput* com redação determinada pela Lei n. 12.111, de 9-12-2009.

§ 1.º As instalações de transmissão de energia elétrica componentes da rede básica do Sistema Interligado Nacional – SIN serão objeto de concessão, mediante licitação, na modalidade de concorrência ou de leilão e funcionarão integradas ao sistema elétrico, com regras operativas aprovadas pela Aneel, de forma a assegurar a otimização dos recursos eletroenergéticos existentes ou futuros.

>> § 1.º com redação determinada pela Lei n. 11.943, de 28-5-2009.

§ 2.º As instalações de transmissão de âmbito próprio do concessionário de distribuição poderão ser consideradas pelo poder concedente parte integrante da concessão de distribuição.

§ 3.º As instalações de transmissão de interesse restrito das centrais de geração poderão ser consideradas integrantes das respectivas concessões, permissões ou autorizações.

>> § 3.º com redação determinada pela Lei n. 9.648, de 27-5-1998.

§ 4.º As instalações de transmissão, existentes na data de publicação desta Lei, serão classificadas pelo poder concedente, para efeito de prorrogação, de conformidade com o disposto neste artigo.

§ 5.º As instalações de transmissão, classificadas como integrantes da rede básica, poderão ter suas concessões prorrogadas, segundo os critérios estabelecidos nos arts. 19 e 22, no que couber.

§ 6.º As instalações de transmissão de energia elétrica destinadas a interligações internacionais outorgadas a partir de 1.º de janeiro de 2011 e conectadas à rede básica serão objeto de concessão de serviço público de transmissão, mediante licitação na modalidade de concorrência ou leilão, devendo ser precedidas de Tratado Internacional.

>> § 6.º acrescentado pela Lei n. 12.111, de 9-12-2009.

> A Resolução Normativa n. 442, de 26-7-2011, da ANEEL, regulamenta as disposições relativas às instalações de transmissão de energia elétrica destinadas a interligações internacionais de que trata este parágrafo.

§ 7.º As instalações de transmissão necessárias aos intercâmbios internacionais de energia elétrica outorgadas até 31 de dezembro de 2010 poderão ser equiparadas, para efeitos técnicos e comerciais, aos concessionários de serviço público de transmissão de que trata o § 6.º, conforme regulação da Aneel, que definirá, em especial, a receita do agente, as tarifas de que tratam os incisos XVIII e XX do art. 3.º da Lei n. 9.427, de 26 de dezembro de 1996, e a forma de ajuste dos contratos atuais de importação e exportação de energia.

>> § 7.º acrescentado pela Lei n. 12.111, de 9-12-2009.

> *Vide* nota ao parágrafo anterior.

§ 8.º Fica vedada a celebração de novos contratos de importação ou exportação de energia elétrica pelo agente que for equiparado ao concessionário de serviço público de transmissão de que trata o § 7.º.

>> § 8.º acrescentado pela Lei n. 12.111, de 9-12-2009.

Art. 18. É autorizada a constituição de consórcios, com o objetivo de geração de energia elétrica para fins de serviços públicos, para uso exclusivo dos consorciados, para produção independente ou para essas atividades associadas, conservado o regime legal próprio de cada uma, aplicando-se, no que couber, o disposto no art. 23 da Lei n. 8.987, de 1995.

> Citado dispositivo consta deste volume.

Parágrafo único. Os consórcios empresariais de que trata o disposto no parágrafo único do art. 21 podem manifestar ao poder concedente, até seis meses antes do início de funcionamento da central geradora da energia elétrica, opção por um dos regimes legais previstos neste artigo, ratificando ou alterando o adotado no respectivo ato de constituição.

>> Parágrafo único acrescentado pela Lei n. 9.648, de 27-5-1998.

Seção V
Da Prorrogação das Concessões Atuais

Art. 19. A União poderá, visando garantir a qualidade do atendimento aos consumidores a custos adequados, prorrogar, pelo prazo de até vinte anos, as concessões de geração de energia elétrica, alcançadas pelo art. 42 da Lei n. 8.987, de 1995, desde que requerida a prorrogação, pelo concessionário, permissionário ou titular de manifesto ou de declaração de usina termelétrica, observado o disposto no art. 25 desta Lei.

> Citado dispositivo consta deste volume.

§ 1.º Os pedidos de prorrogação deverão ser apresentados em até um ano, contado da data da publicação desta Lei.

§ 2.º Nos casos em que o prazo remanescente da concessão for superior a um ano, o pedido de prorrogação deverá ser apresentado em até seis meses do advento do termo final respectivo.

§ 3.º Ao requerimento de prorrogação deverão ser anexados os elementos comprobatórios de qualificação jurídica, técnica, financeira e administrativa do interessado, bem como comprovação de regularidade e adimplemento de seus encargos junto a órgãos públicos, obrigações fiscais e previdenciárias e compromissos contratuais, firmados junto a órgãos e entidades da Administração Pública Federal, referentes aos serviços de energia elétrica, inclusive ao pagamento de que trata o § 1.º do art. 20 da Constituição Federal.

> Citado dispositivo consta deste volume.

§ 4.º Em caso de não apresentação do requerimento, no prazo fixado nos §§ 1.º e 2.º deste artigo, ou havendo pronunciamento do poder concedente contrário ao pleito, as concessões, manifestos ou declarações de usina termelétrica serão revertidas para a União, no vencimento do prazo da concessão, e licitadas.

§ 5.º (*Vetado.*)

Art. 20. As concessões e autorizações de geração de energia elétrica alcançadas pelo parágrafo único do art. 43 e pelo art. 44 da Lei n. 8.987, de 1995, exceto aquelas cujos empreendimentos não tenham sido iniciados até a edição dessa mesma Lei, poderão ser prorrogadas pelo prazo necessário à amortização do investimento, limitado a trinta e cinco anos, observado o disposto no art. 24 desta Lei e desde que apresentado pelo interessado:

> Citados dispositivos constam deste volume.

I – plano de conclusão aprovado pelo poder concedente;

II – compromisso de participação superior a um terço de investimentos privados nos recursos necessários à conclusão da obra e à colocação das unidades em operação.

Parágrafo único. Os titulares de concessão que não procederem de conformidade com os termos deste artigo terão suas concessões declaradas extintas, por ato do poder concedente, de acordo com o autorizado no parágrafo único do art. 44 da Lei n. 8.987, de 1995.

Art. 21. É facultado ao concessionário incluir no plano de conclusão das obras, referido no inciso I do artigo anterior, no intuito de viabilizá-la, proposta de sua associação com terceiros na modalidade de consórcio empresarial do qual seja a empresa líder, mantida ou não a finalidade prevista originalmente para a energia produzida.

Parágrafo único. Aplica-se o disposto neste artigo aos consórcios empresariais formados ou cuja formação se encontra em curso na data de publicação desta Lei, desde que já manifestada ao poder concedente pelos interessados, devendo as concessões ser revistas para adaptá-las ao estabelecido no art. 23 da Lei n. 8.987, de 1995, observado o disposto no art. 20, II, e no art. 25 desta Lei.

> Citado dispositivo consta deste volume.

Art. 22. As concessões de distribuição de energia elétrica alcançadas pelo art. 42 da Lei n. 8.987, de 1995, poderão ser prorrogadas, desde que reagrupadas segundo critérios de racionalidade operacional e econômica, por solicitação do concessionário ou iniciativa do poder concedente.

> Citado dispositivo consta deste volume.

§ 1.º Na hipótese de a concessionária não concordar com o reagrupamento, serão mantidas as atuais áreas e prazos das concessões.

§ 2.º A prorrogação terá prazo único, igual ao maior remanescente dentre as concessões reagrupadas, ou vinte anos, a contar da data da publicação desta Lei, prevalecendo o maior.

§ 3.º (*Vetado.*)

Art. 23. Na prorrogação das atuais concessões para distribuição de energia elétrica, o poder concedente diligenciará no sentido de compatibilizar as áreas concedidas às empresas distribuidoras com as áreas de atuação de cooperativas de eletrificação rural, examinando suas situações de fato como prestadoras de serviço público, visando enquadrar as cooperativas como permissionárias de serviço público de energia elétrica.

§ 1.º Constatado, em processo administrativo, que a cooperativa exerce, em situação de fato ou com base em permissão anteriormente outorgada, atividade de comercialização de energia elétrica a público indistinto localizado em sua área de atuação é facultado ao poder concedente promover a regularização da permissão, preservado o atual regime jurídico próprio das cooperativas.

>> Primitivo parágrafo único renumerado pela Lei n. 11.292, de 26-4-2006.

>> § 1.º regulamentado pelo Decreto n. 6.160, de 20-7-2007.

§ 2.º O processo de regularização das cooperativas de eletrificação rural será definido em regulamentação própria, preservando suas peculiaridades associativistas.

>> § 2.º acrescentado pela Lei n. 11.292, de 26-4-2006.

>> § 2.º regulamentado pelo Decreto n. 6.160, de 20-7-2007.

§ 3.º As autorizações e permissões serão outorgadas às Cooperativas de Eletrificação Rural pelo prazo de até 30 (trinta) anos, podendo ser prorrogado por igual período, a juízo do poder concedente.

>> § 3.º acrescentado pela Lei n. 12.111, de 9-12-2009.

Art. 24. O disposto nos §§ 1.º, 2.º, 3.º e 4.º do art. 19 aplica-se às concessões referidas no art. 22.

Parágrafo único. Aplica-se, ainda, às concessões referidas no art. 20, o disposto nos §§ 3.º e 4.º do art. 19.

Art. 25. As prorrogações de prazo, de que trata esta Lei, somente terão eficácia com assinatura de contratos de concessão que contenham cláusula de renúncia a eventuais direitos preexistentes que contrariem a Lei n. 8.987, de 1995.

> Citada Lei consta deste volume.

§ 1.º Os contratos de concessão e permissão conterão, além do estabelecido na legislação em vigor, cláusulas relativas a requisitos mínimos de desempenho técnico do concessionário ou permissionário, bem assim, sua aferição pela fiscalização através de índices apropriados.

§ 2.º No contrato de concessão ou permissão, as cláusulas relativas à qualidade técnica, referidas no parágrafo anterior, serão vinculadas a penalidades progressivas, que guardarão proporcionalidade com o prejuízo efetivo ou potencial causado ao mercado.

Capítulo III
DA REESTRUTURAÇÃO DOS SERVIÇOS PÚBLICOS CONCEDIDOS

>> O Decreto n. 9.271, de 25-1-2018, regulamenta a outorga de contrato de concessão no setor elétrico associada à privatização de titular de concessão de serviço público de geração de energia elétrica.

Art. 26. Exceto para os serviços públicos de telecomunicações, é a União autorizada a:

I – promover cisões, fusões, incorporações ou transformações societárias dos concessionários de serviços públicos sob o seu controle direto ou indireto;

II – aprovar cisões, fusões e transferências de concessões, estas últimas nos termos do disposto no art. 27 da Lei n. 8.987, de 1995;

> Citado dispositivo consta deste volume.

III – cobrar, pelo direito de exploração de serviços públicos, nas condições preestabelecidas no edital de licitação.

Parágrafo único. O inadimplemento do disposto no inciso III sujeitará o concessionário à aplicação da pena de caducidade, nos termos do disposto na Lei n. 8.987, de 1995.

Art. 27. Nos casos em que os serviços públicos, prestados por pessoas jurídicas sob controle direto ou indireto da União, para promover a privatização simultaneamente com a outorga de nova concessão ou com a prorrogação das concessões existentes, a União, exceto quanto aos serviços públicos de telecomunicações, poderá:

I – utilizar, no procedimento licitatório, a modalidade de leilão, observada a necessidade da venda de quantidades mínimas de quotas ou ações que garantam a transferência do controle societário;

II – fixar, previamente, o valor das quotas ou ações de sua propriedade a serem alienadas, e proceder a licitação na modalidade de concorrência.

§ 1.º Na hipótese de prorrogação, esta poderá ser feita por prazos diferenciados, de forma a que os termos finais de todas as concessões prorrogadas ocorram no mesmo prazo que será o necessário à amortização dos investimentos, limitado a trinta anos, contado a partir da assinatura do novo contrato de concessão.

§ 2.º Na elaboração dos editais de privatização de empresas concessionárias de serviço público, a União deverá atender às exigências das Leis n. 8.031, de 1990, e 8.987, de 1995, inclusive quanto à publicação das cláusulas essenciais do contrato e do prazo da concessão.

> A Lei n. 8.031, de 12-4-1990, foi expressamente revogada pela Lei n. 9.491, de 9-9-1997, que dispõe sobre o Programa Nacional de Desestatização.

> Constam deste volume as Leis n. 8.987, de 13-2-1995, e a Lei n. 9.491, de 9-9-1997.

§ 3.º O disposto neste artigo poderá ainda ser aplicado no caso de privatização de concessionário de serviço público sob controle direto ou indireto dos Estados, do Distrito Federal ou dos Municípios, no âmbito de suas respectivas competências.

§ 4.º A prorrogação de que trata este artigo está sujeita às condições estabelecidas no art. 25.

Art. 28. Nos casos de privatização, nos termos do artigo anterior, é facultado ao poder concedente outorgar novas concessões sem efetuar a reversão prévia dos bens vinculados ao respectivo serviço público.

§ 1.º Em caso de privatização de empresa detentora de concessão ou autorização de geração de energia elétrica, é igualmente facultado ao poder concedente alterar o regime de exploração, no todo ou em parte, para produção independente, inclusive quanto às condições de extinção da concessão ou autorização e de encampação das instalações, bem como da indenização porventura devida.

>> § 1.º acrescentado pela Lei n. 9.648, de 27-5-1998.

§ 2.º A alteração de regime referida no parágrafo anterior deverá observar as condições para tanto estabelecidas no respectivo edital, previamente aprovado pela ANEEL.

>> § 2.º acrescentado pela Lei n. 9.648, de 27-5-1998.

§ 3.º É vedado ao edital referido no parágrafo anterior estipular, em benefício da produção de energia elétrica, qualquer forma de garantia ou prioridade sobre o uso da água da bacia hidrográfica, salvo nas condições definidas em ato conjunto dos Ministros de Estado de Minas e Energia e do Meio Ambiente, dos Recursos Hídricos e da Amazônia Legal, em articulação com os Governos dos Estados onde se localiza cada bacia hidrográfica.

>> § 3.º acrescentado pela Lei n. 9.648, de 27-5-1998.

§ 4.º O edital referido no § 2.º deve estabelecer as obrigações dos sucessores com os programas de desenvolvimento socioeconômico regionais em andamento, conduzidos diretamente pela empresa ou em articulação com os Estados, em áreas situadas na bacia hidrográfica onde se localizam os aproveitamentos de potenciais hidráulicos, facultado ao Poder Executivo, previamente à privatização, separar e destacar os ativos que considere necessários à condução desses programas.

>> § 4.º acrescentado pela Lei n. 9.648, de 27-5-1998.

Art. 29. A modalidade de leilão poderá ser adotada nas licitações relativas à outorga de nova concessão com a finalidade de promover a transferência de serviço público prestado por pessoas jurídicas, a que se refere o art. 27, incluídas, para os fins e efeitos da Lei n. 8.031, de 1990, no Programa Nacional de Desestatização, ainda que não haja a alienação das quotas ou ações representativas de seu controle societário.

> *Vide* notas ao art. 27, § 2.º, desta Lei.

Parágrafo único. Na hipótese prevista neste artigo, os bens vinculados ao respectivo serviço público serão utilizados, pelo novo concessionário, mediante contrato de arrendamento a ser celebrado com o concessionário original.

Art. 30. O disposto nos arts. 27 e 28 aplica-se, ainda, aos casos em que o titular da concessão ou autorização de competência da União for empresa sob controle direto ou indireto dos Estados, do Distrito Federal ou dos Municípios, desde que as partes acordem quanto às regras estabelecidas.

>> Artigo com redação determinada pela Lei n. 9.648, de 27-5-1998.

Capítulo IV
DAS DISPOSIÇÕES FINAIS

Art. 31. Nas licitações para concessão e permissão de serviços públicos ou uso de bem público, os autores ou responsáveis economicamente pelos projetos básico ou executivo podem participar, direta ou indiretamente, da licitação ou da execução de obras ou serviços.

Art. 32. A empresa estatal que participe, na qualidade de licitante, de concorrência para concessão e permissão de serviço público, poderá, para compor sua proposta, colher preços de bens ou serviços fornecidos por terceiros e assinar pré-contratos com dispensa de licitação.

§ 1.º Os pré-contratos conterão, obrigatoriamente, cláusula resolutiva de pleno direito, sem penalidades ou indenizações, no caso de outro licitante ser declarado vencedor.

§ 2.º Declarada vencedora a proposta referida neste artigo, os contratos definitivos, firmados entre a empresa estatal e os fornecedores de bens e serviços, serão, obrigatoriamente, submetidos à apreciação dos competentes órgãos de controle externo e de fiscalização específica.

Art. 33. Em cada modalidade de serviço público, o respectivo regulamento determinará que o poder concedente, observado o disposto nos arts. 3.º e 30 da Lei n. 8.987, de 1995, estabeleça forma de participação dos usuários na fiscalização e torne disponível ao público, periodicamente, relatório sobre os serviços prestados.

> Citados dispositivos constam deste volume.

Art. 34. A concessionária que receber bens e instalações da União, já revertidos ou entregues à sua administração, deverá:

I – arcar com a responsabilidade pela manutenção e conservação dos mesmos;

II – responsabilizar-se pela reposição dos bens e equipamentos, na forma do disposto no art. 6.º da Lei n. 8.987, de 1995.

> Citado dispositivo consta deste volume.

Art. 35. A estipulação de novos benefícios tarifários pelo poder concedente fica condicionada à previsão, em lei, da origem dos recursos ou da simultânea revisão da estrutura tarifária do concessionário ou permissionário, de forma a preservar o equilíbrio econômico-financeiro do contrato.

Parágrafo único. A concessão de qualquer benefício tarifário somente poderá ser atribuída a uma classe ou coletividade de usuários dos serviços, vedado, sob qualquer pretexto, o benefício singular.

Art. 36. Sem prejuízo do disposto no inciso XII do art. 21 e no inciso XI do art. 23 da Constituição Federal, o poder concedente poderá, mediante convênio de cooperação, credenciar os Estados e o Distrito Federal a realizarem atividades complementares de fiscalização e controle dos serviços prestados nos respectivos territórios.

> Citados dispositivos constam deste volume.

Art. 37. É inexigível a licitação na outorga de serviços de telecomunicação de uso restrito do outorgado, que não sejam passíveis de exploração comercial.

Art. 38. (*Vetado.*)

Art. 39. Esta Lei entra em vigor na data de sua publicação.

Art. 40. Revogam-se o parágrafo único do art. 28 da Lei n. 8.987, de 1995, e as demais disposições em contrário.

Brasília, 7 de julho de 1995; 174.º da Independência e 107.º da República.

FERNANDO HENRIQUE CARDOSO

LEI N. 9.096, DE 19 DE SETEMBRO DE 1995 (*)

Dispõe sobre partidos políticos, regulamenta os arts. 17 e 14, § 3.º, V, da Constituição Federal.

O Vice-Presidente da República no exercício do cargo de Presidente da República

Faço saber que o Congresso Nacional decreta e eu sanciono a seguinte Lei:

TÍTULO I
DISPOSIÇÕES PRELIMINARES

Art. 1.º O partido político, pessoa jurídica de direito privado, destina-se a assegurar, no interesse do regime democrático, a autenticidade do sistema representativo e a defender os direitos fundamentais definidos na Constituição Federal.

Parágrafo único. O partido político não se equipara às entidades paraestatais.

>> Parágrafo único acrescentado pela Lei n. 13.488, de 6-10-2017.

Art. 2.º É livre a criação, fusão, incorporação e extinção de partidos políticos cujos programas respeitem a soberania nacional, o regime democrático, o pluripartidarismo e os direitos fundamentais da pessoa humana.

Art. 3.º É assegurada, ao partido político, autonomia para definir sua estrutura interna, organização e funcionamento.

§ 1.º É assegurada aos candidatos, partidos políticos e coligações autonomia para definir o cronograma das atividades eleitorais de campanha e executá-lo em qualquer dia e horário, observados os limites estabelecidos em lei.

>> Parágrafo único renumerado pela Lei n. 13.831, de 17-5-2019.

§ 2.º assegurada aos partidos políticos autonomia para definir o prazo de duração dos mandatos dos membros dos seus órgãos partidários permanentes ou provisórios.

>> § 2.º acrescentado pela Lei n. 13.831, de 17-5-2019.

§ 3.º prazo de vigência dos órgãos provisórios dos partidos políticos poderá ser de até 8 (oito) anos.

>> § 3.º acrescentado pela Lei n. 13.831, de 17-5-2019.

§ 4.º Exaurido o prazo de vigência de um órgão partidário, ficam vedados a extinção automática do órgão e o cancelamento de sua inscrição no Cadastro Nacional da Pessoa Jurídica (CNPJ).

>> § 4.º acrescentado pela Lei n. 13.831, de 17-5-2019.

Art. 4.º Os filiados de um partido político têm iguais direitos e deveres.

Art. 5.º A ação do partido tem caráter nacional e é exercida de acordo com seu estatuto e programa, sem subordinação a entidades ou governos estrangeiros.

Art. 6.º É vedado ao partido político ministrar instrução militar ou paramilitar, utilizar-se de organização da mesma natureza e adotar uniforme para seus membros.

Art. 7.º O partido político, após adquirir personalidade jurídica na forma da lei civil, registra seu estatuto no Tribunal Superior Eleitoral.

§ 1.º Só é admitido o registro do estatuto de partido político que tenha caráter nacional, considerando-se como tal aquele que comprove, no período de dois anos, o apoiamento de eleitores não filiados a partido político, correspondente a, pelo menos, 0,5% (cinco décimos por cento) dos votos dados na última eleição geral para a Câmara dos Deputados, não computados os votos em branco e os nulos, distribuídos por um terço, ou mais, dos Estados, com um mínimo de 0,1% (um décimo por cento) do eleitorado que haja votado em cada um deles.

>> § 1.º com redação determinada pela Lei n. 13.165, de 29-9-2015.

>> *Vide* art. 13 da Lei n. 13.165, de 29-9-2015.

§ 2.º Só o partido que tenha registrado seu estatuto no Tribunal Superior Eleitoral pode participar do processo eleitoral, receber recursos do Fundo Partidário e ter acesso gratuito ao rádio e à televisão, nos termos fixados nesta Lei.

§ 3.º Somente o registro do estatuto do partido no Tribunal Superior Eleitoral assegura a exclusividade da sua denominação, sigla e símbolos, vedada a utilização, por outros partidos, de variações que venham a induzir a erro ou confusão.

TÍTULO II
DA ORGANIZAÇÃO E FUNCIONAMENTO DOS PARTIDOS POLÍTICOS

CAPÍTULO I
DA CRIAÇÃO E DO REGISTRO DOS PARTIDOS POLÍTICOS

Art. 8.º O requerimento do registro de partido político, dirigido ao cartório competente do Registro Civil das Pessoas Jurídicas do local de sua sede, deve ser subscrito pelos seus fundadores, em número nunca inferior a 101 (cento e um), com domicílio eleitoral em, no mínimo, 1/3 (um terço) dos Estados, e será acompanhado de:

>> *Caput* com redação determinada pela Lei n. 13.877, de 27-9-2019.

I – cópia autêntica da ata da reunião de fundação do partido;

II – exemplares do Diário Oficial que publicou, no seu inteiro teor, o programa e o estatuto;

III – relação de todos os fundadores com o nome completo, naturalidade, número do título eleitoral com a Zona, Seção, Município e Estado, profissão e endereço da residência.

§ 1.º O requerimento indicará o nome e a função dos dirigentes provisórios e o endereço da sede do partido no território nacional.

>> § 1.º com redação determinada pela Lei n. 13.877, de 27-9-2019.

§ 2.º Satisfeitas as exigências deste artigo, o Oficial do Registro Civil efetua o registro no livro correspondente, expedindo certidão de inteiro teor.

§ 3.º Adquirida personalidade jurídica na forma deste artigo, o partido promove a obtenção do apoiamento mínimo de eleitores a

(*) Publicada no *Diário Oficial da União*, de 20-9-1995.

que se refere o § 1.º do art. 7.º e realiza os atos necessários para a constituição definitiva de seus órgãos e designação dos dirigentes, na forma do seu estatuto.

Art. 9.º Feita a constituição e designação, referidas no § 3.º do artigo anterior, os dirigentes nacionais promoverão o registro do estatuto do partido junto ao Tribunal Superior Eleitoral, através de requerimento acompanhado de:

I – exemplar autenticado do inteiro teor do programa e do estatuto partidários, inscritos no Registro Civil;

II – certidão do registro civil da pessoa jurídica, a que se refere o § 2.º do artigo anterior;

III – certidões dos cartórios eleitorais que comprovem ter o partido obtido o apoiamento mínimo de eleitores a que se refere o § 1.º do art. 7.º.

§ 1.º A prova do apoiamento mínimo de eleitores é feita por meio de suas assinaturas, com menção ao número do respectivo título eleitoral, em listas organizadas para cada Zona, sendo a veracidade das respectivas assinaturas e o número dos títulos atestados pelo Escrivão Eleitoral.

§ 2.º O Escrivão Eleitoral dá imediato recibo de cada lista que lhe for apresentada e, no prazo de quinze dias, lavra o seu atestado, devolvendo-a ao interessado.

§ 3.º Protocolado o pedido de registro no Tribunal Superior Eleitoral, o processo respectivo, no prazo de quarenta e oito horas, é distribuído a um Relator, que, ouvida a Procuradoria-Geral, em dez dias, determina, em igual prazo, diligências para sanar eventuais falhas do processo.

§ 4.º Se não houver diligências a determinar, ou após o seu atendimento, o Tribunal Superior Eleitoral registra o estatuto do partido, no prazo de trinta dias.

Art. 10. As alterações programáticas ou estatutárias, após registradas no Ofício Civil competente, devem ser encaminhadas, para o mesmo fim, ao Tribunal Superior Eleitoral.

§ 1.º O Partido comunica à Justiça Eleitoral a constituição de seus órgãos de direção e os nomes dos respectivos integrantes, bem como as alterações que forem promovidas, para anotação:

>> Parágrafo único, *caput*, renumerado pela Lei n. 13.877, de 27-9-2019.

I – no Tribunal Superior Eleitoral, dos integrantes dos órgãos de âmbito nacional;

II – nos Tribunais Regionais Eleitorais, dos integrantes dos órgãos de âmbito estadual, municipal ou zonal.

>> A Lei n. 9.259, de 9-1-1996, estabelece em seu art. 3.º que: "O disposto no parágrafo único do art. 10 da Lei n. 9.096, de 19-9-1995, na redação dada por esta Lei, aplica-se a todas as alterações efetivadas a qualquer tempo, ainda que submetidas à Justiça Eleitoral na vigência da Lei n. 5.682, de 21-7-1971, sem que tenha sido prolatada decisão final".

§ 2.º Após o recebimento da comunicação de constituição dos órgãos de direção regionais e municipais, definitivos ou provisórios, o Tribunal Superior Eleitoral, na condição de unidade cadastradora, deverá proceder à inscrição, ao restabelecimento e à alteração de dados cadastrais e da situação cadastral perante o CNPJ na Secretaria Especial da Receita Federal do Brasil.

>> § 2.º com redação determinada pela Lei n. 14.063, de 23-9-2020.

Art. 11. O partido com registro no Tribunal Superior Eleitoral pode credenciar, respectivamente:

I – delegados perante o Juiz Eleitoral;

II – delegados perante o Tribunal Regional Eleitoral;

III – delegados perante o Tribunal Superior Eleitoral.

Parágrafo único. Os delegados credenciados pelo órgão de direção nacional representam o partido perante quaisquer Tribunais ou Juízes Eleitorais; os credenciados pelos órgãos estaduais, somente perante o Tribunal Regional Eleitoral e os Juízes Eleitorais do respectivo Estado, do Distrito Federal ou Território Federal; e os credenciados pelo órgão municipal, perante o Juiz Eleitoral da respectiva jurisdição.

Capítulo II
DO FUNCIONAMENTO PARLAMENTAR

Art. 12. O partido político funciona, nas Casas Legislativas, por intermédio de uma bancada, que deve constituir suas lideranças de acordo com o estatuto do partido, as disposições regimentais das respectivas Casas e as normas desta Lei.

Art. 13. Tem direito a funcionamento parlamentar, em todas as Casas Legislativas para as quais tenha elegido representante, o partido que, em cada eleição para a Câmara dos Deputados obtenha o apoio de, no mínimo, cinco por cento dos votos apurados, não computados os brancos e os nulos, distribuídos em, pelo menos, um terço dos Estados, com um mínimo de dois por cento do total de cada um deles.

>> O STF, na ADI n. 1.351-3, de 7-12-2006 (*DOU* de 18-12-2006), declarou a inconstitucionalidade deste artigo.

Capítulo III
DO PROGRAMA E DO ESTATUTO

Art. 14. Observadas as disposições constitucionais e as desta Lei, o partido é livre para fixar, em seu programa, seus objetivos políticos e para estabelecer, em seu estatuto, a sua estrutura interna, organização e funcionamento.

Art. 15. O Estatuto do partido deve conter, entre outras, normas sobre:

I – nome, denominação abreviada e o estabelecimento da sede no território nacional;

>> Inciso I com redação determinada pela Lei n. 13.877, de 27-9-2019.

II – filiação e desligamento de seus membros;

III – direitos e deveres dos filiados;

IV – modo como se organiza e administra, com a definição de sua estrutura geral e identificação, composição e competências dos órgãos partidários nos níveis municipal, estadual e nacional, duração dos mandatos e processo de eleição dos seus membros;

V – fidelidade e disciplina partidárias, processo para apuração das infrações e aplicação das penalidades, assegurado amplo direito de defesa;

VI – condições e forma de escolha de seus candidatos a cargos e funções eletivas;

VII – finanças e contabilidade, estabelecendo, inclusive, normas que os habilitem a apurar as quantias que os seus candidatos possam despender com a própria eleição, que fixem os limites das contribuições dos filiados e definam as diversas fontes de receita do partido, além daquelas previstas nesta Lei;

VIII – critérios de distribuição dos recursos do Fundo Partidário entre os órgãos de nível municipal, estadual e nacional que compõem o partido;

IX – procedimento de reforma do programa e do estatuto.

Art. 15-A. A responsabilidade, inclusive civil e trabalhista, cabe exclusivamente ao órgão partidário municipal, estadual ou nacional que tiver dado causa ao não cumprimento da obrigação, à violação de direito, a dano a outrem ou a qualquer ato ilícito, excluída a solidariedade de outros órgãos de direção partidária.

>> *Caput* com redação determinada pela Lei n. 12.034, de 29-9-2009.

Parágrafo único. O órgão nacional do partido político, quando responsável, somente poderá ser demandado judicialmente na circunscrição especial judiciária da sua sede, inclusive nas ações de natureza cível ou trabalhista.

>> Parágrafo único acrescentado pela Lei n. 12.891, de 11-12-2013.

Capítulo IV
DA FILIAÇÃO PARTIDÁRIA

>> A Resolução n. 23.596, de 20-8-2019, do TSE, dispõe sobre a filiação partidária, institui o Sistema de Filiação Partidária (FILIA), disciplina o encaminhamento de dados pelos partidos políticos à Justiça Eleitoral e dá outras providências.

Art. 16. Só pode filiar-se a partido o eleitor que estiver no pleno gozo de seus direitos políticos.

Art. 17. Considera-se deferida, para todos os efeitos, a filiação partidária, com o atendimento das regras estatutárias do partido.

Parágrafo único. Deferida a filiação do eleitor, será entregue comprovante ao interessado, no modelo adotado pelo partido.

Art. 18. (*Revogado pela Lei n. 13.165, de 29-9-2015.*)

Art. 19. Deferido internamente o pedido de filiação, o partido político, por seus órgãos de direção municipais, regionais ou nacional, deverá inserir os dados do filiado no sistema eletrônico da Justiça Eleitoral, que automaticamente enviará aos juízes eleitorais, para arquivamento, publicação e cumprimento dos prazos de filiação partidária para efeito de candidatura a cargos eletivos, a relação dos nomes de todos os seus filiados, da qual constará a data de filiação, o número dos títulos eleitorais e das seções em que estão inscritos.

>> *Caput* com redação determinada pela Lei n. 13.877, de 27-9-2019.

>> *Vide* Súmula 20 do TSE.

§ 1.º Nos casos de mudança de partido de filiado eleito, a Justiça Eleitoral deverá intimar pessoalmente a agremiação partidária e dar-lhe ciência da saída do seu filiado, a partir do que passarão a ser contados os prazos para ajuizamento das ações cabíveis.

>> § 1.º com redação determinada pela Lei n. 13.877, de 27-9-2019.

§ 2.º Os prejudicados por desídia ou má-fé poderão requerer, diretamente à Justiça Eleitoral, a observância do que prescreve o *caput* deste artigo.

§ 3.º Os órgãos de direção nacional dos partidos políticos terão pleno acesso às informações de seus filiados constantes do cadastro eleitoral.

>> § 3.º acrescentado pela Lei n. 12.034, de 29-9-2009.

§ 4.º A Justiça Eleitoral disponibilizará eletronicamente aos órgãos nacional e estaduais dos partidos políticos, conforme sua circunscrição eleitoral, acesso a todas as informações de seus filiados constantes do cadastro eleitoral, incluídas as relacionadas a seu nome completo, sexo, número do título de eleitor e de inscrição no Cadastro de Pessoa Física (CPF), endereço, telefones, entre outras.

>> § 4.º acrescentado pela Lei n. 13.877, de 27-9-2019.

Art. 20. É facultado ao partido político estabelecer, em seu estatuto, prazos de filiação partidária superiores aos previstos nesta Lei, com vistas a candidatura a cargos eletivos.

Parágrafo único. Os prazos de filiação partidária, fixados no estatuto do partido, com vistas a candidatura a cargos eletivos, não podem ser alterados no ano da eleição.

Art. 21. Para desligar-se do partido, o filiado faz comunicação escrita ao órgão de direção municipal e ao Juiz Eleitoral da Zona em que for inscrito.

Parágrafo único. Decorridos dois dias da data da entrega da comunicação, o vínculo torna-se extinto, para todos os efeitos.

Art. 22. O cancelamento imediato da filiação partidária verifica-se nos casos de:

I – morte;

II – perda dos direitos políticos;

III – expulsão;

IV – outras formas previstas no estatuto, com comunicação obrigatória ao atingido no prazo de quarenta e oito horas da decisão;

V – filiação a outro partido, desde que a pessoa comunique o fato ao juiz da respectiva Zona Eleitoral.

>> Inciso V acrescentado pela Lei n. 12.891, de 11-12-2013.

Parágrafo único. Havendo coexistência de filiações partidárias, prevalecerá a mais recente, devendo a Justiça Eleitoral determinar o cancelamento das demais.

>> Parágrafo único com redação determinada pela Lei n. 12.891, de 11-12-2013.

>> *Vide* Súmula 14 do TSE.

Art. 22-A. Perderá o mandato o detentor de cargo eletivo que se desfiliar, sem justa causa, do partido pelo qual foi eleito.

>> *Caput* acrescentado pela Lei n. 13.165, de 29-9-2015.

Parágrafo único. Consideram-se justa causa para a desfiliação partidária somente as seguintes hipóteses:

>> Parágrafo único, *caput*, acrescentado pela Lei n. 13.165, de 29-9-2015.

I – mudança substancial ou desvio reiterado do programa partidário;

>> Inciso I acrescentado pela Lei n. 13.165, de 29-9-2015.

II – grave discriminação política pessoal; e

>> Inciso II acrescentado pela Lei n. 13.165, de 29-9-2015.

III – mudança de partido efetuada durante o período de 30 (trinta) dias que antecede o prazo de filiação exigido em lei para concorrer à eleição, majoritária ou proporcional, ao término do mandato vigente.

>> Inciso III acrescentado pela Lei n. 13.165, de 29-9-2015.

>> *Vide* Emenda Constitucional n. 91, de 18-2-2016, que dispõe sobre desfiliação partidária.

Capítulo V
DA FIDELIDADE E DA DISCIPLINA PARTIDÁRIAS

Art. 23. A responsabilidade por violação dos deveres partidários deve ser apurada e punida pelo competente órgão, na conformidade do que disponha o estatuto de cada partido.

§ 1.º Filiado algum pode sofrer medida disciplinar ou punição por conduta que não esteja tipificada no estatuto do partido político.

§ 2.º Ao acusado é assegurado amplo direito de defesa.

Art. 24. Na Casa Legislativa, o integrante da bancada de partido deve subordinar sua ação parlamentar aos princípios doutrinários e programáticos e às diretrizes estabelecidas pelos órgãos de direção partidários, na forma do estatuto.

Art. 25. O estatuto do partido poderá estabelecer, além das medidas disciplinares básicas de caráter partidário, normas sobre penalidades, inclusive com desligamento temporário da bancada, suspensão do direito de voto nas reuniões internas ou perda de todas as prerrogativas, cargos e funções que exerça em decorrência da representação e da proporção partidária, na respectiva Casa Legislativa, ao parlamentar que se opuser, pela atitude ou pelo voto, às diretrizes legitimamente estabelecidas pelos órgãos partidários.

Art. 26. Perde automaticamente a função ou cargo que exerça, na respectiva Casa Legislativa, em virtude da proporção partidária, o parlamentar que deixar o partido sob cuja legenda tenha sido eleito.

Capítulo VI
DA FUSÃO, INCORPORAÇÃO E EXTINÇÃO DOS PARTIDOS POLÍTICOS

Art. 27. Fica cancelado, junto ao Ofício Civil e ao Tribunal Superior Eleitoral, o registro do partido que, na forma de seu estatuto, se dissolva, se incorpore ou venha a se fundir a outro.

Art. 28. O Tribunal Superior Eleitoral, após trânsito em julgado de decisão, determina o cancelamento do registro civil e do estatuto do partido contra o qual fique provado:

I – ter recebido ou estar recebendo recursos financeiros de procedência estrangeira;

II – estar subordinado a entidade ou governo estrangeiros;

III – não ter prestado, nos termos desta Lei, as devidas contas à Justiça Eleitoral;

IV – que mantém organização paramilitar.

§ 1.º A decisão judicial a que se refere este artigo deve ser precedida de processo regular, que assegure ampla defesa.

§ 2.º O processo de cancelamento é iniciado pelo Tribunal à vista de denúncia de qualquer eleitor, de representante de partido, ou de representação do Procurador-Geral Eleitoral.

§ 3.º O partido político, em nível nacional, não sofrerá a suspensão das quotas do Fundo Partidário, nem qualquer outra punição como consequência de atos praticados por órgãos regionais ou municipais.

>> § 3.º acrescentado pela Lei n. 9.693, de 27-7-1998.

§ 4.º Despesas realizadas por órgãos partidários municipais ou estaduais ou por candidatos majoritários nas respectivas circunscrições devem ser assumidas e pagas exclusivamente pela esfera partidária correspondente, salvo acordo expresso com órgão de outra esfera partidária.

>> § 4.º acrescentado pela Lei n. 12.034, de 29-9-2009.

§ 5.º Em caso de não pagamento, as despesas não poderão ser cobradas judicialmente dos órgãos superiores dos partidos políticos, recaindo eventual penhora exclusivamente sobre o órgão partidário que contraiu a dívida executada.

>> § 5.º acrescentado pela Lei n. 12.034, de 29-9-2009.

§ 6.º O disposto no inciso III do *caput* refere-se apenas aos órgãos nacionais dos partidos políticos que deixarem de prestar contas ao Tribunal Superior Eleitoral, não ocorrendo o cancelamento do registro civil e do estatuto do partido quando a omissão for dos órgãos partidários regionais ou municipais.

>> § 6.º acrescentado pela Lei n. 12.034, de 29-9-2009.

Art. 29. Por decisão de seus órgãos nacionais de deliberação, dois ou mais partidos poderão fundir-se num só ou incorporar-se um ao outro.

§ 1.º No primeiro caso, observar-se-ão as seguintes normas:

I – os órgãos de direção dos partidos elaborarão projetos comuns de estatuto e programa;

II – os órgãos nacionais de deliberação dos partidos em processo de fusão votarão em reunião conjunta, por maioria absoluta, os projetos, e elegerão o órgão de direção nacional que promoverá o registro do novo partido.

§ 2.º No caso de incorporação, observada a lei civil, caberá ao partido incorporando deliberar por maioria absoluta de votos, em seu órgão nacional de deliberação, sobre a adoção do estatuto e do programa de outra agremiação.

§ 3.º Adotados o estatuto e o programa do partido incorporador, realizar-se-á, em reunião conjunta dos órgãos nacionais de deliberação, a eleição do novo órgão de direção nacional.

§ 4.º Na hipótese de fusão, a existência legal do novo partido tem início com o registro, no Ofício Civil competente da sede do novo partido, do estatuto e do programa, cujo requerimento deve ser acompanhado das atas das decisões dos órgãos competentes.

>> § 4.º com redação determinada pela Lei n. 13.877, de 27-9-2019.

>> A Lei n. 13.107, de 24-3-2015, propôs nova redação para este § 4.º, mas teve seu texto vetado.

§ 5.º No caso de incorporação, o instrumento respectivo deve ser levado ao Ofício Civil competente, que deve, então, cancelar o registro do partido incorporado a outro.

>> A Lei n. 13.107, de 24-3-2015, propôs nova redação para este § 5.º, mas teve seu texto vetado.

§ 6.º No caso de incorporação, o instrumento respectivo deve ser levado ao Ofício Civil competente, que deve, então, cancelar o registro do partido incorporado a outro.

>> § 6.º com redação determinada pela Lei n. 13.107, de 24-3-2015.

§ 7.º Havendo fusão ou incorporação, devem ser somados exclusivamente os votos dos partidos fundidos ou incorporados obtidos na última eleição geral para a Câmara dos Deputados, para efeito da distribuição dos recursos do Fundo Partidário e do acesso gratuito ao rádio e à televisão.

>> § 7.º com redação determinada pela Lei n. 13.107, de 24-3-2015.

§ 8.º O novo estatuto ou instrumento de incorporação deve ser levado a registro e averbado, respectivamente, no Ofício Civil e no Tribunal Superior Eleitoral.

>> § 8.º acrescentado pela Lei n. 13.107, de 24-3-2015.

§ 9.º Somente será admitida a fusão ou incorporação de partidos políticos que hajam obtido o registro definitivo do Tribunal Superior Eleitoral há, pelo menos, 5 (cinco) anos.

>> § 9.º acrescentado pela Lei n. 13.107, de 24-3-2015.

TÍTULO III
DAS FINANÇAS E CONTABILIDADE DOS PARTIDOS

>> Título III regulamentado pela Resolução n. 23.604, de 17-12-2019, do TSE.

CAPÍTULO I
DA PRESTAÇÃO DE CONTAS

Art. 30. O partido político, através de seus órgãos nacionais, regionais e municipais, deve manter escrituração contábil, de forma a permitir o conhecimento da origem de suas receitas e a destinação de suas despesas.

>> *Vide* art. 55-E desta Lei.

Art. 31. É vedado ao partido receber, direta ou indiretamente, sob qualquer forma ou pretexto, contribuição ou auxílio pecuniário ou estimável em dinheiro, inclusive através de publicidade de qualquer espécie, procedente de:

>> O STF julgou procedente em parte a ADI n. 4.650, em 11-12-2013 (*DOU* de 7-2-2014), para declarar a inconstitucionalidade dos dispositivos legais que autorizavam as contribuições de pessoas jurídicas às campanhas eleitorais.

I – entidade ou governo estrangeiros;

II – entes públicos e pessoas jurídicas de qualquer natureza, ressalvadas as dotações referidas no art. 38 desta Lei e as provenientes do Fundo Especial de Financiamento de Campanha;

>> Inciso II com redação determinada pela Lei n. 13.488, de 6-10-2017.

III – (*Revogado pela Lei n. 13.488, de 6-10-2017.*);

IV – entidade de classe ou sindical;

V – pessoas físicas que exerçam função ou cargo público de livre nomeação e exoneração, ou cargo ou emprego público temporário, ressalvados os filiados a partido político.

>> Inciso V acrescentado pela Lei n. 13.488, de 6-10-2017.

Art. 32. O partido está obrigado a enviar, anualmente, à Justiça Eleitoral, o balanço contábil do exercício findo, até o dia 30 de junho do ano seguinte.

>> *Caput* com redação determinada pela Lei n. 13.877, de 27-9-2019.

§ 1.º O balanço contábil do órgão nacional será enviado ao Tribunal Superior Eleitoral, o dos órgãos estaduais aos Tribunais Regionais Eleitorais e o dos órgãos municipais aos Juízes Eleitorais.

§ 2.º A Justiça Eleitoral determina, imediatamente, a publicação dos balanços na imprensa oficial, e, onde ela não exista, procede à afixação dos mesmos no Cartório Eleitoral.

§ 3.º (*Revogado pela Lei n. 13.165, de 29-9-2015.*)

§ 4.º Os órgãos partidários municipais que não hajam movimentado recursos financeiros ou arrecadado bens estimáveis em dinheiro ficam desobrigados de prestar contas à Justiça Eleitoral e de enviar declarações de isenção, declarações de débitos e créditos tributários federais ou demonstrativos contábeis à Receita Federal do Brasil, bem como ficam dispensados da certificação digital, exigindo-se do responsável partidário, no prazo estipulado no *caput* deste artigo, a apresentação de declaração da ausência de movimentação de recursos nesse período.

>> § 4.º com redação determinada pela Lei n. 13.831, de 17-5-2019.

§ 5.º A desaprovação da prestação de contas do partido não ensejará sanção alguma que o impeça de participar do pleito eleitoral.

>> § 5.º acrescentado pela Lei n. 13.165, de 29-9-2015.

§ 6.º O Tribunal Superior Eleitoral, na condição de unidade cadastradora, deverá proceder à reativação da inscrição perante o CNPJ na Secretaria Especial da Receita Federal do Brasil dos órgãos partidários municipais referidos no § 4.º deste artigo que estejam com a inscrição baixada ou inativada, após o recebimento da comunicação de constituição de seus órgãos de direção regionais e municipais, definitivos ou provisórios.

>> § 6.º com redação determinada pela Lei n. 14.063, de 23-9-2020.

§ 7.º O requerimento a que se refere o § 6.º deste artigo indicará se a agremiação partidária pretende a efetivação imediata da reativação da inscrição pela Secretaria Especial da Receita Federal do Brasil ou a partir de 1.º de janeiro de 2020, hipótese em que a efetivação será realizada sem a cobrança de quaisquer taxas, multas ou outros encargos administrativos relativos à ausência de prestação de contas.

>> § 7.º acrescentado pela Lei n. 13.831, de 17-5-2019.

§ 8.º As decisões da Justiça Eleitoral nos processos de prestação de contas não ensejam, ainda que desaprovadas as contas, a inscrição dos dirigentes partidários no Cadastro Informativo dos Créditos não Quitados do Setor Público Federal (Cadin).

>> § 8.º acrescentado pela Lei n. 13.831, de 17-5-2019.

Art. 33. Os balanços devem conter, entre outros, os seguintes itens:

I – discriminação dos valores e destinação dos recursos oriundos do fundo partidário;

II – origem e valor das contribuições e doações;

III – despesas de caráter eleitoral, com a especificação e comprovação dos gastos com programas no rádio e televisão, comitês, propaganda, publicações, comícios, e demais atividades de campanha;

IV – discriminação detalhada das receitas e despesas.

Art. 34. A Justiça Eleitoral exerce a fiscalização sobre a prestação de contas do partido e das despesas de campanha eleitoral, devendo atestar se elas refletem adequadamente a real movimentação financeira, os dispêndios e os recursos aplicados nas campanhas eleitorais, exigindo a observação das seguintes normas:

>> *Caput* com redação determinada pela Lei n. 13.165, de 29-9-2015.

I – obrigatoriedade de designação de dirigentes partidários específicos para movimentar recursos financeiros nas campanhas eleitorais;

>> Inciso I com redação determinada pela Lei n. 13.165, de 29-9-2015.

II – (*Revogado pela Lei n. 13.165, de 29-9-2015.*);

III – relatório financeiro, com documentação que comprove a entrada e saída de dinheiro ou de bens recebidos e aplicados;

>> Inciso III com redação determinada pela Lei n. 13.165, de 29-9-2015.

IV – obrigatoriedade de ser conservada pelo partido, por prazo não inferior a 5 (cinco) anos, a documentação comprobatória de suas prestações de contas;

>> Inciso IV com redação determinada pela Lei n. 13.165, de 29-9-2015.

V – obrigatoriedade de prestação de contas pelo partido político e por seus candidatos no encerramento da campanha eleitoral, com o recolhimento imediato à tesouraria do partido dos saldos financeiros eventualmente apurados.

>> Inciso V com redação determinada pela Lei n. 13.165, de 29-9-2015.

§ 1.º A fiscalização de que trata o *caput* tem por escopo identificar a origem das receitas e a destinação das despesas com as atividades partidárias e eleitorais, mediante o exame formal dos documentos fiscais apresentados pelos partidos políticos e candidatos, sendo vedada a análise das atividades político-partidárias ou qualquer interferência em sua autonomia.

>> § 1.º com redação determinada pela Lei n. 13.165, de 29-9-2015.

§ 2.º Para efetuar os exames necessários ao atendimento do disposto no *caput*, a Justiça Eleitoral pode requisitar técnicos do Tribunal de Contas da União ou dos Estados, pelo tempo que for necessário.

>> § 2.º acrescentado pela Lei n. 12.891, de 11-12-2013.

§ 3.º (*Vetado.*)

>> § 3.º acrescentado pela Lei n. 13.877, de 27-9-2019.

§ 4.º Para o exame das prestações de contas dos partidos políticos, o sistema de contabilidade deve gerar e disponibilizar os relatórios para conhecimento da origem das receitas e das despesas.

>> § 4.º acrescentado pela Lei n. 13.877, de 27-9-2019.

§ 5.º Os relatórios emitidos pelas áreas técnicas dos tribunais eleitorais devem ser fundamentados estritamente com base na legislação eleitoral e nas normas de contabilidade, vedado opinar sobre sanções aplicadas aos partidos políticos, cabendo aos magistrados emitir juízo de valor.

>> § 5.º acrescentado pela Lei n. 13.877, de 27-9-2019.

§ 6.º A Justiça Eleitoral não pode exigir dos partidos políticos apresentação de certidão ou documentos expedidos por outro órgão da administração pública ou por entidade bancária e do sistema financeiro que mantêm convênio ou integração de sistemas eletrônicos que realizam o envio direto de documentos para a própria Justiça Eleitoral.

>> § 6.º acrescentado pela Lei n. 13.877, de 27-9-2019.

Art. 35. O Tribunal Superior Eleitoral e os Tribunais Regionais Eleitorais, à vista de denúncia fundamentada de filiado ou delegado de partido, de representação do Procurador-Geral ou Regional ou de iniciativa do Corregedor, determinarão o exame da escrituração do partido e a apuração de qualquer ato que viole as prescrições legais ou estatutárias a que, em matéria financeira, aquele ou seus filiados estejam sujeitos, podendo, inclusive, determinar a quebra de sigilo bancário das contas dos partidos para o esclarecimento ou apuração de fatos vinculados à denúncia.

Parágrafo único. O partido pode examinar, na Justiça Eleitoral, as prestações de contas mensais ou anuais dos demais partidos, quinze dias após a publicação dos balanços financeiros, aberto o prazo de cinco dias para impugná-las, podendo, ainda, relatar fatos, indicar provas e pedir abertura de investigação para apurar qualquer ato que viole as prescrições legais ou estatutárias a que, em matéria financeira, os partidos e seus filiados estejam sujeitos.

Art. 36. Constatada a violação de normas legais ou estatutárias, ficará o partido sujeito às seguintes sanções:

I – no caso de recursos de origem não mencionada ou esclarecida, fica suspenso o recebimento das quotas do fundo partidário até que o esclarecimento seja aceito pela Justiça Eleitoral;

II – no caso de recebimento de recursos mencionados no art. 31, fica suspensa a participação no fundo partidário por um ano;

III – no caso de recebimento de doações cujo valor ultrapasse os limites previstos no art. 39, § 4.º, fica suspensa por dois anos a participação no fundo partidário e será aplicada ao partido multa correspondente ao valor que exceder aos limites fixados.

Art. 37. A desaprovação das contas do partido implicará exclusivamente a sanção de devolução da importância apontada como irregular, acrescida de multa de até 20% (vinte por cento).

>> *Caput* com redação determinada pela Lei n. 13.165, de 29-9-2015.

§ 1.º A Justiça Eleitoral pode determinar diligências necessárias à complementação de informações ou ao saneamento de irregularidades encontradas nas contas dos órgãos de direção partidária ou de candidatos.

>> Primitivo parágrafo único transformado em § 1.º pela Lei n. 9.693, de 27-7-1998.

§ 2.º A sanção a que se refere o *caput* será aplicada exclusivamente à esfera partidária responsável pela irregularidade, não suspendendo o registro ou a anotação de seus órgãos de direção partidária nem tornando devedores ou inadimplentes os respectivos responsáveis partidários.

>> § 2.º com redação determinada pela Lei n. 13.165, de 29-9-2015.

§ 3.º A sanção a que se refere o *caput* deste artigo deverá ser aplicada de forma proporcional e razoável, pelo período de 1 (um) a 12 (doze) meses, e o pagamento deverá ser feito por meio de desconto nos futuros repasses de cotas do fundo partidário a, no máximo, 50% (cinquenta por cento) do valor mensal, desde que a prestação de contas seja julgada, pelo juízo ou tribunal competente, em até 5 (cinco) anos de sua apresentação, vedada a acumulação de sanções.

>> § 3.º com redação determinada pela Lei n. 13.877, de 27-9-2019.

>> A Resolução n. 23.622, de 1.º-7-2020, do TSE, dispõe em seu art. 1.º: " Art. 1.º Fica suspenso o prazo de 5 (cinco) anos para a aplicação de sanções previsto no art. 37, § 3.º, da Lei n. 9.096/1995 para todos os processos de prestação de contas de partidos políticos referentes ao exercício financeiro de 2015 que tramitam em autos físicos, enquanto perdurar o regime diferenciado de trabalho instituído pela Res.-TSE n. 23.615/2020. Parágrafo único. Realizada a digitalização dos autos e a migração do processo para o PJe, ou findo o regime diferenciado a que se refere o *caput*, cessará a suspensão, voltando o prazo

previsto no art. 37, § 3.º, da Lei n. 9.096/1995 a correr pelo período remanescente".

§ 3.º-A. O cumprimento da sanção aplicada a órgão estadual, distrital ou municipal somente será efetivado a partir da data de juntada aos autos do processo de prestação de contas do aviso de recebimento da citação ou intimação, encaminhada, por via postal, pelo Tribunal Regional Eleitoral ou Juízo Eleitoral ao órgão partidário hierarquicamente superior.

>> § 3.º-A acrescentado pela Lei n. 13.877, de 27-9-2019.

§ 4.º Da decisão que desaprovar total ou parcialmente a prestação de contas dos órgãos partidários caberá recurso para os Tribunais Regionais Eleitorais ou para o Tribunal Superior Eleitoral, conforme o caso, o qual deverá ser recebido com efeito suspensivo.

>> § 4.º acrescentado pela Lei n. 12.034, de 29-9-2009.

§ 5.º As prestações de contas desaprovadas pelos Tribunais Regionais e pelo Tribunal Superior poderão ser revistas para fins de aplicação proporcional da sanção aplicada, mediante requerimento ofertado nos autos da prestação de contas.

>> § 5.º acrescentado pela Lei n. 12.034, de 29-9-2009.

§ 6.º O exame da prestação de contas dos órgãos partidários tem caráter jurisdicional.

>> § 6.º acrescentado pela Lei n. 12.034, de 29-9-2009.

§ 7.º (*Vetado.*)

>> A Lei n. 12.891, de 11-12-2013, propôs o acréscimo deste parágrafo, todavia, sofreu veto presidencial.

§ 8.º (*Vetado.*)

>> A Lei n. 12.891, de 11-12-2013, propôs o acréscimo deste parágrafo, todavia, sofreu veto presidencial.

§ 9.º O desconto no repasse de cotas resultante da aplicação da sanção a que se refere o *caput* será suspenso durante o segundo semestre do ano em que se realizarem as eleições.

>> § 9.º acrescentado pela Lei n. 13.165, de 29-9-2015.

§ 10. Os gastos com passagens aéreas serão comprovados mediante apresentação de fatura ou duplicata emitida por agência de viagem, quando for o caso, desde que informados os beneficiários, as datas e os itinerários, vedada a exigência de apresentação de qualquer outro documento para esse fim.

>> § 10 acrescentado pela Lei n. 13.165, de 29-9-2015.

>> A Lei n. 13.877, de 27-9-2019, propôs nova redação para este § 10, todavia, sofreu veto presidencial.

§ 11. Os órgãos partidários poderão apresentar documentos hábeis para esclarecer questionamentos da Justiça Eleitoral ou para sanear irregularidades a qualquer tempo, enquanto não transitada em julgado a decisão que julgar a prestação de contas.

>> § 11 acrescentado pela Lei n. 13.165, de 29-9-2015.

§ 12. Erros formais ou materiais que no conjunto da prestação de contas não comprometam o conhecimento da origem das receitas e a destinação das despesas não acarretarão a desaprovação das contas.

>> § 12 acrescentado pela Lei n. 13.165, de 29-9-2015.

§ 13. A responsabilização pessoal civil e criminal dos dirigentes partidários decorrente da desaprovação das contas partidárias e de atos ilícitos atribuídos ao partido político somente ocorrerá se verificada irregularidade grave e insanável resultante de conduta dolosa que importe enriquecimento ilícito e lesão ao patrimônio do partido.

>> § 13 acrescentado pela Lei n. 13.165, de 29-9-2015.

§ 14. O instituto ou fundação de pesquisa e de doutrinação e educação política não será atingido pela sanção aplicada ao partido político em caso de desaprovação de suas contas, exceto se tiver diretamente dado causa à reprovação.

>> § 14 acrescentado pela Lei n. 13.165, de 29-9-2015.

§ 15. As responsabilidades civil e criminal são subjetivas e, assim como eventuais dívidas já apuradas, recaem somente sobre o dirigente partidário responsável pelo órgão partidário à época do fato e não impedem que o órgão partidário receba recurso do fundo partidário.

>> § 15 acrescentado pela Lei n. 13.831, de 17-5-2019.

Art. 37-A. A falta de prestação de contas implicará a suspensão de novas cotas do Fundo Partidário enquanto perdurar a inadimplência e sujeitará os responsáveis às penas da lei.

>> Artigo acrescentado pela Lei n. 13.165, de 29-9-2015.

CAPÍTULO II
DO FUNDO PARTIDÁRIO

Art. 38. O Fundo Especial de Assistência Financeira aos Partidos Políticos (Fundo Partidário) é constituído por:

I – multas e penalidades pecuniárias aplicadas nos termos do Código Eleitoral e leis conexas;

II – recursos financeiros que lhe forem destinados por lei, em caráter permanente ou eventual;

III – doações de pessoa física ou jurídica, efetuadas por intermédio de depósitos bancários diretamente na conta do Fundo Partidário;

>> O STF julgou procedente em parte a ADI n. 4.650, em 11-12-2013 (*DOU* de 7-2-2014), para declarar a inconstitucionalidade dos dispositivos legais que autorizavam as contribuições de pessoas jurídicas às campanhas eleitorais.

IV – dotações orçamentárias da União em valor nunca inferior, cada ano, ao número de eleitores inscritos em 31 de dezembro do ano anterior ao da proposta orçamentária, multiplicados por trinta e cinco centavos de real, em valores de agosto de 1995.

§§ 1.º e 2.º (*Vetados.*)

Art. 39. Ressalvado o disposto no art. 31, o partido político pode receber doações de pessoas físicas e jurídicas para constituição de seus fundos.

>> O STF julgou procedente em parte a ADI n. 4.650, em 11-12-2013 (*DOU* de 7-2-2014), para declarar a inconstitucionalidade dos dispositivos legais que autorizavam as contribuições de pessoas jurídicas às campanhas eleitorais.

§ 1.º As doações de que trata este artigo podem ser feitas diretamente aos órgãos de direção nacional, estadual e municipal, que remeterão, à Justiça Eleitoral e aos órgãos hierarquicamente superiores do partido, o demonstrativo de seu recebimento e respectiva destinação, juntamente com o balanço contábil.

§ 2.º Outras doações, quaisquer que sejam, devem ser lançadas na contabilidade do partido, definidos seus valores em moeda corrente.

§ 3.º As doações de recursos financeiros somente poderão ser efetuadas na conta do partido político por meio de:

>> § 3.º, *caput*, com redação determinada pela Lei n. 13.165, de 29-9-2015.

I – cheques cruzados e nominais ou transferência eletrônica de depósitos;

>> Inciso I acrescentado pela Lei n. 13.165, de 29-9-2015.

II – depósitos em espécie devidamente identificados;

>> Inciso II acrescentado pela Lei n. 13.165, de 29-9-2015.

III – mecanismo disponível em sítio do partido na internet que permita o uso de cartão de crédito, cartão de débito, emissão *on-line* de boleto bancário ou, ainda, convênios de débitos em conta, no formato único e no formato recorrente, e outras modalidades, e que atenda aos seguintes requisitos:

>> Inciso III, *caput*, com redação determinada pela Lei n. 13.877, de 27-9-2019.

a) identificação do doador;

>> Alínea *a* acrescentada pela Lei n. 13.165, de 29-9-2015.

b) emissão obrigatória de recibo eleitoral para cada doação realizada.

>> Alínea *b* acrescentada pela Lei n. 13.165, de 29-9-2015.

§ 4.º (*Revogado pela Lei n. 9.504, de 30-9-1997.*)

§ 5.º Em ano eleitoral, os partidos políticos poderão aplicar ou distribuir pelas diversas eleições os recursos financeiros recebidos de pessoas físicas e jurídicas, observando-se o disposto no § 1.º do art. 23, no art. 24 e no § 1.º do art. 81 da Lei n. 9.504, de 30 de setembro de 1997, e os critérios definidos pelos respectivos órgãos de direção e pelas normas estatutárias.

>> § 5.º acrescentado pela Lei n. 12.034, de 29-9-2009.

>> O STF julgou procedente em parte a ADI n. 4.650, em 11-12-2013 (*DOU* de 7-2-2014), para declarar a inconstitucionalidade dos dispositivos legais que autorizavam as contribuições de pessoas jurídicas às campanhas eleitorais.

§ 6.º Os bancos e empresas de meios de pagamentos, incluídos os denominados digitais, ficam obrigados a disponibilizar a abertura de contas bancárias e os seus serviços de meios de pagamentos e compensação, inclusive ***on-line***, para que os partidos políticos possam desenvolver e operacionalizar os mecanismos previstos no inciso III do § 3.º deste artigo.

>> § 6.º acrescentado pela Lei n. 13.877, de 27-9-2019.

§ 7.º Os serviços para os partidos políticos não se caracterizam e não acarretam restrições relativas às pessoas politicamente expostas, e seus serviços serão disponibilizados pelo preço oferecido pela instituição financeira a outras pessoas jurídicas.

>> § 7.º acrescentado pela Lei n. 13.877, de 27-9-2019.

§ 8.º As instituições financeiras devem oferecer aos partidos políticos pacote de serviços bancários que agreguem o conjunto dos serviços financeiros, e a mensalidade desse pacote não poderá ser superior à soma das tarifas avulsas praticadas no mercado.

>> § 8.º acrescentado pela Lei n. 13.877, de 27-9-2019.

Art. 40. A previsão orçamentária de recursos para o Fundo Partidário deve ser consignada, no Anexo do Poder Judiciário, ao Tribunal Superior Eleitoral.

§ 1.º O Tesouro Nacional depositará, mensalmente, os duodécimos no Banco do Brasil, em conta especial à disposição do Tribunal Superior Eleitoral.

§ 2.º Na mesma conta especial serão depositadas as quantias arrecadadas pela aplicação de multas e outras penalidades pecuniárias, previstas na Legislação Eleitoral.

Art. 41. O Tribunal Superior Eleitoral, dentro de cinco dias, a contar da data do depósito a que se refere o § 1.º do artigo anterior, fará a respectiva distribuição aos órgãos nacionais dos partidos, obedecendo aos seguintes critérios:

>> O STF, na ADI n. 1.351-3, de 7-12-2006, declarou a inconstitucionalidade da expressão "obedecendo aos seguintes critérios", contida no *caput* deste artigo.

I – um por cento do total do Fundo Partidário será destacado para entrega, em partes iguais, a todos os partidos que tenham seus estatutos registrados no Tribunal Superior Eleitoral;

>> O STF, na ADI n. 1.351-3, de 7-12-2006 (*DOU* de 18-12-2006), declarou a inconstitucionalidade deste inciso.

II – noventa e nove por cento do total do Fundo Partidário serão distribuídos aos partidos que tenham preenchido as condições do art. 13, na proporção dos votos obtidos na última eleição geral para a Câmara dos Deputados.

>> O STF, na ADI n. 1.351-3, de 7-12-2006 (*DOU* de 18-12-2006), declarou a inconstitucionalidade deste inciso.

Art. 41-A. Do total do Fundo Partidário:

>> *Caput* com redação determinada pela Lei n. 12.875, de 30-10-2013.

I – 5% (cinco por cento) serão destacados para entrega, em partes iguais, a todos os partidos que atendam aos requisitos constitucionais de acesso aos recursos do Fundo Partidário; e

>> Inciso I com redação determinada pela Lei n. 13.165, de 29-9-2015.

II – 95% (noventa e cinco por cento) serão distribuídos aos partidos na proporção dos votos obtidos na última eleição geral para a Câmara dos Deputados.

>> Inciso II acrescentado pela Lei n. 12.875, de 30-10-2013.

>> O STF, na ADI n. 5.105, de 1.º-10-2015 (*DOU* de 30-3-2016), declarou a inconstitucionalidade do art. 1.º da Lei n. 12.875, de 30-10-2013, que altera este inciso.

Parágrafo único. Para efeito do disposto no inciso II, serão desconsideradas as mudanças de filiação partidária em quaisquer hipóteses.

>> Parágrafo único com redação determinada pela Lei n. 13.107, de 24-3-2015.

Art. 42. Em caso de cancelamento ou caducidade do órgão de direção nacional do partido, reverterá ao Fundo Partidário a quota que a este caberia.

§ 1.º O órgão de direção nacional do partido está obrigado a abrir conta bancária exclusivamente para movimentação do fundo partidário e para a aplicação dos recursos prevista no inciso V do *caput* do art. 44 desta Lei, observado que, para os demais órgãos do partido e para outros tipos de receita, a obrigação prevista neste parágrafo somente se aplica quando existir movimentação financeira.

>> § 1.º acrescentado pela Lei n. 13.831, de 17-5-2019.

§ 2.º A certidão do órgão superior, ou do próprio órgão regional e municipal, de inexistência de movimentação financeira tem fé pública como prova documental para aplicação do art. 32 desta Lei, sem prejuízo de apuração de ilegalidade de acordo com o disposto no art. 35 desta Lei.

>> § 2.º acrescentado pela Lei n. 13.831, de 17-5-2019.

Art. 43. Os depósitos e movimentações dos recursos oriundos do Fundo Partidário serão feitos em estabelecimentos bancários controlados pelo Poder Público Federal, pelo Poder Público Estadual ou, inexistindo estes, no banco escolhido pelo órgão diretivo do partido.

Art. 44. Os recursos oriundos do Fundo Partidário serão aplicados:

I – na manutenção das sedes e serviços do partido, permitido o pagamento de pessoal, a qualquer título, observado, do total recebido, os seguintes limites:

>> Inciso I, *caput*, com redação determinada pela Lei n. 13.165, de 29-9-2015.

a) 50% (cinquenta por cento) para o órgão nacional;

>> Alínea *a* acrescentada pela Lei n. 13.165, de 29-9-2015.

b) 60% (sessenta por cento) para cada órgão estadual e municipal;

>> Alínea *b* acrescentada pela Lei n. 13.165, de 29-9-2015.

II – na propaganda doutrinária e política;

III – no alistamento e campanhas eleitorais;

>> A Lei n. 13.487, de 6-10-2017, propôs nova redação para este inciso, todavia teve seu texto vetado.

IV – na criação e manutenção de instituto ou fundação de pesquisa e de doutrinação e educação política, sendo esta aplicação de, no mínimo, vinte por cento do total recebido;

V – na criação e manutenção de programas de promoção e difusão da participação política das mulheres, criados e executados pela Secretaria da Mulher ou, a critério da agremiação, por instituto com personalidade jurídica própria presidido pela Secretária da Mulher, em nível nacional, conforme percentual que será fixado pelo órgão nacional de direção partidária, observado o mínimo de 5% (cinco por cento) do total;

>> Inciso V com redação determinada pela Lei n. 13.877, de 27-9-2019.

VI – no pagamento de mensalidades, anuidades e congêneres devidos a organismos partidários internacionais que se destinem ao apoio à pesquisa, ao estudo e à doutrinação política, aos quais seja o partido político regularmente filiado;

>> Inciso VI acrescentado pela Lei n. 13.165, de 29-9-2015.

VII – no pagamento de despesas com alimentação, incluindo restaurantes e lanchonetes.

>> Inciso VII acrescentado pela Lei n. 13.165, de 29-9-2015.

VIII – na contratação de serviços de consultoria contábil e advocatícia e de serviços para atuação jurisdicional em ações de controle de constitucionalidade e em demais processos judiciais e administrativos de interesse partidário, bem como nos litígios que envolvam candidatos do partido, eleitos ou não, relacionados exclusivamente ao processo eleitoral;

>> Inciso VIII acrescentado pela Lei n. 13.877, de 27-9-2019.

IX – (*Vetado*.);

>> Inciso IX acrescentado pela Lei n. 13.877, de 27-9-2019.

X – na compra ou locação de bens móveis e imóveis, bem como na edificação ou construção de sedes e afins, e na realização de reformas e outras adaptações nesses bens;

>> Inciso X acrescentado pela Lei n. 13.877, de 27-9-2019.

XI – no custeio de impulsionamento, para conteúdos contratados diretamente com provedor de aplicação de internet com sede e foro no País, incluída a priorização paga de conteúdos resultantes de aplicações de busca na internet, mediante o pagamento por meio de boleto bancário, de depósito identificado ou de transferência eletrônica diretamente para conta do provedor, o qual deve manter conta bancária específica para receber recursos dessa natureza, proibido nos 180 (cento e oitenta) dias anteriores à eleição.

>> Inciso XI acrescentado pela Lei n. 13.877, de 27-9-2019.

§ 1.º Na prestação de contas dos órgãos de direção partidária de qualquer nível devem ser discriminadas as despesas realizadas com recursos do Fundo Partidário, de modo a permitir o controle da Justiça Eleitoral sobre o cumprimento do disposto nos incisos I e IV deste artigo.

§ 2.º A Justiça Eleitoral pode, a qualquer tempo, investigar sobre a aplicação de recursos oriundos do Fundo Partidário.

§ 3.º Os recursos de que trata este artigo não estão sujeitos ao regime da Lei n. 8.666, de 21 de junho de 1993, tendo os partidos políticos autonomia para contratar e realizar despesas.

>> § 3.º com redação determinada pela Lei n. 12.891, de 11-12-2013.

§ 4.º Não se incluem no cômputo do percentual previsto no inciso I deste artigo encargos e tributos de qualquer natureza.

>> § 4.º acrescentado pela Lei n. 12.034, de 29-9-2009.

§ 5.º O partido político que não cumprir o disposto no inciso V do *caput* deverá transferir o saldo para conta específica, sendo vedada sua aplicação para finalidade diversa, de modo que o saldo remanescente deverá ser aplicado dentro do exercício financeiro subsequente, sob pena de acréscimo de 12,5% (doze inteiros e cinco décimos por cento) do valor previsto no inciso V do *caput*, a ser aplicado na mesma finalidade.

>> § 5.º com redação determinada pela Lei n. 13.165, de 29-9-2015.

§ 5.º-A. A critério das agremiações partidárias, os recursos a que se refere o inciso V poderão ser acumulados em diferentes exercícios financeiros, mantidos em contas bancárias específicas, para utilização futura em campanhas eleitorais de candidatas do partido.

>> § 5.º-A acrescentado pela Lei n. 13.165, de 29-9-2015.

>> O STF, na ADI n. 5.617, de 15-3-2018 (*DOU* de 23-3-2018), declarou a inconstitucionalidade, por arrastamento, deste § 5.º-A. No julgamento dos Embargos de Declaração na ADI n. 5.617, de 3-10-2018 (*DOU* de 10-10-2018), assegurou que, "sem que haja a redução de 30% do montante do fundo alocado a cada partido para as candidaturas femininas, os recursos financeiros de anos anteriores acumulados nas contas específicas" de que cuida este § 5.º-A "sejam adicionalmente transferidos para as contas individuais das candidatas no financiamento de suas campanhas eleitorais no pleito geral de 2018".

>> *Vide* nota ao art. 9.º da Lei n. 13.165, de 29-9-2015.

§ 6.º No exercício financeiro em que a fundação ou instituto de pesquisa não despender a totalidade dos recursos que lhe forem assinalados, a eventual sobra poderá ser revertida para outras atividades partidárias, conforme previstas no *caput* deste artigo.

>> § 6.º acrescentado pela Lei n. 12.891, de 11-12-2013.

§ 7.º A critério da secretaria da mulher ou, inexistindo a secretaria, a critério da fundação de pesquisa e de doutrinação e educação política, os recursos a que se refere o inciso V do *caput* poderão ser acumulados em diferentes exercícios financeiros, mantidos em contas bancárias específicas, para utilização futura em campanhas eleitorais de candidatas do partido, não se aplicando, neste caso, o disposto no § 5.º.

>> § 7.º acrescentado pela Lei n. 13.165, de 29-9-2015.

>> O STF, na ADI n. 5.617, de 15-3-2018 (*DOU* de 23-3-2018), declarou a inconstitucionalidade, por arrastamento, deste § 7.º. No julgamento dos Embargos de Declaração na ADI n. 5.617, de 3-10-2018 (*DOU* de 10-10-2018), assegurou que, "sem que haja a redução de 30% do montante do fundo alocado a cada partido para as candidaturas femininas, os recursos financeiros de anos anteriores acumulados nas contas específicas" de que cuida este § 7.º "sejam adicionalmente transferidos para as contas individuais das candidatas no financiamento de suas campanhas eleitorais no pleito geral de 2018".

>> *Vide* nota ao art. 9.º da Lei n. 13.165, de 29-9-2015.

Art. 44-A. As atividades de direção exercidas nos órgãos partidários e em suas fundações e institutos, bem como as de assessoramento e as de apoio político-partidário, assim definidas em normas internas de organização, não geram vínculo de emprego, não sendo aplicável o regime jurídico previsto na Consolidação das Leis do Trabalho, aprovada pelo Decreto-lei n. 5.452, de 1.º de maio de 1943, quando remuneradas com valor mensal igual ou superior a 2 (duas) vezes o limite máximo do benefício do Regime Geral de Previdência Social.

>> *Caput* acrescentado pela Lei n. 13.877, de 27-9-2019.

> A Portaria n. 1.409, de 16-12-2019, do Ministério da Economia, estabelece regras voltadas à execução deste artigo.

Parágrafo único. O partido político poderá ressarcir despesas comprovadamente realizadas no desempenho de atividades partidárias e deverá manter registro contábil de todos os dispêndios efetuados, sem computar esses valores para os fins do inciso I do *caput* do art. 44 desta Lei.

>> Parágrafo único acrescentado pela Lei n. 13.877, de 27-9-2019.

TÍTULO IV
DO ACESSO GRATUITO AO RÁDIO E À TELEVISÃO

Art. 45. (*Revogado pela Lei n. 13.487, de 6-10-2017.*)

Art. 45-A. (*Vetado.*)

>> Artigo acrescentado pela Lei n. 13.877, de 27-9-2019.

Art. 46. (*Revogado pela Lei n. 13.487, de 6-10-2017.*)

Art. 46-A. (*Vetado.*)

>> Artigo acrescentado pela Lei n. 13.877, de 27-9-2019.

Art. 47. (*Revogado pela Lei n. 13.487, de 6-10-2017.*)

Art. 47-A. (*Vetado.*)

>> Artigo acrescentado pela Lei n. 13.877, de 27-9-2019.

Art. 48. (*Revogado pela Lei n. 13.487, de 6-10-2017.*)

Art. 48-A. (*Vetado.*)

>> Artigo acrescentado pela Lei n. 13.877, de 27-9-2019.

Art. 49. (*Revogado pela Lei n. 13.487, de 6-10-2017.*)

Art. 49-A. (*Vetado.*)

>> Artigo acrescentado pela Lei n. 13.877, de 27-9-2019.

TÍTULO V
DISPOSIÇÕES GERAIS

Art. 50. (*Vetado.*)

Art. 51. É assegurado ao partido político com estatuto registrado no Tribunal Superior Eleitoral o direito à utilização gratuita de escolas públicas ou Casas Legislativas para a realização de suas reuniões ou convenções, responsabilizando-se pelos danos porventura causados com a realização do evento.

Art. 52. (*Vetado.*)

Parágrafo único. (*Revogado pela Lei n. 13.487, de 6-10-2017.*)

Art. 53. A fundação ou instituto de direito privado, criado por partido político, destinado ao estudo e pesquisa, à doutrinação e à educação política, rege-se pelas normas da lei civil e tem autonomia para contratar com instituições públicas e privadas, prestar serviços e manter estabelecimentos de acordo com suas finalidades, podendo, ainda, manter intercâmbio com instituições não nacionais.

§ 1.º O instituto poderá ser criado sob qualquer das formas admitidas pela lei civil.

>> § 1.º acrescentado pela Lei n. 13.487, de 6-10-2017.

§ 2.º O patrimônio da fundação ou do instituto de direito privado a que se referem o inciso IV do art. 44 desta Lei e o *caput* deste artigo será vertido ao ente que vier a sucedê-lo nos casos de:

>> § 2.º acrescentado pela Lei n. 13.487, de 6-10-2017.

I – extinção da fundação ou do instituto, quando extinto, fundido ou incorporado o partido político, assim como nas demais hipóteses previstas na legislação;

>> Inciso I acrescentado pela Lei n. 13.487, de 6-10-2017.

II – conversão ou transformação da fundação em instituto, assim como deste em fundação.

>> Inciso II acrescentado pela Lei n. 13.487, de 6-10-2017.

§ 3.º Para fins do disposto no § 2.º deste artigo, a versão do patrimônio implica a sucessão de todos os direitos, os deveres e as obrigações da fundação ou do instituto extinto, transformado ou convertido.

>> § 3.º acrescentado pela Lei n. 13.487, de 6-10-2017.

§ 4.º A conversão, a transformação ou, quando for o caso, a extinção da fundação ou do instituto ocorrerá por decisão do órgão de direção nacional do partido político.

>> § 4.º acrescentado pela Lei n. 13.487, de 6-10-2017.

Art. 54. Para fins de aplicação das normas estabelecidas nesta Lei, consideram-se como equivalentes a Estados e Municípios o Distrito Federal e os Territórios e respectivas divisões político-administrativas.

TÍTULO VI
DISPOSIÇÕES FINAIS E TRANSITÓRIAS

Art. 55. O partido político que, nos termos da legislação anterior, tenha registro definitivo, fica dispensado da condição estabelecida no § 1.º do art. 7.º, e deve providenciar a adaptação de seu estatuto às disposições desta Lei, no prazo de seis meses da data de sua publicação.

§ 1.º A alteração estatutária com a finalidade prevista neste artigo pode ser realizada pelo partido político em reunião do órgão nacional máximo, especialmente convocado na forma dos estatutos, com antecedência mínima de trinta dias e ampla divulgação, entre seus órgãos e filiados, do projeto do estatuto.

§ 2.º Aplicam-se as disposições deste artigo ao partido que, na data da publicação desta Lei:

I – tenha completado seu processo de organização nos termos da legislação anterior e requerido o registro definitivo;

II – tenha seu pedido de registro *sub judice*, desde que sobrevenha decisão favorável do órgão judiciário competente;

III – tenha requerido registro de seus estatutos junto ao Tribunal Superior Eleitoral, após o devido registro como entidade civil.

Art. 55-A. Os partidos que não tenham observado a aplicação de recursos prevista no inciso V do *caput* do art. 44 desta Lei nos exercícios anteriores a 2019, e que tenham utilizado esses recursos no financiamento das candidaturas femininas até as eleições de 2018, não poderão ter suas contas rejeitadas ou sofrer qualquer outra penalidade.

>> Artigo acrescentado pela Lei n. 13.831, de 17-5-2019.

Art. 55-B. Os partidos que, nos termos da legislação anterior, ainda possuam saldo em conta bancária específica conforme o disposto no § 5.º-A do art. 44 desta Lei poderão utilizá-lo na criação e na manutenção de programas de promoção e difusão da participação política das mulheres até o exercício de 2020, como forma de compensação.

>> Artigo acrescentado pela Lei n. 13.831, de 17-5-2019.

Art. 55-C. A não observância do disposto no inciso V do *caput* do art. 44 desta Lei até o exercício de 2018 não ensejará a desaprovação das contas.

>> Artigo acrescentado pela Lei n. 13.831, de 17-5-2019.

Art. 55-D. Ficam anistiadas as devoluções, as cobranças ou as transferências ao Tesouro Nacional que tenham como causa as doações ou contribuições feitas em anos anteriores por servidores públicos que exerçam função ou cargo público de livre nomeação e exoneração, desde que filiados a partido político.

>> Artigo acrescentado pela Lei n. 13.831, de 17-5-2019, originalmente vetado, todavia promulgado em 21-6-2019.

Art. 55-E. O disposto no art. 30 desta Lei deverá ser implantado no prazo máximo de 180 (cento e oitenta) dias, contado da data de entrada em vigor deste artigo.

>> Artigo acrescentado pela Lei n. 13.877, de 27-9-2019.

Arts. 56 e 57. (*Revogados pela Lei n. 13.165, de 29-9-2015.*)

Art. 58. A requerimento de partido, o Juiz Eleitoral devolverá as fichas de filiação partidária existentes no cartório da respectiva Zona, devendo ser organizada a primeira relação de filiados, nos termos do art. 19, obedecidas as normas estatutárias.

Parágrafo único. Para efeito de candidatura a cargo eletivo será considerada como primeira filiação a constante das listas de que trata este artigo.

Art. 59. O art. 16 da Lei n. 3.071, de 1.º de janeiro de 1916 (Código Civil), passa a vigorar com a seguinte redação:

>> A Lei n. 3.071, de 1916, foi revogada pela Lei n. 10.406, de 2002 (CC), que trata da matéria no art. 44, V e § 3.º.

Art. 60. Os artigos a seguir enumerados da Lei n. 6.015, de 31 de dezembro de 1973, passam a vigorar com a seguinte redação:

>> *Vide* arts. 114, III, e 120, *caput*, e parágrafo único da Lei de Registros Públicos, já atualizada, constante deste volume.

Art. 61. O Tribunal Superior Eleitoral expedirá instruções para a fiel execução desta Lei.

Art. 62. Esta Lei entra em vigor na data de sua publicação.

Art. 63. Ficam revogadas a Lei n. 5.682, de 21 de julho de 1971, e respectivas alterações; a Lei n. 6.341, de 5 de julho de 1976; a Lei n. 6.817, de 5 de setembro de 1980; a Lei n. 6.957, de 23 de novembro de 1981; o art. 16 da Lei n. 6.996, de 7 de junho de 1982; a Lei n. 7.307, de 9 de abril de 1985, e a Lei n. 7.514, de 9 de julho de 1986.

Brasília, 19 de setembro de 1995; 174.º da Independência e 107.º da República.

MARCO ANTONIO DE OLIVEIRA MACIEL

LEI N. 9.249, DE 26 DE DEZEMBRO DE 1995 (*)

Altera a legislação do Imposto sobre a Renda das pessoas jurídicas, bem como da contribuição social sobre o lucro líquido, e dá outras providências.

O Presidente da República.

Faço saber que o Congresso Nacional decreta e eu sanciono a seguinte Lei:

Art. 1.º As bases de cálculo e o valor dos tributos e contribuições federais serão expressos em Reais.

Art. 2.º O Imposto sobre a Renda das pessoas jurídicas e a contribuição social sobre o lucro líquido serão determinados segundo as normas da legislação vigente, com as alterações desta Lei.

(*) Publicada no *Diário Oficial da União*, de 27-12-1995. *Vide* Lei n. 9.430, de 27-12-1996.

Art. 3.º A alíquota do Imposto sobre a Renda das pessoas jurídicas é de 15% (quinze por cento).

§ 1.º A parcela do lucro real, presumido ou arbitrado, que exceder o valor resultante da multiplicação de R$ 20.000,00 (vinte mil reais) pelo número de meses do respectivo período de apuração, sujeita-se à incidência de adicional de imposto de renda à alíquota de 10% (dez por cento).

>> § 1.º com redação determinada pela Lei n. 9.430, de 27-12-1996.

§ 2.º O disposto no parágrafo anterior aplica-se, inclusive, nos casos de incorporação, fusão ou cisão e de extinção de pessoa jurídica pelo encerramento da liquidação.

>> § 2.º com redação determinada pela Lei n. 9.430, de 27-12-1996.

§ 3.º O disposto neste artigo aplica-se, inclusive, à pessoa jurídica que explore atividade rural de que trata a Lei n. 8.023, de 12 de abril de 1990.

§ 4.º O valor do adicional será recolhido integralmente, não sendo permitidas quaisquer deduções.

> *Vide* arts. 5.º e 6.º da Lei n. 9.532, de 10-12-1997.

Art. 4.º Fica revogada a correção monetária das demonstrações financeiras de que tratam a Lei n. 7.799, de 10 de julho de 1989, e o art. 1.º da Lei n. 8.200, de 28 de junho de 1991.

Parágrafo único. Fica vedada a utilização de qualquer sistema de correção monetária de demonstrações financeiras, inclusive para fins societários.

....

Art. 6.º Os valores controlados na parte "B" do Livro de Apuração do Lucro Real existentes em 31 de dezembro de 1995, somente serão corrigidos monetariamente até essa data, observada a legislação então vigente, ainda que venham a ser adicionados, excluídos ou compensados em períodos-base posteriores.

Parágrafo único. A correção dos valores referidos neste artigo será efetuada tomando-se por base o valor da UFIR vigente em 1.º de janeiro de 1996.

Art. 7.º O saldo do lucro inflacionário acumulado, remanescente em 31 de dezembro de 1995, corrigido monetariamente até essa data, será realizado de acordo com as regras da legislação então vigente.

§ 1.º Para fins do cálculo do lucro inflacionário realizado nos períodos-base posteriores, os valores dos ativos que estavam sujeitos à correção monetária, existentes em 31 de dezembro de 1995, deverão ser registrados destacadamente na contabilidade da pessoa jurídica.

§ 2.º O disposto no parágrafo único do art. 6.º aplica-se à correção dos valores de que trata este artigo.

§ 3.º À opção da pessoa jurídica, o lucro inflacionário acumulado existente em 31 de dezembro de 1995, corrigido monetariamente até essa data, com base no parágrafo único do art. 6.º, poderá ser considerado realizado integralmente e tributado à alíquota de 10% (dez por cento).

§ 4.º A opção de que trata o parágrafo anterior, que deverá ser feita até 31 de dezembro de 1996, será irretratável e manifestada através do pagamento do imposto em cota única, podendo alcançar também o saldo do lucro inflacionário a realizar relativo à opção prevista no art. 31 da Lei n. 8.541, de 23 de dezembro de 1992.

§ 5.º O imposto de que trata o § 3.º será considerado como de tributação exclusiva.

Art. 8.º Permanecem em vigor as normas aplicáveis às contrapartidas de variações monetárias dos direitos de crédito e das obrigações do contribuinte em função da taxa de câmbio ou de índices ou coeficientes aplicáveis por disposição legal ou contratual.

Art. 9.º A pessoa jurídica poderá deduzir, para efeitos da apuração do lucro real, os juros pagos ou creditados individualizadamente a titular, sócios ou acionistas, a título de remuneração do capital próprio, calculados sobre as contas do patrimônio líquido e limitados à variação, *pro rata* dia, da Taxa de Juros de Longo Prazo – TJLP.

§ 1.º O efetivo pagamento ou crédito dos juros fica condicionado à existência de lucros, computados antes da dedução dos juros, ou de lucros acumulados e reservas de lucros, em montante igual ou superior ao valor de 2 (duas) vezes os juros a serem pagos ou creditados.

>> § 1.º com redação determinada pela Lei n. 9.430, de 27-12-1996.

§ 2.º Os juros ficarão sujeitos à incidência do Imposto sobre a Renda na fonte à alíquota de 15% (quinze por cento), na data do pagamento ou crédito ao beneficiário.

§ 3.º O imposto retido na fonte será considerado:

I – antecipação do devido na declaração de rendimentos, no caso de beneficiário pessoa jurídica tributada com base no lucro real;

II – tributação definitiva, no caso de beneficiário pessoa física ou pessoa jurídica não tributada com base no lucro real, inclusive isenta, ressalvado o disposto no § 4.º.

§ 4.º (*Revogado pela Lei n. 9.430, de 27-12-1996.*)

§ 5.º No caso de beneficiário sociedade civil de prestação de serviços, submetida ao regime de tributação de que trata o art. 1.º do Decreto-lei n. 2.397, de 21 de dezembro de 1987, o imposto poderá ser compensado com o retido por ocasião do pagamento dos rendimentos aos sócios beneficiários.

§ 6.º No caso de beneficiário pessoa jurídica tributada com base no lucro real, o imposto de que trata o § 2.º poderá ainda ser compensado com o retido por ocasião do pagamento ou crédito de juros, a título de remuneração de capital próprio, a seu titular, sócios ou acionistas.

§ 7.º O valor dos juros pagos ou creditados pela pessoa jurídica, a título de remuneração do capital próprio, poderá ser imputado ao valor dos dividendos de que trata o art. 202 da Lei n. 6.404, de 15 de dezembro de 1976, sem prejuízo do disposto no § 2.º.

§ 8.º Para fins de cálculo da remuneração prevista neste artigo, serão consideradas exclusivamente as seguintes contas do patrimônio líquido:

>> § 8.º, *caput*, com redação determinada pela Lei n. 12.973, de 13-5-2014.

I – capital social;

>> Inciso I acrescentado pela Lei n. 12.973, de 13-5-2014.

II – reservas de capital;

>> Inciso II acrescentado pela Lei n. 12.973, de 13-5-2014.

III – reservas de lucros;

>> Inciso III acrescentado pela Lei n. 12.973, de 13-5-2014.

IV – ações em tesouraria; e

>> Inciso IV acrescentado pela Lei n. 12.973, de 13-5-2014.

V – prejuízos acumulados.

>> Inciso V acrescentado pela Lei n. 12.973, de 13-5-2014.

§§ 9.º e 10. (*Revogados pela Lei n. 9.430, de 27-12-1996.*)

§ 11. O disposto neste artigo aplica-se à Contribuição Social sobre o Lucro Líquido.

>> § 11 acrescentado pela Lei n. 12.973, de 13-5-2014.

§ 12. Para fins de cálculo da remuneração prevista neste artigo, a conta capital social, prevista no inciso I do § 8.º deste artigo, inclui todas as espécies de ações previstas no art. 15 da Lei n. 6.404, de 15 de dezembro de 1976, ainda que classificadas em contas de passivo na escrituração comercial.

>> § 12 acrescentado pela Lei n. 12.973, de 13-5-2014.

Art. 10. Os lucros ou dividendos calculados com base nos resultados apurados a partir do mês de janeiro de 1996, pagos ou creditados pelas pessoas jurídicas tributadas com base no lucro real, presumido ou arbitrado, não ficarão sujeitos à incidência do Imposto sobre a Renda na fonte, nem integrarão a base de cálculo de Imposto sobre a Renda do beneficiário, pessoa física ou jurídica, domiciliado no País ou no exterior.

§ 1.º No caso de quotas ou ações distribuídas em decorrência de aumento de capital por incorporação de lucros apurados, a partir do mês de janeiro de 1996, ou de reservas constituídas com esses lucros, o custo de aquisição será igual à parcela do lucro ou reserva capitalizado, que corresponder ao sócio ou acionista.

>> § 1.º renumerado pela Lei n. 12.973, de 13-5-2014.

§ 2.º A não incidência prevista no *caput* inclui os lucros ou dividendos pagos ou creditados a beneficiários de todas as espécies de ações previstas no art. 15 da Lei n. 6.404, de 15 de dezembro de 1976, ainda que a ação seja classificada em conta de passivo ou que a remuneração seja classificada como despesa financeira na escrituração comercial.

>> § 2.º acrescentado pela Lei n. 12.973, de 13-5-2014.

§ 3.º Não são dedutíveis na apuração do lucro real e da base de cálculo da CSLL os lucros ou dividendos pagos ou creditados a beneficiários de qualquer espécie de ação prevista no art. 15 da Lei n. 6.404, de 15 de dezembro de 1976, ainda que classificados como despesa financeira na escrituração comercial.

>> § 3.º acrescentado pela Lei n. 12.973, de 13-5-2014.

Art. 11. Os rendimentos produzidos por aplicação financeira de renda fixa, auferidos por qualquer beneficiário, inclusive pessoa jurídica isenta, sujeitam-se à incidência do Imposto sobre a Renda à alíquota de 15% (quinze por cento).

§ 1.º Os rendimentos de que trata este artigo serão apropriados *pro rata tempore* até 31 de dezembro de 1995 e tributados, no que se refere à parcela relativa a 1995, nos termos da legislação então vigente.

§ 2.º (*Revogado pela Lei n. 9.430, de 27-12-1996.*)

§ 3.º O disposto neste artigo não elide as regras previstas nos arts. 76 e 77 da Lei n. 8.981, de 20 de janeiro de 1995.

Art. 12. O inciso III do art. 77 da Lei n. 8.981, de 20 de janeiro de 1995, passa a vigorar com a seguinte redação:

>> Alteração já processada no texto da Lei modificada.

Art. 13. Para efeito de apuração do lucro real e da base de cálculo da contribuição social sobre o lucro líquido, são vedadas as seguintes deduções independentemente do disposto no art. 47 da Lei n. 4.506, de 30 de novembro de 1964:

I – de qualquer provisão, exceto as constituídas para o pagamento de férias de empregados e de décimo terceiro salário, de que trata o art. 43 da Lei n. 8.981, de 20 de janeiro de 1995, com as alterações da Lei n. 9.065, de 20 de junho de 1995, e as provisões técnicas das companhias de seguro e de capitalização, bem como das entidades de previdência privada, cuja constituição é exigida pela legislação especial a elas aplicável;

>> *Vide* art. 14 da Lei n. 9.430, de 27-12-1996.

II – das contraprestações de arrendamento mercantil e do aluguel de bens móveis ou imóveis, exceto quando relacionados intrinsecamente com a produção ou comercialização dos bens e serviços;

III – de despesas de depreciação, amortização, manutenção, reparo, conservação, impostos, taxas, seguros e quaisquer outros gastos com bens móveis ou imóveis, exceto se intrinsecamente relacionados com a produção ou comercialização dos bens e serviços;

IV – das despesas com alimentação de sócios, acionistas e administradores;

V – das contribuições não compulsórias, exceto as destinadas a custear seguros e planos de saúde, e benefícios complementares assemelhados aos da previdência social, instituídos em favor dos empregados e dirigentes da pessoa jurídica;

> *Vide* art. 11, § 2.º, da Lei n. 9.532, de 10-12-1997.

VI – das doações, exceto as referidas no § 2.º;

VII – das despesas com brindes;

VIII – de despesas de depreciação, amortização e exaustão geradas por bem objeto de arrendamento mercantil pela arrendatária, na hipótese em que esta reconheça contabilmente o encargo.

>> Inciso VIII acrescentado pela Lei n. 12.973, de 13-5-2014.

§ 1.º Admitir-se-ão como dedutíveis as despesas com alimentação fornecida pela pessoa jurídica, indistintamente, a todos os seus empregados.

§ 2.º Poderão ser deduzidas as seguintes doações:

I – as de que trata a Lei n. 8.313, de 23 de dezembro de 1991;

II – as efetuadas às instituições de ensino e pesquisa cuja criação tenha sido autorizada por lei federal e que preencham os requisitos dos incisos I e II do art. 213 da Constituição Federal, até o limite de 1,5% (um e meio por cento) do lucro operacional, antes de computada a sua dedução e a de que trata o inciso seguinte;

III – as doações, até o limite de 2% (dois por cento) do lucro operacional da pessoa jurídica, antes de computada a sua dedução, efetuadas a entidades civis, legalmente constituídas no Brasil, sem fins lucrativos, que prestem serviços gratuitos em benefício de empregados da pessoa jurídica doadora, e respectivos dependentes, ou em benefício da comunidade onde atuem, observadas as seguintes regras:

a) as doações, quando em dinheiro, serão feitas mediante crédito em conta corrente bancária diretamente em nome da entidade beneficiária;

b) a pessoa jurídica doadora manterá em arquivo, à disposição da fiscalização, declaração, segundo modelo aprovado pela Secretaria da Receita Federal, fornecida pela entidade beneficiária, em que esta se compromete a aplicar integralmente os recursos recebidos na realização de seus objetivos sociais, com identificação da pessoa física responsável pelo seu cumprimento, e a não distribuir lucros, bonificações ou vantagens a dirigentes, mantenedores ou associados, sob nenhuma forma ou pretexto;

>> A Secretaria da Receita Federal passa a denominar-se Secretaria da Receita Federal do Brasil, por força da Lei n. 11.457, de 16-3-2007.

c) a entidade beneficiária deverá ser organização da sociedade civil, conforme a Lei n. 13.019, de 31 de julho de 2014, desde que cumpridos os requisitos previstos nos arts. 3.º e 16 da Lei n. 9.790, de 23 de março de 1999, independentemente de certificação.

>> Alínea *c* com redação determinada pela Lei n. 13.204, de 14-12-2015.

>> A Lei n. 13.169, de 6-10-2015, propôs o acréscimo do art. 13-A a esta Lei, todavia a alteração sofreu veto presidencial.

Art. 14. Para efeito de apuração do lucro real, fica vedada a exclusão, do lucro líquido do exercício, do valor do lucro da exploração de atividades monopolizadas de que tratam o § 2.º do art. 2.º da Lei n. 6.264, de 18 de novembro de 1975, e o § 2.º do art. 19 do Decreto-lei n. 1.598, de 26 de dezembro de 1977, com a redação dada pelo Decreto-lei n. 1.730, de 17 de dezembro de 1979.

Art. 15. A base de cálculo do imposto, em cada mês, será determinada mediante a aplicação do percentual de 8% (oito por cento) sobre a receita bruta auferida mensalmente, observado o disposto no art. 12 do Decreto-lei n. 1.598, de 26 de dezembro de 1977, deduzida das devoluções, vendas canceladas e dos descontos incondicionais concedidos, sem prejuízo do disposto nos arts. 30, 32, 34 e 35 da Lei n. 8.981, de 20 de janeiro de 1995.

>> *Caput* com redação determinada pela Lei n. 12.973, de 13-5-2014.

§ 1.º Nas seguintes atividades, o percentual de que trata este artigo será de:

I – 1,6% (um inteiro e seis décimos por cento), para a atividade de revenda, para consumo de combustível derivado de petróleo, álcool etílico carburante e gás natural;

II – 16% (dezesseis por cento):

a) para a atividade de prestação de serviços de transporte, exceto o de carga, para o qual se aplicará o percentual previsto no *caput* deste artigo;

b) para as pessoas jurídicas a que se refere o inciso III do art. 36 da Lei n. 8.981, de 20 de janeiro de 1995, observado o disposto nos §§ 1.º e 2.º do art. 29 da referida lei;

III – 32% (trinta e dois por cento), para as atividades de:

a) prestação de serviços em geral, exceto a de serviços hospitalares e de auxílio diagnóstico e terapia, patologia clínica, imagenologia, anatomia patológica e citopatologia, medicina nuclear e análises e patologias clínicas, desde que a prestadora destes serviços seja organizada sob a forma de sociedade empresária e atenda às normas da Agência Nacional de Vigilância Sanitária – Anvisa;

>> Alínea *a* com redação determinada pela Lei n. 11.727, de 23-6-2008.

>> *Vide* art. 41, VI, da Lei n. 11.727, de 23-6-2008.

b) intermediação de negócios;

c) administração, locação ou cessão de bens imóveis, móveis e direitos de qualquer natureza;

d) prestação cumulativa e contínua de serviços de assessoria creditícia, mercadológica, gestão de crédito, seleção de riscos, administração de contas a pagar e a receber, compra de direitos creditórios resultantes de vendas mercantis a prazo ou de prestação de serviços (*factoring*);

e) prestação de serviços de construção, recuperação, reforma, ampliação ou melhoramento de infraestrutura vinculados a contrato de concessão de serviço público;

>> Alínea *e* acrescentada pela Lei n. 12.973, de 13-5-2014.

IV – 38,4% (trinta e oito inteiros e quatro décimos por cento), para as atividades de operação de empréstimo, de financiamento e de desconto de títulos de crédito realizadas por Empresa Simples de Crédito (ESC).

>> Inciso IV acrescentado pela Lei Complementar n. 167, de 24-4-2019.

§ 2.º No caso de atividades diversificadas será aplicado o percentual correspondente a cada atividade.

§ 3.º As receitas provenientes de atividade incentivada não comporão a base de cálculo do imposto, na proporção do benefício a que a pessoa jurídica, submetida ao regime de tributação com base no lucro real, fizer jus.

§ 4.º O percentual de que trata este artigo também será aplicado sobre a receita financeira da pessoa jurídica que explore atividades imobiliárias relativas a loteamento de terrenos, incorporação imobiliária, construção de prédios destinados à venda, bem como a venda de imóveis construídos ou adquiridos para a revenda, quando decorrente da comercialização de imóveis e for apurada por meio de índices ou coeficientes previstos em contrato.

>> § 4.º acrescentado pela Lei n. 11.196, de 21-11-2005.

>> *Vide* art. 132, IV, *b*, da Lei n. 11.196, de 21-11-2005.

Art. 16. O lucro arbitrado das pessoas jurídicas será determinado mediante a aplicação, sobre a receita bruta, quando conhecida, dos percentuais fixados no art. 15, acrescidos de 20% (vinte por cento).

Parágrafo único. No caso das instituições a que se refere o inciso III do art. 36 da Lei n. 8.981, de 20 de janeiro de 1995, o percentual para determinação do lucro arbitrado será de 45% (quarenta e cinco por cento).

Art. 17. Para os fins de apuração do ganho de capital, as pessoas físicas e as pessoas jurídicas não tributadas com base no lucro real observarão os seguintes procedimentos:

> *Vide* arts. 17, § 1.º, e 24 da Lei n. 9.532, de 10-12-1997.

I – tratando-se de bens e direitos cuja aquisição tenha ocorrido até o final de 1995, o custo de aquisição poderá ser corrigido monetariamente até 31 de dezembro desse ano, tomando-se por base o valor da UFIR vigente em 1.º de janeiro de 1996, não se lhe aplicando qualquer correção monetária a partir dessa data;

II – tratando-se de bens e direitos adquiridos após 31 de dezembro de 1995, ao custo de aquisição dos bens e direitos não será atribuída qualquer correção monetária.

Art. 18. O ganho de capital auferido por residente ou domiciliado no exterior será apurado e tributado de acordo com as regras aplicáveis aos residentes no País.

Art. 19. A partir de 1.º de janeiro de 1996, a alíquota da contribuição social sobre o lucro líquido, de que trata a Lei n. 7.689, de 15 de dezembro de 1988, passa a ser de 8% (oito por cento).

Parágrafo único. O disposto neste artigo não se aplica às instituições a que se refere o § 1.º do art. 22 da Lei n. 8.212, de 24 de julho de 1991, para as quais a alíquota da contribuição social será de 18% (dezoito por cento).

Base de cálculo da CSLL – Estimativa e Presumido

Art. 20. A base de cálculo da Contribuição Social sobre o Lucro Líquido (CSLL) devida pelas pessoas jurídicas que efetuarem o pagamento mensal ou trimestral a que se referem os arts. 2.º, 25 e 27 da Lei n. 9.430, de 27 de dezembro de 1996, corresponderá aos seguintes percentuais aplicados sobre a receita bruta definida pelo art. 12 do Decreto-Lei n. 1.598, de 26 de dezembro de 1977, auferida no período, deduzida das devoluções, das vendas canceladas e dos descontos incondicionais concedidos:

>> *Caput* com redação determinada pela Lei Complementar n. 167, de 24-4-2019.

I – 32% (trinta e dois por cento) para a receita bruta decorrente das atividades previstas no inciso III do § 1.º do art. 15 desta Lei;

>> Inciso I acrescentado pela Lei Complementar n. 167, de 24-4-2019.

II – 38,4% (trinta e oito inteiros e quatro décimos por cento) para a receita bruta decorrente das atividades previstas no inciso IV do § 1.º do art. 15 desta Lei; e

>> Inciso II acrescentado pela Lei Complementar n. 167, de 24-4-2019.

III – 12% (doze por cento) para as demais receitas brutas.

>> Inciso III acrescentado pela Lei Complementar n. 167, de 24-4-2019.

§ 1.º A pessoa jurídica submetida ao lucro presumido poderá, excepcionalmente, em relação ao 4.º (quarto) trimestre-calendário de 2003, optar pelo lucro real, sendo definitiva a tributação pelo lucro presumido relativa aos 3 (três) primeiros trimestres.

>> § 1.º acrescentado pela Lei n. 11.196, de 21-11-2005.

>> *Vide* art. 132, IV, *b*, da Lei n. 11.196, de 21-11-2005.

§ 2.º O percentual de que trata o *caput* deste artigo também será aplicado sobre a receita financeira de que trata o § 4.º do art. 15 desta Lei.

>> § 2.º acrescentado pela Lei n. 11.196, de 21-11-2005.

>> *Vide* art. 132, IV, *b*, da Lei n. 11.196, de 21-11-2005.

Incorporação, Fusão e Cisão

Art. 21. A pessoa jurídica que tiver parte ou todo o seu patrimônio absorvido em virtude de incorporação, fusão ou cisão deverá levantar balanço específico para esse fim, observada a legislação comercial.

>> *Caput* com redação determinada pela Lei n. 12.973, de 13-5-2014.

§ 1.º O balanço a que se refere este artigo deverá ser levantado até 30 (trinta) dias antes do evento.

§§ 2.º e 3.º (*Revogados pela Lei n. 12.973, de 13-5-2014.*)

§ 4.º A pessoa jurídica incorporada, fusionada ou cindida deverá apresentar declaração de rendimentos correspondente ao período transcorrido durante o ano-calendário em seu próprio nome, até o último dia útil do mês subsequente ao do evento.

Art. 22. Os bens e direitos do ativo da pessoa jurídica, que forem entregues ao titular ou a sócio ou acionista a título de devolução de sua participação no capital social, poderão ser avaliados pelo valor contábil ou de mercado.

§ 1.º No caso de a devolução realizar-se pelo valor de mercado, a diferença entre este e o valor contábil dos bens ou direitos entregues será considerada ganho de capital, que será computado nos resultados da pessoa jurídica tributada com base no lucro real ou na base de cálculo do Imposto sobre a Renda e da contribuição social sobre o lucro líquido devidos pela pessoa jurídica tributada com base no lucro presumido ou arbitrado.

§ 2.º Para o titular, sócio ou acionista, pessoa jurídica, os bens ou direitos recebidos em devolução de sua participação no capital serão registrados pelo valor contábil da participação ou pelo valor de mercado, conforme avaliado pela pessoa jurídica que esteja devolvendo capital.

§ 3.º Para o titular, sócio ou acionista, pessoa física, os bens ou direitos recebidos em devolução de sua participação no capital serão informados, na declaração de bens correspondente à declaração de rendimentos do respectivo ano-base, pelo valor contábil ou de mercado, conforme avaliado pela pessoa jurídica.

§ 4.º A diferença entre o valor de mercado e o valor constante da declaração de bens, no caso de pessoa física, ou o valor contábil, no caso de pessoa jurídica, não será computada, pelo titular, sócio ou acionista, na base de cálculo do Imposto sobre a Renda ou da contribuição social sobre o lucro líquido.

Art. 23. As pessoas físicas poderão transferir a pessoas jurídicas, a título de integralização de capital, bens e direitos pelo valor constante da respectiva declaração de bens ou pelo valor de mercado.

§ 1.º Se a entrega for feita pelo valor constante da declaração de bens, as pessoas físicas deverão lançar nesta declaração as ações ou quotas subscritas pelo mesmo valor dos bens ou direitos transferidos, não se aplicando o disposto no art. 60 do Decreto-lei n. 1.598, de 26 de dezembro de 1977, e no art. 20, II, do Decreto-lei n. 2.065, de 26 de outubro de 1983.

§ 2.º Se a transferência não se fizer pelo valor constante da declaração de bens, a diferença a maior será tributável como ganho de capital.

Art. 24. Verificada a omissão de receita, a autoridade tributária determinará o valor do imposto e do adicional a serem lançados de acordo com o regime de tributação a que estiver submetida a pessoa jurídica no período-base a que corresponder a omissão.

§ 1.º No caso de pessoa jurídica com atividades diversificadas tributadas com base no lucro presumido ou arbitrado, não sendo possível a identificação da atividade a que se refere a receita omitida, esta será adicionada àquela a que corresponder o percentual mais elevado.

§ 2.º O valor da receita omitida será considerado na determinação da base de cálculo para o lançamento da Contribuição Social sobre o Lucro Líquido – CSLL, da Contribuição para o Financiamento da Seguridade Social – COFINS, da Contribuição para o PIS/Pasep e das contribuições previdenciárias incidentes sobre a receita.

>> § 2.º com redação determinada pela Lei n. 11.941, de 27-5-2009.

§ 3.º (*Revogado pela Lei n. 9.430, de 27-12-1996.*)

§ 4.º Para a determinação do valor da Contribuição para o Financiamento da Seguridade Social – COFINS e da Contribuição para o PIS/Pasep, na hipótese de a pessoa jurídica auferir receitas sujeitas a alíquotas diversas, não sendo possível identificar a alíquota aplicável à receita omitida, aplicar-se-á a esta a alíquota mais elevada entre aquelas previstas para as receitas auferidas pela pessoa jurídica.

>> § 4.º acrescentado pela Lei n. 11.941, de 27-5-2009.

§ 5.º Na hipótese de a pessoa jurídica sujeitar-se ao recolhimento da COFINS e da Contribuição para o PIS/Pasep, calculadas por unidade de medida de produto, não sendo possível identificar qual o produto vendido ou a quantidade que se refere à receita omitida, a contribuição será determinada com base na alíquota *ad valorem* mais elevada entre aquelas previstas para as receitas auferidas pela pessoa jurídica.

>> § 5.º acrescentado pela Lei n. 11.941, de 27-5-2009.

§ 6.º Na determinação da alíquota mais elevada, considerar-se-ão:

>> § 6.º, *caput*, acrescentado pela Lei n. 11.941, de 27-5-2009.

I – para efeito do disposto nos §§ 4.º e 5.º deste artigo, as alíquotas aplicáveis às receitas auferidas pela pessoa jurídica no ano-calendário em que ocorreu a omissão;

>> Inciso I acrescentado pela Lei n. 11.941, de 27-5-2009.

II – para efeito do disposto no § 5.º deste artigo, as alíquotas *ad valorem* correspondentes àquelas fixadas por unidade de medida do produto, bem como as alíquotas aplicáveis às demais receitas auferidas pela pessoa jurídica.

>> Inciso II acrescentado pela Lei n. 11.941, de 27-5-2009.

Art. 25. Os lucros, rendimentos e ganhos de capital auferidos no exterior serão computados na determinação do lucro real das pessoas jurídicas correspondente ao balanço levantado em 31 de dezembro de cada ano.

§ 1.º Os rendimentos e ganhos de capital auferidos no exterior serão computados na apuração do lucro líquido das pessoas jurídicas com observância do seguinte:

I – os rendimentos e ganhos de capital serão convertidos em Reais de acordo com a taxa de câmbio, para venda, na data em que forem contabilizados no Brasil;

II – caso a moeda em que for auferido o rendimento ou ganho de capital não tiver cotação no Brasil, será ela convertida em dólares norte-americanos e, em seguida, em Reais.

§ 2.º Os lucros auferidos por filiais, sucursais ou controladas, no exterior, de pessoas jurídicas domiciliadas no Brasil serão computados na apuração do lucro real com observância do seguinte:

I – as filiais, sucursais e controladas deverão demonstrar a apuração dos lucros que auferirem em cada um de seus exercícios fiscais, segundo as normas da legislação brasileira;

II – os lucros a que se refere o inciso I serão adicionados ao lucro líquido da matriz ou controladora, na proporção de sua participação acionária, para apuração do lucro real;

III – se a pessoa jurídica se extinguir no curso do exercício, deverá adicionar ao seu lucro líquido os lucros auferidos por filiais, sucursais ou controladas, até a data do balanço de encerramento;

IV – as demonstrações financeiras das filiais, sucursais e controladas que embasarem as demonstrações em Reais deverão ser mantidas no Brasil pelo prazo previsto no art. 173 da Lei n. 5.172, de 25 de outubro de 1966.

§ 3.º Os lucros auferidos no exterior por coligadas de pessoas jurídicas domiciliadas no Brasil serão computados na apuração do lucro real com observância do seguinte:

I – os lucros realizados pela coligada serão adicionados ao lucro líquido, na proporção da participação da pessoa jurídica no capital da coligada;

II – os lucros a serem computados na apuração do lucro real são apurados no balanço ou balanços levantados pela coligada no curso do período-base da pessoa jurídica;

III – se a pessoa jurídica se extinguir no curso do exercício, deverá adicionar ao seu lucro líquido, para apuração do lucro real, sua participação nos lucros da coligada apurados por esta em balanços levantados até a data do balanço de encerramento da pessoa jurídica;

IV – a pessoa jurídica deverá conservar em seu poder cópia das demonstrações financeiras da coligada.

§ 4.º Os lucros a que se referem os §§ 2.º e 3.º serão convertidos em Reais pela taxa de câmbio, para venda, do dia das demonstrações financeiras em que tenham sido apurados os lucros da filial, sucursal, controlada ou coligada.

§ 5.º Os prejuízos e perdas decorrentes das operações referidas neste artigo não serão compensados com lucros auferidos no Brasil.

§ 6.º Os resultados da avaliação dos investimentos no exterior, pelo método da equivalência patrimonial, continuarão a ter o tratamento previsto na legislação vigente, sem prejuízo do disposto nos §§ 1.º, 2.º e 3.º.

§ 7.º Os lucros serão apurados segundo as normas da legislação comercial do país de domicílio.

>> § 7.º acrescentado pela Lei n. 12.973, de 13-5-2014.

Art. 26. A pessoa jurídica poderá compensar o Imposto sobre a Renda incidente, no exterior, sobre os lucros, rendimentos e ganhos de capital computados no lucro real, até o limite do Imposto sobre a Renda incidente, no Brasil, sobre os referidos lucros, rendimentos ou ganhos de capital.

§ 1.º Para efeito de determinação do limite do *caput*, o imposto incidente, no Brasil, correspondente aos lucros, rendimentos ou ganhos de capital auferidos no exterior, será proporcional ao total do imposto e adicional devidos pela pessoa jurídica no Brasil.

§ 2.º Para fins de compensação, o documento relativo ao Imposto sobre a Renda incidente no exterior deverá ser reconhecido pelo respectivo órgão arrecadador e pelo Consulado da Embaixada Brasileira no país em que for devido o imposto.

§ 3.º O Imposto sobre a Renda a ser compensado será convertido em quantidade de Reais de acordo com a taxa de câmbio, para venda, na data em que o imposto foi pago; caso a moeda em que o imposto foi pago não tiver cotação no Brasil, será ela convertida em dólares norte-americanos e, em seguida, em Reais.

Art. 27. As pessoas jurídicas que tiverem lucros, rendimentos ou ganhos de capital oriundos do exterior estão obrigadas ao regime de tributação com base no lucro real.

Art. 28. A alíquota do Imposto sobre a Renda de que tratam o art. 77 da Lei n. 3.470, de

28 de novembro de 1958, e o art. 100 do Decreto-lei n. 5.844, de 23 de setembro de 1943, com as modificações posteriormente introduzidas, passa, a partir de 1.º de janeiro de 1996, a ser de 15% (quinze por cento).

Art. 29. Os limites a que se referem os arts. 36, I, e 44, da Lei n. 8.981, de 20 de janeiro de 1995, com a redação dada pela Lei n. 9.065, de 20 de junho de 1995, passam a ser de R$ 12.000.000,00 (doze milhões de reais).

Art. 30. Os valores constantes da legislação tributária, expressos em quantidade de UFIR, serão convertidos em Reais pelo valor da UFIR vigente em 1.º de janeiro de 1996.

Art. 31. (*Revogado pela Lei n. 12.973, de 13-5-2014.*)

Arts. 32 e 33. (*Vetados.*)

Art. 34. Extingue-se a punibilidade dos crimes definidos na Lei n. 8.137, de 27 de dezembro de 1990, e na Lei n. 4.729, de 14 de julho de 1965, quando o agente promover o pagamento do tributo ou contribuição social, inclusive acessórios, antes do recebimento da denúncia.

>> *Vide* art. 83, § 6.º, da Lei n. 9.430, de 27-12-1996.

§§ 1.º e 2.º (*Vetados.*)

Art. 35. Esta Lei entra em vigor na data de sua publicação, produzindo efeitos a partir de 1.º de janeiro de 1996.

Art. 36. Ficam revogadas as disposições em contrário, especialmente:

I – o Decreto-lei n. 1.215, de 4 de maio de 1972, observado o disposto no art. 178 da Lei n. 5.172, de 25 de outubro de 1966;

II – os arts. 2.º a 19 da Lei n. 7.799, de 10 de julho de 1989;

III – os arts. 9.º e 12 da Lei n. 8.023, de 12 de abril de 1990;

IV – os arts. 43 e 44 da Lei n. 8.541, de 23 de dezembro de 1992;

V – o art. 28 e os incisos VI, XI e XII, e o parágrafo único do art. 36, os arts. 46, 48 e 54, e o inciso II do art. 60, todos da Lei n. 8.981, de 20 de janeiro de 1995, alterada pela Lei n. 9.065, de 20 de junho de 1995, e o art. 10 da Lei n. 9.065, de 20 de junho de 1995.

Brasília, 26 de dezembro de 1995; 174.º da Independência e 107.º da República.

FERNANDO HENRIQUE CARDOSO

LEI N. 9.250, DE 26 DE DEZEMBRO DE 1995 (*)

Altera a legislação do Imposto sobre a Renda das pessoas físicas, e dá outras providências.

(*) Publicada no *Diário Oficial da União*, de 27-12-1995.

O Presidente da República.

Faço saber que o Congresso Nacional decreta e eu sanciono a seguinte Lei:

CAPÍTULO I
DISPOSIÇÕES PRELIMINARES

Art. 1.º A partir de 1.º de janeiro de 1996 o Imposto sobre a Renda das pessoas físicas será determinado segundo as normas da legislação vigente, com as alterações desta Lei.

Art. 2.º Os valores expressos em UFIR na legislação do Imposto sobre a Renda das pessoas físicas ficam convertidos em Reais, tomando-se por base o valor da UFIR vigente em 1.º de janeiro de 1996.

CAPÍTULO II
DA INCIDÊNCIA MENSAL DO IMPOSTO

Art. 3.º O Imposto sobre a Renda incidente sobre os rendimentos de que tratam os arts. 7.º, 8.º e 12 da Lei n. 7.713, de 22 de dezembro de 1988, será calculado de acordo com a seguinte tabela progressiva em Reais:

Base de Cálculo em R$	Alíquota %	Parcela a Deduzir do Imposto em R$
até 900,00	–	isento
acima de 900,00 até 1.800,00	15	135
acima de 1.800	25	315

>> *Vide* art. 1.º da Lei n. 11.482, de 31-5-2007.

Parágrafo único. O imposto de que trata este artigo será calculado sobre os rendimentos efetivamente recebidos em cada mês.

Art. 4.º Na determinação da base de cálculo sujeita à incidência mensal do Imposto sobre a Renda poderão ser deduzidas:

I – a soma dos valores referidos no art. 6.º da Lei n. 8.134, de 27 de dezembro de 1990;

>> Dispõe citado artigo: "Art. 6.º O contribuinte que perceber rendimentos do trabalho não assalariado, inclusive os titulares dos serviços notariais e de registro, a que se refere o art. 236 da Constituição, e os leiloeiros, poderão deduzir, da receita decorrente do exercício da respectiva atividade: I – a remuneração paga a terceiros, desde que com vínculo empregatício, e os encargos trabalhistas e previdenciários; II – os emolumentos pagos a terceiros; III – as despesas de custeio pagas, necessárias à percepção da receita e à manutenção da fonte produtora (...)".

II – as importâncias pagas a título de pensão alimentícia em face das normas do Direito de Família, quando em cumprimento de decisão judicial, inclusive a prestação de alimentos provisionais, de acordo homologado judicialmente, ou de escritura pública a que se refere o art. 1.124-A da Lei n. 5.869, de 11 de janeiro de 1973 – Código de Processo Civil;

>> Inciso II com redação determinada pela Lei n. 11.727, de 23-6-2008.

>> A referência é feita ao CPC de 1973. *Vide* art. 733 do CPC de 2015.

>> *Vide* art. 41, V, da Lei n. 11.727, de 23-6-2008.

III – a quantia, por dependente, de:

>> Inciso III, *caput*, com redação determinada pela Lei n. 11.482, de 31-5-2007.

a) R$ 132,05 (cento e trinta e dois reais e cinco centavos), para o ano-calendário de 2007;

>> Alínea *a* acrescentada pela Lei n. 11.482, de 31-5-2007.

b) R$ 137,99 (cento e trinta e sete reais e noventa e nove centavos), para o ano-calendário de 2008;

>> Alínea *b* acrescentada pela Lei n. 11.482, de 31-5-2007.

c) R$ 144,20 (cento e quarenta e quatro reais e vinte centavos), para o ano-calendário de 2009;

>> Alínea *c* acrescentada pela Lei n. 11.482, de 31-5-2007.

d) R$ 150,69 (cento e cinquenta reais e sessenta e nove centavos), para o ano-calendário de 2010;

>> Alínea *d* com redação determinada pela Lei n. 12.469, de 26-8-2011.

e) R$ 157,47 (cento e cinquenta e sete reais e quarenta e sete centavos), para o ano-calendário de 2011;

>> Alínea *e* acrescentada pela Lei n. 12.469, de 26-8-2011.

f) R$ 164,56 (cento e sessenta e quatro reais e cinquenta e seis centavos), para o ano-calendário de 2012;

>> Alínea *f* acrescentada pela Lei n. 12.469, de 26-8-2011.

g) R$ 171,97 (cento e setenta e um reais e noventa e sete centavos), para o ano-calendário de 2013;

>> Alínea *g* acrescentada pela Lei n. 12.469, de 26-8-2011.

h) R$ 179,71 (cento e setenta e nove reais e setenta e um centavos), para o ano-calendário de 2014 e nos meses de janeiro a março do ano-calendário de 2015; e

>> Alínea *h* com redação determinada pela Lei n. 13.149, de 21-7-2015.

i) R$ 189,59 (cento e oitenta e nove reais e cinquenta e nove centavos), a partir do mês de abril do ano-calendário de 2015;

>> Alínea *i* acrescentada pela Lei n. 13.149, de 21-7-2015.

IV – as contribuições para a Previdência Social da União, dos Estados, do Distrito Federal e dos Municípios;

V – as contribuições para as entidades de previdência privada domiciliadas no País, cujo ônus tenha sido do contribuinte, destinadas a custear benefícios complementares assemelhados aos da Previdência Social;

VI – a quantia, correspondente à parcela isenta dos rendimentos provenientes de aposentadoria e pensão, transferência para a reserva remunerada ou reforma, pagos pela Previdência Social da União, dos Estados, do

Distrito Federal e dos Municípios, por qualquer pessoa jurídica de direito público interno ou por entidade de previdência privada, a partir do mês em que o contribuinte completar 65 (sessenta e cinco) anos de idade, de:

>> Inciso VI, *caput*, com redação determinada pela Lei n. 11.482, de 31-5-2007.

a) R$ 1.313,69 (mil, trezentos e treze reais e sessenta e nove centavos), por mês, para o ano-calendário de 2007;

>> Alínea *a* acrescentada pela Lei n. 11.482, de 31-5-2007.

b) R$ 1.372,81 (mil, trezentos e setenta e dois reais e oitenta e um centavos), por mês, para o ano-calendário de 2008;

>> Alínea *b* acrescentada pela Lei n. 11.482, de 31-5-2007.

c) R$ 1.434,59 (mil, quatrocentos e trinta e quatro reais e cinquenta e nove centavos), por mês, para o ano-calendário de 2009;

>> Alínea *c* acrescentada pela Lei n. 11.482, de 31-5-2007.

d) R$ 1.499,15 (mil, quatrocentos e noventa e nove reais e quinze centavos), por mês, para o ano-calendário de 2010;

>> Alínea *d* com redação determinada pela Lei n. 12.469, de 26-8-2011.

e) R$ 1.566,61 (mil, quinhentos e sessenta e seis reais e sessenta e um centavos), por mês, para o ano-calendário de 2011;

>> Alínea *e* acrescentada pela Lei n. 12.469, de 26-8-2011.

f) R$ 1.637,11 (mil, seiscentos e trinta e sete reais e onze centavos), por mês, para o ano--calendário de 2012;

>> Alínea *f* acrescentada pela Lei n. 12.469, de 26-8-2011.

g) R$ 1.710,78 (mil, setecentos e dez reais e setenta e oito centavos), por mês, para o ano-calendário de 2013;

>> Alínea *g* acrescentada pela Lei n. 12.469, de 26-8-2011.

h) R$ 1.787,77 (mil, setecentos e oitenta e sete reais e setenta e sete centavos), por mês, para o ano-calendário de 2014 e nos meses de janeiro a março do ano-calendário de 2015; e

>> Alínea *h* com redação determinada pela Lei n. 13.149, de 21-7-2015.

i) R$ 1.903,98 (mil, novecentos e três reais e noventa e oito centavos), por mês, a partir do mês de abril do ano-calendário de 2015;

>> Alínea *i* acrescentada pela Lei n. 13.149, de 21-7-2015.

VII – as contribuições para as entidades fechadas de previdência complementar de natureza pública de que trata o § 15 do art. 40 da Constituição Federal, cujo ônus tenha sido do contribuinte, destinadas a custear benefícios complementares assemelhados aos da Previdência Social.

>> Inciso VII com redação determinada pela Lei n. 13.043, de 13-11-2014.

Parágrafo único. A dedução permitida pelo inciso V aplica-se exclusivamente à base de cálculo relativa aos seguintes rendimentos, assegurada, nos demais casos, a dedução dos valores pagos a esse título, por ocasião da apuração da base de cálculo do imposto devido no ano-calendário, conforme disposto na alínea *e* do inciso II do art. 8.º desta Lei:

>> *Caput* com redação determinada pela Lei n. 13.202, de 8-12-2015.

I – do trabalho com vínculo empregatício ou de administradores; e

>> Inciso I acrescentado pela Lei n. 13.202, de 8-12-2015.

II – proventos de aposentados e pensionistas, quando a fonte pagadora for responsável pelo desconto e respectivo pagamento das contribuições previdenciárias.

>> Inciso II acrescentado pela Lei n. 13.202, de 8-12-2015.

Art. 5.º As pessoas físicas residentes ou domiciliadas no Brasil que recebam rendimentos de trabalho assalariado, em moeda estrangeira, de autarquias ou repartições do Governo brasileiro, situadas no exterior, estão sujeitas ao Imposto sobre a Renda na fonte incidente sobre a base de cálculo de que trata o art. 4.º, mediante utilização da tabela progressiva de que trata o art. 3.º.

§ 1.º Os rendimentos em moeda estrangeira serão convertidos em Reais, mediante utilização do valor do dólar dos Estados Unidos da América fixado para compra pelo Banco Central do Brasil para o último dia útil da primeira quinzena do mês anterior ao do pagamento do rendimento.

§ 2.º As deduções de que tratam os incisos II, IV e V do art. 4.º serão convertidas em Reais, mediante utilização do valor do dólar dos Estados Unidos da América fixado para venda pelo Banco Central do Brasil para o último dia útil da primeira quinzena do mês anterior ao do pagamento do rendimento.

§ 3.º As pessoas físicas computarão, na determinação da base de cálculo de que trata o art. 4.º e na declaração de rendimentos, 25% (vinte e cinco por cento) do total dos rendimentos do trabalho assalariado recebidos nas condições referidas neste artigo.

Art. 6.º Os rendimentos recebidos de fontes situadas no exterior, sujeitos a tributação no Brasil, bem como o imposto pago no exterior, serão convertidos em Reais mediante utilização do valor do dólar dos Estados Unidos da América fixado para compra pelo Banco Central do Brasil para o último dia útil da primeira quinzena do mês anterior ao do recebimento do rendimento.

Capítulo III
DA DECLARAÇÃO DE RENDIMENTOS

Art. 7.º A pessoa física deverá apurar o saldo em Reais do imposto a pagar ou o valor a ser restituído, relativamente aos rendimentos percebidos no ano-calendário, e apresentar anualmente, até o último dia útil do mês de abril do ano-calendário subsequente, declaração de rendimentos em modelo aprovado pela Secretaria da Receita Federal.

>> A Secretaria da Receita Federal passa a denominar-se Secretaria da Receita Federal do Brasil, por força da Lei n. 11.457, de 16-3-2007.

§ 1.º O prazo de que trata este artigo aplica-se inclusive à declaração de rendimentos relativa ao exercício de 1996, ano-calendário de 1995.

§ 2.º O Ministro de Estado da Fazenda poderá estabelecer limites e condições para dispensar pessoas físicas da obrigação de apresentar declaração de rendimentos.

>> § 2.º com redação determinada pela Lei n. 9.532, de 10-12-1997.

§ 3.º Fica o Ministro da Fazenda autorizado a prorrogar o prazo para a apresentação da declaração, dentro do exercício financeiro.

§ 4.º Homologada a partilha ou feita a adjudicação dos bens, deverá ser apresentada pelo inventariante, dentro de 30 (trinta) dias contados da data em que transitar em julgado a sentença respectiva, declaração dos rendimentos correspondentes ao período de 1.º de janeiro até a data da homologação ou adjudicação.

§ 5.º Se a homologação ou adjudicação ocorrer antes do prazo anualmente fixado para a entrega das declarações de rendimentos, juntamente com a declaração referida no parágrafo anterior deverá ser entregue a declaração dos rendimentos correspondente ao ano-calendário anterior.

Art. 8.º A base de cálculo do imposto devido no ano-calendário será a diferença entre as somas:

I – de todos os rendimentos percebidos durante o ano-calendário, exceto os isentos, os não tributáveis, os tributáveis exclusivamente na fonte e os sujeitos à tributação definitiva;

II – das deduções relativas:

a) aos pagamentos efetuados, no ano-calendário, a médicos, dentistas, psicólogos, fisioterapeutas, fonoaudiólogos, terapeutas ocupacionais e hospitais, bem como as despesas com exames laboratoriais, serviços radiológicos, aparelhos ortopédicos e próteses ortopédicas e dentárias;

b) a pagamentos de despesas com instrução do contribuinte e de seus dependentes, efetuados a estabelecimentos de ensino, relativamente à educação infantil, compreendendo as creches e as pré-escolas; ao ensino fundamental; ao ensino médio; à educação superior, compreendendo os cursos de graduação e de pós-graduação (mestrado, doutorado e especialização); e à educação profissional, compreendendo o ensino técnico e o tecnológico, até o limite anual individual de:

>> Alínea *b*, *caput*, com redação determinada pela Lei n. 11.482, de 31-5-2007.

1. R$ 2.480,66 (dois mil, quatrocentos e oitenta reais e sessenta e seis centavos) para o ano-calendário de 2007;

>> **Item 1 com redação determinada pela Lei n. 11.482, de 31-5-2007.**

2. R$ 2.592,29 (dois mil, quinhentos e noventa e dois reais e vinte e nove centavos) para o ano-calendário de 2008;

>> **Item 2 com redação determinada pela Lei n. 11.482, de 31-5-2007.**

3. R$ 2.708,94 (dois mil, setecentos e oito reais e noventa e quatro centavos) para o ano-calendário de 2009;

>> **Item 3 com redação determinada pela Lei n. 11.482, de 31-5-2007.**

4. R$ 2.830,84 (dois mil, oitocentos e trinta reais e oitenta e quatro centavos) para o ano-calendário de 2010;

>> **Item 4 com redação determinada pela Lei n. 12.469, de 26-8-2011.**

5. (*Revogado pela Lei n. 11.482, de 31-5-2007.*);

6. R$ 2.958,23 (dois mil, novecentos e cinquenta e oito reais e vinte e três centavos) para o ano-calendário de 2011;

>> **Item 6 acrescentado pela Lei n. 12.469, de 26-8-2011.**

7. R$ 3.091,35 (três mil, noventa e um reais e trinta e cinco centavos) para o ano-calendário de 2012;

>> **Item 7 acrescentado pela Lei n. 12.469, de 26-8-2011.**

8. R$ 3.230,46 (três mil, duzentos e trinta reais e quarenta e seis centavos) para o ano--calendário de 2013;

>> **Item 8 acrescentado pela Lei n. 12.469, de 26-8-2011.**

9. R$ 3.375,83 (três mil, trezentos e setenta e cinco reais e oitenta e três centavos) para o ano-calendário de 2014; e

>> **Item 9 com redação determinada pela Lei n. 13.149, de 21-7-2015.**

10. R$ 3.561,50 (três mil, quinhentos e sessenta e um reais e cinquenta centavos), a partir do ano-calendário de 2015;

>> **Item 10 acrescentado pela Lei n. 13.149, de 21-7-2015.**

c) à quantia, por dependente, de:

>> **Alínea *c*, *caput*, com redação determinada pela Lei n. 11.482, de 31-5-2007.**

1. R$ 1.584,60 (mil, quinhentos e oitenta e quatro reais e sessenta centavos) para o ano-calendário de 2007;

>> **Item 1 com redação determinada pela Lei n. 11.482, de 31-5-2007.**

2. R$ 1.655,88 (mil, seiscentos e cinquenta e cinco reais e oitenta e oito centavos) para o ano-calendário de 2008;

>> **Item 2 com redação determinada pela Lei n. 11.482, de 31-5-2007.**

3. R$ 1.730,40 (mil, setecentos e trinta reais e quarenta centavos) para o ano-calendário de 2009;

>> **Item 3 com redação determinada pela Lei n. 11.482, de 31-5-2007.**

4. R$ 1.808,28 (mil, oitocentos e oito reais e vinte e oito centavos) para o ano-calendário de 2010;

>> **Item 4 com redação determinada pela Lei n. 12.469, de 26-8-2011.**

5. R$ 1.889,64 (mil, oitocentos e oitenta e nove reais e sessenta e quatro centavos) para o ano-calendário de 2011;

>> **Item 5 acrescentado pela Lei n. 12.469, de 26-8-2011.**

6. R$ 1.974,72 (mil, novecentos e setenta e quatro reais e setenta e dois centavos) para o ano-calendário de 2012;

>> **Item 6 acrescentado pela Lei n. 12.469, de 26-8-2011.**

7. R$ 2.063,64 (dois mil, sessenta e três reais e sessenta e quatro centavos) para o ano-calendário de 2013;

>> **Item 7 acrescentado pela Lei n. 12.469, de 26-8-2011.**

8. R$ 2.156,52 (dois mil, cento e cinquenta e seis reais e cinquenta e dois centavos) para o ano-calendário de 2014; e

>> **Item 8 com redação determinada pela Lei n. 13.149, de 21-7-2015.**

9. R$ 2.275,08 (dois mil, duzentos e setenta e cinco reais e oito centavos) a partir do ano-calendário de 2015;

>> **Item 9 acrescentado pela Lei n. 13.149, de 21-7-2015.**

d) às contribuições para a Previdência Social da União, dos Estados, do Distrito Federal e dos Municípios;

e) às contribuições para as entidades de previdência privada domiciliadas no País, cujo ônus tenha sido do contribuinte, destinadas a custear benefícios complementares assemelhados aos da Previdência Social;

> ***Vide* art. 11, §§ 1.º e 2.º, da Lei n. 9.532, de 10-12-1997.**

f) às importâncias pagas a título de pensão alimentícia em face das normas do Direito de Família, quando em cumprimento de decisão judicial, inclusive a prestação de alimentos provisionais, de acordo homologado judicialmente, ou de escritura pública a que se refere o art. 1.124-A da Lei n. 5.869, de 11 de janeiro de 1973 – Código de Processo Civil;

>> **Alínea *f* com redação determinada pela Lei n. 11.727, de 23-6-2008.**

>> **A referência é feita ao CPC de 1973. *Vide* art. 733 do CPC de 2015.**

>> ***Vide* art. 41, V, da Lei n. 11.727, de 23-6-2008.**

> ***Vide* nota ao art. 4.º, II, desta Lei.**

g) às despesas escrituradas no Livro Caixa, previstas nos incisos I a III do art. 6.º da Lei n. 8.134, de 27 de dezembro de 1990, no caso de trabalho não assalariado, inclusive dos leiloeiros e dos titulares de serviços notariais e de registro;

h) (*Vetada.*);

>> **Alínea *h* acrescentada pela Lei n. 12.469, de 26-8-2011.**

i) às contribuições para as entidades fechadas de previdência complementar de natureza pública de que trata o § 15 do art. 40 da Constituição Federal, cujo ônus tenha sido do contribuinte, destinadas a custear benefícios complementares assemelhados aos da Previdência Social.

>> **Alínea *i* com redação determinada pela Lei n. 13.043, de 13-11-2014.**

>> **A Lei n. 13.149, de 21-7-2015 propôs o acréscimo da alínea *j* a este inciso, porém a alteração foi vetada.**

§ 1.º A quantia correspondente à parcela isenta dos rendimentos provenientes de aposentadoria e pensão, transferência para a reserva remunerada ou reforma, pagos pela Previdência Social da União, dos Estados, do Distrito Federal e dos Municípios, por qualquer pessoa jurídica de direito público interno, ou por entidade de previdência privada, representada pela soma dos valores mensais computados a partir do mês em que o contribuinte completar 65 (sessenta e cinco) anos de idade, não integrará a soma de que trata o inciso I.

§ 2.º O disposto na alínea *a* do inciso II:

I – aplica-se, também, aos pagamentos efetuados a empresas domiciliadas no País, destinados à cobertura de despesas com hospitalização, médicas e odontológicas, bem como a entidades que assegurem direito de atendimento ou ressarcimento de despesas da mesma natureza;

II – restringe-se aos pagamentos efetuados pelo contribuinte, relativos ao próprio tratamento e ao de seus dependentes;

III – limita-se a pagamentos especificados e comprovados, com indicação do nome, endereço e número de inscrição no Cadastro de Pessoas Físicas – CPF ou no Cadastro Geral de Contribuintes – CGC de quem os recebeu, podendo, na falta de documentação, ser feita indicação do cheque nominativo pelo qual foi efetuado o pagamento;

IV – não se aplica às despesas ressarcidas por entidade de qualquer espécie ou cobertas por contrato de seguro;

V – no caso de despesas com aparelhos ortopédicos e próteses ortopédicas e dentárias, exige-se a comprovação com receituário médico e nota fiscal em nome do beneficiário.

§ 3.º As despesas médicas e de educação dos alimentandos, quando realizadas pelo alimentante em virtude de cumprimento de decisão judicial, de acordo homologado judicialmente ou de escritura pública a que se refere o art. 1.124-A da Lei n. 5.869, de 11 de janeiro de 1973 – Código de Processo Civil, poderão ser deduzidas pelo alimentante na determinação da base de cálculo do imposto de renda na declaração, observado, no caso de despesas de educação, o limite previsto na alínea *b* do inciso II do *caput* deste artigo.

>> **§ 3.º com redação determinada pela Lei n. 11.727, de 23-6-2008.**

>> **A referência é feita ao CPC de 1973. *Vide* art. 733 do CPC de 2015.**

>> *Vide* art. 41, V, da Lei n. 11.727, de 23-6-2008.

> *Vide* nota ao art. 4.º, II, desta Lei.

§ 4.º (*Vetado.*)

>> § 4.º acrescentado pela Lei n. 12.469, de 26-8-2011.

Art. 9.º O resultado da atividade rural, apurado na forma da Lei n. 8.023, de 12 de abril de 1990, com as alterações posteriores, quando positivo, integrará a base de cálculo do imposto, definida no artigo anterior.

Art. 10. O contribuinte poderá optar por desconto simplificado, que substituirá todas as deduções admitidas na legislação, correspondente à dedução de 20% (vinte por cento) do valor dos rendimentos tributáveis na Declaração de Ajuste Anual, independentemente do montante desses rendimentos, dispensadas a comprovação da despesa e a indicação de sua espécie, limitada a:

>> *Caput* com redação determinada pela Lei n. 11.482, de 31-5-2007.

I – R$ 11.669,72 (onze mil, seiscentos e sessenta e nove reais e setenta e dois centavos) para o ano-calendário de 2007;

>> Inciso I acrescentado pela Lei n. 11.482, de 31-5-2007.

II – R$ 12.194,86 (doze mil, cento e noventa e quatro reais e oitenta e seis centavos) para o ano-calendário de 2008;

>> Inciso II acrescentado pela Lei n. 11.482, de 31-5-2007.

III – R$ 12.743,63 (doze mil, setecentos e quarenta e três reais e sessenta e três centavos) para o ano-calendário de 2009;

>> Inciso III acrescentado pela Lei n. 11.482, de 31-5-2007.

IV – R$ 13.317,09 (treze mil, trezentos e dezessete reais e nove centavos) para o ano--calendário de 2010;

>> Inciso IV com redação determinada pela Lei n. 12.469, de 26-8-2011.

V – R$ 13.916,36 (treze mil, novecentos e dezesseis reais e trinta e seis centavos) para o ano-calendário de 2011;

>> Inciso V acrescentado pela Lei n. 12.469, de 26-8-2011.

VI – R$ 14.542,60 (quatorze mil, quinhentos e quarenta e dois reais e sessenta centavos) para o ano-calendário de 2012;

>> Inciso VI acrescentado pela Lei n. 12.469, de 26-8-2011.

VII – R$ 15.197,02 (quinze mil, cento e noventa e sete reais e dois centavos) para o ano-calendário de 2013;

>> Inciso VII acrescentado pela Lei n. 12.469, de 26-8-2011.

VIII – R$ 15.880,89 (quinze mil, oitocentos e oitenta reais e oitenta e nove centavos) para o ano-calendário de 2014; e

>> Inciso VIII com redação determinada pela Lei n. 13.149, de 21-7-2015.

IX – R$ 16.754,34 (dezesseis mil, setecentos e cinquenta e quatro reais e trinta e quatro centavos) a partir do ano-calendário de 2015.

>> Inciso IX acrescentado pela Lei n. 13.149, de 21-7-2015.

Parágrafo único. O valor deduzido não poderá ser utilizado para comprovação de acréscimo patrimonial, sendo considerado rendimento consumido.

>> Parágrafo único com redação determinada pela Lei n. 11.482, de 31-5-2007.

Art. 11. O Imposto sobre a Renda devido na declaração será calculado mediante utilização da seguinte tabela:

Base de Cálculo em R$	Alíquota %	Parcela a Deduzir do Imposto em R$
até 10.800,00	–	–
acima de 10.800,00 até 21.600,00	15	1.620,00
acima de 21.600	25	3.780,00

>> *Vide* art. 1.º da Lei n. 11.482, de 31-5-2007.

Art. 12. Do imposto apurado na forma do artigo anterior, poderão ser deduzidos:

I – as contribuições feitas aos Fundos controlados pelos Conselhos Municipais, Estaduais e Nacional dos Direitos da Criança e do Adolescente e pelos Conselhos Municipais, Estaduais e Nacional do Idoso;

>> Inciso I com redação determinada pela Lei n. 12.213, de 20-1-2010.

>> A Lei n. 13.840, de 5-6-2019, propôs nova redação para este inciso, porém teve seu texto vetado.

II – as contribuições efetivamente realizadas em favor de projetos culturais, aprovados na forma da regulamentação do Programa Nacional de Apoio à Cultura – PRONAC, instituído pelo art. 1.º da Lei n. 8.313, de 23 de dezembro de 1991;

> *Vide* art. 22 da Lei n. 9.532, de 10-12-1997.

III – os investimentos feitos a título de incentivo às atividades audiovisuais, na forma e condições previstas nos arts. 1.º e 4.º da Lei n. 8.685, de 20 de julho de 1993;

> *Vide* art. 22 da Lei n. 9.532, de 10-12-1997.

IV – (*Vetado.*);

V – o imposto retido na fonte ou o pago, inclusive a título de recolhimento complementar, correspondente aos rendimentos incluídos na base de cálculo;

VI – o imposto pago no exterior de acordo com o previsto no art. 5.º da Lei n. 4.862, de 29 de novembro de 1965;

VII – até o exercício de 2019, ano-calendário de 2018, a contribuição patronal paga à Previdência Social pelo empregador doméstico incidente sobre o valor da remuneração do empregado; e

>> Inciso VII com redação determinada pela Lei n. 13.097, de 19-1-2015.

VIII – doações e patrocínios diretamente efetuados por pessoas físicas e jurídicas no âmbito do Programa Nacional de Apoio à Atenção Oncológica – PRONON e do Programa Nacional de Apoio à Atenção da Saúde da Pessoa com Deficiência – PRONAS/PCD, previamente aprovados pelo Ministério da Saúde.

>> Inciso VIII acrescentado pela Lei n. 12.715, de 17-9-2012.

>> A Lei n. 13.840, de 5-6-2019, propôs nova redação para este inciso, porém teve seu texto vetado.

§ 1.º A soma das deduções a que se referem os incisos I a IV não poderá reduzir o imposto devido em mais de 12% (doze por cento).

§ 2.º (*Vetado.*)

§ 3.º A dedução de que trata o inciso VII do *caput* deste artigo:

>> § 3.º, *caput*, acrescentado pela Lei n. 11.324, de 19-7-2006.

I – está limitada:

>> Inciso I, *caput*, acrescentado pela Lei n. 11.324, de 19-7-2006.

a) a 1 (um) empregado doméstico por declaração, inclusive no caso da declaração em conjunto;

>> Alínea *a* acrescentada pela Lei n. 11.324, de 19-7-2006.

b) ao valor recolhido no ano-calendário a que se referir a declaração;

>> Alínea *b* acrescentada pela Lei n. 11.324, de 19-7-2006.

II – aplica-se somente ao modelo completo de Declaração de Ajuste Anual;

>> Inciso II acrescentado pela Lei n. 11.324, de 19-7-2006.

III – não poderá exceder:

>> Inciso III, *caput*, acrescentado pela Lei n. 11.324, de 19-7-2006.

a) ao valor da contribuição patronal calculada sobre 1 (um) salário mínimo mensal, sobre o 13.º (décimo terceiro) salário e sobre a remuneração adicional de férias, referidos também a 1 (um) salário mínimo;

>> Alínea *a* acrescentada pela Lei n. 11.324, de 19-7-2006.

>> O art. 8.º da Lei n. 11.324, de 19-7-2006, estabelece que, em relação às contribuições patronais pagas, esta Lei produz efeitos a partir do mês de janeiro de 2006.

b) ao valor do imposto apurado na forma do art. 11 desta Lei, deduzidos os valores de que tratam os incisos I a III do *caput* deste artigo;

>> Alínea *b* acrescentada pela Lei n. 11.324, de 19-7-2006.

IV – fica condicionada à comprovação da regularidade do empregador doméstico perante o regime geral de previdência social quando se tratar de contribuinte individual.

>> Inciso IV acrescentado pela Lei n. 11.324, de 19-7-2006.

Art. 13. O montante determinado na forma do artigo anterior constituirá, se positivo, saldo do imposto a pagar e, se negativo, valor a ser restituído.

Parágrafo único. Quando positivo, o saldo do imposto deverá ser pago até o último dia útil do mês fixado para a entrega da declaração de rendimentos.

Art. 14. À opção do contribuinte, o saldo do imposto a pagar poderá ser parcelado em até

8 (oito) quotas iguais, mensais e sucessivas, observado o seguinte:

>> *Caput* com redação determinada pela Lei n. 11.311, de 13-6-2006.

I – nenhuma quota será inferior a R$ 50,00 (cinquenta reais), e o imposto de valor inferior a R$ 100,00 (cem reais) será pago de uma só vez;

II – a primeira quota deverá ser paga no mês fixado para a entrega da declaração de rendimentos;

III – as demais quotas, acrescidas de juros equivalentes à taxa referencial do Sistema Especial de Liquidação e de Custódia – SELIC para títulos federais, acumulada mensalmente, calculados a partir da data prevista para a entrega da declaração de rendimentos até o mês anterior ao do pagamento e de 1% (um por cento) no mês do pagamento, vencerão no último dia útil de cada mês;

>> *Vide* art. 62 da Lei n. 9.430, de 27-12-1996.

IV – é facultado ao contribuinte antecipar, total ou parcialmente, o pagamento do imposto ou das quotas.

Art. 15. Nos casos de encerramento de espólio e de saída definitiva do território nacional, o imposto de renda devido será calculado mediante a utilização dos valores correspondentes à soma das tabelas progressivas mensais relativas aos meses do período abrangido pela tributação no ano-calendário.

>> Artigo com redação determinada pela Lei n. 11.311, de 13-6-2006.

Art. 16. O valor da restituição do Imposto sobre a Renda da pessoa física, apurado em declaração de rendimentos, será acrescido de juros equivalentes à taxa referencial do Sistema Especial de Liquidação e de Custódia – SELIC para títulos federais, acumulada mensalmente, calculados a partir da data prevista para a entrega da declaração de rendimentos até o mês anterior ao da liberação da restituição e de 1% (um por cento) no mês em que o recurso for colocado no banco à disposição do contribuinte.

>> *Vide* art. 62 da Lei n. 9.430, de 27-12-1996.

Parágrafo único. Será obedecida a seguinte ordem de prioridade para recebimento da restituição do imposto de renda:

>> Parágrafo único, *caput*, acrescentado pela Lei n. 13.498, de 26-10-2017.

I – idosos, nos termos definidos pelo inciso IX do § 1.º do art. 3.º da Lei n. 10.741, de 1.º de outubro de 2003;

>> Inciso I acrescentado pela Lei n. 13.498, de 26-10-2017.

II – contribuintes cuja maior fonte de renda seja o magistério;

>> Inciso II acrescentado pela Lei n. 13.498, de 26-10-2017.

III – demais contribuintes.

>> Inciso III acrescentado pela Lei n. 13.498, de 26-10-2017.

Capítulo IV
TRIBUTAÇÃO DA ATIVIDADE RURAL

Art. 17. O art. 2.º da Lei n. 8.023, de 12 de abril de 1990, passa a vigorar com a seguinte redação:

>> Alteração já processada no texto da Lei modificada.

Art. 18. O resultado da exploração da atividade rural apurado pelas pessoas físicas, a partir do ano-calendário de 1996, será apurado mediante escrituração do Livro Caixa, que deverá abranger as receitas, as despesas de custeio, os investimentos e demais valores que integram a atividade.

§ 1.º O contribuinte deverá comprovar a veracidade das receitas e das despesas escrituradas no Livro Caixa, mediante documentação idônea que identifique o adquirente ou beneficiário, o valor e a data da operação, a qual será mantida em seu poder à disposição da fiscalização, enquanto não ocorrer a decadência ou prescrição.

§ 2.º A falta da escrituração prevista neste artigo implicará arbitramento da base de cálculo à razão de 20% (vinte por cento) da receita bruta do ano-calendário.

§ 3.º Aos contribuintes que tenham auferido receitas anuais até o valor de R$ 56.000,00 (cinquenta e seis mil reais) faculta-se apurar o resultado da exploração da atividade rural, mediante prova documental, dispensado o registro do Livro Caixa.

Art. 19. O resultado positivo obtido na exploração da atividade rural pela pessoa física poderá ser compensado com prejuízos apurados em anos-calendário anteriores.

Parágrafo único. A pessoa física fica obrigada à conservação e guarda do Livro Caixa e dos documentos fiscais que demonstram a apuração do prejuízo a compensar.

Art. 20. O resultado decorrente da atividade rural, exercida no Brasil por residente ou domiciliado no exterior, apurado por ocasião do encerramento do ano-calendário, constituirá a base de cálculo do imposto e será tributado à alíquota de 15% (quinze por cento).

§ 1.º Na hipótese de que trata este artigo, a apuração do resultado deverá ser feita por procurador, a quem compete reter e recolher o imposto devido, não sendo permitidas a opção pelo arbitramento de 20% (vinte por cento) da receita bruta e a compensação de prejuízos apurados.

§ 2.º O imposto apurado deverá ser pago na data da ocorrência do fato gerador.

§ 3.º Ocorrendo remessa de lucros antes do encerramento do ano-calendário, o imposto deverá ser recolhido no ato sobre o valor remetido por ocasião do evento, exceto no caso de devolução de capital.

Art. 21. O resultado da atividade rural exercida no exterior, por residentes e domiciliados no Brasil, convertido em Reais mediante utilização do valor do dólar dos Estados Unidos da América fixado para compra pelo Banco Central do Brasil, para o último dia do ano-calendário a que se refere o resultado, sujeita-se ao mesmo tratamento tributário previsto no art. 9.º, vedada a compensação de resultado positivo obtido no exterior, com resultado negativo obtido no País.

Capítulo V
TRIBUTAÇÃO DOS GANHOS DE CAPITAL DAS PESSOAS FÍSICAS

Art. 22. Fica isento do imposto de renda o ganho de capital auferido na alienação de bens e direitos de pequeno valor, cujo preço unitário de alienação, no mês em que esta se realizar, seja igual ou inferior a:

>> *Caput* com redação determinada pela Lei n. 11.196, de 21-11-2005.

>> *Vide* art. 132, II, *d*, da Lei n. 11.196, de 21-11-2005.

I – R$ 20.000,00 (vinte mil reais), no caso de alienação de ações negociadas no mercado de balcão;

>> Inciso I acrescentado pela Lei n. 11.196, de 21-11-2005.

>> *Vide* art. 132, II, *d*, da Lei n. 11.196, de 21-11-2005.

II – R$ 35.000,00 (trinta e cinco mil reais), nos demais casos.

>> Inciso II acrescentado pela Lei n. 11.196, de 21-11-2005.

>> *Vide* art. 132, II, *d*, da Lei n. 11.196, de 21-11-2005.

Parágrafo único. No caso de alienação de diversos bens ou direitos da mesma natureza, será considerado, para os efeitos deste artigo, o valor do conjunto dos bens alienados no mês.

Art. 23. Fica isento do Imposto sobre a Renda o ganho de capital auferido na alienação do único imóvel que o titular possua, cujo valor de alienação seja de até R$ 440.000,00 (quatrocentos e quarenta mil reais), desde que não tenha sido realizada qualquer outra alienação nos últimos 5 (cinco) anos.

Art. 24. Na apuração do ganho de capital de bens adquiridos por meio de arrendamento mercantil, será considerado custo de aquisição o valor residual do bem acrescido dos valores pagos a título de arrendamento.

Capítulo VI
DA DECLARAÇÃO DE BENS E DIREITOS

Art. 25. Como parte integrante da declaração de rendimentos, a pessoa física apresentará relação pormenorizada dos bens imóveis e móveis e direitos que, no País ou no exterior, constituam o seu patrimônio e o de seus dependentes, em 31 de dezembro do ano-calendário, bem como os bens e direitos adquiridos e alienados no mesmo ano.

§ 1.º Devem ser declarados:

I – os bens imóveis, os veículos automotores, as embarcações e as aeronaves, independentemente do valor de aquisição;

II – os demais bens móveis, tais como antiguidades, obras de arte, objetos de uso pessoal e utensílios, adquiridos a partir do ano-calendário de 1996, cujo valor de aquisição unitário seja igual ou superior a R$ 5.000,00 (cinco mil reais);

III – os saldos de aplicações financeiras e de conta corrente bancária cujo valor individual, em 31 de dezembro do ano-calendário, exceda a R$ 140,00 (cento e quarenta reais);

IV – os investimentos em participações societárias, em ações negociadas ou não em bolsa de valores e em ouro, ativo financeiro, adquiridos a partir do ano-calendário de 1996, cujo valor de aquisição unitário seja igual ou superior a R$ 1.000,00 (um mil reais).

§ 2.º Os bens serão declarados discriminadamente pelos valores de aquisição em Reais, constantes dos respectivos instrumentos de transferência de propriedade ou da nota fiscal.

§ 3.º Os bens existentes no exterior devem ser declarados pelos valores de aquisição constantes dos respectivos instrumentos de transferência de propriedade, segundo a moeda do país em que estiverem situados, convertidos em Reais pela cotação cambial de venda do dia da transmissão da propriedade.

§ 4.º Os depósitos mantidos em instituições financeiras no exterior devem ser relacionados na declaração de bens, a partir do ano-calendário de 1999, pelo valor do saldo desses depósitos em moeda estrangeira convertido em reais pela cotação cambial de compra em 31 de dezembro, sendo isento o acréscimo patrimonial decorrente da variação cambial.

>> § 4.º com redação determinada pela Medida Provisória n. 2.189-49, de 23-8-2001.

§ 5.º Na declaração de bens e direitos, também deverão ser consignados os ônus reais e obrigações da pessoa física e de seus dependentes, em 31 de dezembro do ano-calendário, cujo valor seja superior a R$ 5.000,00 (cinco mil reais).

§ 6.º O disposto nos incisos II e IV do § 1.º poderá ser observado na declaração de bens referente ao ano-calendário de 1995, com relação aos bens móveis e aos investimentos adquiridos anteriormente a 1996.

Capítulo VII
DISPOSIÇÕES GERAIS

Art. 26. Ficam isentas do Imposto sobre a Renda as bolsas de estudo e de pesquisa caracterizadas como doação, quando recebidas exclusivamente para proceder a estudos ou pesquisas e desde que os resultados dessas atividades não representem vantagem para o doador, nem importem contraprestação de serviços.

Parágrafo único. Não caracterizam contraprestação de serviços nem vantagem para o doador, para efeito da isenção referida no *caput*, as bolsas de estudo recebidas pelos médicos residentes, nem as bolsas recebidas pelos servidores das redes públicas de educação profissional, científica e tecnológica que participem das atividades do Pronatec, nos termos do § 1.º do art. 9.º da Lei n. 12.513, de 26 de outubro de 2011.

>> Parágrafo único com redação determinada pela Lei n. 12.816, de 5-6-2013.

....

Art. 28. O inciso XV do art. 6.º da Lei n. 7.713, de 22 de dezembro de 1988, passa a vigorar com a seguinte redação:

>> Alteração prejudicada em face de posterior modificação do dispositivo pela Lei n. 11.482, de 31-5-2007.

Art. 29. Estão isentos do Imposto sobre a Renda na fonte os rendimentos pagos a pessoa física, residente ou domiciliada no exterior, por autarquias ou repartições do Governo brasileiro situadas fora do Território Nacional e que correspondam a serviços prestados a esses órgãos.

Art. 30. A partir de 1.º de janeiro de 1996, para efeito do reconhecimento de novas isenções de que tratam os incisos XIV e XXI do art. 6.º da Lei n. 7.713, de 22 de dezembro de 1988, com a redação dada pelo art. 47 da Lei n. 8.541, de 23 de dezembro de 1992, a moléstia deverá ser comprovada mediante laudo pericial emitido por serviço médico oficial, da União, dos Estados, do Distrito Federal e dos Municípios.

§ 1.º O serviço médico oficial fixará o prazo de validade do laudo pericial, no caso de moléstias passíveis de controle.

§ 2.º Na relação das moléstias a que se refere o inciso XIV do art. 6.º da Lei n. 7.713, de 22 de dezembro de 1988, com a redação dada pelo art. 47 da Lei n. 8.541, de 23 de dezembro de 1992, fica incluída a fibrose cística (mucoviscidose).

Art. 31. (*Vetado.*)

Art. 32. O inciso VII do art. 6.º da Lei n. 7.713, de 22 de dezembro de 1988, passa a vigorar com a seguinte redação:

>> Alteração já processada no texto da Lei modificada.

Art. 33. Sujeitam-se à incidência do Imposto sobre a Renda na fonte e na declaração de ajuste anual os benefícios recebidos de entidade de previdência privada, bem como as importâncias correspondentes ao resgate de contribuições.

> *Vide* art. 11, §§ 1.º e 2.º, da Lei n. 9.532, de 10-12-1997.

Parágrafo único. (*Vetado.*)

....

Art. 35. Para efeito do disposto nos arts. 4.º, III, e 8.º, II, alínea c, poderão ser considerados como dependentes:

I – o cônjuge;

II – o companheiro ou a companheira, desde que haja vida em comum por mais de 5 (cinco) anos, ou por período menor, se da união resultou filho;

III – a filha, o filho, a enteada ou o enteado, até 21 (vinte e um) anos, ou de qualquer idade quando incapacitado física ou mentalmente para o trabalho;

IV – o menor pobre, até 21 (vinte e um) anos, que o contribuinte crie e eduque e do qual detenha a guarda judicial;

V – o irmão, o neto ou o bisneto, sem arrimo dos pais, até 21 (vinte e um) anos, desde que o contribuinte detenha a guarda judicial, ou de qualquer idade quando incapacitado física ou mentalmente para o trabalho;

VI – os pais, os avós ou os bisavós, desde que não aufiram rendimentos, tributáveis ou não, superiores ao limite de isenção mensal;

VII – o absolutamente incapaz, do qual o contribuinte seja tutor ou curador.

§ 1.º Os dependentes a que se referem os incisos III e V deste artigo poderão ser assim considerados quando maiores até 24 (vinte e quatro) anos de idade, se ainda estiverem cursando estabelecimento de ensino superior ou escola técnica de segundo grau.

§ 2.º Os dependentes comuns poderão, opcionalmente, ser considerados por qualquer um dos cônjuges.

§ 3.º No caso de filhos de pais separados, poderão ser considerados dependentes os que ficarem sob a guarda do contribuinte, em cumprimento de decisão judicial ou acordo homologado judicialmente.

§ 4.º É vedada a dedução concomitante do montante referente a um mesmo dependente, na determinação da base de cálculo do imposto, por mais de um contribuinte.

§ 5.º Sem prejuízo do disposto no inciso IX do parágrafo único do art. 3.º da Lei n. 10.741, de 1.º de outubro de 2003, a pessoa com deficiência, ou o contribuinte que tenha dependente nessa condição, tem preferência na restituição referida no inciso III do art. 4.º e na alínea *c* do inciso II do art. 8.º.

>> § 5.º acrescentado pela Lei n. 13.146, de 6-7-2015, em vigor 180 dias da data de sua publicação (*DOU* de 7-7-2015).

Capítulo VIII
DISPOSIÇÕES FINAIS E TRANSITÓRIAS

Art. 36. O contribuinte que no ano-calendário de 1995 tiver auferido rendimentos tributáveis até o limite de R$ 21.458,00 (vinte e um mil, quatrocentos e cinquenta e oito reais) poderá optar pelo regime de tributação simplificada de que trata o art. 10.

Art. 37. Fica a Secretaria da Receita Federal autorizada a:

>> A Secretaria da Receita Federal passa a denominar-se Secretaria da Receita Federal do Brasil, por força da Lei n. 11.457, de 16-3-2007.

I – instituir modelo de documento fiscal a ser emitido por profissionais liberais;

II – celebrar, em nome da União, convênio com os Estados, Distrito Federal e Municípios, objetivando instituir cadastro único de contribuintes, em substituição aos cadastros federal, estaduais e municipais.

> A Instrução Normativa n. 1.470, de 30-5-2014, da SRFB, dispõe sobre o cadastro nacional da pessoa jurídica (CNPJ).

Art. 38. Os processos fiscais relativos a tributos e contribuições federais e a penalidades isoladas e as declarações não poderão sair dos órgãos da Secretaria da Receita Federal, salvo quando se tratar de:

>> A Secretaria da Receita Federal passa a denominar-se Secretaria da Receita Federal do Brasil, por força da Lei n. 11.457, de 16-3-2007.

I – encaminhamento de recursos à instância superior;

II – restituições de autos aos órgãos de origem;

III – encaminhamento de documentos para fins de processamento de dados.

§ 1.º Nos casos a que se referem os incisos I e II deverá ficar cópia autenticada dos documentos essenciais na repartição.

§ 2.º É facultado o fornecimento de cópia do processo ao sujeito passivo ou a seu mandatário.

Art. 39. A compensação de que trata o art. 66 da Lei n. 8.383, de 30 de dezembro de 1991, com a redação dada pelo art. 58 da Lei n. 9.069, de 29 de junho de 1995, somente poderá ser efetuada com o recolhimento de importância correspondente a imposto, taxa, contribuição federal ou receitas patrimoniais de mesma espécie e destinação constitucional, apurado em períodos subsequentes.

> *Vide* o Decreto n. 2.138, de 29-1-1997, que dispõe sobre a compensação de créditos tributários com créditos do sujeito passivo decorrentes de restituição ou ressarcimento de tributos ou contribuições.

> *Vide* art. 38, § 2.º, da Lei n. 10.833, de 29-12-2003.

§§ 1.º a 3.º (*Vetados.*)

§ 4.º A partir de 1.º de janeiro de 1996, a compensação ou restituição será acrescida de juros equivalentes à taxa referencial do Sistema Especial de Liquidação e de Custódia – SELIC para títulos federais, acumulada mensalmente, calculados a partir da data do pagamento indevido ou a maior até o mês anterior ao da compensação ou restituição e de 1% (um por cento) relativamente ao mês em que estiver sendo efetuada.

> *Vide* art. 73 da Lei n. 9.532, de 10-12-1997.

> *Vide* Súmula 523 do STJ.

Art. 40. A base de cálculo mensal do Imposto sobre a Renda das pessoas jurídicas prestadoras de serviços em geral, cuja receita bruta anual seja de até R$ 120.000,00 (cento e vinte mil reais), será determinada mediante a aplicação do percentual de 16% (dezesseis por cento) sobre a receita bruta auferida mensalmente, observado o disposto nos arts. 30 a 35 da Lei n. 8.981, de 20 de janeiro de 1995.

Parágrafo único. O disposto neste artigo não se aplica às pessoas jurídicas que prestam serviços hospitalares e de transporte, bem como às sociedades prestadoras de serviços de profissões legalmente regulamentadas.

Art. 41. Esta Lei entra em vigor na data de sua publicação.

Art. 42. Revogam-se as disposições em contrário e, especialmente, o Decreto-lei n. 1.380, de 23 de dezembro de 1974, o art. 27 da Lei n. 7.713, de 22 de dezembro de 1988, o art. 26 da Lei n. 8.218, de 29 de agosto de 1991, e os arts. 8.º a 20 e 23 da Lei n. 8.981, de 20 de janeiro de 1995.

Brasília, 26 de dezembro de 1995; 174.º da Independência e 107.º da República.

FERNANDO HENRIQUE CARDOSO

LEI N. 9.265, DE 12 DE FEVEREIRO DE 1996 (*)

Regulamenta o inciso LXXVII do art. 5.º da Constituição, dispondo sobre a gratuidade dos atos necessários ao exercício da cidadania.

O Presidente da República

Faço saber que o Congresso Nacional decreta e eu sanciono a seguinte Lei:

Art. 1.º São gratuitos os atos necessários ao exercício da cidadania, assim considerados:

I – os que capacitam o cidadão ao exercício da soberania popular, a que se reporta o art. 14 da Constituição;

>> O STF declarou a constitucionalidade deste inciso na ADC n. 5-2 (*DOU* de 22-10-2007).

II – aqueles referentes ao alistamento militar;

III – os pedidos de informações ao Poder Público, em todos os seus âmbitos, objetivando a instrução de defesa ou a denúncia de irregularidades administrativas na órbita pública;

IV – as ações de impugnação de mandato eletivo por abuso do poder econômico, corrupção ou fraude;

V – quaisquer requerimentos ou petições que visem as garantias individuais e a defesa do interesse público;

VI – o registro civil de nascimento e o assento de óbito, bem como a primeira certidão respectiva;

>> Inciso VI acrescentado pela Lei n. 9.534, de 10-12-1997.

>> O STF, na Ação Declaratória de Constitucionalidade n. 5-2, de 11-6-2007, declara a constitucionalidade do disposto neste inciso.

VII – o requerimento e a emissão de documento de identificação específico, ou segunda via, para pessoa com transtorno do espectro autista.

>> Inciso VI acrescentado pela Lei n. 13.977, de 8-1-2020.

Art. 2.º Esta Lei entra em vigor na data de sua publicação.

Art. 3.º Revogam-se as disposições em contrário.

Brasília, 12 de fevereiro de 1996; 175.º da Independência e 108.º da República.

FERNANDO HENRIQUE CARDOSO

(*) Publicada no *Diário Oficial da União* de 13-2-1996. A Lei n. 10.317, de 6-12-2001, altera a Lei n. 1.060, de 5-2-1950 (assistência judiciária aos necessitados), para conceder a gratuidade do exame de DNA nos casos que especifica. A Lei n. 13.977, de 8-1-2020 (Lei Romeo Mion), altera esta lei para instituir a Carteira de Identificação da Pessoa com Transtorno do Espectro Autista (Ciptea).

LEI COMPLEMENTAR N. 87, DE 13 DE SETEMBRO DE 1996 (**)

Dispõe sobre o imposto dos Estados e do Distrito Federal sobre operações relativas à circulação de mercadorias e sobre prestações de serviços de transporte interestadual e intermunicipal e de comunicação, e dá outras providências.

O Presidente da República.

Faço saber que o Congresso Nacional decreta e eu sanciono a seguinte Lei:

Art. 1.º Compete aos Estados e ao Distrito Federal instituir o imposto sobre operações relativas à circulação de mercadorias e sobre prestações de serviços de transporte interestadual e intermunicipal e de comunicação, ainda que as operações e as prestações se iniciem no exterior.

Art. 2.º O imposto incide sobre:

I – operações relativas à circulação de mercadorias, inclusive o fornecimento de alimentação e bebidas em bares, restaurantes e estabelecimentos similares;

II – prestações de serviços de transporte interestadual e intermunicipal, por qualquer via, de pessoas, bens, mercadorias ou valores;

III – prestações onerosas de serviços de comunicação, por qualquer meio, inclusive a geração, a emissão, a recepção, a transmissão, a retransmissão, a repetição e a ampliação de comunicação de qualquer natureza;

(**) Publicada no *Diário Oficial da União*, de 16-9-1996. Esta norma é correntemente denominada Lei Kandir.

> *Vide* Súmula 350 do STJ.

IV – fornecimento de mercadorias com prestação de serviços não compreendidos na competência tributária dos Municípios;

V – fornecimento de mercadorias com prestação de serviços sujeitos ao imposto sobre serviços, de competência dos Municípios, quando a lei complementar aplicável expressamente o sujeitar à incidência do imposto estadual.

§ 1.º O imposto incide também:

I – sobre a entrada de mercadoria ou bem importados do exterior, por pessoa física ou jurídica, ainda que não seja contribuinte habitual do imposto, qualquer que seja a sua finalidade;

>> Inciso I com redação determinada pela Lei Complementar n. 114, de 16-12-2002.

II – sobre o serviço prestado no exterior ou cuja prestação se tenha iniciado no exterior;

III – sobre a entrada, no território do Estado destinatário, de petróleo, inclusive lubrificantes e combustíveis líquidos e gasosos dele derivados, e de energia elétrica, quando não destinados à comercialização ou à industrialização, decorrentes de operações interestaduais, cabendo o imposto ao Estado onde estiver localizado o adquirente.

§ 2.º A caracterização do fato gerador independe da natureza jurídica da operação que o constitua.

Art. 3.º O imposto não incide sobre:

I – operações com livros, jornais, periódicos e o papel destinado a sua impressão;

II – operações e prestações que destinem ao exterior mercadorias, inclusive produtos primários e produtos industrializados semielaborados, ou serviços;

>> *Vide* art. 155, X, *a*, da CF.

III – operações interestaduais relativas a energia elétrica e petróleo, inclusive lubrificantes e combustíveis líquidos e gasosos dele derivados, quando destinados à industrialização ou à comercialização;

IV – operações com ouro, quando definido em lei como ativo financeiro ou instrumento cambial;

V – operações relativas a mercadorias que tenham sido ou que se destinem a ser utilizadas na prestação, pelo próprio autor da saída, de serviço de qualquer natureza definido em lei complementar como sujeito ao imposto sobre serviços, de competência dos Municípios, ressalvadas as hipóteses previstas na mesma lei complementar;

VI – operações de qualquer natureza de que decorra a transferência de propriedade de estabelecimento industrial, comercial ou de outra espécie;

VII – operações decorrentes de alienação fiduciária em garantia, inclusive a operação efetuada pelo credor em decorrência do inadimplemento do devedor;

VIII – operações de arrendamento mercantil, não compreendida a venda do bem arrendado ao arrendatário;

IX – operações de qualquer natureza de que decorra a transferência de bens móveis salvados de sinistro para companhias seguradoras.

Parágrafo único. Equipara-se às operações de que trata o inciso II a saída de mercadoria realizada com o fim específico de exportação para o exterior, destinada a:

I – empresa comercial exportadora, inclusive *tradings* ou outro estabelecimento da mesma empresa;

II – armazém alfandegado ou entreposto aduaneiro.

Art. 4.º Contribuinte é qualquer pessoa, física ou jurídica, que realize, com habitualidade ou em volume que caracterize intuito comercial, operações de circulação de mercadoria ou prestações de serviços de transporte interestadual e intermunicipal e de comunicação, ainda que as operações e as prestações se iniciem no exterior.

Parágrafo único. É também contribuinte a pessoa física ou jurídica que, mesmo sem habitualidade ou intuito comercial:

>> Parágrafo único, *caput*, com redação determinada pela Lei Complementar n. 114, de 16-12-2002.

I – importe mercadorias ou bens do exterior, qualquer que seja a sua finalidade;

>> Inciso I com redação determinada pela Lei Complementar n. 114, de 16-12-2002.

II – seja destinatária de serviço prestado no exterior ou cuja prestação se tenha iniciado no exterior;

III – adquira em licitação de mercadorias ou bens apreendidos ou abandonados;

>> Inciso III com redação determinada pela Lei Complementar n. 114, de 16-12-2002.

IV – adquira lubrificantes e combustíveis líquidos e gasosos derivados de petróleo e energia elétrica oriundos de outro Estado, quando não destinados à comercialização ou à industrialização.

>> Inciso IV com redação determinada pela Lei Complementar n. 102, de 11-7-2000.

Art. 5.º Lei poderá atribuir a terceiros a responsabilidade pelo pagamento do imposto e acréscimos devidos pelo contribuinte ou responsável, quando os atos ou omissões daqueles concorrerem para o não recolhimento do tributo.

Art. 6.º Lei estadual poderá atribuir a contribuinte do imposto ou a depositário a qualquer título a responsabilidade pelo seu pagamento, hipótese em que assumirá a condição de substituto tributário.

>> *Caput* com redação determinada pela Lei Complementar n. 114, de 16-12-2002.

§ 1.º A responsabilidade poderá ser atribuída em relação ao imposto incidente sobre uma ou mais operações ou prestações, sejam antecedentes, concomitantes ou subsequentes, inclusive ao valor decorrente da diferença entre alíquotas interna e interestadual nas operações e prestações que destinem bens e serviços a consumidor final localizado em outro Estado, que seja contribuinte do imposto.

§ 2.º A atribuição de responsabilidade dar-se-á em relação a mercadorias, bens ou serviços previstos em lei de cada Estado.

>> § 2.º com redação determinada pela Lei Complementar n. 114, de 16-12-2002.

Art. 7.º Para efeito de exigência do imposto por substituição tributária, inclui-se, também, como fato gerador do imposto, a entrada de mercadoria ou bem no estabelecimento do adquirente ou em outro por ele indicado.

Art. 8.º A base de cálculo, para fins de substituição tributária, será:

I – em relação às operações ou prestações antecedentes ou concomitantes, o valor da operação ou prestação praticado pelo contribuinte substituído;

II – em relação às operações ou prestações subsequentes, obtida pelo somatório das parcelas seguintes:

a) o valor da operação ou prestação própria realizada pelo substituto tributário ou pelo substituído intermediário;

b) o montante dos valores de seguro, de frete e de outros encargos cobrados ou transferíveis aos adquirentes ou tomadores de serviço;

c) a margem de valor agregado, inclusive lucro, relativa às operações ou prestações subsequentes.

§ 1.º Na hipótese de responsabilidade tributária em relação às operações ou prestações antecedentes, o imposto devido pelas referidas operações ou prestações será pago pelo responsável, quando:

I – da entrada ou recebimento da mercadoria, do bem ou do serviço;

>> Inciso I com redação determinada pela Lei Complementar n. 114, de 16-12-2002.

II – da saída subsequente por ele promovida, ainda que isenta ou não tributada;

III – ocorrer qualquer saída ou evento que impossibilite a ocorrência do fato determinante do pagamento do imposto.

§ 2.º Tratando-se de mercadoria ou serviço cujo preço final a consumidor, único ou máximo, seja fixado por órgão público competente, a base de cálculo do imposto, para fins de substituição tributária, é o referido preço por ele estabelecido.

§ 3.º Existindo preço final a consumidor sugerido pelo fabricante ou importador, poderá a lei estabelecer como base de cálculo este preço.

§ 4.º A margem a que se refere a alínea *c* do inciso II do *caput* será estabelecida com base em preços usualmente praticados no mercado considerado, obtidos por levantamento, ainda que por amostragem ou através de informações e outros elementos fornecidos por entidades representativas dos respectivos setores, adotando-se a média ponderada dos preços coletados, devendo os critérios para sua fixação ser previstos em lei.

§ 5.º O imposto a ser pago por substituição tributária, na hipótese do inciso II do *caput*, corresponderá à diferença entre o valor resultante da aplicação da alíquota prevista para as operações ou prestações internas do Estado de destino sobre a respectiva base de cálculo e o valor do imposto devido pela operação ou prestação própria do substituto.

§ 6.º Em substituição ao disposto no inciso II do *caput*, a base de cálculo em relação às operações ou prestações subsequentes poderá ser o preço a consumidor final usualmente praticado no mercado considerado, relativamente ao serviço, à mercadoria ou sua similar, em condições de livre concorrência, adotando-se para sua apuração as regras estabelecidas no § 4.º deste artigo.

>> § 6.º acrescentado pela Lei Complementar n. 114, de 16-12-2002.

Art. 9.º A adoção do regime de substituição tributária em operações interestaduais dependerá de acordo específico celebrado pelos Estados interessados.

§ 1.º A responsabilidade a que se refere o art. 6.º poderá ser atribuída:

I – ao contribuinte que realizar operação interestadual com petróleo, inclusive lubrificantes, combustíveis líquidos e gasosos dele derivados, em relação às operações subsequentes;

II – às empresas geradoras ou distribuidoras de energia elétrica, nas operações internas e interestaduais, na condição de contribuinte ou de substituto tributário, pelo pagamento do imposto, desde a produção ou importação até a última operação, sendo seu cálculo efetuado sobre o preço praticado na operação final, assegurado seu recolhimento ao Estado onde deva ocorrer essa operação.

§ 2.º Nas operações interestaduais com as mercadorias de que tratam os incisos I e II do parágrafo anterior, que tenham como destinatário consumidor final, o imposto incidente na operação será devido ao Estado onde estiver localizado o adquirente e será pago pelo remetente.

Art. 10. É assegurado ao contribuinte substituído o direito à restituição do valor do imposto pago por força da substituição tributária, correspondente ao fato gerador presumido que não se realizar.

§ 1.º Formulado o pedido de restituição e não havendo deliberação no prazo de 90 (noventa) dias, o contribuinte substituído poderá se creditar, em sua escrita fiscal, do valor objeto do pedido, devidamente atualizado segundo os mesmos critérios aplicáveis ao tributo.

§ 2.º Na hipótese do parágrafo anterior, sobrevindo decisão contrária irrecorrível, o contribuinte substituído, no prazo de 15 (quinze) dias da respectiva notificação, procederá ao estorno dos créditos lançados, também devidamente atualizados, com o pagamento dos acréscimos legais cabíveis.

Art. 11. O local da operação ou da prestação, para os efeitos da cobrança do imposto e definição do estabelecimento responsável, é:

I – tratando-se de mercadoria ou bem:

a) o do estabelecimento onde se encontre, no momento da ocorrência do fato gerador;

b) onde se encontre, quando em situação irregular pela falta de documentação fiscal ou quando acompanhado de documentação inidônea, como dispuser a legislação tributária;

c) o do estabelecimento que transfira a propriedade, ou o título que a represente, de mercadoria por ele adquirida no País e que por ele não tenha transitado;

d) importado do exterior, o do estabelecimento onde ocorrer a entrada física;

e) importado do exterior, o do domicílio do adquirente, quando não estabelecido;

f) aquele onde seja realizada a licitação, no caso de arrematação de mercadoria ou bem importados do exterior e apreendidos ou abandonados;

>> Alínea *f* com redação determinada pela Lei Complementar n. 114, de 16-12-2002.

g) o do Estado onde estiver localizado o adquirente, inclusive consumidor final, nas operações interestaduais com energia elétrica e petróleo, lubrificantes e combustíveis dele derivados, quando não destinados à industrialização ou à comercialização;

h) o do Estado de onde o ouro tenha sido extraído, quando não considerado como ativo financeiro ou instrumento cambial;

i) o de desembarque do produto, na hipótese de captura de peixes, crustáceos e moluscos;

II – tratando-se de prestação de serviço de transporte:

a) onde tenha início a prestação;

b) onde se encontre o transportador, quando em situação irregular pela falta de documentação fiscal ou quando acompanhada de documentação inidônea, como dispuser a legislação tributária;

c) o do estabelecimento destinatário do serviço, na hipótese do inciso XIII do art. 12 e para os efeitos do § 3.º do art. 13;

III – tratando-se de prestação onerosa de serviço de comunicação:

a) o da prestação do serviço de radiodifusão sonora e de som e imagem, assim entendido o da geração, emissão, transmissão e retransmissão, repetição, ampliação e recepção;

b) o do estabelecimento da concessionária ou da permissionária que forneça ficha, cartão, ou assemelhados com que o serviço é pago;

c) o do estabelecimento destinatário do serviço, na hipótese e para os efeitos do inciso XIII do art. 12;

c-1) o do estabelecimento ou domicílio do tomador do serviço, quando prestado por meio de satélite;

>> Alínea *c-1* acrescentada pela Lei Complementar n. 102, de 11-7-2000.

d) onde seja cobrado o serviço, nos demais casos;

IV – tratando-se de serviços prestados ou iniciados no exterior, o do estabelecimento ou do domicílio do destinatário.

§ 1.º O disposto na alínea *c* do inciso I não se aplica às mercadorias recebidas em regime de depósito de contribuinte de Estado que não o do depositário.

§ 2.º Para os efeitos da alínea *h* do inciso I, o ouro, quando definido como ativo financeiro ou instrumento cambial, deve ter sua origem identificada.

§ 3.º Para efeito desta Lei Complementar, estabelecimento é o local, privado ou público, edificado ou não, próprio ou de terceiro, onde pessoas físicas ou jurídicas exerçam suas atividades em caráter temporário ou permanente, bem como onde se encontrem armazenadas mercadorias, observado, ainda, o seguinte:

I – na impossibilidade de determinação do estabelecimento, considera-se como tal o local em que tenha sido efetuada a operação ou prestação, encontrada a mercadoria ou constatada a prestação;

II – é autônomo cada estabelecimento do mesmo titular;

III – considera-se também estabelecimento autônomo o veículo usado no comércio ambulante e na captura de pescado;

IV – respondem pelo crédito tributário todos os estabelecimentos do mesmo titular.

§ 4.º (*Vetado.*)

§ 5.º Quando a mercadoria for remetida para armazém geral ou para depósito fechado do próprio contribuinte, no mesmo Estado, a posterior saída considerar-se-á ocorrida no estabelecimento do depositante, salvo se para retornar ao estabelecimento remetente.

§ 6.º Na hipótese do inciso III do *caput* deste artigo, tratando-se de serviços não medidos, que envolvam localidades situadas em diferentes unidades da Federação e cujo preço seja cobrado por períodos definidos, o imposto devido será recolhido em partes iguais para as unidades da Federação onde estiverem localizados o prestador e o tomador.

>> § 6.º acrescentado pela Lei Complementar n. 102, de 11-7-2000.

Art. 12. Considera-se ocorrido o fato gerador do imposto no momento:

I – da saída de mercadoria de estabelecimento de contribuinte, ainda que para outro estabelecimento do mesmo titular;

II – do fornecimento de alimentação, bebidas e outras mercadorias por qualquer estabelecimento;

III – da transmissão a terceiro de mercadoria depositada em armazém geral ou em depósito fechado, no Estado do transmitente;

IV – da transmissão de propriedade de mercadoria, ou de título que a represente, quando a mercadoria não tiver transitado pelo estabelecimento transmitente;

V – do início da prestação de serviços de transporte interestadual e intermunicipal, de qualquer natureza;

VI – do ato final do transporte iniciado no exterior;

VII – das prestações onerosas de serviços de comunicação, feita por qualquer meio, inclusive a geração, a emissão, a recepção, a transmissão, a retransmissão, a repetição e a ampliação de comunicação de qualquer natureza;

VIII – do fornecimento de mercadoria com prestação de serviços:

a) não compreendidos na competência tributária dos Municípios;

b) compreendidos na competência tributária dos Municípios e com indicação expressa de incidência do imposto de competência estadual, como definido na lei complementar aplicável;

IX – do desembaraço aduaneiro de mercadorias ou bens importados do exterior;

>> Inciso IX com redação determinada pela Lei Complementar n. 114, de 16-12-2002.

X – do recebimento, pelo destinatário, de serviço prestado no exterior;

XI – da aquisição em licitação pública de mercadorias ou bens importados do exterior e apreendidos ou abandonados;

>> Inciso XI com redação determinada pela Lei Complementar n. 114, de 16-12-2002.

XII – da entrada no território do Estado de lubrificantes e combustíveis líquidos e gasosos derivados de petróleo e energia elétrica oriundos de outro Estado, quando não destinados à comercialização ou à industrialização;

>> Inciso XII com redação determinada pela Lei Complementar n. 102, de 11-7-2000.

XIII – da utilização, por contribuinte, de serviço cuja prestação se tenha iniciado em outro Estado e não esteja vinculada a operação ou prestação subsequente.

§ 1.º Na hipótese do inciso VII, quando o serviço for prestado mediante pagamento em ficha, cartão ou assemelhados, considera-se ocorrido o fato gerador do imposto quando do fornecimento desses instrumentos ao usuário.

§ 2.º Na hipótese do inciso IX, após o desembaraço aduaneiro, a entrega, pelo depositário, de mercadoria ou bem importados do exterior deverá ser autorizada pelo órgão responsável pelo seu desembaraço, que somente se fará mediante a exibição do comprovante de pagamento do imposto incidente no ato do despacho aduaneiro, salvo disposição em contrário.

§ 3.º Na hipótese de entrega de mercadoria ou bem importados do exterior antes do desembaraço aduaneiro, considera-se ocorrido o fato gerador neste momento, devendo a autoridade responsável, salvo disposição em contrário, exigir a comprovação do pagamento do imposto.

>> § 3.º acrescentado pela Lei Complementar n. 114, de 16-12-2002.

Art. 13. A base de cálculo do imposto é:

> *Vide* Súmula 457 do STJ.

I – na saída de mercadoria prevista nos incisos I, III e IV do art. 12, o valor da operação;

II – na hipótese do inciso II do art. 12, o valor da operação, compreendendo mercadoria e serviço;

III – na prestação de serviço de transporte interestadual e intermunicipal e de comunicação, o preço do serviço;

IV – no fornecimento de que trata o inciso VIII do art. 12:

a) o valor da operação, na hipótese da alínea *a*;

b) o preço corrente da mercadoria fornecida ou empregada, na hipótese da alínea *b*;

V – na hipótese do inciso IX do art. 12, a soma das seguintes parcelas:

a) o valor da mercadoria ou bem constante dos documentos de importação, observado o disposto no art. 14;

b) imposto de importação;

c) imposto sobre produtos industrializados;

d) imposto sobre operações de câmbio;

e) quaisquer outros impostos, taxas, contribuições e despesas aduaneiras;

>> Alínea e com redação determinada pela Lei Complementar n. 114, de 16-12-2002.

VI – na hipótese do inciso X do art. 12, o valor da prestação do serviço, acrescido, se for o caso, de todos os encargos relacionados com a sua utilização;

VII – no caso do inciso XI do art. 12, o valor da operação acrescido do valor dos impostos de importação e sobre produtos industrializados e de todas as despesas cobradas ou debitadas ao adquirente;

VIII – na hipótese do inciso XII do art. 12, o valor da operação de que decorrer a entrada;

IX – na hipótese do inciso XIII do art. 12, o valor da prestação no Estado de origem.

§ 1.º Integra a base de cálculo do imposto, inclusive na hipótese do inciso V do *caput* deste artigo:

>> § 1.º, *caput*, com redação determinada pela Lei Complementar n. 114, de 16-12-2002.

I – o montante do próprio imposto, constituindo o respectivo destaque mera indicação para fins de controle;

II – o valor correspondente a:

a) seguros, juros e demais importâncias pagas, recebidas ou debitadas, bem como descontos concedidos sob condição;

b) frete, caso o transporte seja efetuado pelo próprio remetente ou por sua conta e ordem e seja cobrado em separado.

§ 2.º Não integra a base de cálculo do imposto o montante do Imposto sobre Produtos Industrializados, quando a operação, realizada entre contribuintes e relativa a produto destinado à industrialização ou à comercialização, configurar fato gerador de ambos os impostos.

§ 3.º No caso do inciso IX, o imposto a pagar será o valor resultante da aplicação do percentual equivalente à diferença entre a alíquota interna e a interestadual, sobre o valor ali previsto.

§ 4.º Na saída de mercadoria para estabelecimento localizado em outro Estado, pertencente ao mesmo titular, a base de cálculo do imposto é:

I – o valor correspondente à entrada mais recente da mercadoria;

II – o custo da mercadoria produzida, assim entendida a soma do custo da matéria-prima, material secundário, mão de obra e acondicionamento;

III – tratando-se de mercadorias não industrializadas, o seu preço corrente no mercado atacadista do estabelecimento remetente.

§ 5.º Nas operações e prestações interestaduais entre estabelecimentos de contribuintes diferentes, caso haja reajuste do valor depois da remessa ou da prestação, a diferença fica sujeita ao imposto no estabelecimento do remetente ou do prestador.

Art. 14. O preço de importação expresso em moeda estrangeira será convertido em moeda nacional pela mesma taxa de câmbio utilizada no cálculo do imposto de importação, sem qualquer acréscimo ou devolução posterior se houver variação da taxa de câmbio até o pagamento efetivo do preço.

Parágrafo único. O valor fixado pela autoridade aduaneira para base de cálculo do imposto de importação, nos termos da lei aplicável, substituirá o preço declarado.

Art. 15. Na falta do valor a que se referem os incisos I e VIII do art. 13, a base de cálculo do imposto é:

I – o preço corrente da mercadoria, ou de seu similar, no mercado atacadista do local da operação ou, na sua falta, no mercado atacadista regional, caso o remetente seja produtor, extrator ou gerador, inclusive de energia;

II – o preço FOB estabelecimento industrial à vista, caso o remetente seja industrial;

III – o preço FOB estabelecimento comercial à vista, na venda a outros comerciantes ou industriais, caso o remetente seja comerciante.

§ 1.º Para aplicação dos incisos II e III do *caput*, adotar-se-á sucessivamente:

I – o preço efetivamente cobrado pelo estabelecimento remetente na operação mais recente;

II – caso o remetente não tenha efetuado venda de mercadoria, o preço corrente da mercadoria ou de seu similar no mercado atacadista do local da operação ou, na falta deste, no mercado atacadista regional.

§ 2.º Na hipótese do inciso III do *caput*, se o estabelecimento remetente não efetue vendas a outros comerciantes ou industriais ou, em qualquer caso, se não houver mercadoria similar, a base de cálculo será equivalente a 75% (setenta e cinco por cento) do preço de venda corrente no varejo.

Art. 16. Nas prestações sem preço determinado, a base de cálculo do imposto é o valor corrente do serviço, no local da prestação.

Art. 17. Quando o valor do frete, cobrado por estabelecimento pertencente ao mesmo titular da mercadoria ou por outro estabelecimento de empresa que com aquele mantenha relação de interdependência, exceder os níveis normais de preços em vigor, no mercado local, para serviço semelhante, constantes de tabelas elaboradas pelos órgãos competentes, o valor excedente será havido como parte do preço da mercadoria.

Parágrafo único. Considerar-se-ão interdependentes duas empresas quando:

I – uma delas, por si, seus sócios ou acionistas, e respectivos cônjuges ou filhos menores, for titular de mais de 50% (cinquenta por cento) do capital da outra;

II – uma mesma pessoa fizer parte de ambas, na qualidade de diretor, ou sócio com funções de gerência, ainda que exercidas sob outra denominação;

III – uma delas locar ou transferir a outra, a qualquer título, veículo destinado ao transporte de mercadorias.

Art. 18. Quando o cálculo do tributo tenha por base, ou tome em consideração, o valor ou o preço de mercadorias, bens, serviços ou direitos, a autoridade lançadora, mediante processo regular, arbitrará aquele valor ou preço, sempre que sejam omissos ou não mereçam fé as declarações ou os esclarecimentos prestados, ou os documentos expedidos pelo sujeito passivo ou pelo terceiro legalmente obrigado, ressalvada, em caso de contestação, avaliação contraditória, administrativa ou judicial.

Art. 19. O imposto é não cumulativo, compensando-se o que for devido em cada operação relativa à circulação de mercadorias ou prestação de serviços de transporte interestadual e intermunicipal e de comunicação com o montante cobrado nas anteriores pelo mesmo ou por outro Estado.

Art. 20. Para a compensação a que se refere o artigo anterior, é assegurado ao sujeito passivo o direito de creditar-se do imposto anteriormente cobrado em operações de que tenha resultado a entrada de mercadoria, real ou simbólica, no estabelecimento, inclusive a destinada ao seu uso ou consumo ou ao ativo permanente, ou o recebimento de serviços de transporte interestadual e intermunicipal ou de comunicação.

§ 1.º Não dão direito a crédito as entradas de mercadorias ou utilização de serviços resultantes de operações ou prestações isentas ou não tributadas, ou que se refiram a mercadorias ou serviços alheios à atividade do estabelecimento.

§ 2.º Salvo prova em contrário, presumem-se alheios à atividade do estabelecimento os veículos de transporte pessoal.

§ 3.º É vedado o crédito relativo a mercadoria entrada no estabelecimento ou a prestação de serviços a ele feita:

I – para integração ou consumo em processo de industrialização ou produção rural, quando a saída do produto resultante não for tributada ou estiver isenta do imposto, exceto se tratar-se de saída para o exterior;

II – para comercialização ou prestação de serviço, quando a saída ou a prestação subsequente não forem tributadas ou estiverem isentas do imposto, exceto as destinadas ao exterior.

§ 4.º Deliberação dos Estados, na forma do art. 28, poderá dispor que não se aplique, no todo ou em parte, a vedação prevista no parágrafo anterior.

§ 5.º Para efeito do disposto no *caput* deste artigo, relativamente aos créditos decorrentes de entrada de mercadorias no estabelecimento destinadas ao ativo permanente, deverá ser observado:

>> § 5.º, *caput*, com redação determinada pela Lei Complementar n. 102, de 11-7-2000.

>> O STF, na ADI n. 2.325-0 (*DJ* de 4-10-2004), em medida liminar concedida aos 23-9-2004, determinou para este dispositivo eficácia a partir de 1.º-1-2001, vigência consentânea com o dispositivo constitucional da anterioridade.

I – a apropriação será feita à razão de 1/48 (um quarenta e oito avos) por mês, devendo a primeira fração ser apropriada no mês em que ocorrer a entrada no estabelecimento;

>> Inciso I acrescentado pela Lei Complementar n. 102, de 11-7-2000.

II – em cada período de apuração do imposto, não será admitido o creditamento de que trata o inciso I, em relação à proporção das operações de saídas ou prestações isentas ou não tributadas sobre o total das operações de saídas ou prestações efetuadas no mesmo período;

>> Inciso II acrescentado pela Lei Complementar n. 102, de 11-7-2000.

III – para aplicação do disposto nos incisos I e II deste parágrafo, o montante do crédito a ser apropriado será o obtido multiplicando-se o valor total do respectivo crédito pelo fator igual a 1/48 (um quarenta e oito avos) da relação entre o valor das operações de saídas e prestações tributadas e o total das operações de saídas e prestações do período, equiparando-se às tributadas, para fins deste inciso, as saídas e prestações com destino ao exterior ou saídas de papel destinado à impressão de livros, jornais e periódicos;

>> Inciso III com redação determinada pela Lei Complementar n. 120, de 29-12-2005.

IV – o quociente de 1/48 (um quarenta e oito avos) será proporcionalmente aumentado ou diminuído, *pro rata die*, caso o período de apuração seja superior ou inferior a um mês;

>> Inciso IV acrescentado pela Lei Complementar n. 102, de 11-7-2000.

V – na hipótese de alienação dos bens do ativo permanente, antes de decorrido o prazo de 4 (quatro) anos contado da data de sua aquisição, não será admitido, a partir da data da alienação, o creditamento de que trata este parágrafo em relação à fração que corresponderia ao restante do quadriênio;

>> Inciso V acrescentado pela Lei Complementar n. 102, de 11-7-2000.

VI – serão objeto de outro lançamento, além do lançamento em conjunto com os demais créditos, para efeito da compensação prevista neste artigo e no art. 19, em livro próprio ou de outra forma que a legislação determinar, para aplicação do disposto nos incisos I a V deste parágrafo; e

>> Inciso VI acrescentado pela Lei Complementar n. 102, de 11-7-2000.

VII – ao final do quadragésimo oitavo mês contado da data da entrada do bem no estabelecimento, o saldo remanescente do crédito será cancelado.

>> Inciso VII acrescentado pela Lei Complementar n. 102, de 11-7-2000.

>> O STF, na ADI n. 2.325-0 (*DJ* de 4-10-2004), em medida liminar concedida em 23-9-2004, determinou para este dispositivo eficácia a partir de 1.º-1-2001, vigência consentânea com o dispositivo constitucional da anterioridade.

§ 6.º Operações tributadas, posteriores a saídas de que trata o § 3.º, dão ao estabelecimento que as praticar direito a creditar-se do imposto cobrado nas operações anteriores às isentas ou não tributadas sempre que a saída isenta ou não tributada seja relativa a:

I – produtos agropecuários;

II – quando autorizado em lei estadual, outras mercadorias.

Art. 21. O sujeito passivo deverá efetuar o estorno do imposto de que se tiver creditado sempre que o serviço tomado ou a mercadoria entrada no estabelecimento:

I – for objeto de saída ou prestação de serviço não tributada ou isenta, sendo esta circunstância imprevisível na data da entrada da mercadoria ou da utilização do serviço;

II – for integrada ou consumida em processo de industrialização, quando a saída do produto resultante não for tributada ou estiver isenta do imposto;

III – vier a ser utilizada em fim alheio à atividade do estabelecimento;

IV – vier a perecer, deteriorar-se ou extraviar-se.

§ 1.º (*Revogado pela Lei Complementar n. 102, de 11-7-2000.*)

§ 2.º Não se estornam créditos referentes a mercadorias e serviços que venham a ser objeto de operações ou prestações destinadas ao exterior ou de operações com o papel destinado à impressão de livros, jornais e periódicos.

>> § 2.º com redação determinada pela Lei Complementar n. 120, de 29-12-2005.

§ 3.º O não creditamento ou o estorno a que se referem o § 3.º do art. 20 e o *caput* deste artigo não impedem a utilização dos mesmos créditos em operações posteriores, sujeitas ao imposto, com a mesma mercadoria.

§§ 4.º a 8.º (*Revogados pela Lei Complementar n. 102, de 11-7-2000.*)

Art. 22. (*Vetado.*)

Art. 23. O direito de crédito, para efeito de compensação com débito do imposto, reconhecido ao estabelecimento que tenha recebido as mercadorias ou para o qual tenham sido prestados os serviços, está condicionado à idoneidade da documentação e, se for o caso, à escrituração nos prazos e condições estabelecidos na legislação.

>> *Vide* Súmula 509 do STJ.

Parágrafo único. O direito de utilizar o crédito extingue-se depois de decorridos 5 (cinco) anos contados da data de emissão do documento.

Art. 24. A legislação tributária estadual disporá sobre o período de apuração do imposto. As obrigações consideram-se vencidas na data em que termina o período de apuração e são liquidadas por compensação ou mediante pagamento em dinheiro como disposto neste artigo:

I – as obrigações consideram-se liquidadas por compensação até o montante dos créditos escriturados no mesmo período mais o saldo credor de período ou períodos anteriores, se for o caso;

II – se o montante dos débitos do período superar o dos créditos, a diferença será liquidada dentro do prazo fixado pelo Estado;

III – se o montante dos créditos superar os dos débitos, a diferença será transportada para o período seguinte.

Art. 25. Para efeito de aplicação do disposto no art. 24, os débitos e créditos devem ser apurados em cada estabelecimento, compensando-se os saldos credores e devedores entre os estabelecimentos do mesmo sujeito passivo localizados no Estado.

>> *Caput* com redação determinada pela Lei Complementar n. 102, de 11-7-2000.

§ 1.º Saldos credores acumulados a partir da data de publicação desta Lei Complementar por estabelecimentos que realizem operações e prestações de que tratam o inciso II do art. 3.º e seu parágrafo único podem ser, na proporção que estas saídas representem do total das saídas realizadas pelo estabelecimento:

I – imputados pelo sujeito passivo a qualquer estabelecimento seu no Estado;

II – havendo saldo remanescente, transferidos pelo sujeito passivo a outros contribuintes do mesmo Estado, mediante a emissão pela autoridade competente de documento que reconheça o crédito.

§ 2.º Lei estadual poderá, nos demais casos de saldos credores acumulados a partir da vigência desta Lei Complementar, permitir que:

I – sejam imputados pelo sujeito passivo a qualquer estabelecimento seu no Estado;

II – sejam transferidos, nas condições que definir, a outros contribuintes do mesmo Estado.

Art. 26. Em substituição ao regime de apuração mencionado nos arts. 24 e 25, a lei estadual poderá estabelecer:

I – que o cotejo entre créditos e débitos se faça por mercadoria ou serviço dentro de determinado período;

II – que o cotejo entre créditos e débitos se faça por mercadoria ou serviço em cada operação;

III – que, em função do porte ou da atividade do estabelecimento, o imposto seja pago em parcelas periódicas e calculado por estimativa, para um determinado período, assegurado ao sujeito passivo o direito de impugná-la e instaurar processo contraditório.

§ 1.º Na hipótese do inciso III, ao fim do período, será feito o ajuste com base na escrituração regular do contribuinte, que pagará a diferença apurada, se positiva; caso contrário, a diferença será compensada com o pagamento referente ao período ou períodos imediatamente seguintes.

§ 2.º A inclusão de estabelecimento no regime de que trata o inciso III não dispensa o sujeito passivo do cumprimento de obrigações acessórias.

Arts. 27 a 30. (*Vetados.*)

Art. 31. Nos exercícios financeiros de 2003 a 2006 a União entregará mensalmente recursos aos Estados e seus Municípios, obedecidos os montantes, os critérios, os prazos e as demais condições fixados no Anexo desta Lei Complementar.

>> *Caput* com redação determinada pela Lei Complementar n. 115, de 26-12-2002.

>> *Vide* art. 91, § 3.º, do ADCT.

§ 1.º Do montante de recursos que couber a cada Estado, a União entregará, diretamente:

>> § 1.º, *caput*, com redação determinada pela Lei Complementar n. 115, de 26-12-2002.

I – 75% (setenta e cinco por cento) ao próprio Estado; e

II – 25% (vinte e cinco por cento) aos respectivos Municípios, de acordo com os critérios previstos no parágrafo único do art. 158 da Constituição Federal.

§ 2.º Para atender ao disposto no *caput* os recursos do Tesouro Nacional serão provenientes:

>> § 2.º, *caput*, com redação determinada pela Lei Complementar n. 115, de 26-12-2002.

I – da emissão de títulos de sua responsabilidade, ficando autorizada, desde já, a inclusão nas leis orçamentárias anuais de estimativa de receita decorrente dessas emissões, bem como de dotação até os montantes anuais previstos no Anexo, não se aplicando neste caso, desde que atendidas as condições e os limites globais fixados pelo Senado Federal, quaisquer restrições ao acréscimo que acarretará no endividamento da União;

II – de outras fontes de recursos.

§ 3.º A entrega dos recursos a cada unidade federada, na forma e condições detalhadas no Anexo, especialmente no seu item 3, será satisfeita, primeiro, para efeito de pagamento ou compensação da dívida da respectiva unidade, inclusive de sua administração indireta, vencida e não paga junto à União, bem como para o ressarcimento à União de despesas decorrentes de eventuais garantias honradas de operações de crédito externas. O saldo remanescente, se houver, será creditado em moeda corrente.

>> § 3.º com redação determinada pela Lei Complementar n. 115, de 26-12-2002.

§ 4.º A entrega dos recursos a cada unidade federada, na forma e condições detalhadas no Anexo, subordina-se à existência de disponibilidades orçamentárias consignadas a essa finalidade na respectiva Lei Orçamentária Anual da União, inclusive eventuais créditos adicionais.

>> § 4.º com redação determinada pela Lei Complementar n. 115, de 26-12-2002.

§ 4.º-A. (*Revogado pela Lei Complementar n. 115, de 26-12-2002.*)

§ 5.º Para efeito da apuração de que trata o art. 4.º da Lei Complementar n. 65, de 15 de abril de 1991, será considerado o valor das respectivas exportações de produtos industrializados, inclusive de semielaborados, não submetidas à incidência do imposto sobre operações relativas à circulação de mercadorias e sobre prestações de serviços de transporte interestadual e intermunicipal e de comunicação, em 31 de julho de 1996.

>> § 5.º com redação determinada pela Lei Complementar n. 102, de 11-7-2000.

Art. 32. A partir da data de publicação desta Lei Complementar:

I – o imposto não incidirá sobre operações que destinem ao exterior mercadorias, inclusive produtos primários e produtos industrializados semielaborados, bem como sobre prestações de serviços para o exterior;

II – darão direito de crédito, que não será objeto de estorno, as mercadorias entradas no estabelecimento para integração ou consumo em processo de produção de mercadorias industrializadas, inclusive semielaboradas, destinadas ao exterior;

III – entra em vigor o disposto no Anexo integrante desta Lei Complementar.

Art. 33. Na aplicação do art. 20 observar-se-á o seguinte:

I – somente darão direito de crédito as mercadorias destinadas ao uso ou consumo do estabelecimento nele entradas a partir de 1.º de janeiro de 2033;

>> Inciso I com redação determinada pela Lei Complementar n. 171, de 27-12-2019.

II – somente dará direito a crédito a entrada de energia elétrica no estabelecimento:

>> Inciso II, *caput*, com redação determinada pela Lei Complementar n. 102, de 11-7-2000.

>> O STF, na ADI n. 2.325-0 (*DJ* de 4-10-2004), em medida liminar concedida aos 23-9-2004, determinou para este dispositivo eficácia a partir de 1.º-1-2001, vigência consentânea com o dispositivo constitucional da anterioridade.

a) quando for objeto de operação de saída de energia elétrica;

>> Alínea *a* com redação determinada pela Lei Complementar n. 102, de 11-7-2000.

b) quando consumida no processo de industrialização;

>> Alínea *b* com redação determinada pela Lei Complementar n. 102, de 11-7-2000.

c) quando seu consumo resultar em operação de saída ou prestação para o exterior, na proporção destas sobre as saídas ou prestações totais; e

>> Alínea *c* com redação determinada pela Lei Complementar n. 102, de 11-7-2000.

d) a partir de 1.º de janeiro de 2033, nas demais hipóteses;

>> Alínea *d* com redação determinada pela Lei Complementar n. 171, de 27-12-2019.

III – somente darão direito de crédito as mercadorias destinadas ao ativo permanente do estabelecimento, nele entradas a partir da data da entrada desta Lei Complementar em vigor;

IV – somente dará direito a crédito o recebimento de serviços de comunicação utilizados pelo estabelecimento:

>> Inciso IV, *caput*, acrescentado pela Lei Complementar n. 102, de 11-7-2000.

a) ao qual tenham sido prestados na execução de serviços da mesma natureza;

>> Alínea *a* acrescentada pela Lei Complementar n. 102, de 11-7-2000.

b) quando sua utilização resultar em operação de saída ou prestação para o exterior, na proporção desta sobre as saídas ou prestações totais; e

>> Alínea *b* acrescentada pela Lei Complementar n. 102, de 11-7-2000.

c) a partir de 1.º de janeiro de 2033, nas demais hipóteses.

>> Alínea *c* com redação determinada pela Lei Complementar n. 171, de 27-12-2019.

Art. 34. (*Vetado.*)

Art. 35. As referências feitas aos Estados nesta Lei Complementar entendem-se feitas também ao Distrito Federal.

Art. 36. Esta Lei Complementar entra em vigor no primeiro dia do segundo mês seguinte ao da sua publicação, observado o disposto nos arts. 32 e 33 e no Anexo integrante desta Lei Complementar.

Brasília, 13 de setembro de 1996; 175.º da Independência e 108.º da República.

FERNANDO HENRIQUE CARDOSO

ANEXO

>> Anexo com redação determinada pela Lei Complementar n. 115, de 26-12-2002.

>> *Vide* art. 91, § 3.º, do ADCT.

1. A entrega de recursos a que se refere o art. 31 da Lei Complementar n. 87, de 13 de setembro de 1996, será realizada da seguinte forma:

1.1. a União entregará aos Estados e aos seus Municípios, no exercício financeiro de 2003, o valor de até R$ 3.900.000.000,00 (três bilhões e novecentos milhões de reais), desde que respeitada a dotação consignada da Lei Orçamentária Anual da União de 2003 e eventuais créditos adicionais;

1.2. nos exercícios financeiros de 2004 a 2006, a União entregará aos Estados e aos seus Municípios os montantes consignados a essa finalidade nas correspondentes Leis Orçamentárias Anuais da União;

1.3. a cada mês, o valor a ser entregue aos Estados e aos seus Municípios corresponderá ao montante do saldo orçamentário existente no dia 1.º, dividido pelo número de meses remanescentes no ano;

1.3.1. nos meses de janeiro e fevereiro de 2003, o saldo orçamentário, para efeito do cálculo da parcela pertencente a cada Estado e a seus Municípios, segundo os coeficientes individuais de participação definidos no item 1.5 deste Anexo, corresponderá ao montante remanescente após a dedução dos valores de entrega mencionados no art. 3.º desta Lei Complementar;

1.3.1.1. nesses meses, a parcela pertencente aos Estados que fizerem jus ao disposto no art. 3.º desta Lei Complementar corresponderá ao somatório dos montantes derivados da aplicação do referido artigo e dos coeficientes individuais de participação definidos no item 1.5 deste Anexo;

1.3.2. no mês de dezembro, o valor de entrega corresponderá ao saldo orçamentário existente no dia 15.

1.4. Os recursos serão entregues aos Estados e aos seus respectivos Municípios no último dia útil de cada mês.

1.5. A parcela pertencente a cada Estado, incluídas as parcelas de seus Municípios, será proporcional aos seguintes coeficientes individuais de participação:

AC	0,09104%	PB	0,28750%
AL	0,84022%	PR	10,08256%
AP	0,40648%	PE	1,48565%
AM	1,00788%	PI	0,30165%
BA	3,71666%	RJ	5,86503%
CE	1,62881%	RN	0,36214%
DF	0,80975%	RS	10,04446%
ES	4,26332%	RO	0,24939%
GO	1,33472%	RR	0,03824%
MA	1,67880%	SC	3,59131%
MT	1,94087%	SP	31,14180%
MS	1,23465%	SE	0,25049%
MG	12,90414%	TO	0,07873%
PA	4,36371%	TOTAL	100,00000%

2. Caberá ao Ministério da Fazenda apurar o montante mensal a ser entregue aos Estados e aos seus Municípios.

2.1. O Ministério da Fazenda publicará no *Diário Oficial da União*, até cinco dias úteis antes da data prevista para a efetiva entrega dos recursos, o resultado do cálculo do montante a ser entregue aos Estados e aos seus Municípios, o qual, juntamente com o detalhamento da memória de cálculo, será remetido, no mesmo prazo, ao Tribunal de Contas da União.

2.2. Do montante dos recursos que cabe a cada Estado, a União entregará, diretamente ao próprio Estado, setenta e cinco por cento, e aos seus Municípios, vinte e cinco por cento, distribuídos segundo os mesmos critérios de rateio aplicados às parcelas de receita que lhes cabem do ICMS.

2.3. Antes do início de cada exercício financeiro, o Estado comunicará ao Ministério da Fazenda os coeficientes de participação dos respectivos Municípios no rateio da parcela do ICMS a serem aplicados no correspondente exercício, observado o seguinte:

2.3.1. o atraso na comunicação dos coeficientes acarretará a suspensão da transferência dos recursos ao Estado e aos respectivos Municípios até que seja regularizada a entrega das informações;

2.3.1.1. os recursos em atraso e os do mês em que ocorrer o fornecimento das informações serão entregues no último dia útil do mês seguinte à regularização, se esta ocorrer após o décimo quinto dia; caso contrário, a entrega dos recursos ocorrerá no último dia útil do próprio mês da regularização.

3. A forma de entrega dos recursos a cada Estado e a cada Município observará o disposto neste item.

3.1. Para efeito de entrega dos recursos à unidade federada e por uma das duas formas previstas no subitem 3.3 serão obrigatoriamente considerados, pela ordem e até o montante total da entrega apurado no respectivo período, os valores das seguintes dívidas:

3.1.1. contraídas junto ao Tesouro Nacional pela unidade federada vencidas e não pagas, computadas primeiro as da administração direta e depois as da administração indireta;

3.1.2. contraídas pela unidade federada com garantia da União, inclusive dívida externa, vencidas e não pagas, sempre computadas inicialmente as da administração direta e posteriormente as da administração indireta;

3.1.3. contraídas pela unidade federada junto aos demais entes da administração federal, direta e indireta, vencidas e não pagas, sempre computadas inicialmente as da administração direta e posteriormente as da administração indireta.

3.2. Para efeito do disposto no subitem 3.1.3, ato do Poder Executivo Federal poderá autorizar:

3.2.1. a inclusão, como mais uma opção para efeito da entrega dos recursos, e na ordem que determinar, do valor correspondente a título da respectiva unidade federada na carteira da União, inclusive entes de sua administração indireta, primeiro relativamente aos valores vencidos e não pagos e, depois, aos vincendos no mês seguinte àquele em que serão entregues os recursos;

3.2.2. a suspensão temporária da dedução de dívida compreendida pelo subitem 3.1.3, quando não estiverem disponíveis, no prazo devido, as necessárias informações.

3.3. Os recursos a serem entregues mensalmente à unidade federada, equivalentes ao montante das dívidas apurado na forma do subitem 3.1, e do anterior, serão satisfeitos pela União por uma das seguintes formas:

3.3.1. entrega de obrigações do Tesouro Nacional, de série especial, inalienáveis, com vencimento não inferior a dez anos, remunerados por taxa igual ao custo médio das dívidas da respectiva unidade federada junto ao Tesouro Nacional, com poder liberatório para pagamento das referidas dívidas; ou

3.3.2. correspondente compensação.

3.4. Os recursos a serem entregues mensalmente à unidade federada equivalentes à diferença positiva entre o valor total que lhe cabe e o valor da dívida apurada nos termos dos subitens 3.1 e 3.2, e liquidada na forma do subitem anterior, serão satisfeitos por meio de crédito, em moeda corrente, à conta bancária do beneficiário.

4. As referências deste Anexo feitas aos Estados entendem-se também feitas ao Distrito Federal.

LEI N. 9.393, DE 19 DE DEZEMBRO DE 1996 (*)

Dispõe sobre o Imposto sobre a Propriedade Territorial Rural – ITR, sobre o pagamento da dívida representada por Títulos da Dívida Agrária, e dá outras providências.

O Presidente da República

Faço saber que o Congresso Nacional decreta e eu sanciono a seguinte Lei:

Capítulo I
DO IMPOSTO SOBRE A PROPRIEDADE TERRITORIAL RURAL – ITR

Seção I
Do Fato Gerador do ITR

Definição

Art. 1.º O Imposto sobre a Propriedade Territorial Rural – ITR, de apuração anual, tem como fato gerador a propriedade, o domínio útil ou a posse de imóvel por natureza, localizado fora da zona urbana do município, em 1.º de janeiro de cada ano.

§ 1.º O ITR incide inclusive sobre o imóvel declarado de interesse social para fins de reforma agrária, enquanto não transferida a propriedade, exceto se houver imissão prévia na posse.

§ 2.º Para os efeitos desta Lei, considera-se imóvel rural a área contínua, formada de uma ou mais parcelas de terras, localizada na zona rural do município.

§ 3.º O imóvel que pertencer a mais de um município deverá ser enquadrado no município onde fique a sede do imóvel e, se esta não existir, será enquadrado no município onde se localize a maior parte do imóvel.

Imunidade

Art. 2.º Nos termos do art. 153, § 4.º, *in fine*, da Constituição, o imposto não incide sobre pequenas glebas rurais, quando as explore, só ou com sua família, o proprietário que não possua outro imóvel.

Parágrafo único. Para os efeitos deste artigo, pequenas glebas rurais são os imóveis com área igual ou inferior a:

I – 100 ha, se localizado em município compreendido na Amazônia Ocidental ou no Pantanal mato-grossense e sul-mato-grossense;

II – 50 ha, se localizado em município compreendido no Polígono das Secas ou na Amazônia Oriental;

III – 30 ha, se localizado em qualquer outro município.

Seção II
Da Isenção

Art. 3.º São isentos do imposto:

I – o imóvel rural compreendido em programa oficial de reforma agrária, caracterizado pelas autoridades competentes como assentamento, que, cumulativamente, atenda aos seguintes requisitos:

a) seja explorado por associação ou cooperativa de produção;

b) a fração ideal por família assentada não ultrapasse os limites estabelecidos no artigo anterior;

c) o assentado não possua outro imóvel;

II – o conjunto de imóveis rurais de um mesmo proprietário, cuja área total observe os limites fixados no parágrafo único do artigo anterior, desde que, cumulativamente, o proprietário:

a) o explore só ou com sua família, admitida ajuda eventual de terceiros;

b) não possua imóvel urbano.

Art. 3.º-A. Os imóveis rurais oficialmente reconhecidos como áreas ocupadas por remanescentes de comunidades de quilombos que estejam sob a ocupação direta e sejam explorados, individual ou coletivamente, pelos membros destas comunidades são isentos do Imposto sobre a Propriedade Territorial Rural – ITR.

>> *Caput* acrescentado pela Lei n. 13.043, de 13-11-2014.

§ 1.º Ficam dispensados a constituição de créditos da Fazenda Nacional, a inscrição na Dívida Ativa da União e o ajuizamento da respectiva execução fiscal, e cancelados o lançamento e a inscrição relativos ao ITR referentes aos imóveis rurais de que trata o *caput* a partir da data do registro do título de domínio previsto no art. 68 do Ato das Disposições Constitucionais Transitórias.

>> § 1.º acrescentado pela Lei n. 13.043, de 13-11-2014.

§ 2.º Observada a data prevista no § 1.º, não serão aplicadas as penalidades estabelecidas nos arts. 7.º e 9.º para fatos geradores ocorridos até a data de publicação da lei decorrente da conversão da Medida Provisória n. 651, de 9 de julho de 2014, e ficam anistiados os valores decorrentes de multas lançadas pela apresentação da declaração do ITR fora do prazo.

>> § 2.º acrescentado pela Lei n. 13.043, de 13-11-2014.

Seção III
Do Contribuinte e do Responsável

Contribuinte

Art. 4.º Contribuinte do ITR é o proprietário de imóvel rural, o titular de seu domínio útil ou o seu possuidor a qualquer título.

Parágrafo único. O domicílio tributário do contribuinte é o município de localização do imóvel, vedada a eleição de qualquer outro.

Responsável

Art. 5.º É responsável pelo crédito tributário o sucessor, a qualquer título, nos termos dos arts. 128 a 133 da Lei n. 5.172, de 25 de outubro de 1966 (Código Tributário Nacional).

Seção IV
Das Informações Cadastrais

Entrega do DIAC

Art. 6.º O contribuinte ou o seu sucessor comunicará ao órgão local da Secretaria da Re-

(*) Publicada no *Diário Oficial da União*, de 20-12-1996. Regulamentada pelo Decreto n. 4.382, de 19-9-2002. *Vide* Decreto-lei n. 57, de 18-11-1966.

ceita Federal, por meio do Documento de Informação e Atualização Cadastral do ITR – DIAC, as informações cadastrais correspondentes a cada imóvel, bem como qualquer alteração ocorrida, na forma estabelecida pela Secretaria da Receita Federal.

>> A Secretaria da Receita Federal passa a denominar-se Secretaria da Receita Federal do Brasil, por força da Lei n. 11.457, de 16-3-2007.

§ 1.º É obrigatória, no prazo de 60 (sessenta) dias, contado de sua ocorrência, a comunicação das seguintes alterações:

I – desmembramento;

II – anexação;

III – transmissão, por alienação da propriedade ou dos direitos a ela inerentes, a qualquer título;

IV – sucessão *causa mortis*;

V – cessão de direitos;

VI – constituição de reservas ou usufruto.

§ 2.º As informações cadastrais integrarão o Cadastro de Imóveis Rurais – CAFIR, administrado pela Secretaria da Receita Federal, que poderá, a qualquer tempo, solicitar informações visando à sua atualização.

> A Instrução Normativa n. 1.467, de 22-5-2014, da Secretaria da Receita Federal do Brasil, dispõe sobre o Cadastro de Imóveis Rurais (Cafir).

§ 3.º Sem prejuízo do disposto no parágrafo único do art. 4.º, o contribuinte poderá indicar no DIAC, somente para fins de intimação, endereço diferente daquele constante do domicílio tributário, que valerá para esse efeito até ulterior alteração.

Entrega do DIAC Fora do Prazo

Art. 7.º No caso de apresentação espontânea do DIAC fora do prazo estabelecido pela Secretaria da Receita Federal, será cobrada multa de 1% (um por cento) ao mês ou fração sobre o imposto devido não inferior a R$ 50,00 (cinquenta reais), sem prejuízo da multa e dos juros de mora pela falta ou insuficiência de recolhimento do imposto ou quota.

>> A Secretaria da Receita Federal passa a denominar-se Secretaria da Receita Federal do Brasil, por força da Lei n. 11.457, de 16-3-2007.

Seção V
Da Declaração Anual

Art. 8.º O contribuinte do ITR entregará, obrigatoriamente, em cada ano, o Documento de Informação e Apuração do ITR – DIAT, correspondente a cada imóvel, observadas data e condições fixadas pela Secretaria da Receita Federal.

>> A Secretaria da Receita Federal passa a denominar-se Secretaria da Receita Federal do Brasil, por força da Lei n. 11.457, de 16-3-2007.

§ 1.º O contribuinte declarará, no DIAT, o Valor da Terra Nua – VTN correspondente ao imóvel.

§ 2.º O VTN refletirá o preço de mercado de terras, apurado em 1.º de janeiro do ano a que se referir o DIAT, e será considerado autoavaliação da terra nua a preço de mercado.

§ 3.º O contribuinte cujo imóvel se enquadre nas hipóteses estabelecidas nos arts. 2.º, 3.º e 3.º-A fica dispensado da apresentação do DIAT.

>> § 3.º com redação determinada pela Lei n. 13.043, de 13-11-2014.

Entrega do DIAT Fora do Prazo

Art. 9.º A entrega do DIAT fora do prazo estabelecido sujeitará o contribuinte à multa de que trata o art. 7.º, sem prejuízo da multa e dos juros de mora pela falta ou insuficiência de recolhimento do imposto ou quota.

Seção VI
Da Apuração e do Pagamento

Subseção I
Da apuração

Apuração pelo Contribuinte

Art. 10. A apuração e o pagamento do ITR serão efetuados pelo contribuinte, independentemente de prévio procedimento da administração tributária, nos prazos e condições estabelecidos pela Secretaria da Receita Federal, sujeitando-se a homologação posterior.

>> *Vide* nota ao art. 6.º, *caput*, desta Lei.

§ 1.º Para os efeitos de apuração do ITR, considerar-se-á:

I – VTN, o valor do imóvel, excluídos os valores relativos a:

a) construções, instalações e benfeitorias;

b) culturas permanentes e temporárias;

c) pastagens cultivadas e melhoradas;

d) florestas plantadas;

II – área tributável, a área total do imóvel, menos as áreas:

a) de preservação permanente e de reserva legal, previstas na Lei n. 12.651, de 25 de maio de 2012;

>> Alínea *a* com redação determinada pela Lei n. 12.844, de 19-7-2013.

b) de interesse ecológico para a proteção dos ecossistemas, assim declaradas mediante ato do órgão competente, federal ou estadual, e que ampliem as restrições de uso previstas na alínea anterior;

c) comprovadamente imprestáveis para qualquer exploração agrícola, pecuária, granjeira, aquícola, ou florestal, declaradas de interesse ecológico mediante ato do órgão competente, federal ou estadual;

d) sob regime de servidão ambiental;

>> Alínea *d* com redação determinada pela Lei n. 12.651, de 25-5-2012.

e) cobertas por florestas nativas, primárias ou secundárias em estágio médio ou avançado de regeneração;

>> Alínea *e* acrescentada pela Lei n. 11.428, de 22-12-2006.

f) alagadas para fins de constituição de reservatório de usinas hidrelétricas autorizada pelo poder público;

>> Alínea *f* acrescentada pela Lei n. 11.727, de 23-6-2008.

III – VTNt, o valor da terra nua tributável, obtido pela multiplicação do VTN pelo quociente entre a área tributável e a área total;

IV – área aproveitável, a que for passível de exploração agrícola, pecuária, granjeira, aquícola ou florestal, excluídas as áreas:

a) ocupadas por benfeitorias úteis e necessárias;

b) de que tratam as alíneas do inciso II deste parágrafo;

>> Alínea *b* com redação determinada pela Lei n. 11.428, de 22-12-2006.

V – área efetivamente utilizada, a porção do imóvel que no ano anterior tenha:

a) sido plantada com produtos vegetais;

b) servido de pastagem, nativa ou plantada, observados índices de lotação por zona de pecuária;

c) sido objeto de exploração extrativa, observados os índices de rendimento por produto e a legislação ambiental;

d) servido para exploração de atividades granjeira e aquícola;

e) sido o objeto de implantação de projeto técnico, nos termos do art. 7.º da Lei n. 8.629, de 25 de fevereiro de 1993;

VI – Grau de Utilização – GU, a relação percentual entre a área efetivamente utilizada e a área aproveitável.

§ 2.º As informações que permitam determinar o GU deverão constar do DIAT.

§ 3.º Os índices a que se referem as alíneas *b* e *c* do inciso V do § 1.º, serão fixados, ouvido o Conselho Nacional de Politica Agrícola, pela Secretaria da Receita Federal que dispensará da sua aplicação os imóveis com área inferior a:

a) 1.000 ha, se localizados em municípios compreendidos na Amazônia Ocidental ou no Pantanal mato-grossense e sul-mato-grossense;

b) 500 ha, se localizados em municípios compreendidos no Polígono das Secas ou na Amazônia Oriental;

c) 200 ha, se localizados em qualquer outro município.

§ 4.º Para os fins do inciso V do § 1.º, o contribuinte poderá valer-se dos dados sobre a área utilizada e respectiva produção, fornecidos pelo arrendatário ou parceiro, quando o imóvel, ou parte dele, estiver sendo explorado em regime de arrendamento ou parceria.

§ 5.º Na hipótese de que trata a alínea c do inciso V do § 1.º, será considerada a área total objeto de plano de manejo sustentado, desde que aprovado pelo órgão competente, e cujo cronograma esteja sendo cumprido pelo contribuinte.

§ 6.º Será considerada como efetivamente utilizada a área dos imóveis rurais que, no ano anterior, estejam:

I – comprovadamente situados em área de ocorrência de calamidade pública decretada pelo Poder Público, de que resulte frustração de safras ou destruição de pastagens;

II – oficialmente destinados à execução de atividades de pesquisa e experimentação que objetivem o avanço tecnológico da agricultura.

§ 7.º A declaração para fim de isenção do ITR relativa às áreas de que tratam as alíneas *a* e *d* do inciso II, § 1.º, deste artigo, não está sujeita à prévia comprovação por parte do declarante, ficando o mesmo responsável pelo pagamento do imposto correspondente, com juros e multa previstos nesta Lei, caso fique comprovado que a sua declaração não é verdadeira, sem prejuízo de outras sanções aplicáveis.

>> § 7.º acrescentado pela Medida Provisória n. 2.166-67, de 24-8-2001.

Valor do Imposto

Art. 11. O valor do imposto será apurado aplicando-se sobre o Valor da Terra Nua Tributável – VTNt a alíquota correspondente, prevista no Anexo desta Lei, considerados a área total do imóvel e o Grau de Utilização – GU.

§ 1.º Na hipótese de inexistir área aproveitável após efetuadas as exclusões previstas no art. 10, § 1.º, inciso IV, serão aplicadas as alíquotas correspondentes aos imóveis com grau de utilização superior a 80% (oitenta por cento), observada a área total do imóvel.

§ 2.º Em nenhuma hipótese o valor do imposto devido será inferior a R$ 10,00 (dez reais).

Subseção II
Do pagamento

Prazo

Art. 12. O imposto deverá ser pago até o último dia útil do mês fixado para a entrega do DIAT.

Parágrafo único. À opção do contribuinte, o imposto a pagar poderá ser parcelado em até 3 (três) quotas iguais, mensais e consecutivas, observando-se que:

I – nenhuma quota será inferior a R$ 50,00 (cinquenta reais);

II – a primeira quota ou quota única deverá ser paga até a data fixada no *caput*;

III – as demais quotas, acrescidas de juros equivalentes à taxa referencial do Sistema de Liquidação e de Custódia (SELIC) para títulos federais, acumulada mensalmente, calculados a partir do primeiro dia do mês subsequente à data fixada no *caput* até o último dia do mês anterior ao do pagamento, e de 1% (um por cento) no mês do pagamento, vencerão no último dia útil de cada mês;

IV – é facultado ao contribuinte antecipar, total ou parcialmente, o pagamento do imposto ou das quotas.

Pagamento Fora do Prazo

Art. 13. O pagamento do ITR fora dos prazos previstos nesta Lei será acrescido de:

I – multa de mora calculada à taxa de 0,33%, por dia de atraso, não podendo ultrapassar 20% (vinte por cento), calculada a partir do primeiro dia subsequente ao do vencimento do prazo previsto para o pagamento do imposto até o dia em que ocorrer o seu pagamento;

II – juros de mora calculados à taxa a que se refere o art. 12, parágrafo único, inciso III, a partir do primeiro dia do mês subsequente ao vencimento do prazo até o mês anterior ao do pagamento, e de 1% (um por cento) no mês do pagamento.

Seção VII
Dos Procedimentos de Ofício

Art. 14. No caso de falta de entrega do DIAC ou do DIAT, bem assim de subavaliação ou prestação de informações inexatas, incorretas ou fraudulentas, a Secretaria da Receita Federal procederá à determinação e ao lançamento de ofício do imposto, considerando informações sobre preços de terras, constantes de sistema a ser por ela instituído, e os dados de área total, área tributável e grau de utilização do imóvel, apurados em procedimentos de fiscalização.

>> A Secretaria da Receita Federal passa a denominar-se Secretaria da Receita Federal do Brasil, por força da Lei n. 11.457, de 16-3-2007.

§ 1.º As informações sobre preços de terra observarão os critérios estabelecidos no art. 12, § 1.º, II, da Lei n. 8.629, de 25 de fevereiro de 1993, e considerarão levantamentos realizados pelas Secretarias de Agricultura das Unidades Federadas ou dos Municípios.

>> A Medida Provisória n. 2.183-56, de 24-8-2001, alterou a redação do referido § 1.º do art. 12 da Lei n. 8.629, de 25-2-1993.

§ 2.º As multas cobradas em virtude do disposto neste artigo serão aquelas aplicáveis aos demais tributos federais.

Seção VIII
Da Administração do Imposto

>> A Secretaria da Receita Federal passa a denominar-se Secretaria da Receita Federal do Brasil, por força da Lei n. 11.457, de 16-3-2007.

Competência da Secretaria da Receita Federal

Art. 15. Compete à Secretaria da Receita Federal a administração do ITR, incluídas as atividades de arrecadação, tributação e fiscalização.

Parágrafo único. No processo administrativo fiscal, compreendendo os procedimentos destinados à determinação e exigência do imposto, imposição de penalidades, repetição de indébito e solução de consultas, bem assim na compensação do imposto, observar-se-á a legislação prevista para os demais tributos federais.

> *Vide* o Decreto n. 2.138, de 29-1-1997, que dispõe sobre a compensação de créditos tributários com créditos do sujeito passivo decorrentes de restituição ou ressarcimento de tributos ou contribuições.

Convênios de Cooperação

Art. 16. A Secretaria da Receita Federal poderá celebrar convênio com o Instituto Nacional de Colonização e Reforma Agrária – INCRA, com a finalidade de delegar as atividades de fiscalização das informações sobre os imóveis rurais, contidas no DIAC e no DIAT.

§ 1.º No exercício da delegação a que se refere este artigo, o INCRA poderá celebrar convênios de cooperação com o Instituto Brasileiro do Meio Ambiente e dos Recursos Naturais Renováveis – IBAMA, Fundação Nacional do Índio – FUNAI e Secretarias Estaduais de Agricultura.

§ 2.º No uso de suas atribuições, os agentes do INCRA terão acesso ao imóvel de propriedade particular, para levantamento de dados e informações.

§ 3.º A Secretaria da Receita Federal, com o apoio do INCRA, administrará o CAFIR e colocará as informações nele contidas à disposição daquela Autarquia, para fins de levantamento e pesquisa de dados e de proposição de ações administrativas e judiciais.

>> § 3.º com redação determinada pela Lei n. 10.267, de 28-8-2001.

§ 4.º Às informações a que se refere o § 3.º aplica-se o disposto no art. 198 da Lei n. 5.172, de 25 de outubro de 1966.

>> § 4.º com redação determinada pela Lei n. 10.267, de 28-8-2001.

Art. 17. A Secretaria da Receita Federal poderá, também, celebrar convênios com:

I – órgãos da administração tributária das unidades federadas, visando delegar competência para a cobrança e o lançamento do ITR;

II – a Confederação Nacional da Agricultura – CNA e a Confederação Nacional dos Trabalhadores na Agricultura – CONTAG, com a finalidade de fornecer dados cadastrais de imóveis rurais que possibilitem a cobrança das contribuições sindicais devidas àquelas entidades.

Seção IX
Das Disposições Gerais

Dívida Ativa – Penhora ou Arresto

Art. 18. Na execução de dívida ativa, decorrente de crédito tributário do ITR, na hipótese de penhora ou arresto de bens, previstos no art. 11 da Lei n. 6.830, de 22 de setembro de 1980, será penhorado ou arrestado, preferencialmente, imóvel rural, não tendo recaído a penhora ou o arresto sobre dinheiro.

§ 1.º No caso de imóvel rural penhorado ou arrestado, na lavratura do termo ou auto de penhora, deverá ser observado, para efeito de avaliação, o VTN declarado e o disposto no art. 14.

§ 2.º A Fazenda Pública poderá, ouvido o INCRA, adjudicar, para fins fundiários, o imóvel rural penhorado, se a execução não for embargada ou se rejeitados os embargos.

>> A Portaria n. 514, de 9-11-2011, da Advocacia-Geral da União, regulamenta o procedimento de adjudicação de bens imóveis em ações judiciais propostas pela União e pelas autarquias e fundações públicas federais.

§ 3.º O depósito da diferença de que trata o parágrafo único do art. 24 da Lei n. 6.830, de 22 de setembro de 1980, poderá ser feito em Títulos da Dívida Agrária, até o montante equivalente ao VTN declarado.

§ 4.º Na hipótese do § 2.º, o imóvel passará a integrar o patrimônio do INCRA, e a carta de adjudicação e o registro imobiliário serão expedidos em seu nome.

Valores para Apuração de Ganho de Capital

Art. 19. A partir do dia 1.º de janeiro de 1997, para fins de apuração de ganho de capital, nos termos da legislação do imposto de renda, considera-se custo de aquisição e valor da venda do imóvel rural o VTN declarado, na forma do art. 8.º, observado o disposto no art. 14, respectivamente, nos anos da ocorrência de sua aquisição e de sua alienação.

Parágrafo único. Na apuração de ganho de capital correspondente a imóvel rural adquirido anteriormente à data a que se refere este artigo, será considerado custo de aquisição o valor constante da escritura pública, observado o disposto no art. 17 da Lei n. 9.249, de 26 de dezembro de 1995.

Incentivos Fiscais e Crédito Rural

Art. 20. A concessão de incentivos fiscais e de crédito rural, em todas as suas modalidades, bem assim a constituição das respectivas contrapartidas ou garantias, ficam condicionadas à comprovação do recolhimento do ITR, relativo ao imóvel rural, correspondente aos últimos 5 (cinco) exercícios, ressalvados os casos em que a exigibilidade do imposto esteja suspensa, ou em curso de cobrança executiva em que tenha sido efetivada a penhora.

> A Lei n. 10.696, de 2-7-2003, dispõe sobre a repactuação e o alongamento de dívidas oriundas de operações de crédito rural, e dá outras providências.

Parágrafo único. É dispensada a comprovação de regularidade do recolhimento do imposto relativo ao imóvel rural, para efeito de concessão de financiamento ao amparo do Programa Nacional de Fortalecimento da Agricultura Familiar – PRONAF.

Registro Público

Art. 21. É obrigatória a comprovação do pagamento do ITR, referente aos 5 (cinco) últimos exercícios, para serem praticados quaisquer dos atos previstos nos arts. 167 e 168 da Lei n. 6.015, de 31 de dezembro de 1973 (Lei dos Registros Públicos), observada a ressalva prevista no *caput* do artigo anterior, *in fine*.

Parágrafo único. São solidariamente responsáveis pelo imposto e pelos acréscimos legais, nos termos do art. 134 da Lei n. 5.172, de 25 de outubro de 1966 – Código Tributário Nacional, os serventuários do registro de imóveis que descumprirem o disposto neste artigo, sem prejuízo de outras sanções legais.

Depósito Judicial na Desapropriação

Art. 22. O valor da terra nua para fins do depósito judicial, a que se refere o inciso I do art. 6.º da Lei Complementar n. 76, de 6 de julho de 1993, na hipótese de desapropriação do imóvel rural de que trata o art. 184 da Constituição, não poderá ser superior ao VTN declarado, observado o disposto no art. 14.

Parágrafo único. A desapropriação por valor inferior ao declarado não autorizará a redução de imposto a ser pago, nem a restituição de quaisquer importâncias já recolhidas.

Capítulo II
DAS DISPOSIÇÕES FINAIS

Art. 23. Esta Lei entra em vigor na data de sua publicação, produzindo efeitos, quanto aos arts. 1.º a 22, a partir de 1.º de janeiro de 1997.

Art. 24. Revogam-se os arts. 1.º a 22 e 25 da Lei n. 8.847, de 28 de janeiro de 1994.

Brasília, 19 de dezembro de 1996; 175.º da Independência e 108.º da República.

Fernando Henrique Cardoso

Anexo
TABELA DE ALÍQUOTAS (Art. 11)

Área total do imóvel (em hectares)	Grau de Utilização – GU (em %)				
	Maior que 80	Maior que 65 até 80	Maior que 50 até 65	Maior que 30 até 50	Até 30
Até 50	0,03	0,20	0,40	0,70	1,00
Maior que 50 até 200	0,07	0,40	0,80	1,40	2,00
Maior que 200 até 500	0,10	0,60	1,30	2,30	3,30
Mais que 500 até 1.000	0,15	0,85	1,90	3,30	4,70
Maior que 1.000 até 5.000	0,30	1,60	3,40	6,00	8,60
Acima de 5.000	0,45	3,00	6,40	12,00	20,00

LEI N. 9.427, DE 26 DE DEZEMBRO DE 1996 (*)

Institui a Agência Nacional de Energia Elétrica – ANEEL, disciplina o regime das concessões de serviços públicos de energia elétrica e dá outras providências.

O Presidente da República

Faço saber que o Congresso Nacional decreta e eu sanciono a seguinte Lei:

Capítulo I
DAS ATRIBUIÇÕES E DA ORGANIZAÇÃO

Art. 1.º É instituída a Agência Nacional de Energia Elétrica – ANEEL, autarquia sob regime especial, vinculada ao Ministério de Minas e Energia, com sede e foro no Distrito Federal e prazo de duração indeterminado.

> O Decreto n. 2.335, de 6-10-1997, constitui a Agência Nacional de Energia Elétrica – ANEEL e aprova sua estrutura regimental.

Art. 2.º A Agência Nacional de Energia Elétrica – ANEEL tem por finalidade regular e fiscalizar a produção, transmissão, distribuição e comercialização de energia elétrica, em conformidade com as políticas e diretrizes do governo federal.

> A Lei n. 10.848, de 15-3-2004, dispõe sobre a comercialização de energia elétrica. O Decreto n. 5.163, de 30-7-2004, regulamenta a comercialização de energia elétrica, o processo de outorga de concessões e de autorizações de geração de energia elétrica.

> O Decreto n. 6.353, de 16-1-2008, regulamenta a contratação de energia de reserva.

Parágrafo único. (*Revogado pela Lei n. 10.848, de 15-3-2004.*)

Art. 3.º Além das atribuições previstas nos incisos II, III, V, VI, VII, X, XI e XII do art. 29 e no art. 30 da Lei n. 8.987, de 13 de fevereiro de 1995, de outras incumbências expressamente previstas em lei e observado o disposto no § 1.º, compete à ANEEL:

>> *Caput* com redação determinada pela Lei n. 10.848, de 15-3-2004.

I – implementar as políticas e diretrizes do governo federal para a exploração da energia elétrica e o aproveitamento dos poten-

(*) Publicada no *Diário Oficial da União* de 27-12-1996, e republicada em 28-9-1998. *Vide* Lei n. 9.986, de 18-7-2000, que dispõe sobre a gestão de recursos humanos das agências reguladoras e dá outras providências. A Lei n. 9.991, de 24-7-2000, dispõe sobre a realização de investimentos em pesquisa e desenvolvimento e em eficiência energética por parte das empresas concessionárias, permissionárias e autorizadas do setor de energia elétrica. A Lei n. 11.943, de 28-5-2009, autoriza a União, os Estados e o Distrito Federal a participar de Fundo de Garantia a Empreendimentos de Energia Elétrica – FGEE.

ciais hidráulicos, expedindo os atos regulamentares necessários ao cumprimento das normas estabelecidas pela Lei n. 9.074, de 7 de julho de 1995;

II – promover, mediante delegação, com base no plano de outorgas e diretrizes aprovadas pelo Poder Concedente, os procedimentos licitatórios para a contratação de concessionárias e permissionárias de serviço público para produção, transmissão e distribuição de energia elétrica e para a outorga de concessão para aproveitamento de potenciais hidráulicos;

>> Inciso II com redação determinada pela Lei n. 10.848, de 15-3-2004.

III – (*Revogado pela Lei n. 10.848, de 15-3-2004.*);

IV – gerir os contratos de concessão ou de permissão de serviços públicos de energia elétrica, de concessão de uso de bem público, bem como fiscalizar, diretamente ou mediante convênios com órgãos estaduais, as concessões, as permissões e a prestação dos serviços de energia elétrica;

>> Inciso IV com redação determinada pela Lei n. 10.848, de 15-3-2004.

V – dirimir, no âmbito administrativo, as divergências entre concessionárias, permissionárias, autorizadas, produtores independentes e autoprodutores, bem como entre esses agentes e seus consumidores;

VI – fixar os critérios para cálculo do preço de transporte de que trata o § 6.º do art. 15 da Lei n. 9.074, de 7 de julho de 1995, e arbitrar seus valores nos casos de negociação frustrada entre os agentes envolvidos;

VII – articular com o órgão regulador do setor de combustíveis fósseis e gás natural os critérios para fixação dos preços de transporte desses combustíveis, quando destinados à geração de energia elétrica, e para arbitramento de seus valores, nos casos de negociação frustrada entre os agentes envolvidos;

VIII – estabelecer, com vistas a propiciar concorrência efetiva entre os agentes e a impedir a concentração econômica nos serviços e atividades de energia elétrica, restrições, limites ou condições para empresas, grupos empresariais e acionistas, quanto à obtenção e transferência de concessões, permissões e autorizações, à concentração societária e à realização de negócios entre si;

>> Inciso VIII acrescentado pela Lei n. 9.648, de 27-5-1998.

IX – zelar pelo cumprimento da legislação de defesa da concorrência, monitorando e acompanhando as práticas de mercado dos agentes do setor de energia elétrica;

>> Inciso IX acrescentado pela Lei n. 9.648, de 27-5-1998.

X – fixar as multas administrativas a serem impostas aos concessionários, permissionários e autorizados de instalações e serviços de energia elétrica, observado o limite, por infração, de 2% (dois por cento) do faturamento, ou do valor estimado da energia produzida nos casos de autoprodução e produção independente, correspondentes aos últimos doze meses anteriores à lavratura do auto de infração, ou estimados para um período de doze meses caso o infrator não esteja em operação ou esteja operando por um período inferior a doze meses;

>> Inciso X acrescentado pela Lei n. 9.648, de 27-5-1998.

XI – estabelecer tarifas para o suprimento de energia elétrica realizado às concessionárias e às permissionárias de distribuição, inclusive às cooperativas de eletrificação rural enquadradas como permissionárias, cujos mercados próprios sejam inferiores a 700 GWh/ano, e tarifas de fornecimento às cooperativas autorizadas, considerando parâmetros técnicos, econômicos, operacionais e a estrutura dos mercados atendidos;

>> Inciso XI com redação determinada pela Lei n. 13.360, de 17-11-2016.

XII – estabelecer, para cumprimento por parte de cada concessionária e permissionária de serviço público de distribuição de energia elétrica, as metas a serem periodicamente alcançadas, visando a universalização do uso da energia elétrica;

>> Inciso XII acrescentado pela Lei n. 10.438, de 26-4-2002.

>> Inciso XII regulamentado pelo Decreto n. 4.541, de 23-12-2002.

XIII – efetuar o controle prévio e *a posteriori* de atos e negócios jurídicos a serem celebrados entre concessionárias, permissionárias, autorizadas e seus controladores, suas sociedades controladas ou coligadas e outras sociedades controladas ou coligadas de controlador comum, impondo-lhes restrições à mútua constituição de direitos e obrigações, especialmente comerciais e, no limite, a abstenção do próprio ato ou contrato;

>> Inciso XIII acrescentado pela Lei n. 10.438, de 26-4-2002.

>> Inciso XIII regulamentado pelo Decreto n. 4.541, de 23-12-2002, e pela Resolução Normativa n. 699, de 26-1-2016, da ANEEL.

XIV – aprovar as regras e os procedimentos de comercialização de energia elétrica, contratada de formas regulada e livre;

>> Inciso XIV acrescentado pela Lei n. 10.848, de 15-3-2004.

XV – promover processos licitatórios para atendimento às necessidades do mercado;

>> Inciso XV acrescentado pela Lei n. 10.848, de 15-3-2004.

XVI – homologar as receitas dos agentes de geração na contratação regulada e as tarifas a serem pagas pelas concessionárias, permissionárias ou autorizadas de distribuição de energia elétrica, observados os resultados dos processos licitatórios referidos no inciso XV do *caput* deste artigo;

>> Inciso XVI acrescentado pela Lei n. 10.848, de 15-3-2004.

XVII – estabelecer mecanismos de regulação e fiscalização para garantir o atendimento à totalidade do mercado de cada agente de distribuição e de comercialização de energia elétrica, bem como à carga dos consumidores que tenham exercido a opção prevista nos arts. 15 e 16 da Lei n. 9.074, de 7 de julho de 1995;

>> Inciso XVII acrescentado pela Lei n. 10.848, de 15-3-2004.

XVIII – definir as tarifas de uso dos sistemas de transmissão e distribuição, sendo que as de transmissão devem ser baseadas nas seguintes diretrizes:

a) assegurar arrecadação de recursos suficientes para a cobertura dos custos dos sistemas de transmissão, inclusive das interligações internacionais conectadas à rede básica;

>> Alínea *a* com redação determinada pela Lei n. 12.111, de 9-12-2009.

b) utilizar sinal locacional visando a assegurar maiores encargos para os agentes que mais onerem o sistema de transmissão;

>> Inciso XVIII acrescentado pela Lei n. 10.848, de 15-3-2004.

XIX – regular o serviço concedido, permitido e autorizado e fiscalizar permanentemente sua prestação;

>> Inciso XIX acrescentado pela Lei n. 10.848, de 15-3-2004.

XX – definir adicional de tarifas de uso específico das instalações de interligações internacionais para exportação e importação de energia elétrica, visando à modicidade tarifária dos usuários do sistema de transmissão ou distribuição;

>> Inciso XX acrescentado pela Lei n. 12.111, de 9-12-2009.

XXI – definir as tarifas das concessionárias de geração hidrelétrica que comercializarem energia no regime de cotas de que trata a Medida Provisória n. 579, de 11 de setembro de 2012.

>> Inciso XXI acrescentado pela Lei n. 12.783, de 11-1-2013.

§ 1.º No exercício da competência prevista nos incisos VIII e IX, a ANEEL deverá articular-se com a Secretaria de Direito Econômico do Ministério da Justiça.

>> Parágrafo único renumerado pela Lei n. 13.360, de 17-11-2016.

§ 2.º No exercício da competência prevista no inciso XI, a Aneel deverá definir o valor da subvenção prevista no inciso XIII do art. 13 da Lei n. 10.438, de 26 de abril de 2002, a ser recebida por cooperativas de eletrificação rural, concessionárias ou permissionárias, para compensar a reduzida densidade de carga de seu mercado, quando for o caso.

>> § 2.º acrescentado pela Lei n. 13.360, de 17-11-2016.

§ 3.º A subvenção a que se refere o § 4.º será calculada pela Aneel a cada revisão tarifária ordinária da principal concessionária de distribuição supridora da cooperativa de eletrificação rural, concessionária ou permissionária, devendo o valor encontrado ser atualizado pelo Índice Nacional de Preços ao Consumidor Amplo (IPCA), e publicado pelo Instituto Brasileiro de Geografia e Estatística (IBGE), ou outro que o substituir, nos processos subsequentes de reajuste tarifário.

>> § 3.º acrescentado pela Lei n. 13.360, de 17-11-2016.

§ 4.º A subvenção será igual ao valor adicional de receita requerida que precisaria ser concedido à principal concessionária de distribuição supridora caso os ativos, o mercado e os consumidores da cooperativa de eletrificação rural, concessionária ou permissionária, fizessem parte de sua concessão.

>> § 4.º acrescentado pela Lei n. 13.360, de 17-11-2016.

§ 5.º O disposto neste artigo aplica-se a partir do processo tarifário da cooperativa de eletrificação rural, concessionária ou permissionária, que suceder a revisão tarifária ordinária da principal concessionária supridora, mesmo que essa tenha ocorrido nos anos de 2015 ou 2016, sempre com efeitos prospectivos, nos termos da regulação da Aneel.

>> § 5.º acrescentado pela Lei n. 13.360, de 17-11-2016.

§ 6.º A partir da definição da subvenção de que trata o § 4.º, os descontos concedidos às cooperativas de eletrificação rural, concessionárias ou permissionárias, nas tarifas de uso dos sistemas de distribuição e transmissão e nas tarifas de energia serão reduzidos até a sua extinção, sendo a redução pelo processo tarifário de que trata o § 5.º limitada pelo efeito médio final do processo tarifário, máximo de 20% (vinte por cento).

>> § 6.º acrescentado pela Lei n. 13.360, de 17-11-2016.

§ 7.º No exercício da competência prevista no inciso XI, a Aneel deverá, para efeito de definição da subvenção de que trata o § 4.º e dos descontos nas tarifas de uso dos sistemas de distribuição e transmissão e nas tarifas de energia, considerar o mercado limitado a 500 GWh/ano para as cooperativas de eletrificação rural cujos mercados próprios sejam superiores a 500 GWh/ano.

>> § 7.º acrescentado pela Lei n. 13.360, de 17-11-2016.

Art. 3.º-A. Além das competências previstas nos incisos IV, VIII e IX do art. 29 da Lei n. 8.987, de 13 de fevereiro de 1995, aplicáveis aos serviços de energia elétrica, compete ao Poder Concedente:

>> *Caput* acrescentado pela Lei n. 10.848, de 15-3-2004.

I – elaborar o plano de outorgas, definir as diretrizes para os procedimentos licitatórios e promover as licitações destinadas à contratação de concessionários de serviço público para produção, transmissão e distribuição de energia elétrica e para a outorga de concessão para aproveitamento de potenciais hidráulicos;

>> Inciso I acrescentado pela Lei n. 10.848, de 15-3-2004.

II – celebrar os contratos de concessão ou de permissão de serviços públicos de energia elétrica, de concessão de uso de bem público e expedir atos autorizativos.

>> Inciso II acrescentado pela Lei n. 10.848, de 15-3-2004.

§ 1.º No exercício das competências referidas no inciso IV do art. 29 da Lei n. 8.987, de 13 de fevereiro de 1995, e das competências referidas nos incisos I e II do *caput* deste artigo, o Poder Concedente ouvirá previamente a ANEEL.

>> § 1.º acrescentado pela Lei n. 10.848, de 15-3-2004.

§ 2.º No exercício das competências referidas no inciso I do *caput* deste artigo, o Poder Concedente delegará à ANEEL a operacionalização dos procedimentos licitatórios.

>> § 2.º acrescentado pela Lei n. 10.848, de 15-3-2004.

§ 3.º A celebração de contratos e a expedição de atos autorizativos de que trata o inciso II do *caput* deste artigo poderão ser delegadas à ANEEL.

>> § 3.º acrescentado pela Lei n. 10.848, de 15-3-2004.

§ 4.º O exercício pela ANEEL das competências referidas nos incisos VIII e IX do art. 29 da Lei n. 8.987, de 13 de fevereiro de 1995, dependerá de delegação expressa do Poder Concedente.

>> § 4.º acrescentado pela Lei n. 10.848, de 15-3-2004.

Art. 4.º A ANEEL será dirigida por um Diretor-Geral e quatro Diretores, em regime de colegiado, cujas funções serão estabelecidas no ato administrativo que aprovar a estrutura organizacional da autarquia.

§ 1.º Integrarão a estrutura da Aneel uma Procuradoria e uma Ouvidoria.

>> § 1.º com redação determinada pela Lei n. 13.848, de 25-6-2019, em vigor após 90 dias da sua publicação (*DOU* de 26-6-2019).

§ 2.º (*Revogado pela Lei n. 9.649, de 27-5-1998.*)

§ 3.º O processo decisório que implicar afetação de direitos dos agentes econômicos do setor elétrico ou dos consumidores, mediante iniciativa de projeto de lei ou, quando possível, por via administrativa, será precedido de audiência pública convocada pela ANEEL.

Art. 5.º O Diretor-Geral e os Diretores serão nomeados pelo Presidente da República para cumprir mandatos não coincidentes de 5 (cinco) anos, vedada a recondução, ressalvado o que dispõe o art. 29.

>> *Caput* com redação determinada pela Lei n. 13.848, de 25-6-2019, em vigor após 90 dias da sua publicação (*DOU* de 26-6-2019).

Parágrafo único. A nomeação dos membros da Diretoria Colegiada dependerá de prévia aprovação do Senado Federal, nos termos da alínea *f* do inciso III do art. 52 da Constituição Federal, observado o disposto na Lei n. 9.986, de 18 de julho de 2000.

>> Parágrafo único com redação determinada pela Lei n. 13.848, de 25-6-2019, em vigor após 90 dias da sua publicação (*DOU* de 26-6-2019).

Art. 6.º (*Revogado pela Lei n. 13.848, de 25-6-2019, em vigor após 90 dias da sua publicação* – DOU *de 26-6-2019.*)

Art. 7.º (*Revogado pela Lei n. 13.848, de 25-6-2019, em vigor após 90 dias da sua publicação* – DOU *de 26-6-2019.*)

Art. 8.º (*Revogado pela Lei n. 9.986, de 18-7-2000.*)

Art. 9.º O ex-dirigente da ANEEL continuará vinculado à autarquia nos doze meses seguintes ao exercício do cargo, durante os quais estará impedido de prestar, direta ou indiretamente, independentemente da forma ou natureza do contrato, qualquer tipo de serviço às empresas sob sua regulamentação ou fiscalização, inclusive controladas, coligadas ou subsidiárias.

§ 1.º Durante o prazo da vinculação estabelecida neste artigo, o ex-dirigente continuará prestando serviço à ANEEL ou a qualquer outro órgão da administração pública direta da União, em área atinente à sua qualificação profissional, mediante remuneração equivalente à do cargo de direção que exerceu.

§ 2.º Incorre na prática de advocacia administrativa, sujeitando-se o infrator às penas previstas no art. 321 do Código Penal, o ex-dirigente da ANEEL, inclusive por renúncia ao mandato, que descumprir o disposto no *caput* deste artigo.

> Citado dispositivo consta nesta obra.

§ 3.º Exclui-se do disposto neste artigo o ex-dirigente que for exonerado no prazo indicado no *caput* do artigo anterior ou pelos motivos constantes de seu parágrafo único.

Art. 10. Os cargos em comissão da autarquia serão exercidos, preferencialmente, por servidores ocupantes de cargo de carreira técnica ou profissional da autarquia, aplicando-se-lhes as mesmas restrições do art. 6.º quando preenchidos por pessoas estranhas aos quadros da ANEEL, exceto no período a que se refere o art. 29.

Parágrafo único. Ressalvada a participação em comissões de trabalho criadas com fim específico, duração determinada e não integrantes da estrutura organizacional da autarquia, é vedado à ANEEL requisitar, para lhe prestar serviço, empregados de empresas sob sua regulamentação ou fiscalização.

Capítulo II
DAS RECEITAS E DO ACERVO DA AUTARQUIA

Art. 11. Constituem receitas da Agência Nacional de Energia Elétrica – ANEEL:

I – recursos oriundos da cobrança da taxa de fiscalização sobre serviços de energia elétrica, instituída por esta Lei;

II – recursos ordinários do Tesouro Nacional consignados no Orçamento Fiscal da União e em seus créditos adicionais, transferências e repasses que lhe forem conferidos;

III – produto da venda de publicações, material técnico, dados e informações, inclusive para fins de licitação pública, de emolumentos administrativos e de taxas de inscrição em concurso público;

IV – rendimentos de operações financeiras que realizar;

V – recursos provenientes de convênios, acordos ou contratos celebrados com entidades, organismos ou empresas, públicos ou privados, nacionais ou internacionais;

VI – doações, legados, subvenções e outros recursos que lhe forem destinados;

VII – valores apurados na venda ou aluguel de bens móveis e imóveis de sua propriedade.

Parágrafo único. O orçamento anual da ANEEL, que integra a Lei Orçamentária da União, nos termos do inciso I do § 5.º do art. 165 da Constituição Federal, deve considerar as receitas previstas neste artigo de forma a dispensar, no prazo máximo de três anos, os recursos ordinários do Tesouro Nacional.

Art. 12. É instituída a Taxa de Fiscalização de Serviços de Energia Elétrica, que será anual, diferenciada em função da modalidade e proporcional ao porte do serviço concedido, permitido ou autorizado, aí incluída a produção independente de energia elétrica e a autoprodução de energia.

§ 1.º A taxa de fiscalização, equivalente a 0,4% (quatro décimos por cento) do valor do benefício econômico anual auferido pelo concessionário, permissionário ou autorizado, será determinada pelas seguintes fórmulas:

I – TFg = P x Gu

onde:

TFg = taxa de fiscalização da concessão de geração;

P = potência instalada para o serviço de geração;

Gu = 0,4% do valor unitário do benefício anual decorrente da exploração do serviço de geração;

II – TFt = P x Tu

onde:

TFt = taxa de fiscalização da concessão de transmissão;

P = potência instalada para o serviço de transmissão;

Tu = 0,4% do valor unitário do benefício anual decorrente da exploração do serviço de transmissão;

III – TFd = [Ed / (FC x 8,76)] x Du

onde:

TFd = taxa de fiscalização da concessão de distribuição;

Ed = energia anual faturada com o serviço concedido de distribuição, em megawatt/hora;

FC = fator de carga médio anual das instalações de distribuição, vinculadas ao serviço concedido;

Du = 0,4% (quatro décimos por cento) do valor unitário do benefício anual decorrente da exploração do serviço de distribuição.

>> § 1.º com redação determinada pela Lei n. 12.783, de 11-1-2013.

§ 2.º Para determinação do valor do benefício econômico a que se refere o parágrafo anterior, considerar-se-á a tarifa fixada no respectivo contrato de concessão ou no ato de outorga da concessão, permissão ou autorização, quando se tratar de serviço público, ou no contrato de venda de energia, quando se tratar de produção independente.

§ 3.º No caso de exploração para uso exclusivo, o benefício econômico será calculado com base na estipulação de um valor típico para a unidade de energia elétrica gerada.

§ 4.º (*Vetado.*)

>> § 4.º acrescentado pela Lei n. 12.783, de 11-1-2013.

Art. 13. A taxa anual de fiscalização será devida pelos concessionários, permissionários e autorizados a partir de 1.º de janeiro de 1997, devendo ser recolhida diretamente à ANEEL, em duodécimos, na forma em que dispuser o regulamento desta Lei.

§ 1.º Do valor global das quotas da Reserva Global de Reversão – RGR, de que trata o art. 4.º da Lei n. 5.655, de 20 de maio de 1971, com a redação dada pelo art. 9.º da Lei n. 8.631, de 4 de março de 1993, devidas pelos concessionários e permissionários, será deduzido o valor da taxa de fiscalização, vedada qualquer majoração de tarifas por conta da instituição desse tributo.

> A Lei n. 5.655, de 20-5-1971, dispõe sobre a remuneração legal do investimento dos concessionários de serviços públicos de energia elétrica, e dá outras providências.

§ 2.º A Reserva Global de Reversão de que trata o parágrafo anterior é considerada incluída nas tarifas de energia elétrica, com as alterações seguintes:

I – é fixada em até dois e meio por cento a quota anual de reversão que incidirá sobre os investimentos dos concessionários e permissionários, nos termos estabelecidos pelo art. 9.º da Lei n. 8.631, de 4 de março de 1993, observado o limite de três por cento da receita anual;

II – do total dos recursos arrecadados a partir da vigência desta Lei, cinquenta por cento, no mínimo, serão destinados para aplicação em investimentos no Setor Elétrico das Regiões Norte, Nordeste e Centro-Oeste, dos quais 1/2 em programas de eletrificação rural, conservação e uso racional de energia e atendimento de comunidades de baixa renda;

III – os recursos referidos neste artigo poderão ser contratados diretamente com Estados, Municípios, concessionárias e permissionárias de serviço público de energia elétrica e agentes autorizados, assim como Cooperativas de Eletrificação Rural, Cooperativas responsáveis pela implantação de infraestrutura em projetos de reforma agrária e Consórcios Intermunicipais;

>> Inciso III com redação determinada pela Lei n. 10.438, de 26-4-2002.

>> Inciso III regulamentado pelo Decreto n. 4.541, de 23-12-2002.

IV – os recursos destinados ao semiárido da Região Nordeste serão aplicados a taxas de financiamento não superiores às previstas para os recursos a que se refere a alínea *c* do inciso I do art. 159 da Constituição Federal;

>> Inciso IV regulamentado pelo Decreto n. 4.541, de 23-12-2002.

V – as condições de financiamento previstas no inciso IV poderão ser estendidas, a critério da ANEEL, aos recursos contratados na forma do inciso III que se destinem a programas vinculados às metas de universalização do serviço público de energia elétrica nas regiões mencionadas no inciso II.

>> Inciso V acrescentado pela Lei n. 10.438, de 26-4-2002.

>> Inciso IV regulamentado pelo Decreto n. 4.541, de 23-12-2002.

Capítulo III
DO REGIME ECONÔMICO E FINANCEIRO DAS CONCESSÕES DE SERVIÇO PÚBLICO DE ENERGIA ELÉTRICA

Art. 14. O regime econômico e financeiro da concessão de serviço público de energia elétrica, conforme estabelecido no respectivo contrato, compreende:

I – a contraprestação pela execução do serviço, paga pelo consumidor final com tarifas baseadas no serviço pelo preço, nos termos da Lei n. 8.987, de 13 de fevereiro de 1995;

II – a responsabilidade da concessionária em realizar investimentos em obras e instalações que reverterão à União na extinção do contrato, garantida a indenização nos casos e condições previstos na Lei n. 8.987, de 13 de fevereiro de 1995, e nesta Lei, de modo a assegurar a qualidade do serviço de energia elétrica;

III – a participação do consumidor no capital da concessionária, mediante contribuição financeira para execução de obras de interesse mútuo, conforme definido em regulamento;

IV – apropriação de ganhos de eficiência empresarial e da competitividade;

V – indisponibilidade, pela concessionária, salvo disposição contratual, dos bens considerados reversíveis.

Art. 15. Entende-se por serviço pelo preço o regime econômico-financeiro mediante o qual as tarifas máximas do serviço público de energia elétrica são fixadas:

I – no contrato de concessão ou permissão resultante de licitação pública, nos termos da Lei n. 8.987, de 13 de fevereiro de 1995;

II – no contrato que prorrogue a concessão existente, nas hipóteses admitidas na legislação vigente;

>> Inciso II com redação determinada pela Lei n. 12.783, de 11-1-2013.

III – no contrato de concessão celebrado em decorrência de desestatização, nos casos indicados no art. 27 da Lei n. 9.074, de 7 de julho de 1995;

IV – em ato específico da ANEEL, que autorize a aplicação de novos valores, resultantes de revisão ou de reajuste, nas condições do respectivo contrato.

§ 1.º A manifestação da ANEEL para a autorização exigida no inciso IV deste artigo deverá ocorrer no prazo máximo de trinta dias a contar da apresentação da proposta da concessionária ou permissionária, vedada a formulação de exigências que não se limitem à comprovação dos fatos alegados para a revisão ou reajuste, ou dos índices utilizados.

§ 2.º A não manifestação da ANEEL, no prazo indicado, representará a aceitação dos novos valores tarifários apresentados, para sua imediata aplicação.

§ 3.º A concessionária deverá divulgar em seu sítio eletrônico, de forma clara e de fácil compreensão pelo consumidor final, tabela com o valor das tarifas praticadas e a evolução das revisões ou reajustes realizados nos últimos cinco anos.

>> § 3.º acrescentado pela Lei n. 13.673, de 5-6-2018.

Art. 16. Os contratos de concessão referidos no artigo anterior, ao detalhar a cláusula prevista no inciso V do art. 23 da Lei n. 8.987, de 13 de fevereiro de 1995, poderão prever o compromisso de investimento mínimo anual da concessionária destinado a atender a expansão do mercado e a ampliação e modernização das instalações vinculadas ao serviço.

Art. 16-A. A interrupção no fornecimento de energia elétrica pela empresa prestadora do serviço público de distribuição de energia elétrica, observado o disposto no § 1.º, importa na aplicação de multa em benefício dos usuários finais que forem diretamente prejudicados, na forma do regulamento.

>> *Caput* acrescentado pela Lei n. 14.052, de 8-9-2020.

§ 1.º A multa prevista no *caput*:

>> § 1.º, *caput*, acrescentado pela Lei n. 14.052, de 8-9-2020.

I – será aplicável quando for superado o valor limite de indicadores de qualidade do serviço prestado;

>> Inciso I acrescentado pela Lei n. 14.052, de 8-9-2020.

II – não será devida, entre outras situações a serem definidas na forma do regulamento:

>> Inciso II, *caput*, acrescentado pela Lei n. 14.052, de 8-9-2020.

***a)* quando a interrupção for causada por falha nas instalações da unidade consumidora;**

>> Alínea *a* acrescentada pela Lei n. 14.052, de 8-9-2020.

***b)* em caso de suspensão por inadimplemento do usuário;**

>> Alínea *b* acrescentada pela Lei n. 14.052, de 8-9-2020.

III – estará sujeita a um valor mínimo e a um valor máximo;

>> Inciso III acrescentado pela Lei n. 14.052, de 8-9-2020.

IV – poderá ser paga sob a forma de crédito na fatura de energia elétrica ou em espécie, em prazo não superior a 3 (três) meses após o período de apuração;

>> Inciso IV acrescentado pela Lei n. 14.052, de 8-9-2020.

V – não inibe a aplicação de qualquer outra penalidade prevista em lei.

>> Inciso V acrescentado pela Lei n. 14.052, de 8-9-2020.

§ 2.º Deverão ser implantadas ferramentas que permitam a auditoria dos indicadores referidos no inciso I do § 1.º independentemente de informações da empresa prestadora do serviço público de distribuição de energia elétrica.

>> § 2.º acrescentado pela Lei n. 14.052, de 8-9-2020.

Art. 17. A suspensão, por falta de pagamento, do fornecimento de energia elétrica a consumidor que preste serviço público ou essencial à população e cuja atividade sofra prejuízo será comunicada com antecedência de quinze dias ao Poder Público local ou ao Poder Executivo Estadual.

§ 1.º O Poder Público que receber a comunicação adotará as providências administrativas para preservar a população dos efeitos da suspensão do fornecimento de energia elétrica, inclusive dando publicidade à contingência, sem prejuízo das ações de responsabilização pela falta de pagamento que motivou a medida.

>> § 1.º acrescentado pela Lei n. 10.438, de 26-4-2002.

>> § 1.º regulamentado pelo Decreto n. 4.541, de 23-12-2002.

§ 2.º Sem prejuízo do disposto nos contratos em vigor, o atraso do pagamento de faturas de compra de energia elétrica e das contas mensais de seu fornecimento aos consumidores, do uso da rede básica e das instalações de conexão, bem como do recolhimento mensal dos encargos relativos às quotas da Reserva Global de Reversão – RGR, à compensação financeira pela utilização de recursos hídricos, ao uso de bem público, ao rateio da Conta de Consumo de Combustíveis – CCC, à Conta de Desenvolvimento Energético – CDE, ao Programa de Incentivo às Fontes Alternativas de Energia Elétrica – PROINFA e à Taxa de Fiscalização dos Serviços de Energia Elétrica, implicará a incidência de juros de mora de um por cento ao mês e multa de até cinco por cento, a ser fixada pela ANEEL, respeitado o limite máximo admitido pela legislação em vigor.

>> § 2.º com redação determinada pela Lei n. 10.762, de 11-11-2003.

>> § 2.º regulamentado pelo Decreto n. 4.541, de 23-12-2002.

Art. 18. A ANEEL somente aceitará como bens reversíveis da concessionária ou permissionária do serviço público de energia elétrica aqueles utilizados, exclusiva e permanentemente, para produção, transmissão e distribuição de energia elétrica.

Art. 19. Na hipótese de encampação da concessão, a indenização devida ao concessionário, conforme previsto no art. 36 da Lei n. 8.987, de 13 de fevereiro de 1995, compreenderá as perdas decorrentes da extinção do contrato, excluídos os lucros cessantes.

Capítulo IV
DA DESCENTRALIZAÇÃO DAS ATIVIDADES

Art. 20. Sem prejuízo do disposto na alínea *b* do inciso XII do art. 21 e no inciso XI do art. 23 da Constituição Federal, a execução das atividades complementares de regulação, controle e fiscalização dos serviços e instalações de energia elétrica poderá ser descentralizada pela União para os Estados e para o Distrito Federal visando à gestão associada de serviços públicos, mediante convênio de cooperação.

>> *Caput* com redação determinada pela Lei n. 12.111, de 9-12-2009.

§ 1.º A descentralização abrangerá os serviços e instalações de energia elétrica prestados e situados no território da respectiva unidade federativa, exceto:

I – os de geração de interesse do sistema elétrico interligado, conforme condições estabelecidas em regulamento da Aneel;

>> Inciso I com redação determinada pela Lei n. 12.111, de 9-12-2009.

II – os de transmissão integrante da rede básica.

§ 2.º A delegação de que trata este Capítulo será conferida desde que o Distrito Federal ou o Estado interessado possua serviços técnicos e administrativos competentes, devidamente organizados e aparelhados para execução das respectivas atividades, conforme condições estabelecidas em regulamento da Aneel.

>> § 2.º com redação determinada pela Lei n. 12.111, de 9-12-2009.

§ 3.º A execução pelos Estados e Distrito Federal das atividades delegadas será disciplinada por meio de contrato de metas firmado entre a Aneel e a Agência Estadual ou Distrital, conforme regulamentação da Aneel, que observará os seguintes parâmetros:

>> § 3.º, *caput*, com redação determinada pela Lei n. 12.111, de 9-12-2009.

I – controle de resultado voltado para a eficiência da gestão;

>> Inciso I acrescentado pela Lei n. 12.111, de 9-12-2009.

II – contraprestação baseada em custos de referência;

>> Inciso II acrescentado pela Lei n. 12.111, de 9-12-2009.

III – vinculação ao Convênio de Cooperação firmado por prazo indeterminado.

>> Inciso III acrescentado pela Lei n. 12.111, de 9-12-2009.

§ 4.º Os atuais convênios de cooperação permanecem em vigor até 31 de dezembro de 2011.

>> § 4.º acrescentado pela Lei n. 12.111, de 9-12-2009.

Art. 21. Na execução das atividades complementares de regulação, controle e fiscalização dos serviços e instalações de energia elétrica, a unidade federativa observará as pertinentes normas legais e regulamentares federais.

§ 1.º As normas de regulação complementar baixadas pela unidade federativa deverão se harmonizar com as normas expedidas pela ANEEL.

§ 2.º É vedado à unidade federativa conveniada exigir de concessionária ou permissionária sob sua ação complementar de regulação, controle e fiscalização obrigação não exigida ou que resulte em encargo distinto do exigido de empresas congêneres, sem prévia autorização da ANEEL.

Art. 22. (*Revogado pela Lei n. 13.848, de 25-6-2019, em vigor após 90 dias da sua publicação – DOU de 26-6-2019.*)

CAPÍTULO V
DAS DISPOSIÇÕES FINAIS E TRANSITÓRIAS

Art. 23. As licitações realizadas para outorga de concessões devem observar o disposto nesta Lei, nas Leis n. 8.987, de 13 de fevereiro de 1995, 9.074, de 7 de julho de 1995, e, como norma geral, a Lei n. 8.666, de 21 de junho de 1993.

> Citadas Leis constam nesta obra.

§ 1.º Nas licitações destinadas a contratar concessões e permissões de serviço público e uso de bem público é vedada a declaração de inexigibilidade prevista no art. 25 da Lei n. 8.666, de 21 de junho de 1993.

§ 2.º Nas licitações mencionadas no parágrafo anterior, a declaração de dispensa de licitação só será admitida quando não acudirem interessados à primeira licitação e esta, justificadamente, não puder ser repetida sem prejuízo para a administração, mantidas, neste caso, todas as condições estabelecidas no edital, ainda que modifiquem condições vigentes de concessão, permissão ou uso de bem público cujos contratos estejam por expirar.

Art. 24. As licitações para exploração de potenciais hidráulicos serão processadas nas modalidades de concorrência ou de leilão e as concessões serão outorgadas a título oneroso.

Parágrafo único. No caso de leilão, somente poderão oferecer proposta os interessados pré-qualificados, conforme definido no procedimento correspondente.

Art. 25. No caso de concessão ou autorização para produção independente de energia elétrica, o contrato ou ato autorizativo definirá as condições em que o produtor independente poderá realizar a comercialização de energia elétrica produzida e da que vier a adquirir, observado o limite de potência autorizada, para atender aos contratos celebrados, inclusive na hipótese de interrupção da geração de sua usina em virtude de determinação dos órgãos responsáveis pela operação otimizada do sistema elétrico.

Art. 26. Cabe ao Poder Concedente, diretamente ou mediante delegação à ANEEL, autorizar:

>> *Caput* com redação determinada pela Lei n. 10.848, de 15-3-2004.

I – o aproveitamento de potencial hidráulico de potência superior a 5.000 kW (cinco mil quilowatts) e igual ou inferior a 30.000 kW (trinta mil quilowatts), destinado a produção independente ou autoprodução, mantidas as características de pequena central hidroelétrica;

>> Inciso I com redação determinada pela Lei n. 13.360, de 17-11-2016.

II – a compra e venda de energia elétrica, por agente comercializador;

>> Inciso II com redação determinada pela Lei n. 9.648, de 27-5-1998.

III – a importação e exportação de energia elétrica, bem como a implantação das respectivas instalações de transmissão associadas, ressalvado o disposto no § 6.º do art. 17 da Lei n. 9.074, de 7 de julho de 1995;

>> Inciso III com redação determinada pela Lei n. 12.111, de 9-12-2009.

IV – a comercialização, eventual e temporária, pelos autoprodutores, de seus excedentes de energia elétrica;

>> Inciso IV acrescentado pela Lei n. 9.648, de 27-5-1998.

V – os acréscimos de capacidade de geração, objetivando o aproveitamento ótimo do potencial hidráulico;

>> Inciso V acrescentado pela Lei n. 10.438, de 26-4-2002.

>> Inciso V regulamentado pelo Decreto n. 4.541, de 23-12-2002.

VI – o aproveitamento de potencial hidráulico de potência superior a 5.000 kW (cinco mil quilowatts) e igual ou inferior a 50.000 kW (cinquenta mil quilowatts), destinado à produção independente ou autoprodução, independentemente de ter ou não característica de pequena central hidroelétrica.

>> Inciso VI com redação determinada pela Lei n. 13.360, de 17-11-2016.

§ 1.º Para o aproveitamento referido no inciso I do *caput* deste artigo, para os empreendimentos hidroelétricos com potência igual ou inferior a 5.000 kW (cinco mil quilowatts) e para aqueles com base em fontes solar, eólica, biomassa e cogeração qualificada, conforme regulamentação da Aneel, incluindo proveniente de resíduos sólidos urbanos e rurais, cuja potência injetada nos sistemas de transmissão ou distribuição seja menor ou igual a 30.000 kW (trinta mil quilowatts), a Aneel estipulará percentual de redução não inferior a 50% (cinquenta por cento) a ser aplicado às tarifas de uso dos sistemas elétricos de transmissão e de distribuição, incidindo na produção e no consumo da energia:

>> § 1.º, *caput*, com redação determinada pela Lei n. 13.360, de 17-11-2016.

I – comercializada pelos aproveitamentos; e

>> Inciso I acrescentado pela Lei n. 13.203, de 8-12-2015.

II – destinada à autoprodução, desde que proveniente de empreendimentos que entrarem em operação comercial a partir de 1.º de janeiro de 2016.

>> Inciso II acrescentado pela Lei n. 13.203, de 8-12-2015.

§ 1.º-A. Para empreendimentos com base em fontes solar, eólica, biomassa e, conforme regulamentação da Aneel, cogeração qualificada, a Aneel estipulará percentual de redução não inferior a 50% (cinquenta por cento) a ser aplicado às tarifas de uso dos sistemas elétricos de transmissão e de distribuição, incidindo na produção e no consumo da energia proveniente de tais empreendimentos, comercializada ou destinada à autoprodução, pelos aproveitamentos, desde que a potência injetada nos sistemas de transmissão ou distribuição seja maior que 30.000 kW (trinta mil quilowatts) e menor ou igual a 300.000 kW (trezentos mil quilowatts) e atendam a quaisquer dos seguintes critérios:

>> § 1.º-A, *caput*, acrescentado pela Lei n. 13.203, de 8-12-2015.

I – resultem de leilão de compra de energia realizado a partir de 1.º de janeiro de 2016; ou

>> Inciso I acrescentado pela Lei n. 13.203, de 8-12-2015.

II – venham a ser autorizados a partir de 1.º de janeiro de 2016.

>> Inciso II acrescentado pela Lei n. 13.203, de 8-12-2015.

§ 1.º-B. Os aproveitamentos com base em fonte de biomassa cuja potência injetada nos sistemas de transmissão e distribuição seja maior que 30.000 kW (trinta mil quilowatts) e menor ou igual a 50.000 kW (cinquenta mil quilowatts) que não atendam aos critérios definidos no § 1.º-A, bem como aqueles previstos no inciso VI do *caput*, terão direito ao percentual de redução sobre as tarifas de uso dos sistemas elétricos de transmissão e de distribuição previsto no § 1.º, limitando-se a aplicação do desconto a 30.000 kW (trinta mil quilowatts) de potência injetada nos sistemas de transmissão e distribuição.

>> § 1.º-B acrescentado pela Lei n. 13.299, de 21-6-2016.

§ 1.º-C. Os percentuais de redução de que tratam os § 1.º, § 1.º-A e § 1.º-B serão aplicados:

>> § 1.º-C, *caput*, com redação determinada pela Medida Provisória n. 998, de 1.º-9-2020.

O texto anterior dizia: " § 1.º-C. Os percentuais de redução a que se referem os §§ 1.º, 1.º-A e 1.º-B não serão aplicados aos empreendimentos com base em fontes solar, eólica, biomassa e cogeração qualificada que tiverem suas outorgas de autorização prorrogadas.

>> § 1.º-C acrescentado pela Lei n. 13.360, de 17-11-2016".

I – aos empreendimentos que solicitarem a outorga, conforme regulamento da Aneel, no prazo de até doze meses, contado de 1.º de setembro de 2020 e que iniciarem a operação de todas as suas unidades geradoras no prazo de até quarenta e oito meses, contado da data da outorga; e

>> Inciso I acrescentado pela Medida Provisória n. 998, de 1-9-2020.

II – ao montante acrescido de capacidade instalada, caso a solicitação de alteração da outorga que resulte em aumento na capacidade instalada do empreendimento seja realizada no prazo de até doze meses, contado de 1.º de setembro de 2020, e a operação de todas as unidades geradoras associadas à solicitação seja iniciada no prazo de até quarenta e oito meses, contado da data de publicação do ato que autoriza a alteração da outorga.

>> Inciso II acrescentado pela Medida Provisória n. 998, de 1-9-2020.

§ 1.º-D. Os percentuais de redução de que tratam os § 1.º, §1.º-A e § 1.º-B não serão aplicados aos empreendimentos após o fim do prazo das suas outorgas ou na hipótese de prorrogação de suas outorgas.

>> § 1.º-D acrescentado pela Medida Provisória n. 998, de 1-9-2020.

§ 1.º-E. O Poder Executivo federal definirá diretrizes para a implementação no setor elétrico de mecanismos para a consideração dos benefícios ambientais relacionados à baixa emissão de gases causadores do efeito estufa, em consonância com mecanismos para a garantia da segurança do suprimento e da competitividade, no prazo de doze meses, contado de 1.º de setembro de 2020.

>> § 1.º-E acrescentado pela Medida Provisória n. 998, de 1-9-2020.

§ 1.º-F. As diretrizes de que trata o § 1.º-E não disporão sobre os empreendimentos de que tratam os § 1.º, § 1.º-A, § 1.º-B e § 1.º-C.

>> § 1.º-F acrescentado pela Medida Provisória n. 998, de 1-9-2020.

§ 1.º-G. As diretrizes de que trata o § 1.º-E deverão prever a possibilidade futura de integração desses mecanismos a outros setores, observada a articulação dos Ministérios envolvidos.

>> § 1.º-G acrescentado pela Medida Provisória n. 998, de 1-9-2020.

§ 2.º Ao aproveitamento referido neste artigo que funcionar interligado e ou integrado ao sistema elétrico, é assegurada a participação nas vantagens técnicas e econômicas da operação interligada, especialmente em sistemática ou mecanismo de realocação de energia entre usinas, destinado a mitigação dos riscos hidrológicos, devendo também se submeter ao rateio do ônus, quando ocorrer.

>> § 2.º com redação determinada pela Lei n. 10.438, de 26-4-2002.

>> § 2.º regulamentado pelo Decreto n. 4.541, de 23-12-2002.

§ 3.º A comercialização da energia elétrica resultante da atividade referida nos incisos II, III e IV, far-se-á nos termos dos arts. 12, 15 e 16 da Lei n. 9.074, de 1995.

>> § 3.º acrescentado pela Lei n. 9.648, de 27-5-1998.

§ 4.º Ressalvado o disposto no art. 2.º da Lei n. 12.783, de 11 de janeiro de 2013, é estendida às usinas hidroelétricas referidas no inciso I do *caput* deste artigo que iniciarem a operação após a publicação desta Lei a isenção de que trata o inciso I do art. 4.º da Lei n. 7.990, de 28 de dezembro de 1989.

>> § 4.º com redação determinada pela Lei n. 13.360, de 17-11-2016.

§ 5.º Os aproveitamentos referidos nos incisos I e VI do *caput* deste artigo, os empreendimentos com potência igual ou inferior a 5.000 kW (cinco mil quilowatts) e aqueles com base em fontes solar, eólica e biomassa cuja potência injetada nos sistemas de transmissão ou distribuição seja menor ou igual a 50.000 kW (cinquenta mil quilowatts) poderão comercializar energia elétrica com consumidor ou conjunto de consumidores reunidos por comunhão de interesses de fato ou de direito, cuja carga seja maior ou igual a 500 kW (quinhentos quilowatts), observados os prazos de carência constantes do art. 15 da Lei n. 9.074, de 7 de julho de 1995, conforme regulamentação da Aneel, podendo o fornecimento ser complementado por empreendimentos de geração associados às fontes aqui referidas, visando à garantia de suas disponibilidades energéticas, mas limitado a 49% (quarenta e nove por cento) da energia média que produzirem, sem prejuízo do previsto nos §§ 1.º e 2.º deste artigo.

>> § 5.º com redação determinada pela Lei n. 13.360, de 17-11-2016.

§ 6.º Quando dos acréscimos de capacidade de geração de que trata o inciso V deste artigo, a potência final da central hidrelétrica resultar superior a 30.000 kW, o autorizado não fará mais jus ao enquadramento de pequena central hidrelétrica.

>> § 6.º acrescentado pela Lei n. 10.438, de 26-4-2002.

>> § 6.º regulamentado pelo Decreto n. 4.541, de 23-12-2002.

§ 7.º As autorizações e concessões que venham a ter acréscimo de capacidade na forma do inciso V deste artigo poderão ser prorrogadas por prazo suficiente à amortização dos investimentos, limitado a 20 (vinte) anos.

>> § 7.º acrescentado pela Lei n. 10.438, de 26-4-2002.

>> § 7.º regulamentado pelo Decreto n. 4.541, de 23-12-2002.

§ 8.º Fica reduzido para 50 kW o limite mínimo de carga estabelecido no § 5.º deste artigo quando o consumidor ou conjunto de consumidores se situar no âmbito dos sistemas elétricos isolados.

>> § 8.º acrescentado pela Lei n. 10.438, de 26-4-2002.

>> § 8.º regulamentado pelo Decreto n. 4.541, de 23-12-2002.

> O Decreto n. 7.246, de 28-7-2010, dispõe sobre o serviço de energia elétrica nos Sistemas Isolados.

§ 9.º (*Vetado.*)

>> § 9.º acrescentado pela Lei n. 11.943, de 28-5-2009.

§ 10. (*Vetado.*)

>> § 10 acrescentado pela Lei n. 13.360, de 17-11-2016.

§ 11. Nos processos de outorga de autorização, inclusive na realização dos estudos e dos projetos, é facultada ao agente interessado a apresentação de qualquer uma das modalidades de garantia previstas no § 1.º do art. 56 da Lei n. 8.666, de 21 de junho de 1993.

>> § 11 acrescentado pela Lei n. 13.360, de 17-11-2016.

Art. 27. (*Revogado pela Lei n. 10.848, de 15-3-2004.*)

Art. 28. A realização de estudos de viabilidade, anteprojetos ou projetos de aproveitamentos de potenciais hidráulicos deverá ser informada à ANEEL para fins de registro, não gerando direito de preferência para a obtenção de concessão para serviço público ou uso de bem público.

§ 1.º Os proprietários ou possuidores de terrenos marginais a potenciais de energia hidráulica e das rotas dos correspondentes sistemas de transmissão só estão obrigados a permitir a realização de levantamentos de campo quando o interessado dispuser de autorização específica da ANEEL.

§ 2.º A autorização mencionada no parágrafo anterior não confere exclusividade ao interessado, podendo a ANEEL estipular a prestação de caução em dinheiro para eventuais indenizações de danos causados à propriedade onde se localize o sítio objeto dos levantamentos.

§ 3.º No caso de serem esses estudos ou projetos aprovados pelo Poder Concedente, para inclusão no programa de licitações de concessões, será assegurado ao interessado o ressarcimento dos respectivos custos incorridos, pelo vencedor da licitação, nas condições estabelecidas no edital.

>> § 3.º com redação determinada pela Lei n. 10.848, de 15-3-2004.

§ 4.º A liberdade prevista neste artigo não abrange os levantamentos de campo em sítios localizados em áreas indígenas, que somente poderão ser realizados com autorização específica do Poder Executivo, que estabelecerá as condições em cada caso.

Art. 29. Na primeira gestão da autarquia, visando implementar a transição para o sistema de mandatos não coincidentes, o Diretor-Geral e dois Diretores serão nomeados pelo Presidente da República, por indicação do Ministério de Minas e Energia, e dois Diretores nomeados na forma do disposto no parágrafo único do art. 5.º.

§ 1.º O Diretor-Geral e os dois Diretores indicados pelo Ministério de Minas e Energia serão nomeados pelo período de três anos.

§ 2.º Para as nomeações de que trata o parágrafo anterior não terá aplicação o disposto nos arts. 6.º e 8.º desta Lei.

Art. 30. Durante o período de trinta e seis meses, contados da data de publicação desta Lei, os reajustes e revisões das tarifas do serviço público de energia elétrica serão efetuados segundo as condições dos respectivos contratos e legislação pertinente, observados os parâmetros e diretrizes específicos, estabelecidos em ato conjunto dos Ministros de Minas e Energia e da Fazenda.

Art. 31. Serão transferidos para a ANEEL o acervo técnico e patrimonial, as obrigações, os direitos e receitas do Departamento Nacional de Águas e Energia Elétrica – DNAEE.

§ 1.º Permanecerão com o Ministério de Minas e Energia as receitas oriundas do § 1.º do art. 20 da Constituição Federal.

§ 2.º Ficarão com o Ministério de Minas e Energia, sob a administração temporária da ANEEL, como órgão integrante do Sistema Nacional de Gerenciamento de Recursos Hídricos, a rede hidrométrica, o acervo técnico e as atividades de hidrologia relativos aos aproveitamentos de energia hidráulica.

§ 3.º Os órgãos responsáveis pelo gerenciamento dos recursos hídricos e a ANEEL devem se articular para a outorga de concessão de uso de águas em bacias hidrográficas, de que possa resultar a redução da potência firme de potenciais hidráulicos, especialmente os que se encontrem em operação, com obras iniciadas ou por iniciar, mas já concedidas.

Art. 32. É o Poder Executivo autorizado a remanejar, transferir ou utilizar os saldos orçamentários do Ministério de Minas e Energia, para atender as despesas de estruturação e manutenção da ANEEL, utilizando como recursos as dotações orçamentárias destinadas às atividades finalísticas e administrativas, observados os mesmos subprojetos, subatividades e grupos de despesas previstos na Lei Orçamentária em vigor.

Art. 33. No prazo máximo de vinte e quatro meses, a contar da sua organização, a ANEEL promoverá a simplificação do Plano de Contas específico para as empresas concessionárias de serviços públicos de energia elétrica, com a segmentação das contas por tipo de atividade de geração, transmissão e distribuição.

Art. 34. O Poder Executivo adotará as providências necessárias à constituição da autarquia Agência Nacional de Energia Elétrica – ANEEL, em regime especial, com a definição da estrutura organizacional, aprovação do seu regimento interno e a nomeação dos Diretores, a que se refere o § 1.º do art. 29, e do Procurador-Geral.

§ 1.º *(Revogado pela Lei n. 9.649, de 27-5-1998.)*

§ 2.º *(Revogado pela Lei n. 10.871, de 20-5-2004.)*

§ 3.º Até que seja provido o cargo de Procurador-Geral da ANEEL, a Consultoria Jurídica do Ministério de Minas e Energia e a Advocacia-Geral da União prestarão à autarquia a assistência jurídica necessária, no âmbito de suas competências.

§ 4.º Constituída a Agência Nacional de Energia Elétrica – ANEEL, com a publicação de seu regimento interno, ficará extinto o Departamento Nacional de Águas e Energia Elétrica – DNAEE.

Art. 35. Esta Lei entra em vigor na data de sua publicação.

Brasília, 26 de dezembro de 1996; 175.º da Independência e 108.º da República.

FERNANDO HENRIQUE CARDOSO

LEI N. 9.430, DE 27 DE DEZEMBRO DE 1996 (*)

Dispõe sobre a legislação tributária federal, as contribuições para a seguridade social, o processo administrativo de consulta e dá outras providências.

O Presidente da República

Faço saber que o Congresso Nacional decreta e eu sanciono a seguinte Lei:

(*) Publicada no *Diário Oficial da União*, de 30-12-1996. *Vide* Lei n. 9.532, de 10-12-1997.

CAPÍTULO I
IMPOSTO DE RENDA – PESSOA JURÍDICA

Seção I
Apuração da Base de Cálculo

Período de Apuração Trimestral

Art. 1.º A partir do ano-calendário de 1997, o imposto de renda das pessoas jurídicas será determinado com base no lucro real, presumido, ou arbitrado, por períodos de apuração trimestrais, encerrados nos dias 31 de março, 30 de junho, 30 de setembro e 31 de dezembro de cada ano-calendário, observada a legislação vigente, com as alterações desta Lei.

§ 1.º Nos casos de incorporação, fusão ou cisão, a apuração da base de cálculo e do imposto de renda devido será efetuada na data do evento, observado o disposto no art. 21 da Lei n. 9.249, de 26 de dezembro de 1995.

§ 2.º Na extinção da pessoa jurídica, pelo encerramento da liquidação, a apuração da base de cálculo e do imposto devido será efetuada na data desse evento.

Pagamento por Estimativa

Art. 2.º A pessoa jurídica sujeita a tributação com base no lucro real poderá optar pelo pagamento do imposto, em cada mês, determinado sobre base de cálculo estimada, mediante a aplicação dos percentuais de que trata o art. 15 da Lei n. 9.249, de 26 de dezembro de 1995, sobre a receita bruta definida pelo art. 12 do Decreto-lei n. 1.598, de 26 de dezembro de 1977, auferida mensalmente, deduzida das devoluções, vendas canceladas e dos descontos incondicionais concedidos, observado o disposto nos §§ 1.º e 2.º do art. 29 e nos arts. 30, 32, 34 e 35 da Lei n. 8.981, de 20 de janeiro de 1995.

>> *Caput* com redação determinada pela Lei n. 12.973, de 13-5-2014.

>> *Vide* art. 35, parágrafo único, da Lei n. 12.973, de 13-5-2014.

>> *Vide* Lei n. 9.718, de 27-11-1998.

§ 1.º O imposto a ser pago mensalmente na forma deste artigo será determinado mediante a aplicação, sobre a base de cálculo, da alíquota de 15% (quinze por cento).

§ 2.º A parcela da base de cálculo, apurada mensalmente, que exceder a R$ 20.000,00 (vinte mil reais) ficará sujeita à incidência de adicional de imposto de renda à alíquota de 10% (dez por cento).

§ 3.º A pessoa jurídica que optar pelo pagamento do imposto na forma deste artigo deverá apurar o lucro real em 31 de dezembro de cada ano, exceto nas hipóteses de que tratam os §§ 1.º e 2.º do artigo anterior.

§ 4.º Para efeito de determinação do saldo de imposto a pagar ou a ser compensado, a pessoa jurídica poderá deduzir do imposto devido o valor:

I – dos incentivos fiscais de dedução do imposto, observados os limites e prazos fixados na legislação vigente, bem como o disposto no § 4.º do art. 3.º da Lei n. 9.249, de 26 de dezembro de 1995;

II – dos incentivos fiscais de redução e isenção do imposto, calculados com base no lucro da exploração;

III – do imposto de renda pago ou retido na fonte, incidente sobre receitas computadas na determinação do lucro real;

IV – do imposto de renda pago na forma deste artigo.

Seção II
Pagamento do Imposto

Escolha da Forma de Pagamento

Art. 3.º A adoção da forma de pagamento do imposto prevista no art. 1.º, pelas pessoas jurídicas sujeitas ao regime do lucro real, ou a opção pela forma do art. 2.º será irretratável para todo o ano-calendário.

Parágrafo único. A opção pela forma estabelecida no art. 2.º será manifestada com o pagamento do imposto correspondente ao mês de janeiro ou de início de atividade.

Adicional do Imposto de Renda

Art. 4.º Os §§ 1.º e 2.º do art. 3.º da Lei n. 9.249, de 26 de dezembro de 1995, passam a vigorar com a seguinte redação:

>> Alteração já processada na norma modificada.

Imposto Correspondente a Período Trimestral

Art. 5.º O imposto de renda devido, apurado na forma do art. 1.º, será pago em quota única, até o último dia útil do mês subsequente ao do encerramento do período de apuração.

§ 1.º À opção da pessoa jurídica, o imposto devido poderá ser pago em até 3 (três) quotas mensais, iguais e sucessivas, vencíveis no último dia útil dos 3 (três) meses subsequentes ao de encerramento do período de apuração a que corresponder.

§ 2.º Nenhuma quota poderá ter valor inferior a R$ 1.000,00 (mil reais) e o imposto de valor inferior a R$ 2.000,00 (dois mil reais) será pago em quota única, até o último dia útil do mês subsequente ao do encerramento do período de apuração.

§ 3.º As quotas do imposto serão acrescidas de juros equivalentes à taxa referencial do Sistema Especial de Liquidação e Custódia – SELIC, para títulos federais, acumulada mensalmente, calculados a partir do primeiro dia do segundo mês subsequente ao do encerramento do período de apuração até o último dia do mês anterior ao do pagamento e de 1% (um por cento) no mês do pagamento.

§ 4.º Nos casos de incorporação, fusão ou cisão e de extinção da pessoa jurídica pelo encerramento da liquidação, o imposto devido deverá ser pago até o último dia útil do mês subsequente ao do evento, não se lhes aplicando a opção prevista no § 1.º.

Pagamento por Estimativa

Art. 6.º O imposto devido, apurado na forma do art. 2.º, deverá ser pago até o último dia útil do mês subsequente àquele a que se referir.

§ 1.º O saldo do imposto apurado em 31 de dezembro receberá o seguinte tratamento:

>> § 1.º, *caput*, com redação determinada pela Lei n. 12.844, de 19-7-2013.

I – se positivo, será pago em quota única, até o último dia útil do mês de março do ano subsequente, observado o disposto no § 2.º; ou

>> Inciso I com redação determinada pela Lei n. 12.844, de 19-7-2013.

II – se negativo, poderá ser objeto de restituição ou de compensação nos termos do art. 74.

>> Inciso II com redação determinada pela Lei n. 12.844, de 19-7-2013.

§ 2.º O saldo do imposto a pagar de que trata o inciso I do parágrafo anterior será acrescido de juros calculados à taxa a que se refere o § 3.º do art. 5.º, a partir de 1.º de fevereiro até o último dia do mês anterior ao do pagamento e de 1% (um por cento) no mês do pagamento.

§ 3.º O prazo a que se refere o inciso I do § 1.º não se aplica ao imposto relativo ao mês de dezembro, que deverá ser pago até o último dia útil do mês de janeiro do ano subsequente.

Disposições Transitórias

Art. 7.º Alternativamente ao disposto no art. 40 da Lei n. 8.981, de 20 de janeiro de 1995, com as alterações da Lei n. 9.065, de 20 de junho de 1995, a pessoa jurídica tributada com base no lucro real ou presumido poderá efetuar o pagamento do saldo do imposto devido, apurado em 31 de dezembro de 1996, em até 4 (quatro) quotas mensais, iguais e sucessivas, devendo a primeira ser paga até o último dia útil do mês de março de 1997 e as demais no último dia útil dos meses subsequentes.

> **O art. 40 da Lei n. 8.981, de 20-1-1995, encontra-se revogado pela Lei n. 9.430, de 27-12-1996.**

§ 1.º Nenhuma quota poderá ter valor inferior a R$ 1.000,00 (mil reais) e o imposto de valor inferior a R$ 2.000,00 (dois mil reais) será pago em quota única, até o último dia útil do mês de março de 1997.

§ 2.º As quotas do imposto serão acrescidas de juros calculados à taxa a que se refere o § 3.º do art. 5.º, a partir de 1.º de abril de 1997 até o último dia do mês anterior ao do pagamento e de 1% (um por cento) no mês do pagamento.

§ 3.º Havendo saldo de imposto pago a maior, a pessoa jurídica poderá compensá-lo com o imposto devido, correspondente aos períodos de apuração subsequentes, facultado o pedido de restituição.

Art. 8.º As pessoas jurídicas, mesmo as que não tenham optado pela forma de pagamento do art. 2.º, deverão calcular e pagar o imposto de renda relativo aos meses de janeiro e fevereiro de 1997 de conformidade com o referido dispositivo.

Parágrafo único. Para as empresas submetidas às normas do art. 1.º o imposto pago com base na receita bruta auferida nos meses de janeiro e fevereiro de 1997 será deduzido do que for devido em relação ao período de apuração encerrado no dia 31 de março de 1997.

Seção III
Perdas no Recebimento de Créditos

Dedução

Art. 9.º As perdas no recebimento de créditos decorrentes das atividades da pessoa jurídica poderão ser deduzidas como despesas, para determinação do lucro real, observado o disposto neste artigo.

§ 1.º Poderão ser registrados como perda os créditos:

I – em relação aos quais tenha havido a declaração de insolvência do devedor, em sentença emanada do Poder Judiciário;

II – sem garantia, de valor:

a) até R$ 5.000,00 (cinco mil reais), por operação, vencidos há mais de 6 (seis) meses, independentemente de iniciados os procedimentos judiciais para o seu recebimento;

b) acima de R$ 5.000,00 (cinco mil reais) até R$ 30.000,00 (trinta mil reais), por operação, vencidos há mais de 1 (um) ano, independentemente de iniciados os procedimentos judiciais para o seu recebimento, porém, mantida a cobrança administrativa;

c) superior a R$ 30.000,00 (trinta mil reais), vencidos há mais de 1 (um) ano, desde que iniciados e mantidos os procedimentos judiciais para o seu recebimento;

III – com garantia, vencidos há mais de 2 (dois) anos, desde que iniciados e mantidos os procedimentos judiciais para o seu recebimento ou o arresto das garantias;

IV – contra devedor declarado falido ou pessoa jurídica em concordata ou recuperação judicial, relativamente à parcela que exceder o valor que esta tenha se comprometido a pagar, observado o disposto no § 5.º.

>> Inciso IV com redação determinada pela Lei n. 13.097, de 19-1-2015.

§ 2.º No caso de contrato de crédito em que o não pagamento de uma ou mais parcelas implique o vencimento automático de todas as demais parcelas vincendas, os limites a que se referem as alíneas *a* e *b* do inciso II do § 1.º e as alíneas *a* e *b* do inciso II do § 7.º serão considerados em relação ao total dos créditos, por operação, com o mesmo devedor.

>> § 2.º com redação determinada pela Lei n. 13.097, de 19-1-2015.

§ 3.º Para os fins desta Lei, considera-se crédito garantido o proveniente de vendas com reserva de domínio, de alienação fiduciária em garantia ou de operações com outras garantias reais.

§ 4.º No caso de crédito com pessoa jurídica em processo falimentar, em concordata ou em recuperação judicial, a dedução da perda será admitida a partir da data da decretação da falência ou do deferimento do processamento da concordata ou recuperação judicial, desde que a credora tenha adotado os procedimentos judiciais necessários para o recebimento do crédito.

>> § 4.º com redação determinada pela Lei n. 13.097, de 19-1-2015.

§ 5.º A parcela do crédito cujo compromisso de pagar não houver sido honrado pela pessoa jurídica em concordata ou recuperação judicial poderá, também, ser deduzida como perda, observadas as condições previstas neste artigo.

>> § 5.º com redação determinada pela Lei n. 13.097, de 19-1-2015.

§ 6.º Não será admitida a dedução de perda no recebimento de créditos com pessoa jurídica que seja controladora, controlada, coligada ou interligada, bem como com pessoa física que seja acionista controlador, sócio, titular ou administrador da pessoa jurídica credora, ou parente até o terceiro grau dessas pessoas físicas.

§ 7.º Para os contratos inadimplidos a partir da data de publicação da Medida Provisória n. 656, de 7 de outubro de 2014, poderão ser registrados como perda os créditos:

>> § 7.º, *caput*, acrescentado pela Lei n. 13.097, de 19-1-2015.

I – em relação aos quais tenha havido a declaração de insolvência do devedor, em sentença emanada do Poder Judiciário;

>> Inciso I acrescentado pela Lei n. 13.097, de 19-1-2015.

II – sem garantia, de valor:

>> Inciso II, *caput*, acrescentado pela Lei n. 13.097, de 19-1-2015.

a) até R$ 15.000,00 (quinze mil reais), por operação, vencidos há mais de seis meses, independentemente de iniciados os procedimentos judiciais para o seu recebimento;

>> Alínea *a* acrescentada pela Lei n. 13.097, de 19-1-2015.

b) acima de R$ 15.000,00 (quinze mil reais) até R$ 100.000,00 (cem mil reais), por operação, vencidos há mais de um ano, independentemente de iniciados os procedimentos judiciais para o seu recebimento, mantida a cobrança administrativa; e

>> Alínea *b* acrescentada pela Lei n. 13.097, de 19-1-2015.

c) superior a R$ 100.000,00 (cem mil reais), vencidos há mais de um ano, desde que iniciados e mantidos os procedimentos judiciais para o seu recebimento;

>> Alínea *c* acrescentada pela Lei n. 13.097, de 19-1-2015.

III – com garantia, vencidos há mais de dois anos, de valor:

>> Inciso III, *caput*, acrescentado pela Lei n. 13.097, de 19-1-2015.

a) até R$ 50.000,00 (cinquenta mil reais), independentemente de iniciados os procedimentos judiciais para o seu recebimento ou o arresto das garantias; e

>> Alínea *a* acrescentada pela Lei n. 13.097, de 19-1-2015.

b) superior a R$ 50.000,00 (cinquenta mil reais), desde que iniciados e mantidos os procedimentos judiciais para o seu recebimento ou o arresto das garantias; e

>> Alínea *b* acrescentada pela Lei n. 13.097, de 19-1-2015.

IV – contra devedor declarado falido ou pessoa jurídica em concordata ou recuperação judicial, relativamente à parcela que exceder o valor que esta tenha se comprometido a pagar, observado o disposto no § 5.º.

>> Inciso IV acrescentado pela Lei n. 13.097, de 19-1-2015.

Art. 9.º-A. Na hipótese de inadimplência do débito, as exigências de judicialização de que tratam a alínea *c* do inciso II e a alínea *b* do inciso III do § 7.º do art. 9.º e o art. 11 desta Lei poderão ser substituídas pelo instrumento de que trata a Lei n. 9.492, de 10 de setembro de 1997, e os credores deverão arcar, nesse caso, com o pagamento antecipado de taxas, de emolumentos, de acréscimos legais e de demais despesas por ocasião da protocolização e dos demais atos.

>> Artigo acrescentado pela Lei n. 14.043, de 19-8-2020.

Registro Contábil das Perdas

Art. 10. Os registros contábeis das perdas admitidas nesta Lei serão efetuados a débito de conta de resultado e a crédito:

I – da conta que registra o crédito de que trata a alínea *a* do inciso II do § 1.º do art. 9.º e a alínea *a* do inciso II do § 7.º do art. 9.º;

>> Inciso I acrescentado pela Lei n. 13.097, de 19-1-2015.

II – de conta redutora do crédito, nas demais hipóteses.

§ 1.º Ocorrendo a desistência da cobrança pela via judicial, antes de decorridos 5 (cinco) anos do vencimento do crédito, a perda eventualmente registrada deverá ser estornada ou adicionada ao lucro líquido, para determinação do lucro real correspondente ao período de apuração em que se der a desistência.

§ 2.º Na hipótese do parágrafo anterior, o imposto será considerado como postergado desde o período de apuração em que tenha sido reconhecida a perda.

§ 3.º Se a solução da cobrança se der em virtude de acordo homologado por sentença judicial, o valor da perda a ser estornado ou adicionado ao lucro líquido para determinação do lucro real será igual à soma da quantia recebida com o saldo a receber renegociado, não sendo aplicável o disposto no parágrafo anterior.

§ 4.º Os valores registrados na conta redutora do crédito referida no inciso II do *caput* poderão ser baixados definitivamente em contrapartida à conta que registre o crédito, a partir do período de apuração em que se completar 5 (cinco) anos do vencimento do crédito sem que o mesmo tenha sido liquidado pelo devedor.

Encargos Financeiros de Créditos Vencidos

Art. 11. Após 2 (dois) meses do vencimento do crédito, sem que tenha havido o seu recebimento, a pessoa jurídica credora poderá excluir do lucro líquido, para determinação do lucro real, o valor dos encargos financeiros incidentes sobre o crédito, contabilizado como receita, auferido a partir do prazo definido neste artigo.

§ 1.º Ressalvadas as hipóteses das alíneas *a* e *b* do inciso II do § 1.º do art. 9.º, das alíneas *a* e *b* do inciso II do § 7.º do art. 9.º e da alínea *a* do inciso III do § 7.º do art. 9.º, o disposto neste artigo somente se aplica quando a pessoa jurídica houver tomado as providências de caráter judicial necessárias ao recebimento do crédito.

>> § 1.º com redação determinada pela Lei n. 13.097, de 19-1-2015.

§ 2.º Os valores excluídos deverão ser adicionados no período de apuração em que, para os fins legais, se tornarem disponíveis para a pessoa jurídica credora ou em que reconhecida a respectiva perda.

§ 3.º A partir da citação inicial para o pagamento do débito, a pessoa jurídica devedora deverá adicionar ao lucro líquido, para determinação do lucro real, os encargos incidentes sobre o débito vencido e não pago que tenham sido deduzidos como despesa ou custo, incorridos a partir daquela data.

§ 4.º Os valores adicionados a que se refere o parágrafo anterior poderão ser excluídos do lucro líquido, para determinação do lucro real, no período de apuração em que ocorra a quitação do débito por qualquer forma.

Créditos Recuperados

Art. 12. Deverá ser computado na determinação do lucro real o montante dos créditos deduzidos que tenham sido recuperados, em qualquer época ou a qualquer título, inclusive nos casos de novação da dívida ou do arresto dos bens recebidos em garantia real.

§ 1.º Os bens recebidos a título de quitação do débito serão escriturados pelo valor do crédito ou avaliados pelo valor definido na decisão judicial que tenha determinado sua incorporação ao patrimônio do credor.

>> Primitivo parágrafo único renumerado pela Lei n. 12.431, de 24-6-2011.

§ 2.º Nas operações de crédito realizadas por instituições financeiras autorizadas a funcionar pelo Banco Central do Brasil, nos casos de renegociação de dívida, o reconhecimento da receita para fins de incidência de imposto sobre a renda e da Contribuição Social sobre o Lucro Líquido ocorrerá no momento do efetivo recebimento do crédito.

>> § 2.º com redação determinada pela Lei n. 12.715, de 17-9-2012.

Disposição Transitória

Art. 13. No balanço levantado para determinação do lucro real em 31 de dezembro de 1996, a pessoa jurídica poderá optar pela constituição de provisão para créditos de liquidação duvidosa na forma do art. 43 da Lei n. 8.981, de 20 de janeiro de 1995, com as alterações da Lei n. 9.065, de 20 de junho de 1995, ou pelos critérios de perdas a que se referem os arts. 9.º a 12.

Saldo de Provisões Existentes em 31-12-1996

Art. 14. A partir do ano-calendário de 1997, ficam revogadas as normas previstas no art. 43 da Lei n. 8.981, de 20 de janeiro de 1995, com as alterações da Lei n. 9.065, de 20 de junho de 1995, bem como a autorização para a constituição de provisão nos termos dos artigos citados, contida no inciso I do art. 13 da Lei n. 9.249, de 26 de dezembro de 1995.

§ 1.º A pessoa jurídica que, no balanço de 31 de dezembro de 1996, optar pelos critérios de dedução de perdas de que tratam os arts. 9.º a 12 deverá, nesse mesmo balanço, reverter os saldos das provisões para créditos de liquidação duvidosa, constituídas na forma do art. 43 da Lei n. 8.981, de 20 de janeiro de 1995, com as alterações da Lei n. 9.065, de 20 de junho de 1995.

§ 2.º Para a pessoa jurídica que, no balanço de 31 de dezembro de 1996, optar pela constituição de provisão na forma do art. 43 da Lei n. 8.981, de 20 de janeiro de 1995, com as alterações da Lei n. 9.065, de 20 de junho de 1995, a reversão a que se refere o parágrafo anterior será efetuada no balanço correspondente ao primeiro período de apuração encerrado em 1997, se houver adotado o regime de apuração trimestral, ou no balanço de 31 de dezembro de 1997 ou da data da extinção, se houver optado pelo pagamento mensal de que trata o art. 2.º.

§ 3.º Nos casos de incorporação, fusão ou cisão, a reversão de que trata o parágrafo anterior será efetuada no balanço que servir de base à apuração do lucro real correspondente.

Seção IV
Rendimentos do Exterior

Compensação de Imposto Pago

Art. 15. A pessoa jurídica domiciliada no Brasil que auferir, de fonte no exterior, receita decorrente da prestação de serviços efetuada diretamente poderá compensar o imposto pago no país de domicílio da pessoa física ou jurídica contratante, observado o disposto no art. 26 da Lei n. 9.249, de 26 de dezembro de 1995.

Lucros e Rendimentos

Art. 16. Sem prejuízo do disposto nos arts. 25, 26 e 27 da Lei n. 9.249, de 26 de dezembro de 1995, os lucros auferidos por filiais, sucursais, controladas e coligadas, no exterior, serão:

I – considerados de forma individualizada, por filial, sucursal, controlada ou coligada;

II – arbitrados, os lucros das filiais, sucursais e controladas, quando não for possível a determinação de seus resultados, com observância das mesmas normas aplicáveis às pessoas jurídicas domiciliadas no Brasil e computados na determinação do lucro real.

§ 1.º Os resultados decorrentes de aplicações financeiras de renda variável no exterior, em um mesmo país, poderão ser consolidados para efeito de cômputo do ganho, na determinação do lucro real.

§ 2.º Para efeito da compensação de imposto pago no exterior, a pessoa jurídica:

I – com relação aos lucros, deverá apresentar as demonstrações financeiras correspondentes, exceto na hipótese do inciso II do *caput* deste artigo;

II – fica dispensada da obrigação a que se refere o § 2.º do art. 26 da Lei n. 9.249, de 26 de dezembro de 1995, quando comprovar que a legislação do país de origem do lucro, rendimento ou ganho de capital prevê a incidência do imposto de renda que houver sido pago, por meio do documento de arrecadação apresentado.

§ 3.º Na hipótese de arbitramento do lucro da pessoa jurídica domiciliada no Brasil, os lucros, rendimentos e ganhos de capital oriundos do exterior serão adicionados ao lucro arbitrado para determinação da base de cálculo do imposto.

§ 4.º Do imposto devido correspondente a lucros, rendimentos ou ganhos de capital oriundos do exterior não será admitida qualquer destinação ou dedução a título de incentivo fiscal.

Operações de Cobertura em Bolsa do Exterior

Art. 17. Serão computados na determinação do lucro real os resultados líquidos, positivos ou negativos, obtidos em operações de cobertura (*hedge*) realizadas em mercados de liquidação futura, diretamente pela empresa brasileira, em bolsas no exterior.

Parágrafo único. A Secretaria da Receita Federal e o Banco Central do Brasil expedirão instruções para a apuração do resultado líquido, sobre a movimentação de divisas relacionadas com essas operações, e outras que se fizerem necessárias à execução do disposto neste artigo.

>> Parágrafo único acrescentado pela Lei n. 11.033, de 21-12-2004.

>> A Secretaria da Receita Federal passa a denominar-se Secretaria da Receita Federal do Brasil, por força da Lei n. 11.457, de 16-3-2007.

Seção V
Preços de Transferência

Bens, Serviços e Direitos Adquiridos no Exterior

Art. 18. Os custos, despesas e encargos relativos a bens, serviços e direitos, constantes dos documentos de importação ou de aquisição, nas operações efetuadas com pessoa vinculada, somente serão dedutíveis na determinação do lucro real até o valor que não exceda ao preço determinado por um dos seguintes métodos:

I – Método dos Preços Independentes Comparados – PIC: definido como a média aritmética ponderada dos preços de bens, serviços ou direitos, idênticos ou similares, apurados no mercado brasileiro ou de outros países, em operações de compra e venda empreendidas pela própria interessada ou por terceiros, em condições de pagamento semelhantes;

>> Inciso I com redação determinada pela Lei n. 12.715, de 17-9-2012.

II – Método do Preço de Revenda menos Lucro – PRL: definido como a média aritmética ponderada dos preços de venda, no País, dos bens, direitos ou serviços importados, em condições de pagamento semelhantes e calculados conforme a metodologia a seguir:

>> Inciso II, *caput*, com redação determinada pela Lei n. 12.715, de 17-9-2012.

a) preço líquido de venda: a média aritmética ponderada dos preços de venda do bem, direito ou serviço produzido, diminuídos dos descontos incondicionais concedidos, dos impostos e contribuições sobre as vendas e das comissões e corretagens pagas;

>> Alínea *a* com redação determinada pela Lei n. 12.715, de 17-9-2012.

b) percentual de participação dos bens, direitos ou serviços importados no custo total do bem, direito ou serviço vendido: a relação percentual entre o custo médio ponderado do bem, direito ou serviço importado e o custo total médio ponderado do bem, direito ou serviço vendido, calculado em conformidade com a planilha de custos da empresa;

>> Alínea *b* com redação determinada pela Lei n. 12.715, de 17-9-2012.

c) participação dos bens, direitos ou serviços importados no preço de venda do bem, direito ou serviço vendido: aplicação do percentual de participação do bem, direito ou serviço importado no custo total, apurada conforme a alínea *b*, sobre o preço líquido de venda calculado de acordo com a alínea *a*;

>> Alínea *c* com redação determinada pela Lei n. 12.715, de 17-9-2012.

d) margem de lucro: a aplicação dos percentuais previstos no § 12, conforme setor econômico da pessoa jurídica sujeita ao controle de preços de transferência, sobre a participação do bem, direito ou serviço importado no preço de venda do bem, direito ou serviço vendido, calculado de acordo com a alínea *c*; e

>> Alínea *d* com redação determinada pela Lei n. 12.715, de 17-9-2012.

1 e 2. (*Revogados pela Lei n. 12.715, de 17-9-2012.*)

e) preço parâmetro: a diferença entre o valor da participação do bem, direito ou serviço importado no preço de venda do bem, direito ou serviço vendido, calculado conforme a alínea *c*, e a "margem de lucro", calculada de acordo com a alínea *d*; e

>> Alínea *e* acrescentada pela Lei n. 12.715, de 17-9-2012.

III – Método do Custo de Produção mais Lucro – CPL: definido como o custo médio ponderado de produção de bens, serviços ou direitos, idênticos ou similares, acrescido dos impostos e taxas cobrados na exportação no país onde tiverem sido originariamente produzidos, e de margem de lucro de 20% (vinte por cento), calculada sobre o custo apurado.

>> Inciso III com redação determinada pela Lei n. 12.715, de 17-9-2012.

§ 1.º As médias aritméticas ponderadas dos preços de que tratam os incisos I e II do *caput* e o custo médio ponderado de produção de que trata o inciso III do *caput* serão calculados considerando os preços praticados e os custos incorridos durante todo o período de apuração da base de cálculo do imposto sobre a renda a que se referirem os custos, despesas ou encargos.

>> § 1.º com redação determinada pela Lei n. 12.715, de 17-9-2012.

§ 2.º Para efeito do disposto no inciso I, somente serão consideradas as operações de compra e venda praticadas entre compradores e vendedores não vinculados.

§ 3.º Para efeito do disposto no inciso II, somente serão considerados os preços praticados pela empresa com compradores não vinculados.

§ 4.º Na hipótese de utilização de mais de um método, será considerado dedutível o maior valor apurado, observado o disposto no parágrafo subsequente.

§ 5.º Se os valores apurados segundo os métodos mencionados neste artigo forem superiores ao de aquisição, constante dos respectivos documentos, a dedutibilidade fica limitada ao montante deste último.

§ 6.º Não integram o custo, para efeito do cálculo disposto na alínea *b* do inciso II do *caput*, o valor do frete e do seguro, cujo ônus tenha sido do importador, desde que tenham sido contratados com pessoas:

>> § 6.º, *caput*, com redação determinada pela Lei n. 12.715, de 17-9-2012.

I – não vinculadas; e

>> Inciso I acrescentado pela Lei n. 12.715, de 17-9-2012.

II – que não sejam residentes ou domiciliadas em países ou dependências de tributação favorecida, ou que não estejam amparados por regimes fiscais privilegiados.

>> Inciso II acrescentado pela Lei n. 12.715, de 17-9-2012.

§ 6.º-A. Não integram o custo, para efeito do cálculo disposto na alínea *b* do inciso II do *caput*, os tributos incidentes na importação e os gastos no desembaraço aduaneiro.

>> § 6.º-A acrescentado pela Lei n. 12.715, de 17-9-2012.

§ 7.º A parcela dos custos que exceder ao valor determinado de conformidade com este artigo deverá ser adicionada ao lucro líquido, para determinação do lucro real.

§ 8.º A dedutibilidade dos encargos de depreciação ou amortização dos bens e direitos fica limitada, em cada período de apuração, ao montante calculado com base no preço determinado na forma deste artigo.

§ 9.º O disposto neste artigo não se aplica aos casos de *royalties* e assistência técnica, científica, administrativa ou assemelhada, os quais permanecem subordinados às condições de dedutibilidade constantes da legislação vigente.

§ 10. Relativamente ao método previsto no inciso I do *caput*, as operações utilizadas para fins de cálculo devem:

>> § 10, *caput*, acrescentado pela Lei n. 12.715, de 17-9-2012.

I – representar, ao menos, 5% (cinco por cento) do valor das operações de importação sujeitas ao controle de preços de transferência, empreendidas pela pessoa jurídica, no período de apuração, quanto ao tipo de bem, direito ou serviço importado, na hipótese em que os dados utilizados para fins de cálculo digam respeito às suas próprias operações; e

>> Inciso I acrescentado pela Lei n. 12.715, de 17-9-2012.

II – corresponder a preços independentes realizados no mesmo ano-calendário das respectivas operações de importações sujeitas ao controle de preços de transferência.

>> Inciso II acrescentado pela Lei n. 12.715, de 17-9-2012.

§ 11. Na hipótese do inciso II do § 10, não havendo preço independente no ano-calendário da importação, poderá ser utilizado preço independente relativo à operação efetuada no ano-calendário imediatamente anterior ao da importação, ajustado pela variação cambial do período.

>> § 11 acrescentado pela Lei n. 12.715, de 17-9-2012.

§ 12. As margens a que se refere a alínea *d* do inciso II do *caput* serão aplicadas de acordo com o setor da atividade econômica da pessoa jurídica brasileira sujeita aos controles de preços de transferência e incidirão, independentemente de submissão a processo produtivo ou não no Brasil, nos seguintes percentuais:

>> § 12, *caput*, acrescentado pela Lei n. 12.715, de 17-9-2012.

I – 40% (quarenta por cento), para os setores de:

>> Inciso I, *caput*, acrescentado pela Lei n. 12.715, de 17-9-2012.

a) produtos farmoquímicos e farmacêuticos;

>> Alínea *a* acrescentada pela Lei n. 12.715, de 17-9-2012.

b) produtos do fumo;

>> Alínea *b* acrescentada pela Lei n. 12.715, de 17-9-2012.

c) equipamentos e instrumentos ópticos, fotográficos e cinematográficos;

>> Alínea *c* acrescentada pela Lei n. 12.715, de 17-9-2012.

d) máquinas, aparelhos e equipamentos para uso odonto-médico-hospitalar;

>> Alínea *d* acrescentada pela Lei n. 12.715, de 17-9-2012.

e) extração de petróleo e gás natural; e

>> Alínea *e* acrescentada pela Lei n. 12.715, de 17-9-2012.

f) produtos derivados do petróleo;

>> Alínea *f* acrescentada pela Lei n. 12.715, de 17-9-2012.

II – 30% (trinta por cento) para os setores de:

>> Inciso II, *caput*, acrescentado pela Lei n. 12.715, de 17-9-2012.

a) produtos químicos;

>> Alínea *a* acrescentada pela Lei n. 12.715, de 17-9-2012.

b) vidros e de produtos do vidro;

>> Alínea *b* acrescentada pela Lei n. 12.715, de 17-9-2012.

c) celulose, papel e produtos de papel; e

>> Alínea *c* acrescentada pela Lei n. 12.715, de 17-9-2012.

d) metalurgia; e

>> Alínea *d* acrescentada pela Lei n. 12.715, de 17-9-2012.

III – 20% (vinte por cento) para os demais setores.

>> Inciso III acrescentado pela Lei n. 12.715, de 17-9-2012.

§ 13. Na hipótese em que a pessoa jurídica desenvolva atividades enquadradas em mais de um inciso do § 12, deverá ser adotada para fins de cálculo do PRL a margem correspondente ao setor da atividade para o qual o bem importado tenha sido destinado, observado o disposto no § 14.

>> § 13 acrescentado pela Lei n. 12.715, de 17-9-2012.

§ 14. Na hipótese de um mesmo bem importado ser revendido e aplicado na produção de um ou mais produtos, ou na hipótese de o bem importado ser submetido a diferentes processos produtivos no Brasil, o preço parâmetro final será a média ponderada dos valores encontrados mediante a aplicação do método PRL, de acordo com suas respectivas destinações.

>> § 14 acrescentado pela Lei n. 12.715, de 17-9-2012.

§ 15. No caso de ser utilizado o método PRL, o preço parâmetro deverá ser apurado considerando os preços de venda no período em que os produtos forem baixados dos estoques para resultado.

>> § 15 acrescentado pela Lei n. 12.715, de 17-9-2012.

§ 16. Na hipótese de importação de *commodities* sujeitas à cotação em bolsas de mercadorias e futuros internacionalmente reconhecidas, deverá ser utilizado o Método do Preço sob Cotação na Importação – PCI definido no art. 18-A.

>> § 16 acrescentado pela Lei n. 12.715, de 17-9-2012.

Art. 18-A. O Método do Preço sob Cotação na Importação – PCI é definido como os valores médios diários da cotação de bens ou direitos sujeitos a preços públicos em bolsas de mercadorias e futuros internacionalmente reconhecidas.

>> *Caput* acrescentado pela Lei n. 12.715, de 17-9-2012.

§ 1.º Os preços dos bens importados e declarados por pessoas físicas ou jurídicas residentes ou domiciliadas no País serão comparados com os preços de cotação desses bens, constantes em bolsas de mercadorias e futuros internacionalmente reconhecidas, ajustados para mais ou para menos do prêmio médio de mercado, na data da transação, nos casos de importação de:

>> § 1.º, *caput*, acrescentado pela Lei n. 12.715, de 17-9-2012.

I – pessoas físicas ou jurídicas vinculadas;

>> Inciso I acrescentado pela Lei n. 12.715, de 17-9-2012.

II – residentes ou domiciliadas em países ou dependências com tributação favorecida; ou

>> Inciso II acrescentado pela Lei n. 12.715, de 17-9-2012.

III – pessoas físicas ou jurídicas beneficiadas por regimes fiscais privilegiados.

>> Inciso III acrescentado pela Lei n. 12.715, de 17-9-2012.

§ 2.º Não havendo cotação disponível para o dia da transação, deverá ser utilizada a última cotação conhecida.

>> § 2.º acrescentado pela Lei n. 12.715, de 17-9-2012.

§ 3.º Na hipótese de ausência de identificação da data da transação, a conversão será efetuada considerando a data do registro da declaração de importação de mercadoria.

>> § 3.º acrescentado pela Lei n. 12.715, de 17-9-2012.

§ 4.º Na hipótese de não haver cotação dos bens em bolsas de mercadorias e futuros internacionalmente reconhecidas, os preços dos bens importados a que se refere o § 1.º poderão ser comparados com os obtidos a partir de fontes de dados independentes fornecidas por instituições de pesquisa setoriais internacionalmente reconhecidas.

>> § 4.º acrescentado pela Lei n. 12.715, de 17-9-2012.

§ 5.º A Secretaria da Receita Federal do Brasil do Ministério da Fazenda disciplinará a aplicação do disposto neste artigo, inclusive a divulgação das bolsas de mercadorias e futuros e das instituições de pesquisas setoriais internacionalmente reconhecidas para cotação de preços.

>> § 5.º acrescentado pela Lei n. 12.715, de 17-9-2012.

Receitas Oriundas de Exportações para o Exterior

Art. 19. As receitas auferidas nas operações efetuadas com pessoa vinculada ficam sujeitas a arbitramento quando o preço médio de venda dos bens, serviços ou direitos, nas exportações efetuadas durante o respectivo período de apuração da base de cálculo do imposto de renda, for inferior a 90% (noventa por cento) do preço médio praticado na venda dos mesmos bens, serviços ou direitos, no mercado brasileiro, durante o mesmo período, em condições de pagamento semelhantes.

§ 1.º Caso a pessoa jurídica não efetue operações de venda no mercado interno, a determinação dos preços médios a que se refere o *caput* será efetuada com dados de outras empresas que pratiquem a venda de bens, serviços ou direitos, idênticos ou similares, no mercado brasileiro.

§ 2.º Para efeito de comparação, o preço de venda:

I – no mercado brasileiro, deverá ser considerado líquido dos descontos incondicionais concedidos, do imposto sobre a circulação de mercadorias e serviços, do imposto sobre serviços e das contribuições para a seguridade social – COFINS e para o PIS/PASEP;

II – nas exportações, será tomado pelo valor depois de diminuído dos encargos de frete e seguro, cujo ônus tenha sido da empresa exportadora.

§ 3.º Verificado que o preço de venda nas exportações é inferior ao limite de que trata este artigo, as receitas das vendas nas exportações serão determinadas tomando-se por base o valor apurado segundo um dos seguintes métodos:

I – Método do Preço de Venda nas Exportações – PVEx: definido como a média aritmética dos preços de venda nas exportações efetuadas pela própria empresa, para outros clientes, ou por outra exportadora nacional de bens, serviços ou direitos, idênticos ou similares, durante o mesmo período de apuração da base de cálculo do imposto de renda e em condições de pagamento semelhantes;

II – Método do Preço de Venda por Atacado no País de Destino, Diminuído do Lucro – PVA: definido como a média aritmética dos preços de venda de bens, idênticos ou similares, praticados no mercado atacadista do país de destino, em condições de pagamento semelhantes, diminuídos dos tributos incluídos no preço, cobrados no referido país, e de margem de lucro de 15% (quinze por cento) sobre o preço de venda no atacado;

III – Método do Preço de Venda a Varejo no País de Destino, Diminuído do Lucro – PVV: definido como a média aritmética dos preços de venda de bens, idênticos ou similares, praticados no mercado varejista do país de destino, em condições de pagamento semelhantes, diminuídos dos tributos incluídos no preço, cobrados no referido país, e de margem de lucro de 30% (trinta por cento) sobre o preço de venda no varejo;

IV – Método do Custo de Aquisição ou de Produção mais Tributos e Lucro – CAP: definido como a média aritmética dos custos de aquisição ou de produção dos bens, serviços ou direitos, exportados, acrescidos dos impostos e contribuições cobrados no Brasil e de margem de lucro de 15% (quinze por cento) sobre a soma dos custos mais impostos e contribuições.

§ 4.º As médias aritméticas de que trata o parágrafo anterior serão calculadas em relação ao período de apuração da respectiva base de cálculo do imposto de renda da empresa brasileira.

§ 5.º Na hipótese de utilização de mais de um método, será considerado o menor dos valores apurados, observado o disposto no parágrafo subsequente.

§ 6.º Se o valor apurado segundo os métodos mencionados no § 3.º for inferior aos preços de venda constantes dos documentos de exportação, prevalecerá o montante da receita reconhecida conforme os referidos documentos.

§ 7.º A parcela das receitas, apurada segundo o disposto neste artigo, que exceder ao valor já apropriado na escrituração da empresa deverá ser adicionada ao lucro líquido, para determinação do lucro real, bem como ser computada na determinação do lucro presumido e do lucro arbitrado.

§ 8.º Para efeito do disposto no § 3.º, somente serão consideradas as operações de compra e venda praticadas entre compradores e vendedores não vinculados.

> *Vide* art. 4.º da Lei n. 10.451, de 10-5-2002.

§ 9.º Na hipótese de exportação de *commodities* sujeitas à cotação em bolsas de mercadorias e futuros internacionalmente reconhecidas, deverá ser utilizado o Método do Preço sob Cotação na Exportação – PECEX, definido no art. 19-A.

>> § 9.º acrescentado pela Lei n. 12.715, de 17-9-2012.

Art. 19-A. O Método do Preço sob Cotação na Exportação – PECEX é definido como os valores médios diários da cotação de bens ou direitos sujeitos a preços públicos em bolsas de mercadorias e futuros internacionalmente reconhecidas.

>> *Caput* acrescentado pela Lei n. 12.715, de 17-9-2012.

§ 1.º Os preços dos bens exportados e declarados por pessoas físicas ou jurídicas residentes ou domiciliadas no País serão comparados com os preços de cotação dos bens, constantes em bolsas de mercadorias e futuros internacionalmente reconhecidas, ajustados para mais ou para menos do prêmio médio de mercado, na data da transação, nos casos de exportação para:

>> § 1.º, *caput*, acrescentado pela Lei n. 12.715, de 17-9-2012.

I – pessoas físicas ou jurídicas vinculadas;

>> Inciso I acrescentado pela Lei n. 12.715, de 17-9-2012.

II – residentes ou domiciliadas em países ou dependências com tributação favorecida; ou

>> Inciso II acrescentado pela Lei n. 12.715, de 17-9-2012.

III – pessoas físicas ou jurídicas beneficiadas por regimes fiscais privilegiados.

>> Inciso III acrescentado pela Lei n. 12.715, de 17-9-2012.

§ 2.º Não havendo cotação disponível para o dia da transação, deverá ser utilizada a última cotação conhecida.

>> § 2.º acrescentado pela Lei n. 12.715, de 17-9-2012.

§ 3.º Na hipótese de ausência de identificação da data da transação, a conversão será efetuada considerando a data de embarque dos bens exportados.

>> § 3.º acrescentado pela Lei n. 12.715, de 17-9-2012.

§ 4.º As receitas auferidas nas operações de que trata o *caput* ficam sujeitas ao arbitramento de preços de transferência, não se aplicando o percentual de 90% (noventa por cento) previsto no *caput* do art. 19.

>> § 4.º acrescentado pela Lei n. 12.715, de 17-9-2012.

§ 5.º Na hipótese de não haver cotação dos bens em bolsas de mercadorias e futuros internacionalmente reconhecidas, os preços dos bens exportados a que se refere o § 1.º poderão ser comparados:

>> § 5.º, *caput*, acrescentado pela Lei n. 12.715, de 17-9-2012.

I – com os obtidos a partir de fontes de dados independentes fornecidas por instituições de pesquisa setoriais internacionalmente reconhecidas; ou

>> Inciso I acrescentado pela Lei n. 12.715, de 17-9-2012.

II – com os preços definidos por agências ou órgãos reguladores e publicados no *Diário Oficial da União*.

>> Inciso II acrescentado pela Lei n. 12.715, de 17-9-2012.

§ 6.º A Secretaria da Receita Federal do Brasil do Ministério da Fazenda disciplinará o disposto neste artigo, inclusive a divulgação das bolsas de mercadorias e futuros e das instituições de pesquisas setoriais internacionalmente reconhecidas para cotação de preços.

>> § 6.º acrescentado pela Lei n. 12.715, de 17-9-2012.

§ 7.º (*Vetado.*)

>> § 7.º acrescentado pela Lei n. 12.715, de 17-9-2012.

Art. 20. O Ministro de Estado da Fazenda poderá, em circunstâncias justificadas, alterar os percentuais de que tratam os arts. 18 e 19 de ofício, ou mediante requerimento conforme o § 2.º do art. 21.

>> Artigo com redação determinada pela Lei n. 12.715, de 17-9-2012.

>> *Vide* art. 4.º da Lei n. 10.451, de 10-5-2002.

Art. 20-A. A partir do ano-calendário de 2012, a opção por um dos métodos previstos nos arts. 18 e 19 será efetuada para o ano-calendário e não poderá ser alterada pelo contribuinte uma vez iniciado o procedimento fiscal, salvo quando, em seu curso, o método ou algum de seus critérios de cálculo venha a ser desqualificado pela fiscalização, situação esta em que deverá ser intimado o sujeito passivo para, no prazo de 30 (trinta) dias, apresentar novo cálculo de acordo com qualquer outro método previsto na legislação.

>> *Caput* acrescentado pela Lei n. 12.715, de 17-9-2012.

§ 1.º A fiscalização deverá motivar o ato caso desqualifique o método eleito pela pessoa jurídica.

>> § 1.º acrescentado pela Lei n. 12.715, de 17-9-2012.

§ 2.º A autoridade fiscal responsável pela verificação poderá determinar o preço parâmetro, com base nos documentos de que dispuser, e aplicar um dos métodos previstos nos arts. 18 e 19, quando o sujeito passivo, após decorrido o prazo de que trata o *caput*:

>> § 2.º, *caput*, acrescentado pela Lei n. 12.715, de 17-9-2012.

I – não apresentar os documentos que deem suporte à determinação do preço praticado nem às respectivas memórias de cálculo para apuração do preço parâmetro, segundo o método escolhido;

>> Inciso I acrescentado pela Lei n. 12.715, de 17-9-2012.

II – apresentar documentos imprestáveis ou insuficientes para demonstrar a correção do cálculo do preço parâmetro pelo método escolhido; ou

>> Inciso II acrescentado pela Lei n. 12.715, de 17-9-2012.

III – deixar de oferecer quaisquer elementos úteis à verificação dos cálculos para apuração do preço parâmetro, pelo método escolhido, quando solicitados pela autoridade fiscal.

>> Inciso III acrescentado pela Lei n. 12.715, de 17-9-2012.

§ 3.º A Secretaria da Receita Federal do Brasil do Ministério da Fazenda definirá o prazo e a forma de opção de que trata o *caput*.

>> § 3.º acrescentado pela Lei n. 12.715, de 17-9-2012.

Art. 20-B. A utilização do método de cálculo de preço parâmetro, de que tratam os arts. 18 e 19, deve ser consistente por bem, serviço ou direito, para todo o ano-calendário.

>> Artigo acrescentado Lei n. 12.715, de 17-9-2012.

Apuração dos Preços Médios

Art. 21. Os custos e preços médios a que se referem os arts. 18 e 19 deverão ser apurados com base em:

I – publicações ou relatórios oficiais do governo do país do comprador ou vendedor ou declaração da autoridade fiscal desse mesmo país, quando com ele o Brasil mantiver acordo para evitar a bitributação ou para intercâmbio de informações;

II – pesquisas efetuadas por empresa ou instituição de notório conhecimento técnico ou publicações técnicas, em que se especifiquem o setor, o período, as empresas pesquisadas e a margem encontrada, bem como identifiquem, por empresa, os dados coletados e trabalhados.

§ 1.º As publicações, as pesquisas e os relatórios oficiais a que se refere este artigo somente serão admitidos como prova se houverem sido realizados com observância de métodos de avaliação internacionalmente adotados e se referirem a período contemporâneo com o de apuração da base de cálculo do imposto de renda da empresa brasileira.

§ 2.º Admitir-se-ão margens de lucro diversas das estabelecidas nos arts. 18 e 19, desde que o contribuinte as comprove, com base em publicações, pesquisas ou relatórios elaborados de conformidade com o disposto neste artigo.

§ 3.º As publicações técnicas, as pesquisas e os relatórios a que se refere este artigo poderão ser desqualificados mediante ato do Secretário da Receita Federal, quando considerados inidôneos ou inconsistentes.

Juros

Art. 22. Os juros pagos ou creditados a pessoa vinculada somente serão dedutíveis para fins de determinação do lucro real até o montante que não exceda ao valor calculado com base em taxa determinada conforme este artigo acrescida de margem percentual a título de *spread*, a ser definida por ato do Ministro de Estado da Fazenda com base na média de mercado, proporcionalizados em função do período a que se referirem os juros.

>> *Caput* com redação determinada pela Lei n. 12.766, de 27-12-2012.

§ 1.º No caso de mútuo com pessoa vinculada, a pessoa jurídica mutuante, domiciliada no Brasil, deverá reconhecer, como receita financeira correspondente à operação, no mínimo o valor apurado segundo o disposto neste artigo.

§ 2.º Para efeito do limite a que se refere este artigo, os juros serão calculados com base no valor da obrigação ou do direito, expresso na moeda objeto do contrato e convertida em reais pela taxa de câmbio, divulgada pelo Banco Central do Brasil, para a data do termo final do cálculo dos juros.

§ 3.º O valor dos encargos que exceder o limite referido no *caput* e a diferença de receita apurada na forma do parágrafo anterior serão adicionados à base de cálculo do imposto de renda devido pela empresa no Brasil, inclusive ao lucro presumido ou arbitrado.

§ 4.º (*Revogado pela Lei n. 12.715, de 17-9-2012.*)

§ 5.º (*Revogado pela Lei n. 12.766, de 27-12-2012.*)

§ 6.º A taxa de que trata o *caput* será a taxa:

>> § 6.º, *caput*, acrescentado pela Lei n. 12.766, de 27-12-2012.

I – de mercado dos títulos soberanos da República Federativa do Brasil emitidos no mercado externo em dólares dos Estados Unidos da América, na hipótese de operações em dólares dos Estados Unidos da América com taxa prefixada;

>> Inciso I acrescentado pela Lei n. 12.766, de 27-12-2012.

II – de mercado dos títulos soberanos da República Federativa do Brasil emitidos no mercado externo em reais, na hipótese de operações em reais no exterior com taxa prefixada; e

>> Inciso II acrescentado pela Lei n. 12.766, de 27-12-2012.

III – *London Interbank Offered Rate – LIBOR* pelo prazo de 6 (seis) meses, nos demais casos.

>> Inciso III acrescentado pela Lei n. 12.766, de 27-12-2012.

§ 7.º O Ministro de Estado da Fazenda poderá fixar a taxa de que trata o *caput* na hipótese de operações em reais no exterior com taxa flutuante.

>> § 7.º acrescentado pela Lei n. 12.766, de 27-12-2012.

§ 8.º Na hipótese do inciso III do § 6.º, para as operações efetuadas em outras moedas nas quais não seja divulgada taxa *Libor* própria, deverá ser utilizado o valor da taxa *Libor* para depósitos em dólares dos Estados Unidos da América.

>> § 8.º acrescentado pela Lei n. 12.766, de 27-12-2012.

§ 9.º A verificação de que trata este artigo deve ser efetuada na data da contratação da operação e será aplicada aos contratos celebrados a partir de 1.º de janeiro de 2013.

>> § 9.º acrescentado pela Lei n. 12.766, de 27-12-2012.

§ 10. Para fins do disposto no § 9.º, a novação e a repactuação são consideradas novos contratos.

>> § 10 acrescentado pela Lei n. 12.766, de 27-12-2012.

§ 11. O disposto neste artigo será disciplinado pela Secretaria da Receita Federal do Brasil, inclusive quanto às especificações e condições de utilização das taxas previstas no *caput* e no § 6.º.

>> § 11 acrescentado pela Lei n. 12.766, de 27-12-2012.

>> A Lei n. 13.097, de 19-1-2015, propôs o acréscimo do § 12, todavia a alteração sofreu veto presidencial.

Pessoa Vinculada – Conceito

Art. 23. Para efeito dos arts. 18 a 22, será considerada vinculada à pessoa jurídica domiciliada no Brasil:

I – a matriz desta, quando domiciliada no exterior;

II – a sua filial ou sucursal, domiciliada no exterior;

III – a pessoa física ou jurídica, residente ou domiciliada no exterior, cuja participação societária no seu capital social a caracterize como sua controladora ou coligada, na forma definida nos §§ 1.º e 2.º do art. 243 da Lei n. 6.404, de 15 de dezembro de 1976;

IV – a pessoa jurídica domiciliada no exterior que seja caracterizada como sua controlada ou coligada, na forma definida nos §§ 1.º e 2.º do art. 243 da Lei n. 6.404, de 15 de dezembro de 1976;

V – a pessoa jurídica domiciliada no exterior, quando esta e a empresa domiciliada no Brasil estiverem sob controle societário ou administrativo comum ou quando pelo menos 10% (dez por cento) do capital social de cada uma pertencer a uma mesma pessoa física ou jurídica;

VI – a pessoa física ou jurídica, residente ou domiciliada no exterior, que, em conjunto com a pessoa jurídica domiciliada no Brasil, tiver participação societária no capital social de uma terceira pessoa jurídica, cuja soma as caracterize como controladoras ou coligadas desta, na forma definida nos §§ 1.º e 2.º do art. 243 da Lei n. 6.404, de 15 de dezembro de 1976;

VII – a pessoa física ou jurídica, residente ou domiciliada no exterior, que seja sua associada, na forma de consórcio ou condomínio, conforme definido na legislação brasileira, em qualquer empreendimento;

VIII – a pessoa física residente no exterior que for parente ou afim até o terceiro grau, cônjuge ou companheiro de qualquer de seus diretores ou de seu sócio ou acionista controlador em participação direta ou indireta;

IX – a pessoa física ou jurídica, residente ou domiciliada no exterior, que goze de exclusividade, como seu agente, distribuidor ou concessionário, para a compra e venda de bens, serviços ou direitos;

X – a pessoa física ou jurídica, residente ou domiciliada no exterior, em relação à qual a pessoa jurídica domiciliada no Brasil goze de exclusividade, como agente, distribuidora ou concessionária, para a compra e venda de bens, serviços ou direitos.

Países com Tributação Favorecida

Art. 24. As disposições relativas a preços, custos e taxas de juros, constantes dos arts. 18 a 22, aplicam-se, também, às operações efetuadas por pessoa física ou jurídica residente ou domiciliada no Brasil, com qualquer pessoa física ou jurídica, ainda que não vinculada, residente ou domiciliada em país que não tribute a renda ou que a tribute a alíquota máxima inferior a 20% (vinte por cento).

>> O art. 27 da Lei n. 12.249, de 11-6-2010, dispõe: "Art. 27. A transferência do domicílio fiscal da pessoa física residente e domiciliada no Brasil para país ou dependência com tributação favorecida ou regime fiscal privilegiado, nos termos a que se referem, respectivamente, os arts. 24 e 24-A da Lei n. 9.430, de 27-12-1996, somente terá seus efeitos reconhecidos a partir da data em que o contribuinte comprove: I – ser residente de fato naquele país ou dependência; ou II – sujeitar-se a imposto sobre a totalidade dos rendimentos do trabalho e do capital, bem como o efetivo pagamento desse imposto. Parágrafo único. Consideram-se residentes de fato, para os fins do disposto no inciso I do *caput* deste artigo, as pessoas físicas que tenham efetivamente permanecido no país ou dependência por mais de 183 (cento e oitenta e três) dias, consecutivos ou não, no período de até 12 (doze) meses, ou que comprovem ali se localizarem a residência habitual de sua família e a maior parte de seu patrimônio".

> *Vide* art. 2.º, parágrafo único, da Lei n. 10.865, de 30-4-2004.

§ 1.º Para efeito do disposto na parte final deste artigo, será considerada a legislação tributária do referido país, aplicável às pessoas físicas ou às pessoas jurídicas, conforme a natureza do ente com o qual houver sido praticada a operação.

§ 2.º No caso de pessoa física residente no Brasil:

I – o valor apurado segundo os métodos de que trata o art. 18 será considerado como custo de aquisição para efeito de apuração de ganho de capital na alienação do bem ou direito;

II – o preço relativo ao bem ou direito alienado, para efeito de apuração de ganho de capital, será o apurado de conformidade com o disposto no art. 19;

III – será considerado como rendimento tributável o preço dos serviços prestados apurado de conformidade com o disposto no art. 19;

IV – serão considerados como rendimento tributável os juros determinados de conformidade com o art. 22.

§ 3.º Para os fins do disposto neste artigo, considerar-se-á separadamente a tributação do trabalho e do capital, bem como as dependências do país de residência ou domicílio.

>> § 3.º acrescentado pela Lei n. 10.451, de 10-5-2002.

§ 4.º Considera-se também país ou dependência com tributação favorecida aquele cuja legislação não permita o acesso a informações relativas à composição societária de pessoas jurídicas, à sua titularidade ou à identificação do beneficiário efetivo de rendimentos atribuídos a não residentes.

>> § 4.º acrescentado pela Lei n. 11.727, de 23-6-2008.

>> *Vide* art. 41, VI, da Lei n. 11.727, de 23-6-2008.

Art. 24-A. Aplicam-se às operações realizadas em regime fiscal privilegiado as disposições relativas a preços, custos e taxas de juros constantes dos arts. 18 a 22 desta Lei, nas transações entre pessoas físicas ou jurídicas residentes e domiciliadas no País com qualquer pessoa física ou jurídica, ainda que não vinculada, residente ou domiciliada no exterior.

>> *Caput* acrescentado pela Lei n. 11.727, de 23-6-2008.

>> *Vide* art. 41, VI, da Lei n. 11.727, de 23-6-2008.

> *Vide* art. 2.º, parágrafo único, da Lei n. 10.865, de 30-4-2004.

Parágrafo único. Para os efeitos deste artigo, considera-se regime fiscal privilegiado aquele que apresentar uma ou mais das seguintes características:

>> Parágrafo único, *caput*, com redação determinada pela Lei n. 11.941, de 27-5-2009.

I – não tribute a renda ou a tribute à alíquota máxima inferior a 20% (vinte por cento);

>> Inciso I acrescentado pela Lei n. 11.727, de 23-6-2008.

II – conceda vantagem de natureza fiscal a pessoa física ou jurídica não residente:

a) sem exigência de realização de atividade econômica substantiva no país ou dependência;

b) condicionada ao não exercício de atividade econômica substantiva no país ou dependência;

>> Inciso II acrescentado pela Lei n. 11.727, de 23-6-2008.

III – não tribute, ou o faça em alíquota máxima inferior a 20% (vinte por cento), os rendimentos auferidos fora de seu território;

>> Inciso III acrescentado pela Lei n. 11.727, de 23-6-2008.

IV – não permita o acesso a informações relativas à composição societária, titularidade de bens ou direitos ou às operações econômicas realizadas.

>> Inciso IV acrescentado pela Lei n. 11.727, de 23-6-2008.

Art. 24-B. O Poder Executivo poderá reduzir ou restabelecer os percentuais de que tratam o *caput* do art. 24 e os incisos I e III do parágrafo único do art. 24-A, ambos desta Lei.

>> *Caput* acrescentado pela Lei n. 11.727, de 23-6-2008.

>> *Vide* art. 41, VI, da Lei n. 11.727, de 23-6-2008.

Parágrafo único. O uso da faculdade prevista no *caput* deste artigo poderá também ser aplicado, de forma excepcional e restrita, a países que componham blocos econômicos dos quais o País participe.

>> Parágrafo único acrescentado pela Lei n. 11.727, de 23-6-2008.

Seção VI
Lucro Presumido

Determinação

Art. 25. O lucro presumido será o montante determinado pela soma das seguintes parcelas:

I – o valor resultante da aplicação dos percentuais de que trata o art. 15 da Lei n. 9.249, de 26 de dezembro de 1995, sobre a receita bruta definida pelo art. 12 do Decreto-lei n. 1.598, de 26 de dezembro de 1977, auferida no período de apuração de que trata o art. 1.º, deduzida das devoluções e vendas canceladas e dos descontos incondicionais concedidos; e

>> Inciso I com redação determinada pela Lei n. 12.973, de 13-5-2014.

II – os ganhos de capital, os rendimentos e ganhos líquidos auferidos em aplicações financeiras, as demais receitas, os resultados positivos decorrentes de receitas não abrangidas pelo inciso I, com os respectivos valores decorrentes do ajuste a valor presente de que trata o inciso VIII do *caput* do art. 183 da Lei n. 6.404, de 15 de dezembro de 1976, e demais valores determinados nesta Lei, auferidos naquele mesmo período.

>> Inciso II com redação determinada pela Lei n. 12.973, de 13-5-2014.

>> *Vide* art. 7.º, *caput*, da Lei n. 12.973, de 13-5-2014.

§ 1.º O ganho de capital nas alienações de investimentos, imobilizados e intangíveis corresponderá à diferença positiva entre o valor da alienação e o respectivo valor contábil.

>> § 1.º acrescentado pela Lei n. 12.973, de 13-5-2014.

§ 2.º Para fins do disposto no § 1.º, poderão ser considerados no valor contábil, e na proporção deste, os respectivos valores decorrentes dos efeitos do ajuste a valor presente de que trata o inciso III do *caput* do art. 184 da Lei n. 6.404, de 15 de dezembro de 1976.

>> § 2.º acrescentado pela Lei n. 12.973, de 13-5-2014.

§ 3.º Os ganhos decorrentes de avaliação de ativo ou passivo com base no valor justo não integrarão a base de cálculo do imposto, no momento em que forem apurados.

>> § 3.º acrescentado pela Lei n. 12.973, de 13-5-2014.

§ 4.º Para fins do disposto no inciso II do *caput*, os ganhos e perdas decorrentes de avaliação do ativo com base em valor justo não serão considerados como parte integrante do valor contábil.

>> § 4.º acrescentado pela Lei n. 12.973, de 13-5-2014.

§ 5.º O disposto no § 4.º não se aplica aos ganhos que tenham sido anteriormente computados na base de cálculo do imposto.

>> § 5.º acrescentado pela Lei n. 12.973, de 13-5-2014.

Opção

Art. 26. A opção pela tributação com base no lucro presumido será aplicada em relação a todo o período de atividade da empresa em cada ano-calendário.

§ 1.º A opção de que trata este artigo será manifestada com o pagamento da primeira ou única quota do imposto devido correspondente ao primeiro período de apuração de cada ano-calendário.

§ 2.º A pessoa jurídica que houver iniciado atividade a partir do segundo trimestre manifestará a opção de que trata este artigo com o pagamento da primeira ou única quota do imposto devido relativa ao período de apuração do início de atividade.

§ 3.º A pessoa jurídica que houver pago o imposto com base no lucro presumido e que, em relação ao mesmo ano-calendário, alterar a opção, passando a ser tributada com base no lucro real, ficará sujeita ao pagamento de multa e juros moratórios sobre a diferença de imposto paga a menor.

§ 4.º A mudança de opção a que se refere o parágrafo anterior somente será admitida quando formalizada até a entrega da correspondente declaração de rendimentos e antes de iniciado procedimento de ofício relativo a qualquer dos períodos de apuração do respectivo ano-calendário.

Seção VII
Lucro Arbitrado

Determinação

Art. 27. O lucro arbitrado será o montante determinado pela soma das seguintes parcelas:

I – o valor resultante da aplicação dos percentuais de que trata o art. 16 da Lei n. 9.249, de 26 de dezembro de 1995, sobre a receita bruta definida pelo art. 12 do Decreto-lei n. 1.598, de 26 de dezembro de 1977, auferida no período de apuração de que trata o art. 1.º, deduzida das devoluções e vendas canceladas e dos descontos incondicionais concedidos; e

>> Inciso I com redação determinada pela Lei n. 12.973, de 13-5-2014.

II – os ganhos de capital, os rendimentos e ganhos líquidos auferidos em aplicações financeiras, as demais receitas, os resultados positivos decorrentes de receitas não abrangidas pelo inciso I do *caput*, com os respectivos valores decorrentes do ajuste a valor presente de que trata o inciso VIII do *caput* do art. 183 da Lei n. 6.404, de 15 de dezembro de 1976, e demais valores determinados nesta Lei, auferidos naquele mesmo período.

>> Inciso II com redação determinada pela Lei n. 12.973, de 13-5-2014.

>> *Vide* art. 7.º, parágrafo único, da Lei n. 12.973, de 13-5-2014.

§ 1.º Na apuração do lucro arbitrado, quando não conhecida a receita bruta, os coeficientes de que tratam os incisos II, III e IV do art. 51 da Lei n. 8.981, de 20 de janeiro de 1995, deverão ser multiplicados pelo número de meses do período de apuração.

§ 2.º Na hipótese de utilização das alternativas de cálculo previstas nos incisos V a VIII do art. 51 da Lei n. 8.981, de 20 de janeiro de 1995, o lucro arbitrado será o valor resultante da soma dos valores apurados para cada mês do período de apuração.

§ 3.º O ganho de capital nas alienações de investimentos, imobilizados e intangíveis corresponderá à diferença positiva entre o valor da alienação e o respectivo valor contábil.

>> § 3.º acrescentado pela Lei n. 12.973, de 13-5-2014.

§ 4.º Para fins do disposto no § 3.º, poderão ser considerados no valor contábil, e na proporção deste, os respectivos valores decorrentes dos efeitos do ajuste a valor presente de que trata o inciso III do *caput* do art. 184 da Lei n. 6.404, de 15 de dezembro de 1976.

>> § 4.º acrescentado pela Lei n. 12.973, de 13-5-2014.

§ 5.º Os ganhos decorrentes de avaliação de ativo ou passivo com base no valor justo não integrarão a base de cálculo do imposto, no momento em que forem apurados.

>> § 5.º acrescentado pela Lei n. 12.973, de 13-5-2014.

§ 6.º Para fins do disposto no inciso II do *caput*, os ganhos e perdas decorrentes de avaliação do ativo com base em valor justo não serão considerados como parte integrante do valor contábil.

>> § 6.º acrescentado pela Lei n. 12.973, de 13-5-2014.

§ 7.º O disposto no § 6.º não se aplica aos ganhos que tenham sido anteriormente computados na base de cálculo do imposto.

>> § 7.º acrescentado pela Lei n. 12.973, de 13-5-2014.

CAPÍTULO II
CONTRIBUIÇÃO SOCIAL SOBRE O LUCRO LÍQUIDO

Seção I
Apuração da Base de Cálculo e Pagamento

Normas Aplicáveis

Art. 28. Aplicam-se à apuração da base de cálculo e ao pagamento da contribuição social sobre o lucro líquido as normas da legislação vigente e as correspondentes aos arts. 1.º a 3.º, 5.º a 14, 17 a 24-B, 26, 55 e 71.

>> Artigo com redação determinada pela Lei n. 12.715, de 17-9-2012.

Empresas sem Escrituração Contábil

Art. 29. A base de cálculo da contribuição social sobre o lucro líquido, devida pelas pessoas jurídicas tributadas com base no lucro presumido ou arbitrado e pelas demais empresas dispensadas de escrituração contábil, corresponderá à soma dos valores:

I – de que trata o art. 20 da Lei n. 9.249, de 26 de dezembro de 1995;

II – os ganhos de capital, os rendimentos e ganhos líquidos auferidos em aplicações financeiras, as demais receitas, os resultados positivos decorrentes de receitas não abrangidas pelo inciso I do *caput*, com os respectivos valores decorrentes do ajuste a valor presente de que trata o inciso VIII do *caput* do art. 183 da Lei n. 6.404, de 15 de dezembro de 1976, e demais valores determinados nesta Lei, auferidos naquele mesmo período.

>> Inciso II com redação determinada pela Lei n. 12.973, de 13-5-2014.

>> *Vide* art. 7.º, parágrafo único, da Lei n. 12.973, de 13-5-2014.

Pagamento Mensal Estimado

Art. 30. A pessoa jurídica que houver optado pelo pagamento do imposto de renda na forma do art. 2.º fica, também, sujeita ao pagamento mensal da contribuição social sobre o lucro líquido, determinada mediante a aplicação da alíquota a que estiver sujeita sobre a base de cálculo apurada na forma dos incisos I e II do artigo anterior.

CAPÍTULO III
IMPOSTO SOBRE PRODUTOS INDUSTRIALIZADOS

Contribuinte Substituto

Art. 31. O art. 35 da Lei n. 4.502, de 30 de novembro de 1964, passa a vigorar com a seguinte redação:

"Art. 35. ....

....

II – como contribuinte substituto:

....

c) o industrial ou equiparado, mediante requerimento, nas operações anteriores, concomitantes ou posteriores às saídas que promover, nas hipóteses e condições estabelecidas pela Secretaria da Receita Federal.

>> A Secretaria da Receita Federal passa a denominar-se Secretaria da Receita Federal do Brasil, por força da Lei n. 11.457, de 16-3-2007.

§ 1.º Nos casos das alíneas *a* e *b* do inciso II deste artigo, o pagamento do imposto não exclui a responsabilidade por infração do contribuinte originário quando este for identificado, e será considerado como efetuado fora do prazo, para todos os efeitos legais.

§ 2.º Para implementar o disposto na alínea *c* do inciso II, a Secretaria da Receita Federal poderá instituir regime especial de suspensão do imposto".

>> A Secretaria da Receita Federal passa a denominar-se Secretaria da Receita Federal do Brasil, por força da Lei n. 11.457, de 16-3-2007.

CAPÍTULO IV
PROCEDIMENTOS DE FISCALIZAÇÃO

Seção I
Suspensão da Imunidade e da Isenção

Art. 32. A suspensão da imunidade tributária, em virtude de falta de observância de requisitos legais, deve ser procedida de conformidade com o disposto neste artigo.

§ 1.º Constatado que entidade beneficiária de imunidade de tributos federais de que trata a alínea *c* do inciso VI do art. 150 da Constituição Federal não está observando requisito ou condição previstos nos arts. 9.º, § 1.º, e 14, da Lei n. 5.172, de 25 de outubro de 1966 – Código Tributário Nacional, a fiscalização tributária expedirá notificação fiscal, na qual relatará os fatos que determinam a suspensão do benefício, indicando inclusive a data da ocorrência da infração.

§ 2.º A entidade poderá, no prazo de 30 (trinta) dias da ciência da notificação, apresentar as alegações e provas que entender necessárias.

§ 3.º O Delegado ou Inspetor da Receita Federal decidirá sobre a procedência das alegações, expedindo o ato declaratório suspensivo do benefício, no caso de improcedência, dando, de sua decisão, ciência à entidade.

§ 4.º Será igualmente expedido o ato suspensivo se decorrido o prazo previsto no § 2.º sem qualquer manifestação da parte interessada.

§ 5.º A suspensão da imunidade terá como termo inicial a data da prática da infração.

§ 6.º Efetivada a suspensão da imunidade:

I – a entidade interessada poderá, no prazo de 30 (trinta) dias da ciência, apresentar impugnação ao ato declaratório, a qual será objeto de decisão pela Delegacia da Receita Federal de Julgamento competente;

II – a fiscalização de tributos federais lavrará auto de infração, se for o caso.

§ 7.º A impugnação relativa à suspensão da imunidade obedecerá às demais normas reguladoras do processo administrativo fiscal.

§ 8.º A impugnação e o recurso apresentados pela entidade não terão efeito suspensivo em relação ao ato declaratório contestado.

§ 9.º Caso seja lavrado auto de infração, as impugnações contra o ato declaratório e contra a exigência de crédito tributário serão reunidas em um único processo, para serem decididas simultaneamente.

§ 10. Os procedimentos estabelecidos neste artigo aplicam-se, também, às hipóteses de suspensão de isenções condicionadas, quando a entidade beneficiária estiver descumprindo as condições ou requisitos impostos pela legislação de regência.

§ 11. (*Revogado pela Lei n. 13.165, de 29-9-2015.*)

§ 12. A entidade interessada disporá de todos os meios legais para impugnar os fatos que determinam a suspensão do benefício.

>> § 12 acrescentado pela Lei n. 11.941, de 27-5-2009.

Seção II
Regimes Especiais de Fiscalização

Art. 33. A Secretaria da Receita Federal pode determinar regime especial para cumprimento de obrigações, pelo sujeito passivo, nas seguintes hipóteses:

>> A Secretaria da Receita Federal passa a denominar-se Secretaria da Receita Federal do Brasil, por força da Lei n. 11.457, de 16-3-2007.

> A Instrução Normativa n. 979, de 16-12-2009, da Secretaria da Receita Federal do Brasil, dispõe sobre o Regime Especial de Fiscalização (REF) de que trata este artigo.

I – embaraço à fiscalização, caracterizado pela negativa não justificada de exibição de livros e documentos em que se assente a escrituração das atividades do sujeito passivo, bem como pelo não fornecimento de informações sobre bens, movimentação financeira, negócio ou atividade, próprios ou de terceiros, quando intimado, e demais hipóteses que autorizam a requisição do auxílio da força pública, nos termos do art. 200 da Lei n. 5.172, de 25 de outubro de 1966;

II – resistência à fiscalização, caracterizada pela negativa de acesso ao estabelecimento, ao domicílio fiscal ou a qualquer outro local onde se desenvolvam as atividades do sujeito passivo, ou se encontrem bens de sua posse ou propriedade;

III – evidências de que a pessoa jurídica esteja constituída por interpostas pessoas que não sejam os verdadeiros sócios ou acionistas, ou o titular, no caso de firma individual;

IV – realização de operações sujeitas à incidência tributária, sem a devida inscrição no cadastro de contribuintes apropriado;

V – prática reiterada de infração da legislação tributária;

VI – comercialização de mercadorias com evidências de contrabando ou descaminho;

VII – incidência em conduta que enseje representação criminal, nos termos da legislação que rege os crimes contra a ordem tributária.

§ 1.º O regime especial de fiscalização será aplicado em virtude de ato do Secretário da Receita Federal.

§ 2.º O regime especial pode consistir, inclusive, em:

I – manutenção de fiscalização ininterrupta no estabelecimento do sujeito passivo;

II – redução, à metade, dos períodos de apuração e dos prazos de recolhimento dos tributos;

III – utilização compulsória de controle eletrônico das operações realizadas e recolhimento diário dos respectivos tributos;

IV – exigência de comprovação sistemática do cumprimento das obrigações tributárias;

V – controle especial da impressão e emissão de documentos comerciais e fiscais e da movimentação financeira.

§ 3.º As medidas previstas neste artigo poderão ser aplicadas isolada ou cumulativamente, por tempo suficiente à normalização do cumprimento das obrigações tributárias.

§ 4.º A imposição do regime especial não elide a aplicação de penalidades previstas na legislação tributária.

§ 5.º Às infrações cometidas pelo contribuinte durante o período em que estiver submetido a regime especial de fiscalização será aplicada a multa de que trata o inciso I do *caput* do art. 44 desta Lei, duplicando-se o seu percentual.

>> § 5.º com redação determinada pela Lei n. 11.488, de 15-6-2007.

Seção III
Documentação Fiscal

Acesso à Documentação

Art. 34. São também passíveis de exame os documentos do sujeito passivo, mantidos em arquivos magnéticos ou assemelhados, encontrados no local da verificação, que tenham relação direta ou indireta com a atividade por ele exercida.

Retenção de Livros e Documentos

Art. 35. Os livros e documentos poderão ser examinados fora do estabelecimento do sujeito passivo, desde que lavrado termo escrito de retenção pela autoridade fiscal, em que se especifiquem a quantidade, espécie, natureza e condições dos livros e documentos retidos.

§ 1.º Constituindo os livros ou documentos prova da prática de ilícito penal ou tributário, os originais retidos não serão devolvidos, extraindo-se cópia para entrega ao interessado.

§ 2.º Excetuado o disposto no parágrafo anterior, devem ser devolvidos os originais dos documentos retidos para exame, mediante recibo.

Lacração de Arquivos

Art. 36. A autoridade fiscal encarregada de diligência ou fiscalização poderá promover a lacração de móveis, caixas, cofres ou depósitos onde se encontram arquivos e documentos, toda vez que ficar caracterizada a resistência ou o embaraço à fiscalização, ou ainda quando as circunstâncias ou a quantidade de documentos não permitirem sua identificação e conferência no local ou no momento em que foram encontrados.

Parágrafo único. O sujeito passivo e demais responsáveis serão previamente notificados para acompanharem o procedimento de rompimento do lacre e identificação dos elementos de interesse da fiscalização.

Guarda de Documentos

Art. 37. Os comprovantes da escrituração da pessoa jurídica, relativos a fatos que repercutam em lançamentos contábeis de exercícios futuros, serão conservados até que se opere a decadência do direito de a Fazenda Pública constituir os créditos tributários relativos a esses exercícios.

Arquivos Magnéticos

Art. 38. O sujeito passivo usuário de sistema de processamento de dados deverá manter documentação técnica completa e atualizada do sistema, suficiente para possibilitar a sua auditoria, facultada a manutenção em meio magnético, sem prejuízo da sua emissão gráfica, quando solicitada.

Extravio de Livros e Documentos

Art. 39. (*Revogado pela Lei n. 9.532, de 10-12-1997.*)

Seção IV
Omissão de Receita

Falta de Escrituração de Pagamentos

Art. 40. A falta de escrituração de pagamentos efetuados pela pessoa jurídica, assim como a manutenção, no passivo, de obrigações cuja exigibilidade não seja comprovada, caracterizam, também, omissão de receita.

Levantamento Quantitativo por Espécie

Art. 41. A omissão de receita poderá, também, ser determinada a partir de levantamento por espécie das quantidades de matérias-primas e produtos intermediários utilizados no processo produtivo da pessoa jurídica.

§ 1.º Para os fins deste artigo, apurar-se-á a diferença, positiva ou negativa, entre a soma das quantidades de produtos em estoque no início do período com a quantidade de produtos fabricados com as matérias-primas e produtos intermediários utilizados e a soma das quantidades de produtos cuja venda houver sido registrada na escrituração contábil da empresa com as quantidades em estoque, no final do período de apuração, constantes do livro de Inventário.

§ 2.º Considera-se receita omitida, nesse caso, o valor resultante da multiplicação das diferenças de quantidades de produtos ou de matérias-primas e produtos intermediários pelos respectivos preços médios de venda ou de compra, conforme o caso, em cada período de apuração abrangido pelo levantamento.

§ 3.º Os critérios de apuração de receita omitida de que trata este artigo aplicam-se, também, às empresas comerciais, relativamente às mercadorias adquiridas para revenda.

Depósitos Bancários

Art. 42. Caracterizam-se também omissão de receita ou de rendimento os valores creditados em conta de depósito ou de investimento mantida junto a instituição financeira, em relação aos quais o titular, pessoa física ou jurídica, regularmente intimado, não comprove, mediante documentação hábil e idônea, a origem dos recursos utilizados nessas operações.

§ 1.º O valor das receitas ou dos rendimentos omitido será considerado auferido ou recebido no mês do crédito efetuado pela instituição financeira.

§ 2.º Os valores cuja origem houver sido comprovada, que não houverem sido computados na base de cálculo dos impostos e contribuições a que estiverem sujeitos, submeter-se-ão às normas de tributação específicas, previstas na legislação vigente à época em que auferidos ou recebidos.

§ 3.º Para efeito de determinação da receita omitida, os créditos serão analisados individualizadamente, observado que não serão considerados:

I – os decorrentes de transferências de outras contas da própria pessoa física ou jurídica;

II – no caso de pessoa física, sem prejuízo do disposto no inciso anterior, os de valor individual igual ou inferior a R$ 1.000,00 (mil reais), desde que o seu somatório, dentro do ano-calendário, não ultrapasse o valor de R$ 12.000,00 (doze mil reais).

§ 4.º Tratando-se de pessoa física, os rendimentos omitidos serão tributados no mês em que considerados recebidos, com base na tabela progressiva vigente à época em que tenha sido efetuado o crédito pela instituição financeira.

§ 5.º Quando provado que os valores creditados na conta de depósito ou de investimento pertencem a terceiro, evidenciando interposição de pessoa, a determinação dos rendimentos ou receitas será efetuada em relação ao terceiro, na condição de efetivo titular da conta de depósito ou de investimento.

>> § 5.º acrescentado pela Lei n. 10.637, de 30-12-2002.

§ 6.º Na hipótese de contas de depósito ou de investimento mantidas em conjunto, cuja declaração de rendimentos ou de informações dos titulares tenham sido apresentadas em separado, e não havendo comprovação da origem dos recursos nos termos deste artigo, o valor dos rendimentos ou receitas será imputado a cada titular mediante divisão entre o total dos rendimentos ou receitas pela quantidade de titulares.

>> § 6.º acrescentado pela Lei n. 10.637, de 30-12-2002.

Seção V
Normas sobre o Lançamento de Tributos e Contribuições

Auto de Infração sem Tributo

Art. 43. Poderá ser formalizada exigência de crédito tributário correspondente exclusivamente a multa ou a juros de mora, isolada ou conjuntamente.

Parágrafo único. Sobre o crédito constituído na forma deste artigo, não pago no respectivo vencimento, incidirão juros de mora, calculados à taxa a que se refere o § 3.º do art. 5.º, a partir do primeiro dia do mês subsequente ao vencimento do prazo até o mês anterior ao do pagamento e de 1% (um por cento) no mês de pagamento.

Multas de Lançamento de Ofício

Art. 44. Nos casos de lançamento de ofício, serão aplicadas as seguintes multas:

>> *Caput* com redação determinada pela Lei n. 11.488, de 15-6-2007.

I – de 75% (setenta e cinco por cento) sobre a totalidade ou diferença de imposto ou contribuição nos casos de falta de pagamento ou recolhimento, de falta de declaração e nos de declaração inexata;

>> Inciso I com redação determinada pela Lei n. 11.488, de 15-6-2007.

II – de 50% (cinquenta por cento), exigida isoladamente, sobre o valor do pagamento mensal:

>> Inciso II, *caput*, com redação determinada pela Lei n. 11.488, de 15-6-2007.

a) na forma do art. 8.º da Lei n. 7.713, de 22 de dezembro de 1988, que deixar de ser efetuado, ainda que não tenha sido apurado imposto a pagar na declaração de ajuste, no caso de pessoa física;

>> Alínea *a* acrescentada pela Lei n. 11.488, de 15-6-2007.

b) na forma do art. 2.º desta Lei, que deixar de ser efetuado, ainda que tenha sido apurado prejuízo fiscal ou base de cálculo negativa para a contribuição social sobre o lucro líquido, no ano-calendário correspondente, no caso de pessoa jurídica.

>> Alínea *b* acrescentada pela Lei n. 11.488, de 15-6-2007.

§ 1.º O percentual de multa de que trata o inciso I do *caput* deste artigo será duplicado nos casos previstos nos arts. 71, 72 e 73 da Lei n. 4.502, de 30 de novembro de 1964, independentemente de outras penalidades administrativas ou criminais cabíveis.

>> § 1.º, *caput*, com redação determinada pela Lei n. 11.488, de 15-6-2007.

I a IV – (*Revogados pela Lei n. 11.488, de 15-6-2007.*);

V – (*Revogado pela Lei n. 9.716, de 26-11-1998.*)

§ 2.º Os percentuais de multa a que se referem o inciso I do *caput* e o § 1.º deste artigo serão aumentados de metade, nos casos de não atendimento pelo sujeito passivo, no prazo marcado, de intimação para:

>> § 2.º, *caput*, com redação determinada pela Lei n. 11.488, de 15-6-2007.

I – prestar esclarecimentos;

>> Inciso I acrescentado pela Lei n. 11.488, de 15-6-2007.

II – apresentar os arquivos ou sistemas de que tratam os arts. 11 a 13 da Lei n. 8.218, de 29 de agosto de 1991;

>> Inciso II acrescentado pela Lei n. 11.488, de 15-6-2007.

III – apresentar a documentação técnica de que trata o art. 38 desta Lei.

>> Inciso III acrescentado pela Lei n. 11.488, de 15-6-2007.

§ 3.º Aplicam-se às multas de que trata este artigo as reduções previstas no art. 6.º da Lei n. 8.218, de 29 de agosto de 1991, e no art. 60 da Lei n. 8.383, de 30 de dezembro de 1991.

§ 4.º As disposições deste artigo aplicam-se, inclusive, aos contribuintes que derem causa a ressarcimento indevido de tributo ou contribuição decorrente de qualquer incentivo ou benefício fiscal.

§ 5.º Aplica-se também, no caso de que seja comprovadamente constatado dolo ou má-fé do contribuinte, a multa de que trata o inciso I do *caput* sobre:

>> § 5.º, *caput*, acrescentado pela Lei n. 12.249, de 11-6-2010.

I – a parcela do imposto a restituir informado pelo contribuinte pessoa física, na Declaração de Ajuste Anual, que deixar de ser restituída por infração à legislação tributária; e

>> Inciso I acrescentado pela Lei n. 12.249, de 11-6-2010.

II – (*Vetado.*)

>> Inciso II acrescentado pela Lei n. 12.249, de 11-6-2010.

Arts. 45 e 46. (*Revogados pela Lei n. 11.488, de 15-6-2007.*)

Seção VI
Aplicação de Acréscimos de Procedimento Espontâneo

Art. 47. A pessoa física ou jurídica submetida a ação fiscal por parte da Secretaria da Receita Federal poderá pagar, até o 20.º (vigésimo) dia subsequente à data de recebimento do termo de início de fiscalização, os tributos e contribuições já declarados, de que for sujeito passivo como contribuinte ou responsável, com os acréscimos legais aplicáveis nos casos de procedimento espontâneo.

>> Artigo com redação determinada pela Lei n. 9.532, de 10-12-1997.

>> A Secretaria da Receita Federal passa a denominar-se Secretaria da Receita Federal do Brasil, por força da Lei n. 11.457, de 16-3-2007.

Capítulo V
DISPOSIÇÕES GERAIS

Seção I
Processo Administrativo de Consulta

Art. 48. No âmbito da Secretaria da Receita Federal, os processos administrativos de consulta serão solucionados em instância única.

>> *Vide* nota ao art. 47 desta Lei.

§ 1.º A competência para solucionar a consulta ou declarar sua ineficácia, na forma disciplinada pela Secretaria da Receita Federal do Brasil, poderá ser atribuída:

>> § 1.º, *caput*, com redação determinada pela Lei n. 12.788, de 14-1-2013.

I – a unidade central; ou

>> Inciso I com redação determinada pela Lei n. 12.788, de 14-1-2013.

II – a unidade descentralizada.

>> Inciso II com redação determinada pela Lei n. 12.788, de 14-1-2013.

§ 2.º Os atos normativos expedidos pelas autoridades competentes serão observados quando da solução da consulta.

§ 3.º Não cabe recurso nem pedido de reconsideração da solução da consulta ou do despacho que declarar sua ineficácia.

§ 4.º As soluções das consultas serão publicadas pela imprensa oficial, na forma disposta em ato normativo emitido pela Secretaria da Receita Federal.

§ 5.º Havendo diferença de conclusões entre soluções de consultas relativas a uma mesma matéria, fundada em idêntica norma jurídica, cabe recurso especial, sem efeito suspensivo, para o órgão de que trata o inciso I do § 1.º.

§ 6.º O recurso de que trata o parágrafo anterior pode ser interposto pelo destinatário da solução divergente, no prazo de 30 (trinta) dias, contados da ciência da solução.

§ 7.º Cabe a quem interpuser o recurso comprovar a existência das soluções divergentes sobre idênticas situações.

§ 8.º O juízo de admissibilidade do recurso será realizado na forma disciplinada pela Secretaria da Receita Federal do Brasil.

>> § 8.º com redação determinada pela Lei n. 12.788, de 14-1-2013.

§ 9.º Qualquer servidor da administração tributária deverá, a qualquer tempo, formular representação ao órgão que houver proferido a decisão, encaminhando as soluções divergentes sobre a mesma matéria, de que tenha conhecimento.

§ 10. O sujeito passivo que tiver conhecimento de solução divergente daquela que esteja observando em decorrência de resposta a consulta anteriormente formulada, sobre idêntica matéria, poderá adotar o procedimento previsto no § 5.º, no prazo de 30 (trinta) dias contados da respectiva publicação.

§ 11. A solução da divergência acarretará, em qualquer hipótese, a edição de ato específico, uniformizando o entendimento, com imediata ciência ao destinatário da solução reformada, aplicando-se seus efeitos a partir da data da ciência.

§ 12. Se, após a resposta à consulta, a administração alterar o entendimento nela expresso, a nova orientação atingirá, apenas, os fatos geradores que ocorram após dado ciência ao consulente ou após a sua publicação pela imprensa oficial.

§ 13. A partir de 1.º de janeiro de 1997, cessarão todos os efeitos decorrentes de consultas não solucionadas definitivamente, ficando assegurado aos consulentes, até 31 de janeiro de 1997:

I – a não instauração de procedimento de fiscalização em relação à matéria consultada;

II – a renovação da consulta anteriormente formulada, à qual serão aplicadas as normas previstas nesta Lei.

§ 14. A consulta poderá ser formulada por meio eletrônico, na forma disciplinada pela Secretaria da Receita Federal do Brasil.

>> § 14 acrescentado pela Lei n. 12.788, de 14-1-2013.

§ 15. O Poder Executivo regulamentará prazo para solução das consultas de que trata este artigo.

>> § 15 acrescentado pela Lei n. 12.788, de 14-1-2013.

Art. 49. Não se aplicam aos processos de consulta no âmbito da Secretaria da Receita Federal as disposições dos arts. 54 a 58 do Decreto n. 70.235, de 6 de março de 1972.

>> *Vide* nota ao art. 47 desta Lei.

Art. 50. Aplicam-se aos processos de consulta relativos à classificação de mercadorias as disposições dos arts. 46 a 53 do Decreto n. 70.235, de 6 de março de 1972, e do art. 48 desta Lei.

§ 1.º O órgão de que trata o inciso I do § 1.º do art. 48 poderá alterar ou reformar, de ofício, as decisões proferidas nos processos relativos à classificação de mercadorias.

§ 2.º Da alteração ou reforma mencionada no parágrafo anterior, deverá ser dada ciência ao consulente.

§ 3.º Em relação aos atos praticados até a data da ciência ao consulente, nos casos de que trata o § 1.º deste artigo, aplicam-se as conclusões da decisão proferida pelo órgão regional da Secretaria da Receita Federal.

>> *Vide* nota ao art. 47 desta Lei.

§ 4.º O envio de conclusões decorrentes de decisões proferidas em processos de consulta sobre classificação de mercadorias, para órgãos do Mercado Comum do Sul – MERCOSUL, será efetuado exclusivamente pelo órgão de que trata o inciso I do § 1.º do art. 48.

Seção II
Normas sobre o Lucro Presumido e Arbitrado

Art. 51. Os juros de que trata o art. 9.º da Lei n. 9.249, de 26 de dezembro de 1995, bem como os rendimentos e ganhos líquidos decorrentes de quaisquer operações financeiras, serão adicionados ao lucro presumido ou arbitrado, para efeito de determinação do imposto de renda devido.

Parágrafo único. O imposto de renda incidente na fonte sobre os rendimentos de que trata este artigo será considerado como antecipação do devido na declaração de rendimentos.

Art. 52. Na apuração de ganho de capital de pessoa jurídica tributada pelo lucro presumido ou arbitrado, os valores acrescidos em virtude de reavaliação somente poderão ser computados como parte integrante dos custos de aquisição dos bens e direitos se a empresa comprovar que os valores acrescidos foram computados na determinação da base de cálculo do imposto de renda.

Art. 53. Os valores recuperados, correspondentes a custos e despesas, inclusive com perdas no recebimento de créditos, deverão ser adicionados ao lucro presumido ou arbitrado para determinação do imposto de renda, salvo se o contribuinte comprovar não os ter deduzido em período anterior no qual tenha se submetido ao regime de tributação com base no lucro real ou que se refiram a período no qual tenha se submetido ao regime de tributação com base no lucro presumido ou arbitrado.

Art. 54. A pessoa jurídica que, até o ano-calendário anterior, houver sido tributada com base no lucro real deverá adicionar à base de cálculo do imposto de renda, correspondente ao primeiro período de apuração no qual houver optado pela tributação com base no lucro presumido ou for tributada com base no lucro arbitrado, os saldos dos valores cuja tributação havia diferido, independentemente da necessidade de controle no livro de que trata o inciso I do *caput* do art. 8.º do Decreto-lei n. 1.598, de 26 de dezembro de 1977.

>> Artigo com redação determinada pela Lei n. 12.973, de 13-5-2014.

Seção III
Normas Aplicáveis a Atividades Especiais

Sociedades Civis

Art. 55. As sociedades civis de prestação de serviços profissionais relativos ao exercício de profissão legalmente regulamentada de que trata o art. 1.º do Decreto-lei n. 2.397, de 21 de dezembro de 1987, passam, em relação aos resultados auferidos a partir de 1.º de janeiro de 1997, a ser tributadas pelo imposto de renda de conformidade com as normas aplicáveis às demais pessoas jurídicas.

Art. 56. As sociedades civis de prestação de serviços de profissão legalmente regulamentada passam a contribuir para a seguridade social com base na receita bruta da prestação de serviços, observadas as normas da Lei Complementar n. 70, de 30 de dezembro de 1991.

>> *Vide* Súmula 508 do STJ.

>> *Vide* art. 6.º, II, da Lei Complementar n. 70, de 30-12-1991.

Parágrafo único. Para efeito da incidência da contribuição de que trata este artigo, serão consideradas as receitas auferidas a partir do mês de abril de 1997.

Art. 56-A. A entidade privada de abrangência nacional e sem fins lucrativos, constituída pelo conjunto das cooperativas de crédito e dos bancos cooperativos, na forma da legislação e regulamentação próprias, destinada a administrar mecanismo de proteção a titulares de créditos contra essas instituições e a contribuir para a manutenção da estabilidade e a prevenção de insolvência e de outros riscos dessas instituições, é isenta do imposto de renda, inclusive do incidente sobre ganhos líquidos mensais e do retido na fonte sobre os rendimentos de aplicação financeira de renda fixa e de renda variável, bem como da contribuição social sobre o lucro líquido.

>> *Caput* acrescentado pela Lei n. 12.873, de 24-10-2013.

§ 1.º Para efeito de gozo da isenção, a referida entidade deverá ter seu estatuto e seu regulamento aprovados pelo Conselho Monetário Nacional.

>> § 1.º acrescentado pela Lei n. 12.873, de 24-10-2013.

§ 2.º Ficam autorizadas as transferências, para a entidade mencionada no *caput*, de recursos oriundos de recolhimentos realizados pelas cooperativas de crédito e bancos cooperativos, de forma direta ou indireta, ao Fundo Garantidor de Crédito de que trata o art. 4.º da Lei n. 9.710, de 19 de novembro de 1998.

>> § 2.º acrescentado pela Lei n. 12.873, de 24-10-2013.

§ 3.º As transferências dos recursos de que trata o § 2.º não serão tributadas, nos termos deste artigo.

>> § 3.º acrescentado pela Lei n. 12.873, de 24-10-2013.

§ 4.º Em caso de dissolução, por qualquer motivo, da entidade de que trata o *caput*, os recursos eventualmente devolvidos às associadas estarão sujeitos à tributação na instituição recebedora, na forma da legislação vigente.

>> § 4.º acrescentado pela Lei n. 12.873, de 24-10-2013.

§ 5.º O disposto neste artigo entra em vigor no dia seguinte ao da aprovação pelo Conselho Monetário Nacional do estatuto e do regulamento da entidade de que trata o *caput*.

>> § 5.º acrescentado pela Lei n. 12.873, de 24-10-2013.

Associações de Poupança e Empréstimo

Art. 57. As Associações de Poupança e Empréstimo pagarão o imposto de renda correspondente aos rendimentos e ganhos líquidos, auferidos em aplicações financeiras, à alíquota de 15% (quinze por cento), calculado sobre 28% (vinte e oito por cento) do valor dos referidos rendimentos e ganhos líquidos.

Parágrafo único. O imposto incidente na forma deste artigo será considerado tributação definitiva.

Empresas de *Factoring*

Art. 58. Fica incluído no art. 36 da Lei n. 8.981, de 20 de janeiro de 1995, com as alterações da Lei n. 9.065, de 20 de junho de 1995, o seguinte inciso XV:

>> Alteração prejudicada em face da revogação do art. 36 pela Lei n. 9.718, de 27-11-1998.

Atividade Florestal

Art. 59. Considera-se, também, como atividade rural o cultivo de florestas que se destinem ao corte para comercialização, consumo ou industrialização.

Liquidação Extrajudicial e Falência

Art. 60. As entidades submetidas aos regimes de liquidação extrajudicial e de falência sujeitam-se às normas de incidência dos impostos e contribuições de competência da União aplicáveis às pessoas jurídicas, em relação às operações praticadas durante o período em que perdurarem os procedimentos para a realização de seu ativo e o pagamento do passivo.

Seção IV
Acréscimos Moratórios

Multas e Juros

Art. 61. Os débitos para com a União, decorrentes de tributos e contribuições administrados pela Secretaria da Receita Federal, cujos fatos geradores ocorrerem a partir de 1.º de janeiro de 1997, não pagos nos prazos previstos na legislação específica, serão acrescidos de multa de mora, calculada à taxa de 0,33% (trinta e três centésimos por cento), por dia de atraso.

>> A Secretaria da Receita Federal passa a denominar-se Secretaria da Receita Federal do Brasil, por força da Lei n. 11.457, de 16-3-2007.

§ 1.º A multa de que trata este artigo será calculada a partir do 1.º (primeiro) dia subsequente ao do vencimento do prazo previsto para o pagamento do tributo ou da contribuição até o dia em que ocorrer o seu pagamento.

§ 2.º O percentual de multa a ser aplicado fica limitado a 20% (vinte por cento).

§ 3.º Sobre os débitos a que se refere este artigo incidirão juros de mora calculados à taxa a que se refere o § 3.º do art. 5.º, a partir do 1.º (primeiro) dia do mês subsequente ao vencimento do prazo até o mês anterior ao do pagamento e de 1% (um por cento) no mês de pagamento.

Pagamento em Quotas-Juros

Art. 62. Os juros a que se referem o inciso III do art. 14 e o art. 16, ambos da Lei n. 9.250, de 26 de dezembro de 1995, serão calculados à taxa a que se refere o § 3.º do art. 5.º, a partir do 1.º (primeiro) dia do mês subsequente ao previsto para a entrega tempestiva da declaração de rendimentos.

Parágrafo único. As quotas do imposto sobre a propriedade territorial rural a que se refere a alínea *c* do parágrafo único do art. 14 da Lei n. 8.847, de 28 de janeiro de 1994, serão acrescidas de juros calculados à taxa a que se refere o § 3.º do art. 5.º, a partir do 1.º (primeiro) dia do mês subsequente àquele em que o contribuinte for notificado até o último dia do mês anterior ao do pagamento e de 1% (um por cento) no mês do pagamento.

>> O art. 14 da Lei n. 8.847, de 28-1-1994, foi revogado pela Lei n. 9.393, de 19-12-1996.

Débitos com Exigibilidade Suspensa

Art. 63. Na constituição de crédito tributário destinada a prevenir a decadência, relativo a tributo de competência da União, cuja exigibilidade houver sido suspensa na forma dos incisos IV e V do art. 151 da Lei n. 5.172, de 25 de outubro de 1966, não caberá lançamento de multa de ofício.

>> *Caput* com redação determinada pela Medida Provisória n. 2.158-35, de 24-8-2001.

§ 1.º O disposto neste artigo aplica-se, exclusivamente, aos casos em que a suspensão da exigibilidade do débito tenha ocorrido antes do início de qualquer procedimento de ofício a ele relativo.

§ 2.º A interposição da ação judicial favorecida com a medida liminar interrompe a incidência da multa de mora, desde a concessão da medida judicial, até 30 (trinta) dias após a data da publicação da decisão judicial que considerar devido o tributo ou contribuição.

Seção V
Arrecadação de Tributos e Contribuições

Retenção de Tributos e Contribuições

Art. 64. Os pagamentos efetuados por órgãos, autarquias e fundações da administração pública federal a pessoas jurídicas, pelo fornecimento de bens ou prestação de serviços, estão sujeitos à incidência, na fonte, do imposto sobre a renda, da contribuição social sobre o lucro líquido, da contribuição para seguridade social – COFINS e da contribuição para o PIS/PASEP.

> *Vide* arts. 30 a 36 da Lei n. 10.833, de 29-12-2003.

> A Instrução Normativa n. 1.234, de 11-1-2012, da Secretaria da Receita Federal do Brasil, dispõe sobre a retenção de tributos nos pagamentos efetuados pelos órgãos da administração pública federal direta, autarquias e fundações federais, empresas públicas, sociedades de economia mista e demais pessoas jurídicas que menciona a outras pessoas jurídicas pelo fornecimento de bens e serviços.

§ 1.º A obrigação pela retenção é do órgão ou entidade que efetuar o pagamento.

§ 2.º O valor retido, correspondente a cada tributo ou contribuição, será levado a crédito da respectiva conta de receita da União.

§ 3.º O valor do imposto e das contribuições sociais retido será considerado como antecipação do que for devido pelo contribuinte em relação ao mesmo imposto e às mesmas contribuições.

§ 4.º O valor retido correspondente ao imposto de renda e a cada contribuição social somente poderá ser compensado com o que for devido em relação à mesma espécie de imposto ou contribuição.

§ 5.º O imposto de renda a ser retido será determinado mediante a aplicação da alíquota de 15% (quinze por cento) sobre o resultado da multiplicação do valor a ser pago pelo percentual de que trata o art. 15 da Lei n. 9.249, de 26 de dezembro de 1995, aplicável à espécie de receita correspondente ao tipo de bem fornecido ou de serviço prestado.

§ 6.º O valor da contribuição social sobre o lucro líquido, a ser retido, será determinado mediante a aplicação da alíquota de 1% (um por cento), sobre o montante a ser pago.

§ 7.º O valor da contribuição para a seguridade social – COFINS, a ser retido, será determinado mediante a aplicação da alíquota respectiva sobre o montante a ser pago.

§ 8.º O valor da contribuição para o PIS/PASEP, a ser retido, será determinado mediante a aplicação da alíquota respectiva sobre o montante a ser pago.

§ 9.º Até 31 de dezembro de 2017, fica dispensada a retenção dos tributos na fonte de que trata o *caput* sobre os pagamentos efetuados por órgãos ou entidades da administração pública federal, mediante a utilização do Cartão de Pagamento do Governo Federal – CPGF, no caso de compra de passagens aéreas diretamente das companhias aéreas prestadoras de serviços de transporte aéreo.

>> § 9.º acrescentado pela Lei n. 13.043, de 13-11-2014.

Art. 65. O Banco do Brasil S.A. deverá reter, no ato do pagamento ou crédito, a contribuição para o PIS/PASEP incidente nas transferências voluntárias da União para suas autarquias e fundações e para os Estados, Distrito Federal e Municípios, suas autarquias e fundações.

Art. 66. As cooperativas que se dedicam a vendas em comum, referidas no art. 82 da Lei n. 5.764, de 16 de dezembro de 1971, que recebam para comercialização a produção de suas associadas, são responsáveis pelo recolhimento da Contribuição para Financiamento da Seguridade Social – COFINS, instituída pela Lei Complementar n. 70, de 30 de dezembro de 1991 e da Contribuição para o Programa de Integração Social – PIS, criada pela Lei Complementar n. 7, de 7 de setembro de 1970, com suas posteriores modificações.

§ 1.º O valor das contribuições recolhidas pelas cooperativas mencionadas no *caput* deste artigo, deverá ser por elas informado, individualizadamente, às suas filiadas, juntamente com o montante do faturamento relativo às vendas dos produtos de cada uma delas, com vistas a atender aos procedimentos contábeis exigidos pela legislação.

§ 2.º O disposto neste artigo aplica-se a procedimento idêntico que, eventualmente, tenha sido anteriormente adotado pelas cooperativas centralizadoras de vendas, inclusive quanto ao recolhimento da Contribuição para o Fundo de Investimento Social – FINSOCIAL, criada pelo Decreto-lei n. 1.940, de 25 de maio de 1982, com suas posteriores modificações.

§ 3.º A Secretaria da Receita Federal poderá baixar as normas necessárias ao cumprimento e controle das disposições contidas neste artigo.

>> A Secretaria da Receita Federal passa a denominar-se Secretaria da Receita Federal do Brasil, por força da Lei n. 11.457, de 16-3-2007.

Dispensa de Retenção de Imposto de Renda

Art. 67. Fica dispensada a retenção de imposto de renda, de valor igual ou inferior a R$ 10,00 (dez reais), incidente na fonte sobre rendimentos que devam integrar a base de cálculo do imposto devido na declaração de ajuste anual.

Utilização de DARF

Art. 68. É vedada a utilização de Documento de Arrecadação de Receitas Federais para o pagamento de tributos e contribuições de valor inferior a R$ 10,00 (dez reais).

§ 1.º O imposto ou contribuição administrado pela Secretaria da Receita Federal, arrecadado sob um determinado código de receita, que, no período de apuração, resultar inferior a R$ 10,00 (dez reais), deverá ser adicionado ao imposto ou contribuição de mesmo código, correspondente aos períodos subsequentes, até que o total seja igual ou superior a R$ 10,00 (dez reais), quando, então, será pago ou recolhido no prazo estabelecido na legislação para este último período de apuração.

>> *Vide* nota ao art. 66, § 3.º, desta Lei.

§ 2.º O critério a que se refere o parágrafo anterior aplica-se, também, ao imposto sobre operações de crédito, câmbio e seguro e sobre operações relativas a títulos e valores mobiliários – IOF.

Art. 68-A. O Poder Executivo poderá elevar para até R$ 100,00 (cem reais) os limites e valores de que tratam os arts. 67 e 68 desta Lei, inclusive de forma diferenciada por tributo, regime de tributação ou de incidência, relativos à utilização do Documento de Arrecadação de Receitas Federais, podendo reduzir ou restabelecer os limites e valores que vier a fixar.

>> Artigo acrescentado pela Lei n. 11.941, de 27-5-2009.

Imposto Retido na Fonte – Responsabilidade

Art. 69. É responsável pela retenção e recolhimento do imposto de renda na fonte, incidente sobre os rendimentos auferidos pelos fundos, sociedades de investimentos e carteiras de que trata o art. 81 da Lei n. 8.981, de 20 de janeiro de 1995, a pessoa jurídica que efetuar o pagamento dos rendimentos.

Seção VI
Casos Especiais de Tributação

Multas por Rescisão de Contrato

Art. 70. A multa ou qualquer outra vantagem paga ou creditada por pessoa jurídica, ainda que a título de indenização, a beneficiária pessoa física ou jurídica, inclusive isenta, em virtude de rescisão de contrato, sujeitam-se à incidência do imposto de renda na fonte à alíquota de 15% (quinze por cento).

§ 1.º A responsabilidade pela retenção e recolhimento do imposto de renda é da pessoa jurídica que efetuar o pagamento ou crédito da multa ou vantagem.

§ 2.º O imposto será retido na data do pagamento ou crédito da multa ou vantagem.

>> § 2.º com redação determinada pela Lei n. 11.196, de 21-11-2005.

>> *Vide* art. 132, IV, *b*, da Lei n. 11.196, de 21-11-2005.

§ 3.º O valor da multa ou vantagem será:

I – computado na apuração da base de cálculo do imposto devido na declaração de ajuste anual da pessoa física;

II – computado como receita, na determinação do lucro real;

III – acrescido ao lucro presumido ou arbitrado, para determinação da base de cálculo do imposto devido pela pessoa jurídica.

§ 4.º O imposto retido na fonte, na forma deste artigo, será considerado como antecipação do devido em cada período de apuração, nas hipóteses referidas no parágrafo anterior, ou como tributação definitiva, no caso de pessoa jurídica isenta.

§ 5.º O disposto neste artigo não se aplica às indenizações pagas ou creditadas em conformidade com a legislação trabalhista e àquelas destinadas a reparar danos patrimoniais.

Ganhos em Mercado de Balcão

Art. 71. Sem prejuízo do disposto no art. 74 da Lei n. 8.981, de 20 de janeiro de 1995, os ganhos auferidos por qualquer beneficiário, inclusive pessoa jurídica isenta, nas demais operações realizadas em mercados de liquidação futura, fora de bolsa, serão tributados de acordo com as normas aplicáveis aos ganhos líquidos auferidos em operações de natureza semelhante realizadas em bolsa.

§ 1.º Não se aplica aos ganhos auferidos nas operações de que trata este artigo o disposto no § 1.º do art. 81 da Lei n. 8.981, de 20 de janeiro de 1995.

§ 2.º Somente será admitido o reconhecimento de perdas nas operações registradas nos termos da legislação vigente.

>> § 2.º com redação determinada pela Lei n. 10.833, de 29-12-2003.

Remuneração de Direitos

Art. 72. Estão sujeitas à incidência do imposto na fonte, à alíquota de 15% (quinze por cento), as importâncias pagas, creditadas, entregues, empregadas ou remetidas para o exterior pela aquisição ou pela remuneração, a qualquer título, de qualquer forma de direito, inclusive à transmissão, por meio de rádio ou televisão ou por qualquer outro meio, de quaisquer filmes ou eventos, mesmo os de competições desportivas das quais faça parte representação brasileira.

Seção VII
Restituição e Compensação de Tributos e Contribuições

Art. 73. A restituição e o ressarcimento de tributos administrados pela Secretaria da Receita Federal do Brasil ou a restituição de pagamentos efetuados mediante DARF e GPS cuja receita não seja administrada pela Secretaria da Receita Federal do Brasil será efetuada depois de verificada a ausência de débitos em nome do sujeito passivo credor perante a Fazenda Nacional.

>> *Caput* com redação determinada pela Lei n. 12.844, de 19-7-2013.

I e II – (*Revogados pela Lei n. 12.844, de 19-7-2013.*)

Parágrafo único. Existindo débitos, não parcelados ou parcelados sem garantia, inclusive inscritos em Dívida Ativa da União, os créditos serão utilizados para quitação desses débitos, observado o seguinte:

>> Parágrafo único, *caput*, acrescentado pela Lei n. 12.844, de 19-7-2013.

I – o valor bruto da restituição ou do ressarcimento será debitado à conta do tributo a que se referir;

>> Inciso I acrescentado pela Lei n. 12.844, de 19-7-2013.

II – a parcela utilizada para a quitação de débitos do contribuinte ou responsável será creditada à conta do respectivo tributo.

>> Inciso II acrescentado pela Lei n. 12.844, de 19-7-2013.

Art. 74. O sujeito passivo que apurar crédito, inclusive os judiciais com trânsito em julgado, relativo a tributo ou contribuição administrado pela Secretaria da Receita Federal, passível de restituição ou de ressarcimento, poderá utilizá-lo na compensação de débitos próprios relativos a quaisquer tributos e contribuições administrados por aquele Órgão.

>> *Caput* com redação determinada pela Lei n. 10.637, de 30-12-2002.

>> A Secretaria da Receita Federal passa a denominar-se Secretaria da Receita Federal do Brasil, por força da Lei n. 11.457, de 16-3-2007.

>> *Vide* art. 26-A da Lei n. 11.457, de 16-3-2007.

§ 1.º A compensação de que trata o *caput* será efetuada mediante a entrega, pelo sujeito passivo, de declaração na qual constarão informações relativas aos créditos utilizados e aos respectivos débitos compensados.

>> § 1.º acrescentado pela Lei n. 10.637, de 30-12-2002.

§ 2.º A compensação declarada à Secretaria da Receita Federal extingue o crédito tributário, sob condição resolutória de sua ulterior homologação.

>> § 2.º acrescentado pela Lei n. 10.637, de 30-12-2002.

§ 3.º Além das hipóteses previstas nas leis específicas de cada tributo ou contribuição, não poderão ser objeto de compensação mediante entrega, pelo sujeito passivo, da declaração referida no § 1.º:

>> § 3.º, *caput*, com redação determinada pela Lei n. 10.833, de 29-12-2003.

I – o saldo a restituir apurado na Declaração de Ajuste Anual do Imposto de Renda da Pessoa Física;

>> Inciso I com redação determinada pela Lei n. 10.637, de 30-12-2002.

II – os débitos relativos a tributos e contribuições devidos no registro da Declaração de Importação;

>> Inciso II com redação determinada pela Lei n. 10.637, de 30-12-2002.

III – os débitos relativos a tributos e contribuições administrados pela Secretaria da Receita Federal que já tenham sido encaminhados à Procuradoria-Geral da Fazenda Nacional para inscrição em Dívida Ativa da União;

>> Inciso III acrescentado pela Lei n. 10.833, de 29-12-2003.

IV – o débito consolidado em qualquer modalidade de parcelamento concedido pela Secretaria da Receita Federal – SRF;

>> Inciso IV com redação determinada pela Lei n. 11.051, de 29-12-2004.

>> A Secretaria da Receita Federal passa a denominar-se Secretaria da Receita Federal do Brasil, por força da Lei n. 11.457, de 16-3-2007.

V – o débito que já tenha sido objeto de compensação não homologada, ainda que a compensação se encontre pendente de decisão definitiva na esfera administrativa;

>> Inciso V com redação determinada pela Lei n. 13.670, de 30-5-2018.

VI – o valor objeto de pedido de restituição ou de ressarcimento já indeferido pela autoridade competente da Secretaria da Receita Federal do Brasil, ainda que o pedido se encontre pendente de decisão definitiva na esfera administrativa;

>> Inciso VI com redação determinada pela Lei n. 13.670, de 30-5-2018.

VII – o crédito objeto de pedido de restituição ou ressarcimento e o crédito informado em declaração de compensação cuja confirmação de liquidez e certeza esteja sob procedimento fiscal;

>> Inciso VII acrescentado pela Lei n. 13.670, de 30-5-2018.

VIII – os valores de quotas de salário-família e salário-maternidade; e

>> Inciso VIII acrescentado pela Lei n. 13.670, de 30-5-2018.

IX – os débitos relativos ao recolhimento mensal por estimativa do Imposto sobre a Renda das Pessoas Jurídicas (IRPJ) e da Contribuição Social sobre o Lucro Líquido (CSLL) apurados na forma do art. 2.º desta Lei.

>> Inciso IX acrescentado pela Lei n. 13.670, de 30-5-2018.

§ 4.º Os pedidos de compensação pendentes de apreciação pela autoridade administrativa serão considerados declaração de compensação, desde o seu protocolo, para os efeitos previstos neste artigo.

>> § 4.º acrescentado pela Lei n. 10.637, de 30-12-2002.

§ 5.º O prazo para homologação da compensação declarada pelo sujeito passivo será de 5 (cinco) anos, contado da data da entrega da declaração de compensação.

>> § 5.º com redação determinada pela Lei n. 10.833, de 29-12-2003.

§ 6.º A declaração de compensação constitui confissão de dívida e instrumento hábil e suficiente para a exigência dos débitos indevidamente compensados.

>> § 6.º acrescentado pela Lei n. 10.833, de 29-12-2003.

§ 7.º Não homologada a compensação, a autoridade administrativa deverá cientificar o sujeito passivo e intimá-lo a efetuar, no prazo de 30 (trinta) dias, contado da ciência do ato que não a homologou, o pagamento dos débitos indevidamente compensados.

>> § 7.º acrescentado pela Lei n. 10.833, de 29-12-2003.

§ 8.º Não efetuado o pagamento no prazo previsto no § 7.º, o débito será encaminhado à Procuradoria-Geral da Fazenda Nacional para inscrição em Dívida Ativa da União, ressalvado o disposto no § 9.º.

>> § 8.º acrescentado pela Lei n. 10.833, de 29-12-2003.

§ 9.º É facultado ao sujeito passivo, no prazo referido no § 7.º, apresentar manifestação de inconformidade contra a não homologação da compensação.

>> § 9.º acrescentado pela Lei n. 10.833, de 29-12-2003.

§ 10. Da decisão que julgar improcedente a manifestação de inconformidade caberá recurso ao Conselho de Contribuintes.

>> § 10 acrescentado pela Lei n. 10.833, de 29-12-2003.

§ 11. A manifestação de inconformidade e o recurso de que tratam os §§ 9.º e 10 obedecerão ao rito processual do Decreto n. 70.235, de 6 de março de 1972, e enquadram-se no disposto no inciso III do art. 151 da Lei n. 5.172, de 25 de outubro de 1966 – Código Tributário Nacional, relativamente ao débito objeto da compensação.

>> § 11 acrescentado pela Lei n. 10.833, de 29-12-2003.

§ 12. Será considerada não declarada a compensação nas hipóteses:

>> § 12, *caput*, com redação determinada pela Lei n. 11.051, de 29-12-2004.

> *Vide* Súmula 464 do STJ.

I – previstas no § 3.º deste artigo;

>> Inciso I acrescentado pela Lei n. 11.051, de 29-12-2004.

II – em que o crédito:

>> Inciso II, *caput*, acrescentado pela Lei n. 11.051, de 29-12-2004.

a) seja de terceiros;

>> Alínea *a* acrescentada pela Lei n. 11.051, de 29-12-2004.

b) refira-se a "crédito-prêmio" instituído pelo art. 1.º do Decreto-lei n. 491, de 5 de março de 1969;

>> Alínea *b* acrescentada pela Lei n. 11.051, de 29-12-2004.

c) refira-se a título público;

>> Alínea *c* acrescentada pela Lei n. 11.051, de 29-12-2004.

d) seja decorrente de decisão judicial não transitada em julgado; ou

>> Alínea *d* acrescentada pela Lei n. 11.051, de 29-12-2004.

e) não se refira a tributos e contribuições administrados pela Secretaria da Receita Federal – SRF;

>> Alínea *e* acrescentada pela Lei n. 11.051, de 29-12-2004.

f) tiver como fundamento a alegação de inconstitucionalidade de lei, exceto nos casos em que a lei:

>> Alínea *f*, *caput*, acrescentada pela Lei n. 11.941, de 27-5-2009.

1 – tenha sido declarada inconstitucional pelo Supremo Tribunal Federal em ação direta de inconstitucionalidade ou em ação declaratória de constitucionalidade;

>> Item 1 acrescentado pela Lei n. 11.941, de 27-5-2009.

2 – tenha tido sua execução suspensa pelo Senado Federal;

>> Item 2 acrescentado pela Lei n. 11.941, de 27-5-2009.

3 – tenha sido julgada inconstitucional em sentença judicial transitada em julgado a favor do contribuinte; ou

>> Item 3 acrescentado pela Lei n. 11.941, de 27-5-2009.

4 – seja objeto de súmula vinculante aprovada pelo Supremo Tribunal Federal nos termos do art. 103-A da Constituição Federal.

>> Item 4 acrescentado pela Lei n. 11.941, de 27-5-2009.

§ 13. O disposto nos §§ 2.º e 5.º a 11 deste artigo não se aplica às hipóteses previstas no § 12 deste artigo.

>> § 13 acrescentado pela Lei n. 11.051, de 29-12-2004.

§ 14. A Secretaria da Receita Federal – SRF disciplinará o disposto neste artigo, inclusive quanto à fixação de critérios de prioridade para apreciação de processos de restituição, de ressarcimento e de compensação.

>> § 14 acrescentado pela Lei n. 11.051, de 29-12-2004.

§§ 15 e 16. (*Revogados pela Lei n. 13.137, de 19-6-2015.*)

§ 17. Será aplicada multa isolada de 50% (cinquenta por cento) sobre o valor do débito objeto de declaração de compensação não homologada, salvo no caso de falsidade da declaração apresentada pelo sujeito passivo.

>> § 17 com redação determinada pela Lei n. 13.097, de 19-1-2015.

§ 18. No caso de apresentação de manifestação de inconformidade contra a não homologação da compensação, fica suspensa a exigibilidade da multa de ofício de que trata o § 17, ainda que não impugnada essa exigência, enquadrando-se no disposto no inciso III do art. 151 da Lei n. 5.172, de 25 de outubro de 1966 – Código Tributário Nacional.

>> § 18 acrescentado pela Lei n. 12.844, de 19-7-2013.

Seção VIII
Unidade Fiscal de Referência – UFIR

Art. 75. A partir de 1.º de janeiro de 1997, a atualização do valor da Unidade Fiscal de Referência – UFIR, de que trata o art. 1.º da Lei n. 8.383, de 30 de dezembro de 1991, com as alterações posteriores, será efetuada por períodos anuais, em 1.º de janeiro.

> *Vide* Nota da Editora.

Parágrafo único. No âmbito da legislação tributária federal, a UFIR será utilizada exclusivamente para a atualização dos créditos tributários da União, objeto de parcelamento concedido até 31 de dezembro de 1994.

Seção IX
Competências dos Conselhos de Contribuintes

Art. 76. Fica o Poder Executivo autorizado a alterar as competências relativas às matérias objeto de julgamento pelos Conselhos de Contribuintes do Ministério da Fazenda.

Seção X
Dispositivo Declarado Inconstitucional

Art. 77. Fica o Poder Executivo autorizado a disciplinar as hipóteses em que a administração tributária federal, relativamente aos créditos tributários baseados em dispositivo declarado inconstitucional por decisão definitiva do Supremo Tribunal Federal, possa:

I – abster-se de constituí-los;

II – retificar o seu valor ou declará-los extintos, de ofício, quando houverem sido constituídos anteriormente, ainda que inscritos em dívida ativa;

III – formular desistência de ações de execução fiscal já ajuizadas, bem como deixar de interpor recursos de decisões judiciais.

Seção XI
Juros sobre o Capital Próprio

Art. 78. O § 1.º do art. 9.º da Lei n. 9.249, de 26 de dezembro de 1995, passa a vigorar com a seguinte redação:

>> Alteração já processada na norma modificada.

Seção XII
Admissão Temporária

Art. 79. Os bens admitidos temporariamente no País, para utilização econômica, ficam sujeitos ao pagamento dos impostos incidentes na importação proporcionalmente ao tempo de sua permanência em território nacional, nos termos e condições estabelecidos em regulamento.

Parágrafo único. O Poder Executivo poderá excepcionar, em caráter temporário, a aplicação do disposto neste artigo em relação a determinados bens.

>> Parágrafo único acrescentado pela Medida Provisória n. 2.189-49, de 23-8-2001.

CAPÍTULO VI
DISPOSIÇÕES FINAIS

Empresa Inidônea

Art. 80. As pessoas jurídicas que, estando obrigadas, deixarem de apresentar declarações e demonstrativos por 5 (cinco) ou mais exercícios poderão ter sua inscrição no Cadastro Nacional da Pessoa Jurídica – CNPJ baixada, nos termos e condições definidos pela Secretaria da Receita Federal do Brasil, se, intimadas por edital, não regularizarem sua situação no prazo de 60 (sessenta) dias, contado da data da publicação da intimação.

>> *Caput* com redação determinada pela Lei n. 11.941, de 27-5-2009.

> A Instrução Normativa n. 1.470, de 30-5-2014, da Secretaria da Receita Federal do Brasil, dispõe sobre o Cadastro Nacional da Pessoa Jurídica (CNPJ).

§ 1.º Poderão ainda ter a inscrição no CNPJ baixada, nos termos e condições definidos pela Secretaria da Receita Federal do Brasil, as pessoas jurídicas:

>> § 1.º, *caput*, com redação determinada pela Lei n. 11.941, de 27-5-2009.

I – que não existam de fato; ou

>> Inciso I acrescentado pela Lei n. 11.941, de 27-5-2009.

II – que, declaradas inaptas, nos termos do art. 81 desta Lei, não tenham regularizado sua situação nos 5 (cinco) exercícios subsequentes.

>> Inciso II acrescentado pela Lei n. 11.941, de 27-5-2009.

§ 2.º No edital de intimação, que será publicado no *Diário Oficial da União*, as pessoas jurídicas serão identificadas pelos respectivos números de inscrição no CNPJ.

>> § 2.º com redação determinada pela Lei n. 11.941, de 27-5-2009.

§ 3.º Decorridos 90 (noventa) dias da publicação do edital de intimação, a Secretaria da Receita Federal do Brasil publicará no *Diário Oficial da União* a relação de CNPJ das pessoas jurídicas que houverem regularizado sua situação, tornando-se automaticamente baixadas, nessa data, as inscrições das pessoas jurídicas que não tenham providenciado a regularização.

>> § 3.º com redação determinada pela Lei n. 11.941, de 27-5-2009.

§ 4.º A Secretaria da Receita Federal do Brasil manterá, para consulta, em seu sítio na internet, informação sobre a situação cadastral das pessoas jurídicas inscritas no CNPJ.

>> § 4.º acrescentado pela Lei n. 11.941, de 27-5-2009.

Art. 80-A. Poderão ter sua inscrição no CNPJ baixada, nos termos e condições definidos pela Secretaria da Receita Federal do Brasil, as pessoas jurídicas que estejam extintas, canceladas ou baixadas nos respectivos órgãos de registro.

>> Artigo acrescentado pela Lei n. 11.941, de 27-5-2009.

Art. 80-B. O ato de baixa da inscrição no CNPJ não impede que, posteriormente, sejam lançados ou cobrados os débitos de natureza tributária da pessoa jurídica.

>> Artigo acrescentado pela Lei n. 11.941, de 27-5-2009.

Art. 80-C. Mediante solicitação da pessoa jurídica, poderá ser restabelecida a inscrição no CNPJ, observados os termos e condições definidos pela Secretaria da Receita Federal do Brasil.

>> Artigo acrescentado pela Lei n. 11.941, de 27-5-2009.

Art. 81. Poderá ser declarada inapta, nos termos e condições definidos pela Secretaria da Receita Federal do Brasil, a inscrição no CNPJ da pessoa jurídica que, estando obrigada, deixar de apresentar declarações e demonstrativos em 2 (dois) exercícios consecutivos.

>> *Caput* com redação determinada pela Lei n. 11.941, de 27-5-2009.

§ 1.º Será também declarada inapta a inscrição da pessoa jurídica que não comprove a origem, a disponibilidade e a efetiva transferência, se for o caso, dos recursos empregados em operações de comércio exterior.

>> § 1.º acrescentado pela Lei n. 10.637, de 30-12-2002.

§ 2.º Para fins do disposto no § 1.º, a comprovação da origem de recursos provenientes do exterior dar-se-á mediante, cumulativamente:

>> § 2.º, *caput*, acrescentado pela Lei n. 10.637, de 30-12-2002.

I – prova do regular fechamento da operação de câmbio, inclusive com a identificação da instituição financeira no exterior encarregada da remessa dos recursos para o País;

>> Inciso I acrescentado pela Lei n. 10.637, de 30-12-2002.

II – identificação do remetente dos recursos, assim entendido como a pessoa física ou jurídica titular dos recursos remetidos.

>> Inciso II acrescentado pela Lei n. 10.637, de 30-12-2002.

§ 3.º No caso de o remetente referido no inciso II do § 2.º ser pessoa jurídica deverão ser também identificados os integrantes de seus quadros societário e gerencial.

>> § 3.º acrescentado pela Lei n. 10.637, de 30-12-2002.

§ 4.º O disposto nos §§ 2.º e 3.º aplica-se, também, na hipótese de que trata o § 2.º do art. 23 do Decreto-lei n. 1.455, de 7 de abril de 1976.

>> § 4.º acrescentado pela Lei n. 10.637, de 30-12-2002.

§ 5.º Poderá também ser declarada inapta a inscrição no CNPJ da pessoa jurídica que não for localizada no endereço informado ao CNPJ, nos termos e condições definidos pela Secretaria da Receita Federal do Brasil.

>> § 5.º acrescentado pela Lei n. 11.941, de 27-5-2009.

Art. 82. Além das demais hipóteses de inidoneidade de documentos previstos na legislação, não produzirá efeitos tributários em favor de terceiros interessados, o documento emitido por pessoa jurídica cuja inscrição no Cadastro Geral de Contribuintes tenha sido considerada ou declarada inapta.

Parágrafo único. O disposto neste artigo não se aplica aos casos em que o adquirente de bens, direitos e mercadorias ou o tomador de serviços comprovarem a efetivação do pagamento do preço respectivo e o recebimento dos bens, direitos e mercadorias ou utilização dos serviços.

Crime contra a Ordem Tributária

Art. 83. A representação fiscal para fins penais relativa aos crimes contra a ordem tributária previstos nos arts. 1.º e 2.º da Lei n. 8.137, de 27 de dezembro de 1990, e aos crimes contra a Previdência Social, previstos nos arts. 168-A e 337-A do Decreto-lei n. 2.848, de 7 de dezembro de 1940 (Código Penal), será encaminhada ao Ministério Público depois de proferida a decisão final, na esfera administrativa, sobre a exigência fiscal do crédito tributário correspondente.

>> *Caput* com redação determinada pela Lei n. 12.350, de 20-12-2010.

>> *Vide* Decreto n. 2.730, de 10-8-1998, que dispõe sobre a representação fiscal de que trata este artigo.

§ 1.º Na hipótese de concessão de parcelamento do crédito tributário, a representação fiscal para fins penais somente será encaminhada ao Ministério Público após a exclusão da pessoa física ou jurídica do parcelamento.

>> § 1.º acrescentado pela Lei n. 12.382, de 25-2-2011.

>> *Vide* Súmula Vinculante 24.

§ 2.º É suspensa a pretensão punitiva do Estado referente aos crimes previstos no *caput*, durante o período em que a pessoa física ou a pessoa jurídica relacionada com o agente dos aludidos crimes estiver incluída no parcelamento, desde que o pedido de parcelamento tenha sido formalizado antes do recebimento da denúncia criminal.

>> § 2.º acrescentado pela Lei n. 12.382, de 25-2-2011.

>> *Vide* art. 34 da Lei n. 9.249, de 26-12-1995.

>> *Vide* art. 9.º da Lei n. 10.684, de 30-5-2003.

§ 3.º A prescrição criminal não corre durante o período de suspensão da pretensão punitiva.

>> § 3.º acrescentado pela Lei n. 12.382, de 25-2-2011.

§ 4.º Extingue-se a punibilidade dos crimes referidos no *caput* quando a pessoa física ou a pessoa jurídica relacionada com o agente efetuar o pagamento integral dos débitos oriundos de tributos, inclusive acessórios, que tiverem sido objeto de concessão de parcelamento.

>> § 4.º acrescentado pela Lei n. 12.382, de 25-2-2011.

§ 5.º O disposto nos §§ 1.º a 4.º não se aplica nas hipóteses de vedação legal de parcelamento.

>> § 5.º acrescentado pela Lei n. 12.382, de 25-2-2011.

§ 6.º As disposições contidas no *caput* do art. 34 da Lei n. 9.249, de 26 de dezembro de 1995, aplicam-se aos processos administrativos e aos inquéritos e processos em curso, desde que não recebida a denúncia pelo juiz.

>> Primitivo parágrafo único renumerado pela Lei n. 12.382, de 25-2-2011.

> Citado dispositivo consta deste volume.

Art. 84. Nos casos de incorporação, fusão ou cisão de empresa incluída no Programa Nacional de Desestatização, bem como nos programas de desestatização das Unidades

Federadas e dos Municípios, não ocorrerá a realização do lucro inflacionário acumulado relativamente à parcela do ativo sujeito a correção monetária até 31 de dezembro de 1995, que houver sido vertida.

§ 1.º O lucro inflacionário acumulado da empresa sucedida, correspondente aos ativos vertidos sujeitos a correção monetária até 31 de dezembro de 1995, será integralmente transferido para a sucessora, nos casos de incorporação e fusão.

§ 2.º No caso de cisão, o lucro inflacionário acumulado será transferido, para a pessoa jurídica que absorver o patrimônio da empresa cindida, na proporção das contas do ativo, sujeitas a correção monetária até 31 de dezembro de 1995, que houverem sido vertidas.

§ 3.º O lucro inflacionário transferido na forma deste artigo será realizado e submetido a tributação, na pessoa jurídica sucessora, com observância do disposto na legislação vigente.

Fretes Internacionais

Art. 85. Ficam sujeitos ao imposto de renda na fonte, à alíquota de 15% (quinze por cento), os rendimentos recebidos por companhias de navegação aérea e marítima, domiciliadas no exterior, de pessoas físicas ou jurídicas residentes ou domiciliadas no Brasil.

Parágrafo único. O imposto de que trata este artigo não será exigido das companhias aéreas e marítimas domiciliadas em países que não tributam, em decorrência da legislação interna ou de acordos internacionais, os rendimentos auferidos por empresas brasileiras que exercem o mesmo tipo de atividade.

Art. 86. Nos casos de pagamento de contraprestação de arrendamento mercantil, do tipo financeiro, a beneficiária pessoa jurídica domiciliada no exterior, a Secretaria da Receita Federal expedirá normas para excluir da base de cálculo do imposto de renda incidente na fonte a parcela remetida que corresponder ao valor do bem arrendado.

Vigência

Art. 87. Esta Lei entra em vigor na data da sua publicação, produzindo efeitos financeiros a partir de 1.º de janeiro de 1997.

Revogação

Art. 88. Revogam-se:

I – o § 2.º do art. 97 do Decreto-lei n. 5.844, de 23 de setembro de 1943, o Decreto-lei n. 7.885, de 21 de agosto de 1945, o art. 46 da Lei n. 4.862, de 29 de novembro de 1965 e o art. 56 da Lei n. 7.713, de 22 de dezembro de 1988;

II – o Decreto-lei n. 165, de 13 de fevereiro de 1967;

III – o § 3.º do art. 21 do Decreto-lei n. 401, de 30 de dezembro de 1968;

IV – o Decreto-lei n. 716, de 30 de julho de 1969;

V – o Decreto-lei n. 815, de 4 de setembro de 1969, o Decreto-lei n. 1.139, de 21 de dezembro de 1970, o art. 87 da Lei n. 7.450, de 23 de dezembro de 1985 e os arts. 11 e 12 do Decreto-lei n. 2.303, de 21 de novembro de 1986;

VI – o art. 3.º do Decreto-lei n. 1.118, de 10 de agosto de 1970, o art. 6.º do Decreto-lei n. 1.189, de 24 de setembro de 1971 e o inciso IX do art. 1.º da Lei n. 8.402, de 8 de janeiro de 1992;

VII – o art. 9.º do Decreto-lei n. 1.351, de 24 de outubro de 1974, o Decreto-lei n. 1.411, de 31 de julho de 1975 e o Decreto-lei n. 1.725, de 7 de dezembro de 1979;

VIII – o art. 9.º do Decreto-lei n. 1.633, de 9 de agosto de 1978;

IX – o número 4 da alínea *b* do § 1.º do art. 35 do Decreto-lei n. 1.598, de 26 de dezembro de 1977, com a redação dada pelo inciso VI do art. 1.º do Decreto-lei n. 1.730, de 17 de dezembro de 1979;

X – o Decreto-lei n. 1.811, de 27 de outubro de 1980, e o art. 3.º da Lei n. 7.132, de 26 de outubro de 1983;

XI – o art. 7.º do Decreto-lei n. 1.814, de 28 de novembro de 1980;

XII – o Decreto-lei n. 2.227, de 16 de janeiro de 1985;

XIII – os arts. 29 e 30 do Decreto-lei n. 2.341, de 29 de junho de 1987;

XIV – os arts. 1.º e 2.º do Decreto-lei n. 2.397, de 21 de dezembro de 1987;

XV – o art. 8.º do Decreto-lei n. 2.429, de 14 de abril de 1988;

XVI – (*Revogado pela Lei n. 11.508, de 20-7-2007.*);

XVII – o art. 40 da Lei n. 7.799, de 10 de julho de 1989;

XVIII – o § 5.º do art. 6.º da Lei n. 8.021, de 12 de abril de 1990;

XIX – o art. 22 da Lei n. 8.218, de 29 de agosto de 1991;

XX – o art. 92 da Lei n. 8.383, de 30 de dezembro de 1991;

XXI – o art. 6.º da Lei n. 8.661, de 2 de junho de 1993;

XXII – o art. 1.º da Lei n. 8.696, de 26 de agosto de 1993;

XXIII – o parágrafo único do art. 3.º da Lei n. 8.846, de 21 de janeiro de 1994;

XXIV – o art. 33, o § 4.º do art. 37 e os arts. 38, 50, 52 e 53, o § 1.º do art. 82 e art. 98, todos da Lei n. 8.981, de 20 de janeiro de 1995;

XXV – o art. 89 da Lei n. 8.981, de 20 de janeiro de 1995, com a redação dada pela Lei n. 9.065, de 20 de junho de 1995;

XXVI – os §§ 4.º, 9.º e 10 do art. 9.º, o § 2.º do art. 11, e o § 3.º do art. 24, todos da Lei n. 9.249, de 26 de dezembro de 1995;

XXVII – a partir de 1.º de abril de 1997, o art. 40 da Lei n. 8.981, de 1995, com as alterações introduzidas pela Lei n. 9.065, de 20 de junho de 1995.

Brasília, 27 de dezembro de 1996; 175.º da Independência e 108.º da República.

FERNANDO HENRIQUE CARDOSO

LEI N. 9.469, DE 10 DE JULHO DE 1997 (*)

Regulamenta o disposto no inciso VI do art. 4.º da Lei Complementar n. 73, de 10 de fevereiro de 1993; dispõe sobre a intervenção da União nas causas em que figurarem, como autores ou réus, entes da administração indireta; regula os pagamentos devidos pela Fazenda Pública em virtude de sentença judiciária; revoga a Lei n. 8.197, de 27 de junho de 1991, e a Lei n. 9.081, de 19 de julho de 1995, e dá outras providências.

Faço saber que o Presidente da República adotou a Medida Provisória n. 1.561-6, de 1997, que o Congresso Nacional aprovou, e eu, Antonio Carlos Magalhães, Presidente, para os efeitos do disposto no parágrafo único do art. 62 da Constituição Federal, promulgo a seguinte Lei:

Art. 1.º O Advogado-Geral da União, diretamente ou mediante delegação, e os dirigentes máximos das empresas públicas federais, em conjunto com o dirigente estatutário da área afeta ao assunto, poderão autorizar a realização de acordos ou transações para prevenir ou terminar litígios, inclusive os judiciais.

>> *Caput* com redação determinada pela Lei n. 13.140, de 26-6-2015.

§ 1.º Poderão ser criadas câmaras especializadas, compostas por servidores públicos ou empregados públicos efetivos, com o objetivo de analisar e formular propostas de acordos ou transações.

>> § 1.º com redação determinada pela Lei n. 13.140, de 26-6-2015.

§ 2.º (*Revogado pela Lei n. 12.348, de 15-12-2010.*)

§ 3.º Regulamento disporá sobre a forma de composição das câmaras de que trata o § 1.º, que deverão ter como integrante pelo menos um membro efetivo da Advocacia-Geral da União ou, no caso das empresas públicas, um assistente jurídico ou ocupante de função equivalente.

>> § 3.º com redação determinada pela Lei n. 13.140, de 26-6-2015.

§ 4.º Quando o litígio envolver valores superiores aos fixados em regulamento, o acor-

(*) Publicada no *Diário Oficial da União* de 11-7-1997. *Vide* Instrução Normativa n. 1, de 19-7-1996.

do ou a transação, sob pena de nulidade, dependerá de prévia e expressa autorização do Advogado-Geral da União e do Ministro de Estado a cuja área de competência estiver afeto o assunto, ou ainda do Presidente da Câmara dos Deputados, do Senado Federal, do Tribunal de Contas da União, de Tribunal ou Conselho, ou do Procurador-Geral da República, no caso de interesse dos órgãos dos Poderes Legislativo e Judiciário ou do Ministério Público da União, excluídas as empresas públicas federais não dependentes, que necessitarão apenas de prévia e expressa autorização dos dirigentes de que trata o *caput*.

>> § 4.º acrescentado pela Lei n. 13.140, de 26-6-2015.

>> *Vide* Decreto n. 10.201, de 15-1-2020, que regulamenta este § 4.º.

§ 5.º Na transação ou acordo celebrado diretamente pela parte ou por intermédio de procurador para extinguir ou encerrar processo judicial, inclusive os casos de extensão administrativa de pagamentos postulados em juízo, as partes poderão definir a responsabilidade de cada uma pelo pagamento dos honorários dos respectivos advogados.

>> § 5.º acrescentado pela Lei n. 13.140, de 26-6-2015.

Art. 1.º-A. O Advogado-Geral da União poderá dispensar a inscrição de crédito, autorizar o não ajuizamento de ações e a não interposição de recursos, assim como o requerimento de extinção das ações em curso ou de desistência dos respectivos recursos judiciais, para cobrança de créditos da União e das autarquias e fundações públicas federais, observados os critérios de custos de administração e cobrança.

>> *Caput* acrescentado pela Lei n. 11.941, de 27-5-2009.

>> Artigo regulamentado pela Portaria n. 377, de 25-8-2011, da AGU.

> *Vide* Súmula 452 do STJ.

Parágrafo único. O disposto neste artigo não se aplica à Dívida Ativa da União e aos processos em que a União seja autora, ré, assistente ou opoente cuja representação judicial seja atribuída à Procuradoria-Geral da Fazenda Nacional.

>> Parágrafo único acrescentado pela Lei n. 11.941, de 27-5-2009.

Art. 1.º-B. Os dirigentes máximos das empresas públicas federais poderão autorizar a não propositura de ações e a não interposição de recursos, assim como o requerimento de extinção das ações em curso ou de desistência dos respectivos recursos judiciais, para cobrança de créditos, atualizados, de valor igual ou inferior a R$ 10.000,00 (dez mil reais), em que interessadas essas entidades na qualidade de autoras, rés, assistentes ou opoentes, nas condições aqui estabelecidas.

>> *Caput* acrescentado pela Lei n. 11.941, de 27-5-2009.

Parágrafo único. Quando a causa envolver valores superiores ao limite fixado neste artigo, o disposto no *caput*, sob pena de nulidade, dependerá de prévia e expressa autorização do Ministro de Estado ou do titular da Secretaria da Presidência da República a cuja área de competência estiver afeto o assunto, excluído o caso das empresas públicas não dependentes que necessitarão apenas de prévia e expressa autorização de seu dirigente máximo.

>> Parágrafo único acrescentado pela Lei n. 11.941, de 27-5-2009.

Art. 1.º-C. Verificada a prescrição do crédito, o representante judicial da União, das autarquias e fundações públicas federais não efetivará a inscrição em dívida ativa dos créditos, não procederá ao ajuizamento, não recorrerá e desistirá dos recursos já interpostos.

>> Artigo acrescentado pela Lei n. 11.941, de 27-5-2009.

>> A Portaria n. 796, de 5-10-2010, da AGU, disciplina o art. 1.º-C desta Lei.

Art. 2.º O Procurador-Geral da União, o Procurador-Geral Federal, o Procurador-Geral do Banco Central do Brasil e os dirigentes das empresas públicas federais mencionadas no *caput* do art. 1.º poderão autorizar, diretamente ou mediante delegação, a realização de acordos para prevenir ou terminar, judicial ou extrajudicialmente, litígio que envolver valores inferiores aos fixados em regulamento.

>> *Caput* com redação determinada pela Lei n. 13.140, de 26-6-2015.

>> Vide Decreto n. 10.201, de 15-1-2020, que regulamenta este artigo.

§ 1.º No caso das empresas públicas federais, a delegação é restrita a órgão colegiado formalmente constituído, composto por pelo menos um dirigente estatutário.

>> § 1.º com redação determinada pela Lei n. 13.140, de 26-6-2015.

§ 2.º O acordo de que trata o *caput* poderá consistir no pagamento do débito em parcelas mensais e sucessivas, até o limite máximo de sessenta.

>> § 2.º com redação determinada pela Lei n. 13.140, de 26-6-2015.

§ 3.º O valor de cada prestação mensal, por ocasião do pagamento, será acrescido de juros equivalentes à taxa referencial do Sistema Especial de Liquidação e de Custódia – SELIC para títulos federais, acumulada mensalmente, calculados a partir do mês subsequente ao da consolidação até o mês anterior ao do pagamento e de um por cento relativamente ao mês em que o pagamento estiver sendo efetuado.

>> § 3.º acrescentado pela Lei n. 13.140, de 26-6-2015.

§ 4.º Inadimplida qualquer parcela, após trinta dias, instaurar-se-á o processo de execução ou nele prosseguir-se-á, pelo saldo.

>> § 4.º acrescentado pela Lei n. 13.140, de 26-6-2015.

Art. 3.º As autoridades indicadas no *caput* do art. 1.º poderão concordar com pedido de desistência da ação, nas causas de quaisquer valores, desde que o autor renuncie expressamente ao direito sobre que se funda a ação (art. 269, V, do Código de Processo Civil).

Parágrafo único. Quando a desistência de que trata este artigo decorrer de prévio requerimento do autor dirigido à administração pública federal para apreciação de pedido administrativo com o mesmo objeto da ação, esta não poderá negar o seu deferimento exclusivamente em razão da renúncia prevista no *caput* deste artigo.

>> Parágrafo único acrescentado pela Lei n. 11.941, de 27-5-2009.

Art. 4.º Não havendo Súmula da Advocacia-Geral da União (arts. 4.º, XII, e 43, da Lei Complementar n. 73, de 1993), o Advogado-Geral da União poderá dispensar a propositura de ações ou a interposição de recursos judiciais quando a controvérsia jurídica estiver sendo iterativamente decidida pelo Supremo Tribunal Federal ou pelos Tribunais Superiores.

Art. 4.º-A. O termo de ajustamento de conduta, para prevenir ou terminar litígios, nas hipóteses que envolvam interesse público da União, suas autarquias e fundações, firmado pela Advocacia-Geral da União, deverá conter:

>> *Caput* acrescentado pela Lei n. 12.249, de 11-6-2010.

I – a descrição das obrigações assumidas;

>> Inciso I acrescentado pela Lei n. 12.249, de 11-6-2010.

II – o prazo e o modo para o cumprimento das obrigações;

>> Inciso II acrescentado pela Lei n. 12.249, de 11-6-2010.

III – a forma de fiscalização da sua observância;

>> Inciso III acrescentado pela Lei n. 12.249, de 11-6-2010.

IV – os fundamentos de fato e de direito; e

>> Inciso IV acrescentado pela Lei n. 12.249, de 11-6-2010.

V – a previsão de multa ou de sanção administrativa, no caso de seu descumprimento.

>> Inciso V acrescentado pela Lei n. 12.249, de 11-6-2010.

Parágrafo único. A Advocacia-Geral da União poderá solicitar aos órgãos e entidades públicas federais manifestação sobre a viabilidade técnica, operacional e financeira das obrigações a serem assumidas em termo de ajustamento de conduta, cabendo ao Advogado-Geral da União a decisão final quanto à sua celebração.

>> Parágrafo único acrescentado pela Lei n. 12.249, de 11-6-2010.

Art. 5.º A União poderá intervir nas causas em que figurarem, como autoras ou rés, autarquias, fundações públicas, sociedades de economia mista e empresas públicas federais.

Parágrafo único. As pessoas jurídicas de direito público poderão, nas causas cuja decisão possa ter reflexos, ainda que indiretos, de natureza econômica, intervir, independentemente da demonstração de interesse jurídico, para esclarecer questões de fato e de direito, podendo juntar documentos e memoriais reputados úteis ao exame da matéria e, se for o caso, recorrer, hipótese em que, para fins de deslocamento de competência, serão consideradas partes.

Art. 6.º Os pagamentos devidos pela Fazenda Pública federal, estadual ou municipal e pelas autarquias e fundações públicas, em virtude de sentença judiciária, far-se-ão, exclusivamente, na ordem cronológica da apresentação dos precatórios judiciários e à conta do respectivo crédito.

§ 1.º É assegurado o direito de preferência aos credores de obrigação de natureza alimentícia, obedecida, entre eles, a ordem cronológica de apresentação dos respectivos precatórios judiciários.

>> Primitivo parágrafo único renumerado pela Medida Provisória n. 2.226, de 4-9-2001.

§ 2.º (*Revogado pela Lei n. 13.140, de 26-6-2015.*)

Art. 7.º (*Revogado pela Lei n. 11.941, de 27-5-2009.*)

Art. 7.º-A. As competências previstas nesta Lei aplicam-se concorrentemente àquelas específicas existentes na legislação em vigor em relação às autarquias, às fundações e às empresas públicas federais não dependentes.

>> Artigo acrescentado pela Lei n. 11.941, de 27-5-2009.

Art. 8.º Aplicam-se as disposições desta Lei, no que couber, às ações propostas e aos recursos interpostos pelas entidades legalmente sucedidas pela União.

Art. 9.º A representação judicial das autarquias e fundações públicas por seus procuradores ou advogados, ocupantes de cargos efetivos dos respectivos quadros, independe da apresentação do instrumento de mandato.

Art. 10. Aplica-se às autarquias e fundações públicas o disposto nos arts. 188 e 475, *caput*, e no seu inciso II, do Código de Processo Civil.

>> A referência é feita ao CPC de 1973. *Vide* arts. 180 e 496 do CPC de 2015.

Art. 10-A. Ficam convalidados os acordos ou transações, em juízo, para terminar o litígio, realizados pela União ou pelas autarquias, fundações ou empresas públicas federais não dependentes durante o período de vigência da Medida Provisória n. 449, de 3 de dezembro de 2008, que estejam de acordo com o disposto nesta Lei.

>> Artigo acrescentado pela Lei n. 11.941, de 27-5-2009.

Art. 11. Ficam convalidados os atos praticados com base na Medida Provisória n. 1.561-5, de 15 de maio de 1997.

Art. 12. Revogam-se a Lei n. 8.197, de 27 de junho de 1991, e a Lei n. 9.081, de 19 de julho de 1995.

Art. 13. Esta Lei entra em vigor na data de sua publicação.

Congresso Nacional, em 10 de julho de 1997; 176.º da Independência e 109.º da República.

Antonio Carlos Magalhães

LEI N. 9.472, DE 16 DE JULHO DE 1997 (*)

Dispõe sobre a organização dos serviços de telecomunicações, a criação e funcionamento de um órgão regulador e outros aspectos institucionais, nos termos da Emenda Constitucional n. 8, de 1995.

O Presidente da República

Faço saber que o Congresso Nacional decreta e eu sanciono a seguinte Lei:

LIVRO I
DOS PRINCÍPIOS FUNDAMENTAIS

Art. 1.º Compete à União, por intermédio do órgão regulador e nos termos das políticas estabelecidas pelos Poderes Executivo e Legislativo, organizar a exploração dos serviços de telecomunicações.

> O Decreto n. 2.338, de 7-10-1997, aprovou o Regulamento da ANATEL.

> O Decreto n. 4.733, de 10-6-2003, dispõe sobre políticas públicas de telecomunicações e dá outras providências.

Parágrafo único. A organização inclui, entre outros aspectos, o disciplinamento e a fiscalização da execução, comercialização e uso dos serviços e da implantação e funcionamento de redes de telecomunicações, bem como da utilização dos recursos de órbita e espectro de radiofrequências.

Art. 2.º O Poder Público tem o dever de:

I – garantir, a toda a população, o acesso às telecomunicações, a tarifas e preços razoáveis, em condições adequadas;

II – estimular a expansão do uso de redes e serviços de telecomunicações pelos serviços de interesse público em benefício da população brasileira;

III – adotar medidas que promovam a competição e a diversidade dos serviços, incrementem sua oferta e propiciem padrões de qualidade compatíveis com a exigência dos usuários;

IV – fortalecer o papel regulador do Estado;

V – criar oportunidades de investimento e estimular o desenvolvimento tecnológico e industrial, em ambiente competitivo;

VI – criar condições para que o desenvolvimento do setor seja harmônico com as metas de desenvolvimento social do País.

Art. 3.º O usuário de serviços de telecomunicações tem direito:

> A Resolução n. 632, de 7-3-2014, da ANATEL, aprova o Regulamento Geral de Direitos do Consumidor de Serviços de Telecomunicações – RGC.

I – de acesso aos serviços de telecomunicações, com padrões de qualidade e regularidade adequados à sua natureza, em qualquer ponto do território nacional;

II – à liberdade de escolha de sua prestadora de serviço;

III – de não ser discriminado quanto às condições de acesso e fruição do serviço;

IV – à informação adequada sobre as condições de prestação dos serviços, suas tarifas e preços;

V – à inviolabilidade e ao segredo de sua comunicação, salvo nas hipóteses e condições constitucional e legalmente previstas;

VI – à não divulgação, caso o requeira, de seu código de acesso;

VII – à não suspensão de serviço prestado em regime público, salvo por débito diretamente decorrente de sua utilização ou por descumprimento de condições contratuais;

VIII – ao prévio conhecimento das condições de suspensão do serviço;

IX – ao respeito de sua privacidade nos documentos de cobrança e na utilização de seus dados pessoais pela prestadora do serviço;

X – de resposta às suas reclamações pela prestadora do serviço;

XI – de peticionar contra a prestadora do serviço perante o órgão regulador e os organismos de defesa do consumidor;

XII – à reparação dos danos causados pela violação de seus direitos.

Parágrafo único. Para o cumprimento do disposto no inciso IV do *caput* deste artigo, a prestadora de serviço deverá divulgar em seu sítio eletrônico, de forma clara e de fácil

(*) Publicada no *Diário Oficial da União* de 17-7-1997. *Vide* Lei n. 9.986, de 18-7-2000, que dispõe sobre a gestão de recursos humanos das agências reguladoras e dá outras providências. A Lei n. 9.998, de 17-8-2000, regulamentada pelo Decreto n. 3.624, de 5-10-2000, institui o Fundo de Universalização dos Serviços de Telecomunicações – FUST, e a Lei n. 10.052, de 28-11-2000, regulamentada pelo Decreto n. 3.737, de 30-1-2001, institui o Fundo para o Desenvolvimento Tecnológico das Telecomunicações – FUNTTEL. O Decreto n. 4.901, de 26-11-2003, institui o Sistema Brasileiro de Televisão Digital – SBTVD. O Decreto n. 5.820, de 29-6-2006, dispõe sobre a implantação do SBTVD-T, estabelece diretrizes para a transmissão do sistema de transmissão analógica para o sistema de transmissão digital do serviço de radiodifusão de sons e imagens e do serviço de retransmissão de televisão. O Decreto n. 6.654, de 20-11-2008, aprova o Plano Geral de Outorgas de Serviço de Telecomunicações prestado no regime público.

compreensão pelos usuários, tabela com o valor das tarifas e preços praticados e a evolução dos reajustes realizados nos últimos cinco anos.

>> Parágrafo único acrescentado pela Lei n. 13.673, de 5-6-2018.

Art. 4.º O usuário de serviços de telecomunicações tem o dever de:

I – utilizar adequadamente os serviços, equipamentos e redes de telecomunicações;

II – respeitar os bens públicos e aqueles voltados à utilização do público em geral;

III – comunicar às autoridades irregularidades ocorridas e atos ilícitos cometidos por prestadora de serviço de telecomunicações.

Art. 5.º Na disciplina das relações econômicas no setor de telecomunicações observar-se-ão, em especial, os princípios constitucionais da soberania nacional, função social da propriedade, liberdade de iniciativa, livre concorrência, defesa do consumidor, redução das desigualdades regionais e sociais, repressão ao abuso do poder econômico e continuidade do serviço prestado no regime público.

Art. 6.º Os serviços de telecomunicações serão organizados com base no princípio da livre, ampla e justa competição entre todas as prestadoras, devendo o Poder Público atuar para propiciá-la, bem como para corrigir os efeitos da competição imperfeita e reprimir as infrações da ordem econômica.

Art. 7.º As normas gerais de proteção à ordem econômica são aplicáveis ao setor de telecomunicações.

>> *Caput* com redação determinada pela Lei n. 13.848, de 25-6-2019, em vigor após 90 dias da sua publicação (*DOU* de 26-6-2019).

§ 1.º Os atos envolvendo prestadora de serviço de telecomunicações, no regime público ou privado, que visem a qualquer forma de concentração econômica, inclusive mediante fusão ou incorporação de empresas, constituição de sociedade para exercer o controle de empresas ou qualquer forma de agrupamento societário, ficam submetidos aos controles, procedimentos e condicionamentos previstos nas normas gerais de proteção à ordem econômica.

§ 2.º Os atos de que trata o § 1.º serão submetidos à aprovação do Conselho Administrativo de Defesa Econômica (Cade).

>> § 2.º com redação determinada pela Lei n. 13.848, de 25-6-2019, em vigor após 90 dias da sua publicação (*DOU* de 26-6-2019).

§ 3.º Praticará infração da ordem econômica a prestadora de serviço de telecomunicações que, na celebração de contratos de fornecimento de bens e serviços, adotar práticas que possam limitar, falsear ou, de qualquer forma, prejudicar a livre concorrência ou a livre iniciativa.

> A Resolução n. 195, de 7-12-1999, da ANATEL, aprova a Norma Complementar n. 7/99, que dispõe sobre procedimentos administrativos para apuração e repressão das infrações da ordem econômica e para o controle de atos e contratos no setor de telecomunicações.

LIVRO II
DO ÓRGÃO REGULADOR E DAS POLÍTICAS SETORIAIS

TÍTULO I
DA CRIAÇÃO DO ÓRGÃO REGULADOR

Art. 8.º Fica criada a Agência Nacional de Telecomunicações, entidade integrante da Administração Pública Federal indireta, submetida a regime autárquico especial e vinculada ao Ministério das Comunicações, com a função de órgão regulador das telecomunicações, com sede no Distrito Federal, podendo estabelecer unidades regionais.

§ 1.º A Agência terá como órgão máximo o Conselho Diretor, devendo contar, também, com um Conselho Consultivo, uma Procuradoria, uma Corregedoria, uma Biblioteca e uma Ouvidoria, além das unidades especializadas incumbidas de diferentes funções.

§ 2.º A natureza de autarquia especial conferida à Agência é caracterizada por independência administrativa, ausência de subordinação hierárquica, mandato fixo e estabilidade de seus dirigentes e autonomia financeira.

Art. 9.º A Agência atuará como autoridade administrativa independente, assegurando-se-lhe, nos termos desta Lei, as prerrogativas necessárias ao exercício adequado de sua competência.

Art. 10. Caberá ao Poder Executivo instalar a Agência, devendo o seu regulamento, aprovado por decreto do Presidente da República, fixar-lhe a estrutura organizacional.

Parágrafo único. A edição do regulamento marcará a instalação da Agência, investindo-a automaticamente no exercício de suas atribuições.

Art. 11. O Poder Executivo encaminhará ao Congresso Nacional, no prazo de até noventa dias, a partir da publicação desta Lei, mensagem criando o quadro efetivo de pessoal da Agência, podendo remanejar cargos disponíveis na estrutura do Ministério das Comunicações.

Arts. 12 a 14. (*Revogados pela Lei n. 9.986, de 18-7-2000.*)

Art. 15. A fixação das dotações orçamentárias da Agência na Lei de Orçamento Anual e sua programação orçamentária e financeira de execução não sofrerão limites nos seus valores para movimentação e empenho.

Art. 16. Fica o Poder Executivo autorizado a realizar as despesas e os investimentos necessários à instalação da Agência, podendo remanejar, transferir ou utilizar saldos orçamentários, empregando como recursos dotações destinadas a atividades finalísticas e administrativas do Ministério das Comunicações, inclusive do Fundo de Fiscalização das Telecomunicações – FISTEL.

> O FISTEL foi instituído pela Lei n. 5.070, de 7-7-1966.

Parágrafo único. Serão transferidos à Agência os acervos técnico e patrimonial, bem como as obrigações e direitos do Ministério das Comunicações, correspondentes às atividades a ela atribuídas por esta Lei.

Art. 17. A extinção da Agência somente ocorrerá por lei específica.

TÍTULO II
DAS COMPETÊNCIAS

Art. 18. Cabe ao Poder Executivo, observadas as disposições desta Lei, por meio de decreto:

I – instituir ou eliminar a prestação de modalidade de serviço no regime público, concomitantemente ou não com sua prestação no regime privado;

II – aprovar o plano geral de outorgas de serviço prestado no regime público;

III – aprovar o plano geral de metas para a progressiva universalização de serviço prestado no regime público;

IV – autorizar a participação de empresa brasileira em organizações ou consórcios intergovernamentais destinados ao provimento de meios ou à prestação de serviços de telecomunicações.

Parágrafo único. O Poder Executivo, levando em conta os interesses do País no contexto de suas relações com os demais países, poderá estabelecer limites à participação estrangeira no capital de prestadora de serviços de telecomunicações.

Art. 19. À Agência compete adotar as medidas necessárias para o atendimento do interesse público e para o desenvolvimento das telecomunicações brasileiras, atuando com independência, imparcialidade, legalidade, impessoalidade e publicidade, e especialmente:

I – implementar, em sua esfera de atribuições, a política nacional de telecomunicações;

II – representar o Brasil nos organismos internacionais de telecomunicações, sob a coordenação do Poder Executivo;

III – elaborar e propor ao Presidente da República, por intermédio do Ministro de Estado das Comunicações, a adoção das medidas a que se referem os incisos I a IV do artigo anterior, submetendo previamente a consulta pública as relativas aos incisos I a III;

IV – expedir normas quanto à outorga, prestação e fruição dos serviços de telecomunicações no regime público;

V – editar atos de outorga e extinção de direito de exploração do serviço no regime público;

VI – celebrar e gerenciar contratos de concessão e fiscalizar a prestação do serviço no regime público, aplicando sanções e realizando intervenções;

VII – controlar, acompanhar e proceder à revisão de tarifas dos serviços prestados no regime público, podendo fixá-las nas condições previstas nesta Lei, bem como homologar reajustes;

VIII – administrar o espectro de radiofrequências e o uso de órbitas, expedindo as respectivas normas;

IX – editar atos de outorga e extinção do direito de uso de radiofrequência e de órbita, fiscalizando e aplicando sanções;

X – expedir normas sobre prestação de serviços de telecomunicações no regime privado;

XI – expedir e extinguir autorização para prestação de serviço no regime privado, fiscalizando e aplicando sanções;

XII – expedir normas e padrões a serem cumpridos pelas prestadoras de serviços de telecomunicações quanto aos equipamentos que utilizarem;

XIII – expedir ou reconhecer a certificação de produtos, observados os padrões e normas por ela estabelecidos;

XIV – expedir normas e padrões que assegurem a compatibilidade, a operação integrada e a interconexão entre as redes, abrangendo inclusive os equipamentos terminais;

XV – realizar busca e apreensão de bens no âmbito de sua competência;

XVI – deliberar na esfera administrativa quanto à interpretação da legislação de telecomunicações e sobre os casos omissos;

XVII – compor administrativamente conflitos de interesses entre prestadoras de serviço de telecomunicações;

XVIII – reprimir infrações dos direitos dos usuários;

XIX – exercer, relativamente às telecomunicações, as competências legais em matéria de controle, prevenção e repressão das infrações da ordem econômica, ressalvadas as pertencentes ao Conselho Administrativo de Defesa Econômica – CADE;

XX – propor ao Presidente da República, por intermédio do Ministério das Comunicações, a declaração de utilidade pública, para fins de desapropriação ou instituição de servidão administrativa, dos bens necessários à implantação ou manutenção de serviço no regime público;

XXI – arrecadar e aplicar suas receitas;

XXII – resolver quanto à celebração, alteração ou extinção de seus contratos, bem como quanto à nomeação, exoneração e demissão de servidores, realizando os procedimentos necessários, na forma em que dispuser o regulamento;

XXIII – contratar pessoal por prazo determinado, de acordo com o disposto na Lei n. 8.745, de 9 de dezembro de 1993;

> Citada Lei consta nesta obra.

XXIV – adquirir, administrar e alienar seus bens;

XXV – decidir em último grau sobre as matérias de sua alçada, sempre admitido recurso ao Conselho Diretor;

XXVI – (*Revogado pela Lei n. 13.848, de 25-6-2019, em vigor após 90 dias da sua publicação – DOU de 26-6-2019.*);

XXVII – aprovar o seu regimento interno;

> A Resolução n. 612, de 29-4-2013, do Conselho Diretor da ANATEL, aprova o regimento interno dessa agência reguladora.

XXVIII – elaborar relatório anual de suas atividades, nele destacando o cumprimento da política do setor definida nos termos do artigo anterior;

XXIX – (*Revogado pela Lei n. 13.848, de 25-6-2019, em vigor após 90 dias da sua publicação – DOU de 26-6-2019.*);

XXX – rever, periodicamente, os planos enumerados nos incisos II e III do artigo anterior, submetendo-os, por intermédio do Ministro de Estado das Comunicações, ao Presidente da República, para aprovação;

XXXI – promover interação com administrações de telecomunicações dos países do Mercado Comum do Sul – MERCOSUL, com vistas à consecução de objetivos de interesse comum.

XXXII – reavaliar, periodicamente, a regulamentação com vistas à promoção da competição e à adequação à evolução tecnológica e de mercado.

>> Inciso XXXII acrescentado pela Lei n. 13.879, de 3-10-2019.

Título IV
DA ATIVIDADE E DO CONTROLE

Art. 38. A atividade da Agência será juridicamente condicionada pelos princípios da legalidade, celeridade, finalidade, razoabilidade, proporcionalidade, impessoalidade, igualdade, devido processo legal, publicidade e moralidade.

Art. 39. Ressalvados os documentos e os autos cuja divulgação possa violar a segurança do País, segredo protegido ou a intimidade de alguém, todos os demais permanecerão abertos à consulta do público, sem formalidades, na Biblioteca.

Parágrafo único. A Agência deverá garantir o tratamento confidencial das informações técnicas, operacionais, econômico-financeiras e contábeis que solicitar às empresas prestadoras dos serviços de telecomunicações, nos termos do regulamento.

Art. 40. Os atos da Agência deverão ser sempre acompanhados da exposição formal dos motivos que os justifiquem.

Art. 41. Os atos normativos somente produzirão efeito após publicação no *Diário Oficial da União*, e aqueles de alcance particular, após a correspondente notificação.

Art. 42. (*Revogado pela Lei n. 13.848, de 25-6-2019, em vigor após 90 dias da sua publicação – DOU de 26-6-2019.*)

Art. 43. Na invalidação de atos e contratos, será garantida previamente a manifestação dos interessados.

Art. 44. Qualquer pessoa terá o direito de peticionar ou de recorrer contra ato da Agência no prazo máximo de trinta dias, devendo a decisão da Agência ser conhecida em até noventa dias.

Art. 45. (*Revogado pela Lei n. 13.848, de 25-6-2019, em vigor após 90 dias da sua publicação – DOU de 26-6-2019.*)

Art. 46. A Corregedoria acompanhará permanentemente o desempenho dos servidores da Agência, avaliando sua eficiência e o cumprimento dos deveres funcionais e realizando os processos disciplinares.

Título V
DAS RECEITAS

Art. 47. O produto da arrecadação das taxas de fiscalização de instalação e de funcionamento a que se refere a Lei n. 5.070, de 7 de julho de 1966, será destinado ao Fundo de Fiscalização das Telecomunicações – FISTEL, por ela criado.

Art. 48. A concessão, permissão ou autorização para a exploração de serviços de telecomunicações e de uso de radiofrequência, para qualquer serviço, será sempre feita a título oneroso, ficando autorizada a cobrança do respectivo preço nas condições estabelecidas nesta Lei e na regulamentação, constituindo o produto da arrecadação receita do Fundo de Fiscalização das Telecomunicações – FISTEL.

§ 1.º Conforme dispuser a Agência, o pagamento devido pela concessionária, permissionária ou autorizada poderá ser feito na forma de quantia certa, em uma ou várias parcelas, ou de parcelas anuais, sendo seu valor, alternativamente:

I – determinado pela regulamentação;

II – determinado no edital de licitação;

III – fixado em função da proposta vencedora, quando constituir fator de julgamento;

IV – fixado no contrato de concessão ou no ato de permissão, nos casos de inexigibilidade de licitação.

§ 2.º Após a criação do fundo de universalização dos serviços de telecomunicações mencionado no inciso II do art. 81, parte do produto da arrecadação a que se refere o *caput* deste artigo será a ele destinada, nos termos da lei correspondente.

Art. 49. A Agência submeterá anualmente ao Ministério da Economia a sua proposta de orçamento, bem como a do Fistel, para inclusão na lei orçamentária anual a que se refere o § 5.º do art. 165 da Constituição Federal.

>> *Caput* com redação determinada pela Lei n. 13.848, de 25-6-2019, em vigor após 90 dias da sua publicação (*DOU* de 26-6-2019).

§ 1.º A Agência fará acompanhar as propostas orçamentárias de um quadro demonstrativo do planejamento plurianual das receitas e despesas, visando ao seu equilíbrio orçamentário e financeiro nos cinco exercícios subsequentes.

§ 2.º O planejamento plurianual preverá o montante a ser transferido ao fundo de universalização a que se refere o inciso II do art. 81 desta Lei, e os saldos a serem transferidos ao Tesouro Nacional.

§ 3.º A lei orçamentária anual consignará as dotações para as despesas de custeio e capital da Agência, bem como o valor das transferências de recursos do FISTEL ao Tesouro Nacional e ao fundo de universalização, relativos ao exercício a que ela se referir.

§ 4.º As transferências a que se refere o parágrafo anterior serão formalmente feitas pela Agência ao final de cada mês.

Art. 50. O Fundo de Fiscalização das Telecomunicações – FISTEL, criado pela Lei n. 5.070, de 7 de julho de 1966, passará à administração exclusiva da Agência, a partir da data de sua instalação, com os saldos nele existentes, incluídas as receitas que sejam produto da cobrança a que se refere o art. 14 da Lei n. 9.295, de 19 de julho de 1996.

> A Lei n. 9.295, de 19-7-1996, dispõe sobre os Serviços de Telecomunicações e sua Organização, sobre o Órgão Regulador e dá outras providências.

....

TÍTULO VI
DAS CONTRATAÇÕES

> *Vide* art. 22 da Lei n. 8.666, de 21-6-1993.

Art. 54. A contratação de obras e serviços de engenharia civil está sujeita ao procedimento das licitações previsto em lei geral para a Administração Pública.

Parágrafo único. Para os casos não previstos no *caput*, a Agência poderá utilizar procedimentos próprios de contratação, nas modalidades de consulta e pregão.

Art. 55. A consulta e o pregão serão disciplinados pela Agência, observadas as disposições desta Lei e, especialmente:

I – a finalidade do procedimento licitatório é, por meio de disputa justa entre interessados, obter um contrato econômico, satisfatório e seguro para a Agência;

II – o instrumento convocatório identificará o objeto do certame, circunscreverá o universo de proponentes, estabelecerá critérios para aceitação e julgamento de propostas, regulará o procedimento, indicará as sanções aplicáveis e fixará as cláusulas do contrato;

III – o objeto será determinado de forma precisa, suficiente e clara, sem especificações que, por excessivas, irrelevantes ou desnecessárias, limitem a competição;

IV – a qualificação, exigida indistintamente dos proponentes, deverá ser compatível e proporcional ao objeto, visando à garantia do cumprimento das futuras obrigações;

V – como condição de aceitação da proposta, o interessado declarará estar em situação regular perante as Fazendas Públicas e a Seguridade Social, fornecendo seus códigos de inscrição, exigida a comprovação como condição indispensável à assinatura do contrato;

VI – o julgamento observará os princípios de vinculação ao instrumento convocatório, comparação objetiva e justo preço, sendo o empate resolvido por sorteio;

VII – as regras procedimentais assegurarão adequada divulgação do instrumento convocatório, prazos razoáveis para o preparo de propostas, os direitos ao contraditório e ao recurso, bem como a transparência e fiscalização;

VIII – a habilitação e o julgamento das propostas poderão ser decididos em uma única fase, podendo a habilitação, no caso de pregão, ser verificada apenas em relação ao licitante vencedor;

IX – quando o vencedor não celebrar o contrato, serão chamados os demais participantes na ordem de classificação;

X – somente serão aceitos certificados de registro cadastral expedidos pela Agência, que terão validade por dois anos, devendo o cadastro estar sempre aberto à inscrição dos interessados.

Art. 56. A disputa pelo fornecimento de bens e serviços comuns poderá ser feita em licitação na modalidade de pregão, restrita aos previamente cadastrados, que serão chamados a formular lances em sessão pública.

Parágrafo único. Encerrada a etapa competitiva, a Comissão examinará a melhor oferta quanto ao objeto, forma e valor.

Art. 57. Nas seguintes hipóteses, o pregão será aberto a quaisquer interessados, independentemente de cadastramento, verificando-se a um só tempo, após a etapa competitiva, a qualificação subjetiva e a aceitabilidade da proposta:

I – para a contratação de bens e serviços comuns de alto valor, na forma do regulamento;

II – quando o número de cadastrados na classe for inferior a cinco;

III – para o registro de preços, que terá validade por até dois anos;

IV – quando o Conselho Diretor assim o decidir.

Art. 58. A licitação na modalidade de consulta tem por objeto o fornecimento de bens e serviços não compreendidos nos arts. 56 e 57.

Parágrafo único. A decisão ponderará o custo e o benefício de cada proposta, considerando a qualificação do proponente.

Art. 59. A Agência poderá utilizar, mediante contrato, técnicos ou empresas especializadas, inclusive consultores independentes e auditores externos, para executar atividades de sua competência, vedada a contratação para as atividades de fiscalização, salvo para as correspondentes atividades de apoio.

LIVRO III
DA ORGANIZAÇÃO DOS SERVIÇOS DE TELECOMUNICAÇÕES

TÍTULO I
DISPOSIÇÕES GERAIS

CAPÍTULO I
DAS DEFINIÇÕES

Art. 60. Serviço de telecomunicações é o conjunto de atividades que possibilita a oferta de telecomunicação.

§ 1.º Telecomunicação é a transmissão, emissão ou recepção, por fio, radioeletricidade, meios ópticos ou qualquer outro processo eletromagnético, de símbolos, caracteres, sinais, escritos, imagens, sons ou informações de qualquer natureza.

§ 2.º Estação de telecomunicações é o conjunto de equipamentos ou aparelhos, dispositivos e demais meios necessários à realização de telecomunicação, seus acessórios e periféricos, e, quando for o caso, as instalações que os abrigam e complementam, inclusive terminais portáteis.

Art. 61. Serviço de valor adicionado é a atividade que acrescenta, a um serviço de telecomunicações que lhe dá suporte e com o qual não se confunde, novas utilidades relacionadas ao acesso, armazenamento, apresentação, movimentação ou recuperação de informações.

§ 1.º Serviço de valor adicionado não constitui serviço de telecomunicações, classificando-se seu provedor como usuário do serviço de telecomunicações que lhe dá suporte, com os direitos e deveres inerentes a essa condição.

> *Vide* Súmula 334 do STJ.

§ 2.º É assegurado aos interessados o uso das redes de serviços de telecomunicações para prestação de serviços de valor adicionado, cabendo à Agência, para assegurar esse direito, regular os condicionamentos, assim como o relacionamento entre aqueles e as prestadoras de serviço de telecomunicações.

CAPÍTULO II
DA CLASSIFICAÇÃO

Art. 62. Quanto à abrangência dos interesses a que atendem, os serviços de telecomunicações classificam-se em serviços de interesse coletivo e serviços de interesse restrito.

Parágrafo único. Os serviços de interesse restrito estarão sujeitos aos condicionamentos necessários para que sua exploração não prejudique o interesse coletivo.

Art. 63. Quanto ao regime jurídico de sua prestação, os serviços de telecomunicações classificam-se em públicos e privados.

Parágrafo único. Serviço de telecomunicações em regime público é o prestado mediante concessão ou permissão, com atribuição a sua prestadora de obrigações de universalização e de continuidade.

Art. 64. Comportarão prestação no regime público as modalidades de serviço de telecomunicações de interesse coletivo, cuja existência, universalização e continuidade a própria União comprometa-se a assegurar.

Parágrafo único. (*Revogado pela Lei n. 13.879, de 3-10-2019.*)

Art. 65. Cada modalidade de serviço será destinada à prestação:

I – exclusivamente no regime público;

II – exclusivamente no regime privado; ou

III – concomitantemente nos regimes público e privado.

§ 1.º Poderão ser deixadas à exploração apenas em regime privado as modalidades de serviço de interesse coletivo que, mesmo sendo essenciais, não estejam sujeitas a deveres de universalização.

>> § 1.º com redação determinada pela Lei n. 13.879, de 3-10-2019.

§ 2.º A exclusividade ou concomitância a que se refere o *caput* poderá ocorrer em âmbito nacional, regional, local ou em áreas determinadas.

Art. 66. Quando um serviço for, ao mesmo tempo, explorado nos regimes público e privado, serão adotadas medidas que impeçam a inviabilidade econômica de sua prestação no regime público.

Art. 67. Não comportarão prestação no regime público os serviços de telecomunicações de interesse restrito.

Art. 68. É vedada, a uma mesma pessoa jurídica, a exploração, de forma direta ou indireta, de uma mesma modalidade de serviço nos regimes público e privado, salvo em regiões, localidades ou áreas distintas.

Capítulo III
DAS REGRAS COMUNS

Art. 69. As modalidades de serviço serão definidas pela Agência em função de sua finalidade, âmbito de prestação, forma, meio de transmissão, tecnologia empregada ou de outros atributos.

Parágrafo único. Forma de telecomunicação é o modo específico de transmitir informação, decorrente de características particulares de transdução, de transmissão, de apresentação da informação ou de combinação destas, considerando-se formas de telecomunicação, entre outras, a telefonia, a telegrafia, a comunicação de dados e a transmissão de imagens.

Art. 70. Serão coibidos os comportamentos prejudiciais à competição livre, ampla e justa entre as prestadoras do serviço, no regime público ou privado, em especial:

I – a prática de subsídios para redução artificial de preços;

II – o uso, objetivando vantagens na competição, de informações obtidas dos concorrentes, em virtude de acordos de prestação de serviço;

III – a omissão de informações técnicas e comerciais relevantes à prestação de serviços por outrem.

Art. 71. Visando a propiciar competição efetiva e a impedir a concentração econômica no mercado, a Agência poderá estabelecer restrições, limites ou condições a empresas ou grupos empresariais quanto à obtenção e transferência de concessões, permissões e autorizações.

Art. 72. Apenas na execução de sua atividade, a prestadora poderá valer-se de informações relativas à utilização individual do serviço pelo usuário.

§ 1.º A divulgação das informações individuais dependerá da anuência expressa e específica do usuário.

§ 2.º A prestadora poderá divulgar a terceiros informações agregadas sobre o uso de seus serviços, desde que elas não permitam a identificação, direta ou indireta, do usuário, ou a violação de sua intimidade.

Art. 73. As prestadoras de serviços de telecomunicações de interesse coletivo terão direito à utilização de postes, dutos, condutos e servidões pertencentes ou controlados por prestadora de serviços de telecomunicações ou de outros serviços de interesse público, de forma não discriminatória e a preços e condições justos e razoáveis.

Parágrafo único. Caberá ao órgão regulador do cessionário dos meios a serem utilizados definir as condições para adequado atendimento do disposto no *caput*.

Art. 74. A concessão, permissão ou autorização de serviço de telecomunicações não isenta a prestadora do atendimento às normas de engenharia e às leis municipais, estaduais ou distritais relativas à construção civil.

>> Artigo com redação determinada pela Lei n. 13.116, de 20-4-2015.

Art. 75. Independerá de concessão, permissão ou autorização a atividade de telecomunicações restrita aos limites de uma mesma edificação ou propriedade móvel ou imóvel, conforme dispuser a Agência.

Art. 76. As empresas prestadoras de serviços e os fabricantes de produtos de telecomunicações que investirem em projetos de pesquisa e desenvolvimento no Brasil, na área de telecomunicações, obterão incentivos nas condições fixadas em lei.

Art. 77. O Poder Executivo encaminhará ao Congresso Nacional, no prazo de cento e vinte dias da publicação desta Lei, mensagem de criação de um fundo para o desenvolvimento tecnológico das telecomunicações brasileiras, com o objetivo de estimular a pesquisa e o desenvolvimento de novas tecnologias, incentivar a capacitação dos recursos humanos, fomentar a geração de empregos e promover o acesso de pequenas e médias empresas a recursos de capital, de modo a ampliar a competição na indústria de telecomunicações.

Art. 78. A fabricação e o desenvolvimento no País de produtos de telecomunicações serão estimulados mediante adoção de instrumentos de política creditícia, fiscal e aduaneira.

Título II
DOS SERVIÇOS PRESTADOS EM REGIME PÚBLICO

Capítulo I
DAS OBRIGAÇÕES DE UNIVERSALIZAÇÃO E DE CONTINUIDADE

Art. 79. A Agência regulará as obrigações de universalização e de continuidade atribuídas às prestadoras de serviço no regime público.

§ 1.º Obrigações de universalização são as que objetivam possibilitar o acesso de qualquer pessoa ou instituição de interesse público a serviço de telecomunicações, independentemente de sua localização e condição socioeconômica, bem como as destinadas a permitir a utilização das telecomunicações em serviços essenciais de interesse público.

§ 2.º Obrigações de continuidade são as que objetivam possibilitar aos usuários dos serviços sua fruição de forma ininterrupta, sem paralisações injustificadas, devendo os serviços estar à disposição dos usuários, em condições adequadas de uso.

Art. 80. As obrigações de universalização serão objeto de metas periódicas, conforme plano específico elaborado pela Agência e aprovado pelo Poder Executivo, que deverá referir-se, entre outros aspectos, à disponibilidade de instalações de uso coletivo ou individual, ao atendimento de deficientes físicos, de instituições de caráter público ou social, bem como de áreas rurais ou de urbanização precária e de regiões remotas.

§ 1.º O plano detalhará as fontes de financiamento das obrigações de universalização, que serão neutras em relação à competição, no mercado nacional, entre prestadoras.

§ 2.º Os recursos do fundo de universalização de que trata o inciso II do art. 81 não poderão ser destinados à cobertura de custos com universalização dos serviços que, nos termos do contrato de concessão, a própria prestadora deva suportar.

Art. 81. Os recursos complementares destinados a cobrir a parcela do custo exclusivamente atribuível ao cumprimento das obrigações de universalização de prestadora de serviço de telecomunicações, que não possa ser recuperada com a exploração eficiente do serviço, poderão ser oriundos das seguintes fontes:

I – Orçamento Geral da União, dos Estados, do Distrito Federal e dos Municípios;

II – fundo especificamente constituído para essa finalidade, para o qual contribuirão prestadoras de serviço de telecomunicações nos regimes público e privado, nos termos da lei, cuja mensagem de criação deverá ser enviada ao Congresso Nacional, pelo Poder Executivo, no prazo de cento e vinte dias após a publicação desta Lei.

Parágrafo único. Enquanto não for constituído o fundo a que se refere o inciso II do *caput*, poderão ser adotadas também as seguintes fontes:

I – subsídio entre modalidades de serviços de telecomunicações ou entre segmentos de usuários;

II – pagamento de adicional ao valor de interconexão.

Art. 82. O descumprimento das obrigações relacionadas à universalização e à continuidade ensejará a aplicação de sanções de multa, caducidade ou decretação de intervenção, conforme o caso.

Capítulo II
DA CONCESSÃO

Seção I
Da Outorga

Art. 83. A exploração do serviço no regime público dependerá de prévia outorga, pela Agência, mediante concessão, implicando esta o direito de uso das radiofrequências necessárias, conforme regulamentação.

Parágrafo único. Concessão de serviço de telecomunicações é a delegação de sua prestação, mediante contrato, por prazo determinado, no regime público, sujeitando-se a concessionária aos riscos empresariais, remunerando-se pela cobrança de tarifas dos usuários ou por outras receitas alternativas e respondendo diretamente pelas suas obrigações e pelos prejuízos que causar.

Art. 84. As concessões não terão caráter de exclusividade, devendo obedecer ao plano geral de outorgas, com definição quanto à divisão do País em áreas, ao número de prestadoras para cada uma delas, seus prazos de vigência e os prazos para admissão de novas prestadoras.

§ 1.º As áreas de exploração, o número de prestadoras, os prazos de vigência das concessões e os prazos para admissão de novas prestadoras serão definidos considerando-se o ambiente de competição, observados o princípio do maior benefício ao usuário e o interesse social e econômico do País, de modo a propiciar a justa remuneração da prestadora do serviço no regime público.

§ 2.º A oportunidade e o prazo das outorgas serão determinados de modo a evitar o vencimento concomitante das concessões de uma mesma área.

Art. 85. Cada modalidade de serviço será objeto de concessão distinta, com clara determinação dos direitos e deveres da concessionária, dos usuários e da Agência.

Art. 86. A concessão somente poderá ser outorgada a empresa constituída segundo as leis brasileiras, com sede e administração no País, criada para explorar exclusivamente serviços de telecomunicações.

>> *Caput* com redação determinada pela Lei n. 12.485, de 12-9-2011.

Parágrafo único. Os critérios e condições para a prestação de outros serviços de telecomunicações diretamente pela concessionária obedecerão, entre outros, aos seguintes princípios, de acordo com regulamentação da Anatel:

>> Parágrafo único, *caput*, com redação determinada pela Lei n. 12.485, de 12-9-2011.

I – garantia dos interesses dos usuários, nos mecanismos de reajuste e revisão das tarifas, mediante o compartilhamento dos ganhos econômicos advindos da racionalização decorrente da prestação de outros serviços de telecomunicações, ou ainda mediante a transferência integral dos ganhos econômicos que não decorram da eficiência ou iniciativa empresarial, observados os termos dos §§ 2.º e 3.º do art. 108 desta Lei;

>> Inciso I acrescentado pela Lei n. 12.485, de 12-9-2011.

II – atuação do poder público para propiciar a livre, ampla e justa competição, reprimidas as infrações da ordem econômica, nos termos do art. 6.º desta Lei;

>> Inciso II acrescentado pela Lei n. 12.485, de 12-9-2011.

III – existência de mecanismos que assegurem o adequado controle público no que tange aos bens reversíveis.

>> Inciso III acrescentado pela Lei n. 12.485, de 12-9-2011.

>> O art. 38, § 1.º, da Lei n. 12.485, de 12-9-2011, determina que a concessionária do Serviço Telefônico Fixo Comutado – STFC poderá solicitar, a qualquer tempo, a adequação do contrato de concessão às disposições deste artigo.

Art. 87. A outorga a empresa ou grupo empresarial que, na mesma região, localidade ou área, já preste a mesma modalidade de serviço, será condicionada à assunção do compromisso de, no prazo máximo de dezoito meses, contado da data de assinatura do contrato, transferir a outrem o serviço anteriormente explorado, sob pena de sua caducidade e de outras sanções previstas no processo de outorga.

Art. 88. As concessões serão outorgadas mediante licitação.

Art. 89. A licitação será disciplinada pela Agência, observados os princípios constitucionais, as disposições desta Lei e, especialmente:

I – a finalidade do certame é, por meio de disputa entre os interessados, escolher quem possa executar, expandir e universalizar o serviço no regime público com eficiência, segurança e a tarifas razoáveis;

II – a minuta de instrumento convocatório será submetida a consulta pública prévia;

III – o instrumento convocatório identificará o serviço objeto do certame e as condições de sua prestação, expansão e universalização, definirá o universo de proponentes, estabelecerá fatores e critérios para aceitação e julgamento de propostas, regulará o procedimento, determinará a quantidade de fases e seus objetivos, indicará as sanções aplicáveis e fixará as cláusulas do contrato de concessão;

IV – as qualificações técnico-operacional ou profissional e econômico-financeira, bem como as garantias da proposta e do contrato, exigidas indistintamente dos proponentes, deverão ser compatíveis com o objeto e proporcionais a sua natureza e dimensão;

V – o interessado deverá comprovar situação regular perante as Fazendas Públicas e a Seguridade Social;

VI – a participação de consórcio, que se constituirá em empresa antes da outorga da concessão, será sempre admitida;

VII – o julgamento atenderá aos princípios de vinculação ao instrumento convocatório e comparação objetiva;

VIII – os fatores de julgamento poderão ser, isolada ou conjugadamente, os de menor tarifa, maior oferta pela outorga, melhor qualidade dos serviços e melhor atendimento da demanda, respeitado sempre o princípio da objetividade;

IX – o empate será resolvido por sorteio;

X – as regras procedimentais assegurarão a adequada divulgação do instrumento convocatório, prazos compatíveis com o preparo de propostas e os direitos ao contraditório, ao recurso e à ampla defesa.

Art. 90. Não poderá participar da licitação ou receber outorga de concessão a empresa proibida de licitar ou contratar com o Poder Público ou que tenha sido declarada inidônea, bem como aquela que tenha sido punida nos dois anos anteriores com a decretação de caducidade de concessão, permissão ou autorização de serviço de telecomunicações, ou da caducidade de direito de uso de radiofrequência.

Art. 91. A licitação será inexigível quando, mediante processo administrativo conduzido pela Agência, a disputa for considerada inviável ou desnecessária.

§ 1.º Considera-se inviável a disputa quando apenas um interessado puder realizar o serviço, nas condições estipuladas.

§ 2.º Considera-se desnecessária a disputa nos casos em que se admita a exploração do serviço por todos os interessados que atendam às condições requeridas.

§ 3.º O procedimento para verificação da inexigibilidade compreenderá chamamento público para apurar o número de interessados.

Art. 92. Nas hipóteses de inexigibilidade de licitação, a outorga de concessão dependerá de procedimento administrativo sujeito aos princípios da publicidade, moralidade, impessoalidade e contraditório, para verificar o preenchimento das condições relativas às qualificações técnico-operacional ou profissional e econômico-financeira, à regularidade fiscal e às garantias do contrato.

Parágrafo único. As condições deverão ser compatíveis com o objeto e proporcionais a sua natureza e dimensão.

Seção II
Do Contrato

Art. 93. O contrato de concessão indicará:

I – objeto, área e prazo da concessão;

II – modo, forma e condições da prestação do serviço;

III – regras, critérios, indicadores, fórmulas e parâmetros definidores da implantação, expansão, alteração e modernização do serviço, bem como de sua qualidade;

IV – deveres relativos à universalização e à continuidade do serviço;

V – o valor devido pela outorga, a forma e as condições de pagamento;

VI – as condições de prorrogação, incluindo os critérios para fixação do valor;

VII – as tarifas a serem cobradas dos usuários e os critérios para seu reajuste e revisão;

VIII – as possíveis receitas alternativas, complementares ou acessórias, bem como as provenientes de projetos associados;

IX – os direitos, as garantias e as obrigações dos usuários, da Agência e da concessionária;

X – a forma da prestação de contas e da fiscalização;

XI – os bens reversíveis, se houver;

XII – as condições gerais para interconexão;

XIII – a obrigação de manter, durante a execução do contrato, todas as condições de habilitação exigidas na licitação;

XIV – as sanções;

XV – o foro e o modo para solução extrajudicial das divergências contratuais.

Parágrafo único. O contrato será publicado resumidamente no *Diário Oficial da União*, como condição de sua eficácia.

Art. 94. No cumprimento de seus deveres, a concessionária poderá, observadas as condições e limites estabelecidos pela Agência:

I – empregar, na execução dos serviços, equipamentos e infraestrutura que não lhe pertençam;

II – contratar com terceiros o desenvolvimento de atividades inerentes, acessórias ou complementares ao serviço, bem como a implementação de projetos associados.

§ 1.º Em qualquer caso, a concessionária continuará sempre responsável perante a Agência e os usuários.

§ 2.º Serão regidas pelo direito comum as relações da concessionária com os terceiros, que não terão direitos frente à Agência, observado o disposto no art. 117 desta Lei.

Art. 95. A Agência concederá prazos adequados para adaptação da concessionária às novas obrigações que lhe sejam impostas.

Art. 96. A concessionária deverá:

I – prestar informações de natureza técnica, operacional, econômico-financeira e contábil, ou outras pertinentes que a Agência solicitar;

II – manter registros contábeis separados por serviço, caso explore mais de uma modalidade de serviço de telecomunicações;

III – submeter à aprovação da Agência a minuta de contrato-padrão a ser celebrado com os usuários, bem como os acordos operacionais que pretenda firmar com prestadoras estrangeiras;

IV – divulgar relação de assinantes, observado o disposto nos incisos VI e IX do art. 3.º, bem como o art. 213, desta Lei;

V – submeter-se à regulamentação do serviço e à sua fiscalização;

VI – apresentar relatórios periódicos sobre o atendimento das metas de universalização constantes do contrato de concessão.

Art. 97. Dependerão de prévia aprovação da Agência a cisão, a fusão, a transformação, a incorporação, a redução do capital da empresa ou a transferência de seu controle societário.

Parágrafo único. A aprovação será concedida se a medida não for prejudicial à competição e não colocar em risco a execução do contrato, observado o disposto no art. 7.º desta Lei.

Art. 98. O contrato de concessão poderá ser transferido após a aprovação da Agência desde que, cumulativamente:

I – o serviço esteja em operação, há pelo menos três anos, com o cumprimento regular das obrigações;

II – o cessionário preencha todos os requisitos da outorga, inclusive quanto às garantias, à regularidade jurídica e fiscal e à qualificação técnica e econômico-financeira;

III – a medida não prejudique a competição e não coloque em risco a execução do contrato, observado o disposto no art. 7.º desta Lei.

Art. 99. O prazo máximo da concessão será de 20 (vinte) anos, prorrogável por iguais períodos, sendo necessário que a concessionária tenha cumprido as condições da concessão e as obrigações já assumidas e manifeste expresso interesse na prorrogação, pelo menos, 30 (trinta) meses antes de sua expiração.

>> *Caput* com redação determinada pela Lei n. 13.879, de 3-10-2019.

§ 1.º A prorrogação do prazo da concessão implicará pagamento, pela concessionária, pelo direito de exploração do serviço e pelo direito de uso das radiofrequências associadas, e poderá, a critério da Agência, incluir novos condicionamentos, tendo em vista as condições vigentes à época.

§ 2.º A desistência do pedido de prorrogação sem justa causa, após seu deferimento, sujeitará a concessionária à pena de multa.

§ 3.º Em caso de comprovada necessidade de reorganização do objeto ou da área da concessão para ajustamento ao plano geral de outorgas ou à regulamentação vigente, poderá a Agência indeferir o pedido de prorrogação.

Seção III
Dos Bens

Art. 100. Poderá ser declarada a utilidade pública, para fins de desapropriação ou instituição de servidão, de bens imóveis ou móveis, necessários à execução do serviço, cabendo à concessionária a implementação da medida e o pagamento da indenização e das demais despesas envolvidas.

Art. 101. A alienação, oneração ou substituição de bens reversíveis dependerá de prévia aprovação da Agência.

Art. 102. A extinção da concessão transmitirá automaticamente à União a posse dos bens reversíveis.

Parágrafo único. A reversão dos bens, antes de expirado o prazo contratual, importará pagamento de indenização pelas parcelas de investimentos a eles vinculados, ainda não amortizados ou depreciados, que tenham sido realizados com o objetivo de garantir a continuidade e atualidade do serviço concedido.

Seção IV
Das Tarifas

Art. 103. Compete à Agência estabelecer a estrutura tarifária para cada modalidade de serviço.

§ 1.º A fixação, o reajuste e a revisão das tarifas poderão basear-se em valor que corresponda à média ponderada dos valores dos itens tarifários.

§ 2.º São vedados os subsídios entre modalidades de serviços e segmentos de usuários, ressalvado o disposto no parágrafo único do art. 81 desta Lei.

§ 3.º As tarifas serão fixadas no contrato de concessão, consoante edital ou proposta apresentada na licitação.

§ 4.º Em caso de outorga sem licitação, as tarifas serão fixadas pela Agência e constarão do contrato de concessão.

Art. 104. Transcorridos ao menos três anos da celebração do contrato, a Agência poderá, se existir ampla e efetiva competição entre as prestadoras do serviço, submeter a concessionária ao regime de liberdade tarifária.

§ 1.º No regime a que se refere o *caput*, a concessionária poderá determinar suas próprias tarifas, devendo comunicá-las à Agência com antecedência de sete dias de sua vigência.

§ 2.º Ocorrendo aumento arbitrário dos lucros ou práticas prejudiciais à competição, a Agência restabelecerá o regime tarifário anterior, sem prejuízo das sanções cabíveis.

Art. 105. Quando da implantação de novas prestações, utilidades ou comodidades relativas ao objeto da concessão, suas tarifas serão previamente levadas à Agência, para aprovação, com os estudos correspondentes.

Parágrafo único. Considerados os interesses dos usuários, a Agência poderá decidir por fixar as tarifas ou por submetê-las ao regime de liberdade tarifária, sendo vedada qualquer cobrança antes da referida aprovação.

Art. 106. A concessionária poderá cobrar tarifa inferior à fixada desde que a redução se baseie em critério objetivo e favoreça indistintamente todos os usuários, vedado o abuso do poder econômico.

Art. 107. Os descontos de tarifa somente serão admitidos quando extensíveis a todos os usuários que se enquadrem nas condições, precisas e isonômicas, para sua fruição.

Art. 108. Os mecanismos para reajuste e revisão das tarifas serão previstos nos contratos de concessão, observando-se, no que couber, a legislação específica.

§ 1.º A redução ou o desconto de tarifas não ensejará revisão tarifária.

§ 2.º Serão compartilhados com os usuários, nos termos regulados pela Agência, os ganhos econômicos decorrentes da modernização, expansão ou racionalização dos serviços, bem como de novas receitas alternativas.

> *Vide* art. 86 desta Lei.

§ 3.º Serão transferidos integralmente aos usuários os ganhos econômicos que não decorram diretamente da eficiência empresarial, em casos como os de diminuição de tributos ou encargos legais e de novas regras sobre os serviços.

§ 4.º A oneração causada por novas regras sobre os serviços, pela álea econômica extraordinária, bem como pelo aumento dos encargos legais ou tributos, salvo o imposto sobre a renda, implicará a revisão do contrato.

Art. 109. A Agência estabelecerá:

I – os mecanismos para acompanhamento das tarifas praticadas pela concessionária, inclusive a antecedência a ser observada na comunicação de suas alterações;

II – os casos de serviço gratuito, como os de emergência;

III – os mecanismos para garantir a publicidade das tarifas.

Seção V
Da Intervenção

Art. 110. Poderá ser decretada intervenção na concessionária, por ato da Agência, em caso de:

I – paralisação injustificada dos serviços;

II – inadequação ou insuficiência dos serviços prestados, não resolvidas em prazo razoável;

III – desequilíbrio econômico-financeiro decorrente de má administração que coloque em risco a continuidade dos serviços;

IV – prática de infrações graves;

V – inobservância de atendimento das metas de universalização;

VI – recusa injustificada de interconexão;

VII – infração da ordem econômica nos termos da legislação própria.

Art. 111. O ato de intervenção indicará seu prazo, seus objetivos e limites, que serão determinados em função das razões que a ensejaram, e designará o interventor.

§ 1.º A decretação da intervenção não afetará o curso regular dos negócios da concessionária nem seu normal funcionamento e produzirá, de imediato, o afastamento de seus administradores.

§ 2.º A intervenção será precedida de procedimento administrativo instaurado pela Agência, em que se assegure a ampla defesa da concessionária, salvo quando decretada cautelarmente, hipótese em que o procedimento será instaurado na data da intervenção e concluído em até cento e oitenta dias.

§ 3.º A intervenção poderá ser exercida por um colegiado ou por uma empresa, cuja remuneração será paga com recursos da concessionária.

§ 4.º Dos atos do interventor caberá recurso à Agência.

§ 5.º Para os atos de alienação e disposição do patrimônio da concessionária, o interventor necessitará de prévia autorização da Agência.

§ 6.º O interventor prestará contas e responderá pelos atos que praticar.

Seção VI
Da Extinção

Art. 112. A concessão extinguir-se-á por advento do termo contratual, encampação, caducidade, rescisão e anulação.

Parágrafo único. A extinção devolve à União os direitos e deveres relativos à prestação do serviço.

Art. 113. Considera-se encampação a retomada do serviço pela União durante o prazo da concessão, em face de razão extraordinária de interesse público, mediante lei autorizativa específica e após o pagamento de prévia indenização.

Art. 114. A caducidade da concessão será decretada pela Agência nas hipóteses:

I – de infração do disposto no art. 97 desta Lei ou de dissolução ou falência da concessionária;

II – de transferência irregular do contrato;

III – de não cumprimento do compromisso de transferência a que se refere o art. 87 desta Lei;

IV – em que a intervenção seria cabível, mas sua decretação for inconveniente, inócua, injustamente benéfica ao concessionário ou desnecessária.

§ 1.º Será desnecessária a intervenção quando a demanda pelos serviços objeto da concessão puder ser atendida por outras prestadoras de modo regular e imediato.

§ 2.º A decretação da caducidade será precedida de procedimento administrativo instaurado pela Agência, em que se assegure a ampla defesa da concessionária.

Art. 115. A concessionária terá direito à rescisão quando, por ação ou omissão do Poder Público, a execução do contrato se tornar excessivamente onerosa.

Parágrafo único. A rescisão poderá ser realizada amigável ou judicialmente.

Art. 116. A anulação será decretada pela Agência em caso de irregularidade insanável e grave do contrato de concessão.

Art. 117. Extinta a concessão antes do termo contratual, a Agência, sem prejuízo de outras medidas cabíveis, poderá:

I – ocupar, provisoriamente, bens móveis e imóveis e valer-se de pessoal empregado na prestação dos serviços, necessários a sua continuidade;

II – manter contratos firmados pela concessionária com terceiros, com fundamento nos incisos I e II do art. 94 desta Lei, pelo prazo e nas condições inicialmente ajustadas.

Parágrafo único. Na hipótese do inciso II deste artigo, os terceiros que não cumprirem com as obrigações assumidas responderão pelo inadimplemento.

Capítulo III
DA PERMISSÃO

Art. 118. Será outorgada permissão, pela Agência, para prestação de serviço de telecomunicações em face de situação excepcional comprometedora do funcionamento do serviço que, em virtude de suas peculiaridades, não possa ser atendida, de forma conveniente ou em prazo adequado, mediante intervenção na empresa concessionária ou mediante outorga de nova concessão.

Parágrafo único. Permissão de serviço de telecomunicações é o ato administrativo pelo qual se atribui a alguém o dever de prestar serviço de telecomunicações no regime público e em caráter transitório, até que seja normalizada a situação excepcional que a tenha ensejado.

Art. 119. A permissão será precedida de procedimento licitatório simplificado, instaurado pela Agência, nos termos por ela regulados, ressalvados os casos de inexigibilidade previstos no art. 91, observado o disposto no art. 92, desta Lei.

Art. 120. A permissão será formalizada mediante assinatura de termo, que indicará:

I – o objeto e a área da permissão, bem como os prazos mínimo e máximo de vigência estimados;

II – modo, forma e condições da prestação do serviço;

III – as tarifas a serem cobradas dos usuários, critérios para seu reajuste e revisão e as possíveis fontes de receitas alternativas;

IV – os direitos, as garantias e as obrigações dos usuários, do permitente e do permissionário;

V – as condições gerais de interconexão;

VI – a forma da prestação de contas e da fiscalização;

VII – os bens entregues pelo permitente à administração do permissionário;

VIII – as sanções;

IX – os bens reversíveis, se houver;

X – o foro e o modo para solução extrajudicial das divergências.

Parágrafo único. O termo de permissão será publicado resumidamente no *Diário Oficial da União*, como condição de sua eficácia.

Art. 121. Outorgada permissão em decorrência de procedimento licitatório, a recusa injustificada pelo outorgado em assinar o respectivo termo sujeitá-lo-á às sanções previstas no instrumento convocatório.

Art. 122. A permissão extinguir-se-á pelo decurso do prazo máximo de vigência estimado, observado o disposto no art. 124 desta Lei, bem como por revogação, caducidade e anulação.

Art. 123. A revogação deverá basear-se em razões de conveniência e oportunidade relevantes e supervenientes à permissão.

§ 1.º A revogação, que poderá ser feita a qualquer momento, não dará direito a indenização.

§ 2.º O ato revocatório fixará o prazo para o permissionário devolver o serviço, que não será inferior a sessenta dias.

Art. 124. A permissão poderá ser mantida, mesmo vencido seu prazo máximo, se persistir a situação excepcional que a motivou.

Art. 125. A Agência disporá sobre o regime da permissão, observados os princípios e objetivos desta Lei.

TÍTULO III
DOS SERVIÇOS PRESTADOS EM REGIME PRIVADO

CAPÍTULO I
DO REGIME GERAL DA EXPLORAÇÃO

Art. 126. A exploração de serviço de telecomunicações no regime privado será baseada nos princípios constitucionais da atividade econômica.

Art. 127. A disciplina da exploração dos serviços no regime privado terá por objetivo viabilizar o cumprimento das leis, em especial das relativas às telecomunicações, à ordem econômica e aos direitos dos consumidores, destinando-se a garantir:

I – a diversidade de serviços, o incremento de sua oferta e sua qualidade;

II – a competição livre, ampla e justa;

III – o respeito aos direitos dos usuários;

IV – a convivência entre as modalidades de serviço e entre prestadoras em regime privado e público, observada a prevalência do interesse público;

V – o equilíbrio das relações entre prestadoras e usuários dos serviços;

VI – a isonomia de tratamento às prestadoras;

VII – o uso eficiente do espectro de radiofrequências;

VIII – o cumprimento da função social do serviço de interesse coletivo, bem como dos encargos dela decorrentes;

IX – o desenvolvimento tecnológico e industrial do setor;

X – a permanente fiscalização.

Art. 128. Ao impor condicionamentos administrativos ao direito de exploração das diversas modalidades de serviço no regime privado, sejam eles limites, encargos ou sujeições, a Agência observará a exigência de mínima intervenção na vida privada, assegurando que:

I – a liberdade será a regra, constituindo exceção as proibições, restrições e interferências do Poder Público;

II – nenhuma autorização será negada, salvo por motivo relevante;

III – os condicionamentos deverão ter vínculos, tanto de necessidade como de adequação, com finalidades públicas específicas e relevantes;

IV – o proveito coletivo gerado pelo condicionamento deverá ser proporcional à privação que ele impuser;

V – haverá relação de equilíbrio entre os deveres impostos às prestadoras e os direitos a elas reconhecidos.

Art. 129. O preço dos serviços será livre, ressalvado o disposto no § 2.º do art. 136 desta Lei, reprimindo-se toda prática prejudicial à competição, bem como o abuso do poder econômico, nos termos da legislação própria.

Art. 130. A prestadora de serviço em regime privado não terá direito adquirido à permanência das condições vigentes quando da expedição da autorização ou do início das atividades, devendo observar os novos condicionamentos impostos por lei e pela regulamentação.

Parágrafo único. As normas concederão prazos suficientes para adaptação aos novos condicionamentos.

Art. 130-A. É facultado às prestadoras de serviço em regime privado o aluguel de suas redes para implantação de sistema de localização de pessoas desaparecidas.

>> *Caput* acrescentado pela Lei n. 12.841, de 9-7-2013.

Parágrafo único. O sistema a que se refere o *caput* deste artigo está sujeito às regras de mercado, nos termos do art. 129 desta Lei.

>> Parágrafo único acrescentado pela Lei n. 12.841, de 9-7-2013.

CAPÍTULO II
DA AUTORIZAÇÃO DE SERVIÇO DE TELECOMUNICAÇÕES

Seção I
Da Obtenção

Art. 131. A exploração de serviço no regime privado dependerá de prévia autorização da Agência, que acarretará direito de uso das radiofrequências necessárias.

§ 1.º Autorização de serviço de telecomunicações é o ato administrativo vinculado que faculta a exploração, no regime privado, de modalidade de serviço de telecomunicações, quando preenchidas as condições objetivas e subjetivas necessárias.

§ 2.º A Agência definirá os casos que independerão de autorização.

§ 3.º A prestadora de serviço que independa de autorização comunicará previamente à Agência o início de suas atividades, salvo nos casos previstos nas normas correspondentes.

§ 4.º A eficácia da autorização dependerá da publicação de extrato no *Diário Oficial da União*.

Art. 132. É condição objetiva para a obtenção de autorização de serviço a disponibilidade de radiofrequência necessária, no caso de serviços que a utilizem.

>> *Caput* com redação determinada pela Lei n. 13.879, de 3-10-2019.

I e II – (*Revogados pela Lei n. 13.879, de 3-10-2019.*)

Art. 133. São condições subjetivas para obtenção de autorização de serviço de interesse coletivo pela empresa:

I – estar constituída segundo as leis brasileiras, com sede e administração no País;

II – não estar proibida de licitar ou contratar com o Poder Público, não ter sido declarada inidônea ou não ter sido punida, nos dois anos anteriores, com a decretação da caducidade de concessão, permissão ou autorização de serviço de telecomunicações, ou da caducidade de direito de uso de radiofrequência;

III – dispor de qualificação técnica para bem prestar o serviço, capacidade econômico-financeira, regularidade fiscal e estar em situação regular com a Seguridade Social;

IV – não ser, na mesma região, localidade ou área, encarregada de prestar a mesma modalidade de serviço.

Parágrafo único. A Agência deverá verificar a situação de regularidade fiscal da empresa relativamente a entidades integrantes da administração pública federal, podendo, ainda, quando se mostrar relevante, requerer comprovação de regularidade perante as esferas municipal e estadual do Poder Público.

>> Parágrafo único acrescentado pela Lei n. 13.879, de 3-10-2019.

Art. 134. A Agência disporá sobre as condições subjetivas para obtenção de autorização de serviço de interesse restrito.

Art. 135. A Agência poderá, excepcionalmente, em face de relevantes razões de caráter coletivo, condicionar a expedição de autorização à aceitação, pelo interessado, de compromissos de interesse da coletividade.

Parágrafo único. Os compromissos a que se refere o *caput* serão objeto de regulamentação, pela Agência, observados os princípios da razoabilidade, proporcionalidade e igualdade.

Art. 136. Não haverá limite ao número de autorizações de serviço, salvo em caso de impossibilidade técnica ou, excepcionalmente, quando o excesso de competidores puder comprometer a prestação de uma modalidade de serviço de interesse coletivo.

§ 1.º A Agência determinará as regiões, localidades ou áreas abrangidas pela limitação e disporá sobre a possibilidade de a prestadora atuar em mais de uma delas.

§ 2.º As prestadoras serão selecionadas mediante procedimento licitatório, na forma estabelecida nos arts. 88 a 92, sujeitando-se a transferência da autorização às mesmas condições estabelecidas no art. 98, desta Lei.

> *Vide* art. 129 desta Lei.

§ 3.º Dos vencedores da licitação será exigida contrapartida proporcional à vantagem econômica que usufruírem, na forma de compromissos de interesse dos usuários.

Art. 137. O descumprimento de condições ou de compromissos assumidos, associados à autorização, sujeitará a prestadora às sanções de multa, suspensão temporária ou caducidade.

Seção II
Da Extinção

Art. 138. A autorização de serviço de telecomunicações não terá sua vigência sujeita a termo final, extinguindo-se somente por cassação, caducidade, decaimento, renúncia ou anulação.

Art. 139. Quando houver perda das condições indispensáveis à expedição ou manutenção da autorização, a Agência poderá extingui-la mediante ato de cassação.

Parágrafo único. Importará em cassação da autorização do serviço a extinção da autorização de uso da radiofrequência respectiva.

Art. 140. Em caso de prática de infrações graves, de transferência irregular da autorização ou de descumprimento reiterado de compromissos assumidos, a Agência poderá extinguir a autorização decretando-lhe a caducidade.

Art. 141. O decaimento será decretado pela Agência, por ato administrativo, se, em face de razões de excepcional relevância pública, as normas vierem a vedar o tipo de atividade objeto da autorização ou a suprimir a exploração no regime privado.

§ 1.º A edição das normas de que trata o *caput* não justificará o decaimento senão quando a preservação das autorizações já expedidas for efetivamente incompatível com o interesse público.

§ 2.º Decretado o decaimento, a prestadora terá o direito de manter suas próprias atividades regulares por prazo mínimo de cinco anos, salvo desapropriação.

Art. 142. Renúncia é o ato formal unilateral, irrevogável e irretratável, pelo qual a prestadora manifesta seu desinteresse pela autorização.

Parágrafo único. A renúncia não será causa para punição do autorizado, nem o desonerará de suas obrigações com terceiros.

Art. 143. A anulação da autorização será decretada, judicial ou administrativamente, em caso de irregularidade insanável do ato que a expediu.

Art. 144. A extinção da autorização mediante ato administrativo dependerá de procedimento prévio, garantidos o contraditório e a ampla defesa do interessado.

TÍTULO III-A
DA ADAPTAÇÃO DA MODALIDADE DE OUTORGA DE SERVIÇO DE TELECOMUNICAÇÕES DE CONCESSÃO PARA AUTORIZAÇÃO

>> Título III-A acrescentado pela Lei n. 13.879, de 3-10-2019.

Art. 144-A. A Agência poderá autorizar, mediante solicitação da concessionária, a adaptação do instrumento de concessão para autorização, condicionada à observância dos seguintes requisitos:

>> *Caput* acrescentado pela Lei n. 13.879, de 3-10-2019.

I – manutenção da prestação do serviço adaptado e compromisso de cessão de capacidade que possibilite essa manutenção, nas áreas sem competição adequada, nos termos da regulamentação da Agência;

>> Inciso I acrescentado pela Lei n. 13.879, de 3-10-2019.

II – assunção, pela requerente, de compromissos de investimento, conforme o art. 144-B;

>> Inciso II acrescentado pela Lei n. 13.879, de 3-10-2019.

III – apresentação, pela requerente, de garantia que assegure o fiel cumprimento das obrigações previstas nos incisos I e II;

>> Inciso III acrescentado pela Lei n. 13.879, de 3-10-2019.

IV – adaptação das outorgas para prestação de serviços de telecomunicações e respectivas autorizações de uso de radiofrequências detidas pelo grupo empresarial da concessionária em termo único de serviços.

>> Inciso IV acrescentado pela Lei n. 13.879, de 3-10-2019.

§ 1.º Na prestação prevista no inciso I, deverão ser mantidas as ofertas comerciais do serviço adaptado existentes à época da aprovação da adaptação nas áreas sem competição adequada, nos termos da regulamentação da Agência.

>> § 1.º acrescentado pela Lei n. 13.879, de 3-10-2019.

§ 2.º Ressalvadas as obrigações previstas nos incisos I e II, o processo de adaptação previsto no inciso IV dar-se-á de forma não onerosa, mantidos os prazos remanescentes das autorizações de uso de radiofrequências.

>> § 2.º acrescentado pela Lei n. 13.879, de 3-10-2019.

§ 3.º A garantia prevista no inciso III deverá possibilitar sua execução por terceiro beneficiado, de forma a assegurar o cumprimento das obrigações a ela associadas.

>> § 3.º acrescentado pela Lei n. 13.879, de 3-10-2019.

§ 4.º O contrato de concessão deverá ser alterado para incluir a possibilidade de adaptação prevista no *caput* deste artigo.

>> § 4.º acrescentado pela Lei n. 13.879, de 3-10-2019.

§ 5.º Após a adaptação prevista no *caput*, poderá ser autorizada a transferência do termo previsto no inciso IV, no todo ou em parte, conforme regulamentação da Agência, desde que preservada a prestação do serviço.

>> § 5.º acrescentado pela Lei n. 13.879, de 3-10-2019.

Art. 144-B. O valor econômico associado à adaptação do instrumento de concessão para autorização prevista no art. 144-A será determinado pela Agência, com indicação da metodologia e dos critérios de valoração.

>> *Caput* acrescentado pela Lei n. 13.879, de 3-10-2019.

§ 1.º O valor econômico referido no *caput* deste artigo será a diferença entre o valor esperado da exploração do serviço adaptado em regime de autorização e o valor esperado da exploração desse serviço em regime de concessão, calculados a partir da adaptação.

>> § 1.º acrescentado pela Lei n. 13.879, de 3-10-2019.

§ 2.º O valor econômico referido no *caput* deste artigo será revertido em compromissos de investimento, priorizados conforme diretrizes do Poder Executivo.

>> § 2.º acrescentado pela Lei n. 13.879, de 3-10-2019.

§ 3.º Os compromissos de investimento priorizarão a implantação de infraestrutura de rede de alta capacidade de comunicação de dados em áreas sem competição adequada e a redução das desigualdades, nos termos da regulamentação da Agência.

>> § 3.º acrescentado pela Lei n. 13.879, de 3-10-2019.

§ 4.º Os compromissos de investimento mencionados neste artigo deverão integrar o termo previsto no inciso IV do art. 144-A.

>> § 4.º acrescentado pela Lei n. 13.879, de 3-10-2019.

§ 5.º Os compromissos de investimento deverão incorporar a oferta subsidiada de tecnologias assistivas para acessibilidade de pessoas com deficiência, seja às redes de alta capacidade de comunicação de dados, seja aos planos de consumo nos serviços de comunicações para usuários com deficiência, nos termos da regulamentação da Agência.

>> § 5.º acrescentado pela Lei n. 13.879, de 3-10-2019.

Art. 144-C. Para efeito do cálculo do valor econômico mencionado no art. 144-B, serão considerados bens reversíveis, se houver, os ativos essenciais e efetivamente empregados na prestação do serviço concedido.

>> *Caput* acrescentado pela Lei n. 13.879, de 3-10-2019.

Parágrafo único. Os bens reversíveis utilizados para a prestação de outros serviços de telecomunicações explorados em regime privado serão valorados na proporção de seu uso para o serviço concedido.

>> Parágrafo único acrescentado pela Lei n. 13.879, de 3-10-2019.

Título IV
DAS REDES DE TELECOMUNICAÇÕES

Art. 145. A implantação e o funcionamento de redes de telecomunicações destinadas a dar suporte à prestação de serviços de interesse coletivo, no regime público ou privado, observarão o disposto neste Título.

> *Vide* art. 147 desta Lei.

Parágrafo único. As redes de telecomunicações destinadas à prestação de serviço em regime privado poderão ser dispensadas do disposto no *caput*, no todo ou em parte, na forma da regulamentação expedida pela Agência.

Art. 146. As redes serão organizadas como vias integradas de livre circulação, nos termos seguintes:

I – é obrigatória a interconexão entre as redes, na forma da regulamentação;

II – deverá ser assegurada a operação integrada das redes, em âmbito nacional e internacional;

III – o direito de propriedade sobre as redes é condicionado pelo dever de cumprimento de sua função social.

Parágrafo único. Interconexão é a ligação entre redes de telecomunicações funcionalmente compatíveis, de modo que os usuários de serviços de uma das redes possam comunicar-se com usuários de serviços de outra ou acessar serviços nela disponíveis.

Art. 147. É obrigatória a interconexão às redes de telecomunicações a que se refere o art. 145 desta Lei, solicitada por prestadora de serviço no regime privado, nos termos da regulamentação.

Art. 148. É livre a interconexão entre redes de suporte à prestação de serviços de telecomunicações no regime privado, observada a regulamentação.

Art. 149. A regulamentação estabelecerá as hipóteses e condições de interconexão a redes internacionais.

Art. 150. A implantação, o funcionamento e a interconexão das redes obedecerão à regulamentação editada pela Agência, assegurando a compatibilidade das redes das diferentes prestadoras, visando à sua harmonização em âmbito nacional e internacional.

Art. 151. A Agência disporá sobre os planos de numeração dos serviços, assegurando sua administração de forma não discriminatória e em estímulo à competição, garantindo o atendimento aos compromissos internacionais.

Parágrafo único. A Agência disporá sobre as circunstâncias e as condições em que a prestadora de serviço de telecomunicações cujo usuário transferir-se para outra prestadora será obrigada a, sem ônus, interceptar as ligações dirigidas ao antigo código de acesso do usuário e informar o seu novo código.

Art. 152. O provimento da interconexão será realizado em termos não discriminatórios, sob condições técnicas adequadas, garantindo preços isonômicos e justos, atendendo ao estritamente necessário à prestação do serviço.

Art. 153. As condições para a interconexão de redes serão objeto de livre negociação entre os interessados, mediante acordo, observado o disposto nesta Lei e nos termos da regulamentação.

§ 1.º O acordo será formalizado por contrato, cuja eficácia dependerá de homologação pela Agência, arquivando-se uma de suas vias na Biblioteca para consulta por qualquer interessado.

§ 2.º Não havendo acordo entre os interessados, a Agência, por provocação de um deles, arbitrará as condições para a interconexão.

Art. 154. As redes de telecomunicações poderão ser, secundariamente, utilizadas como suporte de serviço a ser prestado por outrem, de interesse coletivo ou restrito.

Art. 155. Para desenvolver a competição, as empresas prestadoras de serviços de telecomunicações de interesse coletivo deverão, nos casos e condições fixados pela Agência, disponibilizar suas redes a outras prestadoras de serviços de telecomunicações de interesse coletivo.

Art. 156. Poderá ser vedada a conexão de equipamentos terminais sem certificação, expedida ou aceita pela Agência, no caso das redes referidas no art. 145 desta Lei.

§ 1.º Terminal de telecomunicações é o equipamento ou aparelho que possibilita o acesso do usuário a serviço de telecomunicações, podendo incorporar estágio de transdução, estar incorporado a equipamento destinado a exercer outras funções ou, ainda, incorporar funções secundárias.

§ 2.º Certificação é o reconhecimento da compatibilidade das especificações de determinado produto com as características técnicas do serviço a que se destina.

Título V
DO ESPECTRO E DA ÓRBITA

> A Resolução n. 259, de 19-4-2001, da ANATEL, aprova o Regulamento de Uso do Espectro de Radiofrequência.

Capítulo I
DO ESPECTRO DE RADIOFREQUÊNCIAS

Art. 157. O espectro de radiofrequências é um recurso limitado, constituindo-se em bem público, administrado pela Agência.

Art. 158. Observadas as atribuições de faixas segundo tratados e acordos internacionais, a Agência manterá plano com a atribuição, distribuição e destinação de radiofrequências, e detalhamento necessário ao uso das radiofrequências associadas aos diversos serviços e atividades de telecomunicações, atendidas suas necessidades específicas e as de suas expansões.

§ 1.º O plano destinará faixas de radiofrequência para:

I – fins exclusivamente militares;

II – serviços de telecomunicações a serem prestados em regime público e em regime privado;

III – serviços de radiodifusão;

IV – serviços de emergência e de segurança pública;

V – outras atividades de telecomunicações.

§ 2.º A destinação de faixas de radiofrequência para fins exclusivamente militares será feita em articulação com as Forças Armadas.

Art. 159. Na destinação de faixas de radiofrequência serão considerados o emprego racional e econômico do espectro, bem como as atribuições, distribuições e consignações existentes, objetivando evitar interferências prejudiciais.

Parágrafo único. Considera-se interferência prejudicial qualquer emissão, irradiação ou indução que obstrua, degrade seriamente ou interrompa repetidamente a telecomunicação.

Art. 160. A Agência regulará a utilização eficiente e adequada do espectro, podendo restringir o emprego de determinadas radiofrequências ou faixas, considerado o interesse público.

Parágrafo único. O uso da radiofrequência será condicionado à sua compatibilidade com a atividade ou o serviço a ser prestado, particularmente no tocante à potência, à faixa de transmissão e à técnica empregada.

Art. 161. A qualquer tempo, poderá ser modificada a destinação de radiofrequências ou faixas, bem como ordenada a alteração de potências ou de outras características técnicas, desde que o interesse público ou o cumprimento de convenções ou tratados internacionais assim o determine.

Parágrafo único. Será fixado prazo adequado e razoável para a efetivação da mudança.

Art. 162. A operação de estação transmissora de radiocomunicação está sujeita à licença de funcionamento prévia e à fiscalização permanente, nos termos da regulamentação.

§ 1.º Radiocomunicação é a telecomunicação que utiliza frequências radioelétricas não confinadas a fios, cabos ou outros meios físicos.

§ 2.º É vedada a utilização de equipamentos emissores de radiofrequência sem certificação expedida ou aceita pela Agência.

§ 3.º A emissão ou extinção da licença relativa à estação de apoio à navegação marítima ou aeronáutica, bem como à estação de radiocomunicação marítima ou aeronáutica, dependerá de parecer favorável dos órgãos competentes para a vistoria de embarcações e aeronaves.

Capítulo II
DA AUTORIZAÇÃO DE USO DE RADIOFREQUÊNCIA

Art. 163. O uso de radiofrequência, tendo ou não caráter de exclusividade, dependerá de prévia outorga da Agência, mediante autorização, nos termos da regulamentação.

§ 1.º Autorização de uso de radiofrequência é o ato administrativo vinculado, associado à concessão, permissão ou autorização para prestação de serviço de telecomunicações, que atribui a interessado, por prazo determinado, o direito de uso de radiofrequência, nas condições legais e regulamentares.

§ 2.º Independerão de outorga:

I – o uso de radiofrequência por meio de equipamentos de radiação restrita definidos pela Agência;

II – o uso, pelas Forças Armadas, de radiofrequências nas faixas destinadas a fins exclusivamente militares.

§ 3.º A eficácia da autorização de uso de radiofrequência dependerá de publicação de extrato no *Diário Oficial da União*.

§ 4.º A transferência da autorização de uso de radiofrequências entre prestadores de serviços de telecomunicações dependerá de anuência da Agência, nos termos da regulamentação.

>> § 4.º acrescentado pela Lei n. 13.879, de 3-10-2019.

§ 5.º Na anuência prevista no § 4.º, a Agência poderá estabelecer condicionamentos de caráter concorrencial para a aprovação da transferência, tais como limitações à quantidade de radiofrequências transferidas.

>> § 5.º acrescentado pela Lei n. 13.879, de 3-10-2019.

Art. 164. Havendo limitação técnica ao uso de radiofrequência e ocorrendo o interesse na sua utilização, por parte de mais de um interessado, para fins de expansão de serviço e, havendo ou não, concomitantemente, outros interessados em prestar a mesma modalidade de serviço, observar-se-á:

I – a autorização de uso de radiofrequência dependerá de licitação, na forma e condições estabelecidas nos arts. 88 a 90 desta Lei e será sempre onerosa;

II – o vencedor da licitação receberá, conforme o caso, a autorização para uso da radiofrequência, para fins de expansão do serviço, ou a autorização para a prestação do serviço.

Art. 165. Para fins de verificação da necessidade de abertura ou não da licitação prevista no artigo anterior, observar-se-á o disposto nos arts. 91 e 92 desta Lei.

Art. 166. A autorização de uso de radiofrequência terá o mesmo prazo de vigência da concessão ou permissão de prestação de serviço de telecomunicações à qual esteja vinculada.

Art. 167. No caso de serviços autorizados, o prazo de vigência será de até 20 (vinte) anos, prorrogável por iguais períodos, sendo necessário que a autorizada tenha cumprido as obrigações já assumidas e manifeste prévio e expresso interesse.

>> *Caput* com redação determinada pela Lei n. 13.879, de 3-10-2019.

§ 1.º A prorrogação, sempre onerosa, poderá ser requerida até três anos antes do vencimento do prazo original, devendo o requerimento ser decidido em, no máximo, doze meses.

§ 2.º O indeferimento somente ocorrerá se o interessado não estiver fazendo uso racional e adequado da radiofrequência, se houver cometido infrações reiteradas em suas atividades ou se for necessária a modificação de destinação do uso da radiofrequência.

§ 3.º Na prorrogação prevista no *caput*, deverão ser estabelecidos compromissos de investimento, conforme diretrizes do Poder Executivo, alternativamente ao pagamento de todo ou de parte do valor do preço público devido pela prorrogação.

>> § 3.º acrescentado pela Lei n. 13.879, de 3-10-2019.

Art. 168. (*Revogado pela Lei n. 13.879, de 3-10-2019.*)

Art. 169. A autorização de uso de radiofrequências extinguir-se-á pelo advento de seu termo final ou no caso de sua transferência irregular, bem como por caducidade, decaimento, renúncia ou anulação da autorização para prestação do serviço de telecomunicações que dela se utiliza.

Capítulo III
DA ÓRBITA E DOS SATÉLITES

Art. 170. A Agência disporá sobre os requisitos e critérios específicos para execução de serviço de telecomunicações que utilize satélite, geoestacionário ou não, independentemente de o acesso a ele ocorrer a partir do território nacional ou do exterior.

Art. 171. Para a execução de serviço de telecomunicações via satélite regulado por esta Lei, deverá ser dada preferência ao emprego de satélite brasileiro, quando este propiciar condições equivalentes às de terceiros.

§ 1.º O emprego de satélite estrangeiro somente será admitido quando sua contratação for feita com empresa constituída segundo as leis brasileiras e com sede e administração no País, na condição de representante legal do operador estrangeiro.

§ 2.º Satélite brasileiro é o que utiliza recursos de órbita e espectro radioelétrico notificados pelo País, ou a ele distribuídos ou consignados, e cuja estação de controle e monitoração seja instalada no território brasileiro.

Art. 172. O direito de exploração de satélite brasileiro para transporte de sinais de telecomunicações assegura a ocupação da órbita e o uso das radiofrequências destinadas ao controle e monitoração do satélite e à telecomunicação via satélite, por prazo de até 15 (quinze) anos, podendo esse prazo ser prorrogado, nos termos da regulamentação, desde que cumpridas as obrigações já assumidas.

>> *Caput* com redação determinada pela Lei n. 13.879, de 3-10-2019.

§ 1.º Imediatamente após um pedido para exploração de satélite que implique utilização de novos recursos de órbita ou espectro, a Agência avaliará as informações e, considerando-as em conformidade com a regulamentação, encaminhará à União Internacional de Telecomunicações a correspondente notificação, sem que isso caracterize compromisso de outorga ao requerente.

§ 2.º O direito de exploração será conferido mediante processo administrativo estabelecido pela Agência.

>> § 2.º com redação determinada pela Lei n. 13.879, de 3-10-2019.

§ 3.º (*Revogado pela Lei n. 13.879, de 3-10-2019.*)

§ 4.º O direito de exploração será conferido a título oneroso, podendo o pagamento, conforme dispuser a Agência, ser convertido em compromissos de investimento, conforme diretrizes do Poder Executivo.

>> § 2.º com redação determinada pela Lei n. 13.879, de 3-10-2019.

Título VI
DAS SANÇÕES

Capítulo I
DAS SANÇÕES ADMINISTRATIVAS

Art. 173. A infração desta Lei ou das demais normas aplicáveis, bem como a inobservância dos deveres decorrentes dos contratos de concessão ou dos atos de permissão, autorização de serviço ou autorização de uso de radiofrequência, sujeitará os infratores às seguintes sanções, aplicáveis pela Agência, sem prejuízo das de natureza civil e penal:

I – advertência;

II – multa;

III – suspensão temporária;

IV – caducidade;

V – declaração de inidoneidade.

Art. 174. Toda acusação será circunstanciada, permanecendo em sigilo até sua completa apuração.

Art. 175. Nenhuma sanção será aplicada sem a oportunidade de prévia e ampla defesa.

Parágrafo único. Apenas medidas cautelares urgentes poderão ser tomadas antes da defesa.

Art. 176. Na aplicação de sanções, serão considerados a natureza e a gravidade da infração, os danos dela resultantes para o serviço e para os usuários, a vantagem auferida pelo infrator, as circunstâncias agravantes, os antecedentes do infrator e a reincidência específica.

Parágrafo único. Entende-se por reincidência específica a repetição de falta de igual natureza após o recebimento de notificação anterior.

Art. 177. Nas infrações praticadas por pessoa jurídica, também serão punidos com a sanção de multa seus administradores ou controladores, quando tiverem agido de má-fé.

Art. 178. A existência de sanção anterior será considerada como agravante na aplicação de outra sanção.

Art. 179. A multa poderá ser imposta isoladamente ou em conjunto com outra sanção, não devendo ser superior a R$ 50.000.000,00 (cinquenta milhões de reais) para cada infração cometida.

§ 1.º Na aplicação de multa serão considerados a condição econômica do infrator e o princípio da proporcionalidade entre a gravidade da falta e a intensidade da sanção.

§ 2.º A imposição, a prestadora de serviço de telecomunicações, de multa decorrente de infração da ordem econômica, observará os limites previstos na legislação específica.

Art. 180. A suspensão temporária será imposta, em relação à autorização de serviço ou de uso de radiofrequência, em caso de infração grave cujas circunstâncias não justifiquem a decretação de caducidade.

Parágrafo único. O prazo da suspensão não será superior a trinta dias.

Art. 181. A caducidade importará na extinção de concessão, permissão, autorização de serviço ou autorização de uso de radiofrequência, nos casos previstos nesta Lei.

Art. 182. A declaração de inidoneidade será aplicada a quem tenha praticado atos ilícitos visando frustrar os objetivos de licitação.

Parágrafo único. O prazo de vigência da declaração de inidoneidade não será superior a cinco anos.

Capítulo II
DAS SANÇÕES PENAIS

Art. 183. Desenvolver clandestinamente atividades de telecomunicação:

Pena – detenção de dois a quatro anos, aumentada da metade se houver dano a terceiro, e multa de R$ 10.000,00 (dez mil reais).

>> *Vide* Súmula 606 do STJ.

Parágrafo único. Incorre na mesma pena quem, direta ou indiretamente, concorrer para o crime.

Art. 184. São efeitos da condenação penal transitada em julgado:

I – tornar certa a obrigação de indenizar o dano causado pelo crime;

II – a perda, em favor da Agência, ressalvado o direito do lesado ou de terceiros de boa-fé, dos bens empregados na atividade clandestina, sem prejuízo de sua apreensão cautelar.

Parágrafo único. Considera-se clandestina a atividade desenvolvida sem a competente concessão, permissão ou autorização de serviço, de uso de radiofrequência e de exploração de satélite.

Art. 185. O crime definido nesta Lei é de ação penal pública, incondicionada, cabendo ao Ministério Público promovê-la.

> Sobre ação penal pública: *vide* arts. 100 a 106 do Decreto-lei n. 2.848, de 7-12-1940 (CP); e art. 129, I, da CF.

Livro IV
DA REESTRUTURAÇÃO E DA DESESTATIZAÇÃO DAS EMPRESAS FEDERAIS DE TELECOMUNICAÇÕES

Art. 186. A reestruturação e a desestatização das empresas federais de telecomunicações têm como objetivo conduzir ao cumprimento dos deveres constantes do art. 2.º desta Lei.

Art. 187. Fica o Poder Executivo autorizado a promover a reestruturação e a desestatização das seguintes empresas controladas, direta ou indiretamente, pela União, e supervisionadas pelo Ministério das Comunicações:

I – Telecomunicações Brasileiras S.A. – TELEBRÁS;

II – Empresa Brasileira de Telecomunicações – EMBRATEL;

III – Telecomunicações do Maranhão S.A. – TELMA;

IV – Telecomunicações do Piauí S.A. – TELEPISA;

V – Telecomunicações do Ceará – TELECEARÁ;

VI – Telecomunicações do Rio Grande do Norte S.A. – TELERN;

VII – Telecomunicações da Paraíba S.A. – TELPA;

VIII – Telecomunicações de Pernambuco S.A. – TELPE;

IX – Telecomunicações de Alagoas S.A. – TELASA;

X – Telecomunicações de Sergipe S.A. – TELERGIPE;

XI – Telecomunicações da Bahia S.A. – TELEBAHIA;

XII – Telecomunicações de Mato Grosso do Sul S.A. – TELEMS;

XIII – Telecomunicações de Mato Grosso S.A. – TELEMAT;

XIV – Telecomunicações de Goiás S.A. – TELEGOIÁS;

XV – Telecomunicações de Brasília S.A. – TELEBRASÍLIA;

XVI – Telecomunicações de Rondônia S.A. – TELERON;

XVII – Telecomunicações do Acre S.A. – TELEACRE;

XVIII – Telecomunicações de Roraima S.A. – TELAIMA;

XIX – Telecomunicações do Amapá S.A. – TELEAMAPÁ;

XX – Telecomunicações do Amazonas S.A. – TELAMAZON;

XXI – Telecomunicações do Pará S.A. – TELEPARÁ;

XXII – Telecomunicações do Rio de Janeiro S.A. – TELERJ;

XXIII – Telecomunicações de Minas Gerais S.A. – TELEMIG;

XXIV – Telecomunicações do Espírito Santo S.A. – TELEST;

XXV – Telecomunicações de São Paulo S.A. – TELESP;

XXVI – Companhia Telefônica da Borda do Campo – CTBC;

XXVII – Telecomunicações do Paraná S.A. – TELEPAR;

XXVIII – Telecomunicações de Santa Catarina S.A. – TELESC;

XXIX – Companhia Telefônica Melhoramento e Resistência – CTMR.

Parágrafo único. Incluem-se na autorização a que se refere o *caput* as empresas subsidiárias exploradoras do serviço móvel celular, constituídas nos termos do art. 5.º da Lei n. 9.295, de 19 de julho de 1996.

> **A Lei n. 9.295, de 19-7-1996, dispõe sobre os Serviços de Telecomunicações e sua Organização, sobre o Órgão Regulador e dá outras providências.**

Art. 188. A reestruturação e a desestatização deverão compatibilizar as áreas de atuação das empresas com o plano geral de outorgas, o qual deverá ser previamente editado, na forma do art. 84 desta Lei, bem como observar as restrições, limites ou condições estabelecidas com base no art. 71.

Art. 189. Para a reestruturação das empresas enumeradas no art. 187, fica o Poder Executivo autorizado a adotar as seguintes medidas:

I – cisão, fusão e incorporação;

II – dissolução de sociedade ou desativação parcial de seus empreendimentos;

III – redução de capital social.

Art. 190. Na reestruturação e desestatização da Telecomunicações Brasileiras S.A. – TELEBRÁS deverão ser previstos mecanismos que assegurem a preservação da capacidade em pesquisa e desenvolvimento tecnológico existente na empresa.

Parágrafo único. Para o cumprimento do disposto no *caput*, fica o Poder Executivo autorizado a criar entidade, que incorporará o Centro de Pesquisa e Desenvolvimento da TELEBRÁS, sob uma das seguintes formas:

I – empresa estatal de economia mista ou não, inclusive por meio da cisão a que se refere o inciso I do artigo anterior;

II – fundação governamental, pública ou privada.

Art. 191. A desestatização caracteriza-se pela alienação onerosa de direitos que asseguram à União, direta ou indiretamente, preponderância nas deliberações sociais e o poder de eleger a maioria dos administradores da sociedade, podendo ser realizada mediante o emprego das seguintes modalidades operacionais:

I – alienação de ações;

II – cessão do direito de preferência à subscrição de ações em aumento de capital.

Parágrafo único. A desestatização não afetará as concessões, permissões e autorizações detidas pela empresa.

Art. 192. Na desestatização das empresas a que se refere o art. 187, parte das ações poderá ser reservada a seus empregados e ex-empregados aposentados, a preços e condições privilegiados, inclusive com a utilização do Fundo de Garantia por Tempo de Serviço – FGTS.

Art. 193. A desestatização de empresas ou grupo de empresas citadas no art. 187 implicará a imediata abertura à competição, na respectiva área, dos serviços prestados no regime público.

Art. 194. Poderão ser objeto de alienação conjunta o controle acionário de empresas prestadoras de serviço telefônico fixo comutado e o de empresas prestadoras do serviço móvel celular.

Parágrafo único. Fica vedado ao novo controlador promover a incorporação ou fusão de empresa prestadora do serviço telefônico fixo comutado com empresa prestadora do serviço móvel celular.

Art. 195. O modelo de reestruturação e desestatização das empresas enumeradas no art. 187, após submetido a consulta pública, será aprovado pelo Presidente da República, ficando a coordenação e o acompanhamento dos atos e procedimentos decorrentes a cargo de Comissão Especial de Supervisão, a ser instituída pelo Ministro de Estado das Comunicações.

§ 1.º A execução de procedimentos operacionais necessários à desestatização poderá ser cometida, mediante contrato, a instituição financeira integrante da Administração Federal, de notória experiência no assunto.

§ 2.º A remuneração da contratada será paga com parte do valor líquido apurado nas alienações.

Art. 196. Na reestruturação e na desestatização poderão ser utilizados serviços especializados de terceiros, contratados mediante procedimento licitatório de rito próprio, nos termos seguintes:

I – o Ministério das Comunicações manterá cadastro organizado por especialidade, aberto a empresas e instituições nacionais ou internacionais, de notória especialização na área de telecomunicações e na avaliação e auditoria de empresas, no planejamento e execução de venda de bens e valores mobiliários e nas questões jurídicas relacionadas;

II – para inscrição no cadastro, os interessados deverão atender aos requisitos definidos pela Comissão Especial de Supervisão, com a aprovação do Ministro de Estado das Comunicações;

III – poderão participar das licitações apenas os cadastrados, que serão convocados mediante carta, com a especificação dos serviços objeto do certame;

IV – os convocados, isoladamente ou em consórcio, apresentarão suas propostas em trinta dias, contados da convocação;

V – além de outros requisitos previstos na convocação, as propostas deverão conter o detalhamento dos serviços, a metodologia de execução, a indicação do pessoal técnico a ser empregado e o preço pretendido;

VI – o julgamento das propostas será realizado pelo critério de técnica e preço;

VII – o contratado, sob sua exclusiva responsabilidade e com a aprovação do contratante, poderá subcontratar parcialmente os serviços objeto do contrato;

VIII – o contratado será obrigado a aceitar, nas mesmas condições contratuais, os acréscimos ou reduções que se fizerem necessários nos serviços, de até vinte e cinco por cento do valor inicial do ajuste.

Art. 197. O processo especial de desestatização obedecerá aos princípios de legalidade, impessoalidade, moralidade e publicidade, podendo adotar a forma de leilão ou concorrência ou, ainda, de venda de ações em oferta pública, de acordo com o estabelecido pela Comissão Especial de Supervisão.

Parágrafo único. O processo poderá comportar uma etapa de pré-qualificação, ficando restrita aos qualificados a participação em etapas subsequentes.

Art. 198. O processo especial de desestatização será iniciado com a publicação, no *Diário Oficial da União* e em jornais de grande circulação nacional, de avisos referentes ao edital, do qual constarão, obrigatoriamente:

I – as condições para qualificação dos pretendentes;

II – as condições para aceitação das propostas;

III – os critérios de julgamento;

IV – minuta do contrato de concessão;

V – informações relativas às empresas objeto do processo, tais como seu passivo de curto e longo prazo e sua situação econômica e financeira, especificando-se lucros, prejuízos e endividamento interno e externo, no último exercício;

VI – sumário dos estudos de avaliação;

VII – critério de fixação do valor mínimo de alienação, com base nos estudos de avaliação;

VIII – indicação, se for o caso, de que será criada, no capital social da empresa objeto da desestatização, ação de classe especial, a ser subscrita pela União, e dos poderes especiais que lhe serão conferidos, os quais deverão ser incorporados ao estatuto social.

§ 1.º O acesso à integralidade dos estudos de avaliação e a outras informações confidenciais poderá ser restrito aos qualificados, que assumirão compromisso de confidencialidade.

§ 2.º A alienação do controle acionário, se realizada mediante venda de ações em oferta pública, dispensará a inclusão, no edital, das informações relacionadas nos incisos I a III deste artigo.

Art. 199. Visando à universalização dos serviços de telecomunicações, os editais de desestatização deverão conter cláusulas de compromisso de expansão do atendimento à população, consoantes com o disposto no art. 80.

Art. 200. Para qualificação, será exigida dos pretendentes comprovação de capacidade técnica, econômica e financeira, podendo ainda haver exigências quanto a experiência na prestação de serviços de telecomunicações, guardada sempre a necessária compatibilidade com o porte das empresas objeto do processo.

Parágrafo único. Será admitida a participação de consórcios, nos termos do edital.

Art. 201. Fica vedada, no decurso do processo de desestatização, a aquisição, por um mesmo acionista ou grupo de acionistas, do controle, direto ou indireto, de empresas atuantes em áreas distintas do plano geral de outorgas.

Art. 202. A transferência do controle acionário ou da concessão, após a desestatização, somente poderá efetuar-se quando transcorrido o prazo de cinco anos, observado o disposto nos incisos II e III do art. 98 desta Lei.

§ 1.º Vencido o prazo referido no *caput*, a transferência de controle ou de concessão que resulte no controle, direto ou indireto, por um mesmo acionista ou grupo de acionistas, de concessionárias atuantes em áreas distintas do plano geral de outorgas, não poderá ser efetuada enquanto tal impedimento for considerado, pela Agência, necessário ao cumprimento do plano.

§ 2.º A restrição à transferência da concessão não se aplica quando efetuada entre empresas atuantes em uma mesma área do plano geral de outorgas.

Art. 203. Os preços de aquisição serão pagos exclusivamente em moeda corrente, admitido o parcelamento, nos termos do edital.

Art. 204. Em até trinta dias após o encerramento de cada processo de desestatização, a Comissão Especial de Supervisão publicará relatório circunstanciado a respeito.

Art. 205. Entre as obrigações da instituição financeira contratada para a execução de atos e procedimentos da desestatização, poderá ser incluído o fornecimento de assistência jurídica integral aos membros da Comissão Especial de Supervisão e aos demais responsáveis pela condução da desestatização, na hipótese de serem demandados pela prática de atos decorrentes do exercício de suas funções.

Art. 206. Os administradores das empresas sujeitas à desestatização são responsáveis pelo fornecimento, no prazo fixado pela Comissão Especial de Supervisão ou pela instituição financeira contratada, das informações necessárias à instrução dos respectivos processos.

DISPOSIÇÕES FINAIS E TRANSITÓRIAS

Art. 207. No prazo máximo de sessenta dias a contar da publicação desta Lei, as atuais prestadoras do serviço telefônico fixo comutado destinado ao uso do público em geral, inclusive as referidas no art. 187 desta Lei, bem como do serviço dos troncos e suas conexões internacionais, deverão pleitear a celebração de contrato de concessão, que será efetivada em até vinte e quatro meses a contar da publicação desta Lei.

§ 1.º A concessão, cujo objeto será determinado em função do plano geral de outorgas, será feita a título gratuito, com termo final fixado para o dia 31 de dezembro de 2005, assegurado o direito à prorrogação única por vinte anos, a título oneroso, desde que observado o disposto no Título II do Livro III desta Lei.

§ 2.º À prestadora que não atender ao disposto no *caput* deste artigo aplicar-se-ão as seguintes disposições:

I – se concessionária, continuará sujeita ao contrato de concessão atualmente em vigor, o qual não poderá ser transferido ou prorrogado;

II – se não for concessionária, o seu direito à exploração do serviço extinguir-se-á em 31 de dezembro de 1999.

§ 3.º Em relação aos demais serviços prestados pelas entidades a que se refere o *caput*, serão expedidas as respectivas autorizações ou, se for o caso, concessões, observado o disposto neste artigo, no que couber, e no art. 208 desta Lei.

Art. 208. As concessões das empresas prestadoras de serviço móvel celular abrangidas pelo art. 4.º da Lei n. 9.295, de 19 de julho de 1996, serão outorgadas na forma e condições determinadas pelo referido artigo e seu parágrafo único.

Art. 209. Ficam autorizadas as transferências de concessão, parciais ou totais, que forem necessárias para compatibilizar as áreas de atuação das atuais prestadoras com o plano geral de outorgas.

Art. 210. As concessões, permissões e autorizações de serviço de telecomunicações e de uso de radiofrequência e as respectivas licitações regem-se exclusivamente por esta Lei, a elas não se aplicando as Leis n. 8.666, de 21 de junho de 1993, n. 8.987, de 13 de fevereiro de 1995, n. 9.074, de 7 de julho de 1995, e suas alterações.

> **Citadas Leis constam nesta obra.**

Art. 211. A outorga dos serviços de radiodifusão sonora e de sons e imagens fica excluída da jurisdição da Agência, permanecendo no âmbito de competências do Poder Executivo, devendo a Agência elaborar e manter os respectivos planos de distribuição de canais, levando em conta, inclusive, os aspectos concernentes à evolução tecnológica.

Parágrafo único. Caberá à Agência a fiscalização, quanto aos aspectos técnicos, das respectivas estações.

Art. 212. O serviço de TV a Cabo, inclusive quanto aos atos, condições e procedimentos de outorga, continuará regido pela Lei n. 8.977, de 6 de janeiro de 1995, ficando transferidas à Agência as competências atribuídas pela referida Lei ao Poder Executivo.

Art. 213. Será livre a qualquer interessado a divulgação, por qualquer meio, de listas de assinantes do serviço telefônico fixo comutado destinado ao uso do público em geral.

§ 1.º Observado o disposto nos incisos VI e IX do art. 3.º desta Lei, as prestadoras do serviço serão obrigadas a fornecer, em prazos e a preços razoáveis e de forma não discriminatória, a relação de seus assinantes a quem queira divulgá-la.

§ 2.º É obrigatório e gratuito o fornecimento, pela prestadora, de listas telefônicas aos assinantes dos serviços, diretamente ou por meio de terceiros, nos termos em que dispuser a Agência.

Art. 214. Na aplicação desta Lei, serão observadas as seguintes disposições:

I – os regulamentos, normas e demais regras em vigor serão gradativamente substituídos por regulamentação a ser editada pela Agência, em cumprimento a esta Lei;

>> **Regulamento de Fiscalização: Resolução n. 596, de 6-8-2012, do Conselho Diretor da ANATEL.**

II – enquanto não for editada a nova regulamentação, as concessões, permissões e autorizações continuarão regidas pelos atuais regulamentos, normas e regras;

> **O Decreto n. 3.896, de 23-8-2001, dispõe que os serviços de telecomunicações, qualquer que seja o regime jurídico e o interesse, regem-se exclusivamente pelos regulamentos e pelas normas editadas pela ANATEL, não se lhes aplicando a regulamentação anteriormente vigente, excetuada a hipótese prevista neste inciso.**

III – até a edição da regulamentação decorrente desta Lei, continuarão regidos pela Lei n. 9.295, de 19 de julho de 1996, os serviços por ela disciplinados e os respectivos atos e procedimentos de outorga;

> **O Decreto n. 2.338, de 7-10-1997, aprovou o regulamento da ANATEL.**

IV – as concessões, permissões e autorizações feitas anteriormente a esta Lei, não reguladas no seu art. 207, permanecerão válidas pelos prazos nelas previstos;

V – com a aquiescência do interessado, poderá ser realizada a adaptação dos instrumentos de concessão, permissão e autorização a que se referem os incisos III e IV deste artigo aos preceitos desta Lei;

VI – a renovação ou prorrogação, quando prevista nos atos a que se referem os incisos III e IV deste artigo, somente poderá ser feita quando tiver havido a adaptação prevista no inciso anterior.

Art. 215. Ficam revogados:

I – a Lei n. 4.117, de 27 de agosto de 1962, salvo quanto a matéria penal não tratada nesta Lei e quanto aos preceitos relativos à radiodifusão;

II – a Lei n. 6.874, de 3 de dezembro de 1980;

III – a Lei n. 8.367, de 30 de dezembro de 1991;

IV – os arts. 1.º, 2.º, 3.º, 7.º, 9.º, 10, 12 e 14, bem como o *caput* e os §§ 1.º e 4.º do art. 8.º, da Lei n. 9.295, de 19 de julho de 1996;

V – o inciso I do art. 16 da Lei n. 8.029, de 12 de abril de 1990.

>> O dispositivo refere-se ao primitivo art. 16 da Lei n. 8.029, de 12-4-1990, que foi renumerado pela Lei n. 8.154, de 28-12-1990, passando a ser art. 19.

Art. 216. Esta Lei entra em vigor na data de sua publicação.

Brasília, 16 de julho de 1997; 176.º da Independência e 109.º da República.

FERNANDO HENRIQUE CARDOSO

LEI N. 9.478, DE 6 DE AGOSTO DE 1997 (*)

Dispõe sobre a política energética nacional, as atividades relativas ao monopólio do petróleo, institui o Conselho Nacional de Política Energética e a Agência Nacional do Petróleo e dá outras providências.

O Presidente da República

Faço saber que o Congresso Nacional decreta e eu sanciono a seguinte Lei:

CAPÍTULO I
DOS PRINCÍPIOS E OBJETIVOS DA POLÍTICA ENERGÉTICA NACIONAL

Art. 1.º As políticas nacionais para o aproveitamento racional das fontes de energia visarão aos seguintes objetivos:

I – preservar o interesse nacional;

II – promover o desenvolvimento, ampliar o mercado de trabalho e valorizar os recursos energéticos;

III – proteger os interesses do consumidor quanto a preço, qualidade e oferta dos produtos;

> A Lei n. 10.453, de 13-5-2002, dispõe sobre subvenções ao preço e ao transporte do álcool combustível e subsídios ao preço do gás liquefeito de petróleo.

IV – proteger o meio ambiente e promover a conservação de energia;

V – garantir o fornecimento de derivados de petróleo em todo o território nacional, nos termos do § 2.º do art. 177 da Constituição Federal;

VI – incrementar, em bases econômicas, a utilização do gás natural;

VII – identificar as soluções mais adequadas para o suprimento de energia elétrica nas diversas regiões do País;

VIII – utilizar fontes alternativas de energia, mediante o aproveitamento econômico dos insumos disponíveis e das tecnologias aplicáveis;

IX – promover a livre concorrência;

X – atrair investimentos na produção de energia;

XI – ampliar a competitividade do País no mercado internacional;

XII – incrementar, em bases econômicas, sociais e ambientais, a participação dos biocombustíveis na matriz energética nacional;

>> Inciso XII acrescentado pela Lei n. 11.097, de 13-1-2005.

XIII – garantir o fornecimento de biocombustíveis em todo o território nacional;

>> Inciso XIII acrescentado pela Lei n. 12.490, de 16-9-2011.

XIV – incentivar a geração de energia elétrica a partir da biomassa e de subprodutos da produção de biocombustíveis, em razão do seu caráter limpo, renovável e complementar à fonte hidráulica;

>> Inciso XIV acrescentado pela Lei n. 12.490, de 16-9-2011.

XV – promover a competitividade do País no mercado internacional de biocombustíveis;

>> Inciso XV acrescentado pela Lei n. 12.490, de 16-9-2011.

XVI – atrair investimentos em infraestrutura para transporte e estocagem de biocombustíveis;

>> Inciso XVI acrescentado pela Lei n. 12.490, de 16-9-2011.

XVII – fomentar a pesquisa e o desenvolvimento relacionados à energia renovável;

>> Inciso XVII acrescentado pela Lei n. 12.490, de 16-9-2011.

XVIII – mitigar as emissões de gases causadores de efeito estufa e de poluentes nos setores de energia e de transportes, inclusive com o uso de biocombustíveis.

>> Inciso XVIII acrescentado pela Lei n. 12.490, de 16 de setembro de 2011.

CAPÍTULO II
DO CONSELHO NACIONAL DE POLÍTICA ENERGÉTICA

Art. 2.º Fica criado o Conselho Nacional de Política Energética – CNPE, vinculado à Presidência da República e presidido pelo Ministro de Estado de Minas e Energia, com a atribuição de propor ao Presidente da República políticas nacionais e medidas específicas destinadas a:

I – promover o aproveitamento racional dos recursos energéticos do País, em conformidade com os princípios enumerados no capítulo anterior e com o disposto na legislação aplicável;

II – assegurar, em função das características regionais, o suprimento de insumos energéticos às áreas mais remotas ou de difícil acesso do País, submetendo as medidas específicas ao Congresso Nacional, quando implicarem criação de subsídios;

III – rever periodicamente as matrizes energéticas aplicadas às diversas regiões do País, considerando as fontes convencionais e alternativas e as tecnologias disponíveis;

IV – estabelecer diretrizes para programas específicos, como os de uso do gás natural, do carvão, da energia termonuclear, dos biocombustíveis, da energia solar, da energia eólica e da energia proveniente de outras fontes alternativas;

>> Inciso IV com redação determinada pela Lei n. 11.097, de 13-1-2005.

V – estabelecer diretrizes para a importação e exportação, de maneira a atender às necessidades de consumo interno de petróleo e seus derivados, biocombustíveis, gás natural e condensado, e assegurar o adequado funcionamento do Sistema Nacional de Estoques de Combustíveis e o cumprimento do Plano Anual de Estoques Estratégicos de Combustíveis, de que trata o art. 4.º da Lei n. 8.176, de 8 de fevereiro de 1991;

>> Inciso V com redação determinada pela Lei n. 12.490, de 16-9-2011.

> A Resolução n. 4, de 21-11-2006, do Conselho Nacional de Política Energética, estabelece diretrizes e recomenda ações para a implementação de Projetos de Importação de Gás Natural Liquefeito – GNL, a serem disponibilizados ao mercado brasileiro de forma a garantir suprimento confiável, seguro e diversificado de gás natural.

VI – sugerir a adoção de medidas necessárias para garantir o atendimento à demanda nacional de energia elétrica, considerando o planejamento de longo, médio e curto prazos, podendo indicar empreendimentos que devam ter prioridade de licitação e implantação, tendo em vista seu caráter estratégico e de interesse público, de forma que tais projetos venham assegurar a otimização do binômio modicidade tarifária e confiabilidade do Sistema Elétrico;

>> Inciso VI acrescentado pela Lei n. 10.848, de 15-3-2004.

VII – estabelecer diretrizes para o uso de gás natural como matéria-prima em processos produtivos industriais, mediante a regulamentação de condições e critérios específicos, que visem a sua utilização eficiente e compatível com os mercados interno e externos;

(*) Publicada no *Diário Oficial da União* de 7-8-1997. A Lei n. 9.847, de 26-10-1999, dispõe sobre a fiscalização das atividades e sanções relativas ao abastecimento nacional de combustíveis, de que trata esta Lei. *Vide* Lei n. 9.986, de 18-7-2000, que dispõe sobre a gestão de recursos humanos das agências reguladoras e dá outras providências. A Lei n. 12.351, de 22-12-2010, dispõe sobre a exploração e a produção de petróleo, de gás natural e de outros hidrocarbonetos fluidos, sob o regime de partilha de produção, em áreas do pré-sal e em áreas estratégicas e cria o Fundo Social – FS, dispondo sobre sua estrutura e fontes de recurso.

>> Inciso VII acrescentado pela Lei n. 11.909, de 4-3-2009.

VIII – definir os blocos a serem objeto de concessão ou partilha de produção;

>> Inciso VIII acrescentado pela Lei n. 12.351, de 22-12-2010.

IX – definir a estratégia e a política de desenvolvimento econômico e tecnológico da indústria de petróleo, de gás natural, de outros hidrocarbonetos fluidos e de biocombustíveis, bem como da sua cadeia de suprimento;

>> Inciso IX com redação determinada pela Lei n. 12.490, de 16-9-2011.

X – induzir o incremento dos índices mínimos de conteúdo local de bens e serviços, a serem observados em licitações e contratos de concessão e de partilha de produção, observado o disposto no inciso IX;

>> Inciso X acrescentado pela Lei n. 12.351, de 22-12-2010.

XI – definir diretrizes para comercialização e uso de biodiesel e estabelecer, em caráter autorizativo, quantidade superior ao percentual de adição obrigatória fixado em lei específica;

>> Inciso XI acrescentado pela Lei n. 13.033, de 24-9-2014.

XII – estabelecer os parâmetros técnicos e econômicos das licitações de concessões de geração, transmissão e distribuição de energia elétrica, de que trata o art. 8.º da Lei n. 12.783, de 11 de janeiro de 2013; e

>> Inciso XII acrescentado pela Lei n. 13.203, de 8-12-2015.

XIII – definir a estratégia e a política de desenvolvimento tecnológico do setor de energia elétrica.

>> Inciso XIII acrescentado pela Lei n. 13.203, de 8-12-2015.

§ 1.º Para o exercício de suas atribuições, o CNPE contará com o apoio técnico dos órgãos reguladores do setor energético.

§ 2.º O CNPE será regulamentado por decreto do Presidente da República, que determinará sua composição e a forma de seu funcionamento.

Art. 2.º-A. Caberá ao Ministério de Minas e Energia, entre outras competências, propor ao CNPE os seguintes parâmetros técnicos e econômicos:

>> Artigo, *caput*, acrescentado pela Lei n. 13.203, de 8-12-2015.

I – valores de bonificação pela outorga das concessões a serem licitadas nos termos do art. 8.º da Lei n. 12.783, de 11 de janeiro de 2013;

>> Inciso I acrescentado pela Lei n. 13.203, de 8-12-2015.

II – prazo e forma de pagamento da bonificação pela outorga de que trata o inciso I; e

>> Inciso II acrescentado pela Lei n. 13.203, de 8-12-2015.

III – nas licitações de geração:

>> Inciso III, *caput*, acrescentado pela Lei n. 13.203, de 8-12-2015.

a) a parcela da garantia física destinada ao Ambiente de Contratação Regulada – ACR dos empreendimentos de geração licitados nos termos do art. 8.º da Lei n. 12.783, de 11 de janeiro de 2013, observado o limite mínimo de 70% (setenta por cento) destinado ao ACR, e o disposto no § 3.º do art. 8.º da Lei n. 12.783, de 11 de janeiro de 2013; e

>> Alínea *a* acrescentada pela Lei n. 13.203, de 8-12-2015.

b) a data de que trata o § 8.º do art. 8.º da Lei n. 12.783, de 11 de janeiro de 2013.

>> Alínea *b* acrescentada pela Lei n. 13.203, de 8-12-2015.

Parágrafo único. Nos casos previstos nos incisos I e II do *caput*, será ouvido o Ministério da Fazenda.

>> Parágrafo único acrescentado pela Lei n. 13.203, de 8-12-2015.

Art. 2.º-B. Caberá ao Ministério de Minas e Energia, entre outras competências, propor ao CNPE a política de desenvolvimento tecnológico do setor de energia elétrica.

>> Artigo, *caput*, acrescentado pela Lei n. 13.203, de 8-12-2015.

Parágrafo único. Na proposição de que trata o *caput*, será ouvido o Ministério da Ciência, Tecnologia e Inovação.

>> Parágrafo único acrescentado pela Lei n. 13.203, de 8-12-2015.

Capítulo III
DA TITULARIDADE E DO MONOPÓLIO DO PETRÓLEO E DO GÁS NATURAL

Seção I
Do Exercício do Monopólio

Art. 3.º Pertencem à União os depósitos de petróleo, gás natural e outros hidrocarbonetos fluidos existentes no território nacional, nele compreendidos a parte terrestre, o mar territorial, a plataforma continental e a zona econômica exclusiva.

Art. 4.º Constituem monopólio da União, nos termos do art. 177 da Constituição Federal, as seguintes atividades:

> Citado dispositivo constitucional consta nesta obra.

I – a pesquisa e lavra das jazidas de petróleo e gás natural e outros hidrocarbonetos fluidos;

II – a refinação de petróleo nacional ou estrangeiro;

III – a importação e exportação dos produtos e derivados básicos resultantes das atividades previstas nos incisos anteriores;

IV – o transporte marítimo do petróleo bruto de origem nacional ou de derivados básicos de petróleo produzidos no País, bem como o transporte, por meio de conduto, de petróleo bruto, seus derivados e de gás natural.

> A Lei n. 11.909, de 4-3-2009, institui normas para a exploração das atividades econômicas de transporte de gás natural, de que tratam os incisos II e IV do *caput* do art. 177 da CF, bem como para a exploração das atividades de tratamento, processamento, estocagem, liquefação, regaseificação e comercialização de gás natural.

Art. 5.º As atividades econômicas de que trata o art. 4.º desta Lei serão reguladas e fiscalizadas pela União e poderão ser exercidas, mediante concessão, autorização ou contratação sob o regime de partilha de produção, por empresas constituídas sob as leis brasileiras, com sede e administração no País.

>> Artigo com redação determinada pela Lei n. 12.351, de 22-12-2010.

Seção II
Das Definições Técnicas

Art. 6.º Para os fins desta Lei e de sua regulamentação, ficam estabelecidas as seguintes definições:

I – Petróleo: todo e qualquer hidrocarboneto líquido em seu estado natural, a exemplo do óleo cru e condensado;

II – Gás Natural ou Gás: todo hidrocarboneto que permaneça em estado gasoso nas condições atmosféricas normais, extraído diretamente a partir de reservatórios petrolíferos ou gaseíferos, incluindo gases úmidos, secos, residuais e gases raros;

III – Derivados de Petróleo: produtos decorrentes da transformação do petróleo;

IV – Derivados Básicos: principais derivados de petróleo, referidos no art. 177 da Constituição Federal, a serem classificados pela Agência Nacional do Petróleo;

V – Refino ou Refinação: conjunto de processos destinados a transformar o petróleo em derivados de petróleo;

VI – Tratamento ou Processamento de Gás Natural: conjunto de operações destinadas a permitir o seu transporte, distribuição e utilização;

VII – Transporte: movimentação de petróleo, seus derivados, biocombustíveis ou gás natural em meio ou percurso considerado de interesse geral;

>> Inciso VII com redação determinada pela Lei n. 12.490, de 16-9-2011.

VIII – Transferência: movimentação de petróleo, seus derivados, biocombustíveis ou gás natural em meio ou percurso considerado de interesse específico e exclusivo do proprietário ou explorador das facilidades;

>> Inciso VIII com redação determinada pela Lei n. 12.490, de 16-9-2011.

IX – Bacia Sedimentar: depressão da crosta terrestre onde se acumulam rochas sedimentares que podem ser portadoras de petróleo ou gás, associados ou não;

X – Reservatório ou Depósito: configuração geológica dotada de propriedades específicas, armazenadora de petróleo ou gás, associados ou não;

XI – Jazida: reservatório ou depósito já identificado e possível de ser posto em produção;

XII – Prospecto: feição geológica mapeada como resultado de estudos geofísicos e de interpretação geológica, que justificam a perfuração de poços exploratórios para a localização de petróleo ou gás natural;

XIII – Bloco: parte de uma bacia sedimentar, formada por um prisma vertical de profundidade indeterminada, com superfície poligonal definida pelas coordenadas geográficas de seus vértices, onde são desenvolvidas atividades de exploração ou produção de petróleo e gás natural;

XIV – Campo de Petróleo ou de Gás Natural: área produtora de petróleo ou gás natural, a partir de um reservatório contínuo ou de mais de um reservatório, a profundidades variáveis, abrangendo instalações e equipamentos destinados à produção;

XV – Pesquisa ou Exploração: conjunto de operações ou atividades destinadas a avaliar áreas, objetivando a descoberta e a identificação de jazidas de petróleo ou gás natural;

XVI – Lavra ou Produção: conjunto de operações coordenadas de extração de petróleo ou gás natural de uma jazida e de preparo para sua movimentação;

XVII – Desenvolvimento: conjunto de operações e investimentos destinados a viabilizar as atividades de produção de um campo de petróleo ou gás;

XVIII – Descoberta Comercial: descoberta de petróleo ou gás natural em condições que, a preços de mercado, tornem possível o retorno dos investimentos no desenvolvimento e na produção;

XIX – Indústria do Petróleo: conjunto de atividades econômicas relacionadas com a exploração, desenvolvimento, produção, refino, processamento, transporte, importação e exportação de petróleo, gás natural e outros hidrocarbonetos fluidos e seus derivados;

XX – Distribuição: atividade de comercialização por atacado com a rede varejista ou com grandes consumidores de combustíveis, lubrificantes, asfaltos e gás liquefeito envasado, exercida por empresas especializadas, na forma das leis e regulamentos aplicáveis;

XXI – Revenda: atividade de venda a varejo de combustíveis, lubrificantes e gás liquefeito envasado, exercida por postos de serviços ou revendedores, na forma das leis e regulamentos aplicáveis;

XXII – Distribuição de Gás Canalizado: serviços locais de comercialização de gás canalizado, junto aos usuários finais, explorados com exclusividade pelos Estados, diretamente ou mediante concessão, nos termos do § 2.º do art. 25 da Constituição Federal;

> Citado dispositivo constitucional consta nesta obra.

XXIII – Estocagem de Gás Natural: armazenamento de gás natural em reservatórios próprios, formações naturais ou artificiais;

XXIV – Biocombustível: substância derivada de biomassa renovável, tal como biodiesel, etanol e outras substâncias estabelecidas em regulamento da ANP, que pode ser empregada diretamente ou mediante alterações em motores a combustão interna ou para outro tipo de geração de energia, podendo substituir parcial ou totalmente combustíveis de origem fóssil;

>> Inciso XXIV com redação determinada pela Lei n. 12.490, de 16-9-2011.

XXV – Biodiesel: biocombustível derivado de biomassa renovável para uso em motores a combustão interna com ignição por compressão ou, conforme regulamento, para geração de outro tipo de energia, que possa substituir parcial ou totalmente combustíveis de origem fóssil;

>> Inciso XXV acrescentado pela Lei n. 11.097, de 13-1-2005.

XXVI – Indústria Petroquímica de Primeira e Segunda Geração: conjunto de indústrias que fornecem produtos petroquímicos básicos, a exemplo do eteno, do propeno e de resinas termoplásticas;

>> Inciso XXVI acrescentado pela Lei n. 11.921, de 13-4-2009.

XXVII – cadeia produtiva do petróleo: sistema de produção de petróleo, gás natural e outros hidrocarbonetos fluidos e seus derivados, incluindo a distribuição, a revenda e a estocagem, bem como o seu consumo;

>> Inciso XXVII acrescentado pela Lei n. 12.114, de 9-12-2009.

XXVIII – Indústria de Biocombustível: conjunto de atividades econômicas relacionadas com produção, importação, exportação, transferência, transporte, armazenagem, comercialização, distribuição, avaliação de conformidade e certificação de qualidade de biocombustíveis;

>> Inciso XXVIII acrescentado pela Lei n. 12.490, de 16-9-2011.

XXIX – Produção de Biocombustível: conjunto de operações industriais para a transformação de biomassa renovável, de origem vegetal ou animal, em combustível;

>> Inciso XXIX acrescentado pela Lei n. 12.490, de 16-9-2011.

XXX – Etanol: biocombustível líquido derivado de biomassa renovável, que tem como principal componente o álcool etílico, que pode ser utilizado, diretamente ou mediante alterações, em motores a combustão interna com ignição por centelha, em outras formas de geração de energia ou em indústria petroquímica, podendo ser obtido por rotas tecnológicas distintas, conforme especificado em regulamento; e

>> Inciso XXX acrescentado pela Lei n. 12.490, de 16-9-2011.

XXXI – Bioquerosene de Aviação: substância derivada de biomassa renovável que pode ser usada em turborreatores e turbopropulsores aeronáuticos ou, conforme regulamento, em outro tipo de aplicação que possa substituir parcial ou totalmente combustível de origem fóssil.

>> Inciso XXXI acrescentado pela Lei n. 12.490, de 16-9-2011.

Capítulo IV
DA AGÊNCIA NACIONAL DO PETRÓLEO, GÁS NATURAL E BIOCOMBUSTÍVEIS

>> Capítulo IV com redação determinada pela Lei n. 11.097, de 13-1-2005.

Seção I
Da Instituição e das Atribuições

Art. 7.º Fica instituída a Agência Nacional do Petróleo, Gás Natural e Biocombustíves – ANP, entidade integrante da Administração Federal Indireta, submetida ao regime autárquico especial, como órgão regulador da indústria do petróleo, gás natural, seus derivados e biocombustíveis, vinculada ao Ministério de Minas e Energia.

>> *Caput* com redação determinada pela Lei n. 11.097, de 13-1-2005.

Parágrafo único. A ANP terá sede e foro no Distrito Federal e escritórios centrais na cidade do Rio de Janeiro, podendo instalar unidades administrativas regionais.

Art. 8.º A ANP terá como finalidade promover a regulação, a contratação e a fiscalização das atividades econômicas integrantes da indústria do petróleo, do gás natural e dos biocombustíveis, cabendo-lhe:

>> *Caput* com redação determinada pela Lei n. 11.097, de 13-1-2005.

I – implementar, em sua esfera de atribuições, a política nacional de petróleo, gás natural e biocombustíveis, contida na política energética nacional, nos termos do Capítulo I desta Lei, com ênfase na garantia do suprimento de derivados de petróleo, gás natural e seus derivados, e de biocombustíveis, em todo o território nacional, e na proteção dos interesses dos consumidores quanto a preço, qualidade e oferta dos produtos;

>> Inciso I com redação determinada pela Lei n. 11.097, de 13-1-2005.

II – promover estudos visando à delimitação de blocos, para efeito de concessão ou contratação sob o regime de partilha de produção das atividades de exploração, desenvolvimento e produção;

>> Inciso II com redação determinada pela Lei n. 12.351, de 22-12-2010.

III – regular a execução de serviços de geologia e geofísica aplicados à prospecção petrolífera, visando ao levantamento de dados técnicos, destinados à comercialização, em bases não exclusivas;

IV – elaborar os editais e promover as licitações para a concessão de exploração, desenvolvimento e produção, celebrando os contratos delas decorrentes e fiscalizando a sua execução;

V – autorizar a prática das atividades de refinação, liquefação, regaseificação, carregamento, processamento, tratamento, transporte, estocagem e acondicionamento;

>> Inciso V com redação determinada pela Lei n. 11.909, de 4-3-2009.

VI – estabelecer critérios para o cálculo de tarifas de transporte dutoviário e arbitrar seus valores, nos casos e da forma previstos nesta Lei;

VII – fiscalizar diretamente e de forma concorrente nos termos da Lei n. 8.078, de 11 de setembro de 1990, ou mediante convênios com órgãos dos Estados e do Distrito Federal as atividades integrantes da indústria do petróleo, do gás natural e dos biocombustíveis, bem como aplicar as sanções administrativas e pecuniárias previstas em lei, regulamento ou contrato;

>> Inciso VII com redação determinada pela Lei n. 11.909, de 4-3-2009.

VIII – instruir processo com vistas à declaração de utilidade pública, para fins de desapropriação e instituição de servidão administrativa, das áreas necessárias à exploração, desenvolvimento e produção de petróleo e gás natural, construção de refinarias, de dutos e de terminais;

IX – fazer cumprir as boas práticas de conservação e uso racional do petróleo, gás natural, seus derivados e biocombustíveis e de preservação do meio ambiente;

>> Inciso IX com redação determinada pela Lei n. 11.097, de 13-1-2005.

X – estimular a pesquisa e a adoção de novas tecnologias na exploração, produção, transporte, refino e processamento;

XI – organizar e manter o acervo das informações e dados técnicos relativos às atividades reguladas da indústria do petróleo, do gás natural e dos biocombustíveis;

>> Inciso XI com redação determinada pela Lei n. 11.097, de 13-1-2005.

XII – consolidar anualmente as informações sobre as reservas nacionais de petróleo e gás natural transmitidas pelas empresas, responsabilizando-se por sua divulgação;

XIII – fiscalizar o adequado funcionamento do Sistema Nacional de Estoques de Combustíveis e o cumprimento do Plano Anual de Estoques Estratégicos de Combustíveis, de que trata o art. 4.º da Lei n. 8.176, de 8 de fevereiro de 1991;

XIV – articular-se com os outros órgãos reguladores do setor energético sobre matérias de interesse comum, inclusive para efeito de apoio técnico ao CNPE;

XV – regular e autorizar as atividades relacionadas com o abastecimento nacional de combustíveis, fiscalizando-as diretamente ou mediante convênios com outros órgãos da União, Estados, Distrito Federal ou Municípios;

XVI – regular e autorizar as atividades relacionadas à produção, à importação, à exportação, à armazenagem, à estocagem, ao transporte, à transferência, à distribuição, à revenda e à comercialização de biocombustíveis, assim como avaliação de conformidade e certificação de sua qualidade, fiscalizando-as diretamente ou mediante convênios com outros órgãos da União, Estados, Distrito Federal ou Municípios;

>> Inciso XVI com redação determinada pela Lei n. 12.490, de 16-9-2011.

> As Resoluções n. 17 e 18, de 26-7-2006, da Agência Nacional do Petróleo, Gás Natural e Biocombustíveis, regulam, respectivamente, o exercício da atividade de distribuição e revenda de combustíveis de aviação.

XVII – exigir dos agentes regulados o envio de informações relativas às operações de produção, importação, exportação, refino, beneficiamento, tratamento, processamento, transporte, transferência, armazenagem, estocagem, distribuição, revenda, destinação e comercialização de produtos sujeitos à sua regulação;

>> Inciso XVII acrescentado pela Lei n. 11.097, de 13-1-2005.

XVIII – especificar a qualidade dos derivados de petróleo, gás natural e seus derivados e dos biocombustíveis;

>> Inciso XVIII acrescentado pela Lei n. 11.097, de 13-1-2005.

XIX – regular e fiscalizar o acesso à capacidade dos gasodutos;

>> Inciso XIX acrescentado pela Lei n. 11.909, de 4-3-2009.

XX – promover, direta ou indiretamente, as chamadas públicas para a contratação de capacidade de transporte de gás natural, conforme as diretrizes do Ministério de Minas e Energia;

>> Inciso XX acrescentado pela Lei n. 11.909, de 4-3-2009.

XXI – registrar os contratos de transporte e de interconexão entre instalações de transporte, inclusive as procedentes do exterior, e os contratos de comercialização, celebrados entre os agentes de mercado;

>> Inciso XXI acrescentado pela Lei n. 11.909, de 4-3-2009.

XXII – informar a origem ou a caracterização das reservas do gás natural contratado e a ser contratado entre os agentes de mercado;

>> Inciso XXII acrescentado pela Lei n. 11.909, de 4-3-2009.

XXIII – regular e fiscalizar o exercício da atividade de estocagem de gás natural, inclusive no que se refere ao direito de acesso de terceiros às instalações concedidas;

>> Inciso XXIII acrescentado pela Lei n. 11.909, de 4-3-2009.

XXIV – elaborar os editais e promover as licitações destinadas à contratação de concessionários para a exploração das atividades de transporte e de estocagem de gás natural;

>> Inciso XXIV acrescentado pela Lei n. 11.909, de 4-3-2009.

XXV – celebrar, mediante delegação do Ministério de Minas e Energia, os contratos de concessão para a exploração das atividades de transporte e estocagem de gás natural sujeitas ao regime de concessão;

>> Inciso XXV acrescentado pela Lei n. 11.909, de 4-3-2009.

XXVI – autorizar a prática da atividade de comercialização de gás natural, dentro da esfera de competência da União;

>> Inciso XXVI acrescentado pela Lei n. 11.909, de 4-3-2009.

XXVII – estabelecer critérios para a aferição da capacidade dos gasodutos de transporte e de transferência;

>> Inciso XXVII acrescentado pela Lei n. 11.909, de 4-3-2009.

XXVIII – articular-se com órgãos reguladores estaduais e ambientais, objetivando compatibilizar e uniformizar as normas aplicáveis à indústria e aos mercados de gás natural.

>> Inciso XXVIII acrescentado pela Lei n. 11.909, de 4-3-2009.

Parágrafo único. No exercício das atribuições de que trata este artigo, com ênfase na garantia do abastecimento nacional de combustíveis, desde que em bases econômicas sustentáveis, a ANP poderá exigir dos agentes regulados, conforme disposto em regulamento:

>> Parágrafo único, *caput*, acrescentado pela Lei n. 12.490, de 16-9-2011.

>> A Lei n. 13.723, de 4-10-2018, propôs nova redação para este parágrafo único, porém teve seu texto vetado.

I – a manutenção de estoques mínimos de combustíveis e de biocombustíveis, em instalação própria ou de terceiro;

>> Inciso I acrescentado pela Lei n. 12.490, de 16-9-2011.

II – garantias e comprovação de capacidade para atendimento ao mercado de combustíveis e biocombustíveis, mediante a apresentação de, entre outros mecanismos, contratos de fornecimento entre os agentes regulados.

>> Inciso II acrescentado pela Lei n. 12.490, de 16-9-2011.

Art. 8.º-A. Caberá à ANP supervisionar a movimentação de gás natural na rede de transporte e coordená-la em situações caracterizadas como de contingência.

>> *Caput* acrescentado pela Lei n. 11.909, de 4-3-2009.

§ 1.º O Comitê de Contingenciamento definirá as diretrizes para a coordenação das operações da rede de movimentação de gás natural em situações caracterizadas como de contingência, reconhecidas pelo Presidente da República, por meio de decreto.

>> § 1.º acrescentado pela Lei n. 11.909, de 4-3-2009.

§ 2.º No exercício das atribuições referidas no *caput* deste artigo, caberá à ANP, sem prejuízo de outras funções que lhe forem atribuídas na regulamentação:

>> § 2.º, *caput*, acrescentado pela Lei n. 11.909, de 4-3-2009.

I – supervisionar os dados e as informações dos centros de controle dos gasodutos de transporte;

>> Inciso I acrescentado pela Lei n. 11.909, de 4-3-2009.

II – manter banco de informações relativo ao sistema de movimentação de gás natural permanentemente atualizado, subsidiando o Ministério de Minas e Energia com as informações sobre necessidades de reforço ao sistema;

>> Inciso II acrescentado pela Lei n. 11.909, de 4-3-2009.

III – monitorar as entradas e saídas de gás natural das redes de transporte, confrontando os volumes movimentados com os contratos de transporte vigentes;

>> Inciso III acrescentado pela Lei n. 11.909, de 4-3-2009.

IV – dar publicidade às capacidades de movimentação existentes que não estejam sendo utilizadas e às modalidades possíveis para sua contratação; e

>> Inciso IV acrescentado pela Lei n. 11.909, de 4-3-2009.

V – estabelecer padrões e parâmetros para a operação e manutenção eficientes do sistema de transporte e estocagem de gás natural.

>> Inciso V acrescentado pela Lei n. 11.909, de 4-3-2009.

§ 3.º Os parâmetros e informações relativos ao transporte de gás natural necessários à supervisão, controle e coordenação da operação dos gasodutos deverão ser disponibilizados pelos transportadores à ANP, conforme regulação específica.

>> § 3.º acrescentado pela Lei n. 11.909, de 4-3-2009.

Art. 9.º Além das atribuições que lhe são conferidas no artigo anterior, caberá à ANP exercer, a partir de sua implantação, as atribuições do Departamento Nacional de Combustíveis – DNC, relacionadas com as atividades de distribuição e revenda de derivados de petróleo e álcool, observado o disposto no art. 78.

> *Vide* nota ao inciso XVI do art. 8.º desta Lei.

Art. 10. Quando, no exercício de suas atribuições, a ANP tomar conhecimento de fato que possa configurar indício de infração da ordem econômica, deverá comunicá-lo imediatamente ao Conselho Administrativo de Defesa Econômica – Cade e à Secretaria de Direito Econômico do Ministério da Justiça, para que estes adotem as providências cabíveis, no âmbito da legislação pertinente.

>> *Caput* com redação determinada pela Lei n. 10.202, de 20-2-2001.

Parágrafo único. Independentemente da comunicação prevista no *caput* deste artigo, o Conselho Administrativo de Defesa Econômica – Cade notificará a ANP do teor da decisão que aplicar sanção por infração da ordem econômica cometida por empresas ou pessoas físicas no exercício de atividades relacionadas com o abastecimento nacional de combustíveis, no prazo máximo de vinte e quatro horas após a publicação do respectivo acórdão, para que esta adote as providências legais de sua alçada.

>> Parágrafo único acrescentado pela Lei n. 10.202, de 20-2-2001.

Seção II
Da Estrutura Organizacional da Autarquia

Art. 11. A ANP será dirigida por Diretoria Colegiada composta de 1 (um) Diretor-Geral e 4 (quatro) Diretores.

>> *Caput* com redação determinada pela Lei n. 13.848, de 25-6-2019, em vigor após 90 dias da sua publicação (*DOU* de 26-6-2019).

§ 1.º Integrarão a estrutura organizacional da ANP uma Procuradoria e uma Ouvidoria.

>> § 1.º com redação determinada pela Lei n. 13.848, de 25-6-2019, em vigor após 90 dias da sua publicação (*DOU* de 26-6-2019).

§ 2.º Os membros da Diretoria Colegiada serão nomeados pelo Presidente da República, após aprovação dos respectivos nomes pelo Senado Federal, nos termos da alínea *f* do inciso III do art. 52 da Constituição Federal, observado o disposto na Lei n. 9.986, de 18 de julho de 2000.

>> § 2.º com redação determinada pela Lei n. 13.848, de 25-6-2019, em vigor após 90 dias da sua publicação (*DOU* de 26-6-2019).

>>> Citado dispositivo constitucional consta nesta obra".

§ 3.º Os membros da Diretoria Colegiada cumprirão mandatos de 5 (cinco) anos, não coincidentes, vedada a recondução, observado o disposto no art. 75 desta Lei e na Lei n. 9.986, de 18 de julho de 2000.

>> § 3.º com redação determinada pela Lei n. 13.848, de 25-6-2019, em vigor após 90 dias da sua publicação (*DOU* de 26-6-2019).

Art. 12. (*Vetado.*)

I a III – (*Vetados.*)

Parágrafo único. (*Vetado.*)

Art. 13. (*Revogado pela Lei n. 9.986, de 18-7-2000.*)

Art. 14. Terminado o mandato, ou uma vez exonerado do cargo, o ex-Diretor da ANP ficará impedido, por um período de 12 (doze) meses, contado da data de sua exoneração, de prestar, direta ou indiretamente, qualquer tipo de serviço a empresa integrante das indústrias do petróleo e dos biocombustíveis ou de distribuição.

>> *Caput* com redação determinada pela Lei n. 12.490, de 16-9-2011.

§ 1.º Durante o impedimento, o ex-Diretor que não tiver sido exonerado nos termos do art. 12 poderá continuar prestando serviço à ANP, ou a qualquer órgão da Administração Direta da União, mediante remuneração equivalente à do cargo de direção que exerceu.

§ 2.º Incorre na prática de advocacia administrativa, sujeitando-se às penas da lei, o ex-Diretor que violar o impedimento previsto neste artigo.

Seção III
Das Receitas e do Acervo da Autarquia

Art. 15. Constituem receitas da ANP:

I – as dotações consignadas no Orçamento Geral da União, créditos especiais, transferências e repasses que lhe forem conferidos;

II – parcela das participações governamentais referidas nos incisos I e III do art. 45 desta Lei, de acordo com as necessidades operacionais da ANP, consignadas no orçamento aprovado;

III – os recursos provenientes de convênios, acordos ou contratos celebrados com entidades, organismos ou empresas, excetuados os referidos no inciso anterior;

IV – as doações, legados, subvenções e outros recursos que lhe forem destinados;

V – o produto dos emolumentos, taxas e multas previstos na legislação específica, os valores apurados na venda ou locação dos bens móveis e imóveis de sua propriedade, bem como os decorrentes da venda de dados e informações técnicas, inclusive para fins de licitação, ressalvados os referidos no § 2.º do art. 22 desta Lei.

Art. 16. Os recursos provenientes da participação governamental prevista no inciso IV do art. 45, nos termos do art. 51, destinar-se-ão ao financiamento das despesas da ANP para o exercício das atividades que lhe são conferidas nesta Lei.

Seção IV
Do Processo Decisório

Art. 17. O processo decisório da ANP obedecerá aos princípios da legalidade, impessoalidade, moralidade e publicidade.

Art. 18. As sessões deliberativas da Diretoria da ANP que se destinem a resolver pendências entre agentes econômicos e entre esses e consumidores e usuários de bens e serviços da indústria de petróleo, de gás natural ou de biocombustíveis serão públicas, permitida a sua gravação por meios eletrônicos e assegurado aos interessados o direito de delas obter transcrições.

>> Artigo com redação determinada pela Lei n. 12.490, de 16-9-2011.

Art. 19. As iniciativas de projetos de lei ou de alteração de normas administrativas que impliquem afetação de direito dos agentes econômicos ou de consumidores e usuários de bens e serviços das indústrias de petróleo, de gás natural ou de biocombustíveis serão precedidas de audiência pública convocada e dirigida pela ANP.

>> Artigo com redação determinada pela Lei n. 12.490, de 16-9-2011.

Art. 20. O regimento interno da ANP disporá sobre os procedimentos a serem adotados para a solução de conflitos entre agentes econômicos, e entre estes e usuários e consumidores, com ênfase na conciliação e no arbitramento.

Capítulo V
DA EXPLORAÇÃO E DA PRODUÇÃO

Seção I
Das Normas Gerais

Art. 21. Todos os direitos de exploração e produção de petróleo, de gás natural e de outros hidrocarbonetos fluidos em território nacional, nele compreendidos a parte terrestre, o mar territorial, a plataforma continental e a zona econômica exclusiva, pertencem à União, cabendo sua administração à ANP, ressalvadas as competências de outros órgãos e entidades expressamente estabelecidas em lei.

>> Artigo com redação determinada pela Lei n. 12.351, de 22-12-2010.

Art. 22. O acervo técnico constituído pelos dados e informações sobre as bacias sedimentares brasileiras é também considerado parte integrante dos recursos petrolíferos nacionais, cabendo à ANP sua coleta, manutenção e administração.

§ 1.º A Petróleo Brasileiro S.A. – PETROBRÁS transferirá para a ANP as informações e dados de que dispuser sobre as bacias sedimentares brasileiras, assim como sobre as atividades de pesquisa, exploração e produção de petróleo ou gás natural, desenvolvidas em função da exclusividade do exercício do monopólio até a publicação desta Lei.

§ 2.º A ANP estabelecerá critérios para remuneração à PETROBRÁS pelos dados e informações referidos no parágrafo anterior e que venham a ser utilizados pelas partes interessadas, com fiel observância ao disposto no art. 117 da Lei n. 6.404, de 15 de dezembro de 1976, com as alterações procedidas pela Lei n. 9.457, de 5 de maio de 1997.

> A Lei n. 6.404, de 15-12-1976, dispõe sobre as sociedades por ações.

§ 3.º O Ministério de Minas e Energia terá acesso irrestrito e gratuito ao acervo a que se refere o *caput* deste artigo, com o objetivo de realizar estudos e planejamento setorial, mantido o sigilo a que esteja submetido, quando for o caso.

>> § 3.º acrescentado pela Lei n. 12.351, de 22-12-2010.

Art. 23. As atividades de exploração, desenvolvimento e produção de petróleo e de gás natural serão exercidas mediante contratos de concessão, precedidos de licitação, na forma estabelecida nesta Lei, ou sob o regime de partilha de produção nas áreas do pré-sal e nas áreas estratégicas, conforme legislação específica.

>> *Caput* com redação determinada pela Lei n. 12.351, de 22-12-2010.

§ 1.º (*Revogado pela Lei n. 12.351, de 22-12-2010.*)

§ 2.º A ANP poderá outorgar diretamente ao titular de direito de lavra ou de autorização de pesquisa de depósito de carvão mineral concessão para o aproveitamento do gás metano que ocorra associado a esse depósito, dispensada a licitação prevista no *caput* deste artigo.

>> § 2.º acrescentado pela Lei n. 11.909, de 4-3-2009.

Art. 24. Os contratos de concessão deverão prever duas fases: a de exploração e a de produção.

§ 1.º Incluem-se na fase de exploração as atividades de avaliação de eventual descoberta de petróleo ou gás natural, para determinação de sua comercialidade.

§ 2.º A fase de produção incluirá também as atividades de desenvolvimento.

Art. 25. Somente poderão obter concessão para a exploração e produção de petróleo ou gás natural as empresas que atendam aos requisitos técnicos, econômicos e jurídicos estabelecidos pela ANP.

Art. 26. A concessão implica, para o concessionário, a obrigação de explorar, por sua conta e risco e, em caso de êxito, produzir petróleo ou gás natural em determinado bloco, conferindo-lhe a propriedade desses bens, após extraídos, com os encargos relativos ao pagamento dos tributos incidentes e das participações legais ou contratuais correspondentes.

§ 1.º Em caso de êxito na exploração, o concessionário submeterá à aprovação da ANP os planos e projetos de desenvolvimento e produção.

§ 2.º A ANP emitirá seu parecer sobre os planos e projetos referidos no parágrafo anterior no prazo máximo de cento e oitenta dias.

§ 3.º Decorrido o prazo estipulado no parágrafo anterior sem que haja manifestação da ANP, os planos e projetos considerar-se-ão automaticamente aprovados.

Art. 27. (*Revogado pela Lei n. 12.351, de 22-12-2010.*)

Art. 28. As concessões extinguir-se-ão:

I – pelo vencimento do prazo contratual;

II – por acordo entre as partes;

III – pelos motivos de rescisão previstos em contrato;

IV – ao término da fase de exploração, sem que tenha sido feita qualquer descoberta comercial, conforme definido no contrato;

V – no decorrer da fase de exploração, se o concessionário exercer a opção de desistência e de devolução das áreas em que, a seu critério, não se justifiquem investimentos em desenvolvimento.

§ 1.º A devolução de áreas, assim como a reversão de bens, não implicará ônus de qualquer natureza para a União ou para a ANP, nem conferirá ao concessionário qualquer direito de indenização pelos serviços, poços, imóveis e bens reversíveis, os quais passarão à propriedade da União e à administração da ANP, na forma prevista no inciso VI do art. 43.

§ 2.º Em qualquer caso de extinção da concessão, o concessionário fará, por sua conta exclusiva, a remoção dos equipamentos e bens que não sejam objeto de reversão, ficando obrigado a reparar ou indenizar os danos decorrentes de suas atividades e praticar os atos de recuperação ambiental determinados pelos órgãos competentes.

Art. 29. É permitida a transferência do contrato de concessão, preservando-se seu objeto e as condições contratuais, desde que o novo concessionário atenda aos requisitos técnicos, econômicos e jurídicos estabelecidos pela ANP, conforme o previsto no art. 25.

>> O Decreto n. 9.355, de 25-4-2018, estabelece regras de governança, transparência e boas práticas de mercado para a cessão de direitos de exploração, desenvolvimento e produção de petróleo, gás natural e outros hidrocarbonetos fluidos pela Petróleo Brasileiro S.A. – Petrobras.

Parágrafo único. A transferência do contrato só poderá ocorrer mediante prévia e expressa autorização da ANP.

Art. 30. O contrato para exploração, desenvolvimento e produção de petróleo ou gás natural não se estende a nenhum outro recurso natural, ficando o concessionário obrigado a informar a sua descoberta, prontamente e em caráter exclusivo, à ANP.

Seção II
Das Normas Específicas para as Atividades em Curso

Art. 31. A PETROBRÁS submeterá à ANP, no prazo de três meses da publicação desta Lei, seu programa de exploração, desenvolvimento e produção, com informações e dados que propiciem:

I – o conhecimento das atividades de produção em cada campo, cuja demarcação poderá incluir uma área de segurança técnica;

II – o conhecimento das atividades de exploração e desenvolvimento, registrando, neste caso, os custos incorridos, os investimentos realizados e o cronograma dos investimentos a realizar, em cada bloco onde tenha definido prospectos.

Art. 32. A PETROBRÁS terá ratificados seus direitos sobre cada um dos campos que se encontrem em efetiva produção na data de início de vigência desta Lei.

Art. 33. Nos blocos em que, quando do início da vigência desta Lei, tenha a PETROBRÁS realizado descobertas comerciais ou promovido investimentos na exploração, poderá ela, observada sua capacidade de investir, inclusive por meio de financiamentos, prosseguir nos trabalhos de exploração e desenvolvimento pelo prazo de três anos e, nos casos de êxito, prosseguir nas atividades de produção.

Parágrafo único. Cabe à ANP, após a avaliação da capacitação financeira da PETROBRÁS e dos dados e informações de que trata o art. 31, aprovar os blocos em que os trabalhos referidos neste artigo terão continuidade.

Art. 34. Cumprido o disposto no art. 31 e dentro do prazo de um ano a partir da data de publicação desta Lei, a ANP celebrará com a PETROBRÁS, dispensada a licitação prevista no art. 23, contratos de concessão dos blocos que atendam às condições estipuladas nos arts. 32 e 33, definindo-se, em cada um desses contratos, as participações devidas, nos termos estabelecidos na Seção VI.

Parágrafo único. Os contratos de concessão referidos neste artigo serão regidos, no que couber, pelas normas gerais estabelecidas na Seção anterior e obedecerão ao disposto na Seção V deste Capítulo.

Art. 35. Os blocos não contemplados pelos contratos de concessão mencionados no artigo anterior e aqueles em que tenha havido insucesso nos trabalhos de exploração, ou não tenham sido ajustados com a ANP, dentro dos prazos estipulados, serão objeto de licitação pela ANP para a outorga de novos contratos de concessão, regidos pelas normas gerais estabelecidas na Seção anterior.

Seção III
Do Edital de Licitação

Art. 36. A licitação para outorga dos contratos de concessão referidos no art. 23 obedecerá ao disposto nesta Lei, na regulamentação a ser expedida pela ANP e no respectivo edital.

Art. 37. O edital da licitação será acompanhado da minuta básica do respectivo contrato e indicará, obrigatoriamente:

I – o bloco objeto da concessão, o prazo estimado para a duração da fase de exploração, os investimentos e programas exploratórios mínimos;

II – os requisitos exigidos dos concorrentes, nos termos do art. 25, e os critérios de pré-qualificação, quando este procedimento for adotado;

III – as participações governamentais mínimas, na forma do disposto no art. 45, e a participação dos superficiários prevista no art. 52;

IV – a relação de documentos exigidos e os critérios a serem seguidos para aferição da capacidade técnica, da idoneidade financeira e da regularidade jurídica dos interessados, bem como para o julgamento técnico e econômico-financeiro da proposta;

V – a expressa indicação de que caberá ao concessionário o pagamento das indenizações devidas por desapropriações ou servidões necessárias ao cumprimento do contrato;

VI – o prazo, local e horário em que serão fornecidos, aos interessados, os dados, estudos e demais elementos e informações necessários à elaboração das propostas, bem como o custo de sua aquisição.

Parágrafo único. O prazo de duração da fase de exploração, referido no inciso I deste artigo, será estimado pela ANP, em função do nível de informações disponíveis, das características e da localização de cada bloco.

Art. 38. Quando permitida a participação de empresas em consórcio, o edital conterá as seguintes exigências:

I – comprovação de compromisso, público ou particular, de constituição do consórcio, subscrito pelas consorciadas;

II – indicação da empresa líder, responsável pelo consórcio e pela condução das operações, sem prejuízo da responsabilidade solidária das demais consorciadas;

III – apresentação, por parte de cada uma das empresas consorciadas, dos documentos exigidos para efeito de avaliação da qualificação técnica e econômico-financeira do consórcio;

IV – proibição de participação de uma mesma empresa em outro consórcio, ou isoladamente, na licitação de um mesmo bloco;

V – outorga de concessão ao consórcio vencedor da licitação condicionada ao registro do instrumento constitutivo do consórcio, na forma do disposto no parágrafo único do art. 279 da Lei n. 6.404, de 15 de dezembro de 1976.

Art. 39. O edital conterá a exigência de que a empresa estrangeira que concorrer isoladamente ou em consórcio deverá apresentar, juntamente com sua proposta e em envelope separado:

I – prova de capacidade técnica, idoneidade financeira e regularidade jurídica e fiscal, nos termos da regulamentação a ser editada pela ANP;

II – inteiro teor dos atos constitutivos e prova de encontrar-se organizada e em funcionamento regular, conforme a lei de seu país;

III – designação de um representante legal junto à ANP, com poderes especiais para a prática de atos e assunção de responsabilidades relativamente à licitação e à proposta apresentada;

IV – compromisso de, caso vencedora, constituir empresa segundo as leis brasileiras, com sede e administração no Brasil.

Parágrafo único. A assinatura do contrato de concessão ficará condicionada ao efetivo cumprimento do compromisso assumido de acordo com o inciso IV deste artigo.

Seção IV
Do Julgamento da Licitação

Art. 40. O julgamento da licitação identificará a proposta mais vantajosa, segundo critérios objetivos, estabelecidos no instrumento convocatório, com fiel observância dos princípios da legalidade, impessoalidade, moralidade, publicidade e igualdade entre os concorrentes.

Art. 41. No julgamento da licitação, além de outros critérios que o edital expressamente estipular, serão levados em conta:

I – o programa geral de trabalho, as propostas para as atividades de exploração, os prazos, os volumes mínimos de investimentos e os cronogramas físico-financeiros;

II – as participações governamentais referidas no art. 45.

Art. 42. Em caso de empate, a licitação será decidida em favor da PETROBRÁS, quando esta concorrer não consorciada com outras empresas.

Seção V
Do Contrato de Concessão

Art. 43. O contrato de concessão deverá refletir fielmente as condições do edital e da proposta vencedora e terá como cláusulas essenciais:

I – a definição do bloco objeto da concessão;

II – o prazo de duração da fase de exploração e as condições para sua prorrogação;

III – o programa de trabalho e o volume do investimento previsto;

IV – as obrigações do concessionário quanto às participações, conforme o disposto na Seção VI;

V – a indicação das garantias a serem prestadas pelo concessionário quanto ao cumprimento do contrato, inclusive quanto à realização dos investimentos ajustados para cada fase;

VI – a especificação das regras sobre devolução e desocupação de áreas, inclusive retirada de equipamentos e instalações, e reversão de bens;

VII – os procedimentos para acompanhamento e fiscalização das atividades de exploração, desenvolvimento e produção, e para auditoria do contrato;

VIII – a obrigatoriedade de o concessionário fornecer à ANP relatórios, dados e informações relativos às atividades desenvolvidas;

IX – os procedimentos relacionados com a transferência do contrato, conforme o disposto no art. 29;

X – as regras sobre solução de controvérsias, relacionadas com o contrato e sua execução, inclusive a conciliação e a arbitragem internacional;

XI – os casos de rescisão e extinção do contrato;

XII – as penalidades aplicáveis na hipótese de descumprimento pelo concessionário das obrigações contratuais.

Parágrafo único. As condições contratuais para prorrogação do prazo de exploração, referidas no inciso II deste artigo, serão estabelecidas de modo a assegurar a devolução de um percentual do bloco, a critério da ANP, e o aumento do valor do pagamento pela ocupação da área, conforme disposto no parágrafo único do art. 51.

Art. 44. O contrato estabelecerá que o concessionário estará obrigado a:

I – adotar, em todas as suas operações, as medidas necessárias para a conservação dos reservatórios e de outros recursos naturais, para a segurança das pessoas e dos equipamentos e para a proteção do meio ambiente;

II – comunicar à ANP, imediatamente, a descoberta de qualquer jazida de petróleo, gás natural ou outros hidrocarbonetos ou de outros minerais;

III – realizar a avaliação da descoberta nos termos do programa submetido à ANP, apresentando relatório de comercialidade e declarando seu interesse no desenvolvimento do campo;

IV – submeter à ANP o plano de desenvolvimento de campo declarado comercial, contendo o cronograma e a estimativa de investimento;

V – responsabilizar-se civilmente pelos atos de seus prepostos e indenizar todos e quaisquer danos decorrentes das atividades de exploração, desenvolvimento e produção contratadas, devendo ressarcir à ANP ou à União os ônus que venham a suportar em consequência de eventuais demandas motivadas por atos de responsabilidade do concessionário;

VI – adotar as melhores práticas da indústria internacional do petróleo e obedecer às normas e procedimentos técnicos e científicos pertinentes, inclusive quanto às técnicas apropriadas de recuperação, objetivando a racionalização da produção e o controle do declínio das reservas.

Seção VI
Das Participações

Art. 45. O contrato de concessão disporá sobre as seguintes participações governamentais, previstas no edital de licitação:

I – bônus de assinatura;

II – *royalties*;

III – participação especial;

IV – pagamento pela ocupação ou retenção de área.

§ 1.º As participações governamentais constantes dos incisos II e IV serão obrigatórias.

§ 2.º As receitas provenientes das participações governamentais definidas no *caput*, alocadas para órgãos da administração pública federal, de acordo com o disposto nesta Lei, serão mantidas na Conta Única do Governo Federal, enquanto não forem destinadas para as respectivas programações.

§ 3.º O superávit financeiro dos órgãos da administração pública federal referidos no parágrafo anterior, apurado em balanço de cada exercício financeiro, será transferido ao Tesouro Nacional.

Art. 46. O bônus de assinatura terá seu valor mínimo estabelecido no edital e corresponderá ao pagamento ofertado na proposta para obtenção da concessão, devendo ser pago no ato da assinatura do contrato.

Art. 47. Os *royalties* serão pagos mensalmente, em moeda nacional, a partir da data de início da produção comercial de cada campo, em montante correspondente a dez por cento da produção de petróleo ou gás natural.

§ 1.º Tendo em conta os riscos geológicos, as expectativas de produção e outros fatores pertinentes, a ANP poderá prever, no edital de licitação correspondente, a redução do valor dos *royalties* estabelecido no *caput* deste artigo para um montante correspondente a, no mínimo, cinco por cento da produção.

§ 2.º Os critérios para o cálculo do valor dos *royalties* serão estabelecidos por decreto do Presidente da República, em função dos preços de mercado do petróleo, gás natural ou condensado, das especificações do produto e da localização do campo.

§ 3.º A queima de gás em *flares*, em prejuízo de sua comercialização, e a perda de produto ocorrida sob a responsabilidade do concessionário serão incluídas no volume total da produção a ser computada para cálculo dos *royalties* devidos.

§ 4.º Os recursos provenientes dos pagamentos dos *royalties* serão distribuídos, nos termos do disposto nesta Lei, com base nos cálculos de valores devidos a cada beneficiário, fornecidos pela autoridade administrativa competente.

>> § 4.º acrescentado pela Lei n. 13.609, de 10-1-2018.

§ 5.º No caso dos Estados e dos Municípios, os recursos de que trata o § 4.º deste artigo serão creditados em contas bancárias específicas de titularidade deles.

>> § 5.º acrescentado pela Lei n. 13.609, de 10-1-2018.

§ 6.º Observado o disposto no § 9.º deste artigo, na hipótese de o Estado ou o Município ter celebrado operação de cessão ou transferência, parcial ou total, dos seus direitos sobre os *royalties* ou de antecipação, parcial ou total, das receitas decorrentes dos direitos sobre os *royalties*, os recursos de que trata o § 4.º deste artigo serão creditados pelo seu valor líquido, após as deduções de natureza legal, tributária e/ou contratual anteriormente incidentes, se houver, e desde que tais deduções tenham prioridade de pagamentos, diretamente pela União, em conta bancária específica de titularidade dos investidores, no Brasil ou no exterior, ou de entidade representativa dos interesses dos investidores que tenham contratado com o Estado ou o Município a respectiva operação de cessão ou transferência de direitos sobre os *royalties* ou de antecipação das receitas decorrentes dos direitos sobre os *royalties*.

>> § 6.º acrescentado pela Lei n. 13.609, de 10-1-2018.

§ 7.º Na hipótese prevista no § 6.º deste artigo, a União não poderá alterar a conta bancária específica indicada para o pagamento dos direitos e receitas sobre os royalties sem a prévia e expressa autorização do beneficiário da operação.

>> § 7.º acrescentado pela Lei n. 13.609, de 10-1-2018.

§ 8.º Eventual adesão do Estado ao Regime de Recuperação Fiscal previsto na Lei Complementar n. 159, de 19 de maio de 2017, não poderá afetar a transferência dos direitos e receitas sobre os *royalties* para a conta bancária específica de titularidade do investidor ou da entidade representativa dos interesses do investidor referida no § 6.º deste artigo, até o integral cumprimento da obrigação assumida.

>> § 8.º acrescentado pela Lei n. 13.609, de 10-1-2018.

§ 9.º Para as operações já contratadas na data da promulgação desta Lei, poderão as partes, de comum acordo, ajustar a transferência do depósito dos recursos de que trata o § 4.º deste artigo diretamente para conta bancária específica do investidor ou da entidade representativa dos interesses do investidor para essa finalidade.

>> § 9.º acrescentado pela Lei n. 13.609, de 10-1-2018.

§ 10. (*Vetado.*)

>> § 10 acrescentado pela Lei n. 13.609, de 10-1-2018.

Art. 48. A parcela do valor dos *royalties*, previstos no contrato de concessão, que represente 5% (cinco por cento) da produção, correspondente ao montante mínimo referido no § 1.º do art. 47, será distribuída segundo os seguintes critérios:

>> *Caput* com redação determinada pela Lei n. 12.734, de 30-11-2012.

I – quando a lavra ocorrer em terra ou em lagos, rios, ilhas fluviais e lacustres:

>> Inciso I, *caput*, acrescentado pela Lei n. 12.734, de 30-11-2012.

a) 70% (setenta por cento) aos Estados onde ocorrer a produção;

>> Alínea *a* acrescentada pela Lei n. 12.734, de 30-11-2012.

b) 20% (vinte por cento) aos Municípios onde ocorrer a produção; e

>> Alínea *b* acrescentada pela Lei n. 12.734, de 30-11-2012.

c) 10% (dez por cento) aos Municípios que sejam afetados pelas operações de embarque e desembarque de petróleo, gás natural e outros hidrocarbonetos fluidos, na forma e critérios estabelecidos pela ANP;

>> Alínea *c* acrescentada pela Lei n. 12.734, de 30-11-2012.

II – quando a lavra ocorrer na plataforma continental, no mar territorial ou na zona econômica exclusiva:

>> Inciso II, *caput*, acrescentado pela Lei n. 12.734, de 30-11-2012.

a) 20% (vinte por cento) para os Estados confrontantes;

>> Alínea *a* acrescentada pela Lei n. 12.734, de 30-11-2012.

b) 17% (dezessete por cento) para os Municípios confrontantes e respectivas áreas geoeconômicas, conforme definido nos arts. 2.º, 3.º e 4.º da Lei n. 7.525, de 22 de julho de 1986;

>> Alínea *b* acrescentada pela Lei n. 12.734, de 30-11-2012.

c) 3% (três por cento) para os Municípios que sejam afetados pelas operações de embarque e desembarque de petróleo, de gás natural e de outros hidrocarbonetos fluidos, na forma e critério estabelecidos pela ANP;

>> Alínea *c* acrescentada pela Lei n. 12.734, de 30-11-2012.

d) 20% (vinte por cento) para constituição de fundo especial, a ser distribuído entre Estados e o Distrito Federal, se for o caso, de acordo com os seguintes critérios:

>> Alínea *d* acrescentada pela Lei n. 12.734, de 30-11-2012.

1. os recursos serão distribuídos somente para os Estados e, se for o caso, o Distrito Federal, que não tenham recebido recursos em decorrência do disposto na alínea *a* dos incisos I e II do art. 42-B da Lei n. 12.351, de 22 de dezembro de 2010, na alínea *a* deste inciso e do inciso II do art. 49 desta Lei e no inciso II do § 2.º do art. 50 desta Lei;

>> Item 1 acrescentado pela Lei n. 12.734, de 30-11-2012.

2. o rateio dos recursos do fundo especial obedecerá às mesmas regras do rateio do Fundo de Participação dos Estados e do Distrito Federal (FPE), de que trata o art. 159 da Constituição;

>> Item 2 acrescentado pela Lei n. 12.734, de 30-11-2012.

3. o percentual que o FPE destina aos Estados e ao Distrito Federal, se for o caso, que serão excluídos do rateio dos recursos do fundo especial em decorrência do disposto no item 1 será redistribuído entre os demais Estados e o Distrito Federal, se for o caso, proporcionalmente às suas participações no FPE;

>> Item 3 acrescentado pela Lei n. 12.734, de 30-11-2012.

4. o Estado produtor ou confrontante, e o Distrito Federal, se for produtor, poderá optar por receber os recursos do fundo especial de que trata esta alínea, desde que não receba recursos em decorrência do disposto na alínea *a* dos incisos I e II do art. 42-B da Lei n. 12.351, de 22 de dezembro de 2010, na alínea *a* deste inciso e do inciso II do art. 49 desta Lei e no inciso II do § 2.º do art. 50 desta Lei;

>> Item 4 acrescentado pela Lei n. 12.734, de 30-11-2012.

5. os recursos que Estados produtores ou confrontantes, ou que o Distrito Federal, se for o caso, tenham deixado de arrecadar em função da opção prevista no item 4 serão adicionados aos recursos do fundo especial de que trata esta alínea;

>> Item 5 acrescentado pela Lei n. 12.734, de 30-11-2012.

e) 20% (vinte por cento) para constituição de fundo especial, a ser distribuído entre os Municípios de acordo com os seguintes critérios:

>> Alínea *e* acrescentada pela Lei n. 12.734, de 30-11-2012.

1. os recursos serão distribuídos somente para os Municípios que não tenham recebido recursos em decorrência do disposto nas alíneas *b* e *c* dos incisos I e II do art. 42-B da Lei n. 12.351, de 22 de dezembro de 2010, nas alíneas *b* e *c* deste inciso e do inciso II do art. 49 desta Lei e no inciso III do § 2.º do art. 50 desta Lei;

>> Item 1 acrescentado pela Lei n. 12.734, de 30-11-2012.

2. o rateio dos recursos do fundo especial obedecerá às mesmas regras do rateio do Fundo de Participação dos Municípios (FPM), de que trata o art. 159 da Constituição;

>> Item 2 acrescentado pela Lei n. 12.734, de 30-11-2012.

3. o percentual que o FPM destina aos Municípios que serão excluídos do rateio dos recursos do fundo especial em decorrência do disposto no item 1 será redistribuído entre Municípios proporcionalmente às suas participações no FPM;

>> Item 3 acrescentado pela Lei n. 12.734, de 30-11-2012.

4. o Município produtor ou confrontante poderá optar por receber os recursos do fundo especial de que trata esta alínea, desde que não receba recursos em decorrência do disposto nas alíneas *b* e *c* dos incisos I e II do art. 42-B da Lei n. 12.351, de 22 de dezembro de 2010, nas alíneas *b* e *c* deste inciso e do inciso II do art. 49 desta Lei e no inciso III do § 2.º do art. 50 desta Lei;

>> Item 4 acrescentado pela Lei n. 12.734, de 30-11-2012.

5. os recursos que Municípios produtores ou confrontantes tenham deixado de arrecadar em função da opção prevista no item 4 serão adicionados aos recursos do fundo especial de que trata esta alínea;

>> Item 5 acrescentado pela Lei n. 12.734, de 30-11-2012.

f) 20% (vinte por cento) para a União, a ser destinado ao Fundo Social, instituído por esta Lei, deduzidas as parcelas destinadas aos órgãos específicos da Administração Direta da União, nos termos do regulamento do Poder Executivo.

>> Alínea *f* acrescentada pela Lei n. 12.734, de 30-11-2012.

§ 1.º A soma dos valores referentes aos *royalties* devidos aos Municípios nos termos das alíneas *b* e *c* dos incisos I e II do art. 42-B da Lei n. 12.351, de 22 de dezembro de 2010, com os *royalties* devidos nos termos das alíneas *b* e *c* dos incisos I e II deste art. 48 e do art. 49 desta Lei, com a participação especial devida nos termos do inciso III do § 2.º do art. 50 desta Lei, ficarão limitados ao maior dos seguintes valores:

>> § 1.º, *caput*, acrescentado pela Lei n. 12.734, de 30-11-2012.

I – os valores que o Município recebeu a título de *royalties* e participação especial em 2011;

>> Inciso I acrescentado pela Lei n. 12.734, de 30-11-2012.

II – 2 (duas) vezes o valor *per capita* distribuído pelo FPM, calculado em nível nacional, multiplicado pela população do Município.

>> Inciso II acrescentado pela Lei n. 12.734, de 30-11-2012.

§ 2.º A parcela dos *royalties* de que trata este artigo que contribuir para o que exceder o limite de pagamentos aos Municípios em decorrência do disposto no § 1.º será transferida para o fundo especial de que trata a alínea *e* do inciso II.

>> § 2.º acrescentado pela Lei n. 12.734, de 30-11-2012.

§ 3.º Os pontos de entrega às concessionárias de gás natural produzido no País serão considerados instalações de embarque e desembarque, para fins de pagamento de *royalties* aos Municípios afetados por essas operações, em razão do disposto na alínea *c* dos incisos I e II.

>> § 3.º acrescentado pela Lei n. 12.734, de 30-11-2012.

§ 4.º A opção dos Estados, Distrito Federal e Municípios de que trata o item 4 das alíneas *d* e *e* do inciso II poderá ser feita após conhecido o valor dos *royalties* e da participação especial a serem distribuídos, nos termos do regulamento.

>> § 4.º acrescentado pela Lei n. 12.734, de 30-11-2012.

Art. 49. A parcela do valor do *royalty* que exceder a cinco por cento da produção terá a seguinte distribuição:

>> A Lei n. 12.734, de 30-11-2012, propôs nova redação para este artigo e o acréscimo dos arts. 49-A a 49-C, porém teve seu texto vetado.

I – quando a lavra ocorrer em terra ou em lagos, rios, ilhas fluviais e lacustres:

a) cinquenta e dois inteiros e cinco décimos por cento aos Estados onde ocorrer a produção;

b) quinze por cento aos Municípios onde ocorrer a produção;

c) sete inteiros e cinco décimos por cento aos Municípios que sejam afetados pelas operações de embarque e desembarque de petróleo e gás natural, na forma e critério estabelecidos pela ANP;

d) 25% (vinte e cinco por cento) para a União, a ser destinado ao Fundo Social, instituído por esta Lei, deduzidas as parcelas destinadas aos órgãos específicos da Administração Direta da União, nos termos do regulamento do Poder Executivo;

>> Alínea *d* com redação determinada pela Lei n. 12.734, de 30-11-2012.

II – quando a lavra ocorrer na plataforma continental:

a) 20% (vinte por cento) para os Estados confrontantes;

>> Alínea *a* com redação determinada pela Lei n. 12.734, de 30-11-2012.

b) 17% (dezessete por cento) para os Municípios confrontantes e respectivas áreas geoeconômicas, conforme definido nos arts. 2.º, 3.º e 4.º da Lei n. 7.525, de 22 de julho de 1986;

>> Alínea *b* com redação determinada pela Lei n. 12.734, de 30-11-2012.

c) 3% (três por cento) para os Municípios que sejam afetados pelas operações de embarque e desembarque de petróleo, de gás natural e de outros hidrocarbonetos fluidos, na forma e critério estabelecidos pela ANP;

>> Alínea *c* com redação determinada pela Lei n. 12.734, de 30-11-2012.

d) 20% (vinte por cento) para constituição de fundo especial, a ser distribuído entre Estados e o Distrito Federal, se for o caso, de acordo com os seguintes critérios:

>> Alínea *d* com redação determinada pela Lei n. 12.734, de 30-11-2012.

1. os recursos serão distribuídos somente para os Estados e, se for o caso, o Distrito Federal, que não tenham recebido recursos em decorrência do disposto na alínea *a* dos incisos I e II do art. 42-B da Lei n. 12.351, de 22 de dezembro de 2010, na alínea *a* deste inciso e do inciso II do art. 48 desta Lei e no inciso II do § 2.º do art. 50 desta Lei;

>> Item 1 acrescentado pela Lei n. 12.734, de 30-11-2012.

2. o rateio dos recursos do fundo especial obedecerá às mesmas regras do rateio do Fundo de Participação dos Estados e do Distrito Federal (FPE), de que trata o art. 159 da Constituição;

>> Item 2 acrescentado pela Lei n. 12.734, de 30-11-2012.

3. o percentual que o FPE destina aos Estados e ao Distrito Federal, se for o caso, que serão excluídos do rateio dos recursos do fundo especial em decorrência do disposto no item 1 será redistribuído entre os demais Estados e o Distrito Federal, se for o caso, proporcionalmente às suas participações no FPE;

>> Item 3 acrescentado pela Lei n. 12.734, de 30-11-2012.

4. o Estado produtor ou confrontante, e o Distrito Federal, se for produtor, poderá optar por receber os recursos do fundo especial de que trata esta alínea, desde que não receba os recursos referidos no item 1;

>> Item 4 acrescentado pela Lei n. 12.734, de 30-11-2012.

5. os recursos que Estados produtores ou confrontantes, ou que o Distrito Federal, se for o caso, tenham deixado de arrecadar em função da opção prevista no item 4 serão adicionados aos recursos do fundo especial de que trata esta alínea;

>> Item 5 acrescentado pela Lei n. 12.734, de 30-11-2012.

e) 20% (vinte por cento) para constituição de fundo especial, a ser distribuído entre os Municípios de acordo com os seguintes critérios:

>> Alínea *e* com redação determinada pela Lei n. 12.734, de 30-11-2012.

1. os recursos serão distribuídos somente para os Municípios que não tenham recebido recursos em decorrência do disposto nas alíneas *b* e *c* dos incisos I e II do art. 42-B da Lei n. 12.351, de 22 de dezembro de 2010, nas alíneas *b* e *c* deste inciso e do inciso II do art. 48 desta Lei e no inciso III do § 2.º do art. 50 desta Lei;

>> Item 1 acrescentado pela Lei n. 12.734, de 30-11-2012.

2. o rateio dos recursos do fundo especial obedecerá às mesmas regras do rateio do FPM, de que trata o art. 159 da Constituição;

>> Item 2 acrescentado pela Lei n. 12.734, de 30-11-2012.

3. o percentual que o FPM destina aos Municípios que serão excluídos do rateio dos recursos do fundo especial em decorrência do disposto no item 1 será redistribuído entre Municípios proporcionalmente às suas participações no FPM;

>> Item 3 acrescentado pela Lei n. 12.734, de 30-11-2012.

4. o Município produtor ou confrontante poderá optar por receber os recursos do fundo especial de que trata esta alínea, desde que não receba os recursos referidos no item 1;

>> Item 4 acrescentado pela Lei n. 12.734, de 30-11-2012.

5. os recursos que Municípios produtores ou confrontantes tenham deixado de arrecadar em função da opção prevista no item 4 serão adicionados aos recursos do fundo especial de que trata esta alínea;

>> Item 5 acrescentado pela Lei n. 12.734, de 30-11-2012.

f) 20% (vinte por cento) para a União, a ser destinado ao Fundo Social, instituído por esta Lei, deduzidas as parcelas destinadas aos órgãos específicos da Administração Direta da União, nos termos do regulamento do Poder Executivo.

>> Alínea *f* com redação determinada pela Lei n. 12.734, de 30-11-2012.

§ 1.º (*Revogado pela Lei n. 12.734, de 30-11-2012.*)

§ 2.º (*Revogado pela Lei n. 12.734, de 30-11-2012.*)

§ 3.º (*Revogado pela Lei n. 12.734, de 30-11-2012.*)

§ 4.º A soma dos valores referentes aos *royalties* devidos aos Municípios nos termos das alíneas *b* e *c* dos incisos I e II do art. 42-B da Lei n. 12.351, de 22 de dezembro de 2010, com os *royalties* devidos nos termos das alíneas *b* e *c* dos incisos I e II deste artigo e do art. 48 desta Lei, com a participação especial devida nos termos do inciso III do § 2.º do art. 50 desta Lei, ficarão limitados ao maior dos seguintes valores:

>> § 4.º, *caput*, acrescentado pela Lei n. 12.734, de 30-11-2012.

I – os valores que o Município recebeu a título de *royalties* e participação especial em 2011;

>> Inciso I acrescentado pela Lei n. 12.734, de 30-11-2012.

II – 2 (duas) vezes o valor *per capita* distribuído pelo FPM, calculado em nível nacional, multiplicado pela população do Município.

>> Inciso II acrescentado pela Lei n. 12.734, de 30-11-2012.

§ 5.º A parcela dos *royalties* de que trata este artigo que contribuir para o valor que exceder o limite de pagamentos aos Municípios em decorrência do disposto no § 4.º será transferida para o fundo especial de que trata a alínea *e* do inciso II.

>> § 5.º acrescentado pela Lei n. 12.734, de 30-11-2012.

§ 6.º A opção dos Estados, Distrito Federal e Municípios de que trata o item 4 das alíneas *d* e *e* do inciso II poderá ser feita após conhecido o valor dos *royalties* e da participação especial a serem distribuídos, nos termos do regulamento.

>> § 6.º acrescentado pela Lei n. 12.734, de 30-11-2012.

§ 7.º Os pontos de entrega às concessionárias de gás natural produzido no País serão considerados instalações de embarque e desembarque, para fins de pagamento de *royalties* aos Municípios afetados por essas operações, em razão do disposto na alínea *c* dos incisos I e II.

>> § 7.º acrescentado pela Lei n. 12.734, de 30-11-2012.

Art. 49-A. Os percentuais de distribuição a que se referem a alínea *b* do inciso II do art. 48 e a alínea *b* do inciso II do art. 49 serão reduzidos:

>> *Caput* acrescentado pela Lei n. 12.734, de 30-11-2012.

I – em 2 (dois) pontos percentuais em 2013 e em cada ano subsequente até 2018, quando alcançará 5% (cinco por cento);

>> Inciso I acrescentado pela Lei n. 12.734, de 30-11-2012.

II – em 1 (um) ponto percentual em 2019, quando alcançará o mínimo de 4% (quatro por cento).

>> Inciso II acrescentado pela Lei n. 12.734, de 30-11-2012.

Parágrafo único. A partir de 2019, o percentual de distribuição a que se refere este artigo será de 4% (quatro por cento).

>> Parágrafo único acrescentado pela Lei n. 12.734, de 30-11-2012.

Art. 49-B. Os percentuais de distribuição a que se referem a alínea *d* do inciso II do art. 48 e a alínea *d* do inciso II do art. 49 serão acrescidos:

>> *Caput* acrescentado pela Lei n. 12.734, de 30-11-2012.

I – em 1 (um) ponto percentual em 2013 e em cada ano subsequente até atingir 24% (vinte e quatro por cento) em 2016;

>> Inciso I acrescentado pela Lei n. 12.734, de 30-11-2012.

II – em 1,5 (um inteiro e cinco décimos) de ponto percentual em 2017, quando atingirá 25,5% (vinte e cinco inteiros e cinco décimos por cento);

>> Inciso II acrescentado pela Lei n. 12.734, de 30-11-2012.

III – em 1 (um) ponto percentual em 2018, quando atingirá 26,5% (vinte e seis inteiros e cinco décimos por cento);

>> Inciso III acrescentado pela Lei n. 12.734, de 30-11-2012.

IV – em 0,5 (cinco décimos) de ponto percentual em 2019, quando atingirá o máximo de 27% (vinte e sete por cento).

>> Inciso IV acrescentado pela Lei n. 12.734, de 30-11-2012.

Parágrafo único. A partir de 2019, o percentual de distribuição a que se refere este artigo será de 27% (vinte e sete por cento).

>> Parágrafo único acrescentado pela Lei n. 12.734, de 30-11-2012.

Art. 49-C. Os percentuais de distribuição a que se referem a alínea e do inciso II do art. 48 e a alínea e do inciso II do art. 49 serão acrescidos:

>> *Caput* acrescentado pela Lei n. 12.734, de 30-11-2012.

I – em 1 (um) ponto percentual em 2013 e em cada ano subsequente até atingir 24% (vinte e quatro por cento) em 2016;

>> Inciso I acrescentado pela Lei n. 12.734, de 30-11-2012.

II – em 1,5 (um inteiro e cinco décimos) de ponto percentual em 2017, quando atingirá 25,5% (vinte e cinco inteiros e cinco décimos por cento);

>> Inciso II acrescentado pela Lei n. 12.734, de 30-11-2012.

III – em 1 (um) ponto percentual em 2018, quando atingirá 26,5% (vinte e seis inteiros e cinco décimos por cento);

>> Inciso III acrescentado pela Lei n. 12.734, de 30-11-2012.

IV – em 0,5 (cinco décimos) de ponto percentual em 2019, quando atingirá o máximo de 27% (vinte e sete por cento).

>> Inciso IV acrescentado pela Lei n. 12.734, de 30-11-2012.

Parágrafo único. A partir de 2019, o percentual de distribuição a que se refere este artigo será de 27% (vinte e sete por cento).

>> Parágrafo único acrescentado pela Lei n. 12.734, de 30-11-2012.

Art. 50. O edital e o contrato estabelecerão que, nos casos de grande volume de produção, ou de grande rentabilidade, haverá o pagamento de uma participação especial, a ser regulamentada em decreto do Presidente da República.

>> O art. 44 da Lei n. 12.351, de 22-12-2010, estabelece que o disposto neste artigo não será aplicado aos contratos de partilha de produção de petróleo em áreas do pré-sal.

§ 1.º A participação especial será aplicada sobre a receita bruta da produção, deduzidos os *royalties*, os investimentos na exploração, os custos operacionais, a depreciação e os tributos previstos na legislação em vigor.

§ 2.º Os recursos da participação especial serão distribuídos na seguinte proporção:

I – 42% (quarenta e dois por cento) à União, a ser destinado ao Fundo Social, instituído pela Lei n. 12.351, de 2010, deduzidas as parcelas destinadas aos órgãos específicos da Administração Direta da União, nos termos do regulamento do Poder Executivo;

>> Inciso I com redação determinada pela Lei n. 12.734, de 30-11-2012.

II – 34% (trinta e quatro por cento) para o Estado onde ocorrer a produção em terra, ou confrontante com a plataforma continental onde se realizar a produção;

>> Inciso II com redação determinada pela Lei n. 12.734, de 30-11-2012.

III – 5% (cinco por cento) para o Município onde ocorrer a produção em terra, ou confrontante com a plataforma continental onde se realizar a produção;

>> Inciso III com redação determinada pela Lei n. 12.734, de 30-11-2012.

IV – 9,5% (nove inteiros e cinco décimos por cento) para constituição de fundo especial, a ser distribuído entre Estados e o Distrito Federal, se for o caso, de acordo com os seguintes critérios:

>> Inciso IV, *caput*, com redação determinada pela Lei n. 12.734, de 30-11-2012.

a) os recursos serão distribuídos somente para os Estados e, se for o caso, o Distrito Federal, que não tenham recebido recursos em decorrência do disposto na alínea *a* dos incisos I e II do art. 42-B da Lei n. 12.351, de 22 de dezembro de 2010, na alínea *a* do inciso II dos arts. 48 e 49 desta Lei e no inciso II do § 2.º deste artigo;

>> Alínea *a* acrescentada pela Lei n. 12.734, de 30-11-2012.

b) o rateio dos recursos do fundo especial obedecerá às mesmas regras do rateio do Fundo de Participação dos Estados e do Distrito Federal (FPE), de que trata o art. 159 da Constituição;

>> Alínea *b* acrescentada pela Lei n. 12.734, de 30-11-2012.

c) o percentual que o FPE destina aos Estados e ao Distrito Federal, se for o caso, que serão excluídos do rateio dos recursos do fundo especial em decorrência do disposto na alínea *a* será redistribuído entre os demais Estados e o Distrito Federal, se for o caso, proporcionalmente às suas participações no FPE;

>> Alínea *c* acrescentada pela Lei n. 12.734, de 30-11-2012.

d) o Estado produtor ou confrontante, e o Distrito Federal, se for produtor, poderá optar por receber os recursos do fundo especial de que trata este inciso, desde que não receba recursos em decorrência do disposto na alínea *a* dos incisos I e II do art. 42-B da Lei n. 12.351, de 22 de dezembro de 2010, na alínea *a* do inciso II dos arts. 48 e 49 desta Lei e no inciso II do § 2.º deste artigo;

>> Alínea *d* acrescentada pela Lei n. 12.734, de 30-11-2012.

e) os recursos que Estados produtores ou confrontantes, ou que o Distrito Federal, se for o caso, tenham deixado de arrecadar em função da opção prevista na alínea *d* serão adicionados aos recursos do fundo especial de que trata este inciso;

>> Alínea *e* acrescentada pela Lei n. 12.734, de 30-11-2012.

V – 9,5% (nove inteiros e cinco décimos por cento) para constituição de fundo especial, a ser distribuído entre os Municípios de acordo com os seguintes critérios:

>> Inciso V acrescentado pela Lei n. 12.734, de 30-11-2012.

a) os recursos serão distribuídos somente para os Municípios que não tenham recebido recursos em decorrência do disposto nas alíneas *b* e *c* dos incisos I e II do art. 42-B da Lei n. 12.351, de 22 de dezembro de 2010, nas alíneas *b* e *c* do inciso II dos arts. 48 e 49 desta Lei e no inciso III do § 2.º deste artigo;

>> Alínea *a* acrescentada pela Lei n. 12.734, de 30-11-2012.

b) o rateio dos recursos do fundo especial obedecerá às mesmas regras do rateio do FPM, de que trata o art. 159 da Constituição;

>> Alínea *b* acrescentada pela Lei n. 12.734, de 30-11-2012.

c) o percentual que o FPM destina aos Municípios que serão excluídos do rateio dos recursos do fundo especial em decorrência do disposto na alínea *a* será redistribuído entre Municípios proporcionalmente às suas participações no FPM;

>> Alínea *c* acrescentada pela Lei n. 12.734, de 30-11-2012.

d) o Município produtor ou confrontante poderá optar por receber os recursos do fundo especial de que trata este inciso, desde que não receba recursos em decorrência do disposto nas alíneas *b* e *c* dos incisos I e II do art. 42-B da Lei n. 12.351, de 22 de dezembro de 2010, nas alíneas *b* e *c* do inciso II dos arts. 48 e 49 desta Lei e no inciso III do § 2.º deste artigo;

>> Alínea *d* acrescentada pela Lei n. 12.734, de 30-11-2012.

e) os recursos que Municípios produtores ou confrontantes tenham deixado de arrecadar em função da opção prevista na alínea *d* serão adicionados aos recursos do fundo especial de que trata este inciso.

>> Alínea *e* acrescentada pela Lei n. 12.734, de 30-11-2012.

§ 3.º (*Revogado pela Lei n. 12.114, de 9-12-2009.*)

§ 4.º (*Revogado pela Lei n. 12.734, de 30-11-2012.*)

§ 5.º A soma dos valores referentes aos *royalties* devidos aos Municípios nos termos das alíneas *b* e *c* dos incisos I e II do art. 42-B da

Lei n. 12.351, de 22 de dezembro de 2010, com os *royalties* devidos nos termos das alíneas *b* e *c* dos incisos I e II dos arts. 48 e 49 desta Lei, com a participação especial devida nos termos do inciso III do § 2.º deste artigo, ficarão limitados ao maior dos seguintes valores:

>> § 5.º, *caput*, acrescentado pela Lei n. 12.734, de 30-11-2012.

I – os valores que o Município recebeu a título de *royalties* e participação especial em 2011;

>> Inciso I acrescentado pela Lei n. 12.734, de 30-11-2012.

II – 2 (duas) vezes o valor *per capita* distribuído pelo FPM, calculado em nível nacional, multiplicado pela população do Município.

>> Inciso II acrescentado pela Lei n. 12.734, de 30-11-2012.

§ 6.º A opção dos Estados, Distrito Federal e Municípios de que trata a alínea *d* dos incisos IV e V poderá ser feita após conhecido o valor dos *royalties* e da participação especial a serem distribuídos, nos termos do regulamento.

>> § 6.º acrescentado pela Lei n. 12.734, de 30-11-2012.

§ 7.º A parcela da participação especial que contribuir para o valor que exceder o limite de pagamentos aos Municípios em decorrência do disposto no § 5.º será transferida para o fundo especial de que trata o inciso V do § 2.º.

>> § 7.º acrescentado pela Lei n. 12.734, de 30-11-2012.

§ 8.º Os recursos provenientes dos pagamentos da participação especial serão distribuídos, nos termos do disposto nesta Lei, com base nos cálculos de valores devidos a cada beneficiário, fornecidos pela autoridade administrativa competente.

>> § 8.º acrescentado pela Lei n. 13.609, de 10-1-2018.

§ 9.º No caso dos Estados e dos Municípios, os recursos de que trata o § 8.º deste artigo serão creditados em contas bancárias específicas de titularidade deles.

>> § 9.º acrescentado pela Lei n. 13.609, de 10-1-2018.

§ 10. Observado o disposto o § 13 deste artigo, na hipótese de o Estado ou o Município ter celebrado operação de cessão ou transferência, parcial ou total, dos seus direitos sobre a participação especial ou de antecipação, parcial ou total, das receitas decorrentes dos direitos sobre a participação especial, os recursos de que trata o § 8.º deste artigo serão creditados pelo seu valor líquido, após as deduções de natureza legal, tributária e/ou contratual anteriormente incidentes, se houver, e desde que tais deduções tenham prioridade de pagamentos, diretamente pela União, em conta bancária específica de titularidade dos investidores, no Brasil ou no exterior, ou de entidade representativa dos interesses dos investidores que tenham contratado com o Estado ou o Município a respectiva operação de cessão ou transferência de direitos sobre a participação especial ou de antecipação das receitas decorrentes dos direitos sobre a participação especial.

>> § 10 acrescentado pela Lei n. 13.609, de 10-1-2018.

§ 11. Na hipótese prevista no § 10 deste artigo, a União não poderá alterar a conta bancária específica indicada para o pagamento dos direitos e receitas sobre a participação especial sem a prévia e expressa autorização do beneficiário da operação.

>> § 11 acrescentado pela Lei n. 13.609, de 10-1-2018.

§ 12. Eventual adesão do Estado ao Regime de Recuperação Fiscal previsto na Lei Complementar n. 159, de 19 de maio de 2017, não poderá afetar a transferência dos direitos e receitas sobre a participação especial para a conta bancária específica de titularidade do investidor ou da entidade representativa dos interesses do investidor referida no § 10 deste artigo, até o integral cumprimento da obrigação assumida.

>> § 12 acrescentado pela Lei n. 13.609, de 10-1-2018.

§ 13. Para as operações já contratadas na data da promulgação desta Lei, poderão as partes, de comum acordo, ajustar a transferência do depósito dos recursos de que trata o § 8.º deste artigo diretamente para conta bancária específica do investidor ou da entidade representativa dos interesses do investidor para essa finalidade.

>> § 13 acrescentado pela Lei n. 13.609, de 10-1-2018.

§ 14. (*Vetado.*)

>> § 14 acrescentado pela Lei n. 13.609, de 10-1-2018.

Art. 50-A. O percentual de distribuição a que se refere o inciso I do § 2.º do art. 50 será acrescido de 1 (um) ponto percentual em 2013 e em cada ano subsequente até 2016, quando alcançará 46% (quarenta e seis por cento).

>> *Caput* acrescentado pela Lei n. 12.734, de 30-11-2012.

Parágrafo único. A partir de 2016, o percentual de distribuição a que se refere este artigo será de 46% (quarenta e seis por cento).

>> Parágrafo único acrescentado pela Lei n. 12.734, de 30-11-2012.

Art. 50-B. O percentual de distribuição a que se refere o inciso II do § 2.º do art. 50 será reduzido:

>> *Caput* acrescentado pela Lei n. 12.734, de 30-11-2012.

I – em 2 (dois) pontos percentuais em 2013, quando atingirá 32% (trinta e dois por cento);

>> Inciso I acrescentado pela Lei n. 12.734, de 30-11-2012.

II – em 3 (três) pontos percentuais em 2014 e em 2015, quando atingirá 26% (vinte e seis por cento);

>> Inciso II acrescentado pela Lei n. 12.734, de 30-11-2012.

III – em 2 (dois) pontos percentuais em 2016, em 2017 e em 2018, quando atingirá 20% (vinte por cento).

>> Inciso III acrescentado pela Lei n. 12.734, de 30-11-2012.

Parágrafo único. A partir de 2018, o percentual de distribuição a que se refere este artigo será de 20% (vinte por cento).

>> Parágrafo único acrescentado pela Lei n. 12.734, de 30-11-2012.

Art. 50-C. O percentual de distribuição a que se refere o inciso III do § 2.º do art. 50 será reduzido em 1 (um) ponto percentual em 2019, quando atingirá 4% (quatro por cento).

>> *Caput* acrescentado pela Lei n. 12.734, de 30-11-2012.

Parágrafo único. A partir de 2019, o percentual de distribuição a que se refere este artigo será de 4% (quatro por cento).

>> Parágrafo único acrescentado pela Lei n. 12.734, de 30-11-2012.

Art. 50-D. O percentual de distribuição a que se refere o inciso IV do § 2.º do art. 50 será acrescido:

>> *Caput* acrescentado pela Lei n. 12.734, de 30-11-2012.

I – em 0,5 (cinco décimos) de ponto percentual em 2013, quando atingirá 10% (dez por cento);

>> Inciso I acrescentado pela Lei n. 12.734, de 30-11-2012.

II – em 1 (um) ponto percentual em 2014 e em 2015, quando atingirá 12% (doze por cento);

>> Inciso II acrescentado pela Lei n. 12.734, de 30-11-2012.

III – em 0,5 (cinco décimos) de ponto percentual em 2016, quando atingirá 12,5% (doze inteiros e cinco décimos por cento);

>> Inciso III acrescentado pela Lei n. 12.734, de 30-11-2012.

IV – em 1 (um) ponto percentual em 2017 e em 2018, quando atingirá 14,5% (quatorze inteiros e cinco décimos por cento);

>> Inciso IV acrescentado pela Lei n. 12.734, de 30-11-2012.

V – em 0,5 (cinco décimos) de ponto percentual em 2019, quando atingirá 15% (quinze por cento).

>> Inciso V acrescentado pela Lei n. 12.734, de 30-11-2012.

Parágrafo único. A partir de 2019, o percentual de distribuição a que se refere este artigo será de 15% (quinze por cento).

>> Parágrafo único acrescentado pela Lei n. 12.734, de 30-11-2012.

Art. 50-E. O percentual de distribuição a que se refere o inciso V do § 2.º do art. 50 será acrescido:

>> *Caput* acrescentado pela Lei n. 12.734, de 30-11-2012.

I – em 0,5 (cinco décimos) de ponto percentual em 2013, quando atingirá 10% (dez por cento);

>> Inciso I acrescentado pela Lei n. 12.734, de 30-11-2012.

II – em 1 (um) ponto percentual em 2014 e em 2015, quando atingirá 12% (doze por cento);

>> Inciso II acrescentado pela Lei n. 12.734, de 30-11-2012.

III – em 0,5 (cinco décimos) de ponto percentual em 2016, quando atingirá 12,5% (doze inteiros e cinco décimos por cento);

>> Inciso III acrescentado pela Lei n. 12.734, de 30-11-2012.

IV – em 1 (um) ponto percentual em 2017 e em 2018, quando atingirá 14,5% (quatorze inteiros e cinco décimos por cento);

>> Inciso IV acrescentado pela Lei n. 12.734, de 30-11-2012.

V – em 0,5 (cinco décimos) de ponto percentual em 2019, quando atingirá 15% (quinze por cento).

>> Inciso V acrescentado pela Lei n. 12.734, de 30-11-2012.

Parágrafo único. A partir de 2019, o percentual de distribuição a que se refere este artigo será de 15% (quinze por cento).

>> Parágrafo único acrescentado pela Lei n. 12.734, de 30-11-2012.

Art. 50-F. O fundo especial de que tratam as alíneas *d* e *e* do inciso II dos arts. 48 e 49 desta Lei, os incisos IV e V do § 2.º do art. 50 desta Lei e as alíneas *d* e *e* dos incisos I e II do art. 42-B da Lei n. 12.351, de 22 de dezembro de 2010, serão destinados para as áreas de educação, infraestrutura social e econômica, saúde, segurança, programas de erradicação da miséria e da pobreza, cultura, esporte, pesquisa, ciência e tecnologia, defesa civil, meio ambiente, em programas voltados para a mitigação e adaptação às mudanças climáticas, e para o tratamento e reinserção social dos dependentes químicos.

>> *Caput* acrescentado pela Lei n. 12.734, de 30-11-2012.

Parágrafo único. Os Estados, o Distrito Federal e os Municípios encaminharão anexo contendo a previsão para a aplicação dos recursos de que trata o *caput* junto aos respectivos planos plurianuais, leis de diretrizes orçamentárias e leis do orçamento anual.

>> Parágrafo único acrescentado pela Lei n. 12.734, de 30-11-2012.

Art. 51. O edital e o contrato disporão sobre o pagamento pela ocupação ou retenção de área, a ser feito anualmente, fixado por quilômetro quadrado ou fração da superfície do bloco, na forma da regulamentação por decreto do Presidente da República.

Parágrafo único. O valor do pagamento pela ocupação ou retenção de área será aumentado em percentual a ser estabelecido pela ANP, sempre que houver prorrogação do prazo de exploração.

Art. 52. Constará também do contrato de concessão de bloco localizado em terra cláusula que determine o pagamento aos proprietários da terra de participação equivalente, em moeda corrente, a um percentual variável entre cinco décimos por cento e um por cento da produção de petróleo ou gás natural, a critério da ANP.

Parágrafo único. A participação a que se refere este artigo será distribuída na proporção da produção realizada nas propriedades regularmente demarcadas na superfície do bloco.

Capítulo VI
DO REFINO DE PETRÓLEO E DO PROCESSAMENTO DE GÁS NATURAL

Art. 53. Qualquer empresa ou consórcio de empresas que atenda ao disposto no art. 5.º desta Lei poderá submeter à ANP proposta, acompanhada do respectivo projeto, para a construção e operação de refinarias e de unidades de processamento, de liquefação, de regaseificação e de estocagem de gás natural, bem como para a ampliação de sua capacidade.

>> *Caput* com redação determinada pela Lei n. 11.909, de 4-3-2009.

§ 1.º A ANP estabelecerá os requisitos técnicos, econômicos e jurídicos a serem atendidos pelos proponentes e as exigências de projeto quanto à proteção ambiental e à segurança industrial e das populações.

§ 2.º Atendido o disposto no parágrafo anterior, a ANP outorgará a autorização a que se refere o inciso V do art. 8.º, definindo seu objeto e sua titularidade.

Art. 54. É permitida a transferência da titularidade da autorização, mediante prévia e expressa aprovação pela ANP, desde que o novo titular satisfaça os requisitos expressos no § 1.º do artigo anterior.

Art. 55. No prazo de cento e oitenta dias, a partir da publicação desta Lei, a ANP expedirá as autorizações relativas às refinarias e unidades de processamento de gás natural existentes, ratificando sua titularidade e seus direitos.

Parágrafo único. As autorizações referidas neste artigo obedecerão ao disposto no art. 53 quanto à transferência da titularidade e à ampliação da capacidade das instalações.

Capítulo VII
DO TRANSPORTE DE PETRÓLEO, SEUS DERIVADOS E GÁS NATURAL

> A Lei n. 11.909, de 4-3-2009, dispõe sobre as atividades relativas ao transporte de gás natural, bem como sobre as atividades de tratamento, processamento, estocagem, liquefação, regaseificação e comercialização de gás natural.

Art. 56. Observadas as disposições das leis pertinentes, qualquer empresa ou consórcio de empresas que atender ao disposto no art. 5.º poderá receber autorização da ANP para construir instalações e efetuar qualquer modalidade de transporte de petróleo, seus derivados e gás natural, seja para suprimento interno ou para importação e exportação.

Parágrafo único. A ANP baixará normas sobre a habilitação dos interessados e as condições para a autorização e para transferência de sua titularidade, observado o atendimento aos requisitos de proteção ambiental e segurança de tráfego.

Art. 57. No prazo de cento e oitenta dias, a partir da publicação desta Lei, a PETROBRÁS e as demais empresas proprietárias de equipamentos e instalações de transporte marítimo e dutoviário receberão da ANP as respectivas autorizações, ratificando sua titularidade e seus direitos.

Parágrafo único. As autorizações referidas neste artigo observarão as normas de que trata o parágrafo único do artigo anterior, quanto à transferência da titularidade e à ampliação da capacidade das instalações.

Art. 58. Será facultado a qualquer interessado o uso dos dutos de transporte e dos terminais marítimos existentes ou a serem construídos, com exceção dos terminais de Gás Natural Liquefeito – GNL, mediante remuneração adequada ao titular das instalações ou da capacidade de movimentação de gás natural, nos termos da lei e da regulamentação aplicável.

>> *Caput* com redação determinada pela Lei n. 11.909, de 4-3-2009.

§ 1.º A ANP fixará o valor e a forma de pagamento da remuneração adequada com base em critérios previamente estabelecidos, caso não haja acordo entre as partes, cabendo-lhe também verificar se o valor acordado é compatível com o mercado.

>> § 1.º com redação determinada pela Lei n. 11.909, de 4-3-2009.

§ 2.º A ANP regulará a preferência a ser atribuída ao proprietário das instalações para movimentação de seus próprios produtos, com o objetivo de promover a máxima utilização da capacidade de transporte pelos meios disponíveis.

§ 3.º A receita referida no *caput* deste artigo deverá ser destinada a quem efetivamente estiver suportando o custo da capacidade de movimentação de gás natural.

>> § 3.º acrescentado pela Lei n. 11.909, de 4-3-2009.

Art. 59. Os dutos de transferência serão reclassificados pela ANP como dutos de transporte, caso haja comprovado interesse de terceiros em sua utilização, observadas as disposições aplicáveis deste Capítulo.

Capítulo VIII
DA IMPORTAÇÃO E EXPORTAÇÃO DE PETRÓLEO, SEUS DERIVADOS E GÁS NATURAL

Art. 60. Qualquer empresa ou consórcio de empresas que atender ao disposto no art. 5.º poderá receber autorização da ANP para exercer a atividade de importação e exportação de petróleo e seus derivados, de gás natural e condensado.

Parágrafo único. O exercício da atividade referida no *caput* deste artigo observará as diretrizes do CNPE, em particular as relacionadas com o cumprimento das disposições do art. 4.º da Lei n. 8.176, de 8 de fevereiro de 1991, e obedecerá às demais normas legais e regulamentares pertinentes.

> A Lei n. 8.176, de 8-2-1991, define crimes contra a ordem econômica e cria o sistema de estoques de combustíveis.

Capítulo IX
DA PETROBRÁS

Art. 61. A Petróleo Brasileiro S.A. – PETROBRÁS é uma sociedade de economia mista vinculada ao Ministério de Minas e Energia, que tem como objeto a pesquisa, a lavra, a refinação, o processamento, o comércio e o transporte de petróleo proveniente de poço, de xisto ou de outras rochas, de seus derivados, de gás natural e de outros hidrocarbonetos fluidos, bem como quaisquer outras atividades correlatas ou afins, conforme definidas em lei.

§ 1.º As atividades econômicas referidas neste artigo serão desenvolvidas pela PETROBRÁS em caráter de livre competição com outras empresas, em função das condições de mercado, observados o período de transição previsto no Capítulo X e os demais princípios e diretrizes desta Lei.

>> O Decreto n. 9.355, de 25-4-2018, estabelece regras de governança, transparência e boas práticas de mercado para a cessão de direitos de exploração, desenvolvimento e produção de petróleo, gás natural e outros hidrocarbonetos fluidos pela Petróleo Brasileiro S.A. – Petrobrás.

§ 2.º A PETROBRÁS, diretamente ou por intermédio de suas subsidiárias, associada ou não a terceiros, poderá exercer, fora do território nacional, qualquer uma das atividades integrantes de seu objeto social.

Art. 62. A União manterá o controle acionário da PETROBRÁS com a propriedade e posse de, no mínimo, cinquenta por cento das ações, mais uma ação, do capital votante.

Parágrafo único. O capital social da PETROBRÁS é dividido em ações ordinárias, com direito de voto, e ações preferenciais, estas sempre sem direito de voto, todas escriturais, na forma do art. 34 da Lei n. 6.404, de 15 de dezembro de 1976.

Art. 63. A PETROBRÁS e suas subsidiárias ficam autorizadas a formar consórcios com empresas nacionais ou estrangeiras, na condição ou não de empresa líder, objetivando expandir atividades, reunir tecnologias e ampliar investimentos aplicados à indústria do petróleo.

>> O Decreto n. 9.355, de 25-4-2018, estabelece regras de governança, transparência e boas práticas de mercado para a cessão de direitos de exploração, desenvolvimento e produção de petróleo, gás natural e outros hidrocarbonetos fluidos pela Petróleo Brasileiro S.A. – Petrobrás.

Art. 64. Para o estrito cumprimento de atividades de seu objeto social que integrem a indústria do petróleo, fica a PETROBRÁS autorizada a constituir subsidiárias, as quais poderão associar-se, majoritária ou minoritariamente, a outras empresas.

Art. 65. A PETROBRÁS deverá constituir uma subsidiária com atribuições específicas de operar e construir seus dutos, terminais marítimos e embarcações para transporte de petróleo, seus derivados e gás natural, ficando facultado a essa subsidiária associar-se, majoritária ou minoritariamente, a outras empresas.

Art. 66. A PETROBRÁS poderá transferir para seus ativos os títulos e valores recebidos por qualquer subsidiária, em decorrência do Programa Nacional de Desestatização, mediante apropriada redução de sua participação no capital social da subsidiária.

Arts. 67 e 68. (*Revogados pela Lei n. 13.303, de 30-6-2016.*)

Capítulo IX-A
DAS ATIVIDADES ECONÔMICAS DA INDÚSTRIA DE BIOCOMBUSTÍVEIS

>> Capítulo IX-A acrescentado pela Lei n. 12.490, de 16-9-2011.

Art. 68-A. Qualquer empresa ou consórcio de empresas constituídas sob as leis brasileiras com sede e administração no País poderá obter autorização da ANP para exercer as atividades econômicas da indústria de biocombustíveis.

>> *Caput* acrescentado pela Lei n. 12.490, de 16-9-2011.

§ 1.º As autorizações de que trata o *caput* destinam-se a permitir a exploração das atividades econômicas em regime de livre iniciativa e ampla competição, nos termos da legislação específica.

>> § 1.º acrescentado pela Lei n. 12.490, de 16-9-2011.

§ 2.º A autorização de que trata o *caput* deverá considerar a comprovação, pelo interessado, quando couber, das condições previstas em lei específica, além das seguintes, conforme regulamento:

>> § 2.º, *caput*, acrescentado pela Lei n. 12.490, de 16-9-2011.

I – estar constituído sob as leis brasileiras, com sede e administração no País;

>> Inciso I acrescentado pela Lei n. 12.490, de 16-9-2011.

II – estar regular perante as fazendas federal, estadual e municipal, bem como demonstrar a regularidade de débitos perante a ANP;

>> Inciso II acrescentado pela Lei n. 12.490, de 16-9-2011.

III – apresentar projeto básico da instalação, em conformidade às normas e aos padrões técnicos aplicáveis à atividade;

>> Inciso III acrescentado pela Lei n. 12.490, de 16-9-2011.

IV – apresentar licença ambiental, ou outro documento que a substitua, expedida pelo órgão competente;

>> Inciso IV acrescentado pela Lei n. 12.490, de 16-9-2011.

V – apresentar projeto de controle de segurança das instalações aprovado pelo órgão competente;

>> Inciso V acrescentado pela Lei n. 12.490, de 16-9-2011.

VI – deter capital social integralizado ou apresentar outras fontes de financiamento suficientes para o empreendimento.

>> Inciso VI acrescentado pela Lei n. 12.490, de 16-9-2011.

§ 3.º A autorização somente poderá ser revogada por solicitação do próprio interessado ou por ocasião do cometimento de infrações passíveis de punição com essa penalidade, conforme previsto em lei.

>> § 3.º acrescentado pela Lei n. 12.490, de 16-9-2011.

§ 4.º A autorização será concedida pela ANP em prazo a ser estabelecido na forma do regulamento.

>> § 4.º acrescentado pela Lei n. 12.490, de 16-9-2011.

§ 5.º A autorização não poderá ser concedida se o interessado, nos 5 (cinco) anos anteriores ao requerimento, teve autorização para o exercício de atividade regulamentada pela ANP revogada em decorrência de penalidade aplicada em processo administrativo com decisão definitiva.

>> § 5.º acrescentado pela Lei n. 12.490, de 16-9-2011.

§ 6.º Não são sujeitas à regulação e à autorização pela ANP a produção agrícola, a fabricação de produtos agropecuários e alimentícios e a geração de energia elétrica, quando vinculadas ao estabelecimento no qual se construirá, modificará ou ampliará a unidade de produção de biocombustível.

>> § 6.º acrescentado pela Lei n. 12.490, de 16-9-2011.

§ 7.º A unidade produtora de biocombustível que produzir ou comercializar energia elétrica deverá atender às normas e aos regulamentos estabelecidos pelos órgãos e entidades competentes.

>> § 7.º acrescentado pela Lei n. 12.490, de 16-9-2011.

§ 8.º São condicionadas à prévia aprovação da ANP a modificação ou a ampliação de instalação relativas ao exercício das atividades econômicas da indústria de biocombustíveis.

>> § 8.º acrescentado pela Lei n. 12.490, de 16-9-2011.

Capítulo X
DAS DISPOSIÇÕES FINAIS E TRANSITÓRIAS

Seção I
Do Período de Transição

Art. 69. Durante o período de transição, que se estenderá, no máximo, até o dia 31 de dezembro de 2001, os reajustes e revisões de preços dos derivados básicos de petróleo e gás natural, praticados pelas unidades produtoras ou de processamento, serão efetuados segundo diretrizes e parâmetros específicos estabelecidos, em ato conjunto, pelos Ministros de Estado da Fazenda e de Minas e Energia.

>> Artigo com redação determinada pela Lei n. 9.990, de 21-7-2000.

>> O art. 7.º da Lei n. 10.453, de 13-5-2002, regulamentado pelo Decreto n. 4.267, de 12-6-2002, dispõe que, para os efeitos do art. 74 desta Lei, o período de transição definido neste artigo fica prorrogado em 6 meses, admitida nova prorrogação, por igual período, mediante ato do Poder Executivo. O Decreto n. 4.491, de 29-11-2002, estendeu essa prorrogação até 31-12-2002.

Art. 70. Durante o período de transição de que trata o artigo anterior, a ANP estabelecerá critérios para as importações de petróleo, de seus derivados básicos e de gás natural, os quais serão compatíveis com os critérios de desregulamentação de preços, previstos no mesmo dispositivo.

Art. 71. Os derivados de petróleo e de gás natural que constituam insumos para a indústria petroquímica terão o tratamento previsto nos arts. 69 e 70, objetivando a competitividade do setor.

Art. 72. Durante o prazo de cinco anos, contados a partir da data de publicação desta Lei, a União assegurará, por intermédio da ANP, às refinarias em funcionamento no país, excluídas do monopólio da União, nos termos do art. 45 do Ato das Disposições Constitucionais Transitórias, condições operacionais e econômicas, com base nos critérios em vigor, aplicados à atividade de refino.

Parágrafo único. No prazo previsto neste artigo, observar-se-á o seguinte:

I – (*Vetado.*);

II – as refinarias se obrigam a submeter à ANP plano de investimentos na modernização tecnológica e na expansão da produtividade de seus respectivos parques de refino, com vistas ao aumento da produção e à consequente redução dos subsídios a elas concedidos;

III – a ANP avaliará, periodicamente, o grau de competitividade das refinarias, a realização dos respectivos planos de investimentos e a consequente redução dos subsídios relativos a cada uma delas.

Art. 73. Até que se esgote o período de transição estabelecido no art. 69, os preços dos derivados básicos praticados pela PETROBRÁS poderão considerar os encargos resultantes de subsídios incidentes sobre as atividades por ela desenvolvidas.

Parágrafo único. À exceção das condições e do prazo estabelecidos no artigo anterior, qualquer subsídio incidente sobre os preços dos derivados básicos, transcorrido o período previsto no art. 69, deverá ser proposto pelo CNPE e submetido à aprovação do Congresso Nacional, nos termos do inciso II do art. 2.º.

Art. 74. A Secretaria do Tesouro Nacional procederá ao levantamento completo de todos os créditos e débitos recíprocos da União e da PETROBRÁS, abrangendo as diversas contas de obrigações recíprocas e subsídios, inclusive os relativos à denominada Conta Petróleo, Derivados e Álcool, instituída pela Lei n. 4.452, de 5 de novembro de 1964, e legislação complementar, ressarcindo-se o Tesouro dos dividendos mínimos legais que tiverem sido pagos a menos desde a promulgação da Lei n. 6.404, de 15 de dezembro de 1976.

Parágrafo único. Até que se esgote o período de transição, o saldo credor desse encontro de contas deverá ser liquidado pela parte devedora, ficando facultado à União, caso seja a devedora, liquidá-lo em títulos do Tesouro Nacional.

Seção II
Das Disposições Finais

Art. 75. Na composição da primeira Diretoria da ANP, visando implementar a transição para o sistema de mandatos não coincidentes, o Diretor-Geral e dois Diretores serão nomeados pelo Presidente da República, por indicação do Ministro de Estado de Minas e Energia, respectivamente com mandatos de três, dois e um ano, e dois Diretores serão nomeados conforme o disposto nos §§ 2.º e 3.º do art. 11.

Art. 76. A ANP poderá contratar especialistas para a execução de trabalhos nas áreas técnica, econômica e jurídica, por projetos ou prazos limitados, com dispensa de licitação nos casos previstos na legislação aplicável.

Parágrafo único. (*Revogado pela Lei n. 10.871, de 20-5-2004.*)

Art. 77. O Poder Executivo promoverá a instalação do CNPE e implantará a ANP, mediante a aprovação de sua estrutura regimental, em até cento e vinte dias, contados a partir da data de publicação desta Lei.

§ 1.º A estrutura regimental da ANP incluirá os cargos em comissão e funções gratificadas existentes no DNC.

§ 2.º (*Vetado.*)

§ 3.º Enquanto não implantada a ANP, as competências a ela atribuídas por esta Lei serão exercidas pelo Ministro de Estado de Minas e Energia.

Art. 78. Implantada a ANP, ficará extinto o DNC.

Parágrafo único. Serão transferidos para a ANP o acervo técnico-patrimonial, as obrigações, os direitos e as receitas do DNC.

Art. 79. Fica o Poder Executivo autorizado a remanejar, transferir ou utilizar os saldos orçamentários do Ministério de Minas e Energia, para atender às despesas de estruturação e manutenção da ANP, utilizando como recursos as dotações orçamentárias destinadas às atividades finalísticas e administrativas, observados os mesmos subprojetos, subatividades e grupos de despesa previstos na Lei Orçamentária em vigor.

Art. 80. As disposições desta Lei não afetam direitos anteriores de terceiros, adquiridos mediante contratos celebrados com a PETROBRÁS, em conformidade com as leis em vigor, e não invalidam os atos praticados pela PETROBRÁS e suas subsidiárias, de acordo com seus estatutos, os quais serão ajustados, no que couber, a esta Lei.

Art. 81. Não se incluem nas regras desta Lei os equipamentos e instalações destinados a execução de serviços locais de distribuição de gás canalizado, a que se refere o § 2.º do art. 25 da Constituição Federal.

Art. 82. Esta Lei entra em vigor na data de sua publicação.

Art. 83. Revogam-se as disposições em contrário, inclusive a Lei n. 2.004, de 3 de outubro de 1953.

Brasília, 6 de agosto de 1997; 176.º da Independência e 109.º da República.

FERNANDO HENRIQUE CARDOSO

LEI N. 9.491, DE 9 DE SETEMBRO DE 1997 (*)

Altera procedimentos relativos ao Programa Nacional de Desestatização, revoga a Lei n. 8.031, de 12 de abril de 1990, e dá outras providências.

O Presidente da República

Faço saber que o Congresso Nacional decreta e eu sanciono a seguinte Lei:

Art. 1.º O Programa Nacional de Desestatização – PND tem como objetivos fundamentais:

I – reordenar a posição estratégica do Estado na economia, transferindo à iniciativa privada atividades indevidamente exploradas pelo setor público;

(*) Publicada no *Diário Oficial da União* de 10-9-1997, e republicada em 11-9-1997. Regulamentada pelo Decreto n. 2.594, de 15-5-1998. *Vide* Decreto n. 9.589, de 29-11-2018, que dispõe sobre o processo de liquidação de empresas estatais federais.

II – contribuir para a reestruturação econômica do setor público, especialmente através da melhoria do perfil e da redução da dívida pública líquida;

III – permitir a retomada de investimentos nas empresas e atividades que vierem a ser transferidas à iniciativa privada;

IV – contribuir para a reestruturação econômica do setor privado, especialmente para a modernização da infraestrutura e do parque industrial do País, ampliando sua competitividade e reforçando a capacidade empresarial nos diversos setores da economia, inclusive através da concessão de crédito;

V – permitir que a Administração Pública concentre seus esforços nas atividades em que a presença do Estado seja fundamental para a consecução das prioridades nacionais;

VI – contribuir para o fortalecimento do mercado de capitais, através do acréscimo da oferta de valores mobiliários e da democratização da propriedade do capital das empresas que integrarem o Programa.

Art. 2.º Poderão ser objeto de desestatização, nos termos desta Lei:

I – empresas, inclusive instituições financeiras, controladas direta ou indiretamente pela União, instituídas por lei ou ato do Poder Executivo;

II – empresas criadas pelo setor privado e que, por qualquer motivo, passaram ao controle direto ou indireto da União;

III – serviços públicos objeto de concessão, permissão ou autorização;

IV – instituições financeiras públicas estaduais que tenham tido as ações de seu capital social desapropriadas, na forma do Decreto-lei n. 2.321, de 25 de fevereiro de 1987;

> O Decreto-lei n. 2.321, de 25-2-1987, institui, em defesa das finanças públicas, regime de administração especial temporária nas instituições financeiras privadas e públicas não federais, e dá outras providências.

V – bens móveis e imóveis da União.

>> Inciso V acrescentado pela Medida Provisória n. 2.161-35, de 23-8-2001.

§ 1.º Considera-se desestatização:

a) a alienação, pela União, de direitos que lhe assegurem, diretamente ou através de outras controladas, preponderância nas deliberações sociais e o poder de eleger a maioria dos administradores da sociedade;

b) a transferência, para a iniciativa privada, da execução de serviços públicos explorados pela União, diretamente ou através de entidades controladas, bem como daqueles de sua responsabilidade;

c) a transferência ou outorga de direitos sobre bens móveis e imóveis da União, nos termos desta Lei.

>> Alínea *c* acrescentada pela Medida Provisória n. 2.161-35, de 23-8-2001.

§ 2.º Aplicam-se os dispositivos desta Lei, no que couber, às participações minoritárias diretas e indiretas da União no capital social de quaisquer outras sociedades e às ações excedentes à participação acionária detida pela União representativa do mínimo necessário à manutenção do controle acionário da Petróleo Brasileiro S.A. – Petrobrás, nos termos do art. 62 da Lei n. 9.478, de 6-8-1997.

>> Citado dispositivo consta nesta obra.

§ 3.º O Banco Nacional de Desenvolvimento Econômico e Social – BNDES, por determinação do Conselho Nacional de Desestatização, definido nesta Lei, e por solicitação de Estados ou Municípios, poderá firmar com eles ajuste para supervisionar o processo de desestatização de empresas controladas por aquelas unidades federadas, detentoras de concessão, permissão ou autorização para prestação de serviços públicos, observados, quanto ao processo de desestatização, os procedimentos estabelecidos nesta Lei.

§ 4.º Na hipótese do parágrafo anterior, a licitação para a outorga ou transferência da concessão do serviço a ser desestatizado poderá ser realizada na modalidade de leilão.

§ 5.º O Gestor do Fundo Nacional de Desestatização deverá observar, com relação aos imóveis da União incluídos no Programa Nacional de Desestatização, a legislação aplicável às desestatizações e, supletivamente, a relativa aos bens imóveis de domínio da União, sem prejuízo do disposto no inciso VII do art. 6.º.

>> § 5.º acrescentado pela Medida Provisória n. 2.161-35, de 23-8-2001.

§ 6.º (*Revogado pela Lei n. 11.483, de 31-5-2007.*)

Art. 3.º Não se aplicam os dispositivos desta Lei ao Banco do Brasil S.A., à Caixa Econômica Federal, e a empresas públicas ou sociedades de economia mista que exerçam atividades de competência exclusiva da União, de que tratam os incisos XI e XXIII do art. 21 e a alínea *c* do inciso I do art. 159 e o art. 177 da Constituição Federal, não se aplicando a vedação aqui prevista às participações acionárias detidas por essas entidades, desde que não incida restrição legal à alienação das referidas participações.

>> As ações detidas, direta ou indiretamente, pela União que excedam o controle acionário do Banco do Brasil S.A. ficam excluídas da vedação prevista neste artigo por força da Lei n. 10.568, de 19-11-2002.

Art. 4.º As desestatizações serão executadas mediante as seguintes modalidades operacionais:

I – alienação de participação societária, inclusive de controle acionário, preferencialmente mediante a pulverização de ações;

II – abertura de capital;

III – aumento de capital, com renúncia ou cessão, total ou parcial, de direitos de subscrição;

IV – alienação, arrendamento, locação, comodato ou cessão de bens e instalações;

V – dissolução de sociedades ou desativação parcial de seus empreendimentos, com a consequente alienação de seus ativos;

VI – concessão, permissão ou autorização de serviços públicos;

VII – aforamento, remição de foro, permuta, cessão, concessão de direito real de uso resolúvel e alienação mediante venda de bens imóveis de domínio da União.

>> Inciso VII acrescentado pela Medida Provisória n. 2.161-35, de 23-8-2001.

§ 1.º A transformação, a incorporação, a fusão ou a cisão de sociedades e a criação de subsidiárias integrais poderão ser utilizadas a fim de viabilizar a implementação da modalidade operacional escolhida.

§ 2.º Na hipótese de dissolução, caberá ao Ministro de Estado do Planejamento, Orçamento e Gestão acompanhar e tomar as medidas cabíveis à efetivação da liquidação da empresa.

>> § 2.º com redação determinada pela Medida Provisória n. 2.161-35, de 23-8-2001.

§ 3.º Nas desestatizações executadas mediante as modalidades operacionais previstas nos incisos I, IV, V, VI e VII deste artigo, a licitação poderá ser realizada na modalidade de leilão.

>> § 3.º com redação determinada pela Medida Provisória n. 2.161-35, de 23-8-2001.

§ 4.º O edital de licitação poderá prever a inversão da ordem das fases de habilitação e julgamento, hipótese em que:

>> § 4.º, *caput*, acrescentado pela Lei n. 13.360, de 17-11-2016.

I – encerrada a fase de classificação das propostas ou de oferecimento de lances, será aberto o invólucro com os documentos de habilitação do licitante mais bem classificado, para verificação do atendimento das condições fixadas no edital;

>> Inciso I acrescentado pela Lei n. 13.360, de 17-11-2016.

II – verificado o atendimento das exigências do edital, o licitante será declarado vencedor;

>> Inciso II acrescentado pela Lei n. 13.360, de 17-11-2016.

III – inabilitado o licitante mais bem classificado, serão analisados os documentos de habilitação do licitante com a proposta classificada em segundo lugar, e assim sucessivamente, até que um licitante classificado atenda às condições fixadas no edital;

>> Inciso III acrescentado pela Lei n. 13.360, de 17-11-2016.

IV – proclamado o resultado do certame, o objeto será adjudicado ao vencedor nas condições técnicas e econômicas por ele ofertadas.

>> Inciso IV acrescentado pela Lei n. 13.360, de 17-11-2016.

Art. 5.º O Programa Nacional de Desestatização terá como órgão superior de decisão o Conselho Nacional de Desestatização – CND, diretamente subordinado ao Presidente da República, integrado pelos seguintes membros:

I – Ministro de Estado do Desenvolvimento, Indústria e Comércio Exterior, na qualidade de Presidente;

>> Inciso I com redação determinada pela Medida Provisória n. 2.161-35, de 23-8-2001.

II – Chefe da Casa Civil da Presidência da República;

>> Inciso II com redação determinada pela Medida Provisória n. 2.161-35, de 23-8-2001.

III – Ministro de Estado da Fazenda;

>> Inciso III com redação determinada pela Medida Provisória n. 2.161-35, de 23-8-2001.

IV – Ministro de Estado do Planejamento, Orçamento e Gestão;

>> Inciso IV com redação determinada pela Medida Provisória n. 2.161-35, de 23-8-2001.

V – (*Revogado pela Medida Provisória n. 2.161-35, de 23-8-2001.*)

§ 1.º Das reuniões para deliberar sobre a desestatização de empresas ou serviços públicos participará, com direito a voto, o titular do Ministério ao qual a empresa ou serviço se vincule.

§ 2.º Quando se tratar de desestatização de instituições financeiras, participará das reuniões, com direito a voto, o Presidente do Banco Central do Brasil.

§ 3.º Participará também das reuniões, sem direito a voto, um representante do Banco Nacional de Desenvolvimento Econômico e Social – BNDES.

§ 4.º O Conselho deliberará mediante resoluções, cabendo ao Presidente, além do voto de qualidade, a prerrogativa de deliberar, nos casos de urgência e relevante interesse, *ad referendum* do colegiado.

§ 5.º Quando deliberar *ad referendum* do Conselho, o Presidente submeterá a decisão ao colegiado, na primeira reunião que se seguir àquela deliberação.

§ 6.º O Presidente do Conselho poderá convidar Ministros de Estado, bem como representantes de entidades públicas ou privadas, para participar das reuniões, sem direito a voto.

§ 7.º O Conselho reunir-se-á, ordinariamente, uma vez por mês, e, extraordinariamente, sempre que for convocado por seu Presidente.

§ 8.º Nas ausências ou impedimentos do Ministro de Estado do Desenvolvimento, Indústria e Comércio Exterior, as reuniões do Conselho serão presididas pelo Chefe da Casa Civil da Presidência da República.

>> § 8.º com redação determinada pela Medida Provisória n. 2.161-35, de 23-8-2001.

§ 9.º Nas suas ausências ou impedimentos, os membros do Conselho serão representados por substitutos por eles designados.

Art. 6.º Compete ao Conselho Nacional de Desestatização:

I – recomendar, para aprovação do Presidente da República, meios de pagamento e inclusão ou exclusão de empresas, inclusive instituições financeiras, serviços públicos e participações minoritárias, bem como a inclusão de bens móveis e imóveis da União no Programa Nacional de Desestatização;

>> Inciso I com redação determinada pela Medida Provisória n. 2.161-35, de 23-8-2001.

II – aprovar, exceto quando se tratar de instituições financeiras:

a) a modalidade operacional a ser aplicada a cada desestatização;

b) os ajustes de natureza societária, operacional, contábil ou jurídica e o saneamento financeiro, necessários às desestatizações;

c) as condições aplicáveis às desestatizações;

d) a criação de ação de classe especial, a ser subscrita pela União;

e) a fusão, incorporação ou cisão de sociedades e a criação de subsidiária integral, necessárias à viabilização das desestatizações;

f) a contratação, pelo Gestor do Fundo Nacional de Desestatização, de pareceres ou estudos especializados necessários à desestatização de setores ou segmentos específicos;

g) a exclusão de bens móveis e imóveis da União incluídos no PND;

>> Alínea *g* acrescentada pela Medida Provisória n. 2.161-35, de 23-8-2001.

III – determinar a destinação dos recursos provenientes da desestatização, observado o disposto no art. 13 desta Lei;

IV – expedir normas e resoluções necessárias ao exercício de sua competência;

V – deliberar sobre outras matérias relativas ao Programa Nacional de Desestatização, que venham a ser encaminhadas pelo Presidente do Conselho;

VI – fazer publicar o relatório anual de suas atividades;

VII – estabelecer as condições de pagamento à vista e parcelado aplicáveis às desestatizações de bens móveis e imóveis da União.

>> Inciso VII acrescentado pela Medida Provisória n. 2.161-35, de 23-8-2001.

§ 1.º Na desestatização dos serviços públicos, o Conselho Nacional de Desestatização deverá recomendar, para aprovação do Presidente da República, o órgão da Administração direta ou indireta que deverá ser o responsável pela execução e acompanhamento do correspondente processo de desestatização, ficando esse órgão, no que couber, com as atribuições previstas no art. 18 desta Lei.

§ 2.º O Conselho Nacional de Desestatização poderá baixar normas regulamentadoras da desestatização de serviços públicos, objeto de concessão, permissão ou autorização, bem como determinar sejam adotados procedimentos previstos em legislação específica, conforme a natureza dos serviços a serem desestatizados.

§ 3.º A desestatização de empresas de pequeno e médio portes, conforme definidas pelo Conselho Nacional de Desestatização, poderá ser coordenada pelo Departamento de Coordenação e Controle das Empresas Estatais, da Secretaria-Executiva do Ministério do Planejamento, Orçamento e Gestão, competindo-lhe, no que couber, as atribuições previstas no art. 18 desta Lei.

>> § 3.º com redação determinada pela Medida Provisória n. 2.161-35, de 23-8-2001.

§ 4.º Compete ao Presidente do Conselho Nacional de Desestatização:

a) presidir as reuniões do Conselho;

b) coordenar e supervisionar a execução do Programa Nacional de Desestatização;

c) encaminhar à deliberação do Conselho as matérias previstas no *caput* e nos §§ 1.º, 2.º e 3.º deste artigo;

d) requisitar aos órgãos competentes a designação de servidores da Administração Pública direta e indireta, para integrar os grupos de trabalho de que trata o inciso III do art. 18 desta Lei.

§ 5.º A desestatização de instituições financeiras será coordenada pelo Banco Central do Brasil, competindo-lhe, nesse caso, exercer, no que couber, as atribuições previstas no art. 18 desta Lei.

§ 6.º A competência para aprovar as medidas mencionadas no inciso II deste artigo, no caso de instituições financeiras, é do Conselho Monetário Nacional, por proposta do Banco Central do Brasil.

§ 7.º Fica a União autorizada a adquirir ativos de instituições financeiras federais, financiar ou garantir os ajustes prévios imprescindíveis para a sua privatização, inclusive por conta dos recursos das Reservas Monetárias, de que trata o art. 12, da Lei n. 5.143, de 20 de outubro de 1966, com a redação dada pelo art. 1.º do Decreto-lei n. 1.342, de 28 de agosto de 1974.

> A Lei n. 5.143, de 20-10-1966, institui o imposto sobre operações financeiras, regula a respectiva cobrança, dispõe sobre a aplicação das reservas monetárias oriundas da sua receita, e dá outras providências.

§ 8.º O disposto no parágrafo anterior se estende às instituições financeiras federais que, dentro do Programa Nacional de Desestatização, adquiram ativos de outra instituição financeira federal a ser privatizada, caso em que fica, ainda, a União autorizada a assegurar à instituição financeira federal adquirente:

a) a equalização da diferença apurada entre o valor desembolsado na aquisição dos ativos e o valor que a instituição financeira federal adquirente vier a pagar ao Banco Central do Brasil pelos recursos recebidos em linha de financiamento específica, destinada a dar suporte à aquisição dos ativos, aí considerados todos os custos incorridos, inclusive os de administração, fiscais e processuais;

b) a equalização entre o valor despendido pela instituição financeira federal na aquisição dos ativos e o valor efetivamente recebido em sua liquidação final;

c) a assunção, pelo Tesouro Nacional, da responsabilidade pelos riscos de crédito dos ativos adquiridos na forma deste parágrafo, inclusive pelas eventuais insubsistências ativas identificadas antes ou após havê-los assumido, respondendo, ainda, pelos efeitos financeiros referentes à redução de seus valores por força de pronunciamento judicial de qualquer natureza.

§ 9.º A realização da equalização ou assunção pelo Tesouro Nacional, de que trata o parágrafo anterior, dar-se-ão sem prejuízo da responsabilidade civil e penal decorrente de eventual conduta ilícita ou gestão temerária na concessão do crédito pertinente.

Art. 7.º A desestatização dos serviços públicos, efetivada mediante uma das modalidades previstas no art. 4.º desta Lei, pressupõe a delegação, pelo Poder Público, de concessão ou permissão do serviço, objeto da exploração, observada a legislação aplicável ao serviço.

Parágrafo único. Os princípios gerais e as diretrizes específicas aplicáveis à concessão, permissão ou autorização, elaborados pelo Poder Público, deverão constar do edital de desestatização.

Art. 8.º Sempre que houver razões que justifiquem, a União deterá, direta ou indiretamente, ação de classe especial do capital social da empresa ou instituição financeira objeto da desestatização, que lhe confira poderes especiais em determinadas matérias, as quais deverão ser caracterizadas nos seus estatutos sociais.

Art. 9.º Fica criado o Fundo Nacional de Desestatização – FND, de natureza contábil, constituído mediante vinculação a este, a título de depósito, das ações ou cotas de propriedade direta ou indireta da União, emitidas por sociedades que tenham sido incluídas no Programa Nacional de Desestatização.

§ 1.º As ações representativas de quaisquer outras participações societárias, incluídas no Programa Nacional de Desestatização, serão, igualmente, depositadas no Fundo Nacional de Desestatização.

§ 2.º Serão emitidos Recibos de Depósitos de Ações – RDA, intransferíveis e inegociáveis a qualquer título, em favor dos depositantes das ações junto ao Fundo Nacional de Desestatização.

§ 3.º Os Recibos de Depósitos de Ações, de cada depositante, serão automaticamente cancelados quando do encerramento do processo de desestatização.

§ 4.º Os titulares das ações que vierem a ser vinculadas ao Fundo Nacional de Desestatização manterão as ações escrituradas em seus registros contábeis, sem alteração de critério, até que se encerre o processo de desestatização.

Art. 10. A União e as entidades da Administração Indireta, titulares das participações acionárias que vierem a ser incluídas no Programa Nacional de Desestatização, deverão, no prazo máximo e improrrogável de cinco dias, contados da data da publicação, no *Diário Oficial da União*, da decisão que determinar a inclusão no referido programa, depositar as suas ações no Fundo Nacional de Desestatização.

Parágrafo único. O mesmo procedimento do *caput* deverá ser observado para a emissão de ações decorrentes de bonificações, de desdobramentos, de subscrições ou de conversões de debêntures, quando couber.

Art. 11. Para salvaguarda do conhecimento público das condições em que se processará a alienação do controle acionário da empresa, inclusive instituição financeira incluída no Programa Nacional de Desestatização, assim como de sua situação econômica, financeira e operacional, será dada ampla divulgação das informações necessárias, mediante a publicação de edital, no *Diário Oficial da União* e em jornais de notória circulação nacional, do qual constarão, pelo menos, os seguintes elementos:

a) justificativa da privatização, indicando o percentual do capital social da empresa a ser alienado;

b) data e ato que determinou a constituição da empresa originariamente estatal ou, se estatizada, data, ato e motivos que determinaram sua estatização;

c) passivo das sociedades de curto e de longo prazo;

d) situação econômico-financeira da sociedade, especificando lucros ou prejuízos, endividamento interno e externo, nos cinco últimos exercícios;

e) pagamento de dividendos à União ou a sociedades por essa controladas direta ou indiretamente, e aporte de recursos à conta capital, providos direta ou indiretamente pela União, nos últimos quinze anos;

f) sumário dos estudos de avaliação;

g) critério de fixação do valor de alienação, com base nos estudos de avaliação;

h) modelagem de venda e valor mínimo da participação a ser alienada;

i) a indicação, se for o caso, de que será criada ação de classe especial e os poderes nela compreendidos.

Art. 12. A alienação de ações a pessoas físicas ou jurídicas estrangeiras poderá atingir cem por cento do capital votante, salvo disposição legal ou manifestação expressa do Poder Executivo, que determine percentual inferior.

Art. 13. Observados os privilégios legais, o titular dos recursos oriundos da venda de ações ou de bens deverá utilizá-los, prioritariamente, na quitação de suas dívidas vencidas e vincendas perante a União.

>> A Lei n. 13.360, de 17-11-2016, propôs nova redação para o *caput* deste artigo, todavia teve seu texto vetado.

§§ 1.º a 3.º (*Revogados pela Lei n. 13.360, de 17-11-2016.*)

Art. 13-A. (*Vetado.*)

>> Artigo acrescentado pela Lei n. 13.360, de 17-11-2016.

Art. 14. Os pagamentos para aquisição de bens e direitos no âmbito do Programa Nacional de Desestatização serão realizados por meio de moeda corrente.

>> *Caput* com redação determinada pela Lei n. 13.360, de 17-11-2016.

I a III – (*Revogados pela Lei n. 13.360, de 17-11-2016.*)

Parágrafo único. O Presidente da República, por recomendação do Conselho Nacional de Desestatização, poderá autorizar outros meios de pagamento, no âmbito do Programa Nacional de Desestatização.

>> Parágrafo único com redação determinada pela Lei n. 13.360, de 17-11-2016.

Art. 15. O preço mínimo de alienação das ações deverá ser submetido à deliberação do órgão competente do titular das ações.

§ 1.º A Resolução do Conselho Nacional de Desestatização que aprovar as condições gerais de desestatização será utilizada pelo representante do titular das ações como instrução de voto para deliberação do órgão competente a que alude o *caput* deste artigo.

§ 2.º O disposto neste artigo não se aplica aos casos de alienação de ações, bens ou direitos quando diretamente detidos pela União.

Art. 16. As empresas incluídas no Programa Nacional de Desestatização que vierem a integrar o Fundo Nacional de Desestatização terão sua estratégia voltada para atender os objetivos da desestatização.

Art. 17. O Fundo Nacional de Desestatização será administrado pelo Banco Nacional de Desenvolvimento Econômico e Social – BNDES, designado Gestor do Fundo.

Art. 18. Compete ao Gestor do Fundo:

I – fornecer apoio administrativo e operacional, necessário ao funcionamento do Conselho Nacional de Desestatização, aí se incluindo os serviços de secretaria;

II – divulgar os processos de desestatização, bem como prestar todas as informações que vierem a ser solicitadas pelos poderes competentes;

III – constituir grupos de trabalho, integrados por funcionários do BNDES e suas subsidiárias e por servidores da Administração direta ou indireta requisitados nos termos da alínea *d* do § 4.º do art. 6.º, desta Lei, para o fim de prover apoio técnico à implementação das desestatizações;

IV – promover a contratação de consultoria, auditoria e outros serviços especializados necessários à execução das desestatizações;

V – submeter ao Presidente do Conselho Nacional de Desestatização as matérias de que trata o inciso II do art. 6.º, desta Lei;

VI – promover a articulação com o sistema de distribuição de valores mobiliários e as Bolsas de Valores;

VII – selecionar e cadastrar empresas de reconhecida reputação e tradicional atuação na negociação de capital, transferência de controle acionário, venda e arrendamento de ativos;

VIII – preparar a documentação dos processos de desestatização, para apreciação do Tribunal de Contas da União;

IX – submeter ao Presidente do Conselho outras matérias de interesse do Programa Nacional de Desestatização.

Parágrafo único. Na contratação dos serviços a que se refere o inciso IV deste artigo, poderá o Gestor do Fundo estabelecer, alternativa ou cumulativamente, na composição da remuneração dos contratados, pagamento a preço fixo ou comissionado, sempre mediante licitação.

Art. 19. Os acionistas controladores e os administradores das empresas incluídas no Programa Nacional de Desestatização adotarão, nos prazos estabelecidos, as providências que vierem a ser determinadas pelo Conselho Nacional de Desestatização, necessárias à implantação dos processos de alienação.

Art. 20. Será de responsabilidade exclusiva dos administradores das sociedades incluídas no Programa Nacional de Desestatização o fornecimento, em tempo hábil, das informações sobre as mesmas, necessárias à execução dos processos de desestatização.

Parágrafo único. Será considerada falta grave a ação ou omissão de empregados ou servidores públicos que, injustificadamente, opuserem dificuldades ao fornecimento de informações e outros dados necessários à execução dos processos de desestatização.

Art. 21. Ao Gestor do Fundo Nacional de Desestatização caberá uma remuneração de 0,2% (dois décimos por cento) do valor líquido apurado nas alienações para cobertura de seus custos operacionais, bem como o ressarcimento dos gastos efetuados com terceiros, necessários à execução dos processos de desestatização previstos nesta Lei.

Parágrafo único. Na hipótese de alienação de participações minoritárias, cujo valor seja de pequena monta, a juízo do Gestor do Fundo Nacional de Desestatização, poderão ser dispensados a cobrança de remuneração e o ressarcimento dos gastos de que trata este artigo.

Art. 22. O Fundo Nacional de Desestatização será auditado por auditores externos independentes registrados na Comissão de Valores Mobiliários, a serem contratados mediante licitação pública pelo Gestor do Fundo.

Art. 23. Será nula de pleno direito a venda, a subscrição ou a transferência de ações que impliquem infringência desta Lei.

Art. 24. No caso de o Conselho Nacional de Desestatização deliberar a dissolução de sociedade incluída no Programa Nacional de Desestatização, aplicar-se-ão, no que couber, as disposições da Lei n. 8.029, de 12 de abril de 1990.

> A Lei n. 8.029, de 12-4-1990, dispõe sobre a extinção e dissolução de entidades da Administração Pública Federal e dá outras providências.

Art. 25. O Gestor do Fundo manterá assistência jurídica aos ex-membros da Comissão Diretora do Programa Nacional de Desestatização, na hipótese de serem demandados em razão de prática de atos decorrentes do exercício das suas respectivas funções no referido órgão.

Art. 26. A União transferirá ao Banco Nacional de Desenvolvimento Econômico e Social – BNDES 94.953.982 (noventa e quatro milhões, novecentos e cinquenta e três mil, novecentos e oitenta e duas) ações ordinárias nominativas e 4.372.154 (quatro milhões, trezentos e setenta e duas mil, cento e cinquenta e quatro) ações preferenciais nominativas, de sua propriedade no capital da Companhia Vale do Rio Doce.

§ 1.º O BNDES, em contrapartida à transferência das ações pela União, pelo valor nominal equivalente ao valor de venda das ações, deverá, alternativa ou conjuntamente, a critério do Ministro de Estado da Fazenda:

a) assumir dívidas, caracterizadas e novadas da União, nos termos dos atos legais em vigor, relativas ao Fundo de Compensação de Variações Salariais – FCVS;

b) transferir à União debêntures de emissão da BNDES Participações S.A. – BNDESPAR, de sua propriedade, com as mesmas condições de rentabilidade e prazo das dívidas a que se refere a alínea anterior.

§ 2.º Não se aplica ao produto da alienação das ações de que trata o *caput* deste artigo o disposto no inciso III do art. 6.º e no art. 13 desta Lei, e na alínea *a* do § 1.º do art. 30 da Lei n. 8.177, de 1.º de março de 1991, alterada pela Lei n. 8.696, de 26 de agosto de 1993, com a redação ora vigente.

>> O citado art. 30 da Lei n. 8.177, de 1.º-3-1991, que estabelece regras para a desindexação da economia, foi revogado pela Lei n. 10.179, de 6-2-2001.

§ 3.º As ações de que trata este artigo permanecerão depositadas no Fundo Nacional de Desestatização, em nome do BNDES.

§ 4.º Até vinte dias antes da realização do leilão público especial de desestatização da Companhia Vale do Rio Doce será efetivada a transferência de 62.000.000 (sessenta e dois milhões) de ações ordinárias nominativas do total de que trata o *caput* deste artigo, devendo as ações remanescentes ser transferidas no dia útil seguinte ao da liquidação financeira do leilão.

§ 5.º As condições complementares à concretização da operação de que trata este artigo serão regulamentadas por decreto do Presidente da República.

Art. 27. O BNDES destinará o produto da alienação das ações que lhe forem transferidas na forma do art. 26, à concessão de crédito para a reestruturação econômica nacional, de forma a atender os objetivos fundamentais do Programa Nacional de Desestatização, estabelecidos no art. 1.º desta Lei, observado ainda que:

I – as operações serão registradas no BNDES, em conta específica;

II – as disponibilidades de caixa serão aplicadas conforme as normas emanadas do Conselho Monetário Nacional;

III – é vedada a concessão de empréstimo ou a concessão de garantias à Administração direta, indireta ou fundacional, excetuando-se:

a) o repasse às empresas subsidiárias integrais do BNDES para a realização dos respectivos objetivos sociais;

b) os empréstimos ao setor privado de que participem, na qualidade de agentes repassadores, instituições financeiras públicas.

Art. 28. Aos empregados e aposentados de empresas controladas, direta ou indiretamente pela União, incluídas no Programa Nacional de Desestatização, é assegurada a oferta de parte das ações representativas de seu capital, segundo os princípios estabelecidos nesta Lei e condições específicas a serem aprovadas pelo Conselho Nacional de Desestatização, inclusive quanto a:

>> *Caput* com redação determinada pela Lei n. 9.700, de 12-11-1998.

I – disponibilidade posterior das ações;

II – quantidade a ser individualmente adquirida.

Parágrafo único. A oferta de que trata o *caput* deste artigo será de, pelo menos, 10% (dez por cento) das ações do capital social detidas, direta ou indiretamente, pela União, podendo tal percentual mínimo ser revisto pelo Conselho Nacional de Desestatização, caso o mesmo seja incompatível com o modelo de desestatização aprovado.

Art. 29. A participação dos empregados na aquisição de ações far-se-á, opcionalmente, por intermédio de clube de investimento que constituírem para representá-los legalmente, inclusive como substituto processual, observada a regulamentação baixada pela Comissão de Valores Mobiliários – CVM.

Art. 30. São nulos de pleno direito contratos ou negócios jurídicos de qualquer espécie onde o empregado figure como intermediário de terceiro na aquisição de ações com incentivo, em troca de vantagem pecuniária ou não.

§ 1.º O clube de investimento tem legitimidade ativa para propor ação contra os envolvidos nessa operação fraudulenta, retendo os correspondentes títulos mobiliários, se estatutariamente disponíveis.

§ 2.º O Ministério Público, em tomando conhecimento dessa ação judicial ou instado por representação, adotará as providências necessárias à determinação da responsabilidade criminal, bem como solicitará fiscalização por parte da Receita Federal, do Ministério do Trabalho e Emprego e do Instituto Nacional do Seguro Social, sem prejuízo de inspeções por órgãos estaduais, distritais e municipais, no âmbito de suas competências, com vistas à identificação dos efeitos produzidos pela mesma operação.

>> § 2.º com redação determinada pela Medida Provisória n. 2.161-35, de 23-8-2001.

....

Art. 32. Ficam convalidados os atos praticados com base na Medida Provisória n. 1.481-52, de 8 de agosto de 1997.

Art. 33. O Poder Executivo regulamentará o disposto nesta Lei, no prazo de sessenta dias, baixando as instruções necessárias à sua execução.

Art. 34. Esta Lei entra em vigor na data de sua publicação.

Art. 35. Revoga-se a Lei n. 8.031, de 12 de abril de 1990, e demais disposições em contrário.

Brasília, 9 de setembro de 1997; 176.º da Independência e 109.º da República.

FERNANDO HENRIQUE CARDOSO

LEI N. 9.494, DE 10 DE SETEMBRO DE 1997 (*)

Disciplina a aplicação da tutela antecipada contra a Fazenda Pública, altera a Lei n. 7.347, de 24 de julho de 1985, e dá outras providências.

(*) Publicada no *Diário Oficial da União* de 11-9-1997.

Faço saber que o Presidente da República adotou a Medida Provisória n. 1.570-5, de 1997, que o Congresso Nacional aprovou, e eu, Antonio Carlos Magalhães, Presidente, para os efeitos do disposto no parágrafo único do art. 62 da Constituição Federal, promulgo a seguinte Lei:

Art. 1.º Aplica-se à tutela antecipada prevista nos arts. 273 e 461 do Código de Processo Civil o disposto nos arts. 5.º e seu parágrafo único e 7.º da Lei n. 4.348, de 26 de junho de 1964, no art. 1.º e seu § 4.º da Lei n. 5.021, de 9 de junho de 1966, e nos arts. 1.º, 3.º e 4.º da Lei n. 8.437, de 30 de junho de 1992.

>> As citadas Leis n. 4.348, de 26-6-1964, e 5.021, de 9-6-1966, foram revogadas pela Lei n. 12.016, de 7-8-2009, que passou a dispor sobre o mandado de segurança individual e coletivo.

>> O STF, em 30-10-2014, julgou procedente a ADC n. 4, para confirmar, com efeito vinculante e eficácia geral e *ex tunc*, a inteira validade jurídico-constitucional deste artigo.

Art. 1.º-A. Estão dispensadas de depósito prévio, para interposição de recurso, as pessoas jurídicas de direito público federais, estaduais, distritais e municipais.

>> Artigo acrescentado pela Medida Provisória n. 2.180-35, de 24-8-2001.

Art. 1.º-B. O prazo a que se refere o *caput* dos arts. 730 do Código de Processo Civil, e 884 da Consolidação das Leis do Trabalho, aprovada pelo Decreto-lei n. 5.452, de 1.º de maio de 1943, passa a ser de trinta dias.

>> Artigo acrescentado pela Medida Provisória n. 2.180-35, de 24-8-2001.

Art. 1.º-C. Prescreverá em cinco anos o direito de obter indenização dos danos causados por agentes de pessoas jurídicas de direito público e de pessoas jurídicas de direito privado prestadoras de serviços públicos.

>> Artigo acrescentado pela Medida Provisória n. 2.180-35, de 24-8-2001.

Art. 1.º-D. Não serão devidos honorários advocatícios pela Fazenda Pública nas execuções não embargadas.

>> Artigo acrescentado pela Medida Provisória n. 2.180-35, de 24-8-2001.

Art. 1.º-E. São passíveis de revisão, pelo Presidente do Tribunal, de ofício ou a requerimento das partes, as contas elaboradas para aferir o valor dos precatórios antes de seu pagamento ao credor.

>> Artigo acrescentado pela Medida Provisória n. 2.180-35, de 24-8-2001.

Art. 1.º-F. Nas condenações impostas à Fazenda Pública, independentemente de sua natureza e para fins de atualização monetária, remuneração do capital e compensação da mora, haverá a incidência uma única vez, até o efetivo pagamento, dos índices oficiais de remuneração básica e juros aplicados à caderneta de poupança.

>> Artigo com redação determinada pela Lei n. 11.960, de 29-6-2009.

>> O STF, no julgamento das ADIs n. 4.425, de 14-3-2013 (*DJE* de 19-12-2013), e n. 5.348, de 8-11-2019 (*DOU* de 21-11-2019), julgou procedente a ação para declarar a inconstitucionalidade deste artigo, na parte em que se estabelece a aplicação dos índices da caderneta de poupança como critério de atualização monetária nas condenações da Fazenda Pública.

Art. 2.º O art. 16 da Lei n. 7.347, de 24 de julho de 1985, passa a vigorar com a seguinte redação:

>> Alteração já processada no texto do diploma modificado.

Art. 2.º-A. A sentença civil prolatada em ação de caráter coletivo proposta por entidade associativa, na defesa dos interesses e direitos dos seus associados, abrangerá apenas os substituídos que tenham na data da propositura da ação, domicílio no âmbito da competência territorial do órgão prolator.

>> *Caput* acrescentado pela Medida Provisória n. 2.180-35, de 24-8-2001.

Parágrafo único. Nas ações coletivas propostas contra a União, os Estados, o Distrito Federal, os Municípios e suas autarquias e fundações, a petição inicial deverá obrigatoriamente estar instruída com a ata da assembleia da entidade associativa que a autorizou, acompanhada da relação nominal dos seus associados e indicação dos respectivos endereços.

>> Parágrafo único acrescentado pela Medida Provisória n. 2.180-35, de 24-8-2001.

Art. 2.º-B. A sentença que tenha por objeto a liberação de recurso, inclusão em folha de pagamento, reclassificação, equiparação, concessão de aumento ou extensão de vantagens a servidores da União, dos Estados, do Distrito Federal e dos Municípios, inclusive de suas autarquias e fundações, somente poderá ser executada após seu trânsito em julgado.

>> Artigo acrescentado pela Medida Provisória n. 2.180-35, de 24-8-2001.

Art. 3.º Ficam convalidados os atos praticados com base na Medida Provisória n. 1.570-4, de 22 de julho de 1997.

Art. 4.º Esta Lei entra em vigor na data de sua publicação.

Congresso Nacional, em 10 de setembro de 1997; 176.º da Independência e 109.º da República.

Antonio Carlos Magalhães

LEI N. 9.507, DE 12 DE NOVEMBRO DE 1997 (**)

(**) Publicada no *Diário Oficial da União* de 13-11-1997. *Habeas data* na CF: *vide* arts. 5.º, LXIX, LXXII e LXXVII, 102, I, *d*, e II, *a*, 105, I, *b*, 108, I, *c*, 109, VIII, e 121, § 4.º, V. O Decreto n. 4.915, de 12-12-2003, institui o Sistema de Gestão de Documentos de Arquivo – SIGA, que tem por finalidade garantir ao cidadão e

Regula o direito de acesso a informações e disciplina o rito processual do habeas data.

O Presidente da República

Faço saber que o Congresso Nacional decreta e eu sanciono a seguinte Lei:

Art. 1.º (*Vetado.*)

Parágrafo único. Considera-se de caráter público todo registro ou banco de dados contendo informações que sejam ou que possam ser transmitidas a terceiros ou que não sejam de uso privativo do órgão ou entidade produtora ou depositária das informações.

>> *Vide* Lei n. 13.709, de 14-8-2018 (proteção de dados pessoais).

Art. 2.º O requerimento será apresentado ao órgão ou entidade depositária do registro ou banco de dados e será deferido ou indeferido no prazo de quarenta e oito horas.

Parágrafo único. A decisão será comunicada ao requerente em vinte e quatro horas.

Art. 3.º Ao deferir o pedido, o depositário do registro ou do banco de dados marcará dia e hora para que o requerente tome conhecimento das informações.

Parágrafo único. (*Vetado.*)

Art. 4.º Constatada a inexatidão de qualquer dado a seu respeito, o interessado, em petição acompanhada de documentos comprobatórios, poderá requerer sua retificação.

§ 1.º Feita a retificação em, no máximo, dez dias após a entrada do requerimento, a entidade ou órgão depositário do registro ou da informação dará ciência ao interessado.

§ 2.º Ainda que não se constate a inexatidão do dado, se o interessado apresentar explicação ou contestação sobre o mesmo, justificando possível pendência sobre o fato objeto do dado, tal explicação será anotada no cadastro do interessado.

Arts. 5.º e 6.º (*Vetados.*)

Art. 7.º Conceder-se-á *habeas data*:

> *Vide* Súmula 2 do STJ.

I – para assegurar o conhecimento de informações relativas à pessoa do impetrante, constantes de registro ou banco de dados de entidades governamentais ou de caráter público;

II – para a retificação de dados, quando não se prefira fazê-lo por processo sigiloso, judicial ou administrativo;

III – para a anotação nos assentamentos do interessado, de contestação ou explicação sobre dado verdadeiro mas justificável e que esteja sob pendência judicial ou amigável.

Art. 8.º A petição inicial, que deverá preencher os requisitos dos arts. 282 a 285 do Código de Processo Civil, será apresentada em duas vias, e os documentos que instruírem a primeira serão reproduzidos por cópia na segunda.

>> A referência é feita ao CPC de 1973. *Vide* arts. 319 a 321 do CPC de 2015.

Parágrafo único. A petição inicial deverá ser instruída com prova:

I – da recusa ao acesso às informações ou do decurso de mais de dez dias sem decisão;

II – da recusa em fazer-se a retificação ou do decurso de mais de quinze dias, sem decisão; ou

III – da recusa em fazer-se a anotação a que se refere o § 2.º do art. 4.º ou do decurso de mais de quinze dias sem decisão.

Art. 9.º Ao despachar a inicial, o juiz ordenará que se notifique o coator do conteúdo da petição, entregando-lhe a segunda via apresentada pelo impetrante, com as cópias dos documentos, a fim de que, no prazo de dez dias, preste as informações que julgar necessárias.

Art. 10. A inicial será desde logo indeferida, quando não for o caso de *habeas data*, ou se lhe faltar algum dos requisitos previstos nesta Lei.

Parágrafo único. Do despacho de indeferimento caberá recurso previsto no art. 15.

Art. 11. Feita a notificação, o serventuário em cujo cartório corra o feito, juntará aos autos cópia autêntica do ofício endereçado ao coator, bem como a prova da sua entrega a este ou da recusa, seja de recebê-lo, seja de dar recibo.

Art. 12. Findo o prazo a que se refere o art. 9.º, e ouvido o representante do Ministério Público dentro de cinco dias, os autos serão conclusos ao juiz para decisão a ser proferida em cinco dias.

Art. 13. Na decisão, se julgar procedente o pedido, o juiz marcará data e horário para que o coator:

I – apresente ao impetrante as informações a seu respeito, constantes de registros ou bancos de dados; ou

II – apresente em juízo a prova da retificação ou da anotação feita nos assentamentos do impetrante.

Art. 14. A decisão será comunicada ao coator, por correio, com aviso de recebimento, ou por telegrama, radiograma ou telefonema, conforme o requerer o impetrante.

Parágrafo único. Os originais, no caso de transmissão telegráfica, radiofônica ou telefônica deverão ser apresentados à agência expedidora, com a firma do juiz devidamente reconhecida.

Art. 15. Da sentença que conceder ou negar o *habeas data* cabe apelação.

Parágrafo único. Quando a sentença conceder o *habeas data*, o recurso terá efeito meramente devolutivo.

Art. 16. Quando o *habeas data* for concedido e o Presidente do Tribunal ao qual competir o conhecimento do recurso ordenar ao juiz a suspensão da execução da sentença, desse seu ato caberá agravo para o Tribunal a que presida.

Art. 17. Nos casos de competência do Supremo Tribunal Federal e dos demais Tribunais caberá ao relator a instrução do processo.

Art. 18. O pedido de *habeas data* poderá ser renovado se a decisão denegatória não lhe houver apreciado o mérito.

Art. 19. Os processos de *habeas data* terão prioridade sobre todos os atos judiciais, exceto *habeas corpus* e mandado de segurança. Na instância superior, deverão ser levados a julgamento na primeira sessão que se seguir à data em que, feita a distribuição, forem conclusos ao relator.

Parágrafo único. O prazo para a conclusão não poderá exceder de vinte e quatro horas, a contar da distribuição.

Art. 20. O julgamento do *habeas data* compete:

I – originariamente:

a) ao Supremo Tribunal Federal, contra atos do Presidente da República, das Mesas da Câmara dos Deputados e do Senado Federal, do Tribunal de Contas da União, do Procurador-Geral da República e do próprio Supremo Tribunal Federal;

b) ao Superior Tribunal de Justiça, contra atos de Ministro de Estado ou do próprio Tribunal;

c) aos Tribunais Regionais Federais contra atos do próprio Tribunal ou de juiz federal;

d) a juiz federal, contra ato de autoridade federal, excetuados os casos de competência dos tribunais federais;

e) a tribunais estaduais, segundo o disposto na Constituição do Estado;

f) a juiz estadual, nos demais casos;

II – em grau de recurso:

a) ao Supremo Tribunal Federal, quando a decisão denegatória for proferida em única instância pelos Tribunais Superiores;

b) ao Superior Tribunal de Justiça, quando a decisão for proferida em única instância pelos Tribunais Regionais Federais;

c) aos Tribunais Regionais Federais, quando a decisão for proferida por juiz federal;

d) aos Tribunais Estaduais e ao do Distrito Federal e Territórios, conforme dispuserem a respectiva Constituição e a lei que organizar a Justiça do Distrito Federal;

III – mediante recurso extraordinário ao Supremo Tribunal Federal, nos casos previstos na Constituição.

---

aos órgãos e entidades da administração pública federal, de forma ágil e segura, o acesso aos documentos de arquivo e às informações neles contidas, resguardados os aspectos de sigilo e as restrições administrativas ou legais. A Lei n. 12.527, de 18-11-2011, regula o acesso a informações previsto nos arts. 5.º, XXXIII, 37, § 3.º, II, e 216, § 2.º, da CF.

Art. 21. São gratuitos o procedimento administrativo para acesso a informações e retificação de dados e para anotação de justificação, bem como a ação de *habeas data*.

Art. 22. Esta Lei entra em vigor na data de sua publicação.

Art. 23. Revogam-se as disposições em contrário.

Brasília, 12 de novembro de 1997; 176.º da Independência e 109.º da República.

FERNANDO HENRIQUE CARDOSO

DECRETO N. 2.487, DE 2 DE FEVEREIRO DE 1998 (*)

Dispõe sobre a qualificação de autarquias e fundações como Agências Executivas, estabelece critérios e procedimentos para a elaboração, acompanhamento e avaliação dos contratos de gestão e dos planos estratégicos de reestruturação e de desenvolvimento institucional das entidades qualificadas e dá outras providências.

O Presidente da República, no uso das atribuições que lhe confere o art. 84, IV e VI, da Constituição, e de acordo com o disposto nos arts. 51 e 52 da Medida Provisória n. 1.549-38, de 31 de dezembro de 1997, decreta:

Art. 1.º As autarquias e as fundações integrantes da Administração Pública Federal poderão, observadas as diretrizes do Plano Diretor da Reforma do Aparelho do Estado, ser qualificadas como Agências Executivas.

§ 1.º A qualificação de autarquia ou fundação como Agência Executiva poderá ser conferida mediante iniciativa do Ministério supervisor, com anuência do Ministério da Administração Federal e Reforma do Estado, que verificará o cumprimento, pela entidade candidata à qualificação, dos seguintes requisitos:

a) ter celebrado contrato de gestão com o respectivo Ministério supervisor;

b) ter plano estratégico de reestruturação e de desenvolvimento institucional, voltado para a melhoria da qualidade da gestão e para a redução de custos, já concluído ou em andamento.

§ 2.º O ato de qualificação como Agência Executiva dar-se-á mediante decreto.

§ 3.º Fica assegurada a manutenção da qualificação como Agência Executiva, desde que o contrato de gestão seja sucessivamente renovado e que o plano estratégico de reestruturação e de desenvolvimento institucional tenha prosseguimento ininterrupto, até a sua conclusão.

§ 4.º A desqualificação de autarquia ou fundação como Agência Executiva dar-se-á mediante decreto, por iniciativa do Ministério supervisor, com anuência do Ministério da Administração Federal e Reforma do Estado, sempre que houver descumprimento do disposto no parágrafo anterior.

Art. 2.º O plano estratégico de reestruturação e de desenvolvimento institucional das entidades candidatas à qualificação como Agências Executivas contemplará, sem prejuízo de outros, os seguintes conteúdos:

I – o delineamento da missão, da visão de futuro, das diretrizes de atuação da entidade e a identificação dos macroprocessos por meio dos quais realiza sua missão, em consonância com as diretrizes governamentais para a sua área de atuação;

II – a revisão de suas competências e forma de atuação, visando a correção de superposições em relação a outras entidades e, sempre que cabível, a descentralização de atividades que possam ser melhor executadas por outras esferas de Governo;

III – a política, os objetivos e as metas de terceirização de atividades mediante contratação de serviços e estabelecimento de convênios, observadas as diretrizes governamentais;

IV – a simplificação de estruturas, compreendendo a redução de níveis hierárquicos, a descentralização e a delegação, como forma de reduzir custos e propiciar maior proximidade entre dirigentes e a agilização do processo decisório para os cidadãos;

V – o reexame dos processos de trabalho, rotinas e procedimentos, com a finalidade de melhorar a qualidade dos serviços prestados e ampliar a eficiência e eficácia de sua atuação;

VI – a adequação do quadro de servidores às necessidades da instituição, com vistas ao cumprimento de sua missão, compreendendo a definição dos perfis profissionais e respectivos quantitativos de cargos;

VII – a implantação ou aperfeiçoamento dos sistemas de informações para apoio operacional e ao processo decisório da entidade;

VIII – a implantação de programa permanente de capacitação e de sistema de avaliação de desempenho dos seus servidores;

IX – a identificação de indicadores de desempenho institucionais, destinados à mensuração de resultados e de produtos.

Parágrafo único. As entidades referidas no *caput* promoverão a avaliação do seu modelo de gestão, com base nos critérios de excelência do Prêmio Nacional da Qualidade, identificando oportunidades de aperfeiçoamento gerencial, de forma a subsidiar a elaboração do plano estratégico de reestruturação e de desenvolvimento institucional.

Art. 3.º O contrato de gestão definirá relações e compromissos entre os signatários, constituindo-se em instrumento de acompanhamento e avaliação do desempenho institucional da entidade, para efeito de supervisão ministerial e de manutenção da qualificação como Agência Executiva.

§ 1.º Previamente à sua assinatura, o contrato de gestão deverá ser objeto de análise e de pronunciamento favorável dos Ministérios da Administração Federal e Reforma do Estado, do Planejamento e Orçamento e da Fazenda.

§ 2.º Os Ministérios referidos no parágrafo anterior prestarão apoio e orientação técnica à elaboração e ao acompanhamento dos contratos de gestão.

§ 3.º Os titulares dos Ministérios referidos no § 1.º deste artigo firmarão o contrato de gestão na qualidade de intervenientes.

§ 4.º O contrato de gestão terá a duração mínima de um ano, admitida a revisão de suas disposições em caráter excepcional e devidamente justificada, bem como a sua renovação, desde que submetidas à análise e à aprovação referidas no § 1.º deste artigo, observado o disposto no § 7.º do art. 4.º deste Decreto.

§ 5.º O orçamento e as metas para os exercícios subsequentes serão estabelecidos a cada exercício financeiro, conjuntamente pelos Ministérios referidos no § 1.º deste artigo, o Ministério supervisor e a Agência Executiva, em conformidade com os planos de ação referidos nos incisos I e II do art. 4.º deste Decreto, por ocasião da elaboração da proposta orçamentária anual.

§ 6.º O valor consignado na proposta orçamentária anual será incorporado ao contrato de gestão.

Art. 4.º O contrato de gestão conterá, sem prejuízo de outras especificações, os seguintes elementos:

I – objetivos e metas da entidade, com seus respectivos planos de ação anuais, prazos de consecução e indicadores de desempenho;

II – demonstrativo de compatibilidade dos planos de ação anuais com o orçamento e com o cronograma de desembolso, por fonte;

III – responsabilidades dos signatários em relação ao atingimento dos objetivos e metas definidos, inclusive no provimento de meios necessários à consecução dos resultados propostos;

IV – medidas legais e administrativas a serem adotadas pelos signatários e partes intervenientes com a finalidade de assegurar maior autonomia de gestão orçamentária, financeira, operacional e administrativa e a disponibilidade de recursos orçamentários e financeiros imprescindíveis ao cumprimento dos objetivos e metas;

V – critérios, parâmetros, fórmulas e consequências, sempre que possível quantificados, a serem considerados na avaliação do seu cumprimento;

VI – penalidades aplicáveis à entidade e aos seus dirigentes, proporcionais ao grau do descumprimento dos objetivos e metas

(*) Publicado no *Diário Oficial da União* de 3-2-1998.

contratados, bem como a eventuais faltas cometidas;

VII – condições para sua revisão, renovação e rescisão;

VIII – vigência.

§ 1.º Os contratos de gestão fixarão objetivos e metas relativos, dentre outros, aos seguintes itens:

a) satisfação do cliente;

b) amplitude da cobertura e da qualidade dos serviços prestados;

c) adequação de processos de trabalho essenciais ao desempenho da entidade;

d) racionalização de dispêndios, em especial com custeio administrativo;

e) arrecadação proveniente de receitas próprias, nas entidades que disponham dessas fontes de recursos.

§ 2.º Os objetivos e metas definidos no contrato de gestão observarão a missão, a visão de futuro e a melhoria do modelo de gestão, estabelecidos no plano estratégico de reestruturação e de desenvolvimento institucional referido no art. 2.º deste Decreto.

§ 3.º A execução do contrato de gestão de cada Agência Executiva será objeto de acompanhamento, mediante relatórios de desempenho com periodicidade mínima semestral, encaminhados ao respectivo Ministro supervisor e às partes intervenientes.

§ 4.º Os relatórios de desempenho deverão contemplar, sem prejuízo de outras informações, os fatores e circunstâncias que tenham dado causa ao descumprimento das metas estabelecidas, bem como de medidas corretivas que tenham sido implementadas.

§ 5.º O Ministro de Estado supervisor designará a unidade administrativa, dentre as já existentes na estrutura do respectivo Ministério, incumbida do acompanhamento do contrato de gestão de que seja signatário.

§ 6.º Serão realizadas avaliações parciais periódicas, pelo Ministério supervisor e pela Secretaria Federal de Controle do Ministério da Fazenda.

§ 7.º Por ocasião do termo final do contrato de gestão, será realizada, pelo Ministério supervisor, avaliação conclusiva sobre os resultados alcançados, subsidiada por avaliações realizadas pelos Ministérios referidos no § 1.º do art. 3.º deste Decreto.

§ 8.º A ocorrência de fatores externos, que possam afetar de forma significativa o cumprimento dos objetivos e metas contratados, ensejará a revisão do contrato de gestão.

Art. 5.º O plano estratégico de reestruturação e de desenvolvimento institucional, o contrato de gestão, os resultados das avaliações de desempenho e outros documentos relevantes para a qualificação, o acompanhamento e a avaliação da Agência Executiva serão objeto de ampla divulgação, por meios físicos e eletrônicos, como forma de possibilitar o seu acompanhamento pela sociedade.

§ 1.º O contrato de gestão será publicado no *Diário Oficial da União*, pelo Ministério supervisor, por ocasião da sua celebração, revisão ou renovação, em até quinze dias, contados de sua assinatura.

§ 2.º A conclusão das avaliações parciais e final relativas ao desempenho da Agência Executiva será publicada no *Diário Oficial da União*, pelo Ministério supervisor, sob a forma de extrato.

Art. 6.º Os Ministérios da Administração Federal e Reforma do Estado, da Fazenda e do Planejamento e Orçamento, no âmbito de suas respectivas competências, adotarão as providências necessárias à execução do disposto neste Decreto.

Art. 7.º Este Decreto entra em vigor na data de sua publicação.

Brasília, 2 de fevereiro de 1998; 177.º da Independência e 110.º da República.

Fernando Henrique Cardoso

DECRETO N. 2.488, DE 2 DE FEVEREIRO DE 1998 (*)

Define medidas de organização administrativa específicas para as autarquias e fundações qualificadas como Agências Executivas e dá outras providências.

O Presidente da República, no uso das atribuições que lhe confere o art. 84, IV e VI, da Constituição, e de acordo com o disposto no parágrafo 2.º do art. 51 da Medida Provisória n. 1.549-38, de 31 de dezembro de 1997, decreta:

Art. 1.º As autarquias e as fundações integrantes da Administração Pública Federal, qualificadas como Agências Executivas, serão objeto de medidas específicas de organização administrativa, com a finalidade de ampliar a eficiência na utilização dos recursos públicos, melhorar o desempenho e a qualidade dos serviços prestados, assegurar maior autonomia de gestão orçamentária, financeira, operacional e de recursos humanos e eliminar fatores restritivos à sua atuação institucional.

Art. 2.º Não se aplicará às Agências Executivas os limites anuais estabelecidos pelo Decreto n. 948, de 5 de outubro de 1993, referentes à realização de serviços extraordinários, desde que sejam previamente atestadas a existência de recursos orçamentários disponíveis e a necessidade dos serviços para o cumprimento dos objetivos e metas do contrato de gestão.

> **O Decreto n. 948, de 5-10-1993, dispõe sobre a aplicação dos arts. 73 e 74 da Lei n. 8.112, de 1990, constante nesta obra.**

Art. 3.º Fica delegada aos Ministros supervisores competência para aprovação ou readequação das estruturas regimentais ou estatutos das Agências Executivas, sem aumento de despesas, observadas as disposições específicas previstas em lei e o quantitativo de cargos destinados à entidade.

Parágrafo único. O Ministro supervisor poderá subdelegar, ao dirigente máximo da Agência Executiva, a competência de que trata o *caput* deste artigo.

Art. 4.º Fica permitida a subdelegação, aos dirigentes máximos das autarquias e fundações qualificadas como Agências Executivas, da competência para autorizar os afastamentos do País, prevista no art. 2.º do Decreto n. 1.387, de 7 de fevereiro de 1995, de servidores civis das respectivas entidades.

> **O Decreto n. 1.387, de 7-2-1995, dispõe sobre o afastamento do país de servidores civis da Administração Pública Federal, e dá outras providências.**

Art. 5.º As Agências Executivas poderão editar regulamentos próprios de avaliação de desempenho dos seus servidores, previamente aprovados pelo Ministério da Administração Federal e Reforma do Estado e por seu Ministério supervisor.

Parágrafo único. Os resultados da avaliação poderão ser considerados para efeito de progressão funcional dos servidores das Agências Executivas, observadas as disposições legais aplicáveis a cada cargo ou carreira.

Art. 6.º Não se aplica às Agências Executivas que tenham editado regulamento próprio, dispondo sobre o registro de assiduidade e pontualidade de seus servidores, o disposto no § 7.º do art. 6.º do Decreto n. 1.590, de 10 de agosto de 1995, alterado pelo art. 4.º do Decreto n. 1.867, de 17 de abril de 1996.

> **O Decreto n. 1.590, de 10-8-1995, dispõe sobre a jornada de trabalho dos servidores da Administração Pública Federal Direta, das Autarquias e das Fundações Públicas Federais, e dá outras providências.**

Art. 7.º A execução orçamentária e financeira das Agências Executivas observará os termos do contrato de gestão e não se sujeitará a limites nos seus valores para movimentação, empenho e pagamento.

Art. 8.º Fica delegada competência aos Ministros supervisores para a fixação de limites específicos, aplicáveis às Agências Executivas, para a concessão de suprimento de fundos para atender a despesas de pequeno vulto, prevista no inciso III do art. 45 do Decreto n. 93.872, de 23 de dezembro de 1986, observadas as demais disposições do referido Decreto.

Parágrafo único. O Ministro supervisor poderá subdelegar, ao dirigente máximo da Agência Executiva, a competência de que trata o *caput* deste artigo.

> **O Decreto n. 93.872, de 23-12-1986, dispõe sobre a unificação dos recursos de caixa do Tesouro Nacional, atualiza e consolida a legislação pertinente, e dá outras providências.**

(*) Publicado no *Diário Oficial da União* de 3-2-1998.

Art. 9.º As Agências Executivas poderão editar normas próprias sobre valores de diárias no País e no exterior e condições especiais para sua concessão, objetivando atender, dentre outras, a situações específicas de deslocamentos entre localidades próximas ou para regiões com características geográficas especiais, com o uso de meios de transporte alternativos ou o oferecimento de facilidades por terceiros, inclusive quando incluídas ou não no custo de taxas de inscrição em eventos de interesse institucional.

>> *Caput* com redação determinada pelo Decreto n. 6.548, de 25-8-2008.

Parágrafo único. O regulamento deverá respeitar o disposto no art. 2.º do Decreto n. 5.992, de 19 de dezembro de 2006, e os valores máximos unitários estabelecidos para cada classe no Anexo do Decreto n. 5.992, de 2006, e no Anexo III do Decreto n. 71.733, de 18 de janeiro de 1973.

>> Parágrafo único com redação determinada pelo Decreto n. 6.548, de 25-8-2008.

> O Decreto n. 5.992, de 19-12-2006, dispõe sobre a concessão de diárias no âmbito da Administração Federal direta, autárquica e fundacional, e dá outras providências.

Art. 10. Ficam as Agências Executivas dispensadas da celebração de termos aditivos a contratos e a convênios de vigência plurianual, quando objetivarem unicamente a identificação dos créditos à conta dos quais devam correr as despesas relativas ao respectivo exercício financeiro.

§ 1.º Para cumprimento do princípio da publicidade, a Agência Executiva fará publicar no *Diário Oficial da União* os dados relativos a número, valor, classificação funcional programática e de natureza da despesa, correspondentes à nota de empenho ou de movimentação de créditos.

§ 2.º A Secretaria do Tesouro Nacional, do Ministério da Fazenda, disciplinará os procedimentos com vistas ao cumprimento do disposto neste artigo.

Art. 11. Este Decreto entra em vigor na data de sua publicação.

Brasília, 2 de fevereiro de 1998; 177.º da Independência e 110.º da República.

Fernando Henrique Cardoso

LEI N. 9.605, DE 12 DE FEVEREIRO DE 1998 (*)

Dispõe sobre as sanções penais e administrativas derivadas de condutas e atividades lesivas ao meio ambiente, e dá outras providências.

O Presidente da República

Faço saber que o Congresso Nacional decreta e eu sanciono a seguinte Lei:

Capítulo I
DISPOSIÇÕES GERAIS

Art. 1.º (*Vetado.*)

Art. 2.º Quem, de qualquer forma, concorre para a prática dos crimes previstos nesta Lei, incide nas penas a estes cominadas, na medida da sua culpabilidade, bem como o diretor, o administrador, o membro de conselho e de órgão técnico, o auditor, o gerente, o preposto ou mandatário de pessoa jurídica, que, sabendo da conduta criminosa de outrem, deixar de impedir a sua prática, quando podia agir para evitá-la.

Art. 3.º As pessoas jurídicas serão responsabilizadas administrativa, civil e penalmente conforme o disposto nesta Lei, nos casos em que a infração seja cometida por decisão de seu representante legal ou contratual, ou de seu órgão colegiado, no interesse ou benefício da sua entidade.

Parágrafo único. A responsabilidade das pessoas jurídicas não exclui a das pessoas físicas, autoras, coautoras ou partícipes do mesmo fato.

Art. 4.º Poderá ser desconsiderada a pessoa jurídica sempre que sua personalidade for obstáculo ao ressarcimento de prejuízos causados à qualidade do meio ambiente.

Art. 5.º (*Vetado.*)

Capítulo II
DA APLICAÇÃO DA PENA

Art. 6.º Para imposição e gradação da penalidade, a autoridade competente observará:

I – a gravidade do fato, tendo em vista os motivos da infração e suas consequências para a saúde pública e para o meio ambiente;

II – os antecedentes do infrator quanto ao cumprimento da legislação de interesse ambiental;

III – a situação econômica do infrator, no caso de multa.

Art. 7.º As penas restritivas de direitos são autônomas e substituem as privativas de liberdade quando:

I – tratar-se de crime culposo ou for aplicada a pena privativa de liberdade inferior a 4 (quatro) anos;

II – a culpabilidade, os antecedentes, a conduta social e a personalidade do condenado, bem como os motivos e as circunstâncias do crime indicarem que a substituição seja suficiente para efeitos de reprovação e prevenção do crime.

Parágrafo único. As penas restritivas de direitos a que se refere este artigo terão a mesma duração da pena privativa de liberdade substituída.

Art. 8.º As penas restritivas de direito são:

I – prestação de serviços à comunidade;

II – interdição temporária de direitos;

III – suspensão parcial ou total de atividades;

IV – prestação pecuniária;

V – recolhimento domiciliar.

Art. 9.º A prestação de serviços à comunidade consiste na atribuição ao condenado de tarefas gratuitas junto a parques e jardins públicos e unidades de conservação, e, no caso de dano da coisa particular, pública ou tombada, na restauração desta, se possível.

Art. 10. As penas de interdição temporária de direito são a proibição de o condenado contratar com o Poder Público, de receber incentivos fiscais ou quaisquer outros benefícios, bem como de participar de licitações, pelo prazo de 5 (cinco) anos, no caso de crimes dolosos, e de 3 (três) anos, no de crimes culposos.

Art. 11. A suspensão de atividades será aplicada quando estas não estiverem obedecendo às prescrições legais.

Art. 12. A prestação pecuniária consiste no pagamento em dinheiro à vítima ou à entidade pública ou privada com fim social, de importância, fixada pelo juiz, não inferior a 1 (um) salário mínimo nem superior a 360 (trezentos e sessenta) salários mínimos. O valor pago será deduzido do montante de eventual reparação civil a que for condenado o infrator.

Art. 13. O recolhimento domiciliar baseia-se na autodisciplina e senso de responsabilidade do condenado, que deverá, sem vigilância, trabalhar, frequentar curso ou exercer atividade autorizada, permanecendo recolhido nos dias e horários de folga em residência ou em qualquer local destinado a sua moradia habitual, conforme estabelecido na sentença condenatória.

Art. 14. São circunstâncias que atenuam a pena:

I – baixo grau de instrução ou escolaridade do agente;

II – arrependimento do infrator, manifestado pela espontânea reparação do dano, ou limitação significativa da degradação ambiental causada;

III – comunicação prévia pelo agente do perigo iminente de degradação ambiental;

IV – colaboração com os agentes encarregados da vigilância e do controle ambiental.

Art. 15. São circunstâncias que agravam a pena, quando não constituem ou qualificam o crime:

I – reincidência nos crimes de natureza ambiental;

II – ter o agente cometido a infração:

a) para obter vantagem pecuniária;

b) coagindo outrem para a execução material da infração;

(*) Publicada no *Diário Oficial da União*, de 13-2-1998, e retificada em 17-2-1998. A Lei n. 9.795, de 27-4-1999, regulamentada pelo Decreto n. 4.281, de 25-6-2002, dispõe sobre a educação ambiental e institui a Política Nacional de Educação Ambiental.

c) afetando ou expondo a perigo, de maneira grave, a saúde pública ou o meio ambiente;

d) concorrendo para danos à propriedade alheia;

e) atingindo áreas de unidades de conservação ou áreas sujeitas, por ato do Poder Público, a regime especial de uso;

f) atingindo áreas urbanas ou quaisquer assentamentos humanos;

g) em período de defeso à fauna;

h) em domingos ou feriados;

i) à noite;

j) em épocas de seca ou inundações;

l) no interior do espaço territorial especialmente protegido;

m) com o emprego de métodos cruéis para abate ou captura de animais;

n) mediante fraude ou abuso de confiança;

o) mediante abuso do direito de licença, permissão ou autorização ambiental;

p) no interesse de pessoa jurídica mantida, total ou parcialmente, por verbas públicas ou beneficiada por incentivos fiscais;

q) atingindo espécies ameaçadas, listadas em relatórios oficiais das autoridades competentes;

r) facilitada por funcionário público no exercício de suas funções.

Art. 16. Nos crimes previstos nesta Lei, a suspensão condicional da pena pode ser aplicada nos casos de condenação a pena privativa de liberdade não superior a 3 (três) anos.

Art. 17. A verificação da reparação a que se refere o § 2.º do art. 78 do Código Penal será feita mediante laudo de reparação do dano ambiental, e as condições a serem impostas pelo juiz deverão relacionar-se com a proteção ao meio ambiente.

Art. 18. A multa será calculada segundo os critérios do Código Penal; se revelar-se ineficaz, ainda que aplicada no valor máximo, poderá ser aumentada até 3 (três) vezes, tendo em vista o valor da vantagem econômica auferida.

Art. 19. A perícia de constatação do dano ambiental, sempre que possível, fixará o montante do prejuízo causado para efeitos de prestação de fiança e cálculo de multa.

Parágrafo único. A perícia produzida no inquérito civil ou no juízo cível poderá ser aproveitada no processo penal, instaurando-se o contraditório.

Art. 20. A sentença penal condenatória, sempre que possível, fixará o valor mínimo para reparação dos danos causados pela infração, considerando os prejuízos sofridos pelo ofendido ou pelo meio ambiente.

Parágrafo único. Transitada em julgado a sentença condenatória, a execução poderá efetuar-se pelo valor fixado nos termos do *caput*, sem prejuízo da liquidação para apuração do dano efetivamente sofrido.

Art. 21. As penas aplicáveis isolada, cumulativa ou alternativamente às pessoas jurídicas, de acordo com o disposto no art. 3.º, são:

I – multa;

II – restritivas de direitos;

III – prestação de serviços à comunidade.

Art. 22. As penas restritivas de direitos da pessoa jurídica são:

I – suspensão parcial ou total de atividades;

II – interdição temporária de estabelecimento, obra ou atividade;

III – proibição de contratar com o Poder Público, bem como dele obter subsídios, subvenções ou doações.

§ 1.º A suspensão de atividades será aplicada quando estas não estiverem obedecendo às disposições legais ou regulamentares, relativas à proteção do meio ambiente.

§ 2.º A interdição será aplicada quando o estabelecimento, obra ou atividade estiver funcionando sem a devida autorização, ou em desacordo com a concedida, ou com violação de disposição legal ou regulamentar.

§ 3.º A proibição de contratar com o Poder Público e dele obter subsídios, subvenções ou doações não poderá exceder o prazo de 10 (dez) anos.

Art. 23. A prestação de serviços à comunidade pela pessoa jurídica consistirá em:

I – custeio de programas e de projetos ambientais;

II – execução de obras de recuperação de áreas degradadas;

III – manutenção de espaços públicos;

IV – contribuições a entidades ambientais ou culturais públicas.

Art. 24. A pessoa jurídica constituída ou utilizada, preponderantemente, com o fim de permitir, facilitar ou ocultar a prática de crime definido nesta Lei terá decretada sua liquidação forçada, seu patrimônio será considerado instrumento do crime e como tal perdido em favor do Fundo Penitenciário Nacional.

CAPÍTULO III
DA APREENSÃO DO PRODUTO E DO INSTRUMENTO DE INFRAÇÃO ADMINISTRATIVA OU DE CRIME

Art. 25. Verificada a infração, serão apreendidos seus produtos e instrumentos, lavrando-se os respectivos autos.

§ 1.º Os animais serão prioritariamente libertados em seu hábitat ou, sendo tal medida inviável ou não recomendável por questões sanitárias, entregues a jardins zoológicos, fundações ou entidades assemelhadas, para guarda e cuidados sob a responsabilidade de técnicos habilitados.

>> § 1.º com redação determinada pela Lei n. 13.052, de 8-12-2014.

> A Instrução Normativa n. 23, de 31-12-2014, do Ibama, define as diretrizes e os procedimentos para a destinação de animais silvestres apreendidos, resgatados por autoridade competente ou entregues voluntariamente pela população, bem como para o funcionamento dos Centros de Triagem de Animais Silvestres do IBAMA – CETAS.

§ 2.º Até que os animais sejam entregues às instituições mencionadas no § 1.º deste artigo, o órgão autuante zelará para que eles sejam mantidos em condições adequadas de acondicionamento e transporte que garantam o seu bem-estar físico.

>> § 2.º acrescentado pela Lei n. 13.052, de 8-12-2014.

§ 3.º Tratando-se de produtos perecíveis ou madeiras, serão estes avaliados e doados a instituições científicas, hospitalares, penais e outras com fins beneficentes.

>> § 2.º renumerado pela Lei n. 13.052, de 8-12-2014.

§ 4.º Os produtos e subprodutos da fauna não perecíveis serão destruídos ou doados a instituições científicas, culturais ou educacionais.

>> § 3.º renumerado pela Lei n. 13.052, de 8-12-2014.

§ 5.º Os instrumentos utilizados na prática da infração serão vendidos, garantida a sua descaracterização por meio da reciclagem.

>> § 4.º renumerado pela Lei n. 13.052, de 8-12-2014.

CAPÍTULO IV
DA AÇÃO E DO PROCESSO PENAL

Art. 26. Nas infrações penais previstas nesta Lei, a ação penal é pública incondicionada.

Parágrafo único. (*Vetado.*)

Art. 27. Nos crimes ambientais de menor potencial ofensivo, a proposta de aplicação imediata de pena restritiva de direitos ou multa, prevista no art. 76 da Lei n. 9.099, de 26 de setembro de 1995, somente poderá ser formulada desde que tenha havido a prévia composição do dano ambiental, de que trata o art. 74 da mesma lei, salvo em caso de comprovada impossibilidade.

Art. 28. As disposições do art. 89 da Lei n. 9.099, de 26 de setembro de 1995, aplicam-se aos crimes de menor potencial ofensivo definidos nesta Lei, com as seguintes modificações:

I – a declaração de extinção de punibilidade, de que trata o § 5.º do artigo referido no *caput*, dependerá de laudo de constatação de reparação do dano ambiental, ressalvada a impossibilidade prevista no inciso I do § 1.º do mesmo artigo;

II – na hipótese de o laudo de constatação comprovar não ter sido completa a reparação, o prazo de suspensão do processo será prorrogado, até o período máximo previsto no artigo referido no *caput*, acrescido de mais 1 (um) ano, com suspensão do prazo da prescrição;

III – no período de prorrogação, não se aplicarão as condições dos incisos II, III e IV do § 1.º do artigo mencionado no *caput*;

IV – findo o prazo de prorrogação, proceder-se-á à lavratura de novo laudo de constatação de reparação do dano ambiental, podendo, conforme seu resultado, ser novamente prorrogado o período de suspensão, até o máximo previsto no inciso II deste artigo, observado o disposto no inciso III;

V – esgotado o prazo máximo de prorrogação, a declaração de extinção de punibilidade dependerá de laudo de constatação que comprove ter o acusado tomado as providências necessárias à reparação integral do dano.

Capítulo V
DOS CRIMES CONTRA O MEIO AMBIENTE

Seção I
Dos Crimes contra a Fauna

>> Código de Caça: Lei n. 5.197, de 3-1-1967.

Art. 29. Matar, perseguir, caçar, apanhar, utilizar espécimes da fauna silvestre, nativos ou em rota migratória, sem a devida permissão, licença ou autorização da autoridade competente, ou em desacordo com a obtida:

Pena – detenção, de 6 (seis) meses a 1 (um) ano, e multa.

§ 1.º Incorre nas mesmas penas:

I – quem impede a procriação da fauna, sem licença, autorização ou em desacordo com a obtida;

II – quem modifica, danifica ou destrói ninho, abrigo ou criadouro natural;

III – quem vende, expõe à venda, exporta ou adquire, guarda, tem em cativeiro ou depósito, utiliza ou transporta ovos, larvas ou espécimes da fauna silvestre, nativa ou em rota migratória, bem como produtos e objetos dela oriundos, provenientes de criadouros não autorizados ou sem a devida permissão, licença ou autorização da autoridade competente.

§ 2.º No caso de guarda doméstica de espécie silvestre não considerada ameaçada de extinção, pode o juiz, considerando as circunstâncias, deixar de aplicar a pena.

§ 3.º São espécimes da fauna silvestre todos aqueles pertencentes às espécies nativas, migratórias e quaisquer outras, aquáticas ou terrestres, que tenham todo ou parte de seu ciclo de vida ocorrendo dentro dos limites do território brasileiro, ou águas jurisdicionais brasileiras.

§ 4.º A pena é aumentada de metade, se o crime é praticado:

I – contra espécie rara ou considerada ameaçada de extinção, ainda que somente no local da infração;

II – em período proibido à caça;

III – durante a noite;

IV – com abuso de licença;

V – em unidade de conservação;

VI – com emprego de métodos ou instrumentos capazes de provocar destruição em massa.

§ 5.º A pena é aumentada até o triplo, se o crime decorre do exercício de caça profissional.

§ 6.º As disposições deste artigo não se aplicam aos atos de pesca.

Art. 30. Exportar para o exterior peles e couros de anfíbios e répteis em bruto, sem a autorização da autoridade ambiental competente:

Pena – reclusão, de 1 (um) a 3 (três) anos, e multa.

Art. 31. Introduzir espécime animal no País, sem parecer técnico oficial favorável e licença expedida por autoridade competente:

Pena – detenção, de 3 (três) meses a 1 (um) ano, e multa.

Art. 32. Praticar ato de abuso, maus-tratos, ferir ou mutilar animais silvestres, domésticos ou domesticados, nativos ou exóticos:

Pena – detenção, de 3 (três) meses a 1 (um) ano, e multa.

§ 1.º Incorre nas mesmas penas quem realiza experiência dolorosa ou cruel em animal vivo, ainda que para fins didáticos ou científicos, quando existirem recursos alternativos.

§ 1.º-A Quando se tratar de cão ou gato, a pena para as condutas descritas no *caput* deste artigo será de reclusão, de 2 (dois) a 5 (cinco) anos, multa e proibição da guarda.

>> § 1.º-A acrescentado pela Lei n. 14.064, de 29-9-2020.

§ 2.º A pena é aumentada de 1/6 (um sexto) a 1/3 (um terço), se ocorre morte do animal.

Art. 33. Provocar, pela emissão de efluentes ou carreamento de materiais, o perecimento de espécimes da fauna aquática existentes em rios, lagos, açudes, lagoas, baías ou águas jurisdicionais brasileiras:

Pena – detenção, de 1 (um) a 3 (três) anos, ou multa, ou ambas cumulativamente.

Parágrafo único. Incorre nas mesmas penas:

I – quem causa degradação em viveiros, açudes ou estações de aquicultura de domínio público;

II – quem explora campos naturais de invertebrados aquáticos e algas, sem licença, permissão ou autorização da autoridade competente;

III – quem fundeia embarcações ou lança detritos de qualquer natureza sobre bancos de moluscos ou corais, devidamente demarcados em carta náutica.

Art. 34. Pescar em período no qual a pesca seja proibida ou em lugares interditados por órgão competente:

Pena – detenção, de 1 (um) a 3 (três) anos, ou multa, ou ambas as penas cumulativamente.

> A Lei n. 11.959, de 29-6-2009, que dispõe sobre a Política Nacional de Desenvolvimento Sustentável de Aquicultura e da Pesca e regula as atividades pesqueiras, determina que as condutas e atividades lesivas aos recursos pesqueiros serão punidas na forma da Lei n. 9.605, de 12-2-1998.

Parágrafo único. Incorre nas mesmas penas quem:

I – pesca espécies que devam ser preservadas ou espécimes com tamanhos inferiores aos permitidos;

II – pesca quantidades superiores às permitidas, ou mediante a utilização de aparelhos, petrechos, técnicas e métodos não permitidos;

III – transporta, comercializa, beneficia ou industrializa espécimes provenientes da coleta, apanha e pesca proibidas.

Art. 35. Pescar mediante a utilização de:

I – explosivos ou substâncias que, em contato com a água, produzam efeito semelhante;

II – substâncias tóxicas, ou outro meio proibido pela autoridade competente:

Pena – reclusão, de 1 (um) a 5 (cinco) anos.

Art. 36. Para os efeitos desta Lei, considera-se pesca todo ato tendente a retirar, extrair, coletar, apanhar, apreender ou capturar espécimes dos grupos dos peixes, crustáceos, moluscos e vegetais hidróbios, suscetíveis ou não de aproveitamento econômico, ressalvadas as espécies ameaçadas de extinção, constantes nas listas oficiais da fauna e da flora.

Art. 37. Não é crime o abate de animal, quando realizado:

I – em estado de necessidade, para saciar a fome do agente ou de sua família;

II – para proteger lavouras, pomares e rebanhos da ação predatória ou destruidora de animais, desde que legal e expressamente autorizado pela autoridade competente;

III – (*Vetado*.);

IV – por ser nocivo o animal, desde que assim caracterizado pelo órgão competente.

Seção II
Dos Crimes contra a Flora

Art. 38. Destruir ou danificar floresta considerada de preservação permanente, mesmo que em formação, ou utilizá-la com infringência das normas de proteção:

Pena – detenção, de 1 (um) a 3 (três) anos, ou multa, ou ambas as penas cumulativamente.

Parágrafo único. Se o crime for culposo, a pena será reduzida à metade.

Art. 38-A. Destruir ou danificar vegetação primária ou secundária, em estágio avançado ou médio de regeneração, do Bioma Mata Atlântica, ou utilizá-la com infringência das normas de proteção:

Pena – detenção, de 1 (um) a 3 (três) anos, ou multa, ou ambas as penas cumulativamente.

>> *Caput* acrescentado pela Lei n. 11.428, de 22-12-2006.

Parágrafo único. Se o crime for culposo, a pena será reduzida à metade.

>> Parágrafo único acrescentado pela Lei n. 11.428, de 22-12-2006.

Art. 39. Cortar árvores em floresta considerada de preservação permanente, sem permissão da autoridade competente:

Pena – detenção, de 1 (um) a 3 (três) anos, ou multa, ou ambas as penas cumulativamente.

Art. 40. Causar dano direto ou indireto às Unidades de Conservação e às áreas de que trata o art. 27 do Decreto n. 99.274, de 6 de junho de 1990, independentemente de sua localização:

Pena – reclusão de 1 (um) a 5 (cinco) anos.

§ 1.º Entende-se por Unidades de Conservação de Proteção Integral as Estações Ecológicas, as Reservas Biológicas, os Parques Nacionais, os Monumentos Naturais e os Refúgios de Vida Silvestre.

>> § 1.º com redação determinada pela Lei n. 9.985, de 18-7-2000.

§ 2.º A ocorrência de dano afetando espécies ameaçadas de extinção no interior das Unidades de Conservação de Proteção Integral será considerada circunstância agravante para a fixação da pena.

>> § 2.º com redação determinada pela Lei n. 9.985, de 18-7-2000.

§ 3.º Se o crime for culposo, a pena será reduzida à metade.

Art. 40-A. (*Vetado.*)

>> *Caput* acrescentado pela Lei n. 9.985, de 18-7-2000.

§ 1.º Entende-se por Unidades de Conservação de Uso Sustentável as Áreas de Proteção Ambiental, as Áreas de Relevante Interesse Ecológico, as Florestas Nacionais, as Reservas Extrativistas, as Reservas de Fauna, as Reservas de Desenvolvimento Sustentável e as Reservas Particulares do Patrimônio Natural.

>> § 1.º acrescentado pela Lei n. 9.985, de 18-7-2000.

§ 2.º A ocorrência de dano afetando espécies ameaçadas de extinção no interior das Unidades de Conservação de Uso Sustentável será considerada circunstância agravante para a fixação da pena.

>> § 2.º acrescentado pela Lei n. 9.985, de 18-7-2000.

§ 3.º Se o crime for culposo, a pena será reduzida à metade.

>> § 3.º acrescentado pela Lei n. 9.985, de 18-7-2000.

Art. 41. Provocar incêndio em mata ou floresta:

Pena – reclusão, de 2 (dois) a 4 (quatro) anos, e multa.

> *Vide* art. 250 do CP.

Parágrafo único. Se o crime é culposo, a pena é de detenção de 6 (seis) meses a 1 (um) ano, e multa.

Art. 42. Fabricar, vender, transportar ou soltar balões que possam provocar incêndios nas florestas e demais formas de vegetação, em áreas urbanas ou qualquer tipo de assentamento humano:

Pena – detenção, de 1 (um) a 3 (três) anos, ou multa, ou ambas as penas cumulativamente.

Art. 43. (*Vetado.*)

Art. 44. Extrair de florestas de domínio público ou consideradas de preservação permanente, sem prévia autorização, pedra, areia, cal ou qualquer espécie de minerais:

Pena – detenção, de 6 (seis) meses a 1 (um) ano, e multa.

Art. 45. Cortar ou transformar em carvão madeira de lei, assim classificada por ato do Poder Público, para fins industriais, energéticos ou para qualquer outra exploração, econômica ou não, em desacordo com as determinações legais:

Pena – reclusão, de 1 (um) a 2 (dois) anos, e multa.

Art. 46. Receber ou adquirir, para fins comerciais ou industriais, madeira, lenha, carvão e outros produtos de origem vegetal, sem exigir a exibição de licença do vendedor, outorgada pela autoridade competente, e sem munir-se da via que deverá acompanhar o produto até final beneficiamento:

Pena – detenção, de 6 (seis) meses a 1 (um) ano, e multa.

Parágrafo único. Incorre nas mesmas penas quem vende, expõe à venda, tem em depósito, transporta ou guarda madeira, lenha, carvão e outros produtos de origem vegetal, sem licença válida para todo o tempo da viagem ou do armazenamento, outorgada pela autoridade competente.

Art. 47. (*Vetado.*)

Art. 48. Impedir ou dificultar a regeneração natural de florestas e demais formas de vegetação:

Pena – detenção, de 6 (seis) meses a 1 (um) ano, e multa.

Art. 49. Destruir, danificar, lesar ou maltratar, por qualquer modo ou meio, plantas de ornamentação de logradouros públicos ou em propriedade privada alheia:

Pena – detenção, de 3 (três) meses a 1 (um) ano, ou multa, ou ambas as penas cumulativamente.

Parágrafo único. No crime culposo, a pena é de 1 (um) a 6 (seis) meses, ou multa.

Art. 50. Destruir ou danificar florestas nativas ou plantadas ou vegetação fixadora de dunas, protetora de mangues, objeto de especial preservação:

Pena – detenção, de 3 (três) meses a 1 (um) ano, e multa.

Art. 50-A. Desmatar, explorar economicamente ou degradar floresta, plantada ou nativa, em terras de domínio público ou devolutas, sem autorização do órgão competente:

Pena – reclusão de 2 (dois) a 4 (quatro) anos e multa.

>> *Caput* acrescentado pela Lei n. 11.284, de 2-3-2006.

§ 1.º Não é crime a conduta praticada quando necessária à subsistência imediata pessoal do agente ou de sua família.

>> § 1.º acrescentado pela Lei n. 11.284, de 2-3-2006.

§ 2.º Se a área explorada for superior a 1.000 ha (mil hectares), a pena será aumentada de 1 (um) ano por milhar de hectare.

>> § 2.º acrescentado pela Lei n. 11.284, de 2-3-2006.

Art. 51. Comercializar motosserra ou utilizá-la em florestas e nas demais formas de vegetação, sem licença ou registro da autoridade competente:

Pena – detenção, de 3 (três) meses a 1 (um) ano, e multa.

Art. 52. Penetrar em Unidades de Conservação conduzindo substâncias ou instrumentos próprios para caça ou para exploração de produtos ou subprodutos florestais, sem licença da autoridade competente:

Pena – detenção, de 6 (seis) meses a 1 (um) ano, e multa.

Art. 53. Nos crimes previstos nesta Seção, a pena é aumentada de 1/6 (um sexto) a 1/3 (um terço) se:

I – do fato resulta a diminuição de águas naturais, a erosão do solo ou a modificação do regime climático;

II – o crime é cometido:

a) no período de queda das sementes;

b) no período de formação de vegetações;

c) contra espécies raras ou ameaçadas de extinção, ainda que a ameaça ocorra somente no local da infração;

d) em época de seca ou inundação;

e) durante a noite, em domingo ou feriado.

Seção III
Da Poluição e Outros Crimes Ambientais

Art. 54. Causar poluição de qualquer natureza em níveis tais que resultem ou possam resultar em danos à saúde humana, ou que provoquem a mortandade de animais ou a destruição significativa da flora:

Pena – reclusão, de 1 (um) a 4 (quatro) anos, e multa.

§ 1.º Se o crime é culposo:

Pena – detenção, de 6 (seis) meses a 1 (um) ano, e multa.

§ 2.º Se o crime:

I – tornar uma área, urbana ou rural, imprópria para a ocupação humana;

II – causar poluição atmosférica que provoque a retirada, ainda que momentânea, dos habitantes das áreas afetadas, ou que cause danos diretos à saúde da população;

III – causar poluição hídrica que torne necessária a interrupção do abastecimento público de água de uma comunidade;

IV – dificultar ou impedir o uso público das praias;

V – ocorrer por lançamento de resíduos sólidos, líquidos ou gasosos, ou detritos, óleos ou substâncias oleosas, em desacordo com as exigências estabelecidas em leis ou regulamentos:

Pena – reclusão, de 1 (um) a 5 (cinco) anos.

§ 3.º Incorre nas mesmas penas previstas no parágrafo anterior quem deixar de adotar, quando assim o exigir a autoridade competente, medidas de precaução em caso de risco de dano ambiental grave ou irreversível.

> *Vide* arts. 252 e 270 do CP.

Art. 55. Executar pesquisa, lavra ou extração de recursos minerais sem a competente autorização, permissão, concessão ou licença, ou em desacordo com a obtida:

Pena – detenção, de 6 (seis) meses a 1 (um) ano, e multa.

Parágrafo único. Nas mesmas penas incorre quem deixa de recuperar a área pesquisada ou explorada, nos termos da autorização, permissão, licença, concessão ou determinação do órgão competente.

Art. 56. Produzir, processar, embalar, importar, exportar, comercializar, fornecer, transportar, armazenar, guardar, ter em depósito ou usar produto ou substância tóxica, perigosa ou nociva à saúde humana ou ao meio ambiente, em desacordo com as exigências estabelecidas em leis ou nos seus regulamentos:

Pena – reclusão, de 1 (um) a 4 (quatro) anos, e multa.

§ 1.º Nas mesmas penas incorre quem:

>> § 1.º, *caput*, com redação determinada pela Lei n. 12.305, de 2-8-2010.

I – abandona os produtos ou substâncias referidos no *caput* ou os utiliza em desacordo com as normas ambientais ou de segurança;

>> Inciso I acrescentado pela Lei n. 12.305, de 2-8-2010.

II – manipula, acondiciona, armazena, coleta, transporta, reutiliza, recicla ou dá destinação final a resíduos perigosos de forma diversa da estabelecida em lei ou regulamento.

>> Inciso II acrescentado pela Lei n. 12.305, de 2-8-2010.

§ 2.º Se o produto ou a substância for nuclear ou radioativa, a pena é aumentada de 1/6 (um sexto) a 1/3 (um terço).

§ 3.º Se o crime é culposo:

Pena – detenção, de 6 (seis) meses a 1 (um) ano, e multa.

> *Vide* art. 270, § 1.º, do CP.

Art. 57. (*Vetado.*)

Art. 58. Nos crimes dolosos previstos nesta Seção, as penas serão aumentadas:

I – de 1/6 (um sexto) a 1/3 (um terço), se resulta dano irreversível à flora ou ao meio ambiente em geral;

II – de 1/3 (um terço) até 1/2 (metade), se resulta lesão corporal de natureza grave em outrem;

III – até o dobro, se resultar a morte de outrem.

Parágrafo único. As penalidades previstas neste artigo somente serão aplicadas se do fato não resultar crime mais grave.

Art. 59. (*Vetado.*)

Art. 60. Construir, reformar, ampliar, instalar ou fazer funcionar, em qualquer parte do território nacional, estabelecimentos, obras ou serviços potencialmente poluidores, sem licença ou autorização dos órgãos ambientais competentes, ou contrariando as normas legais e regulamentares pertinentes:

Pena – detenção, de 1 (um) a 6 (seis) meses, ou multa, ou ambas as penas cumulativamente.

Art. 61. Disseminar doença ou praga ou espécies que possam causar dano à agricultura, à pecuária, à fauna, à flora ou aos ecossistemas:

Pena – reclusão, de 1 (um) a 4 (quatro) anos, e multa.

> *Vide* art. 259 do CP.

Seção IV
Dos Crimes contra o Ordenamento Urbano e o Patrimônio Cultural

Art. 62. Destruir, inutilizar ou deteriorar:

I – bem especialmente protegido por lei, ato administrativo ou decisão judicial;

II – arquivo, registro, museu, biblioteca, pinacoteca, instalação científica ou similar protegido por lei, ato administrativo ou decisão judicial:

Pena – reclusão, de 1 (um) a 3 (três) anos, e multa.

Parágrafo único. Se o crime for culposo, a pena é de 6 (seis) meses a 1 (um) ano de detenção, sem prejuízo da multa.

> *Vide* art. 165 do CP.

Art. 63. Alterar o aspecto ou estrutura de edificação ou local especialmente protegido por lei, ato administrativo ou decisão judicial, em razão de seu valor paisagístico, ecológico, turístico, artístico, histórico, cultural, religioso, arqueológico, etnográfico ou monumental, sem autorização da autoridade competente ou em desacordo com a concedida:

Pena – reclusão, de 1 (um) a 3 (três) anos, e multa.

> *Vide* art. 166 do CP.

Art. 64. Promover construção em solo não edificável, ou no seu entorno, assim considerado em razão de seu valor paisagístico, ecológico, artístico, turístico, histórico, cultural, religioso, arqueológico, etnográfico ou monumental, sem autorização da autoridade competente ou em desacordo com a concedida:

Pena – detenção, de 6 (seis) meses a 1 (um) ano, e multa.

Art. 65. Pichar ou por outro meio conspurcar edificação ou monumento urbano:

Pena – detenção, de 3 (três) meses a 1 (um) ano, e multa.

>> *Caput* com redação determinada pela Lei n. 12.408, de 25-5-2011.

>> A Lei n. 12.408, de 25-5-2011, determina que as embalagens de tinta do tipo aerossol deverão conter, de forma legível e destacada, as expressões "PICHAÇÃO É CRIME (ART. 65 DA LEI N. 9.605/98). PROIBIDA A VENDA A MENORES DE 18 ANOS".

§ 1.º Se o ato for realizado em monumento ou coisa tombada em virtude do seu valor artístico, arqueológico ou histórico, a pena é de 6 (seis) meses a 1 (um) ano de detenção e multa.

>> § 1.º acrescentado pela Lei n. 12.408, de 25-5-2011.

> *Vide* art. 216 da CF.

> A Lei n. 3.924, de 26-7-1961, dispõe sobre os monumentos arqueológicos e pré-históricos.

§ 2.º Não constitui crime a prática de grafite realizada com o objetivo de valorizar o patrimônio público ou privado mediante manifestação artística, desde que consentida pelo proprietário e, quando couber, pelo locatário ou arrendatário do bem privado e, no caso de bem público, com a autorização do órgão competente e a observância das posturas municipais e das normas editadas pelos órgãos governamentais responsáveis pela preservação e conservação do patrimônio histórico e artístico nacional.

>> § 2.º acrescentado pela Lei n. 12.408, de 25-5-2011.

Seção V
Dos Crimes contra a Administração Ambiental

Art. 66. Fazer o funcionário público afirmação falsa ou enganosa, omitir a verdade, sonegar informações ou dados técnico-científicos em procedimentos de autorização ou de licenciamento ambiental:

Pena – reclusão, de 1 (um) a 3 (três) anos, e multa.

Art. 67. Conceder o funcionário público licença, autorização ou permissão em desacordo com as normas ambientais, para as atividades, obras ou serviços cuja realização depende de ato autorizativo do Poder Público:

Pena – detenção, de 1 (um) a 3 (três) anos, e multa.

Parágrafo único. Se o crime é culposo, a pena é de 3 (três) meses a 1 (um) ano de detenção, sem prejuízo da multa.

Art. 68. Deixar, aquele que tiver o dever legal ou contratual de fazê-lo, de cumprir obrigação de relevante interesse ambiental:

Pena – detenção, de 1 (um) a 3 (três) anos, e multa.

> A Lei n. 12.305, de 2-8-2010, que institui a Política Nacional de Resíduos Sólidos, dispõe em seu art. 52 sobre a obrigação de relevante interesse ambiental.

Parágrafo único. Se o crime é culposo, a pena é de 3 (três) meses a 1 (um) ano, sem prejuízo da multa.

Art. 69. Obstar ou dificultar a ação fiscalizadora do Poder Público no trato de questões ambientais:

Pena – detenção, de 1 (um) a 3 (três) anos, e multa.

Art. 69-A. Elaborar ou apresentar, no licenciamento, concessão florestal ou qualquer outro procedimento administrativo, estudo, laudo ou relatório ambiental total ou parcialmente falso ou enganoso, inclusive por omissão:

Pena – reclusão, de 3 (três) a 6 (seis) anos, e multa.

>> *Caput* acrescentado pela Lei n. 11.284, de 2-3-2006.

§ 1.º Se o crime é culposo:

Pena – detenção, de 1 (um) a 3 (três) anos.

>> § 1.º acrescentado pela Lei n. 11.284, de 2-3-2006.

§ 2.º A pena é aumentada de 1/3 (um terço) a 2/3 (dois terços), se há dano significativo ao meio ambiente, em decorrência do uso da informação falsa, incompleta ou enganosa.

>> § 2.º acrescentado pela Lei n. 11.284, de 2-3-2006.

Capítulo VI
DA INFRAÇÃO ADMINISTRATIVA

>> Regulamento: Decreto n. 6.514, de 22-7-2008.

> A Instrução Normativa n. 10, de 7-12-2012, do IBAMA, regula os procedimentos para apuração de infrações administrativas por condutas e atividades lesivas ao meio ambiente, a imposição das sanções, a defesa ou impugnação, o sistema recursal e a cobrança de multa no âmbito do IBAMA.

Art. 70. Considera-se infração administrativa ambiental toda ação ou omissão que viole as regras jurídicas de uso, gozo, promoção, proteção e recuperação do meio ambiente.

§ 1.º São autoridades competentes para lavrar auto de infração ambiental e instaurar processo administrativo os funcionários de órgãos ambientais integrantes do Sistema Nacional do Meio Ambiente – SISNAMA, designados para as atividades de fiscalização, bem como os agentes das Capitanias dos Portos, do Ministério da Marinha.

§ 2.º Qualquer pessoa, constatando infração ambiental, poderá dirigir representação às autoridades relacionadas no parágrafo anterior, para efeito do exercício do seu poder de polícia.

§ 3.º A autoridade ambiental que tiver conhecimento de infração ambiental é obrigada a promover a sua apuração imediata, mediante processo administrativo próprio, sob pena de corresponsabilidade.

§ 4.º As infrações ambientais são apuradas em processo administrativo próprio, assegurado o direito de ampla defesa e o contraditório, observadas as disposições desta Lei.

Art. 71. O processo administrativo para apuração de infração ambiental deve observar os seguintes prazos máximos:

I – 20 (vinte) dias para o infrator oferecer defesa ou impugnação contra o auto de infração, contados da data da ciência da autuação;

II – 30 (trinta) dias para a autoridade competente julgar o auto de infração, contados da data da sua lavratura, apresentada ou não a defesa ou impugnação;

III – 20 (vinte) dias para o infrator recorrer da decisão condenatória à instância superior do Sistema Nacional do Meio Ambiente – SISNAMA, ou à Diretoria de Portos e Costas, do Ministério da Marinha, de acordo com o tipo de autuação;

IV – 5 (cinco) dias para o pagamento de multa, contados da data do recebimento da notificação.

Art. 72. As infrações administrativas são punidas com as seguintes sanções, observado o disposto no art. 6.º:

> A Lei n. 12.408, de 25-5-2011, proíbe a comercialização de tintas em embalagens do tipo aerossol em todo o território nacional a menores de 18 anos. O descumprimento a esta determinação, independentemente de outras cominações legais, sujeita o infrator às sanções previstas neste artigo.

I – advertência;

II – multa simples;

III – multa diária;

IV – apreensão dos animais, produtos e subprodutos da fauna e flora, instrumentos, petrechos, equipamentos ou veículos de qualquer natureza utilizados na infração;

V – destruição ou inutilização do produto;

VI – suspensão de venda e fabricação do produto;

VII – embargo de obra ou atividade;

> A Instrução Normativa n. 1, de 29-2-2008, regulamenta os procedimentos administrativos das entidades vinculadas ao Ministério do Meio Ambiente em relação ao embargo de obras ou atividades, que impliquem em desmatamento, supressão ou degradação florestal.

VIII – demolição de obra;

IX – suspensão parcial ou total de atividades;

X – (*Vetado.*);

XI – restritiva de direitos.

§ 1.º Se o infrator cometer, simultaneamente, duas ou mais infrações, ser-lhe-ão aplicadas, cumulativamente, as sanções a elas cominadas.

§ 2.º A advertência será aplicada pela inobservância das disposições desta Lei e da legislação em vigor, ou de preceitos regulamentares, sem prejuízo das demais sanções previstas neste artigo.

§ 3.º A multa simples será aplicada sempre que o agente, por negligência ou dolo:

I – advertido por irregularidades que tenham sido praticadas, deixar de saná-las, no prazo assinalado por órgão competente do SISNAMA ou pela Capitania dos Portos, do Ministério da Marinha;

II – opuser embaraço à fiscalização dos órgãos do SISNAMA ou da Capitania dos Portos, do Ministério da Marinha.

§ 4.º A multa simples pode ser convertida em serviços de preservação, melhoria e recuperação da qualidade do meio ambiente.

§ 5.º A multa diária será aplicada sempre que o cometimento da infração se prolongar no tempo.

§ 6.º A apreensão e destruição referidas nos incisos IV e V do *caput* obedecerão ao disposto no art. 25 desta Lei.

§ 7.º As sanções indicadas nos incisos VI a IX do *caput* serão aplicadas quando o produto, a obra, a atividade ou o estabelecimento não estiverem obedecendo às prescrições legais ou regulamentares.

§ 8.º As sanções restritivas de direito são:

I – suspensão de registro, licença ou autorização;

II – cancelamento de registro, licença ou autorização;

III – perda ou restrição de incentivos e benefícios fiscais;

IV – perda ou suspensão da participação em linhas de financiamento em estabelecimentos oficiais de crédito;

V – proibição de contratar com a Administração Pública, pelo período de até 3 (três) anos.

Art. 73. Os valores arrecadados em pagamento de multas por infração ambiental serão revertidos ao Fundo Nacional do Meio Ambiente, criado pela Lei n. 7.797, de 10 de julho de 1989, Fundo Naval, criado pelo Decreto n. 20.923, de 8 de janeiro de 1932, fundos estaduais ou municipais de meio ambiente, ou correlatos, conforme dispuser o órgão arrecadador.

Art. 74. A multa terá por base a unidade, hectare, metro cúbico, quilograma ou outra medida pertinente, de acordo com o objeto jurídico lesado.

Art. 75. O valor da multa de que trata este Capítulo será fixado no regulamento desta Lei e corrigido periodicamente, com base nos índices estabelecidos na legislação pertinente, sendo o mínimo de R$ 50,00 (cinquenta reais) e o máximo de R$ 50.000.000,00 (cinquenta milhões de reais).

Art. 76. O pagamento de multa imposta pelos Estados, Municípios, Distrito Federal ou Territórios substitui a multa federal na mesma hipótese de incidência.

CAPÍTULO VII
DA COOPERAÇÃO INTERNACIONAL PARA A PRESERVAÇÃO DO MEIO AMBIENTE

Art. 77. Resguardados a soberania nacional, a ordem pública e os bons costumes, o Governo brasileiro prestará, no que concerne ao meio ambiente, a necessária cooperação a outro país, sem qualquer ônus, quando solicitado para:

I – produção de prova;

II – exame de objetos e lugares;

III – informações sobre pessoas e coisas;

IV – presença temporária da pessoa presa, cujas declarações tenham relevância para a decisão de uma causa;

V – outras formas de assistência permitidas pela legislação em vigor ou pelos tratados de que o Brasil seja parte.

§ 1.º A solicitação de que trata este artigo será dirigida ao Ministério da Justiça, que a remeterá, quando necessário, ao órgão judiciário competente para decidir a seu respeito, ou a encaminhará à autoridade capaz de atendê-la.

§ 2.º A solicitação deverá conter:

I – o nome e a qualificação da autoridade solicitante;

II – o objeto e o motivo de sua formulação;

III – a descrição sumária do procedimento em curso no país solicitante;

IV – a especificação da assistência solicitada;

V – a documentação indispensável ao seu esclarecimento, quando for o caso.

Art. 78. Para a consecução dos fins visados nesta Lei e especialmente para a reciprocidade da cooperação internacional, deve ser mantido sistema de comunicações apto a facilitar o intercâmbio rápido e seguro de informações com órgãos de outros países.

CAPÍTULO VIII
DISPOSIÇÕES FINAIS

Art. 79. Aplicam-se subsidiariamente a esta Lei as disposições do Código Penal e do Código de Processo Penal.

Art. 79-A. Para o cumprimento do disposto nesta Lei, os órgãos ambientais integrantes do SISNAMA, responsáveis pela execução de programas e projetos e pelo controle e fiscalização dos estabelecimentos e das atividades suscetíveis de degradarem a qualidade ambiental, ficam autorizados a celebrar, com força de título executivo extrajudicial, termo de compromisso com pessoas físicas ou jurídicas responsáveis pela construção, instalação, ampliação e funcionamento de estabelecimentos e atividades utilizadores de recursos ambientais, considerados efetiva ou potencialmente poluidores.

>> *Caput* acrescentado pela Medida Provisória n. 2.163-41, de 23-8-2001.

§ 1.º O termo de compromisso a que se refere este artigo destinar-se-á, exclusivamente, a permitir que as pessoas físicas e jurídicas mencionadas no *caput* possam promover as necessárias correções de suas atividades, para o atendimento das exigências impostas pelas autoridades ambientais competentes, sendo obrigatório que o respectivo instrumento disponha sobre:

I – o nome, a qualificação e o endereço das partes compromissadas e dos respectivos representantes legais;

II – o prazo de vigência do compromisso, que, em função da complexidade das obrigações nele fixadas, poderá variar entre o mínimo de noventa dias e o máximo de três anos, com possibilidade de prorrogação por igual período;

III – a descrição detalhada de seu objeto, o valor do investimento previsto e o cronograma físico de execução e de implantação das obras e serviços exigidos, com metas trimestrais a serem atingidas;

IV – as multas que podem ser aplicadas à pessoa física ou jurídica compromissada e os casos de rescisão, em decorrência do não cumprimento das obrigações nele pactuadas;

V – o valor da multa de que trata o inciso IV não poderá ser superior ao valor do investimento previsto;

VI – o foro competente para dirimir litígios entre as partes.

>> § 1.º acrescentado pela Medida Provisória n. 2.163-41, de 23-8-2001.

§ 2.º No tocante aos empreendimentos em curso até o dia 30 de março de 1998, envolvendo construção, instalação, ampliação e funcionamento de estabelecimentos e atividades utilizadoras de recursos ambientais, considerados efetiva ou potencialmente poluidores, a assinatura do termo de compromisso deverá ser requerida pelas pessoas físicas e jurídicas interessadas, até o dia 31 de dezembro de 1998, mediante requerimento escrito protocolizado junto aos órgãos competentes do SISNAMA, devendo ser firmado pelo dirigente máximo do estabelecimento.

>> § 2.º acrescentado pela Medida Provisória n. 2.163-41, de 23-8-2001.

§ 3.º Da data da protocolização do requerimento previsto no § 2.º e enquanto perdurar a vigência do correspondente termo de compromisso, ficarão suspensas, em relação aos fatos que deram causa à celebração do instrumento, a aplicação de sanções administrativas contra a pessoa física ou jurídica que o houver firmado.

>> § 3.º acrescentado pela Medida Provisória n. 2.163-41, de 23-8-2001.

§ 4.º A celebração do termo de compromisso de que trata este artigo não impede a execução de eventuais multas aplicadas antes da protocolização do requerimento.

>> § 4.º acrescentado pela Medida Provisória n. 2.163-41, de 23-8-2001.

§ 5.º Considera-se rescindido de pleno direito o termo de compromisso, quando descumprida qualquer de suas cláusulas, ressalvado o caso fortuito ou de força maior.

>> § 5.º acrescentado pela Medida Provisória n. 2.163-41, de 23-8-2001.

§ 6.º O termo de compromisso deverá ser firmado em até 90 (noventa) dias, contados da protocolização do requerimento.

>> § 6.º acrescentado pela Medida Provisória n. 2.163-41, de 23-8-2001.

§ 7.º O requerimento de celebração do termo de compromisso deverá conter as informações necessárias à verificação da sua viabilidade técnica e jurídica, sob pena de indeferimento do plano.

>> § 7.º acrescentado pela Medida Provisória n. 2.163-41, de 23-8-2001.

§ 8.º Sob pena de ineficácia, os termos de compromisso deverão ser publicados no órgão oficial competente, mediante extrato.

>> § 8.º acrescentado pela Medida Provisória n. 2.163-41, de 23-8-2001.

Art. 80. O Poder Executivo regulamentará esta Lei no prazo de 90 (noventa) dias a contar de sua publicação.

Art. 81. (*Vetado.*)

Art. 82. Revogam-se as disposições em contrário.

Brasília, 12 de fevereiro de 1998; 177.º da Independência e 110.º da República.

FERNANDO HENRIQUE CARDOSO

LEI N. 9.613, DE 3 DE MARÇO DE 1998 (*)

Dispõe sobre os crimes de "lavagem" ou ocultação de bens, direitos e valores; a prevenção da utilização do sistema financeiro para os ilícitos previstos nesta Lei; cria o Conselho de Controle de Atividades Financeiras – COAF, e dá outras providências.

O Presidente da República

Faço saber que o Congresso Nacional decreta e eu sanciono a seguinte Lei:

(*) Publicada no *Diário Oficial da União* de 4-3-1998.
A Carta Circular n. 4.001, de 29-1-2020, do Departamento de Divisão de Conduta (Decon), divulga relação de operações e situações que podem configurar indícios de ocorrência dos crimes de "lavagem" ou ocultação de bens, direitos e valores, de que trata esta Lei.

CAPÍTULO I
DOS CRIMES DE "LAVAGEM" OU OCULTAÇÃO DE BENS, DIREITOS E VALORES

> A Circular n. 612, de 18-8-2020, da SUSEP, dispõe sobre a política, os procedimentos e os controles internos destinados especificamente à prevenção e combate aos crimes de "lavagem" ou ocultação de bens, direitos e valores, ou aos crimes que com eles possam relacionar-se, bem como à prevenção e coibição do financiamento do terrorismo.

Art. 1.º Ocultar ou dissimular a natureza, origem, localização, disposição, movimentação ou propriedade de bens, direitos ou valores provenientes, direta ou indiretamente, de infração penal.

>> *Caput* com redação determinada pela Lei n. 12.683, de 9-7-2012.

I a VIII – (*Revogados pela Lei n. 12.683, de 9-7-2012.*)

Pena: reclusão, de 3 (três) a 10 (dez) anos, e multa.

§ 1.º Incorre na mesma pena quem, para ocultar ou dissimular a utilização de bens, direitos ou valores provenientes de infração penal:

>> § 1.º, *caput*, com redação determinada pela Lei n. 12.683, de 9-7-2012.

I – os converte em ativos lícitos;

II – os adquire, recebe, troca, negocia, dá ou recebe em garantia, guarda, tem em depósito, movimenta ou transfere;

III – importa ou exporta bens com valores não correspondentes aos verdadeiros.

§ 2.º Incorre, ainda, na mesma pena quem:

>> § 2.º, *caput*, com redação determinada pela Lei n. 12.683, de 9-7-2012.

I – utiliza, na atividade econômica ou financeira, bens, direitos ou valores provenientes de infração penal;

>> Inciso I com redação determinada pela Lei n. 12.683, de 9-7-2012.

II – participa de grupo, associação ou escritório tendo conhecimento de que sua atividade principal ou secundária é dirigida à prática de crimes previstos nesta Lei.

§ 3.º A tentativa é punida nos termos do parágrafo único do art. 14 do Código Penal.

>> Dispõe citado dispositivo: "Parágrafo único. Salvo disposição em contrário, pune-se a tentativa com a pena correspondente ao crime consumado, diminuída de um a dois terços".

§ 4.º A pena será aumentada de um a dois terços, se os crimes definidos nesta Lei forem cometidos de forma reiterada ou por intermédio de organização criminosa.

>> § 4.º com redação determinada pela Lei n. 12.683, de 9-7-2012.

§ 5.º A pena poderá ser reduzida de um a dois terços e ser cumprida em regime aberto ou semiaberto, facultando-se ao juiz deixar de aplicá-la ou substituí-la, a qualquer tempo, por pena restritiva de direitos, se o autor, coautor ou partícipe colaborar espontaneamente com as autoridades, prestando esclarecimentos que conduzam à apuração das infrações penais, à identificação dos autores, coautores e partícipes, ou à localização dos bens, direitos ou valores objeto do crime.

>> § 5.º com redação determinada pela Lei n. 12.683, de 9-72012.

§ 6.º Para a apuração do crime de que trata este artigo, admite-se a utilização da ação controlada e da infiltração de agentes.

>> § 6.º acrescentado pela Lei n. 13.964, de 24-12-2019.

CAPÍTULO II
DISPOSIÇÕES PROCESSUAIS ESPECIAIS

Art. 2.º O processo e julgamento dos crimes previstos nesta Lei:

I – obedecem às disposições relativas ao procedimento comum dos crimes punidos com reclusão, da competência do juiz singular;

II – independem do processo e julgamento das infrações penais antecedentes, ainda que praticados em outro país, cabendo ao juiz competente para os crimes previstos nesta Lei a decisão sobre a unidade de processo e julgamento;

>> Inciso II com redação determinada pela Lei n. 12.683, de 9-7-2012.

III – são da competência da Justiça Federal:

a) quando praticados contra o sistema financeiro e a ordem econômico-financeira, ou em detrimento de bens, serviços ou interesses da União, ou de suas entidades autárquicas ou empresas públicas;

b) quando a infração penal antecedente for de competência da Justiça Federal.

>> Alínea *b* com redação determinada pela Lei n. 12.683, de 9-7-2012.

§ 1.º A denúncia será instruída com indícios suficientes da existência da infração penal antecedente, sendo puníveis os fatos previstos nesta Lei, ainda que desconhecido ou isento de pena o autor, ou extinta a punibilidade da infração penal antecedente.

>> § 1.º com redação determinada pela Lei n. 12.683, de 9-7-2012.

§ 2.º No processo por crime previsto nesta Lei, não se aplica o disposto no art. 366 do Decreto-lei n. 3.689, de 3 de outubro de 1941 (Código de Processo Penal), devendo o acusado que não comparecer nem constituir advogado ser citado por edital, prosseguindo o feito até o julgamento, com a nomeação de defensor dativo.

>> § 2.º com redação determinada pela Lei n. 12.683, de 9-7-2012.

Art. 3.º (*Revogado pela Lei n. 12.683, de 9-7-2012.*)

Art. 4.º O juiz, de ofício, a requerimento do Ministério Público ou mediante representação do delegado de polícia, ouvido o Ministério Público em 24 (vinte e quatro) horas, havendo indícios suficientes de infração penal, poderá decretar medidas assecuratórias de bens, direitos ou valores do investigado ou acusado, ou existentes em nome de interpostas pessoas, que sejam instrumento, produto ou proveito dos crimes previstos nesta Lei ou das infrações penais antecedentes.

>> *Caput* com redação determinada pela Lei n. 12.683, de 9-7-2012.

§ 1.º Proceder-se-á à alienação antecipada para preservação do valor dos bens sempre que estiverem sujeitos a qualquer grau de deterioração ou depreciação, ou quando houver dificuldade para sua manutenção.

>> § 1.º com redação determinada pela Lei n. 12.683, de 9-7-2012.

§ 2.º O juiz determinará a liberação total ou parcial dos bens, direitos e valores quando comprovada a licitude de sua origem, mantendo-se a constrição dos bens, direitos e valores necessários e suficientes à reparação dos danos e ao pagamento de prestações pecuniárias, multas e custas decorrentes da infração penal.

>> § 2.º com redação determinada pela Lei n. 12.683, de 9-7-2012.

§ 3.º Nenhum pedido de liberação será conhecido sem o comparecimento pessoal do acusado ou de interposta pessoa a que se refere o *caput* deste artigo, podendo o juiz determinar a prática de atos necessários à conservação de bens, direitos ou valores, sem prejuízo do disposto no § 1.º.

>> § 3.º com redação determinada pela Lei n. 12.683, de 9-7-2012.

§ 4.º Poderão ser decretadas medidas assecuratórias sobre bens, direitos ou valores para reparação do dano decorrente da infração penal antecedente ou da prevista nesta Lei ou para pagamento de prestação pecuniária, multa e custas.

>> § 4.º com redação determinada pela Lei n. 12.683, de 9-7-2012.

Art. 4.º-A. A alienação antecipada para preservação de valor de bens sob constrição será decretada pelo juiz, de ofício, a requerimento do Ministério Público ou por solicitação da parte interessada, mediante petição autônoma, que será autuada em apartado e cujos autos terão tramitação em separado em relação ao processo principal.

>> *Caput* acrescentado pela Lei n. 12.683, de 9-7-2012.

§ 1.º O requerimento de alienação deverá conter a relação de todos os demais bens, com a descrição e a especificação de cada um deles, e informações sobre quem os detém e local onde se encontram.

>> § 1.º acrescentado pela Lei n. 12.683, de 9-7-2012.

§ 2.º O juiz determinará a avaliação dos bens, nos autos apartados, e intimará o Ministério Público.

>> § 2.º acrescentado pela Lei n. 12.683, de 9-7-2012.

§ 3.º Feita a avaliação e dirimidas eventuais divergências sobre o respectivo laudo, o juiz, por sentença, homologará o valor atribuído aos bens e determinará sejam alienados em leilão ou pregão, preferencialmente eletrônico, por valor não inferior a 75% (setenta e cinco por cento) da avaliação.

>> § 3.º acrescentado pela Lei n. 12.683, de 9-7-2012.

§ 4.º Realizado o leilão, a quantia apurada será depositada em conta judicial remunerada, adotando-se a seguinte disciplina:

>> § 4.º, *caput*, acrescentado pela Lei n. 12.683, de 9-7-2012.

I – nos processos de competência da Justiça Federal e da Justiça do Distrito Federal:

>> Inciso I, *caput*, acrescentado pela Lei n. 12.683, de 9-7-2012.

a) os depósitos serão efetuados na Caixa Econômica Federal ou em instituição financeira pública, mediante documento adequado para essa finalidade;

>> Alínea *a* acrescentada pela Lei n. 12.683, de 9-7-2012.

b) os depósitos serão repassados pela Caixa Econômica Federal ou por outra instituição financeira pública para a Conta Única do Tesouro Nacional, independentemente de qualquer formalidade, no prazo de 24 (vinte e quatro) horas; e

>> Alínea *b* acrescentada pela Lei n. 12.683, de 9-7-2012.

c) os valores devolvidos pela Caixa Econômica Federal ou por instituição financeira pública serão debitados à Conta Única do Tesouro Nacional, em subconta de restituição;

>> Alínea *c* acrescentada pela Lei n. 12.683, de 9-7-2012.

II – nos processos de competência da Justiça dos Estados:

>> Inciso II, *caput*, acrescentado pela Lei n. 12.683, de 9-7-2012.

a) os depósitos serão efetuados em instituição financeira designada em lei, preferencialmente pública, de cada Estado ou, na sua ausência, em instituição financeira pública da União;

>> Alínea *a* acrescentada pela Lei n. 12.683, de 9-7-2012.

b) os depósitos serão repassados para a conta única de cada Estado, na forma da respectiva legislação.

>> Alínea *b* acrescentada pela Lei n. 12.683, de 9-7-2012.

§ 5.º Mediante ordem da autoridade judicial, o valor do depósito, após o trânsito em julgado da sentença proferida na ação penal, será:

>> § 5.º, *caput*, acrescentado pela Lei n. 12.683, de 9-7-2012.

I – em caso de sentença condenatória, nos processos de competência da Justiça Federal e da Justiça do Distrito Federal, incorporado definitivamente ao patrimônio da União, e, nos processos de competência da Justiça Estadual, incorporado ao patrimônio do Estado respectivo;

>> Inciso I acrescentado pela Lei n. 12.683, de 9-7-2012.

II – em caso de sentença absolutória extintiva de punibilidade, colocado à disposição do réu pela instituição financeira, acrescido da remuneração da conta judicial.

>> Inciso II acrescentado pela Lei n. 12.683, de 9-7-2012.

§ 6.º A instituição financeira depositária manterá controle dos valores depositados ou devolvidos.

>> § 6.º acrescentado pela Lei n. 12.683, de 9-7-2012.

§ 7.º Serão deduzidos da quantia apurada no leilão todos os tributos e multas incidentes sobre o bem alienado, sem prejuízo de iniciativas que, no âmbito da competência de cada ente da Federação, venham a desonerar bens sob constrição judicial daqueles ônus.

>> § 7.º acrescentado pela Lei n. 12.683, de 9-7-2012.

§ 8.º Feito o depósito a que se refere o § 4.º deste artigo, os autos da alienação serão apensados aos do processo principal.

>> § 8.º acrescentado pela Lei n. 12.683, de 9-7-2012.

§ 9.º Terão apenas efeito devolutivo os recursos interpostos contra as decisões proferidas no curso do procedimento previsto neste artigo.

>> § 9.º acrescentado pela Lei n. 12.683, de 9-7-2012.

§ 10. Sobrevindo o trânsito em julgado de sentença penal condenatória, o juiz decretará, em favor, conforme o caso, da União ou do Estado:

>> § 10, *caput*, acrescentado pela Lei n. 12.683, de 9-7-2012.

I – a perda dos valores depositados na conta remunerada e da fiança;

>> Inciso I acrescentado pela Lei n. 12.683, de 9-7-2012.

II – a perda dos bens não alienados antecipadamente e daqueles aos quais não foi dada destinação prévia; e

>> Inciso II acrescentado pela Lei n. 12.683, de 9-7-2012.

III – a perda dos bens não reclamados no prazo de 90 (noventa) dias após trânsito em julgado da sentença condenatória, ressalvado o direito de lesado ou terceiro de boa-fé.

>> Inciso III acrescentado pela Lei n. 12.683, de 9-7-2012.

§ 11. Os bens a que se referem os incisos II e III do § 10 deste artigo serão adjudicados ou levados a leilão, depositando-se o saldo na conta única do respectivo ente.

>> § 11 acrescentado pela Lei n. 12.683, de 9-7-2012.

§ 12. O juiz determinará ao registro público competente que emita documento de habilitação à circulação e utilização dos bens colocados sob o uso e custódia das entidades a que se refere o *caput* deste artigo.

>> § 12 acrescentado pela Lei n. 12.683, de 9-7-2012.

§ 13. Os recursos decorrentes da alienação antecipada de bens, direitos e valores oriundos do crime de tráfico ilícito de drogas e que tenham sido objeto de dissimulação e ocultação nos termos desta Lei permanecem submetidos à disciplina definida em lei específica.

>> § 13 acrescentado pela Lei n. 12.683, de 9-7-2012.

Art. 4.º-B. A ordem de prisão de pessoas ou as medidas assecuratórias de bens, direitos ou valores poderão ser suspensas pelo juiz, ouvido o Ministério Público, quando a sua execução imediata puder comprometer as investigações.

>> Artigo acrescentado pela Lei n. 12.683, de 9-7-2012.

Art. 5.º Quando as circunstâncias o aconselharem, o juiz, ouvido o Ministério Público, nomeará pessoa física ou jurídica qualificada para a administração dos bens, direitos ou valores sujeitos a medidas assecuratórias, mediante termo de compromisso.

>> Artigo com redação determinada pela Lei n. 12.683, de 9-7-2012.

Art. 6.º A pessoa responsável pela administração dos bens:

>> *Caput* com redação determinada pela Lei n. 12.683, de 9-7-2012.

I – fará jus a uma remuneração, fixada pelo juiz, que será satisfeita com o produto dos bens objeto da administração;

II – prestará, por determinação judicial, informações periódicas da situação dos bens sob sua administração, bem como explicações e detalhamentos sobre investimentos e reinvestimentos realizados.

Parágrafo único. Os atos relativos à administração dos bens sujeitos a medidas assecuratórias serão levados ao conhecimento do Ministério Público, que requererá o que entender cabível.

>> Parágrafo único com redação determinada pela Lei n. 12.683, de 9-7-2012.

CAPÍTULO III
DOS EFEITOS DA CONDENAÇÃO

Art. 7.º São efeitos da condenação, além dos previstos no Código Penal:

I – a perda, em favor da União – e dos Estados, nos casos de competência da Justiça Estadual –, de todos os bens, direitos e valores relacionados, direta ou indiretamente, à prática dos crimes previstos nesta Lei, inclusive aqueles utilizados para prestar a fiança, ressalvado o direito do lesado ou de terceiro de boa-fé;

>> Inciso I com redação determinada pela Lei n. 12.683, de 9-7-2012.

II – a interdição do exercício de cargo ou função pública de qualquer natureza e de diretor, de membro de conselho de administração ou de gerência das pessoas jurídicas referidas no art. 9.º, pelo dobro do tempo da pena privativa de liberdade aplicada.

§ 1.º A União e os Estados, no âmbito de suas competências, regulamentarão a forma de destinação dos bens, direitos e valores cuja perda houver sido declarada, assegurada, quanto aos processos de competência da Justiça Federal, a sua utilização pelos órgãos federais encarregados da prevenção, do combate, da ação penal e do julgamento dos crimes previstos nesta Lei, e, quanto aos processos de competência da Justiça Estadual, a preferência dos órgãos locais com idêntica função.

>> § 1.º acrescentado pela Lei n. 12.683, de 9-7-2012.

§ 2.º Os instrumentos do crime sem valor econômico cuja perda em favor da União ou do Estado for decretada serão inutilizados ou doados a museu criminal ou a entidade pública, se houver interesse na sua conservação.

>> § 2.º acrescentado pela Lei n. 12.683, de 9-7-2012.

CAPÍTULO IV
DOS BENS, DIREITOS OU VALORES ORIUNDOS DE CRIMES PRATICADOS NO ESTRANGEIRO

Art. 8.º O juiz determinará, na hipótese de existência de tratado ou convenção internacional e por solicitação de autoridade estrangeira competente, medidas assecuratórias sobre bens, direitos ou valores oriundos de crimes descritos no art. 1.º praticados no estrangeiro.

>> *Caput* com redação determinada pela Lei n. 12.683, de 9-7-2012.

§ 1.º Aplica-se o disposto neste artigo, independentemente de tratado ou convenção internacional, quando o governo do país da autoridade solicitante prometer reciprocidade ao Brasil.

§ 2.º Na falta de tratado ou convenção, os bens, direitos ou valores privados sujeitos a medidas assecuratórias por solicitação de autoridade estrangeira competente ou os recursos provenientes da sua alienação serão repartidos entre o Estado requerente e o Brasil, na proporção de metade, ressalvado o direito do lesado ou de terceiro de boa-fé.

>> § 2.º com redação determinada pela Lei n. 12.683, de 9-7-2012.

CAPÍTULO V
DAS PESSOAS SUJEITAS AO MECANISMO DE CONTROLE

>> Capítulo com redação determinada pela Lei n. 12.683, de 9-7-2012.

> A Instrução Normativa n. 76, de 9-3-2020, do DREI, dispõe sobre a política, os procedimentos e os controles a serem adotados no âmbito das Juntas Comerciais para o cumprimento das disposições da Lei n. 9.613, de 3-3-1998, relativas à prevenção de atividades de lavagem de dinheiro, ou a ela relacionadas, e financiamento do terrorismo; e da Lei n. 13.810, de 8-3-2019, relativas ao cumprimento de determinações do Conselho de Segurança das Nações Unidas acerca da indisponibilidade de ativos.

Art. 9.º Sujeitam-se às obrigações referidas nos arts. 10 e 11 as pessoas físicas e jurídicas que tenham, em caráter permanente ou eventual, como atividade principal ou acessória, cumulativamente ou não:

>> *Caput* com redação determinada pela Lei n. 12.683, de 9-7-2012.

>> *Vide* Lei n. 13.810, de 8-3-2019 (ação de indisponibilidade de ativos).

> A Instrução Normativa n. 34, de 28-10-2020, da PREVIC, dispõe sobre a política, os procedimentos e os controles internos a serem adotados pelas entidades fechadas de previdência complementar visando à prevenção da utilização do regime para a prática dos crimes de "lavagem" ou ocultação de bens, direitos e valores, de que trata a Lei n. 9.613, de 3-3-1998, e de financiamento do terrorismo, previsto na Lei n. 13.260, de 16-3-2016, observando também aos dispositivos da Lei n. 13.709, de 14-8-2018, Lei Geral de Proteção de Dados.

I – a captação, intermediação e aplicação de recursos financeiros de terceiros, em moeda nacional ou estrangeira;

II – a compra e venda de moeda estrangeira ou ouro como ativo financeiro ou instrumento cambial;

III – a custódia, emissão, distribuição, liquidação, negociação, intermediação ou administração de títulos ou valores mobiliários.

Parágrafo único. Sujeitam-se às mesmas obrigações:

I – as bolsas de valores, as bolsas de mercadorias ou futuros e os sistemas de negociação do mercado de balcão organizado;

>> Inciso I com redação determinada pela Lei n. 12.683, de 9-7-2012.

II – as seguradoras, as corretoras de seguros e as entidades de previdência complementar ou de capitalização;

III – as administradoras de cartões de credenciamento ou cartões de crédito, bem como as administradoras de consórcios para aquisição de bens ou serviços;

IV – as administradoras ou empresas que se utilizem de cartão ou qualquer outro meio eletrônico, magnético ou equivalente, que permita a transferência de fundos;

V – as empresas de arrendamento mercantil (*leasing*), as empresas de fomento comercial (*factoring*) e as Empresas Simples de Crédito (ESC);

>> Inciso V com redação determinada pela Lei Complementar n. 167, de 24-4-2019.

VI – as sociedades que efetuem distribuição de dinheiro ou quaisquer bens móveis, imóveis, mercadorias, serviços, ou, ainda, concedam descontos na sua aquisição, mediante sorteio ou método assemelhado;

VII – as filiais ou representações de entes estrangeiros que exerçam no Brasil qualquer das atividades listadas neste artigo, ainda que de forma eventual;

VIII – as demais entidades cujo funcionamento dependa de autorização de órgão regulador dos mercados financeiro, de câmbio, de capitais e de seguros;

IX – as pessoas físicas ou jurídicas, nacionais ou estrangeiras, que operem no Brasil como agentes, dirigentes, procuradoras, comissionárias ou por qualquer forma representem interesses de ente estrangeiro que exerça qualquer das atividades referidas neste artigo;

X – as pessoas físicas ou jurídicas que exerçam atividades de promoção imobiliária ou compra e venda de imóveis;

>> Inciso X com redação determinada pela Lei n. 12.683, de 9-7-2012.

XI – as pessoas físicas ou jurídicas que comercializem joias, pedras e metais preciosos, objetos de arte e antiguidades;

XII – as pessoas físicas ou jurídicas que comercializem bens de luxo ou de alto valor, intermedeiem a sua comercialização ou exerçam atividades que envolvam grande volume de recursos em espécie;

>> Inciso XII com redação determinada pela Lei n. 12.683, de 9-7-2012.

XIII – as juntas comerciais e os registros públicos;

>> Inciso XIII acrescentado pela Lei n. 12.683, de 9-7-2012.

XIV – as pessoas físicas ou jurídicas que prestem, mesmo que eventualmente, serviços de assessoria, consultoria, contadoria, auditoria, aconselhamento ou assistência, de qualquer natureza, em operações:

>> Inciso XIV, *caput*, acrescentado pela Lei n. 12.683, de 9-7-2012.

a) de compra e venda de imóveis, estabelecimentos comerciais ou industriais ou participações societárias de qualquer natureza;

>> Alínea *a* acrescentada pela Lei n. 12.683, de 9-7-2012.

b) de gestão de fundos, valores mobiliários ou outros ativos;

>> Alínea *b* acrescentada pela Lei n. 12.683, de 9-7-2012.

c) de abertura ou gestão de contas bancárias, de poupança, investimento ou de valores mobiliários;

>> Alínea *c* acrescentada pela Lei n. 12.683, de 9-7-2012.

d) de criação, exploração ou gestão de sociedades de qualquer natureza, fundações, fundos fiduciários ou estruturas análogas;

>> Alínea *d* acrescentada pela Lei n. 12.683, de 9-7-2012.

e) financeiras, societárias ou imobiliárias; e

>> Alínea *e* acrescentada pela Lei n. 12.683, de 9-7-2012.

f) de alienação ou aquisição de direitos sobre contratos relacionados a atividades desportivas ou artísticas profissionais;

>> Alínea *f* acrescentada pela Lei n. 12.683, de 9-7-2012.

XV – pessoas físicas ou jurídicas que atuem na promoção, intermediação, comercialização, agenciamento ou negociação de direitos de transferência de atletas, artistas ou feiras, exposições ou eventos similares;

>> Inciso XV acrescentado pela Lei n. 12.683, de 9-7-2012.

XVI – as empresas de transporte e guarda de valores;

>> Inciso XVI acrescentado pela Lei n. 12.683, de 9-7-2012.

XVII – as pessoas físicas ou jurídicas que comercializem bens de alto valor de origem rural ou animal ou intermedeiem a sua comercialização; e

>> Inciso XVII acrescentado pela Lei n. 12.683, de 9-7-2012.

XVIII – as dependências no exterior das entidades mencionadas neste artigo, por meio de sua matriz no Brasil, relativamente a residentes no País.

>> Inciso XVIII acrescentado pela Lei n. 12.683, de 9-7-2012.

>> A Lei Complementar n. 155, de 27-10-2016, propôs o acréscimo de um inciso XIX para este parágrafo único, porém teve o texto vetado.

Capítulo VI
DA IDENTIFICAÇÃO DOS CLIENTES E MANUTENÇÃO DE REGISTROS

>> A Instrução Normativa n. 132, de 14-11-2018, do Departamento de Polícia Federal, estabelece o procedimento de comunicação de operações de transporte ou guarda de bens, valores ou numerário suspeitas ou que contenham indícios de crimes de lavagem de dinheiro ou de financiamento ao terrorismo a ser efetuado por empresas de transporte de valores.

Art. 10. As pessoas referidas no art. 9.º:

I – identificarão seus clientes e manterão cadastro atualizado, nos termos de instruções emanadas das autoridades competentes;

II – manterão registro de toda transação em moeda nacional ou estrangeira, títulos e valores mobiliários, títulos de crédito, metais, ou qualquer ativo passível de ser convertido em dinheiro, que ultrapassar limite fixado pela autoridade competente e nos termos de instruções por esta expedidas;

III – deverão adotar políticas, procedimentos e controles internos, compatíveis com seu porte e volume de operações, que lhes permitam atender ao disposto neste artigo e no art. 11, na forma disciplinada pelos órgãos competentes;

>> Inciso III com redação determinada pela Lei n. 12.683, de 9-7-2012.

IV – deverão cadastrar-se e manter seu cadastro atualizado no órgão regulador ou fiscalizador e, na falta deste, no Conselho de Controle de Atividades Financeiras (Coaf), na forma e condições por eles estabelecidas;

>> Inciso IV acrescentado pela Lei n. 12.683, de 9-7-2012.

V – deverão atender às requisições formuladas pelo Coaf na periodicidade, forma e condições por ele estabelecidas, cabendo-lhe preservar, nos termos da lei, o sigilo das informações prestadas.

>> Inciso V acrescentado pela Lei n. 12.683, de 9-7-2012.

§ 1.º Na hipótese de o cliente constituir-se em pessoa jurídica, a identificação referida no inciso I deste artigo deverá abranger as pessoas físicas autorizadas a representá-la, bem como seus proprietários.

§ 2.º Os cadastros e registros referidos nos incisos I e II deste artigo deverão ser conservados durante o período mínimo de cinco anos a partir do encerramento da conta ou da conclusão da transação, prazo este que poderá ser ampliado pela autoridade competente.

§ 3.º O registro referido no inciso II deste artigo será efetuado também quando a pessoa física ou jurídica, seus entes ligados, houver realizado, em um mesmo mês-calendário, operações com uma mesma pessoa, conglomerado ou grupo que, em seu conjunto, ultrapassem o limite fixado pela autoridade competente.

Art. 10-A. O Banco Central manterá registro centralizado formando o cadastro geral de correntistas e clientes de instituições financeiras, bem como de seus procuradores.

>> Artigo acrescentado pela Lei n. 10.701, de 9-7-2003.

Capítulo VII
DA COMUNICAÇÃO DE OPERAÇÕES FINANCEIRAS

>> A Instrução Normativa n. 132, de 14-11-2018, do Departamento de Polícia Federal, estabelece o procedimento de comunicação de operações de transporte ou guarda de bens, valores ou numerário suspeitas ou que contenham indícios de crimes de lavagem de dinheiro ou de financiamento ao terrorismo a ser efetuado por empresas de transporte de valores.

Art. 11. As pessoas referidas no art. 9.º:

I – dispensarão especial atenção às operações que, nos termos de instruções emanadas das autoridades competentes, possam constituir-se em sérios indícios dos crimes previstos nesta Lei, ou com eles relacionar-se;

II – deverão comunicar ao Coaf, abstendo-se de dar ciência de tal ato a qualquer pessoa, inclusive àquela à qual se refira a informação, no prazo de 24 (vinte e quatro) horas, a proposta ou realização:

>> Inciso II, *caput*, com redação determinada pela Lei n. 12.683, de 9-7-2012.

a) de todas as transações referidas no inciso II do art. 10, acompanhadas da identificação de que trata o inciso I do mencionado artigo; e

>> Alínea *a* com redação determinada pela Lei n. 12.683, de 9-7-2012.

b) das operações referidas no inciso I;

>> Alínea *b* com redação determinada pela Lei n. 12.683, de 9-7-2012.

III – deverão comunicar ao órgão regulador ou fiscalizador da sua atividade ou, na sua falta, ao Coaf, na periodicidade, forma e condições por eles estabelecidas, a não ocorrência de propostas, transações ou operações passíveis de serem comunicadas nos termos do inciso II.

>> Inciso III acrescentado pela Lei n. 12.683, de 9-7-2012.

§ 1.º As autoridades competentes, nas instruções referidas no inciso I deste artigo, elaborarão relação de operações que, por suas características, no que se refere às partes envolvidas, valores, forma de realização, instrumentos utilizados, ou pela falta de fundamento econômico ou legal, possam configurar a hipótese nele prevista.

§ 2.º As comunicações de boa-fé, feitas na forma prevista neste artigo, não acarretarão responsabilidade civil ou administrativa.

§ 3.º O Coaf disponibilizará as comunicações recebidas com base no inciso II do *caput* aos respectivos órgãos responsáveis pela regulação ou fiscalização das pessoas a que se refere o art. 9.º.

>> § 3.º com redação determinada pela Lei n. 12.683, de 9-7-2012.

Art. 11-A. As transferências internacionais e os saques em espécie deverão ser previamente comunicados à instituição financeira, nos termos, limites, prazos e condições fixados pelo Banco Central do Brasil.

>> Artigo acrescentado pela Lei n. 12.683, de 9-7-2012.

Capítulo VIII
DA RESPONSABILIDADE ADMINISTRATIVA

Art. 12. Às pessoas referidas no art. 9.º, bem como aos administradores das pessoas jurídicas, que deixem de cumprir as obrigações previstas nos arts. 10 e 11 serão aplicadas, cumulativamente ou não, pelas autoridades competentes, as seguintes sanções:

>> A Circular n. 3.858, de 14-11-2017, do Banco Central do Brasil, regulamenta os parâmetros para aplicação das penalidades administrativas previstas neste artigo.

I – advertência;

II – multa pecuniária variável não superior:

>> Inciso II, *caput*, com redação determinada pela Lei n. 12.683, de 9-7-2012.

a) ao dobro do valor da operação;

>> Alínea *a* acrescentada pela Lei n. 12.683, de 9-7-2012.

b) ao dobro do lucro real obtido ou que presumivelmente seria obtido pela realização da operação; ou

>> Alínea *b* acrescentada pela Lei n. 12.683, de 9-7-2012.

c) ao valor de R$ 20.000.000,00 (vinte milhões de reais);

>> Alínea *c* acrescentada pela Lei n. 12.683, de 9-7-2012.

III – inabilitação temporária, pelo prazo de até dez anos, para o exercício do cargo de administrador das pessoas jurídicas referidas no art. 9.º;

IV – cassação ou suspensão da autorização para o exercício de atividade, operação ou funcionamento.

>> Inciso IV com redação determinada pela Lei n. 12.683, de 9-7-2012.

§ 1.º A pena de advertência será aplicada por irregularidade no cumprimento das instruções referidas nos incisos I e II do art. 10.

§ 2.º A multa será aplicada sempre que as pessoas referidas no art. 9.º, por culpa ou dolo:

>> § 2.º, *caput*, com redação determinada pela Lei n. 12.683, de 9-7-2012.

I – deixarem de sanar as irregularidades objeto de advertência, no prazo assinalado pela autoridade competente;

II – não cumprirem o disposto nos incisos I a IV do art. 10;

>> Inciso II com redação determinada pela Lei n. 12.683, de 9-7-2012.

III – deixarem de atender, no prazo estabelecido, a requisição formulada nos termos do inciso V do art. 10;

>> Inciso III com redação determinada pela Lei n. 12.683, de 9-7-2012.

IV – descumprirem a vedação ou deixarem de fazer a comunicação a que se refere o art. 11.

§ 3.º A inabilitação temporária será aplicada quando forem verificadas infrações graves quanto ao cumprimento das obrigações constantes desta Lei ou quando ocorrer reincidência específica, devidamente caracterizada em transgressões anteriormente punidas com multa.

§ 4.º A cassação da autorização será aplicada nos casos de reincidência específica de infrações anteriormente punidas com a pena prevista no inciso III do *caput* deste artigo.

Art. 13. (*Revogado pela Lei n. 13.974, de 7-1-2020.*)

CAPÍTULO IX
DO CONSELHO DE CONTROLE DE ATIVIDADES FINANCEIRAS

Art. 14. É criado, no âmbito do Ministério da Fazenda, o Conselho de Controle de Atividades Financeiras – COAF, com a finalidade de disciplinar, aplicar penas administrativas, receber, examinar e identificar as ocorrências suspeitas de atividades ilícitas previstas nesta Lei, sem prejuízo da competência de outros órgãos e entidades.

>> A Lei n. 13.974, de 7-1-2020, transforma o Conselho de Atividades Financeiras na Unidade de Inteligência Financeira, vinculada administrativamente ao Banco Central do Brasil.

§ 1.º As instruções referidas no art. 10 destinadas às pessoas mencionadas no art. 9.º, para as quais não exista órgão próprio fiscalizador ou regulador, serão expedidas pelo COAF, competindo-lhe, para esses casos, a definição das pessoas abrangidas e a aplicação das sanções enumeradas no art. 12.

>> A Resolução n. 21, de 20-12-2012, do COAF, dispõe sobre os procedimentos a serem adotados pelas empresas de fomento comercial, na forma deste § 1.º.

§ 2.º O COAF deverá, ainda, coordenar e propor mecanismos de cooperação e de troca de informações que viabilizem ações rápidas e eficientes no combate à ocultação ou dissimulação de bens, direitos e valores.

§ 3.º O COAF poderá requerer aos órgãos da Administração Pública as informações cadastrais bancárias e financeiras de pessoas envolvidas em atividades suspeitas.

>> § 3.º acrescentado pela Lei n. 10.701, de 9-7-2003.

Art. 15. O COAF comunicará às autoridades competentes para a instauração dos procedimentos cabíveis, quando concluir pela existência de crimes previstos nesta Lei, de fundados indícios de sua prática, ou de qualquer outro ilícito.

Arts. 16 e 17. (*Revogados pela Lei n. 13.974, de 7-1-2020.*)

CAPÍTULO X
DISPOSIÇÕES GERAIS

>> Capítulo acrescentado pela Lei n. 12.683, de 9-7-2012.

Art. 17-A. Aplicam-se, subsidiariamente, as disposições do Decreto-lei n. 3.689, de 3 de outubro de 1941 (Código de Processo Penal), no que não forem incompatíveis com esta Lei.

>> Artigo acrescentado pela Lei n. 12.683, de 9-7-2012.

Art. 17-B. A autoridade policial e o Ministério Público terão acesso, exclusivamente, aos dados cadastrais do investigado que informam qualificação pessoal, filiação e endereço, independentemente de autorização judicial, mantidos pela Justiça Eleitoral, pelas empresas telefônicas, pelas instituições financeiras, pelos provedores de internet e pelas administradoras de cartão de crédito.

>> Artigo acrescentado pela Lei n. 12.683, de 9-7-2012.

Art. 17-C. Os encaminhamentos das instituições financeiras e tributárias em resposta às ordens judiciais de quebra ou transferência de sigilo deverão ser, sempre que determinado, em meio informático, e apresentados em arquivos que possibilitem a migração de informações para os autos do processo sem redigitação.

>> Artigo acrescentado pela Lei n. 12.683, de 9-7-2012.

Art. 17-D. Em caso de indiciamento de servidor público, este será afastado, sem prejuízo de remuneração e demais direitos previstos em lei, até que o juiz competente autorize, em decisão fundamentada, o seu retorno.

>> Artigo acrescentado pela Lei n. 12.683, de 9-7-2012.

>> O STF, na ADI n. 4.911, nas sessões virtuais de 13-11-2020 a 20-11-2020 (*DOU* de 2-12-2020), declarou a inconstitucionalidade deste art. 17-D, com a redação dada pela Lei n. 12.683/12.

Art. 17-E. A Secretaria da Receita Federal do Brasil conservará os dados fiscais dos contribuintes pelo prazo mínimo de 5 (cinco) anos, contado a partir do início do exercício seguinte ao da declaração de renda respectiva ou ao do pagamento do tributo.

>> Artigo acrescentado pela Lei n. 12.683, de 9-7-2012.

Art. 18. Esta Lei entra em vigor na data de sua publicação.

Brasília, 3 de março de 1998; 177.º da Independência e 110.º da República.

FERNANDO HENRIQUE CARDOSO

LEI N. 9.636, DE 15 DE MAIO DE 1998 (*)

Dispõe sobre a regularização, administração, aforamento e alienação de bens imóveis de domínio da União, altera dispositivos dos Decretos-leis n. 9.760, de 5 de setembro de 1946, e n. 2.398, de 21 de dezembro de 1987, regulamenta o § 2.º do art. 49 do Ato das Disposições Constitucionais Transitórias, e dá outras providências.

O Presidente da República

Faço saber que o Congresso Nacional decreta e eu sanciono a seguinte Lei:

CAPÍTULO I
DA REGULARIZAÇÃO E UTILIZAÇÃO ORDENADA

Art. 1.º É o Poder Executivo autorizado, por intermédio da Secretaria de Coordenação e Governança do Patrimônio da União da Secretaria Especial de Desestatização, Desinvestimento e Mercados do Ministério da Economia, a executar ações de identificação, de demarcação, de cadastramento, de registro e de fiscalização dos bens imóveis da União e a regularizar as ocupações desses imóveis, inclusive de assentamentos informais de baixa renda, e poderá, para tanto, firmar convênios com os Estados, o Distrito Federal e os Municípios em cujos territórios se localizem e, observados os procedimentos licitatórios previstos em lei, celebrar contratos com a iniciativa privada.

>> Artigo com redação determinada pela Lei n. 14.011, de 10-6-2020.

> A Instrução Normativa n. 4, de 14-8-2018, da SPU, disciplina os procedimentos administrativos para a constituição, cancelamento e revogação de inscrição de ocupação em imóveis da União, administrados pela Secretaria do Patrimônio da União.

> A Lei n. 11.952, de 25-6-2009, regulamentada pelo Decreto n. 6.992, de 28-10-2009, dispõe sobre a regularização fundiária das ocupações incidentes em terras situadas em áreas da União (rurais e urbanas) no âmbito da Amazônia Legal.

Art. 2.º Concluído, na forma da legislação vigente, o processo de identificação e demar-

(*) Publicada no *Diário Oficial da União* de 18-5-1998. Regulamentada pelo Decreto n. 3.725, de 10-1-2001.

cação das terras de domínio da União, a SPU lavrará, em livro próprio, com força de escritura pública, o termo competente, incorporando a área ao patrimônio da União.

Parágrafo único. O termo a que se refere este artigo, mediante certidão de inteiro teor, acompanhado de plantas e outros documentos técnicos que permitam a correta caracterização do imóvel, será registrado no Cartório de Registro de Imóveis competente.

Art. 3.º A regularização dos imóveis de que trata esta Lei, junto aos órgãos municipais e aos Cartórios de Registro de Imóveis, será promovida pela SPU e pela Procuradoria-Geral da Fazenda Nacional – PGFN, com o concurso, sempre que necessário, da Caixa Econômica Federal – CEF.

Parágrafo único. Os órgãos públicos federais, estaduais e municipais e os Cartórios de Registro de Imóveis darão preferência ao atendimento dos serviços de regularização de que trata este artigo.

Art. 3.º-A. Caberá ao Poder Executivo organizar e manter sistema unificado de informações sobre os bens de que trata esta Lei, que conterá, além de outras informações relativas a cada imóvel:

>> *Caput* acrescentado pela Lei n. 11.481, de 31-5-2007.

I – a localização e a área;

>> Inciso I acrescentado pela Lei n. 11.481, de 31-5-2007.

II – a respectiva matrícula no registro de imóveis competente;

>> Inciso II acrescentado pela Lei n. 11.481, de 31-5-2007.

III – o tipo de uso;

>> Inciso III acrescentado pela Lei n. 11.481, de 31-5-2007.

IV – a indicação da pessoa física ou jurídica à qual, por qualquer instrumento, o imóvel tenha sido destinado; e

>> Inciso IV acrescentado pela Lei n. 11.481, de 31-5-2007.

V – o valor atualizado, se disponível.

>> Inciso V acrescentado pela Lei n. 11.481, de 31-5-2007.

Parágrafo único. As informações do sistema de que trata o *caput* deste artigo deverão ser disponibilizadas na internet, sem prejuízo de outras formas de divulgação.

>> Parágrafo único acrescentado pela Lei n. 11.481, de 31-5-2007.

Seção I
Da Celebração de Convênios e Contratos

Art. 4.º **Os Estados, o Distrito Federal, os Municípios e a iniciativa privada, a critério da Secretaria de Coordenação e Governança do Patrimônio da União, observadas as instruções que regulamentam a matéria, poderão firmar, mediante convênios ou contratos com essa Secretaria, compromisso para executar ações de demarcação, de cadastramento, de avaliação, de venda e de fiscalização de áreas do patrimônio da União, assim como para o planejamento, a execução e a aprovação dos parcelamentos urbanos e rurais.**

>> *Caput* com redação determinada pela Lei n. 14.011, de 10-6-2020.

> A Instrução Normativa n. 23, de 18-3-2020, da Secretaria do Patrimônio da União, estabelece as diretrizes e procedimentos das atividades de fiscalização dos imóveis da União.

§ 1.º Na elaboração e execução dos projetos de que trata este artigo, serão sempre respeitados a preservação e o livre acesso às praias marítimas, fluviais e lacustres e a outras áreas de uso comum do povo.

§ 2.º Como retribuição pelas obrigações assumidas na elaboração dos projetos de parcelamentos urbanos e rurais, os Estados, o Distrito Federal, os Municípios e a iniciativa privada farão jus a parte das receitas provenientes da alienação dos imóveis da União, no respectivo projeto de parcelamento, até a satisfação integral dos custos por eles assumidos, observado que:

>> § 2.º, *caput*, com redação determinada pela Lei n. 14.011, de 10-6-2020.

I e II – (*Revogados pela Lei n. 14.011, de 10-6-2020*);

III – os contratos e convênios firmados em conformidade com o disposto no *caput* deste artigo deverão ser registrados nas matrículas dos imóveis;

>> Inciso III acrescentado pela Lei n. 14.011, de 10-6-2020.

IV – o interessado que optar pela aquisição da área por ele ocupada poderá desmembrar parte de seu imóvel para fins de pagamento dos custos da regularização, respeitado o limite mínimo de parcelamento definido no plano diretor do Município em que se encontre;

>> Inciso IV acrescentado pela Lei n. 14.011, de 10-6-2020.

V – a partir da assinatura dos contratos ou convênios, as taxas de ocupação poderão ser revertidas para amortizar os custos da regularização no momento da alienação, desde que o ocupante esteja adimplente e seja comprovada a sua participação no financiamento dos custos para regularização do parcelamento;

>> Inciso V acrescentado pela Lei n. 14.011, de 10-6-2020.

VI – o domínio útil ou pleno dos lotes resultantes de projetos urbanísticos poderá ser vendido para o ressarcimento dos projetos de parcelamento referidos no *caput* deste parágrafo;

>> Inciso VI acrescentado pela Lei n. 14.011, de 10-6-2020.

VII – os custos para a elaboração das peças técnicas necessárias à regularização de imóvel da União, para fins de alienação, poderão ser abatidos do valor do pagamento do imóvel no momento da sua aquisição.

>> Inciso VII acrescentado pela Lei n. 14.011, de 10-6-2020.

§ 3.º A participação nas receitas de que trata o parágrafo anterior será ajustada nos respectivos convênios ou contratos, observados os limites previstos em regulamento e as instruções a serem baixadas pelo Ministro de Estado da Fazenda, que considerarão a complexidade, o volume e o custo dos trabalhos de identificação, demarcação, cadastramento, recadastramento e fiscalização das áreas vagas existentes, bem como de elaboração e execução dos projetos de parcelamento e urbanização e, ainda, o valor de mercado dos imóveis na região e, quando for o caso, a densidade de ocupação local.

§ 4.º A participação dos Estados e Municípios nas receitas de que tratam os incisos I e II poderá ser realizada mediante repasse de recursos financeiros.

§ 5.º Na contratação, por intermédio da iniciativa privada, da elaboração e execução dos projetos urbanísticos de que trata este artigo, observados os procedimentos licitatórios previstos em lei, quando os serviços contratados envolverem, também, a cobrança e o recebimento das receitas deles decorrentes, poderá ser admitida a dedução prévia, pela contratada, da participação acordada.

Art. 5.º A demarcação de terras, o cadastramento e os loteamentos, realizados com base no disposto no art. 4.º, somente terão validade depois de homologados pela SPU.

Art. 5.º-A. Após a conclusão dos trabalhos, a Secretaria do Patrimônio da União (SPU) fica autorizada a utilizar, total ou parcialmente, os dados e informações decorrentes dos serviços executados por empresas contratadas para prestação de consultorias e elaboração de trabalhos de atualização e certificação cadastral, pelo prazo de até vinte anos, nos termos constantes de ato da SPU.

>> Artigo acrescentado pela Lei n. 13.465, de 11-7-2017.

Seção II
Do Cadastramento

>> Seção II com redação determinada pela Lei n. 11.481, de 31-5-2007.

Art. 6.º Para fins do disposto no art. 1.º desta Lei, as terras da União deverão ser cadastradas, nos termos do regulamento.

>> *Caput* com redação determinada pela Lei n. 11.481, de 31-5-2007.

§ 1.º Nas áreas urbanas, em imóveis possuídos por população carente ou de baixa renda para sua moradia, onde não for possível individualizar as posses, poderá ser feita a demarcação da área a ser regularizada, cadastrando-se o assentamento, para posterior outorga de título de forma individual ou coletiva.

>> § 1.º com redação determinada pela Lei n. 11.481, de 31-5-2007.

§§ 2.º a 4.º (*Revogados pela Lei n. 11.481, de 31-5-2007.*)

Art. 6.º-A. No caso de cadastramento de ocupações para fins de moradia cujo ocupante seja considerado carente ou de baixa renda, na forma do § 2.º do art. 1.º do Decreto-lei n. 1.876, de 15 de julho de 1981, a União poderá proceder à regularização fundiária da área, utilizando, entre outros, os instrumentos previstos no art. 18, no inciso VI do art. 19 e nos arts. 22-A e 31 desta Lei.

>> Artigo acrescentado pela Lei n. 11.481, de 31-5-2007.

> O Decreto-lei n. 1.876, de 15-7-1981, dispensa do pagamento de foros e laudêmios os titulares do domínio útil dos bens imóveis da União, nos casos que especifica.

Seção II-A
Da Inscrição da Ocupação

>> Seção II-A acrescentada pela Lei n. 11.481, de 31-5-2007.

Art. 7.º A inscrição de ocupação, a cargo da Secretaria do Patrimônio da União, é ato administrativo precário, resolúvel a qualquer tempo, que pressupõe o efetivo aproveitamento do terreno pelo ocupante, nos termos do regulamento, outorgada pela administração depois de analisada a conveniência e oportunidade, e gera obrigação de pagamento anual da taxa de ocupação.

>> *Caput* com redação determinada pela Lei n. 11.481, de 31-5-2007.

>> A Instrução Normativa n. 4, de 14-8-2018, da SPU, estabelece os procedimentos administrativos para a inscrição de ocupação em terrenos e imóveis da União.

§ 1.º É vedada a inscrição de ocupação sem a comprovação do efetivo aproveitamento de que trata o *caput* deste artigo.

>> § 1.º com redação determinada pela Lei n. 11.481, de 31-5-2007.

§ 2.º A comprovação do efetivo aproveitamento será dispensada nos casos de assentamentos informais definidos pelo Município como área ou zona especial de interesse social, nos termos do seu plano diretor ou outro instrumento legal que garanta a função social da área, exceto na faixa de fronteira ou quando se tratar de imóveis que estejam sob a administração do Ministério da Defesa e dos Comandos da Marinha, do Exército e da Aeronáutica.

>> § 2.º acrescentado pela Lei n. 11.481, de 31-5-2007.

§ 3.º A inscrição de ocupação de imóvel dominial da União, a pedido ou de ofício, será formalizada por meio de ato da autoridade local da Secretaria do Patrimônio da União em processo administrativo específico.

>> § 3.º acrescentado pela Lei n. 11.481, de 31-5-2007.

§ 4.º Será inscrito o ocupante do imóvel, tornando-se este o responsável no cadastro dos bens dominiais da União, para efeito de administração e cobrança de receitas patrimoniais.

>> § 4.º acrescentado pela Lei n. 11.481, de 31-5-2007.

§ 5.º As ocupações anteriores à inscrição, sempre que identificadas, serão anotadas no cadastro a que se refere o § 4.º.

>> § 5.º com redação determinada pela Lei n. 13.139, de 26-6-2015.

§ 6.º Os créditos originados em receitas patrimoniais decorrentes da ocupação de imóvel da União serão lançados após concluído o processo administrativo correspondente, observadas a decadência e a inexigibilidade previstas no art. 47 desta Lei.

>> § 6.º acrescentado pela Lei n. 11.481, de 31-5-2007.

§ 7.º Para fins de regularização nos registros cadastrais da Secretaria do Patrimônio da União do Ministério do Planejamento, Desenvolvimento e Gestão das ocupações ocorridas até 10 de junho de 2014, as transferências de posse na cadeia sucessória do imóvel serão anotadas no cadastro dos bens dominiais da União para o fim de cobrança de receitas patrimoniais dos responsáveis, independentemente do prévio recolhimento do laudêmio.

>> § 7.º com redação determinada pela Lei n. 13.813, de 9-4-2019.

Art. 8.º Na realização do cadastramento ou recadastramento de ocupantes, serão observados os procedimentos previstos no art. 128 do Decreto-lei n. 9.760, de 5 de setembro de 1946, com as alterações desta Lei.

> Citado Decreto-lei consta nesta obra.

Art. 9.º É vedada a inscrição de ocupações que:

I – ocorreram após 10 de junho de 2014;

>> Inciso I com redação determinada pela Lei n. 13.139, de 26-6-2015.

II – estejam concorrendo ou tenham concorrido para comprometer a integridade das áreas de uso comum do povo, de segurança nacional, de preservação ambiental ou necessárias à preservação dos ecossistemas naturais e de implantação de programas ou ações de regularização fundiária de interesse social ou habitacionais das reservas indígenas, das áreas ocupadas por comunidades remanescentes de quilombos, das vias federais de comunicação e das áreas reservadas para construção de hidrelétricas ou congêneres, ressalvados os casos especiais autorizados na forma da lei.

>> Inciso II com redação determinada pela Lei n. 11.481, de 31-5-2007.

Art. 10. Constatada a existência de posses ou ocupações em desacordo com o disposto nesta Lei, a União deverá imitir-se sumariamente na posse do imóvel, cancelando-se as inscrições eventualmente realizadas.

Parágrafo único. Até a efetiva desocupação, será devida à União indenização pela posse ou ocupação ilícita, correspondente a 10% (dez por cento) do valor atualizado do domínio pleno do terreno, por ano ou fração de ano em que a União tenha ficado privada da posse ou ocupação do imóvel, sem prejuízo das demais sanções cabíveis.

Art. 10-A. A autorização de uso sustentável, de incumbência da Secretaria do Patrimônio da União (SPU), ato administrativo excepcional, transitório e precário, é outorgada às comunidades tradicionais, mediante termo, quando houver necessidade de reconhecimento de ocupação em área da União, conforme procedimento estabelecido em ato da referida Secretaria.

>> *Caput* acrescentado pela Lei n. 13.465, de 11-7-2017.

Parágrafo único. A autorização a que se refere o caput deste artigo visa a possibilitar a ordenação do uso racional e sustentável dos recursos naturais disponíveis na orla marítima e fluvial, destinados à subsistência da população tradicional, de maneira a possibilitar o início do processo de regularização fundiária que culminará na concessão de título definitivo, quando cabível.

>> Parágrafo único acrescentado pela Lei n. 13.465, de 11-7-2017.

Seção III
Da Fiscalização e Conservação

Art. 11. Caberá à SPU a incumbência de fiscalizar e zelar para que sejam mantidos a destinação e o interesse público, o uso e a integridade física dos imóveis pertencentes ao patrimônio da União, podendo, para tanto, por intermédio de seus técnicos credenciados, embargar serviços e obras, aplicar multas e demais sanções previstas em lei e, ainda, requisitar força policial federal e solicitar o necessário auxílio de força pública estadual.

§ 1.º Para fins do disposto neste artigo, quando necessário, a SPU poderá, na forma do regulamento, solicitar a cooperação de força militar federal.

§ 2.º A incumbência de que trata o presente artigo não implicará prejuízo para:

I – as obrigações e responsabilidades previstas nos arts. 70 e 79, § 2.º, do Decreto-lei n. 9.760, de 1946;

II – as atribuições dos demais órgãos federais, com área de atuação direta ou indiretamente relacionada, nos termos da legislação vigente, com o patrimônio da União.

§ 3.º As obrigações e prerrogativas previstas neste artigo poderão ser repassadas, no que couber, às entidades conveniadas ou contratadas na forma dos arts. 1.º e 4.º.

§ 4.º Constitui obrigação do Poder Público federal, estadual e municipal, observada a legislação específica vigente, zelar pela manutenção das áreas de preservação ambiental, das necessárias à proteção dos ecossistemas naturais e de uso comum do povo, independentemente da celebração de convênio para esse fim.

Art. 11-A. Para efeitos desta Lei, considera-se avaliação de imóvel a atividade desenvolvida por profissional habilitado para identificar o valor de bem imóvel, os seus custos, frutos e direitos e determinar os indicadores de viabilidade de sua utilização econômica para determinada finalidade, por meio do seu valor de mercado, do valor da terra nua, do valor venal ou do valor de referência, consideradas suas características físicas e econômicas, a partir de exames, vistorias e pesquisas.

>> *Caput* acrescentado pela Lei n. 13.465, de 11-7-2017.

§ 1.º As avaliações no âmbito da União terão como objeto os bens classificados como de uso comum do povo, de uso especial e dominicais, nos termos estabelecidos em ato da Secretaria do Patrimônio da União (SPU).

>> § 1.º acrescentado pela Lei n. 13.465, de 11-7-2017.

§ 2.º Os imóveis da União cedidos ou administrados por outros órgãos ou entidades da administração pública federal serão por estes avaliados, conforme critérios estabelecidos em ato da Secretaria do Patrimônio da União (SPU).

>> § 2.º acrescentado pela Lei n. 13.465, de 11-7-2017.

Art. 11-B. **O valor do domínio pleno do terreno da União será obtido com base na planta de valores da Secretaria de Coordenação e Governança do Patrimônio da União.**

>> *Caput* com redação determinada pela Lei n. 14.011, de 10-6-2020.

I e II – ***(Revogados pela Lei n. 14.011, de 10-6-2020.)***

§§ 1.º a 3.º ***(Revogados pela Lei n. 14.011, de 10-6-2020.)***

§ 4.º **Os Municípios e o Distrito Federal fornecerão à Secretaria de Coordenação e Governança do Patrimônio da União, até 30 de junho de cada ano, o valor venal dos terrenos localizados sob sua jurisdição, para subsidiar a atualização da base de dados da referida Secretaria.**

>> § 4.º com redação determinada pela Lei n. 14.011, de 10-6-2020.

§ 5.º Em caso de descumprimento do prazo estabelecido no § 4.º deste artigo para encaminhamento do valor venal dos terrenos pelos Municípios e pelo Distrito Federal, o ente federativo perderá o direito, no exercício seguinte, ao repasse de 20% (vinte por cento) dos recursos arrecadados por meio da cobrança de taxa de ocupação, foro e laudêmio aos Municípios e ao Distrito Federal onde estão localizados os imóveis que deram origem à cobrança, previstos no Decreto-lei n. 2.398, de 21 de dezembro de 1987, e dos 20% (vinte por cento) da receita patrimonial decorrente da alienação desses imóveis, conforme o disposto na Lei n. 13.240, de 30 de dezembro de 2015.

>> § 5.º acrescentado pela Lei n. 13.465, de 11-7-2017.

§ 6.º Para o exercício de 2017, o valor de que trata o caput deste artigo será determinado de acordo com a planta de valores da Secretaria do Patrimônio da União (SPU), referente ao exercício de 2016 e atualizada pelo percentual de 7,17% (sete inteiros e dezessete centésimos por cento), ressalvada a correção de inconsistências cadastrais.

>> § 6.º acrescentado pela Lei n. 13.465, de 11-7-2017.

§ 7.º **Ato do Secretário de Coordenação e Governança do Patrimônio da União disporá sobre as condições para o encaminhamento dos dados de que trata o § 4.º deste artigo.**

>> § 7.º acrescentado pela Lei n. 14.011, de 10-6-2020.

§ 8.º **O lançamento de débitos relacionados ao foro, à taxa de ocupação e a outras receitas extraordinárias:**

>> § 8.º, *caput*, acrescentado pela Lei n. 14.011, de 10-6-2020.

I – **utilizará como parâmetro o valor do domínio pleno do terreno estabelecido de acordo com o disposto no *caput* deste artigo; e**

>> Inciso I acrescentado pela Lei n. 14.011, de 10-6-2020.

II – **observará o percentual de atualização de, no máximo, 5 (cinco) vezes a variação acumulada do Índice Nacional de Preços ao Consumidor Amplo (IPCA) do exercício anterior, aplicado sobre os valores cobrados no ano anterior, ressalvada a correção de inconsistências cadastrais ou a existência de avaliação válida do imóvel.**

>> Inciso II acrescentado pela Lei n. 14.011, de 10-6-2020.

§ 9.º **A Secretaria de Coordenação e Governança do Patrimônio da União atualizará a planta de valores anualmente e estabelecerá os valores mínimos para fins de cobrança dos débitos a que se refere o § 8.º deste artigo.**

>> § 9.º acrescentado pela Lei n. 14.011, de 10-6-2020.

§ 10. ***(Vetado.)***

>> § 10 acrescentado pela Lei n. 14.011, de 10-6-2020.

Art. 11-C. **As avaliações para fins de alienação onerosa dos domínios pleno, útil ou direto de imóveis da União, permitida a contratação da Caixa Econômica Federal ou de empresas públicas, órgãos ou entidades da administração pública direta ou indireta da União, do Distrito Federal, dos Estados ou dos Municípios cuja atividade-fim seja o desenvolvimento urbano ou imobiliário, com dispensa de licitação, ou de empresa privada, por meio de licitação, serão realizadas:**

>> *Caput* com redação determinada pela Lei n. 14.011, de 10-6-2020.

I – **pela Secretaria de Coordenação e Governança do Patrimônio da União; ou**

>> Inciso I acrescentado pela Lei n. 14.011, de 10-6-2020.

II – **pelo órgão ou entidade pública gestora responsável pelo imóvel.**

>> Inciso II acrescentado pela Lei n. 14.011, de 10-6-2020.

§ 1.º O preço mínimo para as alienações onerosas será fixado com base no valor de mercado do imóvel, estabelecido em laudo de avaliação, cujo prazo de validade será de, no máximo, doze meses.

>> § 1.º acrescentado pela Lei n. 13.465, de 11-7-2017.

§ 2.º Para as áreas públicas da União objeto da Reurb-E, nos casos de venda direta, o preço de venda será fixado com base no valor de mercado do imóvel, excluídas as benfeitorias realizadas pelo ocupante, cujo prazo de validade da avaliação será de, no máximo, doze meses.

>> § 2.º acrescentado pela Lei n. 13.465, de 11-7-2017.

§ 3.º Para as alienações que tenham como objeto a remição do aforamento ou a venda do domínio pleno ou útil, para os ocupantes ou foreiros regularmente cadastrados na SPU, a avaliação, cujo prazo de validade será de, no máximo, doze meses, poderá ser realizada por trecho ou região, desde que comprovadamente homogêneos, com base em pesquisa mercadológica e critérios estabelecidos no zoneamento ou plano diretor do Município.

>> § 3.º acrescentado pela Lei n. 13.465, de 11-7-2017.

§ 4.º **Nas hipóteses de venda de terrenos de até 250 m² (duzentos e cinquenta metros quadrados) em área urbana, ou de imóveis rurais de até o limite do módulo fiscal, definido pelo Instituto Nacional de Colonização e Reforma Agrária (Incra), será admitida a avaliação por planta de valores.**

>> § 4.º acrescentado pela Lei n. 14.011, de 10-6-2020.

§ 5.º **A avaliação de que trata o § 4.º deste artigo será baseada em métodos estatísticos lastreados em pesquisa mercadológica e em níveis de precisão compatíveis com os riscos aceitos, nos termos estabelecidos em ato do Secretário de Coordenação e Governança do Patrimônio da União, desde que esses métodos:**

>> § 5.º, *caput*, acrescentado pela Lei n. 14.011, de 10-6-2020.

I – **sejam previamente aprovados pela Secretaria de Coordenação e Governança do Patrimônio da União;**

>> Inciso I acrescentado pela Lei n. 14.011, de 10-6-2020.

II – **sejam baseados em critérios, premissas e procedimentos objetivos, documentados, passíveis de verificação pelos órgãos de controle e disponíveis em sistema eletrônico de dados; e**

>> Inciso II acrescentado pela Lei n. 14.011, de 10-6-2020.

III – **propiciem a geração de relatório individualizado da precificação do imóvel.**

>> Inciso III acrescentado pela Lei n. 14.011, de 10-6-2020.

§ 6.º As avaliações poderão ser realizadas sem que haja visita presencial, por meio de modelos de precificação, automatizados ou não, nos termos dos §§ 4.º e 5.º deste artigo.

>> § 6.º acrescentado pela Lei n. 14.011, de 10-6-2020.

§ 7.º Os laudos de avaliação dos imóveis elaborados por empresas especializadas serão homologados pela Secretaria de Coordenação e Governança do Patrimônio da União ou pelo órgão ou entidade pública gestora do imóvel, por meio de modelos preestabelecidos e sistema automatizado.

>> § 7.º acrescentado pela Lei n. 14.011, de 10-6-2020.

> A Portaria n. 19.837, de 25-8-2020, da Secretaria Especial de Desestatização, Desinvestimento e Mercados, regulamenta os critérios e procedimentos de homologação dos laudos de avaliação de imóveis da União ou de seu interesse, quando realizados por terceiros.

§ 8.º É dispensada a homologação de que trata o § 7.º deste artigo dos laudos de avaliação realizados por banco público federal ou por empresas públicas.

>> § 8.º acrescentado pela Lei n. 14.011, de 10-6-2020.

> A Portaria n. 19.837, de 25-8-2020, da Secretaria Especial de Desestatização, Desinvestimento e Mercados, regulamenta os critérios e procedimentos de homologação dos laudos de avaliação de imóveis da União ou de seu interesse, quando realizados por terceiros.

§ 9.º O órgão ou a entidade pública gestora poderá estabelecer que o laudo de avaliação preveja os valores para a venda do imóvel de acordo com prazo inferior à média de absorção do mercado.

>> § 9.º acrescentado pela Lei n. 14.011, de 10-6-2020.

§ 10. A Secretaria de Coordenação e Governança do Patrimônio da União poderá utilizar o valor estimado nos laudos de avaliação para fins de venda do imóvel em prazo menor do que a média de absorção do mercado.

>> § 10 acrescentado pela Lei n. 14.011, de 10-6-2020.

§ 11. É vedada a avaliação por empresas especializadas cujos sócios sejam servidores da Secretaria de Coordenação e Governança do Patrimônio da União ou da Secretaria Especial de Desestatização, Desinvestimento e Mercados do Ministério da Economia, ou seus parentes, em linha reta ou colateral, por consanguinidade ou afinidade, até o terceiro grau, inclusive.

>> § 11 acrescentado pela Lei n. 14.011, de 10-6-2020.

§ 12. Ato do Secretário de Coordenação e Governança do Patrimônio da União disporá sobre critérios técnicos para a elaboração e a homologação dos laudos de avaliação.

>> § 12 acrescentado pela Lei n. 14.011, de 10-6-2020.

> A Portaria n. 19.837, de 25-8-2020, da Secretaria Especial de Desestatização, Desinvestimento e Mercados, regulamenta os critérios e procedimentos de homologação dos laudos de avaliação de imóveis da União ou de seu interesse, quando realizados por terceiros.

Art. 11-D. Ato do Secretário de Coordenação e Governança do Patrimônio da União estabelecerá critérios técnicos e impessoais para habilitação de profissionais com vistas à execução de medidas necessárias ao processo de alienação dos bens imóveis da União.

>> *Caput* acrescentado pela Lei n. 14.011, de 10-6-2020.

§ 1.º A remuneração do profissional habilitado pela Secretaria de Coordenação e Governança do Patrimônio da União será devida somente na hipótese de êxito do processo de alienação correspondente.

>> § 1.º acrescentado pela Lei n. 14.011, de 10-6-2020.

§ 2.º Os laudos de avaliação dos imóveis elaborados pelos avaliadores serão homologados pela Secretaria de Coordenação e Governança do Patrimônio da União ou pelo órgão ou entidade pública gestora do imóvel, por meio de modelos preestabelecidos e sistema automatizado.

>> § 2.º acrescentado pela Lei n. 14.011, de 10-6-2020.

> A Portaria n. 19.837, de 25-8-2020, da Secretaria Especial de Desestatização, Desinvestimento e Mercados, regulamenta os critérios e procedimentos de homologação dos laudos de avaliação de imóveis da União ou de seu interesse, quando realizados por terceiros.

§ 3.º O profissional ou empresa que atender aos critérios estabelecidos no ato a que se refere o *caput* deste artigo será automaticamente considerado habilitado, sem necessidade de declaração da Secretaria de Coordenação e Governança do Patrimônio da União.

>> § 3.º acrescentado pela Lei n. 14.011, de 10-6-2020.

Seção IV
Do Aforamento

Art. 12. Observadas as condições previstas no § 1.º do art. 23 e resguardadas as situações previstas no inciso I do art. 5.º do Decreto-lei n. 2.398, de 1987, os imóveis dominiais da União, situados em zonas sujeitas ao regime enfitêutico, poderão ser aforados, mediante leilão ou concorrência pública, respeitado, como preço mínimo, o valor de mercado do respectivo domínio útil, estabelecido em avaliação de precisão, realizada, especificamente para esse fim, pela SPU ou, sempre que necessário, pela Caixa Econômica Federal, com validade de seis meses a contar da data de sua publicação.

§ 1.º Na impossibilidade, devidamente justificada, de realização de avaliação de precisão, será admitida a avaliação expedita.

§ 2.º Para realização das avaliações de que trata este artigo, a SPU e a CEF poderão contratar serviços especializados de terceiros, devendo os respectivos laudos, para os fins previstos nesta Lei, ser homologados por quem os tenha contratado, quanto à observância das normas técnicas pertinentes.

§ 3.º Não serão objeto de aforamento os imóveis que:

>> § 3.º, *caput*, com redação determinada pela Lei n. 13.139, de 26-6-2015.

I – por sua natureza e em razão de norma especial, são ou venham a ser considerados indisponíveis e inalienáveis; e

>> Inciso I acrescentado pela Lei n. 13.139, de 26-6-2015.

II – são considerados de interesse do serviço público, mediante ato do Secretário do Patrimônio da União do Ministério do Planejamento, Orçamento e Gestão.

>> Inciso II acrescentado pela Lei n. 13.139, de 26-6-2015.

Art. 13. Na concessão do aforamento, será dada preferência a quem, comprovadamente, em 10 de junho de 2014, já ocupava o imóvel há mais de 1 (um) ano e esteja, até a data da formalização do contrato de alienação do domínio útil, regularmente inscrito como ocupante e em dia com suas obrigações perante a Secretaria do Patrimônio da União do Ministério do Planejamento, Orçamento e Gestão.

>> *Caput* com redação determinada pela Lei n. 13.139, de 26-6-2015.

§ 1.º Previamente à publicação do edital de licitação, dar-se-á conhecimento do preço mínimo para venda do domínio útil ao titular da preferência de que trata este artigo, que poderá adquiri-lo por esse valor, devendo, para este fim, sob pena de decadência, manifestar o seu interesse na aquisição e apresentar a documentação exigida em lei na forma e nos prazos previstos em regulamento e, ainda, celebrar o contrato de aforamento de que trata o art. 14 no prazo de seis meses, a contar da data da notificação.

§ 2.º O prazo para celebração do contrato de que trata o parágrafo anterior poderá ser prorrogado, a pedido do interessado e observadas as condições previstas em regulamento, por mais seis meses, situação em que, havendo variação significativa no mercado imobiliário local, será feita nova avaliação, correndo os custos de sua realização por conta do respectivo ocupante.

§ 3.º A notificação de que trata o § 1.º será feita por edital publicado no *Diário Oficial da*

União e, sempre que possível, por carta registrada a ser enviada ao ocupante do imóvel que se encontre inscrito na SPU.

§ 4.º O edital especificará o nome do ocupante, a localização do imóvel e a respectiva área, o valor de avaliação, bem como o local e horário de atendimento aos interessados.

§ 5.º (*Revogado pela Lei n. 13.139, de 26-6-2015.*)

§ 6.º Para fins de regularização nos registros cadastrais da Secretaria do Patrimônio da União do Ministério do Planejamento, Desenvolvimento e Gestão dos aforamentos ocorridos até 10 de junho de 2014, as transferências de posse na cadeia sucessória do imóvel serão anotadas no cadastro dos bens dominiais da União para o fim de cobrança de receitas patrimoniais dos respectivos responsáveis, independentemente do prévio recolhimento do laudêmio.

>> § 6.º acrescentado pela Lei n. 13.813, de 9-4-2019.

Art. 14. O domínio útil, quando adquirido mediante o exercício da preferência de que tratam o art. 13 e o § 3.º do art. 17 desta Lei, poderá ser pago:

>> *Caput* com redação determinada pela Lei n. 13.465, de 11-7-2017.

I – à vista;

>> Inciso I com redação determinada pela Lei n. 13.465, de 11-7-2017.

II – a prazo, mediante pagamento, no ato da assinatura do contrato de aforamento, de entrada mínima de 10% (dez por cento) do preço, a título de sinal e princípio de pagamento, e do saldo em até cento e vinte prestações mensais e consecutivas, devidamente atualizadas, observando-se, neste caso, que o término do parcelamento não poderá ultrapassar a data em que o adquirente completar oitenta anos de idade.

Parágrafo único. (*Revogado pela Lei n. 13.465, de 11-7-2017.*)

Art. 15. A Secretaria do Patrimônio da União do Ministério do Planejamento, Orçamento e Gestão promoverá, mediante licitação, o aforamento dos terrenos de domínio da União situados em zonas sujeitas ao regime enfitêutico que estiverem vagos ou ocupados há até 1 (um) ano em 10 de junho de 2014, bem como daqueles cujos ocupantes não tenham exercido a preferência ou a opção de que tratam os arts. 13 e 17 desta Lei e o inciso I do *caput* do art. 5.º do Decreto-lei n. 2.398, de 21 de dezembro de 1987.

>> *Caput* com redação determinada pela Lei n. 13.139, de 26-6-2015.

§ 1.º O domínio pleno das benfeitorias incorporadas ao imóvel, independentemente de quem as tenha realizado, será também objeto de alienação.

§ 2.º Os ocupantes com até 1 (um) ano de ocupação em 10 de junho de 2014 que continuem ocupando o imóvel e estejam regularmente inscritos e em dia com suas obrigações perante a Secretaria do Patrimônio da União do Ministério do Planejamento, Orçamento e Gestão na data da realização da licitação poderão adquirir o domínio útil do imóvel, em caráter preferencial, pelo preço, abstraído o valor correspondente às benfeitorias por eles realizadas, e nas mesmas condições oferecidas pelo vencedor da licitação, desde que manifestem seu interesse no ato do pregão ou no prazo de 48 (quarenta e oito) horas, contado da publicação do resultado do julgamento da concorrência.

>> § 2.º com redação determinada pela Lei n. 13.139, de 26-6-2015.

§ 3.º O edital de licitação especificará, com base na proporção existente entre os valores apurados no laudo de avaliação, o percentual a ser subtraído da proposta ou do lance vencedor, correspondente às benfeitorias realizadas pelo ocupante, caso este exerça a preferência de que trata o parágrafo anterior.

§ 4.º Ocorrendo a venda, na forma deste artigo, do domínio útil do imóvel a terceiros, será repassado ao ocupante, exclusivamente neste caso, o valor correspondente às benfeitorias por ele realizadas calculado com base no percentual apurado na forma do parágrafo anterior, sendo vedada a extensão deste benefício a outros casos, mesmo que semelhantes.

§ 5.º O repasse de que trata o parágrafo anterior será realizado nas mesmas condições de pagamento, pelo adquirente, do preço do domínio útil.

§ 6.º Caso o domínio útil do imóvel não seja vendido no primeiro certame, serão promovidas, após a reintegração sumária da União na posse do imóvel, novas licitações, nas quais não será dada nenhuma preferência ao ocupante.

§ 7.º Os ocupantes que não exercerem, conforme o caso, as preferências de que tratam os arts. 13 e 15, § 2.º, e a opção de que trata o art. 17, nos termos e condições previstos nesta Lei e em seu regulamento, terão o prazo de sessenta dias para desocupar o imóvel, findo o qual ficarão sujeitos ao pagamento de indenização pela ocupação ilícita, correspondente a 10% (dez por cento) do valor atualizado do domínio pleno do terreno, por ano ou fração de ano, até que a União seja reintegrada na posse do imóvel.

Art. 16. Constatado, no processo de habilitação, que os adquirentes prestaram declaração falsa sobre pré-requisitos necessários ao exercício da preferência de que tratam os arts. 13, 15, § 2.º, e 17, § 3.º, desta Lei, e o inciso I do art. 5.º do Decreto-lei n. 2.398, de 1987, os respectivos contratos de aforamento serão nulos de pleno direito, sem prejuízo das sanções penais aplicáveis, independentemente de notificação judicial ou extrajudicial, retornando automaticamente o imóvel ao domínio pleno da União e perdendo os compradores o valor correspondente aos pagamentos eventualmente já efetuados.

Art. 16-A. Para os terrenos submetidos ao regime enfitêutico, ficam autorizadas a remição do foro e a consolidação do domínio pleno com o foreiro mediante o pagamento do valor correspondente ao domínio direto do terreno, segundo os critérios de avaliação previstos no art. 11-C desta Lei, cujo prazo de validade da avaliação será de, no máximo, doze meses, e das obrigações pendentes na Secretaria do Patrimônio da União (SPU), inclusive aquelas objeto de parcelamento, excluídas as benfeitorias realizadas pelo foreiro.

>> *Caput* acrescentado pela Lei n. 13.465, de 11-7-2017.

§ 1.º Ficam dispensadas do pagamento pela remição as pessoas consideradas carentes ou de baixa renda, nos termos previstos no art. 1.º do Decreto-lei n. 1.876, de 15 de julho de 1981.

>> § 1.º acrescentado pela Lei n. 13.465, de 11-7-2017.

§ 2.º A remição do foro e a consolidação do domínio pleno com o foreiro a que se refere este artigo poderão ser efetuadas à vista ou de forma parcelada, permitida a utilização dos recursos do FGTS para pagamento total, parcial ou em amortização de parcelas e liquidação do saldo devedor, observadas as demais regras e condições estabelecidas para uso do FGTS.

>> § 2.º acrescentado pela Lei n. 13.465, de 11-7-2017.

§ 3.º As demais condições para a remição do foro dos imóveis submetidos ao regime enfitêutico a que se refere este artigo serão estabelecidas em ato da Secretaria do Patrimônio da União (SPU).

>> § 3.º acrescentado pela Lei n. 13.465, de 11-7-2017.

§ 4.º O foreiro que não optar pela aquisição dos imóveis de que trata este artigo continuará submetido ao regime enfitêutico, na forma da legislação vigente.

>> § 4.º acrescentado pela Lei n. 13.465, de 11-7-2017.

§ 5.º A Secretaria do Patrimônio da União (SPU) verificará a regularidade cadastral dos imóveis a serem alienados e procederá aos ajustes eventualmente necessários durante o processo de alienação.

>> § 5.º acrescentado pela Lei n. 13.465, de 11-7-2017.

§ 6.º Não se aplica o disposto neste artigo aos imóveis da União:

>> § 6.º, *caput*, acrescentado pela Lei n. 13.465, de 11-7-2017.

I – administrados pelo Ministério das Relações Exteriores, pelo Ministério da Defesa ou pelos Comandos da Marinha, do Exército ou da Aeronáutica;

>> Inciso I acrescentado pela Lei n. 13.465, de 11-7-2017.

II – situados na faixa de fronteira de que trata a Lei n. 6.634, de 2 de maio de 1979, ou na faixa de segurança de que trata o § 3.º do art. 49 do Ato das Disposições Constitucionais Transitórias.

>> Inciso II acrescentado pela Lei n. 13.465, de 11-7-2017.

§ 7.º Para os fins desta Lei, considera-se faixa de segurança a extensão de trinta metros a partir do final da praia, nos termos do § 3.º do art. 10 da Lei n. 7.661, de 16 de maio de 1988.

>> § 7.º acrescentado pela Lei n. 13.465, de 11-7-2017.

Art. 16-B. Fica o Poder Executivo Federal autorizado, por intermédio da Secretaria do Patrimônio da União (SPU), a contratar a Caixa Econômica Federal, independentemente de processo licitatório, para a prestação de serviços relacionados à administração dos contratos, à arrecadação e à cobrança administrativa decorrentes da remição do foro dos imóveis a que se refere o art. 16-A desta Lei.

>> *Caput* acrescentado pela Lei n. 13.465, de 11-7-2017.

Parágrafo único. A Caixa Econômica Federal representará a União na celebração dos contratos de que trata o *caput* deste artigo.

>> Parágrafo único acrescentado pela Lei n. 13.465, de 11-7-2017.

Art. 16-C. O Ministro de Estado do Planejamento, Desenvolvimento e Gestão, permitida a delegação, editará portaria com a lista de áreas ou imóveis sujeitos à alienação nos termos do art. 16-A desta Lei.

>> *Caput* acrescentado pela Lei n. 13.465, de 11-7-2017.

§ 1.º Os terrenos de marinha e acrescidos alienados na forma desta Lei:

>> § 1.º, *caput*, acrescentado pela Lei n. 13.465, de 11-7-2017.

I – não incluirão:

>> Inciso I, *caput*, acrescentado pela Lei n. 13.465, de 11-7-2017.

a) áreas de preservação permanente, na forma do inciso II do *caput* do art. 3.º da Lei n. 12.651, de 25 de maio de 2012; ou

>> Alínea *a* acrescentada pela Lei n. 13.465, de 11-7-2017.

b) áreas em que seja vedado o parcelamento do solo, na forma do art. 3.º e do inciso I do caput do art. 13 da Lei n. 6.766, de 19 de dezembro de 1979;

>> Alínea *b* acrescentada pela Lei n. 13.465, de 11-7-2017.

II – deverão estar situados em área urbana consolidada.

>> Inciso II acrescentado pela Lei n. 13.465, de 11-7-2017.

§ 2.º Para os fins desta Lei, considera-se área urbana consolidada aquela:

>> § 2.º, *caput*, acrescentado pela Lei n. 13.465, de 11-7-2017.

I – incluída no perímetro urbano ou em zona urbana pelo plano diretor ou por lei municipal específica;

>> Inciso I acrescentado pela Lei n. 13.465, de 11-7-2017.

II – com sistema viário implantado e vias de circulação pavimentadas;

>> Inciso II acrescentado pela Lei n. 13.465, de 11-7-2017.

III – organizada em quadras e lotes predominantemente edificados;

>> Inciso III acrescentado pela Lei n. 13.465, de 11-7-2017.

IV – de uso predominantemente urbano, caracterizado pela existência de edificações residenciais, comerciais, industriais, institucionais, mistas ou voltadas à prestação de serviços; e

>> Inciso IV acrescentado pela Lei n. 13.465, de 11-7-2017.

V – com a presença de, no mínimo, três dos seguintes equipamentos de infraestrutura urbana implantados:

>> Inciso V, *caput*, acrescentado pela Lei n. 13.465, de 11-7-2017.

a) drenagem de águas pluviais;

>> Alínea *a* acrescentada pela Lei n. 13.465, de 11-7-2017.

b) esgotamento sanitário;

>> Alínea *b* acrescentada pela Lei n. 13.465, de 11-7-2017.

c) abastecimento de água potável;

>> Alínea *c* acrescentada pela Lei n. 13.465, de 11-7-2017.

d) distribuição de energia elétrica; e

>> Alínea *d* acrescentada pela Lei n. 13.465, de 11-7-2017.

e) limpeza urbana, coleta e manejo de resíduos sólidos.

>> Alínea *e* acrescentada pela Lei n. 13.465, de 11-7-2017.

§ 3.º A alienação dos imóveis de que trata o § 1.º deste artigo não implica supressão das restrições administrativas de uso ou edificação que possam prejudicar a segurança da navegação, conforme estabelecido em ato do Ministro de Estado da Defesa.

>> § 3.º acrescentado pela Lei n. 13.465, de 11-7-2017.

§ 4.º Não há necessidade de autorização legislativa especifica para alienação dos imóveis arrolados na portaria a que se refere o *caput* deste artigo.

>> § 4.º acrescentado pela Lei n. 13.465, de 11-7-2017.

Art. 16-D. O adquirente receberá desconto de 25% (vinte e cinco por cento) na aquisição à vista, com fundamento no art. 16-A desta Lei, desde que atendidas as seguintes condições, cumulativamente:

>> *Caput* com redação determinada pela Lei n. 13.813, de 9-4-2019.

I – tenha sido apresentada manifestação de interesse para a aquisição à vista com o desconto de que trata o *caput* deste artigo no prazo de 30 (trinta) dias, contado a partir da data do recebimento da notificação da inclusão do imóvel na portaria de que trata o art. 16-C desta Lei; e

>> Inciso I acrescentado pela Lei n. 13.813, de 9-4-2019.

II – tenha sido efetuado o pagamento à vista do valor da alienação no prazo de 60 (sessenta) dias, contado a partir da data da manifestação de interesse do adquirente.

>> Inciso II acrescentado pela Lei n. 13.813, de 9-4-2019.

Parágrafo único. Para as alienações efetuadas de forma parcelada não será concedido desconto.

>> Parágrafo único acrescentado pela Lei n. 13.465, de 11-7-2017.

Art. 16-E. O pagamento das alienações realizadas nos termos do art. 16-A desta Lei observará critérios fixados em regulamento e poderá ser realizado:

>> *Caput* acrescentado pela Lei n. 13.465, de 11-7-2017.

I – à vista;

>> Inciso I acrescentado pela Lei n. 13.465, de 11-7-2017.

II – a prazo, mediante as condições de parcelamento estabelecidas em ato da Secretaria do Patrimônio da União (SPU).

>> Inciso II acrescentado pela Lei n. 13.465, de 11-7-2017.

Art. 16-F. Para os imóveis divididos em frações ideais em que já tenha havido aforamento de, no mínimo, uma das unidades autônomas, na forma do item 1.º do art. 105 do Decreto-lei n. 9.760, de 5 de setembro de 1946, combinado com o inciso I do caput do art. 5.º do Decreto-lei n. 2.398, de 21 de dezembro 1987, será aplicado o mesmo critério de outorga de aforamento para as demais unidades do imóvel.

>> Artigo acrescentado pela Lei n. 13.465, de 11-7-2017.

Art. 16-G. A União repassará 20% (vinte por cento) da receita patrimonial decorrente da remição do foro dos imóveis a que se refere o art. 16-A desta Lei aos Municípios e ao Distrito Federal onde estão localizados.

>> Artigo acrescentado pela Lei n. 13.465, de 11-7-2017.

Art. 16-H. Fica a Secretaria do Patrimônio da União (SPU) autorizada a receber Proposta de Manifestação de Aquisição, por foreiro de imóvel da União, que esteja regularmente inscrito e adimplente com suas obrigações com aquela Secretaria.

>> *Caput* acrescentado pela Lei n. 13.465, de 11-7-2017.

§ 1.º O foreiro deverá apresentar à SPU carta formalizando o interesse na aquisição juntamente com a identificação do imóvel e do foreiro, comprovação do período de foro e de estar em dia com as respectivas taxas, avaliação do imóvel e das benfeitorias, proposta de pagamento e, para imóveis rurais, georreferenciamento e CAR individualizado.

>> § 1.º acrescentado pela Lei n. 13.465, de 11-7-2017.

§ 2.º Para a análise da Proposta de Manifestação de Aquisição de que trata este artigo deverão ser cumpridos todos os requisitos e condicionantes estabelecidos na legislação que normatiza a alienação de imóveis da União, mediante a edição da portaria do Ministério do Planejamento, Desenvolvimento e Gestão de que trata o art. 16-C, bem como os critérios de avaliação previstos no art. 11-C, ambos desta Lei.

>> § 2.º acrescentado pela Lei n. 13.465, de 11-7-2017.

§ 3.º O protocolo da Proposta de Manifestação de Aquisição de imóvel da União pela Secretaria do Patrimônio da União (SPU) não constituirá nenhum direito ao foreiro perante a União.

>> § 3.º acrescentado pela Lei n. 13.465, de 11-7-2017.

§ 4.º A Secretaria do Patrimônio da União (SPU) fica autorizada a regulamentar a Proposta de Manifestação de Aquisição de que trata este artigo, mediante edição de portaria específica.

>> § 4.º acrescentado pela Lei n. 13.465, de 11-7-2017.

Art. 16-I. **Os imóveis submetidos ao regime enfitêutico com valor de remição do domínio direto do terreno até o limite estabelecido em ato do Ministro de Estado da Economia terão, mediante procedimento simplificado, a remição do foro autorizada, e o domínio pleno será consolidado em nome dos atuais foreiros que estejam regularmente cadastrados na Secretaria de Coordenação e Governança do Patrimônio da União e que estejam em dia com suas obrigações.**

>> *Caput* acrescentado pela Lei n. 14.011, de 10-6-2020.

§ 1.º O valor para remição do foro dos imóveis enquadrados no *caput* deste artigo será definido de acordo com a planta de valores da Secretaria de Coordenação e Governança do Patrimônio da União, observado, no que couber, o disposto no art. 11-C desta Lei.

>> § 1.º acrescentado pela Lei n. 14.011, de 10-6-2020.

§ 2.º Os imóveis sujeitos à alienação nos termos deste artigo serão remidos mediante venda direta ao atual foreiro, dispensada a edição de portaria específica.

>> § 2.º acrescentado pela Lei n. 14.011, de 10-6-2020.

§ 3.º Os imóveis com valor do domínio direto do terreno superior ao estabelecido em ato do Ministro de Estado da Economia poderão ser alienados nos termos do art. 16-A desta Lei.

>> § 3.º acrescentado pela Lei n. 14.011, de 10-6-2020.

§ 4.º A hipótese de que trata este artigo está condicionada à edição de ato do Secretário de Coordenação e Governança do Patrimônio da União que discipline os procedimentos e o cronograma dos imóveis abrangidos.

>> § 4.º acrescentado pela Lei n. 14.011, de 10-6-2020.

Seção V
Dos Direitos dos Ocupantes Regularmente Inscritos até 5 de Outubro de 1988

Art. 17. Os ocupantes regularmente inscritos até 5 de outubro de 1988, que não exercerem a preferência de que trata o art. 13, terão os seus direitos e obrigações assegurados mediante a celebração de contratos de cessão de uso onerosa, por prazo indeterminado.

§ 1.º A opção pela celebração do contrato de cessão de que trata este artigo deverá ser manifestada e formalizada, sob pena de decadência, observando-se os mesmos prazos previstos no art. 13 para exercício da preferência ao aforamento.

§ 2.º Havendo interesse do serviço público, a União poderá, a qualquer tempo, revogar o contrato de cessão e reintegrar-se na posse do imóvel, após o decurso do prazo de noventa dias da notificação administrativa que para esse fim expedir, em cada caso, não sendo reconhecidos ao cessionário quaisquer direitos sobre o terreno ou a indenização por benfeitorias realizadas.

§ 3.º A qualquer tempo, durante a vigência do contrato de cessão, poderá o cessionário pleitear novamente a preferência à aquisição, exceto na hipótese de haver sido declarado o interesse do serviço público, na forma do art. 5.º do Decreto-lei n. 2.398, de 1987.

Seção VI
Da Cessão

Art. 18. A critério do Poder Executivo poderão ser cedidos, gratuitamente ou em condições especiais, sob qualquer dos regimes previstos no Decreto-lei n. 9.760, de 1946, imóveis da União a:

I – Estados, Distrito Federal, Municípios e entidades sem fins lucrativos das áreas de educação, cultura, assistência social ou saúde;

>> Inciso I com redação determinada pela Lei n. 11.481, de 31-5-2007.

II – pessoas físicas ou jurídicas, em se tratando de interesse público ou social ou de aproveitamento econômico de interesse nacional.

>> Inciso II com redação determinada pela Lei n. 11.481, de 31-5-2007.

§ 1.º A cessão de que trata este artigo poderá ser realizada, ainda, sob o regime de concessão de direito real de uso resolúvel, previsto no art. 7.º do Decreto-lei n. 271, de 28 de fevereiro de 1967, aplicando-se, inclusive, em terrenos de marinha e acrescidos, dispensando-se o procedimento licitatório para associações e cooperativas que se enquadrem no inciso II do *caput* deste artigo.

>> § 1.º com redação determinada pela Lei n. 11.481, de 31-5-2007.

§ 2.º O espaço aéreo sobre bens públicos, o espaço físico em águas públicas, as áreas de álveo de lagos, rios e quaisquer correntes d'água, de vazantes, da plataforma continental e de outros bens de domínio da União, insusceptíveis de transferência de direitos reais a terceiros, poderão ser objeto de cessão de uso, nos termos deste artigo, observadas as prescrições legais vigentes.

§ 3.º A cessão será autorizada em ato do Presidente da República e se formalizará mediante termo ou contrato, do qual constarão expressamente as condições estabelecidas, entre as quais a finalidade da sua realização e o prazo para seu cumprimento, e tornar-se-á nula, independentemente de ato especial, se ao imóvel, no todo ou em parte, vier a ser dada aplicação diversa da prevista no ato autorizativo e consequente termo ou contrato.

§ 4.º A competência para autorizar a cessão de que trata este artigo poderá ser delegada ao Ministro de Estado da Fazenda, permitida a subdelegação.

§ 5.º Na hipótese de destinação à execução de empreendimento de fim lucrativo, a cessão será onerosa e, sempre que houver condições de competitividade, serão observados os procedimentos licitatórios previstos em lei e o disposto no art. 18-B desta Lei.

>> § 5.º com redação determinada pela Lei n. 13.813, de 9-4-2019.

§ 6.º Fica dispensada de licitação a cessão prevista no *caput* deste artigo relativa a:

>> § 6.º, *caput*, acrescentado pela Lei n. 11.481, de 31-5-2007.

I – bens imóveis residenciais construídos, destinados ou efetivamente utilizados no âmbito de programas de provisão habitacional ou de regularização fundiária de interesse social desenvolvidos por órgãos ou entidades da administração pública;

>> Inciso I acrescentado pela Lei n. 11.481, de 31-5-2007.

II – bens imóveis de uso comercial de âmbito local com área de até 250 m² (duzentos e cinquenta metros quadrados), inseridos no âmbito de programas de regularização fundiária de interesse social desenvolvidos por órgãos ou entidades da administração pública e cuja ocupação se tenha consolidado até 27 de abril de 2006.

>> Inciso II acrescentado pela Lei n. 11.481, de 31-5-2007.

III – espaços físicos em corpos d'água de domínio da União para fins de aquicultura, no âmbito da regularização aquícola desenvolvida por órgãos ou entidades da administração pública.

>> Inciso III acrescentado pela Lei n. 14.011, de 10-6-2020.

§ 6.º-A. **Os espaços físicos a que refere o inciso III do § 6.º deste artigo serão cedidos ao requerente que tiver projeto aprovado perante a Secretaria de Aquicultura e Pesca do Ministério da Agricultura, Pecuária e Abastecimento e demais órgãos da administração pública.**

>> § 6.º-A acrescentado pela Lei n. 14.011, de 10-6-2020.

§ 7.º Além das hipóteses previstas nos incisos I e II do *caput* e no § 2.º deste artigo, o espaço aéreo sobre bens públicos, o espaço físico em águas públicas, as áreas de álveo de lagos, rios e quaisquer correntes d'água, de vazantes e de outros bens do domínio da União, contíguos a imóveis da União afetados ao regime de aforamento ou ocupação, poderão ser objeto de cessão de uso.

>> § 7.º acrescentado pela Lei n. 12.058, de 13-10-2009.

§ 8.º A destinação que tenha como beneficiários entes públicos ou privados concessionários ou delegatários da prestação de serviços de coleta, tratamento e distribuição de água potável, esgoto sanitário e destinação final de resíduos sólidos poderá ser realizada com dispensa de licitação e sob regime gratuito.

>> § 8.º acrescentado pela Lei n. 13.465, de 11-7-2017.

§ 9.º Na hipótese prevista no § 8.º deste artigo, caso haja a instalação de tubulação subterrânea e subaquática que permita outro uso concomitante, a destinação dar-se-á por meio de autorização de passagem, nos termos de ato da Secretaria do Patrimônio da União (SPU).

>> § 9.º acrescentado pela Lei n. 13.465, de 11-7-2017.

§ 10. **A cessão de que trata este artigo poderá estabelecer como contrapartida a obrigação de construir, reformar ou prestar serviços de engenharia em imóveis da União ou em bens móveis de interesse da União, admitida a contrapartida em imóveis da União que não sejam objeto da cessão.**

>> § 10 acrescentado pela Lei n. 14.011, de 10-6-2020.

§ 11. **A cessão com contrapartida será celebrada sob condição resolutiva até que a obrigação seja integralmente cumprida pelo cessionário.**

>> § 11 acrescentado pela Lei n. 14.011, de 10-6-2020.

§ 12. **Na hipótese de descumprimento pelo cessionário da contrapartida, nas condições e nos prazos estabelecidos, o instrumento jurídico da cessão resolver-se-á sem direito à indenização pelas acessões e benfeitorias nem a qualquer outra indenização ao cessionário, e a posse do imóvel será imediatamente revertida para a União.**

>> § 12 acrescentado pela Lei n. 14.011, de 10-6-2020.

Art. 18-A. Os responsáveis pelas estruturas náuticas instaladas ou em instalação no mar territorial, nos rios e nos lagos de domínio da União que requererem a sua regularização até 31 de dezembro de 2018 perceberão desconto de 50% (cinquenta por cento) no valor do recolhimento do preço público pelo uso privativo de área da União quanto ao período que antecedeu a data de publicação da Medida Provisória n. 759, de 22 de dezembro de 2016.

>> *Caput* acrescentado pela Lei n. 13.465, de 11-7-2017.

§ 1.º O desconto de que trata o *caput* deste artigo fica condicionado ao deferimento do pedido de regularização pela Secretaria do Patrimônio da União (SPU).

>> § 1.º acrescentado pela Lei n. 13.465, de 11-7-2017.

§ 2.º O disposto no deste artigo não se aplica aos créditos inscritos em dívida *caput* ativa da União.

>> § 2.º acrescentado pela Lei n. 13.465, de 11-7-2017.

Art. 18-B. Os imóveis da União que estiverem ocupados por entidades desportivas de quaisquer modalidades poderão ser objeto de cessão em condições especiais, dispensado o procedimento licitatório e observadas as seguintes condições:

>> *Caput* acrescentado pela Lei n. 13.813, de 9-4-2019.

I – que as ocupações sejam anteriores a 5 de outubro de 1988, exclusivamente; e

>> Inciso I acrescentado pela Lei n. 13.813, de 9-4-2019.

II – que a cessão seja pelo prazo máximo de 30 (trinta) anos, admitidas prorrogações por iguais períodos.

>> Inciso II acrescentado pela Lei n. 13.813, de 9-4-2019.

§ 1.º A cessão será formalizada por meio de termo ou de contrato, do qual constarão expressamente as condições estabelecidas.

>> § 1.º acrescentado pela Lei n. 13.813, de 9-4-2019.

§ 2.º A cessão será tornada nula, independentemente de ato especial, se ao imóvel vier a ser dada aplicação diversa da prevista no termo ou no contrato, no todo ou em parte, observado o disposto no § 5.º do art. 18 desta Lei.

>> § 2.º acrescentado pela Lei n. 13.813, de 9-4-2019.

§ 3.º As entidades desportivas de que trata este artigo receberão desconto de 50% (cinquenta por cento) sobre os débitos inadimplidos relativos a preços públicos pelo uso privativo de área da União quanto ao período anterior à data de formalização do termo ou do contrato.

>> § 3.º acrescentado pela Lei n. 13.813, de 9-4-2019.

§ 4.º O desconto de que trata o § 3.º deste artigo somente será concedido aos interessados que requererem a regularização até 31 de dezembro de 2019 e ficará condicionado ao deferimento do pedido pela Secretaria do Patrimônio da União do Ministério do Planejamento, Desenvolvimento e Gestão.

>> § 4.º acrescentado pela Lei n. 13.813, de 9-4-2019.

Art. 19. O ato autorizativo da cessão de que trata o artigo anterior poderá:

I – permitir a alienação do domínio útil ou de direitos reais de uso de frações do terreno cedido mediante regime competente, com a finalidade de obter recursos para execução dos objetivos da cessão, inclusive para construção de edificações que pertencerão, no todo ou em parte, ao cessionário;

II – permitir a hipoteca do domínio útil ou de direitos reais de uso de frações do terreno cedido, mediante regime competente, e de benfeitorias eventualmente aderidas, com as finalidades referidas no inciso anterior;

III – permitir a locação ou o arrendamento de partes do imóvel cedido e benfeitorias eventualmente aderidas, desnecessárias ao uso imediato do cessionário;

IV – isentar o cessionário do pagamento de foro, enquanto o domínio útil do terreno fizer parte do seu patrimônio, e de laudêmios, nas transferências de domínio útil de que trata este artigo;

V – conceder prazo de carência para início de pagamento das retribuições devidas, quando:

a) for necessária a viabilização econômico-financeira do empreendimento;

b) houver interesse em incentivar atividade pouco ou ainda não desenvolvida no País ou em alguma de suas regiões; ou

c) for necessário ao desenvolvimento de microempresas, cooperativas e associações de pequenos produtores e de outros segmentos da economia brasileira que precisem ser incrementados;

VI – permitir a cessão gratuita de direitos enfitêuticos relativos a frações de terrenos cedidos quando se tratar de regularização fundiária ou provisão habitacional para famílias carentes ou de baixa renda.

>> Inciso VI acrescentado pela Lei n. 11.481, de 31-5-2007.

Art. 20. Não será considerada utilização em fim diferente do previsto no termo de entrega, a que se refere o § 2.º do art. 79 do Decreto-lei n. 9.760, de 1946, a cessão de uso a terceiros, a título gratuito ou oneroso, de áreas para exercício de atividade de apoio, definidas em regulamento, necessárias ao desempenho da atividade do órgão a que o imóvel foi entregue.

Parágrafo único. A cessão de que trata este artigo será formalizada pelo chefe da repartição, estabelecimento ou serviço público federal a que tenha sido entregue o imóvel, desde que aprovada sua realização pelo Secretário-Geral da Presidência da República, respectivos Ministros de Estado ou autoridades com competência equivalente nos Poderes Legislativo ou Judiciário, conforme for o caso, e tenham sido observadas as condições previstas no regulamento e os procedimentos licitatórios previstos em lei.

Art. 21. Quando o projeto envolver investimentos cujo retorno, justificadamente, não possa ocorrer dentro do prazo máximo de 20 (vinte) anos, a cessão sob o regime de arrendamento poderá ser realizada por prazo superior, observando-se, nesse caso, como prazo de vigência, o tempo seguramente necessário à viabilização econômico-financeira do empreendimento, não ultrapassando o período da possível renovação.

>> Artigo com redação determinada pela Lei n. 11.314, de 3-7-2006.

Seção VII
Da Permissão de Uso

Art. 22. A utilização, a título precário, de áreas de domínio da União para a realização de eventos de curta duração, de natureza recreativa, esportiva, cultural, religiosa ou educacional, poderá ser autorizada, na forma do regulamento, sob o regime de permissão de uso, em ato do Secretário do Patrimônio da União, publicado no *Diário Oficial da União*.

§ 1.º A competência para autorizar a permissão de uso de que trata este artigo poderá ser delegada aos titulares das Delegacias do Patrimônio da União nos Estados.

§ 2.º Em áreas específicas, devidamente identificadas, a competência para autorizar a permissão de uso poderá ser repassada aos Estados e Municípios, devendo, para tal fim, as áreas envolvidas lhes serem cedidas sob o regime de cessão de uso, na forma do art. 18.

Seção VIII
Da Concessão de Uso Especial para Fins de Moradia

>> Seção VIII acrescentada pela Lei n. 11.481, de 31-5-2007.

Art. 22-A. A concessão de uso especial para fins de moradia aplica-se às áreas de propriedade da União, inclusive aos terrenos de marinha e acrescidos, e será conferida aos possuidores ou ocupantes que preencham os requisitos legais estabelecidos na Medida Provisória n. 2.220, de 4 de setembro de 2001.

>> *Caput* acrescentado pela Lei n. 11.481, de 31-5-2007.

§ 1.º O direito de que trata o *caput* deste artigo não se aplica a imóveis funcionais.

>> § 1.º acrescentado pela Lei n. 11.481, de 31-5-2007.

§ 2.º Os imóveis sob administração do Ministério da Defesa ou dos Comandos da Marinha, do Exército e da Aeronáutica são considerados de interesse da defesa nacional para efeito do disposto no inciso III do *caput* do art. 5.º da Medida Provisória n. 2.220, de 4 de setembro de 2001, sem prejuízo do estabelecido no § 1.º deste artigo.

>> § 2.º acrescentado pela Lei n. 11.481, de 31-5-2007.

> A Medida Provisória n. 2.220, de 4-9-2001, dispõe sobre a concessão de uso especial de que trata o § 1.º do art. 183 da Constituição e cria o Conselho Nacional de Desenvolvimento Urbano – CNDU.

Capítulo II
DA ALIENAÇÃO

> A Instrução Normativa n. 3, de 11-8-2010, da Secretaria de Patrimônio da União, dispõe sobre os procedimentos de alienação de imóveis da União, a serem adotados pelas Superintendências do Patrimônio da União.

> A Portaria n. 19.832, de 25-8-2020, da Secretaria Especial de Desestatização, Desinvestimento e Mercados, regulamenta o recebimento de proposta de aquisição de imóveis da União que não estejam inscritos em regime enfitêutico ou em ocupação, apresentada por interessado à Secretaria de Coordenação e Governança do Patrimônio da União.

Art. 23. A alienação de bens imóveis da União dependerá de autorização, mediante ato do Presidente da República, e será sempre precedida de parecer da SPU quanto à sua oportunidade e conveniência.

§ 1.º A alienação ocorrerá quando não houver interesse público, econômico ou social em manter o imóvel no domínio da União, nem inconveniência quanto à preservação ambiental e à defesa nacional, no desaparecimento do vínculo de propriedade.

§ 2.º A competência para autorizar a alienação poderá ser delegada ao Ministro de Estado da Fazenda, permitida a subdelegação.

Art. 23-A. Qualquer interessado poderá apresentar proposta de aquisição de imóveis da União que não estejam inscritos em regime enfitêutico ou em ocupação, mediante requerimento específico à Secretaria de Coordenação e Governança do Patrimônio da União.

>> *Caput* acrescentado pela Lei n. 14.011, de 10-6-2020.

§ 1.º O requerimento de que trata o *caput* deste artigo não gera para a administração pública federal obrigação de alienar o imóvel nem direito subjetivo à aquisição.

>> § 1.º acrescentado pela Lei n. 14.011, de 10-6-2020.

§ 2.º A Secretaria de Coordenação e Governança do Patrimônio da União manifestar-se-á sobre o requerimento de que trata o *caput* deste artigo e avaliará a conveniência e a oportunidade de alienar o imóvel.

>> § 2.º acrescentado pela Lei n. 14.011, de 10-6-2020.

§ 3.º Na hipótese de manifestação favorável da Secretaria de Coordenação e Governança do Patrimônio da União, se o imóvel não possuir avaliação dentro do prazo de validade, o interessado providenciará, a expensas dele, avaliação elaborada por avaliador habilitado ou empresa especializada, nos termos dos §§ 1.º, 7.º e 8.º do art. 11-C desta Lei.

>> § 3.º acrescentado pela Lei n. 14.011, de 10-6-2020.

§ 4.º Compete à Secretaria de Coordenação e Governança do Patrimônio da União homologar os laudos de avaliação e iniciar o processo de alienação do imóvel, observado o disposto no art. 24 desta Lei.

>> § 4.º acrescentado pela Lei n. 14.011, de 10-6-2020.

§ 5.º A homologação de avaliação pela Secretaria de Coordenação e Governança do Patrimônio da União não constituirá nenhum direito ao interessado, e a Secretaria poderá desistir da alienação.

>> § 5.º acrescentado pela Lei n. 14.011, de 10-6-2020.

> A Portaria n. 19.837, de 25-8-2020, da Secretaria Especial de Desestatização, Desinvestimento e Mercados, regulamenta os critérios e procedimentos de homologação dos laudos de avaliação de imóveis da União ou de seu interesse, quando realizados por terceiros.

§ 6.º As propostas apresentadas que não cumprirem os requisitos mínimos ou que forem descartadas de plano pela Secretaria de Coordenação e Governança do Patrimônio da União serão desconsideradas.

>> § 6.º acrescentado pela Lei n. 14.011, de 10-6-2020.

§ 7.º As propostas apresentadas nos termos deste artigo serão disponibilizadas pela Secretaria de Coordenação e Governança do Patrimônio da União em sua página na internet, exceto as propostas de que trata o § 6.º deste artigo.

>> § 7.º acrescentado pela Lei n. 14.011, de 10-6-2020.

§ 8.º Ato do Secretário de Coordenação e Governança do Patrimônio da União disporá sobre o conteúdo e a forma do requerimento de que trata o *caput* deste artigo.

>> § 8.º acrescentado pela Lei n. 14.011, de 10-6-2020.

Seção I
Da Venda

Art. 24. A venda de bens imóveis da União será feita mediante concorrência ou leilão público, observadas as seguintes condições:

I – na venda por leilão público, a publicação do edital observará as mesmas disposições legais aplicáveis à concorrência pública;

II – os licitantes apresentarão propostas ou lances distintos para cada imóvel;

III – (*Revogado pela Lei n. 13.240, de 31-12-2015.*);

IV – no caso de leilão público, o arrematante pagará, no ato do pregão, sinal correspondente a, no mínimo, 10% (dez por cento) do valor da arrematação, complementando o preço no prazo e nas condições previstas no edital, sob pena de perder, em favor da União, o valor correspondente ao sinal e, em favor do leiloeiro, se for o caso, a respectiva comissão;

V – o leilão público será realizado por leiloeiro oficial ou por servidor especialmente designado;

VI – quando o leilão público for realizado por leiloeiro oficial, a respectiva comissão será, na forma do regulamento, de até 5% (cinco por cento) do valor da arrematação e será paga pelo arrematante, juntamente com o sinal;

VII – o preço mínimo de venda será fixado com base no valor de mercado do imóvel, estabelecido na forma dos arts. 11-C, 11-D e 23-A desta Lei; e

>> Inciso VII com redação determinada pela Lei n. 14.011, de 10-6-2020.

VIII – demais condições previstas no regulamento e no edital de licitação.

§ 1.º *(Revogado pela Lei n. 14.011, de 10-6-2020.)*

§ 2.º Para realização das avaliações de que trata o inciso VII, é dispensada a homologação dos serviços técnicos de engenharia realizados pela Caixa Econômica Federal.

>> § 2.º com redação determinada pela Lei n. 13.240, de 30-12-2015.

§ 3.º Poderá adquirir o imóvel, em condições de igualdade com o vencedor da licitação, o cessionário de direito real ou pessoal, o locatário ou arrendatário que esteja em dia com suas obrigações junto à SPU, bem como o expropriado.

§ 3.º-A. Os ocupantes regulares de imóveis funcionais da União poderão adquiri-los, com direito de preferência, excluídos aqueles considerados indispensáveis ao serviço público, em condições de igualdade com o vencedor da licitação.

>> § 3.º-A acrescentado pela Lei n. 13.465, de 11-7-2017.

§ 4.º A venda, em quaisquer das modalidades previstas neste artigo, poderá ser parcelada, mediante pagamento de sinal correspondente a, no mínimo, 10% (dez por cento) do valor de aquisição, na forma a ser regulamentada em ato do Poder Executivo federal.

>> § 4.º com redação determinada pela Lei n. 13.465, de 11-7-2017.

§ 5.º *(Revogado pela Lei n. 13.465, de 11-7-2017.)*

§ 6.º O interessado que tiver custeado a avaliação poderá adquirir o imóvel, em condições de igualdade com o vencedor da licitação, na hipótese de não serem exercidos os direitos previstos nos §§ 3.º e 3.º-A deste artigo.

>> § 6.º acrescentado pela Lei n. 14.011, de 10-6-2020.

§ 7.º O vencedor da licitação ressarcirá os gastos com a avaliação diretamente àquele que a tiver custeado, na hipótese de o vencedor ser outra pessoa, observados os limites de remuneração da avaliação estabelecidos pelo Secretário de Coordenação e Governança do Patrimônio da União.

>> § 7.º acrescentado pela Lei n. 14.011, de 10-6-2020.

§ 8.º Os procedimentos licitatórios de que trata este artigo poderão ser realizados integralmente por meio de recursos de tecnologia da informação, com a utilização de sistemas próprios ou disponibilizados por terceiros, mediante acordo ou contrato.

>> § 8.º acrescentado pela Lei n. 14.011, de 10-6-2020.

>> A Portaria n. 17.480, de 21-7-2020, do Ministério da Economia, aprova a implantação do Sistema de Concorrência Eletrônica – SCE, para realização dos procedimentos licitatórios dos imóveis da União por intermédio de recursos de tecnologia da informação.

§ 9.º Os procedimentos específicos a serem adotados na execução do disposto no § 8.º deste artigo serão estabelecidos em ato específico do Secretário de Coordenação e Governança do Patrimônio da União.

>> § 9.º acrescentado pela Lei n. 14.011, de 10-6-2020.

Art. 24-A. Na hipótese de concorrência ou leilão público deserto ou fracassado na venda de bens imóveis da União, poderão esses imóveis ser disponibilizados para venda direta.

>> *Caput* com redação determinada pela Lei n. 13.813, de 9-4-2019.

§ 1.º Na hipótese de concorrência ou leilão público deserto ou fracassado, a Secretaria de Coordenação e Governança do Patrimônio da União poderá realizar segunda concorrência ou leilão público com desconto de 25% (vinte e cinco por cento) sobre o valor de avaliação vigente.

>> § 1.º acrescentado pela Lei n. 14.011, de 10-6-2020.

§ 2.º Na hipótese de concorrência ou leilão público deserto ou fracassado por 2 (duas) vezes consecutivas, os imóveis serão disponibilizados automaticamente para venda direta, aplicado o desconto de 25% (vinte e cinco por cento) sobre o valor de avaliação.

>> § 2.º acrescentado pela Lei n. 14.011, de 10-6-2020.

§ 3.º A compra de imóveis da União disponibilizados para venda direta poderá ser intermediada por corretores de imóveis.

>> § 3.º acrescentado pela Lei n. 14.011, de 10-6-2020.

§ 4.º Na hipótese de que trata o § 3.º deste artigo, caberá ao comprador o pagamento dos valores de corretagem.

>> § 4.º acrescentado pela Lei n. 14.011, de 10-6-2020.

§ 5.º Na hipótese de realização de leilão eletrônico, nos termos do § 8.º do art. 24 desta Lei, a Secretaria de Coordenação e Governança do Patrimônio da União poderá realizar sessões públicas com prazos definidos e aplicar descontos sucessivos, até o limite de 25% (vinte e cinco por cento) sobre o valor de avaliação vigente.

>> § 5.º acrescentado pela Lei n. 14.011, de 10-6-2020.

Art. 24-B. A Secretaria de Coordenação e Governança do Patrimônio da União poderá realizar a alienação de imóveis da União por lote, se essa modalidade implicar, conforme demonstrado em parecer técnico:

>> *Caput* acrescentado pela Lei n. 14.011, de 10-6-2020.

I – maior valorização dos bens;

>> Inciso I acrescentado pela Lei n. 14.011, de 10-6-2020.

II – maior liquidez para os imóveis cuja alienação isolada seja difícil ou não recomendada; ou

>> Inciso II acrescentado pela Lei n. 14.011, de 10-6-2020.

III – outras situações decorrentes das práticas normais do mercado ou em que se observem condições mais vantajosas para a administração pública, devidamente fundamentadas.

>> Inciso III acrescentado pela Lei n. 14.011, de 10-6-2020.

Parágrafo único. A alienação por lote a que se refere o *caput* deste artigo somente poderá ser adotada após o encerramento da vigência do estado de emergência em saúde pública a que se refere a Lei n. 13.979, de 6 de fevereiro de 2020.

>> Parágrafo único acrescentado pela Lei n. 14.011, de 10-6-2020.

Art. 24-C. A Secretaria de Coordenação e Governança do Patrimônio da União poderá contratar empresas privadas, por meio de licitação, ou bancos públicos federais, bem como empresas públicas, órgãos ou entidades da administração pública direta ou indireta da União, do Distrito Federal, dos Estados ou dos Municípios cuja atividade-fim seja o desenvolvimento urbano ou imobiliário, com dispensa de licitação, e celebrar convênios ou acordos de cooperação com os demais entes da Federação e seus órgãos para:

>> *Caput* acrescentado pela Lei n. 14.011, de 10-6-2020.

I – elaboração de propostas de alienação para bens individuais ou lotes de ativos imobiliários da União;

>> Inciso I acrescentado pela Lei n. 14.011, de 10-6-2020.

II – execução de ações de cadastramento, de regularização, de avaliação e de alienação dos bens imóveis; e

>> Inciso II acrescentado pela Lei n. 14.011, de 10-6-2020.

III – execução das atividades de alienação dos ativos indicados, incluídas a rea-

lização do procedimento licitatório e a representação da União na assinatura dos instrumentos jurídicos indicados.

>> Inciso III acrescentado pela Lei n. 14.011, de 10-6-2020.

§ 1.º Fica dispensada a homologação da avaliação realizada, nos termos deste artigo, por bancos públicos federais ou empresas públicas, órgãos ou entidades da administração pública direta ou indireta da União, do Distrito Federal, dos Estados ou dos Municípios que tenham como atividade-fim o desenvolvimento urbano ou imobiliário, bem como nas hipóteses de convênios ou acordos de cooperação firmados com órgãos ou entidades da administração pública federal, estadual, distrital ou municipal.

>> § 1.º acrescentado pela Lei n. 14.011, de 10-6-2020.

> A Portaria n. 19.837, de 25-8-2020, da Secretaria Especial de Desestatização, Desinvestimento e Mercados, regulamenta os critérios e procedimentos de homologação dos laudos de avaliação de imóveis da União ou de seu interesse, quando realizados por terceiros.

§ 2.º A remuneração fixa, a remuneração variável ou a combinação das duas modalidades, em percentual da operação concluída, poderá ser admitida, além do ressarcimento dos gastos efetuados com terceiros necessários à execução dos processos de alienação previstos neste artigo, conforme estabelecido em ato do Secretário de Coordenação e Governança do Patrimônio da União e no ato de contratação.

>> § 2.º acrescentado pela Lei n. 14.011, de 10-6-2020.

§ 3.º Outras condições para a execução das ações previstas neste artigo serão estabelecidas em ato do Secretário de Coordenação e Governança do Patrimônio da União.

>> § 3.º acrescentado pela Lei n. 14.011, de 10-6-2020.

Art. 24-D. A Secretaria de Coordenação e Governança do Patrimônio da União poderá contratar o Banco Nacional de Desenvolvimento Econômico e Social (BNDES), com dispensa de licitação, para a realização de estudos e a execução de plano de desestatização de ativos imobiliários da União.

>> *Caput* acrescentado pela Lei n. 14.011, de 10-6-2020.

§ 1.º A desestatização referida no *caput* deste artigo poderá ocorrer por meio de:

>> § 1.º, *caput*, acrescentado pela Lei n. 14.011, de 10-6-2020.

I – remição de foro, alienação mediante venda ou permuta, cessão ou concessão de direito real de uso;

>> Inciso I acrescentado pela Lei n. 14.011, de 10-6-2020.

II – constituição de fundos de investimento imobiliário e contratação de seus gestores e administradores, conforme legislação vigente; ou

>> Inciso II acrescentado pela Lei n. 14.011, de 10-6-2020.

III – qualquer outro meio admitido em lei.

>> Inciso III acrescentado pela Lei n. 14.011, de 10-6-2020.

§ 2.º Os atos de que trata o inciso I do § 1.º deste artigo dependem de ratificação pela Secretaria de Coordenação e Governança do Patrimônio da União.

>> § 2.º acrescentado pela Lei n. 14.011, de 10-6-2020.

§ 3.º A execução do plano de desestatização poderá incluir as ações previstas nos incisos I, II e III do *caput* do art. 24-C desta Lei.

>> § 3.º acrescentado pela Lei n. 14.011, de 10-6-2020.

§ 4.º A remuneração fixa, a remuneração variável ou a combinação das duas modalidades, no percentual de até 3% (três por cento) sobre a receita pública decorrente de cada plano de desestatização, poderá ser admitida, além do ressarcimento dos gastos efetuados com terceiros necessários à execução dos planos de desestatização previstos neste artigo, conforme estabelecido em regulamento e no instrumento de contratação.

>> § 4.º acrescentado pela Lei n. 14.011, de 10-6-2020.

Art. 25. A preferência de que trata o art. 13, exceto com relação aos imóveis sujeitos aos regimes dos arts. 80 a 85 do Decreto-lei n. 9.760, de 1946, e da Lei n. 8.025, de 12 de abril de 1990, poderá, a critério da Administração, ser estendida, na aquisição do domínio útil ou pleno de imóveis residenciais de propriedade da União, que venham a ser colocados à venda, àqueles que, em 15 de fevereiro de 1997, já os ocupavam, na qualidade de locatários, independentemente do tempo de locação, observadas, no que couber, as demais condições estabelecidas para os ocupantes.

Parágrafo único. A preferência de que trata este artigo poderá, ainda, ser estendida àquele que, atendendo as demais condições previstas neste artigo, esteja regularmente cadastrado como locatário, independentemente da existência de contrato locativo.

Art. 26. Em se tratando de projeto de caráter social para fins de moradia, a venda do domínio pleno ou útil observará os critérios de habilitação e renda familiar fixados em regulamento, podendo o pagamento ser efetivado mediante um sinal de, no mínimo, 5% (cinco por cento) do valor da avaliação, permitido o seu parcelamento em até 2 (duas) vezes e do saldo em até 300 (trezentas) prestações mensais e consecutivas, observando-se, como mínimo, a quantia correspondente a 30% (trinta por cento) do valor do salário mínimo vigente.

>> *Caput* com redação determinada pela Lei n. 11.481, de 31-5-2007.

§§ 1.º e 2.º *(Revogados pela Lei n. 11.481, de 31-5-2007.)*

§ 3.º *(Revogado pela Lei n. 13.465, de 11-7-2017.)*

Arts. 27 e 28. *(Revogados pela Lei n. 13.465, de 11-7-2017.)*

Art. 29. *(Revogado pela Lei n. 13.465, de 11-7-2017.)*

Seção II
Da Permuta

Art. 30. Poderá ser autorizada, na forma do art. 23, a permuta de imóveis de qualquer natureza, de propriedade da União, por imóveis edificados ou não, ou por edificações a construir.

§ 1.º Os imóveis permutados com base neste artigo não poderão ser utilizados para fins residenciais funcionais, exceto nos casos de residências de caráter obrigatório, de que tratam os arts. 80 a 85 do Decreto-lei n. 9.760, de 1946.

§ 2.º Na permuta, sempre que houver condições de competitividade, deverão ser observados os procedimentos licitatórios previstos em lei.

Seção III
Da Doação

Art. 31. Mediante ato do Poder Executivo e a seu critério, poderá ser autorizada a doação de bens imóveis de domínio da União, observado o disposto no art. 23 desta Lei, a:

>> *Caput* com redação determinada pela Lei n. 11.481, de 31-5-2007.

I – Estados, Distrito Federal, Municípios, fundações públicas e autarquias públicas federais, estaduais e municipais;

>> Inciso I acrescentado pela Lei n. 11.481, de 31-5-2007.

II – empresas públicas federais, estaduais e municipais;

>> Inciso II acrescentado pela Lei n. 11.481, de 31-5-2007.

III – fundos públicos e fundos privados dos quais a União seja cotista, nas transferências destinadas à realização de programas de provisão habitacional ou de regularização fundiária de interesse social;

>> Inciso III com redação determinada pela Lei n. 12.693, de 24-7-2012.

IV – sociedades de economia mista direcionadas à execução de programas de provisão habitacional ou de regularização fundiária de interesse social;

>> Inciso IV com redação determinada pela Lei n. 13.813, de 9-4-2019.

V – beneficiários, pessoas físicas ou jurídicas, de programas de provisão habitacional ou de regularização fundiária de interesse social desenvolvidos por órgãos ou entidades da administração pública, para cuja execução seja efetivada a doação; ou

>> Inciso V com redação determinada pela Lei n. 13.813, de 9-4-2019.

VI – instituições filantrópicas devidamente comprovadas como entidades beneficentes de assistência social e organizações religiosas.

>> Inciso VI acrescentado pela Lei n. 13.813, de 9-4-2019.

§ 1.º No ato autorizativo e no respectivo termo constarão a finalidade da doação e o prazo para seu cumprimento.

§ 2.º O encargo de que trata o parágrafo anterior será permanente e resolutivo, revertendo automaticamente o imóvel à propriedade da União, independentemente de qualquer indenização por benfeitorias realizadas, se:

I – não for cumprida, dentro do prazo, a finalidade da doação;

II – cessarem as razões que justificaram a doação; ou

III – ao imóvel, no todo ou em parte, vier a ser dada aplicação diversa da prevista.

§ 3.º Nas hipóteses de que tratam os incisos I a IV do *caput* deste artigo, é vedada ao beneficiário a possibilidade de alienar o imóvel recebido em doação, exceto quando a finalidade for a execução, por parte do donatário, de projeto de assentamento de famílias carentes ou de baixa renda, na forma do art. 26 desta Lei, e desde que, no caso de alienação onerosa, o produto da venda seja destinado à instalação de infraestrutura, equipamentos básicos ou de outras melhorias necessárias ao desenvolvimento do projeto.

>> § 3.º com redação determinada pela Lei n. 11.481, de 31-5-2007.

§ 4.º Na hipótese de que trata o inciso V do *caput* deste artigo:

>> § 4.º, *caput*, acrescentado pela Lei n. 11.481, de 31-5-2007.

I – não se aplica o disposto no § 2.º deste artigo para o beneficiário pessoa física, devendo o contrato dispor sobre eventuais encargos e conter cláusula de inalienabilidade por um período de 5 (cinco) anos; e

>> Inciso I acrescentado pela Lei n. 11.481, de 31-5-2007.

II – a pessoa jurídica que receber o imóvel em doação só poderá utilizá-lo no âmbito do respectivo programa habitacional ou de regularização fundiária e deverá observar, nos contratos com os beneficiários finais, o requisito de inalienabilidade previsto no inciso I deste parágrafo.

>> Inciso II acrescentado pela Lei n. 11.481, de 31-5-2007.

§ 5.º Nas hipóteses de que tratam os incisos III a V do *caput* deste artigo, o beneficiário final pessoa física deve atender aos seguintes requisitos:

>> § 5.º, *caput*, acrescentado pela Lei n. 11.481, de 31-5-2007.

I – possuir renda familiar mensal não superior a 5 (cinco) salários mínimos;

>> Inciso I acrescentado pela Lei n. 11.481, de 31-5-2007.

II – não ser proprietário de outro imóvel urbano ou rural.

>> Inciso II acrescentado pela Lei n. 11.481, de 31-5-2007.

§ 6.º Na hipótese de que trata o inciso VI do *caput* deste artigo, a escolha da instituição será precedida de chamamento público, na forma prevista em regulamento.

>> § 6.º acrescentado pela Lei n. 13.813, de 9-4-2019.

CAPÍTULO III
DAS DISPOSIÇÕES FINAIS

Art. 32. Os arts. 79, 81, 82, 101, 103, 104, 110, 118, 123 e 128 do Decreto-lei n. 9.760, de 1946, passam a vigorar com as seguintes alterações:

>> Alterações já processadas no diploma modificado.

Art. 32-A. **A Secretaria de Coordenação e Governança do Patrimônio da União será responsável pelo acompanhamento e monitoramento dos dados patrimoniais recebidos dos órgãos e das entidades da administração pública federal e pelo apoio à realização das operações de alienação de bens imóveis.**

>> *Caput* acrescentado pela Lei n. 14.011, de 10-6-2020.

§ 1.º **É obrigação dos órgãos e das entidades da administração pública manter inventário atualizado dos bens imóveis sob sua gestão, públicos ou privados, e disponibilizá-lo à Secretaria de Coordenação e Governança do Patrimônio da União.**

>> § 1.º acrescentado pela Lei n. 14.011, de 10-6-2020.

§ 2.º **A Secretaria de Coordenação e Governança do Patrimônio da União será responsável pela compilação dos dados patrimoniais recebidos dos órgãos, das autarquias e das fundações públicas e pelo apoio à realização das operações de alienação de bens regidas por esta Lei.**

>> § 2.º acrescentado pela Lei n. 14.011, de 10-6-2020.

§ 3.º **As demais condições para a execução das ações previstas neste artigo serão estabelecidas em ato do Secretário de Coordenação e Governança do Patrimônio da União.**

>> § 3.º acrescentado pela Lei n. 14.011, de 10-6-2020.

Arts. 34 e 35. (*Revogados pela Lei n. 13.465, de 11-7-2017.*)

Art. 36. Nas vendas de que trata esta Lei, quando realizadas mediante licitação, os adquirentes poderão, a critério da Administração, utilizar, para pagamento à vista do domínio útil ou pleno de imóveis de propriedade da União, créditos securitizados ou títulos da dívida pública de emissão do Tesouro Nacional.

Art. 37. Fica instituído o Programa de Administração Patrimonial Imobiliária da União – PROAP, destinado, segundo as possibilidades e as prioridades definidas pela administração pública federal:

>> *Caput* com redação determinada pela Lei n. 13.240, de 30-12-2015.

I – à adequação dos imóveis de uso especial aos critérios de:

>> Inciso I e alíneas acrescentados pela Lei n. 13.240, de 30-12-2015.

a) acessibilidade das pessoas com deficiência ou com mobilidade reduzida;

b) sustentabilidade;

c) baixo impacto ambiental;

d) eficiência energética;

e) redução de gastos com manutenção;

f) qualidade e eficiência das edificações;

II – à ampliação e à qualificação do cadastro dos bens imóveis da União;

>> Inciso II acrescentado pela Lei n. 13.240, de 30-12-2015.

III – à aquisição, à reforma, ao restauro e à construção de imóveis;

>> Inciso III acrescentado pela Lei n. 13.240, de 30-12-2015.

IV – o incentivo à regularização e realização de atividades de fiscalização, demarcação, cadastramento, controle e avaliação dos imóveis públicos federais e ao incremento das receitas patrimoniais;

>> Inciso IV com redação determinada pela Lei n. 13.465, de 11-7-2017.

V – ao desenvolvimento de recursos humanos visando à qualificação da gestão patrimonial, mediante a realização de cursos de capacitação e participação em eventos relacionados ao tema;

>> Inciso VI com redação determinada pela Lei n. 13.465, de 11-7-2017.

VI – à aquisição e instalação de equipamentos, bem como à modernização e informatização dos métodos e processos inerentes à gestão patrimonial dos imóveis públicos federais;

>> Inciso VI com redação determinada pela Lei n. 13.465, de 11-7-2017.

VII – à regularização fundiária; e

>> Inciso VII com redação determinada pela Lei n. 13.465, de 11-7-2017.

VIII – à gestão e manutenção das atividades das Unidades Central e Descentralizadas da SPU.

>> Inciso VIII acrescentado pela Lei n. 13.465, de 11-7-2017.

Parágrafo único. Comporão o Fundo instituído pelo Decreto-lei n. 1.437, de 17 de dezembro de 1975, e integrarão subconta especial destinada a atender às despesas com o Programa instituído neste artigo, que será gerida pelo Secretário do Patrimônio da União, as receitas patrimoniais decorrentes de:

I – multas; e

II – parcela do produto das alienações de que trata esta Lei, nos percentuais adiante indicados, observado o limite de R$ 25.000.000,00 (vinte e cinco milhões de reais) ao ano:

a) vinte por cento, nos anos 1998 e 1999;

b) quinze por cento, no ano 2000;

c) dez por cento, no ano 2001;

d) cinco por cento, nos anos 2002 e 2003.

>> Inciso II e alíneas com redação determinada pela Lei n. 9.821, de 23-8-1999.

Art. 38. No desenvolvimento do PROAP, a SPU priorizará ações no sentido de desobrigar-se de tarefas operacionais, recorrendo, sempre que possível, à execução indireta, mediante convênio com outros órgãos públicos federais, estaduais e municipais e contrato com a iniciativa privada, ressalvadas as atividades típicas de Estado e resguardados os ditames do interesse público e as conveniências da segurança nacional.

Art. 39. As disposições previstas no art. 30 aplicam-se, no que couber, às entidades da Administração Pública Federal indireta, inclusive às autarquias e fundações públicas e às sociedades sob controle direto ou indireto da União.

Parágrafo único. A permuta que venha a ser realizada com base no disposto neste artigo deverá ser previamente autorizada pelo conselho de administração, ou órgão colegiado equivalente, das entidades de que trata o *caput*, ou ainda, na inexistência destes ou de respectiva autorização, pelo Ministro de Estado a cuja Pasta se vinculem, dispensando-se autorização legislativa para a correspondente alienação.

>> Parágrafo único acrescentado pela Lei n. 9.821, de 23-8-1999.

Art. 40. Será de competência exclusiva da SPU, observado o disposto no art. 38 e sem prejuízo das competências da Procuradoria-Geral da Fazenda Nacional, previstas no Decreto-lei n. 147, de 3 de fevereiro de 1967, a realização de aforamentos, concessões de direito real de uso, locações, arrendamentos, entregas e cessões a qualquer título, de imóveis de propriedade da União, exceto nos seguintes casos:

I – cessões, locações e arrendamentos especialmente autorizados nos termos de entrega, observadas as condições fixadas em regulamento;

II – locações de imóveis residenciais de caráter obrigatório, de que tratam os arts. 80 a 85 do Decreto-lei n. 9.760, de 1946;

III – locações de imóveis residenciais sob o regime da Lei n. 8.025, de 1990;

> A Lei n. 8.025, de 12-4-1990, dispõe sobre a alienação de bens imóveis residenciais de propriedade da União.

IV – cessões de que trata o art. 20; e

V – as locações e arrendamentos autorizados nos termos do inciso III do art. 19.

Art. 41. Será observado como valor mínimo para efeito de aluguel, arrendamento, cessão de uso onerosa, foro e taxa de ocupação, aquele correspondente ao custo de processamento da respectiva cobrança.

Art. 42. Serão reservadas, na forma do regulamento, áreas necessárias à gestão ambiental, à implantação de projetos demonstrativos de uso sustentável de recursos naturais e dos ecossistemas costeiros, de compensação por impactos ambientais, relacionados com instalações portuárias, marinas, complexos navais e outros complexos náuticos, desenvolvimento do turismo, de atividades pesqueiras, da aquicultura, da exploração de petróleo e gás natural, de recursos hídricos e minerais, aproveitamento de energia hidráulica e outros empreendimentos considerados de interesse nacional.

§ 1.º Na hipótese de o empreendimento envolver áreas originariamente de uso comum do povo, poderá ser autorizada a utilização dessas áreas, mediante cessão de uso na forma do art. 18 desta Lei, condicionada, quando necessário, à apresentação de licença ambiental que ateste a viabilidade do empreendimento, observadas as demais disposições legais pertinentes.

>> Parágrafo único renumerado pela Lei n. 13.813, de 9-4-2019.

§ 2.º A regularidade ambiental é condicionante de contratos de destinação de áreas da União e, comprovada a existência de comprometimento da integridade da área pelo órgão ambiental competente, o contrato será rescindido sem ônus para a União e sem prejuízo das demais sanções cabíveis.

>> § 2.º acrescentado pela Lei n. 13.813, de 9-4-2019.

Art. 43. Nos aterros realizados até 15 de fevereiro de 1997, sem prévia autorização, a aplicação das penalidades de que tratam os incisos I e II do art. 6.º do Decreto-lei n. 2.398, de 1987, com a redação dada por esta Lei, será suspensa a partir do mês seguinte ao da sua aplicação, desde que o interessado solicite, junto ao Ministério da Fazenda, a regularização e a compra à vista do domínio útil do terreno acrescido, acompanhado do comprovante de recolhimento das multas até então incidentes, cessando a suspensão trinta dias após a ciência do eventual indeferimento.

Parágrafo único. O deferimento do pleito dependerá da prévia audiência dos órgãos técnicos envolvidos.

Art. 44. As condições previstas nesta Lei aplicar-se-ão às ocupações existentes nas terras de propriedade da União situadas na Área de Proteção Ambiental – APA da Bacia do Rio São Bartolomeu, no Distrito Federal, que se tornarem passíveis de regularização, após o rezoneamento de que trata a Lei n. 9.262, de 12 de janeiro de 1996.

Parágrafo único. A alienação dos imóveis residenciais da União, localizados nas Vilas Operárias de Nossa Senhora das Graças e Santa Alice, no Conjunto Residencial Salgado Filho, em Xerém, no Município de Duque de Caxias (RJ), e na Vila Portuária Presidente Dutra, na Rua da América n. 31, no Bairro da Gamboa, no Município do Rio de Janeiro (RJ), observará, também, o disposto nesta Lei.

Art. 45. (*Revogado pela Lei n. 13.465, de 11-7-2017.*)

Art. 46. O disposto nesta Lei não se aplica à alienação do domínio útil ou pleno dos terrenos interiores de domínio da União, situados em ilhas oceânicas e costeiras de que trata o inciso IV do art. 20 da Constituição Federal, onde existam sedes de municípios, que será disciplinada em lei específica, ressalvados os terrenos de uso especial que vierem a ser desafetados.

Art. 47. O crédito originado de receita patrimonial será submetido aos seguintes prazos:

>> *Caput* com redação determinada pela Lei n. 10.852, de 29-3-2004.

> A Instrução Normativa n. 1, de 23-7-2007, da Secretaria do Patrimônio da União, dispõe sobre o lançamento e a cobrança de créditos originados em Receitas Patrimoniais.

I – decadencial de dez anos para sua constituição, mediante lançamento; e

>> Inciso I acrescentado pela Lei n. 10.852, de 29-3-2004.

II – prescricional de cinco anos para sua exigência, contados do lançamento.

>> Inciso II acrescentado pela Lei n. 10.852, de 29-3-2004.

§ 1.º O prazo de decadência de que trata o *caput* conta-se do instante em que o respectivo crédito poderia ser constituído, a partir do conhecimento por iniciativa da União ou por solicitação do interessado das circunstâncias e fatos que caracterizam a hipótese de incidência da receita patrimonial, ficando limitada a cinco anos a cobrança de créditos relativos a período anterior ao conhecimento.

>> § 1.º acrescentado pela Lei n. 9.821, de 23-8-1999.

§ 2.º Os débitos cujos créditos foram alcançados pela prescrição serão considerados apenas para o efeito da caracterização da ocorrência de caducidade de que trata o parágrafo único do art. 101 do Decreto-lei n. 9.760, de 1946, com a redação dada pelo art. 32 desta Lei.

>> § 2.º acrescentado pela Lei n. 9.821, de 23-8-1999.

Art. 48. (*Vetado.*)

Art. 49. O Poder Executivo regulamentará esta Lei no prazo de noventa dias, contado da sua publicação.

Art. 50. O Poder Executivo fará publicar no *Diário Oficial da União*, no prazo de noventa dias, contado da publicação desta Lei, texto consolidado do Decreto-lei n. 9.760, de 1946, e legislação superveniente.

Art. 51. São convalidados os atos praticados com base na Medida Provisória n. 1.647-14, de 24 de março de 1998.

Art. 52. Esta Lei entra em vigor na data da sua publicação.

Art. 53. São revogados os arts. 65, 66, 125, 126 e 133, e os itens 5.º, 8.º, 9.º e 10 do art. 105 do Decreto-lei n. 9.760, de 5 de setembro de 1946, o Decreto-lei n. 178, de 16 de fevereiro de 1967, o art. 195 do Decreto-lei n. 200, de 25 de fevereiro de 1967, o art. 4.º do Decreto-lei n. 1.561, de 13 de julho de 1977, a Lei n. 6.609, de 7 de dezembro de 1978, o art. 90 da Lei n. 7.450, de 23 de dezembro de 1985, o art. 4.º do Decreto-lei n. 2.398, de 21 de dezembro de 1987, e a Lei n. 9.253, de 28 de dezembro de 1995.

Brasília, 15 de maio de 1998; 177.º da Independência e 110.º da República.

FERNANDO HENRIQUE CARDOSO

LEI N. 9.637, DE 15 DE MAIO DE 1998 (*)

Dispõe sobre a qualificação de entidades como organizações sociais, a criação do Programa Nacional de Publicização, a extinção dos órgãos e entidades que menciona e a absorção de suas atividades por organizações sociais, e dá outras providências.

O Presidente da República

Faço saber que o Congresso Nacional decreta e eu sanciono a seguinte Lei:

CAPÍTULO I
DAS ORGANIZAÇÕES SOCIAIS

Seção I
Da Qualificação

Art. 1.º O Poder Executivo poderá qualificar como organizações sociais pessoas jurídicas de direito privado, sem fins lucrativos, cujas atividades sejam dirigidas ao ensino, à pesquisa científica, ao desenvolvimento tecnológico, à proteção e preservação do meio ambiente, à cultura e à saúde, atendidos aos requisitos previstos nesta Lei.

Art. 2.º São requisitos específicos para que as entidades privadas referidas no artigo anterior habilitem-se à qualificação como organização social:

I – comprovar o registro de seu ato constitutivo, dispondo sobre:

a) natureza social de seus objetivos relativos à respectiva área de atuação;

b) finalidade não lucrativa, com a obrigatoriedade de investimento de seus excedentes financeiros no desenvolvimento das próprias atividades;

c) previsão expressa de a entidade ter, como órgãos de deliberação superior e de direção, um conselho de administração e uma diretoria definidos nos termos do estatuto, asseguradas àquele composição e atribuições normativas e de controle básicas previstas nesta Lei;

d) previsão de participação, no órgão colegiado de deliberação superior, de representantes do Poder Público e de membros da comunidade, de notória capacidade profissional e idoneidade moral;

e) composição e atribuições da diretoria;

f) obrigatoriedade de publicação anual, no *Diário Oficial da União*, dos relatórios financeiros e do relatório de execução do contrato de gestão;

g) no caso de associação civil, a aceitação de novos associados, na forma do estatuto;

h) proibição de distribuição de bens ou de parcela do patrimônio líquido em qualquer hipótese, inclusive em razão de desligamento, retirada ou falecimento de associado ou membro da entidade;

i) previsão de incorporação integral do patrimônio, dos legados ou das doações que lhe foram destinados, bem como dos excedentes financeiros decorrentes de suas atividades, em caso de extinção ou desqualificação, ao patrimônio de outra organização social qualificada no âmbito da União, da mesma área de atuação, ou ao patrimônio da União, dos Estados, do Distrito Federal ou dos Municípios, na proporção dos recursos e bens por estes alocados;

II – haver aprovação, quanto à conveniência e oportunidade de sua qualificação como organização social, do Ministro ou titular de órgão supervisor ou regulador da área de atividade correspondente ao seu objeto social e do Ministro de Estado da Administração Federal e Reforma do Estado.

Seção II
Do Conselho de Administração

Art. 3.º O conselho de administração deve estar estruturado nos termos que dispuser o respectivo estatuto, observados, para os fins de atendimento dos requisitos de qualificação, os seguintes critérios básicos:

I – ser composto por:

a) 20 a 40% (vinte a quarenta por cento) de membros natos representantes do Poder Público, definidos pelo estatuto da entidade;

b) 20 a 30% (vinte a trinta por cento) de membros natos representantes de entidades da sociedade civil, definidos pelo estatuto;

c) até 10% (dez por cento), no caso de associação civil, de membros eleitos dentre os membros ou os associados;

d) 10 a 30% (dez a trinta por cento) de membros eleitos pelos demais integrantes do conselho, dentre pessoas de notória capacidade profissional e reconhecida idoneidade moral;

e) até 10% (dez por cento) de membros indicados ou eleitos na forma estabelecida pelo estatuto;

II – os membros eleitos ou indicados para compor o Conselho devem ter mandato de quatro anos, admitida uma recondução;

III – os representantes de entidades previstos nas alíneas *a* e *b* do inciso I devem corresponder a mais de 50% (cinquenta por cento) do Conselho;

IV – o primeiro mandato de metade dos membros eleitos ou indicados deve ser de dois anos, segundo critérios estabelecidos no estatuto;

V – o dirigente máximo da entidade deve participar das reuniões do conselho, sem direito a voto;

VI – o Conselho deve reunir-se ordinariamente, no mínimo, três vezes a cada ano e, extraordinariamente, a qualquer tempo;

VII – os conselheiros não devem receber remuneração pelos serviços que, nesta condição, prestarem à organização social, ressalvada a ajuda de custo por reunião da qual participem;

VIII – os conselheiros eleitos ou indicados para integrar a diretoria da entidade devem renunciar ao assumirem funções executivas.

Art. 4.º Para os fins de atendimento dos requisitos de qualificação, devem ser atribuições privativas do Conselho de Administração, dentre outras:

I – fixar o âmbito de atuação da entidade, para consecução do seu objeto;

II – aprovar a proposta de contrato de gestão da entidade;

III – aprovar a proposta de orçamento da entidade e o programa de investimentos;

IV – designar e dispensar os membros da diretoria;

V – fixar a remuneração dos membros da diretoria;

VI – aprovar e dispor sobre a alteração dos estatutos e a extinção da entidade por maioria, no mínimo, de dois terços de seus membros;

VII – aprovar o regimento interno da entidade, que deve dispor, no mínimo, sobre a estrutura, forma de gerenciamento, os cargos e respectivas competências;

VIII – aprovar por maioria, no mínimo, de dois terços de seus membros, o regulamento próprio contendo os procedimentos que deve adotar para a contratação de obras, serviços, compras e alienações e o plano de cargos, salários e benefícios dos empregados da entidade;

IX – aprovar e encaminhar, ao órgão supervisor da execução do contrato de gestão, os relatórios gerenciais e de atividades da entidade, elaborados pela diretoria;

(*) Publicada no *Diário Oficial da União* de 18-5-1998 e retificada em 25-5-1998.

X – fiscalizar o cumprimento das diretrizes e metas definidas e aprovar os demonstrativos financeiros e contábeis e as contas anuais da entidade, com o auxílio de auditoria externa.

Seção III
Do Contrato de Gestão

Art. 5.º Para os efeitos desta Lei, entende-se por contrato de gestão o instrumento firmado entre o Poder Público e a entidade qualificada como organização social, com vistas à formação de parceria entre as partes para fomento e execução de atividades relativas às áreas relacionadas no art. 1.º.

Art. 6.º O contrato de gestão, elaborado de comum acordo entre o órgão ou entidade supervisora e a organização social, discriminará as atribuições, responsabilidades e obrigações do Poder Público e da organização social.

Parágrafo único. O contrato de gestão deve ser submetido, após aprovação pelo Conselho de Administração da entidade, ao Ministro de Estado ou autoridade supervisora da área correspondente à atividade fomentada.

Art. 7.º Na elaboração do contrato de gestão, devem ser observados os princípios da legalidade, impessoalidade, moralidade, publicidade, economicidade e, também, os seguintes preceitos:

I – especificação do programa de trabalho proposto pela organização social, a estipulação das metas a serem atingidas e os respectivos prazos de execução, bem como previsão expressa dos critérios objetivos de avaliação de desempenho a serem utilizados, mediante indicadores de qualidade e produtividade;

II – a estipulação dos limites e critérios para despesa com remuneração e vantagens de qualquer natureza a serem percebidas pelos dirigentes e empregados das organizações sociais, no exercício de suas funções.

Parágrafo único. Os Ministros de Estado ou autoridades supervisoras da área de atuação da entidade devem definir as demais cláusulas dos contratos de gestão de que sejam signatários.

Seção IV
Da Execução e Fiscalização do Contrato de Gestão

Art. 8.º A execução do contrato de gestão celebrado por organização social será fiscalizada pelo órgão ou entidade supervisora da área de atuação correspondente à atividade fomentada.

§ 1.º A entidade qualificada apresentará ao órgão ou entidade do Poder Público supervisora signatária do contrato, ao término de cada exercício ou a qualquer momento, conforme recomende o interesse público, relatório pertinente à execução do contrato de gestão, contendo comparativo específico das metas propostas com os resultados alcançados, acompanhado da prestação de contas correspondente ao exercício financeiro.

§ 2.º Os resultados atingidos com a execução do contrato de gestão devem ser analisados, periodicamente, por comissão de avaliação, indicada pela autoridade supervisora da área correspondente, composta por especialistas de notória capacidade e adequada qualificação.

§ 3.º A comissão deve encaminhar à autoridade supervisora relatório conclusivo sobre a avaliação procedida.

Art. 9.º Os responsáveis pela fiscalização da execução do contrato de gestão, ao tomarem conhecimento de qualquer irregularidade ou ilegalidade na utilização de recursos ou bens de origem pública por organização social, dela darão ciência ao Tribunal de Contas da União, sob pena de responsabilidade solidária.

Art. 10. Sem prejuízo da medida a que se refere o artigo anterior, quando assim exigir a gravidade dos fatos ou o interesse público, havendo indícios fundados de malversação de bens ou recursos de origem pública, os responsáveis pela fiscalização representarão ao Ministério Público, à Advocacia-Geral da União ou à Procuradoria da entidade para que requeira ao juízo competente a decretação da indisponibilidade dos bens da entidade e o sequestro dos bens dos seus dirigentes, bem como de agente público ou terceiro, que possam ter enriquecido ilicitamente ou causado dano ao patrimônio público.

§ 1.º O pedido de sequestro será processado de acordo com o disposto nos arts. 822 e 825 do Código de Processo Civil.

§ 2.º Quando for o caso, o pedido incluirá a investigação, o exame e o bloqueio de bens, contas bancárias e aplicações mantidas pelo demandado no País e no exterior, nos termos da lei e dos tratados internacionais.

§ 3.º Até o término da ação, o Poder Público permanecerá como depositário e gestor dos bens e valores sequestrados ou indisponíveis e velará pela continuidade das atividades sociais da entidade.

Seção V
Do Fomento às Atividades Sociais

Art. 11. As entidades qualificadas como organizações sociais são declaradas como entidades de interesse social e utilidade pública, para todos os efeitos legais.

Art. 12. Às organizações sociais poderão ser destinados recursos orçamentários e bens públicos necessários ao cumprimento do contrato de gestão.

§ 1.º São assegurados às organizações sociais os créditos previstos no orçamento e as respectivas liberações financeiras, de acordo com o cronograma de desembolso previsto no contrato de gestão.

§ 2.º Poderá ser adicionada aos créditos orçamentários destinados ao custeio do contrato de gestão parcela de recursos para compensar desligamento de servidor cedido, desde que haja justificativa expressa da necessidade pela organização social.

§ 3.º Os bens de que trata este artigo serão destinados às organizações sociais, dispensada licitação, mediante permissão de uso, consoante cláusula expressa do contrato de gestão.

Art. 13. Os bens móveis públicos permitidos para uso poderão ser permutados por outros de igual ou maior valor, condicionado a que os novos bens integrem o patrimônio da União.

Parágrafo único. A permuta de que trata este artigo dependerá de prévia avaliação do bem e expressa autorização do Poder Público.

Art. 14. É facultado ao Poder Executivo a cessão especial de servidor para as organizações sociais, com ônus para a origem.

§ 1.º Não será incorporada aos vencimentos ou à remuneração de origem do servidor cedido qualquer vantagem pecuniária que vier a ser paga pela organização social.

§ 2.º Não será permitido o pagamento de vantagem pecuniária permanente por organização social a servidor cedido com recursos provenientes do contrato de gestão, ressalvada a hipótese de adicional relativo ao exercício de função temporária de direção e assessoria.

§ 3.º O servidor cedido perceberá as vantagens do cargo a que fizer jus no órgão de origem, quando ocupante de cargo de primeiro ou de segundo escalão na organização social.

Art. 15. São extensíveis, no âmbito da União, os efeitos dos arts. 11 e 12, § 3.º, para as entidades qualificadas como organizações sociais pelos Estados, pelo Distrito Federal e pelos Municípios, quando houver reciprocidade e desde que a legislação local não contrarie os preceitos desta Lei e a legislação específica de âmbito federal.

Seção VI
Da Desqualificação

Art. 16. O Poder Executivo poderá proceder à desqualificação da entidade como organização social, quando constatado o descumprimento das disposições contidas no contrato de gestão.

§ 1.º A desqualificação será precedida de processo administrativo, assegurado o direito de ampla defesa, respondendo os dirigentes da organização social, individual e solidariamente, pelos danos ou prejuízos decorrentes de sua ação ou omissão.

§ 2.º A desqualificação importará reversão dos bens permitidos e dos valores entregues à utilização da organização social, sem prejuízo de outras sanções cabíveis.

Capítulo II
DAS DISPOSIÇÕES FINAIS E TRANSITÓRIAS

Art. 17. A organização social fará publicar, no prazo máximo de noventa dias contado da assinatura do contrato de gestão, regulamento próprio contendo os procedimentos que adotará para a contratação de obras e serviços, bem como para compras com emprego de recursos provenientes do Poder Público.

Art. 18. A organização social que absorver atividades de entidade federal extinta no âmbito da área de saúde deverá considerar no contrato de gestão, quanto ao atendimento da comunidade, os princípios do Sistema Único de Saúde, expressos no art. 198 da Constituição Federal e no art. 7.º da Lei n. 8.080, de 19 de setembro de 1990.

> A Lei n. 8.080, de 19-9-1990, dispõe sobre as condições para a promoção, proteção e recuperação da saúde, a organização e o funcionamento dos serviços correspondentes, e dá outras providências.

Art. 19. As entidades que absorverem atividades de rádio e televisão educativa poderão receber recursos e veicular publicidade institucional de entidades de direito público ou privado, a título de apoio cultural, admitindo-se o patrocínio de programas, eventos e projetos, vedada a veiculação remunerada de anúncios e outras práticas que configurem comercialização de seus intervalos.

>> Artigo regulamentado pelo Decreto n. 5.396, de 21-3-2005.

Art. 20. Será criado, mediante decreto do Poder Executivo, o Programa Nacional de Publicização – PNP, com o objetivo de estabelecer diretrizes e critérios para a qualificação de organizações sociais, a fim de assegurar a absorção de atividades desenvolvidas por entidades ou órgãos públicos da União, que atuem nas atividades referidas no art. 1.º, por organizações sociais, qualificadas na forma desta Lei, observadas as seguintes diretrizes:

>> Artigo regulamentado pelo Decreto n. 9.190, de 1.º-11-2017.

I – ênfase no atendimento do cidadão-cliente;

II – ênfase nos resultados, qualitativos e quantitativos nos prazos pactuados;

III – controle social das ações de forma transparente.

Art. 21. São extintos o Laboratório Nacional de Luz Síncrotron, integrante da estrutura do Conselho Nacional de Desenvolvimento Científico e Tecnológico – CNPq, e a Fundação Roquette Pinto, entidade vinculada à Presidência da República.

§ 1.º Competirá ao Ministério da Administração Federal e Reforma do Estado supervisionar o processo de inventário do Laboratório Nacional de Luz Síncrotron, a cargo do Conselho Nacional de Desenvolvimento Científico e Tecnológico – CNPq, cabendo-lhe realizá-lo para a Fundação Roquette Pinto.

§ 2.º No curso do processo de inventário da Fundação Roquette Pinto e até a assinatura do contrato de gestão, a continuidade das atividades sociais ficará sob a supervisão da Secretaria de Comunicação Social da Presidência da República.

§ 3.º É o Poder Executivo autorizado a qualificar como organizações sociais, nos termos desta Lei, as pessoas jurídicas de direito privado indicadas no Anexo I, bem assim a permitir a absorção de atividades desempenhadas pelas entidades extintas por este artigo.

>> Deixamos de publicar o Anexo I por não atender ao propósito da obra.

§ 4.º Os processos judiciais em que a Fundação Roquette Pinto seja parte, ativa ou passivamente, serão transferidos para a União, na qualidade de sucessora, sendo representada pela Advocacia-Geral da União.

Art. 22. As extinções e a absorção de atividades e serviços por organizações sociais de que trata esta Lei observarão os seguintes preceitos:

I – os servidores integrantes dos quadros permanentes dos órgãos e das entidades extintos terão garantidos todos os direitos e vantagens decorrentes do respectivo cargo ou emprego e integrarão quadro em extinção nos órgãos ou nas entidades indicados no Anexo II, sendo facultada aos órgãos e entidades supervisoras, ao seu critério exclusivo, a cessão de servidor, irrecusável para este, com ônus para a origem, à organização social que vier a absorver as correspondentes atividades, observados os §§ 1.º e 2.º do art. 14;

>> Deixamos de publicar o Anexo II por não atender ao propósito da obra.

II – a desativação das unidades extintas será realizada mediante inventário de seus bens imóveis e de seu acervo físico, documental e material, bem como dos contratos e convênios, com a adoção de providências dirigidas à manutenção e ao prosseguimento das atividades sociais a cargo dessas unidades, nos termos da legislação aplicável em cada caso;

III – os recursos e as receitas orçamentárias de qualquer natureza, destinados às unidades extintas, serão utilizados no processo de inventário e para a manutenção e o financiamento das atividades sociais até a assinatura do contrato de gestão;

IV – quando necessário, parcela dos recursos orçamentários poderá ser reprogramada, mediante crédito especial a ser enviado ao Congresso Nacional, para o órgão ou entidade supervisora dos contratos de gestão, para o fomento das atividades sociais, assegurada a liberação periódica do respectivo desembolso financeiro para a organização social;

V – encerrados os processos de inventário, os cargos efetivos vagos e os em comissão serão considerados extintos;

VI – a organização social que tiver absorvido as atribuições das unidades extintas poderá adotar os símbolos designativos destes, seguidos da identificação "OS".

§ 1.º A absorção pelas organizações sociais das atividades das unidades extintas efetivar-se-á mediante a celebração de contrato de gestão, na forma dos arts. 6.º e 7.º.

§ 2.º Poderá ser adicionada às dotações orçamentárias referidas no inciso IV parcela dos recursos decorrentes da economia de despesa incorrida pela União com os cargos e funções comissionados existentes nas unidades extintas.

Art. 23. É o Poder Executivo autorizado a ceder os bens e os servidores da Fundação Roquette Pinto no Estado do Maranhão ao Governo daquele Estado.

Art. 23-A. Os servidores oriundos da extinta Fundação Roquette Pinto e do extinto Território Federal de Fernando de Noronha poderão ser redistribuídos ou cedidos para órgãos e entidades da Administração Pública Federal, independentemente do disposto no inciso II do art. 37 e no inciso I do art. 93 da Lei n. 8.112, de 11 de dezembro de 1990, assegurados todos os direitos e vantagens, inclusive o pagamento de gratificação de desempenho ou de produtividade, sem alteração de cargo ou de tabela remuneratória.

>> *Caput* acrescentado pela Lei n. 12.269, de 21-6-2010.

Parágrafo único. As disposições do *caput* aplicam-se aos servidores que se encontram cedidos nos termos do inciso I do art. 22 e do art. 23 desta Lei.

>> Parágrafo único acrescentado pela Lei n. 12.269, de 21-6-2010.

Art. 24. São convalidados os atos praticados com base na Medida Provisória n. 1.648-7, de 23 de abril de 1998.

Art. 25. Esta Lei entra em vigor na data de sua publicação.

Brasília, 15 de maio de 1998; 177.º da Independência e 110.º da República.

FERNANDO HENRIQUE CARDOSO

DECRETO N. 2.730, DE 10 DE AGOSTO DE 1998 (*)

Dispõe sobre o encaminhamento ao Ministério Público Federal da representação fiscal para fins penais de que trata o art. 83 da Lei n. 9.430, de 27 de dezembro de 1996.

O Presidente da República, no uso da atribuição que lhe confere o art. 84, IV, da Constituição, e tendo em vista o disposto no art. 83 da Lei n. 9.430, de 27 de dezembro de 1996, decreta:

Art. 1.º O Auditor-Fiscal do Tesouro Nacional formalizará representação fiscal, para os

(*) Publicado no *Diário Oficial da União*, de 11-8-1998.

fins do art. 83 da Lei n. 9.430, de 27 de dezembro de 1996, em autos separados e protocolizada na mesma data da lavratura do auto de infração, sempre que, no curso de ação fiscal de que resulte lavratura de auto de infração de exigência de crédito de tributos e contribuições administrados pela Secretaria da Receita Federal do Ministério da Fazenda ou decorrente de apreensão de bens sujeitos à pena de perdimento, constatar fato que configure, em tese:

>> A Secretaria da Receita Federal passa a denominar-se Secretaria da Receita Federal do Brasil, por força da Lei n. 11.457, de 16-3-2007.

I – crime contra a ordem tributária tipificado nos arts. 1.º ou 2.º da Lei n. 8.137, de 27 de dezembro de 1990;

II – crime de contrabando ou descaminho.

> O Decreto n. 2.781, de 14-9-1998, institui o Programa Nacional de Combate ao Contrabando e ao Descaminho.

Art. 2.º Encerrado o processo administrativo-fiscal, os autos da representação fiscal para fins penais serão remetidos ao Ministério Público Federal, se:

I – mantida a imputação de multa agravada, o crédito de tributos e contribuições, inclusive acessórios, não for extinto pelo pagamento;

II – aplicada, administrativamente, a pena de perdimento de bens, estiver configurado, em tese, crime de contrabando ou descaminho.

Art. 3.º O Secretário da Receita Federal disciplinará os procedimentos necessários à execução deste Decreto.

>> A Secretaria da Receita Federal passa a denominar-se Secretaria da Receita Federal do Brasil, por força da Lei n. 11.457, de 16-3-2007.

>> A Portaria n. 1.750, de 12-11-2018, da Secretaria da Receita Federal do Brasil, dispõe sobre representação fiscal para fins penais referente a crimes contra a ordem tributária, contra a Previdência Social, e de contrabando ou descaminho, sobre representação para fins penais referente a crimes contra a Administração Pública Federal, em detrimento da Fazenda Nacional ou contra administração pública estrangeira, de falsidade de títulos, papéis e documentos públicos e de "lavagem" ou ocultação de bens, direitos e valores, e sobre representação referente a atos de improbidade administrativa.

Art. 4.º Este Decreto entra em vigor na data de sua publicação.

Art. 5.º Fica revogado o Decreto n. 982, de 12 de novembro de 1993.

Brasília, 10 de agosto de 1998; 177.º da Independência e 110.º da República.

FERNANDO HENRIQUE CARDOSO

LEI N. 9.704, DE 17 DE NOVEMBRO DE 1998 (*)

Institui normas relativas ao exercício, pelo Advogado-Geral da União, de orientação normativa e de supervisão técnica sobre os órgãos jurídicos das autarquias federais e das fundações instituídas e mantidas pela União.

Faço saber que o Presidente da República adotou a Medida Provisória n. 1.722, de 1998, que o Congresso Nacional aprovou, e eu, Antonio Carlos Magalhães, Presidente, para os efeitos do disposto no parágrafo único do art. 62 da Constituição Federal, promulgo a seguinte Lei:

Art. 1.º Os órgãos jurídicos das autarquias federais e das fundações instituídas e mantidas pela União estão sujeitos à orientação normativa e à supervisão técnica do Advogado-Geral da União.

§ 1.º A supervisão técnica a que se refere este artigo compreende a prévia anuência do Advogado-Geral da União ao nome indicado para a chefia dos órgãos jurídicos das autarquias federais e das fundações instituídas e mantidas pela União.

>> Anterior parágrafo único renumerado pela Medida Provisória n. 2.180-35, de 24-8-2001.

§ 2.º Para a chefia de órgão jurídico de autarquia e de fundação federal será preferencialmente indicado Procurador Federal, de reconhecidas idoneidade, capacidade e experiência para o cargo.

>> § 2.º acrescentado pela Medida Provisória n. 2.180-35, de 24-8-2001.

§ 3.º Na hipótese de a indicação recair sobre Bacharel em Direito que não seja Procurador Federal, deverá ser suficientemente justificada assim como atendidos todos os demais requisitos do § 2.º.

>> § 3.º acrescentado pela Medida Provisória n. 2.180-35, de 24-8-2001.

Art. 2.º O Advogado-Geral da União, caso considere necessário, poderá recomendar, aos órgãos jurídicos dessas entidades, a alteração da tese jurídica sustentada nas manifestações produzidas, para adequá-la à jurisprudência prevalecente nos Tribunais Superiores e no Supremo Tribunal Federal.

Parágrafo único. Terão natureza vinculante, e serão de observância obrigatória, as recomendações de alteração da tese jurídica sustentada, feitas pelo Advogado-Geral da União.

Art. 3.º De ofício ou mediante solicitação, justificada, dos representantes legais das autarquias federais e das fundações instituídas e mantidas pela União, o Advogado-Geral da União poderá promover ou determinar que se promova a apuração de irregularidade no serviço público, ocorrida no âmbito interno daquelas entidades, podendo cometer a órgão da Advocacia-Geral da União, expressamente, o exercício de tal encargo.

Art. 4.º Ressalvado o disposto no parágrafo único do art. 1.º, o Advogado-Geral da União poderá delegar a prática dos atos de orientação normativa e de supervisão técnica previstos nesta Lei.

Art. 5.º O Advogado-Geral da União expedirá as normas necessárias à aplicação do disposto nesta Lei.

Art. 6.º Esta Lei entra em vigor na data de sua publicação.

Congresso Nacional, em 17 de novembro de 1998; 177.º da Independência e 110.º da República.

ANTONIO CARLOS MAGALHÃES

(*) Publicada no *Diário Oficial da União* de 18-11-1998.

LEI N. 9.709, DE 18 DE NOVEMBRO DE 1998 (**)

Regulamenta a execução do disposto nos incisos I, II e III do art. 14 da Constituição Federal.

O Presidente da República

Faço saber que o Congresso Nacional decreta e eu sanciono a seguinte Lei:

Art. 1.º A soberania popular é exercida por sufrágio universal e pelo voto direto e secreto, com valor igual para todos, nos termos desta Lei e das normas constitucionais pertinentes, mediante:

I – plebiscito;

II – referendo;

III – iniciativa popular.

Art. 2.º Plebiscito e referendo são consultas formuladas ao povo para que delibere sobre matéria de acentuada relevância, de natureza constitucional, legislativa ou administrativa.

§ 1.º O plebiscito é convocado com anterioridade a ato legislativo ou administrativo, cabendo ao povo, pelo voto, aprovar ou denegar o que lhe tenha sido submetido.

§ 2.º O referendo é convocado com posterioridade a ato legislativo ou administrativo, cumprindo ao povo a respectiva ratificação ou rejeição.

Art. 3.º Nas questões de relevância nacional, de competência do Poder Legislativo ou do Poder Executivo, e no caso do § 3.º do art. 18 da Constituição Federal, o plebiscito e o referendo são convocados mediante decreto legislativo, por proposta de um terço, no mínimo, dos membros que compõem qualquer

(**) Publicada no *Diário Oficial da União* de 19-11-1998.

das Casas do Congresso Nacional, de conformidade com esta Lei.

Art. 4.º A incorporação de Estados entre si, subdivisão ou desmembramento para se anexarem a outros, ou formarem novos Estados ou Territórios Federais, dependem da aprovação da população diretamente interessada, por meio de plebiscito realizado na mesma data e horário em cada um dos Estados, e do Congresso Nacional, por lei complementar, ouvidas as respectivas Assembleias Legislativas.

§ 1.º Proclamado o resultado da consulta plebiscitária, sendo favorável à alteração territorial prevista no *caput*, o projeto de lei complementar respectivo será proposto perante qualquer das Casas do Congresso Nacional.

§ 2.º À Casa perante a qual tenha sido apresentado o projeto de lei complementar referido no parágrafo anterior compete proceder à audiência das respectivas Assembleias Legislativas.

§ 3.º Na oportunidade prevista no parágrafo anterior, as respectivas Assembleias Legislativas opinarão, sem caráter vinculativo, sobre a matéria, e fornecerão ao Congresso Nacional os detalhamentos técnicos concernentes aos aspectos administrativos, financeiros, sociais e econômicos da área geopolítica afetada.

§ 4.º O Congresso Nacional, ao aprovar a lei complementar, tomará em conta as informações técnicas a que se refere o parágrafo anterior.

Art. 5.º O plebiscito destinado à criação, à incorporação, à fusão e ao desmembramento de Municípios, será convocado pela Assembleia Legislativa, de conformidade com a legislação federal e estadual.

Art. 6.º Nas demais questões, de competência dos Estados, do Distrito Federal e dos Municípios, o plebiscito e o referendo serão convocados de conformidade, respectivamente, com a Constituição Estadual e com a Lei Orgânica.

Art. 7.º Nas consultas plebiscitárias previstas nos arts. 4.º e 5.º entende-se por população diretamente interessada tanto a do território que se pretende desmembrar, quanto a do que sofrerá desmembramento; em caso de fusão ou anexação, tanto a população da área que se quer anexar quanto a da que receberá o acréscimo; e a vontade popular se aferirá pelo percentual que se manifestar em relação ao total da população consultada.

Art. 8.º Aprovado o ato convocatório, o Presidente do Congresso Nacional dará ciência à Justiça Eleitoral, a quem incumbirá, nos limites de sua circunscrição:

I – fixar a data da consulta popular;

II – tornar pública a cédula respectiva;

III – expedir instruções para a realização do plebiscito ou referendo;

IV – assegurar a gratuidade nos meios de comunicação de massa concessionários de serviço público, aos partidos políticos e às frentes suprapartidárias organizadas pela sociedade civil em torno da matéria em questão, para a divulgação de seus postulados referentes ao tema sob consulta.

Art. 9.º Convocado o plebiscito, o projeto legislativo ou medida administrativa não efetivada, cujas matérias constituam objeto da consulta popular, terá sustada sua tramitação, até que o resultado das urnas seja proclamado.

Art. 10. O plebiscito ou referendo, convocado nos termos da presente Lei, será considerado aprovado ou rejeitado por maioria simples, de acordo com o resultado homologado pelo Tribunal Superior Eleitoral.

Art. 11. O referendo pode ser convocado no prazo de trinta dias, a contar da promulgação de lei ou adoção de medida administrativa, que se relacione de maneira direta com a consulta popular.

Art. 12. A tramitação dos projetos de plebiscito e referendo obedecerá às normas do Regimento Comum do Congresso Nacional.

Art. 13. A iniciativa popular consiste na apresentação de projeto de lei à Câmara dos Deputados, subscrito por, no mínimo, um por cento do eleitorado nacional, distribuído pelo menos por cinco Estados, com não menos de três décimos por cento dos eleitores de cada um deles.

§ 1.º O projeto de lei de iniciativa popular deverá circunscrever-se a um só assunto.

§ 2.º O projeto de lei de iniciativa popular não poderá ser rejeitado por vício de forma, cabendo à Câmara dos Deputados, por seu órgão competente, providenciar a correção de eventuais impropriedades de técnica legislativa ou de redação.

Art. 14. A Câmara dos Deputados, verificando o cumprimento das exigências estabelecidas no art. 13 e respectivos parágrafos, dará seguimento à iniciativa popular, consoante as normas do Regimento Interno.

Art. 15. Esta Lei entra em vigor na data de sua publicação.

Brasília, 18 de novembro de 1998; 177.º da Independência e 110.º da República.

FERNANDO HENRIQUE CARDOSO

LEI N. 9.717, DE 27 DE NOVEMBRO DE 1998 (*)

(*) Publicada no *Diário Oficial da União* de 28-11-1998. A Portaria n. 1.348, de 3-12-2019, da Secretaria Especial de Previdência do Trabalho, dispõe sobre parâmetros e prazos para Estados, Distrito Federal e Municípios comprovarem a adequação de seus Regimes Próprios de Previdência Social – RPPS.

Dispõe sobre regras gerais para a organização e o funcionamento dos regimes próprios de previdência social dos servidores públicos da União, dos Estados, do Distrito Federal e dos Municípios, dos militares dos Estados e do Distrito Federal e dá outras providências.

O Presidente da República

Faço saber que o Congresso Nacional decreta e eu sanciono a seguinte Lei:

Art. 1.º Os regimes próprios de previdência social dos servidores públicos da União, dos Estados, do Distrito Federal e dos Municípios, dos militares dos Estados e do Distrito Federal deverão ser organizados, baseados em normas gerais de contabilidade e atuária, de modo a garantir o seu equilíbrio financeiro e atuarial, observados os seguintes critérios:

I – realização de avaliação atuarial inicial e em cada balanço utilizando-se parâmetros gerais, para a organização e revisão do plano de custeio e benefícios;

>> Inciso I com redação determinada pela Medida Provisória n. 2.187-13, de 24-8-2001.

II – financiamento mediante recursos provenientes da União, dos Estados, do Distrito Federal e dos Municípios e das contribuições do pessoal civil e militar, ativo, inativo e dos pensionistas, para os seus respectivos regimes;

III – as contribuições e os recursos vinculados ao Fundo Previdenciário da União, dos Estados, do Distrito Federal e dos Municípios e as contribuições do pessoal civil e militar, ativo, inativo, e dos pensionistas, somente poderão ser utilizadas para pagamento de benefícios previdenciários dos respectivos regimes, ressalvadas as despesas administrativas estabelecidas no art. 6.º, inciso VIII, desta Lei, observado os limites de gastos estabelecidos em parâmetros gerais;

>> Inciso III com redação determinada pela Medida Provisória n. 2.187-13, de 24-8-2001.

IV – cobertura de um número mínimo de segurados, de modo que os regimes possam garantir diretamente a totalidade dos riscos cobertos no plano de benefícios, preservando o equilíbrio atuarial sem necessidade de resseguro, conforme parâmetros gerais;

V – cobertura exclusiva a servidores públicos titulares de cargos efetivos e a militares, e a seus respectivos dependentes, de cada ente estatal, vedado o pagamento de benefícios, mediante convênios ou consórcios entre Estados, entre Estados e Municípios e entre Municípios;

VI – pleno acesso dos segurados às informações relativas à gestão do regime e participação de representantes dos servidores públicos e dos militares, ativos e inativos, nos colegiados e instâncias de decisão em que os seus interesses sejam objeto de discussão e deliberação;

VII – registro contábil individualizado das contribuições de cada servidor e dos entes estatais, conforme diretrizes gerais;

VIII – identificação e consolidação em demonstrativos financeiros e orçamentários de todas as despesas fixas e variáveis com pessoal inativo civil, militar e pensionistas, bem como dos encargos incidentes sobre os proventos e pensões pagos;

IX – sujeição às inspeções e auditorias de natureza atuarial, contábil, financeira, orçamentária e patrimonial dos órgãos de controle interno e externo;

X – vedação de inclusão nos benefícios, para efeito de percepção destes, de parcelas remuneratórias pagas em decorrência de local de trabalho, de função de confiança ou de cargo em comissão, exceto quando tais parcelas integrarem a remuneração de contribuição do servidor que se aposentar com fundamento no art. 40 da Constituição Federal, respeitado, em qualquer hipótese, o limite previsto no § 2.º do citado artigo;

>> Inciso X com redação determinada pela Lei n. 10.887, de 18-6-2004.

XI – vedação de inclusão nos benefícios, para efeito de percepção destes, do abono de permanência de que tratam o § 19 do art. 40 da Constituição Federal, o § 5.º do art. 2.º e o § 1.º do art. 3.º da Emenda Constitucional n. 41, de 19 de dezembro de 2003.

>> Inciso XI acrescentado pela Lei n. 10.887, de 18-6-2004.

§ 1.º Aplicam-se adicionalmente aos regimes próprios de previdência social as disposições estabelecidas no art. 6.º desta Lei relativas aos fundos com finalidade previdenciária por eles instituídos.

>> Parágrafo único renumerado pela Lei n. 13.846, de 18-6-2019.

§ 2.º Os regimes próprios de previdência social da União, dos Estados, do Distrito Federal e dos Municípios operacionalizarão a compensação financeira a que se referem o § 9.º do art. 201 da Constituição Federal e a Lei n. 9.796, de 5 de maio de 1999, entre si e com o regime geral de previdência social, sob pena de incidirem nas sanções de que trata o art. 7.º desta Lei.

>> § 2.º acrescentado pela Lei n. 13.846, de 18-6-2019.

Art. 1.º-A. O servidor público titular de cargo efetivo da União, dos Estados, do Distrito Federal e dos Municípiosou o militar dos Estados e do Distrito Federal filiado a regime próprio de previdência social, quando cedido a órgão ou entidade de outro ente da federação, com ou sem ônus para o cessionário, permanecerá vinculado ao regime de origem.

>> Artigo acrescentado pela Medida Provisória n. 2.187-13, de 24-8-2001.

Art. 2.º A contribuição da União, dos Estados, do Distrito Federal e dos Municípios, incluídas suas autarquias e fundações, aos regimes próprios de previdência social a que estejam vinculados seus servidores não poderá ser inferior ao valor da contribuição do servidor ativo, nem superior ao dobro desta contribuição.

>> *Caput* com redação determinada pela Lei n. 10.887, de 18-6-2004.

§ 1.º A União, os Estados, o Distrito Federal e os Municípios são responsáveis pela cobertura de eventuais insuficiências financeiras do respectivo regime próprio, decorrentes do pagamento de benefícios previdenciários.

>> § 1.º com redação determinada pela Lei n. 10.887, de 18-6-2004.

§ 2.º A União, os Estados, o Distrito Federal e os Municípios publicarão, até 30 (trinta) dias após o encerramento de cada bimestre, demonstrativo financeiro e orçamentário da receita e despesa previdenciárias acumuladas no exercício financeiro em curso.

>> § 2.º com redação determinada pela Lei n. 10.887, de 18-6-2004.

§§ 3.º a 7.º *(Revogados pela Lei n. 10.887, de 18-6-2004.)*

Art. 3.º As alíquotas de contribuição dos servidores ativos dos Estados, do Distrito Federal e dos Municípios para os respectivos regimes próprios de previdência social não serão inferiores às dos servidores titulares de cargos efetivos da União, devendo ainda ser observadas, no caso das contribuições sobre os proventos dos inativos e sobre as pensões, as mesmas alíquotas aplicadas às remunerações dos servidores em atividade do respectivo ente estatal.

>> Artigo com redação determinada pela Lei n. 10.887, de 18-6-2004.

Art. 4.º *(Revogado pela Lei n. 10.887, de 18-6-2004.)*

Art. 5.º Os regimes próprios de previdência social dos servidores públicos da União, dos Estados, do Distrito Federal e dos Municípios, dos militares dos Estados e do Distrito Federal não poderão conceder benefícios distintos dos previstos no Regime Geral de Previdência Social, de que trata a Lei n. 8.213, de 24 de julho de 1991, salvo disposição em contrário da Constituição Federal.

Parágrafo único. Fica vedada a concessão de aposentadoria especial, nos termos do § 4.º do art. 40 da Constituição Federal, até que lei complementar federal discipline a matéria.

>> Parágrafo único acrescentado pela Medida Provisória n. 2.187-13, de 24-8-2001.

Art. 6.º Fica facultada à União, aos Estados, ao Distrito Federal e aos Municípios, a constituição de fundos integrados de bens, direitos e ativos, com finalidade previdenciária, desde que observados os critérios de que trata o art. 1.º e, adicionalmente, os seguintes preceitos:

I – *(Revogado pela Medida Provisória n. 2.187-13, de 24-8-2001.)*;

II – existência de conta do fundo distinta da conta do Tesouro da unidade federativa;

III – *(Revogado pela Medida Provisória n. 2.187-13, de 24-8-2001.)*;

IV – aplicação de recursos, conforme estabelecido pelo Conselho Monetário Nacional;

V – vedação da utilização de recursos do fundo de bens, direitos e ativos para empréstimos de qualquer natureza, inclusive à União, aos Estados, ao Distrito Federal e aos Municípios, a entidades da administração indireta e aos respectivos segurados;

VI – vedação à aplicação de recursos em títulos públicos, com exceção de títulos do Governo Federal;

VII – avaliação de bens, direitos e ativos de qualquer natureza integrados ao fundo, em conformidade com a Lei n. 4.320, de 17 de março de 1964 e alterações subsequentes;

> A Lei n. 4.320, de 17-3-1964, estatui normas gerais de direito financeiro para a elaboração e controle de orçamentos e balanços da União, dos Estados, dos Municípios e do Distrito Federal.

VIII – estabelecimento de limites para a taxa de administração, conforme parâmetros gerais;

IX – constituição e extinção do fundo mediante lei.

Parágrafo único. No estabelecimento das condições e dos limites para aplicação dos recursos dos regimes próprios de previdência social, na forma do inciso IV do *caput* deste artigo, o Conselho Monetário Nacional deverá considerar, entre outros requisitos:

>> Parágrafo único, *caput*, acrescentado pela Lei n. 13.846, de 18-6-2019.

I – a natureza pública das unidades gestoras desses regimes e dos recursos aplicados, exigindo a observância dos princípios de segurança, proteção e prudência financeira;

>> Inciso I acrescentado pela Lei n. 13.846, de 18-6-2019.

II – a necessidade de exigência, em relação às instituições públicas ou privadas que administram, direta ou indiretamente por meio de fundos de investimento, os recursos desses regimes, da observância de critérios relacionados a boa qualidade de gestão, ambiente de controle interno, histórico e experiência de atuação, solidez patrimonial, volume de recursos sob administração e outros destinados à mitigação de riscos.

>> Inciso II acrescentado pela Lei n. 13.846, de 18-6-2019.

Art. 7.º O descumprimento do disposto nesta Lei pelos Estados, Distrito Federal e Municípios e pelos respectivos fundos, implicará, a partir de 1.º de julho de 1999:

I – suspensão das transferências voluntárias de recursos pela União;

II – impedimento para celebrar acordos, contratos, convênios ou ajustes, bem como receber empréstimos, financiamentos, avais e subvenções em geral de órgãos ou entidades da Administração direta e indireta da União;

III – suspensão de empréstimos e financiamentos por instituições financeiras federais;

IV – (*Revogado pela Lei n. 13.846, de 18-6-2019.*)

Art. 8.º Os responsáveis pelos poderes, órgãos ou entidades do ente estatal, os dirigentes da unidade gestora do respectivo regime próprio de previdência social e os membros dos seus conselhos e comitês respondem diretamente por infração ao disposto nesta Lei, sujeitando-se, no que couber, ao regime disciplinar estabelecido na Lei Complementar n. 109, de 29 de maio de 2001, e seu regulamento, e conforme diretrizes gerais.

>> *Caput* com redação determinada pela Lei n. 13.846, de 18-6-2019.

§ 1.º As infrações serão apuradas mediante processo administrativo que tenha por base o auto, a representação ou a denúncia positiva dos fatos irregulares, assegurados ao acusado o contraditório e a ampla defesa, em conformidade com diretrizes gerais.

>> Parágrafo único renumerado pela Lei n. 13.846, de 18-6-2019.

§ 2.º São também responsáveis quaisquer profissionais que prestem serviços técnicos ao ente estatal e respectivo regime próprio de previdência social, diretamente ou por intermédio de pessoa jurídica contratada.

>> § 2.º acrescentado pela Lei n. 13.846, de 18-6-2019.

Art. 8.º-A. Os dirigentes do ente federativo instituidor do regime próprio de previdência social e da unidade gestora do regime e os demais responsáveis pelas ações de investimento e aplicação dos recursos previdenciários, inclusive os consultores, os distribuidores, a instituição financeira administradora da carteira, o fundo de investimentos que tenha recebido os recursos e seus gestores e administradores serão solidariamente responsáveis, na medida de sua participação, pelo ressarcimento dos prejuízos decorrentes de aplicação em desacordo com a legislação vigente a que tiverem dado causa.

>> Artigo acrescentado pela Lei n. 13.846, de 18-6-2019.

Art. 8.º-B. Os dirigentes da unidade gestora do regime próprio de previdência social deverão atender aos seguintes requisitos mínimos:

>> *Caput* acrescentado pela Lei n. 13.846, de 18-6-2019.

I – não ter sofrido condenação criminal ou incidido em alguma das demais situações de inelegibilidade previstas no inciso I do *caput* do art. 1.º da Lei Complementar n. 64, de 18 de maio de 1990, observados os critérios e prazos previstos na referida Lei Complementar;

>> Inciso I acrescentado pela Lei n. 13.846, de 18-6-2019.

II – possuir certificação e habilitação comprovadas, nos termos definidos em parâmetros gerais;

>> Inciso II acrescentado pela Lei n. 13.846, de 18-6-2019.

III – possuir comprovada experiência no exercício de atividade nas áreas financeira, administrativa, contábil, jurídica, de fiscalização, atuarial ou de auditoria;

>> Inciso III acrescentado pela Lei n. 13.846, de 18-6-2019.

IV – ter formação superior.

>> Inciso IV acrescentado pela Lei n. 13.846, de 18-6-2019.

Parágrafo único. Os requisitos a que se referem os incisos I e II do *caput* deste artigo aplicam-se aos membros dos conselhos deliberativo e fiscal e do comitê de investimentos da unidade gestora do regime próprio de previdência social.

>> Parágrafo único acrescentado pela Lei n. 13.846, de 18-6-2019.

Art. 9.º Compete à União, por intermédio da Secretaria Especial de Previdência e Trabalho do Ministério da Economia, em relação aos regimes próprios de previdência social e aos seus fundos previdenciários:

>> *Caput* com redação determinada pela Lei n. 13.846, de 18-6-2019.

I – a orientação, a supervisão, a fiscalização e o acompanhamento;

>> Inciso I com redação determinada pela Lei n. 13.846, de 18-6-2019.

II – o estabelecimento e a publicação de parâmetros, diretrizes e critérios de responsabilidade previdenciária na sua instituição, organização e funcionamento, relativos a custeio, benefícios, atuária, contabilidade, aplicação e utilização de recursos e constituição e manutenção dos fundos previdenciários, para preservação do caráter contributivo e solidário e do equilíbrio financeiro e atuarial;

>> Inciso II com redação determinada pela Lei n. 13.846, de 18-6-2019.

III – a apuração de infrações, por servidor credenciado, e a aplicação de penalidades, por órgão próprio, nos casos previstos no art. 8.º desta Lei;

>> Inciso III com redação determinada pela Lei n. 13.846, de 18-6-2019.

IV – a emissão do Certificado de Regularidade Previdenciária (CRP), que atestará, para os fins do disposto no art. 7.º desta Lei, o cumprimento, pelos Estados, Distrito Federal e Municípios, dos critérios e exigências aplicáveis aos regimes próprios de previdência social e aos seus fundos previdenciários.

>> Inciso IV acrescentado pela Lei n. 13.846, de 18-6-2019.

Parágrafo único. A União, os Estados, o Distrito Federal e os Municípios encaminharão à Secretaria Especial de Previdência e Trabalho do Ministério da Economia, na forma, na periodicidade e nos critérios por ela definidos, dados e informações sobre o regime próprio de previdência social e seus segurados.

>> Parágrafo único com redação determinada pela Lei n. 13.846, de 18-6-2019.

Art. 10. No caso de extinção de regime próprio de previdência social, a União, o Estado, o Distrito Federal e os Municípios assumirão integralmente a responsabilidade pelo pagamento dos benefícios concedidos durante a sua vigência, bem como daqueles benefícios cujos requisitos necessários a sua concessão foram implementados anteriormente à extinção do regime próprio de previdência social.

Art. 11. Esta Lei entra em vigor na data de sua publicação.

Brasília, 27 de novembro de 1998; 177.º da Independência e 110.º da República.

FERNANDO HENRIQUE CARDOSO

LEI N. 9.782, DE 26 DE JANEIRO DE 1999 (*)

Define o Sistema Nacional de Vigilância Sanitária, cria a Agência Nacional de Vigilância Sanitária, e dá outras providências.

Faço saber que o Presidente da República adotou a Medida Provisória n. 1.791, de 1998, que o Congresso Nacional aprovou, e eu, Antonio Carlos Magalhães, Presidente, para os efeitos do disposto no parágrafo único do art. 62 da Constituição Federal, promulgo a seguinte Lei:

CAPÍTULO I
DO SISTEMA NACIONAL DE VIGILÂNCIA SANITÁRIA

Art. 1.º O Sistema Nacional de Vigilância Sanitária compreende o conjunto de ações definido pelo § 1.º do art. 6.º e pelos arts. 15 a 18 da Lei n. 8.080, de 19 de setembro de 1990, executado por instituições da Administração

(*) Publicada no *Diário Oficial da União* de 27-1-1999. Regulamentada pelo Decreto n. 3.029, de 16-4-1999. A Lei n. 9.787, de 10-2-1999, regulamentada pelo Decreto n. 3.181, de 23-9-1999, trata sobre a vigilância sanitária, estabelece o medicamento genérico e dispõe sobre a utilização de nomes genéricos em produtos farmacêuticos. *Vide* Lei n. 9.986, de 18-7-2000, que dispõe sobre a gestão de recursos humanos das agências reguladoras e dá outras providências.

Pública direta e indireta da União, dos Estados, do Distrito Federal e dos Municípios, que exerçam atividades de regulação, normatização, controle e fiscalização na área de vigilância sanitária.

> A Lei n. 8.080, de 19-9-1990, dispõe sobre as condições para a promoção, proteção e recuperação da saúde, a organização e o funcionamento dos serviços correspondentes, e dá outras providências.

Art. 2.º Compete à União no âmbito do Sistema Nacional de Vigilância Sanitária:

I – definir a política nacional de vigilância sanitária;

II – definir o Sistema Nacional de Vigilância Sanitária;

III – normatizar, controlar e fiscalizar produtos, substâncias e serviços de interesse para a saúde;

IV – exercer a vigilância sanitária de portos, aeroportos e fronteiras, podendo essa atribuição ser supletivamente exercida pelos Estados, pelo Distrito Federal e pelos Municípios;

V – acompanhar e coordenar as ações estaduais, distrital e municipais de vigilância sanitária;

VI – prestar cooperação técnica e financeira aos Estados, ao Distrito Federal e aos Municípios;

VII – atuar em circunstâncias especiais de risco à saúde; e

VIII – manter sistema de informações em vigilância sanitária, em cooperação com os Estados, o Distrito Federal e os Municípios.

§ 1.º A competência da União será exercida:

I – pelo Ministério da Saúde, no que se refere à formulação, ao acompanhamento e à avaliação da política nacional de vigilância sanitária e das diretrizes gerais do Sistema Nacional de Vigilância Sanitária;

II – pela Agência Nacional de Vigilância Sanitária – ANVS, em conformidade com as atribuições que lhe são conferidas por esta Lei; e

> A Resolução n. 29, de 21-7-2015, aprova e promulga o Regimento Interno da Agência Nacional de Vigilância Sanitária.

III – pelos demais órgãos e entidades do Poder Executivo Federal, cujas áreas de atuação se relacionem com o sistema.

§ 2.º O Poder Executivo Federal definirá a alocação, entre os seus órgãos e entidades, das demais atribuições e atividades executadas pelo Sistema Nacional de Vigilância Sanitária, não abrangidas por esta Lei.

§ 3.º Os Estados, o Distrito Federal e os Municípios fornecerão, mediante convênio, as informações solicitadas pela coordenação do Sistema Nacional de Vigilância Sanitária.

Capítulo II
DA CRIAÇÃO E DA COMPETÊNCIA DA AGÊNCIA NACIONAL DE VIGILÂNCIA SANITÁRIA

Art. 3.º Fica criada a Agência Nacional de Vigilância Sanitária – ANVISA, autarquia sob regime especial, vinculada ao Ministério da Saúde, com sede e foro no Distrito Federal, prazo de duração indeterminado e atuação em todo território nacional.

>> *Caput* com redação determinada pela Medida Provisória n. 2.190-34, de 23-8-2001.

Parágrafo único. A natureza de autarquia especial conferida à Agência é caracterizada pela independência administrativa, estabilidade de seus dirigentes e autonomia financeira.

Art. 4.º A Agência atuará como entidade administrativa independente, sendo-lhe assegurada, nos termos desta Lei, as prerrogativas necessárias ao exercício adequado de suas atribuições.

Art. 5.º Caberá ao Poder Executivo instalar a Agência, devendo o seu regulamento, aprovado por decreto do Presidente da República, fixar-lhe a estrutura organizacional.

Parágrafo único. (*Revogado pela Medida Provisória n. 2.190-34, de 23-8-2001.*)

Art. 6.º A Agência terá por finalidade institucional promover a proteção da saúde da população, por intermédio do controle sanitário da produção e da comercialização de produtos e serviços submetidos à vigilância sanitária, inclusive dos ambientes, dos processos, dos insumos e das tecnologias a eles relacionados, bem como o controle de portos, aeroportos e de fronteiras.

> A Resolução-RDC n. 21, de 28-3-2008, da ANVISA, dispõe sobre a Orientação e Controle Sanitário de Viajantes em Portos, Aeroportos, Passagens de Fronteiras e Recintos Alfandegados.

Art. 7.º Compete à Agência proceder à implementação e à execução do disposto nos incisos II a VII do art. 2.º desta Lei, devendo:

I – coordenar o Sistema Nacional de Vigilância Sanitária;

II – fomentar e realizar estudos e pesquisas no âmbito de suas atribuições;

III – estabelecer normas, propor, acompanhar e executar as políticas, as diretrizes e as ações de vigilância sanitária;

IV – estabelecer normas e padrões sobre limites de contaminantes, resíduos tóxicos, desinfetantes, metais pesados e outros que envolvam risco à saúde;

V – intervir, temporariamente, na administração de entidades produtoras, que sejam financiadas, subsidiadas ou mantidas com recursos públicos, assim como nos prestadores de serviços e ou produtores exclusivos ou estratégicos para o abastecimento do mercado nacional, obedecido o disposto no art. 5.º da Lei n. 6.437, de 20 de agosto de 1977, com a redação que lhe foi dada pelo art. 2.º da Lei n. 9.695, de 20 de agosto de 1998;

> A Lei n. 6.437, de 20-8-1977, configura infrações à legislação sanitária federal, estabelece as sanções respectivas, e dá outras providências.

VI – administrar e arrecadar a taxa de fiscalização de vigilância sanitária, instituída pelo art. 23 desta Lei;

VII – autorizar o funcionamento de empresas de fabricação, distribuição e importação dos produtos mencionados no art. 8.º desta Lei e de comercialização de medicamentos;

>> Inciso VII com redação determinada pela Medida Provisória n. 2.190-34, de 23-8-2001.

VIII – anuir com a importação e exportação dos produtos mencionados no art. 8.º desta Lei;

IX – conceder registros de produtos, segundo as normas de sua área de atuação;

X – conceder e cancelar o certificado de cumprimento de boas práticas de fabricação;

XI a XIII – (*Revogados pela Medida Provisória n. 2.190-34, de 23-8-2001.*);

XIV – interditar, como medida de vigilância sanitária, os locais de fabricação, controle, importação, armazenamento, distribuição e venda de produtos e de prestação de serviços relativos à saúde, em caso de violação da legislação pertinente ou de risco iminente à saúde;

XV – proibir a fabricação, a importação, o armazenamento, a distribuição e a comercialização de produtos e insumos, em caso de violação da legislação pertinente ou de risco iminente à saúde;

XVI – cancelar a autorização de funcionamento e a autorização especial de funcionamento de empresas, em caso de violação da legislação pertinente ou de risco iminente à saúde;

XVII – coordenar as ações de vigilância sanitária realizadas por todos os laboratórios que compõem a rede oficial de laboratórios de controle de qualidade em saúde;

XVIII – estabelecer, coordenar e monitorar os sistemas de vigilância toxicológica e farmacológica;

XIX – promover a revisão e atualização periódica da farmacopeia;

XX – manter sistema de informação contínuo e permanente para integrar suas atividades com as demais ações de saúde, com prioridade às ações de vigilância epidemiológica e assistência ambulatorial e hospitalar;

XXI – monitorar e auditar os órgãos e entidades estaduais, distrital e municipais que integram o Sistema Nacional de Vigilância Sanitária, incluindo-se os laboratórios oficiais de controle de qualidade em saúde;

XXII – coordenar e executar o controle da qualidade de bens e produtos relacionados no art. 8.º desta Lei, por meio de análises previstas na legislação sanitária, ou de programas especiais de monitoramento da qualidade em saúde;

XXIII – fomentar o desenvolvimento de recursos humanos para o sistema e a cooperação técnico-científica nacional e internacional;

XXIV – autuar e aplicar as penalidades previstas em lei;

XXV – monitorar a evolução dos preços de medicamentos, equipamentos, componentes, insumos e serviços de saúde, podendo para tanto:

>> Inciso XXV, *caput*, acrescentado pela Medida Provisória n. 2.190-34, de 23-8-2001.

a) requisitar, quando julgar necessário, informações sobre produção, insumos, matérias-primas, vendas e quaisquer outros dados, em poder de pessoas de direito público ou privado que se dediquem às atividades de produção, distribuição e comercialização dos bens e serviços previstos neste inciso, mantendo o sigilo legal quando for o caso;

>> Alínea *a* acrescentada pela Medida Provisória n. 2.190-34, de 23-8-2001.

b) proceder ao exame de estoques, papéis e escritas de quaisquer empresas ou pessoas de direito público ou privado que se dediquem às atividades de produção, distribuição e comercialização dos bens e serviços previstos neste inciso, mantendo o sigilo legal quando for o caso;

>> Alínea *b* acrescentada pela Medida Provisória n. 2.190-34, de 23-8-2001.

c) quando for verificada a existência de indícios da ocorrência de infrações previstas nos incisos III ou IV do art. 20 da Lei n. 8.884, de 11 de junho de 1994, mediante aumento injustificado de preços ou imposição de preços excessivos, dos bens e serviços referidos nesses incisos, convocar os responsáveis para, no prazo máximo de dez dias úteis, justificar a respectiva conduta;

>> Alínea *c* acrescentada pela Medida Provisória n. 2.190-34, de 23-8-2001.

d) aplicar a penalidade prevista no art. 26 da Lei n. 8.884, de 1994;

>> Alínea *d* acrescentada pela Medida Provisória n. 2.190-34, de 23-8-2001.

XXVI – controlar, fiscalizar e acompanhar, sob o prisma da legislação sanitária, a propaganda e publicidade de produtos submetidos ao regime de vigilância sanitária;

>> Inciso XXVI acrescentado pela Medida Provisória n. 2.190-34, de 23-8-2001.

XXVII – definir, em ato próprio, os locais de entrada e saída de entorpecentes, psicotrópicos e precursores no País, ouvido o Departamento de Polícia Federal e a Secretaria da Receita Federal.

>> Inciso XXVII acrescentado pela Medida Provisória n. 2.190-34, de 23-8-2001.

§ 1.º A Agência poderá delegar aos Estados, ao Distrito Federal e aos Municípios a execução de atribuições que lhe são próprias, excetuadas as previstas nos incisos I, V, VIII, IX, XV, XVI, XVII, XVIII e XIX deste artigo.

§ 2.º A Agência poderá assessorar, complementar ou suplementar as ações estaduais, municipais e do Distrito Federal para o exercício do controle sanitário.

§ 3.º As atividades de vigilância epidemiológica e de controle de vetores relativas a portos, aeroportos e fronteiras, serão executadas pela Agência, sob orientação técnica e normativa do Ministério da Saúde.

§ 4.º A Agência poderá delegar a órgão do Ministério da Saúde a execução de atribuições previstas neste artigo relacionadas a serviços médico-ambulatorial-hospitalares, previstos nos §§ 2.º e 3.º do art. 8.º, observadas as vedações definidas no § 1.º deste artigo.

>> § 4.º acrescentado pela Medida Provisória n. 2.190-34, de 23-8-2001.

§ 5.º A Agência deverá pautar sua atuação sempre em observância das diretrizes estabelecidas pela Lei n. 8.080, de 19 de setembro de 1990, para dar seguimento ao processo de descentralização da execução de atividades para Estados, Distrito Federal e Municípios, observadas as vedações relacionadas no § 1.º deste artigo.

>> § 5.º acrescentado pela Medida Provisória n. 2.190-34, de 23-8-2001.

> A Lei n. 8.080, de 19-9-1990, dispõe sobre as condições para a promoção, proteção e recuperação da saúde, a organização e o funcionamento dos serviços correspondentes, e dá outras providências.

§ 6.º A descentralização de que trata o § 5.º será efetivada somente após manifestação favorável dos respectivos Conselhos Estaduais, Distrital e Municipais de Saúde.

>> § 6.º acrescentado pela Medida Provisória n. 2.190-34, de 23-8-2001.

§ 7.º Para o cumprimento do disposto no inciso X deste artigo, a Agência poderá se utilizar de informações confidenciais sobre inspeções recebidas no âmbito de acordos ou convênios com autoridade sanitária de outros países, bem como autorizar a realização de vistorias e inspeções em plantas fabris por instituições nacionais ou internacionais credenciadas pela Agência para tais atividades.

>> § 7.º acrescentado pela Lei n. 13.097, de 19-1-2015.

Art. 8.º Incumbe à Agência, respeitada a legislação em vigor, regulamentar, controlar e fiscalizar os produtos e serviços que envolvam risco à saúde pública.

§ 1.º Consideram-se bens e produtos submetidos ao controle e fiscalização sanitária pela Agência:

I – medicamentos de uso humano, suas substâncias ativas e demais insumos, processos e tecnologias;

II – alimentos, inclusive bebidas, águas envasadas, seus insumos, suas embalagens, aditivos alimentares, limites de contaminantes orgânicos, resíduos de agrotóxicos e de medicamentos veterinários;

III – cosméticos, produtos de higiene pessoal e perfumes;

IV – saneantes destinados à higienização, desinfecção ou desinfestação em ambientes domiciliares, hospitalares e coletivos;

V – conjuntos, reagentes e insumos destinados a diagnóstico;

VI – equipamentos e materiais médico-hospitalares, odontológicos e hemoterápicos e de diagnóstico laboratorial e por imagem;

VII – imunobiológicos e suas substâncias ativas, sangue e hemoderivados;

VIII – órgãos, tecidos humanos e veterinários para uso em transplantes ou reconstituições;

IX – radioisótopos para uso diagnóstico *in vivo* e radiofármacos e produtos radioativos utilizados em diagnóstico e terapia;

X – cigarros, cigarrilhas, charutos e qualquer outro produto fumígero, derivado ou não do tabaco;

> A Resolução n. 90, de 27-12-2007, da ANVISA, dispõe sobre o registro de dados cadastrais dos produtos fumígenos derivados do tabaco.

XI – quaisquer produtos que envolvam a possibilidade de risco à saúde, obtidos por engenharia genética, por outro procedimento ou ainda submetidos a fontes de radiação.

§ 2.º Consideram-se serviços submetidos ao controle e fiscalização sanitária pela Agência, aqueles voltados para a atenção ambulatorial, seja de rotina ou de emergência, os realizados em regime de internação, os serviços de apoio diagnóstico e terapêutico, bem como aqueles que impliquem a incorporação de novas tecnologias.

> *Vide* art. 7.º, § 4.º, desta Lei.

§ 3.º Sem prejuízo do disposto nos §§ 1.º e 2.º deste artigo, submetem-se ao regime de vigilância sanitária as instalações físicas, equipamentos, tecnologias, ambientes e procedimentos envolvidos em todas as fases dos processos de produção dos bens e produtos submetidos ao controle e fiscalização sanitária, incluindo a destinação dos respectivos resíduos.

> *Vide* art. 7.º, § 4.º, desta Lei.

§ 4.º A Agência poderá regulamentar outros produtos e serviços de interesse para o controle de riscos à saúde da população, alcançados pelo Sistema Nacional de Vigilância Sanitária.

§ 5.º A Agência poderá dispensar de registro os imunobiológicos, inseticidas, medicamentos e outros insumos estratégicos quando adquiridos por intermédio de organismos multilaterais internacionais, para uso em programas de saúde pública pelo Ministério da Saúde e suas entidades vinculadas.

>> § 5.º acrescentado pela Medida Provisória n. 2.190-34, de 23-8-2001.

§ 6.º O Ministro de Estado da Saúde poderá determinar a realização de ações previstas nas competências da Agência Nacional de Vigilância Sanitária, em casos específicos e que impliquem risco à saúde da população.

>> § 6.º acrescentado pela Medida Provisória n. 2.190-34, de 23-8-2001.

§ 7.º O ato de que trata o § 6.º deverá ser publicado no *Diário Oficial da União*.

>> § 7.º acrescentado pela Medida Provisória n. 2.190-34, de 23-8-2001.

§ 8.º Consideram-se serviços e instalações submetidos ao controle e fiscalização sanitária aqueles relacionados com as atividades de portos, aeroportos e fronteiras e nas estações aduaneiras e terminais alfandegados, serviços de transportes aquáticos, terrestres e aéreos.

>> § 8.º acrescentado pela Medida Provisória n. 2.190-34, de 23-8-2001.

CAPÍTULO IV
DO CONTRATO DE GESTÃO

Art. 19. (*Revogado pela Lei n. 13.848, de 25-6-2019, em vigor após 90 dias da sua publicação – DOU de 26-6-2019.*)

Art. 20. (*Revogado pela Lei n. 13.848, de 25-6-2019, em vigor após 90 dias da sua publicação – DOU de 26-6-2019.*)

CAPÍTULO V
DO PATRIMÔNIO E RECEITAS

Seção I
Das Receitas da Autarquia

Art. 21. Constituem patrimônio da Agência os bens e direitos de sua propriedade, os que lhe forem conferidos ou que venha adquirir ou incorporar.

Art. 22. Constituem receita da Agência:

I – o produto resultante da arrecadação da taxa de fiscalização de vigilância sanitária, na forma desta Lei;

II – a retribuição por serviços de quaisquer natureza prestados a terceiros;

III – o produto da arrecadação das receitas das multas resultantes das ações fiscalizadoras;

IV – o produto da execução de sua dívida ativa;

V – as dotações consignadas no Orçamento Geral da União, créditos especiais, créditos adicionais e transferências e repasses que lhe forem conferidos;

VI – os recursos provenientes de convênios, acordos ou contratos celebrados com entidades e organismos nacionais e internacionais;

VII – as doações, legados, subvenções e outros recursos que lhe forem destinados;

VIII – os valores apurados na venda ou aluguel de bens móveis e imóveis de sua propriedade;

IX – o produto da alienação de bens, objetos e instrumentos utilizados para a prática de infração, assim como do patrimônio dos infratores, apreendidos em decorrência do exercício do poder de polícia e incorporados ao patrimônio da Agência nos termos de decisão judicial;

X – os valores apurados em aplicações no mercado financeiro das receitas previstas nos incisos I a IV e VI a IX deste artigo.

>> Inciso X acrescentado pela Medida Provisória n. 2.190-34, de 23-8-2001.

Parágrafo único. Os recursos previstos nos incisos I, II e VII deste artigo, serão recolhidos diretamente à Agência, na forma definida pelo Poder Executivo.

Art. 23. Fica instituída a Taxa de Fiscalização de Vigilância Sanitária.

§ 1.º Constitui fato gerador da Taxa de Fiscalização de Vigilância Sanitária a prática dos atos de competência da Agência Nacional de Vigilância Sanitária constantes do Anexo II.

>> Deixamos de publicar o Anexo II por não atender ao propósito da obra.

§ 2.º São sujeitos passivos da taxa a que se refere o *caput* deste artigo as pessoas físicas e jurídicas que exercem atividades de fabricação, distribuição e venda de produtos e a prestação de serviços mencionados no art. 8.º desta Lei.

§ 3.º A taxa será devida em conformidade com o respectivo fato gerador, valor e prazo a que refere a tabela que constitui o Anexo II desta Lei.

§ 4.º A taxa deverá ser recolhida nos termos dispostos em ato próprio da ANVISA.

>> § 4.º com redação determinada pela Medida Provisória n. 2.190-34, de 23-8-2001.

§ 5.º A arrecadação e a cobrança da taxa a que se refere este artigo poderá ser delegada aos Estados, ao Distrito Federal e aos Municípios, a critério da Agência, nos casos em que por eles estejam sendo realizadas ações de vigilância, respeitado o disposto no § 1.º do art. 7.º desta Lei.

§ 6.º Os laboratórios instituídos ou controlados pelo Poder Público, produtores de medicamentos e insumos sujeitos à Lei n. 6.360, de 23 de setembro de 1976, à vista do interesse da saúde pública, estão isentos do pagamento da Taxa de Fiscalização de Vigilância Sanitária.

>> § 6.º acrescentado pela Medida Provisória n. 2.190-34, de 23-8-2001.

> A Lei n. 6.360, de 23-9-1976, dispõe sobre a vigilância sanitária a que ficam sujeitos os medicamentos, as drogas, os insumos farmacêuticos e correlatos, cosméticos, saneantes e outros produtos, e dá outras providências.

§ 7.º Às renovações de registros, autorizações e certificados aplicam-se as periodicidades e os valores estipulados para os atos iniciais na forma prevista no Anexo.

>> § 7.º acrescentado pela Medida Provisória n. 2.190-34, de 23-8-2001.

>> Deixamos de publicar o Anexo por não atender ao propósito da obra.

> A Lei n. 11.972, de 6-7-2009, dispõe sobre os prazos para renovação das Certificações de Boas Práticas dos produtos sujeitos ao regime de vigilância sanitária.

§ 8.º O disposto no § 7.º aplica-se ao contido nos §§ 1.º a 8.º do art. 12 e parágrafo único do art. 50 da Lei n. 6.360, de 1976, no § 2.º do art. 3.º do Decreto-Lei n. 986, de 21 de outubro de 1969, e § 3.º do art. 41 desta Lei.

>> § 8.º acrescentado pela Medida Provisória n. 2.190-34, de 23-8-2001.

> O Decreto-lei n. 986, de 21-10-1969, institui normas básicas sobre alimentos.

§ 9.º O agricultor familiar, definido conforme a Lei n. 11.326, de 24 de julho de 2006, e identificado pela Declaração de Aptidão ao PRONAF – DAP, Física ou Jurídica, bem como o Microempreendedor Individual, previsto no art. 18-A da Lei Complementar n. 123, de 14 de dezembro de 2006, e o empreendedor da economia solidária estão isentos do pagamento de Taxa de Fiscalização de Vigilância Sanitária.

>> § 9.º acrescentado pela Lei n. 13.001, de 20-6-2014.

§ 10. As autorizações de funcionamento de empresas previstas nos subitens dos itens 3.1, 3.2, 5.1 e 7.1 do Anexo II, ficam isentas de renovação.

>> § 10 acrescentado pela Lei n. 13.097, de 19-1-2015.

Art. 24. A Taxa não recolhida nos prazos fixados em regulamento, na forma do artigo anterior, será cobrada com os seguintes acréscimos:

I – juros de mora, na via administrativa ou judicial, contados do mês seguinte ao do vencimento, à razão de 1% ao mês, calculados na forma da legislação aplicável aos tributos federais;

II – multa de mora de 20%, reduzida a 10% se o pagamento for efetuado até o último dia útil do mês subsequente ao do seu vencimento;

III – encargos de 20%, substitutivo da condenação do devedor em honorários de advogado, calculado sobre o total do débito inscrito como Dívida Ativa, que será reduzido para 10%, se o pagamento for efetuado antes do ajuizamento da execução.

§ 1.º Os juros de mora não incidem sobre o valor da multa de mora.

§ 2.º Os débitos relativos à Taxa poderão ser parcelados, a juízo da Agência Nacional de Vigilância Sanitária, de acordo com os critérios fixados na legislação tributária.

Art. 25. A Taxa de Fiscalização de Vigilância Sanitária será devida a partir de 1.º de janeiro de 1999.

Art. 26. A Taxa de Fiscalização de Vigilância Sanitária será recolhida em conta bancária vinculada à Agência.

Seção II
Da Dívida Ativa

Art. 27. Os valores cuja cobrança seja atribuída por lei à Agência e apurados administrativamente, não recolhidos no prazo estipulado, serão inscritos em dívida ativa própria da Agência e servirão de título executivo para cobrança judicial, na forma da Lei.

Art. 28. A execução fiscal da dívida ativa será promovida pela Procuradoria da Agência.

CAPÍTULO VI
DAS DISPOSIÇÕES FINAIS E TRANSITÓRIAS

Art. 29. Na primeira gestão da Autarquia, visando implementar a transição para o sistema de mandatos não coincidentes:

I – três diretores da Agência serão nomeados pelo Presidente da República, por indicação do Ministro de Estado da Saúde;

II – dois diretores serão nomeados na forma do parágrafo único, do art. 10, desta Lei.

Parágrafo único. Dos três diretores referidos no inciso I deste artigo, dois serão nomeados para mandato de quatro anos e um para dois anos.

Art. 30. Constituída a Agência Nacional de Vigilância Sanitária, com a publicação de seu regimento interno pela Diretoria Colegiada, ficará a Autarquia, automaticamente, investida no exercício de suas atribuições, e extinta a Secretaria de Vigilância Sanitária.

>> Artigo com redação determinada pela Medida Provisória n. 2.190-34, de 23-8-2001.

Art. 31. Fica o Poder Executivo autorizado a:

I – transferir para a Agência o acervo técnico e patrimonial, obrigações, direitos e receitas do Ministério da Saúde e de seus órgãos, necessários ao desempenho de suas funções;

II – remanejar, transferir ou utilizar os saldos orçamentários do Ministério da Saúde para atender as despesas de estruturação e manutenção da Agência, utilizando como recursos as dotações orçamentárias destinadas às atividades finalísticas e administrativas, observados os mesmos subprojetos, subatividades e grupos de despesas previstos na Lei Orçamentária em vigor.

Art. 32. (*Revogado pela Medida Provisória n. 2.190-34, de 23-8-2001.*)

Art. 32-A. A Agência Nacional de Vigilância Sanitária poderá, mediante celebração de convênios de cooperação técnica e científica, solicitar a execução de trabalhos técnicos e científicos, inclusive os de cunho econômico e jurídico, dando preferência às instituições de ensino superior e de pesquisa mantidas pelo poder público e organismos internacionais com os quais o Brasil tenha acordos de cooperação técnica.

>> Artigo acrescentado pela Lei n. 12.090, de 11-11-2009.

Art. 33. A Agência poderá contratar especialistas para a execução de trabalhos nas áreas técnica, científica, econômica e jurídica, por projetos ou prazos limitados, observada a legislação em vigor.

Art. 34. (*Revogado pela Lei n. 9.986, de 18-7-2000.*)

Art. 35. É vedado à ANVS contratar pessoal com vínculo empregatício ou contratual junto a entidades sujeitas à ação da Vigilância Sanitária, bem como os respectivos proprietários ou responsáveis, ressalvada a participação em comissões de trabalho criadas com fim específico, duração determinada e não integrantes da sua estrutura organizacional.

Art. 36. (*Revogado pela Lei n. 10.871, de 20-5-2004.*)

Art. 37. (*Revogado pela Lei n. 9.986, de 18-7-2000.*)

Art. 38. Em prazo não superior a cinco anos, o exercício da fiscalização de produtos, serviços, produtores, distribuidores e comerciantes, inseridos no Sistema Nacional de Vigilância Sanitária, poderá ser realizado por servidor requisitado ou pertencente ao quadro da ANVS, mediante designação da Diretoria, conforme regulamento.

Art. 39. (*Revogado pela Medida Provisória n. 2.190-34, de 23-8-2001.*)

Art. 40. A Advocacia-Geral da União e o Ministério da Saúde, por intermédio de sua Consultoria Jurídica, mediante comissão conjunta, promoverão, no prazo de cento e oitenta dias, levantamento das ações judiciais em curso, envolvendo matéria cuja competência tenha sido transferida à Agência, a qual substituirá a União nos respectivos processos.

§ 1.º A substituição a que se refere o *caput*, naqueles processos judiciais, será requerida mediante petição subscrita pela Advocacia-Geral da União, dirigida ao Juízo ou Tribunal competente, requerendo a intimação da Procuradoria da Agência para assumir o feito.

§ 2.º Enquanto não operada a substituição na forma do parágrafo anterior, a Advocacia-Geral da União permanecerá no feito, praticando todos os atos processuais necessários.

Art. 41. O registro dos produtos de que trata a Lei n. 6.360, de 1976, e o Decreto-lei n. 986, de 21 de outubro de 1969, poderá ser objeto de regulamentação pelo Ministério da Saúde e pela Agência visando a desburocratização e a agilidade nos procedimentos, desde que isto não implique riscos à saúde da população ou à condição de fiscalização das atividades de produção e circulação.

§ 1.º A Agência poderá conceder autorização de funcionamento a empresas e registro a produtos que sejam aplicáveis apenas a plantas produtivas e a mercadorias destinadas a mercados externos, desde que não acarretem riscos à saúde pública.

>> § 1.º acrescentado pela Medida Provisória n. 2.190-34, de 23-8-2001.

§ 2.º A regulamentação a que se refere o *caput* deste artigo atinge inclusive a isenção de registro.

>> Primitivo parágrafo único renumerado para § 2.º pela Medida Provisória n. 2.190-34, de 23-8-2001.

§ 3.º As empresas sujeitas ao Decreto-Lei n. 986, de 1969, ficam, também, obrigadas a cumprir o art. 2.º da Lei n. 6.360, de 1976, no que se refere à autorização de funcionamento pelo Ministério da Saúde e ao licenciamento pelos órgãos sanitários das Unidades Federativas em que se localizem.

>> § 3.º acrescentado pela Medida Provisória n. 2.190-34, de 23-8-2001.

> *Vide* art. 23, § 8.º, desta Lei.

Art. 41-A. O registro de medicamentos com denominação exclusivamente genérica terá prioridade sobre o dos demais, conforme disposto em ato da Diretoria Colegiada da Agência Nacional de Vigilância Sanitária.

>> Artigo acrescentado pela Medida Provisória n. 2.190-34, de 23-8-2001.

Art. 41-B. Quando ficar comprovada a comercialização de produtos sujeitos à vigilância sanitária, impróprios para o consumo, ficará a empresa responsável obrigada a veicular publicidade contendo alerta à população, no prazo e nas condições indicados pela autoridade sanitária, sujeitando-se ao pagamento de taxa correspondente ao exame e à anuência prévia do conteúdo informativo pela Agência Nacional de Vigilância Sanitária.

>> Artigo acrescentado pela Medida Provisória n. 2.190-34, de 23-8-2001.

....

Art. 43. A Agência poderá apreender bens, equipamentos, produtos e utensílios utilizados para a prática de crime contra a saúde pública e a promover a respectiva alienação judicial, observado, no que couber, o disposto no art. 34 da Lei n. 6.368, de 21 de outubro de 1976, bem como requerer, em juízo, o bloqueio de contas bancárias de titularidade da empresa e de seus proprietários e dirigentes, responsáveis pela autoria daqueles delitos.

>> A Lei n. 6.368, de 21-10-1976, foi revogada pela Lei n. 11.343, de 28-8-2006, que institui o Sistema Nacional de Polí-

ticas Públicas sobre Drogas – SISNAD, estabelece normas para a repressão à produção não autorizada e ao tráfico ilícito de drogas, define crimes e dá outras providências.

....

Art. 45. Esta Lei entra em vigor na data de sua publicação.

Art. 46. Fica revogado o art. 58 do Decreto-Lei n. 986, de 21 de outubro de 1969.

Congresso Nacional, em 26 de janeiro de 1999; 178.º da Independência e 111.º da República.

Antonio Carlos Magalhães

LEI N. 9.784, DE 29 DE JANEIRO DE 1999 (*)

Regula o processo administrativo no âmbito da Administração Pública Federal.

O Presidente da República

Faço saber que o Congresso Nacional decreta e eu sanciono a seguinte Lei:

CAPÍTULO I
DAS DISPOSIÇÕES GERAIS

Art. 1.º Esta Lei estabelece normas básicas sobre o processo administrativo no âmbito da Administração Federal direta e indireta, visando, em especial, à proteção dos direitos dos administrados e ao melhor cumprimento dos fins da Administração.

§ 1.º Os preceitos desta Lei também se aplicam aos órgãos dos Poderes Legislativo e Judiciário da União, quando no desempenho de função administrativa.

§ 2.º Para os fins desta Lei, consideram-se:

I – órgão – a unidade de atuação integrante da estrutura da Administração direta e da estrutura da Administração indireta;

II – entidade – a unidade de atuação dotada de personalidade jurídica;

III – autoridade – o servidor ou agente público dotado de poder de decisão.

Art. 2.º A Administração Pública obedecerá, dentre outros, aos princípios da legalidade, finalidade, motivação, razoabilidade, proporcionalidade, moralidade, ampla defesa, contraditório, segurança jurídica, interesse público e eficiência.

>> *Vide* Súmulas 312 e 611 do STJ.

> *Vide* art. 37 da CF.

> *Vide* Súmula Vinculante 3 do STF.

> *Vide* Súmulas 20 e 21 do STF.

Parágrafo único. Nos processos administrativos serão observados, entre outros, os critérios de:

I – atuação conforme a lei e o Direito;

II – atendimento a fins de interesse geral, vedada a renúncia total ou parcial de poderes ou competências, salvo autorização em lei;

III – objetividade no atendimento do interesse público, vedada a promoção pessoal de agentes ou autoridades;

IV – atuação segundo padrões éticos de probidade, decoro e boa-fé;

> *Vide* art. 37, § 4.º, da CF.

V – divulgação oficial dos atos administrativos, ressalvadas as hipóteses de sigilo previstas na Constituição;

> *Vide* art. 5.º, X, XXXI e LX, da CF.

> *Vide* Lei n. 12.527, de 18-11-2011, que regula o acesso a informações previsto no inciso XXXIII do art. 5.º, no inciso II do § 3.º do art. 37 e no § 2.º do art. 216 da CF.

> *Vide* Súmula Vinculante 14 do STF.

VI – adequação entre meios e fins, vedada a imposição de obrigações, restrições e sanções em medida superior àquelas estritamente necessárias ao atendimento do interesse público;

VII – indicação dos pressupostos de fato e de direito que determinarem a decisão;

> *Vide* art. 50 desta Lei.

VIII – observância das formalidades essenciais à garantia dos direitos dos administrados;

IX – adoção de formas simples, suficientes para propiciar adequado grau de certeza, segurança e respeito aos direitos dos administrados;

X – garantia dos direitos à comunicação, à apresentação de alegações finais, à produção de provas e à interposição de recursos, nos processos de que possam resultar sanções e nas situações de litígio;

> *Vide* art. 5.º, LV, da CF.

> *Vide* art. 3.º desta Lei.

> *Vide* Súmulas Vinculantes 3, 5, 21 e 23 do STF.

XI – proibição de cobrança de despesas processuais, ressalvadas as previstas em lei;

> *Vide* Súmulas Vinculantes 21 e 23 do STF.

XII – impulsão, de ofício, do processo administrativo, sem prejuízo da atuação dos interessados;

XIII – interpretação da norma administrativa da forma que melhor garanta o atendimento do fim público a que se dirige, vedada aplicação retroativa de nova interpretação.

CAPÍTULO II
DOS DIREITOS DOS ADMINISTRADOS

Art. 3.º O administrado tem os seguintes direitos perante a Administração, sem prejuízo de outros que lhe sejam assegurados:

I – ser tratado com respeito pelas autoridades e servidores, que deverão facilitar o exercício de seus direitos e o cumprimento de suas obrigações;

II – ter ciência da tramitação dos processos administrativos em que tenha a condição de interessado, ter vista dos autos, obter cópias de documentos neles contidos e conhecer as decisões proferidas;

III – formular alegações e apresentar documentos antes da decisão, os quais serão objeto de consideração pelo órgão competente;

IV – fazer-se assistir, facultativamente, por advogado, salvo quando obrigatória a representação, por força de lei.

CAPÍTULO III
DOS DEVERES DO ADMINISTRADO

Art. 4.º São deveres do administrado perante a Administração, sem prejuízo de outros previstos em ato normativo:

I – expor os fatos conforme a verdade;

II – proceder com lealdade, urbanidade e boa-fé;

III – não agir de modo temerário;

IV – prestar as informações que lhe forem solicitadas e colaborar para o esclarecimento dos fatos.

CAPÍTULO IV
DO INÍCIO DO PROCESSO

Art. 5.º O processo administrativo pode iniciar-se de ofício ou a pedido de interessado.

>> *Vide* Súmula 611 do STJ.

Art. 6.º O requerimento inicial do interessado, salvo casos em que for admitida solicitação oral, deve ser formulado por escrito e conter os seguintes dados:

I – órgão ou autoridade administrativa a que se dirige;

II – identificação do interessado ou de quem o represente;

III – domicílio do requerente ou local para recebimento de comunicações;

IV – formulação do pedido, com exposição dos fatos e de seus fundamentos;

V – data e assinatura do requerente ou de seu representante.

Parágrafo único. É vedada à Administração a recusa imotivada de recebimento de documentos, devendo o servidor orientar o interessado quanto ao suprimento de eventuais falhas.

Art. 7.º Os órgãos e entidades administrativas deverão elaborar modelos ou formulários padronizados para assuntos que importem pretensões equivalentes.

Art. 8.º Quando os pedidos de uma pluralidade de interessados tiverem conteúdo e fundamentos idênticos, poderão ser formulados em um único requerimento, salvo preceito legal em contrário.

(*) Publicada no *Diário Oficial da União* de 1.º-2-1999, e retificada em 11-3-1999. A Resolução n. 77, de 9-8-2011, do CNMP, estabelece regras sobre o dever de decidir e o prazo razoável dos processos administrativos no âmbito do Ministério Público brasileiro.

Capítulo V
DOS INTERESSADOS

Art. 9.º São legitimados como interessados no processo administrativo:

I – pessoas físicas ou jurídicas que o iniciem como titulares de direitos ou interesses individuais ou no exercício do direito de representação;

II – aqueles que, sem terem iniciado o processo, têm direitos ou interesses que possam ser afetados pela decisão a ser adotada;

III – as organizações e associações representativas, no tocante a direitos e interesses coletivos;

IV – as pessoas ou as associações legalmente constituídas quanto a direitos ou interesses difusos.

Art. 10. São capazes, para fins de processo administrativo, os maiores de dezoito anos, ressalvada previsão especial em ato normativo próprio.

Capítulo VI
DA COMPETÊNCIA

Art. 11. A competência é irrenunciável e se exerce pelos órgãos administrativos a que foi atribuída como própria, salvo os casos de delegação e avocação legalmente admitidos.

Art. 12. Um órgão administrativo e seu titular poderão, se não houver impedimento legal, delegar parte da sua competência a outros órgãos ou titulares, ainda que estes não lhe sejam hierarquicamente subordinados, quando for conveniente, em razão de circunstâncias de índole técnica, social, econômica, jurídica ou territorial.

Parágrafo único. O disposto no *caput* deste artigo aplica-se à delegação de competência dos órgãos colegiados aos respectivos presidentes.

Art. 13. Não podem ser objeto de delegação:

I – a edição de atos de caráter normativo;

II – a decisão de recursos administrativos;

III – as matérias de competência exclusiva do órgão ou autoridade.

Art. 14. O ato de delegação e sua revogação deverão ser publicados no meio oficial.

§ 1.º O ato de delegação especificará as matérias e poderes transferidos, os limites da atuação do delegado, a duração e os objetivos da delegação e o recurso cabível, podendo conter ressalva de exercício da atribuição delegada.

§ 2.º O ato de delegação é revogável a qualquer tempo pela autoridade delegante.

§ 3.º As decisões adotadas por delegação devem mencionar explicitamente esta qualidade e considerar-se-ão editadas pelo delegado.

Art. 15. Será permitida, em caráter excepcional e por motivos relevantes devidamente justificados, a avocação temporária de competência atribuída a órgão hierarquicamente inferior.

Art. 16. Os órgãos e entidades administrativas divulgarão publicamente os locais das respectivas sedes e, quando conveniente, a unidade fundacional competente em matéria de interesse especial.

Art. 17. Inexistindo competência legal específica, o processo administrativo deverá ser iniciado perante a autoridade de menor grau hierárquico para decidir.

Capítulo VII
DOS IMPEDIMENTOS E DA SUSPEIÇÃO

Art. 18. É impedido de atuar em processo administrativo o servidor ou autoridade que:

I – tenha interesse direto ou indireto na matéria;

II – tenha participado ou venha a participar como perito, testemunha ou representante, ou se tais situações ocorrem quanto ao cônjuge, companheiro ou parente e afins até o terceiro grau;

III – esteja litigando judicial ou administrativamente com o interessado ou respectivo cônjuge ou companheiro.

Art. 19. A autoridade ou servidor que incorrer em impedimento deve comunicar o fato à autoridade competente, abstendo-se de atuar.

Parágrafo único. A omissão do dever de comunicar o impedimento constitui falta grave, para efeitos disciplinares.

Art. 20. Pode ser arguida a suspeição de autoridade ou servidor que tenha amizade íntima ou inimizade notória com algum dos interessados ou com os respectivos cônjuges, companheiros, parentes e afins até o terceiro grau.

Art. 21. O indeferimento de alegação de suspeição poderá ser objeto de recurso, sem efeito suspensivo.

Capítulo VIII
DA FORMA, TEMPO E LUGAR DOS ATOS DO PROCESSO

Art. 22. Os atos do processo administrativo não dependem de forma determinada senão quando a lei expressamente a exigir.

§ 1.º Os atos do processo devem ser produzidos por escrito, em vernáculo, com a data e o local de sua realização e a assinatura da autoridade responsável.

§ 2.º Salvo imposição legal, o reconhecimento de firma somente será exigido quando houver dúvida de autenticidade.

§ 3.º A autenticação de documentos exigidos em cópia poderá ser feita pelo órgão administrativo.

§ 4.º O processo deverá ter suas páginas numeradas sequencialmente e rubricadas.

Art. 23. Os atos do processo devem realizar-se em dias úteis, no horário normal de funcionamento da repartição na qual tramitar o processo.

Parágrafo único. Serão concluídos depois do horário normal os atos já iniciados, cujo adiamento prejudique o curso regular do procedimento ou cause dano ao interessado ou à Administração.

Art. 24. Inexistindo disposição específica, os atos do órgão ou autoridade responsável pelo processo e dos administrados que dele participem devem ser praticados no prazo de cinco dias, salvo motivo de força maior.

Parágrafo único. O prazo previsto neste artigo pode ser dilatado até o dobro, mediante comprovada justificação.

Art. 25. Os atos do processo devem realizar-se preferencialmente na sede do órgão, cientificando-se o interessado se outro for o local de realização.

Capítulo IX
DA COMUNICAÇÃO DOS ATOS

Art. 26. O órgão competente perante o qual tramita o processo administrativo determinará a intimação do interessado para ciência de decisão ou a efetivação de diligências.

§ 1.º A intimação deverá conter:

I – identificação do intimado e nome do órgão ou entidade administrativa;

II – finalidade da intimação;

III – data, hora e local em que deve comparecer;

IV – se o intimado deve comparecer pessoalmente, ou fazer-se representar;

V – informação da continuidade do processo independentemente do seu comparecimento;

VI – indicação dos fatos e fundamentos legais pertinentes.

§ 2.º A intimação observará a antecedência mínima de três dias úteis quanto à data de comparecimento.

§ 3.º A intimação pode ser efetuada por ciência no processo, por via postal com aviso de recebimento, por telegrama ou outro meio que assegure a certeza da ciência do interessado.

§ 4.º No caso de interessados indeterminados, desconhecidos ou com domicílio indefinido, a intimação deve ser efetuada por meio de publicação oficial.

§ 5.º As intimações serão nulas quando feitas sem observância das prescrições legais, mas o comparecimento do administrado supre sua falta ou irregularidade.

Art. 27. O desatendimento da intimação não importa o reconhecimento da verdade dos fatos, nem a renúncia a direito pelo administrado.

Parágrafo único. No prosseguimento do processo, será garantido direito de ampla defesa ao interessado.

Art. 28. Devem ser objeto de intimação os atos do processo que resultem para o interessado em imposição de deveres, ônus, sanções ou restrição ao exercício de direitos e atividades e os atos de outra natureza, de seu interesse.

Capítulo X
DA INSTRUÇÃO

Art. 29. As atividades de instrução destinadas a averiguar e comprovar os dados necessários à tomada de decisão realizam-se de ofício ou mediante impulsão do órgão responsável pelo processo, sem prejuízo do direito dos interessados de propor atuações probatórias.

>> *Vide* Súmula 611 do STJ.

§ 1.º O órgão competente para a instrução fará constar dos autos os dados necessários à decisão do processo.

§ 2.º Os atos de instrução que exijam a atuação dos interessados devem realizar-se do modo menos oneroso para estes.

Art. 30. São inadmissíveis no processo administrativo as provas obtidas por meios ilícitos.

Art. 31. Quando a matéria do processo envolver assunto de interesse geral, o órgão competente poderá, mediante despacho motivado, abrir período de consulta pública para manifestação de terceiros, antes da decisão do pedido, se não houver prejuízo para a parte interessada.

> A Instrução Normativa n. 18, de 17-2-2009, da ANAC, estabelece procedimentos para a realização de audiências e consultas públicas no âmbito da ANAC.

§ 1.º A abertura da consulta pública será objeto de divulgação pelos meios oficiais, a fim de que pessoas físicas ou jurídicas possam examinar os autos, fixando-se prazo para oferecimento de alegações escritas.

§ 2.º O comparecimento à consulta pública não confere, por si, a condição de interessado do processo, mas confere o direito de obter da Administração resposta fundamentada, que poderá ser comum a todas as alegações substancialmente iguais.

Art. 32. Antes da tomada de decisão, a juízo da autoridade, diante da relevância da questão, poderá ser realizada audiência pública para debates sobre a matéria do processo.

Art. 33. Os órgãos e entidades administrativas, em matéria relevante, poderão estabelecer outros meios de participação de administrados, diretamente ou por meio de organizações e associações legalmente reconhecidas.

Art. 34. Os resultados da consulta e audiência pública e de outros meios de participação de administrados deverão ser apresentados com a indicação do procedimento adotado.

Art. 35. Quando necessária à instrução do processo, a audiência de outros órgãos ou entidades administrativas poderá ser realizada em reunião conjunta, com a participação de titulares ou representantes dos órgãos competentes, lavrando-se a respectiva ata, a ser juntada aos autos.

Art. 36. Cabe ao interessado a prova dos fatos que tenha alegado, sem prejuízo do dever atribuído ao órgão competente para a instrução e do disposto no art. 37 desta Lei.

Art. 37. Quando o interessado declarar que fatos e dados estão registrados em documentos existentes na própria Administração responsável pelo processo ou em outro órgão administrativo, o órgão competente para a instrução proverá, de ofício, à obtenção dos documentos ou das respectivas cópias.

Art. 38. O interessado poderá, na fase instrutória e antes da tomada da decisão, juntar documentos e pareceres, requerer diligências e perícias, bem como aduzir alegações referentes à matéria objeto do processo.

§ 1.º Os elementos probatórios deverão ser considerados na motivação do relatório e da decisão.

§ 2.º Somente poderão ser recusadas, mediante decisão fundamentada, as provas propostas pelos interessados quando sejam ilícitas, impertinentes, desnecessárias ou protelatórias.

Art. 39. Quando for necessária a prestação de informações ou a apresentação de provas pelos interessados ou terceiros, serão expedidas intimações para esse fim, mencionando-se data, prazo, forma e condições de atendimento.

Parágrafo único. Não sendo atendida a intimação, poderá o órgão competente, se entender relevante a matéria, suprir de ofício a omissão, não se eximindo de proferir a decisão.

Art. 40. Quando dados, atuações ou documentos solicitados ao interessado forem necessários à apreciação de pedido formulado, o não atendimento no prazo fixado pela Administração para a respectiva apresentação implicará arquivamento do processo.

Art. 41. Os interessados serão intimados de prova ou diligência ordenada, com antecedência mínima de três dias úteis, mencionando-se data, hora e local de realização.

Art. 42. Quando deva ser obrigatoriamente ouvido um órgão consultivo, o parecer deverá ser emitido no prazo máximo de quinze dias, salvo norma especial ou comprovada necessidade de maior prazo.

§ 1.º Se um parecer obrigatório e vinculante deixar de ser emitido no prazo fixado, o processo não terá seguimento até a respectiva apresentação, responsabilizando-se quem der causa ao atraso.

§ 2.º Se um parecer obrigatório e não vinculante deixar de ser emitido no prazo fixado, o processo poderá ter prosseguimento e ser decidido com sua dispensa, sem prejuízo da responsabilidade de quem se omitiu no atendimento.

Art. 43. Quando por disposição de ato normativo devam ser previamente obtidos laudos técnicos de órgãos administrativos e estes não cumprirem o encargo no prazo assinalado, o órgão responsável pela instrução deverá solicitar laudo técnico de outro órgão dotado de qualificação e capacidade técnica equivalentes.

Art. 44. Encerrada a instrução, o interessado terá o direito de manifestar-se no prazo máximo de dez dias, salvo se outro prazo for legalmente fixado.

Art. 45. Em caso de risco iminente, a Administração Pública poderá motivadamente adotar providências acauteladoras sem a prévia manifestação do interessado.

Art. 46. Os interessados têm direito à vista do processo e a obter certidões ou cópias reprográficas dos dados e documentos que o integram, ressalvados os dados e documentos de terceiros protegidos por sigilo ou pelo direito à privacidade, à honra e à imagem.

Art. 47. O órgão de instrução que não for competente para emitir a decisão final elaborará relatório indicando o pedido inicial, o conteúdo das fases do procedimento e formulará proposta de decisão, objetivamente justificada, encaminhando o processo à autoridade competente.

Capítulo XI
DO DEVER DE DECIDIR

Art. 48. A Administração tem o dever de explicitamente emitir decisão nos processos administrativos e sobre solicitações ou reclamações, em matéria de sua competência.

Art. 49. Concluída a instrução de processo administrativo, a Administração tem o prazo de até trinta dias para decidir, salvo prorrogação por igual período expressamente motivada.

Capítulo XII
DA MOTIVAÇÃO

Art. 50. Os atos administrativos deverão ser motivados, com indicação dos fatos e dos fundamentos jurídicos, quando:

I – neguem, limitem ou afetem direitos ou interesses;

II – imponham ou agravem deveres, encargos ou sanções;

III – decidam processos administrativos de concurso ou seleção pública;

> *Vide* art. 37, II, da CF.

> *Vide* Súmulas 683 a 685 do STF, sobre concursos públicos.

IV – dispensem ou declarem a inexigibilidade de processo licitatório;

> *Vide* art. 37, XXI, da CF.

> Os arts. 24 e 25 da Lei n. 8.666, de 21-6-1993, tratam das hipóteses de dispensa e inexigibilidade de licitação.

V – decidam recursos administrativos;

VI – decorram de reexame de ofício;

VII – deixem de aplicar jurisprudência firmada sobre a questão ou discrepem de pareceres, laudos, propostas e relatórios oficiais;

VIII – importem anulação, revogação, suspensão ou convalidação de ato administrativo.

§ 1.º A motivação deve ser explícita, clara e congruente, podendo consistir em declaração de concordância com fundamentos de anteriores pareceres, informações, decisões ou propostas, que, neste caso, serão parte integrante do ato.

§ 2.º Na solução de vários assuntos da mesma natureza, pode ser utilizado meio mecânico que reproduza os fundamentos das decisões, desde que não prejudique direito ou garantia dos interessados.

§ 3.º A motivação das decisões de órgãos colegiados e comissões ou de decisões orais constará da respectiva ata ou de termo escrito.

Capítulo XIII
DA DESISTÊNCIA E OUTROS CASOS DE EXTINÇÃO DO PROCESSO

Art. 51. O interessado poderá, mediante manifestação escrita, desistir total ou parcialmente do pedido formulado ou, ainda, renunciar a direitos disponíveis.

§ 1.º Havendo vários interessados, a desistência ou renúncia atinge somente quem a tenha formulado.

§ 2.º A desistência ou renúncia do interessado, conforme o caso, não prejudica o prosseguimento do processo, se a Administração considerar que o interesse público assim o exige.

Art. 52. O órgão competente poderá declarar extinto o processo quando exaurida sua finalidade ou o objeto da decisão se tornar impossível, inútil ou prejudicado por fato superveniente.

> *Vide* Súmula 473 do STF.

Capítulo XIV
DA ANULAÇÃO, REVOGAÇÃO E CONVALIDAÇÃO

Art. 53. A Administração deve anular seus próprios atos, quando eivados de vício de legalidade, e pode revogá-los por motivo de conveniência ou oportunidade, respeitados os direitos adquiridos.

> *Vide* Súmula 473 do STF.

Art. 54. O direito da Administração de anular os atos administrativos de que decorram efeitos favoráveis para os destinatários decai em cinco anos, contados da data em que foram praticados, salvo comprovada má-fé.

> *Vide* Súmulas 346 e 473 do STF.

§ 1.º No caso de efeitos patrimoniais contínuos, o prazo de decadência contar-se-á da percepção do primeiro pagamento.

§ 2.º Considera-se exercício do direito de anular qualquer medida de autoridade administrativa que importe impugnação à validade do ato.

Art. 55. Em decisão na qual se evidencie não acarretarem lesão ao interesse público nem prejuízo a terceiros, os atos que apresentarem defeitos sanáveis poderão ser convalidados pela própria Administração.

Capítulo XV
DO RECURSO ADMINISTRATIVO E DA REVISÃO

Art. 56. Das decisões administrativas cabe recurso, em face de razões de legalidade e de mérito.

§ 1.º O recurso será dirigido à autoridade que proferiu a decisão, a qual, se não a reconsiderar no prazo de cinco dias, o encaminhará à autoridade superior.

> *Vide* art. 106 da Lei n. 8.112, de 11-12-1990.

> *Vide* art. 109, III, da Lei n. 8.666, de 21-6-1993.

> *Vide* Súmula Vinculante 21 do STF.

> *Vide* Súmula 373 do STJ.

§ 2.º Salvo exigência legal, a interposição de recurso administrativo independe de caução.

§ 3.º Se o recorrente alegar que a decisão administrativa contraria enunciado da súmula vinculante, caberá à autoridade prolatora da decisão impugnada, se não a reconsiderar, explicitar, antes de encaminhar o recurso à autoridade superior, as razões da aplicabilidade ou inaplicabilidade da súmula, conforme o caso.

>> § 3.º acrescentado pela Lei n. 11.417, de 19-12-2006.

Art. 57. O recurso administrativo tramitará no máximo por três instâncias administrativas, salvo disposição legal diversa.

Art. 58. Têm legitimidade para interpor recurso administrativo:

I – os titulares de direitos e interesses que forem parte no processo;

II – aqueles cujos direitos ou interesses forem indiretamente afetados pela decisão recorrida;

III – as organizações e associações representativas, no tocante a direitos e interesses coletivos;

IV – os cidadãos ou associações, quanto a direitos ou interesses difusos.

Art. 59. Salvo disposição legal específica, é de dez dias o prazo para interposição de recurso administrativo, contado a partir da ciência ou divulgação oficial da decisão recorrida.

§ 1.º Quando a lei não fixar prazo diferente, o recurso administrativo deverá ser decidido no prazo máximo de trinta dias, a partir do recebimento dos autos pelo órgão competente.

§ 2.º O prazo mencionado no parágrafo anterior poderá ser prorrogado por igual período, ante justificativa explícita.

Art. 60. O recurso interpõe-se por meio de requerimento no qual o recorrente deverá expor os fundamentos do pedido de reexame, podendo juntar os documentos que julgar convenientes.

Art. 61. Salvo disposição legal em contrário, o recurso não tem efeito suspensivo.

Parágrafo único. Havendo justo receio de prejuízo de difícil ou incerta reparação decorrente da execução, a autoridade recorrida ou a imediatamente superior poderá, de ofício ou a pedido, dar efeito suspensivo ao recurso.

Art. 62. Interposto o recurso, o órgão competente para dele conhecer deverá intimar os demais interessados para que, no prazo de cinco dias úteis, apresentem alegações.

Art. 63. O recurso não será conhecido quando interposto:

I – fora do prazo;

II – perante órgão incompetente;

III – por quem não seja legitimado;

IV – após exaurida a esfera administrativa.

§ 1.º Na hipótese do inciso II, será indicada ao recorrente a autoridade competente, sendo-lhe devolvido o prazo para recurso.

§ 2.º O não conhecimento do recurso não impede a Administração de rever de ofício o ato ilegal, desde que não ocorrida preclusão administrativa.

Art. 64. O órgão competente para decidir o recurso poderá confirmar, modificar, anular ou revogar, total ou parcialmente, a decisão recorrida, se a matéria for de sua competência.

Parágrafo único. Se da aplicação do disposto neste artigo puder decorrer gravame à situação do recorrente, este deverá ser cientificado para que formule suas alegações antes da decisão.

Art. 64-A. Se o recorrente alegar violação de enunciado da súmula vinculante, o órgão competente para decidir o recurso explicitará as razões da aplicabilidade ou inaplicabilidade da súmula, conforme o caso.

>> Artigo acrescentado pela Lei n. 11.417, de 19-12-2006.

Art. 64-B. Acolhida pelo Supremo Tribunal Federal a reclamação fundada em violação de enunciado da súmula vinculante, dar-se-á ciência à autoridade prolatora e ao órgão competente para o julgamento do recurso, que deverão adequar as futuras decisões administrativas em casos semelhantes, sob pena de responsabilização pessoal nas esferas cível, administrativa e penal.

>> Artigo acrescentado pela Lei n. 11.417, de 19-12-2006.

Art. 65. Os processos administrativos de que resultem sanções poderão ser revistos, a qualquer tempo, a pedido ou de ofício, quando surgirem fatos novos ou circunstâncias relevantes suscetíveis de justificar a inadequação da sanção aplicada.

> *Vide* arts. 174 a 182 da Lei n. 8.112, de 11-12-1990.

Parágrafo único. Da revisão do processo não poderá resultar agravamento da sanção.

CAPÍTULO XVI
DOS PRAZOS

Art. 66. Os prazos começam a correr a partir da data da cientificação oficial, excluindo-se da contagem o dia do começo e incluindo-se o do vencimento.

§ 1.º Considera-se prorrogado o prazo até o primeiro dia útil seguinte se o vencimento cair em dia em que não houver expediente ou este for encerrado antes da hora normal.

§ 2.º Os prazos expressos em dias contam-se de modo contínuo.

§ 3.º Os prazos fixados em meses ou anos contam-se de data a data. Se no mês do vencimento não houver o dia equivalente àquele do início do prazo, tem-se como termo o último dia do mês.

Art. 67. Salvo motivo de força maior devidamente comprovado, os prazos processuais não se suspendem.

CAPÍTULO XVII
DAS SANÇÕES

Art. 68. As sanções, a serem aplicadas por autoridade competente, terão natureza pecuniária ou consistirão em obrigação de fazer ou de não fazer, assegurado sempre o direito de defesa.

> *Vide* art. 5.º, LV, da CF.

CAPÍTULO XVIII
DAS DISPOSIÇÕES FINAIS

Art. 69. Os processos administrativos específicos continuarão a reger-se por lei própria, aplicando-se-lhes apenas subsidiariamente os preceitos desta Lei.

Art. 69-A. Terão prioridade na tramitação, em qualquer órgão ou instância, os procedimentos administrativos em que figure como parte ou interessado:

>> *Caput* acrescentado pela Lei n. 12.008, de 29-7-2009.

I – pessoa com idade igual ou superior a 60 (sessenta) anos;

>> Inciso I acrescentado pela Lei n. 12.008, de 29-7-2009.

II – pessoa portadora de deficiência, física ou mental;

>> Inciso II acrescentado pela Lei n. 12.008, de 29-7-2009.

III – (*Vetado*.);

>> Inciso III acrescentado pela Lei n. 12.008, de 29-7-2009.

IV – pessoa portadora de tuberculose ativa, esclerose múltipla, neoplasia maligna, hanseníase, paralisia irreversível e incapacitante, cardiopatia grave, doença de Parkinson, espondiloartrose anquilosante, nefropatia grave, hepatopatia grave, estados avançados da doença de Paget (osteíte deformante), contaminação por radiação, síndrome de imunodeficiência adquirida, ou outra doença grave, com base em conclusão da medicina especializada, mesmo que a doença tenha sido contraída após o início do processo.

>> Inciso IV acrescentado pela Lei n. 12.008, de 29-7-2009.

§ 1.º A pessoa interessada na obtenção do benefício, juntando prova de sua condição, deverá requerê-lo à autor idade administrativa competente, que determinará as providências a serem cumpridas.

>> § 1.º acrescentado pela Lei n. 12.008, de 29-7-2009.

§ 2.º Deferida a prioridade, os autos receberão identificação própria que evidencie o regime de tramitação prioritária.

>> § 2.º acrescentado pela Lei n. 12.008, de 29-7-2009.

§ 3.º (*Vetado*.)

>> § 3.º acrescentado pela Lei n. 12.008, de 29-7-2009.

§ 4.º (*Vetado*.)

>> § 4.º acrescentado pela Lei n. 12.008, de 29-7-2009.

Art. 70. Esta Lei entra em vigor na data de sua publicação.

Brasília, 29 de janeiro de 1999; 178.º da Independência e 111.º da República.

FERNANDO HENRIQUE CARDOSO

LEI N. 9.790, DE 23 DE MARÇO DE 1999 (*)

Dispõe sobre a qualificação de pessoas jurídicas de direito privado, sem fins lucrativos, como Organizações da Sociedade Civil de Interesse Público, institui e disciplina o Termo de Parceria, e dá outras providências.

(*) Publicada no *Diário Oficial da União* de 24-3-1999. Regulamentada pelo Decreto n. 3.100, de 30-6-1999.

O Presidente da República

Faço saber que o Congresso Nacional decreta e eu sanciono a seguinte Lei:

CAPÍTULO I
DA QUALIFICAÇÃO COMO ORGANIZAÇÃO DA SOCIEDADE CIVIL DE INTERESSE PÚBLICO

Art. 1.º Podem qualificar-se como Organizações da Sociedade Civil de Interesse Público as pessoas jurídicas de direito privado sem fins lucrativos que tenham sido constituídas e se encontrem em funcionamento regular há, no mínimo, 3 (três) anos, desde que os respectivos objetivos sociais e normas estatutárias atendam aos requisitos instituídos por esta Lei.

>> *Caput* com redação determinada pela Lei n. 13.019, de 31-7-2014.

>> De acordo com a Lei n. 12.879, de 5-11-2013, as associações de moradores são isentas do pagamento de preços, taxas e emolumentos remuneratórios do registro necessário para sua qualificação como organizações da sociedade civil de interesse público de que trata esta Lei.

§ 1.º Para os efeitos desta Lei, considera-se sem fins lucrativos a pessoa jurídica de direito privado que não distribui, entre os seus sócios ou associados, conselheiros, diretores, empregados ou doadores, eventuais excedentes operacionais, brutos ou líquidos, dividendos, bonificações, participações ou parcelas do seu patrimônio, auferidos mediante o exercício de suas atividades, e que os aplica integralmente na consecução do respectivo objeto social.

§ 2.º A outorga da qualificação prevista neste artigo é ato vinculado ao cumprimento dos requisitos instituídos por esta Lei.

Art. 2.º Não são passíveis de qualificação como Organizações da Sociedade Civil de Interesse Público, ainda que se dediquem de qualquer forma às atividades descritas no art. 3.º desta Lei:

I – as sociedades comerciais;

II – os sindicatos, as associações de classe ou de representação de categoria profissional;

III – as instituições religiosas ou voltadas para a disseminação de credos, cultos, práticas e visões devocionais e confessionais;

IV – as organizações partidárias e assemelhadas, inclusive suas fundações;

V – as entidades de benefício mútuo destinadas a proporcionar bens ou serviços a um circulo restrito de associados ou sócios;

VI – as entidades e empresas que comercializam planos de saúde e assemelhados;

VII – as instituições hospitalares privadas não gratuitas e suas mantenedoras;

VIII – as escolas privadas dedicadas ao ensino formal não gratuito e suas mantenedoras;

IX – as organizações sociais;

X – as cooperativas;

XI – as fundações públicas;

XII – as fundações, sociedades civis ou associações de direito privado criadas por órgão público ou por fundações públicas;

XIII – as organizações creditícias que tenham quaisquer tipo de vinculação com o sistema financeiro nacional a que se refere o art. 192 da Constituição Federal.

Parágrafo único. Não constituem impedimento à qualificação como Organização da Sociedade Civil de Interesse Público as operações destinadas a microcrédito realizadas com instituições financeiras na forma de recebimento de repasses, venda de operações realizadas ou atuação como mandatárias.

>> Parágrafo único acrescentado pela Lei n. 13.999, de 18-5-2020.

Art. 3.º A qualificação instituída por esta Lei, observado, em qualquer caso, o princípio da universalização dos serviços, no respectivo âmbito de atuação das Organizações, somente será conferida às pessoas jurídicas de direito privado, sem fins lucrativos, cujos objetivos sociais tenham pelo menos uma das seguintes finalidades:

> *Vide* art. 4.º desta Lei.

I – promoção da assistência social;

II – promoção da cultura, defesa e conservação do patrimônio histórico e artístico;

III – promoção gratuita da educação, observando-se a forma complementar de participação das organizações de que trata esta Lei;

IV – promoção gratuita da saúde, observando-se a forma complementar de participação das organizações de que trata esta Lei;

V – promoção da segurança alimentar e nutricional;

VI – defesa, preservação e conservação do meio ambiente e promoção do desenvolvimento sustentável;

VII – promoção do voluntariado;

VIII – promoção do desenvolvimento econômico e social e combate à pobreza;

IX – experimentação, não lucrativa, de novos modelos socioprodutivos e de sistemas alternativos de produção, comércio, emprego e crédito;

X – promoção de direitos estabelecidos, construção de novos direitos e assessoria jurídica gratuita de interesse suplementar;

XI – promoção da ética, da paz, da cidadania, dos direitos humanos, da democracia e de outros valores universais;

XII – estudos e pesquisas, desenvolvimento de tecnologias alternativas, produção e divulgação de informações e conhecimentos técnicos e científicos que digam respeito às atividades mencionadas neste artigo;

XIII – estudos e pesquisas para o desenvolvimento, a disponibilização e a implementação de tecnologias voltadas à mobilidade de pessoas, por qualquer meio de transporte.

>> Inciso XIII acrescentado pela Lei n. 13.019, de 31-7-2014.

Parágrafo único. Para os fins deste artigo, a dedicação às atividades nele previstas configura-se mediante a execução direta de projetos, programas, planos de ações correlatas, por meio da doação de recursos físicos, humanos e financeiros, ou ainda pela prestação de serviços intermediários de apoio a outras organizações sem fins lucrativos e a órgãos do setor público que atuem em áreas afins.

Art. 4.º Atendido o disposto no art. 3.º, exige-se ainda, para qualificarem-se como Organizações da Sociedade Civil de Interesse Público, que as pessoas jurídicas interessadas sejam regidas por estatutos cujas normas expressamente disponham sobre:

I – a observância dos princípios da legalidade, impessoalidade, moralidade, publicidade, economicidade e da eficiência;

II – a adoção de práticas de gestão administrativa, necessárias e suficientes a coibir a obtenção, de forma individual ou coletiva, de benefícios ou vantagens pessoais, em decorrência da participação no respectivo processo decisório;

III – a constituição de conselho fiscal ou órgão equivalente, dotado de competência para opinar sobre os relatórios de desempenho financeiro e contábil, e sobre as operações patrimoniais realizadas, emitindo pareceres para os organismos superiores da entidade;

IV – a previsão de que, em caso de dissolução da entidade, o respectivo patrimônio líquido será transferido a outra pessoa jurídica qualificada nos termos desta Lei, preferencialmente que tenha o mesmo objeto social da extinta;

V – a previsão de que, na hipótese de a pessoa jurídica perder a qualificação instituída por esta Lei, o respectivo acervo patrimonial disponível, adquirido com recursos públicos durante o período em que perdurou aquela qualificação, será transferido a outra pessoa jurídica qualificada nos termos desta Lei, preferencialmente que tenha o mesmo objeto social;

VI – a possibilidade de se instituir remuneração para os dirigentes da entidade que atuem efetivamente na gestão executiva e para aqueles que a ela prestam serviços específicos, respeitados, em ambos os casos, os valores praticados pelo mercado, na região correspondente a sua área de atuação;

VII – as normas de prestação de contas a serem observadas pela entidade, que determinarão, no mínimo:

a) a observância dos princípios fundamentais de contabilidade e das Normas Brasileiras de Contabilidade;

b) que se dê publicidade por qualquer meio eficaz, no encerramento do exercício fiscal, ao relatório de atividades e das demonstrações financeiras da entidade, incluindo-se as certidões negativas de débitos junto ao INSS e ao FGTS, colocando-os à disposição para exame de qualquer cidadão;

c) a realização de auditoria, inclusive por auditores externos independentes se for o caso, da aplicação dos eventuais recursos objeto do termo de parceria conforme previsto em regulamento;

d) a prestação de contas de todos os recursos e bens de origem pública recebidos pelas Organizações da Sociedade Civil de Interesse Público será feita conforme determina o parágrafo único do art. 70 da Constituição Federal.

Parágrafo único. É permitida a participação de servidores públicos na composição de conselho ou diretoria de Organização da Sociedade Civil de Interesse Público.

>> Parágrafo único com redação determinada pela Lei n. 13.019, de 31-7-2014.

Art. 5.º Cumpridos os requisitos dos arts. 3.º e 4.º desta Lei, a pessoa jurídica de direito privado sem fins lucrativos, interessada em obter a qualificação instituída por esta Lei, deverá formular requerimento escrito ao Ministério da Justiça, instruído com cópias autenticadas dos seguintes documentos:

I – estatuto registrado em cartório;

II – ata de eleição de sua atual diretoria;

III – balanço patrimonial e demonstração do resultado do exercício;

IV – declaração de isenção do imposto de renda;

V – inscrição no Cadastro Geral de Contribuintes.

Art. 6.º Recebido o requerimento previsto no artigo anterior, o Ministério da Justiça decidirá, no prazo de trinta dias, deferindo ou não o pedido.

§ 1.º No caso de deferimento, o Ministério da Justiça emitirá, no prazo de quinze dias da decisão, certificado de qualificação da requerente como Organização da Sociedade Civil de Interesse Público.

§ 2.º Indeferido o pedido, o Ministério da Justiça, no prazo do § 1.º, dará ciência da decisão, mediante publicação no *Diário Oficial*.

§ 3.º O pedido de qualificação somente será indeferido quando:

I – a requerente enquadrar-se nas hipóteses previstas no art. 2.º desta Lei;

II – a requerente não atender aos requisitos descritos nos arts. 3.º e 4.º desta Lei;

III – a documentação apresentada estiver incompleta.

Art. 7.º Perde-se a qualificação de Organização da Sociedade Civil de Interesse Público, a pedido ou mediante decisão proferida em processo administrativo ou judicial, de iniciativa popular ou do Ministério Público, no qual serão assegurados, ampla defesa e o devido contraditório.

Art. 8.º Vedado o anonimato, e desde que amparado por fundadas evidências de erro ou fraude, qualquer cidadão, respeitadas as prerrogativas do Ministério Público, é parte legítima para requerer, judicial ou administrativamente, a perda da qualificação instituída por esta Lei.

Capítulo II
DO TERMO DE PARCERIA

Art. 9.º Fica instituído o Termo de Parceria, assim considerado o instrumento passível de ser firmado entre o Poder Público e as entidades qualificadas como Organizações da Sociedade Civil de Interesse Público destinado à formação de vínculo de cooperação entre as partes, para o fomento e a execução das atividades de interesse público previstas no art. 3.º desta Lei.

Art. 10. O Termo de Parceria firmado de comum acordo entre o Poder Público e as Organizações da Sociedade Civil de Interesse Público discriminará direitos, responsabilidades e obrigações das partes signatárias.

§ 1.º A celebração do Termo de Parceria será precedida de consulta aos Conselhos de Políticas Públicas das áreas correspondentes de atuação existentes, nos respectivos níveis de governo.

§ 2.º São cláusulas essenciais do Termo de Parceria:

I – a do objeto, que conterá a especificação do programa de trabalho proposto pela Organização da Sociedade Civil de Interesse Público;

II – a de estipulação das metas e dos resultados a serem atingidos e os respectivos prazos de execução ou cronograma;

III – a de previsão expressa dos critérios objetivos de avaliação de desempenho a serem utilizados, mediante indicadores de resultado;

IV – a de previsão de receitas e despesas a serem realizadas em seu cumprimento, estipulando item por item as categorias contábeis usadas pela organização e o detalhamento das remunerações e benefícios de pessoal a serem pagos, com recursos oriundos ou vinculados ao Termo de Parceria, a seus diretores, empregados e consultores;

V – a que estabelece as obrigações da Sociedade Civil de Interesse Público, entre as quais a de apresentar ao Poder Público, ao término de cada exercício, relatório sobre a execução do objeto do Termo de Parceria, contendo comparativo específico das metas propostas com os resultados alcançados, acompanhado de prestação de contas dos gastos e receitas efetivamente realizados, independente das previsões mencionadas no inciso IV;

VI – a de publicação, na imprensa oficial do Município, do Estado ou da União, conforme o alcance das atividades celebradas entre o órgão parceiro e a Organização da Sociedade Civil de Interesse Público, de extrato do Termo de Parceria e de demonstrativo da sua execução física e financeira, conforme modelo simplificado estabelecido no regulamento desta Lei, contendo os dados principais da documentação obrigatória do inciso V, sob pena de não liberação dos recursos previstos no Termo de Parceria.

Art. 11. A execução do objeto do Termo de Parceria será acompanhada e fiscalizada por órgão do Poder Público da área de atuação correspondente à atividade fomentada, e pelos Conselhos de Políticas Públicas das áreas correspondentes de atuação existentes, em cada nível de governo.

§ 1.º Os resultados atingidos com a execução do Termo de Parceria devem ser analisados por comissão de avaliação, composta de comum acordo entre o órgão parceiro e a Organização da Sociedade Civil de Interesse Público.

§ 2.º A comissão encaminhará à autoridade competente relatório conclusivo sobre a avaliação procedida.

§ 3.º Os Termos de Parceria destinados ao fomento de atividades nas áreas de que trata esta Lei estarão sujeitos aos mecanismos de controle social previstos na legislação.

Art. 12. Os responsáveis pela fiscalização do Termo de Parceria, ao tomarem conhecimento de qualquer irregularidade ou ilegalidade na utilização de recursos ou bens de origem pública pela organização parceira, darão imediata ciência ao Tribunal de Contas respectivo e ao Ministério Público, sob pena de responsabilidade solidária.

Art. 13. Sem prejuízo da medida a que se refere o art. 12 desta Lei, havendo indícios fundados de malversação de bens ou recursos de origem pública, os responsáveis pela fiscalização representarão ao Ministério Público, à Advocacia-Geral da União, para que requeiram ao juízo competente a decretação da indisponibilidade dos bens da entidade e o sequestro dos bens dos seus dirigentes, bem como de agente público ou terceiro, que possam ter enriquecido ilicitamente ou causado dano ao patrimônio público, além de outras medidas consubstanciadas na Lei n. 8.429, de 2 de junho de 1992, e na Lei Complementar n. 64, de 18 de maio de 1990.

> **A Lei Complementar n. 64, de 18-5-1990, dispõe sobre casos de inelegibilidade.**

> ***Vide*** **Lei n. 8.429, de 2-6-1992, constante deste volume.**

§ 1.º O pedido de sequestro será processado de acordo com o disposto nos arts. 822 e 825 do Código de Processo Civil.

§ 2.º Quando for o caso, o pedido incluirá a investigação, o exame e o bloqueio de bens, contas bancárias e aplicações mantidas pelo demandado no País e no exterior, nos termos da lei e dos tratados internacionais.

§ 3.º Até o término da ação, o Poder Público permanecerá como depositário e gestor dos bens e valores sequestrados ou indisponíveis e velará pela continuidade das atividades sociais da organização parceira.

Art. 14. A organização parceira fará publicar, no prazo máximo de trinta dias, contado da assinatura do Termo de Parceria, regulamento próprio contendo os procedimentos que adotará para a contratação de obras e serviços, bem como para compras com emprego de recursos provenientes do Poder Público, observados os princípios estabelecidos no inciso I do art. 4.º desta Lei.

Art. 15. Caso a organização adquira bem imóvel com recursos provenientes da celebração do Termo de Parceria, este será gravado com cláusula de inalienabilidade.

Art. 15-A. (*Vetado.*)

>> **Artigo acrescentado pela Lei n. 13.019, de 31-7-2014.**

Art. 15-B. A prestação de contas relativa à execução do Termo de Parceria perante o órgão da entidade estatal parceira refere-se à correta aplicação dos recursos públicos recebidos e ao adimplemento do objeto do Termo de Parceria, mediante a apresentação dos seguintes documentos:

>> ***Caput*** **acrescentado pela Lei n. 13.019, de 31-7-2014.**

I – relatório anual de execução de atividades, contendo especificamente relatório sobre a execução do objeto do Termo de Parceria, bem como comparativo entre as metas propostas e os resultados alcançados;

>> **Inciso I acrescentado pela Lei n. 13.019, de 31-7-2014.**

II – demonstrativo integral da receita e despesa realizadas na execução;

>> **Inciso II acrescentado pela Lei n. 13.019, de 31-7-2014.**

III – extrato da execução física e financeira;

>> **Inciso III acrescentado pela Lei n. 13.019, de 31-7-2014.**

IV – demonstração de resultados do exercício;

>> **Inciso IV acrescentado pela Lei n. 13.019, de 31-7-2014.**

V – balanço patrimonial;

>> **Inciso V acrescentado pela Lei n. 13.019, de 31-7-2014.**

VI – demonstração das origens e das aplicações de recursos;

>> **Inciso VI acrescentado pela Lei n. 13.019, de 31-7-2014.**

VII – demonstração das mutações do patrimônio social;

>> **Inciso VII acrescentado pela Lei n. 13.019, de 31-7-2014.**

VIII – notas explicativas das demonstrações contábeis, caso necessário;

>> Inciso VIII acrescentado pela Lei n. 13.019, de 31-7-2014.

IX – parecer e relatório de auditoria, se for o caso.

>> Inciso IX acrescentado pela Lei n. 13.019, de 31-7-2014.

CAPÍTULO III
DAS DISPOSIÇÕES FINAIS E TRANSITÓRIAS

Art. 16. É vedada às entidades qualificadas como Organizações da Sociedade Civil de Interesse Público a participação em campanhas de interesse político-partidário ou eleitorais, sob quaisquer meios ou formas.

Art. 17. O Ministério da Justiça permitirá, mediante requerimento dos interessados, livre acesso público a todas as informações pertinentes às Organizações da Sociedade Civil de Interesse Público.

Art. 18. As pessoas jurídicas de direito privado sem fins lucrativos, qualificadas com base em outros diplomas legais, poderão qualificar-se como Organizações da Sociedade Civil de Interesse Público, desde que atendidos aos requisitos para tanto exigidos, sendo-lhes assegurada a manutenção simultânea dessas qualificações, até cinco anos contados da data de vigência desta Lei.

>> *Caput* com redação determinada pela Medida Provisória n. 2.216-37, de 31-8-2001.

§ 1.º Findo o prazo de cinco anos, a pessoa jurídica interessada em manter a qualificação prevista nesta Lei deverá por ela optar, fato que implicará a renúncia automática de suas qualificações anteriores.

>> § 1.º com redação determinada pela Medida Provisória n. 2.216-37, de 31-8-2001.

§ 2.º Caso não seja feita a opção prevista no parágrafo anterior, a pessoa jurídica perderá automaticamente a qualificação obtida nos termos desta Lei.

Art. 19. O Poder Executivo regulamentará esta Lei no prazo de trinta dias.

Art. 20. Esta Lei entra em vigor na data de sua publicação.

Brasília, 23 de março de 1999; 178.º da Independência e 111.º da República.

FERNANDO HENRIQUE CARDOSO

LEI N. 9.868, DE 10 DE NOVEMBRO DE 1999 (*)

Dispõe sobre o processo e julgamento da ação direta de inconstitucionalidade e da ação declaratória de constitucionalidade perante o Supremo Tribunal Federal.

O Presidente da República

Faço saber que o Congresso Nacional decreta e eu sanciono a seguinte Lei:

CAPÍTULO I
DA AÇÃO DIRETA DE INCONSTITUCIONALIDADE E DA AÇÃO DECLARATÓRIA DE CONSTITUCIONALIDADE

Art. 1.º Esta Lei dispõe sobre o processo e julgamento da ação direta de inconstitucionalidade e da ação declaratória de constitucionalidade perante o Supremo Tribunal Federal.

CAPÍTULO II
DA AÇÃO DIRETA DE INCONSTITUCIONALIDADE

Seção I
Da Admissibilidade e do Procedimento da Ação Direta de Inconstitucionalidade

Art. 2.º Podem propor a ação direta de inconstitucionalidade:

>> *Vide* art. 103 da CF.

> *Vide* arts. 12-A e 13 desta Lei.

I – o Presidente da República;

II – a Mesa do Senado Federal;

III – a Mesa da Câmara dos Deputados;

IV – a Mesa de Assembleia Legislativa ou a Mesa da Câmara Legislativa do Distrito Federal;

V – o Governador de Estado ou o Governador do Distrito Federal;

VI – o Procurador-Geral da República;

VII – o Conselho Federal da Ordem dos Advogados do Brasil;

VIII – partido político com representação no Congresso Nacional;

IX – confederação sindical ou entidade de classe de âmbito nacional.

Parágrafo único. (*Vetado.*)

Art. 3.º A petição indicará:

I – o dispositivo da lei ou do ato normativo impugnado e os fundamentos jurídicos do pedido em relação a cada uma das impugnações;

II – o pedido, com suas especificações.

Parágrafo único. A petição inicial, acompanhada de instrumento de procuração, quando subscrita por advogado, será apresentada em duas vias, devendo conter cópias da lei ou do ato normativo impugnado e dos documentos necessários para comprovar a impugnação.

Art. 4.º A petição inicial inepta, não fundamentada e a manifestamente improcedente serão liminarmente indeferidas pelo relator.

Parágrafo único. Cabe agravo da decisão que indeferir a petição inicial.

Art. 5.º Proposta a ação direta, não se admitirá desistência.

Parágrafo único. (*Vetado.*)

Art. 6.º O relator pedirá informações aos órgãos ou às autoridades das quais emanou a lei ou o ato normativo impugnado.

Parágrafo único. As informações serão prestadas no prazo de trinta dias contado do recebimento do pedido.

Art. 7.º Não se admitirá intervenção de terceiros no processo de ação direta de inconstitucionalidade.

§ 1.º (*Vetado.*)

§ 2.º O relator, considerando a relevância da matéria e a representatividade dos postulantes, poderá, por despacho irrecorrível, admitir, observado o prazo fixado no parágrafo anterior, a manifestação de outros órgãos ou entidades.

Art. 8.º Decorrido o prazo das informações, serão ouvidos, sucessivamente, o Advogado-Geral da União e o Procurador-Geral da República, que deverão manifestar-se, cada qual, no prazo de quinze dias.

Art. 9.º Vencidos os prazos do artigo anterior, o relator lançará o relatório, com cópia a todos os Ministros, e pedirá dia para julgamento.

§ 1.º Em caso de necessidade de esclarecimento de matéria ou circunstância de fato ou de notória insuficiência das informações existentes nos autos, poderá o relator requisitar informações adicionais, designar perito ou comissão de peritos para que emita parecer sobre a questão, ou fixar data para, em audiência pública, ouvir depoimentos de pessoas com experiência e autoridade na matéria.

§ 2.º O relator poderá, ainda, solicitar informações aos Tribunais Superiores, aos Tribunais federais e aos Tribunais estaduais acerca da aplicação da norma impugnada no âmbito de sua jurisdição.

§ 3.º As informações, perícias e audiências a que se referem os parágrafos anteriores serão realizadas no prazo de trinta dias, contado da solicitação do relator.

Seção II
Da Medida Cautelar em Ação Direta de Inconstitucionalidade

> *Vide* art. 102, I, *p*, da CF.

Art. 10. Salvo no período de recesso, a medida cautelar na ação direta será concedida por decisão da maioria absoluta dos membros do Tribunal, observado o disposto no art. 22, após a audiência dos órgãos ou autoridades dos quais emanou a lei ou ato normativo impugnado, que deverão pronunciar-se no prazo de cinco dias.

§ 1.º O relator, julgando indispensável, ouvirá o Advogado-Geral da União e o Procurador-Geral da República, no prazo de três dias.

(*) Publicada no *Diário Oficial da União* de 11-11-1999. *Vide* Lei n. 9.882, de 3-12-1999. *Vide* arts. 102 e 103 da CF.

§ 2.º No julgamento do pedido de medida cautelar, será facultada sustentação oral aos representantes judiciais do requerente e das autoridades ou órgãos responsáveis pela expedição do ato, na forma estabelecida no Regimento do Tribunal.

§ 3.º Em caso de excepcional urgência, o Tribunal poderá deferir a medida cautelar sem a audiência dos órgãos ou das autoridades das quais emanou a lei ou o ato normativo impugnado.

Art. 11. Concedida a medida cautelar, o Supremo Tribunal Federal fará publicar em seção especial do *Diário Oficial da União* e do *Diário da Justiça da União* a parte dispositiva da decisão, no prazo de dez dias, devendo solicitar as informações à autoridade da qual tiver emanado o ato, observando-se, no que couber, o procedimento estabelecido na Seção I deste Capítulo.

§ 1.º A medida cautelar, dotada de eficácia contra todos, será concedida com efeito *ex nunc*, salvo se o Tribunal entender que deva conceder-lhe eficácia retroativa.

§ 2.º A concessão da medida cautelar torna aplicável a legislação anterior acaso existente, salvo expressa manifestação em sentido contrário.

Art. 12. Havendo pedido de medida cautelar, o relator, em face da relevância da matéria e de seu especial significado para a ordem social e a segurança jurídica, poderá, após a prestação das informações, no prazo de dez dias, e a manifestação do Advogado-Geral da União e do Procurador-Geral da República, sucessivamente, no prazo de cinco dias, submeter o processo diretamente ao Tribunal, que terá a faculdade de julgar definitivamente a ação.

Capítulo II-A
DA AÇÃO DIRETA DE INCONSTITUCIONALIDADE POR OMISSÃO

>> Capítulo II-A acrescentado pela Lei n. 12.063, de 27-10-2009.

Seção I
Da Admissibilidade e do Procedimento da Ação Direta de Inconstitucionalidade por Omissão

>> Seção I acrescentada pela Lei n. 12.063, de 27-10-2009.

Art. 12-A. Podem propor a ação direta de inconstitucionalidade por omissão os legitimados à propositura da ação direta de inconstitucionalidade e da ação declaratória de constitucionalidade.

>> Artigo acrescentado pela Lei n. 12.063, de 27-10-2009.

Art. 12-B. A petição indicará:

>> *Caput* acrescentado pela Lei n. 12.063, de 27-10-2009.

I – a omissão inconstitucional total ou parcial quanto ao cumprimento de dever constitucional de legislar ou quanto à adoção de providência de índole administrativa;

>> Inciso I acrescentado pela Lei n. 12.063, de 27-10-2009.

II – o pedido, com suas especificações.

>> Inciso II acrescentado pela Lei n. 12.063, de 27-10-2009.

Parágrafo único. A petição inicial, acompanhada de instrumento de procuração, se for o caso, será apresentada em 2 (duas) vias, devendo conter cópias dos documentos necessários para comprovar a alegação de omissão.

>> Parágrafo único acrescentado pela Lei n. 12.063, de 27-10-2009.

Art. 12-C. A petição inicial inepta, não fundamentada, e a manifestamente improcedente serão liminarmente indeferidas pelo relator.

>> *Caput* acrescentado pela Lei n. 12.063, de 27-10-2009.

Parágrafo único. Cabe agravo da decisão que indeferir a petição inicial.

>> Parágrafo único acrescentado pela Lei n. 12.063, de 27-10-2009.

Art. 12-D. Proposta a ação direta de inconstitucionalidade por omissão, não se admitirá desistência.

>> Artigo acrescentado pela Lei n. 12.063, de 27-10-2009.

Art. 12-E. Aplicam-se ao procedimento da ação direta de inconstitucionalidade por omissão, no que couber, as disposições constantes da Seção I do Capítulo II desta Lei.

>> *Caput* acrescentado pela Lei n. 12.063, de 27-10-2009.

§ 1.º Os demais titulares referidos no art. 2.º desta Lei poderão manifestar-se, por escrito, sobre o objeto da ação e pedir a juntada de documentos reputados úteis para o exame da matéria, no prazo das informações, bem como apresentar memoriais.

>> § 1.º acrescentado pela Lei n. 12.063, de 27-10-2009.

§ 2.º O relator poderá solicitar a manifestação do Advogado-Geral da União, que deverá ser encaminhada no prazo de 15 (quinze) dias.

>> § 2.º acrescentado pela Lei n. 12.063, de 27-10-2009.

§ 3.º O Procurador-Geral da República, nas ações em que não for autor, terá vista do processo, por 15 (quinze) dias, após o decurso do prazo para informações.

>> § 3.º acrescentado pela Lei n. 12.063, de 27-10-2009.

Seção II
Da Medida Cautelar em Ação Direta de Inconstitucionalidade por Omissão

>> Seção II acrescentada pela Lei n. 12.063, de 27-10-2009.

Art. 12-F. Em caso de excepcional urgência e relevância da matéria, o Tribunal, por decisão da maioria absoluta de seus membros, observado o disposto no art. 22, poderá conceder medida cautelar, após a audiência dos órgãos ou autoridades responsáveis pela omissão inconstitucional, que deverão pronunciar-se no prazo de 5 (cinco) dias.

>> *Caput* acrescentado pela Lei n. 12.063, de 27-10-2009.

§ 1.º A medida cautelar poderá consistir na suspensão da aplicação da lei ou do ato normativo questionado, no caso de omissão parcial, bem como na suspensão de processos judiciais ou de procedimentos administrativos, ou ainda em outra providência a ser fixada pelo Tribunal.

>> § 1.º acrescentado pela Lei n. 12.063, de 27-10-2009.

§ 2.º O relator, julgando indispensável, ouvirá o Procurador-Geral da República, no prazo de 3 (três) dias.

>> § 2.º acrescentado pela Lei n. 12.063, de 27-10-2009.

§ 3.º No julgamento do pedido de medida cautelar, será facultada sustentação oral aos representantes judiciais do requerente e das autoridades ou órgãos responsáveis pela omissão inconstitucional, na forma estabelecida no Regimento do Tribunal.

>> § 3.º acrescentado pela Lei n. 12.063, de 27-10-2009.

Art. 12-G. Concedida a medida cautelar, o Supremo Tribunal Federal fará publicar, em seção especial do *Diário Oficial da União*, a parte dispositiva da decisão no prazo de 10 (dez) dias, devendo solicitar as informações à autoridade ou ao órgão responsável pela omissão inconstitucional, observando-se, no que couber, o procedimento estabelecido na Seção I do Capítulo II desta Lei.

>> Artigo acrescentado pela Lei n. 12.063, de 27-10-2009.

Seção III
Da Decisão na Ação Direta de Inconstitucionalidade por Omissão

>> Seção III acrescentada pela Lei n. 12.063, de 27-10-2009.

Art. 12-H. Declarada a inconstitucionalidade por omissão, com observância do disposto no art. 22, será dada ciência ao poder competente para a adoção das providências necessárias.

>> *Caput* acrescentado pela Lei n. 12.063, de 27-10-2009.

§ 1.º Em caso de omissão imputável a órgão administrativo, as providências deverão ser adotadas no prazo de 30 (trinta) dias, ou em prazo razoável a ser estipulado excepcionalmente pelo Tribunal, tendo em vista as circunstâncias específicas do caso e o interesse público envolvido.

>> § 1.º acrescentado pela Lei n. 12.063, de 27-10-2009.

§ 2.º Aplica-se à decisão da ação direta de inconstitucionalidade por omissão, no que couber, o disposto no Capítulo IV desta Lei.

>> § 2.º acrescentado pela Lei n. 12.063, de 27-10-2009.

Capítulo III
DA AÇÃO DECLARATÓRIA DE CONSTITUCIONALIDADE

Seção I
Da Admissibilidade e do Procedimento da Ação Declaratória de Constitucionalidade

Art. 13. Podem propor a ação declaratória de constitucionalidade de lei ou ato normativo federal:

>> *Vide* art. 103 da CF, que enumera os legitimados para propor ADI ou ADC.

I – o Presidente da República;

II – a Mesa da Câmara dos Deputados;

III – a Mesa do Senado Federal;

IV – o Procurador-Geral da República.

Art. 14. A petição inicial indicará:

I – o dispositivo da lei ou do ato normativo questionado e os fundamentos jurídicos do pedido;

II – o pedido, com suas especificações;

III – a existência de controvérsia judicial relevante sobre a aplicação da disposição objeto da ação declaratória.

Parágrafo único. A petição inicial, acompanhada de instrumento de procuração, quando subscrita por advogado, será apresentada em duas vias, devendo conter cópias do ato normativo questionado e dos documentos necessários para comprovar a procedência do pedido de declaração de constitucionalidade.

Art. 15. A petição inicial inepta, não fundamentada e a manifestamente improcedente serão liminarmente indeferidas pelo relator.

Parágrafo único. Cabe agravo da decisão que indeferir a petição inicial.

Art. 16. Proposta a ação declaratória, não se admitirá desistência.

Art. 17. (*Vetado.*)

Art. 18. Não se admitirá intervenção de terceiros no processo de ação declaratória de constitucionalidade.

§ 1.º (*Vetado.*)

§ 2.º (*Vetado.*)

Art. 19. Decorrido o prazo do artigo anterior, será aberta vista ao Procurador-Geral da República, que deverá pronunciar-se no prazo de quinze dias.

Art. 20. Vencido o prazo do artigo anterior, o relator lançará o relatório, com cópia a todos os Ministros, e pedirá dia para julgamento.

§ 1.º Em caso de necessidade de esclarecimento de matéria ou circunstância de fato ou de notória insuficiência das informações existentes nos autos, poderá o relator requisitar informações adicionais, designar perito ou comissão de peritos para que emita parecer sobre a questão ou fixar data para, em audiência pública, ouvir depoimentos de pessoas com experiência e autoridade na matéria.

§ 2.º O relator poderá solicitar, ainda, informações aos Tribunais Superiores, aos Tribunais federais e aos Tribunais estaduais acerca da aplicação da norma questionada no âmbito de sua jurisdição.

§ 3.º As informações, perícias e audiências a que se referem os parágrafos anteriores serão realizadas no prazo de trinta dias, contado da solicitação do relator.

Seção II
Da Medida Cautelar em Ação Declaratória de Constitucionalidade

Art. 21. O Supremo Tribunal Federal, por decisão da maioria absoluta de seus membros, poderá deferir pedido de medida cautelar na ação declaratória de constitucionalidade, consistente na determinação de que os juízes e os Tribunais suspendam o julgamento dos processos que envolvam a aplicação da lei ou do ato normativo objeto da ação até seu julgamento definitivo.

Parágrafo único. Concedida a medida cautelar, o Supremo Tribunal Federal fará publicar em seção especial do *Diário Oficial da União* a parte dispositiva da decisão, no prazo de dez dias, devendo o Tribunal proceder ao julgamento da ação no prazo de cento e oitenta dias, sob pena de perda de sua eficácia.

Capítulo IV
DA DECISÃO NA AÇÃO DIRETA DE INCONSTITUCIONALIDADE E NA AÇÃO DECLARATÓRIA DE CONSTITUCIONALIDADE

Art. 22. A decisão sobre a constitucionalidade ou a inconstitucionalidade da lei ou do ato normativo somente será tomada se presentes na sessão pelo menos oito Ministros.

Art. 23. Efetuado o julgamento, proclamar-se-á a constitucionalidade ou a inconstitucionalidade da disposição ou da norma impugnada se num ou noutro sentido se tiverem manifestado pelo menos seis Ministros, quer se trate de ação direta de inconstitucionalidade ou de ação declaratória de constitucionalidade.

Parágrafo único. Se não for alcançada a maioria necessária à declaração de constitucionalidade ou de inconstitucionalidade, estando ausentes Ministros em número que possa influir no julgamento, este será suspenso a fim de aguardar-se o comparecimento dos Ministros ausentes, até que se atinja o número necessário para prolação da decisão num ou noutro sentido.

Art. 24. Proclamada a constitucionalidade, julgar-se-á improcedente a ação direta ou procedente eventual ação declaratória; e, proclamada a inconstitucionalidade, julgar-se-á procedente a ação direta ou improcedente eventual ação declaratória.

Art. 25. Julgada a ação, far-se-á a comunicação à autoridade ou ao órgão responsável pela expedição do ato.

Art. 26. A decisão que declara a constitucionalidade ou a inconstitucionalidade da lei ou do ato normativo em ação direta ou em ação declaratória é irrecorrível, ressalvada a interposição de embargos declaratórios, não podendo, igualmente, ser objeto de ação rescisória.

Art. 27. Ao declarar a inconstitucionalidade de lei ou ato normativo, e tendo em vista razões de segurança jurídica ou de excepcional interesse social, poderá o Supremo Tribunal Federal, por maioria de dois terços de seus membros, restringir os efeitos daquela declaração ou decidir que ela só tenha eficácia a partir de seu trânsito em julgado ou de outro momento que venha a ser fixado.

Art. 28. Dentro do prazo de dez dias após o trânsito em julgado da decisão, o Supremo Tribunal Federal fará publicar em seção especial do *Diário da Justiça* e do *Diário Oficial da União* a parte dispositiva do acórdão.

Parágrafo único. A declaração de constitucionalidade ou de inconstitucionalidade, inclusive a interpretação conforme a Constituição e a declaração parcial de inconstitucionalidade sem redução de texto, têm eficácia contra todos e efeito vinculante em relação aos órgãos do Poder Judiciário e à Administração Pública federal, estadual e municipal.

Capítulo V
DAS DISPOSIÇÕES GERAIS E FINAIS

....

Art. 31. Esta Lei entra em vigor na data de sua publicação.

Brasília, 10 de novembro de 1999; 178.º da Independência e 111.º da República.

Fernando Henrique Cardoso

LEI N. 9.873, DE 23 DE NOVEMBRO DE 1999 (*)

Estabelece prazo de prescrição para o exercício de ação punitiva pela Administração Pública Federal, direta e indireta, e dá outras providências.

Faço saber que o Presidente da República adotou a Medida Provisória n. 1.859-17, de 1999, que o Congresso Nacional aprovou, e eu, Antonio Carlos Magalhães, Presidente, para os efeitos do disposto no parágrafo úni-

(*) Publicada no *Diário Oficial da União* de 24-11-1999.

co do art. 62 da Constituição Federal, promulgo a seguinte Lei:

Art. 1.º Prescreve em cinco anos a ação punitiva da Administração Pública Federal, direta e indireta, no exercício do poder de polícia, objetivando apurar infração à legislação em vigor, contados da data da prática do ato ou, no caso de infração permanente ou continuada, do dia em que tiver cessado.

>> O art. 15 da Lei n. 13.506, de 13-11-2017, dispõe: "Art. 15. Durante a vigência do termo de compromisso, os prazos de prescrição de que trata a Lei n. 9.873, de 23 de novembro de 1999, ficarão suspensos, e o procedimento administrativo será arquivado se todas as condições nele estabelecidas forem atendidas.

§ 1.º O cumprimento das condições do termo de compromisso gerará efeitos exclusivamente na esfera de atuação do Banco Central do Brasil.

§ 2.º Na hipótese de descumprimento do compromisso, o Banco Central do Brasil adotará as medidas administrativas e judiciais necessárias para a execução das obrigações assumidas e determinará a instauração ou o prosseguimento do processo administrativo, a fim de dar continuidade à apuração das infrações e de aplicar as sanções cabíveis".

§ 1.º Incide a prescrição no procedimento administrativo paralisado por mais de três anos, pendente de julgamento ou despacho, cujos autos serão arquivados de ofício ou mediante requerimento da parte interessada, sem prejuízo da apuração da responsabilidade funcional decorrente da paralisação, se for o caso.

§ 2.º Quando o fato objeto da ação punitiva da Administração também constituir crime, a prescrição reger-se-á pelo prazo previsto na lei penal.

Art. 1.º-A. Constituído definitivamente o crédito não tributário, após o término regular do processo administrativo, prescreve em 5 (cinco) anos a ação de execução da administração pública federal relativa a crédito decorrente da aplicação de multa por infração à legislação em vigor.

>> Artigo acrescentado pela Lei n. 11.941, de 27-5-2009.

Art. 2.º Interrompe-se a prescrição da ação punitiva:

>> *Caput* com redação determinada pela Lei n. 11.941, de 27-5-2009.

I – pela notificação ou citação do indiciado ou acusado, inclusive por meio de edital;

>> Inciso I com redação determinada pela Lei n. 11.941, de 27-5-2009.

II – por qualquer ato inequívoco, que importe apuração do fato;

III – pela decisão condenatória recorrível;

IV – por qualquer ato inequívoco que importe em manifestação expressa de tentativa de solução conciliatória no âmbito interno da administração pública federal.

>> Inciso IV acrescentado pela Lei n. 11.941, de 27-5-2009.

Art. 2.º-A. Interrompe-se o prazo prescricional da ação executória:

>> *Caput* acrescentado pela Lei n. 11.941, de 27-5-2009.

I – pelo despacho do juiz que ordenar a citação em execução fiscal;

>> Inciso I acrescentado pela Lei n. 11.941, de 27-5-2009.

II – pelo protesto judicial;

>> Inciso II acrescentado pela Lei n. 11.941, de 27-5-2009.

III – por qualquer ato judicial que constitua em mora o devedor;

>> Inciso III acrescentado pela Lei n. 11.941, de 27-5-2009.

IV – por qualquer ato inequívoco, ainda que extrajudicial, que importe em reconhecimento do débito pelo devedor;

>> Inciso IV acrescentado pela Lei n. 11.941, de 27-5-2009.

V – por qualquer ato inequívoco que importe em manifestação expressa de tentativa de solução conciliatória no âmbito interno da administração pública federal.

>> Inciso V acrescentado pela Lei n. 11.941, de 27-5-2009.

Art. 3.º Suspende-se a prescrição durante a vigência:

I – dos compromissos de cessação ou de desempenho, respectivamente, previstos nos arts. 53 e 58 da Lei n. 8.884, de 11 de junho de 1994;

> Citados dispositivos constam nesta obra.

II – (*Revogado pela Lei n. 13.506, de 13-11-2017.*)

Art. 4.º Ressalvadas as hipóteses de interrupção previstas no art. 2.º, para as infrações ocorridas há mais de três anos, contados do dia 1.º de julho de 1998, a prescrição operará em dois anos, a partir dessa data.

Art. 5.º O disposto nesta Lei não se aplica às infrações de natureza funcional e aos processos e procedimentos de natureza tributária.

Art. 6.º Ficam convalidados os atos praticados com base na Medida Provisória n. 1.859-16, de 24 de setembro de 1999.

Art. 7.º Esta Lei entra em vigor na data de sua publicação.

Art. 8.º Ficam revogados o art. 33 da Lei n. 6.385, de 1976, com a redação dada pela Lei n. 9.457, de 1997, o art. 28 da Lei n. 8.884, de 1994, e demais disposições em contrário, ainda que constantes de lei especial.

Congresso Nacional, em 23 de novembro de 1999; 178.º da Independência e 111.º da República.

ANTONIO CARLOS MAGALHÃES

LEI N. 9.882, DE 3 DE DEZEMBRO DE 1999 (*)

Dispõe sobre o processo e julgamento da arguição de descumprimento de preceito fundamental, nos termos do § 1.º do art. 102 da Constituição Federal.

O Presidente da República

Faço saber que o Congresso Nacional decreta e eu sanciono a seguinte Lei:

Art. 1.º A arguição prevista no § 1.º do art. 102 da Constituição Federal será proposta perante o Supremo Tribunal Federal, e terá por objeto evitar ou reparar lesão a preceito fundamental, resultante de ato do Poder Público.

Parágrafo único. Caberá também arguição de descumprimento de preceito fundamental:

I – quando for relevante o fundamento da controvérsia constitucional sobre lei ou ato normativo federal, estadual ou municipal, incluídos os anteriores à Constituição;

>> Fica excluída da aplicação deste inciso controvérsia constitucional concretamente já posta em juízo, por força da liminar concedida na Ação Direta de Inconstitucionalidade n. 2.231-8, em 5-12-2001.

II – (*Vetado.*)

Art. 2.º Podem propor arguição de descumprimento de preceito fundamental:

I – os legitimados para a ação direta de inconstitucionalidade;

II – (*Vetado.*)

§ 1.º Na hipótese do inciso II, faculta-se ao interessado, mediante representação, solicitar a propositura de arguição de descumprimento de preceito fundamental ao Procurador-Geral da República, que, examinando os fundamentos jurídicos do pedido, decidirá do cabimento do seu ingresso em juízo.

§ 2.º (*Vetado.*)

Art. 3.º A petição inicial deverá conter:

I – a indicação do preceito fundamental que se considera violado;

II – a indicação do ato questionado;

III – a prova da violação do preceito fundamental;

IV – o pedido, com suas especificações;

V – se for o caso, a comprovação da existência de controvérsia judicial relevante sobre a aplicação do preceito fundamental que se considera violado.

Parágrafo único. A petição inicial, acompanhada de instrumento de mandato, se for o caso, será apresentada em duas vias, devendo conter cópias do ato questionado e dos documentos necessários para comprovar a impugnação.

(*) Publicada no *Diário Oficial da União* de 6-12-1999.

Art. 4.º A petição inicial será indeferida liminarmente, pelo relator, quando não for o caso de arguição de descumprimento de preceito fundamental, faltar algum dos requisitos prescritos nesta Lei ou for inepta.

§ 1.º Não será admitida arguição de descumprimento de preceito fundamental quando houver qualquer outro meio eficaz de sanar a lesividade.

§ 2.º Da decisão de indeferimento da petição inicial caberá agravo, no prazo de cinco dias.

Art. 5.º O Supremo Tribunal Federal, por decisão da maioria absoluta de seus membros, poderá deferir pedido de medida liminar na arguição de descumprimento de preceito fundamental.

§ 1.º Em caso de extrema urgência ou perigo de lesão grave, ou ainda, em período de recesso, poderá o relator conceder a liminar, *ad referendum* do Tribunal Pleno.

§ 2.º O relator poderá ouvir os órgãos ou autoridades responsáveis pelo ato questionado, bem como o Advogado-Geral da União ou o Procurador-Geral da República, no prazo comum de cinco dias.

§ 3.º A liminar poderá consistir na determinação de que juízes e tribunais suspendam o andamento de processo ou os efeitos de decisões judiciais, ou de qualquer outra medida que apresente relação com a matéria objeto da arguição de descumprimento de preceito fundamental, salvo se decorrentes da coisa julgada.

> O STF, em liminar concedida aos 5-12-2001, na ADI n. 2.231-8 (*DOU* de 17-12-2001), suspendeu a eficácia deste parágrafo.

§ 4.º (*Vetado.*)

Art. 6.º Apreciado o pedido de liminar, o relator solicitará as informações às autoridades responsáveis pela prática do ato questionado, no prazo de dez dias.

§ 1.º Se entender necessário, poderá o relator ouvir as partes nos processos que ensejaram a arguição, requisitar informações adicionais, designar perito ou comissão de peritos para que emita parecer sobre a questão, ou ainda, fixar data para declarações, em audiência pública, de pessoas com experiência e autoridade na matéria.

§ 2.º Poderão ser autorizadas, a critério do relator, sustentação oral e juntada de memoriais, por requerimento dos interessados no processo.

Art. 7.º Decorrido o prazo das informações, o relator lançará o relatório, com cópia a todos os ministros, e pedirá dia para julgamento.

Parágrafo único. O Ministério Público, nas arguições que não houver formulado, terá vista do processo, por cinco dias, após o decurso do prazo para informações.

Art. 8.º A decisão sobre a arguição de descumprimento de preceito fundamental somente será tomada se presentes na sessão pelo menos dois terços dos Ministros.

§§ 1.º e 2.º (*Vetados.*)

Art. 9.º (*Vetado.*)

Art. 10. Julgada a ação, far-se-á comunicação às autoridades ou órgãos responsáveis pela prática dos atos questionados, fixando-se as condições e o modo de interpretação e aplicação do preceito fundamental.

§ 1.º O presidente do Tribunal determinará o imediato cumprimento da decisão, lavrando-se o acórdão posteriormente.

§ 2.º Dentro do prazo de dez dias contado a partir do trânsito em julgado da decisão, sua parte dispositiva será publicada em seção especial do *Diário da Justiça* e do *Diário Oficial da União*.

§ 3.º A decisão terá eficácia contra todos e efeito vinculante relativamente aos demais órgãos do Poder Público.

Art. 11. Ao declarar a inconstitucionalidade de lei ou ato normativo, no processo de arguição de descumprimento de preceito fundamental, e tendo em vista razões de segurança jurídica ou de excepcional interesse social, poderá o Supremo Tribunal Federal, por maioria de dois terços de seus membros, restringir os efeitos daquela declaração ou decidir que ela só tenha eficácia a partir de seu trânsito em julgado ou de outro momento que venha a ser fixado.

Art. 12. A decisão que julgar procedente ou improcedente o pedido em arguição de descumprimento de preceito fundamental é irrecorrível, não podendo ser objeto de ação rescisória.

Art. 13. Caberá reclamação contra o descumprimento da decisão proferida pelo Supremo Tribunal Federal, na forma do seu Regimento Interno.

Art. 14. Esta Lei entra em vigor na data de sua publicação.

Brasília, 3 de dezembro de 1999; 178.º da Independência e 111.º da República.

FERNANDO HENRIQUE CARDOSO

LEI N. 9.961, DE 28 DE JANEIRO DE 2000 (*)

Cria a Agência Nacional de Saúde Suplementar – ANS e dá outras providências.

O Presidente da República

Faço saber que o Congresso Nacional decreta e eu sanciono a seguinte Lei:

CAPÍTULO I
DA CRIAÇÃO E DA COMPETÊNCIA

Art. 1.º É criada a Agência Nacional de Saúde Suplementar – ANS, autarquia sob o regime especial, vinculada ao Ministério da Saúde, com sede e foro na cidade do Rio de Janeiro – RJ, prazo de duração indeterminado e atuação em todo o território nacional, como órgão de regulação, normatização, controle e fiscalização das atividades que garantam a assistência suplementar à saúde.

Parágrafo único. A natureza de autarquia especial conferida à ANS é caracterizada por autonomia administrativa, financeira, patrimonial e de gestão de recursos humanos, autonomia nas suas decisões técnicas e mandato fixo de seus dirigentes.

Art. 2.º Caberá ao Poder Executivo instalar a ANS, devendo o seu regulamento, aprovado por decreto do Presidente da República, fixar-lhe a estrutura organizacional básica.

Parágrafo único. Constituída a ANS, com a publicação de seu regimento interno, pela diretoria colegiada, ficará a autarquia, automaticamente, investida no exercício de suas atribuições.

Art. 3.º A ANS terá por finalidade institucional promover a defesa do interesse público na assistência suplementar à saúde, regulando as operadoras setoriais, inclusive quanto às suas relações com prestadores e consumidores, contribuindo para o desenvolvimento das ações de saúde no País.

Art. 4.º Compete à ANS:

I – propor políticas e diretrizes gerais ao Conselho Nacional de Saúde Suplementar – Consu para a regulação do setor de saúde suplementar;

II – estabelecer as características gerais dos instrumentos contratuais utilizados na atividade das operadoras;

III – elaborar o rol de procedimentos e eventos em saúde, que constituirão referência básica para os fins do disposto na Lei n. 9.656, de 3 de junho de 1998, e suas excepcionalidades;

> A Lei n. 9.656, de 3-6-1998, dispõe sobre os planos e seguros privados de assistência à saúde.

IV – fixar critérios para os procedimentos de credenciamento e descredenciamento de prestadores de serviço às operadoras;

V – estabelecer parâmetros e indicadores de qualidade e de cobertura em assistência à saúde para os serviços próprios e de terceiros oferecidos pelas operadoras;

VI – estabelecer normas para ressarcimento ao Sistema Único de Saúde – SUS;

VII – estabelecer normas relativas à adoção e utilização, pelas operadoras de planos

(*) Publicada no *Diário Oficial da União* de 29-1-2000 – Ed. Extra. O Decreto n. 3.327, de 5-1-2000, aprova o regulamento da ANS. *Vide* Lei n. 9.986, de 18-7-2000, que dispõe sobre a gestão de recursos humanos das agências reguladoras e dá outras providências.

de assistência à saúde, de mecanismos de regulação do uso dos serviços de saúde;

VIII – deliberar sobre a criação de câmaras técnicas, de caráter consultivo, de forma a subsidiar suas decisões;

IX – normatizar os conceitos de doença e lesão preexistentes;

X – definir, para fins de aplicação da Lei n. 9.656, de 1998, a segmentação das operadoras e administradoras de planos privados de assistência à saúde, observando as suas peculiaridades;

XI – estabelecer critérios, responsabilidades, obrigações e normas de procedimento para garantia dos direitos assegurados nos arts. 30 e 31 da Lei n. 9.656, de 1998;

XII – estabelecer normas para registro dos produtos definidos no inciso I e no § 1.º do art. 1.º da Lei n. 9.656, de 1998;

XIII – decidir sobre o estabelecimento de sub-segmentações aos tipos de planos definidos nos incisos I a IV do art. 12 da Lei n. 9.656, de 1998;

XIV – estabelecer critérios gerais para o exercício de cargos diretivos das operadoras de planos privados de assistência à saúde;

XV – estabelecer critérios de aferição e controle da qualidade dos serviços oferecidos pelas operadoras de planos privados de assistência à saúde, sejam eles próprios, referenciados, contratados ou conveniados;

XVI – estabelecer normas, rotinas e procedimentos para concessão, manutenção e cancelamento de registro dos produtos das operadoras de planos privados de assistência à saúde;

XVII – autorizar reajustes e revisões das contraprestações pecuniárias dos planos privados de assistência à saúde, ouvido o Ministério da Fazenda;

>> Inciso XVII com redação determinada pela Medida Provisória n. 2.177-44, de 24-8-2001.

XVIII – expedir normas e padrões para o envio de informações de natureza econômico-financeira pelas operadoras, com vistas à homologação de reajustes e revisões;

XIX – proceder à integração de informações com os bancos de dados do Sistema Único de Saúde;

XX – autorizar o registro dos planos privados de assistência à saúde;

XXI – monitorar a evolução dos preços de planos de assistência à saúde, seus prestadores de serviços, e respectivos componentes e insumos;

XXII – autorizar o registro e o funcionamento das operadoras de planos privados de assistência à saúde, bem assim sua cisão, fusão, incorporação, alteração ou transferência do controle societário, sem prejuízo do disposto na Lei n. 8.884, de 11 de junho de 1994;

>> Inciso XXII com redação determinada pela Medida Provisória n. 2.177-44, de 24-8-2001.

XXIII – fiscalizar as atividades das operadoras de planos privados de assistência à saúde e zelar pelo cumprimento das normas atinentes ao seu funcionamento;

XXIV – exercer o controle e a avaliação dos aspectos concernentes à garantia de acesso, manutenção e qualidade dos serviços prestados, direta ou indiretamente, pelas operadoras de planos privados de assistência à saúde;

XXV – avaliar a capacidade técnico-operacional das operadoras de planos privados de assistência à saúde para garantir a compatibilidade da cobertura oferecida com os recursos disponíveis na área geográfica de abrangência;

XXVI – fiscalizar a atuação das operadoras e prestadores de serviços de saúde com relação à abrangência das coberturas de patologias e procedimentos;

XXVII – fiscalizar aspectos concernentes às coberturas e o cumprimento da legislação referente aos aspectos sanitários e epidemiológicos, relativos à prestação de serviços médicos e hospitalares no âmbito da saúde suplementar;

XXVIII – avaliar os mecanismos de regulação utilizados pelas operadoras de planos privados de assistência à saúde;

XXIX – fiscalizar o cumprimento das disposições da Lei n. 9.656, de 1998, e de sua regulamentação;

XXX – aplicar as penalidades pelo descumprimento da Lei n. 9.656, de 1998, e de sua regulamentação;

XXXI – requisitar o fornecimento de informações às operadoras de planos privados de assistência à saúde, bem como da rede prestadora de serviços a elas credenciadas;

XXXII – adotar as medidas necessárias para estimular a competição no setor de planos privados de assistência à saúde;

XXXIII – instituir o regime de direção fiscal ou técnica nas operadoras;

XXXIV – proceder à liquidação extrajudicial e autorizar o liquidante a requerer a falência ou insolvência civil das operadoras de planos privados de assistência à saúde;

>> Inciso XXXIV com redação determinada pela Medida Provisória n. 2.177-44, de 24-8-2001.

XXXV – determinar ou promover a alienação da carteira de planos privados de assistência à saúde das operadoras;

>> Inciso XXXV com redação determinada pela Medida Provisória n. 2.177-44, de 24-8-2001.

XXXVI – articular-se com os órgãos de defesa do consumidor visando a eficácia da proteção e defesa do consumidor de serviços privados de assistência à saúde, observado o disposto na Lei n. 8.078, de 11 de setembro de 1990;

> Citada Lei consta nesta obra.

XXXVII – zelar pela qualidade dos serviços de assistência à saúde no âmbito da assistência à saúde suplementar;

XXXVIII – administrar e arrecadar as taxas instituídas por esta Lei;

XXXIX – celebrar, nas condições que estabelecer, termo de compromisso de ajuste de conduta e termo de compromisso e fiscalizar os seus cumprimentos;

>> Inciso XXXIX acrescentado pela Medida Provisória n. 2.177-44, de 24-8-2001.

XL – definir as atribuições e competências do diretor técnico, diretor fiscal, do liquidante e do responsável pela alienação de carteira;

>> Inciso XL acrescentado pela Medida Provisória n. 2.177-44, de 24-8-2001.

XLI – fixar as normas para constituição, organização, funcionamento e fiscalização das operadoras de produtos de que tratam o inciso I e o § 1.º do art. 1.º da Lei n. 9.656, de 3 de junho de 1998, incluindo:

>> Inciso XLI, *caput*, acrescentado pela Medida Provisória n. 2.177-44, de 24-8-2001.

a) conteúdos e modelos assistenciais;

>> Alínea *a* acrescentada pela Medida Provisória n. 2.177-44, de 24-8-2001.

b) adequação e utilização de tecnologias em saúde;

>> Alínea *b* acrescentada pela Medida Provisória n. 2.177-44, de 24-8-2001.

c) direção fiscal ou técnica;

>> Alínea *c* acrescentada pela Medida Provisória n. 2.177-44, de 24-8-2001.

d) liquidação extrajudicial;

>> Alínea *d* acrescentada pela Medida Provisória n. 2.177-44, de 24-8-2001.

e) procedimentos de recuperação financeira das operadoras;

>> Alínea *e* acrescentada pela Medida Provisória n. 2.177-44, de 24-8-2001.

> A Resolução Normativa n. 307, de 22-10-2012, da ANS, dispõe sobre os procedimentos de adequação econômico-financeira das operadoras de planos privados de assistência à saúde, de que trata esta alínea.

f) normas de aplicação de penalidades;

>> Alínea *f* acrescentada pela Medida Provisória n. 2.177-44, de 24-8-2001.

g) garantias assistenciais, para cobertura dos planos ou produtos comercializados ou disponibilizados;

>> Alínea *g* acrescentada pela Medida Provisória n. 2.177-44, de 24-8-2001.

XLII – estipular índices e demais condições técnicas sobre investimentos e outras relações patrimoniais a serem observadas pelas operadoras de planos de assistência à saúde.

>> Inciso XLII acrescentado pela Medida Provisória n. 2.177-44, de 24-8-2001.

§ 1.º A recusa, a omissão, a falsidade ou o retardamento injustificado de informações ou documentos solicitados pela ANS constitui infração punível com multa diária de R$ 5.000,00 (cinco mil reais), podendo ser aumentada em até vinte vezes, se necessário, para garantir a sua eficácia em razão da situação econômica da operadora ou prestadora de serviços.

>> § 1.º com redação determinada pela Medida Provisória n. 2.177-44, de 24-8-2001.

§ 2.º As normas previstas neste artigo obedecerão às características específicas da operadora, especialmente no que concerne à natureza jurídica de seus atos constitutivos.

§ 3.º (*Revogado pela Medida Provisória n. 2.177-44, de 24-8-2001.*)

Capítulo III
DO CONTRATO DE GESTÃO

Art. 14. (*Revogado pela Lei n. 13.848, de 25-6-2019, em vigor após 90 dias da sua publicação – DOU de 26-6-2019.*)

Art. 15. (*Revogado pela Lei n. 13.848, de 25-6-2019, em vigor após 90 dias da sua publicação – DOU de 26-6-2019.*)

Capítulo IV
DO PATRIMÔNIO, DAS RECEITAS E DA GESTÃO FINANCEIRA

Art. 16. Constituem patrimônio da ANS os bens e direitos de sua propriedade, os que lhe forem conferidos ou os que venha a adquirir ou incorporar.

Art. 17. Constituem receitas da ANS:

I – o produto resultante da arrecadação da Taxa de Saúde Suplementar de que trata o art. 18;

II – a retribuição por serviços de quaisquer natureza prestados a terceiros;

III – o produto da arrecadação das multas resultantes das suas ações fiscalizadoras;

IV – o produto da execução da sua dívida ativa;

V – as dotações consignadas no Orçamento-Geral da União, créditos especiais, créditos adicionais, transferências e repasses que lhe forem conferidos;

VI – os recursos provenientes de convênios, acordos ou contratos celebrados com entidades ou organismos nacionais e internacionais;

VII – as doações, legados, subvenções e outros recursos que lhe forem destinados;

VIII – os valores apurados na venda ou aluguel de bens móveis e imóveis de sua propriedade;

IX – o produto da venda de publicações, material técnico, dados e informações;

X – os valores apurados em aplicações no mercado financeiro das receitas previstas neste artigo, na forma definida pelo Poder Executivo;

XI – quaisquer outras receitas não especificadas nos incisos I a X deste artigo.

Parágrafo único. Os recursos previstos nos incisos I a IV e VI a XI deste artigo serão creditados diretamente à ANS, na forma definida pelo Poder Executivo.

Art. 18. É instituída a Taxa de Saúde Suplementar, cujo fato gerador é o exercício pela ANS do poder de polícia que lhe é legalmente atribuído.

Art. 19. São sujeitos passivos da Taxa de Saúde Suplementar as pessoas jurídicas, condomínios ou consórcios constituídos sob a modalidade de sociedade civil ou comercial, cooperativa ou entidade de autogestão, que operem produto, serviço ou contrato com a finalidade de garantir a assistência à saúde visando a assistência médica, hospitalar ou odontológica.

Art. 20. A Taxa de Saúde Suplementar será devida:

I – por plano de assistência à saúde, e seu valor será o produto da multiplicação de R$ 2,00 (dois reais) pelo número médio de usuários de cada plano privado de assistência à saúde, deduzido o percentual total de descontos apurado em cada plano, de acordo com as Tabelas I e II do Anexo II desta Lei;

>> Deixamos de publicar o Anexo II por não atender ao propósito da obra.

II – por registro de produto, registro de operadora, alteração de dados referente ao produto, alteração de dados referente à operadora, pedido de reajuste de contraprestação pecuniária, conforme os valores constantes da Tabela que constitui o Anexo III desta Lei.

>> Deixamos de publicar o Anexo III por não atender ao propósito da obra.

§ 1.º Para fins do cálculo do número médio de usuários de cada plano privado de assistência à saúde, previsto no inciso I deste artigo, não serão incluídos os maiores de sessenta anos.

§ 2.º Para fins do inciso I deste artigo, a Taxa de Saúde Suplementar será devida anualmente e recolhida até o último dia útil do primeiro decêndio dos meses de março, junho, setembro e dezembro e de acordo com o disposto no regulamento da ANS.

§ 3.º Para fins do inciso II deste artigo, a Taxa de Saúde Suplementar será devida quando da protocolização do requerimento e de acordo com o regulamento da ANS.

§ 4.º Para fins do inciso II deste artigo, os casos de alteração de dados referentes ao produto ou à operadora que não produzam consequências para o consumidor ou o mercado de saúde suplementar, conforme disposto em resolução da Diretoria Colegiada da ANS, poderão fazer jus a isenção ou redução da respectiva Taxa de Saúde Suplementar.

§ 5.º Até 31 de dezembro de 2000, os valores estabelecidos no Anexo III desta Lei sofrerão um desconto de 50% (cinquenta por cento).

§ 6.º As operadoras de planos privados de assistência à saúde que se enquadram nos segmentos de autogestão por departamento de recursos humanos, ou de filantropia, ou que tenham número de usuários inferior a vinte mil, ou que despendem, em sua rede própria, mais de sessenta por cento do custo assistencial relativo aos gastos em serviços hospitalares referentes a seus Planos Privados de Assistência à Saúde e que prestam ao menos trinta por cento de sua atividade ao Sistema Único de Saúde – SUS, farão jus a um desconto de trinta por cento sobre o montante calculado na forma do inciso I deste artigo, conforme dispuser a ANS.

>> § 6.º acrescentado pela Medida Provisória n. 2.177-44, de 24-8-2001.

§ 7.º As operadoras de planos privados de assistência à saúde que comercializam exclusivamente planos odontológicos farão jus a um desconto de cinquenta por cento sobre o montante calculado na forma do inciso I deste artigo, conforme dispuser a ANS.

>> § 7.º acrescentado pela Medida Provisória n. 2.177-44, de 24-8-2001.

§ 8.º As operadoras com número de usuários inferior a vinte mil poderão optar pelo recolhimento em parcela única no mês de março, fazendo jus a um desconto de cinco por cento sobre o montante calculado na forma do inciso I deste artigo, além dos descontos previstos nos §§ 6.º e 7.º, conforme dispuser a ANS.

>> § 8.º acrescentado pela Medida Provisória n. 2.177-44, de 24-8-2001.

§ 9.º Os valores constantes do Anexo III desta Lei ficam reduzidos em cinquenta por cento, no caso das empresas com número de usuários inferior a vinte mil.

>> § 9.º acrescentado pela Medida Provisória n. 2.177-44, de 24-8-2001.

§ 10. Para fins do disposto no inciso II deste artigo, os casos de alteração de dados referentes a produtos ou a operadoras, até edição da norma correspondente aos seus registros definitivos, conforme o disposto na Lei n. 9.656, de 1998, ficam isentos da respectiva Taxa de Saúde Suplementar.

>> § 10 acrescentado pela Medida Provisória n. 2.177-44, de 24-8-2001.

§ 11. Para fins do disposto no inciso I deste artigo, nos casos de alienação compulsória de carteira, as operadoras de planos privados de assistência à saúde adquirentes ficam isentas de pagamento da respectiva Taxa de Saúde Suplementar, relativa aos beneficiários integrantes daquela carteira, pelo prazo de cinco anos.

>> § 11 acrescentado pela Medida Provisória n. 2.177-44, de 24-8-2001.

Art. 21. A Taxa de Saúde Suplementar não recolhida nos prazos fixados será cobrada com os seguintes acréscimos:

I – juros de mora, na via administrativa ou judicial, contados do mês seguinte ao do vencimento, à razão de 1% a.m. (um por cento ao mês) ou fração de mês;

II – multa de mora de 10% (dez por cento).

§ 1.º Os débitos relativos à Taxa de Saúde Suplementar poderão ser parcelados, a juízo da ANS, de acordo com os critérios fixados na legislação tributária.

>> Primitivo parágrafo único renumerado pela Medida Provisória n. 2.177-44, de 24-8-2001.

§ 2.º Além dos acréscimos previstos nos incisos I e II deste artigo, o não recolhimento da Taxa de Saúde Suplementar implicará a perda dos descontos previstos nesta Lei.

>> § 2.º acrescentado pela Medida Provisória n. 2.177-44, de 24-8-2001.

Art. 22. A Taxa de Saúde Suplementar será devida a partir de 1.º de janeiro de 2000.

Art. 23. A Taxa de Saúde Suplementar será recolhida em conta vinculada à ANS.

Art. 24. Os valores cuja cobrança seja atribuída por lei à ANS e apurados administrativamente, não recolhidos no prazo estipulado, serão inscritos em dívida ativa da própria ANS e servirão de título executivo para cobrança judicial na forma da lei.

Art. 25. A execução fiscal da dívida ativa será promovida pela Procuradoria da ANS.

Capítulo V
DAS DISPOSIÇÕES FINAIS E TRANSITÓRIAS

Art. 26. A ANS poderá contratar especialistas para a execução de trabalhos nas áreas técnica, científica, administrativa, econômica e jurídica, por projetos ou prazos limitados, observada a legislação em vigor.

Art. 27. (*Revogado pela Lei n. 9.986, de 18-7-2000.*)

Art. 28. (*Revogado pela Lei n. 10.871, de 20-5-2004.*)

Art. 29. É vedado à ANS requisitar pessoal com vínculo empregatício ou contratual junto a entidades sujeitas à sua ação reguladora, bem assim os respectivos responsáveis, ressalvada a participação em comissões de trabalho criadas com fim específico, duração determinada e não integrantes da sua estrutura organizacional.

Parágrafo único. Excetuam-se da vedação prevista neste artigo os empregados de empresas públicas e sociedades de economia mista que mantenham sistema de assistência à saúde na modalidade de autogestão.

Art. 30. Durante o prazo máximo de cinco anos, contado da data de instalação da ANS, o exercício da fiscalização das operadoras de planos privados de assistência à saúde poderá ser realizado por contratado, servidor ou empregado requisitado ou pertencente ao Quadro da Agência ou do Ministério da Saúde, mediante designação da Diretoria Colegiada, conforme dispuser o regulamento.

Art. 31. Na primeira gestão da ANS, visando implementar a transição para o sistema de mandatos não coincidentes, as nomeações observarão os seguintes critérios:

I – três diretores serão nomeados pelo Presidente da República, por indicação do Ministro de Estado da Saúde;

II – dois diretores serão nomeados na forma do parágrafo único do art. 6.º desta Lei.

§ 1.º Dos três diretores referidos no inciso I deste artigo, dois serão nomeados para mandato de quatro anos e um, para mandato de três anos.

§ 2.º Dos dois diretores referidos no inciso II deste artigo, um será nomeado para mandato de quatro anos e o outro, para mandato de três anos.

Art. 32. É o Poder Executivo autorizado a:

I – transferir para a ANS o acervo técnico e patrimonial, as obrigações, os direitos e as receitas do Ministério da Saúde e de seus órgãos, necessários ao desempenho de suas funções;

II – remanejar, transferir ou utilizar os saldos orçamentários do Ministério da Saúde e do Fundo Nacional de Saúde para atender as despesas de estruturação e manutenção da ANS, utilizando como recursos as dotações orçamentárias destinadas às atividades finalísticas e administrativas, observados os mesmos subprojetos, subatividades e grupos de despesas previstos na Lei Orçamentária em vigor;

III – sub-rogar contratos ou parcelas destes relativos à manutenção, instalação e funcionamento da ANS.

Parágrafo único. Até que se conclua a instalação da ANS, são o Ministério da Saúde e a Fundação Nacional de Saúde incumbidos de assegurar o suporte administrativo e financeiro necessário ao funcionamento da Agência.

Art. 33. A ANS designará pessoa física de comprovada capacidade e experiência, reconhecida idoneidade moral e registro em conselho de fiscalização de profissões regulamentadas, para exercer o encargo de diretor fiscal, de diretor técnico ou de liquidante de operadora de planos privados de assistência à saúde.

>> *Caput* com redação determinada pela Medida Provisória n. 2.177-44, de 24-8-2001.

§ 1.º A remuneração do diretor técnico, do diretor fiscal ou do liquidante deverá ser suportada pela operadora ou pela massa.

>> § 1.º acrescentado pela Medida Provisória n. 2.177-44, de 24-8-2001.

§ 2.º Se a operadora ou a massa não dispuserem de recursos para custear a remuneração de que trata este artigo, a ANS poderá, excepcionalmente, promover este pagamento, em valor equivalente à do cargo em comissão de Gerência Executiva, nível III, símbolo CGE-III, ressarcindo-se dos valores despendidos com juros e correção monetária junto à operadora ou à massa, conforme o caso.

>> § 2.º acrescentado pela Medida Provisória n. 2.177-44, de 24-8-2001.

Art. 34. Aplica-se à ANS o disposto nos arts. 54 a 58 da Lei n. 9.472, de 16 de julho de 1997.

Art. 35. Aplica-se à ANS o disposto no art. 24, parágrafo único, da Lei n. 8.666, de 21 de junho de 1993, alterado pela Lei n. 9.648, de 27 de maio de 1998.

Art. 36. São estendidas à ANS, após a assinatura e enquanto estiver vigendo o contrato de gestão, as prerrogativas e flexibilidades de gestão previstas em lei, regulamentos e atos normativos para as Agências Executivas.

Art. 37. Até a efetiva implementação da ANS, a Taxa de Saúde Suplementar instituída por esta Lei poderá ser recolhida ao Fundo Nacional de Saúde, a critério da Diretoria Colegiada.

Art. 38. A Advocacia-Geral da União e o Ministério da Saúde, por intermédio de sua Consultoria Jurídica, mediante comissão conjunta, promoverão, no prazo de cento e oitenta dias, levantamento dos processos judiciais em curso, envolvendo matéria cuja competência tenha sido transferida à ANS, a qual substituirá a União nos respectivos processos.

§ 1.º A substituição a que se refere o *caput*, naqueles processos judiciais, será requerida mediante petição subscrita pela Advocacia-Geral da União, dirigida ao Juízo ou Tribunal competente, requerendo a intimação da Procuradoria da ANS para assumir o feito.

§ 2.º Enquanto não operada a substituição na forma do § 1.º, a Advocacia-Geral da União permanecerá no feito, praticando todos os atos processuais necessários.

Art. 39. O disposto nesta Lei aplica-se, no que couber, aos produtos de que tratam o inciso I e o § 1.º do art. 1.º da Lei n. 9.656, de 1998, bem assim às suas operadoras.

Art. 40. O Poder Executivo, no prazo de 45 (quarenta e cinco) dias, enviará projeto de lei tratando da matéria objeto da presente Lei, inclusive da estrutura física e do funcionamento da ANS.

Art. 41. Esta Lei entra em vigor na data de sua publicação.

Brasília, 28 de janeiro de 2000; 179.º da Independência e 112.º da República.

Fernando Henrique Cardoso

LEI N. 9.962, DE 22 DE FEVEREIRO DE 2000 (*)

Disciplina o regime de emprego público do pessoal da Administração federal direta, autárquica e fundacional, e dá outras providências.

O Presidente da República

Faço saber que o Congresso Nacional decreta e eu sanciono a seguinte Lei:

Art. 1.º O pessoal admitido para emprego público na Administração federal direta, autárquica e fundacional terá sua relação de trabalho regida pela Consolidação das Leis do Trabalho, aprovada pelo Decreto-lei n. 5.452, de 1.º de maio de 1943, e legislação trabalhista correlata, naquilo que a lei não dispuser em contrário.

§ 1.º Leis específicas disporão sobre a criação dos empregos de que trata esta Lei no âmbito da Administração direta, autárquica e fundacional do Poder Executivo, bem como sobre a transformação dos atuais cargos em empregos.

§ 2.º É vedado:

I – submeter ao regime de que trata esta Lei:

a) (*Vetado*.);

b) cargos públicos de provimento em comissão;

II – alcançar, nas leis a que se refere o § 1.º, servidores regidos pela Lei n. 8.112, de 11 de dezembro de 1990, às datas das respectivas publicações.

§ 3.º Estende-se o disposto no § 2.º à criação de empregos ou à transformação de cargos em empregos não abrangidas pelo § 1.º.

§ 4.º (*Vetado*.)

Art. 2.º A contratação de pessoal para emprego público deverá ser precedida de concurso público de provas ou de provas e títulos, conforme a natureza e a complexidade do emprego.

Art. 3.º O contrato de trabalho por prazo indeterminado somente será rescindido por ato unilateral da Administração pública nas seguintes hipóteses:

I – prática de falta grave, dentre as enumeradas no art. 482 da Consolidação das Leis do Trabalho – CLT;

II – acumulação ilegal de cargos, empregos ou funções públicas;

III – necessidade de redução de quadro de pessoal, por excesso de despesa, nos termos da lei complementar a que se refere o art. 169 da Constituição Federal;

IV – insuficiência de desempenho, apuradas em procedimento no qual se assegurem pelo menos um recurso hierárquico dotado de efeito suspensivo, que será apreciado em trinta dias, e o prévio conhecimento dos padrões mínimos exigidos para continuidade da relação de emprego, obrigatoriamente estabelecidos de acordo com as peculiaridades das atividades exercidas.

Parágrafo único. Excluem-se da obrigatoriedade dos procedimentos previstos no *caput* as contratações de pessoal decorrentes da autonomia de gestão de que trata o § 8.º do art. 37 da Constituição Federal.

Art. 4.º Aplica-se às leis a que se refere o § 1.º do art. 1.º desta Lei o disposto no art. 246 da Constituição Federal.

Art. 5.º Esta Lei entra em vigor na data de sua publicação.

Brasília, 22 de fevereiro de 2000; 179.º da Independência e 112.º da República.

Fernando Henrique Cardoso

(*) Publicada no *Diário Oficial da União* de 23-2-2000.

LEI COMPLEMENTAR N. 101, DE 4 DE MAIO DE 2000 (**)

Estabelece normas de finanças públicas voltadas para a responsabilidade na gestão fiscal e dá outras providências.

O Presidente da República

Faço saber que o Congresso Nacional decreta e eu sanciono a seguinte Lei Complementar:

Capítulo I
DISPOSIÇÕES PRELIMINARES

Art. 1.º Esta Lei Complementar estabelece normas de finanças públicas voltadas para a responsabilidade na gestão fiscal, com amparo no Capítulo II do Título VI da Constituição.

> *Vide* art. 165, § 9.º, da CF.

§ 1.º A responsabilidade na gestão fiscal pressupõe a ação planejada e transparente, em que se previnem riscos e corrigem desvios capazes de afetar o equilíbrio das contas públicas, mediante o cumprimento de metas de resultados entre receitas e despesas e a obediência a limites e condições no que tange a renúncia de receita, geração de despesas com pessoal, da seguridade social e outras, dívidas consolidada e mobiliária, operações de crédito, inclusive por antecipação de receita, concessão de garantia e inscrição em Restos a Pagar.

§ 2.º As disposições desta Lei Complementar obrigam a União, os Estados, o Distrito Federal e os Municípios.

> *Vide* art. 24, §§ 3.º e 4.º, da CF.

§ 3.º Nas referências:

> *Vide* art. 48, parágrafo único, desta Lei.

I – à União, aos Estados, ao Distrito Federal e aos Municípios, estão compreendidos:

a) o Poder Executivo, o Poder Legislativo, neste abrangidos os Tribunais de Contas, o Poder Judiciário e o Ministério Público;

b) as respectivas administrações diretas, fundos, autarquias, fundações e empresas estatais dependentes;

II – a Estados entende-se considerado o Distrito Federal;

III – a Tribunais de Contas estão incluídos: Tribunal de Contas da União, Tribunal de Contas do Estado e, quando houver, Tribunal de Contas dos Municípios e Tribunal de Contas do Município.

Art. 2.º Para os efeitos desta Lei Complementar, entende-se como:

I – ente da Federação: a União, cada Estado, o Distrito Federal e cada Município;

II – empresa controlada: sociedade cuja maioria do capital social com direito a voto pertença, direta ou indiretamente, a ente da Federação;

III – empresa estatal dependente: empresa controlada que receba do ente controlador recursos financeiros para pagamento de despesas com pessoal ou de custeio em geral ou de capital, excluídos, no último caso, aqueles provenientes de aumento de participação acionária;

>> *Vide* art. 1.º, § 2.º, da Lei n. 13.303, de 30-6-2016 (Estatuto Jurídico das Empresas Públicas).

IV – receita corrente líquida: somatório das receitas tributárias, de contribuições, patrimoniais, industriais, agropecuárias, de serviços, transferências correntes e outras receitas também correntes, deduzidos:

a) na União, os valores transferidos aos Estados e Municípios por determinação constitucional ou legal, e as contribuições mencionadas na alínea *a* do inciso I e no inciso II do art. 195, e no art. 239 da Constituição;

b) nos Estados, as parcelas entregues aos Municípios por determinação constitucional;

c) na União, nos Estados e nos Municípios, a contribuição dos servidores para o custeio do seu sistema de previdência e assistência social

(**) Publicada no *Diário Oficial da União* de 5-5-2000.

e as receitas provenientes da compensação financeira citada no § 9.º do art. 201 da Constituição.

§ 1.º Serão computados no cálculo da receita corrente líquida os valores pagos e recebidos em decorrência da Lei Complementar n. 87, de 13 de setembro de 1996, e do fundo previsto pelo art. 60 do Ato das Disposições Constitucionais Transitórias.

§ 2.º Não serão considerados na receita corrente líquida do Distrito Federal e dos Estados do Amapá e de Roraima os recursos recebidos da União para atendimento das despesas de que trata o inciso V do § 1.º do art. 19.

§ 3.º A receita corrente líquida será apurada somando-se as receitas arrecadadas no mês em referência e nos onze anteriores, excluídas as duplicidades.

CAPÍTULO II
DO PLANEJAMENTO

Seção I
Do Plano Plurianual

Art. 3.º (*Vetado*.)

Seção II
Da Lei de Diretrizes Orçamentárias

Art. 4.º A lei de diretrizes orçamentárias atenderá o disposto no § 2.º do art. 165 da Constituição e:

I – disporá também sobre:

a) equilíbrio entre receitas e despesas;

b) critérios e forma de limitação de empenho, a ser efetivada nas hipóteses previstas na alínea *b* do inciso II deste artigo, no art. 9.º e no inciso II do § 1.º do art. 31;

c) e *d)* (*Vetadas*.);

e) normas relativas ao controle de custos e à avaliação dos resultados dos programas financiados com recursos dos orçamentos;

f) demais condições e exigências para transferências de recursos a entidades públicas e privadas;

II e III – (*Vetados*.)

§ 1.º Integrará o projeto de lei de diretrizes orçamentárias Anexo de Metas Fiscais, em que serão estabelecidas metas anuais, em valores correntes e constantes, relativas a receitas, despesas, resultados nominal e primário e montante da dívida pública, para o exercício a que se referirem e para os dois seguintes.

§ 2.º O Anexo conterá, ainda:

I – avaliação do cumprimento das metas relativas ao ano anterior;

II – demonstrativo das metas anuais, instruído com memória e metodologia de cálculo que justifiquem os resultados pretendidos, comparando-as com as fixadas nos três exercícios anteriores, e evidenciando a consistência delas com as premissas e os objetivos da política econômica nacional;

III – evolução do patrimônio líquido, também nos últimos três exercícios, destacando a origem e a aplicação dos recursos obtidos com a alienação de ativos;

IV – avaliação da situação financeira e atuarial:

a) dos regimes geral de previdência social e próprio dos servidores públicos e do Fundo de Amparo ao Trabalhador;

b) dos demais fundos públicos e programas estatais de natureza atuarial;

V – demonstrativo da estimativa e compensação da renúncia de receita e da margem de expansão das despesas obrigatórias de caráter continuado.

§ 3.º A lei de diretrizes orçamentárias conterá Anexo de Riscos Fiscais, onde serão avaliados os passivos contingentes e outros riscos capazes de afetar as contas públicas, informando as providências a serem tomadas, caso se concretizem.

§ 4.º A mensagem que encaminhar o projeto da União apresentará, em anexo específico, os objetivos das políticas monetária, creditícia e cambial, bem como os parâmetros e as projeções para seus principais agregados e variáveis, e ainda as metas de inflação, para o exercício subsequente.

Seção III
Da Lei Orçamentária Anual

> A Lei n. 13.707, de 14-8-2018, dispõe sobre as diretrizes para a elaboração e execução da Lei Orçamentária de 2019.

Art. 5.º O projeto de lei orçamentária anual, elaborado de forma compatível com o plano plurianual, com a lei de diretrizes orçamentárias e com as normas desta Lei Complementar:

> *Vide* art. 167, I, da CF.

I – conterá, em anexo, demonstrativo da compatibilidade da programação dos orçamentos com os objetivos e metas constantes do documento de que trata o § 1.º do art. 4.º;

II – será acompanhado do documento a que se refere o § 6.º do art. 165 da Constituição, bem como das medidas de compensação a renúncias de receita e ao aumento de despesas obrigatórias de caráter continuado;

III – conterá reserva de contingência, cuja forma de utilização e montante, definido com base na receita corrente líquida, serão estabelecidos na lei de diretrizes orçamentárias, destinada ao:

a) (*Vetado*.);

b) atendimento de passivos contingentes e outros riscos e eventos fiscais imprevistos.

§ 1.º Todas as despesas relativas à dívida pública, mobiliária ou contratual, e as receitas que as atenderão, constarão da lei orçamentária anual.

§ 2.º O refinanciamento da dívida pública constará separadamente na lei orçamentária e nas de crédito adicional.

§ 3.º A atualização monetária do principal da dívida mobiliária refinanciada não poderá superar a variação do índice de preços previsto na lei de diretrizes orçamentárias, ou em legislação específica.

§ 4.º É vedado consignar na lei orçamentária crédito com finalidade imprecisa ou com dotação ilimitada.

> *Vide* art. 167, IV e XI, da CF.

§ 5.º A lei orçamentária não consignará dotação para investimento com duração superior a um exercício financeiro que não esteja previsto no plano plurianual ou em lei que autorize a sua inclusão, conforme disposto no § 1.º do art. 167 da Constituição.

§ 6.º Integrarão as despesas da União, e serão incluídas na lei orçamentária, as do Banco Central do Brasil relativas a pessoal e encargos sociais, custeio administrativo, inclusive os destinados a benefícios e assistência aos servidores, e a investimentos.

§ 7.º (*Vetado*.)

Art. 6.º (*Vetado*.)

Art. 7.º O resultado do Banco Central do Brasil, apurado após a constituição ou reversão de reservas, constitui receita do Tesouro Nacional, e será transferido até o décimo dia útil subsequente à aprovação dos balanços semestrais.

§ 1.º O resultado negativo constituirá obrigação do Tesouro para com o Banco Central do Brasil e será consignado em dotação específica no orçamento.

§ 2.º O impacto e o custo fiscal das operações realizadas pelo Banco Central do Brasil serão demonstrados trimestralmente, nos termos em que dispuser a lei de diretrizes orçamentárias da União.

§ 3.º Os balanços trimestrais do Banco Central do Brasil conterão notas explicativas sobre os custos da remuneração das disponibilidades do Tesouro Nacional e da manutenção das reservas cambiais e a rentabilidade de sua carteira de títulos, destacando os de emissão da União.

Seção IV
Da Execução Orçamentária e do Cumprimento das Metas

> *Vide* arts. 47 a 68 da Lei n. 4.320, de 16-3-1964.

Art. 8.º Até 30 (trinta) dias após a publicação dos orçamentos, nos termos em que dispuser a lei de diretrizes orçamentárias e observado o disposto na alínea *c* do inciso I do art. 4.º, o Poder Executivo estabelecerá a programação financeira e o cronograma de execução mensal de desembolso.

Parágrafo único. Os recursos legalmente vinculados a finalidade específica serão utilizados exclusivamente para atender ao objeto de sua vinculação, ainda que em exercício diverso daquele em que ocorrer o ingresso.

Art. 9.º Se verificado, ao final de um bimestre, que a realização da receita poderá não comportar o cumprimento das metas de resultado primário ou nominal estabelecidas no Anexo de Metas Fiscais, os Poderes e o Ministério Público promoverão, por ato próprio e nos montantes necessários, nos 30 (trinta) dias subsequentes, limitação de empenho e movimentação financeira, segundo os critérios fixados pela lei de diretrizes orçamentárias.

§ 1.º No caso de restabelecimento da receita prevista, ainda que parcial, a recomposição das dotações cujos empenhos foram limitados dar-se-á de forma proporcional às reduções efetivadas.

§ 2.º Não serão objeto de limitação as despesas que constituam obrigações constitucionais e legais do ente, inclusive aquelas destinadas ao pagamento do serviço da dívida, e as ressalvadas pela lei de diretrizes orçamentárias.

§ 3.º No caso de os Poderes Legislativo e Judiciário e o Ministério Público não promoverem a limitação no prazo estabelecido no *caput*, é o Poder Executivo autorizado a limitar os valores financeiros segundo os critérios fixados pela lei de diretrizes orçamentárias.

>> O STF, na ADI n. 2.238, de 24-6-2020 (*DOU* de 13-8-2020), por maioria, julgou procedente o pedido formulado na ação direta para declarar a inconstitucionalidade deste parágrafo.

§ 4.º Até o final dos meses de maio, setembro e fevereiro, o Poder Executivo demonstrará e avaliará o cumprimento das metas fiscais de cada quadrimestre, em audiência pública na comissão referida no § 1.º do art. 166 da Constituição ou equivalente nas Casas Legislativas estaduais e municipais.

§ 5.º No prazo de 90 (noventa) dias após o encerramento de cada semestre, o Banco Central do Brasil apresentará, em reunião conjunta das comissões temáticas pertinentes do Congresso Nacional, avaliação do cumprimento dos objetivos e metas das políticas monetária, creditícia e cambial, evidenciando o impacto e o custo fiscal de suas operações e os resultados demonstrados nos balanços.

Art. 10. A execução orçamentária e financeira identificará os beneficiários de pagamento de sentenças judiciais, por meio de sistema de contabilidade e administração financeira, para fins de observância da ordem cronológica determinada no art. 100 da Constituição.

CAPÍTULO III
DA RECEITA PÚBLICA

Seção I
Da Previsão e da Arrecadação

Art. 11. Constituem requisitos essenciais da responsabilidade na gestão fiscal a instituição, previsão e efetiva arrecadação de todos os tributos da competência constitucional do ente da Federação.

> *Vide* art. 153, VII, da CF.

Parágrafo único. É vedada a realização de transferências voluntárias para o ente que não observe o disposto no *caput*, no que se refere aos impostos.

Art. 12. As previsões de receita observarão as normas técnicas e legais, considerarão os efeitos das alterações na legislação, da variação do índice de preços, do crescimento econômico ou de qualquer outro fator relevante e serão acompanhadas de demonstrativo de sua evolução nos últimos três anos, da projeção para os dois seguintes àquele a que se referirem, e da metodologia de cálculo e premissas utilizadas.

§ 1.º Reestimativa de receita por parte do Poder Legislativo só será admitida se comprovado erro ou omissão de ordem técnica ou legal.

§ 2.º O montante previsto para as receitas de operações de crédito não poderá ser superior ao das despesas de capital constantes do projeto de lei orçamentária.

>> O STF, na ADI n. 2.238, de 24-6-2020 (*DOU* de 13-8-2020), por maioria, julgou parcialmente procedente a ação em relação a este parágrafo, "conferindo interpretação conforme ao dispositivo para o fim de explicitar que a proibição não abrange operações de crédito autorizadas mediante créditos suplementares ou especiais com finalidade precisa, aprovados pelo Poder Legislativo".

§ 3.º O Poder Executivo de cada ente colocará à disposição dos demais Poderes e do Ministério Público, no mínimo 30 (trinta) dias antes do prazo final para encaminhamento de suas propostas orçamentárias, os estudos e as estimativas das receitas para o exercício subsequente, inclusive da corrente líquida, e as respectivas memórias de cálculo.

Art. 13. No prazo previsto no art. 8.º, as receitas previstas serão desdobradas, pelo Poder Executivo, em metas bimestrais de arrecadação, com a especificação, em separado, quando cabível, das medidas de combate à evasão e à sonegação, da quantidade e valores de ações ajuizadas para cobrança da dívida ativa, bem como da evolução do montante dos créditos tributários passíveis de cobrança administrativa.

> A Resolução n. 33, de 13-7-2006, do Senado Federal, autoriza a cessão, para cobrança, da dívida ativa dos municípios a instituições financeiras.

Seção II
Da Renúncia de Receita

Art. 14. A concessão ou ampliação de incentivo ou benefício de natureza tributária da qual decorra renúncia de receita deverá estar acompanhada de estimativa do impacto orçamentário-financeiro no exercício em que deva iniciar sua vigência e nos dois seguintes, atender ao disposto na lei de diretrizes orçamentárias e a pelo menos uma das seguintes condições:

> A Portaria n. 453, de 8-8-2013, do Ministério da Fazenda, regulamenta o cálculo do impacto fiscal e o controle da renúncia de receita, nos termos deste artigo, dos dispositivos que alterem a legislação tributária federal.

I – demonstração pelo proponente de que a renúncia foi considerada na estimativa de receita da lei orçamentária, na forma do art. 12, e de que não afetará as metas de resultados fiscais previstas no anexo próprio da lei de diretrizes orçamentárias;

II – estar acompanhada de medidas de compensação, no período mencionado no *caput*, por meio do aumento de receita, proveniente da elevação de alíquotas, ampliação da base de cálculo, majoração ou criação de tributo ou contribuição.

>> A Lei Complementar n. 148, de 25-11-2014, propôs nova redação para este inciso, assim como o acréscimo do inciso III, porém teve o texto vetado.

§ 1.º A renúncia compreende anistia, remissão, subsídio, crédito presumido, concessão de isenção em caráter não geral, alteração de alíquota ou modificação de base de cálculo que implique redução discriminada de tributos ou contribuições, e outros benefícios que correspondam a tratamento diferenciado.

>> A Lei Complementar n. 148, de 25-11-2014, propôs nova redação para este § 1.º, porém teve o texto vetado.

> *Vide* art. 150, § 6.º, da CF.

§ 2.º Se o ato de concessão ou ampliação do incentivo ou benefício de que trata o *caput* deste artigo decorrer da condição contida no inciso II, o benefício só entrará em vigor quando implementadas as medidas referidas no mencionado inciso.

>> A Lei Complementar n. 148, de 25-11-2014, propôs nova redação para este § 2.º, porém teve o texto vetado.

§ 3.º O disposto neste artigo não se aplica:

>> A Lei Complementar n. 148, de 25-11-2014, propôs nova redação para este § 3.º, porém teve o texto vetado.

I – às alterações das alíquotas dos impostos previstos nos incisos I, II, IV e V do art. 153 da Constituição, na forma do seu § 1.º;

II – ao cancelamento de débito cujo montante seja inferior ao dos respectivos custos de cobrança.

CAPÍTULO IV
DA DESPESA PÚBLICA

Seção I
Da Geração da Despesa

Art. 15. Serão consideradas não autorizadas, irregulares e lesivas ao patrimônio público a geração de despesa ou assunção de obrigação que não atendam o disposto nos arts. 16 e 17.

Art. 16. A criação, expansão ou aperfeiçoamento de ação governamental que acarrete aumento da despesa será acompanhado de:

I – estimativa do impacto orçamentário-financeiro no exercício em que deva entrar em vigor e nos dois subsequentes;

II – declaração do ordenador da despesa de que o aumento tem adequação orçamentária e financeira com a lei orçamentária anual e compatibilidade com o plano plurianual e com a lei de diretrizes orçamentárias.

§ 1.º Para os fins desta Lei Complementar, considera-se:

I – adequada com a lei orçamentária anual, a despesa objeto de dotação específica e suficiente, ou que esteja abrangida por crédito genérico, de forma que somadas todas as despesas da mesma espécie, realizadas e a realizar, previstas no programa de trabalho, não sejam ultrapassados os limites estabelecidos para o exercício;

II – compatível com o plano plurianual e a lei de diretrizes orçamentárias, a despesa que se conforme com as diretrizes, objetivos, prioridades e metas previstos nesses instrumentos e não infrinja qualquer de suas disposições.

§ 2.º A estimativa de que trata o inciso I do *caput* será acompanhada das premissas e metodologia de cálculo utilizadas.

§ 3.º Ressalva-se do disposto neste artigo a despesa considerada irrelevante, nos termos em que dispuser a lei de diretrizes orçamentárias.

§ 4.º As normas do *caput* constituem condição prévia para:

I – empenho e licitação de serviços, fornecimento de bens ou execução de obras;

II – desapropriação de imóveis urbanos a que se refere o § 3.º do art. 182 da Constituição.

Subseção I

Da despesa obrigatória de caráter continuado

Art. 17. Considera-se obrigatória de caráter continuado a despesa corrente derivada de lei, medida provisória ou ato administrativo normativo que fixem para o ente a obrigação legal de sua execução por um período superior a dois exercícios.

§ 1.º Os atos que criarem ou aumentarem despesa de que trata o *caput* deverão ser instruídos com a estimativa prevista no inciso I do art. 16 e demonstrar a origem dos recursos para seu custeio.

§ 2.º Para efeito do atendimento do § 1.º, o ato será acompanhado de comprovação de que a despesa criada ou aumentada não afetará as metas de resultados fiscais previstas no anexo referido no § 1.º do art. 4.º, devendo seus efeitos financeiros, nos períodos seguintes, ser compensados pelo aumento permanente de receita ou pela redução permanente de despesa.

§ 3.º Para efeito do § 2.º, considera-se aumento permanente de receita o proveniente da elevação de alíquotas, ampliação da base de cálculo, majoração ou criação de tributo ou contribuição.

§ 4.º A comprovação referida no § 2.º, apresentada pelo proponente, conterá as premissas e metodologia de cálculo utilizadas, sem prejuízo do exame de compatibilidade da despesa com as demais normas do plano plurianual e da lei de diretrizes orçamentárias.

§ 5.º A despesa de que trata este artigo não será executada antes da implementação das medidas referidas no § 2.º, as quais integrarão o instrumento que a criar ou aumentar.

§ 6.º O disposto no § 1.º não se aplica às despesas destinadas ao serviço da dívida nem ao reajustamento de remuneração de pessoal de que trata o inciso X do art. 37 da Constituição.

§ 7.º Considera-se aumento de despesa a prorrogação daquela criada por prazo determinado.

Seção II

Das Despesas com Pessoal

Subseção I

Definições e limites

Art. 18. Para os efeitos desta Lei Complementar, entende-se como despesa total com pessoal: o somatório dos gastos do ente da Federação com os ativos, os inativos e os pensionistas, relativos a mandatos eletivos, cargos, funções ou empregos, civis, militares e de membros de Poder, com quaisquer espécies remuneratórias, tais como vencimentos e vantagens, fixas e variáveis, subsídios, proventos da aposentadoria, reformas e pensões, inclusive adicionais, gratificações, horas extras e vantagens pessoais de qualquer natureza, bem como encargos sociais e contribuições recolhidas pelo ente às entidades de previdência.

§ 1.º Os valores dos contratos de terceirização de mão de obra que se referem à substituição de servidores e empregados públicos serão contabilizados como "Outras Despesas de Pessoal".

§ 2.º A despesa total com pessoal será apurada somando-se a realizada no mês em referência com as dos onze imediatamente anteriores, adotando-se o regime de competência.

Art. 19. Para os fins do disposto no *caput* do art. 169 da Constituição, a despesa total com pessoal, em cada período de apuração e em cada ente da Federação, não poderá exceder os percentuais da receita corrente líquida, a seguir discriminados:

I – União: 50% (cinquenta por cento);

II – Estados: 60% (sessenta por cento);

III – Municípios: 60% (sessenta por cento).

§ 1.º Na verificação do atendimento dos limites definidos neste artigo, não serão computadas as despesas:

I – de indenização por demissão de servidores ou empregados;

II – relativas a incentivos à demissão voluntária;

III – derivadas da aplicação do disposto no inciso II do § 6.º do art. 57 da Constituição;

IV – decorrentes de decisão judicial e da competência de período anterior ao da apuração a que se refere o § 2.º do art. 18;

V – com pessoal, do Distrito Federal e dos Estados do Amapá e Roraima, custeadas com recursos transferidos pela União na forma dos incisos XIII e XIV do art. 21 da Constituição e do art. 31 da Emenda Constitucional n. 19;

VI – com inativos, ainda que por intermédio de fundo específico, custeadas por recursos provenientes:

a) da arrecadação de contribuições dos segurados;

b) da compensação financeira de que trata o § 9.º do art. 201 da Constituição;

c) das demais receitas diretamente arrecadadas por fundo vinculado a tal finalidade, inclusive o produto da alienação de bens, direitos e ativos, bem como seu superávit financeiro.

§ 2.º Observado o disposto no inciso IV do § 1.º, as despesas com pessoal decorrentes de sentenças judiciais serão incluídas no limite do respectivo Poder ou órgão referido no art. 20.

Art. 20. A repartição dos limites globais do art. 19 não poderá exceder os seguintes percentuais:

I – na esfera federal:

a) 2,5% (dois inteiros e cinco décimos por cento) para o Legislativo, incluído o Tribunal de Contas da União;

b) 6% (seis por cento) para o Judiciário;

c) 40,9% (quarenta inteiros e nove décimos por cento) para o Executivo, destacando-se 3% (três por cento) para as despesas com pessoal decorrentes do que dispõem os incisos XIII e XIV do art. 21 da Constituição e o art. 31 da Emenda Constitucional n. 19, repartidos de forma proporcional à média das despesas relativas a cada um destes dispositivos, em percentual da receita corrente líquida, verificadas nos três exercícios financeiros imediatamente anteriores ao da publicação desta Lei Complementar;

d) 0,6% (seis décimos por cento) para o Ministério Público da União;

II – na esfera estadual:

a) 3% (três por cento) para o Legislativo, incluído o Tribunal de Contas do Estado;

b) 6% (seis por cento) para o Judiciário;

c) 49% (quarenta e nove por cento) para o Executivo;

d) 2% (dois por cento) para o Ministério Público dos Estados;

III – na esfera municipal:

a) 6% (seis por cento) para o Legislativo, incluído o Tribunal de Contas do Município, quando houver;

b) 54% (cinquenta e quatro por cento) para o Executivo.

§ 1.º Nos Poderes Legislativo e Judiciário de cada esfera, os limites serão repartidos entre seus órgãos de forma proporcional à média das despesas com pessoal, em percentual da receita corrente líquida, verificadas nos três exercícios financeiros imediatamente anteriores ao da publicação desta Lei Complementar.

§ 2.º Para efeito deste artigo entende-se como órgão:

I – o Ministério Público;

II – no Poder Legislativo:

a) Federal, as respectivas Casas e o Tribunal de Contas da União;

b) Estadual, a Assembleia Legislativa e os Tribunais de Contas;

c) do Distrito Federal, a Câmara Legislativa e o Tribunal de Contas do Distrito Federal;

d) Municipal, a Câmara de Vereadores e o Tribunal de Contas do Município, quando houver;

III – no Poder Judiciário:

a) Federal, os tribunais referidos no art. 92 da Constituição;

b) Estadual, o Tribunal de Justiça e outros, quando houver.

§ 3.º Os limites para as despesas com pessoal do Poder Judiciário, a cargo da União por força do inciso XIII do art. 21 da Constituição, serão estabelecidos mediante aplicação da regra do § 1.º.

§ 4.º Nos Estados em que houver Tribunal de Contas dos Municípios, os percentuais definidos nas alíneas *a* e *c* do inciso II do *caput* serão, respectivamente, acrescidos e reduzidos em 0,4% (quatro décimos por cento).

§ 5.º Para os fins previstos no art. 168 da Constituição, a entrega dos recursos financeiros correspondentes à despesa total com pessoal por Poder e órgão será a resultante da aplicação dos percentuais definidos neste artigo, ou aqueles fixados na lei de diretrizes orçamentárias.

§ 6.º (*Vetado.*)

Subseção II

Do controle da despesa total com pessoal

> *Vide* art. 169, §§ 2.º a 7.º, da CF.

Art. 21. **É nulo de pleno direito:**

>> *Caput* com redação determinada pela Lei Complementar n. 173, de 27-5-2020.

> *Vide* art. 169, § 1.º, da CF.

I – **o ato que provoque aumento da despesa com pessoal e não atenda:**

>> Inciso I, *caput*, com redação determinada pela Lei Complementar n. 173, de 27-5-2020.

a) **às exigências dos arts. 16 e 17 desta Lei Complementar e o disposto no inciso XIII do *caput* do art. 37 e no § 1.º do art. 169 da Constituição Federal; e**

>> Alínea *a* acrescentada pela Lei Complementar n. 173, de 27-5-2020.

b) **ao limite legal de comprometimento aplicado às despesas com pessoal inativo;**

>> Alínea *b* acrescentada pela Lei Complementar n. 173, de 27-5-2020.

II – **o ato de que resulte aumento da despesa com pessoal nos 180 (cento e oitenta) dias anteriores ao final do mandato do titular de Poder ou órgão referido no art. 20;**

>> Inciso II com redação determinada pela Lei Complementar n. 173, de 27-5-2020.

>> O STF, na ADI n. 2.238, de 24-6-2020 (*DOU* de 13-8-2020), por maioria, julgou parcialmente procedente a ação em relação a este inciso, "para conferir interpretação conforme, no sentido de que se entenda como limite legal o previsto em lei complementar".

III – **o ato de que resulte aumento da despesa com pessoal que preveja parcelas a serem implementadas em períodos posteriores ao final do mandato do titular de Poder ou órgão referido no art. 20;**

>> Inciso III acrescentado pela Lei Complementar n. 173, de 27-5-2020.

IV – **a aprovação, a edição ou a sanção, por Chefe do Poder Executivo, por Presidente e demais membros da Mesa ou órgão decisório equivalente do Poder Legislativo, por Presidente de Tribunal do Poder Judiciário e pelo Chefe do Ministério Público, da União e dos Estados, de norma legal contendo plano de alteração, reajuste e reestruturação de carreiras do setor público, ou a edição de ato, por esses agentes, para nomeação de aprovados em concurso público, quando:**

>> Inciso IV, *caput*, acrescentado pela lei Complementar n. 173, de 27-5-2020.

a) **resultar em aumento da despesa com pessoal nos 180 (cento e oitenta) dias anteriores ao final do mandato do titular do Poder Executivo; ou**

>> Alínea *a* acrescentada pela Lei Complementar n. 173, de 27-5-2020.

b) **resultar em aumento da despesa com pessoal que preveja parcelas a serem implementadas em períodos posteriores ao final do mandato do titular do Poder Executivo.**

>> Alínea *b* acrescentada pela Lei Complementar n. 173, de 27-5-2020.

§ 1.º **As restrições de que tratam os incisos II, III e IV:**

>> § 1.º, *caput*, acrescentado pela Lei Complementar n. 173, de 27-5-2020.

I – **devem ser aplicadas inclusive durante o período de recondução ou reeleição para o cargo de titular do Poder ou órgão autônomo; e**

>> Inciso I acrescentado pela Lei Complementar n. 173, de 27-5-2020.

II – **aplicam-se somente aos titulares ocupantes de cargo eletivo dos Poderes referidos no art. 20.**

>> Inciso II acrescentado pela Lei Complementar n. 173, de 27-5-2020.

§ 2.º **Para fins do disposto neste artigo, serão considerados atos de nomeação ou de provimento de cargo público aqueles referidos no § 1.º do art. 169 da Constituição Federal ou aqueles que, de qualquer modo, acarretem a criação ou o aumento de despesa obrigatória.**

>> § 2.º acrescentado pela Lei Complementar n. 173, de 27-5-2020.

Art. 22. A verificação do cumprimento dos limites estabelecidos nos arts. 19 e 20 será realizada ao final de cada quadrimestre.

Parágrafo único. Se a despesa total com pessoal exceder a 95% (noventa e cinco por cento) do limite, são vedados ao Poder ou órgão referido no art. 20 que houver incorrido no excesso:

I – concessão de vantagem, aumento, reajuste ou adequação de remuneração a qualquer título, salvo os derivados de sentença judicial ou de determinação legal ou contratual, ressalvada a revisão prevista no inciso X do art. 37 da Constituição;

II – criação de cargo, emprego ou função;

III – alteração de estrutura de carreira que implique aumento de despesa;

IV – provimento de cargo público, admissão ou contratação de pessoal a qualquer título, ressalvada a reposição decorrente de aposentadoria ou falecimento de servidores das áreas de educação, saúde e segurança;

V – contratação de hora extra, salvo no caso do disposto no inciso II do § 6.º do art. 57 da Constituição e as situações previstas na lei de diretrizes orçamentárias.

Art. 23. Se a despesa total com pessoal, do Poder ou órgão referido no art. 20, ultrapassar os limites definidos no mesmo artigo, sem prejuízo das medidas previstas no art. 22, o percentual excedente terá de ser eliminado nos dois quadrimestres seguintes, sendo pelo menos 1/3 (um terço) no primeiro, adotando-se, entre outras, as providências previstas nos §§ 3.º e 4.º do art. 169 da Constituição.

§ 1.º No caso do inciso I do § 3.º do art. 169 da Constituição, o objetivo poderá ser alcançado tanto pela extinção de cargos e funções quanto pela redução dos valores a eles atribuídos.

>> O STF, na ADI n. 2.238, de 24-6-2020 (*DOU* de 13-8-2020), por maioria, julgou procedente o pedido para declarar, parcialmente, a inconstitucionalidade, sem redução de texto, deste § 1.º, "de modo a obstar

interpretação segundo a qual é possível reduzir valores de função ou cargo que estiver provido".

> *Vide* art. 169, §§ 3.º, 4.º e 6.º, da CF.

§ 2.º É facultada a redução temporária da jornada de trabalho com adequação dos vencimentos à nova carga horária.

>> O STF, na ADI n. 2.238, de 24-6-2020 (*DOU* de 13-8-2020), por maioria, julgou procedente o pedido formulado na ação direta para declarar a inconstitucionalidade deste § 2.º.

> *Vide* art. 169, §§ 3.º, 4.º e 6.º, da CF.

§ 3.º Não alcançada a redução no prazo estabelecido, e enquanto perdurar o excesso, o ente não poderá:

> *Vide* art. 169, § 2.º, da CF.

I – receber transferências voluntárias;

II – obter garantia, direta ou indireta, de outro ente;

III – contratar operações de crédito, ressalvadas as destinadas ao refinanciamento da dívida mobiliária e as que visem à redução das despesas com pessoal.

§ 4.º As restrições do § 3.º aplicam-se imediatamente se a despesa total com pessoal exceder o limite no primeiro quadrimestre do último ano do mandato dos titulares de Poder ou órgão referidos no art. 20.

§ 5.º As restrições previstas no § 3.º deste artigo não se aplicam ao Município em caso de queda de receita real superior a 10% (dez por cento), em comparação ao correspondente quadrimestre do exercício financeiro anterior, devido a:

>> *Caput* acrescentado pela Lei Complementar n. 164, de 18-12-2018.

I – diminuição das transferências recebidas do Fundo de Participação dos Municípios decorrente de concessão de isenções tributárias pela União; e

>> Inciso I acrescentado pela Lei Complementar n. 164, de 18-12-2018.

II – diminuição das receitas recebidas de royalties e participações especiais.

>> Inciso II acrescentado pela Lei Complementar n. 164, de 18-12-2018.

§ 6.º O disposto no § 5.º deste artigo só se aplica caso a despesa total com pessoal do quadrimestre vigente não ultrapasse o limite percentual previsto no art. 19 desta Lei Complementar, considerada, para este cálculo, a receita corrente líquida do quadrimestre correspondente do ano anterior atualizada monetariamente.

>> § 6.º acrescentado pela Lei Complementar n. 164, de 18-12-2018.

Seção III
Das Despesas com a Seguridade Social

Art. 24. Nenhum benefício ou serviço relativo à seguridade social poderá ser criado, majorado ou estendido sem a indicação da fonte de custeio total, nos termos do § 5.º do art. 195 da Constituição, atendidas ainda as exigências do art. 17.

§ 1.º É dispensada da compensação referida no art. 17 o aumento de despesa decorrente de:

I – concessão de benefício a quem satisfaça as condições de habilitação prevista na legislação pertinente;

II – expansão quantitativa do atendimento e dos serviços prestados;

III – reajustamento de valor do benefício ou serviço, a fim de preservar o seu valor real.

§ 2.º O disposto neste artigo aplica-se a benefício ou serviço de saúde, previdência e assistência social, inclusive os destinados aos servidores públicos e militares, ativos e inativos, e aos pensionistas.

Capítulo V
DAS TRANSFERÊNCIAS VOLUNTÁRIAS

Art. 25. Para efeito desta Lei Complementar, entende-se por transferência voluntária a entrega de recursos correntes ou de capital a outro ente da Federação, a título de cooperação, auxílio ou assistência financeira, que não decorra de determinação constitucional, legal ou os destinados ao Sistema Único de Saúde.

> *Vide* arts. 157 a 162 da CF.

> *Vide* art. 11 da Lei n. 4.320, de 17-3-1964.

§ 1.º São exigências para a realização de transferência voluntária, além das estabelecidas na lei de diretrizes orçamentárias:

I – existência de dotação específica;

II – (*Vetado.*);

III – observância do disposto no inciso X do art. 167 da Constituição;

IV – comprovação, por parte do beneficiário, de:

a) que se acha em dia quanto ao pagamento de tributos, empréstimos e financiamentos devidos ao ente transferidor, bem como quanto à prestação de contas de recursos anteriormente dele recebidos;

b) cumprimento dos limites constitucionais relativos à educação e à saúde;

c) observância dos limites das dívidas consolidada e mobiliária, de operações de crédito, inclusive por antecipação de receita, de inscrição em Restos a Pagar e de despesa total com pessoal;

d) previsão orçamentária de contrapartida.

§ 2.º É vedada a utilização de recursos transferidos em finalidade diversa da pactuada.

§ 3.º Para fins da aplicação das sanções de suspensão de transferências voluntárias constantes desta Lei Complementar, excetuam-se aquelas relativas a ações de educação, saúde e assistência social.

Capítulo VI
DA DESTINAÇÃO DE RECURSOS PÚBLICOS PARA O SETOR PRIVADO

Art. 26. A destinação de recursos para, direta ou indiretamente, cobrir necessidades de pessoas físicas ou déficits de pessoas jurídicas deverá ser autorizada por lei específica, atender às condições estabelecidas na lei de diretrizes orçamentárias e estar prevista no orçamento ou em seus créditos adicionais.

§ 1.º O disposto no *caput* aplica-se a toda a administração indireta, inclusive fundações públicas e empresas estatais, exceto, no exercício de suas atribuições precípuas, as instituições financeiras e o Banco Central do Brasil.

§ 2.º Compreende-se incluída a concessão de empréstimos, financiamentos e refinanciamentos, inclusive as respectivas prorrogações e a composição de dívidas, a concessão de subvenções e a participação em constituição ou aumento de capital.

Art. 27. Na concessão de crédito por ente da Federação a pessoa física, ou jurídica que não esteja sob seu controle direto ou indireto, os encargos financeiros, comissões e despesas congêneres não serão inferiores aos definidos em lei ou ao custo de captação.

Parágrafo único. Dependem de autorização em lei específica as prorrogações e composições de dívidas decorrentes de operações de crédito, bem como a concessão de empréstimos ou financiamentos em desacordo com o *caput*, sendo o subsídio correspondente consignado na lei orçamentária.

Art. 28. Salvo mediante lei específica, não poderão ser utilizados recursos públicos, inclusive de operações de crédito, para socorrer instituições do Sistema Financeiro Nacional, ainda que mediante a concessão de empréstimos de recuperação ou financiamentos para mudança de controle acionário.

§ 1.º A prevenção de insolvência e outros riscos ficará a cargo de fundos, e outros mecanismos, constituídos pelas instituições do Sistema Financeiro Nacional, na forma da lei.

§ 2.º O disposto no *caput* não proíbe o Banco Central do Brasil de conceder às instituições financeiras operações de redesconto e de empréstimos de prazo inferior a 360 (trezentos e sessenta) dias.

Capítulo VII
DA DÍVIDA E DO ENDIVIDAMENTO

Seção I
Definições Básicas

Art. 29. Para os efeitos desta Lei Complementar, são adotadas as seguintes definições:

I – dívida pública consolidada ou fundada: montante total, apurado sem duplicidade, das obrigações financeiras do ente da Federação, assumidas em virtude de leis, contratos, convênios ou tratados e da realização de operações de crédito, para amortização em prazo superior a 12 (doze) meses;

II – dívida pública mobiliária: dívida pública representada por títulos emitidos pela União, inclusive os do Banco Central do Brasil, Estados e Municípios;

> *Vide* art. 151, II, da CF.

III – operação de crédito: compromisso financeiro assumido em razão de mútuo, abertura de crédito, emissão e aceite de título, aquisição financiada de bens, recebimento antecipado de valores provenientes da venda a termo de bens e serviços, arrendamento mercantil e outras operações assemelhadas, inclusive com o uso de derivativos financeiros;

IV – concessão de garantia: compromisso de adimplência de obrigação financeira ou contratual assumida por ente da Federação ou entidade a ele vinculada;

V – refinanciamento da dívida mobiliária: emissão de títulos para pagamento do principal acrescido da atualização monetária.

§ 1.º Equipara-se a operação de crédito a assunção, o reconhecimento ou a confissão de dívidas pelo ente da Federação, sem prejuízo do cumprimento das exigências dos arts. 15 e 16.

§ 2.º Será incluída na dívida pública consolidada da União a relativa à emissão de títulos de responsabilidade do Banco Central do Brasil.

§ 3.º Também integram a dívida pública consolidada as operações de crédito de prazo inferior a 12 (doze) meses cujas receitas tenham constado do orçamento.

§ 4.º O refinanciamento do principal da dívida mobiliária não excederá, ao término de cada exercício financeiro, o montante do final do exercício anterior, somado ao das operações de crédito autorizadas no orçamento para este efeito e efetivamente realizadas, acrescido de atualização monetária.

Seção II
Dos Limites da Dívida Pública e das Operações de Crédito

Art. 30. No prazo de 90 (noventa) dias após a publicação desta Lei Complementar, o Presidente da República submeterá ao:

I – Senado Federal: proposta de limites globais para o montante da dívida consolidada da União, Estados e Municípios, cumprindo o que estabelece o inciso VI do art. 52 da Constituição, bem como de limites e condições relativos aos incisos VII, VIII e IX do mesmo artigo;

> A Resolução n. 40, do Senado Federal, de 20-12-2001, dispõe sobre os limites globais para o montante da dívida pública consolidada e da dívida pública mobiliária dos Estados, do Distrito Federal e dos Municípios.

II – Congresso Nacional: projeto de lei que estabeleça limites para o montante da dívida mobiliária federal a que se refere o inciso XIV do art. 48 da Constituição, acompanhado da demonstração de sua adequação aos limites fixados para a dívida consolidada da União, atendido o disposto no inciso I do § 1.º deste artigo.

§ 1.º As propostas referidas nos incisos I e II do *caput* e suas alterações conterão:

I – demonstração de que os limites e condições guardam coerência com as normas estabelecidas nesta Lei Complementar e com os objetivos da política fiscal;

II – estimativas do impacto da aplicação dos limites a cada uma das três esferas de governo;

III – razões de eventual proposição de limites diferenciados por esfera de governo;

IV – metodologia de apuração dos resultados primário e nominal.

§ 2.º As propostas mencionadas nos incisos I e II do *caput* também poderão ser apresentadas em termos de dívida líquida, evidenciando a forma e a metodologia de sua apuração.

§ 3.º Os limites de que tratam os incisos I e II do *caput* serão fixados em percentual da receita corrente líquida para cada esfera de governo e aplicados igualmente a todos os entes da Federação que a integrem, constituindo, para cada um deles, limites máximos.

§ 4.º Para fins de verificação do atendimento do limite, a apuração do montante da dívida consolidada será efetuada ao final de cada quadrimestre.

§ 5.º No prazo previsto no art. 5.º, o Presidente da República enviará ao Senado Federal ou ao Congresso Nacional, conforme o caso, proposta de manutenção ou alteração dos limites e condições previstos nos incisos I e II do *caput*.

§ 6.º Sempre que alterados os fundamentos das propostas de que trata este artigo, em razão de instabilidade econômica ou alterações nas políticas monetária ou cambial, o Presidente da República poderá encaminhar ao Senado Federal ou ao Congresso Nacional solicitação de revisão dos limites.

§ 7.º Os precatórios judiciais não pagos durante a execução do orçamento em que houverem sido incluídos integram a dívida consolidada, para fins de aplicação dos limites.

Seção III
Da Recondução da Dívida aos Limites

Art. 31. Se a dívida consolidada de um ente da Federação ultrapassar o respectivo limite ao final de um quadrimestre, deverá ser a ele reconduzida até o término dos três subsequentes, reduzindo o excedente em pelo menos 25% (vinte e cinco por cento) no primeiro.

§ 1.º Enquanto perdurar o excesso, o ente que nele houver incorrido:

I – estará proibido de realizar operação de crédito interna ou externa, inclusive por antecipação de receita, ressalvado o refinanciamento do principal atualizado da dívida mobiliária;

II – obterá resultado primário necessário à recondução da dívida ao limite, promovendo, entre outras medidas, limitação de empenho, na forma do art. 9.º.

§ 2.º Vencido o prazo para retorno da dívida ao limite, e enquanto perdurar o excesso, o ente ficará também impedido de receber transferências voluntárias da União ou do Estado.

§ 3.º As restrições do § 1.º aplicam-se imediatamente se o montante da dívida exceder o limite no primeiro quadrimestre do último ano do mandato do Chefe do Poder Executivo.

§ 4.º O Ministério da Fazenda divulgará, mensalmente, a relação dos entes que tenham ultrapassado os limites das dívidas consolidada e mobiliária.

§ 5.º As normas deste artigo serão observadas nos casos de descumprimento dos limites da dívida mobiliária e das operações de crédito internas e externas.

Seção IV
Das Operações de Crédito

> A Resolução n. 43, do Senado Federal, de 21-12-2001, dispõe sobre as operações de crédito interno e externo dos Estados, do Distrito Federal e dos Municípios, inclusive concessão de garantias, seus limites e condições de autorização.

> A Instrução Normativa n. 59, de 12-8-2009, do TCU, estabelece normas de tramitação e de acompanhamento das solicitações do Senado Federal acerca das resoluções de autorização das operações de crédito externo dos Estados, do Distrito Federal e dos Municípios, com garantia da União.

Subseção I
Da contratação

Art. 32. O Ministério da Fazenda verificará o cumprimento dos limites e condições relativos à realização de operações de crédito de cada ente da Federação, inclusive das empresas por eles controladas, direta ou indiretamente.

§ 1.º O ente interessado formalizará seu pleito fundamentando-o em parecer de seus órgãos técnicos e jurídicos, demonstrando a relação custo-benefício, o interesse econômico e social da operação e o atendimento das seguintes condições:

I – existência de prévia e expressa autorização para a contratação, no texto da lei orçamentária, em créditos adicionais ou lei específica;

II – inclusão no orçamento ou em créditos adicionais dos recursos provenientes da operação, exceto no caso de operações por antecipação de receita;

III – observância dos limites e condições fixados pelo Senado Federal;

IV – autorização específica do Senado Federal, quando se tratar de operação de crédito externo;

V – atendimento do disposto no inciso III do art. 167 da Constituição;

VI – observância das demais restrições estabelecidas nesta Lei Complementar.

§ 2.º As operações relativas à dívida mobiliária federal autorizadas, no texto da lei orçamentária ou de créditos adicionais, serão objeto de processo simplificado que atenda às suas especificidades.

§ 3.º Para fins do disposto no inciso V do § 1.º, considerar-se-á, em cada exercício financeiro, o total dos recursos de operações de crédito nele ingressados e o das despesas de capital executadas, observado o seguinte:

I – não serão computadas nas despesas de capital as realizadas sob a forma de empréstimo ou financiamento a contribuinte, com o intuito de promover incentivo fiscal, tendo por base tributo de competência do ente da Federação, se resultar a diminuição, direta ou indireta, do ônus deste;

II – se o empréstimo ou financiamento a que se refere o inciso I for concedido por instituição financeira controlada pelo ente da Federação, o valor da operação será deduzido das despesas de capital;

III – (*Vetado.*)

§ 4.º Sem prejuízo das atribuições próprias do Senado Federal e do Banco Central do Brasil, o Ministério da Fazenda efetuará o registro eletrônico centralizado e atualizado das dívidas públicas interna e externa, garantido o acesso público às informações, que incluirão:

I – encargos e condições de contratação;

II – saldos atualizados e limites relativos às dívidas consolidada e mobiliária, operações de crédito e concessão de garantias.

§ 5.º Os contratos de operação de crédito externo não conterão cláusula que importe na compensação automática de débitos e créditos.

§ 6.º O prazo de validade da verificação dos limites e das condições de que trata este artigo e da análise realizada para a concessão de garantia pela União será de, no mínimo, 90 (noventa) dias e, no máximo, 270 (duzentos e setenta) dias, a critério do Ministério da Fazenda.

>> 6.º acrescentado pela Lei Complementar n. 159, de 19-5-2017.

Art. 33. A instituição financeira que contratar operação de crédito com ente da Federação, exceto quando relativa à dívida mobiliária ou à externa, deverá exigir comprovação de que a operação atende às condições e limites estabelecidos.

> A Resolução n. 3.751, de 30-6-2009, do Banco Central do Brasil, define procedimentos de salvaguarda às instituições financeiras, bem como procedimentos para exigir comprovação de cumprimento dos limites e condições para a contratação de operações de crédito.

§ 1.º A operação realizada com infração do disposto nesta Lei Complementar será considerada nula, procedendo-se ao seu cancelamento, mediante a devolução do principal, vedados o pagamento de juros e demais encargos financeiros.

§ 2.º Se a devolução não for efetuada no exercício de ingresso dos recursos, será consignada reserva específica na lei orçamentária para o exercício seguinte.

§ 3.º Enquanto não efetuado o cancelamento, a amortização, ou constituída a reserva, aplicam-se as sanções previstas nos incisos do § 3.º do art. 23.

§ 4.º Também se constituirá reserva, no montante equivalente ao excesso, se não atendido o disposto no inciso III do art. 167 da Constituição, consideradas as disposições do § 3.º do art. 32.

Subseção II
Das vedações

Art. 34. O Banco Central do Brasil não emitirá títulos da dívida pública a partir de 2 (dois) anos após a publicação desta Lei Complementar.

Art. 35. É vedada a realização de operação de crédito entre um ente da Federação, diretamente ou por intermédio de fundo, autarquia, fundação ou empresa estatal dependente, e outro, inclusive suas entidades da administração indireta, ainda que sob a forma de novação, refinanciamento ou postergação de dívida contraída anteriormente.

> *Vide* art. 165, § 9.º, II, da CF.

§ 1.º Excetuam-se da vedação a que se refere o *caput* as operações entre instituição financeira estatal e outro ente da Federação, inclusive suas entidades da administração indireta, que não se destinem a:

I – financiar, direta ou indiretamente, despesas correntes;

II – refinanciar dívidas não contraídas junto à própria instituição concedente.

§ 2.º O disposto no *caput* não impede Estados e Municípios de comprar títulos da dívida da União como aplicação de suas disponibilidades.

Art. 36. É proibida a operação de crédito entre uma instituição financeira estatal e o ente da Federação que a controle, na qualidade de beneficiário do empréstimo.

Parágrafo único. O disposto no *caput* não proíbe instituição financeira controlada de adquirir, no mercado, títulos da dívida pública para atender investimento de seus clientes, ou títulos da dívida de emissão da União para aplicação de recursos próprios.

Art. 37. Equiparam-se a operações de crédito e estão vedados:

I – captação de recursos a título de antecipação de receita de tributo ou contribuição cujo fato gerador ainda não tenha ocorrido, sem prejuízo do disposto no § 7.º do art. 150 da Constituição;

II – recebimento antecipado de valores de empresa em que o Poder Público detenha, direta ou indiretamente, a maioria do capital social com direito a voto, salvo lucros e dividendos, na forma da legislação;

III – assunção direta de compromisso, confissão de dívida ou operação assemelhada, com fornecedor de bens, mercadorias ou serviços, mediante emissão, aceite ou aval de título de crédito, não se aplicando esta vedação a empresas estatais dependentes;

IV – assunção de obrigação, sem autorização orçamentária, com fornecedores para pagamento *a posteriori* de bens e serviços.

Subseção III
Das operações de crédito por antecipação de receita orçamentária

Art. 38. A operação de crédito por antecipação de receita destina-se a atender insuficiência de caixa durante o exercício financeiro e cumprirá as exigências mencionadas no art. 32 e mais as seguintes:

I – realizar-se-á somente a partir do décimo dia do início do exercício;

II – deverá ser liquidada, com juros e outros encargos incidentes, até o dia dez de dezembro de cada ano;

III – não será autorizada se forem cobrados outros encargos que não a taxa de juros da operação, obrigatoriamente prefixada ou indexada à taxa básica financeira, ou à que vier a esta substituir;

IV – estará proibida:

a) enquanto existir operação anterior da mesma natureza não integralmente resgatada;

b) no último ano de mandato do Presidente, Governador ou Prefeito Municipal.

§ 1.º As operações de que trata este artigo não serão computadas para efeito do que dispõe o inciso III do art. 167 da Constituição, desde que liquidadas no prazo definido no inciso II do *caput*.

§ 2.º As operações de crédito por antecipação de receita realizadas por Estados ou Municípios serão efetuadas mediante abertura de crédito junto à instituição financeira vencedora em processo competitivo eletrônico promovido pelo Banco Central do Brasil.

§ 3.º O Banco Central do Brasil manterá sistema de acompanhamento e controle do saldo do crédito aberto e, no caso de inobservância dos limites, aplicará as sanções cabíveis à instituição credora.

Subseção IV
Das operações com o Banco Central do Brasil

Art. 39. Nas suas relações com ente da Federação, o Banco Central do Brasil está sujeito às vedações constantes do art. 35 e mais às seguintes:

I – compra de título da dívida, na data de sua colocação no mercado, ressalvado o disposto no § 2.º deste artigo;

II – permuta, ainda que temporária, por intermédio de instituição financeira ou não, de título da dívida de ente da Federação por título da dívida pública federal, bem como a operação de compra e venda, a termo, daquele título, cujo efeito final seja semelhante à permuta;

III – concessão de garantia.

§ 1.º O disposto no inciso II, *in fine*, não se aplica ao estoque de Letras do Banco Central do Brasil, Série Especial, existente na carteira das instituições financeiras, que pode ser refinanciado mediante novas operações de venda a termo.

§ 2.º O Banco Central do Brasil só poderá comprar diretamente títulos emitidos pela União para refinanciar a dívida mobiliária federal que estiver vencendo na sua carteira.

§ 3.º A operação mencionada no § 2.º deverá ser realizada à taxa média e condições alcançadas no dia, em leilão público.

§ 4.º É vedado ao Tesouro Nacional adquirir títulos da dívida pública federal existentes na carteira do Banco Central do Brasil, ainda que com cláusula de reversão, salvo para reduzir a dívida mobiliária.

Seção V
Da Garantia e da Contragarantia

Art. 40. Os entes poderão conceder garantia em operações de crédito internas ou externas, observados o disposto neste artigo, as normas do art. 32 e, no caso da União, também os limites e as condições estabelecidos pelo Senado Federal.

§ 1.º A garantia estará condicionada ao oferecimento de contragarantia, em valor igual ou superior ao da garantia a ser concedida, e à adimplência da entidade que a pleitear relativamente a suas obrigações junto ao garantidor e às entidades por este controladas, observado o seguinte:

I – não será exigida contragarantia de órgãos e entidades do próprio ente;

II – a contragarantia exigida pela União a Estado ou Município, ou pelos Estados aos Municípios, poderá consistir na vinculação de receitas tributárias diretamente arrecadadas e provenientes de transferências constitucionais, com outorga de poderes ao garantidor para retê-las e empregar o respectivo valor na liquidação da dívida vencida.

> *Vide* art. 167, IV, da CF.

§ 2.º No caso de operação de crédito junto a organismo financeiro internacional, ou a instituição federal de crédito e fomento para o repasse de recursos externos, a União só prestará garantia a ente que atenda, além do disposto no § 1.º, as exigências legais para o recebimento de transferências voluntárias.

§§ 3.º e 4.º (*Vetados.*)

§ 5.º É nula a garantia concedida acima dos limites fixados pelo Senado Federal.

§ 6.º É vedado às entidades da administração indireta, inclusive suas empresas controladas e subsidiárias, conceder garantia, ainda que com recursos de fundos.

§ 7.º O disposto no § 6.º não se aplica à concessão de garantia por:

I – empresa controlada a subsidiária ou controlada sua, nem à prestação de contragarantia nas mesmas condições;

II – instituição financeira a empresa nacional, nos termos da lei.

§ 8.º Excetua-se do disposto neste artigo a garantia prestada:

I – por instituições financeiras estatais, que se submeterão às normas aplicáveis às instituições financeiras privadas, de acordo com a legislação pertinente;

II – pela União, na forma de lei federal, a empresas de natureza financeira por ela controladas, direta e indiretamente, quanto às operações de seguro de crédito à exportação.

§ 9.º Quando honrarem dívida de outro ente, em razão de garantia prestada, a União e os Estados poderão condicionar as transferências constitucionais ao ressarcimento daquele pagamento.

§ 10. O ente da Federação cuja dívida tiver sido honrada pela União ou por Estado, em decorrência de garantia prestada em operação de crédito, terá suspenso o acesso a novos créditos ou financiamentos até a total liquidação da mencionada dívida.

Seção VI
Dos Restos a Pagar

Art. 41. (*Vetado.*)

Art. 42. É vedado ao titular de Poder ou órgão referido no art. 20, nos últimos dois quadrimestres do seu mandato, contrair obrigação de despesa que não possa ser cumprida integralmente dentro dele, ou que tenha parcelas a serem pagas no exercício seguinte sem que haja suficiente disponibilidade de caixa para este efeito.

Parágrafo único. Na determinação da disponibilidade de caixa serão considerados os encargos e despesas compromissadas a pagar até o final do exercício.

CAPÍTULO VIII
DA GESTÃO PATRIMONIAL

Seção I
Das Disponibilidades de Caixa

Art. 43. As disponibilidades de caixa dos entes da Federação serão depositadas conforme estabelece o § 3.º do art. 164 da Constituição.

§ 1.º As disponibilidades de caixa dos regimes de previdência social, geral e próprio dos servidores públicos, ainda que vinculadas a fundos específicos a que se referem os arts. 249 e 250 da Constituição, ficarão depositadas em conta separada das demais disponibilidades de cada ente e aplicadas nas condições de mercado, com observância dos limites e condições de proteção e prudência financeira.

§ 2.º É vedada a aplicação das disponibilidades de que trata o § 1.º em:

I – títulos da dívida pública estadual e municipal, bem como em ações e outros papéis relativos às empresas controladas pelo respectivo ente da Federação;

II – empréstimos, de qualquer natureza, aos segurados e ao Poder Público, inclusive a suas empresas controladas.

Seção II
Da Preservação do Patrimônio Público

Art. 44. É vedada a aplicação da receita de capital derivada da alienação de bens e direitos que integram o patrimônio público para o financiamento de despesa corrente, salvo se destinada por lei aos regimes de previdência social, geral e próprio dos servidores públicos.

Art. 45. Observado o disposto no § 5.º do art. 5.º, a lei orçamentária e as de créditos adicionais só incluirão novos projetos após adequadamente atendidos os em andamento e contempladas as despesas de conservação do patrimônio público, nos termos em que dispuser a lei de diretrizes orçamentárias.

Parágrafo único. O Poder Executivo de cada ente encaminhará ao Legislativo, até a data do envio do projeto de lei de diretrizes orçamentárias, relatório com as informações necessárias ao cumprimento do disposto neste artigo, ao qual será dada ampla divulgação.

Art. 46. É nulo de pleno direito ato de desapropriação de imóvel urbano expedido sem o atendimento do disposto no § 3.º do art. 182 da Constituição, ou prévio depósito judicial do valor da indenização.

Seção III
Das Empresas Controladas pelo Setor Público

Art. 47. A empresa controlada que firmar contrato de gestão em que se estabeleçam objetivos e metas de desempenho, na forma da lei, disporá de autonomia gerencial, orçamentária e financeira, sem prejuízo do disposto no inciso II do § 5.º do art. 165 da Constituição.

Parágrafo único. A empresa controlada incluirá em seus balanços trimestrais nota explicativa em que informará:

I – fornecimento de bens e serviços ao controlador, com respectivos preços e condições, comparando-os com os praticados no mercado;

II – recursos recebidos do controlador, a qualquer título, especificando valor, fonte e destinação;

III – venda de bens, prestação de serviços ou concessão de empréstimos e financiamentos com preços, taxas, prazos ou condições diferentes dos vigentes no mercado.

CAPÍTULO IX
DA TRANSPARÊNCIA, CONTROLE E FISCALIZAÇÃO

Seção I
Da Transparência da Gestão Fiscal

Art. 48. São instrumentos de transparência da gestão fiscal, aos quais será dada ampla divulgação, inclusive em meios eletrônicos de acesso público: os planos, orçamentos e leis de diretrizes orçamentárias; as prestações de contas e o respectivo parecer prévio; o Relatório Resumido da Execução Orçamentária e o Relatório de Gestão Fiscal; e as versões simplificadas desses documentos.

> *Vide* art. 70 da CF.

§ 1.º A transparência será assegurada também mediante:

>> Parágrafo único renumerado pela Lei Complementar n. 156, de 28-12-2016.

I – incentivo à participação popular e realização de audiências públicas, durante os processos de elaboração e discussão dos planos, lei de diretrizes orçamentárias e orçamentos;

>> Inciso I acrescentado pela Lei Complementar n. 131, de 27-5-2009.

II – liberação ao pleno conhecimento e acompanhamento da sociedade, em tempo real, de informações pormenorizadas sobre a execução orçamentária e financeira, em meios eletrônicos de acesso público; e

>> Inciso II com redação determinada pela Lei Complementar n. 156, de 28-12-2016.

III – adoção de sistema integrado de administração financeira e controle, que atenda a padrão mínimo de qualidade estabelecido pelo Poder Executivo da União e ao disposto no art. 48-A.

>> Inciso III acrescentado pela Lei Complementar n. 131, de 27-5-2009.

> O Decreto n. 10.540, de 5-11-2020, dispõe sobre o padrão mínimo de qualidade do Sistema Único e Integrado de Execução Orçamentária, Administração Financeira e Controle.

§ 2.º A União, os Estados, o Distrito Federal e os Municípios disponibilizarão suas informações e dados contábeis, orçamentários e fiscais conforme periodicidade, formato e sistema estabelecidos pelo órgão central de contabilidade da União, os quais deverão ser divulgados em meio eletrônico de amplo acesso público.

>> § 2.º acrescentado pela Lei Complementar n. 156, de 28-12-2016.

§ 3.º Os Estados, o Distrito Federal e os Municípios encaminharão ao Ministério da Fazenda, nos termos e na periodicidade a serem definidos em instrução específica deste órgão, as informações necessárias para a constituição do registro eletrônico centralizado e atualizado das dívidas públicas interna e externa, de que trata o § 4.º do art. 32.

>> § 3.º acrescentado pela Lei Complementar n. 156, de 28-12-2016.

§ 4.º A inobservância do disposto nos §§ 2.º e 3.º ensejará as penalidades previstas no § 2.º do art. 51.

>> § 4.º acrescentado pela Lei Complementar n. 156, de 28-12-2016.

§ 5.º Nos casos de envio conforme disposto no § 2.º, para todos os efeitos, a União, os Estados, o Distrito Federal e os Municípios cumprem o dever de ampla divulgação a que se refere o *caput*.

>> § 5.º acrescentado pela Lei Complementar n. 156, de 28-12-2016.

§ 6.º Todos os Poderes e órgãos referidos no art. 20, incluídos autarquias, fundações públicas, empresas estatais dependentes e fundos, do ente da Federação devem utilizar sistemas únicos de execução orçamentária e financeira, mantidos e gerenciados pelo Poder Executivo, resguardada a autonomia.

>> § 6.º acrescentado pela Lei Complementar n. 156, de 28-12-2016.

Art. 48-A. Para os fins a que se refere o inciso II do parágrafo único do art. 48, os entes da Federação disponibilizarão a qualquer pessoa física ou jurídica o acesso a informações referentes a:

>> *Caput* acrescentado pela Lei Complementar n. 131, de 27-5-2009.

I – quanto à despesa: todos os atos praticados pelas unidades gestoras no decorrer da execução da despesa, no momento de sua realização, com a disponibilização mínima dos dados referentes ao número do correspondente processo, ao bem fornecido ou ao serviço prestado, à pessoa física ou jurídica beneficiária do pagamento e, quando for o caso, ao procedimento licitatório realizado;

>> Inciso I acrescentado pela Lei Complementar n. 131, de 27-5-2009.

II – quanto à receita: o lançamento e o recebimento de toda a receita das unidades gestoras, inclusive referente a recursos extraordinários.

>> Inciso II acrescentado pela Lei Complementar n. 131, de 27-5-2009.

Art. 49. As contas apresentadas pelo Chefe do Poder Executivo ficarão disponíveis, durante todo o exercício, no respectivo Poder Legislativo e no órgão técnico responsável pela sua elaboração, para consulta e apreciação pelos cidadãos e instituições da sociedade.

Parágrafo único. A prestação de contas da União conterá demonstrativos do Tesouro Nacional e das agências financeiras oficiais de fomento, incluído o Banco Nacional de Desenvolvimento Econômico e Social, especificando os empréstimos e financiamentos concedidos com recursos oriundos dos orçamentos fiscal e da seguridade social e, no caso das agências financeiras, avaliação circunstanciada do impacto fiscal de suas atividades no exercício.

Seção II
Da Escrituração e Consolidação das Contas

Art. 50. Além de obedecer às demais normas de contabilidade pública, a escrituração das contas públicas observará as seguintes:

I – a disponibilidade de caixa constará de registro próprio, de modo que os recursos vinculados a órgão, fundo ou despesa obrigatória fiquem identificados e escriturados de forma individualizada;

II – a despesa e a assunção de compromisso serão registradas segundo o regime de competência, apurando-se, em caráter complementar, o resultado dos fluxos financeiros pelo regime de caixa;

III – as demonstrações contábeis compreenderão, isolada e conjuntamente, as transações e operações de cada órgão, fundo ou entidade da administração direta, autárquica e fundacional, inclusive empresa estatal dependente;

IV – as receitas e despesas previdenciárias serão apresentadas em demonstrativos financeiros e orçamentários específicos;

V – as operações de crédito, as inscrições em Restos a Pagar e as demais formas de financiamento ou assunção de compromissos junto a terceiros, deverão ser escrituradas de modo a evidenciar o montante e a variação da dívida pública no período, detalhando, pelo menos, a natureza e o tipo de credor;

VI – a demonstração das variações patrimoniais dará destaque à origem e ao destino dos recursos provenientes da alienação de ativos.

§ 1.º No caso das demonstrações conjuntas, excluir-se-ão as operações intragovernamentais.

§ 2.º A edição de normas gerais para consolidação das contas públicas caberá ao órgão central de contabilidade da União, enquanto não implantado o conselho de que trata o art. 67.

> O Decreto n. 6.976, de 7-10-2009, dispõe sobre o Sistema de Contabilidade Federal.

§ 3.º A Administração Pública manterá sistema de custos que permita a avaliação e o acompanhamento da gestão orçamentária, financeira e patrimonial.

Art. 51. O Poder Executivo da União promoverá, até o dia trinta de junho, a consolidação, nacional e por esfera de governo, das contas dos entes da Federação relativas ao exercício anterior, e a sua divulgação, inclusive por meio eletrônico de acesso público.

§ 1.º Os Estados e os Municípios encaminharão suas contas ao Poder Executivo da União nos seguintes prazos:

I – Municípios, com cópia para o Poder Executivo do respectivo Estado, até trinta de abril;

II – Estados, até trinta e um de maio.

§ 2.º O descumprimento dos prazos previstos neste artigo impedirá, até que a situação seja regularizada, que o ente da Federação receba transferências voluntárias e contrate operações de crédito, exceto as destinadas ao refinanciamento do principal atualizado da dívida mobiliária.

Seção III
Do Relatório Resumido da Execução Orçamentária

Art. 52. O relatório a que se refere o § 3.º do art. 165 da Constituição abrangerá todos os Poderes e o Ministério Público, será publicado até 30 (trinta) dias após o encerramento de cada bimestre e composto de:

I – balanço orçamentário, que especificará, por categoria econômica, as:

a) receitas por fonte, informando as realizadas e a realizar, bem como a previsão atualizada;

b) despesas por grupo de natureza, discriminando a dotação para o exercício, a despesa liquidada e o saldo;

II – demonstrativos da execução das:

a) receitas, por categoria econômica e fonte, especificando a previsão inicial, a previsão atualizada para o exercício, a receita realizada no bimestre, a realizada no exercício e a previsão a realizar;

b) despesas, por categoria econômica e grupo de natureza da despesa, discriminando dotação inicial, dotação para o exercício, despesas empenhada e liquidada, no bimestre e no exercício;

c) despesas, por função e subfunção.

§ 1.º Os valores referentes ao refinanciamento da dívida mobiliária constarão destacadamente nas receitas de operações de crédito e nas despesas com amortização da dívida.

§ 2.º O descumprimento do prazo previsto neste artigo sujeita o ente às sanções previstas no § 2.º do art. 51.

Art. 53. Acompanharão o Relatório Resumido demonstrativos relativos a:

I – apuração da receita corrente líquida, na forma definida no inciso IV do art. 2.º, sua evolução, assim como a previsão de seu desempenho até o final do exercício;

II – receitas e despesas previdenciárias a que se refere o inciso IV do art. 50;

III – resultados nominal e primário;

IV – despesas com juros, na forma do inciso II do art. 4.º;

V – Restos a Pagar, detalhando, por Poder e órgão referido no art. 20, os valores inscritos, os pagamentos realizados e o montante a pagar.

§ 1.º O relatório referente ao último bimestre do exercício será acompanhado também de demonstrativos:

I – do atendimento do disposto no inciso III do art. 167 da Constituição, conforme o § 3.º do art. 32;

II – das projeções atuariais dos regimes de previdência social, geral e próprio dos servidores públicos;

III – da variação patrimonial, evidenciando a alienação de ativos e a aplicação dos recursos dela decorrentes.

§ 2.º Quando for o caso, serão apresentadas justificativas:

I – da limitação de empenho;

II – da frustração de receitas, especificando as medidas de combate à sonegação e à evasão fiscal, adotadas e a adotar, e as ações de fiscalização e cobrança.

Seção IV

Do Relatório de Gestão Fiscal

Art. 54. Ao final de cada quadrimestre será emitido pelos titulares dos Poderes e órgãos referidos no art. 20 Relatório de Gestão Fiscal, assinado pelo:

I – Chefe do Poder Executivo;

II – Presidente e demais membros da Mesa Diretora ou órgão decisório equivalente, conforme regimentos internos dos órgãos do Poder Legislativo;

III – Presidente de Tribunal e demais membros de Conselho de Administração ou órgão decisório equivalente, conforme regimentos internos dos órgãos do Poder Judiciário;

IV – Chefe do Ministério Público, da União e dos Estados.

Parágrafo único. O relatório também será assinado pelas autoridades responsáveis pela administração financeira e pelo controle interno, bem como por outras definidas por ato próprio de cada Poder ou órgão referido no art. 20.

Art. 55. O relatório conterá:

I – comparativo com os limites de que trata esta Lei Complementar, dos seguintes montantes:

a) despesa total com pessoal, distinguindo a com inativos e pensionistas;

b) dívidas consolidada e mobiliária;

c) concessão de garantias;

d) operações de crédito, inclusive por antecipação de receita;

e) despesas de que trata o inciso II do art. 4.º;

II – indicação das medidas corretivas adotadas ou a adotar, se ultrapassado qualquer dos limites;

III – demonstrativos, no último quadrimestre:

a) do montante das disponibilidades de caixa em trinta e um de dezembro;

b) da inscrição em Restos a Pagar, das despesas:

1) liquidadas;

2) empenhadas e não liquidadas, inscritas por atenderem a uma das condições do inciso II do art. 41;

3) empenhadas e não liquidadas, inscritas até o limite do saldo da disponibilidade de caixa;

4) não inscritas por falta de disponibilidade de caixa e cujos empenhos foram cancelados;

c) do cumprimento do disposto no inciso II e na alínea *b* do inciso IV do art. 38.

§ 1.º O relatório dos titulares dos órgãos mencionados nos incisos II, III e IV do art. 54 conterá apenas as informações relativas à alínea *a* do inciso I, e os documentos referidos nos incisos II e III.

§ 2.º O relatório será publicado até 30 (trinta) dias após o encerramento do período a que corresponder, com amplo acesso ao público, inclusive por meio eletrônico.

§ 3.º O descumprimento do prazo a que se refere o § 2.º sujeita o ente à sanção prevista no § 2.º do art. 51.

§ 4.º Os relatórios referidos nos arts. 52 e 54 deverão ser elaborados de forma padronizada, segundo modelos que poderão ser atualizados pelo conselho de que trata o art. 67.

Seção V

Das Prestações de Contas

Art. 56. As contas prestadas pelos Chefes do Poder Executivo incluirão, além das suas próprias, as dos Presidentes dos órgãos dos Poderes Legislativo e Judiciário e do Chefe do Ministério Público, referidos no art. 20, as quais receberão parecer prévio, separadamente, do respectivo Tribunal de Contas.

>> O STF, na ADI n. 2.324 (*DOU* de 23-9-2020), por maioria, suspendeu a eficácia deste artigo.

> *Vide* art. 71 da CF.

§ 1.º As contas do Poder Judiciário serão apresentadas no âmbito:

I – da União, pelos Presidentes do Supremo Tribunal Federal e dos Tribunais Superiores, consolidando as dos respectivos tribunais;

II – dos Estados, pelos Presidentes dos Tribunais de Justiça, consolidando as dos demais tribunais.

§ 2.º O parecer sobre as contas dos Tribunais de Contas será proferido no prazo previsto no art. 57 pela comissão mista permanente referida no § 1.º do art. 166 da Constituição ou equivalente das Casas Legislativas estaduais e municipais.

§ 3.º Será dada ampla divulgação dos resultados da apreciação das contas, julgadas ou tomadas.

Art. 57. Os Tribunais de Contas emitirão parecer prévio conclusivo sobre as contas no prazo de 60 (sessenta) dias do recebimento, se outro não estiver estabelecido nas constituições estaduais ou nas leis orgânicas municipais.

>> O STF, na ADI n. 2.238-5, concedeu medida liminar em 9-8-2007 (*DOU* de 17-8-2007), para suspender a eficácia deste artigo.

§ 1.º No caso de Municípios que não sejam capitais e que tenham menos de 200.000 (duzentos mil) habitantes o prazo será de 180 (cento e oitenta) dias.

§ 2.º Os Tribunais de Contas não entrarão em recesso enquanto existirem contas de Poder, ou órgão referido no art. 20, pendentes de parecer prévio.

Art. 58. A prestação de contas evidenciará o desempenho da arrecadação em relação à previsão, destacando as providências adotadas no âmbito da fiscalização das receitas e combate à sonegação, as ações de recuperação de créditos nas instâncias administrativa e judicial, bem como as demais medidas para incremento das receitas tributárias e de contribuições.

Seção VI

Da Fiscalização da Gestão Fiscal

Art. 59. O Poder Legislativo, diretamente ou com o auxílio dos Tribunais de Contas, e o sistema de controle interno de cada Poder e do Ministério Público, fiscalizarão o cumprimento das normas desta Lei Complementar, com ênfase no que se refere a:

I – atingimento das metas estabelecidas na lei de diretrizes orçamentárias;

II – limites e condições para realização de operações de crédito e inscrição em Restos a Pagar;

III – medidas adotadas para o retorno da despesa total com pessoal ao respectivo limite, nos termos dos arts. 22 e 23;

IV – providências tomadas, conforme o disposto no art. 31, para recondução dos montantes das dívidas consolidada e mobiliária aos respectivos limites;

V – destinação de recursos obtidos com a alienação de ativos, tendo em vista as restrições constitucionais e as desta Lei Complementar;

VI – cumprimento do limite de gastos totais dos legislativos municipais, quando houver.

§ 1.º Os Tribunais de Contas alertarão os Poderes ou órgãos referidos no art. 20 quando constatarem:

I – a possibilidade de ocorrência das situações previstas no inciso II do art. 4.º e no art. 9.º;

II – que o montante da despesa total com pessoal ultrapassou 90% (noventa por cento) do limite;

III – que os montantes das dívidas consolidada e mobiliária, das operações de crédito e da concessão de garantia se encontram acima de 90% (noventa por cento) dos respectivos limites;

IV – que os gastos com inativos e pensionistas se encontram acima do limite definido em lei;

V – fatos que comprometam os custos ou os resultados dos programas ou indícios de irregularidades na gestão orçamentária.

§ 2.º Compete ainda aos Tribunais de Contas verificar os cálculos dos limites da despesa total com pessoal de cada Poder e órgão referido no art. 20.

§ 3.º O Tribunal de Contas da União acompanhará o cumprimento do disposto nos §§ 2.º, 3.º e 4.º do art. 39.

Capítulo X
DISPOSIÇÕES FINAIS E TRANSITÓRIAS

Art. 60. Lei estadual ou municipal poderá fixar limites inferiores àqueles previstos nesta Lei Complementar para as dívidas consolidada e mobiliária, operações de crédito e concessão de garantias.

Art. 61. Os títulos da dívida pública, desde que devidamente escriturados em sistema centralizado de liquidação e custódia, poderão ser oferecidos em caução para garantia de empréstimos, ou em outras transações previstas em lei, pelo seu valor econômico, conforme definido pelo Ministério da Fazenda.

Art. 62. Os Municípios só contribuirão para o custeio de despesas de competência de outros entes da Federação se houver:

I – autorização na lei de diretrizes orçamentárias e na lei orçamentária anual;

II – convênio, acordo, ajuste ou congênere, conforme sua legislação.

Art. 63. É facultado aos Municípios com população inferior a 50.000 (cinquenta mil) habitantes optar por:

I – aplicar o disposto no art. 22 e no § 4.º do art. 30 ao final do semestre;

II – divulgar semestralmente:

a) (*Vetado.*);

b) o Relatório de Gestão Fiscal;

c) os demonstrativos de que trata o art. 53;

III – elaborar o Anexo de Política Fiscal do plano plurianual, o Anexo de Metas Fiscais e o Anexo de Riscos Fiscais da lei de diretrizes orçamentárias e o anexo de que trata o inciso I do art. 5.º a partir do quinto exercício seguinte ao da publicação desta Lei Complementar.

§ 1.º A divulgação dos relatórios e demonstrativos deverá ser realizada em até 30 (trinta) dias após o encerramento do semestre.

§ 2.º Se ultrapassados os limites relativos à despesa total com pessoal ou à dívida consolidada, enquanto perdurar esta situação, o Município ficará sujeito aos mesmos prazos de verificação e de retorno ao limite definidos para os demais entes.

Art. 64. A União prestará assistência técnica e cooperação financeira aos Municípios para a modernização das respectivas administrações tributária, financeira, patrimonial e previdenciária, com vistas ao cumprimento das normas desta Lei Complementar.

§ 1.º A assistência técnica consistirá no treinamento e desenvolvimento de recursos humanos e na transferência de tecnologia, bem como no apoio à divulgação dos instrumentos de que trata o art. 48 em meio eletrônico de amplo acesso público.

§ 2.º A cooperação financeira compreenderá a doação de bens e valores, o financiamento por intermédio das instituições financeiras federais e o repasse de recursos oriundos de operações externas.

Art. 65. Na ocorrência de calamidade pública reconhecida pelo Congresso Nacional, no caso da União, ou pelas Assembleias Legislativas, na hipótese dos Estados e Municípios, enquanto perdurar a situação:

> *Vide* art. 148, I, da CF.

> A Resolução n. 5, de 16-6-2020, do Senado Federal, disciplina o tratamento a ser dispensado às operações realizadas de acordo com os §§ 1.º, 2.º e 3.º desse artigo, no que tange às contratações dessas operações e às concessões de garantia pela União.

>> A Resolução n. 4.826, de 18-6-2020, do BACEN, define procedimentos a serem observados para operações realizadas pelas instituições financeiras ao amparo dos §§ 1.º, 2.º e 3.º desse artigo.

I – serão suspensas a contagem dos prazos e as disposições estabelecidas nos arts. 23, 31 e 70;

II – serão dispensados o atingimento dos resultados fiscais e a limitação de empenho prevista no art. 9.º.

§ 1.º Na ocorrência de calamidade pública reconhecida pelo Congresso Nacional, nos termos de decreto legislativo, em parte ou na integralidade do território nacional e enquanto perdurar a situação, além do previsto nos inciso I e II do *caput*:

>> § 1.º, *caput*, acrescentado pela Lei Complementar n. 173, de 27-5-2020.

I – serão dispensados os limites, condições e demais restrições aplicáveis à União, aos Estados, ao Distrito Federal e aos Municípios, bem como sua verificação, para:

>> Inciso I, *caput*, acrescentado pela Lei Complementar n. 173, de 27-5-2020.

***a)* contratação e aditamento de operações de crédito;**

>> Alínea *a* acrescentada pela Lei Complementar n. 173, de 27-5-2020.

***b)* concessão de garantias;**

>> Alínea *b* acrescentada pela Lei Complementar n. 173, de 27-5-2020.

***c)* contratação entre entes da Federação; e**

>> Alínea *c* acrescentada pela Lei Complementar n. 173, de 27-5-2020.

***d)* recebimento de transferências voluntárias;**

>> Alínea *d* acrescentada pela Lei Complementar n. 173, de 27-5-2020.

II – serão dispensados os limites e afastadas as vedações e sanções previstas e decorrentes dos arts. 35, 37 e 42, bem como será dispensado o cumprimento do disposto no parágrafo único do art. 8.º desta Lei Complementar, desde que os recursos arrecadados sejam destinados ao combate à calamidade pública;

>> Inciso II acrescentado pela Lei Complementar n. 173, de 27-5-2020.

III – serão afastadas as condições e as vedações previstas nos arts. 14, 16 e 17 desta Lei Complementar, desde que o incentivo ou benefício e a criação ou o aumento da despesa sejam destinados ao combate à calamidade pública.

>> Inciso III acrescentado pela Lei Complementar n. 173, de 27-5-2020.

§ 2.º O disposto no § 1.º deste artigo, observados os termos estabelecidos no de-

creto legislativo que reconhecer o estado de calamidade pública:

>> § 2.º, *caput*, acrescentado pela Lei Complementar n. 173, de 27-5-2020.

I – aplicar-se-á exclusivamente:

>> Inciso I, *caput*, acrescentado pela Lei Complementar n. 173, de 27-5-2020.

a) **às unidades da Federação atingidas e localizadas no território em que for reconhecido o estado de calamidade pública pelo Congresso Nacional e enquanto perdurar o referido estado de calamidade;**

>> Alínea *a* acrescentada pela Lei Complementar n. 173, de 27-5-2020.

b) **aos atos de gestão orçamentária e financeira necessários ao atendimento de despesas relacionadas ao cumprimento do decreto legislativo;**

>> Alínea *b* acrescentada pela Lei Complementar n. 173, de 27-5-2020.

II – não afasta as disposições relativas a transparência, controle e fiscalização.

>> Inciso II, *caput*, acrescentado pela Lei Complementar n. 173, de 27-5-2020.

§ 3.º No caso de aditamento de operações de crédito garantidas pela União com amparo no disposto no § 1.º deste artigo, a garantia será mantida, não sendo necessária a alteração dos contratos de garantia e de contragarantia vigentes.

>> § 3.º acrescentado pela Lei Complementar n. 173, de 27-5-2020.

Art. 66. Os prazos estabelecidos nos arts. 23, 31 e 70 serão duplicados no caso de crescimento real baixo ou negativo do Produto Interno Bruto (PIB) nacional, regional ou estadual por período igual ou superior a 4 (quatro) trimestres.

§ 1.º Entende-se por baixo crescimento a taxa de variação real acumulada do Produto Interno Bruto inferior a 1% (um por cento), no período correspondente aos 4 (quatro) últimos trimestres.

§ 2.º A taxa de variação será aquela apurada pela Fundação Instituto Brasileiro de Geografia e Estatística ou outro órgão que vier a substituí-la, adotada a mesma metodologia para apuração dos PIB nacional, estadual e regional.

§ 3.º Na hipótese do *caput*, continuarão a ser adotadas as medidas previstas no art. 22.

§ 4.º Na hipótese de se verificarem mudanças drásticas na condução das políticas monetária e cambial, reconhecidas pelo Senado Federal, o prazo referido no *caput* do art. 31 poderá ser ampliado em até 4 (quatro) quadrimestres.

Art. 67. O acompanhamento e a avaliação, de forma permanente, da política e da operacionalidade da gestão fiscal serão realizados por conselho de gestão fiscal, constituído por representantes de todos os Poderes e esferas de Governo, do Ministério Público e de entidades técnicas representativas da sociedade, visando a:

I – harmonização e coordenação entre os entes da Federação;

II – disseminação de práticas que resultem em maior eficiência na alocação e execução do gasto público, na arrecadação de receitas, no controle do endividamento e na transparência da gestão fiscal;

III – adoção de normas de consolidação das contas públicas, padronização das prestações de contas e dos relatórios e demonstrativos de gestão fiscal de que trata esta Lei Complementar, normas e padrões mais simples para os pequenos Municípios, bem como outros, necessários ao controle social;

IV – divulgação de análises, estudos e diagnósticos.

§ 1.º O conselho a que se refere o *caput* instituirá formas de premiação e reconhecimento público aos titulares de Poder que alcançarem resultados meritórios em suas políticas de desenvolvimento social, conjugados com a prática de uma gestão fiscal pautada pelas normas desta Lei Complementar.

§ 2.º Lei disporá sobre a composição e a forma de funcionamento do conselho.

Art. 68. Na forma do art. 250 da Constituição, é criado o Fundo do Regime Geral de Previdência Social, vinculado ao Ministério da Previdência e Assistência Social, com a finalidade de prover recursos para o pagamento dos benefícios do regime geral da previdência social.

> *Vide* art. 43, § 1.º, desta Lei Complementar.

> *Vide* art. 71 da Lei n. 4.320, de 17-3-1964.

§ 1.º O Fundo será constituído de:

I – bens móveis e imóveis, valores e rendas do Instituto Nacional do Seguro Social não utilizados na operacionalização deste;

II – bens e direitos que, a qualquer título, lhe sejam adjudicados ou que lhe vierem a ser vinculados por força de lei;

III – receita das contribuições sociais para a seguridade social, previstas na alínea *a* do inciso I e no inciso II do art. 195 da Constituição;

IV – produto da liquidação de bens e ativos de pessoa física ou jurídica em débito com a Previdência Social;

V – resultado da aplicação financeira de seus ativos;

VI – recursos provenientes do orçamento da União.

§ 2.º O Fundo será gerido pelo Instituto Nacional do Seguro Social, na forma da lei.

Art. 69. O ente da Federação que mantiver ou vier a instituir regime próprio de previdência social para seus servidores conferir-lhe-á caráter contributivo e o organizará com base em normas de contabilidade e atuária que preservem seu equilíbrio financeiro e atuarial.

> A Lei n. 9.717, de 27-11-1998, dispõe sobre regras gerais para a organização e o funcionamento dos regimes próprios de previdência social dos servidores públicos da União, dos Estados, do Distrito Federal e dos Municípios, dos militares dos Estados e do Distrito Federal e dá outras providências.

> *Vide* art. 149, § 1.º, da CF.

Art. 70. O Poder ou órgão referido no art. 20 cuja despesa total com pessoal no exercício anterior ao da publicação desta Lei Complementar estiver acima dos limites estabelecidos nos arts. 19 e 20 deverá enquadrar-se no respectivo limite em até dois exercícios, eliminando o excesso, gradualmente, à razão de, pelo menos, 50% a.a. (cinquenta por cento ao ano), mediante a adoção, entre outras, das medidas previstas nos arts. 22 e 23.

Parágrafo único. A inobservância do disposto no *caput*, no prazo fixado, sujeita o ente às sanções previstas no § 3.º do art. 23.

Art. 71. Ressalvada a hipótese do inciso X do art. 37 da Constituição, até o término do terceiro exercício financeiro seguinte à entrada em vigor desta Lei Complementar, a despesa total com pessoal dos Poderes e órgãos referidos no art. 20 não ultrapassará, em percentual da receita corrente líquida, a despesa verificada no exercício imediatamente anterior, acrescida de até 10% (dez por cento), se esta for inferior ao limite definido na forma do art. 20.

Art. 72. A despesa com serviços de terceiros dos Poderes e órgãos referidos no art. 20 não poderá exceder, em percentual da receita corrente líquida, a do exercício anterior à entrada em vigor desta Lei Complementar, até o término do terceiro exercício seguinte.

>> O STF, em liminar concedida em 12-2-2003, no julgamento da ADI n. 2.238-5 (*DOU* de 19-2-2003), conferiu interpretação conforme a CF, para que se entenda como serviços de terceiros os serviços permanentes.

Art. 73. As infrações dos dispositivos desta Lei Complementar serão punidas segundo o Decreto n. 2.848, de 7 de dezembro de 1940 (Código Penal); a Lei n. 1.079, de 10 de abril de 1950; o Decreto n. 201, de 27 de fevereiro de 1967; a Lei n. 8.429, de 2 de junho de 1992; e demais normas da legislação pertinente.

> Citados diplomas constam nesta obra.

Art. 73-A. Qualquer cidadão, partido político, associação ou sindicato é parte legítima para denunciar ao respectivo Tribunal de Contas e ao órgão competente do Ministério Público o descumprimento das prescrições estabelecidas nesta Lei Complementar.

>> Artigo acrescentado pela Lei Complementar n. 131, de 27-5-2009.

Art. 73-B. Ficam estabelecidos os seguintes prazos para o cumprimento das determinações dispostas nos incisos II e III do parágrafo único do art. 48 e do art. 48-A:

>> *Caput* acrescentado pela Lei Complementar n. 131, de 27-5-2009.

I – 1 (um) ano para a União, os Estados, o Distrito Federal e os Municípios com mais de 100.000 (cem mil) habitantes;

>> Inciso I acrescentado pela Lei Complementar n. 131, de 27-5-2009.

II – 2 (dois) anos para os Municípios que tenham entre 50.000 (cinquenta mil) e 100.000 (cem mil) habitantes;

>> Inciso II acrescentado pela Lei Complementar n. 131, de 27-5-2009.

III – 4 (quatro) anos para os Municípios que tenham até 50.000 (cinquenta mil) habitantes.

>> Inciso III acrescentado pela Lei Complementar n. 131, de 27-5-2009.

Parágrafo único. Os prazos estabelecidos neste artigo serão contados a partir da data de publicação da lei complementar que introduziu os dispositivos referidos no *caput* deste artigo.

>> Parágrafo único acrescentado pela Lei Complementar n. 131, de 27-5-2009.

Art. 73-C. O não atendimento, até o encerramento dos prazos previstos no art. 73-B, das determinações contidas nos incisos II e III do parágrafo único do art. 48 e no art. 48-A sujeita o ente à sanção prevista no inciso I do § 3.º do art. 23.

>> Artigo acrescentado pela Lei Complementar n. 131, de 27-5-2009.

Art. 74. Esta Lei Complementar entra em vigor na data da sua publicação.

Art. 75. Revoga-se a Lei Complementar n. 96, de 31 de maio de 1999.

Brasília, 4 de maio de 2000; 179.º da Independência e 112.º da República.

FERNANDO HENRIQUE CARDOSO

LEI N. 9.984, DE 17 DE JULHO DE 2000 (*)

Dispõe sobre a criação da Agência Nacional de Águas e Saneamento Básico (ANA), entidade federal de implementação da Política Nacional de Recursos Hídricos, integrante do Sistema Nacional de Gerenciamento de Recursos Hídricos (Singreh) e responsável pela instituição de normas de referência para a regulação dos serviços públicos de saneamento básico.

>> Ementa com redação determinada pela Lei n. 14.026, de 15-7-2020.

O Vice-Presidente da República no exercício do cargo de Presidente da República

Faço saber que o Congresso Nacional decreta e eu sanciono a seguinte Lei:

(*) Publicada no *Diário Oficial da União* de 18-7-2000. *Vide* Lei n. 9.986, de 18-7-2000, que dispõe sobre a gestão de recursos humanos das agências reguladoras e dá outras providências.

CAPÍTULO I
DOS OBJETIVOS

Art. 1.º Esta Lei cria a Agência Nacional de Águas e Saneamento Básico (ANA), entidade federal de implementação da Política Nacional de Recursos Hídricos, integrante do Sistema Nacional de Gerenciamento de Recursos Hídricos (Singreh) e responsável pela instituição de normas de referência para a regulação dos serviços públicos de saneamento básico, e estabelece regras para sua atuação, sua estrutura administrativa e suas fontes de recursos.

>> Artigo com redação determinada pela Lei n. 14.026, de 15-7-2020.

> A Resolução n. 2.020, de 15-12-2014, da ANA, aprova seu regimento interno.

CAPÍTULO II
DA CRIAÇÃO, NATUREZA JURÍDICA E COMPETÊNCIAS DA AGÊNCIA NACIONAL DE ÁGUAS – ANA

Art. 2.º Compete ao Conselho Nacional de Recursos Hídricos promover a articulação dos planejamentos nacional, regionais, estaduais e dos setores usuários elaborados pelas entidades que integram o Sistema Nacional de Gerenciamento de Recursos Hídricos e formular a Política Nacional de Recursos Hídricos, nos termos da Lei n. 9.433, de 8 de janeiro de 1997.

> A Lei n. 9.433, de 8-1-1997, institui a Política Nacional de Recursos Hídricos, cria o Sistema Nacional de Gerenciamento de Recursos Hídricos, e dá outras providências.

Art. 3.º Fica criada a Agência Nacional de Águas e Saneamento Básico (ANA), autarquia sob regime especial, com autonomia administrativa e financeira, vinculada ao Ministério do Desenvolvimento Regional, integrante do Sistema Nacional de Gerenciamento de Recursos Hídricos (Singreh), com a finalidade de implementar, no âmbito de suas competências, a Política Nacional de Recursos Hídricos e de instituir normas de referência para a regulação dos serviços públicos de saneamento básico.

>> *Caput* com redação determinada pela Lei n. 14.026, de 15-7-2020.

Parágrafo único. A ANA terá sede e foro no Distrito Federal, podendo instalar unidades administrativas regionais.

Art. 4.º A atuação da ANA obedecerá aos fundamentos, objetivos, diretrizes e instrumentos da Política Nacional de Recursos Hídricos e será desenvolvida em articulação com órgãos e entidades públicas e privadas integrantes do Sistema Nacional de Gerenciamento de Recursos Hídricos, cabendo-lhe:

I – supervisionar, controlar e avaliar as ações e atividades decorrentes do cumprimento da legislação federal pertinente aos recursos hídricos;

II – disciplinar, em caráter normativo, a implementação, a operacionalização, o controle e a avaliação dos instrumentos da Política Nacional de Recursos Hídricos;

III – (*Vetado*.);

IV – outorgar, por intermédio de autorização, o direito de uso de recursos hídricos em corpos de água de domínio da União, observado o disposto nos arts. 5.º, 6.º, 7.º e 8.º;

V – fiscalizar os usos de recursos hídricos nos corpos de água de domínio da União;

VI – elaborar estudos técnicos para subsidiar a definição, pelo Conselho Nacional de Recursos Hídricos, dos valores a serem cobrados pelo uso de recursos hídricos de domínio da União, com base nos mecanismos e quantitativos sugeridos pelos Comitês de Bacia Hidrográfica, na forma do inciso VI do art. 38 da Lei n. 9.433, de 1997;

VII – estimular e apoiar as iniciativas voltadas para a criação de Comitês de Bacia Hidrográfica;

VIII – implementar, em articulação com os Comitês de Bacia Hidrográfica, a cobrança pelo uso de recursos hídricos de domínio da União;

IX – arrecadar, distribuir e aplicar receitas auferidas por intermédio da cobrança pelo uso de recursos hídricos de domínio da União, na forma do disposto no art. 22 da Lei n. 9.433, de 1997;

X – planejar e promover ações destinadas a prevenir ou minimizar os efeitos de secas e inundações, no âmbito do Sistema Nacional de Gerenciamento de Recursos Hídricos, em articulação com o órgão central do Sistema Nacional de Defesa Civil, em apoio aos Estados e Municípios;

XI – promover a elaboração de estudos para subsidiar a aplicação de recursos financeiros da União em obras e serviços de regularização de cursos de água, de alocação e distribuição de água, e de controle da poluição hídrica, em consonância com o estabelecido nos planos de recursos hídricos;

XII – definir e fiscalizar as condições de operação de reservatórios por agentes públicos e privados, visando a garantir o uso múltiplo dos recursos hídricos, conforme estabelecido nos planos de recursos hídricos das respectivas bacias hidrográficas;

XIII – promover a coordenação das atividades desenvolvidas no âmbito da rede hidrometeorológica nacional, em articulação com órgãos e entidades públicas ou privadas que a integram, ou que dela sejam usuárias;

XIV – organizar, implantar e gerir o Sistema Nacional de Informações sobre Recursos Hídricos;

XV – estimular a pesquisa e a capacitação de recursos humanos para a gestão de recursos hídricos;

XVI – prestar apoio aos Estados na criação de órgãos gestores de recursos hídricos;

XVII – propor ao Conselho Nacional de Recursos Hídricos o estabelecimento de incentivos, inclusive financeiros, à conservação qualitativa e quantitativa de recursos hídricos;

XVIII – participar da elaboração do Plano Nacional de Recursos Hídricos e supervisionar a sua implementação.

>> Inciso XVIII acrescentado pela Medida Provisória n. 2.216-37, de 31-8-2001.

XIX – regular e fiscalizar, quando envolverem corpos d'água de domínio da União, a prestação dos serviços públicos de irrigação, se em regime de concessão, e adução de água bruta, cabendo-lhe, inclusive, a disciplina, em caráter normativo, da prestação desses serviços, bem como a fixação de padrões de eficiência e o estabelecimento de tarifa, quando cabíveis, e a gestão e auditagem de todos os aspectos dos respectivos contratos de concessão, quando existentes;

>> Inciso XIX acrescentado pela Lei n. 12.058, de 13-10-2009.

XX – organizar, implantar e gerir o Sistema Nacional de Informações sobre Segurança de Barragens (SNISB);

>> Inciso XX acrescentado pela Lei n. 12.334, de 20-9-2010.

XXI – promover a articulação entre os órgãos fiscalizadores de barragens;

>> Inciso XXI acrescentado pela Lei n. 12.334, de 20-9-2010.

XXII – coordenar a elaboração do Relatório de Segurança de Barragens e encaminhá-lo, anualmente, ao Conselho Nacional de Recursos Hídricos (CNRH), de forma consolidada;

>> Inciso XXII acrescentado pela Lei n. 12.334, de 20-9-2010.

XXIII – declarar a situação crítica de escassez quantitativa ou qualitativa de recursos hídricos nos corpos hídricos que impacte o atendimento aos usos múltiplos localizados em rios de domínio da União, por prazo determinado, com base em estudos e dados de monitoramento, observados os critérios estabelecidos pelo Conselho Nacional de Recursos Hídricos, quando houver; e

>> Inciso XXIII acrescentado pela Lei n. 14.026, de 15-7-2020.

XXIV – estabelecer e fiscalizar o cumprimento de regras de uso da água, a fim de assegurar os usos múltiplos durante a vigência da declaração de situação crítica de escassez de recursos hídricos a que se refere o inciso XXIII do *caput* deste artigo.

>> Inciso XXIV acrescentado pela Lei n. 14.026, de 15-7-2020.

§ 1.º Na execução das competências a que se refere o inciso II deste artigo, serão considerados, nos casos de bacias hidrográficas compartilhadas com outros países, os respectivos acordos e tratados.

§ 2.º (*Revogado pela Lei n. 14.026, de 15-7-2020.*)

§ 3.º Para os fins do disposto no inciso XII deste artigo, a definição das condições de operação de reservatórios de aproveitamentos hidrelétricos será efetuada em articulação com o Operador Nacional do Sistema Elétrico – ONS.

§ 4.º A ANA poderá delegar ou atribuir a agências de água ou de bacia hidrográfica a execução de atividades de sua competência, nos termos do art. 44 da Lei n. 9.433, de 1997, e demais dispositivos legais aplicáveis.

§ 5.º (*Vetado.*)

§ 6.º A aplicação das receitas de que trata o inciso IX será feita de forma descentralizada, por meio das agências de que trata o Capítulo IV do Título II da Lei n. 9.433, de 1997, e, na ausência ou impedimento destas, por outras entidades pertencentes ao Sistema Nacional de Gerenciamento de Recursos Hídricos.

§ 7.º Nos atos administrativos de outorga de direito de uso de recursos hídricos de cursos de água que banham o semiárido nordestino, expedidos nos termos do inciso IV deste artigo, deverão constar, explicitamente, as restrições decorrentes dos incisos III e V do art. 15 da Lei n. 9.433, de 1997.

§ 8.º No exercício das competências referidas no inciso XIX deste artigo, a ANA zelará pela prestação do serviço adequado ao pleno atendimento dos usuários, em observância aos princípios da regularidade, continuidade, eficiência, segurança, atualidade, generalidade, cortesia, modicidade tarifária e utilização racional dos recursos hídricos.

>> § 8.º acrescentado pela Lei n. 12.058, de 13-10-2009.

§ 9.º As regras a que se refere o inciso XXIV do *caput* deste artigo serão aplicadas aos corpos hídricos abrangidos pela declaração de situação crítica de escassez de recursos hídricos a que se refere o inciso XXIII do *caput* deste artigo.

>> § 9.º acrescentado pela Lei n. 14.026, de 15-7-2020.

§ 10. A ANA poderá delegar as competências estabelecidas nos incisos V e XII do *caput* deste artigo, por meio de convênio ou de outro instrumento, a outros órgãos e entidades da administração pública federal, estadual e distrital.

>> § 10 acrescentado pela Lei n. 14.026, de 15-7-2020.

Art. 4.º-A. A ANA instituirá normas de referência para a regulação dos serviços públicos de saneamento básico por seus titulares e suas entidades reguladoras e fiscalizadoras, observadas as diretrizes para a função de regulação estabelecidas na Lei n. 11.445, de 5 de janeiro de 2007.

>> *Caput* acrescentado pela Lei n. 14.026, de 15-7-2020.

§ 1.º Caberá à ANA estabelecer normas de referência sobre:

>> § 1.º, *caput*, acrescentado pela Lei n. 14.026, de 15-7-2020.

I – padrões de qualidade e eficiência na prestação, na manutenção e na operação dos sistemas de saneamento básico;

>> Inciso I acrescentado pela Lei n. 14.026, de 15-7-2020.

II – regulação tarifária dos serviços públicos de saneamento básico, com vistas a promover a prestação adequada, o uso racional de recursos naturais, o equilíbrio econômico-financeiro e a universalização do acesso ao saneamento básico;

>> Inciso II acrescentado pela Lei n. 14.026, de 15-7-2020.

III – padronização dos instrumentos negociais de prestação de serviços públicos de saneamento básico firmados entre o titular do serviço público e o delegatário, os quais contemplarão metas de qualidade, eficiência e ampliação da cobertura dos serviços, bem como especificação da matriz de riscos e dos mecanismos de manutenção do equilíbrio econômico-financeiro das atividades;

>> Inciso III acrescentado pela Lei n. 14.026, de 15-7-2020.

IV – metas de universalização dos serviços públicos de saneamento básico para concessões que considerem, entre outras condições, o nível de cobertura de serviço existente, a viabilidade econômico-financeira da expansão da prestação do serviço e o número de Municípios atendidos;

>> Inciso IV acrescentado pela Lei n. 14.026, de 15-7-2020.

V – critérios para a contabilidade regulatória;

>> Inciso V acrescentado pela Lei n. 14.026, de 15-7-2020.

VI – redução progressiva e controle da perda de água;

>> Inciso VI acrescentado pela Lei n. 14.026, de 15-7-2020.

VII – metodologia de cálculo de indenizações devidas em razão dos investimentos realizados e ainda não amortizados ou depreciados;

>> Inciso VII acrescentado pela Lei n. 14.026, de 15-7-2020.

VIII – governança das entidades reguladoras, conforme princípios estabelecidos no art. 21 da Lei n. 11.445, de 5 de janeiro de 2007;

>> Inciso VIII acrescentado pela Lei n. 14.026, de 15-7-2020.

IX – reúso dos efluentes sanitários tratados, em conformidade com as normas ambientais e de saúde pública;

>> Inciso IX acrescentado pela Lei n. 14.026, de 15-7-2020.

X – parâmetros para determinação de caducidade na prestação dos serviços públicos de saneamento básico;

>> Inciso X acrescentado pela Lei n. 14.026, de 15-7-2020.

XI – normas e metas de substituição do sistema unitário pelo sistema separador absoluto de tratamento de efluentes;

>> Inciso XI acrescentado pela Lei n. 14.026, de 15-7-2020.

XII – sistema de avaliação do cumprimento de metas de ampliação e universalização da cobertura dos serviços públicos de saneamento básico;

>> Inciso XII acrescentado pela Lei n. 14.026, de 15-7-2020.

XIII – conteúdo mínimo para a prestação universalizada e para a sustentabilidade econômico-financeira dos serviços públicos de saneamento básico.

>> Inciso XIII acrescentado pela Lei n. 14.026, de 15-7-2020.

§ 2.º As normas de referência para a regulação dos serviços públicos de saneamento básico contemplarão os princípios estabelecidos no inciso I do *caput* do art. 2.º da Lei n. 11.445, de 5 de janeiro de 2007, e serão instituídas pela ANA de forma progressiva.

>> § 2.º acrescentado pela Lei n. 14.026, de 15-7-2020.

§ 3.º As normas de referência para a regulação dos serviços públicos de saneamento básico deverão:

>> § 3.º, *caput*, acrescentado pela Lei n. 14.026, de 15-7-2020.

I – promover a prestação adequada dos serviços, com atendimento pleno aos usuários, observados os princípios da regularidade, da continuidade, da eficiência, da segurança, da atualidade, da generalidade, da cortesia, da modicidade tarifária, da utilização racional dos recursos hídricos e da universalização dos serviços;

>> Inciso I acrescentado pela Lei n. 14.026, de 15-7-2020.

II – estimular a livre concorrência, a competitividade, a eficiência e a sustentabilidade econômica na prestação dos serviços;

>> Inciso II acrescentado pela Lei n. 14.026, de 15-7-2020.

III – estimular a cooperação entre os entes federativos com vistas à prestação, à contratação e à regulação dos serviços de forma adequada e eficiente, a fim de buscar a universalização dos serviços e a modicidade tarifária;

>> Inciso III acrescentado pela Lei n. 14.026, de 15-7-2020.

IV – possibilitar a adoção de métodos, técnicas e processos adequados às peculiaridades locais e regionais;

>> Inciso IV acrescentado pela Lei n. 14.026, de 15-7-2020.

V – incentivar a regionalização da prestação dos serviços, de modo a contribuir para a viabilidade técnica e econômico-financeira, a criação de ganhos de escala e de eficiência e a universalização dos serviços;

>> Inciso V acrescentado pela Lei n. 14.026, de 15-7-2020.

VI – estabelecer parâmetros e periodicidade mínimos para medição do cumprimento das metas de cobertura dos serviços e do atendimento aos indicadores de qualidade e aos padrões de potabilidade, observadas as peculiaridades contratuais e regionais;

>> Inciso VI acrescentado pela Lei n. 14.026, de 15-7-2020.

VII – estabelecer critérios limitadores da sobreposição de custos administrativos ou gerenciais a serem pagos pelo usuário final, independentemente da configuração de subcontratações ou de subdelegações; e

>> Inciso VII acrescentado pela Lei n. 14.026, de 15-7-2020.

VIII – assegurar a prestação concomitante dos serviços de abastecimento de água e de esgotamento sanitário.

>> Inciso VIII acrescentado pela Lei n. 14.026, de 15-7-2020.

§ 4.º No processo de instituição das normas de referência, a ANA:

>> § 4.º, *caput*, acrescentado pela Lei n. 14.026, de 15-7-2020.

I – avaliará as melhores práticas regulatórias do setor, ouvidas as entidades encarregadas da regulação e da fiscalização e as entidades representativas dos Municípios;

>> Inciso I acrescentado pela Lei n. 14.026, de 15-7-2020.

II – realizará consultas e audiências públicas, de forma a garantir a transparência e a publicidade dos atos, bem como a possibilitar a análise de impacto regulatório das normas propostas; e

>> Inciso II acrescentado pela Lei n. 14.026, de 15-7-2020.

III – poderá constituir grupos ou comissões de trabalho com a participação das entidades reguladoras e fiscalizadoras e das entidades representativas dos Municípios para auxiliar na elaboração das referidas normas.

>> Inciso III acrescentado pela Lei n. 14.026, de 15-7-2020.

§ 5.º A ANA disponibilizará, em caráter voluntário e com sujeição à concordância entre as partes, ação mediadora ou arbitral nos conflitos que envolvam titulares, agências reguladoras ou prestadores de serviços públicos de saneamento básico.

>> § 5.º acrescentado pela Lei n. 14.026, de 15-7-2020.

§ 6.º A ANA avaliará o impacto regulatório e o cumprimento das normas de referência de que trata o § 1.º deste artigo pelos órgãos e pelas entidades responsáveis pela regulação e pela fiscalização dos serviços.

>> § 6.º acrescentado pela Lei n. 14.026, de 15-7-2020.

§ 7.º No exercício das competências a que se refere este artigo, a ANA zelará pela uniformidade regulatória do setor de saneamento básico e pela segurança jurídica na prestação e na regulação dos serviços, observado o disposto no inciso IV do § 3.º deste artigo.

>> § 7.º acrescentado pela Lei n. 14.026, de 15-7-2020.

§ 8.º Para fins do disposto no inciso II do § 1.º deste artigo, as normas de referência de regulação tarifária estabelecerão os mecanismos de subsídios para as populações de baixa renda, a fim de possibilitar a universalização dos serviços, observado o disposto no art. 31 da Lei n. 11.445, de 5 de janeiro de 2007, e, quando couber, o compartilhamento dos ganhos de produtividade com os usuários dos serviços.

>> § 8.º acrescentado pela Lei n. 14.026, de 15-7-2020.

§ 9.º Para fins do disposto no inciso III do § 1.º deste artigo, as normas de referência regulatórias estabelecerão parâmetros e condições para investimentos que permitam garantir a manutenção dos níveis de serviços desejados durante a vigência dos contratos.

>> § 9.º acrescentado pela Lei n. 14.026, de 15-7-2020.

§ 10. Caberá à ANA elaborar estudos técnicos para o desenvolvimento das melhores práticas regulatórias para os serviços públicos de saneamento básico, bem como guias e manuais para subsidiar o desenvolvimento das referidas práticas.

>> § 10 acrescentado pela Lei n. 14.026, de 15-7-2020.

§ 11. Caberá à ANA promover a capacitação de recursos humanos para a regulação adequada e eficiente do setor de saneamento básico.

>> § 11 acrescentado pela Lei n. 14.026, de 15-7-2020.

§ 12. A ANA contribuirá para a articulação entre o Plano Nacional de Saneamento Básico, o Plano Nacional de Resíduos Sólidos e o Plano Nacional de Recursos Hídricos.

>> § 12 acrescentado pela Lei n. 14.026, de 15-7-2020.

Art. 4.º-B. A ANA manterá atualizada e disponível, em seu sítio eletrônico, a relação das entidades reguladoras e fiscalizadoras que adotam as normas de referência nacionais para a regulação dos serviços públicos de saneamento básico, com vistas a viabilizar o acesso aos recursos públicos federais ou a contratação de financiamentos com recursos da União ou com recursos geridos ou operados por órgãos ou entidades da administração

pública federal, nos termos do art. 50 da Lei n. 11.445, de 5 de janeiro de 2007.

>> *Caput* acrescentado pela Lei n. 14.026, de 15-7-2020.

§ 1.º A ANA disciplinará, por meio de ato normativo, os requisitos e os procedimentos a serem observados pelas entidades encarregadas da regulação e da fiscalização dos serviços públicos de saneamento básico, para a comprovação da adoção das normas regulatórias de referência, que poderá ser gradual, de modo a preservar as expectativas e os direitos decorrentes das normas a serem substituídas e a propiciar a adequada preparação das entidades reguladoras.

>> § 1.º acrescentado pela Lei n. 14.026, de 15-7-2020.

§ 2.º A verificação da adoção das normas de referência nacionais para a regulação da prestação dos serviços públicos de saneamento básico estabelecidas pela ANA ocorrerá periodicamente e será obrigatória no momento da contratação dos financiamentos com recursos da União ou com recursos geridos ou operados por órgãos ou entidades da administração pública federal.

>> § 2.º acrescentado pela Lei n. 14.026, de 15-7-2020.

Art. 5.º Nas outorgas de direito de uso de recursos hídricos de domínio da União, serão respeitados os seguintes limites de prazos, contados da data de publicação dos respectivos atos administrativos de autorização:

I – até dois anos, para início da implantação do empreendimento objeto da outorga;

II – até seis anos, para conclusão da implantação do empreendimento projetado;

III – até trinta e cinco anos, para vigência da outorga de direito de uso.

§ 1.º Os prazos de vigência das outorgas de direito de uso de recursos hídricos serão fixados em função da natureza e do porte do empreendimento, levando-se em consideração, quando for o caso, o período de retorno do investimento.

§ 2.º Os prazos a que se referem os incisos I e II poderão ser ampliados, quando o porte e a importância social e econômica do empreendimento o justificar, ouvido o Conselho Nacional de Recursos Hídricos.

§ 3.º O prazo de que trata o inciso III poderá ser prorrogado, pela ANA, respeitando-se as prioridades estabelecidas nos Planos de Recursos Hídricos.

§ 4.º As outorgas de direito de uso de recursos hídricos para concessionárias e autorizadas de serviços públicos e de geração de energia hidrelétrica vigorarão por prazos coincidentes com os dos correspondentes contratos de concessão ou atos administrativos de autorização.

Art. 6.º A ANA poderá emitir outorgas preventivas de uso de recursos hídricos, com a finalidade de declarar a disponibilidade de água para os usos requeridos, observado o disposto no art. 13 da Lei n. 9.433, de 1997.

§ 1.º A outorga preventiva não confere direito de uso de recursos hídricos e se destina a reservar a vazão passível de outorga, possibilitando, aos investidores, o planejamento de empreendimentos que necessitem desses recursos.

§ 2.º O prazo de validade da outorga preventiva será fixado levando-se em conta a complexidade do planejamento do empreendimento, limitando-se ao máximo de três anos, findo o qual será considerado o disposto nos incisos I e II do art. 5.º.

Art. 7.º A concessão ou a autorização de uso de potencial de energia hidráulica e a construção de eclusa ou de outro dispositivo de transposição hidroviária de níveis em corpo de água de domínio da União serão precedidas de declaração de reserva de disponibilidade hídrica.

>> *Caput* com redação determinada pela Lei n. 13.081, de 2-1-2015.

§ 1.º A declaração de reserva de disponibilidade hídrica será requerida:

>> § 1.º, *caput*, com redação determinada pela Lei n. 13.081, de 2-1-2015.

I – pela Agência Nacional de Energia Elétrica, para aproveitamentos de potenciais hidráulicos;

>> Inciso I acrescentado pela Lei n. 13.081, de 2-1-2015.

II – pelo Ministério dos Transportes, por meio do órgão responsável pela gestão hidroviária, quando se tratar da construção e operação direta de eclusa ou de outro dispositivo de transposição hidroviária de níveis;

>> Inciso II acrescentado pela Lei n. 13.081, de 2-1-2015.

III – pela Agência Nacional de Transportes Aquaviários, quando se tratar de concessão, inclusive na modalidade patrocinada ou administrativa, da construção seguida da exploração de serviços de eclusa ou de outro dispositivo de transposição hidroviária de níveis.

>> Inciso III acrescentado pela Lei n. 13.081, de 2-1-2015.

§ 2.º Quando o corpo de água for de domínio dos Estados ou do Distrito Federal, a declaração de reserva de disponibilidade hídrica será obtida em articulação com a respectiva unidade gestora de recursos hídricos.

>> § 2.º com redação determinada pela Lei n. 13.081, de 2-1-2015.

§ 3.º A declaração de reserva de disponibilidade hídrica será transformada automaticamente pelo respectivo poder outorgante em outorga de direito de uso de recursos hídricos à instituição ou empresa que receber a concessão ou autorização de uso de potencial de energia hidráulica ou que for responsável pela construção e operação de eclusa ou de outro dispositivo de transposição hidroviária de níveis.

>> § 3.º com redação determinada pela Lei n. 13.081, de 2-1-2015.

§ 4.º A declaração de reserva de disponibilidade hídrica obedecerá ao disposto no art. 13 da Lei n. 9.433, de 8 de janeiro de 1997.

>> § 4.º acrescentado pela Lei n. 13.081, de 2-1-2015.

Art. 8.º A ANA dará publicidade aos pedidos de outorga de direito de uso de recursos hídricos de domínio da União por meio de publicação em seu sítio eletrônico, e os atos administrativos que deles resultarem serão publicados no Diário Oficial da União e no sítio eletrônico da ANA.

>> Artigo com redação determinada pela Lei n. 14.026, de 15-7-2020.

Art. 8.º-A. A ANA poderá criar mecanismos de credenciamento e descredenciamento de técnicos, de empresas especializadas, de consultores independentes e de auditores externos para obter, analisar e atestar informações ou dados necessários ao desempenho de suas atividades.

>> Artigo acrescentado pela Lei n. 14.026, de 15-7-2020.

....

CAPÍTULO IV
DOS SERVIDORES DA ANA

Art. 16. A ANA constituirá, no prazo de trinta e seis meses a contar da data de publicação desta Lei, o seu quadro próprio de pessoal, por meio da realização de concurso público de provas, ou de provas e títulos, ou da redistribuição de servidores de órgãos e entidades da administração federal direta, autárquica ou fundacional.

....

CAPÍTULO V
DO PATRIMÔNIO E DAS RECEITAS

Art. 19. Constituem patrimônio da ANA os bens e direitos de sua propriedade, os que lhe forem conferidos ou que venha a adquirir ou incorporar.

Art. 20. Constituem receitas da ANA:

I – os recursos que lhe forem transferidos em decorrência de dotações consignadas no Orçamento-Geral da União, créditos especiais, créditos adicionais e transferências e repasses que lhe forem conferidos;

II – os recursos decorrentes da cobrança pelo uso de água de corpos hídricos de domínio da União, respeitando-se as formas e os limites de aplicação previstos no art. 22 da Lei n. 9.433, de 1997;

III – os recursos provenientes de convênios, acordos ou contratos celebrados com entidades, organismos ou empresas nacionais ou internacionais;

IV – as doações, legados, subvenções e outros recursos que lhe forem destinados;

V – o produto da venda de publicações, material técnico, dados e informações, inclusive para fins de licitação pública, de emolumentos administrativos e de taxas de inscrições em concursos;

VI – retribuição por serviços de quaisquer natureza prestados a terceiros;

VII – o produto resultante da arrecadação de multas aplicadas em decorrência de ações de fiscalização de que tratam os arts. 49 e 50 da Lei n. 9.433, de 1997;

VIII – os valores apurados com a venda ou aluguel de bens móveis e imóveis de sua propriedade;

IX – o produto da alienação de bens, objetos e instrumentos utilizados para a prática de infrações, assim como do patrimônio dos infratores, apreendidos em decorrência do exercício do poder de polícia e incorporados ao patrimônio da autarquia, nos termos de decisão judicial; e

X – os recursos decorrentes da cobrança de emolumentos administrativos.

Art. 21. As receitas provenientes da cobrança pelo uso de recursos hídricos de domínio da União serão mantidas à disposição da ANA, na Conta Única do Tesouro Nacional, enquanto não forem destinadas para as respectivas programações.

§ 1.º A ANA manterá registros que permitam correlacionar as receitas com as bacias hidrográficas em que foram geradas, com o objetivo de cumprir o estabelecido no art. 22 da Lei n. 9.433, de 1997.

§ 2.º As disponibilidades de que trata o *caput* deste artigo poderão ser mantidas em aplicações financeiras, na forma regulamentada pelo Ministério da Fazenda.

§ 3.º (*Vetado.*)

§ 4.º As prioridades de aplicação de recursos a que se refere o *caput* do art. 22 da Lei n. 9.433, de 1997, serão definidas pelo Conselho Nacional de Recursos Hídricos, em articulação com os respectivos comitês de bacia hidrográfica.

CAPÍTULO VI
DISPOSIÇÕES FINAIS E TRANSITÓRIAS

Art. 22. Na primeira gestão da ANA, um diretor terá mandato de três anos, dois diretores terão mandatos de quatro anos e dois diretores terão mandatos de cinco anos, para implementar o sistema de mandatos não coincidentes.

Art. 23. Fica o Poder Executivo autorizado a:

I – transferir para a ANA o acervo técnico e patrimonial, direitos e receitas do Ministério do Meio Ambiente e de seus órgãos, necessários ao funcionamento da autarquia;

II – remanejar, transferir ou utilizar os saldos orçamentários do Ministério do Meio Ambiente para atender às despesas de estruturação e manutenção da ANA, utilizando, como recursos, as dotações orçamentárias destinadas às atividades fins e administrativas, observados os mesmos subprojetos, subatividades e grupos de despesas previstos na Lei Orçamentária em vigor.

Art. 24. A Consultoria Jurídica do Ministério do Meio Ambiente e a Advocacia-Geral da União prestarão à ANA, no âmbito de suas competências, a assistência jurídica necessária, até que seja provido o cargo de Procurador da autarquia.

Art. 25. O Poder Executivo implementará a descentralização das atividades de operação e manutenção de reservatórios, canais e adutoras de domínio da União, excetuada a infraestrutura componente do Sistema Interligado Brasileiro, operado pelo Operador Nacional do Sistema Elétrico – ONS.

Parágrafo único. Caberá à ANA a coordenação e a supervisão do processo de descentralização de que trata este artigo.

Art. 26. O Poder Executivo, no prazo de noventa dias, contado a partir da data de publicação desta Lei, por meio de decreto do Presidente da República, estabelecerá a estrutura regimental da ANA, determinando sua instalação.

> **Estrutura Regimental da ANA: Decreto n. 3.692, de 19-12-2000.**

Parágrafo único. O decreto a que se refere o *caput* estabelecerá regras de caráter transitório, para vigorarem na fase de implementação das atividades da ANA, por prazo não inferior a doze e nem superior a vinte e quatro meses, regulando a emissão temporária, pela ANEEL, das declarações de reserva de disponibilidade hídrica de que trata o art. 7.º.

Art. 27. A ANA promoverá a realização de concurso público para preenchimento das vagas existentes no seu quadro de pessoal.

....

Art. 33. Esta Lei entra em vigor na data de sua publicação.

Brasília, 17 de julho de 2000; 179.º da Independência e 112.º da República.

Marco Antonio de Oliveira Maciel

LEI N. 9.986, DE 18 DE JULHO DE 2000 (*)

Dispõe sobre a gestão de recursos humanos das Agências Reguladoras e dá outras providências.

O Vice-Presidente da República no exercício do cargo de Presidente da República

Faço saber que o Congresso Nacional decreta e eu sanciono a seguinte Lei:

Art. 1.º (*Revogado pela Lei n. 10.871, de 20-5-2004.*)

Art. 2.º Ficam criados, para exercício exclusivo nas Agências Reguladoras, os cargos Comissionados de Direção – CD, de Gerência Executiva – CGE, de Assessoria – CA e de Assistência – CAS, e os Cargos Comissionados Técnicos – CCT, constantes do Anexo I desta Lei.

>> ***Caput*** **com redação determinada pela Lei n. 10.871, de 20-5-2004.**

Parágrafo único. É vedado aos empregados, aos requisitados, aos ocupantes de cargos comissionados e aos dirigentes das Agências Reguladoras o exercício de outra atividade profissional, inclusive gestão operacional de empresa, ou direção político-partidária, excetuados os casos admitidos em lei.

Art. 3.º Os Cargos Comissionados de Gerência Executiva, de Assessoria e de Assistência são de livre nomeação e exoneração da instância de deliberação máxima da Agência.

Art. 4.º As agências terão como órgão máximo o Conselho Diretor ou a Diretoria Colegiada, que será composto de até 4 (quatro) Conselheiros ou Diretores e 1 (um) Presidente, Diretor-Presidente ou Diretor-Geral.

>> ***Caput*** **com redação determinada pela Lei n. 13.848, de 25-6-2019, em vigor após 90 dias da sua publicação (*DOU* de 26-6-2019).**

§ 1.º Os mandatos dos membros do Conselho Diretor ou da Diretoria Colegiada serão não coincidentes, de modo que, sempre que possível, a cada ano, ocorra o término de um mandato e uma consequente nova indicação.

>> **§ 1.º acrescentado pela Lei n. 13.848, de 25-6-2019, em vigor após 90 dias da sua publicação (*DOU* de 26-6-2019).**

§ 2.º Os mandatos que não forem providos no mesmo ano em que ocorrer sua vacância terão a duração reduzida, a fim de viabilizar a observância à regra de não coincidência de que trata o § 1.º deste artigo.

>> **§ 2.º acrescentado pela Lei n. 13.848, de 25-6-2019, em vigor após 90 dias da sua publicação (*DOU* de 26-6-2019).**

§ 3.º Integrarão a estrutura organizacional de cada agência uma procuradoria, que a representará em juízo, uma ouvidoria e uma auditoria.

>> **§ 3.º acrescentado pela Lei n. 13.848, de 25-6-2019, em vigor após 90 dias da sua publicação (*DOU* de 26-6-2019).**

§ 4.º Cabe ao Presidente, Diretor-Presidente ou Diretor-Geral do Conselho Diretor ou da Diretoria Colegiada a representação da agência, o comando hierárquico sobre o pessoal e os serviços e o exercício de todas as competências administrativas correspondentes, bem como a presidência das sessões do Conselho Diretor ou da Diretoria Colegiada,

(*) Publicada no *Diário Oficial da União* de 19-7-2000.

sem prejuízo das deliberações colegiadas para matérias definidas em regimento interno.

>> § 4.º acrescentado pela Lei n. 13.848, de 25-6-2019, em vigor após 90 dias da sua publicação (*DOU* de 26-6-2019).

Art. 5.º O Presidente, Diretor-Presidente ou Diretor-Geral (CD I) e os demais membros do Conselho Diretor ou da Diretoria Colegiada (CD II) serão brasileiros, indicados pelo Presidente da República e por ele nomeados, após aprovação pelo Senado Federal, nos termos da alínea *f* do inciso III do art. 52 da Constituição Federal, entre cidadãos de reputação ilibada e de notório conhecimento no campo de sua especialidade, devendo ser atendidos 1 (um) dos requisitos das alíneas ***a***, ***b*** e ***c*** do inciso I e, cumulativamente, o inciso II:

>> *Caput* com redação determinada pela Lei n. 13.848, de 25-6-2019, em vigor após 90 dias da sua publicação (*DOU* de 26-6-2019).

I – ter experiência profissional de, no mínimo:

>> Inciso I, *caput*, acrescentado pela Lei n. 13.848, de 25-6-2019, em vigor após 90 dias da sua publicação (*DOU* de 26-6-2019).

a) 10 (dez) anos, no setor público ou privado, no campo de atividade da agência reguladora ou em área a ela conexa, em função de direção superior; ou

>> Alínea *a* acrescentada pela Lei n. 13.848, de 25-6-2019, em vigor após 90 dias da sua publicação (*DOU* de 26-6-2019).

b) 4 (quatro) anos ocupando pelo menos um dos seguintes cargos:

>> Alínea *b*, *caput*, acrescentada pela Lei n. 13.848, de 25-6-2019, em vigor após 90 dias da sua publicação (*DOU* de 26-6-2019).

1. cargo de direção ou de chefia superior em empresa no campo de atividade da agência reguladora, entendendo-se como cargo de chefia superior aquele situado nos 2 (dois) níveis hierárquicos não estatutários mais altos da empresa;

>> Item 1 acrescentado pela Lei n. 13.848, de 25-6-2019, em vigor após 90 dias da sua publicação (*DOU* de 26-6-2019).

2. cargo em comissão ou função de confiança equivalente a DAS-4 ou superior, no setor público;

>> Item 2 acrescentado pela Lei n. 13.848, de 25-6-2019, em vigor após 90 dias da sua publicação (*DOU* de 26-6-2019).

3. cargo de docente ou de pesquisador no campo de atividade da agência reguladora ou em área conexa; ou

>> Item 3 acrescentado pela Lei n. 13.848, de 25-6-2019, em vigor após 90 dias da sua publicação (*DOU* de 26-6-2019).

c) 10 (dez) anos de experiência como profissional liberal no campo de atividade da agência reguladora ou em área conexa; e

>> Alínea *c* acrescentada pela Lei n. 13.848, de 25-6-2019, em vigor após 90 dias da sua publicação (*DOU* de 26-6-2019).

II – ter formação acadêmica compatível com o cargo para o qual foi indicado.

>> Inciso II acrescentado pela Lei n. 13.848, de 25-6-2019, em vigor após 90 dias da sua publicação (*DOU* de 26-6-2019).

§ 1.º O Presidente ou o Diretor-Geral ou o Diretor-Presidente será nomeado pelo Presidente da República dentre os integrantes do Conselho Diretor ou da Diretoria, respectivamente, e investido na função pelo prazo fixado no ato de nomeação.

>> Parágrafo único renumerado pela Lei n. 13.848, de 25-6-2019, em vigor após 90 dias da sua publicação (*DOU* de 26-6-2019).

§§ 2.º a 4.º (*Vetados.*)

>> §§ 2.º a 4.º acrescentados pela Lei n. 13.848, de 25-6-2019, em vigor após 90 dias da sua publicação (*DOU* de 26-6-2019).

§ 5.º A indicação, pelo Presidente da República, dos membros do Conselho Diretor ou da Diretoria Colegiada a serem submetidos à aprovação do Senado Federal especificará, em cada caso, se a indicação é para Presidente, Diretor-Presidente, Diretor-Geral, Diretor ou Conselheiro.

>> § 5.º acrescentado pela Lei n. 13.848, de 25-6-2019, em vigor após 90 dias da sua publicação (*DOU* de 26-6-2019).

§ 6.º (*Vetado.*)

>> § 6.º acrescentado pela Lei n. 13.848, de 25-6-2019, em vigor após 90 dias da sua publicação (*DOU* de 26-6-2019).

§ 7.º Ocorrendo vacância no cargo de Presidente, Diretor-Presidente, Diretor-Geral, Diretor ou Conselheiro no curso do mandato, este será completado por sucessor investido na forma prevista no ***caput*** e exercido pelo prazo remanescente, admitida a recondução se tal prazo for igual ou inferior a 2 (dois) anos.

>> § 7.º acrescentado pela Lei n. 13.848, de 25-6-2019, em vigor após 90 dias da sua publicação (*DOU* de 26-6-2019).

§ 8.º O início da fluência do prazo do mandato dar-se-á imediatamente após o término do mandato anterior, independentemente da data de indicação, aprovação ou posse do membro do colegiado.

>> § 8.º acrescentado pela Lei n. 13.848, de 25-6-2019, em vigor após 90 dias da sua publicação (*DOU* de 26-6-2019).

§ 9.º Nas ausências eventuais do Presidente, Diretor-Presidente ou Diretor-Geral, as funções atinentes à presidência serão exercidas por membro do Conselho Diretor ou da Diretoria Colegiada indicado pelo Presidente, Diretor-Presidente ou Diretor-Geral da agência reguladora.

>> § 9.º acrescentado pela Lei n. 13.848, de 25-6-2019, em vigor após 90 dias da sua publicação (*DOU* de 26-6-2019).

Art. 6.º O mandato dos membros do Conselho Diretor ou da Diretoria Colegiada das agências reguladoras será de 5 (cinco) anos, vedada a recondução, ressalvada a hipótese do § 7.º do art. 5.º.

>> *Caput* com redação determinada pela Lei n. 13.848, de 25-6-2019, em vigor após 90 dias da sua publicação (*DOU* de 26-6-2019).

Parágrafo único. Em caso de vacância no curso do mandato, este será completado por sucessor investido na forma prevista no art. 5.º.

Art. 7.º (*Revogado pela Lei n. 13.848, de 25-6-2019, em vigor após 90 dias da sua publicação – DOU de 26-6-2019.*)

Art. 8.º Os membros do Conselho Diretor ou da Diretoria Colegiada ficam impedidos de exercer atividade ou de prestar qualquer serviço no setor regulado pela respectiva agência, por período de 6 (seis) meses, contados da exoneração ou do término de seu mandato, assegurada a remuneração compensatória.

>> *Caput* com redação determinada pela Lei n. 13.848, de 25-6-2019, em vigor após 90 dias da sua publicação (*DOU* de 26-6-2019).

§ 1.º Inclui-se no período a que se refere o *caput* eventuais períodos de férias não gozadas.

§ 2.º Durante o impedimento, o ex-dirigente ficará vinculado à agência, fazendo jus a remuneração compensatória equivalente à do cargo de direção que exerceu e aos benefícios a ele inerentes.

>> § 2.º com redação determinada pela Medida Provisória n. 2.216-37, de 31-8-2001.

§ 3.º Aplica-se o disposto neste artigo ao ex-dirigente exonerado a pedido, se este já tiver cumprido pelo menos seis meses do seu mandato.

§ 4.º Incorre na prática de crime de advocacia administrativa, sujeitando-se às penas da lei, o ex-dirigente que violar o impedimento previsto neste artigo, sem prejuízo das demais sanções cabíveis, administrativas e civis.

>> § 4.º com redação determinada pela Medida Provisória n. 2.216-37, de 31-8-2001.

§ 5.º Na hipótese de o ex-dirigente ser servidor público, poderá ele optar pela aplicação do disposto no § 2.º, ou pelo retorno ao desempenho das funções de seu cargo efetivo ou emprego público, desde que não haja conflito de interesse.

>> § 5.º acrescentado pela Medida Provisória n. 2.216-37, de 31-8-2001.

Art. 8.º-A. É vedada a indicação para o Conselho Diretor ou a Diretoria Colegiada:

>> *Caput* acrescentado pela Lei n. 13.848, de 25-6-2019, em vigor após 90 dias da sua publicação (*DOU* de 26-6-2019).

I – de Ministro de Estado, Secretário de Estado, Secretário Municipal, dirigente estatutário de partido político e titular de mandato no Poder Legislativo de qualquer ente da federação, ainda que licenciados dos cargos;

>> Inciso I acrescentado pela Lei n. 13.848, de 25-6-2019, em vigor após 90 dias da sua publicação (*DOU* de 26-6-2019).

II – de pessoa que tenha atuado, nos últimos 36 (trinta e seis) meses, como participante de estrutura decisória de partido político ou em trabalho vinculado a organização, estruturação e realização de campanha eleitoral;

>> Inciso II acrescentado pela Lei n. 13.848, de 25-6-2019, em vigor após 90 dias da sua publicação (*DOU* de 26-6-2019).

III – de pessoa que exerça cargo em organização sindical;

>> Inciso III acrescentado pela Lei n. 13.848, de 25-6-2019, em vigor após 90 dias da sua publicação (*DOU* de 26-6-2019).

IV – de pessoa que tenha participação, direta ou indireta, em empresa ou entidade que atue no setor sujeito à regulação exercida pela agência reguladora em que atuaria, ou que tenha matéria ou ato submetido à apreciação dessa agência reguladora;

>> Inciso IV acrescentado pela Lei n. 13.848, de 25-6-2019, em vigor após 90 dias da sua publicação (*DOU* de 26-6-2019).

V – de pessoa que se enquadre nas hipóteses de inelegibilidade previstas no inciso I do ***caput*** do art. 1.º da Lei Complementar n. 64, de 18 de maio de 1990;

>> Inciso V acrescentado pela Lei n. 13.848, de 25-6-2019, em vigor após 90 dias da sua publicação (*DOU* de 26-6-2019).

VI – (*Vetado.*);

>> Inciso VI acrescentado pela Lei n. 13.848, de 25-6-2019, em vigor após 90 dias da sua publicação (*DOU* de 26-6-2019).

VII – de membro de conselho ou de diretoria de associação, regional ou nacional, representativa de interesses patronais ou trabalhistas ligados às atividades reguladas pela respectiva agência.

>> Inciso VII acrescentado pela Lei n. 13.848, de 25-6-2019, em vigor após 90 dias da sua publicação (*DOU* de 26-6-2019).

Parágrafo único. A vedação prevista no inciso I do *caput* estende-se também aos parentes consanguíneos ou afins até o terceiro grau das pessoas nele mencionadas.

>> Parágrafo único acrescentado pela Lei n. 13.848, de 25-6-2019, em vigor após 90 dias da sua publicação (*DOU* de 26-6-2019).

Art. 8.º-B. Ao membro do Conselho Diretor ou da Diretoria Colegiada é vedado:

>> *Caput* acrescentado pela Lei n. 13.848, de 25-6-2019, em vigor após 90 dias da sua publicação (*DOU* de 26-6-2019).

I – receber, a qualquer título e sob qualquer pretexto, honorários, percentagens ou custas;

>> Inciso I acrescentado pela Lei n. 13.848, de 25-6-2019, em vigor após 90 dias da sua publicação (*DOU* de 26-6-2019).

II – exercer qualquer outra atividade profissional, ressalvado o exercício do magistério, havendo compatibilidade de horários;

>> Inciso II acrescentado pela Lei n. 13.848, de 25-6-2019, em vigor após 90 dias da sua publicação (*DOU* de 26-6-2019).

III – participar de sociedade simples ou empresária ou de empresa de qualquer espécie, na forma de controlador, diretor, administrador, gerente, membro de conselho de administração ou conselho fiscal, preposto ou mandatário;

>> Inciso III acrescentado pela Lei n. 13.848, de 25-6-2019, em vigor após 90 dias da sua publicação (*DOU* de 26-6-2019).

IV – emitir parecer sobre matéria de sua especialização, ainda que em tese, ou atuar como consultor de qualquer tipo de empresa;

>> Inciso IV acrescentado pela Lei n. 13.848, de 25-6-2019, em vigor após 90 dias da sua publicação (*DOU* de 26-6-2019).

V – exercer atividade sindical;

>> Inciso V acrescentado pela Lei n. 13.848, de 25-6-2019, em vigor após 90 dias da sua publicação (*DOU* de 26-6-2019).

VI – exercer atividade político-partidária;

>> Inciso VI acrescentado pela Lei n. 13.848, de 25-6-2019, em vigor após 90 dias da sua publicação (*DOU* de 26-6-2019).

VII – estar em situação de conflito de interesse, nos termos da Lei n. 12.813, de 16 de maio de 2013.

>> Inciso VII acrescentado pela Lei n. 13.848, de 25-6-2019, em vigor após 90 dias da sua publicação (*DOU* de 26-6-2019).

Art. 9.º O membro do Conselho Diretor ou da Diretoria Colegiada somente perderá o mandato:

>> *Caput* com redação determinada pela Lei n. 13.848, de 25-6-2019, em vigor após 90 dias da sua publicação (*DOU* de 26-6-2019).

I – em caso de renúncia;

>> Inciso I acrescentado pela Lei n. 13.848, de 25-6-2019, em vigor após 90 dias da sua publicação (*DOU* de 26-6-2019).

II – em caso de condenação judicial transitada em julgado ou de condenação em processo administrativo disciplinar;

>> Inciso II acrescentado pela Lei n. 13.848, de 25-6-2019, em vigor após 90 dias da sua publicação (*DOU* de 26-6-2019).

III – por infringência de quaisquer das vedações previstas no art. 8.º-B desta Lei.

>> Inciso III acrescentado pela Lei n. 13.848, de 25-6-2019, em vigor após 90 dias da sua publicação (*DOU* de 26-6-2019).

Parágrafo único. (***Revogado pela Lei n. 13.848, de 25-6-2019, em vigor após 90 dias da sua publicação –*** DOU ***de 26-6-2019***).

Art. 10. Durante o período de vacância que anteceder a nomeação de novo titular do Conselho Diretor ou da Diretoria Colegiada, exercerá o cargo vago um integrante da lista de substituição.

>> *Caput* com redação determinada pela Lei n. 13.848, de 25-6-2019, em vigor após 90 dias da sua publicação (*DOU* de 26-6-2019).

§ 1.º A lista de substituição será formada por 3 (três) servidores da agência, ocupantes dos cargos de Superintendente, Gerente-Geral ou equivalente hierárquico, escolhidos e designados pelo Presidente da República entre os indicados pelo Conselho Diretor ou pela Diretoria Colegiada, observada a ordem de precedência constante do ato de designação para o exercício da substituição.

>> § 1.º acrescentado pela Lei n. 13.848, de 25-6-2019, em vigor após 90 dias da sua publicação (*DOU* de 26-6-2019).

§ 2.º O Conselho Diretor ou a Diretoria Colegiada indicará ao Presidente da República 3 (três) nomes para cada vaga na lista.

>> § 2.º acrescentado pela Lei n. 13.848, de 25-6-2019, em vigor após 90 dias da sua publicação (*DOU* de 26-6-2019).

§ 3.º Na ausência da designação de que trata o § 1.º até 31 de janeiro do ano subsequente à indicação, exercerá o cargo vago, interinamente, o Superintendente ou o titular de cargo equivalente, na agência reguladora, com maior tempo de exercício na função.

>> § 3.º acrescentado pela Lei n. 13.848, de 25-6-2019, em vigor após 90 dias da sua publicação (*DOU* de 26-6-2019).

§ 4.º Cada servidor permanecerá por, no máximo, 2 (dois) anos contínuos na lista de substituição, somente podendo a ela ser reconduzido após 2 (dois) anos.

>> § 4.º acrescentado pela Lei n. 13.848, de 25-6-2019, em vigor após 90 dias da sua publicação (*DOU* de 26-6-2019).

§ 5.º Aplicam-se ao substituto os requisitos subjetivos quanto à investidura, às proibições e aos deveres impostos aos membros do Conselho Diretor ou da Diretoria Colegiada, enquanto permanecer no cargo.

>> § 5.º acrescentado pela Lei n. 13.848, de 25-6-2019, em vigor após 90 dias da sua publicação (*DOU* de 26-6-2019).

§ 6.º Em caso de vacância de mais de um cargo no Conselho Diretor ou na Diretoria Colegiada, os substitutos serão chamados na ordem de precedência na lista, observado o sistema de rodízio.

>> § 6.º acrescentado pela Lei n. 13.848, de 25-6-2019, em vigor após 90 dias da sua publicação (*DOU* de 26-6-2019).

§ 7.º O mesmo substituto não exercerá interinamente o cargo por mais de 180 (cento e oitenta) dias contínuos, devendo ser convocado outro substituto, na ordem da lista, caso a vacância ou o impedimento do membro do Conselho Diretor ou da Diretoria Colegiada se estenda além desse prazo.

>> § 7.º acrescentado pela Lei n. 13.848, de 25-6-2019, em vigor após 90 dias da sua publicação (*DOU* de 26-6-2019).

Art. 11. Na Agência em cuja estrutura esteja prevista a Ouvidoria, o seu titular ocupará o cargo comissionado de Gerência Executiva – CGE II.

Parágrafo único. (*Revogado pela Lei n. 13.848, de 25-6-2019, em vigor após 90 dias da sua publicação* – DOU *de 26-6-2019.*)

Arts. 12 e 13. (*Revogados pela Lei n. 10.871, de 20-5-2004.*)

Art. 14. Os quantitativos dos empregos públicos e dos cargos comissionados de cada Agência serão estabelecidos em lei, ficando as Agências autorizadas a efetuar a alteração dos quantitativos e da distribuição dos Cargos Comissionados de Gerência Executiva, de Assessoria, de Assistência e dos Cargos Comissionados Técnicos, observados os valores de retribuição correspondentes e desde que não acarrete aumento de despesa.

Parágrafo único. (*Revogado pela Lei n. 10.871, de 20-5-2004.*)

Art. 15. (*Revogado pela Lei n. 10.871, de 20-5-2004.*)

Art. 16. As Agências Reguladoras poderão requisitar servidores e empregados de órgãos e entidades integrantes da administração pública.

>> *Caput* com redação determinada pela Lei n. 11.292, de 26-4-2006.

§ 1.º Durante os primeiros vinte e quatro meses subsequentes à sua instalação, as Agências poderão complementar a remuneração do servidor ou empregado público requisitado, até o limite da remuneração do cargo efetivo ou emprego permanente ocupado no órgão ou na entidade de origem, quando a requisição implicar redução dessa remuneração.

§ 2.º No caso das Agências já criadas, o prazo referido no § 1.º será contado a partir da publicação desta Lei.

§ 3.º O quantitativo de servidores ou empregados requisitados, acrescido do pessoal dos Quadros a que se refere o *caput* do art. 19, não poderá ultrapassar o número de empregos fixado para a respectiva Agência.

§ 4.º Observar-se-á, relativamente ao ressarcimento ao órgão ou à entidade de origem do servidor ou do empregado requisitado das despesas com sua remuneração e obrigações patronais, o disposto nos §§ 5.º e 6.º do art. 93 da Lei n. 8.112, de 11 de dezembro de 1990.

>> § 4.º com redação determinada pela Lei n. 11.292, de 26-4-2006.

Art. 17. (*Revogado pela Lei n. 11.526, de 4-10-2007.*)

Art. 18. O Ministério do Planejamento, Orçamento e Gestão divulgará, no prazo de trinta dias a contar da publicação desta Lei, tabela estabelecendo as equivalências entre os Cargos Comissionados e Cargos Comissionados Técnicos previstos no Anexo II e os Cargos em Comissão do Grupo-Direção e Assessoramento Superiores – DAS, para efeito de aplicação de legislações específicas relativas à percepção de vantagens, de caráter remuneratório ou não, por servidores ou empregados públicos.

Art. 19. Mediante lei, poderão ser criados Quadro de Pessoal Específico, destinado, exclusivamente, à absorção de servidores públicos federais regidos pela Lei n. 8.112, de 11 de dezembro de 1990, e Quadro de Pessoal em Extinção, destinado exclusivamente à absorção de empregados de empresas públicas federais liquidadas ou em processo de liquidação, regidos pelo regime celetista, que se encontrarem exercendo atividades a serem absorvidas pelas Agências.

§ 1.º A soma dos cargos ou empregos dos Quadros a que se refere este artigo não poderá exceder ao número de empregos que forem fixados para o Quadro de Pessoal Efetivo.

§ 2.º Os Quadros de que trata o *caput* deste artigo têm caráter temporário, extinguindo-se as vagas neles alocadas, à medida que ocorrerem vacâncias.

§ 3.º À medida que forem extintos os cargos ou empregos dos Quadros de que trata este artigo, é facultado à Agência o preenchimento de empregos de pessoal concursado para o Quadro de Pessoal Efetivo.

§ 4.º Se o quantitativo de cargos ou empregos dos Quadros de que trata este artigo for inferior ao Quadro de Pessoal Efetivo, é facultada à Agência a realização de concurso para preenchimento dos empregos excedentes.

§ 5.º O ingresso no Quadro de Pessoal Específico será efetuado por redistribuição.

§ 6.º A absorção de pessoal celetista no Quadro de Pessoal em Extinção não caracteriza rescisão contratual.

Arts. 20 e 21. (*Revogados pela Lei n. 10.871, de 20-5-2004.*)

Art. 22. Ficam as Agências autorizadas a custear as despesas com remoção e estada para os profissionais que, em virtude de nomeação para Cargos Comissionados de Direção, de Gerência Executiva e de Assessoria dos níveis CD I e II, CGE I, II, III e IV, CA I e II, e para os Cargos Comissionados Técnicos, nos níveis CCT V e IV, vierem a ter exercício em cidade diferente da de seu domicílio, conforme disposto em regulamento de cada Agência, observados os limites de valores estabelecidos para a Administração Pública Federal direta.

>> Artigo com redação determinada pela Medida Provisória n. 2.229-43, de 6-9-2001.

Art. 23. Os regulamentos próprios das Agências referidos nesta Lei serão aprovados por decisão da instância de deliberação superior de cada Autarquia, com ampla divulgação interna e publicação no *Diário Oficial da União.*

Art. 24. (*Revogado pela Lei n. 10.871, de 20-5-2004.*)

Art. 25. Os Quadros de Pessoal Efetivo e os quantitativos de Cargos Comissionados da Agência Nacional de Energia Elétrica – ANEEL, da Agência Nacional de Telecomunicações – ANATEL, da Agência Nacional do Petróleo – ANP, da Agência Nacional de Vigilância Sanitária – ANVS e da Agência Nacional de Saúde Suplementar – ANS são os constantes do Anexo I desta Lei.

>> Deixamos de publicar os Anexos desta Lei por não atenderem ao objetivo desta obra.

Art. 26. As Agências Reguladoras já instaladas poderão, em caráter excepcional, prorrogar os contratos de trabalho temporários em vigor, por prazo máximo de vinte e quatro meses além daqueles previstos na legislação vigente, a partir do vencimento de cada contrato de trabalho.

Art. 27. (*Revogado pela Lei n. 10.871, de 20-5-2004.*)

Art. 28. Fica criado o Quadro de Pessoal Específico, integrado pelos servidores regidos pela Lei n. 8.112, de 1990, que tenham sido redistribuídos para a ANVS por força de lei.

§§ 1.º a 3.º (*Revogados pela Lei n. 11.357, de 19-10-2006.*)

Art. 29. Fica criado, dentro do limite quantitativo do Quadro Efetivo da ANATEL, ANEEL, ANP e ANS, Quadro de Pessoal Específico a que se refere o art. 19, composto por servidores que tenham sido redistribuídos para as Agências até a data da promulgação desta Lei.

Art. 30. (*Revogado pela Lei n. 10.871, de 20-5-2004.*)

Art. 31. As Agências Reguladoras, no exercício de sua autonomia, poderão desenvolver sistemas próprios de administração de recursos humanos, inclusive cadastro e pagamento, sendo obrigatória a alimentação dos sistemas de informações mantidos pelo órgão central do Sistema de Pessoal Civil – SIPEC.

Art. 32. No prazo de até noventa dias, contado da publicação desta Lei, ficam extintos os Cargos de Natureza Especial e os Cargos do Grupo-Direção e Assessoramento Superiores – DAS ora alocados à ANEEL, ANATEL, ANP, ANVS e ANS, e os Cargos Comissionados de Telecomunicações, Petróleo, Energia Elétrica e Saúde Suplementar e as Funções Comissionadas de Vigilância Sanitária.

Parágrafo único. Os Cargos Comissionados e os Cargos Comissionados Técnicos de que trata esta Lei só poderão ser preenchidos após a extinção de que trata o *caput.*

Arts. 33 e 34. (*Revogados pela Lei n. 10.871, de 20-5-2004.*)

Art. 35. (*Vetado.*)

Art. 36. O *caput* do art. 24 da Lei n. 9.472, de 16 de julho de 1997, passa a vigorar com a seguinte redação:

"Art. 24. O mandato dos membros do Conselho Diretor será de cinco anos".

Art. 37. A aquisição de bens e a contratação de serviços pelas Agências Reguladoras poderá se dar nas modalidades de consulta e pregão, observado o disposto nos arts. 55 a 58 da Lei n. 9.472, de 1997, e nos termos de regulamento próprio.

Parágrafo único. O disposto no *caput* não se aplica às contratações referentes a obras e serviços de engenharia, cujos procedimentos deverão observar as normas gerais de licitação e contratação para a Administração Pública.

Art. 38. Esta Lei entra em vigor na data de sua publicação.

Art. 39. Ficam revogados o art. 8.º da Lei n. 9.427, de 26 de dezembro de 1996; os arts. 12, 13, 14, 26, 28 e 31 e os Anexos I e II da Lei n. 9.472, de 16 de julho de 1997; o art. 13 da Lei n. 9.478, de 6 de agosto de 1997; os arts. 35 e 36, o inciso II e os parágrafos do art. 37, e o art. 60 da Lei n. 9.649, de 27 de maio de 1998; os arts. 18, 34 e 37 da Lei n. 9.782, de 26 de janeiro de 1999; e os arts. 12 e 27 e o Anexo I da Lei n. 9.961, de 28 de janeiro de 2000.

Brasília, 18 de julho de 2000; 179.º da Independência e 112.º da República.

Marco Antonio de Oliveira Maciel

DECRETO N. 3.555, DE 8 DE AGOSTO DE 2000 (*)

Aprova o Regulamento para a modalidade de licitação denominada pregão, para aquisição de bens e serviços comuns.

O Presidente da República, no uso das atribuições que lhe confere o art. 84, incisos IV e VI, da Constituição e tendo em vista o disposto na Medida Provisória n. 2.026-3, de 28 de julho de 2000, decreta:

>> Citada Medida Provisória foi convertida na Lei n. 10.520, de 17-7-2002, constante nesta obra.

Art. 1.º Fica aprovado, na forma dos Anexos I e II a este Decreto, o Regulamento para a modalidade de licitação denominada pregão, para a aquisição de bens e serviços comuns, no âmbito da União.

Parágrafo único. Subordinam-se ao regime deste Decreto, além dos órgãos da Administração Federal direta, os fundos especiais, as autarquias, as fundações, as empresas públicas, as sociedades de economia mista e as demais entidades controladas direta ou indiretamente pela União.

Art. 2.º Compete ao Ministério do Planejamento, Orçamento e Gestão estabelecer normas e orientações complementares sobre a matéria regulada por este Decreto.

Art. 3.º Este Decreto entra em vigor na data de sua publicação.

Brasília, 8 de agosto de 2000; 179.º da Independência e 112.º da República.

FERNANDO HENRIQUE CARDOSO

ANEXO I

REGULAMENTO DA LICITAÇÃO NA MODALIDADE DE PREGÃO

Art. 1.º Este Regulamento estabelece normas e procedimentos relativos à licitação na modalidade de pregão, destinada à aquisição de bens e serviços comuns, no âmbito da União, qualquer que seja o valor estimado.

Parágrafo único. Subordinam-se ao regime deste Regulamento, além dos órgãos da administração direta, os fundos especiais, as autarquias, as fundações, as empresas públicas, as sociedades de economia mista e as entidades controladas direta e indiretamente pela União.

Art. 2.º Pregão é a modalidade de licitação em que a disputa pelo fornecimento de bens ou serviços comuns é feita em sessão pública, por meio de propostas de preços escritas e lances verbais.

Art. 3.º Os contratos celebrados pela União, para a aquisição de bens e serviços comuns, serão precedidos, prioritariamente, de licitação pública na modalidade de pregão, que se destina a garantir, por meio de disputa justa entre os interessados, a compra mais econômica, segura e eficiente.

§ 1.º Dependerá de regulamentação específica a utilização de recursos eletrônicos ou de tecnologia da informação para a realização de licitação na modalidade de pregão.

§ 2.º Consideram-se bens e serviços comuns aqueles cujos padrões de desempenho e qualidade possam ser objetivamente definidos no edital, por meio de especificações usuais praticadas no mercado.

>> § 2.º com redação determinada pelo Decreto n. 7.174, de 12-5-2010.

§ 3.º Os bens e serviços de informática e automação adquiridos nesta modalidade deverão observar o disposto no art. 3.º da Lei n. 8.248, de 23 de outubro de 1991, e a regulamentação específica.

>> § 3.º com redação determinada pelo Decreto n. 7.174, de 12-5-2010.

> A Lei n. 8.248, de 23-10-1991, dispõe sobre a capacitação e competitividade do setor de informática e automação, e dá outras providências.

§ 4.º Para efeito de comprovação do requisito referido no parágrafo anterior, o produto deverá estar habilitado a usufruir do incentivo de isenção do Imposto sobre Produtos Industrializados – IPI, de que trata o art. 4.º da Lei n. 8.248, de 1991, nos termos da regulamentação estabelecida pelo Ministério da Ciência e Tecnologia.

>> § 4.º acrescentado pelo Decreto n. 3.693, de 20-12-2000.

§ 5.º Alternativamente ao disposto no § 4.º, o Ministério da Ciência e Tecnologia poderá reconhecer, mediante requerimento do fabricante, a conformidade do produto com o requisito referido no § 3.º.

>> § 5.º acrescentado pelo Decreto n. 3.693, de 20-12-2000.

Art. 4.º A licitação na modalidade de pregão é juridicamente condicionada aos princípios básicos da legalidade, da impessoalidade, da moralidade, da igualdade, da publicidade, da probidade administrativa, da vinculação ao instrumento convocatório, do julgamento objetivo, bem assim aos princípios correlatos da celeridade, finalidade, razoabilidade, proporcionalidade, competitividade, justo preço, seletividade e comparação objetiva das propostas.

Parágrafo único. As normas disciplinadoras da licitação serão sempre interpretadas em favor da ampliação da disputa entre os interessados, desde que não comprometam o interesse da Administração, a finalidade e a segurança da contratação.

Art. 5.º A licitação na modalidade de pregão não se aplica às contratações de obras e serviços de engenharia, bem como às locações imobiliárias e alienações em geral, que serão regidas pela legislação geral da Administração.

Art. 6.º Todos quantos participem de licitação na modalidade de pregão têm direito público subjetivo à fiel observância do procedimento estabelecido neste Regulamento, podendo qualquer interessado acompanhar o seu desenvolvimento, desde que não interfira de modo a perturbar ou impedir a realização dos trabalhos.

Art. 7.º À autoridade competente, designada de acordo com as atribuições previstas no regimento ou estatuto do órgão ou da entidade, cabe:

I – determinar a abertura de licitação;

II – designar o pregoeiro e os componentes da equipe de apoio;

III – decidir os recursos contra atos do pregoeiro; e

(*) Publicado no *Diário Oficial da União* de 9-8-2000. *Vide* Lei n. 10.520, de 17-7-2002, que institui a modalidade de licitação denominada pregão.

IV – homologar o resultado da licitação e promover a celebração do contrato.

Parágrafo único. Somente poderá atuar como pregoeiro o servidor que tenha realizado capacitação específica para exercer a atribuição.

Art. 8.º A fase preparatória do pregão observará as seguintes regras:

I – a definição do objeto deverá ser precisa, suficiente e clara, vedadas especificações que, por excessivas, irrelevantes ou desnecessárias, limitem ou frustrem a competição ou a realização do fornecimento, devendo estar refletida no termo de referência;

II – o termo de referência é o documento que deverá conter elementos capazes de propiciar a avaliação do custo pela Administração, diante de orçamento detalhado, considerando os preços praticados no mercado, a definição dos métodos, a estratégia de suprimento e o prazo de execução do contrato;

III – a autoridade competente ou, por delegação de competência, o ordenador de despesa ou, ainda, o agente encarregado da compra no âmbito da Administração, deverá:

a) definir o objeto do certame e o seu valor estimado em planilhas, de forma clara, concisa e objetiva, de acordo com termo de referência elaborado pelo requisitante, em conjunto com a área de compras, obedecidas as especificações praticadas no mercado;

b) justificar a necessidade da aquisição;

c) estabelecer os critérios de aceitação das propostas, as exigências de habilitação, as sanções administrativas aplicáveis por inadimplemento e as cláusulas do contrato, inclusive com fixação dos prazos e das demais condições essenciais para o fornecimento; e

d) designar, dentre os servidores do órgão ou da entidade promotora da licitação, o pregoeiro responsável pelos trabalhos do pregão e a sua equipe de apoio;

IV – constarão dos autos a motivação de cada um dos atos especificados no inciso anterior e os indispensáveis elementos técnicos sobre os quais estiverem apoiados, bem como o orçamento estimativo e o cronograma físico-financeiro de desembolso, se for o caso, elaborados pela Administração; e

V – para julgamento, será adotado o critério de menor preço, observados os prazos máximos para fornecimento, as especificações técnicas e os parâmetros mínimos de desempenho e de qualidade e as demais condições definidas no edital.

Art. 9.º As atribuições do pregoeiro incluem:

I – o credenciamento dos interessados;

II – o recebimento dos envelopes das propostas de preços e da documentação de habilitação;

III – a abertura dos envelopes das propostas de preços, o seu exame e a classificação dos proponentes;

IV – a condução dos procedimentos relativos aos lances e à escolha da proposta ou do lance de menor preço;

V – a adjudicação da proposta de menor preço;

VI – a elaboração de ata;

VII – a condução dos trabalhos da equipe de apoio;

VIII – o recebimento, o exame e a decisão sobre recursos; e

IX – o encaminhamento do processo devidamente instruído, após a adjudicação, à autoridade superior, visando a homologação e a contratação.

Art. 10. A equipe de apoio deverá ser integrada em sua maioria por servidores ocupantes de cargo efetivo ou emprego da Administração, preferencialmente pertencentes ao quadro permanente do órgão ou da entidade promotora do pregão, para prestar a necessária assistência ao pregoeiro.

Parágrafo único. No âmbito do Ministério da Defesa, as funções de pregoeiro e de membro da equipe de apoio poderão ser desempenhadas por militares.

Art. 11. A fase externa do pregão será iniciada com a convocação dos interessados e observará as seguintes regras:

I – a convocação dos interessados será efetuada por meio de publicação de aviso em função dos seguintes limites:

a) para bens e serviços de valores estimados em até R$ 160.000,00 (cento e sessenta mil reais):

1. *Diário Oficial da União*; e

2. meio eletrônico, na Internet;

b) para bens e serviços de valores estimados acima de R$ 160.000,00 (cento e sessenta mil reais) até R$ 650.000,00 (seiscentos e cinquenta mil reais):

1. *Diário Oficial da União*;

2. meio eletrônico, na Internet; e

3. jornal de grande circulação local;

>> Alínea *b* com redação determinada pelo Decreto n. 3.693, de 20-12-2000.

c) para bens e serviços de valores estimados superiores a R$ 650.000,00 (seiscentos e cinquenta mil reais):

1. *Diário Oficial da União*;

2. meio eletrônico, na Internet; e

3. jornal de grande circulação regional ou nacional;

>> Alínea *c* com redação determinada pelo Decreto n. 3.693, de 20-12-2000.

d) em se tratando de órgão ou entidade integrante do Sistema de Serviços Gerais – SISG, a íntegra do edital deverá estar disponível em meio eletrônico, na Internet, no *site* www.comprasnet.gov.br, independentemente do valor estimado;

>> Alínea *d* com redação determinada pelo Decreto n. 3.693, de 20-12-2000.

II – do edital e do aviso constarão definição precisa, suficiente e clara do objeto, bem como a indicação dos locais, dias e horários em que poderá ser lida ou obtida a íntegra do edital, e o local onde será realizada a sessão pública do pregão;

III – o edital fixará prazo não inferior a oito dias úteis, contados da publicação do aviso, para os interessados prepararem suas propostas;

IV – no dia, hora e local designados no edital, será realizada sessão pública para recebimento das propostas e da documentação de habilitação, devendo o interessado ou seu representante legal proceder ao respectivo credenciamento, comprovando, se for o caso, possuir os necessários poderes para formulação de propostas e para a prática de todos os demais atos inerentes ao certame;

V – aberta a sessão, os interessados ou seus representantes legais entregarão ao pregoeiro, em envelopes separados, a proposta de preços e a documentação de habilitação;

VI – o pregoeiro procederá à abertura dos envelopes contendo as propostas de preços e classificará o autor da proposta de menor preço e aqueles que tenham apresentado propostas em valores sucessivos e superiores em até dez por cento, relativamente à de menor preço;

VII – quando não forem verificadas, no mínimo, três propostas escritas de preços nas condições definidas no inciso anterior, o pregoeiro classificará as melhores propostas subsequentes, até o máximo de três, para que seus autores participem dos lances verbais, quaisquer que sejam os preços oferecidos nas propostas escritas;

VIII – em seguida, será dado início à etapa de apresentação de lances verbais pelos proponentes, que deverão ser formulados de forma sucessiva, em valores distintos e decrescentes;

IX – o pregoeiro convidará individualmente os licitantes classificados, de forma sequencial, a apresentar lances verbais, a partir do autor da proposta classificada de maior preço e os demais, em ordem decrescente de valor;

X – a desistência em apresentar lance verbal, quando convocado pelo pregoeiro, implicará a exclusão do licitante da etapa de lances verbais e na manutenção do último preço apresentado pelo licitante, para efeito de ordenação das propostas;

>> Inciso X com redação determinada pelo Decreto n. 3.693, de 20-12-2000.

XI – caso não se realizem lances verbais, será verificada a conformidade entre a proposta escrita de menor preço e o valor estimado para a contratação;

XII – declarada encerrada a etapa competitiva e ordenadas as propostas, o pregoeiro examinará a aceitabilidade da primeira classificada, quanto ao objeto e valor, decidindo motivadamente a respeito;

XIII – sendo aceitável a proposta de menor preço, será aberto o envelope contendo a documentação de habilitação do licitante que a tiver formulado, para confirmação das suas condições habilitatórias, com base no Sistema de Cadastramento Unificado de Fornecedores – SICAF, ou nos dados cadastrais da Administração, assegurado ao já cadastrado o direito de apresentar a documentação atualizada e regularizada na própria sessão;

XIV – constatado o atendimento das exigências fixadas no edital, o licitante será declarado vencedor, sendo-lhe adjudicado o objeto do certame;

XV – se a oferta não for aceitável ou se o licitante desatender às exigências habilitatórias, o pregoeiro examinará a oferta subsequente, verificando a sua aceitabilidade e procedendo à habilitação do proponente, na ordem de classificação, e assim sucessivamente, até a apuração de uma proposta que atenda ao edital, sendo o respectivo licitante declarado vencedor e a ele adjudicado o objeto do certame;

XVI – nas situações previstas nos incisos XI, XII e XV, o pregoeiro poderá negociar diretamente com o proponente para que seja obtido preço melhor;

XVII – a manifestação da intenção de interpor recurso será feita no final da sessão, com registro em ata da síntese das suas razões, podendo os interessados juntar memoriais no prazo de três dias úteis;

XVIII – o recurso contra decisão do pregoeiro não terá efeito suspensivo;

XIX – o acolhimento de recurso importará a invalidação apenas dos atos insuscetíveis de aproveitamento;

XX – decididos os recursos e constatada a regularidade dos atos procedimentais, a autoridade competente homologará a adjudicação para determinar a contratação;

XXI – como condição para celebração do contrato, o licitante vencedor deverá manter as mesmas condições de habilitação;

XXII – quando o proponente vencedor não apresentar situação regular, no ato da assinatura do contrato, será convocado outro licitante, observada a ordem de classificação, para celebrar o contrato, e assim sucessivamente, sem prejuízo da aplicação das sanções cabíveis, observado o disposto nos incisos XV e XVI deste artigo;

XXIII – se o licitante vencedor recusar-se a assinar o contrato, injustificadamente, será aplicada a regra estabelecida no inciso XXII;

>> Inciso XXIII com redação determinada pelo Decreto n. 3.693, de 20-12-2000.

XXIV – o prazo de validade das propostas será de sessenta dias, se outro não estiver fixado no edital.

Art. 12. Até dois dias úteis antes da data fixada para recebimento das propostas, qualquer pessoa poderá solicitar esclarecimentos, providências ou impugnar o ato convocatório do pregão.

§ 1.º Caberá ao pregoeiro decidir sobre a petição no prazo de vinte e quatro horas.

§ 2.º Acolhida a petição contra o ato convocatório, será designada nova data para a realização do certame.

Art. 13. Para habilitação dos licitantes, será exigida, exclusivamente, a documentação prevista na legislação geral para a Administração, relativa à:

I – habilitação jurídica;

II – qualificação técnica;

III – qualificação econômico-financeira;

IV – regularidade fiscal; e

V – cumprimento do disposto no inciso XXXIII do art. 7.º da Constituição e na Lei n. 9.854, de 27 de outubro de 1999.

Parágrafo único. A documentação exigida para atender ao disposto nos incisos I, III e IV deste artigo deverá ser substituída pelo registro cadastral do SICAF ou, em se tratando de órgão ou entidade não abrangido pelo referido Sistema, por certificado de registro cadastral que atenda aos requisitos previstos na legislação geral.

Art. 14. O licitante que ensejar o retardamento da execução do certame, não mantiver a proposta, falhar ou fraudar na execução do contrato, comportar-se de modo inidôneo, fizer declaração falsa ou cometer fraude fiscal, garantido o direito prévio da citação e da ampla defesa, ficará impedido de licitar e contratar com a Administração, pelo prazo de até cinco anos, enquanto perdurarem os motivos determinantes da punição ou até que seja promovida a reabilitação perante a própria autoridade que aplicou a penalidade.

Parágrafo único. As penalidades serão obrigatoriamente registradas no SICAF, e no caso de suspensão de licitar, o licitante deverá ser descredenciado por igual período, sem prejuízo das multas previstas no edital e no contrato e das demais cominações legais.

Art. 15. É vedada a exigência de:

I – garantia de proposta;

II – aquisição do edital pelos licitantes, como condição para participação no certame; e

III – pagamento de taxas e emolumentos, salvo os referentes a fornecimento do edital, que não serão superiores ao custo de sua reprodução gráfica, e aos custos de utilização de recursos de tecnologia da informação, quando for o caso.

Art. 16. Quando permitida a participação de empresas estrangeiras na licitação, as exigências de habilitação serão atendidas mediante documentos equivalentes, autenticados pelos respectivos consulados e traduzidos por tradutor juramentado.

Parágrafo único. O licitante deverá ter procurador residente e domiciliado no País, com poderes para receber citação, intimação e responder administrativa e judicialmente por seus atos, juntando os instrumentos de mandato com os documentos de habilitação.

Art. 17. Quando permitida a participação de empresas reunidas em consórcio, serão observadas as seguintes normas:

I – deverá ser comprovada a existência de compromisso público ou particular de constituição de consórcio, com indicação da empresa-líder, que deverá atender às condições de liderança estipuladas no edital e será a representante das consorciadas perante a União;

II – cada empresa consorciada deverá apresentar a documentação de habilitação exigida no ato convocatório;

III – a capacidade técnica do consórcio será representada pela soma da capacidade técnica das empresas consorciadas;

IV – para fins de qualificação econômico-financeira, cada uma das empresas deverá atender aos índices contábeis definidos no edital, nas mesmas condições estipuladas no SICAF;

V – as empresas consorciadas não poderão participar, na mesma licitação, de mais de um consórcio ou isoladamente;

VI – as empresas consorciadas serão solidariamente responsáveis pelas obrigações do consórcio nas fases de licitação e durante a vigência do contrato; e

VII – no consórcio de empresas brasileiras e estrangeiras, a liderança caberá, obrigatoriamente, à empresa brasileira, observado o disposto no inciso I deste artigo.

Parágrafo único. Antes da celebração do contrato, deverá ser promovida a constituição e o registro do consórcio, nos termos do compromisso referido no inciso I deste artigo.

Art. 18. A autoridade competente para determinar a contratação poderá revogar a licitação em face de razões de interesse público, derivadas de fato superveniente devidamente comprovado, pertinente e suficiente para justificar tal conduta, devendo anulá-la por ilegalidade, de ofício ou por provocação de qualquer pessoa, mediante ato escrito e fundamentado.

§ 1.º A anulação do procedimento licitatório induz à do contrato.

§ 2.º Os licitantes não terão direito à indenização em decorrência da anulação do procedimento licitatório, ressalvado o direito do contratado de boa-fé de ser ressarcido pelos encargos que tiver suportado no cumprimento do contrato.

Art. 19. Nenhum contrato será celebrado sem a efetiva disponibilidade de recursos orçamentários para pagamento dos encargos, dele decorrentes, no exercício financeiro em curso.

Art. 20. A União publicará, no *Diário Oficial da União*, o extrato dos contratos celebrados, no prazo de até vinte dias da data de sua assinatura, com indicação da modalidade de licitação e de seu número de referência.

Parágrafo único. O descumprimento do disposto neste artigo sujeitará o servidor responsável a sanção administrativa.

Art. 21. Os atos essenciais do pregão, inclusive os decorrentes de meios eletrônicos, serão documentados ou juntados no respectivo processo, cada qual oportunamente, compreendendo, sem prejuízo de outros, o seguinte:

I – justificativa da contratação;

II – termo de referência, contendo descrição detalhada do objeto, orçamento estimativo de custos e cronograma físico-financeiro de desembolso, se for o caso;

III – planilhas de custo;

IV – garantia de reserva orçamentária, com a indicação das respectivas rubricas;

V – autorização de abertura da licitação;

VI – designação do pregoeiro e equipe de apoio;

VII – parecer jurídico;

VIII – edital e respectivos anexos, quando for o caso;

IX – minuta do termo do contrato ou instrumento equivalente, conforme o caso;

X – originais das propostas escritas, da documentação de habilitação analisada e dos documentos que a instruírem;

XI – ata da sessão do pregão, contendo, sem prejuízo de outros, o registro dos licitantes credenciados, das propostas escritas e verbais apresentadas, na ordem de classificação, da análise da documentação exigida para habilitação e dos recursos interpostos; e

XII – comprovantes da publicação do aviso do edital, do resultado da licitação, do extrato do contrato e dos demais atos relativos a publicidade do certame, conforme o caso.

Art. 22. Os casos omissos neste Regulamento serão resolvidos pelo Ministério do Planejamento, Orçamento e Gestão.

Anexo II

>> Anexo II revogado pelo Decreto n. 7.174, de 12-5-2010.

LEI N. 10.001, DE 4 DE SETEMBRO DE 2000 (*)

Dispõe sobre a prioridade nos procedimentos a serem adotados pelo Ministério Público e por outros órgãos a respeito das conclusões das Comissões Parlamentares de Inquérito.

O Presidente da República

Faço saber que o Congresso Nacional decreta e eu sanciono a seguinte Lei:

Art. 1.º Os Presidentes da Câmara dos Deputados, do Senado Federal ou do Congresso Nacional encaminharão o relatório da Comissão Parlamentar de Inquérito respectiva, e a resolução que o aprovar, aos chefes do Ministério Público da União ou dos Estados, ou ainda às autoridades administrativas ou judiciais com poder de decisão, conforme o caso, para a prática de atos de sua competência.

Art. 2.º A autoridade a quem for encaminhada a resolução informará ao remetente, no prazo de trinta dias, as providências adotadas ou a justificativa pela omissão.

Parágrafo único. A autoridade que presidir processo ou procedimento, administrativo ou judicial, instaurado em decorrência de conclusões de Comissão Parlamentar de Inquérito, comunicará, semestralmente, a fase em que se encontra, até a sua conclusão.

Art. 3.º O processo ou procedimento referido no art. 2.º terá prioridade sobre qualquer outro, exceto sobre aquele relativo a pedido de *habeas corpus, habeas data* e mandado de segurança.

Art. 4.º O descumprimento das normas desta Lei sujeita a autoridade a sanções administrativas, civis e penais.

Art. 5.º Esta Lei entra em vigor na data de sua publicação.

Brasília, 4 de setembro de 2000; 179.º da Independência e 112.º da República.

FERNANDO HENRIQUE CARDOSO

(*) Publicada no *Diário Oficial da União* de 5-9-2000. *Vide* Lei n. 1.579, de 18-3-1952.

LEI N. 10.098, DE 19 DE DEZEMBRO DE 2000 (**)

Estabelece normas gerais e critérios básicos para a promoção da acessibilidade das pessoas portadoras de deficiência ou com mobilidade reduzida, e dá outras providências.

O Presidente da República

Faço saber que o Congresso Nacional decreta e eu sanciono a seguinte Lei:

CAPÍTULO I
DISPOSIÇÕES GERAIS

Art. 1.º Esta Lei estabelece normas gerais e critérios básicos para a promoção da acessibilidade das pessoas portadoras de deficiência ou com mobilidade reduzida, mediante a supressão de barreiras e de obstáculos nas vias e espaços públicos, no mobiliário urbano, na construção e reforma de edifícios e nos meios de transporte e de comunicação.

>> *Vide* art. 9.º da Convenção Internacional sobre os Direitos das Pessoas com Deficiência, aprovada pelo Decreto n. 6.949, de 25-8-2009.

Art. 2.º Para os fins desta Lei são estabelecidas as seguintes definições:

I – acessibilidade: possibilidade e condição de alcance para utilização, com segurança e autonomia, de espaços, mobiliários, equipamentos urbanos, edificações, transportes, informação e comunicação, inclusive seus sistemas e tecnologias, bem como de outros serviços e instalações abertos ao público, de uso público ou privados de uso coletivo, tanto na zona urbana como na rural, por pessoa com deficiência ou com mobilidade reduzida;

>> Inciso I com redação determinada pela Lei n. 13.146, de 6-7-2015.

II – barreiras: qualquer entrave, obstáculo, atitude ou comportamento que limite ou impeça a participação social da pessoa, bem como o gozo, a fruição e o exercício de seus direitos à acessibilidade, à liberdade de movimento e de expressão, à comunicação, ao acesso à informação, à compreensão, à circulação com segurança, entre outros, classificadas em:

>> Inciso II, *caput*, com redação determinada pela Lei n. 13.146, de 6-7-2015.

a) barreiras urbanísticas: as existentes nas vias e nos espaços públicos e privados abertos ao público ou de uso coletivo;

>> Alínea *a* com redação determinada pela Lei n. 13.146, de 6-7-2015.

b) barreiras arquitetônicas: as existentes nos edifícios públicos e privados;

>> Alínea *b* com redação determinada pela Lei n. 13.146, de 6-7-2015.

c) barreiras nos transportes: as existentes nos sistemas e meios de transportes;

>> Alínea *c* com redação determinada pela Lei n. 13.146, de 6-7-2015.

d) barreiras nas comunicações e na informação: qualquer entrave, obstáculo, atitude ou comportamento que dificulte ou impossibilite a expressão ou o recebimento de mensagens e de informações por intermédio de sistemas de comunicação e de tecnologia da informação;

>> Alínea *d* com redação determinada pela Lei n. 13.146, de 6-7-2015.

III – pessoa com deficiência: aquela que tem impedimento de longo prazo de natureza física, mental, intelectual ou sensorial, o qual, em interação com uma ou mais barreiras, pode obstruir sua participação plena e efetiva na sociedade em igualdade de condições com as demais pessoas;

(**) Publicada no *Diário Oficial da União*, de 9-11-2000. O Decreto n. 5.296, de 2-12-2004, regulamenta esta Lei.

>> Inciso III com redação determinada pela Lei n. 13.146, de 6-7-2015.

IV – pessoa com mobilidade reduzida: aquela que tenha, por qualquer motivo, dificuldade de movimentação, permanente ou temporária, gerando redução efetiva da mobilidade, da flexibilidade, da coordenação motora ou da percepção, incluindo idoso, gestante, lactante, pessoa com criança de colo e obeso;

>> Inciso IV com redação determinada pela Lei n. 13.146, de 6-7-2015.

V – acompanhante: aquele que acompanha a pessoa com deficiência, podendo ou não desempenhar as funções de atendente pessoal;

>> Inciso V com redação determinada pela Lei n. 13.146, de 6-7-2015.

VI – elemento de urbanização: quaisquer componentes de obras de urbanização, tais como os referentes a pavimentação, saneamento, encanamento para esgotos, distribuição de energia elétrica e de gás, iluminação pública, serviços de comunicação, abastecimento e distribuição de água, paisagismo e os que materializam as indicações do planejamento urbanístico;

>> Inciso VI com redação determinada pela Lei n. 13.146, de 6-7-2015.

VII – mobiliário urbano: conjunto de objetos existentes nas vias e nos espaços públicos, superpostos ou adicionados aos elementos de urbanização ou de edificação, de forma que sua modificação ou seu traslado não provoque alterações substanciais nesses elementos, tais como semáforos, postes de sinalização e similares, terminais e pontos de acesso coletivo às telecomunicações, fontes de água, lixeiras, toldos, marquises, bancos, quiosques e quaisquer outros de natureza análoga;

>> Inciso VII acrescentado pela Lei n. 13.146, de 6-7-2015.

VIII – tecnologia assistiva ou ajuda técnica: produtos, equipamentos, dispositivos, recursos, metodologias, estratégias, práticas e serviços que objetivem promover a funcionalidade, relacionada à atividade e à participação da pessoa com deficiência ou com mobilidade reduzida, visando à sua autonomia, independência, qualidade de vida e inclusão social;

>> Inciso VIII acrescentado pela Lei n. 13.146, de 6-7-2015.

IX – comunicação: forma de interação dos cidadãos que abrange, entre outras opções, as línguas, inclusive a Língua Brasileira de Sinais (Libras), a visualização de textos, o Braille, o sistema de sinalização ou de comunicação tátil, os caracteres ampliados, os dispositivos multimídia, assim como a linguagem simples, escrita e oral, os sistemas auditivos e os meios de voz digitalizados e os modos, meios e formatos aumentativos e alternativos de comunicação, incluindo as tecnologias da informação e das comunicações;

>> Inciso IX acrescentado pela Lei n. 13.146, de 6-7-2015.

X – desenho universal: concepção de produtos, ambientes, programas e serviços a serem usados por todas as pessoas, sem necessidade de adaptação ou de projeto específico, incluindo os recursos de tecnologia assistiva.

>> Inciso X acrescentado pela Lei n. 13.146, de 6-7-2015.

Capítulo II
DOS ELEMENTOS DA URBANIZAÇÃO

Art. 3.º O planejamento e a urbanização das vias públicas, dos parques e dos demais espaços de uso público deverão ser concebidos e executados de forma a torná-los acessíveis para todas as pessoas, inclusive para aquelas com deficiência ou com mobilidade reduzida.

>> *Caput* com redação determinada pela Lei n. 13.146, de 6-7-2015.

Parágrafo único. O passeio público, elemento obrigatório de urbanização e parte da via pública, normalmente segregado e em nível diferente, destina-se somente à circulação de pedestres e, quando possível, à implantação de mobiliário urbano e de vegetação.

>> Parágrafo único acrescentado pela Lei n. 13.146, de 6-7-2015.

Art. 4.º As vias públicas, os parques e os demais espaços de uso público existentes, assim como as respectivas instalações de serviços e mobiliários urbanos deverão ser adaptados, obedecendo-se ordem de prioridade que vise à maior eficiência das modificações, no sentido de promover mais ampla acessibilidade às pessoas portadoras de deficiência ou com mobilidade reduzida.

Parágrafo único. No mínimo 5% (cinco por cento) de cada brinquedo e equipamento de lazer existentes nos locais referidos no *caput* devem ser adaptados e identificados, tanto quanto tecnicamente possível, para possibilitar sua utilização por pessoas com deficiência, inclusive visual, ou com mobilidade reduzida.

>> Parágrafo único com redação determinada pela Lei n. 13.443, de 11-5-2017.

Art. 5.º O projeto e o traçado dos elementos de urbanização públicos e privados de uso comunitário, nestes compreendidos os itinerários e as passagens de pedestres, os percursos de entrada e de saída de veículos, as escadas e rampas, deverão observar os parâmetros estabelecidos pelas normas técnicas de acessibilidade da Associação Brasileira de Normas Técnicas – ABNT.

Art. 6.º Os banheiros de uso público existentes ou a construir em parques, praças, jardins e espaços livres públicos deverão ser acessíveis e dispor, pelo menos, de um sanitário e um lavatório que atendam às especificações das normas técnicas da ABNT.

§ 1.º Os eventos organizados em espaços públicos e privados em que haja instalação de banheiros químicos deverão contar com unidades acessíveis a pessoas com deficiência ou com mobilidade reduzida.

>> § 1.º acrescentado pela Lei n. 13.825, de 13-5-2019.

§ 2.º O número mínimo de banheiros químicos acessíveis corresponderá a 10% (dez por cento) do total, garantindo-se pelo menos 1 (uma) unidade acessível caso a aplicação do percentual resulte em fração inferior a 1 (um).

>> § 2.º acrescentado pela Lei n. 13.825, de 13-5-2019.

Art. 7.º Em todas as áreas de estacionamento de veículos, localizadas em vias ou em espaços públicos, deverão ser reservadas vagas próximas dos acessos de circulação de pedestres, devidamente sinalizadas, para veículos que transportem pessoas portadoras de deficiência com dificuldade de locomoção.

Parágrafo único. As vagas a que se refere o *caput* deste artigo deverão ser em número equivalente a dois por cento do total, garantida, no mínimo, uma vaga, devidamente sinalizada e com as especificações técnicas de desenho e traçado de acordo com as normas técnicas vigentes.

Capítulo III
DO DESENHO E DA LOCALIZAÇÃO DO MOBILIÁRIO URBANO

Art. 8.º Os sinais de tráfego, semáforos, postes de iluminação ou quaisquer outros elementos verticais de sinalização que devam ser instalados em itinerário ou espaço de acesso para pedestres deverão ser dispostos de forma a não dificultar ou impedir a circulação, e de modo que possam ser utilizados com a máxima comodidade.

Art. 9.º Os semáforos para pedestres instalados nas vias públicas deverão estar equipados com mecanismo que emita sinal sonoro suave, intermitente e sem estridência, ou com mecanismo alternativo, que sirva de guia ou orientação para a travessia de pessoas portadoras de deficiência visual, se a intensidade do fluxo de veículos e a periculosidade da via assim determinarem.

Parágrafo único. Os semáforos para pedestres instalados em vias públicas de grande circulação, ou que deem acesso aos serviços de reabilitação, devem obrigatoriamente estar equipados com mecanismo que emita sinal sonoro suave para orientação do pedestre.

>> Parágrafo único acrescentado pela Lei n. 13.146, de 6-7-2015.

Art. 10. Os elementos do mobiliário urbano deverão ser projetados e instalados em locais que permitam sejam eles utilizados pelas pessoas portadoras de deficiência ou com mobilidade reduzida.

Art. 10-A. A instalação de qualquer mobiliário urbano em área de circulação comum para pedestre que ofereça risco de acidente à pessoa com deficiência deverá ser indicada mediante sinalização tátil de alerta no piso, de acordo com as normas técnicas pertinentes.

>> Artigo acrescentado pela Lei n. 13.146, de 6-7-2015.

Capítulo IV
DA ACESSIBILIDADE NOS EDIFÍCIOS PÚBLICOS OU DE USO COLETIVO

Art. 11. A construção, ampliação ou reforma de edifícios públicos ou privados destinados ao uso coletivo deverão ser executadas de modo que sejam ou se tornem acessíveis às pessoas portadoras de deficiência ou com mobilidade reduzida.

Parágrafo único. Para os fins do disposto neste artigo, na construção, ampliação ou reforma de edifícios públicos ou privados destinados ao uso coletivo deverão ser observados, pelo menos, os seguintes requisitos de acessibilidade:

I – nas áreas externas ou internas da edificação, destinadas a garagem e a estacionamento de uso público, deverão ser reservadas vagas próximas dos acessos de circulação de pedestres, devidamente sinalizadas, para veículos que transportem pessoas portadoras de deficiência com dificuldade de locomoção permanente;

II – pelo menos um dos acessos a interior da edificação deverá estar livre de barreiras arquitetônicas e de obstáculos que impeçam ou dificultem a acessibilidade de pessoa portadora de deficiência ou com mobilidade reduzida;

III – pelo menos um dos itinerários que comuniquem, horizontal e verticalmente todas as dependências e serviços do edifício, entre si e com o exterior, deverá cumprir os requisitos de acessibilidade de que trata esta Lei; e

IV – os edifícios deverão dispor, pelo menos, de um banheiro acessível, distribuindo-se seus equipamentos e acessórios de maneira que possam ser utilizados por pessoa portadora de deficiência ou com mobilidade reduzida.

Art. 12. Os locais de espetáculos, conferências, aulas e outros de natureza similar deverão dispor de espaços reservados para pessoas que utilizam cadeira de rodas, e de lugares específicos para pessoas com deficiência auditiva e visual, inclusive acompanhante, de acordo com a ABNT, de modo a facilitar-lhes as condições de acesso, circulação e comunicação.

Art. 12-A. Os centros comerciais e os estabelecimentos congêneres devem fornecer carros e cadeiras de rodas, motorizados ou não, para o atendimento da pessoa com deficiência ou com mobilidade reduzida.

>> Artigo acrescentado pela Lei n. 13.146, de 6-7-2015.

Capítulo V
DA ACESSIBILIDADE NOS EDIFÍCIOS DE USO PRIVADO

Art. 13. Os edifícios de uso privado em que seja obrigatória a instalação de elevadores deverão ser construídos atendendo aos seguintes requisitos mínimos de acessibilidade:

I – percurso acessível que una as unidades habitacionais com o exterior e com as dependências de uso comum;

II – percurso acessível que una a edificação à via pública, às edificações e aos serviços anexos de uso comum e aos edifícios vizinhos;

III – cabine do elevador e respectiva porta de entrada acessíveis para pessoas portadoras de deficiência ou com mobilidade reduzida.

Art. 14. Os edifícios a serem construídos com mais de um pavimento além do pavimento de acesso, à exceção das habitações unifamiliares, e que não estejam obrigados à instalação de elevador, deverão dispor de especificações técnicas e de projeto que facilitem a instalação de um elevador adaptado, devendo os demais elementos de uso comum destes edifícios atender aos requisitos de acessibilidade.

Art. 15. Caberá ao órgão federal responsável pela coordenação da política habitacional regulamentar a reserva de um percentual mínimo do total das habitações, conforme a característica da população local, para o atendimento da demanda de pessoas portadoras de deficiência ou com mobilidade reduzida.

Capítulo VI
DA ACESSIBILIDADE NOS VEÍCULOS DE TRANSPORTE COLETIVO

Art. 16. Os veículos de transporte coletivo deverão cumprir os requisitos de acessibilidade estabelecidos nas normas técnicas específicas.

Capítulo VII
DA ACESSIBILIDADE NOS SISTEMAS DE COMUNICAÇÃO E SINALIZAÇÃO

Art. 17. O Poder Público promoverá a eliminação de barreiras na comunicação e estabelecerá mecanismos e alternativas técnicas que tornem acessíveis os sistemas de comunicação e sinalização às pessoas portadoras de deficiência sensorial e com dificuldade de comunicação, para garantir-lhes o direito de acesso à informação, à comunicação, ao trabalho, à educação, ao transporte, à cultura, ao esporte e ao lazer.

Art. 18. O Poder Público implementará a formação de profissionais intérpretes de escrita em braile, linguagem de sinais e de guias-intérpretes, para facilitar qualquer tipo de comunicação direta à pessoa portadora de deficiência sensorial e com dificuldade de comunicação.

>> Artigo regulamentado pelo Decreto n. 5.626, de 22-12-2005.

Art. 19. Os serviços de radiodifusão sonora e de sons e imagens adotarão plano de medidas técnicas com o objetivo de permitir o uso da linguagem de sinais ou outra subtitulação, para garantir o direito de acesso à informação às pessoas portadoras de deficiência auditiva, na forma e no prazo previstos em regulamento.

Capítulo VIII
DISPOSIÇÕES SOBRE AJUDAS TÉCNICAS

Art. 20. O Poder Público promoverá a supressão de barreiras urbanísticas, arquitetônicas, de transporte e de comunicação, mediante ajudas técnicas.

Art. 21. O Poder Público, por meio dos organismos de apoio à pesquisa e das agências de financiamento, fomentará programas destinados:

I – à promoção de pesquisas científicas voltadas ao tratamento e prevenção de deficiências;

II – ao desenvolvimento tecnológico orientado à produção de ajudas técnicas para as pessoas portadoras de deficiência;

III – à especialização de recursos humanos em acessibilidade.

Art. 21-A. Às pessoas com deficiência visual será garantido, sem custo adicional, quando por elas solicitado, um ***kit*** que conterá, no mínimo:

>> *Caput* acrescentado pela Lei n. 13.835, de 4-6-2019, em vigor após 180 dias da sua publicação (*DOU* de 5-6-2019).

I – etiqueta em braile: filme transparente fixo ao cartão com informações em braile, com a identificação do tipo do cartão e os 6 (seis) dígitos finais do número do cartão;

>> Inciso I acrescentado pela Lei n. 13.835, de 4-6-2019, em vigor após 180 dias da sua publicação (*DOU* de 5-6-2019).

II – identificação do tipo de cartão em braile: primeiro dígito, da esquerda para a direita, identificador do tipo de cartão;

>> Inciso II acrescentado pela Lei n. 13.835, de 4-6-2019, em vigor após 180 dias da sua publicação (*DOU* de 5-6-2019).

III – fita adesiva: fita para fixar a etiqueta em braile de dados no cartão;

>> Inciso III acrescentado pela Lei n. 13.835, de 4-6-2019, em vigor após 180 dias da sua publicação (*DOU* de 5-6-2019).

IV – porta-cartão: objeto para armazenar o cartão e possibilitar ao portador acesso às informações necessárias ao pleno uso do cartão, com identificação, em braile, do número completo do cartão, do tipo de cartão, da bandeira, do nome do emissor, da data de validade, do código de segurança e do nome do portador do cartão.

>> Inciso IV acrescentado pela Lei n. 13.835, de 4-6-2019, em vigor após 180 dias da sua publicação (*DOU* de 5-6-2019).

Parágrafo único. O porta-cartão de que trata o inciso IV do *caput* deste artigo deverá possuir tamanho suficiente para que constem todas as informações descritas no referido inciso e deverá ser conveniente ao transporte pela pessoa com deficiência visual.

>> Parágrafo único acrescentado pela Lei n. 13.835, de 4-6-2019, em vigor após 180 dias da sua publicação (*DOU* de 5-6-2019).

CAPÍTULO IX
DAS MEDIDAS DE FOMENTO À ELIMINAÇÃO DE BARREIRAS

Art. 22. É instituído, no âmbito da Secretaria de Estado de Direitos Humanos do Ministério da Justiça, o Programa Nacional de Acessibilidade, com dotação orçamentária específica, cuja execução será disciplinada em regulamento.

CAPÍTULO X
DISPOSIÇÕES FINAIS

Art. 23. Administração Pública federal direta e indireta destinará, anualmente, dotação orçamentária para as adaptações, eliminações e supressões de barreiras arquitetônicas existentes nos edifícios de uso público de sua propriedade e naqueles que estejam sob sua administração ou uso.

Parágrafo único. A implementação das adaptações, eliminações e supressões de barreiras arquitetônicas referidas no *caput* deste artigo deverá ser iniciada a partir do primeiro ano de vigência desta Lei.

Art. 24. O Poder Público promoverá campanhas informativas e educativas dirigidas à população em geral, com a finalidade de conscientizá-la e sensibilizá-la quanto à acessibilidade e à integração social da pessoa portadora de deficiência ou com mobilidade reduzida.

Art. 25. As disposições desta Lei aplicam-se aos edifícios ou imóveis declarados bens de interesse cultural ou de valor histórico-artístico, desde que as modificações necessárias observem as normas específicas reguladoras destes bens.

Art. 26. As organizações representativas de pessoas portadoras de deficiência terão legitimidade para acompanhar o cumprimento dos requisitos de acessibilidade estabelecidos nesta Lei.

Art. 27. Esta Lei entra em vigor na data de sua publicação.

Brasília, 19 de dezembro de 2000; 179.º da Independência e 112.º da República.

FERNANDO HENRIQUE CARDOSO

LEI N. 10.233, DE 5 DE JUNHO DE 2001 (*)

Dispõe sobre a reestruturação dos transportes aquaviário e terrestre, cria o Conselho Nacional de Integração de Políticas de Transporte, a Agência Nacional de Transportes Terrestres, a Agência Nacional de Transportes Aquaviários e o Departamento Nacional de Infraestrutura de Transportes, e dá outras providências.

O Presidente da República

Faço saber que o Congresso Nacional decreta e eu sanciono a seguinte Lei:

CAPÍTULO I
DO OBJETO

Art. 1.º Constituem o objeto desta Lei:

I – (*Revogado pela Lei n. 13.844, de 18-6-2019.*);

II – dispor sobre a ordenação dos transportes aquaviário e terrestre, nos termos do art. 178 da Constituição Federal, reorganizando o gerenciamento do Sistema Federal de Viação e regulando a prestação de serviços de transporte;

III – criar a Agência Nacional de Transportes Terrestres;

IV – criar a Agência Nacional de Transportes Aquaviários;

V – criar o Departamento Nacional de Infraestrutura de Transportes.

> O Decreto n. 5.765, de 27-4-2006, aprova a estrutura regimental do Departamento Nacional de Infraestrutura de Transportes – DNIT.

CAPÍTULO II
DO SISTEMA NACIONAL DE VIAÇÃO

Art. 2.º O Sistema Nacional de Viação – SNV é constituído pela infraestrutura viária e pela estrutura operacional dos diferentes meios de transporte de pessoas e bens, sob jurisdição da União, dos Estados, do Distrito Federal e dos Municípios.

Parágrafo único. O SNV será regido pelos princípios e diretrizes estabelecidos em consonância com o disposto nos incisos XII, XX e XXI do art. 21 da Constituição Federal.

Art. 3.º O Sistema Federal de Viação – SFV, sob jurisdição da União, abrange a malha arterial básica do Sistema Nacional de Viação, formada por eixos e terminais relevantes do ponto de vista da demanda de transporte, da integração nacional e das conexões internacionais.

Parágrafo único. O SFV compreende os elementos físicos da infraestrutura viária existente e planejada, definidos pela legislação vigente.

Art. 4.º São objetivos essenciais do Sistema Nacional de Viação:

I – dotar o País de infraestrutura viária adequada;

II – garantir a operação racional e segura dos transportes de pessoas e bens;

III – promover o desenvolvimento social e econômico e a integração nacional.

§ 1.º Define-se como infraestrutura viária adequada a que torna mínimo o custo total do transporte, entendido como a soma dos custos de investimentos, de manutenção e de operação dos sistemas.

§ 2.º Entende-se como operação racional e segura a que se caracteriza pela gerência eficiente das vias, dos terminais, dos equipamentos e dos veículos, objetivando tornar mínimos os custos operacionais e, consequentemente, os fretes e as tarifas, e garantir a segurança e a confiabilidade do transporte.

CAPÍTULO III
DO CONSELHO NACIONAL DE INTEGRAÇÃO DE POLÍTICAS DE TRANSPORTE

Arts. 5.º e 6.º (*Revogados pela Lei n. 13.844, de 18-6-2019.*)

Art. 7.º (*Vetado.*)

Art. 7.º-A. (*Revogado pela Lei n. 13.844, de 18-6-2019.*)

CAPÍTULO IV
DOS PRINCÍPIOS E DIRETRIZES PARA OS TRANSPORTES AQUAVIÁRIO E TERRESTRE

Seção I
Dos Princípios Gerais

Art. 11. O gerenciamento da infraestrutura e a operação dos transportes aquaviário e terrestre serão regidos pelos seguintes princípios gerais:

I – preservar o interesse nacional e promover o desenvolvimento econômico e social;

II – assegurar a unidade nacional e a integração regional;

III – proteger os interesses dos usuários quanto à qualidade e oferta de serviços de transporte e dos consumidores finais quanto à incidência dos fretes nos preços dos produtos transportados;

IV – assegurar, sempre que possível, que os usuários paguem pelos custos dos serviços prestados em regime de eficiência;

V – compatibilizar os transportes com a preservação do meio ambiente, reduzindo os níveis de poluição sonora e de contaminação atmosférica, do solo e dos recursos hídricos;

VI – promover a conservação de energia, por meio da redução do consumo de combustíveis automotivos;

VII – reduzir os danos sociais e econômicos decorrentes dos congestionamentos de tráfego;

VIII – assegurar aos usuários liberdade de escolha da forma de locomoção e dos meios de transporte mais adequados às suas necessidades;

IX – estabelecer prioridade para o deslocamento de pedestres e o transporte coletivo de passageiros, em sua superposição com

(*) Publicada no *Diário Oficial da União* de 6-6-2001. *Vide* Lei n. 9.986, de 18-7-2000, que dispõe sobre a gestão de recursos humanos das agências reguladoras e dá outras providências.

o transporte individual, particularmente nos centros urbanos;

X – promover a integração física e operacional do Sistema Nacional de Viação com os sistemas viários dos países limítrofes;

XI – ampliar a competitividade do País no mercado internacional;

XII – estimular a pesquisa e o desenvolvimento de tecnologias aplicáveis ao setor de transportes.

Seção II
Das Diretrizes Gerais

Art. 12. Constituem diretrizes gerais do gerenciamento da infraestrutura e da operação dos transportes aquaviário e terrestre:

I – descentralizar as ações, sempre que possível, promovendo sua transferência a outras entidades públicas, mediante convênios de delegação, ou a empresas públicas ou privadas, mediante outorgas de autorização, concessão ou permissão, conforme dispõe o inciso XII do art. 21 da Constituição Federal;

> A Lei n. 9.277, de 10-5-1996, autoriza a União a delegar aos Municípios, Estados da Federação e ao Distrito Federal a administração e exploração de rodovias e portos federais.

II – aproveitar as vantagens comparativas dos diferentes meios de transporte, promovendo sua integração física e a conjugação de suas operações, para a movimentação intermodal mais econômica e segura de pessoas e bens;

III – dar prioridade aos programas de ação e de investimentos relacionados com os eixos estratégicos de integração nacional, de abastecimento do mercado interno e de exportação;

IV – promover a pesquisa e a adoção das melhores tecnologias aplicáveis aos meios de transporte e à integração destes;

V – promover a adoção de práticas adequadas de conservação e uso racional dos combustíveis e de preservação do meio ambiente;

VI – estabelecer que os subsídios incidentes sobre fretes e tarifas constituam ônus ao nível de governo que os imponha ou conceda;

VII – reprimir fatos e ações que configurem ou possam configurar competição imperfeita ou infrações de ordem econômica.

Art. 13. Ressalvado o disposto em legislação específica, as outorgas a que se refere o inciso I do *caput* do art. 12 serão realizadas sob a forma de:

>> *Caput* com redação determinada pela Lei n. 12.815, de 5-6-2013.

I – concessão, quando se tratar de exploração de infraestrutura de transporte público, precedida ou não de obra pública, e de prestação de serviços de transporte associados à exploração da infraestrutura;

II e III – (*Vetados*.);

IV – permissão, quando se tratar de:

>> Inciso IV, *caput*, com redação determinada pela Lei n. 12.996, de 18-6-2014.

a) prestação regular de serviços de transporte terrestre coletivo interestadual semiurbano de passageiros desvinculados da exploração da infraestrutura;

>> Alínea *a* acrescentada pela Lei n. 12.996, de 18-6-2014.

b) prestação regular de serviços de transporte ferroviário de passageiros desvinculados da exploração de infraestrutura;

>> Alínea *b* acrescentada pela Lei n. 12.996, de 18-6-2014.

V – autorização, quando se tratar de:

>> Inciso V, *caput*, com redação determinada pela Lei n. 12.996, de 18-6-2014.

a) prestação não regular de serviços de transporte terrestre coletivo de passageiros;

>> Alínea *a* acrescentada pela Lei n. 12.743, de 19-12-2012.

b) prestação de serviço de transporte aquaviário;

>> Alínea *b* acrescentada pela Lei n. 12.743, de 19-12-2012.

c) exploração de infraestrutura de uso privativo; e

>> Alínea *c* acrescentada pela Lei n. 12.743, de 19-12-2012.

d) transporte ferroviário de cargas não associado à exploração da infraestrutura ferroviária, por operador ferroviário independente;

>> Alínea *d* acrescentada pela Lei n. 12.743, de 19-12-2012.

e) prestação regular de serviços de transporte terrestre coletivo interestadual e internacional de passageiros desvinculados da exploração da infraestrutura.

>> Alínea e acrescentada pela Lei n. 12.996, de 18-6-2014.

Parágrafo único. Considera-se, para os fins da alínea *d* do inciso V do *caput*, operador ferroviário independente a pessoa jurídica detentora de autorização para transporte ferroviário de cargas desvinculado da exploração da infraestrutura.

>> Parágrafo único acrescentado pela Lei n. 12.743, de 19-12-2012.

Art. 14. Ressalvado o disposto em legislação específica, o disposto no art. 13 aplica-se conforme as seguintes diretrizes:

>> *Caput* com redação determinada pela Lei n. 12.815, de 5-6-2013.

I – depende de concessão:

a) a exploração das ferrovias, das rodovias, das vias navegáveis e dos portos organizados que compõem a infraestrutura do Sistema Nacional de Viação;

b) o transporte ferroviário de passageiros e cargas associado à exploração da infraestrutura ferroviária;

II – (*Vetado*.);

III – depende de autorização:

>> Inciso III com redação determinada pela Lei n. 12.815, de 5-6-2013.

a) (*Vetada*.);

b) o transporte rodoviário de passageiros, sob regime de afretamento;

c) a construção e a exploração das instalações portuárias de que trata o art. 8.º da Lei na qual foi convertida a Medida Provisória n. 595, de 6 de dezembro de 2012;

>> Alínea *c* com redação determinada pela Lei n. 12.815, de 5-6-2013.

> Citada medida provisória foi convertida na Lei n. 12.815, de 5-6-2013, que dispõe em seu art. 8.º sobre a autorização de instalações portuárias nas modalidades: terminal de uso privado, estação de transbordo de carga, instalação portuária pública de pequeno porte e instalação portuária de turismo.

> A Resolução n. 1.556, de 11-12-2009, da ANTAQ, aprova a norma para outorga de autorização para construção, exploração e ampliação de terminal portuário de uso privativo de turismo, para movimentação de passageiros.

d) (*Vetada*.);

e) o transporte aquaviário;

>> Alínea *e* acrescentada pela Medida Provisória n. 2.217-3, de 4-9-2001.

f) o transporte ferroviário não regular de passageiros, não associado à exploração da infraestrutura;

>> Alínea *f* acrescentada pela Lei n. 11.314, de 3-7-2006.

g) e *h)* (*Revogadas pela Lei n. 12.815, de 5-6-2013*.);

i) o transporte ferroviário de cargas não associado à exploração da infraestrutura, por operador ferroviário independente; e

>> Alínea *i* acrescentada pela Lei n. 12.743, de 19-12-2012.

j) transporte rodoviário coletivo regular interestadual e internacional de passageiros, que terá regulamentação específica expedida pela ANTT;

>> Alínea *j* acrescentada pela Lei n. 12.996, de 18-6-2014.

IV – depende de permissão:

>> Inciso IV acrescentado pela Medida Provisória n. 2.217-3, de 4-9-2001.

a) transporte rodoviário coletivo regular interestadual semiurbano de passageiros;

>> Alínea *a* com redação determinada pela Lei n. 12.996, de 18-6-2014.

b) o transporte ferroviário regular de passageiros não associado à infraestrutura.

>> Alínea *b* com redação determinada pela Lei n. 11.483, de 31-5-2007.

§ 1.º As outorgas de concessão ou permissão serão sempre precedidas de licitação, conforme prescreve o art. 175 da Constituição Federal.

§ 2.º É vedada a prestação de serviços de transporte coletivo de passageiros, de qualquer natureza, que não tenham sido autorizados, concedidos ou permitidos pela autoridade competente.

§ 3.º As outorgas de concessão a que se refere o inciso I do art. 13 poderão estar vinculadas a contratos de arrendamento de ativos e a contratos de construção, com cláusula de reversão ao patrimônio da União.

§ 4.º Os procedimentos para as diferentes formas de outorga a que se refere este artigo são disciplinados pelo disposto nos arts. 28 a 51-A.

>> § 4.º com redação determinada pela Medida Provisória n. 2.217-3, de 4-9-2001.

Art. 14-A. O exercício da atividade de transporte rodoviário de cargas, por conta de terceiros e mediante remuneração, depende de inscrição do transportador no Registro Nacional de Transportadores Rodoviários de Carga – RNTRC.

>> *Caput* acrescentado pela Medida Provisória n. 2.217-3, de 4-9-2001.

> A Resolução n. 3.056, de 12-3-2009, da ANTT, dispõe sobre o exercício da atividade de transporte rodoviário de carga por conta de terceiros e mediante remuneração e estabelece procedimentos para inscrição no Registro Nacional de Transportadores Rodoviários de Carga – RNTRC.

Parágrafo único. O transportador a que se refere o *caput* terá o prazo de um ano, a contar da instalação da ANTT, para efetuar sua inscrição.

>> Parágrafo único acrescentado pela Medida Provisória n. 2.217-3, de 4-9-2001.

CAPÍTULO VI
DAS AGÊNCIAS NACIONAIS DE REGULAÇÃO DOS TRANSPORTES TERRESTRE E AQUAVIÁRIO

> A Resolução n. 3.535, de 10-6-2010, fixa normas gerais sobre o Serviço de Atendimento ao Consumidor – SAC, nos serviços de transporte rodoviário interestadual e internacional de passageiros, de transporte ferroviário de passageiros ao longo do Sistema Nacional de Viação e de exploração da infraestrutura das rodovias concedidas e administradas pela ANTT.

Seção I
Dos Objetivos, da Instituição e das Esferas de Atuação

Art. 20. São objetivos das Agências Nacionais de Regulação dos Transportes Terrestre e Aquaviário:

I – implementar, nas respectivas esferas de atuação, as políticas formuladas pelo Conselho Nacional de Integração de Políticas de Transporte, pelo Ministério dos Transportes e pela Secretaria de Portos da Presidência da República, nas respectivas áreas de competência, segundo os princípios e diretrizes estabelecidos nesta Lei;

>> Inciso I com redação determinada pela Lei n. 12.815, de 5-6-2013.

II – regular ou supervisionar, em suas respectivas esferas e atribuições, as atividades de prestação de serviços e de exploração da infraestrutura de transportes, exercidas por terceiros, com vistas a:

a) garantir a movimentação de pessoas e bens, em cumprimento a padrões de eficiência, segurança, conforto, regularidade, pontualidade e modicidade nos fretes e tarifas;

b) harmonizar, preservado o interesse público, os objetivos dos usuários, das empresas concessionárias, permissionárias, autorizadas e arrendatárias, e de entidades delegadas, arbitrando conflitos de interesses e impedindo situações que configurem competição imperfeita ou infração da ordem econômica.

Art. 21. Ficam instituídas a Agência Nacional de Transportes Terrestres – ANTT e a Agência Nacional de Transportes Aquaviários – ANTAQ, entidades integrantes da administração federal indireta, submetidas ao regime autárquico especial e vinculadas, respectivamente, ao Ministério dos Transportes e à Secretaria de Portos da Presidência da República, nos termos desta Lei.

>> *Caput* com redação determinada pela Lei n. 12.815, de 5-6-2013.

§ 1.º A ANTT e a ANTAQ terão sede e foro no Distrito Federal, podendo instalar unidades administrativas regionais.

§ 2.º O regime autárquico especial conferido à ANTT e à ANTAQ é caracterizado pela independência administrativa, autonomia financeira e funcional e mandato fixo de seus dirigentes.

Art. 22. Constituem a esfera de atuação da ANTT:

I – o transporte ferroviário de passageiros e cargas ao longo do Sistema Nacional de Viação;

II – a exploração da infraestrutura ferroviária e o arrendamento dos ativos operacionais correspondentes;

III – o transporte rodoviário interestadual e internacional de passageiros;

IV – o transporte rodoviário de cargas;

V – a exploração da infraestrutura rodoviária federal;

VI – o transporte multimodal;

VII – o transporte de cargas especiais e perigosas em rodovias e ferrovias.

§ 1.º A ANTT articular-se-á com as demais Agências, para resolução das interfaces do transporte terrestre com os outros meios de transporte, visando à movimentação intermodal mais econômica e segura de pessoas e bens.

§ 2.º A ANTT harmonizará sua esfera de atuação com a de órgãos dos Estados, do Distrito Federal e dos Municípios encarregados do gerenciamento de seus sistemas viários e das operações de transporte intermunicipal e urbano.

§ 3.º A ANTT articular-se-á com entidades operadoras do transporte dutoviário, para resolução de interfaces intermodais e organização de cadastro do sistema de dutovias do Brasil.

Art. 23. Constituem a esfera de atuação da ANTAQ:

>> *Caput* com redação determinada pela Lei n. 12.815, de 5-6-2013.

I – a navegação fluvial, lacustre, de travessia, de apoio marítimo, de apoio portuário, de cabotagem e de longo curso;

II – os portos organizados e as instalações portuárias neles localizadas;

>> Inciso II com redação determinada pela Lei n. 12.815, de 5-6-2013.

III – as instalações portuárias de que trata o art. 8.º da Lei na qual foi convertida a Medida Provisória n. 595, de 6 de dezembro de 2012;

>> Inciso III com redação determinada pela Lei n. 12.815, de 5-6-2013.

> Citada medida provisória foi convertida na Lei n. 12.815, de 5-6-2013, que dispõe em seu art. 8.º sobre a autorização de instalações portuárias nas modalidades: terminal de uso privado, estação de transbordo de carga, instalação portuária pública de pequeno porte e instalação portuária de turismo.

IV – o transporte aquaviário de cargas especiais e perigosas;

V – a exploração da infraestrutura aquaviária federal.

>> Inciso V acrescentado pela Medida Provisória n. 2.217-3, de 4-9-2001.

§ 1.º A ANTAQ articular-se-á com órgãos e entidades da administração, para resolução das interfaces do transporte aquaviário com as outras modalidades de transporte, com a finalidade de promover a movimentação intermodal mais econômica e segura de pessoas e bens.

>> § 1.º com redação determinada pela Lei n. 12.815, de 5-6-2013.

§ 2.º A ANTAQ harmonizará sua esfera de atuação com a de órgãos dos Estados e dos Municípios encarregados do gerenciamento das operações de transporte aquaviário intermunicipal e urbano.

Seção II
Das Atribuições da Agência Nacional de Transportes Terrestres

Art. 24. Cabe à ANTT, em sua esfera de atuação, como atribuições gerais:

I – promover pesquisas e estudos específicos de tráfego e de demanda de serviços de transporte;

II – promover estudos aplicados às definições de tarifas, preços e fretes, em confronto com os custos e os benefícios econômicos transferidos aos usuários pelos investimentos realizados;

III – propor ao Ministério dos Transportes, nos casos de concessão e permissão, os planos de outorgas, instruídos por estudos específicos de viabilidade técnica e econômica, para exploração da infraestrutura e a prestação de serviços de transporte terrestre;

>> Inciso III com redação determinada pela Lei n. 12.996, de 18-6-2014.

IV – elaborar e editar normas e regulamentos relativos à exploração de vias e terminais, garantindo isonomia no seu acesso e uso, bem como à prestação de serviços de transporte, mantendo os itinerários outorgados e fomentando a competição;

V – editar atos de outorga e de extinção de direito de exploração de infraestrutura e de prestação de serviços de transporte terrestre, celebrando e gerindo os respectivos contratos e demais instrumentos administrativos;

VI – reunir, sob sua administração, os instrumentos de outorga para exploração de infraestrutura e prestação de serviços de transporte terrestre já celebrados antes da vigência desta Lei, resguardando os direitos das partes e o equilíbrio econômico-financeiro dos respectivos contratos;

VII – proceder à revisão e ao reajuste de tarifas dos serviços prestados, segundo as disposições contratuais, após prévia comunicação ao Ministério da Fazenda;

VIII – fiscalizar a prestação dos serviços e a manutenção dos bens arrendados, cumprindo e fazendo cumprir as cláusulas e condições avençadas nas outorgas e aplicando penalidades pelo seu descumprimento;

IX – autorizar projetos e investimentos no âmbito das outorgas estabelecidas;

>> Inciso IX com redação determinada pela Lei n. 13.448, de 5-6-2017.

>> A Lei n. 12.996, de 18-6-2014, propôs nova redação para o inciso IX deste artigo, porém, sofreu veto.

X – adotar procedimentos para a incorporação ou desincorporação de bens, no âmbito dos arrendamentos contratados;

XI – promover estudos sobre a logística do transporte intermodal, ao longo de eixos ou fluxos de produção;

XII – habilitar o Operador do Transporte Multimodal, em articulação com as demais agências reguladoras de transportes;

XIII – promover levantamentos e organizar cadastro relativos ao sistema de dutovias do Brasil e às empresas proprietárias de equipamentos e instalações de transporte dutoviário;

XIV – estabelecer padrões e normas técnicas complementares relativos às operações de transporte terrestre de cargas especiais e perigosas;

XV – elaborar o seu orçamento e proceder à respectiva execução financeira;

XVI – representar o Brasil junto aos organismos internacionais e em convenções, acordos e tratados na sua área de competência, observadas as diretrizes do Ministro de Estado dos Transportes e as atribuições específicas dos demais órgãos federais;

>> Inciso XVI acrescentado pela Medida Provisória n. 2.217-3, de 4-9-2001.

XVII – exercer, diretamente ou mediante convênio, as competências expressas no inciso VIII do art. 21 da Lei n. 9.503, de 23 de setembro de 1997 – Código de Trânsito Brasileiro, nas rodovias federais por ela administradas;

>> Inciso XVII acrescentado pela Lei n. 10.561, de 13-11-2002.

> Estabelece o dispositivo citado: "VIII – fiscalizar, autuar, aplicar as penalidades e medidas administrativas cabíveis, relativas a infrações por excesso de peso, dimensões e lotação dos veículos, bem como notificar e arrecadar as multas que aplicar".

XVIII – dispor sobre as infrações, sanções e medidas administrativas aplicáveis aos serviços de transportes.

>> Inciso XVIII acrescentado pela Lei n. 12.996, de 18-6-2014.

Parágrafo único. No exercício de suas atribuições a ANTT poderá:

I – firmar convênios de cooperação técnica e administrativa com órgãos e entidades da Administração Pública Federal, dos Estados, do Distrito Federal e dos Municípios, tendo em vista a descentralização e a fiscalização eficiente das outorgas;

II – participar de foros internacionais, sob a coordenação do Ministério dos Transportes;

III – firmar convênios de cooperação técnica com entidades e organismos internacionais.

>> Inciso III acrescentado pela Medida Provisória n. 2.217-3, de 4-9-2001.

XIX – declarar a utilidade pública para fins de desapropriação ou de servidão administrativa de bens e propriedades necessários à execução de obras no âmbito das outorgas estabelecidas.

>> Inciso XIX acrescentado pela Lei n. 13.448, de 5-6-2017.

Art. 25. Cabe à ANTT, como atribuições específicas pertinentes ao Transporte Ferroviário:

I – publicar os editais, julgar as licitações e celebrar os contratos de concessão para prestação de serviços de transporte ferroviário, permitindo-se sua vinculação com contratos de arrendamento de ativos operacionais;

II – administrar os contratos de concessão e arrendamento de ferrovias celebrados até a vigência desta Lei, em consonância com o inciso VI do art. 24;

III – publicar editais, julgar as licitações e celebrar contratos de concessão para construção e exploração de novas ferrovias, com cláusulas de reversão à União dos ativos operacionais edificados e instalados;

IV – fiscalizar diretamente, com o apoio de suas unidades regionais, ou por meio de convênios de cooperação, o cumprimento das cláusulas contratuais de prestação de serviços ferroviários e de manutenção e reposição dos ativos arrendados;

V – regular e coordenar a atuação dos concessionários, assegurando neutralidade com relação aos interesses dos usuários, orientando e disciplinando o tráfego mútuo e o direito de passagem de trens de passageiros e cargas e arbitrando as questões não resolvidas pelas partes;

VI – articular-se com órgãos e instituições dos Estados, do Distrito Federal e dos Municípios para conciliação do uso da via permanente sob sua jurisdição com as redes locais de metrôs e trens urbanos destinados ao deslocamento de passageiros;

VII – contribuir para a preservação do patrimônio histórico e da memória das ferrovias, em cooperação com as instituições associadas à cultura nacional, orientando e estimulando a participação dos concessionários do setor;

VIII – regular os procedimentos e as condições para cessão a terceiros de capacidade de tráfego disponível na infraestrutura ferroviária explorada por concessionários.

>> Inciso VIII acrescentado pela Lei n. 12.743, de 19-12-2012.

Parágrafo único. No cumprimento do disposto no inciso V, a ANTT estimulará a formação de associações de usuários, no âmbito de cada concessão ferroviária, para a defesa de interesses relativos aos serviços prestados.

Art. 26. Cabe à ANTT, como atribuições específicas pertinentes ao Transporte Rodoviário:

I – publicar os editais, julgar as licitações e celebrar os contratos de permissão para prestação de serviços regulares de transporte rodoviário interestadual semiurbano de passageiros;

>> Inciso I com redação determinada pela Lei n. 12.996, de 18-6-2014.

II – autorizar o transporte de passageiros, realizado por empresas de turismo, com a finalidade de turismo;

III – autorizar o transporte de passageiros, sob regime de fretamento;

IV – promover estudos e levantamentos relativos à frota de caminhões, empresas constituídas e operadores autônomos, bem como organizar e manter um registro nacional de transportadores rodoviários de cargas;

V – habilitar o transportador internacional de carga;

VI – publicar os editais, julgar as licitações e celebrar os contratos de concessão de rodovias federais a serem exploradas e administradas por terceiros;

VII – fiscalizar diretamente, com o apoio de suas unidades regionais, ou por meio de convênios de cooperação, o cumprimento das condições de outorga de autorização e das cláusulas contratuais de permissão para prestação de serviços ou de concessão para exploração da infraestrutura;

VIII – autorizar a prestação de serviços regulares de transporte rodoviário interestadual e internacional de passageiros;

>> Inciso VIII acrescentado pela Lei n. 12.996, de 18-6-2014.

IX – dispor sobre os requisitos mínimos a serem observados pelos terminais rodoviários de passageiros e pontos de parada dos veículos para a prestação dos serviços disciplinados por esta Lei.

>> Inciso IX acrescentado pela Lei n. 12.996, de 18-6-2014.

§ 1.º (*Vetado*.)

§ 2.º Na elaboração dos editais de licitação, para o cumprimento do disposto no inciso VI do *caput*, a ANTT cuidará de compatibilizar a tarifa do pedágio com as vantagens econômicas e o conforto de viagem, transferidos aos usuários em decorrência da aplicação dos recursos de sua arrecadação no aperfeiçoamento da via em que é cobrado.

§ 3.º A ANTT articular-se-á com os governos dos Estados para o cumprimento do disposto no inciso VI do *caput*, no tocante às rodovias federais por eles já concedidas a terceiros, podendo avocar os respectivos contratos e preservar a cooperação administrativa avençada.

§ 4.º O disposto no § 3.º aplica-se aos contratos de concessão que integram rodovias federais e estaduais, firmados até a data de publicação desta Lei.

§ 5.º Os convênios de cooperação administrativa, referidos no inciso VII do *caput*, poderão ser firmados com órgãos e entidades da União e dos governos dos Estados, do Distrito Federal e dos Municípios.

§ 6.º No cumprimento do disposto no inciso VII do *caput*, a ANTT deverá coibir a prática de serviços de transporte de passageiros não concedidos, permitidos ou autorizados.

Seção III
Das Atribuições da Agência Nacional de Transportes Aquaviários

Art. 27. Cabe à ANTAQ, em sua esfera de atuação:

I – promover estudos específicos de demanda de transporte aquaviário e de atividades portuárias;

>> Inciso I com redação determinada pela Lei n. 12.815, de 5-6-2013.

II – promover estudos aplicados às definições de tarifas, preços e fretes, em confronto com os custos e os benefícios econômicos transferidos aos usuários pelos investimentos realizados;

III – propor ao Ministério dos Transportes o plano geral de outorgas de exploração da infraestrutura aquaviária e de prestação de serviços de transporte aquaviário;

>> Inciso III com redação determinada pela Lei n. 12.815, de 5-6-2013.

IV – elaborar e editar normas e regulamentos relativos à prestação de serviços de transporte e à exploração da infraestrutura aquaviária e portuária, garantindo isonomia no seu acesso e uso, assegurando os direitos dos usuários e fomentando a competição entre os operadores;

V – celebrar atos de outorga de permissão ou autorização de prestação de serviços de transporte pelas empresas de navegação fluvial, lacustre, de travessia, de apoio marítimo, de apoio portuário, de cabotagem e de longo curso, observado o disposto nos arts. 13 e 14, gerindo os respectivos contratos e demais instrumentos administrativos;

VI – reunir, sob sua administração, os instrumentos de outorga para exploração de infraestrutura e de prestação de serviços de transporte aquaviário celebrados antes da vigência desta Lei, resguardando os direitos das partes;

VII – promover as revisões e os reajustes das tarifas portuárias, assegurada a comunicação prévia, com antecedência mínima de 15 (quinze) dias úteis, ao poder concedente e ao Ministério da Fazenda;

>> Inciso VII com redação determinada pela Lei n. 12.815, de 5-6-2013.

VIII – promover estudos referentes à composição da frota mercante brasileira e à prática de afretamentos de embarcações, para subsidiar as decisões governamentais quanto à política de apoio à indústria de construção naval e de afretamento de embarcações estrangeiras;

IX – (*Vetado*.);

X – representar o Brasil junto aos organismos internacionais de navegação e em convenções, acordos e tratados sobre transporte aquaviário, observadas as diretrizes do Ministro de Estado dos Transportes e as atribuições específicas dos demais órgãos federais;

XI – (*Vetado*.);

XII – supervisionar a participação de empresas brasileiras e estrangeiras na navegação de longo curso, em cumprimento aos tratados, convenções, acordos e outros instrumentos internacionais dos quais o Brasil seja signatário;

XIII – (*Vetado*.);

XIV – estabelecer normas e padrões a serem observados pelas administrações portuárias, concessionários, arrendatários, autorizatários e operadores portuários, nos termos da Lei na qual foi convertida a Medida Provisória n. 595, de 6 de dezembro de 2012;

>> Inciso XIV com redação determinada pela Lei n. 12.815, de 5-6-2013.

> A Medida Provisória n. 595, de 6-12-2012, foi convertida na Lei n. 12.815, de 5-6-2013, que dispõe sobre a exploração direta e indireta pela União de portos e instalações portuárias.

XV – elaborar editais e instrumentos de convocação e promover os procedimentos de licitação e seleção para concessão, arrendamento ou autorização da exploração de portos organizados ou instalações portuárias, de acordo com as diretrizes do poder concedente, em obediência ao disposto na Lei na qual foi convertida a Medida Provisória n. 595, de 6 de dezembro de 2012;

>> Inciso XV com redação determinada pela Lei n. 12.815, de 5-6-2013.

> *Vide* nota ao inciso anterior.

XVI – cumprir e fazer cumprir as cláusulas e condições dos contratos de concessão de porto organizado ou dos contratos de arrendamento de instalações portuárias quanto à manutenção e reposição dos bens e equipamentos reversíveis à União de que trata o inciso VIII do *caput* do art. 5.º da Lei na qual foi convertida a Medida Provisória n. 595, de 6 de dezembro de 2012;

>> Inciso XVI com redação determinada pela Lei n. 12.815, de 5-6-2013.

> *Vide* nota ao inciso XIV deste artigo.

XVII – autorizar projetos e investimentos no âmbito das outorgas estabelecidas, encaminhando ao Ministro de Estado dos Transportes ou ao Secretário Especial de Portos, conforme o caso, propostas de declaração de utilidade pública;

>> Inciso XVII com redação determinada pela Lei n. 11.518, de 5-9-2007.

XVIII – (*Vetado*.);

XIX – estabelecer padrões e normas técnicas relativos às operações de transporte aquaviário de cargas especiais e perigosas;

> A Resolução n. 2.239, de 15-9-2011, da ANTAQ, aprova norma de procedimentos para o trânsito seguro de produtos perigosos por instalações portuárias.

XX – elaborar o seu orçamento e proceder à respectiva execução financeira;

XXI – fiscalizar o funcionamento e a prestação de serviços das empresas de navegação de longo curso, de cabotagem, de apoio marítimo, de apoio portuário, fluvial e lacustre;

>> Inciso XXI acrescentado pela Medida Provisória n. 2.217-3, de 4-9-2001.

XXII – fiscalizar a execução dos contratos de adesão das autorizações de instalação portuária de que trata o art. 8.º da Lei na qual foi convertida a Medida Provisória n. 595, de 6 de dezembro de 2012;

>> Inciso XXII com redação determinada pela Lei n. 12.815, de 5-6-2013.

> Citada medida provisória foi convertida na Lei n. 12.815, de 5-6-2013, que dispõe em seu art. 8.º sobre a autorização de instalações portuárias nas modalidades: terminal de uso privado, estação de transbordo de carga, instalação portuária pública de pequeno porte e instalação portuária de turismo.

XXIII – adotar procedimentos para a incorporação ou desincorporação de bens, no âmbito das outorgas;

>> Inciso XXIII acrescentado pela Medida Provisória n. 2.217-3, de 4-9-2001.

XXIV – autorizar as empresas brasileiras de navegação de longo curso, de cabotagem, de apoio marítimo, de apoio portuário, fluvial e lacustre, o afretamento de embarcações estrangeiras para o transporte de carga, conforme disposto na Lei n. 9.432, de 8 de janeiro de 1997;

>> Inciso XXIV acrescentado pela Medida Provisória n. 2.217-3, de 4-9-2001.

> A Lei n. 9.432, de 8-1-1997, dispõe sobre a ordenação do transporte aquaviário e dá outras providências.

XXV – celebrar atos de outorga de concessão para a exploração da infraestrutura aquaviária, gerindo e fiscalizando os respectivos contratos e demais instrumentos administrativos;

>> Inciso XXV com redação determinada pela Lei n. 12.815, de 5-6-2013.

XXVI – fiscalizar a execução dos contratos de concessão de porto organizado e de arrendamento de instalação portuária, em conformidade com o disposto na Lei na qual foi convertida a Medida Provisória n. 595, de 6 de dezembro de 2012;

>> Inciso XXVI com redação determinada pela Lei n. 12.815, de 5-6-2013.

> A Medida Provisória n. 595, de 6-12-2012, foi convertida na Lei n. 12.815, de 5-6-2013, que dispõe sobre a exploração direta e indireta pela União de portos e instalações portuárias.

XXVII – (*Revogado pela Lei n. 12.815, de 5-6-2013.*);

XXVIII – publicar os editais, julgar as licitações e celebrar os contratos de concessão, precedida ou não de execução de obra pública, para a exploração de serviços de operação de eclusas ou de outros dispositivos de transposição hidroviária de níveis situados em corpos de água de domínio da União.

>> Inciso XXVIII acrescentado pela Lei n. 13.081, de 2-1-2015.

XXIX – regulamentar outras formas de ocupação e exploração de áreas e instalações portuárias não previstas na legislação específica.

>> Inciso XIX acrescentado pela Lei n. 14.047, de 24-8-2020.

§ 1.º No exercício de suas atribuições a ANTAQ poderá:

I – firmar convênios de cooperação técnica e administrativa com órgãos e entidades da Administração Pública Federal, dos Estados, do Distrito Federal e dos Municípios, tendo em vista a descentralização e a fiscalização eficiente das outorgas;

II – participar de foros internacionais, sob a coordenação do Poder Executivo; e

>> Inciso II com redação determinada pela Lei n. 12.815, de 5-6-2013.

III – firmar convênios de cooperação técnica com entidades e organismos internacionais.

>> Inciso III acrescentado pela Medida Provisória n. 2.217-3, de 4-9-2001.

Seção IV
Dos Procedimentos e do Controle das Outorgas

Subseção I
Das normas gerais

Art. 28. A ANTT e a ANTAQ, em suas respectivas esferas de atuação, adotarão as normas e os procedimentos estabelecidos nesta Lei para as diferentes formas de outorga previstos nos arts. 13 e 14, visando a que:

I – a exploração da infraestrutura e a prestação de serviços de transporte se exerçam de forma adequada, satisfazendo as condições de regularidade, eficiência, segurança, atualidade, generalidade, cortesia na prestação do serviço, e modicidade nas tarifas;

II – os instrumentos de concessão ou permissão sejam precedidos de licitação pública e celebrados em cumprimento ao princípio da livre concorrência entre os capacitados para o exercício das outorgas, na forma prevista no inciso I, definindo claramente:

a) (*Vetado.*);

b) limites máximos tarifários e as condições de reajustamento e revisão;

c) pagamento pelo valor das outorgas e participações governamentais, quando for o caso;

d) prazos contratuais.

>> Alínea *d* acrescentada pela Medida Provisória n. 2.217-3, de 4-9-2001.

Art. 29. Somente poderão obter autorização, concessão ou permissão para prestação de serviços e para exploração das infraestruturas de transporte doméstico pelos meios aquaviário e terrestre as empresas ou entidades constituídas sob as leis brasileiras, com sede e administração no País, e que atendam aos requisitos técnicos, econômicos e jurídicos estabelecidos pela respectiva Agência.

Art. 30. É permitida a transferência da titularidade das outorgas de concessão ou permissão, preservando-se seu objeto e as condições contratuais, desde que o novo titular atenda aos requisitos a que se refere o art. 29.

>> *Caput* com redação determinada pela Medida Provisória n. 2.217-3, de 4-9-2001.

§ 1.º A transferência da titularidade da outorga só poderá ocorrer mediante prévia e expressa autorização da respectiva Agência de Regulação, observado o disposto na alínea *b* do inciso II do art. 20.

§ 2.º Para o cumprimento do disposto no *caput* e no § 1.º, serão também consideradas como transferência de titularidade as transformações societárias decorrentes de cisão, fusão, incorporação e formação de consórcio de empresas concessionárias ou permissionárias.

>> § 2.º com redação determinada pela Medida Provisória n. 2.217-3, de 4-9-2001.

Art. 31. A Agência, ao tomar conhecimento de fato que configure ou possa configurar infração da ordem econômica, deverá comunicá-lo ao Conselho Administrativo de Defesa Econômica – CADE, à Secretaria de Direito Econômico do Ministério da Justiça ou à Secretaria de Acompanhamento Econômico do Ministério da Fazenda, conforme o caso.

Art. 32. As Agências acompanharão as atividades dos operadores estrangeiros que atuam no transporte internacional com o Brasil, visando a identificar práticas operacionais, legislações e procedimentos, adotados em outros países, que restrinjam ou conflitem com regulamentos e acordos internacionais firmados pelo Brasil.

§ 1.º Para os fins do disposto no *caput*, a Agência poderá solicitar esclarecimentos e informações e, ainda, notificar os agentes e representantes legais dos operadores que estejam sob análise.

>> § 1.º com redação determinada pela Medida Provisória n. 2.217-3, de 4-9-2001.

§ 2.º Identificada a existência de legislação, procedimento ou prática prejudiciais aos interesses nacionais, a Agência instruirá o processo respectivo e proporá, ou aplicará, conforme o caso, sanções, na forma prevista na legislação brasileira e nos regulamentos e acordos internacionais.

Art. 33. Ressalvado o disposto em legislação específica, os atos de outorga de autorização, concessão ou permissão editados e celebrados pela ANTT e pela Antaq obedecerão ao disposto na Lei n. 8.987, de 13 de fevereiro de 1995, nas Subseções II, III, IV e V desta Seção e nas regulamentações complementares editadas pelas Agências.

>> Artigo com redação determinada pela Lei n. 12.815, de 5-6-2013.

Subseção II
Das concessões

Art. 34. (*Vetado.*)

Art. 34-A. As concessões e as suas prorrogações, a serem outorgadas pela ANTT e pela Antaq para a exploração de infraestrutura, precedidas ou não de obra pública, ou para prestação de serviços de transporte ferroviário associado à exploração de infraestrutura, poderão ter caráter de exclusividade quanto a seu objeto, nos termos do edital e do contrato, devendo as novas concessões serem precedidas de licitação disciplinada em regulamento próprio, aprovado pelo Diretoria da Agência.

>> *Caput* com redação determinada pela Lei n. 13.448, de 5-6-2017.

§ 1.º As condições básicas do edital de licitação serão submetidas à prévia consulta pública.

>> § 1.º acrescentado pela Medida Provisória n. 2.217-3, de 4-9-2001.

§ 2.º O edital de licitação indicará obrigatoriamente, ressalvado o disposto em legislação específica:

>> § 2.º, *caput*, acrescentado pela Lei n. 12.815, de 5-6-2013.

I – o objeto da concessão, o prazo estimado para sua vigência, as condições para sua prorrogação, os programas de trabalho, os investimentos mínimos e as condições relativas à reversibilidade dos bens e às responsabilidades pelos ônus das desapropriações;

>> Inciso I acrescentado pela Medida Provisória n. 2.217-3, de 4-9-2001.

II – os requisitos exigidos dos concorrentes, nos termos do art. 29, e os critérios de pré-qualificação, quando este procedimento for adotado;

>> Inciso II acrescentado pela Medida Provisória n. 2.217-3, de 4-9-2001.

III – a relação dos documentos exigidos e os critérios a serem seguidos para aferição da capacidade técnica, da idoneidade financeira e da regularidade jurídica dos interessados, bem como para a análise técnica e econômico-financeira da proposta;

>> Inciso III acrescentado pela Medida Provisória n. 2.217-3, de 4-9-2001.

IV – os critérios para o julgamento da licitação, assegurando a prestação de serviços adequados, e considerando, isolada ou conjugadamente, a menor tarifa e a melhor oferta pela outorga;

>> Inciso IV acrescentado pela Medida Provisória n. 2.217-3, de 4-9-2001.

V – as exigências quanto à participação de empresas em consórcio.

>> Inciso V acrescentado pela Medida Provisória n. 2.217-3, de 4-9-2001.

Art. 35. O contrato de concessão deverá refletir fielmente as condições do edital e da proposta vencedora e terá como cláusulas essenciais, ressalvado o disposto em legislação específica, as relativas a:

>> *Caput* com redação determinada pela Lei n. 12.815, de 5-6-2013.

I – definições do objeto da concessão;

II – prazo de vigência da concessão e condições para sua prorrogação;

III – modo, forma e condições de exploração da infraestrutura e da prestação dos serviços, inclusive quanto à segurança das populações e à preservação do meio ambiente;

IV – deveres relativos a exploração da infraestrutura e prestação dos serviços, incluindo os programas de trabalho, o volume dos investimentos e os cronogramas de execução;

V – obrigações dos concessionários quanto às participações governamentais e ao valor devido pela outorga, se for o caso;

VI – garantias a serem prestadas pelo concessionário quanto ao cumprimento do contrato, inclusive quanto à realização dos investimentos ajustados;

VII – tarifas;

VIII – critérios para reajuste e revisão das tarifas;

IX – receitas complementares ou acessórias e receitas provenientes de projetos associados;

X – direitos, garantias e obrigações dos usuários, da Agência e do concessionário;

XI – critérios para reversibilidade de ativos;

XII – procedimentos e responsabilidades relativos à declaração de utilidade pública, para fins de desapropriação ou instituição de servidão, de bens imóveis necessários à prestação do serviço ou execução de obra pública;

XIII – procedimentos para acompanhamento e fiscalização das atividades concedidas e para auditoria do contrato;

XIV – obrigatoriedade de o concessionário fornecer à Agência relatórios, dados e informações relativas às atividades desenvolvidas;

XV – procedimentos relacionados com a transferência da titularidade do contrato, conforme o disposto no art. 30;

XVI – regras sobre solução de controvérsias relacionadas com o contrato e sua execução, inclusive a conciliação e a arbitragem;

>> O Decreto n. 10.025, de 20-9-2019, dispõe sobre a arbitragem para dirimir litígios que envolvam a administração pública federal nos setores portuário e de transporte rodoviário, ferroviário, aquaviário e aeroportuário e regulamenta este inciso XVI.

XVII – sanções de advertência, multa e suspensão da vigência do contrato e regras para sua aplicação, em função da natureza, da gravidade e da reincidência da infração;

XVIII – casos de rescisão, caducidade, cassação, anulação e extinção do contrato, de intervenção ou encampação, e casos de declaração de inidoneidade.

§ 1.º Os critérios para revisão das tarifas a que se refere o inciso VIII do *caput* deverão considerar:

a) os aspectos relativos a redução ou desconto de tarifas;

b) a transferência aos usuários de perdas ou ganhos econômicos decorrentes de fatores que afetem custos e receitas e que não dependam do desempenho e da responsabilidade do concessionário.

§ 2.º A sanção de multa a que se refere o inciso XVII do *caput* poderá ser aplicada isoladamente ou em conjunto com outras sanções e terá valores estabelecidos em regulamento aprovado pela Diretoria da Agência, obedecidos os limites previstos em legislação específica.

§ 3.º A ocorrência de infração grave que implicar sanção prevista no inciso XVIII do *caput* será apurada em processo regular, instaurado na forma do regulamento, garantindo-se a prévia e ampla defesa ao interessado.

§ 4.º O contrato será publicado por extrato, no *Diário Oficial da União*, como condição de sua eficácia.

Art. 36. (*Vetado*.)

Art. 37. O contrato estabelecerá que o concessionário estará obrigado a:

I – adotar, em todas as suas operações, as medidas necessárias para a conservação dos recursos naturais, para a segurança das pessoas e dos equipamentos e para a preservação do meio ambiente;

II – responsabilizar-se civilmente pelos atos de seus prepostos e indenizar todos e quaisquer danos decorrentes das atividades contratadas, devendo ressarcir à Agência ou à União os ônus que estas venham a suportar em consequência de eventuais demandas motivadas por atos de responsabilidade do concessionário;

III – adotar as melhores práticas de execução de projetos e obras e de prestação de serviços, segundo normas e procedimentos técnicos e científicos pertinentes, utilizando, sempre que possível, equipamentos e processos recomendados pela melhor tecnologia aplicada ao setor.

Subseção III
Das permissões

Art. 38. As permissões a serem outorgadas pela ANTT para o transporte rodoviário interestadual semiurbano e para o transporte ferroviário e pela ANTAQ aplicar-se-ão à prestação regular de serviços de transporte de passageiros que independam da exploração da infraestrutura utilizada e não tenham caráter de exclusividade ao longo das rotas percorridas, devendo também ser precedidas de licitação regida por regulamento próprio, aprovado pela diretoria da Agência e pelo respectivo edital.

>> *Caput* com redação determinada pela Lei n. 12.996, de 18-6-2014.

§ 1.º O edital de licitação obedecerá igualmente às prescrições do § 1.º e dos incisos II a V do § 2.º do art. 34-A.

>> § 1.º com redação determinada pela Medida Provisória n. 2.217-3, de 4-9-2001.

§ 2.º O edital de licitação indicará obrigatoriamente:

I – o objeto da permissão;

II – o prazo de vigência e as condições para prorrogação da permissão;

III – o modo, a forma e as condições de adaptação da prestação dos serviços à evolução da demanda;

IV – as características essenciais e a qualidade da frota a ser utilizada; e

V – as exigências de prestação de serviços adequados.

Art. 39. O contrato de permissão deverá refletir fielmente as condições do edital e da proposta vencedora e terá como cláusulas essenciais as relativas a:

I – objeto da permissão, definindo-se as rotas e itinerários;

II – prazo de vigência e condições para sua prorrogação;

III – modo, forma e condições de prestação dos serviços, em função da evolução da demanda;

IV – obrigações dos permissionários quanto às participações governamentais e ao valor devido pela outorga, se for o caso;

V – tarifas;

VI – critérios para reajuste e revisão de tarifas;

VII – direitos, garantias e obrigações dos usuários, da Agência e do permissionário;

VIII – procedimentos para acompanhamento e fiscalização das atividades permitidas e para auditoria do contrato;

IX – obrigatoriedade de o permissionário fornecer à Agência relatórios, dados e informações relativas às atividades desenvolvidas;

X – procedimentos relacionados com a transferência da titularidade do contrato, conforme o disposto no art. 30;

XI – regras sobre solução de controvérsias relacionadas com o contrato e sua execução, incluindo conciliação e arbitragem;

XII – sanções de advertência, multa e suspensão da vigência do contrato e regras para sua aplicação, em função da natureza, da gravidade e da reincidência da infração;

XIII – casos de rescisão, caducidade, cassação, anulação e extinção do contrato, de intervenção ou encampação, e casos de declaração de inidoneidade.

§ 1.º Os critérios a que se refere o inciso VI do *caput* deverão considerar:

a) os aspectos relativos a redução ou desconto de tarifas;

b) a transferência aos usuários de perdas ou ganhos econômicos decorrentes de fatores que afetem custos e receitas e que não dependam do desempenho e da responsabilidade do concessionário.

§ 2.º A sanção de multa a que se refere o inciso XII do *caput* poderá ser aplicada isoladamente ou em conjunto com outras sanções e terá valores estabelecidos em regulamento aprovado pela Diretoria da Agência, obedecidos os limites previstos em legislação específica.

§ 3.º A ocorrência de infração grave que implicar sanção prevista no inciso XIII do *caput* será apurada em processo regular, instaurado na forma do regulamento, garantindo-se a prévia e ampla defesa ao interessado.

§ 4.º O contrato será publicado por extrato, no *Diário Oficial da União*, como condição de sua eficácia.

Art. 40. (*Vetado.*)

Art. 41. Em função da evolução da demanda, a Agência poderá autorizar a utilização de equipamentos de maior capacidade e novas frequências e horários, nos termos da permissão outorgada, conforme estabelece o inciso III do § 2.º do art. 38.

Parágrafo único. (*Vetado.*)

Art. 42. O contrato estabelecerá que o permissionário estará obrigado a:

I – adotar, em todas as suas operações, as medidas necessárias para a segurança das pessoas e dos equipamentos e para a preservação do meio ambiente;

II – responsabilizar-se civilmente pelos atos de seus prepostos e indenizar todos e quaisquer danos decorrentes das atividades contratadas, devendo ressarcir à Agência ou à União os ônus que venham a suportar em consequência de eventuais demandas motivadas por atos de responsabilidade do permissionário;

III – adotar as melhores práticas de prestação de serviços, segundo normas e procedimentos técnicos e científicos pertinentes, utilizando, sempre que possível, equipamentos e processos recomendados pela melhor tecnologia aplicada ao setor.

Subseção IV

Das autorizações

Art. 43. A autorização, ressalvado o disposto em legislação específica, será outorgada segundo as diretrizes estabelecidas nos arts. 13 e 14 e apresenta as seguintes características:

>> *Caput* com redação determinada pela Lei n. 12.815, de 5-6-2013.

I – independe de licitação;

II – é exercida em liberdade de preços dos serviços, tarifas e fretes, e em ambiente de livre e aberta competição;

III – não prevê prazo de vigência ou termo final, extinguindo-se pela sua plena eficácia, por renúncia, anulação ou cassação.

Art. 44. A autorização, ressalvado o disposto em legislação específica, será disciplinada em regulamento próprio e será outorgada mediante termo que indicará:

>> *Caput* com redação determinada pela Lei n. 12.815, de 5-6-2013.

I – o objeto da autorização;

II – as condições para sua adequação às finalidades de atendimento ao interesse público, à segurança das populações e à preservação do meio ambiente;

III – as condições para anulação ou cassação;

IV – (*Revogado pela Medida Provisória n. 2.217-3, de 4-9-2001.*);

V – sanções pecuniárias.

>> Inciso V acrescentado pela Medida Provisória n. 2.217-3, de 4-9-2001.

Art. 45. Os preços dos serviços autorizados serão livres, reprimindo-se toda prática prejudicial à competição, bem como o abuso do poder econômico, adotando-se nestes casos as providências previstas no art. 31.

Art. 46. As autorizações para prestação de serviços de transporte internacional de cargas obedecerão ao disposto nos tratados, convenções e outros instrumentos internacionais de que o Brasil é signatário, nos acordos entre os respectivos países e nas regulamentações complementares das Agências.

Art. 47. A empresa autorizada não terá direito adquirido à permanência das condições vigentes quando da outorga da autorização ou do início das atividades, devendo observar as novas condições impostas por lei e pela regulamentação, que lhe fixará prazo suficiente para adaptação.

Art. 47-A. Em função das características de cada mercado, a ANTT poderá estabelecer condições específicas para a outorga de autorização para o serviço regular de transporte rodoviário interestadual e internacional de passageiros.

>> Artigo acrescentado pela Lei n. 12.996, de 18-6-2014.

Art. 47-B. Não haverá limite para o número de autorizações para o serviço regular de transporte rodoviário interestadual e internacional de passageiros, salvo no caso de inviabilidade operacional.

>> *Caput* acrescentado pela Lei n. 12.996, de 18-6-2014.

Parágrafo único. Na hipótese do *caput*, a ANTT poderá realizar processo seletivo público para outorga da autorização, observados os princípios da legalidade, impessoalidade, moralidade, publicidade e eficiência, na forma do regulamento.

>> Parágrafo único acrescentado pela Lei n. 12.996, de 18-6-2014.

Art. 47-C. A ANTT poderá intervir no mercado de serviços regulares de transporte rodoviário interestadual e internacional de passageiros, com o objetivo de cessar abuso de direito ou infração contra a ordem econômica, inclusive com o estabelecimento de obrigações específicas para a autorização, sem prejuízo do disposto no art. 31.

>> Artigo acrescentado pela Lei n. 12.996, de 18-6-2014.

Art. 48. Em caso de perda das condições indispensáveis ao cumprimento do objeto da autorização, ou de sua transferência irregular, a Agência extingui-la-á mediante cassação.

Art. 49. É facultado à Agência autorizar a prestação de serviços de transporte sujeitos a outras formas de outorga, em caráter especial e de emergência.

§ 1.º A autorização em caráter de emergência vigorará por prazo máximo e improrrogável de cento e oitenta dias, não gerando direitos para continuidade de prestação dos serviços.

§ 2.º A liberdade de preços referida no art. 45 não se aplica à autorização em caráter de emergência, sujeitando-se a empresa autorizada, nesse caso, ao regime de preços estabelecido pela Agência para as demais outorgas.

Subseção V

Das normas específicas para as atividades em curso

Art. 50. As empresas que, na data da instalação da ANTT ou da ANTAQ, forem detentoras de outorgas expedidas por entidades públicas federais do setor dos transportes, terão, por meio de novos instrumentos de outorga, seus direitos ratificados e adaptados ao que dispõem os arts. 13 e 14.

Parágrafo único. Os novos instrumentos de outorga serão aplicados aos mesmos objetos das outorgas anteriores e serão regidos, no que couber, pelas normas gerais estabelecidas nas Subseções I, II, III e IV desta Seção.

Art. 51. (*Vetado.*)

Art. 51-A. Fica atribuída à Antaq a competência de fiscalização das atividades desenvolvidas pelas administrações de portos organizados, pelos operadores portuários e pelas arrendatárias ou autorizatárias de instalações portuárias, observado o disposto na Lei na qual foi convertida a Medida Provisória n. 595, de 6 de dezembro de 2012.

>> *Caput* com redação determinada pela Lei n. 12.815, de 5-6-2013.

> A Medida Provisória n. 595, de 6-12-2012, foi convertida na Lei n. 12.815, de 5-6-2013, que dispõe sobre a exploração direta e indireta pela União de portos e instalações portuárias.

§ 1.º Na atribuição citada no *caput* incluem-se as administrações dos portos objeto de convênios de delegação celebrados nos termos da Lei n. 9.277, de 10 de maio de 1996.

>> § 1.º com redação determinada pela Lei n. 12.815, de 5-6-2013.

> Citada Lei autoriza a União a delegar aos Municípios, Estados da Federação e ao Distrito Federal a administração e exploração de rodovias e portos federais.

> A Lei n. 9.277, de 10-5-1996, autoriza a União a delegar aos Municípios, Estados da Federação e ao Distrito Federal a administração e exploração de Rodovias e Portos Federais.

§ 2.º A Antaq prestará ao Ministério dos Transportes ou à Secretaria de Portos da Presidência da República todo apoio necessário à celebração dos convênios de delegação.

>> § 2.º com redação determinada pela Lei n. 12.815, de 5-6-2013.

....

Seção VI
Do Processo Decisório das Agências

Art. 66. O processo decisório da ANTT e da ANTAQ obedecerá aos princípios da legalidade, impessoalidade, moralidade e publicidade.

Art. 67. As decisões das Diretorias Colegiadas serão tomadas pelo voto da maioria absoluta de seus membros, cabendo aos respectivos Diretores-Gerais o voto de qualidade, e serão registradas em atas.

>> *Caput* com redação determinada pela Lei n. 13.848, de 25-6-2019, em vigor após 90 dias da sua publicação (*DOU* de 26-6-2019).

Parágrafo único. As datas, as pautas e as atas das reuniões das Diretorias Colegiadas, assim como os documentos que as instruem, deverão ser objeto de ampla publicidade, inclusive por meio da internet, conforme regulamento.

>> Parágrafo único com redação determinada pela Lei n. 13.848, de 25-6-2019, em vigor após 90 dias da sua publicação (*DOU* de 26-6-2019).

Art. 68. As iniciativas de projetos de lei, as alterações de normas administrativas e as decisões das Diretorias Colegiadas para resolução de pendências que afetem os direitos de agentes econômicos ou de usuários de serviços de transporte serão precedidas de audiência pública.

>> *Caput* com redação determinada pela Lei n. 13.848, de 25-6-2019, em vigor após 90 dias da sua publicação (*DOU* de 26-6-2019).

§ 1.º Na invalidação de atos e contratos, será previamente garantida a manifestação dos interessados.

§ 2.º Os atos normativos das Agências somente produzirão efeitos após publicação no *Diário Oficial*, e aqueles de alcance particular, após a correspondente notificação.

§ 3.º Qualquer pessoa, desde que seja parte interessada, terá o direito de peticionar ou de recorrer contra atos das Agências, no prazo máximo de trinta dias da sua oficialização, observado o disposto em regulamento.

Seção VII
Dos Quadros de Pessoal

....

Art. 72. Os Cargos Comissionados de Gerência Executiva, de Assessoria e de Assistência são de livre nomeação e exoneração da Diretoria da Agência.

....

Seção VIII
Das Receitas e do Orçamento

Art. 77. Constituem receitas da ANTT e da ANTAQ:

I – dotações que forem consignadas no Orçamento Geral da União para cada Agência, créditos especiais, transferências e repasses;

>> Inciso I com redação determinada pela Medida Provisória n. 2.217-3, de 4-9-2001.

II – recursos provenientes dos instrumentos de outorga e arrendamento administrados pela respectiva Agência, excetuados os provenientes dos contratos de arrendamento originários da extinta Rede Ferroviária Federal S.A. – RFFSA não adquiridos pelo Tesouro Nacional com base na autorização contida na Medida Provisória n. 2.181-45, de 24 de agosto de 2001;

>> Inciso II com redação determinada pela Lei n. 11.483, de 31-5-2007.

III – os produtos das arrecadações de taxas de fiscalização da prestação de serviços e de exploração de infraestrutura atribuídas a cada Agência;

>> Inciso III com redação determinada pela Medida Provisória n. 2.217-3, de 4-9-2001.

IV – recursos provenientes de acordos, convênios e contratos, inclusive os referentes à prestação de serviços técnicos e fornecimento de publicações, material técnico, dados e informações;

V – o produto das arrecadações de cada Agência, decorrentes da cobrança de emolumentos e multas;

VI – outras receitas, inclusive as resultantes de aluguel ou alienação de bens, da aplicação de valores patrimoniais, de operações de crédito, de doações, legados e subvenções.

§§ 1.º e 2.º (*Vetados.*)

§ 3.º No caso do transporte rodoviário coletivo interestadual e internacional de passageiros, a taxa de fiscalização de que trata o inciso III do *caput* deste artigo será de R$ 1.800,00 (mil e oitocentos reais) por ano e por ônibus registrado pela empresa detentora de autorização ou permissão outorgada pela ANTT.

>> § 3.º acrescentado pela Lei n. 12.996, de 18-6-2014.

>> A Resolução n. 4.936, de 19-11-2015, da ANTT, estabelece procedimentos para o pagamento da taxa prevista neste parágrafo.

....

Seção IX
Das Sanções

>> Seção IX acrescentada pela Medida Provisória n. 2.217-3, de 4-9-2001.

Art. 78-A. A infração a esta Lei e o descumprimento dos deveres estabelecidos no contrato de concessão, no termo de permissão e na autorização sujeitará o responsável às seguintes sanções, aplicáveis pela ANTT e pela ANTAQ, sem prejuízo das de natureza civil e penal:

>> *Caput* acrescentado pela Medida Provisória n. 2.217-3, de 4-9-2001.

I – advertência;

>> Inciso I acrescentado pela Medida Provisória n. 2.217-3, de 4-9-2001.

II – multa;

>> Inciso II acrescentado pela Medida Provisória n. 2.217-3, de 4-9-2001.

III – suspensão;

>> Inciso III acrescentado pela Medida Provisória n. 2.217-3, de 4-9-2001.

IV – cassação;

>> Inciso IV acrescentado pela Medida Provisória n. 2.217-3, de 4-9-2001.

V – declaração de inidoneidade;

>> Inciso V acrescentado pela Medida Provisória n. 2.217-3, de 4-9-2001.

VI – perdimento do veículo.

>> Inciso VI acrescentado pela Lei n. 12.996, de 18-6-2014.

§ 1.º Na aplicação das sanções referidas no *caput*, a Antaq observará o disposto na Lei na qual foi convertida a Medida Provisória n. 595, de 6 de dezembro de 2012.

>> § 1.º renumerado pela Lei n. 12.815, de 5-6-2013.

> A Medida Provisória n. 595, de 6-12-2012, foi convertida na Lei n. 12.815, de 5-6-2013, que dispõe sobre a exploração direta e indireta pela União de portos e instalações portuárias.

§ 2.º A aplicação da sanção prevista no inciso IV do *caput*, quando se tratar de concessão de porto organizado ou arrendamento e autorização de instalação portuária, caberá ao poder concedente, mediante proposta da Antaq.

>> § 2.º acrescentado pela Lei n. 12.815, de 5-6-2013.

§ 3.º Caberá exclusivamente à ANTT a aplicação da sanção referida no inciso VI do *caput*.

>> § 3.º acrescentado pela Lei n. 12.996, de 18-6-2014.

Art. 78-B. O processo administrativo para a apuração de infrações e aplicação de penalidades será circunstanciado e permanecerá em sigilo até decisão final.

>> Artigo acrescentado pela Medida Provisória n. 2.217-3, de 4-9-2001.

Art. 78-C. No processo administrativo de que trata o art. 78-B, serão assegurados o contraditório e a ampla defesa, permitida a adoção de medidas cautelares de necessária urgência.

>> Artigo acrescentado pela Medida Provisória n. 2.217-3, de 4-9-2001.

Art. 78-D. Na aplicação de sanções serão consideradas a natureza e a gravidade da infração, os danos dela resultantes para o serviço e para os usuários, a vantagem auferida pelo infrator, as circunstâncias agravantes e atenuantes, os antecedentes do infrator e a reincidência genérica ou específica.

>> *Caput* acrescentado pela Medida Provisória n. 2.217-3, de 4-9-2001.

Parágrafo único. Entende-se por reincidência específica a repetição de falta de igual natureza.

>> Parágrafo único acrescentado pela Medida Provisória n. 2.217-3, de 4-9-2001.

Art. 78-E. Nas infrações praticadas por pessoa jurídica, também serão punidos com sanção de multa seus administradores ou controladores, quando tiverem agido com dolo ou culpa.

>> Artigo acrescentado pela Medida Provisória n. 2.217-3, de 4-9-2001.

Art. 78-F. A multa poderá ser imposta isoladamente ou em conjunto com outra sanção e não deve ser superior a R$ 10.000.000,00 (dez milhões de reais).

>> *Caput* acrescentado pela Medida Provisória n. 2.217-3, de 4-9-2001.

§ 1.º O valor das multas será fixado em regulamento aprovado pela Diretoria de cada Agência, e em sua aplicação será considerado o princípio da proporcionalidade entre a gravidade da falta e a intensidade da sanção.

>> § 1.º acrescentado pela Medida Provisória n. 2.217-3, de 4-9-2001.

§ 2.º A imposição, ao prestador de serviço de transporte, de multa decorrente de infração à ordem econômica observará os limites previstos na legislação específica.

>> § 2.º acrescentado pela Medida Provisória n. 2.217-3, de 4-9-2001.

Art. 78-G. A suspensão, que não terá prazo superior a cento e oitenta dias, será imposta em caso de infração grave cujas circunstâncias não justifiquem a cassação.

>> Artigo acrescentado pela Medida Provisória n. 2.217-3, de 4-9-2001.

Art. 78-H. Na ocorrência de infração grave, apurada em processo regular instaurado na forma do regulamento, a ANTT e a ANTAQ poderão cassar a autorização.

>> Artigo acrescentado pela Medida Provisória n. 2.217-3, de 4-9-2001.

Art. 78-I. A declaração de inidoneidade será aplicada a quem tenha praticado atos ilícitos visando frustrar os objetivos de licitação ou a execução de contrato.

>> *Caput* acrescentado pela Medida Provisória n. 2.217-3, de 4-9-2001.

Parágrafo único. O prazo de vigência da declaração de inidoneidade não será superior a cinco anos.

>> Parágrafo único acrescentado pela Medida Provisória n. 2.217-3, de 4-9-2001.

Art. 78-J. Não poderá participar de licitação ou receber outorga de concessão ou permissão, e bem assim ter deferida autorização, a empresa proibida de licitar ou contratar com o Poder Público, que tenha sido declarada inidônea ou tenha sido punida nos cinco anos anteriores com a pena de cassação ou, ainda, que tenha sido titular de concessão ou permissão objeto de caducidade no mesmo período.

>> Artigo acrescentado pela Medida Provisória n. 2.217-3, de 4-9-2001.

Art. 78-K. O perdimento do veículo aplica-se quando houver reincidência no seu uso, dentro do período de 1 (um) ano, no transporte terrestre coletivo interestadual ou internacional de passageiros remunerado, realizado por pessoa física ou jurídica que não possua ato de outorga expedido pela ANTT.

>> *Caput* acrescentado pela Lei n. 12.996, de 18-6-2014.

Parágrafo único. O proprietário e quem detém a posse direta do veículo respondem conjunta ou isoladamente pela sanção de perdimento, conforme o caso.

>> Parágrafo único acrescentado pela Lei n. 12.996, de 18-6-2014.

Capítulo VII
DO DEPARTAMENTO NACIONAL DE INFRAESTRUTURA DE TRANSPORTES – DNIT

Seção I
Da Instituição, dos Objetivos e das Atribuições

Art. 79. Fica criado o Departamento Nacional de Infraestrutura de Transportes – DNIT, pessoa jurídica de direito público, submetido ao regime de autarquia, vinculado ao Ministério dos Transportes.

Parágrafo único. O DNIT terá sede e foro no Distrito Federal, podendo instalar unidades administrativas regionais.

Art. 80. Constitui objetivo do DNIT implementar, em sua esfera de atuação, a política formulada para a administração da infraestrutura do Sistema Federal de Viação, compreendendo sua operação, manutenção, restauração ou reposição, adequação de capacidade, e ampliação mediante construção de novas vias e terminais, segundo os princípios e diretrizes estabelecidos nesta Lei.

Art. 81. A esfera de atuação do DNIT corresponde à infraestrutura do Sistema Federal de Viação, sob a jurisdição do Ministério dos Transportes, constituída de:

I – vias navegáveis, inclusive eclusas ou outros dispositivos de transposição hidroviária de níveis;

>> Inciso I com redação determinada pela Lei n. 13.081, de 2-1-2015.

II – ferrovias e rodovias federais;

III – instalações e vias de transbordo e de interface intermodal, exceto as portuárias;

>> Inciso III com redação determinada pela Lei n. 12.815, de 5-6-2013.

IV – (*Revogado pela Lei n. 12.815, de 5-6-2013.*);

Art. 82. São atribuições do DNIT, em sua esfera de atuação:

I – estabelecer padrões, normas e especificações técnicas para os programas de segurança operacional, sinalização, manutenção ou conservação, restauração ou reposição de vias, terminais e instalações;

II – estabelecer padrões, normas e especificações técnicas para a elaboração de projetos e execução de obras viárias;

III – fornecer ao Ministério dos Transportes informações e dados para subsidiar a formulação dos planos gerais de outorga e de delegação dos segmentos da infraestrutura viária;

IV – administrar, diretamente ou por meio de convênios de delegação ou cooperação, os programas de operação, manutenção, conservação, restauração e reposição de rodovias, ferrovias, vias navegáveis, eclusas ou outros dispositivos de transposição hidroviária de níveis, em hidrovias situadas em corpos de água de domínio da União, e instalações portuárias públicas de pequeno porte;

>> Inciso IV com redação determinada pela Lei n. 13.081, de 2-1-2015.

V – gerenciar, diretamente ou por meio de convênios de delegação ou cooperação, projetos e obras de construção e ampliação de rodovias, ferrovias, vias navegáveis, eclusas ou outros dispositivos de transposição hidroviária de níveis, em hidrovias situadas em corpos de água da União, e instalações portuárias públicas de pequeno porte, decorrentes de investimentos programados pelo Ministério dos Transportes e autorizados pelo orçamento geral da União;

>> Inciso V com redação determinada pela Lei n. 13.081, de 2-1-2015.

VI – participar de negociações de empréstimos com entidades públicas e privadas, nacionais e internacionais, para financiamento de programas, projetos e obras de sua competência, sob a coordenação do Ministério dos Transportes;

VII – realizar programas de pesquisa e de desenvolvimento tecnológico, promovendo a cooperação técnica com entidades públicas e privadas;

VIII – firmar convênios, acordos, contratos e demais instrumentos legais, no exercício de suas atribuições;

IX – declarar a utilidade pública de bens e propriedades a serem desapropriados para implantação do Sistema Federal de Viação;

X – elaborar o seu orçamento e proceder à execução financeira;

XI – adquirir e alienar bens, adotando os procedimentos legais adequados para efetuar sua incorporação e desincorporação;

XII – administrar pessoal, patrimônio, material e serviços gerais;

XIII – desenvolver estudos sobre transporte ferroviário ou multimodal envolvendo estradas de ferro;

>> Inciso XIII acrescentado pela Lei n. 11.314, de 3-7-2006.

XIV – projetar, acompanhar e executar, direta ou indiretamente, obras relativas a transporte ferroviário ou multimodal, envolvendo estradas de ferro do Sistema Federal de Viação, excetuadas aquelas relacionadas com os arrendamentos já existentes;

>> Inciso XIV acrescentado pela Lei n. 11.314, de 3-7-2006.

XV – estabelecer padrões, normas e especificações técnicas para a elaboração de projetos e execução de obras viárias, relativas às estradas de ferro do Sistema Federal de Viação;

>> Inciso XV acrescentado pela Lei n. 11.314, de 3-7-2006.

XVI – aprovar projetos de engenharia cuja execução modifique a estrutura do Sistema Federal de Viação, observado o disposto no inciso IX do *caput* deste artigo;

>> Inciso XVI acrescentado pela Lei n. 11.314, de 3-7-2006.

XVII – exercer o controle patrimonial e contábil dos bens operacionais na atividade ferroviária, sobre os quais será exercida a fiscalização pela Agência Nacional de Transportes Terrestres – ANTT, conforme disposto no inciso IV do art. 25 desta Lei, bem como dos bens não operacionais que lhe forem transferidos;

>> Inciso XVII acrescentado pela Lei n. 11.483, de 31-5-2007.

XVIII – implementar medidas necessárias à destinação dos ativos operacionais devolvidos pelas concessionárias, na forma prevista nos contratos de arrendamento; e

>> Inciso XVIII acrescentado pela Lei n. 11.483, de 31-5-2007.

XIX – propor ao Ministério dos Transportes, em conjunto com a ANTT, a destinação dos ativos operacionais ao término dos contratos de arrendamento.

>> Inciso XIX acrescentado pela Lei n. 11.483, de 31-5-2007.

§ 1.º As atribuições a que se refere o *caput* não se aplicam aos elementos da infraestrutura concedidos ou arrendados pela ANTT e pela ANTAQ.

>> § 1.º com redação determinada pela Lei n. 10.561, de 13-11-2002.

§ 2.º No exercício das atribuições previstas neste artigo e relativas a vias navegáveis, o DNIT observará as prerrogativas específicas da autoridade marítima.

>> § 2.º com redação determinada pela Lei n. 12.815, de 5-6-2013.

§ 3.º É, ainda, atribuição do DNIT, em sua esfera de atuação, exercer, diretamente ou mediante convênio, as competências expressas no art. 21 da Lei n. 9.503, de 1997, observado o disposto no inciso XVII do art. 24 desta Lei.

>> § 3.º acrescentado pela Lei n. 10.561, de 13-11-2002.

§ 4.º O DNIT e a ANTT celebrarão, obrigatoriamente, instrumento para execução das atribuições de que trata o inciso XVII do *caput* deste artigo, cabendo à ANTT a responsabilidade concorrente pela execução do controle patrimonial e contábil dos bens operacionais recebidos pelo DNIT vinculados aos contratos de arrendamento referidos nos incisos II e IV do *caput* do art. 25 desta Lei.

>> § 4.º acrescentado pela Lei n. 11.483, de 31-5-2007.

Seção II
Das Contratações e do Controle

Art. 83. Na contratação de programas, projetos e obras decorrentes do exercício direto das atribuições de que trata o art. 82, o DNIT deverá zelar pelo cumprimento das boas normas de concorrência, fazendo com que os procedimentos de divulgação de editais, julgamento de licitações e celebração de contratos se processem em fiel obediência aos preceitos da legislação vigente, revelando transparência e fomentando a competição, em defesa do interesse público.

>> *Caput* com redação determinada pela Medida Provisória n. 2.217-3, de 4-9-2001.

Parágrafo único. O DNIT fiscalizará o cumprimento das condições contratuais, quanto às especificações técnicas, aos preços e seus reajustamentos, aos prazos e cronogramas, para o controle da qualidade, dos custos e do retorno econômico dos investimentos.

Art. 84. No exercício das atribuições previstas nos incisos IV e V do art. 82, o DNIT poderá firmar convênios de delegação ou cooperação com órgãos e entidades da Administração Pública Federal, dos Estados, do Distrito Federal e dos Municípios, buscando a descentralização e a gerência eficiente dos programas e projetos.

§ 1.º Os convênios deverão conter compromisso de cumprimento, por parte das entidades delegatárias, dos princípios e diretrizes estabelecidos nesta Lei, particularmente quanto aos preceitos do art. 83.

§ 2.º O DNIT supervisionará os convênios de delegação, podendo denunciá-los ao verificar o descumprimento de seus objetivos e preceitos.

>> § 2.º com redação determinada pela Medida Provisória n. 2.217-3, de 4-9-2001.

....

Seção V
Das Receitas e do Orçamento

Art. 97. Constituem receitas do DNIT:

I – dotações consignadas no Orçamento Geral da União, créditos especiais, transferências e repasses;

II – remuneração pela prestação de serviços;

III – recursos provenientes de acordos, convênios e contratos;

IV – produto da cobrança de emolumentos, taxas e multas;

V – outras receitas, inclusive as resultantes da alienação de bens e da aplicação de valores patrimoniais, operações de crédito, doações, legados e subvenções.

Art. 98. O DNIT submeterá anualmente ao Ministério dos Transportes a sua proposta orçamentária, nos termos da legislação em vigor.

Capítulo VIII
DISPOSIÇÕES TRANSITÓRIAS, GERAIS E FINAIS

Seção I
Da Instalação dos Órgãos

Art. 99. O Poder Executivo promoverá a instalação do CONIT, da ANTT, da ANTAQ e do DNIT, mediante a aprovação de seus regulamentos e de suas estruturas regimentais, em até noventa dias, contados a partir da data de publicação desta Lei.

Parágrafo único. A publicação dos regulamentos e das estruturas regimentais marcará a instalação dos órgãos referidos no *caput* e o início do exercício de suas respectivas atribuições.

Art. 100. Fica o Poder Executivo autorizado a realizar as despesas e os investimentos necessários à implantação e ao funcionamento da ANTT, da ANTAQ e do DNIT, podendo remanejar, transpor, transferir ou utilizar as dotações orçamentárias aprovadas na Lei n. 10.171, de 5 de janeiro de 2001, consignadas em favor do Ministério dos Transportes e suas Unidades Orçamentárias vinculadas, cujas atribuições tenham sido transferidas ou absorvidas pelo Ministério dos Transportes ou pelas entidades criadas por esta Lei, mantida a mesma classificação orçamentária, expressa por categoria de programação em seu menor nível, conforme definida no § 2.º do art. 3.º da Lei n. 9.995, de 25 de julho de 2000, assim como o respectivo detalhamento por esfera orçamentária, grupos de despesa, fontes de recursos, modalidades de aplicação e identificadores de uso e da situação primária ou financeira da despesa.

>> Artigo com redação determinada pela Medida Provisória n. 2.217-3, de 4-9-2001.

Art. 101. Decreto do Presidente da República reorganizará a estrutura administrativa do Ministério dos Transportes, mediante proposta do respectivo Ministro de Estado, em função das transferências de atribuições instituídas por esta Lei.

Seção II
Da Extinção e Dissolução de Órgãos

Art. 102. (*Vetado.*)

Art. 102-A. Instaladas a ANTT, a ANTAQ e o DNIT, ficam extintos a Comissão Federal de Transportes Ferroviários – COFER e o Departamento Nacional de Estradas de Rodagem – DNER e dissolvida a Empresa Brasileira de Planejamento de Transportes – GEIPOT.

>> *Caput* acrescentado pela Medida Provisória n. 2.217-3, de 4-9-2001.

§ 1.º A dissolução e liquidação do GEIPOT observarão, no que couber, o disposto na Lei n. 8.029, de 12 de abril de 1990.

>> § 1.º acrescentado pela Medida Provisória n. 2.217-3, de 4-9-2001.

§ 2.º Decreto do Presidente da República disciplinará a transferência e a incorporação dos direitos, das obrigações e dos bens móveis e imóveis do DNER.

>> § 2.º acrescentado pela Medida Provisória n. 2.217-3, de 4-9-2001.

Art. 103. A Companhia Brasileira de Trens Urbanos – CBTU e a Empresa de Transportes Urbanos de Porto Alegre S.A. – TRENSURB transferirão para os Estados e Municípios a administração dos transportes ferroviários urbanos e metropolitanos de passageiros, conforme disposto na Lei n. 8.693, de 3 de agosto de 1993.

Parágrafo único. No exercício das atribuições referidas nos incisos V e VI do art. 25, a ANTT coordenará os acordos a serem celebrados entre os concessionários arrendatários das malhas ferroviárias e as sociedades sucessoras da CBTU, em cada Estado ou Município, para regular os direitos de passagem e os planos de investimentos, em áreas comuns, de modo a garantir a continuidade e a expansão dos serviços de transporte ferroviário de passageiros e cargas nas regiões metropolitanas.

Art. 103-A. Para efetivação do processo de descentralização dos transportes ferroviários urbanos e metropolitanos de passageiros, a União destinará à CBTU os recursos necessários ao atendimento dos projetos constantes dos respectivos convênios de transferência desses serviços, podendo a CBTU:

>> *Caput* acrescentado pela Medida Provisória n. 2.217-3, de 4-9-2001.

I – executar diretamente os projetos;

>> Inciso I acrescentado pela Medida Provisória n. 2.217-3, de 4-9-2001.

II – transferir para os Estados e Municípios, ou para sociedades por eles constituídas, os recursos necessários para a implementação do processo de descentralização.

>> Inciso II acrescentado pela Medida Provisória n. 2.217-3, de 4-9-2001.

Parágrafo único. Para o disposto neste artigo, o processo de descentralização compreende a transferência, a implantação, a modernização, a ampliação e a recuperação dos serviços.

>> Parágrafo único acrescentado pela Medida Provisória n. 2.217-3, de 4-9-2001.

Art. 104. Atendido o disposto no *caput* do art. 103, ficará dissolvida a CBTU, na forma do disposto no § 6.º do art. 3.º da Lei n. 8.693, de 3 de agosto de 1993.

Parágrafo único. As atribuições da CBTU que não tiverem sido absorvidas pelos Estados e Municípios serão transferidas para a ANTT ou para o DNIT, conforme sua natureza.

Art. 105. Fica o Poder Executivo autorizado a promover a transferência das atividades do Serviço Social das Estradas de Ferro – SESEF para entidades de serviço social autônomas ou do setor privado com atuação congênere.

Arts. 106 e 107. (*Vetados.*)

Art. 108. Para cumprimento de suas atribuições, particularmente no que se refere ao inciso VI do art. 24 e ao inciso VI do art. 27, serão transferidos para a ANTT ou para a ANTAQ, conforme se trate de transporte terrestre ou aquaviário, os contratos e os acervos técnicos, incluindo registros, dados e informações, detidos por órgãos e entidades do Ministério dos Transportes encarregados, até a vigência desta Lei, da regulação da prestação de serviços e da exploração da infraestrutura de transportes.

Parágrafo único. Excluem-se do disposto no *caput* os contratos firmados pelas Autoridades Portuárias no âmbito de cada porto organizado.

Art. 109. Para o cumprimento de suas atribuições, serão transferidos para o DNIT os contratos, os convênios e os acervos técnicos, incluindo registros, dados e informações detidos por órgãos do Ministério dos Transportes e relativos à administração direta ou delegada de programas, projetos e obras pertinentes à infraestrutura viária.

>> *Vide* art. 8.º da Lei n. 11.518, de 5-9-2007, que transfere para a Secretaria Especial de Portos as funções do órgão de pesquisas hidroviárias de que trata este artigo.

Parágrafo único. Ficam transferidas para o DNIT as funções do órgão de pesquisas hidroviárias da Companhia Docas do Rio de Janeiro – CDRJ, e as funções das administrações hidroviárias vinculadas às Companhias Docas, juntamente com os respectivos acervos técnicos e bibliográficos, bens e equipamentos utilizados em suas atividades.

Arts. 110 e 111. (*Vetados.*)

Seção V
Disposições Gerais e Finais

Art. 120. (*Vetado.*)

Art. 121. (*Revogado pela Lei n. 10.871, de 20-5-2004.*)

Art. 122. A ANTT, a ANTAQ e o DNIT poderão contratar especialistas ou empresas especializadas, inclusive consultores independentes e auditores externos, para execução de trabalhos técnicos, por projetos ou por prazos determinados, nos termos da legislação em vigor.

Art. 123. As disposições desta Lei não alcançam direitos adquiridos, bem como não invalidam atos legais praticados por quaisquer das entidades da Administração Pública Federal direta ou indiretamente afetadas, os quais serão ajustados, no que couber, às novas disposições em vigor.

Art. 124. Esta Lei entra em vigor na data de sua publicação.

Brasília, 5 de junho de 2001; 180.º da Independência e 113.º da República.

FERNANDO HENRIQUE CARDOSO

LEI N. 10.257, DE 10 DE JULHO DE 2001 (*)

Regulamenta os arts. 182 e 183 da Constituição Federal, estabelece diretrizes gerais da política urbana e dá outras providências.

O Presidente da República

Faço saber que o Congresso Nacional decreta e eu sanciono a seguinte Lei:

CAPÍTULO I
DIRETRIZES GERAIS

Art. 1.º Na execução da política urbana, de que tratam os arts. 182 e 183 da Constituição Federal, será aplicado o previsto nesta Lei.

> Citados dispositivos constitucionais constam nesta obra.

Parágrafo único. Para todos os efeitos, esta Lei, denominada Estatuto da Cidade, estabelece normas de ordem pública e interes-

(*) Publicada no *Diário Oficial da União* de 11-7-2001.

se social que regulam o uso da propriedade urbana em prol do bem coletivo, da segurança e do bem-estar dos cidadãos, bem como do equilíbrio ambiental.

>> *Vide* arts. 182, § 2.º, e 225 da CF.

> Política Nacional do Meio Ambiente: Lei n. 6.938, de 31-8-1981, e Lei n. 6.902, de 27-4-1981.

> Danos ao meio ambiente: Lei n. 7.802, de 11-7-1989, regulamentada pelo Decreto n. 4.074, de 4-1-2002.

> Lei de Crimes Ambientais: Lei n. 9.605, de 12-2-1998.

> A Lei n. 9.985, de 18-7-2000, cria o Sistema Nacional de Unidades de Conservação da Natureza (SNUC).

Art. 2.º A política urbana tem por objetivo ordenar o pleno desenvolvimento das funções sociais da cidade e da propriedade urbana, mediante as seguintes diretrizes gerais:

I – garantia do direito a cidades sustentáveis, entendido como o direito à terra urbana, à moradia, ao saneamento ambiental, à infraestrutura urbana, ao transporte e aos serviços públicos, ao trabalho e ao lazer, para as presentes e futuras gerações;

II – gestão democrática por meio da participação da população e de associações representativas dos vários segmentos da comunidade na formulação, execução e acompanhamento de planos, programas e projetos de desenvolvimento urbano;

> *Vide* arts. 43 a 45 desta Lei.

III – cooperação entre os governos, a iniciativa privada e os demais setores da sociedade no processo de urbanização, em atendimento ao interesse social;

IV – planejamento do desenvolvimento das cidades, da distribuição espacial da população e das atividades econômicas do Município e do território sob sua área de influência, de modo a evitar e corrigir as distorções do crescimento urbano e seus efeitos negativos sobre o meio ambiente;

V – oferta de equipamentos urbanos e comunitários, transporte e serviços públicos adequados aos interesses e necessidades da população e às características locais;

VI – ordenação e controle do uso do solo, de forma a evitar:

a) a utilização inadequada dos imóveis urbanos;

b) a proximidade de usos incompatíveis ou inconvenientes;

c) o parcelamento do solo, a edificação ou o uso excessivos ou inadequados em relação à infraestrutura urbana;

d) a instalação de empreendimentos ou atividades que possam funcionar como polos geradores de tráfego, sem a previsão da infraestrutura correspondente;

e) a retenção especulativa de imóvel urbano, que resulte na sua subutilização ou não utilização;

f) a deterioração das áreas urbanizadas;

g) a poluição e a degradação ambiental;

h) a exposição da população a riscos de desastres;

>> Alínea *h* acrescentada pela Lei n. 12.608, de 10-4-2012.

VII – integração e complementaridade entre as atividades urbanas e rurais, tendo em vista o desenvolvimento socioeconômico do Município e do território sob sua área de influência;

VIII – adoção de padrões de produção e consumo de bens e serviços e de expansão urbana compatíveis com os limites da sustentabilidade ambiental, social e econômica do Município e do território sob sua área de influência;

IX – justa distribuição dos benefícios e ônus decorrentes do processo de urbanização;

X – adequação dos instrumentos de política econômica, tributária e financeira e dos gastos públicos aos objetivos do desenvolvimento urbano, de modo a privilegiar os investimentos geradores de bem-estar geral e a fruição dos bens pelos diferentes segmentos sociais;

XI – recuperação dos investimentos do Poder Público de que tenha resultado a valorização de imóveis urbanos;

XII – proteção, preservação e recuperação do meio ambiente natural e construído, do patrimônio cultural, histórico, artístico, paisagístico e arqueológico;

>> *Vide* arts. 5.º, LXXIII, 23, III e IV, 24, VII, 170, VI, 216 e 225 da CF.

> *Vide* Lei n. 7.347, de 24-7-1985.

> Sobre a chancela da Paisagem Cultural Brasileira: Portaria n. 127, de 30-4-2009, do Instituto do Patrimônio Histórico e Artístico Nacional – IPHAN.

XIII – audiência do Poder Público municipal e da população interessada nos processos de implantação de empreendimentos ou atividades com efeitos potencialmente negativos sobre o meio ambiente natural ou construído, o conforto ou a segurança da população;

XIV – regularização fundiária e urbanização de áreas ocupadas por população de baixa renda mediante o estabelecimento de normas especiais de urbanização, uso e ocupação do solo e edificação, consideradas a situação socioeconômica da população e as normas ambientais;

XV – simplificação da legislação de parcelamento, uso e ocupação do solo e das normas edilícias, com vistas a permitir a redução dos custos e o aumento da oferta dos lotes e unidades habitacionais;

> Lei do Parcelamento do Solo: Lei n. 6.766, de 19-12-1979.

XVI – isonomia de condições para os agentes públicos e privados na promoção de empreendimentos e atividades relativos ao processo de urbanização, atendido o interesse social;

XVII – estímulo à utilização, nos parcelamentos do solo e nas edificações urbanas, de sistemas operacionais, padrões construtivos e aportes tecnológicos que objetivem a redução de impactos ambientais e a economia de recursos naturais;

>> Inciso XVII acrescentado pela Lei n. 12.836, de 2-7-2013.

XVIII – tratamento prioritário às obras e edificações de infraestrutura de energia, telecomunicações, abastecimento de água e saneamento;

>> Inciso XVIII acrescentado pela Lei n. 13.116, de 20-4-2015.

XIX – garantia de condições condignas de acessibilidade, utilização e conforto nas dependências internas das edificações urbanas, inclusive nas destinadas à moradia e ao serviço dos trabalhadores domésticos, observados requisitos mínimos de dimensionamento, ventilação, iluminação, ergonomia, privacidade e qualidade dos materiais empregados.

>> Inciso XIX acrescentado pela Lei n. 13.699, de 2-8-2018.

Art. 3.º Compete à União, entre outras atribuições de interesse da política urbana:

I – legislar sobre normas gerais de direito urbanístico;

II – legislar sobre normas para a cooperação entre a União, os Estados, o Distrito Federal e os Municípios em relação à política urbana, tendo em vista o equilíbrio do desenvolvimento e do bem-estar em âmbito nacional;

III – promover, por iniciativa própria e em conjunto com os Estados, o Distrito Federal e os Municípios, programas de construção de moradias e melhoria das condições habitacionais, de saneamento básico, das calçadas, dos passeios públicos, do mobiliário urbano e dos demais espaços de uso público;

>> Inciso III com redação determinada pela Lei n. 13.146, de 6-7-2015.

IV – instituir diretrizes para desenvolvimento urbano, inclusive habitação, saneamento básico, transporte e mobilidade urbana, que incluam regras de acessibilidade aos locais de uso público;

>> Inciso IV com redação determinada pela Lei n. 13.146, de 6-7-2015.

V – elaborar e executar planos nacionais e regionais de ordenação do território e de desenvolvimento econômico e social.

Capítulo II
DOS INSTRUMENTOS DA POLÍTICA URBANA

Seção I
Dos Instrumentos em Geral

Art. 4.º Para os fins desta Lei, serão utilizados, entre outros instrumentos:

I – planos nacionais, regionais e estaduais de ordenação do território e de desenvolvimento econômico e social;

> *Vide* art. 21, IX, da CF.

II – planejamento das regiões metropolitanas, aglomerações urbanas e microrregiões;

III – planejamento municipal, em especial:

a) plano diretor;

b) disciplina do parcelamento, do uso e da ocupação do solo;

c) zoneamento ambiental;

d) plano plurianual;

e) diretrizes orçamentárias e orçamento anual;

f) gestão orçamentária participativa;

g) planos, programas e projetos setoriais;

h) planos de desenvolvimento econômico e social;

IV – institutos tributários e financeiros:

a) imposto sobre a propriedade predial e territorial urbana – IPTU;

b) contribuição de melhoria;

c) incentivos e benefícios fiscais e financeiros;

V – institutos jurídicos e políticos:

a) desapropriação;

> *Vide* arts. 5.º, XXIV, 22, II, 182, §§ 3.º e 4.º, III, e 216, § 1.º, da CF.

> *Vide* Decreto-lei n. 3.365, de 21-6-1941, e Lei n. 4.132, de 10-9-1962.

b) servidão administrativa;

c) limitações administrativas;

d) tombamento de imóveis ou de mobiliário urbano;

e) instituição de unidades de conservação;

f) instituição de zonas especiais de interesse social;

g) concessão de direito real de uso;

h) concessão de uso especial para fins de moradia;

> *Vide* art. 183, § 1.º, da CF.

i) parcelamento, edificação ou utilização compulsórios;

j) usucapião especial de imóvel urbano;

l) direito de superfície;

m) direito de preempção;

n) outorga onerosa do direito de construir e de alteração de uso;

o) transferência do direito de construir;

p) operações urbanas consorciadas;

q) regularização fundiária;

r) assistência técnica e jurídica gratuita para as comunidades e grupos sociais menos favorecidos;

> Lei de Assistência Judiciária Gratuita: Lei n. 1.060, de 5-2-1950.

s) referendo popular e plebiscito;

> A Lei n. 9.709, de 18-11-1998, regulamenta a execução do disposto no art. 14, *I* e *II*, da CF.

t) demarcação urbanística para fins de regularização fundiária;

>> Alínea *t* acrescentada pela Lei n. 11.977, de 7-7-2009.

u) legitimação de posse;

>> Alínea *u* acrescentada pela Lei n. 11.977, de 7-7-2009.

VI – estudo prévio de impacto ambiental (EIA) e estudo prévio de impacto de vizinhança (EIV).

§ 1.º Os instrumentos mencionados neste artigo regem-se pela legislação que lhes é própria, observado o disposto nesta Lei.

§ 2.º Nos casos de programas e projetos habitacionais de interesse social, desenvolvidos por órgãos ou entidades da Administração Pública com atuação específica nessa área, a concessão de direito real de uso de imóveis públicos poderá ser contratada coletivamente.

§ 3.º Os instrumentos previstos neste artigo que demandam dispêndio de recursos por parte do Poder Público municipal devem ser objeto de controle social, garantida a participação de comunidades, movimentos e entidades da sociedade civil.

Seção II
Do Parcelamento, Edificação ou Utilização Compulsórios

Art. 5.º Lei municipal específica para área incluída no plano diretor poderá determinar o parcelamento, a edificação ou a utilização compulsórios do solo urbano não edificado, subutilizado ou não utilizado, devendo fixar as condições e os prazos para implementação da referida obrigação.

§ 1.º Considera-se subutilizado o imóvel:

I – cujo aproveitamento seja inferior ao mínimo definido no plano diretor ou em legislação dele decorrente;

II – (*Vetado*.)

§ 2.º O proprietário será notificado pelo Poder Executivo municipal para o cumprimento da obrigação, devendo a notificação ser averbada no cartório de registro de imóveis.

> A Lei n. 6.015, de 31-12-1973, dispõe sobre os registros públicos e dá outras providências.

§ 3.º A notificação far-se-á:

I – por funcionário do órgão competente do Poder Público municipal, ao proprietário do imóvel ou, no caso de este ser pessoa jurídica, a quem tenha poderes de gerência geral ou administração;

II – por edital quando frustrada, por três vezes, a tentativa de notificação na forma prevista pelo inciso I.

§ 4.º Os prazos a que se refere o *caput* não poderão ser inferiores a:

I – um ano, a partir da notificação, para que seja protocolado o projeto no órgão municipal competente;

II – dois anos, a partir da aprovação do projeto, para iniciar as obras do empreendimento.

§ 5.º Em empreendimentos de grande porte, em caráter excepcional, a lei municipal específica a que se refere o *caput* poderá prever a conclusão em etapas, assegurando-se que o projeto aprovado compreenda o empreendimento como um todo.

Art. 6.º A transmissão do imóvel, por ato *inter vivos* ou *causa mortis*, posterior à data da notificação, transfere as obrigações de parcelamento, edificação ou utilização previstas no art. 5.º desta Lei, sem interrupção de quaisquer prazos.

Seção III
Do IPTU Progressivo no Tempo

> *Vide* arts. 156, § 1.º, e 182, § 4.º, II, da CF.

> *Vide* Súmula 399 do STJ.

Art. 7.º Em caso de descumprimento das condições e dos prazos previstos na forma do *caput* do art. 5.º desta Lei, ou não sendo cumpridas as etapas previstas no § 5.º do art. 5.º desta Lei, o Município procederá à aplicação do Imposto sobre a Propriedade Predial e Territorial Urbana (IPTU) progressivo no tempo, mediante a majoração da alíquota pelo prazo de cinco anos consecutivos.

§ 1.º O valor da alíquota a ser aplicado a cada ano será fixado na lei específica a que se refere o *caput* do art. 5.º desta Lei e não excederá a duas vezes o valor referente ao ano anterior, respeitada a alíquota máxima de quinze por cento.

§ 2.º Caso a obrigação de parcelar, edificar ou utilizar não esteja atendida em cinco anos, o Município manterá a cobrança pela alíquota máxima, até que se cumpra a referida obrigação, garantida a prerrogativa prevista no art. 8.º.

§ 3.º É vedada a concessão de isenções ou de anistia relativas à tributação progressiva de que trata este artigo.

> *Vide* art. 146 da CF.

Seção IV
Da Desapropriação com Pagamento em Títulos

Art. 8.º Decorridos cinco anos de cobrança do IPTU progressivo sem que o proprietário tenha cumprido a obrigação de parcelamento, edificação ou utilização, o Município poderá proceder à desapropriação do imóvel, com pagamento em títulos da dívida pública.

§ 1.º Os títulos da dívida pública terão prévia aprovação pelo Senado Federal e serão resgatados no prazo de até dez anos, em prestações anuais, iguais e sucessivas, assegurados o valor real da indenização e os juros legais de seis por cento ao ano.

§ 2.º O valor real da indenização:

I – refletirá o valor da base de cálculo do IPTU, descontado o montante incorporado em função de obras realizadas pelo Poder Público na área onde o mesmo se localiza após a notificação de que trata o § 2.º do art. 5.º desta Lei;

II – não computará expectativas de ganhos, lucros cessantes e juros compensatórios.

§ 3.º Os títulos de que trata este artigo não terão poder liberatório para pagamento de tributos.

§ 4.º O Município procederá ao adequado aproveitamento do imóvel no prazo máximo de cinco anos, contado a partir da sua incorporação ao patrimônio público.

§ 5.º O aproveitamento do imóvel poderá ser efetivado diretamente pelo Poder Público ou por meio de alienação ou concessão a terceiros, observando-se, nesses casos, o devido procedimento licitatório.

> *Vide* Lei n. 8.666, de 21-6-1993.

§ 6.º Ficam mantidas para o adquirente de imóvel nos termos do § 5.º as mesmas obrigações de parcelamento, edificação ou utilização previstas no art. 5.º desta Lei.

Seção V
Da Usucapião Especial de Imóvel Urbano

> *Vide* arts. 183, e §§ 1.º a 3.º, e 191 e parágrafo único da CF.

> Concessão de uso especial: Medida Provisória n. 2.220, de 4-9-2001.

Art. 9.º Aquele que possuir como sua área ou edificação urbana de até duzentos e cinquenta metros quadrados, por cinco anos, ininterruptamente e sem oposição, utilizando-a para sua moradia ou de sua família, adquirir-lhe-á o domínio, desde que não seja proprietário de outro imóvel urbano ou rural.

§ 1.º O título de domínio será conferido ao homem ou à mulher, ou a ambos, independentemente do estado civil.

> *Vide* art. 5.º, *caput*, da CF.

§ 2.º O direito de que trata este artigo não será reconhecido ao mesmo possuidor mais de uma vez.

§ 3.º Para os efeitos deste artigo, o herdeiro legítimo continua, de pleno direito, a posse de seu antecessor, desde que já resida no imóvel por ocasião da abertura da sucessão.

Art. 10. Os núcleos urbanos informais existentes sem oposição há mais de cinco anos e cuja área total dividida pelo número de possuidores seja inferior a duzentos e cinquenta metros quadrados por possuidor são suscetíveis de serem usucapidos coletivamente, desde que os possuidores não sejam proprietários de outro imóvel urbano ou rural.

>> *Caput* com redação determinada pela Lei n. 13.465, de 11-7-2017.

§ 1.º O possuidor pode, para o fim de contar o prazo exigido por este artigo, acrescentar sua posse à de seu antecessor, contanto que ambas sejam contínuas.

§ 2.º A usucapião especial coletiva de imóvel urbano será declarada pelo juiz, mediante sentença, a qual servirá de título para registro no cartório de registro de imóveis.

§ 3.º Na sentença, o juiz atribuirá igual fração ideal de terreno a cada possuidor, independentemente da dimensão do terreno que cada um ocupe, salvo hipótese de acordo escrito entre os condôminos, estabelecendo frações ideais diferenciadas.

§ 4.º O condomínio especial constituído é indivisível, não sendo passível de extinção, salvo deliberação favorável tomada por, no mínimo, dois terços dos condôminos, no caso de execução de urbanização posterior à constituição do condomínio.

§ 5.º As deliberações relativas à administração do condomínio especial serão tomadas por maioria de votos dos condôminos presentes, obrigando também os demais, discordantes ou ausentes.

Art. 11. Na pendência da ação de usucapião especial urbana, ficarão sobrestadas quaisquer outras ações, petitórias ou possessórias, que venham a ser propostas relativamente ao imóvel usucapiendo.

Art. 12. São partes legítimas para a propositura da ação de usucapião especial urbana:

I – o possuidor, isoladamente ou em litisconsórcio originário ou superveniente;

II – os possuidores, em estado de composse;

III – como substituto processual, a associação de moradores da comunidade, regularmente constituída, com personalidade jurídica, desde que explicitamente autorizada pelos representados.

§ 1.º Na ação de usucapião especial urbana é obrigatória a intervenção do Ministério Público.

§ 2.º O autor terá os benefícios da justiça e da assistência judiciária gratuita, inclusive perante o cartório de registro de imóveis.

Art. 13. A usucapião especial de imóvel urbano poderá ser invocada como matéria de defesa, valendo a sentença que a reconhecer como título para registro no cartório de registro de imóveis.

> LRP: Lei n. 6.015, de 31-12-1973.

Art. 14. Na ação judicial de usucapião especial de imóvel urbano, o rito processual a ser observado é o sumário.

Seção VI
Da Concessão de Uso Especial para Fins de Moradia

> *Vide* art. 183, § 1.º, da CF.

Arts. 15 a 20. (*Vetados.*)

Seção VII
Do Direito de Superfície

> O CC (Lei n. 10.406, de 10-1-2002) dispõe sobre direito de superfície em seus arts. 1.369 a 1.377.

Art. 21. O proprietário urbano poderá conceder a outrem o direito de superfície do seu terreno, por tempo determinado ou indeterminado, mediante escritura pública registrada no cartório de registro de imóveis.

§ 1.º O direito de superfície abrange o direito de utilizar o solo, o subsolo ou o espaço aéreo relativo ao terreno, na forma estabelecida no contrato respectivo, atendida a legislação urbanística.

> Concessão de uso do espaço aéreo: *vide* Decreto-lei n. 271, de 28-2-1967.

§ 2.º A concessão do direito de superfície poderá ser gratuita ou onerosa.

§ 3.º O superficiário responderá integralmente pelos encargos e tributos que incidirem sobre a propriedade superficiária, arcando, ainda, proporcionalmente à sua parcela de ocupação efetiva, com os encargos e tributos sobre a área objeto da concessão do direito de superfície, salvo disposição em contrário do contrato respectivo.

§ 4.º O direito de superfície pode ser transferido a terceiros, obedecidos os termos do contrato respectivo.

§ 5.º Por morte do superficiário, os seus direitos transmitem-se a seus herdeiros.

Art. 22. Em caso de alienação do terreno, ou do direito de superfície, o superficiário e o proprietário, respectivamente, terão direito de preferência, em igualdade de condições à oferta de terceiros.

Art. 23. Extingue-se o direito de superfície:

I – pelo advento do termo;

II – pelo descumprimento das obrigações contratuais assumidas pelo superficiário.

Art. 24. Extinto o direito de superfície, o proprietário recuperará o pleno domínio do terreno, bem como das acessões e benfeitorias introduzidas no imóvel, independentemente de indenização, se as partes não houverem estipulado o contrário no respectivo contrato.

§ 1.º Antes do termo final do contrato, extinguir-se-á o direito de superfície se o superficiário der ao terreno destinação diversa daquela para a qual for concedida.

§ 2.º A extinção do direito de superfície será averbada no cartório de registro de imóveis.

Seção VIII
Do Direito de Preempção

Art. 25. O direito de preempção confere ao Poder Público municipal preferência para aquisição de imóvel urbano objeto de alienação onerosa entre particulares.

§ 1.º Lei municipal, baseada no plano diretor, delimitará as áreas em que incidirá o direito de preempção e fixará prazo de vigência, não superior a cinco anos, renovável a partir de um ano após o decurso do prazo inicial de vigência.

§ 2.º O direito de preempção fica assegurado durante o prazo de vigência fixado na forma do § 1.º, independentemente do número de alienações referentes ao mesmo imóvel.

Art. 26. O direito de preempção será exercido sempre que o Poder Público necessitar de áreas para:

I – regularização fundiária;

II – execução de programas e projetos habitacionais de interesse social;

III – constituição de reserva fundiária;

IV – ordenamento e direcionamento da expansão urbana;

V – implantação de equipamentos urbanos e comunitários;

VI – criação de espaços públicos de lazer e áreas verdes;

VII – criação de unidades de conservação ou proteção de outras áreas de interesse ambiental;

VIII – proteção de áreas de interesse histórico, cultural ou paisagístico;

IX – (*Vetado.*)

Parágrafo único. A lei municipal prevista no § 1.º do art. 25 desta Lei deverá enquadrar cada área em que incidirá o direito de preempção em uma ou mais das finalidades enumeradas por este artigo.

Art. 27. O proprietário deverá notificar sua intenção de alienar o imóvel, para que o Município, no prazo máximo de trinta dias, manifeste por escrito seu interesse em comprá-lo.

§ 1.º À notificação mencionada no *caput* será anexada proposta de compra assinada por terceiro interessado na aquisição do imóvel, da qual constarão preço, condições de pagamento e prazo de validade.

§ 2.º O Município fará publicar, em órgão oficial e em pelo menos um jornal local ou regional de grande circulação, edital de aviso da notificação recebida nos termos do *caput* e da intenção de aquisição do imóvel nas condições da proposta apresentada.

§ 3.º Transcorrido o prazo mencionado no *caput* sem manifestação, fica o proprietário autorizado a realizar a alienação para terceiros, nas condições da proposta apresentada.

§ 4.º Concretizada a venda a terceiro, o proprietário fica obrigado a apresentar ao Município, no prazo de trinta dias, cópia do instrumento público de alienação do imóvel.

§ 5.º A alienação processada em condições diversas da proposta apresentada é nula de pleno direito.

§ 6.º Ocorrida a hipótese prevista no § 5.º, o Município poderá adquirir o imóvel pelo valor da base de cálculo do IPTU ou pelo valor indicado na proposta apresentada, se este for inferior àquele.

Seção IX
Da Outorga Onerosa do Direito de Construir

Art. 28. O plano diretor poderá fixar áreas nas quais o direito de construir poderá ser exercido acima do coeficiente de aproveitamento básico adotado, mediante contrapartida a ser prestada pelo beneficiário.

§ 1.º Para os efeitos desta Lei, coeficiente de aproveitamento é a relação entre a área edificável e a área do terreno.

§ 2.º O plano diretor poderá fixar coeficiente de aproveitamento básico único para toda a zona urbana ou diferenciado para áreas específicas dentro da zona urbana.

§ 3.º O plano diretor definirá os limites máximos a serem atingidos pelos coeficientes de aproveitamento, considerando a proporcionalidade entre a infraestrutura existente e o aumento de densidade esperado em cada área.

Art. 29. O plano diretor poderá fixar áreas nas quais poderá ser permitida alteração de uso do solo, mediante contrapartida a ser prestada pelo beneficiário.

Art. 30. Lei municipal específica estabelecerá as condições a serem observadas para a outorga onerosa do direito de construir e de alteração de uso, determinando:

I – a fórmula de cálculo para a cobrança;

II – os casos passíveis de isenção do pagamento da outorga;

III – a contrapartida do beneficiário.

Art. 31. Os recursos auferidos com a adoção da outorga onerosa do direito de construir e de alteração de uso serão aplicados com as finalidades previstas nos incisos I a IX do art. 26 desta Lei.

Seção X
Das Operações Urbanas Consorciadas

Art. 32. Lei municipal específica, baseada no plano diretor, poderá delimitar área para aplicação de operações consorciadas.

§ 1.º Considera-se operação urbana consorciada o conjunto de intervenções e medidas coordenadas pelo Poder Público municipal, com a participação dos proprietários, moradores, usuários permanentes e investidores privados, com o objetivo de alcançar em uma área transformações urbanísticas estruturais, melhorias sociais e a valorização ambiental.

§ 2.º Poderão ser previstas nas operações urbanas consorciadas, entre outras medidas:

I – a modificação de índices e características de parcelamento, uso e ocupação do solo e subsolo, bem como alterações das normas edilícias, considerado o impacto ambiental delas decorrente;

II – a regularização de construções, reformas ou ampliações executadas em desacordo com a legislação vigente;

III – a concessão de incentivos a operações urbanas que utilizam tecnologias visando a redução de impactos ambientais, e que comprovem a utilização, nas construções e uso de edificações urbanas, de tecnologias que reduzam os impactos ambientais e economizem recursos naturais, especificadas as modalidades de *design* e de obras a serem contempladas.

>> Inciso III acrescentado pela Lei n. 12.836, de 2-7-2013.

Art. 33. Da lei específica que aprovar a operação urbana consorciada constará o plano de operação urbana consorciada, contendo, no mínimo:

I – definição da área a ser atingida;

II – programa básico de ocupação da área;

III – programa de atendimento econômico e social para a população diretamente afetada pela operação;

IV – finalidades da operação;

V – estudo prévio de impacto de vizinhança;

VI – contrapartida a ser exigida dos proprietários, usuários permanentes e investidores privados em função da utilização dos benefícios previstos nos incisos I, II e III do § 2.º do art. 32 desta Lei;

>> Inciso VI com redação determinada pela Lei n. 12.836, de 2-7-2013.

VII – forma de controle da operação, obrigatoriamente compartilhado com representação da sociedade civil;

VIII – natureza dos incentivos a serem concedidos aos proprietários, usuários permanentes e investidores privados, uma vez atendido o disposto no inciso III do § 2.º do art. 32 desta Lei.

>> Inciso VIII acrescentado pela Lei n. 12.836, de 2-7-2013.

§ 1.º Os recursos obtidos pelo Poder Público municipal na forma do inciso VI deste artigo serão aplicados exclusivamente na própria operação urbana consorciada.

§ 2.º A partir da aprovação da lei específica de que trata o *caput*, são nulas as licenças e autorizações a cargo do Poder Público municipal expedidas em desacordo com o plano de operação urbana consorciada.

Art. 34. A lei específica que aprovar a operação urbana consorciada poderá prever a emissão pelo Município de quantidade determinada de certificados de potencial adicional de construção, que serão alienados em leilão ou utilizados diretamente no pagamento das obras necessárias à própria operação.

§ 1.º Os certificados de potencial adicional de construção serão livremente negociados, mas conversíveis em direito de construir unicamente na área objeto da operação.

§ 2.º Apresentado pedido de licença para construir, o certificado de potencial adicional será utilizado no pagamento da área de construção que supere os padrões estabelecidos pela legislação de uso e ocupação do solo, até o limite fixado pela lei específica que aprovar a operação urbana consorciada.

Art. 34-A. Nas regiões metropolitanas ou nas aglomerações urbanas instituídas por lei complementar estadual, poderão ser realizadas operações urbanas consorciadas interfederativas, aprovadas por leis estaduais específicas.

>> *Caput* acrescentado pela Lei n. 13.089, de 12-1-2015.

Parágrafo único. As disposições dos arts. 32 a 34 desta Lei aplicam-se às operações urbanas consorciadas interfederativas previstas no *caput* deste artigo, no que couber.

>> Parágrafo único acrescentado pela Lei n. 13.089, de 12-1-2015.

Seção XI
Da Transferência do Direito de Construir

Art. 35. Lei municipal, baseada no plano diretor, poderá autorizar o proprietário de imóvel urbano, privado ou público, a exercer em outro local, ou alienar, mediante escritura pública, o direito de construir previsto no plano diretor ou em legislação urbanística dele decorrente, quando o referido imóvel for considerado necessário para fins de:

I – implantação de equipamentos urbanos e comunitários;

II – preservação, quando o imóvel for considerado de interesse histórico, ambiental, paisagístico, social ou cultural;

III – servir a programas de regularização fundiária, urbanização de áreas ocupadas por população de baixa renda e habitação de interesse social.

§ 1.º A mesma faculdade poderá ser concedida ao proprietário que doar ao Poder Público seu imóvel, ou parte dele, para os fins previstos nos incisos I a III do *caput*.

§ 2.º A lei municipal referida no *caput* estabelecerá as condições relativas à aplicação da transferência do direito de construir.

Seção XII
Do Estudo de Impacto de Vizinhança

Art. 36. Lei municipal definirá os empreendimentos e atividades privados ou públicos em área urbana que dependerão de elaboração de Estudo Prévio de Impacto de Vizinhança (EIV) para obter as licenças ou autorizações de construção, ampliação ou funcionamento a cargo do Poder Público municipal.

Art. 37. O EIV será executado de forma a contemplar os efeitos positivos e negativos do empreendimento ou atividade quanto à qualidade de vida da população residente na área e suas proximidades, incluindo a análise, no mínimo, das seguintes questões:

I – adensamento populacional;

II – equipamentos urbanos e comunitários;

III – uso e ocupação do solo;

IV – valorização imobiliária;

V – geração de tráfego e demanda por transporte público;

VI – ventilação e iluminação;

VII – paisagem urbana e patrimônio natural e cultural.

> Sobre a chancela da Paisagem Cultural Brasileira: Portaria n. 127, de 30-4-2009, do Instituto do Patrimônio Histórico e Artístico Nacional – IPHAN.

Parágrafo único. Dar-se-á publicidade aos documentos integrantes do EIV, que ficarão disponíveis para consulta, no órgão competente do Poder Público municipal, por qualquer interessado.

Art. 38. A elaboração do EIV não substitui a elaboração e a aprovação de Estudo Prévio de Impacto Ambiental (EIA), requeridas nos termos da legislação ambiental.

CAPÍTULO III
DO PLANO DIRETOR

Art. 39. A propriedade urbana cumpre sua função social quando atende às exigências fundamentais de ordenação da cidade expressas no plano diretor, assegurando o atendimento das necessidades dos cidadãos quanto à qualidade de vida, à justiça social e ao desenvolvimento das atividades econômicas, respeitadas as diretrizes previstas no art. 2.º desta Lei.

Art. 40. O plano diretor, aprovado por lei municipal, é o instrumento básico da política de desenvolvimento e expansão urbana.

§ 1.º O plano diretor é parte integrante do processo de planejamento municipal, devendo o plano plurianual, as diretrizes orçamentárias e o orçamento anual incorporar as diretrizes e as prioridades nele contidas.

§ 2.º O plano diretor deverá englobar o território do Município como um todo.

>> *Vide* art. 24, § 1.º, da Lei n. 12.587, de 3-1-2012 (Política Nacional de Mobilidade Urbana).

§ 3.º A lei que instituir o plano diretor deverá ser revista, pelo menos, a cada dez anos.

§ 4.º No processo de elaboração do plano diretor e na fiscalização de sua implementação, os Poderes Legislativo e Executivo municipais garantirão:

I – a promoção de audiências públicas e debates com a participação da população e de associações representativas dos vários segmentos da comunidade;

II – a publicidade quanto aos documentos e informações produzidos;

III – o acesso de qualquer interessado aos documentos e informações produzidos.

§ 5.º (*Vetado.*)

Art. 41. O plano diretor é obrigatório para cidades:

I – com mais de vinte mil habitantes;

>> *Vide* art. 50 desta Lei.

II – integrantes de regiões metropolitanas e aglomerações urbanas;

>> *Vide* art. 50 desta Lei.

III – onde o Poder Público municipal pretenda utilizar os instrumentos previstos no § 4.º do art. 182 da Constituição Federal;

IV – integrantes de áreas de especial interesse turístico;

V – inseridas na área de influência de empreendimentos ou atividades com significativo impacto ambiental de âmbito regional ou nacional;

VI – incluídas no cadastro nacional de Municípios com áreas suscetíveis à ocorrência de deslizamentos de grande impacto, inundações bruscas ou processos geológicos ou hidrológicos correlatos.

>> Inciso VI acrescentado pela Lei n. 12.608, de 10-4-2012.

§ 1.º No caso da realização de empreendimentos ou atividades enquadrados no inciso V do *caput*, os recursos técnicos e financeiros para a elaboração do plano diretor estarão inseridos entre as medidas de compensação adotadas.

§ 2.º No caso de cidades com mais de quinhentos mil habitantes, deverá ser elaborado um plano de transporte urbano integrado, compatível com o plano diretor ou nele inserido.

§ 3.º As cidades de que trata o *caput* deste artigo devem elaborar plano de rotas acessíveis, compatível com o plano diretor no qual está inserido, que disponha sobre os passeios públicos a serem implantados ou reformados pelo poder público, com vistas a garantir acessibilidade da pessoa com deficiência ou com mobilidade reduzida a todas as rotas e vias existentes, inclusive as que concentrem os focos geradores de maior circulação de pedestres, como os órgãos públicos e os locais de prestação de serviços públicos e privados de saúde, educação, assistência social, esporte, cultura, correios e telégrafos, bancos, entre outros, sempre que possível de maneira integrada com os sistemas de transporte coletivo de passageiros.

>> § 3.º acrescentado pela Lei n. 13.146, de 6-7-2015.

Art. 42. O plano diretor deverá conter no mínimo:

I – a delimitação das áreas urbanas onde poderá ser aplicado o parcelamento, edificação ou utilização compulsórios, considerando a existência de infraestrutura e de demanda para utilização, na forma do art. 5.º desta Lei;

II – disposições requeridas pelos arts. 25, 28, 29, 32 e 35 desta Lei;

III – sistema de acompanhamento e controle.

Art. 42-A. Além do conteúdo previsto no art. 42, o plano diretor dos Municípios incluídos no cadastro nacional de municípios com áreas suscetíveis à ocorrência de deslizamentos de grande impacto, inundações bruscas ou processos geológicos ou hidrológicos correlatos deverá conter:

>> *Caput* acrescentado pela Lei n. 12.608, de 10-4-2012.

I – parâmetros de parcelamento, uso e

ocupação do solo, de modo a promover a diversidade de usos e a contribuir para a geração de emprego e renda;

>> Inciso I acrescentado pela Lei n. 12.608, de 10-4-2012.

II – mapeamento contendo as áreas suscetíveis à ocorrência de deslizamentos de grande impacto, inundações bruscas ou processos geológicos ou hidrológicos correlatos;

>> Inciso II acrescentado pela Lei n. 12.608, de 10-4-2012.

III – planejamento de ações de intervenção preventiva e realocação de população de áreas de risco de desastre;

>> Inciso III acrescentado pela Lei n. 12.608, de 10-4-2012.

IV – medidas de drenagem urbana necessárias à prevenção e à mitigação de impactos de desastres; e

>> Inciso IV acrescentado pela Lei n. 12.608, de 10-4-2012.

V – diretrizes para a regularização fundiária de assentamentos urbanos irregulares, se houver, observadas a Lei n. 11.977, de 7 de julho de 2009, e demais normas federais e estaduais pertinentes, e previsão de áreas para habitação de interesse social por meio da demarcação de zonas especiais de interesse social e de outros instrumentos de política urbana, onde o uso habitacional for permitido;

>> Inciso V acrescentado pela Lei n. 12.608, de 10-4-2012.

VI – identificação e diretrizes para a preservação e ocupação das áreas verdes municipais, quando for o caso, com vistas à redução da impermeabilização das cidades.

>> Inciso VI acrescentado pela Lei n. 12.983, de 2-6-2014.

§ 1.º A identificação e o mapeamento de áreas de risco levarão em conta as cartas geotécnicas.

>> § 1.º acrescentado pela Lei n. 12.608, de 10-4-2012.

§ 2.º O conteúdo do plano diretor deverá ser compatível com as disposições insertas nos planos de recursos hídricos, formulados consoante a Lei n. 9.433, de 8 de janeiro de 1997.

>> § 2.º acrescentado pela Lei n. 12.608, de 10-4-2012.

§ 3.º Os Municípios adequarão o plano diretor às disposições deste artigo, por ocasião de sua revisão, observados os prazos legais.

>> § 3.º acrescentado pela Lei n. 12.608, de 10-4-2012.

§ 4.º Os Municípios enquadrados no inciso VI do art. 41 desta Lei e que não tenham plano diretor aprovado terão o prazo de 5 (cinco) anos para o seu encaminhamento para aprovação pela Câmara Municipal.

>> § 4.º acrescentado pela Lei n. 12.608, de 10-4-2012.

Art. 42-B. Os Municípios que pretendam ampliar o seu perímetro urbano após a data de publicação desta Lei deverão elaborar projeto específico que contenha, no mínimo:

>> *Caput* acrescentado pela Lei n. 12.608, de 10-4-2012.

I – demarcação do novo perímetro urbano;

>> Inciso I acrescentado pela Lei n. 12.608, de 10-4-2012.

II – delimitação dos trechos com restrições à urbanização e dos trechos sujeitos a controle especial em função de ameaça de desastres naturais;

>> Inciso II acrescentado pela Lei n. 12.608, de 10-4-2012.

III – definição de diretrizes específicas e de áreas que serão utilizadas para infraestrutura, sistema viário, equipamentos e instalações públicas, urbanas e sociais;

>> Inciso III acrescentado pela Lei n. 12.608, de 10-4-2012.

IV – definição de parâmetros de parcelamento, uso e ocupação do solo, de modo a promover a diversidade de usos e contribuir para a geração de emprego e renda;

>> Inciso IV acrescentado pela Lei n. 12.608, de 10-4-2012.

V – a previsão de áreas para habitação de interesse social por meio da demarcação de zonas especiais de interesse social e de outros instrumentos de política urbana, quando o uso habitacional for permitido;

>> Inciso V acrescentado pela Lei n. 12.608, de 10-4-2012.

VI – definição de diretrizes e instrumentos específicos para proteção ambiental e do patrimônio histórico e cultural; e

>> Inciso VI acrescentado pela Lei n. 12.608, de 10-4-2012.

VII – definição de mecanismos para garantir a justa distribuição dos ônus e benefícios decorrentes do processo de urbanização do território de expansão urbana e a recuperação para a coletividade da valorização imobiliária resultante da ação do poder público.

>> Inciso VII acrescentado pela Lei n. 12.608, de 10-4-2012.

§ 1.º O projeto específico de que trata o *caput* deste artigo deverá ser instituído por lei municipal e atender às diretrizes do plano diretor, quando houver.

>> § 1.º acrescentado pela Lei n. 12.608, de 10-4-2012.

§ 2.º Quando o plano diretor contemplar as exigências estabelecidas no *caput*, o Município ficará dispensado da elaboração do projeto específico de que trata o *caput* deste artigo.

>> § 2.º acrescentado pela Lei n. 12.608, de 10-4-2012.

§ 3.º A aprovação de projetos de parcelamento do solo no novo perímetro urbano ficará condicionada à existência do projeto específico e deverá obedecer às suas disposições.

>> § 3.º acrescentado pela Lei n. 12.608, de 10-4-2012.

Capítulo IV
DA GESTÃO DEMOCRÁTICA DA CIDADE

Art. 43. Para garantir a gestão democrática da cidade, deverão ser utilizados, entre outros, os seguintes instrumentos:

> A Lei n. 13.311, de 11-7-2016, institui normas gerais para a ocupação e utilização de área pública urbana por equipamentos urbanos do tipo quiosque, *trailer*, feira e banca de venda de jornais e de revistas.

I – órgãos colegiados de política urbana, nos níveis nacional, estadual e municipal;

II – debates, audiências e consultas públicas;

III – conferências sobre assuntos de interesse urbano, nos níveis nacional, estadual e municipal;

IV – iniciativa popular de projeto de lei e de planos, programas e projetos de desenvolvimento urbano;

V – (*Vetado*.)

Art. 44. No âmbito municipal, a gestão orçamentária participativa de que trata a alínea *f* do inciso III do art. 4.º desta Lei incluirá a realização de debates, audiências e consultas públicas sobre as propostas do plano plurianual, da lei de diretrizes orçamentárias e do orçamento anual, como condição obrigatória para sua aprovação pela Câmara Municipal.

Art. 45. Os organismos gestores das regiões metropolitanas e aglomerações urbanas incluirão obrigatória e significativa participação da população e de associações representativas dos vários segmentos da comunidade, de modo a garantir o controle direto de suas atividades e o pleno exercício da cidadania.

Capítulo V
DISPOSIÇÕES GERAIS

Art. 46. O poder público municipal poderá facultar ao proprietário da área atingida pela obrigação de que trata o *caput* do art. 5.º desta Lei, ou objeto de regularização fundiária urbana para fins de regularização fundiária, o estabelecimento de consórcio imobiliário como forma de viabilização financeira do aproveitamento do imóvel.

>> *Caput* com redação determinada pela Lei n. 13.465, de 11-7-2017.

§ 1.º Considera-se consórcio imobiliário a forma de viabilização de planos de urbanização, de regularização fundiária ou de reforma, conservação ou construção de edificação por meio da qual o proprietário transfere ao poder público municipal seu imóvel e, após a realização das obras, recebe, como pagamento, unidades imobiliárias devidamente urbanizadas ou edificadas, ficando as demais unidades incorporadas ao patrimônio público.

>> § 1.º com redação determinada pela Lei n. 13.465, de 11-7-2017.

§ 2.º O valor das unidades imobiliárias a serem entregues ao proprietário será correspondente ao valor do imóvel antes da execução das obras.

>> § 2.º com redação determinada pela Lei n. 13.465, de 11-7-2017.

§ 3.º A instauração do consórcio imobiliário por proprietários que tenham dado causa à formação de núcleos urbanos informais, ou por seus sucessores, não os eximirá das responsabilidades administrativa, civil ou criminal.

>> § 3.º acrescentado pela Lei n. 13.465, de 11-7-2017.

Art. 47. Os tributos sobre imóveis urbanos, assim como as tarifas relativas a serviços públicos urbanos, serão diferenciados em função do interesse social.

Art. 48. Nos casos de programas e projetos habitacionais de interesse social, desenvolvidos por órgãos ou entidades da Administração Pública com atuação específica nessa área, os contratos de concessão de direito real de uso de imóveis públicos:

I – terão, para todos os fins de direito, caráter de escritura pública, não se aplicando o disposto no inciso II do art. 134 do Código Civil;

>> Refere-se ao CC de 1916. O atual CC (Lei n. 10.406, de 10-1-2002) apresenta correspondência ao dispositivo citado em seu art. 108: "Não dispondo a lei em contrário, a escritura pública é essencial à validade dos negócios jurídicos que visem à constituição, transferência, modificação ou renúncia de direitos reais sobre imóveis de valor superior a trinta vezes o maior salário mínimo vigente no País".

II – constituirão título de aceitação obrigatória em garantia de contratos de financiamentos habitacionais.

Art. 49. Os Estados e Municípios terão o prazo de noventa dias, a partir da entrada em vigor desta Lei, para fixar prazos, por lei, para a expedição de diretrizes de empreendimentos urbanísticos, aprovação de projetos de parcelamento e de edificação, realização de vistorias e expedição de termo de verificação e conclusão de obras.

Parágrafo único. Não sendo cumprida a determinação do *caput*, fica estabelecido o prazo de sessenta dias para a realização de cada um dos referidos atos administrativos, que valerá até que os Estados e Municípios disponham em lei de forma diversa.

Art. 50. Os Municípios que estejam enquadrados na obrigação prevista nos incisos I e II do *caput* do art. 41 desta Lei e que não tenham plano diretor aprovado na data de entrada em vigor desta Lei deverão aprová-lo até 30 de junho de 2008.

>> Artigo com redação determinada pela Lei n. 11.673, de 8-5-2008.

Art. 51. Para os efeitos desta Lei, aplicam-se ao Distrito Federal e ao Governador do Distrito Federal as disposições relativas, respectivamente, a Município e a Prefeito.

Art. 52. Sem prejuízo da punição de outros agentes públicos envolvidos e da aplicação de outras sanções cabíveis, o Prefeito incorre em improbidade administrativa, nos termos da Lei n. 8.429, de 2 de junho de 1992, quando:

> Citada Lei consta nesta obra.

I – (*Vetado.*);

II – deixar de proceder, no prazo de cinco anos, o adequado aproveitamento do imóvel incorporado ao patrimônio público, conforme o disposto no § 4.º do art. 8.º desta Lei;

III – utilizar áreas obtidas por meio do direito de preempção em desacordo com o disposto no art. 26 desta Lei;

IV – aplicar os recursos auferidos com a outorga onerosa do direito de construir e de alteração de uso em desacordo com o previsto no art. 31 desta Lei;

V – aplicar os recursos auferidos com operações consorciadas em desacordo com o previsto no § 1.º do art. 33 desta Lei;

VI – impedir ou deixar de garantir os requisitos contidos nos incisos I a III do § 4.º do art. 40 desta Lei;

VII – deixar de tomar as providências necessárias para garantir a observância do disposto no § 3.º do art. 40 e no art. 50 desta Lei;

VIII – adquirir imóvel objeto de direito de preempção, nos termos dos arts. 25 a 27 desta Lei, pelo valor da proposta apresentada, se este for, comprovadamente, superior ao de mercado.

Art. 53. (*Revogado pela Medida Provisória n. 2.180-35, de 24-8-2001.*)

Art. 54. O art. 4.º da Lei n. 7.347, de 1985, passa a vigorar com a seguinte redação:

>> Alteração já processada no texto modificado.

....

Art. 58. Esta Lei entra em vigor após decorridos noventa dias de sua publicação.

Brasília, 10 de julho de 2001; 180.º da Independência e 113.º da República.

FERNANDO HENRIQUE CARDOSO

LEI N. 10.259, DE 12 DE JULHO DE 2001 (*)

Dispõe sobre a instituição dos Juizados Especiais Cíveis e Criminais no âmbito da Justiça Federal.

O Presidente da República:

Faço saber que o Congresso Nacional decreta e eu sanciono a seguinte Lei:

Art. 1.º São instituídos os Juizados Especiais Cíveis e Criminais da Justiça Federal, aos quais se aplica, no que não conflitar com esta Lei, o disposto na Lei n. 9.099, de 26 de setembro de 1995.

> Da criação dos Juizados Especiais Cíveis e Criminais da Justiça Federal: *vide* art. 98, § 1.º, da CF.

Art. 2.º Compete ao Juizado Especial Federal Criminal processar e julgar os feitos de competência da Justiça Federal relativos às infrações de menor potencial ofensivo, respeitadas as regras de conexão e continência.

>> *Caput* com redação determinada pela Lei n. 11.313, de 28-6-2006.

Parágrafo único. Na reunião de processos, perante o juízo comum ou o tribunal do júri, decorrente da aplicação das regras de conexão e continência, observar-se-ão os institutos da transação penal e da composição dos danos civis.

>> Parágrafo único com redação determinada pela Lei n. 11.313, de 28-6-2006.

>> A Lei n. 9.099, de 26-9-1995, que trata dos Juizados Especiais Cíveis e Criminais no âmbito da Justiça Estadual, dispõe: "Art. 61. Consideram-se infrações penais de menor potencial ofensivo, para os efeitos desta Lei, as contravenções penais e os crimes a que a lei comine pena máxima não superior a 2 (dois) anos, cumulada ou não com multa".

Art. 3.º Compete ao Juizado Especial Federal Cível processar, conciliar e julgar causas de competência da Justiça Federal até o valor de sessenta salários mínimos, bem como executar as suas sentenças.

>> A Lei n. 14.013, de 10-6-2020, estabelece que, a partir de 1.º-2-2020, o salário mínimo será de R$ 1.045,00 (mil e quarenta e cinco reais).

§ 1.º Não se incluem na competência do Juizado Especial Cível as causas:

I – referidas no art. 109, II, III e XI, da Constituição Federal, as ações de mandado de segurança, de desapropriação, de divisão e demarcação, populares, execuções fiscais e por improbidade administrativa e as demandas sobre direitos ou interesses difusos, coletivos ou individuais homogêneos;

> *Vide* Súmula 376 do STJ.

II – sobre bens imóveis da União, autarquias e fundações públicas federais;

III – para a anulação ou cancelamento de ato administrativo federal, salvo o de natureza previdenciária e o de lançamento fiscal;

IV – que tenham como objeto a impugnação da pena de demissão imposta a servidores públicos civis ou de sanções disciplinares aplicadas a militares.

§ 2.º Quando a pretensão versar sobre obrigações vincendas, para fins de competência do Juizado Especial, a soma de doze parcelas não poderá exceder o valor referido no art. 3.º, *caput*.

(*) Publicada no *Diário Oficial da União* de 13-7-2001. A Lei n. 9.099, de 26-9-1995, dispõe sobre os Juizados Especiais Cíveis e Criminais no âmbito da Justiça Estadual. *Vide* Lei n. 12.153, de 22-12-2009, sobre Juizados Especiais da Fazenda Pública no âmbito dos Estados, do Distrito Federal, dos Territórios e dos Municípios.

§ 3.º No foro onde estiver instalada Vara do Juizado Especial, a sua competência é absoluta.

Art. 4.º O Juiz poderá, de ofício ou a requerimento das partes, deferir medidas cautelares no curso do processo, para evitar dano de difícil reparação.

Art. 5.º Exceto nos casos do art. 4.º, somente será admitido recurso de sentença definitiva.

Art. 6.º Podem ser partes no Juizado Especial Federal Cível:

I – como autores, as pessoas físicas e as microempresas e empresas de pequeno porte, assim definidas na Lei n. 9.317, de 5 de dezembro de 1996;

>> A Lei Complementar n. 123, de 14-12-2006, institui o Estatuto Nacional da Microempresa e da Empresa de Pequeno Porte, e revoga a Lei n. 9.317, de 5-12-1996.

II – como rés, a União, autarquias, fundações e empresas públicas federais.

Art. 7.º As citações e intimações da União serão feitas na forma prevista nos arts. 35 a 38 da Lei Complementar n. 73, de 10 de fevereiro de 1993.

> Citados dispositivos constam nesta obra.

Parágrafo único. A citação das autarquias, fundações e empresas públicas será feita na pessoa do representante máximo da entidade, no local onde proposta a causa, quando ali instalado seu escritório ou representação; se não, na sede da entidade.

Art. 8.º As partes serão intimadas da sentença, quando não proferida esta na audiência em que estiver presente seu representante, por ARMP (aviso de recebimento em mão própria).

§ 1.º As demais intimações das partes serão feitas na pessoa dos advogados ou dos Procuradores que oficiem nos respectivos autos, pessoalmente ou por via postal.

§ 2.º Os tribunais poderão organizar serviço de intimação das partes e de recepção de petições por meio eletrônico.

> A Resolução n. 28, de 13-10-2008, do CJF, dispõe sobre a intimação eletrônica das partes, Ministério Público, Procuradores, Advogados e Defensores Públicos no âmbito dos Juizados Especiais Federais.

Art. 9.º Não haverá prazo diferenciado para a prática de qualquer ato processual pelas pessoas jurídicas de direito público, inclusive a interposição de recursos, devendo a citação para audiência de conciliação ser efetuada com antecedência mínima de trinta dias.

Art. 10. As partes poderão designar, por escrito, representantes para a causa, advogado ou não.

>> O STF, na ADI n. 3.168-6, de 8-6-2006 (*DOU* de 17-8-2007), afasta a inconstitucionalidade deste dispositivo, "desde que excluídos os feitos criminais, e respeitado o teto estabelecido no art. 3.º desta Lei, sem prejuízo da aplicação subsidiária integral dos parágrafos do art. 9.º da Lei n. 9.099, de 26-9-1995".

Parágrafo único. Os representantes judiciais da União, autarquias, fundações e empresas públicas federais, bem como os indicados na forma do *caput*, ficam autorizados a conciliar, transigir ou desistir, nos processos da competência dos Juizados Especiais Federais.

>> Artigo regulamentado pelo Decreto n. 4.250, de 27-5-2002, constante nesta obra.

Art. 11. A entidade pública ré deverá fornecer ao Juizado a documentação de que disponha para o esclarecimento da causa, apresentando-a até a instalação da audiência de conciliação.

Parágrafo único. Para a audiência de composição dos danos resultantes de ilícito criminal (arts. 71, 72 e 74 da Lei n. 9.099, de 26 de setembro de 1995), o representante da entidade que comparecer terá poderes para acordar, desistir ou transigir, na forma do art. 10.

Art. 12. Para efetuar o exame técnico necessário à conciliação ou ao julgamento da causa, o Juiz nomeará pessoa habilitada, que apresentará o laudo até cinco dias antes da audiência, independentemente de intimação das partes.

§ 1.º Os honorários do técnico serão antecipados à conta de verba orçamentária do respectivo Tribunal e, quando vencida na causa a entidade pública, seu valor será incluído na ordem de pagamento a ser feita em favor do Tribunal.

§ 2.º Nas ações previdenciárias e relativas à assistência social, havendo designação de exame, serão as partes intimadas para, em dez dias, apresentar quesitos e indicar assistentes.

Art. 13. Nas causas de que trata esta Lei, não haverá reexame necessário.

Art. 14. Caberá pedido de uniformização de interpretação de lei federal quando houver divergência entre decisões sobre questões de direito material proferidas por Turmas Recursais na interpretação da lei.

> A Resolução n. 273, de 27-8-2002, dispõe sobre o processamento, no CJF, do incidente de uniformização da jurisprudência dos Juizados Especiais Federais.

§ 1.º O pedido fundado em divergência entre Turmas da mesma Região será julgado em reunião conjunta das Turmas em conflito, sob a presidência do Juiz Coordenador.

§ 2.º O pedido fundado em divergência entre decisões de turmas de diferentes regiões ou da proferida em contrariedade a súmula ou jurisprudência dominante do STJ será julgado por Turma de Uniformização, integrada por juízes de Turmas Recursais, sob a presidência do Coordenador da Justiça Federal.

§ 3.º A reunião de juízes domiciliados em cidades diversas será feita pela via eletrônica.

> A Portaria Conjunta n. 202, de 30-4-2020, da Corregedoria-Geral da Justiça Federal e da Presidência da Turma Nacional de Uniformização dos Juizados Especiais Federais, dispõe sobre o julgamento de processos judiciais em sessões em ambiente eletrônico.

§ 4.º Quando a orientação acolhida pela Turma de Uniformização, em questões de direito material, contrariar súmula ou jurisprudência dominante no Superior Tribunal de Justiça – STJ, a parte interessada poderá provocar a manifestação deste, que dirimirá a divergência.

§ 5.º No caso do § 4.º, presente a plausibilidade do direito invocado e havendo fundado receio de dano de difícil reparação, poderá o relator conceder, de ofício ou a requerimento do interessado, medida liminar determinando a suspensão dos processos nos quais a controvérsia esteja estabelecida.

§ 6.º Eventuais pedidos de uniformização idênticos, recebidos subsequentemente em quaisquer Turmas Recursais, ficarão retidos nos autos, aguardando-se pronunciamento do Superior Tribunal de Justiça.

§ 7.º Se necessário, o relator pedirá informações ao Presidente da Turma Recursal ou Coordenador da Turma de Uniformização e ouvirá o Ministério Público, no prazo de cinco dias. Eventuais interessados, ainda que não sejam partes no processo, poderão se manifestar, no prazo de trinta dias.

§ 8.º Decorridos os prazos referidos no § 7.º, o relator incluirá o pedido em pauta na Seção, com preferência sobre todos os demais feitos, ressalvados os processos com réus presos, os *habeas corpus* e os mandados de segurança.

§ 9.º Publicado o acórdão respectivo, os pedidos retidos referidos no § 6.º serão apreciados pelas Turmas Recursais, que poderão exercer juízo de retratação ou declará-los prejudicados, se veicularem tese não acolhida pelo Superior Tribunal de Justiça.

§ 10. Os Tribunais Regionais, o Superior Tribunal de Justiça e o Supremo Tribunal Federal, no âmbito de suas competências, expedirão normas regulamentando a composição dos órgãos e os procedimentos a serem adotados para o processamento e o julgamento do pedido de uniformização e do recurso extraordinário.

Art. 15. O recurso extraordinário, para os efeitos desta Lei, será processado e julgado segundo o estabelecido nos §§ 4.º a 9.º do art. 14, além da observância das normas do Regimento.

> *Vide* nota ao art. 14, *caput*, desta Lei.

Art. 16. O cumprimento do acordo ou da sentença, com trânsito em julgado, que imponham obrigação de fazer, não fazer ou entrega de coisa certa, será efetuado mediante ofício do Juiz à autoridade citada para a causa, com cópia da sentença ou do acordo.

Art. 17. Tratando-se de obrigação de pagar quantia certa, após o trânsito em julgado da decisão, o pagamento será efetuado no prazo de sessenta dias, contados da entrega da requisição, por ordem do Juiz, à autoridade citada para a causa, na agência mais próxima da Caixa Econômica Federal ou do Banco do Brasil, independentemente de precatório.

§ 1.º Para os efeitos do § 3.º do art. 100 da Constituição Federal, as obrigações ali definidas como de pequeno valor, a serem pagas independentemente de precatório, terão como limite o mesmo valor estabelecido nesta Lei para a competência do Juizado Especial Federal Cível (art. 3.º, *caput*).

§ 2.º Desatendida a requisição judicial, o Juiz determinará o sequestro do numerário suficiente ao cumprimento da decisão.

§ 3.º São vedados o fracionamento, repartição ou quebra do valor da execução, de modo que o pagamento se faça, em parte, na forma estabelecida no § 1.º deste artigo, e, em parte, mediante expedição do precatório, e a expedição de precatório complementar ou suplementar do valor pago.

§ 4.º Se o valor da execução ultrapassar o estabelecido no § 1.º, o pagamento far-se-á, sempre, por meio do precatório, sendo facultado à parte exequente a renúncia ao crédito do valor excedente, para que possa optar pelo pagamento do saldo sem o precatório, da forma lá prevista.

Art. 18. Os Juizados Especiais serão instalados por decisão do Tribunal Regional Federal. O Juiz presidente do Juizado designará os conciliadores pelo período de dois anos, admitida a recondução. O exercício dessas funções será gratuito, assegurados os direitos e prerrogativas do jurado (art. 437 do Código de Processo Penal).

>> Com o advento da Reforma do CPP pela Lei n. 11.689, de 9-6-2008, o disposto no art. 437 passou a ser tratado no art. 439, atualmente com a seguinte redação: "O exercício efetivo da função de jurado constituirá serviço público relevante e estabelecerá presunção de idoneidade moral".

> A Resolução n. 32, de 13-11-2008, do CJF, regulamenta a atividade de conciliador nos Juizados Especiais Federais.

Parágrafo único. Serão instalados Juizados Especiais Adjuntos nas localidades cujo movimento forense não justifique a existência de Juizado Especial, cabendo ao Tribunal designar a Vara onde funcionará.

Art. 19. No prazo de seis meses, a contar da publicação desta Lei, deverão ser instalados os Juizados Especiais nas capitais dos Estados e no Distrito Federal.

Parágrafo único. Na capital dos Estados, no Distrito Federal e em outras cidades onde for necessário, neste último caso, por decisão do Tribunal Regional Federal, serão instalados Juizados com competência exclusiva para ações previdenciárias.

Art. 20. Onde não houver Vara Federal, a causa poderá ser proposta no Juizado Especial Federal mais próximo do foro definido no art. 4.º da Lei n. 9.099, de 26 de setembro de 1995, vedada a aplicação desta Lei no juízo estadual.

> Dispõe o citado dispositivo:

"Art. 4.º É competente, para as causas previstas nesta Lei, o Juizado do foro:

I – do domicílio do réu ou, a critério do autor, do local onde aquele exerça atividades profissionais ou econômicas ou mantenha estabelecimento, filial, agência, sucursal ou escritório;

II – do lugar onde a obrigação deva ser satisfeita;

III – do domicílio do autor ou do local do ato ou fato, nas ações para reparação de dano de qualquer natureza.

Parágrafo único. Em qualquer hipótese, poderá a ação ser proposta no foro previsto no inciso I deste artigo".

Art. 21. As Turmas Recursais serão instituídas por decisão do Tribunal Regional Federal, que definirá sua composição e área de competência, podendo abranger mais de uma seção.

§§ 1.º e 2.º (*Revogados pela Lei n. 12.665, de 13-6-2012.*)

Art. 22. Os Juizados Especiais serão coordenados por Juiz do respectivo Tribunal Regional, escolhido por seus pares, com mandato de dois anos.

Parágrafo único. O Juiz Federal, quando o exigirem as circunstâncias, poderá determinar o funcionamento do Juizado Especial em caráter itinerante, mediante autorização prévia do Tribunal Regional Federal, com antecedência de dez dias.

Art. 23. O Conselho da Justiça Federal poderá limitar, por até três anos, contados a partir da publicação desta Lei, a competência dos Juizados Especiais Cíveis, atendendo à necessidade da organização dos serviços judiciários ou administrativos.

Art. 24. O Centro de Estudos Judiciários do Conselho da Justiça Federal e as Escolas de Magistratura dos Tribunais Regionais Federais criarão programas de informática necessários para subsidiar a instrução das causas submetidas aos Juizados e promoverão cursos de aperfeiçoamento destinados aos seus magistrados e servidores.

Art. 25. Não serão remetidas aos Juizados Especiais as demandas ajuizadas até a data de sua instalação.

Art. 26. Competirá aos Tribunais Regionais Federais prestar o suporte administrativo necessário ao funcionamento dos Juizados Especiais.

Art. 27. Esta Lei entra em vigor seis meses após a data de sua publicação.

Brasília, 12 de julho de 2001; 180.º da Independência e 113.º da República.

Fernando Henrique Cardoso

LEI N. 10.336, DE 19 DE DEZEMBRO DE 2001 (*)

Institui Contribuição de Intervenção no Domínio Econômico incidente sobre a importação e a comercialização de petróleo e seus derivados, gás natural e seus derivados, e álcool etílico combustível (Cide), e dá outras providências.

O Presidente da República,

Faço saber que o Congresso Nacional decreta e eu sanciono a seguinte Lei:

Art. 1.º Fica instituída a Contribuição de Intervenção no Domínio Econômico incidente sobre a importação e a comercialização de petróleo e seus derivados, gás natural e seus derivados, e álcool etílico combustível (Cide), a que se refere os arts. 149 e 177 da Constituição Federal, com a redação dada pela Emenda Constitucional n. 33, de 11 de dezembro de 2001.

§ 1.º O produto da arrecadação da Cide será destinado, na forma da lei orçamentária, ao:

I – pagamento de subsídios a preços ou transporte de álcool combustível, de gás natural e seus derivados e de derivados de petróleo;

II – financiamento de projetos ambientais relacionados com a indústria do petróleo e do gás; e

III – financiamento de programas de infraestrutura de transportes.

§ 2.º Durante o ano de 2002, será avaliada a efetiva utilização dos recursos obtidos da Cide, e, a partir de 2003, os critérios e diretrizes serão previstos em lei específica.

Art. 1.º-A. A União entregará aos Estados e ao Distrito Federal, para ser aplicado, obrigatoriamente, no financiamento de programas de infraestrutura de transportes, o percentual a que se refere o art. 159, III, da Constituição Federal, calculado sobre a arrecadação da contribuição prevista no art. 1.º desta Lei, inclusive os respectivos adicionais, juros e multas moratórias cobrados, administrativa ou judicialmente, deduzidos os valores previstos no art. 8.º desta Lei e a parcela desvinculada nos termos do art. 76 do Ato das Disposições Constitucionais Transitórias.

>> *Caput* acrescentado pela Lei n. 10.866, de 4-5-2004.

>> O STF, na ADI n. 5.628, por maioria, "converteu o referendo de medida cautelar em julgamento definitivo de mérito, confirmou a medida cautelar concedida monocraticamente e julgou parcialmente procedente o pedido formulado na ação direta, para declarar inconstitucional a parte final deste art. 1-A, com a redação da Lei n. 10.866/2004", nas sessões virtuais de 14-8-2020 a 21-8-2020 (*DOU* de 9-9-2020).

> A Lei n. 10.890, de 2-7-2004, autoriza, em caráter excepcional, a antecipação da transferência de recursos prevista neste artigo, nas condições que especifica.

§ 1.º Os recursos serão distribuídos pela União aos Estados e ao Distrito Federal, trimestralmente, até o 8.º (oitavo) dia útil do mês subsequente ao do encerramento de cada trimestre, mediante crédito em conta

(*) Publicada no *Diário Oficial da União*, de 20-12-2001.

vinculada aberta para essa finalidade no Banco do Brasil S.A. ou em outra instituição financeira que venha a ser indicada pelo Poder Executivo federal.

>> § 1.º acrescentado pela Lei n. 10.866, de 4-5-2004.

§ 2.º A distribuição a que se refere o § 1.º deste artigo observará os seguintes critérios:

I – 40% (quarenta por cento) proporcionalmente à extensão da malha viária federal e estadual pavimentada existente em cada Estado e no Distrito Federal, conforme estatísticas elaboradas pelo Departamento Nacional de Infraestrutura de Transportes – DNIT;

II – 30% (trinta por cento) proporcionalmente ao consumo, em cada Estado e no Distrito Federal, dos combustíveis a que a Cide se aplica, conforme estatísticas elaboradas pela Agência Nacional do Petróleo – ANP;

III – 20% (vinte por cento) proporcionalmente à população, conforme apurada pela Fundação Instituto Brasileiro de Geografia e Estatística – IBGE;

IV – 10% (dez por cento) distribuídos em parcelas iguais entre os Estados e o Distrito Federal.

>> § 2.º acrescentado pela Lei n. 10.866, de 4-5-2004.

....

§ 4.º A partir do exercício de 2005, os percentuais individuais de participação dos Estados e do Distrito Federal serão calculados pelo Tribunal de Contas da União na forma do § 2.º deste artigo, com base nas estatísticas referentes ao ano imediatamente anterior, observado o seguinte cronograma:

I – até o último dia útil de janeiro, os órgãos indicados nos incisos I a III do § 2.º deste artigo enviarão as informações necessárias ao Tribunal de Contas da União;

II – até 15 de fevereiro, o Tribunal de Contas da União publicará os percentuais individuais de que trata o *caput* deste parágrafo;

III – até o último dia útil de março, o Tribunal de Contas da União republicará os percentuais com as eventuais alterações decorrentes da aceitação do recurso a que se refere o § 5.º deste artigo.

>> § 4.º acrescentado pela Lei n. 10.866, de 4-5-2004.

§ 5.º Os Estados e o Distrito Federal poderão apresentar recurso para retificação dos percentuais publicados, observados a regulamentação e os prazos estabelecidos pelo Tribunal de Contas da União.

>> § 5.º acrescentado pela Lei n. 10.866, de 4-5-2004.

§ 6.º Os repasses aos Estados e ao Distrito Federal serão realizados com base nos percentuais republicados pelo Tribunal de Contas da União, efetuando-se eventuais ajustes quando do julgamento definitivo dos recursos a que se refere o § 5.º deste artigo.

>> § 6.º acrescentado pela Lei n. 10.866, de 4-5-2004.

§ 7.º Os Estados e o Distrito Federal deverão encaminhar ao Ministério dos Transportes, até o último dia útil de outubro, proposta de programa de trabalho para utilização dos recursos mencionados no *caput* deste artigo, a serem recebidos no exercício subsequente, contendo a descrição dos projetos de infraestrutura de transportes, os respectivos custos unitários e totais e os cronogramas financeiros correlatos.

>> § 7.º acrescentado pela Lei n. 10.866, de 4-5-2004.

§ 8.º Caberá ao Ministério dos Transportes:

I – publicar no *Diário Oficial da União*, até o último dia útil do ano, os programas de trabalho referidos no § 7.º deste artigo, inclusive os custos unitários e totais e os cronogramas financeiros correlatos;

II – receber as eventuais alterações dos programas de trabalho enviados pelos Estados ou pelo Distrito Federal e publicá-las no *Diário Oficial da União*, em até 15 (quinze) dias após o recebimento.

>> § 8.º acrescentado pela Lei n. 10.866, de 4-5-2004.

§ 9.º É vedada a alteração que implique convalidação de ato já praticado em desacordo com o programa de trabalho vigente.

>> § 9.º acrescentado pela Lei n. 10.866, de 4-5-2004.

§ 10. Os saques das contas vinculadas referidas no § 1.º deste artigo ficam condicionados à inclusão das receitas e à previsão das despesas na lei orçamentária estadual ou do Distrito Federal e limitados ao pagamento das despesas constantes dos programas de trabalho referidos no § 7.º deste artigo.

>> § 10 acrescentado pela Lei n. 10.866, de 4-5-2004.

§ 11. Sem prejuízo do controle exercido pelos órgãos competentes, os Estados e o Distrito Federal deverão encaminhar ao Ministério dos Transportes, até o último dia útil de fevereiro, relatório contendo demonstrativos da execução orçamentária e financeira dos respectivos programas de trabalho e o saldo das contas vinculadas mencionadas no § 1.º deste artigo em 31 de dezembro do ano imediatamente anterior.

>> § 11 acrescentado pela Lei n. 10.866, de 4-5-2004.

....

§ 13. No caso de descumprimento do programa de trabalho a que se refere o § 7.º deste artigo, o Poder Executivo federal poderá determinar à instituição financeira referida no § 1.º deste artigo a suspensão do saque dos valores da conta vinculada da respectiva unidade da federação até a regularização da pendência.

>> § 13 acrescentado pela Lei n. 10.866, de 4-5-2004.

§ 14. Os registros contábeis e os demonstrativos gerenciais, mensais e atualizados, relativos aos recursos recebidos nos termos deste artigo ficarão à disposição dos órgãos federais e estaduais de controle interno e externo.

>> § 14 acrescentado pela Lei n. 10.866, de 4-5-2004.

§ 15. Na definição dos programas de trabalho a serem realizados com os recursos recebidos nos termos deste artigo, a União, por intermédio dos Ministérios dos Transportes, das Cidades, e do Planejamento, Orçamento e Gestão, os Estados e o Distrito Federal atuarão de forma conjunta, visando a garantir a eficiente integração dos respectivos sistemas de transportes, a compatibilização das ações dos respectivos planos plurianuais e o alcance dos objetivos previstos no art. 6.º da Lei n. 10.636, de 30 de dezembro de 2002.

>> § 15 acrescentado pela Lei n. 10.866, de 4-5-2004.

Art. 1.º-B. Do montante dos recursos que cabe a cada Estado, com base no *caput* do art. 1.º-A desta Lei, 25% (vinte e cinco por cento) serão destinados aos seus Municípios para serem aplicados no financiamento de programas de infraestrutura de transportes.

>> *Caput* acrescentado pela Lei n. 10.866, de 4-5-2004.

§ 1.º Enquanto não for sancionada a lei federal a que se refere o art. 159, § 4.º, da Constituição Federal, a distribuição entre os Municípios observará os seguintes critérios:

I – 50% (cinquenta por cento) proporcionalmente aos mesmos critérios previstos na regulamentação da distribuição dos recursos do Fundo de que tratam os arts. 159, I, *b*, e 161, II, da Constituição Federal; e

II – 50% (cinquenta por cento) proporcionalmente à população, conforme apurada pela Fundação Instituto Brasileiro de Geografia e Estatística – IBGE.

>> § 1.º acrescentado pela Lei n. 10.866, de 4-5-2004.

§ 2.º Os percentuais individuais de participação dos Municípios serão calculados pelo Tribunal de Contas da União na forma do § 1.º deste artigo, observado, no que couber, o disposto nos §§ 4.º, 5.º e 6.º do art. 1.º-A desta Lei.

>> § 2.º acrescentado pela Lei n. 10.866, de 4-5-2004.

§ 3.º (*Vetado.*)

>> § 3.º acrescentado pela Lei n. 10.866, de 4-5-2004.

§ 4.º Os saques das contas vinculadas referidas no § 3.º deste artigo ficam condicionados à inclusão das receitas e à previsão das despesas na lei orçamentária municipal.

>> § 4.º acrescentado pela Lei n. 10.866, de 4-5-2004.

§ 5.º Aplicam-se aos Municípios as determinações contidas nos §§ 14 e 15 do art. 1.º-A desta Lei.

>> § 5.º acrescentado pela Lei n. 10.866, de 4-5-2004.

Art. 2.º São contribuintes da Cide o produtor, o formulador e o importador, pessoa física ou jurídica, dos combustíveis líquidos relacionados no art. 3.º.

Parágrafo único. Para efeitos deste artigo, considera-se formulador de combustível líquido, derivados de petróleo e derivados de gás natural, a pessoa jurídica, conforme definido pela Agência Nacional do Petróleo (ANP) autorizada a exercer, em Plantas de Formulação de Combustíveis, as seguintes atividades:

I – aquisição de correntes de hidrocarbonetos líquidos;

II – mistura mecânica de correntes de hidrocarbonetos líquidos, com o objetivo de obter gasolinas e diesel;

III – armazenamento de matérias-primas, de correntes intermediárias e de combustíveis formulados;

IV – comercialização de gasolinas e de diesel; e

V – comercialização de sobras de correntes.

Art. 3.º A Cide tem como fatos geradores as operações, realizadas pelos contribuintes referidos no art. 2.º, de importação e de comercialização no mercado interno de:

I – gasolinas e suas correntes;

II – diesel e suas correntes;

III – querosene de aviação e outros querosenes;

IV – óleos combustíveis (*fuel-oil*);

V – gás liquefeito de petróleo, inclusive o derivado de gás natural e de nafta; e

VI – álcool etílico combustível.

§ 1.º Para efeitos dos incisos I e II deste artigo, consideram-se correntes os hidrocarbonetos líquidos derivados de petróleo e os hidrocarbonetos líquidos derivados de gás natural utilizados em mistura mecânica para a produção de gasolinas ou de diesel, de conformidade com as normas estabelecidas pela ANP.

§ 2.º A Cide não incidirá sobre as receitas de exportação, para o exterior, dos produtos relacionados no *caput* deste artigo.

Art. 4.º A base de cálculo da Cide é a unidade de medida adotada nesta Lei para os produtos de que trata o art. 3.º, na importação e na comercialização no mercado interno.

Art. 5.º A Cide terá, na importação e na comercialização no mercado interno, as seguintes alíquotas específicas:

I – gasolinas, R$ 860,00 por m³;

II – diesel, R$ 390,00 por m³;

III – querosene de aviação, R$ 92,10 por m³;

IV – outros querosenes, R$ 92,10 por m³;

V – óleos combustíveis com alto teor de enxofre, R$ 40,90 por t;

VI – óleos combustíveis com baixo teor de enxofre, R$ 40,90 por t;

VII – gás liquefeito de petróleo, inclusive o derivado de gás natural e de nafta, R$ 250,00 por t;

VIII – álcool etílico combustível, R$ 37,20 por m³.

>> *Caput* e incisos I a VIII com redação determinada pela Lei n. 10.636, de 30-12-2002.

>> O Decreto n. 5.060, de 30-4-2004, alterado pelo Decreto n. 9.391, de 30-5-2018, dispõe:

"Art. 1.º As alíquotas específicas da Contribuição de Intervenção no Domínio Econômico incidente sobre a importação e a comercialização de petróleo e seus derivados, gás natural e seus derivados e álcool etílico combustível – Cide, previstas no art. 5.º da Lei n. 10.336, de 19 de dezembro de 2001, ficam reduzidas para:

I – R$ 100,00 (cem reais) por metro cúbico de gasolinas e suas correntes; e

Parágrafo único. Ficam reduzidas a zero as alíquotas de que trata o *caput* para os seguintes produtos:

I – querosene de aviação;

II – demais querosenes;

III – óleos combustíveis com alto teor de enxofre;

IV – óleos combustíveis com baixo teor de enxofre;

V – gás liquefeito de petróleo, inclusive o derivado de gás natural e de nafta;

VI – álcool etílico combustível; e

VII – óleo diesel e suas correntes".

§ 1.º Aplicam-se às correntes de hidrocarbonetos líquidos que, pelas suas características físico-químicas, possam ser utilizadas exclusivamente para a formulação de diesel, as mesmas alíquotas específicas fixadas para o produto.

§ 2.º Aplicam-se às correntes de hidrocarbonetos líquidos as mesmas alíquotas específicas fixadas para gasolinas.

>> § 2.º com redação determinada pela Lei n. 10.833, de 29-12-2003.

§ 3.º O Poder Executivo poderá dispensar o pagamento da Cide incidente sobre as correntes de hidrocarbonetos líquidos não destinados à formulação de gasolina ou diesel, nos termos e condições que estabelecer, inclusive de registro especial do produtor, formulador, importador e adquirente.

>> § 3.º com redação determinada pela Lei n. 10.833, de 29-12-2003.

§ 4.º Os hidrocarbonetos líquidos de que trata o § 3.º serão identificados mediante marcação, nos termos e condições estabelecidos pela ANP.

>> § 4.º com redação determinada pela Lei n. 10.833, de 29-12-2003.

§§ 5.º e 6.º (*Revogados pela Lei n. 10.833, de 29-12-2003.*)

§ 7.º A Cide devida na comercialização dos produtos referidos no *caput* integra a receita bruta do vendedor.

Art. 6.º Na hipótese de importação, o pagamento da Cide deve ser efetuado na data do registro da Declaração de Importação.

Parágrafo único. No caso de comercialização, no mercado interno, a Cide devida será apurada mensalmente e será paga até o último dia útil da primeira quinzena do mês subsequente ao de ocorrência do fato gerador.

Art. 7.º Do valor da Cide incidente na comercialização, no mercado interno, dos produtos referidos no art. 5.º poderá ser deduzido o valor da Cide:

I – pago na importação daqueles produtos;

II – incidente quando da aquisição daqueles produtos de outro contribuinte.

Parágrafo único. A dedução de que trata este artigo será efetuada pelo valor global da Cide pago nas importações realizadas no mês, considerado o conjunto de produtos importados e comercializados, sendo desnecessária a segregação por espécie de produto.

Art. 8.º O contribuinte poderá, ainda, deduzir o valor da Cide, pago na importação ou na comercialização, no mercado interno, dos valores da contribuição para o PIS/Pasep e da Cofins devidos na comercialização, no mercado interno, dos produtos referidos no art. 5.º, até o limite de, respectivamente:

I – R$ 49,90 e R$ 230,10 por m³, no caso de gasolinas;

II – R$ 30,30 e R$ 139,70 por m³, no caso de diesel;

III – R$ 16,30 e R$ 75,80 por m³, no caso de querosene de aviação;

IV – R$ 16,30 e R$ 75,80 por m³, no caso dos demais querosenes;

V – R$ 14,50 e R$ 26,40 por t, no caso de óleos combustíveis com alto teor de enxofre;

VI – R$ 14,50 e R$ 26,40 por t, no caso de óleos combustíveis com baixo teor de enxofre;

VII – R$ 44,40 e R$ 205,60 por t, no caso de gás liquefeito de petróleo, inclusive derivado de gás natural e de nafta;

VIII – R$ 13,20 e R$ 24,00 por m³, no caso de álcool etílico combustível.

>> *Caput* e incisos com redação determinada pela Lei n. 10.636, de 30-12-2002.

>> O Decreto n. 5.060, de 30-4-2004, que produz efeitos em relação aos fatos geradores ocorridos a partir de 1.º-5-2004, dispõe: "Art. 2.º Ficam reduzidos a zero os limites de dedução da contribuição para o PIS/PASEP e da COFINS a que se refere o art. 8.º da Lei n. 10.336, de 2001".

>> A Lei n. 10.560, de 13-11-2002, dispondo sobre o tratamento tributário dispensado às empresas de transporte aéreo, estabelece:

"Art. 2.º A contribuição para o PIS/PASEP e a COFINS, relativamente à receita bruta decorrente da venda de querosene de aviação, incidirá uma única vez, nas vendas realizadas pelo produtor ou importador, às alíquotas de 5% (cinco por cento) e 23,2% (vinte e três inteiros e dois décimos por cento), respectivamente".

§ 1.º A dedução a que se refere este artigo aplica-se às contribuições relativas a um mesmo período de apuração ou posteriores.

§ 2.º As parcelas da Cide deduzidas na forma deste artigo serão contabilizadas, no âmbito do Tesouro Nacional, a crédito da contribuição para o PIS/Pasep e da Cofins e a débito da própria Cide, conforme normas estabelecidas pela Secretaria da Receita Federal.

Art. 8.º-A. O valor da Cide-Combustíveis pago pelo vendedor de hidrocarbonetos líquidos não destinados à formulação de gasolina ou diesel poderá ser deduzido dos valores devidos pela pessoa jurídica adquirente desses produtos, relativamente a tributos ou contribuições administrados pela Receita Federal do Brasil, nos termos, limites e condições estabelecidos em regulamento.

>> *Caput* com redação determinada pela Lei n. 11.196, de 21-11-2005.

>> *Vide* art. 132, II, *d*, da Lei n. 11.196, de 21-11-2005.

§ 1.º A pessoa jurídica importadora dos produtos de que trata o *caput* deste artigo não destinados à formulação de gasolina ou diesel poderá deduzir dos valores dos tributos ou contribuições administrados pela Receita Federal do Brasil, nos termos, limites e condições estabelecidos em regulamento, o valor da Cide-Combustíveis pago na importação.

>> § 1.º acrescentado pela Lei n. 11.196, de 21-11-2005.

>> *Vide* art. 132, II, *d*, da Lei n. 11.196, de 21-11-2005.

§ 2.º Aplica-se o disposto neste artigo somente aos hidrocarbonetos líquidos utilizados como insumo pela pessoa jurídica adquirente.

>> § 2.º acrescentado pela Lei n. 11.196, de 21-11-2005.

>> *Vide* art. 132, II, *d*, da Lei n. 11.196, de 21-11-2005.

Art. 9.º O Poder Executivo poderá reduzir as alíquotas específicas de cada produto, bem assim restabelecê-las até o valor fixado no art. 5.º.

§ 1.º O Poder Executivo poderá, também, reduzir e restabelecer os limites de dedução referidos no art. 8.º.

§ 2.º Observado o valor limite fixado no art. 5.º, o Poder Executivo poderá estabelecer alíquotas específicas diversas para o diesel, conforme o teor de enxofre do produto, de acordo com classificação estabelecida pela ANP.

Art. 10. São isentos da Cide os produtos, referidos no art. 3.º, vendidos a empresa comercial exportadora, conforme definida pela ANP, com o fim específico de exportação para o exterior.

§ 1.º A empresa comercial exportadora que no prazo de 180 (cento e oitenta) dias, contado da data de aquisição, não houver efetuado a exportação dos produtos para o exterior, fica obrigada ao pagamento da Cide de que trata esta Lei, relativamente aos produtos adquiridos e não exportados.

§ 2.º Na hipótese do § 1.º, o valor a ser pago será determinado mediante a aplicação das alíquotas específicas aos produtos adquiridos e não exportados.

§ 3.º O pagamento do valor referido no § 2.º deverá ser efetuado até o décimo dia subsequente ao do vencimento do prazo estabelecido para a empresa comercial exportadora efetivar a exportação, acrescido de:

I – multa de mora, apurada na forma do *caput* e do § 2.º do art. 61 da Lei n. 9.430, de 27 de dezembro de 1996, calculada a partir do primeiro dia do mês subsequente ao de aquisição dos produtos; e

II – juros equivalentes à taxa referencial do Sistema Especial de Liquidação e Custódia – Selic, para títulos federais, acumulada mensalmente, calculados a partir do primeiro dia do mês subsequente ao de aquisição dos produtos, até o último dia do mês anterior ao do pagamento, e de 1% (um por cento) no mês do pagamento.

§ 4.º A empresa comercial exportadora que alterar a destinação do produto adquirido com o fim específico de exportação, ficará sujeita ao pagamento da Cide objeto da isenção na aquisição.

§ 5.º O pagamento do valor referido no § 4.º deverá ser efetuado até o último dia útil da primeira quinzena do mês subsequente ao de ocorrência da revenda no mercado interno, acrescido de:

I – multa de mora, apurada na forma do *caput* e do § 2.º do art. 61 da Lei n. 9.430, de 1996, calculada a partir do primeiro dia do mês subsequente ao de aquisição do produto pela empresa comercial exportadora; e

II – juros equivalentes à taxa referencial do Sistema Especial de Liquidação e Custódia – Selic, para títulos federais, acumulada mensalmente, calculados a partir do primeiro dia do mês subsequente ao de aquisição dos produtos pela empresa comercial exportadora, até o último dia do mês anterior ao do pagamento, e de 1% (um por cento) no mês do pagamento.

Art. 11. É responsável solidário pela Cide o adquirente de mercadoria de procedência estrangeira, no caso de importação realizada por sua conta e ordem, por intermédio de pessoa jurídica importadora.

Art. 12. Respondem pela infração, conjunta ou isoladamente, relativamente à Cide, o adquirente de mercadoria de procedência estrangeira, no caso de importação realizada por sua conta e ordem, por intermédio de pessoa jurídica importadora.

Art. 13. A administração e a fiscalização da Cide compete à Secretaria da Receita Federal.

Parágrafo único. A Cide sujeita-se às normas relativas ao processo administrativo fiscal de determinação e exigência de créditos tributários federais e de consulta, previstas no Decreto n. 70.235, de 6 de março de 1972, bem assim, subsidiariamente e no que couber, às disposições da legislação do imposto de renda, especialmente quanto às penalidades e aos demais acréscimos aplicáveis.

Art. 14. Aplicam-se à nafta petroquímica destinada à produção ou formulação de gasolina ou diesel as disposições do art. 4.º da Lei n. 9.718, de 27 de novembro de 1998, e dos arts. 22 e 23 da Lei n. 10.865, de 30 de abril de 2004, incidindo as alíquotas específicas:

>> *Caput* com redação determinada pela Lei n. 11.196, de 21-11-2005.

I – fixadas para o óleo diesel, quando a nafta petroquímica for destinada à produção ou formulação exclusivamente de óleo diesel; ou

>> Inciso I acrescentado pela Lei n. 11.196, de 21-11-2005.

II – fixadas para a gasolina, quando a nafta petroquímica for destinada à produção ou formulação de óleo diesel ou gasolina.

>> Inciso II acrescentado pela Lei n. 11.196, de 21-11-2005.

§§ 1.º a 3.º (*Revogados pela Lei n. 11.196, de 21-11-2005.*)

Art. 15. Os Ministérios da Fazenda e de Minas e Energia e a ANP poderão editar os atos necessários ao cumprimento das disposições contidas nesta Lei.

Art. 16. Esta Lei entrará em vigor na data de sua publicação, produzindo efeitos a partir de 1.º de janeiro de 2002, ressalvado o disposto no art. 14.

Brasília, 19 de dezembro de 2001; 180.º da Independência e 113.º da República.

FERNANDO HENRIQUE CARDOSO

LEI N. 10.406, DE 10 DE JANEIRO DE 2002 (*)

Institui o Código Civil.

O Presidente da República

Faço saber que o Congresso Nacional decreta e eu sanciono a seguinte Lei:

PARTE GERAL

LIVRO I

DAS PESSOAS

TÍTULO II

DAS PESSOAS JURÍDICAS

CAPÍTULO I

DISPOSIÇÕES GERAIS

Art. 40. As pessoas jurídicas são de direito público, interno ou externo, e de direito privado.

(*) Publicada no *Diário Oficial da União* de 11-1-2002.

Art. 41. São pessoas jurídicas de direito público interno:

I – a União;

> Sobre bens imóveis da União, *vide* Lei n. 9.636, de 15-5-1998.

II – os Estados, o Distrito Federal e os Territórios;

III – os Municípios;

IV – as autarquias, inclusive as associações públicas;

>> Inciso IV com redação determinada pela Lei n. 11.107, de 6-4-2005.

> *Vide* art. 37, XIX, da CF.

> A Lei n. 4.717, de 29-6-1965, que regulou a ação popular, em seu art. 20, declara as entidades que considera autarquias.

> O art. 5.º, I, do Decreto-lei n. 200, de 25-2-1967, conceitua: "Autarquia – o serviço autônomo, criado por lei, com personalidade jurídica, patrimônio e receita próprios, para executar atividades típicas da Administração Pública, que requeiram, para seu melhor funcionamento, gestão administrativa e financeira descentralizada".

V – as demais entidades de caráter público criadas por lei.

> Sobre representação judicial das pessoas jurídicas de direito público, *vide* CPC, art. 75, I.

> *Vide* Lei n. 9.962, de 22-2-2000, que dispõe sobre o regime de emprego público do pessoal da Administração Federal direta, autárquica e fundacional.

Parágrafo único. Salvo disposição em contrário, as pessoas jurídicas de direito público, a que se tenha dado estrutura de direito privado, regem-se, no que couber, quanto ao seu funcionamento, pelas normas deste Código.

Art. 42. São pessoas jurídicas de direito público externo os Estados estrangeiros e todas as pessoas que forem regidas pelo direito internacional público.

> Sobre as relações internacionais entre Brasil e Estados estrangeiros, *vide* arts. 4.º, 102, I, 105, II, *c*, e 109 da CF.

Art. 43. As pessoas jurídicas de direito público interno são civilmente responsáveis por atos dos seus agentes que nessa qualidade causem danos a terceiros, ressalvado direito regressivo contra os causadores do dano, se houver, por parte destes, culpa ou dolo.

> CF, art. 37, § 6.º.

> CPC, art. 139, II.

> A Lei n. 4.619, de 28-4-1965, trata da ação regressiva da União contra seus agentes.

> Responsabilidade civil, em caso de abuso de autoridade – *vide* arts. 6.º e 7.º da Lei n. 13.869, de 5-9-2019.

> Lei n. 8.112, de 11-12-1990, arts. 121 a 126, sobre responsabilidade dos funcionários públicos.

> A Lei n. 10.744, de 9-10-2003, dispõe sobre responsabilidade civil da União por atentados terroristas contra aeronaves brasileiras.

Art. 44. São pessoas jurídicas de direito privado:

I – as associações;

> *Vide* art. 5.º, XVII a XXI, da CF.

II – as sociedades;

III – as fundações;

> A Lei n. 9.790, de 23-3-1999, regulamentada pelo Decreto n. 3.100, de 30-6-1999, dispõe sobre a qualificação de pessoas jurídicas de direito privado, sem fins lucrativos, como Organizações da Sociedade Civil de Interesse Público.

IV – as organizações religiosas;

>> Inciso IV acrescentado pela Lei n. 10.825, de 22-12-2003.

> Definição de autarquia: art. 5.º, I, do Decreto-lei n. 200, de 25-2-1967.

V – os partidos políticos;

>> Inciso V acrescentado pela Lei n. 10.825, de 22-12-2003.

VI – as empresas individuais de responsabilidade limitada.

>> Inciso VI acrescentado pela Lei n. 12.441, de 11-7-2011.

§ 1.º São livres a criação, a organização, a estruturação interna e o funcionamento das organizações religiosas, sendo vedado ao poder público negar-lhes reconhecimento ou registro dos atos constitutivos e necessários ao seu funcionamento.

>> § 1.º acrescentado pela Lei n. 10.825, de 22-12-2003.

§ 2.º As disposições concernentes às associações aplicam-se subsidiariamente às sociedades que são objeto do Livro II da Parte Especial deste Código.

>> Primitivo parágrafo único transformado em § 2.º pela Lei n. 10.825, de 22-12-2003.

§ 3.º Os partidos políticos serão organizados e funcionarão conforme o disposto em lei específica.

>> § 3.º acrescentado pela Lei n. 10.825, de 22-12-2003.

Art. 45. Começa a existência legal das pessoas jurídicas de direito privado com a inscrição do ato constitutivo no respectivo registro, precedida, quando necessário, de autorização ou aprovação do Poder Executivo, averbando-se no registro todas as alterações por que passar o ato constitutivo.

> As sociedades de advogados adquirem a personalidade jurídica com o registro de seu estatuto no Conselho Seccional da OAB em cuja base territorial tiver sede (Lei n. 8.906, de 4-7-1994). *Vide* § 2.º do art. 1.º do EAOAB.

Parágrafo único. Decai em três anos o direito de anular a constituição das pessoas jurídicas de direito privado, por defeito do ato respectivo, contado o prazo da publicação de sua inscrição no registro.

LIVRO II
DOS BENS

TÍTULO ÚNICO
DAS DIFERENTES CLASSES DE BENS

CAPÍTULO III
DOS BENS PÚBLICOS

Art. 98. São públicos os bens do domínio nacional pertencentes às pessoas jurídicas de direito público interno; todos os outros são particulares, seja qual for a pessoa a que pertencerem.

> CF, arts. 5.º, LXXIII, 20 e 26.

> Sobre o patrimônio público, *vide* o art. 1.º da Lei n. 4.717, de 29-6-1965, que regula a ação popular.

> O Decreto-lei n. 9.760, de 5-9-1946, dispõe sobre imóveis da União.

> *Vide* Súmula 650 do STF.

Art. 99. São bens públicos:

> *Vide* Súmula 496 do STJ.

I – os de uso comum do povo, tais como rios, mares, estradas, ruas e praças;

II – os de uso especial, tais como edifícios ou terrenos destinados a serviço ou estabelecimento da administração federal, estadual, territorial ou municipal, inclusive os de suas autarquias;

III – os dominicais, que constituem o patrimônio das pessoas jurídicas de direito público, como objeto de direito pessoal, ou real, de cada uma dessas entidades.

> *Vide* arts. 20 e 176 da CF.

> Sobre o patrimônio histórico e artístico, dispõe o Decreto-lei n. 25, de 30-11-1937.

> Sobre terras devolutas dispõem o Decreto-lei n. 9.760, de 5-9-1946, e a Lei n. 6.383, de 7-12-1976.

> Sobre mar territorial, dispõe a Lei n. 8.617, de 4-1-1993.

> Sobre terrenos de marinha e marginais a rios navegáveis devem ser consultados: Decreto-lei n. 3.050, de 13-2-1941; Decreto-lei n. 3.205, de 22-4-1941; Decreto-lei n. 3.438, de 17-7-1941; Decreto-lei n. 4.120, de 21-2-1942; Decreto-lei n. 7.226, de 4-1-1945; Decreto-lei n. 7.937, de 5-9-1945; Decreto-lei n. 9.760, de 5-9-1946.

Parágrafo único. Não dispondo a lei em contrário, consideram-se dominicais os bens pertencentes às pessoas jurídicas de direito público a que se tenha dado estrutura de direito privado.

Art. 100. Os bens públicos de uso comum do povo e os de uso especial são inalienáveis, enquanto conservarem a sua qualificação, na forma que a lei determinar.

> *Vide* art. 183, § 3.º, da CF.

> *Vide* art. 23 da Lei n. 9.636, de 15-5-1998, regulamentada pelo Decreto n. 3.725, de 10-1-2001.

> *Vide* Súmula 340 do STF.

Art. 101. Os bens públicos dominicais podem ser alienados, observadas as exigências da lei.

Art. 102. Os bens públicos não estão sujeitos a usucapião.

> *Vide* CF, arts. 183, § 3.º, e 191, parágrafo único, e Decreto-lei n. 9.760, de 5-9-1946, art. 200.

> *Vide* arts. 1.238 e s. do CC.
> *Vide* Súmula 340 do STF.

Art. 103. O uso comum dos bens públicos pode ser gratuito ou retribuído, conforme for estabelecido legalmente pela entidade a cuja administração pertencerem.

> *Vide* art. 150 da CF.

TÍTULO III
DOS ATOS ILÍCITOS

Art. 186. Aquele que, por ação ou omissão voluntária, negligência ou imprudência, violar direito e causar dano a outrem, ainda que exclusivamente moral, comete ato ilícito.

> *Vide* CPC, arts. 81, 161 e 302.

Art. 187. Também comete ato ilícito o titular de um direito que, ao exercê-lo, excede manifestamente os limites impostos pelo seu fim econômico ou social, pela boa-fé ou pelos bons costumes.

Seção IV
Dos Prazos da Prescrição

Art. 206. Prescreve:

§ 1.º Em um ano:

I – a pretensão dos hospedeiros ou fornecedores de víveres destinados a consumo no próprio estabelecimento, para o pagamento da hospedagem ou dos alimentos;

II – a pretensão do segurado contra o segurador, ou a deste contra aquele, contado o prazo:

a) para o segurado, no caso de seguro de responsabilidade civil, da data em que é citado para responder à ação de indenização proposta pelo terceiro prejudicado, ou da data que a este indeniza, com a anuência do segurador;

b) quanto aos demais seguros, da ciência do fato gerador da pretensão;

III – a pretensão dos tabeliães, auxiliares da justiça, serventuários judiciais, árbitros e peritos, pela percepção de emolumentos, custas e honorários;

IV – a pretensão contra os peritos, pela avaliação dos bens que entraram para a formação do capital de sociedade anônima, contado da publicação da ata da assembleia que aprovar o laudo;

V – a pretensão dos credores não pagos contra os sócios ou acionistas e os liquidantes, contado o prazo da publicação da ata de encerramento da liquidação da sociedade.

§ 2.º Em dois anos, a pretensão para haver prestações alimentares, a partir da data em que se vencerem.

§ 3.º Em três anos:

I – a pretensão relativa a aluguéis de prédios urbanos ou rústicos;

II – a pretensão para receber prestações vencidas de rendas temporárias ou vitalícias;

III – a pretensão para haver juros, dividendos ou quaisquer prestações acessórias, pagáveis, em períodos não maiores de um ano, com capitalização ou sem ela;

IV – a pretensão de ressarcimento de enriquecimento sem causa;

V – a pretensão de reparação civil;

> *Vide* arts. 186, 187, 402 a 405 e 927 do CC.

VI – a pretensão de restituição dos lucros ou dividendos recebidos de má-fé, correndo o prazo da data em que foi deliberada a distribuição;

VII – a pretensão contra as pessoas em seguida indicadas por violação da lei ou do estatuto, contado o prazo:

a) para os fundadores, da publicação dos atos constitutivos da sociedade anônima;

b) para os administradores, ou fiscais, da apresentação, aos sócios, do balanço referente ao exercício em que a violação tenha sido praticada, ou da reunião ou assembleia geral que dela deva tomar conhecimento;

c) para os liquidantes, da primeira assembleia semestral posterior à violação;

VIII – a pretensão para haver o pagamento de título de crédito, a contar do vencimento, ressalvadas as disposições de lei especial;

> *Vide* art. 585, I, do CPC.

IX – a pretensão do beneficiário contra o segurador, e a do terceiro prejudicado, no caso de seguro de responsabilidade civil obrigatório.

§ 4.º Em quatro anos, a pretensão relativa à tutela, a contar da data da aprovação das contas.

§ 5.º Em cinco anos:

> *Vide* art. 5.º, XXIX, da CF.
> A Lei n. 9.873, de 23-11-1999, estabelece prazo de prescrição para o exercício de ação punitiva pela Administração Pública Federal.

I – a pretensão de cobrança de dívidas líquidas constantes de instrumento público ou particular;

> *Vide* Súmula 503 do STJ.

II – a pretensão dos profissionais liberais em geral, procuradores judiciais, curadores e professores pelos seus honorários, contado o prazo da conclusão dos serviços, da cessação dos respectivos contratos ou mandato;

> O EAOAB (Lei n. 8.906, de 4-7-1994), art. 25, dispõe sobre a prescrição da ação de cobrança de honorários de advogado.

III – a pretensão do vencedor para haver do vencido o que despendeu em juízo.

> *Vide* CPC, arts. 82, § 2.º, e 85.

PARTE ESPECIAL

LIVRO I
DO DIREITO DAS OBRIGAÇÕES

TÍTULO III
DO ADIMPLEMENTO E EXTINÇÃO DAS OBRIGAÇÕES

CAPÍTULO II
DO PAGAMENTO EM CONSIGNAÇÃO

Art. 334. Considera-se pagamento, e extingue a obrigação, o depósito judicial ou em estabelecimento bancário da coisa devida, nos casos e forma legais.

Art. 335. A consignação tem lugar:

I – se o credor não puder, ou, sem justa causa, recusar receber o pagamento, ou dar quitação na devida forma;

II – se o credor não for, nem mandar receber a coisa no lugar, tempo e condição devidos;

III – se o credor for incapaz de receber, for desconhecido, declarado ausente, ou residir em lugar incerto ou de acesso perigoso ou difícil;

IV – se ocorrer dúvida sobre quem deva legitimamente receber o objeto do pagamento;

V – se pender litígio sobre o objeto do pagamento.

Art. 336. Para que a consignação tenha força de pagamento, será mister concorram, em relação às pessoas, ao objeto, modo e tempo, todos os requisitos sem os quais não é válido o pagamento.

Art. 337. O depósito requerer-se-á no lugar do pagamento, cessando, tanto que se efetue, para o depositante, os juros da dívida e os riscos, salvo se for julgado improcedente.

Art. 338. Enquanto o credor não declarar que aceita o depósito, ou não o impugnar, poderá o devedor requerer o levantamento, pagando as respectivas despesas, e subsistindo a obrigação para todas as conseqüências de direito.

Art. 339. Julgado procedente o depósito, o devedor já não poderá levantá-lo, embora o credor consinta, senão de acordo com os outros devedores e fiadores.

Art. 340. O credor que, depois de contestar a lide ou aceitar o depósito, aquiescer no levantamento, perderá a preferência e a garantia que lhe competiam com respeito à coisa consignada, ficando para logo desobrigados os co-devedores e fiadores que não tenham anuído.

Art. 341. Se a coisa devida for imóvel ou corpo certo que deva ser entregue no mesmo lugar onde está, poderá o devedor citar o credor para vir ou mandar recebê-la, sob pena de ser depositada.

Art. 342. Se a escolha da coisa indeterminada competir ao credor, será ele citado para esse fim, sob cominação de perder o direito e de ser depositada a coisa que o devedor escolher; feita a escolha pelo devedor, proceder-se-á como no artigo antecedente.

Art. 343. As despesas com o depósito, quando julgado procedente, correrão à conta do credor, e, no caso contrário, à conta do devedor.

Art. 344. O devedor de obrigação litigiosa exonerar-se-á mediante consignação, mas, se pagar a qualquer dos pretendidos credores, tendo conhecimento do litígio, assumirá o risco do pagamento.

Art. 345. Se a dívida se vencer, pendendo litígio entre credores que se pretendem mutuamente excluir, poderá qualquer deles requerer a consignação.

TÍTULO IV
DO INADIMPLEMENTO DAS OBRIGAÇÕES

CAPÍTULO I
DISPOSIÇÕES GERAIS

Art. 389. Não cumprida a obrigação, responde o devedor por perdas e danos, mais juros e atualização monetária segundo índices oficiais regularmente estabelecidos, e honorários de advogado.

> **O inadimplemento de obrigação relativa a ajuste salarial foi erigido em crime equiparado à sonegação fiscal, pelo art. 10 do Decreto-lei n. 15, de 29-7-1966.**

> *Vide* art. 84 do CDC.

> Honorários advocatícios: *vide* arts. 22 a 26 do EAOAB.

> *Vide* Súmulas 125 e 136 do STJ.

Art. 390. Nas obrigações negativas o devedor é havido por inadimplente desde o dia em que executou o ato de que se devia abster.

Art. 391. Pelo inadimplemento das obrigações respondem todos os bens do devedor.

> *Vide* art. 789 do CPC.

Art. 392. Nos contratos benéficos, responde por simples culpa o contratante, a quem o contrato aproveite, e por dolo aquele a quem não favoreça. Nos contratos onerosos, responde cada uma das partes por culpa, salvo as exceções previstas em lei.

Art. 393. O devedor não responde pelos prejuízos resultantes de caso fortuito ou força maior, se expressamente não se houver por eles responsabilizado.

Parágrafo único. O caso fortuito ou de força maior verifica-se no fato necessário, cujos efeitos não era possível evitar ou impedir.

CAPÍTULO II
DA MORA

> *Vide* Súmula 380 do STJ.

Art. 394. Considera-se em mora o devedor que não efetuar o pagamento e o credor que não quiser recebê-lo no tempo, lugar e forma que a lei ou a convenção estabelecer.

> *Vide* Súmula 54 do STJ.

Art. 395. Responde o devedor pelos prejuízos a que sua mora der causa, mais juros, atualização dos valores monetários segundo índices oficiais regularmente estabelecidos, e honorários de advogado.

> *Vide* arts. 402 a 405 (perdas e danos) do CC.

> Honorários advocatícios: *vide* arts. 22 a 26 do EAOAB.

> *Vide* art. 52 do CDC.

Parágrafo único. Se a prestação, devido à mora, se tornar inútil ao credor, este poderá enjeitá-la, e exigir a satisfação das perdas e danos.

Art. 396. Não havendo fato ou omissão imputável ao devedor, não incorre este em mora.

Art. 397. O inadimplemento da obrigação, positiva e líquida, no seu termo, constitui de pleno direito em mora o devedor.

Parágrafo único. Não havendo termo, a mora se constitui mediante interpelação judicial ou extrajudicial.

> *Vide* Súmula 76 do STJ.

Art. 398. Nas obrigações provenientes de ato ilícito, considera-se o devedor em mora, desde que o praticou.

Art. 399. O devedor em mora responde pela impossibilidade da prestação, embora essa impossibilidade resulte de caso fortuito ou de força maior, se estes ocorrerem durante o atraso; salvo se provar isenção de culpa, ou que o dano sobreviria ainda quando a obrigação fosse oportunamente desempenhada.

Art. 400. A mora do credor subtrai o devedor isento de dolo à responsabilidade pela conservação da coisa, obriga o credor a ressarcir as despesas empregadas em conservá-la, e sujeita-o a recebê-la pela estimação mais favorável ao devedor, se o seu valor oscilar entre o dia estabelecido para o pagamento e o da sua efetivação.

Art. 401. Purga-se a mora:

I – por parte do devedor, oferecendo este a prestação mais a importância dos prejuízos decorrentes do dia da oferta;

II – por parte do credor, oferecendo-se este a receber o pagamento e sujeitando-se aos efeitos da mora até a mesma data.

CAPÍTULO III
DAS PERDAS E DANOS

> Sobre perdas e danos: arts. 18 a 20, 35, 84 e 87 da Lei n. 8.078, de 11-9-1990; e arts. 47 e 95 da Lei n. 12.529, de 30-11-2011.

> *Vide* Súmula 412 do STF.

Art. 402. Salvo as exceções expressamente previstas em lei, as perdas e danos devidas ao credor abrangem, além do que ele efetivamente perdeu, o que razoavelmente deixou de lucrar.

> *Vide* Súmulas 412 e 562 do STF.

Art. 403. Ainda que a inexecução resulte de dolo do devedor, as perdas e danos só incluem os prejuízos efetivos e os lucros cessantes por efeito dela direto e imediato, sem prejuízo do disposto na lei processual.

Art. 404. As perdas e danos, nas obrigações de pagamento em dinheiro, serão pagas com atualização monetária segundo índices oficiais regularmente estabelecidos, abrangendo juros, custas e honorários de advogado, sem prejuízo da pena convencional.

> *Vide* arts. 396 e 407 do CC.

> Honorários advocatícios: *vide* arts. 22 a 26 do EAOAB.

Parágrafo único. Provado que os juros da mora não cobrem o prejuízo, e não havendo pena convencional, pode o juiz conceder ao credor indenização suplementar.

Art. 405. Contam-se os juros de mora desde a citação inicial.

> *Vide* art. 395 do CC.

> *Vide* Súmula 54 do STJ.

CAPÍTULO IV
DOS JUROS LEGAIS

> Sobre juros legais: *vide* arts. 42 e 52 do CDC; art. 1.º-F da Lei n. 9.494, de 10-9-1997.

> *Vide* Súmulas 12, 14, 54, 67, 70, 102 e 131 do STJ.

Art. 406. Quando os juros moratórios não forem convencionados, ou o forem sem taxa estipulada, ou quando provierem de determinação da lei, serão fixados segundo a taxa que estiver em vigor para a mora do pagamento de impostos devidos à Fazenda Nacional.

> *Vide* Súmula 618 do STF.

> *Vide* Súmulas 14, 30, 35, 37, 43, 67 e 249 do STJ.

Art. 407. Ainda que se não alegue prejuízo, é obrigado o devedor aos juros da mora que se contarão assim às dívidas em dinheiro, como às prestações de outra natureza, uma vez que lhes esteja fixado o valor pecuniário por sentença judicial, arbitramento, ou acordo entre as partes.

> **A Lei n. 7.089, de 23-3-1983, veda a cobrança de juros de mora sobre título cujo vencimento se dê em feriado, sábado ou domingo.**

CAPÍTULO V
DA CLÁUSULA PENAL

Art. 408. Incorre de pleno direito o devedor na cláusula penal, desde que, culposamente, deixe de cumprir a obrigação ou se constitua em mora.

> *Vide* art. 397 do CC.

Art. 409. A cláusula penal estipulada conjuntamente com a obrigação, ou em ato posterior, pode referir-se à inexecução completa da obrigação, à de alguma cláusula especial ou simplesmente à mora.

> *Vide* art. 397 do CC.

Art. 410. Quando se estipular a cláusula penal para o caso de total inadimplemento da obrigação, esta converter-se-á em alternativa a benefício do credor.

Art. 411. Quando se estipular a cláusula penal para o caso de mora, ou em segurança especial de outra cláusula determinada, terá o credor o arbítrio de exigir a satisfação da pena cominada, juntamente com o desempenho da obrigação principal.

> *Vide* arts. 394 e 404 do CC.

Art. 412. O valor da cominação imposta na cláusula penal não pode exceder o da obrigação principal.

> *Vide* art. 52, § 1.º, do CDC.

Art. 413. A penalidade deve ser reduzida equitativamente pelo juiz se a obrigação principal tiver sido cumprida em parte, ou se o montante da penalidade for manifestamente excessivo, tendo-se em vista a natureza e a finalidade do negócio.

> *Vide* arts. 51, IV, e 53 do CDC.

Art. 414. Sendo indivisível a obrigação, todos os devedores, caindo em falta um deles, incorrerão na pena; mas esta só se poderá demandar integralmente do culpado, respondendo cada um dos outros somente pela sua quota.

> *Vide* arts. 257 a 263 (obrigações divisíveis e indivisíveis) do CC.

Parágrafo único. Aos não culpados fica reservada a ação regressiva contra aquele que deu causa à aplicação da pena.

> *Vide* art. 125, II (denunciação da lide, ação regressiva), do CPC.

Art. 415. Quando a obrigação for divisível, só incorre na pena o devedor ou o herdeiro do devedor que a infringir, e proporcionalmente à sua parte na obrigação.

Art. 416. Para exigir a pena convencional, não é necessário que o credor alegue prejuízo.

Parágrafo único. Ainda que o prejuízo exceda ao previsto na cláusula penal, não pode o credor exigir indenização suplementar se assim não foi convencionado. Se o tiver sido, a pena vale como mínimo da indenização, competindo ao credor provar o prejuízo excedente.

Capítulo VI
DAS ARRAS OU SINAL

Art. 417. Se, por ocasião da conclusão do contrato, uma parte der à outra, a título de arras, dinheiro ou outro bem móvel, deverão as arras, em caso de execução, ser restituídas ou computadas na prestação devida, se do mesmo gênero da principal.

Art. 418. Se a parte que deu as arras não executar o contrato, poderá a outra tê-lo por desfeito, retendo-as; se a inexecução for de quem recebeu as arras, poderá quem as deu haver o contrato por desfeito, e exigir sua devolução mais o equivalente, com atualização monetária segundo índices oficiais regularmente estabelecidos, juros e honorários de advogado.

> *Vide* arts. 406 e 407 (juros legais) do CC.

> Honorários advocatícios: *vide* arts. 22 a 26 do EAOAB.

Art. 419. A parte inocente pode pedir indenização suplementar, se provar maior prejuízo, valendo as arras como taxa mínima. Pode, também, a parte inocente, exigir a execução do contrato, com as perdas e danos, valendo as arras como o mínimo da indenização.

> *Vide* arts. 402 a 405 (perdas e danos) do CC.

Art. 420. Se no contrato for estipulado o direito de arrependimento para qualquer das partes, as arras ou sinal terão função unicamente indenizatória. Neste caso, quem as deu perdê-las-á em benefício da outra parte; e quem as recebeu devolvê-las-á, mais o equivalente. Em ambos os casos não haverá direito a indenização suplementar.

> *Vide* art. 463 do CC.

> *Vide* Súmula 412 do STF.

Subseção III
Da preempção ou preferência

Art. 513. A preempção, ou preferência, impõe ao comprador a obrigação de oferecer ao vendedor a coisa que aquele vai vender, ou dar em pagamento, para que este use de seu direito de prelação na compra, tanto por tanto.

Parágrafo único. O prazo para exercer o direito de preferência não poderá exceder a cento e oitenta dias se a coisa for móvel, ou a dois anos, se imóvel.

Art. 514. O vendedor pode também exercer o seu direito de prelação, intimando o comprador, quando lhe constar que este vai vender a coisa.

Art. 515. Aquele que exerce a preferência está, sob pena de a perder, obrigado a pagar, em condições iguais, o preço encontrado, ou o ajustado.

Art. 516. Inexistindo prazo estipulado, o direito de preempção caducará, se a coisa for móvel, não se exercendo nos três dias, e, se for imóvel, não se exercendo nos sessenta dias subsequentes à data em que o comprador tiver notificado o vendedor.

Art. 517. Quando o direito de preempção for estipulado a favor de dois ou mais indivíduos em comum, só pode ser exercido em relação à coisa no seu todo. Se alguma das pessoas, a quem ele toque, perder ou não exercer o seu direito, poderão as demais utilizá-lo na forma sobredita.

Art. 518. Responderá por perdas e danos o comprador, se alienar a coisa sem ter dado ao vendedor ciência do preço e das vantagens que por ela lhe oferecem. Responderá solidariamente o adquirente, se tiver procedido de má-fé.

> *Vide* arts. 402 a 405 do CC.

Art. 519. Se a coisa expropriada para fins de necessidade ou utilidade pública, ou por interesse social, não tiver o destino para que se desapropriou, ou não for utilizada em obras ou serviços públicos, caberá ao expropriado direito de preferência, pelo preço atual da coisa.

> *Vide* art. 35 do Decreto-lei n. 3.365, de 21-6-1941 (desapropriação).

Art. 520. O direito de preferência não se pode ceder nem passa aos herdeiros.

Título IX
DA RESPONSABILIDADE CIVIL

Capítulo I
DA OBRIGAÇÃO DE INDENIZAR

Art. 927. Aquele que, por ato ilícito (arts. 186 e 187), causar dano a outrem, fica obrigado a repará-lo.

> *Vide* Súmulas 37, 43, 137, 186, 221, 227 e 479 do STJ.

> *Vide* Súmulas 28, 161, 492 e 562 do STF.

Parágrafo único. Haverá obrigação de reparar o dano, independentemente de culpa, nos casos especificados em lei, ou quando a atividade normalmente desenvolvida pelo autor do dano implicar, por sua natureza, risco para os direitos de outrem.

> *Vide* arts. 5.º, V e X, e 37, § 6.º, da CF.

Título II
DOS DIREITOS REAIS

Capítulo Único
DISPOSIÇÕES GERAIS

Art. 1.225. São direitos reais:

I – a propriedade;

II – a superfície;

III – as servidões;

IV – o usufruto;

V – o uso;

VI – a habitação;

VII – o direito do promitente comprador do imóvel;

VIII – o penhor;

IX – a hipoteca;

X – a anticrese;

XI – a concessão de uso especial para fins de moradia;

XII – a concessão de direito real de uso; e

>> Inciso XII com redação determinada pela Lei n. 13.465, de 11-7-2017.

XIII – a laje.

>> Inciso XIII acrescentado pela Lei n. 13.465, de 11-7-2017.

Art. 1.226. Os direitos reais sobre coisas móveis, quando constituídos, ou transmitidos por atos entre vivos, só se adquirem com a tradição.

Art. 1.227. Os direitos reais sobre imóveis constituídos, ou transmitidos por atos entre vivos, só se adquirem com o registro no Cartório de Registro de Imóveis dos referidos títulos (arts. 1.245 a 1.247), salvo os casos expressos neste Código.

Título III
DA PROPRIEDADE

> *Vide* CF, arts. 5.º, XXII a XXVI, e 68 do ADCT.

Capítulo I
DA PROPRIEDADE EM GERAL

Seção I
Disposições Preliminares

Art. 1.228. O proprietário tem a faculdade de usar, gozar e dispor da coisa, e o direito de reavê-la do poder de quem quer que injustamente a possua ou detenha.

> Sobre desapropriações, *vide* art. 1.228, §§ 3.º a 5.º, e o Decreto-lei n. 3.365, de 21-6-1941, que dispõe sobre desapropriação por utilidade pública.

§ 1.º O direito de propriedade deve ser exercido em consonância com as suas finalidades econômicas e sociais e de modo que sejam preservados, de conformidade com o estabelecido em lei especial, a flora, a fauna, as belezas naturais, o equilíbrio ecológico e o patrimônio histórico e artístico, bem como evitada a poluição do ar e das águas.

>> *Vide* arts. 5.º, XXIII, 182, § 2.º, 186 e 225 da CF.

>> *Vide* arts. 1.º a 4.º da Lei n. 10.257, de 10-7-2001 (Estatuto da Cidade).

§ 2.º São defesos os atos que não trazem ao proprietário qualquer comodidade, ou utilidade, e sejam animados pela intenção de prejudicar outrem.

§ 3.º O proprietário pode ser privado da coisa, nos casos de desapropriação, por necessidade ou utilidade pública ou interesse social, bem como no de requisição, em caso de perigo público iminente.

>> *Vide* arts. 5.º, XXIV, 22, II, e 182, §§ 3.º e 4.º, da CF.

>> *Vide* Decreto-lei n. 3.365, de 21-6-1941.

>> *Vide* art. 8.º da Lei n. 10.257, de 10-7-2001 (Estatuto da Cidade).

§ 4.º O proprietário também pode ser privado da coisa se o imóvel reivindicado consistir em extensa área, na posse ininterrupta e de boa-fé, por mais de cinco anos, de considerável número de pessoas, e estas nela houverem realizado, em conjunto ou separadamente, obras e serviços considerados pelo juiz de interesse social e econômico relevante.

>> *Vide* art. 1.238 do CC.

§ 5.º No caso do parágrafo antecedente, o juiz fixará a justa indenização devida ao proprietário; pago o preço, valerá a sentença como título para o registro do imóvel em nome dos possuidores.

Capítulo II
DA AQUISIÇÃO DA PROPRIEDADE IMÓVEL

Seção I
Da Usucapião

>> A Lei n. 14.010, de 10-6-2020, (*DOU* de 12-6-2020), dispõe em seu art. 10: "Art. 10. Suspendem-se os prazos de aquisição para a propriedade imobiliária ou mobiliária, nas diversas espécies de usucapião, a partir da entrada em vigor desta Lei até 30 de outubro de 2020".

Art. 1.238. Aquele que, por quinze anos, sem interrupção, nem oposição, possuir como seu um imóvel, adquire-lhe a propriedade, independentemente de título e boa-fé; podendo requerer ao juiz que assim o declare por sentença, a qual servirá de título para o registro no Cartório de Registro de Imóveis.

> *Vide* arts. 183 e §§ 1.º a 3.º e 191 e parágrafo único da CF, sobre usucapião urbano, social urbano ou constitucional urbano.

> *Vide* arts. 9.º a 14 da Lei n. 10.257, de 10-7-2001 (Estatuto da Cidade).

> *Vide* Súmulas 237, 263, 340 e 391 do STF.

> *Vide* Súmulas 11 e 119 do STJ.

Parágrafo único. O prazo estabelecido neste artigo reduzir-se-á a dez anos se o possuidor houver estabelecido no imóvel a sua moradia habitual, ou nele realizado obras ou serviços de caráter produtivo.

Título X
DO PENHOR, DA HIPOTECA E DA ANTICRESE

Capítulo I
DISPOSIÇÕES GERAIS

Art. 1.419. Nas dívidas garantidas por penhor, anticrese ou hipoteca, o bem dado em garantia fica sujeito, por vínculo real, ao cumprimento da obrigação.

Art. 1.420. Só aquele que pode alienar poderá empenhar, hipotecar ou dar em anticrese; só os bens que se podem alienar poderão ser dados em penhor, anticrese ou hipoteca.

§ 1.º A propriedade superveniente torna eficaz, desde o registro, as garantias reais estabelecidas por quem não era dono.

§ 2.º A coisa comum a dois ou mais proprietários não pode ser dada em garantia real, na sua totalidade, sem o consentimento de todos; mas cada um pode individualmente dar em garantia real a parte que tiver.

Capítulo III
DA HIPOTECA

Seção I
Disposições Gerais

Art. 1.473. Podem ser objeto de hipoteca:

I – os imóveis e os acessórios dos imóveis conjuntamente com eles;

> *Vide* art. 92 do CC.

II – o domínio direto;

III – o domínio útil;

IV – as estradas de ferro;

V – os recursos naturais a que se refere o art. 1.230, independentemente do solo onde se acham;

VI – os navios;

VII – as aeronaves;

VIII – o direito de uso especial para fins de moradia;

>> Inciso VIII acrescentado pela Lei n. 11.481, de 31-5-2007.

IX – o direito real de uso;

>> Inciso IX acrescentado pela Lei n. 11.481, de 31-5-2007.

X – a propriedade superficiária.

>> Inciso X com redação determinada pela Lei n. 11.481, de 31-5-2007.

§ 1.º A hipoteca dos navios e das aeronaves reger-se-á pelo disposto em lei especial.

§ 2.º Os direitos de garantia instituídos nas hipóteses dos incisos IX e X do *caput* deste artigo ficam limitados à duração da concessão ou direito de superfície, caso tenham sido transferidos por período determinado.

>> § 2.º acrescentado pela Lei n. 11.481, de 31-5-2007.

Livro Complementar
DAS DISPOSIÇÕES FINAIS E TRANSITÓRIAS

Art. 2.046. Todas as remissões, em diplomas legislativos, aos Códigos referidos no artigo antecedente, consideram-se feitas às disposições correspondentes deste Código.

Brasília, 10 de janeiro de 2002; 181.º da Independência e 114.º da República.

Fernando Henrique Cardoso

DECRETO N. 4.250, DE 27 DE MAIO DE 2002 (*)

Regulamenta a representação judicial da União, autarquias, fundações e empresas públicas federais perante os Juizados Especiais Federais, instituídos pela Lei n. 10.259, de 12 de julho de 2001.

O Presidente da República, no uso da atribuição que lhe confere o art. 84, IV, da Constituição, e tendo em vista o disposto na Lei n. 10.259, de 12 de julho de 2001, decreta:

(*) Publicado no *Diário Oficial da União* de 28-5-2002.

Art. 1.º Nas causas de competência dos Juizados Especiais Federais, a União será representada pelas Procuradorias da União e, nas causas previstas no inciso V e parágrafo único do art. 12 da Lei Complementar n. 73, de 10 de fevereiro de 1993, pelas Procuradorias da Fazenda Nacional, e as autarquias, fundações e empresas públicas federais, pelas respectivas procuradorias e departamentos jurídicos, ressalvada a representação extraordinária prevista nos arts. 11-A e 11-B da Lei n. 9.028, de 12 de abril de 1995.

> Citados dispositivos constam nesta obra.

§ 1.º O Procurador-Geral da União, o Procurador-Geral da Fazenda Nacional, os Procuradores-Gerais, os Chefes de procuradorias ou de departamentos jurídicos de autarquias e fundações federais e os dirigentes das empresas públicas poderão designar servidores não integrantes de carreiras jurídicas, que tenham completo conhecimento do caso, como auxiliares da representação das respectivas entidades, na forma do art. 10 da Lei n. 10.259, de 12 de julho de 2001.

> Citado dispositivo consta nesta obra.

§ 2.º O ato de designação deverá conter, quando pertinentes, poderes expressos para conciliar, transigir e desistir, inclusive de recurso, se interposto.

Art. 2.º Compete ao Advogado-Geral da União expedir instruções referentes à atuação da Advocacia-Geral da União e dos órgãos jurídicos das autarquias e fundações nas causas de competência dos Juizados Especiais Federais, bem como fixar as diretrizes básicas para conciliação, transação, desistência do pedido e do recurso, se interposto.

§ 1.º Respeitadas as instruções e diretrizes fixadas pelo Advogado-Geral da União, os Procuradores-Gerais da União, da Fazenda Nacional e do Instituto Nacional do Seguro Social poderão expedir instruções específicas para as respectivas procuradorias.

§ 2.º As empresas públicas da União observarão as instruções e diretrizes fixadas pelo Advogado-Geral da União para atuação nos Juizados Especiais Federais, podendo propor a este normas específicas e adaptadas a seus estatutos e à sua natureza jurídica.

Art. 3.º Os Ministérios, autarquias e fundações federais deverão prestar todo o suporte técnico e administrativo necessário à atuação da Advocacia-Geral da União, e de seus órgãos vinculados, na defesa judicial das ações de competência dos Juizados Especiais Federais.

Art. 4.º O Advogado-Geral da União poderá requisitar servidores da Administração Pública Federal para examinar e emitir pareceres técnicos e participar das respectivas audiências nos processos em trâmite nos Juizados Especiais Federais.

Parágrafo único. O Procurador-Geral da União, o Procurador-Geral da Fazenda Nacional, no âmbito do Ministério da Fazenda, os Procuradores-Gerais, os Chefes de procuradorias ou de departamentos jurídicos, no âmbito das respectivas autarquias e fundações, e os dirigentes das empresas públicas poderão designar servidores para exercer as atividades previstas no *caput*, conforme dispuser ato editado pelo titular do Ministério ou entidade envolvida.

Art. 5.º Aplica-se o disposto no art. 4.º da Lei n. 9.028, de 1995, às solicitações das procuradorias e departamentos jurídicos das autarquias e fundações, inclusive às destinadas a fornecer informações técnicas nos processos em trâmite nos Juizados Especiais Federais.

> Citado dispositivo consta nesta obra.

Parágrafo único. O órgão da Administração Pública Federal que receber pedido de subsídios para a defesa da União, de suas autarquias ou fundações, nos termos do art. 4.º da Lei n. 9.028, de 1995, além de atendê-lo no prazo assinalado:

I – verificando a plausibilidade da pretensão deduzida em juízo e a possibilidade de solução administrativa, converterá o pedido em processo administrativo, nos termos do art. 5.º da Lei n. 9.784, de 29 de janeiro de 1999, para exame no prazo improrrogável de trinta dias;

> Citado dispositivo consta nesta obra.

II – comunicará ao órgão solicitante a providência adotada no inciso I; e

III – providenciará a verificação da existência de requerimentos administrativos semelhantes, com a finalidade de dar tratamento isonômico.

Art. 6.º O Procurador-Geral da União, o Procurador-Geral da Fazenda Nacional, os Procuradores-Gerais, os Chefes de procuradorias ou de departamentos jurídicos de autarquias e fundações e os dirigentes das empresas públicas poderão delegar as competências previstas no § 1.º do art. 1.º e do parágrafo único do art. 4.º, vedada a subdelegação.

Art. 7.º O Ministério da Fazenda, o Ministério da Previdência e Assistência Social, o Ministério do Planejamento, Orçamento e Gestão e a Advocacia-Geral da União poderão manter núcleos de atendimento junto aos Juizados Especiais Federais para prestar informações aos órgãos do Poder Judiciário, quando solicitados por estes.

Art. 8.º A Procuradoria-Geral da União, a Procuradoria-Geral da Fazenda Nacional e as procuradorias ou departamentos jurídicos de autarquias e fundações federais poderão organizar jornada de trabalho compensatória para atender aos processos em trâmite nos Juizados Especiais Federais.

Art. 9.º A Advocacia-Geral da União promoverá cursos especiais destinados à capacitação e ao treinamento de servidores designados para atuar nos Juizados Especiais Federais.

Parágrafo único. Os órgãos da Administração Pública Federal fornecerão pessoal para ministrar os cursos previstos no *caput*, prestando o apoio necessário à sua realização.

Art. 10. Este Decreto entra em vigor na data de sua publicação.

Brasília, 27 de maio de 2002; 181.º da Independência e 114.º da República.

FERNANDO HENRIQUE CARDOSO

LEI N. 10.520, DE 17 DE JULHO DE 2002 (*)

Institui, no âmbito da União, Estados, Distrito Federal e Municípios, nos termos do art. 37, XXI, da Constituição Federal, modalidade de licitação denominada pregão, para aquisição de bens e serviços comuns, e dá outras providências.

O Presidente da República

Faço saber que o Congresso Nacional decreta e eu sanciono a seguinte Lei:

Art. 1.º Para aquisição de bens e serviços comuns, poderá ser adotada a licitação na modalidade de pregão, que será regida por esta Lei.

>> *Vide* art. 32, IV, da Lei n. 13.303, de 30-6-2016.

Parágrafo único. Consideram-se bens e serviços comuns, para os fins e efeitos deste artigo, aqueles cujos padrões de desempenho e qualidade possam ser objetivamente definidos pelo edital, por meio de especificações usuais no mercado.

Art. 2.º (*Vetado.*)

§ 1.º Poderá ser realizado o pregão por meio da utilização de recursos de tecnologia da informação, nos termos de regulamentação específica.

>> *Vide* Decreto n. 10.024, de 20-9-2019, que regulamenta o pregão, na forma eletrônica, para aquisição de bens e serviços comuns e dispõe sobre o uso da dispensa eletrônica, no âmbito da administração pública federal.

§ 2.º Será facultado, nos termos de regulamentos próprios da União, Estados, Distrito Federal e Municípios, a participação de bolsas de mercadorias no apoio técnico e operacional aos órgãos e entidades promotores da modalidade de pregão, utilizando-se de recursos de tecnologia da informação.

§ 3.º As bolsas a que se referem o § 2.º deverão estar organizadas sob a forma de sociedades civis sem fins lucrativos e com a participação plural de corretoras que operem sistemas eletrônicos unificados de pregões.

(*) Publicada no *Diário Oficial da União* de 18-7-2002, e retificada em 30-7-2002. *Vide* Decreto n. 3.555, de 8-8-2000, que regulamenta esta Lei. Sobre licitação por pregão na forma eletrônica, *vide* Decreto n. 10.024, de 20-9-2019.

ticipação plural de corretoras que operem sistemas eletrônicos unificados de pregões.

Art. 3.º A fase preparatória do pregão observará o seguinte:

I – a autoridade competente justificará a necessidade de contratação e definirá o objeto do certame, as exigências de habilitação, os critérios de aceitação das propostas, as sanções por inadimplemento e as cláusulas do contrato, inclusive com fixação dos prazos para fornecimento;

II – a definição do objeto deverá ser precisa, suficiente e clara, vedadas especificações que, por excessivas, irrelevantes ou desnecessárias, limitem a competição;

III – dos autos do procedimento constarão a justificativa das definições referidas no inciso I deste artigo e os indispensáveis elementos técnicos sobre os quais estiverem apoiados, bem como o orçamento, elaborado pelo órgão ou entidade promotora da licitação, dos bens ou serviços a serem licitados; e

IV – a autoridade competente designará, dentre os servidores do órgão ou entidade promotora da licitação, o pregoeiro e respectiva equipe de apoio, cuja atribuição inclui, dentre outras, o recebimento das propostas e lances, a análise de sua aceitabilidade e sua classificação, bem como a habilitação e a adjudicação do objeto do certame ao licitante vencedor.

§ 1.º A equipe de apoio deverá ser integrada em sua maioria por servidores ocupantes de cargo efetivo ou emprego da administração, preferencialmente pertencentes ao quadro permanente do órgão ou entidade promotora do evento.

§ 2.º No âmbito do Ministério da Defesa, as funções de pregoeiro e de membro da equipe de apoio poderão ser desempenhadas por militares.

Art. 4.º A fase externa do pregão será iniciada com a convocação dos interessados e observará as seguintes regras:

I – a convocação dos interessados será efetuada por meio de publicação de aviso em diário oficial do respectivo ente federado ou, não existindo, em jornal de circulação local, e facultativamente, por meios eletrônicos e conforme o vulto da licitação, em jornal de grande circulação, nos termos do regulamento de que trata o art. 2.º;

II – do aviso constarão a definição do objeto da licitação, a indicação do local, dias e horários em que poderá ser lida ou obtida a íntegra do edital;

III – do edital constarão todos os elementos definidos na forma do inciso I do art. 3.º, as normas que disciplinarem o procedimento e a minuta do contrato, quando for o caso;

IV – cópias do edital e do respectivo aviso serão colocadas à disposição de qualquer pessoa para consulta e divulgadas na forma da Lei n. 9.755, de 16 de dezembro de 1998;

> A Lei n. 9.755, de 16-12-1998, dispõe sobre a criação de *homepage* na Internet, pelo Tribunal de Contas da União, para divulgação de dados e informações que especifica, e dá outras providências.

V – o prazo fixado para a apresentação das propostas, contado a partir da publicação do aviso, não será inferior a 8 (oito) dias úteis;

VI – no dia, hora e local designados, será realizada sessão pública para recebimento das propostas, devendo o interessado, ou seu representante, identificar-se e, se for o caso, comprovar a existência dos necessários poderes para formulação de propostas e para a prática de todos os demais atos inerentes ao certame;

VII – aberta a sessão, os interessados ou seus representantes, apresentarão declaração dando ciência de que cumprem plenamente os requisitos de habilitação e entregarão os envelopes contendo a indicação do objeto e do preço oferecidos, procedendo-se à sua imediata abertura e à verificação da conformidade das propostas com os requisitos estabelecidos no instrumento convocatório;

VIII – no curso da sessão, o autor da oferta de valor mais baixo e os das ofertas com preços até 10% (dez por cento) superiores àquela poderão fazer novos lances verbais e sucessivos, até a proclamação do vencedor;

IX – não havendo pelo menos 3 (três) ofertas nas condições definidas no inciso anterior, poderão os autores das melhores propostas, até o máximo de 3 (três), oferecer novos lances verbais e sucessivos, quaisquer que sejam os preços oferecidos;

X – para julgamento e classificação das propostas, será adotado o critério de menor preço, observados os prazos máximos para fornecimento, as especificações técnicas e parâmetros mínimos de desempenho e qualidade definidos no edital;

XI – examinada a proposta classificada em primeiro lugar, quanto ao objeto e valor, caberá ao pregoeiro decidir motivadamente a respeito da sua aceitabilidade;

XII – encerrada a etapa competitiva e ordenadas as ofertas, o pregoeiro procederá à abertura do invólucro contendo os documentos de habilitação do licitante que apresentou a melhor proposta, para verificação do atendimento das condições fixadas no edital;

XIII – a habilitação far-se-á com a verificação de que o licitante está em situação regular perante a Fazenda Nacional, a Seguridade Social e o Fundo de Garantia do Tempo de Serviço – FGTS, e as Fazendas Estaduais e Municipais, quando for o caso, com a comprovação de que atende às exigências do edital quanto à habilitação jurídica e qualificações técnica e econômico-financeira;

XIV – os licitantes poderão deixar de apresentar os documentos de habilitação que já constem do Sistema de Cadastramento Unificado de Fornecedores – SICAF e sistemas semelhantes mantidos por Estados, Distrito Federal ou Municípios, assegurado aos demais licitantes o direito de acesso aos dados nele constantes;

> O Decreto n. 3.722, de 9-1-2001, dispõe sobre o Sistema de Cadastramento Unificado de Fornecedores – SICAF.

XV – verificado o atendimento das exigências fixadas no edital, o licitante será declarado vencedor;

XVI – se a oferta não for aceitável ou se o licitante desatender às exigências habilitatórias, o pregoeiro examinará as ofertas subsequentes e a qualificação dos licitantes, na ordem de classificação, e assim sucessivamente, até a apuração de uma que atenda ao edital, sendo o respectivo licitante declarado vencedor;

XVII – nas situações previstas nos incisos XI e XVI, o pregoeiro poderá negociar diretamente com o proponente para que seja obtido preço melhor;

XVIII – declarado o vencedor, qualquer licitante poderá manifestar imediata e motivadamente a intenção de recorrer, quando lhe será concedido o prazo de 3 (três) dias para apresentação das razões do recurso, ficando os demais licitantes desde logo intimados para apresentar contrarrazões em igual número de dias, que começarão a correr do término do prazo do recorrente, sendo-lhes assegurada vista imediata dos autos;

XIX – o acolhimento de recurso importará a invalidação apenas dos atos insuscetíveis de aproveitamento;

XX – a falta de manifestação imediata e motivada do licitante importará a decadência do direito de recurso e a adjudicação do objeto da licitação pelo pregoeiro ao vencedor;

XXI – decididos os recursos, a autoridade competente fará a adjudicação do objeto da licitação ao licitante vencedor;

XXII – homologada a licitação pela autoridade competente, o adjudicatário será convocado para assinar o contrato no prazo definido em edital; e

XXIII – se o licitante vencedor, convocado dentro do prazo de validade da sua proposta, não celebrar o contrato, aplicar-se-á o disposto no inciso XVI.

Art. 5.º É vedada a exigência de:

I – garantia de proposta;

II – aquisição do edital pelos licitantes, como condição para participação no certame; e

III – pagamento de taxas e emolumentos, salvo os referentes a fornecimento do edital, que não serão superiores ao custo de sua reprodução gráfica, e aos custos de utilização de recursos de tecnologia da informação, quando for o caso.

Art. 6.º O prazo de validade das propostas será de 60 (sessenta) dias, se outro não estiver fixado no edital.

Art. 7.º Quem, convocado dentro do prazo de validade da sua proposta, não celebrar o contrato, deixar de entregar ou apresentar documentação falsa exigida para o certame, ensejar o retardamento da execução de seu objeto, não mantiver a proposta, falhar ou fraudar na execução do contrato, comportar-se de modo inidôneo ou cometer fraude fiscal, ficará impedido de licitar e contratar com a União, Estados, Distrito Federal ou Municípios e, será descredenciado no SICAF, ou nos sistemas de cadastramento de fornecedores a que se refere o inciso XIV do art. 4.º desta Lei, pelo prazo de até 5 (cinco) anos, sem prejuízo das multas previstas em edital e no contrato e das demais cominações legais.

Art. 8.º Os atos essenciais do pregão, inclusive os decorrentes de meios eletrônicos, serão documentados no processo respectivo, com vistas à aferição de sua regularidade pelos agentes de controle, nos termos do regulamento previsto no art. 2.º.

Art. 9.º Aplicam-se subsidiariamente, para a modalidade de pregão, as normas da Lei n. 8.666, de 21 de junho de 1993.

> Citada Lei consta nesta obra.

Art. 10. Ficam convalidados os atos praticados com base na Medida Provisória n. 2.182-18, de 23 de agosto de 2001.

Art. 11. As compras e contratações de bens e serviços comuns, no âmbito da União, dos Estados, do Distrito Federal e dos Municípios, quando efetuadas pelo sistema de registro de preços previsto no art. 15 da Lei n. 8.666, de 21 de junho de 1993, poderão adotar a modalidade de pregão, conforme regulamento específico.

....

Art. 13. Esta Lei entra em vigor na data de sua publicação.

Brasília, 17 de julho de 2002; 181.º da Independência e 114.º da República.

Fernando Henrique Cardoso

DECRETO N. 4.523, DE 17 DE DEZEMBRO DE 2002 (*)

Regulamenta o arrolamento de bens para interposição de recurso voluntário no processo administrativo de determinação e exigência de créditos tributários da União.

O Presidente da República, no uso da atribuição que lhe confere o art. 84, IV, da Constituição, e tendo em vista o disposto nos §§ 2.º a 4.º do art. 33 do Decreto n. 70.235, de 6 de março de 1972, decreta:

Art. 1.º O arrolamento de bens e direitos para fins de seguimento do recurso voluntário interposto contra decisão proferida nos processos de determinação e exigência de créditos tributários da União será efetuado em conformidade com as disposições deste Decreto.

Art. 2.º O recorrente deverá arrolar, por sua iniciativa, bens e direitos de valor equivalente a trinta por cento da exigência fiscal definida na decisão, aplicando-se o disposto nos §§ 2.º, 3.º, 5.º e 8.º do art. 64 da Lei n. 9.532, de 10 de dezembro de 1997.

§ 1.º Deverão ser arrolados, preferencialmente, bens imóveis da pessoa física ou jurídica recorrente, integrantes de seu patrimônio, classificados, no caso de pessoa jurídica, em conta integrante do ativo permanente, segundo as normas fiscais e comerciais.

§ 2.º Caso a pessoa física não possua imóveis passíveis de arrolamento, deverão ser arrolados bens móveis ou direitos constantes de seu patrimônio.

§ 3.º Caso a pessoa jurídica não possua imóveis passíveis de arrolamento, segundo o disposto no § 1.º, deverão ser arrolados outros bens integrantes de seu ativo permanente.

Art. 3.º Sem prejuízo do seguimento do recurso voluntário, o arrolamento de bens e direitos será limitado ao total do ativo permanente da pessoa jurídica ou ao patrimônio da pessoa física, avaliados pelo valor constante da contabilidade ou da última declaração de rendimentos apresentada pelo sujeito passivo.

Art. 4.º Na hipótese em que a autoridade fiscal competente tenha procedido o arrolamento de bens e direitos nos termos preconizados pelo art. 64 da Lei n. 9.532, de 1997, fica o recorrente dispensado da adoção dessa providência.

Art. 5.º A Secretaria da Receita Federal do Ministério da Fazenda expedirá normas complementares para a aplicação do disposto neste Decreto.

>> A Secretaria da Receita Federal passa a denominar-se Secretaria da Receita Federal do Brasil, por força da Lei n. 11.457, de 16-3-2007.

Art. 6.º Este Decreto entra em vigor na data de sua publicação.

Art. 7.º Fica revogado o Decreto n. 3.717, de 3 de janeiro de 2001.

Brasília, 17 de dezembro de 2002; 181.º da Independência e 114.º da República.

Fernando Henrique Cardoso

(*) Publicado no *Diário Oficial da União*, de 18-12-2002.

LEI N. 10.637, DE 30 DE DEZEMBRO DE 2002 (**)

Dispõe sobre a não cumulatividade na cobrança da contribuição para os Programas de Integração Social (PIS) e de Formação do Patrimônio do Servidor Público (Pasep), nos casos que especifica; sobre o pagamento e o parcelamento de débitos tributários federais, a compensação de créditos fiscais, a declaração de inaptidão de inscrição de pessoas jurídicas, a legislação aduaneira, e dá outras providências.

O Presidente da República

Faço saber que o Congresso Nacional decreta e eu sanciono a seguinte Lei:

Capítulo I
COBRANÇA NÃO CUMULATIVA DO PIS E DO PASEP

>> *Vide* arts. 15 e 16 da Lei n. 10.833, de 29-12-2003.

Art. 1.º A Contribuição para o PIS/Pasep, com a incidência não cumulativa, incide sobre o total das receitas auferidas no mês pela pessoa jurídica, independentemente de sua denominação ou classificação contábil.

>> *Caput* com redação determinada pela Lei n. 12.973, de 13-5-2014.

§ 1.º Para efeito do disposto neste artigo, o total das receitas compreende a receita bruta de que trata o art. 12 do Decreto-lei n. 1.598, de 26 de dezembro de 1977, e todas as demais receitas auferidas pela pessoa jurídica com os respectivos valores decorrentes do ajuste a valor presente de que trata o inciso VIII do *caput* do art. 183 da Lei n. 6.404, de 15 de dezembro de 1976.

>> § 1.º com redação determinada pela Lei n. 12.973, de 13-5-2014.

§ 2.º A base de cálculo da Contribuição para o PIS/Pasep é o total das receitas auferidas pela pessoa jurídica, conforme definido no *caput* e no § 1.º.

>> § 2.º com redação determinada pela Lei n. 12.973, de 13-5-2014.

§ 3.º Não integram a base de cálculo a que se refere este artigo, as receitas:

I – decorrentes de saídas isentas da contribuição ou sujeitas à alíquota zero;

II – (*Vetado.*);

III – auferidas pela pessoa jurídica revendedora, na revenda de mercadorias em relação às quais a contribuição seja exigida da empresa vendedora, na condição de substituta tributária;

IV – (*Revogado pela Lei n. 11.727, de 23-6-2008.*);

(**) Publicada no *Diário Oficial da União*, de 31-12-2002, edição extra. A Secretaria da Receita Federal passa a denominar-se Secretaria da Receita Federal do Brasil, por força da Lei n. 11.457, de 16-3-2007.

V – referentes a:

a) vendas canceladas e aos descontos incondicionais concedidos;

b) reversões de provisões e recuperações de créditos baixados como perda, que não representem ingresso de novas receitas, o resultado positivo da avaliação de investimentos pelo valor do patrimônio líquido e os lucros e dividendos derivados de participações societárias, que tenham sido computados como receita;

>> Alínea *b* com redação determinada pela Lei n. 12.973, de 13-5-2014.

VI – de que trata o inciso IV do *caput* do art. 187 da Lei n. 6.404, de 15 de dezembro de 1976, decorrentes da venda de bens do ativo não circulante, classificado como investimento, imobilizado ou intangível;

>> Inciso VI com redação determinada pela Lei n. 12.973, de 13-5-2014.

VII – decorrentes de transferência onerosa a outros contribuintes do Imposto sobre Operações relativas à Circulação de Mercadorias e sobre Prestações de Serviços de Transporte Interestadual e Intermunicipal e de Comunicação – ICMS de créditos de ICMS originados de operações de exportação, conforme o disposto no inciso II do § 1.º do art. 25 da Lei Complementar n. 87, de 13 de setembro de 1996;

>> Inciso VII acrescentado pela Lei n. 11.945, de 4-6-2009.

VIII – financeiras decorrentes do ajuste a valor presente de que trata o inciso VIII do *caput* do art. 183 da Lei n. 6.404, de 15 de dezembro de 1976, referentes a receitas excluídas da base de cálculo da Contribuição para o PIS/PASEP;

>> Inciso VIII acrescentado pela Lei n. 12.973, de 13-5-2014.

IX – relativas aos ganhos decorrentes de avaliação de ativo e passivo com base no valor justo;

>> Inciso IX acrescentado pela Lei n. 12.973, de 13-5-2014.

X – de subvenções para investimento, inclusive mediante isenção ou redução de impostos, concedidas como estímulo à implantação ou expansão de empreendimentos econômicos e de doações feitas pelo poder público;

>> Inciso X acrescentado pela Lei n. 12.973, de 13-5-2014.

XI – reconhecidas pela construção, recuperação, reforma, ampliação ou melhoramento da infraestrutura, cuja contrapartida seja ativo intangível representativo de direito de exploração, no caso de contratos de concessão de serviços públicos;

>> Inciso XI acrescentado pela Lei n. 12.973, de 13-5-2014.

XII – relativas ao valor do imposto que deixar de ser pago em virtude das isenções e reduções de que tratam as alíneas *a*, *b*, *c* e *e* do § 1.º do art. 19 do Decreto-lei n. 1.598, de 26 de dezembro de 1977; e

>> Inciso XII acrescentado pela Lei n. 12.973, de 13-5-2014.

XIII – relativas ao prêmio na emissão de debêntures.

>> Inciso XIII acrescentado pela Lei n. 12.973, de 13-5-2014.

Art. 2.º Para determinação do valor da contribuição para o PIS/Pasep aplicar-se-á, sobre a base de cálculo apurada conforme o disposto no art. 1.º, a alíquota de 1,65% (um inteiro e sessenta e cinco centésimos por cento).

>> *Vide* arts. 14 a 16 da Lei n. 10.833, de 29-12-2003.

§ 1.º Excetua-se do disposto no *caput* a receita bruta auferida pelos produtores ou importadores, que devem aplicar as alíquotas previstas:

>> § 1.º, *caput*, acrescentado pela Lei n. 10.865, de 30-4-2004.

>> *Vide* art. 46, IV, da Lei n. 10.865, de 30-4-2004.

I – nos incisos I a III do art. 4.º da Lei n. 9.718, de 27 de novembro de 1998, e alterações posteriores, no caso de venda de gasolinas e suas correntes, exceto gasolina de aviação, óleo diesel e suas correntes e gás liquefeito de petróleo – GLP derivado de petróleo e de gás natural;

>> Inciso I com redação determinada pela Lei n. 10.925, de 23-7-2004.

§ 1.º-A. Excetua-se do disposto no *caput* deste artigo a receita bruta auferida pelos produtores, importadores ou distribuidores com a venda de álcool, inclusive para fins carburantes, à qual se aplicam as alíquotas previstas no *caput* e no § 4.º do art. 5.º da Lei n. 9.718, de 27 de novembro de 1998.

>> § 1.º-A acrescentado pela Lei n. 11.727, de 23-6-2008.

>> *Vide* art. 41, IV, da Lei n. 11.727, de 23-6-2008.

§ 2.º Excetua-se do disposto no *caput* deste artigo a receita bruta decorrente da venda de papel imune a impostos de que trata o art. 150, VI, *d*, da Constituição Federal, quando destinado à impressão de periódicos, que fica sujeita à alíquota de 0,8% (oito décimos por cento).

>> § 2.º acrescentado pela Lei n. 10.865, de 30-4-2004.

>> *Vide* art. 46, IV, da Lei n. 10.865, de 30-4-2004.

§ 4.º Excetua-se do disposto no *caput* deste artigo a receita bruta auferida por pessoa jurídica industrial estabelecida na Zona Franca de Manaus, decorrente da venda de produção própria, consoante projeto aprovado pelo Conselho de Administração da Superintendência da Zona Franca de Manaus – SUFRAMA, que fica sujeita, ressalvado o disposto nos §§ 1.º a 3.º deste artigo, às alíquotas de:

>> § 4.º, *caput*, acrescentado pela Lei n. 10.996, de 15-12-2004.

I – 0,65% (sessenta e cinco centésimos por cento), no caso de venda efetuada a pessoa jurídica estabelecida:

a) na Zona Franca de Manaus; e

b) fora da Zona Franca de Manaus, que apure a Contribuição para o PIS/PASEP no regime de não cumulatividade;

>> Inciso I e alíneas acrescentados pela Lei n. 10.996, de 15-12-2004.

II – 1,3% (um inteiro e três décimos por cento), no caso de venda efetuada a:

a) pessoa jurídica estabelecida fora da Zona Franca de Manaus, que apure o imposto de renda com base no lucro presumido;

b) pessoa jurídica estabelecida fora da Zona Franca de Manaus, que apure o imposto de renda com base no lucro real e que tenha sua receita, total ou parcialmente, excluída do regime de incidência não cumulativa da Contribuição para o PIS/PASEP;

c) pessoa jurídica estabelecida fora da Zona Franca de Manaus e que seja optante pelo Sistema Integrado de Pagamento de Impostos e Contribuições – SIMPLES; e

d) órgãos da administração federal, estadual, distrital e municipal.

>> Inciso II e alíneas acrescentados pela Lei n. 10.996, de 15-12-2004.

§ 5.º O disposto no § 4.º também se aplica à receita bruta auferida por pessoa jurídica industrial ou comercial estabelecida nas Áreas de Livre Comércio de que tratam as Leis n. 7.965, de 22 de dezembro de 1989, 8.210, de 19 de julho de 1991, e 8.256, de 25 de novembro de 1991, o art. 11 da Lei n. 8.387, de 30 de dezembro de 1991, e a Lei n. 8.857, de 8 de março de 1994.

>> § 5.º acrescentado pela Lei n. 11.945, de 4-6-2009.

§ 6.º A exigência prevista no § 4.º deste artigo relativa ao projeto aprovado não se aplica às pessoas jurídicas comerciais referidas no § 5.º deste artigo.

>> § 6.º acrescentado pela Lei n. 11.945, de 4-6-2009.

Art. 3.º Do valor apurado na forma do art. 2.º a pessoa jurídica poderá descontar créditos calculados em relação a:

> *Vide* art. 30 da Lei n. 10.865, de 30-4-2004.

I – bens adquiridos para revenda, exceto em relação às mercadorias e aos produtos referidos:

>> Inciso I, *caput*, com redação determinada pela Lei n. 10.865, de 30-4-2004.

a) no inciso III do § 3.º do art. 1.º desta Lei; e

>> Alínea *a* com redação determinada pela Lei n. 11.727, de 23-6-2008.

>> *Vide* art. 41, IV, da Lei n. 11.727, de 23-6-2008.

b) nos §§ 1.º e 1.º-A do art. 2.º desta Lei;

>> Alínea *b* com redação determinada pela Lei n. 11.787, de 25-9-2008.

....

IV – aluguéis de prédios, máquinas e equipamentos, pagos a pessoa jurídica, utilizados nas atividades da empresa;

V – valor das contraprestações de operações de arrendamento mercantil de pessoa jurídica, exceto de optante pelo Sistema Integrado de Pagamento de Impostos e Contribuições das Microempresas e das Empresas de Pequeno Porte – SIMPLES;

>> Inciso V com redação determinada pela Lei n. 10.865, de 30-4-2004.

>> *Vide* art. 46, IV, da Lei n. 10.865, de 30-4-2004.

VI – máquinas, equipamentos e outros bens incorporados ao ativo imobilizado, adquiridos ou fabricados para locação a terceiros ou para utilização na produção de bens destinados à venda ou na prestação de serviços.

>> Inciso VI com redação determinada pela Lei n. 11.196, de 21-11-2005.

>> *Vide* art. 132, III, *d*, da Lei n. 11.196, de 21-11-2005.

VII – edificações e benfeitorias em imóveis de terceiros, quando o custo, inclusive de mão de obra, tenha sido suportado pela locatária;

VIII – bens recebidos em devolução, cuja receita de venda tenha integrado faturamento do mês ou de mês anterior, e tributada conforme o disposto nesta Lei;

IX – energia elétrica e energia térmica, inclusive sob a forma de vapor, consumidas nos estabelecimentos da pessoa jurídica;

>> Inciso IX com redação determinada pela Lei n. 11.488, de 15-6-2007.

X – vale-transporte, vale-refeição ou vale-alimentação, fardamento ou uniforme fornecidos aos empregados por pessoa jurídica que explore as atividades de prestação de serviços de limpeza, conservação e manutenção.

>> Inciso X acrescentado pela Lei n. 11.898, de 8-1-2009.

XI – bens incorporados ao ativo intangível, adquiridos para utilização na produção de bens destinados a venda ou na prestação de serviços.

>> Inciso XI acrescentado pela Lei n. 12.973, de 13-5-2014.

§ 1.º O crédito será determinado mediante a aplicação da alíquota prevista no *caput* do art. 2.º desta Lei sobre o valor:

>> § 1.º, *caput*, com redação determinada pela Lei n. 10.865, de 30-4-2004.

>> *Vide* art. 46, IV, da Lei n. 10.865, de 30-4-2004.

I – dos itens mencionados nos incisos I e II do *caput*, adquiridos no mês;

II – dos itens mencionados nos incisos IV, V e IX do *caput*, incorridos no mês;

>> Inciso II com redação determinada pela Lei n. 10.684, de 30-5-2003.

III – dos encargos de depreciação e amortização dos bens mencionados nos incisos VI, VII e XI do *caput*, incorridos no mês;

>> Inciso III com redação determinada pela Lei n. 12.973, de 13-5-2014.

IV – dos bens mencionados no inciso VIII do *caput*, devolvidos no mês.

§ 2.º Não dará direito a crédito o valor:

>> § 2.º, *caput*, com redação determinada pela Lei n. 10.865, de 30-4-2004.

I – de mão de obra paga a pessoa física; e

>> Inciso I acrescentado pela Lei n. 10.865, de 30-4-2004.

II – da aquisição de bens ou serviços não sujeitos ao pagamento da contribuição, inclusive no caso de isenção, esse último quando revendidos ou utilizados como insumo em produtos ou serviços sujeitos à alíquota 0 (zero), isentos ou não alcançados pela contribuição.

>> Inciso II acrescentado pela Lei n. 10.865, de 30-4-2004.

>> *Vide* art. 46, IV, da Lei n. 10.865, de 30-4-2004.

§ 3.º O direito ao crédito aplica-se, exclusivamente, em relação:

I – aos bens e serviços adquiridos de pessoa jurídica domiciliada no País;

II – aos custos e despesas incorridos, pagos ou creditados a pessoa jurídica domiciliada no País;

III – aos bens e serviços adquiridos e aos custos e despesas incorridos a partir do mês em que se iniciar a aplicação do disposto nesta Lei.

§ 4.º O crédito não aproveitado em determinado mês poderá sê-lo nos meses subsequentes.

§§ 5.º e 6.º (*Vetados.*)

§ 7.º Na hipótese de a pessoa jurídica sujeitar-se à incidência não cumulativa da contribuição para o PIS/Pasep, em relação apenas a parte de suas receitas, o crédito será apurado, exclusivamente, em relação aos custos, despesas e encargos vinculados a essas receitas.

§ 8.º Observadas as normas a serem editadas pela Secretaria da Receita Federal, no caso de custos, despesas e encargos vinculados às receitas referidas no § 7.º e àquelas submetidas ao regime de incidência cumulativa dessa contribuição, o crédito será determinado, a critério da pessoa jurídica, pelo método de:

I – apropriação direta, inclusive em relação aos custos, por meio de sistema de contabilidade de custos integrada e coordenada com a escrituração; ou

II – rateio proporcional, aplicando-se aos custos, despesas e encargos comuns a relação percentual existente entre a receita bruta sujeita à incidência não cumulativa e a receita bruta total, auferidas em cada mês.

§ 9.º O método eleito pela pessoa jurídica será aplicado consistentemente por todo o ano-calendário, observadas as normas a serem editadas pela Secretaria da Receita Federal.

§§ 10 e 11. (*Revogados pela Lei n. 10.925, de 23-7-2004.*)

§ 12. Ressalvado o disposto no § 2.º deste artigo e nos §§ 1.º a 3.º do art. 2.º desta Lei, na aquisição de mercadoria produzida por pessoa jurídica estabelecida na Zona Franca de Manaus, consoante projeto aprovado pelo Conselho de Administração da Superintendência da Zona Franca de Manaus – SUFRAMA, o crédito será determinado mediante a aplicação da alíquota de 1% (um por cento) e, na situação de que trata a alínea *b* do inciso II do § 4.º do art. 2.º desta Lei, mediante a aplicação da alíquota de 1,65% (um inteiro e sessenta e cinco centésimos por cento).

>> § 12 com redação determinada pela Lei n. 11.307, de 19-5-2006.

§ 13. Não integram o valor das máquinas, equipamentos e outros bens fabricados para incorporação ao ativo imobilizado na forma do inciso VI do *caput* deste artigo os custos de que tratam os incisos do § 2.º deste artigo.

>> § 13 acrescentado pela Lei n. 11.196, de 21-11-2005.

>> *Vide* art. 132, III, *d*, da Lei n. 11.196, de 21-11-2005.

>> Havia aqui um § 14, acrescentado pela Medida Provisória n. 413, de 3-1-2008, não representado na sua conversão na Lei n. 11.727, de 23-6-2008.

§ 15. O disposto no § 12 deste artigo também se aplica na hipótese de aquisição de mercadoria produzida por pessoa jurídica estabelecida nas Áreas de Livre Comércio de que tratam as Leis n. 7.965, de 22 de dezembro de 1989, 8.210, de 19 de julho de 1991, e 8.256, de 25 de novembro de 1991, o art. 11 da Lei n. 8.387, de 30 de dezembro de 1991, e a Lei n. 8.857, de 8 de março de 1994.

>> § 15 acrescentado pela Lei n. 11.945, de 4-6-2009.

§ 16. Ressalvado o disposto no § 2.º deste artigo e nos §§ 1.º a 3.º do art. 2.º desta Lei, na hipótese de aquisição de mercadoria revendida por pessoa jurídica comercial estabelecida nas Áreas de Livre Comércio referidas no § 15, o crédito será determinado mediante a aplicação da alíquota de 0,65% (sessenta e cinco centésimos por cento).

>> § 16 acrescentado pela Lei n. 11.945, de 4-6-2009.

§ 17. No cálculo do crédito de que tratam os incisos do *caput*, poderão ser considerados os valores decorrentes do ajuste a valor presente de que trata o inciso III do *caput* do art. 184 da Lei n. 6.404, de 15 de dezembro de 1976.

>> § 17 acrescentado pela Lei n. 12.973, de 13-5-2014.

§ 18. O disposto nos incisos VI e VII do

caput não se aplica no caso de bem objeto de arrendamento mercantil, na pessoa jurídica arrendatária.

>> § 18 acrescentado pela Lei n. 12.973, de 13-5-2014.

§ 19. Para fins do disposto nos incisos VI e VII do *caput*, fica vedado o desconto de quaisquer créditos calculados em relação a:

>> § 19, *caput*, acrescentado pela Lei n. 12.973, de 13-5-2014.

I – encargos associados a empréstimos registrados como custo na forma da alínea *b* do § 1.º do art. 17 do Decreto-lei n. 1.598, de 26 de dezembro de 1977; e

>> Inciso I acrescentado pela Lei n. 12.973, de 13-5-2014.

II – custos estimados de desmontagem e remoção do imobilizado e de restauração do local em que estiver situado.

>> Inciso II acrescentado pela Lei n. 12.973, de 13-5-2014.

§ 20. No cálculo dos créditos a que se referem os incisos VI e VII do *caput*, não serão computados os ganhos e perdas decorrentes de avaliação de ativo com base no valor justo.

>> § 20 acrescentado pela Lei n. 12.973, de 13-5-2014.

>> Sobre a vigência desta alteração, *vide* art. 119 da Lei n. 12.973, de 13-5-2014.

§ 21. Na execução de contratos de concessão de serviços públicos, os créditos gerados pelos serviços de construção, recuperação, reforma, ampliação ou melhoramento de infraestrutura, quando a receita correspondente tiver contrapartida em ativo intangível, representativo de direito de exploração, ou em ativo financeiro, somente poderão ser aproveitados, no caso do ativo intangível, à medida que este for amortizado e, no caso do ativo financeiro, na proporção de seu recebimento, excetuado, para ambos os casos, o crédito previsto no inciso VI do *caput*.

>> § 21 acrescentado pela Lei n. 12.973, de 13-5-2014.

§ 22. O disposto no inciso XI do *caput* não se aplica ao ativo intangível referido no § 21.

>> § 22 acrescentado pela Lei n. 12.973, de 13-5-2014.

>> A Lei n. 13.097, de 19-1-2015, propôs o acréscimo do § 23, todavia a alteração sofreu veto presidencial.

Art. 4.º O contribuinte da contribuição para o PIS/Pasep é a pessoa jurídica que auferir as receitas a que se refere o art. 1.º.

Art. 5.º A contribuição para o PIS/Pasep não incidirá sobre as receitas decorrentes das operações de:

I – exportação de mercadorias para o exterior;

II – prestação de serviços para pessoa física ou jurídica residente ou domiciliada no exterior, cujo pagamento represente ingresso de divisas;

>> Inciso II com redação determinada pela Lei n. 10.865, de 30-4-2004.

III – vendas a empresa comercial exportadora com o fim específico de exportação.

>> A Lei n. 13.169, de 6-10-2015, propôs o acréscimo do inciso IV ao *caput* deste artigo, todavia a alteração sofreu veto presidencial.

§ 1.º Na hipótese deste artigo, a pessoa jurídica vendedora poderá utilizar o crédito apurado na forma do art. 3.º para fins de:

I – dedução do valor da contribuição a recolher, decorrente das demais operações no mercado interno;

II – compensação com débitos próprios, vencidos ou vincendos, relativos a tributos e contribuições administrados pela Secretaria da Receita Federal, observada a legislação específica aplicável à matéria.

§ 2.º A pessoa jurídica que, até o final de cada trimestre do ano civil, não conseguir utilizar o crédito por qualquer das formas previstas no § 1.º, poderá solicitar o seu ressarcimento em dinheiro, observada a legislação específica aplicável à matéria.

>> A Lei n. 13.169, de 6-10-2015, propôs o acréscimo do § 3.º a este artigo, todavia a alteração sofreu veto presidencial.

Art. 5.º-A. Ficam reduzidas a 0 (zero) as alíquotas da contribuição para o PIS/PASEP e da COFINS incidentes sobre as receitas decorrentes da comercialização de matérias-primas, produtos intermediários e materiais de embalagem, produzidos na Zona Franca de Manaus para emprego em processo de industrialização por estabelecimentos industriais ali instalados e consoante projetos aprovados pelo Conselho de Administração da Superintendência da Zona Franca de Manaus – SUFRAMA.

>> Artigo com redação determinada pela Lei n. 10.865, de 30-4-2004.

>> A Lei n. 10.925, de 23-7-2004, propôs nova redação para este artigo, porém teve o seu texto vetado.

Art. 6.º (*Revogado pela Lei n. 10.833, de 29-12-2003.*)

Art. 7.º A empresa comercial exportadora que houver adquirido mercadorias de outra pessoa jurídica, com o fim específico de exportação para o exterior, que, no prazo de 180 (cento e oitenta) dias, contado da data da emissão da nota fiscal pela vendedora, não comprovar o seu embarque para o exterior, ficará sujeita ao pagamento de todos os impostos e contribuições que deixaram de ser pagos pela empresa vendedora, acrescidos de juros de mora e multa, de mora ou de ofício, calculados na forma da legislação que rege a cobrança do tributo não pago.

§ 1.º Para efeito do disposto neste artigo, considera-se vencido o prazo para o pagamento na data em que a empresa vendedora deveria fazê-lo, caso a venda houvesse sido efetuada para o mercado interno.

§ 2.º No pagamento dos referidos tributos, a empresa comercial exportadora não poderá deduzir, do montante devido, qualquer valor a título de crédito de Imposto sobre Produtos Industrializados (IPI) ou de contribuição para o PIS/Pasep, decorrente da aquisição das mercadorias e serviços objeto da incidência.

§ 3.º A empresa deverá pagar, também, os impostos e contribuições devidos nas vendas para o mercado interno, caso, por qualquer forma, tenha alienado ou utilizado as mercadorias.

Art. 8.º Permanecem sujeitas às normas da legislação da contribuição para o PIS/Pasep, vigentes anteriormente a esta Lei, não se lhes aplicando as disposições dos arts. 1.º a 6.º:

I – as pessoas jurídicas referidas nos §§ 6.º, 8.º e 9.º do art. 3.º da Lei n. 9.718, de 27 de novembro de 1998 (parágrafos introduzidos pela Medida Provisória n. 2.158-35, de 24-8-2001), e Lei n. 7.102, de 20 de junho de 1983;

II – as pessoas jurídicas tributadas pelo imposto de renda com base no lucro presumido ou arbitrado;

III – as pessoas jurídicas optantes pelo SIMPLES;

IV – as pessoas jurídicas imunes a impostos;

V – os órgãos públicos, as autarquias e fundações públicas federais, estaduais e municipais, e as fundações cuja criação tenha sido autorizada por lei, referidas no art. 61 do Ato das Disposições Constitucionais Transitórias da Constituição de 1988;

VI – (*Vetado.*);

VII – as receitas decorrentes das operações:

a) (*Revogada pela Lei n. 11.727, de 23-6-2008.*);

b) sujeitas à substituição tributária da contribuição para o PIS/Pasep;

c) referidas no art. 5.º da Lei n. 9.716, de 26 de novembro de 1998;

VIII – as receitas decorrentes de prestação de serviços de telecomunicações;

IX – (*Vetado.*);

X – as sociedades cooperativas;

>> Inciso X acrescentado pela Lei n. 10.684, de 30-5-2003.

>> A Lei n. 12.973, de 13-5-2014, propôs nova redação para este inciso, mas teve seu texto vetado.

XI – as receitas decorrentes de prestação de serviços das empresas jornalísticas e de radiodifusão sonora e de sons e imagens;

>> Inciso XI acrescentado pela Lei n. 10.684, de 30-5-2003.

XII – as receitas decorrentes de operações de comercialização de pedra britada, de areia para construção civil e de areia de brita.

>> Inciso XII acrescentado pela Lei n. 12.693, de 24-7- 2012.

>> A Lei n. 12.715, de 17-9-2012, propôs nova redação para este inciso XII, porém teve seu texto vetado.

XIII – as receitas decorrentes da alienação de participações societárias.

>> Inciso XIII acrescentado pela Lei n. 13.043, de 13-11-2014.

Art. 9.º (*Vetado.*)

Art. 10. A contribuição de que trata o art. 1.º desta Lei deverá ser paga até o 25.º (vigésimo quinto) dia do mês subsequente ao de ocorrência do fato gerador.

>> *Caput* com redação determinada pela Lei n. 11.933, de 28-4-2009.

Parágrafo único. Se o dia do vencimento de que trata o *caput* deste artigo não for dia útil, considerar-se-á antecipado o prazo para o primeiro dia útil que o anteceder.

>> Parágrafo único acrescentado pela Lei n. 11.933, de 28-4-2009.

Art. 11. A pessoa jurídica contribuinte do PIS/Pasep, submetida à apuração do valor devido na forma do art. 3.º, terá direito a desconto correspondente ao estoque de abertura dos bens de que tratam os incisos I e II desse artigo, adquiridos de pessoa jurídica domiciliada no País, existentes em 1.º de dezembro de 2002.

§ 1.º O montante de crédito presumido será igual ao resultado da aplicação do percentual de 0,65% (sessenta e cinco centésimos por cento) sobre o valor do estoque.

§ 2.º O crédito presumido calculado segundo os §§ 1.º e 7.º será utilizado em 12 (doze) parcelas mensais, iguais e sucessivas, a partir da data a que se refere o *caput* deste artigo.

>> § 2.º com redação determinada pela Lei n. 10.865, de 30-4-2004.

>> *Vide* art. 46, IV, da Lei n. 10.865, de 30-4-2004.

§ 3.º A pessoa jurídica que, tributada com base no lucro presumido, passar a adotar o regime de tributação com base no lucro real, terá, na hipótese de, em decorrência dessa opção, sujeitar-se à incidência não cumulativa da contribuição para o PIS/PASEP, direito a desconto correspondente ao estoque de abertura dos bens e ao aproveitamento do crédito presumido na forma prevista neste artigo.

§ 4.º O disposto no *caput* aplica-se também aos estoques de produtos acabados e em elaboração.

>> § 4.º acrescentado pela Lei n. 10.684, de 30-5-2003.

§ 5.º O disposto neste artigo aplica-se, também, aos estoques de produtos que não geraram crédito na aquisição, em decorrência do disposto nos §§ 7.º a 9.º do art. 3.º desta Lei, destinados à fabricação dos produtos de que tratam as Leis n. 9.990, de 21 de julho de 2000, 10.147, de 21 de dezembro de 2000, 10.485, de 3 de julho de 2002, e 10.560, de 13 de novembro de 2002, ou quaisquer outros submetidos à incidência monofásica da contribuição.

>> § 5.º acrescentado pela Lei n. 10.865, de 30-4-2004.

>> *Vide* art. 46, IV, da Lei n. 10.865, de 30-4-2004.

§ 6.º As disposições do § 5.º não se aplicam aos estoques de produtos adquiridos a alíquota 0 (zero), isentos ou não alcançados pela incidência da contribuição.

>> § 6.º acrescentado pela Lei n. 10.865, de 30-4-2004.

>> *Vide* art. 46, IV, da Lei n. 10.865, de 30-4-2004.

§ 7.º O montante do crédito presumido de que trata o § 5.º deste artigo será igual ao resultado da aplicação da alíquota de 1,65% (um inteiro e sessenta e cinco centésimos por cento) sobre o valor do estoque, inclusive para as pessoas jurídicas fabricantes dos produtos referidos no art. 51 da Lei n. 10.833, de 29 de dezembro de 2003.

>> § 7.º com redação determinada pela Lei n. 10.925, de 23-7-2004.

Art. 12. Até 31 de dezembro de 2003, o Poder Executivo submeterá ao Congresso Nacional projeto de lei tornando não cumulativa a cobrança da Contribuição para o Financiamento da Seguridade Social (Cofins).

Parágrafo único. O projeto conterá também a modificação, se necessária, da alíquota da contribuição para o PIS/Pasep, com a finalidade de manter constante, em relação a períodos anteriores, a parcela da arrecadação afetada pelas alterações introduzidas por esta Lei.

Capítulo II
Das Outras Disposições Relativas à Legislação Tributária e Aduaneira

Art. 13. Poderão ser pagos até o último dia útil de janeiro de 2003, em parcela única, os débitos a que se refere o art. 11 da Medida Provisória n. 2.158-35, de 24 de agosto de 2001, vinculados ou não a qualquer ação judicial, relativos a fatos geradores ocorridos até 30 de abril de 2002.

>> A Medida Provisória n. 2.158-35, de 24-8-2001, altera a legislação das Contribuições para a Seguridade Social – Cofins, para os Programas de Integração Social e de Formação do Patrimônio do Servidor Público – PIS/Pasep e do Imposto sobre a Renda, e dá outras providências.

§ 1.º Para os efeitos deste artigo, a pessoa jurídica deverá comprovar a desistência expressa e irrevogável de todas as ações judiciais que tenham por objeto os tributos a serem pagos e renunciar a qualquer alegação de direito sobre a qual se fundam as referidas ações.

§ 2.º Na hipótese de que trata este artigo, serão dispensados os juros de mora devidos até janeiro de 1999, sendo exigido esse encargo, na forma do § 4.º do art. 17 da Lei n. 9.779, de 19 de janeiro de 1999, acrescido pela Medida Provisória n. 2.158-35, de 24 de agosto de 2001, a partir do mês:

I – de fevereiro do referido ano, no caso de fatos geradores ocorridos até janeiro de 1999;

II – seguinte ao da ocorrência do fato gerador, nos demais casos.

§ 3.º Na hipótese deste artigo, a multa, de mora ou de ofício, incidente sobre o débito constituído ou não, será reduzida no percentual fixado no *caput* do art. 6.º da Lei n. 8.218, de 29 de agosto de 1991.

> A Lei n. 8.218, de 29-8-1981, dispõe sobre impostos e contribuições federais e disciplina a utilização de cruzados novos.

§ 4.º Para efeito do disposto no *caput*, se os débitos forem decorrentes de lançamento de ofício e se encontrarem com exigibilidade suspensa por força do inciso III do art. 151 da Lei n. 5.172, de 25 de outubro de 1966, o sujeito passivo deverá desistir expressamente e de forma irrevogável da impugnação ou do recurso interposto.

Art. 14. Os débitos de que trata o art. 13, relativos a fatos geradores vinculados a ações judiciais propostas pelo sujeito passivo contra exigência de imposto ou contribuição instituído após 1.º de janeiro de 1999 ou contra majoração, após aquela data, de tributo ou contribuição anteriormente instituído, poderão ser pagos em parcela única até o último dia útil de janeiro de 2003 com a dispensa de multas moratória e punitivas.

§ 1.º Para efeito deste artigo, o contribuinte ou o responsável deverá comprovar a desistência expressa e irrevogável de todas as ações judiciais que tenham por objeto os tributos a serem pagos na forma do *caput*, e renunciar a qualquer alegação de direito sobre as quais se fundam as referidas ações.

§ 2.º O benefício de que trata este artigo somente poderá ser usufruído caso o contribuinte ou o responsável pague integralmente, no mesmo prazo estabelecido no *caput*, os débitos nele referidos, relativos a fatos geradores ocorridos de maio de 2002 até o mês anterior ao do pagamento.

§ 3.º Na hipótese deste artigo, os juros de mora devidos serão determinados pela variação mensal da Taxa de Juros de Longo Prazo (TJLP).

Art. 15. Relativamente aos tributos e contribuições administrados pela Secretaria da Receita Federal, o contribuinte ou o responsável que, a partir de 15 de maio de 2002, tenha efetuado pagamento de débitos, em conformidade com norma de caráter exonerativo, e divergir em relação ao valor de débito constituído de ofício, poderá impugnar, com base nas normas estabelecidas no Decreto n. 70.235, de 6 de março de 1972, a parcela não reconhecida como devida, desde que a impugnação:

I – seja apresentada juntamente com o pagamento do valor reconhecido como devido;

II – verse, exclusivamente, sobre a divergência de valor, vedada a inclusão de quaisquer outras matérias, em especial as de direito em que se fundaram as respectivas ações judiciais ou impugnações e recursos anteriormente apresentados contra o mesmo lançamento;

III – seja precedida do depósito da parcela não reconhecida como devida, determinada de conformidade com o disposto na Lei n. 9.703, de 17 de novembro de 1998.

§ 1.º Da decisão proferida em relação à impugnação de que trata este artigo caberá recurso nos termos do Decreto n. 70.235, de 6 de março de 1972.

§ 2.º A conclusão do processo administrativo-fiscal, por decisão definitiva em sua esfera ou desistência do sujeito passivo, implicará a imediata conversão em renda do depósito efetuado, na parte favorável à Fazenda Nacional, transformando-se em pagamento definitivo.

§ 3.º A parcela depositada nos termos do inciso III do *caput* que venha a ser considerada indevida por força da decisão referida no § 2.º sujeitar-se-á ao disposto na Lei n. 9.703, de 17 de novembro de 1998.

§ 4.º O disposto neste artigo também se aplica a majoração ou a agravamento de multa de ofício, na hipótese do art. 13.

Art. 16. Aplica-se o disposto nos arts. 13 e 14 às contribuições arrecadadas pelo Instituto Nacional do Seguro Social (INSS), observada regulamentação editada por esse órgão, em especial quanto aos procedimentos no âmbito de seu contencioso administrativo.

Art. 17. A opção pela modalidade de pagamento de débitos prevista no *caput* do art. 5.º da Medida Provisória n. 2.222, de 4 de setembro de 2001, poderá ser exercida até o último dia útil do mês de janeiro de 2003, desde que o pagamento seja efetuado em parcela única até essa data.

>> A Lei n. 11.053, de 29-12-2004, revogou, a partir de 1.º-1-2005, a Medida Provisória n. 2.222, de 4-9-2001.

Parágrafo único. Os débitos a serem pagos em decorrência do disposto no *caput* serão acrescidos de juros equivalentes à taxa do Sistema Especial de Liquidação e Custódia (SELIC) para títulos federais, acumulada mensalmente, calculados a partir do mês de janeiro de 2002 até o mês anterior ao do pagamento, e adicionados de 1% (um por cento) relativamente ao mês em que o pagamento estiver sendo feito.

Art. 18. Os débitos relativos à contribuição para o Programa de Formação do Patrimônio do Servidor Público (Pasep) dos Estados, do Distrito Federal e dos Municípios, bem como de suas autarquias e fundações públicas, sem exigibilidade suspensa, correspondentes a fato gerador ocorrido até 30 de abril de 2002, poderão ser pagos mediante regime especial de parcelamento, por opção da pessoa jurídica de direito público interno devedora.

Parágrafo único. A opção referida no *caput* deverá ser formalizada até o último dia útil do mês de setembro de 2002, nos termos e condições estabelecidos pela Secretaria da Receita Federal.

Art. 19. O regime especial de parcelamento referido no art. 18 implica a consolidação dos débitos na data da opção e abrangerá a totalidade dos débitos existentes em nome do optante, constituídos ou não, inclusive os juros de mora incidentes até a data de opção.

Parágrafo único. O débito consolidado na forma deste artigo:

I – sujeitar-se-á, a partir da data da consolidação, a juros equivalentes à taxa do SELIC para títulos federais, acumulada mensalmente, calculados a partir da data de deferimento do pedido até o mês anterior ao do pagamento, e adicionados de 1% (um por cento) relativamente ao mês em que o pagamento estiver sendo feito;

II – será pago mensalmente, até o último dia útil da primeira quinzena de cada mês, no valor equivalente a 5% (cinco por cento) do valor devido no mesmo mês pela optante, relativo ao Pasep correspondente ao fato gerador ocorrido no mês imediatamente anterior, até a liquidação total do débito;

III – a última parcela será paga pelo valor residual do débito, quando inferior ao referido no inciso II.

Art. 20. A opção pelo regime especial de parcelamento referido no art. 18 sujeita a pessoa jurídica:

I – à confissão irrevogável e irretratável dos débitos referidos no art. 19;

II – ao pagamento regular das parcelas do débito consolidado, bem como dos valores devidos relativos ao Pasep decorrentes de fatos geradores ocorridos posteriormente a 30 de abril de 2002.

Parágrafo único. A opção pelo regime especial exclui qualquer outra forma de parcelamento de débitos relativos ao Pasep.

Art. 21. A pessoa jurídica optante pelo regime especial de parcelamento referido no art. 18 será dele excluída nas seguintes hipóteses:

I – inobservância da exigência estabelecida no inciso I do art. 20;

II – inadimplência, por 2 (dois) meses consecutivos ou 6 (seis) alternados, relativamente ao Pasep, inclusive decorrente de fatos geradores ocorridos posteriormente a 30 de abril de 2002.

§ 1.º A exclusão da pessoa jurídica do regime especial implicará exigibilidade imediata da totalidade do crédito confessado e ainda não pago.

§ 2.º A exclusão será formalizada por meio de ato da Secretaria da Receita Federal e produzirá efeitos a partir do mês subsequente àquele em que a pessoa jurídica optante for cientificada.

Art. 22. (*Vetado.*)

Art. 23. A opção pelo parcelamento alternativo ao REFIS de que trata o art. 12 da Lei n. 9.964, de 10 de abril de 2000, regularmente efetuada, poderá ser convertida em opção pelo REFIS, e vice-versa, na hipótese de erro de fato cometido por ocasião do primeiro pagamento efetuado, observadas as normas estabelecidas pelo Comitê Gestor do referido Programa.

§ 1.º A mudança de opção referida neste artigo deverá ser solicitada até o último dia útil do mês de janeiro de 2003.

§ 2.º A pessoa jurídica excluída do parcelamento alternativo ao REFIS em razão de pagamento de parcela em valor inferior ao fixado no art. 12, § 1.º, da Lei n. 9.964, de 10 de abril de 2000, acrescido de juros correspondentes à variação mensal da Taxa de Juros de Longo Prazo (TJLP), poderá ter sua opção restabelecida, observado o disposto no *caput*.

§ 3.º A conversão da opção nos termos deste artigo não implica restituição ou compensação de valores já pagos.

....

Art. 25. Relativamente aos tributos e contribuições administrados pela Secretaria da Receita Federal, na hipótese de, na data do pagamento realizado de conformidade com norma de caráter exonerativo, o contribuinte ou o responsável estiver sob ação de fiscalização relativamente à matéria a ser objeto desse pagamento, a parcela não reconhecida como devida poderá ser impugnada no prazo fixado na intimação constante do auto de infração ou da notificação de lançamento, nas condições estabelecidas pela referida norma, inclusive em relação ao depósito da respectiva parcela dentro do prazo previsto para o pagamento do valor reconhecido como devido.

Art. 26. Poderão optar pelo Sistema Integrado de Pagamento de Impostos e Contribuições das Microempresas e das Empresas de Pequeno Porte (Simples), nas condições estabelecidas pela Lei n. 9.317, de 5 de dezembro de 1996, as pessoas jurídicas que se dediquem exclusivamente às atividades de:

I – agência de viagem e turismo;

II a IX – (*Vetados.*)

Art. 27. A operação de comércio exterior realizada mediante utilização de recursos de terceiro presume-se por conta e ordem deste, para fins de aplicação do disposto nos arts. 77 a 81 da Medida Provisória n. 2.158-35, de 24 de agosto de 2001.

Art. 28. As empresas de transporte internacional que operem em linha regular, por via aérea ou marítima, deverão prestar informações sobre tripulantes e passageiros, na forma e no prazo estabelecidos pela Secretaria da Receita Federal.

Parágrafo único. O descumprimento do disposto neste artigo ensejará a aplicação de multa no valor de:

I – R$ 5.000,00 (cinco mil reais) por veículo cujas informações não sejam prestadas; ou

II – R$ 200,00 (duzentos reais) por informação omitida, limitado ao valor de R$ 5.000,00 (cinco mil reais) por veículo.

Art. 30. A falta de prestação das informações a que se refere o art. 5.º da Lei Complementar n. 105, de 10 de janeiro de 2001, ou sua apresentação de forma inexata ou incompleta, sujeita a pessoa jurídica às seguintes penalidades:

I – R$ 50,00 (cinquenta reais) por grupo de cinco informações inexatas, incompletas ou omitidas;

II – R$ 5.000,00 (cinco mil reais) por mês-calendário ou fração, independentemente da sanção prevista no inciso I, na hipótese de atraso na entrega da declaração que venha a ser instituída para o fim de apresentação das informações.

§ 1.º O disposto no inciso II do *caput* aplica-se também à declaração que não atenda às especificações que forem estabelecidas pela Secretaria da Receita Federal, inclusive quando exigida em meio digital.

§ 2.º As multas de que trata este artigo serão:

I – apuradas considerando o período compreendido entre o dia seguinte ao término do prazo fixado para a entrega da declaração até a data da efetiva entrega;

II – majoradas em 100% (cem por cento), na hipótese de lavratura de auto de infração.

§ 3.º Na hipótese de lavratura de auto de infração, caso a pessoa jurídica não apresente a declaração, serão lavrados autos de infração complementares até a sua efetiva entrega.

Art. 31. A falta de apresentação dos elementos a que se refere o art. 6.º da Lei Complementar n. 105, de 10 de janeiro de 2001, ou sua apresentação de forma inexata ou incompleta, sujeita a pessoa jurídica à multa equivalente a 2% (dois por cento) do valor das operações objeto da requisição, apurado por meio de procedimento fiscal junto à própria pessoa jurídica ou ao titular da conta de depósito ou da aplicação financeira, bem como a terceiros, por mês-calendário ou fração de atraso, limitado a 10% (dez por cento), observado o valor mínimo de R$ 50.000,00 (cinquenta mil reais).

Parágrafo único. A multa de que trata este artigo aplica-se o disposto nos §§ 2.º e 3.º do art. 30.

Art. 32. As entidades fechadas de previdência complementar poderão excluir da base de cálculo da contribuição para o PIS/Pasep e da Cofins, além dos valores já previstos na legislação vigente, os referentes a:

I – rendimentos relativos a receitas de aluguel, destinados ao pagamento de benefícios de aposentadoria, pensão, pecúlio e resgates;

II – receita decorrente da venda de bens imóveis, destinada ao pagamento de benefícios de aposentadoria, pensão, pecúlio e resgates;

III – o resultado positivo auferido na reavaliação da carteira de investimentos imobiliários referida nos incisos I e II.

Parágrafo único. As entidades de que trata o *caput* poderão pagar em parcela única, até o último dia útil do mês de novembro de 2002, com dispensa de juros e multa, os débitos relativos à contribuição para o PIS/PASEP e à COFINS, constituídos ou não, inscritos ou não em Dívida Ativa, ajuizados ou a ajuizar, referentes a fatos geradores ocorridos até 31 de julho de 2002 e decorrentes de:

I – rendimentos relativos a receitas de aluguel, destinados ao pagamento de benefícios de aposentadoria, pensão, pecúlio e resgates;

II – receita decorrente da venda de bens imóveis, destinada ao pagamento de benefícios de aposentadoria, pensão, pecúlio e resgates;

III – resultado positivo auferido na reavaliação da carteira de investimentos imobiliários referida nos incisos I e II.

Art. 33. (*Vetado*.)

Art. 34. A condição e a vedação estabelecidas, respectivamente, no art. 13, § 2.º, III, *b*, da Lei n. 9.249, de 26 de dezembro de 1995, e no art. 12, § 2.º, *a*, da Lei n. 9.532, de 10 de dezembro de 1997, não alcançam a hipótese de remuneração de dirigente, em decorrência de vínculo empregatício, pelas Organizações da Sociedade Civil de Interesse Público (OSCIP), qualificadas segundo as normas estabelecidas na Lei n. 9.790, de 23 de março de 1999, e pelas Organizações Sociais (OS), qualificadas consoante os dispositivos da Lei n. 9.637, de 15 de maio de 1998.

Parágrafo único. O disposto neste artigo aplica-se somente à remuneração não superior, em seu valor bruto, ao limite estabelecido para a remuneração de servidores do Poder Executivo Federal.

Art. 35. A receita decorrente da avaliação de títulos e valores mobiliários, instrumentos financeiros, derivativos e itens objeto de *hedge*, registrada pelas instituições financeiras e demais entidades autorizadas a funcionar pelo Banco Central do Brasil, instituições autorizadas a operar pela Superintendência de Seguros Privados – Susep e sociedades autorizadas a operar em seguros ou resseguros em decorrência da valoração a preço de mercado no que exceder ao rendimento produzido até a referida data somente será computada na base de cálculo do Imposto de Renda das Pessoas Jurídicas, da Contribuição Social sobre o Lucro Líquido, da Contribuição para o Financiamento da Seguridade Social (Cofins) e da contribuição para o PIS/Pasep quando da alienação dos respectivos ativos.

§ 1.º Na hipótese de desvalorização decorrente da avaliação mencionada no *caput*, o reconhecimento da perda para efeito do Imposto de Renda das Pessoas Jurídicas e da Contribuição Social sobre o Lucro Líquido será computada também quando da alienação.

§ 2.º Para fins do disposto neste artigo, considera-se alienação qualquer forma de transmissão da propriedade, bem como a liquidação, o resgate e a cessão dos referidos títulos e valores mobiliários, instrumentos financeiros derivativos e itens objeto de *hedge*.

§ 3.º Os registros contábeis de que trata este artigo serão efetuados em contrapartida à conta de ajustes específica para esse fim, na forma a ser estabelecida pela Secretaria da Receita Federal.

§ 4.º Ficam convalidados os procedimentos efetuados anteriormente à vigência desta Lei, no curso do ano-calendário de 2002, desde que observado o disposto neste artigo.

Art. 36. (*Revogado pela Lei n. 11.196, de 21-11-2005*.)

Art. 37. (*Revogado pela Lei n. 11.727, de 23-6-2008*.)

Art. 38. Fica instituído, em relação aos tributos e contribuições administrados pela Secretaria da Receita Federal, bônus de adimplência fiscal, aplicável às pessoas jurídicas submetidas ao regime de tributação com base no lucro real ou presumido.

§ 1.º O bônus referido no *caput*:

I – corresponde a 1% (um por cento) da base de cálculo da CSLL determinada segundo as normas estabelecidas para as pessoas jurídicas submetidas ao regime de apuração com base no lucro presumido;

II – será calculado em relação à base de cálculo referida no inciso I, relativamente ao ano-calendário em que permitido seu aproveitamento.

§ 2.º Na hipótese de período de apuração trimestral, o bônus será calculado em relação aos 4 (quatro) trimestres do ano-calendário e poderá ser deduzido da CSLL devida correspondente ao último trimestre.

§ 3.º Não fará jus ao bônus a pessoa jurídica que, nos últimos 5 (cinco) anos-calendário, se enquadre em qualquer das seguintes hipóteses, em relação a tributos e contribuições administrados pela Secretaria da Receita Federal:

I – lançamento de ofício;

II – débitos com exigibilidade suspensa;

III – inscrição em dívida ativa;

IV – recolhimentos ou pagamentos em atraso;

V – falta ou atraso no cumprimento de obrigação acessória.

§ 4.º Na hipótese de decisão definitiva, na esfera administrativa ou judicial, que implique desoneração integral da pessoa jurídica, as restrições referidas nos incisos I e II do § 3.º serão desconsideradas desde a origem.

§ 5.º O período de 5 (cinco) anos-calendário será computado por ano completo, inclusive aquele em relação ao qual dar-se-á o aproveitamento do bônus.

§ 6.º A dedução do bônus dar-se-á em relação à CSLL devida no ano-calendário.

§ 7.º A parcela do bônus que não puder ser aproveitada em determinado período poderá sê-lo em períodos posteriores, vedado o ressarcimento ou a compensação distinta da referida neste artigo.

§ 8.º A utilização indevida do bônus instituído por este artigo implica a imposição da multa de que trata o inciso I do *caput* do art. 44 da Lei n. 9.430, de 27 de dezembro de 1996, duplicando-se o seu percentual, sem prejuízo do disposto no § 2.º.

>> § 8.º com redação determinada pela Lei n. 11.488, de 15-6-2007.

§ 9.º O bônus será registrado na contabilidade da pessoa jurídica beneficiária:

I – na aquisição do direito, a débito de conta de Ativo Circulante e a crédito de Lucro ou Prejuízos Acumulados;

II – na utilização, a débito da provisão para pagamento da CSLL e a crédito da conta de Ativo Circulante referida no inciso I.

§ 10. A Secretaria da Receita Federal estabelecerá as normas necessárias à aplicação deste artigo.

Arts. 39 e 40. (*Revogados pela Lei n. 11.196, de 21-11-2005.*)

Art. 41. (*Vetado.*)

Arts. 42 e 43. (*Revogados pela Lei n. 11.196, de 21-11-2005.*)

Art. 44. (*Vetado.*)

Art. 45. Nos casos de apuração de excesso de custo de aquisição de bens, direitos e serviços, importados de empresas vinculadas e que sejam considerados indedutíveis na determinação do lucro real e da base de cálculo da contribuição social sobre o lucro líquido, apurados na forma do art. 18 da Lei n. 9.430, de 27 de dezembro de 1996, a pessoa jurídica deverá ajustar o excesso de custo, determinado por um dos métodos previstos na legislação, no encerramento do período de apuração, contabilmente, por meio de lançamento a débito de conta de resultados acumulados e a crédito de:

I – conta do ativo onde foi contabilizada a aquisição dos bens, direitos ou serviços e que permanecerem ali registrados ao final do período de apuração; ou

II – conta própria de custo ou de despesa do período de apuração, que registre o valor dos bens, direitos ou serviços, no caso de esses ativos já terem sido baixados da conta de ativo que tenha registrado a sua aquisição.

§ 1.º No caso de bens classificáveis no ativo permanente e que tenham gerado quotas de depreciação, amortização ou exaustão, no ano-calendário da importação, o valor do excesso de preço de aquisição na importação deverá ser creditado na conta de ativo em cujas quotas tenham sido debitadas, em contrapartida à conta de resultados acumulados a que se refere o *caput*.

§ 2.º Caso a pessoa jurídica opte por adicionar, na determinação do lucro real e da base de cálculo da contribuição social sobre o lucro líquido, o valor do excesso apurado em cada período de apuração somente por ocasião da realização por alienação ou baixa a qualquer título do bem, direito ou serviço adquirido, o valor total do excesso apurado no período de aquisição deverá ser excluído do patrimônio líquido, para fins de determinação da base de cálculo dos juros sobre o capital próprio, de que trata o art. 9.º da Lei n. 9.249, de 26 de dezembro de 1995, alterada pela Lei n. 9.430, de 27 de dezembro de 1996.

§ 3.º Na hipótese do § 2.º, a pessoa jurídica deverá registrar o valor total do excesso de preço de aquisição em subconta própria que registre o valor do bem, serviço ou direito adquirido no exterior.

Art. 46. O art. 13, *caput*, e o art. 14, I, da Lei n. 9.718, de 27 de novembro de 1998, passam a vigorar com a seguinte redação:

>> Alteração já processada no diploma modificado.

Art. 47. A pessoa jurídica integrante do Mercado Atacadista de Energia Elétrica (MAE), instituído pela Lei n. 10.433, de 24 de abril de 2002, poderá optar por regime especial de tributação, relativamente à contribuição para o Programa de Integração Social e de Formação do Patrimônio do Servidor Público (PIS/PASEP) e à Contribuição para o Financiamento da Seguridade Social (Cofins).

>> *Vide* art. 10, X, da Lei n. 10.833, de 29-12-2003.

§ 1.º A opção pelo regime especial referido no *caput*:

I – será exercida mediante simples comunicado, nos termos e condições estabelecidos pela Secretaria da Receita Federal;

II – produzirá efeitos em relação aos fatos geradores ocorridos a partir do mês subsequente ao do exercício da opção.

§ 2.º Para os fins do regime especial referido no *caput*, considera-se receita bruta auferida nas operações de compra e venda de energia elétrica realizadas na forma da regulamentação de que trata o art. 14 da Lei n. 9.648, de 27 de maio de 1998, com a redação dada pela Lei n. 10.433, de 24 de abril de 2002, para efeitos de incidência da contribuição para o PIS/PASEP e da Cofins, os resultados positivos apurados mensalmente pela pessoa jurídica optante.

§ 3.º Na determinação da base de cálculo da contribuição para o PIS/PASEP e da Cofins, a pessoa jurídica optante poderá deduzir os valores devidos, correspondentes a ajustes de contabilizações encerradas de operações de compra e venda de energia elétrica, realizadas no âmbito do MAE, quando decorrentes de:

I – decisão proferida em processo de solução de conflitos, no âmbito do MAE, da Agência Nacional de Energia Elétrica (Aneel) ou em processo de arbitragem, na forma prevista no § 3.º do art. 2.º da Lei n. 10.433, de 24 de abril de 2002;

II – resolução da Aneel;

III – decisão proferida no âmbito do Poder Judiciário, transitada em julgado; e

IV – (*Vetado.*)

§ 4.º A dedução de que trata o § 3.º é permitida somente na hipótese em que o ajuste de contabilização caracterize anulação de receita sujeita à incidência do PIS/PASEP e da Cofins, na forma estabelecida pela Secretaria da Receita Federal.

§ 5.º Sem prejuízo do disposto nos §§ 3.º e 4.º, geradoras de energia elétrica optantes poderão excluir da base de cálculo da contribuição para o PIS/PASEP e da Cofins o valor da receita auferida com a venda compulsória de energia elétrica por meio do Mecanismo de Realocação de Energia, de que trata a alínea *b* do parágrafo único do art. 14 da Lei n. 9.648, de 27 de maio de 1998, introduzida pela Lei n. 10.433, de 24 de abril de 2002.

§ 6.º Aplicam-se ao regime especial de que trata este artigo as demais normas aplicáveis às contribuições referidas no *caput*, observado o que se segue:

I – em relação ao PIS/PASEP, não se aplica o disposto nos arts. 1.º a 6.º;

II – em relação aos fatos geradores ocorridos até 31 de agosto de 2002, o pagamento dos valores devidos correspondentes à Cofins e ao PIS/PASEP poderá ser feito com dispensa de multa e de juros moratórios, desde que efetuado em parcela única, até o último dia útil do mês de setembro de 2002.

§ 7.º (*Vetado.*)

Art. 48. (*Vetado.*)

Art. 49. O art. 74 da Lei n. 9.430, de 27 de dezembro de 1996, passa a vigorar com a seguinte redação:

>> Alteração já processada no diploma modificado.

...

Art. 57. O encargo de que trata o art. 1.º do Decreto-lei n. 1.025, de 21 de outubro de 1969, inclusive na condição de que trata o art. 3.º do Decreto-lei n. 1.569, de 8 de agosto de 1977, nos pagamentos de débitos relativos a tributos e contribuições administrados pela Secretaria da Receita Federal, inscritos na Dívida Ativa da União, e efetuados a partir de 15 de maio de 2002, em virtude de norma de caráter exonerativo, inclusive nas hipóteses de que tratam os arts. 13 e 14 desta Lei, será calculado sobre os valores originalmente devidos, limitado ao valor correspondente à multa calculada nos termos do § 3.º do art. 13.

> O Decreto-lei n. 1.025, de 21-10-1969, declara extinta a participação de servidores públicos na cobrança da Dívida Ativa da União e dá outras providências.

Art. 58. O art. 42 da Lei n. 9.430, de 27 de dezembro de 1996, passa a vigorar acrescido dos seguintes §§ 5.º e 6.º:

>> Alteração já processada no diploma modificado.

....

Art. 60. O art. 81 da Lei n. 9.430, de 27 de dezembro de 1996, passa a vigorar com as seguintes alterações:

>> Alteração já processada no diploma modificado.

....

Art. 62. O art. 15 da Lei n. 10.451, de 10 de maio de 2002, passa a vigorar com a seguinte redação:

>> Alteração já processada no diploma modificado.

Art. 63. O art. 21 da Lei n. 9.532, de 10 de dezembro de 1997, alterada pela Lei n. 9.887, de 7 de dezembro de 1999, passa a vigorar com a seguinte redação:

>> Alteração já processada no diploma modificado.

....

CAPÍTULO III
DAS DISPOSIÇÕES FINAIS

Art. 66. A Secretaria da Receita Federal e a Procuradoria-Geral da Fazenda Nacional editarão, no âmbito de suas respectivas competências, as normas necessárias à aplicação do disposto nesta Lei.

Art. 67. (*Vetado.*)

Art. 68. Esta Lei entra em vigor na data de sua publicação, produzindo efeitos:

I – a partir de 1.º de outubro de 2002, em relação aos arts. 29 e 49;

II – a partir de 1.º de dezembro de 2002, em relação aos arts. 1.º a 6.º e 8.º a 11;

III – a partir de 1.º de janeiro de 2003, em relação aos arts. 34, 37 a 44, 46 e 48;

IV – a partir da data da publicação desta Lei, em relação aos demais artigos.

Brasília, 30 de dezembro de 2002; 181.º da Independência e 114.º da República.

FERNANDO HENRIQUE CARDOSO

LEI COMPLEMENTAR N. 116, DE 31 DE JULHO DE 2003 (*)

Dispõe sobre o Imposto Sobre Serviços de Qualquer Natureza, de competência dos Municípios e do Distrito Federal, e dá outras providências.

(*) Publicada no *Diário Oficial da União*, de 1.º-8-2003.

O Presidente da República

Faço saber que o Congresso Nacional decreta e eu sanciono a seguinte Lei Complementar:

Art. 1.º O Imposto Sobre Serviços de Qualquer Natureza, de competência dos Municípios e do Distrito Federal, tem como fato gerador a prestação de serviços constantes da lista anexa, ainda que esses não se constituam como atividade preponderante do prestador.

>> A Lei Complementar n. 175, de 23-9-2020, dispõe sobre o padrão nacional de obrigação acessória do ISSQN, de competência dos Municípios e do Distrito Federal, incidente sobre os serviços previstos nos subitens 4.22, 4.23, 5.09, 15.01 e 15.09 da lista de serviços anexa à Lei Complementar n. 116, de 31-7-2003, e prevê regra de transição para a partilha do produto da arrecadação do ISSQN entre o Município do local do estabelecimento prestador e o Município do domicílio do tomador relativamente aos serviços de que trata.

§ 1.º O imposto incide também sobre o serviço proveniente do exterior do País ou cuja prestação se tenha iniciado no exterior do País.

§ 2.º Ressalvadas as exceções expressas na lista anexa, os serviços nela mencionados não ficam sujeitos ao Imposto Sobre Operações Relativas à Circulação de Mercadorias e Prestações de Serviços de Transporte Interestadual e Intermunicipal e de Comunicação – ICMS, ainda que sua prestação envolva fornecimento de mercadorias.

§ 3.º O imposto de que trata esta Lei Complementar incide ainda sobre os serviços prestados mediante a utilização de bens e serviços públicos explorados economicamente mediante autorização, permissão ou concessão, com o pagamento de tarifa, preço ou pedágio pelo usuário final do serviço.

§ 4.º A incidência do imposto não depende da denominação dada ao serviço prestado.

Art. 2.º O imposto não incide sobre:

I – as exportações de serviços para o exterior do País;

II – a prestação de serviços em relação de emprego, dos trabalhadores avulsos, dos diretores e membros de conselho consultivo ou de conselho fiscal de sociedades e fundações, bem como dos sócios-gerentes e dos gerentes-delegados;

III – o valor intermediado no mercado de títulos e valores mobiliários, o valor dos depósitos bancários, o principal, juros e acréscimos moratórios relativos a operações de crédito realizadas por instituições financeiras.

Parágrafo único. Não se enquadram no disposto no inciso I os serviços desenvolvidos no Brasil, cujo resultado aqui se verifique, ainda que o pagamento seja feito por residente no exterior.

Art. 3.º O serviço considera-se prestado, e o imposto, devido, no local do estabelecimento prestador ou, na falta do estabelecimento, no local do domicílio do prestador, exceto nas hipóteses previstas nos incisos I a XXV, quando o imposto será devido no local:

>> *Caput* com redação determinada pela Lei Complementar n. 157, de 29-12-2016.

I – do estabelecimento do tomador ou intermediário do serviço ou, na falta de estabelecimento, onde ele estiver domiciliado, na hipótese do § 1.º do art. 1.º desta Lei Complementar;

II – da instalação dos andaimes, palcos, coberturas e outras estruturas, no caso dos serviços descritos no subitem 3.05 da lista anexa;

III – da execução da obra, no caso dos serviços descritos no subitem 7.02 e 7.19 da lista anexa;

IV – da demolição, no caso dos serviços descritos no subitem 7.04 da lista anexa;

V – das edificações em geral, estradas, pontes, portos e congêneres, no caso dos serviços descritos no subitem 7.05 da lista anexa;

VI – da execução da varrição, coleta, remoção, incineração, tratamento, reciclagem, separação e destinação final de lixo, rejeitos e outros resíduos quaisquer, no caso dos serviços descritos no subitem 7.09 da lista anexa;

VII – da execução da limpeza, manutenção e conservação de vias e logradouros públicos, imóveis, chaminés, piscinas, parques, jardins e congêneres, no caso dos serviços descritos no subitem 7.10 da lista anexa;

VIII – da execução da decoração e jardinagem, do corte e poda de árvores, no caso dos serviços descritos no subitem 7.11 da lista anexa;

IX – do controle e tratamento do efluente de qualquer natureza e de agentes físicos, químicos e biológicos, no caso dos serviços descritos no subitem 7.12 da lista anexa;

X e XI – (*Vetados.*);

XII – do florestamento, reflorestamento, semeadura, adubação, reparação de solo, plantio, silagem, colheita, corte, descascamento de árvores, silvicultura, exploração florestal e serviços congêneres indissociáveis da formação, manutenção e colheita de florestas para quaisquer fins e por quaisquer meios;

>> Inciso XII com redação determinada pela Lei Complementar n. 157, de 29-12-2016.

XIII – da execução dos serviços de escoramento, contenção de encostas e congêneres, no caso dos serviços descritos no subitem 7.17 da lista anexa;

XIV – da limpeza e dragagem, no caso dos serviços descritos no subitem 7.18 da lista anexa;

XV – onde o bem estiver guardado ou estacionado, no caso dos serviços descritos no subitem 11.01 da lista anexa;

XVI – dos bens, dos semoventes ou do domicílio das pessoas vigiados, segurados ou monitorados, no caso dos serviços descritos no subitem 11.02 da lista anexa;

>> Inciso XVI com redação determinada pela Lei Complementar n. 157, de 29-12-2016.

XVII – do armazenamento, depósito, carga, descarga, arrumação e guarda do bem, no caso dos serviços descritos no subitem 11.04 da lista anexa;

XVIII – da execução dos serviços de diversão, lazer, entretenimento e congêneres, no caso dos serviços descritos nos subitens do item 12, exceto o 12.13, da lista anexa;

XIX – do Município onde está sendo executado o transporte, no caso dos serviços descritos pelo item 16 da lista anexa;

>> Inciso XIX com redação determinada pela Lei Complementar n. 157, de 29-12-2016.

XX – do estabelecimento do tomador da mão de obra ou, na falta de estabelecimento, onde ele estiver domiciliado, no caso dos serviços descritos pelo subitem 17.05 da lista anexa;

XXI – da feira, exposição, congresso ou congênere a que se referir o planejamento, organização e administração, no caso dos serviços descritos pelo subitem 17.10 da lista anexa;

XXII – do porto, aeroporto, ferroporto, terminal rodoviário, ferroviário ou metroviário, no caso dos serviços descritos pelo item 20 da lista anexa;

XXIII – do domicílio do tomador dos serviços dos subitens 4.22, 4.23 e 5.09;

>> Inciso XXIII acrescentado pela Lei Complementar n. 157, de 29-12-2016.

>> Inciso XXIII originalmente vetado, todavia promulgado em 1.º-6-2017.

XXIV – do domicílio do tomador do serviço no caso dos serviços prestados pelas administradoras de cartão de crédito ou débito e demais descritos no subitem 15.01;

>> Inciso XXIV acrescentado pela Lei Complementar n. 157, de 29-12-2016.

>> Inciso XXIV originalmente vetado, todavia promulgado em 1.º-6-2017.

XXV – do domicílio do tomador do serviço do subitem 15.09.

>> Inciso XXV com redação determinada pela Lei Complementar n. 175, de 23-9-2020.

§ 1.º No caso dos serviços a que se refere o subitem 3.04 da lista anexa, considera-se ocorrido o fato gerador e devido o imposto em cada Município em cujo território haja extensão de ferrovia, rodovia, postes, cabos, dutos e condutos de qualquer natureza, objetos de locação, sublocação, arrendamento, direito de passagem ou permissão de uso, compartilhado ou não.

§ 2.º No caso dos serviços a que se refere o subitem 22.01 da lista anexa, considera-se ocorrido o fato gerador e devido o imposto em cada Município em cujo território haja extensão de rodovia explorada.

§ 3.º Considera-se ocorrido o fato gerador do imposto no local do estabelecimento prestador nos serviços executados em águas marítimas, excetuados os serviços descritos no subitem 20.01.

§ 4.º Na hipótese de descumprimento do disposto no *caput* ou no § 1.º, ambos do art. 8.º-A desta Lei Complementar, o imposto será devido no local do estabelecimento do tomador ou intermediário do serviço ou, na falta de estabelecimento, onde ele estiver domiciliado.

>> § 4.º acrescentado pela Lei Complementar n. 157, de 29-12-2016.

>> § 4.º originalmente vetado, todavia promulgado em 1.º-6-2017.

§ 5.º Ressalvadas as exceções e especificações estabelecidas nos §§ 6.º a 12 deste artigo, considera-se tomador dos serviços referidos nos incisos XXIII, XXIV e XXV do *caput* deste artigo o contratante do serviço e, no caso de negócio jurídico que envolva estipulação em favor de unidade da pessoa jurídica contratante, a unidade em favor da qual o serviço foi estipulado, sendo irrelevantes para caracterizá-la as denominações de sede, filial, agência, posto de atendimento, sucursal, escritório de representação ou contato ou quaisquer outras que venham a ser utilizadas.

>> § 5.º acrescentado pela Lei Complementar n. 175, de 23-9-2020.

§ 6.º No caso dos serviços de planos de saúde ou de medicina e congêneres, referidos nos subitens 4.22 e 4.23 da lista de serviços anexa a esta Lei Complementar, o tomador do serviço é a pessoa física beneficiária vinculada à operadora por meio de convênio ou contrato de plano de saúde individual, familiar, coletivo empresarial ou coletivo por adesão.

>> § 6.º acrescentado pela Lei Complementar n. 175, de 23-9-2020.

§ 7.º Nos casos em que houver dependentes vinculados ao titular do plano, será considerado apenas o domicílio do titular para fins do disposto no § 6.º deste artigo.

>> § 7.º acrescentado pela Lei Complementar n. 175, de 23-9-2020.

§ 8.º No caso dos serviços de administração de cartão de crédito ou débito e congêneres, referidos no subitem 15.01 da lista de serviços anexa a esta Lei Complementar, prestados diretamente aos portadores de cartões de crédito ou débito e congêneres, o tomador é o primeiro titular do cartão.

>> § 8.º acrescentado pela Lei Complementar n. 175, de 23-9-2020.

§ 9.º O local do estabelecimento credenciado é considerado o domicílio do tomador dos demais serviços referidos no subitem 15.01 da lista de serviços anexa a esta Lei Complementar relativos às transferências realizadas por meio de cartão de crédito ou débito, ou a eles conexos, que sejam prestados ao tomador, direta ou indiretamente, por:

>> § 9.º, *caput*, acrescentado pela Lei Complementar n. 175, de 23-9-2020.

I – bandeiras;

>> Inciso I acrescentado pela Lei Complementar n. 175, de 23-9-2020.

II – credenciadoras; ou

>> Inciso II acrescentado pela Lei Complementar n. 175, de 23-9-2020.

III – emissoras de cartões de crédito e débito.

>> Inciso III acrescentado pela Lei Complementar n. 175, de 23-9-2020.

§ 10. No caso dos serviços de administração de carteira de valores mobiliários e dos serviços de administração e gestão de fundos e clubes de investimento, referidos no subitem 15.01 da lista de serviços anexa a esta Lei Complementar, o tomador é o cotista.

>> § 10 acrescentado pela Lei Complementar n. 175, de 23-9-2020.

§ 11. No caso dos serviços de administração de consórcios, o tomador de serviço é o consorciado.

>> § 11 acrescentado pela Lei Complementar n. 175, de 23-9-2020.

§ 12. No caso dos serviços de arrendamento mercantil, o tomador do serviço é o arrendatário, pessoa física ou a unidade beneficiária da pessoa jurídica, domiciliado no País, e, no caso de arrendatário não domiciliado no País, o tomador é o beneficiário do serviço no País.

>> § 12 acrescentado pela Lei Complementar n. 175, de 23-9-2020.

Art. 4.º Considera-se estabelecimento prestador o local onde o contribuinte desenvolva a atividade de prestar serviços, de modo permanente ou temporário, e que configure unidade econômica ou profissional, sendo irrelevantes para caracterizá-lo as denominações de sede, filial, agência, posto de atendimento, sucursal, escritório de representação ou contato ou quaisquer outras que venham a ser utilizadas.

Art. 5.º Contribuinte é o prestador do serviço.

Art. 6.º Os Municípios e o Distrito Federal, mediante lei, poderão atribuir de modo expresso a responsabilidade pelo crédito tributário a terceira pessoa, vinculada ao fato gerador da respectiva obrigação, excluindo a responsabilidade do contribuinte ou atribuindo-a a este em caráter supletivo do cumprimento total ou parcial da referida obrigação, inclusive no que se refere à multa e aos acréscimos legais.

§ 1.º Os responsáveis a que se refere este artigo estão obrigados ao recolhimento integral do imposto devido, multa e acréscimos legais, independentemente de ter sido efetuada sua retenção na fonte.

§ 2.º Sem prejuízo do disposto no *caput* e no § 1.º deste artigo, são responsáveis:

I – o tomador ou intermediário de serviço proveniente do exterior do País ou cuja prestação se tenha iniciado no exterior do País;

II – a pessoa jurídica, ainda que imune ou isenta, tomadora ou intermediária dos serviços descritos nos subitens 3.05, 7.02, 7.04, 7.05, 7.09, 7.10, 7.12, 7.14, 7.15, 7.16, 7.17, 7.19, 11.02, 17.05 e 17.10 da lista anexa;

III – a pessoa jurídica tomadora ou intermediária de serviços, ainda que imune ou isenta, na hipótese prevista no § 4.º do art. 3.º desta Lei Complementar.

>> Inciso III acrescentado pela Lei Complementar n. 157, de 29-12-2016.

>> Inciso III originalmente vetado, todavia promulgado em 1.º-6-2017.

IV – as pessoas referidas nos incisos II ou III do § 9.º do art. 3.º desta Lei Complementar, pelo imposto devido pelas pessoas a que se refere o inciso I do mesmo parágrafo, em decorrência dos serviços prestados na forma do subitem 15.01 da lista de serviços anexa a esta Lei Complementar.

>> IV acrescentado pela Lei Complementar n. 175, de 23-9-2020.

§ 3.º *(Revogado pela Lei Complementar n. 175, de 23-9-2020.)*

§ 4.º No caso dos serviços prestados pelas administradoras de cartão de crédito e débito, descritos no subitem 15.01, os terminais eletrônicos ou as máquinas das operações efetivadas deverão ser registrados no local do domicílio do tomador do serviço.

>> § 4.º acrescentado pela Lei Complementar n. 157, de 29-12-2016.

>> § 4.º originalmente vetado, todavia promulgado em 1.º-6-2017.

Art. 7.º A base de cálculo do imposto é o preço do serviço.

>>> *Vide* art. 9.º do Decreto-lei n. 406, de 31-12-1968.

§ 1.º Quando os serviços descritos pelo subitem 3.04 da lista anexa forem prestados no território de mais de um Município, a base de cálculo será proporcional, conforme o caso, à extensão da ferrovia, rodovia, dutos e condutos de qualquer natureza, cabos de qualquer natureza, ou ao número de postes, existentes em cada Município.

§ 2.º Não se incluem na base de cálculo do Imposto Sobre Serviços de Qualquer Natureza:

I – o valor dos materiais fornecidos pelo prestador dos serviços previstos nos itens 7.02 e 7.05 da lista de serviços anexa a esta Lei Complementar;

II – (*Vetado*.)

§ 3.º (*Vetado*.)

Art. 8.º As alíquotas máximas do Imposto Sobre Serviços de Qualquer Natureza são as seguintes:

I – (*Vetado*.);

II – demais serviços, 5% (cinco por cento).

Art. 8.º-A. A alíquota mínima do Imposto sobre Serviços de Qualquer Natureza é de 2% (dois por cento).

>> *Caput* acrescentado pela Lei Complementar n. 157, de 29-12-2016.

§ 1.º O imposto não será objeto de concessão de isenções, incentivos ou benefícios tributários ou financeiros, inclusive de redução de base de cálculo ou de crédito presumido ou outorgado, ou sob qualquer outra forma que resulte, direta ou indiretamente, em carga tributária menor que a decorrente da aplicação da alíquota mínima estabelecida no *caput*, exceto para os serviços a que se referem os subitens 7.02, 7.05 e 16.01 da lista anexa a esta Lei Complementar.

>> § 1.º acrescentado pela Lei Complementar n. 157, de 29-12-2016.

§ 2.º É nula a lei ou o ato do Município ou do Distrito Federal que não respeite as disposições relativas à alíquota mínima previstas neste artigo no caso de serviço prestado a tomador ou intermediário localizado em Município diverso daquele onde está localizado o prestador do serviço.

>> § 2.º acrescentado pela Lei Complementar n. 157, de 29-12-2016.

§ 3.º A nulidade a que se refere o § 2.º deste artigo gera, para o prestador do serviço, perante o Município ou o Distrito Federal que não respeitar as disposições deste artigo, o direito à restituição do valor efetivamente pago do Imposto sobre Serviços de Qualquer Natureza calculado sob a égide da lei nula.

>> § 3.º acrescentado pela Lei Complementar n. 157, de 29-12-2016.

Art. 9.º Esta Lei Complementar entra em vigor na data de sua publicação.

Art. 10. Ficam revogados os arts. 8.º, 10, 11 e 12 do Decreto-lei n. 406, de 31 de dezembro de 1968; os incisos III, IV, V e VII do art. 3.º do Decreto-lei n. 834, de 8 de setembro de 1969; a Lei Complementar n. 22, de 9 de dezembro de 1974; a Lei n. 7.192, de 5 de junho de 1984; a Lei Complementar n. 56, de 15 de dezembro de 1987; e a Lei Complementar n. 100, de 22 de dezembro de 1999.

Brasília, 31 de julho de 2003; 182.º da Independência e 115.º da República.

LUIZ INÁCIO LULA DA SILVA

Lista de serviços anexa à Lei Complementar n. 116, de 31 de julho de 2003

>> *Vide* Lista de serviços anexa ao Decreto-lei n. 406, de 31-12-1968.

1 – Serviços de informática e congêneres.

1.01 – Análise e desenvolvimento de sistemas.

1.02 – Programação.

1.03 – Processamento, armazenamento ou hospedagem de dados, textos, imagens, vídeos, páginas eletrônicas, aplicativos e sistemas de informação, entre outros formatos, e congêneres.

>> Item 1.03 com redação determinada pela Lei Complementar n. 157, de 29-12-2016.

1.04 – Elaboração de programas de computadores, inclusive de jogos eletrônicos, independentemente da arquitetura construtiva da máquina em que o programa será executado, incluindo *tablets*, *smartphones* e congêneres.

>> Item 1.04 com redação determinada pela Lei Complementar n. 157, de 29-12-2016.

1.05 – Licenciamento ou cessão de direito de uso de programas de computação.

1.06 – Assessoria e consultoria em informática.

1.07 – Suporte técnico em informática, inclusive instalação, configuração e manutenção de programas de computação e bancos de dados.

1.08 – Planejamento, confecção, manutenção e atualização de páginas eletrônicas.

1.09 – Disponibilização, sem cessão definitiva, de conteúdos de áudio, vídeo, imagem e texto por meio da internet, respeitada a imunidade de livros, jornais e periódicos (exceto a distribuição de conteúdos pelas prestadoras de Serviço de Acesso Condicionado, de que trata a Lei n. 12.485, de 12 de setembro de 2011, sujeita ao ICMS).

>> Item 1.09 acrescentado pela Lei Complementar n. 157, de 29-12-2016.

2 – Serviços de pesquisas e desenvolvimento de qualquer natureza.

2.01 – Serviços de pesquisas e desenvolvimento de qualquer natureza.

3 – Serviços prestados mediante locação, cessão de direito de uso e congêneres.

3.01 – (*Vetado*.)

3.02 – Cessão de direito de uso de marcas e de sinais de propaganda.

3.03 – Exploração de salões de festas, centro de convenções, escritórios virtuais, *stands*, quadras esportivas, estádios, ginásios, auditórios, casas de espetáculos, parques de diversões, canchas e congêneres, para realização de eventos ou negócios de qualquer natureza.

3.04 – Locação, sublocação, arrendamento, direito de passagem ou permissão de uso, compartilhado ou não, de ferrovia, rodovia, postes, cabos, dutos e condutos de qualquer natureza.

>> O STF julgou parcialmente procedente a ADI n. 3.142, nas sessões virtuais de 26-6-2020 a 4-8-2020 (*DOU* de 19-8-2020), para dar interpretação conforme à CF a este subitem 3.04, "a fim de admitir a cobrança do ISS nos casos em que as situações nele descritas integrem relação mista ou complexa em que não seja possível claramente segmentá-las de uma obrigação de fazer, seja no que diz com o seu objeto, seja no que concerne ao valor específico da contrapartida financeira".

3.05 – Cessão de andaimes, palcos, coberturas e outras estruturas de uso temporário.

4 – Serviços de saúde, assistência médica e congêneres.

4.01 – Medicina e biomedicina.

4.02 – Análises clínicas, patologia, eletricidade médica, radioterapia, quimioterapia, ultrassonografia, ressonância magnética, radiologia, tomografia e congêneres.

4.03 – Hospitais, clínicas, laboratórios, sanatórios, manicômios, casas de saúde, prontos-socorros, ambulatórios e congêneres.

4.04 – Instrumentação cirúrgica.

4.05 – Acupuntura.

4.06 – Enfermagem, inclusive serviços auxiliares.

4.07 – Serviços farmacêuticos.

4.08 – Terapia ocupacional, fisioterapia e fonoaudiologia.

4.09 – Terapias de qualquer espécie destinadas ao tratamento físico, orgânico e mental.

4.10 – Nutrição.

4.11 – Obstetrícia.

4.12 – Odontologia.

4.13 – Ortóptica.

4.14 – Próteses sob encomenda.

4.15 – Psicanálise.

4.16 – Psicologia.

4.17 – Casas de repouso e de recuperação, creches, asilos e congêneres.

4.18 – Inseminação artificial, fertilização *in vitro* e congêneres.

4.19 – Bancos de sangue, leite, pele, olhos, óvulos, sêmen e congêneres.

4.20 – Coleta de sangue, leite, tecidos, sêmen, órgãos e materiais biológicos de qualquer espécie.

4.21 – Unidade de atendimento, assistência ou tratamento móvel e congêneres.

4.22 – Planos de medicina de grupo ou individual e convênios para prestação de assistência médica, hospitalar, odontológica e congêneres.

>> **A Lei Complementar n. 175, de 23-9-2020, dispõe sobre o padrão nacional de obrigação acessória do ISSQN, de competência dos Municípios e do Distrito Federal, incidente sobre os serviços previstos neste subitem 4.22, e prevê regra de transição para a partilha do produto da arrecadação do ISSQN entre o Município do local do estabelecimento prestador e o Município do domicílio do tomador relativamente aos serviços de que trata.**

4.23 – Outros planos de saúde que se cumpram através de serviços de terceiros contratados, credenciados, cooperados ou apenas pagos pelo operador do plano mediante indicação do beneficiário.

>> **A Lei Complementar n. 175, de 23-9-2020, dispõe sobre o padrão nacional de obrigação acessória do ISSQN, de competência dos Municípios e do Distrito Federal, incidente sobre os serviços previstos neste subitem 4.23 e prevê regra de transição para a partilha do produto da arrecadação do ISSQN entre o Município do local do estabelecimento prestador e o Município do domicílio do tomador relativamente aos serviços de que trata.**

5 – Serviços de medicina e assistência veterinária e congêneres.

5.01 – Medicina veterinária e zootecnia.

5.02 – Hospitais, clínicas, ambulatórios, prontos-socorros e congêneres, na área veterinária.

5.03 – Laboratórios de análise na área veterinária.

5.04 – Inseminação artificial, fertilização *in vitro* e congêneres.

5.05 – Bancos de sangue e de órgãos e congêneres.

5.06 – Coleta de sangue, leite, tecidos, sêmen, órgãos e materiais biológicos de qualquer espécie.

5.07 – Unidade de atendimento, assistência ou tratamento móvel e congêneres.

5.08 – Guarda, tratamento, amestramento, embelezamento, alojamento e congêneres.

5.09 – Planos de atendimento e assistência médico-veterinária.

>> **A Lei Complementar n. 175, de 23-9-2020, dispõe sobre o padrão nacional de obrigação acessória do ISSQN, de competência dos Municípios e do Distrito Federal, incidente sobre os serviços previstos neste subitem 5.09 e prevê regra de transição para a partilha do produto da arrecadação do ISSQN entre o Município do local do estabelecimento prestador e o Município do domicílio do tomador relativamente aos serviços de que trata.**

6 – Serviços de cuidados pessoais, estética, atividades físicas e congêneres.

6.01 – Barbearia, cabeleireiros, manicuros, pedicuros e congêneres.

6.02 – Esteticistas, tratamento de pele, depilação e congêneres.

6.03 – Banhos, duchas, sauna, massagens e congêneres.

6.04 – Ginástica, dança, esportes, natação, artes marciais e demais atividades físicas.

6.05 – Centros de emagrecimento, *spa* e congêneres.

6.06 – Aplicação de tatuagens, *piercings* e congêneres.

>> **Item 6.06 acrescentado pela Lei Complementar n. 157, de 29-12-2016.**

7 – Serviços relativos a engenharia, arquitetura, geologia, urbanismo, construção civil, manutenção, limpeza, meio ambiente, saneamento e congêneres.

7.01 – Engenharia, agronomia, agrimensura, arquitetura, geologia, urbanismo, paisagismo e congêneres.

7.02 – Execução, por administração, empreitada ou subempreitada, de obras de construção civil, hidráulica ou elétrica e de outras obras semelhantes, inclusive sondagem, perfuração de poços, escavação, drenagem e irrigação, terraplanagem, pavimentação, concretagem e a instalação e montagem de produtos, peças e equipamentos (exceto o fornecimento de mercadorias produzidas pelo prestador de serviços fora do local da prestação dos serviços, que fica sujeito ao ICMS).

7.03 – Elaboração de planos diretores, estudos de viabilidade, estudos organizacionais e outros, relacionados com obras e serviços de engenharia; elaboração de anteprojetos, projetos básicos e projetos executivos para trabalhos de engenharia.

7.04 – Demolição.

7.05 – Reparação, conservação e reforma de edifícios, estradas, pontes, portos e congêneres (exceto o fornecimento de mercadorias produzidas pelo prestador dos serviços, fora do local da prestação dos serviços, que fica sujeito ao ICMS).

7.06 – Colocação e instalação de tapetes, carpetes, assoalhos, cortinas, revestimentos de parede, vidros, divisórias, placas de gesso e congêneres, com material fornecido pelo tomador do serviço.

7.07 – Recuperação, raspagem, polimento e lustração de pisos e congêneres.

7.08 – Calafetação.

7.09 – Varrição, coleta, remoção, incineração, tratamento, reciclagem, separação e destinação final de lixo, rejeitos e outros resíduos quaisquer.

7.10 – Limpeza, manutenção e conservação de vias e logradouros públicos, imóveis, chaminés, piscinas, parques, jardins e congêneres.

7.11 – Decoração e jardinagem, inclusive corte e poda de árvores.

7.12 – Controle e tratamento de efluentes de qualquer natureza e de agentes físicos, químicos e biológicos.

7.13 – Dedetização, desinfecção, desinsetização, imunização, higienização, desratização, pulverização e congêneres.

7.14 e 7.15 – (*Vetados.*)

7.16 – Florestamento, reflorestamento, semeadura, adubação, reparação de solo, plantio, silagem, colheita, corte e descascamento de árvores, silvicultura, exploração florestal e dos serviços congêneres indissociáveis da formação, manutenção e colheita de florestas, para quaisquer fins e por quaisquer meios.

>> **Item 7.16 com redação determinada pela Lei Complementar n. 157, de 29-12-2016.**

7.17 – Escoramento, contenção de encostas e serviços congêneres.

7.18 – Limpeza e dragagem de rios, portos, canais, baías, lagos, lagoas, represas, açudes e congêneres.

7.19 – Acompanhamento e fiscalização da execução de obras de engenharia, arquitetura e urbanismo.

7.20 – Aerofotogrametria (inclusive interpretação), cartografia, mapeamento, levantamentos topográficos, batimétricos, geográficos, geodésicos, geológicos, geofísicos e congêneres.

7.21 – Pesquisa, perfuração, cimentação, mergulho, perfilagem, concretação, testemunhagem, pescaria, estimulação e outros serviços relacionados com a exploração e explotação de petróleo, gás natural e de outros recursos minerais.

7.22 – Nucleação e bombardeamento de nuvens e congêneres.

8 – Serviços de educação, ensino, orientação pedagógica e educacional, instrução, treinamento e avaliação pessoal de qualquer grau ou natureza.

8.01 – Ensino regular pré-escolar, fundamental, médio e superior.

8.02 – Instrução, treinamento, orientação pedagógica e educacional, avaliação de conhecimentos de qualquer natureza.

9 – Serviços relativos a hospedagem, turismo, viagens e congêneres.

9.01 – Hospedagem de qualquer natureza em hotéis, *apart-service* condominiais, *flat*, *apart-hotéis*, hotéis residência, *residence-service*, *suite service*, hotelaria marítima, motéis, pensões e congêneres; ocupação por temporada com fornecimento de serviço (o valor da alimentação e gorjeta, quando incluído no preço da diária, fica sujeito ao Imposto Sobre Serviços).

9.02 – Agenciamento, organização, promoção, intermediação e execução de programas de turismo, passeios, viagens, excursões, hospedagens e congêneres.

9.03 – Guias de turismo.

10 – Serviços de intermediação e congêneres.

10.01 – Agenciamento, corretagem ou intermediação de câmbio, de seguros, de cartões de crédito, de planos de saúde e de planos de previdência privada.

10.02 – Agenciamento, corretagem ou intermediação de títulos em geral, valores mobiliários e contratos quaisquer.

10.03 – Agenciamento, corretagem ou intermediação de direitos de propriedade industrial, artística ou literária.

10.04 – Agenciamento, corretagem ou intermediação de contratos de arrendamento mercantil (*leasing*), de franquia (*franchising*) e de faturização (*factoring*).

10.05 – Agenciamento, corretagem ou intermediação de bens móveis ou imóveis, não abrangidos em outros itens ou subitens, inclusive aqueles realizados no âmbito de Bolsas de Mercadorias e Futuros, por quaisquer meios.

10.06 – Agenciamento marítimo.

10.07 – Agenciamento de notícias.

10.08 – Agenciamento de publicidade e propaganda, inclusive o agenciamento de veiculação por quaisquer meios.

10.09 – Representação de qualquer natureza, inclusive comercial.

10.10 – Distribuição de bens de terceiros.

11 – Serviços de guarda, estacionamento, armazenamento, vigilância e congêneres.

11.01 – Guarda e estacionamento de veículos terrestres automotores, de aeronaves e de embarcações.

11.02 – Vigilância, segurança ou monitoramento de bens, pessoas e semoventes.

>> Item 11.02 com redação determinada pela Lei Complementar n. 157, de 29-12-2016.

11.03 – Escolta, inclusive de veículos e cargas.

11.04 – Armazenamento, depósito, carga, descarga, arrumação e guarda de bens de qualquer espécie.

12 – Serviços de diversões, lazer, entretenimento e congêneres.

12.01 – Espetáculos teatrais.

12.02 – Exibições cinematográficas.

12.03 – Espetáculos circenses.

12.04 – Programas de auditório.

12.05 – Parques de diversões, centros de lazer e congêneres.

12.06 – Boates, *taxi-dancing* e congêneres.

12.07 – *Shows*, *ballet*, danças, desfiles, bailes, óperas, concertos, recitais, festivais e congêneres.

12.08 – Feiras, exposições, congressos e congêneres.

12.09 – Bilhares, boliches e diversões eletrônicas ou não.

12.10 – Corridas e competições de animais.

12.11 – Competições esportivas ou de destreza física ou intelectual, com ou sem a participação do espectador.

12.12 – Execução de música.

12.13 – Produção, mediante ou sem encomenda prévia, de eventos, espetáculos, entrevistas, *shows*, *ballet*, danças, desfiles, bailes, teatros, óperas, concertos, recitais, festivais e congêneres.

12.14 – Fornecimento de música para ambientes fechados ou não, mediante transmissão por qualquer processo.

12.15 – Desfiles de blocos carnavalescos ou folclóricos, trios elétricos e congêneres.

12.16 – Exibição de filmes, entrevistas, musicais, espetáculos, *shows*, concertos, desfiles, óperas, competições esportivas, de destreza intelectual ou congêneres.

12.17 – Recreação e animação, inclusive em festas e eventos de qualquer natureza.

13 – Serviços relativos a fonografia, fotografia, cinematografia e reprografia.

13.01 – (*Vetado.*)

13.02 – Fonografia ou gravação de sons, inclusive trucagem, dublagem, mixagem e congêneres.

13.03 – Fotografia e cinematografia, inclusive revelação, ampliação, cópia, reprodução, trucagem e congêneres.

13.04 – Reprografia, microfilmagem e digitalização.

13.05 – Composição gráfica, inclusive confecção de impressos gráficos, fotocomposição, clicheria, zincografia, litografia e fotolitografia, exceto se destinados a posterior operação de comercialização ou industrialização, ainda que incorporados, de qualquer forma, a outra mercadoria que deva ser objeto de posterior circulação, tais como bulas, rótulos, etiquetas, caixas, cartuchos, embalagens e manuais técnicos e de instrução, quando ficarão sujeitos ao ICMS.

>> Item 13.05 com redação determinada pela Lei Complementar n. 157, de 29-12-2016.

14 – Serviços relativos a bens de terceiros.

14.01 – Lubrificação, limpeza, lustração, revisão, carga e recarga, conserto, restauração, blindagem, manutenção e conservação de máquinas, veículos, aparelhos, equipamentos, motores, elevadores ou de qualquer objeto (exceto peças e partes empregadas, que ficam sujeitas ao ICMS).

14.02 – Assistência técnica.

14.03 – Recondicionamento de motores (exceto peças e partes empregadas, que ficam sujeitas ao ICMS).

14.04 – Recauchutagem ou regeneração de pneus.

14.05 – Restauração, recondicionamento, acondicionamento, pintura, beneficiamento, lavagem, secagem, tingimento, galvanoplastia, anodização, corte, recorte, plastificação, costura, acabamento, polimento e congêneres de objetos quaisquer.

>> Item 14.05 com redação determinada pela Lei Complementar n. 157, de 29-12-2016.

14.06 – Instalação e montagem de aparelhos, máquinas e equipamentos, inclusive montagem industrial, prestados ao usuário final, exclusivamente com material por ele fornecido.

14.07 – Colocação de molduras e congêneres.

14.08 – Encadernação, gravação e douração de livros, revistas e congêneres.

14.09 – Alfaiataria e costura, quando o material for fornecido pelo usuário final, exceto aviamento.

14.10 – Tinturaria e lavanderia.

14.11 – Tapeçaria e reforma de estofamentos em geral.

14.12 – Funilaria e lanternagem.

14.13 – Carpintaria e serralheria.

14.14 – Guincho intramunicipal, guindaste e içamento.

>> Item 14.14 acrescentado pela Lei Complementar n. 157, de 29-12-2016.

15 – Serviços relacionados ao setor bancário ou financeiro, inclusive aqueles prestados por instituições financeiras autorizadas a funcionar pela União ou por quem de direito.

15.01 – Administração de fundos quaisquer, de consórcio, de cartão de crédito ou débito e congêneres, de carteira de clientes, de cheques pré-datados e congêneres.

>> A Lei Complementar n. 175, de 23-9-2020, dispõe sobre o padrão nacional de obriga-

ção acessória do ISSQN, de competência dos Municípios e do Distrito Federal, incidente sobre os serviços previstos neste subitem 15.01 e prevê regra de transição para a partilha do produto da arrecadação do ISSQN entre o Município do local do estabelecimento prestador e o Município do domicílio do tomador relativamente aos serviços de que trata.

15.02 – Abertura de contas em geral, inclusive conta corrente, conta de investimentos e aplicação e caderneta de poupança, no País e no exterior, bem como a manutenção das referidas contas ativas e inativas.

15.03 – Locação e manutenção de cofres particulares, de terminais eletrônicos, de terminais de atendimento e de bens e equipamentos em geral.

15.04 – Fornecimento ou emissão de atestados em geral, inclusive atestado de idoneidade, atestado de capacidade financeira e congêneres.

15.05 – Cadastro, elaboração de ficha cadastral, renovação cadastral e congêneres, inclusão ou exclusão no Cadastro de Emitentes de Cheques sem Fundos – CCF ou em quaisquer outros bancos cadastrais.

15.06 – Emissão, reemissão e fornecimento de avisos, comprovantes e documentos em geral; abono de firmas; coleta e entrega de documentos, bens e valores; comunicação com outra agência ou com a administração central; licenciamento eletrônico de veículos; transferência de veículos; agenciamento fiduciário ou depositário; devolução de bens em custódia.

15.07 – Acesso, movimentação, atendimento e consulta a contas em geral, por qualquer meio ou processo, inclusive por telefone, fac-símile, internet e telex, acesso a terminais de atendimento, inclusive vinte e quatro horas; acesso a outro banco e a rede compartilhada; fornecimento de saldo, extrato e demais informações relativas a contas em geral, por qualquer meio ou processo.

15.08 – Emissão, reemissão, alteração, cessão, substituição, cancelamento e registro de contrato de crédito; estudo, análise e avaliação de operações de crédito; emissão, concessão, alteração ou contratação de aval, fiança, anuência e congêneres; serviços relativos a abertura de crédito, para quaisquer fins.

15.09 – Arrendamento mercantil (*leasing*) de quaisquer bens, inclusive cessão de direitos e obrigações, substituição de garantia, alteração, cancelamento e registro de contrato, e demais serviços relacionados ao arrendamento mercantil (*leasing*).

>> A Lei Complementar n. 175, de 23-9-2020, dispõe sobre o padrão nacional de obrigação acessória do ISSQN, de competência dos Municípios e do Distrito Federal, incidente sobre os serviços previstos neste subitem 15.09 e prevê regra de transição para a partilha do produto da arrecadação do ISSQN entre o Município do local do estabelecimento prestador e o Município do domicílio do tomador relativamente aos serviços de que trata.

15.10 – Serviços relacionados a cobranças, recebimentos ou pagamentos em geral, de títulos quaisquer, de contas ou carnês, de câmbio, de tributos e por conta de terceiros, inclusive os efetuados por meio eletrônico, automático ou por máquinas de atendimento; fornecimento de posição de cobrança, recebimento ou pagamento; emissão de carnês, fichas de compensação, impressos e documentos em geral.

15.11 – Devolução de títulos, protesto de títulos, sustação de protesto, manutenção de títulos, reapresentação de títulos, e demais serviços a eles relacionados.

15.12 – Custódia em geral, inclusive de títulos e valores mobiliários.

15.13 – Serviços relacionados a operações de câmbio em geral, edição, alteração, prorrogação, cancelamento e baixa de contrato de câmbio; emissão de registro de exportação ou de crédito; cobrança ou depósito no exterior; emissão, fornecimento e cancelamento de cheques de viagem; fornecimento, transferência, cancelamento e demais serviços relativos a carta de crédito de importação, exportação e garantias recebidas; envio e recebimento de mensagens em geral relacionadas a operações de câmbio.

15.14 – Fornecimento, emissão, reemissão, renovação e manutenção de cartão magnético, cartão de crédito, cartão de débito, cartão salário e congêneres.

15.15 – Compensação de cheques e títulos quaisquer; serviços relacionados a depósito, inclusive depósito identificado, a saque de contas quaisquer, por qualquer meio ou processo, inclusive em terminais eletrônicos e de atendimento.

15.16 – Emissão, reemissão, liquidação, alteração, cancelamento e baixa de ordens de pagamento, ordens de crédito e similares, por qualquer meio ou processo; serviços relacionados à transferência de valores, dados, fundos, pagamentos e similares, inclusive entre contas em geral.

15.17 – Emissão, fornecimento, devolução, sustação, cancelamento e oposição de cheques quaisquer, avulso ou por talão.

15.18 – Serviços relacionados a crédito imobiliário, avaliação e vistoria de imóvel ou obra, análise técnica e jurídica, emissão, reemissão, alteração, transferência e renegociação de contrato, emissão e reemissão do termo de quitação e demais serviços relacionados a crédito imobiliário.

16 – Serviços de transporte de natureza municipal.

16.01 – Serviços de transporte coletivo municipal rodoviário, metroviário, ferroviário e aquaviário de passageiros.

>> Item 16.01 com redação determinada pela Lei Complementar n. 157, de 29-12-2016.

16.02 – Outros serviços de transporte de natureza municipal.

>> Item 16.02 acrescentado pela Lei Complementar n. 157, de 29-12-2016.

17 – Serviços de apoio técnico, administrativo, jurídico, contábil, comercial e congêneres.

17.01 – Assessoria ou consultoria de qualquer natureza, não contida em outros itens desta lista; análise, exame, pesquisa, coleta, compilação e fornecimento de dados e informações de qualquer natureza, inclusive cadastro e similares.

17.02 – Datilografia, digitação, estenografia, expediente, secretaria em geral, resposta audível, redação, edição, interpretação, revisão, tradução, apoio e infraestrutura administrativa e congêneres.

17.03 – Planejamento, coordenação, programação ou organização técnica, financeira ou administrativa.

17.04 – Recrutamento, agenciamento, seleção e colocação de mão de obra.

17.05 – Fornecimento de mão de obra, mesmo em caráter temporário, inclusive de empregados ou trabalhadores, avulsos ou temporários, contratados pelo prestador de serviço.

17.06 – Propaganda e publicidade, inclusive promoção de vendas, planejamento de campanhas ou sistemas de publicidade, elaboração de desenhos, textos e demais materiais publicitários.

17.07 – (*Vetado*.)

17.08 – Franquia (*franchising*).

17.09 – Perícias, laudos, exames técnicos e análises técnicas.

17.10 – Planejamento, organização e administração de feiras, exposições, congressos e congêneres.

17.11 – Organização de festas e recepções; bufê (exceto o fornecimento de alimentação e bebidas, que fica sujeito ao ICMS).

17.12 – Administração em geral, inclusive de bens e negócios de terceiros.

17.13 – Leilão e congêneres.

17.14 – Advocacia.

17.15 – Arbitragem de qualquer espécie, inclusive jurídica.

17.16 – Auditoria.

17.17 – Análise de Organização e Métodos.

17.18 – Atuária e cálculos técnicos de qualquer natureza.

17.19 – Contabilidade, inclusive serviços técnicos e auxiliares.

17.20 – Consultoria e assessoria econômica ou financeira.

17.21 – Estatística.

17.22 – Cobrança em geral.

17.23 – Assessoria, análise, avaliação, atendimento, consulta, cadastro, seleção, gerenciamento de informações, administração de contas a receber ou a pagar e em geral, relacionados a operações de faturização (*factoring*).

17.24 – Apresentação de palestras, conferências, seminários e congêneres.

17.25 – Inserção de textos, desenhos e outros materiais de propaganda e publicidade, em qualquer meio (exceto em livros, jornais, periódicos e nas modalidades de serviços de radiodifusão sonora e de sons e imagens de recepção livre e gratuita).

>> Item 17.25 acrescentado pela Lei Complementar n. 157, de 29-12-2016.

18 – Serviços de regulação de sinistros vinculados a contratos de seguros; inspeção e avaliação de riscos para cobertura de contratos de seguros; prevenção e gerência de riscos seguráveis e congêneres.

18.01 – Serviços de regulação de sinistros vinculados a contratos de seguros; inspeção e avaliação de riscos para cobertura de contratos de seguros; prevenção e gerência de riscos seguráveis e congêneres.

19 – Serviços de distribuição e venda de bilhetes e demais produtos de loteria, bingos, cartões, pules ou cupons de apostas, sorteios, prêmios, inclusive os decorrentes de títulos de capitalização e congêneres.

19.01 – Serviços de distribuição e venda de bilhetes e demais produtos de loteria, bingos, cartões, pules ou cupons de apostas, sorteios, prêmios, inclusive os decorrentes de títulos de capitalização e congêneres.

20 – Serviços portuários, aeroportuários, ferroportuários, de terminais rodoviários, ferroviários e metroviários.

20.01 – Serviços portuários, ferroportuários, utilização de porto, movimentação de passageiros, reboque de embarcações, rebocador escoteiro, atracação, desatracação, serviços de praticagem, capatazia, armazenagem de qualquer natureza, serviços acessórios, movimentação de mercadorias, serviços de apoio marítimo, de movimentação ao largo, serviços de armadores, estiva, conferência, logística e congêneres.

20.02 – Serviços aeroportuários, utilização de aeroporto, movimentação de passageiros, armazenagem de qualquer natureza, capatazia, movimentação de aeronaves, serviços de apoio aeroportuários, serviços acessórios, movimentação de mercadorias, logística e congêneres.

20.03 – Serviços de terminais rodoviários, ferroviários, metroviários, movimentação de passageiros, mercadorias, inclusive suas operações, logística e congêneres.

21 – Serviços de registros públicos, cartorários e notariais.

21.01 – Serviços de registros públicos, cartorários e notariais.

22 – Serviços de exploração de rodovia.

22.01 – Serviços de exploração de rodovia mediante cobrança de preço ou pedágio dos usuários, envolvendo execução de serviços de conservação, manutenção, melhoramentos para adequação de capacidade e segurança de trânsito, operação, monitoração, assistência aos usuários e outros serviços definidos em contratos, atos de concessão ou de permissão ou em normas oficiais.

23 – Serviços de programação e comunicação visual, desenho industrial e congêneres.

23.01 – Serviços de programação e comunicação visual, desenho industrial e congêneres.

24 – Serviços de chaveiros, confecção de carimbos, placas, sinalização visual, *banners*, adesivos e congêneres.

24.01 – Serviços de chaveiros, confecção de carimbos, placas, sinalização visual, *banners*, adesivos e congêneres.

25 – Serviços funerários.

25.01 – Funerais, inclusive fornecimento de caixão, urna ou esquifes; aluguel de capela; transporte do corpo cadavérico; fornecimento de flores, coroas e outros paramentos; desembaraço de certidão de óbito; fornecimento de véu, essa e outros adornos; embalsamamento, embelezamento, conservação ou restauração de cadáveres.

25.02 – Translado intramunicipal e cremação de corpos e partes de corpos cadavéricos.

>> Item 25.02 com redação determinada pela Lei Complementar n. 157, de 29-12-2016.

25.03 – Planos ou convênio funerários.

25.04 – Manutenção e conservação de jazigos e cemitérios.

25.05 – Cessão de uso de espaços em cemitérios para sepultamento.

>> Item 25.05 acrescentado pela Lei Complementar n. 157, de 29-12-2016.

26 – Serviços de coleta, remessa ou entrega de correspondências, documentos, objetos, bens ou valores, inclusive pelos correios e suas agências franqueadas; *courrier* e congêneres.

26.01 – Serviços de coleta, remessa ou entrega de correspondências, documentos, objetos, bens ou valores, inclusive pelos correios e suas agências franqueadas; *courrier* e congêneres.

27 – Serviços de assistência social.

27.01 – Serviços de assistência social.

28 – Serviços de avaliação de bens e serviços de qualquer natureza.

28.01 – Serviços de avaliação de bens e serviços de qualquer natureza.

29 – Serviços de biblioteconomia.

29.01 – Serviços de biblioteconomia.

30 – Serviços de biologia, biotecnologia e química.

30.01 – Serviços de biologia, biotecnologia e química.

31 – Serviços técnicos em edificações, eletrônica, eletrotécnica, mecânica, telecomunicações e congêneres.

31.01 – Serviços técnicos em edificações, eletrônica, eletrotécnica, mecânica, telecomunicações e congêneres.

32 – Serviços de desenhos técnicos.

32.01 – Serviços de desenhos técnicos.

33 – Serviços de desembaraço aduaneiro, comissários, despachantes e congêneres.

33.01 – Serviços de desembaraço aduaneiro, comissários, despachantes e congêneres.

34 – Serviços de investigações particulares, detetives e congêneres.

34.01 – Serviços de investigações particulares, detetives e congêneres.

35 – Serviços de reportagem, assessoria de imprensa, jornalismo e relações públicas.

35.01 – Serviços de reportagem, assessoria de imprensa, jornalismo e relações públicas.

36 – Serviços de meteorologia.

36.01 – Serviços de meteorologia.

37 – Serviços de artistas, atletas, modelos e manequins.

37.01 – Serviços de artistas, atletas, modelos e manequins.

38 – Serviços de museologia.

38.01 – Serviços de museologia.

39 – Serviços de ourivesaria e lapidação.

39.01 – Serviços de ourivesaria e lapidação (quando o material for fornecido pelo tomador do serviço).

40 – Serviços relativos a obras de arte sob encomenda.

40.01 – Obras de arte sob encomenda.

LEI N. 10.744, DE 9 DE OUTUBRO DE 2003 (*)

Dispõe sobre a assunção, pela União, de responsabilidades civis perante terceiros no caso de atentados terroristas, atos de guerra ou eventos correlatos, contra aeronaves de matrícula brasileira operadas por empresas brasileiras de transporte aéreo público, excluídas as empresas de táxi aéreo.

Faço saber que o Presidente da República adotou a Medida Provisória n. 126, de 2003, que o Congresso Nacional aprovou, e eu, José Sarney, Presidente da Mesa do Congresso Nacional, para os efeitos do disposto no art. 62 da Constituição Federal, com a redação dada pela Emenda Constitucional n. 32, combinado com o art. 12 da Resolução n. 1, de 2002-CN, promulgo a seguinte Lei:

Art. 1.º Fica a União autorizada, na forma e critérios estabelecidos pelo Poder Executivo, a assumir despesas de responsabilidades civis perante terceiros na hipótese da ocorrência de danos a bens e pessoas, passageiros

(*) Publicada no *Diário Oficial da União* de 10-10-2003. Regulamentada pelo Decreto n. 5.035, de 5-4-2004.

ou não, provocados por atentados terroristas, atos de guerra ou eventos correlatos, ocorridos no Brasil ou no exterior, contra aeronaves de matrícula brasileira operadas por empresas brasileiras de transporte aéreo público, excluídas as empresas de táxi aéreo.

§ 1.º O montante global das despesas de responsabilidades civis referidas no *caput* fica limitado ao equivalente em reais a US$ 1,000,000,000.00 (um bilhão de dólares dos Estados Unidos da América) para o total dos eventos contra aeronaves de matrícula brasileira operadas por empresas brasileiras de transporte aéreo público, excluídas as empresas de táxi aéreo.

§ 2.º As despesas de responsabilidades civis perante terceiros, na hipótese da ocorrência de danos a pessoas de que trata o *caput* deste artigo, estão limitadas exclusivamente à reparação de danos corporais, doenças, morte ou invalidez sofridos em decorrência dos atos referidos no *caput* deste artigo, excetuados, dentre outros, os danos morais, ofensa à honra, ao afeto, à liberdade, à profissão, ao respeito aos mortos, à psique, à saúde, ao nome, ao crédito e ao bem-estar, sem necessidade da ocorrência de prejuízo econômico.

§ 3.º Entende-se por atos de guerra qualquer guerra, invasão, atos inimigos estrangeiros, hostilidades com ou sem guerra declarada, guerra civil, rebelião, revolução, insurreição, lei marcial, poder militar ou usurpado ou tentativas para usurpação do poder.

§ 4.º Entende-se por ato terrorista qualquer ato de uma ou mais pessoas, sendo ou não agentes de um poder soberano, com fins políticos ou terroristas, seja a perda ou dano dele resultante acidental ou intencional.

§ 5.º Os eventos correlatos, a que se refere o *caput* deste artigo, incluem greves, tumultos, comoções civis, distúrbios trabalhistas, ato malicioso, ato de sabotagem, confisco, nacionalização, apreensão, sujeição, detenção, apropriação, sequestro ou qualquer apreensão ilegal ou exercício indevido de controle da aeronave ou da tripulação em voo por parte de qualquer pessoa ou pessoas a bordo da aeronave sem consentimento do explorador.

Art. 2.º Caberá ao Ministro de Estado da Fazenda definir as normas para a operacionalização da assunção de que trata esta Lei, segundo disposições a serem estabelecidas pelo Poder Executivo.

Art. 3.º Caberá ao Ministro de Estado da Defesa, ouvidos os órgãos competentes, atestar que a despesa a que se refere o art. 1.º desta Lei ocorreu em virtude de atentados terroristas, atos de guerra ou eventos correlatos.

Art. 4.º Fica o Poder Executivo autorizado a fixar critérios de suspensão e cancelamento da assunção a que se refere esta Lei.

Art. 5.º Fica a União autorizada a emitir títulos de responsabilidade do Tesouro Nacional, cujas características serão definidas pelo Ministro de Estado da Fazenda, para atender eventuais despesas de responsabilidades civis perante terceiros na hipótese da ocorrência de danos a bens e pessoas, passageiros ou não, provocados por atentados terroristas, atos de guerra ou eventos correlatos, contra aeronaves de matrícula brasileira operadas por empresas brasileiras de transporte aéreo público, excluídas as empresas de táxi aéreo.

Art. 6.º A União ficará sub-rogada, em todos os direitos decorrentes dos pagamentos efetuados, contra aqueles que, por ato, fato ou omissão tenham causado os prejuízos pagos pela União ou tenham para eles concorrido, obrigando-se a empresa aérea ou o beneficiário a fornecer os meios necessários ao exercício dessa sub-rogação.

Art. 7.º Na hipótese de haver diferença positiva, em favor de empresa aérea, entre o valor pago a título de cobertura de seguros até 10 de setembro de 2001 e o valor pago a mesmo título após aquela data, deverá aquela diferença ser recolhida ao Tesouro Nacional como condição para a efetivação da assunção de despesas a que se refere o art. 1.º desta Lei.

....

Art. 9.º Esta Lei entra em vigor na data de sua publicação.

Art. 10. Fica revogada a Lei n. 10.605, de 18 de dezembro de 2002.

Congresso Nacional, em 9 de outubro de 2003; 182.º da Independência e 115.º da República.

JOSÉ SARNEY

LEI N. 10.833, DE 29 DE DEZEMBRO DE 2003 (*)

Altera a Legislação Tributária Federal e dá outras providências.

O Presidente da República

Faço saber que o Congresso Nacional decreta e eu sanciono a seguinte Lei:

CAPÍTULO I
DA COBRANÇA NÃO CUMULATIVA DA COFINS

Art. 1.º A Contribuição para o Financiamento da Seguridade Social – Cofins, com a incidência não cumulativa, incide sobre o total das receitas auferidas no mês pela pessoa jurídica, independentemente de sua denominação ou classificação contábil.

>> *Caput* com redação determinada pela Lei n. 12.973, de 13-5-2014.

§ 1.º Para efeito do disposto neste artigo, o total das receitas compreende a receita bruta de que trata o art. 12 do Decreto-Lei n. 1.598, de 26 de dezembro de 1977, e todas as demais receitas auferidas pela pessoa jurídica com os seus respectivos valores decorrentes do ajuste a valor presente de que trata o inciso VIII do *caput* do art. 183 da Lei n. 6.404, de 15 de dezembro de 1976.

>> § 1.º com redação determinada pela Lei n. 12.973, de 13-5-2014.

§ 2.º A base de cálculo da Cofins é o total das receitas auferidas pela pessoa jurídica, conforme definido no *caput* e no § 1.º.

>> § 2.º com redação determinada pela Lei n. 12.973, de 13-5-2014.

§ 3.º Não integram a base de cálculo a que se refere este artigo as receitas:

I – isentas ou não alcançadas pela incidência da contribuição ou sujeitas à alíquota 0 (zero);

> *Vide* art. 15 desta Lei.

II – de que trata o inciso IV do *caput* do art. 187 da Lei n. 6.404, de 15 de dezembro de 1976, decorrentes da venda de bens do ativo não circulante, classificado como investimento, imobilizado ou intangível;

>> Inciso II com redação determinada pela Lei n. 12.973, de 13-5-2014.

III – auferidas pela pessoa jurídica revendedora, na revenda de mercadorias em relação às quais a contribuição seja exigida da empresa vendedora, na condição de substituta tributária;

IV – (*Revogado pela Lei n. 11.727, de 23-6-2008.*);

V – referentes a:

a) vendas canceladas e aos descontos incondicionais concedidos;

b) reversões de provisões e recuperações de créditos baixados como perda que não representem ingresso de novas receitas, o resultado positivo da avaliação de investimentos pelo valor do patrimônio líquido e os lucros e dividendos derivados de participações societárias, que tenham sido computados como receita;

>> Alínea *b* com redação determinada pela Lei n. 12.973, de 13-5-2014.

>> *Vide* art. 93, I, desta Lei.

VI – decorrentes de transferência onerosa a outros contribuintes do Imposto sobre Operações relativas à Circulação de Mercadorias e sobre Prestações de Serviços de Transporte Interestadual e Intermunicipal e de Comunicação – ICMS de créditos de ICMS originados de operações de exportação, conforme o disposto no inciso II do § 1.º do art. 25 da Lei Complementar n. 87, de 13 de setembro de 1996;

>> Inciso VI acrescentado pela Lei n. 11.945, de 4-6-2009.

VII – financeiras decorrentes do ajuste a valor presente de que trata o inciso VIII do

(*) Publicada no *Diário Oficial da União*, de 30-12-2003. O Anexo Único desta Lei foi revogado pela Lei n. 10.925, de 23-7-2004. A Secretaria da Receita Federal passa a denominar-se Secretaria da Receita Federal do Brasil, por força da Lei n. 11.457, de 16-3-2007.

caput do art. 183 da Lei n. 6.404, de 15 de dezembro de 1976, referentes a receitas excluídas da base de cálculo da Cofins;

>> Inciso VII acrescentado pela Lei n. 12.973, de 13-5-2014.

VIII – relativas aos ganhos decorrentes de avaliação do ativo e passivo com base no valor justo;

>> Inciso VIII acrescentado pela Lei n. 12.973, de 13-5-2014.

IX – de subvenções para investimento, inclusive mediante isenção ou redução de impostos, concedidas como estímulo à implantação ou expansão de empreendimentos econômicos e de doações feitas pelo poder público;

>> Inciso IX acrescentado pela Lei n. 12.973, de 13-5-2014.

X – reconhecidas pela construção, recuperação, reforma, ampliação ou melhoramento da infraestrutura, cuja contrapartida seja ativo intangível representativo de direito de exploração, no caso de contratos de concessão de serviços públicos;

>> Inciso X acrescentado pela Lei n. 12.973, de 13-5-2014.

XI – relativas ao valor do imposto que deixar de ser pago em virtude das isenções e reduções de que tratam as alíneas *a*, *b*, *c* e *e* do § 1.º do art. 19 do Decreto-Lei n. 1.598, de 26 de dezembro de 1977; e

>> Inciso XI acrescentado pela Lei n. 12.973, de 13-5-2014.

XII – relativas ao prêmio na emissão de debêntures.

>> Inciso XII acrescentado pela Lei n. 12.973, de 13-5-2014.

Art. 2.º Para determinação do valor da COFINS aplicar-se-á, sobre a base de cálculo apurada conforme o disposto no art. 1.º, a alíquota de 7,6% (sete inteiros e seis décimos por cento).

>> *Vide* art. 93, I, desta Lei.

§ 1.º Excetua-se do disposto no *caput* deste artigo a receita bruta auferida pelos produtores ou importadores, que devem aplicar as alíquotas previstas:

>> § 1.º, *caput*, acrescentado pela Lei n. 10.865, de 30-4-2004.

I – nos incisos I a III do art. 4.º da Lei n. 9.718, de 27 de novembro de 1998, e alterações posteriores, no caso de venda de gasolinas e suas correntes, exceto gasolina de aviação, óleo diesel e suas correntes e gás liquefeito de petróleo – GLP derivado de petróleo e de gás natural;

>> Inciso I com redação determinada pela Lei n. 10.925, de 23-7-2004.

II – no inciso I do art. 1.º da Lei n. 10.147, de 21 de dezembro de 2000, e alterações posteriores, no caso de venda de produtos farmacêuticos, de perfumaria, de toucador ou de higiene pessoal, nele relacionados;

>> Inciso II acrescentado pela Lei n. 10.865, de 30-4-2004.

III – no art. 1.º da Lei n. 10.485, de 3 de julho de 2002, e alterações posteriores, no caso de venda de máquinas e veículos classificados nos códigos 84.29, 8432.40.00, 84.32.80.00, 8433.20, 8433.30.00, 8433.40.00, 8433.5, 87.01, 87.02, 87.03, 87.04, 87.05 e 87.06, da TIPI;

>> Inciso III acrescentado pela Lei n. 10.865, de 30-4-2004.

IV – no inciso II do art. 3.º da Lei n. 10.485, de 3 de julho de 2002, no caso de vendas, para comerciante atacadista ou varejista ou para consumidores, das autopeças relacionadas nos Anexos I e II da mesma Lei;

>> Inciso IV acrescentado pela Lei n. 10.865, de 30-4-2004.

V – no *caput* do art. 5.º da Lei n. 10.485, de 3 de julho de 2002, e alterações posteriores, no caso de venda dos produtos classificados nas posições 40.11 (pneus novos de borracha) e 40.13 (câmaras de ar de borracha), da TIPI;

>> Inciso V acrescentado pela Lei n. 10.865, de 30-4-2004.

VI – no art. 2.º da Lei n. 10.560, de 13 de novembro de 2002, e alterações posteriores, no caso de venda de querosene de aviação;

>> Inciso VI acrescentado pela Lei n. 10.865, de 30-4-2004.

VII a IX – (*Revogados pela Lei n. 13.097, de 19-1-2015.*);

X – no art. 23 da Lei n. 10.865, de 30 de abril de 2004, no caso de venda de gasolinas e suas correntes, exceto gasolina de aviação, óleo diesel e suas correntes, querosene de aviação, gás liquefeito de petróleo – GLP derivado de petróleo e de gás natural.

>> Inciso X acrescentado pela Lei n. 10.925, de 23-7-2004.

§ 1.º-A. Excetua-se do disposto no *caput* deste artigo a receita bruta auferida pelos produtores, importadores ou distribuidores com a venda de álcool, inclusive para fins carburantes, à qual se aplicam as alíquotas previstas no *caput* e no § 4.º do art. 5.º da Lei n. 9.718, de 27 de novembro de 1998.

>> § 1.º-A acrescentado pela Lei n. 11.727, de 23-6-2008.

>> *Vide* art. 41, IV, da Lei n. 11.727, de 23-6-2008.

§ 2.º Excetua-se do disposto no *caput* deste artigo a receita bruta decorrente da venda de papel imune a impostos de que trata o art. 150, VI, *d*, da Constituição Federal, quando destinado à impressão de periódicos, que fica sujeita à alíquota de 3,2% (três inteiros e dois décimos por cento).

>> § 2.º acrescentado pela Lei n. 10.865, de 30-4-2004.

§ 3.º Fica o Poder Executivo autorizado a reduzir a 0 (zero) e a restabelecer a alíquota incidente sobre receita bruta decorrente da venda de produtos químicos e farmacêuticos, classificados nos Capítulos 29 e 30, sobre produtos destinados ao uso em hospitais, clínicas e consultórios médicos e odontológicos, campanhas de saúde realizadas pelo Poder Público, laboratório de anatomia patológica, citológica ou de análises clínicas, classificados nas posições 30.02, 30.06, 39.26, 40.15 e 90.18, e sobre sêmens e embriões da posição 05.11, todos da TIPI.

>> § 3.º com redação determinada pela Lei n. 11.196, de 21-11-2005.

§ 4.º Fica reduzida a 0 (zero) a alíquota da COFINS incidente sobre a receita de venda de livros técnicos e científicos, na forma estabelecida em ato conjunto do Ministério da Educação e da Secretaria da Receita Federal.

>> § 4.º acrescentado pela Lei n. 10.925, de 23-7-2004.

§ 5.º Excetua-se do disposto no *caput* deste artigo a receita bruta auferida por pessoa jurídica industrial estabelecida na Zona Franca de Manaus, decorrente da venda de produção própria, consoante projeto aprovado pelo Conselho de Administração da Superintendência da Zona Franca de Manaus – SUFRAMA, que fica sujeita, ressalvado o disposto nos §§ 1.º a 4.º deste artigo, às alíquotas de:

>> § 5.º, *caput*, acrescentado pela Lei n. 10.996, de 15-12-2004.

I – 3% (três por cento), no caso de venda efetuada a pessoa jurídica estabelecida:

>> Inciso I, *caput*, acrescentado pela Lei n. 10.996, de 15-12-2004.

a) na Zona Franca de Manaus; e

>> Alínea *a* acrescentada pela Lei n. 10.996, de 15-12-2004.

b) fora da Zona Franca de Manaus, que apure a COFINS no regime de não cumulatividade;

>> Alínea *b* acrescentada pela Lei n. 10.996, de 15-12-2004.

II – 6% (seis por cento), no caso de venda efetuada a:

>> Inciso II, *caput*, acrescentado pela Lei n. 10.996, de 15-12-2004.

a) pessoa jurídica estabelecida fora da Zona Franca de Manaus, que apure o imposto de renda com base no lucro presumido;

>> Alínea *a* acrescentada pela Lei n. 10.996, de 15-12-2004.

b) pessoa jurídica estabelecida fora da Zona Franca de Manaus, que apure o imposto de renda com base no lucro real e que tenha sua receita, total ou parcialmente, excluída do regime de incidência não cumulativa da COFINS;

>> Alínea *b* acrescentada pela Lei n. 10.996, de 15-12-2004.

c) pessoa jurídica estabelecida fora da Zona Franca de Manaus e que seja optante pelo Sistema Integrado de Pagamento de Impostos e Contribuições – SIMPLES; e

>> Alínea *c* acrescentada pela Lei n. 10.996, de 15-12-2004.

d) órgãos da administração federal, estadual, distrital e municipal.

>> Alínea *d* acrescentada pela Lei n. 10.996, de 15-12-2004.

§ 6.º O disposto no § 5.º também se aplica à receita bruta auferida por pessoa jurídica industrial ou comercial estabelecida nas Áreas de Livre Comércio de que tratam as Leis n. 7.965, de 22 de dezembro de 1989, 8.210, de 19 de julho de 1991, e 8.256, de 25 de novembro de 1991, o art. 11 da Lei n. 8.387, de 30 de dezembro de 1991, e a Lei n. 8.857, de 8 de março de 1994.

>> § 6.º acrescentado pela Lei n. 11.945, de 4-6-2009.

§ 7.º A exigência prevista no § 5.º deste artigo relativa ao projeto aprovado não se aplica às pessoas jurídicas comerciais referidas no § 6.º deste artigo.

>> § 7.º acrescentado pela Lei n. 11.945, de 4-6-2009.

Art. 3.º Do valor apurado na forma do art. 2.º a pessoa jurídica poderá descontar créditos calculados em relação a:

> *Vide* art. 30 da Lei n. 10.865, de 30-4-2004.

I – bens adquiridos para revenda, exceto em relação às mercadorias e aos produtos referidos:

>> Inciso I, *caput*, com redação determinada pela Lei n. 10.865, de 30-4-2004.

a) no inciso III do § 3.º do art. 1.º desta Lei; e

>> Alínea *a* com redação determinada pela Lei n. 11.727, de 23-6-2008.

>> *Vide* art. 41, IV, da Lei n. 11.727, de 23-6-2008.

b) nos §§ 1.º e 1.º-A do art. 2.º desta Lei;

>> Alínea *b* com redação determinada pela Lei n. 11.787, de 25-9-2008.

II – bens e serviços, utilizados como insumo na prestação de serviços e na produção ou fabricação de bens ou produtos destinados à venda, inclusive combustíveis e lubrificantes, exceto em relação ao pagamento de que trata o art. 2.º da Lei n. 10.485, de 3 de julho de 2002, devido pelo fabricante ou importador, ao concessionário, pela intermediação ou entrega dos veículos classificados nas posições 87.03 e 87.04 da TIPI;

>> Inciso II com redação determinada pela Lei n. 10.865, de 30-4-2004.

III – energia elétrica e energia térmica, inclusive sob a forma de vapor, consumidas nos estabelecimentos da pessoa jurídica;

>> Inciso III com redação determinada pela Lei n. 11.488, de 15-6-2007.

IV – aluguéis de prédios, máquinas e equipamentos, pagos a pessoa jurídica, utilizados nas atividades da empresa;

V – valor das contraprestações de operações de arrendamento mercantil de pessoa jurídica, exceto de optante pelo Sistema Integrado de Pagamento de Impostos e Contribuições das Microempresas e das Empresas de Pequeno Porte – SIMPLES;

>> Inciso V com redação determinada pela Lei n. 10.865, de 30-4-2004.

VI – máquinas, equipamentos e outros bens incorporados ao ativo imobilizado, adquiridos ou fabricados para locação a terceiros, ou para utilização na produção de bens destinados à venda ou na prestação de serviços;

>> Inciso VI com redação determinada pela Lei n. 11.196, de 21-11-2005.

>> *Vide* art. 132, III, *c*, da Lei n. 11.196, de 21-11-2005.

VII – edificações e benfeitorias em imóveis próprios ou de terceiros, utilizados nas atividades da empresa;

VIII – bens recebidos em devolução cuja receita de venda tenha integrado faturamento do mês ou de mês anterior, e tributada conforme o disposto nesta Lei;

IX – armazenagem de mercadoria e frete na operação de venda, nos casos dos incisos I e II, quando o ônus for suportado pelo vendedor;

X – vale-transporte, vale-refeição ou vale-alimentação, fardamento ou uniforme fornecidos aos empregados por pessoa jurídica que explore as atividades de prestação de serviços de limpeza, conservação e manutenção;

>> Inciso X acrescentado pela Lei n. 11.898, de 8-1-2009.

XI – bens incorporados ao ativo intangível, adquiridos para utilização na produção de bens destinados a venda ou na prestação de serviços.

>> Inciso XI acrescentado pela Lei n. 12.973, de 13-5-2014.

§ 1.º Observado o disposto no § 15 deste artigo, o crédito será determinado mediante a aplicação da alíquota prevista no *caput* do art. 2.º desta Lei sobre o valor:

>> § 1.º, *caput*, com redação determinada pela Lei n. 11.727, de 23-6-2008.

>> *Vide* art. 41, VII, da Lei n. 11.727, de 23-6-2008.

I – dos itens mencionados nos incisos I e II do *caput*, adquiridos no mês;

II – dos itens mencionados nos incisos III a V e IX do *caput*, incorridos no mês;

III – dos encargos de depreciação e amortização dos bens mencionados nos incisos VI, VII e XI do *caput*, incorridos no mês;

>> Inciso III com redação determinada pela Lei n. 12.973, de 13-5-2014.

IV – dos bens mencionados no inciso VIII do *caput*, devolvidos no mês.

§ 2.º Não dará direito a crédito o valor:

>> § 2.º, *caput*, com redação determinada pela Lei n. 10.865, de 30-4-2004.

I – de mão de obra paga a pessoa física; e

>> Inciso I acrescentado pela Lei n. 10.865, de 30-4-2004.

II – da aquisição de bens ou serviços não sujeitos ao pagamento da contribuição, inclusive no caso de isenção, esse último quando revendidos ou utilizados como insumo em produtos ou serviços sujeitos à alíquota 0 (zero), isentos ou não alcançados pela contribuição.

>> Inciso II acrescentado pela Lei n. 10.865, de 30-4-2004.

§ 3.º O direito ao crédito aplica-se, exclusivamente, em relação:

I – aos bens e serviços adquiridos de pessoa jurídica domiciliada no País;

II – aos custos e despesas incorridos, pagos ou creditados a pessoa jurídica domiciliada no País;

III – aos bens e serviços adquiridos e aos custos e despesas incorridos a partir do mês em que se iniciar a aplicação do disposto nesta Lei.

§ 4.º O crédito não aproveitado em determinado mês poderá sê-lo nos meses subsequentes.

§§ 5.º e 6.º (*Revogados pela Lei n. 10.925, de 23-7-2004.*)

§ 7.º Na hipótese de a pessoa jurídica sujeitar-se à incidência não cumulativa da COFINS, em relação apenas à parte de suas receitas, o crédito será apurado, exclusivamente, em relação aos custos, despesas e encargos vinculados a essas receitas.

§ 8.º Observadas as normas a serem editadas pela Secretaria da Receita Federal, no caso de custos, despesas e encargos vinculados às receitas referidas no § 7.º e àquelas submetidas ao regime de incidência cumulativa dessa contribuição, o crédito será determinado, a critério da pessoa jurídica, pelo método de:

I – apropriação direta, inclusive em relação aos custos, por meio de sistema de contabilidade de custos integrada e coordenada com a escrituração; ou

II – rateio proporcional, aplicando-se aos custos, despesas e encargos comuns a relação percentual existente entre a receita bruta sujeita à incidência não cumulativa e a receita bruta total, auferidas em cada mês.

§ 9.º O método eleito pela pessoa jurídica para determinação do crédito, na forma do § 8.º, será aplicado consistentemente por todo o ano-calendário e, igualmente, adotado na apuração do crédito relativo à contribuição para o PIS/PASEP não cumulativa, observadas as normas a serem editadas pela Secretaria da Receita Federal.

§ 10. O valor dos créditos apurados de acordo com este artigo não constitui receita bruta da pessoa jurídica, servindo somente para dedução do valor devido da contribuição.

§§ 11 e 12. (*Revogados pela Lei n. 10.925, de 23-7-2004.*)

§ 13. Deverá ser estornado o crédito da COFINS relativo a bens adquiridos para revenda ou utilizados como insumos na prestação de serviços e na produção ou fabricação de bens ou produtos destinados à venda, que tenham sido furtados ou roubados, inutilizados ou deteriorados, destruídos em sinistro ou, ainda, empregados em outros produtos que tenham tido a mesma destinação.

>> § 13 acrescentado pela Lei n. 10.865, de 30-4-2004.

§ 14. Opcionalmente, o contribuinte poderá calcular o crédito de que trata o inciso III do § 1.º deste artigo, relativo à aquisição de máquinas e equipamentos destinados ao ativo imobilizado, no prazo de 4 (quatro) anos, mediante a aplicação, a cada mês, das alíquotas referidas no *caput* do art. 2.º desta Lei sobre o valor correspondente a 1/48 (um quarenta e oito avos) do valor de aquisição do bem, de acordo com regulamentação da Secretaria da Receita Federal.

>> § 14 acrescentado pela Lei n. 10.865, de 30-4-2004.

§ 15. O crédito, na hipótese de aquisição, para revenda, de papel imune a impostos de que trata o art. 150, VI, *d* da Constituição Federal, quando destinado à impressão de periódicos, será determinado mediante a aplicação da alíquota prevista no § 2.º do art. 2.º desta Lei.

>> § 15 acrescentado pela Lei n. 10.865, de 30-4-2004.

§ 16. Opcionalmente, o sujeito passivo poderá calcular o crédito de que trata o inciso III do § 1.º deste artigo, relativo à aquisição de embalagens de vidro retornáveis classificadas no código 7010.90.21 da Tipi, destinadas ao ativo imobilizado, de acordo com regulamentação da Secretaria da Receita Federal do Brasil, no prazo de 12 (doze) meses, à razão de 1/12 (um doze avos).

>> § 16 com redação determinada pela Lei n. 13.097, de 19-1-2015.

I e II – (*Revogados pela Lei n. 13.097, de 19-1-2015.*)

§ 17. Ressalvado o disposto no § 2.º deste artigo e nos §§ 1.º a 3.º do art. 2.º desta Lei, na aquisição de mercadoria produzida por pessoa jurídica estabelecida na Zona Franca de Manaus, consoante projeto aprovado pelo Conselho de Administração da Superintendência da Zona Franca de Manaus (Suframa), o crédito será determinado mediante a aplicação da alíquota:

>> § 17, *caput*, com redação determinada pela Lei n. 12.507, de 11-10-2011.

I – de 5,60% (cinco inteiros e sessenta centésimos por cento), nas operações com os bens referidos no inciso VI do art. 28 da Lei n. 11.196, de 21 de novembro de 2005;

>> Inciso I acrescentado pela Lei n. 12.507, de 11-10-2011.

II – de 7,60% (sete inteiros e sessenta centésimos por cento), na situação de que trata a alínea *b* do inciso II do § 5.º do art. 2.º desta Lei; e

>> Inciso II acrescentado pela Lei n. 12.507, de 11-10-2011.

III – de 4,60% (quatro inteiros e sessenta centésimos por cento), nos demais casos.

>> Inciso III acrescentado pela Lei n. 12.507, de 11-10-2011.

§ 18. No caso de devolução de vendas efetuadas em períodos anteriores, o crédito calculado mediante a aplicação da alíquota incidente na venda será apropriado no mês do recebimento da devolução.

>> § 18 com redação determinada pela Lei n. 11.727, de 23-6-2008.

>> *Vide* art. 41, IV, da Lei n. 11.727, de 23-6-2008.

§ 19. A empresa de serviço de transporte rodoviário de carga que subcontratar serviço de transporte de carga prestado por:

>> § 19, *caput*, acrescentado pela Lei n. 11.051, de 29-12-2004.

I – pessoa física, transportador autônomo, poderá descontar, da Cofins devida em cada período de apuração, crédito presumido calculado sobre o valor dos pagamentos efetuados por esses serviços;

>> Inciso I acrescentado pela Lei n. 11.051, de 29-12-2004.

II – pessoa jurídica transportadora, optante pelo SIMPLES, poderá descontar, da Cofins devida em cada período de apuração, crédito calculado sobre o valor dos pagamentos efetuados por esses serviços.

>> Inciso II acrescentado pela Lei n. 11.051, de 29-12-2004.

§ 20. Relativamente aos créditos referidos no § 19 deste artigo, seu montante será determinado mediante aplicação, sobre o valor dos mencionados pagamentos, de alíquota correspondente a 75% (setenta e cinco por cento) daquela constante do art. 2.º desta Lei.

>> § 20 acrescentado pela Lei n. 11.051, de 29-12-2004.

§ 21. Não integram o valor das máquinas, equipamentos e outros bens fabricados para incorporação ao ativo imobilizado na forma do inciso VI do *caput* deste artigo os custos de que tratam os incisos do § 2.º deste artigo.

>> § 21 acrescentado pela Lei n. 11.196, de 21-11-2005.

>> *Vide* art. 132, III, *c*, da Lei n. 11.196, de 21-11-2005.

>> A Medida Provisória n. 413, de 3-1-2008, acrescentou o § 22 a este artigo. A sua conversão na Lei n. 11.727, de 23-6-2008, não dispõe sobre este acréscimo.

§ 23. O disposto no § 17 deste artigo também se aplica na hipótese de aquisição de mercadoria produzida por pessoa jurídica estabelecida nas Áreas de Livre Comércio de que tratam as Leis n. 7.965, de 22 de dezembro de 1989, 8.210, de 19 de julho de 1991, e 8.256, de 25 de novembro de 1991, o art. 11 da Lei n. 8.387, de 30 de dezembro de 1991, e a Lei n. 8.857, de 8 de março de 1994.

>> § 23 acrescentado pela Lei n. 11.945, de 4-6-2009.

>> Numeração conforme publicação oficial.

§ 24. Ressalvado o disposto no § 2.º deste artigo e nos §§ 1.º a 3.º do art. 2.º desta Lei, na hipótese de aquisição de mercadoria revendida por pessoa jurídica comercial estabelecida nas Áreas de Livre Comércio referidas no § 23 deste artigo, o crédito será determinado mediante a aplicação da alíquota de 3% (três por cento).

>> § 24 acrescentado pela Lei n. 11.945, de 4-6-2009.

>> Numeração conforme publicação oficial.

§ 25. No cálculo do crédito de que tratam os incisos do *caput*, poderão ser considerados os valores decorrentes do ajuste a valor presente de que trata o inciso III do *caput* do art. 184 da Lei n. 6.404, de 15 de dezembro de 1976.

>> § 25 acrescentado pela Lei n. 12.973, de 13-5-2014.

§ 26. O disposto nos incisos VI e VII do *caput* não se aplica no caso de bem objeto de arrendamento mercantil, na pessoa jurídica arrendatária.

>> § 26 acrescentado pela Lei n. 12.973, de 13-5-2014.

§ 27. Para fins do disposto nos incisos VI e VII do *caput*, fica vedado o desconto de quaisquer créditos calculados em relação a:

>> § 27, *caput*, acrescentado pela Lei n. 12.973, de 13-5-2014.

I – encargos associados a empréstimos registrados como custo na forma da alínea *b* do § 1.º do art. 17 do Decreto-Lei n. 1.598, de 26 de dezembro de 1977; e

>> Inciso I acrescentado pela Lei n. 12.973, de 13-5-2014.

II – custos estimados de desmontagem e remoção do imobilizado e de restauração do local em que estiver situado.

>> Inciso II acrescentado pela Lei n. 12.973, de 13-5-2014.

§ 28. No cálculo dos créditos a que se referem os incisos VI e VII do *caput*, não serão computados os ganhos e perdas decorrentes de avaliação de ativo com base no valor justo.

>> § 28 acrescentado pela Lei n. 12.973, de 13-5-2014.

§ 29. Na execução de contratos de concessão de serviços públicos, os créditos gerados pelos serviços de construção, recuperação, reforma, ampliação ou melhoramento de infraestrutura, quando a receita correspondente tiver contrapartida em ativo intangível, representativo de direito de exploração, ou em ativo financeiro, somente poderão ser aproveitados, no caso do ativo intangível, à medida que este for amortizado e, no caso do ativo financeiro, na proporção de seu recebimento, excetuado, para ambos os casos, o crédito previsto no inciso VI do *caput*.

>> § 29 acrescentado pela Lei n. 12.973, de 13-5-2014.

§ 30. O disposto no inciso XI do *caput* não se aplica ao ativo intangível referido no § 29.

>> § 30 acrescentado pela Lei n. 12.973, de 13-5-2014.

>> A Lei n. 13.097, de 19-1-2015, propôs o acréscimo do § 31, todavia a alteração sofreu veto presidencial.

Art. 4.º A pessoa jurídica que adquirir imóvel para venda ou promover empreendimento de desmembramento ou loteamento de terrenos, incorporação imobiliária ou construção de prédio destinado a venda, utilizará o crédito referente aos custos vinculados à unidade construída ou em construção, a ser descontado na forma do art. 3.º, somente a partir da efetivação da venda.

§ 1.º Na hipótese de venda de unidade imobiliária não concluída, a pessoa jurídica poderá utilizar crédito presumido, em relação ao custo orçado de que trata a legislação do imposto de renda.

§ 2.º O crédito presumido será calculado mediante a aplicação da alíquota de que trata o art. 2.º sobre o valor do custo orçado para conclusão da obra ou melhoramento, ajustado pela exclusão dos valores a serem pagos a pessoa física, encargos trabalhistas, sociais e previdenciários, e dos bens e serviços, acrescidos dos tributos incidentes na importação, adquiridos de pessoa física ou jurídica residente ou domiciliada no exterior.

§ 3.º O crédito a ser descontado na forma do *caput* e o crédito presumido apurado na forma do § 2.º deverão ser utilizados na proporção da receita relativa à venda da unidade imobiliária, à medida do recebimento.

§ 4.º Ocorrendo modificação do valor do custo orçado, antes do término da obra ou melhoramento, nas hipóteses previstas na legislação do imposto de renda, o novo valor orçado deverá ser considerado para efeito do disposto nos §§ 2.º e 3.º.

§ 5.º A pessoa jurídica que utilizar o crédito presumido de que trata este artigo determinará, na data da conclusão da obra ou melhoramento, a diferença entre o custo orçado e o efetivamente realizado, apurados na forma da legislação do imposto de renda, com os ajustes previstos no § 2.º:

I – se o custo realizado for inferior ao custo orçado, em mais de 15% (quinze por cento) deste, considerar-se-á como postergada a contribuição incidente sobre a diferença;

II – se o custo realizado for inferior ao custo orçado, em até 15% (quinze por cento) deste, a contribuição incidente sobre a diferença será devida a partir da data da conclusão, sem acréscimos legais;

III – se o custo realizado for superior ao custo orçado, a pessoa jurídica terá direito ao crédito correspondente à diferença, no período de apuração em que ocorrer a conclusão, sem acréscimos.

§ 6.º A diferença de custo a que se refere o § 5.º será, no período de apuração em que ocorrer a conclusão da obra ou melhoramento, adicionada ou subtraída, conforme o caso, no cálculo do crédito a ser descontado na forma do art. 3.º, devendo ainda, em relação à contribuição considerada postergada, de acordo com o inciso I, ser recolhidos os acréscimos referentes a juros de mora e multa, de mora ou de ofício, calculados na forma da legislação que rege a cobrança da contribuição não paga.

§ 7.º Se a venda de unidade imobiliária não concluída ocorrer antes de iniciada a apuração da COFINS na forma do art. 2.º, o custo orçado poderá ser calculado na data de início dessa apuração, para efeito do disposto nos §§ 2.º e 3.º, observado, quanto aos custos incorridos até essa data, o disposto no § 4.º do art. 12.

§ 8.º O disposto neste artigo não se aplica às vendas anteriores à vigência da Medida Provisória n. 2.221, de 4 de setembro de 2001.

>> Citada Medida Provisória foi revogada pela Lei n. 10.931, de 2-8-2004, constante neste volume.

§ 9.º Os créditos referentes a unidades imobiliárias recebidas em devolução, calculados com observância do disposto neste artigo, serão estornados na data do desfazimento do negócio.

>> *Vide* art. 93, I, desta Lei.

Art. 5.º O contribuinte da COFINS é a pessoa jurídica que auferir as receitas a que se refere o art. 1.º.

>> *Vide* art. 93, I, desta Lei.

Art. 6.º A COFINS não incidirá sobre as receitas decorrentes das operações de:

I – exportação de mercadorias para o exterior;

II – prestação de serviços para pessoa física ou jurídica residente ou domiciliada no exterior, cujo pagamento represente ingresso de divisas;

>> Inciso II com redação determinada pela Lei n. 10.865, de 30-4-2004.

III – vendas a empresa comercial exportadora com o fim específico de exportação.

>> A Lei n. 13.169, de 6-10-2015, propôs o acréscimo do inciso IV ao *caput* deste artigo, todavia a alteração sofreu veto presidencial.

§ 1.º Na hipótese deste artigo, a pessoa jurídica vendedora poderá utilizar o crédito apurado na forma do art. 3.º, para fins de:

I – dedução do valor da contribuição a recolher, decorrente das demais operações no mercado interno;

II – compensação com débitos próprios, vencidos ou vincendos, relativos a tributos e contribuições administrados pela Secretaria da Receita Federal, observada a legislação específica aplicável à matéria.

§ 2.º A pessoa jurídica que, até o final de cada trimestre do ano civil, não conseguir utilizar o crédito por qualquer das formas previstas no § 1.º poderá solicitar o seu ressarcimento em dinheiro, observada a legislação específica aplicável à matéria.

§ 3.º O disposto nos §§ 1.º e 2.º aplica-se somente aos créditos apurados em relação a custos, despesas e encargos vinculados à receita de exportação, observado o disposto nos §§ 8.º e 9.º do art. 3.º.

§ 4.º O direito de utilizar o crédito de acordo com o § 1.º não beneficia a empresa comercial exportadora que tenha adquirido mercadorias com o fim previsto no inciso III do *caput*, ficando vedada, nesta hipótese, a apuração de créditos vinculados à receita de exportação.

>> *Vide* art. 93, I, desta Lei.

>> A Lei n. 13.169, de 6-10-2015, propôs o acréscimo do § 5.º a este artigo, todavia a alteração sofreu veto presidencial.

Art. 7.º No caso de construção por empreitada ou de fornecimento a preço predeterminado de bens ou serviços, contratados por pessoa jurídica de direito público, empresa pública, sociedade de economia mista ou suas subsidiárias, a pessoa jurídica optante pelo regime previsto no art. 7.º da Lei n. 9.718, de 27 de novembro de 1998, somente poderá utilizar o crédito a ser descontado na forma do art. 3.º, na proporção das receitas efetivamente recebidas.

>> *Vide* art. 93, I, desta Lei.

Art. 8.º A contribuição incidente na hipótese de contratos, com prazo de execução superior a 1 (um) ano, de construção por empreitada ou de fornecimento, a preço predeterminado, de bens ou serviços a serem produzidos, será calculada sobre a receita apurada de acordo com os critérios de reconhecimento adotados pela legislação do imposto de renda, previstos para a espécie de operação.

Parágrafo único. O crédito a ser descontado na forma do art. 3.º somente poderá ser utilizado na proporção das receitas reconhecidas nos termos do *caput*.

>> *Vide* art. 93, I, desta Lei.

Art. 9.º A empresa comercial exportadora que houver adquirido mercadorias de outra pessoa jurídica, com o fim específico de exportação para o exterior, que, no prazo de 180 (cento e oitenta) dias, contados da data da emissão da nota fiscal pela vendedora, não comprovar o seu embarque para o exterior, ficará sujeita ao pagamento de todos os impostos e contribuições que deixaram de ser pagos pela empresa vendedora, acrescidos de juros de mora e multa, de mora ou de ofício, calculados na forma da legislação que rege a cobrança do tributo não pago.

§ 1.º Para efeito do disposto neste artigo, considera-se vencido o prazo para o pagamento na data em que a empresa vendedora deveria fazê-lo, caso a venda houvesse sido efetuada para o mercado interno.

§ 2.º No pagamento dos referidos tributos, a empresa comercial exportadora não poderá deduzir, do montante devido, qualquer valor a título de crédito de Imposto sobre Produtos Industrializados – IPI, ou da COFINS, decorrente da aquisição das mercadorias e serviços objeto da incidência.

§ 3.º A empresa deverá pagar, também, os impostos e contribuições devidos nas vendas para o mercado interno, caso, por qualquer forma, tenha alienado ou utilizado as mercadorias.

>> *Vide* art. 93, I, desta Lei.

Art. 10. Permanecem sujeitas às normas da legislação da COFINS, vigentes anteriormente a esta Lei, não se lhes aplicando as disposições dos arts. 1.º a 8.º:

I – as pessoas jurídicas referidas nos §§ 6.º, 8.º e 9.º do art. 3.º da Lei n. 9.718, de 1998, e na Lei n. 7.102, de 20 de junho de 1983;

II – as pessoas jurídicas tributadas pelo imposto de renda com base no lucro presumido ou arbitrado;

III – as pessoas jurídicas optantes pelo SIMPLES;

IV – as pessoas jurídicas imunes a impostos;

V – os órgãos públicos, as autarquias e fundações públicas federais, estaduais e municipais, e as fundações cuja criação tenha sido autorizada por lei, referidas no art. 61 do Ato das Disposições Constitucionais Transitórias da Constituição;

VI – sociedades cooperativas, exceto as de produção agropecuária, sem prejuízo das deduções de que trata o art. 15 da Medida Provisória n. 2.158-35, de 24 de agosto de 2001, e o art. 17 da Lei n. 10.684, de 30 de maio de 2003, não lhes aplicando as disposições do § 7.º do art. 3.º das Leis n. 10.637, de 30 de dezembro de 2002, e 10.833, de 29 de dezembro de 2003, e as de consumo;

>> Inciso VI com redação determinada pela Lei n. 10.865, de 30-4-2004.

VII – as receitas decorrentes das operações:

a) (*Revogada pela Lei n. 11.727, de 23-6-2008.*);

b) sujeitas à substituição tributária da COFINS;

c) referidas no art. 5.º da Lei n. 9.716, de 26 de novembro de 1998;

VIII – as receitas decorrentes de prestação de serviços de telecomunicações;

IX – as receitas decorrentes de venda de jornais e periódicos e de prestação de serviços das empresas jornalísticas e de radiodifusão sonora e de sons e imagens;

>> Inciso IX com redação determinada pela Lei n. 10.865, de 30-4-2004.

X – as receitas submetidas ao regime especial de tributação previsto no art. 47 da Lei n. 10.637, de 30 de dezembro de 2002;

XI – as receitas relativas a contratos firmados anteriormente a 31 de outubro de 2003:

a) com prazo superior a 1 (um) ano, de administradoras de planos de consórcios de bens móveis e imóveis, regularmente autorizadas a funcionar pelo Banco Central;

b) com prazo superior a 1 (um) ano, de construção por empreitada ou de fornecimento, a preço predeterminado, de bens ou serviços;

c) de construção por empreitada ou de fornecimento, a preço predeterminado, de bens ou serviços contratados com pessoa jurídica de direito público, empresa pública, sociedade de economia mista ou suas subsidiárias, bem como os contratos posteriormente firmados decorrentes de propostas apresentadas, em processo licitatório, até aquela data;

XII – as receitas decorrentes de prestação de serviços de transporte coletivo rodoviário, metroviário, ferroviário e aquaviário de passageiros;

XIII – as receitas decorrentes de serviços:

>> Inciso XIII, *caput*, com redação determinada pela Lei n. 10.865, de 30-4-2004.

a) prestados por hospital, pronto-socorro, clínica médica, odontológica, de fisioterapia e de fonoaudiologia, e laboratório de anatomia patológica, citológica ou de análises clínicas; e

>> Alínea *a* acrescentada pela Lei n. 10.865, de 30-4-2004.

>> A Lei n. 12.973, de 13-5-2014, propôs nova redação para esta alínea, porém teve seu texto vetado.

b) de diálise, raios X, radiodiagnóstico e radioterapia, quimioterapia e de banco de sangue;

>> Alínea *b* acrescentada pela Lei n. 10.865, de 30-4-2004.

XIV – as receitas decorrentes de prestação de serviços de educação infantil, ensinos fundamental e médio e educação superior;

XV – as receitas decorrentes de vendas de mercadorias realizadas pelas pessoas jurídicas referidas no art. 15 do Decreto-lei n. 1.455, de 7 de abril de 1976;

>> Inciso XV acrescentado pela Lei n. 10.865, de 30-4-2004.

XVI – as receitas decorrentes de prestação de serviço de transporte coletivo de passageiros, efetuado por empresas regulares de linhas aéreas domésticas, e as decorrentes da prestação de serviço de transporte de pessoas por empresas de táxi aéreo;

>> Inciso XVI acrescentado pela Lei n. 10.865, de 30-4-2004.

XVII – as receitas auferidas por pessoas jurídicas, decorrentes da edição de periódicos e de informações neles contidas, que sejam relativas aos assinantes dos serviços públicos de telefonia;

>> Inciso XVII acrescentado pela Lei n. 10.865, de 30-4-2004.

XVIII – as receitas decorrentes de prestação de serviços com aeronaves de uso agrícola inscritas no Registro Aeronáutico Brasileiro (RAB);

>> Inciso XVIII acrescentado pela Lei n. 10.865, de 30-4-2004.

XIX – as receitas decorrentes de prestação de serviços das empresas de *call center*, *telemarketing*, telecobrança e de teleatendimento em geral;

>> Inciso XIX acrescentado pela Lei n. 10.865, de 30-4-2004.

XX – as receitas decorrentes da execução por administração, empreitada ou subempreitada, de obras de construção civil;

>> Inciso XX acrescentado pela Lei n. 13.043, de 13-11-2014, em vigor a partir do 4.º mês subsequente ao da publicação (*DOU* de 14-11-2014).

XXI – as receitas auferidas por parques temáticos, e as decorrentes de serviços de hotelaria e de organização de feiras e eventos, conforme definido em ato conjunto dos Ministérios da Fazenda e do Turismo;

>> Inciso XXI acrescentado pela Lei n. 10.865, de 30-4-2004.

XXII – as receitas decorrentes da prestação de serviços postais e telegráficos prestados pela Empresa Brasileira de Correios e Telégrafos;

>> Inciso XXII acrescentado pela Lei n. 10.925, de 23-7-2004.

XXIII – as receitas decorrentes de prestação de serviços públicos de concessionárias operadoras de rodovias;

>> Inciso XXIII acrescentado pela Lei n. 10.925, de 23-7-2004.

XXIV – as receitas decorrentes da prestação de serviços das agências de viagem e de viagens e turismo;

>> Inciso XXIV acrescentado pela Lei n. 10.925, de 23-7-2004.

XXV – as receitas auferidas por empresas de serviços de informática, decorrentes das atividades de desenvolvimento de *software* e o seu licenciamento ou cessão de direito de uso, bem como de análise, programação, instalação, configuração, assessoria, consultoria, suporte técnico e manutenção ou atualização de *software*, compreendidas ainda como *softwares* as páginas eletrônicas;

>> Inciso XXV acrescentado pela Lei n. 11.051, de 29-12-2004.

XXVI – as receitas relativas às atividades de revenda de imóveis, desmembramento ou loteamento de terrenos, incorporação imobiliária e construção de prédio destinado à venda, quando decorrentes de contratos de longo prazo firmados antes de 31 de outubro de 2003;

>> Inciso XXVI acrescentado pela Lei n. 11.196, de 21-11-2005.

>> *Vide* art. 132, II, *b*, da Lei n. 11.196, de 21-11-2005.

XXVII – (*Vetado*.);

>> Inciso XXVII acrescentado pela Lei n. 11.196, de 21-11-2005.

XXVIII – (*Vetado*.);

>> Inciso XXVIII acrescentado pela Lei n. 12.766, de 27-12-2012.

XXIX – as receitas decorrentes de operações de comercialização de pedra britada, de areia para construção civil e de areia de brita;

>> Inciso XXIX acrescentado pela Lei n. 12.766, de 27-12-2012.

XXX – as receitas decorrentes da alienação de participações societárias.

>> Inciso XXX acrescentado pela Lei n. 13.043, de 13-11-2014

§ 1.º Ficam convalidados os recolhimentos efetuados de acordo com a atual redação do inciso IX deste artigo.

>> Primitivo parágrafo único renumerado pela Lei n. 11.051, de 29-12-2004.

§ 2.º O disposto no inciso XXV do *caput* deste artigo não alcança a comercialização, licenciamento ou cessão de direito de uso de *software* importado.

>> § 2.º acrescentado pela Lei n. 11.051, de 29-12-2004.

Art. 11. A contribuição de que trata o art. 1.º desta Lei deverá ser paga até o 25.º (vigésimo quinto) dia do mês subsequente ao de ocorrência do fato gerador.

>> *Caput* com redação determinada pela Lei n. 11.933, de 28-4-2009.

Parágrafo único. Se o dia do vencimento de que trata o *caput* deste artigo não for dia útil, considerar-se-á antecipado o prazo para o primeiro dia útil que o anteceder.

>> Parágrafo único acrescentado pela Lei n. 11.933, de 28-4-2009.

Art. 12. A pessoa jurídica contribuinte da COFINS, submetida à apuração do valor devido na forma do art. 3.º, terá direito a desconto correspondente ao estoque de abertura dos bens de que tratam os incisos I e II daquele mesmo artigo, adquiridos de pessoa jurídica domiciliada no País, existentes na data de início da incidência desta contribuição de acordo com esta Lei.

§ 1.º O montante de crédito presumido será igual ao resultado da aplicação do percentual de 3% (três por cento) sobre o valor do estoque.

§ 2.º O crédito presumido calculado segundo os §§ 1.º, 9.º e 10 deste artigo será utilizado em 12 (doze) parcelas mensais, iguais e sucessivas, a partir da data a que se refere o *caput* deste artigo.

>> § 2.º com redação determinada pela Lei n. 10.925, de 23-7-2004.

§ 3.º O disposto no *caput* aplica-se também aos estoques de produtos acabados e em elaboração.

§ 4.º A pessoa jurídica referida no art. 4.º que, antes da data de início da vigência da incidência não cumulativa da COFINS, tenha incorrido em custos com unidade imobiliária construída ou em construção poderá calcular crédito presumido, naquela data, observado:

I – no cálculo do crédito será aplicado o percentual previsto no § 1.º sobre o valor dos bens e dos serviços, inclusive combustíveis e lubrificantes, adquiridos de pessoas jurídicas domiciliadas no País, utilizados como insumo na construção;

II – o valor do crédito presumido apurado na forma deste parágrafo deverá ser utilizado na proporção da receita relativa à venda da unidade imobiliária, à medida do recebimento.

§ 5.º A pessoa jurídica que, tributada com base no lucro presumido ou optante pelo SIMPLES, passar a ser tributada com base no lucro real, na hipótese de sujeitar-se à incidência não cumulativa da COFINS, terá direito ao aproveitamento do crédito presumido na forma prevista neste artigo, calculado sobre o estoque de abertura, devidamente comprovado, na data da mudança do regime de tributação adotado para fins do imposto de renda.

§ 6.º Os bens recebidos em devolução, tributados antes do início da aplicação desta Lei, ou da mudança do regime de tributação de que trata o § 5.º, serão considerados como integrantes do estoque de abertura referido no *caput*, devendo o crédito ser utilizado na forma do § 2.º a partir da data da devolução.

>> *Vide* art. 93, I, desta Lei.

§ 7.º O disposto neste artigo aplica-se, também, aos estoques de produtos que não geraram crédito na aquisição, em decorrência do disposto nos §§ 7.º a 9.º do art. 3.º desta Lei, destinados à fabricação dos produtos de que tratam as Leis n. 9.990, de 21 de julho de 2000, 10.147, de 21 de dezembro de 2000, 10.485, de 3 de julho de 2002, e 10.560, de 13 de novembro de 2002, ou quaisquer outros submetidos à incidência monofásica da contribuição.

>> § 7.º acrescentado pela Lei n. 10.865, de 30-4-2004.

>> *Vide* art. 46, I, da Lei n. 10.865, de 30-4-2004.

§ 8.º As disposições do § 7.º deste artigo não se aplicam aos estoques de produtos adquiridos a alíquota 0 (zero), isentos ou não alcançados pela incidência da contribuição.

>> § 8.º acrescentado pela Lei n. 10.865, de 30-4-2004.

>> *Vide* art. 46, I, da Lei n. 10.865, de 30-4-2004.

§ 9.º O montante do crédito presumido de que trata o § 7.º deste artigo será igual ao resultado da aplicação do percentual de 7,6% (sete inteiros e seis décimos por cento) sobre o valor do estoque.

>> § 9.º acrescentado pela Lei n. 10.865, de 30-4-2004.

>> *Vide* art. 46, I, da Lei n. 10.865, de 30-4-2004.

§ 10. O montante do crédito presumido de que trata o § 7.º deste artigo, relativo às pessoas jurídicas referidas no art. 51 desta Lei, será igual ao resultado da aplicação da alíquota de 3% (três por cento) sobre o valor dos bens em estoque adquiridos até 31 de janeiro de 2004, e de 7,6% (sete inteiros e seis décimos por cento) sobre o valor dos bens em estoque adquiridos a partir de 1.º de fevereiro de 2004.

>> § 10 com redação determinada pela Lei n. 10.925, de 23-7-2004.

Art. 13. O aproveitamento de crédito na forma do § 4.º do art. 3.º, do art. 4.º e dos §§ 1.º e 2.º do art. 6.º, bem como do § 2.º e inciso II do § 4.º e § 5.º do art. 12, não ensejará atualização monetária ou incidência de juros sobre os respectivos valores.

>> *Vide* art. 93, I, desta Lei.

Art. 14. O disposto nas Leis n. 9.363, de 13 de dezembro de 1996, e 10.276, de 10 de setembro de 2001, não se aplica à pessoa jurídica submetida à apuração do valor devido na forma dos arts. 2.º e 3.º desta Lei e dos arts. 2.º e 3.º da Lei n. 10.637, de 30 de dezembro de 2002.

>> *Vide* art. 93, I, desta Lei.

Art. 15. Aplica-se à contribuição para o PIS/PASEP não cumulativa de que trata a Lei n. 10.637, de 30 de dezembro de 2002, o disposto:

>> *Caput* com redação determinada pela Lei n. 10.865, de 30-4-2004.

I – nos incisos I e II do § 3.º do art. 1.º desta Lei;

>> Inciso I acrescentado pela Lei n. 10.865, de 30-4-2004.

II – nos incisos VI, VII e IX do *caput* e nos §§ 1.º e 10 a 20 do art. 3.º desta Lei;

>> Inciso II com redação determinada pela Lei n. 11.051, de 29-12-2004.

III – nos §§ 3.º e 4.º do art. 6.º desta Lei;

>> Inciso III acrescentado pela Lei n. 10.865, de 30-4-2004.

IV – nos arts. 7.º e 8.º desta Lei;

>> Inciso IV acrescentado pela Lei n. 10.865, de 30-4-2004.

V – nos incisos VI, IX a XXVII do *caput* e nos §§ 1.º e 2.º do art. 10 desta Lei;

>> Inciso V com redação determinada pela Lei n. 11.196, de 21-11-2005.

>> *Vide* art. 132, II, *b*, da Lei n. 11.196, de 21-11-2005.

VI – no art. 13 desta Lei.

>> Inciso VI acrescentado pela Lei n. 10.865, de 30-4-2004.

Art. 16. O disposto no art. 4.º e no § 4.º do art. 12 aplica-se, a partir de 1.º de janeiro de 2003, à contribuição para o PIS/PASEP não cumulativa, de que trata a Lei n. 10.637, de 30 de dezembro de 2002, com observância das alíquotas de 1,65% (um inteiro e sessenta e cinco centésimos por cento) e de 0,65% (sessenta e cinco centésimos por cento) em relação à apuração na forma dos referidos artigos, respectivamente.

Parágrafo único. O tratamento previsto no inciso II do *caput* do art. 3.º e nos §§ 5.º e 6.º do art. 12 aplica-se também à contribuição para o PIS/PASEP não cumulativa na forma e a partir da data prevista no *caput*.

Capítulo II
DAS OUTRAS DISPOSIÇÕES RELATIVAS À LEGISLAÇÃO TRIBUTÁRIA

Art. 17. O art. 74 da Lei n. 9.430, de 27 de dezembro de 1996, alterado pelo art. 49 da Lei n. 10.637, de 30 de dezembro de 2002, passa a vigorar com a seguinte redação:

>> Alteração já processada no diploma modificado.

Art. 18. O lançamento de ofício de que trata o art. 90 da Medida Provisória n. 2.158-35, de 24 de agosto de 2001, limitar-se-á à imposição de multa isolada em razão de não homologação da compensação quando se comprove falsidade da declaração apresentada pelo sujeito passivo.

>> *Caput* com redação determinada pela Lei n. 11.488, de 15-6-2007.

> Dispõe o art. 90 da Medida Provisória n. 2.158-35, de 24-8-2001: "Serão objeto de lançamento de ofício as diferenças apuradas, em declaração prestada pelo sujeito passivo, decorrentes de pagamento, parcelamento, compensação ou suspensão de exigibilidade, indevidos ou não comprovados, relativamente aos tributos e às contribuições administrados pela Secretaria da Receita Federal".

§ 1.º Nas hipóteses de que trata o *caput*, aplica-se ao débito indevidamente compensado o disposto nos §§ 6.º a 11 do art. 74 da Lei n. 9.430, de 27 de dezembro de 1996.

§ 2.º A multa isolada a que se refere o *caput* deste artigo será aplicada no percentual previsto no inciso I do *caput* do art. 44 da Lei n. 9.430, de 27 de dezembro de 1996, aplicado em dobro, e terá como base de cálculo o valor total do débito indevidamente compensado.

>> § 2.º com redação determinada pela Lei n. 11.488, de 15-6-2007.

§ 3.º Ocorrendo manifestação de inconformidade contra a não homologação da compensação e impugnação quanto ao lançamento das multas a que se refere este artigo, as peças serão reunidas em um único processo para serem decididas simultaneamente.

§ 4.º Será também exigida multa isolada sobre o valor total do débito indevidamente compensado quando a compensação for considerada não declarada nas hipóteses do inciso II do § 12 do art. 74 da Lei n. 9.430, de 27 de dezembro de 1996, aplicando-se o percentual previsto no inciso I do *caput* do art. 44 da Lei n. 9.430, de 27 de dezembro de 1996, duplicado na forma de seu § 1.º, quando for o caso.

>> § 4.º com redação determinada pela Lei n. 11.488, de 15-6-2007.

§ 5.º Aplica-se o disposto no § 2.º do art. 44 da Lei n. 9.430, de 27 de dezembro de 1996, às hipóteses previstas nos §§ 2.º e 4.º deste artigo.

>> § 5.º com redação determinada pela Lei n. 11.488, de 15-6-2007.

§ 6.º O disposto neste artigo aplica-se, inclusive, à compensação de que trata o inciso I do *caput* do art. 26-A da Lei n. 11.457, de 16 de março de 2007.

>> § 6.º acrescentado pela Lei n. 13.670, de 30-5-2018.

Art. 19. O art. 8.º da Lei n. 9.317, de 5 de dezembro de 1996, passa a vigorar acrescido do seguinte § 6.º:

>> Alteração prejudicada pela revogação da Lei n. 9.317, de 5-12-1996, pela Lei Complementar n. 123, de 14-12-2006.

....

Art. 22. As sociedades cooperativas que se dedicam a vendas em comum, referidas no art. 82 da Lei n. 5.764, de 16 de dezembro de 1971, e que recebam para comercialização a produção de seus associados, são responsáveis pelo recolhimento da Contribuição de Intervenção no Domínio Econômico – CIDE, incidente sobre a comercialização de álcool etílico combustível, observadas as normas estabelecidas na Lei n. 10.336, de 19 de dezembro de 2001.

> O art. 82 da Lei n. 5.764, de 16-12-1971, dispõe sobre o sistema operacional das cooperativas.

Art. 23. A incidência da CIDE, nos termos do art. 3.º, V, da Lei n. 10.336, de 19 de dezembro de 2001, da contribuição para o PIS/PASEP e da COFINS, nos termos do art. 4.º, III, e art. 6.º, *caput*, da Lei n. 9.718, de 27 de novembro de 1998, com a redação dada pela Lei n. 9.990, de 21 de julho de 2000, sobre os gases liquefeitos de petróleo, classificados na subposição 2711.1 da NCM, não alcança os produtos classificados no código 2711.11.00.

Art. 24. O disposto no § 2.º, I e II, do art. 14 da Medida Provisória n. 2.158-35, de 24 de agosto de 2001, não se aplica às vendas enquadradas nas hipóteses previstas nos incisos IV, VI, VIII e IX de seu *caput*.

Art. 25. A pessoa jurídica encomendante, no caso de industrialização por encomenda, sujeita-se, conforme o caso, às alíquotas previstas nas alíneas *a* ou *b* do inciso I do art. 1.º da Lei n. 10.147, de 21 de dezembro de 2000, e alterações posteriores, incidentes sobre a receita bruta decorrente da venda dos produtos nelas referidos.

>> *Caput* com redação determinada pela Lei n. 10.865, de 30-4-2004.

Parágrafo único. Na hipótese a que se refere o *caput*:

I – as alíquotas da contribuição para o PIS/PASEP e da COFINS aplicáveis à pessoa jurídica executora da encomenda ficam reduzidas a 0 (zero); e

II – o crédito presumido de que trata o art. 3.º da Lei n. 10.147, de 21 de dezembro de 2000, quando for o caso, será atribuído à pessoa jurídica encomendante.

Art. 26. O adquirente, pessoa física ou jurídica residente ou domiciliada no Brasil, ou o procurador, quando o adquirente for residente ou domiciliado no exterior, fica responsável pela retenção e recolhimento do imposto de renda incidente sobre o ganho de capital a que se refere o art. 18 da Lei n. 9.249, de 26 de dezembro de 1995, auferido por pessoa física ou jurídica residente ou domiciliada no exterior que alienar bens localizados no Brasil.

>> *Vide* art. 93, II, desta Lei.

Art. 27. O imposto de renda sobre os rendimentos pagos, em cumprimento de decisão da Justiça Federal, mediante precatório ou requisição de pequeno valor, será retido na fonte pela instituição financeira responsável pelo pagamento e incidirá à alíquota de 3% (três por cento) sobre o montante pago, sem quaisquer deduções, no momento do pagamento ao beneficiário ou seu representante legal.

§ 1.º Fica dispensada a retenção do imposto quando o beneficiário declarar à instituição financeira responsável pelo pagamento que os rendimentos recebidos são isentos ou não tributáveis, ou que, em se tratando de pessoa jurídica, esteja inscrita no SIMPLES.

§ 2.º O imposto retido na fonte de acordo com o *caput* será:

I – considerado antecipação do imposto apurado na declaração de ajuste anual das pessoas físicas; ou

II – deduzido do apurado no encerramento do período de apuração ou na data da extinção, no caso de beneficiário pessoa jurídica.

§ 3.º A instituição financeira deverá, na forma, prazo e condições estabelecidas pela Secretaria da Receita Federal, fornecer à pessoa física ou jurídica beneficiária o Comprovante de Rendimentos Pagos e de Retenção do Imposto de Renda na Fonte, bem como apresentar à Secretaria da Receita Federal declaração contendo informações sobre:

>> § 3.º, *caput*, com redação determinada pela Lei n. 10.865, de 30-4-2004.

I – os pagamentos efetuados à pessoa física ou jurídica beneficiária e o respectivo imposto de renda retido na fonte;

>> Inciso I acrescentado pela Lei n. 10.865, de 30-4-2004.

II – os honorários pagos a perito e o respectivo imposto de renda retido na fonte;

>> Inciso II acrescentado pela Lei n. 10.865, de 30-4-2004.

III – a indicação do advogado da pessoa física ou jurídica beneficiária.

>> Inciso III acrescentado pela Lei n. 10.865, de 30-4-2004.

§ 4.º O disposto neste artigo não se aplica aos depósitos efetuados pelos Tribunais Regionais Federais antes de 1.º de fevereiro de 2004.

>> § 4.º com redação determinada pela Lei n. 10.865, de 30-4-2004.

Art. 28. Cabe à fonte pagadora, no prazo de 15 (quinze) dias da data da retenção de que trata o *caput* do art. 46 da Lei n. 8.541, de 23 de dezembro de 1992, comprovar, nos respectivos autos, o recolhimento do imposto de renda na fonte incidente sobre os rendimentos pagos em cumprimento de decisões da Justiça do Trabalho.

§ 1.º Na hipótese de omissão da fonte pagadora relativamente à comprovação de que trata o *caput*, e nos pagamentos de honorários periciais, competirá ao Juízo do Trabalho calcular o imposto de renda na fonte e determinar o seu recolhimento à instituição financeira depositária do crédito.

§ 2.º A não indicação pela fonte pagadora da natureza jurídica das parcelas objeto de acordo homologado perante a Justiça do Trabalho acarretará a incidência do imposto de renda na fonte sobre o valor total da avença.

§ 3.º A instituição financeira deverá, na forma, prazo e condições estabelecidas pela Secretaria da Receita Federal, fornecer à pessoa física beneficiária o Comprovante de Rendimentos Pagos e de Retenção do Imposto de Renda na Fonte, bem como apresentar à Secretaria da Receita Federal declaração contendo informações sobre:

>> A Secretaria da Receita Federal passa a denominar-se Secretaria da Receita Federal do Brasil, por força da Lei n. 11.457, de 16-3-2007.

I – os pagamentos efetuados à reclamante e o respectivo imposto de renda retido na fonte, na hipótese do § 1.º;

II – os honorários pagos a perito e o respectivo imposto de renda retido na fonte;

III – as importâncias pagas a título de honorários assistenciais de que trata o art. 16 da Lei n. 5.584, de 26 de junho de 1970;

IV – a indicação do advogado da reclamante.

Art. 29. Sujeitam-se ao desconto do imposto de renda, à alíquota de 1,5% (um inteiro e cinco décimos por cento), que será deduzido do apurado no encerramento do período de apuração, as importâncias pagas ou creditadas por pessoas jurídicas a título de prestação de serviços a outras pessoas jurídicas que explorem as atividades de prestação de serviços de assessoria creditícia, mercadológica, gestão de crédito, seleção e riscos, administração de contas a pagar e a receber.

>> *Vide* art. 93, II, desta Lei.

Art. 30. Os pagamentos efetuados pelas pessoas jurídicas a outras pessoas jurídicas de direito privado, pela prestação de serviços de limpeza, conservação, manutenção, segurança, vigilância, transporte de valores e locação de mão de obra, pela prestação de serviços de assessoria creditícia, mercadológica, gestão de crédito, seleção e riscos, administração de contas a pagar e a receber, bem como pela remuneração de serviços profissionais, estão sujeitos a retenção na fonte da Contribuição Social sobre o Lucro Líquido – CSLL, da COFINS e da contribuição para o PIS/PASEP.

§ 1.º O disposto neste artigo aplica-se inclusive aos pagamentos efetuados por:

I – associações, inclusive entidades sindicais, federações, confederações, centrais sindicais e serviços sociais autônomos;

II – sociedades simples, inclusive sociedades cooperativas;

III – fundações de direito privado; ou

IV – condomínios edilícios.

§ 2.º Não estão obrigadas a efetuar a retenção a que se refere o *caput* as pessoas jurídicas optantes pelo SIMPLES.

§ 3.º As retenções de que trata o *caput* serão efetuadas sem prejuízo da retenção do imposto de renda na fonte das pessoas jurídicas sujeitas a alíquotas específicas previstas na legislação do imposto de renda.

>> *Vide* art. 93, II, desta Lei.

Art. 31. O valor da CSLL, da COFINS e da contribuição para o PIS/PASEP, de que trata o art. 30, será determinado mediante a aplicação, sobre o montante a ser pago, do percentual de 4,65% (quatro inteiros e sessenta e cinco centésimos por cento), correspondente à soma das alíquotas de 1% (um por cento), 3% (três por cento) e 0,65% (sessenta e cinco centésimos por cento), respectivamente.

§ 1.º As alíquotas de 0,65% (sessenta e cinco centésimos por cento) e 3% (três por cento) aplicam-se inclusive na hipótese de a prestadora do serviço enquadrar-se no regime de não cumulatividade na cobrança da contribuição para o PIS/PASEP e da COFINS.

§ 2.º No caso de pessoa jurídica beneficiária de isenção, na forma da legislação específica, de uma ou mais das contribuições de que trata este artigo, a retenção dar-se-á mediante a aplicação da alíquota específica correspondente às contribuições não alcançadas pela isenção.

§ 3.º Fica dispensada a retenção de valor igual ou inferior a R$ 10,00 (dez reais), exceto na hipótese de Documento de Arrecadação de Receitas Federais – DARF eletrônico efetuado por meio do Siafi.

>> § 3.º com redação determinada pela Lei n. 13.137, de 19-6-2015.

§ 4.º (*Revogado pela Lei n. 13.137, de 19-6-2015.*)

Art. 32. A retenção de que trata o art. 30 não será exigida na hipótese de pagamentos efetuados a:

I – cooperativas, relativamente à CSLL;

>> Inciso I com redação determinada pela Lei n. 10.865, de 30-4-2004.

II – empresas estrangeiras de transporte de valores;

>> Inciso II com redação determinada pela Lei n. 10.865, de 30-4-2004.

III – pessoas jurídicas optantes pelo SIMPLES.

Parágrafo único. A retenção da CONFINS e da contribuição para o PIS/PASEP não será exigida, cabendo somente, a retenção da CSLL nos pagamentos:

I – a título de transporte internacional de valores efetuados por empresa nacional;

>> Inciso I com redação determinada pela Lei n. 10.865, de 30-4-2004.

II – aos estaleiros navais brasileiros nas atividades de conservação, modernização, conversão e reparo de embarcações, pré-registradas ou registradas no Registro Especial Brasileiro – REB, instituído pela Lei n. 9.432, de 8 de janeiro de 1997.

> A Lei n. 9.432, de 8-1-1997, regulamentada pelo Decreto n. 2.256, de 17-6-1997, dispõe sobre a ordenação do transporte aquaviário.

Art. 33. A União, por intermédio da Secretaria da Receita Federal, poderá celebrar convênios com os Estados, Distrito Federal e Municípios, para estabelecer a responsabilidade pela retenção na fonte da CSLL, da COFINS e da contribuição para o PIS/PASEP, mediante a aplicação das alíquotas previstas no art. 31, nos pagamentos efetuados por órgãos, autarquias e fundações dessas administrações públicas às pessoas jurídicas de direito privado, pelo fornecimento de bens ou pela prestação de serviços em geral.

Art. 34. Ficam obrigadas a efetuar as retenções na fonte do imposto de renda, da CSLL, da COFINS e da contribuição para o PIS/PASEP, a que se refere o art. 64 da Lei n. 9.430, de 27 de dezembro de 1996, as seguintes entidades da administração pública federal:

I – empresas públicas;

II – sociedades de economia mista; e

III – demais entidades em que a União, direta ou indiretamente, detenha a maioria do capital social com direito a voto, e que dela recebam recursos do Tesouro Nacional e estejam obrigadas a registrar sua execução orçamentária e financeira na modalidade total no Sistema Integrado de Administração Financeira do Governo Federal – SIAFI.

>> *Vide* art. 93, II, desta Lei.

Parágrafo único. A retenção a que se refere o *caput* deste artigo não se aplica na hipótese de pagamentos relativos à aquisição de:

>> Parágrafo único, *caput*, com redação determinada pela Lei n. 11.727, de 23-6-2008.

I – petróleo, gasolina, gás natural, óleo diesel, gás liquefeito de petróleo, querosene de aviação e demais derivados de petróleo e gás natural;

>> Inciso I acrescentado pela Lei n. 11.727, de 23-6-2008.

II – álcool, biodiesel e demais biocombustíveis.

>> Inciso II acrescentado pela Lei n. 11.727, de 23-6-2008.

Art. 35. Os valores retidos no mês, na forma dos arts. 30, 33 e 34 desta Lei, deverão ser recolhidos ao Tesouro Nacional pelo órgão público que efetuar a retenção ou, de forma centralizada, pelo estabelecimento matriz da pessoa jurídica, até o último dia útil do segundo decêndio do mês subsequente àquele mês em que tiver ocorrido o pagamento à pessoa jurídica fornecedora dos bens ou prestadora do serviço.

>> Artigo com redação determinada pela Lei n. 13.137, de 19-6-2015.

Art. 36. Os valores retidos na forma dos arts. 30, 33 e 34 serão considerados como antecipação do que for devido pelo contribuinte que sofreu a retenção, em relação ao imposto de renda e às respectivas contribuições.

Art. 37. Relativamente aos investimentos existentes em 31 de outubro de 2003, fica facultado ao investidor estrangeiro antecipar o pagamento da Contribuição Provisória sobre Movimentação ou Transmissão de Valores e de Créditos e Direitos de Natureza Financeira – CPMF, que seria devida por ocasião da remessa, para o exterior, de recursos financeiros apurados na liquidação de operações com ações ou opções de ações adquiridas em bolsa de valores ou em mercado de balcão organizado.

§ 1.º A antecipação do pagamento da CPMF aplica-se a recursos financeiros não empregados exclusivamente, e por todo tempo de permanência no País, em ações ou contratos referenciados em ações ou índices de ações, negociados nos mercados referidos no *caput* ou em bolsa de mercadorias e de futuros, desde que na data do pagamento da contribuição estejam investidos nesses valores mobiliários.

>> *Vide* arts. 84 e 90 do ADCT sobre a extinção da CPMF.

§ 2.º A CPMF de que trata este artigo:

>> *Vide* arts. 84 e 90 do ADCT sobre a extinção da CPMF.

I – será apurada mediante lançamento a débito, precedido de lançamento a crédito no mesmo valor, em conta corrente de depósito do investidor estrangeiro;

II – terá como base de cálculo o valor correspondente à multiplicação da quantidade de ações ou de opções:

a) pelo preço médio ponderado da ação verificado na Bolsa de Valores de São Paulo ou em mercado de balcão organizado, no mês anterior ao do pagamento;

b) pelo preço médio da opção verificado na Bolsa referida na alínea *a*, no mês anterior ao do pagamento da CPMF;

III – será retida pela instituição financeira onde é mantida a conta corrente de que trata o inciso I até o dia 1.º de dezembro de 2003, e recolhida até o 3.º (terceiro) dia útil da semana subsequente à da retenção.

§ 3.º O pagamento da CPMF, nos termos previstos neste artigo, dispensa nova incidência da contribuição quando da remessa para o exterior dos recursos apurados na efetiva liquidação das operações.

Art. 38. O pagamento indevido ou maior que o devido efetuado no âmbito do Programa de Recuperação Fiscal – REFIS, ou do parcelamento a ele alternativo será restituído a pedido do sujeito passivo.

§ 1.º Na hipótese de existência de débitos do sujeito passivo relativos a tributos e contribuições perante a Secretaria da Receita Federal, a Procuradoria-Geral da Fazenda Nacional ou o Instituto Nacional do Seguro Social – INSS, inclusive inscritos em dívida ativa, o valor da restituição deverá ser utilizado para quitá-los, mediante compensação em procedimento de ofício.

§ 2.º A restituição e a compensação de que trata este artigo serão efetuadas pela Secretaria da Receita Federal, aplicando-se o disposto no art. 39 da Lei n. 9.250, de 26 de dezembro de 1995, alterado pelo art. 73 da Lei n. 9.532, de 10 de dezembro de 1997, observadas as normas estabelecidas pelo Comitê Gestor do REFIS.

Art. 39. (*Revogado pela Lei n. 12.350, de 20-12-2010.*)

...

Art. 43. O inciso I do art. 52 da Lei n. 8.383, de 30 de dezembro de 1991, passa a vigorar com a seguinte redação:

>> Alteração já processada no diploma modificado.

...

Art. 45. A Secretaria da Receita Federal poderá estabelecer normas, tendo em vista condições especiais de rentabilidade e representatividade de operações da pessoa jurídica, disciplinando a forma de simplificação da apuração dos métodos de preço de transferência de que trata o art. 19 da Lei n. 9.430, de 27 de dezembro de 1996.

§ 1.º O disposto no *caput* não se aplica em relação às vendas efetuadas para empresa, vinculada ou não, domiciliada em país ou dependência com tributação favorecida, ou cuja legislação interna oponha sigilo, conforme definido no art. 24 da Lei n. 9.430, de 27 de dezembro de 1996, e art. 4.º da Lei n. 10.451, de 10 de maio de 2002.

§ 2.º A autorização de que trata o *caput* se aplica também na fixação de percentual de margem de divergência máxima entre o preço ajustado, a ser utilizado como parâmetro, de acordo com os métodos previstos nos arts. 18 e 19 da Lei n. 9.430, de 27 de dezembro de 1996, e o daquele constante na documentação de importação e exportação.

Art. 46. (*Vetado.*)

Art. 47. Sem prejuízo do disposto no art. 10 da Lei n. 9.249, de 26 de dezembro de 1995, e no art. 7.º da Lei n. 9.959, de 27 de janeiro de 2000, o ganho de capital decorrente de operação, em que o beneficiário seja residente ou domiciliado em país ou dependência com tributação favorecida, a que se refere o art. 24 da Lei n. 9.430, de 27 de dezembro de 1996, sujeita-se à incidência do imposto de renda na fonte à alíquota de 25% (vinte e cinco por cento).

Art. 48. O art. 71 da Lei n. 9.430, de 27 de dezembro de 1996, passa a vigorar com a seguinte redação:

>> Alteração já processada no diploma modificado.

Arts. 49 e 50. (*Revogados pela Lei n. 11.727, de 23-6-2008.*)

Art. 51. (*Revogado pela Lei n. 13.097, de 19-1-2015.*)

Art. 52. (*Revogado pela Lei n. 11.727, de 23-6-2008.*)

Arts. 53 e 54. (*Revogados pela Lei n. 13.097, de 19-1-2015.*)

Art. 55. (*Revogado pela Lei n. 11.727, de 23-6-2008.*)

Art. 56. (*Revogado pela Lei n. 10.925, de 23-7-2004.*)

Arts. 57 e 58. (*Revogados pela Lei n. 11.727, de 23-6-2008.*)

Arts. 58-A a 58-V. (*Revogados pela Lei n. 13.097, de 19-1-2015.*)

Capítulo III
DAS DISPOSIÇÕES RELATIVAS À LEGISLAÇÃO ADUANEIRA

>> Regulamento Aduaneiro: Decreto n. 6.759, de 5-2-2009.

Art. 59. O beneficiário de regime aduaneiro suspensivo, destinado à industrialização para exportação, responde solidariamente pelas obrigações tributárias decorrentes da admissão de mercadoria no regime por outro beneficiário, mediante sua anuência, com vistas na execução de etapa da cadeia industrial do produto a ser exportado.

§ 1.º Na hipótese do *caput*, a aquisição de mercadoria nacional por qualquer dos beneficiários do regime, para ser incorporada ao produto a ser exportado, será realizada com suspensão dos tributos incidentes.

§ 2.º Compete à Secretaria da Receita Federal disciplinar a aplicação dos regimes aduaneiros suspensivos de que trata o *caput* e estabelecer os requisitos, as condições e a forma de registro da anuência prevista para a admissão de mercadoria, nacional ou importada, no regime.

Art. 60. Extinguem os regimes de admissão temporária, de admissão temporária para aperfeiçoamento ativo, de exportação temporária e de exportação temporária para aperfeiçoamento passivo, aplicados a produto, parte, peça ou componente recebido do exterior ou a ele enviado para substituição em decorrência de garantia ou, ainda, para reparo, revisão, manutenção, renovação ou recondicionamento, respectivamente, a exportação ou a importação de produto equivalente àquele submetido ao regime.

§ 1.º O disposto neste artigo aplica-se, exclusivamente, aos seguintes bens:

I – partes, peças e componentes de aeronave, objeto das isenções previstas na alínea *j* do inciso II do art. 2.º e no inciso I do art. 3.º da Lei n. 8.032, de 12 de abril de 1990;

II – produtos nacionais exportados definitivamente, ou suas partes e peças, que retornem ao País, mediante admissão temporária, ou admissão temporária para aperfeiçoamento ativo, para reparo ou substituição em virtude de defeito técnico que exija sua devolução; e

III – produtos nacionais, ou suas partes e peças, remetidos ao exterior mediante exportação temporária, para substituição de outro anteriormente exportado definitivamente, que deva retornar ao País para reparo ou substituição, em virtude de defeito técnico que exija sua devolução.

§ 2.º A Secretaria da Receita Federal disciplinará os procedimentos para a aplicação do disposto neste artigo e os requisitos para reconhecimento da equivalência entre os produtos importados e exportados.

Art. 61. Nas operações de exportação sem saída do produto do território nacional, com pagamento a prazo, os efeitos fiscais e cambiais, quando reconhecidos pela legislação vigente, serão produzidos no momento da contratação, sob condição resolutória, aperfeiçoando-se pelo recebimento integral em moeda nacional ou estrangeira de livre conversibilidade.

>> *Caput* com redação determinada pela Lei n. 12.024, de 27-8-2009.

Parágrafo único. O disposto neste artigo aplica-se também ao produto exportado sem saída do território nacional, na forma disciplinada pela Secretaria da Receita Federal do Brasil, para ser:

>> Parágrafo único, *caput*, com redação determinada pela Lei n. 12.767, de 27-12-2012.

I – totalmente incorporado a bem que se encontre no País, de propriedade do comprador estrangeiro, inclusive em regime de admissão temporária sob a responsabilidade de terceiro;

II – entregue a órgão da administração direta, autárquica ou fundacional da União, dos Estados, do Distrito Federal ou dos Municípios, em cumprimento de contrato decorrente de licitação internacional;

III – entregue, em consignação, a empresa nacional autorizada a operar o regime de loja franca;

IV – entregue, no País, a subsidiária ou coligada, para distribuição sob a forma de brinde a fornecedores e clientes;

V – entregue a terceiro, no País, em substituição de produto anteriormente exportado e que tenha se mostrado, após o despacho aduaneiro de importação, defeituoso ou imprestável para o fim a que se destinava;

VI – entregue, no País, a missão diplomática, repartição consular de caráter permanente ou organismo internacional de que o Brasil seja membro, ou a seu integrante, estrangeiro; ou

VII – entregue, no País, para ser incorporado a plataforma destinada à pesquisa e lavra de jazidas de petróleo e gás natural em construção ou conversão contratada por empresa sediada no exterior, ou a seus módulos;

VIII – entregue no País:

>> Inciso VIII, *caput*, acrescentado pela Lei n. 12.767, de 27-12-2012.

a) para ser incorporado a produto do setor aeronáutico industrializado no território nacional, na hipótese de industrialização por encomenda de empresa estrangeira do bem a ser incorporado; ou

>> Alínea *a* acrescentada pela Lei n. 12.767, de 27-12-2012.

b) em regime de admissão temporária, por conta do comprador estrangeiro, sob a responsabilidade de terceiro, no caso de aeronaves;

>> Alínea *b* acrescentada pela Lei n. 12.767, de 27-12-2012.

IX – entregue no País a órgão do Ministério da Defesa, para ser incorporado a produto de interesse da defesa nacional em construção ou fabricação no território nacional, em decorrência de acordo internacional.

>> Inciso IX acrescentado pela Lei n. 12.767, de 27-12-2012.

Art. 62. O regime de entreposto aduaneiro de que tratam os arts. 9.º e 10 do Decreto-lei n. 1.455, de 7 de abril de 1976, com a redação dada pelo art. 69 da Medida Provisória n. 2.158-35, de 24 de agosto de 2001, poderá, mediante autorização da Secretaria da Receita Federal, observados os requisitos e condições estabelecidos na legislação específica, ser também operado em:

> O Decreto n. 8.138, de 6-11-2013, dispõe sobre os bens destinados à pesquisa e à lavra de jazidas de petróleo e gás natural passíveis de serem submetidos ao regime de entreposto aduaneiro.

I – instalações portuárias previstas no inciso III do art. 2.º da Lei n. 12.815, de 5 de junho de 2013;

>> Inciso I com redação determinada pela Lei n. 12.844, de 19-7-2013.

II – bens destinados à pesquisa e lavra de jazidas de petróleo e gás natural em construção ou conversão no País, contratados por empresas sediadas no exterior e relacionados em ato do Poder Executivo.

>> Inciso II com redação determinada pela Lei n. 12.844, de 19-7-2013.

Parágrafo único. No caso do inciso II, o beneficiário do regime será o contratado pela empresa sediada no exterior e o regime poderá ser operado também em estaleiros navais ou em outras instalações industriais, destinadas à construção dos bens de que trata aquele inciso.

>> Parágrafo único com redação determinada pela Lei n. 12.844, de 19-7-2013.

Art. 63. A Secretaria da Receita Federal fica autorizada a estabelecer:

I – hipóteses em que, na substituição de beneficiário de regime aduaneiro suspensivo, o termo inicial para o cálculo de juros e multa de mora relativos aos tributos suspensos passe a ser a data da transferência da mercadoria; e

II – os serviços permitidos no regime de entreposto aduaneiro na importação e na exportação.

Art. 64. Os documentos instrutivos de declaração aduaneira ou necessários ao controle aduaneiro podem ser emitidos, transmitidos e recepcionados eletronicamente, na forma e nos prazos estabelecidos pela Secretaria da Receita Federal.

§ 1.º A outorga de poderes a representante legal, inclusive quando residente no Brasil, para emitir e firmar os documentos referidos no *caput* deste artigo, também pode ser realizada por documento emitido e assinado eletronicamente.

>> § 1.º acrescentado pela Lei n. 11.452, de 27-2-2007.

§ 2.º Os documentos eletrônicos referidos no *caput* deste artigo e no § 1.º deste artigo são válidos para os efeitos fiscais e de controle aduaneiro, observado o disposto na legislação sobre certificação digital e atendidos os requisitos estabelecidos pela Secretaria da Receita Federal.

>> § 2.º acrescentado pela Lei n. 11.452, de 27-2-2007.

Art. 65. A Secretaria da Receita Federal poderá adotar nomenclatura simplificada para a classificação de mercadorias apreendidas, na lavratura do correspondente auto de infração para a aplicação da pena de perdimento, bem como aplicar alíquotas de 50% (cinquenta por cento) sobre o valor arbitrado dessas mercadorias, para o cálculo do valor estimado do Imposto de Importação e do Imposto sobre Produtos Industrializados que seriam devidos na importação, para efeitos de controle patrimonial, elaboração de estatísticas, formalização de processo administrativo fiscal e representação fiscal para fins penais.

Art. 66. As diferenças percentuais de mercadoria a granel, apuradas em conferência física nos despachos aduaneiros, não serão consideradas para efeitos de exigência dos impostos incidentes, até o limite de 1% (um por cento), conforme dispuser o Poder Executivo.

Art. 67. Na impossibilidade de identificação da mercadoria importada, em razão de seu extravio ou consumo, e de descrição genérica nos documentos comerciais e de transporte disponíveis, será aplicada, para fins de determinação dos impostos e dos direitos incidentes na importação, alíquota única de 80% (oitenta por cento) em regime de tributação simplificada relativa ao Imposto de Importação – II, ao Imposto sobre Produtos Industrializados – IPI, à Contribuição para os Programas de Integração Social e de Formação do Patrimônio do Servidor Público – PIS/Pasep, à Contribuição Social para o Financiamento da Seguridade Social – COFINS e ao Adicional ao Frete para a Renovação da Marinha Mercante – AFRMM.

>> *Caput* com redação determinada pela Lei n. 13.043, de 13-11-2014.

§ 1.º A base de cálculo da tributação simplificada prevista neste artigo será arbitrada em valor equivalente à mediana dos valores por quilograma de todas as mercadorias importadas a título definitivo, pela mesma via de transporte internacional, constantes de declarações registradas no semestre anterior, incluídas as despesas de frete e seguro internacionais.

>> § 1.º com redação determinada pela Lei n. 13.043, de 13-11-2014.

§ 2.º Na falta de informação sobre o peso da mercadoria, adotar-se-á o peso líquido admitido na unidade de carga utilizada no seu transporte.

Art. 68. As mercadorias descritas de forma semelhante em diferentes declarações aduaneiras do mesmo contribuinte, salvo prova em contrário, são presumidas idênticas para fins de determinação do tratamento tributário ou aduaneiro.

Parágrafo único. Para efeito do disposto no *caput*, a identificação das mercadorias poderá ser realizada no curso do despacho aduaneiro ou em outro momento, com base em informações coligidas em documentos, obtidos inclusive junto a clientes ou a fornecedores, ou no processo produtivo em que tenham sido ou venham a ser utilizadas.

Art. 69. A multa prevista no art. 84 da Medida Provisória n. 2.158-35, de 24 de agosto de 2001, não poderá ser superior a 10% (dez por cento) do valor total das mercadorias constantes da declaração de importação.

> Dispõe citado artigo: "Art. 84. Aplica-se a multa de um por cento sobre o valor aduaneiro da mercadoria: I – classificada incorretamente na Nomenclatura Comum do Mercosul, nas nomenclaturas complementares ou em outros detalhamentos instituídos para a identificação da mercadoria; ou II – quantificada incorretamente na unidade de medida estatística estabelecida pela Secretaria da Receita Federal. § 1.º O valor da multa prevista neste artigo será de R$ 500,00 (quinhentos reais), quando do seu cálculo resultar valor inferior. § 2.º A aplicação da multa prevista neste artigo não prejudica a exigência dos impostos, da multa por declaração inexata prevista no art. 44 da Lei n. 9.430, de 1996, e de outras penalidades administrativas, bem assim dos acréscimos legais cabíveis".

§ 1.º A multa a que se refere o *caput* aplica-se também ao importador, exportador ou beneficiário de regime aduaneiro que omitir ou prestar de forma inexata ou incompleta informação de natureza administrativo-tributária, cambial ou comercial necessária à determinação do procedimento de controle aduaneiro apropriado.

§ 2.º As informações referidas no § 1.º, sem prejuízo de outras que venham a ser estabelecidas em ato normativo da Secretaria da Receita Federal, compreendem a descrição detalhada da operação, incluindo:

I – identificação completa e endereço das pessoas envolvidas na transação: importador/exportador; adquirente (comprador)/fornecedor (vendedor), fabricante, agente de compra ou de venda e representante comercial;

II – destinação da mercadoria importada: industrialização ou consumo, incorporação ao ativo, revenda ou outra finalidade;

III – descrição completa da mercadoria: todas as características necessárias à classificação fiscal, espécie, marca comercial, modelo, nome comercial ou científico e outros atributos estabelecidos pela Secretaria da Receita Federal que confiram sua identidade comercial;

IV – países de origem, de procedência e de aquisição; e

V – portos de embarque e de desembarque.

§ 3.º Quando aplicada sobre a exportação, a multa prevista neste artigo incidirá sobre o preço normal definido no art. 2.º do Decreto-Lei n. 1.578, de 11 de outubro de 1977.

>> § 3.º acrescentado pela Lei n. 13.043, de 13-11-2014.

Art. 70. O descumprimento pelo importador, exportador ou adquirente de mercadoria importada por sua conta e ordem, da obrigação de manter, em boa guarda e ordem, os documentos relativos às transações que realizarem, pelo prazo decadencial estabelecido na legislação tributária a que estão submetidos, ou da obrigação de os apresentar à fiscalização aduaneira quando exigidos, implicará:

I – se relativo aos documentos comprobatórios da transação comercial ou os respectivos registros contábeis:

a) a apuração do valor aduaneiro com base em método substitutivo ao valor de transação, caso exista dúvida quanto ao valor aduaneiro declarado; e

b) o não reconhecimento de tratamento mais benéfico de natureza tarifária, tributária ou aduaneira eventualmente concedido, com efeitos retroativos à data do fato gerador, caso não sejam apresentadas provas do regular cumprimento das condições previstas na legislação específica para obtê-lo;

II – se relativo aos documentos obrigatórios de instrução das declarações aduaneiras:

a) o arbitramento do preço da mercadoria para fins de determinação da base de cálculo, conforme os critérios definidos no art. 88 da Medida Provisória n. 2.158-35, de 24 de agosto de 2001, se existir dúvida quanto ao preço efetivamente praticado; e

> Dispõe citado artigo: "Art. 88. No caso de fraude, sonegação ou conluio, em que não seja possível a apuração do preço efetivamente praticado na importação, a base de cálculo dos tributos e demais direitos incidentes será determinada mediante arbitramento do preço da mercadoria, em conformidade com um dos seguintes critérios, observada a ordem sequencial: I – preço de exportação para o País, de mercadoria idêntica ou similar; II – preço no mercado internacional, apurado: *a)* em cotação de bolsa de mercadoria ou em publicação especializada; *b)* de acordo com o método previsto no art. 7.º do Acordo para Implementação do Artigo VII do GATT/1994, aprovado pelo Decreto Legislativo n. 30, de 15-12-1994, e promulgado pelo Decreto n. 1.355, de 30-12-1994, observados os dados disponíveis e o princípio da razoabilidade; ou *c)* mediante laudo expedido por entidade ou técnico especializado. Parágrafo único. Aplica-se a multa administrativa de cem por cento sobre a diferença entre o preço declarado e o preço efetivamente praticado na importação ou entre o preço declarado e o preço arbitrado, sem prejuízo da exigência dos impostos, da multa de ofício prevista no art. 44 da Lei n. 9.430, de 1996, e dos acréscimos legais cabíveis".

b) a aplicação cumulativa das multas de:

>> *Vide* art. 81 desta Lei.

1. 5% (cinco por cento) do valor aduaneiro das mercadorias importadas; e

2. 100% (cem por cento) sobre a diferença entre o preço declarado e o preço efetivamente praticado na importação ou entre o preço declarado e o preço arbitrado.

§ 1.º Os documentos de que trata o *caput* compreendem os documentos de instrução das declarações aduaneiras, a correspondência comercial, incluídos os documentos de negociação e cotação de preços, os instrumentos de contrato comercial, financeiro e cambial, de transporte e seguro das mercadorias, os registros contábeis e os correspondentes documentos fiscais, bem como outros que a Secretaria da Receita Federal venha a exigir em ato normativo.

§ 2.º Nas hipóteses de incêndio, furto, roubo, extravio ou qualquer outro sinistro que provoque a perda ou deterioração dos documentos a que se refere o § 1.º, deverá ser feita comunicação, por escrito, no prazo de 48 (quarenta e oito) horas do sinistro, à unidade de fiscalização aduaneira da Secretaria da Receita Federal que jurisdicione o domicílio matriz do sujeito passivo.

§ 3.º As multas previstas no inciso II do *caput* não se aplicam no caso de regular comunicação da ocorrência de um dos eventos previstos no § 2.º.

§ 4.º Somente produzirá efeitos a comunicação realizada dentro do prazo referido no § 2.º e instruída com os documentos que comprovem o registro da ocorrência junto à autoridade competente para apurar o fato.

§ 5.º No caso de encerramento das atividades da pessoa jurídica, a guarda dos documentos referidos no *caput* será atribuída à pessoa responsável pela guarda dos demais documentos fiscais, nos termos da legislação específica.

§ 6.º A aplicação do disposto neste artigo não prejudica a aplicação das multas previstas no art. 107 do Decreto-Lei n. 37, de 18 de novembro de 1966, com a redação dada pelo art. 77 desta Lei, nem a aplicação de outras penalidades cabíveis.

Art. 71. O despachante aduaneiro, o transportador, o agente de carga, o depositário e os demais intervenientes em operação de comércio exterior ficam obrigados a manter em boa guarda e ordem, e a apresentar à fiscalização aduaneira, quando exigidos, os documentos e registros relativos às transações em que intervierem, ou outros definidos em ato normativo da Secretaria da Receita Federal, na forma e nos prazos por ela estabelecidos.

Art. 72. Aplica-se a multa de:

>> *Vide* art. 81 desta Lei.

I – 10% (dez por cento) do valor aduaneiro da mercadoria submetida ao regime aduaneiro especial de admissão temporária, ou de admissão temporária para aperfeiçoamento ativo, pelo descumprimento de condições, requisitos ou prazos estabelecidos para aplicação do regime; e

II – 5% (cinco por cento) do preço normal da mercadoria submetida ao regime aduaneiro especial de exportação temporária, ou de exportação temporária para aperfeiçoamento passivo, pelo descumprimento de condições, requisitos ou prazos estabelecidos para aplicação do regime.

§ 1.º O valor da multa prevista neste artigo será de R$ 500,00 (quinhentos reais), quando do seu cálculo resultar valor inferior.

§ 2.º A multa aplicada na forma deste artigo não prejudica a exigência dos impostos incidentes, a aplicação de outras penalidades cabíveis e a representação fiscal para fins penais, quando for o caso.

Art. 73. Verificada a impossibilidade de apreensão da mercadoria sujeita a pena de perdimento, em razão de sua não localização ou consumo, extinguir-se-á o processo administrativo instaurado para apuração da infração capitulada como dano ao Erário.

§ 1.º Na hipótese prevista no *caput*, será instaurado processo administrativo para aplicação da multa prevista no § 3.º do art. 23 do Decreto-lei n. 1.455, de 7 de abril de 1976, com a redação dada pelo art. 59 da Lei n. 10.637, de 30 de dezembro de 2002.

§ 2.º A multa a que se refere o § 1.º será exigida mediante lançamento de ofício, que será processado e julgado nos termos da legislação que rege a determinação e exigência dos demais créditos tributários da União.

Art. 74. O transportador de passageiros, em viagem internacional, ou que transite por zona de vigilância aduaneira, fica obrigado a identificar os volumes transportados como bagagem em compartimento isolado dos viajantes, e seus respectivos proprietários.

§ 1.º No caso de transporte terrestre de passageiros, a identificação referida no *caput* também se aplica aos volumes portados pelos passageiros no interior do veículo.

§ 2.º As mercadorias transportadas no compartimento comum de bagagens ou de carga do veículo, que não constituam bagagem identificada dos passageiros, devem estar acompanhadas do respectivo conhecimento de transporte.

§ 3.º Presume-se de propriedade do transportador, para efeitos fiscais, a mercadoria transportada sem a identificação do respectivo proprietário, na forma estabelecida no *caput* ou nos §§ 1.º e 2.º deste artigo.

§ 4.º Compete à Secretaria da Receita Federal disciplinar os procedimentos necessários para fins de cumprimento do previsto neste artigo.

Art. 75. Aplica-se a multa de R$ 15.000,00 (quinze mil reais) ao transportador, de passageiros ou de carga, em viagem doméstica ou internacional que transportar mercadoria sujeita a pena de perdimento:

>> *Vide* art. 81 desta Lei.

I – sem identificação do proprietário ou possuidor; ou

II – ainda que identificado o proprietário ou possuidor, as características ou a quantidade dos volumes transportados evidenciarem tratar-se de mercadoria sujeita à referida pena.

§ 1.º Na hipótese de transporte rodoviário, o veículo será retido, na forma estabelecida pela Secretaria da Receita Federal, até o recolhimento da multa ou o deferimento do recurso a que se refere o § 3.º.

§ 2.º A retenção prevista no § 1.º será efetuada ainda que o infrator não seja o proprietário do veículo, cabendo a este adotar as ações necessárias contra o primeiro para se ressarcir dos prejuízos eventualmente incorridos.

§ 3.º Caberá recurso, com efeito exclusivamente devolutivo, a ser apresentado no prazo de 20 (vinte) dias da ciência da retenção a que se refere o § 1.º, ao titular da unidade da Secretaria da Receita Federal responsável pela retenção, que o apreciará em instância única.

§ 4.º Decorrido o prazo de 45 (quarenta e cinco) dias da aplicação da multa, ou da ciência do indeferimento do recurso, e não recolhida a multa prevista, o veículo será considerado abandonado, caracterizando dano ao Erário e ensejando a aplicação da pena de perdimento, observado o rito estabelecido no Decreto-lei n. 1.455, de 7 de abril de 1976.

> O Decreto-lei n. 1.455, de 7-4-1976, dispõe sobre a bagagem de passageiro procedente do exterior, disciplina o regime de entreposto aduaneiro e estabelece normas sobre mercadorias estrangeiras apreendidas.

§ 5.º A multa a ser aplicada será de R$ 30.000,00 (trinta mil reais) na hipótese de:

I – reincidência da infração prevista no *caput*, envolvendo o mesmo veículo transportador; ou

II – modificações da estrutura ou das características do veículo, com a finalidade de efetuar o transporte de mercadorias ou permitir a sua ocultação.

§ 6.º O disposto neste artigo não se aplica nas hipóteses em que o veículo estiver sujeito à pena de perdimento prevista no inciso V do art. 104 do Decreto-lei n. 37, de 18 de novembro de 1966, nem prejudica a aplicação de outras penalidades estabelecidas.

§ 7.º Enquanto não consumada a destinação do veículo, a pena de perdimento prevista no § 4.º poderá ser relevada à vista de requerimento do interessado, desde que haja o recolhimento de 2 (duas) vezes o valor da multa aplicada.

§ 8.º A Secretaria da Receita Federal deverá representar o transportador que incorrer na infração prevista no *caput* ou que seja submetido à aplicação da pena de perdimento de veículo à autoridade competente para fiscalizar o transporte terrestre.

§ 9.º Na hipótese do § 8.º, as correspondentes autorizações de viagens internacionais ou por zonas de vigilância aduaneira do transportador representado serão canceladas, ficando vedada a expedição de novas autorizações pelo prazo de 2 (dois) anos.

Art. 76. Os intervenientes nas operações de comércio exterior ficam sujeitos às seguintes sanções:

I – advertência, na hipótese de:

a) e *b)* (*Revogadas pela Lei n. 13.043, de 13-11-2014.*);

c) atraso, de forma contumaz, na chegada ao destino de veículo conduzindo mercadoria submetida ao regime de trânsito aduaneiro;

d) emissão de documento de identificação ou quantificação de mercadoria sob controle aduaneiro em desacordo com o previsto em ato normativo, relativamente a sua efetiva qualidade ou quantidade;

>> Alínea *d* com redação determinada pela Lei n. 13.043, de 13-11-2014.

e) prática de ato que prejudique a identificação ou quantificação de mercadoria sob controle aduaneiro;

>> Alínea e com redação determinada pela Lei n. 13.043, de 13-11-2014.

f) (*Revogada pela Lei n. 13.043, de 13-11-2014.*);

g) consolidação ou desconsolidação de carga efetuada em desacordo com disposição estabelecida em ato normativo e que altere o tratamento tributário ou aduaneiro da mercadoria;

>> Alínea *g* com redação determinada pela Lei n. 13.043, de 13-11-2014.

h) atraso, por mais de 3 (três) vezes, em um mesmo mês, na prestação de informações sobre carga e descarga de veículos, ou movimentação e armazenagem de mercadorias sob controle aduaneiro;

i) descumprimento de requisito, condição ou norma operacional para habilitar-se ou utilizar regime aduaneiro especial ou aplicado em áreas especiais, ou para habilitar-se ou manter recintos nos quais tais regimes sejam aplicados;

j) descumprimento de obrigação de apresentar à fiscalização, em boa ordem, os documentos relativos à operação em que realizar ou em que intervier, bem como outros documentos exigidos pela Secretaria da Receita Federal do Brasil; ou

>> Alínea *j* com redação determinada pela Lei n. 13.043, de 13-11-2014.

k) descumprimento de determinação legal ou de outras obrigações relativas ao controle aduaneiro previstas em ato normativo não referidas às alíneas *c* a *j*;

>> Alínea *k* acrescentada pela Lei n. 13.043, de 13-11-2014.

II – suspensão, pelo prazo de até 12 (doze) meses, do registro, licença, autorização, credenciamento ou habilitação para utilização de regime aduaneiro ou de procedimento simplificado, exercício de atividades relacionadas com o despacho aduaneiro, ou com a movimentação e armazenagem de mercadorias sob controle aduaneiro, e serviços conexos, na hipótese de:

a) reincidência em conduta já sancionada com advertência;

b) atuação em nome de pessoa que esteja cumprindo suspensão, ou no interesse desta;

c) (*Revogada pela Lei n. 13.043, de 13-11-2014.*);

d) delegação de atribuição privativa a pessoa não credenciada ou habilitada;

>> Alínea *d* com redação determinada pela Lei n. 13.043, de 13-11-2014.

e) prática de qualquer outra conduta sancionada com suspensão de registro, licença, autorização, credenciamento ou habilitação, nos termos de legislação específica; ou

>> Alínea *e* com redação determinada pela Lei n. 13.043, de 13-11-2014.

f) agressão ou desacato à autoridade aduaneira no exercício da função;

>> Alínea *f* acrescentada pela Lei n. 13.043, de 13-11-2014.

III – cancelamento ou cassação do registro, licença, autorização, credenciamento ou habilitação para utilização de regime aduaneiro ou de procedimento simplificado, exercício de atividades relacionadas com o despacho aduaneiro, ou com a movimentação e armazenagem de mercadorias sob controle aduaneiro, e serviços conexos, na hipótese de:

a) acúmulo, em período de 3 (três) anos, de suspensão cujo prazo total supere 12 (doze) meses;

b) atuação em nome de pessoa cujo registro, licença, autorização, credenciamento ou habilitação tenha sido objeto de cancelamento ou cassação, ou no interesse desta;

c) exercício, por pessoa credenciada ou habilitada, de atividade ou cargo vedados na legislação específica;

d) prática de ato que embarace, dificulte ou impeça a ação da fiscalização aduaneira, para benefício próprio ou de terceiros;

>> Alínea *d* com redação determinada pela Lei n. 13.043, de 13-11-2014.

e) (*Revogada pela Lei n. 13.043, de 13-11-2014.*);

f) sentença condenatória, transitada em julgado, por participação, direta ou indireta, na prática de crime contra a administração pública ou contra a ordem tributária;

g) ação ou omissão dolosa tendente a subtrair ao controle aduaneiro, ou dele ocultar, a importação ou a exportação de bens ou de mercadorias; ou

h) prática de qualquer outra conduta sancionada com cancelamento ou cassação de registro, licença, autorização, credenciamento ou habilitação, nos termos de legislação específica.

§ 1.º A aplicação das sanções previstas neste artigo será anotada no registro do infrator pela administração aduaneira, após a decisão definitiva na esfera administrativa, devendo a anotação ser cancelada após o decurso de 5 (cinco) anos de sua efetivação.

>> § 1.º com redação determinada pela Lei n. 13.043, de 13-11-2014.

§ 2.º Para os efeitos do disposto neste artigo, consideram-se intervenientes o importador, o exportador, o beneficiário de regime aduaneiro ou de procedimento simplificado, o despachante aduaneiro e seus ajudantes, o transportador, o agente de carga, o operador de transporte multimodal, o operador portuário, o depositário, o administrador de recinto alfandegado, o perito ou qualquer outra pessoa que tenha relação, direta ou indireta, com a operação de comércio exterior.

>> § 2.º com redação determinada pela Lei n. 13.043, de 13-11-2014.

§ 3.º Para efeitos do disposto na alínea *c* do inciso I do *caput*, considera-se contumaz o atraso sem motivo justificado ocorrido em mais de 20% (vinte por cento) das operações de trânsito aduaneiro realizadas no mês, se superior a 5 (cinco) o número total de operações.

§ 4.º Na aplicação da sanção prevista no inciso I do *caput* e na determinação do prazo para a aplicação das sanções previstas no inciso II do *caput* serão considerados:

>> § 4.º, *caput*, com redação determinada pela Lei n. 13.043, de 13-11-2014.

I – a natureza e a gravidade da infração cometida;

>> Inciso I acrescentado pela Lei n. 13.043, de 13-11-2014.

II – os danos que dela provierem; e

>> Inciso II acrescentado pela Lei n. 13.043, de 13-11-2014.

III – os antecedentes do infrator, inclusive quanto à proporção das irregularidades no conjunto das operações por ele realizadas e seus esforços para melhorar a conformidade à legislação, segundo os critérios estabelecidos pela Secretaria da Receita Federal do Brasil.

>> Inciso III acrescentado pela Lei n. 13.043, de 13-11-2014.

§ 5.º Para os fins do disposto na alínea *a* do inciso II do *caput* deste artigo, será considerado reincidente o infrator que:

>> § 5.º, *caput*, com redação determinada pela Lei n. 13.043, de 13-11-2014.

I – cometer nova infração pela mesma conduta já sancionada com advertência, no período de 365 (trezentos e sessenta e cinco) dias, contado da data da aplicação da sanção; ou

>> Inciso I acrescentado pela Lei n. 13.043, de 13-11-2014.

II – não sanar a irregularidade que ensejou a aplicação da advertência, depois de um mês de sua aplicação, quando se tratar de conduta passível de regularização.

>> Inciso II acrescentado pela Lei n. 13.043, de 13-11-2014.

§ 5.º-A. Para os efeitos do § 5.º, no caso de operadores que realizam grande quantidade de operações, poderá ser observada a proporção de erros e omissões em razão da quantidade de documentos, declarações e informações a serem prestadas, nos termos, limites e condições disciplinados pelo Poder Executivo.

>> § 5.º-A acrescentado pela Lei n. 13.043, de 13-11-2014.

§ 6.º Na hipótese de cassação ou cancelamento, a reinscrição para a atividade que exercia ou a inscrição para exercer outra atividade sujeita a controle aduaneiro só poderá ser solicitada depois de transcorridos 2 (dois) anos da data de aplicação da sanção, devendo ser cumpridas todas as exigências e formalidades previstas para a inscrição.

§ 7.º Ao sancionado com suspensão, cassação ou cancelamento, enquanto perdurarem os efeitos da sanção, é vedado o ingresso em local sob controle aduaneiro, sem autorização do titular da unidade jurisdicionante.

§ 8.º Compete a aplicação das sanções:

I – ao titular da unidade da Secretaria da Receita Federal responsável pela apuração da infração, nos casos de advertência ou suspensão; ou

II – à autoridade competente para habilitar ou autorizar a utilização de procedimento simplificado, de regime aduaneiro, ou o exercício de atividades relacionadas com o despacho aduaneiro, ou com a movimentação e armazenagem de mercadorias sob controle aduaneiro, e serviços conexos, nos casos de cancelamento ou cassação.

§ 9.º As sanções previstas neste artigo serão aplicadas mediante processo administrativo próprio, instaurado com a lavratura de auto de infração, acompanhado de termo de constatação de hipótese referida nos incisos I a III do *caput*.

§ 10. Feita a intimação, a não apresentação de impugnação no prazo de 20 (vinte) dias implicará revelia, cabendo a imediata aplicação da penalidade.

>> § 10 acrescentado pela Lei n. 13.043, de 13-11-2014.

§ 10-A. A intimação a que se refere o § 10 deste artigo será:

>> § 10-A, *caput*, acrescentado pela Lei n. 13.043, de 13-11-2014.

I – pessoal, pelo autor do procedimento ou por agente preparador, na repartição ou fora dela, produzindo efeitos com a assinatura do sujeito passivo, seu mandatário ou preposto, ou, no caso de recusa, com declaração escrita de quem o intimar;

>> Inciso I acrescentado pela Lei n. 13.043, de 13-11-2014.

II – por via postal, telegráfica ou por qualquer outro meio ou via, produzindo efeitos com o recebimento no domicílio indicado à Secretaria da Receita Federal do Brasil pelo interveniente na operação de comércio exterior ou, se omitida a data do recebimento, com o decurso de 15 (quinze) dias da expedição da intimação ao referido endereço;

>> Inciso II acrescentado pela Lei n. 13.043, de 13-11-2014.

III – por meio eletrônico, com prova de recebimento, mediante envio ao domicílio tributário do sujeito passivo ou registro em meio magnético ou equivalente utilizado pelo sujeito passivo, produzindo efeitos:

>> Inciso III, *caput*, acrescentado pela Lei n. 13.043, de 13-11-2014.

a) 15 (quinze) dias contados da data registrada no comprovante de entrega no domicílio tributário do sujeito passivo;

>> Alínea *a* acrescentada pela Lei n. 13.043, de 13-11-2014.

b) na data em que o sujeito passivo efetuar consulta ao endereço eletrônico a ele atribuído pela administração tributária, se ocorrida antes do prazo previsto na alínea *a* deste inciso; ou

>> Alínea *b* acrescentada pela Lei n. 13.043, de 13-11-2014.

c) na data registrada no meio magnético ou equivalente utilizado pelo sujeito passivo; ou

>> Alínea *c* acrescentada pela Lei n. 13.043, de 13-11-2014.

IV – por edital, quando resultarem improfícuos os meios previstos nos incisos I a III deste parágrafo, ou no caso de pessoa jurídica declarada inapta perante o Cadastro Nacional de Pessoas Jurídicas – CNPJ, produzindo efeitos com o decurso de 15 (quinze) dias da publicação ou com qualquer manifestação do interessado no mesmo período.

>> Inciso IV acrescentado pela Lei n. 13.043, de 13-11-2014.

§ 11. Apresentada a impugnação, a autoridade preparadora terá prazo de 15 (quinze) dias para remessa do processo a julgamento.

§ 12. O prazo a que se refere o § 11 poderá ser prorrogado quando for necessária a realização de diligências ou perícias.

§ 13. Da decisão que aplicar a sanção cabe recurso, a ser apresentado em 30 (trinta) dias, à autoridade imediatamente superior, que o julgará em instância final administrativa.

§ 14. O rito processual a que se referem os §§ 9.º a 13 aplica-se também aos processos ainda não conclusos para julgamento em 1.ª (primeira) instância julgados na esfera administrativa, relativos a sanções administrativas de advertência, suspensão, cassação ou cancelamento.

§ 15. As sanções previstas neste artigo não prejudicam a exigência dos impostos incidentes, a aplicação de outras penalidades cabíveis e a representação fiscal para fins penais, quando for o caso.

Art. 77. Os arts. 1.º, 17, 36, 37, 50, 104, 107 e 169 do Decreto-lei n. 37, de 18 de novembro de 1966, passam a vigorar com as seguintes alterações:

>> Alterações já processadas no diploma modificado.

....

Art. 81. A redução da multa de lançamento de ofício prevista no art. 6.º da Lei n. 8.218, de 29 de agosto de 1991, não se aplica:

I – às multas previstas nos arts. 70, 72 e 75 desta Lei;

II – às multas previstas no art. 107 do Decreto-lei n. 37, de 18 de novembro de 1966, com a redação dada pelo art. 77 desta Lei;

III – à multa prevista no § 3.º do art. 23 do Decreto-lei n. 1.455, de 7 de abril de 1976, com a redação dada pelo art. 59 da Lei n. 10.637, de 30 de dezembro de 2002;

IV – às multas previstas nos arts. 67 e 84 da Medida Provisória n. 2.158-35, de 24 de agosto de 2001;

V – à multa prevista no inciso I do art. 83 da Lei n. 4.502, de 30 de novembro de 1964, com a redação dada pelo art. 1.º do Decreto-lei n. 400, de 3 de dezembro de 1968; e

VI – à multa prevista no art. 19 da Lei n. 9.779, de 19 de janeiro de 1999.

Capítulo IV
DISPOSIÇÕES FINAIS

Art. 82. O art. 2.º da Lei n. 10.034, de 24 de outubro de 2000, passa vigorar com a seguinte redação:

"Art. 2.º Ficam acrescidos de 50% (cinquenta por cento) os percentuais referidos no art. 5.º da Lei n. 9.317, de 5 de dezembro de 1996, alterado pela Lei n. 9.732, de 11 de dezembro de 1998, em relação às atividades relacionadas nos incisos II a IV do art. 1.º desta Lei e às pessoas jurídicas que aufiram receita bruta decorrente da prestação de serviços em montante igual ou superior a 30% (trinta por cento) da receita bruta total.

Parágrafo único. O produto da arrecadação proporcionado pelo disposto no *caput* será destinado integralmente às contribuições de que trata a alínea *f* do § 1.º do art. 3.º da Lei n. 9.317, de 5 de dezembro de 1996".

>> Alteração prejudicada em face da revogação da Lei n. 9.317, de 5-12-1996, pela Lei Complementar n. 123, de 14-12-2006, constante neste volume.

Art. 83. O não cumprimento das obrigações previstas nos arts. 11 e 19 da Lei n. 9.311, de 24 de outubro de 1996, sujeita as cooperativas de crédito às multas de:

>> Apesar de não expressamente revogada, a Lei n. 9.311, de 24-10-2006, encontra-se sem aplicação, já que a contribuição instituída por ela, a CPMF, foi extinta pelo art. 90 do ADCT da CF.

I – R$ 5,00 (cinco reais) por grupo de 5 (cinco) informações inexatas, incompletas ou omitidas;

II – R$ 200,00 (duzentos reais) ao mês-calendário ou fração, independentemente da sanção prevista no inciso I, se o formulário ou outro meio de informação padronizado for apresentado fora do período determinado.

Parágrafo único. Apresentada a informação, fora de prazo, mas antes de qualquer procedimento de ofício, ou se, após a intimação, houver a apresentação dentro do prazo nesta fixado, as multas serão reduzidas à metade.

Art. 84. (*Revogado pela Lei n. 11.051, de 29-12-2004.*)

Art. 85. A Lei n. 10.753, de 31 de outubro de 2003, passa a vigorar com as seguintes alterações:

"Art. 4.º É permitida a entrada no País de livros em língua estrangeira ou portuguesa, imunes de impostos nos termos do art. 150, inciso VI, alínea *d*, da Constituição, e, nos termos do regulamento, de tarifas alfandegárias prévias, sem prejuízo dos controles aduaneiros e de suas taxas".

"Art. 8.º As pessoas jurídicas que exerçam as atividades descritas nos incisos II a IV do art. 5.º poderão constituir provisão para perda de estoques, calculada no último dia de cada período de apuração do imposto de renda e da contribuição social sobre o lucro líquido, correspondente a 1/3 (um terço) do valor do estoque existente naquela data, na forma que dispuser o regulamento, inclusive em relação ao tratamento contábil e fiscal a ser dispensado às reversões dessa provisão."

"Art. 9.º A provisão referida no art. 8.º será dedutível para fins de determinação do lucro real e da base de cálculo da contribuição social sobre o lucro líquido".

Art. 87. Os §§ 2.º, 3.º e 4.º do art. 5.º da Lei n. 10.336, de 19 de dezembro de 2001, passam a vigorar com a seguinte redação:

>> Alterações já processadas no diploma modificado.

Art. 88. A Lei n. 10.336, de 19 de dezembro de 2001, fica acrescida do art. 8.º-A:

>> Alteração já processada no diploma modificado.

Art. 89. No prazo de 120 (cento e vinte) dias contados a partir da publicação desta Lei, o Poder Executivo encaminhará Projeto de Lei ao Congresso Nacional prevendo a substituição parcial da contribuição a cargo da empresa, destinada à Seguridade Social, incidente sobre a folha de salários e demais rendimentos do trabalho, prevista no art. 22 da Lei n. 8.212, de 24 de julho de 1991, em Contribuição Social incidente sobre a receita bruta, observado o princípio da não cumulatividade.

>> A Lei n. 10.999, de 15-12-2004, prorroga até 31-7-2005 o prazo de que trata este artigo.

Art. 90. (*Revogado pela Lei n. 11.051, de 29-12-2004.*)

Art. 91. Serão reduzidas a 0 (zero) as alíquotas da contribuição para o PIS/PASEP e da COFINS incidentes sobre a receita bruta decorrente da venda de álcool etílico hidratado carburante, realizada por distribuidor e revendedor varejista, desde que atendidas as condições estabelecidas pelo Poder Executivo.

Parágrafo único. A redução de alíquotas referidas no *caput* somente será aplicável a partir do mês subsequente ao da edição do decreto que estabeleça as condições requeridas.

Art. 92. A Secretaria da Receita Federal editará, no âmbito de sua competência, as normas necessárias à aplicação do disposto nesta Lei.

Art. 93. Esta Lei entra em vigor na data de sua publicação, produzindo efeitos, em relação:

I – aos arts. 1.º a 15 e 25, a partir de 1.º de fevereiro de 2004;

II – aos arts. 26, 27, 29, 30 e 34 desta Lei, a partir de 1.º de fevereiro de 2004;

III – ao art. 1.º da Lei n. 8.850, de 28 de janeiro de 1994, e ao inciso I do art. 52 da Lei n. 8.383, de 30 de dezembro de 1991, com a redação dada pelos arts. 42 e 43, a partir de 1.º de janeiro de 2004;

IV – aos arts. 49 a 51 e 53 a 58 desta Lei, a partir do 1.º dia do quarto mês subsequente ao de sua publicação;

V – ao art. 52 desta Lei, a partir do 1.º dia do segundo mês subsequente ao de publicação desta Lei;

VI – aos demais artigos, a partir da data da publicação desta Lei.

Art. 94. Ficam revogados:

I – as alíneas *a* dos incisos III e IV e o inciso V do art. 106, o art. 109 e o art. 137 do Decreto-lei n. 37, de 1966, este com a redação dada pelo art. 4.º do Decreto-lei n. 2.472, de 1988;

II – o art. 7.º do Decreto-lei n. 1.578, de 11 de outubro de 1977;

III – o inciso II do art. 77 da Lei n. 8.981, de 20 de janeiro de 1995;

IV – o art. 75 da Lei n. 9.532, de 10 de dezembro de 1997;

V – os §§ 5.º e 6.º do art. 5.º da Lei n. 10.336, de 28 de dezembro de 2001; e

VI – o art. 6.º da Lei n. 10.637, de 30 de dezembro de 2002, a partir da data de início dos efeitos desta Lei.

Brasília, 29 de dezembro de 2003; 182.º da Independência e 115.º da República.

LUIZ INÁCIO LULA DA SILVA

DECRETO N. 5.035, DE 5 DE ABRIL DE 2004 (*)

Regulamenta a Lei n. 10.744, de 9 de outubro de 2003, que dispõe sobre a assunção, pela União, de responsabilidades civis perante terceiros no caso de atentados terroristas, atos de guerra ou eventos correlatos, contra aeronaves de matrícula brasileira e operadas por empresas brasileiras de transporte aéreo público, excluídas as empresas de táxi aéreo.

O Presidente da República, no uso da atribuição que lhe confere o art. 84, inciso IV, da Constituição, e tendo em vista o disposto na Lei n. 10.744, de 9 de outubro de 2003, decreta:

Art. 1.º A União assumirá despesas de responsabilidade civil perante terceiros na hipótese da ocorrência de danos a bens e pessoas, passageiros ou não, provocados por atentados terroristas, atos de guerra ou eventos correlatos, ocorridos no Brasil ou no exterior, contra aeronaves de matrícula brasileira e operadas por empresas brasileiras de transporte aéreo público, excluídas as empresas de táxi aéreo.

Art. 2.º A assunção de que trata este Decreto poderá ser suspensa a critério do Poder Executivo a qualquer tempo, observado o prazo de sete dias a contar da data da publicação do ato.

Art. 3.º A assunção de que trata este Decreto será cancelada automaticamente, independentemente de qualquer aviso ou comunicação, em caso de:

I – ocorrência de qualquer detonação hostil de arma de guerra que empregue fusão atômica ou nuclear e fusão ou reação semelhante ou força ou matéria radioativa que possa ser considerada arma nuclear de guerra, onde e quando quer que tal detonação possa ocorrer;

II – eclosão de guerra, havendo ou não declaração formal, entre quaisquer dos seguintes países: Reino Unido, Estados Unidos da América do Norte, França, Rússia e República Popular da China.

Art. 4.º A assunção das despesas de responsabilidade civil a que se refere o art. 1.º deste Decreto não contempla as áreas consideradas excluídas da cobertura automática, pelo mercado segurador convencional da garantia cascos de guerra da aeronave, que são regularmente divulgadas pelo IRB-Brasil Resseguros S.A.

Art. 5.º Caso se verifique a existência de ação judicial movida pelos beneficiários contra a União, visando ao recebimento dos créditos a que se refere este Decreto, a liberação dos recursos pela União, pela via administrativa, só se efetivará mediante desistência formal da ação judicial respectiva, devidamente homologada pelo juízo competente.

Art. 6.º Fica revogado o Decreto n. 4.337, de 16 de agosto de 2002.

Art. 7.º Este Decreto entra em vigor na data de sua publicação.

Brasília, 5 de abril de 2004; 183.º da Independência e 116.º da República.

LUIZ INÁCIO LULA DA SILVA

(*) Publicado no *Diário Oficial da União* de 6-4-2004.

LEI N. 11.079, DE 30 DE DEZEMBRO DE 2004 (**)

Institui normas gerais para licitação e contratação de parceria público-privada no âmbito da administração pública.

O Presidente da República

Faço saber que o Congresso Nacional decreta e eu sanciono a seguinte Lei:

CAPÍTULO I
DISPOSIÇÕES PRELIMINARES

Art. 1.º Esta Lei institui normas gerais para licitação e contratação de parceria público-privada no âmbito dos Poderes da União, dos Es-

(**) Publicada no *Diário Oficial da União* de 31-12-2004.

tados, do Distrito Federal e dos Municípios.

Parágrafo único. Esta Lei aplica-se aos órgãos da administração pública direta dos Poderes Executivo e Legislativo, aos fundos especiais, às autarquias, às fundações públicas, às empresas públicas, às sociedades de economia mista e às demais entidades controladas direta ou indiretamente pela União, Estados, Distrito Federal e Municípios.

>> Parágrafo único com redação determinada pela Lei n. 13.137, de 19-6-2015.

Art. 2.º Parceria público-privada é o contrato administrativo de concessão, na modalidade patrocinada ou administrativa.

§ 1.º Concessão patrocinada é a concessão de serviços públicos ou de obras públicas de que trata a Lei n. 8.987, de 13 de fevereiro de 1995, quando envolver, adicionalmente à tarifa cobrada dos usuários contraprestação pecuniária do parceiro público ao parceiro privado.

§ 2.º Concessão administrativa é o contrato de prestação de serviços de que a Administração Pública seja a usuária direta ou indireta, ainda que envolva execução de obra ou fornecimento e instalação de bens.

§ 3.º Não constitui parceria público-privada a concessão comum, assim entendida a concessão de serviços públicos ou de obras públicas de que trata a Lei n. 8.987, de 13 de fevereiro de 1995, quando não envolver contraprestação pecuniária do parceiro público ao parceiro privado.

§ 4.º É vedada a celebração de contrato de parceria público-privada:

I – cujo valor do contrato seja inferior a R$ 10.000.000,00 (dez milhões de reais);

>> Inciso I com redação determinada pela Lei n. 13.529, de 4-12-2017.

II – cujo período de prestação do serviço seja inferior a 5 (cinco) anos; ou

III – que tenha como objeto único o fornecimento de mão de obra, o fornecimento e instalação de equipamentos ou a execução de obra pública.

Art. 3.º As concessões administrativas regem-se por esta Lei, aplicando-se-lhes adicionalmente o disposto nos arts. 21, 23, 25 e 27 a 39 da Lei n. 8.987, de 13 de fevereiro de 1995, e no art. 31 da Lei n. 9.074, de 7 de julho de 1995.

>> *Caput* regulamentado pelo Decreto n. 5.977, de 1.º-12-2006.

> A Lei n. 8.987, de 13-2-1995, consta deste volume.

> A Lei n. 9.074, de 7-7-1995, estabelece normas para outorga e prorrogação das concessões e permissões de serviços públicos.

§ 1.º As concessões patrocinadas regem-se por esta Lei, aplicando-se-lhes subsidiariamente o disposto na Lei n. 8.987, de 13 de fevereiro de 1995, e nas leis que lhe são correlatas.

§ 2.º As concessões comuns continuam regidas pela Lei n. 8.987, de 13 de fevereiro de 1995, e pelas leis que lhe são correlatas, não se lhes aplicando o disposto nesta Lei.

§ 3.º Continuam regidos exclusivamente pela Lei n. 8.666, de 21 de junho de 1993, e pelas leis que lhe são correlatas os contratos administrativos que não caracterizem concessão comum, patrocinada ou administrativa.

> *Vide* citado diploma constante deste volume.

Art. 4.º Na contratação de parceria público-privada serão observadas as seguintes diretrizes:

I – eficiência no cumprimento das missões de Estado e no emprego dos recursos da sociedade;

II – respeito aos interesses e direitos dos destinatários dos serviços e dos entes privados incumbidos da sua execução;

III – indelegabilidade das funções de regulação, jurisdicional, do exercício do poder de polícia e de outras atividades exclusivas do Estado;

IV – responsabilidade fiscal na celebração e execução das parcerias;

V – transparência dos procedimentos e das decisões;

VI – repartição objetiva de riscos entre as partes;

VII – sustentabilidade financeira e vantagens socioeconômicas dos projetos de parceria.

Capítulo II
DOS CONTRATOS DE PARCERIA PÚBLICO-PRIVADA

Art. 5.º As cláusulas dos contratos de parceria público-privada atenderão ao disposto no art. 23 da Lei n. 8.987, de 13 de fevereiro de 1995, no que couber, devendo também prever:

I – o prazo de vigência do contrato, compatível com a amortização dos investimentos realizados, não inferior a 5 (cinco), nem superior a 35 (trinta e cinco) anos, incluindo eventual prorrogação;

II – as penalidades aplicáveis à Administração Pública e ao parceiro privado em caso de inadimplemento contratual, fixadas sempre de forma proporcional à gravidade da falta cometida, e às obrigações assumidas;

III – a repartição de riscos entre as partes, inclusive os referentes a caso fortuito, força maior, fato do príncipe e álea econômica extraordinária;

IV – as formas de remuneração e de atualização dos valores contratuais;

V – os mecanismos para a preservação da atualidade da prestação dos serviços;

VI – os fatos que caracterizem a inadimplência pecuniária do parceiro público, os modos e o prazo de regularização e, quando houver, a forma de acionamento da garantia;

VII – os critérios objetivos de avaliação do desempenho do parceiro privado;

VIII – a prestação, pelo parceiro privado, de garantias de execução suficientes e compatíveis com os ônus e riscos envolvidos, observados os limites dos §§ 3.º e 5.º do art. 56 da Lei n. 8.666, de 21 de junho de 1993, e, no que se refere às concessões patrocinadas, o disposto no inciso XV do art. 18 da Lei n. 8.987, de 13 de fevereiro de 1995;

IX – o compartilhamento com a Administração Pública de ganhos econômicos efetivos do parceiro privado decorrentes da redução do risco de crédito dos financiamentos utilizados pelo parceiro privado;

X – a realização de vistoria dos bens reversíveis, podendo o parceiro público reter os pagamentos ao parceiro privado, no valor necessário para reparar as irregularidades eventualmente detectadas;

XI – o cronograma e os marcos para o repasse ao parceiro privado das parcelas do aporte de recursos, na fase de investimentos do projeto e/ou após a disponibilização dos serviços, sempre que verificada a hipótese do § 2.º do art. 6.º desta Lei.

>> Inciso XI acrescentado pela Lei n. 12.766, de 27-12-2012.

§ 1.º As cláusulas contratuais de atualização automática de valores baseadas em índices e fórmulas matemáticas, quando houver, serão aplicadas sem necessidade de homologação pela Administração Pública, exceto se esta publicar, na imprensa oficial, onde houver, até o prazo de 15 (quinze) dias após apresentação da fatura, razões fundamentadas nesta Lei ou no contrato para a rejeição da atualização.

§ 2.º Os contratos poderão prever adicionalmente:

I – os requisitos e condições em que o parceiro público autorizará a transferência do controle ou a administração temporária da sociedade de propósito específico aos seus financiadores e garantidores com quem não mantenha vínculo societário direto, com o objetivo de promover a sua reestruturação financeira e assegurar a continuidade da prestação dos serviços, não se aplicando para este efeito o previsto no inciso I do parágrafo único do art. 27 da Lei n. 8.987, de 13 de fevereiro de 1995;

>> Inciso I com redação determinada pela Lei n. 13.097, de 19-1-2015.

II – a possibilidade de emissão de empenho em nome dos financiadores do projeto em relação às obrigações pecuniárias da Administração Pública;

III – a legitimidade dos financiadores do projeto para receber indenizações por extinção antecipada do contrato, bem como pagamentos efetuados pelos fundos e empresas estatais garantidores de parcerias público-privadas.

Art. 5.º-A. Para fins do inciso I do § 2.º do art. 5.º, considera-se:

>> *Caput* acrescentado pela Lei n. 13.097, de 19-1-2015.

I – o controle da sociedade de propósito específico a propriedade resolúvel de ações ou quotas por seus financiadores e garantidores que atendam os requisitos do art. 116 da Lei n. 6.404, de 15 de dezembro de 1976;

>> Inciso I acrescentado pela Lei n. 13.097, de 19-1-2015.

II – a administração temporária da sociedade de propósito específico, pelos financiadores e garantidores quando, sem a transferência da propriedade de ações ou quotas, forem outorgados os seguintes poderes:

>> Inciso II, *caput*, acrescentado pela Lei n. 13.097, de 19-1-2015.

a) indicar os membros do Conselho de Administração, a serem eleitos em Assembleia Geral pelos acionistas, nas sociedades regidas pela Lei n. 6.404, de 15 de dezembro de 1976; ou administradores, a serem eleitos pelos quotistas, nas demais sociedades;

>> Alínea *a* acrescentada pela Lei n. 13.097, de 19-1-2015.

b) indicar os membros do Conselho Fiscal, a serem eleitos pelos acionistas ou quotistas controladores em Assembleia Geral;

>> Alínea *b* acrescentada pela Lei n. 13.097, de 19-1-2015.

c) exercer poder de veto sobre qualquer proposta submetida à votação dos acionistas ou quotistas da concessionária, que representem, ou possam representar, prejuízos aos fins previstos no *caput* deste artigo;

>> Alínea *c* acrescentada pela Lei n. 13.097, de 19-1-2015.

d) outros poderes necessários ao alcance dos fins previstos no *caput* deste artigo;

>> Alínea *d* acrescentada pela Lei n. 13.097, de 19-1-2015.

§ 1.º A administração temporária autorizada pelo poder concedente não acarretará responsabilidade aos financiadores e garantidores em relação à tributação, encargos, ônus, sanções, obrigações ou compromissos com terceiros, inclusive com o poder concedente ou empregados.

>> § 1.º acrescentado pela Lei n. 13.097, de 19-1-2015.

§ 2.º O Poder Concedente disciplinará sobre o prazo da administração temporária.

>> § 2.º acrescentado pela Lei n. 13.097, de 19-1-2015.

Art. 6.º A contraprestação da Administração Pública nos contratos de parceria público-privada poderá ser feita por:

I – ordem bancária;

II – cessão de créditos não tributários;

III – outorga de direitos em face da Administração Pública;

IV – outorga de direitos sobre bens públicos dominicais;

V – outros meios admitidos em lei.

§ 1.º O contrato poderá prever o pagamento ao parceiro privado de remuneração variável vinculada ao seu desempenho, conforme metas e padrões de qualidade e disponibilidade definidos no contrato.

>> § 1.º renumerado pela Lei n. 12.766, de 27-12-2012.

§ 2.º O contrato poderá prever o aporte de recursos em favor do parceiro privado para a realização de obras e aquisição de bens reversíveis, nos termos dos incisos X e XI do *caput* do art. 18 da Lei n. 8.987, de 13 de fevereiro de 1995, desde que autorizado no edital de licitação, se contratos novos, ou em lei específica, se contratos celebrados até 8 de agosto de 2012.

>> § 2.º acrescentado pela Lei n. 12.766, de 27-12-2012.

§ 3.º O valor do aporte de recursos realizado nos termos do § 2.º poderá ser excluído da determinação:

>> § 3.º, *caput*, acrescentado pela Lei n. 12.766, de 27-12-2012.

I – do lucro líquido para fins de apuração do lucro real e da base de cálculo da Contribuição Social sobre o Lucro Líquido – CSLL; e

>> Inciso I acrescentado pela Lei n. 12.766, de 27-12-2012.

II – da base de cálculo da Contribuição para o PIS/PASEP e da Contribuição para o Financiamento da Seguridade Social – COFINS;

>> Inciso II acrescentado pela Lei n. 12.766, de 27-12-2012.

III – da base de cálculo da Contribuição Previdenciária sobre a Receita Bruta – CPRB devida pelas empresas referidas nos arts. 7.º e 8.º da Lei n. 12.546, de 14 de dezembro de 2011, a partir de 1.º de janeiro de 2015.

>> Inciso III acrescentado pela Lei n. 13.043, de 13-11-2014.

§ 4.º Até 31 de dezembro de 2013, para os optantes conforme o art. 75 da Lei n. 12.973, de 13 de maio de 2014, e até 31 de dezembro de 2014, para os não optantes, a parcela excluída nos termos do § 3.º deverá ser computada na determinação do lucro líquido para fins de apuração do lucro real, da base de cálculo da CSLL e da base de cálculo da Contribuição para o PIS/Pasep e da Cofins, na proporção em que o custo para a realização de obras e aquisição de bens a que se refere o § 2.º deste artigo for realizado, inclusive mediante depreciação ou extinção da concessão, nos termos do art. 35 da Lei n. 8.987, de 13 de fevereiro de 1995.

>> § 4.º com redação determinada pela Lei n. 13.043, de 13-11-2014.

§ 5.º Por ocasião da extinção do contrato, o parceiro privado não receberá indenização pelas parcelas de investimentos vinculados a bens reversíveis ainda não amortizadas ou depreciadas, quando tais investimentos houverem sido realizados com valores provenientes do aporte de recursos de que trata o § 2.º.

>> § 5.º acrescentado pela Lei n. 12.766, de 27-12-2012.

§ 6.º A partir de 1.º de janeiro de 2014, para os optantes conforme o art. 75 da Lei n. 12.973, de 13 de maio de 2014, e de 1.º de janeiro de 2015, para os não optantes, a parcela excluída nos termos do § 3.º deverá ser computada na determinação do lucro líquido para fins de apuração do lucro real, da base de cálculo da CSLL e da base de cálculo da Contribuição para o PIS/Pasep e da Cofins em cada período de apuração durante o prazo restante do contrato, considerado a partir do início da prestação dos serviços públicos.

>> § 6.º acrescentado pela Lei n. 13.043, de 13-11-2014.

§ 7.º No caso do § 6.º, o valor a ser adicionado em cada período de apuração deve ser o valor da parcela excluída dividida pela quantidade de períodos de apuração contidos no prazo restante do contrato.

>> § 7.º acrescentado pela Lei n. 13.043, de 13-11-2014.

§ 8.º Para os contratos de concessão em que a concessionária já tenha iniciado a prestação dos serviços públicos nas datas referidas no § 6.º, as adições subsequentes serão realizadas em cada período de apuração durante o prazo restante do contrato, considerando o saldo remanescente ainda não adicionado.

>> § 8.º acrescentado pela Lei n. 13.043, de 13-11-2014.

§ 9.º A parcela excluída nos termos do inciso III do § 3.º deverá ser computada na determinação da base de cálculo da contribuição previdenciária de que trata o inciso III do § 3.º em cada período de apuração durante o prazo restante previsto no contrato para construção, recuperação, reforma, ampliação ou melhoramento da infraestrutura que será utilizada na prestação de serviços públicos.

>> § 9.º acrescentado pela Lei n. 13.043, de 13-11-2014.

§ 10. No caso do § 9.º, o valor a ser adicionado em cada período de apuração deve ser o valor da parcela excluída dividida pela quantidade de períodos de apuração contidos no prazo restante previsto no contrato para construção, recuperação, reforma, ampliação ou melhoramento da infraestrutura que será utilizada na prestação de serviços públicos.

>> § 10 acrescentado pela Lei n. 13.043, de 13-11-2014.

§ 11. Ocorrendo a extinção da concessão antes do advento do termo contratual, o saldo da parcela excluída nos termos do § 3.º, ainda não adicionado, deverá ser computado na determinação do lucro líquido para fins de apuração do lucro real, da base de cálculo da CSLL e da base de cálculo da Contribuição para o PIS/Pasep, da Cofins e da contribuição previdenciária de que trata o inciso III do § 3.º no período de apuração da extinção.

>> § 11 acrescentado pela Lei n. 13.043, de 13-11-2014.

§ 12. Aplicam-se às receitas auferidas pelo parceiro privado nos termos do § 6.º o regime de apuração e as alíquotas da Contribuição para o PIS/Pasep e da Cofins aplicáveis às suas receitas decorrentes da prestação dos serviços públicos.

>> § 12 acrescentado pela Lei n. 13.043, de 13-11-2014.

Art. 7.º A contraprestação da Administração Pública será obrigatoriamente precedida da disponibilização do serviço objeto do contrato de parceria público-privada.

§ 1.º É facultado à Administração Pública, nos termos do contrato, efetuar o pagamento da contraprestação relativa a parcela fruível do serviço objeto do contrato de parceria público-privada.

>> § 1.º renumerado pela Lei n. 12.766, de 27-12-2012.

§ 2.º O aporte de recursos de que trata o § 2.º do art. 6.º, quando realizado durante a fase dos investimentos a cargo do parceiro privado, deverá guardar proporcionalidade com as etapas efetivamente executadas.

>> § 2.º acrescentado pela Lei n. 12.766, de 27-12-2012.

Capítulo III
DAS GARANTIAS

Art. 8.º As obrigações pecuniárias contraídas pela Administração Pública em contrato de parceria público-privada poderão ser garantidas mediante:

I – vinculação de receitas, observado o disposto no inciso IV do art. 167 da Constituição Federal;

II – instituição ou utilização de fundos especiais previstos em lei;

III – contratação de seguro-garantia com as companhias seguradoras que não sejam controladas pelo Poder Público;

IV – garantia prestada por organismos internacionais ou instituições financeiras que não sejam controladas pelo Poder Público;

V – garantias prestadas por fundo garantidor ou empresa estatal criada para essa finalidade;

VI – outros mecanismos admitidos em lei.

Parágrafo único. (*Vetado.*)

>> Parágrafo único acrescentado pela Lei n. 13.043, de 13-11-2014.

Capítulo IV
DA SOCIEDADE DE PROPÓSITO ESPECÍFICO

Art. 9.º Antes da celebração do contrato, deverá ser constituída sociedade de propósito específico, incumbida de implantar e gerir o objeto da parceria.

§ 1.º A transferência do controle da sociedade de propósito específico estará condicionada à autorização expressa da Administração Pública, nos termos do edital e do contrato, observado o disposto no parágrafo único do art. 27 da Lei n. 8.987, de 13 de fevereiro de 1995.

§ 2.º A sociedade de propósito específico poderá assumir a forma de companhia aberta, com valores mobiliários admitidos a negociação no mercado.

§ 3.º A sociedade de propósito específico deverá obedecer a padrões de governança corporativa e adotar contabilidade e demonstrações financeiras padronizadas, conforme regulamento.

§ 4.º Fica vedado à Administração Pública ser titular da maioria do capital votante das sociedades de que trata este Capítulo.

§ 5.º A vedação prevista no § 4.º deste artigo não se aplica à eventual aquisição da maioria do capital votante da sociedade de propósito específico por instituição financeira controlada pelo Poder Público em caso de inadimplemento de contratos de financiamento.

Capítulo V
DA LICITAÇÃO

> Modalidades de licitação na Administração Pública: *vide* art. 22 da Lei n. 8.666, de 21-6-1993.

Art. 10. A contratação de parceria público-privada será precedida de licitação na modalidade de concorrência, estando a abertura do processo licitatório condicionada a:

I – autorização da autoridade competente, fundamentada em estudo técnico que demonstre:

a) a conveniência e a oportunidade da contratação, mediante identificação das razões que justifiquem a opção pela forma de parceria público-privada;

b) que as despesas criadas ou aumentadas não afetarão as metas de resultados fiscais previstas no Anexo referido no § 1.º do art. 4.º da Lei Complementar n. 101, de 4 de maio de 2000, devendo seus efeitos financeiros, nos períodos seguintes, ser compensados pelo aumento permanente de receita ou pela redução permanente de despesa; e

> A Lei Complementar n. 101, de 4-5-2000, estabelece normas de finanças públicas voltadas para a responsabilidade na gestão fiscal.

c) quando for o caso, conforme as normas editadas na forma do art. 25 desta Lei, a observância dos limites e condições decorrentes da aplicação dos arts. 29, 30 e 32 da Lei Complementar n. 101, de 4 de maio de 2000, pelas obrigações contraídas pela Administração Pública relativas ao objeto do contrato;

II – elaboração de estimativa do impacto orçamentário-financeiro nos exercícios em que deva vigorar o contrato de parceria público-privada;

III – declaração do ordenador da despesa de que as obrigações contraídas pela Administração Pública no decorrer do contrato são compatíveis com a lei de diretrizes orçamentárias e estão previstas na lei orçamentária anual;

IV – estimativa do fluxo de recursos públicos suficientes para o cumprimento, durante a vigência do contrato e por exercício financeiro, das obrigações contraídas pela Administração Pública;

V – seu objeto estar previsto no plano plurianual em vigor no âmbito onde o contrato será celebrado;

VI – submissão da minuta de edital e de contrato à consulta pública, mediante publicação na imprensa oficial, em jornais de grande circulação e por meio eletrônico, que deverá informar a justificativa para a contratação, a identificação do objeto, o prazo de duração do contrato, seu valor estimado, fixando-se prazo mínimo de 30 (trinta) dias para recebimento de sugestões, cujo termo dar-se-á pelo menos 7 (sete) dias antes da data prevista para a publicação do edital; e

VII – licença ambiental prévia ou expedição das diretrizes para o licenciamento ambiental do empreendimento, na forma do regulamento, sempre que o objeto do contrato exigir.

§ 1.º A comprovação referida nas alíneas *b* e *c* do inciso I do *caput* deste artigo conterá as premissas e metodologia de cálculo utilizadas, observadas as normas gerais para consolidação das contas públicas, sem prejuízo do exame de compatibilidade das despesas com as demais normas do plano plurianual e da lei de diretrizes orçamentárias.

§ 2.º Sempre que a assinatura do contrato ocorrer em exercício diverso daquele em que for publicado o edital, deverá ser precedida da atualização dos estudos e demonstrações a que se referem os incisos I a IV do *caput* deste artigo.

§ 3.º As concessões patrocinadas em que mais de 70% (setenta por cento) da remuneração do parceiro privado for paga pela Administração Pública dependerão de autorização legislativa específica.

§ 4.º Os estudos de engenharia para a definição do valor do investimento da PPP deverão ter nível de detalhamento de anteprojeto, e o valor dos investimentos para definição do preço de referência para a licitação será calculado com base em valores de mercado considerando o custo global de obras semelhantes no Brasil ou no exterior ou com base em sistemas de custos que utilizem como insumo valores de mercado do setor específico do projeto, aferidos, em qualquer caso, mediante orçamento sintético, elaborado por meio de metodologia expedita ou paramétrica.

>> § 4.º acrescentado pela Lei n. 12.766, de 27-12-2012.

Art. 11. O instrumento convocatório conterá minuta do contrato, indicará expressamente a submissão da licitação às normas desta Lei e observará, no que couber, os §§ 3.º e 4.º do art. 15, os arts. 18, 19 e 21 da Lei n. 8.987, de 13 de fevereiro de 1995, podendo ainda prever:

I – exigência de garantia de proposta do licitante, observado o limite do inciso III do art. 31 da Lei n. 8.666, de 21 de junho de 1993;

II – (*Vetado.*);

III – o emprego dos mecanismos privados de resolução de disputas, inclusive a arbitragem, a ser realizada no Brasil e em língua portuguesa, nos termos da Lei n. 9.307, de 23 de setembro de 1996, para dirimir conflitos decorrentes ou relacionados ao contrato.

> Lei n. 9.307, de 23-9-1996: Lei de Arbitragem.

Parágrafo único. O edital deverá especificar, quando houver, as garantias da contraprestação do parceiro público a serem concedidas ao parceiro privado.

Art. 12. O certame para a contratação de parcerias público-privadas obedecerá ao procedimento previsto na legislação vigente sobre licitações e contratos administrativos e também ao seguinte:

I – o julgamento poderá ser precedido de etapa de qualificação de propostas técnicas, desclassificando-se os licitantes que não alcançarem a pontuação mínima, os quais não participarão das etapas seguintes;

II – o julgamento poderá adotar como critérios, além dos previstos nos incisos I e V do art. 15 da Lei n. 8.987, de 13 de fevereiro de 1995, os seguintes:

a) menor valor da contraprestação a ser paga pela Administração Pública;

b) melhor proposta em razão da combinação do critério da alínea *a* com o de melhor técnica, de acordo com os pesos estabelecidos no edital;

III – o edital definirá a forma de apresentação das propostas econômicas, admitindo-se:

a) propostas escritas em envelopes lacrados; ou

b) propostas escritas, seguidas de lances em viva voz;

IV – o edital poderá prever a possibilidade de saneamento de falhas, de complementação de insuficiências ou ainda de correções de caráter formal no curso do procedimento, desde que o licitante possa satisfazer as exigências dentro do prazo fixado no instrumento convocatório.

§ 1.º Na hipótese da alínea *b* do inciso III do *caput* deste artigo:

I – os lances em viva voz serão sempre oferecidos na ordem inversa da classificação das propostas escritas, sendo vedado ao edital limitar a quantidade de lances;

II – o edital poderá restringir a apresentação de lances em viva voz aos licitantes cuja proposta escrita for no máximo 20% (vinte por cento) maior que o valor da melhor proposta.

§ 2.º O exame de propostas técnicas, para fins de qualificação ou julgamento, será feito por ato motivado, com base em exigências, parâmetros e indicadores de resultado pertinentes ao objeto, definidos com clareza e objetividade no edital.

Art. 13. O edital poderá prever a inversão da ordem das fases de habilitação e julgamento, hipótese em que:

I – encerrada a fase de classificação das propostas ou o oferecimento de lances, será aberto o invólucro com os documentos de habilitação do licitante mais bem classificado, para verificação do atendimento das condições fixadas no edital;

II – verificado o atendimento das exigências do edital, o licitante será declarado vencedor;

III – inabilitado o licitante melhor classificado, serão analisados os documentos habilitatórios do licitante com a proposta classificada em 2.º (segundo) lugar, e assim, sucessivamente, até que um licitante classificado atenda às condições fixadas no edital;

IV – proclamado o resultado final do certame, o objeto será adjudicado ao vencedor nas condições técnicas e econômicas por ele ofertadas.

Capítulo VI
DISPOSIÇÕES APLICÁVEIS À UNIÃO

Art. 14. Será instituído, por decreto, órgão gestor de parcerias público-privadas federais, com competência para:

I – definir os serviços prioritários para execução no regime de parceria público-privada;

II – disciplinar os procedimentos para celebração desses contratos;

III – autorizar a abertura da licitação e aprovar seu edital;

IV – apreciar os relatórios de execução dos contratos.

§ 1.º O órgão mencionado no *caput* deste artigo será composto por indicação nominal de um representante titular e respectivo suplente de cada um dos seguintes órgãos:

I – Ministério do Planejamento, Orçamento e Gestão, ao qual cumprirá a tarefa de coordenação das respectivas atividades;

II – Ministério da Fazenda;

III – Casa Civil da Presidência da República.

§ 2.º Das reuniões do órgão a que se refere o *caput* deste artigo para examinar projetos de parceria público-privada participará um representante do órgão da Administração Pública direta cuja área de competência seja pertinente ao objeto do contrato em análise.

§ 3.º Para deliberação do órgão gestor sobre a contratação de parceria público-privada, o expediente deverá estar instruído com pronunciamento prévio e fundamentado:

I – do Ministério do Planejamento, Orçamento e Gestão, sobre o mérito do projeto;

II – do Ministério da Fazenda, quanto à viabilidade da concessão da garantia e à sua forma, relativamente aos riscos para o Tesouro Nacional e ao cumprimento do limite de que trata o art. 22 desta Lei.

§ 4.º Para o desempenho de suas funções, o órgão citado no *caput* deste artigo poderá criar estrutura de apoio técnico com a presença de representantes de instituições públicas.

§ 5.º O órgão de que trata o *caput* deste artigo remeterá ao Congresso Nacional e ao Tribunal de Contas da União, com periodicidade anual, relatórios de desempenho dos contratos de parceria público-privada.

§ 6.º Para fins do atendimento do disposto no inciso V do art. 4.º desta Lei, ressalvadas as informações classificadas como sigilosas, os relatórios de que trata o § 5.º deste artigo serão disponibilizados ao público, por meio de rede pública de transmissão de dados.

Art. 14-A. A Câmara dos Deputados e o Senado Federal, por meio de atos das respectivas Mesas, poderão dispor sobre a matéria de que trata o art. 14 no caso de parcerias público-privadas por eles realizadas, mantida a competência do Ministério da Fazenda descrita no inciso II do § 3.º do referido artigo.

>> Artigo acrescentado pela Lei n. 13.137, de 19-6-2015.

Art. 15. Compete aos Ministérios e às Agências Reguladoras, nas suas respectivas áreas de competência, submeter o edital de licitação ao órgão gestor, proceder à licitação, acompanhar e fiscalizar os contratos de parceria público-privada.

Parágrafo único. Os Ministérios e Agências Reguladoras encaminharão ao órgão a que se refere o *caput* do art. 14 desta Lei, com periodicidade semestral, relatórios circunstanciados acerca da execução dos contratos de parceria público-privada, na forma definida em regulamento.

Art. 16. Ficam a União, seus fundos especiais, suas autarquias, suas fundações públicas e suas empresas estatais dependentes autorizadas a participar, no limite global de R$ 6.000.000.000,00 (seis bilhões de reais), em Fundo Garantidor de Parcerias Público-Privadas – FGP que terá por finalidade prestar garantia de pagamento de obrigações pecuniárias assumidas pelos parceiros públicos federais, distritais, estaduais ou municipais em virtude das parcerias de que trata esta Lei.

>> *Caput* com redação determinada pela Lei n. 12.766, de 27-12-2012.

>> O Decreto n. 5.411, de 6-4-2005, autoriza a integralização de cotas no Fundo

Garantidor de Parcerias Público-Privadas – FGP, mediante ações representativas de participações acionárias da União em sociedades de economia mista disponíveis para venda.

§ 1.º O FGP terá natureza privada e patrimônio próprio separado do patrimônio dos cotistas, e será sujeito a direitos e obrigações próprios.

§ 2.º O patrimônio do Fundo será formado pelo aporte de bens e direitos realizado pelos cotistas, por meio da integralização de cotas e pelos rendimentos obtidos com sua administração.

§ 3.º Os bens e direitos transferidos ao Fundo serão avaliados por empresa especializada, que deverá apresentar laudo fundamentado, com indicação dos critérios de avaliação adotados e instruído com os documentos relativos aos bens avaliados.

§ 4.º A integralização das cotas poderá ser realizada em dinheiro, títulos da dívida pública, bens imóveis dominicais, bens móveis, inclusive ações de sociedade de economia mista federal excedentes ao necessário para manutenção de seu controle pela União, ou outros direitos com valor patrimonial.

§ 5.º O FGP responderá por suas obrigações com os bens e direitos integrantes de seu patrimônio, não respondendo os cotistas por qualquer obrigação do Fundo, salvo pela integralização das cotas que subscreverem.

§ 6.º A integralização com bens a que se refere o § 4.º deste artigo será feita independentemente de licitação, mediante prévia avaliação e autorização específica do Presidente da República, por proposta do Ministro da Fazenda.

§ 7.º O aporte de bens de uso especial ou de uso comum no FGP será condicionado a sua desafetação de forma individualizada.

§ 8.º A capitalização do FGP, quando realizada por meio de recursos orçamentários, dar-se-á por ação orçamentária específica para esta finalidade, no âmbito de Encargos Financeiros da União.

>> § 8.º acrescentado pela Lei n. 12.409, de 25-5-2011.

§ 9.º *(Vetado.)*

>> § 9.º acrescentado pela Lei n. 12.766, de 27-12-2012.

Art. 17. O FGP será criado, administrado, gerido e representado judicial e extrajudicialmente por instituição financeira controlada, direta ou indiretamente, pela União, com observância das normas a que se refere o inciso XXII do art. 4.º da Lei n. 4.595, de 31 de dezembro de 1964.

> Dispõe citado dispositivo: "Compete ao Conselho Monetário Nacional, segundo diretrizes estabelecidas pelo Presidente da República, estatuir normas para as operações das instituições financeiras públicas, para preservar sua solidez e adequar seu funcionamento aos objetivos desta Lei".

§ 1.º O estatuto e o regulamento do FGP serão aprovados em assembleia dos cotistas.

§ 2.º A representação da União na assembleia dos cotistas dar-se-á na forma do inciso V do art. 10 do Decreto-lei n. 147, de 3 de fevereiro de 1967.

> Dispõe citado dispositivo sobre a competência do Procurador-Geral da Fazenda Nacional.

§ 3.º Caberá à instituição financeira deliberar sobre a gestão e alienação dos bens e direitos do FGP, zelando pela manutenção de sua rentabilidade e liquidez.

Art. 18. O estatuto e o regulamento do FGP devem deliberar sobre a política de concessão de garantias, inclusive no que se refere à relação entre ativos e passivos do Fundo.

>> *Caput* com redação determinada pela Lei n. 12.409, de 25-5-2011.

§ 1.º A garantia será prestada na forma aprovada pela assembleia dos cotistas, nas seguintes modalidades:

I – fiança, sem benefício de ordem para o fiador;

II – penhor de bens móveis ou de direitos integrantes do patrimônio do FGP, sem transferência da posse da coisa empenhada antes da execução da garantia;

III – hipoteca de bens imóveis do patrimônio do FGP;

IV – alienação fiduciária, permanecendo a posse direta dos bens com o FGP ou com agente fiduciário por ele contratado antes da execução da garantia;

V – outros contratos que produzam efeito de garantia, desde que não transfiram a titularidade ou posse direta dos bens ao parceiro privado antes da execução da garantia;

VI – garantia, real ou pessoal, vinculada a um patrimônio de afetação constituído em decorrência da separação de bens e direitos pertencentes ao FGP.

§ 2.º O FGP poderá prestar contragarantias a seguradoras, instituições financeiras e organismos internacionais que garantirem o cumprimento das obrigações pecuniárias dos cotistas em contratos de parceria público-privadas.

§ 3.º A quitação pelo parceiro público de cada parcela de débito garantido pelo FGP importará exoneração proporcional da garantia.

§ 4.º O FGP poderá prestar garantia mediante contratação de instrumentos disponíveis em mercado, inclusive para complementação das modalidades previstas no § 1.º.

>> § 4.º com redação determinada pela Lei n. 12.766, de 27-12-2012.

§ 5.º O parceiro privado poderá acionar o FGP nos casos de:

>> § 5.º, *caput*, com redação determinada pela Lei n. 12.766, de 27-12-2012.

I – crédito líquido e certo, constante de título exigível aceito e não pago pelo parceiro público após 15 (quinze) dias contados da data de vencimento; e

>> Inciso I acrescentado pela Lei n. 12.766, de 27-12-2012.

II – débitos constantes de faturas emitidas e não aceitas pelo parceiro público após 45 (quarenta e cinco) dias contados da data de vencimento, desde que não tenha havido rejeição expressa por ato motivado.

>> Inciso II acrescentado pela Lei n. 12.766, de 27-12-2012.

§ 6.º A quitação de débito pelo FGP importará sua sub-rogação nos direitos do parceiro privado.

§ 7.º Em caso de inadimplemento, os bens e direitos do Fundo poderão ser objeto de constrição judicial e alienação para satisfazer as obrigações garantidas.

§ 8.º O FGP poderá usar parcela da cota da União para prestar garantia aos seus fundos especiais, às suas autarquias, às suas fundações públicas e às suas empresas estatais dependentes.

>> § 8.º acrescentado pela Lei n. 12.409, de 25-5-2011.

§ 9.º O FGP é obrigado a honrar faturas aceitas e não pagas pelo parceiro público.

>> § 9.º acrescentado pela Lei n. 12.766, de 27-12-2012.

§ 10. O FGP é proibido de pagar faturas rejeitadas expressamente por ato motivado.

>> § 10 acrescentado pela Lei n. 12.766, de 27-12-2012.

§ 11. O parceiro público deverá informar o FGP sobre qualquer fatura rejeitada e sobre os motivos da rejeição, no prazo de 40 (quarenta) dias contados da data de vencimento.

>> § 11 acrescentado pela Lei n. 12.766, de 27-12-2012.

§ 12. A ausência de aceite ou rejeição expressa de fatura por parte do parceiro público no prazo de 40 (quarenta) dias contado da data de vencimento implicará aceitação tácita.

>> § 12 acrescentado pela Lei n. 12.766, de 27-12-2012.

§ 13. O agente público que contribuir por ação ou omissão para a aceitação tácita de que trata o § 12 ou que rejeitar fatura sem motivação será responsabilizado pelos danos que causar, em conformidade com a legislação civil, administrativa e penal em vigor.

>> § 13 acrescentado pela Lei n. 12.766, de 27-12-2012.

Art. 19. O FGP não pagará rendimentos a seus cotistas, assegurando-se a qualquer deles o direito de requerer o resgate total ou parcial de suas cotas, correspondente ao patrimônio ainda não utilizado para a concessão de garantias, fazendo-se a liquidação com base na situação patrimonial do Fundo.

Art. 20. A dissolução do FGP, deliberada pela assembleia dos cotistas, ficará condicionada à prévia quitação da totalidade dos débitos garantidos ou liberação das garantias pelos credores.

Parágrafo único. Dissolvido o FGP, o seu patrimônio será rateado entre os cotistas, com base na situação patrimonial à data da dissolução.

Art. 21. É facultada a constituição de patrimônio de afetação que não se comunicará com o restante do patrimônio do FGP, ficando vinculado exclusivamente à garantia em virtude da qual tiver sido constituído, não podendo ser objeto de penhora, arresto, sequestro, busca e apreensão ou qualquer ato de constrição judicial decorrente de outras obrigações do FGP.

Parágrafo único. A constituição do patrimônio de afetação será feita por registro em Cartório de Registro de Títulos e Documentos ou, no caso de bem imóvel, no Cartório de Registro Imobiliário correspondente.

Art. 22. A União somente poderá contratar parceria público-privada quando a soma das despesas de caráter continuado derivadas do conjunto das parcerias já contratadas não tiver excedido, no ano anterior, a 1% (um por cento) da receita corrente líquida do exercício, e as despesas anuais dos contratos vigentes, nos 10 (dez) anos subsequentes, não excedam a 1% (um por cento) da receita corrente líquida projetada para os respectivos exercícios.

CAPÍTULO VII
DISPOSIÇÕES FINAIS

Art. 23. Fica a União autorizada a conceder incentivo, nos termos do Programa de Incentivo à Implementação de Projetos de Interesse Social – PIPS, instituído pela Lei n. 10.735, de 11 de setembro de 2003, às aplicações em fundos de investimento, criados por instituições financeiras, em direitos creditórios provenientes dos contratos de parcerias público-privadas.

Art. 24. O Conselho Monetário Nacional estabelecerá, na forma da legislação pertinente, as diretrizes para a concessão de crédito destinado ao financiamento de contratos de parcerias público-privadas, bem como para participação de entidades fechadas de previdência complementar.

Art. 25. A Secretaria do Tesouro Nacional editará, na forma da legislação pertinente, normas gerais relativas à consolidação das contas públicas aplicáveis aos contratos de parceria público-privada.

> A Portaria n. 614, de 21-8-2006, da Secretaria do Tesouro Nacional, estabeleceu normas gerais relativas à consolidação das contas públicas aplicáveis aos contratos dispostos neste artigo.

Art. 26. O inciso I do § 1.º do art. 56 da Lei n. 8.666, de 21 de junho de 1993, passa a vigorar com a seguinte redação:

>> Alteração já processada no diploma modificado.

Art. 27. As operações de crédito efetuadas por empresas públicas ou sociedades de economia mista controladas pela União não poderão exceder a 70% (setenta por cento) do total das fontes de recursos financeiros da sociedade de propósito específico, sendo que para as áreas das regiões Norte, Nordeste e Centro-Oeste, onde o Índice de Desenvolvimento Humano – IDH seja inferior à média nacional, essa participação não poderá exceder a 80% (oitenta por cento).

§ 1.º Não poderão exceder a 80% (oitenta por cento) do total das fontes de recursos financeiros da sociedade de propósito específico ou 90% (noventa por cento) nas áreas das regiões Norte, Nordeste e Centro-Oeste, onde o Índice de Desenvolvimento Humano – IDH seja inferior à média nacional, as operações de crédito ou contribuições de capital realizadas cumulativamente por:

I – entidades fechadas de previdência complementar;

II – empresas públicas ou sociedades de economia mista controladas pela União.

§ 2.º Para fins do disposto neste artigo, entende-se por fonte de recursos financeiros as operações de crédito e contribuições de capital à sociedade de propósito específico.

Art. 28. A União não poderá conceder garantia ou realizar transferência voluntária aos Estados, Distrito Federal e Municípios se a soma das despesas de caráter continuado derivadas do conjunto das parcerias já contratadas por esses entes tiver excedido, no ano anterior, a 5% (cinco por cento) da receita corrente líquida do exercício ou se as despesas anuais dos contratos vigentes nos 10 (dez) anos subsequentes excederem a 5% (cinco por cento) da receita corrente líquida projetada para os respectivos exercícios.

>> *Caput* com redação determinada pela Lei n. 12.766, de 27-12-2012.

§ 1.º Os Estados, o Distrito Federal e os Municípios que contratarem empreendimentos por intermédio de parcerias público-privadas deverão encaminhar ao Senado Federal e à Secretaria do Tesouro Nacional, previamente à contratação, as informações necessárias para cumprimento do previsto no *caput* deste artigo.

§ 2.º Na aplicação do limite previsto no *caput* deste artigo, serão computadas as despesas derivadas de contratos de parceria celebrados pela administração pública direta, autarquias, fundações públicas, empresas públicas, sociedades de economia mista e demais entidades controladas, direta ou indiretamente, pelo respectivo ente, excluídas as empresas estatais não dependentes.

>> § 2.º com redação determinada pela Lei n. 12.024, de 27-8-2009.

§ 3.º (*Vetado.*)

Art. 29. Serão aplicáveis, no que couber, as penalidades previstas no Decreto-lei n. 2.848, de 7 de dezembro de 1940 – Código Penal, na Lei n. 8.429, de 2 de junho de 1992 – Lei de Improbidade Administrativa, na Lei n. 10.028, de 19 de outubro de 2000 – Lei dos Crimes Fiscais, no Decreto-lei n. 201, de 27 de fevereiro de 1967, e na Lei n. 1.079, de 10 de abril de 1950, sem prejuízo das penalidades financeiras previstas contratualmente.

> *Vide* citados diplomas constantes deste volume.

Art. 30. Esta Lei entra em vigor na data de sua publicação.

Brasília, 30 de dezembro de 2004; 183.º da Independência e 116.º da República.

LUIZ INÁCIO LULA DA SILVA

LEI N. 11.101, DE 9 DE FEVEREIRO DE 2005 (*)

Regula a recuperação judicial, a extrajudicial e a falência do empresário e da sociedade empresária.

O Presidente da República

Faço saber que o Congresso Nacional decreta e eu sanciono a seguinte Lei:

CAPÍTULO I
DISPOSIÇÕES PRELIMINARES

Art. 1.º Esta Lei disciplina a recuperação judicial, a recuperação extrajudicial e a falência do empresário e da sociedade empresária, doravante referidos simplesmente como devedor.

Art. 2.º Esta Lei não se aplica a:

I – empresa pública e sociedade de economia mista;

II – instituição financeira pública ou privada, cooperativa de crédito, consórcio, entidade de previdência complementar, sociedade operadora de plano de assistência à saúde, sociedade seguradora, sociedade de capitalização e outras entidades legalmente equiparadas às anteriores.

Art. 3.º É competente para homologar o plano de recuperação extrajudicial, deferir a recuperação judicial ou decretar a falência o juízo do local do principal estabelecimento do devedor ou da filial de empresa que tenha sede fora do Brasil.

Art. 4.º (*Vetado.*)

CAPÍTULO II
DISPOSIÇÕES COMUNS À RECUPERAÇÃO JUDICIAL E À FALÊNCIA

Seção I
Disposições Gerais

Art. 5.º Não são exigíveis do devedor, na recuperação judicial ou na falência:

(*) Publicada no *Diário Oficial da União*, de 9-2-2005 – Edição Extra.

I – as obrigações a título gratuito;

II – as despesas que os credores fizerem para tomar parte na recuperação judicial ou na falência, salvo as custas judiciais decorrentes de litígio com o devedor.

Art. 6.º A decretação da falência ou o deferimento do processamento da recuperação judicial suspende o curso da prescrição e de todas as ações e execuções em face do devedor, inclusive aquelas dos credores particulares do sócio solidário.

>> *Vide* Súmula 581 do STJ.

§ 1.º Terá prosseguimento no juízo no qual estiver se processando a ação que demandar quantia ilíquida.

§ 2.º É permitido pleitear, perante o administrador judicial, habilitação, exclusão ou modificação de créditos derivados da relação de trabalho, mas as ações de natureza trabalhista, inclusive as impugnações a que se refere o art. 8.º desta Lei, serão processadas perante a justiça especializada até a apuração do respectivo crédito, que será inscrito no quadro-geral de credores pelo valor determinado em sentença.

§ 3.º O juiz competente para as ações referidas nos §§ 1.º e 2.º deste artigo poderá determinar a reserva da importância que estimar devida na recuperação judicial ou na falência, e, uma vez reconhecido líquido o direito, será o crédito incluído na classe própria.

§ 4.º Na recuperação judicial, a suspensão de que trata o *caput* deste artigo em hipótese nenhuma excederá o prazo improrrogável de 180 (cento e oitenta) dias contado do deferimento do processamento da recuperação, restabelecendo-se, após o decurso do prazo, o direito dos credores de iniciar ou continuar suas ações e execuções, independentemente de pronunciamento judicial.

§ 5.º Aplica-se o disposto no § 2.º deste artigo à recuperação judicial durante o período de suspensão de que trata o § 4.º deste artigo, mas, após o fim da suspensão, as execuções trabalhistas poderão ser normalmente concluídas, ainda que o crédito já esteja inscrito no quadro-geral de credores.

§ 6.º Independentemente da verificação periódica perante os cartórios de distribuição, as ações que venham a ser propostas contra o devedor deverão ser comunicadas ao juízo da falência ou da recuperação judicial:

I – pelo juiz competente, quando do recebimento da petição inicial;

II – pelo devedor, imediatamente após a citação.

§ 7.º As execuções de natureza fiscal não são suspensas pelo deferimento da recuperação judicial, ressalvada a concessão de parcelamento nos termos do Código Tributário Nacional e da legislação ordinária específica.

§ 8.º A distribuição do pedido de falência ou de recuperação judicial previne a jurisdição para qualquer outro pedido de recuperação judicial ou de falência, relativo ao mesmo devedor.

Seção II
Da Verificação e da Habilitação de Créditos

Art. 7.º A verificação dos créditos será realizada pelo administrador judicial, com base nos livros contábeis e documentos comerciais e fiscais do devedor e nos documentos que lhe forem apresentados pelos credores, podendo contar com o auxílio de profissionais ou empresas especializadas.

§ 1.º Publicado o edital previsto no art. 52, § 1.º, ou no parágrafo único do art. 99 desta Lei, os credores terão o prazo de 15 (quinze) dias para apresentar ao administrador judicial suas habilitações ou suas divergências quanto aos créditos relacionados.

§ 2.º O administrador judicial, com base nas informações e documentos colhidos na forma do *caput* e do § 1.º deste artigo, fará publicar edital contendo a relação de credores no prazo de 45 (quarenta e cinco) dias, contado do fim do prazo do § 1.º deste artigo, devendo indicar o local, o horário e o prazo comum em que as pessoas indicadas no art. 8.º desta Lei terão acesso aos documentos que fundamentaram a elaboração dessa relação.

Art. 8.º No prazo de 10 (dez) dias, contado da publicação da relação referida no art. 7.º, § 2.º, desta Lei, o Comitê, qualquer credor, o devedor ou seus sócios ou o Ministério Público podem apresentar ao juiz impugnação contra a relação de credores, apontando a ausência de qualquer crédito ou manifestando-se contra a legitimidade, importância ou classificação de crédito relacionado.

Parágrafo único. Autuada em separado, a impugnação será processada nos termos dos arts. 13 a 15 desta Lei.

Art. 9.º A habilitação de crédito realizada pelo credor nos termos do art. 7.º, § 1.º, desta Lei deverá conter:

I – o nome, o endereço do credor e o endereço em que receberá comunicação de qualquer ato do processo;

II – o valor do crédito, atualizado até a data da decretação da falência ou do pedido de recuperação judicial, sua origem e classificação;

III – os documentos comprobatórios do crédito e a indicação das demais provas a serem produzidas;

IV – a indicação da garantia prestada pelo devedor, se houver, e o respectivo instrumento;

V – a especificação do objeto da garantia que estiver na posse do credor.

Parágrafo único. Os títulos e documentos que legitimam os créditos deverão ser exibidos no original ou por cópias autenticadas se estiverem juntados em outro processo.

Art. 10. Não observado o prazo estipulado no art. 7.º, § 1.º, desta Lei, as habilitações de crédito serão recebidas como retardatárias.

§ 1.º Na recuperação judicial, os titulares de créditos retardatários, excetuados os titulares de créditos derivados da relação de trabalho, não terão direito a voto nas deliberações da assembleia geral de credores.

§ 2.º Aplica-se o disposto no § 1.º deste artigo ao processo de falência, salvo se, na data da realização da assembleia geral, já houver sido homologado o quadro-geral de credores contendo o crédito retardatário.

§ 3.º Na falência, os créditos retardatários perderão o direito a rateios eventualmente realizados e ficarão sujeitos ao pagamento de custas, não se computando os acessórios compreendidos entre o término do prazo e a data do pedido de habilitação.

§ 4.º Na hipótese prevista no § 3.º deste artigo, o credor poderá requerer a reserva de valor para satisfação de seu crédito.

§ 5.º As habilitações de crédito retardatárias, se apresentadas antes da homologação do quadro-geral de credores, serão recebidas como impugnação e processadas na forma dos arts. 13 a 15 desta Lei.

§ 6.º Após a homologação do quadro-geral de credores, aqueles que não habilitaram seu crédito poderão, observado, no que couber, o procedimento ordinário previsto no Código de Processo Civil, requerer ao juízo da falência ou da recuperação judicial a retificação do quadro-geral para inclusão do respectivo crédito.

Art. 11. Os credores cujos créditos forem impugnados serão intimados para contestar a impugnação, no prazo de 5 (cinco) dias, juntando os documentos que tiverem e indicando outras provas que reputem necessárias.

Art. 12. Transcorrido o prazo do art. 11 desta Lei, o devedor e o Comitê, se houver, serão intimados pelo juiz para se manifestar sobre ela no prazo comum de 5 (cinco) dias.

Parágrafo único. Findo o prazo a que se refere o *caput* deste artigo, o administrador judicial será intimado pelo juiz para emitir parecer no prazo de 5 (cinco) dias, devendo juntar à sua manifestação o laudo elaborado pelo profissional ou empresa especializada, se for o caso, e todas as informações existentes nos livros fiscais e demais documentos do devedor acerca do crédito, constante ou não da relação de credores, objeto da impugnação.

Art. 13. A impugnação será dirigida ao juiz por meio de petição, instruída com os documentos que tiver o impugnante, o qual indicará as provas consideradas necessárias.

Parágrafo único. Cada impugnação será autuada em separado, com os documentos a ela relativos, mas terão uma só autuação as diversas impugnações versando sobre o mesmo crédito.

Art. 14. Caso não haja impugnações, o juiz homologará, como quadro-geral de credores, a relação dos credores constante do edital de que trata o art. 7.º, § 2.º, desta Lei, dispensada a publicação de que trata o art. 18 desta Lei.

Art. 15. Transcorridos os prazos previstos nos arts. 11 e 12 desta Lei, os autos de impugnação serão conclusos ao juiz, que:

I – determinará a inclusão no quadro-geral de credores das habilitações de créditos não impugnadas, no valor constante da relação referida no § 2.º do art. 7.º desta Lei;

II – julgará as impugnações que entender suficientemente esclarecidas pelas alegações e provas apresentadas pelas partes, mencionando, de cada crédito, o valor e a classificação;

III – fixará, em cada uma das restantes impugnações, os aspectos controvertidos e decidirá as questões processuais pendentes;

IV – determinará as provas a serem produzidas, designando audiência de instrução e julgamento, se necessário.

Art. 16. O juiz determinará, para fins de rateio, a reserva de valor para satisfação do crédito impugnado.

Parágrafo único. Sendo parcial, a impugnação não impedirá o pagamento da parte incontroversa.

Art. 17. Da decisão judicial sobre a impugnação caberá agravo.

Parágrafo único. Recebido o agravo, o relator poderá conceder efeito suspensivo à decisão que reconhece o crédito ou determinar a inscrição ou modificação do seu valor ou classificação no quadro-geral de credores, para fins de exercício de direito de voto em assembleia geral.

Art. 18. O administrador judicial será responsável pela consolidação do quadro-geral de credores, a ser homologado pelo juiz, com base na relação dos credores a que se refere o art. 7.º, § 2.º, desta Lei e nas decisões proferidas nas impugnações oferecidas.

Parágrafo único. O quadro-geral, assinado pelo juiz e pelo administrador judicial, mencionará a importância e a classificação de cada crédito na data do requerimento da recuperação judicial ou da decretação da falência, será juntado aos autos e publicado no órgão oficial, no prazo de 5 (cinco) dias, contado da data da sentença que houver julgado as impugnações.

Art. 19. O administrador judicial, o Comitê, qualquer credor ou o representante do Ministério Público poderá, até o encerramento da recuperação judicial ou da falência, observado, no que couber, o procedimento ordinário previsto no Código de Processo Civil, pedir a exclusão, outra classificação ou a retificação de qualquer crédito, nos casos de descoberta de falsidade, dolo, simulação, fraude, erro essencial ou, ainda, documentos ignorados na época do julgamento do crédito ou da inclusão no quadro-geral de credores.

§ 1.º A ação prevista neste artigo será proposta exclusivamente perante o juízo da recuperação judicial ou da falência ou, nas hipóteses previstas no art. 6.º, §§ 1.º e 2.º, desta Lei, perante o juízo que tenha originariamente reconhecido o crédito.

§ 2.º Proposta a ação de que trata este artigo, o pagamento ao titular do crédito por ela atingido somente poderá ser realizado mediante a prestação de caução no mesmo valor do crédito questionado.

Art. 20. As habilitações dos credores particulares do sócio ilimitadamente responsável processar-se-ão de acordo com as disposições desta Seção.

Seção III
Do Administrador Judicial e do Comitê de Credores

Art. 21. O administrador judicial será profissional idôneo, preferencialmente advogado, economista, administrador de empresas ou contador, ou pessoa jurídica especializada.

Parágrafo único. Se o administrador judicial nomeado for pessoa jurídica, declarar-se-á, no termo de que trata o art. 33 desta Lei, o nome de profissional responsável pela condução do processo de falência ou de recuperação judicial, que não poderá ser substituído sem autorização do juiz.

Art. 22. Ao administrador judicial compete, sob a fiscalização do juiz e do Comitê, além de outros deveres que esta Lei lhe impõe:

I – na recuperação judicial e na falência:

a) enviar correspondência aos credores constantes na relação de que trata o inciso III do *caput* do art. 51, o inciso III do *caput* do art. 99 ou o inciso II do *caput* do art. 105 desta Lei, comunicando a data do pedido de recuperação judicial ou da decretação da falência, a natureza, o valor e a classificação dada ao crédito;

b) fornecer, com presteza, todas as informações pedidas pelos credores interessados;

c) dar extratos dos livros do devedor, que merecerão fé de ofício, a fim de servirem de fundamento nas habilitações e impugnações de créditos;

d) exigir dos credores, do devedor ou seus administradores quaisquer informações;

e) elaborar a relação de credores de que trata o § 2.º do art. 7.º desta Lei;

f) consolidar o quadro-geral de credores nos termos do art. 18 desta Lei;

g) requerer ao juiz convocação da assembleia geral de credores nos casos previstos nesta Lei ou quando entender necessária sua ouvida para a tomada de decisões;

h) contratar, mediante autorização judicial, profissionais ou empresas especializadas para, quando necessário, auxiliá-lo no exercício de suas funções;

i) manifestar-se nos casos previstos nesta Lei;

II – na recuperação judicial:

a) fiscalizar as atividades do devedor e o cumprimento do plano de recuperação judicial;

b) requerer a falência no caso de descumprimento de obrigação assumida no plano de recuperação;

c) apresentar ao juiz, para juntada aos autos, relatório mensal das atividades do devedor;

d) apresentar o relatório sobre a execução do plano de recuperação, de que trata o inciso III do *caput* do art. 63 desta Lei;

III – na falência:

a) avisar, pelo órgão oficial, o lugar e hora em que, diariamente, os credores terão à sua disposição os livros e documentos do falido;

b) examinar a escrituração do devedor;

c) relacionar os processos e assumir a representação judicial da massa falida;

d) receber e abrir a correspondência dirigida ao devedor, entregando a ele o que não for assunto de interesse da massa;

e) apresentar, no prazo de 40 (quarenta) dias, contado da assinatura do termo de compromisso, prorrogável por igual período, relatório sobre as causas e circunstâncias que conduziram à situação de falência, no qual apontará a responsabilidade civil e penal dos envolvidos, observado o disposto no art. 186 desta Lei;

f) arrecadar os bens e documentos do devedor e elaborar o auto de arrecadação, nos termos dos arts. 108 e 110 desta Lei;

g) avaliar os bens arrecadados;

h) contratar avaliadores, de preferência oficiais, mediante autorização judicial, para a avaliação dos bens caso entenda não ter condições técnicas para a tarefa;

i) praticar os atos necessários à realização do ativo e ao pagamento dos credores;

j) requerer ao juiz a venda antecipada de bens perecíveis, deterioráveis ou sujeitos a considerável desvalorização ou de conservação arriscada ou dispendiosa, nos termos do art. 113 desta Lei;

l) praticar todos os atos conservatórios de direitos e ações, diligenciar a cobrança de dívidas e dar a respectiva quitação;

m) remir, em benefício da massa e mediante autorização judicial, bens apenhados, penhorados ou legalmente retidos;

n) representar a massa falida em juízo, contratando, se necessário, advogado, cujos honorários serão previamente ajustados e aprovados pelo Comitê de Credores;

o) requerer todas as medidas e diligências que forem necessárias para o cumprimento desta Lei, a proteção da massa ou a eficiência da administração;

p) apresentar ao juiz para juntada aos autos, até o 10.º (décimo) dia do mês seguinte ao vencido, conta demonstrativa da administração, que especifique com clareza a receita e a despesa;

q) entregar ao seu substituto todos os bens e documentos da massa em seu poder, sob pena de responsabilidade;

r) prestar contas ao final do processo, quando for substituído, destituído ou renunciar ao cargo.

§ 1.º As remunerações dos auxiliares do administrador judicial serão fixadas pelo juiz, que considerará a complexidade dos trabalhos a serem executados e os valores praticados no mercado para o desempenho de atividades semelhantes.

§ 2.º Na hipótese da alínea *d* do inciso I do *caput* deste artigo, se houver recusa, o juiz, a requerimento do administrador judicial, intimará aquelas pessoas para que compareçam à sede do juízo, sob pena de desobediência, oportunidade em que as interrogará na presença do administrador judicial, tomando seus depoimentos por escrito.

§ 3.º Na falência, o administrador judicial não poderá, sem autorização judicial, após ouvidos o Comitê e o devedor no prazo comum de 2 (dois) dias, transigir sobre obrigações e direitos da massa falida e conceder abatimento de dívidas, ainda que sejam consideradas de difícil recebimento.

§ 4.º Se o relatório de que trata a alínea *e* do inciso III do *caput* deste artigo apontar responsabilidade penal de qualquer dos envolvidos, o Ministério Público será intimado para tomar conhecimento de seu teor.

Art. 23. O administrador judicial que não apresentar, no prazo estabelecido, suas contas ou qualquer dos relatórios previstos nesta Lei será intimado pessoalmente a fazê-lo no prazo de 5 (cinco) dias, sob pena de desobediência.

Parágrafo único. Decorrido o prazo do *caput* deste artigo, o juiz destituirá o administrador judicial e nomeará substituto para elaborar relatórios ou organizar as contas, explicitando as responsabilidades de seu antecessor.

Art. 24. O juiz fixará o valor e a forma de pagamento da remuneração do administrador judicial, observados a capacidade de pagamento do devedor, o grau de complexidade do trabalho e os valores praticados no mercado para o desempenho de atividades semelhantes.

§ 1.º Em qualquer hipótese, o total pago ao administrador judicial não excederá 5% (cinco por cento) do valor devido aos credores submetidos à recuperação judicial ou do valor de venda dos bens na falência.

§ 2.º Será reservado 40% (quarenta por cento) do montante devido ao administrador judicial para pagamento após atendimento do previsto nos arts. 154 e 155 desta Lei.

§ 3.º O administrador judicial substituído será remunerado proporcionalmente ao trabalho realizado, salvo se renunciar sem relevante razão ou for destituído de suas funções por desídia, culpa, dolo ou descumprimento das obrigações fixadas nesta Lei, hipóteses em que não terá direito à remuneração.

§ 4.º Também não terá direito a remuneração o administrador que tiver suas contas desaprovadas.

§ 5.º A remuneração do administrador judicial fica reduzida ao limite de 2% (dois por cento), no caso de microempresas e empresas de pequeno porte.

>> § 5.º acrescentado pela Lei Complementar n. 147, de 7-8-2014.

Art. 25. Caberá ao devedor ou à massa falida arcar com as despesas relativas à remuneração do administrador judicial e das pessoas eventualmente contratadas para auxiliá-lo.

Art. 26. O Comitê de Credores será constituído por deliberação de qualquer das classes de credores na assembleia geral e terá a seguinte composição:

I – 1 (um) representante indicado pela classe de credores trabalhistas, com 2 (dois) suplentes;

II – 1 (um) representante indicado pela classe de credores com direitos reais de garantia ou privilégios especiais, com 2 (dois) suplentes;

III – 1 (um) representante indicado pela classe de credores quirografários e com privilégios gerais, com 2 (dois) suplentes;

IV – 1 (um) representante indicado pela classe de credores representantes de microempresas e empresas de pequeno porte, com 2 (dois) suplentes.

>> Inciso IV acrescentado pela Lei Complementar n. 147, de 7-8-2014.

§ 1.º A falta de indicação de representante por quaisquer das classes não prejudicará a constituição do Comitê, que poderá funcionar com número inferior ao previsto no *caput* deste artigo.

§ 2.º O juiz determinará, mediante requerimento subscrito por credores que representem a maioria dos créditos de uma classe, independentemente da realização de assembleia:

I – a nomeação do representante e dos suplentes da respectiva classe ainda não representada no Comitê; ou

II – a substituição do representante ou dos suplentes da respectiva classe.

§ 3.º Caberá aos próprios membros do Comitê indicar, entre eles, quem irá presidi-lo.

Art. 27. O Comitê de Credores terá as seguintes atribuições, além de outras previstas nesta Lei:

I – na recuperação judicial e na falência:

a) fiscalizar as atividades e examinar as contas do administrador judicial;

b) zelar pelo bom andamento do processo e pelo cumprimento da lei;

c) comunicar ao juiz, caso detecte violação dos direitos ou prejuízo aos interesses dos credores;

d) apurar e emitir parecer sobre quaisquer reclamações dos interessados;

e) requerer ao juiz a convocação da assembleia geral de credores;

f) manifestar-se nas hipóteses previstas nesta Lei;

II – na recuperação judicial:

a) fiscalizar a administração das atividades do devedor, apresentando, a cada 30 (trinta) dias, relatório de sua situação;

b) fiscalizar a execução do plano de recuperação judicial;

c) submeter à autorização do juiz, quando ocorrer o afastamento do devedor nas hipóteses previstas nesta Lei, a alienação de bens do ativo permanente, a constituição de ônus reais e outras garantias, bem como atos de endividamento necessários à continuação da atividade empresarial durante o período que antecede a aprovação do plano de recuperação judicial.

§ 1.º As decisões do Comitê, tomadas por maioria, serão consignadas em livro de atas, rubricado pelo juízo, que ficará à disposição do administrador judicial, dos credores e do devedor.

§ 2.º Caso não seja possível a obtenção de maioria em deliberação do Comitê, o impasse será resolvido pelo administrador judicial ou, na incompatibilidade deste, pelo juiz.

Art. 28. Não havendo Comitê de Credores, caberá ao administrador judicial ou, na incompatibilidade deste, ao juiz exercer suas atribuições.

Art. 29. Os membros do Comitê não terão sua remuneração custeada pelo devedor ou pela massa falida, mas as despesas realizadas para a realização de ato previsto nesta Lei, se devidamente comprovadas e com a autorização do juiz, serão ressarcidas atendendo às disponibilidades de caixa.

Art. 30. Não poderá integrar o Comitê ou exercer as funções de administrador judicial quem, nos últimos 5 (cinco) anos, no exercício do cargo de administrador judicial ou de membro do Comitê em falência ou recuperação judicial anterior, foi destituído, deixou de prestar contas dentro dos prazos legais ou teve a prestação de contas desaprovada.

§ 1.º Ficará também impedido de integrar o Comitê ou exercer a função de administrador judicial quem tiver relação de parentesco ou afinidade até o 3.º (terceiro) grau com o devedor, seus administradores, controladores ou representantes legais ou deles for amigo, inimigo ou dependente.

§ 2.º O devedor, qualquer credor ou o Ministério Público poderá requerer ao juiz a substituição do administrador judicial ou dos membros do Comitê nomeados em desobediência aos preceitos desta Lei.

§ 3.º O juiz decidirá, no prazo de 24 (vinte e quatro) horas, sobre o requerimento do § 2.º deste artigo.

Art. 31. O juiz, de ofício ou a requerimento fundamentado de qualquer interessado, poderá determinar a destituição do administrador judicial ou de quaisquer dos membros do Comitê de Credores quando verificar desobediência aos preceitos desta Lei, descumprimento de deveres, omissão, negligência ou prática de ato lesivo às atividades do devedor ou a terceiros.

§ 1.º No ato de destituição, o juiz nomeará novo administrador judicial ou convocará os suplentes para recompor o Comitê.

§ 2.º Na falência, o administrador judicial substituído prestará contas no prazo de 10 (dez) dias, nos termos dos §§ 1.º a 6.º do art. 154 desta Lei.

Art. 32. O administrador judicial e os membros do Comitê responderão pelos prejuízos causados à massa falida, ao devedor ou aos credores por dolo ou culpa, devendo o dissidente em deliberação do Comitê consignar sua discordância em ata para eximir-se da responsabilidade.

Art. 33. O administrador judicial e os membros do Comitê de Credores, logo que nomeados, serão intimados pessoalmente para, em 48 (quarenta e oito) horas, assinar, na sede do juízo, o termo de compromisso de bem e fielmente desempenhar o cargo e assumir todas as responsabilidades a ele inerentes.

Art. 34. Não assinado o termo de compromisso no prazo previsto no art. 33 desta Lei, o juiz nomeará outro administrador judicial.

Seção IV
Da Assembleia geral de Credores

Art. 35. A assembleia geral de credores terá por atribuições deliberar sobre:

I – na recuperação judicial:

a) aprovação, rejeição ou modificação do plano de recuperação judicial apresentado pelo devedor;

b) a constituição do Comitê de Credores, a escolha de seus membros e sua substituição;

c) (*Vetada.*);

d) o pedido de desistência do devedor, nos termos do § 4.º do art. 52 desta Lei;

e) o nome do gestor judicial, quando do afastamento do devedor;

f) qualquer outra matéria que possa afetar os interesses dos credores;

II – na falência:

a) (*Vetada.*);

b) a constituição do Comitê de Credores, a escolha de seus membros e sua substituição;

c) a adoção de outras modalidades de realização do ativo, na forma do art. 145 desta Lei;

d) qualquer outra matéria que possa afetar os interesses dos credores.

Art. 36. A assembleia geral de credores será convocada pelo juiz por edital publicado no órgão oficial e em jornais de grande circulação nas localidades da sede e filiais, com antecedência mínima de 15 (quinze) dias, o qual conterá:

I – local, data e hora da assembleia em 1.ª (primeira) e em 2.ª (segunda) convocação, não podendo esta ser realizada menos de 5 (cinco) dias depois da 1.ª (primeira);

II – a ordem do dia;

III – local onde os credores poderão, se for o caso, obter cópia do plano de recuperação judicial a ser submetido à deliberação da assembleia.

§ 1.º Cópia do aviso de convocação da assembleia deverá ser afixada de forma ostensiva na sede e filiais do devedor.

§ 2.º Além dos casos expressamente previstos nesta Lei, credores que representem no mínimo 25% (vinte e cinco por cento) do valor total dos créditos de uma determinada classe poderão requerer ao juiz a convocação de assembleia geral.

§ 3.º As despesas com a convocação e a realização da assembleia geral correm por conta do devedor ou da massa falida, salvo se convocada em virtude de requerimento do Comitê de Credores ou na hipótese do § 2.º deste artigo.

Art. 37. A assembleia será presidida pelo administrador judicial, que designará 1 (um) secretário dentre os credores presentes.

§ 1.º Nas deliberações sobre o afastamento do administrador judicial ou em outras em que haja incompatibilidade deste, a assembleia será presidida pelo credor presente que seja titular do maior crédito.

§ 2.º A assembleia instalar-se-á, em 1.ª (primeira) convocação, com a presença de credores titulares de mais da metade dos créditos de cada classe, computados pelo valor, e, em 2.ª (segunda) convocação, com qualquer número.

§ 3.º Para participar da assembleia, cada credor deverá assinar a lista de presença, que será encerrada no momento da instalação.

§ 4.º O credor poderá ser representado na assembleia geral por mandatário ou representante legal, desde que entregue ao administrador judicial, até 24 (vinte e quatro) horas antes da data prevista no aviso de convocação, documento hábil que comprove seus poderes ou a indicação das folhas dos autos do processo em que se encontre o documento.

§ 5.º Os sindicatos de trabalhadores poderão representar seus associados titulares de créditos derivados da legislação do trabalho ou decorrentes de acidente de trabalho que não comparecerem, pessoalmente ou por procurador, à assembleia.

§ 6.º Para exercer a prerrogativa prevista no § 5.º deste artigo, o sindicato deverá:

I – apresentar ao administrador judicial, até 10 (dez) dias antes da assembleia, a relação dos associados que pretende representar, e o trabalhador que conste da relação de mais de um sindicato deverá esclarecer, até 24 (vinte e quatro) horas antes da assembleia, qual sindicato o representa, sob pena de não ser representado em assembleia por nenhum deles; e

II – (*Vetado.*)

§ 7.º Do ocorrido na assembleia, lavrar-se-á ata que conterá o nome dos presentes e as assinaturas do presidente, do devedor e de 2 (dois) membros de cada uma das classes votantes, e que será entregue ao juiz, juntamente com a lista de presença, no prazo de 48 (quarenta e oito) horas.

Art. 38. O voto do credor será proporcional ao valor de seu crédito, ressalvado, nas deliberações sobre o plano de recuperação judicial, o disposto no § 2.º do art. 45 desta Lei.

Parágrafo único. Na recuperação judicial, para fins exclusivos de votação em assembleia geral, o crédito em moeda estrangeira será convertido para moeda nacional pelo câmbio da véspera da data de realização da assembleia.

Art. 39. Terão direito a voto na assembleia geral as pessoas arroladas no quadro-geral de credores ou, na sua falta, na relação de credores apresentada pelo administrador judicial na forma do art. 7.º, § 2.º, desta Lei, ou, ainda, na falta desta, na relação apresentada pelo próprio devedor nos termos dos arts. 51, incisos III e IV do *caput*, 99, inciso III do *caput*, ou 105, inciso II do *caput*, desta Lei, acrescidas, em qualquer caso, das que estejam habilitadas na data da realização da assembleia ou que tenham créditos admitidos ou alterados por decisão judicial, inclusive as que tenham obtido reserva de importâncias, observado o disposto nos §§ 1.º e 2.º do art. 10 desta Lei.

§ 1.º Não terão direito a voto e não serão considerados para fins de verificação do *quorum* de instalação e de deliberação os titulares de créditos excetuados na forma dos §§ 3.º e 4.º do art. 49 desta Lei.

§ 2.º As deliberações da assembleia geral não serão invalidadas em razão de posterior decisão judicial acerca da existência, quantificação ou classificação de créditos.

§ 3.º No caso de posterior invalidação de deliberação da assembleia, ficam resguardados os direitos de terceiros de boa-fé, respondendo os credores que aprovarem a deliberação pelos prejuízos comprovados causados por dolo ou culpa.

Art. 40. Não será deferido provimento liminar, de caráter cautelar ou antecipatório dos efeitos da tutela, para a suspensão ou adiamento da assembleia geral de credores em razão de pendência de discussão acerca da existência, da quantificação ou da classificação de créditos.

Art. 41. A assembleia geral será composta pelas seguintes classes de credores:

I – titulares de créditos derivados da legislação do trabalho ou decorrentes de acidentes de trabalho;

II – titulares de créditos com garantia real;

III – titulares de créditos quirografários, com privilégio especial, com privilégio geral ou subordinados;

IV – titulares de créditos enquadrados como microempresa ou empresa de pequeno porte.

>> Inciso IV acrescentado pela Lei Complementar n. 147, de 7-8-2014.

§ 1.º Os titulares de créditos derivados da legislação do trabalho votam com a classe prevista no inciso I do *caput* deste artigo com o total de seu crédito, independentemente do valor.

§ 2.º Os titulares de créditos com garantia real votam com a classe prevista no inciso II do *caput* deste artigo até o limite do valor do bem gravado e com a classe prevista no inciso III do *caput* deste artigo pelo restante do valor de seu crédito.

Art. 42. Considerar-se-á aprovada a proposta que obtiver votos favoráveis de credores que representem mais da metade do valor total dos créditos presentes à assembleia geral, exceto nas deliberações sobre o plano de recuperação judicial nos termos da alínea *a* do inciso I do *caput* do art. 35 desta Lei, a composição do Comitê de Credores ou forma alternativa de realização do ativo nos termos do art. 145 desta Lei.

Art. 43. Os sócios do devedor, bem como as sociedades coligadas, controladoras, controladas ou as que tenham sócio ou acionista com participação superior a 10% (dez por cento) do capital social do devedor ou em que o devedor ou algum de seus sócios detenham participação superior a 10% (dez por cento) do capital social, poderão participar da assembleia geral de credores, sem ter direito a voto e não serão considerados para fins de verificação do *quorum* de instalação e de deliberação.

Parágrafo único. O disposto neste artigo também se aplica ao cônjuge ou parente, consanguíneo ou afim, colateral até o 2.º (segundo) grau, ascendente ou descendente do devedor, de administrador, do sócio controlador, de membro dos conselhos consultivo, fiscal ou semelhantes da sociedade devedora e à sociedade em que quaisquer dessas pessoas exerçam essas funções.

Art. 44. Na escolha dos representantes de cada classe no Comitê de Credores, somente os respectivos membros poderão votar.

Art. 45. Nas deliberações sobre o plano de recuperação judicial, todas as classes de credores referidas no art. 41 desta Lei deverão aprovar a proposta.

§ 1.º Em cada uma das classes referidas nos incisos II e III do art. 41 desta Lei, a proposta deverá ser aprovada por credores que representem mais da metade do valor total dos créditos presentes à assembleia e, cumulativamente, pela maioria simples dos credores presentes.

§ 2.º Nas classes previstas nos incisos I e IV do art. 41 desta Lei, a proposta deverá ser aprovada pela maioria simples dos credores presentes, independentemente do valor de seu crédito.

>> § 2.º com redação determinada pela Lei Complementar n. 147, de 7-8-2014.

§ 3.º O credor não terá direito a voto e não será considerado para fins de verificação de *quorum* de deliberação se o plano de recuperação judicial não alterar o valor ou as condições originais de pagamento de seu crédito.

Art. 46. A aprovação de forma alternativa de realização do ativo na falência, prevista no art. 145 desta Lei, dependerá do voto favorável de credores que representem 2/3 (dois terços) dos créditos presentes à assembleia.

Capítulo III
DA RECUPERAÇÃO JUDICIAL

>> *Vide* arts. 190 e 191 do CPC.

Seção I
Disposições Gerais

Art. 47. A recuperação judicial tem por objetivo viabilizar a superação a situação de crise econômico-financeira do devedor, a fim de permitir a manutenção da fonte produtora, do emprego dos trabalhadores e dos interesses dos credores, promovendo, assim, a preservação da empresa, sua função social e o estímulo à atividade econômica.

Art. 48. Poderá requerer recuperação judicial o devedor que, no momento do pedido, exerça regularmente suas atividades há mais de 2 (dois) anos e que atenda aos seguintes requisitos, cumulativamente:

I – não ser falido e, se o foi, estejam declaradas extintas, por sentença transitada em julgado, as responsabilidades dai decorrentes;

II – não ter, há menos de 5 (cinco) anos, obtido concessão de recuperação judicial;

III – não ter, há menos de 5 (cinco) anos, obtido concessão de recuperação judicial com base no plano especial de que trata a Seção V deste Capítulo;

>> Inciso III com redação determinada pela Lei Complementar n. 147, de 7-8-2014.

IV – não ter sido condenado ou não ter, como administrador ou sócio controlador, pessoa condenada por qualquer dos crimes previstos nesta Lei.

§ 1.º A recuperação judicial também poderá ser requerida pelo cônjuge sobrevivente, herdeiros do devedor, inventariante ou sócio remanescente.

>> § 1.º renumerado pela Lei n. 12.873, de 24-10-2013.

§ 2.º Tratando-se de exercício de atividade rural por pessoa jurídica, admite-se a comprovação do prazo estabelecido no *caput* deste artigo por meio da Declaração de Informações Econômico-fiscais da Pessoa Jurídica – DIPJ que tenha sido entregue tempestivamente.

>> § 2.º acrescentado pela Lei n. 12.873, de 24-10-2013.

Art. 49. Estão sujeitos à recuperação judicial todos os créditos existentes na data do pedido, ainda que não vencidos.

§ 1.º Os credores do devedor em recuperação judicial conservam seus direitos e privilégios contra os coobrigados, fiadores e obrigados de regresso.

>> *Vide* Súmula 581 do STJ.

§ 2.º As obrigações anteriores à recuperação judicial observarão as condições originalmente contratadas ou definidas em lei, inclusive no que diz respeito aos encargos, salvo se de modo diverso ficar estabelecido no plano de recuperação judicial.

§ 3.º Tratando-se de credor titular da posição de proprietário fiduciário de bens móveis ou imóveis, de arrendador mercantil, de proprietário ou promitente vendedor de imóvel cujos respectivos contratos contenham cláusula de irrevogabilidade ou irretratabilidade, inclusive em incorporações imobiliárias, ou de proprietário em contrato de venda com reserva de domínio, seu crédito não se submeterá aos efeitos da recuperação judicial e prevalecerão os direitos de propriedade sobre a coisa e as condições contratuais, observada a legislação respectiva, não se permitindo, contudo, durante o prazo de suspensão a que se refere o § 4.º do art. 6.º desta Lei, a venda ou a retirada do estabelecimento do devedor dos bens de capital essenciais a sua atividade empresarial.

§ 4.º Não se sujeitará aos efeitos da recuperação judicial a importância a que se refere o inciso II do art. 86 desta Lei.

§ 5.º Tratando-se de crédito garantido por penhor sobre títulos de crédito, direitos creditórios, aplicações financeiras ou valores mobiliários, poderão ser substituídas ou renovadas as garantias liquidadas ou vencidas durante a recuperação judicial e, enquanto não renovadas ou substituídas, o valor eventualmente recebido em pagamento das garantias permanecerá em conta vinculada durante o período de suspensão de que trata o § 4.º do art. 6.º desta Lei.

Art. 50. Constituem meios de recuperação judicial, observada a legislação pertinente a cada caso, dentre outros:

I – concessão de prazos e condições especiais para pagamento das obrigações vencidas ou vincendas;

II – cisão, incorporação, fusão ou transformação de sociedade, constituição de subsidiária integral, ou cessão de cotas ou ações, respeitados os direitos dos sócios, nos termos da legislação vigente;

III – alteração do controle societário;

IV – substituição total ou parcial dos administradores do devedor ou modificação de seus órgãos administrativos;

V – concessão aos credores de direito de eleição em separado de administradores e de poder de veto em relação às matérias que o plano especificar;

VI – aumento de capital social;

VII – trespasse ou arrendamento de estabelecimento, inclusive à sociedade constituída pelos próprios empregados;

VIII – redução salarial, compensação de horários e redução da jornada, mediante acordo ou convenção coletiva;

IX – dação em pagamento ou novação de dívidas do passivo, com ou sem constituição de garantia própria ou de terceiro;

X – constituição de sociedade de credores;

XI – venda parcial dos bens;

XII – equalização de encargos financeiros relativos a débitos de qualquer natureza, tendo como termo inicial a data da distribuição do pedido de recuperação judicial, aplicando-se inclusive aos contratos de crédito rural, sem prejuízo do disposto em legislação específica;

XIII – usufruto da empresa;

XIV – administração compartilhada;

XV – emissão de valores mobiliários;

XVI – constituição de sociedade de propósito específico para adjudicar, em pagamento dos créditos, os ativos do devedor.

§ 1.º Na alienação de bem objeto de garantia real, a supressão da garantia ou sua substituição somente serão admitidas mediante aprovação expressa do credor titular da respectiva garantia.

§ 2.º Nos créditos em moeda estrangeira, a variação cambial será conservada como parâmetro de indexação da correspondente obrigação e só poderá ser afastada se o credor titular do respectivo crédito aprovar expressamente previsão diversa no plano de recuperação judicial.

Seção II
Do Pedido e do Processamento da Recuperação Judicial

Art. 51. A petição inicial de recuperação judicial será instruída com:

I – a exposição das causas concretas da situação patrimonial do devedor e das razões da crise econômico-financeira;

II – as demonstrações contábeis relativas aos 3 (três) últimos exercícios sociais e as levantadas especialmente para instruir o pedido, confeccionadas com estrita observância da legislação societária aplicável e compostas obrigatoriamente de:

a) balanço patrimonial;

b) demonstração de resultados acumulados;

c) demonstração do resultado desde o último exercício social;

d) relatório gerencial de fluxo de caixa e de sua projeção;

III – a relação nominal completa dos credores, inclusive aqueles por obrigação de fazer ou de dar, com a indicação do endereço de cada um, a natureza, a classificação e o valor atualizado do crédito, discriminando sua origem, o regime dos respectivos vencimentos e a indicação dos registros contábeis de cada transação pendente;

IV – a relação integral dos empregados, em que constem as respectivas funções, salários, indenizações e outras parcelas a que têm direito, com o correspondente mês de competência, e a discriminação dos valores pendentes de pagamento;

V – certidão de regularidade do devedor no Registro Público de Empresas, o ato constitutivo atualizado e as atas de nomeação dos atuais administradores;

VI – a relação dos bens particulares dos sócios controladores e dos administradores do devedor;

VII – os extratos atualizados das contas bancárias do devedor e de suas eventuais aplicações financeiras de qualquer modalidade, inclusive em fundos de investimento ou em bolsas de valores, emitidos pelas respectivas instituições financeiras;

VIII – certidões dos cartórios de protestos situados na comarca do domicílio ou sede do devedor e naquelas onde possui filial;

IX – a relação, subscrita pelo devedor, de todas as ações judiciais em que este figure como parte, inclusive as de natureza trabalhista, com a estimativa dos respectivos valores demandados.

§ 1.º Os documentos de escrituração contábil e demais relatórios auxiliares, na forma e no suporte previstos em lei, permanecerão à disposição do juízo, do administrador judicial e, mediante autorização judicial, de qualquer interessado.

§ 2.º Com relação à exigência prevista no inciso II do *caput* deste artigo, as microempresas e empresas de pequeno porte poderão apresentar livros e escrituração contábil simplificados nos termos da legislação específica.

§ 3.º O juiz poderá determinar o depósito em cartório dos documentos a que se referem os §§ 1.º e 2.º deste artigo ou de cópia destes.

Art. 52. Estando em termos a documentação exigida no art. 51 desta Lei, o juiz deferirá o processamento da recuperação judicial e, no mesmo ato:

I – nomeará o administrador judicial, observado o disposto no art. 21 desta Lei;

II – determinará a dispensa da apresentação de certidões negativas para que o devedor exerça suas atividades, exceto para contratação com o Poder Público ou para recebimento de benefícios ou incentivos fiscais ou creditícios, observando o disposto no art. 69 desta Lei;

III – ordenará a suspensão de todas as ações ou execuções contra o devedor, na forma do art. 6.º desta Lei, permanecendo os respectivos autos no juízo onde se processam, ressalvadas as ações previstas nos §§ 1.º, 2.º e 7.º do art. 6.º desta Lei e as relativas a créditos excetuados na forma dos §§ 3.º e 4.º do art. 49 desta Lei;

>> *Vide* Súmula 581 do STJ.

IV – determinará ao devedor a apresentação de contas demonstrativas mensais enquanto perdurar a recuperação judicial, sob pena de destituição de seus administradores;

V – ordenará a intimação do Ministério Público e a comunicação por carta às Fazendas Públicas Federal e de todos os Estados e Municípios em que o devedor tiver estabelecimento.

§ 1.º O juiz ordenará a expedição de edital, para publicação no órgão oficial, que conterá:

I – o resumo do pedido do devedor e da decisão que defere o processamento da recuperação judicial;

II – a relação nominal de credores, em que se discrimine o valor atualizado e a classificação de cada crédito;

III – a advertência acerca dos prazos para habilitação dos créditos, na forma do art. 7.º, § 1.º, desta Lei, e para que os credores apresentem objeção ao plano de recuperação judicial apresentado pelo devedor nos termos do art. 55 desta Lei.

§ 2.º Deferido o processamento da recuperação judicial, os credores poderão, a qualquer tempo, requerer a convocação de assembleia geral para a constituição do Comitê de Credores ou substituição de seus membros, observado o disposto no § 2.º do art. 36 desta Lei.

§ 3.º No caso do inciso III do *caput* deste artigo, caberá ao devedor comunicar a suspensão aos juízos competentes.

§ 4.º O devedor não poderá desistir do pedido de recuperação judicial após o deferimento de seu processamento, salvo se obtiver aprovação da desistência na assembleia geral de credores.

Seção III
Do Plano de Recuperação Judicial

Art. 53. O plano de recuperação será apresentado pelo devedor em juízo no prazo improrrogável de 60 (sessenta) dias da publicação da decisão que deferir o processamento da recuperação judicial, sob pena de convolação em falência, e deverá conter:

I – discriminação pormenorizada dos meios de recuperação a ser empregados, conforme o art. 50 desta Lei, e seu resumo;

II – demonstração de sua viabilidade econômica; e

III – laudo econômico-financeiro e de avaliação dos bens e ativos do devedor, subscrito por profissional legalmente habilitado ou empresa especializada.

Parágrafo único. O juiz ordenará a publicação de edital contendo aviso aos credores sobre o recebimento do plano de recuperação e fixando o prazo para a manifestação de eventuais objeções, observado o art. 55 desta Lei.

Art. 54. O plano de recuperação judicial não poderá prever prazo superior a 1 (um) ano para pagamento dos créditos derivados da legislação do trabalho ou decorrentes de acidentes de trabalho vencidos até a data do pedido de recuperação judicial.

Parágrafo único. O plano não poderá, ainda, prever prazo superior a 30 (trinta) dias para o pagamento, até o limite de 5 (cinco) salários mínimos por trabalhador, dos créditos de natureza estritamente salarial vencidos nos 3 (três) meses anteriores ao pedido de recuperação judicial.

Seção IV
Do Procedimento de Recuperação Judicial

Art. 55. Qualquer credor poderá manifestar ao juiz sua objeção ao plano de recuperação judicial no prazo de 30 (trinta) dias contado da publicação da relação de credores de que trata o § 2.º do art. 7.º desta Lei.

Parágrafo único. Caso, na data da publicação da relação de que trata o *caput* deste artigo, não tenha sido publicado o aviso previsto no art. 53, parágrafo único, desta Lei, contar-se-á da publicação deste o prazo para as objeções.

Art. 56. Havendo objeção de qualquer credor ao plano de recuperação judicial, o juiz convocará a assembleia geral de credores para deliberar sobre o plano de recuperação.

§ 1.º A data designada para a realização da assembleia geral não excederá 150 (cento e cinquenta) dias contados do deferimento do processamento da recuperação judicial.

§ 2.º A assembleia geral que aprovar o plano de recuperação judicial poderá indicar os membros do Comitê de Credores, na forma do art. 26 desta Lei, se já não estiver constituído.

§ 3.º O plano de recuperação judicial poderá sofrer alterações na assembleia geral, desde que haja expressa concordância do devedor e em termos que não impliquem diminuição dos direitos exclusivamente dos credores ausentes.

§ 4.º Rejeitado o plano de recuperação pela assembleia geral de credores, o juiz decretará a falência do devedor.

Art. 57. Após a juntada aos autos do plano aprovado pela assembleia geral de credores ou decorrido o prazo previsto no art. 55 desta Lei sem objeção de credores, o devedor apresentará certidões negativas de débitos tributários nos termos dos arts. 151, 205, 206 da Lei n. 5.172, de 25 de outubro de 1966 – Código Tributário Nacional.

Art. 58. Cumpridas as exigências desta Lei, o juiz concederá a recuperação judicial do devedor cujo plano não tenha sofrido objeção de credor nos termos do art. 55 desta Lei ou tenha sido aprovado pela assembleia geral de credores na forma do art. 45 desta Lei.

§ 1.º O juiz poderá conceder a recuperação judicial com base em plano que não obteve aprovação na forma do art. 45 desta Lei, desde que, na mesma assembleia, tenha obtido, de forma cumulativa:

I – o voto favorável de credores que representem mais da metade do valor de todos os créditos presentes à assembleia, independentemente de classes;

II – a aprovação de 2 (duas) das classes de credores nos termos do art. 45 desta Lei ou, caso haja somente 2 (duas) classes com credores votantes, a aprovação de pelo menos 1 (uma) delas;

III – na classe que o houver rejeitado, o voto favorável de mais de 1/3 (um terço) dos credores, computados na forma dos §§ 1.º e 2.º do art. 45 desta Lei.

§ 2.º A recuperação judicial somente poderá ser concedida com base no § 1.º deste artigo se o plano não implicar tratamento diferenciado entre os credores da classe que o houver rejeitado.

Art. 59. O plano de recuperação judicial implica novação dos créditos anteriores ao pedido, e obriga o devedor e todos os credores a ele sujeitos, sem prejuízo das garantias, observado o disposto no § 1.º do art. 50 desta Lei.

>> *Vide* Súmula 581 do STJ.

§ 1.º A decisão judicial que conceder a recuperação judicial constituirá título executivo judicial, nos termos do art. 584, inciso III, do *caput* da Lei n. 5.869, de 11 de janeiro de 1973 – Código de Processo Civil.

>> Citado dispositivo do CPC foi revogado pela Lei n. 11.232, de 22-12-2005.

§ 2.º Contra a decisão que conceder a recuperação judicial caberá agravo, que poderá ser interposto por qualquer credor e pelo Ministério Público.

Art. 60. Se o plano de recuperação judicial aprovado envolver alienação judicial de filiais ou de unidades produtivas isoladas do devedor, o juiz ordenará a sua realização, observado o disposto no art. 142 desta Lei.

Parágrafo único. O objeto da alienação estará livre de qualquer ônus e não haverá sucessão do arrematante nas obrigações do devedor, inclusive as de natureza tributária, observado o disposto no § 1.º do art. 141 desta Lei.

Art. 61. Proferida a decisão prevista no art. 58 desta Lei, o devedor permanecerá em recuperação judicial até que se cumpram todas as obrigações previstas no plano que se vencerem até 2 (dois) anos depois da concessão da recuperação judicial.

§ 1.º Durante o período estabelecido no *caput* deste artigo, o descumprimento de qualquer obrigação prevista no plano acarretará a convolação da recuperação em falência, nos termos do art. 73 desta Lei.

§ 2.º Decretada a falência, os credores terão reconstituídos seus direitos e garantias nas condições originalmente contratadas, deduzidos os valores eventualmente pagos e ressalvados os atos validamente praticados no âmbito da recuperação judicial.

Art. 62. Após o período previsto no art. 61 desta Lei, no caso de descumprimento de qualquer obrigação prevista no plano de recuperação judicial, qualquer credor poderá requerer a execução específica ou a falência com base no art. 94 desta Lei.

Art. 63. Cumpridas as obrigações vencidas no prazo previsto no *caput* do art. 61 desta Lei, o juiz decretará por sentença o encerramento da recuperação judicial e determinará:

I – o pagamento do saldo de honorários ao administrador judicial, somente podendo efetuar a quitação dessas obrigações mediante prestação de contas, no prazo de 30 (trinta) dias, e aprovação do relatório previsto no inciso III do *caput* deste artigo;

II – a apuração do saldo das custas judiciais a serem recolhidas;

III – a apresentação de relatório circunstanciado do administrador judicial, no prazo máximo de 15 (quinze) dias, versando sobre a execução do plano de recuperação pelo devedor;

IV – a dissolução do Comitê de Credores e a exoneração do administrador judicial;

V – a comunicação ao Registro Público de Empresas para as providências cabíveis.

Art. 64. Durante o procedimento de recuperação judicial, o devedor ou seus administradores serão mantidos na condução da atividade empresarial, sob fiscalização do Comitê, se houver, e do administrador judicial, salvo se qualquer deles:

I – houver sido condenado em sentença penal transitada em julgado por crime cometido em recuperação judicial ou falência anteriores ou por crime contra o patrimônio, a economia popular ou a ordem econômica previstos na legislação vigente;

II – houver indícios veementes de ter cometido crime previsto nesta Lei;

III – houver agido com dolo, simulação ou fraude contra os interesses de seus credores;

IV – houver praticado qualquer das seguintes condutas:

a) efetuar gastos pessoais manifestamente excessivos em relação a sua situação patrimonial;

b) efetuar despesas injustificáveis por sua natureza ou vulto, em relação ao capital ou gênero do negócio, ao movimento das operações e a outras circunstâncias análogas;

c) descapitalizar injustificadamente a empresa ou realizar operações prejudiciais ao seu funcionamento regular;

d) simular ou omitir créditos ao apresentar a relação de que trata o inciso III do *caput* do art. 51 desta Lei, sem relevante razão de direito ou amparo de decisão judicial;

V – negar-se a prestar informações solicitadas pelo administrador judicial ou pelos demais membros do Comitê;

VI – tiver seu afastamento previsto no plano de recuperação judicial.

Parágrafo único. Verificada qualquer das hipóteses do *caput* deste artigo, o juiz destituirá o administrador, que será substituído na forma prevista nos atos constitutivos do devedor ou do plano de recuperação judicial.

Art. 65. Quando do afastamento do devedor, nas hipóteses previstas no art. 64 desta Lei, o juiz convocará a assembleia geral de credores para deliberar sobre o nome do gestor judicial que assumirá a administração das atividades do devedor, aplicando-se-lhe, no que couber, todas as normas sobre deveres, impedimentos e remuneração do administrador judicial.

§ 1.º O administrador judicial exercerá as funções de gestor enquanto a assembleia geral não deliberar sobre a escolha deste.

§ 2.º Na hipótese de o gestor indicado pela assembleia geral de credores recusar ou estar impedido de aceitar o encargo para gerir os negócios do devedor, o juiz convocará, no prazo de 72 (setenta e duas) horas, contado da recusa ou da declaração do impedimento nos autos, nova assembleia geral, aplicado o disposto no § 1.º deste artigo.

Art. 66. Após a distribuição do pedido de recuperação judicial, o devedor não poderá alienar ou onerar bens ou direitos de seu ativo permanente, salvo evidente utilidade reconhecida pelo juiz, depois de ouvido o Comitê, com exceção daqueles previamente relacionados no plano de recuperação judicial.

Art. 67. Os créditos decorrentes de obrigações contraídas pelo devedor durante a recuperação judicial, inclusive aqueles relativos a despesas com fornecedores de bens ou serviços e contratos de mútuo, serão considerados extraconcursais, em caso de decretação de falência, respeitada, no que couber, a ordem estabelecida no art. 83 desta Lei.

Parágrafo único. Os créditos quirografários sujeitos à recuperação judicial pertencentes a fornecedores de bens ou serviços que continuarem a provê-los normalmente após o pedido de recuperação judicial terão privilégio geral de recebimento em caso de decretação de falência, no limite do valor dos bens ou serviços fornecidos durante o período da recuperação.

Art. 68. As Fazendas Públicas e o Instituto Nacional do Seguro Social – INSS poderão deferir, nos termos da legislação específica, parcelamento de seus créditos, em sede de recuperação judicial, de acordo com os parâmetros estabelecidos na Lei n. 5.172, de 25 de outubro de 1966 – Código Tributário Nacional.

Parágrafo único. As microempresas e empresas de pequeno porte farão jus a prazos 20% (vinte por cento) superiores àqueles regularmente concedidos às demais empresas.

>> Parágrafo único acrescentado pela Lei Complementar n. 147, de 7-8-2014.

Art. 69. Em todos os atos, contratos e documentos firmados pelo devedor sujeito ao procedimento de recuperação judicial deverá ser acrescida, após o nome empresarial, a expressão "em Recuperação Judicial".

Parágrafo único. O juiz determinará ao Registro Público de Empresas a anotação da recuperação judicial no registro correspondente.

Seção V
Do Plano de Recuperação Judicial para Microempresas e Empresas de Pequeno Porte

Art. 70. As pessoas de que trata o art. 1.º desta Lei e que se incluam nos conceitos de microempresa ou empresa de pequeno porte, nos termos da legislação vigente, sujeitam-se às normas deste Capítulo.

§ 1.º As microempresas e as empresas de pequeno porte, conforme definidas em lei, poderão apresentar plano especial de recuperação judicial, desde que afirmem sua intenção de fazê-lo na petição inicial de que trata o art. 51 desta Lei.

§ 2.º Os credores não atingidos pelo plano especial não terão seus créditos habilitados na recuperação judicial.

Art. 71. O plano especial de recuperação judicial será apresentado no prazo previsto no art. 53 desta Lei e limitar-se-á às seguintes condições:

I – abrangerá todos os créditos existentes na data do pedido, ainda que não vencidos, excetuados os decorrentes de repasse de recursos oficiais, os fiscais e os previstos nos §§ 3.º e 4.º do art. 49;

>> Inciso I com redação determinada pela Lei Complementar n. 147, de 7-8-2014.

II – preverá parcelamento em até 36 (trinta e seis) parcelas mensais, iguais e sucessivas, acrescidas de juros equivalentes à taxa Sistema Especial de Liquidação e de Custódia – SELIC, podendo conter ainda a proposta de abatimento do valor das dívidas;

>> Inciso II com redação determinada pela Lei Complementar n. 147, de 7-8-2014.

III – preverá o pagamento da 1.ª (primeira) parcela no prazo máximo de 180 (cento e oitenta) dias, contado da distribuição do pedido de recuperação judicial;

IV – estabelecerá a necessidade de autorização do juiz, após ouvido o administrador judicial e o Comitê de Credores, para o devedor aumentar despesas ou contratar empregados.

Parágrafo único. O pedido de recuperação judicial com base em plano especial não acarreta a suspensão do curso da prescrição nem das ações e execuções por créditos não abrangidos pelo plano.

Art. 72. Caso o devedor de que trata o art. 70 desta Lei opte pelo pedido de recuperação judicial com base no plano especial disciplinado nesta Seção, não será convocada assembleia geral de credores para deliberar sobre o plano, e o juiz concederá a recuperação judicial se atendidas as demais exigências desta Lei.

Parágrafo único. O juiz também julgará improcedente o pedido de recuperação judicial e decretará a falência do devedor se houver objeções, nos termos do art. 55, de credores titulares de mais da metade de qualquer uma das classes de créditos previstos no art. 83, computados na forma do art. 45, todos desta Lei.

>> Parágrafo único com redação determinada pela Lei Complementar n. 147, de 7-8-2014.

Capítulo IV
DA CONVOLAÇÃO DA RECUPERAÇÃO JUDICIAL EM FALÊNCIA

Art. 73. O juiz decretará a falência durante o processo de recuperação judicial:

I – por deliberação da assembleia geral de credores, na forma do art. 42 desta Lei;

II – pela não apresentação, pelo devedor, do plano de recuperação no prazo do art. 53 desta Lei;

III – quando houver sido rejeitado o plano de recuperação, nos termos do § 4.º do art. 56 desta Lei;

IV – por descumprimento de qualquer obrigação assumida no plano de recuperação, na forma do § 1.º do art. 61 desta Lei.

Parágrafo único. O disposto neste artigo não impede a decretação da falência por inadimplemento de obrigação não sujeita à recuperação judicial, nos termos dos incisos I ou II do *caput* do art. 94 desta Lei, ou por prática de ato previsto no inciso III do *caput* do art. 94 desta Lei.

Art. 74. Na convolação da recuperação em falência, os atos de administração, endividamento, oneração ou alienação praticados durante a recuperação judicial presumem-se válidos, desde que realizados na forma desta Lei.

Capítulo V
DA FALÊNCIA

Seção I
Disposições Gerais

Art. 75. A falência, ao promover o afastamento do devedor de suas atividades, visa a preservar e otimizar a utilização produtiva dos bens, ativos e recursos produtivos, inclusive os intangíveis, da empresa.

Parágrafo único. O processo de falência atenderá aos princípios da celeridade e da economia processual.

Art. 76. O juízo da falência é indivisível e competente para conhecer todas as ações sobre bens, interesses e negócios do falido, ressalvadas as causas trabalhistas, fiscais e aquelas não reguladas nesta Lei em que o falido figurar como autor ou litisconsorte ativo.

Parágrafo único. Todas as ações, inclusive as excetuadas no *caput* deste artigo, terão prosseguimento com o administrador judicial, que deverá ser intimado para representar a massa falida, sob pena de nulidade do processo.

Art. 77. A decretação da falência determina o vencimento antecipado das dívidas do devedor e dos sócios ilimitada e solidariamente responsáveis, com o abatimento proporcional dos juros, e converte todos os créditos em moeda estrangeira para a moeda do País, pelo câmbio do dia da decisão judicial, para todos os efeitos desta Lei.

Art. 78. Os pedidos de falência estão sujeitos a distribuição obrigatória, respeitada a ordem de apresentação.

Parágrafo único. As ações que devam ser propostas no juízo da falência estão sujeitas a distribuição por dependência.

Art. 79. Os processos de falência e os seus incidentes preferem a todos os outros na ordem dos feitos, em qualquer instância.

Art. 80. Considerar-se-ão habilitados os créditos remanescentes da recuperação judicial, quando definitivamente incluídos no quadro-geral de credores, tendo prosseguimento as habilitações que estejam em curso.

Art. 81. A decisão que decreta a falência da sociedade com sócios ilimitadamente responsáveis também acarreta a falência destes, que ficam sujeitos aos mesmos efeitos jurídicos produzidos em relação à sociedade falida e, por isso, deverão ser citados para apresentar contestação, se assim o desejarem.

§ 1.º O disposto no *caput* deste artigo aplica-se ao sócio que tenha se retirado voluntariamente ou que tenha sido excluído da sociedade, há menos de 2 (dois) anos, quanto às dívidas existentes na data do arquivamento da alteração do contrato, no caso de não terem sido solvidas até a data da decretação da falência.

§ 2.º As sociedades falidas serão representadas na falência por seus administradores ou liquidantes, os quais terão os mesmos direitos e, sob as mesmas penas, ficarão sujeitos às obrigações que cabem ao falido.

Art. 82. A responsabilidade pessoal dos sócios de responsabilidade limitada, dos controladores e dos administradores da sociedade falida, estabelecida nas respectivas leis, será apurada no próprio juízo da falência, independentemente da realização do ativo e da prova da sua insuficiência para cobrir o passivo, observado o procedimento ordinário previsto no Código de Processo Civil.

§ 1.º Prescreverá em 2 (dois) anos, contados do trânsito em julgado da sentença de encerramento da falência, a ação de responsabilização prevista no *caput* deste artigo.

§ 2.º O juiz poderá, de ofício ou mediante requerimento das partes interessadas, ordenar a indisponibilidade de bens particulares dos réus, em quantidade compatível com o dano provocado, até o julgamento da ação de responsabilização.

Seção II
Da Classificação dos Créditos

Art. 83. A classificação dos créditos na falência obedece à seguinte ordem:

I – os créditos derivados da legislação do trabalho, limitados a 150 (cento e cinquenta) salários mínimos por credor, e os decorrentes de acidentes de trabalho;

II – créditos com garantia real até o limite do valor do bem gravado;

III – créditos tributários, independentemente da sua natureza e tempo de constituição, excetuadas as multas tributárias;

IV – créditos com privilégio especial, a saber:

a) os previstos no art. 964 da Lei n. 10.406, de 10 de janeiro de 2002;

>> Dispõe citado dispositivo: "Têm privilégio especial: I – sobre a coisa arrecadada e liquidada, o credor de custas e despesas judiciais feitas com a arrecadação e liquidação; II – sobre a coisa salvada, o credor por despesas de salvamento; III – sobre a coisa beneficiada, o credor por benfeitorias necessárias ou úteis; IV – sobre os prédios rústicos ou urbanos, fábricas, oficinas, ou quaisquer outras construções, o credor de materiais, dinheiro, ou serviços para a sua edificação, reconstrução, ou melhoramento; V – sobre os frutos agrícolas, o credor por sementes, instrumentos e serviços à cultura, ou à colheita; VI – sobre as alfaias e utensílios de uso doméstico, nos prédios rústicos ou urbanos, o credor de aluguéis, quanto às prestações do ano corrente e do anterior; VII – sobre os exemplares da obra existente na massa do editor, o autor dela, ou seus legítimos representantes, pelo crédito fundado contra aquele no contrato da edição; VIII – sobre o produto da colheita, para a qual houver concorrido com o seu trabalho, e precipuamente a quaisquer outros créditos, ainda que reais, o trabalhador agrícola, quanto à dívida dos seus salários".

b) os assim definidos em outras leis civis e comerciais, salvo disposição contrária desta Lei;

c) aqueles a cujos titulares a lei confira o direito de retenção sobre a coisa dada em garantia;

d) aqueles em favor dos microempreendedores individuais e das microempresas e empresas de pequeno porte de que trata a Lei Complementar n. 123, de 14 de dezembro de 2006;

>> Alínea *d* acrescentada pela Lei Complementar n. 147, de 7-8-2014.

V – créditos com privilégio geral, a saber:

a) os previstos no art. 965 da Lei n. 10.406, de 10 de janeiro de 2002;

>> Dispõe citado dispositivo: "Goza de privilégio geral, na ordem seguinte, sobre os bens do devedor: I – o crédito por despesa de seu funeral, feito segundo a condição do morto e o costume do lugar; II – o crédito por custas judiciais, ou por despesas com a arrecadação e liquidação da massa; III – o crédito por despesas com o luto do cônjuge sobrevivo e dos filhos do devedor falecido, se foram moderadas; IV – o crédito por despesas com a doença de que faleceu o devedor, no semestre anterior à sua morte; V – o crédito pelos gastos necessários à mantença do devedor falecido e sua família, no trimestre anterior ao falecimento; VI – o crédito pelos impostos devidos à Fazenda Pública, no ano corrente e no anterior; VII – o crédito pelos salários dos empregados do serviço doméstico do devedor, nos seus derradeiros seis meses de vida; VIII – os demais créditos de privilégio geral".

b) os previstos no parágrafo único do art. 67 desta Lei;

c) os assim definidos em outras leis civis e comerciais, salvo disposição contrária desta Lei;

VI – créditos quirografários, a saber:

a) aqueles não previstos nos demais incisos deste artigo;

b) os saldos dos créditos não cobertos pelo produto da alienação dos bens vinculados ao seu pagamento;

c) os saldos dos créditos derivados da legislação do trabalho que excederem o limite estabelecido no inciso I do *caput* deste artigo;

VII – as multas contratuais e as penas pecuniárias por infração das leis penais ou administrativas, inclusive as multas tributárias;

VIII – créditos subordinados, a saber:

a) os assim previstos em lei ou em contrato;

b) os créditos dos sócios e dos administradores sem vínculo empregatício.

§ 1.º Para os fins do inciso II do *caput* deste artigo, será considerado como valor do bem objeto de garantia real a importância efetivamente arrecadada com sua venda, ou, no caso de alienação em bloco, o valor de avaliação do bem individualmente considerado.

§ 2.º Não são oponíveis à massa os valores decorrentes de direito de sócio ao recebimento de sua parcela do capital social na liquidação da sociedade.

§ 3.º As cláusulas penais dos contratos unilaterais não serão atendidas se as obrigações neles estipuladas se vencerem em virtude da falência.

§ 4.º Os créditos trabalhistas cedidos a terceiros serão considerados quirografários.

Art. 84. Serão considerados créditos extraconcursais e serão pagos com precedência sobre os mencionados no art. 83 desta Lei, na ordem a seguir, os relativos a:

I – remunerações devidas ao administrador judicial e seus auxiliares, e créditos derivados da legislação do trabalho ou decorrentes de acidentes de trabalho relativos a serviços prestados após a decretação da falência;

II – quantias fornecidas à massa pelos credores;

III – despesas com arrecadação, administração, realização do ativo e distribuição do seu produto, bem como custas do processo de falência;

IV – custas judiciais relativas às ações e execuções em que a massa falida tenha sido vencida;

V – obrigações resultantes de atos jurídicos válidos praticados durante a recuperação judicial, nos termos do art. 67 desta Lei, ou após a decretação da falência, e tributos relativos a fatos geradores ocorridos após a decretação da falência, respeitada a ordem estabelecida no art. 83 desta Lei.

Seção III
Do Pedido de Restituição

Art. 85. O proprietário de bem arrecadado no processo de falência ou que se encontre em poder do devedor na data da decretação da falência poderá pedir sua restituição.

Parágrafo único. Também pode ser pedida a restituição de coisa vendida a crédito e entregue ao devedor nos 15 (quinze) dias anteriores ao requerimento de sua falência, se ainda não alienada.

Art. 86. Proceder-se-á à restituição em dinheiro:

I – se a coisa não mais existir ao tempo do pedido de restituição, hipótese em que o requerente receberá o valor da avaliação do bem, ou, no caso de ter ocorrido sua venda, o respectivo preço, em ambos os casos no valor atualizado;

II – da importância entregue ao devedor, em moeda corrente nacional, decorrente de adiantamento a contrato de câmbio para exportação, na forma do art. 75, §§ 3.º e 4.º, da Lei n. 4.728, de 14 de julho de 1965, desde que o prazo total da operação, inclusive eventuais prorrogações, não exceda o previsto nas normas específicas da autoridade competente;

>> Dispõe citado dispositivo: "Art. 75. O contrato de câmbio, desde que protestado por oficial competente para o protesto de títulos, constitui instrumento bastante para requerer a ação executiva. (...) § 3.º No caso de falência ou concordata, o credor poderá pedir a restituição das importâncias adiantadas, a que se refere o parágrafo anterior. § 4.º As importâncias adiantadas na forma do § 2.º deste artigo serão destinadas na hipótese de falência, liquidação extrajudicial ou intervenção em instituição financeira, ao pagamento das linhas de crédito comercial que lhes deram origem, nos termos e condições estabelecidos pelo Banco Central do Brasil".

III – dos valores entregues ao devedor pelo contratante de boa-fé na hipótese de revogação ou ineficácia do contrato, conforme disposto no art. 136 desta Lei.

Parágrafo único. As restituições de que trata este artigo somente serão efetuadas após o pagamento previsto no art. 151 desta Lei.

Art. 87. O pedido de restituição deverá ser fundamentado e descreverá a coisa reclamada.

§ 1.º O juiz mandará autuar em separado o requerimento com os documentos que o instruírem e determinará a intimação do falido, do Comitê, dos credores e do administrador judicial para que, no prazo sucessivo de 5 (cinco) dias, se manifestem, valendo como contestação a manifestação contrária à restituição.

§ 2.º Contestado o pedido e deferidas as provas porventura requeridas, o juiz designará audiência de instrução e julgamento, se necessária.

§ 3.º Não havendo provas a realizar, os autos serão conclusos para sentença.

Art. 88. A sentença que reconhecer o direito do requerente determinará a entrega da coisa no prazo de 48 (quarenta e oito) horas.

Parágrafo único. Caso não haja contestação, a massa não será condenada ao pagamento de honorários advocatícios.

Art. 89. A sentença que negar a restituição, quando for o caso, incluirá o requerente no quadro-geral de credores, na classificação que lhe couber, na forma desta Lei.

Art. 90. Da sentença que julgar o pedido de restituição caberá apelação sem efeito suspensivo.

Parágrafo único. O autor do pedido de restituição que pretender receber o bem ou a quantia reclamada antes do trânsito em julgado da sentença prestará caução.

Art. 91. O pedido de restituição suspende a disponibilidade da coisa até o trânsito em julgado.

Parágrafo único. Quando diversos requerentes houverem de ser satisfeitos em dinheiro e não existir saldo suficiente para o pagamento integral, far-se-á rateio proporcional entre eles.

Art. 92. O requerente que tiver obtido êxito no seu pedido ressarcirá a massa falida ou a quem tiver suportado as despesas de conservação da coisa reclamada.

Art. 93. Nos casos em que não couber pedido de restituição, fica resguardado o direito dos credores de propor embargos de terceiros, observada a legislação processual civil.

Seção IV
Do Procedimento para a Decretação da Falência

Art. 94. Será decretada a falência do devedor que:

I – sem relevante razão de direito, não paga, no vencimento, obrigação líquida materializada em título ou títulos executivos protestados cuja soma ultrapasse o equivalente a 40 (quarenta) salários mínimos na data do pedido de falência;

II – executado por qualquer quantia líquida, não paga, não deposita e não nomeia à penhora bens suficientes dentro do prazo legal;

III – pratica qualquer dos seguintes atos, exceto se fizer parte de plano de recuperação judicial:

a) procede à liquidação precipitada de seus ativos ou lança mão de meio ruinoso ou fraudulento para realizar pagamentos;

b) realiza ou, por atos inequívocos, tenta realizar, com o objetivo de retardar pagamentos ou fraudar credores, negócio simulado ou alienação de parte ou da totalidade de seu ativo a terceiro, credor ou não;

c) transfere estabelecimento a terceiro, credor ou não, sem o consentimento de todos os credores e sem ficar com bens suficientes para solver seu passivo;

d) simula a transferência de seu principal estabelecimento com o objetivo de burlar a legislação ou a fiscalização ou para prejudicar credor;

e) dá ou reforça garantia a credor por dívida contraída anteriormente sem ficar com bens livres e desembaraçados suficientes para saldar seu passivo;

f) ausenta-se sem deixar representante habilitado e com recursos suficientes para pagar os credores, abandona estabelecimento ou tenta ocultar-se de seu domicílio, do local de sua sede ou de seu principal estabelecimento;

g) deixa de cumprir, no prazo estabelecido, obrigação assumida no plano de recuperação judicial.

§ 1.º Credores podem reunir-se em litisconsórcio a fim de perfazer o limite mínimo para o pedido de falência com base no inciso I do *caput* deste artigo.

§ 2.º Ainda que líquidos, não legitimam o pedido de falência os créditos que nela não se possam reclamar.

§ 3.º Na hipótese do inciso I do *caput* deste artigo, o pedido de falência será instruído com os títulos executivos na forma do parágrafo único do art. 9.º desta Lei, acompanhados, em qualquer caso, dos respectivos instrumentos de protesto para fim falimentar nos termos da legislação específica.

> *Vide* Súmula 361 do STJ.

§ 4.º Na hipótese do inciso II do *caput* deste artigo, o pedido de falência será instruído com certidão expedida pelo juízo em que se processa a execução.

§ 5.º Na hipótese do inciso III do *caput* deste artigo, o pedido de falência descreverá os fatos que a caracterizam, juntando-se as provas que houver e especificando-se as que serão produzidas.

Art. 95. Dentro do prazo de contestação, o devedor poderá pleitear sua recuperação judicial.

Art. 96. A falência requerida com base no art. 94, inciso I do *caput*, desta Lei, não será decretada se o requerido provar:

I – falsidade de título;

II – prescrição;

III – nulidade de obrigação ou de título;

IV – pagamento da dívida;

V – qualquer outro fato que extinga ou suspenda obrigação ou não legitime a cobrança de título;

VI – vício em protesto ou em seu instrumento;

VII – apresentação de pedido de recuperação judicial no prazo da contestação, observados os requisitos do art. 51 desta Lei;

VIII – cessação das atividades empresariais mais de 2 (dois) anos antes do pedido de falência, comprovada por documento hábil do Registro Público de Empresas, o qual não prevalecerá contra prova de exercício posterior ao ato registrado.

§ 1.º Não será decretada a falência de sociedade anônima após liquidado e partilhado seu ativo nem do espólio após 1 (um) ano da morte do devedor.

§ 2.º As defesas previstas nos incisos I a VI do *caput* deste artigo não obstam a decretação de falência se, ao final, restarem obrigações não atingidas pelas defesas em montante que supere o limite previsto naquele dispositivo.

Art. 97. Podem requerer a falência do devedor:

I – o próprio devedor, na forma do disposto nos arts. 105 a 107 desta Lei;

II – o cônjuge sobrevivente, qualquer herdeiro do devedor ou o inventariante;

III – o cotista ou o acionista do devedor na forma da lei ou do ato constitutivo da sociedade;

IV – qualquer credor.

§ 1.º O credor empresário apresentará certidão do Registro Público de Empresas que comprove a regularidade de suas atividades.

§ 2.º O credor que não tiver domicílio no Brasil deverá prestar caução relativa às custas e ao pagamento da indenização de que trata o art. 101 desta Lei.

Art. 98. Citado, o devedor poderá apresentar contestação no prazo de 10 (dez) dias.

Parágrafo único. Nos pedidos baseados nos incisos I e II do *caput* do art. 94 desta Lei, o devedor poderá, no prazo da contestação, depositar o valor correspondente ao total do crédito, acrescido de correção monetária, juros e honorários advocatícios, hipótese em que a falência não será decretada e, caso julgado procedente o pedido de falência, o juiz ordenará o levantamento do valor pelo autor.

Art. 99. A sentença que decretar a falência do devedor, dentre outras determinações:

I – conterá a síntese do pedido, a identificação do falido e os nomes dos que forem a esse tempo seus administradores;

II – fixará o termo legal da falência, sem poder retrotraí-lo por mais de 90 (noventa) dias contados do pedido de falência, do pedido de recuperação judicial ou do 1.º (primeiro) protesto por falta de pagamento, excluindo-se, para esta finalidade, os protestos que tenham sido cancelados;

III – ordenará ao falido que apresente, no prazo máximo de 5 (cinco) dias, relação nominal dos credores, indicando endereço, importância, natureza e classificação dos respectivos créditos, se esta já não se encontrar nos autos, sob pena de desobediência;

IV – explicitará o prazo para as habilitações de crédito, observado o disposto no § 1.º do art. 7.º desta Lei;

V – ordenará a suspensão de todas as ações ou execuções contra o falido, ressalvadas as hipóteses previstas nos §§ 1.º e 2.º do art. 6.º desta Lei;

VI – proibirá a prática de qualquer ato de disposição ou oneração de bens do falido, submetendo-os preliminarmente à autorização judicial e do Comitê, se houver, ressalvados os bens cuja venda faça parte das atividades normais do devedor se autorizada a continuação provisória nos termos do inciso XI do *caput* deste artigo;

VII – determinará as diligências necessárias para salvaguardar os interesses das partes envolvidas, podendo ordenar a prisão preventiva do falido ou de seus administradores quando requerida com fundamento em provas da prática de crime definido nesta Lei;

VIII – ordenará ao Registro Público de Empresas que proceda à anotação da falência no registro do devedor, para que conste a expressão "Falido", a data da decretação da falência e a inabilitação de que trata o art. 102 desta Lei;

IX – nomeará o administrador judicial, que desempenhará suas funções na forma do inciso III do *caput* do art. 22 desta Lei sem prejuízo do disposto na alínea *a* do inciso II do *caput* do art. 35 desta Lei;

X – determinará a expedição de ofícios aos órgãos e repartições públicas e outras entidades para que informem a existência de bens e direitos do falido;

XI – pronunciar-se-á a respeito da continuação provisória das atividades do falido com o administrador judicial ou da lacração dos estabelecimentos, observado o disposto no art. 109 desta Lei;

XII – determinará, quando entender conveniente, a convocação da assembleia geral de credores para a constituição de Comitê de Credores, podendo ainda autorizar a manutenção do Comitê eventualmente em funcionamento na recuperação judicial quando da decretação da falência;

XIII – ordenará a intimação do Ministério Público e a comunicação por carta às Fazendas Públicas Federal e de todos os Estados e Municípios em que o devedor tiver estabelecimento, para que tomem conhecimento da falência.

Parágrafo único. O juiz ordenará a publicação de edital contendo a íntegra da decisão que decreta a falência e a relação de credores.

Art. 100. Da decisão que decreta a falência cabe agravo, e da sentença que julga a improcedência do pedido cabe apelação.

Art. 101. Quem por dolo requerer a falência de outrem será condenado, na sentença que julgar improcedente o pedido, a indenizar o devedor, apurando-se as perdas e danos em liquidação de sentença.

§ 1.º Havendo mais de 1 (um) autor do pedido de falência, serão solidariamente responsáveis aqueles que se conduziram na forma prevista no *caput* deste artigo.

§ 2.º Por ação própria, o terceiro prejudicado também pode reclamar indenização dos responsáveis.

Seção V
Da Inabilitação Empresarial, dos Direitos e Deveres do Falido

Art. 102. O falido fica inabilitado para exercer qualquer atividade empresarial a partir da decretação da falência e até a sentença que extingue suas obrigações, respeitado o disposto no § 1.º do art. 181 desta Lei.

Parágrafo único. Findo o período de inabilitação, o falido poderá requerer ao juiz da falência que proceda à respectiva anotação em seu registro.

Art. 103. Desde a decretação da falência ou do sequestro, o devedor perde o direito de administrar os seus bens ou deles dispor.

Parágrafo único. O falido poderá, contudo, fiscalizar a administração da falência, requerer as providências necessárias para a conservação de seus direitos ou dos bens arrecadados e intervir nos processos em que a massa falida seja parte ou interessada, requerendo o que for de direito e interpondo os recursos cabíveis.

Art. 104. A decretação da falência impõe ao falido os seguintes deveres:

I – assinar nos autos, desde que intimado da decisão, termo de comparecimento, com a indicação do nome, nacionalidade, estado civil, endereço completo do domicílio, devendo ainda declarar, para constar do dito termo:

a) as causas determinantes da sua falência, quando requerida pelos credores;

b) tratando-se de sociedade, os nomes e endereços de todos os sócios, acionistas controladores, diretores ou administradores, apresentando o contrato ou estatuto social e a prova do respectivo registro, bem como suas alterações;

c) o nome do contador encarregado da escrituração dos livros obrigatórios;

d) os mandatos que porventura tenha outorgado, indicando seu objeto, nome e endereço do mandatário;

e) seus bens imóveis e os móveis que não se encontram no estabelecimento;

f) se faz parte de outras sociedades, exibindo respectivo contrato;

g) suas contas bancárias, aplicações, títulos em cobrança e processos em andamento em que for autor ou réu;

II – depositar em cartório, no ato de assinatura do termo de comparecimento, os seus livros obrigatórios, a fim de serem entregues ao administrador judicial, depois de encerrados por termos assinados pelo juiz;

III – não se ausentar do lugar onde se processa a falência sem motivo justo e comunicação expressa ao juiz, e sem deixar procurador bastante, sob as penas cominadas na lei;

IV – comparecer a todos os atos da falência, podendo ser representado por procurador, quando não for indispensável sua presença;

V – entregar, sem demora, todos os bens, livros, papéis e documentos ao administrador judicial, indicando-lhe, para serem arrecadados, os bens que porventura tenha em poder de terceiros;

VI – prestar as informações reclamadas pelo juiz, administrador judicial, credor ou Ministério Público sobre circunstâncias e fatos que interessem à falência;

VII – auxiliar o administrador judicial com zelo e presteza;

VIII – examinar as habilitações de crédito apresentadas;

IX – assistir ao levantamento, à verificação do balanço e ao exame dos livros;

X – manifestar-se sempre que for determinado pelo juiz;

XI – apresentar, no prazo fixado pelo juiz, a relação de seus credores;

XII – examinar e dar parecer sobre as contas do administrador judicial.

Parágrafo único. Faltando ao cumprimento de quaisquer dos deveres que esta Lei lhe impõe, após intimado pelo juiz a fazê-lo, responderá o falido por crime de desobediência.

Seção VI
Da Falência Requerida pelo Próprio Devedor

Art. 105. O devedor em crise econômico-financeira que julgue não atender aos requisitos para pleitear sua recuperação judicial deverá requerer ao juízo sua falência, expondo as razões da impossibilidade de prosseguimento da atividade empresarial, acompanhadas dos seguintes documentos:

I – demonstrações contábeis referentes aos 3 (três) últimos exercícios sociais e as levantadas especialmente para instruir o pedido, confeccionadas com estrita observância da legislação societária aplicável e compostas obrigatoriamente de:

a) balanço patrimonial;

b) demonstração de resultados acumulados;

c) demonstração do resultado desde o último exercício social;

d) relatório do fluxo de caixa;

II – relação nominal dos credores, indicando endereço, importância, natureza e classificação dos respectivos créditos;

III – relação dos bens e direitos que compõem o ativo, com a respectiva estimativa de valor e documentos comprobatórios de propriedade;

IV – prova da condição de empresário, contrato social ou estatuto em vigor ou, se não houver, a indicação de todos os sócios, seus endereços e a relação de seus bens pessoais;

V – os livros obrigatórios e documentos contábeis que lhe forem exigidos por lei;

VI – relação de seus administradores nos últimos 5 (cinco) anos, com os respectivos endereços, suas funções e participação societária.

Art. 106. Não estando o pedido regularmente instruído, o juiz determinará que seja emendado.

Art. 107. A sentença que decretar a falência do devedor observará a forma do art. 99 desta Lei.

Parágrafo único. Decretada a falência, aplicam-se integralmente os dispositivos relativos à falência requerida pelas pessoas referidas nos incisos II a IV do *caput* do art. 97 desta Lei.

Seção VII
Da Arrecadação e da Custódia dos Bens

Art. 108. Ato contínuo à assinatura do termo de compromisso, o administrador judicial efetuará a arrecadação dos bens e documentos e a avaliação dos bens, separadamente ou em bloco, no local em que se encontrem, requerendo ao juiz, para esses fins, as medidas necessárias.

§ 1.º Os bens arrecadados ficarão sob a guarda do administrador judicial ou de pessoa por ele escolhida, sob responsabilidade daquele, podendo o falido ou qualquer de seus representantes ser nomeado depositário dos bens.

§ 2.º O falido poderá acompanhar a arrecadação e a avaliação.

§ 3.º O produto dos bens penhorados ou por outra forma apreendidos entrará para a massa, cumprindo ao juiz deprecar, a requerimento do administrador judicial, às autoridades competentes, determinando sua entrega.

§ 4.º Não serão arrecadados os bens absolutamente impenhoráveis.

§ 5.º Ainda que haja avaliação em bloco, o bem objeto de garantia real será também avaliado separadamente, para os fins do § 1.º do art. 83 desta Lei.

Art. 109. O estabelecimento será lacrado sempre que houver risco para a execução da etapa de arrecadação ou para a preservação dos bens da massa falida ou dos interesses dos credores.

Art. 110. O auto de arrecadação, composto pelo inventário e pelo respectivo laudo de avaliação dos bens, será assinado pelo administrador judicial, pelo falido ou seus representantes e por outras pessoas que auxiliarem ou presenciarem o ato.

§ 1.º Não sendo possível a avaliação dos bens no ato da arrecadação, o administrador judicial requererá ao juiz a concessão de prazo para apresentação do laudo de avaliação, que não poderá exceder 30 (trinta) dias, contados da apresentação do auto de arrecadação.

§ 2.º Serão referidos no inventário:

I – os livros obrigatórios e os auxiliares ou facultativos do devedor, designando-se o estado em que se acham, número e denominação de cada um, páginas escrituradas, data do início da escrituração e do último lançamento, e se os livros obrigatórios estão revestidos das formalidades legais;

II – dinheiro, papéis, títulos de crédito, documentos e outros bens da massa falida;

III – os bens da massa falida em poder de terceiro, a título de guarda, depósito, penhor ou retenção;

IV – os bens indicados como propriedade de terceiros ou reclamados por estes, mencionando-se essa circunstância.

§ 3.º Quando possível, os bens referidos no § 2.º deste artigo serão individualizados.

§ 4.º Em relação aos bens imóveis, o administrador judicial, no prazo de 15 (quinze) dias após a sua arrecadação, exibirá as certidões de registro, extraídas posteriormente à decretação da falência, com todas as indicações que nele constarem.

Art. 111. O juiz poderá autorizar os credores, de forma individual ou coletiva, em razão dos custos e no interesse da massa falida, a adquirir ou adjudicar, de imediato, os bens arrecadados, pelo valor da avaliação, atendida a regra de classificação e preferência entre eles, ouvido o Comitê.

Art. 112. Os bens arrecadados poderão ser removidos, desde que haja necessidade de sua melhor guarda e conservação, hipótese em que permanecerão em depósito sob responsabilidade do administrador judicial, mediante compromisso.

Art. 113. Os bens perecíveis, deterioráveis, sujeitos à considerável desvalorização ou que sejam de conservação arriscada ou dispendiosa, poderão ser vendidos antecipadamente, após a arrecadação e a avaliação, mediante autorização judicial, ouvidos o Comitê e o falido no prazo de 48 (quarenta e oito) horas.

Art. 114. O administrador judicial poderá alugar ou celebrar outro contrato referente aos bens da massa falida, com o objetivo de produzir renda para a massa falida, mediante autorização do Comitê.

§ 1.º O contrato disposto no *caput* deste artigo não gera direito de preferência na compra e não pode importar disposição total ou parcial dos bens.

§ 2.º O bem objeto da contratação poderá ser alienado a qualquer tempo, independentemente do prazo contratado, rescindindo-se, sem direito a multa, o contrato realizado, salvo se houver anuência do adquirente.

Seção VIII
Dos Efeitos da Decretação da Falência sobre as Obrigações do Devedor

Art. 115. A decretação da falência sujeita todos os credores, que somente poderão exercer os seus direitos sobre os bens do falido e do sócio ilimitadamente responsável na forma que esta Lei prescrever.

Art. 116. A decretação da falência suspende:

I – o exercício do direito de retenção sobre os bens sujeitos à arrecadação, os quais deverão ser entregues ao administrador judicial;

II – o exercício do direito de retirada ou de recebimento do valor de suas quotas ou ações, por parte dos sócios da sociedade falida.

Art. 117. Os contratos bilaterais não se resolvem pela falência e podem ser cumpridos pelo administrador judicial se o cumprimento reduzir ou evitar o aumento do passivo da massa falida ou for necessário à manutenção e preservação de seus ativos, mediante autorização do Comitê.

§ 1.º O contratante pode interpelar o administrador judicial, no prazo de até 90 (noventa) dias, contado da assinatura do termo de sua nomeação, para que, dentro de 10 (dez) dias, declare se cumpre ou não o contrato.

§ 2.º A declaração negativa ou o silêncio do administrador judicial confere ao contraente o direito à indenização, cujo valor, apurado em processo ordinário, constituirá crédito quirografário.

Art. 118. O administrador judicial, mediante autorização do Comitê, poderá dar cumprimento a contrato unilateral se esse fato reduzir ou evitar o aumento do passivo da massa falida ou for necessário à manutenção e preservação de seus ativos, realizando o pagamento da prestação pela qual está obrigada.

Art. 119. Nas relações contratuais a seguir mencionadas prevalecerão as seguintes regras:

I – o vendedor não pode obstar a entrega das coisas expedidas ao devedor e ainda em trânsito, se o comprador, antes do requerimento da falência, as tiver revendido, sem fraude, à vista das faturas e conhecimentos de transporte, entregues ou remetidos pelo vendedor;

II – se o devedor vendeu coisas compostas e o administrador judicial resolver não continuar a execução do contrato, poderá o comprador pôr à disposição da massa falida as coisas já recebidas, pedindo perdas e danos;

III – não tendo o devedor entregue coisa móvel ou prestado serviço que vendera ou contratara a prestações, e resolvendo o administrador judicial não executar o contrato, o crédito relativo ao valor pago será habilitado na classe própria;

IV – o administrador judicial, ouvido o Comitê, restituirá a coisa móvel comprada pelo devedor com reserva de domínio do vendedor se resolver não continuar a execução do contrato, exigindo a devolução, nos termos do contrato, dos valores pagos;

V – tratando-se de coisas vendidas a termo, que tenham cotação em bolsa ou mercado, e não se executando o contrato pela efetiva entrega daquelas e pagamento do preço, prestar-se-á a diferença entre a cotação do dia do contrato e a da época da liquidação em bolsa ou mercado;

VI – na promessa de compra e venda de imóveis, aplicar-se-á a legislação respectiva;

VII – a falência do locador não resolve o contrato de locação e, na falência do locatário, o administrador judicial pode, a qualquer tempo, denunciar o contrato;

VIII – caso haja acordo para compensação e liquidação de obrigações no âmbito do sistema financeiro nacional, nos termos da legislação vigente, a parte não falida poderá considerar o contrato vencido antecipadamente, hipótese em que será liquidado na forma estabelecida em regulamento, admitindo-se a compensação de eventual crédito que venha a ser apurado em favor do falido com créditos detidos pelo contratante;

IX – os patrimônios de afetação, constituídos para cumprimento de destinação específica, obedecerão ao disposto na legislação respectiva, permanecendo seus bens, direitos e obrigações separados dos do falido até o advento do respectivo termo ou até o cumprimento de sua finalidade, ocasião em que o administrador judicial arrecadará o saldo a favor da massa falida ou inscreverá na classe própria o crédito que contra ela remanescer.

Art. 120. O mandato conferido pelo devedor, antes da falência, para a realização de negócios, cessará seus efeitos com a decretação da falência, cabendo ao mandatário prestar contas de sua gestão.

§ 1.º O mandato conferido para representação judicial do devedor continua em vigor até que seja expressamente revogado pelo administrador judicial.

§ 2.º Para o falido, cessa o mandato ou comissão que houver recebido antes da falência, salvo os que versem sobre matéria estranha à atividade empresarial.

Art. 121. As contas correntes com o devedor consideram-se encerradas no momento de decretação da falência, verificando-se o respectivo saldo.

Art. 122. Compensam-se, com preferência sobre todos os demais credores, as dívidas do devedor vencidas até o dia da decretação da falência, provenha o vencimento da sentença de falência ou não, obedecidos os requisitos da legislação civil.

Parágrafo único. Não se compensam:

I – os créditos transferidos após a decretação da falência, salvo em caso de sucessão por fusão, incorporação, cisão ou morte; ou

II – os créditos, ainda que vencidos anteriormente, transferidos quando já conhecido o estado de crise econômico-financeira do devedor ou cuja transferência se operou com fraude ou dolo.

Art. 123. Se o falido fizer parte de alguma sociedade como sócio comanditário ou cotista, para a massa falida entrarão somente os haveres que na sociedade ele possuir e forem apurados na forma estabelecida no contrato ou estatuto social.

§ 1.º Se o contrato ou o estatuto social nada disciplinar a respeito, a apuração far-

-se-á judicialmente, salvo se, por lei, pelo contrato ou estatuto, a sociedade tiver de liquidar-se, caso em que os haveres do falido, somente após o pagamento de todo o passivo da sociedade, entrarão para a massa falida.

§ 2.º Nos casos de condomínio indivisível de que participe o falido, o bem será vendido e deduzir-se-á do valor arrecadado o que for devido aos demais condôminos, facultada a estes a compra da quota-parte do falido nos termos da melhor proposta obtida.

Art. 124. Contra a massa falida não são exigíveis juros vencidos após a decretação da falência, previstos em lei ou em contrato, se o ativo apurado não bastar para o pagamento dos credores subordinados.

Parágrafo único. Excetuam-se desta disposição os juros das debêntures e dos créditos com garantia real, mas por eles responde, exclusivamente, o produto dos bens que constituem a garantia.

Art. 125. Na falência do espólio, ficará suspenso o processo de inventário, cabendo ao administrador judicial a realização de atos pendentes em relação aos direitos e obrigações da massa falida.

Art. 126. Nas relações patrimoniais não reguladas expressamente nesta Lei, o juiz decidirá o caso atendendo à unidade, à universalidade do concurso e à igualdade de tratamento dos credores, observado o disposto no art. 75 desta Lei.

Art. 127. O credor de coobrigados solidários cujas falências sejam decretadas tem o direito de concorrer, em cada uma delas, pela totalidade do seu crédito, até recebê-lo por inteiro, quando então comunicará ao juízo.

§ 1.º O disposto no *caput* deste artigo não se aplica ao falido cujas obrigações tenham sido extintas por sentença, na forma do art. 159 desta Lei.

§ 2.º Se o credor ficar integralmente pago por uma ou por diversas massas coobrigadas, as que pagaram terão direito regressivo contra as demais, em proporção à parte que pagaram e àquela que cada uma tinha a seu cargo.

§ 3.º Se a soma dos valores pagos ao credor em todas as massas coobrigadas exceder o total do crédito, o valor será devolvido às massas na proporção estabelecida no § 2.º deste artigo.

§ 4.º Se os coobrigados eram garantes uns dos outros, o excesso de que trata o § 3.º deste artigo pertencerá, conforme a ordem das obrigações, às massas dos coobrigados que tiverem o direito de ser garantidas.

Art. 128. Os coobrigados solventes e os garantes do devedor ou dos sócios ilimitadamente responsáveis podem habilitar o crédito correspondente às quantias pagas ou devidas, se o credor não se habilitar no prazo legal.

Seção IX
Da Ineficácia e da Revogação de Atos Praticados antes da Falência

Art. 129. São ineficazes em relação à massa falida, tenha ou não o contratante conhecimento do estado de crise econômico-financeira do devedor, seja ou não intenção deste fraudar credores:

I – o pagamento de dívidas não vencidas realizado pelo devedor dentro do termo legal, por qualquer meio extintivo do direito de crédito, ainda que pelo desconto do próprio título;

II – o pagamento de dívidas vencidas e exigíveis realizado dentro do termo legal, por qualquer forma que não seja a prevista pelo contrato;

III – a constituição de direito real de garantia, inclusive a retenção, dentro do termo legal, tratando-se de dívida contraída anteriormente; se os bens dados em hipoteca forem objeto de outras posteriores, a massa falida receberá a parte que devia caber ao credor da hipoteca revogada;

IV – a prática de atos a título gratuito, desde 2 (dois) anos antes da decretação da falência;

V – a renúncia à herança ou a legado, até 2 (dois) anos antes da decretação da falência;

VI – a venda ou transferência de estabelecimento feita sem o consentimento expresso ou o pagamento de todos os credores, a esse tempo existentes, não tendo restado ao devedor bens suficientes para solver o seu passivo, salvo se, no prazo de 30 (trinta) dias, não houver oposição dos credores, após serem devidamente notificados, judicialmente ou pelo oficial do registro de títulos e documentos;

VII – os registros de direitos reais e de transferência de propriedade entre vivos, por título oneroso ou gratuito, ou a averbação relativa a imóveis realizados após a decretação da falência, salvo se tiver havido prenotação anterior.

Parágrafo único. A ineficácia poderá ser declarada de ofício pelo juiz, alegada em defesa ou pleiteada mediante ação própria ou incidentalmente no curso do processo.

Art. 130. São revogáveis os atos praticados com a intenção de prejudicar credores, provando-se o conluio fraudulento entre o devedor e o terceiro que com ele contratar e o efetivo prejuízo sofrido pela massa falida.

Art. 131. Nenhum dos atos referidos nos incisos I a III e VI do art. 129 desta Lei que tenham sido previstos e realizados na forma definida no plano de recuperação judicial será declarado ineficaz ou revogado.

Art. 132. A ação revocatória, de que trata o art. 130 desta Lei, deverá ser proposta pelo administrador judicial, por qualquer credor ou pelo Ministério Público no prazo de 3 (três) anos contado da decretação da falência.

Art. 133. A ação revocatória pode ser promovida:

I – contra todos os que figuraram no ato ou que por efeito dele foram pagos, garantidos ou beneficiados;

II – contra os terceiros adquirentes, se tiveram conhecimento, ao se criar o direito, da intenção do devedor de prejudicar os credores;

III – contra os herdeiros ou legatários das pessoas indicadas nos incisos I e II do *caput* deste artigo.

Art. 134. A ação revocatória correrá perante o juízo da falência e obedecerá ao procedimento ordinário previsto na Lei n. 5.869, de 11 de janeiro de 1973 – Código de Processo Civil.

>> A referência é feita ao CPC de 1973. *Vide* Código vigente.

Art. 135. A sentença que julgar procedente a ação revocatória determinará o retorno dos bens à massa falida em espécie, com todos os acessórios, ou o valor de mercado, acrescidos das perdas e danos.

Parágrafo único. Da sentença cabe apelação.

Art. 136. Reconhecida a ineficácia ou julgada procedente a ação revocatória, as partes retornarão ao estado anterior, e o contratante de boa-fé terá direito à restituição dos bens ou valores entregues ao devedor.

§ 1.º Na hipótese de securitização de créditos do devedor, não será declarada a ineficácia ou revogado o ato de cessão em prejuízo dos direitos dos portadores de valores mobiliários emitidos pelo securitizador.

§ 2.º É garantido ao terceiro de boa-fé, a qualquer tempo, propor ação por perdas e danos contra o devedor ou seus garantes.

Art. 137. O juiz poderá, a requerimento do autor da ação revocatória, ordenar, como medida preventiva, na forma da lei processual civil, o sequestro dos bens retirados do patrimônio do devedor que estejam em poder de terceiros.

Art. 138. O ato pode ser declarado ineficaz ou revogado, ainda que praticado com base em decisão judicial, observado o disposto no art. 131 desta Lei.

Parágrafo único. Revogado o ato ou declarada sua ineficácia, ficará rescindida a sentença que o motivou.

Seção X
Da Realização do Ativo

Art. 139. Logo após a arrecadação dos bens, com a juntada do respectivo auto ao processo de falência, será iniciada a realização do ativo.

Art. 140. A alienação dos bens será realizada de uma das seguintes formas, observada a seguinte ordem de preferência:

I – alienação da empresa, com a venda de seus estabelecimentos em bloco;

II – alienação da empresa, com a venda de suas filiais ou unidades produtivas isoladamente;

III – alienação em bloco dos bens que integram cada um dos estabelecimentos do devedor;

IV – alienação dos bens individualmente considerados.

§ 1.º Se convier à realização do ativo, ou em razão de oportunidade, podem ser adotadas mais de uma forma de alienação.

§ 2.º A realização do ativo terá início independentemente da formação do quadro-geral de credores.

§ 3.º A alienação da empresa terá por objeto o conjunto de determinados bens necessários à operação rentável da unidade de produção, que poderá compreender a transferência de contratos específicos.

§ 4.º Nas transmissões de bens alienados na forma deste artigo que dependam de registro público, a este servirá como título aquisitivo suficiente o mandado judicial respectivo.

Art. 141. Na alienação conjunta ou separada de ativos, inclusive da empresa ou de suas filiais, promovida sob qualquer das modalidades de que trata este artigo:

I – todos os credores, observada a ordem de preferência definida no art. 83 desta Lei, sub-rogam-se no produto da realização do ativo;

II – o objeto da alienação estará livre de qualquer ônus e não haverá sucessão do arrematante nas obrigações do devedor, inclusive as de natureza tributária, as derivadas da legislação do trabalho e as decorrentes de acidentes de trabalho.

§ 1.º O disposto no inciso II do *caput* deste artigo não se aplica quando o arrematante for:

I – sócio da sociedade falida, ou sociedade controlada pelo falido;

II – parente, em linha reta ou colateral até o 4.º (quarto) grau, consanguíneo ou afim, do falido ou de sócio da sociedade falida; ou

III – identificado como agente do falido com o objetivo de fraudar a sucessão.

§ 2.º Empregados do devedor contratados pelo arrematante serão admitidos mediante novos contratos de trabalho e o arrematante não responde por obrigações decorrentes do contrato anterior.

Art. 142. O juiz, ouvido o administrador judicial e atendendo à orientação do Comitê, se houver, ordenará que se proceda à alienação do ativo em uma das seguintes modalidades:

I – leilão, por lances orais;

II – propostas fechadas;

III – pregão.

§ 1.º A realização da alienação em quaisquer das modalidades de que trata este artigo será antecedida por publicação de anúncio em jornal de ampla circulação, com 15 (quinze) dias de antecedência, em se tratando de bens móveis, e com 30 (trinta) dias na alienação da empresa ou de bens imóveis, facultada a divulgação por outros meios que contribuam para o amplo conhecimento da venda.

§ 2.º A alienação dar-se-á pelo maior valor oferecido, ainda que seja inferior ao valor de avaliação.

§ 3.º No leilão por lances orais, aplicam-se, no que couber, as regras da Lei n. 5.869, de 11 de janeiro de 1973 – Código de Processo Civil.

>> A referência é feita ao CPC de 1973. *Vide* Código vigente.

§ 4.º A alienação por propostas fechadas ocorrerá mediante a entrega, em cartório e sob recibo, de envelopes lacrados, a serem abertos pelo juiz, no dia, hora e local designados no edital, lavrando o escrivão o auto respectivo, assinado pelos presentes, e juntando as propostas aos autos da falência.

§ 5.º A venda por pregão constitui modalidade híbrida das anteriores, comportando 2 (duas) fases:

I – recebimento de propostas, na forma do § 3.º deste artigo;

II – leilão por lances orais, de que participarão somente aqueles que apresentarem propostas não inferiores a 90% (noventa por cento) da maior proposta ofertada, na forma do § 2.º deste artigo.

§ 6.º A venda por pregão respeitará as seguintes regras:

I – recebidas e abertas as propostas na forma do § 5.º deste artigo, o juiz ordenará a notificação dos ofertantes, cujas propostas atendam ao requisito de seu inciso II, para comparecer ao leilão;

II – o valor de abertura do leilão será o da proposta recebida do maior ofertante presente, considerando-se esse valor como lance, ao qual ele fica obrigado;

III – caso não compareça ao leilão o ofertante da maior proposta e não seja dado lance igual ou superior ao valor por ele ofertado, fica obrigado a prestar a diferença verificada, constituindo a respectiva certidão do juízo título executivo para a cobrança dos valores pelo administrador judicial.

§ 7.º Em qualquer modalidade de alienação, o Ministério Público será intimado pessoalmente, sob pena de nulidade.

Art. 143. Em qualquer das modalidades de alienação referidas no art. 142 desta Lei, poderão ser apresentadas impugnações por quaisquer credores, pelo devedor ou pelo Ministério Público, no prazo de 48 (quarenta e oito) horas da arrematação, hipótese em que os autos serão conclusos ao juiz, que, no prazo de 5 (cinco) dias, decidirá sobre as impugnações e, julgando-as improcedentes, ordenará a entrega dos bens ao arrematante, respeitadas as condições estabelecidas no edital.

Art. 144. Havendo motivos justificados, o juiz poderá autorizar, mediante requerimento fundamentado do administrador judicial ou do Comitê, modalidades de alienação judicial diversas das previstas no art. 142 desta Lei.

Art. 145. O juiz homologará qualquer outra modalidade de realização do ativo, desde que aprovada pela assembleia geral de credores, inclusive com a constituição de sociedade de credores ou dos empregados do próprio devedor, com a participação, se necessária, dos atuais sócios ou de terceiros.

§ 1.º Aplica-se à sociedade mencionada neste artigo o disposto no art. 141 desta Lei.

§ 2.º No caso de constituição de sociedade formada por empregados do próprio devedor, estes poderão utilizar créditos derivados da legislação do trabalho para a aquisição ou arrendamento da empresa.

§ 3.º Não sendo aprovada pela assembleia geral a proposta alternativa para a realização do ativo, caberá ao juiz decidir a forma que será adotada, levando em conta a manifestação do administrador judicial e do Comitê.

Art. 146. Em qualquer modalidade de realização do ativo adotada, fica a massa falida dispensada da apresentação de certidões negativas.

Art. 147. As quantias recebidas a qualquer título serão imediatamente depositadas em conta remunerada de instituição financeira, atendidos os requisitos da lei ou das normas de organização judiciária.

Art. 148. O administrador judicial fará constar do relatório de que trata a alínea *p* do inciso III do art. 22 os valores eventualmente recebidos no mês vencido, explicitando a forma de distribuição dos recursos entre os credores, observado o disposto no art. 149 desta Lei.

Seção XI
Do Pagamento aos Credores

Art. 149. Realizadas as restituições, pagos os créditos extraconcursais, na forma do art. 84 desta Lei, e consolidado o quadro-geral de credores, as importâncias recebidas com a realização do ativo serão destinadas ao pagamento dos credores, atendendo à classificação prevista no art. 83 desta Lei, respeitados os demais dispositivos desta Lei e as decisões judiciais que determinam reserva de importâncias.

§ 1.º Havendo reserva de importâncias, os valores a ela relativos ficarão depositados até o julgamento definitivo do crédito e, no caso de não ser este finalmente reconhecido, no todo ou em parte, os recursos depositados serão objeto de rateio suplementar entre os credores remanescentes.

§ 2.º Os credores que não procederem, no prazo fixado pelo juiz, ao levantamento dos valores que lhes couberam em rateio serão intimados a fazê-lo no prazo de 60 (sessenta) dias, após o qual os recursos serão objeto de rateio suplementar entre os credores remanescentes.

Art. 150. As despesas cujo pagamento antecipado seja indispensável à administração da falência, inclusive na hipótese de continuação provisória das atividades previstas no inciso XI do *caput* do art. 99 desta Lei, serão pagas pelo administrador judicial com os recursos disponíveis em caixa.

Art. 151. Os créditos trabalhistas de natureza estritamente salarial vencidos nos 3 (três) meses anteriores à decretação da falência, até o limite de 5 (cinco) salários mínimos por trabalhador, serão pagos tão logo haja disponibilidade em caixa.

Art. 152. Os credores restituirão em dobro as quantias recebidas, acrescidas dos juros legais, se ficar evidenciado dolo ou má-fé na constituição do crédito ou da garantia.

Art. 153. Pagos todos os credores, o saldo, se houver, será entregue ao falido.

Seção XII
Do Encerramento da Falência e da Extinção das Obrigações do Falido

Art. 154. Concluída a realização de todo o ativo, e distribuído o produto entre os credores, o administrador judicial apresentará suas contas ao juiz no prazo de 30 (trinta) dias.

§ 1.º As contas, acompanhadas dos documentos comprobatórios, serão prestadas em autos apartados que, ao final, serão apensados aos autos da falência.

§ 2.º O juiz ordenará a publicação de aviso de que as contas foram entregues e se encontram à disposição dos interessados, que poderão impugná-las no prazo de 10 (dez) dias.

§ 3.º Decorrido o prazo do aviso e realizadas as diligências necessárias à apuração dos fatos, o juiz intimará o Ministério Público para manifestar-se no prazo de 5 (cinco) dias, findo o qual o administrador judicial será ouvido se houver impugnação ou parecer contrário do Ministério Público.

§ 4.º Cumpridas as providências previstas nos §§ 2.º e 3.º deste artigo, o juiz julgará as contas por sentença.

§ 5.º A sentença que rejeitar as contas do administrador judicial fixará suas responsabilidades, poderá determinar a indisponibilidade ou o sequestro de bens e servirá como título executivo para indenização da massa.

§ 6.º Da sentença cabe apelação.

Art. 155. Julgadas as contas do administrador judicial, ele apresentará o relatório final da falência no prazo de 10 (dez) dias, indicando o valor do ativo e o do produto de sua realização, o valor do passivo e o dos pagamentos feitos aos credores, e especificará justificadamente as responsabilidades com que continuará o falido.

Art. 156. Apresentado o relatório final, o juiz encerrará a falência por sentença.

Parágrafo único. A sentença de encerramento será publicada por edital e dela caberá apelação.

Art. 157. O prazo prescricional relativo às obrigações do falido recomeça a correr a partir do dia em que transitar em julgado a sentença do encerramento da falência.

Art. 158. Extingue as obrigações do falido:

I – o pagamento de todos os créditos;

II – o pagamento, depois de realizado todo o ativo, de mais de 50% (cinquenta por cento) dos créditos quirografários, sendo facultado ao falido o depósito da quantia necessária para atingir essa porcentagem se para tanto não bastou a integral liquidação do ativo;

III – o decurso do prazo de 5 (cinco) anos, contado do encerramento da falência, se o falido não tiver sido condenado por prática de crime previsto nesta Lei;

IV – o decurso do prazo de 10 (dez) anos, contado do encerramento da falência, se o falido tiver sido condenado por prática de crime previsto nesta Lei.

Art. 159. Configurada qualquer das hipóteses do art. 158 desta Lei, o falido poderá requerer ao juízo da falência que suas obrigações sejam declaradas extintas por sentença.

§ 1.º O requerimento será autuado em apartado com os respectivos documentos e publicado por edital no órgão oficial e em jornal de grande circulação.

§ 2.º No prazo de 30 (trinta) dias contado da publicação do edital, qualquer credor pode opor-se ao pedido do falido.

§ 3.º Findo o prazo, o juiz, em 5 (cinco) dias, proferirá sentença e, se o requerimento for anterior ao encerramento da falência, declarará extintas as obrigações na sentença de encerramento.

§ 4.º A sentença que declarar extintas as obrigações será comunicada a todas as pessoas e entidades informadas da decretação da falência.

§ 5.º Da sentença cabe apelação.

§ 6.º Após o trânsito em julgado, os autos serão apensados aos da falência.

Art. 160. Verificada a prescrição ou extintas as obrigações nos termos desta Lei, o sócio de responsabilidade ilimitada também poderá requerer que seja declarada por sentença a extinção de suas obrigações na falência.

Capítulo VI
DA RECUPERAÇÃO EXTRAJUDICIAL

Art. 161. O devedor que preencher os requisitos do art. 48 desta Lei poderá propor e negociar com credores plano de recuperação extrajudicial.

§ 1.º Não se aplica o disposto neste Capítulo a titulares de créditos de natureza tributária, derivados da legislação do trabalho ou decorrentes de acidente de trabalho, assim como àqueles previstos nos arts. 49, § 3.º, e 86, inciso II do *caput*, desta Lei.

§ 2.º O plano não poderá contemplar o pagamento antecipado de dívidas nem tratamento desfavorável aos credores que a ele não estejam sujeitos.

§ 3.º O devedor não poderá requerer a homologação de plano extrajudicial, se estiver pendente pedido de recuperação judicial ou se houver obtido recuperação judicial ou homologação de outro plano de recuperação extrajudicial há menos de 2 (dois) anos.

§ 4.º O pedido de homologação do plano de recuperação extrajudicial não acarretará suspensão de direitos, ações ou execuções, nem a impossibilidade do pedido de decretação de falência pelos credores não sujeitos ao plano de recuperação extrajudicial.

§ 5.º Após a distribuição do pedido de homologação, os credores não poderão desistir da adesão ao plano, salvo com a anuência expressa dos demais signatários.

§ 6.º A sentença de homologação do plano de recuperação extrajudicial constituirá título executivo judicial, nos termos do art. 584, inciso III do *caput*, da Lei n. 5.869, de 11 de janeiro de 1973 – Código de Processo Civil.

>> Citado dispositivo do CPC foi revogado pela Lei n. 11.232, de 22-12-2005.

Art. 162. O devedor poderá requerer a homologação em juízo do plano de recuperação extrajudicial, juntando sua justificativa e o documento que contenha seus termos e condições, com as assinaturas dos credores que a ele aderiram.

Art. 163. O devedor poderá, também, requerer a homologação de plano de recuperação extrajudicial que obriga a todos os credores por ele abrangidos, desde que assinado por credores que representem mais de 3/5 (três quintos) de todos os créditos de cada espécie por ele abrangidos.

§ 1.º O plano poderá abranger a totalidade de uma ou mais espécies de créditos previstos no art. 83, incisos II, IV, V, VI e VIII do *caput*, desta Lei, ou grupo de credores de mesma natureza e sujeito a semelhantes condições de pagamento, e, uma vez homologado, obriga a todos os credores das espécies por ele abrangidas, exclusivamente em relação aos créditos constituídos até a data do pedido de homologação.

§ 2.º Não serão considerados para fins de apuração do percentual previsto no *caput* deste artigo os créditos não incluídos no plano de recuperação extrajudicial, os quais não poderão ter seu valor ou condições originais de pagamento alteradas.

§ 3.º Para fins exclusivos de apuração do percentual previsto no *caput* deste artigo:

I – o crédito em moeda estrangeira será convertido para moeda nacional pelo câmbio da véspera da data de assinatura do plano; e

II – não serão computados os créditos detidos pelas pessoas relacionadas no art. 43 deste artigo.

>> Mantivemos a redação conforme publicação oficial. Entendemos que o correto seria "art. 43 desta Lei".

§ 4.º Na alienação de bem objeto de garantia real, a supressão da garantia ou sua substituição somente serão admitidas mediante a aprovação expressa do credor titular da respectiva garantia.

§ 5.º Nos créditos em moeda estrangeira, a variação cambial só poderá ser afastada se o credor titular do respectivo crédito aprovar expressamente previsão diversa no plano de recuperação extrajudicial.

§ 6.º Para a homologação do plano de que trata este artigo, além dos documentos previstos no *caput* do art. 162 desta Lei, o devedor deverá juntar:

I – exposição da situação patrimonial do devedor;

II – as demonstrações contábeis relativas ao último exercício social e as levantadas especialmente para instruir o pedido, na forma do inciso II do *caput* do art. 51 desta Lei; e

III – os documentos que comprovem os poderes dos subscritores para novar ou transigir, relação nominal completa dos credores, com a indicação do endereço de cada um, a natureza, a classificação e o valor atualizado do crédito, discriminando sua origem, o regime dos respectivos vencimentos e a indicação dos registros contábeis de cada transação pendente.

Art. 164. Recebido o pedido de homologação do plano de recuperação extrajudicial previsto nos arts. 162 e 163 desta Lei, o juiz ordenará a publicação de edital no órgão oficial e em jornal de grande circulação nacional ou das localidades da sede e das filiais do devedor, convocando todos os credores do devedor para apresentação de suas impugnações ao plano de recuperação extrajudicial, observado o § 3.º deste artigo.

§ 1.º No prazo do edital, deverá o devedor comprovar o envio de carta a todos os credores sujeitos ao plano, domiciliados ou sediados no país, informando a distribuição do pedido, as condições do plano e prazo para impugnação.

§ 2.º Os credores terão prazo de 30 (trinta) dias, contado da publicação do edital, para impugnarem o plano, juntando a prova de seu crédito.

§ 3.º Para opor-se, em sua manifestação, à homologação do plano, os credores somente poderão alegar:

I – não preenchimento do percentual mínimo previsto no *caput* do art. 163 desta Lei;

II – prática de qualquer dos atos previstos no inciso III do art. 94 ou do art. 130 desta Lei, ou descumprimento de requisito previsto nesta Lei;

III – descumprimento de qualquer outra exigência legal.

§ 4.º Sendo apresentada impugnação, será aberto prazo de 5 (cinco) dias para que o devedor sobre ela se manifeste.

§ 5.º Decorrido o prazo do § 4.º deste artigo, os autos serão conclusos imediatamente ao juiz para apreciação de eventuais impugnações e decidirá, no prazo de 5 (cinco) dias, acerca do plano de recuperação extrajudicial, homologando-o por sentença se entender que não implica prática de atos previstos no art. 130 desta Lei e que não há outras irregularidades que recomendem sua rejeição.

§ 6.º Havendo prova de simulação de créditos ou vício de representação dos credores que subscreverem o plano, a sua homologação será indeferida.

§ 7.º Da sentença cabe apelação sem efeito suspensivo.

§ 8.º Na hipótese de não homologação do plano o devedor poderá, cumpridas as formalidades, apresentar novo pedido de homologação de plano de recuperação extrajudicial.

Art. 165. O plano de recuperação extrajudicial produz efeitos após sua homologação judicial.

§ 1.º É lícito, contudo, que o plano estabeleça a produção de efeitos anteriores à homologação, desde que exclusivamente em relação à modificação do valor ou da forma de pagamento dos credores signatários.

§ 2.º Na hipótese do § 1.º deste artigo, caso o plano seja posteriormente rejeitado pelo juiz, devolve-se aos credores signatários o direito de exigir seus créditos nas condições originais, deduzidos os valores efetivamente pagos.

Art. 166. Se o plano de recuperação extrajudicial homologado envolver alienação judicial de filiais ou de unidades produtivas isoladas do devedor, o juiz ordenará a sua realização, observado, no que couber, o disposto no art. 142 desta Lei.

Art. 167. O disposto neste Capítulo não implica impossibilidade de realização de outras modalidades de acordo privado entre o devedor e seus credores.

Capítulo VII
DISPOSIÇÕES PENAIS

....

Seção III
Do Procedimento Penal

....

Art. 186. No relatório previsto na alínea e do inciso III do *caput* do art. 22 desta Lei, o administrador judicial apresentará ao juiz da falência exposição circunstanciada, considerando as causas da falência, o procedimento do devedor, antes e depois da sentença, e outras informações detalhadas a respeito da conduta do devedor e de outros responsáveis, se houver, por atos que possam constituir crime relacionado com a recuperação judicial ou com a falência, ou outro delito conexo a estes.

Parágrafo único. A exposição circunstanciada será instruída com laudo do contador encarregado do exame da escrituração do devedor.

....

Capítulo VIII
DISPOSIÇÕES FINAIS E TRANSITÓRIAS

Art. 189. Aplica-se a Lei n. 5.869, de 11 de janeiro de 1973 – Código de Processo Civil, no que couber, aos procedimentos previstos nesta Lei.

>> A referência é feita ao CPC de 1973. *Vide* Código vigente.

Art. 190. Todas as vezes que esta Lei se referir a devedor ou falido, compreender-se-á que a disposição também se aplica aos sócios ilimitadamente responsáveis.

Art. 191. Ressalvadas as disposições específicas desta Lei, as publicações ordenadas serão feitas preferencialmente na imprensa oficial e, se o devedor ou a massa falida comportar, em jornal ou revista de circulação regional ou nacional, bem como em quaisquer outros periódicos que circulem em todo o país.

Parágrafo único. As publicações ordenadas nesta Lei conterão a epígrafe "recuperação judicial de", "recuperação extrajudicial de" ou "falência de".

Art. 192. Esta Lei não se aplica aos processos de falência ou de concordata ajuizados anteriormente ao início de sua vigência, que serão concluídos nos termos do Decreto-lei n. 7.661, de 21 de junho de 1945.

§ 1.º Fica vedada a concessão de concordata suspensiva nos processos de falência em curso, podendo ser promovida a alienação dos bens da massa falida assim que concluída sua arrecadação, independentemente da formação do quadro-geral de credores e da conclusão do inquérito judicial.

§ 2.º A existência de pedido de concordata anterior à vigência desta Lei não obsta o pedido de recuperação judicial pelo devedor que não houver descumprido obrigação no âmbito da concordata, vedado, contudo, o pedido baseado no plano especial de recuperação judicial para microempresas e empresas de pequeno porte a que se refere a Seção V do Capítulo III desta Lei.

§ 3.º No caso do § 2.º deste artigo, se deferido o processamento da recuperação judicial, o processo de concordata será extinto e os créditos submetidos à concordata serão inscritos por seu valor original na recuperação judicial, deduzidas as parcelas pagas pelo concordatário.

§ 4.º Esta Lei aplica-se às falências decretadas em sua vigência resultantes de convolação de concordatas ou de pedidos de falência anteriores, às quais se aplica, até a decretação, o Decreto-lei n. 7.661, de 21 de junho de 1945, observado, na decisão que decretar a falência, o disposto no art. 99 desta Lei.

§ 5.º O juiz poderá autorizar a locação ou arrendamento de bens imóveis ou móveis a fim de evitar a sua deterioração, cujos resultados reverterão em favor da massa.

>> § 5.º acrescentado pela Lei n. 11.127, de 28-6-2005.

....

Art. 198. Os devedores proibidos de requerer concordata nos termos da legislação específica em vigor na data da publicação desta Lei ficam proibidos de requerer recuperação judicial ou extrajudicial nos termos desta Lei.

....

Art. 200. Ressalvado o disposto no art. 192 desta Lei, ficam revogados o Decreto-lei n. 7.661, de 21 de junho de 1945, e os arts. 503 a 512 do Decreto-lei n. 3.689, de 3 de outubro de 1941 – Código de Processo Penal.

> Citados dispositivos dispõem sobre o processo e o julgamento dos crimes de falência.

Art. 201. Esta Lei entra em vigor 120 (cento e vinte) dias após sua publicação.

Brasília, 9 de fevereiro de 2005; 184.º da Independência e 117.º da República.

LUIZ INÁCIO LULA DA SILVA

LEI COMPLEMENTAR N. 118, DE 9 DE FEVEREIRO DE 2005 (*)

Altera e acrescenta dispositivos à Lei n. 5.172, de 25 de outubro de 1966 – Código Tributário Nacional, e dispõe sobre a interpretação do inciso I do art. 168 da mesma Lei.

O Presidente da República

Faço saber que o Congresso Nacional decreta e eu sanciono a seguinte Lei:

Art. 1.º A Lei n. 5.172, de 25 de outubro de 1966 – Código Tributário Nacional, passa a vigorar com as seguintes alterações:

>> Alterações já processadas no diploma modificado.

Art. 2.º A Lei n. 5.172, de 25 de outubro de 1966 – Código Tributário Nacional, passa a vigorar acrescida dos seguintes arts. 185-A e 191-A:

>> Alterações já processadas no diploma modificado.

Art. 3.º Para efeito de interpretação do inciso I do art. 168 da Lei n. 5.172, de 25 de outubro de 1966 – Código Tributário Nacional, a extinção do crédito tributário ocorre, no caso de tributo sujeito a lançamento por homologação, no momento do pagamento antecipado de que trata o § 1.º do art. 150 da referida Lei.

Art. 4.º Esta Lei entra em vigor 120 (cento e vinte) dias após sua publicação, observado, quanto ao art. 3.º, o disposto no art. 106, inciso I, da Lei n. 5.172, de 25 de outubro de 1966 – Código Tributário Nacional.

Brasília, 9 de fevereiro de 2005; 184.º da Independência e 117.º da República.

LUIZ INÁCIO LULA DA SILVA

(*) Publicada no *Diário Oficial da União*, de 9-2-2005 – Edição Extra.

LEI N. 11.107, DE 6 DE ABRIL DE 2005 (**)

Dispõe sobre normas gerais de contratação de consórcios públicos e dá outras providências.

O Presidente da República

Faço saber que o Congresso Nacional decreta e eu sanciono a seguinte Lei:

Art. 1.º Esta Lei dispõe sobre normas gerais para a União, os Estados, o Distrito Federal e os Municípios contratarem consórcios públicos para a realização de objetivos de interesse comum e dá outras providências.

§ 1.º O consórcio público constituirá associação pública ou pessoa jurídica de direito privado.

§ 2.º A União somente participará de consórcios públicos em que também façam parte todos os Estados em cujos territórios estejam situados os Municípios consorciados.

§ 3.º Os consórcios públicos, na área de saúde, deverão obedecer aos princípios, diretrizes e normas que regulam o Sistema Único de Saúde – SUS.

§ 4.º Aplicam-se aos convênios de cooperação, no que couber, as disposições desta Lei relativas aos consórcios públicos.

>> § 4.º acrescentado pela Lei n. 14.026, de 15-7-2020.

Art. 2.º Os objetivos dos consórcios públicos serão determinados pelos entes da Federação que se consorciarem, observados os limites constitucionais.

§ 1.º Para o cumprimento de seus objetivos, o consórcio público poderá:

I – firmar convênios, contratos, acordos de qualquer natureza, receber auxílios, contribuições e subvenções sociais ou econômicas de outras entidades e órgãos do governo;

II – nos termos do contrato de consórcio de direito público, promover desapropriações e instituir servidões nos termos de declaração de utilidade ou necessidade pública, ou interesse social, realizada pelo Poder Público; e

III – ser contratado pela administração direta ou indireta dos entes da Federação consorciados, dispensada a licitação.

§ 2.º Os consórcios públicos poderão emitir documentos de cobrança e exercer atividades de arrecadação de tarifas e outros preços públicos pela prestação de serviços ou pelo uso ou outorga de uso de bens públicos por eles administrados ou, mediante autorização específica, pelo ente da Federação consorciado.

§ 3.º Os consórcios públicos poderão outorgar concessão, permissão ou autorização de obras ou serviços públicos mediante autorização prevista no contrato de consórcio público, que deverá indicar de forma específica o objeto da concessão, permissão ou autorização e as condições a que deverá atender, observada a legislação de normas gerais em vigor.

Art. 3.º O consórcio público será constituído por contrato cuja celebração dependerá da prévia subscrição de protocolo de intenções.

Art. 4.º São cláusulas necessárias do protocolo de intenções as que estabeleçam:

I – a denominação, a finalidade, o prazo de duração e a sede do consórcio;

II – a identificação dos entes da Federação consorciados;

III – a indicação da área de atuação do consórcio;

IV – a previsão de que o consórcio público é associação pública ou pessoa jurídica de direito privado sem fins econômicos;

V – os critérios para, em assuntos de interesse comum, autorizar o consórcio público a representar os entes da Federação consorciados perante outras esferas de governo;

VI – as normas de convocação e funcionamento da assembleia geral, inclusive para a elaboração, aprovação e modificação dos estatutos do consórcio público;

VII – a previsão de que a assembleia geral é a instância máxima do consórcio público e o número de votos para as suas deliberações;

VIII – a forma de eleição e a duração do mandato do representante legal do consórcio público que, obrigatoriamente, deverá ser Chefe do Poder Executivo de ente da Federação consorciado;

IX – o número, as formas de provimento e a remuneração dos empregados públicos, bem como os casos de contratação por tempo determinado para atender a necessidade temporária de excepcional interesse público;

X – as condições para que o consórcio público celebre contrato de gestão ou termo de parceria;

(**) Publicada no *Diário Oficial da União* de 7-4-2005. Regulamentada pelo Decreto n. 6.017, de 17-1-2007.

XI – a autorização para a gestão associada de serviços públicos, explicitando:

a) as competências cujo exercício se transferiu ao consórcio público;

b) os serviços públicos objeto da gestão associada e a área em que serão prestados;

c) a autorização para licitar ou outorgar concessão, permissão ou autorização da prestação dos serviços;

d) as condições a que deve obedecer o contrato de programa, no caso de a gestão associada envolver também a prestação de serviços por órgão ou entidade de um dos entes da Federação consorciados;

e) os critérios técnicos para cálculo do valor das tarifas e de outros preços públicos, bem como para seu reajuste ou revisão; e

XII – o direito de qualquer dos contratantes, quando adimplente com suas obrigações, de exigir o pleno cumprimento das cláusulas do contrato de consórcio público.

§ 1.º Para os fins do inciso III do *caput* deste artigo, considera-se como área de atuação do consórcio público, independentemente de figurar a União como consorciada, a que corresponde à soma dos territórios:

I – dos Municípios, quando o consórcio público for constituído somente por Municípios ou por um Estado e Municípios com territórios nele contidos;

II – dos Estados ou dos Estados e do Distrito Federal, quando o consórcio público for, respectivamente, constituído por mais de 1 (um) Estado ou por 1 (um) ou mais Estados e o Distrito Federal;

III – (*Vetado.*);

IV – dos Municípios e do Distrito Federal, quando o consórcio for constituído pelo Distrito Federal e os Municípios; e

V – (*Vetado.*)

§ 2.º O protocolo de intenções deve definir o número de votos que cada ente da Federação consorciado possui na assembleia geral, sendo assegurado 1 (um) voto a cada ente consorciado.

§ 3.º É nula a cláusula do contrato de consórcio que preveja determinadas contribuições financeiras ou econômicas de ente da Federação ao consórcio público, salvo a doação, destinação ou cessão do uso de bens móveis ou imóveis e as transferências ou cessões de direitos operadas por força de gestão associada de serviços públicos.

§ 4.º Os entes da Federação consorciados, ou os com eles conveniados, poderão ceder-lhe servidores, na forma e condições da legislação de cada um.

§ 5.º O protocolo de intenções deverá ser publicado na imprensa oficial.

Art. 5.º O contrato de consórcio público será celebrado com a ratificação, mediante lei, do protocolo de intenções.

§ 1.º O contrato de consórcio público, caso assim preveja cláusula, pode ser celebrado por apenas 1 (uma) parcela dos entes da Federação que subscreveram o protocolo de intenções.

§ 2.º A ratificação pode ser realizada com reserva que, aceita pelos demais entes subscritores, implicará consorciamento parcial ou condicional.

§ 3.º A ratificação realizada após 2 (dois) anos da subscrição do protocolo de intenções dependerá de homologação da assembleia geral do consórcio público.

§ 4.º É dispensado da ratificação prevista no *caput* deste artigo o ente da Federação que, antes de subscrever o protocolo de intenções, disciplinar por lei a sua participação no consórcio público.

Art. 6.º O consórcio público adquirirá personalidade jurídica:

I – de direito público, no caso de constituir associação pública, mediante a vigência das leis de ratificação do protocolo de intenções;

II – de direito privado, mediante o atendimento dos requisitos da legislação civil.

§ 1.º O consórcio público com personalidade jurídica de direito público integra a administração indireta de todos os entes da Federação consorciados.

§ 2.º O consórcio público, com personalidade jurídica de direito público ou privado, observará as normas de direito público no que concerne à realização de licitação, à celebração de contratos, à prestação de contas e à admissão de pessoal, que será regido pela Consolidação das Leis do Trabalho (CLT), aprovada pelo Decreto-lei n. 5.452, de 1.º de maio de 1943.

>> § 2.º com redação determinada pela Lei n. 13.822, de 3-5-2019.

Art. 7.º Os estatutos disporão sobre a organização e o funcionamento de cada um dos órgãos constitutivos do consórcio público.

Art. 8.º Os entes consorciados somente entregarão recursos ao consórcio público mediante contrato de rateio.

§ 1.º O contrato de rateio será formalizado em cada exercício financeiro, e seu prazo de vigência não será superior ao das dotações que o suportam, com exceção dos contratos que tenham por objeto exclusivamente projetos consistentes em programas e ações contemplados em plano plurianual.

>> § 1.º com redação determinada pela Lei n. 14.026, de 15-7-2020.

§ 2.º É vedada a aplicação dos recursos entregues por meio de contrato de rateio para o atendimento de despesas genéricas, inclusive transferências ou operações de crédito.

§ 3.º Os entes consorciados, isolados ou em conjunto, bem como o consórcio público, são partes legítimas para exigir o cumprimento das obrigações previstas no contrato de rateio.

§ 4.º Com o objetivo de permitir o atendimento dos dispositivos da Lei Complementar n. 101, de 4 de maio de 2000, o consórcio público deve fornecer as informações necessárias para que sejam consolidadas, nas contas dos entes consorciados, todas as despesas realizadas com os recursos entregues em virtude de contrato de rateio, de forma que possam ser contabilizadas nas contas de cada ente da Federação na conformidade dos elementos econômicos e das atividades ou projetos atendidos.

> Citada Lei Complementar consta neste volume.

§ 5.º Poderá ser excluído do consórcio público, após prévia suspensão, o ente consorciado que não consignar, em sua lei orçamentária ou em créditos adicionais, as dotações suficientes para suportar as despesas assumidas por meio de contrato de rateio.

Art. 9.º A execução das receitas e despesas do consórcio público deverá obedecer às normas de direito financeiro aplicáveis às entidades públicas.

Parágrafo único. O consórcio público está sujeito à fiscalização contábil, operacional e patrimonial pelo Tribunal de Contas competente para apreciar as contas do Chefe do Poder Executivo representante legal do consórcio, inclusive quanto à legalidade, legitimidade e economicidade das despesas, atos, contratos e renúncia de receitas, sem prejuízo do controle externo a ser exercido em razão de cada um dos contratos de rateio.

Art. 10. (*Vetado.*)

Parágrafo único. Os agentes públicos incumbidos da gestão de consórcio não responderão pessoalmente pelas obrigações contraídas pelo consórcio público, mas responderão pelos atos praticados em desconformidade com a lei ou com as disposições dos respectivos estatutos.

Art. 11. A retirada do ente da Federação do consórcio público dependerá de ato formal de seu representante na assembleia geral, na forma previamente disciplinada por lei.

§ 1.º Os bens destinados ao consórcio público pelo consorciado que se retira somente serão revertidos ou retrocedidos no caso de expressa previsão no contrato de consórcio público ou no instrumento de transferência ou de alienação.

§ 2.º A retirada ou a extinção de consórcio público ou convênio de cooperação não prejudicará as obrigações já constituídas, inclusive os contratos, cuja extinção dependerá do pagamento das indenizações eventualmente devidas.

>> § 2.º com redação determinada pela Lei n. 14.026, de 15-7-2020.

Art. 12. A alteração ou a extinção de contrato de consórcio público dependerá de instrumento aprovado pela assembleia geral, ratificado mediante lei por todos os entes consorciados.

§ 1.º (*Revogado pela Lei n. 14.026, de 15-7-2020.*)

§ 2.º Até que haja decisão que indique os responsáveis por cada obrigação, os entes consorciados responderão solidariamente pelas obrigações remanescentes, garantindo o direito de regresso em face dos entes beneficiados ou dos que deram causa à obrigação.

Art. 13. Deverão ser constituídas e reguladas por contrato de programa, como condição de sua validade, as obrigações que um ente da Federação constituir para com outro ente da Federação ou para com consórcio público no âmbito de gestão associada em que haja a prestação de serviços públicos ou a transferência total ou parcial de encargos, serviços, pessoal ou de bens necessários à continuidade dos serviços transferidos.

§ 1.º O contrato de programa deverá:

I – atender à legislação de concessões e permissões de serviços públicos e, especialmente no que se refere ao cálculo de tarifas e de outros preços públicos, à de regulação dos serviços a serem prestados; e

II – prever procedimentos que garantam a transparência da gestão econômica e financeira de cada serviço em relação a cada um de seus titulares.

§ 2.º No caso de a gestão associada originar a transferência total ou parcial de encargos, serviços, pessoal e bens essenciais à continuidade dos serviços transferidos, o contrato de programa, sob pena de nulidade, deverá conter cláusulas que estabeleçam:

I – os encargos transferidos e a responsabilidade subsidiária da entidade que os transferiu;

II – as penalidades no caso de inadimplência em relação aos encargos transferidos;

III – o momento de transferência dos serviços e os deveres relativos a sua continuidade;

IV – a indicação de quem arcará com o ônus e os passivos do pessoal transferido;

V – a identificação dos bens que terão apenas a sua gestão e administração transferidas e o preço dos que sejam efetivamente alienados ao contratado;

VI – o procedimento para o levantamento, cadastro e avaliação dos bens reversíveis que vierem a ser amortizados mediante receitas de tarifas ou outras emergentes da prestação dos serviços.

§ 3.º É nula a cláusula de contrato de programa que atribuir ao contratado o exercício dos poderes de planejamento, regulação e fiscalização dos serviços por ele próprio prestados.

§ 4.º O contrato de programa continuará vigente mesmo quando extinto o consórcio público ou o convênio de cooperação que autorizou a gestão associada de serviços públicos.

§ 5.º Mediante previsão do contrato de consórcio público, ou de convênio de cooperação, o contrato de programa poderá ser celebrado por entidades de direito público ou privado que integrem a administração indireta de qualquer dos entes da Federação consorciados ou conveniados.

§ 6.º (*Revogado pela Lei n. 14.026, de 15-7-2020.*)

§ 7.º Excluem-se do previsto no *caput* deste artigo as obrigações cujo descumprimento não acarrete qualquer ônus, inclusive financeiro, a ente da Federação ou a consórcio público.

§ 8.º Os contratos de prestação de serviços públicos de saneamento básico deverão observar o art. 175 da Constituição Federal, vedada a formalização de novos contratos de programa para esse fim.

>> § 8.º acrescentado pela Lei n. 14.026, de 15-7-2020.

Art. 14. A União poderá celebrar convênios com os consórcios públicos, com o objetivo de viabilizar a descentralização e a prestação de políticas públicas em escalas adequadas.

Parágrafo único. Para a celebração dos convênios de que trata o *caput* deste artigo, as exigências legais de regularidade aplicar-se-ão ao próprio consórcio público envolvido, e não aos entes federativos nele consorciados.

>> Parágrafo único acrescentado pela Lei n. 13.821, de 3-5-2019.

Art. 15. No que não contrariar esta Lei, a organização e funcionamento dos consórcios públicos serão disciplinados pela legislação que rege as associações civis.

....

Art. 17. Os arts. 23, 24, 26 e 112 da Lei n. 8.666, de 21 de junho de 1993, passam a vigorar com a seguinte redação:

>> Alterações já processadas no diploma modificado.

Art. 18. O art. 10 da Lei n. 8.429, de 2 de junho de 1992, passa a vigorar acrescido dos seguintes incisos:

>> Alterações já processadas no diploma modificado.

Art. 19. O disposto nesta Lei não se aplica aos convênios de cooperação, contratos de programa para gestão associada de serviços públicos ou instrumentos congêneres, que tenham sido celebrados anteriormente a sua vigência.

Art. 20. O Poder Executivo da União regulamentará o disposto nesta Lei, inclusive as normas gerais de contabilidade pública que serão observadas pelos consórcios públicos para que sua gestão financeira e orçamentária se realize na conformidade dos pressupostos da responsabilidade fiscal.

> **A Portaria n. 72, de 1.º-2-2012, da Secretaria do Tesouro Nacional, estabelece normas gerais de consolidação das contas dos consórcios públicos a serem observadas na gestão orçamentária, financeira e contábil, em conformidade com os pressupostos da responsabilidade fiscal.**

Art. 21. Esta Lei entra em vigor na data de sua publicação.

Brasília, 6 de abril de 2005; 184.º da Independência e 117.º da República.

LUIZ INÁCIO LULA DA SILVA

DECRETO N. 5.483, DE 30 DE JUNHO DE 2005 (*)

Regulamenta, no âmbito do Poder Executivo Federal, o art. 13 da Lei n. 8.429, de 2 de junho de 1992, institui a sindicância patrimonial e dá outras providências.

O Presidente da República, no uso das atribuições que lhe confere o art. 84, IV e VI, *a*, da Constituição, e tendo em vista o disposto na Lei n. 8.429, de 2 de junho de 1992, decreta:

Art. 1.º A declaração dos bens e valores que integram o patrimônio privado de agente público, no âmbito do Poder Executivo Federal, bem como sua atualização, conforme previsto na Lei n. 8.429, de 2 de junho de 1992, observarão as normas deste Decreto.

Art. 2.º A posse e o exercício de agente público em cargo, emprego ou função da administração pública direta ou indireta ficam condicionados à apresentação, pelo interessado, de declaração dos bens e valores que integram o seu patrimônio, bem como os do cônjuge, companheiro, filhos ou outras pessoas que vivam sob a sua dependência econômica, excluídos apenas os objetos e utensílios de uso doméstico.

Parágrafo único. A declaração de que trata este artigo compreenderá imóveis, móveis, semoventes, dinheiro, títulos, ações e qualquer outra espécie de bens e valores patrimoniais localizados no País ou no exterior.

Art. 3.º Os agentes públicos de que trata este Decreto atualizarão, em formulário próprio, anualmente e no momento em que deixarem o cargo, emprego ou função, a declaração dos bens e valores, com a indicação da respectiva variação patrimonial ocorrida.

§ 1.º A atualização anual de que trata o *caput* será realizada no prazo de até quinze dias após a data limite fixada pela Secretaria da Receita Federal do Ministério da Fazenda para a apresentação da Declaração de Ajuste Anual do Imposto de Renda Pessoa Física.

§ 2.º O cumprimento do disposto no § 4.º do art. 13 da Lei n. 8.429, de 1992, poderá, a critério do agente público, realizar-se me-

(*) Publicado no *Diário Oficial da União* de 1.º-7-2005. O Decreto n. 10.571, de 9-12-2020, revoga este decreto em 9-12-2021 (*DOU* de 10-12-2020).

diante autorização de acesso à declaração anual apresentada à Secretaria da Receita Federal, com as respectivas retificações.

Art. 4.º O serviço de pessoal competente manterá arquivo das declarações e autorizações previstas neste Decreto até cinco anos após a data em que o agente público deixar o cargo, emprego ou função.

Art. 5.º Será instaurado processo administrativo disciplinar contra o agente público que se recusar a apresentar declaração dos bens e valores na data própria, ou que a prestar falsa, ficando sujeito à penalidade prevista no § 3.º do art. 13 da Lei n. 8.429, de 1992.

Art. 6.º Os órgãos de controle interno fiscalizarão o cumprimento da exigência de entrega das declarações regulamentadas por este Decreto, a ser realizado pelo serviço de pessoal competente.

Art. 7.º A Controladoria-Geral da União, no âmbito do Poder Executivo Federal, poderá analisar, sempre que julgar necessário, a evolução patrimonial do agente público, a fim de verificar a compatibilidade desta com os recursos e disponibilidades que compõem o seu patrimônio, na forma prevista na Lei n. 8.429, de 1992, observadas as disposições especiais da Lei n. 8.730, de 10 de novembro de 1993.

Parágrafo único. Verificada a incompatibilidade patrimonial, na forma estabelecida no *caput*, a Controladoria-Geral da União instaurará procedimento de sindicância patrimonial ou requisitará sua instauração ao órgão ou entidade competente.

Art. 8.º Ao tomar conhecimento de fundada notícia ou de indícios de enriquecimento ilícito, inclusive evolução patrimonial incompatível com os recursos e disponibilidades do agente público, nos termos do art. 9.º da Lei n. 8.429, de 1992, a autoridade competente determinará a instauração de sindicância patrimonial, destinada à apuração dos fatos.

Parágrafo único. A sindicância patrimonial de que trata este artigo será instaurada, mediante portaria, pela autoridade competente ou pela Controladoria-Geral da União.

Art. 9.º A sindicância patrimonial constituir-se-á em procedimento sigiloso e meramente investigatório, não tendo caráter punitivo.

§ 1.º O procedimento de sindicância patrimonial será conduzido por comissão composta por dois ou mais servidores ou empregados efetivos de órgãos ou entidades da administração federal.

§ 2.º O prazo para conclusão do procedimento de sindicância patrimonial será de trinta dias, contados da data da publicação do ato que constituir a comissão, podendo ser prorrogado, por igual período ou por período inferior, pela autoridade competente pela instauração, desde que justificada a necessidade.

§ 3.º Concluídos os trabalhos da sindicância patrimonial, a comissão responsável por sua condução fará relatório sobre os fatos apurados, opinando pelo seu arquivamento ou, se for o caso, por sua conversão em processo administrativo disciplinar.

Art. 10. Concluído o procedimento de sindicância nos termos deste Decreto, dar-se-á imediato conhecimento do fato ao Ministério Público Federal, ao Tribunal de Contas da União, à Controladoria-Geral da União, à Secretaria da Receita Federal e ao Conselho de Controle de Atividades Financeiras.

Art. 11. Nos termos e condições a serem definidos em convênio, a Secretaria da Receita Federal poderá fornecer à Controladoria-Geral da União, em meio eletrônico, cópia da declaração anual do agente público que houver optado pelo cumprimento da obrigação, na forma prevista no § 2.º do art. 3.º deste Decreto.

§ 1.º Compete à Controladoria-Geral da União informar à Secretaria da Receita Federal o rol dos optantes, nos termos do § 2.º do art. 3.º deste Decreto, com o respectivo número de inscrição no Cadastro de Pessoas Físicas e o exercício ao qual correspondem as mencionadas declarações.

§ 2.º Caberá à Controladoria-Geral da União adotar medidas que garantam a preservação do sigilo das informações recebidas, relativas à situação econômica ou financeira do agente público ou de terceiros e à natureza e ao estado de seus negócios ou atividades.

Art. 12. Para a realização dos procedimentos previstos neste Decreto, poderão ser utilizados recursos de tecnologia da informação.

Art. 13. A Controladoria-Geral da União e o Ministério do Planejamento, Orçamento e Gestão expedirão, no prazo de noventa dias, as instruções necessárias para o cumprimento deste Decreto no âmbito do Poder Executivo Federal, salvo em relação ao convênio a que se refere o art. 11.

Art. 14. Caberá aos titulares dos órgãos e entidades da administração pública federal direta ou indireta, sob pena de responsabilidade, velar pela estrita observância do disposto neste Decreto.

Art. 15. Este Decreto entra em vigor na data de sua publicação.

Art. 16. Fica revogado o Decreto n. 978, de 10 de novembro de 1993.

Brasília, 30 de junho de 2005; 184.º da Independência e 117.º da República.

Luiz Inácio Lula da Silva

LEI N. 11.182, DE 27 DE SETEMBRO DE 2005 (*)

Cria a Agência Nacional de Aviação Civil – ANAC, e dá outras providências.

O Presidente da República

Faço saber que o Congresso Nacional decreta e eu sanciono a seguinte Lei:

Capítulo I
DA AGÊNCIA NACIONAL DE AVIAÇÃO CIVIL – ANAC

Art. 1.º Fica criada a Agência Nacional de Aviação Civil – ANAC, entidade integrante da Administração Pública Federal indireta, submetida a regime autárquico especial, vinculada ao Ministério da Defesa, com prazo de duração indeterminado.

Parágrafo único. A ANAC terá sede e foro no Distrito Federal, podendo instalar unidades administrativas regionais.

Art. 2.º Compete à União, por intermédio da ANAC e nos termos das políticas estabelecidas pelos Poderes Executivo e Legislativo, regular e fiscalizar as atividades de aviação civil e de infraestrutura aeronáutica e aeroportuária.

Art. 3.º A Anac, no exercício de suas competências, deverá observar e implementar as orientações, diretrizes e políticas estabelecidas pelo governo federal, especialmente no que se refere a:

>> Artigo com redação determinada pela Lei n. 12.462, de 4-8-2011.

I – a representação do Brasil em convenções, acordos, tratados e atos de transporte aéreo internacional com outros países ou organizações internacionais de aviação civil;

II – o estabelecimento do modelo de concessão de infraestrutura aeroportuária, a ser submetido ao Presidente da República;

>> **O Decreto n. 7.624, de 22-11-2011, dispõe sobre as condições de exploração pela iniciativa privada da infraestrutura aeroportuária por meio de concessão.**

III – a outorga de serviços aéreos;

IV – a suplementação de recursos para aeroportos de interesse estratégico, econômico ou turístico; e

V – a aplicabilidade do instituto da concessão ou da permissão na exploração comercial de serviços aéreos.

Art. 4.º A natureza de autarquia especial conferida à ANAC é caracterizada por independência administrativa, autonomia financeira, ausência de subordinação hierárquica e mandato fixo de seus dirigentes.

Art. 5.º A ANAC atuará como autoridade de

(*) Publicada no *Diário Oficial da União* de 28-9-2005. Deixamos de publicar os Anexos por não atenderem ao propósito desta obra.

aviação civil, assegurando-se-lhe, nos termos desta Lei, as prerrogativas necessárias ao exercício adequado de sua competência.

Art. 6.º Com o objetivo de harmonizar suas ações institucionais na área da defesa e promoção da concorrência, a ANAC celebrará convênios com os órgãos e entidades do Governo Federal, competentes sobre a matéria.

Parágrafo único. Quando, no exercício de suas atribuições, a ANAC tomar conhecimento de fato que configure ou possa configurar infração contra a ordem econômica, ou que comprometa a defesa e a promoção da concorrência, deverá comunicá-lo aos órgãos e entidades referidos no *caput* deste artigo, para que adotem as providências cabíveis.

Art. 7.º O Poder Executivo instalará a ANAC, mediante a aprovação de seu regulamento e estrutura organizacional, por decreto, no prazo de até 180 (cento e oitenta) dias a partir da publicação desta Lei.

Parágrafo único. A edição do regulamento investirá a ANAC no exercício de suas atribuições.

Art. 8.º Cabe à ANAC adotar as medidas necessárias para o atendimento do interesse público e para o desenvolvimento e fomento da aviação civil, da infraestrutura aeronáutica e aeroportuária do País, atuando com independência, legalidade, impessoalidade e publicidade, competindo-lhe:

I – implementar, em sua esfera de atuação, a política de aviação civil;

II – representar o País junto aos organismos internacionais de aviação civil, exceto nos assuntos relativos ao sistema de controle do espaço aéreo e ao sistema de investigação e prevenção de acidentes aeronáuticos;

III – elaborar relatórios e emitir pareceres sobre acordos, tratados, convenções e outros atos relativos ao transporte aéreo internacional, celebrados ou a ser celebrados com outros países ou organizações internacionais;

IV – realizar estudos, estabelecer normas, promover a implementação das normas e recomendações internacionais de aviação civil, observados os acordos, tratados e convenções internacionais de que seja parte a República Federativa do Brasil;

> A Resolução n. 30, de 21-5-2008, da ANAC, institui o Regulamento Brasileiro da Aviação Civil – RBAC e a Instrução Suplementar – IS, e estabelece critérios para a elaboração.

V – negociar o estabelecimento de acordos e tratados sobre transporte aéreo internacional, observadas as diretrizes do CONAC;

VI – negociar, realizar intercâmbio e articular-se com autoridades aeronáuticas estrangeiras, para validação recíproca de atividades relativas ao sistema de segurança de voo, inclusive quando envolvam certificação de produtos aeronáuticos, de empresas prestadoras de serviços e fabricantes de produtos aeronáuticos, para a aviação civil;

VII – regular e fiscalizar a operação de serviços aéreos prestados, no País, por empresas estrangeiras, observados os acordos, tratados e convenções internacionais de que seja parte a República Federativa do Brasil;

VIII – promover, junto aos órgãos competentes, o cumprimento dos atos internacionais sobre aviação civil ratificados pela República Federativa do Brasil;

IX – regular as condições e a designação de empresa aérea brasileira para operar no exterior;

X – regular e fiscalizar os serviços aéreos, os produtos e processos aeronáuticos, a formação e o treinamento de pessoal especializado, os serviços auxiliares, a segurança da aviação civil, a facilitação do transporte aéreo, a habilitação de tripulantes, as emissões de poluentes e o ruído aeronáutico, os sistemas de reservas, a movimentação de passageiros e carga e as demais atividades de aviação civil;

XI – expedir regras sobre segurança em área aeroportuária e a bordo de aeronaves civis, porte e transporte de cargas perigosas, inclusive o porte ou transporte de armamento, explosivos, material bélico ou de quaisquer outros produtos, substâncias ou objetos que possam pôr em risco os tripulantes ou passageiros, ou a própria aeronave ou, ainda, que sejam nocivos à saúde;

> A Resolução n. 207, de 22-11-2011, da ANAC, dispõe sobre os procedimentos de inspeção de segurança da aviação civil contra atos de interferência ilícita nos aeroportos e dá outras providências.

XII – regular e fiscalizar as medidas a serem adotadas pelas empresas prestadoras de serviços aéreos, e exploradoras de infraestrutura aeroportuária, para prevenção quanto ao uso por seus tripulantes ou pessoal técnico de manutenção e operação que tenha acesso às aeronaves, de substâncias entorpecentes ou psicotrópicas, que possam determinar dependência física ou psíquica, permanente ou transitória;

XIII – regular e fiscalizar a outorga de serviços aéreos;

XIV – conceder, permitir ou autorizar a exploração de serviços aéreos;

XV – promover a apreensão de bens e produtos aeronáuticos de uso civil, que estejam em desacordo com as especificações;

XVI – fiscalizar as aeronaves civis, seus componentes, equipamentos e serviços de manutenção, com o objetivo de assegurar o cumprimento das normas de segurança de voo;

XVII – proceder à homologação e emitir certificados, atestados, aprovações e autorizações, relativos às atividades de competência do sistema de segurança de voo da aviação civil, bem como licenças de tripulantes e certificados de habilitação técnica e de capacidade física e mental, observados os padrões e normas por ela estabelecidos;

XVIII – administrar o Registro Aeronáutico Brasileiro;

XIX – regular as autorizações de horários de pouso e decolagem de aeronaves civis, observadas as condicionantes do sistema de controle do espaço aéreo e da infraestrutura aeroportuária disponível;

XX – compor, administrativamente, conflitos de interesses entre prestadoras de serviços aéreos e de infraestrutura aeronáutica e aeroportuária;

XXI – regular e fiscalizar a infraestrutura aeronáutica e aeroportuária, com exceção das atividades e procedimentos relacionados com o sistema de controle do espaço aéreo e com o sistema de investigação e prevenção de acidentes aeronáuticos;

> A Resolução n. 302, de 5-2-2014, da ANAC, estabelece critérios e procedimentos para a alocação de áreas aeroportuárias.

> A Resolução n. 158, de 13-7-2010, dispõe sobre a autorização prévia para a construção de aeródromos e seu cadastro junto à ANAC.

XXII – aprovar os planos diretores dos aeroportos;

>> Inciso XXII com redação determinada pela Lei n. 12.462, de 4-8-2011.

XXIII – (*Revogado pela Lei n.12.462, de 4-8-2011.*);

XXIV – conceder ou autorizar a exploração da infraestrutura aeroportuária, no todo ou em parte;

XXV – estabelecer o regime tarifário da exploração da infraestrutura aeroportuária, no todo ou em parte;

XXVI – homologar, registrar e cadastrar os aeródromos;

XXVII – (*Revogado pela Lei n.12.462, de 4-8-2011.*);

XXVIII – fiscalizar a observância dos requisitos técnicos na construção, reforma e ampliação de aeródromos e aprovar sua abertura ao tráfego;

>> Inciso XXVIII com redação determinada pela Lei n. 12.462, de 4-8-2011.

XXIX – expedir normas e padrões que assegurem a compatibilidade, a operação integrada e a interconexão de informações entre aeródromos;

XXX – expedir normas e estabelecer padrões mínimos de segurança de voo, de desempenho e eficiência, a serem cumpridos pelas prestadoras de serviços aéreos e de infraestrutura aeronáutica e aeroportuária, inclusive quanto a equipamentos, materiais, produtos e processos que utilizarem e serviços que prestarem;

> A Resolução n. 115, de 6-10-2009, da ANAC, estabelece critérios regulatórios quanto à implantação, operação e manutenção do Serviço de Prevenção, Salvamento e Combate a Incêndio em Aeródromos Civis (SESCINC), no âmbito da ANAC.

XXXI – expedir certificados de aeronavegabilidade;

XXXII – regular, fiscalizar e autorizar os serviços aéreos prestados por aeroclubes, escolas e cursos de aviação civil;

XXXIII – expedir, homologar ou reconhecer a certificação de produtos e processos aeronáuticos de uso civil, observados os padrões e normas por ela estabelecidos;

XXXIV – integrar o Sistema de Investigação e Prevenção de Acidentes Aeronáuticos – SIPAER;

XXXV – reprimir infrações à legislação, inclusive quanto aos direitos dos usuários, e aplicar as sanções cabíveis;

> A Instrução Normativa n. 8, de 6-6-2008, dispõe sobre o processo administrativo para apuração de infrações e aplicação de sanções no âmbito da ANAC.

XXXVI – arrecadar, administrar e aplicar suas receitas;

XXXVII – contratar pessoal por prazo determinado, de acordo com a legislação aplicável;

XXXVIII – adquirir, administrar e alienar seus bens;

XXXIX – apresentar ao Ministro de Estado Chefe da Secretaria de Aviação Civil da Presidência da República proposta de orçamento;

>> Inciso XXXIX com redação determinada pela Lei n. 12.462, de 4-8-2011.

XL – elaborar e enviar o relatório anual de suas atividades à Secretaria de Aviação Civil da Presidência da República e, por intermédio da Presidência da República, ao Congresso Nacional;

>> Inciso XL com redação determinada pela Lei n. 12.462, de 4-8-2011.

XLI – aprovar o seu regimento interno;

> A Resolução n. 110, de 15-9-2009, da ANAC, aprova o regimento interno dessa agência reguladora.

XLII – administrar os cargos efetivos, os cargos comissionados e as gratificações de que trata esta Lei;

>> Inciso XLII com redação determinada pela Lei n. 11.292, de 26-4-2006.

XLIII – decidir, em último grau, sobre as matérias de sua competência;

XLIV – deliberar, na esfera administrativa, quanto à interpretação da legislação, sobre serviços aéreos e de infraestrutura aeronáutica e aeroportuária, inclusive casos omissos, quando não houver orientação normativa da Advocacia-Geral da União;

XLV – deliberar, na esfera técnica, quanto à interpretação das normas e recomendações internacionais relativas ao sistema de segurança de voo da aviação civil, inclusive os casos omissos;

XLVI – editar e dar publicidade às instruções e aos regulamentos necessários à aplicação desta Lei;

XLVII – (*Revogado pela Lei n. 12.462, de 4-8-2011.*);

XLVIII – firmar convênios de cooperação técnica e administrativa com órgãos e entidades governamentais, nacionais ou estrangeiros, tendo em vista a descentralização e fiscalização eficiente dos setores de aviação civil e infraestrutura aeronáutica e aeroportuária; e

XLIX – contribuir para a preservação do patrimônio histórico e da memória da aviação civil e da infraestrutura aeronáutica e aeroportuária, em cooperação com as instituições dedicadas à cultura nacional, orientando e incentivando a participação das empresas do setor.

§ 1.º A ANAC poderá credenciar, nos termos estabelecidos em norma específica, pessoas físicas ou jurídicas, públicas ou privadas, de notória especialização, de acordo com padrões internacionalmente aceitos para a aviação civil, para expedição de laudos, pareceres ou relatórios que demonstrem o cumprimento dos requisitos necessários à emissão de certificados ou atestados relativos às atividades de sua competência.

§ 2.º A ANAC observará as prerrogativas específicas da Autoridade Aeronáutica, atribuídas ao Comandante da Aeronáutica, devendo ser previamente consultada sobre a edição de normas e procedimentos de controle do espaço aéreo que tenham repercussão econômica ou operacional na prestação de serviços aéreos e de infraestrutura aeronáutica e aeroportuária.

§ 3.º Quando se tratar de aeródromo compartilhado, de aeródromo de interesse militar ou de aeródromo administrado pelo Comando da Aeronáutica, o exercício das competências previstas nos incisos XXII, XXIII, XXIV, XXVI, XXVIII e XXIX do *caput* deste artigo, dar-se-á em conjunto com o Comando da Aeronáutica.

§ 4.º Sem prejuízo do disposto no inciso X do *caput* deste artigo, a execução dos serviços aéreos de aerolevantamento dependerá de autorização emitida pelo Ministério da Defesa.

§ 5.º Sem prejuízo do disposto no inciso XI do *caput* deste artigo, a autorização para o transporte de explosivo e material bélico em aeronaves civis que partam ou se destinem a aeródromo brasileiro ou com sobrevoo do território nacional é de competência do Comando da Aeronáutica.

§ 6.º Para os efeitos previstos nesta Lei, o Sistema de Controle do Espaço Aéreo Brasileiro será explorado diretamente pela União, por intermédio do Comando da Aeronáutica, ou por entidade a quem ele delegar.

§ 7.º As expressões infraestrutura aeronáutica e infraestrutura aeroportuária, mencionadas nesta Lei, referem-se às infraestruturas civis, não se aplicando o disposto nela às infraestruturas militares.

§ 8.º O exercício das atribuições da ANAC, na esfera internacional, dar-se-á em coordenação com o Ministério das Relações Exteriores.

Capítulo II
DA ESTRUTURA ORGANIZACIONAL DA ANAC

Seção I
Da Estrutura Básica

Art. 9.º A Anac terá como órgão de deliberação máxima a Diretoria Colegiada e terá em sua estrutura uma Procuradoria, uma Corregedoria, um Conselho Consultivo e uma Ouvidoria, além das unidades especializadas.

>> Artigo com redação determinada pela Lei n. 13.848, de 25-6-2019, em vigor após 90 dias da sua publicação (*DOU* de 26-6-2019).

Art. 10. A Diretoria Colegiada será composta de 1 (um) Diretor-Presidente e 4 (quatro) Diretores, que decidirão por maioria absoluta, cabendo ao Diretor-Presidente, além do voto ordinário, o voto de qualidade.

>> *Caput* com redação determinada pela Lei n. 13.848, de 25-6-2019, em vigor após 90 dias da sua publicação (*DOU* de 26-6-2019).

§ 1.º A Diretoria Colegiada reunir-se-á com a maioria de seus membros.

>> § 1.º com redação determinada pela Lei n. 13.848, de 25-6-2019, em vigor após 90 dias da sua publicação (*DOU* de 26-6-2019).

§ 2.º (*Revogado pela Lei n. 12.462, de 4-8-2011.*)

§ 3.º As decisões da Diretoria Colegiada serão fundamentadas.

>> § 3.º com redação determinada pela Lei n. 13.848, de 25-6-2019, em vigor após 90 dias da sua publicação (*DOU* de 26-6-2019).

§ 4.º As sessões deliberativas da Diretoria Colegiada que se destinem a resolver pendências entre agentes econômicos, ou entre esses e usuários da aviação civil, serão públicas.

>> § 4.º com redação determinada pela Lei n. 13.848, de 25-6-2019, em vigor após 90 dias da sua publicação (*DOU* de 26-6-2019).

Art. 11. Compete à Diretoria:

I – propor, por intermédio do Ministro de Estado Chefe da Secretaria de Aviação Civil da Presidência da República, ao Presidente da República, alterações do regulamento da Anac;

>> Inciso I com redação determinada pela Lei n. 12.462, de 4-8-2011.

II – aprovar procedimentos administrativos de licitação;

III – conceder, permitir ou autorizar a prestação de serviços aéreos;

IV – conceder ou autorizar a exploração da infraestrutura aeronáutica e aeroportuária;

V – exercer o poder normativo da Agência;

VI – aprovar minutas de editais de licitação, homologar adjudicações, transferência e extinção de contratos de concessão e permissão, na forma do regimento interno;

VII – aprovar o regimento interno da ANAC;

> A Resolução n. 110, de 15-9-2009, da ANAC, aprova o regimento interno dessa agência reguladora.

VIII – apreciar, em grau de recurso, as penalidades impostas pela ANAC; e

IX – aprovar as normas relativas aos procedimentos administrativos internos da Agência.

Parágrafo único. É vedado à Diretoria delegar a qualquer órgão ou autoridade as competências previstas neste artigo.

Art. 12. Os membros da Diretoria Colegiada serão nomeados pelo Presidente da República, após aprovação pelo Senado Federal, nos termos da alínea *f* do inciso III do art. 52 da Constituição Federal, observado o disposto na Lei n. 9.986, de 18 de julho de 2000.

>> Artigo com redação determinada pela Lei n. 13.848, de 25-6-2019, em vigor após 90 dias da sua publicação (*DOU* de 26-6-2019).

Art. 13. O mandato dos membros da Diretoria Colegiada será de 5 (cinco) anos, vedada a recondução, nos termos da Lei n. 9.986, de 18 de julho de 2000.

>> *Caput* com redação determinada pela Lei n. 13.848, de 25-6-2019, em vigor após 90 dias da sua publicação (*DOU* de 26-6-2019).

§ 1.º Os mandatos dos 1.ºs (primeiros) membros da Diretoria serão, respectivamente, 1 (um) diretor por 3 (três) anos, 2 (dois) diretores por 4 (quatro) anos e 2 (dois) diretores por 5 (cinco) anos, a serem estabelecidos no decreto de nomeação.

§ 2.º Em caso de vacância no curso do mandato, este será completado por sucessor investido na forma prevista no art. 12 desta Lei.

Art. 14. Os diretores somente perderão o mandato em virtude de renúncia, de condenação judicial transitada em julgado, ou de pena demissória decorrente de processo administrativo disciplinar.

§ 1.º (*Vetado*.)

§ 2.º Cabe ao Ministro de Estado Chefe da Secretaria de Aviação Civil da Presidência da República instaurar o processo administrativo disciplinar, que será conduzido por comissão especial constituída por servidores públicos federais estáveis, competindo ao Presidente da República determinar o afastamento preventivo, quando for o caso, e proferir julgamento.

>> § 2.º com redação determinada pela Lei n. 12.462, de 4-8-2011.

Art. 15. O regulamento disciplinará a substituição dos diretores em seus impedimentos.

Art. 16. Cabe ao Diretor-Presidente a representação da Anac, o comando hierárquico sobre pessoal e serviços, o exercício das competências administrativas correspondentes e a presidência das reuniões da Diretoria Colegiada.

>> Artigo com redação determinada pela Lei n. 13.848, de 25-6-2019, em vigor após 90 dias da sua publicação (*DOU* de 26-6-2019).

Art. 17. A representação judicial da ANAC, com prerrogativas processuais de Fazenda Pública, será exercida pela Procuradoria.

Art. 18. (***Revogado pela Lei n. 13.848, de 25-6-2019, em vigor após 90 dias da sua publicação –** DOU **de 26-6-2019**.)

Art. 19. A Corregedoria fiscalizará a legalidade e a efetividade das atividades funcionais dos servidores e das unidades da ANAC, sugerindo as medidas corretivas necessárias, conforme disposto em regulamento.

Art. 20. O Conselho Consultivo da ANAC, órgão de participação institucional da comunidade de aviação civil na Agência, é órgão de assessoramento da diretoria, tendo sua organização, composição e funcionamento estabelecidos em regulamento.

Seção II
Dos Cargos Efetivos e Comissionados e das Gratificações

Art. 21. Ficam criados, para exercício exclusivo na ANAC, os Cargos Comissionados de Direção – CD, de Gerência Executiva – CGE, de Assessoria – CA e de Assistência – CAS, e os Cargos Comissionados Técnicos – CCT, nos quantitativos constantes da Tabela B do Anexo I desta Lei.

>> Artigo com redação determinada pela Lei n. 11.292, de 26-4-2006.

Art. 22. Ficam criadas as Gratificações de Exercício em Cargo de Confiança e de Representação pelo Exercício de Função, privativas dos militares da Aeronáutica a que se refere o art. 46 desta Lei, nos quantitativos e valores previstos no Anexo II desta Lei.

>> *Caput* com redação determinada pela Lei n. 11.292, de 26-4-2006.

Parágrafo único. As gratificações a que se refere o *caput* deste artigo serão pagas àqueles militares designados pela Diretoria da ANAC para o exercício das atribuições dos cargos de Gerência Executiva, de Assessoria, de Assistência e Cargos Comissionados Técnicos da estrutura da ANAC e extinguir-se-ão gradualmente na forma do § 1.º do art. 46 desta Lei.

>> Parágrafo único acrescentado pela Lei n. 11.292, de 26-4-2006.

Art. 23. (*Vetado*.)

Art. 24. Na estrutura dos cargos da ANAC, o provimento por um servidor civil, de Cargo Comissionado de Gerência Executiva, de Assessoria, de Assistência e de Técnico, implicará o bloqueio, para um militar, da concessão de uma correspondente Gratificação de Exercício em Cargo de Confiança e de Gratificação de Representação pelo Exercício de Função, e vice-versa.

Art. 25. Os Cargos Comissionados Técnicos são de ocupação privativa de servidores e empregados do Quadro de Pessoal Efetivo, do Quadro de Pessoal Específico e de requisitados de outros órgãos e entidades da Administração Pública.

Parágrafo único. Ao ocupante de Cargo Comissionado Técnico será pago um valor acrescido ao salário ou vencimento, conforme tabela constante do Anexo I desta Lei.

Capítulo III
DO PROCESSO DECISÓRIO

Art. 26. O processo decisório da ANAC obedecerá aos princípios da legalidade, impessoalidade, eficiência, moralidade e publicidade, assegurado o direito ao contraditório e à ampla defesa.

Art. 27. As iniciativas ou alterações de atos normativos que afetem direitos de agentes econômicos, inclusive de trabalhadores do setor ou de usuários de serviços aéreos, serão precedidas de audiência pública convocada e dirigida pela ANAC.

> A Instrução Normativa n. 18, de 17-2-2009, da ANAC, estabelece procedimentos para a realização de audiências e consultas públicas no âmbito da ANAC.

Art. 28. Ressalvados os documentos e autos cuja divulgação possa violar a segurança do País, o segredo protegido ou a intimidade de alguém, todos os demais permanecerão abertos à consulta pública.

Capítulo IV
DA REMUNERAÇÃO POR SERVIÇOS PRESTADOS E PELA OUTORGA DE EXPLORAÇÃO DE INFRAESTRUTURA AEROPORTUÁRIA

Art. 29. Fica instituída a Taxa de Fiscalização da Aviação Civil – TFAC.

>> *Caput* com redação determinada pela Lei n. 11.292, de 26-4-2006.

§ 1.º O fato gerador da TFAC é o exercício do poder de polícia decorrente das atividades de fiscalização, homologação e registros, nos termos do previsto na Lei n. 7.565, de 19 de dezembro de 1986 – Código Brasileiro de Aeronáutica.

>> § 1.º com redação determinada pela Lei n. 11.292, de 26-4-2006.

§ 2.º São sujeitos passivos da TFAC as empresas concessionárias, permissionárias e autorizatárias de prestação de serviços aéreos comerciais, os operadores de serviços aéreos privados, as exploradoras de infraestrutura aeroportuária, as agências de carga aérea, pessoas jurídicas que explorem atividades de fabricação, manutenção, reparo ou revisão de produtos aeronáuticos e demais pessoas físicas e jurídicas que realizem atividades fiscalizadas pela ANAC.

>> § 2.º com redação determinada pela Lei n. 11.292, de 26-4-2006.

§ 3.º Os valores da TFAC são os fixados no Anexo III desta Lei.

>> § 3.º acrescentado pela Lei n. 11.292, de 26-4-2006.

>> Deixamos de publicar o Anexo III por não atender ao propósito da obra.

Art. 29-A. A TFAC não recolhida no prazo e na forma estabelecida em regulamento será cobrada com os seguintes acréscimos:

>> *Caput* acrescentado pela Lei n. 11.292, de 26-4-2006.

I – juros de mora calculados na forma da legislação aplicável aos tributos federais;

>> Inciso I acrescentado pela Lei n. 11.292, de 26-4-2006.

II – multa de mora de 20% (vinte por cento), reduzida a 10% (dez por cento) caso o pagamento seja efetuado até o último dia do mês subsequente ao do seu vencimento; e

>> Inciso II acrescentado pela Lei n. 11.292, de 26-4-2006.

III – encargo de 20% (vinte por cento), substitutivo da condenação do devedor em honorários advocatícios, calculado sobre o total do débito inscrito em Dívida Ativa, que será reduzido para 10% (dez por cento) caso o pagamento seja efetuado antes do ajuizamento da execução.

>> Inciso III acrescentado pela Lei n. 11.292, de 26-4-2006.

Parágrafo único. Os débitos de TFAC poderão ser parcelados na forma da legislação aplicável aos tributos federais.

>> Parágrafo único acrescentado pela Lei n. 11.292, de 26-4-2006.

Art. 30. (*Vetado*.)

CAPÍTULO V
DAS RECEITAS

Art. 31. Constituem receitas da ANAC:

I – dotações, créditos adicionais e especiais e repasses que lhe forem consignados no Orçamento Geral da União;

II – recursos provenientes de convênios, acordos ou contratos celebrados com órgãos ou entidades federais, estaduais e municipais, empresas públicas ou privadas, nacionais ou estrangeiras, e organismos internacionais;

III – recursos do Fundo Aeroviário;

IV – recursos provenientes de pagamentos de taxas;

V – recursos provenientes da prestação de serviços de natureza contratual, inclusive pelo fornecimento de publicações, material técnico, dados e informações, ainda que para fins de licitação;

VI – valores apurados no aluguel ou alienação de bens móveis ou imóveis;

VII – produto das operações de crédito que contratar, no País e no exterior, e rendimentos de operações financeiras que realizar;

VIII – doações, legados e subvenções;

IX – rendas eventuais; e

X – outros recursos que lhe forem destinados.

CAPÍTULO VI
DISPOSIÇÕES FINAIS E TRANSITÓRIAS

Art. 32. São transferidos à ANAC o patrimônio, o acervo técnico, as obrigações e os direitos de organizações do Comando da Aeronáutica, correspondentes às atividades a ela atribuídas por esta Lei.

Art. 33. O Fundo Aeroviário, fundo de natureza contábil e de interesse da defesa nacional, criado pelo Decreto-lei n. 270, de 28 de fevereiro de 1967, alterado pela Lei n. 5.989, de 17 de dezembro de 1973, incluídos seu saldo financeiro e seu patrimônio existentes nesta data, passa a ser administrado pela Agência Nacional de Aviação Civil.

Parágrafo único. O Diretor-Presidente da ANAC passa a ser o gestor do Fundo Aeroviário.

Art. 33-A. Até a instalação da Agência Nacional de Aviação Civil, o Diretor do Departamento de Aviação Civil será o gestor do Fundo Aeroviário.

>> Artigo acrescentado pela Lei n. 11.204, de 5-12-2005.

....

Art. 35. O Poder Executivo regulamentará a distribuição dos recursos referidos no inciso I do art. 1.º da Lei n. 8.399, de 7 de janeiro de 1992, entre os órgãos e entidades integrantes do Sistema de Aviação Civil na proporção dos custos correspondentes às atividades realizadas.

> O mencionado inciso estabelece que os recursos originados pelo adicional tarifário criado pela Lei n. 7.920, de 12-12-1989, terá 80% a serem utilizados diretamente pelo Governo Federal, no sistema aeroviário de interesse federal.

Art. 36. Fica criado o Quadro de Pessoal Específico, integrado por servidores regidos pela Lei n. 8.112, de 11 de dezembro de 1990.

§ 1.º O Quadro de que trata o *caput* deste artigo tem caráter temporário, ficando extintos os cargos nele alocados, à medida que ocorrerem vacâncias.

§ 2.º O ingresso no quadro de que trata este artigo será feito mediante redistribuição, sendo restrito aos servidores que, em 31 de dezembro de 2004, se encontravam em exercício nas unidades do Ministério da Defesa cujas competências foram transferidas para a ANAC.

>> § 2.º com redação determinada pela Lei n. 11.292, de 26-4-2006.

§ 3.º (*Vetado*.)

§ 4.º Aos servidores das Carreiras da Área de Ciência e Tecnologia redistribuídos na forma do § 2.º deste artigo será devida a Gratificação de Desempenho de Atividade de Ciência e Tecnologia – GDACT, prevista na Medida Provisória n. 2.229-43, de 6 de setembro de 2001, como se em exercício estivessem nos órgãos ou entidades a que se refere o § 1.º do art. 1.º da Lei n. 8.691, de 28 de julho de 1993.

>> § 4.º acrescentado pela Lei n. 11.292, de 26-4-2006.

Art. 37. A ANAC poderá requisitar, com ônus, servidores e empregados de órgãos e entidades integrantes da Administração Pública.

§ 1.º Durante os primeiros 24 (vinte e quatro) meses subsequentes à sua instalação, a ANAC poderá complementar a remuneração do servidor ou empregado público requisitado até o limite da remuneração do cargo efetivo ou emprego permanente ocupado no órgão ou na entidade de origem, quando a requisição implicar redução dessa remuneração.

>> Primitivo parágrafo único renumerado pela Lei n. 11.292, de 26-4-2006.

§ 2.º Os empregados das entidades integrantes da administração pública que na data da publicação desta Lei estejam em exercício nas unidades do Ministério da Defesa cujas competências foram transferidas para a ANAC poderão permanecer nessa condição, inclusive no exercício de funções comissionadas, salvo devolução do empregado à entidade de origem ou por motivo de rescisão ou extinção do contrato de trabalho.

>> § 2.º acrescentado pela Lei n. 11.292, de 26-4-2006.

§ 3.º Os empregados e servidores de órgãos e entidades integrantes da administração pública requisitados até o término do prazo de que trata o § 1.º deste artigo poderão exercer funções comissionadas e cargos comissionados técnicos, salvo devolução do empregado à entidade de origem ou por motivo de rescisão ou extinção do contrato de trabalho.

>> § 3.º acrescentado pela Lei n. 11.292, de 26-4-2006.

Art. 38. (*Vetado*.)

Art. 38-A. O quantitativo de servidores ocupantes dos cargos do Quadro de Pessoal Específico, acrescido dos servidores ou empregados requisitados, não poderá exceder o número de cargos efetivos.

>> Artigo acrescentado pela Lei n. 11.292, de 26-4-2006.

Art. 39. Nos termos do inciso IX do art. 37 da Constituição Federal, fica a ANAC autorizada a efetuar a contratação temporária do pessoal imprescindível à implantação de suas atividades, por prazo não excedente a 36 (trinta e seis) meses, a contar de sua instalação.

§ 1.º (*Vetado.*)

§ 2.º As contratações temporárias serão feitas por tempo determinado, observado o prazo máximo de 12 (doze) meses, podendo ser prorrogadas, desde que sua duração não ultrapasse o termo final da autorização de que trata o *caput* deste artigo.

Art. 40. Aplica-se à ANAC o disposto no art. 22 da Lei n. 9.986, de 18 de julho de 2000.

>> Artigo com redação determinada pela Lei n. 11.314, de 3-7-2006.

> O art. 22 da Lei n. 9.986, de 18-7-2000, dispõe: "Ficam as agências autorizadas a custear as despesas com remoção e estada para os profissionais que, em virtude de nomeação para Cargos Comissionados de Direção, de Gerência Executiva e de Assessoria dos níveis CD I e II, CGE I, II, III e IV, CA I e II, e para os Cargos Comissionados Técnicos, nos níveis CCT V e IV, vierem a ter exercício em cidade diferente da de seu domicílio, conforme disposto em regulamento de cada agência, observados os limites de valores estabelecidos para a Administração Pública Federal direta".

Art. 41. Ficam criados 50 (cinquenta) cargos de Procurador Federal na ANAC, observado o disposto na legislação específica.

Art. 42. Instalada a ANAC, fica o Poder Executivo autorizado a extinguir o Departamento de Aviação Civil – DAC e demais organizações do Comando da Aeronáutica que tenham tido a totalidade de suas atribuições transferidas para a ANAC, devendo remanejar para o Ministério do Planejamento, Orçamento e Gestão todos os cargos comissionados e gratificações, alocados aos órgãos extintos e atividades absorvidas pela Agência.

Art. 43. Aprovado seu regulamento, a ANAC passará a ter o controle sobre todas as atividades, contratos de concessão e permissão, e autorizações de serviços aéreos, celebrados por órgãos ou entidades da Administração direta ou indireta da União.

Art. 44. (*Vetado.*)

Art. 44-A. Fica o Poder Executivo autorizado a remanejar, transpor, transferir e utilizar para a ANAC as dotações orçamentárias aprovadas em favor das unidades orçamentárias do Ministério da Defesa, na lei orçamentária vigente no exercício financeiro da instalação da ANAC, relativas às funções por ela absorvidas, desde que mantida a mesma classificação orçamentária, expressa por categoria de programação em seu menor nível, conforme definido na lei de diretrizes orçamentárias, inclusive os títulos, descritores, metas e objetivos, assim como o respectivo detalhamento por esfera orçamentária, grupos de despesas, fontes de recursos, modalidades de aplicação e identificadores de uso.

>> Artigo acrescentado pela Lei n. 11.292, de 26-4-2006.

Art. 45. O Comando da Aeronáutica prestará os serviços de que a ANAC necessitar, com ônus limitado, durante 180 (cento e oitenta) dias após sua instalação, devendo ser celebrados convênios para a prestação dos serviços após este prazo.

Art. 46. Os militares da Aeronáutica da ativa em exercício nos órgãos do Comando da Aeronáutica correspondentes às atividades atribuídas à ANAC passam a ter exercício na ANAC, na data de sua instalação, sendo considerados como em serviço de natureza militar.

>> *Caput* com redação determinada pela Lei n. 11.292, de 26-4-2006.

§ 1.º Os militares da Aeronáutica a que se refere o *caput* deste artigo deverão retornar àquela Força, no prazo máximo de 60 (sessenta) meses, a contar daquela data, à razão mínima de 20% (vinte por cento) a cada 12 (doze) meses.

§ 2.º O Comando da Aeronáutica poderá substituir, a seu critério, os militares em exercício na ANAC.

§ 3.º Os militares de que trata este artigo somente poderão ser movimentados no interesse da ANAC, a expensas da Agência e com autorização do Comandante da Aeronáutica.

Art. 47. Na aplicação desta Lei, serão observadas as seguintes disposições:

I – os regulamentos, normas e demais regras em vigor serão gradativamente substituídos por regulamentação a ser editada pela ANAC, sendo que as concessões, permissões e autorizações pertinentes a prestação de serviços aéreos e a exploração de áreas e instalações aeroportuárias continuarão regidas pelos atuais regulamentos, normas e regras, enquanto não for editada nova regulamentação;

II – os contratos de concessão ou convênios de delegação, relativos à administração e exploração de aeródromos, celebrados pela União com órgãos ou entidades da Administração Federal, direta ou indireta, dos Estados, do Distrito Federal e dos Municípios, devem ser adaptados no prazo de 180 (cento e oitenta) dias contados da data de instalação da ANAC às disposições desta Lei; e

III – as atividades de administração e exploração de aeródromos exercidas pela Empresa Brasileira de Infraestrutura Aeroportuária – INFRAERO passarão a ser reguladas por atos da ANAC.

Art. 48. (*Vetado.*)

§ 1.º Fica assegurada às empresas concessionárias de serviços aéreos domésticos a exploração de quaisquer linhas aéreas, mediante prévio registro na ANAC, observada exclusivamente a capacidade operacional de cada aeroporto e as normas regulamentares de prestação de serviço adequado expedidas pela ANAC.

§ 2.º (*Vetado.*)

Art. 49. Na prestação de serviços aéreos regulares, prevalecerá o regime de liberdade tarifária.

§ 1.º No regime de liberdade tarifária, as concessionárias ou permissionárias poderão determinar suas próprias tarifas, devendo comunicá-las à ANAC, em prazo por esta definido.

§ 2.º (*Vetado.*)

§ 3.º A ANAC estabelecerá os mecanismos para assegurar a fiscalização e a publicidade das tarifas.

Art. 50. As despesas decorrentes da aplicação desta Lei correrão à conta do Orçamento da ANAC.

Art. 51. Esta Lei entra em vigor na data de sua publicação.

Brasília, 27 de setembro de 2005; 184.º da Independência e 117.º da República.

LUIZ INÁCIO LULA DA SILVA

LEI COMPLEMENTAR N. 123, DE 14 DE DEZEMBRO DE 2006 (*)

Institui o Estatuto Nacional da Microempresa e da Empresa de Pequeno Porte; altera dispositivos das Leis n. 8.212 e 8.213, ambas de 24 de julho de 1991, da Consolidação das Leis do Trabalho – CLT, aprovada pelo Decreto-lei n. 5.452, de 1.º de maio de 1943, da Lei n. 10.189, de 14 de fevereiro de 2001, da Lei Complementar n. 63, de 11 de janeiro de 1990; e revoga as Leis ns. 9.317, de 5 de dezembro de 1996, e 9.841, de 5 de outubro de 1999.

O Presidente da República

Faço saber que o Congresso Nacional decreta e eu sanciono a seguinte Lei Complementar:

CAPÍTULO I

DISPOSIÇÕES PRELIMINARES

Art. 1.º Esta Lei Complementar estabelece

(*) Publicada no *Diário Oficial da União*, de 15-12-2006. Republicada em 6-3-2012, em atendimento ao disposto no art. 5.º da Lei Complementar n. 139, de 10-11-2011. A Lei Complementar n. 168, de 12-6-2019, autoriza, no prazo que especifica, o retorno ao regime Especial Unificado de Arrecadação de Tributos e Contribuições devidos pelas Microempresas e Empresas de Pequeno Porte (Simples Nacional).

normas gerais relativas ao tratamento diferenciado e favorecido a ser dispensado às microempresas e empresas de pequeno porte no âmbito dos Poderes da União, dos Estados, do Distrito Federal e dos Municípios, especialmente no que se refere:

>> *Vide* art. 179 da CF.

>> A Resolução n. 140, de 22-5-2018, do CGSN, dispõe sobre o Regime Especial Unificado de Arrecadação de Tributos e Contribuições devidos pelas Microempresas e Empresas de Pequeno Porte (Simples Nacional).

I – à apuração e recolhimento dos impostos e contribuições da União, dos Estados, do Distrito Federal e dos Municípios, mediante regime único de arrecadação, inclusive obrigações acessórias;

> O Decreto n. 8.019, de 27-5-2013, cria o Comitê Interministerial de Avaliação do Simples Nacional – CIASN, vinculado à Secretaria da Micro e Pequena Empresa da Presidência da República, com as competências de acompanhar e avaliar a política pública de tratamento diferenciado, favorecido e simplificado a que se refere este inciso, e propor seu aperfeiçoamento.

II – ao cumprimento de obrigações trabalhistas e previdenciárias, inclusive obrigações acessórias;

III – ao acesso a crédito e ao mercado, inclusive quanto à preferência nas aquisições de bens e serviços pelos Poderes Públicos, à tecnologia, ao associativismo e às regras de inclusão;

IV – ao cadastro nacional único de contribuintes a que se refere o inciso IV do parágrafo único do art. 146, *in fine*, da Constituição Federal.

>> Inciso IV acrescentado pela Lei Complementar n. 147, de 7-8-2014.

§ 1.º Cabe ao Comitê Gestor do Simples Nacional (CGSN) apreciar a necessidade de revisão, a partir de 1.º de janeiro de 2015, dos valores expressos em moeda nesta Lei Complementar.

>> § 1.º com redação determinada pela Lei Complementar n. 139, de 10-11-2011.

§ 2.º (*Vetado*.)

§ 3.º Ressalvado o disposto no Capítulo IV, toda nova obrigação que atinja as microempresas e empresas de pequeno porte deverá apresentar, no instrumento que a instituiu, especificação do tratamento diferenciado, simplificado e favorecido para cumprimento.

>> § 3.º acrescentado pela Lei Complementar n. 147, de 7-8-2014.

§ 4.º Na especificação do tratamento diferenciado, simplificado e favorecido de que trata o § 3.º, deverá constar prazo máximo, quando forem necessários procedimentos adicionais, para que os órgãos fiscalizadores cumpram as medidas necessárias à emissão de documentos, realização de vistorias e atendimento das demandas realizadas pelas microempresas e empresas de pequeno porte com o objetivo de cumprir a nova obrigação.

>> § 4.º acrescentado pela Lei Complementar n. 147, de 7-8-2014.

§ 5.º Caso o órgão fiscalizador descumpra os prazos estabelecidos na especificação do tratamento diferenciado e favorecido, conforme o disposto no § 4.º, a nova obrigação será inexigível até que seja realizada visita para fiscalização orientadora e seja reiniciado o prazo para regularização.

>> § 5.º acrescentado pela Lei Complementar n. 147, de 7-8-2014.

§ 6.º A ausência de especificação do tratamento diferenciado, simplificado e favorecido ou da determinação de prazos máximos, de acordo com os §§ 3.º e 4.º, tornará a nova obrigação inexigível para as microempresas e empresas de pequeno porte.

>> § 6.º acrescentado pela Lei Complementar n. 147, de 7-8-2014.

§ 7.º A inobservância do disposto nos §§ 3.º a 6.º resultará em atentado aos direitos e garantias legais assegurados ao exercício profissional da atividade empresarial.

>> § 7.º acrescentado pela Lei Complementar n. 147, de 7-8-2014.

Art. 2.º O tratamento diferenciado e favorecido a ser dispensado às microempresas e empresas de pequeno porte de que trata o art. 1.º desta Lei Complementar será gerido pelas instâncias a seguir especificadas:

>> O Decreto n. 6.038, de 7-2-2007, institui o Comitê Gestor de Tributação das Microempresas e Empresas de Pequeno Porte.

I – Comitê Gestor do Simples Nacional, vinculado ao Ministério da Fazenda, composto por 4 (quatro) representantes da Secretaria da Receita Federal do Brasil, como representantes da União, 2 (dois) dos Estados e do Distrito Federal e 2 (dois) dos Municípios, para tratar dos aspectos tributários; e

>> Inciso I com redação determinada pela Lei Complementar n. 128, de 19-12-2008.

> A Resolução n. 1, de 19-3-2007, do CGSN, nos termos da Resolução n. 102, de 19-9-2012, do CGSN, aprova o Regimento Interno do Comitê Gestor do Simples Nacional.

II – Fórum Permanente das Microempresas e Empresas de Pequeno Porte, com a participação dos órgãos federais competentes e das entidades vinculadas ao setor, para tratar dos demais aspectos, ressalvado o disposto no inciso III do *caput* deste artigo;

>> Inciso II com redação determinada pela Lei Complementar n. 128, de 19-12-2008.

III – Comitê para Gestão da Rede Nacional para Simplificação do Registro e da Legalização de Empresas e Negócios – CGSIM, vinculado à Secretaria da Micro e Pequena Empresa da Presidência da República, composto por representantes da União, dos Estados e do Distrito Federal, dos Municípios e demais órgãos de apoio e de registro empresarial, na forma definida pelo Poder Executivo, para tratar do processo de registro e de legalização de empresários e de pessoas jurídicas.

>> Inciso III com redação determinada pela Lei Complementar n. 147, de 7-8-2014.

§ 1.º Os Comitês de que tratam os incisos I e III do *caput* deste artigo serão presididos e coordenados por representantes da União.

>> § 1.º com redação determinada pela Lei Complementar n. 128, de 19-12-2008.

§ 2.º Os representantes dos Estados e do Distrito Federal nos Comitês referidos nos incisos I e III do *caput* deste artigo serão indicados pelo Conselho Nacional de Política Fazendária – CONFAZ e os dos Municípios serão indicados, um pela entidade representativa das Secretarias de Finanças das Capitais e outro pelas entidades de representação nacional dos Municípios brasileiros.

>> § 2.º com redação determinada pela Lei Complementar n. 128, de 19-12-2008.

§ 3.º As entidades de representação referidas no inciso III do *caput* e no § 2.º deste artigo serão aquelas regularmente constituídas há pelo menos 1 (um) ano antes da publicação desta Lei Complementar.

>> § 3.º com redação determinada pela Lei Complementar n. 128, de 19-12-2008.

§ 4.º Os Comitês de que tratam os incisos I e III do *caput* deste artigo elaborarão seus regimentos internos mediante resolução.

>> § 4.º com redação determinada pela Lei Complementar n. 128, de 19-12-2008.

§ 5.º O Fórum referido no inciso II do *caput* deste artigo tem por finalidade orientar e assessorar a formulação e coordenação da política nacional de desenvolvimento das microempresas e empresas de pequeno porte, bem como acompanhar e avaliar a sua implantação, sendo presidido e coordenado pela Secretaria da Micro e Pequena Empresa da Presidência da República.

>> § 5.º com redação determinada pela Lei n. 12.792, de 28-3-2013.

§ 6.º Ao Comitê de que trata o inciso I do *caput* deste artigo compete regulamentar a opção, exclusão, tributação, fiscalização, arrecadação, cobrança, dívida ativa, recolhimento e demais itens relativos ao regime de que trata o art. 12 desta Lei Complementar, observadas as demais disposições desta Lei Complementar.

>> § 6.º acrescentado pela Lei Complementar n. 128, de 19-12-2008.

§ 7.º Ao Comitê de que trata o inciso III do *caput* deste artigo compete, na forma da lei, regulamentar a inscrição, cadastro, abertura, alvará, arquivamento, licenças, permissão, autorização, registros e demais itens relativos à abertura, legalização e funcionamento de empresários e de pessoas jurídicas de qualquer porte, atividade econômica ou composição societária.

>> § 7.º acrescentado pela Lei Complementar n. 128, de 19-12-2008.

> A Instrução Normativa n. 1.470, de 30-5-2014, da Secretaria da Receita Federal do Brasil, dispõe sobre o Cadastro Nacional da Pessoa Jurídica.

§ 8.º Os membros dos Comitês de que tratam os incisos I e III do *caput* deste artigo serão designados, respectivamente, pelos Ministros de Estado da Fazenda e da Secretaria da Micro e Pequena Empresa da Presidência da República, mediante indicação dos órgãos e entidades vinculados.

>> § 8.º com redação determinada pela Lei Complementar n. 147, de 7-8-2014.

§ 9.º O CGSN poderá determinar, com relação à microempresa e à empresa de pequeno porte optante pelo Simples Nacional, a forma, a periodicidade e o prazo:

>> § 9.º, *caput*, acrescentado pela Lei Complementar n. 147, de 7-8-2014.

I – de entrega à Secretaria da Receita Federal do Brasil – RFB de uma única declaração com dados relacionados a fatos geradores, base de cálculo e valores da contribuição para a Seguridade Social devida sobre a remuneração do trabalho, inclusive a descontada dos trabalhadores a serviço da empresa, do Fundo de Garantia do Tempo de Serviço – FGTS e outras informações de interesse do Ministério do Trabalho e Emprego – MTE, do Instituto Nacional do Seguro Social – INSS e do Conselho Curador do FGTS, observado o disposto no § 7.º deste artigo; e

>> Inciso I acrescentado pela Lei Complementar n. 147, de 7-8-2014.

II – do recolhimento das contribuições descritas no inciso I e do FGTS.

>> Inciso II acrescentado pela Lei Complementar n. 147, de 7-8-2014.

§ 10. O recolhimento de que trata o inciso II do § 9.º deste artigo poderá se dar de forma unificada relativamente aos tributos apurados na forma do Simples Nacional.

>> § 10 acrescentado pela Lei Complementar n. 147, de 7-8-2014.

§ 11. A entrega da declaração de que trata o inciso I do § 9.º substituirá, na forma regulamentada pelo CGSN, a obrigatoriedade de entrega de todas as informações, formulários e declarações a que estão sujeitas as demais empresas ou equiparados que contratam trabalhadores, inclusive relativamente ao recolhimento do FGTS, à Relação Anual de Informações Sociais e ao Cadastro Geral de Empregados e Desempregados.

>> § 11 acrescentado pela Lei Complementar n. 147, de 7-8-2014.

§ 12. Na hipótese de recolhimento do FGTS na forma do inciso II do § 9.º deste artigo, deve-se assegurar a transferência dos recursos e dos elementos identificadores do recolhimento ao gestor desse fundo para crédito na conta vinculada do trabalhador.

>> § 12 acrescentado pela Lei Complementar n. 147, de 7-8-2014.

§ 13. O documento de que trata o inciso I do § 9.º tem caráter declaratório, constituindo instrumento hábil e suficiente para a exigência dos tributos, contribuições e dos débitos fundiários que não tenham sido recolhidos resultantes das informações nele prestadas.

>> § 13 acrescentado pela Lei Complementar n. 147, de 7-8-2014.

CAPÍTULO II
DA DEFINIÇÃO DE MICROEMPRESA E DE EMPRESA DE PEQUENO PORTE

Art. 3.º Para os efeitos desta Lei Complementar, consideram-se microempresas ou empresas de pequeno porte a sociedade empresária, a sociedade simples, a empresa individual de responsabilidade limitada e o empresário a que se refere o art. 966 da Lei n. 10.406, de 10 de janeiro de 2002 (Código Civil), devidamente registrados no Registro de Empresas Mercantis ou no Registro Civil de Pessoas Jurídicas, conforme o caso, desde que:

>> *Caput* com redação determinada pela Lei Complementar n. 139, de 10-11-2011.

> *Vide* art. 16, § 1.º, desta Lei Complementar.

I – no caso da microempresa, aufira, em cada ano-calendário, receita bruta igual ou inferior a R$ 360.000,00 (trezentos e sessenta mil reais); e

>> Inciso I com redação determinada pela Lei Complementar n. 139, de 10-11-2011.

II – no caso de empresa de pequeno porte, aufira, em cada ano-calendário, receita bruta superior a R$ 360.000,00 (trezentos e sessenta mil reais) e igual ou inferior a R$ 4.800.000,00 (quatro milhões e oitocentos mil reais).

>> Inciso II com redação determinada pela Lei Complementar n. 155, de 27-10-2016.

§ 1.º Considera-se receita bruta, para fins do disposto no *caput* deste artigo, o produto da venda de bens e serviços nas operações de conta própria, o preço dos serviços prestados e o resultado nas operações em conta alheia, não incluídas as vendas canceladas e os descontos incondicionais concedidos.

§ 2.º No caso de início de atividade no próprio ano-calendário, o limite a que se refere o *caput* deste artigo será proporcional ao número de meses em que a microempresa ou a empresa de pequeno porte houver exercido atividade, inclusive as frações de meses.

§ 3.º O enquadramento do empresário ou da sociedade simples ou empresária como microempresa ou empresa de pequeno porte bem como o seu desenquadramento não implicarão alteração, denúncia ou qualquer restrição em relação a contratos por elas anteriormente firmados.

§ 4.º Não poderá se beneficiar do tratamento jurídico diferenciado previsto nesta Lei Complementar, incluído o regime de que trata o art. 12 desta Lei Complementar, para nenhum efeito legal, a pessoa jurídica:

>> § 4.º, *caput*, com redação determinada pela Lei Complementar n. 128, de 19-12-2008.

I – de cujo capital participe outra pessoa jurídica;

II – que seja filial, sucursal, agência ou representação, no País, de pessoa jurídica com sede no exterior;

III – de cujo capital participe pessoa física que seja inscrita como empresário ou seja sócia de outra empresa que receba tratamento jurídico diferenciado nos termos desta Lei Complementar, desde que a receita bruta global ultrapasse o limite de que trata o inciso II do *caput* deste artigo;

IV – cujo titular ou sócio participe com mais de 10% (dez por cento) do capital de outra empresa não beneficiada por esta Lei Complementar, desde que a receita bruta global ultrapasse o limite de que trata o inciso II do *caput* deste artigo;

V – cujo sócio ou titular seja administrador ou equiparado de outra pessoa jurídica com fins lucrativos, desde que a receita bruta global ultrapasse o limite de que trata o inciso II do *caput* deste artigo;

VI – constituída sob a forma de cooperativas, salvo as de consumo;

VII – que participe do capital de outra pessoa jurídica;

VIII – que exerça atividade de banco comercial, de investimentos e de desenvolvimento, de caixa econômica, de sociedade de crédito, financiamento e investimento ou de crédito imobiliário, de corretora ou de distribuidora de títulos, valores mobiliários e câmbio, de empresa de arrendamento mercantil, de seguros privados e de capitalização ou de previdência complementar;

IX – resultante ou remanescente de cisão ou qualquer outra forma de desmembramento de pessoa jurídica que tenha ocorrido em um dos 5 (cinco) anos-calendário anteriores;

X – constituída sob a forma de sociedade por ações;

XI – cujos titulares ou sócios guardem, cumulativamente, com o contratante do serviço, relação de pessoalidade, subordinação e habitualidade.

>> Inciso XI acrescentado pela Lei Complementar n. 147, de 7-8-2014.

§ 5.º O disposto nos incisos IV e VII do § 4.º deste artigo não se aplica à participação no capital de cooperativas de crédito, bem como em centrais de compras, bolsas de subcontratação, no consórcio referido no art. 50 desta Lei Complementar e na sociedade de propósito específico prevista no art. 56 desta Lei Complementar, e em associações assemelhadas, sociedades de interesse econômico, sociedades de garantia solidária e outros tipos de sociedade, que tenham como objetivo social a defesa exclusiva dos interesses econômicos das microempresas e empresas de pequeno porte.

>> § 5.º com redação determinada pela Lei Complementar n. 128, de 19-12-2008.

§ 6.º Na hipótese de a microempresa ou empresa de pequeno porte incorrer em alguma das situações previstas nos incisos do § 4.º, será excluída do tratamento jurídico diferenciado previsto nesta Lei Complementar, bem como do regime de que trata o art. 12, com efeitos a partir do mês seguinte ao que incorrida a situação impeditiva.

>> § 6.º com redação determinada pela Lei Complementar n. 139, de 10-11-2011.

§ 7.º Observado o disposto no § 2.º deste artigo, no caso de início de atividades, a microempresa que, no ano-calendário, exceder o limite de receita bruta anual previsto no inciso I do *caput* deste artigo passa, no ano-calendário seguinte, à condição de empresa de pequeno porte.

§ 8.º Observado o disposto no § 2.º deste artigo, no caso de início de atividades, a empresa de pequeno porte que, no ano-calendário, não ultrapassar o limite de receita bruta anual previsto no inciso I do *caput* deste artigo passa, no ano-calendário seguinte, à condição de microempresa.

§ 9.º A empresa de pequeno porte que, no ano-calendário, exceder o limite de receita bruta anual previsto no inciso II do *caput* fica excluída, no mês subsequente à ocorrência do excesso, do tratamento jurídico diferenciado previsto nesta Lei Complementar, incluído o regime de que trata o art. 12, para todos os efeitos legais, ressalvado o disposto nos §§ 9.º-A, 10 e 12.

>> § 9.º com redação determinada pela Lei Complementar n. 139, de 10-11-2011.

§ 9.º-A. Os efeitos da exclusão prevista no § 9.º dar-se-ão no ano-calendário subsequente se o excesso verificado em relação à receita bruta não for superior a 20% (vinte por cento) do limite referido no inciso II do *caput*.

>> § 9.º-A acrescentado pela Lei Complementar n. 139, de 10-11-2011.

§ 10. A empresa de pequeno porte que no decurso do ano-calendário de início de atividade ultrapassar o limite proporcional de receita bruta de que trata o § 2.º estará excluída do tratamento jurídico diferenciado previsto nesta Lei Complementar, bem como do regime de que trata o art. 12 desta Lei Complementar, com efeitos retroativos ao início de suas atividades.

>> § 10 com redação determinada pela Lei Complementar n. 139, de 10-11-2011.

>> *Vide* art. 31, III, *b*, desta Lei Complementar.

§ 11. Na hipótese de o Distrito Federal, os Estados e os respectivos Municípios adotarem um dos limites previstos nos incisos I e II do *caput* do art. 19 e no art. 20, caso a receita bruta auferida pela empresa durante o ano-calendário de início de atividade ultrapasse 1/12 (um doze avos) do limite estabelecido multiplicado pelo número de meses de funcionamento nesse período, a empresa não poderá recolher o ICMS e o ISS na forma do Simples Nacional, relativos ao estabelecimento localizado na unidade da federação que os houver adotado, com efeitos retroativos ao início de suas atividades.

>> § 11 com redação determinada pela Lei Complementar n. 139, de 10-11-2011.

§ 12. A exclusão de que trata o § 10 não retroagirá ao início das atividades se o excesso verificado em relação à receita bruta não for superior a 20% (vinte por cento) do respectivo limite referido naquele parágrafo, hipótese em que os efeitos da exclusão dar-se-ão no ano-calendário subsequente.

>> § 12 com redação determinada pela Lei Complementar n. 139, de 10-11-2011.

§ 13. O impedimento de que trata o § 11 não retroagirá ao início das atividades se o excesso verificado em relação à receita bruta não for superior a 20% (vinte por cento) dos respectivos limites referidos naquele parágrafo, hipótese em que os efeitos do impedimento ocorrerão no ano-calendário subsequente.

>> § 13 acrescentado pela Lei Complementar n. 139, de 10-11-2011.

§ 14. Para fins de enquadramento como microempresa ou empresa de pequeno porte, poderão ser auferidas receitas no mercado interno até o limite previsto no inciso II do *caput* ou no § 2.º, conforme o caso, e, adicionalmente, receitas decorrentes da exportação de mercadorias ou serviços, inclusive quando realizada por meio de comercial exportadora ou da sociedade de propósito específico prevista no art. 56 desta Lei Complementar, desde que as receitas de exportação também não excedam os referidos limites de receita bruta anual.

>> § 14 com redação determinada pela Lei Complementar n. 147, de 7-8-2014.

§ 15. Na hipótese do § 14, para fins de determinação da alíquota de que trata o § 1.º do art. 18, da base de cálculo prevista em seu § 3.º e das majorações de alíquotas previstas em seus §§ 16, 16-A, 17 e 17-A, serão consideradas separadamente as receitas brutas auferidas no mercado interno e aquelas decorrentes da exportação.

>> § 15 com redação determinada pela Lei Complementar n. 147, de 7-8-2014.

§ 16. O disposto neste artigo será regulamentado por resolução do CGSN.

>> § 16 acrescentado pela Lei Complementar n. 147, de 7-8-2014.

§ 17. (*Vetado.*)

>> § 17 acrescentado pela Lei Complementar n. 155, de 27-10-2016.

§ 18. (*Vetado.*)

>> § 18 acrescentado pela Lei Complementar n. 155, de 27-10-2016.

Art. 3.º-A. Aplica-se ao produtor rural pessoa física e ao agricultor familiar conceituado na Lei n. 11.326, de 24 de julho de 2006, com situação regular na Previdência Social e no Município que tenham auferido receita bruta anual até o limite de que trata o inciso II do *caput* do art. 3.º o disposto nos arts. 6.º e 7.º, nos Capítulos V a X, na Seção IV do Capítulo XI e no Capítulo XII desta Lei Complementar, ressalvadas as disposições da Lei n. 11.718, de 20 de junho de 2008.

>> *Caput* acrescentado pela Lei Complementar n. 147, de 7-8-2014.

Parágrafo único. A equiparação de que trata o *caput* não se aplica às disposições do Capítulo IV desta Lei Complementar.

>> Parágrafo único acrescentado pela Lei Complementar n. 147, de 7-8-2014.

Art. 3.º-B. Os dispositivos desta Lei Complementar, com exceção dos dispostos no Capítulo IV, são aplicáveis a todas as microempresas e empresas de pequeno porte, assim definidas pelos incisos I e II do *caput* e § 4.º do art. 3.º, ainda que não enquadradas no regime tributário do Simples Nacional, por vedação ou por opção.

>> Artigo acrescentado pela Lei Complementar n. 147, de 7-8-2014.

Capítulo III
DA INSCRIÇÃO E DA BAIXA

> A Instrução Normativa n. 1.470, de 30-5-2014, da Secretaria da Receita Federal do Brasil, dispõe sobre o cadastro nacional da pessoa jurídica (CNPJ).

Art. 4.º Na elaboração de normas de sua competência, os órgãos e entidades envolvidos na abertura e fechamento de empresas, dos 3 (três) âmbitos de governo, deverão considerar a unicidade do processo de registro e de legalização de empresários e de pessoas jurídicas, para tanto devendo articular as competências próprias com aquelas dos demais membros, e buscar, em conjunto, compatibilizar e integrar procedimentos, de modo a evitar a duplicidade de exigências e garantir a linearidade do processo, da perspectiva do usuário.

§ 1.º O processo de abertura, registro, alteração e baixa da microempresa e empresa de pequeno porte, bem como qualquer exigência para o início de seu funcionamento, deverão ter trâmite especial e simplificado, preferencialmente eletrônico, opcional para o empreendedor, observado o seguinte:

>> § 1.º com redação determinada pela Lei Complementar n. 147, de 7-8-2014.

I – poderão ser dispensados o uso da firma, com a respectiva assinatura autógrafa, o capital, requerimentos, demais assinaturas, informações relativas ao estado civil e regime de bens, bem como remessa de documentos, na forma estabelecida pelo CGSIM; e

>> Inciso I acrescentado pela Lei Complementar n. 139, de 10-11-2011.

II – (*Revogado pela Lei Complementar n. 147, de 7-8-2014.*)

> A Resolução n. 16, de 17-12-2009, do Comitê para Gestão da Rede Nacional para a Simplificação do Registro e da Legalização de Empresas e Negócios – CGSIM, dispõe sobre o procedimento especial para o registro e legalização do Microempreendedor Individual.

§ 2.º (*Revogado pela Lei Complementar n. 139, de 10-11-2011.*)

§ 3.º Ressalvado o disposto nesta Lei Complementar, ficam reduzidos a 0 (zero) todos os custos, inclusive prévios, relativos à abertura, à inscrição, ao registro, ao funcionamento, ao alvará, à licença, ao cadastro, às alterações e procedimentos de baixa e encerramento e aos demais itens relativos ao Microempreendedor Individual, incluindo os valores referentes a taxas, a emolumentos e a demais contribuições relativas aos órgãos de registro, de licenciamento, sindicais, de regulamentação, de anotação de responsabilidade técnica, de vistoria e de fiscalização do exercício de profissões regulamentadas.

>> § 3.º com redação determinada pela Lei Complementar n. 147, de 7-8-2014.

§ 3.º-A. O agricultor familiar, definido conforme a Lei n. 11.326, de 24 de julho de 2006, e identificado pela Declaração de Aptidão ao Pronaf – DAP física ou jurídica, bem como o MEI e o empreendedor de economia solidária ficam isentos de taxas e outros valores relativos à fiscalização da vigilância sanitária.

>> § 3.º-A acrescentado pela Lei Complementar n. 147, de 7-8-2014.

§ 4.º No caso do MEI, de que trata o art. 18-A desta Lei Complementar, a cobrança associativa ou oferta de serviços privados relativos aos atos de que trata o § 3.º deste artigo somente poderá ser efetuada a partir de demanda prévia do próprio MEI, firmado por meio de contrato com assinatura autógrafa, observando-se que:

>> § 4.º, *caput*, acrescentado pela Lei Complementar n. 147, de 7-8-2014.

I – para a emissão de boletos de cobrança, os bancos públicos e privados deverão exigir das instituições sindicais e associativas autorização prévia específica a ser emitida pelo CGSIM;

>> Inciso I acrescentado pela Lei Complementar n. 147, de 7-8-2014.

II – o desrespeito ao disposto neste parágrafo configurará vantagem ilícita pelo induzimento ao erro em prejuízo do MEI, aplicando-se as sanções previstas em lei.

>> Inciso II acrescentado pela Lei Complementar n. 147, de 7-8-2014.

§ 5.º (*Vetado.*)

>> § 5.º acrescentado pela Lei Complementar n. 147, de 7-8-2014.

§ 6.º Na ocorrência de fraude no registro do Microempreendedor Individual – MEI feito por terceiros, o pedido de baixa deve ser feito por meio exclusivamente eletrônico, com efeitos retroativos à data de registro, na forma a ser regulamentada pelo CGSIM, não sendo aplicáveis os efeitos do § 1.º do art. 29 desta Lei Complementar.

>> § 6.º acrescentado pela Lei Complementar n. 155, de 27-10-2016.

Art. 5.º Os órgãos e entidades envolvidos na abertura e fechamento de empresas, dos 3 (três) âmbitos de governo, no âmbito de suas atribuições, deverão manter à disposição dos usuários, de forma presencial e pela rede mundial de computadores, informações, orientações e instrumentos, de forma integrada e consolidada, que permitam pesquisas prévias às etapas de registro ou inscrição, alteração e baixa de empresários e pessoas jurídicas, de modo a prover ao usuário certeza quanto à documentação exigível e quanto à viabilidade do registro ou inscrição.

Parágrafo único. As pesquisas prévias à elaboração de ato constitutivo ou de sua alteração deverão bastar a que o usuário seja informado pelos órgãos e entidades competentes:

I – da descrição oficial do endereço de seu interesse e da possibilidade de exercício da atividade desejada no local escolhido;

II – de todos os requisitos a serem cumpridos para obtenção de licenças de autorização de funcionamento, segundo a atividade pretendida, o porte, o grau de risco e a localização; e

III – da possibilidade de uso do nome empresarial de seu interesse.

Art. 6.º Os requisitos de segurança sanitária, metrologia, controle ambiental e prevenção contra incêndios, para os fins de registro e legalização de empresários e pessoas jurídicas, deverão ser simplificados, racionalizados e uniformizados pelos órgãos envolvidos na abertura e fechamento de empresas, no âmbito de suas competências.

§ 1.º Os órgãos e entidades envolvidos na abertura e fechamento de empresas que sejam responsáveis pela emissão de licenças e autorizações de funcionamento somente realizarão vistorias após o início de operação do estabelecimento, quando a atividade, por sua natureza, comportar grau de risco compatível com esse procedimento.

§ 2.º Os órgãos e entidades competentes definirão, em 6 (seis) meses, contados da publicação desta Lei Complementar, as atividades cujo grau de risco seja considerado alto e que exigirão vistoria prévia.

§ 3.º Na falta de legislação estadual, distrital ou municipal específica relativa à definição do grau de risco da atividade aplicar-se-á resolução do CGSIM.

>> § 3.º acrescentado pela Lei Complementar n. 147, de 7-8-2014.

§ 4.º A classificação de baixo grau de risco permite ao empresário ou à pessoa jurídica a obtenção do licenciamento de atividade mediante o simples fornecimento de dados e a substituição da comprovação prévia do cumprimento de exigências e restrições por declarações do titular ou responsável.

>> § 4.º acrescentado pela Lei Complementar n. 147, de 7-8-2014.

§ 5.º O disposto neste artigo não é impeditivo da inscrição fiscal.

>> § 5.º acrescentado pela Lei Complementar n. 147, de 7-8-2014.

Art. 7.º Exceto nos casos em que o grau de risco da atividade seja considerado alto, os Municípios emitirão Alvará de Funcionamento Provisório, que permitirá o início de operação do estabelecimento imediatamente após o ato de registro.

Parágrafo único. Nos casos referidos no *caput* deste artigo, poderá o Município conceder Alvará de Funcionamento Provisório para o microempreendedor individual, para microempresas e para empresas de pequeno porte:

>> Parágrafo único, *caput*, acrescentado pela Lei Complementar n. 128, de 19-12-2008.

I – instaladas em área ou edificação desprovidas de regulação fundiária e imobiliária, inclusive habite-se; ou

>> Inciso I com redação determinada pela Lei Complementar n. 147, de 7-8-2014.

II – em residência do microempreendedor individual ou do titular ou sócio da microempresa ou empresa de pequeno porte, na hipótese em que a atividade não gere grande circulação de pessoas.

>> Inciso II acrescentado pela Lei Complementar n. 128, de 19-12-2008.

Art. 8.º Será assegurado aos empresários e pessoas jurídicas:

>> *Caput* com redação determinada pela Lei Complementar n. 147, de 7-8-2014.

I – entrada única de dados e documentos;

>> Inciso I acrescentado pela Lei Complementar n. 147, de 7-8-2014.

II – processo de registro e legalização integrado entre os órgãos e entes envolvidos, por meio de sistema informatizado que garanta:

>> Inciso II, *caput*, acrescentado pela Lei Complementar n. 147, de 7-8-2014.

a) sequenciamento das seguintes etapas: consulta prévia de nome empresarial e de viabilidade de localização, registro empresarial, inscrições fiscais e licenciamento de atividade;

>> Alínea *a* acrescentada pela Lei Complementar n. 147, de 7-8-2014.

b) criação da base nacional cadastral única de empresas;

>> Alínea *b* acrescentada pela Lei Complementar n. 147, de 7-8-2014.

III – identificação nacional cadastral única que corresponderá ao número de inscrição no Cadastro Nacional de Pessoas Jurídicas – CNPJ.

>> Inciso III acrescentado pela Lei Complementar n. 147, de 7-8-2014.

§ 1.º O sistema de que trata o inciso II do *caput* deve garantir aos órgãos e entidades integrados:

>> § 1.º acrescentado pela Lei Complementar n. 147, de 7-8-2014.

I – compartilhamento irrestrito dos dados da base nacional única de empresas;

>> Inciso I acrescentado pela Lei Complementar n. 147, de 7-8-2014.

II – autonomia na definição das regras para comprovação do cumprimento de exigências nas respectivas etapas do processo.

>> Inciso II acrescentado pela Lei Complementar n. 147, de 7-8-2014.

§ 2.º A identificação nacional cadastral única substituirá para todos os efeitos as demais inscrições, sejam elas federais, estaduais ou municipais, após a implantação do sistema a que se refere o inciso II do *caput*, no prazo e na forma estabelecidos pelo CGSIM.

>> § 2.º acrescentado pela Lei Complementar n. 147, de 7-8-2014.

§ 3.º É vedado aos órgãos e entidades integrados ao sistema informatizado de que trata o inciso II do *caput* o estabelecimento de exigências não previstas em lei.

>> § 3.º acrescentado pela Lei Complementar n. 147, de 7-8-2014.

§ 4.º A coordenação do desenvolvimento e da implantação do sistema de que trata o inciso II do *caput* ficará a cargo do CGSIM.

>> § 4.º acrescentado pela Lei Complementar n. 147, de 7-8-2014.

Art. 9.º O registro dos atos constitutivos, de suas alterações e extinções (baixas), referentes a empresários e pessoas jurídicas em qualquer órgão dos 3 (três) âmbitos de governo ocorrerá independentemente da regularidade de obrigações tributárias, previdenciárias ou trabalhistas, principais ou acessórias, do empresário, da sociedade, dos sócios, dos administradores ou de empresas de que participem, sem prejuízo das responsabilidades do empresário, dos titulares, dos sócios ou dos administradores por tais obrigações, apuradas antes ou após o ato de extinção.

>> *Caput* acrescentado pela Lei Complementar n. 147, de 7-8-2014.

§ 1.º O arquivamento, nos órgãos de registro, dos atos constitutivos de empresários, de sociedades empresárias e de demais equiparados que se enquadrarem como microempresa ou empresa de pequeno porte bem como o arquivamento de suas alterações são dispensados das seguintes exigências:

I – certidão de inexistência de condenação criminal, que será substituída por declaração do titular ou administrador, firmada sob as penas da lei, de não estar impedido de exercer atividade mercantil ou a administração de sociedade, em virtude de condenação criminal;

II – prova de quitação, regularidade ou inexistência de débito referente a tributo ou contribuição de qualquer natureza.

§ 2.º Não se aplica às microempresas e às empresas de pequeno porte o disposto no § 2.º do art. 1.º da Lei n. 8.906, de 4 de julho de 1994.

§ 3.º (*Revogado pela Lei Complementar n. 147, de 7-8-2014.*)

§ 4.º A baixa do empresário ou da pessoa jurídica não impede que, posteriormente, sejam lançados ou cobrados tributos, contribuições e respectivas penalidades, decorrentes da falta do cumprimento de obrigações ou da prática comprovada e apurada em processo administrativo ou judicial de outras irregularidades praticadas pelos empresários, pelas pessoas jurídicas ou por seus titulares, sócios ou administradores.

>> § 4.º com redação determinada pela Lei Complementar n. 147, de 7-8-2014.

§ 5.º A solicitação de baixa do empresário ou da pessoa jurídica importa responsabilidade solidária dos empresários, dos titulares, dos sócios e dos administradores no período da ocorrência dos respectivos fatos geradores.

>> § 5.º com redação determinada pela Lei Complementar n. 147, de 7-8-2014.

§ 6.º Os órgãos referidos no *caput* deste artigo terão o prazo de 60 (sessenta) dias para efetivar a baixa nos respectivos cadastros.

>> § 6.º acrescentado pela Lei Complementar n. 128, de 19-12-2008.

§ 7.º Ultrapassado o prazo previsto no § 6.º deste artigo sem manifestação do órgão competente, presumir-se-á a baixa dos registros das microempresas e a das empresas de pequeno porte.

>> § 7.º acrescentado pela Lei Complementar n. 128, de 19-12-2008.

§§ 8.º a 12. (*Revogados pela Lei Complementar n. 147, de 7-8-2014.*)

Art. 10. Não poderão ser exigidos pelos órgãos e entidades envolvidos na abertura e fechamento de empresas, dos 3 (três) âmbitos de governo:

I – excetuados os casos de autorização prévia, quaisquer documentos adicionais aos requeridos pelos órgãos executores do Registro Público de Empresas Mercantis e Atividades Afins e do Registro Civil de Pessoas Jurídicas;

> A Lei n. 8.934, de 18-11-1994, dispõe sobre o Registro Público de Empresas Mercantis e Atividades Afins e dá outras providências.

II – documento de propriedade ou contrato de locação do imóvel onde será instalada a sede, filial ou outro estabelecimento, salvo para comprovação do endereço indicado;

III – comprovação de regularidade de prepostos dos empresários ou pessoas jurídicas com seus órgãos de classe, sob qualquer forma, como requisito para deferimento de ato de inscrição, alteração ou baixa de empresa, bem como para autenticação de instrumento de escrituração.

Art. 11. Fica vedada a instituição de qualquer tipo de exigência de natureza documental ou formal, restritiva ou condicionante, pelos órgãos envolvidos na abertura e fechamento de empresas, dos 3 (três) âmbitos de governo, que exceda o estrito limite dos requisitos pertinentes à essência do ato de registro, alteração ou baixa da empresa.

Capítulo IV
DOS TRIBUTOS E CONTRIBUIÇÕES

Seção I
Da Instituição e Abrangência

Art. 12. Fica instituído o Regime Especial Unificado de Arrecadação de Tributos e Contribuições devidos pelas Microempresas e Empresas de Pequeno Porte – Simples Nacional.

>> A Resolução n. 140, do CGSN, dispõe sobre o Regime Especial Unificado de Arrecadação de Tributos e Contribuições devidos pelas Microempresas e Empresas de Pequeno Porte (Simples Nacional).

> *Vide* art. 146, III, *d*, e parágrafo único da CF.

> A Lei n. 11.488, de 15-6-2007, cria o Regime Especial de Incentivos para o Desenvolvimento da Infraestrutura – REIDI e dá outras providências.

Parágrafo único. (*Vetado.*)

>> Parágrafo único acrescentado pela Lei Complementar n. 155, de 27-10-2016.

Art. 13. O Simples Nacional implica o recolhimento mensal, mediante documento único de arrecadação, dos seguintes impostos e contribuições:

I – Imposto sobre a Renda da Pessoa Jurídica – IRPJ;

>> *Vide* Súmula 184 do STJ.

II – Imposto sobre Produtos Industrializados – IPI, observado o disposto no inciso XII do § 1.º deste artigo;

III – Contribuição Social sobre o Lucro Líquido – CSLL;

IV – Contribuição para o Financiamento da Seguridade Social – COFINS, observado o disposto no inciso XII do § 1.º deste artigo;

V – Contribuição para o PIS/Pasep, observado o disposto no inciso XII do § 1.º deste artigo;

VI – Contribuição Patronal Previdenciária – CPP para a Seguridade Social, a cargo da pessoa jurídica, de que trata o art. 22 da Lei n. 8.212, de 24 de julho de 1991, exceto no caso da microempresa e da empresa de pequeno porte que se dediquem às atividades de prestação de serviços referidas no § 5.º-C do art. 18 desta Lei Complementar;

>> Inciso VI com redação determinada pela Lei Complementar n. 128, de 19-12-2008.

> A Lei n. 8.212, de 24-7-1991, dispõe sobre a organização da Seguridade Social, institui plano de custeio, e dá outras providências.

> *Vide* Súmula 425 do STJ.

VII – Imposto sobre Operações Relativas à Circulação de Mercadorias e Sobre Prestações de Serviços de Transporte Interestadual e Intermunicipal e de Comunicação – ICMS;

> *Vide* art. 18-A, § 3.º, V, *b*, desta Lei Complementar.

VIII – Imposto sobre Serviços de Qualquer Natureza – ISS.

> *Vide* art. 18-A, § 3.º, V, *c*, desta Lei Complementar.

§ 1.º O recolhimento na forma deste artigo não exclui a incidência dos seguintes impostos ou contribuições, devidos na qualidade de contribuinte ou responsável, em relação aos quais será observada a legislação aplicável às demais pessoas jurídicas:

> *Vide* art. 18-A, § 3.º, VI, desta Lei Complementar.

I – Imposto sobre Operações de Crédito, Câmbio e Seguro, ou Relativas a Títulos ou Valores Mobiliários – IOF;

II – Imposto sobre a Importação de Produtos Estrangeiros – II;

III – Imposto sobre a Exportação, para o Exterior, de Produtos Nacionais ou Nacionalizados – IE;

IV – Imposto sobre a Propriedade Territorial Rural – ITR;

>> Inciso IV com redação determinada pela Lei Complementar n. 128, de 19-12-2008.

V – Imposto de Renda, relativo aos rendimentos ou ganhos líquidos auferidos em aplicações de renda fixa ou variável;

VI – Imposto de Renda relativo aos ganhos de capital auferidos na alienação de bens do ativo permanente;

VII – Contribuição Provisória sobre Movimentação ou Transmissão de Valores e de Créditos e Direitos de Natureza Financeira – CPMF;

VIII – Contribuição para o Fundo de Garantia do Tempo de Serviço – FGTS;

IX – Contribuição para manutenção da Seguridade Social, relativa ao trabalhador;

X – Contribuição para a Seguridade Social, relativa à pessoa do empresário, na qualidade de contribuinte individual;

> *Vide* art. 18-A, § 3.º, IV, desta Lei Complementar.

XI – Imposto de Renda relativo aos pagamentos ou créditos efetuados pela pessoa jurídica a pessoas físicas;

XII – Contribuição para o PIS/Pasep, Cofins e IPI incidentes na importação de bens e serviços;

XIII – ICMS devido:

a) nas operações sujeitas ao regime de substituição tributária, tributação concentrada em uma única etapa (monofásica) e sujeitas ao regime de antecipação do recolhimento do imposto com encerramento de tributação, envolvendo combustíveis e lubrificantes; energia elétrica; cigarros e outros produtos derivados do fumo; bebidas; óleos e azeites vegetais comestíveis; farinha de trigo e misturas de farinha de trigo; massas alimentícias; açúcares; produtos lácteos; carnes e suas preparações; preparações à base de cereais; chocolates; produtos de padaria e da indústria de bolachas e biscoitos; sorvetes e preparados para fabricação de sorvetes em máquinas; cafés e mates, seus extratos, essências e concentrados; preparações para molhos e molhos preparados; preparações de produtos vegetais; rações para animais domésticos; veículos automotivos e automotores, suas peças, componentes e acessórios; pneumáticos; câmaras de ar e protetores de borracha; medicamentos e outros produtos farmacêuticos para uso humano ou veterinário; cosméticos; produtos de perfumaria e de higiene pessoal; papéis; plásticos; canetas e malas; cimentos; cal e argamassas; produtos cerâmicos; vidros; obras de metal e plástico para construção; telhas e caixas d'água; tintas e vernizes; produtos eletrônicos, eletroeletrônicos e eletrodomésticos; fios; cabos e outros condutores; transformadores elétricos e reatores; disjuntores; interruptores e tomadas; isoladores; para-raios e lâmpadas; máquinas e aparelhos de ar-condicionado; centrifugadores de uso doméstico; aparelhos e instrumentos de pesagem de uso doméstico; extintores; aparelhos ou máquinas de barbear; máquinas de cortar o cabelo ou de tosquiar; aparelhos de depilar, com motor elétrico incorporado; aquecedores elétricos de água para uso doméstico e termômetros; ferramentas; álcool etílico; sabões em pó e líquidos para roupas; detergentes; alvejantes; esponjas; palhas de aço e amaciantes de roupas; venda de mercadorias pelo sistema porta a porta; nas operações sujeitas ao regime de substituição tributária pelas operações anteriores; e nas prestações de serviços sujeitas aos regimes de substituição tributária e de antecipação de recolhimento do imposto com encerramento de tributação;

>> Alínea *a* com redação determinada pela Lei Complementar n. 147, de 7-8-2014, produzindo efeitos a partir de 1.º-1-2016 (*DOU* de 8-8-2014).

b) por terceiro, a que o contribuinte se ache obrigado, por força da legislação estadual ou distrital vigente;

c) na entrada, no território do Estado ou do Distrito Federal, de petróleo, inclusive lubrificantes e combustíveis líquidos e gasosos dele derivados, bem como energia elétrica, quando não destinados à comercialização ou industrialização;

d) por ocasião do desembaraço aduaneiro;

e) na aquisição ou manutenção em estoque de mercadoria desacobertada de documento fiscal;

f) na operação ou prestação desacobertada de documento fiscal;

g) nas operações com bens ou mercadorias sujeitas ao regime de antecipação do recolhimento do imposto, nas aquisições em outros Estados e Distrito Federal:

1. com encerramento da tributação, observado o disposto no inciso IV do § 4.º do art. 18 desta Lei Complementar;

2. sem encerramento da tributação, hipótese em que será cobrada a diferença entre a alíquota interna e a interestadual, sendo vedada a agregação de qualquer valor;

>> Alínea *g* com redação determinada pela Lei Complementar n. 128, de 19-12-2008.

h) nas aquisições em outros Estados e no Distrito Federal de bens ou mercadorias, não sujeitas ao regime de antecipação do recolhimento do imposto, relativo à diferença entre a alíquota interna e a interestadual;

>> Alínea *h* acrescentada pela Lei Complementar n. 128, de 19-12-2008.

XIV – ISS devido:

a) em relação aos serviços sujeitos à substituição tributária ou retenção na fonte;

b) na importação de serviços;

XV – demais tributos de competência da União, dos Estados, do Distrito Federal ou dos Municípios, não relacionados nos incisos anteriores.

§ 1.º-A. Os valores repassados aos profissionais de que trata a Lei n. 12.592, de 18 de janeiro de 2012, contratados por meio de parceria, nos termos da legislação civil, não integrarão a receita bruta da empresa contratante para fins de tributação, cabendo ao contratante a retenção e o recolhimento dos tributos devidos pelo contratado.

>> § 1.º-A acrescentado pela Lei Complementar n. 155, de 27-10-2016.

§ 2.º Observada a legislação aplicável, a incidência do imposto de renda na fonte, na hipótese do inciso V do § 1.º deste artigo, será definitiva.

§ 3.º As microempresas e empresas de pequeno porte optantes pelo Simples Nacional ficam dispensadas do pagamento das demais contribuições instituídas pela União, inclusive as contribuições para as entidades privadas de serviço social e de formação profissional vinculadas ao sistema sindical, de que trata o art. 240 da Constituição Federal, e demais entidades de serviço social autônomo.

> *Vide* art. 18-A, § 3.º, VI, desta Lei Complementar.

§ 4.º (*Vetado.*)

§ 5.º A diferença entre a alíquota interna e a interestadual de que tratam as alíneas *g* e *h* do inciso XIII do § 1.º deste artigo será calculada tomando-se por base as alíquotas aplicáveis às pessoas jurídicas não optantes pelo Simples Nacional.

>> § 5.º acrescentado pela Lei Complementar n. 128, de 19-12-2008.

§ 6.º O Comitê Gestor do Simples Nacional:

>> § 6.º, *caput*, acrescentado pela Lei Complementar n. 128, de 19-12-2008.

I – disciplinará a forma e as condições em que será atribuída à microempresa ou empresa de pequeno porte optante pelo Simples Nacional a qualidade de substituta tributária; e

>> Inciso I acrescentado pela Lei Complementar n. 128, de 19-12-2008.

II – poderá disciplinar a forma e as condições em que será estabelecido o regime de antecipação do ICMS previsto na alínea *g* do inciso XIII do § 1.º deste artigo.

>> Inciso II acrescentado pela Lei Complementar n. 128, de 19-12-2008.

§ 7.º O disposto na alínea *a* do inciso XIII do § 1.º será disciplinado por convênio celebrado pelos Estados e pelo Distrito Federal, ouvidos o CGSN e os representantes dos segmentos econômicos envolvidos.

>> § 7.º acrescentado pela Lei Complementar n. 147, de 7-8-2014, produzindo efeitos a partir de 1.º-1-2016 (*DOU* de 8-8-2014).

§ 8.º Em relação às bebidas não alcoólicas, massas alimentícias, produtos lácteos, carnes e suas preparações, preparações à base de cereais, chocolates, produtos de padaria e da indústria de bolachas e biscoitos, preparações para molhos e molhos preparados, preparações de produtos vegetais, telhas e outros produtos cerâmicos para construção e detergentes, aplica-se o disposto na alínea *a* do inciso XIII do § 1.º aos fabricados em escala industrial relevante em cada segmento, observado o disposto no § 7.º.

>> § 8.º acrescentado pela Lei Complementar n. 147, de 7-8-2014, produzindo efeitos a partir de 1.º-1-2016 (*DOU* de 8-8-2014).

Art. 13-A. Para efeito de recolhimento do ICMS e do ISS no Simples Nacional, o limite máximo de que trata o inciso II do *caput* do art. 3.º será de R$ 3.600.000,00 (três milhões e seiscentos mil reais), observado o disposto nos §§ 11, 13, 14 e 15 do mesmo artigo, nos §§ 17 e 17-A do art. 18 e no § 4.º do art. 19.

>> Artigo acrescentado pela Lei Complementar n. 155, de 27-10-2016.

Art. 14. Consideram-se isentos do imposto de renda, na fonte e na declaração de ajuste do beneficiário, os valores efetivamente pagos ou distribuídos ao titular ou sócio da microempresa ou empresa de pequeno porte optante pelo Simples Nacional, salvo os que corresponderem a pró-labore, aluguéis ou serviços prestados.

§ 1.º A isenção de que trata o *caput* deste artigo fica limitada ao valor resultante da aplicação dos percentuais de que trata o art. 15 da Lei n. 9.249, de 26 de dezembro de 1995, sobre a receita bruta mensal, no caso de antecipação de fonte, ou da receita bruta total anual, tratando-se de declaração de ajuste, subtraído do valor devido na forma do Simples Nacional no período.

§ 2.º O disposto no § 1.º deste artigo não se aplica na hipótese de a pessoa jurídica manter escrituração contábil e evidenciar lucro superior àquele limite.

Art. 15. (*Vetado.*)

Art. 16. A opção pelo Simples Nacional da pessoa jurídica enquadrada na condição de microempresa e empresa de pequeno porte dar-se-á na forma a ser estabelecida em ato do Comitê Gestor, sendo irretratável para todo o ano-calendário.

>> A Resolução n. 140, do CGSN, dispõe sobre o Regime Especial Unificado de Arrecadação de Tributos e Contribuições devidos pelas Microempresas e Empresas de Pequeno Porte (Simples Nacional).

§ 1.º Para efeito de enquadramento no Simples Nacional, considerar-se-á microempresa ou empresa de pequeno porte aquela cuja receita bruta no ano-calendário anterior ao da opção esteja compreendida dentro dos limites previstos no art. 3.º desta Lei Complementar.

§ 1.º-A. A opção pelo Simples Nacional implica aceitação de sistema de comunicação eletrônica, destinado, dentre outras finalidades, a:

>> § 1.º-A, *caput*, acrescentado pela Lei Complementar n. 139, de 10-11-2011.

I – cientificar o sujeito passivo de quaisquer tipos de atos administrativos, incluídos os relativos ao indeferimento de opção, à exclusão do regime e a ações fiscais;

>> Inciso I acrescentado pela Lei Complementar n. 139, de 10-11-2011.

II – encaminhar notificações e intimações; e

>> Inciso II acrescentado pela Lei Complementar n. 139, de 10-11-2011.

III – expedir avisos em geral.

>> Inciso III acrescentado pela Lei Complementar n. 139, de 10-11-2011.

§ 1.º-B. O sistema de comunicação eletrônica de que trata o § 1.º-A será regulamentado pelo CGSN, observando-se o seguinte:

>> § 1.º-B, *caput*, acrescentado pela Lei Complementar n. 139, de 10-11-2011.

I – as comunicações serão feitas, por meio eletrônico, em portal próprio, dispensando-se a sua publicação no Diário Oficial e o envio por via postal;

>> Inciso I acrescentado pela Lei Complementar n. 139, de 10-11-2011.

II – a comunicação feita na forma prevista no *caput* será considerada pessoal para todos os efeitos legais;

>> Inciso II acrescentado pela Lei Complementar n. 139, de 10-11-2011.

III – a ciência por meio do sistema de que trata o § 1.º-A com utilização de certificação digital ou de código de acesso possuirá os requisitos de validade;

>> Inciso III acrescentado pela Lei Complementar n. 139, de 10-11-2011.

IV – considerar-se-á realizada a comunicação no dia em que o sujeito passivo efetivar a consulta eletrônica ao teor da comunicação; e

>> Inciso IV acrescentado pela Lei Complementar n. 139, de 10-11-2011.

V – na hipótese do inciso IV, nos casos em que a consulta se dê em dia não útil, a comunicação será considerada como realizada no primeiro dia útil seguinte.

>> Inciso V acrescentado pela Lei Complementar n. 139, de 10-11-2011.

§ 1.º-C. A consulta referida nos incisos IV e V do § 1.º-B deverá ser feita em até 45 (quarenta e cinco) dias contados da data da disponibilização da comunicação no portal a que se refere o inciso I do § 1.º-B, ou em prazo superior estipulado pelo CGSN, sob pena de ser considerada automaticamente realizada na data do término desse prazo.

>> § 1.º-C acrescentado pela Lei Complementar n. 139, de 10-11-2011.

§ 1.º-D. Enquanto não editada a regulamentação de que trata o § 1.º-B, os entes federativos poderão utilizar sistemas de comunicação eletrônica, com regras próprias, para as finalidades previstas no § 1.º-A, podendo a referida regulamentação prever a adoção desses sistemas como meios complementares de comunicação.

>> § 1.º-D acrescentado pela Lei Complementar n. 139, de 10-11-2011.

§ 2.º A opção de que trata o *caput* deste artigo deverá ser realizada no mês de janeiro, até o seu último dia útil, produzindo efeitos a partir do primeiro dia do ano-calendário da opção, ressalvado o disposto no § 3.º deste artigo.

§ 3.º A opção produzirá efeitos a partir da data do início de atividade, desde que exercida nos termos, prazo e condições a serem estabelecidos no ato do Comitê Gestor a que se refere o *caput* deste artigo.

§ 4.º Serão consideradas inscritas no Simples Nacional, em 1.º de julho de 2007, as microempresas e empresas de pequeno porte regularmente optantes pelo regime tributário de que trata a Lei n. 9.317, de 5 de dezembro de 1996, salvo as que estiverem impedidas de optar por alguma vedação imposta por esta Lei Complementar.

>> § 4.º com redação determinada pela Lei Complementar n. 127, de 14-8-2007.

>> *Vide* art. 89 desta Lei Complementar.

§ 5.º O Comitê Gestor regulamentará a opção automática prevista no § 4.º deste artigo.

§ 6.º O indeferimento da opção pelo Simples Nacional será formalizado mediante ato da Administração Tributária segundo regulamentação do Comitê Gestor.

Seção II
Das Vedações ao Ingresso no Simples Nacional

Art. 17. Não poderão recolher os impostos e contribuições na forma do Simples Nacional a microempresa ou empresa de pequeno porte:

>> *Caput* com redação determinada pela Lei Complementar n. 167, de 24-4-2019.

I – que explore atividade de prestação cumulativa e contínua de serviços de assessoria creditícia, gestão de crédito, seleção e riscos, administração de contas a pagar e a receber, gerenciamento de ativos (*asset management*) ou compra de direitos creditórios resultantes de vendas mercantis a prazo ou de prestação de serviços (*factoring*) ou que execute operações de empréstimo, de financiamento e de desconto de títulos de crédito, exclusivamente com recursos próprios, tendo como contrapartes microempreendedores individuais, microempresas e empresas de pequeno porte, inclusive sob a forma de empresa simples de crédito;

>> Inciso I com redação determinada pela Lei Complementar n. 167, de 24-4-2019.

II – que tenha sócio domiciliado no exterior;

III – de cujo capital participe entidade da administração pública, direta ou indireta, federal, estadual ou municipal;

IV – (*Revogado pela Lei Complementar n. 128, de 19-12-2008.*);

V – que possua débito com o Instituto Nacional do Seguro Social – INSS, ou com as Fazendas Públicas Federal, Estadual ou Municipal, cuja exigibilidade não esteja suspensa;

> *Vide* art. 31, IV, desta Lei Complementar.

VI – que preste serviço de transporte intermunicipal e interestadual de passageiros, exceto quando na modalidade fluvial ou quando possuir características de transporte urbano ou metropolitano ou realizar-se sob fretamento contínuo em área metropolitana para o transporte de estudantes ou trabalhadores;

>> Inciso VI com redação determinada pela Lei Complementar n. 147, de 7-8-2014.

VII – que seja geradora, transmissora, distribuidora ou comercializadora de energia elétrica;

VIII – que exerça atividade de importação ou fabricação de automóveis e motocicletas;

IX – que exerça atividade de importação de combustíveis;

X – que exerça atividade de produção ou venda no atacado de:

>> Inciso X, *caput*, com redação determinada pela Lei Complementar n. 128, de 19-12-2008.

a) cigarros, cigarrilhas, charutos, filtros para cigarros, armas de fogo, munições e pólvoras, explosivos e detonantes;

>> Alínea *a* acrescentada pela Lei Complementar n. 128, de 19-12-2008.

b) bebidas não alcoólicas a seguir descritas:

>> Alínea *b*, *caput*, com redação determinada pela Lei Complementar n. 155, de 27-10-2016.

1 – (*Revogado pela Lei Complementar n. 155, de 27-10-2016, produzindo efeitos a partir de 1.º-1-2018.*)

2 e 3 – (*Revogados pela Lei Complementar n. 147, de 7-8-2014.*)

4 – cervejas sem álcool;

>> Item 4 acrescentado pela Lei Complementar n. 128, de 19-12-2008.

c) bebidas alcoólicas, exceto aquelas produzidas ou vendidas no atacado por:

>> Alínea *c*, *caput*, acrescentada pela Lei Complementar n. 155, de 27-10-2016.

1 – micro e pequenas cervejarias;

>> Item 1 acrescentado pela Lei Complementar n. 155, de 27-10-2016.

2 – micro e pequenas vinícolas;

>> Item 2 acrescentado pela Lei Complementar n. 155, de 27-10-2016.

3 – produtores de licores;

>> Item 3 acrescentado pela Lei Complementar n. 155, de 27-10-2016.

4 – micro e pequenas destilarias;

>> Item 4 acrescentado pela Lei Complementar n. 155, de 27-10-2016.

XI – (*Revogado pela Lei Complementar n. 147, de 7-8-2014.*);

XII – que realize cessão ou locação de mão de obra;

> *Vide* art. 18, § 5.º-H, desta Lei Complementar.

XIII – (*Revogado pela Lei Complementar n. 147, de 7-8-2014.*);

XIV – que se dedique ao loteamento e à incorporação de imóveis;

XV – que realize atividade de locação de imóveis próprios, exceto quando se referir a prestação de serviços tributados pelo ISS;

>> Inciso XV com redação determinada pela Lei Complementar n. 139, de 10-11-2011.

XVI – com ausência de inscrição ou com irregularidade em cadastro fiscal federal, municipal ou estadual, quando exigível.

>> Inciso XVI acrescentado pela Lei Complementar n. 139, de 10-11-2011.

§ 1.º As vedações relativas a exercício de atividades previstas no *caput* deste artigo não se aplicam às pessoas jurídicas que se dediquem exclusivamente às atividades referidas nos §§ 5.º-B a 5.º-E do art. 18 desta Lei Complementar, ou as exerçam em conjunto com outras atividades que não tenham sido objeto de vedação no *caput* deste artigo.

>> § 1.º, *caput*, com redação determinada pela Lei Complementar n. 128, de 19-12-2008.

I a XXI – (*Revogados pela Lei Complementar n. 128, de 19-12-2008.*);

XXII – (*Vetado.*);

XXIII a XXVII – (*Revogados pela Lei Complementar n. 128, de 19-12-2008.*);

XXVIII – (*Vetado.*)

§ 2.º Também poderá optar pelo Simples Nacional a microempresa ou empresa de pequeno porte que se dedique à prestação de outros serviços que não tenham sido objeto de vedação expressa neste artigo, desde que não incorra em nenhuma das hipóteses de vedação previstas nesta Lei Complementar.

>> § 2.º com redação determinada pela Lei Complementar n. 127, de 14-8-2007.

§ 3.º (*Vetado.*)

§ 4.º Na hipótese do inciso XVI do *caput*, deverá ser observado, para o MEI, o disposto no art. 4.º desta Lei Complementar.

>> § 4.º acrescentado pela Lei Complementar n. 139, de 10-11-2011.

§ 5.º As empresas que exerçam as atividades previstas nos itens da alínea *c* do inciso X do *caput* deste artigo deverão obrigatoriamente ser registradas no Ministério da Agricultura, Pecuária e Abastecimento e obedecerão também à regulamentação da Agência Nacional de Vigilância Sanitária e da Secretaria da Receita Federal do Brasil quanto à produção e à comercialização de bebidas alcoólicas.

>> § 5.º acrescentado pela Lei Complementar n. 155, de 27-10-2016.

Seção III
Das Alíquotas e Base de Cálculo

Art. 18. O valor devido mensalmente pela microempresa ou empresa de pequeno porte optante pelo Simples Nacional será determinado mediante aplicação das alíquotas efetivas, calculadas a partir das alíquotas nominais constantes das tabelas dos Anexos I a V desta Lei Complementar, sobre a base de cálculo de que trata o § 3.º deste artigo, observado o disposto no § 15 do art. 3.º.

>> *Caput* com redação determinada pela Lei Complementar n. 155, de 27-10-2016.

§ 1.º Para efeito de determinação da alíquota nominal, o sujeito passivo utilizará a receita bruta acumulada nos doze meses anteriores ao do período de apuração.

>> § 1.º com redação determinada pela Lei Complementar n. 155, de 27-10-2016.

§ 1.º-A. A alíquota efetiva é o resultado de: $\frac{RBT12 x Aliq - PD}{RBT12}$, em que:

>> § 1.º-A, *caput*, acrescentado pela Lei Complementar n. 155, de 27-10-2016.

I – RBT12: receita bruta acumulada nos doze meses anteriores ao período de apuração;

>> Inciso I acrescentado pela Lei Complementar n. 155, de 27-10-2016.

II – Aliq: alíquota nominal constante dos Anexos I a V desta Lei Complementar;

>> Inciso II acrescentado pela Lei Complementar n. 155, de 27-10-2016.

III – PD: parcela a deduzir constante dos Anexos I a V desta Lei Complementar.

>> Inciso III acrescentado pela Lei Complementar n. 155, de 27-10-2016.

§ 1.º-B. Os percentuais efetivos de cada tributo serão calculados a partir da alíquota efetiva, multiplicada pelo percentual de repartição constante dos Anexos I a V desta Lei Complementar, observando-se que:

>> § 1.º-B, *caput*, acrescentado pela Lei Complementar n. 155, de 27-10-2016.

I – o percentual efetivo máximo destinado ao ISS será de 5% (cinco por cento), transferindo-se eventual diferença, de forma proporcional, aos tributos federais da mesma faixa de receita bruta anual;

>> Inciso I acrescentado pela Lei Complementar n. 155, de 27-10-2016.

II – eventual diferença centesimal entre o total dos percentuais e a alíquota efetiva será transferida para o tributo com maior percentual de repartição na respectiva faixa de receita bruta.

>> Inciso II acrescentado pela Lei Complementar n. 155, de 27-10-2016.

§ 1.º-C. Na hipótese de transformação, extinção, fusão ou sucessão dos tributos referidos nos incisos IV e V do art. 13, serão mantidas as alíquotas nominais e efetivas previstas neste artigo e nos Anexos I a V desta Lei Complementar, e lei ordinária disporá sobre a repartição dos valores arrecadados para os tributos federais, sem alteração no total dos percentuais de repartição a eles devidos, e mantidos os percentuais de repartição destinados ao ICMS e ao ISS.

>> § 1.º-C acrescentado pela Lei Complementar n. 155, de 27-10-2016.

§ 2.º Em caso de início de atividade, os valores de receita bruta acumulada constantes dos Anexos I a V desta Lei Complementar devem ser proporcionalizados ao número de meses de atividade no período.

>> § 2.º com redação determinada pela Lei Complementar n. 155, de 27-10-2016.

§ 3.º Sobre a receita bruta auferida no mês incidirá a alíquota efetiva determinada na forma do *caput* e dos §§ 1.º, 1.º-A e 2.º deste artigo, podendo tal incidência se dar, à opção do contribuinte, na forma regulamentada pelo Comitê Gestor, sobre a receita recebida no mês, sendo essa opção irretratável para todo o ano-calendário.

>> § 3.º com redação determinada pela Lei Complementar n. 155, de 27-10-2016.

§ 4.º O contribuinte deverá considerar, destacadamente, para fim de pagamento, as receitas decorrentes da:

>> § 4.º, *caput*, com redação determinada pela Lei Complementar n. 147, de 7-8-2014.

I – revenda de mercadorias, que serão tributadas na forma do Anexo I desta Lei Complementar;

>> Inciso I com redação determinada pela Lei Complementar n. 147, de 7-8-2014.

>> A Lei n. 13.097, de 19-1-2015, propôs nova redação para este inciso I, todavia a alteração sofreu veto presidencial.

II – venda de mercadorias industrializadas pelo contribuinte, que serão tributadas na forma do Anexo II desta Lei Complementar;

>> Inciso II com redação determinada pela Lei Complementar n. 147, de 7-8-2014.

III – prestação de serviços de que trata o § 5.º-B deste artigo e dos serviços vinculados à locação de bens imóveis e corretagem de imóveis desde que observado o disposto no inciso XV do art. 17, que serão tributados na forma do Anexo III desta Lei Complementar;

>> Inciso III com redação determinada pela Lei Complementar n. 147, de 7-8-2014.

IV – prestação de serviços de que tratam os §§ 5.º-C a 5.º-F e 5.º-I deste artigo, que serão tributadas na forma prevista naqueles parágrafos;

>> Inciso IV com redação determinada pela Lei Complementar n. 147, de 7-8-2014.

V – locação de bens móveis, que serão tributadas na forma do Anexo III desta Lei Complementar, deduzida a parcela correspondente ao ISS;

>> Inciso V com redação determinada pela Lei Complementar n. 147, de 7-8-2014.

VI – atividade com incidência simultânea de IPI e de ISS, que serão tributadas na forma do Anexo II desta Lei Complementar, deduzida a parcela correspondente ao ICMS e acrescida a parcela correspondente ao ISS prevista no Anexo III desta Lei Complementar;

>> Inciso VI acrescentado pela Lei Complementar n. 147, de 7-8-2014.

VII – comercialização de medicamentos e produtos magistrais produzidos por manipulação de fórmulas:

>> Inciso VII, *caput*, acrescentado pela Lei Complementar n. 147, de 7-8-2014.

a) sob encomenda para entrega posterior ao adquirente, em caráter pessoal, mediante prescrições de profissionais habilitados ou indicação pelo farmacêutico, produzidos no próprio estabelecimento após o atendimento inicial, que serão tributadas na forma do Anexo III desta Lei Complementar;

>> Alínea *a* acrescentada pela Lei Complementar n. 147, de 7-8-2014.

b) nos demais casos, quando serão tributadas na forma do Anexo I desta Lei Complementar.

>> Alínea *b* acrescentada pela Lei Complementar n. 147, de 7-8-2014.

§ 4.º-A. O contribuinte deverá segregar, também, as receitas:

>> § 4.º-A, *caput*, acrescentado pela Lei Complementar n. 147, de 7-8-2014.

I – decorrentes de operações ou prestações sujeitas à tributação concentrada em uma única etapa (monofásica), bem como, em relação ao ICMS, que o imposto já tenha sido recolhido por substituto tributário ou por antecipação tributária com encerramento de tributação;

>> Inciso I acrescentado pela Lei Complementar n. 147, de 7-8-2014.

II – sobre as quais houve retenção de ISS na forma do § 6.º deste artigo e § 4.º do art. 21 desta Lei Complementar, ou, na hipótese do § 22-A deste artigo, seja devido em valor fixo ao respectivo município;

>> Inciso II acrescentado pela Lei Complementar n. 147, de 7-8-2014.

III – sujeitas à tributação em valor fixo ou que tenham sido objeto de isenção ou redução de ISS ou de ICMS na forma prevista nesta Lei Complementar;

>> Inciso III acrescentado pela Lei Complementar n. 147, de 7-8-2014.

IV – decorrentes da exportação para o exterior, inclusive as vendas realizadas por meio de comercial exportadora ou da sociedade de propósito específico prevista no art. 56 desta Lei Complementar;

>> Inciso IV acrescentado pela Lei Complementar n. 147, de 7-8-2014.

V – sobre as quais o ISS seja devido a Município diverso do estabelecimento prestador, quando será recolhido no Simples Nacional.

>> Inciso V acrescentado pela Lei Complementar n. 147, de 7-8-2014.

§ 5.º As atividades industriais serão tributadas na forma do Anexo II desta Lei Complementar.

>> § 5.º com redação determinada pela Lei Complementar n. 128, de 19-12-2008.

§ 5.º-A. (*Revogado pela Lei Complementar n. 147, de 7-8-2014.*)

§ 5.º-B. Sem prejuízo do disposto no § 1.º do art. 17 desta Lei Complementar, serão tributadas na forma do Anexo III desta Lei Complementar as seguintes atividades de prestação de serviços:

>> § 5.º-B, *caput*, acrescentado pela Lei Complementar n. 128, de 19-12-2008.

I – creche, pré-escola e estabelecimento de ensino fundamental, escolas técnicas, profissionais e de ensino médio, de línguas estrangeiras, de artes, cursos técnicos de pilotagem, preparatórios para concursos, gerenciais e escolas livres, exceto as previstas nos incisos II e III do § 5.º-D deste artigo;

>> Inciso I acrescentado pela Lei Complementar n. 128, de 19-12-2008.

> *Vide* Súmula 448 do STJ.

II – agência terceirizada de correios;

>> Inciso II acrescentado pela Lei Complementar n. 128, de 19-12-2008.

III – agência de viagem e turismo;

>> Inciso III acrescentado pela Lei Complementar n. 128, de 19-12-2008.

IV – centro de formação de condutores de veículos automotores de transporte terrestre de passageiros e de carga;

>> Inciso IV acrescentado pela Lei Complementar n. 128, de 19-12-2008.

V – agência lotérica;

>> Inciso V acrescentado pela Lei Complementar n. 128, de 19-12-2008.

VI a VIII – (*Revogados pela Lei Complementar n. 128, de 19-12-2008.*);

IX – serviços de instalação, de reparos e de manutenção em geral, bem como de usinagem, solda, tratamento e revestimento em metais;

>> Inciso IX acrescentado pela Lei Complementar n. 128, de 19-12-2008.

X a XII – (*Revogados pela Lei Complementar n. 128, de 19-12-2008.*);

XIII – transporte municipal de passageiros;

>> Inciso XIII acrescentado pela Lei Complementar n. 128, de 19-12-2008.

XIV – escritórios de serviços contábeis, observado o disposto nos §§ 22-B e 22-C deste artigo;

>> Inciso XIV acrescentado pela Lei Complementar n. 128, de 19-12-2008.

XV – produções cinematográficas, audiovisuais, artísticas e culturais, sua exibição ou apresentação, inclusive no caso de música, literatura, artes cênicas, artes visuais, cinematográficas e audiovisuais;

>> Inciso XV acrescentado pela Lei Complementar n. 133, de 28-12-2009.

XVI – fisioterapia;

>> Inciso XVI acrescentado pela Lei Complementar n. 147, de 7-8-2014.

XVII – corretagem de seguros;

>> Inciso XVII acrescentado pela Lei Complementar n. 147, de 7-8-2014.

XVIII – arquitetura e urbanismo;

>> Inciso XVIII acrescentado pela Lei Complementar n. 155, de 27-10-2016.

XIX – medicina, inclusive laboratorial, e enfermagem;

>> Inciso XIX acrescentado pela Lei Complementar n. 155, de 27-10-2016.

XX – odontologia e prótese dentária;

>> Inciso XX acrescentado pela Lei Complementar n. 155, de 27-10-2016.

XXI – psicologia, psicanálise, terapia ocupacional, acupuntura, podologia, fonoaudiologia, clínicas de nutrição e de vacinação e bancos de leite.

>> Inciso XXI acrescentado pela Lei Complementar n. 155, de 27-10-2016.

§ 5.º-C. Sem prejuízo do disposto no § 1.º do art. 17 desta Lei Complementar, as atividades de prestação de serviços seguintes serão tributadas na forma do Anexo IV desta Lei Complementar, hipótese em que não estará incluída no Simples Nacional a contribuição prevista no inciso VI do *caput* do art. 13 desta Lei Complementar, devendo ela ser recolhida segundo a legislação prevista para os demais contribuintes ou responsáveis:

>> § 5.º-C, *caput*, acrescentado pela Lei Complementar n. 128, de 19-12-2008.

> *Vide* art. 33, § 2.º, desta Lei Complementar.

I – construção de imóveis e obras de engenharia em geral, inclusive sob a forma de subempreitada, execução de projetos e serviços de paisagismo, bem como decoração de interiores;

>> Inciso I acrescentado pela Lei Complementar n. 128, de 19-12-2008.

II a V – (*Revogados pela Lei Complementar n. 128, de 19-12-2008.*);

VI – serviço de vigilância, limpeza ou conservação;

>> Inciso VI acrescentado pela Lei Complementar n. 128, de 19-12-2008.

VII – serviços advocatícios.

>> Inciso VII acrescentado pela Lei Complementar n. 147, de 7-8-2014.

§ 5.º-D. Sem prejuízo do disposto no § 1.º do art. 17 desta Lei Complementar, as seguintes atividades de prestação de serviços serão tributadas na forma do Anexo III desta Lei Complementar:

>> § 5.º-D, *caput*, com redação determinada pela Lei Complementar n. 155, de 27-10-2016.

I – administração e locação de imóveis de terceiros;

>> Inciso I com redação determinada pela Lei Complementar n. 147, de 7-8-2014.

II – academias de dança, de capoeira, de ioga e de artes marciais;

>> Inciso II acrescentado pela Lei Complementar n. 128, de 19-12-2008.

III – academias de atividades físicas, desportivas, de natação e escolas de esportes;

>> Inciso III acrescentado pela Lei Complementar n. 128, de 19-12-2008.

IV – elaboração de programas de computadores, inclusive jogos eletrônicos, desde que desenvolvidos em estabelecimento do optante;

>> Inciso IV acrescentado pela Lei Complementar n. 128, de 19-12-2008.

V – licenciamento ou cessão de direito de uso de programas de computação;

>> Inciso V acrescentado pela Lei Complementar n. 128, de 19-12-2008.

VI – planejamento, confecção, manutenção e atualização de páginas eletrônicas, desde que realizados em estabelecimento do optante;

>> Inciso VI acrescentado pela Lei Complementar n. 128, de 19-12-2008.

VII e VIII – (*Revogados pela Lei Complementar n. 128, de 19-12-2008.*);

IX – empresas montadoras de estandes para feiras;

>> Inciso IX acrescentado pela Lei Complementar n. 128, de 19-12-2008.

X e XI – (*Revogados pela Lei Complementar n. 133, de 28-12-2009.*);

XII – laboratórios de análises clínicas ou de patologia clínica;

>> Inciso XII acrescentado pela Lei Complementar n. 128, de 19-12-2008.

XIII – serviços de tomografia, diagnósticos médicos por imagem, registros gráficos e métodos óticos, bem como ressonância magnética;

>> Inciso XIII acrescentado pela Lei Complementar n. 128, de 19-12-2008.

XIV – serviços de prótese em geral.

>> Inciso XIV acrescentado pela Lei Complementar n. 128, de 19-12-2008.

§ 5.º-E. Sem prejuízo do disposto no § 1.º do art. 17 desta Lei Complementar, as atividades de prestação de serviços de comunicação e de transportes interestadual e intermunicipal de cargas, e de transportes autorizados no inciso VI do *caput* do art. 17, inclusive na modalidade fluvial, serão tributadas na forma do Anexo III, deduzida a parcela correspondente ao ISS e acrescida a parcela correspondente ao ICMS prevista no Anexo I.

>> § 5.º-E com redação determinada pela Lei Complementar n. 147, de 7-8-2014.

§ 5.º-F. As atividades de prestação de serviços referidas no § 2.º do art. 17 desta Lei Complementar serão tributadas na forma do Anexo III desta Lei Complementar, salvo se, para alguma dessas atividades, houver previsão expressa de tributação na forma dos Anexos IV ou V desta Lei Complementar.

>> § 5.º-F com redação determinada pela Lei Complementar n. 155, de 27-10-2016.

§ 5.º-G. (*Revogado pela Lei Complementar n. 147, de 7-8-2014.*)

§ 5.º-H. A vedação de que trata o inciso XII do *caput* do art. 17 desta Lei Complementar não se aplica às atividades referidas no § 5.º-C deste artigo.

>> § 5.º-H acrescentado pela Lei Complementar n. 128, de 19-12-2008.

§ 5.º-I. Sem prejuízo do disposto no § 1.º do art. 17 desta Lei Complementar, as seguintes atividades de prestação de serviços serão tributadas na forma do Anexo V desta Lei Complementar:

>> § 5.º-I, *caput*, com redação determinada pela Lei Complementar n. 155, de 27-10-2016.

I – (*Revogado pela Lei Complementar n. 155, de 27-10-2016, produzindo efeitos a partir de 1.º-1-2018.*);

II – medicina veterinária;

>> Inciso II acrescentado pela Lei Complementar n. 147, de 7-8-2014.

III e IV – (*Revogados pela Lei Complementar n. 155, de 27-10-2016, produzindo efeitos a partir de 1.º-1-2018.*);

V – serviços de comissaria, de despachantes, de tradução e de interpretação;

>> Inciso V acrescentado pela Lei Complementar n. 147, de 7-8-2014.

VI – engenharia, medição, cartografia, topografia, geologia, geodésia, testes, suporte e análises técnicas e tecnológicas, pesquisa, *design*, desenho e agronomia;

>> Inciso VI com redação determinada pela Lei Complementar n. 155, de 27-10-2016.

VII – representação comercial e demais atividades de intermediação de negócios e serviços de terceiros;

>> Inciso VII acrescentado pela Lei Complementar n. 147, de 7-8-2014.

VIII – perícia, leilão e avaliação;

>> Inciso VIII acrescentado pela Lei Complementar n. 147, de 7-8-2014.

IX – auditoria, economia, consultoria, gestão, organização, controle e administração;

>> Inciso IX acrescentado pela Lei Complementar n. 147, de 7-8-2014.

X – jornalismo e publicidade;

>> Inciso X acrescentado pela Lei Complementar n. 147, de 7-8-2014.

XI – agenciamento, exceto de mão de obra;

>> Inciso XI acrescentado pela Lei Complementar n. 147, de 7-8-2014.

XII – outras atividades do setor de serviços que tenham por finalidade a prestação de serviços decorrentes do exercício de atividade intelectual, de natureza técnica, científica, desportiva, artística ou cultural, que constitua profissão regulamentada ou não, desde que não sujeitas à tributação na forma dos Anexos III ou IV desta Lei Complementar.

>> Inciso XII com redação determinada pela Lei Complementar n. 155, de 27-10-2016.

§ 5.º-J. As atividades de prestação de serviços a que se refere o § 5.º-I serão tributadas na forma do Anexo III desta Lei Complementar caso a razão entre a folha de salários e a receita bruta da pessoa jurídica seja igual ou superior a 28% (vinte e oito por cento).

>> § 5.º-J acrescentado pela Lei Complementar n. 155, de 27-10-2016.

§ 5.º-K. Para o cálculo da razão a que se referem os §§ 5.º-J e 5.º-M, serão considerados, respectivamente, os montantes pagos e auferidos nos doze meses anteriores ao período de apuração para fins de enquadramento no regime tributário do Simples Nacional.

>> § 5.º-K acrescentado pela Lei Complementar n. 155, de 27-10-2016.

§ 5.º-L. (*Vetado.*)

>> § 5.º-L acrescentado pela Lei Complementar n. 155, de 27-10-2016.

§ 5.º-M. Quando a relação entre a folha de salários e a receita bruta da microempresa ou da empresa de pequeno porte for inferior a 28% (vinte e oito por cento), serão tributadas na forma do Anexo V desta Lei Complementar as atividades previstas:

>> § 5.º-M, *caput*, acrescentado pela Lei Complementar n. 155, de 27-10-2016.

I – nos incisos XVI, XVIII, XIX, XX e XXI do § 5.º-B deste artigo;

>> Inciso I acrescentado pela Lei Complementar n. 155, de 27-10-2016.

II – no § 5.º-D deste artigo.

>> Inciso II acrescentado pela Lei Complementar n. 155, de 27-10-2016.

§ 6.º No caso dos serviços previstos no § 2.º do art. 6.º da Lei Complementar n. 116, de 31 de julho de 2003, prestados pelas microempresas e pelas empresas de pequeno porte, o tomador do serviço deverá reter o montante correspondente na forma da legislação do município onde estiver localizado, observado o disposto no § 4.º do art. 21 desta Lei Complementar.

>> § 6.º com redação determinada pela Lei Complementar n. 128, de 19-12-2008.

§ 7.º A sociedade de propósito específico de que trata o art. 56 desta Lei Complementar que houver adquirido mercadorias de microempresa ou empresa de pequeno porte que seja sua sócia, bem como a empresa comercial exportadora que houver adquirido mercadorias ou serviços de empresa optante pelo Simples Nacional, com o fim específico de exportação para o exterior, que, no prazo de 180 (cento e oitenta) dias, contado da data da emissão da nota fiscal pela vendedora, não comprovar o seu embarque para o exterior ficará sujeita ao pagamento de todos os impostos e contribuições que deixaram de ser pagos pela empresa vendedora, acrescidos de juros de mora e multa, de mora ou de ofício, calculados na forma da legislação relativa à cobrança do tributo não pago, aplicável à sociedade de propósito específico ou à própria comercial exportadora.

>> § 7.º com redação determinada pela Lei Complementar n. 147, de 7-8-2014.

§ 8.º Para efeito do disposto no § 7.º deste artigo, considera-se vencido o prazo para o pagamento na data em que a empresa vendedora deveria fazê-lo, caso a venda houvesse sido efetuada para o mercado interno.

§ 9.º Relativamente à contribuição patronal previdenciária, devida pela vendedora, a sociedade de propósito específico de que trata o art. 56 desta Lei Complementar ou a comercial exportadora deverão recolher, no prazo previsto no § 8.º deste artigo, o valor correspondente a 11% (onze por cento) do valor das mercadorias não exportadas nos termos do § 7.º deste artigo.

>> § 9.º com redação determinada pela Lei Complementar n. 128, de 19-12-2008.

§ 10. Na hipótese do § 7.º deste artigo, a sociedade de propósito específico de que trata o art. 56 desta Lei Complementar ou a empresa comercial exportadora não poderão deduzir do montante devido qualquer valor a título de crédito de Imposto sobre Produtos Industrializados – IPI da Contribuição para o PIS/Pasep ou da Cofins, decorrente da aquisição das mercadorias e serviços objeto da incidência.

>> § 10 com redação determinada pela Lei Complementar n. 128, de 19-12-2008.

§ 11. Na hipótese do § 7.º deste artigo, a sociedade de propósito específico ou a empresa comercial exportadora deverão pagar, também, os impostos e contribuições devidos nas vendas para o mercado interno, caso, por qualquer forma, tenham alienado ou utilizado as mercadorias.

>> § 11 com redação determinada pela Lei Complementar n. 128, de 19-12-2008.

§ 12. Na apuração do montante devido no mês relativo a cada tributo, para o contribuinte que apure receitas mencionadas nos incisos I a III e V do § 4.º-A deste artigo, serão consideradas as reduções relativas aos tributos já recolhidos, ou sobre os quais tenha havido tributação monofásica, isenção, redução ou, no caso do ISS, que o valor tenha sido objeto de retenção ou seja devido diretamente ao Município.

>> § 12 com redação determinada pela Lei Complementar n. 147, de 7-8-2014.

§ 13. Para efeito de determinação da redução de que trata o § 12 deste artigo, as receitas serão discriminadas em comerciais, industriais ou de prestação de serviços, na forma dos Anexos I, II, III, IV e V desta Lei Complementar.

>> § 13 com redação determinada pela Lei Complementar n. 155, de 27-10-2016.

§ 14. A redução no montante a ser recolhido no Simples Nacional relativo aos valores das receitas decorrentes da exportação de que trata o inciso IV do § 4.º-A deste artigo corresponderá tão somente às alíquotas efetivas relativas à Cofins, à Contribuição para o PIS/Pasep, ao IPI, ao ICMS e ao ISS, apuradas com base nos Anexos I a V desta Lei Complementar.

>> § 14, *caput*, com redação determinada pela Lei Complementar n. 155, de 27-10-2016.

I e II – (*Revogados pela Lei Complementar n. 147, de 7-8-2014.*)

§ 15. Será disponibilizado sistema eletrônico para realização do cálculo simplificado do valor mensal devido referente ao Simples Nacional.

§ 15-A. As informações prestadas no sistema eletrônico de cálculo de que trata o § 15:

>> § 15-A, *caput*, acrescentado pela Lei Complementar n. 139, de 10-11-2011.

I – têm caráter declaratório, constituindo confissão de dívida e instrumento hábil e suficiente para a exigência dos tributos e contribuições que não tenham sido recolhidos resultantes das informações nele prestadas; e

>> Inciso I acrescentado pela Lei Complementar n. 139, de 10-11-2011.

II – deverão ser fornecidas à Secretaria da Receita Federal do Brasil até o vencimento do prazo para pagamento dos tributos devidos no Simples Nacional em cada mês, relativamente aos fatos geradores ocorridos no mês anterior.

>> Inciso II acrescentado pela Lei Complementar n. 139, de 10-11-2011.

§ 16. Na hipótese do § 12 do art. 3.º, a parcela de receita bruta que exceder o montante determinado no § 10 daquele artigo estará sujeita às alíquotas máximas previstas nos Anexos I a V desta Lei Complementar, proporcionalmente, conforme o caso.

>> § 16 com redação determinada pela Lei Complementar n. 155, de 27-10-2016.

§ 16-A. O disposto no § 16 aplica-se, ainda, às hipóteses de que trata o § 9.º do art. 3.º, a partir do mês em que ocorrer o excesso do limite da receita bruta anual e até o mês anterior aos efeitos da exclusão.

>> § 16-A acrescentado pela Lei Complementar n. 139, de 10-11-2011.

§ 17. Na hipótese do § 13 do art. 3.º, a parcela de receita bruta que exceder os montantes determinados no § 11 daquele artigo estará sujeita, em relação aos percentuais aplicáveis ao ICMS e ao ISS, às alíquotas máximas correspondentes a essas faixas previstas nos Anexos I a V desta Lei Complementar, proporcionalmente, conforme o caso.

>> § 17 com redação determinada pela Lei Complementar n. 155, de 27-10-2016.

§ 17-A. O disposto no § 17 aplica-se, ainda, à hipótese de que trata o § 1.º do art. 20, a partir do mês em que ocorrer o excesso do limite da receita bruta anual e até o mês anterior aos efeitos do impedimento.

>> § 17-A acrescentado pela Lei Complementar n. 139, de 10-11-2011.

§ 18. Os Estados, o Distrito Federal e os Municípios, no âmbito das respectivas competências, poderão estabelecer, na forma definida pelo Comitê Gestor, independentemente da receita bruta recebida no mês pelo contribuinte, valores fixos mensais para o recolhimento do ICMS e do ISS devido por microempresa que aufira receita bruta, no ano-calendário anterior, de até o limite máximo previsto na segunda faixa de receitas brutas anuais constantes dos Anexos I a VI, ficando a microempresa sujeita a esses valores durante todo o ano-calendário, ressalvado o disposto no § 18-A.

>> § 18 com redação determinada pela Lei Complementar n. 147, de 7-8-2014.

§ 18-A. A microempresa que, no ano-calendário, exceder o limite de receita bruta previsto no § 18 fica impedida de recolher o ICMS ou o ISS pela sistemática de valor fixo, a partir do mês subsequente à ocorrência do excesso, sujeitando-se à apuração desses tributos na forma das demais empresas optantes pelo Simples Nacional.

>> § 18-A acrescentado pela Lei Complementar n. 147, de 7-8-2014.

§ 19. Os valores estabelecidos no § 18 deste artigo não poderão exceder a 50% (cinquenta por cento) do maior recolhimento possível do tributo para a faixa de enquadramento prevista na tabela do *caput* deste artigo, respeitados os acréscimos decorrentes do tipo de atividade da empresa estabelecidos no § 5.º deste artigo.

§ 20. Na hipótese em que o Estado, o Município ou o Distrito Federal concedam isenção ou redução do ICMS ou do ISS devido por microempresa ou empresa de pequeno porte, ou ainda determine recolhimento de valor fixo para esses tributos, na forma do § 18 deste artigo, será realizada redução proporcional ou ajuste do valor a ser recolhido, na forma definida em resolução do Comitê Gestor.

§ 20-A. A concessão dos benefícios de que trata o § 20 deste artigo poderá ser realizada:

>> § 20-A, *caput*, acrescentado pela Lei Complementar n. 128, de 19-12-2008.

I – mediante deliberação exclusiva e unilateral do Estado, do Distrito Federal ou do Município concedente;

>> Inciso I acrescentado pela Lei Complementar n. 128, de 19-12-2008.

II – de modo diferenciado para cada ramo de atividade.

>> Inciso II acrescentado pela Lei Complementar n. 128, de 19-12-2008.

§ 20-B. A União, os Estados e o Distrito Federal poderão, em lei específica destinada à ME ou EPP optante pelo Simples Nacional, estabelecer isenção ou redução de COFINS, Contribuição para o PIS/PASEP e ICMS para produtos da cesta básica, discriminando a abrangência da sua concessão.

>> § 20-B acrescentado pela Lei Complementar n. 147, de 7-8-2014.

§ 21. O valor a ser recolhido na forma do disposto no § 20 deste artigo, exclusivamente na hipótese de isenção, não integrará o montante a ser partilhado com o respectivo Município, Estado ou Distrito Federal.

§ 22. (*Revogado pela Lei Complementar n. 128, de 19-12-2008.*)

§ 22-A. A atividade constante do inciso XIV do § 5.º-B deste artigo recolherá o ISS em valor fixo, na forma da legislação municipal.

>> § 22-A acrescentado pela Lei Complementar n. 128, de 19-12-2008.

§ 22-B. Os escritórios de serviços contábeis, individualmente ou por meio de suas entidades representativas de classe, deverão:

>> § 22-B, *caput*, acrescentado pela Lei Complementar n. 128, de 19-12-2008.

I – promover atendimento gratuito relativo à inscrição, à opção de que trata o art. 18-A desta Lei Complementar e à primeira declaração anual simplificada da microempresa individual, podendo, para tanto, por meio de suas entidades representativas de classe, firmar convênios e acordos com a União, os Estados, o Distrito Federal e os Municípios, por intermédio dos seus órgãos vinculados;

>> Inciso I acrescentado pela Lei Complementar n. 128, de 19-12-2008.

II – fornecer, na forma estabelecida pelo Comitê Gestor, resultados de pesquisas quantitativas e qualitativas relativas às microempresas e empresas de pequeno porte optantes pelo Simples Nacional por eles atendidas;

>> Inciso II acrescentado pela Lei Complementar n. 128, de 19-12-2008.

III – promover eventos de orientação fiscal, contábil e tributária para as microempresas e empresas de pequeno porte optantes pelo Simples Nacional por eles atendidas.

>> Inciso III acrescentado pela Lei Complementar n. 128, de 19-12-2008.

§ 22-C. Na hipótese de descumprimento das obrigações de que trata o § 22-B deste artigo, o escritório será excluído do Simples Nacional, com efeitos a partir do mês subsequente ao do descumprimento, na forma regulamentada pelo Comitê Gestor.

>> § 22-C acrescentado pela Lei Complementar n. 128, de 19-12-2008.

§ 23. Da base de cálculo do ISS será abatido o material fornecido pelo prestador dos serviços previstos nos itens 7.02 e 7.05 da lista de serviços anexa à Lei Complementar n. 116, de 31 de julho de 2003.

>> A Lei Complementar n. 116, de 31-7-2003, dispõe sobre o Imposto sobre Serviços de Qualquer Natureza – ISS, de competência dos Municípios e do Distrito Federal, e dá outras providências.

§ 24. Para efeito de aplicação do § 5.º-K, considera-se folha de salários, incluídos encargos, o montante pago, nos doze meses anteriores ao período de apuração, a título de remunerações a pessoas físicas decorrentes do trabalho, acrescido do montante efetivamente recolhido a título de contribuição patronal previdenciária e FGTS, incluídas as retiradas de pró-labore.

>> § 24 com redação determinada pela Lei Complementar n. 155, de 27-10-2016.

§ 25. Para efeito do disposto no § 24 deste artigo, deverão ser consideradas tão somente as remunerações informadas na forma prevista no inciso IV do *caput* do art. 32 da Lei n. 8.212, de 24 de julho de 1991.

>> § 25 com redação determinada pela Lei Complementar n. 139, de 10-11-2011.

§ 26. Não são considerados, para efeito do disposto no § 24, valores pagos a título de aluguéis e de distribuição de lucros, observado o disposto no § 1.º do art. 14.

>> § 26 acrescentado pela Lei Complementar n. 139, de 10-11-2011.

§ 27. (*Vetado.*)

>> § 27 acrescentado pela Lei Complementar n. 155, de 27-10-2016.

Art. 18-A. O Microempreendedor Individual – MEI poderá optar pelo recolhimento dos impostos e contribuições abrangidos pelo Simples Nacional em valores fixos mensais, independentemente da receita bruta por ele auferida no mês, na forma prevista neste artigo.

>> *Caput* acrescentado pela Lei Complementar n. 128, de 19-12-2008.

> *Vide* art. 36-A desta Lei Complementar.

§ 1.º Para os efeitos desta Lei Complementar, considera-se MEI o empresário individual que se enquadre na definição do art. 966 da Lei n. 10.406, de 10 de janeiro de 2002 – Código Civil, ou o empreendedor que exerça as atividades de industrialização, comercialização e prestação de serviços no âmbito rural, que tenha auferido receita bruta, no ano-calendário anterior, de até R$ 81.000,00 (oitenta e um mil reais), que seja optante pelo Simples Nacional e que não esteja impedido de optar pela sistemática prevista neste artigo.

>> § 1.º com redação determinada pela Lei Complementar n. 155, de 27-10-2016.

§ 2.º No caso de início de atividades, o limite de que trata o § 1.º será de R$ 6.750,00 (seis mil, setecentos e cinquenta reais) multiplicados pelo número de meses compreendido entre o início da atividade e o final do respectivo ano-calendário, consideradas as frações de meses como um mês inteiro.

>> § 2.º com redação determinada pela Lei Complementar n. 155, de 27-10-2016.

§ 3.º Na vigência da opção pela sistemática de recolhimento prevista no *caput* deste artigo:

>> § 3.º, *caput*, acrescentado pela Lei Complementar n. 128, de 19-12-2008.

I – não se aplica o disposto no § 18 do art. 18 desta Lei Complementar;

>> Inciso I acrescentado pela Lei Complementar n. 128, de 19-12-2008.

II – não se aplica a redução prevista no § 20 do art. 18 desta Lei Complementar ou qualquer dedução na base de cálculo;

>> Inciso II acrescentado pela Lei Complementar n. 128, de 19-12-2008.

III – não se aplicam as isenções específicas para as microempresas e empresas de pequeno porte concedidas pelo Estado, Município ou Distrito Federal a partir de 1.º de julho de 2007 que abranjam integralmente a faixa de receita bruta anual até o limite previsto no § 1.º;

>> Inciso III com redação determinada pela Lei Complementar n. 139, de 10-11-2011.

IV – a opção pelo enquadramento como Microempreendedor Individual importa opção pelo recolhimento da contribuição referida no inciso X do § 1.º do art. 13 desta Lei Complementar na forma prevista no § 2.º do art. 21 da Lei n. 8.212, de 24 de julho de 1991;

>> Inciso IV acrescentado pela Lei Complementar n. 128, de 19-12-2008.

V – o MEI, com receita bruta anual igual ou inferior a R$ 81.000,00 (oitenta e um mil reais), recolherá, na forma regulamentada pelo Comitê Gestor, valor fixo mensal correspondente à soma das seguintes parcelas:

>> Inciso V, *caput*, com redação determinada pela Lei Complementar n. 155, de 27-10-2016.

a) R$ 45,65 (quarenta e cinco reais e sessenta e cinco centavos), a título da contribuição prevista no inciso IV deste parágrafo;

>> Alínea *a* acrescentada pela Lei Complementar n. 128, de 19-12-2008.

b) R$ 1,00 (um real), a título do imposto referido no inciso VII do *caput* do art. 13 desta Lei Complementar, caso seja contribuinte do ICMS; e

>> Alínea *b* acrescentada pela Lei Complementar n. 128, de 19-12-2008.

c) R$ 5,00 (cinco reais), a título do imposto referido no inciso VIII do *caput* do art. 13 desta Lei Complementar, caso seja contribuinte do ISS;

>> Alínea *c* acrescentada pela Lei Complementar n. 128, de 19-12-2008.

VI – sem prejuízo do disposto nos §§ 1.º a 3.º do art. 13, o MEI terá isenção dos tributos referidos nos incisos I a VI do *caput* daquele artigo, ressalvado o disposto no art. 18-C.

>> Inciso VI com redação determinada pela Lei Complementar n. 139, de 10-11-2011.

§ 4.º Não poderá optar pela sistemática de recolhimento prevista no *caput* deste artigo o MEI:

>> § 4.º, *caput*, acrescentado pela Lei Complementar n. 128, de 19-12-2008.

I – cuja atividade seja tributada na forma dos Anexos V ou VI desta Lei Complementar, salvo autorização relativa a exercício de atividade isolada na forma regulamentada pelo CGSN;

>> Inciso I com redação determinada pela Lei Complementar n. 147, de 7-8-2014.

II – que possua mais de um estabelecimento;

>> Inciso II acrescentado pela Lei Complementar n. 128, de 19-12-2008.

III – que participe de outra empresa como titular, sócio ou administrador; ou

>> Inciso III acrescentado pela Lei Complementar n. 128, de 19-12-2008.

IV – (*Revogado pela Lei Complementar n. 155, de 27-10-2016, produzindo efeitos a partir de 1.º-1-2018.*);

V – constituído na forma de *startup*.

>> Inciso V acrescentado pela Lei Complementar n. 167, de 24-4-2019.

§ 4.º-A. Observadas as demais condições deste artigo, poderá optar pela sistemática de recolhimento prevista no *caput* o empresário individual que exerça atividade de comercialização e processamento de produtos de natureza extrativista.

>> § 4.º-A acrescentado pela Lei Complementar n. 139, de 10-11-2011.

§ 4.º-B. O CGSN determinará as atividades autorizadas a optar pela sistemática de recolhimento de que trata este artigo, de forma a evitar a fragilização das relações de trabalho, bem como sobre a incidência do ICMS e do ISS.

>> § 4.º-B acrescentado pela Lei Complementar n. 139, de 10-11-2011.

§ 5.º A opção de que trata o *caput* deste artigo dar-se-á na forma a ser estabelecida em ato do Comitê Gestor, observando-se que:

>> § 5.º, *caput*, acrescentado pela Lei Complementar n. 128, de 19-12-2008.

I – será irretratável para todo o ano-calendário;

>> Inciso I acrescentado pela Lei Complementar n. 128, de 19-12-2008.

II – deverá ser realizada no início do ano-calendário, na forma disciplinada pelo Comitê Gestor, produzindo efeitos a partir do primeiro dia do ano-calendário da opção, ressalvado o disposto no inciso III;

>> Inciso II acrescentado pela Lei Complementar n. 128, de 19-12-2008.

III – produzirá efeitos a partir da data do início de atividade desde que exercida nos termos, prazo e condições a serem estabelecidos em ato do Comitê Gestor a que se refere o *caput* deste parágrafo.

>> Inciso III acrescentado pela Lei Complementar n. 128, de 19-12-2008.

§ 6.º O desenquadramento da sistemática de que trata o *caput* deste artigo será realizado de ofício ou mediante comunicação do MEI.

>> § 6.º acrescentado pela Lei Complementar n. 128, de 19-12-2008.

§ 7.º O desenquadramento mediante comunicação do MEI à Secretaria da Receita Federal do Brasil – RFB dar-se-á:

>> § 7.º, *caput*, acrescentado pela Lei Complementar n. 128, de 19-12-2008.

I – por opção, que deverá ser efetuada no início do ano-calendário, na forma disciplinada pelo Comitê Gestor, produzindo efeitos a partir de 1.º de janeiro do ano-calendário da comunicação;

>> Inciso I acrescentado pela Lei Complementar n. 128, de 19-12-2008.

II – obrigatoriamente, quando o MEI incorrer em alguma das situações previstas no § 4.º deste artigo, devendo a comunicação ser efetuada até o último dia útil do mês subsequente àquele em que ocorrida a situação de vedação, produzindo efeitos a partir do mês subsequente ao da ocorrência da situação impeditiva;

>> Inciso II acrescentado pela Lei Complementar n. 128, de 19-12-2008.

III – obrigatoriamente, quando o MEI exceder, no ano-calendário, o limite de receita bruta previsto no § 1.º deste artigo, devendo a comunicação ser efetuada até o último dia útil do mês subsequente àquele em que ocorrido o excesso, produzindo efeitos:

>> Inciso III, *caput*, acrescentado pela Lei Complementar n. 128, de 19-12-2008.

a) a partir de 1.º de janeiro do ano-calendário subsequente ao da ocorrência do excesso, na hipótese de não ter ultrapassado o referido limite em mais de 20% (vinte por cento);

>> Alínea *a* acrescentada pela Lei Complementar n. 128, de 19-12-2008.

b) retroativamente a 1.º de janeiro do ano-calendário da ocorrência do excesso, na hipótese de ter ultrapassado o referido limite em mais de 20% (vinte por cento);

>> Alínea *b* acrescentada pela Lei Complementar n. 128, de 19-12-2008.

IV – obrigatoriamente, quando o MEI exceder o limite de receita bruta previsto no § 2.º deste artigo, devendo a comunicação ser efetuada até o último dia útil do mês subsequente àquele em que ocorrido o excesso, produzindo efeitos:

>> Inciso IV, *caput*, acrescentado pela Lei Complementar n. 128, de 19-12-2008.

a) a partir de 1.º de janeiro do ano-calendário subsequente ao da ocorrência do excesso, na hipótese de não ter ultrapassado o referido limite em mais de 20% (vinte por cento);

>> Alínea *a* acrescentada pela Lei Complementar n. 128, de 19-12-2008.

b) retroativamente ao início de atividade, na hipótese de ter ultrapassado o referido limite em mais de 20% (vinte por cento).

>> Alínea *b* acrescentada pela Lei Complementar n. 128, de 19-12-2008.

§ 8.º O desenquadramento de ofício dar-se-á quando verificada a falta de comunicação de que trata o § 7.º deste artigo.

>> § 8.º acrescentado pela Lei Complementar n. 128, de 19-12-2008.

§ 9.º O Empresário Individual desenquadrado da sistemática de recolhimento prevista no *caput* deste artigo passará a recolher os tributos devidos pela regra geral do Simples Nacional a partir da data de início dos efeitos do desenquadramento, ressalvado o disposto no § 10 deste artigo.

>> § 9.º acrescentado pela Lei Complementar n. 128, de 19-12-2008.

§ 10. Nas hipóteses previstas nas alíneas *a* dos incisos III e IV do § 7.º deste artigo, o MEI deverá recolher a diferença, sem acréscimos, em parcela única, juntamente com a da apuração do mês de janeiro do ano-calendário subsequente ao do excesso, na forma a ser estabelecida em ato do Comitê Gestor.

>> § 10 acrescentado pela Lei Complementar n. 128, de 19-12-2008.

§ 11. O valor referido na alínea *a* do inciso V do § 3.º deste artigo será reajustado, na forma prevista em lei ordinária, na mesma data de reajustamento dos benefícios de que trata a Lei n. 8.213, de 24 de julho de 1991, de forma a manter equivalência com a contribuição de que trata o § 2.º do art. 21 da Lei n. 8.212, de 24 de julho de 1991.

>> § 11 acrescentado pela Lei Complementar n. 128, de 19-12-2008.

§ 12. Aplica-se ao MEI que tenha optado pela contribuição na forma do § 1.º deste artigo o disposto no § 4.º do art. 55 e no § 2.º do art. 94, ambos da Lei n. 8.213, de 24 de julho de 1991, exceto se optar pela complementação da contribuição previdenciária a que se refere o § 3.º do art. 21 da Lei n. 8.212, de 24 de julho de 1991.

>> § 12 acrescentado pela Lei Complementar n. 128, de 19-12-2008.

§ 13. O MEI está dispensado, ressalvado o disposto no art. 18-C desta Lei Complementar, de:

>> § 13, *caput*, com redação determinada pela Lei Complementar n. 139, de 10-11-2011.

I – atender o disposto no inciso IV do *caput* do art. 32 da Lei n. 8.212, de 24 de julho de 1991;

>> Inciso I acrescentado pela Lei Complementar n. 139, de 10-11-2011.

II – apresentar a Relação Anual de Informações Sociais (Rais); e

>> Inciso II acrescentado pela Lei Complementar n. 139, de 10-11-2011.

III – declarar ausência de fato gerador para a Caixa Econômica Federal para emissão da Certidão de Regularidade Fiscal perante o FGTS.

>> Inciso III acrescentado pela Lei Complementar n. 139, de 10-11-2011.

§ 14. O Comitê Gestor disciplinará o disposto neste artigo.

>> § 14 acrescentado pela Lei Complementar n. 128, de 19-12-2008.

§ 15. A inadimplência do recolhimento do valor previsto na alínea *a* do inciso V do § 3.º tem como consequência a não contagem da competência em atraso para fins de carência para obtenção dos benefícios previdenciários respectivos.

>> § 15 acrescentado pela Lei Complementar n. 139, de 10-11-2011.

§ 15-A. Ficam autorizados os Estados, o Distrito Federal e os Municípios a promover a remissão dos débitos decorrentes dos valores previstos nas alíneas *b* e *c* do inciso V do § 3.º, inadimplidos isolada ou simultaneamente.

>> § 15-A acrescentado pela Lei Complementar n. 147, de 7-8-2014.

§ 15-B. O MEI poderá ter sua inscrição automaticamente cancelada após período de 12 (doze) meses consecutivos sem recolhimento ou declarações, independentemente de qualquer notificação, devendo a informação ser publicada no Portal do Empreendedor, na forma regulamentada pelo CGSIM.

>> § 15-B acrescentado pela Lei Complementar n. 147, de 7-8-2014.

>> A Instrução Normativa n. 43, de 26-10-2017, da Secretaria Especial da Micro e Pequena Empresa, regulamenta, no âmbito do Registro Público de Empresas Mercantis, os reflexos do cancelamento da inscrição do microempreendedor individual – MEI, de que trata este § 15-B.

§ 16. O CGSN estabelecerá, para o MEI, critérios, procedimentos, prazos e efeitos diferenciados para desenquadramento da sistemática de que trata este artigo, cobrança, inscrição em dívida ativa e exclusão do Simples Nacional.

>> § 16 acrescentado pela Lei Complementar n. 139, de 10-11-2011.

§ 16-A. A baixa do MEI via portal eletrônico dispensa a comunicação aos órgãos da administração pública.

>> § 16-A acrescentado pela Lei Complementar n. 155, de 27-10-2016.

§ 17. A alteração de dados no CNPJ informada pelo empresário à Secretaria da Receita Federal do Brasil equivalerá à comunicação obrigatória de desenquadramento da sistemática de recolhimento de que trata este artigo, nas seguintes hipóteses:

>> § 17, *caput*, acrescentado pela Lei Complementar n. 139, de 10-11-2011.

I – alteração para natureza jurídica distinta de empresário individual a que se refere o art. 966 da Lei n. 10.406, de 10 de janeiro de 2002 (Código Civil);

>> Inciso I acrescentado pela Lei Complementar n. 139, de 10-11-2011.

II – inclusão de atividade econômica não autorizada pelo CGSN;

>> Inciso II acrescentado pela Lei Complementar n. 139, de 10-11-2011.

III – abertura de filial.

>> Inciso III acrescentado pela Lei Complementar n. 139, de 10-11-2011.

§ 18. Os Municípios somente poderão realizar o cancelamento da inscrição do MEI caso tenham regulamentação própria de classificação de risco e o respectivo processo simplificado de inscrição e legalização, em conformidade com esta Lei Complementar e com as resoluções do CGSIM.

>> § 18 acrescentado pela Lei Complementar n. 147, de 7-8-2014.

§ 19. Fica vedada aos conselhos representativos de categorias econômicas a exigência de obrigações diversas das estipuladas nesta Lei Complementar para inscrição do MEI em seus quadros, sob pena de responsabilidade.

>> § 19 acrescentado pela Lei Complementar n. 147, de 7-8-2014.

§ 19-A. O MEI inscrito no conselho profissional de sua categoria na qualidade de pessoa física é dispensado de realizar nova inscrição no mesmo conselho na qualidade de empresário individual.

>> § 19-A acrescentado pela Lei Complementar n. 155, de 27-10-2016.

§ 19-B. São vedadas aos conselhos profissionais, sob pena de responsabilidade, a exigência de inscrição e a execução de qualquer tipo de ação fiscalizadora quando a ocupação do MEI não exigir registro profissional da pessoa física.

>> § 19-B acrescentado pela Lei Complementar n. 155, de 27-10-2016.

§ 20. Os documentos fiscais das microempresas e empresas de pequeno porte poderão ser emitidos diretamente por sistema nacional informatizado e pela internet, sem custos para o empreendedor, na forma regulamentada pelo Comitê Gestor do Simples Nacional.

>> § 20 acrescentado pela Lei Complementar n. 147, de 7-8-2014.

§ 21. Assegurar-se-á o registro nos cadastros oficiais ao guia de turismo inscrito como MEI.

>> § 21 acrescentado pela Lei Complementar n. 147, de 7-8-2014.

§ 22. Fica vedado às concessionárias de serviço público o aumento das tarifas pagas pelo MEI por conta da modificação da sua condição de pessoa física para pessoa jurídica.

>> § 22 acrescentado pela Lei Complementar n. 147, de 7-8-2014.

§ 23. (*Vetado.*)

>> § 23 acrescentado pela Lei Complementar n. 147, de 7-8-2014.

§ 24. Aplica-se ao MEI o disposto no inciso XI do § 4.º do art. 3.º.

>> § 24 acrescentado pela Lei Complementar n. 147, de 7-8-2014.

§ 25. O MEI poderá utilizar sua residência como sede do estabelecimento, quando não for indispensável a existência de local próprio para o exercício da atividade.

>> § 25 acrescentado pela Lei Complementar n. 154, de 18-4-2016.

Art. 18-B. A empresa contratante de serviços executados por intermédio do MEI mantém, em relação a esta contratação, a obrigatoriedade de recolhimento da contribuição a que se refere o inciso III do *caput* e o § 1.º do art. 22 da Lei n. 8.212, de 24 de julho de 1991, e o cumprimento das obrigações acessórias relativas à contratação de contribuinte individual.

>> *Caput* acrescentado pela Lei Complementar n. 128, de 19-12-2008.

§ 1.º Aplica-se o disposto neste artigo exclusivamente em relação ao MEI que for contratado para prestar serviços de hidráulica, eletricidade, pintura, alvenaria, carpintaria e de manutenção ou reparo de veículos.

>> § 1.º com redação determinada pela Lei Complementar n. 147, de 7-8-2014.

§ 2.º O disposto no *caput* e no § 1.º não se aplica quando presentes os elementos da relação de emprego, ficando a contratante sujeita a todas as obrigações dela decorrentes, inclusive trabalhistas, tributárias e previdenciárias.

>> § 2.º acrescentado pela Lei Complementar n. 139, de 10-11-2011.

Art. 18-C. Observado o disposto no *caput* e nos §§ 1.º a 25 do art. 18-A desta Lei Complementar, poderá enquadrar-se como MEI o empresário individual ou o empreendedor que exerça as atividades de industrialização, comercialização e prestação de serviços no âmbito rural que possua um único empregado que receba exclusivamente um salário mínimo ou o piso salarial da categoria profissional.

>> *Caput* com redação determinada pela Lei Complementar n. 155, de 27-10-2016.

§ 1.º Na hipótese referida no *caput*, o MEI:

>> § 1.º, *caput*, acrescentado pela Lei Complementar n. 139, de 10-11-2011.

I – deverá reter e recolher a contribuição previdenciária relativa ao segurado a seu serviço na forma da lei, observados prazo e condições estabelecidos pelo CGSN;

>> Inciso I acrescentado pela Lei Complementar n. 139, de 10-11-2011.

II – é obrigado a prestar informações relativas ao segurado a seu serviço, na forma estabelecida pelo CGSN; e

>> Inciso II acrescentado pela Lei Complementar n. 139, de 10-11-2011.

III – está sujeito ao recolhimento da contribuição de que trata o inciso VI do *caput* do art. 13, calculada à alíquota de 3% (três por cento) sobre o salário de contribuição previsto no *caput*, na forma e prazos estabelecidos pelo CGSN.

>> Inciso III acrescentado pela Lei Complementar n. 139, de 10-11-2011.

§ 2.º Para os casos de afastamento legal do único empregado do MEI, será permitida a contratação de outro empregado, inclusive por prazo determinado, até que cessem as condições do afastamento, na forma estabelecida pelo Ministério do Trabalho e Emprego.

>> § 2.º acrescentado pela Lei Complementar n. 139, de 10-11-2011.

§ 3.º O CGSN poderá determinar, com relação ao MEI, a forma, a periodicidade e o prazo:

>> § 3.º, *caput*, acrescentado pela Lei Complementar n. 139, de 10-11-2011.

I – de entrega à Secretaria da Receita Federal do Brasil de uma única declaração com dados relacionados a fatos geradores, base de cálculo e valores dos tributos previstos nos arts. 18-A e 18-C, da contribuição para a Seguridade Social descontada do empregado e do Fundo de Garantia do Tempo de Serviço (FGTS), e outras informações de interesse do Ministério do Trabalho e Emprego, do Instituto Nacional do Seguro Social (INSS) e do Conselho Curador do FGTS, observado o disposto no § 7.º do art. 26;

>> Inciso I acrescentado pela Lei Complementar n. 139, de 10-11-2011.

II – do recolhimento dos tributos previstos nos arts. 18-A e 18-C, bem como do FGTS e da contribuição para a Seguridade Social descontada do empregado.

>> Inciso II acrescentado pela Lei Complementar n. 139, de 10-11-2011.

§ 4.º A entrega da declaração única de que trata o inciso I do § 3.º substituirá, na forma regulamentada pelo CGSN, a obrigatoriedade de entrega de todas as informações, formulários e declarações a que estão sujeitas as demais empresas ou equiparados que contratam empregados, inclusive as relativas ao recolhimento do FGTS, à Relação Anual de Informações Sociais (Rais) e ao Cadastro Geral de Empregados e Desempregados (Caged).

>> § 4.º acrescentado pela Lei Complementar n. 139, de 10-11-2011.

§ 5.º Na hipótese de recolhimento do FGTS na forma do inciso II do § 3.º, deve-se assegurar a transferência dos recursos e dos elementos identificadores do recolhimento ao gestor desse fundo para crédito na conta vinculada do trabalhador.

>> § 5.º acrescentado pela Lei Complementar n. 139, de 10-11-2011.

§ 6.º O documento de que trata o inciso I do § 3.º deste artigo tem caráter declaratório, constituindo instrumento hábil e suficiente para a exigência dos tributos e dos débitos fundiários que não tenham sido recolhidos resultantes das informações nele prestadas.

>> § 6.º acrescentado pela Lei Complementar n. 147, de 7-8-2014.

Art. 18-D. A tributação municipal do imposto sobre imóveis prediais urbanos deverá assegurar tratamento mais favorecido ao MEI para realização de sua atividade no mesmo local em que residir, mediante aplicação da menor alíquota vigente para aquela localidade, seja residencial ou comercial, nos termos da lei, sem prejuízo de eventual isenção ou imunidade existente.

>> Artigo acrescentado pela Lei Complementar n. 147, de 7-8-2014.

Art. 18-E. O instituto do MEI é uma política pública que tem por objetivo a formalização de pequenos empreendimentos e a inclusão social e previdenciária.

>> *Caput* acrescentado pela Lei Complementar n. 147, de 7-8-2014.

§ 1.º A formalização de MEI não tem caráter eminentemente econômico ou fiscal.

>> § 1.º acrescentado pela Lei Complementar n. 147, de 7-8-2014.

§ 2.º Todo benefício previsto nesta Lei Complementar aplicável à microempresa estende-se ao MEI sempre que lhe for mais favorável.

>> § 2.º acrescentado pela Lei Complementar n. 147, de 7-8-2014.

§ 3.º O MEI é modalidade de microempresa.

>> § 3.º acrescentado pela Lei Complementar n. 147, de 7-8-2014.

§ 4.º É vedado impor restrições ao MEI relativamente ao exercício de profissão ou participação em licitações, em função da sua natureza jurídica, inclusive por ocasião da contratação dos serviços previstos no § 1.º do art. 18-B desta Lei Complementar.

>> § 4.º com redação determinada pela Lei Complementar n. 155, de 27-10-2016.

§ 5.º O empreendedor que exerça as atividades de industrialização, comercialização e prestação de serviços no âmbito rural que efetuar seu registro como MEI não perderá a condição de segurado especial da Previdência Social.

>> § 5.º acrescentado pela Lei Complementar n. 155, de 27-10-2016.

§ 6.º O disposto no § 5.º e o licenciamento simplificado de atividades para o empreendedor que exerça as atividades de industrialização, comercialização e prestação de serviços no âmbito rural serão regulamentados pelo CGSIM em até cento e oitenta dias.

>> § 6.º acrescentado pela Lei Complementar n. 155, de 27-10-2016.

§ 7.º O empreendedor que exerça as atividades de industrialização, comercialização e prestação de serviços no âmbito rural manterá todas as suas obrigações relativas à condição de produtor rural ou de agricultor familiar.

>> § 7.º acrescentado pela Lei Complementar n. 155, de 27-10-2016.

Art. 19. Sem prejuízo da possibilidade de adoção de todas as faixas de receita previstas nos Anexos I a V desta Lei Complementar, os Estados cuja participação no Produto Interno Bruto brasileiro seja de até 1% (um por cento) poderão optar pela aplicação de sublimite para efeito de recolhimento do ICMS na forma do Simples Nacional nos respectivos territórios, para empresas com receita bruta anual de até R$ 1.800.000,00 (um milhão e oitocentos mil reais).

>> *Caput* com redação determinada pela Lei Complementar n. 155, de 27-10-2016.

I a III – (*Revogados pela Lei Complementar n. 155, de 27-10-2016, produzindo efeitos a partir de 1.º-1-2018.*)

§ 1.º A participação no Produto Interno Bruto brasileiro será apurada levando em conta o último resultado divulgado pelo Instituto Brasileiro de Geografia e Estatística ou outro órgão que o substitua.

§ 2.º A opção prevista no *caput* produzirá efeitos somente para o ano-calendário subsequente, salvo deliberação do CGSN.

>> § 2.º com redação determinada pela Lei Complementar n. 155, de 27-10-2016.

§ 3.º O disposto neste artigo aplica-se ao Distrito Federal.

§ 4.º Para os Estados que não tenham adotado sublimite na forma do *caput* e para aqueles cuja participação no Produto Interno Bruto brasileiro seja superior a 1% (um por cento), para efeito de recolhimento do ICMS e do ISS, observar-se-á obrigatoriamente o sublimite no valor de R$ 3.600.000,00 (três milhões e seiscentos mil reais).

>> § 4.º acrescentado pela Lei Complementar n. 155, de 27-10-2016.

Art. 20. A opção feita na forma do art. 19 desta Lei Complementar pelos Estados importará adoção do mesmo limite de receita bruta anual para efeito de recolhimento na forma do ISS dos Municípios nele localizados, bem como para o do ISS devido no Distrito Federal.

§ 1.º A empresa de pequeno porte que ultrapassar os limites a que se referem o *caput* e o § 4.º do art. 19 estará automaticamente impedida de recolher o ICMS e o ISS na forma do Simples Nacional, a partir do mês subsequente àquele em que tiver ocorrido o excesso, relativamente aos seus estabelecimentos localizados na unidade da Federação que os houver adotado, ressalvado o disposto nos §§ 11 e 13 do art. 3.º.

>> § 1.º com redação determinada pela Lei Complementar n. 155, de 27-10-2016.

§ 1.º-A. Os efeitos do impedimento previsto no § 1.º ocorrerão no ano-calendário subsequente se o excesso verificado não for superior a 20% (vinte por cento) dos limites referidos.

>> § 1.º-A acrescentado pela Lei Complementar n. 139, de 10-11-2011.

§ 2.º O disposto no § 1.º deste artigo não se aplica na hipótese de o Estado ou de o Distrito Federal adotarem, compulsoriamente ou por opção, a aplicação de faixa de receita bruta superior à que vinha sendo utilizada no ano-calendário em que ocorreu o excesso da receita bruta.

§ 3.º Na hipótese em que o recolhimento do ICMS ou do ISS não esteja sendo efetuado por meio do Simples Nacional por força do disposto neste artigo e no art. 19 desta Lei Complementar, as faixas de receita do Simples Nacional superiores àquela que tenha sido objeto de opção pelos Estados ou pelo Distrito Federal sofrerão, para efeito de recolhimento do Simples Nacional, redução da alíquota efetiva desses impostos, apurada de acordo com os Anexos I a V desta Lei Complementar, conforme o caso.

>> § 3.º com redação determinada pela Lei Complementar n. 155, de 27-10-2016.

§ 4.º O Comitê Gestor regulamentará o disposto neste artigo e no art. 19 desta Lei Complementar.

Seção IV
Do Recolhimento dos Tributos Devidos

> A Resolução n. 140, de 22-5-2018, do CGSN, dispõe sobre o Regime Especial Unificado de Arrecadação de Tributos e Contribuições devidos pelas Microempresas e Empresas de Pequeno Porte – Simples Nacional.

Art. 21. Os tributos devidos, apurados na forma dos arts. 18 a 20 desta Lei Complementar, deverão ser pagos:

I – por meio de documento único de arrecadação, instituído pelo Comitê Gestor;

II – (*Revogado pela Lei Complementar n. 127, de 14-8-2007.*);

III – enquanto não regulamentado pelo Comitê Gestor, até o último dia útil da primeira quinzena do mês subsequente àquele a que se referir;

IV – em banco integrante da rede arrecadadora do Simples Nacional, na forma regulamentada pelo Comitê Gestor.

>> Inciso IV com redação determinada pela Lei Complementar n. 127, de 14-8-2007.

§ 1.º Na hipótese de a microempresa ou a empresa de pequeno porte possuir filiais, o recolhimento dos tributos do Simples Nacional dar-se-á por intermédio da matriz.

§ 2.º Poderá ser adotado sistema simplificado de arrecadação do Simples Nacional, inclusive sem utilização da rede bancária, mediante requerimento do Estado, Distrito Federal ou Município ao Comitê Gestor.

§ 3.º O valor não pago até a data do vencimento sujeitar-se-á à incidência de encargos legais na forma prevista na legislação do imposto sobre a renda.

§ 4.º A retenção na fonte de ISS das microempresas ou das empresas de pequeno porte optantes pelo Simples Nacional somente será permitida se observado o disposto no art. 3.º da Lei Complementar n. 116, de 31 de julho de 2003, e deverá observar as seguintes normas:

>> § 4.º, *caput*, com redação determinada pela Lei Complementar n. 128, de 19-12-2008.

I – a alíquota aplicável na retenção na fonte deverá ser informada no documento fiscal e corresponderá à alíquota efetiva de ISS a que a microempresa ou a empresa de pequeno porte estiver sujeita no mês anterior ao da prestação;

>> Inciso I com redação determinada pela Lei Complementar n. 155, de 27-10-2016.

II – na hipótese de o serviço sujeito à retenção ser prestado no mês de início de atividades da microempresa ou da empresa de pequeno porte, deverá ser aplicada pelo tomador a alíquota efetiva de 2% (dois por cento);

>> Inciso II com redação determinada pela Lei Complementar n. 155, de 27-10-2016.

III – na hipótese do inciso II deste parágrafo, constatando-se que houve diferença entre a alíquota utilizada e a efetivamente apurada, caberá à microempresa ou empresa de pequeno porte prestadora dos serviços efetuar o recolhimento dessa diferença no mês subsequente ao do início de atividade em guia própria do Município;

>> Inciso III acrescentado pela Lei Complementar n. 128, de 19-12-2008.

IV – na hipótese de a microempresa ou empresa de pequeno porte estar sujeita à tributação do ISS no Simples Nacional por valores fixos mensais, não caberá a retenção a que se refere o *caput* deste parágrafo;

>> Inciso IV acrescentado pela Lei Complementar n. 128, de 19-12-2008.

V – na hipótese de a microempresa ou a empresa de pequeno porte não informar a alíquota de que tratam os incisos I e II deste parágrafo no documento fiscal, aplicar-se-á a alíquota efetiva de 5% (cinco por cento);

>> Inciso V com redação determinada pela Lei Complementar n. 155, de 27-10-2016.

VI – não será eximida a responsabilidade do prestador de serviços quando a alíquota do ISS informada no documento fiscal for inferior à devida, hipótese em que o recolhimento dessa diferença será realizado em guia própria do Município;

>> Inciso VI acrescentado pela Lei Complementar n. 128, de 19-12-2008.

VII – o valor retido, devidamente recolhido, será definitivo, não sendo objeto de partilha com os municípios, e sobre a receita de prestação de serviços que sofreu a retenção não haverá incidência de ISS a ser recolhido no Simples Nacional.

>> Inciso VII acrescentado pela Lei Complementar n. 128, de 19-12-2008.

§ 4.º-A. Na hipótese de que tratam os incisos I e II do § 4.º, a falsidade na prestação dessas informações sujeitará o responsável, o titular, os sócios ou os administradores da microempresa e da empresa de pequeno porte, juntamente com as demais pessoas que para ela concorrerem, às penalidades previstas na legislação criminal e tributária.

>> § 4.º-A acrescentado pela Lei Complementar n. 128, de 19-12-2008.

§ 5.º O CGSN regulará a compensação e a restituição dos valores do Simples Nacional recolhidos indevidamente ou em montante superior ao devido.

>> § 5.º com redação determinada pela Lei Complementar n. 139, de 10-11-2011.

§ 6.º O valor a ser restituído ou compensado será acrescido de juros obtidos pela aplicação da taxa referencial do Sistema Especial de Liquidação e de Custódia (Selic) para títulos federais, acumulada mensalmente, a partir do mês subsequente ao do pagamento indevido ou a maior que o devido até o mês anterior ao da compensação ou restituição, e de 1% (um por cento) relativamente ao mês em que estiver sendo efetuada.

>> § 6.º acrescentado pela Lei Complementar n. 139, de 10-11-2011.

§ 7.º Os valores compensados indevidamente serão exigidos com os acréscimos moratórios de que trata o art. 35.

>> § 7.º acrescentado pela Lei Complementar n. 139, de 10-11-2011.

§ 8.º Na hipótese de compensação indevida, quando se comprove falsidade de declaração apresentada pelo sujeito passivo, o contribuinte estará sujeito à multa isolada aplicada no percentual previsto no inciso I do *caput* do art. 44 da Lei n. 9.430, de 27 de dezembro de 1996, aplicado em dobro, e terá como base de cálculo o valor total do débito indevidamente compensado.

>> § 8.º acrescentado pela Lei Complementar n. 139, de 10-11-2011.

§ 9.º É vedado o aproveitamento de créditos não apurados no Simples Nacional, inclusive de natureza não tributária, para extinção de débitos do Simples Nacional.

>> § 9.º acrescentado pela Lei Complementar n. 139, de 10-11-2011.

§ 10. Os créditos apurados no Simples Nacional não poderão ser utilizados para extinção de outros débitos para com as Fazendas Públicas, salvo por ocasião da compensação de ofício oriunda de deferimento em processo de restituição ou após a exclusão da empresa do Simples Nacional.

>> § 10 acrescentado pela Lei Complementar n. 139, de 10-11-2011.

§ 11. No Simples Nacional, é permitida a compensação tão somente de créditos para extinção de débitos para com o mesmo ente federado e relativos ao mesmo tributo.

>> § 11 acrescentado pela Lei Complementar n. 139, de 10-11-2011.

§ 12. Na restituição e compensação no Simples Nacional serão observados os prazos de decadência e prescrição previstos na Lei n. 5.172, de 25 de outubro de 1966 (Código Tributário Nacional).

>> § 12 acrescentado pela Lei Complementar n. 139, de 10-11-2011.

§ 13. É vedada a cessão de créditos para extinção de débitos no Simples Nacional.

>> § 13 acrescentado pela Lei Complementar n. 139, de 10-11-2011.

§ 14. Aplica-se aos processos de restituição e de compensação o rito estabelecido pelo CGSN.

>> § 14 acrescentado pela Lei Complementar n. 139, de 10-11-2011.

>> A Lei Complementar n. 162, de 6-4-2018, institui o Programa Especial de Regularização Tributária das Microempresas e Empresas de Pequeno Porte optantes pelo Simples Nacional (Pert-SN).

§ 15. Compete ao CGSN fixar critérios, condições para rescisão, prazos, valores mínimos de amortização e demais procedimentos para parcelamento dos recolhimentos em atraso dos débitos tributários apurados no Simples Nacional, observado o disposto no § 3.º deste artigo e no art. 35 e ressalvado o disposto no § 19 deste artigo.

>> § 15 acrescentado pela Lei Complementar n. 139, de 10-11-2011.

>> A Lei Complementar n. 162, de 6-4-2018, institui o Programa Especial de Regularização Tributária das Microempresas e Empresas de Pequeno Porte optantes pelo Simples Nacional (Pert-SN).

§ 16. Os débitos de que trata o § 15 poderão ser parcelados em até 60 (sessenta) parcelas mensais, na forma e condições previstas pelo CGSN.

>> § 16 acrescentado pela Lei Complementar n. 139, de 10-11-2011.

§ 17. O valor de cada prestação mensal, por ocasião do pagamento, será acrescido de juros equivalentes à taxa referencial do Sistema Especial de Liquidação e de Custódia (Selic) para títulos federais, acumulada mensalmente, calculados a partir do mês subsequente ao da consolidação até o mês anterior ao do pagamento, e de 1% (um por cento) relativamente ao mês em que o pagamento estiver sendo efetuado, na forma regulamentada pelo CGSN.

>> § 17 acrescentado pela Lei Complementar n. 139, de 10-11-2011.

§ 18. Será admitido reparcelamento de débitos constantes de parcelamento em curso ou que tenha sido rescindido, podendo ser incluídos novos débitos, na forma regulamentada pelo CGSN.

>> § 18 acrescentado pela Lei Complementar n. 139, de 10-11-2011.

§ 19. Os débitos constituídos de forma isolada por parte de Estado, do Distrito Federal ou de Município, em face de ausência de aplicativo para lançamento unificado, relativo a tributo de sua competência, que não estiverem inscritos em Dívida Ativa da União, poderão ser parcelados pelo ente responsável pelo lançamento de acordo com a respectiva legislação, na forma regulamentada pelo CGSN.

>> § 19 acrescentado pela Lei Complementar n. 139, de 10-11-2011.

§ 20. O pedido de parcelamento deferido importa confissão irretratável do débito e configura confissão extrajudicial.

>> § 20 acrescentado pela Lei Complementar n. 139, de 10-11-2011.

§ 21. Serão aplicadas na consolidação as reduções das multas de lançamento de ofício previstas na legislação federal, conforme regulamentação do CGSN.

>> § 21 acrescentado pela Lei Complementar n. 139, de 10-11-2011.

§ 22. O repasse para os entes federados dos valores pagos e da amortização dos débitos parcelados será efetuado proporcionalmente ao valor de cada tributo na composição da dívida consolidada.

>> § 22 acrescentado pela Lei Complementar n. 139, de 10-11-2011.

§ 23. No caso de parcelamento de débito inscrito em dívida ativa, o devedor pagará custas, emolumentos e demais encargos legais.

>> § 23 acrescentado pela Lei Complementar n. 139, de 10-11-2011.

§ 24. Implicará imediata rescisão do parcelamento e remessa do débito para inscrição em dívida ativa ou prosseguimento da execução, conforme o caso, até deliberação do CGSN, a falta de pagamento:

>> § 24, *caput*, acrescentado pela Lei Complementar n. 139, de 10-11-2011.

I – de 3 (três) parcelas, consecutivas ou não; ou

>> Inciso I acrescentado pela Lei Complementar n. 139, de 10-11-2011.

II – de 1 (uma) parcela, estando pagas todas as demais.

>> Inciso II acrescentado pela Lei Complementar n. 139, de 10-11-2011.

§ 25. O documento previsto no inciso I do *caput* deste artigo deverá conter a partilha discriminada de cada um dos tributos abrangidos pelo Simples Nacional, bem como os valores destinados a cada ente federado.

>> § 25 acrescentado pela Lei Complementar n. 155, de 27-10-2016.

Art. 21-A. A inscrição de microempresa ou empresa de pequeno porte no Cadastro Informativo dos créditos não quitados do setor público federal – CADIN, somente ocorrerá mediante notificação prévia com prazo para contestação.

>> Artigo acrescentado pela Lei Complementar n. 147, de 7-8-2014.

Art. 21-B. Os Estados e o Distrito Federal deverão observar, em relação ao ICMS, o prazo mínimo de 60 (sessenta) dias, contado a partir do primeiro dia do mês do fato gerador da obrigação tributária, para estabelecer a data de vencimento do imposto devido por substituição tributária, tributação concentrada em uma única etapa (monofásica) e por antecipação tributária com ou sem encerramento de tributação, nas hipóteses em que a responsabilidade recair sobre operações ou prestações subsequentes, na forma regulamentada pelo Comitê Gestor.

>> Artigo acrescentado pela Lei Complementar n. 147, de 7-8-2014.

Seção V
Do Repasse do Produto da Arrecadação

Art. 22. O Comitê Gestor definirá o sistema de repasses do total arrecadado, inclusive encargos legais, para o:

I – Município ou Distrito Federal, do valor correspondente ao ISS;

II – Estado ou Distrito Federal, do valor correspondente ao ICMS;

III – Instituto Nacional do Seguro Social, do valor correspondente à Contribuição para manutenção da Seguridade Social.

Parágrafo único. Enquanto o Comitê Gestor não regulamentar o prazo para o repasse previsto no inciso II do *caput* deste artigo, esse será efetuado nos prazos estabelecidos nos convênios celebrados no âmbito do colegiado a que se refere a alínea *g* do inciso XII do § 2.º do art. 155 da Constituição Federal.

Seção VI
Dos Créditos

Art. 23. As microempresas e as empresas de pequeno porte optantes pelo Simples Nacional não farão jus à apropriação nem transferirão créditos relativos a impostos ou contribuições abrangidos pelo Simples Nacional.

§ 1.º As pessoas jurídicas e aquelas a elas equiparadas pela legislação tributária não optantes pelo Simples Nacional terão direito a crédito correspondente ao ICMS incidente sobre as suas aquisições de mercadorias de microempresa ou empresa de pequeno porte optante pelo Simples Nacional, desde que destinadas à comercialização ou industrialização e observado, como limite, o ICMS efetivamente devido pelas optantes pelo Simples Nacional em relação a essas aquisições.

>> § 1.º acrescentado pela Lei Complementar n. 128, de 19-12-2008.

§ 2.º A alíquota aplicável ao cálculo do crédito de que trata o § 1.º deste artigo deverá ser informada no documento fiscal e corresponderá ao percentual de ICMS previsto nos Anexos I ou II desta Lei Complementar para a faixa de receita bruta a que a microempresa ou a empresa de pequeno porte estiver sujeita no mês anterior ao da operação.

>> § 2.º acrescentado pela Lei Complementar n. 128, de 19-12-2008.

§ 3.º Na hipótese de a operação ocorrer no mês de início de atividades da microempresa ou empresa de pequeno porte optante pelo Simples Nacional, a alíquota aplicável ao cálculo do crédito de que trata o § 1.º deste artigo corresponderá ao percentual de ICMS referente à menor alíquota prevista nos Anexos I ou II desta Lei Complementar.

>> § 3.º acrescentado pela Lei Complementar n. 128, de 19-12-2008.

§ 4.º Não se aplica o disposto nos §§ 1.º a 3.º deste artigo quando:

>> § 4.º, *caput*, com redação determinada pela Lei Complementar n. 128, de 19-12-2008.

I – a microempresa ou empresa de pequeno porte estiver sujeita à tributação do ICMS no Simples Nacional por valores fixos mensais;

>> Inciso I acrescentado pela Lei Complementar n. 128, de 19-12-2008.

II – a microempresa ou a empresa de pequeno porte não informar a alíquota de que trata o § 2.º deste artigo no documento fiscal;

>> Inciso II acrescentado pela Lei Complementar n. 128, de 19-12-2008.

III – houver isenção estabelecida pelo Estado ou Distrito Federal que abranja a faixa de receita bruta a que a microempresa ou a empresa de pequeno porte estiver sujeita no mês da operação;

>> Inciso III acrescentado pela Lei Complementar n. 128, de 19-12-2008.

IV – o remetente da operação ou prestação considerar, por opção, que a alíquota determinada na forma do *caput* e dos §§ 1.º e 2.º do art. 18 desta Lei Complementar deverá incidir sobre a receita recebida no mês.

>> Inciso IV acrescentado pela Lei Complementar n. 128, de 19-12-2008.

§ 5.º Mediante deliberação exclusiva e unilateral dos Estados e do Distrito Federal, poderá ser concedido às pessoas jurídicas e àquelas a elas equiparadas pela legislação tributária não optantes pelo Simples Nacional crédito correspondente ao ICMS incidente sobre os insumos utilizados nas mercadorias adquiridas de indústria optante pelo Simples Nacional, sendo vedado o estabelecimento de diferenciação no valor do crédito em razão da procedência dessas mercadorias.

>> § 5.º acrescentado pela Lei Complementar n. 128, de 19-12-2008.

§ 6.º O Comitê Gestor do Simples Nacional disciplinará o disposto neste artigo.

>> § 6.º acrescentado pela Lei Complementar n. 128, de 19-12-2008.

Art. 24. As microempresas e as empresas de pequeno porte optantes pelo Simples Nacional não poderão utilizar ou destinar qualquer valor a título de incentivo fiscal.

§ 1.º Não serão consideradas quaisquer alterações em bases de cálculo, alíquotas e percentuais ou outros fatores que alterem o valor de imposto ou contribuição apurado na forma do Simples Nacional, estabelecidas pela União, Estado, Distrito Federal ou Município, exceto as previstas ou autorizadas nesta Lei Complementar.

>> Parágrafo único renumerado pela Lei Complementar n. 155, de 27-10-2016.

§ 2.º (*Vetado*.)

>> § 2.º acrescentado pela Lei Complementar n. 155, de 27-10-2016.

Seção VII
Das Obrigações Fiscais Acessórias

Art. 25. A microempresa ou empresa de pequeno porte optante pelo Simples Nacional deverá apresentar anualmente à Secretaria da Receita Federal do Brasil declaração única e simplificada de informações socioeconômicas e fiscais, que deverá ser disponibilizada aos órgãos de fiscalização tributária e previdenciária, observados prazo e modelo aprovados pelo CGSN e observado o disposto no § 15-A do art. 18.

>> *Caput* com redação determinada pela Lei Complementar n. 139, de 10-11-2011.

> *Vide* arts. 26, II, § 3.º, 38, 41, § 4.º, II, desta Lei Complementar.

§ 1.º A declaração de que trata o *caput* deste artigo constitui confissão de dívida e instrumento hábil e suficiente para a exigência dos tributos e contribuições que não tenham sido recolhidos resultantes das informações nela prestadas.

>> Primitivo parágrafo único renumerado pela Lei Complementar n. 128, de 19-12-2008.

§ 2.º A situação de inatividade deverá ser informada na declaração de que trata o *caput* deste artigo, na forma regulamentada pelo Comitê Gestor.

>> § 2.º acrescentado pela Lei Complementar n. 128, de 19-12-2008.

§ 3.º Para efeito do disposto no § 2.º deste artigo, considera-se em situação de inatividade a microempresa ou a empresa de pequeno porte que não apresente mutação patrimonial e atividade operacional durante todo o ano-calendário.

>> § 3.º acrescentado pela Lei Complementar n. 128, de 19-12-2008.

§ 4.º A declaração de que trata o *caput* deste artigo, relativa ao MEI definido no art. 18-A desta Lei Complementar, conterá, para efeito do disposto no art. 3.º da Lei Complementar n. 63, de 11 de janeiro de 1990, tão somente as informações relativas à receita bruta total sujeita ao ICMS, sendo vedada a instituição de declarações adicionais em decorrência da referida Lei Complementar.

>> § 4.º acrescentado pela Lei Complementar n. 128, de 19-12-2008.

§ 5.º A declaração de que trata o *caput*, a partir das informações relativas ao ano-calendário de 2012, poderá ser prestada por meio da declaração de que trata o § 15-A do art. 18 desta Lei Complementar, na periodicidade e prazos definidos pelo CGSN.

>> § 5.º acrescentado pela Lei Complementar n. 147, de 7-8-2014.

Art. 26. As microempresas e empresas de pequeno porte optantes pelo Simples Nacional ficam obrigadas a:

> *Vide* art. 29, XI, desta Lei Complementar.

I – emitir documento fiscal de venda ou prestação de serviço, de acordo com instruções expedidas pelo Comitê Gestor;

II – manter em boa ordem e guarda os documentos que fundamentaram a apuração dos impostos e contribuições devidos e o cumprimento das obrigações acessórias a que se refere o art. 25 desta Lei Complementar enquanto não decorrido o prazo decadencial e não prescritas eventuais ações que lhes sejam pertinentes.

§ 1.º O MEI fará a comprovação da receita bruta mediante apresentação do registro de vendas ou de prestação de serviços na forma estabelecida pelo CGSN, ficando dispensado da emissão do documento fiscal previsto no inciso I do *caput*, ressalvadas as hipóteses de emissão obrigatória previstas pelo referido Comitê.

>> § 1.º com redação determinada pela Lei Complementar n. 139, de 10-11-2011.

§ 2.º As demais microempresas e as empresas de pequeno porte, além do disposto nos incisos I e II do *caput* deste artigo, deverão, ainda, manter o livro-caixa em que será escriturada sua movimentação financeira e bancária.

§ 3.º A exigência de declaração única a que se refere o *caput* do art. 25 desta Lei Complementar não desobriga a prestação de informações relativas a terceiros.

§ 4.º É vedada a exigência de obrigações tributárias acessórias relativas aos tributos apurados na forma do Simples Nacional além daquelas estipuladas pelo CGSN e atendidas por meio do Portal do Simples Nacional, bem como o estabelecimento de exigências adicionais e unilaterais pelos entes federativos, exceto os programas de cidadania fiscal.

>> § 4.º com redação determinada pela Lei Complementar n. 147, de 7-8-2014.

§ 4.º-A. A escrituração fiscal digital ou obrigação equivalente não poderá ser exigida da microempresa ou empresa de pequeno porte optante pelo Simples Nacional, salvo se, cumulativamente, houver:

>> § 4.º-A, *caput*, acrescentado pela Lei Complementar n. 147, de 7-8-2014.

I – autorização específica do CGSN, que estabelecerá as condições para a obrigatoriedade;

>> Inciso I acrescentado pela Lei Complementar n. 147, de 7-8-2014.

II – disponibilização por parte da administração tributária estipulante de aplicativo gratuito para uso da empresa optante.

>> Inciso II acrescentado pela Lei Complementar n. 147, de 7-8-2014.

§ 4.º-B. A exigência de apresentação de livros fiscais em meio eletrônico aplicar-se-á somente na hipótese de substituição da entrega em meio convencional, cuja obrigatoriedade tenha sido prévia e especificamente estabelecida pelo CGSN.

>> § 4.º-B acrescentado pela Lei Complementar n. 147, de 7-8-2014.

§ 4.º-C. Até a implantação de sistema nacional uniforme estabelecido pelo CGSN com compartilhamento de informações com os entes federados, permanece válida norma publicada por ente federado até o primeiro trimestre de 2014 que tenha veiculado exigência vigente de a microempresa ou empresa de pequeno porte apresentar escrituração fiscal digital ou obrigação equivalente.

>> § 4.º-C acrescentado pela Lei Complementar n. 147, de 7-8-2014.

§ 5.º As microempresas e empresas de pequeno porte ficam sujeitas à entrega de declaração eletrônica que deva conter os dados referentes aos serviços prestados ou tomados de terceiros, na conformidade do que dispuser o Comitê Gestor.

§ 6.º Na hipótese do § 1.º deste artigo:

>> § 6.º, *caput*, acrescentado pela Lei Complementar n. 128, de 19-12-2008.

I – deverão ser anexados ao registro de vendas ou de prestação de serviços, na forma regulamentada pelo Comitê Gestor, os documentos fiscais comprobatórios das entradas de mercadorias e serviços tomados referentes ao período, bem como os documentos fiscais relativos às operações ou prestações realizadas eventualmente emitidos;

>> Inciso I acrescentado pela Lei Complementar n. 128, de 19-12-2008.

II – será obrigatória a emissão de documento fiscal nas vendas e nas prestações de serviços realizadas pelo MEI para destinatário cadastrado no Cadastro Nacional da Pessoa Jurídica (CNPJ), ficando dispensado desta emissão para o consumidor final.

>> Inciso II com redação determinada pela Lei Complementar n. 139, de 10-11-2011.

§ 7.º Cabe ao CGSN dispor sobre a exigência da certificação digital para o cumprimento de obrigações principais e acessórias por parte da microempresa, inclusive o MEI, ou empresa de pequeno porte optante pelo Simples Nacional, inclusive para o recolhimento do FGTS.

>> § 7.º acrescentado pela Lei Complementar n. 139, de 10-11-2011.

§ 8.º O CGSN poderá disciplinar sobre a disponibilização, no portal do Simples Nacional, de documento fiscal eletrônico de venda ou de prestação de serviço para o MEI, microempresa ou empresa de pequeno porte optante pelo Simples Nacional.

>> § 8.º acrescentado pela Lei Complementar n. 147, de 7-8-2014.

§ 9.º O desenvolvimento e a manutenção das soluções de tecnologia, capacitação e orientação aos usuários relativas ao disposto no § 8.º, bem como as demais relativas ao Simples Nacional, poderão ser apoiadas pelo Serviço Brasileiro de Apoio às Micro e Pequenas Empresas – SEBRAE.

>> § 9.º acrescentado pela Lei Complementar n. 147, de 7-8-2014.

§ 10. O ato de emissão ou de recepção de documento fiscal por meio eletrônico estabelecido pelas administrações tributárias, em qualquer modalidade, de entrada, de saída ou de prestação, na forma estabelecida pelo CGSN, representa sua própria escrituração fiscal e elemento suficiente para a fundamentação e a constituição do crédito tributário.

>> § 10 acrescentado pela Lei Complementar n. 147, de 7-8-2014.

§ 11. Os dados dos documentos fiscais de qualquer espécie podem ser compartilhados entre as administrações tributárias da União, Estados, Distrito Federal e Municípios e, quando emitidos por meio eletrônico, na forma estabelecida pelo CGSN, a microempresa ou empresa de pequeno porte optante pelo Simples Nacional fica desobrigada de transmitir seus dados às administrações tributárias.

>> § 11 acrescentado pela Lei Complementar n. 147, de 7-8-2014.

§ 12. As informações a serem prestadas relativas ao ICMS devido na forma prevista nas alíneas *a*, *g* e *h* do inciso XIII do § 1.º do art. 13 serão fornecidas por meio de aplicativo único.

>> § 12 acrescentado pela Lei Complementar n. 147, de 7-8-2014.

§ 13. Fica estabelecida a obrigatoriedade de utilização de documentos fiscais eletrônicos estabelecidos pelo Confaz nas operações e prestações relativas ao ICMS efetuadas por microempresas e empresas de pequeno porte nas hipóteses previstas nas alíneas *a*, *g* e *h* do inciso XIII do § 1.º do art. 13.

>> § 13 acrescentado pela Lei Complementar n. 147, de 7-8-2014.

§ 14. Os aplicativos necessários ao cumprimento do disposto nos §§ 12 e 13 deste artigo serão disponibilizados, de forma gratuita, no portal do Simples Nacional.

>> § 14 acrescentado pela Lei Complementar n. 147, de 7-8-2014.

§ 15. O CGSN regulamentará o disposto neste artigo.

>> § 15 acrescentado pela Lei Complementar n. 147, de 7-8-2014.

Art. 27. As microempresas e empresas de pequeno porte optantes pelo Simples Nacional poderão, opcionalmente, adotar contabilidade simplificada para os registros e controles das operações realizadas, conforme regulamentação do Comitê Gestor.

> O Decreto n. 6.451, de 12-5-2008, dispõe sobre a constituição do Consórcio Simples por microempresas e empresas de pequeno porte optantes pelo Simples Nacional.

Seção VIII
Da Exclusão do Simples Nacional

Art. 28. A exclusão do Simples Nacional será feita de ofício ou mediante comunicação das empresas optantes.

Parágrafo único. As regras previstas nesta seção e o modo de sua implementação serão regulamentados pelo Comitê Gestor.

Art. 29. A exclusão de ofício das empresas optantes pelo Simples Nacional dar-se-á quando:

> *Vide* art. 33 desta Lei Complementar.

I – verificada a falta de comunicação de exclusão obrigatória;

II – for oferecido embaraço à fiscalização, caracterizado pela negativa não justificada de exibição de livros e documentos a que estiverem obrigadas, bem como pelo não fornecimento de informações sobre bens, movimentação financeira, negócio ou atividade que estiverem intimadas a apresentar, e nas demais hipóteses que autorizam a requisição de auxílio da força pública;

III – for oferecida resistência à fiscalização, caracterizada pela negativa de acesso ao estabelecimento, ao domicílio fiscal ou a qualquer outro local onde desenvolvam suas atividades ou se encontrem bens de sua propriedade;

IV – a sua constituição ocorrer por interpostas pessoas;

V – tiver sido constatada prática reiterada de infração ao disposto nesta Lei Complementar;

VI – a empresa for declarada inapta, na forma dos arts. 81 e 82 da Lei n. 9.430, de 27 de dezembro de 1996, e alterações posteriores;

VII – comercializar mercadorias objeto de contrabando ou descaminho;

VIII – houver falta de escrituração do livro-caixa ou não permitir a identificação da movimentação financeira, inclusive bancária;

IX – for constatado que durante o ano-calendário o valor das despesas pagas supera em 20% (vinte por cento) o valor de ingressos de recursos no mesmo período, excluído o ano de início de atividade;

X – for constatado que durante o ano-calendário o valor das aquisições de mercadorias para comercialização ou industrialização, ressalvadas hipóteses justificadas de aumento de estoque, for superior a 80% (oitenta por cento) dos ingressos de recursos no mesmo período, excluído o ano de início de atividade;

XI – houver descumprimento reiterado da obrigação contida no inciso I do *caput* do art. 26;

>> Inciso XI com redação determinada pela Lei Complementar n. 139, de 10-11-2011.

XII – omitir de forma reiterada da folha de pagamento da empresa ou de documento de informações previsto pela legislação previdenciária, trabalhista ou tributária, segurado empregado, trabalhador avulso ou contribuinte individual que lhe preste serviço.

>> Inciso XII com redação determinada pela Lei Complementar n. 139, de 10-11-2011.

§ 1.º Nas hipóteses previstas nos incisos II a XII do *caput* deste artigo, a exclusão produzirá efeitos a partir do próprio mês em que incorridas, impedindo a opção pelo regime diferenciado e favorecido desta Lei Complementar pelos próximos 3 (três) anos-calendário seguintes.

>> § 1.º com redação determinada pela Lei Complementar n. 127, de 14-8-2007.

§ 2.º O prazo de que trata o § 1.º deste artigo será elevado para 10 (dez) anos caso seja constatada a utilização de artifício, ardil ou qualquer outro meio fraudulento que induza ou mantenha a fiscalização em erro, com o fim de suprimir ou reduzir o pagamento de tributo apurável segundo o regime especial previsto nesta Lei Complementar.

§ 3.º A exclusão de ofício será realizada na forma regulamentada pelo Comitê Gestor, cabendo o lançamento dos tributos e contribuições apurados aos respectivos entes tributantes.

§ 4.º (*Revogado pela Lei Complementar n. 128, de 19-12-2008.*)

§ 5.º A competência para exclusão de ofício do Simples Nacional obedece ao disposto no art. 33, e o julgamento administrativo, ao disposto no art. 39, ambos desta Lei Complementar.

§ 6.º Nas hipóteses de exclusão previstas no *caput*, a notificação:

>> § 6.º, *caput*, com redação determinada pela Lei Complementar n. 139, de 10-11-2011.

I – será efetuada pelo ente federativo que promoveu a exclusão; e

>> Inciso I acrescentado pela Lei Complementar n. 139, de 10-11-2011.

II – poderá ser feita por meio eletrônico, observada a regulamentação do CGSN.

>> Inciso II acrescentado pela Lei Complementar n. 139, de 10-11-2011.

§ 7.º (*Revogado pela Lei Complementar n. 139, de 10-11-2011.*)

§ 8.º A notificação de que trata o § 6.º aplica-se ao indeferimento da opção pelo Simples Nacional.

>> § 8.º com redação determinada pela Lei Complementar n. 139, de 10-11-2011.

§ 9.º Considera-se prática reiterada, para fins do disposto nos incisos V, XI e XII do *caput*:

>> § 9.º, *caput*, acrescentado pela Lei Complementar n. 139, de 10-11-2011.

I – a ocorrência, em 2 (dois) ou mais períodos de apuração, consecutivos ou alternados, de idênticas infrações, inclusive de natureza acessória, verificada em relação aos últimos 5 (cinco) anos-calendário, formalizadas por intermédio de auto de infração ou notificação de lançamento; ou

>> Inciso I acrescentado pela Lei Complementar n. 139, de 10-11-2011.

II – a segunda ocorrência de idênticas infrações, caso seja constatada a utilização de artifício, ardil ou qualquer outro meio fraudulento que induza ou mantenha a fiscalização em erro, com o fim de suprimir ou reduzir o pagamento de tributo.

>> Inciso II acrescentado pela Lei Complementar n. 139, de 10-11-2011.

Art. 30. A exclusão do Simples Nacional, mediante comunicação das microempresas ou das empresas de pequeno porte, dar-se-á:

> *Vide* art. 36 desta Lei Complementar.

I – por opção;

II – obrigatoriamente, quando elas incorrerem em qualquer das situações de vedação previstas nesta Lei Complementar; ou

III – obrigatoriamente, quando ultrapassado, no ano-calendário de início de atividade, o limite proporcional de receita bruta de que trata o § 2.º do art. 3.º;

>> Inciso III com redação determinada pela Lei Complementar n. 139, de 10-11-2011.

IV – obrigatoriamente, quando ultrapassado, no ano-calendário, o limite de receita bruta previsto no inciso II do *caput* do art. 3.º, quando não estiver no ano-calendário de início de atividade.

>> Inciso IV acrescentado pela Lei Complementar n. 139, de 10-11-2011.

§ 1.º A exclusão deverá ser comunicada à Secretaria da Receita Federal:

>> A Secretaria da Receita Federal passa a denominar-se Secretaria da Receita Federal do Brasil, por força da Lei n. 11.457, de 16-3-2007.

I – na hipótese do inciso I do *caput* deste artigo, até o último dia útil do mês de janeiro;

II – na hipótese do inciso II do *caput* deste artigo, até o último dia útil do mês subsequente àquele em que ocorrida a situação de vedação;

III – na hipótese do inciso III do *caput*:

>> Inciso III, *caput*, com redação determinada pela Lei Complementar n. 139, de 10-11-2011.

a) até o último dia útil do mês seguinte àquele em que tiver ultrapassado em mais de 20% (vinte por cento) o limite proporcional de que trata o § 10 do art. 3.º; ou

>> Alínea *a* acrescentada pela Lei Complementar n. 139, de 10-11-2011.

b) até o último dia útil do mês de janeiro do ano-calendário subsequente ao de início de atividades, caso o excesso seja inferior a 20% (vinte por cento) do respectivo limite;

>> Alínea *b* acrescentada pela Lei Complementar n. 139, de 10-11-2011.

IV – na hipótese do inciso IV do *caput*:

>> Inciso IV, *caput*, acrescentado pela Lei Complementar n. 139, de 10-11-2011.

a) até o último dia útil do mês subsequente à ultrapassagem em mais de 20% (vinte por cento) do limite de receita bruta previsto no inciso II do *caput* do art. 3.º; ou

>> Alínea *a* acrescentada pela Lei Complementar n. 139, de 10-11-2011.

b) até o último dia útil do mês de janeiro do ano-calendário subsequente, na hipótese de não ter ultrapassado em mais de 20% (vinte por cento) o limite de receita bruta previsto no inciso II do *caput* do art. 3.º.

>> Alínea *b* acrescentada pela Lei Complementar n. 139, de 10-11-2011.

§ 2.º A comunicação de que trata o *caput* deste artigo dar-se-á na forma a ser estabelecida pelo Comitê Gestor.

§ 3.º A alteração de dados no CNPJ, informada pela ME ou EPP à Secretaria da Receita Federal do Brasil, equivalerá à comunicação obrigatória de exclusão do Simples Nacional nas seguintes hipóteses:

>> § 3.º, *caput*, acrescentado pela Lei Complementar n. 139, de 10-11-2011.

I – alteração de natureza jurídica para Sociedade Anônima, Sociedade Empresária em Comandita por Ações, Sociedade em Conta de Participação ou Estabelecimento, no Brasil, de Sociedade Estrangeira;

>> Inciso I acrescentado pela Lei Complementar n. 139, de 10-11-2011.

II – inclusão de atividade econômica vedada à opção pelo Simples Nacional;

>> Inciso II acrescentado pela Lei Complementar n. 139, de 10-11-2011.

III – inclusão de sócio pessoa jurídica;

>> Inciso III acrescentado pela Lei Complementar n. 139, de 10-11-2011.

IV – inclusão de sócio domiciliado no exterior;

>> Inciso IV acrescentado pela Lei Complementar n. 139, de 10-11-2011.

V – cisão parcial; ou

>> Inciso V acrescentado pela Lei Complementar n. 139, de 10-11-2011.

VI – extinção da empresa.

>> Inciso VI acrescentado pela Lei Complementar n. 139, de 10-11-2011.

Art. 31. A exclusão das microempresas ou das empresas de pequeno porte do Simples Nacional produzirá efeitos:

I – na hipótese do inciso I do *caput* do art. 30 desta Lei Complementar, a partir de 1.º de janeiro do ano-calendário subsequente, ressalvado o disposto no § 4.º deste artigo;

II – na hipótese do inciso II do *caput* do art. 30 desta Lei Complementar, a partir do mês seguinte da ocorrência da situação impeditiva;

III – na hipótese do inciso III do *caput* do art. 30 desta Lei Complementar:

a) desde o início das atividades;

b) a partir de 1.º de janeiro do ano-calendário subsequente, na hipótese de não ter ultrapassado em mais de 20% (vinte por cento) o limite proporcional de que trata o § 10 do art. 3.º;

>> Alínea *b* com redação determinada pela Lei Complementar n. 139, de 10-11-2011.

IV – na hipótese do inciso V do *caput* do art. 17 desta Lei Complementar, a partir do ano-calendário subsequente ao da ciência da comunicação da exclusão.

V – na hipótese do inciso IV do *caput* do art. 30:

>> Inciso V acrescentado pela Lei Complementar n. 139, de 10-11-2011.

a) a partir do mês subsequente à ultrapassagem em mais de 20% (vinte por cento) do limite de receita bruta previsto no inciso II do art. 3.º;

>> Alínea *a* acrescentada pela Lei Complementar n. 139, de 10-11-2011.

b) a partir de 1.º de janeiro do ano-calendário subsequente, na hipótese de não ter ultrapassado em mais de 20% (vinte por cento) o limite de receita bruta previsto no inciso II do art. 3.º.

>> Alínea *b* acrescentada pela Lei Complementar n. 139, de 10-11-2011.

§ 1.º Na hipótese prevista no inciso III do *caput* do art. 30 desta Lei Complementar, a microempresa ou empresa de pequeno porte não poderá optar, no ano-calendário subsequente ao do início de atividades, pelo Simples Nacional.

§ 2.º Na hipótese dos incisos V e XVI do *caput* do art. 17, será permitida a permanência da pessoa jurídica como optante pelo Simples Nacional mediante a comprovação da regularização do débito ou do cadastro fiscal no prazo de até 30 (trinta) dias contados a partir da ciência da comunicação da exclusão.

>> § 2.º com redação determinada pela Lei Complementar n. 139, de 10-11-2011.

§ 3.º O CGSN regulamentará os procedimentos relativos ao impedimento de recolher o ICMS e o ISS na forma do Simples Nacional, em face da ultrapassagem dos limites estabelecidos na forma dos incisos I ou II do art. 19 e do art. 20.

>> § 3.º com redação determinada pela Lei Complementar n. 139, de 10-11-2011.

§ 4.º No caso de a microempresa ou a empresa de pequeno porte ser excluída do Simples Nacional no mês de janeiro, na hipótese do inciso I do *caput* do art. 30 desta Lei Complementar, os efeitos da exclusão dar-se-ão nesse mesmo ano.

§ 5.º Na hipótese do inciso II do *caput* deste artigo, uma vez que o motivo da exclusão deixe de existir, havendo a exclusão retroativa de ofício no caso do inciso I do *caput* do art. 29 desta Lei Complementar, o efeito desta dar-se-á a partir do mês seguinte ao da ocorrência da situação impeditiva, limitado, porém, ao último dia do ano-calendário em que a referida situação deixou de existir.

>> § 5.º acrescentado pela Lei Complementar n. 128, de 19-12-2008.

Art. 32. As microempresas ou as empresas de pequeno porte excluídas do Simples Nacional sujeitar-se-ão, a partir do período em que se processarem os efeitos da exclusão, às normas de tributação aplicáveis às demais pessoas jurídicas.

§ 1.º Para efeitos do disposto no *caput* deste artigo, na hipótese da alínea *a* do inciso III do *caput* do art. 31 desta Lei Complementar, a microempresa ou a empresa de pequeno porte desenquadrada ficará sujeita ao pagamento da totalidade ou diferença dos respectivos impostos e contribuições, devidos de conformidade com as normas gerais de incidência, acrescidos, tão somente, de juros de mora, quando efetuado antes do início de procedimento de ofício.

§ 2.º Para efeito do disposto no *caput* deste artigo, o sujeito passivo poderá optar pelo recolhimento do imposto de renda e da Contribuição Social sobre o Lucro Líquido na forma do lucro presumido, lucro real trimestral ou anual.

§ 3.º Aplica-se o disposto no *caput* e no § 1.º em relação ao ICMS e ao ISS à empresa impedida de recolher esses impostos na forma do Simples Nacional, em face da ultrapassagem dos limites a que se referem os incisos I e II do *caput* do art. 19, relativamente ao estabelecimento localizado na unidade da Federação que os houver adotado.

>> § 3.º acrescentado pela Lei Complementar n. 139, de 10-11-2011.

Seção IX
Da Fiscalização

Art. 33. A competência para fiscalizar o cumprimento das obrigações principais e acessórias relativas ao Simples Nacional e para verificar a ocorrência das hipóteses previstas no art. 29 desta Lei Complementar é da Secretaria da Receita Federal e das Secretarias de Fazenda ou de Finanças do Estado ou do Distrito Federal, segundo a localização do estabelecimento, e, tratando-se de prestação de serviços incluídos na competência tributária municipal, a competência será também do respectivo Município.

>> A Secretaria da Receita Federal passa a denominar-se Secretaria da Receita Federal do Brasil, por força da Lei n. 11.457, de 16-3-2007.

§ 1.º As Secretarias de Fazenda ou Finanças dos Estados poderão celebrar convênio com os Municípios de sua jurisdição para atribuir a estes a fiscalização a que se refere o *caput* deste artigo.

§ 1.º-A. Dispensa-se o convênio de que trata o § 1.º na hipótese de ocorrência de prestação de serviços sujeita ao ISS por estabelecimento localizado no Município.

>> § 1.º-A acrescentado pela Lei Complementar n. 139, de 10-11-2011.

§ 1.º-B. A fiscalização de que trata o *caput*, após iniciada, poderá abranger todos os demais estabelecimentos da microempresa ou da empresa de pequeno porte, independentemente da atividade por eles exercida ou de sua localização, na forma e condições estabelecidas pelo CGSN.

>> § 1.º-B acrescentado pela Lei Complementar n. 139, de 10-11-2011.

§ 1.º-C. As autoridades fiscais de que trata o *caput* têm competência para efetuar o lançamento de todos os tributos previstos nos incisos I a VIII do art. 13, apurados na forma do Simples Nacional, relativamente a todos os estabelecimentos da empresa, independentemente do ente federado instituidor.

>> § 1.º-C acrescentado pela Lei Complementar n. 139, de 10-11-2011.

§ 1.º-D. A competência para autuação por descumprimento de obrigação acessória é privativa da administração tributária perante a qual a obrigação deveria ter sido cumprida.

>> § 1.º-D acrescentado pela Lei Complementar n. 139, de 10-11-2011.

§ 2.º Na hipótese de a microempresa ou empresa de pequeno porte exercer alguma das atividades de prestação de serviços previstas no § 5.º-C do art. 18 desta Lei Complementar, caberá à Secretaria da Receita Federal do Brasil a fiscalização da Contribuição para a Seguridade Social, a cargo da empresa, de que trata o art. 22 da Lei n. 8.212, de 24 de julho de 1991.

>> § 2.º com redação determinada pela Lei Complementar n. 128, de 19-12-2008.

§ 3.º O valor não pago, apurado em procedimento de fiscalização, será exigido em lançamento de ofício pela autoridade competente que realizou a fiscalização.

§ 4.º O Comitê Gestor disciplinará o disposto neste artigo.

Seção X
Da Omissão de Receita

Art. 34. Aplicam-se à microempresa e à empresa de pequeno porte optantes pelo Simples Nacional todas as presunções de omissão de receita existentes nas legislações de regência dos impostos e contribuições incluídos no Simples Nacional.

>> A Lei Complementar n. 139, de 10-11-2011, propôs nova redação para este artigo, porém teve seu texto vetado.

§ 1.º É permitida a prestação de assistência mútua e a permuta de informações entre a Fazenda Pública da União e as dos Estados, do Distrito Federal e dos Municípios, relativas às microempresas e às empresas de pequeno porte, para fins de planejamento ou de execução de procedimentos fiscais ou preparatórios.

>> § 1.º acrescentado pela Lei Complementar n. 155, de 27-10-2016.

§ 2.º (*Vetado.*)

>> § 2.º acrescentado pela Lei Complementar n. 155, de 27-10-2016.

§ 3.º Sem prejuízo de ação fiscal individual, as administrações tributárias poderão utilizar procedimento de notificação prévia visando à autorregularização, na forma e nos prazos a serem regulamentados pelo CGSN, que não constituirá início de procedimento fiscal.

>> § 3.º acrescentado pela Lei Complementar n. 155, de 27-10-2016.

§ 4.º (*Vetado.*)

>> § 4.º acrescentado pela Lei Complementar n. 155, de 27-10-2016

Seção XI
Dos Acréscimos Legais

Art. 35. Aplicam-se aos impostos e contribuições devidos pela microempresa e pela empresa de pequeno porte, inscritas no Simples Nacional, as normas relativas aos juros e multa de mora e de ofício previstas para o imposto de renda, inclusive, quando for o caso, em relação ao ICMS e ao ISS.

Art. 36. A falta de comunicação, quando obrigatória, da exclusão da pessoa jurídica do Simples Nacional, nos prazos determinados no § 1.º do art. 30 desta Lei Complementar, sujeitará a pessoa jurídica a multa correspondente a 10% (dez por cento) do total dos impostos e contribuições devidos de conformidade com o Simples Nacional no mês que anteceder o início dos efeitos da exclusão, não inferior a R$ 200,00 (duzentos reais), insuscetível de redução.

>> Artigo com redação determinada pela Lei Complementar n. 128, de 19-12-2008.

Art. 36-A. A falta de comunicação, quando obrigatória, do desenquadramento do microempreendedor individual da sistemática de recolhimento prevista no art. 18-A desta Lei Complementar nos prazos determinados em seu § 7.º sujeitará o microempreendedor individual a multa no valor de R$ 50,00 (cinquenta reais), insuscetível de redução.

>> Artigo acrescentado pela Lei Complementar n. 128, de 19-12-2008.

Art. 37. A imposição das multas de que trata esta Lei Complementar não exclui a aplicação das sanções previstas na legislação penal, inclusive em relação a declaração falsa, adulteração de documentos e emissão de nota fiscal em desacordo com a operação efetivamente praticada, a que estão sujeitos o titular ou sócio da pessoa jurídica.

Art. 38. O sujeito passivo que deixar de apresentar a Declaração Simplificada da Pessoa Jurídica a que se refere o art. 25 desta Lei Complementar, no prazo fixado, ou que a apresentar com incorreções ou omissões, será intimado a apresentar declaração original, no caso de não apresentação, ou a prestar esclarecimentos, nos demais casos, no prazo estipulado pela autoridade fiscal, na forma definida pelo Comitê Gestor, e sujeitar-se-á às seguintes multas:

I – de 2% (dois por cento) ao mês-calendário ou fração, incidentes sobre o montante dos tributos e contribuições informados na Declaração Simplificada da Pessoa Jurídica, ainda que integralmente pago, no caso de falta de entrega da declaração ou entrega após o prazo, limitada a 20% (vinte por cento), observado o disposto no § 3.º deste artigo;

II – de R$ 100,00 (cem reais) para cada grupo de 10 (dez) informações incorretas ou omitidas.

§ 1.º Para efeito de aplicação da multa prevista no inciso I do *caput* deste artigo, será considerado como termo inicial o dia seguinte ao término do prazo originalmente fixado para a entrega da declaração e como termo final a data da efetiva entrega ou, no caso de não apresentação, da lavratura do auto de infração.

§ 2.º Observado o disposto no § 3.º deste artigo, as multas serão reduzidas:

I – à metade, quando a declaração for apresentada após o prazo, mas antes de qualquer procedimento de ofício;

II – a 75% (setenta e cinco por cento), se houver a apresentação da declaração no prazo fixado em intimação.

§ 3.º A multa mínima a ser aplicada será de R$ 200,00 (duzentos reais).

>> § 3.º com redação determinada pela Lei Complementar n. 128, de 19-12-2008.

§ 4.º Considerar-se-á não entregue a declaração que não atender às especificações técnicas estabelecidas pelo Comitê Gestor.

§ 5.º Na hipótese do § 4.º deste artigo, o sujeito passivo será intimado a apresentar nova declaração, no prazo de 10 (dez) dias, contados da ciência da intimação, e sujeitar-se-á à multa prevista no inciso I do *caput* deste artigo, observado o disposto nos §§ 1.º a 3.º deste artigo.

§ 6.º A multa mínima de que trata o § 3.º deste artigo a ser aplicada ao Microempreendedor Individual na vigência da opção de que trata o art. 18-A desta Lei Complementar será de R$ 50,00 (cinquenta reais).

>> § 6.º acrescentado pela Lei Complementar n. 128, de 19-12-2008.

Art. 38-A. O sujeito passivo que deixar de prestar as informações no sistema eletrônico de cálculo de que trata o § 15 do art. 18, no prazo previsto no § 15-A do mesmo artigo, ou que as prestar com incorreções ou omissões, será intimado a fazê-lo, no caso de não apresentação, ou a prestar esclarecimentos, nos demais casos, no prazo estipulado pela autoridade fiscal, na forma definida pelo CGSN, e sujeitar-se-á às seguintes multas, para cada mês de referência:

>> *Caput* acrescentado pela Lei Complementar n. 139, de 10-11-2011.

I – de 2% (dois por cento) ao mês-calendário ou fração, a partir do primeiro dia do quarto mês do ano subsequente à ocorrência dos fatos geradores, incidentes sobre o montante dos impostos e contribuições decorrentes das informações prestadas no sistema eletrônico de cálculo de que trata o § 15 do art. 18, ainda que integralmente pago, no caso de ausência de prestação de informações ou sua efetuação após o prazo, limitada a 20% (vinte por cento), observado o disposto no § 2.º deste artigo; e

>> Inciso I acrescentado pela Lei Complementar n. 139, de 10-11-2011.

II – de R$ 20,00 (vinte reais) para cada grupo de 10 (dez) informações incorretas ou omitidas.

>> Inciso II acrescentado pela Lei Complementar n. 139, de 10-11-2011.

§ 1.º Para efeito de aplicação da multa prevista no inciso I do *caput*, será considerado como termo inicial o primeiro dia do quarto mês do ano subsequente à ocorrência dos fatos geradores e como termo final a data da efetiva prestação ou, no caso de não prestação, da lavratura do auto de infração.

>> § 1.º acrescentado pela Lei Complementar n. 139, de 10-11-2011.

§ 2.º A multa mínima a ser aplicada será de R$ 50,00 (cinquenta reais) para cada mês de referência.

>> § 2.º acrescentado pela Lei Complementar n. 139, de 10-11-2011.

§ 3.º Aplica-se ao disposto neste artigo o disposto nos §§ 2.º, 4.º e 5.º do art. 38.

>> § 3.º acrescentado pela Lei Complementar n. 139, de 10-11-2011.

§ 4.º O CGSN poderá estabelecer data posterior à prevista no inciso I do *caput* e no § 1.º.

>> § 4.º acrescentado pela Lei Complementar n. 139, de 10-11-2011.

Art. 38-B. As multas relativas à falta de prestação ou à incorreção no cumprimento de obrigações acessórias para com os órgãos e entidades federais, estaduais, distritais e municipais, quando em valor fixo ou mínimo, e na ausência de previsão legal de valores específicos e mais favoráveis para MEI, microempresa ou empresa de pequeno porte, terão redução de:

>> *Caput* acrescentado pela Lei Complementar n. 147, de 7-8-2014.

> A Recomendação n. 5, de 8-4-2015, do Comitê Gestor do Simples Nacional, orienta os entes federados quanto à redução de multas para microempreendedores individuais, microempresas e empresas de pequeno porte optantes pelo Simples Nacional.

I – 90% (noventa por cento) para os MEI;

>> Inciso I acrescentado pela Lei Complementar n. 147, de 7-8-2014.

II – 50% (cinquenta por cento) para as microempresas ou empresas de pequeno porte optantes pelo Simples Nacional.

>> Inciso II acrescentado pela Lei Complementar n. 147, de 7-8-2014.

Parágrafo único. As reduções de que tratam os incisos I e II do *caput* não se aplicam na:

>> Parágrafo único acrescentado pela Lei Complementar n. 147, de 7-8-2014.

I – hipótese de fraude, resistência ou embaraço à fiscalização;

>> Inciso I acrescentado pela Lei Complementar n. 147, de 7-8-2014.

II – ausência de pagamento da multa no prazo de 30 (trinta) dias após a notificação.

>> Inciso II acrescentado pela Lei Complementar n. 147, de 7-8-2014.

Seção XII
Do Processo Administrativo Fiscal

>> *Vide* Decreto n. 70.235, de 6-3-1972, dispõe sobre o processo administrativo fiscal, e dá outras providências.

Art. 39. O contencioso administrativo relativo ao Simples Nacional será de competência do órgão julgador integrante da estrutura administrativa do ente federativo que efetuar o lançamento, o indeferimento da opção ou a exclusão de ofício, observados os dispositivos legais atinentes aos processos administrativos fiscais desse ente.

>> *Caput* com redação determinada pela Lei Complementar n. 139, de 10-11-2011.

> *Vide* art. 55, § 4.º, desta Lei Complementar.

§ 1.º O Município poderá, mediante convênio, transferir a atribuição de julgamento exclusivamente ao respectivo Estado em que se localiza.

§ 2.º No caso em que o contribuinte do Simples Nacional exerça atividades incluídas no campo de incidência do ICMS e do ISS e seja apurada omissão de receita de que não se consiga identificar a origem, a autuação será feita utilizando a maior alíquota prevista nesta Lei Complementar, e a parcela autuada que não seja correspondente aos tributos e contribuições federais será rateada entre Estados e Municípios ou Distrito Federal.

§ 3.º Na hipótese referida no § 2.º deste artigo, o julgamento caberá ao Estado ou ao Distrito Federal.

§ 4.º A intimação eletrônica dos atos do contencioso administrativo observará o disposto nos §§ 1.º-A a 1.º-D do art. 16.

>> § 4.º com redação determinada pela Lei Complementar n. 139, de 10-11-2011.

§ 5.º A impugnação relativa ao indeferimento da opção ou à exclusão poderá ser decidida em órgão diverso do previsto no *caput*, na forma estabelecida pela respectiva administração tributária.

>> § 5.º acrescentado pela Lei Complementar n. 139, de 10-11-2011.

§ 6.º Na hipótese prevista no § 5.º, o CGSN poderá disciplinar procedimentos e prazos, bem como, no processo de exclusão, prever efeito suspensivo na hipótese de apresentação de impugnação, defesa ou recurso.

>> § 6.º acrescentado pela Lei Complementar n. 139, de 10-11-2011.

Art. 40. As consultas relativas ao Simples Nacional serão solucionadas pela Secretaria da Receita Federal, salvo quando se referirem a tributos e contribuições de competência estadual ou municipal, que serão solucionadas conforme a respectiva competência tributária, na forma disciplinada pelo Comitê Gestor.

>> A Secretaria da Receita Federal passa a denominar-se Secretaria da Receita Federal do Brasil, por força da Lei n. 11.457, de 16-3-2007.

> *Vide* art. 55, § 4.º, desta Lei Complementar.

Seção XIII
Do Processo Judicial

Art. 41. Os processos relativos a impostos e contribuições abrangidos pelo Simples Nacional serão ajuizados em face da União, que será representada em juízo pela Procuradoria-Geral da Fazenda Nacional, observado o disposto no § 5.º deste artigo.

>> *Caput* com redação determinada pela Lei Complementar n. 128, de 19-12-2008.

§ 1.º Os Estados, Distrito Federal e Municípios prestarão auxílio à Procuradoria-Geral da Fazenda Nacional, em relação aos tributos de sua competência, na forma a ser disciplinada por ato do Comitê Gestor.

§ 2.º Os créditos tributários oriundos da aplicação desta Lei Complementar serão apurados, inscritos em Dívida Ativa da União e cobrados judicialmente pela Procuradoria-Geral da Fazenda Nacional, observado o disposto no inciso V do § 5.º deste artigo.

>> § 2.º com redação determinada pela Lei Complementar n. 139, de 10-11-2011.

§ 3.º Mediante convênio, a Procuradoria-Geral da Fazenda Nacional poderá delegar aos Estados e Municípios a inscrição em dívida ativa estadual e municipal e a cobrança judicial dos tributos estaduais e municipais a que se refere esta Lei Complementar.

§ 4.º Aplica-se o disposto neste artigo aos impostos e contribuições que não tenham sido recolhidos resultantes das informações prestadas:

>> § 4.º, *caput*, com redação determinada pela Lei Complementar n. 139, de 10-11-2011.

I – no sistema eletrônico de cálculo dos valores devidos no Simples Nacional de que trata o § 15 do art. 18;

>> Inciso I acrescentado pela Lei Complementar n. 139, de 10-11-2011.

II – na declaração a que se refere o art. 25.

>> Inciso II acrescentado pela Lei Complementar n. 139, de 10-11-2011.

§ 5.º Excetuam-se do disposto no *caput* deste artigo:

>> § 5.º, *caput*, acrescentado pela Lei Complementar n. 128, de 19-12-2008.

I – os mandados de segurança nos quais se impugnem atos de autoridade coatora pertencente a Estado, Distrito Federal ou Município;

>> Inciso I acrescentado pela Lei Complementar n. 128, de 19-12-2008.

II – as ações que tratem exclusivamente de tributos de competência dos Estados, do Distrito Federal ou dos Municípios, as quais serão propostas em face desses entes federativos, representados em juízo por suas respectivas procuradorias;

>> Inciso II acrescentado pela Lei Complementar n. 128, de 19-12-2008.

III – as ações promovidas na hipótese de celebração do convênio de que trata o § 3.º deste artigo.

>> Inciso III acrescentado pela Lei Complementar n. 128, de 19-12-2008.

IV – o crédito tributário decorrente de auto de infração lavrado exclusivamente em face de descumprimento de obrigação acessória, observado o disposto no § 1.º-D do art. 33;

>> Inciso IV acrescentado pela Lei Complementar n. 139, de 10-11-2011.

V – o crédito tributário relativo ao ICMS e ao ISS de que tratam as alíneas *b* e *c* do inciso V do § 3.º do art. 18-A desta Lei Complementar.

>> Inciso V com redação determinada pela Lei Complementar n. 147, de 7-8-2014.

CAPÍTULO V
DO ACESSO AOS MERCADOS

Seção I
Das Aquisições Públicas

>> Seção I renumerada pela Lei Complementar n. 147, de 7-8-2014.

Art. 42. Nas licitações públicas, a comprovação de regularidade fiscal e trabalhista das microempresas e das empresas de pequeno porte somente será exigida para efeito de assinatura do contrato.

>> Artigo com redação determinada pela Lei Complementar n. 155, de 27-10-2016.

Art. 43. As microempresas e as empresas de pequeno porte, por ocasião da participação em certames licitatórios, deverão apresentar toda a documentação exigida para efeito de comprovação de regularidade fiscal e trabalhista, mesmo que esta apresente alguma restrição.

>> *Caput* com redação determinada pela Lei Complementar n. 155, de 27-10-2016.

§ 1.º Havendo alguma restrição na comprovação da regularidade fiscal e trabalhista, será assegurado o prazo de cinco dias úteis, cujo termo inicial corresponderá ao momento em que o proponente for declarado vencedor do certame, prorrogável por igual período, a critério da administração pública, para regularização da documentação, para pagamento ou parcelamento do débito e para emissão de eventuais certidões negativas ou positivas com efeito de certidão negativa.

>> § 1.º com redação determinada pela Lei Complementar n. 155, de 27-10-2016.

§ 2.º A não regularização da documentação, no prazo previsto no § 1.º deste artigo, implicará decadência do direito à contratação, sem prejuízo das sanções previstas no art. 81 da Lei n. 8.666, de 21 de junho de 1993, sendo facultado à Administração convocar os licitantes remanescentes, na ordem de classificação, para a assinatura do contrato, ou revogar a licitação.

> A Lei n. 8.666, de 21-6-1993, institui normas para licitações e contratos da administração pública.

Art. 44. Nas licitações será assegurada, como critério de desempate, preferência de contratação para as microempresas e empresas de pequeno porte.

> O art. 4.º, § 5.º, do Decreto n. 7.709, de 3-4-2012, estabelece a aplicação de margem de preferência nas licitações realizadas no âmbito da Administração Pública Federal para aquisição de retroescavadeiras e motoniveladoras.

> O art. 4.º, § 5.º, do Decreto n. 7.713, de 3-4-2012, estabelece a aplicação de margem de preferência nas licitações realizadas no âmbito da Administração Pública Federal para aquisição de fármacos e medicamentos.

§ 1.º Entende-se por empate aquelas situações em que as propostas apresentadas pelas microempresas e empresas de pequeno porte sejam iguais ou até 10% (dez por cento) superiores à proposta mais bem classificada.

§ 2.º Na modalidade de pregão, o intervalo percentual estabelecido no § 1.º deste artigo será de até 5% (cinco por cento) superior ao melhor preço.

Art. 45. Para efeito do disposto no art. 44 desta Lei Complementar, ocorrendo o empate, proceder-se-á da seguinte forma:

> *Vide* notas do art. 44 desta Lei Complementar.

I – a microempresa ou empresa de pequeno porte mais bem classificada poderá apresentar proposta de preço inferior àquela considerada vencedora do certame, situação em que será adjudicado em seu favor o objeto licitado;

II – não ocorrendo a contratação da microempresa ou empresa de pequeno porte, na forma do inciso I do *caput* deste artigo, serão convocadas as remanescentes que porventura se enquadrem na hipótese dos §§ 1.º e 2.º do art. 44 desta Lei Complementar, na ordem classificatória, para o exercício do mesmo direito;

III – no caso de equivalência dos valores apresentados pelas microempresas e empresas de pequeno porte que se encontrem nos intervalos estabelecidos nos §§ 1.º e 2.º do art. 44 desta Lei Complementar, será realizado sorteio entre elas para que se identifique aquela que primeiro poderá apresentar melhor oferta.

§ 1.º Na hipótese da não contratação nos termos previstos no *caput* deste artigo, o objeto licitado será adjudicado em favor da proposta originalmente vencedora do certame.

§ 2.º O disposto neste artigo somente se aplicará quando a melhor oferta inicial não tiver sido apresentada por microempresa ou empresa de pequeno porte.

§ 3.º No caso de pregão, a microempresa ou empresa de pequeno porte mais bem classificada será convocada para apresentar nova proposta no prazo máximo de 5 (cinco) minutos após o encerramento dos lances, sob pena de preclusão.

Art. 46. A microempresa e a empresa de pequeno porte titular de direitos creditórios decorrentes de empenhos liquidados por órgãos e entidades da União, Estados, Distrito Federal e Município não pagos em até 30 (trinta) dias contados da data de liquidação poderão emitir cédula de crédito microempresarial.

> A Lei n. 6.840, de 3-11-1980, dispõe sobre títulos de crédito comercial e dá outras providências.

Parágrafo único. (*Revogado pela Lei Complementar n. 147, de 7-8-2014.*)

Art. 47. Nas contratações públicas da administração direta e indireta, autárquica e fundacional, federal, estadual e municipal, deverá ser concedido tratamento diferenciado e simplificado para as microempresas e empresas de pequeno porte objetivando a promoção do desenvolvimento econômico e social no âmbito municipal e regional, a ampliação da eficiência das políticas públicas e o incentivo à inovação tecnológica.

>> *Caput* com redação determinada pela Lei Complementar n. 147, de 7-8-2014.

Parágrafo único. No que diz respeito às compras públicas, enquanto não sobrevier legislação estadual, municipal ou regulamento específico de cada órgão mais favorável à microempresa e empresa de pequeno porte, aplica-se a legislação federal.

>> Parágrafo único acrescentado pela Lei Complementar n. 147, de 7-8-2014.

Art. 48. Para o cumprimento do disposto no art. 47 desta Lei Complementar, a administração pública:

>> *Caput* com redação determinada pela Lei Complementar n. 147, de 7-8-2014.

I – deverá realizar processo licitatório destinado exclusivamente à participação de microempresas e empresas de pequeno porte nos itens de contratação cujo valor seja de até R$ 80.000,00 (oitenta mil reais);

>> Inciso I com redação determinada pela Lei Complementar n. 147, de 7-8-2014.

II – poderá, em relação aos processos licitatórios destinados à aquisição de obras e serviços, exigir dos licitantes a subcontratação de microempresa ou empresa de pequeno porte;

>> Inciso II com redação determinada pela Lei Complementar n. 147, de 7-8-2014.

III – deverá estabelecer, em certames para aquisição de bens de natureza divisível, cota de até 25% (vinte e cinco por cento) do objeto para a contratação de microempresas e empresas de pequeno porte.

>> Inciso III com redação determinada pela Lei Complementar n. 147, de 7-8-2014.

§ 1.º (*Revogado pela Lei Complementar n. 147, de 7-8-2014.*)

§ 2.º Na hipótese do inciso II do *caput* deste artigo, os empenhos e pagamentos do órgão ou entidade da administração pública poderão ser destinados diretamente às microempresas e empresas de pequeno porte subcontratadas.

§ 3.º Os benefícios referidos no *caput* deste artigo poderão, justificadamente, estabelecer a prioridade de contratação para as microempresas e empresas de pequeno porte sediadas local ou regionalmente, até o limite de 10% (dez por cento) do melhor preço válido.

>> § 3.º acrescentado pela Lei Complementar n. 147, de 7-8-2014.

Art. 49. Não se aplica o disposto nos arts. 47 e 48 desta Lei Complementar quando:

I – (*Revogado pela Lei Complementar n. 147, de 7-8-2014.*);

II – não houver um mínimo de 3 (três) fornecedores competitivos enquadrados como microempresas ou empresas de pequeno porte sediados local ou regionalmente e capazes de cumprir as exigências estabelecidas no instrumento convocatório;

III – o tratamento diferenciado e simplificado para as microempresas e empresas de pequeno porte não for vantajoso para a administração pública ou representar prejuízo ao conjunto ou complexo do objeto a ser contratado;

IV – a licitação for dispensável ou inexigível, nos termos dos arts. 24 e 25 da Lei n. 8.666, de 21 de junho de 1993, excetuando-se as dispensas tratadas pelos incisos I e II do art. 24 da mesma Lei, nas quais a compra deverá ser feita preferencialmente de microempresas e empresas de pequeno porte, aplicando-se o disposto no inciso I do art. 48.

>> Inciso IV com redação determinada pela Lei Complementar n. 147, de 7-8-2014.

Seção II
Acesso ao Mercado Externo

>> Seção II acrescentada pela Lei Complementar n. 147, de 7-8-2014.

Art. 49-A. A microempresa e a empresa de pequeno porte beneficiárias do SIMPLES usufruirão de regime de exportação que contemplará procedimentos simplificados de habilitação, licenciamento, despacho aduaneiro e câmbio, na forma do regulamento.

>> *Caput* acrescentado pela Lei Complementar n. 147, de 7-8-2014.

Parágrafo único. As pessoas jurídicas prestadoras de serviço de logística internacional, quando contratadas pelas empresas descritas nesta Lei Complementar, estão autorizadas a realizar atividades relativas a licenciamento administrativo, despacho aduaneiro, consolidação e desconsolidação de carga e a contratar seguro, câmbio, transporte e armazenagem de mercadorias, objeto da prestação do serviço, de forma simplificada e por meio eletrônico, na forma de regulamento.

>> Parágrafo único com redação determinada pela Lei Complementar n. 155, de 27-10-2016.

>> *Vide* Decreto n. 8.870, de 5-10-2016, que dispõe sobre as operações do simples exportação.

Art. 49-B. (*Vetado.*)

>> Artigo acrescentado pela Lei Complementar n. 155, de 27-10-2016.

Capítulo VI
DA SIMPLIFICAÇÃO DAS RELAÇÕES DE TRABALHO

Seção I
Da Segurança e da Medicina do Trabalho

Art. 50. As microempresas e as empresas de pequeno porte serão estimuladas pelo poder público e pelos Serviços Sociais Autônomos a formar consórcios para acesso a serviços especializados em segurança e medicina do trabalho.

>> Artigo com redação determinada pela Lei Complementar n. 127, de 14-8-2007.

Seção II
Das Obrigações Trabalhistas

Art. 51. As microempresas e as empresas de pequeno porte são dispensadas:

I – da afixação de Quadro de Trabalho em suas dependências;

II – da anotação das férias dos empregados nos respectivos livros ou fichas de registro;

III – de empregar e matricular seus aprendizes nos cursos dos Serviços Nacionais de Aprendizagem;

IV – da posse do livro intitulado "Inspeção do Trabalho"; e

V – de comunicar ao Ministério do Trabalho e Emprego a concessão de férias coletivas.

Art. 52. O disposto no art. 51 desta Lei Complementar não dispensa as microempresas e as empresas de pequeno porte dos seguintes procedimentos:

I – anotações na Carteira de Trabalho e Previdência Social – CTPS;

II – arquivamento dos documentos comprobatórios de cumprimento das obrigações trabalhistas e previdenciárias, enquanto não prescreverem essas obrigações;

III – apresentação da Guia de Recolhimento do Fundo de Garantia do Tempo de Serviço e Informações à Previdência Social – GFIP;

IV – apresentação das Relações Anuais de Empregados e da Relação Anual de Informações Sociais – RAIS e do Cadastro Geral de Empregados e Desempregados – CAGED.

Parágrafo único. (*Vetado.*)

Art. 53. (*Revogado pela Lei Complementar n. 127, de 14-8-2007.*)

Seção III
Do Acesso à Justiça do Trabalho

Art. 54. É facultado ao empregador de microempresa ou de empresa de pequeno porte fazer-se substituir ou representar perante a Justiça do Trabalho por terceiros que conheçam dos fatos, ainda que não possuam vínculo trabalhista ou societário.

Capítulo VII
DA FISCALIZAÇÃO ORIENTADORA

Art. 55. A fiscalização, no que se refere aos aspectos trabalhista, metrológico, sanitário, ambiental, de segurança, de relações de consumo e de uso e ocupação do solo das microempresas e das empresas de pequeno porte, deverá ser prioritariamente orientadora quando a atividade ou situação, por sua natureza, comportar grau de risco compatível com esse procedimento.

>> *Caput* com redação determinada pela Lei Complementar n. 155, de 27-10-2016.

§ 1.º Será observado o critério de dupla visita para lavratura de autos de infração, salvo quando for constatada infração por falta de registro de empregado ou anotação da Carteira de Trabalho e Previdência Social – CTPS, ou, ainda, na ocorrência de reincidência, fraude, resistência ou embaraço à fiscalização.

§ 2.º (*Vetado.*)

§ 3.º Os órgãos e entidades competentes definirão, em 12 (doze) meses, as atividades e situações cujo grau de risco seja considerado alto, as quais não se sujeitarão ao disposto neste artigo.

§ 4.º O disposto neste artigo não se aplica ao processo administrativo fiscal relativo a tributos, que se dará na forma dos arts. 39 e 40 desta Lei Complementar.

§ 5.º O disposto no § 1.º aplica-se à lavratura de multa pelo descumprimento de obrigações acessórias relativas às matérias do *caput*, inclusive quando previsto seu cumprimento de forma unificada com matéria de outra natureza, exceto a trabalhista.

>> § 5.º acrescentado pela Lei Complementar n. 147, de 7-8-2014.

§ 6.º A inobservância do critério de dupla visita implica nulidade do auto de infração lavrado sem cumprimento ao disposto neste artigo, independentemente da natureza principal ou acessória da obrigação.

>> § 6.º acrescentado pela Lei Complementar n. 147, de 7-8-2014.

§ 7.º Os órgãos e entidades da administração pública federal, estadual, distrital e municipal deverão observar o princípio do tratamento diferenciado, simplificado e favorecido por ocasião da fixação de valores decorrentes de multas e demais sanções administrativas.

>> § 7.º acrescentado pela Lei Complementar n. 147, de 7-8-2014.

§ 8.º A inobservância do disposto no *caput* deste artigo implica atentado aos direitos e garantias legais assegurados ao exercício profissional da atividade empresarial.

>> § 8.º acrescentado pela Lei Complementar n. 147, de 7-8-2014.

§ 9.º O disposto no *caput* deste artigo não se aplica a infrações relativas à ocupação irregular da reserva de faixa não edificável, de área destinada a equipamentos urbanos, de áreas de preservação permanente e nas faixas de domínio público das rodovias, ferrovias e dutovias ou de vias e logradouros públicos.

>> § 9.º acrescentado pela Lei Complementar n. 147, de 7-8-2014.

CAPÍTULO VIII
DO ASSOCIATIVISMO

Seção Única
Da Sociedade de Propósito Específico Formada por Microempresas e Empresas de Pequeno Porte Optantes pelo Simples Nacional

>> Seção com denominação determinada pela Lei Complementar n. 128, de 19-12-2008.

Art. 56. As microempresas ou as empresas de pequeno porte poderão realizar negócios de compra e venda de bens e serviços para os mercados nacional e internacional, por meio de sociedade de propósito específico, nos termos e condições estabelecidos pelo Poder Executivo federal.

>> *Caput* com redação determinada pela Lei Complementar n. 147, de 7-8-2014.

§ 1.º Não poderão integrar a sociedade de que trata o *caput* deste artigo pessoas jurídicas não optantes pelo Simples Nacional.

>> § 1.º com redação determinada pela Lei Complementar n. 128, de 19-12-2008.

§ 2.º A sociedade de propósito específico de que trata este artigo:

>> § 2.º, *caput*, com redação determinada pela Lei Complementar n. 128, de 19-12-2008.

I – terá seus atos arquivados no Registro Público de Empresas Mercantis;

>> Inciso I acrescentado pela Lei Complementar n. 128, de 19-12-2008.

II – terá por finalidade realizar:

>> Inciso II, *caput*, acrescentado pela Lei Complementar n. 128, de 19-12-2008.

a) operações de compras para revenda às microempresas ou empresas de pequeno porte que sejam suas sócias;

>> Alínea *a* acrescentada pela Lei Complementar n. 128, de 19-12-2008.

b) operações de venda de bens adquiridos das microempresas e empresas de pequeno porte que sejam suas sócias para pessoas jurídicas que não sejam suas sócias;

>> Alínea *b* acrescentada pela Lei Complementar n. 128, de 19-12-2008.

III – poderá exercer atividades de promoção dos bens referidos na alínea *b* do inciso II deste parágrafo;

>> Inciso III acrescentado pela Lei Complementar n. 128, de 19-12-2008.

IV – apurará o imposto de renda das pessoas jurídicas com base no lucro real, devendo manter a escrituração dos livros Diário e Razão;

>> Inciso IV acrescentado pela Lei Complementar n. 128, de 19-12-2008.

V – apurará a Cofins e a Contribuição para o PIS/Pasep de modo não cumulativo;

>> Inciso V acrescentado pela Lei Complementar n. 128, de 19-12-2008.

VI – exportará, exclusivamente, bens a ela destinados pelas microempresas e empresas de pequeno porte que dela façam parte;

>> Inciso VI acrescentado pela Lei Complementar n. 128, de 19-12-2008.

VII – será constituída como sociedade limitada;

>> Inciso VII acrescentado pela Lei Complementar n. 128, de 19-12-2008.

VIII – deverá, nas revendas às microempresas ou empresas de pequeno porte que sejam suas sócias, observar preço no mínimo igual ao das aquisições realizadas para revenda; e

>> Inciso VIII acrescentado pela Lei Complementar n. 128, de 19-12-2008.

IX – deverá, nas revendas de bens adquiridos de microempresas ou empresas de pequeno porte que sejam suas sócias, observar preço no mínimo igual ao das aquisições desses bens.

>> Inciso IX acrescentado pela Lei Complementar n. 128, de 19-12-2008.

§ 3.º A aquisição de bens destinados à exportação pela sociedade de propósito específico não gera direito a créditos relativos a impostos ou contribuições abrangidos pelo Simples Nacional.

>> § 3.º acrescentado pela Lei Complementar n. 128, de 19-12-2008.

§ 4.º A microempresa ou a empresa de pequeno porte não poderá participar simultaneamente de mais de uma sociedade de propósito específico de que trata este artigo.

>> § 4.º acrescentado pela Lei Complementar n. 128, de 19-12-2008.

§ 5.º A sociedade de propósito específico de que trata este artigo não poderá:

>> § 5.º, *caput*, acrescentado pela Lei Complementar n. 128, de 19-12-2008.

I – ser filial, sucursal, agência ou representação, no País, de pessoa jurídica com sede no exterior;

>> Inciso I acrescentado pela Lei Complementar n. 128, de 19-12-2008.

II – ser constituída sob a forma de cooperativas, inclusive de consumo;

>> Inciso II acrescentado pela Lei Complementar n. 128, de 19-12-2008.

III – participar do capital de outra pessoa jurídica;

>> Inciso III acrescentado pela Lei Complementar n. 128, de 19-12-2008.

IV – exercer atividade de banco comercial, de investimentos e de desenvolvimento, de caixa econômica, de sociedade de crédito, financiamento e investimento ou de crédito imobiliário, de corretora ou de distribuidora de títulos, valores mobiliários e câmbio, de empresa de arrendamento mercantil, de seguros privados e de capitalização ou de previdência complementar;

>> Inciso IV acrescentado pela Lei Complementar n. 128, de 19-12-2008.

V – ser resultante ou remanescente de cisão ou qualquer outra forma de desmembramento de pessoa jurídica que tenha ocorrido em um dos 5 (cinco) anos-calendário anteriores;

>> Inciso V acrescentado pela Lei Complementar n. 128, de 19-12-2008.

VI – exercer a atividade vedada às microempresas e empresas de pequeno porte optantes pelo Simples Nacional.

>> Inciso VI acrescentado pela Lei Complementar n. 128, de 19-12-2008.

§ 6.º A inobservância do disposto no § 4.º deste artigo acarretará a responsabilidade solidária das microempresas ou empresas de pequeno porte sócias da sociedade de propósito específico de que trata este artigo na hipótese em que seus titulares, sócios ou administradores conhecessem ou devessem conhecer tal inobservância.

>> § 6.º acrescentado pela Lei Complementar n. 128, de 19-12-2008.

§ 7.º O Poder Executivo regulamentará o disposto neste artigo até 31 de dezembro de 2008.

>> § 7.º acrescentado pela Lei Complementar n. 128, de 19-12-2008.

§ 8.º (*Vetado.*)

>> § 8.º acrescentado pela Lei Complementar n. 155, de 27-10-2016.

CAPÍTULO IX
DO ESTÍMULO AO CRÉDITO E À CAPITALIZAÇÃO

Seção I
Disposições Gerais

Art. 57. O Poder Executivo federal proporá, sempre que necessário, medidas no sentido de melhorar o acesso das microempresas e empresas de pequeno porte aos mercados de crédito e de capitais, objetivando a redução do custo de transação, a elevação da eficiência alocativa, o incentivo ao ambiente concorrencial e a qualidade do conjunto informacional, em especial o acesso e portabilidade das informações cadastrais relativas ao crédito.

Art. 58. Os bancos comerciais públicos e os bancos múltiplos públicos com carteira comercial, a Caixa Econômica Federal e o Banco Nacional do Desenvolvimento Econômico e Social – BNDES manterão linhas de crédito específicas para as microempresas e para as empresas de pequeno porte, vinculadas à reciprocidade social, devendo o montante disponível e suas condições de acesso ser expressos nos respectivos orçamentos e amplamente divulgados.

>> *Caput* com redação determinada pela Lei Complementar n. 155, de 27-10-2016.

§ 1.º As instituições mencionadas no *caput* deste artigo deverão publicar, juntamente com os respectivos balanços, relatório circunstanciado dos recursos alocados às linhas de crédito referidas no *caput* e daqueles efetivamente utilizados, consignando, obrigatoriamente, as justificativas do desempenho alcançado.

>> § 1.º com redação determinada pela Lei Complementar n. 155, de 27-10-2016.

§ 2.º O acesso às linhas de crédito específicas previstas no *caput* deste artigo deverá ter tratamento simplificado e ágil, com divulgação ampla das respectivas condições e exigências.

>> § 2.º acrescentado pela Lei Complementar n. 147, de 7-8-2014.

§ 3.º (*Vetado.*)

>> § 3.º acrescentado pela Lei Complementar n. 155, de 27-10-2016.

§ 4.º O Conselho Monetário Nacional – CMN regulamentará o percentual mínimo de direcionamento dos recursos de que trata o *caput*, inclusive no tocante aos recursos de que trata a alínea *b* do inciso III do art. 10 da Lei n. 4.595, de 31 de dezembro de 1964.

>> § 4.º acrescentado pela Lei Complementar n. 155, de 27-10-2016.

Art. 58-A. Os bancos públicos e privados não poderão contabilizar, para cumprimento de metas, empréstimos realizados a pessoas físicas, ainda que sócios de empresas, como disponibilização de crédito para microempresas e empresas de pequeno porte.

>> Artigo acrescentado pela Lei Complementar n. 147, de 7-8-2014.

Art. 59. As instituições referidas no *caput* do art. 58 desta Lei Complementar devem se articular com as respectivas entidades de apoio e representação das microempresas e empresas de pequeno porte, no sentido de proporcionar e desenvolver programas de treinamento, desenvolvimento gerencial e capacitação tecnológica.

Art. 60. (*Vetado.*)

Art. 60-A. Poderá ser instituído Sistema Nacional de Garantias de Crédito pelo Poder Executivo, com o objetivo de facilitar o acesso das microempresas e empresas de pequeno porte a crédito e demais serviços das instituições financeiras, o qual, na forma de regulamento, proporcionará a elas tratamento diferenciado, favorecido e simplificado, sem prejuízo de atendimento a outros públicos-alvo.

>> *Caput* acrescentado pela Lei Complementar n. 127, de 14-8-2007.

Parágrafo único. O Sistema Nacional de Garantias de Crédito integrará o Sistema Financeiro Nacional.

>> Parágrafo único acrescentado pela Lei Complementar n. 127, de 14-8-2007.

Art. 60-B. Os fundos garantidores de risco de crédito empresarial que possuam participação da União na composição do seu capital atenderão, sempre que possível, as operações de crédito que envolvam microempresas e empresas de pequeno porte, definidas na forma do art. 3.º desta Lei.

>> Artigo acrescentado pela Lei Complementar n. 147, de 7-8-2014.

Art. 60-C. (*Vetado.*)

>> Artigo acrescentado pela Lei Complementar n. 147, de 7-8-2014.

Art. 61. Para fins de apoio creditício às operações de comércio exterior das microempresas e das empresas de pequeno porte, serão utilizados os parâmetros de enquadramento ou outros instrumentos de alta significância para as microempresas, empresas de pequeno porte exportadoras segundo o porte de empresas, aprovados pelo Mercado Comum do Sul – MERCOSUL.

Art. 61-A. Para incentivar as atividades de inovação e os investimentos produtivos, a sociedade enquadrada como microempresa ou empresa de pequeno porte, nos termos desta Lei Complementar, poderá admitir o aporte de capital, que não integrará o capital social da empresa.

>> *Caput* acrescentado pela Lei Complementar n. 155, de 27-10-2016.

>> A Instrução Normativa n. 1.719, de 19-7-2017, da SRFB, dispõe sobre a tributação relacionada às operações de aporte de capital de que trata este artigo.

§ 1.º As finalidades de fomento a inovação e investimentos produtivos deverão constar do contrato de participação, com vigência não superior a sete anos.

>> § 1.º acrescentado pela Lei Complementar n. 155, de 27-10-2016.

§ 2.º O aporte de capital poderá ser realizado por pessoa física ou por pessoa jurídica, denominadas investidor-anjo.

>> § 2.º acrescentado pela Lei Complementar n. 155, de 27-10-2016.

§ 3.º A atividade constitutiva do objeto social é exercida unicamente por sócios regulares, em seu nome individual e sob sua exclusiva responsabilidade.

>> § 3.º acrescentado pela Lei Complementar n. 155, de 27-10-2016.

§ 4.º O investidor-anjo:

>> § 4.º, *caput*, acrescentado pela Lei Complementar n. 155, de 27-10-2016.

I – não será considerado sócio nem terá qualquer direito a gerência ou voto na administração da empresa;

>> Inciso I acrescentado pela Lei Complementar n. 155, de 27-10-2016.

II – não responderá por qualquer dívida da empresa, inclusive em recuperação judicial, não se aplicando a ele o art. 50 da Lei n. 10.406, de 10 de janeiro de 2002 – Código Civil;

>> Inciso II acrescentado pela Lei Complementar n. 155, de 27-10-2016.

III – será remunerado por seus aportes, nos termos do contrato de participação, pelo prazo máximo de cinco anos.

>> Inciso III acrescentado pela Lei Complementar n. 155, de 27-10-2016.

§ 5.º Para fins de enquadramento da sociedade como microempresa ou empresa de pequeno porte, os valores de capital aportado não são considerados receitas da sociedade.

>> § 5.º acrescentado pela Lei Complementar n. 155, de 27-10-2016.

§ 6.º Ao final de cada período, o investidor-anjo fará jus à remuneração correspondente aos resultados distribuídos, conforme contrato de participação, não superior a 50% (cinquenta por cento) dos lucros da sociedade enquadrada como microempresa ou empresa de pequeno porte.

>> § 6.º acrescentado pela Lei Complementar n. 155, de 27-10-2016.

§ 7.º O investidor-anjo somente poderá exercer o direito de resgate depois de decorridos, no mínimo, dois anos do aporte de capital, ou prazo superior estabelecido no contrato de participação, e seus haveres serão pagos na forma do art. 1.031 da Lei n. 10.406, de 10 de janeiro de 2002 – Código Civil, não podendo ultrapassar o valor investido devidamente corrigido.

>> § 7.º acrescentado pela Lei Complementar n. 155, de 27-10-2016.

§ 8.º O disposto no § 7.º deste artigo não impede a transferência da titularidade do aporte para terceiros.

>> § 8.º acrescentado pela Lei Complementar n. 155, de 27-10-2016.

§ 9.º A transferência da titularidade do aporte para terceiro alheio à sociedade dependerá do consentimento dos sócios, salvo estipulação contratual expressa em contrário.

>> § 9.º acrescentado pela Lei Complementar n. 155, de 27-10-2016.

§ 10. O Ministério da Fazenda poderá regulamentar a tributação sobre retirada do capital investido.

>> § 10 acrescentado pela Lei Complementar n. 155, de 27-10-2016.

Art. 61-B. A emissão e a titularidade de aportes especiais não impedem a fruição do Simples Nacional.

>> Artigo acrescentado pela Lei Complementar n. 155, de 27-10-2016.

Art. 61-C. Caso os sócios decidam pela venda da empresa, o investidor-anjo terá direito de preferência na aquisição, bem como direito de venda conjunta da titularidade do aporte de capital, nos mesmos termos e condições que forem ofertados aos sócios regulares.

>> Artigo acrescentado pela Lei Complementar n. 155, de 27-10-2016.

Art. 61-D. Os fundos de investimento poderão aportar capital como investidores-anjos em microempresas e empresas de pequeno porte.

>> Artigo acrescentado pela Lei Complementar n. 155, de 27-10-2016.

Seção I-A
Da Sociedade de Garantia Solidária e da Sociedade de Contragarantia

>> Seção acrescentada pela Lei Complementar n. 169, de 2-12-2019, em vigor 180 dias da data de sua publicação (*DOU* de 3-12-2019).

Art. 61-E. É autorizada a constituição de sociedade de garantia solidária (SGS), sob a forma de sociedade por ações, para a concessão de garantia a seus sócios participantes.

>> *Caput* acrescentado pela Lei Complementar n. 169, de 2-12-2019, em vigor 180 dias da data de sua publicação (*DOU* de 3-12-2019).

§ 1.º (*Vetado.*)

>> § 1.º acrescentado pela Lei Complementar n. 169, de 2-12-2019, em vigor 180 dias da data de sua publicação (*DOU* de 3-12-2019).

§ 2.º (*Vetado.*)

>> § 2.º acrescentado pela Lei Complementar n. 169, de 2-12-2019, em vigor 180 dias da data de sua publicação (*DOU* de 3-12-2019).

§ 3.º Os atos da sociedade de garantia solidária serão arquivados no Registro Público de Empresas Mercantis e Atividades Afins.

>> § 3.º acrescentado pela Lei Complementar n. 169, de 2-12-2019, em vigor 180 dias da data de sua publicação (*DOU* de 3-12-2019).

§ 4.º É livre a negociação, entre sócios participantes, de suas ações na respectiva sociedade de garantia solidária, respeitada a participação máxima que cada sócio pode atingir.

>> § 4.º acrescentado pela Lei Complementar n. 169, de 2-12-2019, em vigor 180 dias da data de sua publicação (*DOU* de 3-12-2019).

§ 5.º Podem ser admitidos como sócios participantes os pequenos empresários, microempresários e microempreendedores e as pessoas jurídicas constituídas por esses associados.

>> § 5.º acrescentado pela Lei Complementar n. 169, de 2-12-2019, em vigor 180 dias da data de sua publicação (*DOU* de 3-12-2019).

§ 6.º (*Vetado.*)

>> § 6.º acrescentado pela Lei Complementar n. 169, de 2-12-2019, em vigor 180 dias da data de sua publicação (*DOU* de 3-12-2019).

§ 7.º Sem prejuízo do disposto nesta Lei Complementar, aplicam-se à sociedade de garantia solidária as disposições da lei que rege as sociedades por ações.

>> § 7.º acrescentado pela Lei Complementar n. 169, de 2-12-2019, em vigor 180 dias da data de sua publicação (*DOU* de 3-12-2019).

Art. 61-F. O contrato de garantia solidária tem por finalidade regular a concessão da garantia pela sociedade ao sócio participante, mediante o recebimento de taxa de remuneração pelo serviço prestado, devendo fixar as cláusulas necessárias ao cumprimento das obrigações do sócio beneficiário perante a sociedade.

>> *Caput* acrescentado pela Lei Complementar n. 169, de 2-12-2019, em vigor 180 dias da data de sua publicação (*DOU* de 3-12-2019).

Parágrafo único. Para a concessão da garantia, a sociedade de garantia solidária poderá exigir contragarantia por parte do sócio participante beneficiário, respeitados os princípios que orientam a existência daquele tipo de sociedade.

>> Parágrafo único acrescentado pela Lei Complementar n. 169, de 2-12-2019, em vigor 180 dias da data de sua publicação (*DOU* de 3-12-2019).

Art. 61-G. A sociedade de garantia solidária pode conceder garantia sobre o montante de recebíveis de seus sócios participantes que sejam objeto de securitização.

>> Artigo acrescentado pela Lei Complementar n. 169, de 2-12-2019, em vigor 180 dias da data de sua publicação (*DOU* de 3-12-2019).

Art. 61-H. É autorizada a constituição de sociedade de contragarantia, que tem como finalidade o oferecimento de contragarantias à sociedade de garantia solidária, nos termos a serem definidos por regulamento.

>> Artigo acrescentado pela Lei Complementar n. 169, de 2-12-2019, em vigor 180 dias da data de sua publicação (*DOU* de 3-12-2019).

Art. 61-I. A sociedade de garantia solidária e a sociedade de contragarantia integrarão o Sistema Financeiro Nacional e terão sua constituição, organização e funcionamento disciplinados pelo Conselho Monetário Nacional, observado o disposto nesta Lei Complementar.

>> Artigo acrescentado pela Lei Complementar n. 169, de 2-12-2019, em vigor 180 dias da data de sua publicação (*DOU* de 3-12-2019).

>> A Resolução n. 4.822, de 1.º-6-2020, do BCB, dispõe sobre a constituição, a organização e o funcionamento da sociedade de garantia solidária e da sociedade de contragarantia.

Seção II
Das Responsabilidades do Banco Central do Brasil

Art. 62. O Banco Central do Brasil disponibilizará dados e informações das instituições financeiras integrantes do Sistema Financeiro Nacional, inclusive por meio do Sistema de Informações de Crédito – SCR, de modo a ampliar o acesso ao crédito para microempresas e empresas de pequeno porte e fomentar a competição bancária.

>> *Caput* com redação determinada pela Lei Complementar n. 147, de 7-8-2014.

§ 1.º O disposto no *caput* deste artigo alcança a disponibilização de dados e informações específicas relativas ao histórico de relacionamento bancário e creditício das microempresas e das empresas de pequeno porte, apenas aos próprios titulares.

§ 2.º O Banco Central do Brasil poderá garantir o acesso simplificado, favorecido e diferenciado dos dados e informações constantes no § 1.º deste artigo aos seus respectivos interessados, podendo a instituição optar por realizá-lo por meio das instituições financeiras, com as quais o próprio cliente tenha relacionamento.

Seção III
Das Condições de Acesso aos Depósitos Especiais do Fundo de Amparo ao Trabalhador – FAT

Art. 63. O CODEFAT poderá disponibilizar recursos financeiros por meio da criação de programa específico para as cooperativas de crédito de cujos quadros de cooperados participem microempreendedores, empreendedores de microempresa e empresa de pequeno porte bem como suas empresas.

Parágrafo único. Os recursos referidos no *caput* deste artigo deverão ser destinados exclusivamente às microempresas e empresas de pequeno porte.

Seção IV
(*Vetada.*)

>> Seção IV acrescentada pela Lei Complementar n. 155, de 27-10-2016.

CAPÍTULO X
DO ESTÍMULO À INOVAÇÃO

Seção I
Disposições Gerais

Art. 64. Para os efeitos desta Lei Complementar considera-se:

I – inovação: a concepção de um novo produto ou processo de fabricação, bem como a agregação de novas funcionalidades ou características ao produto ou processo que implique melhorias incrementais e efetivo ganho de qualidade ou produtividade, resultando em maior competitividade no mercado;

II – agência de fomento: órgão ou instituição de natureza pública ou privada que tenha entre os seus objetivos o financiamento de ações que visem a estimular e promover o desenvolvimento da ciência, da tecnologia e da inovação;

III – Instituição Científica e Tecnológica – ICT: órgão ou entidade da administração pública que tenha por missão institucional, dentre outras, executar atividades de pesquisa básica ou aplicada de caráter científico ou tecnológico;

IV – núcleo de inovação tecnológica: núcleo ou órgão constituído por uma ou mais ICT com a finalidade de gerir sua política de inovação;

V – instituição de apoio: instituições criadas sob o amparo da Lei n. 8.958, de 20 de dezembro de 1994, com a finalidade de dar apoio a projetos de pesquisa, ensino e extensão e de desenvolvimento institucional, científico e tecnológico;

> A Lei n. 8.958, de 20-12-1994, dispõe sobre as relações entre as instituições federais de ensino superior e de pesquisa científica e tecnológica e as fundações de apoio.

VI – instrumentos de apoio tecnológico para a inovação: qualquer serviço disponibilizado presencialmente ou na internet que possibilite acesso a informações, orientações, bancos de dados de soluções de informações, respostas técnicas, pesquisas e atividades de apoio complementar desenvolvidas pelas instituições previstas nos incisos II a V deste artigo.

>> Inciso VI acrescentado pela Lei Complementar n. 147, de 7-8-2014.

Seção II
Do Apoio à Inovação e do Inova Simples da Empresa Simples de Inovação

>> Seção II com redação determinada pela Lei Complementar n. 167, de 24-4-2019.

Art. 65. A União, os Estados, o Distrito Federal e os Municípios, e as respectivas agências de fomento, as ICT, os núcleos de inovação tecnológica e as instituições de apoio manterão programas específicos para as microempresas e para as empresas de pequeno porte, inclusive quando estas revestirem a forma de incubadoras, observando-se o seguinte:

I – as condições de acesso serão diferenciadas, favorecidas e simplificadas;

II – o montante disponível e suas condições de acesso deverão ser expressos nos respectivos orçamentos e amplamente divulgados.

§ 1.º As instituições deverão publicar, juntamente com as respectivas prestações de contas, relatório circunstanciado das estratégias para maximização da participação do segmento, assim como dos recursos alocados às ações referidas no *caput* deste artigo e aqueles efetivamente utilizados, consignando, obrigatoriamente, as justificativas do desempenho alcançado no período.

§ 2.º As pessoas jurídicas referidas no *caput* deste artigo terão por meta a aplicação de, no mínimo, 20% (vinte por cento) dos recursos destinados à inovação para o desenvolvimento de tal atividade nas microempresas ou nas empresas de pequeno porte.

§ 3.º Os órgãos e entidades integrantes da administração pública federal, estadual e municipal atuantes em pesquisa, desenvolvimento ou capacitação tecnológica terão por meta efetivar suas aplicações, no percentual mínimo fixado neste artigo, em programas e projetos de apoio às microempresas ou às empresas de pequeno porte, transmitindo ao Ministério da Ciência, Tecnologia e Inovação, no primeiro trimestre de cada ano, informação relativa aos valores alocados e a respectiva relação percentual em relação ao total dos recursos destinados para esse fim.

>> § 3.º com redação determinada pela Lei Complementar n. 147, de 7-8-2014.

§ 4.º Ficam autorizados a reduzir a 0 (zero) as alíquotas dos impostos e contribuições a seguir indicados, incidentes na aquisição, ou importação, de equipamentos, máquinas, aparelhos, instrumentos, acessórios, sobressalentes e ferramentas que os acompanhem, na forma definida em regulamento, quando adquiridos, ou importados, diretamente por microempresas ou empresas de pequeno porte para incorporação ao seu ativo imobilizado:

>> § 4.º, *caput*, com redação determinada pela Lei Complementar n. 128, de 19-12-2008.

I – a União, em relação ao IPI, à Cofins, à Contribuição para o PIS/Pasep, à Cofins-Importação e à Contribuição para o PIS/Pasep-Importação; e

>> Inciso I acrescentado pela Lei Complementar n. 128, de 19-12-2008.

II – os Estados e o Distrito Federal, em relação ao ICMS.

>> Inciso II acrescentado pela Lei Complementar n. 128, de 19-12-2008.

§ 5.º A microempresa ou empresa de pequeno porte, adquirente de bens com o benefício previsto no § 4.º deste artigo, fica obrigada, nas hipóteses previstas em regulamento, a recolher os impostos e contribuições que deixaram de ser pagos, acrescidos de juros e multa, de mora ou de ofício, contados a partir da data da aquisição, no mercado interno, ou do registro da declaração de importação – DI, calculados na forma da legislação que rege a cobrança do tributo não pago.

>> § 5.º acrescentado pela Lei Complementar n. 128, de 19-12-2008.

§ 6.º Para efeito da execução do orçamento previsto neste artigo, os órgãos e instituições poderão alocar os recursos destinados à criação e ao custeio de ambientes de inovação, incluindo incubadoras, parques e centros vocacionais tecnológicos, laboratórios metrológicos, de ensaio, de pesquisa ou apoio ao treinamento, bem como custeio de bolsas de extensão e remuneração de professores, pesquisadores e agentes envolvidos nas atividades de apoio tecnológico complementar.

>> § 6.º acrescentado pela Lei Complementar n. 147, de 7-8-2014.

Art. 65-A. É criado o Inova Simples, regime especial simplificado que concede às iniciativas empresariais de caráter incremental ou disruptivo que se autodeclarem como *startups* ou empresas de inovação tratamento diferenciado com vistas a estimular sua criação, formalização, desenvolvimento e consolidação como agentes indutores de avanços tecnológicos e da geração de emprego e renda.

>> *Caput* acrescentado pela Lei Complementar n. 167, de 24-4-2019.

§ 1.º Para os fins desta Lei Complementar, considera-se *startup* a empresa de caráter inovador que visa a aperfeiçoar sistemas, métodos ou modelos de negócio, de produção, de serviços ou de produtos, os quais, quando já existentes, caracterizam *startups* de natureza incremental, ou, quando relacionados à criação de algo totalmente novo, caracterizam *startups* de natureza disruptiva.

>> § 1.º acrescentado pela Lei Complementar n. 167, de 24-4-2019.

§ 2.º As *startups* caracterizam-se por desenvolver suas inovações em condições de incerteza que requerem experimentos e validações constantes, inclusive mediante comercialização experimental provisória, antes de procederem à comercialização plena e à obtenção de receita.

>> § 2.º acrescentado pela Lei Complementar n. 167, de 24-4-2019.

§ 3.º O tratamento diferenciado a que se refere o *caput* deste artigo consiste na fixação de rito sumário para abertura e fechamento de empresas sob o regime do Inova Simples, que se dará de forma simplificada e automática, no mesmo ambiente digital do portal da Rede Nacional para a Simplificação do Registro e da Legalização de Empresas e Negócios (Redesim), em sítio eletrônico oficial do governo federal, por meio da utilização de formulário digital próprio, disponível em janela ou ícone intitulado Inova Simples.

>> § 3.º acrescentado pela Lei Complementar n. 167, de 24-4-2019.

§ 4.º Os titulares de empresa submetida ao regime do Inova Simples preencherão cadastro básico com as seguintes informações:

>> § 4.º, *caput*, acrescentado pela Lei Complementar n. 167, de 24-4-2019.

I – qualificação civil, domicílio e CPF;

>> Inciso I acrescentado pela Lei Complementar n. 167, de 24-4-2019.

II – descrição do escopo da intenção empresarial inovadora e definição da razão social, que deverá conter obrigatoriamente a expressão "Inova Simples (I.S.)";

>> Inciso II acrescentado pela Lei Complementar n. 167, de 24-4-2019.

III – autodeclaração, sob as penas da lei, de que o funcionamento da empresa submetida ao regime do Inova Simples não produzirá poluição, barulho e aglomeração de tráfego de veículos, para fins de caracterizar baixo grau de risco, nos termos do § 4.º do art. 6.º desta Lei Complementar;

>> Inciso III acrescentado pela Lei Complementar n. 167, de 24-4-2019.

IV – definição do local da sede, que poderá ser comercial, residencial ou de uso misto, sempre que não proibido pela legislação municipal ou distrital, admitindo-se a possibilidade de sua instalação em locais onde funcionam parques tecnológicos, instituições de ensino, empresas juniores, incubadoras, aceleradoras e espaços compartilhados de trabalho na forma de *coworking;* e

>> Inciso IV acrescentado pela Lei Complementar n. 167, de 24-4-2019.

V – em caráter facultativo, a existência de apoio ou validação de instituto técnico, científico ou acadêmico, público ou privado, bem como de incubadoras, aceleradoras e instituições de ensino, nos parques tecnológicos e afins.

>> Inciso V acrescentado pela Lei Complementar n. 167, de 24-4-2019.

§ 5.º Realizado o correto preenchimento das informações, será gerado automaticamente número de CNPJ específico, em nome da denominação da empresa Inova Simples, em código próprio Inova Simples.

>> § 5.º acrescentado pela Lei Complementar n. 167, de 24-4-2019.

§ 6.º A empresa submetida ao regime do Inova Simples constituída na forma deste artigo deverá abrir, imediatamente, conta bancária de pessoa jurídica, para fins de captação e integralização de capital, proveniente de aporte próprio de seus titulares ou de investidor domiciliado no exterior, de linha de crédito público ou privado e de outras fontes previstas em lei.

>> § 6.º acrescentado pela Lei Complementar n. 167, de 24-4-2019.

§ 7.º No portal da Redesim, no espaço destinado ao preenchimento de dados do Inova Simples, deverá ser criado campo ou ícone para comunicação automática ao Instituto Nacional da Propriedade Industrial (INPI) do conteúdo inventivo do escopo da iniciativa empresarial, se houver, para fins de registro de marcas e patentes, sem prejuízo de o titular providenciar os registros de propriedade intelectual e industrial diretamente, de modo próprio, no INPI.

>> § 7.º acrescentado pela Lei Complementar n. 167, de 24-4-2019.

§ 8.º O INPI deverá criar mecanismo que concatene desde a recepção dos dados ao processamento sumário das solicitações de marcas e patentes de empresas Inova Simples.

>> § 8.º acrescentado pela Lei Complementar n. 167, de 24-4-2019.

§ 9.º Os recursos capitalizados não constituirão renda e destinar-se-ão exclusivamente ao custeio do desenvolvimento de projetos de *startup* de que trata o § 1.º deste artigo.

>> § 9.º acrescentado pela Lei Complementar n. 167, de 24-4-2019.

§ 10. É permitida a comercialização experimental do serviço ou produto até o limite fixado para o MEI nesta Lei Complementar.

>> § 10 acrescentado pela Lei Complementar n. 167, de 24-4-2019.

§ 11. Na eventualidade de não lograr êxito no desenvolvimento do escopo pretendido, a baixa do CNPJ será automática, mediante procedimento de autodeclaração no portal da Redesim.

>> § 11 acrescentado pela Lei Complementar n. 167, de 24-4-2019.

§ 12. (*Vetado.*)

>> § 12 acrescentado pela Lei Complementar n. 167, de 24-4-2019.

§ 13. O disposto neste artigo será regulamentado pelo Comitê Gestor do Simples Nacional.

>> § 13 acrescentado pela Lei Complementar n. 167, de 24-4-2019.

Art. 66. No primeiro trimestre do ano subsequente, os órgãos e entidades a que alude o art. 67 desta Lei Complementar transmitirão ao Ministério da Ciência e Tecnologia relatório circunstanciado dos projetos realizados, compreendendo a análise do desempenho alcançado.

Art. 67. Os órgãos congêneres ao Ministério da Ciência e Tecnologia estaduais e municipais deverão elaborar e divulgar relatório anual indicando o valor dos recursos recebidos, inclusive por transferência de terceiros, que foram aplicados diretamente ou por organizações vinculadas, por Fundos Setoriais e outros, no segmento das microempresas e empresas de pequeno porte, retratando e avaliando os resultados obtidos e indicando as previsões de ações e metas para ampliação de sua participação no exercício seguinte.

Seção III
Do Apoio à Certificação

>> Seção III acrescentada pela Lei Complementar n. 155, de 27-10-2016.

Art. 67-A. O órgão competente do Poder Executivo disponibilizará na internet informações sobre certificação de qualidade de produtos e processos para microempresas e empresas de pequeno porte.

>> *Caput* acrescentado pela Lei Complementar n. 155, de 27-10-2016.

Parágrafo único. Os órgãos da administração direta e indireta e as entidades certificadoras privadas, responsáveis pela criação, regulação e gestão de processos de certificação de qualidade de produtos e processos, deverão, sempre que solicitados, disponibilizar ao órgão competente do Poder Executivo informações referentes a procedimentos e normas aplicáveis aos processos de certificação em seu escopo de atuação.

>> Parágrafo único acrescentado pela Lei Complementar n. 155, de 27-10-2016.

Capítulo XI
DAS REGRAS CIVIS E EMPRESARIAIS

Seção I
Das Regras Civis

Subseção I
Do pequeno empresário

Art. 68. Considera-se pequeno empresário, para efeito de aplicação do disposto nos arts. 970 e 1.179 da Lei n. 10.406, de 10 de janeiro de 2002 (Código Civil), o empresário individual caracterizado como microempresa na forma desta Lei Complementar que aufira receita bruta anual até o limite previsto no § 1.º do art. 18-A.

>> Artigo com redação determinada pela Lei Complementar n. 139, de 10-11-2011.

Subseção II
(Vetada.)

Art. 69. (*Vetado.*)

Seção II
Das Deliberações Sociais e da Estrutura Organizacional

Art. 70. As microempresas e as empresas de pequeno porte são desobrigadas da realização de reuniões e assembleias em qualquer das situações previstas na legislação civil, as quais serão substituídas por deliberação representativa do primeiro número inteiro superior à metade do capital social.

§ 1.º O disposto no *caput* deste artigo não se aplica caso haja disposição contratual em contrário, caso ocorra hipótese de justa causa que enseje a exclusão de sócio ou caso um ou mais sócios ponham em risco a continuidade da empresa em virtude de atos de inegável gravidade.

§ 2.º Nos casos referidos no § 1.º deste artigo, realizar-se-á reunião ou assembleia de acordo com a legislação civil.

Art. 71. Os empresários e as sociedades de que trata esta Lei Complementar, nos termos da legislação civil, ficam dispensados da publicação de qualquer ato societário.

Seção III
Do Nome Empresarial

Art. 72. (*Revogado pela Lei Complementar n. 155, de 27-10-2016, produzindo efeitos a partir de 1.º-1-2018.*)

> A Instrução Normativa n. 45, de 7-3-2018, do DREI, dispõe sobre os efeitos da revogação deste artigo.

Seção IV
Do Protesto de Títulos

Art. 73. O protesto de título, quando o devedor for microempresário ou empresa de pequeno porte, é sujeito às seguintes condições:

> A Lei n. 9.492, de 10-9-1997, define competência, regulamenta os serviços concernentes ao protesto de títulos e outros documentos de dívida e dá outras providências.

I – sobre os emolumentos do tabelião não incidirão quaisquer acréscimos a título de taxas, custas e contribuições para o Estado ou Distrito Federal, carteira de previdência, fundo de custeio de atos gratuitos, fundos especiais do Tribunal de Justiça, bem como de associação de classe, criados ou que venham a ser criados sob qualquer título ou denominação, ressalvada a cobrança do devedor das despesas de correio, condução e publicação de edital para realização da intimação;

II – para o pagamento do título em cartório, não poderá ser exigido cheque de emissão de estabelecimento bancário, mas, feito o pagamento por meio de cheque, de emissão de estabelecimento bancário ou não, a quitação dada pelo tabelionato de protesto será condicionada à efetiva liquidação do cheque;

III – o cancelamento do registro de protesto, fundado no pagamento do título, será feito independentemente de declaração de anuência do credor, salvo no caso de impossibilidade de apresentação do original protestado;

IV – para os fins do disposto no *caput* e nos incisos I, II e III do *caput* deste artigo, o devedor deverá provar sua qualidade de microempresa ou de empresa de pequeno porte perante o tabelionato de protestos de títulos, mediante documento expedido pela Junta Comercial ou pelo Registro Civil das Pessoas Jurídicas, conforme o caso;

V – quando o pagamento do título ocorrer com cheque sem a devida provisão de fundos, serão automaticamente suspensos pelos cartórios de protesto, pelo prazo de 1 (um) ano, todos os benefícios previstos para o devedor neste artigo, independentemente da lavratura e registro do respectivo protesto.

Art. 73-A. São vedadas cláusulas contratuais relativas à limitação da emissão ou circulação de títulos de crédito ou direitos creditórios originados de operações de compra e venda de produtos e serviços por microempresas e empresas de pequeno porte.

>> Artigo acrescentado pela Lei Complementar n. 147, de 7-8-2014.

CAPÍTULO XII
DO ACESSO À JUSTIÇA

Seção I
Do Acesso aos Juizados Especiais

Art. 74. Aplica-se às microempresas e às empresas de pequeno porte de que trata esta Lei Complementar o disposto no § 1.º do art. 8.º da Lei n. 9.099, de 26 de setembro de 1995, e no inciso I do *caput* do art. 6.º da Lei n. 10.259, de 12 de julho de 2001, as quais, assim como as pessoas físicas capazes, passam a ser admitidas como proponentes de ação perante o Juizado Especial, excluídos os cessionários de direito de pessoas jurídicas.

Art. 74-A. O Poder Judiciário, especialmente por meio do Conselho Nacional de Justiça – CNJ, e o Ministério da Justiça implementarão medidas para disseminar o tratamento diferenciado e favorecido às microempresas e empresas de pequeno porte em suas respectivas áreas de competência.

>> Artigo acrescentado pela Lei Complementar n. 147, de 7-8-2014.

Seção II
Da Conciliação Prévia, Mediação e Arbitragem

Art. 75. As microempresas e empresas de pequeno porte deverão ser estimuladas a utilizar os institutos de conciliação prévia, mediação e arbitragem para solução dos seus conflitos.

> A Lei n. 9.307, de 23-9-1996, dispõe sobre a arbitragem.

§ 1.º Serão reconhecidos de pleno direito os acordos celebrados no âmbito das comissões de conciliação prévia.

§ 2.º O estímulo a que se refere o *caput* deste artigo compreenderá campanhas de divulgação, serviços de esclarecimento e tratamento diferenciado, simplificado e favorecido no tocante aos custos administrativos e honorários cobrados.

Seção III
Das Parcerias

>> Seção III acrescentada pela Lei Complementar n. 128, de 19-12-2008.

Art. 75-A. Para fazer face às demandas originárias do estímulo previsto nos arts. 74 e 75 desta Lei Complementar, entidades privadas, públicas, inclusive o Poder Judiciário, poderão firmar parcerias entre si, objetivando a instalação ou utilização de ambientes propícios para a realização dos procedimentos inerentes a busca da solução de conflitos.

>> Artigo acrescentado pela Lei Complementar n. 128, de 19-12-2008.

Art. 75-B. (*Vetado.*)

>> Artigo acrescentado pela Lei Complementar n. 155, de 27-10-2016.

CAPÍTULO XIII
DO APOIO E DA REPRESENTAÇÃO

Art. 76. Para o cumprimento do disposto nesta Lei Complementar, bem como para desenvolver e acompanhar políticas públicas voltadas às microempresas e empresas de pequeno porte, o poder público, em consonância com o Fórum Permanente das Microempresas e Empresas de Pequeno Porte, sob a coordenação da Secretaria da Micro e Pequena Empresa da Presidência da República, deverá incentivar e apoiar a criação de fóruns com participação dos órgãos públicos competentes e das entidades vinculadas ao setor.

>> *Caput* com redação determinada pela Lei n. 12.792, de 28-3-2013.

>> O Decreto n. 8.364, de 17-11-2014, regulamenta o Fórum Permanente das Microempresas e Empresas de Pequeno Porte.

Parágrafo único. A Secretaria da Micro e Pequena Empresa da Presidência da República coordenará com as entidades representativas das microempresas e empresas de pequeno porte a implementação dos fóruns regionais nas unidades da federação.

>> Parágrafo único com redação determinada pela Lei n. 12.792, de 28-3-2013.

Art. 76-A. As instituições de representação e apoio empresarial deverão promover programas de sensibilização, de informação, de orientação e apoio, de educação fiscal, de regularidade dos contratos de trabalho e de adoção de sistemas informatizados e eletrônicos, como forma de estímulo à formalização de empreendimentos, de negócios e empregos, à ampliação da competitividade e à disseminação do associativismo entre as microempresas, os microempreendedores individuais, as empresas de pequeno porte e equiparados.

>> Artigo acrescentado pela Lei Complementar n. 147, de 7-8-2014.

CAPÍTULO XIV
DISPOSIÇÕES FINAIS E TRANSITÓRIAS

Art. 77. Promulgada esta Lei Complementar, o Comitê Gestor expedirá, em 30 (trinta) meses, as instruções que se fizerem necessárias à sua execução.

>> *Caput* com redação determinada pela Lei Complementar n. 128, de 19-12-2008.

§ 1.º O Ministério do Trabalho e Emprego, a Secretaria da Receita Federal, a Secretaria da Receita Previdenciária, os Estados, o Distrito Federal e os Municípios deverão editar, em 1 (um) ano, as leis e demais atos necessários para assegurar o pronto e imediato tratamento jurídico diferenciado, simplificado e favorecido às microempresas e às empresas de pequeno porte.

>> A Secretaria da Receita Federal passa a denominar-se Secretaria da Receita Federal do Brasil, por força da Lei n. 11.457, de 16-3-2007.

>> A Secretaria da Receita Previdenciária foi extinta pelo art. 2.º, § 4.º, da Lei n. 11.457, de 16-3-2007.

§ 2.º A administração direta e indireta federal, estadual e municipal e as entidades paraestatais acordarão, no prazo previsto no § 1.º deste artigo, as providências necessárias à adaptação dos respectivos atos normativos ao disposto nesta Lei Complementar.

>> § 2.º com redação determinada pela Lei Complementar n. 128, de 19-12-2008.

§ 3.º (*Vetado.*)

§ 4.º O Comitê Gestor regulamentará o disposto no inciso I do § 6.º do art. 13 desta Lei Complementar até 31 de dezembro de 2008.

>> § 4.º acrescentado pela Lei Complementar n. 128, de 19-12-2008.

§ 5.º A partir de 1.º de janeiro de 2009, perderão eficácia as substituições tributárias que não atenderem à disciplina estabelecida na forma do § 4.º deste artigo.

>> § 5.º acrescentado pela Lei Complementar n. 128 , de 19-12-2008.

§ 6.º O Comitê de que trata o inciso III do *caput* do art. 2.º desta Lei Complementar expedirá, até 31 de dezembro de 2009, as instruções que se fizerem necessárias relativas a sua competência.

>> § 6.º acrescentado pela Lei Complementar n. 128, de 19-12-2008.

Art. 78. (*Revogado pela Lei Complementar n. 128, de 19-12-2008.*)

Art. 79. Será concedido, para ingresso no Simples Nacional, parcelamento, em até 100 (cem) parcelas mensais e sucessivas, dos débitos com o Instituto Nacional do Seguro Social – INSS, ou com as Fazendas Públicas federal, estadual ou municipal, de responsabilidade da microempresa ou empresa de pequeno porte e de seu titular ou sócio, com vencimento até 30 de junho de 2008.

>> *Caput* com redação determinada pela Lei Complementar n. 128, de 19-12-2008.

> A Instrução Normativa n. 902, de 30-12-2008, da Secretaria da Receita Federal do Brasil, dispõe sobre o parcelamento para ingresso no Regime Especial Unificado de Arrecadação de Tributos e Contribuições, de que trata este artigo.

§ 1.º O valor mínimo da parcela mensal será de R$ 100,00 (cem reais), considerados isoladamente os débitos para com a Fazenda Nacional, para com a Seguridade Social, para com a Fazenda dos Estados, dos Municípios ou do Distrito Federal.

§ 2.º Esse parcelamento alcança inclusive débitos inscritos em dívida ativa.

§ 3.º O parcelamento será requerido à respectiva Fazenda para com a qual o sujeito passivo esteja em débito.

§ 3.º-A. O parcelamento deverá ser requerido no prazo estabelecido em regulamentação do Comitê Gestor.

>> § 3.º-A acrescentado pela Lei Complementar n. 128, de 19-12-2008.

§ 4.º Aplicam-se ao disposto neste artigo as demais regras vigentes para parcelamento de tributos e contribuições federais, na forma regulamentada pelo Comitê Gestor.

§ 5.º (*Vetado.*)

>> § 5.º acrescentado pela Lei Complementar n. 127, de 14-8-2007.

§ 6.º (*Vetado.*)

>> § 6.º acrescentado pela Lei Complementar n. 127, de 14-8-2007.

§ 7.º (*Vetado.*)

>> § 7.º acrescentado pela Lei Complementar n. 127, de 14-8-2007.

§ 8.º (*Vetado.*)

>> § 8.º acrescentado pela Lei Complementar n. 127, de 14-8-2007.

§ 9.º O parcelamento de que trata o *caput* deste artigo não se aplica na hipótese de reingresso de microempresa ou empresa de pequeno porte no Simples Nacional.

>> § 9.º acrescentado pela Lei Complementar n. 128, de 19-12-2008.

Art. 79-A. (*Vetado.*)

>> Artigo acrescentado pela Lei Complementar n. 127, de 14-8-2007.

Art. 79-B. Excepcionalmente para os fatos geradores ocorridos em julho de 2007, os tributos apurados na forma dos arts. 18 a 20 desta Lei Complementar deverão ser pagos até o último dia útil de agosto de 2007.

>> Artigo acrescentado pela Lei Complementar n. 127, de 14-8-2007.

Art. 79-C. A microempresa e a empresa de pequeno porte que, em 30 de junho de 2007, se enquadravam no regime previsto na Lei n. 9.317, de 5 de dezembro de 1996, e que não ingressaram no regime previsto no art. 12 desta Lei Complementar sujeitar-se-ão, a partir de 1.º de julho de 2007, às normas de tributação aplicáveis às demais pessoas jurídicas.

>> *Caput* acrescentado pela Lei Complementar n. 127, de 14-8-2007.

§ 1.º Para efeito do disposto no *caput* deste artigo, o sujeito passivo poderá optar pelo recolhimento do Imposto sobre a Renda da Pessoa jurídica – IRPJ e da Contribuição Social sobre o Lucro Líquido – CSLL na forma do lucro real, trimestral ou anual, ou do lucro presumido.

>> § 1.º acrescentado pela Lei Complementar n. 127, de 14-8-2007.

§ 2.º A opção pela tributação com base no lucro presumido dar-se-á pelo pagamento, no vencimento, do IRPJ e da CSLL devidos, correspondente ao 3.º (terceiro) trimestre de 2007 e, no caso do lucro real anual, com o pagamento do IRPJ e da CSLL relativos ao mês de julho de 2007 com base na estimativa mensal.

>> § 2.º acrescentado pela Lei Complementar n. 127, de 14-8-2007.

Art. 79-D. Excepcionalmente, para os fatos geradores ocorridos entre 1.º de julho de 2007 e 31 de dezembro de 2008, as pessoas jurídicas que exerçam atividade sujeita simultaneamente à incidência do IPI e do ISS deverão recolher o ISS diretamente ao Município em que este imposto é devido até o último dia útil de fevereiro de 2009, aplicando-se, até esta data, o disposto no parágrafo único do art. 100 da Lei n. 5.172, de 25 de outubro de 1966 – Código Tributário Nacional – CTN.

>> Artigo acrescentado pela Lei Complementar n. 128, de 19-12-2008.

Art. 79-E. A empresa de pequeno porte optante pelo Simples Nacional em 31 de dezembro de 2017 que durante o ano-calendário de 2017 auferir receita bruta total anual entre R$ 3.600.000,01 (três milhões, seiscentos mil reais e um centavo) e R$ 4.800.000,00 (quatro milhões e oitocentos mil reais) continuará automaticamente incluída no Simples Nacional com efeitos a partir de 1.º de janeiro de 2018, ressalvado o direito de exclusão por comunicação da optante.

>> Artigo com redação determinada pela Lei Complementar n. 155, de 27-10-2016.

....

Art. 85. (*Vetado.*)

Art. 85-A. Caberá ao Poder Público Municipal designar Agente de Desenvolvimento para a efetivação do disposto nesta Lei Complementar, observadas as especificidades locais.

>> *Caput* acrescentado pela Lei Complementar n. 128, de 19-12-2008.

§ 1.º A função de Agente de Desenvolvimento caracteriza-se pelo exercício de articulação das ações públicas para a promoção do desenvolvimento local e territorial, mediante ações locais ou comunitárias, individuais ou coletivas, que visem ao cumprimento das disposições e diretrizes contidas nesta Lei Complementar, sob supervisão do órgão gestor local responsável pelas políticas de desenvolvimento.

>> § 1.º acrescentado pela Lei Complementar n. 128, de 19-12-2008.

§ 2.º O Agente de Desenvolvimento deverá preencher os seguintes requisitos:

>> § 2.º, *caput*, acrescentado pela Lei Complementar n. 128, de 19-12-2008.

I – residir na área da comunidade em que atuar;

>> Inciso I acrescentado pela Lei Complementar n. 128, de 19-12-2008.

II – haver concluído, com aproveitamento, curso de qualificação básica para a formação de Agente de Desenvolvimento;

>> Inciso II acrescentado pela Lei Complementar n. 128, de 19-12-2008.

III – possuir formação ou experiência compatível com a função a ser exercida;

>> Inciso III com redação determinada pela Lei Complementar n. 147, de 7-8-2014.

IV – ser preferencialmente servidor efetivo do Município.

>> Inciso IV acrescentado pela Lei Complementar n. 147, de 7-8-2014.

§ 3.º A Secretaria da Micro e Pequena Empresa da Presidência da República juntamente com as entidades municipalistas e de apoio e representação empresarial prestarão suporte aos referidos agentes na forma de capacitação, estudos e pesquisas, publicações, promoção de intercâmbio de informações e experiências.

>> § 3.º com redação determinada pela Lei n. 12.792, de 28-3-2013.

Art. 86. As matérias tratadas nesta Lei Complementar que não sejam reservadas constitucionalmente a lei complementar poderão ser objeto de alteração por lei ordinária.

Art. 87. O § 1.º do art. 3.º da Lei Complementar n. 63, de 11 de janeiro de 1990, passa a vigorar com a seguinte redação:

"Art. 3.º ....

§ 1.º O valor adicionado corresponderá, para cada Município:

I – ao valor das mercadorias saídas, acrescido do valor das prestações de serviços, no seu território, deduzido o valor das mercadorias entradas, em cada ano civil;

II – nas hipóteses de tributação simplificada a que se refere o parágrafo único do art. 146 da Constituição Federal, e, em outras situações, em que se dispensem os controles de entrada, considerar-se-á como valor adicionado o percentual de 32% (trinta e dois por cento) da receita bruta.

...."

Art. 87-A. Os Poderes Executivos da União, Estados, Distrito Federal e Municípios expedirão, anualmente, até o dia 30 de novembro, cada um, em seus respectivos âmbitos de competência, decretos de consolidação da regulamentação aplicável relativamente às microempresas e empresas de pequeno porte.

>> Artigo acrescentado pela Lei Complementar n. 147, de 7-8-2004.

Art. 88. Esta Lei Complementar entra em vigor na data de sua publicação, ressalvado o regime de tributação das microempresas e empresas de pequeno porte, que entra em vigor em 1.º de julho de 2007.

Art. 89. Ficam revogadas, a partir de 1.º de julho de 2007, a Lei n. 9.317, de 5 de dezembro de 1996, e a Lei n. 9.841, de 5 de outubro de 1999.

Brasília, 14 de dezembro de 2006; 185.º da Independência e 118.º da República.

Luiz Inácio Lula da Silva

Anexo I
ALÍQUOTAS E PARTILHA DO SIMPLES NACIONAL – COMÉRCIO

>> Anexo I com redação determinada pela Lei Complementar n. 155, de 27-10-2016.

	Receita Bruta em 12 Meses (em R$)	Alíquota	Valor a Deduzir (em R$)
1.ª Faixa	Até 180.000,00	4,00%	–
2.ª Faixa	De 180.000,01 a 360.000,00	7,30%	5.940,00
3.ª Faixa	De 360.000,01 a 720.000,00	9,50%	13.860,00
4.ª Faixa	De 720.000,01 a 1.800.000,00	10,70%	22.500,00
5.ª Faixa	De 1.800.000,01 a 3.600.000,00	14,30%	87.300,00
6.ª Faixa	De 3.600.000,01 a 4.800.000,00	19,00%	378.000,00

Faixas	Percentual de Repartição dos Tributos					
	IRPJ	CSLL	Cofins	PIS/Pasep	CPP	ICMS
1.ª Faixa	5,50%	3,50%	12,74%	2,76%	41,50%	34,00%
2.ª Faixa	5,50%	3,50%	12,74%	2,76%	41,50%	34,00%
3.ª Faixa	5,50%	3,50%	12,74%	2,76%	42,00%	33,50%
4.ª Faixa	5,50%	3,50%	12,74%	2,76%	42,00%	33,50%
5.ª Faixa	5,50%	3,50%	12,74%	2,76%	42,00%	33,50%
6.ª Faixa	13,50%	10,00%	28,27%	6,13%	42,10%	–

Anexo II
ALÍQUOTAS E PARTILHA DO SIMPLES NACIONAL – INDÚSTRIA

>> Anexo II com redação determinada pela Lei Complementar n. 155, de 27-10-2016.

	Receita Bruta em 12 Meses (em R$)	Alíquota	Valor a Deduzir (em R$)
1.ª Faixa	Até 180.000,00	4,50%	–
2.ª Faixa	De 180.000,01 a 360.000,00	7,80%	5.940,00
3.ª Faixa	De 360.000,01 a 720.000,00	10,00%	13.860,00
4.ª Faixa	De 720.000,01 a 1.800.000,00	11,20%	22.500,00
5.ª Faixa	De 1.800.000,01 a 3.600.000,00	14,70%	85.500,00
6.ª Faixa	De 3.600.000,01 a 4.800.000,00	30,00%	720.000,00

Faixas	Percentual de Repartição dos Tributos						
	IRPJ	CSLL	Cofins	PIS/Pasep	CPP	IPI	ICMS
1.ª Faixa	5,50%	3,50%	11,51%	2,49%	37,50%	7,50%	32,00%
2.ª Faixa	5,50%	3,50%	11,51%	2,49%	37,50%	7,50%	32,00%

3.ª Faixa	5,50%	3,50%	11,51%	2,49%	37,50%	7,50%	32,00%
4.ª Faixa	5,50%	3,50%	11,51%	2,49%	37,50%	7,50%	32,00%
5.ª Faixa	5,50%	3,50%	11,51%	2,49%	37,50%	7,50%	32,00%
6.ª Faixa	8,50%	7,50%	20,96%	4,54%	23,50%	35,00%	–

Anexo III

ALÍQUOTAS E PARTILHA DO SIMPLES NACIONAL – RECEITAS DE LOCAÇÃO DE BENS MÓVEIS E DE PRESTAÇÃO DE SERVIÇOS NÃO RELACIONADOS NO § 5.º-C DO ART. 18 DESTA LEI COMPLEMENTAR

>> Anexo III com redação determinada pela Lei Complementar n. 155, de 27-10-2016.

Receita Bruta em 12 Meses (em R$)			Alíquota	Valor a Deduzir (em R$)
1.ª Faixa	Até 180.000,00		6,00%	–
2.ª Faixa	De 180.000,01 a 360.000,00		11,20%	9.360,00
3.ª Faixa	De 360.000,01 a 720.000,00		13,50%	17.640,00
4.ª Faixa	De 720.000,01 a 1.800.000,00		16,00%	35.640,00
5.ª Faixa	De 1.800.000,01 a 3.600.000,00		21,00%	125.640,00
6.ª Faixa	De 3.600.000,01 a 4.800.000,00		33,00%	648.000,00

Faixas	Percentual de Repartição dos Tributos					
	IRPJ	CSLL	Cofins	PIS/Pasep	CPP	ISS (*)
1.ª Faixa	4,00%	3,50%	12,82%	2,78%	43,40%	33,50%
2.ª Faixa	4,00%	3,50%	14,05%	3,05%	43,40%	32,00%
3.ª Faixa	4,00%	3,50%	13,64%	2,96%	43,40%	32,50%
4.ª Faixa	4,00%	3,50%	13,64%	2,96%	43,40%	32,50%
5.ª Faixa	4,00%	3,50%	12,82%	2,78%	43,40%	33,50% (*)
6.ª Faixa	35,00%	15,00%	16,03%	3,47%	30,50%	–

(*) O percentual efetivo máximo devido ao ISS será de 5%, transferindo-se a diferença, de forma proporcional, aos tributos federais da mesma faixa de receita bruta anual. Sendo assim, na 5.ª faixa, quando a alíquota efetiva for superior a 14,92537%, a repartição será:

Faixa	IRPJ	CSLL	Cofins	PIS/Pasep	CPP	ISS
5.ª Faixa, com alíquota efetiva superior a 14,92537%	(Alíquota efetiva – 5%) x 6,02%	(Alíquota efetiva – 5%) x 5,26%	(Alíquota efetiva – 5%) x 19,28%	(Alíquota efetiva – 5%) x 4,18%	(Alíquota efetiva – 5%) x 65,26%	Percentual de ISS fixo em 5%

Anexo IV

ALÍQUOTAS E PARTILHA DO SIMPLES NACIONAL – RECEITAS DECORRENTES DA PRESTAÇÃO DE SERVIÇOS RELACIONADOS NO § 5.º-C DO ART. 18 DESTA LEI COMPLEMENTAR

>> Anexo IV com redação determinada pela Lei Complementar n. 155, de 27-10-2016.

Receita Bruta em 12 Meses (em R$)		Alíquota	Valor a Deduzir (em R$)
1.ª Faixa	Até 180.000,00	4,50%	–
2.ª Faixa	De 180.000,01 a 360.000,00	9,00%	8.100,00
3.ª Faixa	De 360.000,01 a 720.000,00	10,20%	12.420,00
4.ª Faixa	De 720.000,01 a 1.800.000,00	14,00%	39.780,00
5.ª Faixa	De 1.800.000,01 a 3.600.000,00	22,00%	183.780,00
6.ª Faixa	De 3.600.000,01 a 4.800.000,00	33,00%	828.000,00

Faixas	Percentual de Repartição dos Tributos				
	IRPJ	CSLL	Cofins	PIS/Pasep	ISS (*)
1.ª Faixa	18,80%	15,20%	17,67%	3,83%	44,50%
2.ª Faixa	19,80%	15,20%	20,55%	4,45%	40,00%
3.ª Faixa	20,80%	15,20%	19,73%	4,27%	40,00%
4.ª Faixa	17,80%	19,20%	18,90%	4,10%	40,00%
5.ª Faixa	18,80%	19,20%	18,08%	3,92%	40,00% (*)
6.ª Faixa	53,50%	21,50%	20,55%	4,45%	–

(*) O percentual efetivo máximo devido ao ISS será de 5%, transferindo-se a diferença, de forma proporcional, aos tributos federais da mesma faixa de receita bruta anual. Sendo assim, na 5.ª faixa, quando a alíquota efetiva for superior a 12,5%, a repartição será:

Faixa	IRPJ	CSLL	Cofins	PIS/Pasep	ISS
5.ª Faixa, com alíquota efetiva superior a 12,5%	(Alíquota efetiva – 5%) x 31,33%	(Alíquota efetiva – 5%) x 32,00%	(Alíquota efetiva – 5%) x 30,13%	(Alíquota efetiva – 5%) x 6,54%	Percentual de ISS fixo em 5%

Anexo V
ALÍQUOTAS E PARTILHA DO SIMPLES NACIONAL – RECEITAS DECORRENTES DA PRESTAÇÃO DE SERVIÇOS RELACIONADOS NO § 5.º-I DO ART. 18 DESTA LEI COMPLEMENTAR

>> Anexo V com redação determinada pela Lei Complementar n. 155, de 27-10-2016.

Receita Bruta em 12 Meses (em R$)		Alíquota	Valor a Deduzir (em R$)
1.ª Faixa	Até 180.000,00	15,50%	–
2.ª Faixa	De 180.000,01 a 360.000,00	18,00%	4.500,00
3.ª Faixa	De 360.000,01 a 720.000,00	19,50%	9.900,00
4.ª Faixa	De 720.000,01 a 1.800.000,00	20,50%	17.100,00
5.ª Faixa	De 1.800.000,01 a 3.600.000,00	23,00%	62.100,00
6.ª Faixa	De 3.600.000,01 a 4.800.000,00	30,50%	540.000,00

Faixas	Percentual de Repartição dos Tributos					
	IRPJ	CSLL	Cofins	PIS/Pasep	CPP	ISS
1.ª Faixa	25,00%	15,00%	14,10%	3,05%	28,85%	14,00%
2.ª Faixa	23,00%	15,00%	14,10%	3,05%	27,85%	17,00%
3.ª Faixa	24,00%	15,00%	14,92%	3,23%	23,85%	19,00%
4.ª Faixa	21,00%	15,00%	15,74%	3,41%	23,85%	21,00%
5.ª Faixa	23,00%	12,50%	14,10%	3,05%	23,85%	23,50%
6.ª Faixa	35,00%	15,50%	16,44%	3,56%	29,50%	–

Anexo VI
ALÍQUOTAS E PARTILHA DO SIMPLES NACIONAL – RECEITAS DECORRENTES DA PRESTAÇÃO DE SERVIÇOS RELACIONADOS NO § 5.º-I DO ART. 18 DESTA LEI COMPLEMENTAR

>> Revogado pela Lei Complementar n. 155, da 27-10-2016.

LEI N. 11.417, DE 19 DE DEZEMBRO DE 2006 (*)

Regulamenta o art. 103-A da Constituição Federal e altera a Lei n. 9.784, de 29 de janeiro de 1999, disciplinando a edição, a revisão e o cancelamento de enunciado de Súmula Vinculante pelo Supremo Tribunal Federal, e dá outras providências.

O Presidente da República

Faço saber que o Congresso Nacional decreta e eu sanciono a seguinte Lei:

Art. 1.º Esta Lei disciplina a edição, a revisão e o cancelamento de enunciado de súmula vinculante pelo Supremo Tribunal Federal e dá outras providências.

Art. 2.º O Supremo Tribunal Federal poderá, de ofício ou por provocação, após reiteradas decisões sobre matéria constitucional, editar enunciado de súmula que, a partir de sua publicação na imprensa oficial, terá efeito vinculante em relação aos demais órgãos do Poder Judiciário e à administração pública direta e indireta, nas esferas federal, estadual e municipal, bem como proceder à sua revisão ou cancelamento, na forma prevista nesta Lei.

§ 1.º O enunciado da súmula terá por objeto a validade, a interpretação e a eficácia de normas determinadas, acerca das quais haja, entre órgãos judiciários ou entre esses e a administração pública, controvérsia atual que acarrete grave insegurança jurídica e relevante multiplicação de processos sobre idêntica questão.

§ 2.º O Procurador-Geral da República, nas propostas que não houver formulado, manifestar-se-á previamente à edição, revisão ou cancelamento de enunciado de súmula vinculante.

§ 3.º A edição, a revisão e o cancelamento de enunciado de súmula com efeito vinculante dependerão de decisão tomada por 2/3 (dois terços) dos membros do Supremo Tribunal Federal, em sessão plenária.

§ 4.º No prazo de 10 (dez) dias após a sessão em que editar, rever ou cancelar enunciado de súmula com efeito vinculante, o Supremo Tribunal Federal fará publicar, em seção especial do *Diário da Justiça* e do *Diário Oficial da União*, o enunciado respectivo.

Art. 3.º São legitimados a propor a edição, a revisão ou o cancelamento de enunciado de súmula vinculante:

I – o Presidente da República;

II – a Mesa do Senado Federal;

III – a Mesa da Câmara dos Deputados;

IV – o Procurador-Geral da República;

V – o Conselho Federal da Ordem dos Advogados do Brasil;

VI – o Defensor Público-Geral da União;

VII – partido político com representação no Congresso Nacional;

VIII – confederação sindical ou entidade de classe de âmbito nacional;

IX – a Mesa de Assembleia Legislativa ou da Câmara Legislativa do Distrito Federal;

X – o Governador de Estado ou do Distrito Federal;

XI – os Tribunais Superiores, os Tribunais de Justiça de Estados ou do Distrito Federal e Territórios, os Tribunais Regionais Federais, os Tribunais Regionais do Trabalho, os Tribunais Regionais Eleitorais e os Tribunais Militares.

§ 1.º O Município poderá propor, incidentalmente ao curso de processo em que seja parte, a edição, a revisão ou o cancelamento de enunciado de súmula vinculante, o que não autoriza a suspensão do processo.

(*) Publicada no *Diário Oficial da União* de 20-12-2006.

§ 2.º No procedimento de edição, revisão ou cancelamento de enunciado da súmula vinculante, o relator poderá admitir, por decisão irrecorrível, a manifestação de terceiros na questão, nos termos do Regimento Interno do Supremo Tribunal Federal.

Art. 4.º A súmula com efeito vinculante tem eficácia imediata, mas o Supremo Tribunal Federal, por decisão de 2/3 (dois terços) dos seus membros, poderá restringir os efeitos vinculantes ou decidir que só tenha eficácia a partir de outro momento, tendo em vista razões de segurança jurídica ou de excepcional interesse público.

Art. 5.º Revogada ou modificada a lei em que se fundou a edição de enunciado de súmula vinculante, o Supremo Tribunal Federal, de ofício ou por provocação, procederá à sua revisão ou cancelamento, conforme o caso.

Art. 6.º A proposta de edição, revisão ou cancelamento de enunciado de súmula vinculante não autoriza a suspensão dos processos em que se discuta a mesma questão.

Art. 7.º Da decisão judicial ou do ato administrativo que contrariar enunciado de súmula vinculante, negar-lhe vigência ou aplicá-lo indevidamente caberá reclamação ao Supremo Tribunal Federal, sem prejuízo dos recursos ou outros meios admissíveis de impugnação.

§ 1.º Contra omissão ou ato da administração pública, o uso da reclamação só será admitido após esgotamento das vias administrativas.

§ 2.º Ao julgar procedente a reclamação, o Supremo Tribunal Federal anulará o ato administrativo ou cassará a decisão judicial impugnada, determinando que outra seja proferida com ou sem aplicação da súmula, conforme o caso.

Art. 8.º O art. 56 da Lei n. 9.784, de 29 de janeiro de 1999, passa a vigorar acrescido do seguinte § 3.º:

>> **Alteração já processada no diploma modificado.**

Art. 9.º A Lei n. 9.784, de 29 de janeiro de 1999, passa a vigorar acrescida dos seguintes arts. 64-A e 64-B:

>> **Alteração já processada no diploma modificado.**

Art. 10. O procedimento de edição, revisão ou cancelamento de enunciado de súmula com efeito vinculante obedecerá, subsidiariamente, ao disposto no Tribunal Federal.

Art. 11. Esta Lei entra em vigor 3 (três) meses após a sua publicação.

Brasília, 19 de dezembro de 2006; 185.º da Independência e 118.º da República.

LUIZ INÁCIO LULA DA SILVA

DECRETO N. 6.017, DE 17 DE JANEIRO DE 2007 (*)

Regulamenta a Lei n. 11.107, de 6 de abril de 2005, que dispõe sobre normas gerais de contratação de consórcios públicos.

O Presidente da República, no uso da atribuição que lhe confere o art. 84, inciso IV, da Constituição, e tendo em vista o disposto no art. 20 da Lei n. 11.107, de 6 de abril de 2005, decreta:

CAPÍTULO I
DO OBJETO E DAS DEFINIÇÕES

Art. 1.º Este Decreto estabelece normas para a execução da Lei n. 11.107, de 6 de abril de 2005.

Art. 2.º Para os fins deste Decreto, consideram-se:

I – consórcio público: pessoa jurídica formada exclusivamente por entes da Federação, na forma da Lei n. 11.107, de 2005, para estabelecer relações de cooperação federativa, inclusive a realização de objetivos de interesse comum, constituída como associação pública, com personalidade jurídica de direito público e natureza autárquica, ou como pessoa jurídica de direito privado sem fins econômicos;

II – área de atuação do consórcio público: área correspondente à soma dos seguintes territórios, independentemente de figurar a União como consorciada:

a) dos Municípios, quando o consórcio público for constituído somente por Municípios ou por um Estado e Municípios com territórios nele contidos;

b) dos Estados ou dos Estados e do Distrito Federal, quando o consórcio público for, respectivamente, constituído por mais de um Estado ou por um ou mais Estados e o Distrito Federal; e

c) dos Municípios e do Distrito Federal, quando o consórcio for constituído pelo Distrito Federal e Municípios;

III – protocolo de intenções: contrato preliminar que, ratificado pelos entes da Federação interessados, converte-se em contrato de consórcio público;

IV – ratificação: aprovação pelo ente da Federação, mediante lei, do protocolo de intenções ou do ato de retirada do consórcio público;

V – reserva: ato pelo qual ente da Federação não ratifica, ou condiciona a ratificação, de determinado dispositivo de protocolo de intenções;

VI – retirada: saída de ente da Federação de consórcio público, por ato formal de sua vontade;

VII – contrato de rateio: contrato por meio do qual os entes consorciados comprometem-se a fornecer recursos financeiros para a realização das despesas do consórcio público;

VIII – convênio de cooperação entre entes federados: pacto firmado exclusivamente por entes da Federação, com o objetivo de autorizar a gestão associada de serviços públicos, desde que ratificado ou previamente disciplinado por lei editada por cada um deles;

IX – gestão associada de serviços públicos: exercício das atividades de planejamento, regulação ou fiscalização de serviços públicos por meio de consórcio público ou de convênio de cooperação entre entes federados, acompanhadas ou não da prestação de serviços públicos ou da transferência total ou parcial de encargos, serviços, pessoal e bens essenciais à continuidade dos serviços transferidos;

X – planejamento: as atividades atinentes à identificação, qualificação, quantificação, organização e orientação de todas as ações, públicas e privadas, por meio das quais um serviço público deve ser prestado ou colocado à disposição de forma adequada;

XI – regulação: todo e qualquer ato, normativo ou não, que discipline ou organize um determinado serviço público, incluindo suas características, padrões de qualidade, impacto socioambiental, direitos e obrigações dos usuários e dos responsáveis por sua oferta ou prestação e fixação e revisão do valor de tarifas e outros preços públicos;

XII – fiscalização: atividades de acompanhamento, monitoramento, controle ou avaliação, no sentido de garantir a utilização, efetiva ou potencial, do serviço público;

XIII – prestação de serviço público em regime de gestão associada: execução, por meio de cooperação federativa, de toda e qualquer atividade ou obra com o objetivo de permitir aos usuários o acesso a um serviço público com características e padrões de qualidade determinados pela regulação ou pelo contrato de programa, inclusive quando operada por transferência total ou parcial de encargos, serviços, pessoal e bens essenciais à continuidade dos serviços transferidos;

XIV – serviço público: atividade ou comodidade material fruível diretamente pelo usuário, que possa ser remunerado por meio de taxa ou preço público, inclusive tarifa;

XV – titular de serviço público: ente da Federação a quem compete prover o serviço público, especialmente por meio de planejamento, regulação, fiscalização e prestação direta ou indireta;

XVI – contrato de programa: instrumento pelo qual devem ser constituídas e reguladas as obrigações que um ente da Federação, inclusive sua administração indireta, tenha para com outro ente da Federação, ou para com consórcio público, no âmbito da prestação de serviços públicos por meio de cooperação federativa;

(*) Publicado no *Diário Oficial da União* de 18-1-2007.

XVII – termo de parceria: instrumento passível de ser firmado entre consórcio público e entidades qualificadas como Organizações da Sociedade Civil de Interesse Público, destinado à formação de vínculo de cooperação entre as partes para o fomento e a execução de atividades de interesse público previstas no art. 3.º da Lei n. 9.790, de 23 de março de 1999; e

XVIII – contrato de gestão: instrumento firmado entre a administração pública e autarquia ou fundação qualificada como Agência Executiva, na forma do art. 51 da Lei n. 9.649, de 27 de maio de 1998, por meio do qual se estabelecem objetivos, metas e respectivos indicadores de desempenho da entidade, bem como os recursos necessários e os critérios e instrumentos para a avaliação do seu cumprimento.

> Sobre agências executivas *vide* Decretos n. 2.487 e 2.488, de 2-2-1998.

Parágrafo único. A área de atuação do consórcio público mencionada no inciso II do *caput* deste artigo refere-se exclusivamente aos territórios dos entes da Federação que tenham ratificado por lei o protocolo de intenções.

Capítulo II
DA CONSTITUIÇÃO DOS CONSÓRCIOS PÚBLICOS

Seção I
Dos Objetivos

Art. 3.º Observados os limites constitucionais e legais, os objetivos dos consórcios públicos serão determinados pelos entes que se consorciarem, admitindo-se, entre outros, os seguintes:

I – a gestão associada de serviços públicos;

II – a prestação de serviços, inclusive de assistência técnica, a execução de obras e o fornecimento de bens à administração direta ou indireta dos entes consorciados;

III – o compartilhamento ou o uso em comum de instrumentos e equipamentos, inclusive de gestão, de manutenção, de informática, de pessoal técnico e de procedimentos de licitação e de admissão de pessoal;

IV – a produção de informações ou de estudos técnicos;

V – a instituição e o funcionamento de escolas de governo ou de estabelecimentos congêneres;

VI – a promoção do uso racional dos recursos naturais e a proteção do meio ambiente;

VII – o exercício de funções no sistema de gerenciamento de recursos hídricos que lhe tenham sido delegadas ou autorizadas;

VIII – o apoio e o fomento do intercâmbio de experiências e de informações entre os entes consorciados;

IX – a gestão e a proteção de patrimônio urbanístico, paisagístico ou turístico comum;

X – o planejamento, a gestão e a administração dos serviços e recursos da previdência social dos servidores de qualquer dos entes da Federação que integram o consórcio, vedado que os recursos arrecadados em um ente federativo sejam utilizados no pagamento de benefícios de segurados de outro ente, de forma a atender o disposto no art. 1.º, inciso V, da Lei n. 9.717, de 1998;

> A Lei n. 9.717, de 27-11-1998, dispõe sobre regras gerais para a organização e o funcionamento dos regimes próprios de previdência social dos servidores públicos da União, dos Estados, do Distrito Federal e dos Municípios, dos militares dos Estados e do Distrito Federal e dá outras providências.

XI – o fornecimento de assistência técnica, extensão, treinamento, pesquisa e desenvolvimento urbano, rural e agrário;

XII – as ações e políticas de desenvolvimento urbano, socioeconômico local e regional; e

XIII – o exercício de competências pertencentes aos entes da Federação nos termos de autorização ou delegação.

§ 1.º Os consórcios públicos poderão ter um ou mais objetivos e os entes consorciados poderão se consorciar em relação a todos ou apenas a parcela deles.

§ 2.º Os consórcios públicos, ou entidade a ele vinculada, poderão desenvolver as ações e os serviços de saúde, obedecidos os princípios, diretrizes e normas que regulam o Sistema Único de Saúde – SUS.

Seção II
Do Protocolo de Intenções

Art. 4.º A constituição de consórcio público dependerá da prévia celebração de protocolo de intenções subscrito pelos representantes legais dos entes da Federação interessados.

Art. 5.º O protocolo de intenções, sob pena de nulidade, deverá conter, no mínimo, cláusulas que estabeleçam:

I – a denominação, as finalidades, o prazo de duração e a sede do consórcio público, admitindo-se a fixação de prazo indeterminado e a previsão de alteração da sede mediante decisão da Assembleia Geral;

II – a identificação de cada um dos entes da Federação que podem vir a integrar o consórcio público, podendo indicar prazo para que subscrevam o protocolo de intenções;

III – a indicação da área de atuação do consórcio público;

IV – a previsão de que o consórcio público é associação pública, com personalidade jurídica de direito público e natureza autárquica, ou pessoa jurídica de direito privado;

V – os critérios para, em assuntos de interesse comum, autorizar o consórcio público a representar os entes da Federação consorciados perante outras esferas de governo;

VI – as normas de convocação e funcionamento da assembleia geral, inclusive para a elaboração, aprovação e modificação dos estatutos do consórcio público;

VII – a previsão de que a assembleia geral é a instância máxima do consórcio público e o número de votos para as suas deliberações;

VIII – a forma de eleição e a duração do mandato do representante legal do consórcio público que, obrigatoriamente, deverá ser Chefe do Poder Executivo de ente da Federação consorciado;

IX – o número, as formas de provimento e a remuneração dos empregados do consórcio público;

X – os casos de contratação por tempo determinado para atender a necessidade temporária de excepcional interesse público;

XI – as condições para que o consórcio público celebre contrato de gestão, nos termos da Lei n. 9.649, de 1998, ou termo de parceria, na forma da Lei n. 9.790, de 1999;

XII – a autorização para a gestão associada de serviço público, explicitando:

a) competências cuja execução será transferida ao consórcio público;

b) os serviços públicos objeto da gestão associada e a área em que serão prestados;

c) a autorização para licitar e contratar concessão, permissão ou autorizar a prestação dos serviços;

d) as condições a que deve obedecer o contrato de programa, no caso de nele figurar como contratante o consórcio público; e

e) os critérios técnicos de cálculo do valor das tarifas e de outros preços públicos, bem como os critérios gerais a serem observados em seu reajuste ou revisão;

XIII – o direito de qualquer dos contratantes, quando adimplentes com as suas obrigações, de exigir o pleno cumprimento das cláusulas do contrato de consórcio público.

§ 1.º O protocolo de intenções deve definir o número de votos que cada ente da Federação consorciado possui na assembleia geral, sendo assegurado a cada um ao menos um voto.

§ 2.º Admitir-se-á, à exceção da assembleia geral:

I – a participação de representantes da sociedade civil nos órgãos colegiados do consórcio público;

II – que órgãos colegiados do consórcio público sejam compostos por representantes da sociedade civil ou por representantes apenas dos entes consorciados diretamente interessados nas matérias de competência de tais órgãos.

§ 3.º Os consórcios públicos deverão obedecer ao princípio da publicidade, tornando públicas as decisões que digam respeito a terceiros e as de natureza orçamentária, financeira ou contratual, inclusive as que digam respeito à admissão de pessoal, bem como permitindo que qualquer do povo tenha acesso a suas reuniões e aos documentos que produzir, salvo, nos termos da lei, os considerados sigilosos por prévia e motivada decisão.

§ 4.º O mandato do representante legal do consórcio público será fixado em um ou mais exercícios financeiros e cessará automaticamente no caso de o eleito não mais ocupar a Chefia do Poder Executivo do ente da Federação que representa na assembleia geral, hipótese em que será sucedido por quem preencha essa condição.

§ 5.º Salvo previsão em contrário dos estatutos, o representante legal do consórcio público, nos seus impedimentos ou na vacância, será substituído ou sucedido por aquele que, nas mesmas hipóteses, o substituir ou o suceder na Chefia do Poder Executivo.

§ 6.º É nula a cláusula do protocolo de intenções que preveja determinadas contribuições financeiras ou econômicas de ente da Federação ao consórcio público, salvo a doação, destinação ou cessão do uso de bens móveis ou imóveis e as transferências ou cessões de direitos operadas por força de gestão associada de serviços públicos.

§ 7.º O protocolo de intenções deverá ser publicado na imprensa oficial.

§ 8.º A publicação do protocolo de intenções poderá dar-se de forma resumida, desde que a publicação indique o local e o sítio da rede mundial de computadores – internet em que se poderá obter seu texto integral.

Seção III
Da Contratação

Art. 6.º O contrato de consórcio público será celebrado com a ratificação, mediante lei, do protocolo de intenções.

§ 1.º A recusa ou demora na ratificação não poderá ser penalizada.

§ 2.º A ratificação pode ser realizada com reserva que deverá ser clara e objetiva, preferencialmente vinculada à vigência de cláusula, parágrafo, inciso ou alínea do protocolo de intenções, ou que imponha condições para a vigência de qualquer desses dispositivos.

§ 3.º Caso a lei mencionada no *caput* deste artigo preveja reservas, a admissão do ente no consórcio público dependerá da aprovação de cada uma das reservas pelos demais subscritores do protocolo de intenções ou, caso já constituído o consórcio público, pela assembleia geral.

§ 4.º O contrato de consórcio público, caso assim esteja previsto no protocolo de intenções, poderá ser celebrado por apenas uma parcela dos seus signatários, sem prejuízo de que os demais venham a integrá-lo posteriormente.

§ 5.º No caso previsto no § 4.º deste artigo, a ratificação realizada após dois anos da primeira subscrição do protocolo de intenções dependerá da homologação dos demais subscritores ou, caso já constituído o consórcio, de decisão da assembleia geral.

§ 6.º Dependerá de alteração do contrato de consórcio público o ingresso de ente da Federação não mencionado no protocolo de intenções como possível integrante do consórcio público.

§ 7.º É dispensável a ratificação prevista no *caput* deste artigo para o ente da Federação que, antes de subscrever o protocolo de intenções, disciplinar por lei a sua participação no consórcio público, de forma a poder assumir todas as obrigações previstas no protocolo de intenções.

Seção IV
Da Personalidade Jurídica

Art. 7.º O consórcio público adquirirá personalidade jurídica:

I – de direito público, mediante a vigência das leis de ratificação do protocolo de intenções; e

II – de direito privado, mediante o atendimento do previsto no inciso I e, ainda, dos requisitos previstos na legislação civil.

§ 1.º Os consórcios públicos, ainda que revestidos de personalidade jurídica de direito privado, observarão as normas de direito público no que concerne à realização de licitação, celebração de contratos, admissão de pessoal e à prestação de contas.

§ 2.º Caso todos os subscritores do protocolo de intenções encontrem-se na situação prevista no § 7.º do art. 6.º deste Decreto, o aperfeiçoamento do contrato de consórcio público e a aquisição da personalidade jurídica pela associação pública dependerão apenas da publicação do protocolo de intenções.

§ 3.º Nas hipóteses de criação, fusão, incorporação ou desmembramento que atinjam entes consorciados ou subscritores de protocolo de intenções, os novos entes da Federação, salvo disposição em contrário do protocolo de intenções, serão automaticamente tidos como consorciados ou subscritores.

Seção V
Dos Estatutos

Art. 8.º O consórcio público será organizado por estatutos cujas disposições, sob pena de nulidade, deverão atender a todas as cláusulas do seu contrato constitutivo.

§ 1.º Os estatutos serão aprovados pela assembleia geral.

§ 2.º Com relação aos empregados públicos do consórcio público, os estatutos poderão dispor sobre o exercício do poder disciplinar e regulamentar, as atribuições administrativas, hierarquia, avaliação de eficiência, lotação, jornada de trabalho e denominação dos cargos.

§ 3.º Os estatutos do consórcio público de direito público produzirão seus efeitos mediante publicação na imprensa oficial no âmbito de cada ente consorciado.

§ 4.º A publicação dos estatutos poderá dar-se de forma resumida, desde que a publicação indique o local e o sítio da rede mundial de computadores – internet em que se poderá obter seu texto integral.

Capítulo III
DA GESTÃO DOS CONSÓRCIOS PÚBLICOS

Seção I
Disposições Gerais

Art. 9.º Os entes da Federação consorciados respondem subsidiariamente pelas obrigações do consórcio público.

Parágrafo único. Os dirigentes do consórcio público responderão pessoalmente pelas obrigações por ele contraídas caso pratiquem atos em desconformidade com a lei, os estatutos ou decisão da assembleia geral.

Art. 10. Para cumprimento de suas finalidades, o consórcio público poderá:

I – firmar convênios, contratos, acordos de qualquer natureza, receber auxílios, contribuições e subvenções sociais ou econômicas;

II – ser contratado pela administração direta ou indireta dos entes da Federação consorciados, dispensada a licitação; e

III – caso constituído sob a forma de associação pública, ou mediante previsão em contrato de programa, promover desapropriações ou instituir servidões nos termos de declaração de utilidade ou necessidade pública, ou de interesse social.

Parágrafo único. A contratação de operação de crédito por parte do consórcio público se sujeita aos limites e condições próprios estabelecidos pelo Senado Federal, de acordo com o disposto no art. 52, inciso VII, da Constituição.

Seção II
Do Regime Contábil e Financeiro

Art. 11. A execução das receitas e das despesas do consórcio público deverá obedecer às normas de direito financeiro aplicáveis às entidades públicas.

Art. 12. O consórcio público está sujeito à fiscalização contábil, operacional e patrimonial pelo Tribunal de Contas competente para apreciar as contas do seu representante legal, inclusive quanto à legalidade, legitimidade e economicidade das despesas, atos, contratos e renúncia de receitas, sem prejuízo do controle externo a ser exercido em razão de cada um dos contratos que os entes da Federação consorciados vierem a celebrar com o consórcio público.

Seção III
Do Contrato de Rateio

Art. 13. Os entes consorciados somente entregarão recursos financeiros ao consórcio público mediante contrato de rateio.

§ 1.º O contrato de rateio será formalizado em cada exercício financeiro, com observância da legislação orçamentária e financeira do ente consorciado contratante e depende da previsão de recursos orçamentários que suportem o pagamento das obrigações contratadas.

§ 2.º Constitui ato de improbidade administrativa, nos termos do disposto no art. 10, inciso XV, da Lei n. 8.429, de 2 de junho de 1992, celebrar contrato de rateio sem suficiente e prévia dotação orçamentária, ou sem observar as formalidades previstas em Lei.

> Citado dispositivo consta neste volume.

§ 3.º As cláusulas do contrato de rateio não poderão conter disposição tendente a afastar, ou dificultar a fiscalização exercida pelos órgãos de controle interno e externo ou pela sociedade civil de qualquer dos entes da Federação consorciados.

§ 4.º Os entes consorciados, isolados ou em conjunto, bem como o consórcio público, são partes legítimas para exigir o cumprimento das obrigações previstas no contrato de rateio.

Art. 14. Havendo restrição na realização de despesas, de empenhos ou de movimentação financeira, ou qualquer outra derivada das normas de direito financeiro, o ente consorciado, mediante notificação escrita, deverá informá-la ao consórcio público, apontando as medidas que tomou para regularizar a situação, de modo a garantir a contribuição prevista no contrato de rateio.

Parágrafo único. A eventual impossibilidade de o ente consorciado cumprir obrigação orçamentária e financeira estabelecida em contrato de rateio obriga o consórcio público a adotar medidas para adaptar a execução orçamentária e financeira aos novos limites.

Art. 15. É vedada a aplicação dos recursos entregues por meio de contrato de rateio, inclusive os oriundos de transferências ou operações de crédito, para o atendimento de despesas classificadas como genéricas.

§ 1.º Entende-se por despesa genérica aquela em que a execução orçamentária se faz com modalidade de aplicação indefinida.

§ 2.º Não se considera como genérica as despesas de administração e planejamento, desde que previamente classificadas por meio de aplicação das normas de contabilidade pública.

Art. 16. O prazo de vigência do contrato de rateio não será superior ao de vigência das dotações que o suportam, com exceção dos que tenham por objeto exclusivamente projetos consistentes em programas e ações contemplados em plano plurianual.

Art. 17. Com o objetivo de permitir o atendimento dos dispositivos da Lei Complementar n. 101, de 4 de maio de 2000, o consórcio público deve fornecer as informações financeiras necessárias para que sejam consolidadas, nas contas dos entes consorciados, todas as receitas e despesas realizadas, de forma a que possam ser contabilizadas nas contas de cada ente da Federação na conformidade dos elementos econômicos e das atividades ou projetos atendidos.

> Citada Lei consta neste volume.

Seção IV
Da Contratação do Consórcio por Ente Consorciado

Art. 18. O consórcio público poderá ser contratado por ente consorciado, ou por entidade que integra a administração indireta deste último, sendo dispensada a licitação nos termos do art. 2.º, inciso III, da Lei n. 11.107, de 2005.

Parágrafo único. O contrato previsto no *caput*, preferencialmente, deverá ser celebrado sempre quando o consórcio fornecer bens ou prestar serviços para um determinado ente consorciado, de forma a impedir que sejam eles custeados pelos demais.

Seção V
Das Licitações Compartilhadas

Art. 19. Os consórcios públicos, se constituídos para tal fim, podem realizar licitação cujo edital preveja contratos a serem celebrados pela administração direta ou indireta dos entes da Federação consorciados, nos termos do § 1.º do art. 112 da Lei n. 8.666, de 21 de junho de 1993.

> Citado dispositivo consta neste volume.

Seção VI
Da Concessão, Permissão ou Autorização de Serviços Públicos ou de Uso de Bens Públicos

Art. 20. Os consórcios públicos somente poderão outorgar concessão, permissão, autorização e contratar a prestação por meio de gestão associada de obras ou de serviços públicos mediante:

I – obediência à legislação de normas gerais em vigor; e

II – autorização prevista no contrato de consórcio público.

§ 1.º A autorização mencionada no inciso II do *caput* deverá indicar o objeto da concessão, permissão ou autorização e as condições a que deverá atender, inclusive metas de desempenho e os critérios para a fixação de tarifas ou de outros preços públicos.

§ 2.º Os consórcios públicos poderão emitir documentos de cobrança e exercer atividades de arrecadação de tarifas e outros preços públicos pela prestação de serviços ou pelo uso ou outorga de uso de bens públicos ou, no caso de específica autorização, serviços ou bens de ente da Federação consorciado.

Art. 21. O consórcio público somente mediante licitação contratará concessão, permissão ou autorizará a prestação de serviços públicos.

§ 1.º O disposto neste artigo aplica-se a todos os ajustes de natureza contratual, independentemente de serem denominados como convênios, acordos ou termos de cooperação ou de parceria.

§ 2.º O disposto neste artigo não se aplica ao contrato de programa, que poderá ser contratado com dispensa de licitação conforme o art. 24, inciso XXVI, da Lei n. 8.666, de 21 de junho de 1993.

Seção VII
Dos Servidores

Art. 22. A criação de empregos públicos depende de previsão do contrato de consórcio público que lhe fixe a forma e os requisitos de provimento e a sua respectiva remuneração, inclusive quanto aos adicionais, gratificações, e quaisquer outras parcelas remuneratórias ou de caráter indenizatório.

Art. 23. Os entes da Federação consorciados, ou os com eles conveniados, poderão ceder-lhe servidores, na forma e condições da legislação de cada um.

§ 1.º Os servidores cedidos permanecerão no seu regime originário, somente lhe sendo concedidos adicionais ou gratificações nos termos e valores previstos no contrato de consórcio público.

§ 2.º O pagamento de adicionais ou gratificações na forma prevista no § 1.º deste artigo não configura vínculo novo do servidor cedido, inclusive para a apuração de responsabilidade trabalhista ou previdenciária.

§ 3.º Na hipótese de o ente da Federação consorciado assumir o ônus da cessão do servidor, tais pagamentos poderão ser contabilizados como créditos hábeis para operar compensação com obrigações previstas no contrato de rateio.

CAPÍTULO IV
DA RETIRADA E DA EXCLUSÃO DE ENTE CONSORCIADO

Seção I
Disposição Geral

Art. 24. Nenhum ente da Federação poderá ser obrigado a se consorciar ou a permanecer consorciado.

Seção II
Do Recesso

Art. 25. A retirada do ente da Federação do consórcio público dependerá de ato formal de seu representante na assembleia geral, na forma previamente disciplinada por lei.

§ 1.º Os bens destinados ao consórcio público pelo consorciado que se retira somente serão revertidos ou retrocedidos no caso de expressa previsão do contrato de consórcio público ou do instrumento de transferência ou de alienação.

§ 2.º A retirada não prejudicará as obrigações já constituídas entre o consorciado que se retira e o consórcio público.

§ 3.º A retirada de um ente da Federação do consórcio público constituído por apenas dois entes implicará a extinção do consórcio.

Seção III
Da Exclusão

Art. 26. A exclusão de ente consorciado só é admissível havendo justa causa.

§ 1.º Além das que sejam reconhecidas em procedimento específico, é justa causa a não inclusão, pelo ente consorciado, em sua lei orçamentária ou em créditos adicionais, de dotações suficientes para suportar as despesas que, nos termos do orçamento do consórcio público, prevê-se devam ser assumidas por meio de contrato de rateio.

§ 2.º A exclusão prevista no § 1.º deste artigo somente ocorrerá após prévia suspensão, período em que o ente consorciado poderá se reabilitar.

Art. 27. A exclusão de consorciado exige processo administrativo onde lhe seja assegurado o direito à ampla defesa e ao contraditório.

Art. 28. Mediante previsão do contrato de consórcio público, poderá ser dele excluído o ente que, sem autorização dos demais consorciados, subscrever protocolo de intenções para constituição de outro consórcio com finalidades, a juízo da maioria da assembleia geral, iguais, assemelhadas ou incompatíveis.

CAPÍTULO V
DA ALTERAÇÃO E DA EXTINÇÃO DOS CONTRATOS DE CONSÓRCIO PÚBLICO

Art. 29. A alteração ou a extinção do contrato de consórcio público dependerá de instrumento aprovado pela assembleia geral, ratificado mediante lei por todos os entes consorciados.

§ 1.º Em caso de extinção:

I – os bens, direitos, encargos e obrigações decorrentes da gestão associada de serviços públicos custeados por tarifas ou outra espécie de preço público serão atribuídos aos titulares dos respectivos serviços;

II – até que haja decisão que indique os responsáveis por cada obrigação, os entes consorciados responderão solidariamente pelas obrigações remanescentes, garantido o direito de regresso em face dos entes beneficiados ou dos que deram causa à obrigação.

§ 2.º Com a extinção, o pessoal cedido ao consórcio público retornará aos seus órgãos de origem, e os empregados públicos terão automaticamente rescindidos os seus contratos de trabalho com o consórcio.

CAPÍTULO VI
DO CONTRATO DE PROGRAMA

Seção I
Das Disposições Preliminares

Art. 30. Deverão ser constituídas e reguladas por contrato de programa, como condição de sua validade, as obrigações contraídas por ente da Federação, inclusive entidades de sua administração indireta, que tenham por objeto a prestação de serviços por meio de gestão associada ou a transferência total ou parcial de encargos, serviços, pessoal ou de bens necessários à continuidade dos serviços transferidos.

§ 1.º Para os fins deste artigo, considera-se prestação de serviço público por meio de gestão associada aquela em que um ente da Federação, ou entidade de sua administração indireta, coopere com outro ente da Federação ou com consórcio público, independentemente da denominação que venha a adotar, exceto quando a prestação se der por meio de contrato de concessão de serviços públicos celebrado após regular licitação.

§ 2.º Constitui ato de improbidade administrativa, a partir de 7 de abril de 2005, celebrar contrato ou outro instrumento que tenha por objeto a prestação de serviços públicos por meio de cooperação federativa sem a celebração de contrato de programa, ou sem que sejam observadas outras formalidades previstas em lei, nos termos do disposto no art. 10, inciso XIV, da Lei n. 8.429, de 1992.

§ 3.º Excluem-se do previsto neste artigo as obrigações cujo descumprimento não acarrete qualquer ônus, inclusive financeiro, a ente da Federação ou a consórcio público.

Art. 31. Caso previsto no contrato de consórcio público ou em convênio de cooperação entre entes federados, admitir-se-á a celebração de contrato de programa de ente da Federação ou de consórcio público com autarquia, empresa pública ou sociedade de economia mista.

§ 1.º Para fins do *caput*, a autarquia, empresa pública ou sociedade de economia mista deverá integrar a administração indireta de ente da Federação que, por meio de consórcio público ou de convênio de cooperação, autorizou a gestão associada de serviço público.

§ 2.º O contrato celebrado na forma prevista no *caput* deste artigo será automaticamente extinto no caso de o contratado não mais integrar a administração indireta do ente da Federação que autorizou a gestão associada de serviços públicos por meio de consórcio público ou de convênio de cooperação.

§ 3.º É lícito ao contratante, em caso de contrato de programa celebrado com sociedade de economia mista ou com empresa pública, receber participação societária com o poder especial de impedir a alienação da empresa, a fim de evitar que o contrato de programa seja extinto na conformidade do previsto no § 2.º deste artigo.

§ 4.º O convênio de cooperação não produzirá efeitos entre os entes da Federação cooperantes que não o tenham disciplinado por lei.

Seção II
Da Dispensa de Licitação

Art. 32. O contrato de programa poderá ser celebrado por dispensa de licitação nos termos do art. 24, inciso XXVI, da Lei n. 8.666, de 1993.

Parágrafo único. O termo de dispensa de licitação e a minuta de contrato de programa deverão ser previamente examinados e aprovados por assessoria jurídica da Administração.

Seção III
Das Cláusulas Necessárias

Art. 33. Os contratos de programa deverão, no que couber, atender à legislação de concessões e permissões de serviços públicos e conter cláusulas que estabeleçam:

I – o objeto, a área e o prazo da gestão associada de serviços públicos, inclusive a operada por meio de transferência total ou parcial de encargos, serviços, pessoal e bens essenciais à continuidade dos serviços;

II – o modo, forma e condições de prestação dos serviços;

III – os critérios, indicadores, fórmulas e parâmetros definidores da qualidade dos serviços;

IV – o atendimento à legislação de regulação dos serviços objeto da gestão associada, especialmente no que se refere à fixação, revisão e reajuste das tarifas ou de outros preços públicos e, se necessário, as normas complementares a essa regulação;

V – procedimentos que garantam transparência da gestão econômica e financeira de cada serviço em relação a cada um de seus titulares, especialmente de apuração de quanto foi arrecadado e investido nos territórios de cada um deles, em relação a cada serviço sob regime de gestão associada de serviço público;

VI – os direitos, garantias e obrigações do titular e do prestador, inclusive os relacionados às previsíveis necessidades de futura alteração e expansão dos serviços e consequente modernização, aperfeiçoamento e ampliação dos equipamentos e instalações;

VII – os direitos e deveres dos usuários para obtenção e utilização dos serviços;

VIII – a forma de fiscalização das instalações, dos equipamentos, dos métodos e práticas de execução dos serviços, bem como a indicação dos órgãos competentes para exercê-las;

IX – as penalidades contratuais e administrativas a que se sujeita o prestador dos serviços, inclusive quando consórcio público, e sua forma de aplicação;

X – os casos de extinção;

XI – os bens reversíveis;

XII – os critérios para o cálculo e a forma de pagamento das indenizações devidas ao prestador dos serviços, inclusive quando consórcio público, especialmente do valor dos bens reversíveis que não foram amortizados por tarifas e outras receitas emergentes da prestação dos serviços;

XIII – a obrigatoriedade, forma e periodicidade da prestação de contas do consórcio público ou outro prestador dos serviços, no que se refere à prestação dos serviços por gestão associada de serviço público;

XIV – a periodicidade em que os serviços serão fiscalizados por comissão composta por representantes do titular do serviço, do contratado e dos usuários, de forma a cumprir o disposto no art. 30, parágrafo único, da Lei n. 8.987, de 13 de fevereiro de 1995;

> Citada Lei consta neste volume.

XV – a exigência de publicação periódica das demonstrações financeiras relativas à gestão associada, a qual deverá ser específica e segregada das demais demonstrações do consórcio público ou do prestador de serviços; e

XVI – o foro e o modo amigável de solução das controvérsias contratuais.

§ 1.º No caso de transferência total ou parcial de encargos, serviços, pessoal e bens essenciais à continuidade dos serviços transferidos, o contrato de programa deverá conter também cláusulas que prevejam:

I – os encargos transferidos e a responsabilidade subsidiária do ente que os transferiu;

II – as penalidades no caso de inadimplência em relação aos encargos transferidos;

III – o momento de transferência dos serviços e os deveres relativos à sua continuidade;

IV – a indicação de quem arcará com o ônus e os passivos do pessoal transferido;

V – a identificação dos bens que terão apenas a sua gestão e administração transferidas e o preço dos que sejam efetivamente alienados ao prestador dos serviços ou ao consórcio público; e

VI – o procedimento para o levantamento, cadastro e avaliação dos bens reversíveis que vierem a ser amortizados mediante receitas de tarifas ou outras emergentes da prestação dos serviços.

§ 2.º O não pagamento da indenização prevista no inciso XII do *caput*, inclusive quando houver controvérsia de seu valor, não impede o titular de retomar os serviços ou adotar outras medidas para garantir a continuidade da prestação adequada do serviço público.

§ 3.º É nula a cláusula de contrato de programa que atribuir ao contratado o exercício dos poderes de planejamento, regulação e fiscalização dos serviços por ele próprio prestados.

Seção IV Da Vigência e da Extinção

Art. 34. O contrato de programa continuará vigente mesmo quando extinto o contrato de consórcio público ou o convênio de cooperação que autorizou a gestão associada de serviços públicos.

Art. 35. A extinção do contrato de programa não prejudicará as obrigações já constituídas e dependerá do prévio pagamento das indenizações eventualmente devidas.

Capítulo VII DAS NORMAS APLICÁVEIS À UNIÃO

Art. 36. A União somente participará de consórcio público em que também façam parte todos os Estados em cujos territórios estejam situados os Municípios consorciados.

Art. 37. Os órgãos e entidades federais concedentes darão preferência às transferências voluntárias para Estados, Distrito Federal e Municípios cujas ações sejam desenvolvidas por intermédio de consórcios públicos.

Art. 38. Quando necessário para que sejam obtidas as escalas adequadas, a execução de programas federais de caráter local poderá ser delegada, no todo ou em parte, mediante convênio, aos consórcios públicos.

Parágrafo único. Os Estados e Municípios poderão executar, por meio de consórcio público, ações ou programas a que sejam beneficiados por meio de transferências voluntárias da União.

Art. 39. A partir de 1.º de janeiro de 2008 a União somente celebrará convênios com consórcios públicos constituídos sob a forma de associação pública ou que para essa forma tenham se convertido.

§ 1.º A celebração dos convênios de que trata o *caput* está condicionada à comprovação do cumprimento das exigências legais pelo consórcio público, conforme o disposto no parágrafo único do art. 14 da Lei n. 11.107, de 2005.

>> § 1.º com redação determinada pelo Decreto n. 10.243, de 13-2-2020.

§ 2.º A comprovação do cumprimento das exigências legais para a celebração de convênios poderá ser feita por meio de extrato emitido no Serviço Auxiliar de Informações para Transferências Voluntárias – CAUC ou por outro meio que venha a ser estabelecido por ato do Secretário do Tesouro Nacional da Secretaria Especial de Fazenda do Ministério da Economia.

>> § 2.º com redação determinada pelo Decreto n. 10.243, de 13-2-2020.

Capítulo VIII DAS DISPOSIÇÕES FINAIS E TRANSITÓRIAS

Art. 40. Para que a gestão financeira e orçamentária dos consórcios públicos se realize na conformidade dos pressupostos da responsabilidade fiscal, a Secretaria do Tesouro Nacional do Ministério da Fazenda:

I – disciplinará a realização de transferências voluntárias ou a celebração de convênios de natureza financeira ou similar entre a União e os demais Entes da Federação que envolvam ações desenvolvidas por consórcios públicos;

II – editará normas gerais de consolidação das contas dos consórcios públicos, incluindo:

a) critérios para que seu respectivo passivo seja distribuído aos entes consorciados;

b) regras de regularidade fiscal a serem observadas pelos consórcios públicos.

Art. 41. Os consórcios constituídos em desacordo com a Lei n. 11.107, de 2005, poderão ser transformados em consórcios públicos de direito público ou de direito privado, desde que atendidos os requisitos de celebração de protocolo de intenções e de sua ratificação por lei de cada ente da Federação consorciado.

Parágrafo único. Caso a transformação seja para consórcio público de direito público, a eficácia da alteração estatutária não dependerá de sua inscrição no registro civil das pessoas jurídicas.

Art. 42. Este Decreto entra em vigor na data de sua publicação.

Brasília, 17 de janeiro de 2007; 186.º da Independência e 119.º da República.

Luiz Inácio Lula da Silva

LEI N. 11.473, DE 10 DE MAIO DE 2007 (*)

Dispõe sobre cooperação federativa no âmbito da segurança pública e revoga a Lei n. 10.277, de 10 de setembro de 2001.

O Presidente da República

Faço saber que o Congresso Nacional decreta e eu sanciono a seguinte Lei:

Art. 1.º A União poderá firmar convênio com os Estados e o Distrito Federal para executar atividades e serviços imprescindíveis à preservação da ordem pública e da incolumidade das pessoas e do patrimônio.

Art. 2.º A cooperação federativa de que trata o art. 1.º desta Lei, para os fins nela dispostos, compreende operações conjuntas, transferências de recursos e desenvolvimento de atividades de capacitação e qualificação de profissionais, no âmbito do Ministério da Justiça e Segurança Pública.

>> *Caput* com redação determinada pela Lei n. 13.844, de 18-6-2019.

Parágrafo único. As atividades de cooperação federativa têm caráter consensual e serão desenvolvidas sob a coordenação conjunta da União e do Ente convenente.

>> Parágrafo único com redação determinada pela Lei n. 13.173, de 21-10-2015.

Art. 3.º Consideram-se atividades e serviços imprescindíveis à preservação da ordem pública e da incolumidade das pessoas e do patrimônio, para os fins desta Lei:

I – o policiamento ostensivo;

(*) Publicada no *Diário Oficial da União* de 11-5-2007.

II – o cumprimento de mandados de prisão;

III – o cumprimento de alvarás de soltura;

IV – a guarda, a vigilância e a custódia de presos;

V – os serviços técnico-periciais, qualquer que seja sua modalidade;

VI – o registro e a investigação de ocorrências policiais;

>> Inciso VI com redação determinada pela Lei n. 13.500, de 26-10-2017.

VII – as atividades relacionadas à segurança dos grandes eventos;

>> Inciso VII acrescentado pela Lei n. 13.173, de 21-10-2015.

VIII – as atividades de inteligência de segurança pública;

>> Inciso VIII acrescentado pela Lei n. 13.500, de 26-10-2017.

IX – a coordenação de ações e operações integradas de segurança pública;

>> Inciso IX com redação determinada pela Lei n. 13.756, de 12-12-2018.

X – o auxílio na ocorrência de catástrofes ou desastres coletivos, inclusive para reconhecimento de vitimados; e

>> Inciso X com redação determinada pela Lei n. 13.756, de 12-12-2018.

XI – o apoio às atividades de conservação e policiamento ambiental.

>> Inciso XI acrescentado pela Lei n. 13.756, de 12-12-2018.

§ 1.º (*Revogado pela Lei n. 13.844, de 18-6-2019.*)

§ 2.º A cooperação federativa no âmbito do Ministério da Segurança Pública também ocorrerá para fins de desenvolvimento de atividades de apoio administrativo e de projetos na área de segurança pública.

>> § 2.º acrescentado pela Lei n. 13.756, de 12-12-2018.

Art. 4.º Os ajustes celebrados na forma do art. 1.º desta Lei deverão conter, essencialmente:

I – identificação do objeto;

II – identificação de metas;

III – definição das etapas ou fases de execução;

IV – plano de aplicação dos recursos financeiros;

V – cronograma de desembolso;

VI – previsão de início e fim da execução do objeto; e

VII – especificação do aporte de recursos, quando for o caso.

Parágrafo único. A União, por intermédio do Ministério da Justiça, poderá colocar à disposição dos Estados e do Distrito Federal, em caráter emergencial e provisório, servidores públicos federais, ocupantes de cargos congêneres e de formação técnica compatível, para execução do convênio de cooperação federativa de que trata esta Lei, sem ônus.

Art. 5.º As atividades de cooperação federativa no âmbito do Ministério da Justiça e Segurança Pública serão desempenhadas por militares dos Estados e do Distrito Federal e por servidores das atividades-fim dos órgãos de segurança pública, do sistema prisional e de perícia criminal dos entes federativos que celebrarem convênio, na forma do art. 1.º desta Lei.

>> *Caput* com redação determinada pela Lei n. 13.844, de 18-6-2019.

§ 1.º Se forem insuficientes os convênios firmados entre a União e os entes federados para suprir a previsão do efetivo da Força Nacional de Segurança Pública (FNSP), e em face da necessidade de excepcional interesse público, as atividades previstas no caput deste artigo poderão ser desempenhadas em caráter voluntário:

>> § 1.º, *caput*, com redação determinada pela Lei n. 13.500, de 26-10-2017.

I – por militares e por servidores das atividades-fim dos órgãos de segurança pública e dos órgãos de perícia criminal da União, dos Estados e do Distrito Federal que tenham passado para a inatividade há menos de cinco anos;

>> Inciso I acrescentado pela Lei n. 13.500, de 26-10-2017.

II – por reservistas que tenham servido como militares temporários das Forças Armadas e passado para a reserva há menos de cinco anos, nos termos de convênio celebrado entre o Ministério da Defesa e o Ministério da Justiça e Segurança Pública.

>> Inciso II acrescentado pela Lei n. 13.500, de 26-10-2017.

§ 2.º O disposto nos arts. 6.º e 7.º aplica-se aos militares inativos de que trata o § 1.º.

>> § 2.º acrescentado pela Lei n. 13.361, de 23-11-2016.

>> A Lei n. 13.500, de 26-10-2017, propôs a alteração deste § 2.º, porém teve seu texto vetado.

§ 3.º Os militares, os servidores e os reservistas de que trata o § 1.º deste artigo serão mobilizados na FNSP, no mesmo posto, graduação ou cargo que exerciam nas respectivas instituições quando estavam no serviço ativo.

>> § 3.º acrescentado pela Lei n. 13.500, de 26-10-2017.

§ 4.º O disposto no § 1.º deste artigo aplica-se às hipóteses em que a condição de inatividade não tenha ocorrido em razão de doença, acidente, invalidez, incapacidade, idade-limite, aposentadoria compulsória, licenciamento ou exclusão a bem da disciplina, condenação judicial transitada em julgado ou expulsão.

>> § 4.º acrescentado pela Lei n. 13.500, de 26-10-2017.

§ 5.º Aos militares, aos servidores e aos reservistas de que trata o § 1.º deste artigo aplica-se o regime disciplinar a que estão submetidos nas respectivas instituições de origem.

>> § 5.º acrescentado pela Lei n. 13.500, de 26-10-2017.

§ 6.º O disposto nos arts. 6.º e 7.º desta Lei aplica-se aos militares, aos servidores e aos reservistas de que trata o § 1.º deste artigo.

>> § 6.º acrescentado pela Lei n. 13.500, de 26-10-2017.

§ 7.º Anualmente, será realizada a previsão do efetivo da FNSP pelo Ministério da Justiça e Segurança Pública, com prioridade para a convocação, na seguinte ordem:

>> § 7.º, *caput*, acrescentado pela Lei n. 13.500, de 26-10-2017.

I – dos militares e dos servidores referidos no *caput* deste artigo;

>> Inciso I acrescentado pela Lei n. 13.500, de 26-10-2017.

II – dos militares, dos servidores e dos reservistas referidos no § 1.º deste artigo que já possuírem o curso de formação da FNSP na data de publicação desta Lei.

>> Inciso II acrescentado pela Lei n. 13.500, de 26-10-2017.

§ 8.º A convocação dos voluntários dar-se-á por processo seletivo cujos critérios serão definidos em regulamento.

>> § 8.º acrescentado pela Lei n. 13.500, de 26-10-2017.

§ 9.º Os militares e os servidores referidos no caput e no § 1.º deste artigo, mobilizados para a Senasp, inclusive para a FNSP, poderão nela permanecer pelo prazo máximo de dois anos, prorrogável por ato do Ministro de Estado da Justiça e Segurança Pública, mediante anuência específica do respectivo ente federado convenente.

>> § 9.º acrescentado pela Lei n. 13.500, de 26-10-2017.

§ 10. A permanência, até o dia 31 de janeiro de 2020, dos reservistas referidos no inciso II do § 1.º deste artigo que, na data da publicação desta Lei, estiverem mobilizados pela FNSP, está condicionada à previsão orçamentária a que se refere o § 7.º deste artigo e sua situação será definida por regulamento do Ministério da Justiça e Segurança Pública.

>> § 10 acrescentado pela Lei n. 13.500, de 26-10-2017.

§ 11. Os integrantes da Secretaria Nacional de Segurança Pública, incluídos os da Força Nacional de Segurança Pública, os da Secretaria de Operações Integradas e os do Departamento Penitenciário Nacional que venham a responder a inquérito policial ou a processo judicial em função do seu emprego nas atividades e nos serviços referidos no art. 3.º desta Lei serão representados judicialmente pela Advocacia-Geral da União.

>> § 11 com redação determinada pela Lei n. 13.844, de 18-6-2019.

§ 12. (*Vetado.*)

>> § 12 acrescentado pela Lei n. 13.500, de 26-10-2017.

§ 13. A mobilização para a FNSP dos reservistas a que se refere o inciso II do § 1.º deste artigo será restrita àqueles que contarem mais de um ano de serviço militar e menos de nove anos de serviço público e que atenderem às demais condições estabelecidas por esta Lei e pelo Ministério da Justiça e Segurança Pública, considerando, ainda, que a eventual prorrogação de sua permanência na FNSP só será concedida se não implicar estabilidade.

>> § 13 acrescentado pela Lei n. 13.500, de 26-10-2017.

§ 14. As despesas com a convocação e com a manutenção dos reservistas a que se refere o inciso II do §1.º deste artigo serão custeadas com dotações orçamentárias do Ministério da Justiça e Segurança Pública, nos termos do convênio estabelecido com o Ministério da Defesa, no período em que integrarem os quadros da Força Nacional de Segurança Pública.

>> § 14 acrescentado pela Lei n. 13.500, de 26-10-2017.

§ 15. O disposto no inciso II do *caput* do art. 6.º da Lei n. 10.826, de 22 de dezembro de 2003, aplica-se aos militares da reserva remunerada dos Estados e do Distrito Federal que exerçam cargo ou função em Gabinete Militar, em Casa Militar ou em órgão equivalente dos governos dos Estados e do Distrito Federal.

>> § 15 acrescentado pela Lei n. 13.500, de 26-10-2017.

Art. 6.º Os servidores civis e militares dos Estados e do Distrito Federal que participarem de atividades desenvolvidas em decorrência de convênio de cooperação de que trata esta Lei farão jus ao recebimento de diária a ser paga na forma prevista no art. 4.º da Lei n. 8.162, de 8 de janeiro de 1991.

>> *Vide* art. 5.º, § 5.º, desta Lei.

§ 1.º A diária de que trata o *caput* deste artigo será concedida aos servidores enquanto mobilizados no âmbito do programa da Força Nacional de Segurança Pública em razão de deslocamento da sede em caráter eventual ou transitório para outro ponto do território nacional e não será computada para efeito de adicional de férias e do 13.º (décimo terceiro) salário, nem integrará os salários, remunerações, subsídios, proventos ou pensões, inclusive alimentícias.

§ 2.º A diária de que trata o *caput* deste artigo será custeada pelo Fundo Nacional de Segurança Pública, instituído pela Lei n. 10.201, de 14 de fevereiro de 2001, e, excepcionalmente, à conta de dotação orçamentária da União.

Art. 7.º O servidor civil ou militar vitimado durante as atividades de cooperação federativa de que trata esta Lei, bem como o Policial Federal, o Policial Rodoviário Federal, o Policial Civil e o Policial Militar, em ação operacional conjunta com a Força Nacional de Segurança Pública, farão jus, no caso de invalidez incapacitante para o trabalho, à indenização no valor de R$ 100.000,00 (cem mil reais), e seus dependentes, ao mesmo valor, no caso de morte.

>> *Vide* art. 5.º, § 5.º, desta Lei.

Parágrafo único. A indenização de que trata o *caput* deste artigo correrá à conta do Fundo Nacional de Segurança Pública.

Art. 8.º As indenizações previstas nesta Lei não excluem outros direitos e vantagens previstos em legislação específica.

....

Art. 10. Esta Lei entra em vigor na data de sua publicação.

Art. 11. Fica revogada a Lei n. 10.277, de 10 de setembro de 2001.

Brasília, 10 de maio de 2007; 186.º da Independência e 119.º da República.

LUIZ INÁCIO LULA DA SILVA

LEI N. 11.482, DE 31 DE MAIO DE 2007 (*)

Efetua alterações na tabela do imposto de renda da pessoa física; dispõe sobre a redução a 0 (zero) da alíquota da CPMF nas hipóteses que menciona; altera as Leis n. 7.713, de 22 de dezembro de 1988, 9.250, de 26 de dezembro de 1995, 11.128, de 28 de junho de 2005, 9.311, de 24 de outubro de 1996, 10.260, de 12 de julho de 2001, 6.194, de 19 de dezembro de 1974, 8.387, de 30 de dezembro de 1991, 9.432, de 8 de janeiro de 1997, 5.917, de 10 de setembro de 1973, 8.402, de 8 de janeiro de 1992, 6.094, de 30 de agosto de 1974, 8.884, de 11 de junho de 1994, 10.865, de 30 de abril de 2004, 8.706, de 14 de setembro de 1993; revoga dispositivos das Leis n. 11.119, de 25 de maio de 2005, 11.311, de 13 de junho de 2006, 11.196, de 21 de novembro de 2005, e do Decreto-lei n. 2.433, de 19 de maio de 1988; e dá outras providências.

O Presidente da República

Faço saber que o Congresso Nacional decreta e eu sanciono a seguinte Lei:

Art. 1.º O imposto de renda incidente sobre os rendimentos de pessoas físicas será calculado de acordo com as seguintes tabelas progressivas mensais, em reais:

I – para o ano-calendário de 2007:

Tabela Progressiva Mensal

Base de Cálculo (R$)	Alíquota (%)	Parcela a Deduzir do IR (R$)
Até 1.313,69	–	–
De 1.313,70 até 2.625,12	15	197,05
Acima de 2.625,13	27,5	525,19

(*) Publicada no *Diário Oficial da União*, de 31-5-2007 – Edição Extra.

II – para o ano-calendário de 2008:

Tabela Progressiva Mensal

Base de Cálculo (R$)	Alíquota (%)	Parcela a Deduzir do IR (R$)
Até 1.372,81	–	–
De 1.372,82 até 2.743,25	15	205,82
Acima de 2.743,25	27,5	548,82

III – para o ano-calendário de 2009:

Tabela Progressiva Mensal

Base de Cálculo (R$)	Alíquota (%)	Parcela a Deduzir do IR (R$)
Até 1.434,59	–	–
De 1.434,60 até 2.150,00	7,5	107,59
De 2.150,01 até 2.866,70	15	268,84
De 2.866,71 até 3.582,00	22,5	483,84
Acima de 3.582,00	27,5	662,94

>> Inciso III com redação determinada pela Lei n. 11.945, de 4-6-2009.

IV – para o ano-calendário de 2010:

Tabela Progressiva Mensal

Base de Cálculo (R$)	Alíquota (%)	Parcela a Deduzir do IR (R$)
Até 1.499,15	–	–
De 1.499,16 até 2.246,75	7,5	112,43
De 2.246,76 até 2.995,70	15	280,94
De 2.995,71 até 3.743,19	22,5	505,62
Acima de 3.743,19	27,5	692,78

>> Inciso IV com redação determinada pela Lei n. 12.469, de 26-8-2011.

V – para o ano-calendário de 2011:

Tabela Progressiva Mensal

Base de Cálculo (R$)	Alíquota (%)	Parcela a Deduzir do IR (R$)
Até 1.566,61	–	–
De 1.566,62 até 2.347,85	7,5	117,49
De 2.347,86 até 3.130,51	15	293,58
De 3.130,52 até 3.911,63	22,5	528,37
Acima de 3.911,63	27,5	723,95

>> Inciso V acrescentado pela Lei n. 12.469, de 26-8-2011.

VI – para o ano-calendário de 2012:

Tabela Progressiva Mensal

Base de Cálculo (R$)	Alíquota (%)	Parcela a Deduzir do IR (R$)
Até 1.637,11	–	–
De 1.637,12 até 2.453,50	7,5	122,78
De 2.453,51 até 3.271,38	15	306,80
De 3.271,39 até 4.087,65	22,5	552,15
Acima de 4.087,65	27,5	756,53

>> Inciso VI acrescentado pela Lei n. 12.469, de 26-8-2011.

VII – para o ano-calendário de 2013:

Tabela Progressiva Mensal

Base de Cálculo (R$)	Alíquota (%)	Parcela a Deduzir do IR (R$)
Até 1.710,78	–	–
De 1.710,79 até 2.563,91	7,5	128,31
De 2.563,92 até 3.418,59	15	320,60
De 3.418,60 até 4.271,59	22,5	577,00
Acima de 4.271,59	27,5	790,58

>> Inciso VII acrescentado pela Lei n. 12.469, de 26-8-2011.

VIII – para o ano-calendário de 2014 e nos meses de janeiro a março do ano-calendário de 2015:

>> Inciso VIII com redação determinada pela Lei n. 13.149, de 21-7-2015.

Tabela Progressiva Mensal

Base de Cálculo (R$)	Alíquota (%)	Parcela a Deduzir do IR (R$)
Até 1.787,77	–	–
De 1.787,78 até 2.679,29	7,5	134,08
De 2.679,30 até 3.572,43	15	335,03
De 3.572,44 até 4.463,81	22,5	602,96
Acima de 4.463,81	27,5	826,15

>> A Lei n. 13.097, de 19-1-2015, propôs o acréscimo do inciso IX, todavia a alteração sofreu veto presidencial. O texto dizia:

"IX – a partir do ano-calendário de 2015:

Tabela Progressiva Mensal

Base de Cálculo (R$)	Alíquota (%)	Parcela a Deduzir do IR (R$)
Até 1.903,98	–	–
De 1.903,99 até 2.853,44	7,5	142,80
De 2.853,45 até 3.804,64	15	356,81
De 3.804,65 até 4.753,96	22,5	642,15
Acima de 4.753,96	27,7	879,85

IX – a partir do mês de abril do ano-calendário de 2015:

Tabela Progressiva Mensal

Base de Cálculo (R$)	Alíquota (%)	Parcela a Deduzir do IR (R$)
Até 1.903,98	–	–
De 1.903,99 até 2.826,65	7,5	142,80
De 2.826,66 até 3.751,05	15	354,80
De 3.751,06 até 4.664,68	22,5	636,13
Acima de 4.664,68	27,5	869,36

>> Inciso IX acrescentado pela Lei n. 13.149, de 21-7-2015.

Parágrafo único. O imposto de renda anual devido incidente sobre os rendimentos de que trata o *caput* deste artigo será calculado de acordo com tabela progressiva anual correspondente à soma das tabelas progressivas mensais vigentes nos meses de cada ano-calendário.

>> O art. 10, I, da Lei n. 12.469, de 26-8-2011, estabelece que o disposto neste parágrafo produzirá efeitos a partir de 1.º-1-2011, relativamente ao ano-calendário de 2011.

Art. 2.º O inciso XV do *caput* do art. 6.º da Lei n. 7.713, de 22 de dezembro de 1988, passa a vigorar com a seguinte redação:

>> Alteração já processada no diploma modificado.

Art. 3.º Os arts. 4.º, 8.º e 10 da Lei n. 9.250, de 26 de dezembro de 1995, passam a vigorar com a seguinte redação:

>> Alterações já processadas no diploma modificado.

Art. 5.º Os arts. 8.º e 16 da Lei n. 9.311, de 24 de outubro de 1996, passam a vigorar com as seguintes alterações:

>> Apesar de não expressamente revogada, a Lei n. 9.311, de 24-10-2006, encontra-se sem aplicação, já que a contribuição instituída por ela, a CPMF, foi extinta pelo art. 90 do ADCT da CF.

Art. 9.º As pessoas jurídicas com débitos vencidos relativos à Taxa de Fiscalização instituída pela Lei n. 7.940, de 20 de dezembro de 1989, poderão efetuar o pagamento dos seus débitos com redução de 30% (trinta por cento) nas multas e nos juros legalmente exigíveis, bem como mediante parcelamento em até 120 (cento e vinte) prestações mensais e sucessivas, desde que formulado requerimento com este sentido à Comissão de Valores Mobiliários – CVM no prazo de 120 (cento e vinte) dias após a publicação da Medida Provisória n. 340, de 29 de dezembro de 2006.

§ 1.º Apresentado requerimento de parcelamento nos termos previstos no *caput* deste artigo, a CVM promoverá a consolidação dos débitos respectivos e adotará as demais providências administrativas cabíveis.

§ 2.º A parcela mínima para fins do parcelamento de que trata o *caput* deste artigo não poderá ser inferior ao valor de R$ 200,00 (duzentos reais).

§ 3.º Além do disposto neste artigo, o parcelamento previsto no *caput* deste artigo deverá observar a regulamentação da CVM aplicável ao assunto.

Art. 24. Esta Lei entra em vigor na data de sua publicação, produzindo efeitos em relação:

I – aos arts. 1.º a 3.º, a partir de 1.º de janeiro de 2007;

II – aos arts. 20 a 22, após decorridos 90 (noventa) dias da publicação desta Lei;

III – aos demais artigos, a partir da data de publicação desta Lei.

Art. 25. Ficam revogados:

I – a partir de 1.º de janeiro de 2007:

a) a Lei n. 11.119, de 25 de maio de 2005; e

b) os arts. 1.º e 2.º da Lei n. 11.311, de 13 de junho de 2006;

II – a partir da data de publicação desta Lei:

a) (*Vetado.*);

b) o art. 131 da Lei n. 11.196, de 21 de novembro de 2005; e

c) o § 2.º do art. 17 do Decreto-lei n. 2.433, de 19 de maio de 1988.

Brasília, 31 de maio de 2007; 186.º da Independência e 119.º da República.

LUIZ INÁCIO LULA DA SILVA

DECRETO N. 6.306, DE 14 DE DEZEMBRO DE 2007 (*)

Regulamenta o Imposto sobre Operações de Crédito, Câmbio e Seguro, ou relativas a Títulos ou Valores Mobiliários – IOF.

O Presidente da República, no uso das atribuições que lhe conferem os arts. 84, inciso IV, e 153, § 1.º, da Constituição, e tendo em vista o disposto na Lei n. 5.143, de 20 de outubro de 1966, na Lei n. 5.172, de 25 de outubro de 1966, no Decreto-lei n. 1.783, de 18 de abril de 1980, e na Lei n. 8.894, de 21 de junho de 1994, decreta:

Art. 1.º O Imposto sobre Operações de Crédito, Câmbio e Seguro ou relativas a Títulos ou Valores Mobiliários – IOF será cobrado de conformidade com o disposto neste Decreto.

TÍTULO I
DA INCIDÊNCIA

Art. 2.º O IOF incide sobre:

I – operações de crédito realizadas:

a) por instituições financeiras (Lei n. 5.143, de 20-10-1966, art. 1.º);

b) por empresas que exercem as atividades de prestação cumulativa e contínua de serviços de assessoria creditícia, mercadológica, gestão de crédito, seleção de riscos, administração de contas a pagar e a receber, compra de direitos creditórios resultantes de vendas mercantis a prazo ou de prestação de serviços (*factoring*) (Lei n. 9.249, de 26-12-1995, art. 15, § 1.º, inciso III, alínea *d*, e Lei n. 9.532, de 10-12-1997, art. 58);

c) entre pessoas jurídicas ou entre pessoa jurídica e pessoa física (Lei n. 9.779, de 19-1-1999, art. 13);

II – operações de câmbio (Lei n. 8.894, de 21-6-1994, art. 5.º);

III – operações de seguro realizadas por seguradoras (Lei n. 5.143, de 1966, art. 1.º);

(*) Publicado no *Diário Oficial da União*, de 17-12-2007, e retificado em 8-1-2008.

IV – operações relativas a títulos ou valores mobiliários (Lei n. 8.894, de 1994, art. 1.º);

V – operações com ouro, ativo financeiro, ou instrumento cambial (Lei n. 7.766, de 11-5-1989, art. 4.º).

§ 1.º A incidência definida no inciso I exclui a definida no inciso IV, e reciprocamente, quanto à emissão, ao pagamento ou resgate do título representativo de uma mesma operação de crédito (Lei n. 5.172, de 25-10-1966, art. 63, parágrafo único).

§ 2.º Exclui-se da incidência do IOF referido no inciso I a operação de crédito externo, sem prejuízo da incidência definida no inciso II.

§ 3.º Não se submetem à incidência do imposto de que trata este Decreto as operações realizadas por órgãos da administração direta da União, dos Estados, do Distrito Federal e dos Municípios, e, desde que vinculadas às finalidades essenciais das respectivas entidades, as operações realizadas por:

I – autarquias e fundações instituídas e mantidas pelo Poder Público;

II – templos de qualquer culto;

III – partidos políticos, inclusive suas fundações, entidades sindicais de trabalhadores e instituições de educação e de assistência social, sem fins lucrativos, atendidos os requisitos da lei.

Título II
DA INCIDÊNCIA SOBRE OPERAÇÕES DE CRÉDITO

Capítulo I
DO FATO GERADOR

Art. 3.º O fato gerador do IOF é a entrega do montante ou do valor que constitua o objeto da obrigação, ou sua colocação à disposição do interessado (Lei n. 5.172, de 1966, art. 63, inciso I).

§ 1.º Entende-se ocorrido o fato gerador e devido o IOF sobre operação de crédito:

I – na data da efetiva entrega, total ou parcial, do valor que constitua o objeto da obrigação ou sua colocação à disposição do interessado;

II – no momento da liberação de cada uma das parcelas, nas hipóteses de crédito sujeito, contratualmente, a liberação parcelada;

III – na data do adiantamento a depositante, assim considerado o saldo a descoberto em conta de depósito;

IV – na data do registro efetuado em conta devedora por crédito liquidado no exterior;

V – na data em que se verificar excesso de limite, assim entendido o saldo a descoberto ocorrido em operação de empréstimo ou financiamento, inclusive sob a forma de abertura de crédito;

VI – na data da novação, composição, consolidação, confissão de dívida e dos negócios assemelhados, observado o disposto nos §§ 7.º e 10 do art. 7.º;

VII – na data do lançamento contábil, em relação às operações e às transferências internas que não tenham classificação específica, mas que, pela sua natureza, se enquadrem como operações de crédito.

§ 2.º O débito de encargos, exceto na hipótese do § 12 do art. 7.º, não configura entrega ou colocação de recursos à disposição do interessado.

§ 3.º A expressão "operações de crédito" compreende as operações de:

I – empréstimo sob qualquer modalidade, inclusive abertura de crédito e desconto de títulos (Decreto-lei n. 1.783, de 18-4-1980, art. 1.º, inciso I);

II – alienação, à empresa que exercer as atividades de *factoring*, de direitos creditórios resultantes de vendas a prazo (Lei n. 9.532, de 1997, art. 58);

III – mútuo de recursos financeiros entre pessoas jurídicas ou entre pessoa jurídica e pessoa física (Lei n. 9.779, de 1999, art. 13).

Capítulo II
DOS CONTRIBUINTES E DOS RESPONSÁVEIS

Dos Contribuintes

Art. 4.º Contribuintes do IOF são as pessoas físicas ou jurídicas tomadoras de crédito (Lei n. 8.894, de 1994, art. 3.º, inciso I, e Lei n. 9.532, de 1997, art. 58).

Parágrafo único. No caso de alienação de direitos creditórios resultantes de vendas a prazo a empresas de *factoring*, contribuinte é o alienante pessoa física ou jurídica.

Dos Responsáveis

Art. 5.º São responsáveis pela cobrança do IOF e pelo seu recolhimento ao Tesouro Nacional:

I – as instituições financeiras que efetuarem operações de crédito (Decreto-lei n. 1.783, de 1980, art. 3.º, inciso I);

II – as empresas de *factoring* adquirentes do direito creditório, nas hipóteses da alínea *b* do inciso I do art. 2.º (Lei n. 9.532, de 1997, art. 58, § 1.º);

III – a pessoa jurídica que conceder o crédito, nas operações de crédito correspondentes a mútuo de recursos financeiros (Lei n. 9.779, de 1999, art. 13, § 2.º).

Capítulo III
DA BASE DE CÁLCULO E DA ALÍQUOTA

Da Alíquota

Art. 6.º O IOF será cobrado à alíquota máxima de um vírgula cinco por cento ao dia sobre o valor das operações de crédito (Lei n. 8.894, de 1994, art. 1.º).

Da Base de Cálculo e das Alíquotas Reduzidas

Art. 7.º A base de cálculo e respectiva alíquota reduzida do IOF são (Lei n. 8.894, de 1994, art. 1.º, parágrafo único, e Lei n. 5.172, de 1966, art. 64, inciso I):

I – na operação de empréstimo, sob qualquer modalidade, inclusive abertura de crédito:

a) quando não ficar definido o valor do principal a ser utilizado pelo mutuário, inclusive por estar contratualmente prevista a reutilização do crédito, até o termo final da operação, a base de cálculo é o somatório dos saldos devedores diários apurado no último dia de cada mês, inclusive na prorrogação ou renovação:

1. mutuário pessoa jurídica: 0,0041%;

2. mutuário pessoa física: 0,0082%;

>> Item 2 com redação determinada pelo Decreto n. 8.392, de 20-1-2015.

>> *Vide* § 19 deste artigo.

b) quando ficar definido o valor do principal a ser utilizado pelo mutuário, a base de cálculo é o principal entregue ou colocado à sua disposição, ou quando previsto mais de um pagamento, o valor do principal de cada uma das parcelas:

1. mutuário pessoa jurídica: 0,0041% ao dia;

2. mutuário pessoa física: 0,0082% ao dia;

>> Item 2 com redação determinada pelo Decreto n. 8.392, de 20-1-2015.

II – na operação de desconto, inclusive na de alienação a empresas de *factoring* de direitos creditórios resultantes de vendas a prazo, a base de cálculo é o valor líquido obtido:

a) mutuário pessoa jurídica: 0,0041% ao dia;

b) mutuário pessoa física: 0,0082% ao dia;

>> Alínea *b* com redação determinada pelo Decreto n. 8.392, de 20-1-2015.

III – no adiantamento a depositante, a base de cálculo é o somatório dos saldos devedores diários, apurado no último dia de cada mês:

a) mutuário pessoa jurídica: 0,0041%;

b) mutuário pessoa física: 0,0082%;

>> Alínea *b* com redação determinada pelo Decreto n. 8.392, de 20-1-2015.

IV – nos empréstimos, inclusive sob a forma de financiamento, sujeitos à liberação de recursos em parcelas, ainda que o pagamento seja parcelado, a base de cálculo é o valor do principal de cada liberação:

a) mutuário pessoa jurídica: 0,0041% ao dia;

b) mutuário pessoa física: 0,0082% ao dia;

>> Alínea *b* com redação determinada pelo Decreto n. 8.392, de 20-1-2015.

V – nos excessos de limite, ainda que o contrato esteja vencido:

a) quando não ficar expressamente definido o valor do principal a ser utilizado, inclusive por estar contratualmente prevista a reutilização do crédito, até o termo final da operação, a base de cálculo é o valor dos excessos computados no somatório dos saldos devedores diários apurados no último dia de cada mês:

1. mutuário pessoa jurídica: 0,0041%;

2. mutuário pessoa física: 0,0082%;

>> Item 2 com redação determinada pelo Decreto n. 8.392, de 20-1-2015.

b) quando ficar expressamente definido o valor do principal a ser utilizado, a base de cálculo é o valor de cada excesso, apurado diariamente, resultante de novos valores entregues ao interessado, não se considerando como tais os débitos de encargos:

1. mutuário pessoa jurídica: 0,0041% ao dia;

2. mutuário pessoa física: 0,0082% ao dia;

>> Item 2 com redação determinada pelo Decreto n. 8.392, de 20-1-2015.

VI – nas operações referidas nos incisos I a V, quando se tratar de mutuário pessoa jurídica optante pelo Regime Especial Unificado de Arrecadação de Tributos e Contribuições devidos pelas Microempresas e Empresas de Pequeno Porte – Simples Nacional, de que trata a Lei Complementar n. 123, de 14 de dezembro de 2006, em que o valor seja igual ou inferior a R$ 30.000,00 (trinta mil reais), observado o disposto no art. 45, inciso II: 0,00137% ou 0,00137% ao dia, conforme o caso;

VII – nas operações de financiamento para aquisição de imóveis não residenciais, em que o mutuário seja pessoa física: 0,0082% ao dia.

>> Inciso VII com redação determinada pelo Decreto n. 8.392, de 20-1-2015.

§ 1.º O IOF, cuja base de cálculo não seja apurada por somatório de saldos devedores diários, não excederá o valor resultante da aplicação da alíquota diária a cada valor de principal, prevista para a operação, multiplicada por trezentos e sessenta e cinco dias, acrescida da alíquota adicional de que trata o § 15, ainda que a operação seja de pagamento parcelado.

>> § 1.º com redação determinada pelo Decreto n. 6.391, de 12-3-2008.

§ 2.º No caso de operação de crédito não liquidada no vencimento, cuja tributação não tenha atingido a limitação prevista no § 1.º, a exigência do IOF fica suspensa entre a data do vencimento original da obrigação e a da sua liquidação ou a data em que ocorrer qualquer das hipóteses previstas no § 7.º.

§ 3.º Na hipótese do § 2.º, será cobrado o IOF complementar, relativamente ao período em que ficou suspensa a exigência, mediante a aplicação da mesma alíquota sobre o valor não liquidado da obrigação vencida, até atingir a limitação prevista no § 1.º.

§ 4.º O valor líquido a que se refere o inciso II deste artigo corresponde ao valor nominal do título ou do direito creditório, deduzidos os juros cobrados antecipadamente.

§ 5.º No caso de adiantamento concedido sobre cheque em depósito, a tributação será feita na forma estabelecida para desconto de títulos, observado o disposto no inciso XXII do art. 8.º.

§ 6.º No caso de cheque admitido em depósito e devolvido por insuficiência de fundos, a base de cálculo do IOF será igual ao valor a descoberto, verificado na respectiva conta, pelo seu débito, na forma estabelecida para o adiantamento a depositante.

§ 7.º Na prorrogação, renovação, novação, composição, consolidação, confissão de dívida e negócios assemelhados, de operação de crédito em que não haja substituição de devedor, a base de cálculo do IOF será o valor não liquidado da operação anteriormente tributada, sendo essa tributação considerada complementar à anteriormente feita, aplicando-se a alíquota em vigor à época da operação inicial.

> *Vide* § 19 deste artigo.

§ 8.º No caso do § 7.º, se a base de cálculo original for o somatório mensal dos saldos devedores diários, a base de cálculo será o valor renegociado na operação, com exclusão da parte amortizada na data do negócio.

§ 9.º Sem exclusão da cobrança do IOF prevista no § 7.º, havendo entrega ou colocação de novos valores à disposição do interessado, esses constituirão nova base de cálculo.

§ 10. No caso de novação, composição, consolidação, confissão de dívida e negócios assemelhados de operação de crédito em que haja substituição de devedor, a base de cálculo do IOF será o valor renegociado na operação.

§ 11. Nos casos dos §§ 8.º, 9.º e 10, a alíquota aplicável é a que estiver em vigor na data da novação, composição, consolidação, confissão de dívida ou negócio assemelhado.

§ 12. Os encargos integram a base de cálculo quando o IOF for apurado pelo somatório dos saldos devedores diários.

§ 13. Nas operações de crédito decorrentes de registros ou lançamentos contábeis ou sem classificação específica, mas que, pela sua natureza, importem colocação ou entrega de recursos à disposição de terceiros, seja o mutuário pessoa física ou jurídica, as alíquotas serão aplicadas na forma dos incisos I a VI, conforme o caso.

§ 14. Nas operações de crédito contratadas por prazo indeterminado e definido o valor do principal a ser utilizado pelo mutuário, aplicar-se-á a alíquota diária prevista para a operação e a base de cálculo será o valor do principal multiplicado por trezentos e sessenta e cinco.

§ 15. Sem prejuízo do disposto no *caput*, o IOF incide sobre as operações de crédito à alíquota adicional de trinta e oito centésimos por cento, independentemente do prazo da operação, seja o mutuário pessoa física ou pessoa jurídica.

>> § 15 acrescentado pelo Decreto n. 6.339, de 3-1-2008.

§ 16. Nas hipóteses de que tratam a alínea *a* do inciso I, o inciso III, e a alínea *a* do inciso V, o IOF incidirá sobre o somatório mensal dos acréscimos diários dos saldos devedores, à alíquota adicional de que trata o § 15.

>> § 16 acrescentado pelo Decreto n. 6.339, de 3-1-2008.

§ 17. Nas negociações de que trata o § 7.º não se aplica a alíquota adicional de que trata o § 15, exceto se houver entrega ou colocação de novos valores à disposição do interessado.

>> § 17 acrescentado pelo Decreto n. 6.391, de 12-3-2008.

§ 18. No caso de operação de crédito cuja base de cálculo seja apurada por somatório dos saldos devedores diários, constatada a inadimplência do tomador, a cobrança do IOF apurado a partir do último dia do mês subsequente ao da constatação de inadimplência dar-se-á na data da liquidação total ou parcial da operação ou da ocorrência de qualquer das hipóteses previstas no § 7.º.

>> § 18 acrescentado pelo Decreto n. 7.487, de 23-5-2011.

§ 19. Na hipótese do § 18, por ocasião da liquidação total ou parcial da operação ou da ocorrência de qualquer das hipóteses previstas no § 7.º, o IOF será cobrado mediante a aplicação das alíquotas previstas nos itens 1 ou 2 da alínea *a* do inciso I do *caput*, vigentes na data de ocorrência de cada saldo devedor diário, até atingir a limitação de trezentos e sessenta e cinco dias.

>> § 19 acrescentado pelo Decreto n. 7.487, de 23-5-2011.

§ 20. Nas operações de crédito contratadas entre 3 de abril de 2020 e 26 de novembro de 2020, as alíquotas do IOF previstas nos incisos I, II, III, IV, V, VI e VII do *caput* e no § 15 ficam reduzidas a zero.

>> § 20 com redação determinada pelo Decreto n. 10.551, de 25-11-2020.

§ 21. O disposto no § 20 aplica-se também às operações de crédito:

>> § 21, *caput*, com redação determinada pelo Decreto n. 10.414, de 2-7-2020.

I – previstas no § 7.º, na hipótese de haver nova incidência de IOF, sem prejuízo da parcela cobrada na data da disponibilização dos recursos ao interessado;

>> Inciso I com redação determinada pelo Decreto n. 10.414, de 2-7-2020.

II – não liquidadas no vencimento a que se refere o § 2.º; e

>> Inciso II com redação determinada pelo Decreto n. 10.414, de 2-7-2020.

III – cuja base de cálculo seja apurada por somatório dos saldos devedores diá-

rios na forma do disposto nos § 18 e § 19, hipótese na qual se aplica a alíquota zero aos saldos devedores diários apurados entre 3 de abril de 2020 e 26 de novembro de 2020.

>> Inciso III com redação determinada pelo Decreto n. 10.551, de 25-11-2020.

Da Alíquota Zero

Art. 8.º A alíquota do imposto é reduzida a zero na operação de crédito, sem prejuízo do disposto no § 5.º:

>> *Caput* com redação determinada pelo Decreto n. 7.011, de 18-11-2009.

I – em que figure como tomadora cooperativa, observado o disposto no art. 45, inciso I;

II – (*Revogado pelo Decreto n. 9.017, de 30-3-2017.*);

III – à exportação, bem como de amparo à produção ou estímulo à exportação;

IV – rural, destinada a investimento, custeio e comercialização, observado o disposto no § 1.º;

V – realizada por caixa econômica, sob garantia de penhor civil de joias, de pedras preciosas e de outros objetos;

VI – realizada por instituição financeira, referente a repasse de recursos do Tesouro Nacional destinados a financiamento de abastecimento e formação de estoques reguladores;

VII – realizada entre instituição financeira e outra instituição autorizada a funcionar pelo Banco Central do Brasil, desde que a operação seja permitida pela legislação vigente;

VIII – em que o tomador seja estudante, realizada por meio do Fundo de Financiamento ao Estudante do Ensino Superior – FIES, de que trata a Lei n. 10.260, de 12 de julho de 2001;

IX – efetuada com recursos da Agência Especial de Financiamento Industrial – FINAME;

X – realizada ao amparo da Política de Garantia de Preços Mínimos – Empréstimos do Governo Federal – EGF;

XI – relativa a empréstimo de título público, quando esse permanecer custodiado no Sistema Especial de Liquidação e de Custódia – SELIC, e servir de garantia prestada a terceiro na execução de serviços e obras públicas;

XII – (*Revogado pelo Decreto n. 8.325, de 7-10-2014.*);

XIII – relativa a adiantamento de salário concedido por pessoa jurídica aos seus empregados, para desconto em folha de pagamento ou qualquer outra forma de reembolso;

XIV – relativa a transferência de bens objeto de alienação fiduciária, com sub-rogação de terceiro nos direitos e obrigações do devedor, desde que mantidas todas as condições financeiras do contrato original;

XV – realizada por instituição financeira na qualidade de gestora, mandatária, ou agente de fundo ou programa do Governo Federal, Estadual, do Distrito Federal ou Municipal, instituído por lei, cuja aplicação do recurso tenha finalidade específica;

XVI – relativa a adiantamento sobre o valor de resgate de apólice de seguro de vida individual e de título de capitalização;

XVII – relativa a adiantamento de contrato de câmbio de exportação;

XVIII – relativa a aquisição de ações ou de participação em empresa, no âmbito do Programa Nacional de Desestatização;

XIX – resultante de repasse de recursos de fundo ou programa do Governo Federal vinculado à emissão pública de valores mobiliários;

XX – relativa a devolução antecipada do IOF indevidamente cobrado e recolhido pelo responsável, enquanto aguarda a restituição pleiteada, e desde que não haja cobrança de encargos remuneratórios;

XXI – realizada por agente financeiro com recursos oriundos de programas federais, estaduais ou municipais, instituídos com a finalidade de implementar programas de geração de emprego e renda, nos termos previstos no art. 12 da Lei n. 9.649, de 27 de maio de 1998;

XXII – relativa a adiantamento concedido sobre cheque em depósito, remetido à compensação nos prazos e condições fixados pelo Banco Central do Brasil;

XXIII – (*Revogado pelo Decreto n. 6.391, de 12-3-2008.*);

XXIV – realizada por instituição financeira, com recursos do Tesouro Nacional, destinada ao financiamento de estocagem de álcool etílico combustível, na forma regulamentada pelo Conselho Monetário Nacional;

XXV – realizada por uma instituição financeira para cobertura de saldo devedor em outra instituição financeira, até o montante do valor portado e desde que não haja substituição do devedor;

XXVI – relativa a financiamento para aquisição de motocicleta, motoneta e ciclomotor, em que o mutuário seja pessoa física;

>> Inciso XXVI acrescentado pelo Decreto n. 6.655, de 20-11-2008.

XXVII – realizada por instituição financeira pública federal em que sejam tomadores de recursos pessoas físicas com renda mensal de até dez salários mínimos, desde que os valores das operações sejam direcionados exclusivamente para adquirir bens e serviços de tecnologia assistiva destinados a pessoas com deficiência, nos termos do parágrafo único do art. 1.º da Lei n. 10.735, de 11 de setembro de 2003;

>> Inciso XXVII acrescentado pelo Decreto n. 7.726, de 21-5-2012.

XXVIII – realizada por instituição financeira, com recursos públicos ou privados, para financiamento de operações, contratadas a partir de 2 de abril de 2013, destinadas a aquisição, produção e arrendamento mercantil de bens de capital, incluídos componentes e serviços tecnológicos relacionados, e o capital de giro associado, a produção de bens de consumo para exportação, ao setor de energia elétrica, a estruturas para exportação de granéis líquidos, a projetos de engenharia, à inovação tecnológica, e a projetos de investimento destinados à constituição de capacidade tecnológica e produtiva em setores de alta intensidade de conhecimento e engenharia e projetos de infraestrutura logística direcionados a obras de rodovias e ferrovias objeto de concessão pelo Governo federal, a que se refere o art. 1.º da Lei n. 12.096, de 24 de novembro de 2009, e de acordo com os critérios fixados pelo Conselho Monetário Nacional e pelo Banco Central do Brasil;

>> Inciso XXVIII acrescentado pelo Decreto n. 7.975, de 1.º-4-2013.

XXIX – (*Revogado pelo Decreto n. 10.377, de 27-5-2020.*);

XXX – (*Revogado pelo Decreto n. 8.511, de 31-8-2015.*);

XXXI – efetuada por intermédio da Financiadora de Estudos e Projetos – FINEP ou por seus agentes financeiros, com recursos dessa empresa pública;

>> Inciso XXXI com redação determinada pelo Decreto n. 10.377, de 27-5-2020.

XXXII – destinada, nos termos do disposto no § 3.º do art. 6.º da Lei n. 12.793, de 2 de abril de 2013, ao financiamento de projetos de infraestrutura de logística direcionados a obras de rodovias e ferrovias objeto de concessão pelo Governo federal; e

>> Inciso XXXII com redação determinada pelo Decreto n. 10.377, de 27-5-2020.

XXXIII – contratada pela Câmara de Comercialização de Energia Elétrica – CCEE, destinada à cobertura, total ou parcial, de deficit e de antecipação de receita, incorridas pelas concessionárias e permissionárias de serviço público de distribuição de energia elétrica nos termos do disposto no Decreto n. 10.350, de 18 de maio de 2020.

>> Inciso XXXIII acrescentado pelo Decreto n. 10.377, de 27-5-2020.

>> O art. 2.º do Decreto n. 10.377, de 27-5-2020, determina que a redução de alíquota de que trata este inciso, somente se aplica aos fatos geradores ocorridos até 31 de dezembro de 2020.

§ 1.º No caso de operação de comercialização, na modalidade de desconto de nota promissória rural ou duplicata rural, a alíquota zero é aplicável somente quando o título for emitido em decorrência de venda de produção própria.

§ 2.º O disposto no inciso XXV não se aplica nas hipóteses de prorrogação, renovação, novação, composição, consolidação, confissão de dívidas e negócios assemelhados, de operação de crédito em que haja ou não substituição do devedor, ou de quaisquer outras alterações contratuais, exceto taxas, hipóteses em que o imposto complementar deverá ser cobrado à alíquota vigente na data da operação inicial.

§ 3.º Quando houver desclassificação ou descaracterização, total ou parcial, de operação de crédito rural ou de adiantamento de contrato de câmbio, tributada à alíquota zero, o IOF será devido a partir da ocorrência do fato gerador e calculado à alíquota correspondente à operação, conforme previsto no art. 7.º, incidente sobre o valor desclassificado ou descaracterizado, sem prejuízo do disposto no art. 54.

§ 4.º Quando houver falta de comprovação ou descumprimento de condição, ou desvirtuamento da finalidade dos recursos, total ou parcial, de operação tributada à alíquota zero, o IOF será devido a partir da ocorrência do fato gerador calculado à alíquota correspondente à operação, conforme previsto no art. 7.º, acrescido de juros e multa de mora, sem prejuízo do disposto no art. 54, conforme o caso.

§ 5.º Fica instituída, independentemente do prazo da operação, alíquota adicional de trinta e oito centésimos por cento do IOF incidente sobre o valor das operações de crédito de que tratam os incisos I, IV, V, VI, X, XI, XIV, XVI, XVIII, XIX, XXI e XXVI do *caput*.

>> § 5.º com redação determinada pelo Decreto n. 9.017, de 30-3-2017.

§ 6.º Nas operações de crédito contratadas entre 3 de abril de 2020 e 26 de novembro de 2020, a alíquota adicional do IOF de que trata o § 5.º fica reduzida a zero.

>> § 6.º com redação determinada pelo Decreto n. 10.551, de 25-11-2020.

Capítulo IV
DA ISENÇÃO

Art. 9.º É isenta do IOF a operação de crédito:

I – para fins habitacionais, inclusive a destinada à infraestrutura e saneamento básico relativos a programas ou projetos que tenham a mesma finalidade (Decreto-lei n. 2.407, de 5-1-1988);

II – realizada mediante conhecimento de depósito e *warrant*, representativos de mercadorias depositadas para exportação, em entreposto aduaneiro (Decreto-lei n. 1.269, de 18-4-1973, art. 1.º, e Lei n. 8.402, de 8-1-1992, art. 1.º, inciso XI);

III – com recursos dos Fundos Constitucionais de Financiamento do Norte (FNO), do Nordeste (FNE) e do Centro-Oeste (FCO) (Lei n. 7.827, de 27-9-1989, art. 8.º);

IV – efetuada por meio de cédula e nota de crédito à exportação (Lei n. 6.313, de 16-12-1975, art. 2.º, e Lei n. 8.402, de 1992, art. 1.º, inciso XII);

V – em que o tomador de crédito seja a entidade binacional Itaipu (art. XII do Tratado promulgado pelo Decreto n. 72.707, de 28-8-1973);

VI – para a aquisição de automóvel de passageiros, de fabricação nacional, com até 127 HP de potência bruta (SAE), na forma do art. 72 da Lei n. 8.383, de 30 de dezembro de 1991;

VII – (*Revogado pelo Decreto n. 7.563, de 15-9-2011.*);

VIII – em que os tomadores sejam missões diplomáticas e repartições consulares de carreira (Convenção de Viena sobre Relações Consulares promulgada pelo Decreto n. 61.078, de 26-7-1967, art. 32, e Decreto n. 95.711, de 10-2-1988, art. 1.º);

IX – contratada por funcionário estrangeiro de missão diplomática ou representação consular (Convenção de Viena sobre Relações Diplomáticas promulgada pelo Decreto n. 56.435, de 8-6-1965, art. 34).

§ 1.º O disposto nos incisos VIII e IX não se aplica aos consulados e cônsules honorários (Convenção de Viena sobre Relações Consulares promulgada pelo Decreto n. 61.078, de 1967, art. 58).

§ 2.º O disposto no inciso IX não se aplica aos funcionários estrangeiros que tenham residência permanente no Brasil (Convenção de Viena sobre Relações Diplomáticas promulgada pelo Decreto n. 56.435, de 1965, art. 37, e Convenção de Viena sobre Relações Consulares promulgada pelo Decreto n. 61.078, de 1967, art. 71).

§ 3.º Os membros das famílias dos funcionários mencionados no inciso IX, desde que com eles mantenham relação de dependência econômica e não tenham residência permanente no Brasil, gozarão do tratamento estabelecido neste artigo (Convenção de Viena sobre Relações Diplomáticas promulgada pelo Decreto n. 56.435, de 1965, art. 37, e Convenção de Viena sobre Relações Consulares promulgada pelo Decreto n. 61.078, de 1967, art. 71).

§ 4.º O tratamento estabelecido neste artigo aplica-se, ainda, aos organismos internacionais e regionais de caráter permanente de que o Brasil seja membro e aos funcionários estrangeiros de tais organismos, nos termos dos acordos firmados (Lei n. 5.172, de 1966, art. 98).

Capítulo V
DA COBRANÇA E DO RECOLHIMENTO

Art. 10. O IOF será cobrado:

I – no primeiro dia útil do mês subsequente ao de apuração, nas hipóteses em que a apuração da base de cálculo seja feita no último dia de cada mês;

II – na data da prorrogação, renovação, consolidação, composição e negócios assemelhados;

III – na data da operação de desconto;

IV – na data do pagamento, no caso de operação de crédito não liquidada no vencimento;

V – até o décimo dia subsequente à data da caracterização do descumprimento ou da falta de comprovação do cumprimento de condições, total ou parcial, de operações isentas ou tributadas à alíquota zero ou da caracterização do desvirtuamento da finalidade dos recursos decorrentes das mesmas operações;

VI – até o décimo dia subsequente à data da desclassificação ou descaracterização, total ou parcial, de operação de crédito rural ou de adiantamento de contrato de câmbio, quando feita pela própria instituição financeira, ou do recebimento da comunicação da desclassificação ou descaracterização;

VII – na data da entrega ou colocação dos recursos à disposição do interessado, nos demais casos.

Parágrafo único. O IOF deve ser recolhido ao Tesouro Nacional até o terceiro dia útil subsequente ao decêndio da cobrança ou do registro contábil do imposto (Lei n. 11.196, de 21-11-2005, art. 70, inciso II, alínea *b*).

Título III
DA INCIDÊNCIA SOBRE OPERAÇÕES DE CÂMBIO

Capítulo I
DO FATO GERADOR

Art. 11. O fato gerador do IOF é a entrega de moeda nacional ou estrangeira, ou de documento que a represente, ou sua colocação à disposição do interessado, em montante equivalente à moeda estrangeira ou nacional entregue ou posta à disposição por este (Lei n. 5.172, de 1966, art. 63, inciso II).

Parágrafo único. Ocorre o fato gerador e torna-se devido o IOF no ato da liquidação da operação de câmbio.

Capítulo II
DOS CONTRIBUINTES E DOS RESPONSÁVEIS

Dos Contribuintes

Art. 12. São contribuintes do IOF os compradores ou vendedores de moeda estrangeira nas operações referentes às transferências financeiras para o ou do exterior, respectivamente (Lei n. 8.894, de 1994, art. 6.º).

Parágrafo único. As transferências financeiras compreendem os pagamentos e recebimentos em moeda estrangeira, independentemente da forma de entrega e da natureza das operações.

Dos Responsáveis

Art. 13. São responsáveis pela cobrança do IOF e pelo seu recolhimento ao Tesouro Nacional as instituições autorizadas a operar em câmbio (Lei n. 8.894, de 1994, art. 6.º, parágrafo único).

Capítulo III
DA BASE DE CÁLCULO E DA ALÍQUOTA

Da Base de Cálculo

Art. 14. A base de cálculo do IOF é o montante em moeda nacional, recebido, entregue ou posto à disposição, correspondente ao valor, em moeda estrangeira, da operação de câmbio (Lei n. 5.172, de 1966, art. 64, inciso II).

Da Alíquota

Art. 15. A alíquota máxima do IOF é de vinte e cinco por cento (Lei n. 8.894, de 1994, art. 5.º).

§§ 1.º a 3.º (*Revogados pelo Decreto n. 7.412, de 30-12-2010.*)

Art. 15-A. (*Revogado pelo Decreto n. 8.325, de 7-10-2014.*)

Art. 15-B. A alíquota do IOF fica reduzida para trinta e oito centésimos por cento, observadas as seguintes exceções:

>> *Caput* acrescentado pelo Decreto n. 8.325, de 7-10-2014.

I – nas operações de câmbio relativas ao ingresso no País de receitas de exportação de bens e serviços: zero;

>> Inciso I acrescentado pelo Decreto n. 8.325, de 7-10-2014.

II – nas operações de câmbio de natureza interbancária entre instituições integrantes do Sistema Financeiro Nacional autorizadas a operar no mercado de câmbio e entre estas e instituições financeiras no exterior: zero;

>> Inciso II acrescentado pelo Decreto n. 8.325, de 7-10-2014.

III – nas operações de câmbio, de transferências do e para o exterior, relativas a aplicações de fundos de investimento no mercado internacional, nos limites e condições fixados pela Comissão de Valores Mobiliários: zero;

>> Inciso III acrescentado pelo Decreto n. 8.325, de 7-10-2014.

IV – nas operações de câmbio realizadas por empresas de transporte aéreo internacional domiciliadas no exterior, para remessa de recursos originados de suas receitas locais: zero;

>> Inciso IV acrescentado pelo Decreto n. 8.325, de 7-10-2014.

V – nas operações de câmbio relativas a ingresso de moeda estrangeira para cobertura de gastos efetuados no País com utilização de cartão de crédito emitido no exterior: zero;

>> Inciso V acrescentado pelo Decreto n. 8.325, de 7-10-2014.

VI – nas operações de câmbio realizadas para ingresso no País de doações em espécie recebidas por instituições financeiras públicas controladas pela União e destinadas a ações de prevenção, monitoramento e combate ao desmatamento e de promoção da conservação e do uso sustentável das florestas brasileiras, de que trata a Lei n. 11.828, de 20 de novembro de 2008: zero;

>> Inciso VI acrescentado pelo Decreto n. 8.325, de 7-10-2014.

VII – nas operações de câmbio destinadas ao cumprimento de obrigações de administradoras de cartão de crédito ou de débito ou de bancos comerciais ou múltiplos na qualidade de emissores de cartão de crédito decorrentes de aquisição de bens e serviços do exterior efetuada por seus usuários, observado o disposto no inciso VIII: seis inteiros e trinta e oito centésimos por cento;

>> Inciso VII acrescentado pelo Decreto n. 8.325, de 7-10-2014.

VIII – nas operações de câmbio destinadas ao cumprimento de obrigações de administradoras de cartão de crédito ou de débito ou de bancos comerciais ou múltiplos na qualidade de emissores de cartão de crédito decorrentes de aquisição de bens e serviços do exterior quando forem usuários do cartão a União, Estados, Municípios, Distrito Federal, suas fundações e autarquias: zero;

>> Inciso VIII acrescentado pelo Decreto n. 8.325, de 7-10-2014.

IX – nas operações de câmbio destinadas ao cumprimento de obrigações de administradoras de cartão de uso internacional ou de bancos comerciais ou múltiplos na qualidade de emissores de cartão de crédito ou de débito decorrentes de saques no exterior efetuado por seus usuários: seis inteiros e trinta e oito centésimos por cento;

>> Inciso IX acrescentado pelo Decreto n. 8.325, de 7-10-2014.

X – nas liquidações de operações de câmbio para aquisição de moeda estrangeira em cheques de viagens e para carregamento de cartão internacional pré-pago, destinadas a atender gastos pessoais em viagens internacionais: seis inteiros e trinta e oito centésimos por cento;

>> Inciso X acrescentado pelo Decreto n. 8.325, de 7-10-2014.

XI – nas liquidações de operações de câmbio de ingresso e saída de recursos no e do País, referentes a recursos captados a título de empréstimos e financiamentos externos, excetuadas as operações de que trata o inciso XII: zero;

>> Inciso XI acrescentado pelo Decreto n. 8.325, de 7-10-2014.

XII – nas liquidações de operações de câmbio para ingresso de recursos no País, inclusive por meio de operações simultâneas, referente a empréstimo externo, sujeito a registro no Banco Central do Brasil, contratado de forma direta ou mediante emissão de títulos no mercado internacional com prazo médio mínimo de até cento e oitenta dias: seis por cento;

>> Inciso XII acrescentado pelo Decreto n. 8.325, de 7-10-2014.

XIII – nas liquidações de operações de câmbio para remessa de juros sobre o capital próprio e dividendos recebidos por investidor estrangeiro: zero;

>> Inciso XIII acrescentado pelo Decreto n. 8.325, de 7-10-2014.

XIV – nas liquidações de operações de câmbio contratadas por investidor estrangeiro para ingresso de recursos no País, inclusive por meio de operações simultâneas, para constituição de margem de garantia, inicial ou adicional, exigida por bolsas de valores, de mercadorias e futuros: zero;

>> Inciso XIV acrescentado pelo Decreto n. 8.325, de 7-10-2014.

XV – nas liquidações de operações simultâneas de câmbio para ingresso no País de recursos através de cancelamento de *Depositary Receipts – DR*, para investimento em ações negociáveis em bolsa de valores: zero;

>> Inciso XV acrescentado pelo Decreto n. 8.325, de 7-10-2014.

XVI – nas liquidações de operações de câmbio contratadas por investidor estrangeiro para ingresso de recursos no País, inclusive por meio de operações simultâneas, para aplicação nos mercados financeiro e de capitais: zero;

>> Inciso XVI acrescentado pelo Decreto n. 8.325, de 7-10-2014.

XVII – nas liquidações de operações de câmbio para fins de retorno de recursos aplicados por investidor estrangeiro nos mercados financeiro e de capitais: zero; e

>> Inciso XVII acrescentado pelo Decreto n. 8.325, de 7-10-2014.

XVIII – na operação de compra de moeda estrangeira por instituição autorizada a operar no mercado de câmbio, contratada simultaneamente com operação de venda, exclusivamente quando requerida em disposição regulamentar: zero;

>> Inciso XVIII acrescentado pelo Decreto n. 8.325, de 7-10-2014.

XIX – nas liquidações de operações simultâneas de câmbio para ingresso de recursos no País, originárias da mudança de regime do investidor estrangeiro, de investimento direto de que trata a Lei n. 4.131, de 3 de setembro de 1962, para investimento em ações negociáveis em bolsa de valores, na forma regulamentada pelo Conselho Monetário Nacional: zero;

>> Inciso XIX acrescentado pelo Decreto n. 8.731, de 30-4-2016.

XX – nas liquidações de operações de câmbio, liquidadas a partir de 3 de maio de 2016, para aquisição de moeda estrangeira, em espécie: um inteiro e dez centésimos por cento;

>> Inciso XX acrescentado pelo Decreto n. 8.731, de 30-4-2016.

XXI – nas liquidações de operações de câmbio, realizadas a partir de 3 de março de 2018 para transferência de recursos para o exterior para colocação de disponibilidade de residente no País: um inteiro e dez centésimos por cento.

>> Inciso XXI acrescentado pelo Decreto n. 9.297, de 1.º-3-2018.

§ 1.º No caso de operações de empréstimo em moeda via lançamento de títulos, com cláusula de antecipação de vencimento, parcial ou total, pelo credor ou pelo devedor (*put/call*), a primeira data prevista de exercício definirá a incidência do imposto prevista no inciso XII do *caput*.

>> § 1.º acrescentado pelo Decreto n. 8.325, de 7-10-2014.

§ 2.º Quando a operação de empréstimo for contratada pelo prazo médio mínimo superior ao exigido no inciso XII do *caput* e for liquidada antecipadamente, total ou parcialmente, descumprindo-se esse prazo mínimo, o contribuinte ficará sujeito ao pagamento do imposto calculado à alíquota estabelecida no inciso citado, acrescido de juros moratórios e multa, sem prejuízo das penalidades previstas no art. 23 da Lei n. 4.131, de 3 de setembro de 1962, e no art. 72 da Lei n. 9.069, de 29 de junho de 1995.

>> § 2.º acrescentado pelo Decreto n. 8.325, de 7-10-2014.

§ 3.º Caso o prazo médio mínimo de amortização previsto no inciso XII na data da liquidação antecipada de empréstimo seja inferior ao prazo médio mínimo da operação originalmente contratada e, desde que cumprido o prazo médio mínimo previsto no inciso XII, aplica-se a alíquota em vigor na data da liquidação do contrato de câmbio para pagamento do empréstimo, não se aplicando o disposto no § 2.º.

>> § 3.º acrescentado pelo Decreto n. 8.731, de 30-4-2016.

§ 4.º Enquadram-se no disposto no inciso I as operações de câmbio relativas ao ingresso no País de receitas de exportação de serviços classificados nas Seções I a V da Nomenclatura Brasileira de Serviços, Intangíveis e Outras Operações que produzam variações no patrimônio – NBS, exceto se houver neste Decreto disposição especial.

>> § 4.º acrescentado pelo Decreto n. 8.731, de 30-4-2016.

Capítulo IV
DA ISENÇÃO

Da Isenção

Art. 16. É isenta do IOF a operação de câmbio:

I – realizada para pagamento de bens importados (Decreto-lei n. 2.434, de 19-5-1988, art. 6.º, e Lei n. 8.402, de 1992, art. 1.º, inciso XIII);

II – em que o comprador ou o vendedor da moeda estrangeira seja a entidade binacional Itaipu (art. XII do Tratado promulgado pelo Decreto n. 72.707, de 1973);

III e IV – (*Revogados pelo Decreto n. 7.563, de 15-9-2011.*)

V – em que os compradores ou vendedores da moeda estrangeira sejam missões diplomáticas e repartições consulares de carreira (Convenção de Viena sobre Relações Consulares promulgada pelo Decreto n. 61.078, de 1967, art. 32, e Decreto n. 95.711, de 1988, art. 1.º);

VI – contratada por funcionário estrangeiro de missão diplomática ou representação consular (Convenção de Viena sobre Relações Diplomáticas promulgada pelo Decreto n. 56.435, de 1965, art. 34).

§ 1.º O disposto nos incisos V e VI não se aplica aos consulados e cônsules honorários (Convenção de Viena sobre Relações Consulares promulgada pelo Decreto n. 61.078, de 1967, art. 58).

§ 2.º O disposto no inciso VI não se aplica aos funcionários estrangeiros que tenham residência permanente no Brasil (Convenção de Viena sobre Relações Diplomáticas promulgada pelo Decreto n. 56.435, de 1965, art. 37, e Convenção de Viena sobre Relações Consulares promulgada pelo Decreto n. 61.078, de 1967, art. 71).

§ 3.º Os membros das famílias dos funcionários mencionados no inciso VI, desde que com eles mantenham relação de dependência econômica e não tenham residência permanente no Brasil, gozarão do tratamento estabelecido neste artigo (Convenção de Viena sobre Relações Diplomáticas promulgada pelo Decreto n. 56.435, de 1965, art. 37, e Convenção de Viena sobre Relações Consulares promulgada pelo Decreto n. 61.078, de 1967, art. 71).

§ 4.º O tratamento estabelecido neste artigo aplica-se, ainda, aos organismos internacionais e regionais de caráter permanente de que o Brasil seja membro e aos funcionários estrangeiros de tais organismos, nos termos dos acordos firmados (Lei n. 5.172, de 1966, art. 98).

Capítulo V
DA COBRANÇA E DO RECOLHIMENTO

Art. 17. O IOF será cobrado na data da liquidação da operação de câmbio.

Parágrafo único. O IOF deve ser recolhido ao Tesouro Nacional até o terceiro dia útil subsequente ao decêndio da cobrança ou do registro contábil do imposto (Lei n. 11.196, de 2005, art. 70, inciso II, alínea *b*).

Título IV
DA INCIDÊNCIA SOBRE OPERAÇÕES DE SEGURO

Capítulo I
DO FATO GERADOR

Art. 18. O fato gerador do IOF é o recebimento do prêmio (Lei n. 5.143, de 1966, art. 1.º, inciso II).

§ 1.º A expressão "operações de seguro" compreende seguros de vida e congêneres, seguro de acidentes pessoais e do trabalho, seguros de bens, valores, coisas e outros não especificados (Decreto-lei n. 1.783, de 1980, art. 1.º, incisos II e III).

§ 2.º Ocorre o fato gerador e torna-se devido o IOF no ato do recebimento total ou parcial do prêmio.

Capítulo II
DOS CONTRIBUINTES E DOS RESPONSÁVEIS

Dos Contribuintes

Art. 19. Contribuintes do IOF são as pessoas físicas ou jurídicas seguradas (Decreto-lei n. 1.783, de 1980, art. 2.º).

Dos Responsáveis

Art. 20. São responsáveis pela cobrança do IOF e pelo seu recolhimento ao Tesouro Nacional as seguradoras ou as instituições financeiras a quem estas encarregarem da cobrança do prêmio (Decreto-lei n. 1.783, de 1980, art. 3.º, inciso II, e Decreto-lei n. 2.471, de 1.º-9-1988, art. 7.º).

Parágrafo único. A seguradora é responsável pelos dados constantes da documentação remetida para cobrança.

Capítulo III
DA BASE DE CÁLCULO E DA ALÍQUOTA

Da Base de Cálculo

Art. 21. A base de cálculo do IOF é o valor dos prêmios pagos (Decreto-lei n. 1.783, de 1980, art. 1.º, incisos II e III).

Da Alíquota

Art. 22. A alíquota do IOF é de vinte e cinco por cento (Lei n. 9.718, de 27-11-1998, art. 15).

§ 1.º A alíquota do IOF fica reduzida:

I – a zero, nas seguintes operações:

a) de resseguro;

b) de seguro obrigatório, vinculado a financiamento de imóvel habitacional, realizado por agente do Sistema Financeiro de Habitação;

c) de seguro de crédito à exportação e de transporte internacional de mercadorias;

d) de seguro contratado no Brasil, referente à cobertura de riscos relativos ao lançamento e à operação dos satélites Brasilsat I e II;

e) em que o valor dos prêmios seja destinado ao custeio dos planos de seguro de vida com cobertura por sobrevivência;

f) de seguro aeronáutico e de seguro de responsabilidade civil pagos por transportador aéreo;

g) de seguro garantia.

>> Alínea *g* com redação determinada pelo Decreto n. 7.787, de 15-8-2012.

II – nas operações de seguro de vida e congêneres, de acidentes pessoais e do trabalho, incluídos os seguros obrigatórios de danos pessoais causados por veículos automotores de vias terrestres e por embarcações, ou por sua carga, a pessoas transportadas ou não e excluídas aquelas de que trata a alínea *f* do inciso I: trinta e oito centésimos por cento;

>> Inciso II com redação determinada pelo Decreto n. 6.339, de 3-1-2008.

III – nas operações de seguros privados de assistência à saúde: dois inteiros e trinta e oito centésimos por cento;

>> Inciso III com redação determinada pelo Decreto n. 6.339, de 3-1-2008.

IV – nas demais operações de seguro: sete inteiros e trinta e oito centésimos por cento.

>> Inciso IV acrescentado pelo Decreto n. 6.339, de 3-1-2008.

§ 2.º O disposto na alínea *f* do inciso I do § 1.º aplica-se somente a seguro contratado por companhia aérea que tenha por objeto principal o transporte remunerado de passageiros ou de cargas.

Capítulo IV
DA ISENÇÃO

Art. 23. É isenta do IOF a operação de seguro:

I – em que o segurado seja a entidade binacional Itaipu (art. XII do Tratado promulgado pelo Decreto n. 72.707, de 1973);

II – (*Revogado pelo Decreto n. 7.563, de 15-9-2011.*);

III – rural (Decreto-lei n. 73, de 21-11-1966, art. 19);

IV – em que os segurados sejam missões diplomáticas e repartições consulares de carreira (Convenção de Viena sobre Relações Consulares promulgada pelo Decreto n. 61.078, de 1967, art. 32, e Decreto n. 95.711, de 1988, art. 1.º);

V – contratada por funcionário estrangeiro de missão diplomática ou representação consular (Convenção de Viena sobre Relações Diplomáticas promulgada pelo Decreto n. 56.435, de 8-6-1965, art. 34).

§ 1.º O disposto nos incisos IV e V não se aplica aos consulados e cônsules honorários (Convenção de Viena sobre Relações Consulares promulgada pelo Decreto n. 61.078, de 1967, art. 58).

§ 2.º O disposto no inciso V não se aplica aos funcionários estrangeiros que tenham residência permanente no Brasil (Convenção de Viena sobre Relações Diplomáticas promulgada pelo Decreto n. 56.435, de 1965, art. 37, e Convenção de Viena sobre Relações Consulares promulgada pelo Decreto n. 61.078, de 1967, art. 71).

§ 3.º Os membros das famílias dos funcionários mencionados no inciso V, desde que com eles mantenham relação de dependência econômica e não tenham residência permanente no Brasil, gozarão do tratamento estabelecido neste artigo (Convenção de Viena sobre Relações Diplomáticas promulgada pelo Decreto n. 56.435, de 1965, art. 37, e Convenção de Viena sobre Relações Consulares promulgada pelo Decreto n. 61.078, de 1967, art. 71).

§ 4.º O tratamento estabelecido neste artigo aplica-se, ainda, aos organismos internacionais e regionais de caráter permanente de que o Brasil seja membro e aos funcionários estrangeiros de tais organismos, nos termos dos acordos firmados (Lei n. 5.172, de 1966, art. 98).

Capítulo V
DA COBRANÇA E DO RECOLHIMENTO

Art. 24. O IOF será cobrado na data do recebimento total ou parcial do prêmio.

Parágrafo único. O IOF deve ser recolhido ao Tesouro Nacional até o terceiro dia útil subsequente ao decêndio da cobrança ou do registro contábil do imposto (Lei n. 11.196, de 2005, art. 70, inciso II, alínea *b*).

Título V
DA INCIDÊNCIA SOBRE OPERAÇÕES RELATIVAS A TÍTULOS OU VALORES MOBILIÁRIOS

Capítulo I
DO FATO GERADOR

Art. 25. O fato gerador do IOF é a aquisição, cessão, resgate, repactuação ou pagamento para liquidação de títulos e valores mobiliários (Lei n. 5.172, de 1966, art. 63, inciso IV, e Lei n. 8.894, de 1994, art. 2.º, inciso II, alíneas *a* e *b*).

§ 1.º Ocorre o fato gerador e torna-se devido o IOF no ato da realização das operações de que trata este artigo.

§ 2.º Aplica-se o disposto neste artigo a qualquer operação, independentemente da qualidade ou da forma jurídica de constituição do beneficiário da operação ou do seu titular, estando abrangidos, entre outros, fundos de investimentos e carteiras de títulos e valores mobiliários, fundos ou programas, ainda que sem personalidade jurídica, e entidades de previdência privada.

>> § 2.º com redação determinada pelo Decreto n. 6.613, de 22-10-2008.

Capítulo II
DOS CONTRIBUINTES E DOS RESPONSÁVEIS

Dos Contribuintes

Art. 26. Contribuintes do IOF são:

I – os adquirentes, no caso de aquisição de títulos ou valores mobiliários, e os titulares de aplicações financeiras, nos casos de resgate, cessão ou repactuação (Decreto-lei n. 1.783, de 1980, art. 2.º e Lei n. 8.894, de 1994, art. 2.º, inciso II, alínea *a*, e art. 3.º, inciso II);

>> Inciso I com redação determinada pelo Decreto n. 7.412, de 30-12-2010.

II – as instituições financeiras e demais instituições autorizadas a funcionar pelo Banco Central do Brasil, na hipótese prevista no inciso IV do art. 28 (Lei n. 8.894, de 1994, art. 3.º, inciso III).

Dos Responsáveis

Art. 27. São responsáveis pela cobrança do IOF e pelo seu recolhimento ao Tesouro Nacional (Decreto-lei n. 1.783, de 1980, art. 3.º, inciso IV, e Medida Provisória n. 2.158-35, de 24-8-2001, art. 28):

I – as instituições autorizadas a operar na compra e venda de títulos e valores mobiliários;

II – as bolsas de valores, de mercadorias, de futuros e assemelhadas, em relação às aplicações financeiras realizadas em seu nome, por conta de terceiros e tendo por objeto recursos destes;

III – a instituição que liquidar a operação perante o beneficiário final, no caso de operação realizada por meio do SELIC ou da Central de Custódia e de Liquidação Financeira de Títulos – CETIP;

IV – o administrador do fundo de investimento;

V – a instituição que intermediar recursos, junto a clientes, para aplicações em fundos de investimentos administrados por outra instituição, na forma prevista em normas baixadas pelo Conselho Monetário Nacional;

VI – a instituição que receber as importâncias referentes à subscrição das cotas do Fundo de Investimento Imobiliário e do Fundo Mútuo de Investimento em Empresas Emergentes.

§ 1.º Na hipótese do inciso II do *caput*, ficam as entidades ali relacionadas obrigadas a apresentar à instituição financeira declaração de que estão operando por conta de terceiros e com recursos destes.

§ 2.º Para efeito do disposto no inciso V do *caput*, a instituição intermediadora dos recursos deverá (Lei n. 9.779, de 1999, art. 16, e Medida Provisória n. 2.158-35, de 2001, art. 28, § 1.º):

I – manter sistema de registro e controle, em meio magnético, que permita a identificação, a qualquer tempo, de cada cliente e dos elementos necessários à apuração do imposto por ele devido;

II – fornecer à instituição administradora do fundo de investimento, individualizados por código de cliente, os valores das aplicações, resgates e imposto cobrado;

III – prestar à Secretaria da Receita Federal do Brasil todas as informações decorrentes da responsabilidade pela cobrança do imposto.

§ 3.º No caso das operações a que se refere o § 1.º do art. 32-A, a responsabilidade tributária será do custodiante das ações cedidas.

>> § 3.º acrescentado pelo Decreto n. 7.412, de 30-12-2010.

§ 4.º No caso de ofertas públicas a que se refere o § 2.º do art. 32-A, a responsabilidade tributária será do coordenador líder da oferta.

>> § 4.º acrescentado pelo Decreto n. 7.412, de 30-12-2010.

Capítulo III

DA BASE DE CÁLCULO E DA ALÍQUOTA

Da Base de Cálculo

Art. 28. A base de cálculo do IOF é o valor (Lei n. 8.894, de 1994, art. 2.º, II):

I – de aquisição, resgate, cessão ou repactuação de títulos e valores mobiliários;

II – da operação de financiamento realizada em bolsas de valores, de mercadorias, de futuros e assemelhadas;

III – de aquisição ou resgate de cotas de fundos de investimento e de clubes de investimento;

IV – do pagamento para a liquidação das operações referidas no inciso I, quando inferior a noventa e cinco por cento do valor inicial da operação.

§ 1.º Na hipótese do inciso IV, o valor do IOF está limitado à diferença positiva entre noventa e cinco por cento do valor inicial da operação e o correspondente valor de resgate ou cessão.

§ 2.º Serão acrescidos ao valor da cessão ou resgate de títulos e valores mobiliários os rendimentos periódicos recebidos, a qualquer título, pelo cedente ou aplicador, durante o período da operação.

§ 3.º O disposto nos incisos I e III abrange quaisquer operações consideradas como de renda fixa.

Das Alíquotas

Art. 29. O IOF será cobrado à alíquota máxima de um vírgula cinco por cento ao dia sobre o valor das operações com títulos ou valores mobiliários (Lei n. 8.894, de 1994, art. 1.º).

Art. 30. Aplica-se a alíquota de que trata o art. 29 nas operações com títulos e valores mobiliários de renda fixa e de renda variável, efetuadas com recursos provenientes de aplicações feitas por investidores estrangeiros em cotas de Fundo de Investimento Imobiliário e de Fundo Mútuo de Investimento em Empresas Emergentes, observados os seguintes limites:

I – quando referido fundo não for constituído ou não entrar em funcionamento regular: dez por cento;

II – no caso de fundo já constituído e em funcionamento regular, até um ano da data do registro das cotas na Comissão de Valores Mobiliários: cinco por cento.

Art. 31. O IOF será cobrado à alíquota de zero vírgula cinco por cento ao dia sobre o valor de resgate de quotas de fundos de investimento, constituídos sob qualquer forma, na hipótese de o investidor resgatar cotas antes de completado o prazo de carência para crédito dos rendimentos.

Parágrafo único. O IOF de que trata este artigo fica limitado à diferença entre o valor da cota, no dia do resgate, multiplicado pelo número de cotas resgatadas, deduzido o valor do imposto de renda, se houver, e o valor pago ou creditado ao cotista.

Art. 32. O IOF será cobrado à alíquota de um por cento ao dia sobre o valor do resgate, cessão ou repactuação, limitado ao rendimento da operação, em função do prazo, conforme tabela constante do Anexo.

§ 1.º O disposto neste artigo aplica-se:

I – às operações realizadas no mercado de renda fixa;

>> Inciso I com redação determinada pelo Decreto n. 7.487, de 23-5-2011.

II – ao resgate de cotas de fundos de investimento e de clubes de investimento, ressalvado o disposto no inciso IV do § 2.º;

III – às operações compromissadas realizadas por instituições financeiras e por demais instituições autorizadas a funcionar pelo Banco Central do Brasil com debêntures de que trata o art. 52 da Lei n. 6.404, de 15 de dezembro de 1976, emitidas por instituições integrantes do mesmo grupo econômico.

>> Inciso III acrescentado pelo Decreto n. 8.731, de 30-4-2016.

§ 2.º Ficam sujeitas à alíquota zero as operações, sem prejuízo do disposto no inciso III do § 1.º:

>> § 2.º, *caput*, com redação determinada pelo Decreto n. 8.731, de 30-4-2016.

I – de titularidade das instituições financeiras e das demais instituições autorizadas a funcionar pelo Banco Central do Brasil, excluída a administradora de consórcio de que trata a Lei n. 11.795, de 8 de outubro de 2008;

>> Inciso I com redação determinada pelo Decreto n. 7.487, de 23-5-2011.

II – das carteiras dos fundos de investimento e dos clubes de investimento;

III – do mercado de renda variável, inclusive as realizadas em bolsas de valores, de mercadorias, de futuros e entidades assemelhadas;

IV – de resgate de cotas dos fundos e clubes de investimento em ações, assim considerados pela legislação do imposto de renda.

V – com Certificado de Direitos Creditórios do Agronegócio – CDCA, com Letra de Crédito do Agronegócio – LCA, e com Certificado de Recebíveis do Agronegócio – CRA, criados pelo art. 23 da Lei n. 11.076, de 30 de dezembro de 2004; e

>> Inciso V acrescentado pelo Decreto n. 7.487, de 23-5-2011.

VI – com debêntures de que trata o art. 52 da Lei n. 6.404, de 15 de dezembro de 1976, com Certificados de Recebíveis Imobiliários de que trata o art. 6.º da Lei n. 9.514, de 20 de novembro de 1997, e com Letras Financeiras de que trata o art. 37 da Lei n. 12.249, de 11 de junho de 2010;

>> Inciso VI acrescentado pelo Decreto n. 7.487, de 23-5-2011.

VII – de negociação de cotas de Fundos de Índice de Renda Fixa em bolsas de valores ou mercado de balcão organizado.

>> Inciso VII acrescentado pelo Decreto n. 8.325, de 7-10-2014.

§ 3.º O disposto no inciso III do § 2.º não se aplica às operações conjugadas de que trata o art. 65, § 4.º, alínea *a*, da Lei n. 8.981, de 1995.

§ 4.º O disposto neste artigo não modifica a incidência do IOF:

I – nas operações de que trata o art. 30;

II – no resgate de quotas de fundos de investimento, na forma prevista no art. 31;

§ 5.º A incidência de que trata o inciso II do § 4.º exclui a cobrança do IOF prevista neste artigo.

Art. 32-A. O IOF será cobrado à alíquota de um inteiro e cinco décimos por cento na cessão de ações que sejam admitidas à negociação em bolsa de valores localizada no Brasil, com o fim específico de lastrear a emissão de *depositary receipts* negociados no exterior.

>> *Caput* acrescentado pelo Decreto n. 7.011, de 18-11-2009.

§ 1.º Para os efeitos do disposto no *caput*, exceto no caso de ofertas públicas, o valor da operação a ser considerado para fins de apuração da base de cálculo deverá ser obtido multiplicando-se o número de ações cedidas pela sua cotação de fechamento na data anterior à operação ou, no caso de não ter havido negociação nessa data, pela última cotação de fechamento disponível.

>> § 1.º acrescentado pelo Decreto n. 7.412, de 30-12-2010.

§ 2.º No caso de ofertas públicas, a cotação a ser considerada para fins de apuração da base de cálculo do IOF de que trata este artigo será o preço fixado com base no resultado do processo de coleta de intenções de investimento ("Procedimento de *Bookbuilding*") ou, se for o caso, o preço determinado pelo ofertante e definido nos documentos da oferta pública.

>> § 2.º acrescentado pelo Decreto n. 7.412, de 30-12-2010.

Art. 32-B. (*Revogado pelo Decreto n. 7.563, de 15-9-2011.*)

Art. 32-C. O IOF será cobrado à alíquota de um por cento, sobre o valor nocional ajustado, na aquisição, venda ou vencimento de contrato de derivativo financeiro celebrado no País que, individualmente, resulte em aumento da exposição cambial vendida ou redução da exposição cambial comprada.

>> *Caput* acrescentado pelo Decreto n. 7.563, de 15-9-2011.

§ 1.º Poderão ser deduzidos da base de cálculo apurada diariamente:

>> § 1.º, *caput*, acrescentado pelo Decreto n. 7.563, de 15-9-2011.

I – o somatório do valor nocional ajustado na aquisição, venda ou vencimento de contratos de derivativos financeiros celebrados no País, no dia, e que, individualmente, resultem em aumento da exposição cambial comprada ou redução da exposição cambial vendida;

>> Inciso I acrescentado pelo Decreto n. 7.563, de 15-9-2011.

II – a exposição cambial líquida comprada ajustada apurada no dia útil anterior;

>> Inciso II acrescentado pelo Decreto n. 7.563, de 15-9-2011.

III – a redução da exposição cambial líquida vendida e o aumento da exposição cambial líquida comprada em relação ao dia útil anterior, não resultantes de aquisições, vendas ou vencimentos de contratos de derivativos financeiros.

>> Inciso III acrescentado pelo Decreto n. 7.563, de 15-9-2011.

§ 2.º A base de cálculo será apurada em dólares dos Estados Unidos da América e convertida em moeda nacional para fins de incidência do imposto, conforme taxa de câmbio de fechamento do dia de apuração da base de cálculo divulgada pelo Banco Central do Brasil – PTAX.

>> § 2.º acrescentado pelo Decreto n. 7.563, de 15-9-2011.

§ 3.º No caso de contratos de derivativos financeiros que tenham por objeto a taxa de câmbio de outra moeda estrangeira que não o dólar dos Estados Unidos da América em relação à moeda nacional ou taxa de juros associada a outra moeda estrangeira que não o dólar dos Estados Unidos da América em relação à moeda nacional, o valor nocional ajustado e as exposições cambiais serão apurados na própria moeda estrangeira e convertidos em dólares dos Estados Unidos da América para apuração da base de cálculo.

>> § 3.º acrescentado pelo Decreto n. 7.563, de 15-9-2011.

§ 4.º Para os fins do disposto neste artigo, entende-se por:

>> § 4.º, *caput*, acrescentado pelo Decreto n. 7.563, de 15-9-2011.

I – valor nocional ajustado – o valor de referência do contrato – valor nocional – multiplicado pela variação do preço do derivativo em relação à variação do preço da moeda estrangeira, sendo que, no caso de aquisição, venda ou vencimento parcial, o valor nocional ajustado será apurado proporcionalmente;

>> Inciso I acrescentado pelo Decreto n. 7.563, de 15-9-2011.

II – exposição cambial vendida – o somatório do valor nocional ajustado dos contratos de derivativos financeiros do titular que resultem em ganhos quando houver apreciação da moeda nacional relativamente à moeda estrangeira, ou perdas quando houver depreciação da moeda nacional relativamente à moeda estrangeira;

>> Inciso II acrescentado pelo Decreto n. 7.563, de 15-9-2011.

III – exposição cambial comprada – o somatório do valor nocional ajustado dos contratos de derivativos financeiros do titular que resultem em perdas quando houver apreciação da moeda nacional relativamente à moeda estrangeira, ou ganhos quando houver depreciação da moeda nacional relativamente à moeda estrangeira;

>> Inciso III acrescentado pelo Decreto n. 7.563, de 15-9-2011.

IV – exposição cambial líquida vendida – o valor máximo entre zero e o resultado da diferença entre a exposição cambial vendida e a exposição cambial comprada;

>> Inciso IV acrescentado pelo Decreto n. 7.563, de 15-9-2011.

V – exposição cambial líquida comprada – o valor máximo entre zero e o resultado da diferença entre a exposição cambial comprada e a exposição cambial vendida;

>> Inciso V acrescentado pelo Decreto n. 7.563, de 15-9-2011.

VI – exposição cambial líquida comprada ajustada – o valor máximo entre zero e o resultado da diferença entre a exposição cambial comprada, acrescida de US$ 10.000.000,00 (dez milhões de dólares dos Estados Unidos da América), e a exposição cambial vendida;

>> Inciso VI acrescentado pelo Decreto n. 7.563, de 15-9-2011.

VII – contrato de derivativo financeiro – contrato que tem como objeto taxa de câmbio de moeda estrangeira em relação à moeda nacional ou taxa de juros associada a moeda estrangeira em relação à moeda nacional; e

>> Inciso VII acrescentado pelo Decreto n. 7.563, de 15-9-2011.

VIII – data de aquisição, venda ou vencimento – data em que a exposição cambial do contrato de derivativo financeiro é iniciada ou encerrada, total ou parcialmente, pela determinação de parâmetros utilizados no cálculo do valor de liquidação do respectivo contrato.

>> Inciso VIII acrescentado pelo Decreto n. 7.563, de 15-9-2011.

§ 5.º A alíquota fica reduzida a zero:

>> § 5.º, *caput*, com redação determinada pelo Decreto n. 7.699, de 15-3-2012.

I – nas operações com contratos de derivativos para cobertura de riscos, inerentes à oscilação de preço da moeda estrangeira, decorrentes de contratos de exportação firmados por pessoa física ou jurídica residente ou domiciliada no País; e

>> Inciso I acrescentado pelo Decreto n. 7.699, de 15-3-2012.

II – nas demais operações com contratos de derivativos financeiros não incluídos no *caput*.

>> Inciso II acrescentado pelo Decreto n. 7.699, de 15-3-2012.

§ 6.º O contribuinte do tributo é o titular do contrato de derivativos financeiros.

>> § 6.º acrescentado pelo Decreto n. 7.563, de 15-9-2011.

§ 7.º São responsáveis pela apuração e recolhimento do tributo as entidades ou instituições autorizadas a registrar os contratos de derivativos financeiros.

>> § 7.º acrescentado pelo Decreto n. 7.563, de 15-9-2011.

§ 8.º Na impossibilidade de apuração do IOF pelos responsáveis tributários, tais entidades ou instituições deverão, até o décimo dia útil do mês subsequente ao de ocorrência do fato gerador, por meio dos intermediários e participantes habilitados, as informações necessárias para a apuração da base de cálculo das operações com contratos de derivativos financeiros registrados em seus sistemas, e para o recolhimento do tributo:

>> § 8.º, *caput*, acrescentado pelo Decreto n. 7.563, de 15-9-2011.

I – ao contribuinte residente ou domiciliado no País;

>> Inciso I acrescentado pelo Decreto n. 7.563, de 15-9-2011.

II – ao representante legal do contribuinte residente ou domiciliado no exterior; e

>> Inciso II acrescentado pelo Decreto n. 7.563, de 15-9-2011.

III – ao administrador de fundos e clubes de investimentos, para o qual as informações de que trata o § 8.º poderão ser disponibilizadas diariamente.

>> Inciso III acrescentado pelo Decreto n. 7.563, de 15-9-2011.

§ 9.º Caracteriza-se impossibilidade de apuração ou de cobrança, respectivamente, quando as entidades ou instituições de que trata o § 7.º não possuírem todas as informações necessárias para apuração da base de cálculo, inclusive informações de outras entidades autorizadas a registrar contratos de derivativos financeiros, ou não possuírem acesso aos recursos financeiros do contribuinte necessários ao recolhimento do imposto.

>> § 9.º acrescentado pelo Decreto n. 7.563, de 15-9-2011.

§ 10. As informações a que se refere o § 8.º poderão ser disponibilizadas em formato eletrônico.

>> § 10 com redação determinada pelo Decreto n. 7.683, de 29-2-2012.

§ 11. Para fazer jus à alíquota reduzida de que trata o inciso I do § 5.º, o valor total da exposição cambial vendida diária referente às operações com contratos de derivativos não poderá ser superior a 1,2 (um inteiro e dois décimos) vezes o valor total das operações com exportação realizadas no ano anterior pela pessoa física ou jurídica titular dos contratos de derivativos.

>> § 11 acrescentado pelo Decreto n. 7.699, de 15-3-2012.

§ 12. Observado o limite de que trata o § 11, o disposto no inciso I do § 5.º estará sujeito à comprovação de operações de exportação cujos valores justifiquem a respectiva exposição cambial vendida, realizadas no período de até doze meses subsequentes à data de ocorrência do fato gerador do IOF.

>> § 12 acrescentado pelo Decreto n. 7.699, de 15-3-2012.

§ 13. Quando houver falta de comprovação ou descumprimento de condição de que tratam os §§ 11 e 12, o IOF será devido a partir da data de ocorrência do fato gerador e calculado à alíquota correspondente à operação, conforme previsto no *caput*, acrescido de juros e multa de mora.

>> § 13 acrescentado pelo Decreto n. 7.699, de 15-3-2012.

§ 14. Quando, em razão de determinação prévia do Banco Central do Brasil, a taxa de câmbio válida para um determinado dia for definida como a mesma taxa de câmbio do dia útil imediatamente anterior, será considerada como data de aquisição, venda ou vencimento, definida no inciso VIII do § 4.º, para as exposições com aquisição, venda ou vencimento nessa data, o dia útil imediatamente anterior, ficando o próprio contribuinte responsável pela consolidação das exposições destes dias.

>> § 14 acrescentado pelo Decreto n. 7.878, de 27-12-2012.

§ 15. A partir de 13 de junho de 2013, a alíquota prevista no *caput* fica reduzida a zero.

>> § 15 acrescentado pelo Decreto n. 8.027, de 12-6-2013.

Art. 33. A alíquota fica reduzida a zero nas demais operações com títulos ou valores mobiliários, inclusive no resgate de cotas do Fundo de Aposentadoria Programada Individual – FAPI, instituído pela Lei n. 9.477, de 24 de julho de 1997.

>> Artigo com redação determinada pelo Decreto n. 7.487, de 23-5-2011.

CAPÍTULO IV
DA ISENÇÃO

Art. 34. São isentas do IOF as operações com títulos ou valores mobiliários:

I – em que o adquirente seja a entidade binacional Itaipu (art. XII do Tratado promulgado pelo Decreto n. 72.707, de 1973);

II – efetuadas com recursos e em benefício dos Fundos Constitucionais de Financiamento do Norte (FNO) do Nordeste (FNE) e do Centro-Oeste (FCO) (Lei n. 7.827, de 1989, art. 8.º);

III – de negociações com Cédula de Produto Rural realizadas nos mercados de bolsas e de balcão (Lei n. 8.929, de 22-8-1994, art. 19, § 2.º);

IV – em que os adquirentes sejam missões diplomáticas e repartições consulares de carreira (Convenção de Viena sobre Relações Consulares promulgada pelo Decreto n. 61.078, de 1967, art. 32, e Decreto n. 95.711, de 1988, art. 1.º);

V – em que o adquirente seja funcionário estrangeiro de missão diplomática ou representação consular (Convenção de Viena sobre Relações Diplomáticas promulgada pelo Decreto n. 56.435, de 1965, art. 34);

VI – de negociações com Certificado de Depósito Agropecuário – CDA e com *Warrant* Agropecuário – WA (Lei n. 11.076, de 2004, arts. 1.º e 18).

§ 1.º O disposto nos incisos IV e V não se aplica aos consulados e cônsules honorários (Convenção de Viena sobre Relações Consulares promulgada pelo Decreto n. 61.078, de 1967, art. 58).

§ 2.º O disposto no inciso V não se aplica aos funcionários estrangeiros que tenham residência permanente no Brasil (Convenção de Viena sobre Relações Diplomáticas promulgada pelo Decreto n. 56.435, de 1965, art. 37, e Convenção de Viena sobre Relações Consulares promulgada pelo Decreto n. 61.078, de 1967, art. 71).

§ 3.º Os membros das famílias dos funcionários mencionados no inciso V, desde que com eles mantenham relação de dependência econômica e não tenham residência permanente no Brasil, gozarão do tratamento estabelecido neste artigo (Convenção de Viena sobre Relações Diplomáticas promulgada pelo Decreto n. 56.435, de 1965, art. 37, e Convenção de Viena sobre Relações Consulares promulgada pelo Decreto n. 61.078, de 1967, art. 71).

§ 4.º O tratamento estabelecido neste artigo aplica-se, ainda, aos organismos internacionais e regionais de caráter permanente de que o Brasil seja membro e aos funcionários estrangeiros de tais organismos, nos termos dos acordos firmados (Lei n. 5.172, de 1966, art. 98).

CAPÍTULO V
DA COBRANÇA E DO RECOLHIMENTO

Art. 35. O IOF será cobrado na data da liquidação financeira da operação.

§ 1.º No caso de repactuação, o IOF será cobrado na data da ocorrência do fato gerador.

§ 2.º No caso da cessão de que trata o art. 32-A, o IOF será cobrado na data da ocorrência do fato gerador, exceto na hipótese do § 2.º do mesmo artigo, quando a cobrança será efetuada na data da liquidação financeira da oferta pública.

>> § 2.º com redação determinada pelo Decreto n. 7.412, de 30-12-2010.

§ 3.º O IOF deve ser recolhido ao Tesouro Nacional até o terceiro dia útil subsequente ao decêndio da cobrança ou do registro contábil do imposto.

>> § 3.º acrescentado pelo Decreto n. 7.412, de 30-12-2010.

TÍTULO VI
DA INCIDÊNCIA SOBRE OPERAÇÕES COM OURO, ATIVO FINANCEIRO, OU INSTRUMENTO CAMBIAL

CAPÍTULO I
DO FATO GERADOR

Art. 36. O ouro, ativo financeiro, ou instrumento cambial sujeita-se, exclusivamente, à incidência do IOF (Lei n. 7.766, de 1989, art. 4.º).

§ 1.º Entende-se por ouro, ativo financeiro, ou instrumento cambial, desde sua extração, inclusive, o ouro que, em qualquer estado de pureza, em bruto ou refinado, for destinado ao mercado financeiro ou à execução da política cambial do País, em operação realizada com a interveniência de instituição integrante do Sistema Financeiro Nacional, na forma e condições autorizadas pelo Banco Central do Brasil.

§ 2.º Enquadra-se na definição do § 1.º deste artigo o ouro:

I – envolvido em operações de tratamento, refino, transporte, depósito ou custódia, desde que formalizado compromisso de destiná-lo ao Banco Central do Brasil ou à instituição por ele autorizada;

II – adquirido na região de garimpo, onde o ouro é extraído, desde que, na saída do Município, tenha o mesmo destino a que se refere o inciso I;

III – importado, com interveniência das instituições mencionadas no inciso I.

§ 3.º O fato gerador do IOF é a primeira aquisição do ouro, ativo financeiro, ou instrumento cambial, efetuada por instituição autorizada integrante do Sistema Financeiro Nacional (Lei n. 7.766, de 1989, art. 8.º).

§ 4.º Ocorre o fato gerador e torna-se devido o IOF:

I – na data da aquisição;

II – no desembaraço aduaneiro, quando se tratar de ouro físico oriundo do exterior.

Capítulo II
DOS CONTRIBUINTES

Art. 37. Contribuintes do IOF são as instituições autorizadas pelo Banco Central do Brasil que efetuarem a primeira aquisição do ouro, ativo financeiro, ou instrumento cambial (Lei n. 7.766, de 1989, art. 10).

Capítulo III
DA BASE DE CÁLCULO E DA ALÍQUOTA

Da Base de Cálculo

Art. 38. A base de cálculo do IOF é o preço de aquisição do ouro, desde que dentro dos limites de variação da cotação vigente no mercado doméstico, no dia da operação (Lei n. 7.766, de 1989, art. 9.º).

Parágrafo único. Tratando-se de ouro físico, oriundo do exterior, o preço de aquisição, em moeda nacional, será determinado com base no valor de mercado doméstico na data do desembaraço aduaneiro.

Da Alíquota

Art. 39. A alíquota do IOF é de um por cento sobre o preço de aquisição (Lei n. 7.766, de 1989, art. 4.º, parágrafo único).

Capítulo IV
DA COBRANÇA E DO RECOLHIMENTO

Art. 40. O IOF será cobrado na data da primeira aquisição do ouro, ativo financeiro, efetuada por instituição financeira, integrante do Sistema Financeiro Nacional (Lei n. 7.766, de 1989, art. 8.º).

§ 1.º O IOF deve ser recolhido ao Tesouro Nacional até o terceiro dia útil subsequente ao decêndio de ocorrência dos fatos geradores (Lei n. 11.196, de 2005, art. 70, inciso II, alínea *a*).

§ 2.º O recolhimento do IOF deve ser efetuado no Município produtor ou no Município em que estiver localizado o estabelecimento-matriz do contribuinte, devendo ser indicado, no documento de arrecadação, o Estado ou o Distrito Federal e o Município, conforme a origem do ouro (Lei n. 7.766, de 1989, art. 12).

§ 3.º Tratando-se de ouro oriundo do exterior, considera-se Município e Estado de origem o de ingresso do ouro no País (Lei n. 7.766, de 1989, art. 6.º).

§ 4.º A pessoa jurídica adquirente fará constar da nota de aquisição o Estado ou o Distrito Federal e o Município de origem do ouro (Lei n. 7.766, de 1989, art. 7.º).

Título VII
DAS DISPOSIÇÕES GERAIS E FINAIS

Capítulo I
DAS OBRIGAÇÕES ACESSÓRIAS

Manutenção de Informações

Art. 41. As pessoas jurídicas que efetuarem operações sujeitas à incidência do IOF devem manter à disposição da fiscalização, pelo prazo prescricional, as seguintes informações:

I – relação diária das operações tributadas, com elementos identificadores da operação (beneficiário, espécie, valor e prazo) e o somatório diário do tributo;

II – relação diária das operações isentas ou tributadas à alíquota zero, com elementos identificadores da operação (beneficiário, espécie, valor e prazo);

III – relação mensal dos empréstimos em conta, inclusive excessos de limite, de prazo de até trezentos e sessenta e quatro dias, tributados com base no somatório dos saldos devedores diários, apurado no último dia de cada mês, contendo nome do beneficiário, somatório e valor do IOF cobrado;

IV – relação mensal dos adiantamentos a depositantes, contendo nome do devedor, valor e data de cada parcela tributada e valor do IOF cobrado;

V – relação mensal dos excessos de limite, relativos aos contratos com prazo igual ou superior a trezentos e sessenta e cinco dias ou com prazo indeterminado, contendo nome do mutuário, limite, valor dos excessos tributados e datas das ocorrências.

Parágrafo único. Além das exigências previstas nos incisos I e II, as seguradoras deverão manter arquivadas as informações que instruírem a cobrança bancária.

Art. 42. Serão efetuados de forma centralizada pelo estabelecimento-matriz da pessoa jurídica os recolhimentos do imposto, ressalvado o disposto nos §§ 2.º e 3.º do art. 40.

Parágrafo único. O estabelecimento-matriz deverá manter registros que segreguem as operações de cada estabelecimento cobrador e que permitam demonstrar, com clareza, cada recolhimento efetuado.

Registro Contábil do Imposto

Art. 43. Nas pessoas jurídicas responsáveis pela cobrança e pelo recolhimento, o IOF cobrado é creditado em título contábil próprio e subtítulos adequados à natureza de cada incidência do imposto.

Art. 44. A conta que registra a cobrança do IOF é debitada somente:

I – no estabelecimento cobrador, pela transferência para o estabelecimento centralizador do recolhimento do imposto;

II – no estabelecimento centralizador do imposto, pelo recolhimento ao Tesouro Nacional do valor arrecadado, observados os prazos regulamentares;

III – por estorno, até a data do recolhimento ao Tesouro Nacional, de registro de qualquer natureza feito indevidamente no período, ficando a documentação comprobatória arquivada no estabelecimento que o processar, à disposição da fiscalização.

Obrigações do Responsável

Art. 45. Para efeito de reconhecimento da aplicabilidade de isenção ou alíquota reduzida, cabe ao responsável pela cobrança e recolhimento do IOF exigir:

>> *Caput* com redação determinada pelo Decreto n. 7.487, de 23-5-2011.

I – no caso de cooperativa, declaração, em duas vias, por ela firmada de que atende aos requisitos da legislação cooperativista (Lei n. 5.764, de 16-12-1971);

II – no caso de empresas optantes pelo Simples Nacional, o mutuário da operação de crédito deverá apresentar à pessoa jurídica mutuante declaração, em duas vias, de que se enquadra como pessoa jurídica sujeita ao regime tributário de que trata a Lei Complementar n. 123, de 2006, e que o signatário é seu representante legal e está ciente de que a falsidade na prestação desta informação o sujeitará, juntamente com as demais pessoas que para ela concorrem, às penalidades previstas na legislação criminal e tributária, relativas à falsidade ideológica (art. 299 do Código Penal) e ao crime contra a ordem tributária (Lei n. 8.137, de 27-12-1990, art. 1.º);

III – nos demais casos, a documentação exigida pela legislação específica.

Parágrafo único. Nas hipóteses dos incisos I e II, o responsável pela cobrança do IOF arquivará a 1.ª via da declaração, em ordem alfabética, que ficará à disposição da Secretaria da Receita Federal do Brasil, devendo a 2.ª via ser devolvida como recibo.

Ouro – Documentário Fiscal

Art. 46. As operações com ouro, ativo financeiro, ou instrumento cambial, e a sua destinação, devem ser comprovadas mediante documentário fiscal instituído pela Secretaria da Receita Federal do Brasil (Lei n. 7.766, de 1989, art. 3.º).

Parágrafo único. O transporte do ouro, ativo financeiro, para qualquer parte do território nacional, será acobertado exclusivamente por nota fiscal integrante da documentação mencionada (Lei n. 7.766, de 1989, art. 3.º, § 1.º).

Capítulo II
DAS PENALIDADES E ACRÉSCIMOS MORATÓRIOS

Do Pagamento ou Recolhimento Fora dos Prazos

Art. 47. O IOF não pago ou não recolhido no prazo previsto neste Decreto será acrescido de (Lei n. 9.430, de 27-12-1996, art. 5.º, § 3.º, e art. 61):

I – juros de mora equivalentes à taxa referencial SELIC, para títulos federais, acumulada mensalmente, calculados a partir do primeiro dia do mês subsequente ao do vencimento da obrigação até o último dia do mês anterior ao do pagamento e de um por cento no mês do pagamento;

II – multa de mora, calculada à taxa de 0,33%, por dia de atraso, limitada a vinte por cento.

Parágrafo único. A multa de que trata o inciso II será calculada a partir do primeiro dia subsequente ao do vencimento do prazo previsto para o pagamento ou recolhimento do IOF.

Aplicação de Acréscimos de Procedimento Espontâneo

Art. 48. A pessoa física ou jurídica submetida a ação fiscal por parte da Secretaria da Receita Federal do Brasil poderá pagar, até o vigésimo dia subsequente à data de recebimento do termo de início de fiscalização, o IOF já declarado, de que for sujeito passivo como contribuinte ou responsável, com os acréscimos legais aplicáveis nos casos de procedimento espontâneo (Lei n. 9.430, de 1996, art. 47, e Lei n. 9.532, de 1997, art. 70, inciso II).

Do Lançamento de Ofício

Art. 49. Nos casos de lançamento de ofício, será aplicada multa de setenta e cinco por cento sobre a totalidade ou diferença do imposto, nos casos de falta de pagamento ou recolhimento, de falta de declaração e nos de declaração inexata (Lei n. 9.430, de 1996, art. 44, inciso I).

Parágrafo único. O percentual de multa de que trata o *caput* será duplicado nos casos previstos nos arts. 71, 72 e 73 da Lei n. 4.502, de 30 de novembro de 1964, independentemente de outras penalidades administrativas ou criminais cabíveis (Lei n. 9.430, de 1996, art. 44, § 1.º).

Agravamento de Penalidade

Art. 50. Os percentuais de multa a que se referem o *caput* e parágrafo único do art. 49 serão aumentados de metade, nos casos de não atendimento pelo sujeito passivo, no prazo marcado, de intimação para (Lei n. 9.430, de 1996, art. 44, § 2.º):

I – prestar esclarecimentos;

II – apresentar os arquivos ou sistemas de que tratam os arts. 11 e 12 da Lei n. 8.218, de 29 de agosto de 1991, alterados pelo art. 72 da Medida Provisória n. 2.158-35, de 2001;

III – apresentar a documentação técnica de que trata o art. 38 da Lei n. 9.430, de 1996.

Débitos com Exigibilidade Suspensa por Medida Judicial

Art. 51. Não caberá lançamento de multa de ofício na constituição do crédito tributário destinada a prevenir a decadência, cuja exigibilidade houver sido suspensa na forma dos incisos IV e V do art. 151 da Lei n. 5.172, de 1966 (Lei n. 9.430, de 1996, art. 63, e Medida Provisória n. 2.158-35, de 2001, art. 70).

§ 1.º O disposto neste artigo aplica-se, exclusivamente, aos casos em que a suspensão da exigibilidade do débito tenha ocorrido antes do início de qualquer procedimento de ofício a ele relativo (Lei n. 9.430, de 1996, art. 63, § 1.º).

§ 2.º A interposição da ação judicial favorecida com a medida liminar interrompe a incidência da multa de mora, desde a concessão da medida judicial, até trinta dias após a data da publicação da decisão judicial que considerar devido o imposto (Lei n. 9.430, de 1996, art. 63, § 2.º).

§ 3.º No caso de depósito judicial do valor integral do débito, efetuado tempestivamente, fica afastada também a incidência de juros de mora.

Redução de Penalidade

Art. 52. Será concedida redução de cinquenta por cento da multa de lançamento de ofício ao contribuinte que, notificado, efetuar o pagamento do débito no prazo legal de impugnação (Lei n. 8.218, de 1991, art. 6.º, e Lei n. 9.430, de 1996, art. 44, § 3.º).

§ 1.º Se houver impugnação tempestiva, a redução será de trinta por cento se o pagamento do débito for efetuado dentro de trinta dias da ciência da decisão de primeira instância (Lei n. 8.218, de 1991, art. 6.º, parágrafo único).

§ 2.º Será concedida redução de quarenta por cento da multa de lançamento de ofício ao contribuinte que, notificado, requerer o parcelamento do débito no prazo legal de impugnação, observado que (Lei n. 8.383, de 1991, art. 60):

I – havendo impugnação tempestiva, a redução será de vinte por cento se o parcelamento for requerido dentro de trinta dias da ciência da decisão da primeira instância (Lei n. 8.383, de 1991, art. 60, § 1.º);

II – a rescisão do parcelamento, motivada pelo descumprimento das normas que o regulam, implicará restabelecimento do montante da multa proporcionalmente ao valor da receita não satisfeito (Lei n. 8.383, de 1991, art. 60, § 2.º).

Infrações às Normas Relativas à Prestação de Informações

Art. 53. O descumprimento das obrigações acessórias exigidas nos termos do art. 16 da Lei n. 9.779, de 1999, acarretará a aplicação das seguintes penalidades (Medida Provisória n. 2.158-35, de 2001, art. 57):

I – R$ 5.000,00 (cinco mil reais) por mês-calendário, relativamente às pessoas jurídicas que deixarem de fornecer, nos prazos estabelecidos, as informações ou esclarecimentos solicitados;

II – cinco por cento, não inferior a R$ 100,00 (cem reais), do valor das transações comerciais ou das operações financeiras, próprias da pessoa jurídica ou de terceiros em relação aos quais seja responsável tributário, no caso de informação omitida, inexata ou incompleta.

Casos Especiais de Infração

Art. 54. Sem prejuízo da pena criminal cabível, são aplicáveis ao contribuinte ou ao responsável pela cobrança e pelo recolhimento do IOF as seguintes multas (Lei n. 5.143, de 1966, art. 6.º, Decreto-lei n. 2.391, de 18-12-1987, Lei n. 7.730, de 31-1-1989, art. 27, Lei n. 7.799, de 10-9-1989, art. 66, Lei n. 8.178, de 1.º-3-1991, art. 21, Lei n. 8.218, de 1991, arts. 4.º a 6.º e 10, Lei n. 8.383, de 1991, arts. 3.º e 60, Lei n. 9.249, de 1995, art. 30):

I – R$ 2.867,30 (dois mil oitocentos e sessenta e sete reais e trinta centavos) pela falsificação ou adulteração de guia, livro ou outro papel necessário ao registro ou recolhimento do IOF ou pela coautoria na prática de qualquer dessas faltas;

II – R$ 2.007,11 (dois mil e sete reais e onze centavos) pelo embaraço ou impedimento da ação fiscalizadora, ou pela recusa da exibição de livros, guias ou outro papel necessário ao registro ou recolhimento do IOF, quando solicitados pela fiscalização.

Bolsas de Valores, de Mercadorias, de Futuros e Assemelhadas

Art. 55. A inobservância do prazo a que se refere o § 3.º do art. 59 sujeitará as bolsas de valores, de mercadorias, de futuros e assemelhadas à multa de R$ 828,70 (oitocentos e vinte e oito reais e setenta centavos) por dia útil de atraso (Lei n. 8.021, de 12-4-1990, art. 7.º, § 1.º, Lei n. 8.178, de 1991, art. 21, Lei n. 8.218, de 1991, art. 10, Lei n. 8.383, de 1991, art. 3.º, e Lei n. 9.249, de 1995, art. 30).

Ouro – Apreensão

Art. 56. O ouro, ativo financeiro, ou instrumento cambial acompanhado por documentação fiscal irregular será objeto de apreensão pela Secretaria da Receita Federal do Brasil (Lei n. 7.766, de 1989, art. 3.º, § 2.º).

§ 1.º Feita a apreensão do ouro, será intimado imediatamente o seu proprietário, possuidor ou detentor a apresentar, no prazo de vinte e quatro horas, os documentos comprobatórios da regularidade da operação.

§ 2.º Decorrido o prazo da intimação sem que sejam apresentados os documentos exigidos ou, se apresentados, não satisfizerem os requisitos legais, será lavrado auto de infração.

Art. 57. O ouro, ativo financeiro, ou instrumento cambial apreendido poderá ser restituído, antes do julgamento definitivo do processo, a requerimento da parte, depois de sanadas as irregularidades que motivaram a apreensão.

Parágrafo único. Na hipótese de falta de identificação do contribuinte, o ouro apreendido poderá ser restituído, a requerimento do responsável em cujo poder for encontrado, mediante depósito do valor do IOF e da multa aplicável no seu grau máximo ou de prestação de fiança idônea.

Art. 58. Depois do trânsito em julgado da decisão administrativa, o ouro, ativo financeiro, ou instrumento cambial que não for retirado dentro de trinta dias, contados da data da ciência da intimação do último despacho, ficará sob a guarda do Banco Central do Brasil em nome da União e, transcorrido o quinquênio prescricional, será incorporado ao patrimônio do Tesouro Nacional.

Capítulo III
DA FISCALIZAÇÃO DO IOF

Art. 59. Compete à Secretaria da Receita Federal do Brasil a administração do IOF, incluídas as atividades de arrecadação, tributação e fiscalização (Decreto-lei n. 2.471, de 1988, art. 3.º).

§ 1.º No exercício de suas atribuições, a Secretaria da Receita Federal do Brasil, por intermédio de seus agentes fiscais, poderá proceder ao exame de documentos, livros e registros dos contribuintes do IOF e dos responsáveis pela sua cobrança e recolhimento, independentemente de instauração de processo (Decreto-lei n. 2.471, de 1988, art. 3.º, § 1.º).

§ 2.º A autoridade fiscal do Ministério da Fazenda poderá proceder a exames de documentos, livros e registros das bolsas de valores, de mercadorias, de futuros e assemelhadas, bem como solicitar a prestação de esclarecimentos e informações a respeito de operações por elas praticadas, inclusive em relação a terceiros (Lei n. 8.021, de 1990, art. 7.º).

§ 3.º As informações a que se refere o § 2.º deverão ser prestadas no prazo máximo de dez dias úteis contados da data da solicitação (Lei n. 8.021, de 1990, art. 7.º, § 1.º).

§ 4.º As informações obtidas com base neste artigo somente poderão ser utilizadas para efeito de verificação do cumprimento de obrigações tributárias (Lei n. 8.021, de 1990, art. 7.º, § 2.º).

§ 5.º As informações, fornecidas de acordo com as normas regulamentares expedidas pelo Ministério da Fazenda, deverão ser prestadas no prazo máximo de dez dias úteis contados da data da ciência da solicitação, aplicando-se, no caso de descumprimento desse prazo, a penalidade prevista no art. 55 deste Decreto.

Art. 60. No processo administrativo fiscal, compreendendo os procedimentos destinados à determinação e exigência do IOF, à imposição de penalidades, repetição de indébito, à solução de consultas, e no procedimento de compensação do imposto, observar-se-á a legislação prevista para os tributos federais e normas baixadas pela Secretaria da Receita Federal do Brasil.

Capítulo IV
DA COMPENSAÇÃO E DA RESTITUIÇÃO

Art. 61. Nos casos de pagamento indevido ou a maior do imposto, mesmo quando resultante de reforma, anulação, revogação ou rescisão de decisão condenatória, o contribuinte ou o responsável tributário, quando este assumir o ônus do imposto ou estiver expressamente autorizado, poderá requerer a restituição desse valor, observadas as instruções expedidas pela Secretaria da Receita Federal do Brasil (Lei n. 5.172, de 1966, art. 165).

Art. 62. O sujeito passivo que apurar crédito de IOF, inclusive os judiciais com trânsito em julgado, passível de restituição, poderá utilizá-lo na compensação de débitos próprios relativos a quaisquer tributos e contribuições administrados pela Secretaria da Receita Federal do Brasil (Lei n. 9.430, de 1996, art. 74, Lei n. 10.637, de 30-12-2002, art. 49, Lei n. 10.833, de 29-12-2003, art. 17, e Lei n. 11.051, de 29-12-2004, art. 4.º).

§ 1.º A compensação de que trata este artigo será efetuada mediante a entrega, pelo sujeito passivo, de declaração na qual constarão informações relativas aos créditos utilizados e aos respectivos débitos compensados.

§ 2.º A compensação declarada à Secretaria da Receita Federal do Brasil extingue o crédito tributário, sob condição resolutória de sua ulterior homologação.

§ 3.º O prazo para homologação da compensação declarada pelo sujeito passivo será de cinco anos, contado da data da entrega da declaração de compensação.

§ 4.º A declaração de compensação constitui confissão de dívida e instrumento hábil e suficiente para a exigência dos débitos indevidamente compensados.

§ 5.º Não homologada a compensação, a autoridade administrativa deverá cientificar o sujeito passivo e intimá-lo a efetuar, no prazo de trinta dias, contado da ciência do ato que não a homologou, o pagamento dos débitos indevidamente compensados.

§ 6.º Não efetuado o pagamento no prazo previsto no § 5.º, o débito será encaminhado à Procuradoria-Geral da Fazenda Nacional para inscrição em Dívida Ativa da União, ressalvado o disposto no § 7.º.

§ 7.º É facultado ao sujeito passivo, no prazo referido no § 5.º, apresentar manifestação de inconformidade contra a não homologação da compensação.

§ 8.º Da decisão que julgar improcedente a manifestação de inconformidade caberá recurso ao Conselho de Contribuintes.

§ 9.º A manifestação de inconformidade e o recurso de que tratam os §§ 7.º e 8.º obedecerão ao rito processual do Decreto n. 70.235, de 6 de março de 1972, e enquadram-se no disposto no inciso III do art. 151 da Lei n. 5.172, de 1966, relativamente ao débito objeto da compensação.

Art. 63. O valor a ser restituído ou compensado será acrescido de juros equivalentes à taxa referencial SELIC, para títulos federais, acumulada mensalmente, calculados a partir do mês subsequente ao do pagamento indevido ou a maior até o mês anterior ao da compensação ou restituição e de um por cento relativamente ao mês em que esta estiver sendo efetuada (Lei n. 9.250, de 1995, art. 39, § 4.º, e Lei n. 9.532, de 1997, art. 73).

Capítulo V
DAS DISPOSIÇÕES FINAIS

Art. 64. Não configura fato gerador o registro decorrente de erro formal ou contábil, devendo, nesta hipótese, ser mantida à disposição da fiscalização a documentação comprobatória e ser promovida a regularização pertinente.

Art. 65. É vedada a concessão de parcelamento de débitos relativos ao IOF, retido e não recolhido ao Tesouro Nacional (Lei n. 10.522, de 19-7-2002, art. 14, e Lei n. 11.051, de 2004, art. 3.º).

Parágrafo único. É vedada, igualmente, a concessão de parcelamento de débitos enquanto não integralmente pago parcelamento anterior, relativo ao mesmo tributo.

Art. 66. Compete à Secretaria da Receita Federal do Brasil editar os atos necessários à execução do disposto neste Decreto.

Art. 67. Este Decreto entra em vigor na data de sua publicação.

Art. 68. Ficam revogados os Decretos n. 4.494, de 3 de dezembro de 2002, e n. 5.172, de 6 de agosto de 2004.

Brasília, 14 de dezembro de 2007; 186.º da Independência e 119.º da República.

LUIZ INÁCIO LULA DA SILVA

ANEXO

N. DE DIAS	% LIMITE DO RENDIMENTO
01	96
02	93
03	90
04	86
05	83
06	80
07	76
08	73
09	70
10	66
11	63
12	60
13	56
14	53
15	50
16	46
17	43
18	40
19	36
20	33
21	30
22	26
23	23
24	20
25	16
26	13
27	10
28	06
29	03
30	00

DECRETO N. 6.906, DE 21 DE JULHO DE 2009 (*)

Estabelece a obrigatoriedade de prestação de informações sobre vínculos familiares pelos agentes públicos que especifica.

O Presidente da República, no uso da atribuição que lhe confere o art. 84, inciso VI, alínea *a*, e tendo em vista o disposto no *caput* do art. 37 da Constituição, decreta:

Art. 1.º É obrigatória a apresentação de declaração acerca da existência de vínculo matrimonial, de companheirismo ou de parentesco consanguíneo ou afim, em linha reta ou colateral, até o terceiro grau, conforme disposto no Anexo I, com ocupantes de cargos em comissão ou funções de confiança no âmbito do Poder Executivo federal, pelos agentes públicos a seguir indicados, que se encontrem em exercício na data de publicação deste Decreto:

I – Ministro de Estado;

II – ocupante de cargo de natureza especial; e

III – ocupante de cargo do Grupo-Direção e Assessoramento Superiores.

Parágrafo único. A declaração referida no *caput* deverá incluir também informação sobre a existência de vínculo matrimonial, de companheirismo ou de parentesco consanguíneo ou afim, em linha reta ou colateral, até o terceiro grau, com estagiário, terceirizado ou consultor contratado por organismo internacional que prestem serviços para o órgão ou entidade da administração pública direta, autárquica ou fundacional onde o agente exerce atividade.

Art. 2.º Para cumprimento do disposto neste Decreto, no prazo de sessenta dias a contar de sua publicação, os agentes públicos de que trata o art. 1.º deverão preencher e enviar pela *internet* o formulário de que trata o Anexo II, disponível no sítio da Controladoria-Geral da União no seguinte endereço eletrônico: www.cgu.gov.br.

Parágrafo único. Após a providência de que trata o *caput*, observado o prazo ali estabelecido, o mesmo formulário, devidamente impresso e assinado, deverá ser entregue ao serviço de pessoal do órgão de exercício do declarante, onde permanecerá à disposição dos órgãos de controle.

Art. 3.º As declarações serão analisadas pela Controladoria-Geral da União com vistas à identificação de possível prática de nepotismo e adoção das medidas cabíveis, nos termos de ato normativo a ser editado pelo Poder Executivo federal.

Art. 4.º Caberá aos titulares dos órgãos e entidades da administração pública federal direta ou indireta do Poder Executivo federal, sob pena de responsabilidade, velar pela estrita observância do disposto neste Decreto e instaurar processo administrativo disciplinar contra o agente público que se recusar a apresentar a declaração de que trata o art. 1.º ou que a prestar falsa.

Art. 5.º Este Decreto entra em vigor na data de sua publicação.

Brasília, 21 de julho de 2009; 188.º da Independência e 121.º da República.

LUIZ INÁCIO LULA DA SILVA

(*) Publicado no *Diário Oficial da União* de 22-7-2009. O Decreto n. 10.571, de 9-12-2020, revoga este decreto em 9-12-2021 (*DOU* de 10-12-2020).

ANEXO I

Tabela 1

PARENTES EM LINHA RETA

GRAU	CONSANGUINIDADE	AFINIDADE (vínculos atuais)
1.º	Pai/mãe, filho/filha do agente público	Sogro/sogra, genro/nora; madrasta/padrasto, enteado/enteada do agente público
2.º	Avó/avô, neto/neta do agente público	Avô/avó, neto/neta do cônjuge ou companheiro do agente público
3.º	Bisavô/bisavó, bisneto/bisneta do agente público	Bisavô/bisavó, bisneto/bisneta do cônjuge ou companheiro do agente público

Tabela 2

PARENTES EM LINHA COLATERAL

GRAU	CONSANGUINIDADE	AFINIDADE (vínculos atuais)
1.º	–	–
2.º	Irmão/irmã do agente público	Cunhado/cunhada do agente público
3.º	Tio/tia, sobrinho/sobrinha do agente público	Tio/tia, sobrinho/sobrinha do cônjuge ou companheiro do agente público

ANEXO II

FORMULÁRIO PARA PREENCHIMENTO EXCLUSIVO POR MEIO ELETRÔNICO NO SITE WWW.CGU.GOV.BR. NÃO PODE SER PREENCHIDO MANUALMENTE

CONTROLADORIA-GERAL DA UNIÃO MINISTÉRIO DO PLANEJAMENTO, ORÇAMENTO E GESTÃO FORMULÁRIO DE INFORMAÇÃO DE VÍNCULOS FAMILIARES ENTRE AGENTES PÚBLICOS FEDERAIS

dados pessoais do agente público	
NOME:	
IDENTIFICAÇÃO ÚNICA – SIAPE:	CPF:
CARGO:	CÓDIGO:
ÓRGÃO/ENTIDADE:	

1) O agente público mantém vínculo matrimonial, de companheirismo ou de parentesco consanguíneo ou afim, em linha reta ou colateral, até o terceiro grau (Anexo I), com ocupantes de cargos em comissão ou funções de confiança no âmbito do Poder Executivo federal?

( ) Não

( ) Sim

Em caso afirmativo, relacione a seguir os ocupantes de cargos com os quais tenha algum vínculo

Nome	Descrição do cargo/função	Órgão/Entidade	Vínculo com a Administração Pública (*)	Grau de parentesco

2) O agente público mantém vínculo matrimonial, de companheirismo ou de parentesco consanguíneo ou afim, em linha reta ou colateral, até o terceiro grau (Anexo I), com estagiário, terceirizado ou consultor contratado por organismo internacional que presta serviços para o órgão ou entidade da administração pública direta, fundacional ou autárquica onde o agente exerce atividade?

( ) Não

( ) Sim

Em caso afirmativo, relacione a seguir as pessoas com as quais tenha algum vínculo no órgão ou entidade onde trabalha

Nome	Unidade onde trabalha	Atividade (**)	Grau de parentesco

Declaro que as informações aqui prestadas são verdadeiras.

______________ de ______________ de ______

____

Assinatura do servidor

Recebido em ___/___/___

____

Servidor do RH

Documento eletrônico enviado em: / / – hh:mm:ss
Endereço IP de origem: 999.999.999.999

(*) Vínculo com a Administração Pública

1. ocupante de cargo, sem vínculo efetivo com o serviço público
2. servidor federal civil do Poder Executivo
3. militar das Forças Armadas
4. empregado público federal (CLT)
5. servidor federal de outros Poderes, do Ministério Público ou do Tribunal de Contas da União
6. servidor, militar ou empregado público estadual ou do Distrito Federal
7. servidor ou empregado público municipal

(**) Lista de Atividades

1. estagiário
2. empregado de empresa de terceirização de serviços
3. consultor de organismo internacional

LEI N. 12.007, DE 29 DE JULHO DE 2009 (*)

Dispõe sobre a emissão de declaração de quitação anual de débitos pelas pessoas jurídicas prestadoras de serviços públicos ou privados.

O Presidente da República

Faço saber que o Congresso Nacional decreta e eu sanciono a seguinte Lei:

Art. 1.º As pessoas jurídicas prestadoras de serviços públicos ou privados são obrigadas a emitir e a encaminhar ao consumidor declaração de quitação anual de débitos.

Art. 2.º A declaração de quitação anual de débitos compreenderá os meses de janeiro a dezembro de cada ano, tendo como referência a data do vencimento da respectiva fatura.

§ 1.º Somente terão direito à declaração de quitação anual de débitos os consumido-

(*) Publicada no *Diário Oficial da União* de 30-7-2009.

res que quitarem todos os débitos relativos ao ano em referência.

§ 2.º Caso o consumidor não tenha utilizado os serviços durante todos os meses do ano anterior, terá ele o direito à declaração de quitação dos meses em que houve faturamento dos débitos.

§ 3.º Caso exista algum débito sendo questionado judicialmente, terá o consumidor o direito à declaração de quitação dos meses em que houve faturamento dos débitos.

Art. 3.º A declaração de quitação anual deverá ser encaminhada ao consumidor por ocasião do encaminhamento da fatura a vencer no mês de maio do ano seguinte ou no mês subsequente à completa quitação dos débitos do ano anterior ou dos anos anteriores, podendo ser emitida em espaço da própria fatura.

Art. 4.º Da declaração de quitação anual deverá constar a informação de que ela substitui, para a comprovação do cumprimento das obrigações do consumidor, as quitações dos faturamentos mensais dos débitos do ano a que se refere e dos anos anteriores.

Art. 5.º O descumprimento do disposto nesta Lei sujeitará os infratores às sanções previstas na Lei n. 8.987, de 13 de fevereiro de 1995, sem prejuízo daquelas determinadas pela legislação de defesa do consumidor.

> *Vide* citada Lei constante deste volume.

Art. 6.º Esta Lei entra em vigor na data de sua publicação.

Brasília, 29 de julho de 2009; 188.º da Independência e 121.º da República.

LUIZ INÁCIO LULA DA SILVA

LEI N. 12.016, DE 7 DE AGOSTO DE 2009 (*)

Disciplina o mandado de segurança individual e coletivo e dá outras providências.

O Presidente da República

Faço saber que o Congresso Nacional decreta e eu sanciono a seguinte Lei:

Art. 1.º Conceder-se-á mandado de segurança para proteger direito líquido e certo, não amparado por *habeas corpus* ou *habeas data*, sempre que, ilegalmente ou com abuso de poder, qualquer pessoa física ou jurídica sofrer violação ou houver justo receio de sofrê-la por parte de autoridade, seja de que categoria for e sejam quais forem as funções que exerça.

> *Vide* art. 5.º, LXVIII, LXIX, LXX e LXXII.

> *Habeas corpus* e seu processo: arts. 647 e s. do CPP.

> *Habeas data*: Lei n. 9.507, de 12-11-1997.

> *Vide* Súmulas 2 e 213 do STJ.

§ 1.º Equiparam-se às autoridades, para os efeitos desta Lei, os representantes ou órgãos de partidos políticos e os administradores de entidades autárquicas, bem como os dirigentes de pessoas jurídicas ou as pessoas naturais no exercício de atribuições do poder público, somente no que disser respeito a essas atribuições.

> *Vide* Súmula 333 do STJ.

§ 2.º Não cabe mandado de segurança contra os atos de gestão comercial praticados pelos administradores de empresas públicas, de sociedade de economia mista e de concessionárias de serviço público.

§ 3.º Quando o direito ameaçado ou violado couber a várias pessoas, qualquer delas poderá requerer o mandado de segurança.

>> *Vide* art. 6.º do CPC.

>> *Vide* Súmula 623 do STF.

Art. 2.º Considerar-se-á federal a autoridade coatora se as consequências de ordem patrimonial do ato contra o qual se requer o mandado houverem de ser suportadas pela União ou entidade por ela controlada.

Art. 3.º O titular de direito líquido e certo decorrente de direito, em condições idênticas, de terceiro poderá impetrar mandado de segurança a favor do direito originário, se o seu titular não o fizer, no prazo de 30 (trinta) dias, quando notificado judicialmente.

Parágrafo único. O exercício do direito previsto no *caput* deste artigo submete-se ao prazo fixado no art. 23 desta Lei, contado da notificação.

Art. 4.º Em caso de urgência, é permitido, observados os requisitos legais, impetrar mandado de segurança por telegrama, radiograma, *fax* ou outro meio eletrônico de autenticidade comprovada.

§ 1.º Poderá o juiz, em caso de urgência, notificar a autoridade por telegrama, radiograma ou outro meio que assegure a autenticidade do documento e a imediata ciência pela autoridade.

§ 2.º O texto original da petição deverá ser apresentado nos 5 (cinco) dias úteis seguintes.

§ 3.º Para os fins deste artigo, em se tratando de documento eletrônico, serão observadas as regras da Infraestrutura de Chaves Públicas Brasileira – ICP-Brasil.

> A Lei n. 11.419, de 19-12-2006, dispõe sobre a informatização do processo judicial.

Art. 5.º Não se concederá mandado de segurança quando se tratar:

I – de ato do qual caiba recurso administrativo com efeito suspensivo, independentemente de caução;

> *Vide* Súmula 429 do STF.

II – de decisão judicial da qual caiba recurso com efeito suspensivo;

> *Vide* Súmula 267 do STF.

III – de decisão judicial transitada em julgado.

> *Vide* Súmula 268 do STF.

Parágrafo único. (*Vetado.*)

Art. 6.º A petição inicial, que deverá preencher os requisitos estabelecidos pela lei processual, será apresentada em 2 (duas) vias com os documentos que instruírem a primeira reproduzidos na segunda e indicará, além da autoridade coatora, a pessoa jurídica que esta integra, à qual se acha vinculada ou da qual exerce atribuições.

> Os arts. 319, 320 e 425, IV, do CPC, dispõem sobre os requisitos da petição inicial.

§ 1.º No caso em que o documento necessário à prova do alegado se ache em repartição ou estabelecimento público ou em poder de autoridade que se recuse a fornecê-lo por certidão ou de terceiro, o juiz ordenará, preliminarmente, por ofício, a exibição desse documento em original ou em cópia autêntica e marcará, para o cumprimento da ordem, o prazo de 10 (dez) dias. O escrivão extrairá cópias do documento para juntá-las à segunda via da petição.

§ 2.º Se a autoridade que tiver procedido dessa maneira for a própria coatora, a ordem far-se-á no próprio instrumento da notificação.

§ 3.º Considera-se autoridade coatora aquela que tenha praticado o ato impugnado ou da qual emane a ordem para a sua prática.

>> *Vide Súmula 628 do STJ.*

§ 4.º (*Vetado.*)

§ 5.º Denega-se o mandado de segurança nos casos previstos pelo art. 267 da Lei n. 5.869, de 11 de janeiro de 1973 – Código de Processo Civil.

>> A referência é feita ao CPC de 1973. *Vide* arts. 485, 486 e 487, que dispõem sobre a extinção do processo no CPC de 2015.

> *Vide* Súmula 304 do STF.

§ 6.º O pedido de mandado de segurança poderá ser renovado dentro do prazo decadencial, se a decisão denegatória não lhe houver apreciado o mérito.

Art. 7.º Ao despachar a inicial, o juiz ordenará:

> Requisitos da petição inicial: art. 319 do CPC.

I – que se notifique o coator do conteúdo da petição inicial, enviando-lhe a segunda via apresentada com as cópias dos documentos, a fim de que, no prazo de 10 (dez) dias, preste as informações;

> *Vide* art. 12, *caput*, desta Lei.

II – que se dê ciência do feito ao órgão de representação judicial da pessoa jurídica interessada, enviando-lhe cópia da inicial sem documentos, para que, querendo, ingresse no feito;

III – que se suspenda o ato que deu motivo ao pedido, quando houver fundamen-

(*) Publicada no *Diário Oficial da União* de 10-8-2009.

to relevante e do ato impugnado puder resultar a ineficácia da medida, caso seja finalmente deferida, sendo facultado exigir do impetrante caução, fiança ou depósito, com o objetivo de assegurar o ressarcimento à pessoa jurídica.

§ 1.º Da decisão do juiz de primeiro grau que conceder ou denegar a liminar caberá agravo de instrumento, observado o disposto na Lei n. 5.869, de 11 de janeiro de 1973 – Código de Processo Civil.

> Agravo de instrumento no CPC: arts. 1.016 e s.

§ 2.º Não será concedida medida liminar que tenha por objeto a compensação de créditos tributários, a entrega de mercadorias e bens provenientes do exterior, a reclassificação ou equiparação de servidores públicos e a concessão de aumento ou a extensão de vantagens ou pagamento de qualquer natureza.

> *Vide* Súmulas 212 e 213 do STJ.

§ 3.º Os efeitos da medida liminar, salvo se revogada ou cassada, persistirão até a prolação da sentença.

> *Vide* art. 309, III, do CPC.

§ 4.º Deferida a medida liminar, o processo terá prioridade para julgamento.

§ 5.º As vedações relacionadas com a concessão de liminares previstas neste artigo se estendem à tutela antecipada a que se referem os arts. 273 e 461 da Lei n. 5.869, de 11 de janeiro de 1973 – Código de Processo Civil.

>> A referência é feita ao CPC de 1973. *Vide* arts. 294, 300, 497 e 536 do CPC de 2015.

Art. 8.º Será decretada a perempção ou caducidade da medida liminar *ex officio* ou a requerimento do Ministério Público quando, concedida a medida, o impetrante criar obstáculo ao normal andamento do processo ou deixar de promover, por mais de 3 (três) dias úteis, os atos e as diligências que lhe cumprirem.

Art. 9.º As autoridades administrativas, no prazo de 48 (quarenta e oito) horas da notificação da medida liminar, remeterão ao Ministério ou órgão a que se acham subordinadas e ao Advogado-Geral da União ou a quem tiver a representação judicial da União, do Estado, do Município ou da entidade apontada como coatora cópia autenticada do mandado notificatório, assim como indicações e elementos outros necessários às providências a serem tomadas para a eventual suspensão da medida e defesa do ato apontado como ilegal ou abusivo de poder.

Art. 10. A inicial será desde logo indeferida, por decisão motivada, quando não for o caso de mandado de segurança ou lhe faltar algum dos requisitos legais ou quando decorrido o prazo legal para a impetração.

§ 1.º Do indeferimento da inicial pelo juiz de primeiro grau caberá apelação e, quando a competência para o julgamento do mandado de segurança couber originariamente a um dos tribunais, do ato do relator caberá agravo para o órgão competente do tribunal que integre.

> Da Apelação: arts. 1.009 a 1.014 do CPC.

> Do Agravo: arts. 1.015 a 1.020 do CPC.

§ 2.º O ingresso de litisconsorte ativo não será admitido após o despacho da petição inicial.

Art. 11. Feitas as notificações, o serventuário em cujo cartório corra o feito juntará aos autos cópia autêntica dos ofícios endereçados ao coator e ao órgão de representação judicial da pessoa jurídica interessada, bem como a prova da entrega a estes ou da sua recusa em aceitá-los ou dar recibo e, no caso do art. 4.º desta Lei, a comprovação da remessa.

> Da prova documental: arts. 405 e 425, I, do CPC.

Art. 12. Findo o prazo a que se refere o inciso I do *caput* do art. 7.º desta Lei, o juiz ouvirá o representante do Ministério Público, que opinará, dentro do prazo improrrogável de 10 (dez) dias.

Parágrafo único. Com ou sem o parecer do Ministério Público, os autos serão conclusos ao juiz, para a decisão, a qual deverá ser necessariamente proferida em 30 (trinta) dias.

Art. 13. Concedido o mandado, o juiz transmitirá em ofício, por intermédio do oficial do juízo, ou pelo correio, mediante correspondência com aviso de recebimento, o inteiro teor da sentença à autoridade coatora e à pessoa jurídica interessada.

Parágrafo único. Em caso de urgência, poderá o juiz observar o disposto no art. 4.º desta Lei.

Art. 14. Da sentença, denegando ou concedendo o mandado, cabe apelação.

§ 1.º Concedida a segurança, a sentença estará sujeita obrigatoriamente ao duplo grau de jurisdição.

§ 2.º Estende-se à autoridade coatora o direito de recorrer.

§ 3.º A sentença que conceder o mandado de segurança pode ser executada provisoriamente, salvo nos casos em que for vedada a concessão da medida liminar.

§ 4.º O pagamento de vencimentos e vantagens pecuniárias assegurados em sentença concessiva de mandado de segurança a servidor público da administração direta ou autárquica federal, estadual e municipal somente será efetuado relativamente às prestações que se vencerem a contar da data do ajuizamento da inicial.

Art. 15. Quando, a requerimento de pessoa jurídica de direito público interessada ou do Ministério Público e para evitar grave lesão à ordem, à saúde, à segurança e à economia públicas, o presidente do tribunal ao qual couber o conhecimento do respectivo recurso suspender, em decisão fundamentada, a execução da liminar e da sentença, dessa decisão caberá agravo, sem efeito suspensivo, no prazo de 5 (cinco) dias, que será levado a julgamento na sessão seguinte à sua interposição.

> *Vide* Súmula 626 do STF.

§ 1.º Indeferido o pedido de suspensão ou provido o agravo a que se refere o *caput* deste artigo, caberá novo pedido de suspensão ao presidente do tribunal competente para conhecer de eventual recurso especial ou extraordinário.

§ 2.º É cabível também o pedido de suspensão a que se refere o § 1.º deste artigo, quando negado provimento a agravo de instrumento interposto contra a liminar a que se refere este artigo.

§ 3.º A interposição de agravo de instrumento contra liminar concedida nas ações movidas contra o poder público e seus agentes não prejudica nem condiciona o julgamento do pedido de suspensão a que se refere este artigo.

§ 4.º O presidente do tribunal poderá conferir ao pedido efeito suspensivo liminar se constatar, em juízo prévio, a plausibilidade do direito invocado e a urgência na concessão da medida.

§ 5.º As liminares cujo objeto seja idêntico poderão ser suspensas em uma única decisão, podendo o presidente do tribunal estender os efeitos da suspensão a liminares supervenientes, mediante simples aditamento do pedido original.

Art. 16. Nos casos de competência originária dos tribunais, caberá ao relator a instrução do processo, sendo assegurada a defesa oral na sessão do julgamento do mérito ou do pedido liminar.

>> *Caput* com redação determinada pela Lei n. 13.676, de 11-6-2018.

Parágrafo único. Da decisão do relator que conceder ou denegar a medida liminar caberá agravo ao órgão competente do tribunal que integre.

> *Vide* Súmula 622 do STF.

Art. 17. Nas decisões proferidas em mandado de segurança e nos respectivos recursos, quando não publicado, no prazo de 30 (trinta) dias, contado da data do julgamento, o acórdão será substituído pelas respectivas notas taquigráficas, independentemente de revisão.

Art. 18. Das decisões em mandado de segurança proferidas em única instância pelos tribunais cabe recurso especial e extraordinário, nos casos legalmente previstos, e recurso ordinário, quando a ordem for denegada.

> Dos Recursos Ordinário, Extraordinário e Especial: arts. 1.027 a 1.031 do CPC.

Art. 19. A sentença ou o acórdão que denegar mandado de segurança, sem decidir o mérito, não impedirá que o requerente, por ação própria, pleiteie os seus direitos e os respectivos efeitos patrimoniais.

Art. 20. Os processos de mandado de segurança e os respectivos recursos terão prioridade sobre todos os atos judiciais, salvo *habeas corpus*.

§ 1.º Na instância superior, deverão ser levados a julgamento na primeira sessão que se seguir à data em que forem conclusos ao relator.

§ 2.º O prazo para a conclusão dos autos não poderá exceder de 5 (cinco) dias.

Art. 21. O mandado de segurança coletivo pode ser impetrado por partido político com representação no Congresso Nacional, na defesa de seus interesses legítimos relativos a seus integrantes ou à finalidade partidária, ou por organização sindical, entidade de classe ou associação legalmente constituída e em funcionamento há, pelo menos, 1 (um) ano, em defesa de direitos líquidos e certos da totalidade, ou de parte, dos seus membros ou associados, na forma dos seus estatutos e desde que pertinentes às suas finalidades, dispensada, para tanto, autorização especial.

> *Vide* art. 5.º, LXX, da CF.
> *Vide* Súmulas 629 e 630 do STF.

Parágrafo único. Os direitos protegidos pelo mandado de segurança coletivo podem ser:

> Defesa coletiva de direitos: art. 81, parágrafo único, da Lei n. 8.078, de 11-9-1990 (CDC).

I – coletivos, assim entendidos, para efeito desta Lei, os transindividuais, de natureza indivisível, de que seja titular grupo ou categoria de pessoas ligadas entre si ou com a parte contrária por uma relação jurídica básica;

II – individuais homogêneos, assim entendidos, para efeito desta Lei, os decorrentes de origem comum e da atividade ou situação específica da totalidade ou de parte dos associados ou membros do impetrante.

Art. 22. No mandado de segurança coletivo, a sentença fará coisa julgada limitadamente aos membros do grupo ou categoria substituídos pelo impetrante.

§ 1.º O mandado de segurança coletivo não induz litispendência para as ações individuais, mas os efeitos da coisa julgada não beneficiarão o impetrante a título individual se não requerer a desistência de seu mandado de segurança no prazo de 30 (trinta) dias a contar da ciência comprovada da impetração da segurança coletiva.

§ 2.º No mandado de segurança coletivo, a liminar só poderá ser concedida após a audiência do representante judicial da pessoa jurídica de direito público, que deverá se pronunciar no prazo de 72 (setenta e duas) horas.

Art. 23. O direito de requerer mandado de segurança extinguir-se-á decorridos 120 (cento e vinte) dias, contados da ciência, pelo interessado, do ato impugnado.

> *Vide* Súmula 632 do STF.

Art. 24. Aplicam-se ao mandado de segurança os arts. 46 a 49 da Lei n. 5.869, de 11 de janeiro de 1973 – Código de Processo Civil.

>> A referência é feita ao CPC de 1973. *Vide* arts. 113 a 118, que dispõem sobre litisconsórcio no CPC de 2015.

Art. 25. Não cabem, no processo de mandado de segurança, a interposição de embargos infringentes e a condenação ao pagamento dos honorários advocatícios, sem prejuízo da aplicação de sanções no caso de litigância de má-fé.

> *Vide* Súmulas 294, 512 e 597 do STF e 105 e 169 do STJ.

Art. 26. Constitui crime de desobediência, nos termos do art. 330 do Decreto-lei n. 2.848, de 7 de dezembro de 1940, o não cumprimento das decisões proferidas em mandado de segurança, sem prejuízo das sanções administrativas e da aplicação da Lei n. 1.079, de 10 de abril de 1950, quando cabíveis.

> Dispõe o CP, em seu art. 330: "Desobedecer a ordem legal de funcionário público: Pena – detenção, de quinze dias a seis meses, e multa".
> A Lei n. 1.079, de 10-4-1950, define os crimes de responsabilidade e regula o respectivo processo de julgamento.

Art. 27. Os regimentos dos tribunais e, no que couber, as leis de organização judiciária deverão ser adaptados às disposições desta Lei no prazo de 180 (cento e oitenta) dias, contado da sua publicação.

Art. 28. Esta Lei entra em vigor na data de sua publicação.

Art. 29. Revogam-se as Leis n. 1.533, de 31 de dezembro de 1951, 4.166, de 4 de dezembro de 1962, 4.348, de 26 de junho de 1964, 5.021, de 9 de junho de 1966, o art. 3.º da Lei n. 6.014, de 27 de dezembro de 1973, o art. 1.º da Lei n. 6.071, de 3 de julho de 1974, o art. 12 da Lei n. 6.978, de 19 de janeiro de 1982, e o art. 2.º da Lei n. 9.259, de 9 de janeiro de 1996.

Brasília, 7 de agosto de 2009; 188.º da Independência e 121.º da República.

LUIZ INÁCIO LULA DA SILVA

DECRETO N. 6.949, DE 25 DE AGOSTO DE 2009 (*)

Promulga a Convenção Internacional sobre os Direitos das Pessoas com Deficiência e seu Protocolo Facultativo, assinados em Nova York, em 30 de março de 2007.

O Presidente da República, no uso da atribuição que lhe confere o art. 84, inciso IV, da Constituição, e

Considerando que o Congresso Nacional aprovou, por meio do Decreto Legislativo n. 186, de 9 de julho de 2008, conforme o procedimento do § 3.º do art. 5.º da Constituição, a Convenção sobre os Direitos das Pessoas com Deficiência e seu Protocolo Facultativo, assinados em Nova York, em 30 de março de 2007;

Considerando que o Governo brasileiro depositou o instrumento de ratificação dos referidos atos junto ao Secretário-Geral das Nações Unidas em 1.º de agosto de 2008;

Considerando que os atos internacionais em apreço entraram em vigor para o Brasil, no plano jurídico externo, em 31 de agosto de 2008; decreta:

Art. 1.º A Convenção sobre os Direitos das Pessoas com Deficiência e seu Protocolo Facultativo, apensos por cópia ao presente Decreto, serão executados e cumpridos tão inteiramente como neles se contém.

Art. 2.º São sujeitos à aprovação do Congresso Nacional quaisquer atos que possam resultar em revisão dos referidos diplomas internacionais ou que acarretem encargos ou compromissos gravosos ao patrimônio nacional, nos termos do art. 49, inciso I, da Constituição.

Art. 3.º Este Decreto entra em vigor na data de sua publicação.

Brasília, 25 de agosto de 2009; 188.º da Independência e 121.º da República.

LUIZ INÁCIO LULA DA SILVA

CONVENÇÃO SOBRE OS DIREITOS DAS PESSOAS COM DEFICIÊNCIA

Preâmbulo

Os Estados-partes da presente Convenção,

a) Relembrando os princípios consagrados na Carta das Nações Unidas, que reconhecem a dignidade e o valor inerentes e os direitos iguais e inalienáveis de todos os membros da família humana como o fundamento da liberdade, da justiça e da paz no mundo,

b) Reconhecendo que as Nações Unidas, na Declaração Universal dos Direitos Humanos e nos Pactos Internacionais sobre Direitos Humanos, proclamaram e concordaram que toda pessoa faz jus a todos os direitos e liberdades ali estabelecidos, sem distinção de qualquer espécie,

(*) Publicado no *Diário Oficial da União*, de 26-8-2009.

c) Reafirmando a universalidade, a indivisibilidade, a interdependência e a inter-relação de todos os direitos humanos e liberdades fundamentais, bem como a necessidade de garantir que todas as pessoas com deficiência os exerçam plenamente, sem discriminação,

d) Relembrando o Pacto Internacional dos Direitos Econômicos, Sociais e Culturais, o Pacto Internacional dos Direitos Civis e Políticos, a Convenção Internacional sobre a Eliminação de Todas as Formas de Discriminação Racial, a Convenção sobre a Eliminação de todas as Formas de Discriminação contra a Mulher, a Convenção contra a Tortura e Outros Tratamentos ou Penas Cruéis, Desumanos ou Degradantes, a Convenção sobre os Direitos da Criança e a Convenção Internacional sobre a Proteção dos Direitos de Todos os Trabalhadores Migrantes e Membros de suas Famílias,

e) Reconhecendo que a deficiência é um conceito em evolução e que a deficiência resulta da interação entre pessoas com deficiência e as barreiras devidas às atitudes e ao ambiente que impedem a plena e efetiva participação dessas pessoas na sociedade em igualdade de oportunidades com as demais pessoas,

f) Reconhecendo a importância dos princípios e das diretrizes de política, contidos no Programa de Ação Mundial para as Pessoas Deficientes e nas Normas sobre a Equiparação de Oportunidades para Pessoas com Deficiência, para influenciar a promoção, a formulação e a avaliação de políticas, planos, programas e ações em níveis nacional, regional e internacional para possibilitar maior igualdade de oportunidades para pessoas com deficiência,

g) Ressaltando a importância de trazer questões relativas à deficiência ao centro das preocupações da sociedade como parte integrante das estratégias relevantes de desenvolvimento sustentável,

h) Reconhecendo também que a discriminação contra qualquer pessoa, por motivo de deficiência, configura violação da dignidade e do valor inerentes ao ser humano,

i) Reconhecendo ainda a diversidade das pessoas com deficiência,

j) Reconhecendo a necessidade de promover e proteger os direitos humanos de todas as pessoas com deficiência, inclusive daquelas que requerem maior apoio,

k) Preocupados com o fato de que, não obstante esses diversos instrumentos e compromissos, as pessoas com deficiência continuam a enfrentar barreiras contra sua participação como membros iguais da sociedade e violações de seus direitos humanos em todas as partes do mundo,

l) Reconhecendo a importância da cooperação internacional para melhorar as condições de vida das pessoas com deficiência em todos os países, particularmente naqueles em desenvolvimento,

m) Reconhecendo as valiosas contribuições existentes e potenciais das pessoas com deficiência ao bem-estar comum e à diversidade de suas comunidades, e que a promoção do pleno exercício, pelas pessoas com deficiência, de seus direitos humanos e liberdades fundamentais e de sua plena participação na sociedade resultará no fortalecimento de seu senso de pertencimento à sociedade e no significativo avanço do desenvolvimento humano, social e econômico da sociedade, bem como na erradicação da pobreza,

n) Reconhecendo a importância, para as pessoas com deficiência, de sua autonomia e independência individuais, inclusive da liberdade para fazer as próprias escolhas,

o) Considerando que as pessoas com deficiência devem ter a oportunidade de participar ativamente das decisões relativas a programas e políticas, inclusive aos que lhes dizem respeito diretamente,

p) Preocupados com as difíceis situações enfrentadas por pessoas com deficiência que estão sujeitas a formas múltiplas ou agravadas de discriminação por causa de raça, cor, sexo, idioma, religião, opiniões políticas ou de outra natureza, origem nacional, étnica, nativa ou social, propriedade, nascimento, idade ou outra condição,

q) Reconhecendo que mulheres e meninas com deficiência estão frequentemente expostas a maiores riscos, tanto no lar como fora dele, de sofrer violência, lesões ou abuso, descaso ou tratamento negligente, maus-tratos ou exploração,

r) Reconhecendo que as crianças com deficiência devem gozar plenamente de todos os direitos humanos e liberdades fundamentais em igualdade de oportunidades com as outras crianças e relembrando as obrigações assumidas com esse fim pelos Estados-partes na Convenção sobre os Direitos da Criança,

s) Ressaltando a necessidade de incorporar a perspectiva de gênero aos esforços para promover o pleno exercício dos direitos humanos e liberdades fundamentais por parte das pessoas com deficiência,

t) Salientando o fato de que a maioria das pessoas com deficiência vive em condições de pobreza e, nesse sentido, reconhecendo a necessidade crítica de lidar com o impacto negativo da pobreza sobre pessoas com deficiência,

u) Tendo em mente que as condições de paz e segurança baseadas no pleno respeito aos propósitos e princípios consagrados na Carta das Nações Unidas e a observância dos instrumentos de direitos humanos são indispensáveis para a total proteção das pessoas com deficiência, particularmente durante conflitos armados e ocupação estrangeira,

v) Reconhecendo a importância da acessibilidade aos meios físico, social, econômico e cultural, à saúde, à educação e à informação e comunicação, para possibilitar às pessoas com deficiência o pleno gozo de todos os direitos humanos e liberdades fundamentais,

w) Conscientes de que a pessoa tem deveres para com outras pessoas e para com a comunidade a que pertence e que, portanto, tem a responsabilidade de esforçar-se para a promoção e a observância dos direitos reconhecidos na Carta Internacional dos Direitos Humanos,

x) Convencidos de que a família é o núcleo natural e fundamental da sociedade e tem o direito de receber a proteção da sociedade e do Estado e de que as pessoas com deficiência e seus familiares devem receber a proteção e a assistência necessárias para tornar as famílias capazes de contribuir para o exercício pleno e equitativo dos direitos das pessoas com deficiência,

y) Convencidos de que uma convenção internacional geral e integral para promover e proteger os direitos e a dignidade das pessoas com deficiência prestará significativa contribuição para corrigir as profundas desvantagens sociais das pessoas com deficiência e para promover sua participação na vida econômica, social e cultural, em igualdade de oportunidades, tanto nos países em desenvolvimento como nos desenvolvidos,

Acordaram o seguinte:

Artigo 1

Propósito

O propósito da presente Convenção é promover, proteger e assegurar o exercício pleno e equitativo de todos os direitos humanos e liberdades fundamentais por todas as pessoas com deficiência e promover o respeito pela sua dignidade inerente.

Pessoas com deficiência são aquelas que têm impedimentos de longo prazo de natureza física, mental, intelectual ou sensorial, os quais, em interação com diversas barreiras, podem obstruir sua participação plena e efetiva na sociedade em igualdades de condições com as demais pessoas.

Artigo 2

Definições

Para os propósitos da presente Convenção:

"Comunicação" abrange as línguas, a visualização de textos, o braille, a comunicação tátil, os caracteres ampliados, os dispositivos de multimídia acessível, assim como a linguagem simples, escrita e oral, os sistemas auditivos e os meios de voz digitalizada e os modos, meios e formatos aumentativos e alternativos de comunicação, inclusive a tecnologia da informação e comunicação acessíveis;

"Língua" abrange as línguas faladas e de sinais e outras formas de comunicação não falada;

"Discriminação por motivo de deficiência" significa qualquer diferenciação, exclusão ou restrição baseada em deficiência, com o propósito ou efeito de impedir ou impossibilitar o reconhecimento, o desfrute ou o exercício, em igualdade de oportunidades com as demais pessoas, de todos os direitos humanos e liberdades fundamentais nos âmbitos político, econômico, social, cultural, civil ou qualquer outro. Abrange todas as formas de discriminação, inclusive a recusa de adaptação razoável;

"Adaptação razoável" significa as modificações e os ajustes necessários e adequados que não acarretem ônus desproporcional ou indevido, quando requeridos em cada caso, a fim de assegurar que as pessoas com deficiência possam gozar ou exercer, em igualdade de oportunidades com as demais pessoas, todos os direitos humanos e liberdades fundamentais;

"Desenho universal" significa a concepção de produtos, ambientes, programas e serviços a serem usados, na maior medida possível, por todas as pessoas, sem necessidade de adaptação ou projeto específico. O "desenho universal" não excluirá as ajudas técnicas para grupos específicos de pessoas com deficiência, quando necessárias.

Artigo 3

Princípios gerais

Os princípios da presente Convenção são:

a) O respeito pela dignidade inerente, a autonomia individual, inclusive a liberdade de fazer as próprias escolhas, e a independência das pessoas;

b) A não discriminação;

c) A plena e efetiva participação e inclusão na sociedade;

d) O respeito pela diferença e pela aceitação das pessoas com deficiência como parte da diversidade humana e da humanidade;

e) A igualdade de oportunidades;

f) A acessibilidade;

g) A igualdade entre o homem e a mulher;

h) O respeito pelo desenvolvimento das capacidades das crianças com deficiência e pelo direito das crianças com deficiência de preservar sua identidade.

Artigo 4

Obrigações gerais

1. Os Estados-partes se comprometem a assegurar e promover o pleno exercício de todos os direitos humanos e liberdades fundamentais por todas as pessoas com deficiência, sem qualquer tipo de discriminação por causa de sua deficiência. Para tanto, os Estados-partes se comprometem a:

a) Adotar todas as medidas legislativas, administrativas e de qualquer outra natureza, necessárias para a realização dos direitos reconhecidos na presente Convenção;

b) Adotar todas as medidas necessárias, inclusive legislativas, para modificar ou revogar leis, regulamentos, costumes e práticas vigentes, que constituírem discriminação contra pessoas com deficiência;

c) Levar em conta, em todos os programas e políticas, a proteção e a promoção dos direitos humanos das pessoas com deficiência;

d) Abster-se de participar em qualquer ato ou prática incompatível com a presente Convenção e assegurar que as autoridades públicas e instituições atuem em conformidade com a presente Convenção;

e) Tomar todas as medidas apropriadas para eliminar a discriminação baseada em deficiência, por parte de qualquer pessoa, organização ou empresa privada;

f) Realizar ou promover a pesquisa e o desenvolvimento de produtos, serviços, equipamentos e instalações com desenho universal, conforme definidos no Artigo 2 da presente Convenção, que exijam o mínimo possível de adaptação e cujo custo seja o mínimo possível, destinados a atender às necessidades específicas de pessoas com deficiência, a promover sua disponibilidade e seu uso e a promover o desenho universal quando da elaboração de normas e diretrizes;

g) Realizar ou promover a pesquisa e o desenvolvimento, bem como a disponibilidade e o emprego de novas tecnologias, inclusive as tecnologias da informação e comunicação, ajudas técnicas para locomoção, dispositivos e tecnologias assistivas, adequados a pessoas com deficiência, dando prioridade a tecnologias de custo acessível;

h) Propiciar informação acessível para as pessoas com deficiência a respeito de ajudas técnicas para locomoção, dispositivos e tecnologias assistivas, incluindo novas tecnologias bem como outras formas de assistência, serviços de apoio e instalações;

i) Promover a capacitação em relação aos direitos reconhecidos pela presente Convenção dos profissionais e equipes que trabalham com pessoas com deficiência, de forma a melhorar a prestação de assistência e serviços garantidos por esses direitos.

2. Em relação aos direitos econômicos, sociais e culturais, cada Estado-parte se compromete a tomar medidas, tanto quanto permitirem os recursos disponíveis e, quando necessário, no âmbito da cooperação internacional, a fim de assegurar progressivamente o pleno exercício desses direitos, sem prejuízo das obrigações contidas na presente Convenção que forem imediatamente aplicáveis de acordo com o direito internacional.

3. Na elaboração e implementação de legislação e políticas para aplicar a presente Convenção e em outros processos de tomada de decisão relativos às pessoas com deficiência, os Estados-partes realizarão consultas estreitas e envolverão ativamente pessoas com deficiência, inclusive crianças com deficiência, por intermédio de suas organizações representativas.

4. Nenhum dispositivo da presente Convenção afetará quaisquer disposições mais propícias à realização dos direitos das pessoas com deficiência, as quais possam estar contidas na legislação do Estado-parte ou no direito internacional em vigor para esse Estado. Não haverá nenhuma restrição ou derrogação de qualquer dos direitos humanos e liberdades fundamentais reconhecidos ou vigentes em qualquer Estado-parte da presente Convenção, em conformidade com leis, convenções, regulamentos ou costumes, sob a alegação de que a presente Convenção não reconhece tais direitos e liberdades ou que os reconhece em menor grau.

5. As disposições da presente Convenção se aplicam, sem limitação ou exceção, a todas as unidades constitutivas dos Estados federativos.

Artigo 5

Igualdade e não discriminação

1. Os Estados-partes reconhecem que todas as pessoas são iguais perante e sob a lei e que fazem jus, sem qualquer discriminação, a igual proteção e igual benefício da lei.

2. Os Estados-partes proibirão qualquer discriminação baseada na deficiência e garantirão às pessoas com deficiência igual e efetiva proteção legal contra a discriminação por qualquer motivo.

3. A fim de promover a igualdade e eliminar a discriminação, os Estados-partes adotarão todas as medidas apropriadas para garantir que a adaptação razoável seja oferecida.

4. Nos termos da presente Convenção, as medidas específicas que forem necessárias para acelerar ou alcançar a efetiva igualdade das pessoas com deficiência não serão consideradas discriminatórias.

Artigo 6

Mulheres com deficiência

1. Os Estados-partes reconhecem que as mulheres e meninas com deficiência estão sujeitas a múltiplas formas de discriminação e, portanto, tomarão medidas para assegurar às mulheres e meninas com deficiência o pleno e igual exercício de todos os direitos humanos e liberdades fundamentais.

2. Os Estados-partes tomarão todas as medidas apropriadas para assegurar o pleno desenvolvimento, o avanço e o empoderamento das mulheres, a fim de garantir-lhes o exercício e o gozo dos direitos humanos e liberdades fundamentais estabelecidos na presente Convenção.

Artigo 7

Crianças com deficiência

1. Os Estados-partes tomarão todas as medidas necessárias para assegurar às crianças com deficiência o pleno exercício de todos os direitos humanos e liberdades fundamentais, em igualdade de oportunidades com as demais crianças.

2. Em todas as ações relativas às crianças com deficiência, o superior interesse da criança receberá consideração primordial.

3. Os Estados-partes assegurarão que as crianças com deficiência tenham o direito de expressar livremente sua opinião sobre todos os assuntos que lhes disserem respeito, tenham a sua opinião devidamente valorizada de acordo com sua idade e maturidade, em igualdade de oportunidades com as demais crianças, e recebam atendimento adequado à sua deficiência e idade, para que possam exercer tal direito.

Artigo 8

Conscientização

1. Os Estados-partes se comprometem a adotar medidas imediatas, efetivas e apropriadas para:

a) Conscientizar toda a sociedade, inclusive as famílias, sobre as condições das pessoas com deficiência e fomentar o respeito pelos direitos e pela dignidade das pessoas com deficiência;

b) Combater estereótipos, preconceitos e práticas nocivas em relação a pessoas com deficiência, inclusive aqueles relacionados a sexo e idade, em todas as áreas da vida;

c) Promover a conscientização sobre as capacidades e contribuições das pessoas com deficiência.

2. As medidas para esse fim incluem:

a) Lançar e dar continuidade a efetivas campanhas de conscientização públicas, destinadas a:

i) Favorecer atitude receptiva em relação aos direitos das pessoas com deficiência;

ii) Promover percepção positiva e maior consciência social em relação às pessoas com deficiência;

iii) Promover o reconhecimento das habilidades, dos méritos e das capacidades das pessoas com deficiência e de sua contribuição ao local de trabalho e ao mercado laboral;

b) Fomentar em todos os níveis do sistema educacional, incluindo neles todas as crianças desde tenra idade, uma atitude de respeito para com os direitos das pessoas com deficiência;

c) Incentivar todos os órgãos da mídia a retratar as pessoas com deficiência de maneira compatível com o propósito da presente Convenção;

d) Promover programas de formação sobre sensibilização a respeito das pessoas com deficiência e sobre os direitos das pessoas com deficiência.

Artigo 9

Acessibilidade

1. A fim de possibilitar às pessoas com deficiência viver de forma independente e participar plenamente de todos os aspectos da vida, os Estados-partes tomarão as medidas apropriadas para assegurar às pessoas com deficiência o acesso, em igualdade de oportunidades com as demais pessoas, ao meio físico, ao transporte, à informação e comunicação, inclusive aos sistemas e tecnologias da informação e comunicação, bem como a outros serviços e instalações abertos ao público ou de uso público, tanto na zona urbana como na rural. Essas medidas, que incluirão a identificação e a eliminação de obstáculos e barreiras à acessibilidade, serão aplicadas, entre outros, a:

a) Edifícios, rodovias, meios de transporte e outras instalações internas e externas, inclusive escolas, residências, instalações médicas e local de trabalho;

b) Informações, comunicações e outros serviços, inclusive serviços eletrônicos e serviços de emergência.

2. Os Estados-partes também tomarão medidas apropriadas para:

a) Desenvolver, promulgar e monitorar a implementação de normas e diretrizes mínimas para a acessibilidade das instalações e dos serviços abertos ao público ou de uso público;

b) Assegurar que as entidades privadas que oferecem instalações e serviços abertos ao público ou de uso público levem em consideração todos os aspectos relativos à acessibilidade para pessoas com deficiência;

c) Proporcionar, a todos os atores envolvidos, formação em relação às questões de acessibilidade com as quais as pessoas com deficiência se confrontam;

d) Dotar os edifícios e outras instalações abertas ao público ou de uso público de sinalização em braille e em formatos de fácil leitura e compreensão;

e) Oferecer formas de assistência humana ou animal e serviços de mediadores, incluindo guias, ledores e intérpretes profissionais da língua de sinais, para facilitar o acesso aos edifícios e outras instalações abertas ao público ou de uso público;

f) Promover outras formas apropriadas de assistência e apoio a pessoas com deficiência, a fim de assegurar a essas pessoas o acesso a informações;

g) Promover o acesso de pessoas com deficiência a novos sistemas e tecnologias da informação e comunicação, inclusive à Internet;

h) Promover, desde a fase inicial, a concepção, o desenvolvimento, a produção e a disseminação de sistemas e tecnologias de informação e comunicação, a fim de que esses sistemas e tecnologias se tornem acessíveis a custo mínimo.

Artigo 10

Direito à vida

Os Estados-partes reafirmam que todo ser humano tem o inerente direito à vida e tomarão todas as medidas necessárias para assegurar o efetivo exercício desse direito pelas pessoas com deficiência, em igualdade de oportunidades com as demais pessoas.

Artigo 11

Situações de risco e emergências humanitárias

Em conformidade com suas obrigações decorrentes do direito internacional, inclusive do direito humanitário internacional e do direito internacional dos direitos humanos, os Estados-partes tomarão todas as medidas necessárias para assegurar a proteção e a segurança das pessoas com deficiência que se encontrarem em situações de risco, inclusive situações de conflito armado, emergências humanitárias e ocorrência de desastres naturais.

Artigo 12

Reconhecimento igual perante a lei

1. Os Estados-partes reafirmam que as pessoas com deficiência têm o direito de ser reconhecidas em qualquer lugar como pessoas perante a lei.

2. Os Estados-partes reconhecerão que as pessoas com deficiência gozam de capacidade legal em igualdade de condições com as demais pessoas em todos os aspectos da vida.

3. Os Estados-partes tomarão medidas apropriadas para prover o acesso de pessoas com deficiência ao apoio que necessitarem no exercício de sua capacidade legal.

4. Os Estados-partes assegurarão que todas as medidas relativas ao exercício da capacidade legal incluam salvaguardas apropriadas e efetivas para prevenir abusos, em conformidade com o direito internacional dos direitos humanos. Essas salvaguardas assegurarão que as medidas relativas ao

exercício da capacidade legal respeitem os direitos, a vontade e as preferências da pessoa, sejam isentas de conflito de interesses e de influência indevida, sejam proporcionais e apropriadas às circunstâncias da pessoa, se apliquem pelo período mais curto possível e sejam submetidas à revisão regular por uma autoridade ou órgão judiciário competente, independente e imparcial. As salvaguardas serão proporcionais ao grau em que tais medidas afetarem os direitos e interesses da pessoa.

5. Os Estados-partes, sujeitos ao disposto neste Artigo, tomarão todas as medidas apropriadas e efetivas para assegurar às pessoas com deficiência o igual direito de possuir ou herdar bens, de controlar as próprias finanças e de ter igual acesso a empréstimos bancários, hipotecas e outras formas de crédito financeiro, e assegurarão que as pessoas com deficiência não sejam arbitrariamente destituídas de seus bens.

Artigo 13

Acesso à justiça

1. Os Estados-partes assegurarão o efetivo acesso das pessoas com deficiência à justiça, em igualdade de condições com as demais pessoas, inclusive mediante a provisão de adaptações processuais adequadas à idade, a fim de facilitar o efetivo papel das pessoas com deficiência como participantes diretos ou indiretos, inclusive como testemunhas, em todos os procedimentos jurídicos, tais como investigações e outras etapas preliminares.

2. A fim de assegurar às pessoas com deficiência o efetivo acesso à justiça, os Estados-partes promoverão a capacitação apropriada daqueles que trabalham na área de administração da justiça, inclusive a polícia e os funcionários do sistema penitenciário.

Artigo 14

Liberdade e segurança da pessoa

1. Os Estados-partes assegurarão que as pessoas com deficiência, em igualdade de oportunidades com as demais pessoas:

a) Gozem do direito à liberdade e à segurança da pessoa; e

b) Não sejam privadas ilegal ou arbitrariamente de sua liberdade e que toda privação de liberdade esteja em conformidade com a lei, e que a existência de deficiência não justifique a privação de liberdade.

2. Os Estados-partes assegurarão que, se pessoas com deficiência forem privadas de liberdade mediante algum processo, elas, em igualdade de oportunidades com as demais pessoas, façam jus a garantias de acordo com o direito internacional dos direitos humanos e sejam tratadas em conformidade com os objetivos e princípios da presente Convenção, inclusive mediante a provisão de adaptação razoável.

Artigo 15

Prevenção contra tortura ou tratamentos ou penas cruéis, desumanos ou degradantes

1. Nenhuma pessoa será submetida à tortura ou a tratamentos ou penas cruéis, desumanos ou degradantes. Em especial, nenhuma pessoa deverá ser sujeita a experimentos médicos ou científicos sem seu livre consentimento.

2. Os Estados-partes tomarão todas as medidas efetivas de natureza legislativa, administrativa, judicial ou outra para evitar que pessoas com deficiência, do mesmo modo que as demais pessoas, sejam submetidas à tortura ou a tratamentos ou penas cruéis, desumanos ou degradantes.

Artigo 16

Prevenção contra a exploração, a violência e o abuso

1. Os Estados-partes tomarão todas as medidas apropriadas de natureza legislativa, administrativa, social, educacional e outras para proteger as pessoas com deficiência, tanto dentro como fora do lar, contra todas as formas de exploração, violência e abuso, incluindo aspectos relacionados a gênero.

2. Os Estados-partes também tomarão todas as medidas apropriadas para prevenir todas as formas de exploração, violência e abuso, assegurando, entre outras coisas, formas apropriadas de atendimento e apoio que levem em conta o gênero e a idade das pessoas com deficiência e de seus familiares e atendentes, inclusive mediante a provisão de informação e educação sobre a maneira de evitar, reconhecer e denunciar casos de exploração, violência e abuso. Os Estados-partes assegurarão que os serviços de proteção levem em conta a idade, o gênero e a deficiência das pessoas.

3. A fim de prevenir a ocorrência de quaisquer formas de exploração, violência e abuso, os Estados-partes assegurarão que todos os programas e instalações destinados a atender pessoas com deficiência sejam efetivamente monitorados por autoridades independentes.

4. Os Estados-partes tomarão todas as medidas apropriadas para promover a recuperação física, cognitiva e psicológica, inclusive mediante a provisão de serviços de proteção, a reabilitação e a reinserção social de pessoas com deficiência que forem vítimas de qualquer forma de exploração, violência ou abuso. Tais recuperação e reinserção ocorrerão em ambientes que promovam a saúde, o bem-estar, o autorrespeito, a dignidade e a autonomia da pessoa e levem em consideração as necessidades de gênero e idade.

5. Os Estados-partes adotarão leis e políticas efetivas, inclusive legislação e políticas voltadas para mulheres e crianças, a fim de assegurar que os casos de exploração, violência e abuso contra pessoas com deficiência sejam identificados, investigados e, caso necessário, julgados.

Artigo 17

Proteção da integridade da pessoa

Toda pessoa com deficiência tem o direito a que sua integridade física e mental seja respeitada, em igualdade de condições com as demais pessoas.

Artigo 18

Liberdade de movimentação e nacionalidade

1. Os Estados-partes reconhecerão os direitos das pessoas com deficiência à liberdade de movimentação, à liberdade de escolher sua residência e à nacionalidade, em igualdade de oportunidades com as demais pessoas, inclusive assegurando que as pessoas com deficiência:

a) Tenham o direito de adquirir nacionalidade e mudar de nacionalidade e não sejam privadas arbitrariamente de sua nacionalidade em razão de sua deficiência.

b) Não sejam privadas, por causa de sua deficiência, da competência de obter, possuir e utilizar documento comprovante de sua nacionalidade ou outro documento de identidade, ou de recorrer a processos relevantes, tais como procedimentos relativos à imigração, que forem necessários para facilitar o exercício de seu direito à liberdade de movimentação.

c) Tenham liberdade de sair de qualquer país, inclusive do seu; e

d) Não sejam privadas, arbitrariamente ou por causa de sua deficiência, do direito de entrar no próprio país.

2. As crianças com deficiência serão registradas imediatamente após o nascimento e terão, desde o nascimento, o direito a um nome, o direito de adquirir nacionalidade e, tanto quanto possível, o direito de conhecer seus pais e de ser cuidadas por eles.

Artigo 19

Vida independente e inclusão na comunidade

Os Estados-partes desta Convenção reconhecem o igual direito de todas as pessoas com deficiência de viver na comunidade, com a mesma liberdade de escolha que as demais pessoas, e tomarão medidas efetivas e apropriadas para facilitar às pessoas com deficiência o pleno gozo desse direito e sua plena inclusão e participação na comunidade, inclusive assegurando que:

a) As pessoas com deficiência possam escolher seu local de residência e onde e com quem morar, em igualdade de oportunidades com as demais pessoas, e que não sejam obrigadas a viver em determinado tipo de moradia;

b) As pessoas com deficiência tenham acesso a uma variedade de serviços de apoio em domicílio ou em instituições residenciais ou a outros serviços comunitários de apoio, inclusive os serviços de atendentes pessoais que forem necessários como apoio para que as pessoas com deficiência vivam e sejam incluídas na comunidade e para evitar que fiquem isoladas ou segregadas da comunidade;

c) Os serviços e instalações da comunidade para a população em geral estejam disponíveis às pessoas com deficiência, em igualdade de oportunidades, e atendam às suas necessidades.

Artigo 20

Mobilidade pessoal

Os Estados-partes tomarão medidas efetivas para assegurar às pessoas com deficiência sua mobilidade pessoal com a máxima independência possível:

a) Facilitando a mobilidade pessoal das pessoas com deficiência, na forma e no momento em que elas quiserem, e a custo acessível;

b) Facilitando às pessoas com deficiência o acesso a tecnologias assistivas, dispositivos e ajudas técnicas de qualidade, e formas de assistência humana ou animal e de mediadores, inclusive tornando-os disponíveis a custo acessível;

c) Propiciando às pessoas com deficiência e ao pessoal especializado uma capacitação em técnicas de mobilidade;

d) Incentivando entidades que produzem ajudas técnicas de mobilidade, dispositivos e tecnologias assistivas a levarem em conta todos os aspectos relativos à mobilidade de pessoas com deficiência.

Artigo 21

Liberdade de expressão e de opinião e acesso à informação

Os Estados-partes tomarão todas as medidas apropriadas para assegurar que as pessoas com deficiência possam exercer seu direito à liberdade de expressão e opinião, inclusive à liberdade de buscar, receber e compartilhar informações e ideias, em igualdade de oportunidades com as demais pessoas e por intermédio de todas as formas de comunicação de sua escolha, conforme o disposto no Artigo 2 da presente Convenção, entre as quais:

a) Fornecer, prontamente e sem custo adicional, às pessoas com deficiência, todas as informações destinadas ao público em geral, em formatos acessíveis e tecnologias apropriadas aos diferentes tipos de deficiência;

b) Aceitar e facilitar, em trâmites oficiais, o uso de línguas de sinais, braille, comunicação aumentativa e alternativa, e de todos os demais meios, modos e formatos acessíveis de comunicação, à escolha das pessoas com deficiência;

c) Urgir as entidades privadas que oferecem serviços ao público em geral, inclusive por meio da Internet, a fornecer informações e serviços em formatos acessíveis, que possam ser usados por pessoas com deficiência;

d) Incentivar a mídia, inclusive os provedores de informação pela Internet, a tornar seus serviços acessíveis a pessoas com deficiência;

e) Reconhecer e promover o uso de línguas de sinais.

Artigo 22

Respeito à privacidade

1. Nenhuma pessoa com deficiência, qualquer que seja seu local de residência ou tipo de moradia, estará sujeita a interferência arbitrária ou ilegal em sua privacidade, família, lar, correspondência ou outros tipos de comunicação, nem a ataques ilícitos à sua honra e reputação. As pessoas com deficiência têm o direito à proteção da lei contra tais interferências ou ataques.

2. Os Estados-partes protegerão a privacidade dos dados pessoais e dados relativos à saúde e à reabilitação de pessoas com deficiência, em igualdade de condições com as demais pessoas.

Artigo 23

Respeito pelo lar e pela família

1. Os Estados-partes tomarão medidas efetivas e apropriadas para eliminar a discriminação contra pessoas com deficiência, em todos os aspectos relativos a casamento, família, paternidade e relacionamentos, em igualdade de condições com as demais pessoas, de modo a assegurar que:

a) Seja reconhecido o direito das pessoas com deficiência, em idade de contrair matrimônio, de casar-se e estabelecer família, com base no livre e pleno consentimento dos pretendentes;

b) Sejam reconhecidos os direitos das pessoas com deficiência de decidir livre e responsavelmente sobre o número de filhos e o espaçamento entre esses filhos e de ter acesso a informações adequadas à idade e a educação em matéria de reprodução e de planejamento familiar, bem como os meios necessários para exercer esses direitos.

c) As pessoas com deficiência, inclusive crianças, conservem sua fertilidade, em igualdade de condições com as demais pessoas.

2. Os Estados-partes assegurarão os direitos e responsabilidades das pessoas com deficiência, relativos à guarda, custódia, curatela e adoção de crianças ou instituições semelhantes, caso esses conceitos constem na legislação nacional. Em todos os casos, prevalecerá o superior interesse da criança. Os Estados-partes prestarão a devida assistência às pessoas com deficiência para que essas pessoas possam exercer suas responsabilidades na criação dos filhos.

3. Os Estados-partes assegurarão que as crianças com deficiência terão iguais direitos em relação à vida familiar. Para a realização desses direitos e para evitar ocultação, abandono, negligência e segregação de crianças com deficiência, os Estados-partes fornecerão prontamente informações abrangentes sobre serviços e apoios a crianças com deficiência e suas famílias.

4. Os Estados-partes assegurarão que uma criança não será separada de seus pais contra a vontade destes, exceto quando autoridades competentes, sujeitas a controle jurisdicional, determinarem, em conformidade com as leis e procedimentos aplicáveis, que a separação é necessária, no superior interesse da criança. Em nenhum caso, uma criança será separada dos pais sob alegação de deficiência da criança ou de um ou ambos os pais.

5. Os Estados-partes, no caso em que a família imediata de uma criança com deficiência não tenha condições de cuidar da criança, farão todo esforço para que cuidados alternativos sejam oferecidos por outros parentes e, se isso não for possível, dentro de ambiente familiar, na comunidade.

Artigo 24

Educação

1. Os Estados-partes reconhecem o direito das pessoas com deficiência à educação. Para efetivar esse direito sem discriminação e com base na igualdade de oportunidades, os Estados-partes assegurarão sistema educacional inclusivo em todos os níveis, bem como o aprendizado ao longo de toda a vida, com os seguintes objetivos:

a) O pleno desenvolvimento do potencial humano e do senso de dignidade e autoestima, além do fortalecimento do respeito pelos direitos humanos, pelas liberdades fundamentais e pela diversidade humana;

b) O máximo desenvolvimento possível da personalidade e dos talentos e da criatividade das pessoas com deficiência, assim como de suas habilidades físicas e intelectuais;

c) A participação efetiva das pessoas com deficiência em uma sociedade livre.

2. Para a realização desse direito, os Estados-partes assegurarão que:

a) As pessoas com deficiência não sejam excluídas do sistema educacional geral sob alegação de deficiência e que as crianças com deficiência não sejam excluídas do ensino primário gratuito e compulsório ou do ensino secundário, sob alegação de deficiência;

b) As pessoas com deficiência possam ter acesso ao ensino primário inclusivo, de qualidade e gratuito, e ao ensino secundário, em igualdade de condições com as demais pessoas na comunidade em que vivem;

c) Adaptações razoáveis de acordo com as necessidades individuais sejam providenciadas;

d) As pessoas com deficiência recebam o apoio necessário, no âmbito do sistema educacional geral, com vistas a facilitar sua efetiva educação;

e) Medidas de apoio individualizadas e efetivas sejam adotadas em ambientes que maximizem o desenvolvimento acadêmico e social, de acordo com a meta de inclusão plena.

3. Os Estados-partes assegurarão às pessoas com deficiência a possibilidade de adquirir as competências práticas e sociais necessárias de modo a facilitar às pessoas com deficiência sua plena e igual participação no sistema de ensino e na vida em comunidade. Para tanto, os Estados-partes tomarão medidas apropriadas, incluindo:

a) Facilitação do aprendizado do braille, escrita alternativa, modos, meios e formatos de comunicação aumentativa e alternativa, e habilidades de orientação e mobilidade, além de facilitação do apoio e aconselhamento de pares;

b) Facilitação do aprendizado da língua de sinais e promoção da identidade linguística da comunidade surda;

c) Garantia de que a educação de pessoas, em particular crianças cegas, surdocegas e surdas, seja ministrada nas línguas e nos modos e meios de comunicação mais adequados ao indivíduo e em ambientes que favoreçam ao máximo seu desenvolvimento acadêmico e social.

4. A fim de contribuir para o exercício desse direito, os Estados-partes tomarão medidas apropriadas para empregar professores, inclusive professores com deficiência, habilitados para o ensino da língua de sinais e/ou do braille, e para capacitar profissionais e equipes atuantes em todos os níveis de ensino. Essa capacitação incorporará a conscientização da deficiência e a utilização de modos, meios e formatos apropriados de comunicação aumentativa e alternativa, e técnicas e materiais pedagógicos, como apoios para pessoas com deficiência.

5. Os Estados-partes assegurarão que as pessoas com deficiência possam ter acesso ao ensino superior em geral, treinamento profissional de acordo com sua vocação, educação para adultos e formação continuada, sem discriminação e em igualdade de condições. Para tanto, os Estados-partes assegurarão a provisão de adaptações razoáveis para pessoas com deficiência.

Artigo 25

Saúde

Os Estados-partes reconhecem que as pessoas com deficiência têm o direito de gozar do estado de saúde mais elevado possível, sem discriminação baseada na deficiência. Os Estados-partes tomarão todas as medidas apropriadas para assegurar às pessoas com deficiência o acesso a serviços de saúde, incluindo os serviços de reabilitação, que levarão em conta as especificidades de gênero. Em especial, os Estados-partes:

a) Oferecerão às pessoas com deficiência programas e atenção à saúde gratuitos ou a custos acessíveis da mesma variedade, qualidade e padrão que são oferecidos às demais pessoas, inclusive na área de saúde sexual e reprodutiva e de programas de saúde pública destinados à população em geral;

b) Propiciarão serviços de saúde que as pessoas com deficiência necessitam especificamente por causa de sua deficiência, inclusive diagnóstico e intervenção precoces, bem como serviços projetados para reduzir ao máximo e prevenir deficiências adicionais, inclusive entre crianças e idosos;

c) Propiciarão esses serviços de saúde às pessoas com deficiência, o mais próximo possível de suas comunidades, inclusive na zona rural;

d) Exigirão dos profissionais de saúde que dispensem às pessoas com deficiência a mesma qualidade de serviços dispensada às demais pessoas e, principalmente, que obtenham o consentimento livre e esclarecido das pessoas com deficiência concernentes. Para esse fim, os Estados-partes realizarão atividades de formação e definirão regras éticas para os setores de saúde público e privado, de modo a conscientizar os profissionais de saúde acerca dos direitos humanos, da dignidade, autonomia e das necessidades das pessoas com deficiência;

e) Proibirão a discriminação contra pessoas com deficiência na provisão de seguro de saúde e seguro de vida, caso tais seguros sejam permitidos pela legislação nacional, os quais deverão ser providos de maneira razoável e justa;

f) Prevenirão que se negue, de maneira discriminatória, os serviços de saúde ou de atenção à saúde ou a administração de alimentos sólidos ou líquidos por motivo de deficiência.

Artigo 26

Habilitação e reabilitação

1. Os Estados-partes tomarão medidas efetivas e apropriadas, inclusive mediante apoio dos pares, para possibilitar que as pessoas com deficiência conquistem e conservem o máximo de autonomia e plena capacidade física, mental, social e profissional, bem como plena inclusão e participação em todos os aspectos da vida. Para tanto, os Estados-partes organizarão, fortalecerão e ampliarão serviços e programas completos de habilitação e reabilitação, particularmente nas áreas de saúde, emprego, educação e serviços sociais, de modo que esses serviços e programas:

a) Comecem no estágio mais precoce possível e sejam baseados em avaliação multidisciplinar das necessidades e pontos fortes de cada pessoa;

b) Apoiem a participação e a inclusão na comunidade e em todos os aspectos da vida social, sejam oferecidos voluntariamente e estejam disponíveis às pessoas com deficiência o mais próximo possível de suas comunidades, inclusive na zona rural.

2. Os Estados-partes promoverão o desenvolvimento da capacitação inicial e continuada de profissionais e de equipes que atuam nos serviços de habilitação e reabilitação.

3. Os Estados-partes promoverão a disponibilidade, o conhecimento e o uso de dispositivos e tecnologias assistivas, projetados para pessoas com deficiência e relacionados com a habilitação e a reabilitação.

Artigo 27

Trabalho e emprego

1. Os Estados-partes reconhecem o direito das pessoas com deficiência ao trabalho, em igualdade de oportunidades com as demais pessoas. Esse direito abrange o direito à oportunidade de se manter com um trabalho de sua livre escolha ou aceitação no mercado laboral, em ambiente de trabalho que seja aberto, inclusivo e acessível a pessoas com deficiência. Os Estados-partes salvaguardarão e promoverão a realização do direito ao trabalho, inclusive daqueles que tiverem adquirido uma deficiência no emprego, adotando medidas apropriadas, incluídas na legislação, com o fim de, entre outros:

a) Proibir a discriminação baseada na deficiência com respeito a todas as questões relacionadas com as formas de emprego, inclusive condições de recrutamento, contratação e admissão, permanência no emprego, ascensão profissional e condições seguras e salubres de trabalho;

b) Proteger os direitos das pessoas com deficiência, em condições de igualdade com as demais pessoas, às condições justas e favoráveis de trabalho, incluindo iguais oportunidades e igual remuneração por trabalho de igual valor, condições seguras e salubres de trabalho, além de reparação de injustiças e proteção contra o assédio no trabalho;

c) Assegurar que as pessoas com deficiência possam exercer seus direitos trabalhistas e sindicais, em condições de igualdade com as demais pessoas;

d) Possibilitar às pessoas com deficiência o acesso efetivo a programas de orientação técnica e profissional e a serviços de colocação no trabalho e de treinamento profissional e continuado;

e) Promover oportunidades de emprego e ascensão profissional para pessoas com deficiência no mercado de trabalho, bem como assistência na procura, obtenção e manutenção do emprego e no retorno ao emprego;

f) Promover oportunidades de trabalho autônomo, empreendedorismo, desenvolvimento de cooperativas e estabelecimento de negócio próprio;

g) Empregar pessoas com deficiência no setor público;

h) Promover o emprego de pessoas com deficiência no setor privado, mediante políticas e medidas apropriadas, que poderão incluir programas de ação afirmativa, incentivos e outras medidas;

i) Assegurar que adaptações razoáveis sejam feitas para pessoas com deficiência no local de trabalho;

j) Promover a aquisição de experiência de trabalho por pessoas com deficiência no mercado aberto de trabalho;

k) Promover reabilitação profissional, manutenção do emprego e programas de retorno ao trabalho para pessoas com deficiência.

2. Os Estados-partes assegurarão que as pessoas com deficiência não serão mantidas em escravidão ou servidão e que serão protegidas, em igualdade de condições com as demais pessoas, contra o trabalho forçado ou compulsório.

Artigo 28

Padrão de vida e proteção social adequados

1. Os Estados-partes reconhecem o direito das pessoas com deficiência a um padrão adequado de vida para si e para suas famílias, inclusive alimentação, vestuário e moradia adequados, bem como à melhoria contínua de suas condições de vida, e tomarão as providências necessárias para salvaguardar e promover a realização desse direito sem discriminação baseada na deficiência.

2. Os Estados-partes reconhecem o direito das pessoas com deficiência à proteção social e ao exercício desse direito sem discriminação baseada na deficiência, e tomarão as medidas apropriadas para salvaguardar e promover a realização desse direito, tais como:

a) Assegurar igual acesso de pessoas com deficiência a serviços de saneamento básico e assegurar o acesso aos serviços, dispositivos e outros atendimentos apropriados para as necessidades relacionadas com a deficiência;

b) Assegurar o acesso de pessoas com deficiência, particularmente mulheres, crianças e idosos com deficiência, a programas de proteção social e de redução da pobreza;

c) Assegurar o acesso de pessoas com deficiência e suas famílias em situação de pobreza à assistência do Estado em relação a seus gastos ocasionados pela deficiência, inclusive treinamento adequado, aconselhamento, ajuda financeira e cuidados de repouso;

d) Assegurar o acesso de pessoas com deficiência a programas habitacionais públicos;

e) Assegurar igual acesso de pessoas com deficiência a programas e benefícios de aposentadoria.

Artigo 29

Participação na vida política e pública

Os Estados-partes garantirão às pessoas com deficiência direitos políticos e oportunidade de exercê-los em condições de igualdade com as demais pessoas, e deverão:

a) Assegurar que as pessoas com deficiência possam participar efetiva e plenamente na vida política e pública, em igualdade de oportunidades com as demais pessoas, diretamente ou por meio de representantes livremente escolhidos, incluindo o direito e a oportunidade de votarem e serem votadas, mediante, entre outros:

i) Garantia de que os procedimentos, instalações e materiais e equipamentos para votação serão apropriados, acessíveis e de fácil compreensão e uso;

ii) Proteção do direito das pessoas com deficiência ao voto secreto em eleições e plebiscitos, sem intimidação, e a candidatar-se nas eleições, efetivamente ocupar cargos eletivos e desempenhar quaisquer funções públicas em todos os níveis de governo, usando novas tecnologias assistivas, quando apropriado;

iii) Garantia da livre expressão de vontade das pessoas com deficiência como eleitores e, para tanto, sempre que necessário e a seu pedido, permissão para que elas sejam auxiliadas na votação por uma pessoa de sua escolha;

b) Promover ativamente um ambiente em que as pessoas com deficiência possam participar efetiva e plenamente na condução das questões públicas, sem discriminação e em igualdade de oportunidades com as demais pessoas, e encorajar sua participação nas questões públicas, mediante:

i) Participação em organizações não governamentais relacionadas com a vida pública e política do país, bem como em atividades e administração de partidos políticos;

ii) Formação de organizações para representar pessoas com deficiência em níveis internacional, regional, nacional e local, bem como a filiação de pessoas com deficiência a tais organizações.

Artigo 30

Participação na vida cultural e em recreação, lazer e esporte

1. Os Estados-partes reconhecem o direito das pessoas com deficiência de participar na vida cultural, em igualdade de oportunidades com as demais pessoas, e tomarão todas as medidas apropriadas para que as pessoas com deficiência possam:

a) Ter acesso a bens culturais em formatos acessíveis;

b) Ter acesso a programas de televisão, cinema, teatro e outras atividades culturais, em formatos acessíveis; e

c) Ter acesso a locais que ofereçam serviços ou eventos culturais, tais como teatros, museus, cinemas, bibliotecas e serviços turísticos, bem como, tanto quanto possível, ter acesso a monumentos e locais de importância cultural nacional.

2. Os Estados-partes tomarão medidas apropriadas para que as pessoas com deficiência tenham a oportunidade de desenvolver e utilizar seu potencial criativo, artístico e intelectual, não somente em benefício próprio, mas também para o enriquecimento da sociedade.

3. Os Estados-partes deverão tomar todas as providências, em conformidade com o direito internacional, para assegurar que a legislação de proteção dos direitos de propriedade intelectual não constitua barreira excessiva ou discriminatória ao acesso de pessoas com deficiência a bens culturais.

4. As pessoas com deficiência farão jus, em igualdade de oportunidades com as demais pessoas, a que sua identidade cultural e linguística específica seja reconhecida e apoiada, incluindo as línguas de sinais e a cultura surda.

5. Para que as pessoas com deficiência participem, em igualdade de oportunidades com as demais pessoas, de atividades recreativas, esportivas e de lazer, os Estados-partes tomarão medidas apropriadas para:

a) Incentivar e promover a maior participação possível das pessoas com deficiência nas atividades esportivas comuns em todos os níveis;

b) Assegurar que as pessoas com deficiência tenham a oportunidade de organizar, desenvolver e participar em atividades esportivas e recreativas específicas às deficiências e, para tanto, incentivar a provisão de instrução, treinamento e recursos adequados, em igualdade de oportunidades com as demais pessoas;

c) Assegurar que as pessoas com deficiência tenham acesso a locais de eventos esportivos, recreativos e turísticos;

d) Assegurar que as crianças com deficiência possam, em igualdade de condições com as demais crianças, participar de jogos e atividades recreativas, esportivas e de lazer, inclusive no sistema escolar;

e) Assegurar que as pessoas com deficiência tenham acesso aos serviços prestados por pessoas ou entidades envolvidas na organização de atividades recreativas, turísticas, esportivas e de lazer.

Artigo 31

Estatísticas e coleta de dados

1. Os Estados-partes coletarão dados apropriados, inclusive estatísticos e de pesquisas, para que possam formular e implementar políticas destinadas a pôr em prática a presente Convenção. O processo de coleta e manutenção de tais dados deverá:

a) Observar as salvaguardas estabelecidas por lei, inclusive pelas leis relativas à proteção de dados, a fim de assegurar a confidencialidade e o respeito pela privacidade das pessoas com deficiência;

b) Observar as normas internacionalmente aceitas para proteger os direitos humanos, as liberdades fundamentais e os princípios éticos na coleta de dados e utilização de estatísticas.

2. As informações coletadas de acordo com o disposto neste Artigo serão desagregadas, de maneira apropriada, e utilizadas para avaliar o cumprimento, por parte dos Estados-partes, de suas obrigações na presente Convenção e para identificar e enfrentar as barreiras com as quais as pessoas com deficiência se deparam no exercício de seus direitos.

3. Os Estados-partes assumirão responsabilidade pela disseminação das referidas estatísticas e assegurarão que elas sejam acessíveis às pessoas com deficiência e a outros.

Artigo 32

Cooperação internacional

1. Os Estados-partes reconhecem a importância da cooperação internacional e de sua promoção, em apoio aos esforços nacionais para a consecução do propósito e dos objetivos da presente Convenção e, sob este aspecto, adotarão medidas apropriadas e efetivas entre os Estados e, de maneira adequada, em parceria com organizações internacionais e regionais relevantes e com a sociedade civil e, em particular, com organizações de pessoas com deficiência. Estas medidas poderão incluir, entre outras:

a) Assegurar que a cooperação internacional, incluindo os programas internacionais de desenvolvimento, sejam inclusivos e acessíveis para pessoas com deficiência;

b) Facilitar e apoiar a capacitação, inclusive por meio do intercâmbio e compartilhamento de informações, experiências, programas de treinamento e melhores práticas;

c) Facilitar a cooperação em pesquisa e o acesso a conhecimentos científicos e técnicos;

d) Propiciar, de maneira apropriada, assistência técnica e financeira, inclusive mediante facilitação do acesso a tecnologias assistivas e acessíveis e seu compartilhamento, bem como por meio de transferência de tecnologias.

2. O disposto neste Artigo se aplica sem prejuízo das obrigações que cabem a cada Estado-parte em decorrência da presente Convenção.

Artigo 33

Implementação e monitoramento nacionais

1. Os Estados-partes, de acordo com seu sistema organizacional, designarão um ou mais de um ponto focal no âmbito do Governo para assuntos relacionados com a implementação da presente Convenção e darão a devida consideração ao estabelecimento ou designação de um mecanismo de coordenação no âmbito do Governo, a fim de facilitar ações correlatas nos diferentes setores e níveis.

2. Os Estados-partes, em conformidade com seus sistemas jurídico e administrativo, manterão, fortalecerão, designarão ou estabelecerão estrutura, incluindo um ou mais de um mecanismo independente, de maneira apropriada, para promover, proteger e monitorar a implementação da presente Convenção. Ao designar ou estabelecer tal mecanismo, os Estados-partes levarão em conta os princípios relativos ao *status* e funcionamento das instituições nacionais de proteção e promoção dos direitos humanos.

3. A sociedade civil e, particularmente, as pessoas com deficiência e suas organizações representativas serão envolvidas e participarão plenamente no processo de monitoramento.

Artigo 34

Comitê sobre os Direitos das Pessoas com Deficiência

1. Um Comitê sobre os Direitos das Pessoas com Deficiência (doravante denominado "Comitê") será estabelecido, para desempenhar as funções aqui definidas.

2. O Comitê será constituído, quando da entrada em vigor da presente Convenção, de 12 peritos. Quando a presente Convenção alcançar 60 ratificações ou adesões, o Comitê será acrescido em seis membros, perfazendo o total de 18 membros.

3. Os membros do Comitê atuarão a título pessoal e apresentarão elevada postura moral, competência e experiência reconhecidas no campo abrangido pela presente Convenção. Ao designar seus candidatos, os Estados-partes são instados a dar a devida consideração ao disposto no Artigo 4.3 da presente Convenção.

4. Os membros do Comitê serão eleitos pelos Estados-partes, observando-se uma distribuição geográfica equitativa, representação de diferentes formas de civilização e dos principais sistemas jurídicos, representação equilibrada de gênero e participação de peritos com deficiência.

5. Os membros do Comitê serão eleitos por votação secreta em sessões da Conferência dos Estados-partes, a partir de uma lista de pessoas designadas pelos Estados-partes entre seus nacionais. Nessas sessões, cujo *quorum* será de dois terços dos Estados-partes, os candidatos eleitos para o Comitê serão aqueles que obtiverem o maior número de votos e a maioria absoluta dos votos dos representantes dos Estados-partes presentes e votantes.

6. A primeira eleição será realizada, o mais tardar, até seis meses após a data de entrada em vigor da presente Convenção. Pelo menos quatro meses antes de cada eleição, o Secretário-Geral das Nações Unidas dirigirá carta aos Estados-partes, convidando-os a submeter os nomes de seus candidatos no prazo de dois meses. O Secretário-Geral, subsequentemente, preparará lista em ordem alfabética de todos os candidatos apresentados, indicando que foram designados pelos Estados-partes, e submeterá essa lista aos Estados-partes da presente Convenção.

7. Os membros do Comitê serão eleitos para mandato de quatro anos, podendo ser candidatos à reeleição uma única vez. Contudo, o mandato de seis dos membros eleitos na primeira eleição expirará ao fim de dois anos; imediatamente após a primeira eleição, os nomes desses seis membros serão selecionados por sorteio pelo presidente da sessão a que se refere o parágrafo 5 deste Artigo.

8. A eleição dos seis membros adicionais do Comitê será realizada por ocasião das eleições regulares, de acordo com as disposições pertinentes deste Artigo.

9. Em caso de morte, demissão ou declaração de um membro de que, por algum motivo, não poderá continuar a exercer suas funções, o Estado-parte que o tiver indicado designará um outro perito que tenha as qualificações e satisfaça aos requisitos estabele-

cidos pelos dispositivos pertinentes deste Artigo, para concluir o mandato em questão.

10. O Comitê estabelecerá suas próprias normas de procedimento.

11. O Secretário-Geral das Nações Unidas proverá o pessoal e as instalações necessários para o efetivo desempenho das funções do Comitê segundo a presente Convenção e convocará sua primeira reunião.

12. Com a aprovação da Assembleia Geral, os membros do Comitê estabelecido sob a presente Convenção receberão emolumentos dos recursos das Nações Unidas, sob termos e condições que a Assembleia possa decidir, tendo em vista a importância das responsabilidades do Comitê.

13. Os membros do Comitê terão direito aos privilégios, facilidades e imunidades dos peritos em missões das Nações Unidas, em conformidade com as disposições pertinentes da Convenção sobre Privilégios e Imunidades das Nações Unidas.

Artigo 35

Relatórios dos Estados-partes

1. Cada Estado-parte, por intermédio do Secretário-Geral das Nações Unidas, submeterá relatório abrangente sobre as medidas adotadas em cumprimento de suas obrigações estabelecidas pela presente Convenção e sobre o progresso alcançado nesse aspecto, dentro do período de dois anos após a entrada em vigor da presente Convenção para o Estado-parte concernente.

2. Depois disso, os Estados-partes submeterão relatórios subsequentes, ao menos a cada quatro anos, ou quando o Comitê o solicitar.

3. O Comitê determinará as diretrizes aplicáveis ao teor dos relatórios.

4. Um Estado-parte que tiver submetido ao Comitê um relatório inicial abrangente não precisará, em relatórios subsequentes, repetir informações já apresentadas. Ao elaborar os relatórios ao Comitê, os Estados-partes são instados a fazê-lo de maneira franca e transparente e a levar em consideração o disposto no Artigo 4.3 da presente Convenção.

5. Os relatórios poderão apontar os fatores e as dificuldades que tiverem afetado o cumprimento das obrigações decorrentes da presente Convenção.

Artigo 36

Consideração dos relatórios

1. Os relatórios serão considerados pelo Comitê, que fará as sugestões e recomendações gerais que julgar pertinentes e as transmitirá aos respectivos Estados-partes. O Estado-parte poderá responder ao Comitê com as informações que julgar pertinentes. O Comitê poderá pedir informações adicionais aos Estados-partes, referentes à implementação da presente Convenção.

2. Se um Estado-parte atrasar consideravelmente a entrega de seu relatório, o Comitê poderá notificar esse Estado de que examinará a aplicação da presente Convenção com base em informações confiáveis de que disponha, a menos que o relatório devido seja apresentado pelo Estado dentro do período de três meses após a notificação. O Comitê convidará o Estado-parte interessado a participar desse exame. Se o Estado-parte responder entregando seu relatório, aplicar-se-á o disposto no parágrafo 1 do presente artigo.

3. O Secretário-Geral das Nações Unidas colocará os relatórios à disposição de todos os Estados-partes.

4. Os Estados-partes tornarão seus relatórios amplamente disponíveis ao público em seus países e facilitarão o acesso à possibilidade de sugestões e de recomendações gerais a respeito desses relatórios.

5. O Comitê transmitirá às agências, fundos e programas especializados das Nações Unidas e a outras organizações competentes, da maneira que julgar apropriada, os relatórios dos Estados-partes que contenham demandas ou indicações de necessidade de consultoria ou de assistência técnica, acompanhados de eventuais observações e sugestões do Comitê em relação às referidas demandas ou indicações, a fim de que possam ser consideradas.

Artigo 37

Cooperação entre os Estados-Partes e o Comitê

1. Cada Estado-parte cooperará com o Comitê e auxiliará seus membros no desempenho de seu mandato.

2. Em suas relações com os Estados-partes, o Comitê dará a devida consideração aos meios e modos de aprimorar a capacidade de cada Estado-parte para a implementação da presente Convenção, inclusive mediante cooperação internacional.

Artigo 38

Relações do Comitê com outros órgãos

A fim de promover a efetiva implementação da presente Convenção e de incentivar a cooperação internacional na esfera abrangida pela presente Convenção:

a) As agências especializadas e outros órgãos das Nações Unidas terão o direito de se fazer representar quando da consideração da implementação de disposições da presente Convenção que disserem respeito aos seus respectivos mandatos. O Comitê poderá convidar as agências especializadas e outros órgãos competentes, segundo julgar apropriado, a oferecer consultoria de peritos sobre a implementação da Convenção em áreas pertinentes a seus respectivos mandatos. O Comitê poderá convidar agências especializadas e outros órgãos das Nações Unidas a apresentar relatórios sobre a implementação da Convenção em áreas pertinentes às suas respectivas atividades;

b) No desempenho de seu mandato, o Comitê consultará, de maneira apropriada, outros órgãos pertinentes instituídos ao amparo de tratados internacionais de direitos humanos, a fim de assegurar a consistência de suas respectivas diretrizes para a elaboração de relatórios, sugestões e recomendações gerais e de evitar duplicação e superposição no desempenho de suas funções.

Artigo 39

Relatório do Comitê

A cada dois anos, o Comitê submeterá à Assembleia Geral e ao Conselho Econômico e Social um relatório de suas atividades e poderá fazer sugestões e recomendações gerais baseadas no exame dos relatórios e nas informações recebidas dos Estados-partes. Estas sugestões e recomendações gerais serão incluídas no relatório do Comitê, acompanhadas, se houver, de comentários dos Estados-partes.

Artigo 40

Conferência dos Estados-partes

1. Os Estados-partes reunir-se-ão regularmente em Conferência dos Estados-partes a fim de considerar matérias relativas à implementação da presente Convenção.

2. O Secretário-Geral das Nações Unidas convocará, dentro do período de seis meses após a entrada em vigor da presente Convenção, a Conferência dos Estados-partes. As reuniões subsequentes serão convocadas pelo Secretário-Geral das Nações Unidas a cada dois anos ou conforme a decisão da Conferência dos Estados-partes.

Artigo 41

Depositário

O Secretário-Geral das Nações Unidas será o depositário da presente Convenção.

Artigo 42

Assinatura

A presente Convenção será aberta à assinatura de todos os Estados e organizações de integração regional na sede das Nações Unidas em Nova York, a partir de 30 de março de 2007.

Artigo 43

Consentimento em comprometer-se

A presente Convenção será submetida à ratificação pelos Estados signatários e à confirmação formal por organizações de integração regional signatárias. Ela estará aberta à adesão de qualquer Estado ou organização de integração regional que não a houver assinado.

Artigo 44

Organizações de integração regional

1. "Organização de integração regional" será entendida como organização constituída por Estados soberanos de determinada região, à qual seus Estados-membros tenham delegado competência sobre matéria abrangida pela presente Convenção. Essas organizações declararão, em seus documentos de confirmação formal ou adesão, o alcance de sua competência em relação à matéria abrangida pela presente Convenção. Subsequentemente, as organizações informarão ao depositário qualquer alteração substancial no âmbito de sua competência.

2. As referências a "Estados-partes" na presente Convenção serão aplicáveis a essas organizações, nos limites da competência destas.

3. Para os fins do parágrafo 1 do Artigo 45 e dos parágrafos 2 e 3 do Artigo 47, nenhum instrumento depositado por organização de integração regional será computado.

4. As organizações de integração regional, em matérias de sua competência, poderão exercer o direito de voto na Conferência dos Estados-partes, tendo direito ao mesmo número de votos quanto for o número de seus Estados-membros que forem Partes da presente Convenção. Essas organizações não exercerão seu direito de voto, se qualquer de seus Estados-membros exercer seu direito de voto, e vice-versa.

Artigo 45

Entrada em vigor

1. A presente Convenção entrará em vigor no trigésimo dia após o depósito do vigésimo instrumento de ratificação ou adesão.

2. Para cada Estado ou organização de integração regional que ratificar ou formalmente confirmar a presente Convenção ou a ela aderir após o depósito do referido vigésimo instrumento, a Convenção entrará em vigor no trigésimo dia a partir da data em que esse Estado ou organização tenha depositado seu instrumento de ratificação, confirmação formal ou adesão.

Artigo 46

Reservas

1. Não serão permitidas reservas incompatíveis com o objeto e o propósito da presente Convenção.

2. As reservas poderão ser retiradas a qualquer momento.

Artigo 47

Emendas

1. Qualquer Estado-parte poderá propor emendas à presente Convenção e submetê-las ao Secretário-Geral das Nações Unidas. O Secretário-Geral comunicará aos Estados-partes quaisquer emendas propostas, solicitando-lhes que o notifiquem se são favoráveis a uma Conferência dos Estados-partes para considerar as propostas e tomar decisão a respeito delas. Se, até quatro meses após a data da referida comunicação, pelo menos um terço dos Estados-partes se manifestar favorável a essa Conferência, o Secretário-Geral das Nações Unidas convocará a Conferência, sob os auspícios das Nações Unidas. Qualquer emenda adotada por maioria de dois terços dos Estados-partes presentes e votantes será submetida pelo Secretário-Geral à aprovação da Assembleia Geral das Nações Unidas e, posteriormente, à aceitação de todos os Estados-partes.

2. Qualquer emenda adotada e aprovada conforme o disposto no parágrafo 1 do presente artigo entrará em vigor no trigésimo dia após a data na qual o número de instrumentos de aceitação tenha atingido dois terços do número de Estados-partes na data de adoção da emenda. Posteriormente, a emenda entrará em vigor para todo Estado-parte no trigésimo dia após o depósito por esse Estado do seu instrumento de aceitação. A emenda será vinculante somente para os Estados-partes que a tiverem aceitado.

3. Se a Conferência dos Estados-partes assim o decidir por consenso, qualquer emenda adotada e aprovada em conformidade com o disposto no parágrafo 1 deste Artigo, relacionada exclusivamente com os artigos 34, 38, 39 e 40, entrará em vigor para todos os Estados-partes no trigésimo dia a partir da data em que o número de instrumentos de aceitação depositados tiver atingido dois terços do número de Estados-partes na data de adoção da emenda.

Artigo 48

Denúncia

Qualquer Estado-parte poderá denunciar a presente Convenção mediante notificação por escrito ao Secretário-Geral das Nações Unidas. A denúncia tornar-se-á efetiva um ano após a data de recebimento da notificação pelo Secretário-Geral.

Artigo 49

Formatos acessíveis

O texto da presente Convenção será colocado à disposição em formatos acessíveis.

Artigo 50

Textos autênticos

Os textos em árabe, chinês, espanhol, francês, inglês e russo da presente Convenção serão igualmente autênticos.

EM FÉ DO QUE os plenipotenciários abaixo assinados, devidamente autorizados para tanto por seus respectivos Governos, firmaram a presente Convenção.

PROTOCOLO FACULTATIVO À CONVENÇÃO SOBRE OS DIREITOS DAS PESSOAS COM DEFICIÊNCIA

Os Estados-partes do presente Protocolo acordaram o seguinte:

Artigo 1

1. Qualquer Estado-parte do presente Protocolo ("Estado-parte") reconhece a competência do Comitê sobre os Direitos das Pessoas com Deficiência ("Comitê") para receber e considerar comunicações submetidas por pessoas ou grupos de pessoas, ou em nome deles, sujeitos à sua jurisdição, alegando serem vítimas de violação das disposições da Convenção pelo referido Estado-parte.

2. O Comitê não receberá comunicação referente a qualquer Estado-parte que não seja signatário do presente Protocolo.

Artigo 2

O Comitê considerará inadmissível a comunicação quando:

a) A comunicação for anônima;

b) A comunicação constituir abuso do direito de submeter tais comunicações ou for incompatível com as disposições da Convenção;

c) A mesma matéria já tenha sido examinada pelo Comitê ou tenha sido ou estiver sendo examinada sob outro procedimento de investigação ou resolução internacional;

d) Não tenham sido esgotados todos os recursos internos disponíveis, salvo no caso em que a tramitação desses recursos se prolongue injustificadamente, ou seja improvável que se obtenha com eles solução efetiva;

e) A comunicação estiver precariamente fundamentada ou não for suficientemente substanciada; ou

f) Os fatos que motivaram a comunicação tenham ocorrido antes da entrada em vigor do presente Protocolo para o Estado-parte em apreço, salvo se os fatos continuaram ocorrendo após aquela data.

Artigo 3

Sujeito ao disposto no Artigo 2 do presente Protocolo, o Comitê levará confidencialmente ao conhecimento do Estado-parte concernente qualquer comunicação submetida ao Comitê. Dentro do período de seis meses, o Estado concernente submeterá ao Comitê explicações ou declarações por escrito, esclarecendo a matéria e a eventual solução adotada pelo referido Estado.

Artigo 4

1. A qualquer momento após receber uma comunicação e antes de decidir o mérito dessa comunicação, o Comitê poderá transmitir ao Estado-parte concernente, para sua urgente consideração, um pedido para que o Estado-parte tome as medidas de natureza cautelar que forem necessárias para evitar possíveis danos irreparáveis à vítima ou às vítimas da violação alegada.

2. O exercício pelo Comitê de suas faculdades discricionárias em virtude do parágrafo 1 do presente Artigo não implicará prejuízo algum sobre a admissibilidade ou sobre o mérito da comunicação.

Artigo 5

O Comitê realizará sessões fechadas para examinar comunicações a ele submetidas em conformidade com o presente Protocolo. Depois de examinar uma comunicação, o Comitê enviará suas sugestões e recomendações, se houver, ao Estado-parte concernente e ao requerente.

Artigo 6

1. Se receber informação confiável indicando que um Estado-parte está cometendo violação grave ou sistemática de direitos estabelecidos na Convenção, o Comitê convidará o referido Estado-parte a colaborar com a verificação da informação e, para tanto, a submeter suas observações a respeito da informação em pauta.

2. Levando em conta quaisquer observações que tenham sido submetidas pelo Estado-parte concernente, bem como quaisquer outras informações confiáveis em poder do Comitê, este poderá designar um ou mais de seus membros para realizar investigação e apresentar, em caráter de urgência, relatório ao Comitê. Caso se justifique e o Estado-parte o consinta, a investigação poderá incluir uma visita ao território desse Estado.

3. Após examinar os resultados da investigação, o Comitê os comunicará ao Estado-parte concernente, acompanhados de eventuais comentários e recomendações.

4. Dentro do período de seis meses após o recebimento dos resultados, comentários e recomendações transmitidos pelo Comitê, o Estado-parte concernente submeterá suas observações ao Comitê.

5. A referida investigação será realizada confidencialmente e a cooperação do Estado-parte será solicitada em todas as fases do processo.

Artigo 7

1. O Comitê poderá convidar o Estado-parte concernente a incluir em seu relatório, submetido em conformidade com o disposto no Artigo 35 da Convenção, pormenores a respeito das medidas tomadas em consequência da investigação realizada em conformidade com o Artigo 6 do presente Protocolo.

2. Caso necessário, o Comitê poderá, encerrado o período de seis meses a que se refere o parágrafo 4 do Artigo 6, convidar o Estado-parte concernente a informar o Comitê a respeito das medidas tomadas em consequência da referida investigação.

Artigo 8

Qualquer Estado-parte poderá, quando da assinatura ou ratificação do presente Protocolo ou de sua adesão a ele, declarar que não reconhece a competência do Comitê, a que se referem os Artigos 6 e 7.

Artigo 9

O Secretário-Geral das Nações Unidas será o depositário do presente Protocolo.

Artigo 10

O presente Protocolo será aberto à assinatura dos Estados e organizações de integração regional signatários da Convenção, na sede das Nações Unidas em Nova York, a partir de 30 de março de 2007.

Artigo 11

O presente Protocolo estará sujeito à ratificação pelos Estados signatários do presente Protocolo que tiverem ratificado a Convenção ou aderido a ela. Ele estará sujeito à confirmação formal por organizações de integração regional signatárias do presente Protocolo que tiverem formalmente confirmado a Convenção ou a ela aderido. O Protocolo ficará aberto à adesão de qualquer Estado ou organização de integração regional que tiver ratificado ou formalmente confirmado a Convenção ou a ela aderido e que não tiver assinado o Protocolo.

Artigo 12

1. "Organização de integração regional" será entendida como organização constituída por Estados soberanos de determinada região, à qual seus Estados-membros tenham delegado competência sobre matéria abrangida pela Convenção e pelo presente Protocolo. Essas organizações declararão, em seus documentos de confirmação formal ou adesão, o alcance de sua competência em relação à matéria abrangida pela Convenção e pelo presente Protocolo. Subsequentemente, as organizações informarão ao depositário qualquer alteração substancial no alcance de sua competência.

2. As referências a "Estados-partes" no presente Protocolo serão aplicáveis a essas organizações, nos limites da competência de tais organizações.

3. Para os fins do parágrafo 1 do Artigo 13 e do parágrafo 2 do Artigo 15, nenhum instrumento depositado por organização de integração regional será computado.

4. As organizações de integração regional, em matérias de sua competência, poderão exercer o direito de voto na Conferência dos Estados-partes, tendo direito ao mesmo número de votos que seus Estados-membros que forem Partes do presente Protocolo. Essas organizações não exercerão seu direito de voto se qualquer de seus Estados-membros exercer seu direito de voto, e vice-versa.

Artigo 13

1. Sujeito à entrada em vigor da Convenção, o presente Protocolo entrará em vigor no trigésimo dia após o depósito do décimo instrumento de ratificação ou adesão.

2. Para cada Estado ou organização de integração regional que ratificar ou formalmente confirmar o presente Protocolo ou a ele aderir depois do depósito do décimo instrumento dessa natureza, o Protocolo entrará em vigor no trigésimo dia a partir da data em que esse Estado ou organização tenha depositado seu instrumento de ratificação, confirmação formal ou adesão.

Artigo 14

1. Não serão permitidas reservas incompatíveis com o objeto e o propósito do presente Protocolo.

2. As reservas poderão ser retiradas a qualquer momento.

Artigo 15

1. Qualquer Estado-parte poderá propor emendas ao presente Protocolo e submetê-las ao Secretário-Geral das Nações Unidas. O Secretário-Geral comunicará aos Estados-partes quaisquer emendas propostas, solicitando-lhes que o notifiquem se são favoráveis a uma Conferência dos Estados-partes para considerar as propostas e tomar decisão a respeito delas. Se, até quatro meses após a data da referida comunicação, pelo menos um terço dos Estados-partes se manifestar favorável a essa Conferência, o Secretário-Geral das Nações Unidas convocará a Conferência, sob os auspícios das Nações Unidas. Qualquer emenda adotada por maioria de dois terços dos Estados-partes presentes e votantes será submetida pelo Secretário-Geral à aprovação da Assembleia Geral das Nações Unidas e, posteriormente, à aceitação de todos os Estados-partes.

2. Qualquer emenda adotada e aprovada conforme o disposto no parágrafo 1 do presente artigo entrará em vigor no trigésimo dia após a data na qual o número de instrumentos de aceitação tenha atingido dois ter-

ços do número de Estados-partes na data de adoção da emenda. Posteriormente, a emenda entrará em vigor para todo Estado-parte no trigésimo dia após o depósito por esse Estado do seu instrumento de aceitação. A emenda será vinculante somente para os Estados-partes que a tiverem aceitado.

Artigo 16

Qualquer Estado-parte poderá denunciar o presente Protocolo mediante notificação por escrito ao Secretário-Geral das Nações Unidas. A denúncia tornar-se-á efetiva um ano após a data de recebimento da notificação pelo Secretário-Geral.

Artigo 17

O texto do presente Protocolo será colocado à disposição em formatos acessíveis.

Artigo 18

Os textos em árabe, chinês, espanhol, francês, inglês e russo e do presente Protocolo serão igualmente autênticos.

LEI N. 12.153, DE 22 DE DEZEMBRO DE 2009 (*)

Dispõe sobre os Juizados Especiais da Fazenda Pública no âmbito dos Estados, do Distrito Federal, dos Territórios e dos Municípios.

O Presidente da República

Faço saber que o Congresso Nacional decreta e eu sanciono a seguinte Lei:

Art. 1.º Os Juizados Especiais da Fazenda Pública, órgãos da justiça comum e integrantes do Sistema dos Juizados Especiais, serão criados pela União, no Distrito Federal e nos Territórios, e pelos Estados, para conciliação, processo, julgamento e execução, nas causas de sua competência.

Parágrafo único. O sistema dos Juizados Especiais dos Estados e do Distrito Federal é formado pelos Juizados Especiais Cíveis, Juizados Especiais Criminais e Juizados Especiais da Fazenda Pública.

> *Vide* art. 98, I, da CF.

> Juizados Especiais Cíveis e Criminais dos Estados, Territórios e Distrito Federal: Lei n. 9.099, de 26-9-1995.

> Juizados Especiais Cíveis e Criminais no âmbito da Justiça Federal: *vide* Lei n. 10.259, de 12-7-2001.

Art. 2.º É de competência dos Juizados Especiais da Fazenda Pública processar, conciliar e julgar causas cíveis de interesse dos Estados, do Distrito Federal, dos Territórios e dos Municípios, até o valor de 60 (sessenta) salários mínimos.

>> A Lei n. 14.013, de 10-6-2020, estabelece que, a partir de 1.º-2-2020, o salário mínimo será de R$ 1.045,00 (mil e quarenta e cinco reais).

§ 1.º Não se incluem na competência do Juizado Especial da Fazenda Pública:

I – as ações de mandado de segurança, de desapropriação, de divisão e demarcação, populares, por improbidade administrativa, execuções fiscais e as demandas sobre direitos ou interesses difusos e coletivos;

> Mandado de Segurança: *vide* Lei n. 12.016, de 7-8-2009.

> Desapropriação: *vide* Decreto-lei n. 3.365, de 21-6-1941.

> Ação de divisão e demarcação de terras particulares: arts. 569 a 598 do CPC.

> Ação popular: *vide* Lei n. 4.717, de 29-6-1965.

> Improbidade Administrativa: *vide* Lei n. 8.429, de 2-6-1992.

> Execução Fiscal: Lei n. 6.830, de 22-9-1980.

II – as causas sobre bens imóveis dos Estados, Distrito Federal, Territórios e Municípios, autarquias e fundações públicas a eles vinculadas;

III – as causas que tenham como objeto a impugnação da pena de demissão imposta a servidores públicos civis ou sanções disciplinares aplicadas a militares.

> Regime Jurídico dos Servidores Públicos: *vide* Lei n. 8.112, de 11-12-1990.

§ 2.º Quando a pretensão versar sobre obrigações vincendas, para fins de competência do Juizado Especial, a soma de 12 (doze) parcelas vincendas e de eventuais parcelas vencidas não poderá exceder o valor referido no *caput* deste artigo.

§ 3.º (*Vetado.*)

§ 4.º No foro onde estiver instalado Juizado Especial da Fazenda Pública, a sua competência é absoluta.

Art. 3.º O juiz poderá, de ofício ou a requerimento das partes, deferir quaisquer providências cautelares e antecipatórias no curso do processo, para evitar dano de difícil ou de incerta reparação.

> *Vide* arts. 294 e s. do CPC.

Art. 4.º Exceto nos casos do art. 3.º, somente será admitido recurso contra a sentença.

Art. 5.º Podem ser partes no Juizado Especial da Fazenda Pública:

I – como autores, as pessoas físicas e as microempresas e empresas de pequeno porte, assim definidas na Lei Complementar n. 123, de 14 de dezembro de 2006;

II – como réus, os Estados, o Distrito Federal, os Territórios e os Municípios, bem como autarquias, fundações e empresas públicas a eles vinculadas.

Art. 6.º Quanto às citações e intimações, aplicam-se as disposições contidas na Lei n. 5.869, de 11 de janeiro de 1973 – Código de Processo Civil.

> Das citações e intimações no CPC: *vide* arts. 238 a 275.

Art. 7.º Não haverá prazo diferenciado para a prática de qualquer ato processual pelas pessoas jurídicas de direito público, inclusive a interposição de recursos, devendo a citação para a audiência de conciliação ser efetuada com antecedência mínima de 30 (trinta) dias.

Art. 8.º Os representantes judiciais dos réus presentes à audiência poderão conciliar, transigir ou desistir nos processos da competência dos Juizados Especiais, nos termos e nas hipóteses previstas na lei do respectivo ente da Federação.

Art. 9.º A entidade ré deverá fornecer ao Juizado a documentação de que disponha para o esclarecimento da causa, apresentando-a até a instalação da audiência de conciliação.

Art. 10. Para efetuar o exame técnico necessário à conciliação ou ao julgamento da causa, o juiz nomeará pessoa habilitada, que apresentará o laudo até 5 (cinco) dias antes da audiência.

Art. 11. Nas causas de que trata esta Lei, não haverá reexame necessário.

Art. 12. O cumprimento do acordo ou da sentença, com trânsito em julgado, que imponham obrigação de fazer, não fazer ou entrega de coisa certa, será efetuado mediante ofício do juiz à autoridade citada para a causa, com cópia da sentença ou do acordo.

> Das modalidades das obrigações no CC: arts. 233 a 285.

Art. 13. Tratando-se de obrigação de pagar quantia certa, após o trânsito em julgado da decisão, o pagamento será efetuado:

I – no prazo máximo de 60 (sessenta) dias, contado da entrega da requisição do juiz à autoridade citada para a causa, independentemente de precatório, na hipótese do § 3.º do art. 100 da Constituição Federal; ou

II – mediante precatório, caso o montante da condenação exceda o valor definido como obrigação de pequeno valor.

> Sobre precatórios *vide* arts. 100 da CF e 97 do ADCT.

§ 1.º Desatendida a requisição judicial, o juiz, imediatamente, determinará o sequestro do numerário suficiente ao cumprimento da decisão, dispensada a audiência da Fazenda Pública.

§ 2.º As obrigações definidas como de pequeno valor a serem pagas independentemente de precatório terão como limite o que for estabelecido na lei do respectivo ente da Federação.

§ 3.º Até que se dê a publicação das leis de que trata o § 2.º, os valores serão:

I – 40 (quarenta) salários mínimos, quanto aos Estados e ao Distrito Federal;

II – 30 (trinta) salários mínimos, quanto aos Municípios.

(*) Publicada no *Diário Oficial da União* de 23-12-2009.

§ 4.º São vedados o fracionamento, a repartição ou a quebra do valor da execução, de modo que o pagamento se faça, em parte, na forma estabelecida no inciso I do *caput* e, em parte, mediante expedição de precatório, bem como a expedição de precatório complementar ou suplementar do valor pago.

§ 5.º Se o valor da execução ultrapassar o estabelecido para pagamento independentemente do precatório, o pagamento far-se-á, sempre, por meio do precatório, sendo facultada à parte exequente a renúncia ao crédito do valor excedente, para que possa optar pelo pagamento do saldo sem o precatório.

§ 6.º O saque do valor depositado poderá ser feito pela parte autora, pessoalmente, em qualquer agência do banco depositário, independentemente de alvará.

§ 7.º O saque por meio de procurador somente poderá ser feito na agência destinatária do depósito, mediante procuração específica, com firma reconhecida, da qual constem o valor originalmente depositado e sua procedência.

Art. 14. Os Juizados Especiais da Fazenda Pública serão instalados pelos Tribunais de Justiça dos Estados e do Distrito Federal.

Parágrafo único. Poderão ser instalados Juizados Especiais Adjuntos, cabendo ao Tribunal designar a Vara onde funcionará.

Art. 15. Serão designados, na forma da legislação dos Estados e do Distrito Federal, conciliadores e juízes leigos dos Juizados Especiais da Fazenda Pública, observadas as atribuições previstas nos arts. 22, 37 e 40 da Lei n. 9.099, de 26 de setembro de 1995.

§ 1.º Os conciliadores e juízes leigos são auxiliares da Justiça, recrutados, os primeiros, preferentemente, entre os bacharéis em Direito, e os segundos, entre advogados com mais de 2 (dois) anos de experiência.

§ 2.º Os juízes leigos ficarão impedidos de exercer a advocacia perante todos os Juizados Especiais da Fazenda Pública instalados em território nacional, enquanto no desempenho de suas funções.

Art. 16. Cabe ao conciliador, sob a supervisão do juiz, conduzir a audiência de conciliação.

> *Vide* art. 26 desta Lei.

§ 1.º Poderá o conciliador, para fins de encaminhamento da composição amigável, ouvir as partes e testemunhas sobre os contornos fáticos da controvérsia.

§ 2.º Não obtida a conciliação, caberá ao juiz presidir a instrução do processo, podendo dispensar novos depoimentos, se entender suficientes para o julgamento da causa os esclarecimentos já constantes dos autos, e não houver impugnação das partes.

Art. 17. As Turmas Recursais do Sistema dos Juizados Especiais são compostas por juízes em exercício no primeiro grau de jurisdição, na forma da legislação dos Estados e do Distrito Federal, com mandato de 2 (dois) anos, e integradas, preferencialmente, por juízes do Sistema dos Juizados Especiais.

§ 1.º A designação dos juízes das Turmas Recursais obedecerá aos critérios de antiguidade e merecimento.

§ 2.º Não será permitida a recondução, salvo quando não houver outro juiz na sede da Turma Recursal.

Art. 18. Caberá pedido de uniformização de interpretação de lei quando houver divergência entre decisões proferidas por Turmas Recursais sobre questões de direito material.

§ 1.º O pedido fundado em divergência entre Turmas do mesmo Estado será julgado em reunião conjunta das Turmas em conflito, sob a presidência de desembargador indicado pelo Tribunal de Justiça.

§ 2.º No caso do § 1.º, a reunião de juízes domiciliados em cidades diversas poderá ser feita por meio eletrônico.

§ 3.º Quando as Turmas de diferentes Estados derem a lei federal interpretações divergentes, ou quando a decisão proferida estiver em contrariedade com súmula do Superior Tribunal de Justiça, o pedido será por este julgado.

Art. 19. Quando a orientação acolhida pelas Turmas de Uniformização de que trata o § 1.º do art. 18 contrariar súmula do Superior Tribunal de Justiça, a parte interessada poderá provocar a manifestação deste, que dirimirá a divergência.

§ 1.º Eventuais pedidos de uniformização fundados em questões idênticas e recebidos subsequentemente em quaisquer das Turmas Recursais ficarão retidos nos autos, aguardando pronunciamento do Superior Tribunal de Justiça.

§ 2.º Nos casos do *caput* deste artigo e do § 3.º do art. 18, presente a plausibilidade do direito invocado e havendo fundado receio de dano de difícil reparação, poderá o relator conceder, de ofício ou a requerimento do interessado, medida liminar determinando a suspensão dos processos nos quais a controvérsia esteja estabelecida.

§ 3.º Se necessário, o relator pedirá informações ao Presidente da Turma Recursal ou Presidente da Turma de Uniformização e, nos casos previstos em lei, ouvirá o Ministério Público, no prazo de 5 (cinco) dias.

§ 4.º (*Vetado.*)

§ 5.º Decorridos os prazos referidos nos §§ 3.º e 4.º, o relator incluirá o pedido em pauta na sessão, com preferência sobre todos os demais feitos, ressalvados os processos com réus presos, os *habeas corpus* e os mandados de segurança.

§ 6.º Publicado o acórdão respectivo, os pedidos retidos referidos no § 1.º serão apreciados pelas Turmas Recursais, que poderão exercer juízo de retratação ou os declararão prejudicados, se veicularem tese não acolhida pelo Superior Tribunal de Justiça.

Art. 20. Os Tribunais de Justiça, o Superior Tribunal de Justiça e o Supremo Tribunal Federal, no âmbito de suas competências, expedirão normas regulamentando os procedimentos a serem adotados para o processamento e o julgamento do pedido de uniformização e do recurso extraordinário.

Art. 21. O recurso extraordinário, para os efeitos desta Lei, será processado e julgado segundo o estabelecido no art. 19, além da observância das normas do Regimento.

> Do recurso extraordinário no CPC: arts. 1.029 a 1.035.

Art. 22. Os Juizados Especiais da Fazenda Pública serão instalados no prazo de até 2 (dois) anos da vigência desta Lei, podendo haver o aproveitamento total ou parcial das estruturas das atuais Varas da Fazenda Pública.

Art. 23. Os Tribunais de Justiça poderão limitar, por até 5 (cinco) anos, a partir da entrada em vigor desta Lei, a competência dos Juizados Especiais da Fazenda Pública, atendendo à necessidade da organização dos serviços judiciários e administrativos.

Art. 24. Não serão remetidas aos Juizados Especiais da Fazenda Pública as demandas ajuizadas até a data de sua instalação, assim como as ajuizadas fora do Juizado Especial por força do disposto no art. 23.

Art. 25. Competirá aos Tribunais de Justiça prestar o suporte administrativo necessário ao funcionamento dos Juizados Especiais.

Art. 26. O disposto no art. 16 aplica-se aos Juizados Especiais Federais instituídos pela Lei n. 10.259, de 12 de julho de 2001.

> Citado diploma consta deste volume.

Art. 27. Aplica-se subsidiariamente o disposto nas Leis n. 5.869, de 11 de janeiro de 1973 – Código de Processo Civil, 9.099, de 26 de setembro de 1995, e 10.259, de 12 de julho de 2001.

> A Lei n. 9.099, de 26-9-1995, dispõe sobre os Juizados Especiais Cíveis e Criminais dos Estados, Territórios e Distrito Federal, e a Lei n. 10.259, de 12-7-2001, dispõe sobre os Juizados Especiais Cíveis e Criminais no âmbito da Justiça Federal.

Art. 28. Esta Lei entra em vigor após decorridos 6 (seis) meses de sua publicação oficial.

Brasília, 22 de dezembro de 2009; 188.º da Independência e 121.º da República.

LUIZ INÁCIO LULA DA SILVA

LEI N. 12.232, DE 29 DE ABRIL DE 2010 (*)

Dispõe sobre as normas gerais para licitação e contratação pela administração

(*) Publicada no *Diário Oficial da União* de 30-4-2010.

pública de serviços de publicidade prestados por intermédio de agências de propaganda e dá outras providências.

O Presidente da República

Faço saber que o Congresso Nacional decreta e eu sanciono a seguinte Lei:

CAPÍTULO I
DISPOSIÇÕES GERAIS

Art. 1.º Esta Lei estabelece normas gerais sobre licitações e contratações pela administração pública de serviços de publicidade prestados necessariamente por intermédio de agências de propaganda, no âmbito da União, dos Estados, do Distrito Federal e dos Municípios.

§ 1.º Subordinam-se ao disposto nesta Lei os órgãos do Poder Executivo, Legislativo e Judiciário, as pessoas da administração indireta e todas as entidades controladas direta ou indiretamente pelos entes referidos no *caput* deste artigo.

§ 2.º As Leis n. 4.680, de 18 de junho de 1965, e 8.666, de 21 de junho de 1993, serão aplicadas aos procedimentos licitatórios e aos contratos regidos por esta Lei, de forma complementar.

> A Lei n. 4.680, de 18-6-1965, dispõe sobre o exercício da profissão de publicitário e de agenciador de propaganda e dá outras providências.

Art. 2.º Para fins desta Lei, considera-se serviços de publicidade o conjunto de atividades realizadas integradamente que tenham por objetivo o estudo, o planejamento, a conceituação, a concepção, a criação, a execução interna, a intermediação e a supervisão da execução externa e a distribuição de publicidade aos veículos e demais meios de divulgação, com o objetivo de promover a venda de bens ou serviços de qualquer natureza, difundir ideias ou informar o público em geral.

§ 1.º Nas contratações de serviços de publicidade, poderão ser incluídos como atividades complementares os serviços especializados pertinentes:

I – ao planejamento e à execução de pesquisas e de outros instrumentos de avaliação e de geração de conhecimento sobre o mercado, o público-alvo, os meios de divulgação nos quais serão difundidas as peças e ações publicitárias ou sobre os resultados das campanhas realizadas, respeitado o disposto no art. 3.º desta Lei;

II – à produção e à execução técnica das peças e projetos publicitários criados;

III – à criação e ao desenvolvimento de formas inovadoras de comunicação publicitária, em consonância com novas tecnologias, visando à expansão dos efeitos das mensagens e das ações publicitárias.

§ 2.º Os contratos de serviços de publicidade terão por objeto somente as atividades previstas no *caput* e no § 1.º deste artigo, vedada a inclusão de quaisquer outras atividades, em especial as de assessoria de imprensa, comunicação e relações públicas ou as que tenham por finalidade a realização de eventos festivos de qualquer natureza, as quais serão contratadas por meio de procedimentos licitatórios próprios, respeitado o disposto na legislação em vigor.

§ 3.º Na contratação dos serviços de publicidade, faculta-se a adjudicação do objeto da licitação a mais de uma agência de propaganda, sem a segregação em itens ou contas publicitárias, mediante justificativa no processo de licitação.

§ 4.º Para a execução das ações de comunicação publicitária realizadas no âmbito dos contratos decorrentes das licitações previstas no § 3.º deste artigo, o órgão ou a entidade deverá, obrigatoriamente, instituir procedimento de seleção interna entre as contratadas, cuja metodologia será aprovada pela administração e publicada na imprensa oficial.

Art. 3.º As pesquisas e avaliações previstas no inciso I do § 1.º do art. 2.º desta Lei terão a finalidade específica de aferir o desenvolvimento estratégico, a criação e a veiculação e de possibilitar a mensuração dos resultados das campanhas publicitárias realizadas em decorrência da execução do contrato.

Parágrafo único. É vedada a inclusão nas pesquisas e avaliações de matéria estranha ou que não guarde pertinência temática com a ação publicitária ou com o objeto do contrato de prestação de serviços de publicidade.

Art. 4.º Os serviços de publicidade previstos nesta Lei serão contratados em agências de propaganda cujas atividades sejam disciplinadas pela Lei n. 4.680, de 18 de junho de 1965, e que tenham obtido certificado de qualificação técnica de funcionamento.

§ 1.º O certificado de qualificação técnica de funcionamento previsto no *caput* deste artigo poderá ser obtido perante o Conselho Executivo das Normas-Padrão – CENP, entidade sem fins lucrativos, integrado e gerido por entidades nacionais que representam veículos, anunciantes e agências, ou por entidade equivalente, legalmente reconhecida como fiscalizadora e certificadora das condições técnicas de agências de propaganda.

§ 2.º A agência contratada nos termos desta Lei só poderá reservar e comprar espaço ou tempo publicitário de veículos de divulgação, por conta e por ordem dos seus clientes, se previamente os identificar e tiver sido por eles expressamente autorizada.

CAPÍTULO II
DOS PROCEDIMENTOS LICITATÓRIOS

Art. 5.º As licitações previstas nesta Lei serão processadas pelos órgãos e entidades responsáveis pela contratação, respeitadas as modalidades definidas no art. 22 da Lei n. 8.666, de 21 de junho de 1993, adotando-se como obrigatórios os tipos "melhor técnica" ou "técnica e preço".

Art. 6.º A elaboração do instrumento convocatório das licitações previstas nesta Lei obedecerá às exigências do art. 40 da Lei n. 8.666, de 21 de junho de 1993, com exceção das previstas nos incisos I e II do seu § 2.º, e às seguintes:

I – os documentos de habilitação serão apresentados apenas pelos licitantes classificados no julgamento final das propostas, nos termos do inciso XI do art. 11 desta Lei;

II – as informações suficientes para que os interessados elaborem propostas serão estabelecidas em um *briefing*, de forma precisa, clara e objetiva;

III – a proposta técnica será composta de um plano de comunicação publicitária, pertinente às informações expressas no *briefing*, e de um conjunto de informações referentes ao proponente;

> *Vide* art. 8.º desta Lei.

IV – o plano de comunicação publicitária previsto no inciso III deste artigo será apresentado em 2 (duas) vias, uma sem a identificação de sua autoria e outra com a identificação;

V – a proposta de preço conterá quesitos representativos das formas de remuneração vigentes no mercado publicitário;

VI – o julgamento das propostas técnicas e de preços e o julgamento final do certame serão realizados exclusivamente com base nos critérios especificados no instrumento convocatório;

VII – a subcomissão técnica prevista no § 1.º do art. 10 desta Lei reavaliará a pontuação atribuída a um quesito sempre que a diferença entre a maior e a menor pontuação for superior a 20% (vinte por cento) da pontuação máxima do quesito, com o fim de restabelecer o equilíbrio das pontuações atribuídas, de conformidade com os critérios objetivos postos no instrumento convocatório;

VIII – serão fixados critérios objetivos e automáticos de identificação da proposta mais vantajosa para a administração, no caso de empate na soma de pontos das propostas técnicas, nas licitações do tipo "melhor técnica";

IX – o formato para apresentação pelos proponentes do plano de comunicação publicitária será padronizado quanto a seu tamanho, a fontes tipográficas, a espaçamento de parágrafos, a quantidades e formas dos exemplos de peças e a outros aspectos pertinentes, observada a exceção prevista no inciso XI deste artigo;

X – para apresentação pelos proponentes do conjunto de informações de que trata o art. 8.º desta Lei, poderão ser fixados o número máximo de páginas de texto, o número de peças e trabalhos elaborados para seus clientes e as datas a partir das quais devam ter sido elaborados os trabalhos, e veiculadas, distribuídas, exibidas ou expostas as peças;

XI – na elaboração das tabelas, planilhas e gráficos integrantes do plano de mídia e não mídia, os proponentes poderão utilizar as fontes tipográficas que julgarem mais adequadas para sua apresentação;

XII – será vedada a aposição, a qualquer parte da via não identificada do plano de comunicação publicitária, de marca, sinal ou palavra que possibilite a identificação do seu proponente antes da abertura do invólucro de que trata o § 2.º do art. 9.º desta Lei;

XIII – será vedada a aposição ao invólucro destinado às informações de que trata o art. 8.º desta Lei, assim como dos documentos nele contidos, de informação, marca, sinal, etiqueta ou qualquer outro elemento que identifique a autoria do plano de comunicação publicitária, em qualquer momento anterior à abertura dos invólucros de que trata o § 2.º do art. 9.º desta Lei;

XIV – será desclassificado o licitante que descumprir o disposto nos incisos XII e XIII deste artigo e demais disposições do instrumento convocatório.

§ 1.º No caso do inciso VII deste artigo, persistindo a diferença de pontuação prevista após a reavaliação do quesito, os membros da subcomissão técnica, autores das pontuações consideradas destoantes, deverão registrar em ata as razões que os levaram a manter a pontuação atribuída ao quesito reavaliado, que será assinada por todos os membros da subcomissão e passará a compor o processo da licitação.

§ 2.º Se houver desclassificação de alguma proposta técnica por descumprimento de disposições do instrumento convocatório, ainda assim será atribuída pontuação a seus quesitos, a ser lançada em planilhas que ficarão acondicionadas em invólucro fechado e rubricado no fecho pelos membros da subcomissão técnica prevista no § 1.º do art. 10 desta Lei, até que expirem os prazos para interposição de recursos relativos a essa fase da licitação, exceto nos casos em que o descumprimento resulte na identificação do proponente antes da abertura do invólucro de que trata o § 2.º do art. 9.º desta Lei.

Art. 7.º O plano de comunicação publicitária de que trata o inciso III do art. 6.º desta Lei será composto dos seguintes quesitos:

I – raciocínio básico, sob a forma de texto, que apresentará um diagnóstico das necessidades de comunicação publicitária do órgão ou entidade responsável pela licitação, a compreensão do proponente sobre o objeto da licitação e os desafios de comunicação a serem enfrentados;

II – estratégia de comunicação publicitária, sob a forma de texto, que indicará e defenderá as linhas gerais da proposta para suprir o desafio e alcançar os resultados e metas de comunicação desejadas pelo órgão ou entidade responsável pela licitação;

III – ideia criativa, sob a forma de exemplos de peças publicitárias, que corresponderão à resposta criativa do proponente aos desafios e metas por ele explicitados na estratégia de comunicação publicitária;

IV – estratégia de mídia e não mídia, em que o proponente explicitará e justificará a estratégia e as táticas recomendadas, em consonância com a estratégia de comunicação publicitária por ela sugerida e em função da verba disponível indicada no instrumento convocatório, apresentada sob a forma de textos, tabelas, gráficos, planilhas e por quadro resumo que identificará as peças a serem veiculadas ou distribuídas e suas respectivas quantidades, inserções e custos nominais de produção e de veiculação.

Art. 8.º O conjunto de informações a que se refere o inciso III do art. 6.º desta Lei será composto de quesitos destinados a avaliar a capacidade de atendimento do proponente e o nível dos trabalhos por ele realizados para seus clientes.

Art. 9.º As propostas de preços serão apresentadas em 1 (um) invólucro e as propostas técnicas em 3 (três) invólucros distintos, destinados um para a via não identificada do plano de comunicação publicitária, um para a via identificada do plano de comunicação publicitária e outro para as demais informações integrantes da proposta técnica.

§ 1.º O invólucro destinado à apresentação da via não identificada do plano de comunicação publicitária será padronizado e fornecido previamente pelo órgão ou entidade responsável pela licitação, sem nenhum tipo de identificação.

§ 2.º A via identificada do plano de comunicação publicitária terá o mesmo teor da via não identificada, sem os exemplos de peças referentes à ideia criativa.

Art. 10. As licitações previstas nesta Lei serão processadas e julgadas por comissão permanente ou especial, com exceção da análise e julgamento das propostas técnicas.

§ 1.º As propostas técnicas serão analisadas e julgadas por subcomissão técnica, constituída por, pelo menos, 3 (três) membros que sejam formados em comunicação, publicidade ou *marketing* ou que atuem em uma dessas áreas, sendo que, pelo menos, 1/3 (um terço) deles não poderão manter nenhum vínculo funcional ou contratual, direto ou indireto, com o órgão ou a entidade responsável pela licitação.

§ 2.º A escolha dos membros da subcomissão técnica dar-se-á por sorteio, em sessão pública, entre os nomes de uma relação que terá, no mínimo, o triplo do número de integrantes da subcomissão, previamente cadastrados, e será composta por, pelo menos, 1/3 (um terço) de profissionais que não tenham nenhum vínculo funcional ou contratual, direto ou indireto, com o órgão ou entidade responsável pela licitação.

§ 3.º Nas contratações de valor estimado em até 10 (dez) vezes o limite previsto na alínea *a* do inciso II do art. 23 da Lei n. 8.666, de 21 de junho de 1993, a relação prevista no § 2.º deste artigo terá, no mínimo, o dobro do número de integrantes da subcomissão técnica e será composta por, pelo menos, 1/3 (um terço) de profissionais que não mantenham nenhum vínculo funcional ou contratual, direto ou indireto, com o órgão ou entidade responsável pela licitação.

§ 4.º A relação dos nomes referidos nos §§ 2.º e 3.º deste artigo será publicada na imprensa oficial, em prazo não inferior a 10 (dez) dias da data em que será realizada a sessão pública marcada para o sorteio.

§ 5.º Para os fins do cumprimento do disposto nesta Lei, até 48 (quarenta e oito) horas antes da sessão pública destinada ao sorteio, qualquer interessado poderá impugnar pessoa integrante da relação a que se referem os §§ 2.º, 3.º e 4.º deste artigo, mediante fundamentos jurídicos plausíveis.

§ 6.º Admitida a impugnação, o impugnado terá o direito de abster-se de atuar na subcomissão técnica, declarando-se impedido ou suspeito, antes da decisão da autoridade competente.

§ 7.º A abstenção do impugnado ou o acolhimento da impugnação, mediante decisão fundamentada da autoridade competente, implicará, se necessário, a elaboração e a publicação de nova lista, sem o nome impugnado, respeitado o disposto neste artigo.

§ 8.º A sessão pública será realizada após a decisão motivada da impugnação, em data previamente designada, garantidos o cumprimento do prazo mínimo previsto no § 4.º deste artigo e a possibilidade de fiscalização do sorteio por qualquer interessado.

§ 9.º O sorteio será processado de modo a garantir o preenchimento das vagas da subcomissão técnica, de acordo com a proporcionalidade do número de membros que mantenham ou não vínculo com o órgão ou entidade responsável pela licitação, nos termos dos §§ 1.º, 2.º e 3.º deste artigo.

§ 10. Nas licitações previstas nesta Lei, quando processadas sob a modalidade de convite, a subcomissão técnica, excepcionalmente, nas pequenas unidades administrativas e sempre que for comprovadamente impossível o cumprimento do disposto neste artigo, será substituída pela comissão permanente de licitação ou, inexistindo esta, por servidor formalmente designado pela autoridade competente, que deverá possuir conhecimentos na área de comunicação, publicidade ou marketing.

Art. 11. Os invólucros com as propostas técnicas e de preços serão entregues à comissão permanente ou especial na data, local e horário determinados no instrumento convocatório.

§ 1.º Os integrantes da subcomissão técnica não poderão participar da sessão de recebimento e abertura dos invólucros com as propostas técnicas e de preços.

§ 2.º Os invólucros padronizados com a via não identificada do plano de comunicação publicitária só serão recebidos pela comissão permanente ou especial se não apresentarem marca, sinal, etiqueta ou qualquer outro elemento capaz de identificar a licitante.

§ 3.º A comissão permanente ou especial não lançará nenhum código, sinal ou marca nos invólucros padronizados nem nos documentos que compõem a via não identificada do plano de comunicação publicitária.

§ 4.º O processamento e o julgamento da licitação obedecerão ao seguinte procedimento:

I – abertura dos 2 (dois) invólucros com a via não identificada do plano de comunicação e com as informações de que trata o art. 8.º desta Lei, em sessão pública, pela comissão permanente ou especial;

II – encaminhamento das propostas técnicas à subcomissão técnica para análise e julgamento;

III – análise individualizada e julgamento do plano de comunicação publicitária, desclassificando-se as que desatenderem as exigências legais ou estabelecidas no instrumento convocatório, observado o disposto no inciso XIV do art. 6.º desta Lei;

IV – elaboração de ata de julgamento do plano de comunicação publicitária e encaminhamento à comissão permanente ou especial, juntamente com as propostas, as planilhas com as pontuações e a justificativa escrita das razões que as fundamentaram em cada caso;

V – análise individualizada e julgamento dos quesitos referentes às informações de que trata o art. 8.º desta Lei, desclassificando-se as que desatenderem quaisquer das exigências legais ou estabelecidas no instrumento convocatório;

VI – elaboração de ata de julgamento dos quesitos mencionados no inciso V deste artigo e encaminhamento à comissão permanente ou especial, juntamente com as propostas, as planilhas com as pontuações e a justificativa escrita das razões que as fundamentaram em cada caso;

VII – realização de sessão pública para apuração do resultado geral das propostas técnicas, com os seguintes procedimentos:

a) abertura dos invólucros com a via identificada do plano de comunicação publicitária;

b) cotejo entre as vias identificadas e não identificadas do plano de comunicação publicitária, para identificação de sua autoria;

c) elaboração de planilha geral com as pontuações atribuídas a cada um dos quesitos de cada proposta técnica;

d) proclamação do resultado do julgamento geral da proposta técnica, registrando-se em ata as propostas desclassificadas e a ordem de classificação;

VIII – publicação do resultado do julgamento da proposta técnica, com a indicação dos proponentes desclassificados e da ordem de classificação organizada pelo nome dos licitantes, abrindo-se prazo para interposição de recurso, conforme disposto na alínea *b* do inciso I do art. 109 da Lei n. 8.666, de 21 de junho de 1993;

IX – abertura dos invólucros com as propostas de preços, em sessão pública, obedecendo-se ao previsto nos incisos II, III e IV do § 1.º do art. 46 da Lei n. 8.666, de 21 de junho de 1993, nas licitações do tipo "melhor técnica", e ao disposto no § 2.º do art. 46 da mesma Lei, nas licitações do tipo "técnica e preço";

X – publicação do resultado do julgamento final das propostas, abrindo-se prazo para interposição de recurso, conforme disposto na alínea *b* do inciso I do art. 109 da Lei n. 8.666, de 21 de junho de 1993;

XI – convocação dos licitantes classificados no julgamento final das propostas para apresentação dos documentos de habilitação;

XII – recebimento e abertura do invólucro com os documentos de habilitação dos licitantes previstos no inciso XI deste artigo, em sessão pública, para análise da sua conformidade com as condições estabelecidas na legislação em vigor e no instrumento convocatório;

XIII – decisão quanto à habilitação ou inabilitação dos licitantes previstos no inciso XI deste artigo e abertura do prazo para interposição de recurso, nos termos da alínea *a* do inciso I do art. 109 da Lei n. 8.666, de 21 de junho de 1993;

XIV – reconhecida a habilitação dos licitantes, na forma dos incisos XI, XII e XIII deste artigo, será homologado o procedimento e adjudicado o objeto licitado, observado o disposto no § 3.º do art. 2.º desta Lei.

Art. 12. O descumprimento, por parte de agente do órgão ou entidade responsável pela licitação, dos dispositivos desta Lei destinados a garantir o julgamento do plano de comunicação publicitária sem o conhecimento de sua autoria, até a abertura dos invólucros de que trata a alínea *a* do inciso VII do § 4.º do art. 11 desta Lei, implicará a anulação do certame, sem prejuízo da apuração de eventual responsabilidade administrativa, civil ou criminal dos envolvidos na irregularidade.

Capítulo III
DOS CONTRATOS DE SERVIÇOS DE PUBLICIDADE E DA SUA EXECUÇÃO

Art. 13. A definição do objeto do contrato de serviços previstos nesta Lei e das cláusulas que o integram dar-se-á em estrita vinculação ao estabelecido no instrumento convocatório da licitação e aos termos da legislação em vigor.

Parágrafo único. A execução do contrato dar-se-á em total conformidade com os termos e condições estabelecidas na licitação e no respectivo instrumento contratual.

Art. 14. Somente pessoas físicas ou jurídicas previamente cadastradas pelo contratante poderão fornecer ao contratado bens ou serviços especializados relacionados com as atividades complementares da execução do objeto do contrato, nos termos do § 1.º do art. 2.º desta Lei.

§ 1.º O fornecimento de bens ou serviços especializados na conformidade do previsto no *caput* deste artigo exigirá sempre a apresentação pelo contratado ao contratante de 3 (três) orçamentos obtidos entre pessoas que atuem no mercado do ramo do fornecimento pretendido.

§ 2.º No caso do § 1.º deste artigo, o contratado procederá à coleta de orçamentos de fornecedores em envelopes fechados, que serão abertos em sessão pública, convocada e realizada sob fiscalização do contratante, sempre que o fornecimento de bens ou serviços tiver valor superior a 0,5% (cinco décimos por cento) do valor global do contrato.

§ 3.º O fornecimento de bens ou serviços de valor igual ou inferior a 20% (vinte por cento) do limite previsto na alínea *a* do inciso II do art. 23 da Lei n. 8.666, de 21 de junho de 1993, está dispensado do procedimento previsto no § 2.º deste artigo.

Art. 15. Os custos e as despesas de veiculação apresentados ao contratante para pagamento deverão ser acompanhados da demonstração do valor devido ao veículo, de sua tabela de preços, da descrição dos descontos negociados e dos pedidos de inserção correspondentes, bem como de relatório de checagem de veiculação, a cargo de empresa independente, sempre que possível.

Parágrafo único. Pertencem ao contratante as vantagens obtidas em negociação de compra de mídia diretamente ou por intermédio de agência de propaganda, incluídos os eventuais descontos e as bonificações na forma de tempo, espaço ou reaplicações que tenham sido concedidos pelo veículo de divulgação.

Art. 16. As informações sobre a execução do contrato, com os nomes dos fornecedores de serviços especializados e veículos, serão divulgadas em sítio próprio aberto para o contrato na rede mundial de computadores, garantido o livre acesso às informações por quaisquer interessados.

Parágrafo único. As informações sobre valores pagos serão divulgadas pelos totais de cada tipo de serviço de fornecedores e de cada meio de divulgação.

Art. 17. As agências contratadas deverão, durante o período de, no mínimo, 5 (cinco) anos após a extinção do contrato, manter acervo comprobatório da totalidade dos serviços prestados e das peças publicitárias produzidas.

Capítulo IV
DISPOSIÇÕES FINAIS E TRANSITÓRIAS

Art. 18. É facultativa a concessão de planos de incentivo por veículo de divulgação e sua aceitação por agência de propaganda, e os frutos deles resultantes constituem, para todos os fins de direito, receita própria da agência e não estão compreendidos na obrigação estabelecida no parágrafo único do art. 15 desta Lei.

§ 1.º A equação econômico-financeira definida na licitação e no contrato não se altera em razão da vigência ou não de planos de incentivo referidos no *caput* deste artigo, cujos frutos estão expressamente excluídos dela.

§ 2.º As agências de propaganda não poderão, em nenhum caso, sobrepor os planos de incentivo aos interesses dos contratantes, preterindo veículos de divulgação que não os concedam ou priorizando os que os ofereçam, devendo sempre conduzir-se na orientação da escolha desses veículos de acordo com pesquisas e dados técnicos comprovados.

§ 3.º O desrespeito ao disposto no § 2.º deste artigo constituirá grave violação aos deveres contratuais por parte da agência contratada e a submeterá a processo administrativo em que, uma vez comprovado o comportamento injustificado, implicará a aplicação das sanções previstas no *caput* do art. 87 da Lei n. 8.666, de 21 de junho de 1993.

Art. 19. Para fins de interpretação da legislação de regência, valores correspondentes ao desconto-padrão de agência pela concepção, execução e distribuição de propaganda, por ordem e conta de clientes anunciantes, constituem receita da agência de publicidade e, em consequência, o veículo de divulgação não pode, para quaisquer fins, faturar e contabilizar tais valores como receita própria, inclusive quando o repasse do desconto-padrão à agência de publicidade for efetivado por meio de veículo de divulgação.

Parágrafo único. (*Vetado.*)

Art. 20. O disposto nesta Lei será aplicado subsidiariamente às empresas que possuem regulamento próprio de contratação, às licitações já abertas, aos contratos em fase de execução e aos efeitos pendentes dos contratos já encerrados na data de sua publicação.

Art. 21. Serão discriminadas em categorias de programação específicas no projeto e na lei orçamentária anual as dotações orçamentárias destinadas às despesas com publicidade institucional e com publicidade de utilidade pública, inclusive quando for produzida ou veiculada por órgão ou entidade integrante da administração pública.

Art. 22. Esta Lei entra em vigor na data da sua publicação.

Brasília, 29 de abril de 2010; 189.º da Independência e 122.º da República.

Luiz Inácio Lula da Silva

DECRETO N. 7.203, DE 4 DE JUNHO DE 2010 (*)

Dispõe sobre a vedação do nepotismo no âmbito da administração pública federal.

O Presidente da República, no uso da atribuição que lhe confere o art. 84, inciso VI, alínea *a*, da Constituição, decreta:

Art. 1.º A vedação do nepotismo no âmbito dos órgãos e entidades da administração pública federal direta e indireta observará o disposto neste Decreto.

Art. 2.º Para os fins deste Decreto considera-se:

I – órgão:

a) a Presidência da República, compreendendo a Vice-Presidência, a Casa Civil, o Gabinete Pessoal e a Assessoria Especial;

b) os órgãos da Presidência da República comandados por Ministro de Estado ou autoridade equiparada; e

c) os Ministérios;

II – entidade: autarquia, fundação, empresa pública e sociedade de economia mista; e

III – familiar: o cônjuge, o companheiro ou o parente em linha reta ou colateral, por consanguinidade ou afinidade, até o terceiro grau.

Parágrafo único. Para fins das vedações previstas neste Decreto, serão consideradas como incluídas no âmbito de cada órgão as autarquias e fundações a ele vinculadas.

Art. 3.º No âmbito de cada órgão e de cada entidade, são vedadas as nomeações, contratações ou designações de familiar de Ministro de Estado, familiar da máxima autoridade administrativa correspondente ou, ainda, familiar de ocupante de cargo em comissão ou função de confiança de direção, chefia ou assessoramento, para:

> *Vide* art. 6.º deste Decreto.

I – cargo em comissão ou função de confiança;

II – atendimento a necessidade temporária de excepcional interesse público, salvo quando a contratação tiver sido precedida de regular processo seletivo; e

III – estágio, salvo se a contratação for precedida de processo seletivo que assegure o princípio da isonomia entre os concorrentes.

(*) Publicado no *Diário Oficial da União* de 7-6-2010.

§ 1.º Aplicam-se as vedações deste Decreto também quando existirem circunstâncias caracterizadoras de ajuste para burlar as restrições ao nepotismo, especialmente mediante nomeações ou designações recíprocas, envolvendo órgão ou entidade da administração pública federal.

§ 2.º As vedações deste artigo estendem-se aos familiares do Presidente e do Vice-Presidente da República e, nesta hipótese, abrangem todo o Poder Executivo Federal.

§ 3.º É vedada também a contratação direta, sem licitação, por órgão ou entidade da administração pública federal de pessoa jurídica na qual haja administrador ou sócio com poder de direção, familiar de detentor de cargo em comissão ou função de confiança que atue na área responsável pela demanda ou contratação ou de autoridade a ele hierarquicamente superior no âmbito de cada órgão e de cada entidade.

Art. 4.º Não se incluem nas vedações deste Decreto as nomeações, designações ou contratações:

I – de servidores federais ocupantes de cargo de provimento efetivo, bem como de empregados federais permanentes, inclusive aposentados, observada a compatibilidade do grau de escolaridade do cargo ou emprego de origem, ou a compatibilidade da atividade que lhe seja afeta e a complexidade inerente ao cargo em comissão ou função comissionada a ocupar, além da qualificação profissional do servidor ou empregado;

II – de pessoa, ainda que sem vinculação funcional com a administração pública, para a ocupação de cargo em comissão de nível hierárquico mais alto que o do agente público referido no art. 3.º;

III – realizadas anteriormente ao início do vínculo familiar entre o agente público e o nomeado, designado ou contratado, desde que não se caracterize ajuste prévio para burlar a vedação do nepotismo; ou

IV – de pessoa já em exercício no mesmo órgão ou entidade antes do início do vínculo familiar com o agente público, para cargo, função ou emprego de nível hierárquico igual ou mais baixo que o anteriormente ocupado.

Parágrafo único. Em qualquer caso, é vedada a manutenção de familiar ocupante de cargo em comissão ou função de confiança sob subordinação direta do agente público.

Art. 5.º Cabe aos titulares dos órgãos e entidades da administração pública federal exonerar ou dispensar agente público em situação de nepotismo, de que tenham conhecimento, ou requerer igual providência à autoridade encarregada de nomear, designar ou contratar, sob pena de responsabilidade.

Parágrafo único. Cabe à Controladoria-Geral da União notificar os casos de nepotismo de que tomar conhecimento às autoridades competentes, sem prejuízo da responsabilidade permanente delas de zelar pelo cumprimento deste Decreto, assim como de apurar situações irregulares, de que tenham conhecimento, nos órgãos e entidades correspondentes.

Art. 6.º Serão objeto de apuração específica os casos em que haja indícios de influência dos agentes públicos referidos no art. 3.º:

I – na nomeação, designação ou contratação de familiares em hipóteses não previstas neste Decreto;

II – na contratação de familiares por empresa prestadora de serviço terceirizado ou entidade que desenvolva projeto no âmbito de órgão ou entidade da administração pública federal.

Art. 7.º Os editais de licitação para a contratação de empresa prestadora de serviço terceirizado, assim como os convênios e instrumentos equivalentes para contratação de entidade que desenvolva projeto no âmbito de órgão ou entidade da administração pública federal, deverão estabelecer vedação de que familiar de agente público preste serviços no órgão ou entidade em que este exerça cargo em comissão ou função de confiança.

Art. 8.º Os casos omissos ou que suscitem dúvidas serão disciplinados e dirimidos pela Controladoria-Geral da União.

Art. 9.º Este Decreto entra em vigor na data de sua publicação.

Brasília, 4 de junho de 2010; 189.º da Independência e 122.º da República.

LUIZ INÁCIO LULA DA SILVA

LEI N. 12.288, DE 20 DE JULHO DE 2010 (*)

Institui o Estatuto da Igualdade Racial; altera as Leis n. 7.716, de 5 de janeiro de 1989, 9.029, de 13 de abril de 1995, 7.347, de 24 de julho de 1985, e 10.778, de 24 de novembro de 2003.

O Presidente da República(*)

Faço saber que o Congresso Nacional decreta e eu sanciono a seguinte Lei:

TÍTULO I
DISPOSIÇÕES PRELIMINARES

Art. 1.º Esta Lei institui o Estatuto da Igualdade Racial, destinado a garantir à população negra a efetivação da igualdade de oportunidades, a defesa dos direitos étnicos individuais, coletivos e difusos e o combate à discriminação e às demais formas de intolerância étnica.

> *Vide* arts. 3.º, IV, 4.º, VIII, e 5.º, XLI e XLII, da CF.

Parágrafo único. Para efeito deste Estatuto, considera-se:

I – discriminação racial ou étnico-racial: toda distinção, exclusão, restrição ou preferência baseada em raça, cor, descendência ou origem nacional ou étnica que tenha por objeto anular ou restringir o reconhecimento, gozo ou exercício, em igualdade de condições, de direitos humanos e liberdades fundamentais nos campos político, econômico, social, cultural ou em qualquer outro campo da vida pública ou privada;

> *Vide* Lei n. 7.716, de 5-1-1989, que define os crimes resultantes de preconceitos de raça ou de cor.

II – desigualdade racial: toda situação injustificada de diferenciação de acesso e fruição de bens, serviços e oportunidades, nas esferas pública e privada, em virtude de raça, cor, descendência ou origem nacional ou étnica;

III – desigualdade de gênero e raça: assimetria existente no âmbito da sociedade que acentua a distância social entre mulheres negras e os demais segmentos sociais;

IV – população negra: o conjunto de pessoas que se autodeclaram pretas e pardas, conforme o quesito cor ou raça usado pela Fundação Instituto Brasileiro de Geografia e Estatística (IBGE), ou que adotam autodefinição análoga;

V – políticas públicas: as ações, iniciativas e programas adotados pelo Estado no cumprimento de suas atribuições institucionais;

VI – ações afirmativas: os programas e medidas especiais adotados pelo Estado e pela iniciativa privada para a correção das desigualdades raciais e para a promoção da igualdade de oportunidades.

Art. 2.º É dever do Estado e da sociedade garantir a igualdade de oportunidades, reconhecendo a todo cidadão brasileiro, independentemente da etnia ou da cor da pele, o direito à participação na comunidade, especialmente nas atividades políticas, econômicas, empresariais, educacionais, culturais e esportivas, defendendo sua dignidade e seus valores religiosos e culturais.

Art. 3.º Além das normas constitucionais relativas aos princípios fundamentais, aos direitos e garantias fundamentais e aos direitos sociais, econômicos e culturais, o Estatuto da Igualdade Racial adota como diretriz político-jurídica a inclusão das vítimas de desigualdade étnico-racial, a valorização da igualdade étnica e o fortalecimento da identidade nacional brasileira.

Art. 4.º A participação da população negra, em condição de igualdade de oportunidade, na vida econômica, social, política e cultural do País será promovida, prioritariamente, por meio de:

I – inclusão nas políticas públicas de desenvolvimento econômico e social;

II – adoção de medidas, programas e políticas de ação afirmativa;

III – modificação das estruturas institucionais do Estado para o adequado enfrentamento e a superação das desigualdades étnicas decorrentes do preconceito e da discriminação étnica;

IV – promoção de ajustes normativos para aperfeiçoar o combate à discriminação étnica e às desigualdades étnicas em todas as suas manifestações individuais, institucionais e estruturais;

V – eliminação dos obstáculos históricos, socioculturais e institucionais que impedem a representação da diversidade étnica nas esferas pública e privada;

VI – estímulo, apoio e fortalecimento de iniciativas oriundas da sociedade civil direcionadas à promoção da igualdade de oportunidades e ao combate às desigualdades étnicas, inclusive mediante a implementação de incentivos e critérios de condicionamento e prioridade no acesso aos recursos públicos;

VII – implementação de programas de ação afirmativa destinados ao enfrentamento das desigualdades étnicas no tocante a educação, cultura, esporte e lazer, saúde, segurança, trabalho, moradia, meios de comunicação de massa, financiamentos públicos, acesso a terra, à Justiça, e outros.

> *Vide* art. 56 desta Lei.

Parágrafo único. Os programas de ação afirmativa constituir-se-ão em políticas públicas destinadas a reparar as distorções e desigualdades sociais e demais práticas discriminatórias adotadas, nas esferas pública e privada, durante o processo de formação social do País.

Art. 5.º Para a consecução dos objetivos desta Lei, é instituído o Sistema Nacional de Promoção da Igualdade Racial (Sinapir), conforme estabelecido no Título III.

TÍTULO II
DOS DIREITOS FUNDAMENTAIS

CAPÍTULO I
DO DIREITO À SAÚDE

Art. 6.º O direito à saúde da população negra será garantido pelo poder público mediante políticas universais, sociais e econômicas destinadas à redução do risco de doenças e de outros agravos.

§ 1.º O acesso universal e igualitário ao Sistema Único de Saúde (SUS) para promoção, proteção e recuperação da saúde da população negra será de responsabilidade dos órgãos e instituições públicas federais, estaduais, distritais e municipais, da administração direta e indireta.

(*) Publicada no *Diário Oficial da União*, de 21-7-2010.

§ 2.º O poder público garantirá que o segmento da população negra vinculado aos seguros privados de saúde seja tratado sem discriminação.

Art. 7.º O conjunto de ações de saúde voltadas à população negra constitui a Política Nacional de Saúde Integral da População Negra, organizada de acordo com as diretrizes abaixo especificadas:

I – ampliação e fortalecimento da participação de lideranças dos movimentos sociais em defesa da saúde da população negra nas instâncias de participação e controle social do SUS;

II – produção de conhecimento científico e tecnológico em saúde da população negra;

III – desenvolvimento de processos de informação, comunicação e educação para contribuir com a redução das vulnerabilidades da população negra.

Art. 8.º Constituem objetivos da Política Nacional de Saúde Integral da População Negra:

I – a promoção da saúde integral da população negra, priorizando a redução das desigualdades étnicas e o combate à discriminação nas instituições e serviços do SUS;

II – a melhoria da qualidade dos sistemas de informação do SUS no que tange à coleta, ao processamento e à análise dos dados desagregados por cor, etnia e gênero;

III – o fomento à realização de estudos e pesquisas sobre racismo e saúde da população negra;

IV – a inclusão do conteúdo da saúde da população negra nos processos de formação e educação permanente dos trabalhadores da saúde;

V – a inclusão da temática saúde da população negra nos processos de formação política das lideranças de movimentos sociais para o exercício da participação e controle social no SUS.

Parágrafo único. Os moradores das comunidades de remanescentes de quilombos serão beneficiários de incentivos específicos para a garantia do direito à saúde, incluindo melhorias nas condições ambientais, no saneamento básico, na segurança alimentar e nutricional e na atenção integral à saúde.

CAPÍTULO II
DO DIREITO À EDUCAÇÃO, À CULTURA, AO ESPORTE E AO LAZER

Seção I
Disposições Gerais

Art. 9.º A população negra tem direito a participar de atividades educacionais, culturais, esportivas e de lazer adequadas a seus interesses e condições, de modo a contribuir para o patrimônio cultural de sua comunidade e da sociedade brasileira.

Art. 10. Para o cumprimento do disposto no art. 9.º, os governos federal, estaduais, distrital e municipais adotarão as seguintes providências:

I – promoção de ações para viabilizar e ampliar o acesso da população negra ao ensino gratuito e às atividades esportivas e de lazer;

II – apoio à iniciativa de entidades que mantenham espaço para promoção social e cultural da população negra;

III – desenvolvimento de campanhas educativas, inclusive nas escolas, para que a solidariedade aos membros da população negra faça parte da cultura de toda a sociedade;

IV – implementação de políticas públicas para o fortalecimento da juventude negra brasileira.

Seção II
Da Educação

Art. 11. Nos estabelecimentos de ensino fundamental e de ensino médio, públicos e privados, é obrigatório o estudo da história geral da África e da história da população negra no Brasil, observado o disposto na Lei n. 9.394, de 20 de dezembro de 1996.

> A Lei n. 9.394, de 20-12-1996, dispõe sobre diretrizes e bases da educação nacional.

§ 1.º Os conteúdos referentes à história da população negra no Brasil serão ministrados no âmbito de todo o currículo escolar, resgatando sua contribuição decisiva para o desenvolvimento social, econômico, político e cultural do País.

§ 2.º O órgão competente do Poder Executivo fomentará a formação inicial e continuada de professores e a elaboração de material didático específico para o cumprimento do disposto no *caput* deste artigo.

§ 3.º Nas datas comemorativas de caráter cívico, os órgãos responsáveis pela educação incentivarão a participação de intelectuais e representantes do movimento negro para debater com os estudantes suas vivências relativas ao tema em comemoração.

Art. 12. Os órgãos federais, distritais e estaduais de fomento à pesquisa e à pós-graduação poderão criar incentivos a pesquisas e a programas de estudo voltados para temas referentes às relações étnicas, aos quilombos e às questões pertinentes à população negra.

Art. 13. O Poder Executivo federal, por meio dos órgãos competentes, incentivará as instituições de ensino superior públicas e privadas, sem prejuízo da legislação em vigor, a:

I – resguardar os princípios da ética em pesquisa e apoiar grupos, núcleos e centros de pesquisa, nos diversos programas de pós-graduação que desenvolvam temáticas de interesse da população negra;

II – incorporar nas matrizes curriculares dos cursos de formação de professores temas que incluam valores concernentes à pluralidade étnica e cultural da sociedade brasileira;

III – desenvolver programas de extensão universitária destinados a aproximar jovens negros de tecnologias avançadas, assegurado o princípio da proporcionalidade de gênero entre os beneficiários;

IV – estabelecer programas de cooperação técnica, nos estabelecimentos de ensino públicos, privados e comunitários, com as escolas de educação infantil, ensino fundamental, ensino médio e ensino técnico, para a formação docente baseada em princípios de equidade, de tolerância e de respeito às diferenças étnicas.

Art. 14. O poder público estimulará e apoiará ações socioeducacionais realizadas por entidades do movimento negro que desenvolvam atividades voltadas para a inclusão social, mediante cooperação técnica, intercâmbios, convênios e incentivos, entre outros mecanismos.

Art. 15. O poder público adotará programas de ação afirmativa.

Art. 16. O Poder Executivo federal, por meio dos órgãos responsáveis pelas políticas de promoção da igualdade e de educação, acompanhará e avaliará os programas de que trata esta Seção.

Seção III
Da Cultura

Art. 17. O poder público garantirá o reconhecimento das sociedades negras, clubes e outras formas de manifestação coletiva da população negra, com trajetória histórica comprovada, como patrimônio histórico e cultural, nos termos dos arts. 215 e 216 da Constituição Federal.

Art. 18. É assegurado aos remanescentes das comunidades dos quilombos o direito à preservação de seus usos, costumes, tradições e manifestos religiosos, sob a proteção do Estado.

> *Vide* art. 5.º, VI, da CF.

Parágrafo único. A preservação dos documentos e dos sítios detentores de reminiscências históricas dos antigos quilombos, tombados nos termos do § 5.º do art. 216 da Constituição Federal, receberá especial atenção do poder público.

Art. 19. O poder público incentivará a celebração das personalidades e das datas comemorativas relacionadas à trajetória do samba e de outras manifestações culturais de matriz africana, bem como sua comemoração nas instituições de ensino públicas e privadas.

Art. 20. O poder público garantirá o registro e a proteção da capoeira, em todas as suas modalidades, como bem de natureza imaterial e de formação da identidade cultural brasileira, nos termos do art. 216 da Constituição Federal.

Parágrafo único. O poder público buscará garantir, por meio dos atos normativos necessários, a preservação dos elementos formadores tradicionais da capoeira nas suas relações internacionais.

Seção IV
Do Esporte e Lazer

Art. 21. O poder público fomentará o pleno acesso da população negra às práticas desportivas, consolidando o esporte e o lazer como direitos sociais.

Art. 22. A capoeira é reconhecida como desporto de criação nacional, nos termos do art. 217 da Constituição Federal.

§ 1.º A atividade de capoeirista será reconhecida em todas as modalidades em que a capoeira se manifesta, seja como esporte, luta, dança ou música, sendo livre o exercício em todo o território nacional.

§ 2.º É facultado o ensino da capoeira nas instituições públicas e privadas pelos capoeiristas e mestres tradicionais, pública e formalmente reconhecidos.

CAPÍTULO III
DO DIREITO À LIBERDADE DE CONSCIÊNCIA E DE CRENÇA E AO LIVRE EXERCÍCIO DOS CULTOS RELIGIOSOS

> *Vide* art. 5.º, VI, VII e VIII, da CF.

Art. 23. É inviolável a liberdade de consciência e de crença, sendo assegurado o livre exercício dos cultos religiosos e garantida, na forma da lei, a proteção aos locais de culto e a suas liturgias.

Art. 24. O direito à liberdade de consciência e de crença e ao livre exercício dos cultos religiosos de matriz africana compreende:

I – a prática de cultos, a celebração de reuniões relacionadas à religiosidade e a fundação e manutenção, por iniciativa privada, de lugares reservados para tais fins;

II – a celebração de festividades e cerimônias de acordo com preceitos das respectivas religiões;

III – a fundação e a manutenção, por iniciativa privada, de instituições beneficentes ligadas às respectivas convicções religiosas;

IV – a produção, a comercialização, a aquisição e o uso de artigos e materiais religiosos adequados aos costumes e às práticas fundadas na respectiva religiosidade, ressalvadas as condutas vedadas por legislação específica;

> A Lei n. 9.605, de 12-2-1998, dispõe sobre as sanções penais e administrativas derivadas de condutas e atividades lesivas ao meio ambiente.

V – a produção e a divulgação de publicações relacionadas ao exercício e à difusão das religiões de matriz africana;

VI – a coleta de contribuições financeiras de pessoas naturais e jurídicas de natureza privada para a manutenção das atividades religiosas e sociais das respectivas religiões;

VII – o acesso aos órgãos e aos meios de comunicação para divulgação das respectivas religiões;

VIII – a comunicação ao Ministério Público para abertura de ação penal em face de atitudes e práticas de intolerância religiosa nos meios de comunicação e em quaisquer outros locais.

Art. 25. É assegurada a assistência religiosa aos praticantes de religiões de matrizes africanas internados em hospitais ou em outras instituições de internação coletiva, inclusive àqueles submetidos a pena privativa de liberdade.

> *Vide* art. 5.º, VII, da CF.

> A Lei n. 9.982, de 14-7-2000, dispõe sobre a prestação de assistência religiosa nas entidades hospitalares públicas e privadas, bem como nos estabelecimentos prisionais civis e militares.

Art. 26. O poder público adotará as medidas necessárias para o combate à intolerância com as religiões de matrizes africanas e à discriminação de seus seguidores, especialmente com o objetivo de:

I – coibir a utilização dos meios de comunicação social para a difusão de proposições, imagens ou abordagens que exponham pessoa ou grupo ao ódio ou ao desprezo por motivos fundados na religiosidade de matrizes africanas;

II – inventariar, restaurar e proteger os documentos, obras e outros bens de valor artístico e cultural, os monumentos, mananciais, flora e sítios arqueológicos vinculados às religiões de matrizes africanas;

> *Vide* art. 216 da CF.

III – assegurar a participação proporcional de representantes das religiões de matrizes africanas, ao lado da representação das demais religiões, em comissões, conselhos, órgãos e outras instâncias de deliberação vinculadas ao poder público.

CAPÍTULO IV
DO ACESSO À TERRA E À MORADIA ADEQUADA

> *Vide* art. 6.º da CF.

Seção I
Do Acesso à Terra

Art. 27. O poder público elaborará e implementará políticas públicas capazes de promover o acesso da população negra à terra e às atividades produtivas no campo.

> A Lei n. 4.504, de 30-11-1964, dispõe sobre o Estatuto da Terra.

Art. 28. Para incentivar o desenvolvimento das atividades produtivas da população negra no campo, o poder público promoverá ações para viabilizar e ampliar o seu acesso ao financiamento agrícola.

Art. 29. Serão assegurados à população negra a assistência técnica rural, a simplificação do acesso ao crédito agrícola e o fortalecimento da infraestrutura de logística para a comercialização da produção.

Art. 30. O poder público promoverá a educação e a orientação profissional agrícola para os trabalhadores negros e as comunidades negras rurais.

Art. 31. Aos remanescentes das comunidades dos quilombos que estejam ocupando suas terras é reconhecida a propriedade definitiva, devendo o Estado emitir-lhes os títulos respectivos.

> *Vide* art. 68 do ADCT.

Art. 32. O Poder Executivo federal elaborará e desenvolverá políticas públicas especiais voltadas para o desenvolvimento sustentável dos remanescentes das comunidades dos quilombos, respeitando as tradições de proteção ambiental das comunidades.

> *Vide* art. 28, § 6.º, do ECA.

Art. 33. Para fins de política agrícola, os remanescentes das comunidades dos quilombos receberão dos órgãos competentes tratamento especial diferenciado, assistência técnica e linhas especiais de financiamento público, destinados à realização de suas atividades produtivas e de infraestrutura.

Art. 34. Os remanescentes das comunidades dos quilombos se beneficiarão de todas as iniciativas previstas nesta e em outras leis para a promoção da igualdade étnica.

Seção II
Da Moradia

Art. 35. O poder público garantirá a implementação de políticas públicas para assegurar o direito à moradia adequada da população negra que vive em favelas, cortiços, áreas urbanas subutilizadas, degradadas ou em processo de degradação, a fim de reintegrá-las à dinâmica urbana e promover melhorias no ambiente e na qualidade de vida.

Parágrafo único. O direito à moradia adequada, para os efeitos desta Lei, inclui não apenas o provimento habitacional, mas também a garantia da infraestrutura urbana e dos equipamentos comunitários associados à função habitacional, bem como a assistência técnica e jurídica para a construção, a reforma ou a regularização fundiária da habitação em área urbana.

Art. 36. Os programas, projetos e outras ações governamentais realizadas no âmbito do Sistema Nacional de Habitação de Interesse Social (SNHIS), regulado pela Lei n. 11.124, de 16 de junho de 2005, devem considerar as peculiaridades sociais, econômicas e culturais da população negra.

Parágrafo único. Os Estados, o Distrito Federal e os Municípios estimularão e facilitarão a participação de organizações e movimentos representativos da população negra na composição dos conselhos constituídos para fins de aplicação do Fundo Nacional de Habitação de Interesse Social (FNHIS).

Art. 37. Os agentes financeiros, públicos ou privados, promoverão ações para viabilizar o acesso da população negra aos financiamentos habitacionais.

CAPÍTULO V
DO TRABALHO

> A Lei n. 12.990, de 9-6-2014, reserva aos negros 20% das vagas oferecidas nos concursos públicos para provimento de cargos efetivos e empregos públicos no âmbito da administração pública federal, das autarquias, das fundações públicas, das empresas públicas e das sociedades de economia mista controladas pela União.

Art. 38. A implementação de políticas voltadas para a inclusão da população negra no mercado de trabalho será de responsabilidade do poder público, observando-se:

I – o instituído neste Estatuto;

II – os compromissos assumidos pelo Brasil ao ratificar a Convenção Internacional sobre a Eliminação de Todas as Formas de Discriminação Racial, de 1965;

> O Decreto n. 4.738, de 12-6-2003, promulga a Declaração Facultativa prevista no art. 14 da Convenção Internacional sobre a Eliminação de todas as Formas de Discriminação Racial, reconhecendo a competência do Comitê Internacional para a Eliminação da Discriminação Racial para receber e analisar denúncias de violação dos direitos humanos cobertos na mencionada Convenção.

III – os compromissos assumidos pelo Brasil ao ratificar a Convenção n. 111, de 1958, da Organização Internacional do Trabalho (OIT), que trata da discriminação no emprego e na profissão;

> O Decreto n. 62.150, de 19-1-1968, promulga a Convenção n. 111 da OIT sobre Discriminação em Matéria de Emprego e Profissão.

IV – os demais compromissos formalmente assumidos pelo Brasil perante a comunidade internacional.

Art. 39. O poder público promoverá ações que assegurem a igualdade de oportunidades no mercado de trabalho para a população negra, inclusive mediante a implementação de medidas visando à promoção da igualdade nas contratações do setor público e o incentivo à adoção de medidas similares nas empresas e organizações privadas.

§ 1.º A igualdade de oportunidades será lograda mediante a adoção de políticas e programas de formação profissional, de emprego e de geração de renda voltados para a população negra.

§ 2.º As ações visando a promover a igualdade de oportunidades na esfera da administração pública far-se-ão por meio de normas estabelecidas ou a serem estabelecidas em legislação específica e em seus regulamentos.

§ 3.º O poder público estimulará, por meio de incentivos, a adoção de iguais medidas pelo setor privado.

§ 4.º As ações de que trata o *caput* deste artigo assegurarão o princípio da proporcionalidade de gênero entre os beneficiários.

§ 5.º Será assegurado o acesso ao crédito para a pequena produção, nos meios rural e urbano, com ações afirmativas para mulheres negras.

§ 6.º O poder público promoverá campanhas de sensibilização contra a marginalização da mulher negra no trabalho artístico e cultural.

§ 7.º O poder público promoverá ações com o objetivo de elevar a escolaridade e a qualificação profissional nos setores da economia que contem com alto índice de ocupação por trabalhadores negros de baixa escolarização.

Art. 40. O Conselho Deliberativo do Fundo de Amparo ao Trabalhador (Codefat) formulará políticas, programas e projetos voltados para a inclusão da população negra no mercado de trabalho e orientará a destinação de recursos para seu financiamento.

Art. 41. As ações de emprego e renda, promovidas por meio de financiamento para constituição e ampliação de pequenas e médias empresas e de programas de geração de renda, contemplarão o estímulo à promoção de empresários negros.

Parágrafo único. O poder público estimulará as atividades voltadas ao turismo étnico com enfoque nos locais, monumentos e cidades que retratem a cultura, os usos e os costumes da população negra.

Art. 42. O Poder Executivo federal poderá implementar critérios para provimento de cargos em comissão e funções de confiança destinados a ampliar a participação de negros, buscando reproduzir a estrutura da distribuição étnica nacional ou, quando for o caso, estadual, observados os dados demográficos oficiais.

CAPÍTULO VI
DOS MEIOS DE COMUNICAÇÃO

Art. 43. A produção veiculada pelos órgãos de comunicação valorizará a herança cultural e a participação da população negra na história do País.

Art. 44. Na produção de filmes e programas destinados à veiculação pelas emissoras de televisão e em salas cinematográficas, deverá ser adotada a prática de conferir oportunidades de emprego para atores, figurantes e técnicos negros, sendo vedada toda e qualquer discriminação de natureza política, ideológica, étnica ou artística.

Parágrafo único. A exigência disposta no *caput* não se aplica aos filmes e programas que abordem especificidades de grupos étnicos determinados.

Art. 45. Aplica-se à produção de peças publicitárias destinadas à veiculação pelas emissoras de televisão e em salas cinematográficas o disposto no art. 44.

Art. 46. Os órgãos e entidades da administração pública federal direta, autárquica ou fundacional, as empresas públicas e as sociedades de economia mista federais deverão incluir cláusulas de participação de artistas negros nos contratos de realização de filmes, programas ou quaisquer outras peças de caráter publicitário.

§ 1.º Os órgãos e entidades de que trata este artigo incluirão, nas especificações para contratação de serviços de consultoria, conceituação, produção e realização de filmes, programas ou peças publicitárias, a obrigatoriedade da prática de iguais oportunidades de emprego para as pessoas relacionadas com o projeto ou serviço contratado.

§ 2.º Entende-se por prática de iguais oportunidades de emprego o conjunto de medidas sistemáticas executadas com a finalidade de garantir a diversidade étnica, de sexo e de idade na equipe vinculada ao projeto ou serviço contratado.

§ 3.º A autoridade contratante poderá, se considerar necessário para garantir a prática de iguais oportunidades de emprego, requerer auditoria por órgão do poder público federal.

§ 4.º A exigência disposta no *caput* não se aplica às produções publicitárias quando abordarem especificidades de grupos étnicos determinados.

TÍTULO III
DO SISTEMA NACIONAL DE PROMOÇÃO DA IGUALDADE RACIAL (SINAPIR)

>> O Decreto n. 8.136, de 5-11-2013, aprova o regulamento do Sistema Nacional de Promoção da Igualdade Racial – SINAPIR.

CAPÍTULO I
DISPOSIÇÃO PRELIMINAR

Art. 47. É instituído o Sistema Nacional de Promoção da Igualdade Racial (Sinapir) como forma de organização e de articulação voltadas à implementação do conjunto de políticas e serviços destinados a superar as desigualdades étnicas existentes no País, prestados pelo poder público federal.

§ 1.º Os Estados, o Distrito Federal e os Municípios poderão participar do Sinapir mediante adesão.

§ 2.º O poder público federal incentivará a sociedade e a iniciativa privada a participar do Sinapir.

CAPÍTULO II
DOS OBJETIVOS

Art. 48. São objetivos do Sinapir:

I – promover a igualdade étnica e o combate às desigualdades sociais resultantes do racismo, inclusive mediante adoção de ações afirmativas;

II – formular políticas destinadas a combater os fatores de marginalização e a promover a integração social da população negra;

III – descentralizar a implementação de ações afirmativas pelos governos estaduais, distrital e municipais;

IV – articular planos, ações e mecanismos voltados à promoção da igualdade étnica;

V – garantir a eficácia dos meios e dos instrumentos criados para a implementação das ações afirmativas e o cumprimento das metas a serem estabelecidas.

Capítulo III
DA ORGANIZAÇÃO E COMPETÊNCIA

Art. 49. O Poder Executivo federal elaborará plano nacional de promoção da igualdade racial contendo as metas, princípios e diretrizes para a implementação da Política Nacional de Promoção da Igualdade Racial (PNPIR).

§ 1.º A elaboração, implementação, coordenação, avaliação e acompanhamento da PNPIR, bem como a organização, articulação e coordenação do Sinapir, serão efetivados pelo órgão responsável pela política de promoção da igualdade étnica em âmbito nacional.

§ 2.º É o Poder Executivo federal autorizado a instituir fórum intergovernamental de promoção da igualdade étnica, a ser coordenado pelo órgão responsável pelas políticas de promoção da igualdade étnica, com o objetivo de implementar estratégias que visem à incorporação da política nacional de promoção da igualdade étnica nas ações governamentais de Estados e Municípios.

§ 3.º As diretrizes das políticas nacional e regional de promoção da igualdade étnica serão elaboradas por órgão colegiado que assegure a participação da sociedade civil.

Art. 50. Os Poderes Executivos estaduais, distrital e municipais, no âmbito das respectivas esferas de competência, poderão instituir conselhos de promoção da igualdade étnica, de caráter permanente e consultivo, compostos por igual número de representantes de órgãos e entidades públicas e de organizações da sociedade civil representativas da população negra.

Parágrafo único. O Poder Executivo priorizará o repasse dos recursos referentes aos programas e atividades previstos nesta Lei aos Estados, Distrito Federal e Municípios que tenham criado conselhos de promoção da igualdade étnica.

Capítulo IV
DAS OUVIDORIAS PERMANENTES E DO ACESSO À JUSTIÇA E À SEGURANÇA

Art. 51. O poder público federal instituirá, na forma da lei e no âmbito dos Poderes Legislativo e Executivo, Ouvidorias Permanentes em Defesa da Igualdade Racial, para receber e encaminhar denúncias de preconceito e discriminação com base em etnia ou cor e acompanhar a implementação de medidas para a promoção da igualdade.

Art. 52. É assegurado às vítimas de discriminação étnica o acesso aos órgãos de Ouvidoria Permanente, à Defensoria Pública, ao Ministério Público e ao Poder Judiciário, em todas as suas instâncias, para a garantia do cumprimento de seus direitos.

Parágrafo único. O Estado assegurará atenção às mulheres negras em situação de violência, garantida a assistência física, psíquica, social e jurídica.

> *Vide* Lei n. 11.340, de 7-8-2006, que dispõe sobre violência doméstica (Lei Maria da Penha).

Art. 53. O Estado adotará medidas especiais para coibir a violência policial incidente sobre a população negra.

Parágrafo único. O Estado implementará ações de ressocialização e proteção da juventude negra em conflito com a lei e exposta a experiências de exclusão social.

> *Vide* Lei n. 8.069, de 13-7-1990, que dispõe sobre o ECA.

Art. 54. O Estado adotará medidas para coibir atos de discriminação e preconceito praticados por servidores públicos em detrimento da população negra, observado, no que couber, o disposto na Lei n. 7.716, de 5 de janeiro de 1989.

Art. 55. Para a apreciação judicial das lesões e das ameaças de lesão aos interesses da população negra decorrentes de situações de desigualdade étnica, recorrer-se-á, entre outros instrumentos, à ação civil pública, disciplinada na Lei n. 7.347, de 24 de julho de 1985.

Capítulo V
DO FINANCIAMENTO DAS INICIATIVAS DE PROMOÇÃO DA IGUALDADE RACIAL

Art. 56. Na implementação dos programas e das ações constantes dos planos plurianuais e dos orçamentos anuais da União, deverão ser observadas as políticas de ação afirmativa a que se refere o inciso VII do art. 4.º desta Lei e outras políticas públicas que tenham como objetivo promover a igualdade de oportunidades e a inclusão social da população negra, especialmente no que tange a:

I – promoção da igualdade de oportunidades em educação, emprego e moradia;

II – financiamento de pesquisas, nas áreas de educação, saúde e emprego, voltadas para a melhoria da qualidade de vida da população negra;

III – incentivo à criação de programas e veículos de comunicação destinados à divulgação de matérias relacionadas aos interesses da população negra;

IV – incentivo à criação e à manutenção de microempresas administradas por pessoas autodeclaradas negras;

V – iniciativas que incrementem o acesso e a permanência das pessoas negras na educação fundamental, média, técnica e superior;

VI – apoio a programas e projetos dos governos estaduais, distrital e municipais e de entidades da sociedade civil voltados para a promoção da igualdade de oportunidades para a população negra;

VII – apoio a iniciativas em defesa da cultura, da memória e das tradições africanas e brasileiras.

§ 1.º O Poder Executivo federal é autorizado a adotar medidas que garantam, em cada exercício, a transparência na alocação e na execução dos recursos necessários ao financiamento das ações previstas neste Estatuto, explicitando, entre outros, a proporção dos recursos orçamentários destinados aos programas de promoção da igualdade, especialmente nas áreas de educação, saúde, emprego e renda, desenvolvimento agrário, habitação popular, desenvolvimento regional, cultura, esporte e lazer.

§ 2.º Durante os 5 (cinco) primeiros anos, a contar do exercício subsequente à publicação deste Estatuto, os órgãos do Poder Executivo federal que desenvolvem políticas e programas nas áreas referidas no § 1.º deste artigo discriminarão em seus orçamentos anuais a participação nos programas de ação afirmativa referidos no inciso VII do art. 4.º desta Lei.

§ 3.º O Poder Executivo é autorizado a adotar as medidas necessárias para a adequada implementação do disposto neste artigo, podendo estabelecer patamares de participação crescente dos programas de ação afirmativa nos orçamentos anuais a que se refere o § 2.º deste artigo.

§ 4.º O órgão colegiado do Poder Executivo federal responsável pela promoção da igualdade racial acompanhará e avaliará a programação das ações referidas neste artigo nas propostas orçamentárias da União.

Art. 57. Sem prejuízo da destinação de recursos ordinários, poderão ser consignados nos orçamentos fiscal e da seguridade social para financiamento das ações de que trata o art. 56:

I – transferências voluntárias dos Estados, do Distrito Federal e dos Municípios;

II – doações voluntárias de particulares;

III – doações de empresas privadas e organizações não governamentais, nacionais ou internacionais;

IV – doações voluntárias de fundos nacionais ou internacionais;

V – doações de Estados estrangeiros, por meio de convênios, tratados e acordos internacionais.

Título IV
DISPOSIÇÕES FINAIS

Art. 58. As medidas instituídas nesta Lei não excluem outras em prol da população negra que tenham sido ou venham a ser adotadas no âmbito da União, dos Estados, do Distrito Federal ou dos Municípios.

Art. 59. O Poder Executivo federal criará instrumentos para aferir a eficácia social das medidas previstas nesta Lei e efetuará seu monitoramento constante, com a emissão e a divulgação de relatórios periódicos, inclusive pela rede mundial de computadores.

....

Art. 65. Esta Lei entra em vigor 90 (noventa) dias após a data de sua publicação.

Brasília, 20 de julho de 2010; 189.º da Independência e 122.º da República.

Luiz Inácio Lula da Silva

LEI N. 12.351, DE 22 DE DEZEMBRO DE 2010 (*)

Dispõe sobre a exploração e a produção de petróleo, de gás natural e de outros hidrocarbonetos fluidos, sob o regime de partilha de produção, em áreas do pré-sal e em áreas estratégicas; cria o Fundo Social – FS e dispõe sobre sua estrutura e fontes de recursos; altera dispositivos da Lei n. 9.478, de 6 de agosto de 1997; e dá outras providências.

O Presidente da República

Faço saber que o Congresso Nacional decreta e eu sanciono a seguinte Lei:

Capítulo I
DISPOSIÇÕES PRELIMINARES

Art. 1.º Esta Lei dispõe sobre a exploração e a produção de petróleo, de gás natural e de outros hidrocarbonetos fluidos em áreas do pré-sal e em áreas estratégicas, cria o Fundo Social – FS e dispõe sobre sua estrutura e fontes de recursos, e altera a Lei n. 9.478, de 6 de agosto de 1997.

Capítulo II
DAS DEFINIÇÕES TÉCNICAS

Art. 2.º Para os fins desta Lei, são estabelecidas as seguintes definições:

I – partilha de produção: regime de exploração e produção de petróleo, de gás natural e de outros hidrocarbonetos fluidos no qual o contratado exerce, por sua conta e risco, as atividades de exploração, avaliação, desenvolvimento e produção e, em caso de descoberta comercial, adquire o direito à apropriação do custo em óleo, do volume da produção correspondente aos *royalties* devidos, bem como de parcela do excedente em óleo, na proporção, condições e prazos estabelecidos em contrato;

II – custo em óleo: parcela da produção de petróleo, de gás natural e de outros hidrocarbonetos fluidos, exigível unicamente em caso de descoberta comercial, correspondente aos custos e aos investimentos realizados pelo contratado na execução das atividades de exploração, avaliação, desenvolvimento, produção e desativação das instalações, sujeita a limites, prazos e condições estabelecidos em contrato;

III – excedente em óleo: parcela da produção de petróleo, de gás natural e de outros hidrocarbonetos fluidos a ser repartida entre a União e o contratado, segundo critérios definidos em contrato, resultante da diferença entre o volume total da produção e as parcelas relativas ao custo em óleo, aos *royalties* devidos e, quando exigível, à participação de que trata o art. 43;

IV – área do pré-sal: região do subsolo formada por um prisma vertical de profundidade indeterminada, com superfície poligonal definida pelas coordenadas geográficas de seus vértices estabelecidas no Anexo desta Lei, bem como outras regiões que venham a ser delimitadas em ato do Poder Executivo, de acordo com a evolução do conhecimento geológico;

V – área estratégica: região de interesse para o desenvolvimento nacional, delimitada em ato do Poder Executivo, caracterizada pelo baixo risco exploratório e elevado potencial de produção de petróleo, de gás natural e de outros hidrocarbonetos fluidos;

VI – operador: a Petróleo Brasileiro S.A. (Petrobras), responsável pela condução e execução, direta ou indireta, de todas as atividades de exploração, avaliação, desenvolvimento, produção e desativação das instalações de exploração e produção;

VII – contratado: a Petrobras ou, quando for o caso, o consórcio por ela constituído com o vencedor da licitação para a exploração e produção de petróleo, de gás natural e de outros hidrocarbonetos fluidos em regime de partilha de produção;

VIII – conteúdo local: proporção entre o valor dos bens produzidos e dos serviços prestados no País para execução do contrato e o valor total dos bens utilizados e dos serviços prestados para essa finalidade;

IX – individualização da produção: procedimento que visa à divisão do resultado da produção e ao aproveitamento racional dos recursos naturais da União, por meio da unificação do desenvolvimento e da produção relativos à jazida que se estenda além do bloco concedido ou contratado sob o regime de partilha de produção;

X – ponto de medição: local definido no plano de desenvolvimento de cada campo onde é realizada a medição volumétrica do petróleo ou do gás natural produzido, conforme regulação da Agência Nacional do Petróleo, Gás Natural e Biocombustíveis – ANP;

XI – ponto de partilha: local em que há divisão entre a União e o contratado de petróleo, de gás natural e de outros hidrocarbonetos fluidos produzidos, nos termos do respectivo contrato de partilha de produção;

XII – bônus de assinatura: valor fixo devido à União pelo contratado, a ser pago no ato da celebração e nos termos do respectivo contrato de partilha de produção; e

XIII – *royalties*: compensação financeira devida aos Estados, ao Distrito Federal e aos Municípios, bem como a órgãos da administração direta da União, em função da produção de petróleo, de gás natural e de outros hidrocarbonetos fluidos sob o regime de partilha de produção, nos termos do § 1.º do art. 20 da Constituição Federal.

Capítulo III
DO REGIME DE PARTILHA DE PRODUÇÃO

Seção I
Disposições Gerais

Art. 3.º A exploração e a produção de petróleo, de gás natural e de outros hidrocarbonetos fluidos na área do pré-sal e em áreas estratégicas serão contratadas pela União sob o regime de partilha de produção, na forma desta Lei.

Art. 4.º A Petrobras será a operadora de todos os blocos contratados sob o regime de partilha de produção, sendo-lhe assegurado, a este título, participação mínima no consórcio previsto no art. 20.

> O Decreto n. 9.041, de 2-5-2017, dispõe sobre o direito de preferência da Petróleo Brasileiro S.A. – Petrobras atuar como operadora nos consórcios formados para exploração e produção de blocos a serem contratados sob o regime de partilha de produção.

Art. 5.º A União não assumirá os riscos das atividades de exploração, avaliação, desenvolvimento e produção decorrentes dos contratos de partilha de produção.

Art. 6.º Os custos e os investimentos necessários à execução do contrato de partilha de produção serão integralmente suportados pelo contratado, cabendo-lhe, no caso de descoberta comercial, a sua restituição nos termos do inciso II do art. 2.º.

Parágrafo único. A União, por intermédio de fundo específico criado por lei, poderá participar dos investimentos nas atividades de exploração, avaliação, desenvolvimento e produção na área do pré-sal e em áreas

(*) Publicada no *Diário Oficial da União* de 23-12-2010. Regulamentada pelo Decreto n. 9.041, de 2-5-2017.

estratégicas, caso em que assumirá os riscos correspondentes à sua participação, nos termos do respectivo contrato.

Art. 7.º Previamente à contratação sob o regime de partilha de produção, o Ministério de Minas e Energia, diretamente ou por meio da ANP, poderá promover a avaliação do potencial das áreas do pré-sal e das áreas estratégicas.

Parágrafo único. A Petrobras poderá ser contratada diretamente para realizar estudos exploratórios necessários à avaliação prevista no *caput*.

Art. 8.º A União, por intermédio do Ministério de Minas e Energia, celebrará os contratos de partilha de produção:

I – diretamente com a Petrobras, dispensada a licitação; ou

II – mediante licitação na modalidade leilão.

§ 1.º A gestão dos contratos previstos no *caput* caberá à empresa pública a ser criada com este propósito.

§ 2.º A empresa pública de que trata o § 1.º deste artigo não assumirá os riscos e não responderá pelos custos e investimentos referentes às atividades de exploração, avaliação, desenvolvimento, produção e desativação das instalações de exploração e produção decorrentes dos contratos de partilha de produção.

Seção II
Das Competências do Conselho Nacional de Política Energética – CNPE

Art. 9.º O Conselho Nacional de Política Energética - CNPE tem como competências, entre outras definidas na legislação, propor ao Presidente da República:

I – o ritmo de contratação dos blocos sob o regime de partilha de produção, observando-se a política energética e o desenvolvimento e a capacidade da indústria nacional para o fornecimento de bens e serviços;

II – os blocos que serão destinados à contratação direta com a Petrobras sob o regime de partilha de produção;

III – os blocos que serão objeto de leilão para contratação sob o regime de partilha de produção;

IV – os parâmetros técnicos e econômicos dos contratos de partilha de produção;

V – a delimitação de outras regiões a serem classificadas como área do pré-sal e áreas a serem classificadas como estratégicas, conforme a evolução do conhecimento geológico;

VI – a política de comercialização do petróleo destinado à União nos contratos de partilha de produção, observada a prioridade de abastecimento do mercado nacional;

>> Inciso VI com redação determinada pela Lei n. 13.679, de 14-6-2018.

VII – a política de comercialização do gás natural proveniente dos contratos de partilha de produção, observada a prioridade de abastecimento do mercado nacional.

Seção III
Das Competências do Ministério de Minas e Energia

Art. 10. Caberá ao Ministério de Minas e Energia, entre outras competências:

I – planejar o aproveitamento do petróleo e do gás natural;

II – propor ao CNPE, ouvida a ANP, a definição dos blocos que serão objeto de concessão ou de partilha de produção;

III – propor ao CNPE os seguintes parâmetros técnicos e econômicos dos contratos de partilha de produção:

a) os critérios para definição do excedente em óleo da União;

b) o percentual mínimo do excedente em óleo da União;

c) a participação mínima da Petrobras no consórcio previsto no art. 20, que não poderá ser inferior a 30% (trinta por cento);

d) os limites, prazos, critérios e condições para o cálculo e apropriação pelo contratado do custo em óleo e do volume da produção correspondente aos *royalties* devidos;

e) o conteúdo local mínimo e outros critérios relacionados ao desenvolvimento da indústria nacional; e

f) o valor do bônus de assinatura, bem como a parcela a ser destinada à empresa pública de que trata o § 1.º do art. 8.º;

IV – estabelecer as diretrizes a serem observadas pela ANP para promoção da licitação prevista no inciso II do art. 8.º, bem como para a elaboração das minutas dos editais e dos contratos de partilha de produção; e

V – aprovar as minutas dos editais de licitação e dos contratos de partilha de produção elaboradas pela ANP.

§ 1.º Ao final de cada semestre, o Ministério de Minas e Energia emitirá relatório sobre as atividades relacionadas aos contratos de partilha de produção.

§ 2.º O relatório será publicado até 30 (trinta) dias após o encerramento do semestre, assegurado amplo acesso ao público.

Seção IV
Das Competências da Agência Nacional do Petróleo, Gás Natural e Biocombustíveis – ANP

Art. 11. Caberá à ANP, entre outras competências definidas em lei:

I – promover estudos técnicos para subsidiar o Ministério de Minas e Energia na delimitação dos blocos que serão objeto de contrato de partilha de produção;

II – elaborar e submeter à aprovação do Ministério de Minas e Energia as minutas dos contratos de partilha de produção e dos editais, no caso de licitação;

III – promover as licitações previstas no inciso II do art. 8.º desta Lei;

IV – fazer cumprir as melhores práticas da indústria do petróleo;

V – analisar e aprovar, de acordo com o disposto no inciso IV deste artigo, os planos de exploração, de avaliação e de desenvolvimento da produção, bem como os programas anuais de trabalho e de produção relativos aos contratos de partilha de produção; e

VI – regular e fiscalizar as atividades realizadas sob o regime de partilha de produção, nos termos do inciso VII do art. 8.º da Lei n. 9.478, de 6 de agosto de 1997.

Seção V
Da Contratação Direta

Art. 12. O CNPE proporá ao Presidente da República os casos em que, visando à preservação do interesse nacional e ao atendimento dos demais objetivos da política energética, a Petrobras será contratada diretamente pela União para a exploração e produção de petróleo, de gás natural e de outros hidrocarbonetos fluidos sob o regime de partilha de produção.

Parágrafo único. Os parâmetros da contratação prevista no *caput* serão propostos pelo CNPE, nos termos do inciso IV do art. 9.º e do inciso III do art. 10, no que couber.

Seção VI
Da Licitação

Art. 13. A licitação para a contratação sob o regime de partilha de produção obedecerá ao disposto nesta Lei, nas normas a serem expedidas pela ANP e no respectivo edital.

Art. 14. A Petrobras poderá participar da licitação prevista no inciso II do art. 8.º para ampliar a sua participação mínima definida nos termos da alínea *c* do inciso III do art. 10.

Subseção I
Do Edital de Licitação

Art. 15. O edital de licitação será acompanhado da minuta básica do respectivo contrato e indicará, obrigatoriamente:

I – o bloco objeto do contrato de partilha de produção;

II – o critério de julgamento da licitação, nos termos do art. 18;

III – o percentual mínimo do excedente em óleo da União;

IV – a formação do consórcio previsto no art. 20 e a respectiva participação mínima da Petrobras;

V – os limites, prazos, critérios e condições para o cálculo e apropriação pelo contratado do custo em óleo e do volume da produção correspondente aos *royalties* devidos;

VI – os critérios para definição do excedente em óleo do contratado;

VII – o programa exploratório mínimo e os investimentos estimados correspondentes;

VIII – o conteúdo local mínimo e outros critérios relacionados ao desenvolvimento da indústria nacional;

IX – o valor do bônus de assinatura, bem como a parcela a ser destinada à empresa pública de que trata o § 1.º do art. 8.º;

X – as regras e as fases da licitação;

XI – as regras aplicáveis à participação conjunta de empresas na licitação;

XII – a relação de documentos exigidos e os critérios de habilitação técnica, jurídica, econômico-financeira e fiscal dos licitantes;

XIII – a garantia a ser apresentada pelo licitante para sua habilitação;

XIV – o prazo, o local e o horário em que serão fornecidos aos licitantes os dados, estudos e demais elementos e informações necessários à elaboração das propostas, bem como o custo de sua aquisição; e

XV – o local, o horário e a forma para apresentação das propostas.

Art. 16. Quando permitida a participação conjunta de empresas na licitação, o edital conterá, entre outras, as seguintes exigências:

I – comprovação de compromisso, público ou particular, de constituição do consórcio previsto no art. 20, subscrito pelas proponentes;

II – indicação da empresa responsável no processo licitatório, sem prejuízo da responsabilidade solidária das demais proponentes;

III – apresentação, por parte de cada uma das empresas proponentes, dos documentos exigidos para efeito de avaliação da qualificação técnica e econômico-financeira do consórcio a ser constituído; e

IV – proibição de participação de uma mesma empresa, conjunta ou isoladamente, em mais de uma proposta na licitação de um mesmo bloco.

Art. 17. O edital conterá a exigência de que a empresa estrangeira que concorrer, em conjunto com outras empresas ou isoladamente, deverá apresentar com sua proposta, em envelope separado:

I – prova de capacidade técnica, idoneidade financeira e regularidade jurídica e fiscal;

II – inteiro teor dos atos constitutivos e prova de se encontrar organizada e em funcionamento regular, conforme a lei de seu país;

III – designação de um representante legal perante a ANP, com poderes especiais para a prática de atos e assunção de responsabilidades relativamente à licitação e à proposta apresentada; e

IV – compromisso de constituir empresa segundo as leis brasileiras, com sede e administração no Brasil, caso seja vencedora da licitação.

Subseção II
Do Julgamento da Licitação

Art. 18. O julgamento da licitação identificará a proposta mais vantajosa segundo o critério da oferta de maior excedente em óleo para a União, respeitado o percentual mínimo definido nos termos da alínea *b* do inciso III do art. 10.

Seção VII
Do Consórcio

Art. 19. A Petrobras, quando contratada diretamente ou no caso de ser vencedora isolada da licitação, deverá constituir consórcio com a empresa pública de que trata o § 1.º do art. 8.º desta Lei, na forma do disposto no art. 279 da Lei n. 6.404, de 15 de dezembro de 1976.

Art. 20. O licitante vencedor deverá constituir consórcio com a Petrobras e com a empresa pública de que trata o § 1.º do art. 8.º desta Lei, na forma do disposto no art. 279 da Lei n. 6.404, de 15 de dezembro de 1976.

§ 1.º A participação da Petrobras no consórcio implicará sua adesão às regras do edital e à proposta vencedora.

§ 2.º Os direitos e as obrigações patrimoniais da Petrobras e dos demais contratados serão proporcionais à sua participação no consórcio.

§ 3.º O contrato de constituição de consórcio deverá indicar a Petrobras como responsável pela execução do contrato, sem prejuízo da responsabilidade solidária das consorciadas perante o contratante ou terceiros, observado o disposto no § 2.º do art. 8.º desta Lei.

Art. 21. A empresa pública de que trata o § 1.º do art. 8.º integrará o consórcio como representante dos interesses da União no contrato de partilha de produção.

Art. 22. A administração do consórcio caberá ao seu comitê operacional.

Art. 23. O comitê operacional será composto por representantes da empresa pública de que trata o § 1.º do art. 8.º e dos demais consorciados.

Parágrafo único. A empresa pública de que trata o § 1.º do art. 8.º indicará a metade dos integrantes do comitê operacional, inclusive o seu presidente, cabendo aos demais consorciados a indicação dos outros integrantes.

Art. 24. Caberá ao comitê operacional:

I – definir os planos de exploração, a serem submetidos à análise e à aprovação da ANP;

II – definir o plano de avaliação de descoberta de jazida de petróleo e de gás natural a ser submetido à análise e à aprovação da ANP;

III – declarar a comercialidade de cada jazida descoberta e definir o plano de desenvolvimento da produção do campo, a ser submetido à análise e à aprovação da ANP;

IV – definir os programas anuais de trabalho e de produção, a serem submetidos à análise e à aprovação da ANP;

V – analisar e aprovar os orçamentos relacionados às atividades de exploração, avaliação, desenvolvimento e produção previstas no contrato;

VI – supervisionar as operações e aprovar a contabilização dos custos realizados;

VII – definir os termos do acordo de individualização da produção a ser firmado com o titular da área adjacente, observado o disposto no Capítulo IV desta Lei; e

VIII – outras atribuições definidas no contrato de partilha de produção.

Art. 25. O presidente do comitê operacional terá poder de veto e voto de qualidade, conforme previsto no contrato de partilha de produção.

Art. 26. A assinatura do contrato de partilha de produção ficará condicionada à comprovação do arquivamento do instrumento constitutivo do consórcio no Registro do Comércio do lugar de sua sede.

Seção VIII
Do Contrato de Partilha de Produção

Art. 27. O contrato de partilha de produção preverá 2 (duas) fases:

I – a de exploração, que incluirá as atividades de avaliação de eventual descoberta de petróleo ou gás natural, para determinação de sua comercialidade; e

II – a de produção, que incluirá as atividades de desenvolvimento.

Art. 28. O contrato de partilha de produção de petróleo, de gás natural e de outros hidrocarbonetos fluidos não se estende a qualquer outro recurso natural, ficando o operador obrigado a informar a sua descoberta, nos termos do inciso I do art. 30.

Art. 29. São cláusulas essenciais do contrato de partilha de produção:

I – a definição do bloco objeto do contrato;

II – a obrigação de o contratado assumir os riscos das atividades de exploração, avaliação, desenvolvimento e produção;

III – a indicação das garantias a serem prestadas pelo contratado;

IV – o direito do contratado à apropriação do custo em óleo, exigível unicamente em caso de descoberta comercial;

V – os limites, prazos, critérios e condições para o cálculo e apropriação pelo contratado do custo em óleo e do volume da produção correspondente aos *royalties* devidos;

VI – os critérios para cálculo do valor do petróleo ou do gás natural, em função dos preços de mercado, da especificação do produto e da localização do campo;

VII – as regras e os prazos para a repartição do excedente em óleo, podendo incluir critérios relacionados à eficiência econômica, à rentabilidade, ao volume de produção e à variação do preço do petróleo e do gás natural, observado o percentual estabelecido segundo o disposto no art. 18;

VIII – as atribuições, a composição, o funcionamento e a forma de tomada de decisões e de solução de controvérsias no âmbito do comitê operacional;

IX – as regras de contabilização, bem como os procedimentos para acompanhamento e controle das atividades de exploração, avaliação, desenvolvimento e produção;

X – as regras para a realização de atividades, por conta e risco do contratado, que não implicarão qualquer obrigação para a União ou contabilização no valor do custo em óleo;

XI – o prazo de duração da fase de exploração e as condições para sua prorrogação;

XII – o programa exploratório mínimo e as condições para sua revisão;

XIII – os critérios para formulação e revisão dos planos de exploração e de desenvolvimento da produção, bem como dos respectivos planos de trabalho, incluindo os pontos de medição e de partilha de petróleo, de gás natural e de outros hidrocarbonetos fluidos produzidos;

XIV – a obrigatoriedade de o contratado fornecer à ANP e à empresa pública de que trata o § 1.º do art. 8.º relatórios, dados e informações relativos à execução do contrato;

XV – os critérios para devolução e desocupação de áreas pelo contratado, inclusive para a retirada de equipamentos e instalações e para a reversão de bens;

XVI – as penalidades aplicáveis em caso de inadimplemento das obrigações contratuais;

XVII – os procedimentos relacionados à cessão dos direitos e obrigações relativos ao contrato, conforme o disposto no art. 31;

XVIII – as regras sobre solução de controvérsias, que poderão prever conciliação e arbitragem;

XIX – o prazo de vigência do contrato, limitado a 35 (trinta e cinco) anos, e as condições para a sua extinção;

XX – o valor e a forma de pagamento do bônus de assinatura;

XXI – a obrigatoriedade de apresentação de inventário periódico sobre as emissões de gases que provocam efeito estufa – GEF, ao qual se dará publicidade, inclusive com cópia ao Congresso Nacional;

XXII – a apresentação de plano de contingência relativo a acidentes por vazamento de petróleo, de gás natural, de outros hidrocarbonetos fluidos e seus derivados; e

XXIII – a obrigatoriedade da realização de auditoria ambiental de todo o processo operacional de retirada e distribuição de petróleo e gás oriundos do pré-sal.

Art. 30. A Petrobras, na condição de operadora do contrato de partilha de produção, deverá:

I – informar ao comitê operacional e à ANP, no prazo contratual, a descoberta de qualquer jazida de petróleo, de gás natural, de outros hidrocarbonetos fluidos ou de quaisquer minerais;

II – submeter à aprovação do comitê operacional o plano de avaliação de descoberta de jazida de petróleo, de gás natural e de outros hidrocarbonetos fluidos, para determinação de sua comercialidade;

III – realizar a avaliação da descoberta de jazida de petróleo e de gás natural nos termos do plano de avaliação aprovado pela ANP, apresentando relatório de comercialidade ao comitê operacional;

IV – submeter ao comitê operacional o plano de desenvolvimento da produção do campo, bem como os planos de trabalho e de produção, contendo cronogramas e orçamentos;

V – adotar as melhores práticas da indústria do petróleo, obedecendo às normas e aos procedimentos técnicos e científicos pertinentes e utilizando técnicas apropriadas de recuperação, objetivando a racionalização da produção e o controle do declínio das reservas; e

VI – encaminhar ao comitê operacional todos os dados e documentos relativos às atividades realizadas.

Art. 31. A cessão dos direitos e obrigações relativos ao contrato de partilha de produção somente poderá ocorrer mediante prévia e expressa autorização do Ministério de Minas e Energia, ouvida a ANP, observadas as seguintes condições:

>> O Decreto n. 9.355, de 25-4-2018, estabelece regras de governança, transparência e boas práticas de mercado para a cessão de direitos de exploração, desenvolvimento e produção de petróleo, gás natural e outros hidrocarbonetos fluidos pela Petróleo Brasileiro S.A. – Petrobras.

I – preservação do objeto contratual e de suas condições;

II – atendimento, por parte do cessionário, dos requisitos técnicos, econômicos e jurídicos estabelecidos pelo Ministério de Minas e Energia; e

III – exercício do direito de preferência dos demais consorciados, na proporção de suas participações no consórcio.

Parágrafo único. A Petrobras somente poderá ceder a participação nos contratos de partilha de produção que obtiver como vencedora da licitação, nos termos do art. 14.

Art. 32. O contrato de partilha de produção extinguir-se-á:

I – pelo vencimento de seu prazo;

II – por acordo entre as partes;

III – pelos motivos de resolução nele previstos;

IV – ao término da fase de exploração, sem que tenha sido feita qualquer descoberta comercial, conforme definido no contrato;

V – pelo exercício do direito de desistência pelo contratado na fase de exploração, desde que cumprido o programa exploratório mínimo ou pago o valor correspondente à parcela não cumprida, conforme previsto no contrato; e

VI – pela recusa em firmar o acordo de individualização da produção, após decisão da ANP.

§ 1.º A devolução de áreas não implicará obrigação de qualquer natureza para a União nem conferirá ao contratado qualquer direito de indenização pelos serviços e bens.

§ 2.º Extinto o contrato de partilha de produção, o contratado fará a remoção dos equipamentos e bens que não sejam objeto de reversão, ficando obrigado a reparar ou a indenizar os danos decorrentes de suas atividades e a praticar os atos de recuperação ambiental determinados pelas autoridades competentes.

Capítulo IV
DA INDIVIDUALIZAÇÃO DA PRODUÇÃO

Art. 33. O procedimento de individualização da produção de petróleo, de gás natural e de outros hidrocarbonetos fluidos deverá ser instaurado quando se identificar que a jazida se estende além do bloco concedido ou contratado sob o regime de partilha de produção.

§ 1.º O concessionário ou o contratado sob o regime de partilha de produção deverá informar à ANP que a jazida será objeto de acordo de individualização da produção.

§ 2.º A ANP determinará o prazo para que os interessados celebrem o acordo de individualização da produção, observadas as diretrizes do CNPE.

Art. 34. A ANP regulará os procedimentos e as diretrizes para elaboração do acordo de individualização da produção, o qual estipulará:

I – a participação de cada uma das partes na jazida individualizada, bem como as hipóteses e os critérios de sua revisão;

II – o plano de desenvolvimento da área objeto de individualização da produção; e

III – os mecanismos de solução de controvérsias.

Parágrafo único. A ANP acompanhará a negociação entre os interessados sobre os termos do acordo de individualização da produção.

Art. 35. O acordo de individualização da produção indicará o operador da respectiva jazida.

Art. 36. A União, representada pela empresa pública referida no § 1.º do art. 8.º e com base nas avaliações realizadas pela ANP, celebrará com os interessados, nos casos em que as jazidas da área do pré-sal e das áreas estratégicas se estendam por áreas não concedidas ou não partilhadas, acordo de individualização da produção, cujos termos e condições obrigarão o futuro concessionário ou contratado sob regime de partilha de produção.

§ 1.º A ANP deverá fornecer à empresa pública referida no § 1.º do art. 8.º todas as informações necessárias para o acordo de individualização da produção.

§ 2.º O regime de exploração e produção a ser adotado nas áreas de que trata o *caput* independe do regime vigente nas áreas adjacentes.

Art. 37. A União, representada pela ANP, celebrará com os interessados, após as devidas avaliações, nos casos em que a jazida não se localize na área do pré-sal ou em áreas estratégicas e se estenda por áreas não concedidas, acordo de individualização da produção, cujos termos e condições obrigarão o futuro concessionário.

Art. 38. A ANP poderá contratar diretamente a Petrobras para realizar as atividades de avaliação das jazidas previstas nos arts. 36 e 37.

Art. 39. Os acordos de individualização da produção serão submetidos à prévia aprovação da ANP.

Parágrafo único. A ANP deverá se manifestar em até 60 (sessenta) dias, contados do recebimento da proposta de acordo.

Art. 40. Transcorrido o prazo de que trata o § 2.º do art. 33 e não havendo acordo entre as partes, caberá à ANP determinar, em até 120 (cento e vinte) dias e com base em laudo técnico, a forma como serão apropriados os direitos e as obrigações sobre a jazida e notificar as partes para que firmem o respectivo acordo de individualização da produção.

Parágrafo único. A recusa de uma das partes em firmar o acordo de individualização da produção implicará resolução dos contratos de concessão ou de partilha de produção.

Art. 41. O desenvolvimento e a produção da jazida ficarão suspensos enquanto não aprovado o acordo de individualização da produção, exceto nos casos autorizados e sob as condições definidas pela ANP.

CAPÍTULO V
DAS RECEITAS GOVERNAMENTAIS NO REGIME DE PARTILHA DE PRODUÇÃO

Art. 42. O regime de partilha de produção terá as seguintes receitas governamentais:

I – *royalties*; e

II – bônus de assinatura.

§ 1.º Os *royalties*, com alíquota de 15% (quinze por cento) do valor da produção, correspondem à compensação financeira pela exploração do petróleo, de gás natural e de outros hidrocarbonetos líquidos de que trata o § 1.º do art. 20 da Constituição Federal, sendo vedado, em qualquer hipótese, seu ressarcimento ao contratado e sua inclusão no cálculo do custo em óleo.

>> § 1.º com redação determinada pela Lei n. 12.734, de 30-12-2012.

§ 2.º O bônus de assinatura não integra o custo em óleo e corresponde a valor fixo devido à União pelo contratado, devendo ser estabelecido pelo contrato de partilha de produção e pago no ato da sua assinatura, sendo vedado, em qualquer hipótese, seu ressarcimento ao contratado.

>> § 2.º com redação determinada pela Lei n. 12.734, de 30-12-2012.

Art. 42-A. Os *royalties* serão pagos mensalmente pelo contratado em moeda nacional, e incidirão sobre a produção de petróleo, de gás natural e de outros hidrocarbonetos fluidos, calculados a partir da data de início da produção comercial.

>> *Caput* acrescentado pela Lei n. 12.734, de 30-12-2012.

§ 1.º Os critérios para o cálculo do valor dos *royalties* serão estabelecidos em ato do Poder Executivo, em função dos preços de mercado do petróleo, do gás natural e de outros hidrocarbonetos fluidos, das especificações do produto e da localização do campo.

>> § 1.º acrescentado pela Lei n. 12.734, de 30-12-2012.

§ 2.º A queima de gás em *flares*, em prejuízo de sua comercialização, e a perda de produto ocorrida sob a responsabilidade do contratado serão incluídas no volume total da produção a ser computada para cálculo dos *royalties*, sob os regimes de concessão e partilha, e para cálculo da participação especial, devida sob regime de concessão.

>> § 2.º acrescentado pela Lei n. 12.734, de 30-12-2012.

Art. 42-B. Os *royalties* devidos em função da produção de petróleo, de gás natural e de outros hidrocarbonetos fluidos sob o regime de partilha de produção serão distribuídos da seguinte forma:

>> *Caput* acrescentado pela Lei n. 12.734, de 30-12-2012.

I – quando a produção ocorrer em terra, rios, lagos, ilhas lacustres ou fluviais:

>> Inciso I acrescentado pela Lei n. 12.734, de 30-12-2012.

a) 20% (vinte por cento) para os Estados ou o Distrito Federal, se for o caso, produtores;

>> Alínea *a* acrescentada pela Lei n. 12.734, de 30-12-2012.

b) 10% (dez por cento) para os Municípios produtores;

>> Alínea *b* acrescentada pela Lei n. 12.734, de 30-12-2012.

c) 5% (cinco por cento) para os Municípios afetados por operações de embarque e desembarque de petróleo, gás natural e outro hidrocarboneto fluido, na forma e critérios estabelecidos pela Agência Nacional do Petróleo, Gás Natural e Biocombustíveis (ANP);

>> Alínea *c* acrescentada pela Lei n. 12.734, de 30-12-2012.

d) 25% (vinte e cinco por cento) para constituição de fundo especial, a ser distribuído entre Estados e o Distrito Federal, se for o caso, de acordo com os seguintes critérios:

>> Alínea *d* acrescentada pela Lei n. 12.734, de 30-12-2012.

1. os recursos serão distribuídos somente para os Estados e, se for o caso, o Distrito Federal, que não tenham recebido recursos em decorrência do disposto na alínea *a* deste inciso, na alínea *a* do inciso II deste artigo, na alínea *a* do inciso II dos arts. 48 e 49 da Lei n. 9.478, de 6 de agosto de 1997, e no inciso II do § 2.º do art. 50 da Lei n. 9.478, de 6 de agosto de 1997;

>> Item 1 acrescentado pela Lei n. 12.734, de 30-12-2012.

2. o rateio dos recursos do fundo especial obedecerá às mesmas regras do rateio do Fundo de Participação dos Estados e do Distrito Federal (FPE), de que trata o art. 159 da Constituição;

>> Item 2 acrescentado pela Lei n. 12.734, de 30-12-2012.

3. o percentual que o FPE destina aos Estados e ao Distrito Federal, se for o caso, que serão excluídos do rateio dos recursos do fundo especial em decorrência do disposto no item 1 será redistribuído entre os demais Estados e o Distrito Federal, se for o caso, proporcionalmente às suas participações no FPE;

>> Item 3 acrescentado pela Lei n. 12.734, de 30-12-2012.

4. o Estado produtor ou confrontante, e o Distrito Federal, se for produtor, poderá optar por receber os recursos do fundo especial de que trata esta alínea, desde que não receba recursos em decorrência do disposto na alínea *a* deste inciso, na alínea *a* do inciso II deste artigo, na alínea *a* do inciso II dos arts. 48 e 49 da Lei n. 9.478, de 6 de agosto de 1997, e no inciso II do § 2.º do art. 50 da Lei n. 9.478, de 6 de agosto de 1997;

>> Item 4 acrescentado pela Lei n. 12.734, de 30-12-2012.

5. os recursos que Estados produtores ou confrontantes, ou que o Distrito Federal, se for o caso, tenham deixado de arrecadar em função da opção prevista no item 4 serão adicionados aos recursos do fundo especial de que trata esta alínea;

>> Item 5 acrescentado pela Lei n. 12.734, de 30-12-2012.

e) 25% (vinte e cinco por cento) para constituição de fundo especial, a ser distribuído entre os Municípios de acordo com os seguintes critérios:

>> Alínea *e* acrescentada pela Lei n. 12.734, de 30-12-2012.

1. os recursos serão distribuídos somente para os Municípios que não tenham recebido recursos em decorrência do disposto nas alíneas *b* e *c* deste inciso e do inciso II deste artigo, nas alíneas *b* e *c* do inciso II dos arts. 48 e 49 da Lei n. 9.478, de 6 de agosto de

1997, e no inciso III do § 2.º do art. 50 da Lei n. 9.478, de 6 de agosto de 1997;

>> Item 1 acrescentado pela Lei n. 12.734, de 30-12-2012.

2. o rateio dos recursos do fundo especial obedecerá às mesmas regras do rateio do Fundo de Participação dos Municípios (FPM), de que trata o art. 159 da Constituição;

>> Item 2 acrescentado pela Lei n. 12.734, de 30-12-2012.

3. o percentual que o FPM destina aos Municípios que serão excluídos do rateio dos recursos do fundo especial em decorrência do disposto no item 1 será redistribuído entre Municípios proporcionalmente às suas participações no FPM;

>> Item 3 acrescentado pela Lei n. 12.734, de 30-12-2012.

4. o Município produtor ou confrontante poderá optar por receber os recursos do fundo especial de que trata esta alínea, desde que não receba recursos em decorrência do disposto nas alíneas *b* e *c* deste inciso e do inciso II deste artigo, nas alíneas *b* e *c* do inciso II dos arts. 48 e 49 da Lei n. 9.478, de 6 de agosto de 1997, e no inciso III do § 2.º do art. 50 da Lei n. 9.478, de 6 de agosto de 1997;

>> Item 4 acrescentado pela Lei n. 12.734, de 30-12-2012.

5. os recursos que Municípios produtores ou confrontantes tenham deixado de arrecadar em função da opção prevista no item 4 serão adicionados aos recursos do fundo especial de que trata esta alínea;

>> Item 5 acrescentado pela Lei n. 12.734, de 30-12-2012.

f) 15% (quinze por cento) para a União, a ser destinado ao Fundo Social, instituído por esta Lei, deduzidas as parcelas destinadas aos órgãos específicos da Administração Direta da União, nos termos do regulamento do Poder Executivo;

>> Alínea *f* acrescentada pela Lei n. 12.734, de 30-12-2012.

II – quando a produção ocorrer na plataforma continental, no mar territorial ou na zona econômica exclusiva:

>> Inciso II acrescentado pela Lei n. 12.734, de 30-12-2012.

a) 22% (vinte e dois por cento) para os Estados confrontantes;

>> Alínea *a* acrescentada pela Lei n. 12.734, de 30-12-2012.

b) 5% (cinco por cento) para os Municípios confrontantes;

>> Alínea *b* acrescentada pela Lei n. 12.734, de 30-12-2012.

c) 2% (dois por cento) para os Municípios afetados por operações de embarque e desembarque de petróleo, gás natural e outro hidrocarboneto fluido, na forma e critérios estabelecidos pela ANP;

>> Alínea *c* acrescentada pela Lei n. 12.734, de 30-12-2012.

d) 24,5% (vinte e quatro inteiros e cinco décimos por cento) para constituição de fundo especial, a ser distribuído entre Estados e o Distrito Federal, se for o caso, de acordo com os seguintes critérios:

>> Alínea *d* acrescentada pela Lei n. 12.734, de 30-12-2012.

1. os recursos serão distribuídos somente para os Estados e, se for o caso, o Distrito Federal, que não tenham recebido recursos em decorrência do disposto na alínea *a* do inciso I e deste inciso II, na alínea *a* do inciso II dos arts. 48 e 49 da Lei n. 9.478, de 6 de agosto de 1997, e no inciso II do § 2.º do art. 50 da Lei n. 9.478, de 6 de agosto de 1997;

>> Item 1 acrescentado pela Lei n. 12.734, de 30-12-2012.

2. o rateio dos recursos do fundo especial obedecerá às mesmas regras do rateio do Fundo de Participação dos Estados e do Distrito Federal (FPE), de que trata o art. 159 da Constituição;

>> Item 2 acrescentado pela Lei n. 12.734, de 30-12-2012.

3. o percentual que o FPE destina aos Estados e ao Distrito Federal, se for o caso, que serão excluídos do rateio dos recursos do fundo especial em decorrência do disposto no item 1 será redistribuído entre os demais Estados e o Distrito Federal, se for o caso, proporcionalmente às suas participações no FPE;

>> Item 3 acrescentado pela Lei n. 12.734, de 30-12-2012.

4. o Estado produtor ou confrontante, e o Distrito Federal, se for produtor, poderá optar por receber os recursos do fundo especial de que trata esta alínea, desde que não receba recursos em decorrência do disposto na alínea *a* do inciso I e deste inciso II, na alínea *a* do inciso II dos arts. 48 e 49 da Lei n. 9.478, de 6 de agosto de 1997, e no inciso II do § 2.º do art. 50 da Lei n. 9.478, de 6 de agosto de 1997;

>> Item 4 acrescentado pela Lei n. 12.734, de 30-12-2012.

5. os recursos que Estados produtores ou confrontantes, ou que o Distrito Federal, se for o caso, tenham deixado de arrecadar em função da opção prevista no item 4 serão adicionados aos recursos do fundo especial de que trata esta alínea;

>> Item 5 acrescentado pela Lei n. 12.734, de 30-12-2012.

e) 24,5% (vinte e quatro inteiros e cinco décimos por cento) para constituição de fundo especial, a ser distribuído entre os Municípios de acordo com os seguintes critérios:

>> Alínea e acrescentada pela Lei n. 12.734, de 30-12-2012.

1. os recursos serão distribuídos somente para os Municípios que não tenham recebido recursos em decorrência do disposto nas alíneas *b* e *c* do inciso I e deste inciso II, nas alíneas *b* e *c* do inciso II dos arts. 48 e 49 da Lei n. 9.478, de 6 de agosto de 1997, e no inciso III do § 2.º do art. 50 da Lei n. 9.478, de 6 de agosto de 1997;

>> Item 1 acrescentado pela Lei n. 12.734, de 30-12-2012.

2. o rateio dos recursos do fundo especial obedecerá às mesmas regras do rateio do Fundo de Participação dos Municípios (FPM), de que trata o art. 159 da Constituição;

>> Item 2 acrescentado pela Lei n. 12.734, de 30-12-2012.

3. o percentual que o FPM destina aos Municípios que serão excluídos do rateio dos recursos do fundo especial em decorrência do disposto no item 1 será redistribuído entre Municípios proporcionalmente às suas participações no FPM;

>> Item 3 acrescentado pela Lei n. 12.734, de 30-12-2012.

4. o Município produtor ou confrontante poderá optar por receber os recursos do fundo especial de que trata esta alínea, desde que não receba recursos em decorrência do disposto nas alíneas *b* e *c* do inciso I e deste inciso II, nas alíneas *b* e *c* do inciso II dos arts. 48 e 49 da Lei n. 9.478, de 6 de agosto de 1997, e no inciso III do § 2.º do art. 50 da Lei n. 9.478, de 6 de agosto de 1997;

>> Item 4 acrescentado pela Lei n. 12.734, de 30-12-2012.

5. os recursos que Municípios produtores ou confrontantes tenham deixado de arrecadar em função da opção prevista no item 4 serão adicionados aos recursos do fundo especial de que trata esta alínea;

>> Item 5 acrescentado pela Lei n. 12.734, de 30-12-2012.

f) 22% (vinte e dois por cento) para a União, a ser destinado ao Fundo Social, instituído por esta Lei, deduzidas as parcelas destinadas aos órgãos específicos da Administração Direta da União, nos termos do regulamento do Poder Executivo.

>> Alínea *f* acrescentada pela Lei n. 12.734, de 30-12-2012.

§ 1.º A soma dos valores referentes aos *royalties* devidos aos Municípios nos termos das alíneas *b* e *c* dos incisos I e II deste artigo, com os *royalties* devidos nos termos das alíneas *b* e *c* dos incisos I e II dos arts. 48 e 49 da Lei n. 9.478, de 6 de agosto de 1997, com a participação especial devida nos termos do inciso III do § 2.º do art. 50 da Lei n. 9.478, de 6 de agosto de 1997, ficarão limitados ao maior dos seguintes valores:

>> § 1.º acrescentado pela Lei n. 12.734, de 30-12-2012.

I – os valores que o Município recebeu a título de *royalties* e participação especial em 2011;

>> Inciso I acrescentado pela Lei n. 12.734, de 30-12-2012.

II – 2 (duas) vezes o valor *per capita* distribuído pelo FPM, calculado em nível nacional, multiplicado pela população do Município.

>> Inciso II acrescentado pela Lei n. 12.734, de 30-12-2012.

§ 2.º A parcela dos *royalties* de que trata este artigo que contribuiu para o valor que exceder o limite de pagamentos aos Municípios em decorrência do disposto no § 1.º será transferida para o fundo especial de que trata a alínea e dos incisos I e II.

>> § 2.º acrescentado pela Lei n. 12.734, de 30-12-2012.

§ 3.º Os pontos de entrega às concessionárias de gás natural produzido no País serão considerados instalações de embarque e desembarque, para fins de pagamento de *royalties* aos Municípios afetados por essas operações, em razão do disposto na alínea c dos incisos I e II.

>> § 3.º acrescentado pela Lei n. 12.734, de 30-12-2012.

§ 4.º A opção dos Estados, Distrito Federal e Municípios de que trata o item 4 das alíneas *d* e *e* dos incisos I e II poderá ser feita após conhecido o valor dos *royalties* e da participação especial a serem distribuídos, nos termos do regulamento."

>> § 4.º acrescentado pela Lei n. 12.734, de 30-12-2012.

Art. 42-C. Os recursos do fundo especial de que tratam os incisos I e II do *caput* do art. 42-B terão a destinação prevista no art. 50-E da Lei n. 9.478, de 6 de agosto de 1997.

>> Artigo 42-C acrescentado pela Lei n. 12.734, de 30-12-2012.

Art. 43. O contrato de partilha de produção, quando o bloco se localizar em terra, conterá cláusula determinando o pagamento, em moeda nacional, de participação equivalente a até 1% (um por cento) do valor da produção de petróleo ou gás natural aos proprietários da terra onde se localiza o bloco.

§ 1.º A participação a que se refere o *caput* será distribuída na proporção da produção realizada nas propriedades regularmente demarcadas na superfície do bloco, vedada a sua inclusão no cálculo do custo em óleo.

§ 2.º O cálculo da participação de terceiro de que trata o *caput* será efetivado pela ANP.

Art. 44. Não se aplicará o disposto no art. 50 da Lei n. 9.478, de 6 de agosto de 1997, aos contratos de partilha de produção.

CAPÍTULO VI
DA COMERCIALIZAÇÃO DO PETRÓLEO, DO GÁS NATURAL E DE OUTROS HIDROCARBONETOS FLUIDOS DA UNIÃO

Art. 45. O petróleo, o gás natural e outros hidrocarbonetos fluidos destinados à União serão comercializados de acordo com as normas do direito privado, dispensada a licitação, segundo a política de comercialização referida nos incisos VI e VII do art. 9.º.

Parágrafo único. A empresa pública de que trata o § 1.º do art. 8.º, representando a União, poderá contratar diretamente a Petrobras, dispensada a licitação, como agente comercializador do petróleo, do gás natural e de outros hidrocarbonetos fluidos referidos no *caput*.

Art. 46. A receita advinda da comercialização referida no art. 45 será destinada ao Fundo Social, conforme dispõem os arts. 47 a 60.

CAPÍTULO VII
DO FUNDO SOCIAL – FS

Seção I
Da Definição e Objetivos do Fundo Social – FS

Art. 47. É criado o Fundo Social – FS, de natureza contábil e financeira, vinculado à Presidência da República, com a finalidade de constituir fonte de recursos para o desenvolvimento social e regional, na forma de programas e projetos nas áreas de combate à pobreza e de desenvolvimento:

I – da educação;

II – da cultura;

III – do esporte;

IV – da saúde pública;

V – da ciência e tecnologia;

VI – do meio ambiente; e

VII – de mitigação e adaptação às mudanças climáticas.

§ 1.º Os programas e projetos de que trata o *caput* observarão o plano plurianual – PPA, a lei de diretrizes orçamentárias – LDO e as respectivas dotações consignadas na lei orçamentária anual – LOA.

§ 2.º (*Vetado*.)

Art. 48. O FS tem por objetivos:

I – constituir poupança pública de longo prazo com base nas receitas auferidas pela União;

II – oferecer fonte de recursos para o desenvolvimento social e regional, na forma prevista no art. 47; e

III – mitigar as flutuações de renda e de preços na economia nacional, decorrentes das variações na renda gerada pelas atividades de produção e exploração de petróleo e de outros recursos não renováveis.

Parágrafo único. É vedado ao FS, direta ou indiretamente, conceder garantias.

Seção II
Dos Recursos do Fundo Social – FS

Art. 49. Constituem recursos do FS:

I – parcela do valor do bônus de assinatura destinada ao FS pelos contratos de partilha de produção;

II – parcela dos *royalties* que cabe à União, deduzidas aquelas destinadas aos seus órgãos específicos, conforme estabelecido nos contratos de partilha de produção, na forma do regulamento;

III – receita advinda da comercialização de petróleo, de gás natural e de outros hidrocarbonetos fluidos da União, conforme definido em lei;

IV – os *royalties* e a participação especial das áreas localizadas no pré-sal contratadas sob o regime de concessão destinados à administração direta da União, observado o disposto nos §§ 1.º e 2.º deste artigo;

V – os resultados de aplicações financeiras sobre suas disponibilidades; e

VI – outros recursos destinados ao FS por lei.

§ 1.º A Lei n. 9.478, de 6 de agosto de 1997, passa a vigorar com as seguintes alterações:

>> Alterações já processadas no diploma modificado.

§ 2.º O cumprimento do disposto no § 1.º deste artigo obedecerá a regra de transição, a critério do Poder Executivo, estabelecida na forma do regulamento.

Seção III
Da Política de Investimentos do Fundo Social

Art. 50. A política de investimentos do FS tem por objetivo buscar a rentabilidade, a segurança e a liquidez de suas aplicações e assegurar sua sustentabilidade econômica e financeira para o cumprimento das finalidades definidas nos arts. 47 e 48.

Parágrafo único. Os investimentos e aplicações do FS serão destinados preferencialmente a ativos no exterior, com a finalidade de mitigar a volatilidade de renda e de preços na economia nacional.

Art. 51. Os recursos do FS para aplicação nos programas e projetos a que se refere o art. 47 deverão ser os resultantes do retorno sobre o capital.

Parágrafo único. Constituído o FS e garantida a sua sustentabilidade econômica e financeira, o Poder Executivo, na forma da lei, poderá propor o uso de percentual de recursos do principal para a aplicação nas finalidades previstas no art. 47, na etapa inicial de formação de poupança do fundo.

Art. 52. A política de investimentos do FS será definida pelo Comitê de Gestão Financeira do Fundo Social – CGFFS.

§ 1.º O CGFFS terá sua composição e funcionamento estabelecidos em ato do Poder Executivo, assegurada a participação do Ministro de Estado da Fazenda, do Ministro de Estado do Planejamento, Orçamento e Gestão e do Presidente do Banco Central do Brasil.

§ 2.º Aos membros do CGFFS não cabe qualquer tipo de remuneração pelo desempenho de suas funções.

§ 3.º As despesas relativas à operacionalização do CGFFS serão custeadas pelo FS.

Art. 53. Cabe ao CGFFS definir:

I – o montante a ser resgatado anualmente do FS, assegurada sua sustentabilidade financeira;

II – a rentabilidade mínima esperada;

III – o tipo e o nível de risco que poderão ser assumidos na realização dos investimentos, bem como as condições para que o nível de risco seja minimizado;

IV – os percentuais, mínimo e máximo, de recursos a serem investidos no exterior e no País;

V – a capitalização mínima a ser atingida antes de qualquer transferência para as finalidades e os objetivos definidos nesta Lei.

Art. 54. A União, a critério do CGFFS, poderá contratar instituições financeiras federais para atuarem como agentes operadores do FS, as quais farão jus a remuneração pelos serviços prestados.

Art. 55. A União poderá participar, com recursos do FS, como cotista única, de fundo de investimento específico.

Parágrafo único. O fundo de investimento específico de que trata este artigo deve ser constituído por instituição financeira federal, observadas as normas a que se refere o inciso XXII do art. 4.º da Lei n. 4.595, de 31 de dezembro de 1964.

Art. 56. O fundo de investimento de que trata o art. 55 deverá ter natureza privada e patrimônio próprio separado do patrimônio do cotista e do administrador, sujeitando-se a direitos e obrigações próprias.

§ 1.º A integralização das cotas do fundo de investimento será autorizada em ato do Poder Executivo, ouvido o CGFFS.

§ 2.º O fundo de investimento terá por finalidade promover a aplicação em ativos no Brasil e no exterior.

§ 3.º O fundo de investimento responderá por suas obrigações com os bens e direitos integrantes de seu patrimônio, ficando o cotista obrigado somente pela integralização das cotas que subscrever.

§ 4.º A dissolução do fundo de investimento dar-se-á na forma de seu estatuto, e seus recursos retornarão ao FS.

§ 5.º Sobre as operações de crédito, câmbio e seguro e sobre rendimentos e lucros do fundo de investimento não incidirá qualquer imposto ou contribuição social de competência da União.

§ 6.º O fundo de investimento deverá elaborar os demonstrativos contábeis de acordo com a legislação em vigor e conforme o estabelecido no seu estatuto.

Art. 57. O estatuto do fundo de investimento definirá, inclusive, as políticas de aplicação, critérios e níveis de rentabilidade e de risco, questões operacionais da gestão administrativa e financeira e regras de supervisão prudencial de investimentos.

Seção IV
Da Gestão do Fundo Social

Art. 58. É criado o Conselho Deliberativo do Fundo Social – CDFS, com a atribuição de propor ao Poder Executivo, ouvidos os Ministérios afins, a prioridade e a destinação dos recursos resgatados do FS para as finalidades estabelecidas no art. 47, observados o PPA, a LDO e a LOA.

§ 1.º A composição, as competências e o funcionamento do CDFS serão estabelecidos em ato do Poder Executivo.

§ 2.º Aos membros do CDFS não cabe qualquer tipo de remuneração pelo desempenho de suas funções.

§ 3.º A destinação de recursos para os programas e projetos definidos como prioritários pelo CDFS é condicionada à prévia fixação de metas, prazo de execução e planos de avaliação, em coerência com as disposições estabelecidas no PPA.

§ 4.º O CDFS deverá submeter os programas e projetos a criteriosa avaliação quantitativa e qualitativa durante todas as fases de execução, monitorando os impactos efetivos sobre a população e nas regiões de intervenção, com o apoio de instituições públicas e universitárias de pesquisa.

§ 5.º Os recursos do FS destinados aos programas e projetos de que trata o art. 47 devem observar critérios de redução das desigualdades regionais.

Art. 59. As demonstrações contábeis e os resultados das aplicações do FS serão elaborados e apurados semestralmente, nos termos previstos pelo órgão central de contabilidade de que trata o inciso I do art. 17 da Lei n. 10.180, de 6 de fevereiro de 2001.

Parágrafo único. Ato do Poder Executivo definirá as regras de supervisão do FS, sem prejuízo da fiscalização dos entes competentes.

Art. 60. O Poder Executivo encaminhará trimestralmente ao Congresso Nacional relatório de desempenho do FS, conforme disposto em regulamento do Fundo.

Capítulo VIII
Disposições Finais e Transitórias

Art. 61. Aplicam-se às atividades de exploração, avaliação, desenvolvimento e produção de que trata esta Lei os regimes aduaneiros especiais e os incentivos fiscais aplicáveis à indústria de petróleo no Brasil.

Art. 62. A Lei n. 9.478, de 6 de agosto de 1997, passa a vigorar com as seguintes alterações:

>> Alterações já processadas no diploma modificado.

Art. 63. Enquanto não for criada a empresa pública de que trata o § 1.º do art. 8.º, suas competências serão exercidas pela União, por intermédio da ANP, podendo ainda ser delegadas por meio de ato do Poder Executivo.

Art. 64. (*Vetado.*)

Art. 65. O Poder Executivo estabelecerá política e medidas específicas visando ao aumento da participação de empresas de pequeno e médio porte nas atividades de exploração, desenvolvimento e produção de petróleo e gás natural.

Parágrafo único. O Poder Executivo regulamentará o disposto no *caput* no prazo de 120 (cento e vinte) dias, contado da data de publicação desta Lei.

Art. 66. O Poder Executivo regulamentará o disposto nesta Lei.

Art. 67. Revogam-se o § 1.º do art. 23 e o art. 27 da Lei n. 9.478, de 6 de agosto de 1997.

>> Alterações já processadas no diploma modificado.

Art. 68. Esta Lei entra em vigor na data de sua publicação.

Brasília, 22 de dezembro de 2010; 189.º da Independência e 122.º da República.

Luiz Inácio Lula da Silva

Anexo

POLÍGONO PRÉ-SAL		
COORDENADAS POLICÔNICA/SAD69/MC54		
Longitude (W)	Latitude (S)	Vértices
5828309.85	7131717.65	1
5929556.50	7221864.57	2
6051237.54	7283090.25	3
6267090.28	7318567.19	4
6435210.56	7528148.23	5
6424907.47	7588826.11	6
6474447.16	7641777.76	7
6549160.52	7502144.27	8
6502632.19	7429577.67	9
6152150.71	7019438.85	10
5836128.16	6995039.24	11
5828309.85	7131717.65	1

LEI N. 12.462, DE 4 DE AGOSTO DE 2011 (*)

Institui o Regime Diferenciado de Contratações Públicas – RDC; altera a Lei n. 10.683, de 28 de maio de 2003, que dispõe sobre a organização da Presidência da República e dos Ministérios, a legislação da Agência Nacional de Aviação Civil (Anac) e a legislação da Empresa Brasileira de Infraestrutura Aeroportuária (Infraero); cria a Secretaria de Aviação Civil, cargos de Ministro de Estado, cargos em comissão e cargos de Controlador de Tráfego Aéreo; autoriza a contratação de controladores

(*) Publicada no *Diário Oficial da União* de 5-8-2011 – Edição Extra e retificada em 10-8-2011. Regulamentada pelo Decreto n. 7.581, de 11-10-2011.

de tráfego aéreo temporários; altera as Leis n. 11.182, de 27 de setembro de 2005, 5.862, de 12 de dezembro de 1972, 8.399, de 7 de janeiro de 1992, 11.526, de 4 de outubro de 2007, 11.458, de 19 de março de 2007, e 12.350, de 20 de dezembro de 2010, e a Medida Provisória n. 2.185-35, de 24 de agosto de 2001; e revoga dispositivos da Lei n. 9.649, de 27 de maio de 1998.

A Presidenta da República

Faço saber que o Congresso Nacional decreta e eu sanciono a seguinte Lei:

CAPÍTULO I
DO REGIME DIFERENCIADO DE CONTRATAÇÕES PÚBLICAS – RDC

Seção I
Aspectos Gerais

Art. 1.º É instituído o Regime Diferenciado de Contratações Públicas (RDC), aplicável exclusivamente às licitações e contratos necessários à realização:

> *Vide* Lei n. 14.065, de 30-9-2020, que autoriza pagamentos antecipados nas licitações e nos contratos, adequa os limites de dispensa de licitação e amplia o uso do Regime Diferenciado de Contratações Públicas – RDC durante o estado de calamidade pública.

I – dos Jogos Olímpicos e Paraolímpicos de 2016, constantes da Carteira de Projetos Olímpicos a ser definida pela Autoridade Pública Olímpica (APO); e

>> *Vide* art. 66 desta Lei.

II – da Copa das Confederações da Federação Internacional de Futebol Associação – Fifa 2013 e da Copa do Mundo Fifa 2014, definidos pelo Grupo Executivo – Gecopa 2014 do Comitê Gestor instituído para definir, aprovar e supervisionar as ações previstas no Plano Estratégico das Ações do Governo Brasileiro para a realização da Copa do Mundo Fifa 2014 – CGCOPA 2014, restringindo-se, no caso de obras públicas, às constantes da matriz de responsabilidades celebrada entre a União, Estados, Distrito Federal e Municípios;

>> *Vide* art. 66 desta Lei.

III – de obras de infraestrutura e de contratação de serviços para os aeroportos das capitais dos Estados da Federação distantes até 350 km (trezentos e cinquenta quilômetros) das cidades sedes dos mundiais referidos nos incisos I e II;

>> *Vide* art. 66 desta Lei.

IV – das ações integrantes do Programa de Aceleração do Crescimento (PAC);

>> Inciso IV acrescentado pela Lei n. 12.688, de 18-7-2012.

V – das obras e serviços de engenharia no âmbito do Sistema Único de Saúde – SUS;

>> Inciso V acrescentado pela Lei n. 12.745, de 19-12-2012.

VI – das obras e serviços de engenharia para construção, ampliação e reforma e administração de estabelecimentos penais e de unidades de atendimento socioeducativo;

>> Inciso VI com redação determinada pela Lei n. 13.190, de 19-11-2015.

VII – das ações no âmbito da segurança pública;

>> Inciso VII acrescentado pela Lei n. 13.190, de 19-11-2015.

VIII – das obras e serviços de engenharia, relacionadas a melhorias na mobilidade urbana ou ampliação de infraestrutura logística;

>> Inciso VIII acrescentado pela Lei n. 13.190, de 19-11-2015.

IX – dos contratos a que se refere o art. 47-A; e

>> Inciso IX acrescentado pela Lei n. 13.190, de 19-11-2015.

X – das ações em órgãos e entidades dedicados à ciência, à tecnologia e à inovação.

>> Inciso X acrescentado pela Lei n. 13.243, de 11-1-2016.

§ 1.º O RDC tem por objetivos:

I – ampliar a eficiência nas contratações públicas e a competitividade entre os licitantes;

II – promover a troca de experiências e tecnologias em busca da melhor relação entre custos e benefícios para o setor público;

III – incentivar a inovação tecnológica; e

IV – assegurar tratamento isonômico entre os licitantes e a seleção da proposta mais vantajosa para a administração pública.

§ 2.º A opção pelo RDC deverá constar de forma expressa do instrumento convocatório e resultará no afastamento das normas contidas na Lei n. 8.666, de 21 de junho de 1993, exceto nos casos expressamente previstos nesta Lei.

§ 3.º Além das hipóteses previstas no *caput*, o RDC também é aplicável às licitações e aos contratos necessários à realização de obras e serviços de engenharia no âmbito dos sistemas públicos de ensino e de pesquisa, ciência e tecnologia.

>> § 3.º com redação determinada pela Lei n. 13.190, de 19-11-2015.

Art. 2.º Na aplicação do RDC, deverão ser observadas as seguintes definições:

I – empreitada integral: quando se contrata um empreendimento em sua integralidade, compreendendo a totalidade das etapas de obras, serviços e instalações necessárias, sob inteira responsabilidade da contratada até a sua entrega ao contratante em condições de entrada em operação, atendidos os requisitos técnicos e legais para sua utilização em condições de segurança estrutural e operacional e com as características adequadas às finalidades para a qual foi contratada;

II – empreitada por preço global: quando se contrata a execução da obra ou do serviço por preço certo e total;

III – empreitada por preço unitário: quando se contrata a execução da obra ou do serviço por preço certo de unidades determinadas;

IV – projeto básico: conjunto de elementos necessários e suficientes, com nível de precisão adequado, para, observado o disposto no parágrafo único deste artigo:

> *Vide* parágrafo único deste artigo.

a) caracterizar a obra ou serviço de engenharia, ou complexo de obras ou serviços objeto da licitação, com base nas indicações dos estudos técnicos preliminares;

b) assegurar a viabilidade técnica e o adequado tratamento do impacto ambiental do empreendimento; e

c) possibilitar a avaliação do custo da obra ou serviço e a definição dos métodos e do prazo de execução;

V – projeto executivo: conjunto dos elementos necessários e suficientes à execução completa da obra, de acordo com as normas técnicas pertinentes; e

VI – tarefa: quando se ajusta mão de obra para pequenos trabalhos por preço certo, com ou sem fornecimento de materiais.

Parágrafo único. O projeto básico referido no inciso IV do *caput* deste artigo deverá conter, no mínimo, sem frustrar o caráter competitivo do procedimento licitatório, os seguintes elementos:

I – desenvolvimento da solução escolhida de forma a fornecer visão global da obra e identificar seus elementos constitutivos com clareza;

II – soluções técnicas globais e localizadas, suficientemente detalhadas, de forma a restringir a necessidade de reformulação ou de variantes durante as fases de elaboração do projeto executivo e de realização das obras e montagem a situações devidamente comprovadas em ato motivado da administração pública;

III – identificação dos tipos de serviços a executar e de materiais e equipamentos a incorporar à obra, bem como especificações que assegurem os melhores resultados para o empreendimento;

IV – informações que possibilitem o estudo e a dedução de métodos construtivos, instalações provisórias e condições organizacionais para a obra;

V – subsídios para montagem do plano de licitação e gestão da obra, compreendendo a sua programação, a estratégia de suprimentos, as normas de fiscalização e outros dados necessários em cada caso, exceto, em relação à respectiva licitação, na hipótese de contratação integrada;

VI – orçamento detalhado do custo global da obra, fundamentado em quantitativos de serviços e fornecimentos propriamente avaliados.

Art. 3.º As licitações e contratações realizadas em conformidade com o RDC deverão observar os princípios da legalidade, da impessoalidade, da moralidade, da igualdade, da publicidade, da eficiência, da probidade administrativa, da economicidade, do desenvolvimento nacional sustentável, da vinculação ao instrumento convocatório e do julgamento objetivo.

Art. 4.º Nas licitações e contratos de que trata esta Lei serão observadas as seguintes diretrizes:

I – padronização do objeto da contratação relativamente às especificações técnicas e de desempenho e, quando for o caso, às condições de manutenção, assistência técnica e de garantia oferecidas;

II – padronização de instrumentos convocatórios e minutas de contratos, previamente aprovados pelo órgão jurídico competente;

III – busca da maior vantagem para a administração pública, considerando custos e benefícios, diretos e indiretos, de natureza econômica, social ou ambiental, inclusive os relativos à manutenção, ao desfazimento de bens e resíduos, ao índice de depreciação econômica e a outros fatores de igual relevância;

IV – condições de aquisição, de seguros, de garantias e de pagamento compatíveis com as condições do setor privado, inclusive mediante pagamento de remuneração variável conforme desempenho, na forma do art. 10;

>> **Inciso IV com redação determinada pela Lei n. 12.980, de 28-5-2014.**

V – utilização, sempre que possível, nas planilhas de custos constantes das propostas oferecidas pelos licitantes, de mão de obra, materiais, tecnologias e matérias-primas existentes no local da execução, conservação e operação do bem, serviço ou obra, desde que não se produzam prejuízos à eficiência na execução do respectivo objeto e que seja respeitado o limite do orçamento estimado para a contratação; e

VI – parcelamento do objeto, visando à ampla participação de licitantes, sem perda de economia de escala;

VII – ampla publicidade, em sítio eletrônico, de todas as fases e procedimentos do processo de licitação, assim como dos contratos, respeitado o art. 6.º desta Lei.

>> **Inciso VII acrescentado pela Lei n. 13.173, de 21-10-2015.**

§ 1.º As contratações realizadas com base no RDC devem respeitar, especialmente, as normas relativas à:

I – disposição final ambientalmente adequada dos resíduos sólidos gerados pelas obras contratadas;

>> **A Lei n. 12.305, de 2-8-2010, institui a Política Nacional de Resíduos Sólidos.**

>> **O Decreto n. 9.373, de 11-5-2018, dispõe sobre a alienação, a cessão, a transferência, a destinação e a disposição final ambientalmente adequadas de bens móveis no âmbito da administração pública federal direta, autárquica e fundacional.**

II – mitigação por condicionantes e compensação ambiental, que serão definidas no procedimento de licenciamento ambiental;

III – utilização de produtos, equipamentos e serviços que, comprovadamente, reduzam o consumo de energia e recursos naturais;

IV – avaliação de impactos de vizinhança, na forma da legislação urbanística;

> **O art. 4.º, VI, da Lei n. 10.257, de 10-7-2001, dispõe sobre o estudo prévio de impacto ambiental (IEA) e estudo prévio de impacto de vizinhança (EIV).**

V – proteção do patrimônio cultural, histórico, arqueológico e imaterial, inclusive por meio da avaliação do impacto direto ou indireto causado pelas obras contratadas; e

> **O Decreto-lei n. 25, de 30-11-1937, organiza a proteção do patrimônio histórico e artístico nacional.**

VI – acessibilidade para o uso por pessoas com deficiência ou com mobilidade reduzida.

> **A Lei n. 7.853, de 24-10-1989, dispõe sobre o apoio a pessoas portadoras de deficiência e sua integração social.**

§ 2.º O impacto negativo sobre os bens do patrimônio cultural, histórico, arqueológico e imaterial tombados deverá ser compensado por meio de medidas determinadas pela autoridade responsável, na forma da legislação aplicável.

Seção II
Das Regras Aplicáveis às Licitações no Âmbito do RDC
Subseção I
Do Objeto da Licitação

Art. 5.º O objeto da licitação deverá ser definido de forma clara e precisa no instrumento convocatório, vedadas especificações excessivas, irrelevantes ou desnecessárias.

Art. 6.º Observado o disposto no § 3.º, o orçamento previamente estimado para a contratação será tornado público apenas e imediatamente após o encerramento da licitação, sem prejuízo da divulgação do detalhamento dos quantitativos e das demais informações necessárias para a elaboração das propostas.

§ 1.º Nas hipóteses em que for adotado o critério de julgamento por maior desconto, a informação de que trata o *caput* deste artigo constará do instrumento convocatório.

§ 2.º No caso de julgamento por melhor técnica, o valor do prêmio ou da remuneração será incluído no instrumento convocatório.

§ 3.º Se não constar do instrumento convocatório, a informação referida no *caput* deste artigo possuirá caráter sigiloso e será disponibilizada estrita e permanentemente aos órgãos de controle externo e interno.

> *Vide caput* deste artigo.

Art. 7.º No caso de licitação para aquisição de bens, a administração pública poderá:

I – indicar marca ou modelo, desde que formalmente justificado, nas seguintes hipóteses:

a) em decorrência da necessidade de padronização do objeto;

b) quando determinada marca ou modelo comercializado por mais de um fornecedor for a única capaz de atender às necessidades da entidade contratante; ou

c) quando a descrição do objeto a ser licitado puder ser melhor compreendida pela identificação de determinada marca ou modelo aptos a servir como referência, situação em que será obrigatório o acréscimo da expressão "ou similar ou de melhor qualidade";

II – exigir amostra do bem no procedimento de pré-qualificação, na fase de julgamento das propostas ou de lances, desde que justificada a necessidade da sua apresentação;

III – solicitar a certificação da qualidade do produto ou do processo de fabricação, inclusive sob o aspecto ambiental, por qualquer instituição oficial competente ou por entidade credenciada; e

IV – solicitar, motivadamente, carta de solidariedade emitida pelo fabricante, que assegure a execução do contrato, no caso de licitante revendedor ou distribuidor.

Art. 8.º Na execução indireta de obras e serviços de engenharia, são admitidos os seguintes regimes:

I – empreitada por preço unitário;

II – empreitada por preço global;

III – contratação por tarefa;

IV – empreitada integral; ou

V – contratação integrada.

> *Vide* § 5.º deste artigo.

§ 1.º Nas licitações e contratações de obras e serviços de engenharia serão adotados, preferencialmente, os regimes discriminados nos incisos II, IV e V do *caput* deste artigo.

§ 2.º No caso de inviabilidade da aplicação do disposto no § 1.º deste artigo, poderá ser adotado outro regime previsto no *caput* deste artigo, hipótese em que serão inseridos nos autos do procedimento os motivos que justificaram a exceção.

§ 3.º O custo global de obras e serviços de engenharia deverá ser obtido a partir de custos unitários de insumos ou serviços menores ou iguais à mediana de seus correspondentes ao Sistema Nacional de Pesquisa de Custos e Índices da Construção Civil (Sinapi), no caso de construção civil em geral, ou na tabela do Sistema de Custos de Obras Rodoviárias (Sicro), no caso de obras e serviços rodoviários.

§ 4.º No caso de inviabilidade da definição dos custos consoante o disposto no § 3.º deste artigo, a estimativa de custo global poderá ser apurada por meio da utilização de dados contidos em tabela de referência formalmente aprovada por órgãos ou entidades da administração pública federal, em publicações técnicas especializadas, em sistema específico instituído para o setor ou em pesquisa de mercado.

§ 5.º Nas licitações para a contratação de obras e serviços, com exceção daquelas onde for adotado o regime previsto no inciso V do *caput* deste artigo, deverá haver projeto básico aprovado pela autoridade competente, disponível para exame dos interessados em participar do processo licitatório.

§ 6.º No caso de contratações realizadas pelos governos municipais, estaduais e do Distrito Federal, desde que não envolvam recursos da União, o custo global de obras e serviços de engenharia a que se refere o § 3.º deste artigo poderá também ser obtido a partir de outros sistemas de custos já adotados pelos respectivos entes e aceitos pelos respectivos tribunais de contas.

§ 7.º É vedada a realização, sem projeto executivo, de obras e serviços de engenharia para cuja concretização tenha sido utilizado o RDC, qualquer que seja o regime adotado.

Art. 9.º Nas licitações de obras e serviços de engenharia, no âmbito do RDC, poderá ser utilizada a contratação integrada, desde que técnica e economicamente justificada e cujo objeto envolva, pelo menos, uma das seguintes condições:

>> *Caput* com redação determinada pela Lei n. 12.980, de 28-5-2014.

I – inovação tecnológica ou técnica;

>> Inciso I acrescentado pela Lei n. 12.980, de 28-5-2014.

II – possibilidade de execução com diferentes metodologias; ou

>> Inciso II acrescentado pela Lei n. 12.980, de 28-5-2014.

III – possibilidade de execução com tecnologias de domínio restrito no mercado.

>> Inciso III acrescentado pela Lei n. 12.980, de 28-5-2014.

§ 1.º A contratação integrada compreende a elaboração e o desenvolvimento dos projetos básico e executivo, a execução de obras e serviços de engenharia, a montagem, a realização de testes, a pré-operação e todas as demais operações necessárias e suficientes para a entrega final do objeto.

§ 2.º No caso de contratação integrada:

I – o instrumento convocatório deverá conter anteprojeto de engenharia que contemple os documentos técnicos destinados a possibilitar a caracterização da obra ou serviço, incluindo:

a) a demonstração e a justificativa do programa de necessidades, a visão global dos investimentos e as definições quanto ao nível de serviço desejado;

b) as condições de solidez, segurança, durabilidade e prazo de entrega, observado o disposto no *caput* e no § 1.º do art. 6.º desta Lei;

c) a estética do projeto arquitetônico; e

d) os parâmetros de adequação ao interesse público, à economia na utilização, à facilidade na execução, aos impactos ambientais e à acessibilidade;

II – o valor estimado da contratação será calculado com base nos valores praticados pelo mercado, nos valores pagos pela administração pública em serviços e obras similares ou na avaliação do custo global da obra, aferida mediante orçamento sintético ou metodologia expedita ou paramétrica.

>> Inciso II com redação determinada pela Lei n. 12.980, de 28-5-2014.

III – (*Revogado pela Lei n. 12.980, de 28-5-2014.*)

§ 3.º Caso seja permitida no anteprojeto de engenharia a apresentação de projetos com metodologias diferenciadas de execução, o instrumento convocatório estabelecerá critérios objetivos para avaliação e julgamento das propostas.

§ 4.º Nas hipóteses em que for adotada a contratação integrada, é vedada a celebração de termos aditivos aos contratos firmados, exceto nos seguintes casos:

I – para recomposição do equilíbrio econômico-financeiro decorrente de caso fortuito ou força maior; e

II – por necessidade de alteração do projeto ou das especificações para melhor adequação técnica aos objetivos da contratação, a pedido da administração pública, desde que não decorrentes de erros ou omissões por parte do contratado, observados os limites previstos no § 1.º do art. 65 da Lei n. 8.666, de 21 de junho de 1993.

§ 5.º Se o anteprojeto contemplar matriz de alocação de riscos entre a administração pública e o contratado, o valor estimado da contratação poderá considerar taxa de risco compatível com o objeto da licitação e as contingências atribuídas ao contratado, de acordo com metodologia predefinida pela entidade contratante.

>> § 5.º acrescentado pela Lei n. 13.190, de 19-11-2015.

Art. 10. Na contratação das obras e serviços, inclusive de engenharia, poderá ser estabelecida remuneração variável vinculada ao desempenho da contratada, com base em metas, padrões de qualidade, critérios de sustentabilidade ambiental e prazo de entrega definidos no instrumento convocatório e no contrato.

> *Vide* art. 4.º, IV, desta Lei.

Parágrafo único. A utilização da remuneração variável será motivada e respeitará o limite orçamentário fixado pela administração pública para a contratação.

Art. 11. A administração pública poderá, mediante justificativa expressa, contratar mais de uma empresa ou instituição para executar o mesmo serviço, desde que não implique perda de economia de escala, quando:

I – o objeto da contratação puder ser executado de forma concorrente e simultânea por mais de um contratado; ou

II – a múltipla execução for conveniente para atender à administração pública.

§ 1.º Nas hipóteses previstas no *caput* deste artigo, a administração pública deverá manter o controle individualizado da execução do objeto contratual relativamente a cada uma das contratadas.

§ 2.º O disposto no *caput* deste artigo não se aplica aos serviços de engenharia.

Subseção II

Do Procedimento Licitatório

Art. 12. O procedimento de licitação de que trata esta Lei observará as seguintes fases, nesta ordem:

I – preparatória;

II – publicação do instrumento convocatório;

III – apresentação de propostas ou lances;

IV – julgamento;

V – habilitação;

> *Vide* parágrafo único deste artigo.

VI – recursal; e

VII – encerramento.

Parágrafo único. A fase de que trata o inciso V do *caput* deste artigo poderá, mediante ato motivado, anteceder as referidas nos incisos III e IV do *caput* deste artigo, desde que expressamente previsto no instrumento convocatório.

Art. 13. As licitações deverão ser realizadas preferencialmente sob a forma eletrônica, admitida a presencial.

Parágrafo único. Nos procedimentos realizados por meio eletrônico, a administração pública poderá determinar, como condição de validade e eficácia, que os licitantes pratiquem seus atos em formato eletrônico.

Art. 14. Na fase de habilitação das licitações realizadas em conformidade com esta Lei, aplicar-se-á, no que couber, o disposto nos arts. 27 a 33 da Lei n. 8.666, de 21 de junho de 1993, observado o seguinte:

I – poderá ser exigida dos licitantes a declaração de que atendem aos requisitos de habilitação;

II – será exigida a apresentação dos documentos de habilitação apenas pelo licitante vencedor, exceto no caso de inversão de fases;

III – no caso de inversão de fases, só serão recebidas as propostas dos licitantes previamente habilitados; e

IV – em qualquer caso, os documentos relativos à regularidade fiscal poderão ser exigidos em momento posterior ao julgamento das propostas, apenas em relação ao licitante mais bem classificado.

Parágrafo único. Nas licitações disciplinadas pelo RDC:

I – será admitida a participação de licitantes sob a forma de consórcio, conforme estabelecido em regulamento; e

II – poderão ser exigidos requisitos de sustentabilidade ambiental, na forma da legislação aplicável.

Art. 15. Será dada ampla publicidade aos procedimentos licitatórios e de pré-qualificação disciplinados por esta Lei, ressalvadas as hipóteses de informações cujo sigilo seja imprescindível à segurança da sociedade e do Estado, devendo ser adotados os seguintes prazos mínimos para apresentação de propostas, contados a partir da data de publicação do instrumento convocatório:

I – para aquisição de bens:

a) 5 (cinco) dias úteis, quando adotados os critérios de julgamento pelo menor preço ou pelo maior desconto; e

b) 10 (dez) dias úteis, nas hipóteses não abrangidas pela alínea *a* deste inciso;

II – para a contratação de serviços e obras:

a) 15 (quinze) dias úteis, quando adotados os critérios de julgamento pelo menor preço ou pelo maior desconto; e

b) 30 (trinta) dias úteis, nas hipóteses não abrangidas pela alínea *a* deste inciso;

III – para licitações em que se adote o critério de julgamento pela maior oferta: 10 (dez) dias úteis; e

IV – para licitações em que se adote o critério de julgamento pela melhor combinação de técnica e preço, pela melhor técnica ou em razão do conteúdo artístico: 30 (trinta) dias úteis.

§ 1.º A publicidade a que se refere o *caput* deste artigo, sem prejuízo da faculdade de divulgação direta aos fornecedores, cadastrados ou não, será realizada mediante:

I – publicação de extrato do edital no *Diário Oficial da União*, do Estado, do Distrito Federal ou do Município, ou, no caso de consórcio público, do ente de maior nível entre eles, sem prejuízo da possibilidade de publicação de extrato em jornal diário de grande circulação; e

II – divulgação em sítio eletrônico oficial centralizado de divulgação de licitações ou mantido pelo ente encarregado do procedimento licitatório na rede mundial de computadores.

§ 2.º No caso de licitações cujo valor não ultrapasse R$ 150.000,00 (cento e cinquenta mil reais) para obras ou R$ 80.000,00 (oitenta mil reais) para bens e serviços, inclusive de engenharia, é dispensada a publicação prevista no inciso I do § 1.º deste artigo.

§ 3.º No caso de parcelamento do objeto, deverá ser considerado, para fins da aplicação do disposto no § 2.º deste artigo, o valor total da contratação.

§ 4.º As eventuais modificações no instrumento convocatório serão divulgadas nos mesmos prazos dos atos e procedimentos originais, exceto quando a alteração não comprometer a formulação das propostas.

Art. 16. Nas licitações, poderão ser adotados os modos de disputa aberto e fechado, que poderão ser combinados na forma do regulamento.

Art. 17. O regulamento disporá sobre as regras e procedimentos de apresentação de propostas ou lances, observado o seguinte:

I – no modo de disputa aberto, os licitantes apresentarão suas ofertas por meio de lances públicos e sucessivos, crescentes ou decrescentes, conforme o critério de julgamento adotado;

II – no modo de disputa fechado, as propostas apresentadas pelos licitantes serão sigilosas até a data e hora designadas para que sejam divulgadas; e

III – nas licitações de obras ou serviços de engenharia, após o julgamento das propostas, o licitante vencedor deverá reelaborar e apresentar à administração pública, por meio eletrônico, as planilhas com indicação dos quantitativos e dos custos unitários, bem como do detalhamento das Bonificações e Despesas Indiretas (BDI) e dos Encargos Sociais (ES), com os respectivos valores adequados ao lance vencedor.

§ 1.º Poderão ser admitidos, nas condições estabelecidas em regulamento:

I – a apresentação de lances intermediários, durante a disputa aberta; e

II – o reinício da disputa aberta, após a definição da melhor proposta e para a definição das demais colocações, sempre que existir uma diferença de pelo menos 10% (dez por cento) entre o melhor lance e o do licitante subsequente.

§ 2.º Consideram-se intermediários os lances:

I – iguais ou inferiores ao maior já ofertado, quando adotado o julgamento pelo critério da maior oferta; ou

II – iguais ou superiores ao menor já ofertado, quando adotados os demais critérios de julgamento.

Art. 18. Poderão ser utilizados os seguintes critérios de julgamento:

I – menor preço ou maior desconto;

II – técnica e preço;

III – melhor técnica ou conteúdo artístico;

IV – maior oferta de preço; ou

V – maior retorno econômico.

§ 1.º O critério de julgamento será identificado no instrumento convocatório, observado o disposto nesta Lei.

§ 2.º O julgamento das propostas será efetivado pelo emprego de parâmetros objetivos definidos no instrumento convocatório.

§ 3.º Não serão consideradas vantagens não previstas no instrumento convocatório, inclusive financiamentos subsidiados ou a fundo perdido.

Art. 19. O julgamento pelo menor preço ou maior desconto considerará o menor dispêndio para a administração pública, atendidos os parâmetros mínimos de qualidade definidos no instrumento convocatório.

§ 1.º Os custos indiretos, relacionados com as despesas de manutenção, utilização, reposição, depreciação e impacto ambiental, entre outros fatores, poderão ser considerados para a definição do menor dispêndio, sempre que objetivamente mensuráveis, conforme dispuser o regulamento.

§ 2.º O julgamento por maior desconto terá como referência o preço global fixado no instrumento convocatório, sendo o desconto estendido aos eventuais termos aditivos.

§ 3.º No caso de obras ou serviços de engenharia, o percentual de desconto apresentado pelos licitantes deverá incidir linearmente sobre os preços de todos os itens do orçamento estimado constante do instrumento convocatório.

Art. 20. No julgamento pela melhor combinação de técnica e preço, deverão ser avaliadas e ponderadas as propostas técnicas e de preço apresentadas pelos licitantes, mediante a utilização de parâmetros objetivos obrigatoriamente inseridos no instrumento convocatório.

§ 1.º O critério de julgamento a que se refere o *caput* deste artigo será utilizado quando a avaliação e a ponderação da qualidade técnica das propostas que superarem os requisitos mínimos estabelecidos no instrumento convocatório forem relevantes aos fins pretendidos pela administração pública, e destinar-se-á exclusivamente a objetos:

I – de natureza predominantemente intelectual e de inovação tecnológica ou técnica; ou

II – que possam ser executados com diferentes metodologias ou tecnologias de domínio restrito no mercado, pontuando-se as vantagens e qualidades que eventualmente forem oferecidas para cada produto ou solução.

§ 2.º É permitida a atribuição de fatores de ponderação distintos para valorar as propostas técnicas e de preço, sendo o percentual de ponderação mais relevante limitado a 70% (setenta por cento).

Art. 21. O julgamento pela melhor técnica ou pelo melhor conteúdo artístico considerará exclusivamente as propostas técnicas ou artísticas apresentadas pelos licitantes com base em critérios objetivos previamente estabelecidos no instrumento convocatório, no qual será definido o prêmio ou a remuneração que será atribuída aos vencedores.

Parágrafo único. O critério de julgamento referido no *caput* deste artigo poderá ser utilizado para a contratação de projetos, inclusive arquitetônicos, e trabalhos de natureza técnica, científica ou artística, excluindo-se os projetos de engenharia.

Art. 22. O julgamento pela maior oferta de preço será utilizado no caso de contratos que resultem em receita para a administração pública.

§ 1.º Quando utilizado o critério de julgamento pela maior oferta de preço, os requisitos de qualificação técnica e econômico-financeira poderão ser dispensados, conforme dispuser o regulamento.

§ 2.º No julgamento pela maior oferta de preço, poderá ser exigida a comprovação do recolhimento de quantia a título de garantia, como requisito de habilitação, limitada a 5% (cinco por cento) do valor ofertado.

§ 3.º Na hipótese do § 2.º deste artigo, o licitante vencedor perderá o valor da entrada em favor da administração pública caso não efetive o pagamento devido no prazo estipulado.

Art. 23. No julgamento pelo maior retorno econômico, utilizado exclusivamente para a celebração de contratos de eficiência, as propostas serão consideradas de forma a selecionar a que proporcionará a maior economia para a administração pública decorrente da execução do contrato.

§ 1.º O contrato de eficiência terá por objeto a prestação de serviços, que pode incluir a realização de obras e o fornecimento de bens, com o objetivo de proporcionar economia ao contratante, na forma de redução de despesas correntes, sendo o contratado remunerado com base em percentual da economia gerada.

§ 2.º Na hipótese prevista no *caput* deste artigo, os licitantes apresentarão propostas de trabalho e de preço, conforme dispuser o regulamento.

§ 3.º Nos casos em que não for gerada a economia prevista no contrato de eficiência:

I – a diferença entre a economia contratada e a efetivamente obtida será descontada da remuneração da contratada;

II – se a diferença entre a economia contratada e a efetivamente obtida for superior à remuneração da contratada, será aplicada multa por inexecução contratual no valor da diferença; e

III – a contratada sujeitar-se-á, ainda, a outras sanções cabíveis caso a diferença entre a economia contratada e a efetivamente obtida seja superior ao limite máximo estabelecido no contrato.

Art. 24. Serão desclassificadas as propostas que:

I – contenham vícios insanáveis;

II – não obedeçam às especificações técnicas pormenorizadas no instrumento convocatório;

III – apresentem preços manifestamente inexequíveis ou permaneçam acima do orçamento estimado para a contratação, inclusive nas hipóteses previstas no art. 6.º desta Lei;

IV – não tenham sua exequibilidade demonstrada, quando exigido pela administração pública; ou

V – apresentem desconformidade com quaisquer outras exigências do instrumento convocatório, desde que insanáveis.

§ 1.º A verificação da conformidade das propostas poderá ser feita exclusivamente em relação à proposta mais bem classificada.

§ 2.º A administração pública poderá realizar diligências para aferir a exequibilidade das propostas ou exigir dos licitantes que ela seja demonstrada, na forma do inciso IV do *caput* deste artigo.

§ 3.º No caso de obras e serviços de engenharia, para efeito de avaliação da exequibilidade e de sobrepreço, serão considerados o preço global, os quantitativos e os preços unitários considerados relevantes, conforme dispuser o regulamento.

Art. 25. Em caso de empate entre 2 (duas) ou mais propostas, serão utilizados os seguintes critérios de desempate, nesta ordem:

I – disputa final, em que os licitantes empatados poderão apresentar nova proposta fechada em ato contínuo à classificação;

II – a avaliação do desempenho contratual prévio dos licitantes, desde que exista sistema objetivo de avaliação instituído;

III – os critérios estabelecidos no art. 3.º da Lei n. 8.248, de 23 de outubro de 1991, e no § 2.º do art. 3.º da Lei n. 8.666, de 21 de junho de 1993; e

>> O art. 3.º da Lei n. 8.248, de 23-10-1991, estabelece: "Art. 3.º Os órgãos e entidades da Administração Pública Federal, direta ou indireta, as fundações instituídas e mantidas pelo Poder Público e as demais organizações sob o controle direto ou indireto da União darão preferência, nas aquisições de bens e serviços de informática e automação, observada a seguinte ordem, a: I – bens e serviços com tecnologia desenvolvida no País; II – bens e serviços produzidos de acordo com processo produtivo básico, na forma a ser definida pelo Poder Executivo. § 1.º (*Revogado pela Lei n. 10.176, de 11-1-2001.*) § 2.º Para o exercício desta preferência, levar-se-ão em conta condições equivalentes de prazo de entrega, suporte de serviços, qualidade, padronização, compatibilidade e especificação de desempenho e preço. § 3.º A aquisição de bens e serviços de informática e automação, considerados como bens e serviços comuns nos termos do parágrafo único do art. 1.º da Lei n. 10.520, de 17-7-2002, poderá ser realizada na modalidade pregão, restrita às empresas que cumpram o Processo Produtivo Básico nos termos desta Lei e da Lei n. 8.387, de 30-12-1991".

IV – sorteio.

Parágrafo único. As regras previstas no *caput* deste artigo não prejudicam a aplicação do disposto no art. 44 da Lei Complementar n. 123, de 14 de dezembro de 2006.

>> O art. 44 da Lei Complementar n. 123, de 14-12-2006, dispõe: "Art. 44. Nas licitações será assegurada, como critério de desempate, preferência de contratação para as microempresas e empresas de pequeno porte. § 1.º Entende-se por empate aquelas situações em que as propostas apresentadas pelas microempresas e empresas de pequeno porte sejam iguais ou até 10% (dez por cento) superiores à proposta mais bem classificada. § 2.º Na modalidade de pregão, o intervalo percentual estabelecido no § 1.º deste artigo será de até 5% (cinco por cento) superior ao melhor preço".

Art. 26. Definido o resultado do julgamento, a administração pública poderá negociar condições mais vantajosas com o primeiro colocado.

Parágrafo único. A negociação poderá ser feita com os demais licitantes, segundo a ordem de classificação inicialmente estabelecida, quando o preço do primeiro colocado, mesmo após a negociação, for desclassificado por sua proposta permanecer acima do orçamento estimado.

Art. 27. Salvo no caso de inversão de fases, o procedimento licitatório terá uma fase recursal única, que se seguirá à habilitação do vencedor.

Parágrafo único. Na fase recursal, serão analisados os recursos referentes ao julgamento das propostas ou lances e à habilitação do vencedor.

Art. 28. Exauridos os recursos administrativos, o procedimento licitatório será encerrado e encaminhado à autoridade superior, que poderá:

I – determinar o retorno dos autos para saneamento de irregularidades que forem supríveis;

II – anular o procedimento, no todo ou em parte, por vício insanável;

III – revogar o procedimento por motivo de conveniência e oportunidade; ou

IV – adjudicar o objeto e homologar a licitação.

Subseção III

Dos Procedimentos Auxiliares das Licitações no Âmbito do RDC

Art. 29. São procedimentos auxiliares das licitações regidas pelo disposto nesta Lei:

I – pré-qualificação permanente;

II – cadastramento;

III – sistema de registro de preços; e

IV – catálogo eletrônico de padronização.

Parágrafo único. Os procedimentos de que trata o *caput* deste artigo obedecerão a critérios claros e objetivos definidos em regulamento.

Art. 30. Considera-se pré-qualificação permanente o procedimento anterior à licitação destinado a identificar:

I – fornecedores que reúnam condições de habilitação exigidas para o fornecimento de bem ou a execução de serviço ou obra nos prazos, locais e condições previamente estabelecidos; e

II – bens que atendam às exigências técnicas e de qualidade da administração pública.

§ 1.º O procedimento de pré-qualificação ficará permanentemente aberto para a inscrição dos eventuais interessados.

§ 2.º A administração pública poderá realizar licitação restrita aos pré-qualificados, nas condições estabelecidas em regulamento.

§ 3.º A pré-qualificação poderá ser efetuada nos grupos ou segmentos, segundo as especialidades dos fornecedores.

§ 4.º A pré-qualificação poderá ser parcial ou total, contendo alguns ou todos os requisitos de habilitação ou técnicos necessários à contratação, assegurada, em qualquer hipótese, a igualdade de condições entre os concorrentes.

§ 5.º A pré-qualificação terá validade de 1 (um) ano, no máximo, podendo ser atualizada a qualquer tempo.

Art. 31. Os registros cadastrais poderão ser mantidos para efeito de habilitação dos inscritos em procedimentos licitatórios e serão válidos por 1 (um) ano, no máximo, podendo ser atualizados a qualquer tempo.

§ 1.º Os registros cadastrais serão amplamente divulgados e ficarão permanentemente abertos para a inscrição de interessados.

§ 2.º Os inscritos serão admitidos segundo requisitos previstos em regulamento.

§ 3.º A atuação do licitante no cumprimento de obrigações assumidas será anotada no respectivo registro cadastral.

§ 4.º A qualquer tempo poderá ser alterado, suspenso ou cancelado o registro do inscrito que deixar de satisfazer as exigências de habilitação ou as estabelecidas para admissão cadastral.

Art. 32. O Sistema de Registro de Preços, especificamente destinado às licitações de que trata esta Lei, reger-se-á pelo disposto em regulamento.

§ 1.º Poderá aderir ao sistema referido no *caput* deste artigo qualquer órgão ou entidade responsável pela execução das atividades contempladas no art. 1.º desta Lei.

§ 2.º O registro de preços observará, entre outras, as seguintes condições:

I – efetivação prévia de ampla pesquisa de mercado;

II – seleção de acordo com os procedimentos previstos em regulamento;

III – desenvolvimento obrigatório de rotina de controle e atualização periódicos dos preços registrados;

IV – definição da validade do registro; e

V – inclusão, na respectiva ata, do registro dos licitantes que aceitarem cotar os bens ou serviços com preços iguais ao do licitante vencedor na sequência da classificação do certame, assim como dos licitantes que mantiverem suas propostas originais.

§ 3.º A existência de preços registrados não obriga a administração pública a firmar os contratos que deles poderão advir, sendo facultada a realização de licitação específica, assegurada ao licitante registrado preferência em igualdade de condições.

Art. 33. O catálogo eletrônico de padronização de compras, serviços e obras consiste em sistema informatizado, de gerenciamento centralizado, destinado a permitir a padronização dos itens a serem adquiridos pela administração pública que estarão disponíveis para a realização de licitação.

Parágrafo único. O catálogo referido no *caput* deste artigo poderá ser utilizado em licitações cujo critério de julgamento seja a oferta de menor preço ou de maior desconto e conterá toda a documentação e procedimentos da fase interna da licitação, assim como as especificações dos respectivos objetos, conforme disposto em regulamento.

Subseção IV
Da Comissão de Licitação

Art. 34. As licitações promovidas consoante o RDC serão processadas e julgadas por comissão permanente ou especial de licitações, composta majoritariamente por servidores ou empregados públicos pertencentes aos quadros permanentes dos órgãos ou entidades da administração pública responsáveis pela licitação.

§ 1.º As regras relativas ao funcionamento das comissões de licitação e da comissão de cadastramento de que trata esta Lei serão estabelecidas em regulamento.

§ 2.º Os membros da comissão de licitação responderão solidariamente por todos os atos praticados pela comissão, salvo se posição individual divergente estiver registrada na ata da reunião em que houver sido adotada a respectiva decisão.

Subseção V
Da Dispensa e Inexigibilidade de Licitação

Art. 35. As hipóteses de dispensa e inexigibilidade de licitação estabelecidas nos arts. 24 e 25 da Lei n. 8.666, de 21 de junho de 1993, aplicam-se, no que couber, às contratações realizadas com base no RDC.

Parágrafo único. O processo de contratação por dispensa ou inexigibilidade de licitação deverá seguir o procedimento previsto no art. 26 da Lei n. 8.666, de 21 de junho de 1993.

Subseção VI
Das Condições Específicas para a Participação nas Licitações e para a Contratação no RDC

Art. 36. É vedada a participação direta ou indireta nas licitações de que trata esta Lei:

I – da pessoa física ou jurídica que elaborar o projeto básico ou executivo correspondente;

II – da pessoa jurídica que participar de consórcio responsável pela elaboração do projeto básico ou executivo correspondente;

III – da pessoa jurídica da qual o autor do projeto básico ou executivo seja administrador, sócio com mais de 5% (cinco por cento) do capital votante, controlador, gerente, responsável técnico ou subcontratado; ou

IV – do servidor, empregado ou ocupante de cargo em comissão do órgão ou entidade contratante ou responsável pela licitação.

§ 1.º Não se aplica o disposto nos incisos I, II e III do *caput* deste artigo no caso das contratações integradas.

§ 2.º O disposto no *caput* deste artigo não impede, nas licitações para a contratação de obras ou serviços, a previsão de que a elaboração de projeto executivo constitua encargo do contratado, consoante preço previamente fixado pela administração pública.

§ 3.º É permitida a participação das pessoas físicas ou jurídicas de que tratam os incisos II e III do *caput* deste artigo em licitação ou na execução do contrato, como consultor ou técnico, nas funções de fiscalização, supervisão ou gerenciamento, exclusivamente a serviço do órgão ou entidade pública interessados.

§ 4.º Para fins do disposto neste artigo, considera-se participação indireta a existência de qualquer vínculo de natureza técnica, comercial, econômica, financeira ou trabalhista entre o autor do projeto, pessoa física ou jurídica, e o licitante ou responsável pelos serviços, fornecimentos e obras, incluindo-se os fornecimentos de bens e serviços a estes necessários.

§ 5.º O disposto no § 4.º deste artigo aplica-se aos membros da comissão de licitação.

Art. 37. É vedada a contratação direta, sem licitação, de pessoa jurídica na qual haja administrador ou sócio com poder de direção que mantenha relação de parentesco, inclusive por afinidade, até o terceiro grau civil com:

I – detentor de cargo em comissão ou função de confiança que atue na área responsável pela demanda ou contratação; e

II – autoridade hierarquicamente superior no âmbito de cada órgão ou entidade da administração pública.

Art. 38. Nos processos de contratação abrangidos por esta Lei, aplicam-se as preferências para fornecedores ou tipos de bens, serviços e obras previstos na legislação, em especial as referidas:

I – no art. 3.º da Lei n. 8.248, de 23 de outubro de 1991;

>> *Vide* nota ao art. 25, III, desta Lei.

II – no art. 3.º da Lei n. 8.666, de 21 de junho de 1993; e

III – nos arts. 42 a 49 da Lei Complementar n. 123, de 14 de dezembro de 2006.

>> Os arts. 42 a 49 da Lei Complementar n. 123, de 14-12-2006, dispõem sobre as Aquisições Públicas.

Seção III
Das Regras Específicas Aplicáveis aos Contratos Celebrados no Âmbito do RDC

Art. 39. Os contratos administrativos celebrados com base no RDC reger-se-ão pelas normas da Lei n. 8.666, de 21 de junho de 1993, com exceção das regras específicas previstas nesta Lei.

>> Citada lei consta deste volume.

Art. 40. É facultado à administração pública, quando o convocado não assinar o termo de contrato ou não aceitar ou retirar o instrumento equivalente no prazo e condições estabelecidos:

> *Vide* art. 47 desta Lei.

I – revogar a licitação, sem prejuízo da aplicação das cominações previstas na Lei n. 8.666, de 21 de junho de 1993, e nesta Lei; ou

II – convocar os licitantes remanescentes, na ordem de classificação, para a celebração do contrato nas condições ofertadas pelo licitante vencedor.

Parágrafo único. Na hipótese de nenhum dos licitantes aceitar a contratação nos termos do inciso II do *caput* deste artigo, a administração pública poderá convocar os licitantes remanescentes, na ordem de classificação, para a celebração do contrato nas condições ofertadas por estes, desde que o respectivo valor seja igual ou inferior ao orçamento estimado para a contratação, inclusive quanto aos preços atualizados nos termos do instrumento convocatório.

Art. 41. Na hipótese do inciso XI do art. 24 da Lei n. 8.666, de 21 de junho de 1993, a contratação de remanescente de obra, serviço ou fornecimento de bens em consequência de rescisão contratual observará a ordem de classificação dos licitantes remanescentes e as condições por estes ofertadas, desde que não seja ultrapassado o orçamento estimado para a contratação.

> *Vide* art. 47 desta Lei.

Art. 42. Os contratos para a execução das obras previstas no plano plurianual poderão ser firmados pelo período nele compreendido, observado o disposto no *caput* do art. 57 da Lei n. 8.666, de 21 de junho de 1993.

Art. 43. Na hipótese do inciso II do art. 57 da Lei n. 8.666, de 21 de junho de 1993, os contratos celebrados pelos entes públicos responsáveis pelas atividades descritas nos incisos I a III do art. 1.º desta Lei poderão ter sua vigência estabelecida até a data da extinção da APO.

>> Artigo com redação determinada pela Lei n. 12.688, de 18-7-2012.

Art. 44. As normas referentes à anulação e revogação das licitações previstas no art. 49 da Lei n. 8.666, de 21 de junho de 1993, aplicar-se-ão às contratações realizadas com base no disposto nesta Lei.

Art. 44-A. Nos contratos regidos por esta Lei, poderá ser admitido o emprego dos mecanismos privados de resolução de disputas, inclusive a arbitragem, a ser realizada no Brasil e em língua portuguesa, nos termos da Lei n. 9.307, de 23 de setembro de 1996, e a mediação, para dirimir conflitos decorrentes da sua execução ou a ela relacionados.

>> Artigo acrescentado pela Lei n. 13.190, de 19-11-2015.

Seção IV
Dos Pedidos de Esclarecimento, Impugnações e Recursos

Art. 45. Dos atos da administração pública decorrentes da aplicação do RDC caberão:

I – pedidos de esclarecimento e impugnações ao instrumento convocatório no prazo mínimo de:

a) até 2 (dois) dias úteis antes da data de abertura das propostas, no caso de licitação para aquisição ou alienação de bens; ou

b) até 5 (cinco) dias úteis antes da data de abertura das propostas, no caso de licitação para contratação de obras ou serviços;

II – recursos, no prazo de 5 (cinco) dias úteis contados a partir da data da intimação ou da lavratura da ata, em face:

a) do ato que defira ou indefira pedido de pré-qualificação de interessados;

b) do ato de habilitação ou inabilitação de licitante;

c) do julgamento das propostas;

d) da anulação ou revogação da licitação;

e) do indeferimento do pedido de inscrição em registro cadastral, sua alteração ou cancelamento;

f) da rescisão do contrato, nas hipóteses previstas no inciso I do art. 79 da Lei n. 8.666, de 21 de junho de 1993;

g) da aplicação das penas de advertência, multa, declaração de inidoneidade, suspensão temporária de participação em licitação e impedimento de contratar com a administração pública; e

III – representações, no prazo de 5 (cinco) dias úteis contados a partir da data da intimação, relativamente a atos de que não caiba recurso hierárquico.

§ 1.º Os licitantes que desejarem apresentar os recursos de que tratam as alíneas *a*, *b* e *c* do inciso II do *caput* deste artigo deverão manifestar imediatamente a sua intenção de recorrer, sob pena de preclusão.

§ 2.º O prazo para apresentação de contrarrazões será o mesmo do recurso e começará imediatamente após o encerramento do prazo recursal.

§ 3.º É assegurado aos licitantes vista dos elementos indispensáveis à defesa de seus interesses.

§ 4.º Na contagem dos prazos estabelecidos nesta Lei, excluir-se-á o dia do início e incluir-se-á o do vencimento.

§ 5.º Os prazos previstos nesta Lei iniciam e expiram exclusivamente em dia de expediente no âmbito do órgão ou entidade.

§ 6.º O recurso será dirigido à autoridade superior, por intermédio da autoridade que praticou o ato recorrido, cabendo a esta reconsiderar sua decisão no prazo de 5 (cinco) dias úteis ou, nesse mesmo prazo, fazê-lo subir, devidamente informado, devendo, neste caso, a decisão do recurso ser proferida dentro do prazo de 5 (cinco) dias úteis, contados do seu recebimento, sob pena de apuração de responsabilidade.

Art. 46. Aplica-se ao RDC o disposto no art. 113 da Lei n. 8.666, de 21 de junho de 1993.

Seção V
Das Sanções Administrativas

Art. 47. Ficará impedido de licitar e contratar com a União, Estados, Distrito Federal ou Municípios, pelo prazo de até 5 (cinco) anos, sem prejuízo das multas previstas no instrumento convocatório e no contrato, bem como das demais cominações legais, o licitante que:

> *Vide* § 1.º deste artigo.

I – convocado dentro do prazo de validade da sua proposta não celebrar o contrato, inclusive nas hipóteses previstas no parágrafo único do art. 40 e no art. 41 desta Lei;

II – deixar de entregar a documentação exigida para o certame ou apresentar documento falso;

III – ensejar o retardamento da execução ou da entrega do objeto da licitação sem motivo justificado;

IV – não mantiver a proposta, salvo se em decorrência de fato superveniente, devidamente justificado;

V – fraudar a licitação ou praticar atos fraudulentos na execução do contrato;

VI – comportar-se de modo inidôneo ou cometer fraude fiscal; ou

VII – der causa à inexecução total ou parcial do contrato.

§ 1.º A aplicação da sanção de que trata o *caput* deste artigo implicará ainda o descredenciamento do licitante, pelo prazo estabelecido no *caput* deste artigo, dos sistemas de cadastramento dos entes federativos que compõem a Autoridade Pública Olímpica.

§ 2.º As sanções administrativas, criminais e demais regras previstas no Capítulo IV da Lei n. 8.666, de 21 de junho de 1993, aplicam-se às licitações e aos contratos regidos por esta Lei.

Seção VI
Das Disposições Especiais

>> Seção VI acrescentada pela Lei n. 13.190, de 19-11-2015.

Art. 47-A. A administração pública poderá firmar contratos de locação de bens móveis e imóveis, nos quais o locador realiza prévia aquisição, construção ou reforma substancial, com ou sem aparelhamento de bens, por si mesmo ou por terceiros, do bem especificado pela administração.

>> *Caput* acrescentado pela Lei n. 13190, de 19-11-2015.

§ 1.º A contratação referida no *caput* sujeita-se à mesma disciplina de dispensa e inexigibilidade de licitação aplicável às locações comuns.

>> § 1.º acrescentado pela Lei n. 13.190, de 19-11-2015.

§ 2.º A contratação referida no *caput* poderá prever a reversão dos bens à administração pública ao final da locação, desde que estabelecida no contrato.

>> § 2.º acrescentado pela Lei n. 13.190, de 19-11-2015.

§ 3.º O valor da locação a que se refere o *caput* não poderá exceder, ao mês, 1% (um por cento) do valor do bem locado.

>> § 3.º acrescentado pela Lei n. 13.190, de 19-11-2015.

Capítulo II
OUTRAS DISPOSIÇÕES

Seção I
Alterações da Organização da Presidência da República e dos Ministérios

Art. 48. A Lei n. 10.683, de 28 de maio de 2003, passa a vigorar com as seguintes alterações:

>> Alterações prejudicadas em face da revogação da Lei n. 10.683, de 28-5-2003, pela Lei n. 13.502, de 1.º-11-2017.

Art. 49. São transferidas as competências referentes à aviação civil do Ministério da Defesa para a Secretaria de Aviação Civil.

>> A Lei n. 11.182, de 27-9-2005, cria a Agência Nacional de Aviação Civil – ANAC.

Art. 50. O acervo patrimonial dos órgãos transferidos, incorporados ou desmembrados por esta Lei será transferido para os Ministérios, órgãos e entidades que tiverem absorvido as correspondentes competências.

Parágrafo único. O quadro de servidores efetivos dos órgãos de que trata este artigo será transferido para os Ministérios e órgãos que tiverem absorvido as correspondentes competências.

Art. 51. O Ministério da Defesa e o Ministério do Planejamento, Orçamento e Gestão adotarão, até 1.º de junho de 2011, as providências necessárias para a efetivação das transferências de que trata esta Lei, inclusive quanto à movimentação das dotações orçamentárias destinadas aos órgãos transferidos.

Parágrafo único. No prazo de que trata o *caput*, o Ministério da Defesa prestará o apoio administrativo e jurídico necessário para garantir a continuidade das atividades da Secretaria de Aviação Civil.

Art. 52. Os servidores e militares requisitados pela Presidência da República em exercício, em 31 de dezembro de 2010, no Centro Gestor e Operacional do Sistema de Proteção da Amazônia, no Arquivo Nacional e na Secretaria Nacional de Políticas sobre Drogas, poderão permanecer à disposição, respectivamente, do Ministério da Defesa e do Ministério da Justiça, para exercício naquelas unidades, bem como ser novamente requisitados caso tenham retornado aos órgãos ou entidades de origem antes de 18 de março de 2011.

>> *Vide* art. 70 desta Lei.

§ 1.º Os servidores e militares de que trata o *caput* poderão ser designados para o exercício de Gratificações de Representação da Presidência da República ou de Gratificação de Exercício em Cargo de Confiança nos órgãos da Presidência da República devida aos militares enquanto permanecerem nos órgãos para os quais foram requisitados.

§ 2.º (*Revogado pela Lei n. 12.702, de 7-8-2012.*)

§ 3.º Aplica-se o disposto no parágrafo único do art. 2.º da Lei n. 9.007, de 17 de março de 1995, aos servidores referidos neste artigo.

>> O art. 2.º da Lei n. 9.007, de 17-3-1995, dispõe: "Art. 2.º As requisições de servidores de qualquer órgão ou entidade da Administração Pública Federal para a Presidência da República são irrecusáveis. Parágrafo único. Aos servidores requisitados na forma deste artigo são assegurados todos os direitos e vantagens a que faça jus no órgão ou entidade de origem, considerando-se o período de requisição para todos os efeitos da vida funcional, como efetivo exercício no cargo ou emprego que ocupe no órgão ou entidade de origem".

Seção II
Das Adaptações da Legislação da Anac

Art. 53. A Lei n. 11.182, de 27 de setembro de 2005, passa a vigorar com as seguintes alterações:

>> Alterações já processadas no diploma modificado.

....

Capítulo III
DISPOSIÇÕES FINAIS

Art. 64. O Poder Executivo federal regulamentará o disposto no Capítulo I desta Lei.

Art. 65. Até que a Autoridade Pública Olímpica defina a Carteira de Projetos Olímpicos, aplica-se, excepcionalmente, o disposto nesta Lei às contratações decorrentes do inciso I do art. 1.º desta Lei, desde que sejam imprescindíveis para o cumprimento das obrigações assumidas perante o Comitê Olímpico Internacional e o Comitê Paraolímpico Internacional, e sua necessidade seja fundamentada pelo contratante da obra ou serviço.

Art. 66. Para os projetos de que tratam os incisos I a III do art. 1.º desta Lei, o prazo estabelecido no inciso II do § 1.º do art. 8.º da Medida Provisória n. 2.185-35, de 24 de agosto de 2001, passa a ser o de 31 de dezembro de 2013.

....

Capítulo IV
DAS REVOGAÇÕES

Art. 69. Revogam-se:

I – os §§ 1.º e 2.º do art. 6.º, o item 6 da alínea *i* do inciso XII do art. 27 e o § 3.º do art. 29, todos da Lei n. 10.683, de 28 de maio de 2003;

>> Alterações prejudicadas em face da revogação da Lei n. 10.683, de 28-5-2003, pela Lei n. 13.502, de 1.º-11-2017.

II – os §§ 4.º e 5.º do art. 16 da Lei n. 9.649, de 27 de maio de 1998; e

III – os incisos XXIII, XXVII e XLVII do art. 8.º e o § 2.º do art. 10 da Lei n. 11.182, de 27 de setembro de 2005.

Art. 70. Esta Lei entra em vigor na data de sua publicação, produzindo efeitos financeiros, no tocante ao art. 52 desta Lei, a contar da transferência dos órgãos ali referidos.

Brasília, 4 de agosto de 2011; 190.º da Independência e 123.º da República.

Dilma Rousseff

LEI N. 12.527, DE 18 DE NOVEMBRO DE 2011 (*)

Regula o acesso a informações previsto no inciso XXXIII do art. 5.º, no inciso II do § 3.º do art. 37 e no § 2.º do art. 216 da Constituição Federal; altera a Lei n. 8.112, de 11 de dezembro de 1990; revoga a Lei n. 11.111, de 5 de maio de 2005, e dispositivos da Lei n. 8.159, de 8 de janeiro de 1991; e dá outras providências.

A Presidenta da República

Faço saber que o Congresso Nacional decreta e eu sanciono a seguinte Lei:

Capítulo I
DISPOSIÇÕES GERAIS

Art. 1.º Esta Lei dispõe sobre os procedimentos a serem observados pela União, Estados, Distrito Federal e Municípios, com o fim de garantir o acesso a informações previsto no inciso XXXIII do art. 5.º, no inciso II do § 3.º do art. 37 e no § 2.º do art. 216 da Constituição Federal.

(*) Publicada no *Diário Oficial da União* de 18-11-2011 (Edição Extra). Regulamentada pelo Decreto n. 7.724, de 16-5-2012.

>> O Decreto n. 8.777, de 11-5-2016, institui a Política de Dados Abertos do Poder Executivo federal.

Parágrafo único. Subordinam-se ao regime desta Lei:

>> *Vide* art. 23 da Lei n. 13.709, de 14-8-2018.

I – os órgãos públicos integrantes da administração direta dos Poderes Executivo, Legislativo, incluindo as Cortes de Contas, e Judiciário e do Ministério Público;

II – as autarquias, as fundações públicas, as empresas públicas, as sociedades de economia mista e demais entidades controladas direta ou indiretamente pela União, Estados, Distrito Federal e Municípios.

>> *Vide* Lei n. 13.303, de 30-6-2016.

Art. 2.º Aplicam-se as disposições desta Lei, no que couber, às entidades privadas sem fins lucrativos que recebam, para realização de ações de interesse público, recursos públicos diretamente do orçamento ou mediante subvenções sociais, contrato de gestão, termo de parceria, convênios, acordo, ajustes ou outros instrumentos congêneres.

Parágrafo único. A publicidade a que estão submetidas as entidades citadas no *caput* refere-se à parcela dos recursos públicos recebidos e à sua destinação, sem prejuízo das prestações de contas a que estejam legalmente obrigadas.

Art. 3.º Os procedimentos previstos nesta Lei destinam-se a assegurar o direito fundamental de acesso à informação e devem ser executados em conformidade com os princípios básicos da administração pública e com as seguintes diretrizes:

I – observância da publicidade como preceito geral e do sigilo como exceção;

II – divulgação de informações de interesse público, independentemente de solicitações;

III – utilização de meios de comunicação viabilizados pela tecnologia da informação;

IV – fomento ao desenvolvimento da cultura de transparência na administração pública;

V – desenvolvimento do controle social da administração pública.

Art. 4.º Para os efeitos desta Lei, considera-se:

I – informação: dados, processados ou não, que podem ser utilizados para produção e transmissão de conhecimento, contidos em qualquer meio, suporte ou formato;

II – documento: unidade de registro de informações, qualquer que seja o suporte ou formato;

III – informação sigilosa: aquela submetida temporariamente à restrição de acesso público em razão de sua imprescindibilidade para a segurança da sociedade e do Estado;

IV – informação pessoal: aquela relacionada à pessoa natural identificada ou identificável;

V – tratamento da informação: conjunto de ações referentes à produção, recepção, classificação, utilização, acesso, reprodução, transporte, transmissão, distribuição, arquivamento, armazenamento, eliminação, avaliação, destinação ou controle da informação;

VI – disponibilidade: qualidade da informação que pode ser conhecida e utilizada por indivíduos, equipamentos ou sistemas autorizados;

VII – autenticidade: qualidade da informação que tenha sido produzida, expedida, recebida ou modificada por determinado indivíduo, equipamento ou sistema;

VIII – integridade: qualidade da informação não modificada, inclusive quanto à origem, trânsito e destino;

IX – primariedade: qualidade da informação coletada na fonte, com o máximo de detalhamento possível, sem modificações.

Art. 5.º É dever do Estado garantir o direito de acesso à informação, que será franqueada, mediante procedimentos objetivos e ágeis, de forma transparente, clara e em linguagem de fácil compreensão.

CAPÍTULO II
DO ACESSO A INFORMAÇÕES E DA SUA DIVULGAÇÃO

Art. 6.º Cabe aos órgãos e entidades do poder público, observadas as normas e procedimentos específicos aplicáveis, assegurar a:

I – gestão transparente da informação, propiciando amplo acesso a ela e sua divulgação;

II – proteção da informação, garantindo-se sua disponibilidade, autenticidade e integridade; e

III – proteção da informação sigilosa e da informação pessoal, observada a sua disponibilidade, autenticidade, integridade e eventual restrição de acesso.

Art. 7.º O acesso à informação de que trata esta Lei compreende, entre outros, os direitos de obter:

I – orientação sobre os procedimentos para a consecução de acesso, bem como sobre o local onde poderá ser encontrada ou obtida a informação almejada;

II – informação contida em registros ou documentos, produzidos ou acumulados por seus órgãos ou entidades, recolhidos ou não a arquivos públicos;

III – informação produzida ou custodiada por pessoa física ou entidade privada decorrente de qualquer vínculo com seus órgãos ou entidades, mesmo que esse vínculo já tenha cessado;

IV – informação primária, íntegra, autêntica e atualizada;

V – informação sobre atividades exercidas pelos órgãos e entidades, inclusive as relativas à sua política, organização e serviços;

VI – informação pertinente à administração do patrimônio público, utilização de recursos públicos, licitação, contratos administrativos; e

VII – informação relativa:

a) à implementação, acompanhamento e resultados dos programas, projetos e ações dos órgãos e entidades públicas, bem como metas e indicadores propostos;

b) ao resultado de inspeções, auditorias, prestações e tomadas de contas realizadas pelos órgãos de controle interno e externo, incluindo prestações de contas relativas a exercícios anteriores.

§ 1.º O acesso à informação previsto no *caput* não compreende as informações referentes a projetos de pesquisa e desenvolvimento científicos ou tecnológicos cujo sigilo seja imprescindível à segurança da sociedade e do Estado.

§ 2.º Quando não for autorizado acesso integral à informação por ser ela parcialmente sigilosa, é assegurado o acesso à parte não sigilosa por meio de certidão, extrato ou cópia com ocultação da parte sob sigilo.

§ 3.º O direito de acesso aos documentos ou às informações neles contidas utilizados como fundamento da tomada de decisão e do ato administrativo será assegurado com a edição do ato decisório respectivo.

§ 4.º A negativa de acesso às informações objeto de pedido formulado aos órgãos e entidades referidas no art. 1.º, quando não fundamentada, sujeitará o responsável a medidas disciplinares, nos termos do art. 32 desta Lei.

§ 5.º Informado do extravio da informação solicitada, poderá o interessado requerer à autoridade competente a imediata abertura de sindicância para apurar o desaparecimento da respectiva documentação.

§ 6.º Verificada a hipótese prevista no § 5.º deste artigo, o responsável pela guarda da informação extraviada deverá, no prazo de 10 (dez) dias, justificar o fato e indicar testemunhas que comprovem sua alegação.

Art. 8.º É dever dos órgãos e entidades públicas promover, independentemente de requerimentos, a divulgação em local de fácil acesso, no âmbito de suas competências, de informações de interesse coletivo ou geral por eles produzidas ou custodiadas.

§ 1.º Na divulgação das informações a que se refere o *caput*, deverão constar, no mínimo:

I – registro das competências e estrutura organizacional, endereços e telefones das respectivas unidades e horários de atendimento ao público;

II – registros de quaisquer repasses ou transferências de recursos financeiros;

III – registros das despesas;

IV – informações concernentes a procedimentos licitatórios, inclusive os respectivos editais e resultados, bem como a todos os contratos celebrados;

V – dados gerais para o acompanhamento de programas, ações, projetos e obras de órgãos e entidades; e

VI – respostas a perguntas mais frequentes da sociedade.

§ 2.º Para cumprimento do disposto no *caput*, os órgãos e entidades públicas deverão utilizar todos os meios e instrumentos legítimos de que dispuserem, sendo obrigatória a divulgação em sítios oficiais da rede mundial de computadores (internet).

§ 3.º Os sítios de que trata o § 2.º deverão, na forma de regulamento, atender, entre outros, aos seguintes requisitos:

I – conter ferramenta de pesquisa de conteúdo que permita o acesso à informação de forma objetiva, transparente, clara e em linguagem de fácil compreensão;

II – possibilitar a gravação de relatórios em diversos formatos eletrônicos, inclusive abertos e não proprietários, tais como planilhas e texto, de modo a facilitar a análise das informações;

III – possibilitar o acesso automatizado por sistemas externos em formatos abertos, estruturados e legíveis por máquina;

IV – divulgar em detalhes os formatos utilizados para estruturação da informação;

V – garantir a autenticidade e a integridade das informações disponíveis para acesso;

VI – manter atualizadas as informações disponíveis para acesso;

VII – indicar local e instruções que permitam ao interessado comunicar-se, por via eletrônica ou telefônica, com o órgão ou entidade detentora do sítio; e

VIII – adotar as medidas necessárias para garantir a acessibilidade de conteúdo para pessoas com deficiência, nos termos do art. 17 da Lei n. 10.098, de 19 de dezembro de 2000, e do art. 9.º da Convenção sobre os Direitos das Pessoas com Deficiência, aprovada pelo Decreto Legislativo n. 186, de 9 de julho de 2008.

> **A Lei n. 10.098, de 19-12-2000, estabelece normas gerais e critérios básicos para a promoção da acessibilidade das pessoas portadoras de deficiência ou com mobilidade reduzida.**

§ 4.º Os Municípios com população de até 10.000 (dez mil) habitantes ficam dispensados da divulgação obrigatória na internet a que se refere o § 2.º, mantida a obrigatoriedade de divulgação, em tempo real, de informações relativas à execução orçamentária e financeira, nos critérios e prazos previstos no art. 73-B da Lei Complementar n. 101, de 4 de maio de 2000 (Lei de Responsabilidade Fiscal).

> **Citado art. 73-B da Lei Complementar n. 101, de 4-5-2000, consta nesta obra.**

Art. 9.º O acesso a informações públicas será assegurado mediante:

I – criação de serviço de informações ao cidadão, nos órgãos e entidades do poder público, em local com condições apropriadas para:

a) atender e orientar o público quanto ao acesso a informações;

b) informar sobre a tramitação de documentos nas suas respectivas unidades;

c) protocolizar documentos e requerimentos de acesso a informações; e

II – realização de audiências ou consultas públicas, incentivo à participação popular ou a outras formas de divulgação.

CAPÍTULO III
DO PROCEDIMENTO DE ACESSO À INFORMAÇÃO

Seção I
Do Pedido de Acesso

Art. 10. Qualquer interessado poderá apresentar pedido de acesso a informações aos órgãos e entidades referidos no art. 1.º desta Lei, por qualquer meio legítimo, devendo o pedido conter a identificação do requerente e a especificação da informação requerida.

§ 1.º Para o acesso a informações de interesse público, a identificação do requerente não pode conter exigências que inviabilizem a solicitação.

§ 2.º Os órgãos e entidades do poder público devem viabilizar alternativa de encaminhamento de pedidos de acesso por meio de seus sítios oficiais na internet.

§ 3.º São vedadas quaisquer exigências relativas aos motivos determinantes da solicitação de informações de interesse público.

Art. 11. O órgão ou entidade pública deverá autorizar ou conceder o acesso imediato à informação disponível.

§ 1.º Não sendo possível conceder o acesso imediato, na forma disposta no *caput*, o órgão ou entidade que receber o pedido deverá, em prazo não superior a 20 (vinte) dias:

I – comunicar a data, local e modo para se realizar a consulta, efetuar a reprodução ou obter a certidão;

II – indicar as razões de fato ou de direito da recusa, total ou parcial, do acesso pretendido; ou

III – comunicar que não possui a informação, indicar, se for do seu conhecimento, o órgão ou a entidade que a detém, ou, ainda, remeter o requerimento a esse órgão ou entidade, cientificando o interessado da remessa de seu pedido de informação.

§ 2.º O prazo referido no § 1.º poderá ser prorrogado por mais 10 (dez) dias, mediante justificativa expressa, da qual será cientificado o requerente.

§ 3.º Sem prejuízo da segurança e da proteção das informações e do cumprimento da legislação aplicável, o órgão ou entidade poderá oferecer meios para que o próprio requerente possa pesquisar a informação de que necessitar.

§ 4.º Quando não for autorizado o acesso por se tratar de informação total ou parcialmente sigilosa, o requerente deverá ser informado sobre a possibilidade de recurso, prazos e condições para sua interposição, devendo, ainda, ser-lhe indicada a autoridade competente para sua apreciação.

§ 5.º A informação armazenada em formato digital será fornecida nesse formato, caso haja anuência do requerente.

§ 6.º Caso a informação solicitada esteja disponível ao público em formato impresso, eletrônico ou em qualquer outro meio de acesso universal, serão informados ao requerente, por escrito, o lugar e a forma pela qual se poderá consultar, obter ou reproduzir a referida informação, procedimento esse que desonerará o órgão ou entidade pública da obrigação de seu fornecimento direto, salvo se o requerente declarar não dispor de meios para realizar por si mesmo tais procedimentos.

Art. 12. O serviço de busca e fornecimento da informação é gratuito, salvo nas hipóteses de reprodução de documentos pelo órgão ou entidade pública consultada, situação em que poderá ser cobrado exclusivamente o valor necessário ao ressarcimento do custo dos serviços e dos materiais utilizados.

Parágrafo único. Estará isento de ressarcir os custos previstos no *caput* todo aquele cuja situação econômica não lhe permita fazê-lo sem prejuízo do sustento próprio ou da família, declarada nos termos da Lei n. 7.115, de 29 de agosto de 1983.

> **A Lei n. 7.115, de 29-8-1983, dispõe que a declaração destinada a fazer prova de pobreza ou dependência econômica presume-se verdadeira quando firmada pelo próprio interessado.**

Art. 13. Quando se tratar de acesso à informação contida em documento cuja manipulação possa prejudicar sua integridade, deverá ser oferecida a consulta de cópia, com certificação de que esta confere com o original.

Parágrafo único. Na impossibilidade de obtenção de cópias, o interessado poderá solicitar que, a suas expensas e sob supervisão de servidor público, a reprodução seja feita por outro meio que não ponha em risco a conservação do documento original.

Art. 14. É direito do requerente obter o inteiro teor de decisão de negativa de acesso, por certidão ou cópia.

Seção II
Dos Recursos

Art. 15. No caso de indeferimento de acesso a informações ou às razões da negativa do acesso, poderá o interessado interpor recurso contra a decisão no prazo de 10 (dez) dias a contar da sua ciência.

Parágrafo único. O recurso será dirigido à autoridade hierarquicamente superior à que exarou a decisão impugnada, que deverá se manifestar no prazo de 5 (cinco) dias.

Art. 16. Negado o acesso a informação pelos órgãos ou entidades do Poder Executivo Federal, o requerente poderá recorrer à Controladoria-Geral da União, que deliberará no prazo de 5 (cinco) dias se:

I – o acesso à informação não classificada como sigilosa for negado;

II – a decisão de negativa de acesso à informação total ou parcialmente classificada como sigilosa não indicar a autoridade classificadora ou a hierarquicamente superior a quem possa ser dirigido pedido de acesso ou desclassificação;

III – os procedimentos de classificação de informação sigilosa estabelecidos nesta Lei não tiverem sido observados; e

IV – estiverem sendo descumpridos prazos ou outros procedimentos previstos nesta Lei.

§ 1.º O recurso previsto neste artigo somente poderá ser dirigido à Controladoria-Geral da União depois de submetido à apreciação de pelo menos uma autoridade hierarquicamente superior àquela que exarou a decisão impugnada, que deliberará no prazo de 5 (cinco) dias.

§ 2.º Verificada a procedência das razões do recurso, a Controladoria-Geral da União determinará ao órgão ou entidade que adote as providências necessárias para dar cumprimento ao disposto nesta Lei.

§ 3.º Negado o acesso à informação pela Controladoria-Geral da União, poderá ser interposto recurso à Comissão Mista de Reavaliação de Informações, a que se refere o art. 35.

Art. 17. No caso de indeferimento de pedido de desclassificação de informação protocolado em órgão da administração pública federal, poderá o requerente recorrer ao Ministro de Estado da área, sem prejuízo das competências da Comissão Mista de Reavaliação de Informações, previstas no art. 35, e do disposto no art. 16.

§ 1.º O recurso previsto neste artigo somente poderá ser dirigido às autoridades mencionadas depois de submetido à apreciação de pelo menos uma autoridade hierarquicamente superior à autoridade que exarou a decisão impugnada e, no caso das Forças Armadas, ao respectivo Comando.

§ 2.º Indeferido o recurso previsto no *caput* que tenha como objeto a desclassificação de informação secreta ou ultrassecreta, caberá recurso à Comissão Mista de Reavaliação de Informações prevista no art. 35.

Art. 18. Os procedimentos de revisão de decisões denegatórias proferidas no recurso previsto no art. 15 e de revisão de classificação de documentos sigilosos serão objeto de regulamentação própria dos Poderes Legislativo e Judiciário e do Ministério Público, em seus respectivos âmbitos, assegurado ao solicitante, em qualquer caso, o direito de ser informado sobre o andamento de seu pedido.

Art. 19. (*Vetado.*)

§ 1.º (*Vetado.*)

§ 2.º Os órgãos do Poder Judiciário e do Ministério Público informarão ao Conselho Nacional de Justiça e ao Conselho Nacional do Ministério Público, respectivamente, as decisões que, em grau de recurso, negarem acesso a informações de interesse público.

Art. 20. Aplica-se subsidiariamente, no que couber, a Lei n. 9.784, de 29 de janeiro de 1999, ao procedimento de que trata este Capítulo.

> A Lei n. 9.784, de 29-1-1999, que regula o processo administrativo no âmbito da Administração Pública Federal, consta nesta obra.

Capítulo IV
DAS RESTRIÇÕES DE ACESSO À INFORMAÇÃO

Seção I
Disposições Gerais

Art. 21. Não poderá ser negado acesso à informação necessária à tutela judicial ou administrativa de direitos fundamentais.

Parágrafo único. As informações ou documentos que versem sobre condutas que impliquem violação dos direitos humanos praticada por agentes públicos ou a mando de autoridades públicas não poderão ser objeto de restrição de acesso.

Art. 22. O disposto nesta Lei não exclui as demais hipóteses legais de sigilo e de segredo de justiça nem as hipóteses de segredo industrial decorrentes da exploração direta de atividade econômica pelo Estado ou por pessoa física ou entidade privada que tenha qualquer vínculo com o poder público.

Seção II
Da Classificação da Informação quanto ao Grau e Prazos de Sigilo

Art. 23. São consideradas imprescindíveis à segurança da sociedade ou do Estado e, portanto, passíveis de classificação as informações cuja divulgação ou acesso irrestrito possam:

I – pôr em risco a defesa e a soberania nacionais ou a integridade do território nacional;

II – prejudicar ou pôr em risco a condução de negociações ou as relações internacionais do País, ou as que tenham sido fornecidas em caráter sigiloso por outros Estados e organismos internacionais;

III – pôr em risco a vida, a segurança ou a saúde da população;

IV – oferecer elevado risco à estabilidade financeira, econômica ou monetária do País;

V – prejudicar ou causar risco a planos ou operações estratégicos das Forças Armadas;

VI – prejudicar ou causar risco a projetos de pesquisa e desenvolvimento científico ou tecnológico, assim como a sistemas, bens, instalações ou áreas de interesse estratégico nacional;

VII – pôr em risco a segurança de instituições ou de altas autoridades nacionais ou estrangeiras e seus familiares; ou

VIII – comprometer atividades de inteligência, bem como de investigação ou fiscalização em andamento, relacionadas com a prevenção ou repressão de infrações.

Art. 24. A informação em poder dos órgãos e entidades públicas, observado o seu teor e em razão de sua imprescindibilidade à segurança da sociedade ou do Estado, poderá ser classificada como ultrassecreta, secreta ou reservada.

§ 1.º Os prazos máximos de restrição de acesso à informação, conforme a classificação prevista no *caput*, vigoram a partir da data de sua produção e são os seguintes:

I – ultrassecreta: 25 (vinte e cinco) anos;

II – secreta: 15 (quinze) anos; e

III – reservada: 5 (cinco) anos.

§ 2.º As informações que puderem colocar em risco a segurança do Presidente e Vice-Presidente da República e respectivos cônjuges e filhos(as) serão classificadas como reservadas e ficarão sob sigilo até o término do mandato em exercício ou do último mandato, em caso de reeleição.

§ 3.º Alternativamente aos prazos previstos no § 1.º, poderá ser estabelecida como termo final de restrição de acesso a ocorrência de determinado evento, desde que este ocorra antes do transcurso do prazo máximo de classificação.

§ 4.º Transcorrido o prazo de classificação ou consumado o evento que defina o seu termo final, a informação tornar-se-á, automaticamente, de acesso público.

§ 5.º Para a classificação da informação em determinado grau de sigilo, deverá ser observado o interesse público da informação e utilizado o critério menos restritivo possível, considerados:

I – a gravidade do risco ou dano à segurança da sociedade e do Estado; e

II – o prazo máximo de restrição de acesso ou o evento que defina seu termo final.

Seção III
Da Proteção e do Controle de Informações Sigilosas

Art. 25. É dever do Estado controlar o acesso e a divulgação de informações sigilosas produzidas por seus órgãos e entidades, assegurando a sua proteção.

> O Decreto n. 7.845, de 14-11-2012, regulamenta procedimentos para credenciamento de segurança e tratamento de informação classificada em qualquer grau

de sigilo, e dispõe sobre o Núcleo de Segurança e Credenciamento.

§ 1.º O acesso, a divulgação e o tratamento de informação classificada como sigilosa ficarão restritos a pessoas que tenham necessidade de conhecê-la e que sejam devidamente credenciadas na forma do regulamento, sem prejuízo das atribuições dos agentes públicos autorizados por lei.

§ 2.º O acesso à informação classificada como sigilosa cria a obrigação para aquele que a obteve de resguardar o sigilo.

§ 3.º Regulamento disporá sobre procedimentos e medidas a serem adotados para o tratamento de informação sigilosa, de modo a protegê-la contra perda, alteração indevida, acesso, transmissão e divulgação não autorizados.

Art. 26. As autoridades públicas adotarão as providências necessárias para que o pessoal a elas subordinado hierarquicamente conheça as normas e observe as medidas e procedimentos de segurança para tratamento de informações sigilosas.

Parágrafo único. A pessoa física ou entidade privada que, em razão de qualquer vínculo com o poder público, executar atividades de tratamento de informações sigilosas adotará as providências necessárias para que seus empregados, prepostos ou representantes observem as medidas e procedimentos de segurança das informações resultantes da aplicação desta Lei.

Seção IV
Dos Procedimentos de Classificação, Reclassificação e Desclassificação

Art. 27. A classificação do sigilo de informações no âmbito da administração pública federal é de competência:

I – no grau de ultrassecreto, das seguintes autoridades:

a) Presidente da República;

b) Vice-Presidente da República;

c) Ministros de Estado e autoridades com as mesmas prerrogativas;

d) Comandantes da Marinha, do Exército e da Aeronáutica; e

e) Chefes de Missões Diplomáticas e Consulares permanentes no exterior;

II – no grau de secreto, das autoridades referidas no inciso I, dos titulares de autarquias, fundações ou empresas públicas e sociedades de economia mista; e

III – no grau de reservado, das autoridades referidas nos incisos I e II e das que exerçam funções de direção, comando ou chefia, nível DAS 101.5, ou superior, do Grupo-Direção e Assessoramento Superiores, ou de hierarquia equivalente, de acordo com regulamentação específica de cada órgão ou entidade, observado o disposto nesta Lei.

§ 1.º A competência prevista nos incisos I e II, no que se refere à classificação como ultrassecreta e secreta, poderá ser delegada pela autoridade responsável a agente público, inclusive em missão no exterior, vedada a subdelegação.

§ 2.º A classificação de informação no grau de sigilo ultrassecreto pelas autoridades previstas nas alíneas *d* e *e* do inciso I deverá ser ratificada pelos respectivos Ministros de Estado, no prazo previsto em regulamento.

§ 3.º A autoridade ou outro agente público que classificar informação como ultrassecreta deverá encaminhar a decisão de que trata o art. 28 à Comissão Mista de Reavaliação de Informações, a que se refere o art. 35, no prazo previsto em regulamento.

Art. 28. A classificação de informação em qualquer grau de sigilo deverá ser formalizada em decisão que conterá, no mínimo, os seguintes elementos:

I – assunto sobre o qual versa a informação;

II – fundamento da classificação, observados os critérios estabelecidos no art. 24;

III – indicação do prazo de sigilo, contado em anos, meses ou dias, ou do evento que defina o seu termo final, conforme limites previstos no art. 24; e

IV – identificação da autoridade que a classificou.

Parágrafo único. A decisão referida no *caput* será mantida no mesmo grau de sigilo da informação classificada.

Art. 29. A classificação das informações será reavaliada pela autoridade classificadora ou por autoridade hierarquicamente superior, mediante provocação ou de ofício, nos termos e prazos previstos em regulamento, com vistas à sua desclassificação ou à redução do prazo de sigilo, observado o disposto no art. 24.

§ 1.º O regulamento a que se refere o *caput* deverá considerar as peculiaridades das informações produzidas no exterior por autoridades ou agentes públicos.

§ 2.º Na reavaliação a que se refere o *caput*, deverão ser examinadas a permanência dos motivos do sigilo e a possibilidade de danos decorrentes do acesso ou da divulgação da informação.

§ 3.º Na hipótese de redução do prazo de sigilo da informação, o novo prazo de restrição manterá como termo inicial a data da sua produção.

Art. 30. A autoridade máxima de cada órgão ou entidade publicará, anualmente, em sítio à disposição na internet e destinado à veiculação de dados e informações administrativas, nos termos de regulamento:

I – rol das informações que tenham sido desclassificadas nos últimos 12 (doze) meses;

II – rol de documentos classificados em cada grau de sigilo, com identificação para referência futura;

III – relatório estatístico contendo a quantidade de pedidos de informação recebidos, atendidos e indeferidos, bem como informações genéricas sobre os solicitantes.

§ 1.º Os órgãos e entidades deverão manter exemplar da publicação prevista no *caput* para consulta pública em suas sedes.

§ 2.º Os órgãos e entidades manterão extrato com a lista de informações classificadas, acompanhadas da data, do grau de sigilo e dos fundamentos da classificação.

Seção V
Das Informações Pessoais

Art. 31. O tratamento das informações pessoais deve ser feito de forma transparente e com respeito à intimidade, vida privada, honra e imagem das pessoas, bem como às liberdades e garantias individuais.

§ 1.º As informações pessoais, a que se refere este artigo, relativas à intimidade, vida privada, honra e imagem:

I – terão seu acesso restrito, independentemente de classificação de sigilo e pelo prazo máximo de 100 (cem) anos a contar da sua data de produção, a agentes públicos legalmente autorizados e à pessoa a que elas se referirem; e

II – poderão ter autorizada sua divulgação ou acesso por terceiros diante de previsão legal ou consentimento expresso da pessoa a que elas se referirem.

§ 2.º Aquele que obtiver acesso às informações de que trata este artigo será responsabilizado por seu uso indevido.

§ 3.º O consentimento referido no inciso II do § 1.º não será exigido quando as informações forem necessárias:

I – à prevenção e diagnóstico médico, quando a pessoa estiver física ou legalmente incapaz, e para utilização única e exclusivamente para o tratamento médico;

II – à realização de estatísticas e pesquisas científicas de evidente interesse público ou geral, previstos em lei, sendo vedada a identificação da pessoa a que as informações se referirem;

III – ao cumprimento de ordem judicial;

IV – à defesa de direitos humanos; ou

V – à proteção do interesse público e geral preponderante.

§ 4.º A restrição de acesso à informação relativa à vida privada, honra e imagem de pessoa não poderá ser invocada com o intuito de prejudicar processo de apuração de irregularidades em que o titular das informações estiver envolvido, bem como em ações voltadas para a recuperação de fatos históricos de maior relevância.

§ 5.º Regulamento disporá sobre os procedimentos para tratamento de informação pessoal.

Capítulo V
DAS RESPONSABILIDADES

Art. 32. Constituem condutas ilícitas que ensejam responsabilidade do agente público ou militar:

I – recusar-se a fornecer informação requerida nos termos desta Lei, retardar deliberadamente o seu fornecimento ou fornecê-la intencionalmente de forma incorreta, incompleta ou imprecisa;

II – utilizar indevidamente, bem como subtrair, destruir, inutilizar, desfigurar, alterar ou ocultar, total ou parcialmente, informação que se encontre sob sua guarda ou a que tenha acesso ou conhecimento em razão do exercício das atribuições de cargo, emprego ou função pública;

III – agir com dolo ou má-fé na análise das solicitações de acesso à informação;

IV – divulgar ou permitir a divulgação ou acessar ou permitir acesso indevido à informação sigilosa ou informação pessoal;

V – impor sigilo à informação para obter proveito pessoal ou de terceiro, ou para fins de ocultação de ato ilegal cometido por si ou por outrem;

VI – ocultar da revisão de autoridade superior competente informação sigilosa para beneficiar a si ou a outrem, ou em prejuízo de terceiros; e

VII – destruir ou subtrair, por qualquer meio, documentos concernentes a possíveis violações de direitos humanos por parte de agentes do Estado.

§ 1.º Atendido o princípio do contraditório, da ampla defesa e do devido processo legal, as condutas descritas no *caput* serão consideradas:

I – para fins dos regulamentos disciplinares das Forças Armadas, transgressões militares médias ou graves, segundo os critérios neles estabelecidos, desde que não tipificadas em lei como crime ou contravenção penal; ou

II – para fins do disposto na Lei n. 8.112, de 11 de dezembro de 1990, e suas alterações, infrações administrativas, que deverão ser apenadas, no mínimo, com suspensão, segundo os critérios nela estabelecidos.

> A Lei n. 8.112, de 11-12-1990, que dispõe sobre o regime jurídico dos servidores públicos civis da União, das autarquias e das fundações públicas federais, consta nesta obra.

§ 2.º Pelas condutas descritas no *caput*, poderá o militar ou agente público responder, também, por improbidade administrativa, conforme o disposto nas Leis n. 1.079, de 10 de abril de 1950, e 8.429, de 2 de junho de 1992.

> Citadas leis constam nesta obra.

Art. 33. A pessoa física ou entidade privada que detiver informações em virtude de vínculo de qualquer natureza com o poder público e deixar de observar o disposto nesta Lei estará sujeita às seguintes sanções:

I – advertência;

II – multa;

III – rescisão do vínculo com o poder público;

IV – suspensão temporária de participar em licitação e impedimento de contratar com a administração pública por prazo não superior a 2 (dois) anos; e

V – declaração de inidoneidade para licitar ou contratar com a administração pública, até que seja promovida a reabilitação perante a própria autoridade que aplicou a penalidade.

§ 1.º As sanções previstas nos incisos I, III e IV poderão ser aplicadas juntamente com a do inciso II, assegurado o direito de defesa do interessado, no respectivo processo, no prazo de 10 (dez) dias.

§ 2.º A reabilitação referida no inciso V será autorizada somente quando o interessado efetivar o ressarcimento ao órgão ou entidade dos prejuízos resultantes e após decorrido o prazo da sanção aplicada com base no inciso IV.

§ 3.º A aplicação da sanção prevista no inciso V é de competência exclusiva da autoridade máxima do órgão ou entidade pública, facultada a defesa do interessado, no respectivo processo, no prazo de 10 (dez) dias da abertura de vista.

Art. 34. Os órgãos e entidades públicas respondem diretamente pelos danos causados em decorrência da divulgação não autorizada ou utilização indevida de informações sigilosas ou informações pessoais, cabendo a apuração de responsabilidade funcional nos casos de dolo ou culpa, assegurado o respectivo direito de regresso.

Parágrafo único. O disposto neste artigo aplica-se à pessoa física ou entidade privada que, em virtude de vínculo de qualquer natureza com órgãos ou entidades, tenha acesso a informação sigilosa ou pessoal e a submeta a tratamento indevido.

Capítulo VI
DISPOSIÇÕES FINAIS E TRANSITÓRIAS

Art. 35. (*Vetado.*)

§ 1.º É instituída a Comissão Mista de Reavaliação de Informações, que decidirá, no âmbito da administração pública federal, sobre o tratamento e a classificação de informações sigilosas e terá competência para:

I – requisitar da autoridade que classificar informação como ultrassecreta e secreta esclarecimento ou conteúdo, parcial ou integral da informação;

II – rever a classificação de informações ultrassecretas ou secretas, de ofício ou mediante provocação de pessoa interessada, observado o disposto no art. 7.º e demais dispositivos desta Lei; e

III – prorrogar o prazo de sigilo de informação classificada como ultrassecreta, sempre por prazo determinado, enquanto o seu acesso ou divulgação puder ocasionar ameaça externa à soberania nacional ou à integridade do território nacional ou grave risco às relações internacionais do País, observado o prazo previsto no § 1.º do art. 24.

§ 2.º O prazo referido no inciso III é limitado a uma única renovação.

§ 3.º A revisão de ofício a que se refere o inciso II do § 1.º deverá ocorrer, no máximo, a cada 4 (quatro) anos, após a reavaliação prevista no art. 39, quando se tratar de documentos ultrassecretos ou secretos.

§ 4.º A não deliberação sobre a revisão pela Comissão Mista de Reavaliação de Informações nos prazos previstos no § 3.º implicará a desclassificação automática das informações.

§ 5.º Regulamento disporá sobre a composição, organização e funcionamento da Comissão Mista de Reavaliação de Informações, observado o mandato de 2 (dois) anos para seus integrantes e demais disposições desta Lei.

> O Decreto n. 7.845, de 14-11-2012, regulamenta procedimentos para credenciamento de segurança e tratamento de informação classificada em qualquer grau de sigilo, e dispõe sobre o Núcleo de Segurança e Credenciamento.

Art. 36. O tratamento de informação sigilosa resultante de tratados, acordos ou atos internacionais atenderá às normas e recomendações constantes desses instrumentos.

Art. 37. É instituído, no âmbito do Gabinete de Segurança Institucional da Presidência da República, o Núcleo de Segurança e Credenciamento (NSC), que tem por objetivos:

I – promover e propor a regulamentação do credenciamento de segurança de pessoas físicas, empresas, órgãos e entidades para tratamento de informações sigilosas; e

II – garantir a segurança de informações sigilosas, inclusive aquelas provenientes de países ou organizações internacionais com os quais a República Federativa do Brasil tenha firmado tratado, acordo, contrato ou qualquer outro ato internacional, sem prejuízo das atribuições do Ministério das Relações Exteriores e dos demais órgãos competentes.

Parágrafo único. Regulamento disporá sobre a composição, organização e funcionamento do NSC.

Art. 38. Aplica-se, no que couber, a Lei n. 9.507, de 12 de novembro de 1997, em relação à informação de pessoa, física ou jurídica, constante de registro ou banco de dados de entidades governamentais ou de caráter público.

> A Lei n. 9.507, de 12-11-1997, que regula o direito de acesso a informações e disciplina o rito processual do *habeas data*, consta nesta obra.

Art. 39. Os órgãos e entidades públicas deverão proceder à reavaliação das informações classificadas como ultrassecretas e secretas no prazo máximo de 2 (dois) anos, contado do termo inicial de vigência desta Lei.

§ 1.º A restrição de acesso a informações, em razão da reavaliação prevista no *caput*, deverá observar os prazos e condições previstos nesta Lei.

§ 2.º No âmbito da administração pública federal, a reavaliação prevista no *caput* poderá ser revista, a qualquer tempo, pela Comissão Mista de Reavaliação de Informações, observados os termos desta Lei.

§ 3.º Enquanto não transcorrido o prazo de reavaliação previsto no *caput*, será mantida a classificação da informação nos termos da legislação precedente.

§ 4.º As informações classificadas como secretas e ultrassecretas não reavaliadas no prazo previsto no *caput* serão consideradas, automaticamente, de acesso público.

Art. 40. No prazo de 60 (sessenta) dias, a contar da vigência desta Lei, o dirigente máximo de cada órgão ou entidade da administração pública federal direta e indireta designará autoridade que lhe seja diretamente subordinada para, no âmbito do respectivo órgão ou entidade, exercer as seguintes atribuições:

I – assegurar o cumprimento das normas relativas ao acesso a informação, de forma eficiente e adequada aos objetivos desta Lei;

II – monitorar a implementação do disposto nesta Lei e apresentar relatórios periódicos sobre o seu cumprimento;

III – recomendar as medidas indispensáveis à implementação e ao aperfeiçoamento das normas e procedimentos necessários ao correto cumprimento do disposto nesta Lei; e

IV – orientar as respectivas unidades no que se refere ao cumprimento do disposto nesta Lei e seus regulamentos.

Art. 41. O Poder Executivo Federal designará órgão da administração pública federal responsável:

I – pela promoção de campanha de abrangência nacional de fomento à cultura da transparência na administração pública e conscientização do direito fundamental de acesso à informação;

II – pelo treinamento de agentes públicos no que se refere ao desenvolvimento de práticas relacionadas à transparência na administração pública;

III – pelo monitoramento da aplicação da lei no âmbito da administração pública federal, concentrando e consolidando a publicação de informações estatísticas relacionadas no art. 30;

IV – pelo encaminhamento ao Congresso Nacional de relatório anual com informações atinentes à implementação desta Lei.

Art. 42. O Poder Executivo regulamentará o disposto nesta Lei no prazo de 180 (cento e oitenta) dias a contar da data de sua publicação.

Art. 43. O inciso VI do art. 116 da Lei n. 8.112, de 11 de dezembro de 1990, passa a vigorar com a seguinte redação:

>> Alteração já processada no diploma modificado.

Art. 44. O Capítulo IV do Título IV da Lei n. 8.112, de 1990, passa a vigorar acrescido do seguinte art. 126-A:

>> Alteração já processada no diploma modificado.

Art. 45. Cabe aos Estados, ao Distrito Federal e aos Municípios, em legislação própria, obedecidas as normas gerais estabelecidas nesta Lei, definir regras específicas, especialmente quanto ao disposto no art. 9.º e na Seção II do Capítulo III.

Art. 46. Revogam-se:

I – a Lei n. 11.111, de 5 de maio de 2005; e

II – os arts. 22 a 24 da Lei n. 8.159, de 8 de janeiro de 1991.

Art. 47. Esta Lei entra em vigor 180 (cento e oitenta) dias após a data de sua publicação.

Brasília, 18 de novembro de 2011; 190.º da Independência e 123.º da República.

DILMA ROUSSEFF

LEI N. 12.529, DE 30 DE NOVEMBRO DE 2011 (*)

Estrutura o Sistema Brasileiro de Defesa da Concorrência; dispõe sobre a prevenção e repressão às infrações contra a ordem econômica; altera a Lei n. 8.137, de 27 de dezembro de 1990, o Decreto-lei n. 3.689, de 3 de outubro de 1941 – Código de Processo Penal, e a Lei n. 7.347, de 24 de julho de 1985; revoga dispositivos da Lei n. 8.884, de 11 de junho de 1994, e a Lei n. 9.781, de 19 de janeiro de 1999; e dá outras providências.

A Presidenta da República

Faço saber que o Congresso Nacional decreta e eu sanciono a seguinte Lei:

TÍTULO I
DISPOSIÇÕES GERAIS

CAPÍTULO I
DA FINALIDADE

Art. 1.º Esta Lei estrutura o Sistema Brasileiro de Defesa da Concorrência – SBDC e dispõe sobre a prevenção e a repressão às infrações contra a ordem econômica, orientada pelos ditames constitucionais de liberdade de iniciativa, livre concorrência, função social da propriedade, defesa dos consumidores e repressão ao abuso do poder econômico.

> *Vide* arts. 1.º, IV, 170, III, IV e V, e 173, § 4.º, da CF.

Parágrafo único. A coletividade é a titular dos bens jurídicos protegidos por esta Lei.

CAPÍTULO II
DA TERRITORIALIDADE

Art. 2.º Aplica-se esta Lei, sem prejuízo de convenções e tratados de que seja signatário o Brasil, às práticas cometidas no todo ou em parte no território nacional ou que nele produzam ou possam produzir efeitos.

§ 1.º Reputa-se domiciliada no território nacional a empresa estrangeira que opere ou tenha no Brasil filial, agência, sucursal, escritório, estabelecimento, agente ou representante.

§ 2.º A empresa estrangeira será notificada e intimada de todos os atos processuais previstos nesta Lei, independentemente de procuração ou de disposição contratual ou estatutária, na pessoa do agente ou representante ou pessoa responsável por sua filial, agência, sucursal, estabelecimento ou escritório instalado no Brasil.

> *Vide* art. 12, VIII e § 3.º, do CPC.

TÍTULO II
DO SISTEMA BRASILEIRO DE DEFESA DA CONCORRÊNCIA

CAPÍTULO I
DA COMPOSIÇÃO

Art. 3.º O SBDC é formado pelo Conselho Administrativo de Defesa Econômica – CADE e pela Secretaria de Acompanhamento Econômico do Ministério da Fazenda, com as atribuições previstas nesta Lei.

CAPÍTULO II
DO CONSELHO ADMINISTRATIVO DE DEFESA ECONÔMICA – CADE

> A Resolução n. 1, de 29-5-2012, do CADE, aprova seu regimento interno – RICADE.

Art. 4.º O Cade é entidade judicante com jurisdição em todo o território nacional, que se constitui em autarquia federal, vinculada ao Ministério da Justiça, com sede e foro no Distrito Federal, e competências previstas nesta Lei.

Seção I
Da Estrutura Organizacional do Cade

> O Decreto n. 7.738, de 28-5-2012, aprova a estrutura regimental e o quadro demonstrativo dos cargos em comissão do CADE.

Art. 5.º O Cade é constituído pelos seguintes órgãos:

> *Vide* art. 21 desta Lei.

I – Tribunal Administrativo de Defesa Econômica;

(*) Publicada no *Diário Oficial da União* de 1.º-12-2011. Retificada no *Diário Oficial da União* de 2-12-2011.

II – Superintendência-Geral; e

III – Departamento de Estudos Econômicos.

Seção II
Do Tribunal Administrativo de Defesa Econômica

Art. 6.º O Tribunal Administrativo, órgão judicante, tem como membros um Presidente e seis Conselheiros escolhidos dentre cidadãos com mais de 30 (trinta) anos de idade, de notório saber jurídico ou econômico e reputação ilibada, nomeados pelo Presidente da República, depois de aprovados pelo Senado Federal.

§ 1.º O mandato do Presidente e dos Conselheiros é de 4 (quatro) anos, não coincidentes, vedada a recondução.

§ 2.º Os cargos de Presidente e de Conselheiro são de dedicação exclusiva, não se admitindo qualquer acumulação, salvo as constitucionalmente permitidas.

> *Vide* art. 37, XVI, da CF.

§ 3.º No caso de renúncia, morte, impedimento, falta ou perda de mandato do Presidente do Tribunal, assumirá o Conselheiro mais antigo no cargo ou o mais idoso, nessa ordem, até nova nomeação, sem prejuízo de suas atribuições.

§ 4.º No caso de renúncia, morte ou perda de mandato de Conselheiro, proceder-se-á a nova nomeação, para completar o mandato do substituído.

§ 5.º Se, nas hipóteses previstas no § 4.º deste artigo, ou no caso de encerramento de mandato dos Conselheiros, a composição do Tribunal ficar reduzida a número inferior ao estabelecido no § 1.º do art. 9.º desta Lei, considerar-se-ão automaticamente suspensos os prazos previstos nesta Lei, e suspensa a tramitação de processos, continuando-se a contagem imediatamente após a recomposição do *quorum*.

> *Vide* art. 63 desta Lei.

Art. 7.º A perda de mandato do Presidente ou dos Conselheiros do Cade só poderá ocorrer em virtude de decisão do Senado Federal, por provocação do Presidente da República, ou em razão de condenação penal irrecorrível por crime doloso, ou de processo disciplinar de conformidade com o que prevê a Lei n. 8.112, de 11 de dezembro de 1990 e a Lei n. 8.429, de 2 de junho de 1992, e por infringência de quaisquer das vedações previstas no art. 8.º desta Lei.

> Citados diplomas constam nesta obra.

Parágrafo único. Também perderá o mandato, automaticamente, o membro do Tribunal que faltar a 3 (três) reuniões ordinárias consecutivas, ou 20 (vinte) intercaladas, ressalvados os afastamentos temporários autorizados pelo Plenário.

Art. 8.º Ao Presidente e aos Conselheiros é vedado:

> *Vide* art. 12, § 3.º, desta Lei.

I – receber, a qualquer título, e sob qualquer pretexto, honorários, percentagens ou custas;

II – exercer profissão liberal;

III – participar, na forma de controlador, diretor, administrador, gerente, preposto ou mandatário, de sociedade civil, comercial ou empresas de qualquer espécie;

IV – emitir parecer sobre matéria de sua especialização, ainda que em tese, ou funcionar como consultor de qualquer tipo de empresa;

V – manifestar, por qualquer meio de comunicação, opinião sobre processo pendente de julgamento, ou juízo depreciativo sobre despachos, votos ou sentenças de órgãos judiciais, ressalvada a crítica nos autos, em obras técnicas ou no exercício do magistério; e

VI – exercer atividade político-partidária.

§ 1.º É vedado ao Presidente e aos Conselheiros, por um período de 120 (cento e vinte) dias, contado da data em que deixar o cargo, representar qualquer pessoa, física ou jurídica, ou interesse perante o SBDC, ressalvada a defesa de direito próprio.

§ 2.º Durante o período mencionado no § 1.º deste artigo, o Presidente e os Conselheiros receberão a mesma remuneração do cargo que ocupavam.

> *Vide* art. 12, § 3.º, desta Lei.

§ 3.º Incorre na prática de advocacia administrativa, sujeitando-se à pena prevista no art. 321 do Decreto-lei n. 2.848, de 7 de dezembro de 1940 – Código Penal, o ex-presidente ou ex-conselheiro que violar o impedimento previsto no § 1.º deste artigo.

> Citado dispositivo consta nesta obra.

§ 4.º É vedado, a qualquer tempo, ao Presidente e aos Conselheiros utilizar informações privilegiadas obtidas em decorrência do cargo exercido.

Subseção I
Da Competência do Plenário do Tribunal

Art. 9.º Compete ao Plenário do Tribunal, dentre outras atribuições previstas nesta Lei:

I – zelar pela observância desta Lei e seu regulamento e do regimento interno;

II – decidir sobre a existência de infração à ordem econômica e aplicar as penalidades previstas em lei;

III – decidir os processos administrativos para imposição de sanções administrativas por infrações à ordem econômica instaurados pela Superintendência-Geral;

IV – ordenar providências que conduzam à cessação de infração à ordem econômica, dentro do prazo que determinar;

V – aprovar os termos do compromisso de cessação de prática e do acordo em controle de concentrações, bem como determinar à Superintendência-Geral que fiscalize seu cumprimento;

VI – apreciar, em grau de recurso, as medidas preventivas adotadas pelo Conselheiro-Relator ou pela Superintendência-Geral;

VII – intimar os interessados de suas decisões;

VIII – requisitar dos órgãos e entidades da administração pública federal e requerer às autoridades dos Estados, Municípios, do Distrito Federal e dos Territórios as medidas necessárias ao cumprimento desta Lei;

IX – contratar a realização de exames, vistorias e estudos, aprovando, em cada caso, os respectivos honorários profissionais e demais despesas de processo, que deverão ser pagas pela empresa, se vier a ser punida nos termos desta Lei;

X – apreciar processos administrativos de atos de concentração econômica, na forma desta Lei, fixando, quando entender conveniente e oportuno, acordos em controle de atos de concentração;

XI – determinar à Superintendência-Geral que adote as medidas administrativas necessárias à execução e fiel cumprimento de suas decisões;

XII – requisitar serviços e pessoal de quaisquer órgãos e entidades do Poder Público Federal;

XIII – requerer à Procuradoria Federal junto ao Cade a adoção de providências administrativas e judiciais;

XIV – instruir o público sobre as formas de infração da ordem econômica;

XV – elaborar e aprovar regimento interno do Cade, dispondo sobre seu funcionamento, forma das deliberações, normas de procedimento e organização de seus serviços internos;

XVI – propor a estrutura do quadro de pessoal do Cade, observado o disposto no inciso II do *caput* do art. 37 da Constituição Federal;

XVII – elaborar proposta orçamentária nos termos desta Lei;

XVIII – requisitar informações de quaisquer pessoas, órgãos, autoridades e entidades públicas ou privadas, respeitando e mantendo o sigilo legal quando for o caso, bem como determinar as diligências que se fizerem necessárias ao exercício das suas funções; e

XIX – decidir pelo cumprimento das decisões, compromissos e acordos.

§ 1.º As decisões do Tribunal serão tomadas por maioria, com a presença mínima de 4 (quatro) membros, sendo o *quorum* de deliberação mínimo de 3 (três) membros.

> *Vide* art. 6.º, § 5.º, desta Lei.

§ 2.º As decisões do Tribunal não comportam revisão no âmbito do Poder Executivo, promovendo-se, de imediato, sua execução e comunicando-se, em seguida, ao Ministério Público, para as demais medidas legais cabíveis no âmbito de suas atribuições.

§ 3.º As autoridades federais, os diretores de autarquia, fundação, empresa pública e sociedade de economia mista federais e agências reguladoras são obrigados a prestar, sob pena de responsabilidade, toda a assistência e colaboração que lhes for solicitada pelo Cade, inclusive elaborando pareceres técnicos sobre as matérias de sua competência.

> A Resolução n. 4, de 29-5-2012, do CADE, estabelece recomendações para pareceres técnicos submetidos ao CADE.

§ 4.º O Tribunal poderá responder consultas sobre condutas em andamento, mediante pagamento de taxa e acompanhadas dos respectivos documentos.

>> *Vide* art. 23 desta Lei.

> A Resolução n. 12, de 11-3-2015, disciplina o procedimento de consulta previsto neste parágrafo.

§ 5.º O Cade definirá, em resolução, normas complementares sobre o procedimento de consultas previsto no § 4.º deste artigo.

> A Resolução n. 12, de 11-3-2015, disciplina o procedimento de consulta previsto neste parágrafo.

Subseção II
Da Competência do Presidente do Tribunal

Art. 10. Compete ao Presidente do Tribunal:

I – representar legalmente o Cade no Brasil ou no exterior, em juízo ou fora dele;

II – presidir, com direito a voto, inclusive o de qualidade, as reuniões do Plenário;

III – distribuir, por sorteio, os processos aos Conselheiros;

IV – convocar as sessões e determinar a organização da respectiva pauta;

V – solicitar, a seu critério, que a Superintendência-Geral auxilie o Tribunal na tomada de providências extrajudiciais para o cumprimento das decisões do Tribunal;

VI – fiscalizar a Superintendência-Geral na tomada de providências para execução das decisões e julgados do Tribunal;

VII – assinar os compromissos e acordos aprovados pelo Plenário;

VIII – submeter à aprovação do Plenário a proposta orçamentária e a lotação ideal do pessoal que prestará serviço ao Cade;

IX – orientar, coordenar e supervisionar as atividades administrativas do Cade;

X – ordenar as despesas atinentes ao Cade, ressalvadas as despesas da unidade gestora da Superintendência-Geral;

> A Portaria n. 142, de 8-8-2012, do CADE, delega e subdelega competência para ordenar despesas no âmbito do CADE e dá outras providências.

XI – firmar contratos e convênios com órgãos ou entidades nacionais e submeter, previamente, ao Ministro de Estado da Justiça os que devam ser celebrados com organismos estrangeiros ou internacionais; e

XII – determinar à Procuradoria Federal junto ao Cade as providências judiciais determinadas pelo Tribunal.

Subseção III
Da Competência dos Conselheiros do Tribunal

Art. 11. Compete aos Conselheiros do Tribunal:

I – emitir voto nos processos e questões submetidas ao Tribunal;

II – proferir despachos e lavrar as decisões nos processos em que forem relatores;

III – requisitar informações e documentos de quaisquer pessoas, órgãos, autoridades e entidades públicas ou privadas, a serem mantidos sob sigilo legal, quando for o caso, bem como determinar as diligências que se fizerem necessárias;

IV – adotar medidas preventivas, fixando o valor da multa diária pelo seu descumprimento;

V – solicitar, a seu critério, que a Superintendência-Geral realize as diligências e a produção das provas que entenderem pertinentes nos autos do processo administrativo, na forma desta Lei;

> *Vide* art. 66 desta Lei.

VI – requerer à Procuradoria Federal junto ao Cade emissão de parecer jurídico nos processos em que forem relatores, quando entenderem necessário e em despacho fundamentado, na forma prevista no inciso VII do art. 15 desta Lei;

VII – determinar ao Economista-Chefe, quando necessário, a elaboração de pareceres nos processos em que forem relatores, sem prejuízo da tramitação normal do processo e sem que tal determinação implique a suspensão do prazo de análise ou prejuízo à tramitação normal do processo;

VIII – desincumbir-se das demais tarefas que lhes forem cometidas pelo regimento;

IX – propor termo de compromisso de cessação e acordos para aprovação do Tribunal;

X – prestar ao Poder Judiciário, sempre que solicitado, todas as informações sobre andamento dos processos, podendo, inclusive, fornecer cópias dos autos para instruir ações judiciais.

Seção III
Da Superintendência-Geral

Art. 12. O Cade terá em sua estrutura uma Superintendência-Geral, com 1 (um) Superintendente-Geral e 2 (dois) Superintendentes-Adjuntos, cujas atribuições específicas serão definidas em Resolução.

§ 1.º O Superintendente-Geral será escolhido dentre cidadãos com mais de 30 (trinta) anos de idade, notório saber jurídico ou econômico e reputação ilibada, nomeado pelo Presidente da República, depois de aprovado pelo Senado Federal.

§ 2.º O Superintendente-Geral terá mandato de 2 (dois) anos, permitida a recondução para um único período subsequente.

§ 3.º Aplicam-se ao Superintendente-Geral as mesmas normas de impedimentos, perda de mandato, substituição e as vedações do art. 8.º desta Lei, incluindo o disposto no § 2.º do art. 8.º desta Lei, aplicáveis ao Presidente e aos Conselheiros do Tribunal.

§ 4.º Os cargos de Superintendente-Geral e de Superintendentes-Adjuntos são de dedicação exclusiva, não se admitindo qualquer acumulação, salvo as constitucionalmente permitidas.

§ 5.º Durante o período de vacância que anteceder à nomeação de novo Superintendente-Geral, assumirá interinamente o cargo um dos superintendentes-adjuntos, indicado pelo Presidente do Tribunal, o qual permanecerá no cargo até a posse do novo Superintendente-Geral, escolhido na forma do § 1.º deste artigo.

§ 6.º Se, no caso da vacância prevista no § 5.º deste artigo, não houver nenhum Superintendente-Adjunto nomeado na Superintendência do Cade, o Presidente do Tribunal indicará servidor em exercício no Cade, com conhecimento jurídico ou econômico na área de defesa da concorrência e reputação ilibada, para assumir interinamente o cargo, permanecendo neste até a posse do novo Superintendente-Geral, escolhido na forma do § 1.º deste artigo.

§ 7.º Os Superintendentes-Adjuntos serão indicados pelo Superintendente-Geral.

Art. 13. Compete à Superintendência-Geral:

I – zelar pelo cumprimento desta Lei, monitorando e acompanhando as práticas de mercado;

II – acompanhar, permanentemente, as atividades e práticas comerciais de pessoas físicas ou jurídicas que detiverem posição dominante em mercado relevante de bens ou serviços, para prevenir infrações da ordem econômica, podendo, para tanto, requisitar as informações e documentos necessários, mantendo o sigilo legal, quando for o caso;

III – promover, em face de indícios de infração da ordem econômica, procedimento preparatório de inquérito administrativo e inquérito administrativo para apuração de infrações à ordem econômica;

IV – decidir pela insubsistência dos indícios, arquivando os autos do inquérito administrativo ou de seu procedimento preparatório;

> *Vide* art. 66 desta Lei.

V – instaurar e instruir processo administrativo para imposição de sanções administrativas por infrações à ordem econômica, procedimento para apuração de ato de concentração, processo administrativo para análise de ato de concentração econômica e processo administrativo para imposição de sanções processuais incidentais instaurados para prevenção, apuração ou repressão de infrações à ordem econômica;

> *Vide* art. 69 desta Lei.

VI – no interesse da instrução dos tipos processuais referidos nesta Lei:

a) requisitar informações e documentos de quaisquer pessoas, físicas ou jurídicas, órgãos, autoridades e entidades, públicas ou privadas, mantendo o sigilo legal, quando for o caso, bem como determinar as diligências que se fizerem necessárias ao exercício de suas funções;

b) requisitar esclarecimentos orais de quaisquer pessoas, físicas ou jurídicas, órgãos, autoridades e entidades, públicas ou privadas, na forma desta Lei;

c) realizar inspeção na sede social, estabelecimento, escritório, filial ou sucursal de empresa investigada, de estoques, objetos, papéis de qualquer natureza, assim como livros comerciais, computadores e arquivos eletrônicos, podendo-se extrair ou requisitar cópias de quaisquer documentos ou dados eletrônicos;

d) requerer ao Poder Judiciário, por meio da Procuradoria Federal junto ao Cade, mandado de busca e apreensão de objetos, papéis de qualquer natureza, assim como de livros comerciais, computadores e arquivos magnéticos de empresa ou pessoa física, no interesse de inquérito administrativo ou de processo administrativo para imposição de sanções administrativas por infrações à ordem econômica, aplicando-se, no que couber, o disposto no art. 839 e seguintes da Lei n. 5.869, de 11 de janeiro de 1973 – Código de Processo Civil, sendo inexigível a propositura de ação principal;

>> A referência é feita ao CPC de 1973. Sem correspondente no CPC de 2015.

e) requisitar vista e cópia de documentos e objetos constantes de inquéritos e processos administrativos instaurados por órgãos ou entidades da administração pública federal;

f) requerer vista e cópia de inquéritos policiais, ações judiciais de quaisquer natureza, bem como de inquéritos e processos administrativos instaurados por outros entes da federação, devendo o Conselho observar as mesmas restrições de sigilo eventualmente estabelecidas nos procedimentos de origem;

VII – recorrer de ofício ao Tribunal quando decidir pelo arquivamento de processo administrativo para imposição de sanções administrativas por infrações à ordem econômica;

VIII – remeter ao Tribunal, para julgamento, os processos administrativos que instaurar, quando entender configurada infração da ordem econômica;

IX – propor termo de compromisso de cessação de prática por infração à ordem econômica, submetendo-o à aprovação do Tribunal, e fiscalizar o seu cumprimento;

X – sugerir ao Tribunal condições para a celebração de acordo em controle de concentrações e fiscalizar o seu cumprimento;

XI – adotar medidas preventivas que conduzam à cessação de prática que constitua infração da ordem econômica, fixando prazo para seu cumprimento e o valor da multa diária a ser aplicada, no caso de descumprimento;

XII – receber, instruir e aprovar ou impugnar perante o Tribunal os processos administrativos para análise de ato de concentração econômica;

XIII – orientar os órgãos e entidades da administração pública quanto à adoção de medidas necessárias ao cumprimento desta Lei;

XIV – desenvolver estudos e pesquisas objetivando orientar a política de prevenção de infrações da ordem econômica;

XV – instruir o público sobre as diversas formas de infração da ordem econômica e os modos de sua prevenção e repressão;

XVI – exercer outras atribuições previstas em lei;

XVII – prestar ao Poder Judiciário, sempre que solicitado, todas as informações sobre andamento das investigações, podendo, inclusive, fornecer cópias dos autos para instruir ações judiciais; e

XVIII – adotar as medidas administrativas necessárias à execução e ao cumprimento das decisões do Plenário.

Art. 14. São atribuições do Superintendente-Geral:

I – participar, quando entender necessário, sem direito a voto, das reuniões do Tribunal e proferir sustentação oral, na forma do regimento interno;

II – cumprir e fazer cumprir as decisões do Tribunal na forma determinada pelo seu Presidente;

III – requerer à Procuradoria Federal junto ao Cade as providências judiciais relativas ao exercício das competências da Superintendência-Geral;

IV – determinar ao Economista-Chefe a elaboração de estudos e pareceres;

V – ordenar despesas referentes à unidade gestora da Superintendência-Geral; e

VI – exercer outras atribuições previstas em lei.

Seção IV
Da Procuradoria Federal junto ao Cade

Art. 15. Funcionará junto ao Cade Procuradoria Federal Especializada, competindo-lhe:

I – prestar consultoria e assessoramento jurídico ao Cade;

II – representar o Cade judicial e extrajudicialmente;

III – promover a execução judicial das decisões e julgados do Cade;

IV – proceder à apuração da liquidez dos créditos do Cade, inscrevendo-os em dívida ativa para fins de cobrança administrativa ou judicial;

V – tomar as medidas judiciais solicitadas pelo Tribunal ou pela Superintendência-Geral, necessárias à cessação de infrações da ordem econômica ou à obtenção de documentos para a instrução de processos administrativos de qualquer natureza;

VI – promover acordos judiciais nos processos relativos a infrações contra a ordem econômica, mediante autorização do Tribunal;

VII – emitir, sempre que solicitado expressamente por Conselheiro ou pelo Superintendente-Geral, parecer nos processos de competência do Cade, sem que tal determinação implique a suspensão do prazo de análise ou prejuízo à tramitação normal do processo;

> *Vide* art. 11, VI, desta Lei.

VIII – zelar pelo cumprimento desta Lei; e

IX – desincumbir-se das demais tarefas que lhe sejam atribuídas pelo regimento interno.

Parágrafo único. Compete à Procuradoria Federal junto ao Cade, ao dar execução judicial às decisões da Superintendência-Geral e do Tribunal, manter o Presidente do Tribunal, os Conselheiros e o Superintendente-Geral informados sobre o andamento das ações e medidas judiciais.

Art. 16. O Procurador-Chefe será nomeado pelo Presidente da República, depois de aprovado pelo Senado Federal, dentre cidadãos brasileiros com mais de 30 (trinta) anos de idade, de notório conhecimento jurídico e reputação ilibada.

§ 1.º O Procurador-Chefe terá mandato de 2 (dois) anos, permitida sua recondução para um único período.

§ 2.º O Procurador-Chefe poderá participar, sem direito a voto, das reuniões do Tribunal, prestando assistência e esclarecimentos, quando requisitado pelos Conselheiros, na forma do Regimento Interno do Tribunal.

§ 3.º Aplicam-se ao Procurador-Chefe as mesmas normas de impedimento aplicáveis aos Conselheiros do Tribunal, exceto quanto ao comparecimento às sessões.

> *Vide* art. 8.º desta Lei.

§ 4.º Nos casos de faltas, afastamento temporário ou impedimento do Procurador-Chefe, o Plenário indicará e o Presidente do Tribunal designará o substituto eventual dentre os integrantes da Procuradoria Federal Especializada.

Seção V
Do Departamento de Estudos Econômicos

Art. 17. O Cade terá um Departamento de Estudos Econômicos, dirigido por um Economista-Chefe, a quem incumbirá elaborar estudos e pareceres econômicos, de ofício ou por solicitação do Plenário, do Presidente, do Conselheiro-Relator ou do Superintendente-

-Geral, zelando pelo rigor e atualização técnica e científica das decisões do órgão.

Art. 18. O Economista-Chefe será nomeado, conjuntamente, pelo Superintendente-Geral e pelo Presidente do Tribunal, dentre brasileiros de ilibada reputação e notório conhecimento econômico.

§ 1.º O Economista-Chefe poderá participar das reuniões do Tribunal, sem direito a voto.

§ 2.º Aplicam-se ao Economista-Chefe as mesmas normas de impedimento aplicáveis aos Conselheiros do Tribunal, exceto quanto ao comparecimento às sessões.

> *Vide* art. 8.º desta Lei.

Capítulo III
DA SECRETARIA DE ACOMPANHAMENTO ECONÔMICO

Art. 19. Compete à Secretaria de Acompanhamento Econômico promover a concorrência em órgãos de governo e perante a sociedade cabendo-lhe, especialmente, o seguinte:

I – opinar, nos aspectos referentes à promoção da concorrência, sobre propostas de alterações de atos normativos de interesse geral dos agentes econômicos, de consumidores ou usuários dos serviços prestados submetidos a consulta pública pelas agências reguladoras e, quando entender pertinente, sobre os pedidos de revisão de tarifas e as minutas;

II – opinar, quando considerar pertinente, sobre minutas de atos normativos elaborados por qualquer entidade pública ou privada submetidos à consulta pública, nos aspectos referentes à promoção da concorrência;

III – opinar, quando considerar pertinente, sobre proposições legislativas em tramitação no Congresso Nacional, nos aspectos referentes à promoção da concorrência;

IV – elaborar estudos avaliando a situação concorrencial de setores específicos da atividade econômica nacional, de ofício ou quando solicitada pelo Cade, pela Câmara de Comércio Exterior ou pelo Departamento de Proteção e Defesa do Consumidor do Ministério da Justiça ou órgão que vier a sucedê-lo;

V – elaborar estudos setoriais que sirvam de insumo para a participação do Ministério da Fazenda na formulação de políticas públicas setoriais nos fóruns em que este Ministério tem assento;

VI – propor a revisão de leis, regulamentos e outros atos normativos da administração pública federal, estadual, municipal e do Distrito Federal que afetem ou possam afetar a concorrência nos diversos setores econômicos do País;

VII – manifestar-se, de ofício ou quando solicitada, a respeito do impacto concorrencial de medidas em discussão no âmbito de fóruns negociadores relativos às atividades de alteração tarifária, ao acesso a mercados e à defesa comercial, ressalvadas as competências dos órgãos envolvidos;

VIII – encaminhar ao órgão competente representação para que este, a seu critério, adote as medidas legais cabíveis, sempre que for identificado ato normativo que tenha caráter anticompetitivo.

§ 1.º Para o cumprimento de suas atribuições, a Secretaria de Acompanhamento Econômico poderá:

I – requisitar informações e documentos de quaisquer pessoas, órgãos, autoridades e entidades, públicas ou privadas, mantendo o sigilo legal quando for o caso;

II – celebrar acordos e convênios com órgãos ou entidades públicas ou privadas, federais, estaduais, municipais, do Distrito Federal e dos Territórios para avaliar e/ou sugerir medidas relacionadas à promoção da concorrência.

§ 2.º A Secretaria de Acompanhamento Econômico divulgará anualmente relatório de suas ações voltadas para a promoção da concorrência.

Título III
DO MINISTÉRIO PÚBLICO FEDERAL PERANTE O CADE

Art. 20. O Procurador-Geral da República, ouvido o Conselho Superior, designará membro do Ministério Público Federal para, nesta qualidade, emitir parecer, nos processos administrativos para imposição de sanções administrativas por infrações à ordem econômica, de ofício ou a requerimento do Conselheiro-Relator.

> *Vide* art. 48, III, desta Lei.

Título IV
DO PATRIMÔNIO, DAS RECEITAS E DA GESTÃO ADMINISTRATIVA, ORÇAMENTÁRIA E FINANCEIRA

Art. 21. Compete ao Presidente do Tribunal orientar, coordenar e supervisionar as atividades administrativas do Cade, respeitadas as atribuições dos dirigentes dos demais órgãos previstos no art. 5.º desta Lei.

§ 1.º A Superintendência-Geral constituirá unidade gestora, para fins administrativos e financeiros, competindo ao seu Superintendente-Geral ordenar as despesas pertinentes às respectivas ações orçamentárias.

§ 2.º Para fins administrativos e financeiros, o Departamento de Estudos Econômicos estará ligado ao Tribunal.

> *Vide* art. 17 desta Lei.

Art. 22. Anualmente, o Presidente do Tribunal, ouvido o Superintendente-Geral, encaminhará ao Poder Executivo a proposta de orçamento do Cade e a lotação ideal do pessoal que prestará serviço àquela autarquia.

Art. 23. Instituem-se taxas processuais sobre os processos de competência do Cade, no valor de R$ 85.000,00 (oitenta e cinco mil reais), para os processos que têm como fato gerador a apresentação dos atos previstos no art. 88 desta Lei, e no valor de R$ 15.000,00 (quinze mil reais), para os processos que têm como fato gerador a apresentação das consultas referidas no § 4.º do art. 9.º desta Lei.

>> *Caput* com redação determinada pela Lei n. 13.196, de 1.º-12-2015.

> *Vide* arts. 27 e 28, I, desta Lei.

Parágrafo único. A taxa processual de que trata o *caput* deste artigo poderá ser atualizada por ato do Poder Executivo, após autorização do Congresso Nacional.

>> O Decreto n. 8.510, de 31-8-2015, regulamenta o disposto neste parágrafo único.

Art. 24. São contribuintes da taxa processual que tem como fato gerador a apresentação dos atos previstos no art. 88 desta Lei qualquer das requerentes.

Art. 25. O recolhimento da taxa processual que tem como fato gerador a apresentação dos atos previstos no art. 88 desta Lei deverá ser comprovado no momento da protocolização do ato.

§ 1.º A taxa processual não recolhida no momento fixado no *caput* deste artigo será cobrada com os seguintes acréscimos:

I – juros de mora, contados do mês seguinte ao do vencimento, à razão de 1% (um por cento), calculados na forma da legislação aplicável aos tributos federais;

II – multa de mora de 20% (vinte por cento).

§ 2.º Os juros de mora não incidem sobre o valor da multa de mora.

Art. 26. (*Vetado.*)

Art. 27. As taxas de que tratam os arts. 23 e 26 desta Lei serão recolhidas ao Tesouro Nacional na forma regulamentada pelo Poder Executivo.

Art. 28. Constituem receitas próprias do Cade:

I – o produto resultante da arrecadação das taxas previstas nos arts. 23 e 26 desta Lei;

II – a retribuição por serviços de qualquer natureza prestados a terceiros;

III – as dotações consignadas no Orçamento Geral da União, créditos especiais, créditos adicionais, transferências e repasses que lhe forem conferidos;

IV – os recursos provenientes de convênios, acordos ou contratos celebrados com entidades ou organismos nacionais e internacionais;

V – as doações, legados, subvenções e outros recursos que lhe forem destinados;

VI – os valores apurados na venda ou aluguel de bens móveis e imóveis de sua propriedade;

VII – o produto da venda de publicações, material técnico, dados e informações;

VIII – os valores apurados em aplicações no mercado financeiro das receitas previstas neste artigo, na forma definida pelo Poder Executivo; e

IX – quaisquer outras receitas, afetas às suas atividades, não especificadas nos incisos I a VIII do *caput* deste artigo.

§§ 1.º e 2.º (*Vetados.*)

§ 3.º O produto da arrecadação das multas aplicadas pelo Cade, inscritas ou não em dívida ativa, será destinado ao Fundo de Defesa de Direitos Difusos de que trata o art. 13 da Lei n. 7.347, de 24 de julho de 1985, e a Lei n. 9.008, de 21 de março de 1995.

§ 4.º As multas arrecadadas na forma desta Lei serão recolhidas ao Tesouro Nacional na forma regulamentada pelo Poder Executivo.

Art. 29. O Cade submeterá anualmente ao Ministério da Justiça a sua proposta de orçamento, que será encaminhada ao Ministério do Planejamento, Orçamento e Gestão para inclusão na lei orçamentária anual, a que se refere o § 5.º do art. 165 da Constituição Federal.

§ 1.º O Cade fará acompanhar as propostas orçamentárias de quadro demonstrativo do planejamento plurianual das receitas e despesas, visando ao seu equilíbrio orçamentário e financeiro nos 5 (cinco) exercícios subsequentes.

§ 2.º A lei orçamentária anual consignará as dotações para as despesas de custeio e capital do Cade, relativas ao exercício a que ela se referir.

Art. 30. Somam-se ao atual patrimônio do Cade os bens e direitos pertencentes ao Ministério da Justiça atualmente afetados às atividades do Departamento de Proteção e Defesa Econômica da Secretaria de Direito Econômico.

Título V
DAS INFRAÇÕES DA ORDEM ECONÔMICA

> A Lei n. 8.137, de 27-12-1990, define crimes contra a ordem tributária, econômica e contra as relações de consumo e dá outras providências.

Capítulo I
DISPOSIÇÕES GERAIS

Art. 31. Esta Lei aplica-se às pessoas físicas ou jurídicas de direito público ou privado, bem como a quaisquer associações de entidades ou pessoas, constituídas de fato ou de direito, ainda que temporariamente, com ou sem personalidade jurídica, mesmo que exerçam atividade sob regime de monopólio legal.

> *Vide* art. 37 desta Lei.

Art. 32. As diversas formas de infração da ordem econômica implicam a responsabilidade da empresa e a responsabilidade individual de seus dirigentes ou administradores, solidariamente.

Art. 33. Serão solidariamente responsáveis as empresas ou entidades integrantes de grupo econômico, de fato ou de direito, quando pelo menos uma delas praticar infração à ordem econômica.

Art. 34. A personalidade jurídica do responsável por infração da ordem econômica poderá ser desconsiderada quando houver da parte deste abuso de direito, excesso de poder, infração da lei, fato ou ato ilícito ou violação dos estatutos ou contrato social.

> Desconsideração da personalidade jurídica: arts. 50 do CC e 28 da Lei n. 8.078, de 11-9-1990 (CDC).

Parágrafo único. A desconsideração também será efetivada quando houver falência, estado de insolvência, encerramento ou inatividade da pessoa jurídica provocados por má administração.

> Falência: Lei n. 11.101, de 9-2-2005.

Art. 35. A repressão das infrações da ordem econômica não exclui a punição de outros ilícitos previstos em lei.

Capítulo II
DAS INFRAÇÕES

Art. 36. Constituem infração da ordem econômica, independentemente de culpa, os atos sob qualquer forma manifestados, que tenham por objeto ou possam produzir os seguintes efeitos, ainda que não sejam alcançados:

> Responsabilidade objetiva, exceção: *vide* art. 37, III, desta Lei.

I – limitar, falsear ou de qualquer forma prejudicar a livre concorrência ou a livre iniciativa;

II – dominar mercado relevante de bens ou serviços;

III – aumentar arbitrariamente os lucros; e

> Mercado relevante: *vide* art. 13, II, desta Lei.

IV – exercer de forma abusiva posição dominante.

§ 1.º A conquista de mercado resultante de processo natural fundado na maior eficiência de agente econômico em relação a seus competidores não caracteriza o ilícito previsto no inciso II do *caput* deste artigo.

§ 2.º Presume-se posição dominante sempre que uma empresa ou grupo de empresas for capaz de alterar unilateral ou coordenadamente as condições de mercado ou quando controlar 20% (vinte por cento) ou mais do mercado relevante, podendo este percentual ser alterado pelo Cade para setores específicos da economia.

§ 3.º As seguintes condutas, além de outras, na medida em que configurem hipótese prevista no *caput* deste artigo e seus incisos, caracterizam infração da ordem econômica:

I – acordar, combinar, manipular ou ajustar com concorrente, sob qualquer forma:

> *Vide* art. 85, § 2.º, desta Lei.

a) os preços de bens ou serviços ofertados individualmente;

b) a produção ou a comercialização de uma quantidade restrita ou limitada de bens ou a prestação de um número, volume ou frequência restrita ou limitada de serviços;

c) a divisão de partes ou segmentos de um mercado atual ou potencial de bens ou serviços, mediante, dentre outros, a distribuição de clientes, fornecedores, regiões ou períodos;

d) preços, condições, vantagens ou abstenção em licitação pública;

II – promover, obter ou influenciar a adoção de conduta comercial uniforme ou concertada entre concorrentes;

> *Vide* art. 85, § 2.º, desta Lei.

III – limitar ou impedir o acesso de novas empresas ao mercado;

IV – criar dificuldades à constituição, ao funcionamento ou ao desenvolvimento de empresa concorrente ou de fornecedor, adquirente ou financiador de bens ou serviços;

V – impedir o acesso de concorrente às fontes de insumo, matérias-primas, equipamentos ou tecnologia, bem como aos canais de distribuição;

VI – exigir ou conceder exclusividade para divulgação de publicidade nos meios de comunicação de massa;

VII – utilizar meios enganosos para provocar a oscilação de preços de terceiros;

VIII – regular mercados de bens ou serviços, estabelecendo acordos para limitar ou controlar a pesquisa e o desenvolvimento tecnológico, a produção de bens ou prestação de serviços, ou para dificultar investimentos destinados à produção de bens ou serviços ou à sua distribuição;

IX – impor, no comércio de bens ou serviços, a distribuidores, varejistas e representantes preços de revenda, descontos, condições de pagamento, quantidades mínimas ou máximas, margem de lucro ou quaisquer outras condições de comercialização relativos a negócios destes com terceiros;

X – discriminar adquirentes ou fornecedores de bens ou serviços por meio da fixação diferenciada de preços, ou de condições operacionais de venda ou prestação de serviços;

XI – recusar a venda de bens ou a prestação de serviços, dentro das condições de pagamento normais aos usos e costumes comerciais;

XII – dificultar ou romper a continuidade ou desenvolvimento de relações comerciais de prazo indeterminado em razão de recusa da outra parte em submeter-se a cláusulas e condições comerciais injustificáveis ou anticoncorrenciais;

XIII – destruir, inutilizar ou açambarcar matérias-primas, produtos intermediários ou acabados, assim como destruir, inutilizar ou dificultar a operação de equipamentos destinados a produzi-los, distribuí-los ou transportá-los;

XIV – açambarcar ou impedir a exploração de direitos de propriedade industrial ou intelectual ou de tecnologia;

> A Lei n. 9.279, de 14-5-1996, regula direitos e obrigações relativos à propriedade industrial.

XV – vender mercadoria ou prestar serviços injustificadamente abaixo do preço de custo;

>> A Lei n. 14.010, de 10-6-2020, dispõe em seu art. 14: "Art. 14. Ficam sem eficácia os incisos XV e XVII do § 3.º do art. 36 e o inciso IV do art. 90 da Lei n. 12.529, de 30 de novembro de 2011, em relação a todos os atos praticados e com vigência de 20 de março de 2020 até 30 de outubro de 2020 ou enquanto durar o estado de calamidade pública reconhecido pelo Decreto Legislativo n. 6, de 20 de março de 2020. § 1.º Na apreciação, pelo órgão competente, das demais infrações previstas no art. 36 da Lei n. 12.529, de 30 de novembro de 2011, caso praticadas a partir de 20 de março de 2020, e enquanto durar o estado de calamidade pública reconhecido pelo Decreto Legislativo n. 6, de 20 de março de 2020, deverão ser consideradas as circunstâncias extraordinárias decorrentes da pandemia do coronavírus (Covid-19). § 2.º A suspensão da aplicação do inciso IV do art. 90 da Lei n. 12.529, de 30 de novembro de 2011, referida no *caput*, não afasta a possibilidade de análise posterior do ato de concentração ou de apuração de infração à ordem econômica, na forma do art. 36 da Lei n. 12.529, de 2011, dos acordos que não forem necessários ao combate ou à mitigação das consequências decorrentes da pandemia do coronavírus (Covid-19)".

XVI – reter bens de produção ou de consumo, exceto para garantir a cobertura dos custos de produção;

XVII – cessar parcial ou totalmente as atividades da empresa sem justa causa comprovada;

>> Sobre a eficácia deste inciso: *vide* nota ao § 3.º, XV deste artigo.

XVIII – subordinar a venda de um bem à aquisição de outro ou à utilização de um serviço, ou subordinar a prestação de um serviço à utilização de outro ou à aquisição de um bem; e

XIX – exercer ou explorar abusivamente direitos de propriedade industrial, intelectual, tecnologia ou marca.

> A Lei n. 9.279, de 14-5-1996, regula direitos e obrigações relativos à propriedade industrial.

Capítulo III
Das Penas

Art. 37. A prática de infração da ordem econômica sujeita os responsáveis às seguintes penas:

>> A Resolução n. 3, de 29-5-2012, do CADE, expede a Lista de Ramos de Atividades Empresariais para fins de aplicação do disposto neste artigo.

> *Vide* art. 38 desta Lei.

I – no caso de empresa, multa de 0,1% (um décimo por cento) a 20% (vinte por cento) do valor do faturamento bruto da empresa, grupo ou conglomerado obtido, no último exercício anterior à instauração do processo administrativo, no ramo de atividade empresarial em que ocorreu a infração, a qual nunca será inferior à vantagem auferida, quando for possível sua estimação;

II – no caso das demais pessoas físicas ou jurídicas de direito público ou privado, bem como quaisquer associações de entidades ou pessoas constituídas de fato ou de direito, ainda que temporariamente, com ou sem personalidade jurídica, que não exerçam atividade empresarial, não sendo possível utilizar-se o critério do valor do faturamento bruto, a multa será entre R$ 50.000,00 (cinquenta mil reais) e R$ 2.000.000.000,00 (dois bilhões de reais);

III – no caso de administrador, direta ou indiretamente responsável pela infração cometida, quando comprovada a sua culpa ou dolo, multa de 1% (um por cento) a 20% (vinte por cento) daquela aplicada à empresa, no caso previsto no inciso I do *caput* deste artigo, ou às pessoas jurídicas ou entidades, nos casos previstos no inciso II do *caput* deste artigo.

§ 1.º Em caso de reincidência, as multas cominadas serão aplicadas em dobro.

§ 2.º No cálculo do valor da multa de que trata o inciso I do *caput* deste artigo, o Cade poderá considerar o faturamento total da empresa ou grupo de empresas, quando não dispuser do valor do faturamento no ramo de atividade empresarial em que ocorreu a infração, definido pelo Cade, ou quando este for apresentado de forma incompleta e/ou não demonstrado de forma inequívoca e idônea.

Art. 38. Sem prejuízo das penas cominadas no art. 37 desta Lei, quando assim exigir a gravidade dos fatos ou o interesse público geral, poderão ser impostas as seguintes penas, isolada ou cumulativamente:

I – a publicação, em meia página e a expensas do infrator, em jornal indicado na decisão, de extrato da decisão condenatória, por 2 (dois) dias seguidos, de 1 (uma) a 3 (três) semanas consecutivas;

II – a proibição de contratar com instituições financeiras oficiais e participar de licitação tendo por objeto aquisições, alienações, realização de obras e serviços, concessão de serviços públicos, na administração pública federal, estadual, municipal e do Distrito Federal, bem como em entidades da administração indireta, por prazo não inferior a 5 (cinco) anos;

III – a inscrição do infrator no Cadastro Nacional de Defesa do Consumidor;

IV – a recomendação aos órgãos públicos competentes para que:

a) seja concedida licença compulsória de direito de propriedade intelectual de titularidade do infrator, quando a infração estiver relacionada ao uso desse direito;

b) não seja concedido ao infrator parcelamento de tributos federais por ele devidos ou para que sejam cancelados, no todo ou em parte, incentivos fiscais ou subsídios públicos;

V – a cisão de sociedade, transferência de controle societário, venda de ativos ou cessação parcial de atividade;

VI – a proibição de exercer o comércio em nome próprio ou como representante de pessoa jurídica, pelo prazo de até 5 (cinco) anos; e

VII – qualquer outro ato ou providência necessários para a eliminação dos efeitos nocivos à ordem econômica.

Art. 39. Pela continuidade de atos ou situações que configurem infração da ordem econômica, após decisão do Tribunal determinando sua cessação, bem como pelo não cumprimento de obrigações de fazer ou não fazer impostas, ou pelo descumprimento de medida preventiva ou termo de compromisso de cessação previstos nesta Lei, o responsável fica sujeito a multa diária fixada em valor de R$ 5.000,00 (cinco mil reais), podendo ser aumentada em até 50 (cinquenta) vezes, se assim recomendar a situação econômica do infrator e a gravidade da infração.

> *Vide* art. 84, § 1.º, desta Lei.

Art. 40. A recusa, omissão ou retardamento injustificado de informação ou documentos solicitados pelo Cade ou pela Secretaria de Acompanhamento Econômico constitui infração punível com multa diária de R$ 5.000,00 (cinco mil reais), podendo ser aumentada em até 20 (vinte) vezes, se necessário para garantir sua eficácia, em razão da situação econômica do infrator.

§ 1.º O montante fixado para a multa diária de que trata o *caput* deste artigo constará do documento que contiver a requisição da autoridade competente.

§ 2.º Compete à autoridade requisitante a aplicação da multa prevista no *caput* deste artigo.

§ 3.º Tratando-se de empresa estrangeira, responde solidariamente pelo pagamento da multa de que trata o *caput* sua filial, sucursal, escritório ou estabelecimento situado no País.

Art. 41. A falta injustificada do representado ou de terceiros, quando intimados para prestar esclarecimentos, no curso de inquérito ou processo administrativo, sujeitará o faltante à multa de R$ 500,00 (quinhentos reais) a R$ 15.000,00 (quinze mil reais) para cada falta, aplicada conforme sua situação econômica.

Parágrafo único. A multa a que se refere o *caput* deste artigo será aplicada mediante auto de infração pela autoridade competente.

Art. 42. Impedir, obstruir ou de qualquer outra forma dificultar a realização de inspeção autorizada pelo Plenário do Tribunal, pelo Conselheiro-Relator ou pela Superintendência-Geral no curso de procedimento preparatório, inquérito administrativo, processo administrativo ou qualquer outro procedimento sujeitará o inspecionado ao pagamento de multa de R$ 20.000,00 (vinte mil reais) a R$ 400.000,00 (quatrocentos mil reais), conforme a situação econômica do infrator, mediante a lavratura de auto de infração pelo órgão competente.

Art. 43. A enganosidade ou a falsidade de informações, de documentos ou de declarações prestadas por qualquer pessoa ao Cade ou à Secretaria de Acompanhamento Econômico será punível com multa pecuniária no valor de R$ 5.000,00 (cinco mil reais) a R$ 5.000.000,00 (cinco milhões de reais), de acordo com a gravidade dos fatos e a situação econômica do infrator, sem prejuízo das demais cominações legais cabíveis.

Art. 44. Aquele que prestar serviços ao Cade ou a Seae, a qualquer título, e que der causa, mesmo que por mera culpa, à disseminação indevida de informação acerca de empresa, coberta por sigilo, será punível com multa pecuniária de R$ 1.000,00 (mil reais) a R$ 20.000,00 (vinte mil reais), sem prejuízo de abertura de outros procedimentos cabíveis.

§ 1.º Se o autor da disseminação indevida estiver servindo o Cade em virtude de mandato, ou na qualidade de Procurador Federal ou Economista-Chefe, a multa será em dobro.

> *Vide* arts. 15, 17 e 18 desta Lei.

§ 2.º O Regulamento definirá o procedimento para que uma informação seja tida como sigilosa, no âmbito do Cade e da Seae.

Art. 45. Na aplicação das penas estabelecidas nesta Lei, levar-se-á em consideração:

I – a gravidade da infração;

II – a boa-fé do infrator;

III – a vantagem auferida ou pretendida pelo infrator;

IV – a consumação ou não da infração;

V – o grau de lesão, ou perigo de lesão, à livre concorrência, à economia nacional, aos consumidores, ou a terceiros;

VI – os efeitos econômicos negativos produzidos no mercado;

VII – a situação econômica do infrator; e

VIII – a reincidência.

Capítulo IV
DA PRESCRIÇÃO

Art. 46. Prescrevem em 5 (cinco) anos as ações punitivas da administração pública federal, direta e indireta, objetivando apurar infrações da ordem econômica, contados da data da prática do ilícito ou, no caso de infração permanente ou continuada, do dia em que tiver cessada a prática do ilícito.

§ 1.º Interrompe a prescrição qualquer ato administrativo ou judicial que tenha por objeto a apuração da infração contra a ordem econômica mencionada no *caput* deste artigo, bem como a notificação ou a intimação da investigada.

§ 2.º Suspende-se a prescrição durante a vigência do compromisso de cessação ou do acordo em controle de concentrações.

§ 3.º Incide a prescrição no procedimento administrativo paralisado por mais de 3 (três) anos, pendente de julgamento ou despacho, cujos autos serão arquivados de ofício ou mediante requerimento da parte interessada, sem prejuízo da apuração da responsabilidade funcional decorrente da paralisação, se for o caso.

§ 4.º Quando o fato objeto da ação punitiva da administração também constituir crime, a prescrição reger-se-á pelo prazo previsto na lei penal.

Capítulo V
DO DIREITO DE AÇÃO

Art. 47. Os prejudicados, por si ou pelos legitimados referidos no art. 82 da Lei n. 8.078, de 11 de setembro de 1990, poderão ingressar em juízo para, em defesa de seus interesses individuais ou individuais homogêneos, obter a cessação de práticas que constituam infração da ordem econômica, bem como o recebimento de indenização por perdas e danos sofridos, independentemente do inquérito ou processo administrativo, que não será suspenso em virtude do ajuizamento de ação.

>> A Resolução n. 21, de 11-9-2018, do CADE, disciplina os procedimentos previstos neste artigo.

> A Lei n. 8.078, de 11-9-1990, dispõe sobre a proteção do consumidor e dá outras providências (CDC).

Título VI
DAS DIVERSAS ESPÉCIES DE PROCESSO ADMINISTRATIVO

> *Vide* Lei n. 9.784, de 29-1-1999, que regula o processo administrativo no âmbito da Administração Pública Federal.

Capítulo I
DISPOSIÇÕES GERAIS

Art. 48. Esta Lei regula os seguintes procedimentos administrativos instaurados para prevenção, apuração e repressão de infrações à ordem econômica:

I – procedimento preparatório de inquérito administrativo para apuração de infrações à ordem econômica;

> *Vide* art. 85 desta Lei.

II – inquérito administrativo para apuração de infrações à ordem econômica;

> *Vide* art. 85 desta Lei.

III – processo administrativo para imposição de sanções administrativas por infrações à ordem econômica;

> *Vide* art. 85 desta Lei.

IV – processo administrativo para análise de ato de concentração econômica;

V – procedimento administrativo para apuração de ato de concentração econômica; e

VI – processo administrativo para imposição de sanções processuais incidentais.

Art. 49. O Tribunal e a Superintendência-Geral assegurarão nos procedimentos previstos nos incisos II, III, IV e VI do *caput* do art. 48 desta Lei o tratamento sigiloso de documentos, informações e atos processuais necessários à elucidação dos fatos ou exigidos pelo interesse da sociedade.

>> A Resolução n. 21, de 11-9-2018, do CADE, disciplina os procedimentos previstos neste artigo.

Parágrafo único. As partes poderão requerer tratamento sigiloso de documentos ou informações, no tempo e modo definidos no regimento interno.

> *Vide* art. 66, § 10, desta Lei.

Art. 50. A Superintendência-Geral ou o Conselheiro-Relator poderá admitir a intervenção no processo administrativo de:

> *Vide* art. 85, § 15, desta Lei.

I – terceiros titulares de direitos ou interesses que possam ser afetados pela decisão a ser adotada; ou

II – legitimados à propositura de ação civil pública pelos incisos III e IV do art. 82 da Lei n. 8.078, de 11 de setembro de 1990.

> A Lei n. 8.078, de 11-9-1990, dispõe sobre a proteção do consumidor e dá outras providências (CDC).

Art. 51. Na tramitação dos processos no Cade, serão observadas as seguintes disposições, além daquelas previstas no regimento interno:

I – os atos de concentração terão prioridade sobre o julgamento de outras matérias;

II – a sessão de julgamento do Tribunal é pública, salvo nos casos em que for determinado tratamento sigiloso ao processo, ocasião em que as sessões serão reservadas;

III – nas sessões de julgamento do Tribunal, poderão o Superintendente-Geral, o Economista-Chefe, o Procurador-Chefe e as partes do processo requerer a palavra, que lhes será concedida, nessa ordem, nas condições e no prazo definido pelo regimento interno, a fim de sustentarem oralmente suas razões perante o Tribunal;

IV – a pauta das sessões de julgamento será definida pelo Presidente, que determinará sua publicação, com pelo menos 120 (cento e vinte) horas de antecedência; e

V – os atos e termos a serem praticados nos autos dos procedimentos enumerados no art. 48 desta Lei poderão ser encaminhados de forma eletrônica ou apresentados em meio magnético ou equivalente, nos termos das normas do Cade.

Art. 52. O cumprimento das decisões do Tribunal e de compromissos e acordos firmados nos termos desta Lei poderá, a critério do Tribunal, ser fiscalizado pela Superintendência-Geral, com o respectivo encaminhamento dos autos, após a decisão final do Tribunal.

> A Resolução n. 6, de 3-4-2013, do Tribunal Administrativo de Defesa Econômica, disciplina a fiscalização do cumprimento das decisões, dos compromissos e dos acordos de que trata este artigo.

§ 1.º Na fase de fiscalização da execução das decisões do Tribunal, bem como do cumprimento de compromissos e acordos firmados nos termos desta Lei, poderá a Superintendência-Geral valer-se de todos os poderes instrutórios que lhe são assegurados nesta Lei.

§ 2.º Cumprida integralmente a decisão do Tribunal ou os acordos em controle de concentrações e compromissos de cessação, a Superintendência-Geral, de ofício ou por provocação do interessado, manifestar-se-á sobre seu cumprimento.

Capítulo II
DO PROCESSO ADMINISTRATIVO NO CONTROLE DE ATOS DE CONCENTRAÇÃO ECONÔMICA

Seção I
Do Processo Administrativo na Superintendência-Geral

Art. 53. O pedido de aprovação dos atos de concentração econômica a que se refere o art. 88 desta Lei deverá ser endereçado ao Cade e instruído com as informações e documentos indispensáveis à instauração do processo administrativo, definidos em resolução do Cade, além do comprovante de recolhimento da taxa respectiva.

> *Vide* arts. 62 e 115 desta Lei.

§ 1.º Ao verificar que a petição não preenche os requisitos exigidos no *caput* deste artigo ou apresenta defeitos e irregularidades capazes de dificultar o julgamento de mérito, a Superintendência-Geral determinará, uma única vez, que os requerentes a emendem, sob pena de arquivamento.

§ 2.º Após o protocolo da apresentação do ato de concentração, ou de sua emenda, a Superintendência-Geral fará publicar edital, indicando o nome dos requerentes, a natureza da operação e os setores econômicos envolvidos.

Art. 54. Após cumpridas as providências indicadas no art. 53, a Superintendência-Geral:

I – conhecerá diretamente do pedido, proferindo decisão terminativa, quando o processo dispensar novas diligências ou nos casos de menor potencial ofensivo à concorrência, assim definidos em resolução do Cade; ou

II – determinará a realização da instrução complementar, especificando as diligências a serem produzidas.

Art. 55. Concluída a instrução complementar determinada na forma do inciso II do *caput* do art. 54 desta Lei, a Superintendência-Geral deverá manifestar-se sobre seu satisfatório cumprimento, recebendo-a como adequada ao exame de mérito ou determinando que seja refeita, por estar incompleta.

Art. 56. A Superintendência-Geral poderá, por meio de decisão fundamentada, declarar a operação como complexa e determinar a realização de nova instrução complementar, especificando as diligências a serem produzidas.

Parágrafo único. Declarada a operação como complexa, poderá a Superintendência-Geral requerer ao Tribunal a prorrogação do prazo de que trata o § 2.º do art. 88 desta Lei.

Art. 57. Concluídas as instruções complementares de que tratam o inciso II do art. 54 e o art. 56 desta Lei, a Superintendência-Geral:

I – proferirá decisão aprovando o ato sem restrições;

II – oferecerá impugnação perante o Tribunal, caso entenda que o ato deva ser rejeitado, aprovado com restrições ou que não existam elementos conclusivos quanto aos seus efeitos no mercado.

Parágrafo único. Na impugnação do ato perante o Tribunal, deverão ser demonstrados, de forma circunstanciada, o potencial lesivo do ato à concorrência e as razões pelas quais não deve ser aprovado integralmente ou rejeitado.

Seção II
Do Processo Administrativo no Tribunal

Art. 58. O requerente poderá oferecer, no prazo de 30 (trinta) dias da data de impugnação da Superintendência-Geral, em petição escrita, dirigida ao Presidente do Tribunal, manifestação expondo as razões de fato e de direito com que se opõe à impugnação do ato de concentração da Superintendência-Geral e juntando todas as provas, estudos e pareceres que corroboram seu pedido.

Parágrafo único. Em até 48 (quarenta e oito) horas da decisão de que trata a impugnação pela Superintendência-Geral, disposta no inciso II do *caput* do art. 57 desta Lei e na hipótese do inciso I do art. 65 desta Lei, o processo será distribuído, por sorteio, a um Conselheiro-Relator.

Art. 59. Após a manifestação do requerente, o Conselheiro-Relator:

I – proferirá decisão determinando a inclusão do processo em pauta para julgamento, caso entenda que se encontre suficientemente instruído;

II – determinará a realização de instrução complementar, se necessário, podendo, a seu critério, solicitar que a Superintendência-Geral a realize, declarando os pontos controversos e especificando as diligências a serem produzidas.

§ 1.º O Conselheiro-Relator poderá autorizar, conforme o caso, precária e liminarmente, a realização do ato de concentração econômica, impondo as condições que visem à preservação da reversibilidade da operação, quando assim recomendarem as condições do caso concreto.

§ 2.º O Conselheiro-Relator poderá acompanhar a realização das diligências referidas no inciso II do *caput* deste artigo.

Art. 60. Após a conclusão da instrução, o Conselheiro-Relator determinará a inclusão do processo em pauta para julgamento.

Art. 61. No julgamento do pedido de aprovação do ato de concentração econômica, o Tribunal poderá aprová-lo integralmente, rejeitá-lo ou aprová-lo parcialmente, caso em que determinará as restrições que deverão ser observadas como condição para a validade e eficácia do ato.

§ 1.º O Tribunal determinará as restrições cabíveis no sentido de mitigar os eventuais efeitos nocivos do ato de concentração sobre os mercados relevantes afetados.

§ 2.º As restrições mencionadas no § 1.º deste artigo incluem:

I – a venda de ativos ou de um conjunto de ativos que constitua uma atividade empresarial;

II – a cisão de sociedade;

III – a alienação de controle societário;

IV – a separação contábil ou jurídica de atividades;

V – o licenciamento compulsório de direitos de propriedade intelectual; e

> A Lei n. 9.279, de 14-5-1996, regula direitos e obrigações relativos à propriedade industrial.

VI – qualquer outro ato ou providência necessários para a eliminação dos efeitos nocivos à ordem econômica.

§ 3.º Julgado o processo no mérito, o ato não poderá ser novamente apresentado nem revisto no âmbito do Poder Executivo.

Art. 62. Em caso de recusa, omissão, enganosidade, falsidade ou retardamento injustificado, por parte dos requerentes, de informações ou documentos cuja apresentação for determinada pelo Cade, sem prejuízo das demais sanções cabíveis, poderá o pedido de aprovação do ato de concentração ser rejeitado por falta de provas, caso em que o requerente somente poderá realizar o ato mediante apresentação de novo pedido, nos termos do art. 53 desta Lei.

Art. 63. Os prazos previstos neste Capítulo não se suspendem ou interrompem por qualquer motivo, ressalvado o disposto no § 5.º do art. 6.º desta Lei, quando for o caso.

Art. 64. (*Vetado.*)

Seção III
Do Recurso contra Decisão de Aprovação do Ato pela Superintendência-Geral

Art. 65. No prazo de 15 (quinze) dias contado a partir da publicação da decisão da Superintendência-Geral que aprovar o ato de concentração, na forma do inciso I do *caput* do art. 54 e do inciso I do *caput* do art. 57 desta Lei:

I – caberá recurso da decisão ao Tribunal, que poderá ser interposto por terceiros interessados ou, em se tratando de mercado regulado, pela respectiva agência reguladora;

> *Vide* art. 50, I, desta Lei.

II – o Tribunal poderá, mediante provocação de um de seus Conselheiros e em decisão fundamentada, avocar o processo para julgamento ficando prevento o Conselheiro que encaminhou a provocação.

§ 1.º Em até 5 (cinco) dias úteis a partir do recebimento do recurso, o Conselheiro-Relator:

I – conhecerá do recurso e determinará a sua inclusão em pauta para julgamento;

II – conhecerá do recurso e determinará a realização de instrução complementar, podendo, a seu critério, solicitar que a Superintendência-Geral a realize, declarando os pontos controversos e especificando as diligências a serem produzidas; ou

III – não conhecerá do recurso, determinando o seu arquivamento.

§ 2.º As requerentes poderão manifestar-se acerca do recurso interposto, em até 5 (cinco) dias úteis do conhecimento do recurso no Tribunal ou da data do recebimento do relatório com a conclusão da instrução complementar elaborada pela Superintendência-Geral, o que ocorrer por último.

§ 3.º O litigante de má-fé arcará com multa, em favor do Fundo de Defesa de Direitos Difusos, a ser arbitrada pelo Tribunal entre R$ 5.000,00 (cinco mil reais) e R$ 5.000.000,00 (cinco milhões de reais), levando-se em consideração sua condição econômica, sua atuação no processo e o retardamento injustificado causado à aprovação do ato.

> Litigante de má-fé: *vide* art. 80 do CPC.

§ 4.º A interposição do recurso a que se refere o *caput* deste artigo ou a decisão de avocar suspende a execução do ato de concentração econômica até decisão final do Tribunal.

§ 5.º O Conselheiro-Relator poderá acompanhar a realização das diligências referidas no inciso II do § 1.º deste artigo.

Capítulo III
DO INQUÉRITO ADMINISTRATIVO PARA APURAÇÃO DE INFRAÇÕES À ORDEM ECONÔMICA E DO PROCEDIMENTO PREPARATÓRIO

Art. 66. O inquérito administrativo, procedimento investigatório de natureza inquisitorial, será instaurado pela Superintendência-Geral para apuração de infrações à ordem econômica.

§ 1.º O inquérito administrativo será instaurado de ofício ou em face de representação fundamentada de qualquer interessado, ou em decorrência de peças de informação, quando os indícios de infração à ordem econômica não forem suficientes para a instauração de processo administrativo.

§ 2.º A Superintendência-Geral poderá instaurar procedimento preparatório de inquérito administrativo para apuração de infrações à ordem econômica para apurar se a conduta sob análise trata de matéria de competência do Sistema Brasileiro de Defesa da Concorrência, nos termos desta Lei.

§ 3.º As diligências tomadas no âmbito do procedimento preparatório de inquérito administrativo para apuração de infrações à ordem econômica deverão ser realizadas no prazo máximo de 30 (trinta) dias.

§ 4.º Do despacho que ordenar o arquivamento de procedimento preparatório, indeferir o requerimento de abertura de inquérito administrativo, ou seu arquivamento, caberá recurso de qualquer interessado ao Superintendente-Geral, na forma determinada em regulamento, que decidirá em última instância.

§ 5.º (*Vetado.*)

§ 6.º A representação de Comissão do Congresso Nacional, ou de qualquer de suas Casas, bem como da Secretaria de Acompanhamento Econômico, das agências reguladoras e da Procuradoria Federal junto ao Cade, independe de procedimento preparatório, instaurando-se desde logo o inquérito administrativo ou processo administrativo.

§ 7.º O representante e o indiciado poderão requerer qualquer diligência, que será realizada ou não, a juízo da Superintendência-Geral.

§ 8.º A Superintendência-Geral poderá solicitar o concurso da autoridade policial ou do Ministério Público nas investigações.

§ 9.º O inquérito administrativo deverá ser encerrado no prazo de 180 (cento e oitenta) dias, contado da data de sua instauração, prorrogáveis por até 60 (sessenta) dias, por meio de despacho fundamentado e quando o fato for de difícil elucidação e o justificarem as circunstâncias do caso concreto.

§ 10. Ao procedimento preparatório, assim como ao inquérito administrativo, poderá ser dado tratamento sigiloso, no interesse das investigações, a critério da Superintendência-Geral.

Art. 67. Até 10 (dez) dias úteis a partir da data de encerramento do inquérito administrativo, a Superintendência-Geral decidirá pela instauração do processo administrativo ou pelo seu arquivamento.

§ 1.º O Tribunal poderá, mediante provocação de um Conselheiro e em decisão fundamentada, avocar o inquérito administrativo ou procedimento preparatório de inquérito administrativo arquivado pela Superintendência-Geral, ficando prevento o Conselheiro que encaminhou a provocação.

§ 2.º Avocado o inquérito administrativo, o Conselheiro-Relator terá o prazo de 30 (trinta) dias úteis para:

I – confirmar a decisão de arquivamento da Superintendência-Geral, podendo, se entender necessário, fundamentar sua decisão;

II – transformar o inquérito administrativo em processo administrativo, determinando a realização de instrução complementar, podendo, a seu critério, solicitar que a Superintendência-Geral a realize, declarando os pontos controversos e especificando as diligências a serem produzidas.

§ 3.º Ao inquérito administrativo poderá ser dado tratamento sigiloso, no interesse das investigações, a critério do Plenário do Tribunal.

Art. 68. O descumprimento dos prazos fixados neste Capítulo pela Superintendência-Geral, assim como por seus servidores, sem justificativa devidamente comprovada nos autos, poderá resultar na apuração da respectiva responsabilidade administrativa, civil e criminal.

Capítulo IV
DO PROCESSO ADMINISTRATIVO PARA IMPOSIÇÃO DE SANÇÕES ADMINISTRATIVAS POR INFRAÇÕES À ORDEM ECONÔMICA

Art. 69. O processo administrativo, procedimento em contraditório, visa a garantir ao acusado a ampla defesa a respeito das conclusões do inquérito administrativo, cuja nota técnica final, aprovada nos termos das normas do Cade, constituirá peça inaugural.

> *Vide* art. 5.º, LV, da CF.

> *Vide* art. 88, § 3.º, desta Lei.

Art. 70. Na decisão que instaurar o processo administrativo, será determinada a notificação do representado para, no prazo de 30 (trinta) dias, apresentar defesa e especificar as provas que pretende sejam produzidas, declinando a qualificação completa de até 3 (três) testemunhas.

§ 1.º A notificação inicial conterá o inteiro teor da decisão de instauração do processo administrativo e da representação, se for o caso.

§ 2.º A notificação inicial do representado será feita pelo correio, com aviso de recebimento em nome próprio, ou outro meio que assegure a certeza da ciência do interessado ou, não tendo êxito a notificação postal, por edital publicado no *Diário Oficial da União* e em jornal de grande circulação no Estado em que resida ou tenha sede, contando-se os prazos da juntada do aviso de recebimento, ou da publicação, conforme o caso.

§ 3.º A intimação dos demais atos processuais será feita mediante publicação no *Diário Oficial da União*, da qual deverá constar o nome do representado e de seu procurador, se houver.

§ 4.º O representado poderá acompanhar o processo administrativo por seu titular e seus diretores ou gerentes, ou por seu procurador, assegurando-se-lhes amplo acesso aos autos no Tribunal.

§ 5.º O prazo de 30 (trinta) dias mencionado no *caput* deste artigo poderá ser dilatado por até 10 (dez) dias, improrrogáveis, mediante requisição do representado.

Art. 71. Considerar-se-á revel o representado que, notificado, não apresentar defesa no prazo legal, incorrendo em confissão quanto à matéria de fato, contra ele correndo os demais prazos, independentemente de notificação.

> *Vide* arts. 344 a 346 do CPC.

Parágrafo único. Qualquer que seja a fase do processo, nele poderá intervir o revel, sem direito à repetição de qualquer ato já praticado.

Art. 72. Em até 30 (trinta) dias úteis após o decurso do prazo previsto no art. 70 desta Lei, a Superintendência-Geral, em despacho fundamentado, determinará a produção de provas que julgar pertinentes, sendo-lhe facultado exercer os poderes de instrução previstos nesta Lei, mantendo-se o sigilo legal, quando for o caso.

Art. 73. Em até 5 (cinco) dias úteis da data de conclusão da instrução processual determinada na forma do art. 72 desta Lei, a Superintendência-Geral notificará o representado para apresentar novas alegações, no prazo de 5 (cinco) dias úteis.

Art. 74. Em até 15 (quinze) dias úteis contados do decurso do prazo previsto no art. 73 desta Lei, a Superintendência-Geral remeterá os autos do processo ao Presidente do Tribunal, opinando, em relatório circunstanciado, pelo seu arquivamento ou pela configuração da infração.

Art. 75. Recebido o processo, o Presidente do Tribunal o distribuirá, por sorteio, ao Conselheiro-Relator, que poderá, caso entenda necessário, solicitar à Procuradoria Federal junto ao Cade que se manifeste no prazo de 20 (vinte) dias.

Art. 76. O Conselheiro-Relator poderá determinar diligências, em despacho fundamentado, podendo, a seu critério, solicitar que a Superintendência-Geral as realize, no prazo assinado.

Parágrafo único. Após a conclusão das diligências determinadas na forma deste artigo, o Conselheiro-Relator notificará o representado para, no prazo de 15 (quinze) dias úteis, apresentar alegações finais.

Art. 77. No prazo de 15 (quinze) dias úteis contado da data de recebimento das alegações finais, o Conselheiro-Relator solicitará a inclusão do processo em pauta para julgamento.

Art. 78. A convite do Presidente, por indicação do Conselheiro-Relator, qualquer pessoa poderá apresentar esclarecimentos ao Tribunal, a propósito de assuntos que estejam em pauta.

Art. 79. A decisão do Tribunal, que em qualquer hipótese será fundamentada, quando for pela existência de infração da ordem econômica, conterá:

I – especificação dos fatos que constituam a infração apurada e a indicação das providências a serem tomadas pelos responsáveis para fazê-la cessar;

II – prazo dentro do qual devam ser iniciadas e concluídas as providências referidas no inciso I do *caput* deste artigo;

III – multa estipulada;

IV – multa diária em caso de continuidade da infração; e

V – multa em caso de descumprimento das providências estipuladas.

Parágrafo único. A decisão do Tribunal será publicada dentro de 5 (cinco) dias úteis no *Diário Oficial da União*.

Art. 80. Aplicam-se às decisões do Tribunal o disposto na Lei n. 8.437, de 30 de junho de 1992.

> A Lei n. 8.437, de 30-6-1992, que dispõe sobre a concessão de medidas cautelares contra atos do Poder Público, consta nesta obra.

Art. 81. Descumprida a decisão, no todo ou em parte, será o fato comunicado ao Presidente do Tribunal, que determinará à Procuradoria Federal junto ao Cade que providencie sua execução judicial.

Art. 82. O descumprimento dos prazos fixados neste Capítulo pelos membros do Cade, assim como por seus servidores, sem justificativa devidamente comprovada nos autos, poderá resultar na apuração da respectiva responsabilidade administrativa, civil e criminal.

Art. 83. O Cade disporá de forma complementar sobre o inquérito e o processo administrativo.

> A Resolução n. 1, de 29-5-2012, do CADE, aprova seu regimento interno – RICADE.

CAPÍTULO V
DA MEDIDA PREVENTIVA

Art. 84. Em qualquer fase do inquérito administrativo para apuração de infrações ou do processo administrativo para imposição de sanções por infrações à ordem econômica, poderá o Conselheiro-Relator ou o Superintendente-Geral, por iniciativa própria ou mediante provocação do Procurador-Chefe do Cade, adotar medida preventiva, quando houver indício ou fundado receio de que o representado, direta ou indiretamente, cause ou possa causar ao mercado lesão irreparável ou de difícil reparação, ou torne ineficaz o resultado final do processo.

§ 1.º Na medida preventiva, determinar-se-á a imediata cessação da prática e será ordenada, quando materialmente possível, a reversão à situação anterior, fixando multa diária nos termos do art. 39 desta Lei.

§ 2.º Da decisão que adotar medida preventiva caberá recurso voluntário ao Plenário do Tribunal, em 5 (cinco) dias, sem efeito suspensivo.

CAPÍTULO VI
DO COMPROMISSO DE CESSAÇÃO

Art. 85. Nos procedimentos administrativos mencionados nos incisos I, II e III do art. 48 desta Lei, o Cade poderá tomar do representado compromisso de cessação da prática sob investigação ou dos seus efeitos lesivos, sempre que, em juízo de conveniência e oportunidade, devidamente fundamentado, entender que atende aos interesses protegidos por lei.

>> A Resolução n. 21, de 11-9-2018, do CADE, disciplina os procedimentos previstos neste artigo.

§ 1.º Do termo de compromisso deverão constar os seguintes elementos:

I – a especificação das obrigações do representado no sentido de não praticar a conduta investigada ou seus efeitos lesivos, bem como obrigações que julgar cabíveis;

II – a fixação do valor da multa para o caso de descumprimento, total ou parcial, das obrigações compromissadas;

III – a fixação do valor da contribuição pecuniária ao Fundo de Defesa de Direitos Difusos quando cabível.

§ 2.º Tratando-se da investigação da prática de infração relacionada ou decorrente das condutas previstas nos incisos I e II do § 3.º do art. 36 desta Lei, entre as obrigações a que se refere o inciso I do § 1.º deste artigo figurará, necessariamente, a obrigação de recolher ao Fundo de Defesa de Direitos Difusos um valor pecuniário que não poderá ser inferior ao mínimo previsto no art. 37 desta Lei.

§ 3.º (*Vetado*.)

§ 4.º A proposta de termo de compromisso de cessação de prática somente poderá ser apresentada uma única vez.

§ 5.º A proposta de termo de compromisso de cessação de prática poderá ter caráter confidencial.

§ 6.º A apresentação de proposta de termo de compromisso de cessação de prática não suspende o andamento do processo administrativo.

§ 7.º O termo de compromisso de cessação de prática terá caráter público, devendo o acordo ser publicado no sítio do Cade em 5 (cinco) dias após a sua celebração.

§ 8.º O termo de compromisso de cessação de prática constitui título executivo extrajudicial.

> *Vide* art. 784, IX, do CPC.

§ 9.º O processo administrativo ficará suspenso enquanto estiver sendo cumprido o compromisso e será arquivado ao término do prazo fixado, se atendidas todas as condições estabelecidas no termo.

§ 10. A suspensão do processo administrativo a que se refere o § 9.º deste artigo dar-se-á somente em relação ao representado que firmou o compromisso, seguindo o processo seu curso regular para os demais representados.

§ 11. Declarado o descumprimento do compromisso, o Cade aplicará as sanções nele previstas e determinará o prosseguimento do processo administrativo e as demais medidas administrativas e judiciais cabíveis para sua execução.

§ 12. As condições do termo de compromisso poderão ser alteradas pelo Cade se se comprovar sua excessiva onerosidade para o representado, desde que a alteração não acarrete prejuízo para terceiros ou para a coletividade.

§ 13. A proposta de celebração do compromisso de cessação de prática será indeferida quando a autoridade não chegar a um acordo com os representados quanto aos seus termos.

§ 14. O Cade definirá, em resolução, normas complementares sobre o termo de compromisso de cessação.

§ 15. Aplica-se o disposto no art. 50 desta Lei ao Compromisso de Cessação da Prática.

Capítulo VII
DO PROGRAMA DE LENIÊNCIA

Art. 86. O Cade, por intermédio da Superintendência-Geral, poderá celebrar acordo de leniência, com a extinção da ação punitiva da administração pública ou a redução de 1 (um) a 2/3 (dois terços) da penalidade aplicável, nos termos deste artigo, com pessoas físicas e jurídicas que forem autoras de infração à ordem econômica, desde que colaborem efetivamente com as investigações e o processo administrativo e que dessa colaboração resulte:

>> **A Resolução n. 21, de 11-9-2018, do CADE, disciplina os procedimentos previstos neste artigo.**

I – a identificação dos demais envolvidos na infração; e

II – a obtenção de informações e documentos que comprovem a infração noticiada ou sob investigação.

§ 1.º O acordo de que trata o *caput* deste artigo somente poderá ser celebrado se preenchidos, cumulativamente, os seguintes requisitos:

I – a empresa seja a primeira a se qualificar com respeito à infração noticiada ou sob investigação;

II – a empresa cesse completamente seu envolvimento na infração noticiada ou sob investigação a partir da data de propositura do acordo;

III – a Superintendência-Geral não disponha de provas suficientes para assegurar a condenação da empresa ou pessoa física por ocasião da propositura do acordo; e

IV – a empresa confesse sua participação no ilícito e coopere plena e permanentemente com as investigações e o processo administrativo, comparecendo, sob suas expensas, sempre que solicitada, a todos os atos processuais, até seu encerramento.

§ 2.º Com relação às pessoas físicas, elas poderão celebrar acordos de leniência desde que cumpridos os requisitos II, III e IV do § 1.º deste artigo.

§ 3.º O acordo de leniência firmado com o Cade, por intermédio da Superintendência-Geral, estipulará as condições necessárias para assegurar a efetividade da colaboração e o resultado útil do processo.

§ 4.º Compete ao Tribunal, por ocasião do julgamento do processo administrativo, verificado o cumprimento do acordo:

I – decretar a extinção da ação punitiva da administração pública em favor do infrator, nas hipóteses em que a proposta de acordo tiver sido apresentada à Superintendência-Geral sem que essa tivesse conhecimento prévio da infração noticiada; ou

II – nas demais hipóteses, reduzir de 1 (um) a 2/3 (dois terços) as penas aplicáveis, observado o disposto no art. 45 desta Lei, devendo ainda considerar na gradação da pena a efetividade da colaboração prestada e a boa-fé do infrator no cumprimento do acordo de leniência.

§ 5.º Na hipótese do inciso II do § 4.º deste artigo, a pena sobre a qual incidirá o fator redutor não será superior à menor das penas aplicadas aos demais coautores da infração, relativamente aos percentuais fixados para a aplicação das multas de que trata o inciso I do art. 37 desta Lei.

§ 6.º Serão estendidos às empresas do mesmo grupo, de fato ou de direito, e aos seus dirigentes, administradores e empregados envolvidos na infração os efeitos do acordo de leniência, desde que o firmem em conjunto, respeitadas as condições impostas.

§ 7.º A empresa ou pessoa física que não obtiver, no curso de inquérito ou processo administrativo, habilitação para a celebração do acordo de que trata este artigo, poderá celebrar com a Superintendência-Geral, até a remessa do processo para julgamento, acordo de leniência relacionado a uma outra infração, da qual o Cade não tenha qualquer conhecimento prévio.

§ 8.º Na hipótese do § 7.º deste artigo, o infrator se beneficiará da redução de 1/3 (um terço) da pena que lhe for aplicável naquele processo, sem prejuízo da obtenção dos benefícios de que trata o inciso I do § 4.º deste artigo em relação à nova infração denunciada.

§ 9.º Considera-se sigilosa a proposta de acordo de que trata este artigo, salvo no interesse das investigações e do processo administrativo.

§ 10. Não importará em confissão quanto à matéria de fato, nem reconhecimento de ilicitude da conduta analisada, a proposta de acordo de leniência rejeitada, da qual não se fará qualquer divulgação.

§ 11. A aplicação do disposto neste artigo observará as normas a serem editadas pelo Tribunal.

§ 12. Em caso de descumprimento do acordo de leniência, o beneficiário ficará impedido de celebrar novo acordo de leniência pelo prazo de 3 (três) anos, contado da data de seu julgamento.

Art. 87. Nos crimes contra a ordem econômica, tipificados na Lei n. 8.137, de 27 de dezembro de 1990, e nos demais crimes diretamente relacionados à prática de cartel, tais como os tipificados na Lei n. 8.666, de 21 de junho de 1993, e os tipificados no art. 288 do Decreto-lei n. 2.848, de 7 de dezembro de 1940 – Código Penal, a celebração de acordo de leniência, nos termos desta Lei, determina a suspensão do curso do prazo prescricional e impede o oferecimento da denúncia com relação ao agente beneficiário da leniência.

> **O art. 288 do CP define a associação de mais de três pessoas, em quadrilha ou bando, para o fim de cometer crimes.**

Parágrafo único. Cumprido o acordo de leniência pelo agente, extingue-se automaticamente a punibilidade dos crimes a que se refere o *caput* deste artigo.

Título VII
DO CONTROLE DE CONCENTRAÇÕES

Capítulo I
DOS ATOS DE CONCENTRAÇÃO

Art. 88. Serão submetidos ao Cade pelas partes envolvidas na operação os atos de concentração econômica em que, cumulativamente:

>> *Vide* art. 23 desta Lei.

>> **A Resolução n. 2, de 29-5-2012, do CADE, disciplina a notificação dos atos de que trata este artigo e prevê procedimento sumário de análise de atos de concentração.**

I – pelo menos um dos grupos envolvidos na operação tenha registrado, no último balanço, faturamento bruto anual ou volume de negócios total no País, no ano anterior à operação, equivalente ou superior a R$ 400.000.000,00 (quatrocentos milhões de reais); e

>> Valor atualizado para R$ 750.000.000,00 (setecentos e cinquenta milhões de reais) pela Portaria Interministerial n. 994, de 30-5-2012, dos Ministérios da Justiça e da Fazenda.

II – pelo menos um outro grupo envolvido na operação tenha registrado, no último balanço, faturamento bruto anual ou volume de negócios total no País, no ano anterior à operação, equivalente ou superior a R$ 30.000.000,00 (trinta milhões de reais).

>> Valor atualizado para R$ 75.000.000,00 (setenta e cinco milhões de reais) pela Portaria Interministerial n. 994, de 30-5-2012, dos Ministérios da Justiça e da Fazenda.

§ 1.º Os valores mencionados nos incisos I e II do *caput* deste artigo poderão ser adequados, simultânea ou independentemente, por indicação do Plenário do Cade, por portaria interministerial dos Ministros de Estado da Fazenda e da Justiça.

§ 2.º O controle dos atos de concentração de que trata o *caput* deste artigo será prévio e realizado em, no máximo, 240 (duzentos e quarenta) dias, a contar do protocolo de petição ou de sua emenda.

§ 3.º Os atos que se subsumirem ao disposto no *caput* deste artigo não podem ser consumados antes de apreciados, nos termos deste artigo e do procedimento previsto no Capítulo II do Título VI desta Lei, sob pena de nulidade, sendo ainda imposta multa pecuniária, de valor não inferior a R$ 60.000,00 (sessenta mil reais) nem superior a R$ 60.000.000,00 (sessenta milhões de reais), a ser aplicada nos termos da regulamentação, sem prejuízo da abertura de processo administrativo, nos termos do art. 69 desta Lei.

>> A Resolução n. 13, de 23-6-2015, do CADE, disciplina o procedimento previsto neste parágrafo.

§ 4.º Até a decisão final sobre a operação, deverão ser preservadas as condições de concorrência entre as empresas envolvidas, sob pena de aplicação das sanções previstas no § 3.º deste artigo.

§ 5.º Serão proibidos os atos de concentração que impliquem eliminação da concorrência em parte substancial de mercado relevante, que possam criar ou reforçar uma posição dominante ou que possam resultar na dominação de mercado relevante de bens ou serviços, ressalvado o disposto no § 6.º deste artigo.

§ 6.º Os atos a que se refere o § 5.º deste artigo poderão ser autorizados, desde que sejam observados os limites estritamente necessários para atingir os seguintes objetivos:

I – cumulada ou alternativamente:

a) aumentar a produtividade ou a competitividade;

b) melhorar a qualidade de bens ou serviços; ou

c) propiciar a eficiência e o desenvolvimento tecnológico ou econômico; e

II – sejam repassados aos consumidores parte relevante dos benefícios decorrentes.

§ 7.º É facultado ao Cade, no prazo de 1 (um) ano a contar da respectiva data de consumação, requerer a submissão dos atos de concentração que não se enquadrem no disposto neste artigo.

>> A Resolução n. 13, de 23-6-2015, do CADE, disciplina o procedimento previsto neste parágrafo.

§ 8.º As mudanças de controle acionário de companhias abertas e os registros de fusão, sem prejuízo da obrigação das partes envolvidas, devem ser comunicados ao Cade pela Comissão de Valores Mobiliários – CVM e pelo Departamento Nacional do Registro do Comércio do Ministério do Desenvolvimento, Indústria e Comércio Exterior, respectivamente, no prazo de 5 (cinco) dias úteis para, se for o caso, ser examinados.

§ 9.º O prazo mencionado no § 2.º deste artigo somente poderá ser dilatado:

I – por até 60 (sessenta) dias, improrrogáveis, mediante requisição das partes envolvidas na operação; ou

II – por até 90 (noventa) dias, mediante decisão fundamentada do Tribunal, em que sejam especificados as razões para a extensão, o prazo da prorrogação, que será não renovável, e as providências cuja realização seja necessária para o julgamento do processo.

Art. 89. Para fins de análise do ato de concentração apresentado, serão obedecidos os procedimentos estabelecidos no Capítulo II do Título VI desta Lei.

> *Vide* arts. 53 e s. desta Lei.

Parágrafo único. O Cade regulamentará, por meio de Resolução, a análise prévia de atos de concentração realizados com o propósito específico de participação em leilões, licitações e operações de aquisição de ações por meio de oferta pública.

Art. 90. Para os efeitos do art. 88 desta Lei, realiza-se um ato de concentração quando:

I – 2 (duas) ou mais empresas anteriormente independentes se fundem;

II – 1 (uma) ou mais empresas adquirem, direta ou indiretamente, por compra ou permuta de ações, quotas, títulos ou valores mobiliários conversíveis em ações, ou ativos, tangíveis ou intangíveis, por via contratual ou por qualquer outro meio ou forma, o controle ou partes de uma ou outras empresas;

III – 1 (uma) ou mais empresas incorporam outra ou outras empresas; ou

IV – 2 (duas) ou mais empresas celebram contrato associativo, consórcio ou *joint venture*.

>> A Lei n. 14.010, de 10-6-2020, dispõe em seu art. 14: "Art. 14. Ficam sem eficácia os incisos XV e XVII do § 3.º do art. 36 e o inciso IV do art. 90 da Lei n. 12.529, de 30 de novembro de 2011, em relação a todos os atos praticados e com vigência de 20 de março de 2020 até 30 de outubro de 2020 ou enquanto durar o estado de calamidade pública reconhecido pelo Decreto Legislativo n. 6, de 20 de março de 2020.

§ 1.º Na apreciação, pelo órgão competente, das demais infrações previstas no art. 36 da Lei n. 12.529, de 30 de novembro de 2011, caso praticadas a partir de 20 de março de 2020, e enquanto durar o estado de calamidade pública reconhecido pelo Decreto Legislativo n. 6, de 20 de março de 2020, deverão ser consideradas as circunstâncias extraordinárias decorrentes da pandemia do coronavírus (Covid-19).

§ 2.º A suspensão da aplicação do inciso IV do art. 90 da Lei n. 12.529, de 30 de novembro de 2011, referida no *caput*, não afasta a possibilidade de análise posterior do ato de concentração ou de apuração de infração à ordem econômica, na forma do art. 36 da Lei n. 12.529, de 2011, dos acordos que não forem necessários ao combate ou à mitigação das consequências decorrentes da pandemia do coronavírus (Covid-19)".

Parágrafo único. Não serão considerados atos de concentração, para os efeitos do disposto no art. 88 desta Lei, os descritos no inciso IV do *caput*, quando destinados às licitações promovidas pela administração pública direta e indireta e aos contratos delas decorrentes.

Art. 91. A aprovação de que trata o art. 88 desta Lei poderá ser revista pelo Tribunal, de ofício ou mediante provocação da Superintendência-Geral, se a decisão for baseada em informações falsas ou enganosas prestadas pelo interessado, se ocorrer o descumprimento de quaisquer das obrigações assumidas ou não forem alcançados os benefícios visados.

Parágrafo único. Na hipótese referida no *caput* deste artigo, a falsidade ou enganosidade será punida com multa pecuniária, de valor não inferior a R$ 60.000,00 (sessenta mil reais) nem superior a R$ 6.000.000,00 (seis milhões de reais), a ser aplicada na forma das normas do Cade, sem prejuízo da abertura de processo administrativo, nos termos do art. 67 desta Lei, e da adoção das demais medidas cabíveis.

CAPÍTULO II
DO ACORDO EM CONTROLE DE CONCENTRAÇÕES

Art. 92. (*Vetado*.)

TÍTULO VIII
DA EXECUÇÃO JUDICIAL DAS DECISÕES DO CADE

CAPÍTULO I
DO PROCESSO

Art. 93. A decisão do Plenário do Tribunal, cominando multa ou impondo obrigação de fazer ou não fazer, constitui título executivo extrajudicial.

> *Vide* art. 814 do CPC.

Art. 94. A execução que tenha por objeto exclusivamente a cobrança de multa pecuniária será feita de acordo com o disposto na Lei n. 6.830, de 22 de setembro de 1980.

> *Vide* Lei n. 6.830, de 22-9-1980, que dispõe sobre a cobrança judicial da dívida ativa da Fazenda Pública (LEF).

Art. 95. Na execução que tenha por objeto, além da cobrança de multa, o cumprimento de obrigação de fazer ou não fazer, o Juiz concederá a tutela específica da obrigação, ou determinará providências que assegurem o resultado prático equivalente ao do adimplemento.

> *Vide* art. 497 do CPC.

§ 1.º A conversão da obrigação de fazer ou não fazer em perdas e danos somente será admissível se impossível a tutela específica ou a obtenção do resultado prático correspondente.

§ 2.º A indenização por perdas e danos far-se-á sem prejuízo das multas.

Art. 96. A execução será feita por todos os meios, inclusive mediante intervenção na empresa, quando necessária.

Art. 97. A execução das decisões do Cade será promovida na Justiça Federal do Distrito Federal ou da sede ou domicílio do executado, à escolha do Cade.

> *Vide* art. 109, I, da CF.

Art. 98. O oferecimento de embargos ou o ajuizamento de qualquer outra ação que vise à desconstituição do título executivo não suspenderá a execução, se não for garantido o juízo no valor das multas aplicadas, para que se garanta o cumprimento da decisão final proferida nos autos, inclusive no que tange a multas diárias.

§ 1.º Para garantir o cumprimento das obrigações de fazer, deverá o Juiz fixar caução idônea.

§ 2.º Revogada a liminar, o depósito do valor da multa converter-se-á em renda do Fundo de Defesa de Direitos Difusos.

> Fundo de Defesa de Direitos Difusos: *vide* art. 13 da Lei n. 7.347, de 24-7-1985 (Ação Civil Pública).

§ 3.º O depósito em dinheiro não suspenderá a incidência de juros de mora e atualização monetária, podendo o Cade, na hipótese do § 2.º deste artigo, promover a execução para cobrança da diferença entre o valor revertido ao Fundo de Defesa de Direitos Difusos e o valor da multa atualizado, com os acréscimos legais, como se sua exigibilidade do crédito jamais tivesse sido suspensa.

§ 4.º (*Revogado pela Lei n. 13.105, de 16-3-2015.*)

Art. 99. Em razão da gravidade da infração da ordem econômica, e havendo fundado receio de dano irreparável ou de difícil reparação, ainda que tenha havido o depósito das multas e prestação de caução, poderá o Juiz determinar a adoção imediata, no todo ou em parte, das providências contidas no título executivo.

> *Vide* arts. 294 e 300 do CPC.

Art. 100. No cálculo do valor da multa diária pela continuidade da infração, tomar-se-á como termo inicial a data final fixada pelo Cade para a adoção voluntária das providências contidas em sua decisão, e como termo final o dia do seu efetivo cumprimento.

Art. 101. O processo de execução em juízo das decisões do Cade terá preferência sobre as demais espécies de ação, exceto *habeas corpus* e mandado de segurança.

Capítulo II
DA INTERVENÇÃO JUDICIAL

Art. 102. O Juiz decretará a intervenção na empresa quando necessária para permitir a execução específica, nomeando o interventor.

Parágrafo único. A decisão que determinar a intervenção deverá ser fundamentada e indicará, clara e precisamente, as providências a serem tomadas pelo interventor nomeado.

Art. 103. Se, dentro de 48 (quarenta e oito) horas, o executado impugnar o interventor por motivo de inaptidão ou inidoneidade, feita a prova da alegação em 3 (três) dias, o Juiz decidirá em igual prazo.

Art. 104. Sendo a impugnação julgada procedente, o Juiz nomeará novo interventor no prazo de 5 (cinco) dias.

Art. 105. A intervenção poderá ser revogada antes do prazo estabelecido, desde que comprovado o cumprimento integral da obrigação que a determinou.

Art. 106. A intervenção judicial deverá restringir-se aos atos necessários ao cumprimento da decisão judicial que a determinar e terá duração máxima de 180 (cento e oitenta) dias, ficando o interventor responsável por suas ações e omissões, especialmente em caso de abuso de poder e desvio de finalidade.

§ 1.º Aplica-se ao interventor, no que couber, o disposto nos arts. 153 a 159 da Lei n. 6.404, de 15 de dezembro de 1976.

§ 2.º A remuneração do interventor será arbitrada pelo Juiz, que poderá substituí-lo a qualquer tempo, sendo obrigatória a substituição quando incorrer em insolvência civil, quando for sujeito passivo e ativo de qualquer forma de corrupção ou prevaricação, ou infringir quaisquer de seus deveres.

Art. 107. O Juiz poderá afastar de suas funções os responsáveis pela administração da empresa que, comprovadamente, obstarem o cumprimento de atos de competência do interventor, devendo eventual substituição dar-se na forma estabelecida no contrato social da empresa.

§ 1.º Se, apesar das providências previstas no *caput* deste artigo, um ou mais responsáveis pela administração da empresa persistirem em obstar a ação do interventor, o Juiz procederá na forma do disposto no § 2.º deste artigo.

§ 2.º Se a maioria dos responsáveis pela administração da empresa recusar colaboração ao interventor, o Juiz determinará que este assuma a administração total da empresa.

Art. 108. Compete ao interventor:

I – praticar ou ordenar que sejam praticados os atos necessários à execução;

II – denunciar ao Juiz quaisquer irregularidades praticadas pelos responsáveis pela empresa e das quais venha a ter conhecimento; e

III – apresentar ao Juiz relatório mensal de suas atividades.

Art. 109. As despesas resultantes da intervenção correrão por conta do executado contra quem ela tiver sido decretada.

Art. 110. Decorrido o prazo da intervenção, o interventor apresentará ao Juiz relatório circunstanciado de sua gestão, propondo a extinção e o arquivamento do processo ou pedindo a prorrogação do prazo na hipótese de não ter sido possível cumprir integralmente a decisão exequenda.

Art. 111. Todo aquele que se opuser ou obstaculizar a intervenção ou, cessada esta, praticar quaisquer atos que direta ou indiretamente anulem seus efeitos, no todo ou em parte, ou desobedecer a ordens legais do interventor será, conforme o caso, responsabilizado criminalmente por resistência, desobediência ou coação no curso do processo, na forma dos arts. 329, 330 e 344 do Decreto-lei n. 2.848, de 7 de dezembro de 1940 – Código Penal.

Título IX
DISPOSIÇÕES FINAIS E TRANSITÓRIAS

Art. 112. (*Vetado.*)

Art. 113. Visando a implementar a transição para o sistema de mandatos não coincidentes, as nomeações dos Conselheiros observarão os seguintes critérios de duração dos mandatos, nessa ordem:

I – 2 (dois) anos para os primeiros 2 (dois) mandatos vagos; e

II – 3 (três) anos para o terceiro e o quarto mandatos vagos.

§ 1.º Os mandatos dos membros do Cade e do Procurador-Chefe em vigor na data de promulgação desta Lei serão mantidos e exercidos até o seu término original, devendo as nomeações subsequentes à extinção desses mandatos observar o disposto neste artigo.

§ 2.º Na hipótese do § 1.º deste artigo, o Conselheiro que estiver exercendo o seu primeiro mandato no Cade, após o término de seu mandato original, poderá ser novamente nomeado no mesmo cargo, observado o disposto nos incisos I e II do *caput* deste artigo.

§ 3.º O Conselheiro que estiver exercendo o seu segundo mandato no Cade, após o término de seu mandato original, não poderá ser novamente nomeado para o período subsequente.

§ 4.º Não haverá recondução para o Procurador-Chefe que estiver exercendo mandato no Cade, após o término de seu mandato original, podendo ele ser indicado para permanecer no cargo na forma do art. 16 desta Lei.

Art. 114. (*Vetado*.)

Art. 115. Aplicam-se subsidiariamente aos processos administrativo e judicial previstos nesta Lei as disposições das Leis n. 5.869, de 11 de janeiro de 1973 – Código de Processo Civil, 7.347, de 24 de julho de 1985, 8.078, de 11 de setembro de 1990, e 9.784, de 29 de janeiro de 1999.

> *Vide* Lei n. 7.347, de 24-7-1985 (Ação Civil Pública).

> A Lei n. 8.078, de 11-9-1990, institui o Código de Defesa do Consumidor – CDC.

> *Vide* Lei n. 9.784, de 29-1-1999 (Processo Administrativo Federal).

....

Art. 117. O *caput* e o inciso V do art. 1.º da Lei n. 7.347, de 24 de julho de 1985, passam a vigorar com a seguinte redação:

>> Alteração já processada no diploma modificado.

Art. 118. Nos processos judiciais em que se discuta a aplicação desta Lei, o Cade deverá ser intimado para, querendo, intervir no feito na qualidade de assistente.

> *Vide* arts. 119 a 123 do CPC.

....

Art. 125. O Poder Executivo disporá sobre a estrutura regimental do Cade, sobre as competências e atribuições, denominação das unidades e especificações dos cargos, promovendo a alocação, nas unidades internas da autarquia, dos cargos em comissão e das funções gratificadas.

....

Art. 127. Ficam revogados a Lei n. 9.781, de 19 de janeiro de 1999, os arts. 5.º e 6.º da Lei n. 8.137, de 27 de dezembro de 1990, e os arts. 1.º a 85 e 88 a 93 da Lei n. 8.884, de 11 de junho de 1994.

Art. 128. Esta Lei entra em vigor após decorridos 180 (cento e oitenta) dias de sua publicação oficial.

Brasília, 30 de novembro de 2011; 190.º da Independência e 123.º da República.

DILMA ROUSSEFF

LEI N. 12.562, DE 23 DE DEZEMBRO DE 2011 (*)

Regulamenta o inciso III do art. 36 da Constituição Federal, para dispor sobre o processo e julgamento da representação interventiva perante o Supremo Tribunal Federal.

A Presidenta da República

Faço saber que o Congresso Nacional decreta e eu sanciono a seguinte Lei:

Art. 1.º Esta Lei dispõe sobre o processo e julgamento da representação interventiva prevista no inciso III do art. 36 da Constituição Federal.

Art. 2.º A representação será proposta pelo Procurador-Geral da República, em caso de violação aos princípios referidos no inciso VII do art. 34 da Constituição Federal, ou de recusa, por parte de Estado-Membro, à execução de lei federal.

Art. 3.º A petição inicial deverá conter:

> Sobre petição inicial, *vide* art. 319 do CPC.

I – a indicação do princípio constitucional que se considera violado ou, se for o caso de recusa à aplicação de lei federal, das disposições questionadas;

II – a indicação do ato normativo, do ato administrativo, do ato concreto ou da omissão questionados;

III – a prova da violação do princípio constitucional ou da recusa de execução de lei federal;

IV – o pedido, com suas especificações.

> Sobre pedido na inicial, *vide* arts. 324 a 329 do CPC.

Parágrafo único. A petição inicial será apresentada em 2 (duas) vias, devendo conter, se for o caso, cópia do ato questionado e dos documentos necessários para comprovar a impugnação.

Art. 4.º A petição inicial será indeferida liminarmente pelo relator, quando não for o caso de representação interventiva, faltar algum dos requisitos estabelecidos nesta Lei ou for inepta.

Parágrafo único. Da decisão de indeferimento da petição inicial caberá agravo, no prazo de 5 (cinco) dias.

Art. 5.º O Supremo Tribunal Federal, por decisão da maioria absoluta de seus membros, poderá deferir pedido de medida liminar na representação interventiva.

§ 1.º O relator poderá ouvir os órgãos ou autoridades responsáveis pelo ato questionado, bem como o Advogado-Geral da União ou o Procurador-Geral da República, no prazo comum de 5 (cinco) dias.

§ 2.º A liminar poderá consistir na determinação de que se suspenda o andamento de processo ou os efeitos de decisões judiciais ou administrativas ou de qualquer outra medida que apresente relação com a matéria objeto da representação interventiva.

Art. 6.º Apreciado o pedido de liminar ou, logo após recebida a petição inicial, se não houver pedido de liminar, o relator solicitará as informações às autoridades responsáveis pela prática do ato questionado, que as prestarão em até 10 (dez) dias.

§ 1.º Decorrido o prazo para prestação das informações, serão ouvidos, sucessivamente, o Advogado-Geral da União e o Procurador-Geral da República, que deverão manifestar-se, cada qual, no prazo de 10 (dez) dias.

§ 2.º Recebida a inicial, o relator deverá tentar dirimir o conflito que dá causa ao pedido, utilizando-se dos meios que julgar necessários, na forma do regimento interno.

Art. 7.º Se entender necessário, poderá o relator requisitar informações adicionais, designar perito ou comissão de peritos para que elabore laudo sobre a questão ou, ainda, fixar data para declarações, em audiência pública, de pessoas com experiência e autoridade na matéria.

Parágrafo único. Poderão ser autorizadas, a critério do relator, a manifestação e a juntada de documentos por parte de interessados no processo.

Art. 8.º Vencidos os prazos previstos no art. 6.º ou, se for o caso, realizadas as diligências de que trata o art. 7.º, o relator lançará o relatório, com cópia para todos os Ministros, e pedirá dia para julgamento.

Art. 9.º A decisão sobre a representação interventiva somente será tomada se presentes na sessão pelo menos 8 (oito) Ministros.

Art. 10. Realizado o julgamento, proclamar-se-á a procedência ou improcedência do pedido formulado na representação interventiva se num ou noutro sentido se tiverem manifestado pelo menos 6 (seis) Ministros.

Parágrafo único. Estando ausentes Ministros em número que possa influir na decisão sobre a representação interventiva, o julgamento será suspenso, a fim de se aguardar o comparecimento dos Ministros ausentes, até que se atinja o número necessário para a prolação da decisão.

Art. 11. Julgada a ação, far-se-á a comunicação às autoridades ou aos órgãos responsáveis pela prática dos atos questionados, e, se a decisão final for pela procedência do pedido formulado na representação interventiva, o Presidente do Supremo Tribunal Federal, publicado o acórdão, levá-lo-á ao conhecimento do Presidente da República para, no prazo improrrogável de até 15 (quinze) dias, dar cumprimento aos §§ 1.º e 3.º do art. 36 da Constituição Federal.

Parágrafo único. Dentro do prazo de 10 (dez) dias, contado a partir do trânsito em julgado da decisão, a parte dispositiva será publicada em seção especial do *Diário da Justiça* e do *Diário Oficial da União*.

Art. 12. A decisão que julgar procedente ou improcedente o pedido da representação in-

(*) Publicada no *Diário Oficial da União* de 26-12-2011.

terventiva é irrecorrível, sendo insuscetível de impugnação por ação rescisória.

Art. 13. Esta Lei entra em vigor na data de sua publicação.

Brasília, 23 de dezembro de 2011; 190.º da Independência e 123.º da República.

DILMA ROUSSEFF

LEI N. 12.587, DE 3 DE JANEIRO DE 2012 (*)

Institui as diretrizes da Política Nacional de Mobilidade Urbana; revoga dispositivos dos Decretos-leis n. 3.326, de 3 de junho de 1941, e 5.405, de 13 de abril de 1943, da Consolidação das Leis do Trabalho (CLT), aprovada pelo Decreto-lei n. 5.452, de 1.º de maio de 1943, e das Leis n. 5.917, de 10 de setembro de 1973, e 6.261, de 14 de novembro de 1975; e dá outras providências.

A Presidenta da República

Faço saber que o Congresso Nacional decreta e eu sanciono a seguinte Lei:

CAPÍTULO I
DISPOSIÇÕES GERAIS

Art. 1.º A Política Nacional de Mobilidade Urbana é instrumento da política de desenvolvimento urbano de que tratam o inciso XX do art. 21 e o art. 182 da Constituição Federal, objetivando a integração entre os diferentes modos de transporte e a melhoria da acessibilidade e mobilidade das pessoas e cargas no território do Município.

Parágrafo único. A Política Nacional a que se refere o *caput* deve atender ao previsto no inciso VII do art. 2.º e no § 2.º do art. 40 da Lei n. 10.257, de 10 de julho de 2001 (Estatuto da Cidade).

Art. 2.º A Política Nacional de Mobilidade Urbana tem por objetivo contribuir para o acesso universal à cidade, o fomento e a concretização das condições que contribuam para a efetivação dos princípios, objetivos e diretrizes da política de desenvolvimento urbano, por meio do planejamento e da gestão democrática do Sistema Nacional de Mobilidade Urbana.

Art. 3.º O Sistema Nacional de Mobilidade Urbana é o conjunto organizado e coordenado dos modos de transporte, de serviços e de infraestruturas que garante os deslocamentos de pessoas e cargas no território do Município.

§ 1.º São modos de transporte urbano:

I – motorizados; e

II – não motorizados.

§ 2.º Os serviços de transporte urbano são classificados:

I – quanto ao objeto:

a) de passageiros;

b) de cargas;

II – quanto à característica do serviço:

a) coletivo;

b) individual;

III – quanto à natureza do serviço:

a) público;

b) privado.

§ 3.º São infraestruturas de mobilidade urbana:

I – vias e demais logradouros públicos, inclusive metroferrovias, hidrovias e ciclovias;

II – estacionamentos;

III – terminais, estações e demais conexões;

IV – pontos para embarque e desembarque de passageiros e cargas;

V – sinalização viária e de trânsito;

VI – equipamentos e instalações; e

VII – instrumentos de controle, fiscalização, arrecadação de taxas e tarifas e difusão de informações.

Seção I
Das Definições

Art. 4.º Para os fins desta Lei, considera-se:

I – transporte urbano: conjunto dos modos e serviços de transporte público e privado utilizados para o deslocamento de pessoas e cargas nas cidades integrantes da Política Nacional de Mobilidade Urbana;

II – mobilidade urbana: condição em que se realizam os deslocamentos de pessoas e cargas no espaço urbano;

III – acessibilidade: facilidade disponibilizada às pessoas que possibilite a todos autonomia nos deslocamentos desejados, respeitando-se a legislação em vigor;

IV – modos de transporte motorizado: modalidades que se utilizam de veículos automotores;

V – modos de transporte não motorizado: modalidades que se utilizam do esforço humano ou tração animal;

VI – transporte público coletivo: serviço público de transporte de passageiros acessível a toda a população mediante pagamento individualizado, com itinerários e preços fixados pelo poder público;

VII – transporte privado coletivo: serviço de transporte de passageiros não aberto ao público para a realização de viagens com características operacionais exclusivas para cada linha e demanda;

VIII – transporte público individual: serviço remunerado de transporte de passageiros aberto ao público, por intermédio de veículos de aluguel, para a realização de viagens individualizadas;

IX – transporte urbano de cargas: serviço de transporte de bens, animais ou mercadorias;

X – transporte remunerado privado individual de passageiros: serviço remunerado de transporte de passageiros, não aberto ao público, para a realização de viagens individualizadas ou compartilhadas solicitadas exclusivamente por usuários previamente cadastrados em aplicativos ou outras plataformas de comunicação em rede;

>> Inciso X com redação determinada Lei n. 13.640, de 26-3-2018.

XI – transporte público coletivo intermunicipal de caráter urbano: serviço de transporte público coletivo entre Municípios que tenham contiguidade nos seus perímetros urbanos;

XII – transporte público coletivo interestadual de caráter urbano: serviço de transporte público coletivo entre Municípios de diferentes Estados que mantenham contiguidade nos seus perímetros urbanos; e

XIII – transporte público coletivo internacional de caráter urbano: serviço de transporte coletivo entre Municípios localizados em regiões de fronteira cujas cidades são definidas como cidades gêmeas.

Seção II
Dos Princípios, Diretrizes e Objetivos da Política Nacional de Mobilidade Urbana

Art. 5.º A Política Nacional de Mobilidade Urbana está fundamentada nos seguintes princípios:

I – acessibilidade universal;

II – desenvolvimento sustentável das cidades, nas dimensões socioeconômicas e ambientais;

III – equidade no acesso dos cidadãos ao transporte público coletivo;

IV – eficiência, eficácia e efetividade na prestação dos serviços de transporte urbano;

V – gestão democrática e controle social do planejamento e avaliação da Política Nacional de Mobilidade Urbana;

VI – segurança nos deslocamentos das pessoas;

VII – justa distribuição dos benefícios e ônus decorrentes do uso dos diferentes modos e serviços;

VIII – equidade no uso do espaço público de circulação, vias e logradouros; e

IX – eficiência, eficácia e efetividade na circulação urbana.

Art. 6.º A Política Nacional de Mobilidade Urbana é orientada pelas seguintes diretrizes:

I – integração com a política de desenvolvimento urbano e respectivas políticas se-

(*) Publicada no *Diário Oficial da União* de 4-1-2012. A Instrução Normativa n. 41, de 24-10-2012, do Ministério das Cidades, regulamenta o Programa de Infraestrutura de Transporte e da Mobilidade Urbana – PRÓ-TRANSPORTE.

toriais de habitação, saneamento básico, planejamento e gestão do uso do solo no âmbito dos entes federativos;

II – prioridade dos modos de transportes não motorizados sobre os motorizados e dos serviços de transporte público coletivo sobre o transporte individual motorizado;

III – integração entre os modos e serviços de transporte urbano;

IV – mitigação dos custos ambientais, sociais e econômicos dos deslocamentos de pessoas e cargas na cidade;

V – incentivo ao desenvolvimento científico-tecnológico e ao uso de energias renováveis e menos poluentes;

VI – priorização de projetos de transporte público coletivo estruturadores do território e indutores do desenvolvimento urbano integrado; e

VII – integração entre as cidades gêmeas localizadas na faixa de fronteira com outros países sobre a linha divisória internacional.

VIII – garantia de sustentabilidade econômica das redes de transporte público coletivo de passageiros, de modo a preservar a continuidade, a universalidade e a modicidade tarifária do serviço.

>> Inciso VIII acrescentado pela Lei n. 13.683, de 19-6-2018.

Art. 7.º A Política Nacional de Mobilidade Urbana possui os seguintes objetivos:

I – reduzir as desigualdades e promover a inclusão social;

II – promover o acesso aos serviços básicos e equipamentos sociais;

III – proporcionar melhoria nas condições urbanas da população no que se refere à acessibilidade e à mobilidade;

IV – promover o desenvolvimento sustentável com a mitigação dos custos ambientais e socioeconômicos dos deslocamentos de pessoas e cargas nas cidades; e

V – consolidar a gestão democrática como instrumento e garantia da construção contínua do aprimoramento da mobilidade urbana.

Capítulo II
DAS DIRETRIZES PARA A REGULAÇÃO DOS SERVIÇOS DE TRANSPORTE PÚBLICO COLETIVO

Art. 8.º A política tarifária do serviço de transporte público coletivo é orientada pelas seguintes diretrizes:

I – promoção da equidade no acesso aos serviços;

II – melhoria da eficiência e da eficácia na prestação dos serviços;

III – ser instrumento da política de ocupação equilibrada da cidade de acordo com o plano diretor municipal, regional e metropolitano;

IV – contribuição dos beneficiários diretos e indiretos para custeio da operação dos serviços;

V – simplicidade na compreensão, transparência da estrutura tarifária para o usuário e publicidade do processo de revisão;

VI – modicidade da tarifa para o usuário;

VII – integração física, tarifária e operacional dos diferentes modos e das redes de transporte público e privado nas cidades;

VIII – articulação interinstitucional dos órgãos gestores dos entes federativos por meio de consórcios públicos;

>> Inciso VIII com redação determinada pela Lei n. 13.683, de 19-6-2018.

IX – estabelecimento e publicidade de parâmetros de qualidade e quantidade na prestação dos serviços de transporte público coletivo; e

>> Inciso IX com redação determinada pela Lei n. 13.683, de 19-6-2018.

X – incentivo à utilização de créditos eletrônicos tarifários.

>> Inciso X acrescentado pela Lei n. 13.683, de 19-6-2018.

§ 1.º (*Vetado.*)

§ 2.º Os Municípios deverão divulgar, de forma sistemática e periódica, os impactos dos benefícios tarifários concedidos no valor das tarifas dos serviços de transporte público coletivo.

§ 3.º (*Vetado.*)

Art. 9.º O regime econômico e financeiro da concessão e o da permissão do serviço de transporte público coletivo serão estabelecidos no respectivo edital de licitação, sendo a tarifa de remuneração da prestação de serviço de transporte público coletivo resultante do processo licitatório da outorga do poder público.

> *Vide* Lei n. 8.987, de 13-2-1995, que dispõe sobre o regime de concessão e permissão de serviços públicos.

§ 1.º A tarifa de remuneração da prestação do serviço de transporte público coletivo deverá ser constituída pelo preço público cobrado do usuário pelos serviços somado à receita oriunda de outras fontes de custeio, de forma a cobrir os reais custos do serviço prestado ao usuário por operador público ou privado, além da remuneração do prestador.

§ 2.º O preço público cobrado do usuário pelo uso do transporte público coletivo denomina-se tarifa pública, sendo instituída por ato específico do poder público outorgante.

§ 3.º A existência de diferença a menor entre o valor monetário da tarifa de remuneração da prestação do serviço de transporte público de passageiros e a tarifa pública cobrada do usuário denomina-se *deficit* ou subsídio tarifário.

§ 4.º A existência de diferença a maior entre o valor monetário da tarifa de remuneração da prestação do serviço de transporte público de passageiros e a tarifa pública cobrada do usuário denomina-se *superavit* tarifário.

§ 5.º Caso o poder público opte pela adoção de subsídio tarifário, o *deficit* originado deverá ser coberto por receitas extratarifárias, receitas alternativas, subsídios orçamentários, subsídios cruzados intrassetoriais e intersetoriais provenientes de outras categorias de beneficiários dos serviços de transporte, dentre outras fontes, instituídos pelo poder público delegante.

§ 6.º Na ocorrência de *superavit* tarifário proveniente de receita adicional originada em determinados serviços delegados, a receita deverá ser revertida para o próprio Sistema de Mobilidade Urbana.

§ 7.º Competem ao poder público delegante a fixação, o reajuste e a revisão da tarifa de remuneração da prestação do serviço e da tarifa pública a ser cobrada do usuário.

§ 8.º Compete ao poder público delegante a fixação dos níveis tarifários.

§ 9.º Os reajustes das tarifas de remuneração da prestação do serviço observarão a periodicidade mínima estabelecida pelo poder público delegante no edital e no contrato administrativo e incluirão a transferência de parcela dos ganhos de eficiência e produtividade das empresas aos usuários.

§ 10. As revisões ordinárias das tarifas de remuneração terão periodicidade mínima estabelecida pelo poder público delegante no edital e no contrato administrativo e deverão:

I – incorporar parcela das receitas alternativas em favor da modicidade da tarifa ao usuário;

II – incorporar índice de transferência de parcela dos ganhos de eficiência e produtividade das empresas aos usuários; e

III – aferir o equilíbrio econômico e financeiro da concessão e o da permissão, conforme parâmetro ou indicador definido em contrato.

§ 11. O operador do serviço, por sua conta e risco e sob anuência do poder público, poderá realizar descontos nas tarifas ao usuário, inclusive de caráter sazonal, sem que isso possa gerar qualquer direito à solicitação de revisão da tarifa de remuneração.

§ 12. O poder público poderá, em caráter excepcional e desde que observado o interesse público, proceder à revisão extraordinária das tarifas, por ato de ofício ou mediante provocação da empresa, caso em que esta deverá demonstrar sua cabal necessidade, instruindo o requerimento com todos os elementos indispensáveis e suficientes para subsidiar a decisão, dando publicidade ao ato.

Art. 10. A contratação dos serviços de transporte público coletivo será precedida de licitação e deverá observar as seguintes diretrizes:

> *Vide* Lei n. 8.666, de 21-6-1993 (Lei de Licitações).

I – fixação de metas de qualidade e desempenho a serem atingidas e seus instrumentos de controle e avaliação;

II – definição dos incentivos e das penalidades aplicáveis vinculadas à consecução ou não das metas;

III – alocação dos riscos econômicos e financeiros entre os contratados e o poder concedente;

IV – estabelecimento das condições e meios para a prestação de informações operacionais, contábeis e financeiras ao poder concedente; e

V – identificação de eventuais fontes de receitas alternativas, complementares, acessórias ou de projetos associados, bem como da parcela destinada à modicidade tarifária.

Parágrafo único. Qualquer subsídio tarifário ao custeio da operação do transporte público coletivo deverá ser definido em contrato, com base em critérios transparentes e objetivos de produtividade e eficiência, especificando, minimamente, o objetivo, a fonte, a periodicidade e o beneficiário, conforme o estabelecido nos arts. 8.º e 9.º desta Lei.

Art. 11. Os serviços de transporte privado coletivo, prestados entre pessoas físicas ou jurídicas, deverão ser autorizados, disciplinados e fiscalizados pelo poder público competente, com base nos princípios e diretrizes desta Lei.

Art. 11-A. Compete exclusivamente aos Municípios e ao Distrito Federal regulamentar e fiscalizar o serviço de transporte remunerado privado individual de passageiros previsto no inciso X do art. 4.º desta Lei no âmbito dos seus territórios.

>> *Caput* acrescentado pela Lei n. 13.640, de 26-3-2018.

Parágrafo único. Na regulamentação e fiscalização do serviço de transporte privado individual de passageiros, os Municípios e o Distrito Federal deverão observar as seguintes diretrizes, tendo em vista a eficiência, a eficácia, a segurança e a efetividade na prestação do serviço:

>> Parágrafo único, *caput*, acrescentado pela Lei n. 13.640, de 26-3-2018.

I – efetiva cobrança dos tributos municipais devidos pela prestação do serviço;

>> Inciso I acrescentado pela Lei n. 13.640, de 26-3-2018.

II – exigência de contratação de seguro de Acidentes Pessoais a Passageiros (APP) e do Seguro Obrigatório de Danos Pessoais causados por Veículos Automotores de Vias Terrestres (DPVAT);

>> Inciso II acrescentado pela Lei n. 13.640, de 26-3-2018.

III – exigência de inscrição do motorista como contribuinte individual do Instituto Nacional do Seguro Social (INSS), nos termos da alínea h do inciso V do art. 11 da Lei n. 8.213, de 24 de julho de 1991.

>> Inciso III acrescentado pela Lei n. 13.640, de 26-3-2018.

Art. 11-B. O serviço de transporte remunerado privado individual de passageiros previsto no inciso X do art. 4.º desta Lei, nos Municípios que optarem pela sua regulamentação, somente será autorizado ao motorista que cumprir as seguintes condições:

>> *Caput* acrescentado pela Lei n. 13.640, de 26-3-2018.

I – possuir Carteira Nacional de Habilitação na categoria B ou superior que contenha a informação de que exerce atividade remunerada;

>> Inciso I acrescentado pela Lei n. 13.640, de 26-3-2018.

II – conduzir veículo que atenda aos requisitos de idade máxima e às características exigidas pela autoridade de trânsito e pelo poder público municipal e do Distrito Federal;

>> Inciso II acrescentado pela Lei n. 13.640, de 26-3-2018.

III – emitir e manter o Certificado de Registro e Licenciamento de Veículo (CRLV);

>> Inciso III acrescentado pela Lei n. 13.640, de 26-3-2018.

IV – apresentar certidão negativa de antecedentes criminais.

>> Inciso IV acrescentado pela Lei n. 13.640, de 26-3-2018.

Parágrafo único. A exploração dos serviços remunerados de transporte privado individual de passageiros sem o cumprimento dos requisitos previstos nesta Lei e na regulamentação do poder público municipal e do Distrito Federal caracterizará transporte ilegal de passageiros.

>> Parágrafo único acrescentado pela Lei n. 13.640, de 26-3-2018.

Art. 12. Os serviços de utilidade pública de transporte individual de passageiros deverão ser organizados, disciplinados e fiscalizados pelo poder público municipal, com base nos requisitos mínimos de segurança, de conforto, de higiene, de qualidade dos serviços e de fixação prévia dos valores máximos das tarifas a serem cobradas.

>> Artigo com redação determinada pela Lei n. 12.865, de 9-10-2013.

Art. 12-A. O direito à exploração de serviços de táxi poderá ser outorgado a qualquer interessado que satisfaça os requisitos exigidos pelo poder público local.

>> *Caput* acrescentado pela Lei n. 12.865, de 9-10-2013.

§ 1.º É permitida a transferência da outorga a terceiros que atendam aos requisitos exigidos em legislação municipal.

>> § 1.º acrescentado pela Lei n. 12.865, de 9-10-2013.

§ 2.º Em caso de falecimento do outorgado, o direito à exploração do serviço será transferido a seus sucessores legítimos, nos termos dos arts. 1.829 e seguintes do Título II do Livro V da Parte Especial da Lei n. 10.406, de 10 de janeiro de 2002 (Código Civil).

>> § 2.º acrescentado pela Lei n. 12.865, de 9-10-2013.

§ 3.º As transferências de que tratam os §§ 1.º e 2.º dar-se-ão pelo prazo da outorga e são condicionadas à prévia anuência do poder público municipal e ao atendimento dos requisitos fixados para a outorga.

>> § 3.º acrescentado pela Lei n. 12.865, de 9-10-2013.

Art. 12-B. Na outorga de exploração de serviço de táxi, reservar-se-ão 10% (dez por cento) das vagas para condutores com deficiência.

>> *Caput* acrescentado pela Lei n. 13.146, de 6-7-2015.

§ 1.º Para concorrer às vagas reservadas na forma do *caput* deste artigo, o condutor com deficiência deverá observar os seguintes requisitos quanto ao veículo utilizado:

>> § 1.º, *caput*, acrescentado pela Lei n. 13.146, de 6-7-2015.

I – ser de sua propriedade e por ele conduzido; e

>> Inciso I acrescentado pela Lei n. 13.146, de 6-7-2015.

II – estar adaptado às suas necessidades, nos termos da legislação vigente.

>> Inciso II acrescentado pela Lei n. 13.146, de 6-7-2015.

§ 2.º No caso de não preenchimento das vagas na forma estabelecida no *caput* deste artigo, as remanescentes devem ser disponibilizadas para os demais concorrentes.

>> § 2.º acrescentado pela Lei n. 13.146, de 6-7-2015.

Art. 13. Na prestação de serviços de transporte público coletivo, o poder público delegante deverá realizar atividades de fiscalização e controle dos serviços delegados, preferencialmente em parceria com os demais entes federativos.

Capítulo III
DOS DIREITOS DOS USUÁRIOS

Art. 14. São direitos dos usuários do Sistema Nacional de Mobilidade Urbana, sem prejuízo dos previstos nas Leis n. 8.078, de 11 de setembro de 1990, e 8.987, de 13 de fevereiro de 1995:

I – receber o serviço adequado, nos termos do art. 6.º da Lei n. 8.987, de 13 de fevereiro de 1995;

II – participar do planejamento, da fiscalização e da avaliação da política local de mobilidade urbana;

III – ser informado nos pontos de embarque e desembarque de passageiros, de forma gratuita e acessível, sobre itinerários, horários, tarifas dos serviços e modos de interação com outros modais; e

IV – ter ambiente seguro e acessível para a utilização do Sistema Nacional de Mobilidade Urbana, conforme as Leis n. 10.048, de 8 de novembro de 2000, e 10.098, de 19 de dezembro de 2000.

> As Leis n. 10.048, de 8-11-2000, e 10.098, de 19-12-2000, estabelecem, respectivamente, prioridade de atendimento e normas gerais e critérios básicos para a promoção da acessibilidade das pessoas portadoras de deficiência ou com mobilidade reduzida.

Parágrafo único. Os usuários dos serviços terão o direito de ser informados, em linguagem acessível e de fácil compreensão, sobre:

I – seus direitos e responsabilidades;

II – os direitos e obrigações dos operadores dos serviços; e

III – os padrões preestabelecidos de qualidade e quantidade dos serviços ofertados, bem como os meios para reclamações e respectivos prazos de resposta.

Art. 15. A participação da sociedade civil no planejamento, fiscalização e avaliação da Política Nacional de Mobilidade Urbana deverá ser assegurada pelos seguintes instrumentos:

I – órgãos colegiados com a participação de representantes do Poder Executivo, da sociedade civil e dos operadores dos serviços;

II – ouvidorias nas instituições responsáveis pela gestão do Sistema Nacional de Mobilidade Urbana ou nos órgãos com atribuições análogas;

III – audiências e consultas públicas; e

IV – procedimentos sistemáticos de comunicação, de avaliação da satisfação dos cidadãos e dos usuários e de prestação de contas públicas.

Capítulo IV
DAS ATRIBUIÇÕES

Art. 16. São atribuições da União:

I – prestar assistência técnica e financeira aos Estados, Distrito Federal e Municípios, nos termos desta Lei;

II – contribuir para a capacitação continuada de pessoas e para o desenvolvimento das instituições vinculadas à Política Nacional de Mobilidade Urbana nos Estados, Municípios e Distrito Federal, nos termos desta Lei;

III – organizar e disponibilizar informações sobre o Sistema Nacional de Mobilidade Urbana e a qualidade e produtividade dos serviços de transporte público coletivo;

IV – fomentar a implantação de projetos de transporte público coletivo de grande e média capacidade nas aglomerações urbanas e nas regiões metropolitanas;

V – (*Vetado.*);

VI – fomentar o desenvolvimento tecnológico e científico visando ao atendimento dos princípios e diretrizes desta Lei; e

VII – prestar, diretamente ou por delegação ou gestão associada, os serviços de transporte público interestadual de caráter urbano.

§ 1.º A União apoiará e estimulará ações coordenadas e integradas entre Municípios e Estados em áreas conurbadas, aglomerações urbanas e regiões metropolitanas destinadas a políticas comuns de mobilidade urbana, inclusive nas cidades definidas como cidades gêmeas localizadas em regiões de fronteira com outros países, observado o art. 178 da Constituição Federal.

§ 2.º A União poderá delegar aos Estados, ao Distrito Federal ou aos Municípios a organização e a prestação dos serviços de transporte público coletivo interestadual e internacional de caráter urbano, desde que constituído consórcio público ou convênio de cooperação para tal fim, observado o art. 178 da Constituição Federal.

Art. 17. São atribuições dos Estados:

I – prestar, diretamente ou por delegação ou gestão associada, os serviços de transporte público coletivo intermunicipais de caráter urbano, em conformidade com o § 1.º do art. 25 da Constituição Federal;

II – propor política tributária específica e de incentivos para a implantação da Política Nacional de Mobilidade Urbana; e

III – garantir o apoio e promover a integração dos serviços nas áreas que ultrapassem os limites de um Município, em conformidade com o § 3.º do art. 25 da Constituição Federal.

Parágrafo único. Os Estados poderão delegar aos Municípios a organização e a prestação dos serviços de transporte público coletivo intermunicipal de caráter urbano, desde que constituído consórcio público ou convênio de cooperação para tal fim.

Art. 18. São atribuições dos Municípios:

I – planejar, executar e avaliar a política de mobilidade urbana, bem como promover a regulamentação dos serviços de transporte urbano;

II – prestar, direta, indiretamente ou por gestão associada, os serviços de transporte público coletivo urbano, que têm caráter essencial;

III – capacitar pessoas e desenvolver as instituições vinculadas à política de mobilidade urbana do Município; e

IV – (*Vetado.*)

Art. 19. Aplicam-se ao Distrito Federal, no que couber, as atribuições previstas para os Estados e os Municípios, nos termos dos arts. 17 e 18.

Art. 20. O exercício das atribuições previstas neste Capítulo subordinar-se-á, em cada ente federativo, às normas fixadas pelas respectivas leis de diretrizes orçamentárias, às efetivas disponibilidades asseguradas pelas suas leis orçamentárias anuais e aos imperativos da Lei Complementar n. 101, de 4 de maio de 2000.

> A Lei Complementar n. 101, de 4-5-2000, que consta nesta obra, estabelece normas de finanças públicas voltadas para a responsabilidade na gestão fiscal (Lei de Responsabilidade Fiscal).

Capítulo V
DAS DIRETRIZES PARA O PLANEJAMENTO E GESTÃO DOS SISTEMAS DE MOBILIDADE URBANA

Art. 21. O planejamento, a gestão e a avaliação dos sistemas de mobilidade deverão contemplar:

I – a identificação clara e transparente dos objetivos de curto, médio e longo prazo;

II – a identificação dos meios financeiros e institucionais que assegurem sua implantação e execução;

III – a formulação e implantação dos mecanismos de monitoramento e avaliação sistemáticos e permanentes dos objetivos estabelecidos; e

IV – a definição das metas de atendimento e universalização da oferta de transporte público coletivo, monitorados por indicadores preestabelecidos.

Art. 22. Consideram-se atribuições mínimas dos órgãos gestores dos entes federativos incumbidos respectivamente do planejamento e gestão do sistema de mobilidade urbana:

I – planejar e coordenar os diferentes modos e serviços, observados os princípios e diretrizes desta Lei;

II – avaliar e fiscalizar os serviços e monitorar desempenhos, garantindo a consecução das metas de universalização e de qualidade;

III – implantar a política tarifária;

IV – dispor sobre itinerários, frequências e padrão de qualidade dos serviços;

V – estimular a eficácia e a eficiência dos serviços de transporte público coletivo;

> A Lei n. 12.379, de 6-1-2011, dispõe sobre o Sistema Nacional de Viação.

VI – garantir os direitos e observar as responsabilidades dos usuários; e

VII – combater o transporte ilegal de passageiros.

Art. 23. Os entes federativos poderão utilizar, dentre outros instrumentos de gestão do sistema de transporte e da mobilidade urbana, os seguintes:

I – restrição e controle de acesso e circulação, permanente ou temporário, de veículos motorizados em locais e horários predeterminados;

II – estipulação de padrões de emissão de poluentes para locais e horários determinados, podendo condicionar o acesso e a circulação aos espaços urbanos sob controle;

III – aplicação de tributos sobre modos e serviços de transporte urbano pela utilização da infraestrutura urbana, visando a desestimular o uso de determinados modos e serviços de mobilidade, vinculando-se a receita à aplicação exclusiva em infraestrutura urbana destinada ao transporte público coletivo e ao transporte não motorizado e no financiamento do subsídio público da tarifa de transporte público, na forma da lei;

IV – dedicação de espaço exclusivo nas vias públicas para os serviços de transporte público coletivo e modos de transporte não motorizados;

V – estabelecimento da política de estacionamentos de uso público e privado, com e sem pagamento pela sua utilização, como parte integrante da Política Nacional de Mobilidade Urbana;

VI – controle do uso e operação da infraestrutura viária destinada à circulação e operação do transporte de carga, concedendo prioridades ou restrições;

VII – monitoramento e controle das emissões dos gases de efeito local e de efeito estufa dos modos de transporte motorizado, facultando a restrição de acesso a determinadas vias em razão da criticidade dos índices de emissões de poluição;

VIII – convênios para o combate ao transporte ilegal de passageiros; e

IX – convênio para o transporte coletivo urbano internacional nas cidades definidas como cidades gêmeas nas regiões de fronteira do Brasil com outros países, observado o art. 178 da Constituição Federal.

Art. 24. O Plano de Mobilidade Urbana é o instrumento de efetivação da Política Nacional de Mobilidade Urbana e deverá contemplar os princípios, os objetivos e as diretrizes desta Lei, bem como:

I – os serviços de transporte público coletivo;

II – a circulação viária;

> A Lei n. 12.379, de 6-1-2011, dispõe sobre o Sistema Nacional de Viação.

III – as infraestruturas do sistema de mobilidade urbana, incluindo as ciclovias e ciclofaixas;

>> Inciso III com redação determinada pela Lei n. 13.683, de 19-6-2018.

IV – a acessibilidade para pessoas com deficiência e restrição de mobilidade;

V – a integração dos modos de transporte público e destes com os privados e os não motorizados;

VI – a operação e o disciplinamento do transporte de carga na infraestrutura viária;

VII – os polos geradores de viagens;

VIII – as áreas de estacionamentos públicos e privados, gratuitos ou onerosos;

IX – as áreas e horários de acesso e circulação restrita ou controlada;

X – os mecanismos e instrumentos de financiamento do transporte público coletivo e da infraestrutura de mobilidade urbana; e

XI – a sistemática de avaliação, revisão e atualização periódica do Plano de Mobilidade Urbana em prazo não superior a 10 (dez) anos.

§ 1.º Ficam obrigados a elaborar e a aprovar Plano de Mobilidade Urbana os Municípios:

>> § 1.º, *caput*, com redação determinada pela Lei n. 14.000, de 19-5-2020.

I – com mais de 20.000 (vinte mil) habitantes;

>> Inciso I acrescentado pela Lei n. 14.000, de 19-5-2020.

II – integrantes de regiões metropolitanas, regiões integradas de desenvolvimento econômico e aglomerações urbanas com população total superior a 1.000.000 (um milhão) de habitantes;

>> Inciso II acrescentado pela Lei n. 14.000, de 19-5-2020.

III – integrantes de áreas de interesse turístico, incluídas cidades litorâneas que têm sua dinâmica de mobilidade normalmente alterada nos finais de semana, feriados e períodos de férias, em função do aporte de turistas, conforme critérios a serem estabelecidos pelo Poder Executivo.

>> Inciso III acrescentado pela Lei n. 14.000, de 19-5-2020.

> *Vide* Lei n. 10.257, de 10-7-2001 (Estatuto da Cidade), art. 41, § 2.º.

§ 1.º-A. O Plano de Mobilidade Urbana deve ser integrado e compatível com os respectivos planos diretores e, quando couber, com os planos de desenvolvimento urbano integrado e com os planos metropolitanos de transporte e mobilidade urbana.

>> § 1.º-A acrescentado pela Lei n. 14.000, de 19-5-2020.

§ 2.º Nos Municípios sem sistema de transporte público coletivo ou individual, o Plano de Mobilidade Urbana deverá ter o foco no transporte não motorizado e no planejamento da infraestrutura urbana destinada aos deslocamentos a pé e por bicicleta, de acordo com a legislação vigente.

§ 3.º ***(Revogado pela Lei n. 14.000, de 19-5-2020.)***

§ 4.º O Plano de Mobilidade Urbana deverá ser elaborado e aprovado nos seguintes prazos:

>> § 4.º, *caput*, com redação determinada pela Lei n. 14.000, de 19-5-2020.

I – até 12 de abril de 2022, para Municípios com mais de 250.000 (duzentos e cinquenta mil) habitantes;

>> Inciso I acrescentado pela Lei n. 14.000, de 19-5-2020.

II – até 12 de abril de 2023, para Municípios com até 250.000 (duzentos e cinquenta mil) habitantes.

>> Inciso II acrescentado pela Lei n. 14.000, de 19-5-2020.

§ 5.º O Plano de Mobilidade Urbana deverá contemplar medidas destinadas a atender aos núcleos urbanos informais consolidados, nos termos da Lei n. 13.465, de 11 de julho de 2017.

>> § 5.º acrescentado pela Lei n. 13.683, de 19-6-2018.

§ 6.º (*Vetado.*)

>> § 6.º acrescentado pela Lei n. 13.683, de 19-6-2018.

§ 7.º A aprovação do Plano de Mobilidade Urbana pelos Municípios, nos termos do § 4.º deste artigo, será informada à Secretaria Nacional de Mobilidade e Serviços Urbanos do Ministério do Desenvolvimento Regional.

>> § 7.º acrescentado pela Lei n. 14.000, de 19-5-2020.

§ 8.º Encerrado o prazo estabelecido no § 4.º deste artigo, os Municípios que não tenham aprovado o Plano de Mobilidade Urbana apenas poderão solicitar e receber recursos federais destinados à mobilidade urbana caso sejam utilizados para a elaboração do próprio plano.

>> 8.º acrescentado pela Lei n. 14.000, de 19-5-2020.

§ 9.º O órgão responsável pela Política Nacional de Mobilidade Urbana deverá publicar a relação dos Municípios que deverão cumprir o disposto no § 1.º deste artigo.

>> § 9.º acrescentado pela Lei n. 14.000, de 19-5-2020.

Capítulo VI
DOS INSTRUMENTOS DE APOIO À MOBILIDADE URBANA

Art. 25. O Poder Executivo da União, o dos Estados, o do Distrito Federal e o dos Municípios, segundo suas possibilidades orçamentárias e financeiras e observados os princípios e diretrizes desta Lei, farão constar dos respectivos projetos de planos plurianuais e de leis de diretrizes orçamentárias as ações programáticas e instrumentos de apoio que serão utilizados, em cada período, para o aprimoramento dos sistemas de mobilidade urbana e melhoria da qualidade dos serviços.

Parágrafo único. A indicação das ações e dos instrumentos de apoio a que se refere o *caput* será acompanhada, sempre que possível, da fixação de critérios e condições para o acesso aos recursos financeiros e às outras formas de benefícios que sejam estabelecidos.

Capítulo VII
DISPOSIÇÕES FINAIS

Art. 26. Esta Lei se aplica, no que couber, ao planejamento, controle, fiscalização e operação dos serviços de transporte público coletivo intermunicipal, interestadual e internacional de caráter urbano.

Art. 27. (*Vetado.*)

Art. 28. Esta Lei entra em vigor 100 (cem) dias após a data de sua publicação.

Brasília, 3 de janeiro de 2012; 191.º da Independência e 124.º da República.

Dilma Rousseff

LEI N. 12.618, DE 30 DE ABRIL DE 2012 (*)

(*) Publicada no *Diário Oficial da União*, de 2-5-2012. O Decreto n. 7.808, de 20-9-2012, cria a Fundação de Previdência Complementar

Institui o regime de previdência complementar para os servidores públicos federais titulares de cargo efetivo, inclusive os membros dos órgãos que menciona; fixa o limite máximo para a concessão de aposentadorias e pensões pelo regime de previdência de que trata o art. 40 da Constituição Federal; autoriza a criação de 3 (três) entidades fechadas de previdência complementar, denominadas Fundação de Previdência Complementar do Servidor Público Federal do Poder Executivo (Funpresp-Exe), Fundação de Previdência Complementar do Servidor Público Federal do Poder Legislativo (Funpresp-Leg) e Fundação de Previdência Complementar do Servidor Público Federal do Poder Judiciário (Funpresp-Jud); altera dispositivos da Lei n. 10.887, de 18 de junho de 2004; e dá outras providências.

A Presidenta da República

Faço saber que o Congresso Nacional decreta e eu sanciono a seguinte Lei:

CAPÍTULO I
DO REGIME DE PREVIDÊNCIA COMPLEMENTAR

Art. 1.º É instituído, nos termos desta Lei, o regime de previdência complementar a que se referem os §§ 14, 15 e 16 do art. 40 da Constituição Federal para os servidores públicos titulares de cargo efetivo da União, suas autarquias e fundações, inclusive para os membros do Poder Judiciário, do Ministério Público da União e do Tribunal de Contas da União.

§ 1.º Os servidores e os membros referidos no *caput* deste artigo que tenham ingressado no serviço público até a data anterior ao início da vigência do regime de previdência complementar poderão, mediante prévia e expressa opção, aderir ao regime de que trata este artigo, observado o disposto no art. 3.º desta Lei.

>> § 1.º renumerado pela Lei n. 13.183, de 4-11-2015.

§ 2.º Os servidores e os membros referidos no *caput* deste artigo com remuneração superior ao limite máximo estabelecido para os benefícios do Regime Geral de Previdência Social, que venham a ingressar no serviço público a partir do início da vigência do regime de previdência complementar de que trata esta Lei, serão automaticamente inscritos no respectivo plano de previdência complementar desde a data de entrada em exercício.

>> § 2.º acrescentado pela Lei n. 13.183, de 4-11-2015.

do Servidor Público Federal do Poder Executivo – Funpresp-Exe e dispõe sobre sua vinculação no âmbito do Poder Executivo. A Resolução n. 490, de 28-6-2018, do CJF, dispõe sobre os procedimentos operacionais a serem adotados no âmbito do Conselho e da Justiça Federal.

§ 3.º Fica assegurado ao participante o direito de requerer, a qualquer tempo, o cancelamento de sua inscrição, nos termos do regulamento do plano de benefícios.

>> § 3.º acrescentado pela Lei n. 13.183, de 4-11-2015.

§ 4.º Na hipótese do cancelamento ser requerido no prazo de até noventa dias da data da inscrição, fica assegurado o direito à restituição integral das contribuições vertidas, a ser paga em até sessenta dias do pedido de cancelamento, corrigidas monetariamente.

>> § 4.º acrescentado pela Lei n. 13.183, de 4-11-2015.

§ 5.º O cancelamento da inscrição previsto no § 4.º não constitui resgate.

>> § 5.º acrescentado pela Lei n. 13.183, de 4-11-2015.

§ 6.º A contribuição aportada pelo patrocinador será devolvida à respectiva fonte pagadora no mesmo prazo da devolução da contribuição aportada pelo participante.

>> § 6.º acrescentado pela Lei n. 13.183, de 4-11-2015.

Art. 2.º Para os efeitos desta Lei, entende-se por:

I – patrocinador: a União, suas autarquias e fundações, em decorrência da aplicação desta Lei;

II – participante: o servidor público titular de cargo efetivo da União, inclusive o membro do Poder Judiciário, do Ministério Público e do Tribunal de Contas da União, que aderir aos planos de benefícios administrados pelas entidades a que se refere o art. 4.º desta Lei;

III – assistido: o participante ou o seu beneficiário em gozo de benefício de prestação continuada.

Art. 3.º Aplica-se o limite máximo estabelecido para os benefícios do regime geral de previdência social às aposentadorias e pensões a serem concedidas pelo regime de previdência da União de que trata o art. 40 da Constituição Federal, observado o disposto na Lei n. 10.887, de 18 de junho de 2004, aos servidores e membros referidos no *caput* do art. 1.º desta Lei que tiverem ingressado no serviço público:

> *Vide* art. 1.º, parágrafo único, desta Lei.

> Citada Lei consta deste volume.

I – a partir do início da vigência do regime de previdência complementar de que trata o art. 1.º desta Lei, independentemente de sua adesão ao plano de benefícios; e

II – até a data anterior ao início da vigência do regime de previdência complementar de que trata o art. 1.º desta Lei, e nele tenham permanecido sem perda do vínculo efetivo, e que exerçam a opção prevista no § 16 do art. 40 da Constituição Federal.

§ 1.º *É assegurado aos servidores e membros referidos no inciso II do caput deste artigo o direito a um benefício especial calculado* com base nas contribuições recolhidas ao regime de previdência da União, dos Estados, do Distrito Federal ou dos Municípios de que trata o art. 40 da Constituição Federal, observada a sistemática estabelecida nos §§ 2.º a 3.º deste artigo e o direito à compensação financeira de que trata o § 9.º do art. 201 da Constituição Federal, nos termos da lei.

§ 2.º O benefício especial será equivalente à diferença entre a média aritmética simples das maiores remunerações anteriores à data de mudança do regime, utilizadas como base para as contribuições do servidor ao regime de previdência da União, dos Estados, do Distrito Federal ou dos Municípios, atualizadas pelo Índice Nacional de Preços ao Consumidor Amplo (IPCA), divulgado pela Fundação Instituto Brasileiro de Geografia e Estatística (IBGE), ou outro índice que venha a substituí-lo, correspondentes a 80% (oitenta por cento) de todo o período contributivo desde a competência julho de 1994 ou desde a do início da contribuição, se posterior àquela competência, e o limite máximo a que se refere o *caput* deste artigo, na forma regulamentada pelo Poder Executivo, multiplicada pelo fator de conversão.

§ 3.º O fator de conversão de que trata o § 2.º deste artigo, cujo resultado é limitado ao máximo de 1 (um), será calculado mediante a aplicação da seguinte fórmula:

FC = Tc/Tt

Onde:

FC = fator de conversão;

Tc = quantidade de contribuições mensais efetuadas para o regime de previdência da União de que trata o art. 40 da Constituição Federal, efetivamente pagas pelo servidor titular de cargo efetivo da União ou por membro do Poder Judiciário, do Tribunal de Contas e do Ministério Público da União até a data da opção;

Tt = 455, quando servidor titular de cargo efetivo da União ou membro do Poder Judiciário, do Tribunal de Contas e do Ministério Público da União, se homem, nos termos da alínea *a* do inciso III do art. 40 da Constituição Federal;

Tt = 390, quando servidor titular de cargo efetivo da União ou membro do Poder Judiciário, do Tribunal de Contas e do Ministério Público da União, se mulher, ou professor de educação infantil e do ensino fundamental, nos termos do § 5.º do art. 40 da Constituição Federal, se homem;

Tt = 325, quando servidor titular de cargo efetivo da União de professor de educação infantil e do ensino fundamental, nos termos do § 5.º do art. 40 da Constituição Federal, se mulher.

§ 4.º O fator de conversão será ajustado pelo órgão competente para a concessão do benefício quando, nos termos das respectivas leis complementares, o tempo de contribuição exigido para concessão da aposentadoria de servidor com deficiência, ou que exerça atividade de risco, ou cujas atividades sejam exercidas sob condições especiais que prejudiquem a saúde ou a integridade física, for inferior ao Tt de que trata o § 3.º.

§ 5.º O benefício especial será pago pelo órgão competente da União, por ocasião da concessão de aposentadoria, inclusive por invalidez, ou pensão por morte pelo regime próprio de previdência da União, de que trata o art. 40 da Constituição Federal, enquanto perdurar o benefício pago por esse regime, inclusive junto com a gratificação natalina.

§ 6.º O benefício especial calculado será atualizado pelo mesmo índice aplicável ao benefício de aposentadoria ou pensão mantido pelo regime geral de previdência social.

§ 7.º O prazo para a opção de que trata o inciso II do *caput* deste artigo será de 24 (vinte e quatro) meses, contados a partir do início da vigência do regime de previdência complementar instituído no *caput* do art. 1.º desta Lei.

>> A Lei n. 13.809, de 21-2-2019, reabre o prazo de que trata este dispositivo até 29 de março de 2019.

§ 8.º O exercício da opção a que se refere o inciso II do *caput* é irrevogável e irretratável, não sendo devida pela União e suas autarquias e fundações públicas qualquer contrapartida referente ao valor dos descontos já efetuados sobre a base de contribuição acima do limite previsto no *caput* deste artigo.

Capítulo II
DAS ENTIDADES FECHADAS DE PREVIDÊNCIA COMPLEMENTAR

Seção I
Da Criação das Entidades

Art. 4.º É a União autorizada a criar, observado o disposto no art. 26 e no art. 31, as seguintes entidades fechadas de previdência complementar, com a finalidade de administrar e executar planos de benefícios de caráter previdenciário nos termos das Leis Complementares n. 108 e 109, de 29 de maio de 2001:

I – a Fundação de Previdência Complementar do Servidor Público Federal do Poder Executivo (Funpresp-Exe), para os servidores públicos titulares de cargo efetivo do Poder Executivo, por meio de ato do Presidente da República;

II – a Fundação de Previdência Complementar do Servidor Público Federal do Poder Legislativo (Funpresp-Leg), para os servidores públicos titulares de cargo efetivo do Poder Legislativo e do Tribunal de Contas da União e para os membros deste Tribunal, por meio de ato conjunto dos Presidentes da Câmara dos Deputados e do Senado Federal; e

III – a Fundação de Previdência Complementar do Servidor Público Federal do Poder Judiciário (Funpresp-Jud), para os servidores públicos titulares de cargo efetivo e para os membros do Poder Judiciário, por meio de ato do Presidente do Supremo Tribunal Federal.

§ 1.º A Funpresp-Exe, a Funpresp-Leg e a Funpresp-Jud serão estruturadas na forma de fundação, de natureza pública, com personalidade jurídica de direito privado, gozarão de autonomia administrativa, financeira e gerencial e terão sede e foro no Distrito Federal.

§ 2.º Por ato conjunto das autoridades competentes para a criação das fundações previstas nos incisos I a III, poderá ser criada fundação que contemple os servidores públicos de 2 (dois) ou dos 3 (três) Poderes.

§ 3.º Consideram-se membros do Tribunal de Contas da União, para os efeitos desta Lei, os Ministros, os Auditores de que trata o § 4.º do art. 73 da Constituição Federal e os Subprocuradores-Gerais e Procuradores do Ministério Público junto ao Tribunal de Contas da União.

Seção II
Da Organização das Entidades

Art. 5.º A estrutura organizacional das entidades de que trata esta Lei será constituída de conselho deliberativo, conselho fiscal e diretoria executiva, observadas as disposições da Lei Complementar n. 108, de 29 de maio de 2001.

§ 1.º Os Conselhos Deliberativos terão composição paritária e cada um será integrado por 6 (seis) membros.

§ 2.º Os Conselhos Fiscais terão composição paritária e cada um deles será integrado por 4 (quatro) membros.

§ 3.º Os membros dos conselhos deliberativos e dos conselhos fiscais das entidades fechadas serão designados pelos Presidentes da República e do Supremo Tribunal Federal e por ato conjunto dos Presidentes da Câmara dos Deputados e do Senado Federal, respectivamente.

§ 4.º A presidência dos conselhos deliberativos será exercida pelos membros indicados pelos patrocinadores, na forma prevista no estatuto das entidades fechadas de previdência complementar.

§ 5.º A presidência dos conselhos fiscais será exercida pelos membros indicados pelos participantes e assistidos, na forma prevista no estatuto das entidades fechadas de previdência complementar.

§ 6.º As diretorias executivas serão compostas, no máximo, por 4 (quatro) membros, nomeados pelos conselhos deliberativos das entidades fechadas de previdência complementar.

§ 7.º (*Vetado.*)

§ 8.º A remuneração e as vantagens de qualquer natureza dos membros das diretorias executivas das entidades fechadas de previdência complementar serão fixadas pelos seus conselhos deliberativos em valores compatíveis com os níveis prevalecentes no mercado de trabalho para profissionais de graus equivalentes de formação profissional e de especialização, observado o disposto no inciso XI do art. 37 da Constituição Federal.

§ 9.º A remuneração dos membros dos conselhos deliberativo e fiscal é limitada a 10% (dez por cento) do valor da remuneração dos membros da diretoria executiva.

§ 10. Os requisitos previstos nos incisos I a IV do art. 20 da Lei Complementar n. 108, de 29 de maio de 2001, estendem-se aos membros dos conselhos deliberativos e fiscais das entidades fechadas de previdência complementar.

§ 11. As entidades fechadas de previdência complementar poderão criar, observado o disposto no estatuto e regimento interno, comitês de assessoramento técnico, de caráter consultivo, para cada plano de benefícios por elas administrado, com representação paritária entre os patrocinadores e os participantes e assistidos, sendo estes eleitos pelos seus pares, com as atribuições de apresentar propostas e sugestões quanto à gestão da entidade e sua política de investimentos e à situação financeira e atuarial dos respectivos planos de benefícios e de formular recomendações prudenciais a elas relacionadas.

§ 12. (*Vetado.*)

Seção III
Disposições Gerais

Art. 6.º É exigida a instituição de código de ética e de conduta, inclusive com regras para prevenir conflito de interesses e proibir operações dos dirigentes com partes relacionadas, que terá ampla divulgação, especialmente entre os participantes e assistidos e as partes relacionadas, cabendo aos conselhos fiscais das entidades fechadas de previdência complementar assegurar o seu cumprimento.

Parágrafo único. Compete ao órgão fiscalizador das entidades fechadas de previdência complementar definir o universo das partes relacionadas a que se refere o *caput* deste artigo.

Art. 7.º O regime jurídico de pessoal das entidades fechadas de previdência complementar referidas no art. 4.º desta Lei será o previsto na legislação trabalhista.

Art. 8.º Além da sujeição às normas de direito público que decorram de sua instituição pela União como fundação de direito privado, integrante da sua administração indireta, a natureza pública das entidades fechadas a que se refere o § 15 do art. 40 da Constituição Federal consistirá na:

I – submissão à legislação federal sobre licitação e contratos administrativos;

II – realização de concurso público para a contratação de pessoal, no caso de empregos permanentes, ou de processo seletivo, em se tratando de contrato temporário, conforme a Lei n. 8.745, de 9 de dezembro de 1993;

> A Lei n. 8.745, de 9-12-1993, dispõe sobre a contratação por tempo determinado para atender a necessidade temporária de excepcional interesse público.

III – publicação anual, na imprensa oficial ou em sítio oficial da administração pública certificado digitalmente por autoridade para esse fim credenciada no âmbito da Infraestrutura de Chaves Públicas Brasileira (ICP Brasil), de seus demonstrativos contábeis, atuariais, financeiros e de benefícios, sem prejuízo do fornecimento de informações aos participantes e assistidos dos planos de benefícios e ao órgão fiscalizador das entidades fechadas de previdência complementar, na forma das Leis Complementares n. 108 e 109, de 29 de maio de 2001.

Art. 9.º A administração das entidades fechadas de previdência complementar referidas no art. 4.º desta Lei observará os princípios que regem a administração pública, especialmente os da eficiência e da economicidade, devendo adotar mecanismos de gestão operacional que maximizem a utilização de recursos, de forma a otimizar o atendimento aos participantes e assistidos e diminuir as despesas administrativas.

§ 1.º As despesas administrativas referidas no *caput* deste artigo serão custeadas na forma dos regulamentos dos planos de benefícios, observado o disposto no *caput* do art. 7.º da Lei Complementar n. 108, de 29 de maio de 2001, e ficarão limitadas aos valores estritamente necessários à sustentabilidade do funcionamento das entidades fechadas de previdência complementar.

§ 2.º O montante de recursos destinados à cobertura das despesas administrativas será revisto ao final de cada ano, com vistas ao atendimento do disposto neste artigo.

Art. 10. As entidades fechadas de previdência complementar referidas no art. 4.º desta Lei serão mantidas integralmente por suas receitas, oriundas das contribuições de patrocinadores, participantes e assistidos, dos resultados financeiros de suas aplicações e de doações e legados de qualquer natureza, observado o disposto no § 3.º do art. 202 da Constituição Federal.

Art. 11. A União, suas autarquias e fundações são responsáveis, na qualidade de patrocinadores, pelo aporte de contribuições e pelas transferências às entidades fechadas de previdência complementar das contribuições descontadas dos seus servidores, observado o disposto nesta Lei e nos estatutos respectivos das entidades.

§ 1.º As contribuições devidas pelos patrocinadores deverão ser pagas de forma centralizada pelos respectivos Poderes da União, pelo Ministério Público da União e pelo Tribunal de Contas da União.

§ 2.º O pagamento ou a transferência das contribuições após o dia 10 (dez) do mês seguinte ao da competência:

I – enseja a aplicação dos acréscimos de mora previstos para os tributos federais; e

II – sujeita o responsável às sanções penais e administrativas cabíveis.

Capítulo III
DOS PLANOS DE BENEFÍCIOS

Seção I
Das Linhas Gerais dos Planos e Benefícios

Art. 12. Os planos de benefícios da Funpresp-Exe, da Funpresp-Leg e da Funpresp-Jud serão estruturados na modalidade de contribuição definida, nos termos da regulamentação estabelecida pelo órgão regulador das entidades fechadas de previdência complementar, e financiados de acordo com os planos de custeio definidos nos termos do art. 18 da Lei Complementar n. 109, de 29 de maio de 2001, observadas as demais disposições da Lei Complementar n. 108, de 29 de maio de 2001.

§ 1.º A distribuição das contribuições nos planos de benefícios e nos planos de custeio será revista sempre que necessário, para manter o equilíbrio permanente dos planos de benefícios.

§ 2.º Sem prejuízo do disposto no § 3.º do art. 18 da Lei Complementar n. 109, de 29 de maio de 2001, o valor do benefício programado será calculado de acordo com o montante do saldo da conta acumulado pelo participante, devendo o valor do benefício estar permanentemente ajustado ao referido saldo.

§ 3.º Os benefícios não programados serão definidos nos regulamentos dos planos, observado o seguinte:

I – devem ser assegurados, pelo menos, os benefícios decorrentes dos eventos invalidez e morte e, se for o caso, a cobertura de outros riscos atuariais; e

II – terão custeio específico para sua cobertura.

§ 4.º Na gestão dos benefícios de que trata o § 3.º deste artigo, as entidades fechadas de previdência complementar referidas no art. 4.º desta Lei poderão contratá-los externamente ou administrá-los em seus próprios planos de benefícios.

§ 5.º A concessão dos benefícios de que trata o § 3.º aos participantes ou assistidos pela entidade fechada de previdência social é condicionada à concessão do benefício pelo regime próprio de previdência social.

Art. 13. Os requisitos para aquisição, manutenção e perda da qualidade de participante, assim como os requisitos de elegibilidade e a forma de concessão, cálculo e pagamento dos benefícios, deverão constar dos regulamentos dos planos de benefícios, observadas as disposições das Leis Complementares n. 108 e 109, de 29 de maio de 2001, e a regulamentação do órgão regulador das entidades fechadas de previdência complementar.

Parágrafo único. O servidor com remuneração inferior ao limite máximo estabelecido para os benefícios do regime geral de previdência social poderá aderir aos planos de benefícios administrados pelas entidades fechadas de previdência complementar de que trata esta Lei, sem contrapartida do patrocinador, cuja base de cálculo será definida nos regulamentos.

Art. 14. Poderá permanecer filiado aos respectivos planos de benefícios o participante:

I – cedido a outro órgão ou entidade da administração pública direta ou indireta da União, Estados, Distrito Federal e Municípios, inclusive suas empresas públicas e sociedades de economia mista;

II – afastado ou licenciado do cargo efetivo temporariamente, com ou sem recebimento de remuneração;

III – que optar pelo benefício proporcional diferido ou autopatrocínio, na forma do regulamento do plano de benefícios.

§ 1.º Os regulamentos dos planos de benefícios disciplinarão as regras para a manutenção do custeio do plano de benefícios, observada a legislação aplicável.

§ 2.º Os patrocinadores arcarão com as suas contribuições somente quando a cessão, o afastamento ou a licença do cargo efetivo implicar ônus para a União, suas autarquias e fundações.

§ 3.º Havendo cessão com ônus para o cessionário, este deverá recolher às entidades fechadas de previdência complementar referidas no art. 4.º desta Lei a contribuição aos planos de benefícios, nos mesmos níveis e condições que seria devida pelos patrocinadores, na forma definida nos regulamentos dos planos.

Seção II
Dos Recursos Garantidores

Art. 15. A aplicação dos recursos garantidores correspondentes às reservas, às provisões e aos fundos dos planos de benefícios da Funpresp-Exe, da Funpresp-Leg e da Funpresp-Jud obedecerá às diretrizes e aos limites prudenciais estabelecidos pelo Conselho Monetário Nacional (CMN).

§ 1.º A gestão dos recursos garantidores dos planos de benefícios administrados pelas entidades referidas no *caput* poderá ser realizada por meio de carteira própria, carteira administrada ou fundos de investimento.

§ 2.º As entidades referidas no *caput* contratarão, para a gestão dos recursos garantidores prevista neste artigo, somente instituições, administradores de carteiras ou fundos de investimento que estejam autorizados e registrados na Comissão de Valores Mobiliários (CVM).

§ 3.º A contratação das instituições a que se refere o § 2.º deste artigo será feita mediante licitação, cujos contratos terão prazo total máximo de execução de 5 (cinco) anos.

§ 4.º O edital da licitação prevista no § 3.º estabelecerá, entre outras, disposições relativas aos limites de taxa de administração e de custos que poderão ser imputados aos fundos, bem como, no que concerne aos administradores, a solidez, o porte e a experiência em gestão de recursos.

§ 5.º Cada instituição contratada na forma deste artigo poderá administrar, no máximo, 20% (vinte por cento) dos recursos garantidores correspondentes às reservas técnicas, aos fundos e às provisões.

§ 6.º As instituições referidas no § 5.º deste artigo não poderão ter qualquer ligação societária com outra instituição que esteja concorrendo na mesma licitação ou que já administre reservas, provisões e fundos da mesma entidade fechada de previdência complementar.

Seção III Das Contribuições

Art. 16. As contribuições do patrocinador e do participante incidirão sobre a parcela da base de contribuição que exceder o limite máximo a que se refere o art. 3.º desta Lei, observado o disposto no inciso XI do art. 37 da Constituição Federal.

§ 1.º Para efeitos desta Lei, considera-se base de contribuição aquela definida pelo § 1.º do art. 4.º da Lei n. 10.887, de 18 de junho de 2004, podendo o participante optar pela inclusão de parcelas remuneratórias percebidas em decorrência do local de trabalho e do exercício de cargo em comissão ou função de confiança.

§ 2.º A alíquota da contribuição do participante será por ele definida anualmente, observado o disposto no regulamento do plano de benefícios.

§ 3.º A alíquota da contribuição do patrocinador será igual à do participante, observado o disposto no regulamento do plano de benefícios, e não poderá exceder o percentual de 8,5% (oito inteiros e cinco décimos por cento).

§ 4.º Além da contribuição normal, o participante poderá contribuir facultativamente, sem contrapartida do patrocinador, na forma do regulamento do plano.

§ 5.º A remuneração do servidor, quando devida durante afastamentos considerados por lei como de efetivo exercício, será integralmente coberta pelo ente público, continuando a incidir a contribuição para o regime instituído por esta Lei.

Seção IV Disposições Especiais

Art. 17. O plano de custeio previsto no art. 18 da Lei Complementar n. 109, de 29 de maio de 2001, discriminará o percentual da contribuição do participante e do patrocinador, conforme o caso, para cada um dos benefícios previstos no plano de benefícios, observado o disposto no art. 6.º da Lei Complementar n. 108, de 29 de maio de 2001.

§ 1.º O plano de custeio referido no *caput* deverá prever parcela da contribuição do participante e do patrocinador com o objetivo de compor o Fundo de Cobertura de Benefícios Extraordinários (FCBE), do qual serão vertidos montantes, a título de contribuições extraordinárias, à conta mantida em favor do participante, nas hipóteses e na forma prevista nesta Lei.

§ 2.º As contribuições extraordinárias a que se refere o § 1.º serão vertidas nas seguintes hipóteses:

I – morte do participante;

II – invalidez do participante;

III – aposentadoria nas hipóteses dos §§ 4.º e 5.º do art. 40 da Constituição Federal;

IV – aposentadoria das mulheres, na hipótese da alínea *a* do inciso III do § 1.º do art. 40 da Constituição Federal; e

V – sobrevivência do assistido.

§ 3.º O montante do aporte extraordinário de que tratam os incisos III e IV do § 2.º será equivalente à diferença entre a reserva acumulada pelo participante e o produto desta mesma reserva multiplicado pela razão entre 35 (trinta e cinco) e o número de anos de contribuição exigido para a concessão do benefício pelo regime próprio de previdência social de que trata o art. 40 da Constituição Federal.

Art. 18. As entidades fechadas de previdência complementar referidas no art. 4.º desta Lei manterão controles das reservas constituídas em nome do participante, registrando contabilmente as contribuições deste e as dos patrocinadores.

CAPÍTULO IV DO CONTROLE E DA FISCALIZAÇÃO

Art. 19. A constituição, o funcionamento e a extinção da Funpresp-Exe, da Funpresp-Leg e da Funpresp-Jud, a aplicação de seus estatutos, regulamentos dos planos de benefícios, convênios de adesão e suas respectivas alterações, assim como as retiradas de patrocínios, dependerão de prévia e expressa autorização do órgão fiscalizador das entidades fechadas de previdência complementar.

§ 1.º Serão submetidas ao órgão fiscalizador das entidades fechadas de previdência complementar:

I – as propostas de aprovação do estatuto e de instituição de planos de benefícios da entidade fechada de previdência complementar, bem como suas alterações; e

II – a proposta de adesão de novos patrocinadores a planos de benefícios em operação na entidade fechada de previdência complementar.

§ 2.º No caso da Funpresp-Exe, as propostas de aprovação do estatuto, de adesão de novos patrocinadores e de instituição de planos devem estar acompanhadas de manifestação favorável do Ministério do Planejamento, Orçamento e Gestão e do Ministério da Fazenda.

§ 3.º No caso da Funpresp-Leg, as propostas de aprovação do estatuto, de adesão de novos patrocinadores e de instituição de planos devem estar acompanhadas de manifestação favorável das Mesas Diretoras da Câmara dos Deputados e do Senado Federal.

§ 4.º No caso da Funpresp-Jud, as propostas de aprovação do estatuto, de adesão de novos patrocinadores e de instituição de planos devem estar acompanhadas de manifestação favorável:

I – do Supremo Tribunal Federal;

II – (*Vetado.*)

Art. 20. A supervisão e a fiscalização da Funpresp-Exe, da Funpresp-Leg e da Funpresp-Jud e dos seus planos de benefícios competem ao órgão fiscalizador das entidades fechadas de previdência complementar.

§ 1.º A competência exercida pelo órgão referido no *caput* deste artigo não exime os patrocinadores da responsabilidade pela supervisão e fiscalização sistemática das atividades das entidades fechadas de previdência complementar.

§ 2.º Os resultados da supervisão e da fiscalização exercidas pelos patrocinadores serão encaminhados ao órgão mencionado no *caput* deste artigo.

Art. 21. Aplica-se, no âmbito da Funpresp-Exe, da Funpresp-Leg e da Funpresp-Jud, o regime disciplinar previsto no Capítulo VII da Lei Complementar n. 109, de 29 de maio de 2001.

CAPÍTULO V DISPOSIÇÕES FINAIS E TRANSITÓRIAS

Art. 22. Aplica-se o benefício especial de que tratam os §§ 1.º a 8.º do art. 3.º ao servidor público titular de cargo efetivo da União, inclusive ao membro do Poder Judiciário, do Ministério Público e do Tribunal de Contas da União, oriundo, sem quebra de continuidade, de cargo público estatutário de outro ente da federação que não tenha instituído o respectivo regime de previdência complementar e que ingresse em cargo público efetivo federal a partir da instituição do regime de previdência complementar de que trata esta Lei, considerando-se, para esse fim, o tempo de contribuição estadual, distrital ou municipal, assegurada a compensação financeira de que trata o § 9.º do art. 201 da Constituição Federal.

Art. 23. Após a autorização de funcionamento da Funpresp-Exe, da Funpresp-Jud e da Funpresp-Leg, nos termos desta Lei, os servidores que deverão compor provisoriamente os conselhos deliberativos e os conselhos fiscais, dispensados da exigência da condição de participante ou assistido dos planos de benefícios das entidades fechadas de previdência complementar, serão nomeados, respectivamente, pelo Presidente da República, pelo Presidente do Supremo Tribunal Federal e por ato conjunto dos Presidentes da Câmara dos Deputados e do Senado Federal.

Parágrafo único. O mandato dos conselheiros de que trata o *caput* deste artigo será de 2 (dois) anos, durante os quais será realizada eleição direta para que os participantes e assistidos escolham os seus representantes, e os patrocinadores indicarão os seus representantes.

Art. 24. Para fins de implantação, ficam a Funpresp-Exe, a Funpresp-Leg e a Funpresp-Jud equiparadas às pessoas jurídicas a que se refere o art. 1.º da Lei n. 8.745, de 9 de dezembro de 1993, com vistas à contratação de pessoal técnico e administrativo por tempo determinado.

§ 1.º Considera-se como necessidade temporária de excepcional interesse público, para os efeitos da Lei n. 8.745, de 9 de dezembro de 1993, a contratação de pessoal técnico e administrativo, por tempo determinado, imprescindível ao funcionamento inicial da Funpresp-Exe, da Funpresp-Leg e da Funpresp-Jud.

§ 2.º As contratações observarão o disposto no *caput* do art. 3.º, no art. 6.º, no inciso II do art. 7.º e nos arts. 9.º e 12 da Lei n. 8.745, de 9 de dezembro de 1993, e não poderão exceder o prazo de 24 (vinte e quatro) meses.

Art. 25. É a União autorizada, em caráter excepcional, no ato de criação das entidades fechadas de previdência complementar referidas no art. 4.º, a promover aporte a título de adiantamento de contribuições futuras, necessário ao regular funcionamento inicial, no valor de:

I – Funpresp-Exe: até R$ 50.000.000,00 (cinquenta milhões de reais);

II – Funpresp-Leg: até R$ 25.000.000,00 (vinte e cinco milhões de reais); e

III – Funpresp-Jud: até R$ 25.000.000,00 (vinte e cinco milhões de reais).

Art. 26. A Funpresp-Exe, a Funpresp-Leg e a Funpresp-Jud deverão entrar em funcionamento em até 240 (duzentos e quarenta) dias após a publicação da autorização de funcionamento concedida pelo órgão fiscalizador das entidades fechadas de previdência complementar.

> *Vide* art. 4.º desta Lei.

Art. 27. Aplicam-se ao regime de previdência complementar a que se referem os §§ 14, 15 e 16 do art. 40 da Constituição Federal as disposições das Leis Complementares n. 108 e 109, de 29 de maio de 2001.

Art. 28. Até que seja promovida a contratação na forma prevista no § 3.º do art. 15 desta Lei, a totalidade dos recursos garantidores correspondentes às reservas técnicas, aos fundos e às provisões dos planos de benefícios da Funpresp-Exe, da Funpresp-Leg e da Funpresp-Jud será administrada por instituição financeira federal, mediante taxa de administração praticada a preço de mercado, vedada a cobrança de taxas de *performance*.

Art. 29. O *caput* do art. 4.º da Lei n. 10.887, de 18 de junho de 2004, passa a vigorar com a seguinte redação:

>> Alteração já processada no diploma modificado.

Art. 30. Para os fins do exercício do direito de opção de que trata o parágrafo único do art. 1.º, considera-se instituído o regime de previdência complementar de que trata esta Lei a partir da data da publicação pelo órgão fiscalizador da autorização de aplicação dos regulamentos dos planos de benefícios de qualquer das entidades de que trata o art. 4.º desta Lei.

Art. 31. A Funpresp-Exe, a Funpresp-Leg e a Funpresp-Jud deverão ser criadas pela União no prazo de 180 (cento e oitenta) dias, contado da publicação desta Lei, e iniciar o seu funcionamento nos termos do art. 26.

> *Vide* art. 4.º desta Lei.

§ 1.º Ultrapassados os prazos de que trata o *caput*, considera-se vigente, para todos os fins, o regime de previdência complementar de que trata esta Lei.

§ 2.º Ultrapassados os prazos de que trata o *caput* sem o início do funcionamento de alguma das entidades referidas no art. 4.º, os servidores e membros do respectivo Poder poderão aderir ao plano de benefícios da entidade que primeiro entrou em funcionamento até a regularização da situação.

Art. 32. Considera-se ato de improbidade, nos termos do art. 10 da Lei n. 8.429, de 2 de junho de 1992, o descumprimento injustificado dos prazos de que trata o art. 31.

> A Lei n. 8.429, de 2-6-1992, dispõe sobre as sanções aplicáveis aos agentes públicos nos casos de enriquecimento ilícito do exercício do mandato, cargo, emprego ou função da Administração Pública direta, indireta ou fundacional e dá outras providências.

Art. 33. Esta Lei entra em vigor:

I – quanto ao disposto no Capítulo I, na data em que forem criadas quaisquer das entidades de que trata o art. 4.º, observado o disposto no art. 31; e

II – quanto aos demais dispositivos, na data de sua publicação.

Brasília, 30 de abril de 2012; 191.º da Independência e 124.º da República.

DILMA ROUSSEFF

DECRETO N. 7.892, DE 23 DE JANEIRO DE 2013 (*)

Regulamenta o Sistema de Registro de Preços previsto no art. 15 da Lei n. 8.666, de 21 de junho de 1993.

(*) Publicado no *Diário Oficial da União* de 24-1-2013.

A Presidenta da República, no uso da atribuição que lhe confere o art. 84, *caput*, inciso IV, da Constituição, e tendo em vista o disposto no art. 15 da Lei n. 8.666, de 21 de junho de 1993, e no art. 11 da Lei n. 10.520, de 17 de julho de 2002, decreta:

CAPÍTULO I
DISPOSIÇÕES GERAIS

Art. 1.º As contratações de serviços e a aquisição de bens, quando efetuadas pelo Sistema de Registro de Preços – SRP, no âmbito da administração pública federal direta, autárquica e fundacional, fundos especiais, empresas públicas, sociedades de economia mista e demais entidades controladas, direta ou indiretamente pela União, obedecerão ao disposto neste Decreto.

Art. 2.º Para os efeitos deste Decreto, são adotadas as seguintes definições:

I – Sistema de Registro de Preços – conjunto de procedimentos para registro formal de preços relativos à prestação de serviços e aquisição de bens, para contratações futuras;

II – ata de registro de preços – documento vinculativo, obrigacional, com característica de compromisso para futura contratação, em que se registram os preços, fornecedores, órgãos participantes e condições a serem praticadas, conforme as disposições contidas no instrumento convocatório e propostas apresentadas;

III – órgão gerenciador – órgão ou entidade da administração pública federal responsável pela condução do conjunto de procedimentos para registro de preços e gerenciamento da ata de registro de preços dele decorrente;

IV – órgão participante – órgão ou entidade da administração pública que participa dos procedimentos iniciais do Sistema de Registro de Preços e integra a ata de registro de preços;

>> Inciso IV com redação determinada pelo Decreto n. 8.250, de 23-5-2014.

V – órgão não participante – órgão ou entidade da administração pública que, não tendo participado dos procedimentos iniciais da licitação, atendidos os requisitos desta norma, faz adesão à ata de registro de preços;

VI – compra nacional – compra ou contratação de bens e serviços, em que o órgão gerenciador conduz os procedimentos para registro de preços destinado à execução descentralizada de programa ou projeto federal, mediante prévia indicação da demanda pelos entes federados beneficiados; e

>> Inciso VI acrescentado pelo Decreto n. 8.250, de 23-5-2014.

VII – órgão participante de compra nacional – órgão ou entidade da administração pública que, em razão de participação em programa ou projeto federal, é contemplado no registro de preços independente de manifestação formal.

>> Inciso VII acrescentado pelo Decreto n. 8.250, de 23-5-2014.

Art. 3.º O Sistema de Registro de Preços poderá ser adotado nas seguintes hipóteses:

I – quando, pelas características do bem ou serviço, houver necessidade de contratações frequentes;

II – quando for conveniente a aquisição de bens com previsão de entregas parceladas ou contratação de serviços remunerados por unidade de medida ou em regime de tarefa;

III – quando for conveniente a aquisição de bens ou a contratação de serviços para atendimento a mais de um órgão ou entidade, ou a programas de governo; ou

IV – quando, pela natureza do objeto, não for possível definir previamente o quantitativo a ser demandado pela Administração.

Capítulo II
DA INTENÇÃO PARA REGISTRO DE PREÇOS

Art. 4.º Fica instituído o procedimento de Intenção de Registro de Preços – IRP, a ser operacionalizado por módulo do Sistema de Administração e Serviços Gerais – SIASG, que deverá ser utilizado pelos órgãos e entidades integrantes do Sistema de Serviços Gerais – SISG, para registro e divulgação dos itens a serem licitados e para a realização dos atos previstos nos incisos II e V do *caput* do art. 5.º e dos atos previstos no inciso II e *caput* do art. 6.º.

§ 1.º A divulgação da intenção de registro de preços poderá ser dispensada, de forma justificada pelo órgão gerenciador.

>> § 1.º com redação determinada pelo Decreto n. 8.250, de 23-5-2014.

§ 1.º-A. O prazo para que outros órgãos e entidades manifestem interesse em participar de IRP será de oito dias úteis, no mínimo, contado da data de divulgação da IRP no Portal de Compras do Governo federal.

>> § 1.º-A acrescentado pelo Decreto n. 9.488, de 30-8-2018.

§ 2.º O Ministério do Planejamento, Orçamento e Gestão editará norma complementar para regulamentar o disposto neste artigo.

§ 3.º Caberá ao órgão gerenciador da Intenção de Registro de Preços – IRP:

>> § 3.º, *caput*, acrescentado pelo Decreto n. 8.250, de 23-5-2014.

I – estabelecer, quando for o caso, o número máximo de participantes na IRP em conformidade com sua capacidade de gerenciamento;

>> Inciso I acrescentado pelo Decreto n. 8.250, de 23-5-2014.

II – aceitar ou recusar, justificadamente, os quantitativos considerados ínfimos ou a inclusão de novos itens; e

>> Inciso II acrescentado pelo Decreto n. 8.250, de 23-5-2014.

III – deliberar quanto à inclusão posterior de participantes que não manifestaram interesse durante o período de divulgação da IRP.

>> Inciso III acrescentado pelo Decreto n. 8.250, de 23-5-2014.

§ 4.º Os procedimentos constantes dos incisos II e III do § 3.º serão efetivados antes da elaboração do edital e de seus anexos.

>> § 4.º acrescentado pelo Decreto n. 8.250, de 23-5-2014.

§ 5.º Para receber informações a respeito das IRPs disponíveis no Portal de Compras do Governo Federal, os órgãos e entidades integrantes do SISG se cadastrarão no módulo IRP e inserirão a linha de fornecimento e de serviços de seu interesse.

>> § 5.º acrescentado pelo Decreto n. 8.250, de 23-5-2014.

§ 6.º É facultado aos órgãos e entidades integrantes do SISG, antes de iniciar um processo licitatório, consultar as IRPs em andamento e deliberar a respeito da conveniência de sua participação.

>> § 6.º acrescentado pelo Decreto n. 8.250, de 23-5-2014.

Capítulo III
DAS COMPETÊNCIAS DO ÓRGÃO GERENCIADOR

Art. 5.º Caberá ao órgão gerenciador a prática de todos os atos de controle e administração do Sistema de Registro de Preços, e ainda o seguinte:

I – registrar sua intenção de registro de preços no Portal de Compras do Governo federal;

II – consolidar informações relativas à estimativa individual e total de consumo, promovendo a adequação dos respectivos termos de referência ou projetos básicos encaminhados para atender aos requisitos de padronização e racionalização;

III – promover atos necessários à instrução processual para a realização do procedimento licitatório;

IV – realizar pesquisa de mercado para identificação do valor estimado da licitação e, consolidar os dados das pesquisas de mercado realizadas pelos órgãos e entidades participantes, inclusive nas hipóteses previstas nos §§ 2.º e 3.º do art. 6.º deste Decreto;

>> Inciso IV com redação determinada pelo Decreto n. 8.250, de 23-5-2014.

V – confirmar junto aos órgãos participantes a sua concordância com o objeto a ser licitado, inclusive quanto aos quantitativos e termo de referência ou projeto básico;

VI – realizar o procedimento licitatório;

VII – gerenciar a ata de registro de preços;

VIII – conduzir eventuais renegociações dos preços registrados;

IX – aplicar, garantida a ampla defesa e o contraditório, as penalidades decorrentes de infrações no procedimento licitatório;

X – aplicar, garantida a ampla defesa e o contraditório, as penalidades decorrentes do descumprimento do pactuado na ata de registro de preços ou do descumprimento das obrigações contratuais, em relação às suas próprias contratações;

XI – autorizar, excepcional e justificadamente, a prorrogação do prazo previsto no § 6.º do art. 22 deste Decreto, respeitado o prazo de vigência da ata, quando solicitada pelo órgão não participante.

>> Inciso XI acrescentado pelo Decreto n. 8.250, de 23-5-2014.

§ 1.º A ata de registro de preços, disponibilizada no Portal de Compras do Governo federal, poderá ser assinada por certificação digital.

§ 2.º O órgão gerenciador poderá solicitar auxílio técnico aos órgãos participantes para execução das atividades previstas nos incisos III, IV e VI do *caput*.

Capítulo IV
DAS COMPETÊNCIAS DO ÓRGÃO PARTICIPANTE

Art. 6.º O órgão participante será responsável pela manifestação de interesse em participar do registro de preços, providenciando o encaminhamento ao órgão gerenciador de sua estimativa de consumo, local de entrega e, quando couber, cronograma de contratação e respectivas especificações ou termo de referência ou projeto básico, nos termos da Lei n. 8.666, de 21 de junho de 1993, e da Lei n. 10.520, de 17 de julho de 2002, adequado ao registro de preços do qual pretende fazer parte, devendo ainda:

I – garantir que os atos relativos a sua inclusão no registro de preços estejam formalizados e aprovados pela autoridade competente;

II – manifestar, junto ao órgão gerenciador, mediante a utilização da Intenção de Registro de Preços, sua concordância com o objeto a ser licitado, antes da realização do procedimento licitatório; e

III – tomar conhecimento da ata de registros de preços, inclusive de eventuais alterações, para o correto cumprimento de suas disposições.

§ 1.º Cabe ao órgão participante aplicar, garantida a ampla defesa e o contraditório, as penalidades decorrentes do descumprimento do pactuado na ata de registro de preços ou do descumprimento das obrigações contratuais, em relação às suas próprias contratações, informando as ocorrências ao órgão gerenciador.

>> § 1.º renumerado pelo Decreto n. 8.250, de 23-5-2014.

§ 2.º No caso de compra nacional, o órgão gerenciador promoverá a divulgação da ação, a pesquisa de mercado e a consolidação da demanda dos órgãos e entidades da administração direta e indireta da União, dos Estados, do Distrito Federal e dos Municípios.

>> § 2.º acrescentado pelo Decreto n. 8.250, de 23-5-2014.

§ 3.º Na hipótese prevista no § 2.º, comprovada a vantajosidade, fica facultado aos órgãos ou entidades participantes de compra nacional a execução da ata de registro de preços vinculada ao programa ou projeto federal.

>> § 3.º acrescentado pelo Decreto n. 8.250, de 23-5-2014.

§ 4.º Os entes federados participantes de compra nacional poderão utilizar recursos de transferências legais ou voluntárias da União, vinculados aos processos ou projetos objeto de descentralização e de recursos próprios para suas demandas de aquisição no âmbito da ata de registro de preços de compra nacional.

>> § 4.º acrescentado pelo Decreto n. 8.250, de 23-5-2014.

§ 5.º Caso o órgão gerenciador aceite a inclusão de novos itens, o órgão participante demandante elaborará sua especificação ou termo de referência ou projeto básico, conforme o caso, e a pesquisa de mercado, observado o disposto no art. 6.º.

>> § 5.º acrescentado pelo Decreto n. 8.250, de 23-5-2014.

§ 6.º Caso o órgão gerenciador aceite a inclusão de novas localidades para entrega do bem ou execução do serviço, o órgão participante responsável pela demanda elaborará, ressalvada a hipótese prevista no § 2.º, pesquisa de mercado que contemple a variação de custos locais ou regionais.

>> § 6.º acrescentado pelo Decreto n. 8.250, de 23-5-2014.

CAPÍTULO V
DA LICITAÇÃO PARA REGISTRO DE PREÇOS

Art. 7.º A licitação para registro de preços será realizada na modalidade de concorrência, do tipo menor preço, nos termos da Lei n. 8.666, de 1993, ou na modalidade de pregão, nos termos da Lei n. 10.520, de 2002, e será precedida de ampla pesquisa de mercado.

§ 1.º O julgamento por técnica e preço, na modalidade concorrência, poderá ser excepcionalmente adotado, a critério do órgão gerenciador e mediante despacho fundamentado da autoridade máxima do órgão ou entidade.

>> § 1.º com redação determinada pelo Decreto n. 8.250, de 23-5-2014.

§ 2.º Na licitação para registro de preços não é necessário indicar a dotação orçamentária, que somente será exigida para a formalização do contrato ou outro instrumento hábil.

Art. 8.º O órgão gerenciador poderá dividir a quantidade total do item em lotes, quando técnica e economicamente viável, para possibilitar maior competitividade, observada a quantidade mínima, o prazo e o local de entrega ou de prestação dos serviços.

§ 1.º No caso de serviços, a divisão considerará a unidade de medida adotada para aferição dos produtos e resultados, e será observada a demanda específica de cada órgão ou entidade participante do certame.

>> § 1.º com redação determinada pelo Decreto n. 8.250, de 23-5-2014.

§ 2.º Na situação prevista no § 1.º, deverá ser evitada a contratação, em um mesmo órgão ou entidade, de mais de uma empresa para a execução de um mesmo serviço, em uma mesma localidade, para assegurar a responsabilidade contratual e o princípio da padronização.

Art. 9.º O edital de licitação para registro de preços observará o disposto nas Leis n. 8.666, de 1993, e n. 10.520, de 2002, e contemplará, no mínimo:

I – a especificação ou descrição do objeto, que explicitará o conjunto de elementos necessários e suficientes, com nível de precisão adequado para a caracterização do bem ou serviço, inclusive definindo as respectivas unidades de medida usualmente adotadas;

II – estimativa de quantidades a serem adquiridas pelo órgão gerenciador e órgãos participantes;

III – estimativa de quantidades a serem adquiridas por órgãos não participantes, observado o disposto no § 4.º do art. 22, no caso de o órgão gerenciador admitir adesões;

IV – quantidade mínima de unidades a ser cotada, por item, no caso de bens;

V – condições quanto ao local, prazo de entrega, forma de pagamento, e nos casos de serviços, quando cabível, frequência, periodicidade, características do pessoal, materiais e equipamentos a serem utilizados, procedimentos, cuidados, deveres, disciplina e controles a serem adotados;

VI – prazo de validade do registro de preço, observado o disposto no *caput* do art. 12;

VII – órgãos e entidades participantes do registro de preço;

VIII – modelos de planilhas de custo e minutas de contratos, quando cabível;

IX – penalidades por descumprimento das condições;

X – minuta da ata de registro de preços como anexo; e

XI – realização periódica de pesquisa de mercado para comprovação da vantajosidade.

§ 1.º O edital poderá admitir, como critério de julgamento, o menor preço aferido pela oferta de desconto sobre tabela de preços praticados no mercado, desde que tecnicamente justificado.

§ 2.º Quando o edital previr o fornecimento de bens ou prestação de serviços em locais diferentes, é facultada a exigência de apresentação de proposta diferenciada por região, de modo que aos preços sejam acrescidos custos variáveis por região.

§ 3.º A estimativa a que se refere o inciso III do *caput* não será considerada para fins de qualificação técnica e qualificação econômico-financeira na habilitação do licitante.

§ 4.º O exame e a aprovação das minutas do instrumento convocatório e do contrato serão efetuados exclusivamente pela assessoria jurídica do órgão gerenciador.

>> § 4.º acrescentado pelo Decreto n. 8.250, de 23-5-2014.

Art. 10. Após o encerramento da etapa competitiva, os licitantes poderão reduzir seus preços ao valor da proposta do licitante mais bem classificado.

Parágrafo único. A apresentação de novas propostas na forma do *caput* não prejudicará o resultado do certame em relação ao licitante mais bem classificado.

CAPÍTULO VI
DO REGISTRO DE PREÇOS E DA VALIDADE DA ATA

Art. 11. Após a homologação da licitação, o registro de preços observará, entre outras, as seguintes condições:

I – serão registrados na ata de registro de preços os preços e quantitativos do licitante mais bem classificado durante a fase competitiva;

>> Inciso I com redação determinada pelo Decreto n. 8.250, de 23-5-2014.

II – será incluído, na respectiva ata na forma de anexo, o registro dos licitantes que aceitarem cotar os bens ou serviços com preços iguais aos do licitante vencedor na sequência da classificação do certame, excluído o percentual referente à margem de preferência, quando o objeto não atender aos requisitos previstos no art. 3.º da Lei n. 8.666, de 1993;

>> Inciso II com redação determinada pelo Decreto n. 8.250, de 23-5-2014.

III – o preço registrado com indicação dos fornecedores será divulgado no Portal de Compras do Governo Federal e ficará disponibilizado durante a vigência da ata de registro de preços; e

>> Inciso III com redação determinada pelo Decreto n. 8.250, de 23-5-2014.

IV – a ordem de classificação dos licitantes registrados na ata deverá ser respeitada nas contratações.

>> Inciso IV acrescentado pelo Decreto n. 8.250, de 23-5-2014.

§ 1.º O registro a que se refere o inciso II do *caput* tem por objetivo a formação de cadastro de reserva no caso de impossibilidade de atendimento pelo primeiro colocado da ata, nas hipóteses previstas nos arts. 20 e 21.

>> § 1.º com redação determinada pelo Decreto n. 8.250, de 23-5-2014.

§ 2.º Se houver mais de um licitante na situação de que trata o inciso II do *caput*, serão classificados segundo a ordem da última proposta apresentada durante a fase competitiva.

>> § 2.º com redação determinada pelo Decreto n. 8.250, de 23-5-2014.

§ 3.º A habilitação dos fornecedores que comporão o cadastro de reserva a que se refere o inciso II do *caput* será efetuada, na hipótese prevista no parágrafo único do art. 13 e quando houver necessidade de contratação de fornecedor remanescente, nas hipóteses previstas nos arts. 20 e 21.

>> § 3.º com redação determinada pelo Decreto n. 8.250, de 23-5-2014.

§ 4.º O anexo que trata o inciso II do *caput* consiste na ata de realização da sessão pública do pregão ou da concorrência, que conterá a informação dos licitantes que aceitarem cotar os bens ou serviços com preços iguais ao do licitante vencedor do certame.

>> § 4.º acrescentado pelo Decreto n. 8.250, de 23-5-2014.

Art. 12. O prazo de validade da ata de registro de preços não será superior a doze meses, incluídas eventuais prorrogações, conforme o inciso III do § 3.º do art. 15 da Lei n. 8.666, de 1993.

§ 1.º É vedado efetuar acréscimos nos quantitativos fixados pela ata de registro de preços, inclusive o acréscimo de que trata o § 1.º do art. 65 da Lei n. 8.666, de 1993.

§ 2.º A vigência dos contratos decorrentes do Sistema de Registro de Preços será definida nos instrumentos convocatórios, observado o disposto no art. 57 da Lei n. 8.666, de 1993.

§ 3.º Os contratos decorrentes do Sistema de Registro de Preços poderão ser alterados, observado o disposto no art. 65 da Lei n. 8.666, de 1993.

§ 4.º O contrato decorrente do Sistema de Registro de Preços deverá ser assinado no prazo de validade da ata de registro de preços.

Capítulo VII
DA ASSINATURA DA ATA E DA CONTRATAÇÃO COM FORNECEDORES REGISTRADOS

Art. 13. Homologado o resultado da licitação, o fornecedor mais bem classificado será convocado para assinar a ata de registro de preços, no prazo e nas condições estabelecidos no instrumento convocatório, podendo o prazo ser prorrogado uma vez, por igual período, quando solicitado pelo fornecedor e desde que ocorra motivo justificado aceito pela administração.

>> *Caput* com redação determinada pelo Decreto n. 8.250, de 23-5-2014.

Parágrafo único. É facultado à administração, quando o convocado não assinar a ata de registro de preços no prazo e condições estabelecidos, convocar os licitantes remanescentes, na ordem de classificação, para fazê-lo em igual prazo e nas mesmas condições propostas pelo primeiro classificado.

Art. 14. A ata de registro de preços implicará compromisso de fornecimento nas condições estabelecidas, após cumpridos os requisitos de publicidade.

Parágrafo único. A recusa injustificada de fornecedor classificado em assinar a ata, dentro do prazo estabelecido neste artigo, ensejará a aplicação das penalidades legalmente estabelecidas.

Art. 15. A contratação com os fornecedores registrados será formalizada pelo órgão interessado por intermédio de instrumento contratual, emissão de nota de empenho de despesa, autorização de compra ou outro instrumento hábil, conforme o art. 62 da Lei n. 8.666, de 1993.

Art. 16. A existência de preços registrados não obriga a administração a contratar, facultando-se a realização de licitação específica para a aquisição pretendida, assegurada preferência ao fornecedor registrado em igualdade de condições.

Capítulo VIII
DA REVISÃO E DO CANCELAMENTO DOS PREÇOS REGISTRADOS

Art. 17. Os preços registrados poderão ser revistos em decorrência de eventual redução dos preços praticados no mercado ou de fato que eleve o custo dos serviços ou bens registrados, cabendo ao órgão gerenciador promover as negociações junto aos fornecedores, observadas as disposições contidas na alínea *d* do inciso II do *caput* do art. 65 da Lei n. 8.666, de 1993.

Art. 18. Quando o preço registrado tornar-se superior ao preço praticado no mercado por motivo superveniente, o órgão gerenciador convocará os fornecedores para negociarem a redução dos preços aos valores praticados pelo mercado.

§ 1.º Os fornecedores que não aceitarem reduzir seus preços aos valores praticados pelo mercado serão liberados do compromisso assumido, sem aplicação de penalidade.

§ 2.º A ordem de classificação dos fornecedores que aceitarem reduzir seus preços aos valores de mercado observará a classificação original.

Art. 19. Quando o preço de mercado tornar-se superior aos preços registrados e o fornecedor não puder cumprir o compromisso, o órgão gerenciador poderá:

I – liberar o fornecedor do compromisso assumido, caso a comunicação ocorra antes do pedido de fornecimento, e sem aplicação da penalidade se confirmada a veracidade dos motivos e comprovantes apresentados; e

II – convocar os demais fornecedores para assegurar igual oportunidade de negociação.

Parágrafo único. Não havendo êxito nas negociações, o órgão gerenciador deverá proceder à revogação da ata de registro de preços, adotando as medidas cabíveis para obtenção da contratação mais vantajosa.

Art. 20. O registro do fornecedor será cancelado quando:

I – descumprir as condições da ata de registro de preços;

II – não retirar a nota de empenho ou instrumento equivalente no prazo estabelecido pela Administração, sem justificativa aceitável;

III – não aceitar reduzir o seu preço registrado, na hipótese deste se tornar superior àqueles praticados no mercado; ou

IV – sofrer sanção prevista nos incisos III ou IV do *caput* do art. 87 da Lei n. 8.666, de 1993, ou no art. 7.º da Lei n. 10.520, de 2002.

Parágrafo único. O cancelamento de registros nas hipóteses previstas nos incisos I, II e IV do *caput* será formalizado por despacho do órgão gerenciador, assegurado o contraditório e a ampla defesa.

Art. 21. O cancelamento do registro de preços poderá ocorrer por fato superveniente, decorrente de caso fortuito ou força maior, que prejudique o cumprimento da ata, devidamente comprovados e justificados:

I – por razão de interesse público; ou

II – a pedido do fornecedor.

Capítulo IX
DA UTILIZAÇÃO DA ATA DE REGISTRO DE PREÇOS POR ÓRGÃO OU ENTIDADES NÃO PARTICIPANTES

Art. 22. Desde que devidamente justificada a vantagem, a ata de registro de preços, durante sua vigência, poderá ser utilizada por qualquer órgão ou entidade da administração pública federal que não tenha participado do certame licitatório, mediante anuência do órgão gerenciador.

§ 1.º Os órgãos e entidades que não participaram do registro de preços, quando desejarem fazer uso da ata de registro de preços, deverão consultar o órgão gerenciador da ata para manifestação sobre a possibilidade de adesão.

§ 1.º-A. A manifestação do órgão gerenciador de que trata o § 1.º fica condicionada à realização de estudo, pelos órgãos e pelas entidades que não participaram do registro de preços, que demonstre o ganho de eficiência, a viabilidade e a economicidade para a administração pública federal da utilização da ata de registro de preços, conforme estabelecido em ato do Secretário de Gestão do Ministério do Planejamento, Desenvolvimento e Gestão.

>> § 1.º-A acrescentado pelo Decreto n. 9.488, de 30-8-2018.

§ 1.º-B. O estudo de que trata o § 1.º-A, após aprovação pelo órgão gerenciador, será divulgado no Portal de Compras do Governo federal.

>> § 1.º-B acrescentado pelo Decreto n. 9.488, de 30-8-2018.

§ 2.º Caberá ao fornecedor beneficiário da ata de registro de preços, observadas as condições nela estabelecidas, optar pela aceitação ou não do fornecimento decorrente de adesão, desde que não prejudique as obrigações presentes e futuras decorrentes da ata, assumidas com o órgão gerenciador e órgãos participantes.

§ 3.º As aquisições ou as contratações adicionais de que trata este artigo não poderão exceder, por órgão ou entidade, a cinquenta por cento dos quantitativos dos itens do instrumento convocatório e registrados na ata de registro de preços para o órgão gerenciador e para os órgãos participantes.

>> § 3.º com redação determinada pelo Decreto n. 9.488, de 30-8-2018.

§ 4.º O instrumento convocatório preverá que o quantitativo decorrente das adesões à ata de registro de preços não poderá exceder, na totalidade, ao dobro do quantitativo de cada item registrado na ata de registro de preços para o órgão gerenciador e para os órgãos participantes, independentemente do número de órgãos não participantes que aderirem.

>> § 4.º com redação determinada pelo Decreto n. 9.488, de 30-8-2018.

§ 4.º-A. Na hipótese de compra nacional:

>> § 4.º-A acrescentado pelo Decreto n. 9.488, de 30-8-2018.

I – as aquisições ou as contratações adicionais não excederão, por órgão ou entidade, a cem por cento dos quantitativos dos itens do instrumento convocatório e registrados na ata de registro de preços para o órgão gerenciador e para os órgãos participantes; e

>> Inciso I acrescentado pelo Decreto n. 9.488, de 30-8-2018.

II – o instrumento convocatório da compra nacional preverá que o quantitativo decorrente das adesões à ata de registro de preços não excederá, na totalidade, ao quíntuplo do quantitativo de cada item registrado na ata de registro de preços para o órgão gerenciador e para os órgãos participantes, independentemente do número de órgãos não participantes que aderirem.

>> Inciso II acrescentado pelo Decreto n. 9.488, de 30-8-2018.

§ 5.º (*Revogado pelo Decreto n. 8.250, de 23-5-2014.*)

§ 6.º Após a autorização do órgão gerenciador, o órgão não participante deverá efetivar a aquisição ou contratação solicitada em até noventa dias, observado o prazo de vigência da ata.

§ 7.º Compete ao órgão não participante os atos relativos à cobrança do cumprimento pelo fornecedor das obrigações contratualmente assumidas e a aplicação, observada a ampla defesa e o contraditório, de eventuais penalidades decorrentes do descumprimento de cláusulas contratuais, em relação às suas próprias contratações, informando as ocorrências ao órgão gerenciador.

§ 8.º É vedada aos órgãos e entidades da administração pública federal a adesão a ata de registro de preços gerenciada por órgão ou entidade municipal, distrital ou estadual.

§ 9.º É facultada aos órgãos ou entidades municipais, distritais ou estaduais a adesão a ata de registro de preços da Administração Pública Federal.

§ 9.º-A. Sem prejuízo da observância ao disposto no § 3.º, à hipótese prevista no § 9.º não se aplica o disposto nos § 1.º-A e § 1.º-B no caso de órgãos e entidades de outros entes federativos.

>> § 9.º-A acrescentado pelo Decreto n. 9.488, de 30-8-2018.

§ 10. É vedada a contratação de serviços de tecnologia da informação e comunicação por meio de adesão a ata de registro de preços que não seja:

>> § 10 acrescentado pelo Decreto n. 9.488, de 30-8-2018.

>> A Instrução Normativa n. 2, de 4-4-2019, do Ministério da Economia, regulamenta este § 2.º, e dispõe sobre a composição e as competências do Colegiado Interno de Referencial Técnico.

I – gerenciada pelo Ministério do Planejamento, Desenvolvimento e Gestão; ou

>> Inciso I acrescentado pelo Decreto n. 9.488, de 30-8-2018.

II – gerenciada por outro órgão ou entidade e previamente aprovada pela Secretaria de Tecnologia da Informação e Comunicação do Ministério do Planejamento, Desenvolvimento e Gestão.

>> Inciso II acrescentado pelo Decreto n. 9.488, de 30-8-2018.

§ 11. O disposto no § 10 não se aplica às hipóteses em que a contratação de serviços esteja vinculada ao fornecimento de bens de tecnologia da informação e comunicação constante da mesma ata de registro de preços.

>> § 11 acrescentado pelo Decreto n. 9.488, de 30-8-2018.

Capítulo X
DISPOSIÇÕES FINAIS E TRANSITÓRIAS

Art. 23. A Administração poderá utilizar recursos de tecnologia da informação na operacionalização do disposto neste Decreto e automatizar procedimentos de controle e atribuições dos órgãos gerenciadores e participantes.

Art. 24. As atas de registro de preços vigentes, decorrentes de certames realizados sob a vigência do Decreto n. 3.931, de 19 de setembro de 2001, poderão ser utilizadas pelos órgãos gerenciadores e participantes, até o término de sua vigência.

Art. 25. Até a completa adequação do Portal de Compras do Governo federal para atendimento ao disposto no § 1.º do art. 5.º, o órgão gerenciador deverá:

I – providenciar a assinatura da ata de registro de preços e o encaminhamento de sua cópia aos órgãos ou entidades participantes; e

II – providenciar a indicação dos fornecedores para atendimento às demandas, observada a ordem de classificação e os quantitativos de contratação definidos pelos órgãos e entidades participantes.

Art. 26. Até a completa adequação do Portal de Compras do Governo federal para atendimento ao disposto nos incisos I e II do *caput* do art. 11 e no inciso II do § 2.º do art. 11, a ata registrará os licitantes vencedores, quantitativos e respectivos preços.

Art. 27. O Ministério do Planejamento, Orçamento e Gestão poderá editar normas complementares a este Decreto.

Art. 28. Este Decreto entra em vigor trinta dias após a data de sua publicação.

Art. 29. Ficam revogados:

I – o Decreto n. 3.931, de 19 de setembro de 2001; e

II – o Decreto n. 4.342, de 23 de agosto de 2002.

Brasília, 23 de janeiro de 2013; 192.º da Independência e 125.º da República.

DILMA ROUSSEFF

LEI N. 12.813, DE 16 DE MAIO DE 2013 (*)

Dispõe sobre o conflito de interesses no exercício de cargo ou emprego do Poder Executivo federal e impedimentos posteriores ao exercício do cargo ou emprego; e revoga dispositivos da Lei n. 9.986, de 18 de julho de 2000, e das Medidas Provisórias n. 2.216-37, de 31 de agosto de 2001, e 2.225-45, de 4 de setembro de 2001.

A Presidenta da República

Faço saber que o Congresso Nacional decreta e eu sanciono a seguinte Lei:

Capítulo I
DISPOSIÇÕES GERAIS

Art. 1.º As situações que configuram conflito de interesses envolvendo ocupantes de cargo ou emprego no âmbito do Poder Executivo federal, os requisitos e restrições a ocupantes de cargo ou emprego que tenham acesso a informações privilegiadas, os impedimentos posteriores ao exercício do cargo ou emprego e as competências para fiscalização, avaliação e prevenção de conflitos de interesses regulam-se pelo disposto nesta Lei.

Art. 2.º Submetem-se ao regime desta Lei os ocupantes dos seguintes cargos e empregos:

I – de ministro de Estado;

II – de natureza especial ou equivalentes;

III – de presidente, vice-presidente e diretor, ou equivalentes, de autarquias, fundações públicas, empresas públicas ou sociedades de economia mista; e

(*) Publicada no *Diário Oficial da União* de 17-5-2013.

IV – do Grupo-Direção e Assessoramento Superiores – DAS, níveis 6 e 5 ou equivalentes.

Parágrafo único. Além dos agentes públicos mencionados nos incisos I a IV, sujeitam-se ao disposto nesta Lei os ocupantes de cargos ou empregos cujo exercício proporcione acesso a informação privilegiada capaz de trazer vantagem econômica ou financeira para o agente público ou para terceiro, conforme definido em regulamento.

Art. 3.º Para os fins desta Lei, considera-se:

I – conflito de interesses: a situação gerada pelo confronto entre interesses públicos e privados, que possa comprometer o interesse coletivo ou influenciar, de maneira imprópria, o desempenho da função pública; e

II – informação privilegiada: a que diz respeito a assuntos sigilosos ou aquela relevante ao processo de decisão no âmbito do Poder Executivo federal que tenha repercussão econômica ou financeira e que não seja de amplo conhecimento público.

> *Vide* art. 11, III, da Lei n. 8.429, de 2-6-1992.

Art. 4.º O ocupante de cargo ou emprego no Poder Executivo federal deve agir de modo a prevenir ou a impedir possível conflito de interesses e a resguardar informação privilegiada.

§ 1.º No caso de dúvida sobre como prevenir ou impedir situações que configurem conflito de interesses, o agente público deverá consultar a Comissão de Ética Pública, criada no âmbito do Poder Executivo federal, ou a Controladoria-Geral da União, conforme o disposto no parágrafo único do art. 8.º desta Lei.

§ 2.º A ocorrência de conflito de interesses independe da existência de lesão ao patrimônio público, bem como do recebimento de qualquer vantagem ou ganho pelo agente público ou por terceiro.

Capítulo II
DAS SITUAÇÕES QUE CONFIGURAM CONFLITO DE INTERESSES NO EXERCÍCIO DO CARGO OU EMPREGO

Art. 5.º Configura conflito de interesses no exercício de cargo ou emprego no âmbito do Poder Executivo federal:

>> *Vide* art. 12 desta Lei.

I – divulgar ou fazer uso de informação privilegiada, em proveito próprio ou de terceiro, obtida em razão das atividades exercidas;

II – exercer atividade que implique a prestação de serviços ou a manutenção de relação de negócio com pessoa física ou jurídica que tenha interesse em decisão do agente público ou de colegiado do qual este participe;

III – exercer, direta ou indiretamente, atividade que em razão da sua natureza seja incompatível com as atribuições do cargo ou emprego, considerando-se como tal, inclusive, a atividade desenvolvida em áreas ou matérias correlatas;

IV – atuar, ainda que informalmente, como procurador, consultor, assessor ou intermediário de interesses privados nos órgãos ou entidades da administração pública direta ou indireta de qualquer dos Poderes da União, dos Estados, do Distrito Federal e dos Municípios;

V – praticar ato em benefício de interesse de pessoa jurídica de que participe o agente público, seu cônjuge, companheiro ou parentes, consanguíneos ou afins, em linha reta ou colateral, até o terceiro grau, e que possa ser por ele beneficiada ou influir em seus atos de gestão;

VI – receber presente de quem tenha interesse em decisão do agente público ou de colegiado do qual este participe fora dos limites e condições estabelecidos em regulamento; e

VII – prestar serviços, ainda que eventuais, a empresa cuja atividade seja controlada, fiscalizada ou regulada pelo ente ao qual o agente público está vinculado.

Parágrafo único. As situações que configuram conflito de interesses estabelecidas neste artigo aplicam-se aos ocupantes dos cargos ou empregos mencionados no art. 2.º ainda que em gozo de licença ou em período de afastamento.

Capítulo III
DAS SITUAÇÕES QUE CONFIGURAM CONFLITO DE INTERESSES APÓS O EXERCÍCIO DO CARGO OU EMPREGO

Art. 6.º Configura conflito de interesses após o exercício de cargo ou emprego no âmbito do Poder Executivo federal:

>> *Vide* art. 12 desta Lei.

I – a qualquer tempo, divulgar ou fazer uso de informação privilegiada obtida em razão das atividades exercidas; e

II – no período de 6 (seis) meses, contado da data da dispensa, exoneração, destituição, demissão ou aposentadoria, salvo quando expressamente autorizado, conforme o caso, pela Comissão de Ética Pública ou pela Controladoria-Geral da União:

a) prestar, direta ou indiretamente, qualquer tipo de serviço a pessoa física ou jurídica com quem tenha estabelecido relacionamento relevante em razão do exercício do cargo ou emprego;

b) aceitar cargo de administrador ou conselheiro ou estabelecer vínculo profissional com pessoa física ou jurídica que desempenhe atividade relacionada à área de competência do cargo ou emprego ocupado;

c) celebrar com órgãos ou entidades do Poder Executivo federal contratos de serviço, consultoria, assessoramento ou atividades similares, vinculados, ainda que indiretamente, ao órgão ou entidade em que tenha ocupado o cargo ou emprego; ou

d) intervir, direta ou indiretamente, em favor de interesse privado perante órgão ou entidade em que haja ocupado cargo ou emprego ou com o qual tenha estabelecido relacionamento relevante em razão do exercício do cargo ou emprego.

Art. 7.º (*Vetado*.)

Capítulo IV
DA FISCALIZAÇÃO E DA AVALIAÇÃO DO CONFLITO DE INTERESSES

Art. 8.º Sem prejuízo de suas competências institucionais, compete à Comissão de Ética Pública, instituída no âmbito do Poder Executivo federal, e à Controladoria-Geral da União, conforme o caso:

I – estabelecer normas, procedimentos e mecanismos que objetivem prevenir ou impedir eventual conflito de interesses;

II – avaliar e fiscalizar a ocorrência de situações que configuram conflito de interesses e determinar medidas para a prevenção ou eliminação do conflito;

III – orientar e dirimir dúvidas e controvérsias acerca da interpretação das normas que regulam o conflito de interesses, inclusive as estabelecidas nesta Lei;

IV – manifestar-se sobre a existência ou não de conflito de interesses nas consultas a elas submetidas;

V – autorizar o ocupante de cargo ou emprego no âmbito do Poder Executivo federal a exercer atividade privada, quando verificada a inexistência de conflito de interesses ou sua irrelevância;

VI – dispensar a quem haja ocupado cargo ou emprego no âmbito do Poder Executivo federal de cumprir o período de impedimento a que se refere o inciso II do art. 6.º, quando verificada a inexistência de conflito de interesses ou sua irrelevância;

VII – dispor, em conjunto com o Ministério do Planejamento, Orçamento e Gestão, sobre a comunicação pelos ocupantes de cargo ou emprego no âmbito do Poder Executivo federal de alterações patrimoniais relevantes, exercício de atividade privada ou recebimento de propostas de trabalho, contrato ou negócio no setor privado; e

VIII – fiscalizar a divulgação da agenda de compromissos públicos, conforme prevista no art. 11.

Parágrafo único. A Comissão de Ética Pública atuará nos casos que envolvam os agentes públicos mencionados nos incisos I a IV do art. 2.º e a Controladoria-Geral da União, nos casos que envolvam os demais agentes, observado o disposto em regulamento.

Art. 9.º Os agentes públicos mencionados no art. 2.º desta Lei, inclusive aqueles que se encontram em gozo de licença ou em período de afastamento, deverão:

I – enviar à Comissão de Ética Pública ou à Controladoria-Geral da União, conforme o caso, anualmente, declaração com informações sobre situação patrimonial, participações societárias, atividades econômicas ou profissionais e indicação sobre a existência de cônjuge, companheiro ou parente, por consanguinidade ou afinidade, em linha reta ou colateral, até o terceiro grau, no exercício de atividades que possam suscitar conflito de interesses; e

>> O Decreto n. 10.571, de 9-12-2020, dispõe sobre a apresentação e a análise das declarações de bens e de situações que possam gerar conflitos de interesses por agentes públicos civis da administração pública federal.

II – comunicar por escrito à Comissão de Ética Pública ou à unidade de recursos humanos do órgão ou entidade respectivo, conforme o caso, o exercício de atividade privada ou o recebimento de propostas de trabalho que pretende aceitar, contrato ou negócio no setor privado, ainda que não vedadas pelas normas vigentes, estendendo-se esta obrigação ao período a que se refere o inciso II do art. 6.º.

Parágrafo único. As unidades de recursos humanos, ao receber a comunicação de exercício de atividade privada ou de recebimento de propostas de trabalho, contrato ou negócio no setor privado, deverão informar ao servidor e à Controladoria-Geral da União as situações que suscitem potencial conflito de interesses entre a atividade pública e a atividade privada do agente.

CAPÍTULO V
DISPOSIÇÕES FINAIS

Art. 10. As disposições contidas nos arts. 4.º e 5.º e no inciso I do art. 6.º estendem-se a todos os agentes públicos no âmbito do Poder Executivo federal.

Art. 11. Os agentes públicos mencionados nos incisos I a IV do art. 2.º deverão, ainda, divulgar, diariamente, por meio da rede mundial de computadores – internet, sua agenda de compromissos públicos.

Art. 12. O agente público que praticar os atos previstos nos arts. 5.º e 6.º desta Lei incorre em improbidade administrativa, na forma do art. 11 da Lei n. 8.429, de 2 de junho de 1992, quando não caracterizada qualquer das condutas descritas nos arts. 9.º e 10 daquela Lei.

> *Vide* art. 37, § 4.º, da CF.

Parágrafo único. Sem prejuízo do disposto no *caput* e da aplicação das demais sanções cabíveis, fica o agente público que se encontrar em situação de conflito de interesses sujeito à aplicação da penalidade disciplinar de demissão, prevista no inciso III do art. 127 e no art. 132 da Lei n. 8.112, de 11 de dezembro de 1990, ou medida equivalente.

> Os dispositivos da citada Lei, que consta neste volume, dispõem sobre demissão do agente público.

Art. 13. O disposto nesta Lei não afasta a aplicabilidade da Lei n. 8.112, de 11 de dezembro de 1990, especialmente no que se refere à apuração das responsabilidades e possível aplicação de sanção em razão de prática de ato que configure conflito de interesses ou ato de improbidade nela previstos.

Arts. 14 e 15. (*Vetados.*)

Brasília, 16 de maio de 2013; 192.º da Independência e 125.º da República.

DILMA ROUSSEFF

LEI N. 12.846, DE 1.º DE AGOSTO DE 2013 (*)

Dispõe sobre a responsabilização administrativa e civil de pessoas jurídicas pela prática de atos contra a administração pública, nacional ou estrangeira, e dá outras providências.

A Presidenta da República

Faço saber que o Congresso Nacional decreta e eu sanciono a seguinte Lei:

CAPÍTULO I
DISPOSIÇÕES GERAIS

Art. 1.º Esta Lei dispõe sobre a responsabilização objetiva administrativa e civil de pessoas jurídicas pela prática de atos contra a administração pública, nacional ou estrangeira.

> Pessoas jurídicas: arts. 40 e s. do CC.

Parágrafo único. Aplica-se o disposto nesta Lei às sociedades empresárias e às sociedades simples, personificadas ou não, independentemente da forma de organização ou modelo societário adotado, bem como a quaisquer fundações, associações de entidades ou pessoas, ou sociedades estrangeiras, que tenham sede, filial ou representação no território brasileiro, constituídas de fato ou de direito, ainda que temporariamente.

> Das várias espécies de sociedades: arts. 981 e s. do CC.

Art. 2.º As pessoas jurídicas serão responsabilizadas objetivamente, nos âmbitos administrativo e civil, pelos atos lesivos previstos nesta Lei praticados em seu interesse ou benefício, exclusivo ou não.

> *Vide* art. 37, § 6.º, da CF.

Art. 3.º A responsabilização da pessoa jurídica não exclui a responsabilidade individual de seus dirigentes ou administradores ou de qualquer pessoa natural, autora, coautora ou partícipe do ato ilícito.

> *Vide* Lei n. 12.813, de 16-5-2013, que dispõe sobre o conflito de interesses no exercício de cargo ou emprego do Poder Executivo federal.

§ 1.º A pessoa jurídica será responsabilizada independentemente da responsabilização individual das pessoas naturais referidas no *caput*.

§ 2.º Os dirigentes ou administradores somente serão responsabilizados por atos ilícitos na medida da sua culpabilidade.

(*) Publicada no *Diário Oficial da União* de 2-8-2013. Regulamentada pelo Decreto n. 8.420, de 18-3-2015.

Art. 4.º Subsiste a responsabilidade da pessoa jurídica na hipótese de alteração contratual, transformação, incorporação, fusão ou cisão societária.

> Transformação, incorporação, fusão ou cisão societária: arts. 1.113 e s. do CC.

§ 1.º Nas hipóteses de fusão e incorporação, a responsabilidade da sucessora será restrita à obrigação de pagamento de multa e reparação integral do dano causado, até o limite do patrimônio transferido, não lhe sendo aplicáveis as demais sanções previstas nesta Lei decorrentes de atos e fatos ocorridos antes da data da fusão ou incorporação, exceto no caso de simulação ou evidente intuito de fraude, devidamente comprovados.

§ 2.º As sociedades controladoras, controladas, coligadas ou, no âmbito do respectivo contrato, as consorciadas serão solidariamente responsáveis pela prática dos atos previstos nesta Lei, restringindo-se tal responsabilidade à obrigação de pagamento de multa e reparação integral do dano causado.

CAPÍTULO II
DOS ATOS LESIVOS À ADMINISTRAÇÃO PÚBLICA NACIONAL OU ESTRANGEIRA

Art. 5.º Constituem atos lesivos à administração pública, nacional ou estrangeira, para os fins desta Lei, todos aqueles praticados pelas pessoas jurídicas mencionadas no parágrafo único do art. 1.º, que atentem contra o patrimônio público nacional ou estrangeiro, contra princípios da administração pública ou contra os compromissos internacionais assumidos pelo Brasil, assim definidos:

>> Princípios da Administração Pública: *vide* art. 37 da CF.

> *Vide* art. 19 desta Lei.

I – prometer, oferecer ou dar, direta ou indiretamente, vantagem indevida a agente público, ou a terceira pessoa a ele relacionada;

II – comprovadamente, financiar, custear, patrocinar ou de qualquer modo subvencionar a prática dos atos ilícitos previstos nesta Lei;

III – comprovadamente, utilizar-se de interposta pessoa física ou jurídica para ocultar ou dissimular seus reais interesses ou a identidade dos beneficiários dos atos praticados;

IV – no tocante a licitações e contratos:

> *Vide* Lei n. 8.666, de 21-6-1993, que institui normas para licitações e contratos da Administração Pública e dá outras providências.

a) frustrar ou fraudar, mediante ajuste, combinação ou qualquer outro expediente, o caráter competitivo de procedimento licitatório público;

b) impedir, perturbar ou fraudar a realização de qualquer ato de procedimento licitatório público;

c) afastar ou procurar afastar licitante, por meio de fraude ou oferecimento de vantagem de qualquer tipo;

d) fraudar licitação pública ou contrato dela decorrente;

e) criar, de modo fraudulento ou irregular, pessoa jurídica para participar de licitação pública ou celebrar contrato administrativo;

f) obter vantagem ou benefício indevido, de modo fraudulento, de modificações ou prorrogações de contratos celebrados com a administração pública, sem autorização em lei, no ato convocatório da licitação pública ou nos respectivos instrumentos contratuais; ou

g) manipular ou fraudar o equilíbrio econômico-financeiro dos contratos celebrados com a administração pública;

V – dificultar atividade de investigação ou fiscalização de órgãos, entidades ou agentes públicos, ou intervir em sua atuação, inclusive no âmbito das agências reguladoras e dos órgãos de fiscalização do sistema financeiro nacional.

§ 1.º Considera-se administração pública estrangeira os órgãos e entidades estatais ou representações diplomáticas de país estrangeiro, de qualquer nível ou esfera de governo, bem como as pessoas jurídicas controladas, direta ou indiretamente, pelo poder público de país estrangeiro.

§ 2.º Para os efeitos desta Lei, equiparam-se à administração pública estrangeira as organizações públicas internacionais.

§ 3.º Considera-se agente público estrangeiro, para os fins desta Lei, quem, ainda que transitoriamente ou sem remuneração, exerça cargo, emprego ou função pública em órgãos, entidades estatais ou em representações diplomáticas de país estrangeiro, assim como em pessoas jurídicas controladas, direta ou indiretamente, pelo poder público de país estrangeiro ou em organizações públicas internacionais.

CAPÍTULO III
DA RESPONSABILIZAÇÃO ADMINISTRATIVA

Art. 6.º Na esfera administrativa, serão aplicadas às pessoas jurídicas consideradas responsáveis pelos atos lesivos previstos nesta Lei as seguintes sanções:

I – multa, no valor de 0,1% (um décimo por cento) a 20% (vinte por cento) do faturamento bruto do último exercício anterior ao da instauração do processo administrativo, excluídos os tributos, a qual nunca será inferior à vantagem auferida, quando for possível sua estimação; e

II – publicação extraordinária da decisão condenatória.

§ 1.º As sanções serão aplicadas fundamentadamente, isolada ou cumulativamente, de acordo com as peculiaridades do caso concreto e com a gravidade e natureza das infrações.

§ 2.º A aplicação das sanções previstas neste artigo será precedida da manifestação jurídica elaborada pela Advocacia Pública ou pelo órgão de assistência jurídica, ou equivalente, do ente público.

§ 3.º A aplicação das sanções previstas neste artigo não exclui, em qualquer hipótese, a obrigação da reparação integral do dano causado.

§ 4.º Na hipótese do inciso I do *caput*, caso não seja possível utilizar o critério do valor do faturamento bruto da pessoa jurídica, a multa será de R$ 6.000,00 (seis mil reais) a R$ 60.000.000,00 (sessenta milhões de reais).

§ 5.º A publicação extraordinária da decisão condenatória ocorrerá na forma de extrato de sentença, a expensas da pessoa jurídica, em meios de comunicação de grande circulação na área da prática da infração e de atuação da pessoa jurídica ou, na sua falta, em publicação de circulação nacional, bem como por meio de afixação de edital, pelo prazo mínimo de 30 (trinta) dias, no próprio estabelecimento ou no local de exercício da atividade, de modo visível ao público, e no sítio eletrônico na rede mundial de computadores.

§ 6.º (*Vetado.*)

Art. 7.º Serão levados em consideração na aplicação das sanções:

I – a gravidade da infração;

II – a vantagem auferida ou pretendida pelo infrator;

III – a consumação ou não da infração;

IV – o grau de lesão ou perigo de lesão;

V – o efeito negativo produzido pela infração;

VI – a situação econômica do infrator;

VII – a cooperação da pessoa jurídica para a apuração das infrações;

VIII – a existência de mecanismos e procedimentos internos de integridade, auditoria e incentivo à denúncia de irregularidades e a aplicação efetiva de códigos de ética e de conduta no âmbito da pessoa jurídica;

IX – o valor dos contratos mantidos pela pessoa jurídica com o órgão ou entidade público lesados; e

X – (*Vetado.*)

Parágrafo único. Os parâmetros de avaliação de mecanismos e procedimentos previstos no inciso VIII do *caput* serão estabelecidos em regulamento do Poder Executivo federal.

CAPÍTULO IV
DO PROCESSO ADMINISTRATIVO DE RESPONSABILIZAÇÃO

> Processo administrativo: *vide* Lei n. 9.784, de 29-1-1999.

Art. 8.º A instauração e o julgamento de processo administrativo para apuração da responsabilidade de pessoa jurídica cabem à autoridade máxima de cada órgão ou entidade dos Poderes Executivo, Legislativo e Judiciário, que agirá de ofício ou mediante provocação, observados o contraditório e a ampla defesa.

§ 1.º A competência para a instauração e o julgamento do processo administrativo de apuração de responsabilidade da pessoa jurídica poderá ser delegada, vedada a subdelegação.

§ 2.º No âmbito do Poder Executivo federal, a Controladoria-Geral da União – CGU terá competência concorrente para instaurar processos administrativos de responsabilização de pessoas jurídicas ou para avocar os processos instaurados com fundamento nesta Lei, para exame de sua regularidade ou para corrigir-lhes o andamento.

Art. 9.º Competem à Controladoria-Geral da União – CGU a apuração, o processo e o julgamento dos atos ilícitos previstos nesta Lei, praticados contra a administração pública estrangeira, observado o disposto no Artigo 4 da Convenção sobre o Combate da Corrupção de Funcionários Públicos Estrangeiros em Transações Comerciais Internacionais, promulgada pelo Decreto n. 3.678, de 30 de novembro de 2000.

Art. 10. O processo administrativo para apuração da responsabilidade de pessoa jurídica será conduzido por comissão designada pela autoridade instauradora e composta por 2 (dois) ou mais servidores estáveis.

§ 1.º O ente público, por meio do seu órgão de representação judicial, ou equivalente, a pedido da comissão a que se refere o *caput*, poderá requerer as medidas judiciais necessárias para a investigação e o processamento das infrações, inclusive de busca e apreensão.

§ 2.º A comissão poderá, cautelarmente, propor à autoridade instauradora que suspenda os efeitos do ato ou processo objeto da investigação.

§ 3.º A comissão deverá concluir o processo no prazo de 180 (cento e oitenta) dias contados da data da publicação do ato que a instituir e, ao final, apresentar relatórios sobre os fatos apurados e eventual responsabilidade da pessoa jurídica, sugerindo de forma motivada as sanções a serem aplicadas.

§ 4.º O prazo previsto no § 3.º poderá ser prorrogado, mediante ato fundamentado da autoridade instauradora.

Art. 11. No processo administrativo para apuração de responsabilidade, será concedido à pessoa jurídica prazo de 30 (trinta) dias para defesa, contados a partir da intimação.

Art. 12. O processo administrativo, com o relatório da comissão, será remetido à autoridade instauradora, na forma do art. 10, para julgamento.

Art. 13. A instauração de processo administrativo específico de reparação integral do dano não prejudica a aplicação imediata das sanções estabelecidas nesta Lei.

Parágrafo único. Concluído o processo e não havendo pagamento, o crédito apurado será inscrito em dívida ativa da fazenda pública.

Art. 14. A personalidade jurídica poderá ser desconsiderada sempre que utilizada com abuso do direito para facilitar, encobrir ou dissimular a prática dos atos ilícitos previstos nesta Lei ou para provocar confusão patrimonial, sendo estendidos todos os efeitos das sanções aplicadas à pessoa jurídica aos seus administradores e sócios com poderes de administração, observados o contraditório e a ampla defesa.

>> Desconsideração da personalidade jurídica: arts. 28 do CDC e 50 do CC.

Art. 15. A comissão designada para apuração da responsabilidade de pessoa jurídica, após a conclusão do procedimento administrativo, dará conhecimento ao Ministério Público de sua existência, para apuração de eventuais delitos.

Capítulo V
DO ACORDO DE LENIÊNCIA

Art. 16. A autoridade máxima de cada órgão ou entidade pública poderá celebrar acordo de leniência com as pessoas jurídicas responsáveis pela prática dos atos previstos nesta Lei que colaborem efetivamente com as investigações e o processo administrativo, sendo que dessa colaboração resulte:

I – a identificação dos demais envolvidos na infração, quando couber; e

II – a obtenção célere de informações e documentos que comprovem o ilícito sob apuração;

§ 1.º O acordo de que trata o *caput* somente poderá ser celebrado se preenchidos, cumulativamente, os seguintes requisitos:

I – a pessoa jurídica seja a primeira a se manifestar sobre seu interesse em cooperar para a apuração do ato ilícito;

II – a pessoa jurídica cesse completamente seu envolvimento na infração investigada a partir da data de propositura do acordo;

III – a pessoa jurídica admita sua participação no ilícito e coopere plena e permanentemente com as investigações e o processo administrativo, comparecendo, sob suas expensas, sempre que solicitada, a todos os atos processuais, até seu encerramento.

§ 2.º A celebração do acordo de leniência isentará a pessoa jurídica das sanções previstas no inciso II do art. 6.º e no inciso IV do art. 19 e reduzirá em até 2/3 (dois terços) o valor da multa aplicável.

§ 3.º O acordo de leniência não exime a pessoa jurídica da obrigação de reparar integralmente o dano causado.

§ 4.º O acordo de leniência estipulará as condições necessárias para assegurar a efetividade da colaboração e o resultado útil do processo.

§ 5.º Os efeitos do acordo de leniência serão estendidos às pessoas jurídicas que integram o mesmo grupo econômico, de fato e de direito, desde que firmem o acordo em conjunto, respeitadas as condições nele estabelecidas.

§ 6.º A proposta de acordo de leniência somente se tornará pública após a efetivação do respectivo acordo, salvo no interesse das investigações e do processo administrativo.

§ 7.º Não importará em reconhecimento da prática do ato ilícito investigado a proposta de acordo de leniência rejeitada.

§ 8.º Em caso de descumprimento do acordo de leniência, a pessoa jurídica ficará impedida de celebrar novo acordo pelo prazo de 3 (três) anos contados do conhecimento pela administração pública do referido descumprimento.

§ 9.º A celebração do acordo de leniência interrompe o prazo prescricional dos atos ilícitos previstos nesta Lei.

§ 10. A Controladoria-Geral da União – CGU é o órgão competente para celebrar os acordos de leniência no âmbito do Poder Executivo federal, bem como no caso de atos lesivos praticados contra a administração pública estrangeira.

> A Portaria Conjunta n. 4, de 23-9-2019, da Controladoria-Geral e da Advocacia-Geral da União, define os procedimentos para negociação, celebração e acompanhamento dos acordos de leniência de que trata esta Lei.

Art. 17. A administração pública poderá também celebrar acordo de leniência com a pessoa jurídica responsável pela prática de ilícitos previstos na Lei n. 8.666, de 21 de junho de 1993, com vistas à isenção ou atenuação das sanções administrativas estabelecidas em seus arts. 86 a 88.

Capítulo VI
DA RESPONSABILIZAÇÃO JUDICIAL

Art. 18. Na esfera administrativa, a responsabilidade da pessoa jurídica não afasta a possibilidade de sua responsabilização na esfera judicial.

Art. 19. Em razão da prática de atos previstos no art. 5.º desta Lei, a União, os Estados, o Distrito Federal e os Municípios, por meio das respectivas Advocacias Públicas ou órgãos de representação judicial, ou equivalentes, e o Ministério Público, poderão ajuizar ação com vistas à aplicação das seguintes sanções às pessoas jurídicas infratoras:

I – perdimento dos bens, direitos ou valores que representem vantagem ou proveito direta ou indiretamente obtidos da infração, ressalvado o direito do lesado ou de terceiro de boa-fé;

II – suspensão ou interdição parcial de suas atividades;

III – dissolução compulsória da pessoa jurídica;

IV – proibição de receber incentivos, subsídios, subvenções, doações ou empréstimos de órgãos ou entidades públicas e de instituições financeiras públicas ou controladas pelo poder público, pelo prazo mínimo de 1 (um) e máximo de 5 (cinco) anos.

§ 1.º A dissolução compulsória da pessoa jurídica será determinada quando comprovado:

I – ter sido a personalidade jurídica utilizada de forma habitual para facilitar ou promover a prática de atos ilícitos; ou

II – ter sido constituída para ocultar ou dissimular interesses ilícitos ou a identidade dos beneficiários dos atos praticados.

§ 2.º (*Vetado.*)

§ 3.º As sanções poderão ser aplicadas de forma isolada ou cumulativa.

§ 4.º O Ministério Público ou a Advocacia Pública ou órgão de representação judicial, ou equivalente, do ente público poderá requerer a indisponibilidade de bens, direitos ou valores necessários à garantia do pagamento da multa ou da reparação integral do dano causado, conforme previsto no art. 7.º, ressalvado o direito do terceiro de boa-fé.

Art. 20. Nas ações ajuizadas pelo Ministério Público, poderão ser aplicadas as sanções previstas no art. 6.º, sem prejuízo daquelas previstas neste Capítulo, desde que constatada a omissão das autoridades competentes para promover a responsabilização administrativa.

Art. 21. Nas ações de responsabilização judicial, será adotado o rito previsto na Lei n. 7.347, de 24 de julho de 1985.

> A Lei n. 7.347, de 24-7-1985, que disciplina a ação civil pública, consta neste volume.

Parágrafo único. A condenação torna certa a obrigação de reparar, integralmente, o dano causado pelo ilícito, cujo valor será apurado em posterior liquidação, se não constar expressamente da sentença.

Capítulo VII
DISPOSIÇÕES FINAIS

Art. 22. Fica criado no âmbito do Poder Executivo federal o Cadastro Nacional de Empresas Punidas – CNEP, que reunirá e dará publicidade às sanções aplicadas pelos órgãos ou entidades dos Poderes Executivo, Legislativo e Judiciário de todas as esferas de governo com base nesta Lei.

§ 1.º Os órgãos e entidades referidos no *caput* deverão informar e manter atualizados, no Cnep, os dados relativos às sanções por eles aplicadas.

§ 2.º O Cnep conterá, entre outras, as seguintes informações acerca das sanções aplicadas:

I – razão social e número de inscrição da pessoa jurídica ou entidade no Cadastro Nacional da Pessoa Jurídica – CNPJ;

II – tipo de sanção; e

III – data de aplicação e data final da vigência do efeito limitador ou impeditivo da sanção, quando for o caso.

§ 3.º As autoridades competentes, para celebrarem acordos de leniência previstos nesta Lei, também deverão prestar e manter atualizadas no Cnep, após a efetivação do respectivo acordo, as informações acerca do acordo de leniência celebrado, salvo se esse procedimento vier a causar prejuízo às investigações e ao processo administrativo.

§ 4.º Caso a pessoa jurídica não cumpra os termos do acordo de leniência, além das informações previstas no § 3.º, deverá ser incluída no Cnep referência ao respectivo descumprimento.

§ 5.º Os registros das sanções e acordos de leniência serão excluídos depois de decorrido o prazo previamente estabelecido no ato sancionador ou do cumprimento integral do acordo de leniência e da reparação do eventual dano causado, mediante solicitação do órgão ou entidade sancionadora.

Art. 23. Os órgãos ou entidades dos Poderes Executivo, Legislativo e Judiciário de todas as esferas de governo deverão informar e manter atualizados, para fins de publicidade, no Cadastro Nacional de Empresas Inidôneas e Suspensas – CEIS, de caráter público, instituído no âmbito do Poder Executivo federal, os dados relativos às sanções por eles aplicadas, nos termos do disposto nos arts. 87 e 88 da Lei n. 8.666, de 21 de junho de 1993.

> *Vide* art. 37 da Lei n. 13.303, de 30-6-2016.

Art. 24. A multa e o perdimento de bens, direitos ou valores aplicados com fundamento nesta Lei serão destinados preferencialmente aos órgãos ou entidades públicas lesadas.

Art. 25. Prescrevem em 5 (cinco) anos as infrações previstas nesta Lei, contados da data da ciência da infração ou, no caso de infração permanente ou continuada, do dia em que tiver cessado.

Parágrafo único. Na esfera administrativa ou judicial, a prescrição será interrompida com a instauração de processo que tenha por objeto a apuração da infração.

Art. 26. A pessoa jurídica será representada no processo administrativo na forma do seu estatuto ou contrato social.

§ 1.º As sociedades sem personalidade jurídica serão representadas pela pessoa a quem couber a administração de seus bens.

§ 2.º A pessoa jurídica estrangeira será representada pelo gerente, representante ou administrador de sua filial, agência ou sucursal aberta ou instalada no Brasil.

Art. 27. A autoridade competente que, tendo conhecimento das infrações previstas nesta Lei, não adotar providências para a apuração dos fatos será responsabilizada penal, civil e administrativamente nos termos da legislação específica aplicável.

Art. 28. Esta Lei aplica-se aos atos lesivos praticados por pessoa jurídica brasileira contra a administração pública estrangeira, ainda que cometidos no exterior.

Art. 29. O disposto nesta Lei não exclui as competências do Conselho Administrativo de Defesa Econômica, do Ministério da Justiça e do Ministério da Fazenda para processar e julgar fato que constitua infração à ordem econômica.

Art. 30. A aplicação das sanções previstas nesta Lei não afeta os processos de responsabilização e aplicação de penalidades decorrentes de:

I – ato de improbidade administrativa nos termos da Lei n. 8.429, de 2 de junho de 1992; e

II – atos ilícitos alcançados pela Lei n. 8.666, de 21 de junho de 1993, ou outras normas de licitações e contratos da administração pública, inclusive no tocante ao Regime Diferenciado de Contratações Públicas – RDC instituído pela Lei n. 12.462, de 4 de agosto de 2011.

> **A Resolução n. 44, de 20-11-2007, do CNJ, dispõe sobre a criação do Cadastro Nacional de Condenados por Ato de Improbidade Administrativa no âmbito do Poder Judiciário.**

Art. 31. Esta Lei entra em vigor 180 (cento e oitenta) dias após a data de sua publicação.

Brasília, 1.º de agosto de 2013; 192.º da Independência e 125.º da República.

DILMA ROUSSEFF

LEI N. 12.965, DE 23 DE ABRIL DE 2014 (*)

Estabelece princípios, garantias, direitos e deveres para o uso da Internet no Brasil.

A Presidenta da República

Faço saber que o Congresso Nacional decreta e eu sanciono a seguinte Lei:

CAPÍTULO I
DISPOSIÇÕES PRELIMINARES

Art. 1.º Esta Lei estabelece princípios, garantias, direitos e deveres para o uso da internet no Brasil e determina as diretrizes para atuação da União dos Estados, do Distrito Federal e dos Municípios em relação à matéria.

Art. 2.º A disciplina do uso da internet no Brasil tem como fundamento o respeito à liberdade de expressão, bem como:

I – o reconhecimento da escala mundial da rede;

II – os direitos humanos, o desenvolvimento da personalidade e o exercício da cidadania em meios digitais;

III – a pluralidade e a diversidade;

IV – a abertura e a colaboração;

V – a livre iniciativa, a livre concorrência e a defesa do consumidor; e

> *Vide* Lei n. 8.078, de 11-9-1990 (Código do Consumidor).

VI – a finalidade social da rede.

Art. 3.º A disciplina do uso da internet no Brasil tem os seguintes princípios:

I – garantia da liberdade de expressão, comunicação e manifestação de pensamento, nos termos da Constituição Federal;

> *Vide* art. 5.º, IV, da CF.

II – proteção da privacidade;

> *Vide* art. 5.º, X, da CF.

III – proteção dos dados pessoais, na forma da lei;

IV – preservação e garantia da neutralidade de rede;

V – preservação da estabilidade, segurança e funcionalidade da rede, por meio de medidas técnicas compatíveis com os padrões internacionais e pelo estímulo ao uso de boas práticas;

VI – responsabilização dos agentes de acordo com suas atividades, nos termos da lei;

VII – preservação da natureza participativa da rede;

VIII – liberdade dos modelos de negócios promovidos na internet, desde que não conflitem com os demais princípios estabelecidos nesta Lei.

Parágrafo único. Os princípios expressos nesta Lei não excluem outros previstos no ordenamento jurídico pátrio relacionados à matéria ou nos tratados internacionais em que a República Federativa do Brasil seja parte.

Art. 4.º A disciplina do uso da internet no Brasil tem por objetivo a promoção:

I – do direito de acesso à internet a todos;

II – do acesso à informação, ao conhecimento e à participação na vida cultural e na condução dos assuntos públicos;

> *Vide* art. 220 da CF.

III – da inovação e do fomento à ampla difusão de novas tecnologias e modelos de uso e acesso; e

IV – da adesão a padrões tecnológicos abertos que permitam a comunicação, a acessibilidade e a interoperabilidade entre aplicações e bases de dados.

Art. 5.º Para os efeitos desta Lei, considera-se:

I – internet: o sistema constituído do conjunto de protocolos lógicos, estruturado em escala mundial para uso público e irrestrito, com a finalidade de possibilitar a comunicação de dados entre terminais por meio de diferentes redes;

II – terminal: o computador ou qualquer dispositivo que se conecte à internet;

III – endereço de protocolo de internet (endereço IP): o código atribuído a um ter-

(*) Publicada no *Diário Oficial da União* de 24-4-2014. Regulamentada pelo Decreto n. 8.771, de 11-5-2016.

minal de uma rede para permitir sua identificação, definido segundo parâmetros internacionais;

IV – administrador de sistema autônomo: a pessoa física ou jurídica que administra blocos de endereço IP específicos e o respectivo sistema autônomo de roteamento, devidamente cadastrada no ente nacional responsável pelo registro e distribuição de endereços IP geograficamente referentes ao País;

V – conexão à internet: a habilitação de um terminal para envio e recebimento de pacotes de dados pela internet, mediante a atribuição ou autenticação de um endereço IP;

VI – registro de conexão: o conjunto de informações referentes à data e hora de início e término de uma conexão à internet, sua duração e o endereço IP utilizado pelo terminal para o envio e recebimento de pacotes de dados;

VII – aplicações de internet: o conjunto de funcionalidades que podem ser acessadas por meio de um terminal conectado à internet; e

VIII – registros de acesso a aplicações de internet: o conjunto de informações referentes à data e hora de uso de uma determinada aplicação de internet a partir de um determinado endereço IP.

Art. 6.º Na interpretação desta Lei serão levados em conta, além dos fundamentos, princípios e objetivos previstos, a natureza da internet, seus usos e costumes particulares e sua importância para a promoção do desenvolvimento humano, econômico, social e cultural.

Capítulo II
DOS DIREITOS E GARANTIAS DOS USUÁRIOS

>> Sobre proteção de dados nos meios digitais, *vide* Lei n. 13.709, de 14-8-2018.

Art. 7.º O acesso à internet é essencial ao exercício da cidadania, e ao usuário são assegurados os seguintes direitos:

I – inviolabilidade da intimidade e da vida privada, sua proteção e indenização pelo dano material ou moral decorrente de sua violação;

> *Vide* art. 5.º, X, da CF.

II – inviolabilidade e sigilo do fluxo de suas comunicações pela internet, salvo por ordem judicial, na forma da lei;

> *Vide* art. 10, § 2.º, desta Lei.

> *Vide* art. 5.º, XII, da CF, regulamentado pela Lei n. 9.296, de 24-7-1996.

III – inviolabilidade e sigilo de suas comunicações privadas armazenadas, salvo por ordem judicial;

> *Vide* art. 10, § 2.º, desta Lei.

IV – não suspensão da conexão à internet, salvo por débito diretamente decorrente de sua utilização;

> *Vide* arts. 42 e 42-A da Lei n. 8.078, de 11-9-1990.

V – manutenção da qualidade contratada da conexão à internet;

VI – informações claras e completas constantes dos contratos de prestação de serviços, com detalhamento sobre o regime de proteção aos registros de conexão e aos registros de acesso a aplicações de internet, bem como sobre práticas de gerenciamento da rede que possam afetar sua qualidade;

VII – não fornecimento a terceiros de seus dados pessoais, inclusive registros de conexão, e de acesso a aplicações de internet, salvo mediante consentimento livre, expresso e informado ou nas hipóteses previstas em lei;

>> *Vide* arts. 13 e 14 do Decreto n. 8.771, de 11-5-2016.

VIII – informações claras e completas sobre coleta, uso, armazenamento, tratamento e proteção de seus dados pessoais, que somente poderão ser utilizados para finalidades que:

a) justifiquem sua coleta;

b) não sejam vedadas pela legislação; e

c) estejam especificadas nos contratos de prestação de serviços ou em termos de uso de aplicações de internet;

IX – consentimento expresso sobre coleta, uso, armazenamento e tratamento de dados pessoais, que deverá ocorrer de forma destacada das demais cláusulas contratuais;

X – exclusão definitiva dos dados pessoais que tiver fornecido a determinada aplicação de internet, a seu requerimento, ao término da relação entre as partes, ressalvadas as hipóteses de guarda obrigatória de registros previstas nesta Lei e na que dispõe sobre a proteção de dados pessoais;

>> Inciso X com redação determinada pela Lei n. 13.709, de 14-8-2018.

XI – publicidade e clareza de eventuais políticas de uso dos provedores de conexão à internet e de aplicações de internet;

XII – acessibilidade, consideradas as características físico-motoras, perceptivas, sensoriais, intelectuais e mentais do usuário, nos termos da lei; e

XIII – aplicação das normas de proteção e defesa do consumidor nas relações de consumo realizadas na internet.

> *Vide* Lei n. 8.078, de 11-9-1990 (Código do Consumidor).

Art. 8.º A garantia do direito à privacidade e à liberdade de expressão nas comunicações é condição para o pleno exercício do direito de acesso à internet.

Parágrafo único. São nulas de pleno direito as cláusulas contratuais que violem o disposto no *caput*, tais como aquelas que:

I – impliquem ofensa à inviolabilidade e ao sigilo das comunicações privadas, pela internet; ou

II – em contrato de adesão, não ofereçam como alternativa ao contratante a adoção do foro brasileiro para solução de controvérsias decorrentes de serviços prestados no Brasil.

Capítulo III
DA PROVISÃO DE CONEXÃO E DE APLICAÇÕES DE INTERNET

Seção I
Da Neutralidade de Rede

>> *Vide* arts. 3.º a 10 do Decreto n. 8.771, de 11-5-2016.

Art. 9.º O responsável pela transmissão, comutação ou roteamento tem o dever de tratar de forma isonômica quaisquer pacotes de dados, sem distinção por conteúdo, origem e destino, serviço, terminal ou aplicação.

§ 1.º A discriminação ou degradação do tráfego será regulamentada nos termos das atribuições privativas do Presidente da República previstas no inciso IV do art. 84 da Constituição Federal, para a fiel execução desta Lei, ouvidos o Comitê Gestor da Internet e a Agência Nacional de Telecomunicações, e somente poderá decorrer de:

I – requisitos técnicos indispensáveis à prestação adequada dos serviços e aplicações; e

II – priorização de serviços de emergência.

§ 2.º Na hipótese de discriminação ou degradação do tráfego prevista no § 1.º, o responsável mencionado no *caput* deve:

>> *Vide* art. 4.º do Decreto n. 8.771, de 11-5-2016.

I – abster-se de causar dano aos usuários, na forma do art. 927 da Lei n. 10.406, de 10 de janeiro de 2002 – Código Civil;

II – agir com proporcionalidade, transparência e isonomia;

III – informar previamente de modo transparente, claro e suficientemente descritivo aos seus usuários sobre as práticas de gerenciamento e mitigação de tráfego adotadas, inclusive as relacionadas à segurança da rede; e

IV – oferecer serviços em condições comerciais não discriminatórias e abster-se de praticar condutas anticoncorrenciais.

§ 3.º Na provisão de conexão à internet, onerosa ou gratuita, bem como na transmissão, comutação ou roteamento, é vedado bloquear, monitorar, filtrar ou analisar o conteúdo dos pacotes de dados, respeitado o disposto neste artigo.

Seção II
Da Proteção aos Registros, aos Dados Pessoais e às Comunicações Privadas

>> *Vide* arts. 11 a 16 do Decreto n. 8.771, de 11-5-2016.

Art. 10. A guarda e a disponibilização dos registros de conexão e de acesso a aplicações de internet de que trata esta Lei, bem como de dados pessoais e do conteúdo de comunicações privadas, devem atender à preservação da intimidade, da vida privada, da honra e da imagem das partes direta ou indiretamente envolvidas.

§ 1.º O provedor responsável pela guarda somente será obrigado a disponibilizar os registros mencionados no *caput*, de forma autônoma ou associados a dados pessoais ou a outras informações que possam contribuir para a identificação do usuário ou do terminal, mediante ordem judicial, na forma do disposto na Seção IV deste Capítulo, respeitado o disposto no art. 7.º.

§ 2.º O conteúdo das comunicações privadas somente poderá ser disponibilizado mediante ordem judicial, nas hipóteses e na forma que a lei estabelecer, respeitado o disposto nos incisos II e III do art. 7.º.

§ 3.º O disposto no *caput* não impede o acesso aos dados cadastrais que informem qualificação pessoal, filiação e endereço, na forma da lei, pelas autoridades administrativas que detenham competência legal para a sua requisição.

> Os arts. 17-B da Lei n. 9.613, de 3-3-1998 (crimes de "lavagem" de dinheiro), e 15 da Lei n. 12.850, de 2-8-2013 (organização criminosa), permitem o acesso, independente de autorização judicial, a registros e dados cadastrais do investigado que informem exclusivamente a qualificação pessoal, a filiação e o endereço mantidos pela Justiça Eleitoral, empresas telefônicas, instituições financeiras, provedores de Internet e administradoras de cartão de crédito.

> *Vide* art. 11 do Decreto n. 8.771, de 11-5-2016.

§ 4.º As medidas e os procedimentos de segurança e de sigilo devem ser informados pelo responsável pela provisão de serviços de forma clara e atender a padrões definidos em regulamento, respeitado seu direito de confidencialidade quanto a segredos empresariais.

Art. 11. Em qualquer operação de coleta, armazenamento, guarda e tratamento de registros, de dados pessoais ou de comunicações por provedores de conexão e de aplicações de internet em que pelo menos um desses atos ocorra em território nacional, deverão ser obrigatoriamente respeitados a legislação brasileira e os direitos à privacidade, à proteção dos dados pessoais e ao sigilo das comunicações privadas e dos registros.

>> *Vide* arts. 15 e 20 do Decreto n. 8.771, de 11-5-2016.

§ 1.º O disposto no *caput* aplica-se aos dados coletados em território nacional e ao conteúdo das comunicações, desde que pelo menos um dos terminais esteja localizado no Brasil.

§ 2.º O disposto no *caput* aplica-se mesmo que as atividades sejam realizadas por pessoa jurídica sediada no exterior, desde que oferte serviço ao público brasileiro ou pelo menos uma integrante do mesmo grupo econômico possua estabelecimento no Brasil.

§ 3.º Os provedores de conexão e de aplicações de internet deverão prestar, na forma da regulamentação, informações que permitam a verificação quanto ao cumprimento da legislação brasileira referente à coleta, à guarda, ao armazenamento ou ao tratamento de dados, bem como quanto ao respeito à privacidade e ao sigilo de comunicações.

>> *Vide* art. 13, III, do Decreto n. 8.771, de 11-5-2016.

§ 4.º Decreto regulamentará o procedimento para apuração de infrações ao disposto neste artigo.

Art. 12. Sem prejuízo das demais sanções cíveis, criminais ou administrativas, as infrações às normas previstas nos arts. 10 e 11 ficam sujeitas, conforme o caso, às seguintes sanções, aplicadas de forma isolada ou cumulativa:

I – advertência, com indicação de prazo para adoção de medidas corretivas;

II – multa de até 10% (dez por cento) do faturamento do grupo econômico no Brasil no seu último exercício, excluídos os tributos, considerados a condição econômica do infrator e o princípio da proporcionalidade entre a gravidade da falta e a intensidade da sanção;

III – suspensão temporária das atividades que envolvam os atos previstos no art. 11; ou

IV – proibição de exercício das atividades que envolvam os atos previstos no art. 11.

Parágrafo único. Tratando-se de empresa estrangeira, responde solidariamente pelo pagamento da multa de que trata o *caput* sua filial, sucursal, escritório ou estabelecimento situado no País.

Subseção I

Da Guarda de Registros de Conexão

Art. 13. Na provisão de conexão à internet, cabe ao administrador de sistema autônomo respectivo o dever de manter os registros de conexão, sob sigilo, em ambiente controlado e de segurança, pelo prazo de 1 (um) ano, nos termos do regulamento.

§ 1.º A responsabilidade pela manutenção dos registros de conexão não poderá ser transferida a terceiros.

§ 2.º A autoridade policial ou administrativa ou o Ministério Público poderá requerer cautelarmente que os registros de conexão sejam guardados por prazo superior ao previsto no *caput*.

§ 3.º Na hipótese do § 2.º, a autoridade requerente terá o prazo de 60 (sessenta) dias, contados a partir do requerimento, para ingressar com o pedido de autorização judicial de acesso aos registros previstos no *caput*.

§ 4.º O provedor responsável pela guarda dos registros deverá manter sigilo em relação ao requerimento previsto no § 2.º, que perderá sua eficácia caso o pedido de autorização judicial seja indeferido ou não tenha sido protocolado no prazo previsto no § 3.º.

§ 5.º Em qualquer hipótese, a disponibilização ao requerente dos registros de que trata este artigo deverá ser precedida de autorização judicial, conforme disposto na Seção IV deste Capítulo.

§ 6.º Na aplicação de sanções pelo descumprimento ao disposto neste artigo, serão considerados a natureza e a gravidade da infração, os danos dela resultantes, eventual vantagem auferida pelo infrator, as circunstâncias agravantes, os antecedentes do infrator e a reincidência.

Subseção II

Da Guarda de Registros de Acesso a Aplicações de Internet na Provisão de Conexão

Art. 14. Na provisão de conexão, onerosa ou gratuita, é vedado guardar os registros de acesso a aplicações de internet.

Subseção III

Da Guarda de Registros de Acesso a Aplicações de Internet na Provisão de Aplicações

Art. 15. O provedor de aplicações de internet constituído na forma de pessoa jurídica e que exerça essa atividade de forma organizada, profissionalmente e com fins econômicos deverá manter os respectivos registros de acesso a aplicações de internet, sob sigilo, em ambiente controlado e de segurança, pelo prazo de 6 (seis) meses, nos termos do regulamento.

§ 1.º Ordem judicial poderá obrigar, por tempo certo, os provedores de aplicações de internet que não estão sujeitos ao disposto no *caput* a guardarem registros de acesso a aplicações de internet, desde que se trate de registros relativos a fatos específicos em período determinado.

§ 2.º A autoridade policial ou administrativa ou o Ministério Público poderão requerer cautelarmente a qualquer provedor de aplicações de internet que os registros de acesso a aplicações de internet sejam guardados, inclusive por prazo superior ao previsto no *caput*, observado o disposto nos §§ 3.º e 4.º do art. 13.

§ 3.º Em qualquer hipótese, a disponibilização ao requerente dos registros de que trata este artigo deverá ser precedida de autorização judicial, conforme disposto na Seção IV deste Capítulo.

§ 4.º Na aplicação de sanções pelo descumprimento ao disposto neste artigo, serão considerados a natureza e a gravidade da infração, os danos dela resultantes, eventual vantagem auferida pelo infrator, as circunstâncias agravantes, os antecedentes do infrator e a reincidência.

Art. 16. Na provisão de aplicações de internet, onerosa ou gratuita, é vedada a guarda:

I – dos registros de acesso a outras aplicações de internet sem que o titular dos dados tenha consentido previamente, respeitado o disposto no art. 7.º; ou

II – de dados pessoais que sejam excessivos em relação à finalidade para a qual foi dado consentimento pelo seu titular, exceto nas hipóteses previstas na Lei que dispõe sobre a proteção de dados pessoais.

>> Inciso II com redação determinada pela Lei n. 13.709, de 14-8-2018.

Art. 17. Ressalvadas as hipóteses previstas nesta Lei, a opção por não guardar os registros de acesso a aplicações de internet não implica responsabilidade sobre danos decorrentes do uso desses serviços por terceiros.

Seção III
Da Responsabilidade por Danos Decorrentes de Conteúdo Gerado por Terceiros

Art. 18. O provedor de conexão à internet não será responsabilizado civilmente por danos decorrentes de conteúdo gerado por terceiros.

Art. 19. Com o intuito de assegurar a liberdade de expressão e impedir a censura, o provedor de aplicações de internet somente poderá ser responsabilizado civilmente por danos decorrentes de conteúdo gerado por terceiros se, após ordem judicial específica, não tomar as providências para, no âmbito e nos limites técnicos do seu serviço e dentro do prazo assinalado, tornar indisponível o conteúdo apontado como infringente, ressalvadas as disposições legais em contrário.

§ 1.º A ordem judicial de que trata o *caput* deverá conter, sob pena de nulidade, identificação clara e específica do conteúdo apontado como infringente, que permita a localização inequívoca do material.

§ 2.º A aplicação do disposto neste artigo para infrações a direitos de autor ou a direitos conexos depende de previsão legal específica, que deverá respeitar a liberdade de expressão e demais garantias previstas no art. 5.º da Constituição Federal.

> *Vide* art. 5.º, IX, XXVII, XXVIII e XXIX, da CF.

§ 3.º As causas que versem sobre ressarcimento por danos decorrentes de conteúdos disponibilizados na internet relacionados à honra, à reputação ou a direitos de personalidade, bem como sobre a indisponibilização desses conteúdos por provedores de aplicações de internet, poderão ser apresentadas perante os juizados especiais.

> Direitos da personalidade: arts. 11 a 21 do CC.

> Juizados Especiais: Lei n. 9.099, de 26-9-1995.

§ 4.º O juiz, inclusive no procedimento previsto no § 3.º, poderá antecipar, total ou parcialmente, os efeitos da tutela pretendida no pedido inicial, existindo prova inequívoca do fato e considerado o interesse da coletividade na disponibilização do conteúdo na internet, desde que presentes os requisitos de verossimilhança da alegação do autor e de fundado receio de dano irreparável ou de difícil reparação.

> Sobre tutela antecipada: *vide* arts. 294 e 300 do CPC.

Art. 20. Sempre que tiver informações de contato do usuário diretamente responsável pelo conteúdo a que se refere o art. 19, caberá ao provedor de aplicações de internet comunicar-lhe os motivos e informações relativos à indisponibilização de conteúdo, com informações que permitam o contraditório e a ampla defesa em juízo, salvo expressa previsão legal ou expressa determinação judicial fundamentada em contrário.

Parágrafo único. Quando solicitado pelo usuário que disponibilizou o conteúdo tornado indisponível, o provedor de aplicações de internet que exerce essa atividade de forma organizada, profissionalmente e com fins econômicos substituirá o conteúdo tornado indisponível pela motivação ou pela ordem judicial que deu fundamento à indisponibilização.

Art. 21. O provedor de aplicações de internet que disponibilize conteúdo gerado por terceiros será responsabilizado subsidiariamente pela violação da intimidade decorrente da divulgação, sem autorização de seus participantes, de imagens, de vídeos ou de outros materiais contendo cenas de nudez ou de atos sexuais de caráter privado quando, após o recebimento de notificação pelo participante ou seu representante legal, deixar de promover, de forma diligente, no âmbito e nos limites técnicos do seu serviço, a indisponibilização desse conteúdo.

Parágrafo único. A notificação prevista no *caput* deverá conter, sob pena de nulidade, elementos que permitam a identificação específica do material apontado como violador da intimidade do participante e a verificação da legitimidade para apresentação do pedido.

Seção IV
Da Requisição Judicial de Registros

Art. 22. A parte interessada poderá, com o propósito de formar conjunto probatório em processo judicial cível ou penal, em caráter incidental ou autônomo, requerer ao juiz que ordene ao responsável pela guarda o fornecimento de registros de conexão ou de registros de acesso a aplicações de internet.

Parágrafo único. Sem prejuízo dos demais requisitos legais, o requerimento deverá conter, sob pena de inadmissibilidade:

I – fundados indícios da ocorrência do ilícito;

II – justificativa motivada da utilidade dos registros solicitados para fins de investigação ou instrução probatória; e

III – período ao qual se referem os registros.

Art. 23. Cabe ao juiz tomar as providências necessárias à garantia do sigilo das informações recebidas e à preservação da intimidade, da vida privada, da honra e da imagem do usuário, podendo determinar segredo de justiça, inclusive quanto aos pedidos de guarda de registro.

Capítulo IV
DA ATUAÇÃO DO PODER PÚBLICO

Art. 24. Constituem diretrizes para a atuação da União, dos Estados, do Distrito Federal e dos Municípios no desenvolvimento da internet no Brasil:

I – estabelecimento de mecanismos de governança multiparticipativa, transparente, colaborativa e democrática, com a participação do governo, do setor empresarial, da sociedade civil e da comunidade acadêmica;

II – promoção da racionalização da gestão, expansão e uso da internet, com participação do Comitê Gestor da internet no Brasil;

III – promoção da racionalização e da interoperabilidade tecnológica dos serviços de governo eletrônico, entre os diferentes Poderes e âmbitos da Federação, para permitir o intercâmbio de informações e a celeridade de procedimentos;

IV – promoção da interoperabilidade entre sistemas e terminais diversos, inclusive entre os diferentes âmbitos federativos e diversos setores da sociedade;

V – adoção preferencial de tecnologias, padrões e formatos abertos e livres;

VI – publicidade e disseminação de dados e informações públicos, de forma aberta e estruturada;

>> O Decreto n. 8.777, de 11-5-2016, institui a Política de Dados Abertos do Poder Executivo federal.

VII – otimização da infraestrutura das redes e estímulo à implantação de centros de armazenamento, gerenciamento e disseminação de dados no País, promovendo a qualidade técnica, a inovação e a difusão das aplicações de internet, sem prejuízo à abertura, à neutralidade e à natureza participativa;

VIII – desenvolvimento de ações e programas de capacitação para uso da internet;

IX – promoção da cultura e da cidadania; e

X – prestação de serviços públicos de atendimento ao cidadão de forma integrada, eficiente, simplificada e por múltiplos canais de acesso, inclusive remotos.

Art. 25. As aplicações de internet de entes do poder público devem buscar:

I – compatibilidade dos serviços de governo eletrônico com diversos terminais, sistemas operacionais e aplicativos para seu acesso;

II – acessibilidade a todos os interessados, independentemente de suas capacidades físico-motoras, perceptivas, sensoriais, intelectuais, mentais, culturais e sociais, resguardados os aspectos de sigilo e restrições administrativas e legais;

III – compatibilidade tanto com a leitura humana quanto com o tratamento automatizado das informações;

IV – facilidade de uso dos serviços de governo eletrônico; e

V – fortalecimento da participação social nas políticas públicas.

Art. 26. O cumprimento do dever constitucional do Estado na prestação da educação, em todos os níveis de ensino, inclui a capacitação, integrada a outras práticas educacionais, para o uso seguro, consciente e responsável da internet como ferramenta para o exercício da cidadania, a promoção da cultura e o desenvolvimento tecnológico.

Art. 27. As iniciativas públicas de fomento à cultura digital e de promoção da internet como ferramenta social devem:

I – promover a inclusão digital;

II – buscar reduzir as desigualdades, sobretudo entre as diferentes regiões do País, no acesso às tecnologias da informação e comunicação e no seu uso; e

III – fomentar a produção e circulação de conteúdo nacional.

Art. 28. O Estado deve, periodicamente, formular e fomentar estudos, bem como fixar metas, estratégias, planos e cronogramas, referentes ao uso e desenvolvimento da internet no País.

CAPÍTULO V
DISPOSIÇÕES FINAIS

Art. 29. O usuário terá a opção de livre escolha na utilização de programa de computador em seu terminal para exercício do controle parental de conteúdo entendido por ele como impróprio a seus filhos menores, desde que respeitados os princípios desta Lei e da Lei n. 8.069, de 13 de julho de 1990 – Estatuto da Criança e do Adolescente.

Parágrafo único. Cabe ao poder público, em conjunto com os provedores de conexão e de aplicações de internet e a sociedade civil, promover a educação e fornecer informações sobre o uso dos programas de computador previstos no *caput*, bem como para a definição de boas práticas para a inclusão digital de crianças e adolescentes.

Art. 30. A defesa dos interesses e dos direitos estabelecidos nesta Lei poderá ser exercida em juízo, individual ou coletivamente, na forma da lei.

Art. 31. Até a entrada em vigor da lei específica prevista no § 2.º do art. 19, a responsabilidade do provedor de aplicações de internet por danos decorrentes de conteúdo gerado por terceiros, quando se tratar de infração a direitos de autor ou a direitos conexos, continuará a ser disciplinada pela legislação autoral vigente aplicável na data da entrada em vigor desta Lei.

> Direitos autorais: Lei n. 9.610, de 19-2-1998.

Art. 32. Esta Lei entra em vigor após decorridos 60 (sessenta) dias de sua publicação oficial.

Brasília, 23 de abril de 2014; 193.º da Independência e 126.º da República.

DILMA ROUSSEFF

LEI N. 12.990, DE 9 DE JUNHO DE 2014 (*)

Reserva aos negros 20% (vinte por cento) das vagas oferecidas nos concursos públicos para provimento de cargos efetivos e empregos públicos no âmbito da administração pública federal, das autarquias, das fundações públicas, das empresas públicas e das sociedades de economia mista controladas pela União.

A Presidenta da República

Faço saber que o Congresso Nacional decreta e eu sanciono a seguinte Lei:

Art. 1.º Ficam reservadas aos negros 20% (vinte por cento) das vagas oferecidas nos concursos públicos para provimento de cargos efetivos e empregos públicos no âmbito da administração pública federal, das autarquias, das fundações públicas, das empresas públicas e das sociedades de economia mista controladas pela União, na forma desta Lei.

§ 1.º A reserva de vagas será aplicada sempre que o número de vagas oferecidas no concurso público for igual ou superior a 3 (três).

§ 2.º Na hipótese de quantitativo fracionado para o número de vagas reservadas a candidatos negros, esse será aumentado para o primeiro número inteiro subsequente, em caso de fração igual ou maior que 0,5 (cinco décimos), ou diminuído para número inteiro imediatamente inferior, em caso de fração menor que 0,5 (cinco décimos).

§ 3.º A reserva de vagas a candidatos negros constará expressamente dos editais dos concursos públicos, que deverão especificar o total de vagas correspondentes à reserva para cada cargo ou emprego público oferecido.

Art. 2.º Poderão concorrer às vagas reservadas a candidatos negros aqueles que se autodeclararem pretos ou pardos no ato da inscrição no concurso público, conforme o quesito cor ou raça utilizado pela Fundação Instituto Brasileiro de Geografia e Estatística – IBGE.

Parágrafo único. Na hipótese de constatação de declaração falsa, o candidato será eliminado do concurso e, se houver sido nomeado, ficará sujeito à anulação da sua admissão ao serviço ou emprego público, após procedimento administrativo em que lhe sejam assegurados o contraditório e a ampla defesa, sem prejuízo de outras sanções cabíveis.

Art. 3.º Os candidatos negros concorrerão concomitantemente às vagas reservadas e às vagas destinadas à ampla concorrência, de acordo com a sua classificação no concurso.

§ 1.º Os candidatos negros aprovados dentro do número de vagas oferecido para ampla concorrência não serão computados para efeito do preenchimento das vagas reservadas.

§ 2.º Em caso de desistência de candidato negro aprovado em vaga reservada, a vaga será preenchida pelo candidato negro posteriormente classificado.

§ 3.º Na hipótese de não haver número de candidatos negros aprovados suficiente para ocupar as vagas reservadas, as vagas remanescentes serão revertidas para a ampla concorrência e serão preenchidas pelos demais candidatos aprovados, observada a ordem de classificação.

Art. 4.º A nomeação dos candidatos aprovados respeitará os critérios de alternância e proporcionalidade, que consideram a relação entre o número de vagas total e o número de vagas reservadas a candidatos com deficiência e a candidatos negros.

Art. 5.º O órgão responsável pela política de promoção da igualdade étnica de que trata o § 1.º do art. 49 da Lei n. 12.288, de 20 de julho de 2010, será responsável pelo acompanhamento e avaliação anual do disposto nesta Lei, nos moldes previstos no art. 59 da Lei n. 12.288, de 20 de julho de 2010.

Art. 6.º Esta Lei entra em vigor na data de sua publicação e terá vigência pelo prazo de 10 (dez) anos.

Parágrafo único. Esta Lei não se aplicará aos concursos cujos editais já tiverem sido publicados antes de sua entrada em vigor.

Brasília, 9 de junho de 2014; 193.º da Independência e 126.º da República.

DILMA ROUSSEFF

LEI N. 13.019, DE 31 DE JULHO DE 2014 (**)

Estabelece o regime jurídico das parcerias entre a administração pública e as organizações da sociedade civil, em regime de mútua cooperação, para a consecução

(*) Publicada no *Diário Oficial da União* de 10-6-2014. A ADC n. 41, de 8-6- 2017, (*DOU* de 18-5-2018), declarou a constitucionalidade desta Lei.

(**) Publicada no *Diário Oficial da União* de 1.º-8-2014. Regulamentada pelo Decreto n. 8.726, de 27-4-2016.

de finalidades de interesse público e recíproco, mediante a execução de atividades ou de projetos previamente estabelecidos em planos de trabalho inseridos em termos de colaboração, em termos de fomento ou em acordos de cooperação; define diretrizes para a política de fomento, de colaboração e de cooperação com organizações da sociedade civil; e altera as Leis n. 8.429, de 2 de junho de 1992, e 9.790, de 23 de março de 1999.

>> Ementa com redação determinada pela Lei n. 13.204, de 14-12-2015.

A Presidenta da República

Faço saber que o Congresso Nacional decreta e eu sanciono a seguinte Lei:

Art. 1.º Esta Lei institui normas gerais para as parcerias entre a administração pública e organizações da sociedade civil, em regime de mútua cooperação, para a consecução de finalidades de interesse público e recíproco, mediante a execução de atividades ou de projetos previamente estabelecidos em planos de trabalho inseridos em termos de colaboração, em termos de fomento ou em acordos de cooperação.

>> Artigo com redação determinada pela Lei n. 13.204, de 14-12-2015.

Capítulo I
DISPOSIÇÕES PRELIMINARES

Art. 2.º Para os fins desta Lei, considera-se:

I – organização da sociedade civil:

>> Inciso I com redação determinada pela Lei n. 13.204, de 14-12-2015.

a) entidade privada sem fins lucrativos que não distribua entre os seus sócios ou associados, conselheiros, diretores, empregados, doadores ou terceiros eventuais resultados, sobras, excedentes operacionais, brutos ou líquidos, dividendos, isenções de qualquer natureza, participações ou parcelas do seu patrimônio, auferidos mediante o exercício de suas atividades, e que os aplique integralmente na consecução do respectivo objeto social, de forma imediata ou por meio da constituição de fundo patrimonial ou fundo de reserva;

>> Alínea *a* acrescentada pela Lei n. 13.204, de 14-12-2015.

b) as sociedades cooperativas previstas na Lei n. 9.867, de 10 de novembro de 1999; as integradas por pessoas em situação de risco ou vulnerabilidade pessoal ou social; as alcançadas por programas e ações de combate à pobreza e de geração de trabalho e renda; as voltadas para fomento, educação e capacitação de trabalhadores rurais ou capacitação de agentes de assistência técnica e extensão rural; e as capacitadas para execução de atividades ou de projetos de interesse público e de cunho social;

>> Alínea *b* acrescentada pela Lei n. 13.204, de 14-12-2015.

c) as organizações religiosas que se dediquem a atividades ou a projetos de interesse público e de cunho social distintas das destinadas a fins exclusivamente religiosos;

>> Alínea *c* acrescentada pela Lei n. 13.204, de 14-12-2015.

II – administração pública: União, Estados, Distrito Federal, Municípios e respectivas autarquias, fundações, empresas públicas e sociedades de economia mista prestadoras de serviço público, e suas subsidiárias, alcançadas pelo disposto no § 9.º do art. 37 da Constituição Federal;

>> Inciso II com redação determinada pela Lei n. 13.204, de 14-12-2015.

III – parceria: conjunto de direitos, responsabilidades e obrigações decorrentes de relação jurídica estabelecida formalmente entre a administração pública e organizações da sociedade civil, em regime de mútua cooperação, para a consecução de finalidades de interesse público e recíproco, mediante a execução de atividade ou de projeto expressos em termos de colaboração, em termos de fomento ou em acordos de cooperação;

>> Inciso III com redação determinada pela Lei n. 13.204, de 14-12-2015.

III-A – atividade: conjunto de operações que se realizam de modo contínuo ou permanente, das quais resulta um produto ou serviço necessário à satisfação de interesses compartilhados pela administração pública e pela organização da sociedade civil;

>> Inciso III-A acrescentado pela Lei n. 13.204, de 14-12-2015.

III-B – projeto: conjunto de operações, limitadas no tempo, das quais resulta um produto destinado à satisfação de interesses compartilhados pela administração pública e pela organização da sociedade civil;

>> Inciso III-B acrescentado pela Lei n. 13.204, de 14-12-2015.

IV – dirigente: pessoa que detenha poderes de administração, gestão ou controle da organização da sociedade civil, habilitada a assinar termo de colaboração, termo de fomento ou acordo de cooperação com a administração pública para a consecução de finalidades de interesse público e recíproco, ainda que delegue essa competência a terceiros;

>> Inciso IV com redação determinada pela Lei n. 13.204, de 14-12-2015.

V – administrador público: agente público revestido de competência para assinar termo de colaboração, termo de fomento ou acordo de cooperação com organização da sociedade civil para a consecução de finalidades de interesse público e recíproco, ainda que delegue essa competência a terceiros;

>> Inciso V com redação determinada pela Lei n. 13.204, de 14-12-2015.

VI – gestor: agente público responsável pela gestão de parceria celebrada por meio de termo de colaboração ou termo de fomento, designado por ato publicado em meio oficial de comunicação, com poderes de controle e fiscalização;

>> Inciso VI com redação determinada pela Lei n. 13.204, de 14-12-2015.

VII – termo de colaboração: instrumento por meio do qual são formalizadas as parcerias estabelecidas pela administração pública com organizações da sociedade civil para a consecução de finalidades de interesse público e recíproco propostas pela administração pública que envolvam a transferência de recursos financeiros;

>> Inciso VII com redação determinada pela Lei n. 13.204, de 14-12-2015.

VIII – termo de fomento: instrumento por meio do qual são formalizadas as parcerias estabelecidas pela administração pública com organizações da sociedade civil para a consecução de finalidades de interesse público e recíproco propostas pelas organizações da sociedade civil, que envolvam a transferência de recursos financeiros;

>> Inciso VIII com redação determinada pela Lei n. 13.204, de 14-12-2015.

VIII-A – acordo de cooperação: instrumento por meio do qual são formalizadas as parcerias estabelecidas pela administração pública com organizações da sociedade civil para a consecução de finalidades de interesse público e recíproco que não envolvam a transferência de recursos financeiros;

>> Inciso VIII-A acrescentado pela Lei n. 13.204, de 14-12-2015.

IX – conselho de política pública: órgão criado pelo poder público para atuar como instância consultiva, na respectiva área de atuação, na formulação, implementação, acompanhamento, monitoramento e avaliação de políticas públicas;

X – comissão de seleção: órgão colegiado destinado a processar e julgar chamamentos públicos, constituído por ato publicado em meio oficial de comunicação, assegurada a participação de pelo menos um servidor ocupante de cargo efetivo ou emprego permanente do quadro de pessoal da administração pública;

>> Inciso X com redação determinada pela Lei n. 13.204, de 14-12-2015.

XI – comissão de monitoramento e avaliação: órgão colegiado destinado a monitorar e avaliar as parcerias celebradas com organizações da sociedade civil mediante termo de colaboração ou termo de fomento, constituído por ato publicado em meio oficial de comunicação, assegurada a participação de pelo menos um servidor ocupante de cargo efetivo ou emprego permanente do quadro de pessoal da administração pública;

>> Inciso XI com redação determinada pela Lei n. 13.204, de 14-12-2015.

XII – chamamento público: procedimento destinado a selecionar organização da sociedade civil para firmar parceria por meio de termo de colaboração ou de fomento, no qual se garanta a observância dos princípios da isonomia, da legalidade, da impessoalidade, da moralidade, da igualdade, da publicidade, da probidade administrativa, da vinculação ao instrumento convocatório, do julgamento objetivo e dos que lhes são correlatos;

XIII – bens remanescentes: os de natureza permanente adquiridos com recursos financeiros envolvidos na parceria, necessários à consecução do objeto, mas que a ele não se incorporam;

>> Inciso XIII com redação determinada pela Lei n. 13.204, de 14-12-2015.

XIV – prestação de contas: procedimento em que se analisa e se avalia a execução da parceria, pelo qual seja possível verificar o cumprimento do objeto da parceria e o alcance das metas e dos resultados previstos, compreendendo duas fases:

>> Inciso XIV, *caput*, com redação determinada pela Lei n. 13.204, de 14-12-2015.

a) apresentação das contas, de responsabilidade da organização da sociedade civil;

b) análise e manifestação conclusiva das contas, de responsabilidade da administração pública, sem prejuízo da atuação dos órgãos de controle;

XV – (*Revogado pela Lei n. 13.204, de 14-12-2015.*)

Art. 2.º-A. As parcerias disciplinadas nesta Lei respeitarão, em todos os seus aspectos, as normas específicas das políticas públicas setoriais relativas ao objeto da parceria e as respectivas instâncias de pactuação e deliberação.

>> Artigo acrescentado pela Lei n. 13.204, de 14-12-2015.

Art. 3.º Não se aplicam as exigências desta Lei:

I – às transferências de recursos homologadas pelo Congresso Nacional ou autorizadas pelo Senado Federal naquilo em que as disposições específicas dos tratados, acordos e convenções internacionais conflitarem com esta Lei;

>> Inciso I com redação determinada pela Lei n. 13.204, de 14-12-2015.

II – (*Revogado pela Lei n. 13.204, de 14-12-2015.*);

III – aos contratos de gestão celebrados com organizações sociais, desde que cumpridos os requisitos previstos na Lei n. 9.637, de 15 de maio de 1998;

>> Inciso III com redação determinada pela Lei n. 13.204, de 14-12-2015.

IV – aos convênios e contratos celebrados com entidades filantrópicas e sem fins lucrativos nos termos do § 1.º do art. 199 da Constituição Federal;

>> Inciso IV acrescentado pela Lei n. 13.204, de 14-12-2015.

V – aos termos de compromisso cultural referidos no § 1.º do art. 9.º da Lei n. 13.018, de 22 de julho de 2014;

>> Inciso V acrescentado pela Lei n. 13.204, de 14-12-2015.

VI – aos termos de parceria celebrados com organizações da sociedade civil de interesse público, desde que cumpridos os requisitos previstos na Lei n. 9.790, de 23 de março de 1999;

>> Inciso VI acrescentado pela Lei n. 13.204, de 14-12-2015.

VII – às transferências referidas no art. 2.º da Lei n. 10.845, de 5 de março de 2004, e nos arts. 5.º e 22 da Lei n. 11.947, de 16 de junho de 2009;

>> Inciso VII acrescentado pela Lei n. 13.204, de 14-12-2015.

VIII – (*Vetado.*);

>> Inciso VIII acrescentado pela Lei n. 13.204, de 14-12-2015.

IX – aos pagamentos realizados a título de anuidades, contribuições ou taxas associativas em favor de organismos internacionais ou entidades que sejam obrigatoriamente constituídas por:

>> Inciso IX, *caput*, acrescentado pela Lei n. 13.204, de 14-12-2015.

a) membros de Poder ou do Ministério Público;

>> Alínea *a* acrescentada pela Lei n. 13.204, de 14-12-2015.

b) dirigentes de órgão ou de entidade da administração pública;

>> Alínea *b* acrescentada pela Lei n. 13.204, de 14-12-2015.

c) pessoas jurídicas de direito público interno;

>> Alínea *c* acrescentada pela Lei n. 13.204, de 14-12-2015.

d) pessoas jurídicas integrantes da administração pública;

>> Alínea *d* acrescentada pela Lei n. 13.204, de 14-12-2015.

X – às parcerias entre a administração pública e os serviços sociais autônomos.

>> Inciso X acrescentado pela Lei n. 13.204, de 14-12-2015.

Art. 4.º (*Revogado pela Lei n. 13.204, de 14-12-2015.*)

CAPÍTULO II
DA CELEBRAÇÃO DO TERMO DE COLABORAÇÃO OU DE FOMENTO

Seção I
Normas Gerais

Art. 5.º O regime jurídico de que trata esta Lei tem como fundamentos a gestão pública democrática, a participação social, o fortalecimento da sociedade civil, a transparência na aplicação dos recursos públicos, os princípios da legalidade, da legitimidade, da impessoalidade, da moralidade, da publicidade, da economicidade, da eficiência e da eficácia, destinando-se a assegurar:

>> *Caput* com redação determinada pela Lei n. 13.204, de 14-12-2015.

I – o reconhecimento da participação social como direito do cidadão;

II – a solidariedade, a cooperação e o respeito à diversidade para a construção de valores de cidadania e de inclusão social e produtiva;

III – a promoção do desenvolvimento local, regional e nacional, inclusivo e sustentável;

IV – o direito à informação, à transparência e ao controle social das ações públicas;

V – a integração e a transversalidade dos procedimentos, mecanismos e instâncias de participação social;

VI – a valorização da diversidade cultural e da educação para a cidadania ativa;

VII – a promoção e a defesa dos direitos humanos;

VIII – a preservação, a conservação e a proteção dos recursos hídricos e do meio ambiente;

IX – a valorização dos direitos dos povos indígenas e das comunidades tradicionais;

X – a preservação e a valorização do patrimônio cultural brasileiro, em suas dimensões material e imaterial.

Art. 6.º São diretrizes fundamentais do regime jurídico de parceria:

>> *Caput* com redação determinada pela Lei n. 13.204, de 14-12-2015.

I – a promoção, o fortalecimento institucional, a capacitação e o incentivo à organização da sociedade civil para a cooperação com o poder público;

II – a priorização do controle de resultados;

III – o incentivo ao uso de recursos atualizados de tecnologias de informação e comunicação;

IV – o fortalecimento das ações de cooperação institucional entre os entes federados nas relações com as organizações da sociedade civil;

V – o estabelecimento de mecanismos que ampliem a gestão de informação, transparência e publicidade;

VI – a ação integrada, complementar e descentralizada, de recursos e ações, entre os entes da Federação, evitando sobreposição de iniciativas e fragmentação de recursos;

VII – a sensibilização, a capacitação, o aprofundamento e o aperfeiçoamento do trabalho de gestores públicos, na implementação de atividades e projetos de interesse público e relevância social com organizações da sociedade civil;

VIII – a adoção de práticas de gestão administrativa necessárias e suficientes para coibir a obtenção, individual ou coletiva, de benefícios ou vantagens indevidos;

>> Inciso VIII com redação determinada pela Lei n. 13.204, de 14-12-2015.

IX – a promoção de soluções derivadas da aplicação de conhecimentos, da ciência e tecnologia e da inovação para atender necessidades e demandas de maior qualidade de vida da população em situação de desigualdade social.

Seção II
Da Capacitação de Gestores, Conselheiros e Sociedade Civil Organizada

Art. 7.º A União poderá instituir, em coordenação com os Estados, o Distrito Federal, os Municípios e organizações da sociedade civil, programas de capacitação voltados a:

>> *Caput* com redação determinada pela Lei n. 13.204, de 14-12-2015.

I – administradores públicos, dirigentes e gestores;

>> Inciso I acrescentado pela Lei n. 13.204, de 14-12-2015.

II – representantes de organizações da sociedade civil;

>> Inciso II acrescentado pela Lei n. 13.204, de 14-12-2015.

III – membros de conselhos de políticas públicas;

>> Inciso III acrescentado pela Lei n. 13.204, de 14-12-2015.

IV – membros de comissões de seleção;

>> Inciso IV acrescentado pela Lei n. 13.204, de 14-12-2015.

V – membros de comissões de monitoramento e avaliação;

>> Inciso V acrescentado pela Lei n. 13.204, de 14-12-2015.

VI – demais agentes públicos e privados envolvidos na celebração e execução das parcerias disciplinadas nesta Lei.

>> Inciso VI acrescentado pela Lei n. 13.204, de 14-12-2015.

Parágrafo único. A participação nos programas previstos no *caput* não constituirá condição para o exercício de função envolvida na materialização das parcerias disciplinadas nesta Lei.

>> Parágrafo único acrescentado pela Lei n. 13.204, de 14-12-2015.

Art. 8.º Ao decidir sobre a celebração de parcerias previstas nesta Lei, o administrador público:

>> *Caput* com redação determinada pela Lei n. 13.204, de 14-12-2015.

I – considerará, obrigatoriamente, a capacidade operacional da administração pública para celebrar a parceria, cumprir as obrigações dela decorrentes e assumir as respectivas responsabilidades;

>> Inciso I acrescentado pela Lei n. 13.204, de 14-12-2015.

II – avaliará as propostas de parceria com o rigor técnico necessário;

>> Inciso II acrescentado pela Lei n. 13.204, de 14-12-2015.

III – designará gestores habilitados a controlar e fiscalizar a execução em tempo hábil e de modo eficaz;

>> Inciso III acrescentado pela Lei n. 13.204, de 14-12-2015.

IV – apreciará as prestações de contas na forma e nos prazos determinados nesta Lei e na legislação específica.

>> Inciso IV acrescentado pela Lei n. 13.204, de 14-12-2015.

Parágrafo único. A administração pública adotará as medidas necessárias, tanto na capacitação de pessoal, quanto no provimento dos recursos materiais e tecnológicos necessários, para assegurar a capacidade técnica e operacional de que trata o *caput* deste artigo.

Seção III
Da Transparência e do Controle

Art. 9.º (*Revogado pela Lei n. 13.204, de 14-12-2015.*)

Art. 10. A administração pública deverá manter, em seu sítio oficial na internet, a relação das parcerias celebradas e dos respectivos planos de trabalho, até cento e oitenta dias após o respectivo encerramento.

>> Artigo com redação determinada pela Lei n. 13.204, de 14-12-2015.

Art. 11. A organização da sociedade civil deverá divulgar na internet e em locais visíveis de suas sedes sociais e dos estabelecimentos em que exerça suas ações todas as parcerias celebradas com a administração pública.

>> *Caput* com redação determinada pela Lei n. 13.204, de 14-12-2015.

Parágrafo único. As informações de que tratam este artigo e o art. 10 deverão incluir, no mínimo:

I – data de assinatura e identificação do instrumento de parceria e do órgão da administração pública responsável;

II – nome da organização da sociedade civil e seu número de inscrição no Cadastro Nacional da Pessoa Jurídica – CNPJ da Secretaria da Receita Federal do Brasil – RFB;

III – descrição do objeto da parceria;

IV – valor total da parceria e valores liberados, quando for o caso;

>> Inciso IV com redação determinada pela Lei n. 13.204, de 14-12-2015.

V – situação da prestação de contas da parceria, que deverá informar a data prevista para a sua apresentação, a data em que foi apresentada, o prazo para a sua análise e o resultado conclusivo;

VI – quando vinculados à execução do objeto e pagos com recursos da parceria, o valor total da remuneração da equipe de trabalho, as funções que seus integrantes desempenham e a remuneração prevista para o respectivo exercício.

>> Inciso VI acrescentado pela Lei n. 13.204, de 14-12-2015.

Art. 12. A administração pública deverá divulgar pela internet os meios de representação sobre a aplicação irregular dos recursos envolvidos na parceria.

>> Artigo com redação determinada pela Lei n. 13.204, de 14-12-2015.

Seção IV
Do Fortalecimento da Participação Social e da Divulgação das Ações

Art. 13. (*Vetado.*)

Art. 14. A administração pública divulgará, na forma de regulamento, nos meios públicos de comunicação por radiodifusão de sons e de sons e imagens, campanhas publicitárias e programações desenvolvidas por organizações da sociedade civil, no âmbito das parcerias previstas nesta Lei, mediante o emprego de recursos tecnológicos e de linguagem adequados à garantia de acessibilidade por pessoas com deficiência.

>> Artigo com redação determinada pela Lei n. 13.204, de 14-12-2015.

Art. 15. Poderá ser criado, no âmbito do Poder Executivo federal, o Conselho Nacional de Fomento e Colaboração, de composição paritária entre representantes governamentais e organizações da sociedade civil, com a finalidade de divulgar boas práticas e de propor e apoiar políticas e ações voltadas ao fortalecimento das relações de fomento e de colaboração previstas nesta Lei.

§ 1.º A composição e o funcionamento do Conselho Nacional de Fomento e Colaboração serão disciplinados em regulamento.

§ 2.º Os demais entes federados também poderão criar instância participativa, nos termos deste artigo.

§ 3.º Os conselhos setoriais de políticas públicas e a administração pública serão consultados quanto às políticas e ações voltadas ao fortalecimento das relações de fomento e de colaboração propostas pelo Conselho de que trata o *caput* deste artigo.

>> § 3.º acrescentado pela Lei n. 13.204, de 14-12-2015.

Seção V
Dos Termos de Colaboração e de Fomento

Art. 16. O termo de colaboração deve ser adotado pela administração pública para consecução de planos de trabalho de sua iniciativa, para celebração de parcerias com organizações da sociedade civil que envolvam a transferência de recursos financeiros.

>> *Caput* com redação determinada pela Lei n. 13.204, de 14-12-2015.

Parágrafo único. Os conselhos de políticas públicas poderão apresentar propostas à administração pública para celebração de termo de colaboração com organizações da sociedade civil.

Art. 17. O termo de fomento deve ser adotado pela administração pública para consecução de planos de trabalho propostos por organizações da sociedade civil que envolvam a transferência de recursos financeiros.

>> Artigo com redação determinada pela Lei n. 13.204, de 14-12-2015.

Seção VI
Do Procedimento de Manifestação de Interesse Social

Art. 18. É instituído o Procedimento de Manifestação de Interesse Social como instrumento por meio do qual as organizações da sociedade civil, movimentos sociais e cidadãos poderão apresentar propostas ao poder público para que este avalie a possibilidade de realização de um chamamento público objetivando a celebração de parceria.

Art. 19. A proposta a ser encaminhada à administração pública deverá atender aos seguintes requisitos:

I – identificação do subscritor da proposta;

II – indicação do interesse público envolvido;

III – diagnóstico da realidade que se quer modificar, aprimorar ou desenvolver e, quando possível, indicação da viabilidade, dos custos, dos benefícios e dos prazos de execução da ação pretendida.

Art. 20. Preenchidos os requisitos do art. 19, a administração pública deverá tornar pública a proposta em seu sítio eletrônico e, verificada a conveniência e oportunidade para realização do Procedimento de Manifestação de Interesse Social, o instaurará para oitiva da sociedade sobre o tema.

Parágrafo único. Os prazos e regras do procedimento de que trata esta Seção observarão regulamento próprio de cada ente federado, a ser aprovado após a publicação desta Lei.

Art. 21. A realização do Procedimento de Manifestação de Interesse Social não implicará necessariamente na execução do chamamento público, que acontecerá de acordo com os interesses da administração.

§ 1.º A realização do Procedimento de Manifestação de Interesse Social não dispensa a convocação por meio de chamamento público para a celebração de parceria.

§ 2.º A proposição ou a participação no Procedimento de Manifestação de Interesse Social não impede a organização da sociedade civil de participar no eventual chamamento público subsequente.

§ 3.º É vedado condicionar a realização de chamamento público ou a celebração de parceria à prévia realização de Procedimento de Manifestação de Interesse Social.

>> § 3.º acrescentado pela Lei n. 13.204, de 14-12-2015.

Seção VII
Do Plano de Trabalho

Art. 22. Deverá constar do plano de trabalho de parcerias celebradas mediante termo de colaboração ou de fomento:

>> *Caput* com redação determinada pela Lei n. 13.204, de 14-12-2015.

I – descrição da realidade que será objeto da parceria, devendo ser demonstrado o nexo entre essa realidade e as atividades ou projetos e metas a serem atingidas;

>> Inciso I com redação determinada pela Lei n. 13.204, de 14-12-2015.

II – descrição de metas a serem atingidas e de atividades ou projetos a serem executados;

>> Inciso II com redação determinada pela Lei n. 13.204, de 14-12-2015.

II-A – previsão de receitas e de despesas a serem realizadas na execução das atividades ou dos projetos abrangidos pela parceria;

>> Inciso II-A acrescentado pela Lei n. 13.204, de 14-12-2015.

III – forma de execução das atividades ou dos projetos e de cumprimento das metas a eles atreladas;

>> Inciso III com redação determinada pela Lei n. 13.204, de 14-12-2015.

IV – definição dos parâmetros a serem utilizados para a aferição do cumprimento das metas;

>> Inciso IV com redação determinada pela Lei n. 13.204, de 14-12-2015.

V a X – (*Revogados pela Lei n. 13.204, de 14-12-2015.*)

Parágrafo único. (*Revogado pela Lei n. 13.204, de 14-12-2015.*)

Seção VIII
Do Chamamento Público

Art. 23. A administração pública deverá adotar procedimentos claros, objetivos e simplificados que orientem os interessados e facilitem o acesso direto aos seus órgãos e instâncias decisórias, independentemente da modalidade de parceria prevista nesta Lei.

>> *Caput* com redação determinada pela Lei n. 13.204, de 14-12-2015.

Parágrafo único. Sempre que possível, a administração pública estabelecerá critérios a serem seguidos, especialmente quanto às seguintes características:

>> Parágrafo único, *caput*, com redação determinada pela Lei n. 13.204, de 14-12-2015.

I – objetos;

II – metas;

III – (*Revogado pela Lei n. 13.204, de 14-12-2015.*);

IV – custos;

V – (*Revogado pela Lei n. 13.204, de 14-12-2015.*);

VI – indicadores, quantitativos ou qualitativos, de avaliação de resultados.

>> Inciso VI com redação determinada pela Lei n. 13.204, de 14-12-2015.

Art. 24. Exceto nas hipóteses previstas nesta Lei, a celebração de termo de colaboração ou de fomento será precedida de chamamento público voltado a selecionar organizações da sociedade civil que tornem mais eficaz a execução do objeto.

>> *Caput* com redação determinada pela Lei n. 13.204, de 14-12-2015.

§ 1.º O edital do chamamento público especificará, no mínimo:

I – a programação orçamentária que autoriza e viabiliza a celebração da parceria;

>> Inciso I com redação determinada pela Lei n. 13.204, de 14-12-2015.

II – (*Revogado pela Lei n. 13.204, de 14-12-2015.*);

III – o objeto da parceria;

IV – as datas, os prazos, as condições, o local e a forma de apresentação das propostas;

V – as datas e os critérios de seleção e julgamento das propostas, inclusive no que se refere à metodologia de pontuação e ao peso atribuído a cada um dos critérios estabelecidos, se for o caso;

>> Inciso V com redação determinada pela Lei n. 13.204, de 14-12-2015.

VI – o valor previsto para a realização do objeto;

VII – (*Revogado pela Lei n. 13.204, de 14-12-2015.*);

VIII – as condições para interposição de recurso administrativo;

>> Inciso VIII acrescentado pela Lei n. 13.204, de 14-12-2015.

IX – a minuta do instrumento por meio do qual será celebrada a parceria;

>> Inciso IX acrescentado pela Lei n. 13.204, de 14-12-2015.

X – de acordo com as características do objeto da parceria, medidas de acessibilidade para pessoas com deficiência ou mobilidade reduzida e idosos.

>> Inciso X acrescentado pela Lei n. 13.204, de 14-12-2015.

§ 2.º É vedado admitir, prever, incluir ou tolerar, nos atos de convocação, cláusulas ou condições que comprometam, restrinjam ou frustrem o seu caráter competitivo em decorrência de qualquer circunstância impertinente ou irrelevante para o específico objeto da parceria, admitidos:

>> § 2.º com redação determinada pela Lei n. 13.204, de 14-12-2015.

I – a seleção de propostas apresentadas exclusivamente por concorrentes sediados ou com representação atuante e reconhecida na unidade da Federação onde será executado o objeto da parceria;

>> Inciso I acrescentado pela Lei n. 13.204, de 14-12-2015.

II – o estabelecimento de cláusula que delimite o território ou a abrangência da prestação de atividades ou da execução de projetos, conforme estabelecido nas políticas setoriais.

>> Inciso II acrescentado pela Lei n. 13.204, de 14-12-2015.

Art. 25. (*Revogado pela Lei n. 13.204, de 14-12-2015.*)

Art. 26. O edital deverá ser amplamente divulgado em página do sítio oficial da administração pública na internet, com antecedência mínima de trinta dias.

>> *Caput* com redação determinada pela Lei n. 13.204, de 14-12-2015.

Parágrafo único. (*Revogado pela Lei n. 13.204, de 14-12-2015.*)

Art. 27. O grau de adequação da proposta aos objetivos específicos do programa ou da ação em que se insere o objeto da parceria e, quando for o caso, ao valor de referência constante do chamamento constitui critério obrigatório de julgamento.

>> *Caput* com redação determinada pela Lei n. 13.204, de 14-12-2015.

§ 1.º As propostas serão julgadas por uma comissão de seleção previamente designada, nos termos desta Lei, ou constituída pelo respectivo conselho gestor, se o projeto for financiado com recursos de fundos específicos.

>> § 1.º com redação determinada pela Lei n. 13.204, de 14-12-2015.

§ 2.º Será impedida de participar da comissão de seleção pessoa que, nos últimos cinco anos, tenha mantido relação jurídica com, ao menos, uma das entidades participantes do chamamento público.

>> § 2.º com redação determinada pela Lei n. 13.204, de 14-12-2015.

§ 3.º Configurado o impedimento previsto no § 2.º, deverá ser designado membro substituto que possua qualificação equivalente à do substituído.

§ 4.º A administração pública homologará e divulgará o resultado do julgamento em página do sítio previsto no art. 26.

>> § 4.º com redação determinada pela Lei n. 13.204, de 14-12-2015.

§ 5.º Será obrigatoriamente justificada a seleção de proposta que não for a mais adequada ao valor de referência constante do chamamento público.

>> § 5.º acrescentado pela Lei n. 13.204, de 14-12-2015.

§ 6.º A homologação não gera direito para a organização da sociedade civil à celebração da parceria.

>> § 6.º acrescentado pela Lei n. 13.204, de 14-12-2015.

Art. 28. Somente depois de encerrada a etapa competitiva e ordenadas as propostas, a administração pública procederá à verificação dos documentos que comprovem o atendimento pela organização da sociedade civil selecionada dos requisitos previstos nos arts. 33 e 34.

>> *Caput* com redação determinada pela Lei n. 13.204, de 14-12-2015.

§ 1.º Na hipótese de a organização da sociedade civil selecionada não atender aos requisitos exigidos nos arts. 33 e 34, aquela imediatamente mais bem classificada poderá ser convidada a aceitar a celebração de parceria nos termos da proposta por ela apresentada.

>> § 1.º com redação determinada pela Lei n. 13.204, de 14-12-2015.

§ 2.º Caso a organização da sociedade civil convidada nos termos do § 1.º aceite celebrar a parceria, proceder-se-á à verificação dos documentos que comprovem o atendimento aos requisitos previstos nos arts. 33 e 34.

>> § 2.º com redação determinada pela Lei n. 13.204, de 14-12-2015.

§ 3.º (*Revogado pela Lei n. 13.204, de 14-12-2015.*)

Art. 29. Os termos de colaboração ou de fomento que envolvam recursos decorrentes de emendas parlamentares às leis orçamentárias anuais e os acordos de cooperação serão celebrados sem chamamento público, exceto, em relação aos acordos de cooperação, quando o objeto envolver a celebração de comodato, doação de bens ou outra forma de compartilhamento de recurso patrimonial, hipótese em que o respectivo chamamento público observará o disposto nesta Lei.

>> Artigo com redação determinada pela Lei n. 13.204, de 14-12-2015.

Art. 30. A administração pública poderá dispensar a realização do chamamento público:

I – no caso de urgência decorrente de paralisação ou iminência de paralisação de atividades de relevante interesse público, pelo prazo de até cento e oitenta dias;

>> Inciso I com redação determinada pela Lei n. 13.204, de 14-12-2015.

II – nos casos de guerra, calamidade pública, grave perturbação da ordem pública ou ameaça à paz social;

>> Inciso II com redação determinada pela Lei n. 13.204, de 14-12-2015.

III – quando se tratar da realização de programa de proteção a pessoas ameaçadas ou em situação que possa comprometer a sua segurança;

IV – (*Vetado*.);

V – (*Vetado*.)

>> Inciso V acrescentado pela Lei n. 13.204, de 14-12-2015.

VI – no caso de atividades voltadas ou vinculadas a serviços de educação, saúde e assistência social, desde que executadas por organizações da sociedade civil previamente credenciadas pelo órgão gestor da respectiva política.

>> Inciso VI acrescentado pela Lei n. 13.204, de 14-12-2015.

Art. 31. Será considerado inexigível o chamamento público na hipótese de inviabilidade de competição entre as organizações da sociedade civil, em razão da natureza singular do objeto da parceria ou se as metas somente puderem ser atingidas por uma entidade específica, especialmente quando:

>> *Caput* com redação determinada pela Lei n. 13.204, de 14-12-2015.

I – o objeto da parceria constituir incumbência prevista em acordo, ato ou compromisso internacional, no qual sejam indicadas as instituições que utilizarão os recursos;

>> Inciso I acrescentado pela Lei n. 13.204, de 14-12-2015.

II – a parceria decorrer de transferência para organização da sociedade civil que esteja autorizada em lei na qual seja identificada expressamente a entidade beneficiária, inclusive quando se tratar da subvenção prevista no inciso I do § 3.º do art. 12 da Lei n. 4.320, de 17 de março de 1964, observado o disposto no art. 26 da Lei Complementar n. 101, de 4 de maio de 2000.

>> Inciso II acrescentado pela Lei n. 13.204, de 14-12-2015.

Art. 32. Nas hipóteses dos arts. 30 e 31 desta Lei, a ausência de realização de chamamento público será justificada pelo administrador público.

>> *Caput* com redação determinada pela Lei n. 13.204, de 14-12-2015.

§ 1.º Sob pena de nulidade do ato de formalização de parceria prevista nesta Lei, o extrato da justificativa previsto no *caput* deverá ser publicado, na mesma data em que for efetivado, no sítio oficial da administração pública na internet e, eventualmente, a critério do administrador público, também no meio oficial de publicidade da administração pública.

>> § 1.º com redação determinada pela Lei n. 13.204, de 14-12-2015.

§ 2.º Admite-se a impugnação à justificativa, apresentada no prazo de cinco dias a contar de sua publicação, cujo teor deve ser analisado pelo administrador público responsável em até cinco dias da data do respectivo protocolo.

>> § 2.º com redação determinada pela Lei n. 13.204, de 14-12-2015.

§ 3.º Havendo fundamento na impugnação, será revogado o ato que declarou a dispensa ou considerou inexigível o chamamento público, e será imediatamente iniciado o procedimento para a realização do chamamento público, conforme o caso.

§ 4.º A dispensa e a inexigibilidade de chamamento público, bem como o disposto no art. 29, não afastam a aplicação dos demais dispositivos desta Lei.

>> § 4.º acrescentado pela Lei n. 13.204, de 14-12-2015.

Seção IX
Dos Requisitos para Celebração de Parcerias

>> Seção IX com redação determinada pela Lei n. 13.204, de 14-12-2015.

Art. 33. Para celebrar as parcerias previstas nesta Lei, as organizações da sociedade civil deverão ser regidas por normas de organização interna que prevejam, expressamente:

>> *Caput* com redação determinada pela Lei n. 13.204, de 14-12-2015.

I – objetivos voltados à promoção de atividades e finalidades de relevância pública e social;

II – (*Revogado pela Lei n. 13.204, de 14-12-2015.*);

III – que, em caso de dissolução da entidade, o respectivo patrimônio líquido seja transferido a outra pessoa jurídica de igual natureza que preencha os requisitos desta Lei e cujo objeto social seja, preferencialmente, o mesmo da entidade extinta;

>> Inciso III com redação determinada pela Lei n. 13.204, de 14-12-2015.

IV – escrituração de acordo com os princípios fundamentais de contabilidade e com as Normas Brasileiras de Contabilidade;

>> Inciso IV com redação determinada pela Lei n. 13.204, de 14-12-2015.

V – possuir:

>> Inciso V acrescentado pela Lei n. 13.204, de 14-12-2015.

a) no mínimo, um, dois ou três anos de existência, com cadastro ativo, comprovados por meio de documentação emitida pela Secretaria da Receita Federal do Brasil, com base no Cadastro Nacional da Pessoa Jurídica – CNPJ, conforme, respectivamente, a parceria seja celebrada no âmbito dos Municípios, do Distrito Federal ou dos Estados e da União, admitida a redução desses prazos por ato específico de cada ente na hipótese de nenhuma organização atingi-los;

>> Alínea *a* acrescentada pela Lei n. 13.204, de 14-12-2015.

b) experiência prévia na realização, com efetividade, do objeto da parceria ou de natureza semelhante;

>> Alínea *b* acrescentada pela Lei n. 13.204, de 14-12-2015.

c) instalações, condições materiais e capacidade técnica e operacional para o desenvolvimento das atividades ou projetos previstos na parceria e o cumprimento das metas estabelecidas.

>> Alínea *c* acrescentada pela Lei n. 13.204, de 14-12-2015.

§ 1.º Na celebração de acordos de cooperação, somente será exigido o requisito previsto no inciso I.

>> § 1.º renumerado pela Lei n. 13.204, de 14-12-2015.

§ 2.º Serão dispensadas do atendimento ao disposto nos incisos I e III as organizações religiosas.

>> § 2.º acrescentado pela Lei n. 13.204, de 14-12-2015.

§ 3.º As sociedades cooperativas deverão atender às exigências previstas na legislação específica e ao disposto no inciso IV, estando dispensadas do atendimento aos requisitos previstos nos incisos I e III.

>> § 3.º acrescentado pela Lei n. 13.204, de 14-12-2015.

§ 4.º (*Vetado.*)

>> § 4.º acrescentado pela Lei n. 13.204, de 14-12-2015.

§ 5.º Para fins de atendimento do previsto na alínea c do inciso V, não será necessária a demonstração de capacidade instalada prévia.

>> § 5.º acrescentado pela Lei n. 13.204, de 14-12-2015.

Art. 34. Para celebração das parcerias previstas nesta Lei, as organizações da sociedade civil deverão apresentar:

I – (*Revogado pela Lei n. 13.204, de 14-12-2015.*);

II – certidões de regularidade fiscal, previdenciária, tributária, de contribuições e de dívida ativa, de acordo com a legislação aplicável de cada ente federado;

III – certidão de existência jurídica expedida pelo cartório de registro civil ou cópia do estatuto registrado e de eventuais alterações ou, tratando-se de sociedade cooperativa, certidão simplificada emitida por junta comercial;

>> Inciso III com redação determinada pela Lei n. 13.204, de 14-12-2015.

IV – (*Revogado pela Lei n. 13.204, de 14-12-2015.*)

V – cópia da ata de eleição do quadro dirigente atual;

VI – relação nominal atualizada dos dirigentes da entidade, com endereço, número e órgão expedidor da carteira de identidade e número de registro no Cadastro de Pessoas Físicas – CPF da Secretaria da Receita Federal do Brasil – RFB de cada um deles;

VII – comprovação de que a organização da sociedade civil funciona no endereço por ela declarado;

>> Inciso VII com redação determinada pela Lei n. 13.204, de 14-12-2015.

VIII – (*Revogado pela Lei n. 13.204, de 14-12-2015.*)

Parágrafo único. (*Vetado.*)

I a III – (*Vetados.*)

Art. 35. A celebração e a formalização do termo de colaboração e do termo de fomento dependerão da adoção das seguintes providências pela administração pública:

I – realização de chamamento público, ressalvadas as hipóteses previstas nesta Lei;

II – indicação expressa da existência de prévia dotação orçamentária para execução da parceria;

III – demonstração de que os objetivos e finalidades institucionais e a capacidade técnica e operacional da organização da sociedade civil foram avaliados e são compatíveis com o objeto;

IV – aprovação do plano de trabalho, a ser apresentado nos termos desta Lei;

V – emissão de parecer de órgão técnico da administração pública, que deverá pronunciar-se, de forma expressa, a respeito:

a) do mérito da proposta, em conformidade com a modalidade de parceria adotada;

b) da identidade e da reciprocidade de interesse das partes na realização, em mútua cooperação, da parceria prevista nesta Lei;

c) da viabilidade de sua execução;

>> Alínea *c* com redação determinada pela Lei n. 13.204, de 14-12-2015.

d) da verificação do cronograma de desembolso;

>> Alínea *d* com redação determinada pela Lei n. 13.204, de 14-12-2015.

e) da descrição de quais serão os meios disponíveis a serem utilizados para a fiscalização da execução da parceria, assim como dos procedimentos que deverão ser adotados para avaliação da execução física e financeira, no cumprimento das metas e objetivos;

f) (*Revogada pela Lei n. 13.204, de 14-12-2015.*);

g) da designação do gestor da parceria;

h) da designação da comissão de monitoramento e avaliação da parceria;

i) (*Revogada pela Lei n. 13.204, de 14-12-2015.*)

VI – emissão de parecer jurídico do órgão de assessoria ou consultoria jurídica da administração pública acerca da possibilidade de celebração da parceria.

>> Inciso VI com redação determinada pela Lei n. 13.204, de 14-12-2015.

§ 1.º Não será exigida contrapartida financeira como requisito para celebração de parceria, facultada a exigência de contrapartida em bens e serviços cuja expressão monetária será obrigatoriamente identificada no termo de colaboração ou de fomento.

>> § 1.º com redação determinada pela Lei n. 13.204, de 14-12-2015.

§ 2.º Caso o parecer técnico ou o parecer jurídico de que tratam, respectivamente, os incisos V e VI concluam pela possibilidade de celebração da parceria com ressalvas, deverá o administrador público sanar os aspectos ressalvados ou, mediante ato formal, justificar a preservação desses aspectos ou sua exclusão.

>> § 2.º com redação determinada pela Lei n. 13.204, de 14-12-2015.

§ 3.º Na hipótese de o gestor da parceria deixar de ser agente público ou ser lotado em outro órgão ou entidade, o administrador público deverá designar novo gestor, assumindo, enquanto isso não ocorrer, todas as obrigações do gestor, com as respectivas responsabilidades.

§ 4.º (*Revogado pela Lei n. 13.204, de 14-12-2015.*)

§ 5.º Caso a organização da sociedade civil adquira equipamentos e materiais permanentes com recursos provenientes da celebração da parceria, o bem será gravado com cláusula de inalienabilidade, e ela deverá formalizar promessa de transferência da propriedade à administração pública, na hipótese de sua extinção.

§ 6.º Será impedida de participar como gestor da parceria ou como membro da comissão de monitoramento e avaliação pessoa que, nos últimos 5 (cinco) anos, tenha mantido relação jurídica com, ao menos, 1 (uma) das organizações da sociedade civil partícipes.

§ 7.º Configurado o impedimento do § 6.º, deverá ser designado gestor ou membro substituto que possua qualificação técnica equivalente à do substituído.

Art. 35-A. É permitida a atuação em rede, por duas ou mais organizações da sociedade civil, mantida a integral responsabilidade da organização celebrante do termo de fomento ou de colaboração, desde que a organização da sociedade civil signatária do termo de fomento ou de colaboração possua:

>> *Caput* acrescentado pela Lei n. 13.204, de 14-12-2015.

I – mais de cinco anos de inscrição no CNPJ;

>> Inciso I acrescentado pela Lei n. 13.204, de 14-12-2015.

II – capacidade técnica e operacional para supervisionar e orientar diretamente a atuação da organização que com ela estiver atuando em rede.

>> Inciso II acrescentado pela Lei n. 13.204, de 14-12-2015.

Parágrafo único. A organização da sociedade civil que assinar o termo de colaboração ou de fomento deverá celebrar termo de atuação em rede para repasse de recursos às não celebrantes, ficando obrigada a, no ato da respectiva formalização:

>> Parágrafo único acrescentado pela Lei n. 13.204, de 14-12-2015.

I – verificar, nos termos do regulamento, a regularidade jurídica e fiscal da organização executante e não celebrante do termo de colaboração ou do termo de fomento, devendo comprovar tal verificação na prestação de contas;

>> Inciso I acrescentado pela Lei n. 13.204, de 14-12-2015.

II – comunicar à administração pública em até sessenta dias a assinatura do termo de atuação em rede.

>> Inciso II acrescentado pela Lei n. 13.204, de 14-12-2015.

Art. 36. Será obrigatória a estipulação do destino a ser dado aos bens remanescentes da parceria.

Parágrafo único. Os bens remanescentes adquiridos com recursos transferidos poderão, a critério do administrador público, ser doados quando, após a consecução do objeto, não forem necessários para assegurar a continuidade do objeto pactuado, observado o disposto no respectivo termo e na legislação vigente.

Art. 37. (*Revogado pela Lei n. 13.204, de 14-12-2015.*)

Art. 38. O termo de fomento, o termo de colaboração e o acordo de cooperação somente produzirão efeitos jurídicos após a publicação dos respectivos extratos no meio oficial de publicidade da administração pública.

>> Artigo com redação determinada pela Lei n. 13.204, de 14-12-2015.

Seção X
Das Vedações

Art. 39. Ficará impedida de celebrar qualquer modalidade de parceria prevista nesta Lei a organização da sociedade civil que:

I – não esteja regularmente constituída ou, se estrangeira, não esteja autorizada a funcionar no território nacional;

II – esteja omissa no dever de prestar contas de parceria anteriormente celebrada;

III – tenha como dirigente membro de Poder ou do Ministério Público, ou dirigente de órgão ou entidade da administração pública da mesma esfera governamental na qual será celebrado o termo de colaboração ou de fomento, estendendo-se a vedação aos respectivos cônjuges ou companheiros, bem como parentes em linha reta, colateral ou por afinidade, até o segundo grau;

>> Inciso III com redação determinada pela Lei n. 13.204, de 14-12-2015.

IV – tenha tido as contas rejeitadas pela administração pública nos últimos cinco anos, exceto se:

>> Inciso IV com redação determinada pela Lei n. 13.204, de 14-12-2015.

a) for sanada a irregularidade que motivou a rejeição e quitados os débitos eventualmente imputados;

>> Alínea *a* acrescentada pela Lei n. 13.204, de 14-12-2015.

b) for reconsiderada ou revista a decisão pela rejeição;

>> Alínea *b* acrescentada pela Lei n. 13.204, de 14-12-2015.

c) a apreciação das contas estiver pendente de decisão sobre recurso com efeito suspensivo;

>> Alínea *c* acrescentada pela Lei n. 13.204, de 14-12-2015.

V – tenha sido punida com uma das seguintes sanções, pelo período que durar a penalidade:

a) suspensão de participação em licitação e impedimento de contratar com a administração;

b) declaração de inidoneidade para licitar ou contratar com a administração pública;

c) a prevista no inciso II do art. 73 desta Lei;

d) a prevista no inciso III do art. 73 desta Lei;

VI – tenha tido contas de parceria julgadas irregulares ou rejeitadas por Tribunal ou Conselho de Contas de qualquer esfera da Federação, em decisão irrecorrível, nos últimos 8 (oito) anos;

VII – tenha entre seus dirigentes pessoa:

a) cujas contas relativas a parcerias tenham sido julgadas irregulares ou rejeitadas por Tribunal ou Conselho de Contas de qualquer esfera da Federação, em decisão irrecorrível, nos últimos 8 (oito) anos;

b) julgada responsável por falta grave e inabilitada para o exercício de cargo em comissão ou função de confiança, enquanto durar a inabilitação;

c) considerada responsável por ato de improbidade, enquanto durarem os prazos estabelecidos nos incisos I, II e III do art. 12 da Lei n. 8.429, de 2 de junho de 1992.

§ 1.º Nas hipóteses deste artigo, é igualmente vedada a transferência de novos recursos no âmbito de parcerias em execução, excetuando-se os casos de serviços essenciais que não podem ser adiados sob pena de prejuízo ao erário ou à população, desde que precedida de expressa e fundamentada autorização do dirigente máximo do órgão ou entidade da administração pública, sob pena de responsabilidade solidária.

§ 2.º Em qualquer das hipóteses previstas no *caput*, persiste o impedimento para celebrar parceria enquanto não houver o ressarcimento do dano ao erário, pelo qual seja responsável a organização da sociedade civil ou seu dirigente.

§ 3.º (*Revogado pela Lei n. 13.204, de 14-12-2015.*)

§ 4.º Para os fins do disposto na alínea *a* do inciso IV e no § 2.º, não serão considerados débitos que decorram de atrasos na liberação de repasses pela administração pública ou que tenham sido objeto de parcelamento, se a organização da sociedade civil estiver em situação regular no parcelamento.

>> § 4.º acrescentado pela Lei n. 13.204, de 14-12-2015.

§ 5.º A vedação prevista no inciso III não se aplica à celebração de parcerias com entidades que, pela sua própria natureza, sejam constituídas pelas autoridades referidas naquele inciso, sendo vedado que a mesma pessoa figure no termo de colaboração, no termo de fomento ou no acordo de cooperação simultaneamente como dirigente e administrador público.

>> § 5.º acrescentado pela Lei n. 13.204, de 14-12-2015.

§ 6.º Não são considerados membros de Poder os integrantes de conselhos de direitos e de políticas públicas.

>> § 6.º acrescentado pela Lei n. 13.204, de 14-12-2015.

Art. 40. É vedada a celebração de parcerias previstas nesta Lei que tenham por objeto, envolvam ou incluam, direta ou indiretamente, delegação das funções de regulação, de fiscalização, de exercício do poder de polícia ou de outras atividades exclusivas de Estado.

>> *Caput* com redação determinada pela Lei n. 13.204, de 14-12-2015.

I e II – (*Revogados pela Lei n. 13.204, de 14-12-2015.*)

Parágrafo único. (*Revogado pela Lei n. 13.204, de 14-12-2015.*)

Art. 41. Ressalvado o disposto no art. 3.º e no parágrafo único do art. 84, serão celebradas nos termos desta Lei as parcerias entre a administração pública e as entidades referidas no inciso I do art. 2.º.

>> *Caput* com redação determinada pela Lei n. 13.204, de 14-12-2015.

Parágrafo único. (*Revogado pela Lei n. 13.204, de 14-12-2015.*)

Capítulo III
DA FORMALIZAÇÃO E DA EXECUÇÃO

Seção I
Disposições Preliminares

Art. 42. As parcerias serão formalizadas mediante a celebração de termo de colaboração, de termo de fomento ou de acordo de cooperação, conforme o caso, que terá como cláusulas essenciais:

>> *Caput* com redação determinada pela Lei n. 13.204, de 14-12-2015.

I – a descrição do objeto pactuado;

II – as obrigações das partes;

III – quando for o caso, o valor total e o cronograma de desembolso;

>> Inciso III com redação determinada pela Lei n. 13.204, de 14-12-2015.

IV – (*Revogado pela Lei n. 13.204, de 14-12-2015.*);

V – a contrapartida, quando for o caso, observado o disposto no § 1.º do art. 35;

>> Inciso V com redação determinada pela Lei n. 13.204, de 14-12-2015.

VI – a vigência e as hipóteses de prorrogação;

VII – a obrigação de prestar contas com definição de forma, metodologia e prazos;

>> Inciso VII com redação determinada pela Lei n. 13.204, de 14-12-2015.

VIII – a forma de monitoramento e avaliação, com a indicação dos recursos humanos e tecnológicos que serão empregados na atividade ou, se for o caso, a indicação da participação de apoio técnico nos termos previstos no § 1.º do art. 58 desta Lei;

IX – a obrigatoriedade de restituição de recursos, nos casos previstos nesta Lei;

X – a definição, se for o caso, da titularidade dos bens e direitos remanescentes na data da conclusão ou extinção da parceria e que, em razão de sua execução, tenham sido adquiridos, produzidos ou transformados com recursos repassados pela administração pública;

>> Inciso X com redação determinada pela Lei n. 13.204, de 14-12-2015.

XI – (*Revogado pela Lei n. 13.204, de 14-12-2015.*);

XII – a prerrogativa atribuída à administração pública para assumir ou transferir a responsabilidade pela execução do objeto, no caso de paralisação, de modo a evitar sua descontinuidade;

>> Inciso XII com redação determinada pela Lei n. 13.204, de 14-12-2015.

XIII – (*Revogado pela Lei n. 13.204, de 14-12-2015.*);

XIV – quando for o caso, a obrigação de a organização da sociedade civil manter e movimentar os recursos em conta bancária específica, observado o disposto no art. 51;

>> Inciso XIV com redação determinada pela Lei n. 13.204, de 14-12-2015.

XV – o livre acesso dos agentes da administração pública, do controle interno e do Tribunal de Contas correspondente aos processos, aos documentos e às informações relacionadas a termos de colaboração ou a termos de fomento, bem como aos locais de execução do respectivo objeto;

>> Inciso XV com redação determinada pela Lei n. 13.204, de 14-12-2015.

XVI – a faculdade dos partícipes rescindirem o instrumento, a qualquer tempo, com as respectivas condições, sanções e delimitações claras de responsabilidades, além da estipulação de prazo mínimo de antecedência para a publicidade dessa intenção, que não poderá ser inferior a 60 (sessenta) dias;

XVII – a indicação do foro para dirimir as dúvidas decorrentes da execução da parceria, estabelecendo a obrigatoriedade da prévia tentativa de solução administrativa, com a participação de órgão encarregado de assessoramento jurídico integrante da estrutura da administração pública;

>> Inciso XVII com redação determinada pela Lei n. 13.204, de 14-12-2015.

XVIII – (*Revogado pela Lei n. 13.204, de 14-12-2015.*);

XIX – a responsabilidade exclusiva da organização da sociedade civil pelo gerenciamento administrativo e financeiro dos recursos recebidos, inclusive no que diz respeito às despesas de custeio, de investimento e de pessoal;

XX – a responsabilidade exclusiva da organização da sociedade civil pelo pagamento dos encargos trabalhistas, previdenciários, fiscais e comerciais relacionados à execução do objeto previsto no termo de colaboração ou de fomento, não implicando responsabilidade solidária ou subsidiária da administração pública a inadimplência da organização da sociedade civil em relação ao referido pagamento, os ônus incidentes sobre o objeto da parceria ou os danos decorrentes de restrição à sua execução.

>> Inciso XX com redação determinada pela Lei n. 13.204, de 14-12-2015.

Parágrafo único. Constará como anexo do termo de colaboração, do termo de fomento ou do acordo de cooperação o plano de trabalho, que deles será parte integrante e indissociável.

>> Parágrafo único com redação determinada pela Lei n. 13.204, de 14-12-2015.

I e II – (*Revogados pela Lei n. 13.204, de 14-12-2015.*)

Seção II
Das Contratações Realizadas pelas Organizações da Sociedade Civil

Arts. 43 e 44. (*Revogados pela Lei n. 13.204, de 14-12-2015.*)

Seção III
Das Despesas

Art. 45. As despesas relacionadas à execução da parceria serão executadas nos termos dos incisos XIX e XX do art. 42, sendo vedado:

>> *Caput* com redação determinada pela Lei n. 13.204, de 14-12-2015.

I – utilizar recursos para finalidade alheia ao objeto da parceria;

>> Inciso I com redação determinada pela Lei n. 13.204, de 14-12-2015.

II – pagar, a qualquer título, servidor ou empregado público com recursos vinculados à parceria, salvo nas hipóteses previstas em lei específica e na lei de diretrizes orçamentárias;

>> **A Lei n. 13.204, de 14-12-2015, propôs nova redação para este inciso, todavia teve seu texto vetado.**

III – (*Revogado pela Lei n. 13.204, de 14-12-2015.*);

IV – (*Vetado.*);

V a IX – (*Revogados pela Lei n. 13.204, de 14-12-2015.*);

Art. 46. Poderão ser pagas, entre outras despesas, com recursos vinculados à parceria:

>> *Caput* com redação determinada pela Lei n. 13.204, de 14-12-2015.

I – remuneração da equipe encarregada da execução do plano de trabalho, inclusive de pessoal próprio da organização da sociedade civil, durante a vigência da parceria, compreendendo as despesas com pagamentos de impostos, contribuições sociais, Fundo de Garantia do Tempo de Serviço – FGTS, férias, décimo terceiro salário, salários proporcionais, verbas rescisórias e demais encargos sociais e trabalhistas;

>> Inciso I com redação determinada pela Lei n. 13.204, de 14-12-2015.

II – diárias referentes a deslocamento, hospedagem e alimentação nos casos em que a execução do objeto da parceria assim o exija;

>> Inciso II com redação determinada pela Lei n. 13.204, de 14-12-2015.

III – custos indiretos necessários à execução do objeto, seja qual for a proporção em relação ao valor total da parceria;

>> Inciso III com redação determinada pela Lei n. 13.204, de 14-12-2015.

IV – aquisição de equipamentos e materiais permanentes essenciais à consecução do objeto e serviços de adequação de espaço físico, desde que necessários à instalação dos referidos equipamentos e materiais.

§ 1.º A inadimplência da administração

pública não transfere à organização da sociedade civil a responsabilidade pelo pagamento de obrigações vinculadas à parceria com recursos próprios.

>> § 1.º com redação determinada pela Lei n. 13.204, de 14-12-2015.

§ 2.º A inadimplência da organização da sociedade civil em decorrência de atrasos na liberação de repasses relacionados à parceria não poderá acarretar restrições à liberação de parcelas subsequentes.

>> § 2.º com redação determinada pela Lei n. 13.204, de 14-12-2015.

§ 3.º O pagamento de remuneração da equipe contratada pela organização da sociedade civil com recursos da parceria não gera vínculo trabalhista com o poder público.

>> § 3.º com redação determinada pela Lei n. 13.204, de 14-12-2015.

§ 4.º (*Revogado pela Lei n. 13.204, de 14-12-2015.*)

§ 5.º (*Vetado.*)

Art. 47. (*Revogado pela Lei n. 13.204, de 14-12-2015.*)

Seção IV
Da Liberação dos Recursos

Art. 48. As parcelas dos recursos transferidos no âmbito da parceria serão liberadas em estrita conformidade com o respectivo cronograma de desembolso, exceto nos casos a seguir, nos quais ficarão retidas até o saneamento das impropriedades:

>> *Caput* com redação determinada pela Lei n. 13.204, de 14-12-2015.

I – quando houver evidências de irregularidade na aplicação de parcela anteriormente recebida;

>> Inciso I com redação determinada pela Lei n. 13.204, de 14-12-2015.

II – quando constatado desvio de finalidade na aplicação dos recursos ou o inadimplemento da organização da sociedade civil em relação a obrigações estabelecidas no termo de colaboração ou de fomento;

>> Inciso II com redação determinada pela Lei n. 13.204, de 14-12-2015.

III – quando a organização da sociedade civil deixar de adotar sem justificativa suficiente as medidas saneadoras apontadas pela administração pública ou pelos órgãos de controle interno ou externo.

>> Inciso III com redação determinada pela Lei n. 13.204, de 14-12-2015.

Art. 49. Nas parcerias cuja duração exceda um ano, é obrigatória a prestação de contas ao término de cada exercício.

>> *Caput* com redação determinada pela Lei n. 13.204, de 14-12-2015.

I a III – (*Revogados pela Lei n. 13.204, de 14-12-2015.*)

Art. 50. A administração pública deverá viabilizar o acompanhamento pela internet dos processos de liberação de recursos referentes às parcerias celebradas nos termos desta Lei.

Seção V
Da Movimentação e Aplicação Financeira dos Recursos

Art. 51. Os recursos recebidos em decorrência da parceria serão depositados em conta corrente específica isenta de tarifa bancária na instituição financeira pública determinada pela administração pública.

>> *Caput* com redação determinada pela Lei n. 13.204, de 14-12-2015.

Parágrafo único. Os rendimentos de ativos financeiros serão aplicados no objeto da parceria, estando sujeitos às mesmas condições de prestação de contas exigidas para os recursos transferidos.

>> Parágrafo único com redação determinada pela Lei n. 13.204, de 14-12-2015.

Art. 52. Por ocasião da conclusão, denúncia, rescisão ou extinção da parceria, os saldos financeiros remanescentes, inclusive os provenientes das receitas obtidas das aplicações financeiras realizadas, serão devolvidos à administração pública no prazo improrrogável de trinta dias, sob pena de imediata instauração de tomada de contas especial do responsável, providenciada pela autoridade competente da administração pública.

>> Artigo com redação determinada pela Lei n. 13.204, de 14-12-2015.

Art. 53. Toda a movimentação de recursos no âmbito da parceria será realizada mediante transferência eletrônica sujeita à identificação do beneficiário final e à obrigatoriedade de depósito em sua conta bancária.

§ 1.º Os pagamentos deverão ser realizados mediante crédito na conta bancária de titularidade dos fornecedores e prestadores de serviços.

>> § 1.º renumerado pela Lei n. 13.204, de 14-12-2015.

§ 2.º Demonstrada a impossibilidade física de pagamento mediante transferência eletrônica, o termo de colaboração ou de fomento poderá admitir a realização de pagamentos em espécie.

>> § 2.º acrescentado pela Lei n. 13.204, de 14-12-2015.

Art. 54. (*Revogado pela Lei n. 13.204, de 14-12-2015.*)

Seção VI
Das Alterações

Art. 55. A vigência da parceria poderá ser alterada mediante solicitação da organização da sociedade civil, devidamente formalizada e justificada, a ser apresentada à administração pública em, no mínimo, trinta dias antes do termo inicialmente previsto.

>> *Caput* com redação determinada pela Lei n. 13.204, de 14-12-2015.

Parágrafo único. A prorrogação de ofício da vigência do termo de colaboração ou de fomento deve ser feita pela administração pública quando ela der causa a atraso na liberação de recursos financeiros, limitada ao exato período do atraso verificado.

>> Parágrafo único com redação determinada pela Lei n. 13.204, de 14-12-2015.

Art. 56. (*Revogado pela Lei n. 13.204, de 14-12-2015.*)

Art. 57. O plano de trabalho da parceria poderá ser revisto para alteração de valores ou de metas, mediante termo aditivo ou por apostila ao plano de trabalho original.

>> *Caput* com redação determinada pela Lei n. 13.204, de 14-12-2015.

Parágrafo único. (*Revogado pela Lei n. 13.204, de 14-12-2015.*)

Seção VII
Do Monitoramento e Avaliação

Art. 58. A administração pública promoverá o monitoramento e a avaliação do cumprimento do objeto da parceria.

>> *Caput* com redação determinada pela Lei n. 13.204, de 14-12-2015.

§ 1.º Para a implementação do disposto no *caput*, a administração pública poderá valer-se do apoio técnico de terceiros, delegar competência ou firmar parcerias com órgãos ou entidades que se situem próximos ao local de aplicação dos recursos.

>> § 1.º com redação determinada pela Lei n. 13.204, de 14-12-2015.

§ 2.º Nas parcerias com vigência superior a 1 (um) ano, a administração pública realizará, sempre que possível, pesquisa de satisfação com os beneficiários do plano de trabalho e utilizará os resultados como subsídio na avaliação da parceria celebrada e do cumprimento dos objetivos pactuados, bem como na reorientação e no ajuste das metas e atividades definidas.

§ 3.º Para a implementação do disposto no § 2.º, a administração pública poderá valer-se do apoio técnico de terceiros, delegar competência ou firmar parcerias com órgãos ou entidades que se situem próximos ao local de aplicação dos recursos.

Art. 59. A administração pública emitirá relatório técnico de monitoramento e avaliação de parceria celebrada mediante termo de colaboração ou termo de fomento e o submeterá à comissão de monitoramento e avaliação designada, que o homologará, independentemente da obrigatoriedade de apresentação da prestação de contas devida pela organização da sociedade civil.

>> *Caput* com redação determinada pela Lei n. 13.204, de 14-12-2015.

§ 1.º O relatório técnico de monitoramento e avaliação da parceria, sem prejuízo de outros elementos, deverá conter:

>> § 1.º renumerado pela Lei n. 13.204, de 14-12-2015.

I – descrição sumária das atividades e metas estabelecidas;

II – análise das atividades realizadas, do cumprimento das metas e do impacto do benefício social obtido em razão da execução do objeto até o período, com base nos indicadores estabelecidos e aprovados no plano de trabalho;

III – valores efetivamente transferidos pela administração pública;

>> Inciso III com redação determinada pela Lei n. 13.204, de 14-12-2015.

IV – (*Revogado pela Lei n. 13.204, de 14-12-2015.*);

V – análise dos documentos comprobatórios das despesas apresentados pela organização da sociedade civil na prestação de contas, quando não for comprovado o alcance das metas e resultados estabelecidos no respectivo termo de colaboração ou de fomento;

>> Inciso V com redação determinada pela Lei n. 13.204, de 14-12-2015.

VI – análise de eventuais auditorias realizadas pelos controles interno e externo, no âmbito da fiscalização preventiva, bem como de suas conclusões e das medidas que tomaram em decorrência dessas auditorias.

>> Inciso VI com redação determinada pela Lei n. 13.204, de 14-12-2015.

§ 2.º No caso de parcerias financiadas com recursos de fundos específicos, o monitoramento e a avaliação serão realizados pelos respectivos conselhos gestores, respeitadas as exigências desta Lei.

>> § 2.º acrescentado pela Lei n. 13.204, de 14-12-2015.

Art. 60. Sem prejuízo da fiscalização pela administração pública e pelos órgãos de controle, a execução da parceria será acompanhada e fiscalizada pelos conselhos de políticas públicas das áreas correspondentes de atuação existentes em cada esfera de governo.

>> *Caput* com redação determinada pela Lei n. 13.204, de 14-12-2015.

Parágrafo único. As parcerias de que trata esta Lei estarão também sujeitas aos mecanismos de controle social previstos na legislação.

Seção VIII
Das Obrigações do Gestor

Art. 61. São obrigações do gestor:

I – acompanhar e fiscalizar a execução da parceria;

II – informar ao seu superior hierárquico a existência de fatos que comprometam ou possam comprometer as atividades ou metas da parceria e de indícios de irregularidades na gestão dos recursos, bem como as providências adotadas ou que serão adotadas para sanar os problemas detectados;

III – (*Vetado.*);

IV – emitir parecer técnico conclusivo de análise da prestação de contas final, levando em consideração o conteúdo do relatório técnico de monitoramento e avaliação de que trata o art. 59;

>> Inciso IV com redação determinada pela Lei n. 13.204, de 14-12-2015.

V – disponibilizar materiais e equipamentos tecnológicos necessários às atividades de monitoramento e avaliação.

Art. 62. Na hipótese de inexecução por culpa exclusiva da organização da sociedade civil, a administração pública poderá, exclusivamente para assegurar o atendimento de serviços essenciais à população, por ato próprio e independentemente de autorização judicial, a fim de realizar ou manter a execução das metas ou atividades pactuadas:

>> *Caput* com redação determinada n. 13.204, de 14-12-2015.

I – retomar os bens públicos em poder da organização da sociedade civil parceira, qualquer que tenha sido a modalidade ou título que concedeu direitos de uso de tais bens;

II – assumir a responsabilidade pela execução do restante do objeto previsto no plano de trabalho, no caso de paralisação, de modo a evitar sua descontinuidade, devendo ser considerado na prestação de contas o que foi executado pela organização da sociedade civil até o momento em que a administração assumiu essas responsabilidades.

>> Inciso II com redação determinada pela Lei n. 13.204, de 14-12-2015.

Parágrafo único. As situações previstas no *caput* devem ser comunicadas pelo gestor ao administrador público.

CAPÍTULO IV
DA PRESTAÇÃO DE CONTAS

Seção I
Normas Gerais

Art. 63. A prestação de contas deverá ser feita observando-se as regras previstas nesta Lei, além de prazos e normas de elaboração constantes do instrumento de parceria e do plano de trabalho.

§ 1.º A administração pública fornecerá manuais específicos às organizações da sociedade civil por ocasião da celebração das parcerias, tendo como premissas a simplificação e a racionalização dos procedimentos.

>> § 1.º com redação determinada pela Lei n. 13.204, de 14-12-2015.

§ 2.º Eventuais alterações no conteúdo dos manuais referidos no § 1.º deste artigo devem ser previamente informadas à organização da sociedade civil e publicadas em meios oficiais de comunicação.

§ 3.º O regulamento estabelecerá procedimentos simplificados para prestação de contas.

>> § 3.º com redação determinada pela Lei n. 13.204, de 14-12-2015.

Art. 64. A prestação de contas apresentada pela organização da sociedade civil deverá conter elementos que permitam ao gestor da parceria avaliar o andamento ou concluir que o seu objeto foi executado conforme pactuado, com a descrição pormenorizada das atividades realizadas e a comprovação do alcance das metas e dos resultados esperados, até o período de que trata a prestação de contas.

§ 1.º Serão glosados valores relacionados a metas e resultados descumpridos sem justificativa suficiente.

>> § 1.º com redação determinada pela Lei n. 13.204, de 14-12-2015.

§ 2.º Os dados financeiros serão analisados com o intuito de estabelecer o nexo de causalidade entre a receita e a despesa realizada, a sua conformidade e o cumprimento das normas pertinentes.

§ 3.º A análise da prestação de contas deverá considerar a verdade real e os resultados alcançados.

§ 4.º A prestação de contas da parceria observará regras específicas de acordo com o montante de recursos públicos envolvidos, nos termos das disposições e procedimentos estabelecidos conforme previsto no plano de trabalho e no termo de colaboração ou de fomento.

Art. 65. A prestação de contas e todos os atos que dela decorram dar-se-ão em plataforma eletrônica, permitindo a visualização por qualquer interessado.

>> Artigo com redação determinada pela Lei n. 13.204, de 14-12-2015.

Art. 66. A prestação de contas relativa à execução do termo de colaboração ou de fomento dar-se-á mediante a análise dos documentos previstos no plano de trabalho, nos termos do inciso IX do art. 22, além dos seguintes relatórios:

I – relatório de execução do objeto, elaborado pela organização da sociedade civil, contendo as atividades ou projetos desenvolvidos para o cumprimento do objeto e o comparativo de metas propostas com os resultados alcançados;

>> Inciso I com redação determinada pela Lei n. 13.204, de 14-12-2015.

II – relatório de execução financeira do termo de colaboração ou do termo de fomento, com a descrição das despesas e receitas efetivamente realizadas e sua vinculação com a execução do objeto, na hipótese de descumprimento de metas e resultados estabelecidos no plano de trabalho.

>> Inciso II com redação determinada pela Lei n. 13.204, de 14-12-2015.

Parágrafo único. A administração pública deverá considerar ainda em sua análise os seguintes relatórios elaborados internamente, quando houver:

>> Parágrafo único com redação determinada pela Lei n. 13.204, de 14-12-2015.

I – relatório de visita técnica *in loco* eventualmente realizada durante a execução da parceria;

>> Inciso I com redação determinada pela Lei n. 13.204, de 14-12-2015.

II – relatório técnico de monitoramento e avaliação, homologado pela comissão de monitoramento e avaliação designada, sobre a conformidade do cumprimento do objeto e os resultados alcançados durante a execução do termo de colaboração ou de fomento.

Art. 67. O gestor emitirá parecer técnico de análise de prestação de contas da parceria celebrada.

§ 1.º No caso de prestação de contas única, o gestor emitirá parecer técnico conclusivo para fins de avaliação do cumprimento do objeto.

>> § 1.º com redação determinada pela Lei n. 13.204, de 14-12-2015.

§ 2.º Se a duração da parceria exceder um ano, a organização da sociedade civil deverá apresentar prestação de contas ao fim de cada exercício, para fins de monitoramento do cumprimento das metas do objeto.

>> § 2.º com redação determinada pela Lei n. 13.204, de 14-12-2015.

§ 3.º (*Revogado pela Lei n. 13.204, de 14-12-2015.*)

§ 4.º Para fins de avaliação quanto à eficácia e efetividade das ações em execução ou que já foram realizadas, os pareceres técnicos de que trata este artigo deverão, obrigatoriamente, mencionar:

>> § 4.º, *caput*, com redação determinada pela Lei n. 13.204, de 14-12-2015.

I – os resultados já alcançados e seus benefícios;

II – os impactos econômicos ou sociais;

III – o grau de satisfação do público-alvo;

IV – a possibilidade de sustentabilidade das ações após a conclusão do objeto pactuado.

Art. 68. Os documentos incluídos pela entidade na plataforma eletrônica prevista no art. 65, desde que possuam garantia da origem e de seu signatário por certificação digital, serão considerados originais para os efeitos de prestação de contas.

Parágrafo único. Durante o prazo de 10 (dez) anos, contado do dia útil subsequente ao da prestação de contas, a entidade deve manter em seu arquivo os documentos originais que compõem a prestação de contas.

Seção II
Dos Prazos

Art. 69. A organização da sociedade civil prestará contas da boa e regular aplicação dos recursos recebidos no prazo de até noventa dias a partir do término da vigência da parceria ou no final de cada exercício, se a duração da parceria exceder um ano.

>> *Caput* com redação determinada pela Lei n. 13.204, de 14-12-2015.

§ 1.º O prazo para a prestação final de contas será estabelecido de acordo com a complexidade do objeto da parceria.

>> § 1.º com redação determinada pela Lei n. 13.204, de 14-12-2015.

§ 2.º O disposto no *caput* não impede que a administração pública promova a instauração de tomada de contas especial antes do término da parceria, ante evidências de irregularidades na execução do objeto.

>> § 2.º com redação determinada pela Lei n. 13.204, de 14-12-2015.

§ 3.º Na hipótese do § 2.º, o dever de prestar contas surge no momento da liberação de recurso envolvido na parceria.

>> § 3.º com redação determinada pela Lei n. 13.204, de 14-12-2015.

§ 4.º O prazo referido no *caput* poderá ser prorrogado por até 30 (trinta) dias, desde que devidamente justificado.

§ 5.º A manifestação conclusiva sobre a prestação de contas pela administração pública observará os prazos previstos nesta Lei, devendo concluir, alternativamente, pela:

>> § 5.º, *caput*, com redação determinada pela Lei n. 13.204, de 14-12-2015.

I – aprovação da prestação de contas;

II – aprovação da prestação de contas com ressalvas; ou

>> Inciso II com redação determinada pela Lei n. 13.204, de 14-12-2015.

III – rejeição da prestação de contas e determinação de imediata instauração de tomada de contas especial.

>> Inciso III com redação determinada pela Lei n. 13.204, de 14-12-2015.

§ 6.º As impropriedades que deram causa à rejeição da prestação de contas serão registradas em plataforma eletrônica de acesso público, devendo ser levadas em consideração por ocasião da assinatura de futuras parcerias com a administração pública, conforme definido em regulamento.

>> § 6.º com redação determinada pela Lei n. 13.204, de 14-12-2015.

Art. 70. Constatada irregularidade ou omissão na prestação de contas, será concedido prazo para a organização da sociedade civil sanar a irregularidade ou cumprir a obrigação.

§ 1.º O prazo referido no *caput* é limitado a 45 (quarenta e cinco) dias por notificação, prorrogável, no máximo, por igual período, dentro do prazo que a administração pública possui para analisar e decidir sobre a prestação de contas e comprovação de resultados.

§ 2.º Transcorrido o prazo para saneamento da irregularidade ou da omissão, não havendo o saneamento, a autoridade administrativa competente, sob pena de responsabilidade solidária, deve adotar as providências para apuração dos fatos, identificação dos responsáveis, quantificação do dano e obtenção do ressarcimento, nos termos da legislação vigente.

Art. 71. A administração pública apreciará a prestação final de contas apresentada, no prazo de até cento e cinquenta dias, contado da data de seu recebimento ou do cumprimento de diligência por ela determinada, prorrogável justificadamente por igual período.

>> *Caput* com redação determinada pela Lei n. 13.204, de 14-12-2015.

§§ 1.º a 3.º (*Revogados pela Lei n. 13.204, de 14-12-2015.*)

§ 4.º O transcurso do prazo definido nos termos do *caput* sem que as contas tenham sido apreciadas:

>> § 4.º, *caput*, com redação determinada pela Lei n. 13.204, de 14-12-2015.

I – não significa impossibilidade de apreciação em data posterior ou vedação a que se adotem medidas saneadoras, punitivas ou destinadas a ressarcir danos que possam ter sido causados aos cofres públicos;

II – nos casos em que não for constatado dolo da organização da sociedade civil ou de seus prepostos, sem prejuízo da atualização monetária, impede a incidência de juros de mora sobre débitos eventualmente apurados, no período entre o final do prazo referido neste parágrafo e a data em que foi ultimada a apreciação pela administração pública.

>> Inciso II com redação determinada pela Lei n. 13.204, de 14-12-2015.

Art. 72. As prestações de contas serão avaliadas:

I – regulares, quando expressarem, de forma clara e objetiva, o cumprimento dos objetivos e metas estabelecidos no plano de trabalho;

>> Inciso I com redação determinada pela Lei n. 13.204, de 14-12-2015.

II – regulares com ressalva, quando evidenciarem impropriedade ou qualquer outra falta de natureza formal que não resulte em dano ao erário;

>> Inciso II com redação determinada pela Lei n. 13.204, de 14-12-2015.

III – irregulares, quando comprovada qualquer das seguintes circunstâncias:

>> Inciso III com redação determinada pela Lei n. 13.204, de 14-12-2015.

a) omissão no dever de prestar contas;

b) descumprimento injustificado dos objetivos e metas estabelecidos no plano de trabalho;

>> Alínea *b* com redação determinada pela Lei n. 13.204, de 14-12-2015.

c) dano ao erário decorrente de ato de gestão ilegítimo ou antieconômico;

d) desfalque ou desvio de dinheiro, bens ou valores públicos.

§ 1.º O administrador público responde pela decisão sobre a aprovação da prestação de contas ou por omissão em relação à análise de seu conteúdo, levando em consideração, no primeiro caso, os pareceres técnico, financeiro e jurídico, sendo permitida delegação a autoridades diretamente subordinadas, vedada a subdelegação.

>> § 1.º renumerado pela Lei n. 13.204, de 14-12-2015.

§ 2.º Quando a prestação de contas for avaliada como irregular, após exaurida a fase recursal, se mantida a decisão, a organização da sociedade civil poderá solicitar autorização para que o ressarcimento ao erário seja promovido por meio de ações compensatórias de interesse público, mediante a apresentação de novo plano de trabalho, conforme o objeto descrito no termo de colaboração ou de fomento e a área de atuação da organização, cuja mensuração econômica será feita a partir do plano de trabalho original, desde que não tenha havido dolo ou fraude e não seja o caso de restituição integral dos recursos.

>> § 2.º acrescentado pela Lei n. 13.204, de 14-12-2015.

Capítulo V
DA RESPONSABILIDADE E DAS SANÇÕES

Seção I
Das Sanções Administrativas à Entidade

Art. 73. Pela execução da parceria em desacordo com o plano de trabalho e com as normas desta Lei e da legislação específica, a administração pública poderá, garantida a prévia defesa, aplicar à organização da sociedade civil as seguintes sanções:

>> *Caput* com redação determinada pela Lei n. 13.204, de 14-12-2015.

I – advertência;

II – suspensão temporária da participação em chamamento público e impedimento de celebrar parceria ou contrato com órgãos e entidades da esfera de governo da administração pública sancionadora, por prazo não superior a dois anos;

>> Inciso II com redação determinada pela Lei n. 13.204, de 14-12-2015.

III – declaração de inidoneidade para participar de chamamento público ou celebrar parceria ou contrato com órgãos e entidades de todas as esferas de governo, enquanto perdurarem os motivos determinantes da punição ou até que seja promovida a reabilitação perante a própria autoridade que aplicou a penalidade, que será concedida sempre que a organização da sociedade civil ressarcir a administração pública pelos prejuízos resultantes e após decorrido o prazo da sanção aplicada com base no inciso II.

>> Inciso III com redação determinada pela Lei n. 13.204, de 14-12-2015.

§ 1.º As sanções estabelecidas nos incisos II e III são de competência exclusiva de Ministro de Estado ou de Secretário Estadual, Distrital ou Municipal, conforme o caso, facultada a defesa do interessado no respectivo processo, no prazo de dez dias da abertura de vista, podendo a reabilitação ser requerida após dois anos de aplicação da penalidade.

>> § 1.º renumerado pela Lei n. 13.204, de 14-12-2015.

§ 2.º Prescreve em cinco anos, contados a partir da data da apresentação da prestação de contas, a aplicação de penalidade decorrente de infração relacionada à execução da parceria.

>> § 2.º acrescentado pela Lei n. 13.204, de 14-12-2015.

§ 3.º A prescrição será interrompida com a edição de ato administrativo voltado à apuração da infração.

>> § 3.º acrescentado pela Lei n. 13.204, de 14-12-2015.

Seção II
Da Responsabilidade pela Execução e pela Emissão de Pareceres Técnicos

Art. 74. (*Vetado.*)

Arts. 75 e 76. (*Revogados pela Lei n. 13.204, de 14-12-2015.*)

Seção III
Dos Atos de Improbidade Administrativa

Art. 77. O art. 10 da Lei n. 8.429, de 2 de junho de 1992, passa a vigorar com as seguintes alterações:

>> Alterações já processadas no diploma modificado.

Art. 78. O art. 11 da Lei n. 8.429, de 2 de junho de 1992, passa a vigorar acrescido do seguinte inciso VIII:

>> Alterações já processadas no diploma modificado.

Art. 78-A. O art. 23 da Lei n. 8.429, de 2 de junho de 1992, passa a vigorar acrescido do seguinte inciso III:

>> Alteração já processada no diploma modificado.

Capítulo VI
DISPOSIÇÕES FINAIS

Art. 79. (*Vetado.*)

Art. 80. O processamento das compras e contratações que envolvam recursos financeiros provenientes de parceria poderá ser efetuado por meio de sistema eletrônico disponibilizado pela administração pública às organizações da sociedade civil, aberto ao público via internet, que permita aos interessados formular propostas.

>> *Caput* com redação determinada pela Lei n. 13.204., de 14-12-2015.

Parágrafo único. O Sistema de Cadastramento Unificado de Fornecedores – SICAF, mantido pela União, fica disponibilizado aos demais entes federados, para fins do disposto no *caput*, sem prejuízo do uso de seus próprios sistemas.

>> Parágrafo único acrescentado pela Lei n. 13.204, de 14-12-2015.

Art. 81. Mediante autorização da União, os Estados, os Municípios e o Distrito Federal poderão aderir ao Sistema de Gestão de Convênios e Contratos de Repasse – SICONV para utilizar suas funcionalidades no cumprimento desta Lei.

Art. 81-A. Até que seja viabilizada a adaptação do sistema de que trata o art. 81 ou de seus correspondentes nas demais unidades da federação:

>> *Caput* acrescentado pela Lei n. 13.204, de 14-12-2015.

I – serão utilizadas as rotinas previstas antes da entrada em vigor desta Lei para repasse de recursos a organizações da sociedade civil decorrentes de parcerias celebradas nos termos desta Lei;

>> Inciso I acrescentado pela Lei n. 13.204, de 14-12-2015.

II – os Municípios de até cem mil habitantes serão autorizados a efetivar a prestação de contas e os atos dela decorrentes sem utilização da plataforma eletrônica prevista no art. 65.

>> Inciso II acrescentado pela Lei n. 13.204, de 14-12-2015.

Art. 82. (*Vetado.*)

Art. 83. As parcerias existentes no momento da entrada em vigor desta Lei permanecerão regidas pela legislação vigente ao tempo de sua celebração, sem prejuízo da aplicação subsidiária desta Lei, naquilo em que for cabível, desde que em benefício do alcance do objeto da parceria.

>> A Lei n. 13.204, de 14-12-2015, propôs nova redação para este *caput*, todavia teve este texto vetado.

§ 1.º As parcerias de que trata o *caput* poderão ser prorrogadas de ofício, no caso de atraso na liberação de recursos por parte da administração pública, por período equivalente ao atraso.

>> § 1.º com redação determinada pela Lei n. 13.204, de 14-12-2015.

§ 2.º As parcerias firmadas por prazo indeterminado antes da data de entrada em vigor desta Lei, ou prorrogáveis por período superior ao inicialmente estabelecido, no prazo de até um ano após a data da entrada em vigor desta Lei, serão, alternativamente:

>> § 2.º, *caput*, com redação determinada pela Lei n. 13.204, de 14-12-2015.

I – substituídas pelos instrumentos previstos nos arts. 16 ou 17, conforme o caso;

>> Inciso I acrescentado pela Lei n. 13.204, de 14-12-2015.

II – objeto de rescisão unilateral pela administração pública.

>> Inciso II acrescentado pela Lei n. 13.204, de 14-12-2015.

Art. 83-A. (*Vetado.*)

>> Artigo acrescentado pela Lei n. 13.204, de 14-12-2015.

Art. 84. Não se aplica às parcerias regidas por esta Lei o disposto na Lei n. 8.666, de 21 de junho de 1993.

>> *Caput* com redação determinada pela Lei n. 13.204, de 14-12-2015.

Parágrafo único. São regidos pelo art. 116 da Lei n. 8.666, de 21 de junho de 1993, convênios:

>> Parágrafo único com redação determinada pela Lei n. 13.204, de 14-12-2015.

I – entre entes federados ou pessoas jurídicas a eles vinculadas;

>> Inciso I acrescentado pela Lei n. 13.204, de 14-12-2015.

II – decorrentes da aplicação do disposto no inciso IV do art. 3.º.

>> Inciso II acrescentado pela Lei n. 13.204, de 14-12-2015.

Art. 84-A. A partir da vigência desta Lei, somente serão celebrados convênios nas hipóteses do parágrafo único do art. 84.

>> Artigo acrescentado pela Lei n. 13.204, de 14-12-2015.

Art. 84-B. As organizações da sociedade civil farão jus aos seguintes benefícios, independentemente de certificação:

>> *Caput* acrescentado pela Lei n. 13.204, de 14-12-2015.

I – receber doações de empresas, até o limite de 2% (dois por cento) de sua receita bruta;

>> Inciso I acrescentado pela Lei n. 13.204, de 14-12-2015.

II – receber bens móveis considerados irrecuperáveis, apreendidos, abandonados ou disponíveis, administrados pela Secretaria da Receita Federal do Brasil;

>> Inciso II acrescentado pela Lei n. 13.204, de 14-12-2015.

III – *(Revogado pela Lei n. 14.027, de 20-7-2020.)*

Art. 84-C. Os benefícios previstos no art. 84-B serão conferidos às organizações da sociedade civil que apresentem entre seus objetivos sociais pelo menos uma das seguintes finalidades:

>> *Caput* acrescentado pela Lei n. 13.204, de 14-12-2015.

I – promoção da assistência social;

>> Inciso I acrescentado pela Lei n. 13.204, de 14-12-2015.

II – promoção da cultura, defesa e conservação do patrimônio histórico e artístico;

>> Inciso II acrescentado pela Lei n. 13.204, de 14-12-2015.

III – promoção da educação;

>> Inciso III acrescentado pela Lei n. 13.204, de 14-12-2015.

IV – promoção da saúde;

>> Inciso IV acrescentado pela Lei n. 13.204, de 14-12-2015.

V – promoção da segurança alimentar e nutricional;

>> Inciso V acrescentado pela Lei n. 13.204, de 14-12-2015.

VI – defesa, preservação e conservação do meio ambiente e promoção do desenvolvimento sustentável;

>> Inciso VI acrescentado pela Lei n. 13.204, de 14-12-2015.

VII – promoção do voluntariado;

>> Inciso VII acrescentado pela Lei n. 13.204, de 14-12-2015.

VIII – promoção do desenvolvimento econômico e social e combate à pobreza;

>> Inciso VIII acrescentado pela Lei n. 13.204, de 14-12-2015.

IX – experimentação, não lucrativa, de novos modelos socioprodutivos e de sistemas alternativos de produção, comércio, emprego e crédito;

>> Inciso IX acrescentado pela Lei n. 13.204, de 14-12-2015.

X – promoção de direitos estabelecidos, construção de novos direitos e assessoria jurídica gratuita de interesse suplementar;

>> Inciso X acrescentado pela Lei n. 13.204, de 14-12-2015.

XI – promoção da ética, da paz, da cidadania, dos direitos humanos, da democracia e de outros valores universais;

>> Inciso XI acrescentado pela Lei n. 13.204, de 14-12-2015.

XII – organizações religiosas que se dediquem a atividades de interesse público e de cunho social distintas das destinadas a fins exclusivamente religiosos;

>> Inciso XII acrescentado pela Lei n. 13.204, de 14-12-2015.

XIII – estudos e pesquisas, desenvolvimento de tecnologias alternativas, produção e divulgação de informações e conhecimentos técnicos e científicos que digam respeito às atividades mencionadas neste artigo.

>> Inciso XIII acrescentado pela Lei n. 13.204, de 14-12-2015.

Parágrafo único. É vedada às entidades beneficiadas na forma do art. 84-B a participação em campanhas de interesse político-partidário ou eleitorais, sob quaisquer meios ou formas.

>> Parágrafo único acrescentado pela Lei n. 13.204, de 14-12-2015.

Art. 85. O art. 1.º da Lei n. 9.790, de 23 de março de 1999, passa a vigorar com a seguinte redação:

>> Alterações já processadas no diploma modificado.

Art. 85-A. O art. 3.º da Lei n. 9.790, de 23 de março de 1999, passa a vigorar acrescido do seguinte inciso XIII:

>> Alteração já processada no diploma modificado.

Art. 85-B. O parágrafo único do art. 4.º da Lei n. 9.790, de 23 de março de 1999, passa a vigorar com a seguinte redação:

>> Alteração já processada no diploma modificado.

Art. 86. A Lei n. 9.790, de 23 de março de 1999, passa a vigorar acrescida dos seguintes arts. 15-A e 15-B:

>> Alterações já processadas no diploma modificado.

Art. 87. As exigências de transparência e publicidade previstas em todas as etapas que envolvam a parceria, desde a fase preparatória até o fim da prestação de contas, naquilo que for necessário, serão excepcionadas quando se tratar de programa de proteção a pessoas ameaçadas ou em situação que possa comprometer a sua segurança, na forma do regulamento.

>> Artigo com redação determinada pela Lei n. 13.204, de 14-12-2015.

Art. 88. Esta Lei entra em vigor após decorridos quinhentos e quarenta dias de sua publicação oficial, observado o disposto nos §§ 1.º e 2.º deste artigo.

>> *Caput* com redação determinada pela Lei n. 13.204, de 14-12-2015.

§ 1.º Para os Municípios, esta Lei entra em vigor a partir de 1.º de janeiro de 2017.

>> § 1.º acrescentado pela Lei n. 13.204, de 14-12-2015.

§ 2.º Por ato administrativo local, o disposto nesta Lei poderá ser implantado nos Municípios a partir da data decorrente do disposto no *caput*.

>> § 2.º acrescentado pela Lei n. 13.204, de 14-12-2015.

Brasília, 31 de julho de 2014; 193.º da Independência e 126.º da República.

DILMA ROUSSEFF

LEI N. 13.022, DE 8 DE AGOSTO DE 2014 (*)

Dispõe sobre o Estatuto Geral das Guardas Municipais.

A Presidenta da República

Faço saber que o Congresso Nacional decreta e eu sanciono a seguinte Lei:

CAPÍTULO I
DISPOSIÇÕES PRELIMINARES

Art. 1.º Esta Lei institui normas gerais para as guardas municipais, disciplinando o § 8.º do art. 144 da Constituição Federal.

Art. 2.º Incumbe às guardas municipais, instituições de caráter civil, uniformizadas e armadas conforme previsto em lei, a função de proteção municipal preventiva, ressalvadas as competências da União, dos Estados e do Distrito Federal.

CAPÍTULO II
DOS PRINCÍPIOS

Art. 3.º São princípios mínimos de atuação das guardas municipais:

I – proteção dos direitos humanos fundamentais, do exercício da cidadania e das liberdades públicas;

(*) Publicada no *Diário Oficial da União* de 11-8-2014.

II – preservação da vida, redução do sofrimento e diminuição das perdas;

III – patrulhamento preventivo;

IV – compromisso com a evolução social da comunidade; e

V – uso progressivo da força.

Capítulo III
DAS COMPETÊNCIAS

Art. 4.º É competência geral das guardas municipais a proteção de bens, serviços, logradouros públicos municipais e instalações do Município.

> *Vide* art. 30, IX, da CF.

Parágrafo único. Os bens mencionados no *caput* abrangem os de uso comum, os de uso especial e os dominiais.

Art. 5.º São competências específicas das guardas municipais, respeitadas as competências dos órgãos federais e estaduais:

I – zelar pelos bens, equipamentos e prédios públicos do Município;

II – prevenir e inibir, pela presença e vigilância, bem como coibir, infrações penais ou administrativas e atos infracionais que atentem contra os bens, serviços e instalações municipais;

III – atuar, preventiva e permanentemente, no território do Município, para a proteção sistêmica da população que utiliza os bens, serviços e instalações municipais;

IV – colaborar, de forma integrada com os órgãos de segurança pública, em ações conjuntas que contribuam com a paz social;

> *Vide* art. 144, *caput*, da CF.

V – colaborar com a pacificação de conflitos que seus integrantes presenciarem, atentando para o respeito aos direitos fundamentais das pessoas;

VI – exercer as competências de trânsito que lhes forem conferidas, nas vias e logradouros municipais, nos termos da Lei n. 9.503, de 23 de setembro de 1997 (Código de Trânsito Brasileiro), ou de forma concorrente, mediante convênio celebrado com órgão de trânsito estadual ou municipal;

VII – proteger o patrimônio ecológico, histórico, cultural, arquitetônico e ambiental do Município, inclusive adotando medidas educativas e preventivas;

> *Vide* arts. 23, III, e 30, IX, da CF.

VIII – cooperar com os demais órgãos de defesa civil em suas atividades;

IX – interagir com a sociedade civil para discussão de soluções de problemas e projetos locais voltados à melhoria das condições de segurança das comunidades;

X – estabelecer parcerias com os órgãos estaduais e da União, ou de Municípios vizinhos, por meio da celebração de convênios ou consórcios, com vistas ao desenvolvimento de ações preventivas integradas;

XI – articular-se com os órgãos municipais de políticas sociais, visando à adoção de ações interdisciplinares de segurança no Município;

XII – integrar-se com os demais órgãos de poder de polícia administrativa, visando a contribuir para a normatização e a fiscalização das posturas e ordenamento urbano municipal;

XIII – garantir o atendimento de ocorrências emergenciais, ou prestá-lo direta e imediatamente quando deparar-se com elas;

XIV – encaminhar ao delegado de polícia, diante de flagrante delito, o autor da infração, preservando o local do crime, quando possível e sempre que necessário;

XV – contribuir no estudo de impacto na segurança local, conforme plano diretor municipal, por ocasião da construção de empreendimentos de grande porte;

XVI – desenvolver ações de prevenção primária à violência, isoladamente ou em conjunto com os demais órgãos da própria municipalidade, de outros Municípios ou das esferas estadual e federal;

XVII – auxiliar na segurança de grandes eventos e na proteção de autoridades e dignatários; e

XVIII – atuar mediante ações preventivas na segurança escolar, zelando pelo entorno e participando de ações educativas com o corpo discente e docente das unidades de ensino municipal, de forma a colaborar com a implantação da cultura de paz na comunidade local.

Parágrafo único. No exercício de suas competências, a guarda municipal poderá colaborar ou atuar conjuntamente com órgãos de segurança pública da União, dos Estados e do Distrito Federal ou de congêneres de Municípios vizinhos e, nas hipóteses previstas nos incisos XIII e XIV deste artigo, diante do comparecimento de órgão descrito nos incisos do *caput* do art. 144 da Constituição Federal, deverá a guarda municipal prestar todo o apoio à continuidade do atendimento.

Capítulo IV
DA CRIAÇÃO

Art. 6.º O Município pode criar, por lei, sua guarda municipal.

Parágrafo único. A guarda municipal é subordinada ao chefe do Poder Executivo municipal.

Art. 7.º As guardas municipais não poderão ter efetivo superior a:

I – 0,4% (quatro décimos por cento) da população, em Municípios com até 50.000 (cinquenta mil) habitantes;

II – 0,3% (três décimos por cento) da população, em Municípios com mais de 50.000 (cinquenta mil) e menos de 500.000 (quinhentos mil) habitantes, desde que o efetivo não seja inferior ao disposto no inciso I;

III – 0,2% (dois décimos por cento) da população, em Municípios com mais de 500.000 (quinhentos mil) habitantes, desde que o efetivo não seja inferior ao disposto no inciso II.

Parágrafo único. Se houver redução da população referida em censo ou estimativa oficial da Fundação Instituto Brasileiro de Geografia e Estatística (IBGE), é garantida a preservação do efetivo existente, o qual deverá ser ajustado à variação populacional, nos termos de lei municipal.

Art. 8.º Municípios limítrofes podem, mediante consórcio público, utilizar, reciprocamente, os serviços da guarda municipal de maneira compartilhada.

Art. 9.º A guarda municipal é formada por servidores públicos integrantes de carreira única e plano de cargos e salários, conforme disposto em lei municipal.

Capítulo V
DAS EXIGÊNCIAS PARA INVESTIDURA

Art. 10. São requisitos básicos para investidura em cargo público na guarda municipal:

I – nacionalidade brasileira;

II – gozo dos direitos políticos;

III – quitação com as obrigações militares e eleitorais;

IV – nível médio completo de escolaridade;

V – idade mínima de 18 (dezoito) anos;

VI – aptidão física, mental e psicológica; e

VII – idoneidade moral comprovada por investigação social e certidões expedidas perante o Poder Judiciário estadual, federal e distrital.

Parágrafo único. Outros requisitos poderão ser estabelecidos em lei municipal.

Capítulo VI
DA CAPACITAÇÃO

Art. 11. O exercício das atribuições dos cargos da guarda municipal requer capacitação específica, com matriz curricular compatível com suas atividades.

Parágrafo único. Para fins do disposto no *caput*, poderá ser adaptada a matriz curricular nacional para formação em segurança pública, elaborada pela Secretaria Nacional de Segurança Pública (Senasp) do Ministério da Justiça.

Art. 12. É facultada ao Município a criação de órgão de formação, treinamento e aperfeiçoamento dos integrantes da guarda municipal, tendo como princípios norteadores os mencionados no art. 3.º.

§ 1.º Os Municípios poderão firmar convênios ou consorciar-se, visando ao atendimento do disposto no *caput* deste artigo.

§ 2.º O Estado poderá, mediante convênio com os Municípios interessados, manter órgão de formação e aperfeiçoamento centralizado, em cujo conselho gestor seja assegurada a participação dos Municípios conveniados.

§ 3.º O órgão referido no § 2.º não pode ser o mesmo destinado a formação, treinamento ou aperfeiçoamento de forças militares.

Capítulo VII
DO CONTROLE

Art. 13. O funcionamento das guardas municipais será acompanhado por órgãos próprios, permanentes, autônomos e com atribuições de fiscalização, investigação e auditoria, mediante:

I – controle interno, exercido por corregedoria, naquelas com efetivo superior a 50 (cinquenta) servidores da guarda e em todas as que utilizam arma de fogo, para apurar as infrações disciplinares atribuídas aos integrantes de seu quadro; e

II – controle externo, exercido por ouvidoria, independente em relação à direção da respectiva guarda, qualquer que seja o número de servidores da guarda municipal, para receber, examinar e encaminhar reclamações, sugestões, elogios e denúncias acerca da conduta de seus dirigentes e integrantes e das atividades do órgão, propor soluções, oferecer recomendações e informar os resultados aos interessados, garantindo-lhes orientação, informação e resposta.

> *Vide* art. 129, VII, da CF.

§ 1.º O Poder Executivo municipal poderá criar órgão colegiado para exercer o controle social das atividades de segurança do Município, analisar a alocação e aplicação dos recursos públicos e monitorar os objetivos e metas da política municipal de segurança e, posteriormente, a adequação e eventual necessidade de adaptação das medidas adotadas face aos resultados obtidos.

§ 2.º Os corregedores e ouvidores terão mandato cuja perda será decidida pela maioria absoluta da Câmara Municipal, fundada em razão relevante e específica prevista em lei municipal.

Art. 14. Para efeito do disposto no inciso I do *caput* do art. 13, a guarda municipal terá código de conduta próprio, conforme dispuser lei municipal.

Parágrafo único. As guardas municipais não podem ficar sujeitas a regulamentos disciplinares de natureza militar.

Capítulo VIII
DAS PRERROGATIVAS

Art. 15. Os cargos em comissão das guardas municipais deverão ser providos por membros efetivos do quadro de carreira do órgão ou entidade.

§ 1.º Nos primeiros 4 (quatro) anos de funcionamento, a guarda municipal poderá ser dirigida por profissional estranho a seus quadros, preferencialmente com experiência ou formação na área de segurança ou defesa social, atendido o disposto no *caput*.

§ 2.º Para ocupação dos cargos em todos os níveis da carreira da guarda municipal, deverá ser observado o percentual mínimo para o sexo feminino, definido em lei municipal.

§ 3.º Deverá ser garantida a progressão funcional da carreira em todos os níveis.

Art. 16. Aos guardas municipais é autorizado o porte de arma de fogo, conforme previsto em lei.

> A Lei n. 10.826, de 22-12-2003, dispõe sobre o Estatuto do Desarmamento.

Parágrafo único. Suspende-se o direito ao porte de arma de fogo em razão de restrição médica, decisão judicial ou justificativa da adoção da medida pelo respectivo dirigente.

Art. 17. A Agência Nacional de Telecomunicações (Anatel) destinará linha telefônica de número 153 e faixa exclusiva de frequência de rádio aos Municípios que possuam guarda municipal.

Art. 18. É assegurado ao guarda municipal o recolhimento à cela, isoladamente dos demais presos, quando sujeito à prisão antes de condenação definitiva.

Capítulo IX
DAS VEDAÇÕES

Art. 19. A estrutura hierárquica da guarda municipal não pode utilizar denominação idêntica à das forças militares, quanto aos postos e graduações, títulos, uniformes, distintivos e condecorações.

Capítulo X
DA REPRESENTATIVIDADE

Art. 20. É reconhecida a representatividade das guardas municipais no Conselho Nacional de Segurança Pública, no Conselho Nacional das Guardas Municipais e, no interesse dos Municípios, no Conselho Nacional de Secretários e Gestores Municipais de Segurança Pública.

> Conselho de Segurança Pública e Defesa Social: Lei n. 13.675, de 11-6-2018.

Capítulo XI
DISPOSIÇÕES DIVERSAS E TRANSITÓRIAS

Art. 21. As guardas municipais utilizarão uniforme e equipamentos padronizados, preferencialmente, na cor azul-marinho.

> A Lei n. 12.664, de 5-6-2012, dispõe sobre a venda de uniformes das Forças Armadas, dos órgãos de segurança pública, das guardas municipais e das empresas de segurança privada.

Art. 22. Aplica-se esta Lei a todas as guardas municipais existentes na data de sua publicação, a cujas disposições devem adaptar-se no prazo de 2 (dois) anos.

Parágrafo único. É assegurada a utilização de outras denominações consagradas pelo uso, como guarda civil, guarda civil municipal, guarda metropolitana e guarda civil metropolitana.

Art. 23. Esta Lei entra em vigor na data de sua publicação.

Brasília, 8 de agosto de 2014; 193.º da Independência e 126.º da República.

Dilma Rousseff

LEI N. 13.089, DE 12 DE JANEIRO DE 2015 (*)

Institui o Estatuto da Metrópole, altera a Lei n. 10.257, de 10 de julho de 2001, e dá outras providências.

A Presidenta da República

Faço saber que o Congresso Nacional decreta e eu sanciono a seguinte Lei:

Capítulo I
DISPOSIÇÕES PRELIMINARES

Art. 1.º Esta Lei, denominada Estatuto da Metrópole, estabelece diretrizes gerais para o planejamento, a gestão e a execução das funções públicas de interesse comum em regiões metropolitanas e em aglomerações urbanas instituídas pelos Estados, normas gerais sobre o plano de desenvolvimento urbano integrado e outros instrumentos de governança interfederativa, e critérios para o apoio da União a ações que envolvam governança interfederativa no campo do desenvolvimento urbano, com base nos incisos XX do art. 21, IX do art. 23 e I do art. 24, no § 3.º do art. 25 e no art. 182 da Constituição Federal.

§ 1.º Além das regiões metropolitanas e das aglomerações urbanas, as disposições desta Lei aplicam-se, no que couber:

I – às microrregiões instituídas pelos Estados com fundamento em funções públicas de interesse comum com características predominantemente urbanas;

II – (*Vetado.*)

III – às unidades regionais de saneamento básico definidas pela Lei n. 11.445, de 5 de janeiro de 2007.

>> Inciso III acrescentado pela Lei n. 14.026, de 15-7-2020.

§ 2.º Na aplicação das disposições desta Lei, serão observadas as normas gerais de direito urbanístico estabelecidas na Lei n. 10.257, de 10 de julho de 2001 (Estatuto da Cidade).

>> § 2.º com redação determinada pela Lei n. 13.683, de 19-6-2018.

Art. 2.º Para os efeitos desta Lei, consideram-se:

I – aglomeração urbana: unidade territorial urbana constituída pelo agrupamento de 2 (dois) ou mais Municípios limítrofes, caracterizada por complementaridade funcional e integração das dinâmicas geográficas, ambientais, políticas e socioeconômicas;

(*) Publicada no *Diário Oficial da União* de 13-1-2015.

II – função pública de interesse comum: política pública ou ação nela inserida cuja realização por parte de um Município, isoladamente, seja inviável ou cause impacto em Municípios limítrofes;

III – gestão plena: condição de região metropolitana ou de aglomeração urbana que possui:

a) formalização e delimitação mediante lei complementar estadual;

b) estrutura de governança interfederativa própria, nos termos do art. 8.º desta Lei; e

c) plano de desenvolvimento urbano integrado aprovado mediante lei estadual;

IV – governança interfederativa: compartilhamento de responsabilidades e ações entre entes da Federação em termos de organização, planejamento e execução de funções públicas de interesse comum;

V – metrópole: espaço urbano com continuidade territorial que, em razão de sua população e relevância política e socioeconômica, tem influência nacional ou sobre uma região que configure, no mínimo, a área de influência de uma capital regional, conforme os critérios adotados pela Fundação Instituto Brasileiro de Geografia e Estatística – IBGE;

VI – plano de desenvolvimento urbano integrado: instrumento que estabelece, com base em processo permanente de planejamento, viabilização econômico-financeira e gestão, as diretrizes para o desenvolvimento territorial estratégico e os projetos estruturantes da região metropolitana e aglomeração urbana;

>> Inciso VI com redação determinada pela Lei n. 13.683, de 19-6-2018.

VII – região metropolitana: unidade regional instituída pelos Estados, mediante lei complementar, constituída por agrupamento de Municípios limítrofes para integrar a organização, o planejamento e a execução de funções públicas de interesse comum;

>> Inciso VII com redação determinada pela Lei n. 13.683, de 19-6-2018.

VIII – área metropolitana: representação da expansão contínua da malha urbana da metrópole, conurbada pela integração dos sistemas viários, abrangendo, especialmente, áreas habitacionais, de serviços e industriais com a presença de deslocamentos pendulares no território;

>> Inciso VIII acrescentado pela Lei n. 13.683, de 19-6-2018.

IX – governança interfederativa das funções públicas de interesse comum: compartilhamento de responsabilidades e ações entre entes da Federação em termos de organização, planejamento e execução de funções públicas de interesse comum, mediante a execução de um sistema integrado e articulado de planejamento, de projetos, de estruturação financeira, de implantação, de operação e de gestão.

>> Inciso IX acrescentado pela Lei n. 13.683, de 19-6-2018.

Parágrafo único. Cabe ao colegiado da microrregião decidir sobre a adoção do Plano de Desenvolvimento Urbano ou quaisquer matérias de impacto.

>> Parágrafo único com redação determinada pela Lei n. 13.683, de 19-6-2018.

CAPÍTULO II
DA INSTITUIÇÃO DE REGIÕES METROPOLITANAS E DE AGLOMERAÇÕES URBANAS

Art. 3.º Os Estados, mediante lei complementar, poderão instituir regiões metropolitanas e aglomerações urbanas, constituídas por agrupamento de Municípios limítrofes, para integrar a organização, o planejamento e a execução de funções públicas de interesse comum.

§ 1.º O Estado e os Municípios inclusos em região metropolitana ou em aglomeração urbana formalizada e delimitada na forma do *caput* deste artigo deverão promover a governança interfederativa, sem prejuízo de outras determinações desta Lei.

>> § 1.º com redação determinada pela Lei n. 13.683, de 19-6-2018.

§ 2.º A criação de uma região metropolitana, de aglomeração urbana ou de microrregião deve ser precedida de estudos técnicos e audiências públicas que envolvam todos os Municípios pertencentes à unidade territorial.

>> § 2.º acrescentado pela Lei n. 13.683, de 19-6-2018.

Art. 4.º A instituição de região metropolitana ou de aglomeração urbana que envolva Municípios pertencentes a mais de um Estado será formalizada mediante a aprovação de leis complementares pelas assembleias legislativas de cada um dos Estados envolvidos.

Parágrafo único. Até a aprovação das leis complementares previstas no *caput* por todos os Estados envolvidos, a região metropolitana ou a aglomeração urbana terá validade apenas para os Municípios dos Estados que já houverem aprovado a respectiva lei.

Art. 5.º As leis complementares estaduais referidas nos arts. 3.º e 4.º desta Lei definirão, no mínimo:

I – os Municípios que integram a unidade territorial urbana;

II – os campos funcionais ou funções públicas de interesse comum que justificam a instituição da unidade territorial urbana;

III – a conformação da estrutura de governança interfederativa, incluindo a organização administrativa e o sistema integrado de alocação de recursos e de prestação de contas; e

IV – os meios de controle social da organização, do planejamento e da execução de funções públicas de interesse comum.

§ 1.º No processo de elaboração da lei complementar, serão explicitados os critérios técnicos adotados para a definição do conteúdo previsto nos incisos I e II do *caput* deste artigo.

§ 2.º Respeitadas as unidades territoriais urbanas criadas mediante lei complementar estadual até a data de entrada em vigor desta Lei, a instituição de região metropolitana impõe a observância do conceito estabelecido no inciso VII do *caput* do art. 2.º.

CAPÍTULO III
DA GOVERNANÇA INTERFEDERATIVA DE REGIÕES METROPOLITANAS E DE AGLOMERAÇÕES URBANAS

Art. 6.º A governança interfederativa das regiões metropolitanas e das aglomerações urbanas respeitará os seguintes princípios:

I – prevalência do interesse comum sobre o local;

II – compartilhamento de responsabilidades e de gestão para a promoção do desenvolvimento urbano integrado;

>> Inciso II com redação determinada pela Lei n. 13.683, de 19-6-2018.

III – autonomia dos entes da Federação;

IV – observância das peculiaridades regionais e locais;

V – gestão democrática da cidade, consoante os arts. 43 a 45 da Lei n. 10.257, de 10 de julho de 2001;

VI – efetividade no uso dos recursos públicos;

VII – busca do desenvolvimento sustentável.

Art. 7.º Além das diretrizes gerais estabelecidas no art. 2.º da Lei n. 10.257, de 10 de julho de 2001, a governança interfederativa das regiões metropolitanas e das aglomerações urbanas observará as seguintes diretrizes específicas:

I – implantação de processo permanente e compartilhado de planejamento e de tomada de decisão quanto ao desenvolvimento urbano e às políticas setoriais afetas às funções públicas de interesse comum;

II – estabelecimento de meios compartilhados de organização administrativa das funções públicas de interesse comum;

III – estabelecimento de sistema integrado de alocação de recursos e de prestação de contas;

IV – execução compartilhada das funções públicas de interesse comum, mediante rateio de custos previamente pactuado no âmbito da estrutura de governança interfederativa;

V – participação de representantes da sociedade civil nos processos de planejamento e de tomada de decisão;

>> Inciso V com redação determinada pela Lei n. 13.683, de 19-6-2018.

VI – compatibilização dos planos plurianuais, leis de diretrizes orçamentárias e orçamentos anuais dos entes envolvidos na governança interfederativa;

VII – compensação por serviços ambientais ou outros serviços prestados pelo Município à unidade territorial urbana, na forma da lei e dos acordos firmados no âmbito da estrutura de governança interfederativa.

Parágrafo único. Na aplicação das diretrizes estabelecidas neste artigo, devem ser consideradas as especificidades dos Municípios integrantes da unidade territorial urbana quanto à população, à renda, ao território e às características ambientais.

Art. 7.º-A. No exercício da governança das funções públicas de interesse comum, o Estado e os Municípios da unidade territorial deverão observar as seguintes diretrizes gerais:

>> *Caput* acrescentado pela Lei n. 13.683, de 19-6-2018.

I – compartilhamento da tomada de decisões com vistas à implantação de processo relativo ao planejamento, à elaboração de projetos, à sua estruturação econômico-financeira, à operação e à gestão do serviço ou da atividade; e

>> Inciso I acrescentado pela Lei n. 13.683, de 19-6-2018.

II – compartilhamento de responsabilidades na gestão de ações e projetos relacionados às funções públicas de interesse comum, os quais deverão ser executados mediante a articulação de órgãos e entidades dos entes federados.

>> Inciso II acrescentado pela Lei n. 13.683, de 19-6-2018.

Art. 8.º A governança interfederativa das regiões metropolitanas e das aglomerações urbanas compreenderá em sua estrutura básica:

I – instância executiva composta pelos representantes do Poder Executivo dos entes federativos integrantes das unidades territoriais urbanas;

II – instância colegiada deliberativa com representação da sociedade civil;

III – organização pública com funções técnico-consultivas; e

IV – sistema integrado de alocação de recursos e de prestação de contas.

Capítulo IV
DOS INSTRUMENTOS DE DESENVOLVIMENTO URBANO INTEGRADO

Art. 9.º Sem prejuízo da lista apresentada no art. 4.º da Lei n. 10.257, de 10 de julho de 2001, no desenvolvimento urbano integrado de regiões metropolitanas e de aglomerações urbanas serão utilizados, entre outros, os seguintes instrumentos:

I – plano de desenvolvimento urbano integrado;

II – planos setoriais interfederativos;

III – fundos públicos;

IV – operações urbanas consorciadas interfederativas;

V – zonas para aplicação compartilhada dos instrumentos urbanísticos previstos na Lei n. 10.257, de 10 de julho de 2001;

VI – consórcios públicos, observada a Lei n. 11.107, de 6 de abril de 2005;

VII – convênios de cooperação;

VIII – contratos de gestão;

IX – compensação por serviços ambientais ou outros serviços prestados pelo Município à unidade territorial urbana, conforme o inciso VII do *caput* do art. 7.º desta Lei;

X – parcerias público-privadas interfederativas.

Art. 10. As regiões metropolitanas e as aglomerações urbanas deverão contar com plano de desenvolvimento urbano integrado, aprovado mediante lei estadual.

§ 1.º Respeitadas as disposições do plano previsto no *caput* deste artigo, poderão ser formulados planos setoriais interfederativos para políticas públicas direcionadas à região metropolitana ou à aglomeração urbana.

§ 2.º A elaboração do plano previsto no *caput* deste artigo não exime o Município integrante da região metropolitana ou aglomeração urbana da formulação do respectivo plano diretor, nos termos do § 1.º do art. 182 da Constituição Federal e da Lei n. 10.257, de 10 de julho de 2001.

§ 3.º Nas regiões metropolitanas e nas aglomerações urbanas instituídas mediante lei complementar estadual, o Município deverá compatibilizar seu plano diretor com o plano de desenvolvimento urbano integrado da unidade territorial urbana.

§ 4.º O plano previsto no *caput* deste artigo será elaborado de forma conjunta e cooperada por representantes do Estado, dos Municípios integrantes da unidade regional e da sociedade civil organizada e será aprovado pela instância colegiada a que se refere o art. 8.º desta Lei, antes de seu encaminhamento à apreciação da Assembleia Legislativa.

>> § 4.º com redação determinada pela Lei n. 13.683, de 19-6-2018.

Art. 11. A lei estadual que instituir o plano de desenvolvimento urbano integrado de região metropolitana ou de aglomeração urbana deverá ser revista, pelo menos, a cada 10 (dez) anos.

Art. 12. O plano de desenvolvimento urbano integrado de região metropolitana ou de aglomeração urbana deverá considerar o conjunto de Municípios que compõem a unidade territorial urbana e abranger áreas urbanas e rurais.

§ 1.º O plano previsto no *caput* deste artigo deverá contemplar, no mínimo:

I – as diretrizes para as funções públicas de interesse comum, incluindo projetos estratégicos e ações prioritárias para investimentos;

II – o macrozoneamento da unidade territorial urbana;

III – as diretrizes quanto à articulação dos Municípios no parcelamento, uso e ocupação no solo urbano;

IV – as diretrizes quanto à articulação intersetorial das políticas públicas afetas à unidade territorial urbana;

V – a delimitação das áreas com restrições à urbanização visando à proteção do patrimônio ambiental ou cultural, bem como das áreas sujeitas a controle especial pelo risco de desastres naturais, se existirem;

>> Inciso V com redação determinada pela Lei n. 13.683, de 19-6-2018.

VI – o sistema de acompanhamento e controle de suas disposições; e

>> Inciso VI com redação determinada pela Lei n. 13.683, de 19-6-2018.

VII – as diretrizes mínimas para implementação de efetiva política pública de regularização fundiária urbana, nos termos da Lei n. 13.465, de 11 de julho de 2017.

>> Inciso VII acrescentado pela Lei n. 13.683, de 19-6-2018.

§ 2.º No processo de elaboração do plano previsto no *caput* deste artigo e na fiscalização de sua aplicação, serão assegurados:

I – a promoção de audiências públicas e debates com a participação de representantes da sociedade civil e da população, em todos os Municípios integrantes da unidade territorial urbana.

II – a publicidade quanto aos documentos e informações produzidos; e

III – o acompanhamento pelo Ministério Público.

§ 3.º As audiências públicas a que se refere o inciso I do § 2.º deste artigo serão precedidas de ampla divulgação em todos os Municípios integrantes da unidade territorial urbana.

>> § 3.º acrescentado pela Lei n. 13.683, de 19-6-2018.

§ 4.º A realização de audiências públicas ocorrerá segundo os critérios estabelecidos pela instância colegiada deliberativa a que se refere o art. 8.º desta Lei, respeitadas as disposições desta Lei e das leis complementares que instituírem as unidades territoriais.

>> § 4.º acrescentado pela Lei n. 13.683, de 19-6-2018.

Capítulo V
DA ATUAÇÃO DA UNIÃO

Seção I
Do Apoio da União ao Desenvolvimento Urbano Integrado

Art. 13. Em suas ações inclusas na política nacional de desenvolvimento urbano, a

União apoiará as iniciativas dos Estados e dos Municípios voltadas à governança interfederativa, observados as diretrizes e os objetivos do plano plurianual, as metas e as prioridades fixadas pelas leis de diretrizes orçamentárias e o limite das disponibilidades propiciadas pelas leis orçamentárias anuais.

Art. 14. Para o apoio da União à governança interfederativa em região metropolitana ou em aglomeração urbana, será exigido que a unidade territorial urbana possua gestão plena, nos termos do inciso III do *caput* do art. 2.º desta Lei.

§ 1.º Além do disposto no *caput* deste artigo, o apoio da União à governança interfederativa em região metropolitana impõe a observância do inciso VII do *caput* do art. 2.º desta Lei.

§ 2.º Admite-se o apoio da União para a elaboração e a revisão do plano de desenvolvimento urbano integrado de que tratam os arts. 10, 11 e 12 desta Lei, dispensado, na primeira hipótese, o cumprimento da exigência constante da alínea c do inciso III do art. 2.º desta Lei.

>> § 2.º com redação determinada pela Lei n. 13.683, de 19-6-2018.

§ 3.º Serão estabelecidos em regulamento requisitos adicionais para o apoio da União à governança interfederativa, bem como para as microrregiões e cidades referidas no § 1.º do art. 1.º desta Lei e para os consórcios públicos constituídos para atuação em funções públicas de interesse comum no campo do desenvolvimento urbano.

Art. 15. A região metropolitana instituída mediante lei complementar estadual que não atenda o disposto no inciso VII do *caput* do art. 2.º desta Lei será enquadrada como aglomeração urbana para efeito das políticas públicas a cargo do Governo Federal, independentemente de as ações nesse sentido envolverem ou não transferência de recursos financeiros.

Art. 16. A União manterá ações voltadas à integração entre cidades gêmeas localizadas na faixa de fronteira com outros países, em relação à mobilidade urbana, como previsto na Lei n. 12.587, de 3 de janeiro de 2012, e a outras políticas públicas afetas ao desenvolvimento urbano.

Art. 16-A. A União apoiará as iniciativas dos Estados e dos Municípios voltadas à governança interfederativa e promoverá a instituição de um sistema nacional de informações urbanas e metropolitanas, observadas as diretrizes do plano plurianual, as metas e as prioridades fixadas pelas leis orçamentárias anuais.

>> Artigo acrescentado pela Lei n. 13.683, de 19-6-2018.

Seção II
Do Fundo Nacional de Desenvolvimento Urbano Integrado

Arts. 17 e 18. (*Vetados.*)

Capítulo VI
DISPOSIÇÕES FINAIS

Art. 19. (*Vetado.*)

Arts. 20 e 21. (*Revogados pela Lei n. 13.683, de 19-6-2018.*)

Art. 22. As disposições desta Lei aplicam-se, no que couber, às regiões integradas de desenvolvimento que tenham características de região metropolitana ou de aglomeração urbana, criadas mediante lei complementar federal, com base no art. 43 da Constituição Federal, até a data de entrada em vigor desta Lei.

Parágrafo único. A partir da data de entrada em vigor desta Lei, a instituição de unidades territoriais urbanas que envolvam Municípios pertencentes a mais de um Estado deve ocorrer na forma prevista no art. 4.º, sem prejuízo da possibilidade de constituição de consórcios intermunicipais.

Art. 23. Independentemente das disposições desta Lei, os Municípios podem formalizar convênios de cooperação e constituir consórcios públicos para atuação em funções públicas de interesse comum no campo do desenvolvimento urbano, observada a Lei n. 11.107, de 6 de abril de 2005.

Art. 24. A Lei n. 10.257, de 10 de julho de 2001, passa a vigorar acrescida do seguinte art. 34-A:

>> Alteração já processada no diploma modificado.

Art. 25. Esta Lei entra em vigor na data de sua publicação.

Brasília, 12 de janeiro de 2015; 194.º da Independência e 127.º da República.

Dilma Rousseff

DECRETO N. 8.420, DE 18 DE MARÇO DE 2015 (*)

Regulamenta a Lei n. 12.846, de 1.º de agosto de 2013, que dispõe sobre a responsabilização administrativa de pessoas jurídicas pela prática de atos contra a administração pública, nacional ou estrangeira e dá outras providências.

A Presidenta da República, no uso da atribuição que lhe confere o art. 84, *caput*, inciso IV, da Constituição, e tendo em vista o disposto na Lei n. 12.846, de 1.º de agosto de 2013, decreta:

Art. 1.º Este Decreto regulamenta a responsabilização objetiva administrativa de pessoas jurídicas pela prática de atos contra a administração pública, nacional ou estrangeira, de que trata a Lei n. 12.846, de 1.º de agosto de 2013.

(*) Publicado no *Diário Oficial da União* de 19-3-2015.

Capítulo I
DA RESPONSABILIZAÇÃO ADMINISTRATIVA

Art. 2.º A apuração da responsabilidade administrativa de pessoa jurídica que possa resultar na aplicação das sanções previstas no art. 6.º da Lei n. 12.846, de 2013, será efetuada por meio de Processo Administrativo de Responsabilização – PAR.

Art. 3.º A competência para a instauração e para o julgamento do PAR é da autoridade máxima da entidade em face da qual foi praticado o ato lesivo, ou, em caso de órgão da administração direta, do seu Ministro de Estado.

Parágrafo único. A competência de que trata o *caput* será exercida de ofício ou mediante provocação e poderá ser delegada, sendo vedada a subdelegação.

Art. 4.º A autoridade competente para instauração do PAR, ao tomar ciência da possível ocorrência de ato lesivo à administração pública federal, em sede de juízo de admissibilidade e mediante despacho fundamentado, decidirá:

I – pela abertura de investigação preliminar;

II – pela instauração de PAR; ou

III – pelo arquivamento da matéria.

§ 1.º A investigação de que trata o inciso I do *caput* terá caráter sigiloso e não punitivo e será destinada à apuração de indícios de autoria e materialidade de atos lesivos à administração pública federal.

§ 2.º A investigação preliminar será conduzida por comissão composta por dois ou mais servidores efetivos.

§ 3.º Em entidades da administração pública federal cujos quadros funcionais não sejam formados por servidores estatutários, a comissão a que se refere o § 2.º será composta por dois ou mais empregados públicos.

§ 4.º O prazo para conclusão da investigação preliminar não excederá sessenta dias e poderá ser prorrogado por igual período, mediante solicitação justificada do presidente da comissão à autoridade instauradora.

§ 5.º Ao final da investigação preliminar, serão enviadas à autoridade competente as peças de informação obtidas, acompanhadas de relatório conclusivo acerca da existência de indícios de autoria e materialidade de atos lesivos à administração pública federal, para decisão sobre a instauração do PAR.

Art. 5.º No ato de instauração do PAR, a autoridade designará comissão, composta por dois ou mais servidores estáveis, que avaliará fatos e circunstâncias conhecidos e intimará a pessoa jurídica para, no prazo de trinta dias, apresentar defesa escrita e especificar eventuais provas que pretende produzir.

§ 1.º Em entidades da administração pública federal cujos quadros funcionais não sejam formados por servidores estatutários, a comissão a que se refere o *caput* será composta por dois ou mais empregados públicos, preferencialmente com no mínimo três anos de tempo de serviço na entidade.

§ 2.º Na hipótese de deferimento de pedido de produção de novas provas ou de juntada de provas julgadas indispensáveis pela comissão, a pessoa jurídica poderá apresentar alegações finais no prazo de dez dias, contado da data do deferimento ou da intimação de juntada das provas pela comissão.

§ 3.º Serão recusadas, mediante decisão fundamentada, provas propostas pela pessoa jurídica que sejam ilícitas, impertinentes, desnecessárias, protelatórias ou intempestivas.

§ 4.º Caso a pessoa jurídica apresente em sua defesa informações e documentos referentes à existência e ao funcionamento de programa de integridade, a comissão processante deverá examiná-lo segundo os parâmetros indicados no Capítulo IV, para a dosimetria das sanções a serem aplicadas.

Art. 6.º A comissão a que se refere o art. 5.º exercerá suas atividades com independência e imparcialidade, assegurado o sigilo, sempre que necessário à elucidação do fato e à preservação da imagem dos envolvidos, ou quando exigido pelo interesse da administração pública, garantido o direito à ampla defesa e ao contraditório.

Art. 7.º As intimações serão feitas por meio eletrônico, via postal ou por qualquer outro meio que assegure a certeza de ciência da pessoa jurídica acusada, cujo prazo para apresentação de defesa será contado a partir da data da cientificação oficial, observado o disposto no Capítulo XVI da Lei n. 9.784, de 29 de janeiro de 1999.

§ 1.º Caso não tenha êxito a intimação de que trata o *caput*, será feita nova intimação por meio de edital publicado na imprensa oficial, em jornal de grande circulação no Estado da federação em que a pessoa jurídica tenha sede, e no sítio eletrônico do órgão ou entidade pública responsável pela apuração do PAR, contando-se o prazo para apresentação da defesa a partir da última data de publicação do edital.

§ 2.º Em se tratando de pessoa jurídica que não possua sede, filial ou representação no País e sendo desconhecida sua representação no exterior, frustrada a intimação nos termos do *caput*, será feita nova intimação por meio de edital publicado na imprensa oficial e no sítio eletrônico do órgão ou entidade público responsável pela apuração do PAR, contando-se o prazo para apresentação da defesa a partir da última data de publicação do edital.

Art. 8.º A pessoa jurídica poderá acompanhar o PAR por meio de seus representantes legais ou procuradores, sendo-lhes assegurado amplo acesso aos autos.

Parágrafo único. É vedada a retirada dos autos da repartição pública, sendo autorizada a obtenção de cópias mediante requerimento.

Art. 9.º O prazo para a conclusão do PAR não excederá cento e oitenta dias, admitida prorrogação por meio de solicitação do presidente da comissão à autoridade instauradora, que decidirá de forma fundamentada.

§ 1.º O prazo previsto no *caput* será contado da data de publicação do ato de instauração do PAR.

§ 2.º A comissão, para o devido e regular exercício de suas funções, poderá:

I – propor à autoridade instauradora a suspensão cautelar dos efeitos do ato ou do processo objeto da investigação;

II – solicitar a atuação de especialistas com notório conhecimento, de órgãos e entidades públicos ou de outras organizações, para auxiliar na análise da matéria sob exame; e

III – solicitar ao órgão de representação judicial ou equivalente dos órgãos ou entidades lesados que requeira as medidas necessárias para a investigação e o processamento das infrações, inclusive de busca e apreensão, no País ou no exterior.

§ 3.º Concluídos os trabalhos de apuração e análise, a comissão elaborará relatório a respeito dos fatos apurados e da eventual responsabilidade administrativa da pessoa jurídica, no qual sugerirá, de forma motivada, as sanções a serem aplicadas, a dosimetria da multa ou o arquivamento do processo.

§ 4.º O relatório final do PAR será encaminhado à autoridade competente para julgamento, o qual será precedido de manifestação jurídica, elaborada pelo órgão de assistência jurídica competente.

§ 5.º Caso seja verificada a ocorrência de eventuais ilícitos a serem apurados em outras instâncias, o relatório da comissão será encaminhado, pela autoridade julgadora:

I – ao Ministério Público;

II – à Advocacia-Geral da União e seus órgãos vinculados, no caso de órgãos da administração pública direta, autarquias e fundações públicas federais; ou

III – ao órgão de representação judicial ou equivalente no caso de órgãos ou entidades da administração pública não abrangidos pelo inciso II.

§ 6.º Na hipótese de decisão contrária ao relatório da comissão, esta deverá ser fundamentada com base nas provas produzidas no PAR.

Art. 10. A decisão administrativa proferida pela autoridade julgadora ao final do PAR será publicada no *Diário Oficial da União* e no sítio eletrônico do órgão ou entidade público responsável pela instauração do PAR.

Art. 11. Da decisão administrativa sancionadora cabe pedido de reconsideração com efeito suspensivo, no prazo de dez dias, contado da data de publicação da decisão.

§ 1.º A pessoa jurídica contra a qual foram impostas sanções no PAR e que não apresentar pedido de reconsideração deverá cumpri-las no prazo de trinta dias, contado do fim do prazo para interposição do pedido de reconsideração.

§ 2.º A autoridade julgadora terá o prazo de trinta dias para decidir sobre a matéria alegada no pedido de reconsideração e publicar nova decisão.

§ 3.º Mantida a decisão administrativa sancionadora, será concedido à pessoa jurídica novo prazo de trinta dias para cumprimento das sanções que lhe foram impostas, contado da data de publicação da nova decisão.

Art. 12. Os atos previstos como infrações administrativas à Lei n. 8.666, de 21 de junho de 1993, ou a outras normas de licitações e contratos da administração pública que também sejam tipificados como atos lesivos na Lei n. 12.846, de 2013, serão apurados e julgados conjuntamente, nos mesmos autos, aplicando-se o rito procedimental previsto neste Capítulo.

§ 1.º Concluída a apuração de que trata o *caput* e havendo autoridades distintas competentes para julgamento, o processo será encaminhado primeiramente àquela de nível mais elevado, para que julgue no âmbito de sua competência, tendo precedência o julgamento pelo Ministro de Estado competente.

§ 2.º Para fins do disposto no *caput*, o chefe da unidade responsável no órgão ou entidade pela gestão de licitações e contratos deve comunicar à autoridade prevista no art. 3.º sobre eventuais fatos que configurem atos lesivos previstos no art. 5.º da Lei n. 12.846, de 2013.

Art. 13. A Controladoria-Geral da União possui, no âmbito do Poder Executivo federal, competência:

I – concorrente para instaurar e julgar PAR; e

II – exclusiva para avocar os processos instaurados para exame de sua regularidade ou para corrigir-lhes o andamento, inclusive promovendo a aplicação da penalidade administrativa cabível.

§ 1.º A Controladoria-Geral da União poderá exercer, a qualquer tempo, a competência prevista no *caput*, se presentes quaisquer das seguintes circunstâncias:

I – caracterização de omissão da autoridade originariamente competente;

II – inexistência de condições objetivas para sua realização no órgão ou entidade de origem;

III – complexidade, repercussão e relevância da matéria;

IV – valor dos contratos mantidos pela pessoa jurídica com o órgão ou entidade atingida; ou

V – apuração que envolva atos e fatos relacionados a mais de um órgão ou entidade da administração pública federal.

§ 2.º Ficam os órgãos e entidades da administração pública obrigados a encaminhar à Controladoria-Geral da União todos os documentos e informações que lhes forem solicitados, incluídos os autos originais dos processos que eventualmente estejam em curso.

Art. 14. Compete à Controladoria-Geral da União instaurar, apurar e julgar PAR pela prática de atos lesivos à administração pública estrangeira, o qual seguirá, no que couber, o rito procedimental previsto neste Capítulo.

CAPÍTULO II
DAS SANÇÕES ADMINISTRATIVAS E DOS ENCAMINHAMENTOS JUDICIAIS

Seção I
Disposições Gerais

Art. 15. As pessoas jurídicas estão sujeitas às seguintes sanções administrativas, nos termos do art. 6.º da Lei n. 12.846, de 2013:

I – multa; e

II – publicação extraordinária da decisão administrativa sancionadora.

Art. 16. Caso os atos lesivos apurados envolvam infrações administrativas à Lei n. 8.666, de 1993, ou a outras normas de licitações e contratos da administração pública e tenha ocorrido a apuração conjunta prevista no art. 12, a pessoa jurídica também estará sujeita a sanções administrativas que tenham como efeito restrição ao direito de participar em licitações ou de celebrar contratos com a administração pública, a serem aplicadas no PAR.

Seção II
Da Multa

Art. 17. O cálculo da multa se inicia com a soma dos valores correspondentes aos seguintes percentuais do faturamento bruto da pessoa jurídica do último exercício anterior ao da instauração do PAR, excluídos os tributos:

I – um por cento a dois e meio por cento havendo continuidade dos atos lesivos no tempo;

II – um por cento a dois e meio por cento para tolerância ou ciência de pessoas do corpo diretivo ou gerencial da pessoa jurídica;

III – um por cento a quatro por cento no caso de interrupção no fornecimento de serviço público ou na execução de obra contratada;

IV – um por cento para a situação econômica do infrator com base na apresentação de índice de Solvência Geral – SG e de Liquidez Geral – LG superiores a um e de lucro líquido no último exercício anterior ao da ocorrência do ato lesivo;

V – cinco por cento no caso de reincidência, assim definida a ocorrência de nova infração, idêntica ou não à anterior, tipificada como ato lesivo pelo art. 5.º da Lei n. 12.846, de 2013, em menos de cinco anos, contados da publicação do julgamento da infração anterior; e

VI – no caso de os contratos mantidos ou pretendidos com o órgão ou entidade lesado, serão considerados, na data da prática do ato lesivo, os seguintes percentuais:

a) um por cento em contratos acima de R$ 1.500.000,00 (um milhão e quinhentos mil reais);

b) dois por cento em contratos acima de R$ 10.000.000,00 (dez milhões de reais);

c) três por cento em contratos acima de R$ 50.000.000,00 (cinquenta milhões de reais);

d) quatro por cento em contratos acima de R$ 250.000.000,00 (duzentos e cinquenta milhões de reais); e

e) cinco por cento em contratos acima de R$ 1.000.000.000,00 (um bilhão de reais).

Art. 18. Do resultado da soma dos fatores do art. 17 serão subtraídos os valores correspondentes aos seguintes percentuais do faturamento bruto da pessoa jurídica do último exercício anterior ao da instauração do PAR, excluídos os tributos:

I – um por cento no caso de não consumação da infração;

II – um e meio por cento no caso de comprovação de ressarcimento pela pessoa jurídica dos danos a que tenha dado causa;

III – um por cento a um e meio por cento para o grau de colaboração da pessoa jurídica com a investigação ou a apuração do ato lesivo, independentemente do acordo de leniência;

IV – dois por cento no caso de comunicação espontânea pela pessoa jurídica antes da instauração do PAR acerca da ocorrência do ato lesivo; e

V – um por cento a quatro por cento para comprovação de a pessoa jurídica possuir e aplicar um programa de integridade, conforme os parâmetros estabelecidos no Capítulo IV.

Art. 19. Na ausência de todos os fatores previstos nos art. 17 e art. 18 ou de resultado das operações de soma e subtração ser igual ou menor a zero, o valor da multa corresponderá, conforme o caso, a:

I – um décimo por cento do faturamento bruto do último exercício anterior ao da instauração do PAR, excluídos os tributos; ou

II – R$ 6.000,00 (seis mil reais), na hipótese do art. 22.

Art. 20. A existência e quantificação dos fatores previstos nos art. 17 e art. 18, deverá ser apurada no PAR e evidenciada no relatório final da comissão, o qual também conterá a estimativa, sempre que possível, dos valores da vantagem auferida e da pretendida.

§ 1.º Em qualquer hipótese, o valor final da multa terá como limite:

I – mínimo, o maior valor entre o da vantagem auferida e o previsto no art. 19; e

II – máximo, o menor valor entre:

a) vinte por cento do faturamento bruto do último exercício anterior ao da instauração do PAR, excluídos os tributos; ou

b) três vezes o valor da vantagem pretendida ou auferida.

§ 2.º O valor da vantagem auferida ou pretendida equivale aos ganhos obtidos ou pretendidos pela pessoa jurídica que não ocorreriam sem a prática do ato lesivo, somado, quando for o caso, ao valor correspondente a qualquer vantagem indevida prometida ou dada a agente público ou a terceiros a ele relacionados.

§ 3.º Para fins do cálculo do valor de que trata o § 2.º, serão deduzidos custos e despesas legítimos comprovadamente executados ou que seriam devidos ou despendidos caso o ato lesivo não tivesse ocorrido.

Art. 21. Ato do Ministro de Estado Chefe da Controladoria-Geral da União fixará metodologia para a apuração do faturamento bruto e dos tributos a serem excluídos para fins de cálculo da multa a que se refere o art. 6.º da Lei n. 12.846, de 2013.

Parágrafo único. Os valores de que trata o *caput* poderão ser apurados, entre outras formas, por meio de:

I – compartilhamento de informações tributárias, na forma do inciso II do § 1.º do art. 198 da Lei n. 5.172, de 25 de outubro de 1966; e

II – registros contábeis produzidos ou publicados pela pessoa jurídica acusada, no país ou no estrangeiro.

Art. 22. Caso não seja possível utilizar o critério do valor do faturamento bruto da pessoa jurídica no ano anterior ao da instauração ao PAR, os percentuais dos fatores indicados nos art. 17 e art. 18 incidirão:

I – sobre o valor do faturamento bruto da pessoa jurídica, excluídos os tributos, no ano em que ocorreu o ato lesivo, no caso de a pessoa jurídica não ter tido faturamento no ano anterior ao da instauração ao PAR;

II – sobre o montante total de recursos recebidos pela pessoa jurídica sem fins lucrativos no ano em que ocorreu o ato lesivo; ou

III – nas demais hipóteses, sobre o faturamento anual estimável da pessoa jurídica, levando em consideração quaisquer informações sobre a sua situação econômica ou o estado de seus negócios, tais como patrimônio, capital social, número de empregados, contratos, dentre outras.

Parágrafo único. Nas hipóteses previstas no *caput*, o valor da multa será limitado entre R$ 6.000,00 (seis mil reais) e R$ 60.000.000,00 (sessenta milhões de reais).

Art. 23. Com a assinatura do acordo de leniência, a multa aplicável será reduzida conforme a fração nele pactuada, observado o limite previsto no § 2.º do art. 16 da Lei n. 12.846, de 2013.

§ 1.º O valor da multa previsto no *caput* poderá ser inferior ao limite mínimo previsto no art. 6.º da Lei n. 12.846, de 2013.

§ 2.º No caso de a autoridade signatária declarar o descumprimento do acordo de leniência por falta imputável à pessoa jurídica colaboradora, o valor integral encontrado antes da redução de que trata o *caput* será cobrado na forma da Seção IV, descontando-se as frações da multa eventualmente já pagas.

Seção III
Da Publicação Extraordinária da Decisão Administrativa Sancionadora

Art. 24. A pessoa jurídica sancionada administrativamente pela prática de atos lesivos contra a administração pública, nos termos da Lei n. 12.846, de 2013, publicará a decisão administrativa sancionadora na forma de extrato de sentença, cumulativamente:

I – em meio de comunicação de grande circulação na área da prática da infração e de atuação da pessoa jurídica ou, na sua falta, em publicação de circulação nacional;

II – em edital afixado no próprio estabelecimento ou no local de exercício da atividade, em localidade que permita a visibilidade pelo público, pelo prazo mínimo de trinta dias; e

III – em seu sítio eletrônico, pelo prazo de trinta dias e em destaque na página principal do referido sítio.

Parágrafo único. A publicação a que se refere o *caput* será feita a expensas da pessoa jurídica sancionada.

Seção IV
Da Cobrança da Multa Aplicada

Art. 25. A multa aplicada ao final do PAR será integralmente recolhida pela pessoa jurídica sancionada no prazo de trinta dias, observado o disposto nos §§ 1.º e 3.º do art. 11.

§ 1.º Feito o recolhimento, a pessoa jurídica sancionada apresentará ao órgão ou entidade que aplicou a sanção documento que ateste o pagamento integral do valor da multa imposta.

§ 2.º Decorrido o prazo previsto no *caput* sem que a multa tenha sido recolhida ou não tendo ocorrido a comprovação de seu pagamento integral, o órgão ou entidade que a aplicou encaminhará o débito para inscrição em Dívida Ativa da União ou das autarquias e fundações públicas federais.

§ 3.º Caso a entidade que aplicou a multa não possua Dívida Ativa, o valor será cobrado independentemente de prévia inscrição.

Seção V
Dos Encaminhamentos Judiciais

Art. 26. As medidas judiciais, no País ou no exterior, como a cobrança da multa administrativa aplicada no PAR, a promoção da publicação extraordinária, a persecução das sanções referidas nos incisos I a IV do *caput* do art. 19 da Lei n. 12.846, de 2013, a reparação integral dos danos e prejuízos, além de eventual atuação judicial para a finalidade de instrução ou garantia do processo judicial ou preservação do acordo de leniência, serão solicitadas ao órgão de representação judicial ou equivalente dos órgãos ou entidades lesados.

Art. 27. No âmbito da administração pública federal direta, a atuação judicial será exercida pela Procuradoria-Geral da União, com exceção da cobrança da multa administrativa aplicada no PAR, que será promovida pela Procuradoria-Geral da Fazenda Nacional.

Parágrafo único. No âmbito das autarquias e fundações públicas federais, a atuação judicial será exercida pela Procuradoria-Geral Federal, inclusive no que se refere à cobrança da multa administrativa aplicada no PAR, respeitadas as competências específicas da Procuradoria-Geral do Banco Central.

Capítulo III
DO ACORDO DE LENIÊNCIA

Art. 28. O acordo de leniência será celebrado com as pessoas jurídicas responsáveis pela prática dos atos lesivos previstos na Lei n. 12.846, de 2013, e dos ilícitos administrativos previstos na Lei n. 8.666, de 1993, e em outras normas de licitações e contratos, com vistas à isenção ou à atenuação das respectivas sanções, desde que colaborem efetivamente com as investigações e o processo administrativo, devendo resultar dessa colaboração:

I – a identificação dos demais envolvidos na infração administrativa, quando couber; e

II – a obtenção célere de informações e documentos que comprovem a infração sob apuração.

Art. 29. Compete à Controladoria-Geral da União celebrar acordos de leniência no âmbito do Poder Executivo federal e nos casos de atos lesivos contra a administração pública estrangeira.

Art. 30. A pessoa jurídica que pretenda celebrar acordo de leniência deverá:

I – ser a primeira a manifestar interesse em cooperar para a apuração de ato lesivo específico, quando tal circunstância for relevante;

II – ter cessado completamente seu envolvimento no ato lesivo a partir da data da propositura do acordo;

III – admitir sua participação na infração administrativa;

IV – cooperar plena e permanentemente com as investigações e o processo administrativo e comparecer, sob suas expensas e sempre que solicitada, aos atos processuais, até o seu encerramento; e

V – fornecer informações, documentos e elementos que comprovem a infração administrativa.

§ 1.º O acordo de leniência de que trata o *caput* será proposto pela pessoa jurídica, por seus representantes, na forma de seu estatuto ou contrato social, ou por meio de procurador com poderes específicos para tal ato, observado o disposto no art. 26 da Lei n. 12.846, de 2013.

§ 2.º A proposta do acordo de leniência poderá ser feita até a conclusão do relatório a ser elaborado no PAR.

Art. 31. A proposta de celebração de acordo de leniência poderá ser feita de forma oral ou escrita, oportunidade em que a pessoa jurídica proponente declarará expressamente que foi orientada a respeito de seus direitos, garantias e deveres legais e de que o não atendimento às determinações e solicitações da Controladoria-Geral da União durante a etapa de negociação importará a desistência da proposta.

§ 1.º A proposta apresentada receberá tratamento sigiloso e o acesso ao seu conteúdo será restrito aos servidores especificamente designados pela Controladoria-Geral da União para participar da negociação do acordo de leniência, ressalvada a possibilidade de a proponente autorizar a divulgação ou compartilhamento da existência da proposta ou de seu conteúdo, desde que haja anuência da Controladoria-Geral da União.

§ 2.º Poderá ser firmado memorando de entendimentos entre a pessoa jurídica proponente e a Controladoria-Geral da União para formalizar a proposta e definir os parâmetros do acordo de leniência.

§ 3.º Uma vez proposto o acordo de leniência, a Controladoria-Geral da União poderá requisitar os autos de processos administrativos em curso em outros órgãos ou entidades da administração pública federal relacionados aos fatos objeto do acordo.

Art. 32. A negociação a respeito da proposta do acordo de leniência deverá ser concluída no prazo de cento e oitenta dias, contado da data de apresentação da proposta.

Parágrafo único. A critério da Controladoria-Geral da União, poderá ser prorrogado o prazo estabelecido no *caput*, caso presentes circunstâncias que o exijam.

Art. 33. Não importará em reconhecimento da prática do ato lesivo investigado a proposta de acordo de leniência rejeitada, da qual não se fará qualquer divulgação, ressalvado o disposto no § 1.º do art. 31.

Art. 34. A pessoa jurídica proponente poderá desistir da proposta de acordo de leniência a qualquer momento que anteceda a assinatura do referido acordo.

Art. 35. Caso o acordo não venha a ser celebrado, os documentos apresentados durante a negociação serão devolvidos, sem retenção de cópias, à pessoa jurídica proponente e será vedado seu uso para fins de responsabilização, exceto quando a administração pública federal tiver conhecimento deles independentemente da apresentação da proposta do acordo de leniência.

Art. 36. O acordo de leniência estipulará as condições para assegurar a efetividade da colaboração e o resultado útil do processo, do qual constarão cláusulas e obrigações que, diante das circunstâncias do caso concreto, reputem-se necessárias.

Art. 37. O acordo de leniência conterá, entre outras disposições, cláusulas que versem sobre:

I – o compromisso de cumprimento dos requisitos previstos nos incisos II a V do *caput* do art. 30;

II – a perda dos benefícios pactuados, em caso de descumprimento do acordo;

III – a natureza de título executivo extrajudicial do instrumento do acordo, nos termos do inciso II do *caput* do art. 585 da Lei n. 5.869, de 11 de janeiro de 1973; e

IV – a adoção, aplicação ou aperfeiçoamento de programa de integridade, conforme os parâmetros estabelecidos no Capítulo IV.

Art. 38. A Controladoria-Geral da União poderá conduzir e julgar os processos administrativos que apurem infrações administrativas previstas na Lei n. 12.846, de 2013, na Lei n. 8.666, de 1993, e em outras normas de licitações e contratos, cujos fatos tenham sido noticiados por meio do acordo de leniência.

Art. 39. Até a celebração do acordo de leniência pelo Ministro de Estado Chefe da Controladoria-Geral da União, a identidade da pessoa jurídica signatária do acordo não será divulgada ao público, ressalvado o disposto no § 1.º do art. 31.

Parágrafo único. A Controladoria-Geral da União manterá restrito o acesso aos documentos e informações comercialmente sensíveis da pessoa jurídica signatária do acordo de leniência.

Art. 40. Uma vez cumprido o acordo de leniência pela pessoa jurídica colaboradora, serão declarados em favor da pessoa jurídica signatária, nos termos previamente firmados no acordo, um ou mais dos seguintes efeitos:

I – isenção da publicação extraordinária da decisão administrativa sancionadora;

II – isenção da proibição de receber incentivos, subsídios, subvenções, doações ou empréstimos de órgãos ou entidades públicos e de instituições financeiras públicas ou controladas pelo Poder Público;

III – redução do valor final da multa aplicável, observado o disposto no art. 23; ou

IV – isenção ou atenuação das sanções administrativas previstas nos art. 86 a art. 88 da Lei n. 8.666, de 1993, ou de outras normas de licitações e contratos.

Parágrafo único. Os efeitos do acordo de leniência serão estendidos às pessoas jurídicas que integrarem o mesmo grupo econômico, de fato e de direito, desde que tenham firmado o acordo em conjunto, respeitadas as condições nele estabelecidas.

Capítulo IV
DO PROGRAMA DE INTEGRIDADE

Art. 41. Para fins do disposto neste Decreto, programa de integridade consiste, no âmbito de uma pessoa jurídica, no conjunto de mecanismos e procedimentos internos de integridade, auditoria e incentivo à denúncia de irregularidades e na aplicação efetiva de códigos de ética e de conduta, políticas e diretrizes com objetivo de detectar e sanar desvios, fraudes, irregularidades e atos ilícitos praticados contra a administração pública, nacional ou estrangeira.

Parágrafo único. O programa de integridade deve ser estruturado, aplicado e atualizado de acordo com as características e riscos atuais das atividades de cada pessoa jurídica, a qual por sua vez deve garantir o constante aprimoramento e adaptação do referido programa, visando garantir sua efetividade.

Art. 42. Para fins do disposto no § 4.º do art. 5.º, o programa de integridade será avaliado, quanto a sua existência e aplicação, de acordo com os seguintes parâmetros:

I – comprometimento da alta direção da pessoa jurídica, incluídos os conselhos, evidenciado pelo apoio visível e inequívoco ao programa;

II – padrões de conduta, código de ética, políticas e procedimentos de integridade, aplicáveis a todos os empregados e administradores, independentemente de cargo ou função exercidos;

III – padrões de conduta, código de ética e políticas de integridade estendidas, quando necessário, a terceiros, tais como, fornecedores, prestadores de serviço, agentes intermediários e associados;

IV – treinamentos periódicos sobre o programa de integridade;

V – análise periódica de riscos para realizar adaptações necessárias ao programa de integridade;

VI – registros contábeis que reflitam de forma completa e precisa as transações da pessoa jurídica;

VII – controles internos que assegurem a pronta elaboração e confiabilidade de relatórios e demonstrações financeiros da pessoa jurídica;

VIII – procedimentos específicos para prevenir fraudes e ilícitos no âmbito de processos licitatórios, na execução de contratos administrativos ou em qualquer interação com o setor público, ainda que intermediada por terceiros, tal como pagamento de tributos, sujeição a fiscalizações, ou obtenção de autorizações, licenças, permissões e certidões;

IX – independência, estrutura e autoridade da instância interna responsável pela aplicação do programa de integridade e fiscalização de seu cumprimento;

X – canais de denúncia de irregularidades, abertos e amplamente divulgados a funcionários e terceiros, e de mecanismos destinados à proteção de denunciantes de boa-fé;

XI – medidas disciplinares em caso de violação do programa de integridade;

XII – procedimentos que assegurem a pronta interrupção de irregularidades ou infrações detectadas e a tempestiva remediação dos danos gerados;

XIII – diligências apropriadas para contratação e, conforme o caso, supervisão, de terceiros, tais como, fornecedores, prestadores de serviço, agentes intermediários e associados;

XIV – verificação, durante os processos de fusões, aquisições e reestruturações societárias, do cometimento de irregularidades ou ilícitos ou da existência de vulnerabilidades nas pessoas jurídicas envolvidas;

XV – monitoramento contínuo do programa de integridade visando seu aperfeiçoamento na prevenção, detecção e combate à ocorrência dos atos lesivos previstos no art. 5.º da Lei n. 12.846, de 2013; e

XVI – transparência da pessoa jurídica quanto a doações para candidatos e partidos políticos.

§ 1.º Na avaliação dos parâmetros de que trata este artigo, serão considerados o porte e especificidades da pessoa jurídica, tais como:

I – a quantidade de funcionários, empregados e colaboradores;

II – a complexidade da hierarquia interna e a quantidade de departamentos, diretorias ou setores;

III – a utilização de agentes intermediários como consultores ou representantes comerciais;

IV – o setor do mercado em que atua;

V – os países em que atua, direta ou indiretamente;

VI – o grau de interação com o setor público e a importância de autorizações, licenças e permissões governamentais em suas operações;

VII – a quantidade e a localização das pessoas jurídicas que integram o grupo econômico; e

VIII – o fato de ser qualificada como microempresa ou empresa de pequeno porte.

§ 2.º A efetividade do programa de integridade em relação ao ato lesivo objeto de apuração será considerada para fins da avaliação de que trata o *caput*.

§ 3.º Na avaliação de microempresas e empresas de pequeno porte, serão reduzidas as formalidades dos parâmetros previstos neste artigo, não se exigindo, especificamente, os incisos III, V, IX, X, XIII, XIV e XV do *caput*.

§ 4.º Caberá ao Ministro de Estado Chefe da Controladoria-Geral da União expedir orientações, normas e procedimentos complementares referentes à avaliação do programa de integridade de que trata este Capítulo.

§ 5.º A redução dos parâmetros de avaliação para as microempresas e empresas de pequeno porte de que trata o § 3.º poderá ser objeto de regulamentação por ato conjunto do Ministro de Estado Chefe da Secretaria da Micro e Pequena Empresa e do Ministro de Estado Chefe da Controladoria-Geral da União.

Capítulo V
DO CADASTRO NACIONAL DE EMPRESAS INIDÔNEAS E SUSPENSAS E DO CADASTRO NACIONAL DE EMPRESAS PUNIDAS

Art. 43. O Cadastro Nacional de Empresas Inidôneas e Suspensas – CEIS conterá informações referentes às sanções administrativas impostas a pessoas físicas ou jurídicas que impliquem restrição ao direito de participar de licitações ou de celebrar contratos com a administração pública de qualquer esfera federativa, entre as quais:

I – suspensão temporária de participação em licitação e impedimento de contratar com a administração pública, conforme disposto no inciso III do *caput* do art. 87 da Lei n. 8.666, de 1993;

II – declaração de inidoneidade para licitar ou contratar com a administração pública, conforme disposto no inciso IV do *caput* do art. 87 da Lei n. 8.666, de 1993;

III – impedimento de licitar e contratar com União, Estados, Distrito Federal ou Municípios, conforme disposto no art. 7.º da Lei n. 10.520, de 17 de julho de 2002;

IV – impedimento de licitar e contratar com a União, Estados, Distrito Federal ou Municípios, conforme disposto no art. 47 da Lei n. 12.462, de 4 de agosto de 2011;

V – suspensão temporária de participação em licitação e impedimento de contratar com a administração pública, conforme disposto no inciso IV do *caput* do art. 33 da Lei n. 12.527, de 18 de novembro de 2011; e

VI – declaração de inidoneidade para licitar ou contratar com a administração pública, conforme disposto no inciso V do *caput* do art. 33 da Lei n.12.527, de 2011.

Art. 44. Poderão ser registradas no CEIS outras sanções que impliquem restrição ao direito de participar em licitações ou de celebrar contratos com a administração pública, ainda que não sejam de natureza administrativa.

Art. 45. O Cadastro Nacional de Empresas Punidas – CNEP conterá informações referentes:

I – às sanções impostas com fundamento na Lei n. 12.846, de 2013; e

II – ao descumprimento de acordo de leniência celebrado com fundamento na Lei n. 12.846, de 2013.

Parágrafo único. As informações sobre os acordos de leniência celebrados com fundamento na Lei n. 12.846, de 2013, serão registradas no CNEP após a celebração do acordo, exceto se causar prejuízo às investigações ou ao processo administrativo.

Art. 46. Constarão do CEIS e do CNEP, sem prejuízo de outros a serem estabelecidos pela Controladoria-Geral da União, dados e informações referentes a:

I – nome ou razão social da pessoa física ou jurídica sancionada;

II – número de inscrição da pessoa jurídica no Cadastro Nacional da Pessoa Jurídica – CNPJ ou da pessoa física no Cadastro de Pessoas Físicas – CPF;

III – tipo de sanção;

IV – fundamentação legal da sanção;

V – número do processo no qual foi fundamentada a sanção;

VI – data de início de vigência do efeito limitador ou impeditivo da sanção ou data de aplicação da sanção;

VII – data final do efeito limitador ou impeditivo da sanção, quando couber;

VIII – nome do órgão ou entidade sancionador; e

IX – valor da multa, quando couber.

Art. 47. A exclusão dos dados e informações constantes do CEIS ou do CNEP se dará:

I – com fim do prazo do efeito limitador ou impeditivo da sanção; ou

II – mediante requerimento da pessoa jurídica interessada, após cumpridos os seguintes requisitos, quando aplicáveis:

a) publicação da decisão de reabilitação da pessoa jurídica sancionada, nas hipóteses dos incisos II e VI do *caput* do art. 43;

b) cumprimento integral do acordo de leniência;

c) reparação do dano causado; ou

d) quitação da multa aplicada.

Art. 48. O fornecimento dos dados e informações de que tratam os art. 43 a art. 46, pelos órgãos e entidades dos Poderes Executivo, Legislativo e Judiciário de cada uma das esferas de governo, será disciplinado pela Controladoria-Geral da União.

Capítulo VI
DISPOSIÇÕES FINAIS

Art. 49. As informações referentes ao PAR instaurado no âmbito dos órgãos e entidades do Poder Executivo federal serão registradas no sistema de gerenciamento eletrônico de processos administrativos sancionadores mantido pela Controladoria-Geral da União, conforme ato do Ministro de Estado Chefe da Controladoria-Geral da União.

Art. 50. Os órgãos e as entidades da administração pública, no exercício de suas competências regulatórias, disporão sobre os efeitos da Lei n. 12.846, de 2013, no âmbito das atividades reguladas, inclusive no caso de proposta e celebração de acordo de leniência.

Art. 51. O processamento do PAR não interfere no seguimento regular dos processos administrativos específicos para apuração da ocorrência de danos e prejuízos à administração pública federal resultantes de ato lesivo cometido por pessoa jurídica, com ou sem a participação de agente público.

Art. 52. Caberá ao Ministro de Estado Chefe da Controladoria-Geral da União expedir orientações e procedimentos complementares para a execução deste Decreto.

Art. 53. Este Decreto entra em vigor na data de sua publicação.

Brasília, 18 de março de 2015; 194.º da Independência e 127.º da República.

Dilma Rousseff

LEI N. 13.140, DE 26 DE JUNHO DE 2015 (*)

Dispõe sobre a mediação entre particulares como meio de solução de controvérsias e sobre a autocomposição de conflitos no âmbito da administração pública; altera a Lei n. 9.469, de 10 de julho de 1997, e o Decreto n. 70.235, de 6 de março de 1972; e revoga o § 2.º do art. 6.º da Lei n. 9.469, de 10 de julho de 1997.

A Presidenta da República

Faço saber que o Congresso Nacional decreta e eu sanciono a seguinte Lei:

Art. 1.º Esta Lei dispõe sobre a mediação como meio de solução de controvérsias entre particulares e sobre a autocomposição de conflitos no âmbito da administração pública.

(*) Publicada no *Diário Oficial da União* de 29-6-2015.

Parágrafo único. Considera-se mediação a atividade técnica exercida por terceiro imparcial sem poder decisório, que, escolhido ou aceito pelas partes, as auxilia e estimula a identificar ou desenvolver soluções consensuais para a controvérsia.

CAPÍTULO I
DA MEDIAÇÃO

Seção I
Disposições Gerais

Art. 2.º A mediação será orientada pelos seguintes princípios:

>> *Vide* art. 166 do CPC.

I – imparcialidade do mediador;

II – isonomia entre as partes;

III – oralidade;

IV – informalidade;

V – autonomia da vontade das partes;

VI – busca do consenso;

VII – confidencialidade;

VIII – boa-fé.

§ 1.º Na hipótese de existir previsão contratual de cláusula de mediação, as partes deverão comparecer à primeira reunião de mediação.

§ 2.º Ninguém será obrigado a permanecer em procedimento de mediação.

Art. 3.º Pode ser objeto de mediação o conflito que verse sobre direitos disponíveis ou sobre direitos indisponíveis que admitam transação.

§ 1.º A mediação pode versar sobre todo o conflito ou parte dele.

§ 2.º O consenso das partes envolvendo direitos indisponíveis, mas transigíveis, deve ser homologado em juízo, exigida a oitiva do Ministério Público.

Seção II
Dos Mediadores

Subseção I
Disposições Comuns

Art. 4.º O mediador será designado pelo tribunal ou escolhido pelas partes.

>> Mediadores judiciais: *vide* arts. 165 e s. do CPC.

§ 1.º O mediador conduzirá o procedimento de comunicação entre as partes, buscando o entendimento e o consenso e facilitando a resolução do conflito.

§ 2.º Aos necessitados será assegurada a gratuidade da mediação.

Art. 5.º Aplicam-se ao mediador as mesmas hipóteses legais de impedimento e suspeição do juiz.

>> *Vide* arts. 144 a 148 do CPC.

Parágrafo único. A pessoa designada para atuar como mediador tem o dever de revelar às partes, antes da aceitação da função, qualquer fato ou circunstância que possa suscitar dúvida justificada em relação à sua imparcialidade para mediar o conflito, oportunidade em que poderá ser recusado por qualquer delas.

Art. 6.º O mediador fica impedido, pelo prazo de um ano, contado do término da última audiência em que atuou, de assessorar, representar ou patrocinar qualquer das partes.

Art. 7.º O mediador não poderá atuar como árbitro nem funcionar como testemunha em processos judiciais ou arbitrais pertinentes a conflito em que tenha atuado como mediador.

Art. 8.º O mediador e todos aqueles que o assessoram no procedimento de mediação, quando no exercício de suas funções ou em razão delas, são equiparados a servidor público, para os efeitos da legislação penal.

Subseção II
Dos Mediadores Extrajudiciais

Art. 9.º Poderá funcionar como mediador extrajudicial qualquer pessoa capaz que tenha a confiança das partes e seja capacitada para fazer mediação, independentemente de integrar qualquer tipo de conselho, entidade de classe ou associação, ou nele inscrever-se.

Art. 10. As partes poderão ser assistidas por advogados ou defensores públicos.

Parágrafo único. Comparecendo uma das partes acompanhada de advogado ou defensor público, o mediador suspenderá o procedimento, até que todas estejam devidamente assistidas.

Subseção III
Dos Mediadores Judiciais

Art. 11. Poderá atuar como mediador judicial a pessoa capaz, graduada há pelo menos dois anos em curso de ensino superior de instituição reconhecida pelo Ministério da Educação e que tenha obtido capacitação em escola ou instituição de formação de mediadores, reconhecida pela Escola Nacional de Formação e Aperfeiçoamento de Magistrados – ENFAM ou pelos tribunais, observados os requisitos mínimos estabelecidos pelo Conselho Nacional de Justiça em conjunto com o Ministério da Justiça.

>> *Vide* art. 167, § 1.º, do CPC.

Art. 12. Os tribunais criarão e manterão cadastros atualizados dos mediadores habilitados e autorizados a atuar em mediação judicial.

>> *Vide* art. 167, *caput*, do CPC.

§ 1.º A inscrição no cadastro de mediadores judiciais será requerida pelo interessado ao tribunal com jurisdição na área em que pretenda exercer a mediação.

§ 2.º Os tribunais regulamentarão o processo de inscrição e desligamento de seus mediadores.

Art. 13. A remuneração devida aos mediadores judiciais será fixada pelos tribunais e custeada pelas partes, observado o disposto no § 2.º do art. 4.º desta Lei.

>> *Vide* art. 169 do CPC.

Seção III
Do Procedimento de Mediação

Subseção I
Disposições Comuns

Art. 14. No início da primeira reunião de mediação, e sempre que julgar necessário, o mediador deverá alertar as partes acerca das regras de confidencialidade aplicáveis ao procedimento.

Art. 15. A requerimento das partes ou do mediador, e com anuência daquelas, poderão ser admitidos outros mediadores para funcionarem no mesmo procedimento, quando isso for recomendável em razão da natureza e da complexidade do conflito.

Art. 16. Ainda que haja processo arbitral ou judicial em curso, as partes poderão submeter-se à mediação, hipótese em que requererão ao juiz ou árbitro a suspensão do processo por prazo suficiente para a solução consensual do litígio.

§ 1.º É irrecorrível a decisão que suspende o processo nos termos requeridos de comum acordo pelas partes.

§ 2.º A suspensão do processo não obsta a concessão de medidas de urgência pelo juiz ou pelo árbitro.

Art. 17. Considera-se instituída a mediação na data para a qual for marcada a primeira reunião de mediação.

Parágrafo único. Enquanto transcorrer o procedimento de mediação, ficará suspenso o prazo prescricional.

Art. 18. Iniciada a mediação, as reuniões posteriores com a presença das partes somente poderão ser marcadas com a sua anuência.

Art. 19. No desempenho de sua função, o mediador poderá reunir-se com as partes, em conjunto ou separadamente, bem como solicitar das partes as informações que entender necessárias para facilitar o entendimento entre aquelas.

Art. 20. O procedimento de mediação será encerrado com a lavratura do seu termo final, quando for celebrado acordo ou quando não se justificarem novos esforços para a obtenção de consenso, seja por declaração do mediador nesse sentido ou por manifestação de qualquer das partes.

Parágrafo único. O termo final de mediação, na hipótese de celebração de acordo, constitui título executivo extrajudicial e, quando homologado judicialmente, título executivo judicial.

Subseção II
Da Mediação Extrajudicial

Art. 21. O convite para iniciar o procedimento de mediação extrajudicial poderá ser feito por qualquer meio de comunicação e deverá estipular o escopo proposto para a negociação, a data e o local da primeira reunião.

Parágrafo único. O convite formulado por uma parte à outra considerar-se-á rejeitado se não for respondido em até trinta dias da data de seu recebimento.

Art. 22. A previsão contratual de mediação deverá conter, no mínimo:

I – prazo mínimo e máximo para a realização da primeira reunião de mediação, contado a partir da data de recebimento do convite;

II – local da primeira reunião de mediação;

III – critérios de escolha do mediador ou equipe de mediação;

IV – penalidade em caso de não comparecimento da parte convidada à primeira reunião de mediação.

§ 1.º A previsão contratual pode substituir a especificação dos itens acima enumerados pela indicação de regulamento, publicado por instituição idônea prestadora de serviços de mediação, no qual constem critérios claros para a escolha do mediador e realização da primeira reunião de mediação.

§ 2.º Não havendo previsão contratual completa, deverão ser observados os seguintes critérios para a realização da primeira reunião de mediação:

I – prazo mínimo de dez dias úteis e prazo máximo de três meses, contados a partir do recebimento do convite;

II – local adequado a uma reunião que possa envolver informações confidenciais;

III – lista de cinco nomes, informações de contato e referências profissionais de mediadores capacitados; a parte convidada poderá escolher, expressamente, qualquer um dos cinco mediadores e, caso a parte convidada não se manifeste, considerar-se-á aceito o primeiro nome da lista;

IV – o não comparecimento da parte convidada à primeira reunião de mediação acarretará a assunção por parte desta de cinquenta por cento das custas e honorários sucumbenciais caso venha a ser vencedora em procedimento arbitral ou judicial posterior, que envolva o escopo da mediação para a qual foi convidada.

§ 3.º Nos litígios decorrentes de contratos comerciais ou societários que não contenham cláusula de mediação, o mediador extrajudicial somente cobrará por seus serviços caso as partes decidam assinar o termo inicial de mediação e permanecer, voluntariamente, no procedimento de mediação.

Art. 23. Se, em previsão contratual de cláusula de mediação, as partes se comprometerem a não iniciar procedimento arbitral ou processo judicial durante certo prazo ou até o implemento de determinada condição, o árbitro ou o juiz suspenderá o curso da arbitragem ou da ação pelo prazo previamente acordado ou até o implemento dessa condição.

Parágrafo único. O disposto no *caput* não se aplica às medidas de urgência em que o acesso ao Poder Judiciário seja necessário para evitar o perecimento de direito.

Subseção III
Da Mediação Judicial

Art. 24. Os tribunais criarão centros judiciários de solução consensual de conflitos, responsáveis pela realização de sessões e audiências de conciliação e mediação, pré-processuais e processuais, e pelo desenvolvimento de programas destinados a auxiliar, orientar e estimular a autocomposição.

>> *Vide* arts. 165 a 175 e 334 do CPC.

Parágrafo único. A composição e a organização do centro serão definidas pelo respectivo tribunal, observadas as normas do Conselho Nacional de Justiça.

Art. 25. Na mediação judicial, os mediadores não estarão sujeitos à prévia aceitação das partes, observado o disposto no art. 5.º desta Lei.

Art. 26. As partes deverão ser assistidas por advogados ou defensores públicos, ressalvadas as hipóteses previstas nas Leis n. 9.099, de 26 de setembro de 1995, e 10.259, de 12 de julho de 2001.

Parágrafo único. Aos que comprovarem insuficiência de recursos será assegurada assistência pela Defensoria Pública.

Art. 27. Se a petição inicial preencher os requisitos essenciais e não for o caso de improcedência liminar do pedido, o juiz designará audiência de mediação.

>> *Vide* art. 334, *caput*, do CPC.

Art. 28. O procedimento de mediação judicial deverá ser concluído em até sessenta dias, contados da primeira sessão, salvo quando as partes, de comum acordo, requererem sua prorrogação.

>> *Vide* art. 334, § 2.º, do CPC.

Parágrafo único. Se houver acordo, os autos serão encaminhados ao juiz, que determinará o arquivamento do processo e, desde que requerido pelas partes, homologará o acordo, por sentença, e o termo final da mediação e determinará o arquivamento do processo.

Art. 29. Solucionado o conflito pela mediação antes da citação do réu, não serão devidas custas judiciais finais.

Seção IV
Da Confidencialidade e suas Exceções

Art. 30. Toda e qualquer informação relativa ao procedimento de mediação será confidencial em relação a terceiros, não podendo ser revelada sequer em processo arbitral ou judicial salvo se as partes expressamente decidirem de forma diversa ou quando sua divulgação for exigida por lei ou necessária para cumprimento de acordo obtido pela mediação.

§ 1.º O dever de confidencialidade aplica-se ao mediador, às partes, a seus prepostos, advogados, assessores técnicos e a outras pessoas de sua confiança que tenham, direta ou indiretamente, participado do procedimento de mediação, alcançando:

I – declaração, opinião, sugestão, promessa ou proposta formulada por uma parte à outra na busca de entendimento para o conflito;

II – reconhecimento de fato por qualquer das partes no curso do procedimento de mediação;

III – manifestação de aceitação de proposta de acordo apresentada pelo mediador;

IV – documento preparado unicamente para os fins do procedimento de mediação.

§ 2.º A prova apresentada em desacordo com o disposto neste artigo não será admitida em processo arbitral ou judicial.

§ 3.º Não está abrigada pela regra de confidencialidade a informação relativa à ocorrência de crime de ação pública.

§ 4.º A regra da confidencialidade não afasta o dever de as pessoas discriminadas no *caput* prestarem informações à administração tributária após o termo final da mediação, aplicando-se aos seus servidores a obrigação de manterem sigilo das informações compartilhadas nos termos do art. 198 da Lei n. 5.172, de 25 de outubro de 1966 – Código Tributário Nacional.

> Dispõe o *caput* do art. 198 do CTN: "Sem prejuízo do disposto na legislação criminal, é vedada a divulgação, por parte da Fazenda Pública ou de seus servidores, de informação obtida em razão do ofício sobre a situação econômica ou financeira do sujeito passivo ou de terceiros e sobre a natureza e o estado de seus negócios ou atividades".

Art. 31. Será confidencial a informação prestada por uma parte em sessão privada, não podendo o mediador revelá-la às demais, exceto se expressamente autorizado.

Capítulo II
DA AUTOCOMPOSIÇÃO DE CONFLITOS EM QUE FOR PARTE PESSOA JURÍDICA DE DIREITO PÚBLICO

Seção I
Disposições Comuns

Art. 32. A União, os Estados, o Distrito Federal e os Municípios poderão criar câmaras de prevenção e resolução administrativa de conflitos, no âmbito dos respectivos órgãos da Advocacia Pública, onde houver, com competência para:

I – dirimir conflitos entre órgãos e entidades da administração pública;

II – avaliar a admissibilidade dos pedidos de resolução de conflitos, por meio de composição, no caso de controvérsia entre particular e pessoa jurídica de direito público;

III – promover, quando couber, a celebração de termo de ajustamento de conduta.

§ 1.º O modo de composição e funcionamento das câmaras de que trata o *caput* será estabelecido em regulamento de cada ente federado.

§ 2.º A submissão do conflito às câmaras de que trata o *caput* é facultativa e será cabível apenas nos casos previstos no regulamento do respectivo ente federado.

§ 3.º Se houver consenso entre as partes, o acordo será reduzido a termo e constituirá título executivo extrajudicial.

§ 4.º Não se incluem na competência dos órgãos mencionados no *caput* deste artigo as controvérsias que somente possam ser resolvidas por atos ou concessão de direitos sujeitos a autorização do Poder Legislativo.

§ 5.º Compreendem-se na competência das câmaras de que trata o *caput* a prevenção e a resolução de conflitos que envolvam equilíbrio econômico-financeiro de contratos celebrados pela administração com particulares.

Art. 33. Enquanto não forem criadas as câmaras de mediação, os conflitos poderão ser dirimidos nos termos do procedimento de mediação previsto na Subseção I da Seção III do Capítulo I desta Lei.

Parágrafo único. A Advocacia Pública da União, dos Estados, do Distrito Federal e dos Municípios, onde houver, poderá instaurar, de ofício ou mediante provocação, procedimento de mediação coletiva de conflitos relacionados à prestação de serviços públicos.

Art. 34. A instauração de procedimento administrativo para a resolução consensual de conflito no âmbito da administração pública suspende a prescrição.

§ 1.º Considera-se instaurado o procedimento quando o órgão ou entidade pública emitir juízo de admissibilidade, retroagindo a suspensão da prescrição à data de formalização do pedido de resolução consensual do conflito.

§ 2.º Em se tratando de matéria tributária, a suspensão da prescrição deverá observar o disposto na Lei n. 5.172, de 25 de outubro de 1966 – Código Tributário Nacional.

Seção II
Dos Conflitos Envolvendo a Administração Pública Federal Direta, suas Autarquias e Fundações

Art. 35. As controvérsias jurídicas que envolvam a administração pública federal direta, suas autarquias e fundações poderão ser objeto de transação por adesão, com fundamento em:

I – autorização do Advogado-Geral da União, com base na jurisprudência pacífica do Supremo Tribunal Federal ou de tribunais superiores; ou

II – parecer do Advogado-Geral da União, aprovado pelo Presidente da República.

§ 1.º Os requisitos e as condições da transação por adesão serão definidos em resolução administrativa própria.

§ 2.º Ao fazer o pedido de adesão, o interessado deverá juntar prova de atendimento aos requisitos e às condições estabelecidos na resolução administrativa.

§ 3.º A resolução administrativa terá efeitos gerais e será aplicada aos casos idênticos, tempestivamente habilitados mediante pedido de adesão, ainda que solucione apenas parte da controvérsia.

§ 4.º A adesão implicará renúncia do interessado ao direito sobre o qual se fundamenta a ação ou o recurso, eventualmente pendentes, de natureza administrativa ou judicial, no que tange aos pontos compreendidos pelo objeto da resolução administrativa.

§ 5.º Se o interessado for parte em processo judicial inaugurado por ação coletiva, a renúncia ao direito sobre o qual se fundamenta a ação deverá ser expressa, mediante petição dirigida ao juiz da causa.

§ 6.º A formalização de resolução administrativa destinada à transação por adesão não implica a renúncia tácita à prescrição nem sua interrupção ou suspensão.

Art. 36. No caso de conflitos que envolvam controvérsia jurídica entre órgãos ou entidades de direito público que integram a administração pública federal, a Advocacia-Geral da União deverá realizar composição extrajudicial do conflito, observados os procedimentos previstos em ato do Advogado-Geral da União.

§ 1.º Na hipótese do *caput*, se não houver acordo quanto à controvérsia jurídica, caberá ao Advogado-Geral da União dirimi-la, com fundamento na legislação afeta.

§ 2.º Nos casos em que a resolução da controvérsia implicar o reconhecimento da existência de créditos da União, de suas autarquias e fundações em face de pessoas jurídicas de direito público federais, a Advocacia-Geral da União poderá solicitar ao Ministério do Planejamento, Orçamento e Gestão a adequação orçamentária para quitação das dívidas reconhecidas como legítimas.

§ 3.º A composição extrajudicial do conflito não afasta a apuração de responsabilidade do agente público que deu causa à dívida, sempre que se verificar que sua ação ou omissão constitui, em tese, infração disciplinar.

§ 4.º Nas hipóteses em que a matéria objeto do litígio esteja sendo discutida em ação de improbidade administrativa ou sobre ela haja decisão do Tribunal de Contas da União, a conciliação de que trata o *caput* dependerá da anuência expressa do juiz da causa ou do Ministro Relator.

Art. 37. É facultado aos Estados, ao Distrito Federal e aos Municípios, suas autarquias e fundações públicas, bem como às empresas públicas e sociedades de economia mista federais, submeter seus litígios com órgãos ou entidades da administração pública federal à Advocacia-Geral da União, para fins de composição extrajudicial do conflito.

Art. 38. Nos casos em que a controvérsia jurídica seja relativa a tributos administrados pela Secretaria da Receita Federal do Brasil ou a créditos inscritos em dívida ativa da União:

I – não se aplicam as disposições dos incisos II e III do *caput* do art. 32;

II – as empresas públicas, sociedades de economia mista e suas subsidiárias que explorem atividade econômica de produção ou comercialização de bens ou de prestação de serviços em regime de concorrência não poderão exercer a faculdade prevista no art. 37;

III – quando forem partes as pessoas a que alude o *caput* do art. 36:

a) a submissão do conflito à composição extrajudicial pela Advocacia-Geral da União implica renúncia do direito de recorrer ao Conselho Administrativo de Recursos Fiscais;

b) a redução ou o cancelamento do crédito dependerá de manifestação conjunta do Advogado-Geral da União e do Ministro de Estado da Fazenda.

Parágrafo único. O disposto neste artigo não afasta a competência do Advogado-Geral da União prevista nos incisos VI, X e XI do art. 4.º da Lei Complementar n. 73, de 10 de fevereiro de 1993, e na Lei n. 9.469, de 10 de julho de 1997.

>> Parágrafo único com redação determinada pela Lei n. 13.327, de 29-7-2016.

Art. 39. A propositura de ação judicial em que figurem concomitantemente nos polos ativo e passivo órgãos ou entidades de direito público que integrem a administração pública federal deverá ser previamente autorizada pelo Advogado-Geral da União.

Art. 40. Os servidores e empregados públicos que participarem do processo de composição extrajudicial do conflito, somente poderão ser responsabilizados civil, administrativa ou criminalmente quando, mediante dolo ou fraude, receberem qualquer vantagem patrimonial indevida, permitirem ou facilitarem sua recepção por terceiro, ou para tal concorrerem.

Capítulo III
DISPOSIÇÕES FINAIS

Art. 41. A Escola Nacional de Mediação e Conciliação, no âmbito do Ministério da Justiça, poderá criar banco de dados sobre boas práticas em mediação, bem como manter relação de mediadores e de instituições de mediação.

Art. 42. Aplica-se esta Lei, no que couber, às outras formas consensuais de resolução de conflitos, tais como mediações comunitárias e escolares, e àquelas levadas a efeito nas serventias extrajudiciais, desde que no âmbito de suas competências.

Parágrafo único. A mediação nas relações de trabalho será regulada por lei própria.

Art. 43. Os órgãos e entidades da administração pública poderão criar câmaras para a resolução de conflitos entre particulares, que versem sobre atividades por eles reguladas ou supervisionadas.

Art. 44. Os arts. 1.º e 2.º da Lei n. 9.469, de 10 de julho de 1997, passam a vigorar com a seguinte redação:

>> Alteração já processada no diploma modificado.

Art. 45. O Decreto n. 70.235, de 6 de março de 1972, passa a vigorar acrescido do seguinte art. 14-A:

>> Alteração já processada no diploma modificado.

Art. 46. A mediação poderá ser feita pela internet ou por outro meio de comunicação que permita a transação à distância, desde que as partes estejam de acordo.

Parágrafo único. É facultado à parte domiciliada no exterior submeter-se à mediação segundo as regras estabelecidas nesta Lei.

Art. 47. Esta Lei entra em vigor após decorridos cento e oitenta dias de sua publicação oficial.

Art. 48. Revoga-se o § 2.º do art. 6.º da Lei n. 9.469, de 10 de julho de 1997.

>> Alteração já processada no diploma modificado.

Brasília, 26 de junho de 2015; 194.º da Independência e 127.º da República.

DILMA ROUSSEFF

LEI N. 13.146, DE 6 DE JULHO DE 2015 (*)

Institui a Lei Brasileira de Inclusão da Pessoa com Deficiência (Estatuto da Pessoa com Deficiência).

A Presidenta da República

Faço saber que o Congresso Nacional decreta e eu sanciono a seguinte Lei:

(*) Publicada no *Diário Oficial da União* de 7-7-2015. A Lei n. 7.853, de 24-10-1989, regulamentada pelo Decreto n. 3.298, de 20-12-1999, dispõe sobre apoio às pessoas portadoras de deficiência.

LIVRO I
PARTE GERAL

TÍTULO I
DISPOSIÇÕES PRELIMINARES

CAPÍTULO I
DISPOSIÇÕES GERAIS

Art. 1.º É instituída a Lei Brasileira de Inclusão da Pessoa com Deficiência (Estatuto da Pessoa com Deficiência), destinada a assegurar e a promover, em condições de igualdade, o exercício dos direitos e das liberdades fundamentais por pessoa com deficiência, visando à sua inclusão social e cidadania.

>> *Vide* arts. 5.º, 6.º, 7.º, XXXI, 23, II, 24, XIV, 37, VIII, 40, § 4.º, I, 201, § 1.º, 203, IV e V, 208, III, 227, § 1.º, II, e § 2.º, e 244 da CF.

Parágrafo único. Esta Lei tem como base a Convenção sobre os Direitos das Pessoas com Deficiência e seu Protocolo Facultativo, ratificados pelo Congresso Nacional por meio do Decreto Legislativo n. 186, de 9 de julho de 2008, em conformidade com o procedimento previsto no § 3.º do art. 5.º da Constituição da República Federativa do Brasil, em vigor para o Brasil, no plano jurídico externo, desde 31 de agosto de 2008, e promulgados pelo Decreto n. 6.949, de 25 de agosto de 2009, data de início de sua vigência no plano interno.

Art. 2.º Considera-se pessoa com deficiência aquela que tem impedimento de longo prazo de natureza física, mental, intelectual ou sensorial, o qual, em interação com uma ou mais barreiras, pode obstruir sua participação plena e efetiva na sociedade em igualdade de condições com as demais pessoas.

>> *Vide* art. 124 desta Lei.

§ 1.º A avaliação da deficiência, quando necessária, será biopsicossocial, realizada por equipe multiprofissional e interdisciplinar e considerará:

I – os impedimentos nas funções e nas estruturas do corpo;

II – os fatores socioambientais, psicológicos e pessoais;

III – a limitação no desempenho de atividades; e

IV – a restrição de participação.

§ 2.º O Poder Executivo criará instrumentos para avaliação da deficiência.

Art. 3.º Para fins de aplicação desta Lei, consideram-se:

I – acessibilidade: possibilidade e condição de alcance para utilização, com segurança e autonomia, de espaços, mobiliários, equipamentos urbanos, edificações, transportes, informação e comunicação, inclusive seus sistemas e tecnologias, bem como de outros serviços e instalações abertos ao público, de uso público ou privados de uso coletivo, tanto na zona urbana como na rural, por pessoa com deficiência ou com mobilidade reduzida;

II – desenho universal: concepção de produtos, ambientes, programas e serviços a serem usados por todas as pessoas, sem necessidade de adaptação ou de projeto específico, incluindo os recursos de tecnologia assistiva;

III – tecnologia assistiva ou ajuda técnica: produtos, equipamentos, dispositivos, recursos, metodologias, estratégias, práticas e serviços que objetivem promover a funcionalidade, relacionada à atividade e à participação da pessoa com deficiência ou com mobilidade reduzida, visando à sua autonomia, independência, qualidade de vida e inclusão social;

IV – barreiras: qualquer entrave, obstáculo, atitude ou comportamento que limite ou impeça a participação social da pessoa, bem como o gozo, a fruição e o exercício de seus direitos à acessibilidade, à liberdade de movimento e de expressão, à comunicação, ao acesso à informação, à compreensão, à circulação com segurança, entre outros, classificadas em:

a) barreiras urbanísticas: as existentes nas vias e nos espaços públicos e privados abertos ao público ou de uso coletivo;

b) barreiras arquitetônicas: as existentes nos edifícios públicos e privados;

c) barreiras nos transportes: as existentes nos sistemas e meios de transportes;

d) barreiras nas comunicações e na informação: qualquer entrave, obstáculo, atitude ou comportamento que dificulte ou impossibilite a expressão ou o recebimento de mensagens e de informações por intermédio de sistemas de comunicação e de tecnologia da informação;

e) barreiras atitudinais: atitudes ou comportamentos que impeçam ou prejudiquem a participação social da pessoa com deficiência em igualdade de condições e oportunidades com as demais pessoas;

f) barreiras tecnológicas: as que dificultam ou impedem o acesso da pessoa com deficiência às tecnologias;

V – comunicação: forma de interação dos cidadãos que abrange, entre outras opções, as línguas, inclusive a Língua Brasileira de Sinais (Libras), a visualização de textos, o Braille, o sistema de sinalização ou de comunicação tátil, os caracteres ampliados, os dispositivos multimídia, assim como a linguagem simples, escrita e oral, os sistemas auditivos e os meios de voz digitalizados e os modos, meios e formatos aumentativos e alternativos de comunicação, incluindo as tecnologias da informação e das comunicações;

VI – adaptações razoáveis: adaptações, modificações e ajustes necessários e adequados que não acarretem ônus desproporcional e indevido, quando requeridos em cada caso, a fim de assegurar que a pessoa com deficiência possa gozar ou exercer, em igualdade de condições e oportunidades com as demais pessoas, todos os direitos e liberdades fundamentais;

VII – elemento de urbanização: quaisquer componentes de obras de urbanização, tais como os referentes a pavimentação, saneamento, encanamento para esgotos, distribuição de energia elétrica e de gás, iluminação pública, serviços de comunicação, abastecimento e distribuição de água, paisagismo e os que materializam as indicações do planejamento urbanístico;

VIII – mobiliário urbano: conjunto de objetos existentes nas vias e nos espaços públicos, superpostos ou adicionados aos elementos de urbanização ou de edificação, de forma que sua modificação ou seu traslado não provoque alterações substanciais nesses elementos, tais como semáforos, postes de sinalização e similares, terminais e pontos de acesso coletivo às telecomunicações, fontes de água, lixeiras, toldos, marquises, bancos, quiosques e quaisquer outros de natureza análoga;

IX – pessoa com mobilidade reduzida: aquela que tenha, por qualquer motivo, dificuldade de movimentação, permanente ou temporária, gerando redução efetiva da mobilidade, da flexibilidade, da coordenação motora ou da percepção, incluindo idoso, gestante, lactante, pessoa com criança de colo e obeso;

X – residências inclusivas: unidades de oferta do Serviço de Acolhimento do Sistema Único de Assistência Social (Suas) localizadas em áreas residenciais da comunidade, com estruturas adequadas, que possam contar com apoio psicossocial para o atendimento das necessidades da pessoa acolhida, destinadas a jovens e adultos com deficiência, em situação de dependência, que não dispõem de condições de autossustentabilidade e com vínculos familiares fragilizados ou rompidos;

XI – moradia para a vida independente da pessoa com deficiência: moradia com estruturas adequadas capazes de proporcionar serviços de apoio coletivos e individualizados que respeitem e ampliem o grau de autonomia de jovens e adultos com deficiência;

XII – atendente pessoal: pessoa, membro ou não da família, que, com ou sem remuneração, assiste ou presta cuidados básicos e essenciais à pessoa com deficiência no exercício de suas atividades diárias, excluídas as técnicas ou os procedimentos identificados com profissões legalmente estabelecidas;

XIII – profissional de apoio escolar: pessoa que exerce atividades de alimentação, higiene e locomoção do estudante com deficiência e atua em todas as atividades escolares nas quais se fizer necessária, em todos os níveis e modalidades de ensino, em instituições públicas e privadas, excluídas as técnicas ou os procedimentos identificados com profissões legalmente estabelecidas;

XIV – acompanhante: aquele que acompanha a pessoa com deficiência, podendo ou não desempenhar as funções de atendente pessoal.

Capítulo II
DA IGUALDADE E DA NÃO DISCRIMINAÇÃO

>> A Lei n. 7.853, de 24-10-1989, dispõe sobre as penalidades aplicadas aos crimes praticados contra os portadores de deficiência.

> *Vide* art. 5.º da CF.

Art. 4.º Toda pessoa com deficiência tem direito à igualdade de oportunidades com as demais pessoas e não sofrerá nenhuma espécie de discriminação.

§ 1.º Considera-se discriminação em razão da deficiência toda forma de distinção, restrição ou exclusão, por ação ou omissão, que tenha o propósito ou o efeito de prejudicar, impedir ou anular o reconhecimento ou o exercício dos direitos e das liberdades fundamentais de pessoa com deficiência, incluindo a recusa de adaptações razoáveis e de fornecimento de tecnologias assistivas.

§ 2.º A pessoa com deficiência não está obrigada à fruição de benefícios decorrentes de ação afirmativa.

Art. 5.º A pessoa com deficiência será protegida de toda forma de negligência, discriminação, exploração, violência, tortura, crueldade, opressão e tratamento desumano ou degradante.

Parágrafo único. Para os fins da proteção mencionada no *caput* deste artigo, são considerados especialmente vulneráveis a criança, o adolescente, a mulher e o idoso, com deficiência.

Art. 6.º A deficiência não afeta a plena capacidade civil da pessoa, inclusive para:

I – casar-se e constituir união estável;

II – exercer direitos sexuais e reprodutivos;

III – exercer o direito de decidir sobre o número de filhos e de ter acesso a informações adequadas sobre reprodução e planejamento familiar;

IV – conservar sua fertilidade, sendo vedada a esterilização compulsória;

V – exercer o direito à família e à convivência familiar e comunitária; e

VI – exercer o direito à guarda, à tutela, à curatela e à adoção, como adotante ou adotando, em igualdade de oportunidades com as demais pessoas.

Art. 7.º É dever de todos comunicar à autoridade competente qualquer forma de ameaça ou de violação aos direitos da pessoa com deficiência.

Parágrafo único. Se, no exercício de suas funções, os juízes e os tribunais tiverem conhecimento de fatos que caracterizem as violações previstas nesta Lei, devem remeter peças ao Ministério Público para as providências cabíveis.

Art. 8.º É dever do Estado, da sociedade e da família assegurar à pessoa com deficiência, com prioridade, a efetivação dos direitos referentes à vida, à saúde, à sexualidade, à paternidade e à maternidade, à alimentação, à habitação, à educação, à profissionalização, ao trabalho, à previdência social, à habilitação e à reabilitação, ao transporte, à acessibilidade, à cultura, ao desporto, ao turismo, ao lazer, à informação, à comunicação, aos avanços científicos e tecnológicos, à dignidade, ao respeito, à liberdade, à convivência familiar e comunitária, entre outros decorrentes da Constituição Federal, da Convenção sobre os Direitos das Pessoas com Deficiência e seu Protocolo Facultativo e das leis e de outras normas que garantam seu bem-estar pessoal, social e econômico.

> *Vide* arts. 5.º a 7.º da CF.

> Seguridade Social e Previdência Social: Leis n. 8.212 e 8.213, de 24-7-1991.

Seção Única
Do Atendimento Prioritário

Art. 9.º A pessoa com deficiência tem direito a receber atendimento prioritário, sobretudo com a finalidade de:

I – proteção e socorro em quaisquer circunstâncias;

II – atendimento em todas as instituições e serviços de atendimento ao público;

III – disponibilização de recursos, tanto humanos quanto tecnológicos, que garantam atendimento em igualdade de condições com as demais pessoas;

IV – disponibilização de pontos de parada, estações e terminais acessíveis de transporte coletivo de passageiros e garantia de segurança no embarque e no desembarque;

V – acesso a informações e disponibilização de recursos de comunicação acessíveis;

VI – recebimento de restituição de imposto de renda;

> Imposto de Renda: Decreto n. 3.000, de 26-3-1999.

VII – tramitação processual e procedimentos judiciais e administrativos em que for parte ou interessada, em todos os atos e diligências.

§ 1.º Os direitos previstos neste artigo são extensivos ao acompanhante da pessoa com deficiência ou ao seu atendente pessoal, exceto quanto ao disposto nos incisos VI e VII deste artigo.

§ 2.º Nos serviços de emergência públicos e privados, a prioridade conferida por esta

Lei é condicionada aos protocolos de atendimento médico.

Título II
DOS DIREITOS FUNDAMENTAIS

> *Vide* arts. 5.º a 7.º da CF.

Capítulo I
DO DIREITO À VIDA

Art. 10. Compete ao poder público garantir a dignidade da pessoa com deficiência ao longo de toda a vida.

Parágrafo único. Em situações de risco, emergência ou estado de calamidade pública, a pessoa com deficiência será considerada vulnerável, devendo o poder público adotar medidas para sua proteção e segurança.

Art. 11. A pessoa com deficiência não poderá ser obrigada a se submeter a intervenção clínica ou cirúrgica, a tratamento ou a institucionalização forçada.

Parágrafo único. O consentimento da pessoa com deficiência em situação de curatela poderá ser suprido, na forma da lei.

Art. 12. O consentimento prévio, livre e esclarecido da pessoa com deficiência é indispensável para a realização de tratamento, procedimento, hospitalização e pesquisa científica.

§ 1.º Em caso de pessoa com deficiência em situação de curatela, deve ser assegurada sua participação, no maior grau possível, para a obtenção de consentimento.

§ 2.º A pesquisa científica envolvendo pessoa com deficiência em situação de tutela ou de curatela deve ser realizada, em caráter excepcional, apenas quando houver indícios de benefício direto para sua saúde ou para a saúde de outras pessoas com deficiência e desde que não haja outra opção de pesquisa de eficácia comparável com participantes não tutelados ou curatelados.

Art. 13. A pessoa com deficiência somente será atendida sem seu consentimento prévio, livre e esclarecido em casos de risco de morte e de emergência em saúde, resguardado seu superior interesse e adotadas as salvaguardas legais cabíveis.

Capítulo II
DO DIREITO À HABILITAÇÃO E À REABILITAÇÃO

> O Decreto n. 8.725, de 27-4-2016, institui a Rede Intersetorial de Reabilitação Integral e dá outras providências.

Art. 14. O processo de habilitação e de reabilitação é um direito da pessoa com deficiência.

Parágrafo único. O processo de habilitação e de reabilitação tem por objetivo o desenvolvimento de potencialidades, talentos, habilidades e aptidões físicas, cognitivas, sensoriais, psicossociais, atitudinais, profissionais e artísticas que contribuam para a conquista da autonomia da pessoa com deficiência e de sua participação social em igualdade de condições e oportunidades com as demais pessoas.

> A Lei n. 10.216, de 6-4-2001, dispõe sobre a proteção e os direitos das pessoas portadoras de transtornos mentais e redireciona o modelo assistencial em saúde mental.

Art. 15. O processo mencionado no art. 14 desta Lei baseia-se em avaliação multidisciplinar das necessidades, habilidades e potencialidades de cada pessoa, observadas as seguintes diretrizes:

I – diagnóstico e intervenção precoces;

II – adoção de medidas para compensar perda ou limitação funcional, buscando o desenvolvimento de aptidões;

III – atuação permanente, integrada e articulada de políticas públicas que possibilitem a plena participação social da pessoa com deficiência;

IV – oferta de rede de serviços articulados, com atuação intersetorial, nos diferentes níveis de complexidade, para atender às necessidades específicas da pessoa com deficiência;

V – prestação de serviços próximo ao domicílio da pessoa com deficiência, inclusive na zona rural, respeitadas a organização das Redes de Atenção à Saúde (RAS) nos territórios locais e as normas do Sistema Único de Saúde (SUS).

Art. 16. Nos programas e serviços de habilitação e de reabilitação para a pessoa com deficiência, são garantidos:

I – organização, serviços, métodos, técnicas e recursos para atender às características de cada pessoa com deficiência;

II – acessibilidade em todos os ambientes e serviços;

III – tecnologia assistiva, tecnologia de reabilitação, materiais e equipamentos adequados e apoio técnico profissional, de acordo com as especificidades de cada pessoa com deficiência;

IV – capacitação continuada de todos os profissionais que participem dos programas e serviços.

Art. 17. Os serviços do SUS e do Suas deverão promover ações articuladas para garantir à pessoa com deficiência e sua família a aquisição de informações, orientações e formas de acesso às políticas públicas disponíveis, com a finalidade de propiciar sua plena participação social.

Parágrafo único. Os serviços de que trata o *caput* deste artigo podem fornecer informações e orientações nas áreas de saúde, de educação, de cultura, de esporte, de lazer, de transporte, de previdência social, de assistência social, de habitação, de trabalho, de empreendedorismo, de acesso ao crédito, de promoção, proteção e defesa de direitos e nas demais áreas que possibilitem à pessoa com deficiência exercer sua cidadania.

Capítulo III
DO DIREITO À SAÚDE

> *Vide* art. 6.º da CF.

> A Lei n. 10.216, de 6-4-2001, dispõe sobre a proteção e os direitos das pessoas portadoras de transtornos mentais e redireciona o modelo assistencial em saúde mental.

Art. 18. É assegurada atenção integral à saúde da pessoa com deficiência em todos os níveis de complexidade, por intermédio do SUS, garantido acesso universal e igualitário.

§ 1.º É assegurada a participação da pessoa com deficiência na elaboração das políticas de saúde a ela destinadas.

§ 2.º É assegurado atendimento segundo normas éticas e técnicas, que regulamentarão a atuação dos profissionais de saúde e contemplarão aspectos relacionados aos direitos e às especificidades da pessoa com deficiência, incluindo temas como sua dignidade e autonomia.

§ 3.º Aos profissionais que prestam assistência à pessoa com deficiência, especialmente em serviços de habilitação e de reabilitação, deve ser garantida capacitação inicial e continuada.

§ 4.º As ações e os serviços de saúde pública destinados à pessoa com deficiência devem assegurar:

I – diagnóstico e intervenção precoces, realizados por equipe multidisciplinar;

II – serviços de habilitação e de reabilitação sempre que necessários, para qualquer tipo de deficiência, inclusive para a manutenção da melhor condição de saúde e qualidade de vida;

III – atendimento domiciliar multidisciplinar, tratamento ambulatorial e internação;

IV – campanhas de vacinação;

V – atendimento psicológico, inclusive para seus familiares e atendentes pessoais;

VI – respeito à especificidade, à identidade de gênero e à orientação sexual da pessoa com deficiência;

VII – atenção sexual e reprodutiva, incluindo o direito à fertilização assistida;

VIII – informação adequada e acessível à pessoa com deficiência e a seus familiares sobre sua condição de saúde;

IX – serviços projetados para prevenir a ocorrência e o desenvolvimento de deficiências e agravos adicionais;

X – promoção de estratégias de capacitação permanente das equipes que atuam no SUS, em todos os níveis de atenção, no atendimento à pessoa com deficiência, bem como orientação a seus atendentes pessoais;

XI – oferta de órteses, próteses, meios auxiliares de locomoção, medicamentos, insumos e fórmulas nutricionais, conforme as normas vigentes do Ministério da Saúde.

§ 5.º As diretrizes deste artigo aplicam-se também às instituições privadas que participem de forma complementar do SUS ou que recebam recursos públicos para sua manutenção.

Art. 19. Compete ao SUS desenvolver ações destinadas à prevenção de deficiências por causas evitáveis, inclusive por meio de:

I – acompanhamento da gravidez, do parto e do puerpério, com garantia de parto humanizado e seguro;

II – promoção de práticas alimentares adequadas e saudáveis, vigilância alimentar e nutricional, prevenção e cuidado integral dos agravos relacionados à alimentação e nutrição da mulher e da criança;

III – aprimoramento e expansão dos programas de imunização e de triagem neonatal;

IV – identificação e controle da gestante de alto risco.

Art. 20. As operadoras de planos e seguros privados de saúde são obrigadas a garantir à pessoa com deficiência, no mínimo, todos os serviços e produtos ofertados aos demais clientes.

> Planos e seguros privados de assistência à saúde: Lei n. 9.656, de 3-6-1998.

Art. 21. Quando esgotados os meios de atenção à saúde da pessoa com deficiência no local de residência, será prestado atendimento fora de domicílio, para fins de diagnóstico e de tratamento, garantidos o transporte e a acomodação da pessoa com deficiência e de seu acompanhante.

Art. 22. À pessoa com deficiência internada ou em observação é assegurado o direito a acompanhante ou a atendente pessoal, devendo o órgão ou a instituição de saúde proporcionar condições adequadas para sua permanência em tempo integral.

§ 1.º Na impossibilidade de permanência do acompanhante ou do atendente pessoal junto à pessoa com deficiência, cabe ao profissional de saúde responsável pelo tratamento justificá-la por escrito.

§ 2.º Na ocorrência da impossibilidade prevista no § 1.º deste artigo, o órgão ou a instituição de saúde deve adotar as providências cabíveis para suprir a ausência do acompanhante ou do atendente pessoal.

Art. 23. São vedadas todas as formas de discriminação contra a pessoa com deficiência, inclusive por meio de cobrança de valores diferenciados por planos e seguros privados de saúde, em razão de sua condição.

Art. 24. É assegurado à pessoa com deficiência o acesso aos serviços de saúde, tanto públicos como privados, e às informações prestadas e recebidas, por meio de recursos de tecnologia assistiva e de todas as formas de comunicação previstas no inciso V do art. 3.º desta Lei.

Art. 25. Os espaços dos serviços de saúde, tanto públicos quanto privados, devem assegurar o acesso da pessoa com deficiência, em conformidade com a legislação em vigor, mediante a remoção de barreiras, por meio de projetos arquitetônico, de ambientação de interior e de comunicação que atendam às especificidades das pessoas com deficiência física, sensorial, intelectual e mental.

Art. 26. Os casos de suspeita ou de confirmação de violência praticada contra a pessoa com deficiência serão objeto de notificação compulsória pelos serviços de saúde públicos e privados à autoridade policial e ao Ministério Público, além dos Conselhos dos Direitos da Pessoa com Deficiência.

Parágrafo único. Para os efeitos desta Lei, considera-se violência contra a pessoa com deficiência qualquer ação ou omissão, praticada em local público ou privado, que lhe cause morte ou dano ou sofrimento físico ou psicológico.

Capítulo IV
DO DIREITO À EDUCAÇÃO

> *Vide* art. 6.º da CF.

> Os arts. 58 a 60 da Lei n. 9.394, de 20-12-1996, que estabelece as diretrizes e bases da educação nacional (LDB), dispõem sobre a educação escolar para educandos portadores de necessidades especiais.

Art. 27. A educação constitui direito da pessoa com deficiência, assegurados sistema educacional inclusivo em todos os níveis e aprendizado ao longo de toda a vida, de forma a alcançar o máximo desenvolvimento possível de seus talentos e habilidades físicas, sensoriais, intelectuais e sociais, segundo suas características, interesses e necessidades de aprendizagem.

Parágrafo único. É dever do Estado, da família, da comunidade escolar e da sociedade assegurar educação de qualidade à pessoa com deficiência, colocando-a a salvo de toda forma de violência, negligência e discriminação.

Art. 28. Incumbe ao poder público assegurar, criar, desenvolver, implementar, incentivar, acompanhar e avaliar:

I – sistema educacional inclusivo em todos os níveis e modalidades, bem como o aprendizado ao longo de toda a vida;

II – aprimoramento dos sistemas educacionais, visando a garantir condições de acesso, permanência, participação e aprendizagem, por meio da oferta de serviços e de recursos de acessibilidade que eliminem as barreiras e promovam a inclusão plena;

III – projeto pedagógico que institucionalize o atendimento educacional especializado, assim como os demais serviços e adaptações razoáveis, para atender às características dos estudantes com deficiência e garantir o seu pleno acesso ao currículo em condições de igualdade, promovendo a conquista e o exercício de sua autonomia;

IV – oferta de educação bilíngue, em Libras como primeira língua e na modalidade escrita da língua portuguesa como segunda língua, em escolas e classes bilíngues e em escolas inclusivas;

V – adoção de medidas individualizadas e coletivas em ambientes que maximizem o desenvolvimento acadêmico e social dos estudantes com deficiência, favorecendo o acesso, a permanência, a participação e a aprendizagem em instituições de ensino;

VI – pesquisas voltadas para o desenvolvimento de novos métodos e técnicas pedagógicas, de materiais didáticos, de equipamentos e de recursos de tecnologia assistiva;

VII – planejamento de estudo de caso, de elaboração de plano de atendimento educacional especializado, de organização de recursos e serviços de acessibilidade e de disponibilização e usabilidade pedagógica de recursos de tecnologia assistiva;

VIII – participação dos estudantes com deficiência e de suas famílias nas diversas instâncias de atuação da comunidade escolar;

IX – adoção de medidas de apoio que favoreçam o desenvolvimento dos aspectos linguísticos, culturais, vocacionais e profissionais, levando-se em conta o talento, a criatividade, as habilidades e os interesses do estudante com deficiência;

X – adoção de práticas pedagógicas inclusivas pelos programas de formação inicial e continuada de professores e oferta de formação continuada para o atendimento educacional especializado;

XI – formação e disponibilização de professores para o atendimento educacional especializado, de tradutores e intérpretes da Libras, de guias intérpretes e de profissionais de apoio;

XII – oferta de ensino da Libras, do Sistema Braille e de uso de recursos de tecnologia assistiva, de forma a ampliar habilidades funcionais dos estudantes, promovendo sua autonomia e participação;

XIII – acesso à educação superior e à educação profissional e tecnológica em igualdade de oportunidades e condições com as demais pessoas;

XIV – inclusão em conteúdos curriculares, em cursos de nível superior e de educação profissional técnica e tecnológica, de temas relacionados à pessoa com deficiência nos respectivos campos de conhecimento;

XV – acesso da pessoa com deficiência, em igualdade de condições, a jogos e a atividades recreativas, esportivas e de lazer, no sistema escolar;

XVI – acessibilidade para todos os estudantes, trabalhadores da educação e demais integrantes da comunidade escolar às edificações, aos ambientes e às atividades concernentes a todas as modalidades, etapas e níveis de ensino;

XVII – oferta de profissionais de apoio escolar;

XVIII – articulação intersetorial na implementação de políticas públicas.

§ 1.º Às instituições privadas, de qualquer nível e modalidade de ensino, aplica-se obrigatoriamente o disposto nos incisos I, II, III, V, VII, VIII, IX, X, XI, XII, XIII, XIV, XV, XVI, XVII e XVIII do *caput* deste artigo, sendo vedada a cobrança de valores adicionais de qualquer natureza em suas mensalidades, anuidades e matrículas no cumprimento dessas determinações.

§ 2.º Na disponibilização de tradutores e intérpretes da Libras a que se refere o inciso XI do *caput* deste artigo, deve-se observar o seguinte:

I – os tradutores e intérpretes da Libras atuantes na educação básica devem, no mínimo, possuir ensino médio completo e certificado de proficiência na Libras;

>> *Vide* art. 124 desta Lei.

II – os tradutores e intérpretes da Libras, quando direcionados à tarefa de interpretar nas salas de aula dos cursos de graduação e pós-graduação, devem possuir nível superior, com habilitação, prioritariamente, em Tradução e Interpretação em Libras.

>> *Vide* art. 124 desta Lei.

Art. 29. (*Vetado.*)

Art. 30. Nos processos seletivos para ingresso e permanência nos cursos oferecidos pelas instituições de ensino superior e de educação profissional e tecnológica, públicas e privadas, devem ser adotadas as seguintes medidas:

I – atendimento preferencial à pessoa com deficiência nas dependências das Instituições de Ensino Superior (IES) e nos serviços;

II – disponibilização de formulário de inscrição de exames com campos específicos para que o candidato com deficiência informe os recursos de acessibilidade e de tecnologia assistiva necessários para sua participação;

III – disponibilização de provas em formatos acessíveis para atendimento às necessidades específicas do candidato com deficiência;

IV – disponibilização de recursos de acessibilidade e de tecnologia assistiva adequados, previamente solicitados e escolhidos pelo candidato com deficiência;

V – dilação de tempo, conforme demanda apresentada pelo candidato com deficiência, tanto na realização de exame para seleção quanto nas atividades acadêmicas, mediante prévia solicitação e comprovação da necessidade;

VI – adoção de critérios de avaliação das provas escritas, discursivas ou de redação que considerem a singularidade linguística da pessoa com deficiência, no domínio da modalidade escrita da língua portuguesa;

VII – tradução completa do edital e de suas retificações em Libras.

Capítulo V
DO DIREITO À MORADIA

Art. 31. A pessoa com deficiência tem direito à moradia digna, no seio da família natural ou substituta, com seu cônjuge ou companheiro ou desacompanhada, ou em moradia para a vida independente da pessoa com deficiência, ou, ainda, em residência inclusiva.

§ 1.º O poder público adotará programas e ações estratégicas para apoiar a criação e a manutenção de moradia para a vida independente da pessoa com deficiência.

§ 2.º A proteção integral na modalidade de residência inclusiva será prestada no âmbito do Suas à pessoa com deficiência em situação de dependência que não disponha de condições de autossustentabilidade, com vínculos familiares fragilizados ou rompidos.

Art. 32. Nos programas habitacionais, públicos ou subsidiados com recursos públicos, a pessoa com deficiência ou o seu responsável goza de prioridade na aquisição de imóvel para moradia própria, observado o seguinte:

I – reserva de, no mínimo, 3% (três por cento) das unidades habitacionais para pessoa com deficiência;

II – (*Vetado.*);

III – em caso de edificação multifamiliar, garantia de acessibilidade nas áreas de uso comum e nas unidades habitacionais no piso térreo e de acessibilidade ou de adaptação razoável nos demais pisos;

IV – disponibilização de equipamentos urbanos comunitários acessíveis;

V – elaboração de especificações técnicas no projeto que permitam a instalação de elevadores.

§ 1.º O direito à prioridade, previsto no *caput* deste artigo, será reconhecido à pessoa com deficiência beneficiária apenas uma vez.

§ 2.º Nos programas habitacionais públicos, os critérios de financiamento devem ser compatíveis com os rendimentos da pessoa com deficiência ou de sua família.

§ 3.º Caso não haja pessoa com deficiência interessada nas unidades habitacionais reservadas por força do disposto no inciso I do *caput* deste artigo, as unidades não utilizadas serão disponibilizadas às demais pessoas.

Art. 33. Ao poder público compete:

I – adotar as providências necessárias para o cumprimento do disposto nos arts. 31 e 32 desta Lei; e

II – divulgar, para os agentes interessados e beneficiários, a política habitacional prevista nas legislações federal, estaduais, distrital e municipais, com ênfase nos dispositivos sobre acessibilidade.

Capítulo VI
DO DIREITO AO TRABALHO

> *Vide* art. 7.º da CF.

Seção I
Disposições Gerais

Art. 34. A pessoa com deficiência tem direito ao trabalho de sua livre escolha e aceitação, em ambiente acessível e inclusivo, em igualdade de oportunidades com as demais pessoas.

§ 1.º As pessoas jurídicas de direito público, privado ou de qualquer natureza são obrigadas a garantir ambientes de trabalho acessíveis e inclusivos.

§ 2.º A pessoa com deficiência tem direito, em igualdade de oportunidades com as demais pessoas, a condições justas e favoráveis de trabalho, incluindo igual remuneração por trabalho de igual valor.

§ 3.º É vedada restrição ao trabalho da pessoa com deficiência e qualquer discriminação em razão de sua condição, inclusive nas etapas de recrutamento, seleção, contratação, admissão, exames admissional e periódico, permanência no emprego, ascensão profissional e reabilitação profissional, bem como exigência de aptidão plena.

> *Vide* art. 7.º, XXXI, da CF.

§ 4.º A pessoa com deficiência tem direito à participação e ao acesso a cursos, treinamentos, educação continuada, planos de carreira, promoções, bonificações e incentivos profissionais oferecidos pelo empregador, em igualdade de oportunidades com os demais empregados.

§ 5.º É garantida aos trabalhadores com deficiência acessibilidade em cursos de formação e de capacitação.

Art. 35. É finalidade primordial das políticas públicas de trabalho e emprego promover e garantir condições de acesso e de permanência da pessoa com deficiência no campo de trabalho.

Parágrafo único. Os programas de estímulo ao empreendedorismo e ao trabalho autônomo, incluídos o cooperativismo e o associativismo, devem prever a participação da pessoa com deficiência e a disponibilização de linhas de crédito, quando necessárias.

Seção II
Da Habilitação Profissional e Reabilitação Profissional

Art. 36. O poder público deve implementar serviços e programas completos de habilitação profissional e de reabilitação profissional para que a pessoa com deficiência possa ingressar, continuar ou retornar ao campo do trabalho, respeitados sua livre escolha, sua vocação e seu interesse.

§ 1.º Equipe multidisciplinar indicará, com base em critérios previstos no § 1.º do art. 2.º desta Lei, programa de habilitação ou de reabilitação que possibilite à pessoa com deficiência restaurar sua capacidade e habilidade profissional ou adquirir novas capacidades e habilidades de trabalho.

§ 2.º A habilitação profissional corresponde ao processo destinado a propiciar à pessoa com deficiência aquisição de conhecimentos, habilidades e aptidões para exercício de profissão ou de ocupação, permitindo nível suficiente de desenvolvimento profissional para ingresso no campo de trabalho.

§ 3.º Os serviços de habilitação profissional, de reabilitação profissional e de educação profissional devem ser dotados de recursos necessários para atender a toda pessoa com deficiência, independentemente de sua característica específica, a fim de que ela possa ser capacitada para trabalho que lhe seja adequado e ter perspectivas de obtê-lo, de conservá-lo e de nele progredir.

§ 4.º Os serviços de habilitação profissional, de reabilitação profissional e de educação profissional deverão ser oferecidos em ambientes acessíveis e inclusivos.

§ 5.º A habilitação profissional e a reabilitação profissional devem ocorrer articuladas com as redes públicas e privadas, especialmente de saúde, de ensino e de assistência social, em todos os níveis e modalidades, em entidades de formação profissional ou diretamente com o empregador.

§ 6.º A habilitação profissional pode ocorrer em empresas por meio de prévia formalização do contrato de emprego da pessoa com deficiência, que será considerada para o cumprimento da reserva de vagas prevista em lei, desde que por tempo determinado e concomitante com a inclusão profissional na empresa, observado o disposto em regulamento.

§ 7.º A habilitação profissional e a reabilitação profissional atenderão à pessoa com deficiência.

Seção III
Da Inclusão da Pessoa com Deficiência no Trabalho

>> O Decreto n. 9.508, de 24-9-2018, reserva às pessoas com deficiência percentual de cargos e de empregos públicos ofertados em concursos públicos e em processos seletivos no âmbito da administração pública federal direta e indireta.

Art. 37. Constitui modo de inclusão da pessoa com deficiência no trabalho a colocação competitiva, em igualdade de oportunidades com as demais pessoas, nos termos da legislação trabalhista e previdenciária, na qual devem ser atendidas as regras de acessibilidade, o fornecimento de recursos de tecnologia assistiva e a adaptação razoável no ambiente de trabalho.

Parágrafo único. A colocação competitiva da pessoa com deficiência pode ocorrer por meio de trabalho com apoio, observadas as seguintes diretrizes:

I – prioridade no atendimento à pessoa com deficiência com maior dificuldade de inserção no campo de trabalho;

II – provisão de suportes individualizados que atendam a necessidades específicas da pessoa com deficiência, inclusive a disponibilização de recursos de tecnologia assistiva, de agente facilitador e de apoio no ambiente de trabalho;

III – respeito ao perfil vocacional e ao interesse da pessoa com deficiência apoiada;

IV – oferta de aconselhamento e de apoio aos empregadores, com vistas à definição de estratégias de inclusão e de superação de barreiras, inclusive atitudinais;

V – realização de avaliações periódicas;

VI – articulação intersetorial das políticas públicas;

VII – possibilidade de participação de organizações da sociedade civil.

Art. 38. A entidade contratada para a realização de processo seletivo público ou privado para cargo, função ou emprego está obrigada à observância do disposto nesta Lei e em outras normas de acessibilidade vigentes.

Capítulo VII
DO DIREITO À ASSISTÊNCIA SOCIAL

> A Lei n. 8.742, de 7-12-1993, dispõe sobre a organização da Assistência Social e dá outras providências.

Art. 39. Os serviços, os programas, os projetos e os benefícios no âmbito da política pública de assistência social à pessoa com deficiência e sua família têm como objetivo a garantia da segurança de renda, da acolhida, da habilitação e da reabilitação, do desenvolvimento da autonomia e da convivência familiar e comunitária, para a promoção do acesso a direitos e da plena participação social.

> *Vide* arts. 23, II, e 24, XIV, da CF.

§ 1.º A assistência social à pessoa com deficiência, nos termos do *caput* deste artigo, deve envolver conjunto articulado de serviços do âmbito da Proteção Social Básica e da Proteção Social Especial, ofertados pelo Suas, para a garantia de seguranças fundamentais no enfrentamento de situações de vulnerabilidade e de risco, por fragilização de vínculos e ameaça ou violação de direitos.

§ 2.º Os serviços socioassistenciais destinados à pessoa com deficiência em situação de dependência deverão contar com cuidadores sociais para prestar-lhe cuidados básicos e instrumentais.

Art. 40. É assegurado à pessoa com deficiência que não possua meios para prover sua subsistência nem de tê-la provida por sua família o benefício mensal de 1 (um) salário mínimo, nos termos da Lei n. 8.742, de 7 de dezembro de 1993.

Capítulo VIII
DO DIREITO À PREVIDÊNCIA SOCIAL

Art. 41. A pessoa com deficiência segurada do Regime Geral de Previdência Social (RGPS) tem direito à aposentadoria nos termos da Lei Complementar n. 142, de 8 de maio de 2013.

Capítulo IX
DO DIREITO À CULTURA, AO ESPORTE, AO TURISMO E AO LAZER

Art. 42. A pessoa com deficiência tem direito à cultura, ao esporte, ao turismo e ao lazer em igualdade de oportunidades com as demais pessoas, sendo-lhe garantido o acesso:

I – a bens culturais em formato acessível;

II – a programas de televisão, cinema, teatro e outras atividades culturais e desportivas em formato acessível; e

III – a monumentos e locais de importância cultural e a espaços que ofereçam serviços ou eventos culturais e esportivos.

§ 1.º É vedada a recusa de oferta de obra intelectual em formato acessível à pessoa com deficiência, sob qualquer argumento, inclusive sob a alegação de proteção dos direitos de propriedade intelectual.

§ 2.º O poder público deve adotar soluções destinadas à eliminação, à redução ou à superação de barreiras para a promoção do acesso a todo patrimônio cultural, observadas as normas de acessibilidade, ambientais e de proteção do patrimônio histórico e artístico nacional.

Art. 43. O poder público deve promover a participação da pessoa com deficiência em atividades artísticas, intelectuais, culturais, esportivas e recreativas, com vistas ao seu protagonismo, devendo:

I – incentivar a provisão de instrução, de treinamento e de recursos adequados, em igualdade de oportunidades com as demais pessoas;

II – assegurar acessibilidade nos locais de eventos e nos serviços prestados por pessoa ou entidade envolvida na organização das atividades de que trata este artigo; e

III – assegurar a participação da pessoa com deficiência em jogos e atividades recreativas, esportivas, de lazer, culturais e artísticas, inclusive no sistema escolar, em igualdade de condições com as demais pessoas.

Art. 44. Nos teatros, cinemas, auditórios, estádios, ginásios de esporte, locais de espetáculos e de conferências e similares, serão reservados espaços livres e assentos para a pessoa com deficiência, de acordo com a capacidade de lotação da edificação, observado o disposto em regulamento.

§ 1.º Os espaços e assentos a que se refere este artigo devem ser distribuídos pelo recinto em locais diversos, de boa visibilidade, em todos os setores, próximos aos corredores, devidamente sinalizados, evitando-se áreas segregadas de público e obstrução das saídas, em conformidade com as normas de acessibilidade.

§ 2.º No caso de não haver comprovada procura pelos assentos reservados, esses podem, excepcionalmente, ser ocupados por pessoas sem deficiência ou que não tenham mobilidade reduzida, observado o disposto em regulamento.

§ 3.º Os espaços e assentos a que se refere este artigo devem situar-se em locais que garantam a acomodação de, no mínimo, 1 (um) acompanhante da pessoa com deficiência ou com mobilidade reduzida, resguardado o direito de se acomodar proximamente a grupo familiar e comunitário.

§ 4.º Nos locais referidos no *caput* deste artigo, deve haver, obrigatoriamente, rotas de fuga e saídas de emergência acessíveis, conforme padrões das normas de acessibilidade, a fim de permitir a saída segura da pessoa com deficiência ou com mobilidade reduzida, em caso de emergência.

§ 5.º Todos os espaços das edificações previstas no *caput* deste artigo devem atender às normas de acessibilidade em vigor.

§ 6.º As salas de cinema devem oferecer, em todas as sessões, recursos de acessibilidade para a pessoa com deficiência.

>> *Vide* art. 124 desta Lei.

§ 7.º O valor do ingresso da pessoa com deficiência não poderá ser superior ao valor cobrado das demais pessoas.

Art. 45. Os hotéis, pousadas e similares devem ser construídos observando-se os princípios do desenho universal, além de adotar todos os meios de acessibilidade, conforme legislação em vigor.

>> Artigo regulamentado pelo Decreto n. 9.296, de 1.º-3-2018.

>> *Vide* art. 124 desta Lei.

§ 1.º Os estabelecimentos já existentes deverão disponibilizar, pelo menos, 10% (dez por cento) de seus dormitórios acessíveis, garantida, no mínimo, 1 (uma) unidade acessível.

§ 2.º Os dormitórios mencionados no § 1.º deste artigo deverão ser localizados em rotas acessíveis.

CAPÍTULO X
DO DIREITO AO TRANSPORTE E À MOBILIDADE

> Diretrizes da Política Nacional de Mobilidade Urbana: *vide* Lei n. 12.587, de 3-1-2012.

Art. 46. O direito ao transporte e à mobilidade da pessoa com deficiência ou com mobilidade reduzida será assegurado em igualdade de oportunidades com as demais pessoas, por meio de identificação e de eliminação de todos os obstáculos e barreiras ao seu acesso.

> *Vide* art. 24, I e IV, da Lei n. 12.587, de 3-1-2012.

§ 1.º Para fins de acessibilidade aos serviços de transporte coletivo terrestre, aquaviário e aéreo, em todas as jurisdições, consideram-se como integrantes desses serviços os veículos, os terminais, as estações, os pontos de parada, o sistema viário e a prestação do serviço.

§ 2.º São sujeitas ao cumprimento das disposições desta Lei, sempre que houver interação com a matéria nela regulada, a outorga, a concessão, a permissão, a autorização, a renovação ou a habilitação de linhas e de serviços de transporte coletivo.

§ 3.º Para colocação do símbolo internacional de acesso nos veículos, as empresas de transporte coletivo de passageiros dependem da certificação de acessibilidade emitida pelo gestor público responsável pela prestação do serviço.

Art. 47. Em todas as áreas de estacionamento aberto ao público, de uso público ou privado de uso coletivo e em vias públicas, devem ser reservadas vagas próximas aos acessos de circulação de pedestres, devidamente sinalizadas, para veículos que transportem pessoa com deficiência com comprometimento de mobilidade, desde que devidamente identificados.

§ 1.º As vagas a que se refere o *caput* deste artigo devem equivaler a 2% (dois por cento) do total, garantida, no mínimo, 1 (uma) vaga devidamente sinalizada e com as especificações de desenho e traçado de acordo com as normas técnicas vigentes de acessibilidade.

§ 2.º Os veículos estacionados nas vagas reservadas devem exibir, em local de ampla visibilidade, a credencial de beneficiário, a ser confeccionada e fornecida pelos órgãos de trânsito, que disciplinarão suas características e condições de uso.

§ 3.º A utilização indevida das vagas de que trata este artigo sujeita os infratores às sanções previstas no inciso XX do art. 181 da Lei n. 9.503, de 23 de setembro de 1997 (Código de Trânsito Brasileiro).

>> § 3.º com redação determinada pela Lei n. 13.281, de 4-5-2016.

§ 4.º A credencial a que se refere o § 2.º deste artigo é vinculada à pessoa com deficiência que possui comprometimento de mobilidade e é válida em todo o território nacional.

Art. 48. Os veículos de transporte coletivo terrestre, aquaviário e aéreo, as instalações, as estações, os portos e os terminais em operação no País devem ser acessíveis, de forma a garantir o seu uso por todas as pessoas.

§ 1.º Os veículos e as estruturas de que trata o *caput* deste artigo devem dispor de sistema de comunicação acessível que disponibilize informações sobre todos os pontos do itinerário.

§ 2.º São asseguradas à pessoa com deficiência prioridade e segurança nos procedimentos de embarque e de desembarque nos veículos de transporte coletivo, de acordo com as normas técnicas.

§ 3.º Para colocação do símbolo internacional de acesso nos veículos, as empresas de transporte coletivo de passageiros dependem da certificação de acessibilidade emitida pelo gestor público responsável pela prestação do serviço.

Art. 49. As empresas de transporte de fretamento e de turismo, na renovação de suas frotas, são obrigadas ao cumprimento do disposto nos arts. 46 e 48 desta Lei.

>> *Vide* art. 124 desta Lei.

Art. 50. O poder público incentivará a fabricação de veículos acessíveis e a sua utilização como táxis e vans, de forma a garantir o seu uso por todas as pessoas.

Art. 51. As frotas de empresas de táxi devem reservar 10% (dez por cento) de seus veículos acessíveis à pessoa com deficiência.

>> Artigo regulamentado pelo Decreto n. 9.762, de 11-4-2019.

§ 1.º É proibida a cobrança diferenciada de tarifas ou de valores adicionais pelo serviço de táxi prestado à pessoa com deficiência.

§ 2.º O poder público é autorizado a instituir incentivos fiscais com vistas a possibilitar a acessibilidade dos veículos a que se refere o *caput* deste artigo.

Art. 52. As locadoras de veículos são obrigadas a oferecer 1 (um) veículo adaptado para uso de pessoa com deficiência, a cada conjunto de 20 (vinte) veículos de sua frota.

>> Artigo regulamentado pelo Decreto n. 9.762, de 11-4-2019.

Parágrafo único. O veículo adaptado deverá ter, no mínimo, câmbio automático, direção hidráulica, vidros elétricos e comandos manuais de freio e de embreagem.

TÍTULO III
DA ACESSIBILIDADE

CAPÍTULO I
DISPOSIÇÕES GERAIS

Art. 53. A acessibilidade é direito que garante à pessoa com deficiência ou com mobilidade reduzida viver de forma independente e exercer seus direitos de cidadania e de participação social.

> A Lei n. 10.098, de 19-12-2000, estabelece normas gerais e critérios básicos para promoção da acessibilidade das pessoas portadoras de deficiência ou com mobilidade reduzida.

Art. 54. São sujeitas ao cumprimento das disposições desta Lei e de outras normas relativas à acessibilidade, sempre que houver interação com a matéria nela regulada:

I – a aprovação de projeto arquitetônico e urbanístico ou de comunicação e informação, a fabricação de veículos de transporte coletivo, a prestação do respectivo serviço e a execução de qualquer tipo de obra, quando tenham destinação pública ou coletiva;

II – a outorga ou a renovação de concessão, permissão, autorização ou habilitação de qualquer natureza;

III – a aprovação de financiamento de projeto com utilização de recursos públicos, por meio de renúncia ou de incentivo fiscal, contrato, convênio ou instrumento congênere; e

IV – a concessão de aval da União para obtenção de empréstimo e de financiamento internacionais por entes públicos ou privados.

Art. 55. A concepção e a implantação de projetos que tratem do meio físico, de transporte, de informação e comunicação, inclusive de sistemas e tecnologias da informação e comunicação, e de outros serviços, equipamentos e instalações abertos ao público, de uso público ou privado de uso coletivo, tanto na zona urbana como na rural, devem atender aos princípios do desenho universal, tendo como referência as normas de acessibilidade.

§ 1.º O desenho universal será sempre tomado como regra de caráter geral.

§ 2.º Nas hipóteses em que comprovadamente o desenho universal não possa ser empreendido, deve ser adotada adaptação razoável.

§ 3.º Caberá ao poder público promover a inclusão de conteúdos temáticos referentes ao desenho universal nas diretrizes curriculares da educação profissional e tecnológica e do ensino superior e na formação das carreiras de Estado.

§ 4.º Os programas, os projetos e as linhas de pesquisa a serem desenvolvidos com o apoio de organismos públicos de auxílio à pesquisa e de agências de fomento deverão incluir temas voltados para o desenho universal.

§ 5.º Desde a etapa de concepção, as políticas públicas deverão considerar a adoção do desenho universal.

Art. 56. A construção, a reforma, a ampliação ou a mudança de uso de edificações abertas ao público, de uso público ou privadas de uso coletivo deverão ser executadas de modo a serem acessíveis.

§ 1.º As entidades de fiscalização profissional das atividades de Engenharia, de Arquitetura e correlatas, ao anotarem a responsabilidade técnica de projetos, devem exigir a responsabilidade profissional declarada de atendimento às regras de acessibilidade previstas em legislação e em normas técnicas pertinentes.

§ 2.º Para a aprovação, o licenciamento ou a emissão de certificado de projeto executivo arquitetônico, urbanístico e de instalações e equipamentos temporários ou permanentes e para o licenciamento ou a emissão de certificado de conclusão de obra ou de serviço, deve ser atestado o atendimento às regras de acessibilidade.

§ 3.º O poder público, após certificar a acessibilidade de edificação ou de serviço, determinará a colocação, em espaços ou em locais de ampla visibilidade, do símbolo internacional de acesso, na forma prevista em legislação e em normas técnicas correlatas.

Art. 57. As edificações públicas e privadas de uso coletivo já existentes devem garantir acessibilidade à pessoa com deficiência em todas as suas dependências e serviços, tendo como referência as normas de acessibilidade vigentes.

Art. 58. O projeto e a construção de edificação de uso privado multifamiliar devem atender aos preceitos de acessibilidade, na forma regulamentar.

>> **O Decreto n. 9.451, de 26-7-2018, regulamenta este artigo.**

§ 1.º As construtoras e incorporadoras responsáveis pelo projeto e pela construção das edificações a que se refere o *caput* deste artigo devem assegurar percentual mínimo de suas unidades internamente acessíveis, na forma regulamentar.

§ 2.º É vedada a cobrança de valores adicionais para a aquisição de unidades internamente acessíveis a que se refere o § 1.º deste artigo.

Art. 59. Em qualquer intervenção nas vias e nos espaços públicos, o poder público e as empresas concessionárias responsáveis pela execução das obras e dos serviços devem garantir, de forma segura, a fluidez do trânsito e a livre circulação e acessibilidade das pessoas, durante e após sua execução.

Art. 60. Orientam-se, no que couber, pelas regras de acessibilidade previstas em legislação e em normas técnicas, observado o disposto na Lei n. 10.098, de 19 de dezembro de 2000, n. 10.257, de 10 de julho de 2001, e n. 12.587, de 3 de janeiro de 2012:

> **A Lei n. 10.098, de 19-12-2000, estabelece normas gerais e critérios básicos para promoção da acessibilidade das pessoas portadoras de deficiência ou com mobilidade reduzida.**

> **As Leis n. 10.257, de 10-7-2001, e 12.587, de 3-1-2012, constam desta obra.**

I – os planos diretores municipais, os planos diretores de transporte e trânsito, os planos de mobilidade urbana e os planos de preservação de sítios históricos elaborados ou atualizados a partir da publicação desta Lei;

II – os códigos de obras, os códigos de postura, as leis de uso e ocupação do solo e as leis do sistema viário;

III – os estudos prévios de impacto de vizinhança;

IV – as atividades de fiscalização e a imposição de sanções; e

V – a legislação referente à prevenção contra incêndio e pânico.

§ 1.º A concessão e a renovação de alvará de funcionamento para qualquer atividade são condicionadas à observação e à certificação das regras de acessibilidade.

§ 2.º A emissão de carta de habite-se ou de habilitação equivalente e sua renovação, quando esta tiver sido emitida anteriormente às exigências de acessibilidade, é condicionada à observação e à certificação das regras de acessibilidade.

Art. 61. A formulação, a implementação e a manutenção das ações de acessibilidade atenderão às seguintes premissas básicas:

I – eleição de prioridades, elaboração de cronograma e reserva de recursos para implementação das ações; e

II – planejamento contínuo e articulado entre os setores envolvidos.

Art. 62. É assegurado à pessoa com deficiência, mediante solicitação, o recebimento de contas, boletos, recibos, extratos e cobranças de tributos em formato acessível.

Capítulo II
DO ACESSO À INFORMAÇÃO E À COMUNICAÇÃO

Art. 63. É obrigatória a acessibilidade nos sítios da internet mantidos por empresas com sede ou representação comercial no País ou por órgãos de governo, para uso da pessoa com deficiência, garantindo-lhe acesso às informações disponíveis, conforme as melhores práticas e diretrizes de acessibilidade adotadas internacionalmente.

§ 1.º Os sítios devem conter símbolo de acessibilidade em destaque.

§ 2.º Telecentros comunitários que receberem recursos públicos federais para seu custeio ou sua instalação e *lan houses* devem possuir equipamentos e instalações acessíveis.

§ 3.º Os telecentros e as *lan houses* de que trata o § 2.º deste artigo devem garantir, no mínimo, 10% (dez por cento) de seus computadores com recursos de acessibilidade para pessoa com deficiência visual, sendo assegurado pelo menos 1 (um) equipamento, quando o resultado percentual for inferior a 1 (um).

Art. 64. A acessibilidade nos sítios da internet de que trata o art. 63 desta Lei deve ser observada para obtenção do financiamento de que trata o inciso III do art. 54 desta Lei.

Art. 65. As empresas prestadoras de serviços de telecomunicações deverão garantir pleno acesso à pessoa com deficiência, conforme regulamentação específica.

Art. 66. Cabe ao poder público incentivar a oferta de aparelhos de telefonia fixa e móvel celular com acessibilidade que, entre outras tecnologias assistivas, possuam possibilidade de indicação e de ampliação sonoras de todas as operações e funções disponíveis.

Art. 67. Os serviços de radiodifusão de sons e imagens devem permitir o uso dos seguintes recursos, entre outros:

I – subtitulação por meio de legenda oculta;

II – janela com intérprete da Libras;

III – audiodescrição.

> *Vide* art. 76, § 1.º, III, desta Lei.

Art. 68. O poder público deve adotar mecanismos de incentivo à produção, à edição, à difusão, à distribuição e à comercialização de livros em formatos acessíveis, inclusive em publicações da administração pública ou financiadas com recursos públicos, com vistas a garantir à pessoa com deficiência o direito de acesso à leitura, à informação e à comunicação.

§ 1.º Nos editais de compras de livros, inclusive para o abastecimento ou a atualização de acervos de bibliotecas em todos os níveis e modalidades de educação e de bibliotecas públicas, o poder público deverá adotar cláusulas de impedimento à participação de editoras que não ofertem sua produção também em formatos acessíveis.

§ 2.º Consideram-se formatos acessíveis os arquivos digitais que possam ser reconhecidos e acessados por *softwares* leitores de telas ou outras tecnologias assistivas que vierem a substituí-los, permitindo leitura com voz sintetizada, ampliação de caracteres, diferentes contrastes e impressão em Braille.

§ 3.º O poder público deve estimular e apoiar a adaptação e a produção de artigos científicos em formato acessível, inclusive em Libras.

Art. 69. O poder público deve assegurar a disponibilidade de informações corretas e claras sobre os diferentes produtos e serviços ofertados, por quaisquer meios de comunicação empregados, inclusive em ambiente virtual, contendo a especificação correta de quantidade, qualidade, características, composição e preço, bem como sobre os eventuais riscos à saúde e à segurança do consumidor com deficiência, em caso de sua utilização, aplicando-se, no que couber, os arts. 30 a 41 da Lei n. 8.078, de 11 de setembro de 1990.

§ 1.º Os canais de comercialização virtual e os anúncios publicitários veiculados na imprensa escrita, na internet, no rádio, na televisão e nos demais veículos de comunicação abertos ou por assinatura devem disponibilizar, conforme a compatibilidade do meio, os recursos de acessibilidade de que trata o art. 67 desta Lei, a expensas do fornecedor do produto ou do serviço, sem prejuízo da observância do disposto nos arts. 36 a 38 da Lei n. 8.078, de 11 de setembro de 1990.

§ 2.º Os fornecedores devem disponibilizar, mediante solicitação, exemplares de bulas, prospectos, textos ou qualquer outro tipo de material de divulgação em formato acessível.

Art. 70. As instituições promotoras de congressos, seminários, oficinas e demais eventos de natureza científico-cultural devem oferecer à pessoa com deficiência, no mínimo, os recursos de tecnologia assistiva previstos no art. 67 desta Lei.

Art. 71. Os congressos, os seminários, as oficinas e os demais eventos de natureza científico-cultural promovidos ou financiados pelo poder público devem garantir as condições de acessibilidade e os recursos de tecnologia assistiva.

Art. 72. Os programas, as linhas de pesquisa e os projetos a serem desenvolvidos com o apoio de agências de financiamento e de órgãos e entidades integrantes da administração pública que atuem no auxílio à pesquisa devem contemplar temas voltados à tecnologia assistiva.

Art. 73. Caberá ao poder público, diretamente ou em parceria com organizações da sociedade civil, promover a capacitação de tradutores e intérpretes da Libras, de guias intérpretes e de profissionais habilitados em Braille, audiodescrição, estenotipia e legendagem.

Capítulo III
DA TECNOLOGIA ASSISTIVA

Art. 74. É garantido à pessoa com deficiência acesso a produtos, recursos, estratégias, práticas, processos, métodos e serviços de tecnologia assistiva que maximizem sua autonomia, mobilidade pessoal e qualidade de vida.

Art. 75. O poder público desenvolverá plano específico de medidas, a ser renovado em cada período de 4 (quatro) anos, com a finalidade de:

I – facilitar o acesso a crédito especializado, inclusive com oferta de linhas de crédito subsidiadas, específicas para aquisição de tecnologia assistiva;

II – agilizar, simplificar e priorizar procedimentos de importação de tecnologia assistiva, especialmente as questões atinentes a procedimentos alfandegários e sanitários;

III – criar mecanismos de fomento à pesquisa e à produção nacional de tecnologia assistiva, inclusive por meio de concessão de linhas de crédito subsidiado e de parcerias com institutos de pesquisa oficiais;

IV – eliminar ou reduzir a tributação da cadeia produtiva e de importação de tecnologia assistiva;

V – facilitar e agilizar o processo de inclusão de novos recursos de tecnologia assistiva no rol de produtos distribuídos no âmbito do SUS e por outros órgãos governamentais.

Parágrafo único. Para fazer cumprir o disposto neste artigo, os procedimentos constantes do plano específico de medidas deverão ser avaliados, pelo menos, a cada 2 (dois) anos.

Capítulo IV
DO DIREITO À PARTICIPAÇÃO NA VIDA PÚBLICA E POLÍTICA

Art. 76. O poder público deve garantir à pessoa com deficiência todos os direitos políticos e a oportunidade de exercê-los em igualdade de condições com as demais pessoas.

§ 1.º À pessoa com deficiência será assegurado o direito de votar e de ser votada, inclusive por meio das seguintes ações:

I – garantia de que os procedimentos, as instalações, os materiais e os equipamentos para votação sejam apropriados, acessíveis a todas as pessoas e de fácil compreensão e uso, sendo vedada a instalação de seções eleitorais exclusivas para a pessoa com deficiência;

II – incentivo à pessoa com deficiência a candidatar-se e a desempenhar quaisquer funções públicas em todos os níveis de governo, inclusive por meio do uso de novas tecnologias assistivas, quando apropriado;

III – garantia de que os pronunciamentos oficiais, a propaganda eleitoral obrigatória e os debates transmitidos pelas emissoras de televisão possuam, pelo menos, os recursos elencados no art. 67 desta Lei;

IV – garantia do livre exercício do direito ao voto e, para tanto, sempre que necessário e a seu pedido, permissão para que a pessoa com deficiência seja auxiliada na votação por pessoa de sua escolha.

§ 2.º O poder público promoverá a participação da pessoa com deficiência, inclusive quando institucionalizada, na condução das questões públicas, sem discriminação e em igualdade de oportunidades, observado o seguinte:

I – participação em organizações não governamentais relacionadas à vida pública e à política do País e em atividades e administração de partidos políticos;

II – formação de organizações para representar a pessoa com deficiência em todos os níveis;

III – participação da pessoa com deficiência em organizações que a representem.

Título IV
DA CIÊNCIA E TECNOLOGIA

> *Vide* arts. 218, 219-A e 219-B da CF.

Art. 77. O poder público deve fomentar o desenvolvimento científico, a pesquisa e a inovação e a capacitação tecnológicas, voltados à melhoria da qualidade de vida e ao trabalho da pessoa com deficiência e sua inclusão social.

§ 1.º O fomento pelo poder público deve priorizar a geração de conhecimentos e técnicas que visem à prevenção e ao tratamento de deficiências e ao desenvolvimento de tecnologias assistiva e social.

§ 2.º A acessibilidade e as tecnologias assistiva e social devem ser fomentadas mediante a criação de cursos de pós-graduação, a formação de recursos humanos e a inclusão do tema nas diretrizes de áreas do conhecimento.

§ 3.º Deve ser fomentada a capacitação tecnológica de instituições públicas e privadas para o desenvolvimento de tecnologias assistiva e social que sejam voltadas para melhoria da funcionalidade e da participação social da pessoa com deficiência.

§ 4.º As medidas previstas neste artigo devem ser reavaliadas periodicamente pelo poder público, com vistas ao seu aperfeiçoamento.

Art. 78. Devem ser estimulados a pesquisa, o desenvolvimento, a inovação e a difusão de tecnologias voltadas para ampliar o acesso da pessoa com deficiência às tecnologias da informação e comunicação e às tecnologias sociais.

Parágrafo único. Serão estimulados, em especial:

I – o emprego de tecnologias da informação e comunicação como instrumento de superação de limitações funcionais e de barreiras à comunicação, à informação, à educação e ao entretenimento da pessoa com deficiência;

II – a adoção de soluções e a difusão de normas que visem a ampliar a acessibilidade da pessoa com deficiência à computação e aos sítios da internet, em especial aos serviços de governo eletrônico.

Livro II
PARTE ESPECIAL

Título I
DO ACESSO À JUSTIÇA

Capítulo I
DISPOSIÇÕES GERAIS

> CPC: arts. 162, III, 199 e 447, § 1.º, I.

Art. 79. O poder público deve assegurar o acesso da pessoa com deficiência à justiça, em igualdade de oportunidades com as demais pessoas, garantindo, sempre que requeridos, adaptações e recursos de tecnologia assistiva.

§ 1.º A fim de garantir a atuação da pessoa com deficiência em todo o processo judicial, o poder público deve capacitar os membros e os servidores que atuam no Poder Judiciário, no Ministério Público, na Defensoria Pública, nos órgãos de segurança pública e no sistema penitenciário quanto aos direitos da pessoa com deficiência.

§ 2.º Devem ser assegurados à pessoa com deficiência submetida a medida restritiva de liberdade todos os direitos e garantias a que fazem jus os apenados sem deficiência, garantida a acessibilidade.

§ 3.º A Defensoria Pública e o Ministério Público tomarão as medidas necessárias à garantia dos direitos previstos nesta Lei.

Art. 80. Devem ser oferecidos todos os recursos de tecnologia assistiva disponíveis para que a pessoa com deficiência tenha garantido o acesso à justiça, sempre que figure em um dos polos da ação ou atue como testemunha, partícipe da lide posta em juízo, advogado, defensor público, magistrado ou membro do Ministério Público.

> CPC: art. 199.

Parágrafo único. A pessoa com deficiência tem garantido o acesso ao conteúdo de todos os atos processuais de seu interesse, inclusive no exercício da advocacia.

Art. 81. Os direitos da pessoa com deficiência serão garantidos por ocasião da aplicação de sanções penais.

Art. 82. (*Vetado.*)

Art. 83. Os serviços notariais e de registro não podem negar ou criar óbices ou condições diferenciadas à prestação de seus serviços em razão de deficiência do solicitante, devendo reconhecer sua capacidade legal plena, garantida a acessibilidade.

Parágrafo único. O descumprimento do disposto no *caput* deste artigo constitui discriminação em razão de deficiência.

Capítulo II
DO RECONHECIMENTO IGUAL PERANTE A LEI

Art. 84. A pessoa com deficiência tem assegurado o direito ao exercício de sua capacidade legal em igualdade de condições com as demais pessoas.

> *Vide* art. 5.º da CF.

§ 1.º Quando necessário, a pessoa com deficiência será submetida à curatela, conforme a lei.

§ 2.º É facultado à pessoa com deficiência a adoção de processo de tomada de decisão apoiada.

§ 3.º A definição de curatela de pessoa com deficiência constitui medida protetiva extraordinária, proporcional às necessidades e às circunstâncias de cada caso, e durará o menor tempo possível.

§ 4.º Os curadores são obrigados a prestar, anualmente, contas de sua administração ao juiz, apresentando o balanço do respectivo ano.

> Tutela e curatela: *vide* arts. 1.728 e s. do CC.

Art. 85. A curatela afetará tão somente os atos relacionados aos direitos de natureza patrimonial e negocial.

§ 1.º A definição da curatela não alcança o direito ao próprio corpo, à sexualidade, ao matrimônio, à privacidade, à educação, à saúde, ao trabalho e ao voto.

§ 2.º A curatela constitui medida extraordinária, devendo constar da sentença as razões e motivações de sua definição, preservados os interesses do curatelado.

§ 3.º No caso de pessoa em situação de institucionalização, ao nomear curador, o juiz deve dar preferência a pessoa que tenha vínculo de natureza familiar, afetiva ou comunitária com o curatelado.

Art. 86. Para emissão de documentos oficiais, não será exigida a situação de curatela da pessoa com deficiência.

Art. 87. Em casos de relevância e urgência e a fim de proteger os interesses da pessoa com deficiência em situação de curatela, será lícito ao juiz, ouvido o Ministério Público, de ofício ou a requerimento do interessado, nomear, desde logo, curador provisório, o qual estará sujeito, no que couber, às disposições do Código de Processo Civil.

Título II
DOS CRIMES E DAS INFRAÇÕES ADMINISTRATIVAS

>> O art. 8.º da Lei n. 7.853, de 24-10-1989, dispõe sobre as penalidades aplicadas aos crimes praticados contra os portadores de deficiência.

Art. 88. Praticar, induzir ou incitar discriminação de pessoa em razão de sua deficiência:

Pena – reclusão, de 1 (um) a 3 (três) anos, e multa.

>> O CP determina, no § 3.º de seu art. 140 (injúria), a aplicação da pena de reclusão de 1 (um) a 3 (três) anos e multa, quando a injúria consistir em elementos referentes à condição de pessoa portadora de deficiência.

§ 1.º Aumenta-se a pena em 1/3 (um terço) se a vítima encontrar-se sob cuidado e responsabilidade do agente.

§ 2.º Se qualquer dos crimes previstos no *caput* deste artigo é cometido por intermédio de meios de comunicação social ou de publicação de qualquer natureza:

Pena – reclusão, de 2 (dois) a 5 (cinco) anos, e multa.

§ 3.º Na hipótese do § 2.º deste artigo, o juiz poderá determinar, ouvido o Ministério Público ou a pedido deste, ainda antes do inquérito policial, sob pena de desobediência:

I – recolhimento ou busca e apreensão dos exemplares do material discriminatório;

II – interdição das respectivas mensagens ou páginas de informação na internet.

§ 4.º Na hipótese do § 2.º deste artigo, constitui efeito da condenação, após o trânsito em julgado da decisão, a destruição do material apreendido.

Art. 89. Apropriar-se de ou desviar bens, proventos, pensão, benefícios, remuneração ou qualquer outro rendimento de pessoa com deficiência:

Pena – reclusão, de 1 (um) a 4 (quatro) anos, e multa.

Parágrafo único. Aumenta-se a pena em 1/3 (um terço) se o crime é cometido:

> Apropriação indébita previdenciária: art. 168-A do CP.

I – por tutor, curador, síndico, liquidatário, inventariante, testamenteiro ou depositário judicial; ou

II – por aquele que se apropriou em razão de ofício ou de profissão.

> Dos crimes praticados por funcionário público contra a administração em geral: arts. 312 e s. do CP.

Art. 90. Abandonar pessoa com deficiência em hospitais, casas de saúde, entidades de abrigamento ou congêneres:

Pena – reclusão, de 6 (seis) meses a 3 (três) anos, e multa.

Parágrafo único. Na mesma pena incorre quem não prover as necessidades básicas de pessoa com deficiência quando obrigado por lei ou mandado.

> Abandono de incapaz: art. 133 do CP.

> Abandono material: art. 244 do CP.

Art. 91. Reter ou utilizar cartão magnético, qualquer meio eletrônico ou documento de pessoa com deficiência destinados ao recebimento de benefícios, proventos, pensões ou remuneração ou à realização de operações financeiras, com o fim de obter vantagem indevida para si ou para outrem:

Pena – detenção, de 6 (seis) meses a 2 (dois) anos, e multa.

Parágrafo único. Aumenta-se a pena em 1/3 (um terço) se o crime é cometido por tutor ou curador.

TÍTULO III
DISPOSIÇÕES FINAIS E TRANSITÓRIAS

Art. 92. É criado o Cadastro Nacional de Inclusão da Pessoa com Deficiência (Cadastro-Inclusão), registro público eletrônico com a finalidade de coletar, processar, sistematizar e disseminar informações georreferenciadas que permitam a identificação e a caracterização socioeconômica da pessoa com deficiência, bem como das barreiras que impedem a realização de seus direitos.

> O Decreto n. 8.954, de 10-1-2017, institui o Comitê do Cadastro Nacional de Inclusão da Pessoa com Deficiência e da Avaliação Unificada da Deficiência e dá outras providências.

§ 1.º O Cadastro-Inclusão será administrado pelo Poder Executivo federal e constituído por base de dados, instrumentos, procedimentos e sistemas eletrônicos.

§ 2.º Os dados constituintes do Cadastro-Inclusão serão obtidos pela integração dos sistemas de informação e da base de dados de todas as políticas públicas relacionadas aos direitos da pessoa com deficiência, bem como por informações coletadas, inclusive em censos nacionais e nas demais pesquisas realizadas no País, de acordo com os parâmetros estabelecidos pela Convenção sobre os Direitos das Pessoas com Deficiência e seu Protocolo Facultativo.

§ 3.º Para coleta, transmissão e sistematização de dados, é facultada a celebração de convênios, acordos, termos de parceria ou contratos com instituições públicas e privadas, observados os requisitos e procedimentos previstos em legislação específica.

§ 4.º Para assegurar a confidencialidade, a privacidade e as liberdades fundamentais da pessoa com deficiência e os princípios éticos que regem a utilização de informações, devem ser observadas as salvaguardas estabelecidas em lei.

§ 5.º Os dados do Cadastro-Inclusão somente poderão ser utilizados para as seguintes finalidades:

I – formulação, gestão, monitoramento e avaliação das políticas públicas para a pessoa com deficiência e para identificar as barreiras que impedem a realização de seus direitos;

II – realização de estudos e pesquisas.

§ 6.º As informações a que se refere este artigo devem ser disseminadas em formatos acessíveis.

Art. 93. Na realização de inspeções e de auditorias pelos órgãos de controle interno e externo, deve ser observado o cumprimento da legislação relativa à pessoa com deficiência e das normas de acessibilidade vigentes.

Art. 94. Terá direito a auxílio-inclusão, nos termos da lei, a pessoa com deficiência moderada ou grave que:

I – receba o benefício de prestação continuada previsto no art. 20 da Lei n. 8.742, de 7 de dezembro de 1993, e que passe a exercer atividade remunerada que a enquadre como segurado obrigatório do RGPS;

II – tenha recebido, nos últimos 5 (cinco) anos, o benefício de prestação continuada previsto no art. 20 da Lei n. 8.742, de 7 de dezembro de 1993, e que exerça atividade remunerada que a enquadre como segurado obrigatório do RGPS.

Art. 95. É vedado exigir o comparecimento de pessoa com deficiência perante os órgãos públicos quando seu deslocamento, em razão de sua limitação funcional e de condições de acessibilidade, imponha-lhe ônus desproporcional e indevido, hipótese na qual serão observados os seguintes procedimentos:

I – quando for de interesse do poder público, o agente promoverá o contato necessário com a pessoa com deficiência em sua residência;

II – quando for de interesse da pessoa com deficiência, ela apresentará solicitação de atendimento domiciliar ou fará representar-se por procurador constituído para essa finalidade.

Parágrafo único. É assegurado à pessoa com deficiência atendimento domiciliar pela perícia médica e social do Instituto Nacional do Seguro Social (INSS), pelo serviço público de saúde ou pelo serviço privado de saúde, contratado ou conveniado, que integre o SUS e pelas entidades da rede socioassistencial integrantes do Suas, quando seu deslocamento, em razão de sua limitação funcional e de condições de acessibilidade, imponha-lhe ônus desproporcional e indevido.

....

Art. 100. A Lei n. 8.078, de 11 de setembro de 1990 (Código de Defesa do Consumidor), passa a vigorar com as seguintes alterações:

>> Alteração já processada no diploma modificado.

....

Art. 103. O art. 11 da Lei n. 8.429, de 2 de junho de 1992, passa a vigorar acrescido do seguinte inciso IX:

>> Alteração já processada no diploma modificado.

Art. 104. A Lei n. 8.666, de 21 de junho de 1993, passa a vigorar com as seguintes alterações:

>> Alteração já processada no diploma modificado.

....

Art. 113. A Lei n. 10.257, de 10 de julho de 2001 (Estatuto da Cidade), passa a vigorar com as seguintes alterações:

>> Alteração já processada no diploma modificado.

....

Art. 119. A Lei n. 12.587, de 3 de janeiro de 2012, passa a vigorar acrescida do seguinte art. 12-B:

>> Alteração já processada no diploma modificado.

Art. 120. Cabe aos órgãos competentes, em cada esfera de governo, a elaboração de relatórios circunstanciados sobre o cumprimento dos prazos estabelecidos por força das Leis n. 10.048, de 8 de novembro de 2000, e n. 10.098, de 19 de dezembro de 2000, bem como o seu encaminhamento ao Ministério Público e aos órgãos de regulação para adoção das providências cabíveis.

Parágrafo único. Os relatórios a que se refere o *caput* deste artigo deverão ser apresentados no prazo de 1 (um) ano a contar da entrada em vigor desta Lei.

Art. 121. Os direitos, os prazos e as obrigações previstos nesta Lei não excluem os já estabelecidos em outras legislações, inclusive em pactos, tratados, convenções e declarações internacionais aprovados e promulgados pelo Congresso Nacional, e devem ser aplicados em conformidade com as demais normas internas e acordos internacionais vinculantes sobre a matéria.

Parágrafo único. Prevalecerá a norma mais benéfica à pessoa com deficiência.

Art. 122. Regulamento disporá sobre a adequação do disposto nesta Lei ao tratamento diferenciado, simplificado e favorecido a ser dispensado às microempresas e às empresas de pequeno porte, previsto no § 3.º do art. 1.º da Lei Complementar n. 123, de 14 de dezembro de 2006.

Art. 123. Revogam-se os seguintes dispositivos:

I – o inciso II do § 2.º do art. 1.º da Lei n. 9.008, de 21 de março de 1995;

II – os incisos I, II e III do art. 3.º da Lei n. 10.406, de 10 de janeiro de 2002 (Código Civil);

III – os incisos II e III do art. 228 da Lei n. 10.406, de 10 de janeiro de 2002 (Código Civil);

IV – o inciso I do art. 1.548 da Lei n. 10.406, de 10 de janeiro de 2002 (Código Civil);

V – o inciso IV do art. 1.557 da Lei n. 10.406, de 10 de janeiro de 2002 (Código Civil);

VI – os incisos II e IV do art. 1.767 da Lei n. 10.406, de 10 de janeiro de 2002 (Código Civil);

VII – os arts. 1.776 e 1.780 da Lei n. 10.406, de 10 de janeiro de 2002 (Código Civil).

Art. 124. O § 1.º do art. 2.º desta Lei deverá entrar em vigor em até 2 (dois) anos, contados da entrada em vigor desta Lei.

Art. 125. Devem ser observados os prazos a seguir discriminados, a partir da entrada em vigor desta Lei, para o cumprimento dos seguintes dispositivos:

I – incisos I e II do § 2.º do art. 28, 48 (quarenta e oito) meses;

II – § 6.º do art. 44, 60 (sessenta) meses;

>> Inciso II com redação determinada pela Lei n. 14.009, de 3-6-2020.

III – art. 45, 24 (vinte e quatro) meses;

IV – art. 49, 48 (quarenta e oito) meses.

Art. 126. Prorroga-se até 31 de dezembro de 2021 a vigência da Lei n. 8.989, de 24 de fevereiro de 1995.

Art. 127. Esta Lei entra em vigor após decorridos 180 (cento e oitenta) dias de sua publicação oficial.

Brasília, 6 de julho de 2015; 194.º da Independência e 127.º da República.

Dilma Rousseff

LEI COMPLEMENTAR N. 151, DE 5 DE AGOSTO DE 2015 (*)

Altera a Lei Complementar n. 148, de 25 de novembro de 2014; revoga as Leis n. 10.819, de 16 de dezembro de 2003, e 11.429, de 26 de dezembro de 2006; e dá outras providências.

A Presidenta da República.

Faço saber que o Congresso Nacional decreta e eu sanciono a seguinte Lei Complementar:

....

Art. 2.º Os depósitos judiciais e administrativos em dinheiro referentes a processos judiciais ou administrativos, tributários ou não tributários, nos quais o Estado, o Distrito Federal ou os Municípios sejam parte, deverão ser efetuados em instituição financeira oficial federal, estadual ou distrital.

Art. 3.º A instituição financeira oficial transferirá para a conta única do Tesouro do Estado, do Distrito Federal ou do Município 70% (setenta por cento) do valor atualizado dos depósitos referentes aos processos judiciais e administrativos de que trata o art. 2.º, bem como os respectivos acessórios.

§ 1.º Para implantação do disposto no *caput* deste artigo, deverá ser instituído fundo de reserva destinado a garantir a restituição da parcela transferida ao Tesouro, observados os demais termos desta Lei Complementar.

§ 2.º A instituição financeira oficial tratará de forma segregada os depósitos judiciais e os depósitos administrativos.

§ 3.º O montante dos depósitos judiciais e administrativos não repassado ao Tesouro constituirá o fundo de reserva referido no § 1.º deste artigo, cujo saldo não poderá ser inferior a 30% (trinta por cento) do total dos depósitos de que trata o art. 2.º desta Lei Complementar, acrescidos da remuneração que lhes foi atribuída.

§ 4.º (*Vetado.*)

§ 5.º Os valores recolhidos ao fundo de reserva terão remuneração equivalente à taxa referencial do Sistema Especial de Liquidação e de Custódia – SELIC para títulos federais.

§ 6.º Compete à instituição financeira gestora do fundo de reserva de que trata este artigo manter escrituração individualizada para cada depósito efetuado na forma do art. 2.º, discriminando:

I – o valor total do depósito, acrescido da remuneração que lhe foi originalmente atribuída; e

II – o valor da parcela do depósito mantido na instituição financeira, nos termos do § 3.º deste artigo, a remuneração que lhe foi originalmente atribuída e os rendimentos decorrentes do disposto no § 5.º deste artigo.

Art. 4.º A habilitação do ente federado ao recebimento das transferências referidas no art. 3.º é condicionada à apresentação ao órgão jurisdicional responsável pelo julgamento dos litígios aos quais se refiram os depósitos de termo de compromisso firmado pelo chefe do Poder Executivo que preveja:

I – a manutenção do fundo de reserva na instituição financeira responsável pelo repasse das parcelas ao Tesouro, observado o disposto no § 3.º do art. 3.º desta Lei Complementar;

II – a destinação automática ao fundo de reserva do valor correspondente à parcela dos depósitos judiciais mantida na instituição financeira nos termos do § 3.º do art. 3.º, condição esta a ser observada a cada transferência recebida na forma do art. 3.º desta Lei Complementar;

III – a autorização para a movimentação do fundo de reserva para os fins do disposto nos arts. 5.º e 7.º desta Lei Complementar; e

IV – a recomposição do fundo de reserva pelo ente federado, em até quarenta e oito horas, após comunicação da instituição financeira, sempre que o seu saldo estiver abaixo dos limites estabelecidos no § 3.º do art. 3.º desta Lei Complementar.

Art. 5.º A constituição do fundo de reserva e a transferência da parcela dos depósitos judiciais e administrativos acumulados até a data de publicação desta Lei Complementar, conforme dispõe o art. 3.º, serão realizadas pela instituição financeira em até 15 (quinze) dias após a apresentação de cópia do termo de compromisso de que trata o art. 4.º.

§ 1.º Para identificação dos depósitos, cabe ao ente federado manter atualizada na instituição financeira a relação de inscrições no Cadastro Nacional da Pessoa Jurídica – CNPJ dos órgãos que integram a sua administração pública direta e indireta.

§ 2.º Realizada a transferência de que trata o *caput*, os repasses subsequentes serão efetuados em até 10 (dez) dias após a data de cada depósito.

§ 3.º Em caso de descumprimento dos prazos estabelecidos no *caput* e no § 2.º deste artigo, a instituição financeira deverá transferir a parcela do depósito acrescida da taxa referencial do Selic para títulos federais mais multa de 0,33% (trinta e três centésimos por cento) por dia de atraso.

Art. 6.º São vedadas quaisquer exigências por parte do órgão jurisdicional ou da instituição financeira além daquelas estabelecidas nesta Lei Complementar.

Art. 7.º Os recursos repassados na forma desta Lei Complementar ao Estado, ao Distri-

(*) Publicada no *Diário Oficial da União*, de 6-8-2015. *Vide* Lei n. 9.703, de 17-11-1998, que dispõe sobre os depósitos judiciais e extrajudiciais de tributos e contribuições federais.

to Federal ou ao Município, ressalvados os destinados ao fundo de reserva de que trata o § 3.º do art. 3.º, serão aplicados, exclusivamente, no pagamento de:

I – precatórios judiciais de qualquer natureza;

II – dívida pública fundada, caso a lei orçamentária do ente federativo preveja dotações suficientes para o pagamento da totalidade dos precatórios judiciais exigíveis no exercício e não remanesçam precatórios não pagos referentes aos exercícios anteriores;

> Dívida fundada: *vide* arts. 98 da Lei n. 4.320, de 17-3-1964, e 29, I, da Lei Complementar n. 101, de 4-5-2000.

III – despesas de capital, caso a lei orçamentária do ente federativo preveja dotações suficientes para o pagamento da totalidade dos precatórios judiciais exigíveis no exercício, não remanesçam precatórios não pagos referentes aos exercícios anteriores e o ente federado não conte com compromissos classificados como dívida pública fundada;

IV – recomposição dos fluxos de pagamento e do equilíbrio atuarial dos fundos de previdência referentes aos regimes próprios de cada ente federado, nas mesmas hipóteses do inciso III.

Parágrafo único. Independentemente das prioridades de pagamento estabelecidas no *caput* deste artigo, poderá o Estado, o Distrito Federal ou o Município utilizar até 10% (dez por cento) da parcela que lhe for transferida nos termos do *caput* do art. 3.º para constituição de Fundo Garantidor de PPPs ou de outros mecanismos de garantia previstos em lei, dedicados exclusivamente a investimentos de infraestrutura.

Art. 8.º Encerrado o processo litigioso com ganho de causa para o depositante, mediante ordem judicial ou administrativa, o valor do depósito efetuado nos termos desta Lei Complementar acrescido da remuneração que lhe foi originalmente atribuída será colocado à disposição do depositante pela instituição financeira responsável, no prazo de 3 (três) dias úteis, observada a seguinte composição:

I – a parcela que foi mantida na instituição financeira nos termos do § 3.º do art. 3.º acrescida da remuneração que lhe foi originalmente atribuída será de responsabilidade direta e imediata da instituição depositária; e

II – a diferença entre o valor referido no inciso I e o total devido ao depositante nos termos do *caput* será debitada do saldo existente no fundo de reserva de que trata o § 3.º do art. 3.º.

§ 1.º Na hipótese de o saldo do fundo de reserva após o débito referido no inciso II ser inferior ao valor mínimo estabelecido no § 3.º do art. 3.º, o ente federado será notificado para recompô-lo na forma do inciso IV do art. 4.º.

§ 2.º Na hipótese de insuficiência de saldo no fundo de reserva para o débito do montante devido nos termos do inciso II, a instituição financeira restituirá ao depositante o valor disponível no fundo acrescido do valor referido no inciso I.

§ 3.º Na hipótese referida no § 2.º deste artigo, a instituição financeira notificará a autoridade expedidora da ordem de liberação do depósito, informando a composição detalhada dos valores liberados, sua atualização monetária, a parcela efetivamente disponibilizada em favor do depositante e o saldo a ser pago depois de efetuada a recomposição prevista no § 1.º deste artigo.

Art. 9.º Nos casos em que o ente federado não recompuser o fundo de reserva até o saldo mínimo referido no § 3.º do art. 3.º, será suspenso o repasse das parcelas referentes a novos depósitos até a regularização do saldo.

Parágrafo único. Sem prejuízo do disposto no *caput*, na hipótese de descumprimento por três vezes da obrigação referida no inciso IV do art. 4.º, será o ente federado excluído da sistemática de que trata esta Lei Complementar.

Art. 10. Encerrado o processo litigioso com ganho de causa para o ente federado, ser-lhe-á transferida a parcela do depósito mantida na instituição financeira nos termos do § 3.º do art. 3.º acrescida da remuneração que lhe foi originalmente atribuída.

§ 1.º O saque da parcela de que trata o *caput* deste artigo somente poderá ser realizado até o limite máximo do qual não resulte saldo inferior ao mínimo exigido no § 3.º do art. 3.º.

§ 2.º Na situação prevista no *caput*, serão transformados em pagamento definitivo, total ou parcial, proporcionalmente à exigência tributária ou não tributária, conforme o caso, inclusive seus acessórios, os valores depositados na forma do *caput* do art. 2.º acrescidos da remuneração que lhes foi originalmente atribuída.

Art. 11. O Poder Executivo de cada ente federado estabelecerá regras de procedimentos, inclusive orçamentários, para a execução do disposto nesta Lei Complementar.

Art. 12. Esta Lei Complementar entra em vigor na data de sua publicação. Art. 13. Ficam revogadas as Leis n. 10.819, de 16 de dezembro de 2003, e 11.429, de 26 de dezembro de 2006.

Brasília, 5 de agosto de 2015; 194.º da Independência e 127.º da República.

DILMA ROUSSEFF

DECRETO N. 8.539, DE 8 DE OUTUBRO DE 2015 (*)

Dispõe sobre o uso do meio eletrônico para a realização do processo administrativo no âmbito dos órgãos e das entidades da administração pública federal direta, autárquica e fundacional.

A Presidenta da República, no uso das atribuições que lhe confere o art. 84, *caput*, inciso IV e inciso VI, alínea *a*, da Constituição, e tendo em vista o disposto na Lei n. 9.784, de 29 de janeiro de 1999, na Medida Provisória n. 2.200-2, de 24 de agosto de 2001, na Lei n. 12.682, de 9 de julho de 2012, decreta:

Art. 1.º Este Decreto dispõe sobre o uso do meio eletrônico para a realização do processo administrativo no âmbito dos órgãos e das entidades da administração pública federal direta, autárquica e fundacional.

Art. 2.º Para o disposto neste Decreto, consideram-se as seguintes definições:

I – documento – unidade de registro de informações, independentemente do formato, do suporte ou da natureza;

II – documento digital – informação registrada, codificada em dígitos binários, acessível e interpretável por meio de sistema computacional, podendo ser:

a) documento nato-digital – documento criado originariamente em meio eletrônico; ou

b) documento digitalizado – documento obtido a partir da conversão de um documento não digital, gerando uma fiel representação em código digital; e

III – processo administrativo eletrônico – aquele em que os atos processuais são registrados e disponibilizados em meio eletrônico.

Art. 3.º São objetivos deste Decreto:

I – assegurar a eficiência, a eficácia e a efetividade da ação governamental e promover a adequação entre meios, ações, impactos e resultados;

II – promover a utilização de meios eletrônicos para a realização dos processos administrativos com segurança, transparência e economicidade;

III – ampliar a sustentabilidade ambiental com o uso da tecnologia da informação e da comunicação; e

IV – facilitar o acesso do cidadão às instâncias administrativas.

Art. 4.º Para o atendimento ao disposto neste Decreto, os órgãos e as entidades da administração pública federal direta, autárquica e fundacional utilizarão sistemas informa-

(*) Publicado no *Diário Oficial da União* de 9-10-2015.

tizados para a gestão e o trâmite de processos administrativos eletrônicos.

Parágrafo único. Os sistemas a que se refere o *caput* deverão utilizar, preferencialmente, programas com código aberto e prover mecanismos para a verificação da autoria e da integridade dos documentos em processos administrativos eletrônicos.

Art. 5.º Nos processos administrativos eletrônicos, os atos processuais deverão ser realizados em meio eletrônico, exceto nas situações em que este procedimento for inviável ou em caso de indisponibilidade do meio eletrônico cujo prolongamento cause dano relevante à celeridade do processo.

Parágrafo único. No caso das exceções previstas no *caput*, os atos processuais poderão ser praticados segundo as regras aplicáveis aos processos em papel, desde que posteriormente o documento-base correspondente seja digitalizado, conforme procedimento previsto no art. 12.

Art. 6.º A autoria, a autenticidade e a integridade dos documentos e da assinatura, nos processos administrativos eletrônicos, poderão ser obtidas por meio dos padrões de assinatura eletrônica definidos no Decreto n. 10.543, de 13 de novembro de 2020.

>> *Caput* com redação determinada pelo Decreto n. 10.543, de 13-11-2020.

§§ 1.º e 2.º (*Revogados pelo Decreto n. 10.543, de 13-11-2020.*)

Art. 7.º Os atos processuais em meio eletrônico consideram-se realizados no dia e na hora do recebimento pelo sistema informatizado de gestão de processo administrativo eletrônico do órgão ou da entidade, o qual deverá fornecer recibo eletrônico de protocolo que os identifique.

§ 1.º Quando o ato processual tiver que ser praticado em determinado prazo, por meio eletrônico, serão considerados tempestivos os efetivados, salvo disposição em contrário, até as vinte e três horas e cinquenta e nove minutos do último dia do prazo, no horário oficial de Brasília.

§ 2.º Na hipótese prevista no § 1.º, se o sistema informatizado de gestão de processo administrativo eletrônico do órgão ou entidade se tornar indisponível por motivo técnico, o prazo fica automaticamente prorrogado até as vinte e três horas e cinquenta e nove minutos do primeiro dia útil seguinte ao da resolução do problema.

Art. 8.º O acesso à íntegra do processo para vista pessoal do interessado pode ocorrer por intermédio da disponibilização de sistema informatizado de gestão a que se refere o art. 4.º ou por acesso à cópia do documento, preferencialmente, em meio eletrônico.

Art. 9.º A classificação da informação quanto ao grau de sigilo e a possibilidade de limitação do acesso aos servidores autorizados e aos interessados no processo observarão os termos da Lei n. 12.527, de 18 de novembro de 2011, e das demais normas vigentes.

Art. 10. Os documentos nato-digitais e assinados eletronicamente na forma do art. 6.º são considerados originais para todos os efeitos legais.

Art. 11. O interessado poderá enviar eletronicamente documentos digitais para juntada aos autos.

§ 1.º O teor e a integridade dos documentos digitalizados são de responsabilidade do interessado, que responderá nos termos da legislação civil, penal e administrativa por eventuais fraudes.

§ 2.º Os documentos digitalizados enviados pelo interessado terão valor de cópia simples.

§ 3.º A apresentação do original do documento digitalizado será necessária quando a lei expressamente o exigir ou nas hipóteses previstas nos art. 13 e art. 14.

Art. 12. A digitalização de documentos recebidos ou produzidos no âmbito dos órgãos e das entidades da administração pública federal direta, autárquica e fundacional deverá ser acompanhada da conferência da integridade do documento digitalizado.

§ 1.º A conferência prevista no *caput* deverá registrar se foi apresentado documento original, cópia autenticada em cartório, cópia autenticada administrativamente ou cópia simples.

§ 2.º Os documentos resultantes da digitalização de originais serão considerados cópia autenticada administrativamente, e os resultantes da digitalização de cópia autenticada em cartório, de cópia autenticada administrativamente ou de cópia simples terão valor de cópia simples.

§ 3.º A administração poderá, conforme definido em ato de cada órgão ou entidade:

I – proceder à digitalização imediata do documento apresentado e devolvê-lo imediatamente ao interessado;

II – determinar que a protocolização de documento original seja acompanhada de cópia simples, hipótese em que o protocolo atestará a conferência da cópia com o original, devolverá o documento original imediatamente ao interessado e descartará a cópia simples após a sua digitalização; e

III – receber o documento em papel para posterior digitalização, considerando que:

a) os documentos em papel recebidos que sejam originais ou cópias autenticadas em cartório devem ser devolvidos ao interessado, preferencialmente, ou ser mantidos sob guarda do órgão ou da entidade, nos termos da sua tabela de temporalidade e destinação; e

b) os documentos em papel recebidos que sejam cópias autenticadas administrativamente ou cópias simples podem ser descartados após realizada a sua digitalização, nos termos do *caput* e do § 1.º.

§ 4.º Na hipótese de ser impossível ou inviável a digitalização do documento recebido, este ficará sob guarda da administração e será admitido o trâmite do processo de forma híbrida, conforme definido em ato de cada órgão ou entidade.

Art. 13. Impugnada a integridade do documento digitalizado, mediante alegação motivada e fundamentada de adulteração, deverá ser instaurada diligência para a verificação do documento objeto de controvérsia.

Art. 14. A administração poderá exigir, a seu critério, até que decaia o seu direito de rever os atos praticados no processo, a exibição do original de documento digitalizado no âmbito dos órgãos ou das entidades ou enviado eletronicamente pelo interessado.

Art. 15. Deverão ser associados elementos descritivos aos documentos digitais que integram processos eletrônicos, a fim de apoiar sua identificação, sua indexação, sua presunção de autenticidade, sua preservação e sua interoperabilidade.

Art. 16. Os documentos que integram os processos administrativos eletrônicos deverão ser classificados e avaliados de acordo com o plano de classificação e a tabela de temporalidade e destinação adotados no órgão ou na entidade, conforme a legislação arquivística em vigor.

§ 1.º A eliminação de documentos digitais deve seguir as diretrizes previstas na legislação.

§ 2.º Os documentos digitais e processos administrativos eletrônicos cuja atividade já tenha sido encerrada e que estejam aguardando o cumprimento dos prazos de guarda e destinação final poderão ser transferidos para uma área de armazenamento específica, sob controle do órgão ou da entidade que os produziu, a fim de garantir a preservação, a segurança e o acesso pelo tempo necessário.

Art. 17. A definição dos formatos de arquivo dos documentos digitais deverá obedecer às políticas e diretrizes estabelecidas nos Padrões de Interoperabilidade de Governo Eletrônico – ePING e oferecer as melhores expectativas de garantia com relação ao acesso e à preservação.

Parágrafo único. Para os casos ainda não contemplados nos padrões mencionados no *caput*, deverão ser adotados formatos interoperáveis, abertos, independentes de plataforma tecnológica e amplamente utilizados.

Art. 18. Os órgãos ou as entidades deverão estabelecer políticas, estratégias e ações que garantam a preservação de longo prazo, o acesso e o uso contínuo dos documentos digitais.

Parágrafo único. O estabelecido no *caput* deverá prever, no mínimo:

I – proteção contra a deterioração e a obsolescência de equipamentos e programas; e

II – mecanismos para garantir a autenticidade, a integridade e a legibilidade dos documentos eletrônicos ou digitais.

Art. 19. A guarda dos documentos digitais e processos administrativos eletrônicos considerados de valor permanente deverá estar de acordo com as normas previstas pela instituição arquivística pública responsável por sua custódia, incluindo a compatibilidade de suporte e de formato, a documentação técnica necessária para interpretar o documento e os instrumentos que permitam a sua identificação e o controle no momento de seu recolhimento.

Art. 20. Para os processos administrativos eletrônicos regidos por este Decreto, deverá ser observado o prazo definido em lei para a manifestação dos interessados e para a decisão do administrador.

Art. 21. O Ministério do Planejamento, Orçamento e Gestão, o Ministério da Justiça e a Casa Civil da Presidência da República editarão, conjuntamente, normas complementares a este Decreto.

Art. 22. No prazo de 6 (seis) meses, contado da data de publicação deste Decreto, os órgãos e as entidades da administração pública federal direta, autárquica e fundacional deverão apresentar cronograma de implementação do uso do meio eletrônico para a realização do processo administrativo à Secretaria de Logística e Tecnologia da Informação do Ministério do Planejamento, Orçamento e Gestão.

§ 1.º O uso do meio eletrônico para a realização de processo administrativo deverá estar implementado no prazo de dois anos, contado da data de publicação deste Decreto.

§ 2.º Os órgãos e as entidades de que tratam o *caput* que já utilizam processo administrativo eletrônico deverão adaptar-se ao disposto neste Decreto no prazo de 3 (três) anos, contado da data de sua publicação.

Art. 23. Este Decreto entra em vigor na data de sua publicação.

Brasília, 8 de outubro de 2015; 194.º da Independência e 127.º da República.

DILMA ROUSSEFF

LEI N. 13.188, DE 11 DE NOVEMBRO DE 2015 (*)

Dispõe sobre o direito de resposta ou retificação do ofendido em matéria divulgada, publicada ou transmitida por veículo de comunicação social.

A Presidenta da República

Faço saber que o Congresso Nacional decreta e eu sanciono a seguinte Lei:

Art. 1.º Esta Lei disciplina o exercício do direito de resposta ou retificação do ofendido em matéria divulgada, publicada ou transmitida por veículo de comunicação social.

>> *Vide* art. 5.º, V, IX e X, da CF.

Art. 2.º Ao ofendido em matéria divulgada, publicada ou transmitida por veículo de comunicação social é assegurado o direito de resposta ou retificação, gratuito e proporcional ao agravo.

>> *Vide* art. 5.º, V, IX e X, da CF.

§ 1.º Para os efeitos desta Lei, considera-se matéria qualquer reportagem, nota ou notícia divulgada por veículo de comunicação social, independentemente do meio ou da plataforma de distribuição, publicação ou transmissão que utilize, cujo conteúdo atente, ainda que por equívoco de informação, contra a honra, a intimidade, a reputação, o conceito, o nome, a marca ou a imagem de pessoa física ou jurídica identificada ou passível de identificação.

§ 2.º São excluídos da definição de matéria estabelecida no § 1.º deste artigo os comentários realizados por usuários da internet nas páginas eletrônicas dos veículos de comunicação social.

§ 3.º A retratação ou retificação espontânea, ainda que a elas sejam conferidos os mesmos destaque, publicidade, periodicidade e dimensão do agravo, não impedem o exercício do direito de resposta pelo ofendido nem prejudicam a ação de reparação por dano moral.

Art. 3.º O direito de resposta ou retificação deve ser exercido no prazo decadencial de 60 (sessenta) dias, contado da data de cada divulgação, publicação ou transmissão da matéria ofensiva, mediante correspondência com aviso de recebimento encaminhada diretamente ao veículo de comunicação social ou, inexistindo pessoa jurídica constituída, a quem por ele responda, independentemente de quem seja o responsável intelectual pelo agravo.

§ 1.º O direito de resposta ou retificação poderá ser exercido, de forma individualizada, em face de todos os veículos de comunicação social que tenham divulgado, publicado, republicado, transmitido ou retransmitido o agravo original.

§ 2.º O direito de resposta ou retificação poderá ser exercido, também, conforme o caso:

I – pelo representante legal do ofendido incapaz ou da pessoa jurídica;

II – pelo cônjuge, descendente, ascendente ou irmão do ofendido que esteja ausente do País ou tenha falecido depois do agravo, mas antes de decorrido o prazo de decadência do direito de resposta ou retificação.

§ 3.º No caso de divulgação, publicação ou transmissão continuada e ininterrupta da mesma matéria ofensiva, o prazo será contado da data em que se iniciou o agravo.

Art. 4.º A resposta ou retificação atenderá, quanto à forma e à duração, ao seguinte:

I – praticado o agravo em mídia escrita ou na internet, terá a resposta ou retificação o destaque, a publicidade, a periodicidade e a dimensão da matéria que a ensejou;

II – praticado o agravo em mídia televisiva, terá a resposta ou retificação o destaque, a publicidade, a periodicidade e a duração da matéria que a ensejou;

III – praticado o agravo em mídia radiofônica, terá a resposta ou retificação o destaque, a publicidade, a periodicidade e a duração da matéria que a ensejou.

§ 1.º Se o agravo tiver sido divulgado, publicado, republicado, transmitido ou retransmitido em mídia escrita ou em cadeia de rádio ou televisão para mais de um Município ou Estado, será conferido proporcional alcance à divulgação da resposta ou retificação.

§ 2.º O ofendido poderá requerer que a resposta ou retificação seja divulgada, publicada ou transmitida nos mesmos espaço, dia da semana e horário do agravo.

§ 3.º A resposta ou retificação cuja divulgação, publicação ou transmissão não obedeça ao disposto nesta Lei é considerada inexistente.

§ 4.º Na delimitação do agravo, deverá ser considerado o contexto da informação ou matéria que gerou a ofensa.

Art. 5.º Se o veículo de comunicação social ou quem por ele responda não divulgar, publicar ou transmitir a resposta ou retificação no prazo de 7 (sete) dias, contado do recebimento do respectivo pedido, na forma do art. 3.º, restará caracterizado o interesse jurídico para a propositura de ação judicial.

§ 1.º É competente para conhecer do feito o juízo do domicílio do ofendido ou, se este assim o preferir, aquele do lugar onde o agravo tenha apresentado maior repercussão.

§ 2.º A ação de rito especial de que trata esta Lei será instruída com as provas do agravo e do pedido de resposta ou retificação não atendido, bem como com o texto da resposta ou retificação a ser divulgado, publicado

(*) Publicada no *Diário Oficial da União* de 11-11-2015.

ou transmitido, sob pena de inépcia da inicial, e processada no prazo máximo de 30 (trinta) dias, vedados:

> Petição inicial: *vide* arts. 319 e s. do CPC.

> Inépcia da petição inicial: *vide* art. 330, I, do CPC.

I – a cumulação de pedidos;

> Cumulação de pedidos: *vide* art. 327 do CPC.

II – a reconvenção;

> *Vide* art. 343 do CPC.

III – o litisconsórcio, a assistência e a intervenção de terceiros.

> *Vide* arts. 119 a 138 do CPC.

§ 3.º (*Vetado.*)

Art. 6.º Recebido o pedido de resposta ou retificação, o juiz, dentro de 24 (vinte e quatro) horas, mandará citar o responsável pelo veículo de comunicação social para que:

> *Vide* arts. 238 a 259 do CPC.

I – em igual prazo, apresente as razões pelas quais não o divulgou, publicou ou transmitiu;

II – no prazo de 3 (três) dias, ofereça contestação.

> *Vide* arts. 335 a 342 do CPC.

Parágrafo único. O agravo consistente em injúria não admitirá a prova da verdade.

> *Vide* art. 140 do CP, que define o crime de injúria.

Art. 7.º O juiz, nas 24 (vinte e quatro) horas seguintes à citação, tenha ou não se manifestado o responsável pelo veículo de comunicação, conhecerá do pedido e, havendo prova capaz de convencer sobre a verossimilhança da alegação ou justificado receio de ineficácia do provimento final, fixará desde logo as condições e a data para a veiculação, em prazo não superior a 10 (dez) dias, da resposta ou retificação.

§ 1.º Se o agravo tiver sido divulgado ou publicado por veículo de mídia impressa cuja circulação seja periódica, a resposta ou retificação será divulgada na edição seguinte à da ofensa ou, ainda, excepcionalmente, em edição extraordinária, apenas nos casos em que o prazo entre a ofensa e a próxima edição indique desproporcionalidade entre a ofensa e a resposta ou retificação.

§ 2.º A medida antecipatória a que se refere o *caput* deste artigo poderá ser reconsiderada ou modificada a qualquer momento, em decisão fundamentada.

§ 3.º O juiz poderá, a qualquer tempo, impor multa diária ao réu, independentemente de pedido do autor, bem como modificar-lhe o valor ou a periodicidade, caso verifique que se tornou insuficiente ou excessiva.

§ 4.º Para a efetivação da tutela específica de que trata esta Lei, poderá o juiz, de ofício ou mediante requerimento, adotar as medidas cabíveis para o cumprimento da decisão.

Art. 8.º Não será admitida a divulgação, publicação ou transmissão de resposta ou retificação que não tenha relação com as informações contidas na matéria a que pretende responder nem se enquadre no § 1.º do art. 2.º desta Lei.

Art. 9.º O juiz prolatará a sentença no prazo máximo de 30 (trinta) dias, contado do ajuizamento da ação, salvo na hipótese de conversão do pedido em reparação por perdas e danos.

Parágrafo único. As ações judiciais destinadas a garantir a efetividade do direito de resposta ou retificação previsto nesta Lei processam-se durante as férias forenses e não se suspendem pela superveniência delas.

Art. 10. Das decisões proferidas nos processos submetidos ao rito especial estabelecido nesta Lei, poderá ser concedido efeito suspensivo pelo tribunal competente, desde que constatadas, em juízo colegiado prévio, a plausibilidade do direito invocado e a urgência na concessão da medida.

Art. 11. A gratuidade da resposta ou retificação divulgada pelo veículo de comunicação, em caso de ação temerária, não abrange as custas processuais nem exime o autor do ônus da sucumbência.

Parágrafo único. Incluem-se entre os ônus da sucumbência os custos com a divulgação, publicação ou transmissão da resposta ou retificação, caso a decisão judicial favorável ao autor seja reformada em definitivo.

Art. 12. Os pedidos de reparação ou indenização por danos morais, materiais ou à imagem serão deduzidos em ação própria, salvo se o autor, desistindo expressamente da tutela específica de que trata esta Lei, os requerer, caso em que o processo seguirá pelo rito ordinário.

§ 1.º O ajuizamento de ação cível ou penal contra o veículo de comunicação ou seu responsável com fundamento na divulgação, publicação ou transmissão ofensiva não prejudica o exercício administrativo ou judicial do direito de resposta ou retificação previsto nesta Lei.

§ 2.º A reparação ou indenização dar-se-á sem prejuízo da multa a que se refere o § 3.º do art. 7.º.

....

Art. 14. Esta Lei entra em vigor na data de sua publicação.

Brasília, 11 de novembro de 2015; 194.º da Independência e 127.º da República.

DILMA ROUSSEFF

LEI COMPLEMENTAR N. 152, DE 3 DE DEZEMBRO DE 2015 (*)

Dispõe sobre a aposentadoria compulsória por idade, com proventos proporcionais, nos termos do inciso II do § 1.º do art. 40 da Constituição Federal.

A Presidenta da República

Faço saber que o Congresso Nacional decreta e eu promulgo, nos termos do parágrafo 5.º do art. 66 da Constituição, a seguinte Lei Complementar:

Art. 1.º Esta Lei Complementar dispõe sobre a aposentadoria compulsória por idade, com proventos proporcionais, no âmbito da União, dos Estados, do Distrito Federal e dos Municípios, dos agentes públicos aos quais se aplica o inciso II do § 1.º do art. 40 da Constituição Federal.

Art. 2.º Serão aposentados compulsoriamente, com proventos proporcionais ao tempo de contribuição, aos 75 (setenta e cinco) anos de idade:

I – os servidores titulares de cargos efetivos da União, dos Estados, do Distrito Federal e dos Municípios, incluídas suas autarquias e fundações;

II – os membros do Poder Judiciário;

III – os membros do Ministério Público;

IV – os membros das Defensorias Públicas;

V – os membros dos Tribunais e dos Conselhos de Contas.

Parágrafo único. Aos servidores do Serviço Exterior Brasileiro, regidos pela Lei n. 11.440, de 29 de dezembro de 2006, o disposto neste artigo será aplicado progressivamente à razão de 1 (um) ano adicional de limite para aposentadoria compulsória ao fim de cada 2 (dois) anos, a partir da vigência desta Lei Complementar, até o limite de 75 (setenta e cinco) anos previsto no *caput*.

Art. 3.º Revoga-se o inciso I do art. 1.º da Lei Complementar n. 51, de 20 de dezembro de 1985.

Art. 4.º Esta Lei Complementar entra em vigor na data de sua publicação.

Brasília, 3 de dezembro de 2015; 194.º da Independência e 127.º da República.

DILMA ROUSSEFF

LEI N. 13.240, DE 30 DE DEZEMBRO DE 2015 (**)

Dispõe sobre a administração, a alienação, a transferência de gestão de imóveis da

(*) Publicada no *Diário Oficial da União* de 4-12-2015.

(**) Publicada no *Diário Oficial da União* de 31-12-2015.

União e seu uso para a constituição de fundos; altera a Lei n. 9.636, de 15 de maio de 1998, e os Decretos-lei n. 3.438, de 17 de julho de 1941, 9.760, de 5 de setembro de 1946, 271, de 28 de fevereiro de 1967, e 2.398, de 21 de dezembro de 1987; e revoga dispositivo da Lei n. 13.139, de 26 de junho de 2015.

A Presidenta da República

Faço saber que o Congresso Nacional decreta e eu sanciono a seguinte Lei:

Art. 1.º Esta Lei dispõe sobre a administração, a alienação, a transferência de gestão de imóveis da União e seu uso para a constituição de fundos.

§ 1.º O disposto nesta Lei aplica-se também aos imóveis das autarquias e das fundações públicas federais no caso de adesão expressa do dirigente máximo.

§ 2.º Não se aplica o disposto nesta Lei aos imóveis da União:

I – administrados pelo Ministério das Relações Exteriores, pelo Ministério da Defesa ou pelos Comandos da Marinha, do Exército ou da Aeronáutica;

II – situados na Faixa de Fronteira de que trata a Lei n. 6.634, de 2 de maio de 1979, ou na faixa de segurança de que trata o § 3.º do art. 49 do Ato das Disposições Constitucionais Transitórias.

§ 3.º Para os fins desta Lei, considera-se faixa de segurança a extensão de trinta metros a partir do final da praia, nos termos do § 3.º do art. 10 da Lei n. 7.661, de 16 de maio de 1988.

> Citada lei dispõe sobre o Plano Nacional de Gerenciamento Costeiro.

§ 4.º Para os casos em que a União seja a proprietária do terreno e das edificações de imóveis enquadrados no regime de ocupação onerosa e para as permissões de uso de imóveis funcionais, será exigido do usuário, pessoa física ou jurídica, seguro patrimonial do imóvel, na forma a ser regulamentada pela Secretaria do Patrimônio da União (SPU).

>> § 4.º acrescentado pela Lei n. 13.465, de 11-7-2017.

Art. 2.º *(Revogado pela Lei n. 13.465, de 11-7-2017.)*

Art. 3.º *(Revogado pela Lei n. 13.465, de 11-7-2017.)*

Art. 4.º Os imóveis inscritos em ocupação poderão ser alienados pelo valor de mercado do imóvel, segundo os critérios de avaliação previstos no art. 11-C da Lei n. 9.636, de 15 de maio de 1998, excluídas as benfeitorias realizadas pelo ocupante.

>> § 4.º, *caput*, com redação determinada pela Lei n. 13.465, de 11-7-2017.

§ 1.º alienação a que se refere este artigo poderá ser efetuada à vista ou de forma parcelada, permitida a utilização dos recursos do FGTS para pagamento total, parcial ou em amortização de parcelas e liquidação do saldo devedor, observadas as demais regras e condições estabelecidas para uso do FGTS.

>> § 1.º acrescentado pela Lei n. 13.465, de 11-7-2017.

§ 2.º As demais condições para a alienação dos imóveis inscritos em ocupação a que se refere este artigo serão estabelecidas em ato da Secretaria do Patrimônio da União (SPU).

>> § 2.º acrescentado pela Lei n. 13.465, de 11-7-2017.

§ 3.º A Secretaria do Patrimônio da União (SPU) verificará a regularidade cadastral dos imóveis a serem alienados e procederá aos ajustes eventualmente necessários durante o processo de alienação.

>> § 3.º acrescentado pela Lei n. 13.465, de 11-7-2017.

§ 4.º O prazo de validade da avaliação de que trata o *caput* deste artigo será de, no máximo, doze meses.

>> § 4.º acrescentado pela Lei n. 13.465, de 11-7-2017.

§ 5.º Os templos religiosos poderão, nos termos do *caput* deste artigo, ser alienados aos seus ocupantes com desconto de 25% (vinte e cinco por cento), nos termos do art. 11 desta Lei.

>> § 5.º acrescentado pela Lei n. 14.011, de 10-6-2020.

Art. 5.º O ocupante que não optar pela aquisição dos imóveis a que se refere o art. 4.º continuará submetido ao regime de ocupação, na forma da legislação vigente.

>> Artigo com redação determinada pela Lei n. 13.465, de 11-7-2017.

Art. 5.º-A. Fica o Poder Executivo federal autorizado, por intermédio da Secretaria do Patrimônio da União (SPU), a contratar a Caixa Econômica Federal, independentemente de processo licitatório, para a prestação de serviços relacionados à administração dos contratos, arrecadação e cobrança administrativa decorrentes da alienação dos imóveis a que se refere o art. 4.º desta Lei.

>> *Caput* acrescentado pela Lei n. 13.465, de 11-7-2017.

Parágrafo único. A Caixa Econômica Federal representará a União na celebração dos contratos de que trata o *caput* deste artigo.

>> Parágrafo único acrescentado pela Lei n. 13.465, de 11-7-2017.

Art. 6.º A Secretaria do Patrimônio da União verificará a regularidade cadastral dos imóveis a serem alienados e procederá aos ajustes eventualmente necessários durante o processo de alienação.

Art. 7.º *(Revogado pela Lei n. 13.465, de 11-7-2017.)*

Art. 8.º O Ministro de Estado do Planejamento, Desenvolvimento e Gestão, permitida a delegação, editará portaria com a lista de áreas ou imóveis sujeitos à alienação nos termos desta Lei.

>> *Caput* com redação determinada pela Lei n. 13.465, de 11-7-2017.

§ 1.º Os terrenos de marinha e acrescidos alienados na forma desta Lei:

I – não incluirão:

a) áreas de preservação permanente, na forma do inciso II do *caput* do art. 3.º da Lei n. 12.651, de 25 de maio de 2012; ou

> A Lei n. 12.651, de 25-5-2012, institui o Código Florestal.

b) áreas em que seja vedado o parcelamento do solo, na forma do art. 3.º e do inciso I do *caput* do art. 13 da Lei n. 6.766, de 19 de dezembro de 1979;

> A Lei n. 6.766, de 19-12-1979, dispõe sobre o parcelamento do solo urbano.

II – deverão estar situados em área urbana consolidada.

>> Inciso II com redação determinada pela Lei n. 13.465, de 11-7-2017.

a) e *b)* *(Vetadas.)*

§ 2.º Para os fins desta Lei, considera-se área urbana consolidada aquela:

I – incluída no perímetro urbano ou em zona urbana pelo plano diretor ou por lei municipal específica;

II – com sistema viário implantado e vias de circulação pavimentadas;

III – organizada em quadras e lotes predominantemente edificados;

IV – de uso predominantemente urbano, caracterizado pela existência de edificações residenciais, comerciais, industriais, institucionais, mistas ou voltadas à prestação de serviços; e

V – com a presença de, no mínimo, três dos seguintes equipamentos de infraestrutura urbana implantados:

a) drenagem de águas pluviais;

b) esgotamento sanitário;

c) abastecimento de água potável;

d) distribuição de energia elétrica; e

e) limpeza urbana, coleta e manejo de resíduos sólidos.

§ 3.º A alienação dos imóveis de que trata o § 1.º não implica supressão das restrições administrativas de uso ou edificação que possam prejudicar a segurança da navegação, conforme estabelecido em ato do Ministro de Estado da Defesa.

§ 4.º Não há necessidade de autorização legislativa específica para alienação dos imóveis arrolados na portaria a que se refere o *caput*.

Art. 8.º-A. Fica a Secretaria do Patrimônio da União (SPU) autorizada a receber Proposta de Manifestação de Aquisição por ocupante de imóvel da União que esteja regularmente inscrito e adimplente com suas obrigações com aquela Secretaria.

>> *Caput* acrescentado pela Lei n. 13.465, de 11-7-2017.

§ 1.º O ocupante deverá apresentar à SPU carta formalizando o interesse na aquisição juntamente com a identificação do imóvel e do ocupante, comprovação do período de ocupação e de estar em dia com as respectivas taxas, avaliação do imóvel e das benfeitorias, proposta de pagamento e, para imóveis rurais, georreferenciamento e CAR individualizado.

>> § 1.º acrescentado pela Lei n. 13.465, de 11-7-2017.

§ 2.º Para a análise da Proposta de Manifestação de Aquisição de que trata este artigo deverão ser cumpridos todos os requisitos e condicionantes estabelecidos na legislação que normatiza a alienação de imóveis da União, mediante a edição da portaria do Ministério do Planejamento, Desenvolvimento e Gestão, de que trata o art. 8.º desta Lei, bem como os critérios de avaliação previstos no art. 11-C da Lei n. 9.636, de 15 de maio de 1998.

>> § 2.º acrescentado pela Lei n. 13.465, de 11-7-2017.

§ 3.º O protocolo da Proposta de Manifestação de Aquisição de imóvel da União pela Secretaria do Patrimônio da União (SPU) não constituirá nenhum direito ao ocupante perante a União.

>> § 3.º acrescentado pela Lei n. 13.465, de 11-7-2017.

§ 4.º A Secretaria do Patrimônio da União (SPU) fica autorizada a regulamentar a Proposta de Manifestação de Aquisição de que trata este artigo, mediante edição de portaria específica.

>> § 4.º acrescentado pela Lei n. 13.465, de 11-7-2017.

Art. 9.º Poderá ser alienado ao ocupante que o tenha como único imóvel residencial no Município ou no Distrito Federal, dispensada a licitação, o imóvel da União situado em área:

I – urbana consolidada, nos termos do § 2.º do art. 8.º desta Lei, desde que não esteja situado em área de preservação permanente, na forma do inciso II do *caput* do art. 3.º da Lei n. 12.651, de 25 de maio de 2012, nem em área na qual seja vedado o parcelamento do solo, na forma do art. 3.º e do inciso I do *caput* do art. 13 da Lei n. 6.766, de 19 de dezembro de 1979;

II – rural, desde que o imóvel tenha área igual ou superior à dimensão do módulo de propriedade rural estabelecida pela Lei n. 4.504, de 30 de novembro de 1964, e não superior ao dobro daquela dimensão e não esteja sendo utilizado para fins urbanos.

> Citada lei dispõe sobre o Estatuto da Terra.

Art. 10. É assegurado ao ocupante de boa-fé o direito de preferência para a aquisição do respectivo imóvel sujeito a alienação nos termos desta Lei.

Art. 11. O adquirente receberá desconto de 25% (vinte e cinco por cento) na aquisição à vista, com fundamento no art. 4.º desta Lei, desde que atendidas as seguintes condições, cumulativamente:

>> *Caput* com redação determinada pela Lei n. 13.813, de 9-4-2019.

I – tenha sido apresentada manifestação de interesse para a aquisição à vista com o desconto de que trata o ***caput*** deste artigo no prazo de 30 (trinta) dias, contado a partir da data do recebimento da notificação da inclusão do imóvel na portaria de que trata o art. 8.º desta Lei; e

>> Inciso I acrescentado pela Lei n. 13.813, de 9-4-2019.

II – tenha sido efetuado o pagamento à vista do valor da alienação no prazo de 60 (sessenta) dias, contado a partir da data da manifestação de interesse do adquirente.

>> Inciso II acrescentado pela Lei n. 13.813, de 9-4-2019.

Parágrafo único. Para as alienações efetuadas de forma parcelada, não será concedido desconto.

>> Parágrafo único acrescentado pela Lei n. 13.465, de 11-7-2017.

Art. 12. O pagamento das alienações realizadas nos termos desta Lei observará critérios fixados em regulamento e poderá ser realizado:

I – vista;

>> Inciso I com redação determinada pela Lei n. 13.465, de 11-7-2017.

II – (*Vetado*.);

III – a prazo, mediante as condições de parcelamento estabelecidas em ato da Secretaria do Patrimônio da União (SPU).

>> Inciso III acrescentado pela Lei n. 13.465, de 11-7-2017.

Art. 13. ***(Revogado pela Lei n. 13.465, de 11-7-2017.)***

Art. 14. É a União autorizada a transferir aos Municípios a gestão das orlas e praias marítimas, estuarinas, lacustres e fluviais federais, inclusive as áreas de bens de uso comum com exploração econômica, tais como calçadões, praças e parques públicos, excetuados:

>> *Caput* com redação determinada pela Lei n. 13.813, de 9-4-2019.

I – os corpos d'água;

II – as áreas consideradas essenciais para a estratégia de defesa nacional;

III – as áreas reservadas à utilização de órgãos e entidades federais;

IV – as áreas destinadas à exploração de serviço público de competência da União;

V – as áreas situadas em unidades de conservação federais.

§ 1.º A transferência prevista neste artigo ocorrerá mediante assinatura de termo de adesão com a União.

§ 2.º O termo de adesão será disponibilizado no sítio eletrônico do Ministério do Planejamento, Orçamento e Gestão para preenchimento eletrônico e preverá, entre outras cláusulas:

I – a sujeição do Município às orientações normativas e à fiscalização pela Secretaria do Patrimônio da União;

II – o direito dos Municípios sobre a totalidade das receitas auferidas com as utilizações autorizadas;

III – a possibilidade de a União retomar a gestão, a qualquer tempo, devido a descumprimento de normas da Secretaria do Patrimônio da União ou por razões de interesse público superveniente;

IV – a reversão automática da área à Secretaria do Patrimônio da União no caso de cancelamento do termo de adesão;

V – a responsabilidade integral do Município, no período de gestão municipal, pelas ações ocorridas, pelas omissões praticadas e pelas multas e indenizações decorrentes.

§ 3.º (*Vetado*.)

Art. 15. Ficam transferidos aos Municípios e ao Distrito Federal os logradouros públicos, pertencentes a parcelamentos do solo para fins urbanos aprovados ou regularizados pelo poder local e registrados nos cartórios de registro de imóveis, localizados em terrenos de domínio da União.

Art. 16. A Secretaria do Patrimônio da União poderá reconhecer a utilização de terrenos da União por terceiros em áreas de preservação ambiental ou necessárias à preservação dos ecossistemas naturais, inclusive em Área de Preservação Permanente – APP, inscrevendo-os em regime de ocupação, observados os prazos da Lei n. 9.636, de 15 de maio de 1998, devendo ser comprovado perante o órgão ambiental competente que a utilização não concorre nem tenha concorrido para comprometimento da integridade dessas áreas.

§ 1.º O ocupante responsabiliza-se pela preservação do meio ambiente na área inscrita em ocupação e pela obtenção das licenças urbanísticas e ambientais eventualmente necessárias, sob pena de cancelamento da inscrição de ocupação.

§ 2.º O reconhecimento de que trata este artigo não se aplica às áreas de uso comum.

Art. 17. A União repassará 20% (vinte por cento) da receita patrimonial decorrente da alienação dos imóveis a que se refere o art. 4.º aos Municípios e ao Distrito Federal onde estão localizados.

>> Artigo com redação determinada pela Lei n. 13.465, de 11-7-2017.

Art. 18. As receitas patrimoniais da União decorrentes da venda de imóveis de que tratam o art. 8.º desta Lei e os arts. 12 a 15 e 16-C da Lei n. 9.636, de 15 de maio de 1998, e dos direitos reais a eles associados, bem como as obtidas com as alienações e outras operações dos fundos imobiliários, descontados os custos operacionais, comporão o Fundo instituído pelo Decreto-lei n. 1.437, de 17 de dezembro de 1975, e integrarão a subconta especial destinada a atender às despesas com o Programa de Administração Patrimonial Imobiliária da União (Proap), instituído pelo art. 37 da Lei n. 9.636, de 15 de maio de 1998, ressalvadas aquelas com outra destinação prevista em lei.

>> *Caput* com redação determinada pela Lei n. 13.465, de 11-7-2017.

Parágrafo único. (*Revogado pela Lei n. 13.465, de 11-7-2017.*)

Art. 18-A. O percentual de 2,5% (dois inteiros e cinco décimos por cento) das receitas patrimoniais da União arrecadadas anualmente por meio da cobrança de taxa de ocupação, foro e laudêmio, recuperação de dívida ativa, arrendamentos, aluguéis, cessão e permissão de uso, multas e outras taxas patrimoniais integrará a subconta especial destinada a atender às despesas previstas no Programa de Administração Patrimonial Imobiliária da União (PROAP), instituído pelo art. 37 da Lei n. 9.636, de 15 de maio de 1998, ressalvadas aquelas com outra destinação prevista em lei.

>> *Caput* acrescentado pela Lei n. 13.465, de 11-7-2017.

Parágrafo único. Os recursos referidos no *caput* deste artigo serão alocados para as finalidades previstas nos incisos II a VIII do *caput* do art. 37 da Lei n. 9.636, de 15 de maio de 1998, e poderão ser utilizados a qualquer momento pela Secretaria do Patrimônio da União (SPU).

>> Parágrafo único acrescentado pela Lei n. 13.502, de 1.º-11-2017.

Art. 19. A Lei n. 9.636, de 15 de maio de 1998, passa a vigorar com as seguintes alterações:

>> Alterações já processadas no diploma modificado.

Art. 20. Os imóveis de propriedade da União arrolados na portaria de que trata o art. 8.º e os direitos reais a eles associados poderão ser destinados à integralização de cotas em fundos de investimento.

>> *Caput* com redação determinada pela Lei n. 13.502, de 1.º-11-2017.

§ 1.º O Ministro de Estado do Planejamento, Orçamento e Gestão editará nova portaria para definir os imóveis abrangidos pelo *caput* e a destinação a ser dada a eles.

§ 2.º O fundo de investimento deverá ter em seu estatuto, entre outras disposições:

I – o objetivo de administrar os bens e direitos sob sua responsabilidade, podendo, para tanto, alienar, reformar, edificar, adquirir ou alugar os bens e direitos sob sua responsabilidade;

II – a permissão para adquirir ou integralizar cotas, inclusive com imóveis e com direitos reais a eles associados, em outros fundos de investimento;

III – a permissão para aceitar como ativos, inclusive com periodicidade superior a sessenta meses, contratos de locação com o poder público;

IV – a delimitação da responsabilidade dos cotistas por suas obrigações até o limite de sua participação no patrimônio do fundo;

V – a vedação à realização de operações que possam implicar perda superior ao valor do patrimônio do fundo;

VI – a possibilidade de o fundo poder ter suas cotas negociadas em ambiente de negociação centralizada e eletrônica, inclusive em bolsa de valores e de mercadorias ou em mercado de balcão organizado.

§ 3.º A União poderá contratar, por meio de processo licitatório, prestação de serviços de constituição, de estruturação, de administração e de gestão de fundo de investimento, para os fins de que trata o *caput* deste artigo, dispensada a licitação para a contratação de instituições financeiras oficiais federais.

>> § 3.º com redação determinada pela Lei n. 13.813, de 9-4-2019.

§ 4.º Os fundos referidos no *caput* deste artigo poderão ter por objeto a realização de programas de regularização fundiária, rural ou urbana, de que tratam as Leis n. 9.636, de 15 de maio de 1998, e 13.465, de 11 de julho de 2017, com o encargo de que as áreas inseridas nas poligonais dos programas sejam regularizadas e alienadas aos seus ocupantes, sempre que possível, e, além das matérias referidas no § 2.º deste artigo, devem estar previstas em seus regulamentos as seguintes disposições:

>> § 4.º, *caput*, acrescentado pela Lei n. 14.011, de 10-6-2020.

I – previsão de ressarcimento aos fundos dos encargos de aprovação de projetos de parcelamento e registro dos imóveis situados na poligonal;

>> Inciso I acrescentado pela Lei n. 14.011, de 10-6-2020.

II – obrigação de alienar, ou conceder gratuitamente, os imóveis regularizados aos seus ocupantes;

>> Inciso II acrescentado pela Lei n. 14.011, de 10-6-2020.

III – permissão para amortizar os custos da regularização por meio de imóveis disponíveis, não ocupados ou alienados, situados na poligonal do projeto de regularização;

>> Inciso III acrescentado pela Lei n. 14.011, de 10-6-2020.

IV – previsão de que os imóveis regularizados e não ocupados disponíveis dentro da poligonal deverão, preferencialmente, ser alienados, podendo, no entanto, ser retidos no fundo até a integralização do custo do programa de regularização;

>> Inciso IV acrescentado pela Lei n. 14.011, de 10-6-2020.

V – previsão de que poderão ser livremente alienados os imóveis desocupados e fora da poligonal da regularização fundiária.

>> Inciso V acrescentado pela Lei n. 14.011, de 10-6-2020.

§ 5.º Em caso de imóveis em que recaia interesse público ou de imóveis de uso especial, bem como no caso de necessidade de realização de obras de infraestrutura, os fundos de regularização de que trata o § 6.º deste artigo poderão utilizar as receitas de alienação de outros imóveis situados na poligonal para ressarcimento dos custos efetivamente incorridos.

>> § 5.º acrescentado pela Lei n. 14.011, de 10-6-2020.

§ 6.º Ficam os fundos com o objeto descrito no § 4.º deste artigo sujeitos ao regime de que trata a Lei n. 8.668, de 25 de junho de 1993

>> § 6.º acrescentado pela Lei n. 14.011, de 10-6-2020.

§ 7.º As quotas dos fundos com o objeto descrito no § 4.º deste artigo constituem valores mobiliários sujeitos ao regime da Lei n. 6.385, de 7 de dezembro de 1976.

>> § 7.º acrescentado pela Lei n. 14.011, de 10-6-2020.

§ 8.º A integralização de bens e direitos imobiliários da União nos fundos de que trata este artigo poderá ser feita com base em laudo de avaliação homologado pela Secretaria de Coordenação e Governança do Patrimônio da União e aprovado pela assembleia de cotistas, exceto quando se tratar da primeira oferta pública de distribuição de quotas do fundo.

>> § 8.º acrescentado pela Lei n. 14.011, de 10-6-2020.

Art. 20-A. Para os fins do disposto no art. 20 desta Lei, a União é autorizada a prever no instrumento convocatório a hipótese de realização das despesas iniciais de estruturação do fundo de investimento, observada a disponibilidade financeira e orçamentária.

>> *Caput* acrescentado pela Lei n. 13.813, de 9-4-2019.

Parágrafo único. As despesas de que trata o *caput* deste artigo serão amortizadas por meio do recebimento de cotas equivalentes aos valores despendidos.

>> Parágrafo único acrescentado pela Lei n. 13.813, de 9-4-2019.

Art. 21. Fica o Poder Executivo autorizado a, por intermédio da Secretaria do Patrimônio da União, celebrar contratos ou convênios com órgãos e entidades da União, de Estados, do Distrito Federal ou de Municípios, notadamente a Caixa Econômica Federal e a Agência de Desenvolvimento do Distrito Federal – TERRACAP, para a execução de ações de cadastramento, regularização, avaliação e outras medidas necessárias ao processo de alienação dos bens imóveis a que se refere esta Lei e representá-la na celebração de contratos ou em outros ajustes.

§ 1.º Observados os procedimentos licitatórios previstos em lei, fica autorizada a contratação da iniciativa privada para a execução das ações de demarcação, avaliação e alienação dos bens imóveis a que se refere esta Lei.

§ 2.º Na contratação da Caixa Econômica Federal:

I – será dispensada a homologação pelo ente público das avaliações realizadas;

II – a validade das avaliações será de um ano; e

III – (*Vetado*.)

§ 3.º O Ministro de Estado do Planejamento, Orçamento e Gestão, permitida a delegação, editará portaria para arrolar as áreas ou os imóveis alcançados pelos contratos e convênios previstos neste artigo.

Art. 22. **Os imóveis não operacionais que constituem o patrimônio imobiliário do Fundo do Regime Geral de Previdência Social serão geridos pela Secretaria de Coordenação e Governança do Patrimônio da União da Secretaria Especial de Desestatização, Desinvestimento e Mercados do Ministério da Economia, observado o disposto na legislação relativa ao patrimônio imobiliário da União.**

>> *Caput* com redação determinada pela Lei n. 14.011, de 10-6-2020.

§§ 1.º e 2.º ***(Revogados pela Lei n. 14.011, de 10-6-2020.)***

§ 3.º **Para fins do disposto neste artigo, o Instituto Nacional do Seguro Social (INSS) publicará a listagem dos imóveis operacionais e não operacionais que constituem o patrimônio imobiliário do Fundo do Regime Geral de Previdência Social e transferirá a gestão dos imóveis não operacionais para a Secretaria de Coordenação e Governança do Patrimônio da União.**

>> § 3.º acrescentado pela Lei n. 14.011, de 10-6-2020.

§ 4.º **Sempre que possível, a Secretaria de Coordenação e Governança do Patrimônio da União providenciará a conversão do patrimônio imobiliário de que trata o *caput* deste artigo em recursos financeiros, por meio dos mecanismos de alienação e de utilização onerosa.**

>> § 4.º acrescentado pela Lei n. 14.011, de 10-6-2020.

§ 5.º **Os recursos financeiros resultantes da alienação ou da utilização onerosa dos imóveis de que trata o § 4.º deste artigo serão destinados ao Fundo do Regime Geral de Previdência Social.**

>> § 5.º acrescentado pela Lei n. 14.011, de 10-6-2020.

§ 6.º **A Secretaria de Coordenação e Governança do Patrimônio da União, em conjunto com o INSS, nos termos de regulamento, identificará os imóveis que não tenham aproveitamento econômico ou não apresentem potencial imediato de alienação ou de utilização onerosa e que poderão ser objeto de outras formas de destinação, inclusive no âmbito de programas habitacionais e de regularização fundiária destinados à população de baixa renda.**

>> § 6.º acrescentado pela Lei n. 14.011, de 10-6-2020.

§ 7.º **Na hipótese de a Secretaria de Coordenação e Governança do Patrimônio da União dar destinação não econômica aos imóveis de que trata este artigo, nos termos do § 6.º, a União recomporá o Fundo do Regime Geral de Previdência Social por meio de permuta de imóveis com valor equivalente, conforme avaliação de valor de mercado realizada nos 12 (doze) meses anteriores, prorrogáveis por igual período.**

>> § 7.º acrescentado pela Lei n. 14.011, de 10-6-2020.

§ 8.º **A destinação não econômica de imóveis para atendimento de interesse dos Estados, do Distrito Federal ou dos Municípios poderá ocorrer somente após a permuta de que trata o § 7.º deste artigo, cabendo ao ente federativo interessado a recomposição patrimonial à União, exceto quando a recomposição for dispensada por lei.**

>> § 8.º acrescentado pela Lei n. 14.011, de 10-6-2020.

§ 9.º **Quando se tratar dos imóveis não operacionais sob a gestão da Secretaria de Coordenação e Governança do Patrimônio da União, a União representará o Fundo do Regime Geral de Previdência Social nos direitos, nos créditos, nos deveres e nas obrigações e exercerá as atribuições e competências estabelecidas na Lei n. 9.702, de 17 de novembro de 1998.**

>> § 9.º acrescentado pela Lei n. 14.011, de 10-6-2020.

§ 10. **Caberá ao Fundo do Regime Geral de Previdência Social arcar com as despesas decorrentes da conservação, da avaliação e da administração dos imóveis que constituam o seu patrimônio imobiliário, nos termos de regulamento.**

>> § 10 acrescentado pela Lei n. 14.011, de 10-6-2020.

§ 11. **Aplica-se o disposto no *caput* deste artigo aos imóveis funcionais ocupados ou não que constituam o patrimônio imobiliário do Fundo do Regime Geral de Previdência Social.**

>> § 11 acrescentado pela Lei n. 14.011, de 10-6-2020.

§ 12. **As medidas necessárias para a operacionalização do disposto neste artigo serão objeto de ato conjunto da Secretaria de Coordenação e Governança do Patrimônio da União, da Secretaria Especial de Previdência e Trabalho do Ministério da Economia e do INSS.**

>> § 12 acrescentado pela Lei n. 14.011, de 10-6-2020.

Art. 22-A. **Os imóveis operacionais destinados à prestação de serviços aos segurados e beneficiários do Regime Geral de Previdência Social, ainda que parcialmente, permanecem afetados às suas finalidades.**

>> *Caput* acrescentado pela Lei n. 14.011, de 10-6-2020.

§ 1.º **A Secretaria de Coordenação e Governança do Patrimônio da União reverterá imóveis não operacionais do Fundo do Regime Geral de Previdência Social para utilização pelos órgãos responsáveis pelos serviços de que trata o *caput* deste artigo.**

>> § 1.º acrescentado pela Lei n. 14.011, de 10-6-2020.

§ 2.º **Na hipótese de os imóveis de que trata o *caput* deste artigo perderem seu caráter operacional, os imóveis serão preferencialmente afetados ou cedidos ao serviço de assistência social da União, dos Estados, do Distrito Federal ou dos Municípios, nos termos de regulamento.**

>> § 2.º acrescentado pela Lei n. 14.011, de 10-6-2020.

§ 3.º **A utilização dos imóveis para os fins de que trata este artigo não será onerosa.**

>> § 3.º acrescentado pela Lei n. 14.011, de 10-6-2020.

Art. 22-B. **Ficam revertidos aos respectivos Estados, ao Distrito Federal e aos Municípios os imóveis doados ao Fundo do Regime Geral de Previdência Social cujas obras não tenham sido iniciadas até 1.º de dezembro de 2019.**

>> Artigo acrescentado pela Lei n. 14.011, de 10-6-2020.

Art. 23. Os imóveis do Instituto Nacional de Colonização e Reforma Agrária – INCRA desprovidos de vocação agrícola poderão ser doados a Estado, ao Distrito Federal ou a Município, para o fim específico de regularização fundiária de assentamento urbano, nos termos da Lei n. 11.977, de 7 de julho de 2009.

...

Art. 28. Esta Lei entra em vigor na data de sua publicação.

Art. 29. Ficam revogados:

I – o inciso III do *caput* do art. 24 e o inciso II do *caput* do art. 27 da Lei n. 9.636, de 15 de maio de 1998;

II – o art. 1.º da Lei n. 13.139, de 26 de junho de 2015, na parte em que altera a redação do art. 100 do Decreto-lei n. 9.760, de 5 de setembro de 1946.

Brasília, 30 de dezembro de 2015; 194.º da Independência e 127.º da República.

DILMA ROUSSEFF

LEI N. 13.254, DE 13 DE JANEIRO DE 2016 (*)

(*) Publicada no *Diário Oficial da União*, de 14-1-2016. A Lei n. 13.428, de 30-3-2017, dispõe sobre reabertura de prazo para adesão ao RERTC.

Dispõe sobre o Regime Especial de Regularização Cambial e Tributária (RERCT) de recursos, bens ou direitos de origem lícita, não declarados ou declarados incorretamente, remetidos, mantidos no exterior ou repatriados por residentes ou domiciliados no País.

A Presidenta da República

Faço saber que o Congresso Nacional decreta e eu sanciono a seguinte Lei:

Art. 1.º É instituído o Regime Especial de Regularização Cambial e Tributária (RERCT), para declaração voluntária de recursos, bens ou direitos de origem lícita, não declarados ou declarados com omissão ou incorreção em relação a dados essenciais, remetidos ou mantidos no exterior, ou repatriados por residentes ou domiciliados no País, conforme a legislação cambial ou tributária, nos termos e condições desta Lei.

>> A Lei n. 13.428, de 30-3-2017, dispõe sobre reabertura de prazo para adesão ao RERTC.

§ 1.º O RERCT aplica-se aos residentes ou domiciliados no País em 31 de dezembro de 2014 que tenham sido ou ainda sejam proprietários ou titulares de ativos, bens ou direitos em períodos anteriores a 31 de dezembro de 2014, ainda que, nessa data, não possuam saldo de recursos ou título de propriedade de bens e direitos.

>> Sobre prazos o art. 2.º, § 1.º, I, da Lei n. 13.428, de 30-3-2017, dispõe que a referência a "31 de dezembro de 2014" constante desta Lei fica alterada para "30 de junho de 2016".

§ 2.º Os efeitos desta Lei serão aplicados aos titulares de direito ou de fato que, voluntariamente, declararem ou retificarem a declaração incorreta referente a recursos, bens ou direitos, acompanhados de documentos e informações sobre sua identificação, titularidade ou destinação.

§ 3.º O RERCT aplica-se também aos não residentes no momento da publicação desta Lei, desde que residentes ou domiciliados no País conforme a legislação tributária em 31 de dezembro de 2014.

>> Sobre prazos o art. 2.º, § 1.º, I, da Lei n. 13.428, de 30-3-2017, dispõe que a referência a "31 de dezembro de 2014" constante desta Lei fica alterada para "30 de junho de 2016".

§ 4.º Os efeitos desta Lei serão aplicados também ao espólio cuja sucessão esteja aberta em 31 de dezembro de 2014.

>> Sobre prazos o art. 2.º, § 1.º, I, da Lei n. 13.428, de 30-3-2017, dispõe que a referência a "31 de dezembro de 2014" constante desta Lei fica alterada para "30 de junho de 2016".

§ 4.º-A. O RERCT aplica-se também ao espólio cuja sucessão tenha sido aberta até a data de adesão ao RERCT.

>> § 4.º-A acrescentado pela Lei n. 13.428, de 30-3-2017.

>> Sobre prazos o art. 2.º, § 1.º, I, da Lei n. 13.428, de 30-3-2017, dispõe que a referência a "31 de dezembro de 2014" constante desta Lei fica alterada para "30 de junho de 2016".

§ 5.º Esta Lei não se aplica aos sujeitos que tiverem sido condenados em ação penal:

I – (*Vetado*.); e

II – cujo objeto seja um dos crimes listados no § 1.º do art. 5.º, ainda que se refira aos recursos, bens ou direitos a serem regularizados pelo RERCT.

Art. 2.º Consideram-se, para os fins desta Lei:

I – recursos ou patrimônio não declarados ou declarados com omissão ou incorreção em relação a dados essenciais: os valores, os bens materiais ou imateriais, os capitais e os direitos, independentemente da natureza, origem ou moeda que sejam ou tenham sido, anteriormente a 31 de dezembro de 2014, de propriedade de pessoas físicas ou jurídicas residentes, domiciliadas ou com sede no País;

>> Sobre prazos o art. 2.º, § 1.º, I, da Lei n. 13.428, de 30-3-2017, dispõe que a referência a "31 de dezembro de 2014" constante desta Lei fica alterada para "30 de junho de 2016".

II – recursos ou patrimônio de origem lícita: os bens e os direitos adquiridos com recursos oriundos de atividades permitidas ou não proibidas pela lei, bem como o objeto, o produto ou o proveito dos crimes previstos no § 1.º do art. 5.º;

III – recursos ou patrimônio repatriados objeto do RERCT: todos os recursos ou patrimônio, em qualquer moeda ou forma, de propriedade de residentes ou de domiciliados no País, ainda que sob a titularidade de não residentes, da qual participe, seja sócio, proprietário ou beneficiário, que foram adquiridos, transferidos ou empregados no Brasil, com ou sem registro no Banco Central do Brasil, e não se encontrem devidamente declarados;

IV – recursos ou patrimônio remetidos ou mantidos no exterior: os valores, os bens materiais ou imateriais, os capitais e os direitos não declarados ou declarados com omissão ou incorreção em relação a dados essenciais e remetidos ou mantidos fora do território nacional;

V – titular: proprietário dos recursos ou patrimônio não declarados, remetidos ou mantidos no exterior ou repatriados indevidamente.

Art. 3.º O RERCT aplica-se a todos os recursos, bens ou direitos de origem lícita de residentes ou domiciliados no País até 31 de dezembro de 2014, incluindo movimentações anteriormente existentes, remetidos ou mantidos no exterior, bem como aos que tenham sido transferidos para o País, em qualquer caso, e que não tenham sido declarados ou tenham sido declarados com omissão ou incorreção em relação a dados essenciais, como:

>> Sobre prazos o art. 2.º, § 1.º, I, da Lei n. 13.428, de 30-3-2017, dispõe que a referência a "31 de dezembro de 2014" constante desta Lei fica alterada para "30 de junho de 2016".

I – depósitos bancários, certificados de depósitos, cotas de fundos de investimento, instrumentos financeiros, apólices de seguro, certificados de investimento ou operações de capitalização, depósitos em cartões de crédito, fundos de aposentadoria ou pensão;

II – operação de empréstimo com pessoa física ou jurídica;

III – recursos, bens ou direitos de qualquer natureza, decorrentes de operações de câmbio ilegítimas ou não autorizadas;

IV – recursos, bens ou direitos de qualquer natureza, integralizados em empresas estrangeiras sob a forma de ações, integralização de capital, contribuição de capital ou qualquer outra forma de participação societária ou direito de participação no capital de pessoas jurídicas com ou sem personalidade jurídica;

V – ativos intangíveis disponíveis no exterior de qualquer natureza, como marcas, *copyright*, *software*, *know-how*, patentes e todo e qualquer direito submetido ao regime de *royalties*;

VI – bens imóveis em geral ou ativos que representem direitos sobre bens imóveis;

VII – veículos, aeronaves, embarcações e demais bens móveis sujeitos a registro em geral, ainda que em alienação fiduciária;

VIII – (*Vetado*.); e

IX – (*Vetado*.)

Art. 4.º Para adesão ao RERCT, a pessoa física ou jurídica deverá apresentar à Secretaria da Receita Federal do Brasil (RFB) e, em cópia para fins de registro, ao Banco Central do Brasil declaração única de regularização específica contendo a descrição pormenorizada dos recursos, bens e direitos de qualquer natureza de que seja titular em 31 de dezembro de 2014 a serem regularizados, com o respectivo valor em real, ou, no caso de inexistência de saldo ou título de propriedade em 31 de dezembro de 2014, a descrição das condutas praticadas pelo declarante que se enquadrem nos crimes previstos no § 1.º do art. 5.º desta Lei e dos respectivos bens e recursos que possuiu.

>> Sobre prazos o art. 2.º, § 1.º, I, da Lei n. 13.428, de 30-3-2017, dispõe que a referência a "31 de dezembro de 2014" constante desta Lei fica alterada para "30 de junho de 2016".

§ 1.º A declaração única de regularização a que se refere o *caput* deverá conter:

I – a identificação do declarante;

II – as informações fornecidas pelo contribuinte necessárias à identificação dos recursos, bens ou direitos a serem regularizados, bem como de sua titularidade e origem;

III – o valor, em real, dos recursos, bens ou direitos de qualquer natureza declarados;

IV – declaração do contribuinte de que os bens ou direitos de qualquer natureza declarados têm origem em atividade econômica lícita;

V – na hipótese de inexistência de saldo dos recursos, ou de titularidade de propriedade de bens ou direitos referidos no *caput*, em 31 de dezembro de 2014, a descrição das condutas praticadas pelo declarante que se enquadrem nos crimes previstos no § 1.º do art. 5.º desta Lei e dos respectivos recursos, bens ou direitos de qualquer natureza não declarados, remetidos ou mantidos no exterior ou repatriados, ainda que posteriormente repassados à titularidade ou responsabilidade, direta ou indireta, de *trust* de quaisquer espécies, fundações, sociedades despersonalizadas, fideicomissos, ou dispostos mediante a entrega a pessoa física ou jurídica, personalizada ou não, para guarda, depósito, investimento, posse ou propriedade de que sejam beneficiários efetivos o interessado, seu representante ou pessoa por ele designada; e

>> Sobre prazos o art. 2.º, § 1.º, I, da Lei n. 13.428, de 30-3-2017, dispõe que a referência a "31 de dezembro de 2014" constante desta Lei fica alterada para "30 de junho de 2016".

VI – (*Vetado*.)

§ 2.º Os recursos, bens e direitos de qualquer natureza constantes da declaração única para adesão ao RERCT deverão também ser informados na:

>> Sobre prazos o art. 2.º, § 1.º, I, da Lei n. 13.428, de 30-3-2017, dispõe que a referência a "31 de dezembro de 2014" constante desta Lei fica alterada para "30 de junho de 2016".

I – declaração retificadora de ajuste anual do imposto de renda relativa ao ano-calendário de 2014 e posteriores, no caso de pessoa física;

II – declaração retificadora da declaração de bens e capitais no exterior relativa ao ano-calendário de 2014 e posteriores, no caso de pessoa física e jurídica, se a ela estiver obrigada; e

III – escrituração contábil societária relativa ao ano-calendário da adesão e posteriores, no caso de pessoa jurídica.

§ 3.º A declaração das condutas e bens referidos no inciso V do § 1.º não implicará a apresentação das declarações previstas nos incisos I, II e III do § 2.º.

§ 4.º Após a adesão ao RERCT e consequente regularização nos termos do *caput*, a opção de repatriação pelo declarante de ativos financeiros no exterior deverá ocorrer por intermédio de instituição financeira autorizada a funcionar no País e a operar no mercado de câmbio, mediante apresentação do protocolo de entrega da declaração de que trata o *caput* deste artigo.

§ 5.º A regularização de ativos mantidos em nome de interposta pessoa estenderá a ela a extinção de punibilidade prevista no § 1.º do art. 5.º, nas condições previstas no referido artigo.

§ 6.º É a pessoa física ou jurídica que aderir ao RERCT obrigada a manter em boa guarda e ordem e em sua posse, pelo prazo de 5 (cinco) anos, cópia dos documentos referidos no § 8.º que ampararam a declaração de adesão ao RERCT e a apresentá-los se e quando exigidos pela RFB.

§ 7.º Os rendimentos, frutos e acessórios decorrentes do aproveitamento, no exterior ou no País, dos recursos, bens ou direitos de qualquer natureza regularizados por meio da declaração única a que se refere o *caput* deste artigo, obtidos no ano-calendário de 2015, deverão ser incluídos nas declarações previstas no § 2.º referentes ao ano-calendário da adesão e posteriores, aplicando-se o disposto no art. 138 da Lei n. 5.172, de 25 de outubro de 1966 (Código Tributário Nacional), se as retificações necessárias forem feitas até o último dia do prazo para adesão ao RERCT.

>> Sobre prazos o art. 2.º, § 1.º, I, da Lei n. 13.428, de 30-3-2017, dispõe que a referência a "31 de dezembro de 2014" constante desta Lei fica alterada para "30 de junho de 2016".

§ 8.º Para fins da declaração prevista no *caput*, o valor dos ativos a serem declarados deve corresponder aos valores de mercado, presumindo-se como tal:

>> Sobre prazos o art. 2.º, § 1.º, I, da Lei n. 13.428, de 30-3-2017, dispõe que a referência a "31 de dezembro de 2014" constante desta Lei fica alterada para "30 de junho de 2016".

I – para os ativos referidos nos incisos I e III do art. 3.º, o saldo existente em 31 de dezembro de 2014, conforme documento disponibilizado pela instituição financeira custodiante;

II – para os ativos referidos no inciso II do art. 3.º, o saldo credor remanescente em 31 de dezembro de 2014, conforme contrato entre as partes;

III – para os ativos referidos no inciso IV do art. 3.º, o valor de patrimônio líquido apurado em 31 de dezembro de 2014, conforme balanço patrimonial levantado nessa data;

IV – para os ativos referidos nos incisos V, VI, VII e IX do art. 3.º, o valor de mercado apurado conforme avaliação feita por entidade especializada;

V – (*Vetado*.); e

VI – para os ativos não mais existentes ou que não sejam de propriedade do declarante em 31 de dezembro de 2014, o valor apontado por documento idôneo que retrate o bem ou a operação a ele referente.

§ 9.º Para fins de apuração do valor do ativo em real, o valor expresso em moeda estrangeira deve ser convertido:

I – em dólar norte-americano pela cotação do dólar fixada, para venda, pelo Banco Central do Brasil, para o último dia útil do mês de dezembro de 2014; e

>> Sobre prazos o art. 2.º, § 1.º, I, da Lei n. 13.428, de 30-3-2017, dispõe que a referência a "31 de dezembro de 2014" constante desta Lei fica alterada para "30 de junho de 2016".

II – em moeda nacional pela cotação do dólar fixada, para venda, pelo Banco Central do Brasil, para o último dia útil do mês de dezembro de 2014.

>> Sobre prazos o art. 2.º, § 1.º, I, da Lei n. 13.428, de 30-3-2017, dispõe que a referência a "31 de dezembro de 2014" constante desta Lei fica alterada para "30 de junho de 2016".

§ 10. Para os recursos já repatriados, a declaração deverá ser feita tendo como base o valor do ativo em real em 31 de dezembro de 2014.

>> Sobre prazos o art. 2.º, § 1.º, I, da Lei n. 13.428, de 30-3-2017, dispõe que a referência a "31 de dezembro de 2014" constante desta Lei fica alterada para "30 de junho de 2016".

§ 11. Estão isentos da multa de que trata o art. 8.º os valores disponíveis em contas no exterior no limite de até R$ 10.000,00 (dez mil reais) por pessoa, convertidos em dólar norte-americano em 31 de dezembro de 2014.

>> Sobre prazos o art. 2.º, § 1.º, I, da Lei n. 13.428, de 30-3-2017, dispõe que a referência a "31 de dezembro de 2014" constante desta Lei fica alterada para "30 de junho de 2016".

§ 12. A declaração de regularização de que trata o *caput* não poderá ser, por qualquer modo, utilizada:

I – como único indício ou elemento para efeitos de expediente investigatório ou procedimento criminal;

II – para fundamentar, direta ou indiretamente, qualquer procedimento administrativo de natureza tributária ou cambial em relação aos recursos dela constantes.

§ 13. Sempre que o montante de ativos financeiros for superior a USD 100.000,00 (cem mil dólares norte-americanos), sem prejuízo do previsto no § 4.º, o declarante deverá solicitar e autorizar a instituição financeira no exterior a enviar informação sobre o saldo desses ativos em 31 de dezembro de 2014 para instituição financeira autorizada a funcionar no País, que prestará tal informação à RFB, não cabendo à instituição financeira autorizada a funcionar no País responsabilidade alguma quanto à averiguação das informações prestadas pela instituição financeira estrangeira.

>> Sobre prazos o art. 2.º, § 1.º, I, da Lei n. 13.428, de 30-3-2017, dispõe que a referência a "31 de dezembro de 2014" constante desta Lei fica alterada para "30 de junho de 2016".

Art. 5.º A adesão ao programa dar-se-á mediante entrega da declaração dos recursos, bens e direitos sujeitos à regularização prevista no *caput* do art. 4.º e pagamento integral do imposto previsto no art. 6.º e da multa prevista no art. 8.º desta Lei.

>> Sobre prazos o art. 2.º, § 1.º, I, da Lei n. 13.428, de 30-3-2017, dispõe que a referência a "31 de dezembro de 2014" constante desta Lei fica alterada para "30 de junho de 2016".

§ 1.º O cumprimento das condições previstas no *caput* antes de decisão criminal extinguirá, em relação a recursos, bens e direitos a serem regularizados nos termos desta Lei, a punibilidade dos crimes a seguir previstos, praticados até a data de adesão ao RERCT:

>> § 1.º com redação determinada pela Lei n. 13.428, de 30-3-2017.

I – no art. 1.º e nos incisos I, II e V do art. 2.º da Lei n. 8.137, de 27 de dezembro de 1990;

II – na Lei n. 4.729, de 14 de julho de 1965;

III – no art. 337-A do Decreto-lei n. 2.848, de 7 de dezembro de 1940 (Código Penal);

IV – nos seguintes arts. do Decreto-lei n. 2.848, de 7 de dezembro de 1940 (Código Penal), quando exaurida sua potencialidade lesiva com a prática dos crimes previstos nos incisos I a III:

a) 297;

b) 298;

c) 299;

d) 304;

V – (*Vetado*.);

VI – no *caput* e no parágrafo único do art. 22 da Lei n. 7.492, de 16 de junho de 1986;

VII – no art. 1.º da Lei n. 9.613, de 3 de março de 1998, quando o objeto do crime for bem, direito ou valor proveniente, direta ou indiretamente, dos crimes previstos nos incisos I a VI;

VIII – (*Vetado*.)

§ 2.º A extinção da punibilidade a que se refere o § 1.º:

I – (*Vetado*.);

II – somente ocorrerá se o cumprimento das condições se der antes do trânsito em julgado da decisão criminal condenatória;

III – produzirá, em relação à administração pública, a extinção de todas as obrigações de natureza cambial ou financeira, principais ou acessórias, inclusive as meramente formais, que pudessem ser exigíveis em relação aos bens e direitos declarados, ressalvadas as previstas nesta Lei.

§§ 3.º e 4.º (*Vetados*.)

§ 5.º Na hipótese dos incisos V e VI do § 1.º, a extinção da punibilidade será restrita aos casos em que os recursos utilizados na operação de câmbio não autorizada, as divisas ou moedas saídas do País sem autorização legal ou os depósitos mantidos no exterior e não declarados à repartição federal competente possuírem origem lícita ou forem provenientes, direta ou indiretamente, de quaisquer dos crimes previstos nos incisos I, II, III, VII ou VIII do § 1.º.

Art. 6.º Para fins do disposto nesta Lei, o montante dos ativos objeto de regularização será considerado acréscimo patrimonial adquirido em 31 de dezembro de 2014, ainda que nessa data não exista saldo ou título de propriedade, na forma do inciso II do *caput* e do § 1.º do art. 43 da Lei n. 5.172, de 25 de outubro de 1966 (Código Tributário Nacional), sujeitando-se a pessoa, física ou jurídica, ao pagamento do imposto de renda sobre ele, a título de ganho de capital, à alíquota de 15% (quinze por cento), vigente em 31 de dezembro de 2014.

>> Sobre prazos art. 2.º, § 1.º, I, da Lei n. 13.428, de 30-3-2017, dispõe que a referência a "31 de dezembro de 2014" constante desta Lei fica alterada para "30 de junho de 2016".

§ 1.º A arrecadação referida no *caput* será compartilhada com Estados e Municípios na forma estabelecida pela Constituição Federal, especialmente nos termos do que dispõe o inciso I de seu art. 159.

§ 2.º Na apuração da base de cálculo dos tributos de que trata este artigo, correspondente ao valor do ativo em real, não serão admitidas deduções de espécie alguma ou descontos de custo de aquisição.

§ 3.º Para fins de apuração do valor do ativo em real, o valor expresso em moeda estrangeira deve ser convertido:

I – em dólar norte-americano pela cotação do dólar fixada, para venda, pelo Banco Central do Brasil, para o último dia útil do mês de dezembro de 2014; e

>> Sobre prazos o art. 2.º, § 1.º, I, da Lei n. 13.428, de 30-3-2017, dispõe que a referência a "31 de dezembro de 2014" constante desta Lei fica alterada para "30 de junho de 2016".

II – em moeda nacional pela cotação do dólar fixada, para venda, pelo Banco Central do Brasil, para o último dia útil do mês de dezembro de 2014.

>> Sobre prazos o art. 2.º, § 1.º, I, da Lei n. 13.428, de 30-3-2017, dispõe que a referência a "mês de dezembro de 2014" constante desta Lei fica alterada para "mês de junho de 2016".

§ 4.º A regularização dos bens e direitos e o pagamento dos tributos na forma deste artigo e da multa de que trata o art. 8.º implicarão a remissão dos créditos tributários decorrentes do descumprimento de obrigações tributárias e a redução de 100% (cem por cento) das multas de mora, de ofício ou isoladas e dos encargos legais diretamente relacionados a esses bens e direitos em relação a fatos geradores ocorridos até 31 de dezembro de 2014 e excluirão a multa pela não entrega completa e tempestiva da declaração de capitais brasileiros no exterior, na forma definida pelo Banco Central do Brasil, as penalidades aplicadas pela Comissão de Valores Mobiliários ou outras entidades regulatórias e as penalidades previstas na Lei n. 4.131, de 3 de setembro de 1962, na Lei n. 9.069, de 29 de junho de 1995, e na Medida Provisória n. 2.224, de 4 de setembro de 2001.

>> Sobre prazos o art. 2.º, § 1.º, I, da Lei n. 13.428, de 30-3-2017, dispõe que a referência a "31 de dezembro de 2014" constante desta Lei fica alterada para "30 de junho de 2016".

§ 5.º A remissão e a redução das multas previstas no § 4.º não alcançam os tributos retidos por sujeito passivo, na condição de responsável, e não recolhidos aos cofres públicos no prazo legal.

§ 6.º A opção pelo RERCT dispensa o pagamento de acréscimos moratórios incidentes sobre o imposto de que trata o *caput*.

§ 7.º O imposto pago na forma deste artigo será considerado como tributação definitiva e não permitirá a restituição de valores anteriormente pagos.

§ 8.º A opção pelo RERCT e o pagamento do imposto na forma do *caput* importam confissão irrevogável e irretratável dos débitos em nome do sujeito passivo na condição de contribuinte ou responsável, configuram confissão extrajudicial nos termos dos arts. 348, 353 e 354 da Lei n. 5.869, de 11 de janeiro de 1973 (Código de Processo Civil), e condicionam o sujeito passivo à aceitação plena e irretratável de todas as condições estabelecidas nesta Lei.

Art. 7.º A adesão ao RERCT poderá ser feita no prazo de 210 (duzentos e dez) dias, contado a partir da data de entrada em vigor do ato da RFB de que trata o art. 10, com declaração da situação patrimonial em 31 de dezembro de 2014 e o consequente pagamento do tributo e da multa.

>> Sobre prazos o art. 2.º, § 1.º, I, da Lei n. 13.428, de 30-3-2017, dispõe que a referência a "31 de dezembro de 2014" constante desta Lei fica alterada para "30 de junho de 2016".

>> A Instrução Normativa n. 1.627, de 11-3-2016, da SRFB, em vigor na data de sua publicação, *DOU* de 15-3-2016, regulamenta o Regime Especial de Regularização Cambial e Tributária.

§ 1.º A divulgação ou a publicidade das informações presentes no RERCT implicarão efeito equivalente à quebra do sigilo fiscal, sujeitando o responsável às penas previstas na Lei Complementar n. 105, de 10 de janeiro de 2001, e no art. 325 do Decreto-lei n. 2.848, de 7 de dezembro de 1940 (Código Penal), e, no caso de funcionário público, à pena de demissão.

§ 2.º Sem prejuízo do disposto no § 6.º do art. 4.º, é vedada à RFB, ao Conselho Monetário Nacional (CMN), ao Banco Central do Brasil e aos demais órgãos públicos intervenientes do RERCT a divulgação ou o compartilhamento das informações prestadas pelos declarantes que tiverem aderido ao RERCT com os Estados, o Distrito Federal e os Municípios, inclusive para fins de constituição de crédito tributário.

Art. 8.º Sobre o valor do imposto apurado na forma do art. 6.º incidirá multa de 100% (cem por cento).

>> Em substituição à multa a que se refere este *caput*, incidirá multa administrativa de 135% (cento e trinta e cinco por cento), de acordo com o disposto no art. 2.º, § 6.º, da Lei n. 13.428, de 30-3-2017.

§ 1.º (*Vetado*.)

§ 2.º Compete à RFB a administração das atividades relativas à operacionalização, à cobrança, à arrecadação, à restituição e à fiscalização da multa de que trata o *caput*.

Art. 9.º Será excluído do RERCT o contribuinte que apresentar declarações ou documentos falsos relativos à titularidade e à condição jurídica dos recursos, bens ou direitos declarados nos termos do art. 1.º desta Lei ou aos documentos previstos no § 8.º do art. 4.º.

§ 1.º Em caso de exclusão do RERCT, serão cobrados os valores equivalentes aos tributos, multas e juros incidentes, deduzindo-se o que houver sido anteriormente pago, sem prejuízo da aplicação das penalidades cíveis, penais e administrativas cabíveis.

§ 2.º Na hipótese de exclusão do contribuinte do RERCT, a instauração ou a continuidade de procedimentos investigatórios quanto à origem dos ativos objeto de regularização somente poderá ocorrer se houver evidências documentais não relacionadas à declaração do contribuinte.

§ 3.º A declaração com incorreção em relação ao valor dos ativos não ensejará a exclusão do RERCT, resguardado o direito da Fazenda Pública de exigir o pagamento dos tributos e acréscimos legais incidentes sobre os valores declarados incorretamente, nos termos da legislação do imposto sobre a renda.

>> § 3.º acrescentado pela Lei n. 13.428, de 30-3-2017.

§ 4.º Somente o pagamento integral dos tributos e acréscimos de que trata o § 3.º no prazo de 30 (trinta) dias da ciência do auto de infração extinguirá a punibilidade dos crimes praticados pelo declarante previstos no § 1.º do art. 5.º relacionados aos ativos declarados incorretamente.

>> § 4.º acrescentado pela Lei n. 13.428, de 30-3-2017.

Art. 10. O disposto nesta Lei será regulamentado:

>> A Instrução Normativa n. 1.627, de 11-3-2016, da SRFB, em vigor na data de sua publicação, *DOU* de 15-3-2016, regulamenta o Regime Especial de Regularização Cambial e Tributária.

>> *Vide* art. 7.º desta Lei.

I – pela RFB, no âmbito de suas competências; e

II – (*Vetado*.)

Art. 11. Os efeitos desta Lei não serão aplicados aos detentores de cargos, empregos e funções públicas de direção ou eletivas, nem ao respectivo cônjuge e aos parentes consanguíneos ou afins, até o segundo grau ou por adoção, na data de publicação desta Lei.

Art. 12. Esta Lei entra em vigor na data de sua publicação.

Brasília, 13 de janeiro de 2016; 195.º da Independência e 128.º da República.

DILMA ROUSSEFF

LEI N. 13.259, DE 16 DE MARÇO DE 2016 (*)

Altera as Leis n. 8.981, de 20 de janeiro de 1995, para dispor acerca da incidência de imposto sobre a renda na hipótese de ganho de capital em decorrência da alienação de bens e direitos de qualquer natureza, e 12.973, de 13 de maio de 2014, para possibilitar opção de tributação de empresas coligadas no exterior na forma de empresas controladas; e regulamenta o inciso XI do art. 156 da Lei n. 5.172, de 25 de outubro de 1966 – Código Tributário Nacional.

A Presidenta da República

Faço saber que o Congresso Nacional decreta e eu sanciono a seguinte Lei:

Art. 1.º O art. 21 da Lei n. 8.981, de 20 de janeiro de 1995 , passa a vigorar com as seguintes alterações:

>> Alterações já processadas no diploma modificado.

Art. 2.º O ganho de capital percebido por pessoa jurídica em decorrência da alienação de bens e direitos do ativo não circulante sujeita-se à incidência do imposto sobre a renda, com a aplicação das alíquotas previstas no *caput* do art. 21 da Lei n. 8.981, de 20 de janeiro de 1995 , e do disposto nos §§ 1.º , 3.º e 4.º do referido artigo, exceto para as pessoas jurídicas tributadas com base no lucro real, presumido ou arbitrado.

Art. 3.º A Lei n. 12.973, de 13 de maio de 2014, passa a vigorar acrescida do seguinte art. 82-A:

>> A Lei n. 12.973, de 13-5-2014, altera a legislação tributária federal referente ao imposto de renda das pessoas jurídicas e à contribuição social sobre o lucro líquido.

....

Art. 4.º O crédito tributário inscrito em dívida ativa da União poderá ser extinto, nos termos do inciso XI do *caput* do art. 156 da Lei n. 5.172, de 25 de outubro de 1966 – Código Tributário Nacional , mediante dação em pagamento de bens imóveis, a critério do credor, na forma desta Lei, desde que atendidas as seguintes condições:

>> *Caput* com redação determinada pela Lei n. 13.313, de 14-7-2016.

I – a dação seja precedida de avaliação do bem ou dos bens ofertados, que devem estar livres e desembaraçados de quaisquer ônus, nos termos de ato do Ministério da Fazenda; e

>> Inciso I com redação determinada pela Lei n. 13.313, de 14-7-2016.

II – a dação abranja a totalidade do crédito ou créditos que se pretende liquidar com atualização, juros, multa e encargos legais, sem desconto de qualquer natureza, assegurando-se ao devedor a possibilidade de complementação em dinheiro de eventual diferença entre os valores da totalidade da dívida e o valor do bem ou dos bens ofertados em dação.

>> Inciso II com redação determinada pela Lei n. 13.313, de 14-7-2016.

§ 1.º O disposto no *caput* não se aplica aos créditos tributários referentes ao Regime Especial Unificado de Arrecadação de Tributos e Contribuições devidos pelas Microempresas e Empresas de Pequeno Porte – Simples Nacional.

>> § 1.º com redação determinada pela Lei n. 13.313, de 14-7-2016.

§ 2.º Caso o crédito que se pretenda extinguir seja objeto de discussão judicial, a dação em pagamento somente produzirá efeitos após a desistência da referida ação pelo devedor ou corresponsável e a renúncia do direito sobre o qual se funda a ação, devendo o devedor ou o corresponsável arcar com o pagamento das custas judiciais e honorários advocatícios.

>> § 2.º com redação determinada pela Lei n. 13.313, de 14-7-2016.

§ 3.º A União observará a destinação específica dos créditos extintos por dação em pagamento, nos termos de ato do Ministério da Fazenda.

>> § 3.º com redação determinada pela Lei n. 13.313, de 14-7-2016.

§ 4.º Os registros contábeis decorrentes da dação em pagamento de que trata o *caput* deste artigo observarão as normas gerais de consolidação das contas públicas de que trata o § 2.º do art. 50 da Lei Complementar n. 101, de 4 de maio de 2000.

>> § 4.º com redação determinada pela Lei n. 14.011, de 10-6-2020.

Art. 4.º-A. Sem prejuízo dos requisitos e das condições estabelecidos no art. 4.º desta Lei, na hipótese de estado de calamidade pública reconhecido em ato do Poder Executivo federal, o crédito inscrito em dívida ativa da União poderá ser extinto mediante dação em pagamento de bens imóveis que possuam valor histórico, cultural, artístico, turístico ou paisagístico, desde que estejam localizados nas áreas descritas nas informações de desastre natural ou tecnológico e as atividades empresariais do devedor legítimo proprietário do bem imóvel decorram das áreas afetadas pelo desastre.

(*) Publicada no *Diário Oficial da União* de 17-3-2016 – Edição Extra.

>> *Caput* acrescentado pela Lei n. 14.011, de 10-6-2020.

§ 1.º Para fins da avaliação de que trata o inciso I do *caput* do art. 4.º desta Lei, caberão ao Instituto do Patrimônio Histórico e Artístico Nacional (Iphan) a autenticação prévia e a definição do valor histórico, cultural, artístico, turístico ou paisagístico, observado, no que couber, o disposto no art. 28 do Decreto-Lei n. 25, de 30 de novembro de 1937.

>> § 1.º acrescentado pela Lei n. 14.011, de 10-6-2020.

§ 2.º O contribuinte que se encontrar na situação de que trata o *caput* deste artigo cujo crédito que se pretenda extinguir não esteja inscrito em dívida ativa poderá solicitar sua inscrição imediata à Secretaria Especial da Receita Federal do Brasil do Ministério da Economia, desde que renuncie expressamente ao direito sobre o qual se fundamente eventual discussão judicial ou administrativa, observado, no que couber, o disposto no § 2.º do art. 4.º desta Lei.

>> § 2.º acrescentado pela Lei n. 14.011, de 10-6-2020.

§ 3.º Na hipótese de desastre tecnológico, consumada a dação em pagamento para a extinção dos débitos tributários, a União sub-rogar-se-á nos direitos inerentes à indenização devida pelo causador do dano e, na hipótese de inadimplemento, promoverá a inscrição em dívida ativa dos valores apurados em procedimento administrativo próprio, observado o disposto na Lei n. 9.784, de 29 de janeiro de 1999.

>> § 3.º acrescentado pela Lei n. 14.011, de 10-6-2020.

§ 4.º Não serão aceitos imóveis de difícil alienação, inservíveis ou que não atendam aos critérios de necessidade, de utilidade e de conveniência, a serem aferidos pela administração pública federal, condicionada a aceitação pela Procuradoria-Geral da Fazenda Nacional e pelo Iphan ao interesse público e à observância das normas e dos procedimentos específicos para a avaliação do bem.

>> § 4.º acrescentado pela Lei n. 14.011, de 10-6-2020.

§ 5.º Efetivada a dação em pagamento, os bens imóveis recebidos serão administrados pelo Iphan, diretamente ou por meio de terceiros, mediante procedimento licitatório.

>> § 5.º acrescentado pela Lei n. 14.011, de 10-6-2020.

§ 6.º Ato do Ministro de Estado da Economia disporá sobre a necessidade e a forma de comprovação da disponibilidade orçamentária e financeira para a aceitação da dação em pagamento de que trata este artigo.

>> § 6.º acrescentado pela Lei n. 14.011, de 10-6-2020.

§ 7.º O disposto neste artigo não se aplica às hipóteses de declaração de estado de calamidade pública financeira.

>> § 7.º acrescentado pela Lei n. 14.011, de 10-6-2020.

Art. 5.º Esta Lei entra em vigor na data de sua publicação, produzindo efeitos a partir de 1.º de janeiro de 2016.

§§ 1.º e 2.º (*Vetados.*)

Brasília, 16 de março de 2016; 195.º da Independência e 128.º da República.

DILMA ROUSSEFF

DECRETO N. 8.771, DE 11 DE MAIO DE 2016 (*)

Regulamenta a Lei n. 12.965, de 23 de abril de 2014, para tratar das hipóteses admitidas de discriminação de pacotes de dados na internet e de degradação de tráfego, indicar procedimentos para guarda e proteção de dados por provedores de conexão e de aplicações, apontar medidas de transparência na requisição de dados cadastrais pela administração pública e estabelecer parâmetros para fiscalização e apuração de infrações.

A Presidenta da República, no uso da atribuição que lhe confere o art. 84, *caput*, inciso IV, da Constituição, e tendo em vista o disposto na Lei n. 12.965, de 23 de abril de 2014, decreta:

CAPÍTULO I
DISPOSIÇÕES GERAIS

Art. 1.º Este Decreto trata das hipóteses admitidas de discriminação de pacotes de dados na internet e de degradação de tráfego, indica procedimentos para guarda e proteção de dados por provedores de conexão e de aplicações, aponta medidas de transparência na requisição de dados cadastrais pela administração pública e estabelece parâmetros para fiscalização e apuração de infrações contidas na Lei n. 12.965, de 23 de abril de 2014.

Art. 2.º O disposto neste Decreto se destina aos responsáveis pela transmissão, pela comutação ou pelo roteamento e aos provedores de conexão e de aplicações de internet, definida nos termos do inciso I do *caput* do art. 5.º da Lei n. 12.965, de 2014.

Parágrafo único. O disposto neste Decreto não se aplica:

I – aos serviços de telecomunicações que não se destinem ao provimento de conexão de internet; e

II – aos serviços especializados, entendidos como serviços otimizados por sua qualidade assegurada de serviço, de velocidade ou de segurança, ainda que utilizem protocolos lógicos TCP/IP ou equivalentes, desde que:

a) não configurem substituto à internet em seu caráter público e irrestrito; e

b) sejam destinados a grupos específicos de usuários com controle estrito de admissão.

CAPÍTULO II
DA NEUTRALIDADE DE REDE

Art. 3.º A exigência de tratamento isonômico de que trata o art. 9.º da Lei n. 12.965, de 2014, deve garantir a preservação do caráter público e irrestrito do acesso à internet e os fundamentos, princípios e objetivos do uso da internet no País, conforme previsto na Lei n. 12.965, de 2014.

Art. 4.º A discriminação ou a degradação de tráfego são medidas excepcionais, na medida em que somente poderão decorrer de requisitos técnicos indispensáveis à prestação adequada de serviços e aplicações ou da priorização de serviços de emergência, sendo necessário o cumprimento de todos os requisitos dispostos no art. 9.º, § 2.º, da Lei n. 12.965, de 2014.

Art. 5.º Os requisitos técnicos indispensáveis à prestação adequada de serviços e aplicações devem ser observados pelo responsável de atividades de transmissão, de comutação ou de roteamento, no âmbito de sua respectiva rede, e têm como objetivo manter sua estabilidade, segurança, integridade e funcionalidade.

§ 1.º Os requisitos técnicos indispensáveis apontados no *caput* são aqueles decorrentes de:

I – tratamento de questões de segurança de redes, tais como restrição ao envio de mensagens em massa (*spam*) e controle de ataques de negação de serviço; e

II – tratamento de situações excepcionais de congestionamento de redes, tais como rotas alternativas em casos de interrupções da rota principal e em situações de emergência.

§ 2.º A Agência Nacional de Telecomunicações – Anatel atuará na fiscalização e na apuração de infrações quanto aos requisitos técnicos elencados neste artigo, consideradas as diretrizes estabelecidas pelo Comitê Gestor da Internet – CGIbr.

Art. 6.º Para a adequada prestação de serviços e aplicações na internet, é permitido o gerenciamento de redes com o objetivo de preservar sua estabilidade, segurança e funcionalidade, utilizando-se apenas de medidas técnicas compatíveis com os padrões internacionais, desenvolvidos para o bom funcionamento da internet, e observados os parâmetros regulatórios expedidos pela Anatel e consideradas as diretrizes estabelecidas pelo CGIbr.

Art. 7.º O responsável pela transmissão, pela comutação ou pelo roteamento deverá adotar medidas de transparência para explicitar ao usuário os motivos do gerenciamento que

(*) Publicado no *Diário Oficial da União* de 11-5-2016 – Edição Extra.

implique a discriminação ou a degradação de que trata o art. 4.º, tais como:

I – a indicação nos contratos de prestação de serviço firmado com usuários finais ou provedores de aplicação; e

II – a divulgação de informações referentes às práticas de gerenciamento adotadas em seus sítios eletrônicos, por meio de linguagem de fácil compreensão.

Parágrafo único. As informações de que trata esse artigo deverão conter, no mínimo:

I – a descrição dessas práticas;

II – os efeitos de sua adoção para a qualidade de experiência dos usuários; e

III – os motivos e a necessidade da adoção dessas práticas.

Art. 8.º A degradação ou a discriminação decorrente da priorização de serviços de emergência somente poderá decorrer de:

I – comunicações destinadas aos prestadores dos serviços de emergência, ou comunicação entre eles, conforme previsto na regulamentação da Agência Nacional de Telecomunicações – Anatel; ou

II – comunicações necessárias para informar a população em situações de risco de desastre, de emergência ou de estado de calamidade pública.

Parágrafo único. A transmissão de dados nos casos elencados neste artigo será gratuita.

Art. 9.º Ficam vedadas condutas unilaterais ou acordos entre o responsável pela transmissão, pela comutação ou pelo roteamento e os provedores de aplicação que:

I – comprometam o caráter público e irrestrito do acesso à internet e os fundamentos, os princípios e os objetivos do uso da internet no País;

II – priorizem pacotes de dados em razão de arranjos comerciais; ou

III – privilegiem aplicações ofertadas pelo próprio responsável pela transmissão, pela comutação ou pelo roteamento ou por empresas integrantes de seu grupo econômico.

Art. 10. As ofertas comerciais e os modelos de cobrança de acesso à internet devem preservar uma internet única, de natureza aberta, plural e diversa, compreendida como um meio para a promoção do desenvolvimento humano, econômico, social e cultural, contribuindo para a construção de uma sociedade inclusiva e não discriminatória.

CAPÍTULO III
DA PROTEÇÃO AOS REGISTROS, AOS DADOS PESSOAIS E ÀS COMUNICAÇÕES PRIVADAS

Seção I
Da requisição de dados cadastrais

Art. 11. As autoridades administrativas a que se refere o art. 10, § 3.º, da Lei n. 12.965, de 2014, indicarão o fundamento legal de competência expressa para o acesso e a motivação para o pedido de acesso aos dados cadastrais.

§ 1.º O provedor que não coletar dados cadastrais deverá informar tal fato à autoridade solicitante, ficando desobrigado de fornecer tais dados.

§ 2.º São considerados dados cadastrais:

I – a filiação;

II – o endereço; e

III – a qualificação pessoal, entendida como nome, prenome, estado civil e profissão do usuário.

§ 3.º Os pedidos de que trata o *caput* devem especificar os indivíduos cujos dados estão sendo requeridos e as informações desejadas, sendo vedados pedidos coletivos que sejam genéricos ou inespecíficos.

Art. 12. A autoridade máxima de cada órgão da administração pública federal publicará anualmente em seu sítio na internet relatórios estatísticos de requisição de dados cadastrais, contendo:

I – o número de pedidos realizados;

II – a listagem dos provedores de conexão ou de acesso a aplicações aos quais os dados foram requeridos;

III – o número de pedidos deferidos e indeferidos pelos provedores de conexão e de acesso a aplicações; e

IV – o número de usuários afetados por tais solicitações.

Seção II
Padrões de segurança e sigilo dos registros, dados pessoais e comunicações privadas

Art. 13. Os provedores de conexão e de aplicações devem, na guarda, armazenamento e tratamento de dados pessoais e comunicações privadas, observar as seguintes diretrizes sobre padrões de segurança:

I – o estabelecimento de controle estrito sobre o acesso aos dados mediante a definição de responsabilidades das pessoas que terão possibilidade de acesso e de privilégios de acesso exclusivo para determinados usuários;

II – a previsão de mecanismos de autenticação de acesso aos registros, usando, por exemplo, sistemas de autenticação dupla para assegurar a individualização do responsável pelo tratamento dos registros;

III – a criação de inventário detalhado dos acessos aos registros de conexão e de acesso a aplicações, contendo o momento, a duração, a identidade do funcionário ou do responsável pelo acesso designado pela empresa e o arquivo acessado, inclusive para cumprimento do disposto no art. 11, § 3.º, da Lei n. 12.965, de 2014; e

IV – o uso de soluções de gestão dos registros por meio de técnicas que garantam a inviolabilidade dos dados, como encriptação ou medidas de proteção equivalentes.

§ 1.º Cabe ao CGIbr promover estudos e recomendar procedimentos, normas e padrões técnicos e operacionais para o disposto nesse artigo, de acordo com as especificidades e o porte dos provedores de conexão e de aplicação.

§ 2.º Tendo em vista o disposto nos incisos VII a X do *caput* do art. 7.º da Lei n. 12.965, de 2014, os provedores de conexão e aplicações devem reter a menor quantidade possível de dados pessoais, comunicações privadas e registros de conexão e acesso a aplicações, os quais deverão ser excluídos:

I – tão logo atingida a finalidade de seu uso; ou

II – se encerrado o prazo determinado por obrigação legal.

Art. 14. Para os fins do disposto neste Decreto, considera-se:

I – dado pessoal – dado relacionado à pessoa natural identificada ou identificável, inclusive números identificativos, dados locacionais ou identificadores eletrônicos, quando estes estiverem relacionados a uma pessoa; e

II – tratamento de dados pessoais – toda operação realizada com dados pessoais, como as que se referem a coleta, produção, recepção, classificação, utilização, acesso, reprodução, transmissão, distribuição, processamento, arquivamento, armazenamento, eliminação, avaliação ou controle da informação, modificação, comunicação, transferência, difusão ou extração.

Art. 15. Os dados de que trata o art. 11 da Lei n. 12.965, de 2014, deverão ser mantidos em formato interoperável e estruturado, para facilitar o acesso decorrente de decisão judicial ou determinação legal, respeitadas as diretrizes elencadas no art. 13 deste Decreto.

Art. 16. As informações sobre os padrões de segurança adotados pelos provedores de aplicação e provedores de conexão devem ser divulgadas de forma clara e acessível a qualquer interessado, preferencialmente por meio de seus sítios na internet, respeitado o direito de confidencialidade quanto aos segredos empresariais.

CAPÍTULO IV
DA FISCALIZAÇÃO E DA TRANSPARÊNCIA

Art. 17. A Anatel atuará na regulação, na fiscalização e na apuração de infrações, nos termos da Lei n. 9.472, de 16 de julho de 1997.

Art. 18. A Secretaria Nacional do Consumidor atuará na fiscalização e na apuração de infrações, nos termos da Lei n. 8.078, de 11 de setembro de 1990.

Art. 19. A apuração de infrações à ordem econômica ficará a cargo do Sistema Brasileiro de Defesa da Concorrência, nos termos da Lei n. 12.529, de 30 de novembro de 2011.

Art. 20. Os órgãos e as entidades da administração pública federal com competências específicas quanto aos assuntos relacionados a este Decreto atuarão de forma colaborativa, consideradas as diretrizes do CGIbr, e deverão zelar pelo cumprimento da legislação brasileira, inclusive quanto à aplicação das sanções cabíveis, mesmo que as atividades sejam realizadas por pessoa jurídica sediada no exterior, nos termos do art. 11 da Lei n. 12.965, de 2014.

Art. 21. A apuração de infrações à Lei n. 12.965, de 2014, e a este Decreto atenderá aos procedimentos internos de cada um dos órgãos fiscalizatórios e poderá ser iniciada de ofício ou mediante requerimento de qualquer interessado.

Art. 22. Este Decreto entra em vigor trinta dias após a data de sua publicação.

Brasília, 11 de maio de 2016; 195.º da Independência e 128.º da República.

DILMA ROUSSEFF

LEI N. 13.300, DE 23 DE JUNHO DE 2016 (*)

Disciplina o processo e o julgamento dos mandados de injunção individual e coletivo e dá outras providências.

O Vice-Presidente da República, no exercício do cargo de Presidente da República

Faço saber que o Congresso Nacional decreta e eu sanciono a seguinte Lei:

Art. 1.º Esta Lei disciplina o processo e o julgamento dos mandados de injunção individual e coletivo, nos termos do inciso LXXI do art. 5.º da Constituição Federal.

Art. 2.º Conceder-se-á mandado de injunção sempre que a falta total ou parcial de norma regulamentadora torne inviável o exercício dos direitos e liberdades constitucionais e das prerrogativas inerentes à nacionalidade, à soberania e à cidadania.

Parágrafo único. Considera-se parcial a regulamentação quando forem insuficientes as normas editadas pelo órgão legislador competente.

Art. 3.º São legitimados para o mandado de injunção, como impetrantes, as pessoas naturais ou jurídicas que se afirmam titulares dos direitos, das liberdades ou das prerrogativas referidos no art. 2.º e, como impetrado, o Poder, o órgão ou a autoridade com atribuição para editar a norma regulamentadora.

Art. 4.º A petição inicial deverá preencher os requisitos estabelecidos pela lei processual e indicará, além do órgão impetrado, a pessoa jurídica que ele integra ou aquela a que está vinculado.

>> *Vide* arts. 319 a 331 do CPC, que dispõem sobre petição inicial.

§ 1.º Quando não for transmitida por meio eletrônico, a petição inicial e os documentos que a instruem serão acompanhados de tantas vias quantos forem os impetrados.

§ 2.º Quando o documento necessário à prova do alegado encontrar-se em repartição ou estabelecimento público, em poder de autoridade ou de terceiro, havendo recusa em fornecê-lo por certidão, no original, ou em cópia autêntica, será ordenada, a pedido do impetrante, a exibição do documento no prazo de 10 (dez) dias, devendo, nesse caso, ser juntada cópia à segunda via da petição.

§ 3.º Se a recusa em fornecer o documento for do impetrado, a ordem será feita no próprio instrumento da notificação.

Art. 5.º Recebida a petição inicial, será ordenada:

I – a notificação do impetrado sobre o conteúdo da petição inicial, devendo-lhe ser enviada a segunda via apresentada com as cópias dos documentos, a fim de que, no prazo de 10 (dez) dias, preste informações;

II – a ciência do ajuizamento da ação ao órgão de representação judicial da pessoa jurídica interessada, devendo-lhe ser enviada cópia da petição inicial, para que, querendo, ingresse no feito.

Art. 6.º A petição inicial será desde logo indeferida quando a impetração for manifestamente incabível ou manifestamente improcedente.

>> *Vide* arts. 330 e 331 do CPC, que tratam sobre o indeferimento da petição inicial.

Parágrafo único. Da decisão de relator que indeferir a petição inicial, caberá agravo, em 5 (cinco) dias, para o órgão colegiado competente para o julgamento da impetração.

Art. 7.º Findo o prazo para apresentação das informações, será ouvido o Ministério Público, que opinará em 10 (dez) dias, após o que, com ou sem parecer, os autos serão conclusos para decisão.

Art. 8.º Reconhecido o estado de mora legislativa, será deferida a injunção para:

I – determinar prazo razoável para que o impetrado promova a edição da norma regulamentadora;

II – estabelecer as condições em que se dará o exercício dos direitos, das liberdades ou das prerrogativas reclamados ou, se for o caso, as condições em que poderá o interessado promover ação própria visando a exercê-los, caso não seja suprida a mora legislativa no prazo determinado.

Parágrafo único. Será dispensada a determinação a que se refere o inciso I do *caput* quando comprovado que o impetrado deixou de atender, em mandado de injunção anterior, ao prazo estabelecido para a edição da norma.

Art. 9.º A decisão terá eficácia subjetiva limitada às partes e produzirá efeitos até o advento da norma regulamentadora.

§ 1.º Poderá ser conferida eficácia *ultra partes* ou *erga omnes* à decisão, quando isso for inerente ou indispensável ao exercício do direito, da liberdade ou da prerrogativa objeto da impetração.

>> *Vide* art. 13, *caput*, desta Lei.

§ 2.º Transitada em julgado a decisão, seus efeitos poderão ser estendidos aos casos análogos por decisão monocrática do relator.

§ 3.º O indeferimento do pedido por insuficiência de prova não impede a renovação da impetração fundada em outros elementos probatórios.

>> *Vide* arts. 369 a 484 do CPC, que dispõem sobre provas.

Art. 10. Sem prejuízo dos efeitos já produzidos, a decisão poderá ser revista, a pedido de qualquer interessado, quando sobrevierem relevantes modificações das circunstâncias de fato ou de direito.

Parágrafo único. A ação de revisão observará, no que couber, o procedimento estabelecido nesta Lei.

Art. 11. A norma regulamentadora superveniente produzirá efeitos *ex nunc* em relação aos beneficiados por decisão transitada em julgado, salvo se a aplicação da norma editada lhes for mais favorável.

Parágrafo único. Estará prejudicada a impetração se a norma regulamentadora for editada antes da decisão, caso em que o processo será extinto sem resolução de mérito.

Art. 12. O mandado de injunção coletivo pode ser promovido:

I – pelo Ministério Público, quando a tutela requerida for especialmente relevante para a defesa da ordem jurídica, do regime democrático ou dos interesses sociais ou individuais indisponíveis;

>> *Vide* art. 129 da CF.

II – por partido político com representação no Congresso Nacional, para assegurar o exercício de direitos, liberdades e prerrogativas de seus integrantes ou relacionados com a finalidade partidária;

III – por organização sindical, entidade de classe ou associação legalmente constituída e em funcionamento há pelo menos 1 (um) ano, para assegurar o exercício de direitos, liberdades e prerrogativas em favor da totalidade ou de parte de seus membros ou associados, na forma de seus estatutos e desde que pertinentes a suas finalidades, dispensada, para tanto, autorização especial;

>> Das Organizações Sindicais na CLT: arts. 511 a 610.

IV – pela Defensoria Pública, quando a tutela requerida for especialmente relevante para a promoção dos direitos humanos e a defesa dos direitos individuais e coletivos dos necessitados, na forma do inciso LXXIV do art. 5.º da Constituição Federal.

(*) Publicada no *Diário Oficial da União* de 24-6-2016.

>> Defensoria Pública: Lei Complementar n. 80, de 12-1-1994.

Parágrafo único. Os direitos, as liberdades e as prerrogativas protegidos por mandado de injunção coletivo são os pertencentes, indistintamente, a uma coletividade indeterminada de pessoas ou determinada por grupo, classe ou categoria.

Art. 13. No mandado de injunção coletivo, a sentença fará coisa julgada limitadamente às pessoas integrantes da coletividade, do grupo, da classe ou da categoria substituídos pelo impetrante, sem prejuízo do disposto nos §§ 1.º e 2.º do art. 9.º.

Parágrafo único. O mandado de injunção coletivo não induz litispendência em relação aos individuais, mas os efeitos da coisa julgada não beneficiarão o impetrante que não requerer a desistência da demanda individual no prazo de 30 (trinta) dias a contar da ciência comprovada da impetração coletiva.

Art. 14. Aplicam-se subsidiariamente ao mandado de injunção as normas do mandado de segurança, disciplinado pela Lei n. 12.016, de 7 de agosto de 2009, e do Código de Processo Civil, instituído pela Lei n. 5.869, de 11 de janeiro de 1973, e pela Lei n. 13.105, de 16 de março de 2015, observado o disposto em seus arts. 1.045 e 1.046.

Art. 15. Esta Lei entra em vigor na data de sua publicação.

Brasília, 23 de junho de 2016; 195.º da Independência e 128.º da República.

MICHEL TEMER

LEI N. 13.303, DE 30 DE JUNHO DE 2016 (*)

Dispõe sobre o estatuto jurídico da empresa pública, da sociedade de economia mista e de suas subsidiárias, no âmbito da União, dos Estados, do Distrito Federal e dos Municípios.

O Vice-Presidente da República no exercício do cargo de Presidente da República

Faço saber que o Congresso Nacional decreta e eu sanciono a seguinte Lei:

TÍTULO I
DISPOSIÇÕES APLICÁVEIS ÀS EMPRESAS PÚBLICAS E ÀS SOCIEDADES DE ECONOMIA MISTA

CAPÍTULO I
DISPOSIÇÕES PRELIMINARES

Art. 1.º Esta Lei dispõe sobre o estatuto jurídico da empresa pública, da sociedade de economia mista e de suas subsidiárias, abrangendo toda e qualquer empresa pública e sociedade de economia mista da União, dos Estados, do Distrito Federal e dos Municípios que explore atividade econômica de produção ou comercialização de bens ou de prestação de serviços, ainda que a atividade econômica esteja sujeita ao regime de monopólio da União ou seja de prestação de serviços públicos.

§ 1.º O Título I desta Lei, exceto o disposto nos arts. 2.º, 3.º, 4.º, 5.º, 6.º, 7.º, 8.º, 11, 12 e 27, não se aplica à empresa pública e à sociedade de economia mista que tiver, em conjunto com suas respectivas subsidiárias, no exercício social anterior, receita operacional bruta inferior a R$ 90.000.000,00 (noventa milhões de reais).

§ 2.º O disposto nos Capítulos I e II do Título II desta Lei aplica-se inclusive à empresa pública dependente, definida nos termos do inciso III do art. 2.º da Lei Complementar n. 101, de 4 de maio de 2000, que explore atividade econômica, ainda que a atividade econômica esteja sujeita ao regime de monopólio da União ou seja de prestação de serviços públicos.

§ 3.º Os Poderes Executivos poderão editar atos que estabeleçam regras de governança destinadas às suas respectivas empresas públicas e sociedades de economia mista que se enquadrem na hipótese do § 1.º, observadas as diretrizes gerais desta Lei.

§ 4.º A não edição dos atos de que trata o § 3.º no prazo de 180 (cento e oitenta) dias a partir da publicação desta Lei submete as respectivas empresas públicas e sociedades de economia mista às regras de governança previstas no Título I desta Lei.

§ 5.º Submetem-se ao regime previsto nesta Lei a empresa pública e a sociedade de economia mista que participem de consórcio, conforme disposto no art. 279 da Lei n. 6.404, de 15 de dezembro de 1976, na condição de operadora.

> A Lei n. 6.404, de 15-12-1976, dispõe sobre as sociedades anônimas.

§ 6.º Submete-se ao regime previsto nesta Lei a sociedade, inclusive a de propósito específico, que seja controlada por empresa pública ou sociedade de economia mista abrangidas no *caput*.

§ 7.º Na participação em sociedade empresarial em que a empresa pública, a sociedade de economia mista e suas subsidiárias não detenham o controle acionário, essas deverão adotar, no dever de fiscalizar, práticas de governança e controle proporcionais à relevância, à materialidade e aos riscos do negócio do qual são partícipes, considerando, para esse fim:

I – documentos e informações estratégicos do negócio e demais relatórios e informações produzidos por força de acordo de acionistas e de Lei considerados essenciais para a defesa de seus interesses na sociedade empresarial investida;

II – relatório de execução do orçamento e de realização de investimentos programados pela sociedade, inclusive quanto ao alinhamento dos custos orçados e dos realizados com os custos de mercado;

III – informe sobre execução da política de transações com partes relacionadas;

IV – análise das condições de alavancagem financeira da sociedade;

V – avaliação de inversões financeiras e de processos relevantes de alienação de bens móveis e imóveis da sociedade;

VI – relatório de risco das contratações para execução de obras, fornecimento de bens e prestação de serviços relevantes para os interesses da investidora;

VII – informe sobre execução de projetos relevantes para os interesses da investidora;

VIII – relatório de cumprimento, nos negócios da sociedade, de condicionantes socioambientais estabelecidas pelos órgãos ambientais;

IX – avaliação das necessidades de novos aportes na sociedade e dos possíveis riscos de redução da rentabilidade esperada do negócio;

X – qualquer outro relatório, documento ou informação produzido pela sociedade empresarial investida considerado relevante para o cumprimento do comando constante do *caput*.

Art. 2.º A exploração de atividade econômica pelo Estado será exercida por meio de empresa pública, de sociedade de economia mista e de suas subsidiárias.

>> *Vide* art. 1.º, § 1.º, desta Lei.

>> *Vide* art. 173 da CF.

§ 1.º A constituição de empresa pública ou de sociedade de economia mista dependerá de prévia autorização legal que indique, de forma clara, relevante interesse coletivo ou imperativo de segurança nacional, nos termos do *caput* do art. 173 da Constituição Federal.

§ 2.º Depende de autorização legislativa a criação de subsidiárias de empresa pública e de sociedade de economia mista, assim como a participação de qualquer delas em empresa privada, cujo objeto social deve estar relacionado ao da investidora, nos termos do inciso XX do art. 37 da Constituição Federal.

§ 3.º A autorização para participação em empresa privada prevista no § 2.º não se aplica a operações de tesouraria, adjudicação de ações em garantia e participações autorizadas pelo Conselho de Administração em linha com o plano de negócios da empresa pública, da sociedade de economia mista e de suas respectivas subsidiárias.

Art. 3.º Empresa pública é a entidade dotada de personalidade jurídica de direito priva-

(*) Publicada no *Diário Oficial da União* de 1.º-7-2016. Regulamentada pelo Decreto n. 8.945, de 27-12-2016.

do, com criação autorizada por lei e com patrimônio próprio, cujo capital social é integralmente detido pela União, pelos Estados, pelo Distrito Federal ou pelos Municípios.

>> *Vide* art. 1.º, § 1.º, desta Lei.

Parágrafo único. Desde que a maioria do capital votante permaneça em propriedade da União, do Estado, do Distrito Federal ou do Município, será admitida, no capital da empresa pública, a participação de outras pessoas jurídicas de direito público interno, bem como de entidades da administração indireta da União, dos Estados, do Distrito Federal e dos Municípios.

Art. 4.º Sociedade de economia mista é a entidade dotada de personalidade jurídica de direito privado, com criação autorizada por lei, sob a forma de sociedade anônima, cujas ações com direito a voto pertençam em sua maioria à União, aos Estados, ao Distrito Federal, aos Municípios ou a entidade da administração indireta.

>> *Vide* art. 1.º, § 1.º, desta Lei.

§ 1.º A pessoa jurídica que controla a sociedade de economia mista tem os deveres e as responsabilidades do acionista controlador, estabelecidos na Lei n. 6.404, de 15 de dezembro de 1976, e deverá exercer o poder de controle no interesse da companhia, respeitado o interesse público que justificou sua criação.

§ 2.º Além das normas previstas nesta Lei, a sociedade de economia mista com registro na Comissão de Valores Mobiliários sujeita-se às disposições da Lei n. 6.385, de 7 de dezembro de 1976.

> A Lei n. 6.385, de 7-12-1976, dispõe sobre o mercado de valores mobiliários e institui a Comissão de Valores Mobiliários.

CAPÍTULO II
DO REGIME SOCIETÁRIO DA EMPRESA PÚBLICA E DA SOCIEDADE DE ECONOMIA MISTA

Seção I
Das Normas Gerais

Art. 5.º A sociedade de economia mista será constituída sob a forma de sociedade anônima e, ressalvado o disposto nesta Lei, estará sujeita ao regime previsto na Lei n. 6.404, de 15 de dezembro de 1976.

>> *Vide* art. 1.º, § 1.º, desta Lei.

Art. 6.º O estatuto da empresa pública, da sociedade de economia mista e de suas subsidiárias deverá observar regras de governança corporativa, de transparência e de estruturas, práticas de gestão de riscos e de controle interno, composição da administração e, havendo acionistas, mecanismos para sua proteção, todos constantes desta Lei.

>> *Vide* art. 1.º, § 1.º, desta Lei.

Art. 7.º Aplicam-se a todas as empresas públicas, as sociedades de economia mista de capital fechado e as suas subsidiárias as disposições da Lei n. 6.404, de 15 de dezembro de 1976, e as normas da Comissão de Valores Mobiliários sobre escrituração e elaboração de demonstrações financeiras, inclusive a obrigatoriedade de auditoria independente por auditor registrado nesse órgão.

>> *Vide* art. 1.º, § 1.º, desta Lei.

Art. 8.º As empresas públicas e as sociedades de economia mista deverão observar, no mínimo, os seguintes requisitos de transparência:

>> *Vide* art. 1.º, § 1.º, desta Lei.

>> *Vide* art. 37 da CF.

>> *Vide* art. 13 do Decreto n. 8.945, de 27-12-2016.

I – elaboração de carta anual, subscrita pelos membros do Conselho de Administração, com a explicitação dos compromissos de consecução de objetivos de políticas públicas pela empresa pública, pela sociedade de economia mista e por suas subsidiárias, em atendimento ao interesse coletivo ou ao imperativo de segurança nacional que justificou a autorização para suas respectivas criações, com definição clara dos recursos a serem empregados para esse fim, bem como dos impactos econômico-financeiros da consecução desses objetivos, mensuráveis por meio de indicadores objetivos;

II – adequação de seu estatuto social à autorização legislativa de sua criação;

III – divulgação tempestiva e atualizada de informações relevantes, em especial as relativas a atividades desenvolvidas, estrutura de controle, fatores de risco, dados econômico-financeiros, comentários dos administradores sobre o desempenho, políticas e práticas de governança corporativa e descrição da composição e da remuneração da administração;

IV – elaboração e divulgação de política de divulgação de informações, em conformidade com a legislação em vigor e com as melhores práticas;

V – elaboração de política de distribuição de dividendos, à luz do interesse público que justificou a criação da empresa pública ou da sociedade de economia mista;

VI – divulgação, em nota explicativa às demonstrações financeiras, dos dados operacionais e financeiros das atividades relacionadas à consecução dos fins de interesse coletivo ou de segurança nacional;

VII – elaboração e divulgação da política de transações com partes relacionadas, em conformidade com os requisitos de competitividade, conformidade, transparência, equidade e comutatividade, que deverá ser revista, no mínimo, anualmente e aprovada pelo Conselho de Administração;

VIII – ampla divulgação, ao público em geral, de carta anual de governança corporativa, que consolide em um único documento escrito, em linguagem clara e direta, as informações de que trata o inciso III;

IX – divulgação anual de relatório integrado ou de sustentabilidade.

§ 1.º O interesse público da empresa pública e da sociedade de economia mista, respeitadas as razões que motivaram a autorização legislativa, manifesta-se por meio do alinhamento entre seus objetivos e aqueles de políticas públicas, na forma explicitada na carta anual a que se refere o inciso I do *caput*.

§ 2.º Quaisquer obrigações e responsabilidades que a empresa pública e a sociedade de economia mista que explorem atividade econômica assumam em condições distintas às de qualquer outra empresa do setor privado em que atuam deverão:

I – estar claramente definidas em lei ou regulamento, bem como previstas em contrato, convênio ou ajuste celebrado com o ente público competente para estabelecê-las, observada a ampla publicidade desses instrumentos;

II – ter seu custo e suas receitas discriminados e divulgados de forma transparente, inclusive no plano contábil.

§ 3.º Além das obrigações contidas neste artigo, as sociedades de economia mista com registro na Comissão de Valores Mobiliários sujeitam-se ao regime informacional estabelecido por essa autarquia e devem divulgar as informações previstas neste artigo na forma fixada em suas normas.

§ 4.º Os documentos resultantes do cumprimento dos requisitos de transparência constantes dos incisos I a IX do *caput* deverão ser publicamente divulgados na internet de forma permanente e cumulativa.

Art. 9.º A empresa pública e a sociedade de economia mista adotarão regras de estruturas e práticas de gestão de riscos e controle interno que abranjam:

I – ação dos administradores e empregados, por meio da implementação cotidiana de práticas de controle interno;

II – área responsável pela verificação de cumprimento de obrigações e de gestão de riscos;

III – auditoria interna e Comitê de Auditoria Estatutário.

§ 1.º Deverá ser elaborado e divulgado Código de Conduta e Integridade, que disponha sobre:

I – princípios, valores e missão da empresa pública e da sociedade de economia mista, bem como orientações sobre a prevenção de conflito de interesses e vedação de atos de corrupção e fraude;

II – instâncias internas responsáveis pela atualização e aplicação do Código de Conduta e Integridade;

III – canal de denúncias que possibilite o recebimento de denúncias internas e externas relativas ao descumprimento do Código de Conduta e Integridade e das demais normas internas de ética e obrigacionais;

IV – mecanismos de proteção que impeçam qualquer espécie de retaliação a pessoa que utilize o canal de denúncias;

V – sanções aplicáveis em caso de violação às regras do Código de Conduta e Integridade;

VI – previsão de treinamento periódico, no mínimo anual, sobre Código de Conduta e Integridade, a empregados e administradores, e sobre a política de gestão de riscos, a administradores.

§ 2.º A área responsável pela verificação de cumprimento de obrigações e de gestão de riscos deverá ser vinculada ao diretor-presidente e liderada por diretor estatutário, devendo o estatuto social prever as atribuições da área, bem como estabelecer mecanismos que assegurem atuação independente.

§ 3.º A auditoria interna deverá:

I – ser vinculada ao Conselho de Administração, diretamente ou por meio do Comitê de Auditoria Estatutário;

II – ser responsável por aferir a adequação do controle interno, a efetividade do gerenciamento dos riscos e dos processos de governança e a confiabilidade do processo de coleta, mensuração, classificação, acumulação, registro e divulgação de eventos e transações, visando ao preparo de demonstrações financeiras.

§ 4.º O estatuto social deverá prever, ainda, a possibilidade de que a área de *compliance* se reporte diretamente ao Conselho de Administração em situações em que se suspeite do envolvimento do diretor-presidente em irregularidades ou quando este se furtar à obrigação de adotar medidas necessárias em relação à situação a ele relatada.

Art. 10. A empresa pública e a sociedade de economia mista deverão criar comitê estatutário para verificar a conformidade do processo de indicação e de avaliação de membros para o Conselho de Administração e para o Conselho Fiscal, com competência para auxiliar o acionista controlador na indicação desses membros.

Parágrafo único. Devem ser divulgadas as atas das reuniões do comitê estatutário referido no *caput* realizadas com o fim de verificar o cumprimento, pelos membros indicados, dos requisitos definidos na política de indicação, devendo ser registradas as eventuais manifestações divergentes de conselheiros.

Art. 11. A empresa pública não poderá:

>> *Vide* art. 1.º, § 1.º, desta Lei.

I – lançar debêntures ou outros títulos ou valores mobiliários, conversíveis em ações;

II – emitir partes beneficiárias.

Art. 12. A empresa pública e a sociedade de economia mista deverão:

>> *Vide* art. 1.º, § 1.º, desta Lei.

I – divulgar toda e qualquer forma de remuneração dos administradores;

II – adequar constantemente suas práticas ao Código de Conduta e Integridade e a outras regras de boa prática de governança corporativa, na forma estabelecida na regulamentação desta Lei.

Parágrafo único. A sociedade de economia mista poderá solucionar, mediante arbitragem, as divergências entre acionistas e a sociedade, ou entre acionistas controladores e acionistas minoritários, nos termos previstos em seu estatuto social.

> A Lei n. 9.307, de 23-9-1996, dispõe sobre a arbitragem.

Art. 13. A lei que autorizar a criação da empresa pública e da sociedade de economia mista deverá dispor sobre as diretrizes e restrições a serem consideradas na elaboração do estatuto da companhia, em especial sobre:

I – constituição e funcionamento do Conselho de Administração, observados o número mínimo de 7 (sete) e o número máximo de 11 (onze) membros;

II – requisitos específicos para o exercício do cargo de diretor, observado o número mínimo de 3 (três) diretores;

III – avaliação de desempenho, individual e coletiva, de periodicidade anual, dos administradores e dos membros de comitês, observados os seguintes quesitos mínimos:

a) exposição dos atos de gestão praticados, quanto à licitude e à eficácia da ação administrativa;

b) contribuição para o resultado do exercício;

c) consecução dos objetivos estabelecidos no plano de negócios e atendimento à estratégia de longo prazo;

IV – constituição e funcionamento do Conselho Fiscal, que exercerá suas atribuições de modo permanente;

V – constituição e funcionamento do Comitê de Auditoria Estatutário;

VI – prazo de gestão dos membros do Conselho de Administração e dos indicados para o cargo de diretor, que será unificado e não superior a 2 (dois) anos, sendo permitidas, no máximo, 3 (três) reconduções consecutivas;

VII – (*Vetado.*);

VIII – prazo de gestão dos membros do Conselho Fiscal não superior a 2 (dois) anos, permitidas 2 (duas) reconduções consecutivas.

Seção II
Do Acionista Controlador

Art. 14. O acionista controlador da empresa pública e da sociedade de economia mista deverá:

I – fazer constar do Código de Conduta e Integridade, aplicável à alta administração, a vedação à divulgação, sem autorização do órgão competente da empresa pública ou da sociedade de economia mista, de informação que possa causar impacto na cotação dos títulos da empresa pública ou da sociedade de economia mista e em suas relações com o mercado ou com consumidores e fornecedores;

II – preservar a independência do Conselho de Administração no exercício de suas funções;

III – observar a política de indicação na escolha dos administradores e membros do Conselho Fiscal.

Art. 15. O acionista controlador da empresa pública e da sociedade de economia mista responderá pelos atos praticados com abuso de poder, nos termos da Lei n. 6.404, de 15 de dezembro de 1976.

§ 1.º A ação de reparação poderá ser proposta pela sociedade, nos termos do art. 246 da Lei n. 6.404, de 15 de dezembro de 1976, pelo terceiro prejudicado ou pelos demais sócios, independentemente de autorização da assembleia geral de acionistas.

§ 2.º Prescreve em 6 (seis) anos, contados da data da prática do ato abusivo, a ação a que se refere o § 1.º.

Seção III
Do Administrador

Art. 16. Sem prejuízo do disposto nesta Lei, o administrador de empresa pública e de sociedade de economia mista é submetido às normas previstas na Lei n. 6.404, de 15 de dezembro de 1976.

Parágrafo único. Consideram-se administradores da empresa pública e da sociedade de economia mista os membros do Conselho de Administração e da diretoria.

Art. 17. Os membros do Conselho de Administração e os indicados para os cargos de diretor, inclusive presidente, diretor-geral e diretor-presidente, serão escolhidos entre cidadãos de reputação ilibada e de notório conhecimento, devendo ser atendidos, alternativamente, um dos requisitos das alíneas *a*, *b* e *c* do inciso I e, cumulativamente, os requisitos dos incisos II e III:

I – ter experiência profissional de, no mínimo:

a) 10 (dez) anos, no setor público ou privado, na área de atuação da empresa pública ou da sociedade de economia mista ou em área conexa àquela para a qual forem indicados em função de direção superior; ou

b) 4 (quatro) anos ocupando pelo menos um dos seguintes cargos:

1. cargo de direção ou de chefia superior em empresa de porte ou objeto social semelhante ao da empresa pública ou da sociedade de economia mista, entendendo-se como cargo de chefia superior aquele situado nos 2 (dois) níveis hierárquicos não estatutários mais altos da empresa;

2. cargo em comissão ou função de confiança equivalente a DAS-4 ou superior, no setor público;

3. cargo de docente ou de pesquisador em áreas de atuação da empresa pública ou da sociedade de economia mista;

c) 4 (quatro) anos de experiência como profissional liberal em atividade direta ou indiretamente vinculada à área de atuação da empresa pública ou sociedade de economia mista;

II – ter formação acadêmica compatível com o cargo para o qual foi indicado; e

III – não se enquadrar nas hipóteses de inelegibilidade previstas nas alíneas do inciso I do *caput* do art. 1.º da Lei Complementar n. 64, de 18 de maio de 1990, com as alterações introduzidas pela Lei Complementar n. 135, de 4 de junho de 2010.

§ 1.º O estatuto da empresa pública, da sociedade de economia mista e de suas subsidiárias poderá dispor sobre a contratação de seguro de responsabilidade civil pelos administradores.

§ 2.º É vedada a indicação, para o Conselho de Administração e para a diretoria:

I – de representante do órgão regulador ao qual a empresa pública ou a sociedade de economia mista está sujeita, de Ministro de Estado, de Secretário de Estado, de Secretário Municipal, de titular de cargo, sem vínculo permanente com o serviço público, de natureza especial ou de direção e assessoramento superior na administração pública, de dirigente estatutário de partido político e de titular de mandato no Poder Legislativo de qualquer ente da federação, ainda que licenciados do cargo;

II – de pessoa que atuou, nos últimos 36 (trinta e seis) meses, como participante de estrutura decisória de partido político ou em trabalho vinculado a organização, estruturação e realização de campanha eleitoral;

III – de pessoa que exerça cargo em organização sindical;

IV – de pessoa que tenha firmado contrato ou parceria, como fornecedor ou comprador, demandante ou ofertante, de bens ou serviços de qualquer natureza, com a pessoa político-administrativa controladora da empresa pública ou da sociedade de economia mista ou com a própria empresa ou sociedade em período inferior a 3 (três) anos antes da data de nomeação;

V – de pessoa que tenha ou possa ter qualquer forma de conflito de interesse com a pessoa político-administrativa controladora da empresa pública ou da sociedade de economia mista ou com a própria empresa ou sociedade.

§ 3.º A vedação prevista no inciso I do § 2.º estende-se também aos parentes consanguíneos ou afins até o terceiro grau das pessoas nele mencionadas.

§ 4.º Os administradores eleitos devem participar, na posse e anualmente, de treinamentos específicos sobre legislação societária e de mercado de capitais, divulgação de informações, controle interno, código de conduta, a Lei n. 12.846, de 1.º de agosto de 2013 (Lei Anticorrupção), e demais temas relacionados às atividades da empresa pública ou da sociedade de economia mista.

§ 5.º Os requisitos previstos no inciso I do *caput* poderão ser dispensados no caso de indicação de empregado da empresa pública ou da sociedade de economia mista para cargo de administrador ou como membro de comitê, desde que atendidos os seguintes quesitos mínimos:

I – o empregado tenha ingressado na empresa pública ou na sociedade de economia mista por meio de concurso público de provas ou de provas e títulos;

II – o empregado tenha mais de 10 (dez) anos de trabalho efetivo na empresa pública ou na sociedade de economia mista;

III – o empregado tenha ocupado cargo na gestão superior da empresa pública ou da sociedade de economia mista, comprovando sua capacidade para assumir as responsabilidades dos cargos de que trata o *caput*.

Seção IV
Do Conselho de Administração

Art. 18. Sem prejuízo das competências previstas no art. 142 da Lei n. 6.404, de 15 de dezembro de 1976, e das demais atribuições previstas nesta Lei, compete ao Conselho de Administração:

I – discutir, aprovar e monitorar decisões envolvendo práticas de governança corporativa, relacionamento com partes interessadas, política de gestão de pessoas e código de conduta dos agentes;

II – implementar e supervisionar os sistemas de gestão de riscos e de controle interno estabelecidos para a prevenção e mitigação dos principais riscos a que está exposta a empresa pública ou a sociedade de economia mista, inclusive os riscos relacionados à integridade das informações contábeis e financeiras e os relacionados à ocorrência de corrupção e fraude;

III – estabelecer política de porta-vozes visando a eliminar risco de contradição entre informações de diversas áreas e as dos executivos da empresa pública ou da sociedade de economia mista;

IV – avaliar os diretores da empresa pública ou da sociedade de economia mista, nos termos do inciso III do art. 13, podendo contar com apoio metodológico e procedimental do comitê estatutário referido no art. 10.

Art. 19. É garantida a participação, no Conselho de Administração, de representante dos empregados e dos acionistas minoritários.

§ 1.º As normas previstas na Lei n. 12.353, de 28 de dezembro de 2010, aplicam-se à participação de empregados no Conselho de Administração da empresa pública, da sociedade de economia mista e de suas subsidiárias e controladas e das demais empresas em que a União, direta ou indiretamente, detenha a maioria do capital social com direito a voto.

>> A Lei n. 12.353, de 28-12-2010, dispõe sobre a participação nos Conselhos de Administração das empresas públicas e sociedades de economia mista, suas subsidiárias e controladas e demais empresas em que a União, direta ou indiretamente, detenha a maioria do capital social com direito a voto.

§ 2.º É assegurado aos acionistas minoritários o direito de eleger 1 (um) conselheiro, se maior número não lhes couber pelo processo de voto múltiplo previsto na Lei n. 6.404, de 15 de dezembro de 1976.

>> O voto múltiplo está previsto no art. 141 da Lei n. 6.404, de 15-12-1976.

Art. 20. É vedada a participação remunerada de membros da administração pública, direta ou indireta, em mais de 2 (dois) conselhos, de administração ou fiscal, de empresa pública, de sociedade de economia mista ou de suas subsidiárias.

Art. 21. (*Vetado.*)

Seção V
Do Membro Independente do Conselho de Administração

Art. 22. O Conselho de Administração deve ser composto, no mínimo, por 25% (vinte e cinco por cento) de membros independentes ou por pelo menos 1 (um), caso haja decisão pelo exercício da faculdade do voto múltiplo pelos acionistas minoritários, nos termos do art. 141 da Lei n. 6.404, de 15 de dezembro de 1976.

§ 1.º O conselheiro independente caracteriza-se por:

I – não ter qualquer vínculo com a empresa pública ou a sociedade de economia mista, exceto participação de capital;

II – não ser cônjuge ou parente consanguíneo ou afim, até o terceiro grau ou por adoção, de chefe do Poder Executivo, de Ministro de Estado, de Secretário de Estado ou Município ou de administrador da empresa pública ou da sociedade de economia mista;

III – não ter mantido, nos últimos 3 (três) anos, vínculo de qualquer natureza com a empresa pública, a sociedade de economia mista ou seus controladores, que possa vir a comprometer sua independência;

IV – não ser ou não ter sido, nos últimos 3 (três) anos, empregado ou diretor da empresa pública, da sociedade de economia mista ou de sociedade controlada, coligada ou subsidiária da empresa pública ou da sociedade de economia mista, exceto se o vínculo for exclusivamente com instituições públicas de ensino ou pesquisa;

V – não ser fornecedor ou comprador, direto ou indireto, de serviços ou produtos da empresa pública ou da sociedade de economia mista, de modo a implicar perda de independência;

VI – não ser funcionário ou administrador de sociedade ou entidade que esteja oferecendo ou demandando serviços ou produtos à empresa pública ou à sociedade de economia mista, de modo a implicar perda de independência;

VII – não receber outra remuneração da empresa pública ou da sociedade de economia mista além daquela relativa ao cargo de conselheiro, à exceção de proventos em dinheiro oriundos de participação no capital.

§ 2.º Quando, em decorrência da observância do percentual mencionado no *caput*, resultar número fracionário de conselheiros, proceder-se-á ao arredondamento para o número inteiro:

I – imediatamente superior, quando a fração for igual ou superior a 0,5 (cinco décimos);

II – imediatamente inferior, quando a fração for inferior a 0,5 (cinco décimos).

§ 3.º Não serão consideradas, para o cômputo das vagas destinadas a membros independentes, aquelas ocupadas pelos conselheiros eleitos por empregados, nos termos do § 1.º do art. 19.

§ 4.º Serão consideradas, para o cômputo das vagas destinadas a membros independentes, aquelas ocupadas pelos conselheiros eleitos por acionistas minoritários, nos termos do § 2.º do art. 19.

§ 5.º (*Vetado.*)

Seção VI
Da Diretoria

Art. 23. É condição para investidura em cargo de diretoria da empresa pública e da sociedade de economia mista a assunção de compromisso com metas e resultados específicos a serem alcançados, que deverá ser aprovado pelo Conselho de Administração, a quem incumbe fiscalizar seu cumprimento.

>> *Vide* art. 95 desta Lei.

§ 1.º Sem prejuízo do disposto no *caput*, a diretoria deverá apresentar, até a última reunião ordinária do Conselho de Administração do ano anterior, a quem compete sua aprovação:

I – plano de negócios para o exercício anual seguinte;

II – estratégia de longo prazo atualizada com análise de riscos e oportunidades para, no mínimo, os próximos 5 (cinco) anos.

§ 2.º Compete ao Conselho de Administração, sob pena de seus integrantes responderem por omissão, promover anualmente análise de atendimento das metas e resultados na execução do plano de negócios e da estratégia de longo prazo, devendo publicar suas conclusões e informá-las ao Congresso Nacional, às Assembleias Legislativas, à Câmara Legislativa do Distrito Federal ou às Câmaras Municipais e aos respectivos tribunais de contas, quando houver.

§ 3.º Excluem-se da obrigação de publicação a que se refere o § 2.º as informações de natureza estratégica cuja divulgação possa ser comprovadamente prejudicial ao interesse da empresa pública ou da sociedade de economia mista.

Seção VII
Do Comitê de Auditoria Estatutário

Art. 24. A empresa pública e a sociedade de economia mista deverão possuir em sua estrutura societária Comitê de Auditoria Estatutário como órgão auxiliar do Conselho de Administração, ao qual se reportará diretamente.

§ 1.º Competirá ao Comitê de Auditoria Estatutário, sem prejuízo de outras competências previstas no estatuto da empresa pública ou da sociedade de economia mista:

I – opinar sobre a contratação e destituição de auditor independente;

II – supervisionar as atividades dos auditores independentes, avaliando sua independência, a qualidade dos serviços prestados e a adequação de tais serviços às necessidades da empresa pública ou da sociedade de economia mista;

III – supervisionar as atividades desenvolvidas nas áreas de controle interno, de auditoria interna e de elaboração das demonstrações financeiras da empresa pública ou da sociedade de economia mista;

IV – monitorar a qualidade e a integridade dos mecanismos de controle interno, das demonstrações financeiras e das informações e medições divulgadas pela empresa pública ou pela sociedade de economia mista;

V – avaliar e monitorar exposições de risco da empresa pública ou da sociedade de economia mista, podendo requerer, entre outras, informações detalhadas sobre políticas e procedimentos referentes a:

a) remuneração da administração;

b) utilização de ativos da empresa pública ou da sociedade de economia mista;

c) gastos incorridos em nome da empresa pública ou da sociedade de economia mista;

VI – avaliar e monitorar, em conjunto com a administração e a área de auditoria interna, a adequação das transações com partes relacionadas;

VII – elaborar relatório anual com informações sobre as atividades, os resultados, as conclusões e as recomendações do Comitê de Auditoria Estatutário, registrando, se houver, as divergências significativas entre administração, auditoria independente e Comitê de Auditoria Estatutário em relação às demonstrações financeiras;

VIII – avaliar a razoabilidade dos parâmetros em que se fundamentam os cálculos atuariais, bem como o resultado atuarial dos planos de benefícios mantidos pelo fundo de pensão, quando a empresa pública ou a sociedade de economia mista for patrocinadora de entidade fechada de previdência complementar.

§ 2.º O Comitê de Auditoria Estatutário deverá possuir meios para receber denúncias, inclusive sigilosas, internas e externas à empresa pública ou à sociedade de economia mista, em matérias relacionadas ao escopo de suas atividades.

§ 3.º O Comitê de Auditoria Estatutário deverá se reunir quando necessário, no mínimo bimestralmente, de modo que as informações contábeis sejam sempre apreciadas antes de sua divulgação.

§ 4.º A empresa pública e a sociedade de economia mista deverão divulgar as atas das reuniões do Comitê de Auditoria Estatutário.

§ 5.º Caso o Conselho de Administração considere que a divulgação da ata possa pôr em risco interesse legítimo da empresa pública ou da sociedade de economia mista, a empresa pública ou a sociedade de economia mista divulgará apenas o extrato das atas.

§ 6.º A restrição prevista no § 5.º não será oponível aos órgãos de controle, que terão total e irrestrito acesso ao conteúdo das atas do Comitê de Auditoria Estatutário, observada a transferência de sigilo.

§ 7.º O Comitê de Auditoria Estatutário deverá possuir autonomia operacional e dotação orçamentária, anual ou por projeto, dentro de limites aprovados pelo Conselho de Administração, para conduzir ou determinar a realização de consultas, avaliações e investigações dentro do escopo de suas atividades, inclusive com a contratação e utilização de especialistas externos independentes.

Art. 25. O Comitê de Auditoria Estatutário será integrado por, no mínimo, 3 (três) e, no máximo, 5 (cinco) membros, em sua maioria independentes.

§ 1.º São condições mínimas para integrar o Comitê de Auditoria Estatutário:

I – não ser ou ter sido, nos 12 (doze) meses anteriores à nomeação para o Comitê:

a) diretor, empregado ou membro do conselho fiscal da empresa pública ou sociedade de economia mista ou de sua controladora, controlada, coligada ou sociedade em controle comum, direta ou indireta;

b) responsável técnico, diretor, gerente, supervisor ou qualquer outro integrante com função de gerência de equipe envolvida nos trabalhos de auditoria na empresa pública ou sociedade de economia mista;

II – não ser cônjuge ou parente consanguíneo ou afim, até o segundo grau ou por adoção, das pessoas referidas no inciso I;

III – não receber qualquer outro tipo de remuneração da empresa pública ou sociedade de economia mista ou de sua controladora, controlada, coligada ou sociedade em controle comum, direta ou indireta, que não seja aquela relativa à função de integrante do Comitê de Auditoria Estatutário;

IV – não ser ou ter sido ocupante de cargo público efetivo, ainda que licenciado, ou de cargo em comissão da pessoa jurídica de direito público que exerça o controle acionário da empresa pública ou sociedade de economia mista, nos 12 (doze) meses anteriores à nomeação para o Comitê de Auditoria Estatutário.

§ 2.º Ao menos 1 (um) dos membros do Comitê de Auditoria Estatutário deve ter reconhecida experiência em assuntos de contabilidade societária.

§ 3.º O atendimento às previsões deste artigo deve ser comprovado por meio de documentação mantida na sede da empresa pública ou sociedade de economia mista pelo prazo mínimo de 5 (cinco) anos, contado a partir do último dia de mandato do membro do Comitê de Auditoria Estatutário.

Seção VIII
Do Conselho Fiscal

Art. 26. Além das normas previstas nesta Lei, aplicam-se aos membros do Conselho Fiscal da empresa pública e da sociedade de economia mista as disposições previstas na Lei n. 6.404, de 15 de dezembro de 1976, relativas a seus poderes, deveres e responsabilidades, a requisitos e impedimentos para investidura e a remuneração, além de outras disposições estabelecidas na referida Lei.

§ 1.º Podem ser membros do Conselho Fiscal pessoas naturais, residentes no País, com formação acadêmica compatível com o exercício da função e que tenham exercido, por prazo mínimo de 3 (três) anos, cargo de direção ou assessoramento na administração pública ou cargo de conselheiro fiscal ou administrador em empresa.

§ 2.º O Conselho Fiscal contará com pelo menos 1 (um) membro indicado pelo ente controlador, que deverá ser servidor público com vínculo permanente com a administração pública.

Capítulo III
DA FUNÇÃO SOCIAL DA EMPRESA PÚBLICA E DA SOCIEDADE DE ECONOMIA MISTA

Art. 27. A empresa pública e a sociedade de economia mista terão a função social de realização do interesse coletivo ou de atendimento a imperativo da segurança nacional expressa no instrumento de autorização legal para a sua criação.

>> *Vide* art. 1.º, § 1.º, desta Lei.

§ 1.º A realização do interesse coletivo de que trata este artigo deverá ser orientada para o alcance do bem-estar econômico e para a alocação socialmente eficiente dos recursos geridos pela empresa pública e pela sociedade de economia mista, bem como para o seguinte:

I – ampliação economicamente sustentada do acesso de consumidores aos produtos e serviços da empresa pública ou da sociedade de economia mista;

II – desenvolvimento ou emprego de tecnologia brasileira para produção e oferta de produtos e serviços da empresa pública ou da sociedade de economia mista, sempre de maneira economicamente justificada.

§ 2.º A empresa pública e a sociedade de economia mista deverão, nos termos da lei, adotar práticas de sustentabilidade ambiental e de responsabilidade social corporativa compatíveis com o mercado em que atuam.

§ 3.º A empresa pública e a sociedade de economia mista poderão celebrar convênio ou contrato de patrocínio com pessoa física ou com pessoa jurídica para promoção de atividades culturais, sociais, esportivas, educacionais e de inovação tecnológica, desde que comprovadamente vinculadas ao fortalecimento de sua marca, observando-se, no que couber, as normas de licitação e contratos desta Lei.

Título II
DISPOSIÇÕES APLICÁVEIS ÀS EMPRESAS PÚBLICAS, ÀS SOCIEDADES DE ECONOMIA MISTA E ÀS SUAS SUBSIDIÁRIAS QUE EXPLOREM ATIVIDADE ECONÔMICA DE PRODUÇÃO OU COMERCIALIZAÇÃO DE BENS OU DE PRESTAÇÃO DE SERVIÇOS, AINDA QUE A ATIVIDADE ECONÔMICA ESTEJA SUJEITA AO REGIME DE MONOPÓLIO DA UNIÃO OU SEJA DE PRESTAÇÃO DE SERVIÇOS PÚBLICOS

Capítulo I
DAS LICITAÇÕES

>> *Vide* art. 1.º, § 2.º, desta Lei.

>> *Vide* Lei n. 8.666, de 21-6-1993.

Seção I
Da Exigência de Licitação e dos Casos de Dispensa e de Inexigibilidade

Art. 28. Os contratos com terceiros destinados à prestação de serviços às empresas públicas e às sociedades de economia mista, inclusive de engenharia e de publicidade, à aquisição e à locação de bens, à alienação de bens e ativos integrantes do respectivo patrimônio ou à execução de obras a serem integradas a esse patrimônio, bem como à implementação de ônus real sobre tais bens, serão precedidos de licitação nos termos desta Lei, ressalvadas as hipóteses previstas nos arts. 29 e 30.

§ 1.º Aplicam-se às licitações das empresas públicas e das sociedades de economia mista as disposições constantes dos arts. 42 a 49 da Lei Complementar n. 123, de 14 de dezembro de 2006.

>> A Lei Complementar n. 123, de 14-12-2006, que institui o Estatuto da Microempresa e da Empresa de Pequeno Porte, dispõe nos artigos citados:

"Art. 42. Nas licitações públicas, a comprovação de regularidade fiscal das microempresas e empresas de pequeno porte somente será exigida para efeito de assinatura do contrato.

Art. 43. As microempresas e empresas de pequeno porte, por ocasião da participação em certames licitatórios, deverão apresentar toda a documentação exigida para efeito de comprovação de regularidade fiscal, mesmo que esta apresente alguma restrição.

§ 1.º Havendo alguma restrição na comprovação da regularidade fiscal, será assegurado o prazo de 5 (cinco) dias úteis, cujo termo inicial corresponderá ao momento em que o proponente for declarado o vencedor do certame, prorrogável por igual período, a critério da administração pública, para a regularização da documentação, pagamento ou parcelamento do débito e emissão de eventuais certidões negativas ou positivas com efeito de certidão negativa.

§ 2.º A não regularização da documentação, no prazo previsto no § 1.º deste artigo, implicará decadência do direito à contratação, sem prejuízo das sanções previstas no art. 81 da Lei n. 8.666, de 21 de junho de 1993, sendo facultado à Administração convocar os licitantes remanescentes, na ordem de classificação, para a assinatura do contrato, ou revogar a licitação.

Art. 44. Nas licitações será assegurada, como critério de desempate, preferência de contratação para as microempresas e empresas de pequeno porte.

§ 1.º Entende-se por empate aquelas situações em que as propostas apresentadas pelas microempresas e empresas de pequeno porte sejam iguais ou até 10% (dez por cento) superiores à proposta mais bem classificada.

§ 2.º Na modalidade de pregão, o intervalo percentual estabelecido no § 1.º deste artigo será de até 5% (cinco por cento) superior ao melhor preço.

Art. 45. Para efeito do disposto no art. 44 desta Lei Complementar, ocorrendo o empate, proceder-se-á da seguinte forma:

I – a microempresa ou empresa de pequeno porte mais bem classificada poderá apresentar proposta de preço inferior àquela considerada vencedora do certame, situação em que será adjudicado em seu favor o objeto licitado;

II – não ocorrendo a contratação da microempresa ou empresa de pequeno porte, na forma do inciso I do *caput* deste artigo, serão convocadas as remanescentes que porventura se enquadrem na hipótese dos §§ 1.º e 2.º do art. 44 desta Lei Complementar, na ordem classificatória, para o exercício do mesmo direito;

III – no caso de equivalência dos valores apresentados pelas microempresas e empresas de pequeno porte que se encontrem nos intervalos estabelecidos nos §§ 1.º e 2.º do art. 44 desta Lei Complementar, será realizado sorteio entre elas para que se identifique aquela que primeiro poderá apresentar melhor oferta.

§ 1.º Na hipótese da não contratação nos termos previstos no *caput* deste artigo, o objeto licitado será adjudicado em favor da proposta originalmente vencedora do certame.

§ 2.º O disposto neste artigo somente se aplicará quando a melhor oferta inicial não tiver sido apresentada por microempresa ou empresa de pequeno porte.

§ 3.º No caso de pregão, a microempresa ou empresa de pequeno porte mais bem classificada será convocada para apresentar nova proposta no prazo máximo de 5 (cinco) minutos após o encerramento dos lances, sob pena de preclusão.

Art. 46. A microempresa e a empresa de pequeno porte titular de direitos creditórios decorrentes de empenhos liquidados por órgãos e entidades da União, Estados, Distrito Federal e Município não pagos em até 30 (trinta) dias contados da data de liquidação poderão emitir cédula de crédito microempresarial.

Art. 47. Nas contratações públicas da administração direta e indireta, autárquica e fundacional, federal, estadual e municipal, deverá ser concedido tratamento diferenciado e simplificado para as microempresas e empresas de pequeno porte objetivando a promoção do desenvolvimento econômico e social no âmbito municipal e regional, a ampliação da eficiência das políticas públicas e o incentivo à inovação tecnológica.

Parágrafo único. No que diz respeito às compras públicas, enquanto não sobrevier legislação estadual, municipal ou regulamento específico de cada órgão mais favorável à microempresa e empresa de pequeno porte, aplica-se a legislação federal.

Art. 48. Para o cumprimento do disposto no art. 47 desta Lei Complementar, a administração pública:

I – deverá realizar processo licitatório destinado exclusivamente à participação de microempresas e empresas de pequeno porte nos itens de contratação cujo valor seja de até R$ 80.000,00 (oitenta mil reais);

II – poderá, em relação aos processos licitatórios destinados à aquisição de obras e serviços, exigir dos licitantes a subcontratação de microempresa ou empresa de pequeno porte;

III – deverá estabelecer, em certames para aquisição de bens de natureza divisível, cota de até 25% (vinte e cinco por cento) do objeto para a contratação de microempresas e empresas de pequeno porte.

§ 1.º (*Revogado pela Lei Complementar n. 147, de 7-8-2014.*)

§ 2.º Na hipótese do inciso II do *caput* deste artigo, os empenhos e pagamentos do órgão ou entidade da administração pública poderão ser destinados diretamente às microempresas e empresas de pequeno porte subcontratadas.

§ 3.º Os benefícios referidos no *caput* deste artigo poderão, justificadamente, estabelecer a prioridade de contratação para as microempresas e empresas de pequeno porte sediadas local ou regionalmente, até o limite de 10% (dez por cento) do melhor preço válido.

Art. 49. Não se aplica o disposto nos arts. 47 e 48 desta Lei Complementar quando:

I – (*Revogado pela Lei Complementar n. 147, de 7-8-2014.*);

II – não houver um mínimo de 3 (três) fornecedores competitivos enquadrados como microempresas ou empresas de pequeno porte sediados local ou regionalmente e capazes de cumprir as exigências estabelecidas no instrumento convocatório;

III – o tratamento diferenciado e simplificado para as microempresas e empresas de pequeno porte não for vantajoso para a administração pública ou representar prejuízo ao conjunto ou complexo do objeto a ser contratado;

IV – a licitação for dispensável ou inexigível, nos termos dos arts. 24 e 25 da Lei n. 8.666, de 21 de junho de 1993, excetuando-se as dispensas tratadas pelos incisos I e II do art. 24 da mesma Lei, nas quais a compra deverá ser feita preferencialmente de microempresas e empresas de pequeno porte, aplicando-se o disposto no inciso I do art. 48".

§ 2.º O convênio ou contrato de patrocínio celebrado com pessoas físicas ou jurídicas de que trata o § 3.º do art. 27 observará, no que couber, as normas de licitação e contratos desta Lei.

§ 3.º São as empresas públicas e as sociedades de economia mista dispensadas da observância dos dispositivos deste Capítulo nas seguintes situações:

I – comercialização, prestação ou execução, de forma direta, pelas empresas mencionadas no *caput*, de produtos, serviços ou obras especificamente relacionados com seus respectivos objetos sociais;

II – nos casos em que a escolha do parceiro esteja associada a suas características particulares, vinculada a oportunidades de negócio definidas e específicas, justificada a inviabilidade de procedimento competitivo.

§ 4.º Consideram-se oportunidades de negócio a que se refere o inciso II do § 3.º a formação e a extinção de parcerias e outras formas associativas, societárias ou contratuais, a aquisição e a alienação de participação em sociedades e outras formas associativas, societárias ou contratuais e as operações realizadas no âmbito do mercado de capitais, respeitada a regulação pelo respectivo órgão competente.

Art. 29. É dispensável a realização de licitação por empresas públicas e sociedades de economia mista:

>> *Vide* art. 24 da Lei n. 8.666, de 21-6-1993.

I – para obras e serviços de engenharia de valor até R$ 100.000,00 (cem mil reais), desde que não se refiram a parcelas de uma mesma obra ou serviço ou ainda a obras e serviços de mesma natureza e no mesmo local que possam ser realizadas conjunta e concomitantemente;

II – para outros serviços e compras de valor até R$ 50.000,00 (cinquenta mil reais) e para alienações, nos casos previstos nesta Lei, desde que não se refiram a parcelas de um mesmo serviço, compra ou alienação de maior vulto que possa ser realizado de uma só vez;

III – quando não acudirem interessados à licitação anterior e essa, justificadamente, não puder ser repetida sem prejuízo para a empresa pública ou a sociedade de economia mista, bem como para suas respectivas subsidiárias, desde que mantidas as condições preestabelecidas;

IV – quando as propostas apresentadas consignarem preços manifestamente superiores aos praticados no mercado nacional ou incompatíveis com os fixados pelos órgãos oficiais competentes;

V – para a compra ou locação de imóvel destinado ao atendimento de suas finalidades precípuas, quando as necessidades de instalação e localização condicionarem a escolha do imóvel, desde que o preço seja compatível com o valor de mercado, segundo avaliação prévia;

VI – na contratação de remanescente de obra, de serviço ou de fornecimento, em consequência de rescisão contratual, desde que atendida a ordem de classificação da licitação anterior e aceitas as mesmas condições do contrato encerrado por rescisão ou distrato, inclusive quanto ao preço, devidamente corrigido;

VII – na contratação de instituição brasileira incumbida regimental ou estatutariamente da pesquisa, do ensino ou do desenvolvimento institucional ou de instituição dedicada à recuperação social do preso, desde que a contratada detenha inquestionável reputação ético-profissional e não tenha fins lucrativos;

VIII – para a aquisição de componentes ou peças de origem nacional ou estrangeira necessários à manutenção de equipamentos durante o período de garantia técnica, junto ao fornecedor original desses equipamentos, quando tal condição de exclusividade for indispensável para a vigência da garantia;

IX – na contratação de associação de pessoas com deficiência física, sem fins lucrativos e de comprovada idoneidade, para a prestação de serviços ou fornecimento de mão de obra, desde que o preço contratado seja compatível com o praticado no mercado;

X – na contratação de concessionário, permissionário ou autorizado para fornecimento ou suprimento de energia elétrica ou gás natural e de outras prestadoras de serviço público, segundo as normas da legislação específica, desde que o objeto do contrato tenha pertinência com o serviço público;

XI – nas contratações entre empresas públicas ou sociedades de economia mista e suas respectivas subsidiárias, para aquisição ou alienação de bens e prestação ou obtenção de serviços, desde que os preços sejam compatíveis com os praticados no mercado e que o objeto do contrato tenha relação com a atividade da contratada prevista em seu estatuto social;

XII – na contratação de coleta, processamento e comercialização de resíduos sólidos urbanos recicláveis ou reutilizáveis, em áreas com sistema de coleta seletiva de lixo, efetuados por associações ou cooperativas formadas exclusivamente por pessoas físicas de baixa renda que tenham como ocupação econômica a coleta de materiais recicláveis, com o uso de equipamentos compatíveis com as normas técnicas, ambientais e de saúde pública;

XIII – para o fornecimento de bens e serviços, produzidos ou prestados no País, que envolvam, cumulativamente, alta complexidade tecnológica e defesa nacional, mediante parecer de comissão especialmente designada pelo dirigente máximo da empresa pública ou da sociedade de economia mista;

XIV – nas contratações visando ao cumprimento do disposto nos arts. 3.º, 4.º, 5.º e 20 da Lei n. 10.973, de 2 de dezembro de 2004, observados os princípios gerais de contratação dela constantes;

> A Lei n. 10.973, de 2-12-2004, estabelece medidas de incentivo à inovação e à pesquisa científica e tecnológica no ambiente produtivo, com vistas à capacitação e ao alcance da autonomia tecnológica e ao desenvolvimento industrial do país.

XV – em situações de emergência, quando caracterizada urgência de atendimento de situação que possa ocasionar prejuízo ou comprometer a segurança de pessoas, obras, serviços, equipamentos e outros bens, públicos ou particulares, e somente para os bens necessários ao atendimento da situação emergencial e para as parcelas de obras e serviços que possam ser concluídas no prazo máximo de 180 (cento e oitenta) dias consecutivos e ininterruptos, contado da ocorrência da emergência, vedada a prorrogação dos respectivos contratos, observado o disposto no § 2.º;

XVI – na transferência de bens a órgãos e entidades da administração pública, inclusive quando efetivada mediante permuta;

XVII – na doação de bens móveis para fins e usos de interesse social, após avaliação de sua oportunidade e conveniência socioeconômica relativamente à escolha de outra forma de alienação;

XVIII – na compra e venda de ações, de títulos de crédito e de dívida e de bens que produzam ou comercializem.

§ 1.º Na hipótese de nenhum dos licitantes aceitar a contratação nos termos do inciso VI do *caput*, a empresa pública e a sociedade de economia mista poderão convocar os licitantes remanescentes, na ordem de classificação, para a celebração do contrato nas condições ofertadas por estes, desde que o respectivo valor seja igual ou inferior ao orçamento estimado para a contratação, inclusive quanto aos preços atualizados nos termos do instrumento convocatório.

§ 2.º A contratação direta com base no inciso XV do *caput* não dispensará a responsabilização de quem, por ação ou omissão, tenha dado causa ao motivo ali descrito, inclusive no tocante ao disposto na Lei n. 8.429, de 2 de junho de 1992.

>> *Vide* Lei n. 8.429, de 2-6-1992, sobre improbidade administrativa.

§ 3.º Os valores estabelecidos nos incisos I e II do *caput* podem ser alterados, para refletir a variação de custos, por deliberação do Conselho de Administração da empresa pública ou sociedade de economia mista, admitindo-se valores diferenciados para cada sociedade.

Art. 30. A contratação direta será feita quando houver inviabilidade de competição, em especial na hipótese de:

I – aquisição de materiais, equipamentos ou gêneros que só possam ser fornecidos por produtor, empresa ou representante comercial exclusivo;

II – contratação dos seguintes serviços técnicos especializados, com profissionais ou empresas de notória especialização, vedada a inexigibilidade para serviços de publicidade e divulgação:

a) estudos técnicos, planejamentos e projetos básicos ou executivos;

b) pareceres, perícias e avaliações em geral;

c) assessorias ou consultorias técnicas e auditorias financeiras ou tributárias;

d) fiscalização, supervisão ou gerenciamento de obras ou serviços;

e) patrocínio ou defesa de causas judiciais ou administrativas;

f) treinamento e aperfeiçoamento de pessoal;

g) restauração de obras de arte e bens de valor histórico.

§ 1.º Considera-se de notória especialização o profissional ou a empresa cujo conceito no campo de sua especialidade, decorrente de desempenho anterior, estudos, experiência, publicações, organização, aparelhamento, equipe técnica ou outros requisitos relacionados com suas atividades, permita inferir que o seu trabalho é essencial e indiscutivelmente o mais adequado à plena satisfação do objeto do contrato.

> *Vide* art. 25, § 1.º, da Lei n. 8.666, de 21-6-1993.

§ 2.º Na hipótese do *caput* e em qualquer dos casos de dispensa, se comprovado, pelo órgão de controle externo, sobrepreço ou superfaturamento, respondem solidariamente pelo dano causado quem houver decidido pela contratação direta e o fornecedor ou o prestador de serviços.

§ 3.º O processo de contratação direta será instruído, no que couber, com os seguintes elementos:

I – caracterização da situação emergencial ou calamitosa que justifique a dispensa, quando for o caso;

II – razão da escolha do fornecedor ou do executante;

III – justificativa do preço.

Seção II
Disposições de Caráter Geral sobre Licitações e Contratos

Art. 31. As licitações realizadas e os contratos celebrados por empresas públicas e sociedades de economia mista destinam-se a assegurar a seleção da proposta mais vantajosa, inclusive no que se refere ao ciclo de vida do objeto, e a evitar operações em que se caracterize sobrepreço ou superfaturamento, devendo observar os princípios da impessoalidade, da moralidade, da igualdade, da publicidade, da eficiência, da probidade administrativa, da economicidade, do desenvolvimento nacional sustentável, da vinculação ao instrumento convocatório, da obtenção de competitividade e do julgamento objetivo.

§ 1.º Para os fins do disposto no *caput*, considera-se que há:

I – sobrepreço quando os preços orçados para a licitação ou os preços contratados são expressivamente superiores aos preços referenciais de mercado, podendo referir-se ao valor unitário de um item, se a licitação ou a contratação for por preços unitários de serviço, ou ao valor global do objeto, se a licitação ou a contratação for por preço global ou por empreitada;

II – superfaturamento quando houver dano ao patrimônio da empresa pública ou da sociedade de economia mista caracterizado, por exemplo:

a) pela medição de quantidades superiores às efetivamente executadas ou fornecidas;

b) pela deficiência na execução de obras e serviços de engenharia que resulte em diminuição da qualidade, da vida útil ou da segurança;

c) por alterações no orçamento de obras e de serviços de engenharia que causem o desequilíbrio econômico-financeiro do contrato em favor do contratado;

d) por outras alterações de cláusulas financeiras que gerem recebimentos contratuais antecipados, distorção do cronograma físico-financeiro, prorrogação injustificada do prazo contratual com custos adicionais para a empresa pública ou a sociedade de economia mista ou reajuste irregular de preços.

§ 2.º O orçamento de referência do custo global de obras e serviços de engenharia deverá ser obtido a partir de custos unitários de insumos ou serviços menores ou iguais à mediana de seus correspondentes no Sistema Nacional de Pesquisa de Custos e Índices da Construção Civil (Sinapi), no caso de construção civil em geral, ou no Sistema de Custos Referenciais de Obras (Sicro), no caso de obras e serviços rodoviários, devendo ser observadas as peculiaridades geográficas.

§ 3.º No caso de inviabilidade da definição dos custos consoante o disposto no § 2.º, a estimativa de custo global poderá ser apurada por meio da utilização de dados contidos em tabela de referência formalmente aprovada por órgãos ou entidades da administração pública federal, em publicações técnicas especializadas, em banco de dados e sistema específico instituído para o setor ou em pesquisa de mercado.

§ 4.º A empresa pública e a sociedade de economia mista poderão adotar procedimento de manifestação de interesse privado para o recebimento de propostas e projetos de empreendimentos com vistas a atender necessidades previamente identificadas, cabendo a regulamento a definição de suas regras específicas.

§ 5.º Na hipótese a que se refere o § 4.º, o autor ou financiador do projeto poderá participar da licitação para a execução do empreendimento, podendo ser ressarcido pelos custos aprovados pela empresa pública ou sociedade de economia mista caso não vença o certame, desde que seja promovida a cessão de direitos de que trata o art. 80.

Art. 32. Nas licitações e contratos de que trata esta Lei serão observadas as seguintes diretrizes:

I – padronização do objeto da contratação, dos instrumentos convocatórios e das minutas de contratos, de acordo com normas internas específicas;

II – busca da maior vantagem competitiva para a empresa pública ou sociedade de economia mista, considerando custos e benefícios, diretos e indiretos, de natureza econômica, social ou ambiental, inclusive os relativos à manutenção, ao desfazimento de bens e resíduos, ao índice de depreciação econômica e a outros fatores de igual relevância;

III – parcelamento do objeto, visando a ampliar a participação de licitantes, sem perda de economia de escala, e desde que não atinja valores inferiores aos limites estabelecidos no art. 29, incisos I e II;

IV – adoção preferencial da modalidade de licitação denominada pregão, instituída pela Lei n. 10.520, de 17 de julho de 2002, para a aquisição de bens e serviços comuns, assim considerados aqueles cujos padrões de desempenho e qualidade possam ser objetivamente definidos pelo edital, por meio de especificações usuais no mercado;

> *Vide* Decreto n. 3.555, de 8-8-2000 (pregão para aquisição de bens e serviços comuns).

V – observação da política de integridade nas transações com partes interessadas.

§ 1.º As licitações e os contratos disciplinados por esta Lei devem respeitar, especialmente, as normas relativas à:

I – disposição final ambientalmente adequada dos resíduos sólidos gerados pelas obras contratadas;

> A Lei n. 12.305, de 2-8-2010, institui a Política Nacional de Resíduos Sólidos.

II – mitigação dos danos ambientais por meio de medidas condicionantes e de compensação ambiental, que serão definidas no procedimento de licenciamento ambiental;

III – utilização de produtos, equipamentos e serviços que, comprovadamente, reduzam o consumo de energia e de recursos naturais;

IV – avaliação de impactos de vizinhança, na forma da legislação urbanística;

V – proteção do patrimônio cultural, histórico, arqueológico e imaterial, inclusive por meio da avaliação do impacto direto ou indireto causado por investimentos realizados por empresas públicas e sociedades de economia mista;

VI – acessibilidade para pessoas com deficiência ou com mobilidade reduzida.

§ 2.º A contratação a ser celebrada por empresa pública ou sociedade de economia mista da qual decorra impacto negativo sobre bens do patrimônio cultural, histórico, arqueológico e imaterial tombados dependerá de autorização da esfera de governo encarregada da proteção do respectivo patrimônio, devendo o impacto ser compensado por meio de medidas determinadas pelo dirigente máximo da empresa pública ou sociedade de economia mista, na forma da legislação aplicável.

§ 3.º As licitações na modalidade de pregão, na forma eletrônica, deverão ser realizadas exclusivamente em portais de compras de acesso público na internet.

§ 4.º Nas licitações com etapa de lances, a empresa pública ou sociedade de economia mista disponibilizará ferramentas eletrônicas para envio de lances pelos licitantes.

Art. 33. O objeto da licitação e do contrato dela decorrente será definido de forma sucinta e clara no instrumento convocatório.

Art. 34. O valor estimado do contrato a ser celebrado pela empresa pública ou pela sociedade de economia mista será sigiloso, facultando-se à contratante, mediante justificação na fase de preparação prevista no inciso I do art. 51 desta Lei, conferir publicidade ao valor estimado do objeto da licitação, sem prejuízo da divulgação do detalhamento dos quantitativos e das demais informações necessárias para a elaboração das propostas.

§ 1.º Na hipótese em que for adotado o critério de julgamento por maior desconto, a informação de que trata o *caput* deste artigo constará do instrumento convocatório.

§ 2.º No caso de julgamento por melhor técnica, o valor do prêmio ou da remuneração será incluído no instrumento convocatório.

§ 3.º A informação relativa ao valor estimado do objeto da licitação, ainda que tenha caráter sigiloso, será disponibilizada a órgãos de controle externo e interno, devendo a empresa pública ou a sociedade de economia mista registrar em documento formal sua disponibilização aos órgãos de controle, sempre que solicitado.

§ 4.º (*Vetado*.)

Art. 35. Observado o disposto no art. 34, o conteúdo da proposta, quando adotado o modo de disputa fechado e até sua abertura, os atos e os procedimentos praticados em decorrência desta Lei submetem-se à legislação que regula o acesso dos cidadãos às informações detidas pela administração pública, particularmente aos termos da Lei n. 12.527, de 18 de novembro de 2011.

>> *Vide* arts. 5.º, XXXIII, 37, § 3.º, II, e 216 da CF.

Art. 36. A empresa pública e a sociedade de economia mista poderão promover a pré-qualificação de seus fornecedores ou produtos, nos termos do art. 64.

Art. 37. A empresa pública e a sociedade de economia mista deverão informar os dados relativos às sanções por elas aplicadas aos contratados, nos termos definidos no art. 83, de forma a manter atualizado o cadastro de empresas inidôneas de que trata o art. 23 da Lei n. 12.846, de 1.º de agosto de 2013.

§ 1.º O fornecedor incluído no cadastro referido no *caput* não poderá disputar licitação ou participar, direta ou indiretamente, da execução de contrato.

§ 2.º Serão excluídos do cadastro referido no *caput*, a qualquer tempo, fornecedores que demonstrarem a superação dos motivos que deram causa à restrição contra eles promovida.

Art. 38. Estará impedida de participar de licitações e de ser contratada pela empresa pública ou sociedade de economia mista a empresa:

I – cujo administrador ou sócio detentor de mais de 5% (cinco por cento) do capital social seja diretor ou empregado da empresa pública ou sociedade de economia mista contratante;

II – suspensa pela empresa pública ou sociedade de economia mista;

III – declarada inidônea pela União, por Estado, pelo Distrito Federal ou pela unidade federativa a que está vinculada a empresa pública ou sociedade de economia mista, enquanto perdurarem os efeitos da sanção;

IV – constituída por sócio de empresa que estiver suspensa, impedida ou declarada inidônea;

V – cujo administrador seja sócio de empresa suspensa, impedida ou declarada inidônea;

VI – constituída por sócio que tenha sido sócio ou administrador de empresa suspensa, impedida ou declarada inidônea, no período dos fatos que deram ensejo à sanção;

VII – cujo administrador tenha sido sócio ou administrador de empresa suspensa, impedida ou declarada inidônea, no período dos fatos que deram ensejo à sanção;

VIII – que tiver, nos seus quadros de diretoria, pessoa que participou, em razão de vínculo de mesma natureza, de empresa declarada inidônea.

Parágrafo único. Aplica-se a vedação prevista no *caput*:

I – à contratação do próprio empregado ou dirigente, como pessoa física, bem como à participação dele em procedimentos licitatórios, na condição de licitante;

II – a quem tenha relação de parentesco, até o terceiro grau civil, com:

a) dirigente de empresa pública ou sociedade de economia mista;

b) empregado de empresa pública ou sociedade de economia mista cujas atribuições envolvam a atuação na área responsável pela licitação ou contratação;

c) autoridade do ente público a que a empresa pública ou sociedade de economia mista esteja vinculada.

III – cujo proprietário, mesmo na condição de sócio, tenha terminado seu prazo de gestão ou rompido seu vínculo com a respectiva empresa pública ou sociedade de economia mista promotora da licitação ou contratante há menos de 6 (seis) meses.

Art. 39. Os procedimentos licitatórios, a pré-qualificação e os contratos disciplinados por esta Lei serão divulgados em portal específico mantido pela empresa pública ou sociedade de economia mista na internet, devendo ser adotados os seguintes prazos mínimos para apresentação de propostas ou lances, contados a partir da divulgação do instrumento convocatório:

I – para aquisição de bens:

a) 5 (cinco) dias úteis, quando adotado como critério de julgamento o menor preço ou o maior desconto;

b) 10 (dez) dias úteis, nas demais hipóteses;

II – para contratação de obras e serviços:

a) 15 (quinze) dias úteis, quando adotado como critério de julgamento o menor preço ou o maior desconto;

b) 30 (trinta) dias úteis, nas demais hipóteses;

III – no mínimo 45 (quarenta e cinco) dias úteis para licitação em que se adote como critério de julgamento a melhor técnica ou a melhor combinação de técnica e preço, bem como para licitação em que haja contratação semi-integrada ou integrada.

Parágrafo único. As modificações promovidas no instrumento convocatório serão objeto de divulgação nos mesmos termos e prazos dos atos e procedimentos originais, exceto quando a alteração não afetar a preparação das propostas.

Art. 40. As empresas públicas e as sociedades de economia mista deverão publicar e manter atualizado regulamento interno de licitações e contratos, compatível com o disposto nesta Lei, especialmente quanto a:

I – glossário de expressões técnicas;

II – cadastro de fornecedores;

III – minutas-padrão de editais e contratos;

IV – procedimentos de licitação e contratação direta;

V – tramitação de recursos;

VI – formalização de contratos;

VII – gestão e fiscalização de contratos;

VIII – aplicação de penalidades;

IX – recebimento do objeto do contrato.

Art. 41. Aplicam-se às licitações e contratos regidos por esta Lei as normas de direito penal contidas nos arts. 89 a 99 da Lei n. 8.666, de 21 de junho de 1993.

Seção III
Das Normas Específicas para Obras e Serviços

Art. 42. Na licitação e na contratação de obras e serviços por empresas públicas e sociedades de economia mista, serão observadas as seguintes definições:

I – empreitada por preço unitário: contratação por preço certo de unidades determinadas;

II – empreitada por preço global: contratação por preço certo e total;

III – tarefa: contratação de mão de obra para pequenos trabalhos por preço certo, com ou sem fornecimento de material;

IV – empreitada integral: contratação de empreendimento em sua integralidade, com todas as etapas de obras, serviços e instalações necessárias, sob inteira responsabilidade da contratada até a sua entrega ao contratante em condições de entrada em operação, atendidos os requisitos técnicos e legais para sua utilização em condições de segurança estrutural e operacional e com as características adequadas às finalidades para as quais foi contratada;

V – contratação semi-integrada: contratação que envolve a elaboração e o desenvolvimento do projeto executivo, a execução de obras e serviços de engenharia, a montagem, a realização de testes, a pré-operação e as demais operações necessárias e suficientes para a entrega final do objeto, de acordo com o estabelecido nos §§ 1.º e 3.º deste artigo;

VI – contratação integrada: contratação que envolve a elaboração e o desenvolvimento dos projetos básico e executivo, a execução de obras e serviços de engenharia, a montagem, a realização de testes, a pré-operação e as demais operações necessárias e suficientes para a entrega final do objeto, de acordo com o estabelecido nos §§ 1.º, 2.º e 3.º deste artigo;

VII – anteprojeto de engenharia: peça técnica com todos os elementos de contornos necessários e fundamentais à elaboração do projeto básico, devendo conter minimamente os seguintes elementos:

a) demonstração e justificativa do programa de necessidades, visão global dos investimentos e definições relacionadas ao nível de serviço desejado;

b) condições de solidez, segurança e durabilidade e prazo de entrega;

c) estética do projeto arquitetônico;

d) parâmetros de adequação ao interesse público, à economia na utilização, à facilidade na execução, aos impactos ambientais e à acessibilidade;

e) concepção da obra ou do serviço de engenharia;

f) projetos anteriores ou estudos preliminares que embasaram a concepção adotada;

g) levantamento topográfico e cadastral;

h) pareceres de sondagem;

i) memorial descritivo dos elementos da edificação, dos componentes construtivos e dos materiais de construção, de forma a estabelecer padrões mínimos para a contratação;

VIII – projeto básico: conjunto de elementos necessários e suficientes, com nível de precisão adequado, para, observado o disposto no § 3.º, caracterizar a obra ou o serviço, ou o complexo de obras ou de serviços objeto da licitação, elaborado com base nas indicações dos estudos técnicos preliminares, que assegure a viabilidade técnica e o adequado tratamento do impacto ambiental do empreendimento e que possibilite a avaliação do custo da obra e a definição dos métodos e do prazo de execução, devendo conter os seguintes elementos:

a) desenvolvimento da solução escolhida, de forma a fornecer visão global da obra e a identificar todos os seus elementos constitutivos com clareza;

b) soluções técnicas globais e localizadas, suficientemente detalhadas, de forma a minimizar a necessidade de reformulação ou de variantes durante as fases de elaboração do projeto executivo e de realização das obras e montagem;

c) identificação dos tipos de serviços a executar e de materiais e equipamentos a incorporar à obra, bem como suas especificações, de modo a assegurar os melhores resultados para o empreendimento, sem frustrar o caráter competitivo para a sua execução;

d) informações que possibilitem o estudo e a dedução de métodos construtivos, instalações provisórias e condições organizacionais para a obra, sem frustrar o caráter competitivo para a sua execução;

e) subsídios para montagem do plano de licitação e gestão da obra, compreendendo a sua programação, a estratégia de suprimentos, as normas de fiscalização e outros dados necessários em cada caso;

f) (*Vetado*.);

IX – projeto executivo: conjunto dos elementos necessários e suficientes à execução completa da obra, de acordo com as normas técnicas pertinentes;

X – matriz de riscos: cláusula contratual definidora de riscos e responsabilidades entre as partes e caracterizadora do equilíbrio econômico-financeiro inicial do contrato, em termos de ônus financeiro decorrente de eventos supervenientes à contratação, contendo, no mínimo, as seguintes informações:

a) listagem de possíveis eventos supervenientes à assinatura do contrato, impactantes no equilíbrio econômico-financeiro da avença, e previsão de eventual necessidade de prolação de termo aditivo quando de sua ocorrência;

b) estabelecimento preciso das frações do objeto em que haverá liberdade das contratadas para inovar em soluções metodológicas ou tecnológicas, em obrigações de resultado, em termos de modificação das soluções previamente delineadas no anteprojeto ou no projeto básico da licitação;

c) estabelecimento preciso das frações do objeto em que não haverá liberdade das contratadas para inovar em soluções metodológicas ou tecnológicas, em obrigações de meio, devendo haver obrigação de identidade entre a execução e a solução pré-definida no anteprojeto ou no projeto básico da licitação.

§ 1.º As contratações semi-integradas e integradas referidas, respectivamente, nos incisos V e VI do *caput* deste artigo restringir-se-ão a obras e serviços de engenharia e observarão os seguintes requisitos:

I – o instrumento convocatório deverá conter:

a) anteprojeto de engenharia, no caso de contratação integrada, com elementos técnicos que permitam a caracterização da obra ou do serviço e a elaboração e comparação, de forma isonômica, das propostas a serem ofertadas pelos particulares;

b) projeto básico, nos casos de empreitada por preço unitário, de empreitada por preço global, de empreitada integral e de contratação semi-integrada, nos termos definidos neste artigo;

c) documento técnico, com definição precisa das frações do empreendimento em que haverá liberdade de as contratadas inovarem em soluções metodológicas ou tecnológicas, seja em termos de modificação das soluções previamente delineadas no anteprojeto ou no projeto básico da licitação, seja em termos de detalhamento dos sistemas e procedimentos construtivos previstos nessas peças técnicas;

d) matriz de riscos;

II – o valor estimado do objeto a ser licitado será calculado com base em valores de mercado, em valores pagos pela administração pública em serviços e obras similares ou em avaliação do custo global da obra, aferido mediante orçamento sintético ou metodologia expedita ou paramétrica;

III – o critério de julgamento a ser adotado será o de menor preço ou de melhor combinação de técnica e preço, pontuando-se na avaliação técnica as vantagens e os benefícios que eventualmente forem oferecidos para cada produto ou solução;

IV – na contratação semi-integrada, o projeto básico poderá ser alterado, desde que demonstrada a superioridade das inovações em termos de redução de custos, de aumento da qualidade, de redução do prazo de execução e de facilidade de manutenção ou operação.

§ 2.º No caso dos orçamentos das contratações integradas:

I – sempre que o anteprojeto da licitação, por seus elementos mínimos, assim o permitir, as estimativas de preço devem se basear em orçamento tão detalhado quanto possível, devendo a utilização de estimativas paramétricas e a avaliação aproximada baseada em outras obras similares ser realizadas somente nas frações do empreendimento não suficientemente detalhadas no anteprojeto da licitação, exigindo-se das contratadas, no mínimo, o mesmo nível de detalhamento em seus demonstrativos de formação de preços;

II – quando utilizada metodologia expedita ou paramétrica para abalizar o valor do empreendimento ou de fração dele, consideradas as disposições do inciso I, entre 2 (duas) ou mais técnicas estimativas possíveis, deve ser utilizada nas estimativas de preço-base a que viabilize a maior precisão orçamentária, exigindo-se das licitantes, no mínimo, o mesmo nível de detalhamento na motivação dos respectivos preços ofertados.

§ 3.º Nas contratações integradas ou semi-integradas, os riscos decorrentes de fatos supervenientes à contratação associados à escolha da solução de projeto básico pela contratante deverão ser alocados como de sua responsabilidade na matriz de riscos.

§ 4.º No caso de licitação de obras e serviços de engenharia, as empresas públicas e as sociedades de economia mista abrangidas por esta Lei deverão utilizar a contratação semi-integrada, prevista no inciso V do *caput*, cabendo a elas a elaboração ou a contratação do projeto básico antes da licitação de que trata este parágrafo, podendo ser utilizadas outras modalidades previstas nos incisos do *caput* deste artigo, desde que essa opção seja devidamente justificada.

§ 5.º Para fins do previsto na parte final do § 4.º, não será admitida, por parte da empresa pública ou da sociedade de economia mista, como justificativa para a adoção da modalidade de contratação integrada, a ausência de projeto básico.

Art. 43. Os contratos destinados à execução de obras e serviços de engenharia admitirão os seguintes regimes:

I – empreitada por preço unitário, nos casos em que os objetos, por sua natureza, possuam imprecisão inerente de quantitativos em seus itens orçamentários;

II – empreitada por preço global, quando for possível definir previamente no projeto básico, com boa margem de precisão, as quantidades dos serviços a serem posteriormente executados na fase contratual;

III – contratação por tarefa, em contratações de profissionais autônomos ou de pequenas empresas para realização de serviços técnicos comuns e de curta duração;

IV – empreitada integral, nos casos em que o contratante necessite receber o empreendimento, normalmente de alta complexidade, em condição de operação imediata;

V – contratação semi-integrada, quando for possível definir previamente no projeto básico as quantidades dos serviços a serem posteriormente executados na fase contratual, em obra ou serviço de engenharia que possa ser executado com diferentes metodologias ou tecnologias;

VI – contratação integrada, quando a obra ou o serviço de engenharia for de natureza predominantemente intelectual e de inovação tecnológica do objeto licitado ou puder ser executado com diferentes metodologias ou tecnologias de domínio restrito no mercado.

§ 1.º Serão obrigatoriamente precedidas pela elaboração de projeto básico, disponível para exame de qualquer interessado, as licitações para a contratação de obras e serviços, com exceção daquelas em que for adotado o regime previsto no inciso VI do *caput* deste artigo.

§ 2.º É vedada a execução, sem projeto executivo, de obras e serviços de engenharia.

Art. 44. É vedada a participação direta ou indireta nas licitações para obras e serviços de engenharia de que trata esta Lei:

I – de pessoa física ou jurídica que tenha elaborado o anteprojeto ou o projeto básico da licitação;

II – de pessoa jurídica que participar de consórcio responsável pela elaboração do anteprojeto ou do projeto básico da licitação;

III – de pessoa jurídica da qual o autor do anteprojeto ou do projeto básico da licitação seja administrador, controlador, gerente, responsável técnico, subcontratado ou sócio, neste último caso quando a participação superar 5% (cinco por cento) do capital votante.

§ 1.º A elaboração do projeto executivo constituirá encargo do contratado, consoante preço previamente fixado pela empresa pública ou pela sociedade de economia mista.

§ 2.º É permitida a participação das pessoas jurídicas e da pessoa física de que tratam os incisos II e III do *caput* deste artigo em licitação ou em execução de contrato, como consultor ou técnico, nas funções de fiscalização, supervisão ou gerenciamento, exclusivamente a serviço da empresa pública e da sociedade de economia mista interessadas.

§ 3.º Para fins do disposto no *caput*, considera-se participação indireta a existência de vínculos de natureza técnica, comercial, econômica, financeira ou trabalhista entre o autor do projeto básico, pessoa física ou jurídica, e o licitante ou responsável pelos serviços, fornecimentos e obras, incluindo-se os fornecimentos de bens e serviços a estes necessários.

§ 4.º O disposto no § 3.º deste artigo aplica-se a empregados incumbidos de levar a efeito atos e procedimentos realizados pela empresa pública e pela sociedade de economia mista no curso da licitação.

Art. 45. Na contratação de obras e serviços, inclusive de engenharia, poderá ser estabelecida remuneração variável vinculada ao desempenho do contratado, com base em metas, padrões de qualidade, critérios de sustentabilidade ambiental e prazos de entrega definidos no instrumento convocatório e no contrato.

Parágrafo único. A utilização da remuneração variável respeitará o limite orçamentário fixado pela empresa pública ou pela sociedade de economia mista para a respectiva contratação.

Art. 46. Mediante justificativa expressa e desde que não implique perda de economia de escala, poderá ser celebrado mais de um contrato para executar serviço de mesma natureza quando o objeto da contratação puder ser executado de forma concorrente e simultânea por mais de um contratado.

§ 1.º Na hipótese prevista no *caput* deste artigo, será mantido controle individualizado da execução do objeto contratual relativamente a cada um dos contratados.

§ 2.º (*Vetado.*)

Seção IV
Das Normas Específicas para Aquisição de Bens

Art. 47. A empresa pública e a sociedade de economia mista, na licitação para aquisição de bens, poderão:

I – indicar marca ou modelo, nas seguintes hipóteses:

a) em decorrência da necessidade de padronização do objeto;

b) quando determinada marca ou modelo comercializado por mais de um fornecedor constituir o único capaz de atender o objeto do contrato;

c) quando for necessária, para compreensão do objeto, a identificação de determinada marca ou modelo apto a servir como referência, situação em que será obrigatório o acréscimo da expressão "ou similar ou de melhor qualidade";

II – exigir amostra do bem no procedimento de pré-qualificação e na fase de julgamento das propostas ou de lances, desde que justificada a necessidade de sua apresentação;

III – solicitar a certificação da qualidade do produto ou do processo de fabricação, inclusive sob o aspecto ambiental, por instituição previamente credenciada.

Parágrafo único. O edital poderá exigir, como condição de aceitabilidade da proposta, a adequação às normas da Associação Brasileira de Normas Técnicas (ABNT) ou a certificação da qualidade do produto por instituição credenciada pelo Sistema Nacional de Metrologia, Normalização e Qualidade Industrial (Sinmetro).

Art. 48. Será dada publicidade, com periodicidade mínima semestral, em sítio eletrônico oficial na internet de acesso irrestrito, à relação das aquisições de bens efetivadas pelas empresas públicas e pelas sociedades de economia mista, compreendidas as seguintes informações:

I – identificação do bem comprado, de seu preço unitário e da quantidade adquirida;

II – nome do fornecedor;

III – valor total de cada aquisição.

Seção V
Das Normas Específicas para Alienação de Bens

Art. 49. A alienação de bens por empresas públicas e por sociedades de economia mista será precedida de:

I – avaliação formal do bem contemplado, ressalvadas as hipóteses previstas nos incisos XVI a XVIII do art. 29;

II – licitação, ressalvado o previsto no § 3.º do art. 28.

Art. 50. Estendem-se à atribuição de ônus real a bens integrantes do acervo patrimonial de empresas públicas e de sociedades de economia mista as normas desta Lei aplicáveis à sua alienação, inclusive em relação às hipóteses de dispensa e de inexigibilidade de licitação.

Seção VI
Do Procedimento de Licitação

Art. 51. As licitações de que trata esta Lei observarão a seguinte sequência de fases:

I – preparação;

II – divulgação;

III – apresentação de lances ou propostas, conforme o modo de disputa adotado;

IV – julgamento;

V – verificação de efetividade dos lances ou propostas;

VI – negociação;

VII – habilitação;

VIII – interposição de recursos;

IX – adjudicação do objeto;

X – homologação do resultado ou revogação do procedimento.

§ 1.º A fase de que trata o inciso VII do *caput* poderá, excepcionalmente, anteceder as referidas nos incisos III a VI do *caput*, desde que expressamente previsto no instrumento convocatório.

§ 2.º Os atos e procedimentos decorrentes das fases enumeradas no *caput* praticados por empresas públicas, por sociedades de economia mista e por licitantes serão efetivados preferencialmente por meio eletrônico, nos termos definidos pelo instrumento convocatório, devendo os avisos contendo os resumos dos editais das licitações e contratos abrangidos por esta Lei ser previamente publicados no *Diário Oficial da União*, do Estado ou do Município e na internet.

Art. 52. Poderão ser adotados os modos de disputa aberto ou fechado, ou, quando o objeto da licitação puder ser parcelado, a combinação de ambos, observado o disposto no inciso III do art. 32 desta Lei.

§ 1.º No modo de disputa aberto, os licitantes apresentarão lances públicos e sucessivos, crescentes ou decrescentes, conforme o critério de julgamento adotado.

§ 2.º No modo de disputa fechado, as propostas apresentadas pelos licitantes serão sigilosas até a data e a hora designadas para que sejam divulgadas.

Art. 53. Quando for adotado o modo de disputa aberto, poderão ser admitidos:

I – a apresentação de lances intermediários;

II – o reinício da disputa aberta, após a definição do melhor lance, para definição das demais colocações, quando existir diferença de pelo menos 10% (dez por cento) entre o melhor lance e o subsequente.

Parágrafo único. Consideram-se intermediários os lances:

I – iguais ou inferiores ao maior já ofertado, quando adotado o julgamento pelo critério da maior oferta;

II – iguais ou superiores ao menor já ofertado, quando adotados os demais critérios de julgamento.

Art. 54. Poderão ser utilizados os seguintes critérios de julgamento:

I – menor preço;

II – maior desconto;

III – melhor combinação de técnica e preço;

IV – melhor técnica;

V – melhor conteúdo artístico;

VI – maior oferta de preço;

VII – maior retorno econômico;

VIII – melhor destinação de bens alienados.

§ 1.º Os critérios de julgamento serão expressamente identificados no instrumento convocatório e poderão ser combinados na hipótese de parcelamento do objeto, observado o disposto no inciso III do art. 32.

§ 2.º Na hipótese de adoção dos critérios referidos nos incisos III, IV, V e VII do *caput* deste artigo, o julgamento das propostas será efetivado mediante o emprego de parâmetros específicos, definidos no instrumento convocatório, destinados a limitar a subjetividade do julgamento.

§ 3.º Para efeito de julgamento, não serão consideradas vantagens não previstas no instrumento convocatório.

§ 4.º O critério previsto no inciso II do *caput*:

I – terá como referência o preço global fixado no instrumento convocatório, estendendo-se o desconto oferecido nas propostas ou lances vencedores a eventuais termos aditivos;

II – no caso de obras e serviços de engenharia, o desconto incidirá de forma linear sobre a totalidade dos itens constantes do orçamento estimado, que deverá obrigatoriamente integrar o instrumento convocatório.

§ 5.º Quando for utilizado o critério referido no inciso III do *caput*, a avaliação das propostas técnicas e de preço considerará o percentual de ponderação mais relevante, limitado a 70% (setenta por cento).

§ 6.º Quando for utilizado o critério referido no inciso VII do *caput*, os lances ou propostas terão o objetivo de proporcionar economia à empresa pública ou à sociedade de economia mista, por meio da redução de suas despesas correntes, remunerando-se o licitante vencedor com base em percentual da economia de recursos gerada.

§ 7.º Na implementação do critério previsto no inciso VIII do *caput* deste artigo, será obrigatoriamente considerada, nos termos do respectivo instrumento convocatório, a repercussão, no meio social, da finalidade para cujo atendimento o bem será utilizado pelo adquirente.

§ 8.º O descumprimento da finalidade a que se refere o § 7.º deste artigo resultará na imediata restituição do bem alcançado ao acervo patrimonial da empresa pública ou da sociedade de economia mista, vedado, nessa hipótese, o pagamento de indenização em favor do adquirente.

Art. 55. Em caso de empate entre 2 (duas) propostas, serão utilizados, na ordem em que se encontram enumerados, os seguintes critérios de desempate:

I – disputa final, em que os licitantes empatados poderão apresentar nova proposta fechada, em ato contínuo ao encerramento da etapa de julgamento;

II – avaliação do desempenho contratual prévio dos licitantes, desde que exista sistema objetivo de avaliação instituído;

III – os critérios estabelecidos no art. 3.º da Lei n. 8.248, de 23 de outubro de 1991, e no § 2.º do art. 3.º da Lei n. 8.666, de 21 de junho de 1993;

>> O art. 3.º da Lei n. 8.248, de 23-10-1991, estabelece: "Art. 3.º Os órgãos e entidades da Administração Pública Federal, direta ou indireta, as fundações instituídas e mantidas pelo Poder Público e as demais organizações sob o controle direto ou indireto da União darão preferência, nas aquisições de bens e serviços de informática e automação, observada a seguinte ordem, a: I – bens e serviços com tecnologia desenvolvida no País; II – bens e serviços produzidos de acordo com processo produtivo básico, na forma a ser definida pelo Poder Executivo. § 1.º (*Revogado pela Lei n. 10.176, de 11-1-2001.*) § 2.º Para o exercício desta preferência, levar-se-ão em conta condições equivalentes de prazo de entrega, suporte de serviços, qualidade, padronização, compatibilidade e especificação de desempenho e preço. § 3.º A aquisição de bens e serviços de informática e automação, considerados como bens e serviços comuns nos termos do parágrafo único do art. 1.º da Lei n. 10.520, de 17-7-2002, poderá ser realizada na modalidade pregão, restrita às empresas que cumpram o Processo Produtivo Básico nos termos desta Lei e da Lei n. 8.387, de 30-12-1991".

IV – sorteio.

Art. 56. Efetuado o julgamento dos lances ou propostas, será promovida a verificação de sua efetividade, promovendo-se a desclassificação daqueles que:

I – contenham vícios insanáveis;

II – descumpram especificações técnicas constantes do instrumento convocatório;

III – apresentem preços manifestamente inexequíveis;

IV – se encontrem acima do orçamento estimado para a contratação de que trata o § 1.º do art. 57, ressalvada a hipótese prevista no *caput* do art. 34 desta Lei;

V – não tenham sua exequibilidade demonstrada, quando exigido pela empresa pública ou pela sociedade de economia mista;

VI – apresentem desconformidade com outras exigências do instrumento convocatório, salvo se for possível a acomodação a seus termos antes da adjudicação do objeto e sem que se prejudique a atribuição de tratamento isonômico entre os licitantes.

§ 1.º A verificação da efetividade dos lances ou propostas poderá ser feita exclusivamente em relação aos lances e propostas mais bem classificados.

§ 2.º A empresa pública e a sociedade de economia mista poderão realizar diligências para aferir a exequibilidade das propostas ou exigir dos licitantes que ela seja demonstrada, na forma do inciso V do *caput*.

§ 3.º Nas licitações de obras e serviços de engenharia, consideram-se inexequíveis as propostas com valores globais inferiores a 70% (setenta por cento) do menor dos seguintes valores:

I – média aritmética dos valores das propostas superiores a 50% (cinquenta por cento) do valor do orçamento estimado pela empresa pública ou sociedade de economia mista; ou

II – valor do orçamento estimado pela empresa pública ou sociedade de economia mista.

§ 4.º Para os demais objetos, para efeito de avaliação da exequibilidade ou de sobrepreço, deverão ser estabelecidos critérios de aceitabilidade de preços que considerem o preço global, os quantitativos e os preços unitários, assim definidos no instrumento convocatório.

Art. 57. Confirmada a efetividade do lance ou proposta que obteve a primeira colocação na etapa de julgamento, ou que passe a ocupar essa posição em decorrência da desclassificação de outra que tenha obtido colocação superior, a empresa pública e a sociedade de economia mista deverão negociar condições mais vantajosas com quem o apresentou.

§ 1.º A negociação deverá ser feita com os demais licitantes, segundo a ordem inicialmente estabelecida, quando o preço do primeiro colocado, mesmo após a negociação, permanecer acima do orçamento estimado.

§ 2.º (*Vetado.*)

§ 3.º Se depois de adotada a providência referida no § 1.º deste artigo não for obtido valor igual ou inferior ao orçamento estimado para a contratação, será revogada a licitação.

> *Vide* art. 62 desta Lei.

Art. 58. A habilitação será apreciada exclusivamente a partir dos seguintes parâmetros:

I – exigência da apresentação de documentos aptos a comprovar a possibilidade da aquisição de direitos e da contração de obrigações por parte do licitante;

II – qualificação técnica, restrita a parcelas do objeto técnica ou economicamente relevantes, de acordo com parâmetros estabelecidos de forma expressa no instrumento convocatório;

III – capacidade econômica e financeira;

IV – recolhimento de quantia a título de adiantamento, tratando-se de licitações em que se utilize como critério de julgamento a maior oferta de preço.

§ 1.º Quando o critério de julgamento utilizado for a maior oferta de preço, os requisitos de qualificação técnica e de capacidade econômica e financeira poderão ser dispensados.

§ 2.º Na hipótese do § 1.º, reverterá a favor da empresa pública ou da sociedade de economia mista o valor de quantia eventualmente exigida no instrumento convocatório a título de adiantamento, caso o licitante não efetue o restante do pagamento devido no prazo para tanto estipulado.

Art. 59. Salvo no caso de inversão de fases, o procedimento licitatório terá fase recursal única.

§ 1.º Os recursos serão apresentados no prazo de 5 (cinco) dias úteis após a habilitação e contemplarão, além dos atos praticados nessa fase, aqueles praticados em decorrência do disposto nos incisos IV e V do *caput* do art. 51 desta Lei.

§ 2.º Na hipótese de inversão de fases, o prazo referido no § 1.º será aberto após a habilitação e após o encerramento da fase prevista no inciso V do *caput* do art. 51, abrangendo o segundo prazo também atos decorrentes da fase referida no inciso IV do *caput* do art. 51 desta Lei.

Art. 60. A homologação do resultado implica a constituição de direito relativo à celebração do contrato em favor do licitante vencedor.

Art. 61. A empresa pública e a sociedade de economia mista não poderão celebrar contrato com preterição da ordem de classificação das propostas ou com terceiros estranhos à licitação.

Art. 62. Além das hipóteses previstas no § 3.º do art. 57 desta Lei e no inciso II do § 2.º do art. 75 desta Lei, quem dispuser de competência para homologação do resultado poderá revogar a licitação por razões de interesse público decorrentes de fato superveniente que constitua óbice manifesto e incontornável, ou anulá-la por ilegalidade, de ofício ou por provocação de terceiros, salvo quando for viável a convalidação do ato ou do procedimento viciado.

§ 1.º A anulação da licitação por motivo de ilegalidade não gera obrigação de indenizar, observado o disposto no § 2.º deste artigo.

§ 2.º A nulidade da licitação induz à do contrato.

§ 3.º Depois de iniciada a fase de apresentação de lances ou propostas, referida no inciso III do *caput* do art. 51 desta Lei, a revogação ou a anulação da licitação somente será efetivada depois de se conceder aos licitantes que manifestem interesse em contestar o respectivo ato prazo apto a lhes assegurar o exercício do direito ao contraditório e à ampla defesa.

§ 4.º O disposto no *caput* e nos §§ 1.º e 2.º deste artigo aplica-se, no que couber, aos atos por meio dos quais se determine a contratação direta.

Seção VII
Dos Procedimentos Auxiliares das Licitações

Art. 63. São procedimentos auxiliares das licitações regidas por esta Lei:

I – pré-qualificação permanente;

II – cadastramento;

III – sistema de registro de preços;

IV – catálogo eletrônico de padronização.

Parágrafo único. Os procedimentos de que trata o *caput* deste artigo obedecerão a critérios claros e objetivos definidos em regulamento.

Art. 64. Considera-se pré-qualificação permanente o procedimento anterior à licitação destinado a identificar:

>> *Vide* art. 36 desta Lei.

I – fornecedores que reúnam condições de habilitação exigidas para o fornecimento de bem ou a execução de serviço ou obra nos prazos, locais e condições previamente estabelecidos;

II – bens que atendam às exigências técnicas e de qualidade da administração pública.

§ 1.º O procedimento de pré-qualificação será público e permanentemente aberto à inscrição de qualquer interessado.

§ 2.º A empresa pública e a sociedade de economia mista poderão restringir a participação em suas licitações a fornecedores ou produtos pré-qualificados, nas condições estabelecidas em regulamento.

§ 3.º A pré-qualificação poderá ser efetuada nos grupos ou segmentos, segundo as especialidades dos fornecedores.

§ 4.º A pré-qualificação poderá ser parcial ou total, contendo alguns ou todos os requisitos de habilitação ou técnicos necessários à contratação, assegurada, em qualquer hipótese, a igualdade de condições entre os concorrentes.

§ 5.º A pré-qualificação terá validade de 1 (um) ano, no máximo, podendo ser atualizada a qualquer tempo.

§ 6.º Na pré-qualificação aberta de produtos, poderá ser exigida a comprovação de qualidade.

§ 7.º É obrigatória a divulgação dos produtos e dos interessados que forem pré-qualificados.

Art. 65. Os registros cadastrais poderão ser mantidos para efeito de habilitação dos inscritos em procedimentos licitatórios e serão válidos por 1 (um) ano, no máximo, podendo ser atualizados a qualquer tempo.

§ 1.º Os registros cadastrais serão amplamente divulgados e ficarão permanentemente abertos para a inscrição de interessados.

§ 2.º Os inscritos serão admitidos segundo requisitos previstos em regulamento.

§ 3.º A atuação do licitante no cumprimento de obrigações assumidas será anotada no respectivo registro cadastral.

§ 4.º A qualquer tempo poderá ser alterado, suspenso ou cancelado o registro do inscrito que deixar de satisfazer as exigências estabelecidas para habilitação ou para admissão cadastral.

Art. 66. O Sistema de Registro de Preços especificamente destinado às licitações de que trata esta Lei reger-se-á pelo disposto em decreto do Poder Executivo e pelas seguintes disposições:

§ 1.º Poderá aderir ao sistema referido no *caput* qualquer órgão ou entidade responsável pela execução das atividades contempladas no art. 1.º desta Lei.

§ 2.º O registro de preços observará, entre outras, as seguintes condições:

I – efetivação prévia de ampla pesquisa de mercado;

II – seleção de acordo com os procedimentos previstos em regulamento;

III – desenvolvimento obrigatório de rotina de controle e atualização periódicos dos preços registrados;

IV – definição da validade do registro;

V – inclusão, na respectiva ata, do registro dos licitantes que aceitarem cotar os bens ou serviços com preços iguais ao do licitante vencedor na sequência da classificação do certame, assim como dos licitantes que mantiverem suas propostas originais.

§ 3.º A existência de preços registrados não obriga a administração pública a firmar os contratos que deles poderão advir, sendo facultada a realização de licitação específica, assegurada ao licitante registrado preferência em igualdade de condições.

Art. 67. O catálogo eletrônico de padronização de compras, serviços e obras consiste em sistema informatizado, de gerenciamento centralizado, destinado a permitir a padronização dos itens a serem adquiridos pela empresa pública ou sociedade de economia mista que estarão disponíveis para a realização de licitação.

Parágrafo único. O catálogo referido no *caput* poderá ser utilizado em licitações cujo critério de julgamento seja o menor preço ou o maior desconto e conterá toda a documentação e todos os procedimentos da fase interna da licitação, assim como as especificações dos respectivos objetos, conforme disposto em regulamento.

Capítulo II
DOS CONTRATOS

>> *Vide* art. 1.º, § 2.º, desta Lei.

Seção I
Da Formalização dos Contratos

Art. 68. Os contratos de que trata esta Lei regulam-se pelas suas cláusulas, pelo disposto nesta Lei e pelos preceitos de direito privado.

Art. 69. São cláusulas necessárias nos contratos disciplinados por esta Lei:

I – o objeto e seus elementos característicos;

II – o regime de execução ou a forma de fornecimento;

III – o preço e as condições de pagamento, os critérios, a data-base e a periodicidade do reajustamento de preços e os critérios de atualização monetária entre a data do adimplemento das obrigações e a do efetivo pagamento;

IV – os prazos de início de cada etapa de execução, de conclusão, de entrega, de observação, quando for o caso, e de recebimento;

V – as garantias oferecidas para assegurar a plena execução do objeto contratual, quando exigidas, observado o disposto no art. 68;

VI – os direitos e as responsabilidades das partes, as tipificações das infrações e as respectivas penalidades e valores das multas;

VII – os casos de rescisão do contrato e os mecanismos para alteração de seus termos;

VIII – a vinculação ao instrumento convocatório da respectiva licitação ou ao termo que a dispensou ou a inexigiu, bem como ao lance ou proposta do licitante vencedor;

IX – a obrigação do contratado de manter, durante a execução do contrato, em compatibilidade com as obrigações por ele assumidas, as condições de habilitação e qualificação exigidas no curso do procedimento licitatório;

X – matriz de riscos.

§ 1.º (*Vetado.*)

§ 2.º Nos contratos decorrentes de licitações de obras ou serviços de engenharia em que tenha sido adotado o modo de disputa aberto, o contratado deverá reelaborar e apresentar à empresa pública ou à sociedade de economia mista e às suas respectivas subsidiárias, por meio eletrônico, as planilhas com indicação dos quantitativos e dos custos unitários, bem como do detalhamento das Bonificações e Despesas Indiretas (BDI) e dos Encargos Sociais (ES), com os respectivos valores adequados ao lance vencedor, para fins do disposto no inciso III do *caput* deste artigo.

Art. 70. Poderá ser exigida prestação de garantia nas contratações de obras, serviços e compras.

§ 1.º Caberá ao contratado optar por uma das seguintes modalidades de garantia:

I – caução em dinheiro;

II – seguro-garantia;

III – fiança bancária.

§ 2.º A garantia a que se refere o *caput* não excederá a 5% (cinco por cento) do valor do contrato e terá seu valor atualizado nas mesmas condições nele estabelecidas, ressalvado o previsto no § 3.º deste artigo.

§ 3.º Para obras, serviços e fornecimentos de grande vulto envolvendo complexidade técnica e riscos financeiros elevados, o limite de garantia previsto no § 2.º poderá ser elevado para até 10% (dez por cento) do valor do contrato.

§ 4.º A garantia prestada pelo contratado será liberada ou restituída após a execução do contrato, devendo ser atualizada monetariamente na hipótese do inciso I do § 1.º deste artigo.

Art. 71. A duração dos contratos regidos por esta Lei não excederá a 5 (cinco) anos, contados a partir de sua celebração, exceto:

I – para projetos contemplados no plano de negócios e investimentos da empresa pública ou da sociedade de economia mista;

II – nos casos em que a pactuação por prazo superior a 5 (cinco) anos seja prática rotineira de mercado e a imposição desse prazo inviabilize ou onere excessivamente a realização do negócio.

Parágrafo único. É vedado o contrato por prazo indeterminado.

Art. 72. Os contratos regidos por esta Lei somente poderão ser alterados por acordo entre as partes, vedando-se ajuste que resulte em violação da obrigação de licitar.

Art. 73. A redução a termo do contrato poderá ser dispensada no caso de pequenas despesas de pronta entrega e pagamento das quais não resultem obrigações futuras por parte da empresa pública ou da sociedade de economia mista.

Parágrafo único. O disposto no *caput* não prejudicará o registro contábil exaustivo dos valores despendidos e a exigência de recibo por parte dos respectivos destinatários.

Art. 74. É permitido a qualquer interessado o conhecimento dos termos do contrato e a obtenção de cópia autenticada de seu inteiro teor ou de qualquer de suas partes, admitida a exigência de ressarcimento dos custos, nos termos previstos na Lei n. 12.527, de 18 de novembro de 2011.

Art. 75. A empresa pública e a sociedade de economia mista convocarão o licitante vencedor ou o destinatário de contratação com dispensa ou inexigibilidade de licitação para assinar o termo de contrato, observados o prazo e as condições estabelecidos, sob pena de decadência do direito à contratação.

§ 1.º O prazo de convocação poderá ser prorrogado 1 (uma) vez, por igual período.

§ 2.º É facultado à empresa pública ou à sociedade de economia mista, quando o convocado não assinar o termo de contrato no prazo e nas condições estabelecidos:

I – convocar os licitantes remanescentes, na ordem de classificação, para fazê-lo em igual prazo e nas mesmas condições propostas pelo primeiro classificado, inclusive quanto aos preços atualizados em conformidade com o instrumento convocatório;

II – revogar a licitação.

> *Vide* art. 62 desta Lei.

Art. 76. O contratado é obrigado a reparar, corrigir, remover, reconstruir ou substituir, às suas expensas, no total ou em parte, o objeto do contrato em que se verificarem vícios, defeitos ou incorreções resultantes da execução ou de materiais empregados, e responderá por danos causados diretamente a terceiros ou à empresa pública ou sociedade de economia mista, independentemente da comprovação de sua culpa ou dolo na execução do contrato.

Art. 77. O contratado é responsável pelos encargos trabalhistas, fiscais e comerciais resultantes da execução do contrato.

§ 1.º A inadimplência do contratado quanto aos encargos trabalhistas, fiscais e comerciais não transfere à empresa pública ou à sociedade de economia mista a responsabilidade por seu pagamento, nem poderá onerar o objeto do contrato ou restringir a regularização e o uso das obras e edificações, inclusive perante o Registro de Imóveis.

§ 2.º (*Vetado.*)

Art. 78. O contratado, na execução do contrato, sem prejuízo das responsabilidades contratuais e legais, poderá subcontratar partes da obra, serviço ou fornecimento, até o limite admitido, em cada caso, pela empresa pública ou pela sociedade de economia mista, conforme previsto no edital do certame.

§ 1.º A empresa subcontratada deverá atender, em relação ao objeto da subcontratação, as exigências de qualificação técnica impostas ao licitante vencedor.

§ 2.º É vedada a subcontratação de empresa ou consórcio que tenha participado:

I – do procedimento licitatório do qual se originou a contratação;

II – direta ou indiretamente, da elaboração de projeto básico ou executivo.

§ 3.º As empresas de prestação de serviços técnicos especializados deverão garantir que os integrantes de seu corpo técnico executem pessoal e diretamente as obrigações a eles imputadas, quando a respectiva relação for apresentada em procedimento licitatório ou em contratação direta.

Art. 79. Na hipótese do § 6.º do art. 54, quando não for gerada a economia prevista no lance ou proposta, a diferença entre a economia contratada e a efetivamente obtida será descontada da remuneração do contratado.

Parágrafo único. Se a diferença entre a economia contratada e a efetivamente obtida for superior à remuneração do contratado, será aplicada a sanção prevista no contrato, nos termos do inciso VI do *caput* do art. 69 desta Lei.

Art. 80. Os direitos patrimoniais e autorais de projetos ou serviços técnicos especializados desenvolvidos por profissionais autônomos ou por empresas contratadas passam a ser propriedade da empresa pública ou sociedade de economia mista que os tenha contratado, sem prejuízo da preservação da identificação dos respectivos autores e da responsabilidade técnica a eles atribuída.

> A Lei n. 9.610, de 19-2-1998, dispõe sobre direitos autorais.

Seção II
Da Alteração dos Contratos

Art. 81. Os contratos celebrados nos regimes previstos nos incisos I a V do art. 43 contarão com cláusula que estabeleça a possibilidade de alteração, por acordo entre as partes, nos seguintes casos:

I – quando houver modificação do projeto ou das especificações, para melhor adequação técnica aos seus objetivos;

II – quando necessária a modificação do valor contratual em decorrência de acréscimo ou diminuição quantitativa de seu objeto, nos limites permitidos por esta Lei;

III – quando conveniente a substituição da garantia de execução;

IV – quando necessária a modificação do regime de execução da obra ou serviço, bem como do modo de fornecimento, em face de verificação técnica da inaplicabilidade dos termos contratuais originários;

V – quando necessária a modificação da forma de pagamento, por imposição de circunstâncias supervenientes, mantido o valor inicial atualizado, vedada a antecipação do pagamento, com relação ao cronograma financeiro fixado, sem a correspondente contraprestação de fornecimento de bens ou execução de obra ou serviço;

VI – para restabelecer a relação que as partes pactuaram inicialmente entre os encargos do contratado e a retribuição da administração para a justa remuneração da obra, serviço ou fornecimento, objetivando a manutenção do equilíbrio econômico-financeiro inicial do contrato, na hipótese de sobrevirem fatos imprevisíveis, ou previsíveis porém de consequências incalculáveis, retardadores ou impeditivos da execução do ajustado, ou, ainda, em caso de força maior, caso fortuito ou fato do príncipe, configurando álea econômica extraordinária e extracontratual.

§ 1.º O contratado poderá aceitar, nas mesmas condições contratuais, os acréscimos ou supressões que se fizerem nas obras, serviços ou compras, até 25% (vinte e cinco por cento) do valor inicial atualizado do contrato, e, no caso particular de reforma de edifício ou de equipamento, até o limite de 50% (cinquenta por cento) para os seus acréscimos.

§ 2.º Nenhum acréscimo ou supressão poderá exceder os limites estabelecidos no § 1.º, salvo as supressões resultantes de acordo celebrado entre os contratantes.

§ 3.º Se no contrato não houverem sido contemplados preços unitários para obras ou serviços, esses serão fixados mediante acordo entre as partes, respeitados os limites estabelecidos no § 1.º.

§ 4.º No caso de supressão de obras, bens ou serviços, se o contratado já houver adquirido os materiais e posto no local dos trabalhos, esses materiais deverão ser pagos pela empresa pública ou sociedade de economia mista pelos custos de aquisição regularmente comprovados e monetariamente corrigidos, podendo caber indenização por outros danos eventualmente decorrentes da supressão, desde que regularmente comprovados.

§ 5.º A criação, a alteração ou a extinção de quaisquer tributos ou encargos legais, bem como a superveniência de disposições legais, quando ocorridas após a data da apresentação da proposta, com comprovada repercussão nos preços contratados, implicarão a revisão destes para mais ou para menos, conforme o caso.

§ 6.º Em havendo alteração do contrato que aumente os encargos do contratado, a empresa pública ou a sociedade de economia mista deverá restabelecer, por aditamento, o equilíbrio econômico-financeiro inicial.

§ 7.º A variação do valor contratual para fazer face ao reajuste de preços previsto no próprio contrato e as atualizações, compensações ou penalizações financeiras decorrentes das condições de pagamento nele previstas, bem como o empenho de dotações orçamentárias suplementares até o limite do seu valor corrigido, não caracterizam alteração do contrato e podem ser registrados por simples apostila, dispensada a celebração de aditamento.

§ 8.º É vedada a celebração de aditivos decorrentes de eventos supervenientes alocados, na matriz de riscos, como de responsabilidade da contratada.

Seção III
Das Sanções Administrativas

Art. 82. Os contratos devem conter cláusulas com sanções administrativas a serem aplicadas em decorrência de atraso injustificado na execução do contrato, sujeitando o contratado a multa de mora, na forma prevista no instrumento convocatório ou no contrato.

§ 1.º A multa a que alude este artigo não impede que a empresa pública ou a sociedade de economia mista rescinda o contrato e aplique as outras sanções previstas nesta Lei.

§ 2.º A multa, aplicada após regular processo administrativo, será descontada da garantia do respectivo contratado.

§ 3.º Se a multa for de valor superior ao valor da garantia prestada, além da perda desta, responderá o contratado pela sua diferença, a qual será descontada dos pagamentos eventualmente devidos pela empresa pública ou pela sociedade de economia mista ou, ainda, quando for o caso, cobrada judicialmente.

Art. 83. Pela inexecução total ou parcial do contrato a empresa pública ou a sociedade de economia mista poderá, garantida a prévia defesa, aplicar ao contratado as seguintes sanções:

I – advertência;

II – multa, na forma prevista no instrumento convocatório ou no contrato;

III – suspensão temporária de participação em licitação e impedimento de contratar com a entidade sancionadora, por prazo não superior a 2 (dois) anos.

§ 1.º Se a multa aplicada for superior ao valor da garantia prestada, além da perda desta, responderá o contratado pela sua diferença, que será descontada dos pagamentos eventualmente devidos pela empresa pública ou pela sociedade de economia mista ou cobrada judicialmente.

§ 2.º As sanções previstas nos incisos I e III do *caput* poderão ser aplicadas juntamente com a do inciso II, devendo a defesa prévia do interessado, no respectivo processo, ser apresentada no prazo de 10 (dez) dias úteis.

Art. 84. As sanções previstas no inciso III do art. 83 poderão também ser aplicadas às empresas ou aos profissionais que, em razão dos contratos regidos por esta Lei:

I – tenham sofrido condenação definitiva por praticarem, por meios dolosos, fraude fiscal no recolhimento de quaisquer tributos;

II – tenham praticado atos ilícitos visando a frustrar os objetivos da licitação;

III – demonstrem não possuir idoneidade para contratar com a empresa pública ou a sociedade de economia mista em virtude de atos ilícitos praticados.

Capítulo III
DA FISCALIZAÇÃO PELO ESTADO E PELA SOCIEDADE

Art. 85. Os órgãos de controle externo e interno das 3 (três) esferas de governo fiscalizarão as empresas públicas e as sociedades de economia mista a elas relacionadas, inclusive aquelas domiciliadas no exterior, quanto à legitimidade, à economicidade e à eficácia da aplicação de seus recursos, sob o ponto de vista contábil, financeiro, operacional e patrimonial.

§ 1.º Para a realização da atividade fiscalizatória de que trata o *caput*, os órgãos de controle deverão ter acesso irrestrito aos documentos e às informações necessários à realização dos trabalhos, inclusive aqueles classificados como sigilosos pela empresa pública ou pela sociedade de economia mista, nos termos da Lei n. 12.527, de 18 de novembro de 2011.

§ 2.º O grau de confidencialidade será atribuído pelas empresas públicas e sociedades de economia mista no ato de entrega dos documentos e informações solicitados, tornando-se o órgão de controle com o qual foi compartilhada a informação sigilosa corresponsável pela manutenção do seu sigilo.

§ 3.º Os atos de fiscalização e controle dispostos neste Capítulo aplicar-se-ão, também, às empresas públicas e às sociedades de economia mista de caráter e constituição transnacional no que se refere aos atos de gestão e aplicação do capital nacional, independentemente de estarem incluídos ou não em seus respectivos atos e acordos constitutivos.

Art. 86. As informações das empresas públicas e das sociedades de economia mista relativas a licitações e contratos, inclusive aqueles referentes a bases de preços, constarão de bancos de dados eletrônicos atualizados e com acesso em tempo real aos órgãos de controle competentes.

§ 1.º As demonstrações contábeis auditadas da empresa pública e da sociedade de economia mista serão disponibilizadas no sítio eletrônico da empresa ou da sociedade na internet, inclusive em formato eletrônico editável.

§ 2.º As atas e demais expedientes oriundos de reuniões, ordinárias ou extraordinárias, dos conselhos de administração ou fiscal das empresas públicas e das sociedades de economia mista, inclusive gravações e filmagens, quando houver, deverão ser disponibilizados para os órgãos de controle sempre que solicitados, no âmbito dos trabalhos de auditoria.

§ 3.º O acesso dos órgãos de controle às informações referidas no *caput* e no § 2.º será restrito e individualizado.

§ 4.º As informações que sejam revestidas de sigilo bancário, estratégico, comercial ou industrial serão assim identificadas, respondendo o servidor administrativa, civil e penalmente pelos danos causados à empresa pública ou à sociedade de economia mista e a seus acionistas em razão de eventual divulgação indevida.

§ 5.º Os critérios para a definição do que deve ser considerado sigilo estratégico, comercial ou industrial serão estabelecidos em regulamento.

Art. 87. O controle das despesas decorrentes dos contratos e demais instrumentos regidos por esta Lei será feito pelos órgãos do sistema de controle interno e pelo tribunal de contas competente, na forma da legislação pertinente, ficando as empresas públicas e as sociedades de economia mista responsáveis pela demonstração da legalidade e da regularidade da despesa e da execução, nos termos da Constituição.

§ 1.º Qualquer cidadão é parte legítima para impugnar edital de licitação por irregularidade na aplicação desta Lei, devendo protocolar o pedido até 5 (cinco) dias úteis antes da data fixada para a ocorrência do certame, devendo a entidade julgar e responder à impugnação em até 3 (três) dias úteis, sem prejuízo da faculdade prevista no § 2.º.

§ 2.º Qualquer licitante, contratado ou pessoa física ou jurídica poderá representar ao tribunal de contas ou aos órgãos integrantes do sistema de controle interno contra irregularidades na aplicação desta Lei, para os fins do disposto neste artigo.

§ 3.º Os tribunais de contas e os órgãos integrantes do sistema de controle interno poderão solicitar para exame, a qualquer tempo, documentos de natureza contábil, financeira, orçamentária, patrimonial e operacional das empresas públicas, das sociedades de economia mista e de suas subsidiárias no Brasil e no exterior, obrigando-se, os jurisdicionados, à adoção das medidas corretivas pertinentes que, em função desse exame, lhes forem determinadas.

Art. 88. As empresas públicas e as sociedades de economia mista deverão disponibilizar para conhecimento público, por meio eletrônico, informação completa mensalmente atualizada sobre a execução de seus contratos e de seu orçamento, admitindo-se retardo de até 2 (dois) meses na divulgação das informações.

§ 1.º A disponibilização de informações contratuais referentes a operações de perfil estratégico ou que tenham por objeto segredo industrial receberá proteção mínima necessária para lhes garantir confidencialidade.

§ 2.º O disposto no § 1.º não será oponível à fiscalização dos órgãos de controle interno e do tribunal de contas, sem prejuízo da responsabilização administrativa, civil e penal do servidor que der causa à eventual divulgação dessas informações.

Art. 89. O exercício da supervisão por vinculação da empresa pública ou da sociedade de economia mista, pelo órgão a que se vincula, não pode ensejar a redução ou a supressão da autonomia conferida pela lei específica que autorizou a criação da entidade supervisionada ou da autonomia inerente a sua natureza, nem autoriza a ingerência do supervisor em sua administração e funcionamento, devendo a supervisão ser exercida nos limites da legislação aplicável.

Art. 90. As ações e deliberações do órgão ou ente de controle não podem implicar interferência na gestão das empresas públicas e das sociedades de economia mista a ele submetidas nem ingerência no exercício de suas competências ou na definição de políticas públicas.

TÍTULO III
DISPOSIÇÕES FINAIS E TRANSITÓRIAS

Art. 91. A empresa pública e a sociedade de economia mista constituídas anteriormente à vigência desta Lei deverão, no prazo de 24 (vinte e quatro) meses, promover as adaptações necessárias à adequação ao disposto nesta Lei.

§ 1.º A sociedade de economia mista que tiver capital fechado na data de entrada em vigor desta Lei poderá, observado o prazo estabelecido no *caput*, ser transformada em empresa pública, mediante resgate, pela empresa, da totalidade das ações de titularidade de acionistas privados, com base no valor de patrimônio líquido constante do último balanço aprovado pela assembleia-geral.

§ 2.º (*Vetado.*)

§ 3.º Permanecem regidos pela legislação anterior procedimentos licitatórios e contratos iniciados ou celebrados até o final do prazo previsto no *caput*.

Art. 92. O Registro Público de Empresas Mercantis e Atividades Afins manterá banco de dados público e gratuito, disponível na internet, contendo a relação de todas as empresas públicas e as sociedades de economia mista.

Parágrafo único. É a União proibida de realizar transferência voluntária de recursos a Estados, ao Distrito Federal e a Municípios que não fornecerem ao Registro Público de Empresas Mercantis e Atividades Afins as informações relativas às empresas públicas e às sociedades de economia mista a eles vinculadas.

Art. 93. As despesas com publicidade e patrocínio da empresa pública e da sociedade de economia mista não ultrapassarão, em cada exercício, o limite de 0,5% (cinco décimos por cento) da receita operacional bruta do exercício anterior.

§ 1.º O limite disposto no *caput* poderá ser ampliado, até o limite de 2% (dois por cento) da receita bruta do exercício anterior, por proposta da diretoria da empresa pública ou da sociedade de economia mista justificada com base em parâmetros de mercado do setor específico de atuação da empresa ou da sociedade e aprovada pelo respectivo Conselho de Administração.

§ 2.º É vedado à empresa pública e à sociedade de economia mista realizar, em ano de eleição para cargos do ente federativo a que sejam vinculadas, despesas com publicidade e patrocínio que excedam a média dos gastos nos 3 (três) últimos anos que antecedem o pleito ou no último ano imediatamente anterior à eleição.

Art. 94. Aplicam-se à empresa pública, à sociedade de economia mista e às suas subsidiárias as sanções previstas na Lei n. 12.846, de 1.º de agosto de 2013, salvo as previstas nos incisos II, III e IV do *caput* do art. 19 da referida Lei.

Art. 95. A estratégia de longo prazo prevista no art. 23 deverá ser aprovada em até 180 (cento e oitenta) dias da data de publicação da presente Lei.

Art. 96. Revogam-se:

I – o § 2.º do art. 15 da Lei n. 3.890-A, de 25 de abril de 1961, com a redação dada pelo art. 19 da Lei n. 11.943, de 28 de maio de 2009;

II – os arts. 67 e 68 da Lei n. 9.478, de 6 de agosto de 1997.

Art. 97. Esta Lei entra em vigor na data de sua publicação.

Brasília, 30 de junho de 2016; 195.º da Independência e 128.º da República.

MICHEL TEMER

LEI N. 13.311, DE 11 DE JULHO DE 2016 (*)

(*) Publicada no *Diário Oficial da União*, de 12-7-2016.

Institui, nos termos do caput do art. 182 da Constituição Federal, normas gerais para a ocupação e utilização de área pública urbana por equipamentos urbanos do tipo quiosque, trailer, feira e banca de venda de jornais e de revistas.

O Vice-Presidente da República, no exercício do cargo de Presidente da República

Faço saber que o Congresso Nacional decreta e eu sanciono a seguinte Lei:

Art. 1.º Esta Lei institui normas gerais para a ocupação e utilização de área pública urbana por equipamentos urbanos do tipo quiosque, *trailer*, feira e banca de venda de jornais e de revistas.

Art. 2.º O direito de utilização privada de área pública por equipamentos urbanos do tipo quiosque, *trailer*, feira e banca de venda de jornais e de revistas poderá ser outorgado a qualquer interessado que satisfaça os requisitos exigidos pelo poder público local.

§ 1.º É permitida a transferência da outorga, pelo prazo restante, a terceiros que atendam aos requisitos exigidos em legislação municipal.

§ 2.º No caso de falecimento do titular ou de enfermidade física ou mental que o impeça de gerir seus próprios atos, a outorga será transferida, pelo prazo restante, nesta ordem:

I – ao cônjuge ou companheiro;

II – aos ascendentes e descendentes.

§ 3.º Entre os parentes de mesma classe, preferir-se-ão os parentes de grau mais próximo.

§ 4.º Somente será deferido o direito de que trata o inciso I do § 2.º deste artigo ao cônjuge que atender aos requisitos do art. 1.830 da Lei n. 10.406, de 10 de janeiro de 2002 – Código Civil.

§ 5.º O direito de que trata o § 2.º deste artigo não será considerado herança, para todos os efeitos de direito.

§ 6.º A transferência de que trata o § 2.º deste artigo dependerá de:

I – requerimento do interessado no prazo de sessenta dias, contado do falecimento do titular, da sentença que declarar sua interdição ou do reconhecimento, pelo titular, por escrito, da impossibilidade de gerir os seus próprios atos em razão de enfermidade física atestada por profissional da saúde;

II – preenchimento, pelo interessado, dos requisitos exigidos pelo Município para a outorga.

Art. 3.º Extingue-se a outorga:

I – pelo advento do termo;

II – pelo descumprimento das obrigações assumidas;

III – por revogação do ato pelo poder público municipal, desde que demonstrado o interesse público de forma motivada.

Art. 4.º O Município poderá dispor sobre outros requisitos para a outorga, observada a gestão democrática de que trata o art. 43 da Lei n. 10.257, de 10 de julho de 2001 – Estatuto da Cidade.

Art. 5.º Esta Lei entra em vigor na data de sua publicação.

Brasília, 11 de julho de 2016; 195.º da Independência e 128.º da República.

MICHEL TEMER

DECRETO N. 8.945, DE 27 DE DEZEMBRO DE 2016 (*)

Regulamenta, no âmbito da União, a Lei n. 13.303, de 30 de junho de 2016, que dispõe sobre o estatuto jurídico da empresa pública, da sociedade de economia mista e de suas subsidiárias, no âmbito da União, dos Estados, do Distrito Federal e dos Municípios.

O Presidente da República, no uso das atribuições que lhe confere o art. 84, *caput*, incisos IV e VI, alínea *a*, da Constituição, e tendo em vista o disposto na Lei n. 13.303, de 30 de junho de 2016, decreta:

CAPÍTULO I
DISPOSIÇÕES PRELIMINARES

Seção I
Do âmbito de aplicação e das definições

Art. 1.º Este Decreto regulamenta, no âmbito da União, a Lei n. 13.303, de 30 de junho de 2016, que dispõe sobre o estatuto jurídico da empresa pública, da sociedade de economia mista e de suas subsidiárias.

Parágrafo único. As disposições deste Decreto se aplicam também às empresas estatais sediadas no exterior e às transnacionais, no que couber.

Art. 2.º Para os fins deste Decreto, considera-se:

I – empresa estatal – entidade dotada de personalidade jurídica de direito privado, cuja maioria do capital votante pertença direta ou indiretamente à União;

II – empresa pública – empresa estatal cuja maioria do capital votante pertença diretamente à União e cujo capital social seja constituído de recursos provenientes exclusivamente do setor público;

III – sociedade de economia mista – empresa estatal cuja maioria das ações com direito a voto pertença diretamente à União e cujo capital social admite a participação do setor privado;

IV – subsidiária – empresa estatal cuja maioria das ações com direito a voto pertença direta ou indiretamente a empresa pública ou a sociedade de economia mista;

V – conglomerado estatal – conjunto de empresas estatais formado por uma empresa pública ou uma sociedade de economia mista e as suas respectivas subsidiárias;

VI – sociedade privada – entidade dotada de personalidade jurídica de direito privado, com patrimônio próprio e cuja maioria do capital votante não pertença direta ou indiretamente à União, a Estado, ao Distrito Federal ou a Município; e

VII – administradores – membros do Conselho de Administração e da Diretoria da empresa estatal.

Parágrafo único. Incluem-se no inciso IV do *caput* as subsidiárias integrais e as demais sociedades em que a empresa estatal detenha o controle acionário majoritário, inclusive as sociedades de propósito específico.

Seção II
Da constituição da empresa estatal

Art. 3.º A exploração de atividade econômica pela União será exercida por meio de empresas estatais.

Art. 4.º A constituição de empresa pública ou de sociedade de economia mista, inclusive por meio de aquisição ou assunção de controle acionário majoritário, dependerá de prévia autorização legal que indique, de forma clara, relevante interesse coletivo ou imperativo de segurança nacional, nos termos do *caput* do art. 173 da Constituição.

Art. 5.º O estatuto social da empresa estatal indicará, de forma clara, o relevante interesse coletivo ou o imperativo de segurança nacional, nos termos do *caput* do art. 173 da Constituição.

Art. 6.º A constituição de subsidiária, inclusive sediada no exterior ou por meio de aquisição ou assunção de controle acionário majoritário, dependerá de prévia autorização legal, que poderá estar prevista apenas na lei de criação da empresa pública ou da sociedade de economia mista controladora.

Art. 7.º Na hipótese de a autorização legislativa para a constituição de subsidiária ser genérica, o Conselho de Administração da empresa estatal terá de autorizar, de forma individualizada, a constituição de cada subsidiária.

Parágrafo único. A subsidiária deverá ter objeto social vinculado ao da estatal controladora.

Seção III
Das participações minoritárias

Art. 8.º A participação de empresa estatal em sociedade privada dependerá de:

I – prévia autorização legal, que poderá constar apenas da lei de criação da empresa pública ou da sociedade de economia mista investidora;

II – vinculação com o objeto social da empresa estatal investidora; e

III – na hipótese de a autorização legislativa ser genérica, autorização do Conse-

(*) Publicado no *Diário Oficial da União* de 28-12-2016.

lho de Administração para participar de cada empresa.

§ 1.º A necessidade de autorização legal para participação em empresa privada não se aplica a operações de tesouraria, adjudicação de ações em garantia e participações autorizadas pelo Conselho de Administração em linha com o plano de negócios da empresa estatal.

§ 2.º A empresa estatal que possuir autorização legislativa para criar subsidiária e também para participar de outras empresas poderá constituir subsidiária cujo objeto social seja participar de outras sociedades, inclusive minoritariamente, desde que o estatuto social autorize expressamente a constituição de subsidiária como empresa de participações e que cada investimento esteja vinculado ao plano de negócios.

§ 3.º O Conselho de Administração da empresa de participações de que trata o § 2.º poderá delegar à Diretoria, observada a alçada a ser definida pelo próprio Conselho, a competência para conceder a autorização prevista no inciso III do *caput*.

§ 4.º Não se aplica o disposto no inciso III do *caput* nas hipóteses de exercício, por empresa de participações, de direito de preferência e de prioridade para a manutenção de sua participação na sociedade da qual participa.

Art. 9.º A empresa estatal que detiver participação equivalente a cinquenta por cento ou menos do capital votante em qualquer outra empresa, inclusive transnacional ou sediada no exterior, deverá elaborar política de participações societárias que contenha práticas de governança e controle proporcionais à relevância, à materialidade e aos riscos do negócio do qual participe.

§ 1.º A política referida no *caput* deverá ser aprovada pelo Conselho de Administração da empresa ou, se não houver, de sua controladora, e incluirá:

I – documentos e informações estratégicos do negócio e demais relatórios e informações produzidos por exigência legal ou em razão de acordo de acionistas que sejam considerados essenciais para a defesa de seus interesses na sociedade empresarial investida;

II – relatório de execução do orçamento de capital e de realização de investimentos programados pela sociedade empresarial investida, inclusive quanto ao alinhamento dos custos orçados e dos realizados com os custos de mercado;

III – informe sobre execução da política de transações com partes relacionadas da sociedade empresarial investida;

IV – análise das condições de alavancagem financeira da sociedade empresarial investida;

V – avaliação de inversões financeiras e de processos relevantes de alienação de bens móveis e imóveis da sociedade empresarial investida;

VI – relatório de risco das contratações para execução de obras, fornecimento de bens e prestação de serviços relevantes para os interesses da empresa estatal investidora;

VII – informe sobre execução de projetos relevantes para os interesses da empresa estatal investidora;

VIII – relatório de cumprimento, nos negócios da sociedade empresarial investida, de condicionantes socioambientais estabelecidas pelos órgãos ambientais;

IX – avaliação das necessidades de novos aportes na sociedade empresarial investida e dos possíveis riscos de redução da rentabilidade esperada do negócio; e

X – qualquer outro relatório, documento ou informação produzido pela sociedade empresarial investida, considerado relevante para o cumprimento do comando constante do *caput*.

Capítulo II
DO REGIME SOCIETÁRIO DAS EMPRESAS ESTATAIS

Seção I
Das normas gerais

Art. 10. A sociedade de economia mista será constituída sob a forma de sociedade anônima e estará sujeita ao regime previsto na Lei n. 6.404, de 15 de dezembro de 1976, exceto no que se refere:

I – à quantidade mínima de membros do Conselho de Administração;

II – ao prazo de atuação dos membros do Conselho Fiscal; e

III – às pessoas aptas a propor ação de reparação por abuso do poder de controle e ao prazo prescricional para sua propositura.

§ 1.º O disposto no *caput* aplica-se às subsidiárias de sociedade de economia mista, exceto quanto à constituição facultativa do Conselho de Administração e à possibilidade de adoção da forma de sociedade limitada para subsidiárias em liquidação.

§ 2.º Além das normas previstas neste Decreto, a empresa estatal com registro na Comissão de Valores Mobiliários – CVM se sujeita ao disposto na Lei n. 6.385, de 7 de dezembro de 1976.

Art. 11. A empresa pública adotará, preferencialmente, a forma de sociedade anônima, que será obrigatória para as suas subsidiárias.

Parágrafo único. A empresa pública não poderá:

I – lançar debêntures ou outros títulos ou valores mobiliários, conversíveis em ações; e

II – emitir partes beneficiárias.

Art. 12. As empresas estatais deverão observar as regras de escrituração e elaboração de demonstrações financeiras contidas na Lei n. 6.404, de 1976, e nas normas da CVM, inclusive quanto à obrigatoriedade de auditoria independente por Auditor registrado naquela Autarquia.

Parágrafo único. As empresas estatais deverão elaborar demonstrações financeiras trimestrais nos termos do *caput* e divulgá-las em sítio eletrônico.

Art. 13. As empresas estatais deverão observar os seguintes requisitos mínimos de transparência:

>> *Vide* art. 37 da CF.

>> *Vide* art. 8.º da Lei n. 13.303, de 30-6-2016.

I – elaboração de carta anual, subscrita pelos membros do Conselho de Administração, com a explicitação dos compromissos de consecução de objetivos de políticas públicas pela empresa estatal e por suas subsidiárias, em atendimento ao interesse coletivo ou ao imperativo de segurança nacional que justificou a autorização de sua criação, com a definição clara dos recursos a serem empregados para esse fim e dos impactos econômico-financeiros da consecução desses objetivos, mensuráveis por meio de indicadores objetivos;

II – adequação do objeto social, estabelecido no estatuto social, às atividades autorizadas na lei de criação;

III – divulgação tempestiva e atualizada de informações relevantes, em especial aquelas relativas a atividades desenvolvidas, estrutura de controle, fatores de risco, dados econômico-financeiros, comentários dos administradores sobre desempenho, políticas e práticas de governança corporativa e descrição da composição e da remuneração da administração;

IV – elaboração e divulgação de política de divulgação de informações, em conformidade com a legislação em vigor e com as melhores práticas;

V – elaboração de política de distribuição de dividendos, à luz do interesse público que justificou a criação da empresa estatal;

VI – divulgação, em notas explicativas às demonstrações financeiras, dos dados operacionais e financeiros das atividades relacionadas à consecução dos fins de interesse coletivo ou de imperativo de segurança nacional que justificou a criação da empresa estatal;

VII – elaboração e divulgação da política de transações com partes relacionadas, que abranja também as operações com a União e com as demais empresas estatais, em conformidade com os requisitos de competitividade, conformidade, transparência, equidade e comutatividade, que deverá ser revista, no mínimo, anualmente e aprovada pelo Conselho de Administração;

VIII – ampla divulgação, ao público em geral, de carta anual de governança corporativa, que consolide em um único documento escrito, em linguagem clara e direta, as informações de que trata o inciso III;

IX – divulgação anual de relatório integrado ou de sustentabilidade; e

X – divulgação, em local de fácil acesso ao público em geral, dos Relatórios Anuais de Atividades de Auditoria Interna – RAINT, assegurada a proteção das informações sigilosas e das informações pessoais, nos termos do art. 6.º, *caput*, inciso III, da Lei n. 12.527, de 18 de novembro de 2011.

>> A Lei n. 12.527, de 18-11-2011, constante nesta obra, dispõe sobre os procedimentos a serem observados pela União, Estados, Distrito Federal e Municípios com o fim de garantir o acesso a informações.

§ 1.º Para fins de cumprimento do disposto neste artigo, a empresa estatal deverá elaborar carta anual única para os fins dos incisos I e III do *caput*, conforme modelo disponibilizado no sítio eletrônico do Ministério do Planejamento, Desenvolvimento e Gestão.

§ 2.º O interesse público da empresa estatal, respeitadas as razões que motivaram a autorização legislativa, manifesta-se por meio do alinhamento entre seus objetivos e aqueles de políticas públicas, na forma explicitada na carta anual a que se refere o inciso I do *caput*.

§ 3.º As obrigações e responsabilidades que a empresa estatal assuma em condições distintas às do setor em que atua deverão:

I – estar claramente definidas em lei ou regulamento e estarem previstas em contrato, convênio ou ajuste celebrado com o ente público competente para estabelecê-las, observada a ampla publicidade desses instrumentos; e

II – ter seu custo e suas receitas discriminados e divulgados de forma transparente, inclusive no plano contábil.

§ 4.º Além das obrigações contidas neste artigo, as empresas estatais com registro na CVM sujeitam-se ao regime de informações e às regras de divulgação estabelecidos por essa Autarquia.

§ 5.º Os documentos resultantes do cumprimento dos requisitos de transparência constantes dos incisos I a X do *caput* deverão ser divulgados no sítio eletrônico da empresa de forma permanente e cumulativa.

Art. 14. As subsidiárias poderão cumprir as exigências estabelecidas por este Decreto por meio de compartilhamento de custos, estruturas, políticas e mecanismos de divulgação com sua controladora.

Seção II
Gestão de riscos e controle interno

Art. 15. A empresa estatal adotará regras de estruturas e práticas de gestão de riscos e controle interno que abranjam:

I – ação dos administradores e empregados, por meio da implementação cotidiana de práticas de controle interno;

II – área de integridade e de gestão de riscos; e

III – auditoria interna e Comitê de Auditoria Estatutário.

Art. 16. A área de integridade e gestão de riscos terá suas atribuições previstas no estatuto social, com mecanismos que assegurem atuação independente, e deverá ser vinculada diretamente ao Diretor-Presidente, podendo ser conduzida por ele próprio ou por outro Diretor estatutário.

§ 1.º O Diretor estatutário referido no *caput* poderá ter outras competências.

§ 2.º O estatuto social preverá, ainda, a possibilidade de a área de integridade se reportar diretamente ao Conselho de Administração da empresa ou, se não houver, ao Conselho de Administração da controladora, nas situações em que houver suspeita do envolvimento do Diretor-Presidente em irregularidades ou quando este deixar de adotar as medidas necessárias em relação à situação a ele relatada.

§ 3.º Serão enviados relatórios trimestrais ao Comitê de Auditoria Estatutário sobre as atividades desenvolvidas pela área de integridade.

Art. 17. A auditoria interna deverá:

I – auxiliar o Conselho de Administração da empresa ou, se não houver, de sua controladora, ao qual se reportará diretamente; e

II – ser responsável por aferir a adequação do controle interno, a efetividade do gerenciamento dos riscos e dos processos de governança e a confiabilidade do processo de coleta, mensuração, classificação, acumulação, registro e divulgação de eventos e transações, visando ao preparo de demonstrações financeiras.

Art. 18. Será elaborado e divulgado pela empresa estatal Código de Conduta e Integridade, que disporá sobre:

I – princípios, valores e missão da empresa estatal, além de orientações sobre a prevenção de conflito de interesses e vedação de atos de corrupção e fraude;

II – instâncias internas responsáveis pela atualização e aplicação do Código de Conduta e Integridade;

III – canal de denúncias que possibilite o recebimento de denúncias internas e externas relativas ao descumprimento do Código de Conduta e Integridade e das demais normas internas de ética e obrigacionais;

IV – mecanismos de proteção que impeçam qualquer espécie de retaliação à pessoa que utilize o canal de denúncias;

V – sanções aplicáveis em caso de violação às regras do Código de Conduta e Integridade; e

VI – previsão de treinamento periódico, no mínimo anual, sobre o Código de Conduta e Integridade, para empregados e administradores, e sobre a política de gestão de riscos, para administradores.

Art. 19. A empresa estatal deverá:

I – divulgar toda e qualquer forma de remuneração dos administradores e Conselheiros Fiscais, de forma detalhada e individual; e

II – adequar constantemente suas práticas ao Código de Conduta e Integridade e a outras regras de boa prática de governança corporativa, na forma estabelecida por este Decreto e pela Comissão Interministerial de Governança Corporativa e de Administração de Participações Societárias da União – CGPAR.

Art. 20. A empresa estatal poderá utilizar a arbitragem para solucionar as divergências entre acionistas e sociedade, ou entre acionistas controladores e acionistas minoritários, nos termos previstos em seu estatuto social.

Seção III
Do comitê de elegibilidade

Art. 21. A empresa estatal criará comitê de elegibilidade estatutário com as seguintes competências:

I – opinar, de modo a auxiliar os acionistas na indicação de administradores e Conselheiros Fiscais sobre o preenchimento dos requisitos e a ausência de vedações para as respectivas eleições; e

II – verificar a conformidade do processo de avaliação dos administradores e dos Conselheiros Fiscais.

§ 1.º O comitê de elegibilidade estatutário deliberará por maioria de votos, com registro em ata.

§ 2.º A ata deverá ser lavrada na forma de sumário dos fatos ocorridos, inclusive das dissidências e dos protestos, e conter a transcrição apenas das deliberações tomadas.

§ 3.º O comitê de elegibilidade estatutário poderá ser constituído por membros de outros comitês, preferencialmente o de auditoria, por empregados ou Conselheiros de Administração, observado o disposto nos arts. 156 e 165 da Lei n. 6.404, de 1976, sem remuneração adicional.

Art. 22. O órgão ou a entidade da administração pública federal responsável pelas indicações de administradores e Conselheiros Fiscais encaminhará:

I – formulário padronizado para análise do comitê ou da comissão de elegibilidade da empresa estatal, acompanhado dos documentos comprobatórios e da sua análise prévia de compatibilidade; e

II – nome e dados da indicação à Casa Civil da Presidência da República, para fins de aprovação prévia.

§ 1.º O formulário padronizado será disponibilizado no sítio eletrônico do Ministério do Planejamento, Desenvolvimento e Gestão.

§ 2.º O comitê ou a comissão de elegibilidade deverá opinar, no prazo de oito dias úteis, contado da data de recebimento do formulário padronizado, sob pena de aprovação tácita e responsabilização dos seus membros caso se comprove o descumprimento de algum requisito.

§ 3.º Após a manifestação do comitê ou da comissão de elegibilidade, o órgão ou a entidade da administração pública responsável pela indicação do Conselheiro deverá encaminhar sua decisão final de compatibilidade para a Procuradoria-Geral da Fazenda Nacional, no caso de indicação da União para empresa pública ou sociedade de economia mista, ou para a empresa controladora, no caso de indicação para subsidiárias.

§ 4.º As indicações dos acionistas minoritários e dos empregados também deverão ser feitas por meio do formulário padronizado disponibilizado pelo Ministério do Planejamento, Desenvolvimento e Gestão e, caso não sejam submetidas previamente ao comitê ou à comissão de elegibilidade, serão verificadas pela secretaria da assembleia ou pelo Conselho de Administração no momento da eleição.

Art. 23. O órgão ou a entidade da administração pública federal responsável pela indicação de administradores ou Conselheiros Fiscais preservará a independência dos membros estatutários no exercício de suas funções.

Seção IV
Do estatuto social

Art. 24. O estatuto social da empresa estatal deverá conter as seguintes regras mínimas:

I – constituição do Conselho de Administração, com, no mínimo, sete e, no máximo, onze membros;

II – definição de, no mínimo, um requisito específico adicional para o cargo de Diretor, em relação ao cargo de Conselheiro de Administração, observado o quantitativo mínimo de três Diretores;

III – avaliação de desempenho, individual e coletiva, de periodicidade anual, dos membros estatutários, observados os seguintes quesitos mínimos para os administradores:

a) exposição dos atos de gestão praticados quanto à licitude e à eficácia da ação administrativa;

b) contribuição para o resultado do exercício; e

c) consecução dos objetivos estabelecidos no plano de negócios e atendimento à estratégia de longo prazo;

IV – constituição obrigatória do Conselho Fiscal e funcionamento de modo permanente;

V – constituição obrigatória do Comitê de Auditoria Estatutário e funcionamento de modo permanente, ficando autorizada a criação de comitê único pelas empresas que possuam subsidiária em sua estrutura;

VI – prazo de gestão unificado para os membros do Conselho de Administração, não superior a dois anos, sendo permitidas, no máximo, três reconduções consecutivas;

VII – prazo de gestão unificado para os membros da Diretoria, não superior a dois anos, permitidas, no máximo, três reconduções consecutivas;

VIII – segregação das funções de Presidente do Conselho de Administração e Presidente da empresa; e

IX – prazo de atuação dos membros do Conselho Fiscal não superior a dois anos, sendo permitidas, no máximo, duas reconduções consecutivas.

§ 1.º A constituição do Conselho de Administração é facultativa para as empresas subsidiárias de capital fechado, nos termos do art. 31.

§ 2.º No prazo a que se referem os incisos VI, VII e IX do *caput* serão considerados os períodos anteriores de gestão ou de atuação ocorridos há menos de dois anos e a transferência de Diretor para outra Diretoria da mesma empresa estatal.

§ 3.º Para fins do disposto no inciso VII do *caput*, no caso de instituição financeira pública federal ou de empresa estatal de capital aberto, não se considera recondução a eleição de Diretor para atuar em outra Diretoria da mesma empresa estatal.

§ 4.º Atingidos os prazos máximos a que se referem os incisos VI, VII e IX do *caput*, o retorno de membro estatutário para uma mesma empresa só poderá ocorrer após decorrido período equivalente a um prazo de gestão ou de atuação.

Seção V
Do acionista controlador

Art. 25. O acionista controlador da empresa estatal responderá pelos atos praticados com abuso de poder, nos termos da Lei n. 6.404, de 1976.

Art. 26. A pessoa jurídica que controla a empresa estatal tem os deveres e as responsabilidades do acionista controlador, estabelecidos na Lei n. 6.404, de 1976, e deverá exercer o poder de controle no interesse da empresa estatal, respeitado o interesse público que justificou a sua criação.

Seção VI
Do administrador e da assembleia geral

Art. 27. Sem prejuízo do disposto na Lei n. 13.303, de 2016, e em outras leis específicas, o administrador de empresa estatal é submetido às normas previstas na Lei n. 6.404, de 1976, inclusive quanto às regras de eleição, destituição e remuneração.

§ 1.º A remuneração dos administradores será sempre fixada pela assembleia geral.

§ 2.º O voto da União na assembleia geral que fixar a remuneração dos administradores das empresas estatais federais observará a orientação da Secretaria de Coordenação e Governança das Empresas Estatais do Ministério do Planejamento, Desenvolvimento e Gestão.

§ 3.º Toda empresa estatal disporá de assembleia geral, que será regida pelo disposto na Lei n. 6.404, de 1976, inclusive quanto à sua competência para alterar o capital social e o estatuto social da empresa e para eleger e destituir seus Conselheiros a qualquer tempo.

Seção VII
Dos requisitos para ser administrador de empresas estatais

Art. 28. Os administradores das empresas estatais deverão atender os seguintes requisitos obrigatórios:

I – ser cidadão de reputação ilibada;

II – ter notório conhecimento compatível com o cargo para o qual foi indicado;

III – ter formação acadêmica compatível com o cargo para o qual foi indicado; e

IV – ter, no mínimo, uma das experiências profissionais abaixo:

a) dez anos, no setor público ou privado, na área de atuação da empresa estatal ou em área conexa àquela para a qual forem indicados em função de direção superior;

b) quatro anos em cargo de Diretor, de Conselheiro de Administração, de membro de comitê de auditoria ou de chefia superior em empresa de porte ou objeto social semelhante ao da empresa estatal, entendendo-se como cargo de chefia superior aquele situado nos dois níveis hierárquicos não estatutários mais altos da empresa;

c) quatro anos em cargo em comissão ou função de confiança equivalente a nível 4, ou superior, do Grupo-Direção e Assessoramento Superiores – DAS, em pessoa jurídica de direito público interno;

d) quatro anos em cargo de docente ou de pesquisador, de nível superior na área de atuação da empresa estatal; ou

e) quatro anos como profissional liberal em atividade vinculada à área de atuação da empresa estatal.

§ 1.º A formação acadêmica deverá contemplar curso de graduação ou pós-graduação reconhecido ou credenciado pelo Ministério da Educação.

§ 2.º As experiências mencionadas em alíneas distintas do inciso IV do *caput* não poderão ser somadas para a apuração do tempo requerido.

§ 3.º As experiências mencionadas em uma mesma alínea do inciso IV do *caput* poderão ser somadas para a apuração do tempo requerido, desde que relativas a períodos distintos.

§ 4.º Somente pessoas naturais poderão ser eleitas para o cargo de administrador de empresas estatais.

§ 5.º Os Diretores deverão residir no País.

§ 6.º Aplica-se o disposto neste artigo aos administradores das empresas estatais, inclusive aos representantes dos empregados e dos acionistas minoritários, e também às indicações da União ou das empresas estatais para o cargo de administrador em suas participações minoritárias em empresas estatais de outros entes federativos.

Seção VIII
Das vedações para indicação para compor o Conselho de Administração

Art. 29. É vedada a indicação para o Conselho de Administração e para a Diretoria:

I – de representante do órgão regulador ao qual a empresa estatal está sujeita;

II – de Ministro de Estado, de Secretário Estadual e de Secretário Municipal;

III – de titular de cargo em comissão na administração pública federal, direta ou indireta, sem vínculo permanente com o serviço público;

IV – de dirigente estatutário de partido político e de titular de mandato no Poder Legislativo de qualquer ente federativo, ainda que licenciado;

V – de parentes consanguíneos ou afins até o terceiro grau das pessoas mencionadas nos incisos I a IV;

VI – de pessoa que atuou, nos últimos trinta e seis meses, como participante de estrutura decisória de partido político;

VII – de pessoa que atuou, nos últimos trinta e seis meses, em trabalho vinculado a organização, estruturação e realização de campanha eleitoral;

VIII – de pessoa que exerça cargo em organização sindical;

IX – de pessoa física que tenha firmado contrato ou parceria, como fornecedor ou comprador, demandante ou ofertante, de bens ou serviços de qualquer natureza, com a União, com a própria estatal ou com empresa estatal do seu conglomerado estatal, nos três anos anteriores à data de sua nomeação;

X – de pessoa que tenha ou possa ter qualquer forma de conflito de interesse com a pessoa político-administrativa controladora da empresa estatal ou com a própria estatal; e

XI – de pessoa que se enquadre em qualquer uma das hipóteses de inelegibilidade previstas nas alíneas do inciso I do *caput* do art. 1.º da Lei Complementar n. 64, de 18 de maio de 1990.

>> A Lei Complementar n. 64, de 18-5-1990, estabelece, de acordo com o art. 14, § 9.º, da CF, casos de inelegibilidade e prazos de cassação.

§ 1.º Aplica-se a vedação do inciso III do *caput* ao servidor ou ao empregado público aposentado que seja titular de cargo em comissão da administração pública federal direta ou indireta.

§ 2.º Aplica-se o disposto neste artigo a todos os administradores das empresas estatais, inclusive aos representantes dos empregados e dos minoritários, e também às indicações da União ou das empresas estatais para o cargo de administrador em suas participações minoritárias em empresas estatais de outros entes federativos.

Seção IX
Da verificação dos requisitos e das vedações para administradores e Conselheiros Fiscais

Art. 30. Os requisitos e as vedações para administradores e Conselheiros Fiscais são de aplicação imediata e devem ser observados nas nomeações e nas eleições realizadas a partir da data de publicação deste Decreto, inclusive nos casos de recondução.

§ 1.º Os requisitos deverão ser comprovados documentalmente, na forma exigida pelo formulário padronizado, disponibilizado no sítio eletrônico do Ministério do Planejamento, Desenvolvimento e Gestão.

§ 2.º Será rejeitado o formulário que não estiver acompanhado dos documentos comprobatórios.

§ 3.º O indicado apresentará declaração de que não incorre em nenhuma das hipóteses de vedação, nos termos do formulário padronizado.

Seção X
Do Conselho de Administração

Art. 31. Todas as empresas estatais, ressalvadas as subsidiárias de capital fechado, deverão ter Conselho de Administração.

Art. 32. Sem prejuízo das competências previstas no art. 142 da Lei n. 6.404, de 1976, e das demais atribuições previstas na Lei n. 13.303, de 2016, compete ao Conselho de Administração:

I – discutir, aprovar e monitorar decisões que envolvam práticas de governança corporativa, relacionamento com partes interessadas, política de gestão de pessoas e código de conduta dos agentes;

II – implementar e supervisionar os sistemas de gestão de riscos e de controle interno estabelecidos para a prevenção e a mitigação dos principais riscos a que está exposta a empresa estatal, inclusive os riscos relacionados à integridade das informações contábeis e financeiras e aqueles relacionados à ocorrência de corrupção e fraude;

III – estabelecer política de divulgação de informações para mitigar o risco de contradição entre as diversas áreas e os executivos da empresa estatal; e

IV – avaliar os Diretores da empresa estatal, nos termos do inciso III do *caput* do art. 24, podendo contar com apoio metodológico e procedimental do comitê de elegibilidade estatutário referido no art. 21.

§ 1.º Na hipótese de não ter sido constituído Conselho de Administração, as competências previstas no *caput* serão exercidas pela Diretoria.

§ 2.º É vedada a existência de membro suplente no Conselho de Administração, inclusive para representante dos empregados.

Art. 33. No Conselho de Administração, é garantida a participação de:

I – um representante dos empregados, escolhido nos termos da Lei n. 12.353, de 28 de dezembro de 2010, inclusive quanto à eleição direta pelos empregados e à dispensa para empresas com menos de duzentos empregados; e

>> A Lei n. 12.353, de 28-12-2010, dispõe sobre a participação de empregados nos conselhos de administração das empresas públicas e sociedades de economia mista, suas subsidiárias e controladas e demais empresas em que a União, direta ou indiretamente, detenha a maioria do capital social com direito a voto e dá outras providências.

II – no mínimo, um representante dos acionistas minoritários, eleito nos termos da Lei n. 6.404, de 1976.

Art. 34. A remuneração mensal devida aos membros dos Conselhos de Administração da empresa estatal não excederá a dez por cento da remuneração mensal média dos Diretores da empresa, excluídos os valores relativos a adicional de férias e benefícios, sendo vedado o pagamento de participação, de qualquer espécie, nos lucros da empresa.

Art. 35. É vedada a participação remunerada de membros da administração pública federal, direta ou indireta, em mais de dois órgãos colegiados de empresa estatal, incluídos os Conselhos de Administração e Fiscal e os Comitês de Auditoria.

§ 1.º Incluem-se na vedação do *caput* os servidores ou os empregados públicos de quaisquer dos Poderes da União, concursados ou não, exceto se estiverem licenciados sem remuneração, e os Diretores das empresas estatais de qualquer ente federativo.

§ 2.º Incluem-se na vedação do *caput* os inativos ocupantes de cargo em comissão na administração pública federal direta ou indireta.

Art. 36. A composição do Conselho de Administração deve ter, no mínimo, vinte e cinco por cento de membros independentes.

§ 1.º O Conselheiro de Administração independente caracteriza-se por:

I – não ter vínculo com a empresa estatal ou com empresa de seu conglomerado estatal, exceto quanto à participação em Conselho de Administração da empresa controladora ou à participação em seu capital social;

II – não ser cônjuge ou parente consanguíneo ou afim ou por adoção, até o terceiro grau, de chefe do Poder Executivo, de Ministro de Estado, de Secretário de Estado, do Distrito Federal ou de Município ou de administrador da empresa estatal ou de empresa de seu conglomerado estatal;

III – não ter mantido, nos últimos três anos, vínculo de qualquer natureza com a empresa estatal ou com os seus controladores, que possa vir a comprometer a sua independência;

IV – não ser ou não ter sido, nos últimos três anos, empregado ou Diretor da empresa estatal, de empresa de seu conglomerado estatal ou de empresa coligada;

V – não ser fornecedor ou comprador, direto ou indireto, de serviços ou produtos da empresa estatal ou de empresa de seu conglomerado estatal;

VI – não ser empregado ou administrador de empresa ou entidade que ofereça ou demande serviços ou produtos à empresa estatal ou à empresa de seu conglomerado estatal; e

VII – não receber outra remuneração da empresa estatal ou de empresa de seu conglomerado estatal, além daquela relativa ao cargo de Conselheiro, exceto a remuneração decorrente de participação no capital da empresa.

§ 2.º Na hipótese de o cálculo do número de Conselheiros independentes não resultar em número inteiro, será feito o arredondamento:

I – para mais, quando a fração for igual ou superior a cinco décimos; e

II – para menos, quando a fração for inferior a cinco décimos.

§ 3.º Para os fins deste artigo, serão considerados independentes os Conselheiros eleitos por acionistas minoritários, mas não aqueles eleitos pelos empregados.

§ 4.º O Ministério supervisor ao qual a empresa estatal esteja vinculada, ou sua controladora, deverá indicar os membros independentes do Conselho de Administração de que trata o *caput*, caso os demais acionistas não o façam.

Art. 37. É condição para a investidura em cargo de Diretoria da empresa estatal a assunção de compromisso com metas e resultados específicos a serem alcançados, que deverá ser aprovado pelo Conselho de Administração, ao qual incumbe fiscalizar o seu cumprimento.

§ 1.º Sem prejuízo do disposto no *caput*, a Diretoria deverá apresentar, até a última reunião ordinária do Conselho de Administração do ano anterior, a quem compete sua aprovação:

I – o plano de negócios para o exercício anual seguinte; e

II – a estratégia de longo prazo atualizada com análise de riscos e oportunidades para, no mínimo, os cinco anos seguintes.

§ 2.º Na hipótese de não ter sido constituído Conselho de Administração, a Diretoria-Executiva aprovará o plano de negócios e a estratégia de longo prazo.

§ 3.º Compete ao Conselho de Administração da empresa, se houver, ou de sua controladora, sob pena de seus integrantes responderem por omissão, promover anualmente análise quanto ao atendimento das metas e dos resultados na execução do plano de negócios e da estratégia de longo prazo, devendo publicar suas conclusões e informá-las ao Congresso Nacional e ao Tribunal de Contas da União.

§ 4.º Excluem-se da obrigação de publicação a que se refere o § 3.º as informações de natureza estratégica cuja divulgação possa ser comprovadamente prejudicial ao interesse da empresa estatal.

§ 5.º O atendimento das metas e dos resultados na execução do plano de negócios e da estratégia de longo prazo deverá gerar reflexo financeiro para os Diretores das empresas estatais, inclusive nas empresas dependentes ou deficitárias, sob a forma de remuneração variável, nos termos estabelecidos pela Secretaria de Coordenação e Governança das Empresas Estatais do Ministério do Planejamento, Desenvolvimento e Gestão.

Seção XI
Do Comitê de Auditoria Estatutário

Art. 38. A empresa estatal deverá possuir Comitê de Auditoria Estatutário como órgão auxiliar do Conselho de Administração da empresa, se houver, ou de sua controladora, ao qual se reportará diretamente, observado o disposto no art. 16.

§ 1.º Competirá ao Comitê de Auditoria Estatutário, sem prejuízo de outras competências previstas em lei:

I – opinar sobre a contratação e a destituição de auditor independente;

II – supervisionar as atividades dos auditores independentes e avaliar a sua independência, a qualidade dos serviços prestados e a adequação de tais serviços às necessidades da empresa estatal;

III – supervisionar as atividades desenvolvidas nas áreas de controle interno, de auditoria interna e de elaboração das demonstrações financeiras da empresa estatal;

IV – monitorar a qualidade e a integridade dos mecanismos de controle interno, das demonstrações financeiras e das informações e medições divulgadas pela empresa estatal;

V – avaliar e monitorar a exposição ao risco da empresa estatal e requerer, entre outras, informações detalhadas sobre políticas e procedimentos referentes a:

a) remuneração da administração;

b) utilização de ativos da empresa estatal; e

c) gastos incorridos em nome da empresa estatal;

VI – avaliar e monitorar, em conjunto com a administração da estatal e a área de auditoria interna, a adequação e a divulgação das transações com partes relacionadas;

VII – elaborar relatório anual com informações sobre as atividades, os resultados, as conclusões e as suas recomendações, e registrar, se houver, as divergências significativas entre administração, auditoria independente e o Comitê de Auditoria Estatutário em relação às demonstrações financeiras; e

VIII – avaliar a razoabilidade dos parâmetros em que se fundamentam os cálculos atuariais e o resultado atuarial dos planos de benefícios mantidos pelo fundo de pensão, quando a empresa estatal for patrocinadora de entidade fechada de previdência complementar.

§ 2.º O Comitê de Auditoria Estatutário deverá possuir meios para receber denúncias, inclusive de caráter sigiloso, internas e externas à empresa estatal, em matérias relacionadas às suas atividades.

§ 3.º O Comitê de Auditoria Estatutário deverá realizar, no mínimo, quatro reuniões mensais nas empresas de capital aberto e nas instituições financeiras, ou, no mínimo, duas reuniões nas demais empresas estatais.

§ 4.º A empresa estatal deverá divulgar as atas das reuniões do Comitê de Auditoria Estatutário.

§ 5.º Na hipótese de o Conselho de Administração considerar que a divulgação da ata possa pôr em risco interesse legítimo da empresa estatal, apenas o seu extrato será divulgado.

§ 6.º A restrição de que trata o § 5.º não será oponível aos órgãos de controle, que terão total e irrestrito acesso ao conteúdo das atas do Comitê de Auditoria Estatutário, observada a transferência de sigilo.

§ 7.º O Comitê de Auditoria Estatutário deverá possuir autonomia operacional e dotação orçamentária, anual ou por projeto, nos limites aprovados pelo Conselho de Administração, para conduzir ou determinar a realização de consultas, avaliações e investigações relacionadas às suas atividades, inclusive com a contratação e a utilização de especialistas externos independentes.

§ 8.º A remuneração dos membros do Comitê de Auditoria Estatutário será fixada pela assembleia geral, em montante não inferior à remuneração dos Conselheiros Fiscais.

§ 9.º Os membros do Conselho de Administração poderão ocupar cargo no Comitê de Auditoria Estatutário da própria empresa, desde que optem pela remuneração de membro do referido Comitê.

Art. 39. O Comitê de Auditoria Estatutário, eleito e destituído pelo Conselho de Administração, será integrado por, no mínimo, três membros e, no máximo, cinco membros.

§ 1.º São condições mínimas para integrar o Comitê de Auditoria Estatutário:

I – não ser ou ter sido, nos doze meses anteriores à nomeação para o Comitê:

a) Diretor, empregado ou membro do Conselho Fiscal da empresa estatal ou de sua controladora, subsidiária, coligada ou sociedade em controle comum, direta ou indireta; e

b) responsável técnico, Diretor, gerente, supervisor ou qualquer outro integrante com função de gerência de equipe envolvida nos trabalhos de auditoria na empresa estatal;

II – não ser cônjuge ou parente consanguíneo ou afim ou por adoção, até o segundo grau, das pessoas referidas no inciso I;

III – não receber qualquer outro tipo de remuneração da empresa estatal ou de sua controladora, subsidiária, coligada ou sociedade em controle comum, direta ou indireta, que não seja aquela relativa à função de membro do Comitê de Auditoria Estatutário;

IV – não ser ou ter sido ocupante de cargo público efetivo, ainda que licenciado, ou de cargo em comissão na administração pública federal direta, nos doze meses anteriores à nomeação para o Comitê de Auditoria Estatutário; e

V – não se enquadrar nas vedações de que tratam os incisos I, IV, IX, X e XI do *caput* do art. 29.

§ 2.º O Comitê de Auditoria Estatutário será composto de modo que a maioria dos membros observe também as demais vedações de que trata o art. 29.

§ 3.º O disposto na alínea *a* do inciso I do § 1.º não se aplica a empregado de empresa estatal não vinculada ao mesmo conglomerado estatal.

§ 4.º O disposto no inciso IV do § 1.º se aplica a servidor de autarquia ou fundação que tenha atuação nos negócios da empresa estatal.

§ 5.º Os membros do Comitê de Auditoria Estatutário devem ter experiência profissional ou formação acadêmica compatível com o cargo, preferencialmente na área de contabilidade, auditoria ou no setor de atuação da empresa, devendo, no mínimo, um dos membro obrigatoriamente ter experiência profissional reconhecida em assuntos de contabilidade societária.

§ 6.º Na formação acadêmica, exige-se curso de graduação ou pós-graduação reconhecido ou credenciado pelo Ministério da Educação.

§ 7.º O atendimento às previsões deste artigo deve ser comprovado por meio de documentação mantida na sede da empresa estatal pelo prazo mínimo de cinco anos, contado do último dia de mandato do membro do Comitê de Auditoria Estatutário.

§ 8.º É vedada a existência de membro suplente no Comitê de Auditoria Estatutário.

§ 9.º O mandato dos membros do Comitê de Auditoria Estatutário será de dois ou três anos, não coincidente para cada membro, permitida uma reeleição.

§ 10. Os membros do Comitê de Auditoria Estatutário poderão ser destituídos pelo voto justificado da maioria absoluta do Conselho de Administração.

§ 11. O Conselho de Administração poderá convidar membros do Comitê de Auditoria Estatutário para assistir às suas reuniões, sem direito a voto.

Seção XII
Do Conselho Fiscal

Art. 40. Além das normas previstas neste Decreto, aplicam-se aos membros do Conselho Fiscal da empresa estatal o disposto na Lei n. 6.404, de 1976, inclusive quanto a seus poderes, deveres e responsabilidades, a requisitos e impedimentos para a investidura e a remuneração.

§ 1.º É vedado o pagamento de participação no lucro da empresa para os membros do Conselho Fiscal e o pagamento de remuneração a esses membros em montante superior ao pago para os Conselheiros de Administração.

§ 2.º O Conselho Fiscal contará com, no mínimo, um membro indicado pelo Ministério da Fazenda, como representante do Tesouro Nacional, que deverá ser servidor público com vínculo permanente com a administração pública federal.

Art. 41. Os Conselheiros Fiscais das empresas estatais deverão atender os seguintes critérios:

I – ser pessoa natural, residente no País e de reputação ilibada;

II – ter formação acadêmica compatível com o exercício da função;

III – ter experiência mínima de três anos em cargo de:

a) direção ou assessoramento na administração pública, direta ou indireta; ou

b) Conselheiro Fiscal ou administrador em empresa;

IV – não se enquadrar nas vedações de que tratam os incisos I, IV, IX, X e XI do *caput* do art. 29;

V – não se enquadrar nas vedações de que trata o art. 147 da Lei n. 6.404, de 1976; e

VI – não ser ou ter sido membro de órgão de administração nos últimos vinte e quatro meses e não ser empregado da empresa estatal ou de sua subsidiária, ou do mesmo grupo, ou ser cônjuge ou parente, até terceiro grau, de administrador da empresa estatal.

§ 1.º A formação acadêmica deverá contemplar curso de graduação ou pós-graduação reconhecido ou credenciado pelo Ministério da Educação.

§ 2.º As experiências mencionadas em alíneas distintas do inciso III do *caput* não poderão ser somadas para a apuração do tempo requerido.

§ 3.º As experiências mencionadas em uma mesma alínea do inciso III do *caput* poderão ser somadas para apuração do tempo requerido, desde que relativas a períodos distintos.

§ 4.º O disposto no inciso VI do *caput* não se aplica aos empregados da empresa estatal controladora, ainda que sejam integrantes de seus órgãos de administração, quando inexistir grupo de sociedades formalmente constituído.

§ 5.º Aplica-se o disposto neste artigo aos Conselheiros Fiscais das empresas estatais, inclusive aos representantes dos minoritários, e às indicações da União ou das empresas estatais em suas participações minoritárias em empresas estatais de outros entes federativos.

Seção XIII
Do treinamento e do seguro de responsabilidade

Art. 42. Os administradores e Conselheiros Fiscais das empresas estatais, inclusive os representantes de empregados e minoritários, devem participar, na posse e anualmente, de treinamentos específicos disponibilizados pela empresa estatal sobre:

I – legislação societária e de mercado de capitais;

II – divulgação de informações;

III – controle interno;

IV – código de conduta;

V – Lei n. 12.846, de 1.º de agosto de 2013; e

>> **A Lei n. 12.846, de 1.º-8-2013, constante nesta obra, dispõe sobre a responsabilização administrativa e civil de pessoas jurídicas pela prática de atos contra a administração pública nacional ou estrangeira.**

VI – demais temas relacionados às atividades da empresa estatal.

Parágrafo único. É vedada a recondução do administrador ou do Conselheiro Fiscal que não participar de nenhum treinamento anual disponibilizado pela empresa nos últimos dois anos.

Art. 43. O estatuto da empresa estatal poderá dispor sobre a contratação de seguro de responsabilidade civil pelos administradores.

Capítulo III
DA FUNÇÃO SOCIAL DA EMPRESA ESTATAL

Art. 44. A empresa estatal terá a função social de realização do interesse coletivo ou de atendimento a imperativo da segurança nacional expressa no instrumento de autorização legal para a sua criação.

§ 1.º A realização do interesse coletivo de que trata este artigo deverá ser orientada para o alcance do bem-estar econômico e para a alocação socialmente eficiente dos recursos geridos pela empresa estatal, e também para:

I – a ampliação economicamente sustentada do acesso de consumidores aos produtos e serviços da empresa estatal; ou

II – o desenvolvimento ou o emprego de tecnologia brasileira para produção e oferta de produtos e serviços da empresa estatal, sempre de maneira economicamente justificada.

§ 2.º A empresa estatal deverá, nos termos da lei, adotar práticas de sustentabilidade ambiental e de responsabilidade social corporativa compatíveis com o mercado em que atua.

§ 3.º A empresa estatal poderá celebrar instrumentos de convênio quando observados os seguintes parâmetros cumulativos:

I – a convergência de interesses entre as partes;

II – a execução em regime de mútua cooperação;

III – o alinhamento com a função social de realização do interesse coletivo;

IV – a análise prévia da conformidade do convênio com a política de transações com partes relacionadas;

V – a análise prévia do histórico de envolvimento com corrupção ou fraude, por parte da instituição beneficiada, e da existência de controles e políticas de integridade na instituição; e

VI – a vedação de celebrar convênio com dirigente de partido político, titular de mandato eletivo, empregado ou administrador da empresa estatal, ou com seus parentes consanguíneos ou afins até o terceiro grau, e também com pessoa jurídica cujo proprietário ou administrador seja uma dessas pessoas.

§ 4.º Além do disposto no § 3.º, a celebração de convênio ou contrato de patrocínio deverá observar os seguintes parâmetros cumulativos adicionais:

I – a destinação para promoção de atividades culturais, sociais, esportivas, educacionais e de inovação tecnológica;

II – a vinculação ao fortalecimento da marca da empresa estatal; e

III – a aplicação, no que couber, da legislação de licitações e contratos.

Capítulo IV
DA FISCALIZAÇÃO PELO ESTADO E PELA SOCIEDADE

Art. 45. Os órgãos de controle externo e interno da União fiscalizarão as empresas estatais, inclusive aquelas domiciliadas no exterior, quanto à legitimidade, à economicidade e à eficácia da aplicação de seus recursos, sob o ponto de vista contábil, financeiro, operacional e patrimonial.

§ 1.º Para a realização da atividade fiscalizatória de que trata o *caput*, os órgãos de controle deverão ter acesso irrestrito aos documentos e às informações necessários à realização dos trabalhos, inclusive aqueles classificados como sigilosos pela empresa estatal, nos termos da Lei n. 12.527, de 2011.

§ 2.º O grau de confidencialidade será atribuído pelas empresas estatais no ato de entrega dos documentos e das informações solicitados, tornando-se o órgão de controle com o qual foi compartilhada a informação sigilosa corresponsável pela manutenção do seu sigilo.

§ 3.º Os atos de fiscalização e de controle dispostos neste Capítulo serão aplicados, também, às empresas estatais transnacionais no que se refere aos atos de gestão e de aplicação do capital nacional, independentemente de estarem incluídos ou não em seus atos e acordos constitutivos.

Art. 46. As informações das empresas estatais relativas a licitações e contratos, inclusive aqueles referentes a bases de preços, constarão de bancos de dados eletrônicos atualizados e com acesso em tempo real aos órgãos de controle externo e interno da União.

§ 1.º As demonstrações contábeis auditadas da empresa estatal serão disponibilizadas no sítio eletrônico da empresa na internet, inclusive em formato eletrônico editável.

§ 2.º As atas e os demais expedientes oriundos de reuniões, ordinárias ou extraordinárias, dos Conselhos de Administração ou Fiscal das empresas estatais, inclusive gravações e filmagens, quando houver, deverão ser disponibilizados para os órgãos de controle sempre que solicitados, no âmbito dos trabalhos de auditoria.

§ 3.º O acesso dos órgãos de controle às informações referidas neste Capítulo será restrito e individualizado.

§ 4.º As informações que sejam revestidas de sigilo bancário, estratégico, comercial ou industrial serão assim identificadas, respondendo o servidor responsável pela atividade fiscalizatória administrativa, civil e penalmente pelos danos causados à empresa estatal e a seus acionistas em razão de eventual divulgação indevida.

§ 5.º Os critérios para a definição do que deve ser considerado sigilo estratégico, comercial ou industrial serão estabelecidos em Decreto específico.

Art. 47. O controle das despesas decorrentes dos contratos e dos demais instrumentos regidos pela Lei n. 13.303, de 2016, será feito pelos órgãos de controle externo e interno da União, na forma da legislação pertinente, ficando as empresas estatais responsáveis pela demonstração da legalidade e da regularidade da despesa e da execução, nos termos da Constituição.

§ 1.º Qualquer cidadão é parte legítima para impugnar edital de licitação por irregularidade quanto à aplicação do disposto na Lei n. 13.303, de 2016, devendo protocolar o pedido no prazo de cinco dias úteis anteriores à data fixada para a ocorrência do certame, devendo a entidade julgar e responder à impugnação no prazo de três dias úteis, sem prejuízo do disposto no § 2.º.

§ 2.º Qualquer licitante, contratado ou pessoa física ou jurídica poderá representar aos órgãos de controle externo e interno da União contra irregularidades quanto à aplicação do disposto neste Decreto.

§ 3.º Os órgãos de controle externo e interno da União poderão solicitar para exame, a qualquer tempo, documentos de natureza contábil, financeira, orçamentária, patrimonial e operacional das empresas estatais sediadas no País e no exterior, obrigando-se os jurisdicionados à adoção das medidas corretivas pertinentes que, em função desse exame, lhes forem determinadas.

Art. 48. As empresas estatais deverão disponibilizar para conhecimento público, por meio eletrônico, informação completa, atualizada mensalmente, sobre a execução de seus contratos e de seu orçamento, admitindo-se retardo de até dois meses para a divulgação das informações.

§ 1.º A disponibilização de informações contratuais referentes a operações de perfil estratégico ou que tenham por objeto segredo industrial receberá proteção mínima necessária para lhes garantir a confidencialidade.

§ 2.º O disposto no § 1.º não será oponível à fiscalização dos órgãos de controle externo e interno da União, sem prejuízo da responsabilização administrativa, civil e penal do servidor que der causa à eventual divulgação dessas informações.

Art. 49. O exercício da supervisão feita pelo Ministério ao qual a empresa estatal esteja vinculada não pode ensejar a redução ou a supressão da autonomia conferida pela lei específica que autorizou a criação da empresa estatal supervisionada ou da autonomia inerente a sua natureza, nem autoriza a ingerência do Ministério supervisor em sua administração e seu funcionamento, devendo a supervisão ser exercida nos limites da legislação aplicável, com foco na realização de políticas públicas transparentes e em harmonia com o objeto social da empresa estatal vinculada e com as diretrizes do Plano Plurianual.

Art. 50. As ações e deliberações do Tribunal de Contas da União, do Ministério da Transparência, Fiscalização e Controladoria-Geral da União – CGU e do Ministério supervisor ao qual a empresa estatal esteja vinculada não podem implicar interferência na gestão das empresas estatais nem ingerência no exercício de suas competências ou na definição da forma de execução das políticas públicas setoriais.

Capítulo V
DO TRATAMENTO DIFERENCIADO PARA EMPRESAS ESTATAIS DE MENOR PORTE

Art. 51. A empresa estatal de menor porte terá tratamento diferenciado apenas quanto aos itens previstos neste Capítulo.

§ 1.º Considera-se empresa de menor porte aquela que tiver apurado receita operacional bruta inferior a R$ 90.000.000,00 (noventa milhões de reais) com base na última demonstração contábil anual aprovada pela assembleia geral.

§ 2.º Para fins da definição como empresa estatal de menor porte, o valor da receita operacional bruta:

I – das subsidiárias será considerado para definição do enquadramento da controladora; e

II – da controladora e das demais subsidiárias não será considerado para definição da classificação de cada subsidiária.

§ 3.º A empresa estatal de menor porte que apurar, nos termos dos § 1.º e § 2.º, receita operacional bruta igual ou superior a R$ 90.000.000,00 (noventa milhões de reais) terá o tratamento diferenciado cancelado e deverá promover os ajustes necessários no prazo de até um ano, contado do primeiro dia útil do ano imediatamente posterior ao do exercício social em que houver excedido aquele limite.

Art. 52. O Conselho de Administração terá, no mínimo, três Conselheiros e poderá contar com um membro independente, desde que haja previsão estatutária.

Art. 53. A Diretoria-Executiva terá, no mínimo, dois Diretores.

Parágrafo único. Fica dispensada a exigência de requisito adicional para o exercício do cargo de Diretor a que se refere o inciso II do *caput* do art. 24.

Art. 54. Os administradores deverão atender obrigatoriamente os seguintes critérios:

>> *Vide* art. 58 deste Decreto.

I – os requisitos estabelecidos no art. 28, com metade do tempo de experiência previsto em seu inciso IV; e

II – as vedações de que tratam os incisos I, IV, IX, X e XI do *caput* do art. 29.

Art. 55. A representação dos acionistas minoritários no Conselho de Administração observará integralmente o disposto na Lei n. 6.404, de 1976.

Art. 56. Os Conselheiros Fiscais deverão atender os seguintes critérios obrigatórios:

>> *Vide* art. 58 deste Decreto.

I – ser pessoa natural, residente no País e de reputação ilibada;

II – ter graduação em curso superior reconhecido pelo Ministério da Educação;

III – ter experiência mínima de três anos, em pelo menos uma das seguintes funções:

a) direção ou assessoramento na administração pública federal, direta ou indireta;

b) Conselheiro Fiscal ou administrador em empresa;

c) membro de comitê de auditoria em empresa; e

d) cargo gerencial em empresa;

IV – não se enquadrar nas vedações de que tratam os incisos I, IV, IX, X e XI do *caput* do art. 29; e

V – não ser ou ter sido membro de órgãos de administração nos últimos vinte e quatro meses e não ser empregado da empresa estatal, de sociedade controlada ou do mesmo grupo, nem ser cônjuge ou parente, até terceiro grau, de administrador da empresa estatal.

§ 1.º As experiências mencionadas em alíneas distintas do inciso III do *caput* não poderão ser somadas para a apuração do tempo requerido.

§ 2.º As experiências mencionadas nas alíneas do inciso III do *caput* poderão ser somadas para apuração do tempo requerido, desde que relativas a períodos distintos.

§ 3.º O disposto no inciso V do *caput* não se aplica a empregado da empresa estatal controladora quando inexistir grupo econômico formalmente constituído.

Art. 57. São condições mínimas para integrar o Comitê de Auditoria Estatutário:

I – não ser ou ter sido, nos doze meses anteriores à nomeação para o Comitê:

a) Diretor ou membro do Conselho Fiscal da empresa estatal ou de sua controladora, subsidiária, coligada ou sociedade em controle comum, direta ou indireta; e

b) responsável técnico, Diretor, gerente, supervisor ou qualquer outro integrante com função de gerência de equipe envolvida nos trabalhos de auditoria na empresa estatal;

II – não ser cônjuge ou parente consanguíneo ou afim, até o segundo grau ou por adoção, das pessoas referidas no inciso I;

III – não se enquadrar nas vedações de que tratam os incisos I, IV, IX, X e XI do *caput* do art. 29; e

IV – ter experiência profissional e formação acadêmica, de que tratam os § 5.º e § 6.º do art. 39.

Capítulo VI
DISPOSIÇÕES FINAIS

Art. 58. O disposto nos arts. 54 e 56 aplica-se às indicações da União ou das empresas estatais em suas participações minoritárias em empresas privadas.

Parágrafo único. As empresas estatais poderão prever critérios adicionais para as suas indicações em suas participações minoritárias em empresas privadas.

Art. 59. O Ministério do Planejamento, Desenvolvimento e Gestão manterá banco de dados público e gratuito, disponível na internet, com a relação das empresas estatais federais.

Parágrafo único. As empresas estatais deverão manter seus dados integral e constantemente atualizados no Sistema de Informações das Empresas Estatais – SIEST.

Art. 60. As despesas com publicidade e patrocínio da empresa estatal não ultrapassarão, em cada exercício, o limite de cinco décimos por cento da receita operacional bruta do exercício anterior, com base nas demonstrações contábeis consolidadas do conglomerado estatal.

§ 1.º O limite disposto no *caput* poderá ser ampliado até o limite de dois por cento da receita bruta do exercício anterior, por proposta da Diretoria, justificada com base em parâmetros de mercado do setor específico de atuação da estatal, e aprovada pelo Conselho de Administração da empresa pública ou da sociedade de economia mista.

§ 2.º É vedado à empresa estatal realizar, em ano de eleições federais, despesas com publicidade e patrocínio que excedam a média dos gastos nos três últimos anos que antecedem o pleito ou no último ano imediatamente anterior à eleição.

Art. 61. Aplicam-se às empresas estatais as sanções estabelecidas na Lei n. 12.846, de 2013, exceto aquelas previstas nos incisos II, III e IV do *caput* do art. 19 da referida Lei.

Art. 62. A investidura em cargo estatutário observará os requisitos e as vedações vigentes na data da posse ou da eleição, no caso de Conselheiro Fiscal.

§ 1.º A recondução ou a troca de Diretoria enseja novo ato de posse ou nova eleição, devendo ser considerados os requisitos vigentes no momento da nova posse ou da nova eleição.

§ 2.º Para os fins deste Decreto, as indicações de administradores e de Conselheiros fiscais considerarão:

I – compatível a formação acadêmica preferencialmente em:

a) Administração ou Administração Pública;

b) Ciências Atuariais;

c) Ciências Econômicas;

d) Comércio Internacional;

e) Contabilidade ou Auditoria;

f) Direito;

g) Engenharia;

h) Estatística;

i) Finanças;

j) Matemática; e

k) curso aderente à área de atuação da empresa para a qual foi indicado;

II – incompatível a experiência em cargo eletivo equivalente a cargo em comissão equivalente nível 4 ou superior do Grupo DAS, ou conexo à área de atuação das empresas estatais; e

III – compatível a experiência em cargo de Ministro, Secretário Estadual, Secretário Distrital, Secretário Municipal, ou Chefe de Gabinete desses cargos, da Presidência da República e dos Chefes de outros Poderes equivalente a cargo em comissão do Grupo-DAS de nível 4 ou superior.

§ 3.º A formação acadêmica deverá contemplar curso de graduação ou pós-graduação reconhecido ou credenciado pelo Ministério da Educação.

Capítulo VII
DISPOSIÇÕES TRANSITÓRIAS

Art. 63. As adaptações requeridas neste Decreto prescindem de alteração da legislação específica sobre a empresa estatal, ainda que essa contenha dispositivo que conflite com o disposto na Lei n. 13.303, de 2016.

Art. 64. As empresas estatais deverão adequar os seus estatutos sociais ao disposto neste Decreto até 30 de junho de 2018, se não fixado prazo inferior pelo CGPAR.

§ 1.º Enquanto os estatutos sociais não forem alterados para constituir o comitê de elegibilidade de que trata o art. 21, as empresas estatais deverão instituir, no prazo de até quinze dias, contado da data de entrada em vigor deste Decreto, comissão interna, transitória e não estatutária, para exercer temporariamente as competências de que trata o inciso I do *caput* do art. 21.

§ 2.º Enquanto os estatutos sociais não forem alterados para constituir o Comitê de Auditoria Estatutário de que trata o art. 38, as empresas estatais poderão instituir colegiado equivalente, transitório e não estatutário, para exercer temporariamente as competências estabelecidas no art. 38, independentemente da observância ao disposto nos § 1.º e § 2.º do referido artigo.

Art. 65. O Conselho de Administração ou, se não houver, a assembleia geral, deverá estipular calendário para o cumprimento integral do disposto neste Decreto em relação aos itens que prescindem de alteração estatutária.

Art. 66. Os administradores e os Conselheiros Fiscais empossados até 30 de junho de 2016 poderão permanecer no exercício de seus mandatos ou manter os prazos de gestão atuais até o fim dos respectivos prazos, exceto se houver decisão em contrário da assembleia geral ou do Conselho de Administração da empresa estatal.

§ 1.º A adaptação ao prazo de gestão e de atuação fixado nos incisos VI, VII e IX do *caput* do art. 24 poderá ser efetivada ao final da gestão e da atuação dos membros eleitos ou até 30 de junho de 2018, o que ocorrer primeiro.

§ 2.º O limite de recondução a que se referem os incisos VI, VII e IX do *caput* do art. 24 somente será considerado para os prazos de gestão ou de atuação iniciados após 30 de junho de 2016.

Art. 67. A empresa estatal cujo Conselho de Administração tiver mais de onze membros deverá deixar os cargos excedentes vagos quando houver desligamento de Conselheiro indicado pelo acionista controlador.

Art. 68. A sociedade de economia mista de capital fechado poderá resgatar a totalidade das ações de seu capital que sejam detidas pelos demais acionistas, com base no valor de patrimônio líquido constante do último balanço aprovado pela assembleia geral, transformando-se em empresa pública.

Art. 69. O conglomerado estatal que tiver duas ou mais subsidiárias, com estruturas administrativas próprias e mesmos objetos sociais, deverá avaliar a necessidade de manutenção dessas estruturas, por meio de deliberação do Conselho de Administração da empresa estatal controladora.

Art. 70. O Código de Conduta da Alta Administração Federal deverá ser alterado até 30 de junho de 2018, por meio de proposta da Comissão de Ética Pública da Presidência da República, para:

I – vedar a divulgação, sem autorização do órgão competente da empresa estatal, de informação que possa causar impacto na cotação dos títulos da empresa estatal e em suas relações com o mercado ou com os consumidores e fornecedores; e

II – dispor sobre normas de conduta e integridade.

Art. 71. O regime de licitação e contratação da Lei n. 13.303, de 2016, é autoaplicável, exceto quanto a:

I – procedimentos auxiliares das licitações, de que tratam os art. 63 a art. 67 da Lei n. 13.303, de 2016;

II – procedimento de manifestação de interesse privado para o recebimento de propostas e projetos de empreendimentos, de que trata o § 4.º do art. 31 da Lei n. 13.303, de 2016;

III – etapa de lances exclusivamente eletrônica, de que trata o § 4.º da art. 32 da Lei n. 13.303, de 2016;

IV – preparação das licitações com matriz de riscos, de que trata o inciso X do *caput* do art. 42 da Lei n. 13.303, de 2016;

V – observância da política de transações com partes relacionadas, a ser elaborada, de que trata o inciso V do *caput* do art. 32 da Lei n. 13.303, de 2016; e

VI – disponibilização na internet do conteúdo informacional requerido nos art. 32, § 3.º, art. 39, art. 40 e art. 48 da Lei n. 13.303, de 2016.

§ 1.º A empresa estatal deverá editar regulamento interno de licitações e contratos até o dia 30 de junho de 2018, que deverá dispor sobre o estabelecido nos incisos do *caput*, os níveis de alçada decisória e a tomada de decisão, preferencialmente de forma colegiada, e ser aprovado pelo Conselho de Administração da empresa, se houver, ou pela assembleia geral.

§ 2.º É permitida a utilização da legislação anterior para os procedimentos licitatórios e contratos iniciados ou celebrados até a edição do regulamento interno referido no § 1.º ou até o dia 30 de junho de 2018, o que ocorrer primeiro.

Art. 72. Fica criada a Assembleia Geral:

I – no Banco Nacional de Desenvolvimento – BNDES;

II – na Caixa Econômica Federal;

III – na Casa da Moeda do Brasil;

IV – na Empresa de Tecnologia e Informações da Previdência Social – Dataprev;

V – na Empresa Brasileira de Pesquisa Agropecuária – Embrapa;

VI – na Empresa Gestora de Ativos – Emgea;

VII – na Empresa Gerencial de Projetos Navais – Emgepron;

VIII – na Financiadora de Estudos e Projetos – Finep;

IX – no Hospital de Clínicas de Porto Alegre;

X – na Indústria de Material Bélico do Brasil – Imbel;

XI – na Empresa de Pesquisa Energética – EPE;

>> Inciso XI com redação determinada pelo Decreto n. 9.361, de 8-5-2018.

XII – no Serviço Federal de Processamento de Dados – Serpro;

>> Inciso XII com redação determinada pelo Decreto n. 9.361, de 8-5-2018.

XIII – na Empresa Brasileira de Hemoderivados e Biotecnologia – Hemobrás; e

>> Inciso XIII acrescentado pelo Decreto n. 9.361, de 8-5-2018.

XIV – na Empresa Brasileira de Serviços Hospitalares – EBSERH.

>> Inciso XIV acrescentado pelo Decreto n. 9.361, de 8-5-2018.

Parágrafo único. As assembleias gerais criadas na forma do *caput* possuem as competências da Lei n. 6.404, de 1976, e poderão inclusive aprovar alterações no estatuto social da empresa estatal.

Art. 73. Fica a União dispensada de adquirir ações e de exercer o direito de preferência para a subscrição de ações em aumentos de capital de empresas em que possua participação acionária minoritária.

§ 1.º Para as participações acionárias minoritárias vinculadas a acordo de acionistas ou em coligadas, o disposto no *caput* depende de autorização do Ministro de Estado da Fazenda, ouvida a Secretaria do Tesouro Nacional.

§ 2.º Para as demais participações minoritárias da União, fica também dispensada a manifestação da União sobre os assuntos a serem deliberados pelas assembleias gerais de acionistas, exceto para exercer o direito de eleger membros de órgãos estatutários.

....

Art. 79. Este Decreto entra em vigor na data de sua publicação.

Brasília, 27 de dezembro de 2016; 195.º da Independência e 128.º da República.

MICHEL TEMER

LEI COMPLEMENTAR N. 159, DE 19 DE MAIO DE 2017 (*)

Institui o Regime de Recuperação Fiscal dos Estados e do Distrito Federal e altera as Leis Complementares n. 101, de 4 de maio de 2000, e n. 156, de 28 de dezembro de 2016.

O Presidente da República

Faço saber que o Congresso Nacional decreta e eu sanciono a seguinte Lei:

CAPÍTULO I
DISPOSIÇÕES PRELIMINARES

Art. 1.º É instituído o Regime de Recuperação Fiscal dos Estados e do Distrito Federal, nos termos do Capítulo II do Título VI da Constituição Federal.

>> O Capítulo II do Título VI da CF (arts. 163 a 169) dispõe sobre finanças públicas.

§ 1.º O Regime de Recuperação Fiscal será orientado pelos princípios da sustentabilidade de econômico-financeira, da equidade intergeracional, da transparência das contas públicas, da confiança nas demonstrações financeiras, da celeridade das decisões e da solidariedade entre os Poderes e os órgãos da administração pública.

§ 2.º O Regime de Recuperação Fiscal envolve a ação planejada, coordenada e transparente de todos os Poderes, órgãos, entidades e fundos dos Estados e do Distrito Federal para corrigir os desvios que afetaram o equilíbrio das contas públicas, por meio da implementação das medidas emergenciais e das reformas institucionais determinadas no Plano de Recuperação elaborado previamente pelo ente federativo que desejar aderir a esse Regime.

§ 3.º Para os efeitos desta Lei Complementar, as referências aos Estados e ao Distrito Federal compreendem o Poder Executivo, o Poder Legislativo, o Poder Judiciário, os Tribunais de Contas, o Ministério Público, a Defensoria Pública, a administração pública direta e indireta dos referidos entes federativos e os fundos a eles destinados.

§ 4.º Para os efeitos desta Lei Complementar, as referências aos Estados compreendem também o Distrito Federal.

(*) Publicada no *Diário Oficial da União*, de 22-5-2017. Regulamentada pelo Decreto n. 9.109, de 27-7-2017.

CAPÍTULO II
DO PLANO DE RECUPERAÇÃO

Art. 2.º O Plano de Recuperação será formado por lei ou por conjunto de leis do Estado que desejar aderir ao Regime de Recuperação Fiscal, por diagnóstico em que se reconhece a situação de desequilíbrio financeiro e pelo detalhamento das medidas de ajuste, com os impactos esperados e os prazos para a sua adoção.

§ 1.º A lei ou o conjunto de leis de que trata o *caput* deste artigo deverá implementar as seguintes medidas:

I – a autorização de privatização de empresas dos setores financeiro, de energia, de saneamento e outros, na forma do inciso II do § 1.º do art. 4.º, com vistas à utilização dos recursos para quitação de passivos;

II – a adoção pelo Regime Próprio de Previdência Social mantido pelo Estado, no que couber, das regras previdenciárias disciplinadas pela Lei n. 13.135, de 17 de junho de 2015;

III – a redução dos incentivos ou benefícios de natureza tributária dos quais decorram renúncias de receitas instituídos por lei estadual ou distrital, de, no mínimo, 10% a.a. (dez por cento ao ano), ressalvados aqueles concedidos por prazo certo e em função de determinadas condições e aqueles instituídos na forma estabelecida pela alínea *g* do inciso XII do § 2.º do art. 155 da Constituição Federal;

IV – a revisão do regime jurídico único dos servidores estaduais da administração pública direta, autárquica e fundacional para suprimir benefícios ou vantagens não previstos no regime jurídico único dos servidores públicos da União;

V – a instituição, se cabível, do regime de previdência complementar a que se referem os §§ 14, 15 e 16 do art. 40 da Constituição Federal;

VI – a proibição de realizar saques em contas de depósitos judiciais, ressalvados aqueles permitidos pela Lei Complementar n. 151, de 5 agosto de 2015, enquanto não houver a recomposição do saldo mínimo do fundo de reserva, de modo a assegurar o exato cumprimento do disposto na referida Lei Complementar;

VII – a autorização para realizar leilões de pagamento, nos quais será adotado o critério de julgamento por maior desconto, para fins de prioridade na quitação de obrigações inscritas em restos a pagar ou inadimplidas.

§ 2.º O prazo de vigência do Plano de Recuperação será fixado na lei que o instituir, conforme estimativa recomendada pelo Conselho de Supervisão, e será limitado a 36 (trinta e seis) meses, admitida 1 (uma) prorrogação, se necessário, por período não superior àquele originalmente fixado.

§ 3.º O conjunto de dívidas a ser submetido aos leilões de pagamento de que trata o inciso VII do § 1.º deste artigo e a frequência dos leilões serão definidos no Plano de Recuperação.

§ 4.º É facultado ao Estado, em substituição ao previsto no inciso IV do § 1.º deste artigo, aprovar lei de responsabilidade fiscal estadual que conterá regras para disciplinar o crescimento das despesas obrigatórias.

§ 5.º Na hipótese de o pré-acordo previsto no § 4.º do art. 3.º demonstrar a superioridade dos valores dos ativos ofertados para privatização nos termos do inciso I do § 1.º deste artigo em relação ao montante global de reduções extraordinárias previstas no art. 9.º ou aos valores necessários à obtenção do equilíbrio fiscal, o Ministério da Fazenda poderá dispensar o Estado de privatizar o excedente dos ativos.

CAPÍTULO III
DAS CONDIÇÕES DO REGIME DE RECUPERAÇÃO FISCAL

Art. 3.º Considera-se habilitado para aderir ao Regime de Recuperação Fiscal o Estado que atender, cumulativamente, aos seguintes requisitos:

>> A Portaria n. 377, de 7-8-2017, do Ministério da Fazenda, regulamenta a forma de verificação dos requisitos de habilitação prevista neste artigo.

I – receita corrente líquida anual menor que a dívida consolidada ao final do exercício financeiro anterior ao do pedido de adesão ao Regime de Recuperação Fiscal, nos termos da Lei Complementar n. 101, de 4 de maio de 2000;

II – despesas liquidadas com pessoal, apuradas na forma do art. 18 da Lei Complementar n. 101, de 4 de maio de 2000, com juros e amortizações, que somados representem, no mínimo, 70% (setenta por cento) da receita corrente líquida aferida no exercício financeiro anterior ao do pedido de adesão ao Regime de Recuperação Fiscal; e

III – valor total de obrigações contraídas maior que as disponibilidades de caixa e equivalentes de caixa de recursos sem vinculação, a ser apurado na forma do art. 42 da Lei Complementar n. 101, de 4 de maio de 2000.

§ 1.º Ato do Ministro de Estado da Fazenda definirá a forma de verificação dos requisitos previstos neste artigo.

§ 2.º É vedada a homologação de Regime de Recuperação Fiscal para o Estado cujo governador já tenha requerido a adesão ao Regime durante o seu mandato, mas o teve extinto em decorrência de não cumprimento do Plano de Recuperação.

§ 3.º O acesso e a permanência do Estado no Regime de Recuperação Fiscal têm como condição necessária a renúncia ao direito em que se funda a ação judicial que discuta a dívida ou o contrato citado no art. 9.º.

§ 4.º O Governo Federal e o Governo do Estado interessado poderão, respeitada a análise prevista no § 3.º do art. 4.º, assinar pré-acordo de adesão ao Regime de Recuperação Fiscal, do qual constem:

I – o interesse do Estado em aderir ao Regime de Recuperação Fiscal;

II – o atendimento aos requisitos dispostos nos incisos do *caput* deste artigo;

III – a capacidade do Plano proposto para equilibrar as contas públicas do Estado;

IV – o compromisso do Governo Federal de homologar o Regime de Recuperação Fiscal do Estado tão logo todas as medidas previstas no § 1.º do art. 2.º encontrem-se em vigor.

Art. 4.º O Estado protocolará o pedido de adesão ao Regime de Recuperação Fiscal no Ministério da Fazenda por meio da apresentação do Plano de Recuperação.

§ 1.º O pedido de adesão ao Regime de Recuperação Fiscal conterá, no mínimo, a comprovação de que:

I – as leis a que se refere o art. 2.º estejam em vigor;

II – as privatizações de empresas estatais autorizadas na forma do inciso I do § 1.º do art. 2.º gerarão recursos suficientes para a quitação de passivos, segundo os critérios definidos pelo Ministério da Fazenda;

III – os requisitos previstos nos incisos do *caput* do art. 3.º tenham sido atendidos.

§ 2.º Após o pedido referido no § 1.º, o Ministério da Fazenda verificará o cumprimento das exigências estabelecidas nos arts. 2.º e 3.º e, caso o reconheça, publicará ato reconhecendo a condição de análise do andamento do Plano de Recuperação.

§ 3.º No prazo de até 15 (quinze) dias, contado da data de publicação do ato referido no § 2.º deste artigo, o Ministério da Fazenda emitirá parecer com vistas a apontar se as medidas tomadas equilibram as contas públicas do Estado durante a vigência do Plano de Recuperação.

§ 4.º Na hipótese de ressalva ou rejeição ao Plano, o Estado poderá reapresentá-lo, a qualquer tempo, ao Ministério da Fazenda, que realizará nova avaliação na forma e no prazo estabelecidos no § 3.º deste artigo.

§ 5.º Caso o Ministério da Fazenda entenda que as exigências definidas nos arts. 2.º e 3.º tenham sido atendidas, emitirá pronunciamento favorável ao Plano de Recuperação e recomendará ao Presidente da República a homologação do Regime de Recuperação Fiscal.

Art. 5.º Ato do Presidente da República homologará e dará início à vigência do Regime de Recuperação Fiscal.

Parágrafo único. O ato a que se refere o *caput* deste artigo obedecerá aos seguintes requisitos:

I – a emissão de parecer prévio favorável ao Plano de Recuperação pelo Ministério da Fazenda;

II – a posse dos membros titulares do Conselho de Supervisão de que trata o art. 6.º.

Capítulo IV
A SUPERVISÃO DO REGIME DE RECUPERAÇÃO FISCAL

Art. 6.º O Conselho de Supervisão, criado especificamente para o Regime de Recuperação Fiscal dos Estados e do Distrito Federal, será composto por 3 (três) membros titulares, e seus suplentes, com experiência profissional e conhecimento técnico nas áreas de gestão de finanças públicas, recuperação judicial de empresas, gestão financeira ou recuperação fiscal de entes públicos.

§ 1.º O Conselho de Supervisão a que se refere o *caput* deste artigo terá a seguinte composição:

I – 1 (um) membro indicado pelo Ministro de Estado da Fazenda;

II – 1 (um) membro, entre auditores federais de controle externo, indicado pelo Tribunal de Contas da União;

III – 1 (um) membro indicado pelo Estado em Regime de Recuperação Fiscal.

§ 2.º A eventual ausência de nomeação de membros suplentes para o Conselho de Supervisão não impossibilita o seu funcionamento pleno, desde que todos os membros titulares estejam no pleno exercício de suas funções.

§ 3.º A estrutura, a organização e o funcionamento do Conselho de Supervisão serão estabelecidos em decreto do Poder Executivo federal.

§ 4.º Os membros titulares do Conselho de Supervisão serão investidos em cargo em comissão do Grupo-Direção e Assessoramento Superiores (DAS) de nível 6, em regime de dedicação exclusiva.

§ 5.º Os membros suplentes do Conselho de Supervisão serão remunerados apenas pelos períodos em que estiverem em efetivo exercício, em substituição aos membros titulares.

Art. 7.º São atribuições do Conselho de Supervisão:

I – monitorar o cumprimento do Plano de Recuperação e apresentar ao Ministério da Fazenda, mensalmente, relatório simplificado sobre a sua execução e sobre a evolução da situação financeira do Estado, com vistas a apontar os riscos ou a ocorrência de desrespeito às vedações de que trata o art. 8.º ou de descumprimento das exigências estabelecidas nos incisos VI e VII do § 1.º do art. 2.º;

II – recomendar ao Estado e ao Ministério da Fazenda providências e alterações no Plano de Recuperação, com vistas a atingir as suas metas;

III – emitir parecer que aponte desvio de finalidade na utilização de recursos obtidos por meio das operações de crédito referidas no § 4.º do art. 11;

IV – convocar audiências com especialistas e com interessados, sendo-lhe facultado requisitar informações de órgãos públicos, as quais deverão ser prestadas no prazo de 15 (quinze) dias;

V – acompanhar as contas do Estado, com acesso direto, por meio de senhas e demais instrumentos de acesso, aos sistemas de execução e controle fiscal;

VI – contratar consultoria técnica especializada, nos termos da Lei n. 8.666, de 21 de junho de 1993, custeada pela União, conforme a disponibilidade orçamentária e financeira e mediante autorização prévia do Ministério da Fazenda;

> A Lei n. 8.666, de 21-6-1993, institui normas para licitações e contratos da Administração Pública e dá outras providências.

VII – recomendar ao Estado a suspensão cautelar de execução de contrato ou de obrigação do Estado quando estiverem em desconformidade com o Plano de Recuperação;

VIII – recomendar medidas que visem à revisão dos contratos do Estado;

IX – notificar as autoridades competentes nas hipóteses de indícios de irregularidades, violação de direito ou prejuízo aos interesses das partes afetadas pelo Plano de Recuperação;

X – apresentar relatório conclusivo no prazo de até 60 (sessenta) dias, contado da data do encerramento ou da extinção do Regime de Recuperação Fiscal.

§ 1.º As despesas do Conselho de Supervisão serão custeadas pela União, ressalvado o disposto no § 2.º deste artigo.

§ 2.º O Estado proverá servidores, espaço físico no âmbito da secretaria de Estado responsável pela gestão fiscal, equipamentos e logística adequados ao exercício das funções do Conselho de Supervisão.

§ 3.º Os indícios de irregularidades identificados pelo Conselho de Supervisão deverão ser encaminhados ao Ministro de Estado da Fazenda.

§ 4.º O Conselho de Supervisão deliberará pela maioria simples de seus membros.

§ 5.º As deliberações do Conselho de Supervisão, os relatórios de que trata este artigo e as demais informações consideradas relevantes pelo Conselho serão divulgados no sítio eletrônico do governo do Estado, em página específica dedicada ao Regime de Recuperação Fiscal.

§ 6.º As competências do Conselho de Supervisão de que trata este artigo não afastam ou substituem as competências legais dos órgãos federais e estaduais de controle interno e externo.

Capítulo V
DAS VEDAÇÕES DURANTE O REGIME DE RECUPERAÇÃO FISCAL

Art. 8.º São vedados ao Estado durante a vigência do Regime de Recuperação Fiscal:

I – a concessão, a qualquer título, de vantagem, aumento, reajuste ou adequação de remuneração de membros dos Poderes ou de órgãos, de servidores e empregados públicos e de militares, exceto aqueles provenientes de sentença judicial transitada em julgado, ressalvado o disposto no inciso X do *caput* do art. 37 da Constituição Federal;

II – a criação de cargo, emprego ou função que implique aumento de despesa;

III – a alteração de estrutura de carreira que implique aumento de despesa;

IV – a admissão ou a contratação de pessoal, a qualquer título, ressalvadas as reposições de cargos de chefia e de direção que não acarretem aumento de despesa e aquelas decorrentes de vacância de cargo efetivo ou vitalício;

V – a realização de concurso público, ressalvadas as hipóteses de reposição de vacância;

VI – a criação ou a majoração de auxílios, vantagens, bônus, abonos, verbas de representação ou benefícios de qualquer natureza em favor de membros dos Poderes, do Ministério Público ou da Defensoria Pública, de servidores e empregados públicos e de militares;

VII – a criação de despesa obrigatória de caráter continuado;

VIII – a adoção de medida que implique reajuste de despesa obrigatória acima da variação anual do Índice Nacional de Preços ao Consumidor Amplo (IPCA), ou de outro que vier a substituí-lo, ou da variação anual da receita corrente líquida apurada na forma do inciso IV do *caput* do art. 2.º da Lei Complementar n. 101, de 4 de maio de 2000, o que for menor;

IX – a concessão ou a ampliação de incentivo ou benefício de natureza tributária da qual decorra renúncia de receita, ressalvados os concedidos nos termos da alínea *g* do inciso XII do § 2.º do art. 155 da Constituição Federal;

X – o empenho ou a contratação de despesas com publicidade e propaganda, exceto para as áreas de saúde, segurança, educação no trânsito e outras de demonstrada utilidade pública;

XI – a celebração de convênio, acordo, ajuste ou outros tipos de instrumentos que envolvam a transferência de recursos para outros entes federativos ou para organizações da sociedade civil, ressalvados:

a) aqueles necessários para a efetiva recuperação fiscal;

b) as renovações de instrumentos já vigentes no momento da adesão ao Regime de Recuperação Fiscal;

c) aqueles decorrentes de parcerias com organizações sociais e que impliquem redução de despesa, comprovada pelo Conselho de Supervisão de que trata o art. 6.º;

d) aqueles destinados a serviços essenciais, a situações emergenciais, a atividades de assistência social relativas a ações voltadas para pessoas com deficiência, idosos e mulheres jovens em situação de risco e, suplementarmente, ao cumprimento de limites constitucionais;

XII – a contratação de operações de crédito e o recebimento ou a concessão de garantia, ressalvadas aquelas autorizadas no âmbito do Regime de Recuperação Fiscal, na forma estabelecida pelo art. 11.

Parágrafo único. O Regime de Recuperação Fiscal impõe as restrições de que trata o *caput* deste artigo a todos os Poderes, aos órgãos, às entidades e aos fundos do Estado.

Capítulo VI
DAS PRERROGATIVAS DO ESTADO

Art. 9.º A União concederá redução extraordinária integral das prestações relativas aos contratos de dívidas administrados pela Secretaria do Tesouro Nacional do Ministério da Fazenda, por prazo igual ou inferior ao estabelecido para a vigência do Regime de Recuperação Fiscal.

§ 1.º A redução extraordinária de que trata o *caput* deste artigo não poderá ultrapassar o prazo de 36 (trinta e seis) meses.

§ 2.º Na hipótese de prorrogação do Regime de Recuperação Fiscal, nos termos do § 2.º do art. 2.º, os pagamentos das prestações de que trata o *caput* deste artigo serão retomados de forma progressiva e linear, até que seja atingido o valor integral da prestação ao término do prazo da prorrogação.

§ 3.º Para fins do disposto neste artigo, ato do Ministro de Estado da Fazenda estabelecerá a metodologia para a definição do valor integral da prestação.

§ 4.º São dispensados os requisitos legais exigidos para a contratação com a União e a verificação dos requisitos exigidos pela Lei Complementar n. 101, de 4 de maio de 2000, para a realização de operações de crédito.

§ 5.º Por força do disposto neste artigo, os valores não pagos das dívidas com a União serão:

I – controlados em conta gráfica pelo agente financeiro da União e pela Secretaria do Tesouro Nacional do Ministério da Fazenda;

II – capitalizados de acordo com os encargos financeiros de normalidade previstos originariamente nos contratos, para acréscimo aos saldos devedores atualizados, imediatamente após o encerramento da redução extraordinária de que trata o *caput* deste artigo ou da retomada progressiva dos pagamentos de que trata o § 2.º deste artigo, no caso de se verificar essa possibilidade.

§ 6.º A redução imediata das prestações de que trata este artigo não afasta a necessidade de celebração de termo aditivo para cada um dos contratos renegociados.

§ 7.º Para fins do aditamento a que se refere o § 6.º deste artigo, serão considerados os valores consolidados dos saldos devedores das obrigações, incluídos os saldos das contas gráficas, apurados no mês anterior ao da assinatura do termo aditivo.

§ 8.º Constará do termo aditivo a que se refere o § 6.º deste artigo que o Estado vinculará em garantia à União as receitas de que trata o art. 155 e os recursos de que tratam o art. 157 e a alínea *a* do inciso I e o inciso II do *caput* do art. 159 da Constituição Federal.

§ 9.º Os valores pagos à União serão imputados prioritariamente ao pagamento dos juros contratuais, sendo o restante destinado à amortização do principal da dívida.

Art. 10. Durante a vigência do Regime de Recuperação Fiscal, fica suspensa a aplicação dos seguintes dispositivos da Lei Complementar n. 101, de 4 de maio de 2000:

I – art. 23, ressalvado o disposto no inciso I do § 3.º;

II – alíneas *a* e *c* do inciso IV do § 1.º do art. 25, ressalvada a observância ao disposto no § 3.º do art. 195 da Constituição Federal;

III – art. 31.

Parágrafo único. Para os Estados que aderirem ao Regime de Recuperação Fiscal, o prazo previsto no *caput* do art. 23 da Lei Complementar n. 101, de 4 de maio de 2000, será o mesmo pactuado para o Plano de Recuperação.

Capítulo VII
DOS FINANCIAMENTOS AUTORIZADOS

Art. 11. Enquanto vigorar o Regime de Recuperação Fiscal, poderão ser contratadas operações de crédito para as seguintes finalidades:

I – financiamento de programa de desligamento voluntário de pessoal;

II – financiamento de auditoria do sistema de processamento da folha de pagamento de ativos e inativos;

III – financiamento dos leilões de que trata o inciso VII do § 1.º do art. 2.º;

IV – reestruturação de dívidas com o sistema financeiro;

V – modernização da administração fazendária;

VI – antecipação de receita da privatização de empresas de que trata o inciso I do § 1.º do art. 2.º;

VII – demais finalidades previstas no Plano de Recuperação.

§ 1.º A contratação das operações de crédito de que tratam os incisos I a VII do *caput* deste artigo contará com a garantia da União, devendo o Estado vincular em contragarantia as receitas de que trata o art. 155 e os recursos de que tratam o art. 157 e a alínea *a* do inciso I e o inciso II do *caput* do art. 159 da Constituição Federal.

§ 2.º Nas operações de crédito de que trata o inciso VI do *caput* deste artigo, além da contragarantia de que trata o § 1.º deste artigo, o Estado oferecerá, em benefício da União, penhor das ações da empresa a ser privatizada.

§ 3.º Se for realizada a operação de crédito de que trata o inciso VI do *caput* deste artigo, o Estado compromete-se a promover alterações no corpo diretor da empresa a ser privatizada, com o objetivo de permitir que o credor indique representante, cujo papel será o de contribuir para o êxito da operação de alienação.

§ 4.º Para fins do disposto neste artigo, estão dispensados os requisitos legais exigidos para a contratação de operações de crédito e para a concessão de garantia, inclusive aqueles dispostos na Lei Complementar n. 101, de 4 de maio de 2000.

§ 5.º A Secretaria do Tesouro Nacional do Ministério da Fazenda definirá o limite para a concessão de garantia aplicável à contratação das operações de crédito de que trata o § 1.º deste artigo, respeitados os limites definidos pelo Senado Federal nos termos do inciso VIII do *caput* do art. 52 da Constituição Federal.

§ 6.º Na hipótese de desvio de finalidade dos financiamentos de que trata este artigo, o acesso a novos financiamentos será suspenso até o fim do Regime de Recuperação Fiscal.

§ 7.º Durante a vigência do Regime de Recuperação Fiscal, fica autorizado o aditamento de contratos de financiamento firmados com organismos internacionais multilaterais, desde que não haja aumento dos valores originais nem dos encargos dos contratos.

Capítulo VIII
DO ENCERRAMENTO E DA EXTINÇÃO DO REGIME DE RECUPERAÇÃO FISCAL

Art. 12. O Regime de Recuperação Fiscal será encerrado quando:

I – as metas estabelecidas no Plano de Recuperação forem atingidas; ou

II – a vigência do Plano de Recuperação terminar.

§ 1.º Quando se verificar o cumprimento do disposto no inciso I do *caput* deste artigo antes do prazo final previsto para a sua vigência, o encerramento ocorrerá por meio de ato do Presidente da República.

§ 2.º O ato a que se refere o § 1.º deste artigo será precedido de parecer do Ministério da Fazenda.

Art. 13. São causas para a extinção do Regime de Recuperação Fiscal o descumprimento pelo Estado:

I – das vedações de que trata o Capítulo V;

II – do disposto nos incisos VI e VII do § 1.º do art. 2.º;

III – do disposto no § 3.º do art. 3.º.

§ 1.º Incumbe ao Presidente da República extinguir o Regime de Recuperação Fiscal, com base em recomendação do Ministério da Fazenda.

§ 2.º A extinção do Regime de Recuperação Fiscal implica a imediata extinção das prerrogativas de que tratam os arts. 9.º e 10, com o retorno das condições contratuais das dívidas a que se refere o art. 9.º àquelas vigentes antes da repactuação e do recálculo do passivo do Estado com a aplicação dos encargos financeiros de inadimplemento.

Capítulo IX
DISPOSIÇÕES FINAIS

Art. 14. O art. 32 da Lei Complementar n. 101, de 4 de maio de 2000, passa a vigorar acrescido do seguinte § 6.º:

>> Alteração já processada no diploma modificado.

....

Art. 17. Durante a vigência do Regime de Recuperação Fiscal, na hipótese de inadimplência em operações de crédito com o sistema financeiro e instituições multilaterais, garantidas pela União e contratadas em data anterior à homologação do pedido de adesão ao Regime de Recuperação Fiscal, fica a União impedida de executar as contragarantias ofertadas.

§ 1.º Por força do disposto no *caput* deste artigo, os valores inadimplidos, mas não executados, serão:

I – controlados em conta gráfica pela Secretaria do Tesouro Nacional do Ministério da Fazenda;

II – capitalizados de acordo com os encargos financeiros de normalidade previstos originariamente nos respectivos contratos;

III – cobrados no prazo previsto no § 1.º do art. 9.º.

§ 2.º Na hipótese de prorrogação do Regime de Recuperação Fiscal, será aplicado o disposto no § 2.º do art. 9.º.

§ 3.º Para fins do disposto neste artigo, estão dispensados os requisitos legais exigidos para a contratação de operações de crédito, inclusive aqueles dispostos na Lei Complementar n. 101, de 4 de maio de 2000.

§ 4.º Para fins de aplicação do disposto no § 1.º deste artigo, o Estado deverá vincular em contragarantia as receitas de que trata o art. 155 e os recursos de que tratam o art. 157, a alínea *a* do inciso I e o inciso II do *caput* do art. 159 da Constituição Federal.

Art. 18. Esta Lei Complementar entra em vigor na data de sua publicação.

Brasília, 19 de maio de 2017; 196.º da Independência e 129.º da República.

MICHEL TEMER

LEI N. 13.445, DE 24 DE MAIO DE 2017 (*)

Institui a Lei de Migração.

O Presidente da República

Faço saber que o Congresso Nacional decreta e eu sanciono a seguinte Lei:

Capítulo I
DISPOSIÇÕES PRELIMINARES

Seção I
Disposições Gerais

Art. 1.º Esta Lei dispõe sobre os direitos e os deveres do migrante e do visitante, regula a sua entrada e estada no País e estabelece princípios e diretrizes para as políticas públicas para o emigrante.

§ 1.º Para os fins desta Lei, considera-se:

I – (*Vetado*.);

II – imigrante: pessoa nacional de outro país ou apátrida que trabalha ou reside e se estabelece temporária ou definitivamente no Brasil;

III – emigrante: brasileiro que se estabelece temporária ou definitivamente no exterior;

IV – residente fronteiriço: pessoa nacional de país limítrofe ou apátrida que conserva a sua residência habitual em município fronteiriço de país vizinho;

V – visitante: pessoa nacional de outro país ou apátrida que vem ao Brasil para estadas de curta duração, sem pretensão de se estabelecer temporária ou definitivamente no território nacional;

VI – apátrida: pessoa que não seja considerada como nacional por nenhum Estado, segundo a sua legislação, nos termos da Convenção sobre o Estatuto dos Apátridas, de 1954, promulgada pelo Decreto n. 4.246, de 22 de maio de 2002, ou assim reconhecida pelo Estado brasileiro.

§ 2.º (*Vetado*.)

Art. 2.º Esta Lei não prejudica a aplicação de normas internas e internacionais específicas sobre refugiados, asilados, agentes e pessoal diplomático ou consular, funcionários de organização internacional e seus familiares.

Seção II
Dos Princípios e das Garantias

Art. 3.º A política migratória brasileira rege-se pelos seguintes princípios e diretrizes:

I – universalidade, indivisibilidade e interdependência dos direitos humanos;

(*) Publicada no *Diário Oficial da União*, de 25-5-2017. Regulamentada pelo Decreto n. 9.199, de 20-11-2017. Deixamos de publicar a Tabela de Taxas e Emolumentos Consulares anexa a esta Lei por não atender o propósito desta obra.

II – repúdio e prevenção à xenofobia, ao racismo e a quaisquer formas de discriminação;

III – não criminalização da migração;

IV – não discriminação em razão dos critérios ou dos procedimentos pelos quais a pessoa foi admitida em território nacional;

V – promoção de entrada regular e de regularização documental;

VI – acolhida humanitária;

VII – desenvolvimento econômico, turístico, social, cultural, esportivo, científico e tecnológico do Brasil;

VIII – garantia do direito à reunião familiar;

IX – igualdade de tratamento e de oportunidade ao migrante e a seus familiares;

X – inclusão social, laboral e produtiva do migrante por meio de políticas públicas;

XI – acesso igualitário e livre do migrante a serviços, programas e benefícios sociais, bens públicos, educação, assistência jurídica integral pública, trabalho, moradia, serviço bancário e seguridade social;

XII – promoção e difusão de direitos, liberdades, garantias e obrigações do migrante;

XIII – diálogo social na formulação, na execução e na avaliação de políticas migratórias e promoção da participação cidadã do migrante;

XIV – fortalecimento da integração econômica, política, social e cultural dos povos da América Latina, mediante constituição de espaços de cidadania e de livre circulação de pessoas;

XV – cooperação internacional com Estados de origem, de trânsito e de destino de movimentos migratórios, a fim de garantir efetiva proteção aos direitos humanos do migrante;

XVI – integração e desenvolvimento das regiões de fronteira e articulação de políticas públicas regionais capazes de garantir efetividade aos direitos do residente fronteiriço;

XVII – proteção integral e atenção ao superior interesse da criança e do adolescente migrante;

XVIII – observância ao disposto em tratado;

XIX – proteção ao brasileiro no exterior;

XX – migração e desenvolvimento humano no local de origem, como direitos inalienáveis de todas as pessoas;

XXI – promoção do reconhecimento acadêmico e do exercício profissional no Brasil, nos termos da lei; e

XXII – repúdio a práticas de expulsão ou de deportação coletivas.

Art. 4.º Ao migrante é garantida no território nacional, em condição de igualdade com os nacionais, a inviolabilidade do direito à vida, à liberdade, à igualdade, à segurança e à propriedade, bem como são assegurados:

> *Vide* art. 5.º da CF.

I – direitos e liberdades civis, sociais, culturais e econômicos;

II – direito à liberdade de circulação em território nacional;

III – direito à reunião familiar do migrante com seu cônjuge ou companheiro e seus filhos, familiares e dependentes;

IV – medidas de proteção a vítimas e testemunhas de crimes e de violações de direitos;

V – direito de transferir recursos decorrentes de sua renda e economias pessoais a outro país, observada a legislação aplicável;

VI – direito de reunião para fins pacíficos;

VII – direito de associação, inclusive sindical, para fins lícitos;

VIII – acesso a serviços públicos de saúde e de assistência social e à previdência social, nos termos da lei, sem discriminação em razão da nacionalidade e da condição migratória;

IX – amplo acesso à justiça e à assistência jurídica integral gratuita aos que comprovarem insuficiência de recursos;

X – direito à educação pública, vedada a discriminação em razão da nacionalidade e da condição migratória;

XI – garantia de cumprimento de obrigações legais e contratuais trabalhistas e de aplicação das normas de proteção ao trabalhador, sem discriminação em razão da nacionalidade e da condição migratória;

XII – isenção das taxas de que trata esta Lei, mediante declaração de hipossuficiência econômica, na forma de regulamento;

XIII – direito de acesso à informação e garantia de confidencialidade quanto aos dados pessoais do migrante, nos termos da Lei n. 12.527, de 18 de novembro de 2011;

XIV – direito a abertura de conta bancária;

XV – direito de sair, de permanecer e de reingressar em território nacional, mesmo enquanto pendente pedido de autorização de residência, de prorrogação de estada ou de transformação de visto em autorização de residência; e

XVI – direito do imigrante de ser informado sobre as garantias que lhe são asseguradas para fins de regularização migratória.

§ 1.º Os direitos e as garantias previstos nesta Lei serão exercidos em observância ao disposto na Constituição Federal, independentemente da situação migratória, observado o disposto no § 4.º deste artigo, e não excluem outros decorrentes de tratado de que o Brasil seja parte.

§§ 2.º a 4.º (*Vetados.*)

Capítulo II
DA SITUAÇÃO DOCUMENTAL DO MIGRANTE E DO VISITANTE

Seção I
Dos Documentos de Viagem

Art. 5.º São documentos de viagem:

I – passaporte;

II – *laissez-passer;*

III – autorização de retorno;

IV – salvo-conduto;

V – carteira de identidade de marítimo;

VI – carteira de matrícula consular;

VII – documento de identidade civil ou documento estrangeiro equivalente, quando admitidos em tratado;

VIII – certificado de membro de tripulação de transporte aéreo; e

IX – outros que vierem a ser reconhecidos pelo Estado brasileiro em regulamento.

§ 1.º Os documentos previstos nos incisos I, II, III, IV, V, VI e IX, quando emitidos pelo Estado brasileiro, são de propriedade da União, cabendo a seu titular a posse direta e o uso regular.

§ 2.º As condições para a concessão dos documentos de que trata o § 1.º serão previstas em regulamento.

Seção II
Dos Vistos

Subseção I
Disposições Gerais

Art. 6.º O visto é o documento que dá a seu titular expectativa de ingresso em território nacional.

Parágrafo único. (*Vetado.*)

Art. 7.º O visto será concedido por embaixadas, consulados-gerais, consulados, vice-consulados e, quando habilitados pelo órgão competente do Poder Executivo, por escritórios comerciais e de representação do Brasil no exterior.

Parágrafo único. Excepcionalmente, os vistos diplomático, oficial e de cortesia poderão ser concedidos no Brasil.

Art. 8.º Poderão ser cobrados taxas e emolumentos consulares pelo processamento do visto.

Art. 9.º Regulamento disporá sobre:

I – requisitos de concessão de visto, bem como de sua simplificação, inclusive por reciprocidade;

II – prazo de validade do visto e sua forma de contagem;

III – prazo máximo para a primeira entrada e para a estada do imigrante e do visitante no País;

IV – hipóteses e condições de dispensa recíproca ou unilateral de visto e de taxas e emolumentos consulares por seu processamento; e

V – solicitação e emissão de visto por meio eletrônico.

Parágrafo único. A simplificação e a dispensa recíproca de visto ou de cobrança de taxas e emolumentos consulares por seu processamento poderão ser definidas por comunicação diplomática.

Art. 10. Não se concederá visto:

I – a quem não preencher os requisitos para o tipo de visto pleiteado;

II – a quem comprovadamente ocultar condição impeditiva de concessão de visto ou de ingresso no País; ou

III – a menor de 18 (dezoito) anos desacompanhado ou sem autorização de viagem por escrito dos responsáveis legais ou de autoridade competente.

Art. 11. Poderá ser denegado visto a quem se enquadrar em pelo menos um dos casos de impedimento definidos nos incisos I, II, III, IV e IX do art. 45.

Parágrafo único. A pessoa que tiver visto brasileiro denegado será impedida de ingressar no País enquanto permanecerem as condições que ensejaram a denegação.

Subseção II
Dos Tipos de Visto

Art. 12. Ao solicitante que pretenda ingressar ou permanecer em território nacional poderá ser concedido visto:

I – de visita;

II – temporário;

III – diplomático;

IV – oficial;

V – de cortesia.

Subseção III
Do Visto de Visita

Art. 13. O visto de visita poderá ser concedido ao visitante que venha ao Brasil para estada de curta duração, sem intenção de estabelecer residência, nos seguintes casos:

I – turismo;

II – negócios;

III – trânsito;

IV – atividades artísticas ou desportivas; e

V – outras hipóteses definidas em regulamento.

§ 1.º É vedado ao beneficiário de visto de visita exercer atividade remunerada no Brasil.

§ 2.º O beneficiário de visto de visita poderá receber pagamento do governo, de empregador brasileiro ou de entidade privada a título de diária, ajuda de custo, cachê, pró-labore ou outras despesas com a viagem, bem como concorrer a prêmios, inclusive em dinheiro, em competições desportivas ou em concursos artísticos ou culturais.

§ 3.º O visto de visita não será exigido em caso de escala ou conexão em território nacional, desde que o visitante não deixe a área de trânsito internacional.

Subseção IV
Do Visto Temporário

Art. 14. O visto temporário poderá ser concedido ao imigrante que venha ao Brasil com o intuito de estabelecer residência por tempo determinado e que se enquadre em pelo menos uma das seguintes hipóteses:

I – o visto temporário tenha como finalidade:

a) pesquisa, ensino ou extensão acadêmica;

b) tratamento de saúde;

c) acolhida humanitária;

d) estudo;

e) trabalho;

f) férias-trabalho;

g) prática de atividade religiosa ou serviço voluntário;

h) realização de investimento ou de atividade com relevância econômica, social, científica, tecnológica ou cultural;

i) reunião familiar;

> **A Portaria Interministerial n. 12, de 13-6-2018, dos Ministérios da Justiça, da Segurança Pública e das Relações Exteriores, dispõe sobre o visto temporário e sobre a autorização de residência para reunião familiar.**

j) atividades artísticas ou desportivas com contrato por prazo determinado;

II – o imigrante seja beneficiário de tratado em matéria de vistos;

III – outras hipóteses definidas em regulamento.

§ 1.º O visto temporário para pesquisa, ensino ou extensão acadêmica poderá ser concedido ao imigrante com ou sem vínculo empregatício com a instituição de pesquisa ou de ensino brasileira, exigida, na hipótese de vínculo, a comprovação de formação superior compatível ou equivalente reconhecimento científico.

§ 2.º O visto temporário para tratamento de saúde poderá ser concedido ao imigrante e a seu acompanhante, desde que o imigrante comprove possuir meios de subsistência suficientes.

§ 3.º O visto temporário para acolhida humanitária poderá ser concedido ao apátrida ou ao nacional de qualquer país em situação de grave ou iminente instabilidade institucional, de conflito armado, de calamidade de grande proporção, de desastre ambiental ou de grave violação de direitos humanos ou de direito internacional humanitário, ou em outras hipóteses, na forma de regulamento.

§ 4.º O visto temporário para estudo poderá ser concedido ao imigrante que pretenda vir ao Brasil para frequentar curso regular ou realizar estágio ou intercâmbio de estudo ou de pesquisa.

§ 5.º Observadas as hipóteses previstas em regulamento, o visto temporário para trabalho poderá ser concedido ao imigrante que venha exercer atividade laboral, com ou sem vínculo empregatício no Brasil, desde que comprove oferta de trabalho formalizada por pessoa jurídica em atividade no País, dispensada esta exigência se o imigrante comprovar titulação em curso de ensino superior ou equivalente.

§ 6.º O visto temporário para férias-trabalho poderá ser concedido ao imigrante maior de 16 (dezesseis) anos que seja nacional de país que conceda idêntico benefício ao nacional brasileiro, em termos definidos por comunicação diplomática.

§ 7.º Não se exigirá do marítimo que ingressar no Brasil em viagem de longo curso ou em cruzeiros marítimos pela costa brasileira o visto temporário de que trata a alínea *e* do inciso I do *caput*, bastando a apresentação da carteira internacional de marítimo, nos termos de regulamento.

§ 8.º É reconhecida ao imigrante a quem se tenha concedido visto temporário para trabalho a possibilidade de modificação do local de exercício de sua atividade laboral.

§ 9.º O visto para realização de investimento poderá ser concedido ao imigrante que aporte recursos em projeto com potencial para geração de empregos ou de renda no País.

§ 10. (*Vetado.*)

Subseção V
Dos Vistos Diplomático, Oficial e de Cortesia

Art. 15. Os vistos diplomático, oficial e de cortesia serão concedidos, prorrogados ou dispensados na forma desta Lei e de regulamento.

Parágrafo único. Os vistos diplomático e oficial poderão ser transformados em autorização de residência, o que importará cessação de todas as prerrogativas, privilégios e imunidades decorrentes do respectivo visto.

Art. 16. Os vistos diplomático e oficial poderão ser concedidos a autoridades e funcionários estrangeiros que viajem ao Brasil em missão oficial de caráter transitório ou permanente, representando Estado estrangeiro ou organismo internacional reconhecido.

§ 1..º Não se aplica ao titular dos vistos referidos no *caput* o disposto na legislação trabalhista brasileira.

§ 2.º Os vistos diplomático e oficial poderão ser estendidos aos dependentes das autoridades referidas no *caput*.

Art. 17. O titular de visto diplomático ou oficial somente poderá ser remunerado por Estado estrangeiro ou organismo internacional, ressalvado o disposto em tratado que contenha cláusula específica sobre o assunto.

Parágrafo único. O dependente de titular de visto diplomático ou oficial poderá exercer atividade remunerada no Brasil, sob o amparo da legislação trabalhista brasileira, desde que seja nacional de país que assegure reciprocidade de tratamento ao nacional brasileiro, por comunicação diplomática.

Art. 18. O empregado particular titular de visto de cortesia somente poderá exercer atividade remunerada para o titular de visto diplomático, oficial ou de cortesia ao qual esteja vinculado, sob o amparo da legislação trabalhista brasileira.

Parágrafo único. O titular de visto diplomático, oficial ou de cortesia será responsável pela saída de seu empregado do território nacional.

Seção III
Do Registro e da Identificação Civil do Imigrante e dos Detentores de Vistos Diplomático, Oficial e de Cortesia

Art. 19. O registro consiste na identificação civil por dados biográficos e biométricos, e é obrigatório a todo imigrante detentor de visto temporário ou de autorização de residência.

> Identificação civil nacional: Lei n. 13.444, de 11-5-2017.

§ 1.º O registro gerará número único de identificação que garantirá o pleno exercício dos atos da vida civil.

§ 2.º O documento de identidade do imigrante será expedido com base no número único de identificação.

§ 3.º Enquanto não for expedida identificação civil, o documento comprobatório de que o imigrante a solicitou à autoridade competente garantirá ao titular o acesso aos direitos disciplinados nesta Lei.

Art. 20. A identificação civil de solicitante de refúgio, de asilo, de reconhecimento de apatridia e de acolhimento humanitário poderá ser realizada com a apresentação dos documentos de que o imigrante dispuser.

Art. 21. Os documentos de identidade emitidos até a data de publicação desta Lei continuarão válidos até sua total substituição.

Art. 22. A identificação civil, o documento de identidade e as formas de gestão da base cadastral dos detentores de vistos diplomático, oficial e de cortesia atenderão a disposições específicas previstas em regulamento.

CAPÍTULO III
DA CONDIÇÃO JURÍDICA DO MIGRANTE E DO VISITANTE

Seção I
Do Residente Fronteiriço

Art. 23. A fim de facilitar a sua livre circulação, poderá ser concedida ao residente fronteiriço, mediante requerimento, autorização para a realização de atos da vida civil.

Parágrafo único. Condições específicas poderão ser estabelecidas em regulamento ou tratado.

Art. 24. A autorização referida no *caput* do art. 23 indicará o Município fronteiriço no qual o residente estará autorizado a exercer os direitos a ele atribuídos por esta Lei.

§ 1.º O residente fronteiriço detentor da autorização gozará das garantias e dos direitos assegurados pelo regime geral de migração desta Lei, conforme especificado em regulamento.

§ 2.º O espaço geográfico de abrangência e de validade da autorização será especificado no documento de residente fronteiriço.

Art. 25. O documento de residente fronteiriço será cancelado, a qualquer tempo, se o titular:

I – tiver fraudado documento ou utilizado documento falso para obtê-lo;

II – obtiver outra condição migratória;

III – sofrer condenação penal; ou

IV – exercer direito fora dos limites previstos na autorização.

Seção II
Da Proteção do Apátrida e da Redução da Apatridia

Art. 26. Regulamento disporá sobre instituto protetivo especial do apátrida, consolidado em processo simplificado de naturalização.

§ 1.º O processo de que trata o *caput* será iniciado tão logo seja reconhecida a situação de apatridia.

§ 2.º Durante a tramitação do processo de reconhecimento da condição de apátrida, incidem todas as garantias e mecanismos protetivos e de facilitação da inclusão social relativos à Convenção sobre o Estatuto dos Apátridas de 1954, promulgada pelo Decreto n. 4.246, de 22 de maio de 2002, à Convenção relativa ao Estatuto dos Refugiados, promulgada pelo Decreto n. 50.215, de 28 de janeiro de 1961, e à Lei n. 9.474, de 22 de julho de 1997.

> A Lei n. 9.474, de 22-7-1997, dispõe sobre refugiados.

§ 3.º Aplicam-se ao apátrida residente todos os direitos atribuídos ao migrante relacionados no art. 4.º.

§ 4.º O reconhecimento da condição de apátrida assegura os direitos e garantias previstos na Convenção sobre o Estatuto dos Apátridas, de 1954, promulgada pelo Decreto n. 4.246, de 22 de maio de 2002, bem como outros direitos e garantias reconhecidos pelo Brasil.

§ 5.º O processo de reconhecimento da condição de apátrida tem como objetivo verificar se o solicitante é considerado nacional pela legislação de algum Estado e poderá considerar informações, documentos e declarações prestadas pelo próprio solicitante e por órgãos e organismos nacionais e internacionais.

§ 6.º Reconhecida a condição de apátrida, nos termos do inciso VI do § 1.º do art. 1.º, o solicitante será consultado sobre o desejo de adquirir a nacionalidade brasileira.

§ 7.º Caso o apátrida opte pela naturalização, a decisão sobre o reconhecimento será encaminhada ao órgão competente do Poder Executivo para publicação dos atos necessários à efetivação da naturalização no prazo de 30 (trinta) dias, observado o art. 65.

§ 8.º O apátrida reconhecido que não opte pela naturalização imediata terá a autorização de residência outorgada em caráter definitivo.

§ 9.º Caberá recurso contra decisão negativa de reconhecimento da condição de apátrida.

§ 10. Subsistindo a denegação do reconhecimento da condição de apátrida, é vedada a devolução do indivíduo para país onde sua vida, integridade pessoal ou liberdade estejam em risco.

§ 11. Será reconhecido o direito de reunião familiar a partir do reconhecimento da condição de apátrida.

§ 12. Implica perda da proteção conferida por esta Lei:

I – a renúncia;

II – a prova da falsidade dos fundamentos invocados para o reconhecimento da condição de apátrida; ou

III – a existência de fatos que, se fossem conhecidos por ocasião do reconhecimento, teriam ensejado decisão negativa.

Seção III
Do Asilado

Art. 27. O asilo político, que constitui ato discricionário do Estado, poderá ser diplomático ou territorial e será outorgado como instrumento de proteção à pessoa.

> *Vide* art. 4.º, X, da CF.

Parágrafo único. Regulamento disporá sobre as condições para a concessão e a manutenção de asilo.

Art. 28. Não se concederá asilo a quem tenha cometido crime de genocídio, crime contra a humanidade, crime de guerra ou crime de agressão, nos termos do Estatuto de Roma do Tribunal Penal Internacional, de 1998, promulgado pelo Decreto n. 4.388, de 25 de setembro de 2002.

Art. 29. A saída do asilado do País sem prévia comunicação implica renúncia ao asilo.

Seção IV
Da Autorização de Residência

Art. 30. A residência poderá ser autorizada, mediante registro, ao imigrante, ao residente fronteiriço ou ao visitante que se enquadre em uma das seguintes hipóteses:

I – a residência tenha como finalidade:

a) pesquisa, ensino ou extensão acadêmica;

b) tratamento de saúde;

c) acolhida humanitária;

d) estudo;

e) trabalho;

f) férias-trabalho;

g) prática de atividade religiosa ou serviço voluntário;

h) realização de investimento ou de atividade com relevância econômica, social, científica, tecnológica ou cultural;

i) reunião familiar;

II – a pessoa:

a) seja beneficiária de tratado em matéria de residência e livre circulação;

b) seja detentora de oferta de trabalho;

c) já tenha possuído a nacionalidade brasileira e não deseje ou não reúna os requisitos para readquiri-la;

d) (*Vetada.*);

e) seja beneficiária de refúgio, de asilo ou de proteção ao apátrida;

f) seja menor nacional de outro país ou apátrida, desacompanhado ou abandonado, que se encontre nas fronteiras brasileiras ou em território nacional;

g) tenha sido vítima de tráfico de pessoas, de trabalho escravo ou de violação de direito agravada por sua condição migratória;

> A Lei n. 13.344, de 6-10-2016, dispõe sobre prevenção e repressão ao tráfico interno e internacional de pessoas.

h) esteja em liberdade provisória ou em cumprimento de pena no Brasil;

III – outras hipóteses definidas em regulamento.

§ 1.º Não se concederá a autorização de residência a pessoa condenada criminalmente no Brasil ou no exterior por sentença transitada em julgado, desde que a conduta esteja tipificada na legislação penal brasileira, ressalvados os casos em que:

I – a conduta caracterize infração de menor potencial ofensivo;

II – (*Vetado.*); ou

III – a pessoa se enquadre nas hipóteses previstas nas alíneas *b*, *c* e *i* do inciso I e na alínea *a* do inciso II do *caput* deste artigo.

§ 2.º O disposto no § 1.º não obsta progressão de regime de cumprimento de pena, nos termos da Lei n. 7.210, de 11 de julho de 1984, ficando a pessoa autorizada a trabalhar quando assim exigido pelo novo regime de cumprimento de pena.

> A Lei n. 7.210, de 11-7-1984, dispõe sobre execução penal.

§ 3.º Nos procedimentos conducentes ao cancelamento de autorização de residência e no recurso contra a negativa de concessão de autorização de residência devem ser respeitados o contraditório e a ampla defesa.

Art. 31. Os prazos e o procedimento da autorização de residência de que trata o art. 30 serão dispostos em regulamento, observado o disposto nesta Lei.

§ 1.º Será facilitada a autorização de residência nas hipóteses das alíneas *a* e *e* do inciso I do art. 30 desta Lei, devendo a deliberação sobre a autorização ocorrer em prazo não superior a 60 (sessenta) dias, a contar de sua solicitação.

§ 2.º Nova autorização de residência poderá ser concedida, nos termos do art. 30, mediante requerimento.

§ 3.º O requerimento de nova autorização de residência após o vencimento do prazo da autorização anterior implicará aplicação da sanção prevista no inciso II do art. 109.

§ 4.º O solicitante de refúgio, de asilo ou de proteção ao apátrida fará jus a autorização provisória de residência até a obtenção de resposta ao seu pedido.

> O Decreto n. 9.277, de 5-2-2018, dispõe sobre a identificação do solicitante de refúgio e sobre o Documento Provisório de Registro Nacional Migratório.

§ 5.º Poderá ser concedida autorização de residência independentemente da situação migratória.

Art. 32. Poderão ser cobradas taxas pela autorização de residência.

Art. 33. Regulamento disporá sobre a perda e o cancelamento da autorização de residência em razão de fraude ou de ocultação de condição impeditiva de concessão de visto, de ingresso ou de permanência no País, observado procedimento administrativo que garanta o contraditório e a ampla defesa.

Art. 34. Poderá ser negada autorização de residência com fundamento nas hipóteses previstas nos incisos I, II, III, IV e IX do art. 45.

Art. 35. A posse ou a propriedade de bem no Brasil não confere o direito de obter visto ou autorização de residência em território nacional, sem prejuízo do disposto sobre visto para realização de investimento.

Art. 36. O visto de visita ou de cortesia poderá ser transformado em autorização de residência, mediante requerimento e registro, desde que satisfeitos os requisitos previstos em regulamento.

Seção V
Da Reunião Familiar

> A Portaria n. 4, de 7-1-2015, do Ministério da Justiça, dispõe sobre os procedimentos de permanência definitiva e registro de estrangeiros, com base na modalidade de reunião familiar, prole, casamento, união estável, de prorrogação de visto temporário, de transformação do visto oficial ou diplomático em temporário, de transformação do visto temporário permanente e de transformação da residência temporária em permanente.

Art. 37. O visto ou a autorização de residência para fins de reunião familiar será concedido ao imigrante:

I – cônjuge ou companheiro, sem discriminação alguma;

II – filho de imigrante beneficiário de autorização de residência, ou que tenha filho brasileiro ou imigrante beneficiário de autorização de residência;

III – ascendente, descendente até o segundo grau ou irmão de brasileiro ou de imigrante beneficiário de autorização de residência; ou

IV – que tenha brasileiro sob sua tutela ou guarda.

Parágrafo único. (*Vetado.*)

CAPÍTULO IV
DA ENTRADA E DA SAÍDA DO TERRITÓRIO NACIONAL

Seção I
Da Fiscalização Marítima, Aeroportuária e de Fronteira

Art. 38. As funções de polícia marítima, aeroportuária e de fronteira serão realizadas pela Polícia Federal nos pontos de entrada e de saída do território nacional.

Parágrafo único. É dispensável a fiscalização de passageiro, tripulante e estafe de navio em passagem inocente, exceto quando houver necessidade de descida de pessoa a terra ou de subida a bordo do navio.

Art. 39. O viajante deverá permanecer em área de fiscalização até que seu documento de viagem tenha sido verificado, salvo os casos previstos em lei.

Art. 40. Poderá ser autorizada a admissão excepcional no País de pessoa que se encontre em uma das seguintes condições, desde que esteja de posse de documento de viagem válido:

I – não possua visto;

II – seja titular de visto emitido com erro ou omissão;

III – tenha perdido a condição de residente por ter permanecido ausente do País na forma especificada em regulamento e detenha as condições objetivas para a concessão de nova autorização de residência;

IV – (*Vetado.*); ou

V – seja criança ou adolescente desacompanhado de responsável legal e sem autorização expressa para viajar desacompanhado, independentemente do documento de viagem que portar, hipótese em que haverá imediato encaminhamento ao Conselho Tutelar ou, em caso de necessidade, a instituição indicada pela autoridade competente.

Parágrafo único. Regulamento poderá dispor sobre outras hipóteses excepcionais de admissão, observados os princípios e as diretrizes desta Lei.

Art. 41. A entrada condicional, em território nacional, de pessoa que não preencha os requisitos de admissão poderá ser autorizada mediante a assinatura, pelo transportador ou por seu agente, de termo de compromisso de custear as despesas com a permanência e com as providências para a repatriação do viajante.

Art. 42. O tripulante ou o passageiro que, por motivo de força maior, for obrigado a interromper a viagem em território nacional poderá ter seu desembarque permitido mediante termo de responsabilidade pelas despesas decorrentes do transbordo.

Art. 43. A autoridade responsável pela fiscalização contribuirá para a aplicação de medidas sanitárias em consonância com o Regulamento Sanitário Internacional e com outras disposições pertinentes.

Seção II
Do Impedimento de Ingresso

Art. 44. (*Vetado.*)

Art. 45. Poderá ser impedida de ingressar no País, após entrevista individual e mediante ato fundamentado, a pessoa:

I – anteriormente expulsa do País, enquanto os efeitos da expulsão vigorarem;

> *Vide* art. 11 desta Lei.

II – condenada ou respondendo a processo por ato de terrorismo ou por crime de genocídio, crime contra a humanidade, crime de guerra ou crime de agressão, nos termos definidos pelo Estatuto de Roma do Tribunal Penal Internacional, de 1998, promulgado pelo Decreto n. 4.388, de 25 de setembro de 2002;

> *Vide* art. 11 desta Lei.

III – condenada ou respondendo a processo em outro país por crime doloso passível de extradição segundo a lei brasileira;

> *Vide* art. 11 desta Lei.

IV – que tenha o nome incluído em lista de restrições por ordem judicial ou por compromisso assumido pelo Brasil perante organismo internacional;

> *Vide* art. 11 desta Lei.

V – que apresente documento de viagem que:

a) não seja válido para o Brasil;

b) esteja com o prazo de validade vencido; ou

c) esteja com rasura ou indício de falsificação;

VI – que não apresente documento de viagem ou documento de identidade, quando admitido;

VII – cuja razão da viagem não seja condizente com o visto ou com o motivo alegado para a isenção de visto;

VIII – que tenha, comprovadamente, fraudado documentação ou prestado informação falsa por ocasião da solicitação de visto; ou

IX – que tenha praticado ato contrário aos princípios e objetivos dispostos na Constituição Federal.

> *Vide* art. 11 desta Lei.

> A Portaria n. 770, de 11-10-2019, do Ministério da Justiça e Segurança Pública, dispõe sobre o impedimento de ingresso, a repatriação e a deportação de pessoa perigosa ou que tenha praticado ato contrário aos princípios e objetivos dispostos na Constituição Federal.

Parágrafo único. Ninguém será impedido de ingressar no País por motivo de raça, religião, nacionalidade, pertinência a grupo social ou opinião política.

Capítulo V
DAS MEDIDAS DE RETIRADA COMPULSÓRIA

Seção I
Disposições Gerais

Art. 46. A aplicação deste Capítulo observará o disposto na Lei n. 9.474, de 22 de julho de 1997, e nas disposições legais, tratados, instrumentos e mecanismos que tratem da proteção aos apátridas ou de outras situações humanitárias.

Art. 47. A repatriação, a deportação e a expulsão serão feitas para o país de nacionalidade ou de procedência do migrante ou do visitante, ou para outro que o aceite, em observância aos tratados dos quais o Brasil seja parte.

Art. 48. Nos casos de deportação ou expulsão, o chefe da unidade da Polícia Federal poderá representar perante o juízo federal, respeitados, nos procedimentos judiciais, os direitos à ampla defesa e ao devido processo legal.

Seção II
Da Repatriação

Art. 49. A repatriação consiste em medida administrativa de devolução de pessoa em situação de impedimento ao país de procedência ou de nacionalidade.

§ 1.º Será feita imediata comunicação do ato fundamentado de repatriação à empresa transportadora e à autoridade consular do país de procedência ou de nacionalidade do migrante ou do visitante, ou a quem o representa.

§ 2.º A Defensoria Pública da União será notificada, preferencialmente por via eletrônica, no caso do § 4.º deste artigo ou quando a repatriação imediata não seja possível.

§ 3.º Condições específicas de repatriação podem ser definidas por regulamento ou tratado, observados os princípios e as garantias previstos nesta Lei.

§ 4.º Não será aplicada medida de repatriação à pessoa em situação de refúgio ou de apatridia, de fato ou de direito, ao menor de 18 (dezoito) anos desacompanhado ou separado de sua família, exceto nos casos em que se demonstrar favorável para a garantia de seus direitos ou para a reintegração a sua família de origem, ou a quem necessite de acolhimento humanitário, nem, em qualquer caso, medida de devolução para país ou região que possa apresentar risco à vida, à integridade pessoal ou à liberdade da pessoa.

§ 5.º (*Vetado.*)

Seção III
Da Deportação

Art. 50. A deportação é medida decorrente de procedimento administrativo que consiste na retirada compulsória de pessoa que se encontre em situação migratória irregular em território nacional.

§ 1.º A deportação será precedida de notificação pessoal ao deportando, da qual constem, expressamente, as irregularidades verificadas e prazo para a regularização não inferior a 60 (sessenta) dias, podendo ser prorrogado, por igual período, por despacho fundamentado e mediante compromisso de a pessoa manter atualizadas suas informações domiciliares.

§ 2.º A notificação prevista no § 1.º não impede a livre circulação em território nacional, devendo o deportando informar seu domicílio e suas atividades.

§ 3.º Vencido o prazo do § 1.º sem que se regularize a situação migratória, a deportação poderá ser executada.

§ 4.º A deportação não exclui eventuais direitos adquiridos em relações contratuais ou decorrentes da lei brasileira.

§ 5.º A saída voluntária de pessoa notificada para deixar o País equivale ao cumprimento da notificação de deportação para todos os fins.

§ 6.º O prazo previsto no § 1.º poderá ser reduzido nos casos que se enquadrem no inciso IX do art. 45.

> A Portaria n. 770, de 11-10-2019, do Ministério da Justiça e Segurança Pública, dispõe sobre o impedimento de ingresso, a repatriação e a deportação de pessoa perigosa ou que tenha praticado ato contrário aos princípios e objetivos dispostos na Constituição Federal.

Art. 51. Os procedimentos conducentes à deportação devem respeitar o contraditório e a ampla defesa e a garantia de recurso com efeito suspensivo.

§ 1.º A Defensoria Pública da União deverá ser notificada, preferencialmente por meio eletrônico, para prestação de assistência ao deportando em todos os procedimentos administrativos de deportação.

§ 2.º A ausência de manifestação da Defensoria Pública da União, desde que prévia e devidamente notificada, não impedirá a efetivação da medida de deportação.

Art. 52. Em se tratando de apátrida, o procedimento de deportação dependerá de prévia autorização da autoridade competente.

Art. 53. Não se procederá à deportação se a medida configurar extradição não admitida pela legislação brasileira.

Seção IV
Da Expulsão

Art. 54. A expulsão consiste em medida administrativa de retirada compulsória de migrante ou visitante do território nacional, conjugada com o impedimento de reingresso por prazo determinado.

§ 1.º Poderá dar causa à expulsão a condenação com sentença transitada em julgado relativa à prática de:

I – crime de genocídio, crime contra a humanidade, crime de guerra ou crime de agressão, nos termos definidos pelo Estatuto de Roma do Tribunal Penal Internacional, de 1998, promulgado pelo Decreto n. 4.388, de 25 de setembro de 2002; ou

II – crime comum doloso passível de pena privativa de liberdade, consideradas a gravidade e as possibilidades de ressocialização em território nacional.

§ 2.º Caberá à autoridade competente resolver sobre a expulsão, a duração do impedimento de reingresso e a suspensão ou a revogação dos efeitos da expulsão, observado o disposto nesta Lei.

§ 3.º O processamento da expulsão em caso de crime comum não prejudicará a progressão de regime, o cumprimento da pena, a suspensão condicional do processo, a comutação da pena ou a concessão de pena alternativa, de indulto coletivo ou individual, de anistia ou de quaisquer benefícios concedidos em igualdade de condições ao nacional brasileiro.

§ 4.º O prazo de vigência da medida de impedimento vinculada aos efeitos da expulsão será proporcional ao prazo total da pena aplicada e nunca será superior ao dobro de seu tempo.

Art. 55. Não se procederá à expulsão quando:

I – a medida configurar extradição inadmitida pela legislação brasileira;

II – o expulsando:

a) tiver filho brasileiro que esteja sob sua guarda ou dependência econômica ou socioafetiva ou tiver pessoa brasileira sob sua tutela;

b) tiver cônjuge ou companheiro residente no Brasil, sem discriminação alguma, reconhecido judicial ou legalmente;

c) tiver ingressado no Brasil até os 12 (doze) anos de idade, residindo desde então no País;

d) for pessoa com mais de 70 (setenta) anos que resida no País há mais de 10 (dez) anos, considerados a gravidade e o fundamento da expulsão; ou

e) (*Vetada*.)

Art. 56. Regulamento definirá procedimentos para apresentação e processamento de pedidos de suspensão e de revogação dos efeitos das medidas de expulsão e de impedimento de ingresso e permanência em território nacional.

Art. 57. Regulamento disporá sobre condições especiais de autorização de residência para viabilizar medidas de ressocialização a migrante e a visitante em cumprimento de penas aplicadas ou executadas em território nacional.

Art. 58. No processo de expulsão serão garantidos o contraditório e a ampla defesa.

> *Vide* art. 5.º, LV, da CF.

§ 1.º A Defensoria Pública da União será notificada da instauração de processo de expulsão, se não houver defensor constituído.

§ 2.º Caberá pedido de reconsideração da decisão sobre a expulsão no prazo de 10 (dez) dias, a contar da notificação pessoal do expulsando.

Art. 59. Será considerada regular a situação migratória do expulsando cujo processo esteja pendente de decisão, nas condições previstas no art. 55.

Art. 60. A existência de processo de expulsão não impede a saída voluntária do expulsando do País.

Seção V
Das Vedações

Art. 61. Não se procederá à repatriação, à deportação ou à expulsão coletivas.

Parágrafo único. Entende-se por repatriação, deportação ou expulsão coletiva aquela que não individualiza a situação migratória irregular de cada pessoa.

Art. 62. Não se procederá à repatriação, à deportação ou à expulsão de nenhum indivíduo quando subsistirem razões para acreditar que a medida poderá colocar em risco a vida ou a integridade pessoal.

Capítulo VI
DA OPÇÃO DE NACIONALIDADE E DA NATURALIZAÇÃO

Seção I
Da Opção de Nacionalidade

Art. 63. O filho de pai ou de mãe brasileiro nascido no exterior e que não tenha sido registrado em repartição consular poderá, a qualquer tempo, promover ação de opção de nacionalidade.

Parágrafo único. O órgão de registro deve informar periodicamente à autoridade competente os dados relativos à opção de nacionalidade, conforme regulamento.

Seção II
Das Condições da Naturalização

Art. 64. A naturalização pode ser:

I – ordinária;

II – extraordinária;

III – especial; ou

IV – provisória.

Art. 65. Será concedida a naturalização ordinária àquele que preencher as seguintes condições:

>> A Portaria n. 623, de 13-11-2020, do Ministério da Justiça e Segurança Pública, dispõe sobre os procedimentos de naturalização, de igualdade de direitos, de perda da nacionalidade, de reaquisição da nacionalidade e de revogação da decisão de perda da nacionalidade brasileira.

I – ter capacidade civil, segundo a lei brasileira;

II – ter residência em território nacional, pelo prazo mínimo de 4 (quatro) anos;

III – comunicar-se em língua portuguesa, consideradas as condições do naturalizando; e

IV – não possuir condenação penal ou estiver reabilitado, nos termos da lei.

Art. 66. O prazo de residência fixado no inciso II do *caput* do art. 65 será reduzido para, no mínimo, 1 (um) ano se o naturalizando preencher quaisquer das seguintes condições:

I – (*Vetado*.);

II – ter filho brasileiro;

III – ter cônjuge ou companheiro brasileiro e não estar dele separado legalmente ou de fato no momento de concessão da naturalização;

IV – (*Vetado*.);

V – haver prestado ou poder prestar serviço relevante ao Brasil; ou

VI – recomendar-se por sua capacidade profissional, científica ou artística.

Parágrafo único. O preenchimento das condições previstas nos incisos V e VI do *caput* será avaliado na forma disposta em regulamento.

Art. 67. A naturalização extraordinária será concedida a pessoa de qualquer nacionalidade fixada no Brasil há mais de 15 (quinze) anos ininterruptos e sem condenação penal, desde que requeira a nacionalidade brasileira.

>> A Portaria n. 623, de 13-11-2020, do Ministério da Justiça e Segurança Pública, dispõe sobre os procedimentos de naturalização, de igualdade de direitos, de perda da nacionalidade, de reaquisição da nacionalidade e de revogação da decisão de perda da nacionalidade brasileira.

Art. 68. A naturalização especial poderá ser concedida ao estrangeiro que se encontre em uma das seguintes situações:

I – seja cônjuge ou companheiro, há mais de 5 (cinco) anos, de integrante do Serviço Exterior Brasileiro em atividade ou de pessoa a serviço do Estado brasileiro no exterior; ou

II – seja ou tenha sido empregado em missão diplomática ou em repartição consular do Brasil por mais de 10 (dez) anos ininterruptos.

Art. 69. São requisitos para a concessão da naturalização especial:

I – ter capacidade civil, segundo a lei brasileira;

II – comunicar-se em língua portuguesa, consideradas as condições do naturalizando; e

III – não possuir condenação penal ou estiver reabilitado, nos termos da lei.

Art. 70. A naturalização provisória poderá ser concedida ao migrante criança ou adolescente que tenha fixado residência em território nacional antes de completar 10 (dez) anos de idade e deverá ser requerida por intermédio de seu representante legal.

Parágrafo único. A naturalização prevista no *caput* será convertida em definitiva se o naturalizando expressamente assim o requerer no prazo de 2 (dois) anos após atingir a maioridade.

>> A Portaria n. 623, de 13-11-2020, do Ministério da Justiça e Segurança Pública, dispõe sobre os procedimentos de naturalização, de igualdade de direitos, de perda da nacionalidade, de reaquisição da nacionalidade e de revogação da decisão de perda da nacionalidade brasileira.

Art. 71. O pedido de naturalização será apresentado e processado na forma prevista pelo órgão competente do Poder Executivo, sendo cabível recurso em caso de denegação.

§ 1.º No curso do processo de naturalização, o naturalizando poderá requerer tradução ou a adaptação de seu nome à língua portuguesa.

§ 2.º Será mantido cadastro com o nome traduzido ou adaptado associado ao nome anterior.

Art. 72. No prazo de até 1 (um) ano após a concessão da naturalização, deverá o naturalizado comparecer perante a Justiça Eleitoral para o devido cadastramento.

Seção III
Dos Efeitos da Naturalização

Art. 73. A naturalização produz efeitos após a publicação no Diário Oficial do ato de naturalização.

Art. 74. (*Vetado.*)

Seção IV
Da Perda da Nacionalidade

Art. 75. O naturalizado perderá a nacionalidade em razão de condenação transitada em julgado por atividade nociva ao interesse nacional, nos termos do inciso I do § 4.º do art. 12 da Constituição Federal.

>> A Portaria n. 623, de 13-11-2020, do Ministério da Justiça e Segurança Pública, dispõe sobre os procedimentos de naturalização, de igualdade de direitos, de perda da nacionalidade, de reaquisição da nacionalidade e de revogação da decisão de perda da nacionalidade brasileira.

Parágrafo único. O risco de geração de situação de apatridia será levado em consideração antes da efetivação da perda da nacionalidade.

Seção V
Da Reaquisição da Nacionalidade

Art. 76. O brasileiro que, em razão do previsto no inciso I do § 4.º do art. 12 da Constituição Federal, houver perdido a nacionalidade, uma vez cessada a causa, poderá readquiri-la ou ter o ato que declarou a perda revogado, na forma definida pelo órgão competente do Poder Executivo.

>> A Portaria n. 623, de 13-11-2020, do Ministério da Justiça e Segurança Pública, dispõe sobre os procedimentos de naturalização, de igualdade de direitos, de perda da nacionalidade, de reaquisição da nacionalidade e de revogação da decisão de perda da nacionalidade brasileira.

Capítulo VII
DO EMIGRANTE

Seção I
Das Políticas Públicas para os Emigrantes

Art. 77. As políticas públicas para os emigrantes observarão os seguintes princípios e diretrizes:

I – proteção e prestação de assistência consular por meio das representações do Brasil no exterior;

II – promoção de condições de vida digna, por meio, entre outros, da facilitação do registro consular e da prestação de serviços consulares relativos às áreas de educação, saúde, trabalho, previdência social e cultura;

III – promoção de estudos e pesquisas sobre os emigrantes e as comunidades de brasileiros no exterior, a fim de subsidiar a formulação de políticas públicas;

IV – atuação diplomática, nos âmbitos bilateral, regional e multilateral, em defesa dos direitos do emigrante brasileiro, conforme o direito internacional;

V – ação governamental integrada, com a participação de órgãos do governo com atuação nas áreas temáticas mencionadas nos incisos I, II, III e IV, visando a assistir as comunidades brasileiras no exterior; e

VI – esforço permanente de desburocratização, atualização e modernização do sistema de atendimento, com o objetivo de aprimorar a assistência ao emigrante.

Seção II
Dos Direitos do Emigrante

Art. 78. Todo emigrante que decida retornar ao Brasil com ânimo de residência poderá introduzir no País, com isenção de direitos de importação e de taxas aduaneiras, os bens novos ou usados que um viajante, em compatibilidade com as circunstâncias de sua viagem, puder destinar para seu uso ou consumo pessoal e profissional, sempre que, por sua quantidade, natureza ou variedade, não permitam presumir importação ou exportação com fins comerciais ou industriais.

Art. 79. Em caso de ameaça à paz social e à ordem pública por grave ou iminente instabilidade institucional ou de calamidade de grande proporção na natureza, deverá ser prestada especial assistência ao emigrante pelas representações brasileiras no exterior.

Art. 80. O tripulante brasileiro contratado por embarcação ou armadora estrangeira, de cabotagem ou a longo curso e com sede ou filial no Brasil, que explore economicamente o mar territorial e a costa brasileira terá direito a seguro a cargo do contratante, válido para todo o período da contratação, conforme o disposto no Registro de Embarcações Brasileiras (REB), contra acidente de trabalho, invalidez total ou parcial e morte, sem prejuízo de benefícios de apólice mais favorável vigente no exterior.

Capítulo VIII
DAS MEDIDAS DE COOPERAÇÃO

Seção I
Da Extradição

Art. 81. A extradição é a medida de cooperação internacional entre o Estado brasileiro e outro Estado pela qual se concede ou solicita a entrega de pessoa sobre quem recaia condenação criminal definitiva ou para fins de instrução de processo penal em curso.

§ 1.º A extradição será requerida por via diplomática ou pelas autoridades centrais designadas para esse fim.

§ 2.º A extradição e sua rotina de comunicação serão realizadas pelo órgão competente do Poder Executivo em coordenação com as autoridades judiciárias e policiais competentes.

Art. 82. Não se concederá a extradição quando:

>> *Vide* art. 5.º, LI, da CF.

I – o indivíduo cuja extradição é solicitada ao Brasil for brasileiro nato;

II – o fato que motivar o pedido não for considerado crime no Brasil ou no Estado requerente;

III – o Brasil for competente, segundo suas leis, para julgar o crime imputado ao extraditando;

IV – a lei brasileira impuser ao crime pena de prisão inferior a 2 (dois) anos;

V – o extraditando estiver respondendo a processo ou já houver sido condenado ou absolvido no Brasil pelo mesmo fato em que se fundar o pedido;

VI – a punibilidade estiver extinta pela prescrição, segundo a lei brasileira ou a do Estado requerente;

VII – o fato constituir crime político ou de opinião;

VIII – o extraditando tiver de responder, no Estado requerente, perante tribunal ou juízo de exceção; ou

IX – o extraditando for beneficiário de refúgio, nos termos da Lei n. 9.474, de 22 de julho de 1997, ou de asilo territorial.

§ 1.º A previsão constante do inciso VII do *caput* não impedirá a extradição quando o fato constituir, principalmente, infração à lei penal comum ou quando o crime comum, conexo ao delito político, constituir o fato principal.

§ 2.º Caberá à autoridade judiciária competente a apreciação do caráter da infração.

§ 3.º Para determinação da incidência do disposto no inciso I, será observada, nos casos de aquisição de outra nacionalidade por naturalização, a anterioridade do fato gerador da extradição.

§ 4.º O Supremo Tribunal Federal poderá deixar de considerar crime político o atentado contra chefe de Estado ou quaisquer autoridades, bem como crime contra a humanidade, crime de guerra, crime de genocídio e terrorismo.

§ 5.º Admite-se a extradição de brasileiro naturalizado, nas hipóteses previstas na Constituição Federal.

Art. 83. São condições para concessão da extradição:

I – ter sido o crime cometido no território do Estado requerente ou serem aplicáveis ao extraditando as leis penais desse Estado; e

II – estar o extraditando respondendo a processo investigatório ou a processo penal ou ter sido condenado pelas autoridades judiciárias do Estado requerente a pena privativa de liberdade.

Art. 84. Em caso de urgência, o Estado interessado na extradição poderá, previamente ou conjuntamente com a formalização do pedido extradicional, requerer, por via diplomática ou por meio de autoridade central do Poder Executivo, prisão cautelar com o objetivo de assegurar a executoriedade da medida de extradição que, após exame da presença dos pressupostos formais de admissibilidade exigidos nesta Lei ou em tratado, deverá representar à autoridade judicial competente, ouvido previamente o Ministério Público Federal.

§ 1.º O pedido de prisão cautelar deverá conter informação sobre o crime cometido e deverá ser fundamentado, podendo ser apresentado por correio, fax, mensagem eletrônica ou qualquer outro meio que assegure a comunicação por escrito.

§ 2.º O pedido de prisão cautelar poderá ser transmitido à autoridade competente para extradição no Brasil por meio de canal estabelecido com o ponto focal da Organização Internacional de Polícia Criminal (Interpol) no País, devidamente instruído com a documentação comprobatória da existência de ordem de prisão proferida por Estado estrangeiro, e, em caso de ausência de tratado, com a promessa de reciprocidade recebida por via diplomática.

§ 3.º Efetivada a prisão do extraditando, o pedido de extradição será encaminhado à autoridade judiciária competente.

§ 4.º Na ausência de disposição específica em tratado, o Estado estrangeiro deverá formalizar o pedido de extradição no prazo de 60 (sessenta) dias, contado da data em que tiver sido cientificado da prisão do extraditando.

§ 5.º Caso o pedido de extradição não seja apresentado no prazo previsto no § 4.º, o extraditando deverá ser posto em liberdade, não se admitindo novo pedido de prisão cautelar pelo mesmo fato sem que a extradição tenha sido devidamente requerida.

§ 6.º A prisão cautelar poderá ser prorrogada até o julgamento final da autoridade judiciária competente quanto à legalidade do pedido de extradição.

Art. 85. Quando mais de um Estado requerer a extradição da mesma pessoa, pelo mesmo fato, terá preferência o pedido daquele em cujo território a infração foi cometida.

§ 1.º Em caso de crimes diversos, terá preferência, sucessivamente:

I – o Estado requerente em cujo território tenha sido cometido o crime mais grave, segundo a lei brasileira;

II – o Estado que em primeiro lugar tenha pedido a entrega do extraditando, se a gravidade dos crimes for idêntica;

III – o Estado de origem, ou, em sua falta, o domiciliar do extraditando, se os pedidos forem simultâneos.

§ 2.º Nos casos não previstos nesta Lei, o órgão competente do Poder Executivo decidirá sobre a preferência do pedido, priorizando o Estado requerente que mantiver tratado de extradição com o Brasil.

§ 3.º Havendo tratado com algum dos Estados requerentes, prevalecerão suas normas no que diz respeito à preferência de que trata este artigo.

Art. 86. O Supremo Tribunal Federal, ouvido o Ministério Público, poderá autorizar prisão albergue ou domiciliar ou determinar que o extraditando responda ao processo de extradição em liberdade, com retenção do documento de viagem ou outras medidas cautelares necessárias, até o julgamento da extradição ou a entrega do extraditando, se pertinente, considerando a situação administrativa migratória, os antecedentes do extraditando e as circunstâncias do caso.

Art. 87. O extraditando poderá entregar-se voluntariamente ao Estado requerente, desde que o declare expressamente, esteja assistido por advogado e seja advertido de que tem direito ao processo judicial de extradição e à proteção que tal direito encerra, caso em que o pedido será decidido pelo Supremo Tribunal Federal.

Art. 88. Todo pedido que possa originar processo de extradição em face de Estado estrangeiro deverá ser encaminhado ao órgão competente do Poder Executivo diretamente pelo órgão do Poder Judiciário responsável pela decisão ou pelo processo penal que a fundamenta.

§ 1.º Compete a órgão do Poder Executivo o papel de orientação, de informação e de avaliação dos elementos formais de admissibilidade dos processos preparatórios para encaminhamento ao Estado requerido.

§ 2.º Compete aos órgãos do sistema de Justiça vinculados ao processo penal gerador de pedido de extradição a apresentação de todos os documentos, manifestações e demais elementos necessários para o processamento do pedido, inclusive suas traduções oficiais.

§ 3.º O pedido deverá ser instruído com cópia autêntica ou com o original da sentença condenatória ou da decisão penal proferida, conterá indicações precisas sobre o local, a data, a natureza e as circunstâncias do fato criminoso e a identidade do extraditando e será acompanhado de cópia dos textos legais sobre o crime, a competência, a pena e a prescrição.

§ 4.º O encaminhamento do pedido de extradição ao órgão competente do Poder Executivo confere autenticidade aos documentos.

Art. 89. O pedido de extradição originado de Estado estrangeiro será recebido pelo órgão competente do Poder Executivo e, após exame da presença dos pressupostos formais de admissibilidade exigidos nesta Lei ou em tratado, encaminhado à autoridade judiciária competente.

Parágrafo único. Não preenchidos os pressupostos referidos no *caput*, o pedido será arquivado mediante decisão fundamentada, sem prejuízo da possibilidade de renovação do pedido, devidamente instruído, uma vez superado o óbice apontado.

Art. 90. Nenhuma extradição será concedida sem prévio pronunciamento do Supremo Tribunal Federal sobre sua legalidade e procedência, não cabendo recurso da decisão.

Art. 91. Ao receber o pedido, o relator designará dia e hora para o interrogatório do extraditando e, conforme o caso, nomear-lhe-á curador ou advogado, se não o tiver.

§ 1.º A defesa, a ser apresentada no prazo de 10 (dez) dias contado da data do interrogatório, versará sobre a identidade da pessoa reclamada, defeito de forma de documento apresentado ou ilegalidade da extradição.

§ 2.º Não estando o processo devidamente instruído, o Tribunal, a requerimento do órgão do Ministério Público Federal correspondente, poderá converter o julgamento em diligência para suprir a falta.

§ 3.º Para suprir a falta referida no § 2.º, o Ministério Público Federal terá prazo improrrogável de 60 (sessenta) dias, após o qual o pedido será julgado independentemente da diligência.

§ 4.º O prazo referido no § 3.º será contado da data de notificação à missão diplomática do Estado requerente.

Art. 92. Julgada procedente a extradição e autorizada a entrega pelo órgão competente do Poder Executivo, será o ato comunicado por via diplomática ao Estado requerente, que, no prazo de 60 (sessenta) dias da comunicação, deverá retirar o extraditando do território nacional.

Art. 93. Se o Estado requerente não retirar o extraditando do território nacional no prazo previsto no art. 92, será ele posto em liberdade, sem prejuízo de outras medidas aplicáveis.

Art. 94. Negada a extradição em fase judicial, não se admitirá novo pedido baseado no mesmo fato.

Art. 95. Quando o extraditando estiver sendo processado ou tiver sido condenado, no

Brasil, por crime punível com pena privativa de liberdade, a extradição será executada somente depois da conclusão do processo ou do cumprimento da pena, ressalvadas as hipóteses de liberação antecipada pelo Poder Judiciário e de determinação da transferência da pessoa condenada.

§ 1.º A entrega do extraditando será igualmente adiada se a efetivação da medida puser em risco sua vida em virtude de enfermidade grave comprovada por laudo médico oficial.

§ 2.º Quando o extraditando estiver sendo processado ou tiver sido condenado, no Brasil, por infração de menor potencial ofensivo, a entrega poderá ser imediatamente efetivada.

Art. 96. Não será efetivada a entrega do extraditando sem que o Estado requerente assuma o compromisso de:

I – não submeter o extraditando a prisão ou processo por fato anterior ao pedido de extradição;

II – computar o tempo da prisão que, no Brasil, foi imposta por força da extradição;

III – comutar a pena corporal, perpétua ou de morte em pena privativa de liberdade, respeitado o limite máximo de cumprimento de 30 (trinta) anos;

IV – não entregar o extraditando, sem consentimento do Brasil, a outro Estado que o reclame;

V – não considerar qualquer motivo político para agravar a pena; e

VI – não submeter o extraditando a tortura ou a outros tratamentos ou penas cruéis, desumanos ou degradantes.

Art. 97. A entrega do extraditando, de acordo com as leis brasileiras e respeitado o direito de terceiro, será feita com os objetos e instrumentos do crime encontrados em seu poder.

Parágrafo único. Os objetos e instrumentos referidos neste artigo poderão ser entregues independentemente da entrega do extraditando.

Art. 98. O extraditando que, depois de entregue ao Estado requerente, escapar à ação da Justiça e homiziar-se no Brasil, ou por ele transitar, será detido mediante pedido feito diretamente por via diplomática ou pela Interpol e novamente entregue, sem outras formalidades.

Art. 99. Salvo motivo de ordem pública, poderá ser permitido, pelo órgão competente do Poder Executivo, o trânsito no território nacional de pessoa extraditada por Estado estrangeiro, bem como o da respectiva guarda, mediante apresentação de documento comprobatório de concessão da medida.

Seção II
Da Transferência de Execução da Pena

Art. 100. Nas hipóteses em que couber solicitação de extradição executória, a autoridade competente poderá solicitar ou autorizar a transferência de execução da pena, desde que observado o princípio do *non bis in idem*.

Parágrafo único. Sem prejuízo do disposto no Decreto-lei n. 2.848, de 7 de dezembro de 1940 (Código Penal), a transferência de execução da pena será possível quando preenchidos os seguintes requisitos:

I – o condenado em território estrangeiro for nacional ou tiver residência habitual ou vínculo pessoal no Brasil;

II – a sentença tiver transitado em julgado;

III – a duração da condenação a cumprir ou que restar para cumprir for de, pelo menos, 1 (um) ano, na data de apresentação do pedido ao Estado da condenação;

IV – o fato que originou a condenação constituir infração penal perante a lei de ambas as partes; e

V – houver tratado ou promessa de reciprocidade.

Art. 101. O pedido de transferência de execução da pena de Estado estrangeiro será requerido por via diplomática ou por via de autoridades centrais.

§ 1.º O pedido será recebido pelo órgão competente do Poder Executivo e, após exame da presença dos pressupostos formais de admissibilidade exigidos nesta Lei ou em tratado, encaminhado ao Superior Tribunal de Justiça para decisão quanto à homologação.

§ 2.º Não preenchidos os pressupostos referidos no § 1.º, o pedido será arquivado mediante decisão fundamentada, sem prejuízo da possibilidade de renovação do pedido, devidamente instruído, uma vez superado o óbice apontado.

Art. 102. A forma do pedido de transferência de execução da pena e seu processamento serão definidos em regulamento.

Parágrafo único. Nos casos previstos nesta Seção, a execução penal será de competência da Justiça Federal.

Seção III
Da Transferência de Pessoa Condenada

Art. 103. A transferência de pessoa condenada poderá ser concedida quando o pedido se fundamentar em tratado ou houver promessa de reciprocidade.

§ 1.º O condenado no território nacional poderá ser transferido para seu país de nacionalidade ou país em que tiver residência habitual ou vínculo pessoal, desde que expresse interesse nesse sentido, a fim de cumprir pena a ele imposta pelo Estado brasileiro por sentença transitada em julgado.

§ 2.º A transferência de pessoa condenada no Brasil pode ser concedida juntamente com a aplicação de medida de impedimento de reingresso em território nacional, na forma de regulamento.

Art. 104. A transferência de pessoa condenada será possível quando preenchidos os seguintes requisitos:

I – o condenado no território de uma das partes for nacional ou tiver residência habitual ou vínculo pessoal no território da outra parte que justifique a transferência;

II – a sentença tiver transitado em julgado;

III – a duração da condenação a cumprir ou que restar para cumprir for de, pelo menos, 1 (um) ano, na data de apresentação do pedido ao Estado da condenação;

IV – o fato que originou a condenação constituir infração penal perante a lei de ambos os Estados;

V – houver manifestação de vontade do condenado ou, quando for o caso, de seu representante; e

VI – houver concordância de ambos os Estados.

Art. 105. A forma do pedido de transferência de pessoa condenada e seu processamento serão definidos em regulamento.

§ 1.º Nos casos previstos nesta Seção, a execução penal será de competência da Justiça Federal.

§ 2.º Não se procederá à transferência quando inadmitida a extradição.

§ 3.º (*Vetado.*)

Capítulo IX
DAS INFRAÇÕES E DAS PENALIDADES ADMINISTRATIVAS

Art. 106. Regulamento disporá sobre o procedimento de apuração das infrações administrativas e seu processamento e sobre a fixação e a atualização das multas, em observância ao disposto nesta Lei.

Art. 107. As infrações administrativas previstas neste Capítulo serão apuradas em processo administrativo próprio, assegurados o contraditório e a ampla defesa e observadas as disposições desta Lei.

§ 1.º O cometimento simultâneo de duas ou mais infrações importará cumulação das sanções cabíveis, respeitados os limites estabelecidos nos incisos V e VI do art. 108.

§ 2.º A multa atribuída por dia de atraso ou por excesso de permanência poderá ser convertida em redução equivalente do período de autorização de estada para o visto de visita, em caso de nova entrada no País.

Art. 108. O valor das multas tratadas neste Capítulo considerará:

I – as hipóteses individualizadas nesta Lei;

II – a condição econômica do infrator, a reincidência e a gravidade da infração;

III – a atualização periódica conforme estabelecido em regulamento;

IV – o valor mínimo individualizável de R$ 100,00 (cem reais);

V – o valor mínimo de R$ 100,00 (cem reais) e o máximo de R$ 10.000,00 (dez mil reais) para infrações cometidas por pessoa física;

VI – o valor mínimo de R$ 1.000,00 (mil reais) e o máximo de R$ 1.000.000,00 (um milhão de reais) para infrações cometidas por pessoa jurídica, por ato infracional.

Art. 109. Constitui infração, sujeitando o infrator às seguintes sanções:

I – entrar em território nacional sem estar autorizado:

Sanção: deportação, caso não saia do País ou não regularize a situação migratória no prazo fixado;

II – permanecer em território nacional depois de esgotado o prazo legal da documentação migratória:

Sanção: multa por dia de excesso e deportação, caso não saia do País ou não regularize a situação migratória no prazo fixado;

III – deixar de se registrar, dentro do prazo de 90 (noventa) dias do ingresso no País, quando for obrigatória a identificação civil:

Sanção: multa;

IV – deixar o imigrante de se registrar, para efeito de autorização de residência, dentro do prazo de 30 (trinta) dias, quando orientado a fazê-lo pelo órgão competente:

Sanção: multa por dia de atraso;

V – transportar para o Brasil pessoa que esteja sem documentação migratória regular:

Sanção: multa por pessoa transportada;

VI – deixar a empresa transportadora de atender a compromisso de manutenção da estada ou de promoção da saída do território nacional de quem tenha sido autorizado a ingresso condicional no Brasil por não possuir a devida documentação migratória:

Sanção: multa;

VII – furtar-se ao controle migratório, na entrada ou saída do território nacional:

Sanção: multa.

Art. 110. As penalidades aplicadas serão objeto de pedido de reconsideração e de recurso, nos termos de regulamento.

Parágrafo único. Serão respeitados o contraditório, a ampla defesa e a garantia de recurso, assim como a situação de hipossuficiência do migrante ou do visitante.

Capítulo X
DISPOSIÇÕES FINAIS E TRANSITÓRIAS

Art. 111. Esta Lei não prejudica direitos e obrigações estabelecidos por tratados vigentes no Brasil e que sejam mais benéficos ao migrante e ao visitante, em particular os tratados firmados no âmbito do Mercosul.

Art. 112. As autoridades brasileiras serão tolerantes quanto ao uso do idioma do residente fronteiriço e do imigrante quando eles se dirigirem a órgãos ou repartições públicas para reclamar ou reivindicar os direitos decorrentes desta Lei.

Art. 113. As taxas e emolumentos consulares são fixados em conformidade com a tabela anexa a esta Lei.

>> **Deixamos de publicar a Tabela de Taxas e Emolumentos Consulares mencionada neste artigo por não atender ao propósito desta obra.**

§ 1.º Os valores das taxas e emolumentos consulares poderão ser ajustados pelo órgão competente da administração pública federal, de forma a preservar o interesse nacional ou a assegurar a reciprocidade de tratamento.

§ 2.º Não serão cobrados emolumentos consulares pela concessão de:

I – vistos diplomáticos, oficiais e de cortesia; e

II – vistos em passaportes diplomáticos, oficiais ou de serviço, ou equivalentes, mediante reciprocidade de tratamento a titulares de documento de viagem similar brasileiro.

§ 3.º Não serão cobrados taxas e emolumentos consulares pela concessão de vistos ou para a obtenção de documentos para regularização migratória aos integrantes de grupos vulneráveis e indivíduos em condição de hipossuficiência econômica.

§ 4.º (*Vetado.*)

Art. 114. Regulamento poderá estabelecer competência para órgãos do Poder Executivo disciplinarem aspectos específicos desta Lei.

....

Art. 116. (*Vetado.*)

Art. 117. O documento conhecido por Registro Nacional de Estrangeiro passa a ser denominado Registro Nacional Migratório.

Art. 118. (*Vetado.*)

§ 1.º Os imigrantes que requererem autorização de residência nos termos do *caput* estarão isentos do pagamento de quaisquer multas, taxas e emolumentos consulares.

§ 2.º O Poder Executivo editará plano de regularização migratória, com metas e indicadores para o efetivo cumprimento dos benefícios concedidos na forma do *caput* deste artigo.

§ 3.º O imigrante com processo de regularização migratória em tramitação poderá optar por ser beneficiado por esta Lei.

§ 4.º A autorização de residência prevista neste artigo não implica anistia penal e não impede o processamento de medidas de expulsão e cooperação jurídica relativas a atos cometidos pelo solicitante a qualquer tempo.

§ 5.º Não poderão receber a autorização de residência prevista neste artigo as pessoas cuja estada no território nacional tenha como fundamento visto oficial ou diplomático.

§ 6.º A autorização de residência será cancelada se, a qualquer tempo, verificar-se a falsidade das informações prestadas pelo imigrante.

§ 7.º O processo de perda ou de cancelamento de autorização de residência observará as garantias de ampla defesa e contraditório, podendo ser iniciado de ofício por autoridade competente do Poder Executivo federal ou mediante representação fundamentada, assegurado o prazo para recurso de 60 (sessenta) dias contado da notificação da decisão.

§ 8.º O procedimento referente ao requerimento de autorização de residência referido no *caput* será realizado em etapa única, na qual serão apresentados o requerimento e a documentação complementar e realizadas a coleta de identificação biométrica e a efetivação do registro.

Art. 119. O visto emitido até a data de entrada em vigor desta Lei poderá ser utilizado até a data prevista de expiração de sua validade, podendo ser transformado ou ter seu prazo de estada prorrogado, nos termos de regulamento.

Art. 120. A Política Nacional de Migrações, Refúgio e Apatridia terá a finalidade de coordenar e articular ações setoriais implementadas pelo Poder Executivo federal em regime de cooperação com os Estados, o Distrito Federal e os Municípios, com participação de organizações da sociedade civil, organismos internacionais e entidades privadas, conforme regulamento.

§ 1.º Ato normativo do Poder Executivo federal poderá definir os objetivos, a organização e a estratégia de coordenação da Política Nacional de Migrações, Refúgio e Apatridia.

§ 2.º Ato normativo do Poder Executivo federal poderá estabelecer planos nacionais e outros instrumentos para a efetivação dos objetivos desta Lei e a coordenação entre órgãos e colegiados setoriais.

§ 3.º Com vistas à formulação de políticas públicas, deverá ser produzida informação quantitativa e qualitativa, de forma sistemática, sobre os migrantes, com a criação de banco de dados.

Art. 121. Na aplicação desta Lei, devem ser observadas as disposições da Lei n. 9.474, de 22 de julho de 1997, nas situações que envolvam refugiados e solicitantes de refúgio.

Art. 122. A aplicação desta Lei não impede o tratamento mais favorável assegurado por tratado em que a República Federativa do Brasil seja parte.

Art. 123. Ninguém será privado de sua liberdade por razões migratórias, exceto nos casos previstos nesta Lei.

Art. 124. Revogam-se:

I – a Lei n. 818, de 18 de setembro de 1949; e

II – a Lei n. 6.815, de 19 de agosto de 1980 (Estatuto do Estrangeiro).

Art. 125. Esta Lei entra em vigor após decorridos 180 (cento e oitenta) dias de sua publicação oficial.

Brasília, 24 de maio de 2017, 196.º da Independência e 129.º da República.

MICHEL TEMER

LEI N. 13.460, DE 26 DE JUNHO DE 2017 (*)

Dispõe sobre participação, proteção e defesa dos direitos do usuário dos serviços públicos da administração pública.

O Presidente da República

Faço saber que o Congresso Nacional decreta e eu sanciono a seguinte Lei:

CAPÍTULO I
DISPOSIÇÕES PRELIMINARES

Art. 1.º Esta Lei estabelece normas básicas para participação, proteção e defesa dos direitos do usuário dos serviços públicos prestados direta ou indiretamente pela administração pública.

>> *Vide* Decreto n. 9.094, de 17-7-2017, que dispõe sobre a simplificação do atendimento prestado aos usuários dos serviços públicos e institui a Carta de Serviços do Usuário.

§ 1.º O disposto nesta Lei aplica-se à administração pública direta e indireta da União, dos Estados, do Distrito Federal e dos Municípios, nos termos do inciso I do § 3.º do art. 37 da Constituição Federal.

§ 2.º A aplicação desta Lei não afasta a necessidade de cumprimento do disposto:

I – em normas regulamentadoras específicas, quando se tratar de serviço ou atividade de sujeitos a regulação ou supervisão; e

II – na Lei n. 8.078, de 11 de setembro de 1990, quando caracterizada relação de consumo.

§ 3.º Aplica-se subsidiariamente o disposto nesta Lei aos serviços públicos prestados por particular.

Art. 2.º Para os fins desta Lei, consideram-se:

I – usuário – pessoa física ou jurídica que se beneficia ou utiliza, efetiva ou potencialmente, de serviço público;

II – serviço público – atividade administrativa ou de prestação direta ou indireta de bens ou serviços à população, exercida por órgão ou entidade da administração pública;

III – administração pública – órgão ou entidade integrante da administração pública de qualquer dos Poderes da União, dos Estados, do Distrito Federal e dos Municípios, a Advocacia Pública e a Defensoria Pública;

IV – agente público – quem exerce cargo, emprego ou função pública, de natureza civil ou militar, ainda que transitoriamente ou sem remuneração; e

V – manifestações – reclamações, denúncias, sugestões, elogios e demais pronunciamentos de usuários que tenham como objeto a prestação de serviços públicos e a conduta de agentes públicos na prestação e fiscalização de tais serviços.

Parágrafo único. O acesso do usuário a informações será regido pelos termos da Lei n. 12.527, de 18 de novembro de 2011.

Art. 3.º Com periodicidade mínima anual, cada Poder e esfera de Governo publicará quadro geral dos serviços públicos prestados, que especificará os órgãos ou entidades responsáveis por sua realização e a autoridade administrativa a quem estão subordinados ou vinculados.

Art. 4.º Os serviços públicos e o atendimento do usuário serão realizados de forma adequada, observados os princípios da regularidade, continuidade, efetividade, segurança, atualidade, generalidade, transparência e cortesia.

CAPÍTULO II
DOS DIREITOS BÁSICOS E DEVERES DOS USUÁRIOS

Art. 5.º O usuário de serviço público tem direito à adequada prestação dos serviços, devendo os agentes públicos e prestadores de serviços públicos observar as seguintes diretrizes:

I – urbanidade, respeito, acessibilidade e cortesia no atendimento aos usuários;

II – presunção de boa-fé do usuário;

III – atendimento por ordem de chegada, ressalvados casos de urgência e aqueles em que houver possibilidade de agendamento, asseguradas as prioridades legais às pessoas com deficiência, aos idosos, às gestantes, às lactantes e às pessoas acompanhadas por crianças de colo;

IV – adequação entre meios e fins, vedada a imposição de exigências, obrigações, restrições e sanções não previstas na legislação;

V – igualdade no tratamento aos usuários, vedado qualquer tipo de discriminação;

VI – cumprimento de prazos e normas procedimentais;

VII – definição, publicidade e observância de horários e normas compatíveis com o bom atendimento ao usuário;

VIII – adoção de medidas visando a proteção à saúde e a segurança dos usuários;

IX – autenticação de documentos pelo próprio agente público, à vista dos originais apresentados pelo usuário, vedada a exigência de reconhecimento de firma, salvo em caso de dúvida de autenticidade;

X – manutenção de instalações salubres, seguras, sinalizadas, acessíveis e adequadas ao serviço e ao atendimento;

XI – eliminação de formalidades e de exigências cujo custo econômico ou social seja superior ao risco envolvido;

XII – observância dos códigos de ética ou de conduta aplicáveis às várias categorias de agentes públicos;

XIII – aplicação de soluções tecnológicas que visem a simplificar processos e procedimentos de atendimento ao usuário e a propiciar melhores condições para o compartilhamento das informações;

XIV – utilização de linguagem simples e compreensível, evitando o uso de siglas, jargões e estrangeirismos; e

XV – vedação da exigência de nova prova sobre fato já comprovado em documentação válida apresentada.

XVI – comunicação prévia ao consumidor de que o serviço será desligado em virtude de inadimplemento, bem como do dia a partir do qual será realizado o desligamento, necessariamente durante horário comercial.

>> Inciso XVI acrescentado pela Lei n. 14.015, de 15-6-2020.

Parágrafo único. A taxa de religação de serviços não será devida se houver descumprimento da exigência de notificação prévia ao consumidor prevista no inciso XVI do *caput* deste artigo, o que ensejará a aplicação de multa à concessionária, conforme regulamentação.

>> Parágrafo único acrescentado pela Lei n. 14.015, de 15-6-2020.

Art. 6.º São direitos básicos do usuário:

>> *Vide* art. 6.º da Lei n. 8.078, de 11-9-1990.

I – participação no acompanhamento da prestação e na avaliação dos serviços;

II – obtenção e utilização dos serviços com liberdade de escolha entre os meios oferecidos e sem discriminação;

III – acesso e obtenção de informações relativas à sua pessoa constantes de registros ou bancos de dados, observado o disposto no inciso X do *caput* do art. 5.º da Constituição Federal e na Lei n. 12.527, de 18 de novembro de 2011;

IV – proteção de suas informações pessoais, nos termos da Lei n. 12.527, de 18 de novembro de 2011;

V – atuação integrada e sistêmica na expedição de atestados, certidões e documentos comprobatórios de regularidade; e

VI – obtenção de informações precisas e de fácil acesso nos locais de prestação do serviço, assim como sua disponibilização na internet, especialmente sobre:

a) horário de funcionamento das unidades administrativas;

(*) Publicada no *Diário Oficial da União*, de 27-6-2017. Regulamentada pelo Decreto n. 9.492, de 5-9-2018.

b) serviços prestados pelo órgão ou entidade, sua localização exata e a indicação do setor responsável pelo atendimento ao público;

c) acesso ao agente público ou ao órgão encarregado de receber manifestações;

d) situação da tramitação dos processos administrativos em que figure como interessado; e

e) valor das taxas e tarifas cobradas pela prestação dos serviços, contendo informações para a compreensão exata da extensão do serviço prestado.

VII – comunicação prévia da suspensão da prestação de serviço.

>> Inciso VII acrescentado pela Lei n. 14.015, de 15-6-2020.

Parágrafo único. É vedada a suspensão da prestação de serviço em virtude de inadimplemento por parte do usuário que se inicie na sexta-feira, no sábado ou no domingo, bem como em feriado ou no dia anterior a feriado.

>> Parágrafo único acrescentado pela Lei n. 14.015, de 15-6-2020.

Art. 7.º Os órgãos e entidades abrangidos por esta Lei divulgarão Carta de Serviços ao Usuário.

§ 1.º A Carta de Serviços ao Usuário tem por objetivo informar o usuário sobre os serviços prestados pelo órgão ou entidade, as formas de acesso a esses serviços e seus compromissos e padrões de qualidade de atendimento ao público.

§ 2.º A Carta de Serviços ao Usuário deverá trazer informações claras e precisas em relação a cada um dos serviços prestados, apresentando, no mínimo, informações relacionadas a:

I – serviços oferecidos;

II – requisitos, documentos, formas e informações necessárias para acessar o serviço;

III – principais etapas para processamento do serviço;

IV – previsão do prazo máximo para a prestação do serviço;

V – forma de prestação do serviço; e

VI – locais e formas para o usuário apresentar eventual manifestação sobre a prestação do serviço.

§ 3.º Além das informações descritas no § 2.º, a Carta de Serviços ao Usuário deverá detalhar os compromissos e padrões de qualidade do atendimento relativos, no mínimo, aos seguintes aspectos:

I – prioridades de atendimento;

II – previsão de tempo de espera para atendimento;

III – mecanismos de comunicação com os usuários;

IV – procedimentos para receber e responder as manifestações dos usuários; e

V – mecanismos de consulta, por parte dos usuários, acerca do andamento do serviço solicitado e de eventual manifestação.

§ 4.º A Carta de Serviços ao Usuário será objeto de atualização periódica e de permanente divulgação mediante publicação em sítio eletrônico do órgão ou entidade na internet.

§ 5.º Regulamento específico de cada Poder e esfera de Governo disporá sobre a operacionalização da Carta de Serviços ao Usuário.

Art. 8.º São deveres do usuário:

I – utilizar adequadamente os serviços, procedendo com urbanidade e boa-fé;

II – prestar as informações pertinentes ao serviço prestado quando solicitadas;

III – colaborar para a adequada prestação do serviço; e

IV – preservar as condições dos bens públicos por meio dos quais lhe são prestados os serviços de que trata esta Lei.

CAPÍTULO III
DAS MANIFESTAÇÕES DOS USUÁRIOS DE SERVIÇOS PÚBLICOS

Art. 9.º Para garantir seus direitos, o usuário poderá apresentar manifestações perante a administração pública acerca da prestação de serviços públicos.

Art. 10. A manifestação será dirigida à ouvidoria do órgão ou entidade responsável e conterá a identificação do requerente.

>> O Decreto n. 10.153, de 3-12-2019, dispõe sobre as salvaguardas de proteção à identidade dos denunciantes de ilícitos e de irregularidades praticados contra a administração pública federal direta e indireta.

§ 1.º A identificação do requerente não conterá exigências que inviabilizem sua manifestação.

§ 2.º São vedadas quaisquer exigências relativas aos motivos determinantes da apresentação de manifestações perante a ouvidoria.

§ 3.º Caso não haja ouvidoria, o usuário poderá apresentar manifestações diretamente ao órgão ou entidade responsável pela execução do serviço e ao órgão ou entidade a que se subordinem ou se vinculem.

§ 4.º A manifestação poderá ser feita por meio eletrônico, ou correspondência convencional, ou verbalmente, hipótese em que deverá ser reduzida a termo.

§ 5.º No caso de manifestação por meio eletrônico, prevista no § 4.º, respeitada a legislação específica de sigilo e proteção de dados, poderá a administração pública ou sua ouvidoria requerer meio de certificação da identidade do usuário.

§ 6.º Os órgãos e entidades públicos abrangidos por esta Lei deverão colocar à disposição do usuário formulários simplificados e de fácil compreensão para a apresentação do requerimento previsto no *caput*, facultada ao usuário sua utilização.

§ 7.º A identificação do requerente é informação pessoal protegida com restrição de acesso nos termos da Lei n. 12.527, de 18 de novembro de 2011.

Art. 11. Em nenhuma hipótese, será recusado o recebimento de manifestações formuladas nos termos desta Lei, sob pena de responsabilidade do agente público.

Art. 12. Os procedimentos administrativos relativos à análise das manifestações observarão os princípios da eficiência e da celeridade, visando a sua efetiva resolução.

Parágrafo único. A efetiva resolução das manifestações dos usuários compreende:

I – recepção da manifestação no canal de atendimento adequado;

II – emissão de comprovante de recebimento da manifestação;

III – análise e obtenção de informações, quando necessário;

IV – decisão administrativa final; e

V – ciência ao usuário.

CAPÍTULO IV
DAS OUVIDORIAS

Art. 13. As ouvidorias terão como atribuições precípuas, sem prejuízo de outras estabelecidas em regulamento específico:

I – promover a participação do usuário na administração pública, em cooperação com outras entidades de defesa do usuário;

II – acompanhar a prestação dos serviços, visando a garantir a sua efetividade;

III – propor aperfeiçoamentos na prestação dos serviços;

IV – auxiliar na prevenção e correção dos atos e procedimentos incompatíveis com os princípios estabelecidos nesta Lei;

V – propor a adoção de medidas para a defesa dos direitos do usuário, em observância às determinações desta Lei;

VI – receber, analisar e encaminhar às autoridades competentes as manifestações, acompanhando o tratamento e a efetiva conclusão das manifestações de usuário perante órgão ou entidade a que se vincula; e

VII – promover a adoção de mediação e conciliação entre o usuário e o órgão ou a entidade pública, sem prejuízo de outros órgãos competentes.

Art. 14. Com vistas à realização de seus objetivos, as ouvidorias deverão:

I – receber, analisar e responder, por meio de mecanismos proativos e reativos, as manifestações encaminhadas por usuários de serviços públicos; e

II – elaborar, anualmente, relatório de gestão, que deverá consolidar as informações mencionadas no inciso I, e, com base nelas, apontar falhas e sugerir melhorias na prestação de serviços públicos.

Art. 15. O relatório de gestão de que trata o inciso II do *caput* do art. 14 deverá indicar, ao menos:

I – o número de manifestações recebidas no ano anterior;

II – os motivos das manifestações;

III – a análise dos pontos recorrentes; e

IV – as providências adotadas pela administração pública nas soluções apresentadas.

Parágrafo único. O relatório de gestão será:

I – encaminhado à autoridade máxima do órgão a que pertence a unidade de ouvidoria; e

II – disponibilizado integralmente na internet.

Art. 16. A ouvidoria encaminhará a decisão administrativa final ao usuário, observado o prazo de trinta dias, prorrogável de forma justificada uma única vez, por igual período.

Parágrafo único. Observado o prazo previsto no *caput*, a ouvidoria poderá solicitar informações e esclarecimentos diretamente a agentes públicos do órgão ou entidade a que se vincula, e as solicitações devem ser respondidas no prazo de vinte dias, prorrogável de forma justificada uma única vez, por igual período.

Art. 17. Atos normativos específicos de cada Poder e esfera de Governo disporão sobre a organização e o funcionamento de suas ouvidorias.

Capítulo V
DOS CONSELHOS DE USUÁRIOS

Art. 18. Sem prejuízo de outras formas previstas na legislação, a participação dos usuários no acompanhamento da prestação e na avaliação dos serviços públicos será feita por meio de conselhos de usuários.

Parágrafo único. Os conselhos de usuários são órgãos consultivos dotados das seguintes atribuições:

I – acompanhar a prestação dos serviços;

II – participar na avaliação dos serviços;

III – propor melhorias na prestação dos serviços;

IV – contribuir na definição de diretrizes para o adequado atendimento ao usuário; e

V – acompanhar e avaliar a atuação do ouvidor.

Art. 19. A composição dos conselhos deve observar os critérios de representatividade e pluralidade das partes interessadas, com vistas ao equilíbrio em sua representação.

Parágrafo único. A escolha dos representantes será feita em processo aberto ao público e diferenciado por tipo de usuário a ser representado.

Art. 20. O conselho de usuários poderá ser consultado quanto à indicação do ouvidor.

Art. 21. A participação do usuário no conselho será considerada serviço relevante e sem remuneração.

Art. 22. Regulamento específico de cada Poder e esfera de Governo disporá sobre a organização e funcionamento dos conselhos de usuários.

Capítulo VI
DA AVALIAÇÃO CONTINUADA DOS SERVIÇOS PÚBLICOS

Art. 23. Os órgãos e entidades públicos abrangidos por esta Lei deverão avaliar os serviços prestados, nos seguintes aspectos:

I – satisfação do usuário com o serviço prestado;

II – qualidade do atendimento prestado ao usuário;

III – cumprimento dos compromissos e prazos definidos para a prestação dos serviços;

IV – quantidade de manifestações de usuários; e

V – medidas adotadas pela administração pública para melhoria e aperfeiçoamento da prestação do serviço.

§ 1.º A avaliação será realizada por pesquisa de satisfação feita, no mínimo, a cada um ano, ou por qualquer outro meio que garanta significância estatística aos resultados.

§ 2.º O resultado da avaliação deverá ser integralmente publicado no sítio do órgão ou entidade, incluindo o *ranking* das entidades com maior incidência de reclamação dos usuários na periodicidade a que se refere o § 1.º, e servirá de subsídio para reorientar e ajustar os serviços prestados, em especial quanto ao cumprimento dos compromissos e dos padrões de qualidade de atendimento divulgados na Carta de Serviços ao Usuário.

Art. 24. Regulamento específico de cada Poder e esfera de Governo disporá sobre a avaliação da efetividade e dos níveis de satisfação dos usuários.

Capítulo VII
DISPOSIÇÕES FINAIS E TRANSITÓRIAS

Art. 25. Esta Lei entra em vigor, a contar da sua publicação, em:

I – trezentos e sessenta dias para a União, os Estados, o Distrito Federal e os Municípios com mais de quinhentos mil habitantes;

II – quinhentos e quarenta dias para os Municípios entre cem mil e quinhentos mil habitantes; e

III – setecentos e vinte dias para os Municípios com menos de cem mil habitantes.

Brasília, 26 de junho de 2017, 196.º da Independência e 129.º da República.

Michel Temer

LEI N. 13.465, DE 11 DE JULHO DE 2017 (*)

Dispõe sobre a regularização fundiária rural e urbana, sobre a liquidação de créditos concedidos aos assentados da reforma agrária e sobre a regularização fundiária no âmbito da Amazônia Legal; institui mecanismos para aprimorar a eficiência dos procedimentos de alienação de imóveis da União; altera as Leis n. 8.629, de 25 de fevereiro de 1993, 13.001, de 20 de junho de 2014, 11.952, de 25 de junho de 2009, 13.340, de 28 de setembro de 2016, 8.666, de 21 de junho de 1993, 6.015, de 31 de dezembro de 1973, 12.512, de 14 de outubro de 2011, 10.406, de 10 de janeiro de 2002 (Código Civil), 13.105, de 16 de março de 2015 (Código de Processo Civil), 11.977, de 7 de julho de 2009, 9.514, de 20 de novembro de 1997, 11.124, de 16 de junho de 2005, 6.766, de 19 de dezembro de 1979, 10.257, de 10 de julho de 2001, 12.651, de 25 de maio de 2012, 13.240, de 30 de dezembro de 2015, 9.636, de 15 de maio de 1998, 8.036, de 11 de maio de 1990, 13.139, de 26 de junho de 2015, 11.483, de 31 de maio de 2007, e a 12.712, de 30 de agosto de 2012, a Medida Provisória n. 2.220, de 4 de setembro de 2001, e os Decretos-leis n. 2.398, de 21 de dezembro de 1987, 1.876, de 15 de julho de 1981, 9.760, de 5 de setembro de 1946, e 3.365, de 21 de junho de 1941; revoga dispositivos da Lei Complementar n. 76, de 6 de julho de 1993, e da Lei n. 13.347, de 10 de outubro de 2016; e dá outras providências.

O Presidente da República

Faço saber que o Congresso Nacional decreta e eu sanciono a seguinte Lei:

Art. 1.º Esta Lei dispõe sobre a regularização fundiária rural e urbana, sobre a liquidação de créditos concedidos aos assentados da reforma agrária e sobre a regularização fundiária no âmbito da Amazônia Legal; institui mecanismos para aprimorar a eficiência dos procedimentos de alienação de imóveis da União; e dá outras providências.

Título I
DA REGULARIZAÇÃO FUNDIÁRIA RURAL

Art. 2.º A Lei n. 8.629, de 25 de fevereiro de 1993, passa a vigorar com as seguintes alterações:

>> Alterações já processadas no diploma modificado.

Art. 6.º A Lei n. 8.666, de 21 de junho de 1993, passa a vigorar com as seguintes alterações:

>> Alterações já processadas no diploma modificado.

Título II
DA REGULARIZAÇÃO FUNDIÁRIA URBANA

>> O Decreto n. 9.310, de 15-3-2018, institui as normas gerais e os procedimentos aplicáveis à regularização fundiária urbana e estabelece os procedimentos para a avaliação e a alienação dos imóveis da União.

(*) Publicada no *Diário Oficial da União*, de 12-7-2017. Retificada em 6-9-2017.

Capítulo I
DISPOSIÇÕES GERAIS

Seção I
Da Regularização Fundiária Urbana

Art. 9.º Ficam instituídas no território nacional normas gerais e procedimentos aplicáveis à Regularização Fundiária Urbana (Reurb), a qual abrange medidas jurídicas, urbanísticas, ambientais e sociais destinadas à incorporação dos núcleos urbanos informais ao ordenamento territorial urbano e à titulação de seus ocupantes.

§ 1.º Os poderes públicos formularão e desenvolverão no espaço urbano as políticas de suas competências de acordo com os princípios de sustentabilidade econômica, social e ambiental e ordenação territorial, buscando a ocupação do solo de maneira eficiente, combinando seu uso de forma funcional.

§ 2.º A Reurb promovida mediante legitimação fundiária somente poderá ser aplicada para os núcleos urbanos informais comprovadamente existentes, na forma desta Lei, até 22 de dezembro de 2016.

Art. 10. Constituem objetivos da Reurb, a serem observados pela União, Estados, Distrito Federal e Municípios:

I – identificar os núcleos urbanos informais que devam ser regularizados, organizá-los e assegurar a prestação de serviços públicos aos seus ocupantes, de modo a melhorar as condições urbanísticas e ambientais em relação à situação de ocupação informal anterior;

II – criar unidades imobiliárias compatíveis com o ordenamento territorial urbano e constituir sobre elas direitos reais em favor dos seus ocupantes;

III – ampliar o acesso à terra urbanizada pela população de baixa renda, de modo a priorizar a permanência dos ocupantes nos próprios núcleos urbanos informais regularizados;

IV – promover a integração social e a geração de emprego e renda;

V – estimular a resolução extrajudicial de conflitos, em reforço à consensualidade e à cooperação entre Estado e sociedade;

VI – garantir o direito social à moradia digna e às condições de vida adequadas;

VII – garantir a efetivação da função social da propriedade;

VIII – ordenar o pleno desenvolvimento das funções sociais da cidade e garantir o bem-estar de seus habitantes;

IX – concretizar o princípio constitucional da eficiência na ocupação e no uso do solo;

X – prevenir e desestimular a formação de novos núcleos urbanos informais;

XI – conceder direitos reais, preferencialmente em nome da mulher;

XII – franquear participação dos interessados nas etapas do processo de regularização fundiária.

Art. 11. Para fins desta Lei, consideram-se:

I – núcleo urbano: assentamento humano, com uso e características urbanas, constituído por unidades imobiliárias de área inferior à fração mínima de parcelamento prevista na Lei n. 5.868, de 12 de dezembro de 1972, independentemente da propriedade do solo, ainda que situado em área qualificada ou inscrita como rural;

> A Lei n. 5.868, de 12-12-1972, cria o Sistema Nacional de Cadastro Rural.

II – núcleo urbano informal: aquele clandestino, irregular ou no qual não foi possível realizar, por qualquer modo, a titulação de seus ocupantes, ainda que atendida a legislação vigente à época de sua implantação ou regularização;

III – núcleo urbano informal consolidado: aquele de difícil reversão, considerados o tempo da ocupação, a natureza das edificações, a localização das vias de circulação e a presença de equipamentos públicos, entre outras circunstâncias a serem avaliadas pelo Município;

IV – demarcação urbanística: procedimento destinado a identificar os imóveis públicos e privados abrangidos pelo núcleo urbano informal e a obter a anuência dos respectivos titulares de direitos inscritos na matrícula dos imóveis ocupados, culminando com averbação na matrícula destes imóveis da viabilidade da regularização fundiária, a ser promovida a critério do Município;

V – Certidão de Regularização Fundiária (CRF): documento expedido pelo Município ao final do procedimento da Reurb, constituído do projeto de regularização fundiária aprovado, do termo de compromisso relativo a sua execução e, no caso da legitimação fundiária e da legitimação de posse, da listagem dos ocupantes do núcleo urbano informal regularizado, da devida qualificação destes e dos direitos reais que lhes foram conferidos;

VI – legitimação de posse: ato do poder público destinado a conferir título, por meio do qual fica reconhecida a posse de imóvel objeto da Reurb, conversível em aquisição de direito real de propriedade na forma desta Lei, com a identificação de seus ocupantes, do tempo da ocupação e da natureza da posse;

VII – legitimação fundiária: mecanismo de reconhecimento da aquisição originária do direito real de propriedade sobre unidade imobiliária objeto da Reurb;

VIII – ocupante: aquele que mantém poder de fato sobre lote ou fração ideal de terras públicas ou privadas em núcleos urbanos informais.

§ 1.º Para fins da Reurb, os Municípios poderão dispensar as exigências relativas ao percentual e às dimensões de áreas destinadas ao uso público ou ao tamanho dos lotes regularizados, assim como a outros parâmetros urbanísticos e edilícios.

§ 2.º Constatada a existência de núcleo urbano informal situado, total ou parcialmente, em área de preservação permanente ou em área de unidade de conservação de uso sustentável ou de proteção de mananciais definidas pela União, Estados ou Municípios, a Reurb observará, também, o disposto nos arts. 64 e 65 da Lei n. 12.651, de 25 de maio de 2012, hipótese na qual se torna obrigatória a elaboração de estudos técnicos, no âmbito da Reurb, que justifiquem as melhorias ambientais em relação à situação de ocupação informal anterior, inclusive por meio de compensações ambientais, quando for o caso.

> A Lei n. 12.651, de 25-5-2012, institui o Código Florestal e dispõe em seus arts. 64 e 65: "Art. 64. Na Reurb-S dos núcleos urbanos informais que ocupam Áreas de Preservação Permanente, a regularização fundiária será admitida por meio da aprovação do projeto de regularização fundiária, na forma da lei específica de regularização fundiária urbana. (...) Art. 65. Na Reurb-E dos núcleos urbanos informais que ocupam Áreas de Preservação Permanente não identificadas como áreas de risco, a regularização fundiária será admitida por meio da aprovação do projeto de regularização fundiária, na forma da lei específica de regularização fundiária urbana".

§ 3.º No caso de a Reurb abranger área de unidade de conservação de uso sustentável que, nos termos da Lei n. 9.985, de 18 de julho de 2000, admita regularização, será exigida também a anuência do órgão gestor da unidade, desde que estudo técnico comprove que essas intervenções de regularização fundiária implicam a melhoria das condições ambientais em relação à situação de ocupação informal anterior.

§ 4.º Na Reurb cuja ocupação tenha ocorrido às margens de reservatórios artificiais de água destinados à geração de energia ou ao abastecimento público, a faixa da área de preservação permanente consistirá na distância entre o nível máximo operativo normal e a cota máxima *maximorum*.

§ 5.º Esta Lei não se aplica aos núcleos urbanos informais situados em áreas indispensáveis à segurança nacional ou de interesse da defesa, assim reconhecidas em decreto do Poder Executivo federal.

§ 6.º Aplicam-se as disposições desta Lei aos imóveis localizados em área rural, desde que a unidade imobiliária tenha área inferior à fração mínima de parcelamento prevista na Lei n. 5.868, de 12 de dezembro de 1972.

Art. 12. A aprovação municipal da Reurb corresponde à aprovação urbanística do projeto de regularização fundiária e, na hipótese de o Município ter órgão ambiental capacitado, à aprovação ambiental.

>> *Caput* com redação determinada pela Medida Provisória n. 996, de 25-8-2020.

O texto anterior dizia: "Art. 12. A aprovação municipal da Reurb de que trata o art. 10 corresponde à aprovação urbanística do projeto de regularização fundiária, bem como à aprovação ambiental, se o Município tiver órgão ambiental capacitado".

§ 1.º Considera-se órgão ambiental capacitado o órgão municipal que possua em seus quadros ou à sua disposição profissionais com atribuição técnica para a análise e a aprovação dos estudos referidos no art. 11, independentemente da existência de convênio com os Estados ou a União.

§ 2.º Os estudos referidos no art. 11 deverão ser elaborados por profissional legalmente habilitado, compatibilizar-se com o projeto de regularização fundiária e conter, conforme o caso, os elementos constantes dos arts. 64 ou 65 da Lei n. 12.651, de 25 de maio de 2012.

§ 3.º Os estudos técnicos referidos no art. 11 aplicam-se somente às parcelas dos núcleos urbanos informais situados nas áreas de preservação permanente, nas unidades de conservação de uso sustentável ou nas áreas de proteção de mananciais e poderão ser feitos em fases ou etapas, sendo que a parte do núcleo urbano informal não afetada por esses estudos poderá ter seu projeto aprovado e levado a registro separadamente.

§ 4.º A aprovação ambiental da Reurb prevista neste artigo poderá ser feita pelos Estados na hipótese de o Município não dispor de capacidade técnica para a aprovação dos estudos referidos no art. 11.

Art. 13. A Reurb compreende duas modalidades:

I – Reurb de Interesse Social (Reurb-S) – regularização fundiária aplicável aos núcleos urbanos informais ocupados predominantemente por população de baixa renda, assim declarados em ato do Poder Executivo municipal; e

II – Reurb de Interesse Específico (Reurb-E) – regularização fundiária aplicável aos núcleos urbanos informais ocupados por população não qualificada na hipótese de que trata o inciso I deste artigo.

§ 1.º Serão isentos de custas e emolumentos, entre outros, os seguintes atos registrais relacionados à Reurb-S:

I – o primeiro registro da Reurb-S, o qual confere direitos reais aos seus beneficiários;

II – o registro da legitimação fundiária;

III – o registro do título de legitimação de posse e a sua conversão em título de propriedade;

IV – o registro da CRF e do projeto de regularização fundiária, com abertura de matrícula para cada unidade imobiliária urbana regularizada;

V – a primeira averbação de construção residencial, desde que respeitado o limite de até setenta metros quadrados;

VI – a aquisição do primeiro direito real sobre unidade imobiliária derivada da Reurb-S;

VII – o primeiro registro do direito real de laje no âmbito da Reurb-S; e

VIII – o fornecimento de certidões de registro para os atos previstos neste artigo.

§ 2.º Os atos de que trata este artigo independem da comprovação do pagamento de tributos ou penalidades tributárias, sendo vedado ao oficial de registro de imóveis exigir sua comprovação.

§ 3.º O disposto nos §§ 1.º e 2.º deste artigo aplica-se também à Reurb-S que tenha por objeto conjuntos habitacionais ou condomínios de interesse social construídos pelo poder público, diretamente ou por meio da administração pública indireta, que já se encontrem implantados em 22 de dezembro de 2016.

§ 4.º Na Reurb, os Municípios e o Distrito Federal poderão admitir o uso misto de atividades como forma de promover a integração social e a geração de emprego e renda no núcleo urbano informal regularizado.

§ 5.º A classificação do interesse visa exclusivamente à identificação dos responsáveis pela implantação ou adequação das obras de infraestrutura essencial e ao reconhecimento do direito à gratuidade das custas e emolumentos notariais e registrais em favor daqueles a quem for atribuído o domínio das unidades imobiliárias regularizadas.

§ 6.º Os cartórios que não cumprirem o disposto neste artigo, que retardarem ou não efetuarem o registro de acordo com as normas previstas nesta Lei, por ato não justificado, ficarão sujeitos às sanções previstas no art. 44 da Lei n. 11.977, de 7 de julho de 2009, observado o disposto nos §§ 3.º-A e 3.º-B do art. 30 da Lei n. 6.015, de 31 de dezembro de 1973.

§ 7.º A partir da disponibilidade de equipamentos e infraestrutura para prestação de serviço público de abastecimento de água, coleta de esgoto, distribuição de energia elétrica, ou outros serviços públicos, é obrigatório aos beneficiários da Reurb realizar a conexão da edificação à rede de água, de coleta de esgoto ou de distribuição de energia elétrica e adotar as demais providências necessárias à utilização do serviço, salvo disposição em contrário na legislação municipal.

Seção II
Dos Legitimados para Requerer a Reurb

Art. 14. Poderão requerer a Reurb:

I – a União, os Estados, o Distrito Federal e os Municípios, diretamente ou por meio de entidades da administração pública indireta;

II – os seus beneficiários, individual ou coletivamente, diretamente ou por meio de cooperativas habitacionais, associações de moradores, fundações, organizações sociais, organizações da sociedade civil de interesse público ou outras associações civis que tenham por finalidade atividades nas áreas de desenvolvimento urbano ou regularização fundiária urbana;

III – os proprietários de imóveis ou de terrenos, loteadores ou incorporadores;

IV – a Defensoria Pública, em nome dos beneficiários hipossuficientes; e

V – o Ministério Público.

§ 1.º Os legitimados poderão promover todos os atos necessários à regularização fundiária, inclusive requerer os atos de registro.

§ 2.º Nos casos de parcelamento do solo, de conjunto habitacional ou de condomínio informal, empreendidos por particular, a conclusão da Reurb confere direito de regresso àqueles que suportarem os seus custos e obrigações contra os responsáveis pela implantação dos núcleos urbanos informais.

§ 3.º O requerimento de instauração da Reurb por proprietários de terreno, loteadores e incorporadores que tenham dado causa à formação de núcleos urbanos informais, ou os seus sucessores, não os eximirá de responsabilidades administrativa, civil ou criminal.

Capítulo II
DOS INSTRUMENTOS DA REURB

Seção I
Disposições Gerais

Art. 15. Poderão ser empregados, no âmbito da Reurb, sem prejuízo de outros que se apresentem adequados, os seguintes institutos jurídicos:

I – a legitimação fundiária e a legitimação de posse, nos termos desta Lei;

II – a usucapião, nos termos dos arts. 1.238 a 1.244 da Lei n. 10.406, de 10 de janeiro de 2002 (Código Civil), dos arts. 9.º a 14 da Lei n. 10.257, de 10 de julho de 2001, e do art. 216-A da Lei n. 6.015, de 31 de dezembro de 1973;

>> O art. 216-A da Lei n. 6.015, de 31-12-1973 (Lei de Registros Públicos) admite, sem prejuízo da via jurisdicional, o pedido de reconhecimento extrajudicial de usucapião.

III – a desapropriação em favor dos possuidores, nos termos dos §§ 4.º e 5.º do art. 1.228 da Lei n. 10.406, de 10 de janeiro de 2002 (Código Civil);

IV – a arrecadação de bem vago, nos termos do art. 1.276 da Lei n. 10.406, de 10 de janeiro de 2002 (Código Civil);

>> Dispõe o *caput* do citado artigo: "Art. 1.276. O imóvel urbano que o proprietário abandonar, com a intenção de não mais o conservar em seu patrimônio, e que se não encontrar na posse de outrem, poderá ser arrecadado, como bem vago, e passar, três anos depois, à propriedade do Município ou à do Distrito Federal, se se achar nas respectivas circunscrições. (...)".

V – o consórcio imobiliário, nos termos do art. 46 da Lei n. 10.257, de 10 de julho de 2001;

VI – a desapropriação por interesse social, nos termos do inciso IV do art. 2.º da Lei n. 4.132, de 10 de setembro de 1962;

VII – o direito de preempção, nos termos do inciso I do art. 26 da Lei n. 10.257, de 10 de julho de 2001;

VIII – a transferência do direito de construir, nos termos do inciso III do art. 35 da Lei n. 10.257, de 10 de julho de 2001;

IX – a requisição, em caso de perigo público iminente, nos termos do § 3.º do art. 1.228 da Lei n. 10.406, de 10 de janeiro de 2002 (Código Civil);

X – a intervenção do poder público em parcelamento clandestino ou irregular, nos termos do art. 40 da Lei n. 6.766, de 19 de dezembro de 1979;

>> Dispõe citado artigo: "Art. 40. A Prefeitura Municipal, ou o Distrito Federal quando for o caso, se desatendida pelo loteador a notificação, poderá regularizar loteamento ou desmembramento não autorizado ou executado sem observância das determinações do ato administrativo de licença, para evitar lesão aos seus padrões de desenvolvimento urbano e na defesa dos direitos dos adquirentes de lotes. (...)".

XI – a alienação de imóvel pela administração pública diretamente para seu detentor, nos termos da alínea *f* do inciso I do art. 17 da Lei n. 8.666, de 21 de junho de 1993;

XII – a concessão de uso especial para fins de moradia;

XIII – a concessão de direito real de uso;

XIV – a doação; e

XV – a compra e venda.

Art. 16. Na Reurb-E, promovida sobre bem público, havendo solução consensual, a aquisição de direitos reais pelo particular ficará condicionada ao pagamento do justo valor da unidade imobiliária regularizada, a ser apurado na forma estabelecida em ato do Poder Executivo titular do domínio, sem considerar o valor das acessões e benfeitorias do ocupante e a valorização decorrente da implantação dessas acessões e benfeitorias.

Parágrafo único. As áreas de propriedade do poder público registradas no Registro de Imóveis, que sejam objeto de ação judicial versando sobre a sua titularidade, poderão ser objeto da Reurb, desde que celebrado acordo judicial ou extrajudicial, na forma desta Lei, homologado pelo juiz.

Art. 17. Na Reurb-S promovida sobre bem público, o registro do projeto de regularização fundiária e a constituição de direito real em nome dos beneficiários poderão ser feitos em ato único, a critério do ente público promovente.

Parágrafo único. Nos casos previstos no *caput* deste artigo, serão encaminhados ao cartório o instrumento indicativo do direito real constituído, a listagem dos ocupantes que serão beneficiados pela Reurb e respectivas qualificações, com indicação das respectivas unidades, ficando dispensadas a apresentação de título cartorial individualizado e as cópias da documentação referente à qualificação de cada beneficiário.

Art. 18. O Município e o Distrito Federal poderão instituir como instrumento de planejamento urbano Zonas Especiais de Interesse Social (ZEIS), no âmbito da política municipal de ordenamento de seu território.

§ 1.º Para efeitos desta Lei, considera-se ZEIS a parcela de área urbana instituída pelo plano diretor ou definida por outra lei municipal, destinada preponderantemente à população de baixa renda e sujeita a regras específicas de parcelamento, uso e ocupação do solo.

§ 2.º A Reurb não está condicionada à existência de ZEIS.

Seção II
Da Demarcação Urbanística

Art. 19. O poder público poderá utilizar o procedimento de demarcação urbanística, com base no levantamento da situação da área a ser regularizada e na caracterização do núcleo urbano informal a ser regularizado.

§ 1.º O auto de demarcação urbanística deve ser instruído com os seguintes documentos:

I – planta e memorial descritivo da área a ser regularizada, nos quais constem suas medidas perimetrais, área total, confrontantes, coordenadas georreferenciadas dos vértices definidores de seus limites, números das matrículas ou transcrições atingidas, indicação dos proprietários identificados e ocorrência de situações de domínio privado com proprietários não identificados em razão de descrições imprecisas dos registros anteriores;

II – planta de sobreposição do imóvel demarcado com a situação da área constante do registro de imóveis.

§ 2.º O auto de demarcação urbanística poderá abranger uma parte ou a totalidade de um ou mais imóveis inseridos em uma ou mais das seguintes situações:

I – domínio privado com proprietários não identificados, em razão de descrições imprecisas dos registros anteriores;

II – domínio privado objeto do devido registro no registro de imóveis competente, ainda que de proprietários distintos; ou

III – domínio público.

§ 3.º Os procedimentos da demarcação urbanística não constituem condição para o processamento e a efetivação da Reurb.

Art. 20. O poder público notificará os titulares de domínio e os confrontantes da área demarcada, pessoalmente ou por via postal, com aviso de recebimento, no endereço que constar da matrícula ou da transcrição, para que estes, querendo, apresentem impugnação à demarcação urbanística, no prazo comum de trinta dias.

§ 1.º Eventuais titulares de domínio ou confrontantes não identificados, ou não encontrados ou que recusarem o recebimento da notificação por via postal, serão notificados por edital, para que, querendo, apresentem impugnação à demarcação urbanística, no prazo comum de trinta dias.

§ 2.º O edital de que trata o § 1.º deste artigo conterá resumo do auto de demarcação urbanística, com a descrição que permita a identificação da área a ser demarcada e seu desenho simplificado.

§ 3.º A ausência de manifestação dos indicados neste artigo será interpretada como concordância com a demarcação urbanística.

§ 4.º Se houver impugnação apenas em relação à parcela da área objeto do auto de demarcação urbanística, é facultado ao poder público prosseguir com o procedimento em relação à parcela não impugnada.

§ 5.º A critério do poder público municipal, as medidas de que trata este artigo poderão ser realizadas pelo registro de imóveis do local do núcleo urbano informal a ser regularizado.

§ 6.º A notificação conterá a advertência de que a ausência de impugnação implicará a perda de eventual direito que o notificado titularize sobre o imóvel objeto da Reurb.

Art. 21. Na hipótese de apresentação de impugnação, poderá ser adotado procedimento extrajudicial de composição de conflitos.

§ 1.º Caso exista demanda judicial de que o impugnante seja parte e que verse sobre direitos reais ou possessórios relativos ao imóvel abrangido pela demarcação urbanística, deverá informá-la ao poder público, que comunicará ao juízo a existência do procedimento de que trata o *caput* deste artigo.

§ 2.º Para subsidiar o procedimento de que trata o *caput* deste artigo, será feito um levantamento de eventuais passivos tributários, ambientais e administrativos associados aos imóveis objeto de impugnação, assim como das posses existentes, com vistas à identificação de casos de prescrição aquisitiva da propriedade.

§ 3.º A mediação observará o disposto na Lei n. 13.140, de 26 de junho de 2015, facultando-se ao poder público promover a alteração do auto de demarcação urbanística ou adotar qualquer outra medida que possa afastar a oposição do proprietário ou dos confrontantes à regularização da área ocupada.

§ 4.º Caso não se obtenha acordo na etapa de mediação, fica facultado o emprego da arbitragem.

Art. 22. Decorrido o prazo sem impugnação ou caso superada a oposição ao procedimento, o auto de demarcação urbanística será encaminhado ao registro de imóveis e averbado nas matrículas por ele alcançadas.

§ 1.º A averbação informará:

I – a área total e o perímetro correspondente ao núcleo urbano informal a ser regularizado;

II – as matrículas alcançadas pelo auto de demarcação urbanística e, quando possível, a área abrangida em cada uma delas; e

III – a existência de áreas cuja origem não tenha sido identificada em razão de imprecisões dos registros anteriores.

§ 2.º Na hipótese de o auto de demarcação urbanística incidir sobre imóveis ainda não matriculados, previamente à averbação, será aberta matrícula, que deverá refletir a situação registrada do imóvel, dispensadas a retificação do memorial descritivo e a apuração de área remanescente.

§ 3.º Nos casos de registro anterior efetuado em outra circunscrição, para abertura da matrícula de que trata o § 2.º deste artigo, o oficial requererá, de ofício, certidões atualizadas daquele registro.

§ 4.º Na hipótese de a demarcação urbanística abranger imóveis situados em mais de uma circunscrição imobiliária, o oficial do registro de imóveis responsável pelo procedimento comunicará as demais circunscrições imobiliárias envolvidas para averbação da demarcação urbanística nas respectivas matrículas alcançadas.

§ 5.º A demarcação urbanística será averbada ainda que a área abrangida pelo auto de demarcação urbanística supere a área disponível nos registros anteriores.

§ 6.º Não se exigirá, para a averbação da demarcação urbanística, a retificação da área não abrangida pelo auto de demarcação urbanística, ficando a apuração de remanescente sob a responsabilidade do proprietário do imóvel atingido.

Seção III
Da Legitimação Fundiária

Art. 23. A legitimação fundiária constitui forma originária de aquisição do direito real de propriedade conferido por ato do poder público, exclusivamente no âmbito da Reurb, àquele que detiver em área pública ou possuir em área privada, como sua, unidade imobiliária com destinação urbana, integrante de núcleo urbano informal consolidado existente em 22 de dezembro de 2016.

> *Vide* art. 1.228 do CC.

§ 1.º Apenas na Reurb-S, a legitimação fundiária será concedida ao beneficiário, desde que atendidas as seguintes condições:

I – o beneficiário não seja concessionário, foreiro ou proprietário de imóvel urbano ou rural;

II – o beneficiário não tenha sido contemplado com legitimação de posse ou fundiária de imóvel urbano com a mesma finalidade, ainda que situado em núcleo urbano distinto; e

III – em caso de imóvel urbano com finalidade não residencial, seja reconhecido pelo poder público o interesse público de sua ocupação.

§ 2.º Por meio da legitimação fundiária, em qualquer das modalidades da Reurb, o ocupante adquire a unidade imobiliária com destinação urbana livre e desembaraçada de quaisquer ônus, direitos reais, gravames ou inscrições, eventualmente existentes em sua matrícula de origem, exceto quando disserem respeito ao próprio legitimado.

§ 3.º Deverão ser transportadas as inscrições, as indisponibilidades ou os gravames existentes no registro da área maior originária para as matrículas das unidades imobiliárias que não houverem sido adquiridas por legitimação fundiária.

§ 4.º Na Reurb-S de imóveis públicos, a União, os Estados, o Distrito Federal e os Municípios, e as suas entidades vinculadas, quando titulares do domínio, ficam autorizados a reconhecer o direito de propriedade aos ocupantes do núcleo urbano informal regularizado por meio da legitimação fundiária.

§ 5.º Nos casos previstos neste artigo, o poder público encaminhará a CRF para registro imediato da aquisição de propriedade, dispensados a apresentação de título individualizado e as cópias da documentação referente à qualificação do beneficiário, o projeto de regularização fundiária aprovado, a listagem dos ocupantes e sua devida qualificação e a identificação das áreas que ocupam.

§ 6.º Poderá o poder público atribuir domínio adquirido por legitimação fundiária aos ocupantes que não tenham constado da listagem inicial, mediante cadastramento complementar, sem prejuízo dos direitos de quem haja constado na listagem inicial.

Art. 24. Nos casos de regularização fundiária urbana previstos na Lei n. 11.952, de 25 de junho de 2009, os Municípios poderão utilizar a legitimação fundiária e demais instrumentos previstos nesta Lei para conferir propriedade aos ocupantes.

> A Lei n. 11.952, de 25-6-2009, regulamentada pelo Decreto n. 6.992, de 28-10-2009, dispõe sobre a regularização fundiária das ocupações incidentes em terras situadas em áreas da União (rurais e urbanas) no âmbito da Amazônia Legal.

Seção IV
Da Legitimação de Posse

Art. 25. A legitimação de posse, instrumento de uso exclusivo para fins de regularização fundiária, constitui ato do poder público destinado a conferir título, por meio do qual fica reconhecida a posse de imóvel objeto da Reurb, com a identificação de seus ocupantes, do tempo da ocupação e da natureza da posse, o qual é conversível em direito real de propriedade, na forma desta Lei.

§ 1.º A legitimação de posse poderá ser transferida por *causa mortis* ou por ato *inter vivos*.

§ 2.º A legitimação de posse não se aplica aos imóveis urbanos situados em área de titularidade do poder público.

Art. 26. Sem prejuízo dos direitos decorrentes do exercício da posse mansa e pacífica no tempo, aquele em cujo favor for expedido título de legitimação de posse, decorrido o prazo de cinco anos de seu registro, terá a conversão automática dele em título de propriedade, desde que atendidos os termos e as condições do art. 183 da Constituição Federal, independentemente de prévia provocação ou prática de ato registral.

§ 1.º Nos casos não contemplados pelo art. 183 da Constituição Federal, o título de legitimação de posse poderá ser convertido em título de propriedade, desde que satisfeitos os requisitos de usucapião estabelecidos na legislação em vigor, a requerimento do interessado, perante o registro de imóveis competente.

§ 2.º A legitimação de posse, após convertida em propriedade, constitui forma originária de aquisição de direito real, de modo que a unidade imobiliária com destinação urbana regularizada restará livre e desembaraçada de quaisquer ônus, direitos reais, gravames ou inscrições, eventualmente existentes em sua matrícula de origem, exceto quando disserem respeito ao próprio beneficiário.

Art. 27. O título de legitimação de posse poderá ser cancelado pelo poder público emitente quando constatado que as condições estipuladas nesta Lei deixaram de ser satisfeitas, sem que seja devida qualquer indenização àquele que irregularmente se beneficiou do instrumento.

Capítulo III
DO PROCEDIMENTO ADMINISTRATIVO

Seção I
Disposições Gerais

Art. 28. A Reurb obedecerá às seguintes fases:

I – requerimento dos legitimados;

II – processamento administrativo do requerimento, no qual será conferido prazo para manifestação dos titulares de direitos reais sobre o imóvel e dos confrontantes;

III – elaboração do projeto de regularização fundiária;

IV – saneamento do processo administrativo;

V – decisão da autoridade competente, mediante ato formal, ao qual se dará publicidade;

VI – expedição da CRF pelo Município; e

VII – registro da CRF e do projeto de regularização fundiária aprovado perante o oficial do cartório de registro de imóveis em que se situe a unidade imobiliária com destinação urbana regularizada.

Parágrafo único. Não impedirá a Reurb, na forma estabelecida nesta Lei, a inexistência de lei municipal específica que trate de medidas ou posturas de interesse local aplicáveis a projetos de regularização fundiária urbana.

Art. 29. A fim de fomentar a efetiva implantação das medidas da Reurb, os entes federativos poderão celebrar convênios ou outros instrumentos congêneres com o Ministério das Cidades, com vistas a cooperar para a fiel execução do disposto nesta Lei.

Art. 30. Compete aos Municípios nos quais estejam situados os núcleos urbanos informais a serem regularizados:

I – classificar, caso a caso, as modalidades da Reurb;

II – processar, analisar e aprovar os projetos de regularização fundiária; e

III – emitir a CRF.

§ 1.º Na Reurb requerida pela União ou pelos Estados, a classificação prevista no inciso I do *caput* deste artigo será de responsabilidade do ente federativo instaurador.

§ 2.º O Município deverá classificar e fixar, no prazo de até cento e oitenta dias, uma das modalidades da Reurb ou indeferir, fundamentadamente, o requerimento.

§ 3.º A inércia do Município implica a automática fixação da modalidade de classificação da Reurb indicada pelo legitimado em seu requerimento, bem como o prosseguimento do procedimento administrativo da Reurb, sem prejuízo de futura revisão dessa classificação pelo Município, mediante estudo técnico que a justifique.

Art. 31. Instaurada a Reurb, o Município deverá proceder às buscas necessárias para determinar a titularidade do domínio dos imóveis onde está situado o núcleo urbano informal a ser regularizado.

§ 1.º Tratando-se de imóveis públicos ou privados, caberá aos Municípios notificar os titulares de domínio, os responsáveis pela implantação do núcleo urbano informal, os confinantes e os terceiros eventualmente interessados, para, querendo, apresentar impugnação no prazo de trinta dias, contado da data de recebimento da notificação.

§ 2.º Tratando-se de imóveis públicos municipais, o Município deverá notificar os confinantes e terceiros eventualmente interessados, para, querendo, apresentar impugnação no prazo de trinta dias, contado da data de recebimento da notificação.

§ 3.º Na hipótese de apresentação de impugnação, será iniciado o procedimento extrajudicial de composição de conflitos de que trata esta Lei.

§ 4.º A notificação do proprietário e dos confinantes será feita por via postal, com aviso de recebimento, no endereço que constar da matrícula ou da transcrição, considerando-se efetuada quando comprovada a entrega nesse endereço.

§ 5.º A notificação da Reurb também será feita por meio de publicação de edital, com prazo de trinta dias, do qual deverá constar, de forma resumida, a descrição da área a ser regularizada, nos seguintes casos:

I – quando o proprietário e os confinantes não forem encontrados; e

II – quando houver recusa da notificação por qualquer motivo.

§ 6.º A ausência de manifestação dos indicados referidos nos §§ 1.º e 4.º deste artigo será interpretada como concordância com a Reurb.

§ 7.º Caso algum dos imóveis atingidos ou confinantes não esteja matriculado ou transcrito na serventia, o Distrito Federal ou os Municípios realizarão diligências perante as serventias anteriormente competentes, mediante apresentação da planta do perímetro regularizado, a fim de que a sua situação jurídica atual seja certificada, caso possível.

§ 8.º O requerimento de instauração da Reurb ou, na forma de regulamento, a manifestação de interesse nesse sentido por parte de qualquer dos legitimados garantem perante o poder público aos ocupantes dos núcleos urbanos informais situados em áreas públicas a serem regularizados a permanência em suas respectivas unidades imobiliárias, preservando-se as situações de fato já existentes, até o eventual arquivamento definitivo do procedimento.

§ 9.º Fica dispensado o disposto neste artigo, caso adotados os procedimentos da demarcação urbanística.

Art. 32. A Reurb será instaurada por decisão do Município, por meio de requerimento, por escrito, de um dos legitimados de que trata esta Lei.

Parágrafo único. Na hipótese de indeferimento do requerimento de instauração da Reurb, a decisão do Município deverá indicar as medidas a serem adotadas, com vistas à reformulação e à reavaliação do requerimento, quando for o caso.

Art. 33. Instaurada a Reurb, compete ao Município aprovar o projeto de regularização fundiária, do qual deverão constar as responsabilidades das partes envolvidas.

§ 1.º A elaboração e o custeio do projeto de regularização fundiária e da implantação da infraestrutura essencial obedecerão aos seguintes procedimentos:

>> Anterior parágrafo único renumerado pela Medida Provisória n. 996, de 25-8-2020.

O texto anterior dizia: "Parágrafo único. A elaboração e o custeio do projeto de regularização fundiária e da implantação da infraestrutura essencial obedecerão aos seguintes procedimentos:".

I – na Reurb-S, caberão ao Município ou ao Distrito Federal a responsabilidade de elaborar e custear o projeto de regularização fundiária e a implantação da infraestrutura essencial, quando necessária;

>> Inciso I com redação determinada pela Medida Provisória n. 996, de 25-8-2020.

O texto anterior dizia: "I – na Reurb-S:

a) operada sobre área de titularidade de ente público, caberão ao referido ente público ou ao Município promotor ou ao Distrito Federal a responsabilidade de elaborar o projeto de regularização fundiária nos termos do ajuste que venha a ser celebrado e a implantação da infraestrutura essencial, quando necessária; e

b) operada sobre área titularizada por particular, caberão ao Município ou ao Distrito Federal a responsabilidade de elaborar e custear o projeto de regularização fundiária e a implantação da infraestrutura essencial, quando necessária;".

II – na Reurb-E, a regularização fundiária será contratada e custeada por seus potenciais beneficiários ou requerentes privados; e

>> Inciso II com redação determinada pela Medida Provisória n. 996, de 25-8-2020.

O texto anterior dizia: "II – na Reurb-E, a regularização fundiária será contratada e custeada por seus potenciais beneficiários ou requerentes privados;".

III – na Reurb-E sobre áreas públicas, se houver interesse público, o Município poderá proceder à elaboração e ao custeio do projeto de regularização fundiária e da implantação da infraestrutura essencial, com posterior cobrança aos seus beneficiários.

>> Inciso III com redação determinada pela Medida Provisória n. 996, de 25-8-2020.

O texto anterior dizia: "III – na Reurb-E sobre áreas públicas, se houver interesse público, o Município poderá proceder à elaboração e ao custeio do projeto de regularização fundiária e da implantação da infraestrutura essencial, com posterior cobrança aos seus beneficiários".

§ 2.º Na Reurb-S, fica facultado aos legitimados promover, às suas expensas, os projetos e os demais documentos técnicos necessários à regularização de seu imóvel.

>> § 2.º acrescentado pela Medida Provisória n. 996, de 25-8-2020.

Art. 34. Os Municípios poderão criar câmaras de prevenção e resolução administrativa de conflitos, no âmbito da administração local, inclusive mediante celebração de ajustes com os Tribunais de Justiça estaduais, as quais deterão competência para dirimir conflitos relacionados à Reurb, mediante solução consensual.

§ 1.º O modo de composição e funcionamento das câmaras de que trata o *caput* deste artigo será estabelecido em ato do Poder Executivo municipal e, na falta do ato, pelo disposto na Lei n. 13.140, de 26 de junho de 2015.

§ 2.º Se houver consenso entre as partes, o acordo será reduzido a termo e constituirá condição para a conclusão da Reurb, com consequente expedição da CRF.

§ 3.º Os Municípios poderão instaurar, de ofício ou mediante provocação, procedimento de mediação coletiva de conflitos relacionados à Reurb.

§ 4.º A instauração de procedimento administrativo para a resolução consensual de conflitos no âmbito da Reurb suspende a prescrição.

§ 5.º Os Municípios e o Distrito Federal poderão, mediante a celebração de convênio, utilizar os Centros Judiciários de Solução de Conflitos e Cidadania ou as câmaras de mediação credenciadas nos Tribunais de Justiça.

Seção II
Do Projeto de Regularização Fundiária

Art. 35. O projeto de regularização fundiária conterá, no mínimo:

I – levantamento planialtimétrico e cadastral, com georreferenciamento, subscrito por profissional competente, acompanhado de Anotação de Responsabilidade Técnica (ART) ou Registro de Responsabilidade Técnica (RRT), que demonstrará as unidades, as construções, o sistema viário, as áreas públicas, os acidentes geográficos e os demais elementos caracterizadores do núcleo a ser regularizado;

II – planta do perímetro do núcleo urbano informal com demonstração das matrículas ou transcrições atingidas, quando for possível;

III – estudo preliminar das desconformidades e da situação jurídica, urbanística e ambiental;

IV – projeto urbanístico;

V – memoriais descritivos;

VI – proposta de soluções para questões ambientais, urbanísticas e de reassentamento dos ocupantes, quando for o caso;

VII – estudo técnico para situação de risco, quando for o caso;

VIII – estudo técnico ambiental, para os fins previstos nesta Lei, quando for o caso;

IX – cronograma físico de serviços e implantação de obras de infraestrutura essencial, compensações urbanísticas, ambientais e outras, quando houver, definidas por ocasião da aprovação do projeto de regularização fundiária; e

X – termo de compromisso a ser assinado pelos responsáveis, públicos ou privados, pelo cumprimento do cronograma físico definido no inciso IX deste artigo.

Parágrafo único. O projeto de regularização fundiária deverá considerar as características da ocupação e da área ocupada para definir parâmetros urbanísticos e ambientais específicos, além de identificar os lotes, as vias de circulação e as áreas destinadas a uso público, quando for o caso.

Art. 36. O projeto urbanístico de regularização fundiária deverá conter, no mínimo, indicação:

I – das áreas ocupadas, do sistema viário e das unidades imobiliárias, existentes ou projetadas;

II – das unidades imobiliárias a serem regularizadas, suas características, área, confrontações, localização, nome do logradouro e número de sua designação cadastral, se houver;

III – quando for o caso, das quadras e suas subdivisões em lotes ou as frações ideais vinculadas à unidade regularizada;

IV – dos logradouros, espaços livres, áreas destinadas a edifícios públicos e outros equipamentos urbanos, quando houver;

V – de eventuais áreas já usucapidas;

VI – das medidas de adequação para correção das desconformidades, quando necessárias;

VII – das medidas de adequação da mobilidade, acessibilidade, infraestrutura e relocação de edificações, quando necessárias;

VIII – das obras de infraestrutura essencial, quando necessárias;

IX – de outros requisitos que sejam definidos pelo Município.

§ 1.º Para fins desta Lei, considera-se infraestrutura essencial os seguintes equipamentos:

I – sistema de abastecimento de água potável, coletivo ou individual;

II – sistema de coleta e tratamento do esgotamento sanitário, coletivo ou individual;

III – rede de energia elétrica domiciliar;

IV – soluções de drenagem, quando necessário; e

V – outros equipamentos a serem definidos pelos Municípios em função das necessidades locais e características regionais.

§ 2.º A Reurb pode ser implementada por etapas, abrangendo o núcleo urbano informal de forma total ou parcial.

§ 3.º As obras de implantação de infraestrutura essencial, de equipamentos comunitários e de melhoria habitacional, bem como sua manutenção, podem ser realizadas antes, durante ou após a conclusão da Reurb.

§ 4.º O Município definirá os requisitos para elaboração do projeto de regularização, no que se refere aos desenhos, ao memorial descritivo e ao cronograma físico de obras e serviços a serem realizados, se for o caso.

§ 5.º A planta e o memorial descritivo deverão ser assinados por profissional legalmente habilitado, dispensada a apresentação de Anotação de Responsabilidade Técnica (ART) no Conselho Regional de Engenharia e Agronomia (Crea) ou de Registro de Responsabilidade Técnica (RRT) no Conselho de Arquitetura e Urbanismo (CAU), quando o responsável técnico for servidor ou empregado público.

Art. 37. Na Reurb-S, caberá ao poder público competente, diretamente ou por meio da administração pública indireta, implementar a infraestrutura essencial, os equipamentos comunitários e as melhorias habitacionais previstos nos projetos de regularização, assim como arcar com os ônus de sua manutenção.

Art. 38. Na Reurb-E, o Distrito Federal ou os Municípios deverão definir, por ocasião da aprovação dos projetos de regularização fundiária, nos limites da legislação de regência, os responsáveis pela:

I – implantação dos sistemas viários;

II – implantação da infraestrutura essencial e dos equipamentos públicos ou comunitários, quando for o caso; e

III – implementação das medidas de mitigação e compensação urbanística e ambiental, e dos estudos técnicos, quando for o caso.

§ 1.º As responsabilidades de que trata o *caput* deste artigo poderão ser atribuídas aos beneficiários da Reurb-E.

§ 2.º Os responsáveis pela adoção de medidas de mitigação e compensação urbanística e ambiental deverão celebrar termo de compromisso com as autoridades competentes como condição de aprovação da Reurb-E.

Art. 39. Para que seja aprovada a Reurb de núcleos urbanos informais, ou de parcela deles, situados em áreas de riscos geotécnicos, de inundações ou de outros riscos especificados em lei, estudos técnicos deverão ser realizados, a fim de examinar a possibilidade de eliminação, de correção ou de administração de riscos na parcela por eles afetada.

§ 1.º Na hipótese do *caput* deste artigo, é condição indispensável à aprovação da Reurb a implantação das medidas indicadas nos estudos técnicos realizados.

§ 2.º Na Reurb-S que envolva áreas de riscos que não comportem eliminação, correção ou administração, os Municípios deverão proceder à realocação dos ocupantes do núcleo urbano informal a ser regularizado.

Seção III
Da Conclusão da Reurb

Art. 40. O pronunciamento da autoridade competente que decidir o processamento administrativo da Reurb deverá:

I – indicar as intervenções a serem executadas, se for o caso, conforme o projeto de regularização fundiária aprovado;

II – aprovar o projeto de regularização fundiária resultante do processo de regularização fundiária; e

III – identificar e declarar os ocupantes de cada unidade imobiliária com destinação urbana regularizada, e os respectivos direitos reais.

Art. 41. A Certidão de Regularização Fundiária (CRF) é o ato administrativo de aprovação da regularização que deverá acompanhar o projeto aprovado e deverá conter, no mínimo:

I – o nome do núcleo urbano regularizado;

II – a localização;

III – a modalidade da regularização;

IV – as responsabilidades das obras e serviços constantes do cronograma;

V – a indicação numérica de cada unidade regularizada, quando houver;

VI – a listagem com nomes dos ocupantes que houverem adquirido a respectiva unidade, por título de legitimação fundiária ou mediante ato único de registro, bem como o estado civil, a profissão, o número de inscrição no cadastro das pessoas físicas do Ministério da Fazenda e do registro geral da cédula de identidade e a filiação.

Capítulo IV
DO REGISTRO DA REGULARIZAÇÃO FUNDIÁRIA

Art. 42. O registro da CRF e do projeto de regularização fundiária aprovado será requerido diretamente ao oficial do cartório de registro de imóveis da situação do imóvel e será efetivado independentemente de determinação judicial ou do Ministério Público.

Parágrafo único. Em caso de recusa do registro, o oficial do cartório do registro de imóveis expedirá nota devolutiva fundamentada, na qual indicará os motivos da recusa e formulará exigências nos termos desta Lei.

Art. 43. Na hipótese de a Reurb abranger imóveis situados em mais de uma circunscrição imobiliária, o procedimento será efetuado perante cada um dos oficiais dos cartórios de registro de imóveis.

Parágrafo único. Quando os imóveis regularizados estiverem situados na divisa das circunscrições imobiliárias, as novas matrículas das unidades imobiliárias serão de competência do oficial do cartório de registro de imóveis em cuja circunscrição estiver situada a maior porção da unidade imobiliária regularizada.

Art. 44. Recebida a CRF, cumprirá ao oficial do cartório de registro de imóveis prenotá-la, autuá-la, instaurar o procedimento registral e, no prazo de quinze dias, emitir a respectiva nota de exigência ou praticar os atos tendentes ao registro.

§ 1.º O registro do projeto Reurb aprovado importa em:

I – abertura de nova matrícula, quando for o caso;

II – abertura de matrículas individualizadas para os lotes e áreas públicas resultantes do projeto de regularização aprovado; e

III – registro dos direitos reais indicados na CRF junto às matrículas dos respectivos lotes, dispensada a apresentação de título individualizado.

§ 2.º Quando o núcleo urbano regularizado abranger mais de uma matrícula, o oficial do registro de imóveis abrirá nova matrícula para a área objeto de regularização, conforme previsto no inciso I do § 1.º deste artigo, destacando a área abrangida na matrícula de origem, dispensada a apuração de remanescentes.

§ 3.º O registro da CRF dispensa a comprovação do pagamento de tributos ou penalidades tributárias de responsabilidade dos legitimados.

§ 4.º O registro da CRF aprovado independe de averbação prévia do cancelamento do cadastro de imóvel rural no Instituto Nacional de Colonização e Reforma Agrária (Incra).

§ 5.º O procedimento registral deverá ser concluído no prazo de sessenta dias, prorrogável por até igual período, mediante justificativa fundamentada do oficial do cartório de registro de imóveis.

§ 6.º O oficial de registro fica dispensado de providenciar a notificação dos titulares de domínio, dos confinantes e de terceiros eventualmente interessados, uma vez cumprido esse rito pelo Município, conforme o disposto no art. 31 desta Lei.

§ 7.º O oficial do cartório de registro de imóveis, após o registro da CRF, notificará o Incra, o Ministério do Meio Ambiente e a Secretaria da Receita Federal do Brasil para que esses órgãos cancelem, parcial ou totalmente, os respectivos registros existentes no Cadastro Ambiental Rural (CAR) e nos demais cadastros relacionados a imóvel rural, relativamente às unidades imobiliárias regularizadas.

Art. 45. Quando se tratar de imóvel sujeito a regime de condomínio geral a ser dividido em lotes com indicação, na matrícula, da área deferida a cada condômino, o Município poderá indicar, de forma individual ou coletiva, as unidades imobiliárias correspondentes às frações ideais registradas, sob sua exclusiva responsabilidade, para a especialização das áreas registradas em comum.

Parágrafo único. Na hipótese de a informação prevista no *caput* deste artigo não constar do projeto de regularização fundiária aprovado pelo Município, as novas matrículas das unidades imobiliárias serão abertas mediante requerimento de especialização formulado pelos legitimados de que trata esta Lei, dispensada a outorga de escritura pública para indicação da quadra e do lote.

Art. 46. Para atendimento ao princípio da especialidade, o oficial do cartório de registro de imóveis adotará o memorial descritivo da gleba apresentado com o projeto de regularização fundiária e deverá averbá-lo na matrícula existente, anteriormente ao registro do projeto, independentemente de provocação, retificação, notificação, unificação ou apuração de disponibilidade ou remanescente.

§ 1.º Se houver dúvida quanto à extensão da gleba matriculada, em razão da precariedade da descrição tabular, o oficial do cartório de registro de imóveis abrirá nova matrícula para a área destacada e averbará o referido destaque na matrícula matriz.

§ 2.º As notificações serão emitidas de forma simplificada, indicando os dados de identificação do núcleo urbano a ser regularizado, sem a anexação de plantas, projetos, memoriais ou outros documentos, convidando o notificado a comparecer à sede da serventia para tomar conhecimento da CRF com a advertência de que o não comparecimento e a não apresentação de impugnação, no prazo legal, importará em anuência ao registro.

§ 3.º Na hipótese de o projeto de regularização fundiária não envolver a integralidade do imóvel matriculado, o registro será feito com base na planta e no memorial descritivo referentes à área objeto de regularização e o destaque na matrícula da área total deverá ser averbado.

Art. 47. Os padrões dos memoriais descritivos, das plantas e das demais representações gráficas, inclusive as escalas adotadas e outros detalhes técnicos, seguirão as diretrizes estabelecidas pela autoridade municipal ou distrital competente, as quais serão consideradas atendidas com a emissão da CRF.

Parágrafo único. Não serão exigidos reconhecimentos de firma nos documentos que compõem a CRF ou o termo individual de legitimação fundiária quando apresentados pela União, Estados, Distrito Federal, Municípios ou entes da administração indireta.

Art. 48. O registro da CRF produzirá efeito de instituição e especificação de condomínio, quando for o caso, regido pelas disposições legais específicas, hipótese em que fica facultada aos condôminos a aprovação de convenção condominial.

Art. 49. O registro da CRF será feito em todas as matrículas atingidas pelo projeto de regularização fundiária aprovado, devendo ser informadas, quando possível, as parcelas correspondentes a cada matrícula.

Art. 50. Nas matrículas abertas para cada parcela, deverão constar dos campos referentes ao registro anterior e ao proprietário:

I – quando for possível, a identificação exata da origem da parcela matriculada, por meio de planta de sobreposição do parcelamento com os registros existentes, a matrícula anterior e o nome de seu proprietário;

II – quando não for possível identificar a exata origem da parcela matriculada, todas as matrículas anteriores atingidas pela Reurb e a expressão "proprietário não identificado", dispensando-se nesse caso os requisitos dos itens 4 e 5 do inciso II do art. 167 da Lei n. 6.015, de 31 de dezembro de 1973.

Art. 51. Qualificada a CRF e não havendo exigências nem impedimentos, o oficial do cartório de registro de imóveis efetuará o seu registro na matrícula dos imóveis cujas áreas tenham sido atingidas, total ou parcialmente.

Parágrafo único. Não identificadas as transcrições ou as matrículas da área regularizada, o oficial do cartório de registro abrirá matrícula com a descrição do perímetro do núcleo urbano informal que constar da CRF e nela efetuará o registro.

Art. 52. Registrada a CRF, será aberta matrícula para cada uma das unidades imobiliárias regularizadas.

Parágrafo único. Para os atuais ocupantes das unidades imobiliárias objeto da Reurb, os compromissos de compra e venda, as cessões e as promessas de cessão valerão como título hábil para a aquisição da propriedade, quando acompanhados da prova de quitação das obrigações do adquirente, e serão registrados nas matrículas das unidades imobiliárias correspondentes, resultantes da regularização fundiária.

Art. 53. Com o registro da CRF, serão incorporados automaticamente ao patrimônio público as vias públicas, as áreas destinadas ao uso comum do povo, os prédios públicos e os equipamentos urbanos, na forma indicada no projeto de regularização fundiária aprovado.

Parágrafo único. A requerimento do Município, o oficial de registro de imóveis abrirá matrícula para as áreas que tenham ingressado no domínio público.

Art. 54. As unidades desocupadas e não comercializadas alcançadas pela Reurb terão as suas matrículas abertas em nome do titular originário do domínio da área.

Parágrafo único. As unidades não edificadas que tenham sido comercializadas a qualquer título terão suas matrículas abertas em nome do adquirente, conforme procedimento previsto nos art. 84 e art. 98.

>> Parágrafo único com redação determinada pela Medida Provisória n. 996, de 25-8-2020.

O texto anterior dizia: "Parágrafo único. As unidades não edificadas que tenham sido comercializadas a qualquer título terão suas matrículas abertas em nome do adquirente, conforme procedimento previsto nos arts. 84 e 99 desta Lei".

Capítulo V
DO DIREITO REAL DE LAJE

....

Art. 57. O *caput* do art. 799 da Lei n. 13.105, de 16 de março de 2015 (Código de Processo Civil), passa a vigorar acrescido dos seguintes incisos X e XI:

>> Alterações já processadas no diploma modificado.

Capítulo VI
DO CONDOMÍNIO DE LOTES

....

Capítulo VII
DOS CONJUNTOS HABITACIONAIS

Art. 59. Serão regularizados como conjuntos habitacionais os núcleos urbanos informais que tenham sido constituídos para a alienação de unidades já edificadas pelo próprio empreendedor, público ou privado.

§ 1.º Os conjuntos habitacionais podem ser constituídos de parcelamento do solo com unidades edificadas isoladas, parcelamento do solo com edificações em condomínio, condomínios horizontais ou verticais, ou ambas as modalidades de parcelamento e condomínio.

§ 2.º As unidades resultantes da regularização de conjuntos habitacionais serão atribuídas aos ocupantes reconhecidos, salvo quando o ente público promotor do programa habitacional demonstrar que, durante o processo de regularização fundiária, há obrigações pendentes, caso em que as unidades imobiliárias regularizadas serão a ele atribuídas.

Art. 60. Para a aprovação e registro dos conjuntos habitacionais que compõem a Reurb ficam dispensadas a apresentação do habite-se e, no caso de Reurb-S, as respectivas certidões negativas de tributos e contribuições previdenciárias.

Capítulo VIII
DO CONDOMÍNIO URBANO SIMPLES

Art. 61. Quando um mesmo imóvel contiver construções de casas ou cômodos, poderá ser instituído, inclusive para fins de Reurb, condomínio urbano simples, respeitados os parâmetros urbanísticos locais, e serão discriminadas, na matrícula, a parte do terreno ocupada pelas edificações, as partes de utilização exclusiva e as áreas que constituem passagem para as vias públicas ou para as unidades entre si.

Parágrafo único. O condomínio urbano simples será regido por esta Lei, aplicando-se, no que couber, o disposto na legislação civil, tal como os arts. 1.331 a 1.358 da Lei n. 10.406, de 10 de janeiro de 2002 (Código Civil).

> Citados artigos dispõem sobre condomínio edilício.

Art. 62. A instituição do condomínio urbano simples será registrada na matrícula do respectivo imóvel, na qual deverão ser identificadas as partes comuns ao nível do solo, as partes comuns internas à edificação, se houver, e as respectivas unidades autônomas, dispensada a apresentação de convenção de condomínio.

§ 1.º Após o registro da instituição do condomínio urbano simples, deverá ser aberta uma matrícula para cada unidade autônoma, à qual caberá, como parte inseparável, uma fração ideal do solo e das outras partes comuns, se houver, representada na forma de percentual.

§ 2.º As unidades autônomas constituídas em matrícula própria poderão ser alienadas e gravadas livremente por seus titulares.

§ 3.º Nenhuma unidade autônoma poderá ser privada de acesso ao logradouro público.

§ 4.º A gestão das partes comuns será feita de comum acordo entre os condôminos, podendo ser formalizada por meio de instrumento particular.

Art. 63. No caso da Reurb-S, a averbação das edificações poderá ser efetivada a partir de mera notícia, a requerimento do interessado, da qual constem a área construída e o número da unidade imobiliária, dispensada a apresentação de habite-se e de certidões negativas de tributos e contribuições previdenciárias.

Capítulo IX
DA ARRECADAÇÃO DE IMÓVEIS ABANDONADOS

Art. 64. Os imóveis urbanos privados abandonados cujos proprietários não possuam a intenção de conservá-los em seu patrimônio ficam sujeitos à arrecadação pelo Município ou pelo Distrito Federal na condição de bem vago.

§ 1.º A intenção referida no *caput* deste artigo será presumida quando o proprietário, cessados os atos de posse sobre o imóvel, não adimplir os ônus fiscais instituídos sobre a propriedade predial e territorial urbana, por cinco anos.

§ 2.º O procedimento de arrecadação de imóveis urbanos abandonados obedecerá ao disposto em ato do Poder Executivo municipal ou distrital e observará, no mínimo:

I – abertura de processo administrativo para tratar da arrecadação;

II – comprovação do tempo de abandono e de inadimplência fiscal;

III – notificação ao titular do domínio para, querendo, apresentar impugnação no prazo de trinta dias, contado da data de recebimento da notificação.

§ 3.º A ausência de manifestação do titular do domínio será interpretada como concordância com a arrecadação.

§ 4.º Respeitado o procedimento de arrecadação, o Município poderá realizar, diretamente ou por meio de terceiros, os investimentos necessários para que o imóvel urbano arrecadado atinja prontamente os objetivos sociais a que se destina.

§ 5.º Na hipótese de o proprietário reivindicar a posse do imóvel declarado abandonado, no transcorrer do triênio a que alude o art. 1.276 da Lei n. 10.406, de 10 de janeiro de 2002 (Código Civil), fica assegurado ao Poder Executivo municipal ou distrital o direito ao ressarcimento prévio, e em valor atualizado, de todas as despesas em que eventualmente houver incorrido, inclusive tributárias, em razão do exercício da posse provisória.

>> *Vide* nota ao art. 15, IV, desta Lei.

Art. 65. Os imóveis arrecadados pelos Municípios ou pelo Distrito Federal poderão ser destinados aos programas habitacionais, à prestação de serviços públicos, ao fomento da Reurb-S ou serão objeto de concessão de direito real de uso a entidades civis que comprovadamente tenham fins filantrópicos, assistenciais, educativos, esportivos ou outros, no interesse do Município ou do Distrito Federal.

Capítulo X
DA REGULARIZAÇÃO DA PROPRIEDADE FIDUCIÁRIA DO FUNDO DE ARRENDAMENTO RESIDENCIAL (FAR)

....

Capítulo XI
DISPOSIÇÕES FINAIS E TRANSITÓRIAS

Art. 68. Ao Distrito Federal são atribuídas as competências, os direitos e as responsabilidades reservadas aos Estados e aos Municípios, na forma desta Lei.

Art. 69. As glebas parceladas para fins urbanos anteriormente a 19 de dezembro de 1979, que não possuírem registro, poderão ter a sua situação jurídica regularizada mediante o registro do parcelamento, desde que esteja implantado e integrado à cidade, podendo, para tanto, utilizar-se dos instrumentos previstos nesta Lei.

§ 1.º O interessado requererá ao oficial do cartório de registro de imóveis a efetivação do registro do parcelamento, munido dos seguintes documentos:

I – planta da área em regularização assinada pelo interessado responsável pela regularização e por profissional legalmente habilitado, acompanhada da Anotação de Responsabilidade Técnica (ART) no Conselho Regional de Engenharia e Agronomia (Crea) ou de Registro de Responsabilidade Técnica (RRT) no Conselho de Arquitetura e Urbanismo (CAU), contendo o perímetro da área a ser regularizada e as subdivisões das quadras, lotes e áreas públicas, com as dimensões e numeração dos lotes, logradouros, espaços livres e outras áreas com destinação específica, se for o caso, dispensada a ART ou o RRT quando o responsável técnico for servidor ou empregado público;

II – descrição técnica do perímetro da área a ser regularizada, dos lotes, das áreas públicas e de outras áreas com destinação específica, quando for o caso;

III – documento expedido pelo Município, atestando que o parcelamento foi implantado antes de 19 de dezembro de 1979 e que está integrado à cidade.

§ 2.º A apresentação da documentação prevista no § 1.º deste artigo dispensa a apresentação do projeto de regularização fundiária, de estudo técnico ambiental, de CRF ou de quaisquer outras manifestações, aprovações, licenças ou alvarás emitidos pelos órgãos públicos.

Art. 70. As disposições da Lei n. 6.766, de 19 de dezembro de 1979, não se aplicam à Reurb, exceto quanto ao disposto nos arts. 37, 38, 39, no *caput* e nos §§ 1.º, 2.º, 3.º e 4.º do art. 40 e nos arts. 41, 42, 44, 47, 48, 49, 50, 51 e 52 da referida Lei.

Art. 71. Para fins da Reurb, ficam dispensadas a desafetação e as exigências previstas no inciso I do *caput* do art. 17 da Lei n. 8.666, de 21 de junho de 1993.

....

Art. 73. Devem os Estados criar e regulamentar fundos específicos destinados à compensação, total ou parcial, dos custos referentes aos atos registrais da Reurb-S previstos nesta Lei.

Parágrafo único. Para que os fundos estaduais acessem os recursos do Fundo Nacional de Habitação de Interesse Social (FNHIS), criado pela Lei n. 11.124, de 16 de junho de 2005, deverão firmar termo de adesão, na forma a ser regulamentada pelo Poder Executivo federal.

Art. 74. Serão regularizadas, na forma desta Lei, as ocupações que incidam sobre áreas objeto de demanda judicial que versem sobre direitos reais de garantia ou constrições judiciais, bloqueios e indisponibilidades, ressalvada a hipótese de decisão judicial específica que impeça a análise, aprovação e registro do projeto de regularização fundiária urbana.

Art. 75. As normas e os procedimentos estabelecidos nesta Lei poderão ser aplicados aos processos administrativos de regularização fundiária iniciados pelos entes públicos competentes até a data de publicação desta Lei, sendo regidos, a critério deles, pelos arts. 288-A a 288-G da Lei n. 6.015, de 31 de dezembro de 1973, e pelos arts. 46 a 71-A da Lei n. 11.977, de 7 de julho de 2009.

Art. 76. O Sistema de Registro Eletrônico de Imóveis (SREI) será implementado e operado, em âmbito nacional, pelo Operador Nacional do Sistema de Registro Eletrônico de Imóveis (ONR).

§ 1.º O procedimento administrativo e os atos de registro decorrentes da Reurb serão feitos preferencialmente por meio eletrônico, na forma dos arts. 37 a 41 da Lei n. 11.977, de 7 de julho de 2009.

§ 2.º O ONR será organizado como pessoa jurídica de direito privado, sem fins lucrativos.

§ 3.º (*Vetado.*)

§ 4.º Caberá à Corregedoria Nacional de Justiça do Conselho Nacional de Justiça exercer a função de agente regulador do ONR e zelar pelo cumprimento de seu estatuto.

§ 5.º As unidades do serviço de registro de imóveis dos Estados e do Distrito Federal integram o SREI e ficam vinculadas ao ONR.

§ 6.º Os serviços eletrônicos serão disponibilizados, sem ônus, ao Poder Judiciário, ao Poder Executivo federal, ao Ministério Público, aos entes públicos previstos nos regimentos de custas e emolumentos dos Estados e do Distrito Federal, e aos órgãos encarregados de investigações criminais, fiscalização tributária e recuperação de ativos.

§ 7.º A administração pública federal acessará as informações do SREI por meio do Sistema Nacional de Gestão de Informações Territoriais (Sinter), na forma de regulamento.

§ 8.º (*Vetado.*)

....

Art. 79. A Lei n. 10.257, de 10 de julho de 2001, passa a vigorar com as seguintes alterações:

>> Alterações já processadas no diploma modificado.

....

Título III
DOS PROCEDIMENTOS DE AVALIAÇÃO E ALIENAÇÃO DE IMÓVEIS DA UNIÃO

Art. 83. Os procedimentos para a Reurb promovida em áreas de domínio da União serão regulamentados em ato específico da Secretaria do Patrimônio da União (SPU), sem prejuízo da eventual adoção de procedimentos e instrumentos previstos para a Reurb.

> A Portaria n. 2.826, de 31-1-2020, do ME, estabelece normas e procedimentos para a Regularização Fundiária Urbana – Reurb em áreas da União, cadastradas ou não, previstas nesta Lei.

Art. 84. Os imóveis da União objeto da Reurb-E que forem objeto de processo de parcelamento reconhecido pela autoridade pública poderão ser, no todo ou em parte, vendidos diretamente aos seus ocupantes, dispensados os procedimentos exigidos pela Lei n. 8.666, de 21 de junho de 1993.

§ 1.º A venda aplica-se unicamente aos imóveis ocupados até 22 de dezembro de 2016, exigindo-se que o usuário seja regularmente inscrito e esteja em dia com suas obrigações para com a Secretaria do Patrimônio da União (SPU).

§ 2.º A venda direta de que trata este artigo somente poderá ser concedida para, no máximo, dois imóveis, um residencial e um não residencial, regularmente cadastrados em nome do beneficiário na Secretaria do Patrimônio da União (SPU).

§ 3.º A venda direta de que trata este artigo deverá obedecer à Lei n. 9.514, de 20 de novembro de 1997, ficando a União com a propriedade fiduciária dos bens alienados até a quitação integral, na forma dos §§ 4o e 5.º deste artigo.

> A Lei n. 9.514, de 20-11-1997, dispõe sobre o Sistema de Financiamento Imobiliário e institui a alienação fiduciária de coisa imóvel.

§ 4.º Para ocupantes com renda familiar situada entre cinco e dez salários mínimos, a aquisição poderá ser realizada à vista ou em até duzentas e quarenta parcelas mensais e consecutivas, mediante sinal de, no mínimo, 5% (cinco por cento) do valor da avaliação, e o valor da parcela mensal não poderá ser inferior ao valor equivalente ao devido pelo usuário a título de taxa de foro ou ocupação, quando requerido pelo interessado.

§ 5.º Para ocupantes com renda familiar acima de dez salários mínimos, a aquisição poderá ser realizada à vista ou em até cento e vinte parcelas mensais e consecutivas, mediante um sinal de, no mínimo, 10% (dez por cento) do valor da avaliação, e o valor da parcela mensal não poderá ser inferior ao valor equivalente ao devido pelo usuário a título de taxa de foro ou ocupação, quando requerido pelo interessado.

§ 6.º A regulamentação do disposto neste artigo será efetuada pela Secretaria do Patrimônio da União (SPU) no prazo de doze meses contado da data de publicação desta Lei.

Art. 85. O preço de venda será fixado com base no valor de mercado do imóvel, segundo os critérios de avaliação previstos no art. 11-C da Lei n. 9.636, de 15 de maio de 1998, excluídas as acessões e as benfeitorias realizadas pelo ocupante.

§ 1.º O prazo de validade da avaliação a que se refere o *caput* deste artigo será de, no máximo, doze meses.

§ 2.º Nos casos de condomínio edilício privado, as áreas comuns, excluídas suas benfeitorias, serão adicionadas na fração ideal da unidade privativa correspondente.

Art. 86. As pessoas físicas de baixa renda que, por qualquer título, utilizem regularmente imóvel da União, inclusive imóveis provenientes de entidades federais extintas, para fins de moradia até 22 de dezembro de 2016, e que sejam isentas do pagamento de qualquer valor pela utilização, na forma da legislação patrimonial e dos cadastros da Secretaria do Patrimônio da União (SPU), poderão requerer diretamente ao oficial de registro de imóveis, mediante apresentação da Certidão de Autorização de Transferência (CAT) expedida pela SPU, a transferência gratuita da propriedade do imóvel, desde que preencham os requisitos previstos no § 5.º do art. 31 da Lei n. 9.636, de 15 de maio de 1998.

§ 1.º A transferência gratuita de que trata este artigo somente poderá ser concedida uma vez por beneficiário.

§ 2.º A avaliação prévia do imóvel e a prévia autorização legislativa específica não configuram condição para a transferência gratuita de que trata este artigo.

Art. 87. Para obter gratuitamente a concessão de direito real de uso ou o domínio pleno do imóvel, o interessado deverá requerer à Secretaria do Patrimônio da União (SPU) a Certidão de Autorização de Transferência para fins de Reurb-S (CAT-Reurb-S), a qual valerá como título hábil para a aquisição do direito mediante o registro no cartório de registro de imóveis competente.

Parágrafo único. Efetivado o registro da transferência da concessão de direito real de uso ou do domínio pleno do imóvel, o oficial do cartório de registro de imóveis, no prazo de trinta dias, notificará a Superintendência do Patrimônio da União no Estado ou no Distrito Federal, informando o número da matrícula do imóvel e o seu Registro Imobiliário Patrimonial (RIP), o qual deverá constar da CAT-Reurb-S.

Art. 88. Na hipótese de imóveis destinados à Reurb-S cuja propriedade da União ainda não se encontre regularizada no cartório de registro de imóveis competente, a abertura de matrícula poderá ser realizada por meio de requerimento da Secretaria do Patrimônio da União (SPU), dirigido ao oficial do referido cartório, acompanhado dos seguintes documentos:

I – planta e memorial descritivo do imóvel, assinados por profissional habilitado perante o Conselho Regional de Engenharia e Agronomia (Crea) ou o Conselho de Arquitetura e Urbanismo (CAU), condicionados à apresentação da Anotação de Responsabilidade Técnica (ART) ou do Registro de Responsabilidade Técnica (RRT), quando for o caso; e

II – ato de discriminação administrativa do imóvel da União para fins de Reurb-S, a ser expedido pela Secretaria do Patrimônio da União (SPU).

§ 1.º O oficial do cartório de registro de imóveis deverá, no prazo de trinta dias, contado da data de protocolo do requerimento, fornecer à Superintendência do Patrimônio da União no Estado ou no Distrito Federal a certidão da matrícula aberta ou os motivos fundamentados para a negativa da abertura, hipótese para a qual deverá ser estabelecido prazo para que as pendências sejam supridas.

§ 2.º O disposto no *caput* deste artigo não se aplica aos imóveis da União submetidos a procedimentos específicos de identificação e demarcação, os quais continuam submetidos às normas pertinentes.

Art. 89. Os procedimentos para a transferência gratuita do direito real de uso ou do domínio pleno de imóveis da União no âmbito da Reurb-S, inclusive aqueles relacionados à forma de comprovação dos requisitos pelos beneficiários, serão regulamentados em ato específico da Secretaria do Patrimônio da União (SPU).

Art. 90. Ficam a União, suas autarquias e fundações autorizadas a transferir aos Estados, aos Municípios e ao Distrito Federal as áreas públicas federais ocupadas por núcleos urbanos informais, para que promovam a Reurb nos termos desta Lei, observado o regulamento quando se tratar de imóveis de titularidade de fundos.

Art. 91. O Decreto-lei n. 2.398, de 21 de dezembro de 1987, passa a vigorar com as seguintes alterações:

>> Alterações já processadas no diploma modificado.

Art. 92. A Lei n. 13.240, de 30 de dezembro de 2015, passa a vigorar com as seguintes alterações:

>> Alterações já processadas no diploma modificado.

Art. 93. A Lei n. 9.636, de 15 de maio de 1998, passa a vigorar com as seguintes alterações:

>> Alterações já processadas no diploma modificado.

...

Art. 96. O Decreto-lei n. 9.760, de 5 de setembro de 1946, passa a vigorar com as seguintes alterações:

>> Alterações já processadas no diploma modificado.

...

Título IV
DISPOSIÇÕES FINAIS

Art. 98. Fica facultado aos Estados, aos Municípios e ao Distrito Federal utilizar a prerrogativa de venda direta aos ocupantes de suas áreas públicas objeto da Reurb-E, dispensados os procedimentos exigidos pela Lei n. 8.666, de 21 de junho de 1993, e desde que os imóveis se encontrem ocupados até 22 de dezembro de 2016, devendo regulamentar o processo em legislação própria nos moldes do disposto no art. 84 desta Lei.

...

Art. 102. Fica a União autorizada a doar ao Estado de Rondônia as glebas públicas arrecadadas e registradas em nome da União nele situadas.

§ 1.º São excluídas da autorização de que trata o *caput* deste artigo:

I – as áreas relacionadas nos incisos II a XI do art. 20 da Constituição Federal;

II – as terras destinadas ou em processo de destinação pela União a projetos de assentamento;

III – as áreas de unidades de conservação já instituídas pela União e aquelas em processo de instituição, conforme regulamento;

IV – as áreas afetadas, de modo expresso ou tácito, a uso público, comum ou especial;

V – as áreas objeto de títulos expedidos pela União que não tenham sido extintos por descumprimento de cláusula resolutória;

VI – as áreas urbanas consolidadas, que serão objeto de doação diretamente da União ao Município, nos termos da Lei n. 11.952, de 25 de junho de 2009.

§ 2.º As glebas objeto de doação ao Estado de Rondônia deverão ser preferencialmente utilizadas em atividades de conservação ambiental e desenvolvimento sustentável, de assentamento, de colonização e de regularização fundiária, podendo ser adotado o regime de concessão de uso previsto no Decreto-lei n. 271, de 28 de fevereiro de 1967.

§ 3.º As doações serão efetuadas de forma gradativa, à medida que reste comprovado que a gleba anteriormente transferida tenha sido destinada nos termos do § 2.º deste artigo.

§ 4.º A aquisição ou arrendamento de lotes por estrangeiros obedecerá aos limites, às condições e às restrições estabelecidos na legislação federal.

§ 5.º A doação de glebas públicas federais aos Estados de Roraima e do Amapá será regida pela Lei n. 10.304, de 5 de novembro de 2001.

§ 6.º O Poder Executivo da União editará ato para regulamentar este artigo, inclusive para fixar critérios de definição das glebas a serem alienadas.

Art. 103. Os interessados poderão, no prazo de cento e oitenta dias, requerer à Secretaria Especial de Agricultura Familiar e do Desenvolvimento Agrário, ao Incra e à Secretaria do Patrimônio da União (SPU) a revisão das decisões administrativas denegatórias, ainda que judicializadas, caso em que o pedido deverá ser objeto de análise final no prazo de um ano.

Parágrafo único. O disposto neste artigo não impede o interessado de pleitear direitos previstos nesta Lei, desde que preencha os pressupostos fáticos pertinentes.

Art. 104. O Decreto-lei n. 3.365, de 21 de junho de 1941, passa a vigorar acrescido do seguinte art. 34-A:

>> Alterações já processadas no diploma modificado.

Art. 105. Em caso de certificação de imóveis rurais em unidade de conservação situados em região de difícil acesso ou em que a implantação do marco físico implique supressão de cobertura vegetal, deverão ser utilizados vértices virtuais para fins de georreferenciamento.

Art. 106. O disposto nesta Lei aplica-se à ilha de Fernando de Noronha e às demais ilhas oceânicas e costeiras, em conformidade com a legislação patrimonial em vigor.

Art. 107. Decreto do Poder Executivo federal poderá regulamentar o disposto nesta Lei.

Art. 108. Esta Lei entra em vigor na data de sua publicação.

Art. 109. Ficam revogados:

I – os arts. 14 e 15 da Lei Complementar n. 76, de 6 de julho de 1993;

II – os arts. 27 e 28 da Lei n. 9.636, de 15 de maio de 1998;

III – os seguintes dispositivos da Lei n. 11.952, de 25 de junho de 2009:

a) o § 2.º do art. 5.º;

b) o parágrafo único do art. 18;

c) os incisos I, II, III e IV do *caput* e os §§ 1.º e 2.º, todos do art. 30; e

d) os §§ 4.º e 5.º do art. 15;

IV – o Capítulo III da Lei n. 11.977, de 7 de julho de 2009;

V – (*Vetado*.);

VI – os arts. 288-B a 288-G da Lei n. 6.015, de 31 de dezembro de 1973;

VII – os arts. 2.º, 3.º, 7.º e 13 da Lei n. 13.240, de 30 de dezembro de 2015;

VIII – o parágrafo único do art. 14, o § 5.º do art. 24, o § 3.º do art. 26 e os arts. 29, 34, 35 e 45 da Lei n. 9.636, de 15 de maio de 1998;

IX – o § 1.º do art. 1.º da Lei n. 13.347, de 10 de outubro de 2016.

Brasília, 11 de julho de 2017; 196.º da Independência e 129.º da República.

MICHEL TEMER

DECRETO N. 9.094, DE 17 DE JULHO DE 2017(*)

Regulamenta dispositivos da Lei n. 13.460, de 26 de junho de 2017, dispõe sobre a simplificação do atendimento prestado aos usuários dos serviços públicos, institui o Cadastro de Pessoas Físicas – CPF como instrumento suficiente e substitutivo para a apresentação de dados do cidadão no exercício de obrigações e direitos e na obtenção de benefícios, ratifica a dispensa do reconhecimento de firma e da autenticação em documentos produzidos no País e institui a Carta de Serviços ao Usuário.

>> Ementa com redação determinada pelo Decreto n. 9.723, de 11-3-2019.

O Presidente da República, no uso da atribuição que lhe confere o art. 84, *caput*, inciso VI, alínea *a*, da Constituição, decreta:

Art. 1.º Os órgãos e as entidades do Poder Executivo federal observarão as seguintes diretrizes nas relações entre si e com os usuários dos serviços públicos:

>> *Vide* Lei n. 13.460, de 26-6-2017, que dispõe sobre participação, proteção e defesa dos direitos do usuário dos serviços públicos da administração pública.

I – presunção de boa-fé;

II – compartilhamento de informações, nos termos da lei;

III – atuação integrada e sistêmica na expedição de atestados, certidões e documentos comprobatórios de regularidade;

IV – racionalização de métodos e procedimentos de controle;

V – eliminação de formalidades e exigências cujo custo econômico ou social seja superior ao risco envolvido;

VI – aplicação de soluções tecnológicas que visem a simplificar processos e procedimentos de atendimento aos usuários dos serviços públicos e a propiciar melhores condições para o compartilhamento das informações;

VII – utilização de linguagem clara, que evite o uso de siglas, jargões e estrangeirismos; e

VIII – articulação com os Estados, o Distrito Federal, os Municípios e os outros Poderes para a integração, racionalização, disponibilização e simplificação de serviços públicos.

Parágrafo único. Usuários dos serviços públicos são as pessoas físicas e jurídicas, de direito público ou privado, diretamente atendidas por serviço público.

CAPÍTULO I
DA RACIONALIZAÇÃO DE EXIGÊNCIAS E DA TROCA DE INFORMAÇÕES

Art. 2.º Exceto se houver disposição legal em contrário, os órgãos e as entidades do Poder Executivo federal que necessitarem de documentos comprobatórios de regularidade da situação de usuários dos serviços públicos, de atestados, de certidões ou de outros documentos comprobatórios que constem em base de dados oficial da administração pública federal deverão obtê-los diretamente do órgão ou da entidade responsável pela base de dados, nos termos do disposto no Decreto n. 10.046, de 9 de outubro de 2019, e não poderão exigi-los dos usuários dos serviços públicos.

>> Artigo com redação determinada pelo Decreto n. 10.279, de 18-3-2020.

> A Portaria Interministerial n. 176, de 25-6-2018, do Ministério do Planejamento, Desenvolvimento e Gestão, dispõe sobre a vedação de exigência de documentos de usuários de serviços públicos por parte de órgãos e entidades da Administração Pública federal.

Art. 3.º Na hipótese de os documentos a que se refere o art. 2.º conterem informações de caráter sigiloso sobre os usuários dos serviços públicos, o fornecimento pelo órgão ou pela entidade responsável pela base de dados oficial deverá ser realizado com observância dos requisitos de segurança da informação e das restrições legais.

>> *Caput* com redação determinada pelo Decreto n. 10.279, de 18-3-2020.

Parágrafo único. Quando não for possível a obtenção dos documentos a que se refere o art. 2.º diretamente do órgão ou da

(*) Publicado no *Diário Oficial da União*, de 18-7-2017.

entidade responsável pela base de dados oficial, a comprovação necessária poderá ser feita por meio de declaração escrita e assinada pelo usuário dos serviços públicos, que, na hipótese de declaração falsa, ficará sujeito às sanções administrativas, civis e penais aplicáveis.

Art. 4.º Os órgãos e as entidades responsáveis por bases de dados oficiais da administração pública federal prestarão orientações aos órgãos e às entidades públicos interessados para o acesso às informações constantes das bases de dados, observadas as disposições legais aplicáveis.

Art. 5.º No atendimento aos usuários dos serviços públicos, os órgãos e as entidades do Poder Executivo federal observarão as seguintes práticas:

I – gratuidade dos atos necessários ao exercício da cidadania, nos termos da Lei n. 9.265, de 12 de fevereiro de 1996;

II – padronização de procedimentos referentes à utilização de formulários, guias e outros documentos congêneres; e

III – vedação de recusa de recebimento de requerimentos pelos serviços de protocolo, exceto quando o órgão ou a entidade for manifestamente incompetente.

§ 1.º Na hipótese referida no inciso III do *caput*, os serviços de protocolo deverão prover as informações e as orientações necessárias para que o interessado possa dar andamento ao requerimento.

§ 2.º Após a protocolização de requerimento, caso o agente público verifique que o órgão ou a entidade do Poder Executivo federal é incompetente para o exame ou a decisão da matéria, deverá providenciar a remessa imediata do requerimento ao órgão ou à entidade do Poder Executivo federal competente.

§ 3.º Quando a remessa referida no § 2.º não for possível, o interessado deverá ser comunicado imediatamente do fato para adoção das providências necessárias.

Art. 5.º-A. Para fins de acesso a informações e serviços, de exercício de obrigações e direitos e de obtenção de benefícios perante os órgãos e as entidades do Poder Executivo federal, o número de inscrição no Cadastro de Pessoas Físicas – CPF é suficiente e substitutivo para a apresentação dos seguintes dados:

>> *Caput* acrescentado pelo Decreto n. 9.723, de 11-3-2019.

I – número de Identificação do Trabalhador – NIT, de que trata o inciso I do ***caput*** do art. 3.º do Decreto n. 97.936, de 10 de julho de 1989;

>> Inciso I acrescentado pelo Decreto n. 9.723, de 11-3-2019.

II – número do cadastro perante o Programa de Integração Social – PIS ou o Programa de Formação do Patrimônio do Servidor Público – Pasep;

>> Inciso II acrescentado pelo Decreto n. 9.723, de 11-3-2019.

III – número e série da Carteira de Trabalho e Previdência Social – CTPS, de que trata o art. 16 da Consolidação das Leis do Trabalho, aprovado pelo Decreto-lei n. 5.452, de 1.º de maio de 1943;

>> Inciso III acrescentado pelo Decreto n. 9.723, de 11-3-2019.

IV – número da Permissão para Dirigir ou da Carteira Nacional de Habilitação, de que trata o inciso VII do ***caput*** do art. 19 da Lei n. 9.503, de 23 de setembro de 1997 – Código de Trânsito Brasileiro;

>> Inciso IV acrescentado pelo Decreto n. 9.723, de 11-3-2019.

V – número de matrícula em instituições públicas federais de ensino superior;

>> Inciso V acrescentado pelo Decreto n. 9.723, de 11-3-2019.

VI – números dos Certificados de Alistamento Militar, de Reservista, de Dispensa de Incorporação e de Isenção de que trata a Lei n. 4.375, de 17 de agosto de 1964;

>> Inciso VI acrescentado pelo Decreto n. 9.723, de 11-3-2019.

VII – número de inscrição em conselho de fiscalização de profissão regulamentada;

>> Inciso VII acrescentado pelo Decreto n. 9.723, de 11-3-2019.

VIII – número de inscrição no Cadastro Único para Programas Sociais do Governo Federal – CadÚnico, de que trata o Decreto n. 6.135, de 26 de junho de 2007; e

>> Inciso VIII acrescentado pelo Decreto n. 9.723, de 11-3-2019.

IX – demais números de inscrição existentes em bases de dados públicas federais.

>> Inciso IX acrescentado pelo Decreto n. 9.723, de 11-3-2019.

§ 1.º O disposto no inciso IV do ***caput*** não se aplica aos processos administrativos em trâmite nos órgãos federais do Sistema Nacional de Trânsito para os quais seja necessário apresentar o número da Permissão para Dirigir ou da Carteira Nacional de Habilitação para obter acesso à informação.

>> § 1.º acrescentado pelo Decreto n. 9.723, de 11-3-2019.

§ 2.º O disposto no inciso VI do ***caput*** não se aplica aos processos administrativos em trâmite nos órgãos federais vinculados ao Ministério da Defesa para os quais seja necessário apresentar o número dos Certificados de Alistamento Militar, de Reservista, de Dispensa de Incorporação ou de Isenção para obter acesso à informação.

>> § 2.º acrescentado pelo Decreto n. 9.723, de 11-3-2019.

§ 3.º Os cadastros, formulários, sistemas e outros instrumentos exigidos dos usuários para a prestação de serviço público conterão campo de preenchimento obrigatório para registro do número de inscrição no CPF.

>> § 3.º acrescentado pelo Decreto n. 9.723, de 11-3-2019.

§ 4.º Ato do Secretário Especial de Desburocratização, Gestão e Governo Digital do Ministério da Economia poderá dispor sobre outras hipótese, além das previstas no *caput*.

>> § 4.º acrescentado pelo Decreto n. 9.723, de 11-3-2019.

§ 5.º A substituição dos dados constantes nos incisos I a VIII do *caput* pelo número de inscrição no CPF é ato preparatório à implementação do Documento Nacional de Identidade a que se refere o art. 8.º da Lei n. 13.444, de 11 de maio de 2017.

>> § 5.º acrescentado pelo Decreto n. 9.723, de 11-3-2019.

Art. 6.º As exigências necessárias para o requerimento serão feitas desde logo e de uma só vez ao interessado, justificando-se exigência posterior apenas em caso de dúvida superveniente.

Art. 7.º Não será exigida prova de fato já comprovado pela apresentação de documento ou informação válida.

Art. 8.º Para complementar informações ou solicitar esclarecimentos, a comunicação entre o órgão ou a entidade do Poder Executivo federal e o interessado poderá ser feita por qualquer meio, preferencialmente eletrônico.

Art. 9.º Exceto se existir dúvida fundada quanto à autenticidade ou previsão legal, fica dispensado o reconhecimento de firma e a autenticação de cópia dos documentos expedidos no País e destinados a fazer prova junto a órgãos e entidades do Poder Executivo federal.

Art. 10. A apresentação de documentos por usuários dos serviços públicos poderá ser feita por meio de cópia autenticada, dispensada nova conferência com o documento original.

§ 1.º A autenticação de cópia de documentos poderá ser feita, por meio de cotejo da cópia com o documento original, pelo servidor público a quem o documento deva ser apresentado.

§ 2.º Constatada, a qualquer tempo, a falsificação de firma ou de cópia de documento público ou particular, o órgão ou a entidade do Poder Executivo federal considerará não satisfeita a exigência documental respectiva e, no prazo de até cinco dias, dará conhecimento do fato à autoridade competente para adoção das providências administrativas, civis e penais cabíveis.

Capítulo II
DA CARTA DE SERVIÇOS AO USUÁRIO

Art. 11. Os órgãos e as entidades do Poder Executivo federal que prestam atendimento aos usuários dos serviços públicos, direta ou indiretamente, deverão elaborar e divulgar Carta de Serviços ao Usuário, no âmbito de sua esfera de competência.

§ 1.º A Carta de Serviços ao Usuário tem por objetivo informar aos usuários:

>> § 1.º, *caput*, com redação determinada pelo Decreto n. 9.723, de 11-3-2019.

I – os serviços prestados pelo órgão ou pela entidade do Poder Executivo federal;

>> Inciso I acrescentado pelo Decreto n. 9.723, de 11-3-2019.

II – as formas de acesso aos serviços a que se refere o inciso I;

>> Inciso II acrescentado pelo Decreto n. 9.723, de 11-3-2019.

III – os compromissos e padrões de qualidade do atendimento ao público; e

>> Inciso III acrescentado pelo Decreto n. 9.723, de 11-3-2019.

IV – os serviços publicados no portal único gov.br, nos termos do disposto no Decreto n. 8.936, de 19 de dezembro de 2016.

>> Inciso IV com redação determinada pelo Decreto n. 10.332, de 28-4-2020.

§ 2.º Da Carta de Serviços ao Usuário, deverão constar informações claras e precisas sobre cada um dos serviços prestados, especialmente as relativas:

I – ao serviço oferecido;

II – aos requisitos e aos documentos necessários para acessar o serviço;

III – às etapas para processamento do serviço;

IV – ao prazo para a prestação do serviço;

V – à forma de prestação do serviço;

VI – à forma de comunicação com o solicitante do serviço; e

VII – aos locais e às formas de acessar o serviço.

§ 3.º Além das informações referidas no § 2.º, a Carta de Serviços ao Usuário deverá, para detalhar o padrão de qualidade do atendimento, estabelecer:

I – os usuários que farão jus à prioridade no atendimento;

II – o tempo de espera para o atendimento;

III – o prazo para a realização dos serviços;

IV – os mecanismos de comunicação com os usuários;

V – os procedimentos para receber, atender, gerir e responder às sugestões e reclamações;

VI – as etapas, presentes e futuras, esperadas para a realização dos serviços, incluídas as estimativas de prazos;

VII – os mecanismos para a consulta pelos usuários acerca das etapas, cumpridas e pendentes, para a realização do serviço solicitado;

VIII – o tratamento a ser dispensado aos usuários quando do atendimento;

IX – os elementos básicos para o sistema de sinalização visual das unidades de atendimento;

X – as condições mínimas a serem observadas pelas unidades de atendimento, em especial no que se refere à acessibilidade, à limpeza e ao conforto;

XI – os procedimentos para atendimento quando o sistema informatizado se encontrar indisponível; e

XII – outras informações julgadas de interesse dos usuários.

§ 4.º Na hipótese de o serviço se tratar de ato público de liberação, nos termos definidos no § 6.º do art. 1.º da Lei n. 13.874, de 20 de setembro de 2019, a Carta de Serviços ao Usuário incluirá também:

>> § 4.º, *caput*, acrescentado pelo Decreto n. 10.178, de 18-12-2019, em vigor em 6-4-2020.

I – a listagem:

>> Inciso I, *caput*, acrescentado pelo Decreto n. 10.178, de 18-12-2019, em vigor em 6-4-2020.

a) de todos os documentos, taxas, tarifas, comprovantes, pareceres e demais exigências necessárias à instrução do ato público de liberação;

>> Alínea *a* acrescentada pelo Decreto n. 10.178, de 18-12-2019, em vigor em 6-4-2020.

b) dos atos normativos que tratem do ato público de liberação, inclusive aqueles não cogentes; e

>> Alínea *b* acrescentada pelo Decreto n. 10.178, de 18-12-2019, em vigor em 6-4-2020.

c) dos códigos do Cadastro Nacional de Atividades Econômicas – CNAE referentes a atividades aptas a requererem a emissão de ato público de liberação, exceto se a informação for desnecessária;

>> Alínea *c* acrescentada pelo Decreto n. 10.178, de 18-12-2019, em vigor em 6-4-2020.

II – a descrição resumida do fluxo de tramitação do processo administrativo aplicável ao ato, incluídas as fases, os prazos, as autoridades competentes para a decisão e o sistema recursal disponível;

>> Inciso II acrescentado pelo Decreto n. 10.178, de 18-12-2019, em vigor em 6-4-2020.

III – a descrição da aplicabilidade dos efeitos dos níveis de risco;

>> Inciso III acrescentado pelo Decreto n. 10.178, de 18-12-2019, em vigor em 6-4-2020.

IV – o prazo e as regras para efeitos da aprovação tácita; e

>> Inciso IV acrescentado pelo Decreto n. 10.178, de 18-12-2019, em vigor em 6-4-2020.

V – o tempo médio de tramitação de pedidos análogos até a decisão e as demais estatísticas relacionadas ao ato público de liberação, conforme os critérios de mensuração definidos pelo órgão ou pela entidade do Poder Executivo federal.

>> Inciso V acrescentado pelo Decreto n. 10.178, de 18-12-2019, em vigor em 6-4-2020.

Capítulo III
DA RACIONALIZAÇÃO DAS NORMAS

Art. 12. A edição e a alteração das normas relativas ao atendimento dos usuários dos serviços públicos observarão os princípios da eficiência e da economicidade e considerarão os efeitos práticos tanto para a administração pública federal quanto para os usuários.

Capítulo IV
DA SOLICITAÇÃO DE SIMPLIFICAÇÃO

Art. 13. Os usuários dos serviços públicos poderão apresentar Solicitação de Simplificação aos órgãos e às entidades do Poder Executivo federal, por meio de formulário próprio denominado Simplifique!, sempre que vislumbrarem oportunidade de simplificação ou melhoria do serviço público.

>> *Caput* com redação determinada pelo Decreto n. 10.279, de 18-3-2020.

I – *(Revogado pelo Decreto n. 10.279, de 18-3-2020).*

II – *(Revogado pelo Decreto n. 10.279, de 18-3-2020).*

§ 1.º A Solicitação de Simplificação deverá ser apresentada, preferencialmente, por meio eletrônico, em canal único oferecido pela Ouvidoria-Geral da União da Controladoria-Geral da União.

>> § 1.º com redação determinada pelo Decreto n. 9.723, de 11-3-2019.

§ 2.º Sempre que recebida por meio físico, os órgãos e as entidades deverão digitalizar a Solicitação de Simplificação e promover a sua inserção no canal a que se refere o § 1.º.

Art. 14. Do formulário Simplifique! deverá constar:

I – a identificação do solicitante;

II – a especificação do serviço objeto da simplificação;

III – o nome do órgão ou da entidade perante o qual o serviço foi solicitado;

IV – *(Revogado pelo Decreto n. 10.279, de 18-3-2020).*

V – a proposta de melhoria do serviço.

>> Inciso V com redação determinada pelo Decreto n. 10.279, de 18-3-2020.

Art. 15. Ato conjunto dos Ministros de Estado da Controladoria-Geral da União e da Economia disciplinará o procedimento aplicável à Solicitação de Simplificação.

>> Artigo com redação determinada pelo Decreto n. 9.723, de 11-3-2019.

Capítulo V
DAS SANÇÕES PELO DESCUMPRIMENTO

Art. 16. O servidor público ou o militar que descumprir o disposto neste Decreto estará sujeito às penalidades previstas, respectivamente, na Lei n. 8.112, de 11 de dezembro de 1990, e na Lei n. 6.880, de 9 de dezembro de 1980.

Parágrafo único. Os usuários dos serviços públicos que tiverem os direitos garantidos neste Decreto desrespeitados poderão representar à Controladoria-Geral da União.

>> Parágrafo único com redação determinada pelo Decreto n. 9.723, de 11-3-2019.

Art. 17. Cabe à Controladoria-Geral da União e aos órgãos integrantes do sistema de controle interno do Poder Executivo federal zelar pelo cumprimento do disposto neste Decreto e adotar as providências para a responsabilização dos servidores públicos e dos militares, e de seus superiores hierárquicos, que praticarem atos em desacordo com suas disposições.

>> Artigo com redação determinada pelo Decreto n. 9.723, de 11-3-2019.

Capítulo VI
DA DIVULGAÇÃO AOS USUÁRIOS DOS SERVIÇOS PÚBLICOS

Art. 18. A Carta de Serviços ao Usuário, a forma de acesso, as orientações de uso e as informações do formulário Simplifique! deverão ser objeto de permanente divulgação aos usuários dos serviços públicos, e mantidos visíveis e acessíveis ao público:

I – **no portal único gov.br; e**

>> Inciso I com redação determinada pelo Decreto n. 10.332, de 28-4-2020.

II – **nos locais de atendimento, por meio de extração das informações do portal único gov.br, em formato impresso.**

>> Inciso II com redação determinada pelo Decreto n. 10.332, de 28-4-2020.

III – (*Revogado pelo Decreto n. 9.723, de 11-3-2019.*)

Art. 18-A. **Fica vedado aos órgãos e às entidades da administração pública federal solicitar ao usuário do serviço público requisitos, documentos, informações e procedimentos cuja exigibilidade não esteja informada no portal único gov.br.**

>> *Caput* com redação determinada pelo Decreto n. 10.332, de 28-4-2020.

§ 1.º (***Revogado pelo Decreto n. 10.332, de 28-4-2020.***)

§ 2.º **A criação ou a alteração do rol de requisitos, documentos, informações e procedimentos do serviço público será precedida de publicação no portal único gov.br.**

>> § 2.º com redação determinada pelo Decreto n. 10.332, de 28-4-2020.

§ 3.º **A Secretaria de Governo Digital da Secretaria Especial de Desburocratização, Gestão e Governo Digital do Ministério da Economia disponibilizará os meios para publicação dos serviços públicos no portal único gov.br e definirá as regras de acesso e credenciamento e os procedimentos de publicação.**

>> § 3.º com redação determinada pelo Decreto n. 10.332, de 28-4-2020.

Art. 19. As informações do formulário Simplifique!, de que trata o art. 14, serão divulgadas no painel de monitoramento do desempenho dos serviços públicos prestados a que se refere o inciso V do *caput* do art. 3.º do Decreto n. 8.936, de 19 de dezembro de 2016.

> O Decreto n. 8.936, de 19-12-2016, institui a Plataforma de Cidadania Digital e dispõe sobre a oferta dos serviços públicos digitais, no âmbito dos órgãos e das entidades da administração pública federal direta, autárquica e fundacional.

Capítulo VII
DA AVALIAÇÃO E DA MELHORIA DOS SERVIÇOS PÚBLICOS

Art. 20. **Os órgãos e as entidades do Poder Executivo federal utilizarão ferramenta de pesquisa de satisfação dos usuários dos seus serviços, disponível no endereço eletrônico www.gov.br/governodigital e os dados obtidos subsidiarão a reorientação e o ajuste da prestação dos serviços.**

>> *Caput* com redação determinada pelo Decreto n. 10.332, de 28-4-2020.

§ 1.º Os canais de ouvidoria e as pesquisas de satisfação objetivam assegurar a efetiva participação dos usuários dos serviços públicos na avaliação e identificar lacunas e deficiências na prestação dos serviços.

§ 2.º Os órgãos e as entidades do Poder Executivo federal deverão dar ampla divulgação aos resultados das pesquisas de satisfação.

Art. 20-A. As avaliações da efetividade e dos níveis de satisfação dos usuários, de que trata o art. 24 da Lei n. 13.460, de 2017, serão feitas na forma definida em ato do Secretário de Governo Digital da Secretaria Especial de Desburocratização, Gestão e Governo Digital do Ministério da Economia.

>> Artigo acrescentado pelo Decreto n. 9.723, de 11-3-2019.

Art. 20-B. **A Secretaria de Governo Digital da Secretaria Especial de Desburocratização, Gestão e Governo Digital do Ministério da Economia publicará no portal único gov.br o *ranking* das entidades com melhor avaliação de serviços por parte dos usuários, de que trata o § 2.º do art. 23 da Lei n. 13.460, de 26 de junho de 2017.**

>> Artigo com redação determinada pelo Decreto n. 10.332, de 28-4-2020.

Capítulo VIII
DISPOSIÇÕES TRANSITÓRIAS

Art. 21. A Controladoria-Geral da União terá prazo de cento e oitenta dias, contado da data de publicação deste Decreto, para disponibilizar os meios de acesso à Solicitação de Simplificação e ao Simplifique!.

>> Artigo com redação determinada pelo Decreto n. 9.723, de 11-3-2019.

Art. 22. A Controladoria-Geral da União, por meio da Ouvidoria-Geral da União, e o Ministério da Economia, por meio da Secretaria de Governo Digital da Secretaria Especial de Desburocratização, Gestão e Governo Digital, poderão expedir normas complementares ao disposto neste Decreto.

>> Artigo com redação determinada pelo Decreto n. 9.723, de 11-3-2019.

....

Art. 24. Este Decreto entra em vigor na data de sua publicação.

Art. 25. Ficam revogados:

I – o Decreto n. 6.932, de 11 de agosto de 2009; e

II – o Decreto n. 5.378, de 23 de fevereiro de 2005.

Brasília, 17 de julho de 2017; 196.º da Independência e 129.º da República.

MICHEL TEMER

LEI COMPLEMENTAR N. 160, DE 7 DE AGOSTO DE 2017 (*)

Dispõe sobre convênio que permite aos Estados e ao Distrito Federal deliberar sobre a remissão dos créditos tributários, constituídos ou não, decorrentes das isenções, dos incentivos e dos benefícios fiscais ou financeiro-fiscais instituídos em desacordo com o disposto na alínea "g" do inciso XII do § 2.º do art. 155 da Constituição Federal e a reinstituição das respectivas isenções, incentivos e benefícios fiscais ou financeiro-fiscais; e altera a Lei n. 12.973, de 13 de maio de 2014.

O Presidente da República

Faço saber que o Congresso Nacional decreta e eu sanciono a seguinte Lei Complementar:

Art. 1.º Mediante convênio celebrado nos termos da Lei Complementar n. 24, de 7 de janeiro de 1975, os Estados e o Distrito Federal poderão deliberar sobre:

(*) Publicada no *Diário Oficial da União*, de 8-8-2017.

I – a remissão dos créditos tributários, constituídos ou não, decorrentes das isenções, dos incentivos e dos benefícios fiscais ou financeiro-fiscais instituídos em desacordo com o disposto na alínea *g* do inciso XII do § 2.º do art. 155 da Constituição Federal por legislação estadual publicada até a data de início de produção de efeitos desta Lei Complementar;

II – a reinstituição das isenções, dos incentivos e dos benefícios fiscais ou financeiro-fiscais referidos no inciso I deste artigo que ainda se encontrem em vigor.

Art. 2.º O convênio a que se refere o art. 1.º desta Lei Complementar poderá ser aprovado e ratificado com o voto favorável de, no mínimo:

I – 2/3 (dois terços) das unidades federadas; e

II – 1/3 (um terço) das unidades federadas integrantes de cada uma das 5 (cinco) regiões do País.

Art. 3.º O convênio de que trata o art. 1.º desta Lei Complementar atenderá, no mínimo, às seguintes condicionantes, a serem observadas pelas unidades federadas:

I – publicar, em seus respectivos diários oficiais, relação com a identificação de todos os atos normativos relativos às isenções, aos incentivos e aos benefícios fiscais ou financeiro-fiscais abrangidos pelo art. 1.º desta Lei Complementar;

II – efetuar o registro e o depósito, na Secretaria Executiva do Conselho Nacional de Política Fazendária (Confaz), da documentação comprobatória correspondente aos atos concessivos das isenções, dos incentivos e dos benefícios fiscais ou financeiro-fiscais mencionados no inciso I deste artigo, que serão publicados no Portal Nacional da Transparência Tributária, que será instituído pelo Confaz e disponibilizado em seu sítio eletrônico.

§ 1.º O disposto no art. 1.º desta Lei Complementar não se aplica aos atos relativos às isenções, aos incentivos e aos benefícios fiscais ou financeiro-fiscais vinculados ao Imposto sobre Operações Relativas à Circulação de Mercadorias e sobre Prestações de Serviços de Transporte Interestadual e Intermunicipal e de Comunicação (ICMS) cujas exigências de publicação, registro e depósito, nos termos deste artigo, não tenham sido atendidas, devendo ser revogados os respectivos atos concessivos.

§ 2.º A unidade federada que editou o ato concessivo relativo às isenções, aos incentivos e aos benefícios fiscais ou financeiro-fiscais vinculados ao ICMS de que trata o art. 1.º desta Lei Complementar cujas exigências de publicação, registro e depósito, nos termos deste artigo, foram atendidas é autorizada a concedê-los e a prorrogá-los, nos termos do ato vigente na data de publicação do respectivo convênio, não podendo seu prazo de fruição ultrapassar:

I – 31 de dezembro do décimo quinto ano posterior à produção de efeitos do respectivo convênio, quanto àqueles destinados ao fomento das atividades agropecuária e industrial, inclusive agroindustrial, e ao investimento em infraestrutura rodoviária, aquaviária, ferroviária, portuária, aeroportuária e de transporte urbano, bem como quanto àqueles destinados a templos de qualquer culto e a entidades beneficentes de assistência social;

>> Inciso I com redação determinada pela Lei Complementar n. 170, de 19-12-2019.

II – 31 de dezembro do oitavo ano posterior à produção de efeitos do respectivo convênio, quanto àqueles destinados à manutenção ou ao incremento das atividades portuária e aeroportuária vinculadas ao comércio internacional, incluída a operação subsequente à da importação, praticada pelo contribuinte importador;

III – 31 de dezembro do quinto ano posterior à produção de efeitos do respectivo convênio, quanto àqueles destinados à manutenção ou ao incremento das atividades comerciais, desde que o beneficiário seja o real remetente da mercadoria;

IV – 31 de dezembro do terceiro ano posterior à produção de efeitos do respectivo convênio, quanto àqueles destinados às operações e prestações interestaduais com produtos agropecuários e extrativos vegetais *in natura*;

V – 31 de dezembro do primeiro ano posterior à produção de efeitos do respectivo convênio, quanto aos demais.

§ 3.º Os atos concessivos cujas exigências de publicação, registro e depósito, nos termos deste artigo, foram atendidas permanecerão vigentes e produzindo efeitos como normas regulamentadoras nas respectivas unidades federadas concedentes das isenções, dos incentivos e dos benefícios fiscais ou financeiro-fiscais vinculados ao ICMS, nos termos do § 2.º deste artigo.

§ 4.º A unidade federada concedente poderá revogar ou modificar o ato concessivo ou reduzir o seu alcance ou o montante das isenções, dos incentivos e dos benefícios fiscais ou financeiro-fiscais antes do termo final de fruição.

§ 5.º O disposto no § 4.º deste artigo não poderá resultar em isenções, incentivos ou benefícios fiscais ou financeiro-fiscais em valor superior ao que o contribuinte podia usufruir antes da modificação do ato concessivo.

§ 6.º As unidades federadas deverão prestar informações sobre as isenções, os incentivos e os benefícios fiscais ou financeiro-fiscais vinculados ao ICMS e mantê-las atualizadas no Portal Nacional da Transparência Tributária a que se refere o inciso II do *caput* deste artigo.

§ 7.º As unidades federadas poderão estender a concessão das isenções, dos incentivos e dos benefícios fiscais ou financeiro-fiscais referidos no § 2.º deste artigo a outros contribuintes estabelecidos em seu território, sob as mesmas condições e nos prazos-limites de fruição.

§ 8.º As unidades federadas poderão aderir às isenções, aos incentivos e aos benefícios fiscais ou financeiro-fiscais concedidos ou prorrogados por outra unidade federada da mesma região na forma do § 2.º, enquanto vigentes.

Art. 4.º São afastadas as restrições decorrentes da aplicação do art. 14 da Lei Complementar n. 101, de 4 de maio de 2000, que possam comprometer a implementação das disposições desta Lei Complementar.

Art. 5.º A remissão ou a não constituição de créditos concedidas por lei da unidade federada de origem da mercadoria, do bem ou do serviço afastam as sanções previstas no art. 8.º da Lei Complementar n. 24, de 7 de janeiro de 1975, retroativamente à data original de concessão da isenção, do incentivo ou do benefício fiscal ou financeiro-fiscal, vedadas a restituição e a compensação de tributo e a apropriação de crédito extemporâneo por sujeito passivo.

Art. 6.º Ressalvado o disposto nesta Lei Complementar, a concessão ou a manutenção de isenções, incentivos e benefícios fiscais ou financeiro-fiscais em desacordo com a Lei Complementar n. 24, de 7 de janeiro de 1975, implica a sujeição da unidade federada responsável aos impedimentos previstos nos incisos I, II e III do § 3.º do art. 23 da Lei Complementar n. 101, de 4 de maio de 2000, pelo prazo em que perdurar a concessão ou a manutenção das isenções, dos incentivos e dos benefícios fiscais ou financeiro-fiscais.

>> A Portaria n. 76, de 26-2-2019, do Ministério da Economia, regulamenta este artigo.

§ 1.º A aplicação do disposto no *caput* deste artigo é condicionada ao acolhimento, pelo Ministro de Estado da Fazenda, de representação apresentada por Governador de Estado ou do Distrito Federal.

§ 2.º Admitida a representação e ouvida, no prazo de 30 (trinta) dias, a unidade federada interessada, o Ministro de Estado da Fazenda, em até 90 (noventa) dias:

I – determinará o arquivamento da representação, caso não seja constatada a infração;

II – editará portaria declarando a existência da infração, a qual produzirá efeitos a partir de sua publicação.

§ 3.º Compete ao Tribunal de Contas da União verificar a aplicação, pela União, da sanção prevista no *caput* deste artigo.

Art. 7.º Para fins de aprovação e de ratificação do convênio previsto no art. 1.º desta Lei Complementar, aplicam-se os demais preceitos contidos na Lei Complementar n. 24, de 7 de janeiro de 1975, que não sejam contrários aos dispositivos desta Lei Complementar.

Art. 8.º O convênio de que trata o art. 1.º desta Lei Complementar deverá ser aprovado pelo Confaz no prazo de 180 (cento e oitenta) dias, a contar da data de publicação desta Lei Complementar, sob pena de perderem eficácia as disposições dos arts. 1.º a 6.º desta Lei Complementar.

....

Art. 11. Esta Lei Complementar entra em vigor na data de sua publicação.

Brasília, 7 de agosto de 2017; 196.º da Independência e 129.º da República.

MICHEL TEMER

DECRETO N. 9.144, DE 22 DE AGOSTO DE 2017 (*)

Dispõe sobre as cessões e as requisições de pessoal em que a administração pública federal, direta e indireta, seja parte.

O Presidente da República, no uso das atribuições que lhe conferem o art. 84, *caput*, incisos IV e VI, alínea *a*, da Constituição, e tendo em vista o disposto no art. 93 da Lei n. 8.112, de 11 de dezembro de 1990, e no art. 49 da Lei n. 13.464, de 10 de julho de 2017, decreta:

Âmbito de aplicação

Art. 1.º Este Decreto se aplica às cessões e às requisições em que figure a administração pública federal, direta e indireta, incluídas as empresas públicas e as sociedades de economia mista, como cedente ou cessionária.

Parágrafo único. O disposto neste Decreto:

I – abrange servidores públicos efetivos, empregados públicos e empregados de empresas estatais; e

II – não implica afastamento de regras especiais constantes de lei ou de decreto nos pontos em que forem incompatíveis.

Cessão

Art. 2.º A cessão é o ato autorizativo pelo qual o agente público, sem suspensão ou interrupção do vínculo funcional com a origem, passa a ter exercício fora da unidade de lotação ou da estatal empregadora.

§ 1.º Não haverá cessão sem o pedido do cessionário, a concordância do cedente e a concordância do agente público cedido.

§ 2.º A cessão é realizada para a ocupação de cargo em comissão ou de função de confiança em outro órgão ou entidade dos Poderes da União, dos Estados, do Distrito Federal e dos Municípios, incluídas as empresas públicas e as sociedades de economia mista.

Requisição

Art. 3.º Na requisição, não há necessidade de concordância do órgão ou da entidade de origem.

§ 1.º A requisição implica a transferência do exercício do agente público, sem alteração da lotação no órgão de origem.

§ 2.º Exceto se houver disposição em contrário, aplicam-se à requisição todas as regras sobre cessão constantes deste Decreto.

Prazo da cessão

Art. 4.º A cessão será concedida por prazo indeterminado.

Encerramento da cessão

Art. 5.º A cessão poderá ser encerrada a qualquer momento por ato unilateral do cedente, do cessionário ou do agente público cedido.

§ 1.º O retorno do agente público ao órgão ou à entidade de origem, quando requerido pelo cedente, será realizado por meio de notificação ao cessionário.

§ 2.º Na hipótese de cessão em curso há mais de um ano, o cessionário poderá exigir a manutenção da cessão, no interesse da administração pública, pelo prazo de até um mês, contado da data de recebimento da notificação do cedente ou do requerimento do agente público.

§ 3.º Não atendida a notificação pelo cessionário no prazo estabelecido, o agente público será notificado, diretamente, para se apresentar ao órgão ou à entidade de origem no prazo máximo de um mês, contado da data de recebimento da notificação, sob pena de caracterização de ausência imotivada.

§ 4.º A requisição não pode ser encerrada por ato unilateral do cedente.

Reembolso

Art. 6.º O reembolso é a restituição das parcelas despendidas pelo cedente com o agente público cedido, respeitadas as limitações deste Decreto e de normas específicas, inclusive quanto ao disposto no inciso XI do *caput* do art. 37 da Constituição.

Parágrafo único. É do órgão ou da entidade cessionária o ônus pela remuneração ou pelo salário vinculado ao cargo ou ao emprego permanente do agente público cedido dos Poderes da União, dos Estados, do Distrito Federal, dos Municípios, inclusive das empresas públicas e das sociedades de economia mista, acrescidos dos encargos sociais e trabalhistas.

Obrigação de reembolso

Art. 7.º Haverá reembolso nas cessões de agentes públicos federais:

I – para órgãos ou entidades de outros entes federativos; e

II – de ou para empresas públicas ou sociedades de economia mista que não recebam recursos do Tesouro Nacional para o custeio total ou parcial de despesas de pessoal ou para o custeio em geral.

§ 1.º No caso de cessão de agente público de outro ente federativo ou de outro Poder para a administração pública federal, o reembolso seguirá as regras do órgão ou da entidade cedente, respeitadas as limitações deste Decreto.

§ 2.º O disposto neste artigo aplica-se na hipótese prevista no § 7.º do art. 93 da Lei n. 8.112, de 11 de dezembro de 1990.

Inexistência de reembolso

Art. 8.º Não haverá reembolso pela administração pública federal, direta e indireta, nas cessões no âmbito da União e de suas autarquias, fundações públicas e empresas estatais dependentes de recursos do Tesouro Nacional para o custeio de despesas de pessoal ou para o custeio em geral.

Possibilidade financeira de reembolso

Art. 9.º Não poderá ser requerida ou mantida a cessão no caso de impossibilidade, orçamentária ou financeira, de o cessionário efetuar o reembolso.

Processamento do reembolso

Art. 10. O valor a ser reembolsado será apresentado mensalmente ao cessionário pelo cedente, discriminado por parcela e agente público.

§ 1.º O reembolso será efetuado até o último dia útil do mês subsequente ao do pagamento.

§ 2.º O descumprimento do disposto no *caput* implica o encerramento da cessão, e o cedente procederá na forma estabelecida no art. 5.º, § 2.º e § 3.º, inclusive na hipótese de requisição.

Parcelas reembolsáveis

Art. 11. Estão sujeitos a reembolso pela administração pública federal, direta e indireta:

I – parcelas de natureza remuneratória, tais como vencimento padrão, salário, vencimento básico e subsídio;

II – gratificações em geral, incluídas as de qualificação e as concedidas pelo cedente em decorrência da cessão, independentemente da denominação adotada;

>> Inciso II com redação determinada pelo Decreto n. 9.707, de 11-2-2019.

(*) Publicado no *Diário Oficial da União*, de 23-8-2017.

III – adicionais de tempo de serviço, de produtividade e por mérito;

IV – Vantagem Pessoal Nominalmente Identificável – VPNI;

V – contribuição para o Fundo de Garantia por Tempo de Serviço – FGTS;

VI – quaisquer outras verbas ou vantagens pessoais recebidas que não possuam natureza indenizatória e estejam incorporadas à remuneração do cedido;

>> Inciso VI com redação determinada pelo Decreto n. 9.162, de 27-9-2017.

VII – provisão de valores necessários a garantir o pagamento futuro de parcelas decorrentes do período da cessão; e

>> Inciso VII com redação determinada pelo Decreto n. 9.162, de 27-9-2017.

VIII – parcela patronal de assistência à saúde e odontológica, de caráter periódico e de natureza permanente, decorrente de contrato ou convênio de plano de saúde, passível de adesão pela totalidade de empregados e dirigentes da empresa, e que possua valores fixos, conhecidos e preestabelecidos.

>> Inciso VIII com redação determinada pelo Decreto n. 9.162, de 27-9-2017.

Parcelas não reembolsáveis

Art. 12. Não haverá reembolso pela administração pública federal, direta e indireta, das seguintes parcelas:

I – valores que excedam o teto remuneratório aplicável aos servidores da administração pública federal direta, autárquica e fundacional;

II – (*Revogado pelo Decreto n. 9.707, de 11-2-2019.*);

III – participações nos lucros ou nos resultados;

IV – multa prevista no § 1.º do art. 18 da Lei n. 8.036, de 11 de maio de 1990;

>> O art. 18, § 1.º, da Lei n. 8.036, de 11-5-1990 (FGTS), dispõe: "§ 1.º Na hipótese de despedida pelo empregador sem justa causa, depositará este, na conta vinculada do trabalhador no FGTS, importância igual a quarenta por cento do montante de todos os depósitos realizados na conta vinculada durante a vigência do contrato de trabalho, atualizados monetariamente e acrescidos dos respectivos juros".

V – parcelas relativas a cargo em comissão ou função de confiança exercido no cedente;

VI – valores decorrentes de adesão do servidor ou do empregado a programas de demissão incentivada;

VII – valores despendidos pela cedente com assistência médica e odontológica que não se enquadrem no previsto no inciso VIII do caput do art. 11; e

>> Inciso VII com redação determinada pelo Decreto n. 9.162, de 27-9-2017.

VIII – quaisquer outras parcelas, indenizatórias ou remuneratórias, que, não incorporadas à remuneração ou ao salário do servidor ou do empregado cedido, possuam natureza temporária, eventual ou sejam pagas em decorrência da função exercida no órgão ou na entidade de origem.

§ 1.º empresa pública ou a sociedade de economia mista não dependente de recursos do Tesouro Nacional para o custeio de despesas de pessoal ou para o custeio em geral poderá suportar o ônus referente aos valores de parcelas não reembolsáveis se:

>> § 1.º com redação determinada pelo Decreto n. 9.162, de 27-9-2017.

I – caracterizado o interesse da entidade na cessão;

>> Inciso I acrescentado pelo Decreto n. 9.162, de 27-9-2017.

II – atendidos os regulamentos internos;

>> Inciso II acrescentado pelo Decreto n. 9.162, de 27-9-2017.

III e IV – (*Revogados pelo Decreto n. 9.707, de 11-2-2019.*)

§ 2.º O disposto neste artigo não se aplica às cessões em que figurem como cedente e, simultaneamente, como cessionário estatais não dependentes de recursos do Tesouro Nacional para o custeio de despesas de pessoal ou para o custeio em geral.

§ 3.º O disposto no inciso VIII do ***caput*** não se aplica às parcelas remuneratórias na hipótese prevista no § 7.º do art. 93 da Lei n. 8.112, de 1990.

>> § 3.º acrescentado pelo Decreto n. 9.707, de 11-2-2019.

Cálculo do teto remuneratório

Art. 13. Para fins de observância do teto remuneratório estabelecido no inciso XI do *caput* do art. 37 da Constituição, não serão considerados:

I – auxílios alimentação, creche, medicamentos e moradia;

II – vale-alimentação e cesta-alimentação;

III – indenização ou provisão de licença-prêmio;

IV – parcela patronal de assistência à saúde e odontológica;

V – parcela patronal de previdência complementar do agente público;

VI – contribuição patronal para o custeio da previdência social; e

VII – outras parcelas indenizatórias, consideradas, exclusivamente, aquelas definidas em lei, decorrentes do ressarcimento de despesas incorridas no exercício das atribuições funcionais.

Divulgação do reembolso

Art. 14. Os dados de reembolsos realizados por órgãos e entidades da administração pública federal serão divulgados, de maneira individualizada e com especificação das parcelas, no Portal da Transparência do Governo federal.

Parágrafo único. O disposto no *caput* não se aplica às cessões em que figurem estatais não dependentes de recursos do Tesouro Nacional para o custeio de despesas de pessoal ou para o custeio em geral como cessionárias.

Limitação da cessão com reembolso

Art. 15. As cessões que impliquem reembolso pela administração pública federal, direta ou indireta, somente ocorrerão para o exercício de cargo em comissão ou função de confiança com graduação mínima equivalente ao nível 4 do Grupo-Direção e Assessoramento Superiores – DAS.

>> *Caput* com redação determinada pelo Decreto n. 9.707, de 11-2-2019.

I e II – (*Revogados pelo Decreto n. 9.707, de 11-2-2019.*)

Parágrafo único. O disposto no *caput* não é:

I – excepcionado por norma especial constante de lei ou de decreto;

II – aplicável na hipótese prevista no § 7.º do art. 93 da Lei n. 8.112, de 1990; e

III – aplicável à cessão em que figure estatal não dependente de recursos do Tesouro Nacional para o custeio de despesas de pessoal ou para o custeio em geral como cessionária.

Cessão para outros Poderes e entes federativos

Art. 16. A cessão para outros Poderes ou entes federativos somente ocorrerá para o exercício de cargo em comissão ou função de confiança com graduação mínima equivalente ao nível 4 do Grupo-DAS.

Competência para ceder

Art. 17. No âmbito da administração pública federal, direta e indireta, a competência para autorizar a cessão é do Ministro de Estado ou da autoridade máxima da entidade a que pertencer o agente público, ressalvada a hipótese prevista no § 4.º do art. 93 da Lei n. 8.112, de 1990.

§ 1.º Na hipótese de cessão para outro Poder ou outro ente federativo, a competência será do Ministro de Estado, permitida a delegação apenas às autoridades mencionadas no Decreto n. 8.851, de 20 de setembro de 2016.

§ 2.º Será dispensado novo ato de cessão, desde que mantidas as condições mínimas exigidas para a cessão do agente público nas seguintes hipóteses:

>> § 2.º, *caput*, com redação determinada pelo Decreto n. 9.707, de 11-2-2019.

I – o agente público já cedido seja nomeado, com prévia anuência do órgão ou da entidade cedente, no âmbito da administração pública federal, para o exercício de cargo em comissão ou função de confiança diverso daquele que ensejou o ato originário; ou

>> Inciso I acrescentado pelo Decreto n. 9.707, de 11-2-2019.

II – o agente público já cedido seja nomeado, com mera comunicação ao cedente, no mesmo órgão ou na mesma entidade, para o exercício de cargo em comissão ou função de confiança diverso daquele que ensejou o ato originário.

>> Inciso II acrescentado pelo Decreto n. 9.707, de 11-2-2019.

§ 3.º Na hipótese prevista no inciso I do § 2.º, quando se tratar de requisição, será necessária somente a mera comunicação ao órgão ou à entidade cedente.

>> § 3.º com redação determinada pelo Decreto n. 9.707, de 11-2-2019.

Normas Complementares

Art. 18. Será disciplinado em ato:

>> *Caput* com redação determinada pelo Decreto n. 9.707, de 11-2-2019.

I – do Secretário Especial de Desburocratização, Gestão e Governo Digital do Ministério da Economia:

>> Inciso I, *caput*, com redação determinada pelo Decreto n. 9.707, de 11-2-2019.

a) o disposto nos art. 15 e art. 16; e

>> Alínea *a* acrescentada pelo Decreto n. 9.707, de 11-2-2019.

b) a forma de cálculo do reembolso, inclusive para fins de observância ao disposto no art. 13; e

>> Alínea *b* acrescentada pelo Decreto n. 9.707, de 11-2-2019.

II – conjunto do Secretário Especial de Fazenda e do Secretário Especial de Desburocratização, Gestão e Governo Digital do Ministério da Economia o disposto no art. 9.º.

>> Inciso II com redação determinada pelo Decreto n. 9.707, de 11-2-2019.

Cessões em curso

Art. 19. Aplicam-se as disposições deste Decreto às cessões em curso na data de sua entrada em vigor.

§ 1.º As cessões concedidas pela administração pública federal, direta e indireta, por prazo limitado ficam convertidas em cessões concedidas por prazo ilimitado.

§ 2.º As limitações a reembolso estabelecidas no inciso I do caput art. 12 e no art. 13 não se aplicam às competências anteriores à data de entrada em vigor deste Decreto.

>> § 2.º com redação determinada pelo Decreto n. 9.162, de 27-9-2017.

§ 3.º (*Revogado pelo Decreto n. 9.707, de 11-2-2019.*)

§ 4.º Não se aplica o disposto nos art. 15 e art. 16 às cessões em curso na data de entrada em vigor deste Decreto.

>> § 4.º com redação determinada pelo Decreto n. 9.162, de 27-9-2017.

§ 5.º Não serão considerados períodos anteriores à data de entrada em vigor deste Decreto para fins do disposto nos incisos III e IV do § 1.º do art. 12.

>> § 5.º acrescentado pelo Decreto n. 9.162, de 27-9-2017.

Vigência

Art. 20. Este Decreto entra em vigor em 1.º de outubro de 2017.

Cláusula revocatória

Art. 21. Ficam revogados:

I – o Decreto n. 4.050, de 12 de dezembro de 2001;

II – o Decreto n. 4.493, de 3 de dezembro de 2002;

III – o Decreto n. 4.587, de 7 de fevereiro de 2003;

IV – o Decreto n. 5.213, de 24 de setembro de 2004;

V – o art. 3.º do Decreto n. 7.470, de 4 de maio de 2011; e

VI – o Decreto n. 8.835, de 15 de agosto de 2016.

Brasília, 22 de agosto de 2017; 196.º da Independência e 129.º da República.

Michel Temer

DECRETO N. 9.188, DE 1.º DE NOVEMBRO DE 2017 (*)

Estabelece regras de governança, transparência e boas práticas de mercado para a adoção de regime especial de desinvestimento de ativos pelas sociedades de economia mista federais.

O Presidente da República, no uso das atribuições que lhe confere o art. 84, *caput*, incisos IV e VI, alínea *a*, da Constituição, e tendo em vista o disposto no art. 28, § 3.º, inciso II, e § 4.º, e no art. 29, *caput*, inciso XVIII, da Lei n. 13.303, de 30 de junho de 2016, decreta:

Capítulo I
DO REGIME ESPECIAL DE DESINVESTIMENTO DAS SOCIEDADES DE ECONOMIA MISTA

Art. 1.º Fica estabelecido, com base na dispensa de licitação prevista no art. 29, *caput*, inciso XVIII, da Lei n. 13.303, de 30 de junho de 2016, e no âmbito da administração pública federal, o regime especial de desinvestimento de ativos das sociedades de economia mista, com a finalidade de disciplinar a alienação de ativos pertencentes àquelas entidades, nos termos deste Decreto.

> Sociedade de economia mista – conceito: *vide* Decreto-lei n. 200, de 25-2-1967, art. 5.º, III.

> Estatuto jurídico da empresa pública, da sociedade de economia mista e de suas subsidiárias: *vide* Lei n. 13.303, de 30-6-2016, regulamentada pelo Decreto n. 8.945, de 27-12-2016.

§ 1.º As disposições previstas neste Decreto aplicam-se às sociedades subsidiárias e controladas de sociedades de economia mista.

§ 2.º As disposições previstas neste Decreto não se aplicam às hipóteses em que a alienação de ativos esteja relacionada aos objetos sociais das entidades previstas no *caput* e no § 1.º, às empresas de participação controladas pelas instituições financeiras públicas e aos bancos de investimentos, que continuarão sendo regidos pelo disposto no art. 28, § 3.º, inciso I, da Lei n. 13.303, de 2016.

§ 3.º O regime de que trata o *caput* poderá abranger a alienação parcial ou total de ativos.

§ 4.º Para os fins do disposto neste Decreto, consideram-se:

I – ativos – as unidades operacionais e os estabelecimentos integrantes do seu patrimônio, os direitos e as participações, diretas ou indiretas, em outras sociedades; e

II – alienação – qualquer forma de transferência total ou parcial de ativos para terceiros.

§ 5.º O disposto neste Decreto não se aplica às operações de alienação entre a sociedade de economia mista e as suas subsidiárias e controladas e às operações entre as subsidiárias e as controladas.

Art. 2.º O regime especial de desinvestimento de ativos previsto neste Decreto tem os seguintes objetivos:

I – incentivar a adoção de métodos de governança corporativa que assegurem a realização do objeto social pela sociedade de economia mista;

II – conferir transparência e impessoalidade aos processos de alienação;

III – garantir segurança jurídica aos processos de alienação por meio da observância da legislação e das demais normas aplicáveis;

IV – permitir a fiscalização, nos termos da legislação;

V – garantir a qualidade e a probidade do processo decisório que determina o desinvestimento;

VI – permitir a obtenção do maior retorno econômico à sociedade de economia mista e a formação de parcerias estratégicas;

VII – estimular a eficiência, a produtividade e o planejamento de longo prazo das atividades e dos negócios afetos à sociedade de economia mista;

VIII – aproximar as sociedades de economia mista das melhores práticas de governança e gestão reconhecidas pelo setor privado;

(*) Publicado no *Diário Oficial da União*, de 3-11-2017.

IX – proporcionar ambiente de previsibilidade e racionalidade para a tomada de decisão pelos agentes envolvidos no setor; e

X – garantir a sustentabilidade econômica e financeira da sociedade de economia mista.

Art. 3.º A Diretoria-Executiva das sociedades de economia mista poderá elaborar e propor programa de desinvestimento de ativos, o qual indicará, no mínimo:

I – os segmentos de negócio nos quais o desinvestimento será concentrado;

II – os objetivos e as metas a serem alcançados;

III – a compatibilidade da medida com o interesse da sociedade de economia mista;

IV – a conveniência e a oportunidade na alienação, considerados o plano estratégico, o plano de negócios, o plano plurianual ou instrumentos similares;

V – as perspectivas e as premissas macroeconômicas envolvidas; e

VI – o procedimento específico interno de apoio ao desinvestimento.

§ 1.º A adesão da sociedade de economia mista ao regime especial de desinvestimento de ativos previsto neste Decreto será facultativa e dependerá de aprovação do Conselho de Administração ou do órgão diretivo máximo e de comunicação ao Ministério supervisor.

§ 2.º Sem prejuízo da aprovação do Conselho de Administração ou do órgão diretivo máximo, caberá aos órgãos estatutários competentes a aprovação de cada alienação prevista no programa de desinvestimento.

§ 3.º As subsidiárias e as controladas da sociedade de economia mista deverão comunicá-la sobre os desinvestimentos realizados.

§ 4.º As subsidiárias e as controladas poderão conduzir seus desinvestimentos por meio de compartilhamento de políticas, estruturas, custos e mecanismos de divulgação com sua controladora.

Art. 4.º A sociedade de economia mista, no prazo de trinta dias, contado da data de assinatura dos instrumentos jurídicos negociais de cada alienação, encaminhará cópias desses documentos para ciência do Tribunal de Contas da União.

Parágrafo único. Os instrumentos jurídicos negociais firmados no processo de alienação serão regidos pelos preceitos de direito privado.

Capítulo II
DO PROCEDIMENTO COMPETITIVO DE ALIENAÇÃO

Seção I
Das normas gerais

Art. 5.º As alienações serão realizadas por meio de procedimento competitivo para obtenção do melhor retorno econômico para a sociedade de economia mista.

§ 1.º Quando conflitantes com o procedimento regido por este Decreto, serão respeitados os direitos dos acionistas e as obrigações decorrentes de acordos previamente estabelecidos relativos à participação societária ou ao ativo, bem como a confidencialidade de informações estratégicas protegidas por sigilo legal da sociedade de economia mista, da participação societária ou do ativo ou de informações relacionadas ao próprio procedimento competitivo de alienação.

§ 2.º Os sócios, os acionistas ou os parceiros poderão afastar normativos internos de procedimento competitivo de alienação para adotar o procedimento de que trata este Decreto, com vistas à padronização da sistemática de alienação de participação societária ou de ativo em comum.

Art. 6.º O procedimento competitivo de alienação de que trata este Decreto não se aplica às seguintes hipóteses:

I – as alienações de ativos que sigam procedimentos disciplinados por órgãos ou entidades reguladoras;

II – a formação de consórcios com empresas nacionais ou estrangeiras, na condição ou não de empresa líder, com objetivo de expandir atividades, reunir tecnologias e ampliar investimentos aplicados à indústria;

III – a dação em pagamento, a permuta e outras hipóteses de inviabilidade de competição, inclusive aquelas decorrentes de direitos previstos em acordos de acionistas; e

IV – os casos em que, de acordo com a legislação, seja justificada a inviabilidade de realização do procedimento competitivo de alienação.

Parágrafo único. A incidência das normas específicas a que se refere o inciso I do *caput* afasta a aplicação do procedimento competitivo de alienação de que trata este Decreto apenas naquilo em que conflitarem.

Art. 7.º O procedimento competitivo de alienação observará os princípios da publicidade e da transparência, que possibilitarão a fiscalização, a conformidade e o controle dos atos praticados pela sociedade de economia mista.

§ 1.º Excepcionalmente, o órgão estatutário competente da sociedade de economia mista poderá classificar a operação, as suas etapas ou os documentos como sigilosos, desde que a revelação de informações possa gerar prejuízos financeiros para a sociedade de economia mista ou para o ativo objeto da alienação.

§ 2.º As avaliações econômico-financeiras serão sigilosas, exceto quando exigida a sua publicidade pela legislação societária em vigor.

§ 3.º O sigilo não será oponível à fiscalização realizada pelo Tribunal de Contas da União.

Art. 8.º Caberá à sociedade de economia mista de capital aberto informar o mercado acerca das etapas do procedimento competitivo de alienação, na forma estabelecida na legislação e nas normas editadas por órgãos ou entidades reguladoras.

Art. 9.º O objeto da alienação será definido de forma clara no documento de solicitação de propostas preliminares e no documento de solicitação de propostas firmes.

Art. 10. Durante o procedimento competitivo de alienação, as eventuais alterações no objeto da alienação demandarão a repetição de todo o procedimento.

Parágrafo único. As alterações de condições relevantes da alienação que ocorrerem posteriormente a cada fase demandarão a repetição desta fase.

Art. 11. As modificações promovidas no documento de solicitação de propostas preliminares e no documento de solicitação de propostas firmes serão divulgadas nos mesmos meios em que forem veiculados os atos originais e será concedido novo prazo para apresentação das propostas.

Art. 12. A sociedade de economia mista anulará seus próprios atos quando eivados de vício de legalidade e poderá revogá-los por motivo de conveniência ou oportunidade, hipótese em que não haverá obrigação de indenizar.

Art. 13. A qualquer tempo, a sociedade de economia mista poderá determinar a realização de diligências para obtenção de esclarecimentos relacionados ao procedimento competitivo.

Art. 14. Os interessados em participar dos procedimentos competitivos de alienação previstos neste Decreto deverão comprovar a sua conformidade com regulações e práticas de prevenção à fraude e à corrupção e a aderência aos critérios objetivos para seleção de interessados previstos no § 1.º do art. 18.

Seção II
Do procedimento competitivo de alienação

Art. 15. O procedimento de alienação observará as seguintes fases:

I – preparação;

II – consulta de interesse;

III – apresentação de propostas preliminares;

IV – apresentação de propostas firmes;

V – negociação; e

VI – resultado e assinatura dos instrumentos jurídicos negociais.

§ 1.º O início das fases II a IV do *caput* será divulgado por meio eletrônico em portal mantido pela sociedade de economia mista na internet.

§ 2.º A apresentação de propostas preliminares poderá ser dispensada a critério da Comissão de Alienação ou da estrutura equivalente.

Art. 16. Para fins de seleção da melhor proposta, será utilizado o critério de julgamento de melhor retorno econômico, que será analisado com base no valor da proposta e em outros fatores, tais como responsabilidades e condições comerciais, contratuais, fiscais, trabalhistas, ambientais, entre outros que possam ser reputados relevantes para análise de melhor proposta, desde que devidamente justificado.

Subseção I
Da preparação

Art. 17. A fase de preparação interna destina-se ao planejamento do procedimento competitivo de alienação e contemplará:

I – justificativa, que conterá motivação para a alienação, proposta de estrutura de negócio, percentual do ativo ou da sociedade a ser alienada e indicativo de valor;

II – avaliação de impactos comerciais, fiscais, contábeis, trabalhistas, ambientais, societários e contratuais da alienação;

III – avaliação da necessidade de licenças e autorizações governamentais; e

IV – verificação da aderência da alienação aos objetivos estratégicos da sociedade de economia mista.

§ 1.º A Comissão de Avaliação ou a estrutura equivalente será composta por, no mínimo, três membros com competência técnica, e lhe competirá a elaboração da avaliação econômico-financeira do ativo.

§ 2.º Os membros da Comissão de Avaliação não terão vínculo de subordinação com a Comissão de Alienação.

§ 3.º O relatório com os elementos indicados nos incisos I a IV do *caput*, descritos de forma detalhada, será submetido à aprovação do órgão societário competente previamente ao início do procedimento competitivo de alienação.

Art. 18. A Comissão de Alienação ou a estrutura equivalente será composta por, no mínimo, três membros, e lhe competirá a condução do procedimento competitivo de alienação.

§ 1.º Os membros da Comissão de Avaliação não poderão compor a Comissão de Alienação.

§ 2.º A Comissão de Alienação será responsável por:

I – elaborar critérios objetivos para seleção de interessados, com base nos princípios da transparência, da impessoalidade e da isonomia; e

II – submeter os critérios de que trata o inciso I à aprovação pelo órgão societário competente anteriormente ao início do procedimento competitivo de alienação.

§ 3.º Poderá ser estabelecido, entre outros, o critério de capacidade econômico-financeira como fator de seleção de interessados, de maneira a considerar o valor do ativo e as informações e os dados estratégicos a ele concernentes.

Art. 19. Poderá ser contratada instituição financeira especializada independente para efetuar avaliação econômico-financeira formal e independente do ativo e/ou para assessorar a execução e o acompanhamento da alienação.

Art. 20. Após a fase de negociação, será contratada, no mínimo, uma instituição financeira especializada independente para atestar o valor justo da alienação sob o ponto de vista econômico-financeiro.

Parágrafo único. Fica dispensada a contratação prevista no *caput* na hipótese de o custo da contratação da instituição financeira ser desproporcional ao valor total da alienação do ativo.

Subseção II
Da consulta de interesse

Art. 21. Anteriormente ao envio do documento de solicitação de propostas, a sociedade de economia mista verificará o interesse do mercado na alienação pretendida por meio de instrumento de divulgação da oportunidade, observados os termos estabelecidos no § 1.º do art. 7.º.

Art. 22. O instrumento de divulgação da oportunidade conterá o resumo do objeto da alienação, informará os critérios objetivos para participação no procedimento competitivo de alienação e disponibilizará as informações não sigilosas sobre o ativo, em observância ao princípio da publicidade.

Parágrafo único. O instrumento de divulgação da oportunidade conterá as informações necessárias para a manifestação de interesse em participar do procedimento de alienação, tais como o prazo e a forma de realização dos atos, e será publicado preferencialmente por meio eletrônico, em portal mantido na internet, observados os termos estabelecidos no § 1.º do art. 7.º.

Art. 23. Aqueles que manifestarem interesse, por escrito, à sociedade de economia mista deverão comprovar o atendimento aos critérios objetivos estabelecidos no instrumento de divulgação da oportunidade, celebrar acordo de confidencialidade e fornecer outras declarações que atestem seus compromissos com a integridade e a conformidade exigidas pela sociedade de economia mista.

Subseção III
Da apresentação de propostas preliminares

Art. 24. Encerrada a fase de consulta de interesse, é facultado à Comissão de Alienação solicitar propostas preliminares aos interessados.

Art. 25. O instrumento de solicitação das propostas preliminares informará o momento em que as propostas preliminares serão apresentadas, a data e o horário de abertura dessas propostas e as informações e as instruções consideradas necessárias para a formulação das propostas.

Parágrafo único. Os interessados que apresentarem proposta preliminar na fase a que se refere o art. 24 poderão desistir dessas propostas sem incorrer em ônus ou penalidades.

Art. 26. Anteriormente ao evento de abertura das propostas preliminares, a Comissão de Alienação obterá a avaliação econômico-financeira preliminar do ativo, a ser elaborada pela Comissão de Avaliação e ou pela instituição financeira de que trata o art. 19, se existente.

Art. 27. Competirá à Comissão de Alienação, para garantir a isonomia e a impessoalidade, proceder à abertura simultânea das propostas preliminares apresentadas.

Art. 28. Ao final da fase a que se refere o art. 24, a Comissão de Alienação classificará as propostas preliminares recebidas, conforme os critérios por ela estabelecidos previamente.

Parágrafo único. A Comissão de Alienação realizará as avaliações necessárias para garantir, quando possível, que possam participar da próxima fase, no mínimo, três interessados.

Subseção IV
Da apresentação de propostas firmes

Art. 29. Competirá à Comissão de Alienação encaminhar documento de solicitação de propostas firmes àqueles que tenham manifestado interesse na fase de consulta de interesse ou àqueles que tenham sido classificados na fase de solicitação de propostas preliminares.

Art. 30. O documento de solicitação de propostas firmes conterá, no mínimo:

I – descrição do objeto da alienação;

II – modo de apresentação, limite e modalidade de prestação de garantias, quando necessário; e

III – minutas dos instrumentos jurídicos negociais.

Parágrafo único. As propostas poderão conter sugestões de alteração dos termos das minutas dos instrumentos jurídicos negociais, as quais serão avaliadas conforme o interesse da sociedade de economia mista.

Art. 31. As propostas oferecidas na fase a que se refere o art. 29 vincularão os proponentes, ressalvadas as alterações decorrentes da fase de negociação.

Art. 32. Anteriormente ao evento de abertura das propostas, a Comissão de Alienação obterá a avaliação econômico-financeira final do ativo, a ser elaborada pela Comissão de Avaliação.

Art. 33. Competirá à Comissão de Alienação, para garantir a isonomia e a impessoalidade, proceder à abertura simultânea das propostas apresentadas.

Art. 34. Ao final da fase a que se refere o art. 29, a Comissão de Alienação classificará as propostas recebidas, conforme os critérios estabelecidos no documento de solicitação de proposta.

Subseção V

Da negociação

Art. 35. Realizada e definida a classificação das propostas, a Comissão de Alienação poderá negociar com o interessado mais bem classificado ou, sucessivamente, com os demais interessados, segundo a ordem de classificação, condições melhores e mais vantajosas para a sociedade de economia mista.

Parágrafo único. A negociação poderá contemplar condições econômicas, comerciais, contratuais, além de outras consideradas relevantes à alienação.

Subseção VI

Do resultado e da assinatura dos contratos

Art. 36. Competirá à Comissão de Alienação elaborar o relatório final do procedimento competitivo de alienação.

Art. 37. Competirá ao órgão estatutário competente da sociedade de economia mista deliberar sobre a alienação nos termos e nas condições propostas pelo interessado mais bem classificado.

Art. 38. Aprovada a alienação pelo órgão estatutário competente, a Comissão de Alienação convocará o interessado mais bem classificado para assinatura dos contratos.

Parágrafo único. Na hipótese de desistência do interessado mais bem classificado, serão aplicadas as penalidades previstas no documento de solicitação de propostas.

CAPÍTULO III
DA FISCALIZAÇÃO

Art. 39. Os órgãos de controle externo e interno das três esferas de governo fiscalizarão as alienações promovidas pelas sociedades de economia mista, suas subsidiárias e suas controladas, incluídas aquelas domiciliadas no exterior, quanto à economicidade e à eficácia da aplicação do disposto neste Decreto, sob o ponto de vista contábil, financeiro, operacional e patrimonial.

§ 1.º Para a realização da atividade fiscalizatória de que trata o *caput*, os órgãos de controle terão acesso aos documentos e às informações necessários à realização dos trabalhos, incluídos aqueles classificados como sigilosos pelas sociedades de economia mista, nos termos da Lei n. 12.527, de 18 de novembro de 2011.

§ 2.º O grau de confidencialidade será atribuído pelas sociedades de economia mista no ato de entrega dos documentos e das informações solicitados e o órgão de controle com o qual foi compartilhada a informação sigilosa será corresponsável pela manutenção do seu sigilo.

§ 3.º O acesso dos órgãos de controle às informações referidas neste Capítulo será restrito e individualizado.

§ 4.º As informações que sejam revestidas de sigilo bancário, estratégico, comercial ou industrial serão assim identificadas e o servidor responsável pela atividade fiscalizatória responderá administrativa, civil e penalmente pelos danos causados às sociedades de economia mista e a seus acionistas em razão de eventual divulgação indevida.

§ 5.º Os tribunais de contas e os órgãos integrantes do sistema de controle interno poderão solicitar para exame, a qualquer tempo, documentos de natureza contábil, financeira, orçamentária, patrimonial e operacional das sociedades de economia mista no Brasil e no exterior, e os jurisdicionados ficarão obrigados à adoção das medidas corretivas pertinentes que, em função desse exame, forem determinadas a elas.

Art. 40. Os procedimentos competitivos de alienação já concluídos anteriormente à data de publicação deste Decreto ou cujos contratos definitivos já tenham sido assinados não se submeterão ao disposto neste Decreto, nos termos do art. 6.º do Decreto-lei n. 4.657, de 4 de setembro de 1942.

§ 1.º Em relação aos procedimentos competitivos de alienação já iniciados na data de publicação deste Decreto, caso exercida a faculdade de adesão prevista no art. 3.º, § 1.º, ficam preservados os atos anteriormente praticados.

§ 2.º Na hipótese de adesão facultativa aludida no § 1.º, será aplicado o procedimento competitivo de alienação disposto neste Decreto às fases posteriores à sua publicação.

Art. 41. Este Decreto entra em vigor na data de sua publicação.

Brasília, 1.º de novembro de 2017; 196.º da Independência e 129.º da República.

MICHEL TEMER

DECRETO N. 9.203, DE 22 DE NOVEMBRO DE 2017 (*)

Dispõe sobre a política de governança da administração pública federal direta, autárquica e fundacional.

O Presidente da República, no uso da atribuição que lhe confere o art. 84, *caput*, inciso VI, alínea *a*, da Constituição, decreta:

Art. 1.º Este Decreto dispõe sobre a política de governança da administração pública federal direta, autárquica e fundacional.

Art. 2.º Para os efeitos do disposto neste Decreto, considera-se:

I – governança pública – conjunto de mecanismos de liderança, estratégia e controle postos em prática para avaliar, direcionar e monitorar a gestão, com vistas à condução de políticas públicas e à prestação de serviços de interesse da sociedade;

II – valor público – produtos e resultados gerados, preservados ou entregues pelas atividades de uma organização que representem respostas efetivas e úteis às necessidades ou às demandas de interesse público e modifiquem aspectos do conjunto da sociedade ou de alguns grupos específicos reconhecidos como destinatários legítimos de bens e serviços públicos;

III – alta administração – Ministros de Estado, ocupantes de cargos de natureza especial, ocupantes de cargo de nível 6 do Grupo-Direção e Assessoramento Superiores – DAS e presidentes e diretores de autarquias, inclusive as especiais, e de fundações públicas ou autoridades de hierarquia equivalente; e

IV – gestão de riscos – processo de natureza permanente, estabelecido, direcionado e monitorado pela alta administração, que contempla as atividades de identificar, avaliar e gerenciar potenciais eventos que possam afetar a organização, destinado a fornecer segurança razoável quanto à realização de seus objetivos.

Art. 3.º São princípios da governança pública:

I – capacidade de resposta;

II – integridade;

III – confiabilidade;

IV – melhoria regulatória;

V – prestação de contas e responsabilidade; e

VI – transparência.

Art. 4.º São diretrizes da governança pública:

I – direcionar ações para a busca de resultados para a sociedade, encontrando soluções tempestivas e inovadoras para lidar com a limitação de recursos e com as mudanças de prioridades;

II – promover a simplificação administrativa, a modernização da gestão pública e a integração dos serviços públicos, especialmente aqueles prestados por meio eletrônico;

III – monitorar o desempenho e avaliar a concepção, a implementação e os resultados das políticas e das ações prioritárias para assegurar que as diretrizes estratégicas sejam observadas;

IV – articular instituições e coordenar processos para melhorar a integração entre os diferentes níveis e esferas do setor público, com vistas a gerar, preservar e entregar valor público;

V – fazer incorporar padrões elevados de conduta pela alta administração para orientar o comportamento dos agentes públicos, em consonância com as funções e as atribuições de seus órgãos e de suas entidades;

(*) Publicado no *Diário Oficial da União*, de 23-11-2017.

VI – implementar controles internos fundamentados na gestão de risco, que privilegiará ações estratégicas de prevenção antes de processos sancionadores;

VII – avaliar as propostas de criação, expansão ou aperfeiçoamento de políticas públicas e de concessão de incentivos fiscais e aferir, sempre que possível, seus custos e benefícios;

VIII – manter processo decisório orientado pelas evidências, pela conformidade legal, pela qualidade regulatória, pela desburocratização e pelo apoio à participação da sociedade;

IX – editar e revisar atos normativos, pautando-se pelas boas práticas regulatórias e pela legitimidade, estabilidade e coerência do ordenamento jurídico e realizando consultas públicas sempre que conveniente;

X – definir formalmente as funções, as competências e as responsabilidades das estruturas e dos arranjos institucionais; e

XI – promover a comunicação aberta, voluntária e transparente das atividades e dos resultados da organização, de maneira a fortalecer o acesso público à informação.

Art. 5.º São mecanismos para o exercício da governança pública:

I – liderança, que compreende conjunto de práticas de natureza humana ou comportamental exercida nos principais cargos das organizações, para assegurar a existência das condições mínimas para o exercício da boa governança, quais sejam:

a) integridade;

b) competência;

c) responsabilidade; e

d) motivação;

II – estratégia, que compreende a definição de diretrizes, objetivos, planos e ações, além de critérios de priorização e alinhamento entre organizações e partes interessadas, para que os serviços e produtos de responsabilidade da organização alcancem o resultado pretendido; e

III – controle, que compreende processos estruturados para mitigar os possíveis riscos com vistas ao alcance dos objetivos institucionais e para garantir a execução ordenada, ética, econômica, eficiente e eficaz das atividades da organização, com preservação da legalidade e da economicidade no dispêndio de recursos públicos.

Art. 6.º Caberá à alta administração dos órgãos e das entidades, observados as normas e os procedimentos específicos aplicáveis, implementar e manter mecanismos, instâncias e práticas de governança em consonância com os princípios e as diretrizes estabelecidos neste Decreto.

Parágrafo único. Os mecanismos, as instâncias e as práticas de governança de que trata o *caput* incluirão, no mínimo:

I – formas de acompanhamento de resultados;

II – soluções para melhoria do desempenho das organizações; e

III – instrumentos de promoção do processo decisório fundamentado em evidências.

Art. 7.º (*Revogado pelo Decreto n. 9.901, de 8-7-2019.*)

Art. 7.º-A. O Comitê Interministerial de Governança – CIG tem por finalidade assessorar o Presidente da República na condução da política de governança da administração pública federal.

>> Artigo acrescentado pelo Decreto n. 9.901, de 8-7-2019.

Art. 8.º (*Revogado pelo Decreto n. 9.901, de 8-7-2019.*)

Art. 8.º-A. O CIG é composto pelos seguintes membros titulares:

>> *Caput* acrescentado pelo Decreto n. 9.901, de 8-7-2019.

I – Ministro de Estado Chefe da Casa Civil da Presidência da República, que o coordenará;

>> Inciso I acrescentado pelo Decreto n. 9.901, de 8-7-2019.

II – Ministro de Estado da Economia; e

>> Inciso II acrescentado pelo Decreto n. 9.901, de 8-7-2019.

III – Ministro de Estado da Controladoria-Geral da União.

>> Inciso III acrescentado pelo Decreto n. 9.901, de 8-7-2019.

§ 1.º Os membros do CIG poderão ser substituídos, em suas ausências e seus impedimentos, pelos respectivos Secretários-Executivos.

>> § 1.º acrescentado pelo Decreto n. 9.901, de 8-7-2019.

§ 2.º As reuniões do CIG serão convocadas pelo seu Coordenador.

>> § 2.º acrescentado pelo Decreto n. 9.901, de 8-7-2019.

§ 3.º Representantes de outros órgãos e entidades da administração pública federal poderão ser convidados a participar de reuniões do CIG, sem direito a voto.

>> § 3.º acrescentado pelo Decreto n. 9.901, de 8-7-2019.

Art. 8.º-B. O CIG se reunirá, em caráter ordinário, trimestralmente e, em caráter extraordinário, sempre que necessário.

>> *Caput* acrescentado pelo Decreto n. 9.901, de 8-7-2019.

§ 1.º O quórum de reunião do CIG é de maioria simples dos membros e o quórum de aprovação é de maioria absoluta.

>> § 1.º acrescentado pelo Decreto n. 9.901, de 8-7-2019.

§ 2.º Além do voto ordinário, o Coordenador do CIG terá o voto de qualidade em caso de empate.

>> § 2.º acrescentado pelo Decreto n. 9.901, de 8-7-2019.

Art. 9.º (*Revogado pelo Decreto n. 9.901, de 8-7-2019.*)

Art. 9.º-A. Ao CIG compete:

>> *Caput* acrescentado pelo Decreto n. 9.901, de 8-7-2019.

I – propor medidas, mecanismos e práticas organizacionais para o atendimento aos princípios e às diretrizes de governança pública estabelecidos neste Decreto;

>> Inciso I acrescentado pelo Decreto n. 9.901, de 8-7-2019.

II – aprovar manuais e guias com medidas, mecanismos e práticas organizacionais que contribuam para a implementação dos princípios e das diretrizes de governança pública estabelecidos neste Decreto;

>> Inciso II acrescentado pelo Decreto n. 9.901, de 8-7-2019.

III – aprovar recomendações aos colegiados temáticos para garantir a coerência e a coordenação dos programas e das políticas de governança específicos;

>> Inciso III acrescentado pelo Decreto n. 9.901, de 8-7-2019.

IV – incentivar e monitorar a aplicação das melhores práticas de governança no âmbito da administração pública federal direta, autárquica e fundacional; e

>> Inciso IV acrescentado pelo Decreto n. 9.901, de 8-7-2019.

V – editar as resoluções necessárias ao exercício de suas competências.

>> Inciso V acrescentado pelo Decreto n. 9.901, de 8-7-2019.

§ 1.º Os manuais e os guias a que se refere o inciso II do ***caput*** deverão:

>> § 1.º, *caput*, acrescentado pelo Decreto n. 9.901, de 8-7-2019.

I – conter recomendações que possam ser implementadas nos órgãos e nas entidades da administração pública federal direta, autárquica e fundacional definidos na resolução que os aprovar;

>> Inciso I acrescentado pelo Decreto n. 9.901, de 8-7-2019.

II – ser observados pelos comitês internos de governança, a que se refere o art. 15-A.

>> Inciso II acrescentado pelo Decreto n. 9.901, de 8-7-2019.

§ 2.º O colegiado temático, para fins do disposto neste Decreto, é a comissão, o comitê, o grupo de trabalho ou outra forma de colegiado interministerial instituído com o objetivo de implementar, promover ou executar políticas ou programas de governança relativos a temas específicos.

>> § 2.º acrescentado pelo Decreto n. 9.901, de 8-7-2019.

Art. 10. (*Revogado pelo Decreto n. 9.901, de 8-7-2019.*)

Art. 10-A. O CIG poderá instituir grupos de trabalho específicos com o objetivo de assessorá-lo no cumprimento das suas competências.

>> *Caput* acrescentado pelo Decreto n. 9.901, de 8-7-2019.

§ 1.º Representantes de órgãos e entidades públicas e privadas poderão ser convidados a participar dos grupos de trabalho constituídos pelo CIG.

>> § 1.º acrescentado pelo Decreto n. 9.901, de 8-7-2019.

§ 2.º O CIG definirá no ato de instituição do grupo de trabalho os seus objetivos específicos, a sua composição e o prazo para conclusão de seus trabalhos.

>> § 2.º acrescentado pelo Decreto n. 9.901, de 8-7-2019.

Art. 10-B. Os grupos de trabalho:

>> *Caput* acrescentado pelo Decreto n. 9.901, de 8-7-2019.

I – serão compostos na forma de ato do CIG;

>> Inciso I acrescentado pelo Decreto n. 9.901, de 8-7-2019.

II – não poderão ter mais de cinco membros;

>> Inciso II acrescentado pelo Decreto n. 9.901, de 8-7-2019.

III – terão caráter temporário e duração não superior a um ano; e

>> Inciso III acrescentado pelo Decreto n. 9.901, de 8-7-2019.

IV – estarão limitados a três operando simultaneamente.

>> Inciso IV acrescentado pelo Decreto n. 9.901, de 8-7-2019.

Art. 11. (*Revogado pelo Decreto n. 9.901, de 8-7-2019.*)

Art. 11-A. A Secretaria-Executiva do CIG será exercida pela Secretaria-Executiva da Casa Civil da Presidência da República.

>> *Caput* acrescentado pelo Decreto n. 9.901, de 8-7-2019.

Parágrafo único. Compete à Secretaria-Executiva do CIG:

>> Parágrafo único, *caput*, acrescentado pelo Decreto n. 9.901, de 8-7-2019.

I – receber, instruir e encaminhar aos membros do CIG as propostas recebidas na forma estabelecida no ***caput*** do art. 10-A e no inciso II do ***caput*** do art. 13-A;

>> Inciso I acrescentado pelo Decreto n. 9.901, de 8-7-2019.

II – encaminhar a pauta, a documentação, os materiais de discussão e os registros das reuniões aos membros do CIG;

>> Inciso II acrescentado pelo Decreto n. 9.901, de 8-7-2019.

III – comunicar aos membros do CIG a data e a hora das reuniões ordinárias ou a convocação para as reuniões extraordinárias;

>> Inciso III acrescentado pelo Decreto n. 9.901, de 8-7-2019.

IV – comunicar aos membros do CIG a forma de realização da reunião, que poderá ser por meio eletrônico ou presencial, e o local, quando se tratar de reuniões presenciais; e

>> Inciso IV acrescentado pelo Decreto n. 9.901, de 8-7-2019.

V – disponibilizar as atas e as resoluções do CIG em sítio eletrônico, ou, quando o seu conteúdo for classificado como confidencial, encaminhá-las aos membros.

>> Inciso V acrescentado pelo Decreto n. 9.901, de 8-7-2019.

Art. 12. (*Revogado pelo Decreto n. 9.901, de 8-7-2019.*)

Art. 12-A. A participação no CIG ou nos grupos de trabalho por ele constituídos será considerada prestação de serviço público relevante, não remunerada.

>> Artigo acrescentado pelo Decreto n. 9.901, de 8-7-2019.

Art. 13. (*Revogado pelo Decreto n. 9.901, de 8-7-2019.*)

Art. 13-A. Compete aos órgãos e às entidades integrantes da administração pública federal direta, autárquica e fundacional:

>> *Caput* acrescentado pelo Decreto n. 9.901, de 8-7-2019.

I – executar a política de governança pública, de maneira a incorporar os princípios e as diretrizes definidos neste Decreto e as recomendações oriundas de manuais, guias e resoluções do CIG; e

>> Inciso I acrescentado pelo Decreto n. 9.901, de 8-7-2019.

II – encaminhar ao CIG propostas relacionadas às competências previstas no art. 9.º-A, com a justificativa da proposição e da minuta da resolução pertinente, se for o caso.

>> Inciso II acrescentado pelo Decreto n. 9.901, de 8-7-2019.

Arts. 14 e 15. (*Revogados pelo Decreto n. 9.901, de 8-7-2019.*)

Art. 15-A. São competências dos comitês internos de governança, instituídos pelos órgãos e entidades da administração pública federal direta, autárquica e fundacional:

>> *Caput* acrescentado pelo Decreto n. 9.901, de 8-7-2019.

I – auxiliar a alta administração na implementação e na manutenção de processos, estruturas e mecanismos adequados à incorporação dos princípios e das diretrizes da governança previstos neste Decreto;

>> Inciso I acrescentado pelo Decreto n. 9.901, de 8-7-2019.

II – incentivar e promover iniciativas que busquem implementar o acompanhamento de resultados no órgão ou na entidade, que promovam soluções para melhoria do desempenho institucional ou que adotem instrumentos para o aprimoramento do processo decisório;

>> Inciso II acrescentado pelo Decreto n. 9.901, de 8-7-2019.

III – promover e acompanhar a implementação das medidas, dos mecanismos e das práticas organizacionais de governança definidos pelo CIG em seus manuais e em suas resoluções; e

>> Inciso III acrescentado pelo Decreto n. 9.901, de 8-7-2019.

IV – elaborar manifestação técnica relativa aos temas de sua competência.

>> Inciso IV acrescentado pelo Decreto n. 9.901, de 8-7-2019.

Art. 16. Os comitês internos de governança publicarão suas atas e suas resoluções em sítio eletrônico, ressalvado o conteúdo sujeito a sigilo.

Art. 17. A alta administração das organizações da administração pública federal direta, autárquica e fundacional deverá estabelecer, manter, monitorar e aprimorar sistema de gestão de riscos e controles internos com vistas à identificação, à avaliação, ao tratamento, ao monitoramento e à análise crítica de riscos que possam impactar a implementação da estratégia e a consecução dos objetivos da organização no cumprimento da sua missão institucional, observados os seguintes princípios:

I – implementação e aplicação de forma sistemática, estruturada, oportuna e documentada, subordinada ao interesse público;

II – integração da gestão de riscos ao processo de planejamento estratégico e aos seus desdobramentos, às atividades, aos processos de trabalho e aos projetos em todos os níveis da organização, relevantes para a execução da estratégia e o alcance dos objetivos institucionais;

III – estabelecimento de controles internos proporcionais aos riscos, de maneira a considerar suas causas, fontes, consequências e impactos, observada a relação custo-benefício; e

IV – utilização dos resultados da gestão de riscos para apoio à melhoria contínua do desempenho e dos processos de gerenciamento de risco, controle e governança.

Art. 18. A auditoria interna governamental deverá adicionar valor e melhorar as operações das organizações para o alcance de seus objetivos, mediante a abordagem sistemática e disciplinada para avaliar e melhorar a eficácia dos processos de gerenciamento de riscos, dos controles e da governança, por meio da:

I – realização de trabalhos de avaliação e consultoria de forma independente, segundo os padrões de auditoria e ética profissional reconhecidos internacionalmente;

II – adoção de abordagem baseada em risco para o planejamento de suas atividades e para a definição do escopo, da natureza, da época e da extensão dos procedimentos de auditoria; e

III – promoção à prevenção, à detecção e à investigação de fraudes praticadas por agentes públicos ou privados na utilização de recursos públicos federais.

Art. 19. Os órgãos e as entidades da administração direta, autárquica e fundacional instituirão programa de integridade, com o objetivo de promover a adoção de medidas e ações institucionais destinadas à prevenção, à detecção, à punição e à remediação de fraudes e atos de corrupção, estruturado nos seguintes eixos:

I – comprometimento e apoio da alta administração;

II – existência de unidade responsável pela implementação no órgão ou na entidade;

III – análise, avaliação e gestão dos riscos associados ao tema da integridade; e

IV – monitoramento contínuo dos atributos do programa de integridade.

Art. 20. (*Revogado pelo Decreto n. 9.901, de 8-7-2019.*)

Art. 20-A. Cabe à Controladoria-Geral da União estabelecer os procedimentos necessários à estruturação, à execução e ao monitoramento dos programas de integridade dos órgãos e das entidades da administração pública federal direta, autárquica e fundacional.

» Artigo acrescentado pelo Decreto n. 9.901, de 8-7-2019.

Art. 21. Este Decreto entra em vigor na data de sua publicação.

Brasília, 22 de novembro de 2017; 196.º da Independência e 129.º da República.

MICHEL TEMER

LEI N. 13.675, DE 11 DE JUNHO DE 2018 (*)

Disciplina a organização e o funcionamento dos órgãos responsáveis pela segurança pública, nos termos do § 7.º do art. 144 da Constituição Federal; cria a Política Nacional de Segurança Pública e Defesa Social (PNSPDS); institui o Sistema Único de Segurança Pública (Susp); altera a Lei Complementar n. 79, de 7 de janeiro de 1994, a Lei n. 10.201, de 14 de fevereiro de 2001, e a Lei n. 11.530, de 24 de outubro de 2007; e revoga dispositivos da Lei n. 12.681, de 4 de julho de 2012.

O Presidente da República

Faço saber que o Congresso Nacional decreta e eu sanciono a seguinte Lei:

(*) Publicada no *Diário Oficial da União*, de 12-6-2018. Regulamentada pelo Decreto n. 9.489, de 30-8-2018.

CAPÍTULO I
DISPOSIÇÕES PRELIMINARES

Art. 1.º Esta Lei institui o Sistema Único de Segurança Pública (Susp) e cria a Política Nacional de Segurança Pública e Defesa Social (PNSPDS), com a finalidade de preservação da ordem pública e da incolumidade das pessoas e do patrimônio, por meio de atuação conjunta, coordenada, sistêmica e integrada dos órgãos de segurança pública e defesa social da União, dos Estados, do Distrito Federal e dos Municípios, em articulação com a sociedade.

Art. 2.º A segurança pública é dever do Estado e responsabilidade de todos, compreendendo a União, os Estados, o Distrito Federal e os Municípios, no âmbito das competências e atribuições legais de cada um.

CAPÍTULO II
DA POLÍTICA NACIONAL DE SEGURANÇA PÚBLICA E DEFESA SOCIAL (PNSPDS)

Seção I
Da Competência para Estabelecimento das Políticas de Segurança Pública e Defesa Social

Art. 3.º Compete à União estabelecer a Política Nacional de Segurança Pública e Defesa Social (PNSPDS) e aos Estados, ao Distrito Federal e aos Municípios estabelecer suas respectivas políticas, observadas as diretrizes da política nacional, especialmente para análise e enfrentamento dos riscos à harmonia da convivência social, com destaque às situações de emergência e aos crimes interestaduais e transnacionais.

Seção II
Dos Princípios

Art. 4.º São princípios da PNSPDS:

I – respeito ao ordenamento jurídico e aos direitos e garantias individuais e coletivos;

II – proteção, valorização e reconhecimento dos profissionais de segurança pública;

III – proteção dos direitos humanos, respeito aos direitos fundamentais e promoção da cidadania e da dignidade da pessoa humana;

IV – eficiência na prevenção e no controle das infrações penais;

V – eficiência na repressão e na apuração das infrações penais;

VI – eficiência na prevenção e na redução de riscos em situações de emergência e desastres que afetam a vida, o patrimônio e o meio ambiente;

VII – participação e controle social;

VIII – resolução pacífica de conflitos;

IX – uso comedido e proporcional da força;

X – proteção da vida, do patrimônio e do meio ambiente;

XI – publicidade das informações não sigilosas;

XII – promoção da produção de conhecimento sobre segurança pública;

XIII – otimização dos recursos materiais, humanos e financeiros das instituições;

XIV – simplicidade, informalidade, economia procedimental e celeridade no serviço prestado à sociedade;

XV – relação harmônica e colaborativa entre os Poderes;

XVI – transparência, responsabilização e prestação de contas.

Seção III
Das Diretrizes

Art. 5.º São diretrizes da PNSPDS:

I – atendimento imediato ao cidadão;

II – planejamento estratégico e sistêmico;

III – fortalecimento das ações de prevenção e resolução pacífica de conflitos, priorizando políticas de redução da letalidade violenta, com ênfase para os grupos vulneráveis;

IV – atuação integrada entre a União, os Estados, o Distrito Federal e os Municípios em ações de segurança pública e políticas transversais para a preservação da vida, do meio ambiente e da dignidade da pessoa humana;

V – coordenação, cooperação e colaboração dos órgãos e instituições de segurança pública nas fases de planejamento, execução, monitoramento e avaliação das ações, respeitando-se as respectivas atribuições legais e promovendo-se a racionalização de meios com base nas melhores práticas;

VI – formação e capacitação continuada e qualificada dos profissionais de segurança pública, em consonância com a matriz curricular nacional;

VII – fortalecimento das instituições de segurança pública por meio de investimentos e do desenvolvimento de projetos estruturantes e de inovação tecnológica;

VIII – sistematização e compartilhamento das informações de segurança pública, prisionais e sobre drogas, em âmbito nacional;

IX – atuação com base em pesquisas, estudos e diagnósticos em áreas de interesse da segurança pública;

X – atendimento prioritário, qualificado e humanizado às pessoas em situação de vulnerabilidade;

XI – padronização de estruturas, de capacitação, de tecnologia e de equipamentos de interesse da segurança pública;

XII – ênfase nas ações de policiamento de proximidade, com foco na resolução de problemas;

XIII – modernização do sistema e da legislação de acordo com a evolução social;

XIV – participação social nas questões de segurança pública;

XV – integração entre os Poderes Legislativo, Executivo e Judiciário no aprimoramento e na aplicação da legislação penal;

XVI – colaboração do Poder Judiciário, do Ministério Público e da Defensoria Pública na elaboração de estratégias e metas para alcançar os objetivos desta Política;

XVII – fomento de políticas públicas voltadas à reinserção social dos egressos do sistema prisional;

XVIII – (*Vetado*.);

XIX – incentivo ao desenvolvimento de programas e projetos com foco na promoção da cultura de paz, na segurança comunitária e na integração das políticas de segurança com as políticas sociais existentes em outros órgãos e entidades não pertencentes ao sistema de segurança pública;

XX – distribuição do efetivo de acordo com critérios técnicos;

XXI – deontologia policial e de bombeiro militar comuns, respeitados os regimes jurídicos e as peculiaridades de cada instituição;

XXII – unidade de registro de ocorrência policial;

XXIII – uso de sistema integrado de informações e dados eletrônicos;

XXIV – (*Vetado*.);

XXV – incentivo à designação de servidores da carreira para os cargos de chefia, levando em consideração a graduação, a capacitação, o mérito e a experiência do servidor na atividade policial específica;

XXVI – celebração de termo de parceria e protocolos com agências de vigilância privada, respeitada a lei de licitações.

Seção IV
Dos Objetivos

Art. 6.º São objetivos da PNSPDS:

I – fomentar a integração em ações estratégicas e operacionais, em atividades de inteligência de segurança pública e em gerenciamento de crises e incidentes;

II – apoiar as ações de manutenção da ordem pública e da incolumidade das pessoas, do patrimônio, do meio ambiente e de bens e direitos;

III – incentivar medidas para a modernização de equipamentos, da investigação e da perícia e para a padronização de tecnologia dos órgãos e das instituições de segurança pública;

IV – estimular e apoiar a realização de ações de prevenção à violência e à criminalidade, com prioridade para aquelas relacionadas à letalidade da população jovem negra, das mulheres e de outros grupos vulneráveis;

V – promover a participação social nos Conselhos de segurança pública;

VI – estimular a produção e a publicação de estudos e diagnósticos para a formulação e a avaliação de políticas públicas;

VII – promover a interoperabilidade dos sistemas de segurança pública;

VIII – incentivar e ampliar as ações de prevenção, controle e fiscalização para a repressão aos crimes transfronteiriços;

IX – estimular o intercâmbio de informações de inteligência de segurança pública com instituições estrangeiras congêneres;

X – integrar e compartilhar as informações de segurança pública, prisionais e sobre drogas;

XI – estimular a padronização da formação, da capacitação e da qualificação dos profissionais de segurança pública, respeitadas as especificidades e as diversidades regionais, em consonância com esta Política, nos âmbitos federal, estadual, distrital e municipal;

XII – fomentar o aperfeiçoamento da aplicação e do cumprimento de medidas restritivas de direito e de penas alternativas à prisão;

XIII – fomentar o aperfeiçoamento dos regimes de cumprimento de pena restritiva de liberdade em relação à gravidade dos crimes cometidos;

XIV – (*Vetado*.);

XV – racionalizar e humanizar o sistema penitenciário e outros ambientes de encarceramento;

XVI – fomentar estudos, pesquisas e publicações sobre a política de enfrentamento às drogas e de redução de danos relacionados aos seus usuários e aos grupos sociais com os quais convivem;

XVII – fomentar ações permanentes para o combate ao crime organizado e à corrupção;

XVIII – estabelecer mecanismos de monitoramento e de avaliação das ações implementadas;

XIX – promover uma relação colaborativa entre os órgãos de segurança pública e os integrantes do sistema judiciário para a construção das estratégias e o desenvolvimento das ações necessárias ao alcance das metas estabelecidas;

XX – estimular a concessão de medidas protetivas em favor de pessoas em situação de vulnerabilidade;

XXI – estimular a criação de mecanismos de proteção dos agentes públicos que compõem o sistema nacional de segurança pública e de seus familiares;

XXII – estimular e incentivar a elaboração, a execução e o monitoramento de ações nas áreas de valorização profissional, de saúde, de qualidade de vida e de segurança dos servidores que compõem o sistema nacional de segurança pública;

XXIII – priorizar políticas de redução da letalidade violenta;

XXIV – fortalecer os mecanismos de investigação de crimes hediondos e de homicídios;

XXV – fortalecer as ações de fiscalização de armas de fogo e munições, com vistas à redução da violência armada;

XXVI – fortalecer as ações de prevenção e repressão aos crimes cibernéticos.

Parágrafo único. Os objetivos estabelecidos direcionarão a formulação do Plano Nacional de Segurança Pública e Defesa Social, documento que estabelecerá as estratégias, as metas, os indicadores e as ações para o alcance desses objetivos.

Seção V
Das Estratégias

Art. 7.º A PNSPDS será implementada por estratégias que garantam integração, coordenação e cooperação federativa, interoperabilidade, liderança situacional, modernização da gestão das instituições de segurança pública, valorização e proteção dos profissionais, complementaridade, dotação de recursos humanos, diagnóstico dos problemas a serem enfrentados, excelência técnica, avaliação continuada dos resultados e garantia da regularidade orçamentária para execução de planos e programas de segurança pública.

Seção VI
Dos Meios e Instrumentos

Art. 8.º São meios e instrumentos para a implementação da PNSPDS:

I – os planos de segurança pública e defesa social;

II – o Sistema Nacional de Informações e de Gestão de Segurança Pública e Defesa Social, que inclui:

a) o Sistema Nacional de Acompanhamento e Avaliação das Políticas de Segurança Pública e Defesa Social (Sinaped);

b) o Sistema Nacional de Informações de Segurança Pública, Prisionais, de Rastreabilidade de Armas e Munições, de Material Genético, de Digitais e de Drogas (Sinesp);

>> Alínea *b* com redação determinada pela Lei n. 13.756, de 12-12-2018.

c) o Sistema Integrado de Educação e Valorização Profissional (Sievap);

d) a Rede Nacional de Altos Estudos em Segurança Pública (Renaesp);

e) o Programa Nacional de Qualidade de Vida para Profissionais de Segurança Pública (Pró-Vida);

III – (*Vetado*.);

IV – o Plano Nacional de Enfrentamento de Homicídios de Jovens;

V – os mecanismos formados por órgãos de prevenção e controle de atos ilícitos contra a Administração Pública e referentes à ocultação ou dissimulação de bens, direitos e valores.

Capítulo III
DO SISTEMA ÚNICO DE SEGURANÇA PÚBLICA

Seção I
Da Composição do Sistema

Art. 9.º É instituído o Sistema Único de Segurança Pública (Susp), que tem como órgão central o Ministério Extraordinário da Segurança Pública e é integrado pelos órgãos de que trata o art. 144 da Constituição Federal, pelos agentes penitenciários, pelas guardas municipais e pelos demais integrantes estratégicos e operacionais, que atuarão nos limites de suas competências, de forma cooperativa, sistêmica e harmônica.

§ 1.º São integrantes estratégicos do Susp:

I – a União, os Estados, o Distrito Federal e os Municípios, por intermédio dos respectivos Poderes Executivos;

II – os Conselhos de Segurança Pública e Defesa Social dos três entes federados.

§ 2.º São integrantes operacionais do Susp:

I – polícia federal;

II – polícia rodoviária federal;

III – (*Vetado*.);

IV – polícias civis;

V – polícias militares;

VI – corpos de bombeiros militares;

VII – guardas municipais;

VIII – órgãos do sistema penitenciário;

IX – (*Vetado*.);

X – institutos oficiais de criminalística, medicina legal e identificação;

XI – Secretaria Nacional de Segurança Pública (Senasp);

XII – secretarias estaduais de segurança pública ou congêneres;

XIII – Secretaria Nacional de Proteção e Defesa Civil (Sedec);

XIV – Secretaria Nacional de Política Sobre Drogas (Senad);

XV – agentes de trânsito;

XVI – guarda portuária.

§ 3.º (*Vetado*.)

§ 4.º Os sistemas estaduais, distrital e municipais serão responsáveis pela implementação dos respectivos programas, ações e projetos de segurança pública, com liberdade de organização e funcionamento, respeitado o disposto nesta Lei.

Seção II
Do Funcionamento

Art. 10. A integração e a coordenação dos órgãos integrantes do Susp dar-se-ão nos limites das respectivas competências, por meio de:

I – operações com planejamento e execução integrados;

II – estratégias comuns para atuação na prevenção e no controle qualificado de infrações penais;

III – aceitação mútua de registro de ocorrência policial;

IV – compartilhamento de informações, inclusive com o Sistema Brasileiro de Inteligência (Sisbin);

V – intercâmbio de conhecimentos técnicos e científicos;

VI – integração das informações e dos dados de segurança pública por meio do Sinesp.

§ 1.º O Susp será coordenado pelo Ministério Extraordinário da Segurança Pública.

§ 2.º As operações combinadas, planejadas e desencadeadas em equipe poderão ser ostensivas, investigativas, de inteligência ou mistas, e contar com a participação de órgãos integrantes do Susp e, nos limites de suas competências, com o Sisbin e outros órgãos dos sistemas federal, estadual, distrital ou municipal, não necessariamente vinculados diretamente aos órgãos de segurança pública e defesa social, especialmente quando se tratar de enfrentamento a organizações criminosas.

§ 3.º O planejamento e a coordenação das operações referidas no § 2.º deste artigo serão exercidos conjuntamente pelos participantes.

§ 4.º O compartilhamento de informações será feito preferencialmente por meio eletrônico, com acesso recíproco aos bancos de dados, nos termos estabelecidos pelo Ministério Extraordinário da Segurança Pública.

§ 5.º O intercâmbio de conhecimentos técnicos e científicos para qualificação dos profissionais de segurança pública e defesa social dar-se-á, entre outras formas, pela reciprocidade na abertura de vagas nos cursos de especialização, aperfeiçoamento e estudos estratégicos, respeitadas as peculiaridades e o regime jurídico de cada instituição, e observada, sempre que possível, a matriz curricular nacional.

Art. 11. O Ministério Extraordinário da Segurança Pública fixará, anualmente, metas de excelência no âmbito das respectivas competências, visando à prevenção e à repressão das infrações penais e administrativas e à prevenção dos desastres, e utilizará indicadores públicos que demonstrem de forma objetiva os resultados pretendidos.

Art. 12. A aferição anual de metas deverá observar os seguintes parâmetros:

I – as atividades de polícia judiciária e de apuração das infrações penais serão aferidas, entre outros fatores, pelos índices de elucidação dos delitos, a partir dos registros de ocorrências policiais, especialmente os de crimes dolosos com resultado em morte e de roubo, pela identificação, prisão dos autores e cumprimento de mandados de prisão de condenados a crimes com penas de reclusão, e pela recuperação do produto de crime em determinada circunscrição;

II – as atividades periciais serão aferidas mediante critérios técnicos emitidos pelo órgão responsável pela coordenação das perícias oficiais, considerando os laudos periciais e o resultado na produção qualificada das provas relevantes à instrução criminal;

III – as atividades de polícia ostensiva e de preservação da ordem pública serão aferidas, entre outros fatores, pela maior ou menor incidência de infrações penais e administrativas em determinada área, seguindo os parâmetros do Sinesp;

IV – as atividades dos corpos de bombeiros militares serão aferidas, entre outros fatores, pelas ações de prevenção, preparação para emergências e desastres, índices de tempo de resposta aos desastres e de recuperação de locais atingidos, considerando-se áreas determinadas;

V – a eficiência do sistema prisional será aferida com base nos seguintes fatores, entre outros:

a) o número de vagas ofertadas no sistema;

b) a relação existente entre o número de presos e a quantidade de vagas ofertadas;

c) o índice de reiteração criminal dos egressos;

d) a quantidade de presos condenados atendidos de acordo com os parâmetros estabelecidos pelos incisos do *caput* deste artigo, com observância de critérios objetivos e transparentes.

§ 1.º A aferição considerará aspectos relativos à estrutura de trabalho físico e de equipamentos, bem como de efetivo.

§ 2.º A aferição de que trata o inciso I do *caput* deste artigo deverá distinguir as autorias definidas em razão de prisão em flagrante das autorias resultantes de diligências investigatórias.

Art. 13. O Ministério Extraordinário da Segurança Pública, responsável pela gestão do Susp, deverá orientar e acompanhar as atividades dos órgãos integrados ao Sistema, além de promover as seguintes ações:

I – apoiar os programas de aparelhamento e modernização dos órgãos de segurança pública e defesa social do País;

II – implementar, manter e expandir, observadas as restrições previstas em lei quanto a sigilo, o Sistema Nacional de Informações e de Gestão de Segurança Pública e Defesa Social;

III – efetivar o intercâmbio de experiências técnicas e operacionais entre os órgãos policiais federais, estaduais, distrital e as guardas municipais;

IV – valorizar a autonomia técnica, científica e funcional dos institutos oficiais de criminalística, medicina legal e identificação, garantindo-lhes condições plenas para o exercício de suas funções;

V – promover a qualificação profissional dos integrantes da segurança pública e defesa social, especialmente nas dimensões operacional, ética e técnico-científica;

VI – realizar estudos e pesquisas nacionais e consolidar dados e informações estatísticas sobre criminalidade e vitimização;

VII – coordenar as atividades de inteligência da segurança pública e defesa social integradas ao Sisbin;

VIII – desenvolver a doutrina de inteligência policial.

Art. 14. É de responsabilidade do Ministério Extraordinário da Segurança Pública:

I – disponibilizar sistema padronizado, informatizado e seguro que permita o intercâmbio de informações entre os integrantes do Susp;

II – apoiar e avaliar periodicamente a infraestrutura tecnológica e a segurança dos processos, das redes e dos sistemas;

III – estabelecer cronograma para adequação dos integrantes do Susp às normas e aos procedimentos de funcionamento do Sistema.

Art. 15. A União poderá apoiar os Estados, o Distrito Federal e os Municípios, quando não dispuserem de condições técnicas e operacionais necessárias à implementação do Susp.

Art. 16. Os órgãos integrantes do Susp poderão atuar em vias urbanas, rodovias, terminais rodoviários, ferrovias e hidrovias federais, estaduais, distrital ou municipais, portos e aeroportos, no âmbito das respectivas competências, em efetiva integração com o órgão cujo local de atuação esteja sob sua circunscrição, ressalvado o sigilo das investigações policiais.

Art. 17. Regulamento disciplinará os critérios de aplicação de recursos do Fundo Nacional de Segurança Pública (FNSP) e do Fundo Penitenciário Nacional (Funpen), respeitando-se a atribuição constitucional dos órgãos que integram o Susp, os aspectos geográficos, populacionais e socioeconômicos dos entes federados, bem como o estabelecimento de metas e resultados a serem alcançados.

Art. 18. As aquisições de bens e serviços para os órgãos integrantes do Susp terão por objetivo a eficácia de suas atividades e obedecerão a critérios técnicos de qualidade, modernidade, eficiência e resistência, observadas as normas de licitação e contratos.

Parágrafo único. (*Vetado.*)

Capítulo IV
DOS CONSELHOS DE SEGURANÇA PÚBLICA E DEFESA SOCIAL

Seção I
Da Composição

Art. 19. A estrutura formal do Susp dar-se-á pela formação de Conselhos permanentes a serem criados na forma do art. 21 desta Lei.

Art. 20. Serão criados Conselhos de Segurança Pública e Defesa Social, no âmbito da União, dos Estados, do Distrito Federal e dos Municípios, mediante proposta dos chefes dos Poderes Executivos, encaminhadas aos respectivos Poderes Legislativos.

§ 1.º O Conselho Nacional de Segurança Pública e Defesa Social, com atribuições, funcionamento e composição estabelecidos em regulamento, terá a participação de representantes da União, dos Estados, do Distrito Federal e dos Municípios.

§ 2.º Os Conselhos de Segurança Pública e Defesa Social congregarão representantes com poder de decisão dentro de suas estruturas governamentais e terão natureza de colegiado, com competência consultiva, sugestiva e de acompanhamento social das atividades de segurança pública e defesa social, respeitadas as instâncias decisórias e as normas de organização da Administração Pública.

§ 3.º Os Conselhos de Segurança Pública e Defesa Social exercerão o acompanhamento das instituições referidas no § 2.º do art. 9.º desta Lei e poderão recomendar providências legais às autoridades competentes.

§ 4.º O acompanhamento de que trata o § 3.º deste artigo considerará, entre outros, os seguintes aspectos:

I – as condições de trabalho, a valorização e o respeito pela integridade física e moral dos seus integrantes;

II – o atingimento das metas previstas nesta Lei;

III – o resultado célere na apuração das denúncias em tramitação nas respectivas corregedorias;

IV – o grau de confiabilidade e aceitabilidade do órgão pela população por ele atendida.

§ 5.º Caberá aos Conselhos propor diretrizes para as políticas públicas de segurança pública e defesa social, com vistas à prevenção e à repressão da violência e da criminalidade.

§ 6.º A organização, o funcionamento e as demais competências dos Conselhos serão regulamentados por ato do Poder Executivo, nos limites estabelecidos por esta Lei.

§ 7.º Os Conselhos Estaduais, Distrital e Municipais de Segurança Pública e Defesa Social, que contarão também com representantes da sociedade civil organizada e de representantes dos trabalhadores, poderão ser descentralizados ou congregados por região para melhor atuação e intercâmbio comunitário.

Seção II
Dos Conselheiros

Art. 21. Os Conselhos serão compostos por:

I – representantes de cada órgão ou entidade integrante do Susp;

II – representante do Poder Judiciário;

III – representante do Ministério Público;

IV – representante da Ordem dos Advogados do Brasil (OAB);

V – representante da Defensoria Pública;

VI – representantes de entidades e organizações da sociedade cuja finalidade esteja relacionada com políticas de segurança pública e defesa social;

VII – representantes de entidades de profissionais de segurança pública.

§ 1.º Os representantes das entidades e organizações referidas nos incisos VI e VII do *caput* deste artigo serão eleitos por meio de processo aberto a todas as entidades e organizações cuja finalidade seja relacionada com as políticas de segurança pública, conforme convocação pública e critérios objetivos previamente definidos pelos Conselhos.

§ 2.º Cada conselheiro terá 1 (um) suplente, que substituirá o titular em sua ausência.

§ 3.º Os mandatos eletivos dos membros referidos nos incisos VI e VII do *caput* deste artigo e a designação dos demais membros terão a duração de 2 (dois) anos, permitida apenas uma recondução ou reeleição.

§ 4.º Na ausência de representantes dos órgãos ou entidades referidos no *caput* deste artigo, aplica-se o disposto no § 7.º do art. 20 desta Lei.

Capítulo V
DA FORMULAÇÃO DOS PLANOS DE SEGURANÇA PÚBLICA E DEFESA SOCIAL

Seção I
Dos Planos

Art. 22. A União instituirá Plano Nacional de Segurança Pública e Defesa Social, destinado a articular as ações do poder público, com a finalidade de:

I – promover a melhora da qualidade da gestão das políticas sobre segurança pública e defesa social;

II – contribuir para a organização dos Conselhos de Segurança Pública e Defesa Social;

III – assegurar a produção de conhecimento no tema, a definição de metas e a avaliação dos resultados das políticas de segurança pública e defesa social;

IV – priorizar ações preventivas e fiscalizatórias de segurança interna nas divisas, fronteiras, portos e aeroportos.

§ 1.º As políticas públicas de segurança não se restringem aos integrantes do Susp, pois devem considerar um contexto social amplo, com abrangência de outras áreas do serviço público, como educação, saúde, lazer e cultura, respeitadas as atribuições e as finalidades de cada área do serviço público.

§ 2.º O Plano de que trata o *caput* deste artigo terá duração de 10 (dez) anos a contar de sua publicação.

§ 3.º As ações de prevenção à criminalidade devem ser consideradas prioritárias na elaboração do Plano de que trata o *caput* deste artigo.

§ 4.º A União, por intermédio do Ministério Extraordinário da Segurança Pública, deverá elaborar os objetivos, as ações estratégicas, as metas, as prioridades, os indicadores e as formas de financiamento e gestão das Políticas de Segurança Pública e Defesa Social.

§ 5.º Os Estados, o Distrito Federal e os Municípios deverão, com base no Plano Nacional de Segurança Pública e Defesa Social, elaborar e implantar seus planos correspondentes em até 2 (dois) anos a partir da publicação do documento nacional, sob pena de não poderem receber recursos da União para a execução de programas ou ações de segurança pública e defesa social.

§ 6.º O poder público deverá dar ampla divulgação ao conteúdo das Políticas e dos Planos de segurança pública e defesa social.

Art. 23. A União, em articulação com os Estados, o Distrito Federal e os Municípios, realizará avaliações anuais sobre a implementação do Plano Nacional de Segurança Pública e Defesa Social, com o objetivo de verificar o cumprimento das metas estabelecidas e elaborar recomendações aos gestores e operadores das políticas públicas.

Parágrafo único. A primeira avaliação do Plano Nacional de Segurança Pública e Defesa Social realizar-se-á no segundo ano de vigência desta Lei, cabendo ao Poder Legislativo Federal acompanhá-la.

Seção II
Das Diretrizes Gerais

Art. 24. Os agentes públicos deverão observar as seguintes diretrizes na elaboração e na execução dos planos:

I – adotar estratégias de articulação entre órgãos públicos, entidades privadas, corporações policiais e organismos internacionais, a fim de implantar parcerias para a execução de políticas de segurança pública e defesa social;

II – realizar a integração de programas, ações, atividades e projetos dos órgãos e entidades públicas e privadas nas áreas de saúde, planejamento familiar, educação, trabalho, assistência social, previdência social, cultura, desporto e lazer, visando à prevenção da criminalidade e à prevenção de desastres;

III – viabilizar ampla participação social na formulação, na implementação e na avaliação das políticas de segurança pública e defesa social;

IV – desenvolver programas, ações, atividades e projetos articulados com os estabelecimentos de ensino, com a sociedade e com a família para a prevenção da criminalidade e a prevenção de desastres;

V – incentivar a inclusão das disciplinas de prevenção da violência e de prevenção de desastres nos conteúdos curriculares dos diversos níveis de ensino;

VI – ampliar as alternativas de inserção econômica e social dos egressos do sistema prisional, promovendo programas que priorizem a melhoria de sua escolarização e a qualificação profissional;

VII – garantir a efetividade dos programas, ações, atividades e projetos das políticas de segurança pública e defesa social;

VIII – promover o monitoramento e a avaliação das políticas de segurança pública e defesa social;

IX – fomentar a criação de grupos de estudos formados por agentes públicos dos órgãos integrantes do Susp, professores e pesquisadores, para produção de conhecimento e reflexão sobre o fenômeno da criminalidade, com o apoio e a coordenação dos órgãos públicos de cada unidade da Federação;

X – fomentar a harmonização e o trabalho conjunto dos integrantes do Susp;

XI – garantir o planejamento e a execução de políticas de segurança pública e defesa social;

XII – fomentar estudos de planejamento urbano para que medidas de prevenção da criminalidade façam parte do plano diretor das cidades, de forma a estimular, entre outras ações, o reforço na iluminação pública e a verificação de pessoas e de famílias em situação de risco social e criminal.

Seção III
Das Metas para Acompanhamento e Avaliação das Políticas de Segurança Pública e Defesa Social

Art. 25. Os integrantes do Susp fixarão, anualmente, metas de excelência no âmbito das respectivas competências, visando à prevenção e à repressão de infrações penais e administrativas e à prevenção de desastres, que tenham como finalidade:

I – planejar, pactuar, implementar, coordenar e supervisionar as atividades de educação gerencial, técnica e operacional, em cooperação com as unidades da Federação;

II – apoiar e promover educação qualificada, continuada e integrada;

III – identificar e propor novas metodologias e técnicas de educação voltadas ao aprimoramento de suas atividades;

IV – identificar e propor mecanismos de valorização profissional;

V – apoiar e promover o sistema de saúde para os profissionais de segurança pública e defesa social;

VI – apoiar e promover o sistema habitacional para os profissionais de segurança pública e defesa social.

Seção IV
Da Cooperação, da Integração e do Funcionamento Harmônico dos Membros do Susp

Art. 26. É instituído, no âmbito do Susp, o Sistema Nacional de Acompanhamento e Avaliação das Políticas de Segurança Pública e Defesa Social (Sinaped), com os seguintes objetivos:

I – contribuir para organização e integração dos membros do Susp, dos projetos das políticas de segurança pública e defesa social e dos respectivos diagnósticos, planos de ação, resultados e avaliações;

II – assegurar o conhecimento sobre os programas, ações e atividades e promover a melhora da qualidade da gestão dos programas, ações, atividades e projetos de segurança pública e defesa social;

III – garantir que as políticas de segurança pública e defesa social abranjam, no mínimo, o adequado diagnóstico, a gestão e os resultados das políticas e dos programas de prevenção e de controle da violência, com o objetivo de verificar:

a) a compatibilidade da forma de processamento do planejamento orçamentário e de sua execução com as necessidades do respectivo sistema de segurança pública e defesa social;

b) a eficácia da utilização dos recursos públicos;

c) a manutenção do fluxo financeiro, consideradas as necessidades operacionais dos programas, as normas de referência e as condições previstas nos instrumentos jurídicos celebrados entre os entes federados, os órgãos gestores e os integrantes do Susp;

d) a implementação dos demais compromissos assumidos por ocasião da celebração dos instrumentos jurídicos relativos à efetivação das políticas de segurança pública e defesa social;

e) a articulação interinstitucional e intersetorial das políticas.

Art. 27. Ao final da avaliação do Plano Nacional de Segurança Pública e Defesa Social, será elaborado relatório com o histórico e a caracterização do trabalho, as recomendações e os prazos para que elas sejam cumpridas, além de outros elementos a serem definidos em regulamento.

§ 1.º Os resultados da avaliação das políticas serão utilizados para:

I – planejar as metas e eleger as prioridades para execução e financiamento;

II – reestruturar ou ampliar os programas de prevenção e controle;

III – adequar os objetivos e a natureza dos programas, ações e projetos;

IV – celebrar instrumentos de cooperação com vistas à correção de problemas constatados na avaliação;

V – aumentar o financiamento para fortalecer o sistema de segurança pública e defesa social;

VI – melhorar e ampliar a capacitação dos operadores do Susp.

§ 2.º O relatório da avaliação deverá ser encaminhado aos respectivos Conselhos de Segurança Pública e Defesa Social.

Art. 28. As autoridades, os gestores, as entidades e os órgãos envolvidos com a segurança pública e defesa social têm o dever de colaborar com o processo de avaliação, facilitando o acesso às suas instalações, à documentação e a todos os elementos necessários ao seu efetivo cumprimento.

Art. 29. O processo de avaliação das políticas de segurança pública e defesa social deverá contar com a participação de representantes dos Poderes Legislativo, Executivo e Judiciário, do Ministério Público, da Defensoria Pública e dos Conselhos de Segurança Pública e Defesa Social, observados os parâmetros estabelecidos nesta Lei.

Art. 30. Cabe ao Poder Legislativo acompanhar as avaliações do respectivo ente federado.

Art. 31. O Sinaped assegurará, na metodologia a ser empregada:

I – a realização da autoavaliação dos gestores e das corporações;

II – a avaliação institucional externa, contemplando a análise global e integrada das instalações físicas, relações institucionais, compromisso social, atividades e finalidades das corporações;

III – a análise global e integrada dos diagnósticos, estruturas, compromissos, finalidades e resultados das políticas de segurança pública e defesa social;

IV – o caráter público de todos os procedimentos, dados e resultados dos processos de avaliação.

Art. 32. A avaliação dos objetivos e das metas do Plano Nacional de Segurança Pública e Defesa Social será coordenada por comissão permanente e realizada por comissões temporárias, essas compostas, no mínimo, por 3 (três) membros, na forma do regulamento próprio.

Parágrafo único. É vedado à comissão permanente designar avaliadores que sejam titulares ou servidores dos órgãos gestores avaliados, caso:

I – tenham relação de parentesco até terceiro grau com titulares ou servidores dos órgãos gestores avaliados;

II – estejam respondendo a processo criminal ou administrativo.

CAPÍTULO VI
DO CONTROLE E DA TRANSPARÊNCIA

Seção I
Do Controle Interno

Art. 33. Aos órgãos de correição, dotados de autonomia no exercício de suas competências, caberá o gerenciamento e a realização dos processos e procedimentos de apuração de responsabilidade funcional, por meio de sindicância e processo administrativo disciplinar, e a proposição de subsídios para o aperfeiçoamento das atividades dos órgãos de segurança pública e defesa social.

Seção II
Do Acompanhamento Público da Atividade Policial

Art. 34. A União, os Estados, o Distrito Federal e os Municípios deverão instituir órgãos de ouvidoria dotados de autonomia e independência no exercício de suas atribuições.

Parágrafo único. À ouvidoria competirá o recebimento e tratamento de representações, elogios e sugestões de qualquer pessoa sobre as ações e atividades dos profissionais e membros integrantes do Susp, devendo encaminhá-los ao órgão com atribuição para as providências legais e a resposta ao requerente.

Seção III
Da Transparência e da Integração de Dados e Informações

Art. 35. É instituído o Sistema Nacional de Informações de Segurança Pública, Prisionais, de Rastreabilidade de Armas e Munições, de Material Genético, de Digitais e de Drogas (Sinesp), com a finalidade de armazenar, tratar e integrar dados e informações para auxiliar na formulação, implementação, execução, acompanhamento e avaliação das políticas relacionadas com:

I – segurança pública e defesa social;

II – sistema prisional e execução penal;

III – rastreabilidade de armas e munições;

IV – banco de dados de perfil genético e digitais;

V – enfrentamento do tráfico de drogas ilícitas.

Art. 36. O Sinesp tem por objetivos:

I – proceder à coleta, análise, atualização, sistematização, integração e interpretação de dados e informações relativos às políticas de segurança pública e defesa social;

II – disponibilizar estudos, estatísticas, indicadores e outras informações para auxiliar na formulação, implementação, execução, monitoramento e avaliação de políticas públicas;

III – promover a integração das redes e sistemas de dados e informações de segurança pública e defesa social, criminais, do sistema prisional e sobre drogas;

IV – garantir a interoperabilidade dos sistemas de dados e informações, conforme os padrões definidos pelo conselho gestor.

Parágrafo único. O Sinesp adotará os padrões de integridade, disponibilidade, confidencialidade, confiabilidade e tempestividade dos sistemas informatizados do governo federal.

Art. 37. Integram o Sinesp todos os entes federados, por intermédio de órgãos criados ou designados para esse fim.

§ 1.º Os dados e as informações de que trata esta Lei deverão ser padronizados e categorizados e serão fornecidos e atualizados pelos integrantes do Sinesp.

§ 2.º O integrante que deixar de fornecer ou atualizar seus dados e informações no Sinesp poderá não receber recursos nem celebrar parcerias com a União para financiamento de programas, projetos ou ações de segurança pública e defesa social e do sistema prisional, na forma do regulamento.

§ 3.º O Ministério Extraordinário da Segurança Pública é autorizado a celebrar convênios com órgãos do Poder Executivo que não integrem o Susp, com o Poder Judiciário e com o Ministério Público, para compatibilização de sistemas de informação e integração de dados, ressalvadas as vedações constitucionais de sigilo e desde que o objeto fundamental dos acordos seja a prevenção e a repressão da violência.

§ 4.º A omissão no fornecimento das informações legais implica responsabilidade administrativa do agente público.

CAPÍTULO VII
DA CAPACITAÇÃO E DA VALORIZAÇÃO DO PROFISSIONAL EM SEGURANÇA PÚBLICA E DEFESA SOCIAL

Seção I
Do Sistema Integrado de Educação e Valorização Profissional (Sievap)

Art. 38. É instituído o Sistema Integrado de Educação e Valorização Profissional (Sievap), com a finalidade de:

I – planejar, pactuar, implementar, coordenar e supervisionar as atividades de educação gerencial, técnica e operacional, em cooperação com as unidades da Federação;

II – identificar e propor novas metodologias e técnicas de educação voltadas ao aprimoramento de suas atividades;

III – apoiar e promover educação qualificada, continuada e integrada;

IV – identificar e propor mecanismos de valorização profissional.

§ 1.º O Sievap é constituído, entre outros, pelos seguintes programas:

I – matriz curricular nacional;

II – Rede Nacional de Altos Estudos em Segurança Pública (Renaesp);

III – Rede Nacional de Educação a Distância em Segurança Pública (Rede EaD-Senasp);

IV – programa nacional de qualidade de vida para segurança pública e defesa social.

§ 2.º Os órgãos integrantes do Susp terão acesso às ações de educação do Sievap, conforme política definida pelo Ministério Extraordinário da Segurança Pública.

Art. 39. A matriz curricular nacional constitui-se em referencial teórico, metodológico e avaliativo para as ações de educação aos profissionais de segurança pública e defesa social e deverá ser observada nas atividades formativas de ingresso, aperfeiçoamento, atualização, capacitação e especialização na área de segurança pública e defesa social, nas modalidades presencial e a distância, respeitados o regime jurídico e as peculiaridades de cada instituição.

§ 1.º A matriz curricular é pautada nos direitos humanos, nos princípios da andragogia e nas teorias que enfocam o processo de construção do conhecimento.

§ 2.º Os programas de educação deverão estar em consonância com os princípios da matriz curricular nacional.

Art. 40. A Renaesp, integrada por instituições de ensino superior, observadas as normas de licitação e contratos, tem como objetivo:

I – promover cursos de graduação, extensão e pós-graduação em segurança pública e defesa social;

II – fomentar a integração entre as ações dos profissionais, em conformidade com as políticas nacionais de segurança pública e defesa social;

III – promover a compreensão do fenômeno da violência;

IV – difundir a cidadania, os direitos humanos e a educação para a paz;

V – articular o conhecimento prático dos profissionais de segurança pública e defesa social com os conhecimentos acadêmicos;

VI – difundir e reforçar a construção de cultura de segurança pública e defesa social fundada nos paradigmas da contemporaneidade, da inteligência, da informação e do exercício de atribuições estratégicas, técnicas e científicas;

VII – incentivar produção técnico-científica que contribua para as atividades desenvolvidas pelo Susp.

Art. 41. A Rede EaD-Senasp é escola virtual destinada aos profissionais de segurança pública e defesa social e tem como objetivo viabilizar o acesso aos processos de aprendizagem, independentemente das limitações geográficas e sociais existentes, com o propósito de democratizar a educação em segurança pública e defesa social.

Seção II
Do Programa Nacional de Qualidade de Vida para Profissionais de Segurança Pública (Pró-Vida)

Art. 42. O Programa Nacional de Qualidade de Vida para Profissionais de Segurança Pública (Pró-Vida) tem por objetivo elaborar, implementar, apoiar, monitorar e avaliar, entre outros, os projetos de programas de atenção psicossocial e de saúde no trabalho dos profissionais de segurança pública e defesa social, bem como a integração sistêmica das unidades de saúde dos órgãos que compõem o Susp.

Capítulo VIII
Disposições Finais

Art. 43. Os documentos de identificação funcional dos profissionais da área de segurança pública e defesa social serão padronizados mediante ato do Ministro de Estado Extraordinário da Segurança Pública e terão fé pública e validade em todo o território nacional.

Art. 44. (*Vetado*.)

Art. 45. Deverão ser realizadas conferências a cada 5 (cinco) anos para debater as diretrizes dos planos nacional, estaduais e municipais de segurança pública e defesa social.

....

Art. 49. Revogam-se os arts. 1.º a 8.º da Lei n. 12.681, de 4 de julho de 2012.

>> A Lei n. 12.681, de 4-7-2012, instituiu o Sinesp, que passou a ser tratado por esta Lei.

Art. 50. Esta Lei entra em vigor após decorridos 30 (trinta) dias de sua publicação oficial.

Brasília, 11 de junho de 2018; 197.º da Independência e 130.º da República.

MICHEL TEMER

LEI N. 13.709, DE 14 DE AGOSTO DE 2018 (*)

Lei Geral de Proteção de Dados Pessoais (LGPD).

>> Ementa com redação determinada pela Lei n. 13.853, de 8-7-2019.

O Presidente da República

Faço saber que o Congresso Nacional decreta e eu sanciono a seguinte Lei:

Capítulo I
Disposições Preliminares

Art. 1.º Esta Lei dispõe sobre o tratamento de dados pessoais, inclusive nos meios digitais, por pessoa natural ou por pessoa jurídica de direito público ou privado, com o objetivo de proteger os direitos fundamentais de liberdade e de privacidade e o livre desenvolvimento da personalidade da pessoa natural.

Parágrafo único. As normas gerais contidas nesta Lei são de interesse nacional e devem ser observadas pela União, Estados, Distrito Federal e Municípios.

>> Parágrafo único acrescentado pela Lei n. 13.853, de 8-7-2019.

Art. 2.º A disciplina da proteção de dados pessoais tem como fundamentos:

I – o respeito à privacidade;

II – a autodeterminação informativa;

III – a liberdade de expressão, de informação, de comunicação e de opinião;

IV – a inviolabilidade da intimidade, da honra e da imagem;

V – o desenvolvimento econômico e tecnológico e a inovação;

VI – a livre iniciativa, a livre concorrência e a defesa do consumidor; e

VII – os direitos humanos, o livre desenvolvimento da personalidade, a dignidade e o exercício da cidadania pelas pessoas naturais.

Art. 3.º Esta Lei aplica-se a qualquer operação de tratamento realizada por pessoa natural ou por pessoa jurídica de direito público ou privado, independentemente do meio, do país de sua sede ou do país onde estejam localizados os dados, desde que:

I – a operação de tratamento seja realizada no território nacional;

II – a atividade de tratamento tenha por objetivo a oferta ou o fornecimento de bens ou serviços ou o tratamento de dados de indivíduos localizados no território nacional; ou

>> Inciso II com redação determinada pela Lei n. 13.853, de 8-7-2019.

III – os dados pessoais objeto do tratamento tenham sido coletados no território nacional.

§ 1.º Consideram-se coletados no território nacional os dados pessoais cujo titular nele se encontre no momento da coleta.

§ 2.º Excetua-se do disposto no inciso I deste artigo o tratamento de dados previsto no inciso IV do *caput* do art. 4.º desta Lei.

Art. 4.º Esta Lei não se aplica ao tratamento de dados pessoais:

I – realizado por pessoa natural para fins exclusivamente particulares e não econômicos;

II – realizado para fins exclusivamente:

a) jornalístico e artísticos; ou

b) acadêmicos, aplicando-se a esta hipótese os arts. 7.º e 11 desta Lei;

III – realizado para fins exclusivos de:

a) segurança pública;

b) defesa nacional;

c) segurança do Estado; ou

d) atividades de investigação e repressão de infrações penais; ou

IV – provenientes de fora do território nacional e que não sejam objeto de comunicação, uso compartilhado de dados com agentes de tratamento brasileiros ou objeto de transferência internacional de dados com outro país que não o de proveniência, desde que o país de proveniência proporcione grau de proteção de dados pessoais adequado ao previsto nesta Lei.

§ 1.º O tratamento de dados pessoais previsto no inciso III será regido por legislação específica, que deverá prever medidas proporcionais e estritamente necessárias ao atendimento do interesse público, observa-

(*) Publicada no *Diário Oficial da União*, de 15-8-2018 e republicada parcialmente na mesma data, em edição extra.

dos o devido processo legal, os princípios gerais de proteção e os direitos do titular previstos nesta Lei.

§ 2.º É vedado o tratamento dos dados a que se refere o inciso III do *caput* deste artigo por pessoa de direito privado, exceto em procedimentos sob tutela de pessoa jurídica de direito público, que serão objeto de informe específico à autoridade nacional e que deverão observar a limitação imposta no § 4.º deste artigo.

§ 3.º A autoridade nacional emitirá opiniões técnicas ou recomendações referentes às exceções previstas no inciso III do *caput* deste artigo e deverá solicitar aos responsáveis relatórios de impacto à proteção de dados pessoais.

§ 4.º Em nenhum caso a totalidade dos dados pessoais de banco de dados de que trata o inciso III do *caput* deste artigo poderá ser tratada por pessoa de direito privado, salvo por aquela que possua capital integralmente constituído pelo poder público.

>> § 4.º com redação determinada pela Lei n. 13.853, de 8-7-2019.

Art. 5.º Para os fins desta Lei, considera-se:

I – dado pessoal: informação relacionada a pessoa natural identificada ou identificável;

II – dado pessoal sensível: dado pessoal sobre origem racial ou étnica, convicção religiosa, opinião política, filiação a sindicato ou a organização de caráter religioso, filosófico ou político, dado referente à saúde ou à vida sexual, dado genético ou biométrico, quando vinculado a uma pessoa natural;

>> *Vide* art. 5.º, VI e VIII, da CF.

>> *Vide* arts. 11 e s. desta Lei.

III – dado anonimizado: dado relativo a titular que não possa ser identificado, considerando a utilização de meios técnicos razoáveis e disponíveis na ocasião de seu tratamento;

IV – banco de dados: conjunto estruturado de dados pessoais, estabelecido em um ou em vários locais, em suporte eletrônico ou físico;

V – titular: pessoa natural a quem se referem os dados pessoais que são objeto de tratamento;

VI – controlador: pessoa natural ou jurídica, de direito público ou privado, a quem competem as decisões referentes ao tratamento de dados pessoais;

VII – operador: pessoa natural ou jurídica, de direito público ou privado, que realiza o tratamento de dados pessoais em nome do controlador;

VIII – encarregado: pessoa indicada pelo controlador e operador para atuar como canal de comunicação entre o controlador, os titulares dos dados e a Autoridade Nacional de Proteção de Dados (ANPD);

>> Inciso VIII com redação determinada pela Lei n. 13.853, de 8-7-2019.

IX – agentes de tratamento: o controlador e o operador;

X – tratamento: toda operação realizada com dados pessoais, como as que se referem a coleta, produção, recepção, classificação, utilização, acesso, reprodução, transmissão, distribuição, processamento, arquivamento, armazenamento, eliminação, avaliação ou controle da informação, modificação, comunicação, transferência, difusão ou extração;

XI – anonimização: utilização de meios técnicos razoáveis e disponíveis no momento do tratamento, por meio dos quais um dado perde a possibilidade de associação, direta ou indireta, a um indivíduo;

XII – consentimento: manifestação livre, informada e inequívoca pela qual o titular concorda com o tratamento de seus dados pessoais para uma finalidade determinada;

XIII – bloqueio: suspensão temporária de qualquer operação de tratamento, mediante guarda do dado pessoal ou do banco de dados;

XIV – eliminação: exclusão de dado ou de conjunto de dados armazenados em banco de dados, independentemente do procedimento empregado;

XV – transferência internacional de dados: transferência de dados pessoais para país estrangeiro ou organismo internacional do qual o país seja membro;

XVI – uso compartilhado de dados: comunicação, difusão, transferência internacional, interconexão de dados pessoais ou tratamento compartilhado de bancos de dados pessoais por órgãos e entidades públicos no cumprimento de suas competências legais, ou entre esses e entes privados, reciprocamente, com autorização específica, para uma ou mais modalidades de tratamento permitidas por esses entes públicos, ou entre entes privados;

XVII – relatório de impacto à proteção de dados pessoais: documentação do controlador que contém a descrição dos processos de tratamento de dados pessoais que podem gerar riscos às liberdades civis e aos direitos fundamentais, bem como medidas, salvaguardas e mecanismos de mitigação de risco;

XVIII – órgão de pesquisa: órgão ou entidade da administração pública direta ou indireta ou pessoa jurídica de direito privado sem fins lucrativos legalmente constituída sob as leis brasileiras, com sede e foro no País, que inclua em sua missão institucional ou em seu objetivo social ou estatutário a pesquisa básica ou aplicada de caráter histórico, científico, tecnológico ou estatístico; e

>> Inciso XVIII com redação determinada pela Lei n. 13.853, de 8-7-2019.

XIX – autoridade nacional: órgão da administração pública responsável por zelar, implementar e fiscalizar o cumprimento desta Lei em todo o território nacional.

>> Inciso XIX com redação determinada pela Lei n. 13.853, de 8-7-2019.

Art. 6.º As atividades de tratamento de dados pessoais deverão observar a boa-fé e os seguintes princípios:

I – finalidade: realização do tratamento para propósitos legítimos, específicos, explícitos e informados ao titular, sem possibilidade de tratamento posterior de forma incompatível com essas finalidades;

II – adequação: compatibilidade do tratamento com as finalidades informadas ao titular, de acordo com o contexto do tratamento;

III – necessidade: limitação do tratamento ao mínimo necessário para a realização de suas finalidades, com abrangência dos dados pertinentes, proporcionais e não excessivos em relação às finalidades do tratamento de dados;

IV – livre acesso: garantia, aos titulares, de consulta facilitada e gratuita sobre a forma e a duração do tratamento, bem como sobre a integralidade de seus dados pessoais;

V – qualidade dos dados: garantia, aos titulares, de exatidão, clareza, relevância e atualização dos dados, de acordo com a necessidade e para o cumprimento da finalidade de seu tratamento;

VI – transparência: garantia, aos titulares, de informações claras, precisas e facilmente acessíveis sobre a realização do tratamento e os respectivos agentes de tratamento, observados os segredos comercial e industrial;

VII – segurança: utilização de medidas técnicas e administrativas aptas a proteger os dados pessoais de acessos não autorizados e de situações acidentais ou ilícitas de destruição, perda, alteração, comunicação ou difusão;

VIII – prevenção: adoção de medidas para prevenir a ocorrência de danos em virtude do tratamento de dados pessoais;

IX – não discriminação: impossibilidade de realização do tratamento para fins discriminatórios ilícitos ou abusivos;

X – responsabilização e prestação de contas: demonstração, pelo agente, da adoção de medidas eficazes e capazes de comprovar a observância e o cumprimento das normas de proteção de dados pessoais e, inclusive, da eficácia dessas medidas.

CAPÍTULO II
DO TRATAMENTO DE DADOS PESSOAIS

Seção I
Dos Requisitos para o Tratamento de Dados Pessoais

Art. 7.º O tratamento de dados pessoais somente poderá ser realizado nas seguintes hipóteses:

I – mediante o fornecimento de consentimento pelo titular;

II – para o cumprimento de obrigação legal ou regulatória pelo controlador;

III – pela administração pública, para o tratamento e uso compartilhado de dados necessários à execução de políticas públicas previstas em leis e regulamentos ou respaldadas em contratos, convênios ou instrumentos congêneres, observadas as disposições do Capítulo IV desta Lei;

IV – para a realização de estudos por órgão de pesquisa, garantida, sempre que possível, a anonimização dos dados pessoais;

V – quando necessário para a execução de contrato ou de procedimentos preliminares relacionados a contrato do qual seja parte o titular, a pedido do titular dos dados;

VI – para o exercício regular de direitos em processo judicial, administrativo ou arbitral, esse último nos termos da Lei n. 9.307, de 23 de setembro de 1996 (Lei de Arbitragem);

VII – para a proteção da vida ou da incolumidade física do titular ou de terceiro;

VIII – para a tutela da saúde, exclusivamente, em procedimento realizado por profissionais de saúde, serviços de saúde ou autoridade sanitária;

>> Inciso VIII com redação determinada pela Lei n. 13.853, de 8-7-2019.

IX – quando necessário para atender aos interesses legítimos do controlador ou de terceiro, exceto no caso de prevalecerem direitos e liberdades fundamentais do titular que exijam a proteção dos dados pessoais; ou

X – para a proteção do crédito, inclusive quanto ao disposto na legislação pertinente.

§§ 1.º e 2.º (*Revogados pela Lei n. 13.853, de 8-7-2019.*)

§ 3.º O tratamento de dados pessoais cujo acesso é público deve considerar a finalidade, a boa-fé e o interesse público que justificaram sua disponibilização.

§ 4.º É dispensada a exigência do consentimento previsto no *caput* deste artigo para os dados tornados manifestamente públicos pelo titular, resguardados os direitos do titular e os princípios previstos nesta Lei.

§ 5.º O controlador que obteve o consentimento referido no inciso I do *caput* deste artigo que necessitar comunicar ou compartilhar dados pessoais com outros controladores deverá obter consentimento específico do titular para esse fim, ressalvadas as hipóteses de dispensa do consentimento previstas nesta Lei.

§ 6.º A eventual dispensa da exigência do consentimento não desobriga os agentes de tratamento das demais obrigações previstas nesta Lei, especialmente da observância dos princípios gerais e da garantia dos direitos do titular.

§ 7.º O tratamento posterior dos dados pessoais a que se referem os §§ 3.º e 4.º deste artigo poderá ser realizado para novas finalidades, desde que observados os propósitos legítimos e específicos para o novo tratamento e a preservação dos direitos do titular, assim como os fundamentos e os princípios previstos nesta Lei.

>> § 7.º acrescentado pela Lei n. 13.853, de 8-7-2019.

Art. 8.º O consentimento previsto no inciso I do art. 7.º desta Lei deverá ser fornecido por escrito ou por outro meio que demonstre a manifestação de vontade do titular.

§ 1.º Caso o consentimento seja fornecido por escrito, esse deverá constar de cláusula destacada das demais cláusulas contratuais.

§ 2.º Cabe ao controlador o ônus da prova de que o consentimento foi obtido em conformidade com o disposto nesta Lei.

§ 3.º É vedado o tratamento de dados pessoais mediante vício de consentimento.

§ 4.º O consentimento deverá referir-se a finalidades determinadas, e as autorizações genéricas para o tratamento de dados pessoais serão nulas.

§ 5.º O consentimento pode ser revogado a qualquer momento mediante manifestação expressa do titular, por procedimento gratuito e facilitado, ratificados os tratamentos realizados sob amparo do consentimento anteriormente manifestado enquanto não houver requerimento de eliminação, nos termos do inciso VI do *caput* do art. 18 desta Lei.

§ 6.º Em caso de alteração de informação referida nos incisos I, II, III ou V do art. 9.º desta Lei, o controlador deverá informar ao titular, com destaque de forma específica do teor das alterações, podendo o titular, nos casos em que o seu consentimento é exigido, revogá-lo caso discorde da alteração.

Art. 9.º O titular tem direito ao acesso facilitado às informações sobre o tratamento de seus dados, que deverão ser disponibilizadas de forma clara, adequada e ostensiva acerca de, entre outras características previstas em regulamentação para o atendimento do princípio do livre acesso:

I – finalidade específica do tratamento;

II – forma e duração do tratamento, observados os segredos comercial e industrial;

III – identificação do controlador;

IV – informações de contato do controlador;

V – informações acerca do uso compartilhado de dados pelo controlador e a finalidade;

VI – responsabilidades dos agentes que realizarão o tratamento; e

VII – direitos do titular, com menção explícita aos direitos contidos no art. 18 desta Lei.

§ 1.º Na hipótese em que o consentimento é requerido, esse será considerado nulo caso as informações fornecidas ao titular tenham conteúdo enganoso ou abusivo ou não tenham sido apresentadas previamente com transparência, de forma clara e inequívoca.

§ 2.º Na hipótese em que o consentimento é requerido, se houver mudanças da finalidade para o tratamento de dados pessoais não compatíveis com o consentimento original, o controlador deverá informar previamente o titular sobre as mudanças de finalidade, podendo o titular revogar o consentimento, caso discorde das alterações.

§ 3.º Quando o tratamento de dados pessoais for condição para o fornecimento de produto ou de serviço ou para o exercício de direito, o titular será informado com destaque sobre esse fato e sobre os meios pelos quais poderá exercer os direitos do titular elencados no art. 18 desta Lei.

Art. 10. O legítimo interesse do controlador somente poderá fundamentar tratamento de dados pessoais para finalidades legítimas, consideradas a partir de situações concretas, que incluem, mas não se limitam a:

I – apoio e promoção de atividades do controlador; e

II – proteção, em relação ao titular, do exercício regular de seus direitos ou prestação de serviços que o beneficiem, respeitadas as legítimas expectativas dele e os direitos e liberdades fundamentais, nos termos desta Lei.

§ 1.º Quando o tratamento for baseado no legítimo interesse do controlador, somente os dados pessoais estritamente necessários para a finalidade pretendida poderão ser tratados.

§ 2.º O controlador deverá adotar medidas para garantir a transparência do tratamento de dados baseado em seu legítimo interesse.

§ 3.º A autoridade nacional poderá solicitar ao controlador relatório de impacto à proteção de dados pessoais, quando o tratamento tiver como fundamento seu interesse legítimo, observados os segredos comercial e industrial.

Seção II
Do Tratamento de Dados Pessoais Sensíveis

Art. 11. O tratamento de dados pessoais sensíveis somente poderá ocorrer nas seguintes hipóteses:

I – quando o titular ou seu responsável legal consentir, de forma específica e destacada, para finalidades específicas;

II – sem fornecimento de consentimento do titular, nas hipóteses em que for indispensável para:

a) cumprimento de obrigação legal ou regulatória pelo controlador;

b) tratamento compartilhado de dados necessários à execução, pela administração pública, de políticas públicas previstas em leis ou regulamentos;

c) realização de estudos por órgão de pesquisa, garantida, sempre que possível, a anonimização dos dados pessoais sensíveis;

d) exercício regular de direitos, inclusive em contrato e em processo judicial, administrativo e arbitral, este último nos termos da Lei n. 9.307, de 23 de setembro de 1996 (Lei de Arbitragem);

e) proteção da vida ou da incolumidade física do titular ou de terceiro;

f) tutela da saúde, exclusivamente, em procedimento realizado por profissionais de saúde, serviços de saúde ou autoridade sanitária; ou

>> Alínea *f* com redação determinada pela Lei n. 13.853, de 8-7-2019.

g) garantia da prevenção à fraude e à segurança do titular, nos processos de identificação e autenticação de cadastro em sistemas eletrônicos, resguardados os direitos mencionados no art. 9.º desta Lei e exceto no caso de prevalecerem direitos e liberdades fundamentais do titular que exijam a proteção dos dados pessoais.

§ 1.º Aplica-se o disposto neste artigo a qualquer tratamento de dados pessoais que revele dados pessoais sensíveis e que possa causar dano ao titular, ressalvado o disposto em legislação específica.

§ 2.º Nos casos de aplicação do disposto nas alíneas a e b do inciso II do *caput* deste artigo pelos órgãos e pelas entidades públicas, será dada publicidade à referida dispensa de consentimento, nos termos do inciso I do *caput* do art. 23 desta Lei.

§ 3.º A comunicação ou o uso compartilhado de dados pessoais sensíveis entre controladores com objetivo de obter vantagem econômica poderá ser objeto de vedação ou de regulamentação por parte da autoridade nacional, ouvidos os órgãos setoriais do Poder Público, no âmbito de suas competências.

§ 4.º É vedada a comunicação ou o uso compartilhado entre controladores de dados pessoais sensíveis referentes à saúde com objetivo de obter vantagem econômica, exceto nas hipóteses relativas a prestação de serviços de saúde, de assistência farmacêutica e de assistência à saúde, desde que observado o § 5.º deste artigo, incluídos os serviços auxiliares de diagnose e terapia, em benefício dos interesses dos titulares de dados, e para permitir:

>> *Caput* com redação determinada pela Lei n. 13.853, de 8-7-2019.

I – a portabilidade de dados quando solicitada pelo titular; ou

>> Inciso I acrescentado pela Lei n. 13.853, de 8-7-2019.

II – as transações financeiras e administrativas resultantes do uso e da prestação dos serviços de que trata este parágrafo.

>> Inciso II acrescentado pela Lei n. 13.853, de 8-7-2019.

§ 5.º É vedado às operadoras de planos privados de assistência à saúde o tratamento de dados de saúde para a prática de seleção de riscos na contratação de qualquer modalidade, assim como na contratação e exclusão de beneficiários.

>> § 5.º acrescentado pela Lei n. 13.853, de 8-7-2019.

Art. 12. Os dados anonimizados não serão considerados dados pessoais para os fins desta Lei, salvo quando o processo de anonimização ao qual foram submetidos for revertido, utilizando exclusivamente meios próprios, ou quando, com esforços razoáveis, puder ser revertido.

§ 1.º A determinação do que seja razoável deve levar em consideração fatores objetivos, tais como custo e tempo necessários para reverter o processo de anonimização, de acordo com as tecnologias disponíveis, e a utilização exclusiva de meios próprios.

§ 2.º Poderão ser igualmente considerados como dados pessoais, para os fins desta Lei, aqueles utilizados para formação do perfil comportamental de determinada pessoa natural, se identificada.

§ 3.º A autoridade nacional poderá dispor sobre padrões e técnicas utilizados em processos de anonimização e realizar verificações acerca de sua segurança, ouvido o Conselho Nacional de Proteção de Dados Pessoais.

Art. 13. Na realização de estudos em saúde pública, os órgãos de pesquisa poderão ter acesso a bases de dados pessoais, que serão tratados exclusivamente dentro do órgão e estritamente para a finalidade de realização de estudos e pesquisas e mantidos em ambiente controlado e seguro, conforme práticas de segurança previstas em regulamento específico e que incluam, sempre que possível, a anonimização ou pseudonimização dos dados, bem como considerem os devidos padrões éticos relacionados a estudos e pesquisas.

§ 1.º A divulgação dos resultados ou de qualquer excerto do estudo ou da pesquisa de que trata o *caput* deste artigo em nenhuma hipótese poderá revelar dados pessoais.

§ 2.º O órgão de pesquisa será o responsável pela segurança da informação prevista no *caput* deste artigo, não permitida, em circunstância alguma, a transferência dos dados a terceiro.

§ 3.º O acesso aos dados de que trata este artigo será objeto de regulamentação por parte da autoridade nacional e das autoridades da área de saúde e sanitárias, no âmbito de suas competências.

§ 4.º Para os efeitos deste artigo, a pseudonimização é o tratamento por meio do qual um dado perde a possibilidade de associação, direta ou indireta, a um indivíduo, senão pelo uso de informação adicional mantida separadamente pelo controlador em ambiente controlado e seguro.

Seção III
Do Tratamento de Dados Pessoais de Crianças e de Adolescentes

Art. 14. O tratamento de dados pessoais de crianças e de adolescentes deverá ser realizado em seu melhor interesse, nos termos deste artigo e da legislação pertinente.

>> A Lei n. 8.069, de 13-7-1990, institui o Estatuto da Criança e do Adolescente e dispõe sobre a proteção integral a eles.

§ 1.º O tratamento de dados pessoais de crianças deverá ser realizado com o consentimento específico e em destaque dado por pelo menos um dos pais ou pelo responsável legal.

§ 2.º No tratamento de dados de que trata o § 1.º deste artigo, os controladores deverão manter pública a informação sobre os tipos de dados coletados, a forma de sua utilização e os procedimentos para o exercício dos direitos a que se refere o art. 18 desta Lei.

§ 3.º Poderão ser coletados dados pessoais de crianças sem o consentimento a que se refere o § 1.º deste artigo quando a coleta for necessária para contatar os pais ou o responsável legal, utilizados uma única vez e sem armazenamento, ou para sua proteção, e em nenhum caso poderão ser repassados a terceiro sem o consentimento de que trata o § 1.º deste artigo.

§ 4.º Os controladores não deverão condicionar a participação dos titulares de que trata o § 1.º deste artigo em jogos, aplicações de internet ou outras atividades ao fornecimento de informações pessoais além das estritamente necessárias à atividade.

§ 5.º O controlador deve realizar todos os esforços razoáveis para verificar que o consentimento a que se refere o § 1.º deste artigo foi dado pelo responsável pela criança, consideradas as tecnologias disponíveis.

§ 6.º As informações sobre o tratamento de dados referidas neste artigo deverão ser fornecidas de maneira simples, clara e acessível, consideradas as características físico-motoras, perceptivas, sensoriais, intelectuais e mentais do usuário, com uso de recursos audiovisuais quando adequado, de forma a proporcionar a informação necessária aos pais ou ao responsável legal e adequada ao entendimento da criança.

Seção IV
Do Término do Tratamento de Dados

Art. 15. O término do tratamento de dados pessoais ocorrerá nas seguintes hipóteses:

I – verificação de que a finalidade foi alcançada ou de que os dados deixaram de ser necessários ou pertinentes ao alcance da finalidade específica almejada;

II – fim do período de tratamento;

III – comunicação do titular, inclusive no exercício de seu direito de revogação do consentimento conforme disposto no § 5.º do art. 8.º desta Lei, resguardado o interesse público; ou

IV – determinação da autoridade nacional, quando houver violação ao disposto nesta Lei.

Art. 16. Os dados pessoais serão eliminados após o término de seu tratamento, no âmbito e nos limites técnicos das atividades, autorizada a conservação para as seguintes finalidades:

I – cumprimento de obrigação legal ou regulatória pelo controlador;

II – estudo por órgão de pesquisa, garantida, sempre que possível, a anonimização dos dados pessoais;

III – transferência a terceiro, desde que respeitados os requisitos de tratamento de dados dispostos nesta Lei; ou

IV – uso exclusivo do controlador, vedado seu acesso por terceiro, e desde que anonimizados os dados.

CAPÍTULO III
DOS DIREITOS DO TITULAR

Art. 17. Toda pessoa natural tem assegurada a titularidade de seus dados pessoais e garantidos os direitos fundamentais de liberdade, de intimidade e de privacidade, nos termos desta Lei.

>> *Vide* art. 5.º, X, da CF.

Art. 18. O titular dos dados pessoais tem direito a obter do controlador, em relação aos dados do titular por ele tratados, a qualquer momento e mediante requisição:

>> *Vide* art. 14, § 2.º, desta Lei.

I – confirmação da existência de tratamento;

II – acesso aos dados;

III – correção de dados incompletos, inexatos ou desatualizados;

IV – anonimização, bloqueio ou eliminação de dados desnecessários, excessivos ou tratados em desconformidade com o disposto nesta Lei;

V – portabilidade dos dados a outro fornecedor de serviço ou produto, mediante requisição expressa, de acordo com a regulamentação da autoridade nacional, observados os segredos comercial e industrial;

>> Inciso V com redação determinada pela Lei n. 13.853, de 8-7-2019.

VI – eliminação dos dados pessoais tratados com o consentimento do titular, exceto nas hipóteses previstas no art. 16 desta Lei;

VII – informação das entidades públicas e privadas com as quais o controlador realizou uso compartilhado de dados;

VIII – informação sobre a possibilidade de não fornecer consentimento e sobre as consequências da negativa;

IX – revogação do consentimento, nos termos do § 5.º do art. 8.º desta Lei.

§ 1.º O titular dos dados pessoais tem o direito de peticionar em relação aos seus dados contra o controlador perante a autoridade nacional.

§ 2.º O titular pode opor-se a tratamento realizado com fundamento em uma das hipóteses de dispensa de consentimento, em caso de descumprimento ao disposto nesta Lei.

§ 3.º Os direitos previstos neste artigo serão exercidos mediante requerimento expresso do titular ou de representante legalmente constituído, a agente de tratamento.

§ 4.º Em caso de impossibilidade de adoção imediata da providência de que trata o § 3.º deste artigo, o controlador enviará ao titular resposta em que poderá:

I – comunicar que não é agente de tratamento dos dados e indicar, sempre que possível, o agente; ou

II – indicar as razões de fato ou de direito que impedem a adoção imediata da providência.

§ 5.º O requerimento referido no § 3.º deste artigo será atendido sem custos para o titular, nos prazos e nos termos previstos em regulamento.

§ 6.º O responsável deverá informar, de maneira imediata, aos agentes de tratamento com os quais tenha realizado uso compartilhado de dados a correção, a eliminação, a anonimização ou o bloqueio dos dados, para que repitam idêntico procedimento, exceto nos casos em que esta comunicação seja comprovadamente impossível ou implique esforço desproporcional.

>> § 6.º com redação determinada pela Lei n. 13.853, de 8-7-2019.

§ 7.º A portabilidade dos dados pessoais a que se refere o inciso V do *caput* deste artigo não inclui dados que já tenham sido anonimizados pelo controlador.

§ 8.º O direito a que se refere o § 1.º deste artigo também poderá ser exercido perante os organismos de defesa do consumidor.

Art. 19. A confirmação de existência ou o acesso a dados pessoais serão providenciados, mediante requisição do titular:

I – em formato simplificado, imediatamente; ou

II – por meio de declaração clara e completa, que indique a origem dos dados, a inexistência de registro, os critérios utilizados e a finalidade do tratamento, observados os segredos comercial e industrial, fornecida no prazo de até 15 (quinze) dias, contado da data do requerimento do titular.

§ 1.º Os dados pessoais serão armazenados em formato que favoreça o exercício do direito de acesso.

§ 2.º As informações e os dados poderão ser fornecidos, a critério do titular:

I – por meio eletrônico, seguro e idôneo para esse fim; ou

II – sob forma impressa.

§ 3.º Quando o tratamento tiver origem no consentimento do titular ou em contrato, o titular poderá solicitar cópia eletrônica integral de seus dados pessoais, observados os segredos comercial e industrial, nos termos de regulamentação da autoridade nacional, em formato que permita a sua utilização subsequente, inclusive em outras operações de tratamento.

§ 4.º A autoridade nacional poderá dispor de forma diferenciada acerca dos prazos previstos nos incisos I e II do *caput* deste artigo para os setores específicos.

Art. 20. O titular dos dados tem direito a solicitar a revisão de decisões tomadas unicamente com base em tratamento automatizado de dados pessoais que afetem seus interesses, incluídas as decisões destinadas a definir o seu perfil pessoal, profissional, de consumo e de crédito ou os aspectos de sua personalidade.

>> *Caput* com redação determinada pela Lei n. 13.853, de 8-7-2019.

§ 1.º O controlador deverá fornecer, sempre que solicitadas, informações claras e adequadas a respeito dos critérios e dos procedimentos utilizados para a decisão automatizada, observados os segredos comercial e industrial.

§ 2.º Em caso de não oferecimento de informações de que trata o § 1.º deste artigo baseado na observância de segredo comercial e industrial, a autoridade nacional poderá realizar auditoria para verificação de aspectos discriminatórios em tratamento automatizado de dados pessoais.

§ 3.º (*Vetado.*)

>> § 3.º acrescentado pela Lei n. 13.853, de 8-7-2019.

Art. 21. Os dados pessoais referentes ao exercício regular de direitos pelo titular não podem ser utilizados em seu prejuízo.

Art. 22. A defesa dos interesses e dos direitos dos titulares de dados poderá ser exercida em juízo, individual ou coletivamente, na forma do disposto na legislação pertinente, acerca dos instrumentos de tutela individual e coletiva.

CAPÍTULO IV
DO TRATAMENTO DE DADOS PESSOAIS PELO PODER PÚBLICO

Seção I
Das Regras

Art. 23. O tratamento de dados pessoais pelas pessoas jurídicas de direito público referidas no parágrafo único do art. 1.º da Lei n. 12.527, de 18 de novembro de 2011 (Lei de Acesso à Informação), deverá ser realizado para o atendimento de sua finalidade pública, na persecução do interesse público, com o objetivo de executar as competências legais ou cumprir as atribuições legais do serviço público, desde que:

I – sejam informadas as hipóteses em que, no exercício de suas competências, realizam o tratamento de dados pessoais, fornecendo informações claras e atualizadas sobre a previsão legal, a finalidade, os procedimentos e as práticas utilizadas para a execução dessas atividades, em veículos de fácil acesso, preferencialmente em seus sítios eletrônicos;

II – (*Vetado*.);

III – seja indicado um encarregado quando realizarem operações de tratamento de dados pessoais, nos termos do art. 39 desta Lei; e

>> Inciso III com redação determinada pela Lei n. 13.853, de 8-7-2019.

IV – (*Vetado*.)

>> Inciso IV acrescentado pela Lei n. 13.853, de 8-7-2019.

§ 1.º A autoridade nacional poderá dispor sobre as formas de publicidade das operações de tratamento.

§ 2.º O disposto nesta Lei não dispensa as pessoas jurídicas mencionadas no *caput* deste artigo de instituir as autoridades de que trata a Lei n. 12.527, de 18 de novembro de 2011 (Lei de Acesso à Informação).

§ 3.º Os prazos e procedimentos para exercício dos direitos do titular perante o Poder Público observarão o disposto em legislação específica, em especial as disposições constantes da Lei n. 9.507, de 12 de novembro de 1997 (Lei do Habeas Data), da Lei n. 9.784, de 29 de janeiro de 1999 (Lei Geral do Processo Administrativo), e da Lei n. 12.527, de 18 de novembro de 2011 (Lei de Acesso à Informação).

§ 4.º Os serviços notariais e de registro exercidos em caráter privado, por delegação do Poder Público, terão o mesmo tratamento dispensado às pessoas jurídicas referidas no *caput* deste artigo, nos termos desta Lei.

§ 5.º Os órgãos notariais e de registro devem fornecer acesso aos dados por meio eletrônico para a administração pública, tendo em vista as finalidades de que trata o *caput* deste artigo.

Art. 24. As empresas públicas e as sociedades de economia mista que atuam em regime de concorrência, sujeitas ao disposto no art. 173 da Constituição Federal, terão o mesmo tratamento dispensado às pessoas jurídicas de direito privado particulares, nos termos desta Lei.

Parágrafo único. As empresas públicas e as sociedades de economia mista, quando estiverem operacionalizando políticas públicas e no âmbito da execução delas, terão o mesmo tratamento dispensado aos órgãos e às entidades do Poder Público, nos termos deste Capítulo.

Art. 25. Os dados deverão ser mantidos em formato interoperável e estruturado para o uso compartilhado, com vistas à execução de políticas públicas, à prestação de serviços públicos, à descentralização da atividade pública e à disseminação e ao acesso das informações pelo público em geral.

Art. 26. O uso compartilhado de dados pessoais pelo Poder Público deve atender a finalidades específicas de execução de políticas públicas e atribuição legal pelos órgãos e pelas entidades públicas, respeitados os princípios de proteção de dados pessoais elencados no art. 6.º desta Lei.

§ 1.º É vedado ao Poder Público transferir a entidades privadas dados pessoais constantes de bases de dados a que tenha acesso, exceto:

I – em casos de execução descentralizada de atividade pública que exija a transferência, exclusivamente para esse fim específico e determinado, observado o disposto na Lei n. 12.527, de 18 de novembro de 2011 (Lei de Acesso à Informação);

II – (*Vetado*.);

III – nos casos em que os dados forem acessíveis publicamente, observadas as disposições desta Lei;

IV – quando houver previsão legal ou a transferência for respaldada em contratos, convênios ou instrumentos congêneres; ou

>> Inciso IV acrescentado pela Lei n. 13.853, de 8-7-2019.

V – na hipótese de a transferência dos dados objetivar exclusivamente a prevenção de fraudes e irregularidades, ou proteger e resguardar a segurança e a integridade do titular dos dados, desde que vedado o tratamento para outras finalidades.

>> Inciso V acrescentado pela Lei n. 13.853, de 8-7-2019.

§ 2.º Os contratos e convênios de que trata o § 1.º deste artigo deverão ser comunicados à autoridade nacional.

Art. 27. A comunicação ou o uso compartilhado de dados pessoais de pessoa jurídica de direito público a pessoa de direito privado será informado à autoridade nacional e dependerá de consentimento do titular, exceto:

I – nas hipóteses de dispensa de consentimento previstas nesta Lei;

II – nos casos de uso compartilhado de dados, em que será dada publicidade nos termos do inciso I do *caput* do art. 23 desta Lei; ou

III – nas exceções constantes do § 1.º do art. 26 desta Lei.

Parágrafo único. A informação à autoridade nacional de que trata o ***caput*** deste artigo será objeto de regulamentação.

>> Parágrafo único acrescentado pela Lei n. 13.853, de 8-7-2019.

Art. 28. (*Vetado*.)

Art. 29. A autoridade nacional poderá solicitar, a qualquer momento, aos órgãos e às entidades do poder público a realização de operações de tratamento de dados pessoais, informações específicas sobre o âmbito e a natureza dos dados e outros detalhes do tratamento realizado e poderá emitir parecer técnico complementar para garantir o cumprimento desta Lei.

>> Artigo com redação determinada pela Lei n. 13.853, de 8-7-2019.

Art. 30. A autoridade nacional poderá estabelecer normas complementares para as atividades de comunicação e de uso compartilhado de dados pessoais.

Seção II
Da Responsabilidade

Art. 31. Quando houver infração a esta Lei em decorrência do tratamento de dados pessoais por órgãos públicos, a autoridade nacional poderá enviar informe com medidas cabíveis para fazer cessar a violação.

Art. 32. A autoridade nacional poderá solicitar a agentes do Poder Público a publicação de relatórios de impacto à proteção de dados pessoais e sugerir a adoção de padrões e de boas práticas para os tratamentos de dados pessoais pelo Poder Público.

Capítulo V
DA TRANSFERÊNCIA INTERNACIONAL DE DADOS

Art. 33. A transferência internacional de dados pessoais somente é permitida nos seguintes casos:

I – para países ou organismos internacionais que proporcionem grau de proteção de dados pessoais adequado ao previsto nesta Lei;

II – quando o controlador oferecer e comprovar garantias de cumprimento dos princípios, dos direitos do titular e do regime de proteção de dados previstos nesta Lei, na forma de:

a) cláusulas contratuais específicas para determinada transferência;

b) cláusulas-padrão contratuais;

c) normas corporativas globais;

d) selos, certificados e códigos de conduta regularmente emitidos;

III – quando a transferência for necessária para a cooperação jurídica internacional entre órgãos públicos de inteligência, de investigação e de persecução, de acordo com os instrumentos de direito internacional;

IV – quando a transferência for necessária para a proteção da vida ou da incolumidade física do titular ou de terceiro;

V – quando a autoridade nacional autorizar a transferência;

VI – quando a transferência resultar em compromisso assumido em acordo de cooperação internacional;

VII – quando a transferência for necessária para a execução de política pública ou atribuição legal do serviço público, sendo dada publicidade nos termos do inciso I do *caput* do art. 23 desta Lei;

VIII – quando o titular tiver fornecido o seu consentimento específico e em destaque para a transferência, com informação prévia sobre o caráter internacional da operação, distinguindo claramente esta de outras finalidades; ou

IX – quando necessário para atender as hipóteses previstas nos incisos II, V e VI do art. 7.º desta Lei.

Parágrafo único. Para os fins do inciso I deste artigo, as pessoas jurídicas de direito público referidas no parágrafo único do art. 1.º da Lei n. 12.527, de 18 de novembro de 2011 (Lei de Acesso à Informação), no âmbito de suas competências legais, e responsáveis, no âmbito de suas atividades, poderão requerer à autoridade nacional a avaliação do nível de proteção a dados pessoais conferido por país ou organismo internacional.

Art. 34. O nível de proteção de dados do país estrangeiro ou do organismo internacional mencionado no inciso I do *caput* do art. 33 desta Lei será avaliado pela autoridade nacional, que levará em consideração:

I – as normas gerais e setoriais da legislação em vigor no país de destino ou no organismo internacional;

II – a natureza dos dados;

III – a observância dos princípios gerais de proteção de dados pessoais e direitos dos titulares previstos nesta Lei;

IV – a adoção de medidas de segurança previstas em regulamento;

V – a existência de garantias judiciais e institucionais para o respeito aos direitos de proteção de dados pessoais; e

VI – outras circunstâncias específicas relativas à transferência.

Art. 35. A definição do conteúdo de cláusulas-padrão contratuais, bem como a verificação de cláusulas contratuais específicas para uma determinada transferência, normas corporativas globais ou selos, certificados e códigos de conduta, a que se refere o inciso II do *caput* do art. 33 desta Lei, será realizada pela autoridade nacional.

§ 1.º Para a verificação do disposto no *caput* deste artigo, deverão ser considerados os requisitos, as condições e as garantias mínimas para a transferência que observem os direitos, as garantias e os princípios desta Lei.

§ 2.º Na análise de cláusulas contratuais, de documentos ou de normas corporativas globais submetidas à aprovação da autoridade nacional, poderão ser requeridas informações suplementares ou realizadas diligências de verificação quanto às operações de tratamento, quando necessário.

§ 3.º A autoridade nacional poderá designar organismos de certificação para a realização do previsto no *caput* deste artigo, que permanecerão sob sua fiscalização nos termos definidos em regulamento.

§ 4.º Os atos realizados por organismo de certificação poderão ser revistos pela autoridade nacional e, caso em desconformidade com esta Lei, submetidos a revisão ou anulados.

§ 5.º As garantias suficientes de observância dos princípios gerais de proteção e dos direitos do titular referidas no *caput* deste artigo serão também analisadas de acordo com as medidas técnicas e organizacionais adotadas pelo operador, de acordo com o previsto nos §§ 1.º e 2.º do art. 46 desta Lei.

Art. 36. As alterações nas garantias apresentadas como suficientes de observância dos princípios gerais de proteção e dos direitos do titular referidas no inciso II do art. 33 desta Lei deverão ser comunicadas à autoridade nacional.

CAPÍTULO VI
DOS AGENTES DE TRATAMENTO DE DADOS PESSOAIS

Seção I
Do Controlador e do Operador

Art. 37. O controlador e o operador devem manter registro das operações de tratamento de dados pessoais que realizarem, especialmente quando baseado no legítimo interesse.

Art. 38. A autoridade nacional poderá determinar ao controlador que elabore relatório de impacto à proteção de dados pessoais, inclusive de dados sensíveis, referente a suas operações de tratamento de dados, nos termos de regulamento, observados os segredos comercial e industrial.

Parágrafo único. Observado o disposto no *caput* deste artigo, o relatório deverá conter, no mínimo, a descrição dos tipos de dados coletados, a metodologia utilizada para a coleta e para a garantia da segurança das informações e a análise do controlador com relação a medidas, salvaguardas e mecanismos de mitigação de risco adotados.

Art. 39. O operador deverá realizar o tratamento segundo as instruções fornecidas pelo controlador, que verificará a observância das próprias instruções e das normas sobre a matéria.

Art. 40. A autoridade nacional poderá dispor sobre padrões de interoperabilidade para fins de portabilidade, livre acesso aos dados e segurança, assim como sobre o tempo de guarda dos registros, tendo em vista especialmente a necessidade e a transparência.

Seção II
Do Encarregado pelo Tratamento de Dados Pessoais

Art. 41. O controlador deverá indicar encarregado pelo tratamento de dados pessoais.

§ 1.º A identidade e as informações de contato do encarregado deverão ser divulgadas publicamente, de forma clara e objetiva, preferencialmente no sítio eletrônico do controlador.

§ 2.º As atividades do encarregado consistem em:

I – aceitar reclamações e comunicações dos titulares, prestar esclarecimentos e adotar providências;

II – receber comunicações da autoridade nacional e adotar providências;

III – orientar os funcionários e os contratados da entidade a respeito das práticas a serem tomadas em relação à proteção de dados pessoais; e

IV – executar as demais atribuições determinadas pelo controlador ou estabelecidas em normas complementares.

§ 3.º A autoridade nacional poderá estabelecer normas complementares sobre a definição e as atribuições do encarregado, inclusive hipóteses de dispensa da necessidade de sua indicação, conforme a natureza e o porte da entidade ou o volume de operações de tratamento de dados.

§ 4.º (*Vetado.*)

>> § 4.º acrescentado pela Lei n. 13.853, de 8-7-2019.

Seção III
Da Responsabilidade e do Ressarcimento de Danos

Art. 42. O controlador ou o operador que, em razão do exercício de atividade de tratamento de dados pessoais, causar a outrem dano patrimonial, moral, individual ou coletivo, em violação à legislação de proteção de dados pessoais, é obrigado a repará-lo.

§ 1.º A fim de assegurar a efetiva indenização ao titular dos dados:

I – o operador responde solidariamente pelos danos causados pelo tratamento quando descumprir as obrigações da legislação de proteção de dados ou quando não tiver seguido as instruções lícitas do controlador, hipótese em que o operador equipara-se ao controlador, salvo nos casos de exclusão previstos no art. 43 desta Lei;

II – os controladores que estiverem diretamente envolvidos no tratamento do qual decorreram danos ao titular dos dados respondem solidariamente, salvo nos casos de exclusão previstos no art. 43 desta Lei.

§ 2.º O juiz, no processo civil, poderá inverter o ônus da prova a favor do titular dos dados quando, a seu juízo, for verossímil a alegação, houver hipossuficiência para fins de produção de prova ou quando a produção de prova pelo titular resultar-lhe excessivamente onerosa.

§ 3.º As ações de reparação por danos coletivos que tenham por objeto a responsabilização nos termos do *caput* deste artigo podem ser exercidas coletivamente em juízo, observado o disposto na legislação pertinente.

§ 4.º Aquele que reparar o dano ao titular tem direito de regresso contra os demais responsáveis, na medida de sua participação no evento danoso.

Art. 43. Os agentes de tratamento só não serão responsabilizados quando provarem:

I – que não realizaram o tratamento de dados pessoais que lhes é atribuído;

II – que, embora tenham realizado o tratamento de dados pessoais que lhes é atribuído, não houve violação à legislação de proteção de dados; ou

III – que o dano é decorrente de culpa exclusiva do titular dos dados ou de terceiro.

Art. 44. O tratamento de dados pessoais será irregular quando deixar de observar a legislação ou quando não fornecer a segurança que o titular dele pode esperar, consideradas as circunstâncias relevantes, entre as quais:

I – o modo pelo qual é realizado;

II – o resultado e os riscos que razoavelmente dele se esperam;

III – as técnicas de tratamento de dados pessoais disponíveis à época em que foi realizado.

Parágrafo único. Responde pelos danos decorrentes da violação da segurança dos dados o controlador ou o operador que, ao deixar de adotar as medidas de segurança previstas no art. 46 desta Lei, der causa ao dano.

Art. 45. As hipóteses de violação do direito do titular no âmbito das relações de consumo permanecem sujeitas às regras de responsabilidade previstas na legislação pertinente.

Capítulo VII
DA SEGURANÇA E DAS BOAS PRÁTICAS

Seção I
Da Segurança e do Sigilo de Dados

Art. 46. Os agentes de tratamento devem adotar medidas de segurança, técnicas e administrativas aptas a proteger os dados pessoais de acessos não autorizados e de situações acidentais ou ilícitas de destruição, perda, alteração, comunicação ou qualquer forma de tratamento inadequado ou ilícito.

§ 1.º A autoridade nacional poderá dispor sobre padrões técnicos mínimos para tornar aplicável o disposto no *caput* deste artigo, considerados a natureza das informações tratadas, as características específicas do tratamento e o estado atual da tecnologia, especialmente no caso de dados pessoais sensíveis, assim como os princípios previstos no *caput* do art. 6.º desta Lei.

§ 2.º As medidas de que trata o *caput* deste artigo deverão ser observadas desde a fase de concepção do produto ou do serviço até a sua execução.

Art. 47. Os agentes de tratamento ou qualquer outra pessoa que intervenha em uma das fases do tratamento obriga-se a garantir a segurança da informação prevista nesta Lei em relação aos dados pessoais, mesmo após o seu término.

Art. 48. O controlador deverá comunicar à autoridade nacional e ao titular a ocorrência de incidente de segurança que possa acarretar risco ou dano relevante aos titulares.

§ 1.º A comunicação será feita em prazo razoável, conforme definido pela autoridade nacional, e deverá mencionar, no mínimo:

I – a descrição da natureza dos dados pessoais afetados;

II – as informações sobre os titulares envolvidos;

III – a indicação das medidas técnicas e de segurança utilizadas para a proteção dos dados, observados os segredos comercial e industrial;

IV – os riscos relacionados ao incidente;

V – os motivos da demora, no caso de a comunicação não ter sido imediata; e

VI – as medidas que foram ou que serão adotadas para reverter ou mitigar os efeitos do prejuízo.

§ 2.º A autoridade nacional verificará a gravidade do incidente e poderá, caso necessário para a salvaguarda dos direitos dos titulares, determinar ao controlador a adoção de providências, tais como:

I – ampla divulgação do fato em meios de comunicação; e

II – medidas para reverter ou mitigar os efeitos do incidente.

§ 3.º No juízo de gravidade do incidente, será avaliada eventual comprovação de que foram adotadas medidas técnicas adequadas que tornem os dados pessoais afetados ininteligíveis, no âmbito e nos limites técnicos de seus serviços, para terceiros não autorizados a acessá-los.

Art. 49. Os sistemas utilizados para o tratamento de dados pessoais devem ser estruturados de forma a atender aos requisitos de segurança, aos padrões de boas práticas e de governança e aos princípios gerais previstos nesta Lei e às demais normas regulamentares.

Seção II
Das Boas Práticas e da Governança

Art. 50. Os controladores e operadores, no âmbito de suas competências, pelo tratamento de dados pessoais, individualmente ou por meio de associações, poderão formular regras de boas práticas e de governança que estabeleçam as condições de organização, o regime de funcionamento, os procedimentos, incluindo reclamações e petições de titulares, as normas de segurança, os padrões técnicos, as obrigações específicas para os diversos envolvidos no tratamento, as ações educativas, os mecanismos internos de supervisão e de mitigação de riscos e outros aspectos relacionados ao tratamento de dados pessoais.

§ 1.º Ao estabelecer regras de boas práticas, o controlador e o operador levarão em consideração, em relação ao tratamento e aos dados, a natureza, o escopo, a finalidade e a probabilidade e a gravidade dos riscos e dos benefícios decorrentes de tratamento de dados do titular.

§ 2.º Na aplicação dos princípios indicados nos incisos VII e VIII do *caput* do art. 6.º desta Lei, o controlador, observados a estrutura, a escala e o volume de suas operações, bem como a sensibilidade dos dados tratados e a probabilidade e a gravidade dos danos para os titulares dos dados, poderá:

I – implementar programa de governança em privacidade que, no mínimo:

a) demonstre o comprometimento do controlador em adotar processos e políticas internas que assegurem o cumprimento, de forma abrangente, de normas e boas práticas relativas à proteção de dados pessoais;

b) seja aplicável a todo o conjunto de dados pessoais que estejam sob seu controle, independentemente do modo como se realizou sua coleta;

c) seja adaptado à estrutura, à escala e ao volume de suas operações, bem como à sensibilidade dos dados tratados;

d) estabeleça políticas e salvaguardas adequadas com base em processo de avaliação sistemática de impactos e riscos à privacidade;

e) tenha o objetivo de estabelecer relação de confiança com o titular, por meio de atuação transparente e que assegure mecanismos de participação do titular;

f) esteja integrado a sua estrutura geral de governança e estabeleça e aplique mecanismos de supervisão internos e externos;

g) conte com planos de resposta a incidentes e remediação; e

h) seja atualizado constantemente com base em informações obtidas a partir de monitoramento contínuo e avaliações periódicas;

II – demonstrar a efetividade de seu programa de governança em privacidade quando apropriado e, em especial, a pedido da autoridade nacional ou de outra entidade responsável por promover o cumprimento de boas práticas ou códigos de conduta, os quais, de forma independente, promovam o cumprimento desta Lei.

§ 3.º As regras de boas práticas e de governança deverão ser publicadas e atualizadas periodicamente e poderão ser reconhecidas e divulgadas pela autoridade nacional.

Art. 51. A autoridade nacional estimulará a adoção de padrões técnicos que facilitem o controle pelos titulares dos seus dados pessoais.

Capítulo VIII
DA FISCALIZAÇÃO

Seção I
Das Sanções Administrativas

Art. 52. Os agentes de tratamento de dados, em razão das infrações cometidas às normas previstas nesta Lei, ficam sujeitos às seguintes sanções administrativas aplicáveis pela autoridade nacional:

I – advertência, com indicação de prazo para adoção de medidas corretivas;

II – multa simples, de até 2% (dois por cento) do faturamento da pessoa jurídica de direito privado, grupo ou conglomerado no Brasil no seu último exercício, excluídos os tributos, limitada, no total, a R$ 50.000.000,00 (cinquenta milhões de reais) por infração;

III – multa diária, observado o limite total a que se refere o inciso II;

IV – publicização da infração após devidamente apurada e confirmada a sua ocorrência;

V – bloqueio dos dados pessoais a que se refere a infração até a sua regularização;

VI – eliminação dos dados pessoais a que se refere a infração;

VII a IX – (*Vetados.*);

X – suspensão parcial do funcionamento do banco de dados a que se refere a infração pelo período máximo de 6 (seis) meses, prorrogável por igual período, até a regularização da atividade de tratamento pelo controlador;

>> Inciso X acrescentado pela Lei n. 13.853, de 8-7-2019, originalmente vetado, todavia promulgado em 20-12-2019.

XI – suspensão do exercício da atividade de tratamento dos dados pessoais a que se refere a infração pelo período máximo de 6 (seis) meses, prorrogável por igual período;

>> Inciso XI acrescentado pela Lei n. 13.853, de 8-7-2019, originalmente vetado, todavia promulgado em 20-12-2019.

XII – proibição parcial ou total do exercício de atividades relacionadas a tratamento de dados.

>> Inciso XII acrescentado pela Lei n. 13.853, de 8-7-2019, originalmente vetado, todavia promulgado em 20-12-2019.

§ 1.º As sanções serão aplicadas após procedimento administrativo que possibilite a oportunidade da ampla defesa, de forma gradativa, isolada ou cumulativa, de acordo com as peculiaridades do caso concreto e considerados os seguintes parâmetros e critérios:

I – a gravidade e a natureza das infrações e dos direitos pessoais afetados;

II – a boa-fé do infrator;

III – a vantagem auferida ou pretendida pelo infrator;

IV – a condição econômica do infrator;

V – a reincidência;

VI – o grau do dano;

VII – a cooperação do infrator;

VIII – a adoção reiterada e demonstrada de mecanismos e procedimentos internos capazes de minimizar o dano, voltados ao tratamento seguro e adequado de dados, em consonância com o disposto no inciso II do § 2.º do art. 48 desta Lei;

IX – a adoção de política de boas práticas e governança;

X – a pronta adoção de medidas corretivas; e

XI – a proporcionalidade entre a gravidade da falta e a intensidade da sanção.

§ 2.º O disposto neste artigo não substitui a aplicação de sanções administrativas, civis ou penais definidas na Lei n. 8.078, de 11 de setembro de 1990, e em legislação específica.

>> § 2.º com redação determinada pela Lei n. 13.853, de 8-7-2019.

§ 3.º O disposto nos incisos I, IV, V, VI, X, XI e XII do *caput* deste artigo poderá ser aplicado às entidades e aos órgãos públicos, sem prejuízo do disposto na Lei n. 8.112, de 11 de dezembro de 1990, na Lei n. 8.429, de 2 de junho de 1992, e na Lei n. 12.527, de 18 de novembro de 2011.

>> § 3.º com redação determinada pela Lei n. 13.853, de 8-7-2019, originalmente vetado, todavia promulgado em 20-12-2019.

§ 4.º No cálculo do valor da multa de que trata o inciso II do *caput* deste artigo, a autoridade nacional poderá considerar o faturamento total da empresa ou grupo de empresas, quando não dispuser do valor do faturamento no ramo de atividade empresarial em que ocorreu a infração, definido pela autoridade nacional, ou quando o valor for apresentado de forma incompleta ou não for demonstrado de forma inequívoca e idônea.

§ 5.º O produto da arrecadação das multas aplicadas pela ANPD, inscritas ou não em dívida ativa, será destinado ao Fundo de Defesa de Direitos Difusos de que tratam o art. 13 da Lei n. 7.347, de 24 de julho de 1985, e a Lei n. 9.008, de 21 de março de 1995.

>> § 5.º acrescentado pela Lei n. 13.853, de 8-7-2019.

§ 6.º As sanções previstas nos incisos X, XI e XII do *caput* deste artigo serão aplicadas:

>> § 6.º, *caput*, acrescentado pela Lei n. 13.853, de 8-7-2019, originalmente vetado, todavia promulgado em 20-12-2019.

I – somente após já ter sido imposta ao menos 1 (uma) das sanções de que tratam os incisos II, III, IV, V e VI do *caput* deste artigo para o mesmo caso concreto; e

>> Inciso I acrescentado pela Lei n. 13.853, de 8-7-2019, originalmente vetado, todavia promulgado em 20-12-2019.

II – em caso de controladores submetidos a outros órgãos e entidades com competências sancionatórias, ouvidos esses órgãos.

>> Inciso II acrescentado pela Lei n. 13.853, de 8-7-2019, originalmente vetado, todavia promulgado em 20-12-2019.

§ 7.º Os vazamentos individuais ou os acessos não autorizados de que trata o *caput* do art. 46 desta Lei poderão ser objeto de conciliação direta entre controlador e titular e, caso não haja acordo, o controlador estará sujeito à aplicação das penalidades de que trata este artigo.

>> § 7.º acrescentado pela Lei n. 13.853, de 8-7-2019.

Art. 53. A autoridade nacional definirá, por meio de regulamento próprio sobre sanções administrativas a infrações a esta Lei, que deverá ser objeto de consulta pública, as metodologias que orientarão o cálculo do valor-base das sanções de multa.

§ 1.º As metodologias a que se refere o *caput* deste artigo devem ser previamente publicadas, para ciência dos agentes de tratamento, e devem apresentar objetivamente as formas e dosimetrias para o cálculo do valor-base das sanções de multa, que deverão conter fundamentação detalhada de todos os seus elementos, demonstrando a observância dos critérios previstos nesta Lei.

§ 2.º O regulamento de sanções e metodologias correspondentes deve estabelecer as circunstâncias e as condições para a adoção de multa simples ou diária.

Art. 54. O valor da sanção de multa diária aplicável às infrações a esta Lei deve observar a gravidade da falta e a extensão do dano ou prejuízo causado e ser fundamentado pela autoridade nacional.

Parágrafo único. A intimação da sanção de multa diária deverá conter, no mínimo, a descrição da obrigação imposta, o prazo razoável e estipulado pelo órgão para o seu cumprimento e o valor da multa diária a ser aplicada pelo seu descumprimento.

Capítulo IX
DA AUTORIDADE NACIONAL DE PROTEÇÃO DE DADOS (ANPD) E DO CONSELHO NACIONAL DE PROTEÇÃO DE DADOS PESSOAIS E DA PRIVACIDADE

Seção I
Da Autoridade Nacional de Proteção de Dados (ANPD)

Art. 55. (*Vetado.*)

Art. 55-A. Fica criada, sem aumento de despesa, a Autoridade Nacional de Proteção de Dados (ANPD), órgão da administração pública federal, integrante da Presidência da República.

>> *Caput* acrescentado pela Lei n. 13.853, de 8-7-2019.

§ 1.º A natureza jurídica da ANPD é transitória e poderá ser transformada pelo Poder Executivo em entidade da administração pública federal indireta, submetida a regime autárquico especial e vinculada à Presidência da República.

>> § 1.º acrescentado pela Lei n. 13.853, de 8-7-2019.

§ 2.º A avaliação quanto à transformação de que dispõe o § 1.º deste artigo deverá ocorrer em até 2 (dois) anos da data da entrada em vigor da estrutura regimental da ANPD.

>> § 2.º acrescentado pela Lei n. 13.853, de 8-7-2019.

§ 3.º O provimento dos cargos e das funções necessários à criação e à atuação da ANPD está condicionado à expressa autorização física e financeira na lei orçamentária anual e à permissão na lei de diretrizes orçamentárias.

>> § 3.º acrescentado pela Lei n. 13.853, de 8-7-2019.

Art. 55-B. É assegurada autonomia técnica e decisória à ANPD.

>> Artigo acrescentado pela Lei n. 13.853, de 8-7-2019.

Art. 55-C. A ANPD é composta de:

>> *Caput* acrescentado pela Lei n. 13.853, de 8-7-2019.

I – Conselho Diretor, órgão máximo de direção;

>> Inciso I acrescentado pela Lei n. 13.853, de 8-7-2019.

II – Conselho Nacional de Proteção de Dados Pessoais e da Privacidade;

>> Inciso II acrescentado pela Lei n. 13.853, de 8-7-2019.

III – Corregedoria;

>> Inciso III acrescentado pela Lei n. 13.853, de 8-7-2019.

IV – Ouvidoria;

>> Inciso IV acrescentado pela Lei n. 13.853, de 8-7-2019.

V – órgão de assessoramento jurídico próprio; e

>> Inciso V acrescentado pela Lei n. 13.853, de 8-7-2019.

VI – unidades administrativas e unidades especializadas necessárias à aplicação do disposto nesta Lei.

>> Inciso VI acrescentado pela Lei n. 13.853, de 8-7-2019.

Art. 55-D. O Conselho Diretor da ANPD será composto de 5 (cinco) diretores, incluído o Diretor-Presidente.

>> *Caput* acrescentado pela Lei n. 13.853, de 8-7-2019.

§ 1.º Os membros do Conselho Diretor da ANPD serão escolhidos pelo Presidente da República e por ele nomeados, após aprovação pelo Senado Federal, nos termos da alínea *f* do inciso III do art. 52 da Constituição Federal, e ocuparão cargo em comissão do Grupo-Direção e Assessoramento Superiores – DAS, no mínimo, de nível 5.

>> § 1.º acrescentado pela Lei n. 13.853, de 8-7-2019.

§ 2.º Os membros do Conselho Diretor serão escolhidos dentre brasileiros que tenham reputação ilibada, nível superior de educação e elevado conceito no campo de especialidade dos cargos para os quais serão nomeados.

>> § 2.º acrescentado pela Lei n. 13.853, de 8-7-2019.

§ 3.º O mandato dos membros do Conselho Diretor será de 4 (quatro) anos.

>> § 3.º acrescentado pela Lei n. 13.853, de 8-7-2019.

§ 4.º Os mandatos dos primeiros membros do Conselho Diretor nomeados serão de 2 (dois), de 3 (três), de 4 (quatro), de 5 (cinco) e de 6 (seis) anos, conforme estabelecido no ato de nomeação.

>> § 4.º acrescentado pela Lei n. 13.853, de 8-7-2019.

§ 5.º Na hipótese de vacância do cargo no curso do mandato de membro do Conselho Diretor, o prazo remanescente será completado pelo sucessor.

>> § 5.º acrescentado pela Lei n. 13.853, de 8-7-2019.

Art. 55-E. Os membros do Conselho Diretor somente perderão seus cargos em virtude de renúncia, condenação judicial transitada em julgado ou pena de demissão decorrente de processo administrativo disciplinar.

>> *Caput* acrescentado pela Lei n. 13.853, de 8-7-2019.

§ 1.º Nos termos do ***caput*** deste artigo, cabe ao Ministro de Estado Chefe da Casa Civil da Presidência da República instaurar o processo administrativo disciplinar, que será conduzido por comissão especial constituída por servidores públicos federais estáveis.

>> § 1.º acrescentado pela Lei n. 13.853, de 8-7-2019.

§ 2.º Compete ao Presidente da República determinar o afastamento preventivo, somente quando assim recomendado pela comissão especial de que trata o § 1.º deste artigo, e proferir o julgamento.

>> § 2.º acrescentado pela Lei n. 13.853, de 8-7-2019.

Art. 55-F. Aplica-se aos membros do Conselho Diretor, após o exercício do cargo, o disposto no art. 6.º da Lei n. 12.813, de 16 de maio de 2013.

>> *Caput* acrescentado pela Lei n. 13.853, de 8-7-2019.

Parágrafo único. A infração ao disposto no ***caput*** deste artigo caracteriza ato de improbidade administrativa.

>> Parágrafo único acrescentado pela Lei n. 13.853, de 8-7-2019.

Art. 55-G. Ato do Presidente da República disporá sobre a estrutura regimental da ANPD.

>> *Caput* acrescentado pela Lei n. 13.853, de 8-7-2019.

§ 1.º Até a data de entrada em vigor de sua estrutura regimental, a ANPD receberá o apoio técnico e administrativo da Casa Civil da Presidência da República para o exercício de suas atividades.

>> § 1.º acrescentado pela Lei n. 13.853, de 8-7-2019.

§ 2.º O Conselho Diretor disporá sobre o regimento interno da ANPD.

>> § 2.º acrescentado pela Lei n. 13.853, de 8-7-2019.

Art. 55-H. Os cargos em comissão e as funções de confiança da ANPD serão remanejados de outros órgãos e entidades do Poder Executivo federal.

>> Artigo acrescentado pela Lei n. 13.853, de 8-7-2019.

Art. 55-I. Os ocupantes dos cargos em comissão e das funções de confiança da ANPD serão indicados pelo Conselho Diretor e nomeados ou designados pelo Diretor-Presidente.

>> Artigo acrescentado pela Lei n. 13.853, de 8-7-2019.

Art. 55-J. Compete à ANPD:

>> *Caput* acrescentado pela Lei n. 13.853, de 8-7-2019.

I – zelar pela proteção dos dados pessoais, nos termos da legislação;

>> Inciso I acrescentado pela Lei n. 13.853, de 8-7-2019.

II – zelar pela observância dos segredos comercial e industrial, observada a proteção de dados pessoais e do sigilo das informações quando protegido por lei ou quando a quebra do sigilo violar os fundamentos do art. 2.º desta Lei;

>> Inciso II acrescentado pela Lei n. 13.853, de 8-7-2019.

III – elaborar diretrizes para a Política Nacional de Proteção de Dados Pessoais e da Privacidade;

>> Inciso III acrescentado pela Lei n. 13.853, de 8-7-2019.

IV – fiscalizar e aplicar sanções em caso de tratamento de dados realizado em descumprimento à legislação, mediante processo administrativo que assegure o contraditório, a ampla defesa e o direito de recurso;

>> Inciso IV acrescentado pela Lei n. 13.853, de 8-7-2019.

V – apreciar petições de titular contra controlador após comprovada pelo titular a apresentação de reclamação ao controlador não solucionada no prazo estabelecido em regulamentação;

>> Inciso V acrescentado pela Lei n. 13.853, de 8-7-2019.

VI – promover na população o conhecimento das normas e das políticas públicas sobre proteção de dados pessoais e das medidas de segurança;

>> Inciso VI acrescentado pela Lei n. 13.853, de 8-7-2019.

VII – promover e elaborar estudos sobre as práticas nacionais e internacionais de proteção de dados pessoais e privacidade;

>> Inciso VII acrescentado pela Lei n. 13.853, de 8-7-2019.

VIII – estimular a adoção de padrões para serviços e produtos que facilitem o exercício de controle dos titulares sobre seus dados pessoais, os quais deverão levar em consideração as especificidades das atividades e o porte dos responsáveis;

>> Inciso VIII acrescentado pela Lei n. 13.853, de 8-7-2019.

IX – promover ações de cooperação com autoridades de proteção de dados pessoais de outros países, de natureza internacional ou transnacional;

>> Inciso IX acrescentado pela Lei n. 13.853, de 8-7-2019.

X – dispor sobre as formas de publicidade das operações de tratamento de dados pessoais, respeitados os segredos comercial e industrial;

>> Inciso X acrescentado pela Lei n. 13.853, de 8-7-2019.

XI – solicitar, a qualquer momento, às entidades do poder público que realizem operações de tratamento de dados pessoais informe específico sobre o âmbito, a natureza dos dados e os demais detalhes do tratamento realizado, com a possibilidade de emitir parecer técnico complementar para garantir o cumprimento desta Lei;

>> Inciso XI acrescentado pela Lei n. 13.853, de 8-7-2019.

XII – elaborar relatórios de gestão anuais acerca de suas atividades;

>> Inciso XII acrescentado pela Lei n. 13.853, de 8-7-2019.

XIII – editar regulamentos e procedimentos sobre proteção de dados pessoais e privacidade, bem como sobre relatórios de impacto à proteção de dados pessoais para os casos em que o tratamento representar alto risco à garantia dos princípios gerais de proteção de dados pessoais previstos nesta Lei;

>> Inciso XIII acrescentado pela Lei n. 13.853, de 8-7-2019.

XIV – ouvir os agentes de tratamento e a sociedade em matérias de interesse relevante e prestar contas sobre suas atividades e planejamento;

>> Inciso XIV acrescentado pela Lei n. 13.853, de 8-7-2019.

XV – arrecadar e aplicar suas receitas e publicar, no relatório de gestão a que se refere o inciso XII do ***caput*** deste artigo, o detalhamento de suas receitas e despesas;

>> Inciso XV acrescentado pela Lei n. 13.853, de 8-7-2019.

XVI – realizar auditorias, ou determinar sua realização, no âmbito da atividade de fiscalização de que trata o inciso IV e com a devida observância do disposto no inciso II do ***caput*** deste artigo, sobre o tratamento de dados pessoais efetuado pelos agentes de tratamento, incluído o poder público;

>> Inciso XVI acrescentado pela Lei n. 13.853, de 8-7-2019.

XVII – celebrar, a qualquer momento, compromisso com agentes de tratamento para eliminar irregularidade, incerteza jurídica ou situação contenciosa no âmbito de processos administrativos, de acordo com o previsto no Decreto-Lei n. 4.657, de 4 de setembro de 1942;

>> Inciso XVII acrescentado pela Lei n. 13.853, de 8-7-2019.

XVIII – editar normas, orientações e procedimentos simplificados e diferenciados, inclusive quanto aos prazos, para que microempresas e empresas de pequeno porte, bem como iniciativas empresariais de caráter incremental ou disruptivo que se autodeclarem ***startups*** ou empresas de inovação, possam adequar-se a esta Lei;

>> Inciso XVIII acrescentado pela Lei n. 13.853, de 8-7-2019.

XIX – garantir que o tratamento de dados de idosos seja efetuado de maneira simples, clara, acessível e adequada ao seu entendimento, nos termos desta Lei e da Lei n. 10.741, de 1.º de outubro de 2003 (Estatuto do Idoso);

>> Inciso XIX acrescentado pela Lei n. 13.853, de 8-7-2019.

XX – deliberar, na esfera administrativa, em caráter terminativo, sobre a interpretação desta Lei, as suas competências e os casos omissos;

>> Inciso XX acrescentado pela Lei n. 13.853, de 8-7-2019.

XXI – comunicar às autoridades competentes as infrações penais das quais tiver conhecimento;

>> Inciso XXI acrescentado pela Lei n. 13.853, de 8-7-2019.

XXII – comunicar aos órgãos de controle interno o descumprimento do disposto nesta Lei por órgãos e entidades da administração pública federal;

>> Inciso XXII acrescentado pela Lei n. 13.853, de 8-7-2019.

XXIII – articular-se com as autoridades reguladoras públicas para exercer suas competências em setores específicos de atividades econômicas e governamentais sujeitas à regulação; e

>> Inciso XXIII acrescentado pela Lei n. 13.853, de 8-7-2019.

XXIV – implementar mecanismos simplificados, inclusive por meio eletrônico, para o registro de reclamações sobre o tratamento de dados pessoais em desconformidade com esta Lei.

>> Inciso XXIV acrescentado pela Lei n. 13.853, de 8-7-2019.

§ 1.º Ao impor condicionantes administrativas ao tratamento de dados pessoais por agente de tratamento privado, sejam eles limites, encargos ou sujeições, a ANPD deve observar a exigência de mínima intervenção, assegurados os fundamentos, os princípios e os direitos dos titulares previstos no art. 170 da Constituição Federal e nesta Lei.

>> § 1.º acrescentado pela Lei n. 13.853, de 8-7-2019.

§ 2.º Os regulamentos e as normas editados pela ANPD devem ser precedidos de consulta e audiência públicas, bem como de análises de impacto regulatório.

>> § 2.º acrescentado pela Lei n. 13.853, de 8-7-2019.

§ 3.º A ANPD e os órgãos e entidades públicos responsáveis pela regulação de setores específicos da atividade econômica e governamental devem coordenar suas atividades, nas correspondentes esferas de atuação, com vistas a assegurar o cumprimento de suas atribuições com a maior eficiência e promover o adequado funcionamento dos setores regulados, conforme legislação específica, e o tratamento de dados pessoais, na forma desta Lei.

>> § 3.º acrescentado pela Lei n. 13.853, de 8-7-2019.

§ 4.º A ANPD manterá fórum permanente de comunicação, inclusive por meio de cooperação técnica, com órgãos e entidades da administração pública responsáveis pela regulação de setores específicos da atividade econômica e governamental, a fim de facilitar as competências regulatória, fiscalizatória e punitiva da ANPD.

>> § 4.º acrescentado pela Lei n. 13.853, de 8-7-2019.

§ 5.º No exercício das competências de que trata o ***caput*** deste artigo, a autoridade competente deverá zelar pela preservação do segredo empresarial e do sigilo das informações, nos termos da lei.

>> § 5.º acrescentado pela Lei n. 13.853, de 8-7-2019.

§ 6.º As reclamações colhidas conforme o disposto no inciso V do ***caput*** deste artigo poderão ser analisadas de forma agregada, e as eventuais providências delas decorrentes poderão ser adotadas de forma padronizada.

>> § 6.º acrescentado pela Lei n. 13.853, de 8-7-2019.

Art. 55-K. A aplicação das sanções previstas nesta Lei compete exclusivamente à ANPD, e suas competências prevalecerão, no que se refere à proteção de dados pessoais, sobre as competências correlatas de outras entidades ou órgãos da administração pública.

>> *Caput* acrescentado pela Lei n. 13.853, de 8-7-2019.

Parágrafo único. A ANPD articulará sua atuação com outros órgãos e entidades com competências sancionatórias e normativas afetas ao tema de proteção de dados pessoais e será o órgão central de interpretação desta Lei e do estabelecimento de normas e diretrizes para a sua implementação.

>> Parágrafo único acrescentado pela Lei n. 13.853, de 8-7-2019.

Art. 55-L. Constituem receitas da ANPD:

>> *Caput* acrescentado pela Lei n. 13.853, de 8-7-2019.

I – as dotações, consignadas no orçamento geral da União, os créditos especiais, os créditos adicionais, as transferências e os repasses que lhe forem conferidos;

>> Inciso I acrescentado pela Lei n. 13.853, de 8-7-2019.

II – as doações, os legados, as subvenções e outros recursos que lhe forem destinados;

>> Inciso II acrescentado pela Lei n. 13.853, de 8-7-2019.

III – os valores apurados na venda ou aluguel de bens móveis e imóveis de sua propriedade;

>> Inciso III acrescentado pela Lei n. 13.853, de 8-7-2019.

IV – os valores apurados em aplicações no mercado financeiro das receitas previstas neste artigo;

>> Inciso IV acrescentado pela Lei n. 13.853, de 8-7-2019.

V – (*Vetado.*);

>> Inciso V acrescentado pela Lei n. 13.853, de 8-7-2019.

VI – os recursos provenientes de acordos, convênios ou contratos celebrados com entidades, organismos ou empresas, públicos ou privados, nacionais ou internacionais;

>> Inciso VI acrescentado pela Lei n. 13.853, de 8-7-2019.

VII – o produto da venda de publicações, material técnico, dados e informações, inclusive para fins de licitação pública.

>> Inciso VII acrescentado pela Lei n. 13.853, de 8-7-2019.

Arts. 56 e 57. (*Vetados.*)

Seção II
Do Conselho Nacional de Proteção de Dados Pessoais e da Privacidade

Art. 58. (*Vetado.*)

Art. 58-A. O Conselho Nacional de Proteção de Dados Pessoais e da Privacidade será composto de 23 (vinte e três) representantes, titulares e suplentes, dos seguintes órgãos:

>> *Caput* acrescentado pela Lei n. 13.853, de 8-7-2019.

I – 5 (cinco) do Poder Executivo federal;

>> Inciso I acrescentado pela Lei n. 13.853, de 8-7-2019.

II – 1 (um) do Senado Federal;

>> Inciso II acrescentado pela Lei n. 13.853, de 8-7-2019.

III – 1 (um) da Câmara dos Deputados;

>> Inciso III acrescentado pela Lei n. 13.853, de 8-7-2019.

IV – 1 (um) do Conselho Nacional de Justiça;

>> Inciso IV acrescentado pela Lei n. 13.853, de 8-7-2019.

V – 1 (um) do Conselho Nacional do Ministério Público;

>> Inciso V acrescentado pela Lei n. 13.853, de 8-7-2019.

VI – 1 (um) do Comitê Gestor da Internet no Brasil;

>> Inciso VI acrescentado pela Lei n. 13.853, de 8-7-2019.

VII – 3 (três) de entidades da sociedade civil com atuação relacionada a proteção de dados pessoais;

>> Inciso VII acrescentado pela Lei n. 13.853, de 8-7-2019.

VIII – 3 (três) de instituições científicas, tecnológicas e de inovação;

>> Inciso VIII acrescentado pela Lei n. 13.853, de 8-7-2019.

IX – 3 (três) de confederações sindicais representativas das categorias econômicas do setor produtivo;

>> Inciso IX acrescentado pela Lei n. 13.853, de 8-7-2019.

X – 2 (dois) de entidades representativas do setor empresarial relacionado à área de tratamento de dados pessoais; e

>> Inciso X acrescentado pela Lei n. 13.853, de 8-7-2019.

XI – 2 (dois) de entidades representativas do setor laboral.

>> Inciso XI acrescentado pela Lei n. 13.853, de 8-7-2019.

§ 1.º Os representantes serão designados por ato do Presidente da República, permitida a delegação.

>> § 1.º acrescentado pela Lei n. 13.853, de 8-7-2019.

§ 2.º Os representantes de que tratam os incisos I, II, III, IV, V e VI do ***caput*** deste artigo e seus suplentes serão indicados pelos titulares dos respectivos órgãos e entidades da administração pública.

>> § 2.º acrescentado pela Lei n. 13.853, de 8-7-2019.

§ 3.º Os representantes de que tratam os incisos VII, VIII, IX, X e XI do ***caput*** deste artigo e seus suplentes:

>> § 3.º, *caput*, acrescentado pela Lei n. 13.853, de 8-7-2019.

I – serão indicados na forma de regulamento;

>> Inciso I acrescentado pela Lei n. 13.853, de 8-7-2019.

II – não poderão ser membros do Comitê Gestor da Internet no Brasil;

>> Inciso II acrescentado pela Lei n. 13.853, de 8-7-2019.

III – terão mandato de 2 (dois) anos, permitida 1 (uma) recondução.

>> Inciso III acrescentado pela Lei n. 13.853, de 8-7-2019.

§ 4.º A participação no Conselho Nacional de Proteção de Dados Pessoais e da Privacidade será considerada prestação de serviço público relevante, não remunerada.

>> § 4.º acrescentado pela Lei n. 13.853, de 8-7-2019.

Art. 58-B. Compete ao Conselho Nacional de Proteção de Dados Pessoais e da Privacidade:

>> *Caput* acrescentado pela Lei n. 13.853, de 8-7-2019.

I – propor diretrizes estratégicas e fornecer subsídios para a elaboração da Política Nacional de Proteção de Dados Pessoais e da Privacidade e para a atuação da ANPD;

>> Inciso I acrescentado pela Lei n. 13.853, de 8-7-2019.

II – elaborar relatórios anuais de avaliação da execução das ações da Política Nacional de Proteção de Dados Pessoais e da Privacidade;

>> Inciso II acrescentado pela Lei n. 13.853, de 8-7-2019.

III – sugerir ações a serem realizadas pela ANPD;

>> Inciso III acrescentado pela Lei n. 13.853, de 8-7-2019.

IV – elaborar estudos e realizar debates e audiências públicas sobre a proteção de dados pessoais e da privacidade; e

>> Inciso IV acrescentado pela Lei n. 13.853, de 8-7-2019.

V – disseminar o conhecimento sobre a proteção de dados pessoais e da privacidade à população.

>> Inciso V acrescentado pela Lei n. 13.853, de 8-7-2019.

Art. 59. (*Vetado.*)

Capítulo X
DISPOSIÇÕES FINAIS E TRANSITÓRIAS

Art. 60. A Lei n. 12.965, de 23 de abril de 2014 (Marco Civil da Internet), passa a vigorar com as seguintes alterações:

>> Alterações já processadas no diploma modificado.

Art. 61. A empresa estrangeira será notificada e intimada de todos os atos processuais previstos nesta Lei, independentemente de procuração ou de disposição contratual ou estatutária, na pessoa do agente ou representante ou pessoa responsável por sua filial, agência, sucursal, estabelecimento ou escritório instalado no Brasil.

Art. 62. A autoridade nacional e o Instituto Nacional de Estudos e Pesquisas Educacionais Anísio Teixeira (Inep), no âmbito de suas competências, editarão regulamentos específicos para o acesso a dados tratados pela União para o cumprimento do disposto no § 2.º do art. 9.º da Lei n. 9.394, de 20 de dezembro de 1996 (Lei de Diretrizes e Bases da Educação Nacional), e aos referentes ao Sistema Nacional de Avaliação da Educação Superior (Sinaes), de que trata a Lei n. 10.861, de 14 de abril de 2004.

Art. 63. A autoridade nacional estabelecerá normas sobre a adequação progressiva de bancos de dados constituídos até a data de entrada em vigor desta Lei, consideradas a complexidade das operações de tratamento e a natureza dos dados.

Art. 64. Os direitos e princípios expressos nesta Lei não excluem outros previstos no ordenamento jurídico pátrio relacionados à matéria ou nos tratados internacionais em que a República Federativa do Brasil seja parte.

Art. 65. Esta Lei entra em vigor:

>> *Caput* com redação determinada pela Lei n. 13.853, de 8-7-2019.

I – dia 28 de dezembro de 2018, quanto aos arts. 55-A, 55-B, 55-C, 55-D, 55-E, 55-F, 55-G, 55-H, 55-I, 55-J, 55-K, 55-L, 58-A e 58-B; e

>> Inciso I acrescentado pela Lei n. 13.853, de 8-7-2019.

I-A – dia 1.º de agosto de 2021, quanto aos arts. 52, 53 e 54;

>> Inciso I-A acrescentado pela Lei n. 14.010, de 10-6-2020.

II – 24 (vinte e quatro) meses após a data de sua publicação, quanto aos demais artigos.

>> Inciso II acrescentado pela Lei n. 13.853, de 8-7-2019.

Brasília, 14 de agosto de 2018; 197.º da Independência e 130.º da República.

MICHEL TEMER

DECRETO N. 9.507, DE 21 DE SETEMBRO DE 2018 (*)

Dispõe sobre a execução indireta, mediante contratação, de serviços da administração pública federal direta, autárquica e fundacional e das empresas públicas e das sociedades de economia mista controladas pela União.

(*) Publicado no *Diário Oficial da União*, de 24-9-2018.

O Presidente da República, no uso das atribuições que lhe confere o art. 84, *caput*, incisos IV e VI, alínea *a*, da Constituição, e tendo em vista o disposto no § 7.º do art. 10 do Decreto-Lei n. 200, de 25 de fevereiro de 1967, e na Lei n. 8.666, de 21 de junho de 1993, decreta:

CAPÍTULO I
DISPOSIÇÕES PRELIMINARES

Âmbito de aplicação e objeto

Art. 1.º Este Decreto dispõe sobre a execução indireta, mediante contratação, de serviços da administração pública federal direta, autárquica e fundacional e das empresas públicas e das sociedades de economia mista controladas pela União.

Art. 2.º Ato do Ministro de Estado da Economia estabelecerá os serviços que serão preferencialmente objeto de execução indireta mediante contratação.

>> Artigo com redação determinada pelo Decreto n. 10.183, de 20-12-2019.

CAPÍTULO II
DAS VEDAÇÕES

Administração pública federal direta, autárquica e fundacional

Art. 3.º Não serão objeto de execução indireta na administração pública federal direta, autárquica e fundacional, os serviços:

I – que envolvam a tomada de decisão ou posicionamento institucional nas áreas de planejamento, coordenação, supervisão e controle;

II – que sejam considerados estratégicos para o órgão ou a entidade, cuja terceirização possa colocar em risco o controle de processos e de conhecimentos e tecnologias;

III – que estejam relacionados ao poder de polícia, de regulação, de outorga de serviços públicos e de aplicação de sanção; e

IV – que sejam inerentes às categorias funcionais abrangidas pelo plano de cargos do órgão ou da entidade, exceto disposição legal em contrário ou quando se tratar de cargo extinto, total ou parcialmente, no âmbito do quadro geral de pessoal.

§ 1.º Os serviços auxiliares, instrumentais ou acessórios de que tratam os incisos do *caput* poderão ser executados de forma indireta, vedada a transferência de responsabilidade para a realização de atos administrativos ou a tomada de decisão para o contratado.

§ 2.º (*Revogado pelo Decreto n. 10.183, de 20-12-2019.*)

Empresas públicas e sociedades de economia mista controladas pela União

Art. 4.º Nas empresas públicas e nas sociedades de economia mista controladas pela União, não serão objeto de execução indireta os serviços que demandem a utilização, pela contratada, de profissionais com atribuições inerentes às dos cargos integrantes de seus Planos de Cargos e Salários, exceto se contrariar os princípios administrativos da eficiência, da economicidade e da razoabilidade, tais como na ocorrência de, ao menos, uma das seguintes hipóteses:

I – caráter temporário do serviço;

II – incremento temporário do volume de serviços;

III – atualização de tecnologia ou especialização de serviço, quando for mais atual e segura, que reduzem o custo ou for menos prejudicial ao meio ambiente; ou

IV – impossibilidade de competir no mercado concorrencial em que se insere.

§ 1.º As situações de exceção a que se referem os incisos I e II do *caput* poderão estar relacionadas às especificidades da localidade ou à necessidade de maior abrangência territorial.

§ 2.º Os empregados da contratada com atribuições semelhantes ou não com as atribuições da contratante atuarão somente no desenvolvimento dos serviços contratados.

§ 3.º Não se aplica a vedação do *caput* quando se tratar de cargo extinto ou em processo de extinção.

§ 4.º O Conselho de Administração ou órgão equivalente das empresas públicas e das sociedades de economia mista controladas pela União estabelecerá o conjunto de atividades que serão passíveis de execução indireta, mediante contratação de serviços.

Vedação de caráter geral

Art. 5.º É vedada a contratação, por órgão ou entidade de que trata o art. 1.º, de pessoa jurídica na qual haja administrador ou sócio com poder de direção que tenham relação de parentesco com:

I – detentor de cargo em comissão ou função de confiança que atue na área responsável pela demanda ou pela contratação; ou

II – autoridade hierarquicamente superior no âmbito de cada órgão ou entidade.

CAPÍTULO III
DO INSTRUMENTO CONVOCATÓRIO E DO CONTRATO

Regras gerais

Art. 6.º Para a execução indireta de serviços, no âmbito dos órgãos e das entidades de que trata o art. 1.º, as contratações deverão ser precedidas de planejamento e o objeto será definido de forma precisa no instrumento convocatório, no projeto básico ou no termo de referência e no contrato como exclusivamente de prestação de serviços.

Parágrafo único. Os instrumentos convocatórios e os contratos de que trata o *caput* poderão prever padrões de aceitabilidade e nível de desempenho para aferição da qualidade esperada na prestação dos serviços, com previsão de adequação de pagamento em decorrência do resultado.

Art. 7.º É vedada a inclusão de disposições nos instrumentos convocatórios que permitam:

I – a indexação de preços por índices gerais, nas hipóteses de alocação de mão de obra;

II – a caracterização do objeto como fornecimento de mão de obra;

III – a previsão de reembolso de salários pela contratante; e

IV – a pessoalidade e a subordinação direta dos empregados da contratada aos gestores da contratante.

Disposições contratuais obrigatórias

Art. 8.º Os contratos de que trata este decreto conterão cláusulas que:

I – exijam da contratada declaração de responsabilidade exclusiva sobre a quitação dos encargos trabalhistas e sociais decorrentes do contrato;

II – exijam a indicação de preposto da contratada para representá-la na execução do contrato;

III – estabeleçam que o pagamento mensal pela contratante ocorrerá após a comprovação do pagamento das obrigações trabalhistas, previdenciárias e para com o Fundo de Garantia do Tempo de Serviço – FGTS pela contratada relativas aos empregados que tenham participado da execução dos serviços contratados;

IV – estabeleçam a possibilidade de rescisão do contrato por ato unilateral e escrito do contratante e a aplicação das penalidades cabíveis, na hipótese de não pagamento dos salários e das verbas trabalhistas, e pelo não recolhimento das contribuições sociais, previdenciárias e para com o FGTS;

V – prevejam, com vistas à garantia do cumprimento das obrigações trabalhistas nas contratações de serviços continuados com dedicação exclusiva de mão de obra:

a) que os valores destinados ao pagamento de férias, décimo terceiro salário, ausências legais e verbas rescisórias dos empregados da contratada que participarem da execução dos serviços contratados serão efetuados pela contratante à contratada somente na ocorrência do fato gerador; ou

b) que os valores destinados ao pagamento das férias, décimo terceiro salário e verbas rescisórias dos empregados da contratada que participarem da execução dos serviços contratados serão depositados pela contratante em conta vinculada específica, aberta em nome da contratada, e com movimentação autorizada pela contratante;

VI – exijam a prestação de garantia, inclusive para pagamento de obrigações de natureza trabalhista, previdenciária e para com o FGTS, em valor correspondente a cinco por cento do valor do contrato, com prazo de validade de até noventa dias, contado da data de encerramento do contrato; e

>> Inciso VI com redação determinada pelo Decreto n. 10.183, de 20-12-2019.

VII – prevejam a verificação pela contratante, do cumprimento das obrigações trabalhistas, previdenciárias e para com o FGTS, em relação aos empregados da contratada que participarem da execução dos serviços contratados, em especial, quanto:

a) ao pagamento de salários, adicionais, horas extras, repouso semanal remunerado e décimo terceiro salário;

b) à concessão de férias remuneradas e ao pagamento do respectivo adicional;

c) à concessão do auxílio-transporte, auxílio-alimentação e auxílio-saúde, quando for devido;

d) aos depósitos do FGTS; e

e) ao pagamento de obrigações trabalhistas e previdenciárias dos empregados dispensados até a data da extinção do contrato.

§ 1.º Na hipótese de não ser apresentada a documentação comprobatória do cumprimento das obrigações trabalhistas, previdenciárias e para com o FGTS de que trata o inciso VII do *caput* deste artigo, a contratante comunicará o fato à contratada e reterá o pagamento da fatura mensal, em valor proporcional ao inadimplemento, até que a situação esteja regularizada.

§ 2.º Na hipótese prevista no § 1.º e em não havendo quitação das obrigações por parte da contratada, no prazo de até quinze dias, a contratante poderá efetuar o pagamento das obrigações diretamente aos empregados da contratada que tenham participado da execução dos serviços contratados.

§ 3.º O sindicato representante da categoria do trabalhador deve ser notificado pela contratante para acompanhar o pagamento das verbas referidas nos § 1.º e § 2.º.

§ 4.º O pagamento das obrigações de que trata o § 2.º, caso ocorra, não configura vínculo empregatício ou implica a assunção de responsabilidade por quaisquer obrigações dele decorrentes entre a contratante e os empregados da contratada.

Art. 9.º Os contratos de prestação de serviços continuados que envolvam disponibilização de pessoal da contratada de forma prolongada ou contínua para consecução do objeto contratual exigirão:

I – apresentação pela contratada do quantitativo de empregados vinculados à execução do objeto do contrato de prestação de serviços, a lista de identificação destes empregados e respectivos salários;

II – o cumprimento das obrigações estabelecidas em acordo, convenção, dissídio coletivo de trabalho ou equivalentes das categorias abrangidas pelo contrato; e

III – a relação de benefícios a serem concedidos pela contratada a seus empregados, que conterá, no mínimo, o auxílio-transporte e o auxílio-alimentação, quando esses forem concedidos pela contratante.

Parágrafo único. A administração pública não se vincula às disposições estabelecidas em acordos, dissídios ou convenções coletivas de trabalho que tratem de:

I – pagamento de participação dos trabalhadores nos lucros ou nos resultados da empresa contratada;

II – matéria não trabalhista, ou que estabeleçam direitos não previstos em lei, tais como valores ou índices obrigatórios de encargos sociais ou previdenciários; e

III – preços para os insumos relacionados ao exercício da atividade.

Gestão e fiscalização da execução dos contratos

Art. 10. A gestão e a fiscalização da execução dos contratos compreendem o conjunto de ações que objetivam:

I – aferir o cumprimento dos resultados estabelecidos pela contratada;

II – verificar a regularidade das obrigações previdenciárias, fiscais e trabalhistas; e

III – prestar apoio à instrução processual e ao encaminhamento da documentação pertinente para a formalização dos procedimentos relativos a repactuação, reajuste, alteração, reequilíbrio, prorrogação, pagamento, aplicação de sanções, extinção dos contratos, entre outras, com vistas a assegurar o cumprimento das cláusulas do contrato a solução de problemas relacionados ao objeto.

Art. 11. A gestão e a fiscalização de que trata o art. 10 competem ao gestor da execução dos contratos, auxiliado pela fiscalização técnica, administrativa, setorial e pelo público usuário e, se necessário, poderá ter o auxílio de terceiro ou de empresa especializada, desde que justificada a necessidade de assistência especializada.

Capítulo IV
DA REPACTUAÇÃO E REAJUSTE

Repactuação

Art. 12. Será admitida a repactuação de preços dos serviços continuados sob regime de mão de obra exclusiva, com vistas à adequação ao preço de mercado, desde que:

I – seja observado o interregno mínimo de um ano das datas dos orçamentos para os quais a proposta se referir; e

II – seja demonstrada de forma analítica a variação dos componentes dos custos do contrato, devidamente justificada.

Reajuste

Art. 13. O reajuste em sentido estrito, espécie de reajuste nos contratos de serviço continuado sem dedicação exclusiva de mão de obra, consiste na aplicação de índice de correção monetária estabelecido no contrato, que retratará a variação efetiva do custo de produção, admitida a adoção de índices específicos ou setoriais.

§ 1.º É admitida a estipulação de reajuste em sentido estrito nos contratos de prazo de duração igual ou superior a um ano, desde que não haja regime de dedicação exclusiva de mão de obra.

§ 2.º Nas hipóteses em que o valor dos contratos de serviços continuados seja preponderantemente formado pelos custos dos insumos, poderá ser adotado o reajuste de que trata este artigo.

CAPÍTULO V
DISPOSIÇÕES FINAIS

Orientações gerais

Art. 14. As empresas públicas e as sociedades de economia mista controladas pela União adotarão os mesmos parâmetros das sociedades privadas naquilo que não contrariar seu regime jurídico e o disposto neste Decreto.

Art. 15. O Secretário de Gestão da Secretaria Especial de Desburocratização, Gestão e Governo Digital do Ministério da Economia editará as normas complementares ao cumprimento do disposto neste Decreto.

>> Artigo com redação determinada pelo Decreto n. 10.183, de 20-12-2019.

Disposições transitórias

Art. 16. Os contratos celebrados até a data de entrada em vigor deste Decreto, com fundamento no Decreto n. 2.271, de 7 de julho de 1997, ou os efetuados por empresas públicas, sociedades de economia mista controladas direta ou indiretamente pela União, poderão ser prorrogados, na forma do § 2.º do art. 57 da Lei n. 8.666, de 21 de junho de 1993, e observada, no que couber, a Lei n. 13.303, de 30 de junho de 2016, desde que devidamente ajustados ao disposto neste Decreto.

Revogação

Art. 17. Fica revogado o Decreto n. 2.271, de 1997.

Vigência

Art. 18. Este Decreto entra em vigor cento e vinte dias após a data de sua publicação.

Brasília, 21 de setembro de 2018; 197.º da Independência e 130.º da República.

MICHEL TEMER

DECRETO N. 9.522, DE 8 DE OUTUBRO DE 2018 (*)

Promulga o Tratado de Marraqueche para Facilitar o Acesso a Obras Publicadas às Pessoas Cegas, com Deficiência Visual ou com Outras Dificuldades para Ter Acesso ao Texto Impresso, firmado em Marraqueche, em 27 de junho de 2013.

(*) Publicado no *Diário Oficial da União*, de 9-10-2018.

O Presidente da República, no uso da atribuição que lhe confere o art. 84, *caput*, inciso IV, da Constituição, e

Considerando que a República Federativa do Brasil firmou o Tratado de Marraqueche para Facilitar o Acesso a Obras Publicadas às Pessoas Cegas, com Deficiência Visual ou com Outras Dificuldades para Ter Acesso ao Texto Impresso, em Marraqueche, em 27 de junho de 2013;

Considerando que o Congresso Nacional aprovou o Tratado por meio do Decreto Legislativo n. 261, de 25 de novembro de 2015, conforme o procedimento de que trata o § 3.º do art. 5.º da Constituição; e

Considerando que o Governo brasileiro depositou, junto ao Diretor-Geral da Organização Mundial da Propriedade Intelectual, em 11 de dezembro de 2015, o instrumento de ratificação ao Tratado e que este entrou em vigor para a República Federativa do Brasil, no plano jurídico externo, em 30 de setembro de 2016;

Decreta:

Art. 1.º Fica promulgado o Tratado de Marraqueche para Facilitar o Acesso a Obras Publicadas às Pessoas Cegas, com Deficiência Visual ou com Outras Dificuldades para Ter Acesso ao Texto Impresso, firmado em Marraqueche, em 27 de junho de 2013, anexo a este Decreto.

Art. 2.º São sujeitos à aprovação do Congresso Nacional atos que possam resultar em revisão do Tratado e ajustes complementares que acarretem encargos ou compromissos gravosos ao patrimônio nacional, nos termos do inciso I do *caput* do art. 49 da Constituição.

Art. 3.º Este Decreto entra em vigor na data de sua publicação.

Brasília, 8 de outubro de 2018; 197.º da Independência e 130.º da República.

MICHEL TEMER

TRATADO DE MARRAQUECHE PARA FACILITAR O ACESSO A OBRAS PUBLICADAS ÀS PESSOAS CEGAS, COM DEFICIÊNCIA VISUAL OU COM OUTRAS DIFICULDADES PARA TER ACESSO AO TEXTO IMPRESSO

Adotado pela Conferência Diplomática

Preâmbulo

As Partes Contratantes,

Recordando os princípios da não discriminação, da igualdade de oportunidades, da acessibilidade e da participação e inclusão plena e efetiva na sociedade, proclamados na declaração Universal dos Direitos Humanos e na Convenção das Nações Unidas sobre os Direitos das Pessoas com Deficiência,

Conscientes dos desafios que são prejudiciais ao desenvolvimento pleno das pessoas com deficiência visual ou com outras dificuldades para ter acesso ao texto impresso, que limitam a sua liberdade de expressão, incluindo a liberdade de procurar, receber e difundir informações e ideias de toda espécie em condições de igualdade com as demais pessoas mediante todas as formas de comunicação de sua escolha, assim como o gozo do seu direito à educação e a oportunidade de realizar pesquisas,

Enfatizando a importância da proteção ao direito de autor como incentivo e recompensa para as criações literárias e artísticas e a de incrementar as oportunidades para todas as pessoas, inclusive as pessoas com deficiência visual ou com outras dificuldades para ter acesso ao texto impresso, de participar na vida cultural da comunidade, desfrutar das artes e compartilhar o progresso científico e seus benefícios,

Cientes das barreiras que enfrentam as pessoas com deficiência visual ou com outras dificuldades para ter acesso ao texto impresso para alcançarem oportunidades iguais na sociedade, e da necessidade de ampliar o número de obras em formatos acessíveis e de aperfeiçoar a circulação de tais obras,

Considerando que a maioria das pessoas com deficiência visual ou com outras dificuldades para ter acesso ao texto impresso vive em países em desenvolvimento e em países de menor desenvolvimento relativo,

Reconhecendo que, apesar das diferenças existentes nas legislações nacionais de direito de autor, o impacto positivo das novas tecnologias de informação e comunicação na vida das pessoas com deficiência visual ou com outras dificuldades para ter acesso ao texto impresso pode ser reforçado por um marco jurídico aprimorado no plano internacional,

Reconhecendo que muitos Estados Membros estabeleceram exceções e limitações em suas legislações nacionais de direito de autor destinadas a pessoas com deficiência visual ou com outras dificuldades para ter acesso ao texto impresso, mas que ainda há uma escassez permanente de exemplares disponíveis em formato acessível para essas pessoas; que são necessários recursos consideráveis em seus esforços para tornar as obras acessíveis a essas pessoas; e que a falta de possibilidade de intercâmbio transfronteiriço de exemplares em formato acessível exige a duplicação desses esforços,

Reconhecendo tanto a importância do papel dos titulares de direitos em tornar suas obras acessíveis a pessoas com deficiência visual ou com outras dificuldades para ter acesso ao texto impresso, como a importância de limitações e exceções adequadas para tornar as obras acessíveis a essas pessoas, em particular quando o mercado é incapaz de prover tal acesso,

Reconhecendo a necessidade de se manter um equilíbrio entre a proteção efetiva dos direitos dos autores e o interesse público mais amplo, em especial no que diz respeito à educação, pesquisa e acesso à informação, e que esse equilíbrio deve facilitar às pessoas com deficiência visual ou com outras dificuldades para ter acesso ao texto impresso o acesso efetivo e tempestivo às obras,

Reafirmando as obrigações contraídas pelas Partes Contratantes em virtude de tratados internacionais vigentes em matéria de proteção ao direito de autor, bem como a importância e a flexibilidade da regra dos três passos relativa às limitações e exceções, prevista no Artigo 9.2 da Convenção de Berna sobre a Proteção de Obras Literárias e Artísticas e em outros instrumentos internacionais,

Recordando a importância das recomendações da Agenda do Desenvolvimento, adotada em 2007 pela Assembleia Geral da Organização Mundial da Propriedade Intelectual (OMPI), que visa a assegurar que as considerações relativas ao desenvolvimento sejam parte integrante do trabalho da Organização,

Reconhecendo a importância do sistema internacional de direito de autor e visando harmonizar as limitações e exceções com vistas a facilitar o acesso e o uso de obras por pessoas com deficiência visual ou com outras dificuldades para ter acesso ao texto impresso,

Acordaram o seguinte:

Artigo 1.º

Relação com outras convenções e tratados

Nenhuma disposição do presente Tratado derrogará quaisquer obrigações que as Partes Contratantes tenham entre si em virtude de outros tratados, nem prejudicará quaisquer direitos que uma Parte Contratante tenha em virtude de outros tratados.

Artigo 2.º

Definições

Para os efeitos do presente Tratado:

a) "obras" significa as obras literárias e artísticas no sentido do Artigo 2.1 da Convenção de Berna sobre a Proteção de Obras Literárias e Artísticas, em forma de texto, notação e/ou ilustrações conexas, que tenham sido publicadas ou tornadas disponíveis publicamente por qualquer meio(*).

b) "exemplar em formato acessível" significa a reprodução de uma obra de uma maneira ou forma alternativa que dê aos beneficiários acesso à obra, inclusive para permitir que a pessoa tenha acesso de maneira tão prática e cômoda como uma pessoa sem deficiência visual ou sem outras dificuldades para ter acesso ao texto impresso. O exemplar em formato acessível é utilizado exclusivamente por beneficiários e deve respeitar a integridade da obra original, levando em devida consideração as alterações necessárias para tornar a obra acessível no formato alternativo e as necessidades de acessibilidade dos beneficiários.

c) "entidade autorizada" significa uma entidade que é autorizada ou reconhecida pelo governo para prover aos beneficiários, sem intuito de lucro, educação, formação pedagógica, leitura adaptada ou acesso à informação. Inclui, também, instituição governamental ou organização sem fins lucrativos que preste os mesmos serviços aos beneficiários como uma de suas atividades principais ou obrigações institucionais(**).

A entidade autorizada estabelecerá suas próprias práticas e as aplicará:

i) para determinar que as pessoas a que serve são beneficiárias;

ii) para limitar aos beneficiários e/ou às entidades autorizadas a distribuição e colocação à disposição de exemplares em formato acessível;

iii) para desencorajar a reprodução, distribuição e colocação à disposição de exemplares não autorizados; e

iv) para exercer o devido cuidado no uso dos exemplares das obras e manter os registros deste uso, respeitando a privacidade dos beneficiários em conformidade com o Artigo 8.º.

Artigo 3.º

Beneficiários

Será beneficiário toda pessoa:

a) cega;

b) que tenha deficiência visual ou outra deficiência de percepção ou de leitura que não possa ser corrigida para se obter uma acuidade visual substancialmente equivalente à de uma pessoa que não tenha esse tipo de deficiência ou dificuldade, e para quem é impossível ler material impresso de uma forma substancialmente equivalente à de uma pessoa sem deficiência ou dificuldade; ou(***)

c) que esteja, impossibilitada, de qualquer outra maneira, devido a uma deficiência física, de sustentar ou manipular um livro ou focar ou mover os olhos da forma que normalmente seria apropriado para a leitura;

Independentemente de quaisquer outras deficiências.

Artigo 4.º

Limitações e Exceções na Legislação Nacional sobre Exemplares em Formato Acessível

1.(a) As Partes Contratantes estabelecerão na sua legislação nacional de direito de autor uma limitação ou exceção aos direitos de reprodução, de distribuição, bem como de colocação à disposição do público, tal como definido no Tratado da OMPI sobre Direito de Autor, para facilitar a disponibilidade de obras em formatos acessíveis aos beneficiários. A limitação ou exceção prevista na legislação nacional deve permitir as alterações necessárias para tornar a obra acessível em formato alternativo.

(b) As Partes Contratantes podem também estabelecer uma exceção ao direito de representação ou execução pública para facilitar o acesso a obras para beneficiários.

2. Uma Parte Contratante poderá cumprir o disposto no Artigo 4(1) para todos os direitos nele previstos, mediante o estabelecimento de uma limitação ou exceção em sua legislação nacional de direitos de autor de tal forma que:

(a) Seja permitido às entidades autorizadas, sem a autorização do titular dos direitos de autor, produzir um exemplar em formato acessível de uma obra obter de outra entidade autorizada uma obra em formato acessível e fornecer tais exemplares para o beneficiário, por qualquer meio, inclusive por empréstimo não comercial ou mediante comunicação eletrônica por fio ou sem fio; e realizar todas as medidas intermediárias para atingir esses objetivos, quando todas as seguintes condições forem atendidas:

(i) a entidade autorizada que pretenda realizar tal atividade tenha acesso legal à obra ou a um exemplar da obra;

(ii) a obra seja convertida para um exemplar em formato acessível, o que pode incluir quaisquer meios necessários para consultar a informação nesse formato, mas não a introdução de outras mudanças que não as necessárias para tornar a obra acessível aos beneficiários;

(*) Declaração acordada relativa ao Artigo 2.º(a): Para os efeitos do presente Tratado, fica entendido que nesta definição se encontram compreendidas as obras em formato áudio, como os audiolivros.

(**) Declaração acordada relativa ao Artigo 2.º(c): Para os efeitos do presente Tratado, fica entendido que "entidades reconhecidas pelo governo" poderá incluir entidades que recebam apoio financeiro do governo para fornecer aos beneficiários, sem fins lucrativos, educação, formação pedagógica, leitura adaptada ou acesso à informação.

(***) Declaração acordada relativa ao Artigo 3.º(b): Nada nessa linguagem implica que "não pode ser corrigida" requer o uso de todos os procedimentos de diagnóstico e tratamentos médicos possíveis.

(iii) os exemplares da obra no formato acessível sejam fornecidos exclusivamente para serem utilizados por beneficiários; e

(iv) a atividade seja realizada sem fins lucrativos; e

(b) Um beneficiário, ou alguém agindo em seu nome, incluindo a pessoa principal que cuida do beneficiário ou se ocupe de seu cuidado, poderá produzir um exemplar em formato acessível de uma obra para o uso pessoal do beneficiário ou de outra forma poderá ajudar o beneficiário a produzir e utilizar exemplares em formato acessível, quando o beneficiário tenha acesso legal a essa obra ou a um exemplar dessa obra.

3. Uma Parte Contratante poderá cumprir o disposto no Artigo 4(1) estabelecendo outras limitações ou exceções em sua legislação nacional de direito de autor nos termos dos Artigos 10 e 11(*).

4. Uma Parte Contratante poderá restringir as limitações ou exceções nos termos deste Artigo às obras que, no formato acessível em questão, não possam ser obtidas comercialmente sob condições razoáveis para os beneficiários naquele mercado. Qualquer Parte Contratante que exercer essa faculdade deverá declará-la em uma notificação depositada junto ao Diretor-Geral da OMPI no momento da ratificação, aceitação ou adesão a esse Tratado ou em qualquer momento posterior(**).

5. Caberá à lei nacional determinar se as exceções ou limitações a que se refere o presente artigo estão sujeitas à remuneração.

Artigo 5.º

Intercâmbio Transfronteiriço de Exemplares em Formato Acessível

1. As Partes Contratantes estabelecerão que, se um exemplar em formato acessível de uma obra é produzido ao amparo de uma limitação ou exceção ou de outros meios legais, este exemplar em formato acessível poderá ser distribuído ou colocado à disposição por uma entidade autorizada a um beneficiário ou a uma entidade autorizada em outra Parte Contratante(***).

2. Uma Parte Contratante poderá cumprir o disposto no Artigo 5(1) instituindo uma limitação ou exceção em sua legislação nacional de direito de autor de tal forma que:

(a) será permitido às entidades autorizadas, sem a autorização do titular do direito, distribuir ou colocar à disposição para o uso exclusivo dos beneficiários exemplares em formato acessível a uma entidade autorizada em outra Parte Contratante; e

(b) será permitido às entidades autorizadas, sem a autorização do titular do direito e em conformidade com o disposto no Artigo 2.º(c), distribuir ou colocar à disposição exemplares em formato acessível a um beneficiário em outra Parte Contratante; desde que antes da distribuição ou colocação à disposição, a entidade autorizada originária não saiba ou tenha motivos razoáveis para saber que o exemplar em formato acessível seria utilizado por outras pessoas que não os beneficiários(****).

3. Uma Parte Contratante poderá cumprir o disposto no Artigo 5(1) instituindo outras limitações ou exceções em sua legislação nacional de direito de autor nos termos do Artigo 5(4), 10 e 11.

4.(a) Quando uma entidade autorizada em uma Parte Contratante receber um exemplar em formato acessível nos termos do artigo 5(1) e essa Parte Contratante não tiver as obrigações decorrentes do Artigo 9 da Convenção de Berna, a Parte Contratante garantirá, de acordo com suas práticas e seu sistema jurídico, que os exemplares em formato acessível serão reproduzidos, distribuídos ou colocados à disposição apenas para o proveito dos beneficiários na jurisdição dessa Parte Contratante.

(b) A distribuição e a colocação à disposição de exemplares em formato acessível por uma entidade autorizada nos termos do Artigo 5(1) deverá ser limitada a essa jurisdição, salvo se a Parte Contratante for parte do Tratado da OMPI sobre Direito de Autor ou de outra forma limitar as exceções e limitações ao direito de distribuição e ao direito de colocação à disposição do público que implementam esse Tratado a determinados casos especiais, que não conflitem com a exploração normal da obra e não prejudiquem injustificadamente os interesses legítimos do titular do direito(*****) e (******).

(c) Nada neste Artigo afeta a determinação do que constitui um ato de distribuição ou um ato de colocação à disposição do público.

5. Nada neste Tratado será utilizado para tratar da questão da exaustão de direitos.

Artigo 6.º

Importação de Exemplares em Formato Acessível

Na medida em que a legislação nacional de uma Parte Contratante permita que um beneficiário, alguém agindo em seu nome, ou uma entidade autorizada produza um exemplar em formato acessível de uma obra, a legislação nacional dessa Parte Contratante permitirá, também, que eles possam importar um exemplar em formato acessível para o proveito dos beneficiários, sem a autorização do titular do direito(*******).

Artigo 7.º

Obrigações Relativas a Medidas Tecnológicas

As Partes Contratantes adotarão medidas adequadas que sejam necessárias, para assegurar que, quando estabeleçam proteção legal adequada e recursos jurídicos efetivos contra a neutralização de medidas tecnológicas efetivas, essa proteção legal não impeça que os beneficiários desfrutem das limitações e exceções previstas neste Tratado(********).

(*) Declaração acordada relativa ao Artigo 4.º(3): Fica entendido que este parágrafo não reduz nem estende o âmbito de aplicação das limitações e exceções permitidas pela Convenção de Berna no que diz respeito ao direito de tradução, com referência a pessoas com deficiência visual ou com outras dificuldades para ter acesso ao texto impresso.

(**) Declaração acordada relativa ao Artigo 4.º(4): Fica entendido que o requisito da disponibilidade comercial não prejulga se a limitação ou exceção nos termos deste artigo é ou não consistente com o teste dos três passos.

(***) Declaração acordada relativa ao Artigo 5.º(1): Fica entendido ainda que nada neste Tratado reduz ou estende o âmbito de direitos exclusivos sob qualquer outro Tratado.

(****) Declaração acordada relativa ao Artigo 5.º(2): Fica entendido que, para distribuir ou colocar à disposição exemplares em formato acessível diretamente a beneficiários em outra Parte Contratante, pode ser apropriado para uma entidade autorizada aplicar medidas adicionais para confirmar que a pessoa que ela está servindo é uma pessoa beneficiária e para seguir suas práticas conforme o Artigo 2.º(c).

(*****) Declaração acordada relativa ao Artigo 5.º(4)(b): Fica entendido que nada neste Tratado requer ou implica que uma Parte Contratante adote ou aplique o teste dos três passos além de suas obrigações decorrentes deste instrumento ou de outros tratados internacionais.

(******) Declaração acordada relativa ao Artigo 5.º(4)(b): Fica entendido que nada neste Tratado cria quaisquer obrigações para uma Parte Contratante ratificar ou aceder ao Tratado da OMPI sobre Direito de Autor (WCT) ou de cumprir quaisquer de seus dispositivos e nada neste Tratado prejudica quaisquer direitos, limitações ou exceções contidos no Tratado da OMPI sobre Direito de Autor (WCT).

(*******) Declaração acordada relativa ao Artigo 6.º: Fica entendido que as Partes Contratantes têm as mesmas flexibilidades previstas no Artigo 4.º na implementação de suas obrigações decorrentes do Artigo 6.º.

(********) Declaração acordada relativa ao Artigo 7.º: Fica entendido que as entidades autorizadas, em diversas circunstâncias, optam por aplicar medidas tecnológicas na produção, distribuição e colocação à disposição de exemplares em formato acessível e que nada aqui afeta tais práticas, quando estiverem em conformidade com a legislação nacional.

Artigo 8.º

Respeito à Privacidade

Na implementação das limitações e exceções previstas neste Tratado, as Partes Contratantes empenhar-se-ão para proteger a privacidade dos beneficiários em condições de igualdade com as demais pessoas.

Artigo 9.º

Cooperação para Facilitar o Intercâmbio Transfronteiriço

1. As Partes Contratantes envidarão esforços para promover o intercâmbio transfronteiriço de exemplares em formato acessível incentivando o compartilhamento voluntário de informações para auxiliar as entidades autorizadas a se identificarem. O Escritório Internacional da OMPI estabelecerá um ponto de acesso à informação para essa finalidade.

2. As Partes Contratantes comprometem-se a auxiliar suas entidades autorizadas envolvidas em atividades nos termos do Artigo 5.º a disponibilizarem informações sobre suas práticas conforme o Artigo 2.º(c), tanto pelo compartilhamento de informações entre entidades autorizadas como pela disponibilização de informações sobre as suas políticas e práticas, inclusive as relacionadas com o intercâmbio transfronteiriço de exemplares em formato acessível, às partes interessadas e membros do público, conforme apropriado.

3. O Escritório Internacional da OMPI é convidado a compartilhar informações, quando disponíveis, sobre o funcionamento do presente Tratado.

4. As Partes Contratantes reconhecem a importância da cooperação internacional e de sua promoção em apoio aos esforços nacionais para a realização do propósito e dos objetivos deste Tratado(*).

Artigo 10

Princípios Gerais sobre Implementação

1. As Partes Contratantes comprometem-se a adotar as medidas necessárias para garantir a aplicação do presente Tratado.

2. Nada impedirá que as Partes Contratantes determinem a forma mais adequada de implementar as disposições do presente Tratado no âmbito de seus ordenamentos jurídicos e práticas legais(**).

3. As Partes Contratantes poderão exercer os seus direitos e cumprir com as obrigações previstas neste Tratado por meio de limitações ou exceções específicas em favor dos beneficiários, outras exceções ou limitações, ou uma combinação de ambas no âmbito de seus ordenamentos jurídicos e práticas legais nacionais. Estas poderão incluir decisões judiciais, administrativas ou regulatórias em favor dos beneficiários, relativa a práticas, atos ou usos justos que permitam satisfazer as suas necessidades, em conformidade com os direitos e obrigações que as Partes Contratantes tenham em virtude da Convenção de Berna, de outros tratados internacionais e do Artigo 11.

Artigo 11

Obrigações Gerais sobre Limitações e Exceções

Ao adotar as medidas necessárias para assegurar a aplicação do presente Tratado, uma Parte Contratante poderá exercer os direitos e deverá cumprir com as obrigações que essa Parte Contratante tenha no âmbito da Convenção de Berna, do Acordo Relativo aos Aspectos do Direito da Propriedade Intelectual Relacionados com o Comércio e do Tratado da OMPI sobre Direito de Autor, incluindo os acordos interpretativos dos mesmos, de modo que:

(a) em conformidade com o Artigo 9(2) da Convenção de Berna, a Parte Contratante pode permitir a reprodução de obras em certos casos especiais, contanto que tal reprodução não afete a exploração normal da obra nem cause prejuízo injustificado aos interesses legítimos do autor;

(b) em conformidade com o Artigo 13 do Acordo Relativo aos Aspectos do Direito da Propriedade Intelectual Relacionados com o Comércio, a Parte Contratante deverá restringir as limitações ou exceções aos direitos exclusivos a determinados casos especiais, que não conflitem com a exploração normal da obra e não prejudiquem injustificadamente os interesses legítimos do titular do direito;

(c) em conformidade com o Artigo 10(1) do Tratado da OMPI sobre Direito de Autor, a Parte Contratante pode prever limitações ou exceções aos direitos concedidos aos autores no âmbito do Tratado da OMPI sobre Direito de Autor em certos casos especiais, que não conflitem com a exploração normal da obra e não prejudiquem os interesses legítimos do autor;

(d) em conformidade com o Artigo 10(2) do Tratado da OMPI sobre Direito de Autor, a Parte Contratante deve restringir, ao aplicar a Convenção de Berna, qualquer limitação ou exceção aos direitos a determinados casos especiais que não conflitem com a exploração normal da obra e não prejudiquem injustificadamente os interesses legítimos do autor.

Artigo 12

Outras Limitações e Exceções

1. As Partes Contratantes reconhecem que uma Parte Contratante pode implementar em sua legislação nacional outras limitações e exceções ao direito de autor para o proveito dos beneficiários além das previstas por este Tratado, tendo em vista a situação econômica dessa Parte Contratante e suas necessidades sociais e culturais, em conformidade com os direitos e obrigações internacionais dessa Parte Contratante, e, no caso de um país de menor desenvolvimento relativo, levando em consideração suas necessidades especiais, seus direitos e obrigações internacionais particulares e as flexibilidades derivadas destes últimos.

2. Este Tratado não prejudica outras limitações e exceções para pessoas com deficiência previstas pela legislação nacional.

Artigo 13

Assembleia

1.(a) As Partes Contratantes terão uma Assembleia.

(b) Cada Parte Contratante será representada na Assembleia por um delegado, que poderá ser assistido por suplentes, assessores ou especialistas.

(c) Os gastos de cada delegação serão custeados pela Parte Contratante que tenha designado a delegação. A Assembleia pode pedir à OMPI que conceda assistência financeira para facilitar a participação de delegações de Partes Contratantes consideradas países em desenvolvimento, em conformidade com a prática estabelecida pela Assembleia Geral das Nações Unidas, ou que sejam países em transição para uma economia de mercado.

2.(a) A Assembleia tratará as questões relativas à manutenção e desenvolvimento deste Tratado e da aplicação e operação deste Tratado.

(b) A Assembleia realizará a função a ela atribuída pelo Artigo 15 no que diz respeito à admissão de certas organizações intergovernamentais como Parte do presente Tratado.

(c) A Assembleia decidirá a convocação de qualquer conferência diplomática para a re-

(*) Declaração acordada relativa ao Artigo 9.º: Fica entendido que o Artigo 9.º não implica um registro obrigatório para as entidades autorizadas nem constitui uma condição prévia para que as entidades autorizadas exerçam atividades reconhecidas pelo presente Tratado; confere, contudo, a possibilidade de compartilhamento de informações para facilitar o intercâmbio transfronteiriço de exemplares em formato acessível.

(**) Declaração acordada relativa ao Artigo 10(2): Fica entendido que quando uma obra se qualifica como uma obra nos termos do Artigo 2.º(a), incluindo as obras em formato de áudio, as limitações e as exceções previstas pelo presente Tratado se aplicam *mutatis mutandis* aos direitos conexos, conforme necessário para fazer o exemplar em formato acessível, para distribuí-lo e para colocá-lo à disposição dos beneficiários.

visão deste Tratado e dará as instruções necessárias ao Diretor-Geral da OMPI para a preparação de tal conferência diplomática.

3.(a) Cada Parte Contratante que seja um Estado terá um voto e votará apenas em seu próprio nome.

(b) Toda Parte Contratante que seja uma organização intergovernamental poderá participar na votação, no lugar de seus Estados Membros, com um número de votos igual ao número de seus Estados Membros que sejam parte deste Tratado. Nenhuma dessas organizações intergovernamentais poderá participar na votação se qualquer um de seus Estados Membros exercer seu direito ao voto e vice-versa.

4. A Assembleia se reunirá mediante convocação do Diretor- Geral e, na ausência de circunstâncias excepcionais, durante o mesmo período e no mesmo local que a Assembleia Geral da OMPI.

5. A Assembleia procurará tomar as suas decisões por consenso e estabelecerá suas próprias regras de procedimento, incluindo a convocação de sessões extraordinárias, os requisitos de quórum e, sujeita às disposições do presente Tratado, a maioria exigida para os diversos tipos de decisões.

Artigo 14
Escritório Internacional

O Escritório Internacional da OMPI executará as tarefas administrativas relativas a este Tratado.

Artigo 15
Condições para se Tornar Parte do Tratado

(1) Qualquer Estado Membro da OMPI poderá se tornar parte deste Tratado.

(2) A Assembleia poderá decidir a admissão de qualquer organização intergovernamental para ser parte do Tratado que declare ter competência e ter sua própria legislação vinculante para todos seus Estados Membros sobre os temas contemplados neste Tratado e que tenha sido devidamente autorizada, em conformidade com seus procedimentos internos, a se tornar parte deste Tratado.

(3) A União Europeia, tendo feito a declaração mencionada no parágrafo anterior na Conferência Diplomática que adotou este Tratado, poderá se tornar parte deste Tratado.

Artigo 16
Direitos e Obrigações do Tratado

Salvo qualquer dispositivo específico em contrário neste Tratado, cada Parte Contratante gozará de todos os direitos e assumirá todas as obrigações decorrentes deste Tratado.

Artigo 17
Assinatura do Tratado

Este Tratado ficará aberto para assinatura na Conferência Diplomática de Marraqueche, e, depois disso, na sede da OMPI, por qualquer parte que reúna as condições para tal fim, durante um ano após sua adoção.

Artigo 18
Entrada em Vigor do Tratado

Este Tratado entrará em vigor três meses após 20 partes que reúnam as condições referidas no Artigo 15 tenham depositado seus instrumentos de ratificação ou adesão.

Artigo 19
Data da Produção de Efeitos das Obrigações do Tratado

O presente Tratado produzirá efeitos:

(a) para as 20 Partes referidas no Artigo 18, a partir da data de entrada em vigor do Tratado;

(b) para qualquer outra Parte referida no Artigo 15, a partir do término do prazo de três meses contados da data em que tenha sido feito o depósito do instrumento de ratificação ou adesão junto ao Diretor- Geral da OMPI;

Artigo 20
Denúncia do Tratado

Qualquer Parte Contratante poderá denunciar o presente Tratado mediante notificação dirigida ao Diretor-Geral da OMPI. A denúncia produzirá efeitos após um ano da data em que o Diretor-Geral da OMPI tenha recebido a notificação.

Artigo 21
Línguas do Tratado

(1) O presente tratado é assinado em um único exemplar original nas línguas inglesa, árabe, chinesa, francesa, russa e espanhola, sendo todas elas igualmente autênticas.

(2) A pedido de uma parte interessada, o Diretor-Geral da OMPI estabelecerá um texto oficial em qualquer outra língua não referida no Artigo 21(1), após consulta com todas as partes interessadas. Para efeitos do disposto neste parágrafo, por "parte interessada" se entende qualquer Estado Membro da OMPI cuja língua oficial, ou uma das línguas oficiais, esteja implicada e a União Europeia, bem como qualquer outra organização intergovernamental que possa se tornar Parte do presente Tratado, se estiver implicada uma de suas línguas oficiais.

Artigo 22
Depositário

O Diretor-Geral da OMPI é o depositário do presente Tratado.

Feito em Marraqueche, no dia 27 de Junho de 2013.

LEI N. 13.726, DE 8 DE OUTUBRO DE 2018 (*)

Racionaliza atos e procedimentos administrativos dos Poderes da União, dos Estados, do Distrito Federal e dos Municípios e institui o Selo de Desburocratização e Simplificação.

O Presidente da República

Faço saber que o Congresso Nacional decreta e eu sanciono a seguinte Lei:

Art. 1.º Esta Lei racionaliza atos e procedimentos administrativos dos Poderes da União, dos Estados, do Distrito Federal e dos Municípios mediante a supressão ou a simplificação de formalidades ou exigências desnecessárias ou superpostas, cujo custo econômico ou social, tanto para o erário como para o cidadão, seja superior ao eventual risco de fraude, e institui o Selo de Desburocratização e Simplificação.

Art. 2.º (*Vetado.*)

Art. 3.º Na relação dos órgãos e entidades dos Poderes da União, dos Estados, do Distrito Federal e dos Municípios com o cidadão, é dispensada a exigência de:

I – reconhecimento de firma, devendo o agente administrativo, confrontando a assinatura com aquela constante do documento de identidade do signatário, ou estando este presente e assinando o documento diante do agente, lavrar sua autenticidade no próprio documento;

II – autenticação de cópia de documento, cabendo ao agente administrativo, mediante a comparação entre o original e a cópia, atestar a autenticidade;

III – juntada de documento pessoal do usuário, que poderá ser substituído por cópia autenticada pelo próprio agente administrativo;

IV – apresentação de certidão de nascimento, que poderá ser substituída por cédula de identidade, título de eleitor, identidade expedida por conselho regional de fiscalização profissional, carteira de trabalho, certificado de prestação ou de isenção do serviço militar, passaporte ou identidade funcional expedida por órgão público;

V – apresentação de título de eleitor, exceto para votar ou para registrar candidatura;

VI – apresentação de autorização com firma reconhecida para viagem de menor se os pais estiverem presentes no embarque.

§ 1.º É vedada a exigência de prova relativa a fato que já houver sido comprovado pela apresentação de outro documento válido.

§ 2.º Quando, por motivo não imputável ao solicitante, não for possível obter diretamente do órgão ou entidade responsável documento comprobatório de regularidade, os fatos poderão ser comprovados mediante declaração escrita e assinada pelo cidadão, que, em caso de declaração falsa, ficará sujeito às sanções administrativas, civis e penais aplicáveis.

§ 3.º Os órgãos e entidades integrantes de Poder da União, de Estado, do Distrito Federal ou de Município não poderão exigir do

(*) Publicada no *Diário Oficial da União*, de 9-10-2018.

cidadão a apresentação de certidão ou documento expedido por outro órgão ou entidade do mesmo Poder, ressalvadas as seguintes hipóteses:

I – certidão de antecedentes criminais;

II – informações sobre pessoa jurídica;

III – outras expressamente previstas em lei.

Art. 4.º (*Vetado.*)

Art. 5.º Os Poderes da União, dos Estados, do Distrito Federal e dos Municípios poderão criar grupos setoriais de trabalho com os seguintes objetivos:

I – identificar, nas respectivas áreas, dispositivos legais ou regulamentares que prevejam exigências descabidas ou exageradas ou procedimentos desnecessários ou redundantes;

II – sugerir medidas legais ou regulamentares que visem a eliminar o excesso de burocracia.

Art. 6.º Ressalvados os casos que impliquem imposição de deveres, ônus, sanções ou restrições ao exercício de direitos e atividades, a comunicação entre o Poder Público e o cidadão poderá ser feita por qualquer meio, inclusive comunicação verbal, direta ou telefônica, e correio eletrônico, devendo a circunstância ser registrada quando necessário.

Art. 7.º É instituído o Selo de Desburocratização e Simplificação, destinado a reconhecer e a estimular projetos, programas e práticas que simplifiquem o funcionamento da administração pública e melhorem o atendimento aos usuários dos serviços públicos.

Parágrafo único. O Selo será concedido na forma de regulamento por comissão formada por representantes da Administração Pública e da sociedade civil, observados os seguintes critérios:

I – a racionalização de processos e procedimentos administrativos;

II – a eliminação de formalidades desnecessárias ou desproporcionais para as finalidades almejadas;

III – os ganhos sociais oriundos da medida de desburocratização;

IV – a redução do tempo de espera no atendimento dos serviços públicos;

V – a adoção de soluções tecnológicas ou organizacionais que possam ser replicadas em outras esferas da administração pública.

Art. 8.º A participação do servidor no desenvolvimento e na execução de projetos e programas que resultem na desburocratização do serviço público será registrada em seus assentamentos funcionais.

Art. 9.º Os órgãos ou entidades estatais que receberem o Selo de Desburocratização e Simplificação serão inscritos em Cadastro Nacional de Desburocratização.

Parágrafo único. Serão premiados, anualmente, 2 (dois) órgãos ou entidades, em cada unidade federativa, selecionados com base nos critérios estabelecidos por esta Lei.

Art. 10. (*Vetado.*)

Brasília, 8 de outubro de 2018; 197.º da Independência e 130.º da República.

MICHEL TEMER

DECRETO N. 9.589, DE 29 DE NOVEMBRO DE 2018 (*)

Dispõe sobre os procedimentos e os critérios aplicáveis ao processo de liquidação de empresas estatais federais controladas diretamente pela União.

O Presidente da República, no uso das atribuições que lhe confere o art. 84, *caput*, incisos IV e VI, alínea *a*, da Constituição, e tendo em vista o disposto no art. 178 do Decreto-Lei n. 200, de 25 de fevereiro de 1967, no art. 4.º, *caput*, inciso V, no art. 6.º, *caput*, inciso I e no art. 24 da Lei n. 9.491, de 9 de setembro de 1997, no art. 7.º, *caput*, inciso V, alínea *c*, da Lei n. 13.334, de 13 de setembro de 2016, e nos art. 21 e art. 23 da Lei n. 8.029, de 12 de abril de 1990, decreta:

CAPÍTULO I
DA INCLUSÃO NO PROGRAMA NACIONAL DE DESESTATIZAÇÃO

> Programa Nacional de Desestatização: *Vide* Lei n. 9.491, de 9-9-1997.

Art. 1.º Compete ao Ministério da Economia e ao Ministério ao qual esteja vinculada a estatal propor ao Conselho do Programa de Parcerias de Investimentos da Presidência da República – CPPI a inclusão de empresas estatais federais controladas diretamente pela União no Programa Nacional de Desestatização – PND, com vistas à sua dissolução.

>> *Caput* com redação determinada pelo Decreto n. 10.549, de 23-11-2020.

§ 1.º A proposição de que trata o *caput* será acompanhada dos estudos que a embasaram e da justificativa da dissolução ser a melhor alternativa.

§ 2.º A Resolução do CPPI que deliberar sobre a proposta de que trata o *caput* será aprovada em conjunto pelo Ministro de Estado da Economia e pelo titular do órgão ao qual a estatal esteja vinculada.

>> § 2.º com redação determinada pelo Decreto n. 10.549, de 23-11-2020.

§ 3.º A inclusão da empresa no PND será aprovada em ato do Presidente da República.

Art. 2.º Caberá ao Ministério da Economia o acompanhamento e a adoção das medidas necessárias à efetivação da liquidação das empresas, nos termos do disposto no § 2.º do art. 4.º da Lei n. 9.491, de 9 de setembro de 1997, e observadas as disposições da Lei n. 8.029, de 12 de abril de 1990, e da Lei n. 6.404, de 15 de dezembro de 1976.

>> Artigo com redação determinada pelo Decreto n. 10.549, de 23-11-2020.

>> A Lei n. 8.029, de 12-4-1990, dispõe sobre a extinção e dissolução de entidades da Administração Pública Federal e dá outras providências.

CAPÍTULO II
DO PROCESSO DE LIQUIDAÇÃO

Art. 3.º A Procuradoria-Geral da Fazenda Nacional convocará assembleia geral no prazo de oito dias, contado da data de publicação da Resolução do CPPI que estabelecer a dissolução da empresa, respeitadas as especificidades de cada estatuto, com as seguintes finalidades:

>> *Caput* com redação determinada pelo Decreto n. 10.549, de 23-11-2020.

I – nomear o liquidante indicado pelo Ministro de Estado da Economia;

>> Inciso I com redação determinada pelo Decreto n. 10.549, de 23-11-2020.

II – fixar o valor total da remuneração mensal do liquidante, equivalente à remuneração mensal do cargo de presidente da empresa;

III – declarar extintos os prazos de gestão e de atuação, com a consequente extinção da investidura dos membros da Diretoria-Executiva e dos Conselhos de Administração e Fiscal da empresa, sem prejuízo da responsabilidade pelos respectivos atos de gestão e de fiscalização;

IV – nomear os membros do Conselho Fiscal que funcionará durante a liquidação, composto por representantes titulares e suplentes:

>> Inciso IV com redação determinada pelo Decreto n. 10.549, de 23-11-2020.

a) **dois do Ministério da Economia, sendo um indicado pela Secretaria do Tesouro Nacional da Secretaria Especial de Fazenda; e**

>> Alínea *a* com redação determinada pelo Decreto n. 10.549, de 23-11-2020.

b) **um do Ministério ao qual a estatal esteja vinculada, na hipótese da vaga não ser destinada a representante de outra categoria de acionistas, nos termos do disposto no art. 240 da Lei n. 6.404, de 1976;**

>> Alínea *b* com redação determinada pelo Decreto n. 10.549, de 23-11-2020.

c) **(*Revogada pelo Decreto n. 10.549, de 23-11-2020.*)**

V – fixar o valor da remuneração mensal dos membros do Conselho Fiscal, limitado a dez por cento do valor definido para a remuneração do liquidante, nos termos do disposto no inciso II do *caput*, observado o disposto na Lei n. 9.292, de 12 de julho de 1996; e

(*) Publicado no *Diário Oficial da União*, de 30-11-2018.

VI – fixar o prazo para a conclusão do processo de liquidação.

§ 1.º A convocação de que trata o *caput* será feita:

I – na hipótese de se tratar de sociedade de economia mista, por meio de publicação de edital, que conterá o local, a data, a hora e a ordem do dia, no *Diário Oficial da União* e em jornal de grande circulação na localidade em que a empresa tenha a sede, observado o disposto nos art. 124 e art. 289 da Lei n. 6.404, de 1976; ou

II – na hipótese de se tratar de empresa pública, por meio de comunicação encaminhada pela Procuradoria-Geral da Fazenda Nacional aos acionistas.

§ 2.º O prazo de liquidação estabelecido na forma do inciso VI do *caput* poderá ser prorrogado por deliberação da assembleia geral, por meio de manifestação do Ministério da Economia, observado o disposto no § 4.º do art. 10.

>> § 2.º com redação determinada pelo Decreto n. 10.549, de 23-11-2020.

Art. 4.º As despesas decorrentes do processo de liquidação correrão à conta da empresa em liquidação, incluída a despesa referente à publicação do edital de convocação da assembleia geral de que trata o inciso I do § 1.º do art. 3.º.

Art. 5.º O liquidante utilizará a razão social da companhia seguida da expressão "em liquidação" nos atos e nas operações.

Art. 6.º O pagamento do passivo da empresa em liquidação observará o disposto no art. 21 da Lei n. 8.029, de 1990, e no art. 214 da Lei n. 6.404, de 1976.

Art. 7.º A assembleia geral de acionistas da empresa em liquidação será realizada semestralmente para a prestação de contas do liquidante.

Capítulo III
DAS ATRIBUIÇÕES DO LIQUIDANTE

Art. 8.º Compete ao liquidante, além das atribuições previstas na Lei n. 6.404, de 1976, e na legislação:

> A Lei n. 6.404, de 15-12-1976, dispõe sobre as sociedades anônimas.

I – apresentar o plano de trabalho da liquidação ao Ministério da Economia, no prazo de trinta dias, contado da data de sua nomeação, que conterá:

>> Inciso I com redação determinada pelo Decreto n. 10.549, de 23-11-2020.

a) o cronograma de atividades da liquidação;

b) o prazo de execução; e

c) a previsão de recursos financeiros e orçamentários para a realização das atividades previstas;

II – constituir equipe para assessorá-lo no desempenho de suas atribuições, por meio da contratação de profissionais que detenham conhecimentos específicos necessários à liquidação, após autorização do Ministério da Economia;

>> Inciso II com redação determinada pelo Decreto n. 10.549, de 23-11-2020.

III – rescindir os contratos de trabalho dos empregados da sociedade em liquidação, com a quitação imediata dos direitos correspondentes, observado o disposto no inciso VI do *caput* do art. 10;

>> Inciso III com redação determinada pelo Decreto n. 10.549, de 23-11-2020.

IV – elaborar e encaminhar à Advocacia-Geral da União, por meio do Ministério ao qual a estatal esteja vinculada, o inventário das ações judiciais nas quais a empresa seja autora, ré, assistente, opoente ou terceira interessada e dos processos extrajudiciais que envolvam a empresa, para fins de representação da União, na condição de sucessora da empresa em seus direitos e obrigações, na forma do disposto no inciso I do *caput* do art. 12;

>> Inciso IV com redação determinada pelo Decreto n. 10.549, de 23-11-2020.

V – organizar e manter os arquivos e os acervos documentais da empresa em liquidação, incluídos aqueles relativos às ações judiciais e aos processos extrajudiciais, até a sua transferência ao Ministério ao qual a estatal esteja vinculada, na forma do disposto no inciso IV do *caput* do art. 12;

>> Inciso V com redação determinada pelo Decreto n. 10.549, de 23-11-2020.

VI – encaminhar à Advocacia-Geral da União as informações, os subsídios ou os documentos por ela solicitados, referentes às ações judiciais e aos processos extrajudiciais cujos arquivos e acervos documentais ainda não tenham sido transferidos ao Ministério ao qual a estatal esteja vinculada;

>> Inciso VI com redação determinada pelo Decreto n. 10.549, de 23-11-2020.

VII – apresentar ao Ministério da Economia o relatório de execução dos trabalhos, no mínimo, trimestralmente, ou quando solicitado;

>> Inciso VII com redação determinada pelo Decreto n. 10.549, de 23-11-2020.

VIII – divulgar e manter atualizadas, no sítio eletrônico da empresa, as informações necessárias ao acompanhamento do andamento do processo de liquidação pela sociedade, incluída a prestação de contas de que trata o art. 213 da Lei n. 6.404, de 1976, resguardadas as informações que tenham caráter sigiloso estabelecido por lei;

>> Inciso VIII com redação determinada pelo Decreto n. 10.549, de 23-11-2020.

IX – ultimar os negócios da empresa, realizar o ativo, pagar o passivo e submeter à assembleia geral de encerramento da liquidação a proposta de partilha de bens, de direitos e de obrigações remanescentes, a serem distribuídos entre os acionistas, na forma do plano de trabalho aprovado pela Secretaria de Coordenação e Governança das Empresas Estatais da Secretaria Especial de Desestatização, Desinvestimento e Mercados do Ministério da Economia; e

>> Inciso IX com redação determinada pelo Decreto n. 10.549, de 23-11-2020.

X – apresentar ao Ministério da Economia planilha com as estimativas dos custos necessários ao cumprimento do disposto no art. 13, que será submetida à aprovação da assembleia geral que dispuser sobre o encerramento da liquidação.

>> Inciso X acrescentado pelo Decreto n. 10.549, de 23-11-2020.

Parágrafo único. Na hipótese de prorrogação do prazo de liquidação da empresa, na forma do § 2.º do art. 3.º, o liquidante apresentará novo plano de trabalho no prazo de dez dias úteis, contado da data da assembleia geral que autorizar a alteração do prazo.

Capítulo IV
DAS ATRIBUIÇÕES DO MINISTÉRIO DA ECONOMIA

>> Capítulo IV com denominação determinada pelo Decreto n. 10.549, de 23-11-2020.

Art. 9.º Compete ao Ministério da Economia colocar à disposição do liquidante os recursos de dotações orçamentárias consignadas em lei, na hipótese de esgotamento dos recursos próprios da empresa em liquidação, com a finalidade de adimplir as despesas decorrentes do processo de liquidação, incluído o pagamento do pessoal responsável pelas atividades necessárias à liquidação, observada a responsabilidade de que trata o art. 4.º.

>> Artigo com redação determinada pelo Decreto n. 10.549, de 23-11-2020.

Art. 10. Compete à Secretaria de Coordenação e Governança das Empresas Estatais da Secretaria Especial de Desestatização, Desinvestimento e Mercados do Ministério da Economia, entre outras atribuições:

>> *Caput* com redação determinada pelo Decreto n. 10.549, de 23-11-2020.

I – acompanhar e adotar as medidas necessárias à efetivação da liquidação, nos termos do § 2.º do art. 4.º da Lei n. 9.491, de 1997, e da legislação;

II – indicar o liquidante, para nomeação pela assembleia geral, observados os requisitos, as vedações e os procedimentos aplicáveis à indicação de administradores, de que trata a Lei n. 13.303, de 30 de junho de 2016, e o Decreto n. 8.945, de 27 de dezembro de 2016, considerado o porte da empresa e dispensada a análise e a manifestação de seu Comitê de Elegibilidade;

>> Estatuto jurídico da empresa pública, da sociedade de economia mista e de suas subsidiárias: *vide* Lei n. 13.303, de 30-6-2016, regulamentada pelo Decreto n. 8.945, de 27-12-2016.

III – orientar o voto da União, nos termos do § 2.º do art. 27 do Decreto n. 8.945, de 2016, na deliberação da assembleia geral a respeito da remuneração do liquidante e dos membros do Conselho Fiscal, observado o disposto no § 2.º;

IV – manifestar-se sobre o plano de trabalho apresentado pelo liquidante e os pedidos de alteração, no prazo de trinta dias, contado da data de formalização do documento perante o Ministério da Economia;

>> Inciso IV com redação determinada pelo Decreto n. 10.549, de 23-11-2020.

V – autorizar o liquidante a contratar os profissionais da equipe de que trata o inciso II do *caput* do art. 8.º;

VI – autorizar o liquidante a manter os contratos de trabalho dos empregados estritamente necessários para o processo de liquidação, na forma do inciso III do *caput* do art. 8.º, limitado a cinco por cento do total de empregados lotados e em exercício na empresa na data de realização da assembleia geral de que trata o *caput* do art. 3.º;

VII – orientar o liquidante no cumprimento de suas atribuições;

VIII – acompanhar, trimestralmente, a execução do plano de trabalho aprovado nos termos do inciso IV, o cronograma de atividades da liquidação e, se for o caso, autorizar o pagamento da parcela variável de que trata o inciso II do § 2.º;

IX – acompanhar a execução orçamentária e financeira da empresa em liquidação, sem prejuízo do disposto no § 2.º do art. 21 da Lei n. 8.029, de 1990;

>> Inciso IX com redação determinada pelo Decreto n. 10.549, de 23-11-2020.

X – manifestar-se sobre os pedidos de prorrogação de prazo para o encerramento da liquidação da empresa, observado o disposto no § 4.º; e

>> Inciso X com redação determinada pelo Decreto n. 10.549, de 23-11-2020.

XI – manifestar-se sobre os atos e as despesas de responsabilidade do liquidante a serem realizados após a assembleia geral de encerramento da liquidação, junto aos respectivos órgãos públicos, e sobre o cancelamento da inscrição da empresa extinta nos registros competentes na forma do disposto no § 3.º do art. 51 da Lei n. 10.406, de 10 de janeiro de 2002 – Código Civil.

>> Inciso XI acrescentado pelo Decreto n. 10.549, de 23-11-2020.

§ 1.º Na hipótese de o plano de trabalho a que se refere o inciso IV do *caput* não ser aprovado, a Secretaria de Coordenação e Governança das Empresas Estatais da Secretaria Especial de Desestatização, Desinvestimento e Mercados do Ministério da Economia determinará a sua reformulação, informará as adequações necessárias e estabelecerá prazo para a reapresentação.

>> § 1.º com redação determinada pelo Decreto n. 10.549, de 23-11-2020.

§ 2.º A orientação de voto de que trata o inciso III do *caput* a respeito da remuneração do liquidante preverá duas parcelas:

I – uma parcela fixa; e

II – uma parcela variável, que corresponderá a, no mínimo, trinta por cento do valor total da remuneração e o seu pagamento estará condicionado ao cumprimento dos prazos e das atividades previstas no plano de trabalho.

§ 3.º A Secretaria de Coordenação e Governança das Empresas Estatais da Secretaria Especial de Desestatização, Desinvestimento e Mercados do Ministério da Economia, em casos excepcionais, poderá autorizar a manutenção de empregados em percentual superior ao estabelecido no inciso VI do *caput*, por meio de solicitação expressa e justificada do liquidante.

>> § 3.º com redação determinada pelo Decreto n. 10.549, de 23-11-2020.

§ 4.º Para fins de análise e manifestação a respeito de solicitações de prorrogação de prazo para o encerramento do processo de liquidação, nos termos do inciso X do *caput*, poderão ser consideradas:

I – eventuais suspensões do processo de liquidação, ainda que temporárias, por ordens judiciais;

II – a indisponibilidade de recursos orçamentários para o cumprimento das obrigações financeiras necessárias à liquidação; e

III – outras situações ou ocorrências que não estejam sob a governabilidade do liquidante e que justifiquem o pedido de prorrogação.

Capítulo V
DAS ATRIBUIÇÕES DO MINISTÉRIO AO QUAL A ESTATAL ESTEJA VINCULADA

>> Capítulo V com denominação determinada pelo Decreto n. 10.549, de 23-11-2020.

Art. 11. Compete ao Ministério ao qual a estatal esteja vinculada, entre outras atribuições definidas na legislação:

>> *Caput* com redação determinada pelo Decreto n. 10.549, de 23-11-2020.

I – prestar as informações necessárias ao processo de liquidação ao liquidante e ao Ministério da Economia sempre que solicitado;

>> Inciso I com redação determinada pelo Decreto n. 10.549, de 23-11-2020.

II – receber e manter os arquivos e os acervos documentais, incluídos aqueles relativos às ações judiciais e aos processos extrajudiciais nos quais a empresa em liquidação seja autora, ré, assistente, opoente ou terceira interessada; e

III – encaminhar à Advocacia-Geral da União as informações, os subsídios ou os documentos por ela solicitados referentes às ações judiciais e aos processos extrajudiciais cujos arquivos e acervos documentais estejam sob sua responsabilidade, para fins de representação da União, na condição de sucessora da empresa em seus direitos e obrigações.

Capítulo VI
DO ENCERRAMENTO DA LIQUIDAÇÃO

Art. 12. Declarada extinta ou dissolvida a empresa, por meio da assembleia geral de encerramento da liquidação, os bens, os direitos e as obrigações restantes serão sucedidos pela União, nos termos do disposto no art. 23 da Lei n. 8.029, de 1990, e caberá:

>> *Caput* com redação determinada pelo Decreto n. 10.549, de 23-11-2020.

I – à Advocacia-Geral da União, a representação nas ações judiciais nas quais a empresa em liquidação seja autora, ré, assistente, opoente ou terceira interessada e nos processos extrajudiciais, observado o disposto nos incisos IV e VI do *caput* do art. 8.º e no inciso III do *caput* do art. 11;

II – à Secretaria de Coordenação e Governança do Patrimônio da União da Secretaria Especial de Desestatização, Desinvestimento e Mercados do Ministério da Economia manter a documentação e as informações sobre os bens imóveis oriundos da empresa extinta transferidos à União;

>> Inciso II com redação determinada pelo Decreto n. 10.549, de 23-11-2020.

III – à Secretaria do Tesouro Nacional da Secretaria Especial de Fazenda do Ministério da Economia administrar os seguintes bens, direitos e obrigações da empresa extinta:

>> Inciso III, *caput*, com redação determinada pelo Decreto n. 10.549, de 23-11-2020.

a) as participações societárias minoritárias detidas em sociedade empresária;

***b)* os haveres financeiros e os créditos com instituições financeiras; e**

>> Alínea *b* com redação determinada pelo Decreto n. 10.549, de 23-11-2020.

c) as obrigações financeiras decorrentes exclusivamente de operações de crédito contraídas pela empresa extinta com instituições nacionais e internacionais, com vencimento após o encerramento do processo de liquidação; e

IV – ao Ministério ao qual a estatal estava vinculada administrar os seguintes bens, direitos e obrigações da empresa extinta:

>> Inciso IV, *caput*, com redação determinada pelo Decreto n. 10.549, de 23-11-2020.

a) os bens móveis remanescentes;

>> Alínea *a* acrescentada pelo Decreto n. 10.549, de 23-11-2020.

b) os haveres financeiros e os créditos perante terceiros, exceto aqueles de que trata a alínea *b* do inciso III; e

>> Alínea *b* acrescentada pelo Decreto n. 10.549, de 23-11-2020.

c) as obrigações financeiras e contratuais, exceto aquelas de que trata a alínea c do inciso III.

>> Alínea *c* acrescentada pelo Decreto n. 10.549, de 23-11-2020.

§ 1.º O Ministério ao qual a estatal estava vinculada manterá os arquivos e os acervos documentais, incluídos aqueles relativos às ações judiciais nas quais a empresa extinta fora autora, ré, assistente, opoente ou terceira interessada e aos processos extrajudiciais que a envolveram.

>> § 1.º acrescentado pelo Decreto n. 10.549, de 23-11-2020.

§ 2.º As transferências das obrigações de que tratam a alínea *c* do inciso III do *caput* e a alínea *c* do inciso IV do *caput* e dos haveres financeiros e dos créditos de que tratam a alínea *b* do inciso III do *caput* e a alínea *b* do inciso IV do *caput* serão acompanhadas dos seguintes documentos:

>> § 2.º, *caput*, acrescentado pelo Decreto n. 10.549, de 23-11-2020.

I – o quadro demonstrativo dos haveres financeiros, dos créditos e das obrigações inadimplidos e vincendos de responsabilidade da empresa, conforme o caso;

>> Inciso I acrescentado pelo Decreto n. 10.549, de 23-11-2020.

II – os instrumentos contratuais originais ou outros documentos comprobatórios, nos quais se estabeleçam de modo inequívoco os valores e as datas de posicionamento dos haveres financeiros, dos créditos e das obrigações;

>> Inciso II acrescentado pelo Decreto n. 10.549, de 23-11-2020.

III – a declaração expressa do liquidante em que reconheça a certeza, a liquidez e a exigibilidade dos montantes dos haveres, dos créditos e das obrigações, em especial quanto à inaplicabilidade da prescrição ou da decadência, previstas na Lei n. 10.406, de 2002 – Código Civil; e

>> Inciso III acrescentado pelo Decreto n. 10.549, de 23-11-2020.

IV – os outros documentos indispensáveis à confirmação da certeza, da liquidez e da exigibilidade dos haveres, dos créditos e das obrigações.

>> Inciso IV acrescentado pelo Decreto n. 10.549, de 23-11-2020.

§ 3.º A Secretaria do Tesouro Nacional da Secretaria Especial de Fazenda do Ministério da Economia e o Ministério ao qual a estatal estava vinculada poderão definir, no âmbito de suas competências, outros documentos, além da declaração de que trata o inciso III do § 2.º, necessários para garantir a certeza, a liquidez e a exigibilidade das obrigações, dos haveres e dos créditos.

>> § 3.º acrescentado pelo Decreto n. 10.549, de 23-11-2020.

Art. 13. Após o encerramento do processo de liquidação e de extinção da empresa, dentro do prazo estabelecido pela assembleia geral que dispuser sobre o encerramento da liquidação, o liquidante promoverá o cancelamento da inscrição da empresa extinta nos registros competentes e apresentará à Secretaria de Coordenação e Governança das Empresas Estatais da Secretaria Especial de Desestatização, Desinvestimento e Mercados do Ministério da Economia:

>> *Caput* com redação determinada pelo Decreto n. 10.549, de 23-11-2020.

I – o Relatório Circunstanciado de Pós-Liquidação com a prestação de contas das despesas incorridas e pagas; e

>> Inciso I acrescentado pelo Decreto n. 10.549, de 23-11-2020.

II – o comprovante de recolhimento à Conta Única do Tesouro Nacional de sobras financeiras registradas em sua prestação de contas.

>> Inciso II acrescentado pelo Decreto n. 10.549, de 23-11-2020.

Parágrafo único. Após o exame dos aspectos formais referentes ao Relatório Circunstanciado de Pós-Liquidação, a Secretaria de Coordenação e Governança das Empresas Estatais da Secretaria Especial de Desestatização, Desinvestimento e Mercados do Ministério da Economia remeterá os documentos de que trata o *caput* à Controladoria-Geral da União.

>> Parágrafo único acrescentado pelo Decreto n. 10.549, de 23-11-2020.

Art. 13-A. Compete à Controladoria-Geral da União a auditoria do processo de liquidação, incluídos os atos praticados pelo liquidante no período pós-liquidação, necessários ao cancelamento da inscrição da empresa extinta junto aos órgãos competentes.

>> Artigo acrescentado pelo Decreto n. 10.549, de 23-11-2020.

Capítulo VII
Disposições Finais

Art. 14. Ato do Ministro de Estado da Economia poderá estabelecer normas complementares ao disposto neste Decreto.

>> Artigo com redação determinada pelo Decreto n. 10.549, de 23-11-2020.

Art. 15. Este Decreto se aplica, no que couber, aos processos de liquidação em curso, respeitadas as situações jurídicas consolidadas na data de sua publicação.

Art. 16. Este Decreto entra em vigor na data de sua publicação.

Brasília, 29 de novembro de 2018; 197.º da Independência e 130.º da República.

Michel Temer

Lei n. 13.796, de 3 de janeiro de 2019 (*)

Altera a Lei n. 9.394, de 20 de dezembro de 1996 (Lei de Diretrizes e Bases da Educação Nacional), para fixar, em virtude de escusa de consciência, prestações alternativas à aplicação de provas e à frequência a aulas realizadas em dia de guarda religiosa.

O Presidente da República

Faço saber que o Congresso Nacional decreta e eu sanciono a seguinte Lei:

Art. 1.º A Lei n. 9.394, de 20 de dezembro de 1996 (Lei de Diretrizes e Bases da Educação Nacional), passa a vigorar acrescida do seguinte art. 7.º-A:

"Art. 7.º-A. Ao aluno regularmente matriculado em instituição de ensino pública ou privada, de qualquer nível, é assegurado, no exercício da liberdade de consciência e de crença, o direito de, mediante prévio e motivado requerimento, ausentar-se de prova ou de aula marcada para dia em que, segundo os preceitos de sua religião, seja vedado o exercício de tais atividades, devendo-se-lhe atribuir, a critério da instituição e sem custos para o aluno, uma das seguintes prestações alternativas, nos termos do inciso VIII do *caput* do art. 5.º da Constituição Federal:

I – prova ou aula de reposição, conforme o caso, a ser realizada em data alternativa, no turno de estudo do aluno ou em outro horário agendado com sua anuência expressa;

II – trabalho escrito ou outra modalidade de atividade de pesquisa, com tema, objetivo e data de entrega definidos pela instituição de ensino.

§ 1.º A prestação alternativa deverá observar os parâmetros curriculares e o plano de aula do dia da ausência do aluno.

§ 2.º O cumprimento das formas de prestação alternativa de que trata este artigo substituirá a obrigação original para todos os efeitos, inclusive regularização do registro de frequência.

§ 3.º As instituições de ensino implementarão progressivamente, no prazo de 2 (dois) anos, as providências e adaptações necessárias à adequação de seu funcionamento às medidas previstas neste artigo.

§ 4.º O disposto neste artigo não se aplica ao ensino militar a que se refere o art. 83 desta Lei".

Art. 2.º Esta Lei entra em vigor após decorridos 60 (sessenta) dias de sua publicação oficial.

(*) Publicada no *Diário Oficial da União*, de 4-1-2019.

Parágrafo único. A contagem do prazo de que trata o § 3.º do art. 7.º-A da Lei n. 9.394, de 20 de dezembro de 1996 (Lei de Diretrizes e Bases da Educação Nacional), inicia-se na data de entrada em vigor desta Lei.

Brasília, 3 de janeiro de 2019; 198.º da Independência e 131.º da República.

JAIR MESSIAS BOLSONARO

LEI N. 13.810, DE 8 DE MARÇO DE 2019 (*)

Dispõe sobre o cumprimento de sanções impostas por resoluções do Conselho de Segurança das Nações Unidas, incluída a indisponibilidade de ativos de pessoas naturais e jurídicas e de entidades, e a designação nacional de pessoas investigadas ou acusadas de terrorismo, de seu financiamento ou de atos a ele correlacionados; e revoga a Lei n. 13.170, de 16 de outubro de 2015.

O Presidente da República

Faço saber que o Congresso Nacional decreta e eu sanciono a seguinte Lei:

CAPÍTULO I
DISPOSIÇÕES GERAIS

Art. 1.º Esta Lei dispõe sobre o cumprimento de sanções impostas por resoluções do Conselho de Segurança das Nações Unidas, incluída a indisponibilidade de ativos de pessoas naturais e jurídicas e de entidades, e a designação nacional de pessoas investigadas ou acusadas de terrorismo, de seu financiamento ou de atos a ele correlacionados.

> A Instrução Normativa n. 76, de 9-3-2020, da DREI, dispõe sobre a política, os procedimentos e os controles a serem adotados no âmbito das Juntas Comerciais para o cumprimento das disposições da Lei n. 9.613, de 3-3-1998, relativas à prevenção de atividades de lavagem de dinheiro, ou a ela relacionadas, e financiamento do terrorismo; e da Lei n. 13.810, de 8-3-2019, relativas ao cumprimento de determinações do Conselho de Segurança das Nações Unidas acerca da indisponibilidade de ativos.

Art. 2.º Para fins do disposto nesta Lei, considera-se:

I – ativos: bens, direitos, valores, fundos, recursos ou serviços, de qualquer natureza, financeiros ou não;

II – indisponibilidade de ativos: proibição de transferir, converter, trasladar, disponibilizar ativos, ou deles dispor, direta ou indiretamente;

III – fundamentos objetivos: existência de indícios ou provas da prática de terrorismo, de seu financiamento ou de atos a ele correlacionados, por pessoa natural ou por intermédio de pessoa jurídica ou entidade, conforme disposto na Lei n. 13.260, de 16 de março de 2016;

IV – entidades: arranjos ou estruturas legais que não possuem personalidade jurídica, tais como fundos ou clubes de investimento; e

V – sem demora: imediatamente ou dentro de algumas horas.

Art. 3.º A indisponibilidade de ativos de que trata esta Lei ocorrerá nas seguintes hipóteses:

I – por execução de resoluções do Conselho de Segurança das Nações Unidas ou por designações de seus comitês de sanções; ou

II – a requerimento de autoridade central estrangeira, desde que o pedido de indisponibilidade esteja de acordo com os princípios legais aplicáveis e apresente fundamentos objetivos para exclusivamente atender aos critérios de designação estabelecidos em resoluções do Conselho de Segurança das Nações Unidas ou de seus comitês de sanções.

Art. 4.º A indisponibilidade de ativos não constitui a perda do direito de propriedade.

Art. 5.º São nulos e ineficazes atos de disposição relacionados aos ativos indisponibilizados com fundamento nesta Lei, ressalvados os direitos de terceiro de boa-fé.

CAPÍTULO II
DA EXECUÇÃO DE RESOLUÇÕES DO CONSELHO DE SEGURANÇA DAS NAÇÕES UNIDAS OU DE DESIGNAÇÕES DE SEUS COMITÊS DE SANÇÕES

Seção I
Do Cumprimento Imediato

Art. 6.º As resoluções sancionatórias do Conselho de Segurança das Nações Unidas e as designações de seus comitês de sanções são dotadas de executoriedade imediata na República Federativa do Brasil.

Parágrafo único. (*Vetado*.)

Art. 7.º Sem prejuízo da obrigação de cumprimento imediato das resoluções sancionatórias do Conselho de Segurança das Nações Unidas e das designações de seus comitês de sanções, as resoluções e as designações de que trata este Capítulo, ou seus extratos, serão publicadas no *Diário Oficial da União* pelo Ministério das Relações Exteriores, em língua portuguesa, para fins de publicidade.

Art. 8.º É vedado a todos os brasileiros, residentes ou não, ou a pessoas naturais, pessoas jurídicas ou entidades em território brasileiro, descumprir, por ação ou omissão, sanções impostas por resoluções do Conselho de Segurança das Nações Unidas ou por designações de seus comitês de sanções, em benefício de pessoas naturais, pessoas jurídicas ou entidades sancionadas, inclusive para disponibilizar ativos, direta ou indiretamente, em favor dessas pessoas ou entidades.

Parágrafo único. A vedação de que trata o *caput* deste artigo aplica-se aos órgãos dos Poderes da União, dos Estados, do Distrito Federal e dos Municípios e às entidades da administração pública indireta.

Art. 9.º As pessoas naturais e jurídicas de que trata o art. 9.º da Lei n. 9.613, de 3 de março de 1998, cumprirão, sem demora e sem prévio aviso aos sancionados, as resoluções do Conselho de Segurança das Nações Unidas ou as designações de seus comitês de sanções que determinem a indisponibilidade de ativos de titularidade, direta ou indireta, de pessoas físicas, de pessoas jurídicas ou de entidades submetidas a sanções decorrentes de tais resoluções, na forma e nas condições definidas por seu órgão regulador ou fiscalizador.

Art. 10. Sem prejuízo da obrigação de cumprimento imediato, o Ministério da Justiça e Segurança Pública comunicará, sem demora, as sanções de:

I – indisponibilidade de ativos aos órgãos reguladores ou fiscalizadores, para que comuniquem imediatamente às pessoas naturais ou jurídicas de que trata o art. 9.º da Lei n. 9.613, de 3 março de 1998;

II – restrições à entrada de pessoas no território nacional, ou à saída dele, à Polícia Federal, para que adote providências imediatas de comunicação às empresas de transporte internacional; e

III – restrições à importação ou à exportação de bens à Secretaria Especial da Receita Federal do Ministério da Economia, à Polícia Federal e às Capitanias dos Portos, para que adotem providências imediatas de comunicação às administrações aeroportuárias, às empresas aéreas e às autoridades e operadores portuários.

§ 1.º A comunicação a que se refere o inciso I do *caput* deste artigo será dirigida pelo Ministério da Justiça e Segurança Pública, também, para cumprimento sem demora:

I – às corregedorias de justiça dos Estados e do Distrito Federal;

II – à Agência Nacional de Aviação Civil;

III – ao Departamento Nacional de Trânsito do Ministério do Desenvolvimento Regional;

IV – às Capitanias dos Portos;

V – à Agência Nacional de Telecomunicações; e

VI – aos outros órgãos de registro público competentes.

§ 2.º As comunicações de que trata este artigo poderão ser feitas por via eletrônica, com confirmação de recebimento.

Art. 11. A indisponibilidade de ativos e as tentativas de sua transferência relacionadas às pessoas naturais, às pessoas jurídicas ou às entidades sancionadas por resolução do Conselho de Segurança das Nações Unidas ou por designações de seus comitês de sanções serão comunicadas ao Ministério da Justiça e Segurança Pública, aos órgãos reguladores ou fiscalizadores das pessoas naturais ou das

(*) Publicada no *Diário Oficial da União*, de 8-3-2019 – Edição Extra. O Decreto n. 9.825, de 5-6-2019, regulamenta esta Lei.

pessoas jurídicas de que trata o art. 9.º da Lei n. 9.613, de 3 de março de 1998, e ao Conselho de Controle de Atividades Financeiras.

Seção II
Do Auxílio Direto Judicial

Art. 12. Na hipótese de haver informações sobre a existência de ativos sujeitos à indisponibilidade ou de pessoas e bens sujeitos a outra espécie de sanção determinada em resoluções do Conselho de Segurança das Nações Unidas ou em designações de seus comitês de sanções, sem que tenha ocorrido seu cumprimento na forma da Seção I deste Capítulo, a União ingressará, sem demora, com auxílio direto judicial para obtê-la.

Parágrafo único. As pessoas naturais e as pessoas jurídicas de que trata o art. 9.º da Lei n. 9.613, de 3 de março de 1998, na forma e nas condições definidas por seu órgão regulador ou fiscalizador, e os órgãos e as entidades referidos no art. 10 desta Lei informarão, sem demora, ao Ministério da Justiça e Segurança Pública, a existência de pessoas e ativos sujeitos à sanção e as razões pelas quais deixaram de cumpri-la.

Art. 13. O Ministério da Justiça e Segurança Pública comunicará, sem demora, a existência de ativos sujeitos à indisponibilidade ou de pessoas e bens sujeitos a outra espécie de sanção à Advocacia-Geral da União, para que promova, sem demora, o auxílio direto judicial.

Art. 14. Instruído o pedido com os elementos a que se refere o art. 12 desta Lei, o juiz determinará, no prazo de 24 (vinte e quatro) horas, contado da data do recebimento dos autos, e sem a prévia oitiva do requerido, as medidas pertinentes para cumprimento da sanção.

Parágrafo único. Da determinação de que trata o *caput* deste artigo serão intimados para ciência e cumprimento da decisão as partes, os órgãos e as entidades referidos no art. 10 desta Lei e, caso seja necessário, a pessoa natural ou jurídica que informou a existência de pessoas ou de ativos sujeitos à sanção.

Art. 15. O juiz ordenará a citação do requerido para, caso deseje, impugnar a determinação no prazo de 15 (quinze) dias, contado da data da citação.

§ 1.º A impugnação de que trata o *caput* deste artigo não terá efeito suspensivo e versará somente sobre:

I – homonímia;

II – erro na identificação do requerido ou dos ativos que sejam objeto de sanção;

III – exclusão do requerido da lista de sanções, por força de resolução proferida pelo Conselho de Segurança das Nações Unidas ou por designação de seus comitês de sanções; ou

IV – expiração do prazo de vigência do regime de sanções.

§ 2.º A União será ouvida sobre a impugnação no prazo de 15 (quinze) dias, contado da data da intimação.

Art. 16. Havendo ou não a impugnação, o juiz proferirá sentença.

Parágrafo único. Intimados as partes, os órgãos e as entidades referidos no art. 10 desta Lei e, caso seja necessário, a pessoa natural ou jurídica que informou a existência dos ativos sujeitos à sanção, e se não houver interposição de recurso, os autos serão arquivados.

Art. 17. Na hipótese de sobrevir a exclusão posterior do requerido da ação originária da lista de pessoas sujeitas ao regime de sanções ou qualquer outra razão que, segundo o Conselho de Segurança das Nações Unidas ou seus comitês de sanções, fundamente a revogação da sanção, as partes poderão ingressar com ação revisional do que foi estatuído na sentença.

Capítulo III
DO AUXÍLIO DIRETO JUDICIAL A REQUERIMENTO DE AUTORIDADE CENTRAL ESTRANGEIRA

Art. 18. A União poderá ingressar com auxílio direto judicial para indisponibilidade de ativos, a requerimento de autoridade central estrangeira, de modo a assegurar o resultado de investigações administrativas ou criminais e ações em curso em jurisdição estrangeira em face de terrorismo, de seu financiamento ou de atos a ele correlacionados.

§ 1.º O Ministério da Justiça e Segurança Pública, em coordenação com o Ministério das Relações Exteriores, verificará, sem demora, se o requerimento de indisponibilidade de ativos formulado por autoridade central estrangeira está de acordo com os princípios legais aplicáveis e apresenta fundamentos objetivos para o seu atendimento.

§ 2.º Verificado que o requerimento da autoridade central estrangeira está de acordo com os princípios legais aplicáveis e apresenta fundamentos objetivos para o seu atendimento, o Ministério da Justiça e Segurança Pública encaminhará, sem demora, o requerimento à Advocacia-Geral da União, para que promova, sem demora, o auxílio direto judicial, se houver elementos que demonstrem a existência, na República Federativa do Brasil, de ativos sujeitos à medida de indisponibilidade.

Art. 19. Aplica-se o disposto no art. 14, nos incisos I e II do § 1.º e no § 2.º do art. 15 e no art. 16 desta Lei ao auxílio direto judicial.

Parágrafo único. A impugnação de que trata o art. 15 desta Lei poderá versar também sobre a ausência de fundamentos objetivos para estabelecer a relação entre os ativos e os fatos investigados.

Art. 20. Compete ao Ministério da Justiça e Segurança Pública, em consulta com a autoridade central estrangeira, informar a Advocacia-Geral da União sobre a situação da investigação ou da ação.

Art. 21. Na hipótese de a autoridade central estrangeira informar que não é mais necessária a indisponibilidade de ativos, as partes poderão ingressar com ação revisional do que foi estatuído na sentença.

Art. 22. Aplica-se, no que couber, o auxílio direto judicial para atender a requerimento de autoridade central estrangeira que tenha por objetivo promover comunicações de atos processuais e obter outras medidas cautelares ou provas necessárias à investigação criminal ou às ações criminais em curso em outro país relativas ao financiamento ou apoio a atos terroristas, nos termos das alíneas *e* e *f* do item 2 da Resolução n. 1.373 (2001) do Conselho de Segurança das Nações Unidas, de que trata o Decreto n. 3.976, de 18 de outubro de 2001.

Parágrafo único. No caso de auxílio direto para a prática de atos que não necessitem de prestação jurisdicional, o Ministério da Justiça e Segurança Pública adotará as providências necessárias para seu cumprimento.

Art. 23. O Ministério da Justiça e Segurança Pública informará à autoridade central estrangeira requerente:

I – as medidas adotadas; ou

II – a ausência de fundamentos objetivos para possibilitar o atendimento do requerimento.

Capítulo IV
DAS DESIGNAÇÕES NACIONAIS

Art. 24. A União será intimada pelo juiz, de ofício, de decisões que decretem medidas assecuratórias de bens, direitos ou valores de pessoas investigadas ou acusadas, ou existentes em nome de pessoas interpostas, que sejam instrumento, produto ou proveito dos crimes de terrorismo, nos termos do art. 12 da Lei n. 13.260, de 16 de março de 2016, para que adote, caso seja necessário, as providências de designação nacional perante o Conselho de Segurança das Nações Unidas ou seu comitê de sanções pertinente.

§ 1.º A Advocacia-Geral da União comunicará a decisão ao Ministério da Justiça e Segurança Pública e ao Ministério das Relações Exteriores, para que deliberem sobre a designação nacional e, caso seja necessário, comuniquem-na, sem demora, ao Conselho de Segurança das Nações Unidas ou ao seu comitê de sanções pertinente.

§ 2.º A designação nacional será acompanhada dos elementos que a fundamentem, de acordo com o procedimento estabelecido na resolução correspondente do Conselho de Segurança das Nações Unidas.

Capítulo V
DISPOSIÇÕES FINAIS

Art. 25. Os órgãos reguladores ou fiscalizadores das pessoas naturais ou jurídicas a que se refere o art. 9.º da Lei n. 9.613, de 3 de março de 1998, editarão as normas necessárias ao cumprimento das disposições desta Lei.

Parágrafo único. Cabe aos órgãos reguladores ou fiscalizadores orientar, supervisionar e fiscalizar o cumprimento das medidas de indisponibilidade de ativos pelas pessoas naturais ou pelas pessoas jurídicas de que trata o art. 9.º da Lei n. 9.613, de 3 de março de 1998, e aplicar as penalidades administrativas cabíveis.

Art. 26. O Ministério da Justiça e Segurança Pública manterá lista de pessoas naturais e jurídicas e entidades cujos ativos estão sujeitos à indisponibilidade em decorrência de resoluções do Conselho de Segurança das Nações Unidas ou de designação de seus comitês de sanções, de requerimento de outro país ou de designação nacional.

Art. 27. Qualquer pessoa natural ou jurídica ou entidade sancionada em decorrência de resoluções do Conselho de Segurança das Nações Unidas ou de designação de seus comitês de sanções poderá solicitar a sua exclusão das listas de sanções.

§ 1.º A solicitação de exclusão será fundamentada, com vistas a atender aos critérios estabelecidos na resolução pertinente do Conselho de Segurança das Nações Unidas ou de designação de seus comitês de sanções, e encaminhada ao Ministério da Justiça e Segurança Pública.

§ 2.º Analisada a solicitação de exclusão, o Ministério da Justiça e Segurança Pública deverá encaminhá-la ao Ministério das Relações Exteriores, que a transmitirá ao Conselho de Segurança das Nações Unidas ou ao comitê de sanções pertinente para sua deliberação.

Art. 28. Os ativos indisponibilizados poderão ser parcialmente liberados, caso necessário, para o custeio de despesas ordinárias ou extraordinárias.

§ 1.º Para fins do disposto neste artigo, consideram-se despesas ordinárias, entre outras:

I – despesas básicas com alimentos, aluguéis, hipotecas, medicamentos, tratamentos médicos, impostos, seguros e tarifas de serviços públicos;

II – pagamento de honorários profissionais de montante razoável e reembolso de gastos efetuados com a prestação de serviços jurídicos; e

III – pagamento de taxas ou encargos relacionados com a administração e a manutenção ordinárias de fundos ou de outros ativos ou recursos indisponíveis.

§ 2.º Na hipótese de pessoas naturais, pessoas jurídicas ou entidades incluídas nas listas de sanções do Conselho de Segurança das Nações Unidas ou de designação de seus comitês de sanções, a liberação parcial dos ativos bloqueados será autorizada:

I – para o custeio de despesas ordinárias, após notificação do Conselho de Segurança das Nações Unidas ou do seu comitê de sanções competente, sem que tenha havido objeção no prazo de 48 (quarenta e oito) horas, contado da data da notificação; e

II – para o custeio de despesas extraordinárias, após notificação e aprovação pelo Conselho de Segurança das Nações Unidas ou pelo seu comitê de sanções competente.

§ 3.º Nas hipóteses de indisponibilidade de ativos decorrente de requerimento de autoridade central estrangeira ou de ordem judicial brasileira, a liberação parcial compete ao juiz que decidiu sobre a indisponibilidade, do que será intimada a União, com vistas à comunicação ao Conselho de Segurança das Nações Unidas ou a seu comitê de sanções competente.

Art. 29. As medidas de auxílio direto judicial previstas nesta Lei tramitarão sob segredo de justiça.

Art. 30. Nas hipóteses de os ativos estarem sujeitos a qualquer grau de deterioração ou depreciação ou de haver dificuldade para sua manutenção, poderá ser requerida ao juízo competente a alienação antecipada dos ativos declarados indisponíveis para a preservação de seus valores.

§ 1.º O interessado será intimado da avaliação dos ativos para, caso deseje, manifestar-se no prazo de 10 (dez) dias, contado da data da intimação.

§ 2.º Feita a avaliação dos ativos e dirimidas eventuais divergências sobre o valor a eles atribuído, será determinada a sua alienação em leilão ou pregão, preferencialmente eletrônico, por valor não inferior a 75% (setenta e cinco por cento) do valor atribuído pela avaliação.

§ 3.º Realizado o leilão ou o pregão, a quantia apurada será depositada em conta bancária remunerada.

§ 4.º Serão deduzidos da quantia apurada no leilão ou no pregão os tributos e as multas incidentes sobre o ativo alienado.

Art. 31. Será designada pessoa qualificada para a administração, a guarda ou a custódia dos ativos indisponibilizados, caso necessário.

§ 1.º Aplicam-se à pessoa designada para os fins do disposto no *caput* deste artigo, no que couber, as disposições legais relativas ao administrador judicial.

§ 2.º No caso de ativos financeiros, a sua administração caberá às instituições em que se encontrem, com incidência do bloqueio dos juros e de outros frutos civis e rendimentos decorrentes do contrato.

>> **A Resolução n. 44, de 24-11-2020, do BACEN, estabelece procedimentos para a execução pelas instituições autorizadas a funcionar pelo Banco Central do Brasil, das medidas determinadas por esta Lei.**

Art. 32. O Ministério da Justiça e Segurança Pública comunicará:

I – ao Ministério Público Federal e à Polícia Federal as medidas de indisponibilidade de ativos adotadas e as tentativas de transferência relacionadas às pessoas naturais, às pessoas jurídicas ou às entidades designadas, para avaliação de abertura ou não de investigação criminal; e

II – ao Ministério das Relações Exteriores as medidas de indisponibilidade de ativos adotadas em cumprimento das resoluções do Conselho de Segurança das Nações Unidas ou de designações de seus comitês de sanções, para conhecimento e comunicação ao respectivo organismo internacional.

Art. 33. Aplicam-se subsidiariamente a esta Lei, no que couber, as disposições da Lei n. 13.105, de 16 de março de 2015 (Código de Processo Civil), e do Decreto-lei n. 3.689, de 3 de outubro de 1941 (Código de Processo Penal).

Art. 34. O Poder Executivo federal regulamentará esta Lei no prazo de 90 (noventa) dias, contado da data de sua publicação.

Art. 35. Revoga-se a Lei n. 13.170, de 16 de outubro de 2015.

Art. 36. Esta Lei entra em vigor após decorridos 90 (noventa) dias de sua publicação oficial.

Brasília, 8 de março de 2019; 198.º da Independência e 131.º da República.

JAIR MESSIAS BOLSONARO

DECRETO N. 9.727, DE 15 DE MARÇO DE 2019 (*)

Dispõe sobre os critérios, o perfil profissional e os procedimentos gerais a serem observados para a ocupação dos cargos em comissão do Grupo-Direção e Assessoramento Superiores – DAS e das Funções Comissionadas do Poder Executivo – FCPE.

O Presidente da República, no uso das atribuições que lhe confere o art. 84, *caput*, incisos IV e VI, alínea *a*, da Constituição, e tendo em vista o disposto no art. 5.º da Lei n. 13.346, de 10 de outubro de 2016, decreta:

Âmbito de aplicação

Art. 1.º Este Decreto estabelece os critérios, o perfil profissional e os procedimentos gerais a serem observados para a ocupação dos cargos em comissão do Grupo-Direção e Assessoramento Superiores – DAS e das Funções Comissionadas do Poder Executivo – FCPE na administração pública federal direta, autárquica e fundacional.

Critérios gerais para ocupação de DAS ou de FCPE

Art. 2.º São critérios gerais para a ocupação de DAS ou de FCPE:

I – idoneidade moral e reputação ilibada;

II – perfil profissional ou formação acadêmica compatível com o cargo ou a função para o qual tenha sido indicado; e

III – não enquadramento nas hipóteses de inelegibilidade previstas no inciso I do *caput* do art. 1.º da Lei Complementar n. 64, de 18 de maio de 1990.

(*) Publicado no *Diário Oficial da União*, de 18-3-2019, e retificado em 18-3-2019 (Edição extra).

Parágrafo único. Os ocupantes de DAS ou de FCPE deverão informar prontamente a superveniência da restrição de que trata o inciso III do *caput* à autoridade responsável por sua nomeação ou designação.

Ocupação de DAS e FCPE de níveis 2 e 3

Art. 3.º Além do disposto no art. 2.º, os ocupantes de DAS ou de FCPE de níveis 2 e 3 atenderão, no mínimo, a um dos seguintes critérios específicos:

I – possuir experiência profissional de, no mínimo, dois anos em atividades correlatas às áreas de atuação do órgão ou da entidade ou em áreas relacionadas às atribuições e às competências do cargo ou da função;

II – ter ocupado cargo em comissão ou função de confiança em qualquer Poder, inclusive na administração pública indireta, de qualquer ente federativo por, no mínimo, um ano;

III – possuir título de especialista, mestre ou doutor em área correlata às áreas de atuação do órgão ou da entidade ou em áreas relacionadas às atribuições do cargo ou da função;

IV – ser servidor público ocupante de cargo efetivo de nível superior ou militar do círculo hierárquico de oficial ou oficial-general; ou

V – ter concluído cursos de capacitação em escolas de governo em áreas correlatas ao cargo ou à função para o qual tenha sido indicado, com carga horária mínima acumulada de cento e vinte horas.

Ocupação de DAS e FCPE de nível 4

Art. 4.º Além do disposto no art. 2.º, os ocupantes de DAS ou de FCPE de nível 4 atenderão, no mínimo, a um dos seguintes critérios específicos:

I – possuir experiência profissional de, no mínimo, três anos em atividades correlatas às áreas de atuação do órgão ou da entidade ou em áreas relacionadas às atribuições e às competências do cargo ou da função;

II – ter ocupado cargo em comissão ou função de confiança em qualquer Poder, inclusive na administração pública indireta, de qualquer ente federativo por, no mínimo, dois anos; ou

III – possuir título de especialista, mestre ou doutor em área correlata às áreas de atuação do órgão ou da entidade ou em áreas relacionadas às atribuições do cargo ou da função.

Ocupação de DAS e FCPE de níveis 5 e 6

Art. 5.º Além do disposto no art. 2.º, os ocupantes de DAS e FCPE de níveis 5 e 6 atenderão, no mínimo, a um dos seguintes critérios específicos:

I – possuir experiência profissional de, no mínimo, cinco anos em atividades correlatas às áreas de atuação do órgão ou da entidade ou em áreas relacionadas às atribuições e às competências do cargo ou da função;

II – ter ocupado cargo em comissão ou função de confiança equivalente a DAS de nível 3 ou superior em qualquer Poder, inclusive na administração pública indireta, de qualquer ente federativo por, no mínimo, três anos; ou

III – possuir título de mestre ou doutor em área correlata às áreas de atuação do órgão ou da entidade ou em áreas relacionadas às atribuições do cargo ou da função.

Processo seletivo

Art. 6.º A autoridade responsável pela nomeação ou designação poderá optar pela realização de processo seletivo destinado a subsidiar a escolha para a ocupação de DAS ou FCPE.

§ 1.º Na hipótese de realização do processo seletivo de que trata o *caput*, além dos critérios de que trata este Decreto, poderão ser consideradas competências para orientar a seleção, tais como:

I – os resultados de trabalhos anteriores relacionados com as atribuições do cargo ou da função;

II – a familiaridade com a atividade exercida no cargo em comissão ou na função de confiança;

III – a capacidade de gestão;

IV – a capacidade de liderança; e

V – o comprometimento do candidato com as atividades do ente público.

§ 2.º O disposto no *caput* não se aplica nas hipóteses previstas no § 2.º do art. 8.º.

Escolha final do postulante

Art. 7.º Observado o disposto nos art. 2.º, art. 3.º, art. 4.º, art. 5.º e art. 9.º, a escolha final do postulante é ato discricionário da autoridade responsável pela nomeação ou pela designação.

Parágrafo único. A participação ou o desempenho em processo seletivo não gera direito à nomeação ou à designação.

Aferição dos critérios

Art. 8.º O processo de nomeação ou de designação para ocupação de DAS ou FCPE será encaminhado à autoridade responsável pela nomeação, pela designação ou, na hipótese prevista no § 2.º, pela indicação, instruído com o currículo do postulante e com outras informações ou justificativas pertinentes que comprovem o cumprimento dos critérios para a nomeação ou a designação.

§ 1.º O postulante ao DAS ou à FCPE é o responsável por prestar as informações de que trata este Decreto e responderá por sua veracidade e sua integridade.

§ 2.º Sem prejuízo do disposto no § 1.º, na hipótese de a nomeação ou a designação ser competência do Ministro de Estado Chefe da Casa Civil da Presidência da República ou do Presidente da República, caberá à autoridade responsável pela indicação a aferição do cumprimento do disposto neste Decreto.

§ 3.º Na hipótese em que se fizer necessária a apreciação prévia da indicação pela Casa Civil da Presidência da República, a aferição do cumprimento dos critérios para a nomeação ou a designação constantes deste Decreto será realizada previamente pela autoridade responsável pela indicação, com base nas informações prestadas pelo postulante, nos termos do disposto no § 1.º.

§ 4.º Os critérios de tempo de experiência profissional e de ocupação de cargos em comissão ou função de confiança considerarão períodos contínuos e não contínuos.

Dispensa excepcional dos critérios

Art. 9.º Os critérios de que tratam os art. 3.º, art. 4.º e art. 5.º poderão ser dispensados, justificadamente, pelo Ministro de Estado titular do órgão em que estiver alocado o DAS ou a FCPE ou do órgão ao qual se vincula a entidade em que o DAS ou a FCPE se encontra alocado, de forma a demonstrar a conveniência de dispensá-los em razão de peculiaridades do cargo ou do número limitado de postulantes para a vaga.

Parágrafo único. A competência de que trata o *caput* é indelegável.

Ações de capacitação

Art. 10. As ações de capacitação e desenvolvimento de pessoal necessárias à ocupação dos cargos em comissão e das funções de confiança de que trata este Decreto constarão do plano de capacitação dos órgãos e das entidades de que trata o Decreto n. 5.707, de 23 de fevereiro de 2006, a partir da análise das necessidades de treinamento, aperfeiçoamento ou desenvolvimento de conhecimentos, habilidades e competências.

Divulgação de perfil profissional

Art. 11. Os órgãos e as entidades deverão manter atualizado o perfil profissional desejável para cada cargo em comissão do Grupo-DAS ou FCPE, de níveis 5 e 6, alocados em suas estruturas regimentais ou seus estatutos, conforme os critérios mínimos estabelecidos neste Decreto e o modelo definido em ato do Secretário Especial de Desburocratização, Gestão e Governo Digital do Ministério da Economia.

§ 1.º O perfil da vaga referido no *caput* será elaborado pelo órgão ou pela entidade em que o DAS ou a FCPE estiver alocado e deverá ser validado pela autoridade máxima do órgão ou da entidade, vedada a delegação.

§ 2.º Os órgãos e as entidades deverão utilizar mecanismos de transparência ativa para disponibilizar, de forma organizada e em formato aberto, os perfis de que trata o *caput* e o currículo do ocupante de cada cargo em comissão ou função de confiança.

Normas complementares

Art. 12. Os órgãos centrais do Sistema de Organização e Inovação Institucional do Governo Federal – SIORG e do Sistema de Pessoal Civil da Administração Federal – SIPEC poderão editar normas complementares necessárias à aplicação do disposto neste Decreto.

Disposições transitórias

Art. 13. O disposto neste Decreto se aplica às nomeações e às designações realizadas antes de sua entrada em vigor.

>> *Caput* com redação determinada pelo Decreto n. 9.732, de 20-3-2019.

Parágrafo único. Até 20 de junho de 2019, os órgãos e as entidades exonerarão ou dispensarão os ocupantes dos cargos e das funções que não atenderem aos critérios estabelecidos neste Decreto.

>> Parágrafo único acrescentado pelo Decreto n. 9.732, de 20-3-2019.

Art. 14. O disposto no art. 11 deverá ser cumprido até 15 de janeiro de 2020.

Vigência

Art. 15. Este Decreto entra em vigor em 20 de março de 2019.

>> Artigo com redação determinada pelo Decreto n. 9.732, de 20-3-2019.

Brasília, 15 de março de 2019; 198.º da Independência e 131.º da República.

JAIR MESSIAS BOLSONARO

DECRETO N. 9.739, DE 28 DE MARÇO DE 2019 (*)

Estabelece medidas de eficiência organizacional para o aprimoramento da administração pública federal direta, autárquica e fundacional, estabelece normas sobre concursos públicos e dispõe sobre o Sistema de Organização e Inovação Institucional do Governo Federal – SIORG.

O Presidente da República, no uso da atribuição que lhe confere o art. 84, *caput*, inciso VI, alínea *a*, da Constituição, decreta:

Objeto e âmbito de aplicação

Art. 1.º Este Decreto estabelece, no âmbito da administração pública federal direta, autárquica e fundacional, medidas de eficiência organizacional, normas sobre concursos públicos e dispõe sobre o Sistema de Organização e Inovação Institucional do Governo Federal – SIORG.

CAPÍTULO I
DISPOSIÇÕES GERAIS

Fortalecimento institucional

Art. 2.º Para fins do disposto neste Decreto, considera-se fortalecimento da capacidade institucional o conjunto de medidas que propiciem aos órgãos ou às entidades da administração pública federal direta, autárquica e fundacional a melhoria de suas condições de funcionamento, compreendidas as condições de caráter organizacional, e que lhes proporcionem melhor desempenho no exercício de suas competências institucionais, especialmente na execução dos programas do plano plurianual.

§ 1.º As medidas de fortalecimento da capacidade institucional observarão as seguintes diretrizes:

I – organização da ação governamental por programas;

II – eliminação de superposições e fragmentações de ações;

III – aumento da eficiência, eficácia e efetividade do gasto público e da ação administrativa;

IV – orientação para resultados;

V – racionalização de níveis hierárquicos e aumento da amplitude de comando;

VI – orientação para o planejamento estratégico institucional do órgão ou entidade, alinhado às prioridades governamentais;

>> Inciso VI com redação determinada pelo Decreto n. 10.382, de 28-5-2020.

VII – alinhamento das medidas propostas com as competências da organização e os resultados pretendidos;

>> Inciso VII com redação determinada pelo Decreto n. 10.382, de 28-5-2020.

VIII – compartilhamento, simplificação e digitalização de serviços e de processos e adesão a serviços e sistemas de informação disponibilizados pelos órgãos centrais dos sistemas estruturadores; e

>> Inciso VIII acrescentado pelo Decreto n. 10.382, de 28-5-2020.

IX – desenvolvimento e implantação de soluções de inovação.

>> Inciso IX acrescentado pelo Decreto n. 10.382, de 28-5-2020.

§ 2.º O fortalecimento da capacidade institucional será alcançado por meio:

I – da criação e da transformação de cargos e funções ou de sua extinção, quando vagos;

II – da criação, da reorganização e da extinção de órgãos e entidades;

III – da realização de concursos públicos e de provimento de cargos públicos;

IV – da aprovação e da revisão de estruturas regimentais e de estatutos;

V – do remanejamento ou da redistribuição de cargos e funções públicas; e

VI – da autorização para contratação de pessoal com a finalidade de atender à necessidade temporária de excepcional interesse público, nos termos da Lei n. 8.745, de 9 de dezembro de 1993.

§ 3.º Os órgãos setoriais e seccionais do SIORG promoverão o desenvolvimento e implantação das soluções de inovação de que trata o inciso IX do § 1.º.

>> § 3.º acrescentado pelo Decreto n. 10.382, de 28-5-2020.

Tramitação das propostas

Art. 3.º As propostas de atos que tratem das matérias elencadas no § 2.º do art. 2.º serão encaminhadas ao Ministério da Economia e, quando couber, serão submetidas à apreciação da Casa Civil da Presidência da República, nos termos do disposto no Decreto n. 9.191, de 1.º de novembro de 2017, e conterão:

I – a justificativa da proposta, caracterizada a necessidade de fortalecimento;

II – a identificação sucinta dos macroprocessos, dos produtos e dos serviços prestados pelos órgãos e pelas entidades; e

III – os resultados a serem alcançados com o fortalecimento institucional.

Parágrafo único. O Ministério da Economia analisará as propostas com base nas diretrizes do art. 2.º, emitirá parecer sobre sua adequação técnica e orçamentária e proporá ou adotará os ajustes e as medidas que forem necessários à sua implementação ou seu prosseguimento.

Prazo de apresentação das propostas

Art. 4.º As propostas que tratem das matérias previstas nos incisos I, II e III do § 2.º do art. 2.º e que acarretarem aumento de despesa serão apresentadas pelo órgão ou pela entidade ao Ministério da Economia, até 31 de maio de cada ano, com vistas à sua compatibilização com o projeto de lei orçamentária anual para o exercício subsequente.

Instrução das propostas

Art. 5.º As propostas sobre as matérias de que trata o § 2.º do art. 2.º submetidas ao Ministério da Economia serão acompanhadas de:

I – ofício do Ministro de Estado ao qual o órgão ou a entidade seja subordinado ou que seja responsável por sua supervisão;

II – minuta de exposição de motivos, quando necessário;

III – minuta de projeto de lei ou de decreto e seus anexos, quando necessário, observado o disposto no Decreto n. 9.191, de 2017;

IV – nota técnica da área competente; e

V – parecer jurídico.

Pedido de autorização de concurso público

Art. 6.º Para fins do disposto no inciso III do § 2.º do art. 2.º, sem prejuízo do disposto nos art. 3.º e art. 5.º, as propostas conterão informações sobre:

I – o perfil necessário aos candidatos para o desempenho das atividades do cargo;

II – a descrição do processo de trabalho a ser desenvolvido pela força de trabalho pretendida e o impacto dessa força de trabalho no desempenho das atividades finalísticas do órgão ou da entidade;

III – a base de dados cadastral atualizada do Sistema de Pessoal Civil da Administração

(*) Publicado no *Diário Oficial da União*, de 29-3-2019. Deixamos de publicar os Anexos por não atenderem o objetivo da obra.

Federal – SIPEC e o número de vagas disponíveis em cada cargo público;

IV – a evolução do quadro de pessoal nos últimos cinco anos, com movimentações, ingressos, desligamentos e aposentadorias e a estimativa de aposentadorias, por cargo, para os próximos cinco anos;

V – o quantitativo de servidores ou empregados cedidos e o número de cessões realizadas nos últimos cinco anos;

VI – as descrições e os resultados dos principais indicadores estratégicos do órgão ou da entidade e dos objetivos e das metas definidos para fins de avaliação de desempenho institucional nos últimos três anos;

VII – o nível de adoção dos componentes da Plataforma de Cidadania Digital e o percentual de serviços públicos digitais ofertados pelo órgão e pela entidade, nos termos do art. 3.º do Decreto n. 8.936, de 19 de dezembro de 2016;

VIII – a aderência à rede do Sistema de Gestão de Convênios e Contratos de Repasse – Rede Siconv e a conformidade com os atos normativos editados pela Comissão Gestora do Siconv;

IX – a adoção do sistema de processo eletrônico administrativo e de soluções informatizadas de contratações e gestão patrimonial, em conformidade com os atos normativos editados pelo órgão central do Sistema de Administração de Serviços Gerais – SISG;

X – a existência de plano anual de contratações, em conformidade com os atos normativos editados pelo órgão central do SISG;

XI – a participação nas iniciativas de contratação de bens e serviços compartilhados ou centralizados conduzidas pela Central de Compras da Secretaria de Gestão da Secretaria Especial de Desburocratização, Gestão e Governo Digital do Ministério da Economia;

XII – a quantidade de níveis hierárquicos e o quantitativo de profissionais por unidade administrativa em comparação com as orientações do órgão central do SIORG para elaboração de estruturas organizacionais;

XIII – demonstração de que a solicitação ao órgão central do SIPEC referente à movimentação para composição da força de trabalho de que trata o § 7.º do art. 93 da Lei n. 8.112, de 11 de dezembro de 1990, foi inviável ou inócua; e

XIV – demonstração de que os serviços que justificam a realização do concurso público não podem ser prestados por meio da execução indireta de que trata o Decreto n. 9.507, de 21 de setembro de 2018.

Parágrafo único. Ato do Ministro de Estado da Economia disporá sobre a forma e o procedimento para apresentação das informações previstas no *caput*.

Instrução de proposta que implica despesa

Art. 7.º A proposta que acarretar aumento de despesa será acompanhada da estimativa de impacto orçamentário-financeiro no exercício em que entrar em vigor e nos dois exercícios subsequentes, observadas as normas complementares a serem editadas pelo Ministro de Estado da Economia, em complementação à documentação prevista nos art. 3.º, art. 5.º e art. 6.º.

§ 1.º A estimativa de impacto orçamentário-financeiro deverá estar acompanhada das premissas e da memória de cálculo utilizadas, elaboradas por área técnica, que conterão:

I – o quantitativo de cargos ou funções a serem criados ou providos;

II – os valores referentes a:

a) remuneração do cargo, na forma da legislação;

b) encargos sociais;

c) pagamento de férias;

d) pagamento de gratificação natalina, quando necessário; e

e) demais despesas com benefícios de natureza trabalhista e previdenciária, tais como auxílio-alimentação, auxílio-transporte, auxílio-moradia, indenização de transporte, contribuição a entidades fechadas de previdência, Fundo de Garantia do Tempo de Serviço – FGTS e contribuição a planos de saúde; e

III – a indicação do mês previsto para ingresso dos servidores públicos no serviço público.

§ 2.º Para fins de estimativa de impacto orçamentário-financeiro será considerado o valor correspondente à contribuição previdenciária do ente público até o valor do teto do regime geral de previdência social e o percentual de oito e meio por cento no que exceder.

Atualização da base de dados cadastral do SIPEC

Art. 8.º Os órgãos e as entidades atualizarão a base de dados cadastral do SIPEC a cada quatro meses, no mínimo.

CAPÍTULO II
DA ORGANIZAÇÃO ADMINISTRATIVA

Denominações utilizadas em estruturas regimentais e estatutos

Art. 9.º Na elaboração das propostas de estruturas regimentais e de estatutos de órgãos e entidades, para fins de classificação de cargos em comissão e de funções de confiança, será considerada a denominação padrão e o nível correspondente do cargo ou da função, na forma a ser estabelecida em ato do Secretário de Gestão da Secretaria Especial de Desburocratização, Gestão e Governo Digital do Ministério da Economia.

Custo expresso em DAS-unitário

Art. 10. Na proposta de aprovação ou de revisão de suas estruturas regimentais ou de seus estatutos, os órgãos e as entidades utilizarão como referência para o cálculo da despesa o custo unitário efetivo expresso em DAS-unitário, constante do sistema informatizado do SIORG.

Parágrafo único. O disposto no *caput* não se aplica às instituições federais de ensino e ao Banco Central do Brasil.

Aferição da necessidade dos cargos em comissão e das funções de confiança

Art. 11. As propostas que acarretarem aumento de despesa com cargos em comissão e funções de confiança conterão as informações constantes dos incisos I, II, IV, VI, VII, VIII, IX, X, XI e XII do *caput* do art. 6.º.

Código numérico de DAS e FCPE

Art. 12. Os cargos em comissão do Grupo-Direção e Assessoramento Superiores – DAS e as Funções Comissionadas do Poder Executivo – FCPE serão constituídos pelas seguintes categorias:

I – direção – código 101;

II – assessoramento – código 102; e

III – direção de projetos – código 103.

§ 1.º Podem corresponder a unidades administrativas somente os cargos e as funções das categorias de que trata o inciso I do *caput*.

§ 2.º Os cargos e as funções da categoria de que trata o inciso III do *caput* destinam-se ao desenvolvimento de projetos.

§ 3.º Podem ter substitutos, nos termos do art. 38 da Lei n. 8.112, de 1990, somente os cargos e as funções das categorias de que tratam os incisos I e III do *caput*.

§ 4.º Nas propostas de estrutura regimental ou de estatuto, os órgãos e as entidades explicitarão os cargos em comissão do Grupo-DAS ou as FCPE destinadas às atividades de direção, de direção de projeto e de assessoramento, nos termos do Anexo I.

Regras sobre regimento interno

Art. 13. O regimento interno dos órgãos e das entidades:

I – é de edição opcional;

II – será publicado no *Diário Oficial da União*;

III – guardará conformidade com o decreto que aprovar a respectiva estrutura regimental ou estatuto;

IV – poderá abranger todas as unidades administrativas apresentadas na estrutura regimental ou apenas uma ou mais unidades ou subunidades administrativas;

V – é de competência, indelegável, da autoridade máxima do órgão ou da entidade; e

VI – será registrado no sistema informatizado do SIORG até o dia útil anterior à data de entrada em vigor.

Registro de dados no SIORG

Art. 14. Independentemente da publicação de regimento interno, os órgãos e as entidades manterão atualizado no sistema informatizado do SIORG o detalhamento de todas as unidades administrativas constantes do quadro demonstrativo de cargos em comissão e de funções de confiança, em conformidade com o decreto que aprovar a respectiva estrutura regimental ou estatuto e com os atos de que tratam os art. 16, art. 17 e art. 19.

Parágrafo único. O detalhamento das unidades administrativas de que trata o *caput* conterá o registro de denominação, a sigla e a hierarquia e será realizado até:

I – o dia útil anterior à data de entrada em vigor do decreto que aprovar ou alterar a estrutura regimental ou o estatuto; ou

II – vinte dias após a data de publicação do decreto que aprovar a estrutura regimental ou o estatuto, na hipótese de a *vacatio legis* do decreto ser superior a esse prazo.

Prazo para apostilamentos

Art. 15. Realizado o detalhamento de que trata o art. 14, as unidades dos órgãos e das entidades integrantes do SIPEC realizarão o apostilamento dos titulares dos cargos em comissão e das funções de confiança.

Parágrafo único. O prazo limite para o apostilamento será a data de entrada em vigor do decreto de aprovação ou de alteração da estrutura regimental ou do estatuto.

Permuta entre DAS e FCPE

Art. 16. A autoridade máxima do órgão ou da entidade poderá, dentro do respectivo quadro demonstrativo de cargos em comissão e de funções de confiança, permutar cargos em comissão do Grupo-DAS com FCPE de mesmo nível e categoria, por meio de portaria publicada no *Diário Oficial da União*.

§ 1.º A permuta será registrada no sistema informatizado do SIORG, até o dia útil anterior à data de entrada em vigor da portaria de que trata o *caput*.

§ 2.º A edição da portaria de que trata o *caput* é de competência da autoridade máxima do órgão ou da entidade, vedada a delegação.

Alocação de cargos em comissão e função de confiança por ato inferior a decreto

Art. 17. Dentro do respectivo quadro demonstrativo de cargos em comissão e de funções de confiança, por meio de portaria publicada no *Diário Oficial da União*, a autoridade máxima do órgão ou da entidade poderá alocar cargos em comissão e funções de confiança:

I – de DAS ou de FCPE de nível igual ou inferior a 4; e

>> Inciso I, *caput*, com redação determinada pelo Decreto n. 10.382, de 28-5-2020.

a) *(Revogada pelo Decreto n. 10.382, de 28-5-2020.)*

b) *(Revogada pelo Decreto n. 10.382, de 28-5-2020.)*

II – de Funções Gratificadas, de que trata o art. 26 da Lei n. 8.216, de 13 de agosto de 1991.

§ 1.º A portaria de que trata o *caput*:

I – não terá *vacatio legis* inferior a sete dias; e

II – compete à autoridade máxima do órgão ou da entidade, vedada a delegação.

§ 2.º A alocação interna de que trata o *caput*:

I – especificará o nível, a hierarquia, a denominação do cargo ou da função e as unidades administrativas de origem e de destino dos cargos em comissão e das funções de confiança;

II – será registrada no sistema informatizado do SIORG até o dia útil anterior à data de entrada em vigor da portaria;

III – poderá alterar as denominações dos cargos em comissão e das funções de confiança definidas em ato normativo superior; e

>> Inciso III com redação determinada pelo Decreto n. 10.382, de 28-5-2020.

IV – é vedada na hipótese de:

a) haver destinação específica prevista em lei para os cargos em comissão ou para as funções de confiança;

b) envolver unidades localizadas em Municípios distintos ou unidade localizada no Distrito Federal e unidade localizada em Município;

c) a nomeação, a designação, a exoneração ou a dispensa do ocupante depender de ato ou anuência do Presidente da República ou de outro Ministro de Estado; ou

d) as atribuições do cargo em comissão ou da função de confiança estarem especificadas em ato normativo superior.

Art. 18. As alterações decorrentes dos art. 16 e art. 17 serão refletidas

I – no regimento interno, quando houver; e

II – nas alterações futuras do decreto de aprovação de estrutura regimental ou estatuto, caso tenham implicado alteração tácita do ato.

Art. 19. Os cargos em comissão e as funções de confiança cuja alocação possa ser realizada nos termos do art. 17 poderão constar dos decretos de aprovação de estrutura regimental ou de estatuto apenas com os quantitativos globais previstos para o Distrito Federal e para os Municípios.

Parágrafo único. O detalhamento em decreto de estrutura regimental ou de estatuto dos cargos em comissão e das funções de confiança cuja alocação possa ser realizada nos termos do art. 17 não afasta a possibilidade de realocação por meio de portaria de que trata o art. 17.

Capítulo III
DO SISTEMA DE ORGANIZAÇÃO E INOVAÇÃO INSTITUCIONAL DO GOVERNO FEDERAL

Finalidades do SIORG

Art. 20. As atividades de desenvolvimento organizacional dos órgãos e das entidades da administração pública federal direta, autárquica e fundacional são organizadas sob a forma de sistema, denominado Sistema de Organização e Inovação Institucional do Governo Federal – SIORG, com as seguintes finalidades:

I – uniformizar e integrar ações das unidades que o compõem;

II – constituir rede colaborativa destinada à melhoria da gestão pública;

III – desenvolver padrões de qualidade e de racionalidade;

IV – proporcionar os meios para melhorar o desempenho institucional e otimizar a utilização dos recursos disponíveis; e

V – reduzir os custos operacionais e assegurar a continuidade dos processos de organização e inovação institucional.

Parágrafo único. Para fins do disposto neste Decreto, consideram-se funções básicas de organização e inovação institucional:

I – definição das competências dos órgãos e das entidades e das atribuições de seus dirigentes;

II – organização e funcionamento da administração pública federal;

III – estabelecimento de programas de melhoria do desempenho dos órgãos e das entidades;

IV – geração, adaptação e difusão de tecnologias de inovação;

V – racionalização de métodos e de processos administrativos;

VI – elaboração de planos de formação, desenvolvimento e treinamento do pessoal envolvido na área de abrangência do sistema; e

VII – difusão de informações organizacionais e de desempenho da gestão administrativa.

Integrantes do SIORG

Art. 21. São integrantes do SIORG todas as unidades administrativas responsáveis pelas atividades de organização e inovação institucional da administração pública federal direta, autárquica e fundacional, observada a seguinte estrutura:

I – órgão central – Ministério da Economia, por meio da Secretaria de Gestão da Secretaria Especial de Desburocratização, Gestão e Governo Digital;

II – órgãos setoriais – Secretarias-Executivas ou equivalentes, assessoradas pelas unidades administrativas responsáveis pela área de organização e inovação institucional dos Ministérios e dos órgãos integrantes da Presidência da República; e

III – órgãos seccionais – diretorias administrativas ou equivalentes, que atuam na área de organização e inovação institucional, nas autarquias e nas fundações.

§ 1.º Para os fins do disposto neste Decreto, as unidades setoriais e seccionais do SIORG subordinam-se tecnicamente ao órgão central do SIORG, sem prejuízo da subordinação administrativa decorrente de sua posição na estrutura do órgão ou da entidade em que se encontrem.

§ 2.º Caberá às unidades setoriais a articulação com as unidades seccionais a elas vinculadas, com o objetivo de contribuir para a integração sistêmica do SIORG.

Competências do órgão central do SIORG

Art. 22. Ao órgão central do SIORG compete:

I – definir, padronizar, sistematizar e estabelecer os procedimentos inerentes às atividades de organização e inovação institucional, por meio da edição de enunciados e de instruções;

II – estabelecer fluxos de informação entre as unidades integrantes do SIORG e os demais sistemas de atividades auxiliares, com vistas a subsidiar os processos de decisão e a coordenação das atividades governamentais;

III – gerar e difundir tecnologias e instrumentos metodológicos destinados ao planejamento, à execução e ao controle das atividades de organização e inovação institucional;

IV – orientar e conduzir o processo de organização e inovação institucional;

V – analisar e manifestar-se sobre propostas de:

a) criação e extinção de órgãos e de entidades;

b) definição das competências dos órgãos e das entidades e das atribuições de seus dirigentes;

c) revisão de categoria jurídico-institucional dos órgãos e das entidades;

d) remanejamento de cargos em comissão e de funções de confiança;

e) criação, transformação e extinção de cargos públicos e funções de confiança; e

f) aprovação e revisão de estrutura regimental e de estatuto;

VI – promover estudos e propor a criação, a fusão, a reorganização, a transferência e a extinção de órgãos e de entidades;

VII – administrar o cadastro de órgãos e de entidades; e

VIII – gerenciar o cadastramento de usuários e definir o perfil de acesso para os responsáveis dos órgãos e das entidades que integram o SIORG.

Competência das unidades setoriais e seccionais do SIORG

Art. 23. Às unidades setoriais e seccionais do SIORG compete:

I – cumprir e fazer cumprir as normas de organização e inovação institucional editadas pelo órgão central;

II – propor ações e sugerir prioridades nas atividades de organização e inovação institucional da respectiva área de atuação;

III – acompanhar e avaliar os programas e os projetos de organização e inovação institucional e informar ao órgão central;

IV – organizar e divulgar informações sobre estrutura regimental, estatuto, normas, rotinas, manuais de orientação, regimentos internos, instruções e procedimentos operacionais;

V – elaborar e rever periodicamente os documentos normativos necessários para o funcionamento das atividades de organização e inovação institucional, conforme os padrões e a orientação estabelecidos;

VI – normatizar, racionalizar e simplificar instrumentos, procedimentos e rotinas de trabalho;

VII – desenvolver padrões de qualidade e funcionalidade destinados à melhoria do desempenho dos trabalhos e dos serviços prestados;

VIII – manter atualizadas, no sistema informatizado do SIORG, as informações sobre:

a) a estrutura organizacional;

b) o regimento interno;

c) a denominação dos cargos em comissão, das funções de confiança e das unidades administrativas; e

d) os endereços e os contatos institucionais; e

IX – disponibilizar, no sítio eletrônico do órgão ou da entidade, as estruturas organizacionais registradas no sistema informatizado do SIORG.

Sistema informatizado do SIORG

Art. 24. O suporte às atividades de organização e inovação institucional contará com um sistema informatizado que conterá o cadastro oficial com as seguintes informações dos órgãos e das entidades integrantes do SIORG:

I – as estruturas;

II – as competências;

III – os cargos em comissão e as funções de confiança;

IV – o regimento interno; e

V – os endereços e os contatos institucionais.

Parágrafo único. O sistema informatizado de que trata o *caput* garantirá amplo acesso às informações de seu cadastro oficial.

Sistema informatizado do SIORG como referência

Art. 25. Para fins de integração, os sistemas informatizados da administração pública federal utilizarão a tabela de unidades organizacionais do sistema informatizado do SIORG como referência para o cadastro de órgãos, de entidades e de unidades administrativas.

Rejeição de propostas pelo Ministério da Economia

Art. 26. As propostas submetidas ao Ministério da Economia, para fins do disposto no § 2.º do art. 2.º, poderão ser devolvidas ao Ministério autor, na hipótese de o encaminhamento não obedecer às disposições deste Decreto.

Capítulo IV
DO CONCURSO PÚBLICO

Autorização de concurso público

Art. 27. Fica delegada competência ao Ministro de Estado da Economia, permitida a subdelegação para o Secretário Especial de Desburocratização, Gestão e Governo Digital do Ministério da Economia para:

I – autorizar a realização de concursos públicos nos órgãos e nas entidades da administração pública federal direta, autárquica e fundacional;

II – decidir sobre o provimento de cargos; e

III – editar os atos operacionais necessários para os fins de que trata este artigo.

§ 1.º A delegação de que trata o *caput* não se aplica, para fins de ingresso:

I – às carreiras de Advogado da União, de Procurador da Fazenda Nacional e de Procurador Federal, cujos atos serão realizados pelo Advogado-Geral da União;

II – à carreira de Diplomata, cujos atos serão realizados pelo Ministro de Estado das Relações Exteriores; e

III – à carreira de Policial Federal, cujos atos serão realizados pelo Diretor-Geral da Polícia Federal.

§ 2.º Independe de autorização do Ministro de Estado da Economia o provimento de cargo de docente e a contratação de professor substituto em instituições federais de ensino, observado o limite autorizado para o quadro docente de cada uma e a necessidade de informar previamente o órgão central do SIPEC, conforme ato conjunto dos Ministros de Estado da Economia e da Educação.

§ 3.º Os concursos públicos para o provimento de cargos da carreira prevista no inciso III do § 1.º serão realizados:

I – quando o número de vagas exceder a cinco por cento dos respectivos cargos; ou

II – com menor percentual de cargos vagos, de acordo com a necessidade ea critério do Ministro de Estado da Justiça e Segurança Pública.

§ 4.º Nas hipóteses dos § 1.º e § 3.º os atos dependerão de manifestação prévia do Ministro de Estado da Economia, permitida a delegação na forma do *caput*, que confirme a existência de disponibilidade orçamentária para cobrir as despesas com o provimento dos cargos públicos.

Nomeação de aprovados em concurso público

Art. 28. Durante o período de validade do concurso público, o Ministro de Estado da Economia poderá autorizar, por meio de motivação expressa, a nomeação de candidatos aprovados e não convocados, que ultrapassem em até vinte e cinco por cento o quantitativo original de vagas.

Parágrafo único. Para fins do disposto no *caput*, o órgão solicitante instruirá seu pedido com a justificativa e a comprovação da efetiva necessidade do provimento adicional, observado, no que couber, o disposto nos art. 3.º a art. 6.º.

Concurso público para formação de cadastro de reserva

Art. 29. Excepcionalmente, atendendo a pedido do órgão ou da entidade que demonstre a impossibilidade de se determinar, no prazo de validade do concurso público, o quantitativo de vagas necessário para pronto provimento, o Ministro de Estado da Economia poderá autorizar a realização de concurso público para formação de cadastro de reserva para provimento futuro.

§ 1.º A nomeação dos aprovados em cadastro de reserva é faculdade da administração pública federal e depende de autorização do Ministro de Estado da Economia.

§ 2.º O edital do concurso público de que trata o *caput* preverá a quantidade limite de aprovações e a colocação a partir da qual o candidato será considerado automaticamente reprovado.

Prova de títulos

Art. 30. O concurso público será de provas ou de provas e títulos e poderá ser realizado em duas etapas, conforme dispuser a lei ou o regulamento para o caso específico.

Parágrafo único. Quando houver prova de títulos, ela será realizada como etapa posterior à prova escrita e somente apresentarão os títulos os candidatos aprovados nas etapas anteriores, ressalvada disposição diversa em lei.

Prova oral

Art. 31. Eventual prova oral ou defesa de memorial será realizada em sessão pública e será gravada para fins de registro, avaliação e recurso.

Prova de aptidão física

Art. 32. A realização de provas de aptidão física exige a indicação no edital do tipo de prova, das técnicas admitidas e do desempenho mínimo para classificação.

Prova prática

Art. 33. As provas de conhecimentos práticos específicos indicarão os instrumentos, os aparelhos ou as técnicas a serem utilizadas e a metodologia de aferição para avaliação dos candidatos.

Limite de aprovados por etapa

Art. 34. O condicionamento da aprovação em determinada etapa, simultaneamente, à obtenção de nota mínima e à obtenção de classificação mínima na etapa poderá ser estabelecido no edital de abertura do concurso.

Curso de formação

Art. 35. Na hipótese de realização do concurso em duas etapas, a segunda etapa será constituída de curso ou de programa de formação, de caráter eliminatório e classificatório, ressalvada disposição diversa em lei específica.

§ 1.º Na hipótese de o número de candidatos matriculados para a segunda etapa ensejar a formação de mais de uma turma, com início em datas diferentes, o resultado será divulgado por grupo, ao término das atividades de cada turma.

§ 2.º É vedada a participação em curso ou programa de formação de quantitativo de candidatos superior ao quantitativo original de vagas estabelecido no edital do concurso público, ressalvada a possibilidade de autorização prévia nos termos do art. 26.

Avaliação psicológica

Art. 36. A realização de avaliação psicológica está condicionada à existência de previsão legal específica e estará prevista no edital do concurso público.

§ 1.º Para fins do disposto neste Decreto, considera-se avaliação psicológica o emprego de procedimentos científicos destinados a aferir a compatibilidade das características psicológicas do candidato com as atribuições do cargo.

§ 2.º A avaliação psicológica será realizada após a aplicação das provas escritas, orais e de aptidão física, quando houver.

§ 3.º Os requisitos psicológicos para o desempenho no cargo serão estabelecidos previamente, por meio de estudo científico:

I – das atribuições e das responsabilidades dos cargos;

II – da descrição detalhada das atividades e das tarefas;

III – da identificação dos conhecimentos, das habilidades e das características pessoais necessários para sua execução; e

IV – da identificação de características restritivas ou impeditivas para o cargo.

§ 4.º A avaliação psicológica será realizada por meio do uso de instrumentos de avaliação psicológica capazes de aferir, de forma objetiva e padronizada, os requisitos psicológicos do candidato para o desempenho das atribuições inerentes ao cargo.

§ 5.º O edital especificará os requisitos psicológicos que serão aferidos na avaliação.

Resultado da avaliação psicológica

Art. 37. O resultado final da avaliação psicológica do candidato será divulgado exclusivamente como "apto" ou "inapto".

§ 1.º Todas as avaliações psicológicas serão fundamentadas e os candidatos terão acesso à cópia de todo o processado envolvendo sua avaliação, independentemente de requerimento específico, ainda que o candidato tenha sido considerado apto.

§ 2.º Os prazos e a forma de interposição de recurso acerca do resultado da avaliação psicológica serão definidos pelo edital do concurso.

§ 3.º Os profissionais que efetuaram avaliações psicológicas no certame não poderão participar do julgamento de recursos.

§ 4.º Na hipótese de no julgamento do recurso se entender que a documentação e a fundamentação da avaliação psicológica são insuficientes para se concluir sobre as condições do candidato, a avaliação psicológica será anulada e será realizado novo exame por outro profissional.

Cobrança pela inscrição no concurso

Art. 38. O valor cobrado a título de inscrição no concurso público será fixado em edital, considerados os custos estimados indispensáveis para a sua realização e ressalvadas as hipóteses de isenção nele expressamente previstas, respeitado o disposto no Decreto n. 6.593, de 2 de outubro de 2008.

Relação e limite de aprovados

Art. 39. O órgão ou a entidade responsável pela realização do concurso público homologará e publicará no *Diário Oficial da União* a relação dos candidatos aprovados no certame, por ordem de classificação e respeitados os limites do Anexo II.

§ 1.º Os candidatos não classificados no quantitativo máximo de aprovados de que trata o Anexo II, ainda que tenham atingido nota mínima, estarão automaticamente reprovados no concurso público.

§ 2.º Na hipótese de realização de concurso público em mais de uma etapa, o critério de reprovação do § 1.º será aplicado considerando-se a classificação da primeira etapa.

§ 3.º Nenhum dos candidatos empatados na última classificação de aprovados será considerado reprovado nos termos deste artigo.

Prazo para limite para a abertura do concurso público

Art. 40. Na autorização do Ministro de Estado da Economia para realização de concurso público ou na manifestação de que trata o § 3.º do art. 20, será fixado prazo não superior a seis meses para o órgão ou a entidade publicar o edital de abertura de inscrições para realização do certame.

§ 1.º Para as instituições federais de ensino vinculadas ao Ministério da Educação, o prazo de que trata o *caput* será contado a partir da data de publicação do ato do Ministro de Estado da Educação que realizar a distribuição das vagas autorizadas entre essas entidades.

§ 2.º Encerrado o prazo de que trata o *caput* sem a abertura de concurso público, a autorização concedida pelo Ministro de Estado da Economia ou a manifestação de que trata o § 3.º do art. 20 ficará sem efeito.

Formalização do edital do concurso público

Art. 41. O edital do concurso público será:

I – publicado integralmente no *Diário Oficial da União*, com antecedência mínima de quatro meses da realização da primeira prova; e

II – divulgado logo após a publicação no sítio oficial do órgão ou da entidade responsável pela realização do concurso público e da instituição que executará o certame.

§ 1.º A alteração de qualquer dispositivo do edital será publicada no *Diário Oficial da União* e divulgada nos termos do inciso II do *caput*.

§ 2.º O prazo de que trata o inciso I do *caput* poderá ser reduzido por meio de ato motivado do Ministro de Estado, permitida a subdelegação para o Secretário Especial de Desburocratização, Gestão e Governo Digital do Ministério da Economia.

Elementos essenciais do edital

Art. 42. Deverão constar do edital de abertura de inscrições, no mínimo, as seguintes informações:

I – a identificação da instituição realizadora do certame e do órgão ou da entidade que o promove;

II – a menção ao ato ministerial que autorizou a realização do concurso público;

III – o quantitativo de cargos a serem providos;

IV – o quantitativo de cargos reservados às pessoas com deficiência e os critérios para sua admissão, em consonância com o disposto no art. 44 do Decreto n. 3.298, de 20 de dezembro de 1999, e no Decreto n. 9.508, de 24 de setembro de 2018;

V – a denominação do cargo, a classe de ingresso e a remuneração inicial, com a discriminação das parcelas que a compõem;

VI – as leis e os regulamentos que disponham sobre o cargo ou a carreira;

VII – a descrição das atribuições do cargo público;

VIII – a indicação do nível de escolaridade exigido para a posse no cargo público;

IX – a indicação precisa dos locais, dos horários e dos procedimentos de inscrição e das formalidades para sua confirmação;

X – o valor da taxa de inscrição e as hipóteses de isenção;

XI – as orientações para a apresentação do requerimento de isenção da taxa de inscrição, conforme legislação aplicável;

XII – a indicação da documentação a ser apresentada no ato de inscrição e na data de realização das provas e do material de uso não permitido durante as provas;

XIII – a enunciação precisa das disciplinas das provas e dos eventuais agrupamentos de provas;

XIV – a indicação das prováveis datas de realização das provas;

XV – a quantidade de etapas do concurso público, com indicação das respectivas fases, seu caráter eliminatório ou eliminatório e classificatório e indicativo sobre a existência e as condições do curso de formação, se for o caso;

XVI – o critério de reprovação automática de que trata o art. 31;

XVII – a informação de que haverá gravação na hipótese de prova oral ou defesa de memorial;

XVIII – a explicitação detalhada da metodologia para classificação no concurso público;

XIX – a exigência, quando cabível, de exames médicos específicos para a carreira ou de exame psicotécnico ou sindicância da vida pregressa;

XX – a regulamentação dos meios de aferição do desempenho do candidato nas provas, observado o disposto na Lei n. 10.741, de 1.º de outubro de 2003;

XXI – a fixação do prazo de validade do concurso e da possibilidade de sua prorrogação; e

XXII – as disposições sobre o processo de elaboração, apresentação, julgamento, decisão e conhecimento do resultado de recursos.

§ 1.º A escolaridade mínima e a experiência profissional, quando exigidas, serão comprovadas no ato de posse no cargo público, vedada a exigência de comprovação no ato de inscrição no concurso público ou em qualquer de suas etapas, ressalvado o disposto em legislação específica.

§ 2.º É lícito ao candidato apresentar parecer de assistente técnico na fase recursal.

Validade do concurso público

Art. 43. O concurso público terá a validade máxima de dois anos, contados da data de sua homologação.

§ 1.º O prazo de que trata o *caput* poderá ser prorrogado uma vez, por igual período, caso haja previsão no edital do concurso público.

§ 2.º A previsão a que se refere o § 1.º depende de autorização do Ministro de Estado da Economia.

CAPÍTULO V
DISPOSIÇÕES FINAIS

Atos complementares

Art. 44. O Ministro de Estado da Economia editará os atos complementares necessários à aplicação deste Decreto e será o responsável por dirimir eventuais dúvidas.

Disposições transitórias

Art. 45. Aplicam-se as disposições do Decreto n. 6.944, de 21 de agosto de 2009, e os procedimentos complementares estabelecidos pelo Ministro de Estado da Economia aos concursos públicos autorizados até a data de entrada em vigor deste Decreto.

Parágrafo único. Na hipótese do *caput*, o órgão ou a entidade poderá optar pela aplicação das disposições deste Decreto.

Art. 46. Os órgãos e as entidades atualizarão as informações elencadas no inciso VIII do *caput* do art. 23, no sistema informatizado do SIORG, até 31 de julho de 2019.

Art. 47. O disposto no art. 17 não se aplica aos Decretos de aprovação de estruturas regimentais ou de estatutos publicados até 31 de dezembro de 2018 e que não tenham sido posteriormente alterados.

Cláusula de revogação

Art. 48. Fica revogado o Decreto n. 6.944, de 2009.

Cláusula de vigência

Art. 49. Este Decreto entra em vigor em 1.º de junho de 2019.

Brasília, 28 de março de 2019; 198.º da Independência e 131.º da República.

JAIR MESSIAS BOLSONARO

DECRETO N. 9.758, DE 11 DE ABRIL DE 2019 (*)

Dispõe sobre a forma de tratamento e de endereçamento nas comunicações com agentes públicos da administração pública federal.

O Presidente da República, no uso da atribuição que lhe confere o art. 84, *caput*, inciso VI, alínea *a*, da Constituição, decreta:

Objeto e âmbito de aplicação

Art. 1.º Este Decreto dispõe sobre a forma de tratamento empregada na comunicação, oral ou escrita, com agentes públicos da administração pública federal direta e indireta, e sobre a forma de endereçamento de comunicações escritas a eles dirigidas.

§ 1.º O disposto neste Decreto aplica-se às cerimônias das quais o agente público federal participe.

§ 2.º Aplica-se o disposto neste Decreto:

I – aos servidores públicos ocupantes de cargo efetivo;

II – aos militares das Forças Armadas ou das forças auxiliares;

III – aos empregados públicos;

IV – ao pessoal temporário;

V – aos empregados, aos conselheiros, aos diretores e aos presidentes de empresas públicas e sociedades de economia mista;

VI – aos empregados terceirizados que exercem atividades diretamente para os entes da administração pública federal;

VII – aos ocupantes de cargos em comissão e de funções de confiança;

VIII – às autoridades públicas de qualquer nível hierárquico, incluídos os Ministros de Estado; e

IX – ao Vice-Presidente e ao Presidente da República.

§ 3.º Este Decreto não se aplica:

(*) Publicado no *Diário Oficial da União*, de 11-4-2019.

I – às comunicações entre agentes públicos federais e autoridades estrangeiras ou de organismos internacionais; e

II – às comunicações entre agentes públicos da administração pública federal e agentes públicos do Poder Judiciário, do Poder Legislativo, do Tribunal de Contas, da Defensoria Pública, do Ministério Público ou de outros entes federativos, na hipótese de exigência de tratamento especial pela outra parte, com base em norma aplicável ao órgão, à entidade ou aos ocupantes dos cargos.

Pronome de tratamento adequado

Art. 2.º O único pronome de tratamento utilizado na comunicação com agentes públicos federais é "senhor", independentemente do nível hierárquico, da natureza do cargo ou da função ou da ocasião.

Parágrafo único. O pronome de tratamento é flexionado para o feminino e para o plural.

Formas de tratamento vedadas

Art. 3.º É vedado na comunicação com agentes públicos federais o uso das formas de tratamento, ainda que abreviadas:

I – Vossa Excelência ou Excelentíssimo;

II – Vossa Senhoria;

III – Vossa Magnificência;

IV – doutor;

V – ilustre ou ilustríssimo;

VI – digno ou digníssimo; e

VII – respeitável.

§ 1.º O agente público federal que exigir o uso dos pronomes de tratamento de que trata o *caput*, mediante invocação de normas especiais referentes ao cargo ou carreira, deverá tratar o interlocutor do mesmo modo.

§ 2.º É vedado negar a realização de ato administrativo ou admoestar o interlocutor nos autos do expediente caso haja erro na forma de tratamento empregada.

Endereçamento de comunicações

Art. 4.º O endereçamento das comunicações dirigidas a agentes públicos federais não conterá pronome de tratamento ou o nome do agente público.

Parágrafo único. Poderão constar o pronome de tratamento, na forma deste Decreto, e o nome do destinatário nas hipóteses de:

I – a mera indicação do cargo ou da função e do setor da administração ser insuficiente para a identificação do destinatário; ou

II – a correspondência ser dirigida à pessoa de agente público específico.

Vigência

Art. 5.º Este Decreto entra em vigor em 1.º de maio de 2019.

Brasília, 11 de abril de 2019; 198.º da Independência e 131.º da República.

JAIR MESSIAS BOLSONARO

DECRETO N. 9.764, DE 11 DE ABRIL DE 2019 (*)

Dispõe sobre o recebimento de doações de bens móveis e de serviços de pessoas físicas ou jurídicas de direito privado pelos órgãos e pelas entidades da administração pública federal direta, autárquica e fundacional.

>> Ementa com redação determinada pelo Decreto n. 10.314, de 6-4-2020.

O Presidente da República, no uso da atribuição que lhe confere o art. 84, *caput*, inciso VI, alínea *a*, da Constituição, decreta:

CAPÍTULO I
DISPOSIÇÕES GERAIS

Âmbito de aplicação e objeto

Art. 1.º Este Decreto dispõe sobre o recebimento de doações de bens móveis e de serviços de pessoas físicas ou jurídicas de direito privado pelos órgãos e pelas entidades da administração pública federal direta, autárquica e fundacional, nas seguintes espécies:

>> *Caput* com redação determinada pelo Decreto n. 10.314, de 6-4-2020.

I – sem ônus ou encargo; ou

>> Inciso I acrescentado pelo Decreto n. 10.314, de 6-4-2020.

II – com ônus ou encargo.

>> Inciso II acrescentado pelo Decreto n. 10.314, de 6-4-2020.

§ 1.º Os bens móveis ou os serviços relacionados com estudos, consultorias e tecnologias que intentem prover soluções e inovações ao governo e à sociedade, ainda que não disponíveis no mercado ou em fase de testes, e que promovam a melhoria da gestão pública poderão ser objeto da doação de que trata este Decreto.

§ 2.º A doação de bens móveis ou de serviços que envolvam a utilização de sistemas ou de soluções de tecnologia da informação e comunicação observará as diretrizes estabelecidas na Política Nacional de Segurança da Informação, de que trata o Decreto n. 9.637, de 26 de dezembro de 2018, com vistas a assegurar a disponibilidade, a integridade, a confidencialidade e a autenticidade da informação no nível nacional.

Art. 2.º As doações de bens móveis e de serviços têm por finalidade o interesse público e buscarão, sempre que possível, a ampliação da relação com *startups* e o exercício do empreendedorismo inovador e intensivo em conhecimento, observados os princípios que regem a administração pública.

Art. 3.º É vedado o recebimento de doações de serviços que possam comprometer ou colocar em risco a gestão e o resultado das atividades finalísticas dos órgãos e das entidades da administração pública federal direta, autárquica e fundacional.

Art. 4.º As normas estabelecidas neste Decreto para doações de bens móveis e de serviços não se aplicam às doações realizadas pelos órgãos ou pelas entidades da administração pública direta ou indireta da União, dos Estados, do Distrito Federal ou dos Municípios.

Definições

Art. 5.º Para fins do disposto neste Decreto, são adotadas as seguintes definições:

I – pessoa física – qualquer pessoa física, nacional ou estrangeira;

>> Inciso I com redação determinada pelo Decreto n. 10.314, de 6-4-2020.

II – pessoa jurídica – qualquer pessoa jurídica de direito privado, nacional ou estrangeira; e

>> Inciso II com redação determinada pelo Decreto n. 10.314, de 6-4-2020.

III – ônus ou encargo – obrigação condicional imposta pelo doador ao donatário, que determina restrição ao bem móvel ou ao serviço transferido ou que imponha obrigação de fazer ou não fazer, em favor do doador, do donatário, de terceiros ou do interesse público, vedada a obrigação em termos de contrapartida financeira.

>> Inciso III acrescentado pelo Decreto n. 10.314, de 6-4-2020.

CAPÍTULO II
PROCEDIMENTOS

Diretrizes gerais

Art. 6.º As doações de bens móveis e de serviços de que trata este Decreto serão realizadas por meio dos seguintes procedimentos:

I – chamamento público ou manifestação de interesse, quando se tratar de doação sem ônus ou encargo; e

>> Inciso I com redação determinada pelo Decreto n. 10.314, de 6-4-2020.

II – manifestação de interesse, quando se tratar de doação com ônus ou encargo.

>> Inciso II com redação determinada pelo Decreto n. 10.314, de 6-4-2020.

CAPÍTULO III
CHAMAMENTO PÚBLICO PARA DOAÇÃO DE BENS MÓVEIS E SERVIÇOS

Condições

Art. 7.º A Central de Compras da Secretaria de Gestão da Secretaria Especial de Desburocratização, Gestão e Governo Digital do Ministério da Economia realizará, de ofício ou por meio de provocação de órgãos ou de entidades da administração pública direta, autárquica e fundacional, o chamamento público, com o objetivo de incentivar doações de bens móveis e de serviços, nos termos do disposto neste Decreto.

(*) Publicado no *Diário Oficial da União*, de 11-4-2019.

Parágrafo único. O chamamento público de que trata o *caput* será realizado quando não houver bens móveis ou serviços disponíveis no sistema de que trata o art. 16 que atendam às necessidades e aos interesses dos órgãos ou das entidades da administração pública direta, autárquica e fundacional.

>> Parágrafo único com redação determinada pelo Decreto n. 10.314, de 6-4-2020.

Fases

Art. 8.º São as fases do chamamento público:

I – a abertura, por meio de publicação de edital;

II – a apresentação das propostas de doação de bens móveis e de serviços; e

III – a avaliação, a seleção e a aprovação das propostas de doação.

Edital

Art. 9.º O edital do chamamento público conterá, no mínimo:

I – a data e a forma de recebimento das propostas de doação;

II – os requisitos para a apresentação das propostas de doação, incluídas as informações de que trata o art. 17;

III – as condições de participação das pessoas físicas ou jurídicas, observado o disposto no art. 24;

IV – as datas e os critérios de seleção e de julgamento das propostas de doação;

V – os critérios e as condições de recebimento das doações de bens móveis ou de serviços;

VI – a minuta de termo de doação, de declaração firmada pelo doador, ou de termo de adesão, observado o disposto no Capítulo V; e

>> Inciso VI com redação determinada pelo Decreto n. 10.314, de 6-4-2020.

VII – a relação dos bens móveis e dos serviços, com a indicação dos órgãos ou das entidades interessados, quando for o caso.

Operacionalização

Art. 10. O edital de chamamento público será divulgado no sítio eletrônico do Ministério da Economia e do portal de compras governamentais, facultada a sua divulgação no sítio eletrônico do órgão ou da entidade interessada no recebimento das doações.

Parágrafo único. O aviso de abertura do chamamento público será publicado, com a antecedência de oito dias úteis, contados da data da sessão pública de recebimento das propostas, no *Diário Oficial da União*.

Art. 11. A pessoa física ou pessoa jurídica poderá se habilitar no chamamento público, desde que observe as normas estabelecidas no edital e apresente os documentos exigidos.

Art. 12. Compete à Central de Compras da Secretaria de Gestão da Secretaria Especial de Desburocratização, Gestão e Governo Digital do Ministério da Economia:

>> *Caput* com redação determinada pelo Decreto n. 10.314, de 6-4-2020.

I – receber os documentos de inscrição, analisar sua compatibilidade com o estabelecido no edital de chamamento público e deferir ou não a inscrição; e

II – avaliar as propostas, de acordo com os critérios estabelecidos no edital de chamamento público, e selecionar as mais adequadas aos interesses da administração pública.

>> Inciso II com redação determinada pelo Decreto n. 10.314, de 6-4-2020.

§ 1.º Na hipótese de haver mais de uma proposta com equivalência de especificações que atendam ao edital de chamamento público, a escolha será feita por meio de sorteio realizado em sessão pública.

§ 2.º A seleção de mais de um proponente poderá ser realizada, desde que seja oportuno ao atendimento da demanda prevista no chamamento público.

Art. 13. Na hipótese de haver interesse em receber a doação de bens móveis ou de serviços disponibilizados no chamamento público pela Central de Compras da Secretaria de Gestão da Secretaria Especial de Desburocratização, Gestão e Governo Digital do Ministério da Economia, o órgão ou a entidade interessada será responsável pelos procedimentos de formalização e de recebimento das doações, observado o disposto no Capítulo V.

Art. 14. A homologação do resultado do chamamento público será publicada no *Diário Oficial da União*.

Art. 15. As regras e os procedimentos complementares ao chamamento público serão definidos em ato da Secretaria de Gestão da Secretaria Especial de Desburocratização, Gestão e Governo Digital do Ministério da Economia.

Capítulo IV
MANIFESTAÇÃO DE INTERESSE EM DOAR BENS MÓVEIS OU SERVIÇOS

Manifestação de interesse

Art. 16. A manifestação de interesse em doar bens móveis ou serviços, na forma prevista nos incisos I e II do *caput* do art. 1.º, poderá ser realizada, a qualquer tempo, no sítio eletrônico do Reuse.gov, conforme ato do Secretário de Gestão da Secretaria Especial de Desburocratização, Gestão e Governo Digital do Ministério da Economia.

>> *Caput* com redação determinada pelo Decreto n. 10.314, de 6-4-2020.

Parágrafo único. O Reuse.gov integra o Sistema Integrado de Administração de Serviços Gerais – Siasg, disponibilizado pelo Ministério da Economia.

Informações necessárias

Art. 17. Para a manifestação de interesse de que trata o art. 16, as pessoas físicas ou jurídicas de direito privado apresentarão as seguintes informações:

I – a identificação do doador;

II – a indicação do donatário, quando for o caso;

III – a descrição, as condições, as especificações e os quantitativos dos bens móveis ou dos serviços e outras características necessárias à definição do objeto da doação;

IV – o valor de mercado atualizado dos bens móveis ou dos serviços ofertado;

V – declaração do doador da propriedade do bem móvel a ser doado;

VI – declaração do doador de que inexistem demandas administrativas ou judiciais com relação aos bens móveis a serem doados;

VII – localização dos bens móveis ou do local de prestação dos serviços, caso aplicável;

>> Inciso VII com redação determinada pelo Decreto n. 10.314, de 6-4-2020.

VIII – fotos dos bens móveis, caso aplicável; e

>> Inciso VIII com redação determinada pelo Decreto n. 10.314, de 6-4-2020.

IX – descrição do ônus ou encargo, caso aplicável.

>> Inciso IX acrescentado pelo Decreto n. 10.314, de 6-4-2020.

§ 1.º A Central de Compras da Secretaria de Gestão da Secretaria Especial de Desburocratização, Gestão e Governo Digital do Ministério da Economia poderá solicitar ao proponente a complementação das informações de que trata o *caput* para subsidiar sua análise quanto ao atendimento dos requisitos para recebimento da manifestação de interesse.

>> § 1.º com redação determinada pelo Decreto n. 10.314, de 6-4-2020.

§ 2.º Atendidos os requisitos de que trata o *caput*, a Central de Compras da Secretaria de Gestão da Secretaria Especial de Desburocratização, Gestão e Governo Digital do Ministério da Economia publicará, no Reuse.gov, o anúncio da doação, que permanecerá disponível pelo período de dez dias:

>> § 2.º, *caput*, com redação determinada pelo Decreto n. 10.314, de 6-4-2020.

I – no caso das doações sem encargos, para que os donatários indicados aceitem a doação ou os órgãos e as entidades interessados se candidatem a receber a doação; ou

>> Inciso I acrescentado pelo Decreto n. 10.314, de 6-4-2020.

II – no caso das doações com encargos, para que:

>> Inciso II, *caput*, acrescentado pelo Decreto n. 10.314, de 6-4-2020.

a) outros doadores interessados apresentem propostas de doações correlatas; e

>> Alínea *a* acrescentada pelo Decreto n. 10.314, de 6-4-2020.

b) os donatários indicados aceitem a doação e o respectivo encargo ou os órgãos e as entidades interessados se candidatem a receber a doação, nos termos apresentados.

>> Alínea *b* acrescentada pelo Decreto n. 10.314, de 6-4-2020.

§ 3.º Na hipótese prevista na alínea *a* do inciso II do § 2.º, caberá aos donatários indicados ou aos órgãos e às entidades interessados em receber a doação selecionar a proposta ou as propostas mais adequadas aos interesses da administração pública, observado o disposto nos § 1.º e § 2.º do art. 12, no inciso II do *caput* do art. 19-A e no art. 19-B.

>> § 3.º com redação determinada pelo Decreto n. 10.314, de 6-4-2020.

§ 4.º As manifestações de interesse de doação sem encargos que tenham objeto idêntico ao do chamamento público com prazo aberto para apresentação de propostas serão recebidas pela Central de Compras da Secretaria de Gestão da Secretaria Especial de Desburocratização, Gestão e Governo Digital do Ministério da Economia como propostas desse chamamento público, observado o disposto no art. 11.

>> § 4.º com redação determinada pelo Decreto n. 10.314, de 6-4-2020.

§ 5.º Na hipótese de não haver órgãos ou entidades da administração pública direta, autárquica e fundacional interessados, as pessoas físicas ou jurídicas de direito privado poderão republicar o anúncio dos bens móveis e serviços a serem doados.

>> § 5.º acrescentado pelo Decreto n. 10.314, de 6-4-2020.

§ 6.º O prazo de disponibilidade do anúncio de que trata o § 2.º poderá ser reduzido ou suprimido, justificadamente, na hipótese de emergência ou calamidade pública, quando caracterizada urgência de atendimento de situação que possa ocasionar prejuízo ou comprometer a segurança de pessoas, obras, serviços, equipamentos e outros bens, públicos ou particulares, e somente para os objetos necessários ao atendimento da situação emergencial ou calamitosa .

>> § 6.º acrescentado pelo Decreto n. 10.314, de 6-4-2020.

Órgão ou entidade interessada

Art. 18. Na hipótese de não existir indicação de donatário e mais de um órgão ou entidade da administração pública direta, autárquica e fundacional se candidatar a receber o mesmo bem móvel ou serviço, será observada a ordem cronológica do registro da candidatura.

Art. 19. Os donatários indicados e os órgãos ou as entidades da administração pública direta, autárquica e fundacional que se candidatarem a receber a doação de bens móveis ou serviços disponibilizados no sítio eletrônico do Reuse.gov serão os responsáveis pelos procedimentos de formalização e pelo recebimento das doações, observado o disposto nos Capítulos V e VI.

Art. 19-A. Na hipótese de haver manifestação de interesse, com objeto idêntico ou equivalente, será dada preferência, em todos os casos:

>> *Caput* acrescentado pelo Decreto n. 10.314, de 6-4-2020.

I – à manifestação que se processar sem ônus ou encargo; ou

>> Inciso I acrescentado pelo Decreto n. 10.314, de 6-4-2020.

II – à manifestação que impuser menor ônus ou encargo à administração pública, motivadamente.

>> Inciso II acrescentado pelo Decreto n. 10.314, de 6-4-2020.

Art. 19-B. O aceite da doação com ônus ou encargo necessita de análise formal, pelo órgão ou pela entidade interessado, acerca da razoabilidade da obrigação imposta, de modo a resguardar a vantajosidade da doação ao interesse público.

>> Artigo acrescentado pelo Decreto n. 10.314, de 6-4-2020.

CAPÍTULO V
FORMALIZAÇÃO DAS DOAÇÕES DE BENS MÓVEIS E SERVIÇOS

Termo de doação e declaração firmado por pessoa jurídica

Art. 20. As doações de bens móveis e de serviços por pessoa jurídica aos órgãos e às entidades da administração pública federal direta, autárquica e fundacional serão formalizadas:

>> *Caput* com redação determinada pelo Decreto n. 10.314, de 6-4-2020.

I – no caso de doação com ônus ou encargo, por meio de contrato de doação; ou

>> Inciso I acrescentado pelo Decreto n. 10.314, de 6-4-2020.

II – no caso de doação sem encargos, por meio de termo de doação ou de declaração firmada pelo doador, sendo esta última aplicável na hipótese de as doações corresponderem a valor inferior aos estabelecidos nos incisos I e II do *caput* do art. 24 da Lei n. 8.666, de 21 de junho de 1993.

>> Inciso II acrescentado pelo Decreto n. 10.314, de 6-4-2020.

§ 1.º Os modelos de contrato de doação, de termo de doação e de declaração para doações de bens móveis ou de serviços de que trata o *caput* serão estabelecidos em ato da Secretaria de Gestão da Secretaria Especial de Desburocratização, Gestão e Governo Digital do Ministério da Economia, na condição de órgão central do Sistema de Serviços Gerais – Sisg.

>> § 1.º com redação determinada pelo Decreto n. 10.314, de 6-4-2020.

§ 2.º Os extratos dos contratos de doação, dos termos de doação e das declarações para doações de bens móveis e de serviços de que trata o *caput* serão publicados no *Diário Oficial da União* pelo órgão ou pela entidade beneficiada.

>> § 2.º com redação determinada pelo Decreto n. 10.314, de 6-4-2020.

§ 3.º Deverá constar nos termos de doação de bens móveis ou de serviços e nas declarações para doações de bens móveis ou de serviços, sem ônus ou encargo, que serão do doador os custos decorrentes da entrega dos bens móveis ou da prestação dos serviços.

>> § 3.º com redação determinada pelo Decreto n. 10.314, de 6-4-2020.

Termo de doação e termo de adesão firmado por pessoa física

Art. 21. As doações de bens móveis por pessoa física aos órgãos e às entidades da administração pública federal direta, autárquica e fundacional serão formalizadas:

>> *Caput* com redação determinada pelo Decreto n. 10.314, de 6-4-2020.

I – no caso de doação com ônus ou encargo, por meio de contrato de doação; ou

>> Inciso I acrescentado pelo Decreto n. 10.314, de 6-4-2020.

II – no caso de doação sem encargos, por meio de termo de doação.

>> Inciso II acrescentado pelo Decreto n. 10.314, de 6-4-2020.

Art. 22. As doações de serviços por pessoa física aos órgãos e às entidades da administração pública federal direta, autárquica e fundacional serão formalizadas por meio de termo de adesão entre o órgão ou a entidade e o prestador do serviço, do qual constarão o objeto e as condições para o exercício, observado o disposto na Lei n. 9.608, de 18 de fevereiro de 1998.

>> Artigo com redação determinada pelo Decreto n. 10.314, de 6-4-2020.

> A Lei n. 9.608, de 18-2-1998, dispõe sobre serviço voluntário.

CAPÍTULO VI
VEDAÇÕES

Art. 23. Fica vedado o recebimento de doações nas seguintes hipóteses:

I – quando o doador for pessoa física condenada por ato de improbidade administrativa ou por crime contra a administração pública;

II – quando o doador for pessoa jurídica:

a) declarada inidônea;

b) suspensa ou impedida de contratar com a administração pública; ou

c) que tenha:

1. sócio majoritário condenado por ato de improbidade administrativa;

2. condenação pelo cometimento de ato de improbidade administrativa; ou

3. condenação definitiva pela prática de atos contra a administração pública, nacional ou estrangeira, nos termos do disposto na Lei n. 12.846, de 1.º de agosto de 2013;

> A Lei n. 12.846, de 1.º-8-2013, dispõe sobre a responsabilização administrativa e civil de pessoas jurídicas pela prática de atos contra a administração pública.

III – quando a doação caracterizar conflito de interesses;

IV – quando a doação gerar obrigação futura de contratação para fornecimento de bens, insumos e peças de marca exclusiva ou de serviços por inexigibilidade de licitação;

>> Inciso IV com redação determinada pelo Decreto n. 10.314, de 6-4-2020.

V – quando a doação puder gerar despesas adicionais, presentes ou futuras, certas ou potenciais, tais como de responsabilidade subsidiária, recuperação de bens e outras, que venham a torná-las antieconômicas;

>> Inciso V com redação determinada pelo Decreto n. 10.314, de 6-4-2020.

VI – quando o doador for pessoa jurídica e estiver em débito com a seguridade social, nos termos do disposto no § 3.º do art. 195 da Constituição; e

>> Inciso VI com redação determinada pelo Decreto n. 10.314, de 6-4-2020.

VII – quando o ônus ou o encargo exigido for desproporcional ao bem ou ao serviço oferecido em doação, de modo a tornar a doação desvantajosa à administração pública.

>> Inciso VII acrescentado pelo Decreto n. 10.314, de 6-4-2020.

§ 1.º Os impedimentos de que tratam o inciso I e os itens 1 e 2 da alínea *c* do inciso II do *caput* serão aplicados à pessoa física ou jurídica independentemente do trânsito em julgado para produção de efeitos, desde que haja decisão judicial válida nesse sentido que não tenha sido suspensa ou cassada por outra.

§ 2.º Ato da Secretaria de Gestão da Secretaria Especial de Desburocratização, Gestão e Governo Digital do Ministério da Economia, que será editado até a data de entrada em vigor deste Decreto, disporá sobre as situações que caracterizem conflito de interesses para fins de recebimento de doações.

Capítulo VII
DISPOSIÇÕES FINAIS

Orientações gerais

Art. 24. Na hipótese de haver doação sem ônus ou encargos, fica vedada a utilização de bens móveis e dos serviços doados para fins publicitários, sendo, contudo, autorizada, após a entrega dos bens ou o início da prestação dos serviços objeto da doação:

>> *Caput* com redação determinada pelo Decreto n. 10.314, de 6-4-2020.

I – a menção informativa da doação no sítio eletrônico do doador; e

II – menção nominal ao doador pelo donatário no sítio eletrônico do órgão ou da entidade da administração pública direta, autárquica e fundacional, quando se tratar de auxílio a programa ou a projeto de governo.

Parágrafo único. Na hipótese do inciso II do *caput*, a divulgação será realizada na página do sítio eletrônico relacionado ao programa ou ao projeto auxiliado.

Art. 25. Os editais de chamamento público estão sujeitos à impugnação por qualquer pessoa, física ou jurídica, no prazo de cinco dias úteis, contado da data de publicação do edital.

§ 1.º Não serão conhecidas as impugnações que não apresentarem fundamentos de fato e de direito que obstem o recebimento em doação do bem móvel ou do serviço.

§ 2.º *(Revogado pelo Decreto n. 10.314, de 6-4-2020.)*

§ 3.º Caberá recurso do resultado final do chamamento público, no prazo de cinco dias úteis, contado da data sua publicação no *Diário Oficial da União*.

Art. 26. O recebimento das doações de que trata este Decreto não caracterizam a novação, o pagamento ou a transação dos débitos dos doadores com a administração pública.

Art. 26-A. A inexecução ou a mora no cumprimento do encargo, pelo donatário, implicará a reversão da doação.

>> Artigo acrescentado pelo Decreto n. 10.314, de 6-4-2020.

Art. 27. O órgão ou a entidade beneficiária da doação de bens móveis será responsável pela inclusão do bem móvel no Sistema Integrado de Gestão Patrimonial – Siads, quando couber, nos termos e nas condições estabelecidos em regulamento.

Art. 28. As doações de que trata este Decreto observarão os princípios e os objetivos da Política Nacional de Resíduos Sólidos de que trata a Lei n. 12.305, de 2 de agosto de 2010.

Art. 29. Os atos necessários ao cumprimento do disposto neste Decreto serão disponibilizados no Portal de Compras do Governo federal, observado o disposto na Lei n. 12.527, de 18 de novembro de 2011.

>> A Lei n. 12.527, de 18-11-2011, dispõe sobre os procedimentos a serem observados pela União, Estados, Distrito Federal e Municípios com o fim de garantir o acesso a informações.

Art. 30. As empresas públicas dependentes do Poder Executivo federal poderão adotar, no que couber, o disposto neste Decreto.

Art. 31. Os órgãos e as entidades da administração pública direta, autárquica e fundacional e as pessoas físicas e jurídicas que utilizem o sítio eletrônico do Reuse.gov responderão administrativa, civil e penalmente por ato ou fato que caracterize o uso indevido de senhas de acesso ou que transgrida as normas de segurança do referido sítio eletrônico.

§ 1.º O sigilo e a integridade dos dados e das informações do sítio eletrônico do Reuse.gov serão assegurados e protegidos contra os danos e as utilizações indevidas ou desautorizadas.

§ 2.º As informações e os dados apresentados no sítio eletrônico do Reuse.gov não poderão ser comercializados, sob pena de cancelamento da autorização para o acesso, sem prejuízo das sanções legais.

Art. 32. A Secretaria de Gestão da Secretaria Especial de Desburocratização, Gestão e Governo Digital do Ministério da Economia poderá expedir normas complementares para solucionar casos omissos e disponibilizar, em seu sítio eletrônico, as informações adicionais.

Vigência

Art. 33. Este Decreto entra em vigor em 12 de agosto de 2019.

Brasília, 11 de abril de 2019; 198.º da Independência e 131.º da República.

Jair Messias Bolsonaro

LEI COMPLEMENTAR N. 167, DE 24 DE ABRIL DE 2019 (*)

Dispõe sobre a Empresa Simples de Crédito (ESC) e altera a Lei n. 9.613, de 3 de março de 1998 (Lei de Lavagem de Dinheiro), a Lei n. 9.249, de 26 de dezembro de 1995, e a Lei Complementar n. 123, de 14 de dezembro de 2006 (Lei do Simples Nacional), para regulamentar a ESC e instituir o Inova Simples.

O Presidente da República

Faço saber que o Congresso Nacional decreta e eu sanciono a seguinte Lei Complementar:

Art. 1.º A Empresa Simples de Crédito (ESC), de âmbito municipal ou distrital, com atuação exclusivamente no Município de sua sede e em Municípios limítrofes, ou, quan-

(*) Publicada no *Diário Oficial da União* de 25-4-2019.

do for o caso, no Distrito Federal e em Municípios limítrofes, destina-se à realização de operações de empréstimo, de financiamento e de desconto de títulos de crédito, exclusivamente com recursos próprios, tendo como contrapartes microempreendedores individuais, microempresas e empresas de pequeno porte, nos termos da Lei Complementar n. 123, de 14 de dezembro de 2006 (Lei do Simples Nacional).

Art. 2.º A ESC deve adotar a forma de empresa individual de responsabilidade limitada (Eireli), empresário individual ou sociedade limitada constituída exclusivamente por pessoas naturais e terá por objeto social exclusivo as atividades enumeradas no art. 1.º desta Lei Complementar.

> O art. 980-A do CC dispõe sobre empresa individual de responsabilidade limitada.

§ 1.º. O nome empresarial de que trata o *caput* deste artigo conterá a expressão "Empresa Simples de Crédito", e não poderá constar dele, ou de qualquer texto de divulgação de suas atividades, a expressão "banco" ou outra expressão identificadora de instituição autorizada a funcionar pelo Banco Central do Brasil.

§ 2.º O capital inicial da ESC e os posteriores aumentos de capital deverão ser realizados integralmente em moeda corrente.

§ 3.º O valor total das operações de empréstimo, de financiamento e de desconto de títulos de crédito da ESC não poderá ser superior ao capital realizado.

§ 4.º A mesma pessoa natural não poderá participar de mais de uma ESC, ainda que localizadas em Municípios distintos ou sob a forma de filial.

Art. 3.º É vedada à ESC a realização de:

I – qualquer captação de recursos, em nome próprio ou de terceiros, sob pena de enquadramento no crime previsto no art. 16 da Lei n. 7.492, de 16 de junho de 1986 (Lei dos Crimes contra o Sistema Financeiro Nacional); e

> Citado artigo proíbe a operação de instituição financeira, sem autorização ou com autorização falsa, inclusive de distribuição de valores mobiliários ou câmbio.

II – operações de crédito, na qualidade de credora, com entidades integrantes da administração pública direta, indireta e fundacional de qualquer dos poderes da União, dos Estados, do Distrito Federal e dos Municípios.

Art. 4.º A receita bruta anual da ESC não poderá exceder o limite de receita bruta para Empresa de Pequeno Porte (EPP) definido na Lei Complementar n. 123, de 14 de dezembro de 2006 (Lei do Simples Nacional).

Parágrafo único. Considera-se receita bruta, para fins do disposto no *caput* deste artigo, a remuneração auferida pela ESC com a cobrança de juros, inclusive quando cobertos pela venda do valor do bem objeto de alienação fiduciária.

Art. 5.º Nas operações referidas no art. 1.º desta Lei Complementar, devem ser observadas as seguintes condições:

I – a remuneração da ESC somente pode ocorrer por meio de juros remuneratórios, vedada a cobrança de quaisquer outros encargos, mesmo sob a forma de tarifa;

II – a formalização do contrato deve ser realizada por meio de instrumento próprio, cuja cópia deverá ser entregue à contraparte da operação;

III – a movimentação dos recursos deve ser realizada exclusivamente mediante débito e crédito em contas de depósito de titularidade da ESC e da pessoa jurídica contraparte na operação.

§ 1.º A ESC poderá utilizar o instituto da alienação fiduciária em suas operações de empréstimo, de financiamento e de desconto de títulos de crédito.

§ 2.º A ESC deverá providenciar a anotação, em bancos de dados, de informações de adimplemento e de inadimplemento de seus clientes, na forma da legislação em vigor.

§ 3.º É condição de validade das operações de que trata o *caput* deste artigo o registro delas em entidade registradora autorizada pelo Banco Central do Brasil ou pela Comissão de Valores Mobiliários, nos termos do art. 28 da Lei n. 12.810, de 15 de maio de 2013.

> Dispõe citado artigo: "Art. 28. Compete ainda ao Banco Central do Brasil e à Comissão de Valores Mobiliários, no âmbito das respectivas competências: I – autorizar e supervisionar o exercício da atividade de registro de ativos financeiros e de valores mobiliários; e II – estabelecer as condições para o exercício da atividade prevista no inciso I. Parágrafo único. O registro de ativos financeiros e de valores mobiliários compreende a escrituração, o armazenamento e a publicidade de informações referentes a transações financeiras, ressalvados os sigilos legais".

§ 4.º Não se aplicam à ESC as limitações à cobrança de juros previstas no Decreto n. 22.626, de 7 de abril de 1933 (Lei da Usura), e no art. 591 da Lei n. 10.406, de 10 de janeiro de 2002 (Código Civil).

Art. 6.º É facultado ao Banco Central do Brasil, não constituindo violação ao dever de sigilo, o acesso às informações decorrentes do registro de que trata o § 3.º do art. 5.º desta Lei Complementar, para fins estatísticos e de controle macroprudencial do risco de crédito.

Art. 7.º As ESCs estão sujeitas aos regimes de recuperação judicial e extrajudicial e ao regime falimentar regulados pela Lei n. 11.101, de 9 de fevereiro de 2005 (Lei de Falências).

Art. 8.º A ESC deverá manter escrituração com observância das leis comerciais e fiscais e transmitir a Escrituração Contábil Digital (ECD) por meio do Sistema Público de Escrituração Digital (Sped).

> O Decreto n. 6.022, de 22-1-2007, institui o Sistema Público de Escrituração Digital – Sped.

Art. 9.º Constitui crime o descumprimento do disposto no art. 1.º, no § 3.º do art. 2.º, no art. 3.º e no *caput* do art. 5.º desta Lei Complementar.

Pena – reclusão, de 1 (um) a 4 (quatro) anos, e multa.

Art. 10. O Serviço Brasileiro de Apoio às Micro e Pequenas Empresas (Sebrae) poderá apoiar a constituição e o fortalecimento das ESCs.

Art. 11. O art. 9.º da Lei n. 9.613, de 3 de março de 1998 (Lei de Lavagem de Dinheiro), passa a vigorar com a seguinte redação:

>> Alteração já processada no diploma modificado.

Art. 12. Os arts. 15 e 20 da Lei n. 9.249, de 26 de dezembro de 1995, passam a vigorar com a seguinte redação:

>> Alterações já processadas no diploma modificado.

Art. 13. A Lei Complementar n. 123, de 14 de dezembro de 2006 (Lei do Simples Nacional), passa a vigorar com as seguintes alterações:

>> Alterações já processadas no diploma modificado.

Art. 14. Esta Lei Complementar entra em vigor na data de sua publicação.

Brasília, 24 de abril de 2019; 198.º da Independência e 131.º da República.

JAIR MESSIAS BOLSONARO

DECRETO N. 9.830, DE 10 DE JUNHO DE 2019 (*)

Regulamenta o disposto nos art. 20 ao art. 30 do Decreto-Lei n. 4.657, de 4 de setembro de 1942, que institui a Lei de Introdução às Normas do Direito brasileiro.

O Presidente da República, no uso da atribuição que lhe confere o art. 84, *caput*, incisos IV e VI, alínea *a*, da Constituição, e tendo em vista o disposto nos art. 20 ao art. 30 do Decreto-Lei n. 4.657, de 4 de setembro de 1942, decreta:

CAPÍTULO I
DISPOSIÇÕES PRELIMINARES

Objeto

Art. 1.º Este Decreto regulamenta o dispos-

(*) Publicado no *Diário Oficial da União*, de 11-6-2019.

to nos art. 20 ao art. 30 do Decreto-Lei n. 4.657, de 4 de setembro de 1942, que institui a Lei de Introdução às Normas do Direito brasileiro.

CAPÍTULO II
DA DECISÃO

>> *Vide* arts. 20, 21, 22, 23, 27 e 29 do Decreto-lei n. 4.657, de 4-9-1942.

Motivação e decisão

Art. 2.º A decisão será motivada com a contextualização dos fatos, quando cabível, e com a indicação dos fundamentos de mérito e jurídicos.

§ 1.º A motivação da decisão conterá os seus fundamentos e apresentará a congruência entre as normas e os fatos que a embasaram, de forma argumentativa.

§ 2.º A motivação indicará as normas, a interpretação jurídica, a jurisprudência ou a doutrina que a embasaram.

§ 3.º A motivação poderá ser constituída por declaração de concordância com o conteúdo de notas técnicas, pareceres, informações, decisões ou propostas que precederam a decisão.

Motivação e decisão baseadas em valores jurídicos abstratos

Art. 3.º A decisão que se basear exclusivamente em valores jurídicos abstratos observará o disposto no art. 2.º e as consequências práticas da decisão.

§ 1.º Para fins do disposto neste Decreto, consideram-se valores jurídicos abstratos aqueles previstos em normas jurídicas com alto grau de indeterminação e abstração.

§ 2.º Na indicação das consequências práticas da decisão, o decisor apresentará apenas aquelas consequências práticas que, no exercício diligente de sua atuação, consiga vislumbrar diante dos fatos e fundamentos de mérito e jurídicos.

§ 3.º A motivação demonstrará a necessidade e a adequação da medida imposta, inclusive consideradas as possíveis alternativas e observados os critérios de adequação, proporcionalidade e de razoabilidade.

Motivação e decisão na invalidação

Art. 4.º A decisão que decretar invalidação de atos, contratos, ajustes, processos ou normas administrativos observará o disposto no art. 2.º e indicará, de modo expresso, as suas consequências jurídicas e administrativas.

§ 1.º A consideração das consequências jurídicas e administrativas é limitada aos fatos e fundamentos de mérito e jurídicos que se espera do decisor no exercício diligente de sua atuação.

§ 2.º A motivação demonstrará a necessidade e a adequação da medida imposta, consideradas as possíveis alternativas e observados os critérios de proporcionalidade e de razoabilidade.

§ 3.º Quando cabível, a decisão a que se refere o *caput* indicará, na modulação de seus efeitos, as condições para que a regularização ocorra de forma proporcional e equânime e sem prejuízo aos interesses gerais.

§ 4.º Na declaração de invalidade de atos, contratos, ajustes, processos ou normas administrativos, o decisor poderá, consideradas as consequências jurídicas e administrativas da decisão para a administração pública e para o administrado:

I – restringir os efeitos da declaração; ou

II – decidir que sua eficácia se iniciará em momento posteriormente definido.

§ 5.º A modulação dos efeitos da decisão buscará a mitigação dos ônus ou das perdas dos administrados ou da administração pública que sejam anormais ou excessivos em função das peculiaridades do caso.

Revisão quanto à validade por mudança de orientação geral

Art. 5.º A decisão que determinar a revisão quanto à validade de atos, contratos, ajustes, processos ou normas administrativos cuja produção de efeitos esteja em curso ou que tenha sido concluída levará em consideração as orientações gerais da época.

§ 1.º É vedado declarar inválida situação plenamente constituída devido à mudança posterior de orientação geral.

§ 2.º O disposto no § 1.º não exclui a possibilidade de suspensão de efeitos futuros de relação em curso.

§ 3.º Para fins do disposto neste artigo, consideram-se orientações gerais as interpretações e as especificações contidas em atos públicos de caráter geral ou em jurisprudência judicial ou administrativa majoritária e as adotadas por prática administrativa reiterada e de amplo conhecimento público.

§ 4.º A decisão a que se refere o *caput* será motivada na forma do disposto nos art. 2.º, art. 3.º ou art. 4.º.

Motivação e decisão na nova interpretação de norma de conteúdo indeterminado

Art. 6.º A decisão administrativa que estabelecer interpretação ou orientação nova sobre norma de conteúdo indeterminado e impuser novo dever ou novo condicionamento de direito, preverá regime de transição, quando indispensável para que o novo dever ou o novo condicionamento de direito seja cumprido de modo proporcional, equânime e eficiente e sem prejuízo aos interesses gerais.

§ 1.º A instituição do regime de transição será motivada na forma do disposto nos art. 2.º, art. 3.º ou art. 4.º.

§ 2.º A motivação considerará as condições e o tempo necessário para o cumprimento proporcional, equânime e eficiente do novo dever ou do novo condicionamento de direito e os eventuais prejuízos aos interesses gerais.

§ 3.º Considera-se nova interpretação ou nova orientação aquela que altera o entendimento anterior consolidado.

Regime de transição

Art. 7.º Quando cabível, o regime de transição preverá:

I – os órgãos e as entidades da administração pública e os terceiros destinatários;

II – as medidas administrativas a serem adotadas para adequação à interpretação ou à nova orientação sobre norma de conteúdo indeterminado; e

III – o prazo e o modo para que o novo dever ou novo condicionamento de direito seja cumprido.

Interpretação de normas sobre gestão pública

Art. 8.º Na interpretação de normas sobre gestão pública, serão considerados os obstáculos, as dificuldades reais do agente público e as exigências das políticas públicas a seu cargo, sem prejuízo dos direitos dos administrados.

§ 1.º Na decisão sobre a regularidade de conduta ou a validade de atos, contratos, ajustes, processos ou normas administrativos, serão consideradas as circunstâncias práticas que impuseram, limitaram ou condicionaram a ação do agente público.

§ 2.º A decisão a que se refere o § 1.º observará o disposto nos art. 2.º, art. 3.º ou art. 4.º.

Compensação

Art. 9.º A decisão do processo administrativo poderá impor diretamente à pessoa obrigada compensação por benefícios indevidos ou prejuízos anormais ou injustos resultantes do processo ou da conduta dos envolvidos, com a finalidade de evitar procedimentos contenciosos de ressarcimento de danos.

§ 1.º A decisão do processo administrativo é de competência da autoridade pública, que poderá exigir compensação por benefícios indevidamente fruídos pelo particular ou por prejuízos resultantes do processo ou da conduta do particular.

§ 2.º A compensação prevista no *caput* será motivada na forma do disposto nos art. 2.º, art. 3.º ou art. 4.º e será precedida de manifestação das partes obrigadas sobre seu cabimento, sua forma e, se for o caso, seu valor.

§ 3.º A compensação poderá ser efetivada por meio do compromisso com os interessados a que se refere o art. 10.

CAPÍTULO III
DOS INSTRUMENTOS

Compromisso

Art. 10. Na hipótese de a autoridade entender conveniente para eliminar irregularidade, incerteza jurídica ou situações contenciosas na aplicação do direito público, poderá celebrar compromisso com os interessados, observada a legislação aplicável e as seguintes condições:

I – após oitiva do órgão jurídico;

II – após realização de consulta pública, caso seja cabível; e

III – presença de razões de relevante interesse geral.

§ 1.º A decisão de celebrar o compromisso a que se refere o *caput* será motivada na forma do disposto no art. 2.º.

§ 2.º O compromisso:

I – buscará solução proporcional, equânime, eficiente e compatível com os interesses gerais;

II – não poderá conferir desoneração permanente de dever ou condicionamento de direito reconhecido por orientação geral; e

III – preverá:

a) as obrigações das partes;

b) o prazo e o modo para seu cumprimento;

c) a forma de fiscalização quanto a sua observância;

d) os fundamentos de fato e de direito;

e) a sua eficácia de título executivo extrajudicial; e

f) as sanções aplicáveis em caso de descumprimento.

§ 3.º O compromisso firmado somente produzirá efeitos a partir de sua publicação.

§ 4.º O processo que subsidiar a decisão de celebrar o compromisso será instruído com:

I – o parecer técnico conclusivo do órgão competente sobre a viabilidade técnica, operacional e, quando for o caso, sobre as obrigações orçamentário-financeiras a serem assumidas;

II – o parecer conclusivo do órgão jurídico sobre a viabilidade jurídica do compromisso, que conterá a análise da minuta proposta;

III – a minuta do compromisso, que conterá as alterações decorrentes das análises técnica e jurídica previstas nos incisos I e II; e

IV – a cópia de outros documentos que possam auxiliar na decisão de celebrar o compromisso.

§ 5.º Na hipótese de o compromisso depender de autorização do Advogado-Geral da União e de Ministro de Estado, nos termos do disposto no § 4.º do art. 1.º ou no art. 4.º-A da Lei n. 9.469, de 10 de julho de 1997, ou ser firmado pela Advocacia-Geral da União, o processo de que trata o § 3.º será acompanhado de manifestação de interesse da autoridade máxima do órgão ou da entidade da administração pública na celebração do compromisso.

§ 6.º Na hipótese de que trata o § 5.º, a decisão final quanto à celebração do compromisso será do Advogado-Geral da União, nos termos do disposto no parágrafo único do art. 4.º-A da Lei n. 9.469, de 1997.

Termo de ajustamento de gestão

Art. 11. Poderá ser celebrado termo de ajustamento de gestão entre os agentes públicos e os órgãos de controle interno da administração pública com a finalidade de corrigir falhas apontadas em ações de controle, aprimorar procedimentos, assegurar a continuidade da execução do objeto, sempre que possível, e garantir o atendimento do interesse geral.

§ 1.º A decisão de celebrar o termo de ajustamento de gestão será motivada na forma do disposto no art. 2.º.

§ 2.º Não será celebrado termo de ajustamento de gestão na hipótese de ocorrência de dano ao erário praticado por agentes públicos que agirem com dolo ou erro grosseiro.

§ 3.º A assinatura de termo de ajustamento de gestão será comunicada ao órgão central do sistema de controle interno.

Capítulo IV
DA RESPONSABILIZAÇÃO DO AGENTE PÚBLICO

Responsabilização na hipótese de dolo ou erro grosseiro

Art. 12. O agente público somente poderá ser responsabilizado por suas decisões ou opiniões técnicas se agir ou se omitir com dolo, direto ou eventual, ou cometer erro grosseiro, no desempenho de suas funções.

>> *Vide* art. 28 do Decreto-lei n. 4.657, de 4-9-1942.

§ 1.º Considera-se erro grosseiro aquele manifesto, evidente e inescusável praticado com culpa grave, caracterizado por ação ou omissão com elevado grau de negligência, imprudência ou imperícia.

§ 2.º Não será configurado dolo ou erro grosseiro do agente público se não restar comprovada, nos autos do processo de responsabilização, situação ou circunstância fática capaz de caracterizar o dolo ou o erro grosseiro.

§ 3.º O mero nexo de causalidade entre a conduta e o resultado danoso não implica responsabilização, exceto se comprovado o dolo ou o erro grosseiro do agente público.

§ 4.º A complexidade da matéria e das atribuições exercidas pelo agente público serão consideradas em eventual responsabilização do agente público.

§ 5.º O montante do dano ao erário, ainda que expressivo, não poderá, por si só, ser elemento para caracterizar o erro grosseiro ou o dolo.

§ 6.º A responsabilização pela opinião técnica não se estende de forma automática ao decisor que a adotou como fundamento de decidir e somente se configurará se estiverem presentes elementos suficientes para o decisor aferir o dolo ou o erro grosseiro da opinião técnica ou se houver conluio entre os agentes.

§ 7.º No exercício do poder hierárquico, só responderá por culpa in vigilando aquele cuja omissão caracterizar erro grosseiro ou dolo.

§ 8.º O disposto neste artigo não exime o agente público de atuar de forma diligente e eficiente no cumprimento dos seus deveres constitucionais e legais.

Análise de regularidade da decisão

Art. 13. A análise da regularidade da decisão não poderá substituir a atribuição do agente público, dos órgãos ou das entidades da administração pública no exercício de suas atribuições e competências, inclusive quanto à definição de políticas públicas.

§ 1.º A atuação de órgãos de controle privilegiará ações de prevenção antes de processos sancionadores.

§ 2.º A eventual estimativa de prejuízo causado ao erário não poderá ser considerada isolada e exclusivamente como motivação para se concluir pela irregularidade de atos, contratos, ajustes, processos ou normas administrativos.

Direito de regresso, defesa judicial e extrajudicial

Art. 14. No âmbito do Poder Executivo federal, o direito de regresso previsto no § 6.º do art. 37 da Constituição somente será exercido na hipótese de o agente público ter agido com dolo ou erro grosseiro em suas decisões ou opiniões técnicas, nos termos do disposto no art. 28 do Decreto-Lei n. 4.657, de 1942, e com observância aos princípios constitucionais da proporcionalidade e da razoabilidade.

Art. 15. O agente público federal que tiver que se defender, judicial ou extrajudicialmente, por ato ou conduta praticada no exercício regular de suas atribuições institucionais, poderá solicitar à Advocacia-Geral da União que avalie a verossimilhança de suas alegações e a consequente possibilidade de realizar sua defesa, nos termos do disposto no art. 22 da Lei n. 9.028, de 12 de abril de 1995, e nas demais normas de regência.

Decisão que impuser sanção ao agente público

Art. 16. A decisão que impuser sanção ao agente público considerará:

I – a natureza e a gravidade da infração cometida;

II – os danos que dela provierem para a administração pública;

III – as circunstâncias agravantes ou atenuantes;

IV – os antecedentes do agente;

V – o nexo de causalidade; e

VI – a culpabilidade do agente.

§ 1.º A motivação da decisão a que se refere o *caput* observará o disposto neste Decreto.

§ 2.º As sanções aplicadas ao agente público serão levadas em conta na dosimetria das demais sanções da mesma natureza e relativas ao mesmo fato.

Art. 17. O disposto no art. 12 não afasta a possibilidade de aplicação de sanções previstas em normas disciplinares, inclusive nos casos de ação ou de omissão culposas de natureza leve.

CAPÍTULO V
DA SEGURANÇA JURÍDICA NA APLICAÇÃO DAS NORMAS

Consulta pública para edição de atos normativos

Art. 18. A edição de atos normativos por autoridade administrativa poderá ser precedida de consulta pública para manifestação de interessados, preferencialmente por meio eletrônico.

§ 1.º A decisão pela convocação de consulta pública será motivada na forma do disposto no art. 3.º.

§ 2.º A convocação de consulta pública conterá a minuta do ato normativo, disponibilizará a motivação do ato e fixará o prazo e as demais condições.

§ 3.º A autoridade decisora não será obrigada a comentar ou considerar individualmente as manifestações apresentadas e poderá agrupar manifestações por conexão e eliminar aquelas repetitivas ou de conteúdo não conexo ou irrelevante para a matéria em apreciação.

§ 4.º As propostas de consulta pública que envolverem atos normativos sujeitos a despacho presidencial serão formuladas nos termos do disposto no Decreto n. 9.191, de 1.º de novembro de 2017.

Segurança jurídica na aplicação das normas

Art. 19. As autoridades públicas atuarão com vistas a aumentar a segurança jurídica na aplicação das normas, inclusive por meio de normas complementares, orientações normativas, súmulas, enunciados e respostas a consultas.

Parágrafo único. Os instrumentos previstos no *caput* terão caráter vinculante em relação ao órgão ou à entidade da administração pública a que se destinarem, até ulterior revisão.

Parecer do Advogado-Geral da União e de consultorias jurídicas e súmulas da Advocacia-Geral da União

Art. 20. O parecer do Advogado-Geral da União de que tratam os art. 40 e art. 41 da Lei Complementar n. 73, 10 de fevereiro de 1993, aprovado pelo Presidente da República e publicado no *Diário Oficial da União* juntamente com o despacho presidencial, vincula os órgãos e as entidades da administração pública federal, que ficam obrigados a lhe dar fiel cumprimento.

§ 1.º O parecer do Advogado-Geral da União aprovado pelo Presidente da República, mas não publicado, obriga apenas as repartições interessadas, a partir do momento em que dele tenham ciência.

§ 2.º Os pareceres de que tratam o *caput* e o § 1.º têm prevalência sobre outros mecanismos de uniformização de entendimento.

Art. 21. Os pareceres das consultorias jurídicas e dos órgãos de assessoramento jurídico, de que trata o art. 42 da Lei Complementar n. 73, de 1993, aprovados pelo respectivo Ministro de Estado, vinculam o órgão e as respectivas entidades vinculadas.

Orientações normativas

Art. 22. A autoridade que representa órgão central de sistema poderá editar orientações normativas ou enunciados que vincularão os órgãos setoriais e seccionais.

§ 1.º As controvérsias jurídicas sobre a interpretação de norma, instrução ou orientação de órgão central de sistema poderão ser submetidas à Advocacia-Geral da União.

§ 2.º A submissão à Advocacia-Geral da União de que trata o § 1.º será instruída com a posição do órgão jurídico do órgão central de sistema, do órgão jurídico que divergiu e dos outros órgãos que se pronunciaram sobre o caso.

Enunciados

Art. 23. A autoridade máxima de órgão ou da entidade da administração pública poderá editar enunciados que vinculem o próprio órgão ou a entidade e os seus órgãos subordinados.

Transparência

Art. 24. Compete aos órgãos e às entidades da administração pública manter atualizados, em seus sítios eletrônicos, as normas complementares, as orientações normativas, as súmulas e os enunciados a que se referem os art. 19 ao art. 23.

Vigência

Art. 25. Este Decreto entra em vigor na data de sua publicação.

Brasília, 10 de junho de 2019; 198.º da Independência e 131.º da República.

JAIR MESSIAS BOLSONARO

LEI N. 13.844, DE 18 DE JUNHO DE 2019 (*)

Estabelece a organização básica dos órgãos da Presidência da República e dos Ministérios; altera as Leis n. 13.334, de 13 de setembro de 2016, 9.069, de 29 de junho de 1995, 11.457, de 16 de março de 2007, 9.984, de 17 de julho de 2000, 9.433, de 8 de janeiro de 1997, 8.001, de 13 de março de 1990, 11.952, de 25 de junho de 2009, 10.559, de 13 de novembro de 2002, 11.440, de 29 de dezembro de 2006, 9.613, de 3 de março de 1998, 11.473, de 10 de maio de 2007, e 13.346, de 10 de outubro de 2016; e revoga dispositivos das Leis n. 10.233, de 5 de junho de 2001, e 11.284, de 2 de março de 2006, e a Lei n. 13.502, de 1.º de novembro de 2017.

O Presidente da República

Faço saber que o Congresso Nacional decreta e eu sanciono a seguinte Lei:

Art. 1.º Esta Lei estabelece a organização básica dos órgãos da Presidência da República e dos Ministérios.

§ 1.º O detalhamento da organização dos órgãos de que trata esta Lei será definido nos decretos de estrutura regimental.

§ 2.º Ato do Poder Executivo federal estabelecerá a vinculação das entidades aos órgãos da administração pública federal.

CAPÍTULO I
DA PRESIDÊNCIA DA REPÚBLICA

Seção I
Dos Órgãos da Presidência da República

Art. 2.º Integram a Presidência da República:

I – a Casa Civil;

II – a Secretaria de Governo;

III – a Secretaria-Geral;

IV – o Gabinete Pessoal do Presidente da República;

V – o Gabinete de Segurança Institucional; e

VI – a Autoridade Nacional de Proteção de Dados Pessoais.

§ 1.º Integram a Presidência da República, como órgãos de assessoramento ao Presidente da República:

I – o Conselho de Governo;

II – o Conselho Nacional de Política Energética;

III – o Conselho do Programa de Parcerias de Investimentos da Presidência da República;

IV – o Advogado-Geral da União; e

V – a Assessoria Especial do Presidente da República.

(*) Publicada no *Diário Oficial da União* de 18-6-2019 – Edição extra.

§ 2.º São órgãos de consulta do Presidente da República:

I – o Conselho da República; e

II – o Conselho de Defesa Nacional.

Seção II
Da Casa Civil da Presidência da República

Art. 3.º À Casa Civil da Presidência da República compete:

I – assistir diretamente o Presidente da República no desempenho de suas atribuições, especialmente:

a) na coordenação e na integração das ações governamentais;

b) (*Revogada pela Lei n. 13.901, de 11-11-2019*)

c) na análise do mérito, da oportunidade e da compatibilidade das propostas, inclusive das matérias em tramitação no Congresso Nacional, com as diretrizes governamentais;

d) na avaliação e no monitoramento da ação governamental e da gestão dos órgãos e das entidades da administração pública federal;

e) na coordenação e acompanhamento das atividades dos Ministérios e da formulação de projetos e políticas públicas;

>> Alínea *e* com redação determinada pela Lei n. 13.901, de 11-11-2019.

f) na coordenação, no monitoramento, na avaliação e na supervisão das ações do Programa de Parcerias de Investimentos da Presidência da República e no apoio às ações setoriais necessárias à sua execução; e

>> Alínea *f* com redação determinada pela Lei n. 13.901, de 11-11-2019.

g) na implementação de políticas e de ações destinadas à ampliação da infraestrutura pública e das oportunidades de investimento e de emprego; e

>> Alínea *g* acrescentada pela Lei n. 13.901, de 11-11-2019.

II – coordenar, articular e fomentar políticas públicas necessárias à retomada e à execução de obras de implantação dos empreendimentos de infraestrutura considerados estratégicos.

>> Inciso II com redação determinada pela Lei n. 13.901, de 11-11-2019.

Art. 4.º A Casa Civil da Presidência da República tem como estrutura básica:

I – o Gabinete;

II – a Secretaria Executiva;

III – a Assessoria Especial;

IV – até 2 (duas) Subchefias;

>> Inciso IV com redação determinada pela Lei n. 13.901, de 11-11-2019.

V – a Secretaria Especial de Relações Governamentais;

VI – a Secretaria Especial de Relacionamento Externo;

>> Inciso VI com redação determinada pela Lei n. 13.901, de 11-11-2019.

VII – (*Revogado pela Lei n. 13.901, de 11-11-2019*);

VIII – (*Revogado pela Lei n. 13.901, de 11-11-2019*); e

IX – a Secretaria Especial do Programa de Parcerias de Investimentos, com até 4 (quatro) Secretarias.

>> Inciso IX acrescentado pela Lei n. 13.901, de 11-11-2019.

Seção III
Da Secretaria de Governo da Presidência da República

Art. 5.º À Secretaria de Governo da Presidência da República compete:

I – assistir diretamente o Presidente da República no desempenho de suas atribuições, especialmente:

a) no relacionamento e na articulação com as entidades da sociedade e na criação e na implementação de instrumentos de consulta e de participação popular de interesse do governo federal;

b) na realização de estudos de natureza político-institucional;

c) na articulação política do Governo federal;

>> Alínea *c* com redação determinada pela Lei n. 13.901, de 11-11-2019.

d) na interlocução com os Estados, o Distrito Federal e os Municípios;

e) (*Revogada pela Lei n. 14.074, de 14-10-2020.*)

f) (*Revogada pela Lei n. 13.901, de 11-11-2019*);

g) (*Revogada pela Lei n. 13.901, de 11-11-2019*);

II – (*Vetado.*);

III – (*Revogado pela Lei n. 13.901, de 11-11-2019*);

IV a X – (***Revogados pela Lei n. 14.074, de 14-10-2020.***)

XI – coordenar a interlocução do Governo federal com as organizações internacionais e organizações da sociedade civil que atuem no território nacional, acompanhar as ações e os resultados da política de parcerias do Governo federal com estas organizações e promover boas práticas para efetivação da legislação aplicável; e

>> Inciso XI acrescentado pela Lei n. 13.901, de 11-11-2019.

XII – assistir diretamente o Presidente da República na condução do relacionamento do Governo federal com o Congresso Nacional e com os partidos políticos.

>> Inciso XII acrescentado pela Lei n. 13.901, de 11-11-2019.

Art. 6.º A Secretaria de Governo da Presidência da República tem como estrutura básica:

I – o Gabinete;

II – a Secretaria Executiva;

III – a Assessoria Especial;

IV – a Secretaria Especial de Articulação Social;

V – (***Revogado pela Lei n. 14.074, de 14-10-2020.***)

VI – (*Revogado pela Lei n. 13.901, de 11-11-2019*);

VI-A – a Secretaria Especial de Assuntos Parlamentares;

>> Inciso VI-A acrescentado pela Lei n. 13.901, de 11-11-2019.

VII – a Secretaria Especial de Relações Institucionais; e

VIII – a Secretaria Especial de Assuntos Federativos.

Seção IV
Da Secretaria-Geral da Presidência da República

Art. 7.º À Secretaria-Geral da Presidência da República compete assistir diretamente o Presidente da República no desempenho de suas atribuições, especialmente:

I – na supervisão e na execução das atividades administrativas da Presidência da República e, supletivamente, da Vice-Presidência da República;

II – no acompanhamento da ação governamental e do resultado da gestão dos administradores, no âmbito dos órgãos integrantes da Presidência da República e da Vice-Presidência da República, além de outros órgãos determinados em legislação específica, por intermédio da fiscalização contábil, financeira, orçamentária, operacional e patrimonial;

III – no planejamento nacional estratégico e de modernização do Estado;

IV – na orientação das escolhas e das políticas públicas estratégicas de modernização do Estado, de economicidade, de simplificação, de eficiência e de excelência de gestão do País, consideradas a situação atual e as possibilidades para o futuro;

V – na elaboração de subsídios para a preparação de ações de governo;

VI – na definição, na coordenação, no monitoramento, na avaliação e na supervisão das ações dos programas de modernização do Estado necessárias à sua execução;

>> Inciso VI com redação determinada pela Lei n. 13.901, de 11-11-2019.

VII – na implementação de políticas e ações destinadas à ampliação das oportunidades de investimento, de cooperações, de parcerias e de outros instrumentos destinados à modernização do Estado;

>> Inciso VII com redação determinada pela Lei n. 13.901, de 11-11-2019.

VIII – na verificação prévia da constitucionalidade e da legalidade dos atos presidenciais;

>> Inciso VIII acrescentado pela Lei n. 13.901, de 11-11-2019.

IX – na coordenação do processo de sanção e veto de projetos de lei enviados pelo Congresso Nacional;

>> Inciso IX acrescentado pela Lei n. 13.901, de 11-11-2019.

X – na elaboração de mensagens do Poder Executivo federal ao Congresso Nacional;

>> Inciso X acrescentado pela Lei n. 13.901, de 11-11-2019.

XI – na preparação dos atos a serem submetidos ao Presidente da República; e

>> Inciso XI acrescentado pela Lei n. 13.901, de 11-11-2019.

XII – na publicação e preservação dos atos oficiais.

>> Inciso XII acrescentado pela Lei n. 13.901, de 11-11-2019.

Art. 8.º A Secretaria-Geral da Presidência da República tem como estrutura básica:

I – o Gabinete;

II – a Secretaria Executiva;

III – a Secretaria Especial de Modernização do Estado, com até 3 (três) Secretarias;

IV – a Secretaria Especial de Assuntos Estratégicos, com até 2 (duas) Secretarias;

V – (*Revogado pela Lei n. 13.901, de 11-11-2019*);

VI – (*Revogado pela Lei n. 13.901, de 11-11-2019*);

VII – a Secretaria Especial de Administração;

>> Inciso VII acrescentado pela Lei n. 13.901, de 11-11-2019.

VIII – a Subchefia para Assuntos Jurídicos;

>> Inciso VIII acrescentado pela Lei n. 13.901, de 11-11-2019.

IX – 1 (uma) Secretaria; e

>> Inciso IX acrescentado pela Lei n. 13.901, de 11-11-2019.

X – a Imprensa Nacional.

>> Inciso X acrescentado pela Lei n. 13.901, de 11-11-2019.

Parágrafo único. (*Revogado pela Lei n. 13.901, de 11-11-2019*);

Seção V
Do Gabinete Pessoal do Presidente da República

Art. 9.º Ao Gabinete Pessoal do Presidente da República compete:

I – assessorar na elaboração da agenda do Presidente da República;

II – formular subsídios para os pronunciamentos do Presidente da República;

III – coordenar a agenda do Presidente da República;

IV – exercer as atividades de secretariado particular do Presidente da República;

V – exercer as atividades de cerimonial da Presidência da República;

VI – desempenhar a ajudância de ordens do Presidente da República; e

VII – organizar o acervo documental privado do Presidente da República.

Seção VI
Do Gabinete de Segurança Institucional da Presidência da República

Art. 10. Ao Gabinete de Segurança Institucional da Presidência da República compete:

I – assistir diretamente o Presidente da República no desempenho de suas atribuições, especialmente quanto a assuntos militares e de segurança;

II – analisar e acompanhar assuntos com potencial de risco, prevenir a ocorrência de crises e articular seu gerenciamento, na hipótese de grave e iminente ameaça à estabilidade institucional;

III – coordenar as atividades de inteligência federal;

IV – coordenar as atividades de segurança da informação e das comunicações no âmbito da administração pública federal;

V – planejar, coordenar e supervisionar a atividade de segurança da informação no âmbito da administração pública federal, nela incluídos a segurança cibernética, a gestão de incidentes computacionais, a proteção de dados, o credenciamento de segurança e o tratamento de informações sigilosas;

VI – zelar, assegurado o exercício do poder de polícia:

a) pela segurança pessoal:

1. do Presidente da República e do Vice-Presidente da República;

2. dos familiares do Presidente da República e do Vice-Presidente da República; e

3. dos titulares dos órgãos de que trata o *caput* do art. 2.º desta Lei e, excepcionalmente, de outras autoridades federais, quando determinado pelo Presidente da República; e

b) pela segurança dos palácios presidenciais e das residências do Presidente da República e do Vice-Presidente da República;

VII – coordenar as atividades do Sistema de Proteção ao Programa Nuclear Brasileiro como seu órgão central;

VIII – planejar e coordenar:

a) os eventos no País em que haja a presença do Presidente da República, em articulação com o Gabinete Pessoal do Presidente da República, e no exterior, em articulação com o Ministério das Relações Exteriores; e

b) os deslocamentos presidenciais no País e no exterior, nesta última hipótese em articulação com o Ministério das Relações Exteriores;

IX – acompanhar questões referentes ao setor espacial brasileiro;

X – acompanhar assuntos relativos ao terrorismo e às ações destinadas à sua prevenção e à sua neutralização e intercambiar subsídios com outros órgãos para a avaliação de risco de ameaça terrorista; e

XI – acompanhar assuntos pertinentes às infraestruturas críticas, com prioridade aos relacionados à avaliação de riscos.

Parágrafo único. Os locais e adjacências onde o Presidente da República e o Vice-Presidente da República trabalhem, residam, estejam ou haja a iminência de virem a estar são considerados áreas de segurança das referidas autoridades, e cabe ao Gabinete de Segurança Institucional da Presidência da República, para os fins do disposto neste artigo, adotar as medidas necessárias para sua proteção e coordenar a participação de outros órgãos de segurança.

Art. 11. O Gabinete de Segurança Institucional da Presidência da República tem como estrutura básica:

I – o Gabinete;

II – a Secretaria Executiva;

III – até 3 (três) Secretarias; e

IV – a Agência Brasileira de Inteligência.

Seção VII
Da Autoridade Nacional de Proteção de Dados Pessoais

Art. 12. À Autoridade Nacional de Proteção de Dados Pessoais compete exercer as competências estabelecidas na Lei n. 13.709, de 14 de agosto de 2018.

Seção VIII
Do Conselho de Governo

Art. 13. Ao Conselho de Governo compete assessorar o Presidente da República na formulação de diretrizes de ação governamental, com os seguintes níveis de atuação:

I – Conselho de Governo, presidido pelo Presidente da República ou, por sua determinação, pelo Vice-Presidente da República, integrado pelos Ministros de Estado e pelo titular do Gabinete Pessoal do Presidente da República; e

II – Câmaras do Conselho de Governo, criadas em ato do Poder Executivo federal, com a finalidade de formular políticas públicas setoriais cujos escopos ultrapassem a competência de mais de 1 (um) Ministério.

§ 1.º Para desenvolver as ações executivas das Câmaras mencionadas no inciso II do *caput* deste artigo, serão constituídos comitês executivos, cujos funcionamento, competência e composição serão definidos em ato do Poder Executivo federal.

§ 2.º O Conselho de Governo será convocado pelo Presidente da República ou, por sua determinação, pelo Vice-Presidente da República e será secretariado por membro designado pelo Presidente do Conselho de Governo.

§ 3.º A Câmara de Relações Exteriores e Defesa Nacional será presidida pelo Ministro de Estado Chefe do Gabinete de Segurança Institucional da Presidência da República.

Seção IX
Do Conselho Nacional de Política Energética

Art. 14. Ao Conselho Nacional de Política Energética compete assessorar o Presidente da República na formulação de políticas e diretrizes na área da energia, nos termos do disposto no art. 2.º da Lei n. 9.478, de 6 de agosto de 1997.

Seção X
Do Conselho do Programa de Parcerias de Investimentos da Presidência da República

Art. 15. Ao Conselho do Programa de Parcerias de Investimentos da Presidência da República compete assessorar o Presidente da República nas políticas de ampliação e de fortalecimento da interação entre o Estado e a iniciativa privada para a execução de empreendimentos públicos de infraestrutura e de outras medidas de desestatização, nos termos do art. 7.º da Lei n. 13.334, de 13 de setembro de 2016.

Seção XI
Do Advogado-Geral da União

Art. 16. Ao Advogado-Geral da União incumbe:

I – assessorar o Presidente da República nos assuntos de natureza jurídica, por meio da elaboração de pareceres e de estudos ou da proposição de normas, medidas e diretrizes;

II – assistir o Presidente da República no controle interno da legalidade dos atos da administração pública federal;

III – sugerir ao Presidente da República medidas de caráter jurídico de interesse público;

IV – apresentar ao Presidente da República as informações a serem prestadas ao Poder Judiciário quando impugnado ato ou omissão presidencial; e

V – exercer outras atribuições estabelecidas na Lei Complementar n. 73, de 10 de fevereiro de 1993.

> Lei Orgânica da Advocacia-Geral da União: Lei Complementar n. 73, de 10-2-1993.

Seção XII
Da Assessoria Especial do Presidente da República

Art. 17. À Assessoria Especial do Presidente da República compete assistir diretamente o Presidente da República no desempenho de suas atribuições e, especialmente:

I – realizar estudos e contatos determinados pelo Presidente da República em assuntos que subsidiem a coordenação de ações em setores específicos do governo federal;

II – articular-se com o Gabinete Pessoal do Presidente da República na preparação de material de informação e de apoio, bem como na preparação de encontros e audiências do Presidente da República com autoridades e personalidades nacionais e estrangeiras;

III – preparar a correspondência do Presidente da República com autoridades e personalidades estrangeiras;

IV – (*Revogado pela Lei n. 13.901, de 11-11-2019*);

V – participar, juntamente com os demais órgãos competentes, do planejamento, da preparação e da execução das viagens presidenciais no País e no exterior; e

VI – encaminhar e processar proposições e expedientes da área diplomática em tramitação na Presidência da República.

Seção XIII
Do Conselho da República e do Conselho de Defesa Nacional

Art. 18. O Conselho da República e o Conselho de Defesa Nacional, com a composição e as competências previstas na Constituição Federal, têm a organização e o funcionamento regulados pela Lei n. 8.041, de 5 de junho de 1990, e pela Lei n. 8.183, de 11 de abril de 1991, respectivamente.

Parágrafo único. O Conselho da República e o Conselho de Defesa Nacional terão como Secretários-Executivos, respectivamente, o Ministro de Estado Chefe da Secretaria de Governo da Presidência da República e o Ministro de Estado Chefe do Gabinete de Segurança Institucional da Presidência da República.

Capítulo II
DOS MINISTÉRIOS

Seção I
Da Estrutura Ministerial

Art. 19. Os Ministérios são os seguintes:

I – Ministério da Agricultura, Pecuária e Abastecimento;

II – Ministério da Cidadania;

III – Ministério da Ciência, Tecnologia e Inovações;

>> Inciso III com redação determinada pela Lei n. 14.074, de 14-10-2020.

III-A – Ministério das Comunicações;

>> Inciso III-A acrescentado pela Lei n. 14.074, de 14-10-2020.

IV – Ministério da Defesa;

V – Ministério do Desenvolvimento Regional;

VI – Ministério da Economia;

VII – Ministério da Educação;

VIII – Ministério da Infraestrutura;

IX – Ministério da Justiça e Segurança Pública;

X – Ministério do Meio Ambiente;

XI – Ministério de Minas e Energia;

XII – Ministério da Mulher, da Família e dos Direitos Humanos;

XIII – Ministério das Relações Exteriores;

XIV – Ministério da Saúde;

XV – Ministério do Turismo; e

XVI – Controladoria-Geral da União.

Art. 20. São Ministros de Estado:

I – os titulares dos Ministérios;

II – o Chefe da Casa Civil da Presidência da República;

III – o Chefe da Secretaria de Governo da Presidência da República;

IV – o Chefe da Secretaria-Geral da Presidência da República;

V – o Chefe do Gabinete de Segurança Institucional da Presidência da República;

VI – o Advogado-Geral da União, até que seja aprovada emenda constitucional para incluí-lo no rol das alíneas *c* e *d* do inciso I do *caput* do art. 102 da Constituição Federal; e

VII – o Presidente do Banco Central do Brasil, até que seja aprovada a autonomia da entidade.

Seção II
Do Ministério da Agricultura, Pecuária e Abastecimento

Art. 21. Constituem áreas de competência do Ministério da Agricultura, Pecuária e Abastecimento:

I – política agrícola, abrangidos a produção, a comercialização, o seguro rural, o abastecimento, a armazenagem e a garantia de preços mínimos;

II – produção e fomento agropecuário, abrangidas a agricultura, a pecuária, a agroindústria, a agroenergia, as florestas plantadas, a heveicultura, a aquicultura e a pesca;

III – política nacional pesqueira e aquícola, inclusive gestão do uso dos recursos e dos licenciamentos, das permissões e das autorizações para o exercício da aquicultura e da pesca;

IV – estoques reguladores e estratégicos de produtos agropecuários;

V – informação agropecuária;

VI – defesa agropecuária e segurança do alimento, abrangidos:

a) saúde animal e sanidade vegetal;

b) insumos agropecuários, inclusive a proteção de cultivares;

c) alimentos, produtos, derivados e subprodutos de origem animal e vegetal;

d) padronização e classificação de produtos e insumos agropecuários; e

e) controle de resíduos e contaminantes em alimentos;

VII – pesquisa em agricultura, pecuária, sistemas agroflorestais, aquicultura, pesca e agroindústria;

VIII – conservação e proteção de recursos genéticos de interesse para a agropecuária e a alimentação;

IX – assistência técnica e extensão rural;

X – irrigação e infraestrutura hídrica para produção agropecuária observadas as competências do Ministério do Desenvolvimento Regional;

XI – informação meteorológica e climatológica para uso na agropecuária;

XII – desenvolvimento rural sustentável;

XIII – políticas e fomento da agricultura familiar;

XIV – reforma agrária, regularização fundiária de áreas rurais, Amazônia Legal e terras quilombolas;

XV – conservação e manejo do solo e da água, destinados ao processo produtivo agrícola, pecuário, sistemas agroflorestais e aquicultura;

XVI – boas práticas agropecuárias e bem-estar animal;

XVII – cooperativismo e associativismo na agricultura, pecuária, aquicultura e pesca;

XVIII – energização rural e agroenergia, incluída a eletrificação rural;

XIX – operacionalização da concessão da subvenção econômica ao preço do óleo diesel instituída pela Lei n. 9.445, de 14 de março de 1997;

XX – negociações internacionais relativas aos temas de interesse da agricultura, da pecuária, da aquicultura e da pesca; e

XXI – Registro Geral da Atividade Pesqueira.

§ 1.º A competência de que trata o inciso XVIII do *caput* deste artigo será exercida pelo Ministério da Agricultura, Pecuária e Abastecimento, quando utilizados recursos do orçamento geral da União, e pelo Ministério de Minas e Energia, quando utilizados recursos vinculados ao Sistema Elétrico Nacional.

§ 2.º A competência de que trata o inciso XIV do *caput* deste artigo compreende a identificação, o reconhecimento, a delimitação, a demarcação e a titulação das terras ocupadas pelos remanescentes das comunidades dos quilombos.

§ 3.º Cabe ao Ministério da Agricultura, Pecuária e Abastecimento exercer, por meio do Serviço Florestal Brasileiro, a função de órgão gestor prevista no art. 53 da Lei n. 11.284, de 2 de março de 2006, em âmbito federal.

§ 4.º (*Vetado.*)

Art. 22. Integram a estrutura básica do Ministério da Agricultura, Pecuária e Abastecimento:

I – o Conselho Nacional de Política Agrícola;

II – o Conselho Deliberativo da Política do Café;

III – a Comissão Especial de Recursos;

IV – a Comissão Executiva do Plano da Lavoura Cacaueira;

V – o Conselho Nacional de Aquicultura e Pesca;

VI – o Serviço Florestal Brasileiro;

VII – a Secretaria Especial de Assuntos Fundiários;

VIII – o Instituto Nacional de Meteorologia;

IX – o Conselho Nacional de Desenvolvimento Rural Sustentável; e

X – até 6 (seis) Secretarias.

§ 1.º Ao Conselho Nacional de Aquicultura e Pesca, presidido pelo Ministro de Estado da Agricultura, Pecuária e Abastecimento e composto na forma estabelecida em ato do Poder Executivo federal, compete subsidiar a formulação da política nacional para a pesca e a aquicultura, propor diretrizes para o desenvolvimento e o fomento da produção pesqueira e aquícola, apreciar as diretrizes para o desenvolvimento do plano de ação da pesca e da aquicultura e propor medidas que visem a garantir a sustentabilidade da atividade pesqueira e aquícola.

§ 2.º (*Vetado.*)

Seção III
Do Ministério da Cidadania

Art. 23. Constituem áreas de competência do Ministério da Cidadania:

I – política nacional de desenvolvimento social;

II – política nacional de segurança alimentar e nutricional;

III – política nacional de assistência social;

IV – política nacional de renda de cidadania;

V – políticas sobre drogas, relativas a:

a) educação, informação e capacitação para ação efetiva com vistas à redução do uso indevido de drogas lícitas e ilícitas;

b) realização de campanhas de prevenção do uso indevido de drogas lícitas e ilícitas;

c) implantação e implementação de rede integrada para pessoas com transtornos decorrentes do consumo de substâncias psicoativas;

d) avaliação e acompanhamento de tratamentos e de iniciativas terapêuticas;

e) redução das consequências sociais e de saúde decorrentes do uso indevido de drogas lícitas e ilícitas; e

f) manutenção e atualização do Observatório Brasileiro de Informações sobre Drogas;

VI – articulação, coordenação, supervisão, integração e proposição das ações do governo e do Sistema Nacional de Políticas Públicas sobre Drogas (Sisnad) quanto aos aspectos relacionados ao tratamento, à recuperação e à reinserção social de usuários e dependentes, bem como ao Plano Integrado de Enfrentamento ao Crack e outras Drogas;

VII – atuação em favor da ressocialização e da proteção dos dependentes químicos, sem prejuízo das atribuições dos órgãos integrantes do Sisnad;

VIII – articulação entre os governos federal, estaduais, distrital e municipais e a sociedade no estabelecimento de diretrizes e na execução de ações e programas nas áreas de desenvolvimento social, de segurança alimentar e nutricional, de renda, de cidadania e de assistência social;

IX – orientação, acompanhamento, avaliação e supervisão de planos, programas e projetos relativos às áreas de desenvolvimento social, de segurança alimentar e nutricional, de renda, de cidadania e de assistência social;

X – normatização, orientação, supervisão e avaliação da execução das políticas de desenvolvimento social, de segurança alimentar e nutricional, de renda, de cidadania e de assistência social;

XI – gestão do Fundo Nacional de Assistência Social;

XII – coordenação, supervisão, controle e avaliação da operacionalização de programas de transferência de renda;

XIII – aprovação dos orçamentos gerais do Serviço Social da Indústria (Sesi), do Serviço Social do Comércio (Sesc) e do Serviço Social do Transporte (Sest);

XIV – política nacional de cultura;

XV – proteção do patrimônio histórico, artístico e cultural;

XVI – regulação dos direitos autorais;

XVII – assistência ao Ministério da Agricultura, Pecuária e Abastecimento e ao Instituto Nacional de Colonização e Reforma Agrária nas ações de regularização fundiária, para garantir a preservação da identidade cultural dos remanescentes das comunidades dos quilombos;

XVIII – desenvolvimento e implementação de políticas e ações de acessibilidade cultural;

XIX – formulação e implementação de políticas, programas e ações para o desenvolvimento do setor museal;

XX – política nacional de desenvolvimento da prática dos esportes;

XXI – intercâmbio com organismos públicos e privados, nacionais, internacionais e estrangeiros, destinados à promoção do esporte;

XXII – estímulo às iniciativas públicas e privadas de incentivo às atividades esportivas;

XXIII – planejamento, coordenação, supervisão e avaliação dos planos e programas de incentivo aos esportes e de ações de democratização da prática esportiva e de inclusão social por intermédio do esporte; e

XXIV – cooperativismo e associativismo urbanos.

Art. 24. Integram a estrutura básica do Ministério da Cidadania:

I – a Secretaria Especial do Desenvolvimento Social;

II – a Secretaria Especial do Esporte;

III – a Secretaria Especial de Cultura;

IV – o Conselho Nacional de Assistência Social;

V – o Conselho Gestor Interministerial do Programa Bolsa Família;

VI – o Conselho de Articulação de Programas Sociais;

VII – o Conselho Consultivo e de Acompanhamento do Fundo de Combate e Erradicação da Pobreza;

VIII – o Conselho Nacional do Esporte;

IX – a Autoridade Pública de Governança do Futebol;

X – a Autoridade Brasileira de Controle de Dopagem;

XI – o Conselho Superior do Cinema;

XII – o Conselho Nacional de Política Cultural;

XIII – a Comissão Nacional de Incentivo à Cultura;

XIV – a Comissão do Fundo Nacional de Cultura;

XV – o Conselho Nacional de Economia Solidária;

XVI – (*Vetado*.); e

XVII – até 19 (dezenove) Secretarias.

§ 1.º Ao Conselho de Articulação de Programas Sociais, presidido pelo Ministro de Estado da Cidadania e composto na forma estabelecida em regulamento do Poder Executivo federal, compete propor mecanismos de articulação e de integração de programas sociais e acompanhar sua implementação.

§ 2.º Ato do Poder Executivo federal disporá sobre a composição e o funcionamento do Conselho Superior do Cinema, garantida a participação de representantes da indústria cinematográfica e videofonográfica nacional.

§ 3.º O Conselho Nacional de Economia Solidária é órgão colegiado de composição tripartite, observada a paridade entre representantes dos trabalhadores e dos empregadores, na forma estabelecida em ato do Poder Executivo federal.

Seção IV
(Revogada pela Lei n. 14.074, de 14-10-2020.)

Arts. 25 e 26. *(Revogados pela Lei n. 14.074, de 14-10-2020.)*

Seção IV-A
Do Ministério da Ciência, Tecnologia e Inovações

>> Seção IV-A acrescentada pela Lei n. 14.074, de 14-10-2020.

Art. 26-A. **Constituem áreas de competência do Ministério da Ciência, Tecnologia e Inovações:**

>> *Caput* acrescentado pela Lei n. 14.074, de 14-10-2020.

I – políticas nacionais de pesquisa científica e tecnológica e de incentivo à inovação;

>> Inciso I acrescentado pela Lei n. 14.074, de 14-10-2020.

II – planejamento, coordenação, supervisão e controle das atividades de ciência, tecnologia e inovação;

>> Inciso II acrescentado pela Lei n. 14.074, de 14-10-2020.

III – política de desenvolvimento de informática e automação;

>> Inciso III acrescentado pela Lei n. 14.074, de 14-10-2020.

IV – política nacional de biossegurança;

>> Inciso IV acrescentado pela Lei n. 14.074, de 14-10-2020.

V – política espacial;

>> Inciso V acrescentado pela Lei n. 14.074, de 14-10-2020.

VI – política nuclear;

>> Inciso VI acrescentado pela Lei n. 14.074, de 14-10-2020.

VII – controle da exportação de bens e serviços sensíveis; e

>> Inciso VII acrescentado pela Lei n. 14.074, de 14-10-2020.

VIII – articulação com os governos dos Estados, do Distrito Federal e dos Municípios, com a sociedade e com órgãos do governo federal, com vistas ao estabelecimento de diretrizes para as políticas nacionais de ciência, tecnologia e inovação.

>> Inciso VIII acrescentado pela Lei n. 14.074, de 14-10-2020.

Art. 26-B. **Integram a estrutura básica do Ministério da Ciência, Tecnologia e Inovações:**

>> *Caput* acrescentado pela Lei n. 14.074, de 14-10-2020.

I – o Conselho Nacional de Ciência e Tecnologia;

>> Inciso I acrescentado pela Lei n. 14.074, de 14-10-2020.

II – o Conselho Nacional de Informática e Automação;

>> Inciso II acrescentado pela Lei n. 14.074, de 14-10-2020.

III – o Conselho Nacional de Controle de Experimentação Animal;

>> Inciso III acrescentado pela Lei n. 14.074, de 14-10-2020.

IV – o Instituto Nacional de Águas;

>> Inciso IV acrescentado pela Lei n. 14.074, de 14-10-2020.

V – o Instituto Nacional da Mata Atlântica;

>> Inciso V acrescentado pela Lei n. 14.074, de 14-10-2020.

VI – o Instituto Nacional de Pesquisa do Pantanal;

>> Inciso VI acrescentado pela Lei n. 14.074, de 14-10-2020.

VII – o Instituto Nacional do Semiárido;

>> Inciso VII acrescentado pela Lei n. 14.074, de 14-10-2020.

VIII – o Instituto Nacional de Pesquisas Espaciais;

>> Inciso VIII acrescentado pela Lei n. 14.074, de 14-10-2020.

IX – o Instituto Nacional de Pesquisas da Amazônia;

>> Inciso IX acrescentado pela Lei n. 14.074, de 14-10-2020.

X – o Instituto Nacional de Tecnologia;

>> Inciso X acrescentado pela Lei n. 14.074, de 14-10-2020.

XI – o Instituto Brasileiro de Informação em Ciência e Tecnologia;

>> Inciso XI acrescentado pela Lei n. 14.074, de 14-10-2020.

XII – o Centro de Tecnologias Estratégicas do Nordeste;

>> Inciso XII acrescentado pela Lei n. 14.074, de 14-10-2020.

XIII – o Centro de Tecnologia da Informação Renato Archer;

>> Inciso XIII acrescentado pela Lei n. 14.074, de 14-10-2020.

XIV – o Centro de Tecnologia Mineral;

>> Inciso XIV acrescentado pela Lei n. 14.074, de 14-10-2020.

XV – o Centro Brasileiro de Pesquisas Físicas;

>> Inciso XV acrescentado pela Lei n. 14.074, de 14-10-2020.

XVI – o Centro Nacional de Monitoramento e Alertas de Desastres Naturais;

>> Inciso XVI acrescentado pela Lei n. 14.074, de 14-10-2020.

XVII – o Laboratório Nacional de Computação Científica;

>> Inciso XVII acrescentado pela Lei n. 14.074, de 14-10-2020.

XVIII – o Laboratório Nacional de Astrofísica;

>> Inciso XVIII acrescentado pela Lei n. 14.074, de 14-10-2020.

XIX – o Museu Paraense Emílio Goeldi;

>> Inciso XIX acrescentado pela Lei n. 14.074, de 14-10-2020.

XX – o Museu de Astronomia e Ciências Afins;

>> Inciso XX acrescentado pela Lei n. 14.074, de 14-10-2020.

XXI – o Observatório Nacional;

>> Inciso XXI acrescentado pela Lei n. 14.074, de 14-10-2020.

XXII – a Comissão de Coordenação das Atividades de Meteorologia, Climatologia e Hidrologia;

>> Inciso XXII acrescentado pela Lei n. 14.074, de 14-10-2020.

XXIII – a Comissão Técnica Nacional de Biossegurança; e

>> Inciso XXIII acrescentado pela Lei n. 14.074, de 14-10-2020.

XXIV – até 4 (quatro) secretarias.

>> Inciso XXIV acrescentado pela Lei n. 14.074, de 14-10-2020.

Seção IV-B
Do Ministério das Comunicações

>> Seção IV-B acrescentada pela Lei n. 14.074, de 14-10-2020.

Art. 26-C. Constituem áreas de competência do Ministério das Comunicações:

>> *Caput* acrescentado pela Lei n. 14.074, de 14-10-2020.

I – política nacional de telecomunicações;

>> Inciso I acrescentado pela Lei n. 14.074, de 14-10-2020.

II – política nacional de radiodifusão;

>> Inciso II acrescentado pela Lei n. 14.074, de 14-10-2020.

III – serviços postais, telecomunicações e radiodifusão;

>> Inciso III acrescentado pela Lei n. 14.074, de 14-10-2020.

IV – política de comunicação e divulgação do governo federal;

>> Inciso IV acrescentado pela Lei n. 14.074, de 14-10-2020.

V – relacionamento do governo federal com a imprensa regional, nacional e internacional;

>> Inciso V acrescentado pela Lei n. 14.074, de 14-10-2020.

VI – convocação de redes obrigatórias de rádio e televisão;

>> Inciso VI acrescentado pela Lei n. 14.074, de 14-10-2020.

VII – pesquisa de opinião pública; e

>> Inciso VII acrescentado pela Lei n. 14.074, de 14-10-2020.

VIII – sistema brasileiro de televisão pública.

>> Inciso VIII acrescentado pela Lei n. 14.074, de 14-10-2020.

Art. 26-D. Integram a estrutura básica do Ministério das Comunicações:

>> *Caput* acrescentado pela Lei n. 14.074, de 14-10-2020.

I – a Secretaria Especial de Comunicação Social, com até 2 (duas) secretarias; e

>> Inciso I acrescentado pela Lei n. 14.074, de 14-10-2020.

II – até 2 (duas) secretarias.

>> Inciso II acrescentado pela Lei n. 14.074, de 14-10-2020.

Seção V
Do Ministério da Defesa

Art. 27. Constituem áreas de competência do Ministério da Defesa:

I – política de defesa nacional, estratégia nacional de defesa e elaboração do Livro Branco de Defesa Nacional;

II – políticas e estratégias setoriais de defesa e militares;

III – doutrina, planejamento, organização, preparo e emprego conjunto e singular das Forças Armadas;

IV – projetos especiais de interesse da defesa nacional;

V – inteligência estratégica e operacional no interesse da defesa;

VI – operações militares das Forças Armadas;

VII – relacionamento internacional de defesa;

VIII – orçamento de defesa;

IX – legislação de defesa e militar;

X – política de mobilização nacional;

XI – política de ensino de defesa;

XII – política de ciência, tecnologia e inovação de defesa;

XIII – política de comunicação social de defesa;

XIV – política de remuneração dos militares e de seus pensionistas;

XV – política nacional:

a) de indústria de defesa, abrangida a produção;

b) de compra, contratação e desenvolvimento de produtos de defesa, abrangidas as atividades de compensação tecnológica, industrial e comercial;

c) de inteligência comercial de produtos de defesa; e

d) de controle da exportação e importação de produtos de defesa e em áreas de interesse da defesa;

XVI – atuação das Forças Armadas, quando couber:

a) na garantia da lei e da ordem, com vistas à preservação da ordem pública e da incolumidade das pessoas e do patrimônio;

b) na garantia da votação e da apuração eleitoral; e

c) na cooperação com o desenvolvimento nacional e a defesa civil e no combate a delitos transfronteiriços e ambientais;

XVII – logística de defesa;

XVIII – serviço militar;

XIX – assistência à saúde, assistência social e assistência religiosa das Forças Armadas;

XX – constituição, organização, efetivos, adestramento e aprestamento das forças navais, terrestres e aéreas;

XXI – política marítima nacional;

XXII – segurança da navegação aérea e do tráfego aquaviário e salvaguarda da vida humana no mar;

XXIII – patrimônio imobiliário administrado pelas Forças Armadas, sem prejuízo das competências atribuídas ao Ministério da Economia;

XXIV – política militar aeronáutica e atuação na política aeroespacial nacional;

XXV – infraestrutura aeroespacial e aeronáutica; e

XXVI – operacionalização do Sistema de Proteção da Amazônia.

Art. 28. Integram a estrutura básica do Ministério da Defesa:

I – o Conselho Militar de Defesa;

II – o Comando da Marinha;

III – o Comando do Exército;

IV – o Comando da Aeronáutica;

V – o Estado-Maior Conjunto das Forças Armadas;

VI – a Secretaria-Geral;

VII – a Escola Superior de Guerra;

VIII – o Centro Gestor e Operacional do Sistema de Proteção da Amazônia;

IX – o Hospital das Forças Armadas;

X – a Representação do Brasil na Junta Interamericana de Defesa;

XI – o Conselho Deliberativo do Sistema de Proteção da Amazônia;

XII – até 3 (três) Secretarias; e

XIII – 1 (um) órgão de controle interno.

Seção VI
Do Ministério do Desenvolvimento Regional

Art. 29. Constitui área de competência do Ministério do Desenvolvimento Regional:

I – política nacional de desenvolvimento regional;

II – política nacional de desenvolvimento urbano;

III – política nacional de proteção e defesa civil;

IV – política nacional de recursos hídricos;

V – política nacional de segurança hídrica;

VI – política nacional de irrigação, observadas as competências do Ministério da Agricultura, Pecuária e Abastecimento;

VII – política nacional de habitação;

VIII – política nacional de saneamento;

IX – política nacional de mobilidade urbana;

X – formulação e gestão da política nacional de ordenamento territorial;

XI – estabelecimento de diretrizes e prioridades na aplicação dos recursos dos programas de financiamento de que trata a alínea *c* do inciso I do *caput* do art. 159 da Constituição Federal;

XII – estabelecimento de normas para o cumprimento dos programas de financiamento relativos ao Fundo Constitucional de Financiamento do Norte (FNO), ao Fundo Constitucional de Financiamento do Nordeste (FNE) e ao Fundo Constitucional de Financiamento do Centro-Oeste (FCO);

XIII – estabelecimento de normas para o cumprimento das programações orçamentárias do Fundo de Investimentos da Amazônia (Finam) e do Fundo de Investimentos do Nordeste (Finor);

XIV – estabelecimento de diretrizes e prioridades na aplicação dos recursos do Fundo de Desenvolvimento da Amazônia (FDA), do Fundo de Desenvolvimento do Nordeste (FDNE) e do Fundo de Desenvolvimento do Centro-Oeste (FDCO);

XV – estabelecimento de diretrizes e critérios de alocação dos recursos do Fundo Nacional de Habitação de Interesse Social (FNHIS);

XVI – estabelecimento de metas a serem alcançadas nos programas de habitação popular, de saneamento básico e de infraestrutura urbana realizados com aplicação de recursos do Fundo de Garantia do Tempo de Serviço (FGTS);

XVII – estabelecimento de diretrizes e normas relativas à política de subsídio à habitação popular, ao saneamento e à mobilidade urbana;

XVIII – planos, programas, projetos e ações de desenvolvimento regional, metropolitano e urbano;

XIX – planos, programas, projetos e ações de:

a) gestão de recursos hídricos;

b) infraestrutura e garantia da segurança hídrica;

c) irrigação;

d) proteção e defesa civil e de gestão de riscos e desastres; e

e) habitação, saneamento, mobilidade e serviços urbanos.

Parágrafo único. A competência de que trata o inciso X do *caput* deste artigo será exercida em conjunto com o Ministério da Defesa.

Art. 30. Integram a estrutura básica do Ministério do Desenvolvimento Regional:

I – o Conselho Nacional de Proteção e Defesa Civil;

II – o Conselho Nacional de Desenvolvimento Urbano;

III – o Conselho Curador do Fundo de Desenvolvimento Social;

IV – o Conselho Nacional de Recursos Hídricos;

V – o Conselho Administrativo da Região Integrada de Desenvolvimento do Polo Petrolina e Juazeiro;

VI – o Conselho Administrativo da Região Integrada de Desenvolvimento da Grande Teresina;

VII – o Conselho Administrativo da Região Integrada de Desenvolvimento do Distrito Federal e Entorno;

VIII – o Conselho Nacional de Irrigação;

IX – a Câmara de Políticas de Integração Nacional e Desenvolvimento Regional; e

X – até 7 (sete) Secretarias.

Seção VII Do Ministério da Economia

Art. 31. Constituem áreas de competência do Ministério da Economia:

I – moeda, crédito, instituições financeiras, capitalização, poupança popular, seguros privados e previdência privada aberta;

II – política, administração, fiscalização e arrecadação tributária e aduaneira;

III – administração financeira e contabilidade públicas;

IV – administração das dívidas públicas interna e externa;

V – negociações econômicas e financeiras com governos, organismos multilaterais e agências governamentais;

VI – preços em geral e tarifas públicas e administradas;

VII – fiscalização e controle do comércio exterior;

VIII – elaboração de estudos e pesquisas para acompanhamento da conjuntura econômica;

IX – autorização, ressalvadas as competências do Conselho Monetário Nacional:

a) da distribuição gratuita de prêmios, a título de propaganda, quando efetuada por meio de sorteio, vale-brinde, concurso ou operação assemelhada;

b) das operações de consórcio, fundo mútuo e outras formas associativas assemelhadas, que visem à aquisição de bens de qualquer natureza;

c) da venda ou da promessa de venda de mercadorias a varejo, por meio de oferta pública e com recebimento antecipado, parcial ou total, do preço;

d) da venda ou da promessa de venda de direitos, inclusive cotas de propriedade de entidades civis, como hospital, motel, clube, hotel, centro de recreação, alojamento ou organização de serviços de qualquer natureza, com ou sem rateio de despesas de manutenção, por meio de oferta pública e com pagamento antecipado do preço;

e) da venda ou da promessa de venda de terrenos loteados a prestações por meio de sorteio; e

f) da exploração de loterias, inclusive *sweepstakes* e outras modalidades de loterias realizadas por entidades promotoras de corridas de cavalos;

X – previdência;

XI – previdência complementar;

XII – formulação do planejamento estratégico nacional e elaboração de subsídios para formulação de políticas públicas de longo prazo destinadas ao desenvolvimento nacional;

XIII – avaliação dos impactos socioeconômicos das políticas e dos programas do governo federal e elaboração de estudos especiais para a reformulação de políticas;

XIV – elaboração de estudos e pesquisas para acompanhamento da conjuntura socioeconômica e gestão dos sistemas cartográficos e estatísticos nacionais;

XV – elaboração, acompanhamento e avaliação do plano plurianual de investimentos e dos orçamentos anuais;

XVI – viabilização de novas fontes de recursos para os planos de governo;

XVII – formulação de diretrizes, coordenação de negociações e acompanhamento e avaliação de financiamentos externos de projetos públicos com organismos multilaterais e agências governamentais;

XVIII – coordenação e gestão dos sistemas de planejamento e orçamento federal, de pessoal civil, de organização e modernização administrativa, de administração de recursos de informação e informática e de serviços gerais;

XIX – formulação de diretrizes, coordenação e definição de critérios de governança corporativa das empresas estatais federais;

XX – administração patrimonial;

XXI – propriedade intelectual e transferência de tecnologia;

XXII – metrologia, normalização e qualidade industrial;

XXIII – políticas de comércio exterior;

XXIV – regulamentação e execução dos programas e das atividades relativas ao comércio exterior;

XXV – aplicação dos mecanismos de defesa comercial;

XXVI – participação em negociações internacionais relativas ao comércio exterior;

XXVII – registro do comércio;

XXVIII – formulação da política de apoio à microempresa, à empresa de pequeno porte e ao artesanato;

XXIX – articulação e supervisão dos órgãos e das entidades envolvidos na integração para registro e legalização de empresas;

XXX – política e diretrizes para a geração de emprego e renda e de apoio ao trabalhador;

XXXI – política e diretrizes para a modernização das relações de trabalho;

XXXII – fiscalização do trabalho, inclusive do trabalho portuário, e aplicação das sanções previstas em normas legais ou coletivas;

XXXIII – política salarial;

XXXIV – formação e desenvolvimento profissional;

XXXV – segurança e saúde no trabalho;

XXXVI – regulação profissional;

XXXVII – (*Vetado.*);

XXXVIII – (*Vetado.*);

XXXIX – (*Vetado.*); e

XL – políticas de desenvolvimento da indústria, do comércio e dos serviços; e

>> Inciso XL com redação determinada pela Lei n. 13.901, de 11-11-2019.

XLI – registro sindical.

>> Inciso XLI acrescentado pela Lei n. 13.901, de 11-11-2019.

Parágrafo único. Nos conselhos de administração das empresas públicas, das sociedades de economia mista, de suas subsidiárias e controladas e das demais empresas em que a União, direta ou indiretamente, detenha a maioria do capital social com direito a voto, sempre haverá 1 (um) membro indicado pelo Ministro de Estado da Economia.

Art. 32. Integram a estrutura básica do Ministério da Economia:

I – a Assessoria Especial de Assuntos Estratégicos;

II – a Procuradoria-Geral da Fazenda Nacional;

III – a Secretaria Especial de Fazenda, com até 4 (quatro) Secretarias;

IV – a Secretaria Especial da Receita Federal do Brasil, com até 1 (uma) Subsecretaria-Geral;

V – a Secretaria Especial de Previdência e Trabalho, com até 2 (duas) Secretarias;

VI – a Secretaria Especial de Comércio Exterior e Assuntos Internacionais, com até 3 (três) Secretarias;

VII – a Secretaria Especial de Desestatização, Desinvestimento e Mercados, com até 2 (duas) Secretarias;

VIII – a Secretaria Especial de Produtividade, Emprego e Competitividade, com até 4 (quatro) Secretarias;

IX – a Secretaria Especial de Desburocratização, Gestão e Governo Digital, com até 3 (três) Secretarias;

X – o Conselho Monetário Nacional;

XI – o Conselho Nacional de Política Fazendária;

XII – o Conselho de Recursos do Sistema Financeiro Nacional;

XIII – o Conselho Nacional de Seguros Privados;

XIV – o Conselho de Recursos do Sistema Nacional de Seguros Privados, de Previdência Privada Aberta e de Capitalização;

XV – o Conselho Administrativo de Recursos Fiscais;

XVI – o Comitê Brasileiro de Nomenclatura;

XVII – o Comitê de Avaliação e Renegociação de Créditos ao Exterior;

XVIII – o Conselho Nacional de Previdência Complementar;

XIX – a Câmara de Recursos da Previdência Complementar;

XX – o Conselho Nacional de Previdência Social;

XXI – a Comissão de Financiamentos Externos;

XXII – a Comissão Nacional de Cartografia;

XXIII – a Comissão Nacional de Classificação;

XXIV – o Conselho Nacional de Fomento e Colaboração;

XXV – o Conselho Nacional de Metrologia, Normalização e Qualidade Industrial;

XXVI – o Conselho Nacional das Zonas de Processamento de Exportação;

XXVII – a Secretaria-Executiva da Câmara de Comércio Exterior;

XXVIII – o Conselho Nacional do Trabalho;

XXIX – o Conselho Curador do Fundo de Garantia do Tempo de Serviço;

XXX – o Conselho Deliberativo do Fundo de Amparo ao Trabalhador;

XXXI – o Conselho de Recursos da Previdência Social;

XXXII – (*Vetado.*);

XXXIII – a Câmara de Comércio Exterior; e

XXXIV – até 1 (uma) Secretaria.

Parágrafo único. Os Conselhos a que se referem os incisos XXVIII, XXIX e XXX do *caput* deste artigo são órgãos colegiados de composição tripartite, com paridade entre representantes dos trabalhadores e dos empregadores, na forma estabelecida em ato do Poder Executivo federal.

Seção VIII
Do Ministério da Educação

Art. 33. Constituem áreas de competência do Ministério da Educação:

I – política nacional de educação;

II – educação infantil;

III – educação em geral, compreendidos o ensino fundamental, o ensino médio, o ensino superior, a educação de jovens e adultos, a educação profissional, a educação especial e a educação a distância, exceto o ensino militar;

IV – avaliação, informação e pesquisa educacional;

V – pesquisa e extensão universitárias;

VI – magistério; e

VII – assistência financeira a famílias carentes para a escolarização de seus filhos ou dependentes.

Parágrafo único. Para o cumprimento de suas competências, o Ministério da Educação poderá estabelecer parcerias com instituições civis e militares que apresentam experiências exitosas em educação.

Art. 34. Integram a estrutura básica do Ministério da Educação:

I – o Conselho Nacional de Educação;

II – o Instituto Benjamin Constant;

III – o Instituto Nacional de Educação de Surdos; e

IV – até 6 (seis) Secretarias.

Seção IX
Do Ministério da Infraestrutura

Art. 35. Constituem áreas de competência do Ministério da Infraestrutura:

I – política nacional de transportes ferroviário, rodoviário, aquaviário, aeroportuário e aeroviário;

II – política nacional de trânsito;

III – marinha mercante e vias navegáveis;

IV – formulação de políticas e diretrizes para o desenvolvimento e o fomento do setor de portos e instalações portuárias marítimos, fluviais e lacustres e execução e avaliação de medidas, programas e projetos de apoio ao desenvolvimento da infraestrutura e da superestrutura dos portos e das instalações portuárias marítimos, fluviais e lacustres;

V – formulação, coordenação e supervisão das políticas nacionais do setor de portos e instalações portuárias marítimos, fluviais e lacustres;

VI – participação no planejamento estratégico, no estabelecimento de diretrizes para sua implementação e na definição das prioridades dos programas de investimentos em transportes;

VII – elaboração ou aprovação dos planos de outorgas, na forma prevista em legislação específica;

VIII – estabelecimento de diretrizes para a representação do País em organismos internacionais e em convenções, acordos e tratados relativos às suas competências;

IX – desenvolvimento da infraestrutura e da superestrutura aquaviária dos portos e das instalações portuárias marítimos, fluviais e lacustres em seu âmbito de competência, com a finalidade de promover a segurança e a eficiência do transporte aquaviário de cargas e de passageiros; e

X – aviação civil e infraestruturas aeroportuária e de aeronáutica civil, em articulação, no que couber, com o Ministério da Defesa.

Parágrafo único. As competências atribuídas ao Ministério da Infraestrutura no *caput* deste artigo compreendem:

I – a formulação, a coordenação e a supervisão das políticas nacionais;

II – a formulação e a supervisão da execução da política relativa ao Fundo da Marinha Mercante, destinado à renovação, à recuperação e à ampliação da frota mercante nacional, em articulação com o Ministério da Economia;

III – o estabelecimento de diretrizes para afretamento de embarcações estrangeiras por empresas brasileiras de navegação e para liberação do transporte de cargas prescritas;

IV – a elaboração de estudos e projeções relativos aos assuntos de aviação civil e de infraestruturas aeroportuária e de aeronáutica civil e relativos à logística do transporte aéreo e do transporte intermodal e multimodal, ao longo de eixos e fluxos de produção, em articulação com os demais órgãos governamentais competentes, observadas as exigências de mobilidade urbana e de acessibilidade;

V – a declaração de utilidade pública, para fins de desapropriação, de supressão vegetal ou de instituição de servidão administrativa, dos bens necessários à construção, à manutenção e à expansão da infraestrutura em transportes, na forma prevista em legislação específica;

VI – a coordenação dos órgãos e das entidades do sistema de aviação civil, em articulação com o Ministério da Defesa, no que couber;

VII – a transferência para os Estados, o Distrito Federal ou os Municípios da implantação, da administração, da operação, da manutenção e da exploração da infraestrutura integrante do Sistema Federal de Viação, excluídos os órgãos, os serviços, as instalações e as demais estruturas necessárias à operação regular e segura da navegação aérea;

VIII – a atribuição da infraestrutura aeroportuária;

IX – a aprovação dos planos de zoneamento civil e militar dos aeródromos públicos de uso compartilhado, em conjunto com o Comando da Aeronáutica do Ministério da Defesa;

X – a formulação de diretrizes para o desenvolvimento do setor de trânsito; e

XI – o planejamento, a regulação, a normatização e a gestão da aplicação de recursos em políticas de trânsito.

Art. 36. Integram a estrutura básica do Ministério da Infraestrutura:

I – o Conselho de Aviação Civil;

II – o Conselho Diretor do Fundo da Marinha Mercante;

III – a Comissão Nacional das Autoridades nos Portos;

IV – a Comissão Nacional de Autoridades Aeroportuárias;

V – o Conselho Nacional de Trânsito;

VI – (*Vetado*.); e

VII – até 4 (quatro) Secretarias.

Parágrafo único. Ao Conselho de Aviação Civil, presidido pelo Ministro de Estado da Infraestrutura, com composição e funcionamento estabelecidos em ato do Poder Executivo federal, compete estabelecer as diretrizes da política relativa ao setor de aviação civil.

Seção X
Do Ministério da Justiça e Segurança Pública

Art. 37. Constituem áreas de competência do Ministério da Justiça e Segurança Pública:

I – defesa da ordem jurídica, dos direitos políticos e das garantias constitucionais;

II – política judiciária;

III – políticas sobre drogas, relativas a:

a) difusão de conhecimento sobre crimes, delitos e infrações relacionados às drogas lícitas e ilícitas; e

b) combate ao tráfico de drogas e crimes conexos, inclusive por meio da recuperação de ativos que financiem essas atividades criminosas ou dela resultem;

IV – defesa da ordem econômica nacional e dos direitos do consumidor;

V – nacionalidade, imigração e estrangeiros;

VI – ouvidoria-geral do consumidor e das polícias federais;

VII – prevenção e combate à corrupção, à lavagem de dinheiro e ao financiamento do terrorismo e cooperação jurídica internacional;

VIII – coordenação de ações para combate a infrações penais em geral, com ênfase em corrupção, crime organizado e crimes violentos;

IX – política nacional de arquivos;

X – coordenação e promoção da integração da segurança pública no território nacional, em cooperação com os entes federativos;

XI – aquelas previstas no § 1.º do art. 144 da Constituição Federal, por meio da Polícia Federal;

XII – aquela prevista no § 2.º do art. 144 da Constituição Federal, por meio da Polícia Rodoviária Federal prevista;

XIII – (*Vetado*.);

XIV – defesa dos bens e dos próprios da União e das entidades integrantes da administração pública federal indireta;

XV – coordenação do Sistema Único de Segurança Pública;

XVI – planejamento, coordenação e administração da política penitenciária nacional;

XVII – coordenação, em articulação com os órgãos e as entidades competentes da administração pública federal, da instituição de escola superior de altos estudos ou congêneres, ou de programas, enquanto não instalada a escola superior, em matérias de segurança pública, em instituição existente;

XVIII – promoção da integração e da cooperação entre os órgãos federais, estaduais, distritais e municipais e articulação com os órgãos e as entidades de coordenação e supervisão das atividades de segurança pública;

XIX – estímulo e propositura de elaboração de planos e programas integrados de segurança pública aos órgãos federais, estaduais, distritais e municipais, com o objetivo de prevenir e de reprimir a violência e a criminalidade;

XX – desenvolvimento de estratégia comum baseada em modelos de gestão e de tecnologia que permitam a integração e a interoperabilidade dos sistemas de tecnologia da informação dos entes federativos;

XXI – (*Vetado*.)

>> **O STF referendou medida cautelar nas ADIs n. 6.062, 6.172, 6.173 e 6.174 de 1.º-8-2019 (*DOU* de 14-8-2019), para suspender o art. 1.º da MP n. 886/2019, no que respeita às seguintes expressões: "observado o disposto no inciso XIV do *caput* e no § 2.º do art. 21", constante neste inciso XXI.**

XXII – assistência ao Presidente da República em matérias não afetas a outro Ministério;

>> **Inciso XXII com redação determinada pela Lei n. 13.901, de 11-11-2019.**

XXIII – política de organização e manutenção da polícia civil, da polícia militar e do corpo de bombeiros militar do Distrito Federal, nos termos do inciso XIV do ***caput*** do art. 21 da Constituição Federal;

>> **Inciso XXIII acrescentado pela Lei n. 13.901, de 11-11-2019.**

XXIV – direitos dos índios, incluído o acompanhamento das ações de saúde desenvolvidas em prol das comunidades indígenas.

>> **Inciso XXIV acrescentado pela Lei n. 13.901, de 11-11-2019.**

Art. 38. Integram a estrutura básica do Ministério da Justiça e Segurança Pública:

I – o Conselho Federal Gestor do Fundo de Defesa de Direitos Difusos;

II – o Conselho Nacional de Combate à Pirataria e Delitos contra a Propriedade Intelectual;

III – o Conselho Nacional de Políticas sobre Drogas;

IV – o Conselho Nacional de Política Criminal e Penitenciária;

V – o Conselho Nacional de Segurança Pública;

VI – o Conselho Gestor do Fundo Nacional de Segurança Pública;

VII – (*Vetado*.);

VIII – o Conselho Nacional de Imigração;

IX – o Conselho Nacional de Arquivos;

X – a Polícia Federal;

XI – a Polícia Rodoviária Federal;

XII – o Departamento Penitenciário Nacional;

XIII – o Arquivo Nacional;

>> Inciso XIII com redação determinada pela Lei n. 13.901, de 11-11-2019.

XIV – até 6 (seis) Secretarias; e

>> Inciso XIV com redação determinada pela Lei n. 13.901, de 11-11-2019.

XV – o Conselho Nacional de Política Indigenista.

>> Inciso XV acrescentado pela Lei n. 13.901, de 11-11-2019.

Seção XI
Do Ministério do Meio Ambiente

Art. 39. Constituem áreas de competência do Ministério do Meio Ambiente:

I – política nacional do meio ambiente;

II – política de preservação, conservação e utilização sustentável de ecossistemas, biodiversidade e florestas;

III – estratégias, mecanismos e instrumentos econômicos e sociais para a melhoria da qualidade ambiental e o uso sustentável dos recursos naturais;

IV – políticas para a integração do meio ambiente e a produção econômica;

V – políticas e programas ambientais para a Amazônia;

VI – estratégias e instrumentos internacionais de promoção das políticas ambientais; e

VII – (*Vetado*.);

VIII – zoneamento ecológico econômico.

>> Inciso VIII acrescentado pela Lei n. 13.901, de 11-11-2019.

Parágrafo único. A competência do Ministério do Meio Ambiente relativa a florestas públicas será exercida em articulação com o Ministério da Agricultura, Pecuária e Abastecimento.

Art. 40. Integram a estrutura básica do Ministério do Meio Ambiente:

I – o Conselho Nacional do Meio Ambiente;

II – o Conselho Nacional da Amazônia Legal;

III – o Conselho de Gestão do Patrimônio Genético;

IV – o Conselho Deliberativo do Fundo Nacional do Meio Ambiente;

V – a Comissão de Gestão de Florestas Públicas;

VI – a Comissão Nacional de Florestas; e

VII – até 5 (cinco) Secretarias.

Seção XII
Do Ministério de Minas e Energia

Art. 41. Constituem áreas de competência do Ministério de Minas e Energia:

I – políticas nacionais de geologia, de exploração e de produção de recursos minerais e energéticos;

II – políticas nacionais de aproveitamento dos recursos hídricos, eólicos, fotovoltaicos e demais fontes para fins de geração de energia elétrica;

III – política nacional de mineração e transformação mineral;

IV – diretrizes para o planejamento dos setores de minas e de energia;

V – política nacional do petróleo, do combustível, do biocombustível, do gás natural, da energia elétrica e da energia nuclear;

VI – diretrizes para as políticas tarifárias;

VII – energização rural e agroenergia, inclusive eletrificação rural, quando custeada com recursos vinculados ao setor elétrico;

VIII – políticas nacionais de integração do sistema elétrico e de integração eletroenergética com outros países;

IX – políticas nacionais de sustentabilidade e de desenvolvimento econômico, social e ambiental dos recursos elétricos, energéticos e minerais;

X – elaboração e aprovação das outorgas relativas aos setores de minas e de energia;

XI – avaliação ambiental estratégica, quando couber, em conjunto com o Ministério do Meio Ambiente e com os demais órgãos relacionados;

XII – participação em negociações internacionais relativas aos setores de minas e de energia; e

XIII – fomento ao desenvolvimento e adoção de novas tecnologias relativas aos setores de minas e de energia.

Parágrafo único. Compete, ainda, ao Ministério de Minas e Energia zelar pelo equilíbrio conjuntural e estrutural entre a oferta e a demanda de energia elétrica no País.

Art. 42. Integram a estrutura básica do Ministério de Minas e Energia até 5 (cinco) Secretarias.

Seção XIII
Do Ministério da Mulher, da Família e dos Direitos Humanos

Art. 43. Constituem áreas de competência do Ministério da Mulher, da Família e dos Direitos Humanos:

I – políticas e diretrizes destinadas à promoção dos direitos humanos, incluídos os direitos:

a) da mulher;

b) da família;

c) da criança e do adolescente;

d) da juventude;

e) do idoso;

f) da pessoa com deficiência;

g) da população negra;

h) das minorias étnicas e sociais;

II – articulação de iniciativas e apoio a projetos destinados à proteção e à promoção dos direitos humanos, com respeito aos fundamentos constitucionais do Estado de Direito;

III – exercício da função de ouvidoria nacional em assuntos relativos aos direitos humanos;

IV – políticas de promoção do reconhecimento e da valorização da dignidade da pessoa humana em sua integralidade; e

V – combate a todas as formas de violência, de preconceito, de discriminação e de intolerância.

Art. 44. Integram a estrutura básica do Ministério da Mulher, da Família e dos Direitos Humanos:

I – a Secretaria Nacional de Políticas para as Mulheres;

II – a Secretaria Nacional da Família;

III – a Secretaria Nacional dos Direitos da Criança e do Adolescente;

IV – a Secretaria Nacional da Juventude;

V – a Secretaria Nacional de Proteção Global;

VI – a Secretaria Nacional de Políticas de Promoção da Igualdade Racial;

VII – a Secretaria Nacional dos Direitos da Pessoa com Deficiência;

VIII – a Secretaria Nacional de Promoção e Defesa dos Direitos da Pessoa Idosa;

IX – o Conselho Nacional de Promoção da Igualdade Racial;

X – o Conselho Nacional dos Direitos Humanos;

XI – o Conselho Nacional de Combate à Discriminação;

XII – o Conselho Nacional dos Direitos da Criança e do Adolescente;

XIII – o Conselho Nacional dos Direitos da Pessoa com Deficiência;

XIV – o Conselho Nacional dos Direitos da Pessoa Idosa;

XV – o Comitê Nacional de Prevenção e Combate à Tortura;

XVI – o Mecanismo Nacional de Prevenção e Combate à Tortura;

XVII – o Conselho Nacional dos Povos e Comunidades Tradicionais;

XVIII – o Conselho Nacional dos Direitos da Mulher; e

XIX – o Conselho Nacional da Juventude.

Seção XIV
Do Ministério das Relações Exteriores

Art. 45. Constituem áreas de competência do Ministério das Relações Exteriores:

I – assistência direta e imediata ao Presidente da República nas relações com Estados estrangeiros e com organizações internacionais;

II – política internacional;

III – relações diplomáticas e serviços consulares;

IV – participação em negociações comerciais, econômicas, financeiras, técnicas e culturais com Estados estrangeiros e com organizações internacionais, em articulação com os demais órgãos competentes;

V – programas de cooperação internacional;

VI – apoio a delegações, a comitivas e a representações brasileiras em agências e organismos internacionais e multilaterais;

VII – apoio ao Gabinete de Segurança Institucional da Presidência da República no planejamento e coordenação de deslocamentos presidenciais no exterior;

VIII – coordenação das atividades desenvolvidas pelas assessorias internacionais dos órgãos e das entidades da administração pública federal; e

IX – promoção do comércio exterior, de investimentos e da competitividade internacional do País, em coordenação com as políticas governamentais de comércio exterior, incluída a supervisão do Serviço Social Autônomo Agência de Promoção de Exportações do Brasil (Apex-Brasil) e a presidência do Conselho Deliberativo da Apex-Brasil.

Art. 46. Integram a estrutura básica do Ministério das Relações Exteriores:

I – a Secretaria-Geral das Relações Exteriores, com até 7 (sete) Secretarias;

II – o Instituto Rio Branco;

III – a Secretaria de Controle Interno;

IV – o Conselho de Política Externa;

V – as missões diplomáticas permanentes;

VI – as repartições consulares; e

VII – as unidades específicas no exterior.

§ 1.º O Conselho de Política Externa será presidido pelo Ministro de Estado das Relações Exteriores e integrado pelo Secretário-Geral e Secretários da Secretaria-Geral das Relações Exteriores, bem como pelo Chefe de Gabinete do Ministro de Estado das Relações Exteriores.

§ 2.º O Secretário-Geral das Relações Exteriores será nomeado pelo Presidente da República e deverá ser escolhido dentre os Ministros de Primeira Classe da carreira de Diplomata.

§ 3.º Os servidores do Ministério das Relações Exteriores, inclusive os integrantes do Serviço Exterior Brasileiro, poderão ser cedidos, com ônus para o cessionário, para exercer cargos de direção, gerência, assessoria e supervisão da Apex-Brasil.

§ 4.º Na hipótese da cessão de que trata o § 3.º deste artigo:

I – será mantida a remuneração do cargo efetivo, acrescida de 60% (sessenta por cento) da remuneração do cargo ou função na Apex-Brasil, respeitado o teto remuneratório da administração pública federal, e o período será considerado como de efetivo exercício no órgão cedente; ou

II – não será mantida a remuneração do cargo efetivo, a remuneração não estará sujeita a teto remuneratório da administração pública federal e o período não será considerado como de efetivo exercício no órgão cedente.

Seção XV
Do Ministério da Saúde

Art. 47. Constituem áreas de competência do Ministério da Saúde:

I – política nacional de saúde;

II – coordenação e fiscalização do Sistema Único de Saúde;

III – saúde ambiental e ações de promoção, de proteção e de recuperação da saúde individual e coletiva, inclusive a dos trabalhadores e a dos índios;

IV – informações de saúde;

V – insumos críticos para a saúde;

VI – ação preventiva em geral, vigilância e controle sanitário de fronteiras e de portos marítimos, fluviais, lacustres e aéreos;

VII – vigilância de saúde, especialmente quanto a drogas, medicamentos e alimentos; e

VIII – pesquisa científica e tecnologia na área de saúde.

Art. 48. Integram a estrutura básica do Ministério da Saúde:

I – o Conselho Nacional de Saúde;

II – a Comissão Nacional de Incorporação de Tecnologias no Sistema Único de Saúde;

III – o Conselho Nacional de Saúde Suplementar; e

IV – até 6 (seis) Secretarias.

Seção XVI
Do Ministério do Turismo

Art. 49. Constituem áreas de competência do Ministério do Turismo:

I – política nacional de desenvolvimento do turismo;

II – promoção e divulgação do turismo nacional, no País e no exterior;

III – estímulo às iniciativas públicas e privadas de incentivo às atividades turísticas;

IV – planejamento, coordenação, supervisão e avaliação dos planos e dos programas de incentivo ao turismo;

V – criação de diretrizes para a integração das ações e dos programas para o desenvolvimento do turismo nacional entre os governos federal, estaduais, distrital e municipais;

VI – formulação, em coordenação com os demais Ministérios, de políticas e ações integradas destinadas à melhoria da infraestrutura e à geração de emprego e renda nos destinos turísticos;

VII – gestão do Fundo Geral de Turismo (Fungetur); e

VIII – regulação, fiscalização e estímulo à formalização, à certificação e à classificação das atividades, dos empreendimentos e dos equipamentos dos prestadores de serviços turísticos.

Art. 50. Integram a estrutura básica do Ministério do Turismo:

I – o Conselho Nacional de Turismo; e

II – até 3 (três) Secretarias.

Seção XVII
Da Controladoria-Geral da União

Art. 51. Constituem áreas de competência da Controladoria-Geral da União:

I – providências necessárias à defesa do patrimônio público, ao controle interno, à auditoria pública, à correição, à prevenção e ao combate à corrupção, às atividades de ouvidoria e ao incremento da transparência da gestão no âmbito da administração pública federal;

II – decisão preliminar acerca de representações ou denúncias fundamentadas recebidas e indicação das providências cabíveis;

III – instauração de procedimentos e processos administrativos a seu cargo, com a constituição de comissões, e requisição de instauração daqueles injustificadamente retardados pela autoridade responsável;

IV – acompanhamento de procedimentos e processos administrativos em curso em órgãos ou entidades da administração pública federal;

V – realização de inspeções e avocação de procedimentos e processos em curso na administração pública federal, para exame de sua regularidade, e proposição de providências ou correção de falhas;

VI – efetivação ou promoção da declaração da nulidade de procedimento ou processo administrativo em curso ou já julgado por qualquer autoridade do Poder Executivo federal e, se for o caso, da apuração imediata e regular dos fatos envolvidos nos autos e na nulidade declarada;

VII – requisição de dados, de informações e de documentos relativos a procedimentos e processos administrativos já arquivados por autoridade da administração pública federal;

>> *Vide* Decreto n. 10.209, de 22-1-2020, que regulamenta o disposto neste inciso.

VIII – requisição a órgão ou a entidade da administração pública federal de informações e de documentos necessários a seus trabalhos ou a suas atividades;

IX – requisição a órgãos ou a entidades da administração pública federal de servidores ou de empregados necessários à constituição de comissões, inclusive das referidas no inciso III do *caput* deste artigo, e de qualquer servidor ou empregado indispensável à instrução de processo ou procedimento;

X – proposição de medidas legislativas ou administrativas e sugestão de ações para evitar a repetição de irregularidades constatadas;

XI – recebimento de reclamações relativas à prestação de serviços públicos em geral e à apuração do exercício negligente de cargo, emprego ou função na administração pública federal, quando não houver disposição legal que atribua essas competências específicas a outros órgãos;

XII – coordenação e gestão do Sistema de Controle Interno do Poder Executivo federal; e

XIII – execução das atividades de controladoria no âmbito da administração pública federal.

§ 1.º À Controladoria-Geral da União, no exercício de suas competências, cumpre dar andamento às representações ou às denúncias fundamentadas que receber, relativas a lesão ou ameaça de lesão ao patrimônio público, e velar por seu integral deslinde.

§ 2.º À Controladoria-Geral da União, sempre que constatar omissão da autoridade competente, cumpre requisitar a instauração de sindicância, procedimentos e processos administrativos e avocar aqueles já em curso perante órgão ou entidade da administração pública federal, com vistas à correção do andamento, inclusive por meio da aplicação da penalidade administrativa cabível.

§ 3.º À Controladoria-Geral da União, na hipótese a que se refere o § 2.º deste artigo, compete instaurar sindicância ou processo administrativo ou, conforme o caso, representar à autoridade competente para apurar a omissão das autoridades responsáveis.

§ 4.º A Controladoria-Geral da União encaminhará à Advocacia-Geral da União os casos que configurarem improbidade administrativa e aqueles que recomendarem a indisponibilidade de bens, o ressarcimento ao erário e outras providências a cargo da Advocacia-Geral da União e provocará, sempre que necessário, a atuação do Tribunal de Contas da União, da Secretaria Especial da Receita Federal do Brasil do Ministério da Economia, dos órgãos do Sistema de Controle Interno do Poder Executivo federal e, quando houver indícios de responsabilidade penal, da Polícia Federal do Ministério da Justiça e Segurança Pública e do Ministério Público Federal, inclusive quanto a representações ou denúncias manifestamente caluniosas.

§ 5.º Os procedimentos e os processos administrativos de instauração e avocação facultados à Controladoria-Geral da União incluem aqueles de que tratam o Título V da Lei n. 8.112, de 11 de dezembro de 1990, o Capítulo V da Lei n. 8.429, de 2 de junho de 1992, o Capítulo IV da Lei n. 12.846, de 1.º de agosto de 2013, e outros a serem desenvolvidos ou já em curso em órgão ou entidade da administração pública federal, desde que relacionados a lesão ou a ameaça de lesão ao patrimônio público.

§ 6.º Os titulares dos órgãos do Sistema de Controle Interno do Poder Executivo federal cientificarão o Ministro de Estado da Controladoria-Geral da União acerca de irregularidades que, registradas em seus relatórios, tratem de atos ou fatos atribuíveis a agentes da administração pública federal e das quais tenha resultado ou possa resultar prejuízo ao erário de valor superior ao limite fixado pelo Tribunal de Contas da União para efeito da tomada de contas especial elaborada de forma simplificada.

§ 7.º Para fins do disposto no § 6.º deste artigo, os órgãos e as entidades da administração pública federal ficam obrigados a atender, no prazo indicado, às requisições e às solicitações do Ministro de Estado da Controladoria-Geral da União e a comunicar-lhe a instauração de sindicância ou processo administrativo, bem como o seu resultado.

§ 8.º As Gratificações de Representação da Presidência da República alocadas na Controladoria-Geral da União em 3 de novembro de 2017 retornarão automaticamente à Presidência da República:

I – na data de publicação da Medida Provisória n. 870, de 1.º janeiro de 2019, se desocupadas; ou

II – quando finalizado o exercício dos servidores e militares designados para ocupá-las.

§ 9.º Compete à Secretaria de Controle Interno da Secretaria-Geral da Presidência da República atuar como órgão de controle interno da Controladoria-Geral da União no que diz respeito à sua auditoria.

Art. 52. Ao Ministro de Estado da Controladoria-Geral da União, no exercício da sua competência, incumbe, especialmente:

I – decidir, preliminarmente, sobre representações ou denúncias fundamentadas que receber, com indicação das providências cabíveis;

II – instaurar procedimentos e processos administrativos a seu cargo, requisitar a instauração daqueles que venham sendo injustificadamente retardados pela autoridade responsável e constituir comissões;

III – acompanhar procedimentos e processos administrativos em curso em órgãos ou entidades da administração pública federal;

IV – realizar inspeções e avocar procedimentos e processos em curso na administração pública federal, para exame de sua regularidade, e propor a adoção de providências ou a correção de falhas;

V – efetivar ou promover a declaração da nulidade de procedimento ou processo administrativo e, se for o caso, a apuração imediata e regular dos fatos mencionados nos autos e na nulidade declarada;

VI – requisitar procedimentos e processos administrativos julgados há menos de 5 (cinco) anos ou já arquivados, no âmbito da administração pública federal, para reexame e, se necessário, proferir nova decisão;

VII – requisitar a órgão ou a entidade da administração pública federal as informações e os documentos necessários às atividades da Controladoria-Geral da União ou, quando for o caso, propor ao Presidente da República que os solicite;

VIII – requisitar a órgãos ou a entidades federais servidores e empregados necessários à constituição das comissões referidas no inciso II do *caput* deste artigo e de outras análogas, bem como qualquer servidor ou empregado indispensável à instrução do processo;

IX – propor medidas legislativas ou administrativas e sugerir ações que visem a evitar a repetição de irregularidades constatadas; e

X – receber as reclamações relativas à prestação de serviços públicos em geral e promover a apuração de exercício negligente de cargo, emprego ou função na administração pública federal, quando não houver disposição legal que atribua a competência a outros órgãos.

Art. 53. Integram a estrutura básica da Controladoria-Geral da União:

I – o Conselho de Transparência Pública e Combate à Corrupção;

II – a Comissão de Coordenação de Controle Interno;

III – a Corregedoria-Geral da União;

IV – a Ouvidoria-Geral da União;

V – a Secretaria Federal de Controle Interno; e

VI – até 2 (duas) Secretarias.

Parágrafo único. O Conselho de Transparência Pública e Combate à Corrupção será presidido pelo Ministro de Estado da Controladoria-Geral da União e será composto, paritariamente, de representantes da sociedade civil organizada e de representantes do governo federal.

Seção XVIII
Da Ação Conjunta entre Órgãos da Administração Pública

Art. 54. Nas hipóteses de calamidade pública ou de necessidade de especial atendimento à população, o Presidente da República poderá dispor sobre a ação articulada entre órgãos, inclusive de diferentes níveis da administração pública.

Seção XIX
Das Unidades Comuns à Estrutura Básica dos Ministérios

Art. 55. Haverá, na estrutura básica de cada Ministério:

I – Secretaria Executiva, exceto nos Ministérios da Defesa e das Relações Exteriores;

II – Gabinete do Ministro; e

III – Consultoria Jurídica, exceto no Ministério da Economia.

§ 1.º Caberá ao Secretário-Executivo, titular do órgão referido no inciso I do *caput* deste artigo, exercer a supervisão e a coordenação das Secretarias integrantes da estrutura do Ministério.

§ 2.º Para a transferência das atribuições de consultoria e assessoramento das Consultorias Jurídicas do Ministério do Planejamento, Desenvolvimento e Gestão, do Ministério da Indústria, Comércio Exterior e Serviços e do Ministério do Trabalho para a Procuradoria-Geral da Fazenda Nacional, ato conjunto do Ministro de Estado da Economia e do Advogado-Geral da União poderá fixar o exercício provisório ou a prestação de colaboração temporária, independentemente da ocupação de cargo em comissão ou de função de confiança, de membros da Advocacia-Geral da União na Procuradoria-Geral da Fazenda Nacional, pelo prazo prorrogável de 12 (doze) meses.

§ 3.º Para a transferência gradativa das atividades consultivas à Procuradoria-Geral da Fazenda Nacional relacionadas a órgãos assessorados integrantes da estrutura do Ministério da Economia localizados nos Estados, o Procurador-Geral da Fazenda Nacional e o Consultor-Geral da União poderão disciplinar, em ato conjunto, a delegação temporária de atribuições aos órgãos de execução da Consultoria-Geral da União e a forma como se dará a transferência.

§ 4.º Poderá haver, na estrutura básica de cada Ministério, vinculado à Secretaria Executiva, órgão responsável pelas atividades de administração de pessoal, de material, de patrimônio, de serviços gerais, de orçamento e finanças, de contabilidade e de tecnologia da informação e informática.

Capítulo III
DA TRANSFORMAÇÃO DE CARGOS

Art. 56. Para fins da composição dos órgãos da Presidência da República e dos Ministérios de que trata esta Lei, a transformação dos cargos será realizada da seguinte forma:

I – os cargos transformados são os seguintes:

a) Ministro de Estado das Cidades;

b) Ministro de Estado da Cultura;

c) Ministro de Estado do Desenvolvimento Social;

d) Ministro de Estado dos Direitos Humanos;

e) Ministro de Estado do Esporte;

f) Ministro de Estado da Fazenda;

g) Ministro de Estado da Indústria, Comércio Exterior e Serviços;

h) Ministro de Estado da Integração Nacional;

i) Ministro de Estado da Justiça;

j) Ministro de Estado do Planejamento, Desenvolvimento e Gestão;

k) Ministro de Estado do Trabalho;

l) Ministro de Estado dos Transportes, Portos e Aviação Civil;

m) Ministro de Estado da Transparência e Controladoria-Geral da União;

n) Ministro de Estado da Segurança Pública;

o) cargo de natureza especial de Secretário-Executivo do Ministério do Desenvolvimento Social;

p) cargo de natureza especial de Secretário-Executivo do Ministério dos Direitos Humanos;

q) cargo de natureza especial de Secretário-Executivo do Ministério da Fazenda;

r) cargo de natureza especial de Secretário-Executivo do Ministério da Integração Nacional;

s) cargo de natureza especial de Secretário-Executivo do Ministério dos Transportes, Portos e Aviação Civil;

t) cargo de natureza especial de Secretário-Executivo do Ministério da Transparência e Controladoria-Geral da União;

u) cargo de natureza especial de Secretário-Executivo do Ministério da Justiça;

v) cargo de natureza especial de Secretário Especial de Agricultura Familiar e do Desenvolvimento Agrário da Casa Civil da Presidência da República;

w) cargo de natureza especial de Secretário da Receita Federal do Brasil do Ministério da Fazenda;

x) cargo de natureza especial de Subchefe de Assuntos Parlamentares da Secretaria de Governo da Presidência da República;

y) cargo de natureza especial de Subchefe de Assuntos Federativos da Secretaria de Governo da Presidência da República;

z) cargo de natureza especial de Secretário Especial de Comunicação Social da Secretaria-Geral da Presidência da República;

aa) cargo de natureza especial de Secretário Especial do Programa de Parcerias de Investimentos da Secretaria-Geral da Presidência da República;

ab) cargo de natureza especial de Secretário-Executivo do Ministério do Esporte;

ac) cargo de natureza especial de Secretário-Executivo do Ministério da Cultura;

ad) cargo de natureza especial de Secretário-Executivo do Ministério da Segurança Pública;

ae) cargo de natureza especial de Secretário-Executivo do Ministério das Cidades;

af) cargo de natureza especial de Secretário-Executivo do Ministério da Indústria, Comércio Exterior e Serviços;

ag) cargo de natureza especial de Secretário Especial da Micro e Pequena Empresa do Ministério da Indústria, Comércio Exterior e Serviços;

ah) cargo de natureza especial de Secretário-Executivo do Ministério do Planejamento, Desenvolvimento e Gestão;

ai) cargo de natureza especial de Secretário-Executivo do Ministério do Trabalho;

aj) (*Vetado*.); e

ak) (*Vetado*.); e

II – os cargos criados em decorrência da transformação daqueles a que se refere o inciso I deste artigo são os seguintes:

a) Ministro de Estado da Cidadania;

b) Ministro de Estado do Desenvolvimento Regional;

c) Ministro de Estado da Economia;

d) Ministro de Estado da Infraestrutura;

e) Ministro de Estado da Justiça e Segurança Pública;

f) Ministro de Estado da Mulher, da Família e dos Direitos Humanos;

g) Ministro de Estado da Controladoria-Geral da União;

h) cargo de natureza especial de Chefe de Gabinete da Vice-Presidência da República;

i) cargo de natureza especial de Secretário-Executivo do Ministério da Cidadania;

j) cargo de natureza especial de Secretário Especial do Esporte do Ministério da Cidadania;

k) cargo de natureza especial de Secretário Especial da Cultura do Ministério da Cidadania;

l) cargo de natureza especial de Secretário Especial do Desenvolvimento Social do Ministério da Cidadania;

m) cargo de natureza especial de Secretário-Executivo do Ministério do Desenvolvimento Regional;

n) cargo de natureza especial de Secretário-Executivo do Ministério da Economia;

o) cargo de natureza especial de Chefe de Assessoria Especial da Assessoria Especial de Assuntos Estratégicos do Ministério da Economia;

p) cargo de natureza especial de Secretário Especial de Fazenda do Ministério da Economia;

q) cargo de natureza especial de Secretário Especial de Desestatização, Desinvestimento e Mercados do Ministério da Economia;

r) cargo de natureza especial de Secretário Especial de Comércio Exterior e Assuntos Internacionais do Ministério da Economia;

s) cargo de natureza especial de Secretário Especial de Produtividade, Emprego e Competitividade do Ministério da Economia;

t) cargo de natureza especial de Secretário Especial de Desburocratização, Gestão e Governo Digital do Ministério da Economia;

u) cargo de natureza especial de Secretário Especial de Previdência e Trabalho do Ministério da Economia;

v) cargo de natureza especial de Secretário Especial da Receita Federal do Brasil do Ministério da Economia;

w) cargo de natureza especial de Secretário-Executivo do Ministério da Infraestrutura;

x) cargo de natureza especial de Secretário-Executivo do Ministério da Justiça e Segurança Pública;

y) cargo de natureza especial de Secretário-Executivo do Ministério da Mulher, da Família e dos Direitos Humanos;

z) cargo de natureza especial de Secretário-Executivo da Controladoria-Geral da União;

aa) cargo de natureza especial de Subchefe de Assuntos Parlamentares da Casa Civil da Presidência da República;

ab) cargo de natureza especial de Secretário Especial de Relações Governamentais da Casa Civil da Presidência da República;

ac) cargo de natureza especial de Secretário Especial para o Senado Federal da Casa Civil da Presidência da República;

ad) cargo de natureza especial de Secretário Especial para a Câmara dos Deputados da Casa Civil da Presidência da República;

ae) cargo de natureza especial de Secretário Especial de Assuntos Federativos da Secretaria de Governo da Presidência da República;

af) cargo de natureza especial de Secretário Especial de Comunicação Social da Secretaria de Governo da Presidência da República;

ag) cargo de natureza especial de Secretário Especial do Programa de Parcerias de Investimentos da Secretaria de Governo da Presidência da República;

ah) cargo de natureza especial de Secretário Especial de Relações Institucionais da Secretaria de Governo da Presidência da República;

ai) cargo de natureza especial de Secretário Especial de Articulação Social da Secretaria de Governo da Presidência da República;

aj) cargo de natureza especial de Secretário Especial de Modernização do Estado da Secretaria-Geral da Presidência da República;

ak) cargo de natureza especial de Secretário Especial de Assuntos Fundiários do Ministério da Agricultura, Pecuária e Abastecimento.

Capítulo IV
DA TRANSFORMAÇÃO, DA EXTINÇÃO E DA CRIAÇÃO DE ÓRGÃOS

Art. 57. Ficam transformados:

I – o Ministério da Fazenda, o Ministério do Planejamento, Desenvolvimento e Gestão, o Ministério da Indústria, Comércio Exterior e Serviços e o Ministério do Trabalho no Ministério da Economia;

II – o Ministério do Desenvolvimento Social, o Ministério da Cultura e o Ministério do Esporte no Ministério da Cidadania;

III – o Ministério dos Direitos Humanos no Ministério da Mulher, da Família e dos Direitos Humanos;

IV – o Ministério da Integração Nacional e o Ministério das Cidades no Ministério do Desenvolvimento Regional;

V – o Ministério da Justiça e o Ministério da Segurança Pública no Ministério da Justiça e Segurança Pública;

VI – o Ministério dos Transportes, Portos e Aviação Civil no Ministério da Infraestrutura;

VII – o Ministério da Transparência e Controladoria-Geral da União na Controladoria-Geral da União;

VIII – a Subchefia de Assuntos Parlamentares da Secretaria de Governo da Presidência da República na Subchefia de Assuntos Parlamentares da Casa Civil da Presidência da República;

IX – a Secretaria Especial de Comunicação Social da Secretaria-Geral da Presidência da República na Secretaria Especial de Comunicação Social da Secretaria de Governo da Presidência da República;

X – a Secretaria Especial do Programa de Parcerias de Investimentos da Secretaria-Geral da Presidência da República na Secretaria Especial do Programa de Parcerias de Investimentos da Secretaria de Governo da Presidência da República;

XI – a Secretaria da Receita Federal do Brasil do Ministério da Fazenda na Secretaria Especial da Receita Federal do Brasil do Ministério da Economia; e

XII – o Conselho das Cidades em Conselho Nacional de Desenvolvimento Urbano.

Art. 58. Ficam extintas:

I – a Secretaria Especial de Agricultura Familiar e do Desenvolvimento Agrário da Casa Civil da Presidência da República;

II – a Secretaria Especial da Aquicultura e da Pesca da Secretaria-Geral da Presidência da República; e

III – a Secretaria Especial da Micro e Pequena Empresa do Ministério da Indústria, Comércio Exterior e Serviços.

Art. 59. Ficam criadas:

I – no âmbito da Casa Civil da Presidência da República:

a) a Secretaria Especial de Relações Governamentais;

b) a Secretaria Especial para a Câmara dos Deputados; e

c) a Secretaria Especial para o Senado Federal;

II – no âmbito da Secretaria-Geral da Presidência da República, a Secretaria Especial de Modernização do Estado;

III – no âmbito da Secretaria de Governo da Presidência da República:

a) a Secretaria Especial de Articulação Social;

b) a Secretaria Especial de Relações Institucionais; e

c) a Secretaria Especial de Assuntos Federativos;

IV – no âmbito do Ministério da Agricultura, Pecuária e Abastecimento, a Secretaria Especial de Assuntos Fundiários;

V – no âmbito do Ministério da Cidadania:

a) a Secretaria Especial do Desenvolvimento Social;

b) a Secretaria Especial do Esporte; e

c) a Secretaria Especial de Cultura; e

VI – no âmbito do Ministério da Economia:

a) a Assessoria Especial de Assuntos Estratégicos;

b) a Secretaria Especial de Fazenda;

c) a Secretaria Especial de Previdência e Trabalho;

d) a Secretaria Especial de Comércio Exterior e Assuntos Internacionais;

e) a Secretaria Especial de Desestatização, Desinvestimento e Mercados;

f) a Secretaria Especial de Produtividade, Emprego e Competitividade; e

g) a Secretaria Especial de Desburocratização, Gestão e Governo Digital.

Capítulo V
DA REQUISIÇÃO E DA CESSÃO DE SERVIDORES

Art. 60. É aplicável o disposto no art. 2.º da Lei n. 9.007, de 17 de março de 1995, aos servidores, aos militares e aos empregados requisitados para:

I – a Controladoria-Geral da União;

II – o Conselho de Controle de Atividades Financeiras;

II-A – a Secretaria Especial do Programa de Parcerias de Investimentos do Ministério da Economia;

>> Inciso II-A acrescentado pela Lei n. 14.074, de 14-10-2020.

II-C – o Ministério das Comunicações, até 30 de junho de 2023;

>> Inciso II-C acrescentado pela Lei n. 14.074, de 14-10-2020.

>> Numeração conforme publicação oficial.

III – o Instituto Nacional de Tecnologia da Informação até 1.º de julho de 2019, sem prejuízo das requisições realizadas nos termos dos §§ 1.º e 2.º do art. 16 da Medida Provisória n. 2.200-2, de 24 de agosto de 2001; e

IV – o Ministério da Justiça e Segurança Pública e para o Ministério da Mulher, da Família e dos Direitos Humanos até 31 de dezembro de 2020.

§ 1.º Os servidores, os militares e os empregados de que trata o *caput* deste artigo designados para o exercício de Gratificações de Representação da Presidência da República e, no caso de militares, de Gratificação de Exercício em Cargo de Confiança destinada aos órgãos da Presidência da República até a data de entrada em vigor da Medida Provisória n. 870, de 1.º janeiro de 2019, poderão percebê-las enquanto permanecerem em exercício no Ministério da Mulher, da Família e dos Direitos Humanos.

§ 1.º-A. **Os servidores, os militares e os empregados designados para o exercício de Gratificações de Representação da Presidência da República no âmbito da Secretaria Especial de Comunicação Social da Secretaria de Governo da Presidência da República até 10 de junho de 2020 poderão percebê-las enquanto permanecerem em exercício na Secretaria Especial de Comunicação Social do Ministério das Comunicações.**

>> § 1.º-A acrescentado pela Lei n. 14.074, de 14-10-2020.

§ 2.º **As Gratificações de Representação da Presidência da República e as Gratificações de Exercício em Cargo de Confiança destinadas aos órgãos da Presidência da República de que tratam os §§ 1.º e 1.º-A deste artigo retornarão automaticamente à Presidência da República quando ocorrer o fim do exercício dos servidores, dos militares e dos empregados para elas designados.**

>> § 2.º com redação determinada pela Lei n. 14.074, de 14-10-2020.

Art. 61. Os servidores da administração pública federal, direta e indireta, poderão ser cedidos para o exercício de cargo em comissão em serviços sociais autônomos supervisionados pelo Poder Executivo federal por meio de contrato de gestão.

Parágrafo único. A cessão de que trata o *caput* deste artigo deverá observar as seguintes condições:

I – será realizada com ônus para o órgão cessionário;

II – não será considerada como tempo de efetivo exercício para fins de progressão e promoção;

III – não permitirá opção pela remuneração do cargo efetivo; e

IV – poderá ser realizada ainda que haja disposição em contrário em lei especial.

Capítulo VI
DAS ALTERAÇÕES DE LEI

Seção I
Das Alterações no Programa de Parcerias de Investimentos da Secretaria de Governo da Presidência da República

Art. 62. (*Vetado*.)

....

Seção V
Das Alterações na Agência Nacional de Águas

Art. 66. A Lei n. 9.984, de 17 de julho de 2000, passa a vigorar com as seguintes alterações:

>> Alteração já processada no diploma modificado.

....

Seção XI
Das Alterações no Conselho de Controle de Atividades Financeiras

Art. 72. (*Vetado*.)

....

Capítulo VII
DISPOSIÇÕES GERAIS E MEDIDAS TRANSITÓRIAS

Seção I
Das Gratificações de Exercício de Cargo de Confiança Devidas a Militares

Art. 75. Ficam transformadas, sem aumento de despesa, as Funções Comissionadas Técnicas (FCT), de que trata a Medida Provisória n. 2.229-43, de 6 de setembro de 2001, das quais 29 (vinte e nove) de nível FCT-15 e 1 (uma) de nível FCT-4, nas seguintes Gratificações de Exercício de Cargo de Confiança Devidas a Militares (RMP):

I – 4 (quatro) gratificações do Grupo 0003 (C);

II – 3 (três) gratificações do Grupo 0004 (D); e

III – 7 (sete) gratificações do Grupo 0005 (E).

Seção II
Da Transferência de Competências

Art. 76. As competências e as atribuições estabelecidas em lei para os órgãos extintos ou transformados por esta Lei, assim como para os seus agentes públicos, ficam transferidas para os órgãos, as entidades e os agentes públicos que receberem essas atribuições.

Seção III
Da Transferência do Acervo Patrimonial

Art. 77. Ficam transferidos e incorporados aos órgãos que absorverem as competências, os direitos, os créditos e as obrigações decorrentes de lei os atos administrativos ou os contratos, inclusive as receitas e as despesas, e o acervo documental e patrimonial dos órgãos e das entidades extintos ou transformados por esta Lei.

Parágrafo único. O disposto no art. 54 da Lei n. 13.707, de 14 de agosto de 2018, aplica-se às dotações orçamentárias dos órgãos e das entidades de que trata o *caput* deste artigo.

Seção IV
Da Redistribuição de Pessoal

Art. 78. Os servidores e os militares em atividade nos órgãos extintos, transformados ou incorporados por esta Lei ficam transferidos para os órgãos que absorverem as competências e as unidades administrativas.

§ 1.º A transferência de pessoal a que se refere o *caput* deste artigo não implicará alteração remuneratória e não poderá ser obstada a pretexto de limitação de exercício em outro órgão ou entidade por força de lei especial.

§ 2.º Não haverá novo ato de cessão, requisição ou movimentação de pessoal em virtude das alterações realizadas por esta Lei.

§ 3.º O disposto neste artigo aplica-se a:

I – servidores efetivos lotados no órgão ou na entidade;

II – servidores efetivos cedidos, requisitados, movimentados, em exercício temporário ou em exercício descentralizado;

III – pessoal temporário;

IV – empregados públicos; e

V – militares colocados à disposição ou cedidos para a União.

§ 4.º A gestão da folha de pagamento de pessoal, inclusive de inativos e de pensionistas, permanecerá com a unidade administrativa responsável até que haja disposição em contrário.

Seção V
Dos Titulares dos Órgãos

Art. 79. As transformações de cargos públicos realizadas por esta Lei serão aplicadas de imediato.

Parágrafo único. Os titulares dos cargos públicos criados por transformação exercerão a direção e a chefia das unidades administrativas correspondentes à denominação e à natureza do cargo.

Seção VI
Das Estruturas Regimentais em Vigor

Art. 80. As estruturas regimentais e os estatutos dos órgãos e das entidades da administração pública federal direta, autárquica e fundacional em vigor na data de publicação da Medida Provisória n. 870, de 1.º janeiro de 2019, continuarão aplicáveis até a sua revogação expressa.

§ 1.º O disposto no *caput* deste artigo inclui, até a data de entrada em vigor das novas estruturas regimentais ou dos novos estatutos:

I – a manutenção dos cargos em comissão e das funções de confiança de nível hierárquico igual ou inferior ao nível 6 do Grupo-Direção e Assessoramento Superiores – DAS previstos em estruturas regimentais ou estatutos; e

II – a possibilidade de os órgãos criados por fusão ou transformação:

a) utilizarem o número de inscrição no Cadastro Nacional da Pessoa Jurídica (CNPJ) e os demais elementos identificadores de um dos órgãos fundidos que lhe criaram ou do órgão transformado; e

b) manterem os mesmos acessos a sistemas de informática utilizados pelos órgãos de origem.

§ 2.º Na hipótese prevista na alínea *a* do inciso II do § 1.º deste artigo, ato do Ministro de Estado poderá autorizar a utilização definitiva do número de inscrição no CNPJ.

§ 3.º Na hipótese de as estruturas regimentais de órgãos entre os quais tenha havido troca de competências ou de unidades administrativas entrarem em vigor em datas distintas, exceto disposição em contrário em decreto, continuará aplicável a estrutura regimental anterior que trata da competência ou da unidade administrativa, até que a última estrutura regimental dos órgãos envolvidos entre em vigor.

Seção VII
Das Medidas Transitórias por Ato de Ministro de Estado

Art. 81. Os Ministros de Estado ficam autorizados, permitida a delegação e vedada a subdelegação, no âmbito dos respectivos órgãos, em caráter transitório e até a data de entrada em vigor da nova estrutura regimental, a dispor sobre:

I – os responsáveis pela coordenação ou pela execução das atividades de planejamento, de orçamento e de administração dos órgãos;

II – a subordinação de unidades administrativas aos titulares de cargos de natureza especial; e

III – a solução de conflitos de competência no âmbito do órgão.

Seção VIII
Das Medidas Transitórias por Ato do Presidente da República

Art. 82. Ato do Poder Executivo federal poderá disciplinar sobre o disposto no art. 81 desta Lei, na hipótese de situações que envolverem órgãos ou unidades administrativas subordinadas a diferentes Ministros de Estado.

Seção IX
Das Medidas Decorrentes da Transformação do Ministério do Trabalho

Art. 83. As competências, a direção e a chefia das unidades administrativas do Ministério do Trabalho existentes na data de publicação da Medida Provisória n. 870, de 1.º de janeiro de 2019, ficam transferidas, até a entrada em vigor das novas estruturas regimentais:

I – para o Ministério da Justiça e Segurança Pública:

a) a Coordenação-Geral de Imigração;

b) o Conselho Nacional de Imigração;

II – para o Ministério da Cidadania:

a) a Subsecretaria de Economia Solidária; e

b) o Conselho Nacional de Economia Solidária; e

III – para o Ministério da Economia, as demais unidades administrativas e órgãos colegiados.

Parágrafo único. O Ministério da Economia prestará o apoio necessário às unidades administrativas previstas no *caput* deste artigo até que haja disposição em contrário em ato do Poder Executivo federal ou em ato conjunto dos Ministros de Estado envolvidos.

Seção X
Da Aplicação para a Administração Pública Federal Indireta

Art. 84. As disposições desta Lei que gerem alteração de competência ou de estrutura de autarquias ou fundações públicas somente serão aplicadas após a entrada em vigor da alteração das respectivas estruturas regimentais ou estatuto.

CAPÍTULO VIII
DISPOSIÇÕES FINAIS

Art. 85. Ficam revogados:

I – o inciso IV do *caput* do art. 9.º da Lei n. 9.069, de 29 de junho de 1995;

II – os seguintes dispositivos da Lei n. 10.233, de 5 de junho de 2001:

a) inciso I do *caput* do art. 1.º;

b) arts. 5.º, 6.º e 7.º-A; e

c) parágrafo único do art. 88;

III – o inciso VI do § 1.º do art. 7.º da Lei n. 13.334, de 13 de setembro de 2016;

IV – o parágrafo único do art. 3.º e os Anexos II e IV da Lei n. 13.346, de 10 de outubro de 2016;

V – o § 1.º do art. 3.º da Lei n. 11.473, de 10 de maio de 2007;

VI – a Lei n. 13.502, de 1.º de novembro de 2017;

VII – os seguintes dispositivos da Medida Provisória n. 849, de 31 de agosto de 2018:

a) art. 2.º;

b) art. 30; e

c) Anexo LX; e

VIII – (*Vetado.*)

Art. 86. Esta Lei entra em vigor na data de sua publicação.

Brasília, 18 de junho de 2019; 198.o da Independência e 131.o da República.

JAIR MESSIAS BOLSONARO

LEI N. 13.848, DE 25 DE JUNHO DE 2019 (*)

Dispõe sobre a gestão, a organização, o processo decisório e o controle social das agências reguladoras, altera a Lei n. 9.427, de 26 de dezembro de 1996, a Lei n. 9.472, de 16 de julho de 1997, a Lei n. 9.478, de 6 de agosto de 1997, a Lei n. 9.782, de 26 de janeiro de 1999, a Lei n. 9.961, de 28 de janeiro de 2000, a Lei n. 9.984, de 17 de julho de 2000, a Lei n. 9.986, de 18 de julho de 2000, a Lei n. 10.233, de 5 de junho de 2001, a Medida Provisória n. 2.228-1, de 6 de setembro de 2001, a Lei n. 11.182, de 27 de setembro de 2005, e a Lei n. 10.180, de 6 de fevereiro de 2001.

O Presidente da República

Faço saber que o Congresso Nacional decreta e eu sanciono a seguinte Lei:

Art. 1.º Esta Lei dispõe sobre a gestão, a organização, o processo decisório e o controle social das agências reguladoras, altera a Lei n. 9.427, de 26 de dezembro de 1996, a Lei n. 9.472, de 16 de julho de 1997, a Lei n. 9.478, de 6 de agosto de 1997, a Lei n. 9.782, de 26 de janeiro de 1999, a Lei n. 9.961, de 28 de janeiro de 2000, a Lei n. 9.984, de 17 de julho de 2000, a Lei n. 9.986, de 18 de julho de 2000, a Lei n. 10.233, de 5 de junho de 2001, a Medida Provisória n. 2.228-1, de 6 de setembro de 2001, a Lei n. 11.182, de 27 de setembro de 2005, e a Lei n. 10.180, de 6 de fevereiro de 2001.

Art. 2.º Consideram-se agências reguladoras, para os fins desta Lei e para os fins da Lei n. 9.986, de 18 de julho de 2000:

I – a Agência Nacional de Energia Elétrica (Aneel);

II – a Agência Nacional do Petróleo, Gás Natural e Biocombustíveis (ANP);

III – a Agência Nacional de Telecomunicações (Anatel);

IV – a Agência Nacional de Vigilância Sanitária (Anvisa);

V – a Agência Nacional de Saúde Suplementar (ANS);

VI – a Agência Nacional de Águas (ANA);

VII – a Agência Nacional de Transportes Aquaviários (Antaq);

VIII – a Agência Nacional de Transportes Terrestres (ANTT);

IX – a Agência Nacional do Cinema (Ancine);

X – a Agência Nacional de Aviação Civil (Anac);

XI – a Agência Nacional de Mineração (ANM).

Parágrafo único. Ressalvado o que dispuser a legislação específica, aplica-se o disposto nesta Lei às autarquias especiais caracterizadas, nos termos desta Lei, como agências reguladoras e criadas a partir de sua vigência.

Art. 3.º A natureza especial conferida à agência reguladora é caracterizada pela ausência de tutela ou de subordinação hierárquica, pela autonomia funcional, decisória, administrativa e financeira e pela investidura a termo de seus dirigentes e estabilidade durante os mandatos, bem como pelas demais disposições constantes desta Lei ou de leis específicas voltadas à sua implementação.

§ 1.º Cada agência reguladora, bem como eventuais fundos a ela vinculados, deverá corresponder a um órgão setorial dos Sistemas de Planejamento e de Orçamento Federal, de Administração Financeira Federal, de Pessoal Civil da Administração Federal, de Organização e Inovação Institucional, de Administração dos Recursos de Tecnologia da Informação e de Serviços Gerais.

§ 2.º A autonomia administrativa da agência reguladora é caracterizada pelas seguintes competências:

I – solicitar diretamente ao Ministério da Economia:

a) autorização para a realização de concursos públicos;

b) provimento dos cargos autorizados em lei para seu quadro de pessoal, observada a disponibilidade orçamentária;

c) alterações no respectivo quadro de pessoal, fundamentadas em estudos de dimensionamento, bem como alterações nos planos de carreira de seus servidores;

II – conceder diárias e passagens em deslocamentos nacionais e internacionais e autorizar afastamentos do País a servidores da agência;

III – celebrar contratos administrativos e prorrogar contratos em vigor relativos a

(*) Publicada no *Diário Oficial da União* de 26-6-2019.

atividades de custeio, independentemente do valor.

§ 3.º As agências reguladoras devem adotar práticas de gestão de riscos e de controle interno e elaborar e divulgar programa de integridade, com o objetivo de promover a adoção de medidas e ações institucionais destinadas à prevenção, à detecção, à punição e à remediação de fraudes e atos de corrupção.

Capítulo I
DO PROCESSO DECISÓRIO DAS AGÊNCIAS REGULADORAS

Art. 4.º A agência reguladora deverá observar, em suas atividades, a devida adequação entre meios e fins, vedada a imposição de obrigações, restrições e sanções em medida superior àquela necessária ao atendimento do interesse público.

Art. 5.º A agência reguladora deverá indicar os pressupostos de fato e de direito que determinarem suas decisões, inclusive a respeito da edição ou não de atos normativos.

Art. 6.º A adoção e as propostas de alteração de atos normativos de interesse geral dos agentes econômicos, consumidores ou usuários dos serviços prestados serão, nos termos de regulamento, precedidas da realização de Análise de Impacto Regulatório (AIR), que conterá informações e dados sobre os possíveis efeitos do ato normativo.

>> *Vide* Decreto n. 10.411, de 30-6-2020, que regulamenta a análise de impacto regulatório de que trata este artigo.

§ 1.º Regulamento disporá sobre o conteúdo e a metodologia da AIR, sobre os quesitos mínimos a serem objeto de exame, bem como sobre os casos em que será obrigatória sua realização e aqueles em que poderá ser dispensada.

§ 2.º O regimento interno de cada agência disporá sobre a operacionalização da AIR em seu âmbito.

§ 3.º O conselho diretor ou a diretoria colegiada manifestar-se-á, em relação ao relatório de AIR, sobre a adequação da proposta de ato normativo aos objetivos pretendidos, indicando se os impactos estimados recomendam sua adoção, e, quando for o caso, quais os complementos necessários.

§ 4.º A manifestação de que trata o § 3.º integrará, juntamente com o relatório de AIR, a documentação a ser disponibilizada aos interessados para a realização de consulta ou de audiência pública, caso o conselho diretor ou a diretoria colegiada decida pela continuidade do procedimento administrativo.

§ 5.º Nos casos em que não for realizada a AIR, deverá ser disponibilizada, no mínimo, nota técnica ou documento equivalente que tenha fundamentado a proposta de decisão.

Art. 7.º O processo de decisão da agência reguladora referente a regulação terá caráter colegiado.

§ 1.º O conselho diretor ou a diretoria colegiada da agência reguladora deliberará por maioria absoluta dos votos de seus membros, entre eles o diretor presidente, o diretor-geral ou o presidente, conforme definido no regimento interno.

§ 2.º É facultado à agência reguladora adotar processo de delegação interna de decisão, sendo assegurado ao conselho diretor ou à diretoria colegiada o direito de reexame das decisões delegadas.

Art. 8.º As reuniões deliberativas do conselho diretor ou da diretoria colegiada da agência reguladora serão públicas e gravadas em meio eletrônico.

§ 1.º A pauta de reunião deliberativa deverá ser divulgada no sítio da agência na internet com antecedência mínima de 3 (três) dias úteis.

§ 2.º Somente poderá ser deliberada matéria que conste da pauta de reunião divulgada na forma do § 1.º.

§ 3.º A gravação de cada reunião deliberativa deve ser disponibilizada aos interessados na sede da agência e no respectivo sítio na internet em até 15 (quinze) dias úteis após o encerramento da reunião.

§ 4.º A ata de cada reunião deliberativa deve ser disponibilizada aos interessados na sede da agência e no respectivo sítio na internet em até 5 (cinco) dias úteis após sua aprovação.

§ 5.º Não se aplica o disposto nos §§ 1.º e 2.º deste artigo às matérias urgentes e relevantes, a critério do presidente, diretor-presidente ou diretor-geral, cuja deliberação não possa submeter-se aos prazos neles estabelecidos.

§ 6.º Não se aplica o disposto neste artigo às deliberações do conselho diretor ou da diretoria colegiada que envolvam:

I – documentos classificados como sigilosos;

II – matéria de natureza administrativa.

§ 7.º A agência reguladora deverá adequar suas reuniões deliberativas às disposições deste artigo, no prazo de até 1 (um) ano a contar da entrada em vigor desta Lei, e definir o procedimento em regimento interno.

Art. 9.º Serão objeto de consulta pública, previamente à tomada de decisão pelo conselho diretor ou pela diretoria colegiada, as minutas e as propostas de alteração de atos normativos de interesse geral dos agentes econômicos, consumidores ou usuários dos serviços prestados.

§ 1.º A consulta pública é o instrumento de apoio à tomada de decisão por meio do qual a sociedade é consultada previamente, por meio do envio de críticas, sugestões e contribuições por quaisquer interessados, sobre proposta de norma regulatória aplicável ao setor de atuação da agência reguladora.

§ 2.º Ressalvada a exigência de prazo diferente em legislação específica, acordo ou tratado internacional, o período de consulta pública terá início após a publicação do respectivo despacho ou aviso de abertura no *Diário Oficial da União* e no sítio da agência na internet, e terá duração mínima de 45 (quarenta e cinco) dias, ressalvado caso excepcional de urgência e relevância, devidamente motivado.

§ 3.º A agência reguladora deverá disponibilizar, na sede e no respectivo sítio na internet, quando do início da consulta pública, o relatório de AIR, os estudos, os dados e o material técnico usados como fundamento para as propostas submetidas a consulta pública, ressalvados aqueles de caráter sigiloso.

§ 4.º As críticas e as sugestões encaminhadas pelos interessados deverão ser disponibilizadas na sede da agência e no respectivo sítio na internet em até 10 (dez) dias úteis após o término do prazo da consulta pública.

§ 5.º O posicionamento da agência reguladora sobre as críticas ou as contribuições apresentadas no processo de consulta pública deverá ser disponibilizado na sede da agência e no respectivo sítio na internet em até 30 (trinta) dias úteis após a reunião do conselho diretor ou da diretoria colegiada para deliberação final sobre a matéria.

§ 6.º A agência reguladora deverá estabelecer, em regimento interno, os procedimentos a serem observados nas consultas públicas.

§ 7.º Compete ao órgão responsável no Ministério da Economia opinar, quando considerar pertinente, sobre os impactos regulatórios de minutas e propostas de alteração de atos normativos de interesse geral dos agentes econômicos, consumidores ou usuários dos serviços prestados submetidas a consulta pública pela agência reguladora.

Art. 10. A agência reguladora, por decisão colegiada, poderá convocar audiência pública para formação de juízo e tomada de decisão sobre matéria considerada relevante.

§ 1.º A audiência pública é o instrumento de apoio à tomada de decisão por meio do qual é facultada a manifestação oral por quaisquer interessados em sessão pública previamente destinada a debater matéria relevante.

§ 2.º A abertura do período de audiência pública será precedida de despacho ou aviso de abertura publicado no *Diário Oficial da União* e em outros meios de comunicação com antecedência mínima de 5 (cinco) dias úteis.

§ 3.º A agência reguladora deverá disponibilizar, em local específico e no respectivo sítio na internet, com antecedência mínima de 5 (cinco) dias úteis do início do período de audiência pública, os seguintes documentos:

I – para as propostas de ato normativo submetidas a audiência pública, o relatório de AIR, os estudos, os dados e o material técnico que as tenha fundamentado, ressalvados aqueles de caráter sigiloso;

II – para outras propostas submetidas a audiência pública, a nota técnica ou o documento equivalente que as tenha fundamentado.

§ 4.º A agência reguladora deverá estabelecer, em regimento interno, os procedimentos a serem observados nas audiências públicas, aplicando-se o § 5.º do art. 9.º às contribuições recebidas.

Art. 11. A agência reguladora poderá estabelecer, em regimento interno, outros meios de participação de interessados em suas decisões, diretamente ou por meio de organizações e associações legalmente reconhecidas, aplicando-se o § 5.º do art. 9.º às contribuições recebidas.

Art. 12. Os relatórios da audiência pública e de outros meios de participação de interessados nas decisões a que se referem os arts. 10 e 11 deverão ser disponibilizados na sede da agência e no respectivo sítio na internet em até 30 (trinta) dias úteis após o seu encerramento.

Parágrafo único. Em casos de grande complexidade, o prazo de que trata o *caput* poderá ser prorrogado por igual período, justificadamente, uma única vez.

Art. 13. A agência reguladora deverá decidir as matérias submetidas a sua apreciação nos prazos fixados na legislação e, em caso de omissão, nos prazos estabelecidos em seu regimento interno.

Capítulo II
DA PRESTAÇÃO DE CONTAS E DO CONTROLE SOCIAL

Seção I
Do Controle Externo e do Relatório Anual de Atividades

Art. 14. O controle externo das agências reguladoras será exercido pelo Congresso Nacional, com auxílio do Tribunal de Contas da União.

Art. 15. A agência reguladora deverá elaborar relatório anual circunstanciado de suas atividades, no qual destacará o cumprimento da política do setor, definida pelos Poderes Legislativo e Executivo, e o cumprimento dos seguintes planos:

I – plano estratégico vigente, previsto no art. 17 desta Lei;

II – plano de gestão anual, previsto no art. 18 desta Lei.

§ 1.º São objetivos dos planos referidos no *caput*:

I – aperfeiçoar o acompanhamento das ações da agência reguladora, inclusive de sua gestão, promovendo maior transparência e controle social;

II – aperfeiçoar as relações de cooperação da agência reguladora com o Poder Público, em particular no cumprimento das políticas públicas definidas em lei;

III – promover o aumento da eficiência e da qualidade dos serviços da agência reguladora de forma a melhorar o seu desempenho, bem como incrementar a satisfação dos interesses da sociedade, com foco nos resultados;

IV – permitir o acompanhamento da atuação administrativa e a avaliação da gestão da agência.

§ 2.º O relatório anual de atividades de que trata o *caput* deverá conter sumário executivo e será elaborado em consonância com o relatório de gestão integrante da prestação de contas da agência reguladora, nos termos do art. 9.º da Lei n. 8.443, de 16 de julho de 1992, devendo ser encaminhado pela agência reguladora, por escrito, no prazo de até 90 (noventa) dias após a abertura da sessão legislativa do Congresso Nacional, ao ministro de Estado da pasta a que estiver vinculada, ao Senado Federal, à Câmara dos Deputados e ao Tribunal de Contas da União, e disponibilizado aos interessados na sede da agência e no respectivo sítio na internet.

§ 3.º (*Vetado*.)

§ 4.º É do presidente, diretor-presidente ou diretor-geral da agência reguladora o dever de cumprir os prazos estabelecidos neste artigo, sob pena de responsabilidade.

Art. 16. A agência reguladora deverá implementar, em cada exercício, plano de comunicação voltado à divulgação, com caráter informativo e educativo, de suas atividades e dos direitos dos usuários perante a agência reguladora e as empresas que compõem o setor regulado.

Seção II
Do Plano Estratégico, do Plano de Gestão Anual e da Agenda Regulatória

Art. 17. A agência reguladora deverá elaborar, para cada período quadrienal, plano estratégico que conterá os objetivos, as metas e os resultados estratégicos esperados das ações da agência reguladora relativos a sua gestão e a suas competências regulatórias, fiscalizatórias e normativas, bem como a indicação dos fatores externos alheios ao controle da agência que poderão afetar significativamente o cumprimento do plano.

§ 1.º O plano estratégico será compatível com o disposto no Plano Plurianual (PPA) em vigência e será revisto, periodicamente, com vistas a sua permanente adequação.

§ 2.º A agência reguladora, no prazo máximo de 10 (dez) dias úteis, contado da aprovação do plano estratégico pelo conselho diretor ou pela diretoria colegiada, disponibilizá-lo-á no respectivo sítio na internet.

Art. 18. O plano de gestão anual, alinhado às diretrizes estabelecidas no plano estratégico, será o instrumento anual do planejamento consolidado da agência reguladora e contemplará ações, resultados e metas relacionados aos processos finalísticos e de gestão.

§ 1.º A agenda regulatória, prevista no art. 21 desta Lei, integrará o plano de gestão anual para o respectivo ano.

§ 2.º O plano de gestão anual será aprovado pelo conselho diretor ou pela diretoria colegiada da agência reguladora com antecedência mínima de 10 (dez) dias úteis do início de seu período de vigência e poderá ser revisto periodicamente, com vistas a sua adequação.

§ 3.º A agência reguladora, no prazo máximo de 20 (vinte) dias úteis, contado da aprovação do plano de gestão anual pelo conselho diretor ou pela diretoria colegiada, dará ciência de seu conteúdo ao Senado Federal, à Câmara dos Deputados e ao Tribunal de Contas da União, bem como disponibilizá-lo-á na sede da agência e no respectivo sítio na internet.

Art. 19. O plano de gestão anual deverá:

I – especificar, no mínimo, as metas de desempenho administrativo e operacional e as metas de fiscalização a serem atingidas durante sua vigência, as quais deverão ser compatíveis com o plano estratégico;

II – prever estimativa de recursos orçamentários e cronograma de desembolso dos recursos financeiros necessários ao alcance das metas definidas.

Parágrafo único. As metas de desempenho administrativo e operacional referidas no inciso I do *caput* incluirão, obrigatoriamente, as ações relacionadas a:

I – promoção da qualidade dos serviços prestados pela agência;

II – promoção do fomento à pesquisa no setor regulado pela agência, quando couber;

III – promoção da cooperação com os órgãos de defesa da concorrência e com os órgãos de defesa do consumidor e de defesa do meio ambiente, quando couber.

Art. 20. O regimento interno de cada agência reguladora disporá sobre as condições para a revisão e sobre a sistemática de acompanhamento e avaliação do plano de gestão anual.

Art. 21. A agência reguladora implementará, no respectivo âmbito de atuação, a agenda regulatória, instrumento de planejamento da atividade normativa que conterá o conjunto dos temas prioritários a serem regulamentados pela agência durante sua vigência.

§ 1.º A agenda regulatória deverá ser alinhada com os objetivos do plano estratégico e integrará o plano de gestão anual.

§ 2.º A agenda regulatória será aprovada pelo conselho diretor ou pela diretoria colegiada e será disponibilizada na sede da agência e no respectivo sítio na internet.

Seção III
Da Ouvidoria

Art. 22. Haverá, em cada agência reguladora, 1 (um) ouvidor, que atuará sem subordinação hierárquica e exercerá suas atribuições sem acumulação com outras funções.

§ 1.º São atribuições do ouvidor:

I – zelar pela qualidade e pela tempestividade dos serviços prestados pela agência;

II – acompanhar o processo interno de apuração de denúncias e reclamações dos interessados contra a atuação da agência;

III – elaborar relatório anual de ouvidoria sobre as atividades da agência.

§ 2.º O ouvidor terá acesso a todos os processos da agência reguladora.

§ 3.º O ouvidor deverá manter em sigilo as informações que tenham caráter reservado ou confidencial.

§ 4.º Os relatórios do ouvidor deverão ser encaminhados ao conselho diretor ou à diretoria colegiada da agência reguladora, que poderá se manifestar no prazo de 20 (vinte) dias úteis.

§ 5.º Os relatórios do ouvidor não terão caráter impositivo, cabendo ao conselho diretor ou à diretoria colegiada deliberar, em última instância, a respeito dos temas relacionados ao setor de atuação da agência reguladora.

§ 6.º Transcorrido o prazo para manifestação do conselho diretor ou da diretoria colegiada, o ouvidor deverá encaminhar o relatório e, se houver, a respectiva manifestação ao titular do ministério a que a agência estiver vinculada, à Câmara dos Deputados, ao Senado Federal e ao Tribunal de Contas da União, bem como divulgá-los no sítio da agência na internet.

Art. 23. O ouvidor será escolhido pelo Presidente da República e por ele nomeado, após prévia aprovação do Senado Federal, nos termos da alínea *f* do inciso III do art. 52 da Constituição Federal, devendo não se enquadrar nas hipóteses de inelegibilidade previstas no inciso I do *caput* do art. 1.º da Lei Complementar n. 64, de 18 de maio de 1990, e ter notório conhecimento em administração pública ou em regulação de setores econômicos, ou no campo específico de atuação da agência reguladora.

§ 1.º O ouvidor terá mandato de 3 (três) anos, vedada a recondução, no curso do qual somente perderá o cargo em caso de renúncia, condenação judicial transitada em julgado ou condenação em processo administrativo disciplinar.

§ 2.º É vedado ao ouvidor ter participação, direta ou indireta, em empresa sob regulação da respectiva agência reguladora.

§ 3.º O processo administrativo contra o ouvidor somente poderá ser instaurado pelo titular do ministério ao qual a agência está vinculada, por iniciativa de seu ministro ou do Ministro de Estado da Controladoria-Geral da União, em decorrência de representação promovida pelo conselho diretor ou pela diretoria colegiada da respectiva agência.

§ 4.º Ocorrendo vacância no cargo de ouvidor no curso do mandato, este será completado por sucessor investido na forma prevista no *caput*, que exercerá o cargo pelo prazo remanescente, admitida a recondução se tal prazo for igual ou inferior a 2 (dois) anos.

Art. 24. O ouvidor contará com estrutura administrativa compatível com suas atribuições e com espaço em canal de comunicação e divulgação institucional da agência.

CAPÍTULO III
DA INTERAÇÃO ENTRE AS AGÊNCIAS REGULADORAS E OS ÓRGÃOS DE DEFESA DA CONCORRÊNCIA

Art. 25. Com vistas à promoção da concorrência e à eficácia na implementação da legislação de defesa da concorrência nos mercados regulados, as agências reguladoras e os órgãos de defesa da concorrência devem atuar em estreita cooperação, privilegiando a troca de experiências.

Art. 26. No exercício de suas atribuições, incumbe às agências reguladoras monitorar e acompanhar as práticas de mercado dos agentes dos setores regulados, de forma a auxiliar os órgãos de defesa da concorrência na observância do cumprimento da legislação de defesa da concorrência, nos termos da Lei n. 12.529, de 30 de novembro de 2011 (Lei de Defesa da Concorrência).

§ 1.º Os órgãos de defesa da concorrência são responsáveis pela aplicação da legislação de defesa da concorrência nos setores regulados, incumbindo-lhes a análise de atos de concentração, bem como a instauração e a instrução de processos administrativos para apuração de infrações contra a ordem econômica.

§ 2.º Os órgãos de defesa da concorrência poderão solicitar às agências reguladoras pareceres técnicos relacionados a seus setores de atuação, os quais serão utilizados como subsídio à análise de atos de concentração e à instrução de processos administrativos.

Art. 27. Quando a agência reguladora, no exercício de suas atribuições, tomar conhecimento de fato que possa configurar infração à ordem econômica, deverá comunicá-lo imediatamente aos órgãos de defesa da concorrência para que esses adotem as providências cabíveis.

Art. 28. Sem prejuízo de suas competências legais, o Conselho Administrativo de Defesa Econômica (Cade) notificará a agência reguladora do teor da decisão sobre condutas potencialmente anticompetitivas cometidas no exercício das atividades reguladas, bem como das decisões relativas a atos de concentração julgados por aquele órgão, no prazo máximo de 48 (quarenta e oito) horas após a publicação do respectivo acórdão, para que sejam adotadas as providências legais.

CAPÍTULO IV
DA ARTICULAÇÃO ENTRE AGÊNCIAS REGULADORAS

Art. 29. No exercício de suas competências definidas em lei, duas ou mais agências reguladoras poderão editar atos normativos conjuntos dispondo sobre matéria cuja disciplina envolva agentes econômicos sujeitos a mais de uma regulação setorial.

§ 1.º Os atos normativos conjuntos deverão ser aprovados pelo conselho diretor ou pela diretoria colegiada de cada agência reguladora envolvida, por procedimento idêntico ao de aprovação de ato normativo isolado, observando-se em cada agência as normas aplicáveis ao exercício da competência normativa previstas no respectivo regimento interno.

§ 2.º Os atos normativos conjuntos deverão conter regras sobre a fiscalização de sua execução e prever mecanismos de solução de controvérsias decorrentes de sua aplicação, podendo admitir solução mediante mediação, nos termos da Lei n. 13.140, de 26 de junho de 2015 (Lei da Mediação), ou mediante arbitragem por comissão integrada, entre outros, por representantes de todas as agências reguladoras envolvidas.

Art. 30. As agências reguladoras poderão constituir comitês para o intercâmbio de experiências e informações entre si ou com os órgãos integrantes do Sistema Brasileiro de Defesa da Concorrência (SBDC), visando a estabelecer orientações e procedimentos comuns para o exercício da regulação nas respectivas áreas e setores e a permitir a consulta recíproca quando da edição de normas que impliquem mudanças nas condições dos setores regulados.

CAPÍTULO V
DA ARTICULAÇÃO DAS AGÊNCIAS REGULADORAS COM OS ÓRGÃOS DE DEFESA DO CONSUMIDOR E DO MEIO AMBIENTE

Art. 31. No exercício de suas atribuições, e em articulação com o Sistema Nacional de Defesa do Consumidor (SNDC) e com o órgão de defesa do consumidor do Ministério da Justiça e Segurança Pública, incumbe às agências reguladoras zelar pelo cumprimento da legislação de defesa do consumidor, monitorando e acompanhando as práticas de mercado dos agentes do setor regulado.

§ 1.º As agências reguladoras poderão articular-se com os órgãos e as entidades integrantes do SNDC, visando à eficácia da proteção e defesa do consumidor e do usuário de serviço público no âmbito das respectivas esferas de atuação.

§ 2.º As agências reguladoras poderão firmar convênios e acordos de cooperação com os órgãos e as entidades integrantes do SNDC para colaboração mútua, sendo vedada a delegação de competências que tenham sido a elas atribuídas por lei específica de proteção e defesa do consumidor no âmbito do setor regulado.

Art. 32. Para o cumprimento do disposto nesta Lei, as agências reguladoras são autorizadas a celebrar, com força de título executivo extrajudicial, termo de ajustamento de conduta com pessoas físicas ou jurídicas sujeitas a sua competência regulatória, aplicando-se os requisitos do art. 4.º-A da Lei n. 9.469, de 10 de julho de 1997.

§ 1.º Enquanto perdurar a vigência do correspondente termo de ajustamento de conduta, ficará suspensa, em relação aos fatos que deram causa a sua celebração, a aplicação de sanções administrativas de competência da agência reguladora à pessoa física ou jurídica que o houver firmado.

§ 2.º A agência reguladora deverá ser comunicada quando da celebração do termo de ajustamento de conduta a que se refere o § 6.º do art. 5.º da Lei n. 7.347, de 24 de julho de 1985, caso o termo tenha por objeto matéria de natureza regulatória de sua competência.

Art. 33. As agências reguladoras poderão articular-se com os órgãos de defesa do meio ambiente mediante a celebração de convênios e acordos de cooperação, visando ao intercâmbio de informações, à padronização de exigências e procedimentos, à celeridade na emissão de licenças ambientais e à maior eficiência nos processos de fiscalização.

CAPÍTULO VI
DA INTERAÇÃO OPERACIONAL ENTRE AS AGÊNCIAS REGULADORAS FEDERAIS E AS AGÊNCIAS REGULADORAS OU OS ÓRGÃOS DE REGULAÇÃO ESTADUAIS, DISTRITAIS E MUNICIPAIS

Art. 34. As agências reguladoras de que trata esta Lei poderão promover a articulação de suas atividades com as de agências reguladoras ou órgãos de regulação dos Estados, do Distrito Federal e dos Municípios, nas respectivas áreas de competência, implementando, a seu critério e mediante acordo de cooperação, a descentralização de suas atividades fiscalizatórias, sancionatórias e arbitrais, exceto quanto a atividades do Sistema Único de Saúde (SUS), que observarão o disposto em legislação própria.

§ 1.º É vedada a delegação de competências normativas.

§ 2.º A descentralização de que trata o *caput* será instituída desde que a agência reguladora ou o órgão de regulação da unidade federativa interessada possua serviços técnicos e administrativos competentes devidamente organizados e aparelhados para a execução das respectivas atividades, conforme condições estabelecidas em regimento interno da agência reguladora federal.

§ 3.º A execução, por agência reguladora ou órgão de regulação estadual, distrital ou municipal, das atividades delegadas será permanentemente acompanhada e avaliada pela agência reguladora federal, nos termos do respectivo acordo.

§ 4.º Na execução das atividades de fiscalização objeto de delegação, a agência reguladora ou o órgão regulador estadual, distrital ou municipal que receber a delegação observará as normas legais e regulamentares federais pertinentes.

§ 5.º É vedado à agência reguladora ou ao órgão regulador estadual, distrital ou municipal conveniado, no exercício de competência fiscalizatória delegada, exigir de concessionária ou permissionária obrigação não prevista previamente em contrato.

§ 6.º Além do disposto no § 2.º deste artigo, a delegação de competências fiscalizatórias, sancionatórias e arbitrais somente poderá ser efetivada em favor de agência reguladora ou órgão de regulação estadual, distrital ou municipal que gozar de autonomia assegurada por regime jurídico compatível com o disposto nesta Lei.

§ 7.º Havendo delegação de competência, a agência reguladora delegante permanecerá como instância superior e recursal das decisões tomadas no exercício da competência delegada.

Art. 35. No caso da descentralização prevista no *caput* do art. 34, parte da receita arrecadada pela agência reguladora federal poderá ser repassada à agência reguladora ou ao órgão de regulação estadual, distrital ou municipal, para custeio de seus serviços, na forma do respectivo acordo de cooperação.

Parágrafo único. O repasse referido no *caput* deste artigo deverá ser compatível com os custos da agência reguladora ou do órgão de regulação local para realizar as atividades delegadas.

CAPÍTULO VII
DISPOSIÇÕES FINAIS E TRANSITÓRIAS

Art. 36. A Lei n. 9.427, de 26 de dezembro de 1996, passa a vigorar com as seguintes alterações:

>> Alteração já processada no diploma modificado.

Art. 37. A Lei n. 9.472, de 16 de julho de 1997, passa a vigorar com as seguintes alterações:

"Art. 20. O Conselho Diretor será composto por Presidente e 4 (quatro) conselheiros e decidirá por maioria absoluta.

Parágrafo único. Cada membro do Conselho Diretor votará com independência, fundamentando seu voto".

"Art. 23. Os membros do Conselho Diretor serão brasileiros e terão reputação ilibada, formação universitária e elevado conceito no campo de sua especialidade, devendo ser indicados pelo Presidente da República e por ele nomeados, após aprovação pelo Senado Federal, nos termos da alínea *f* do inciso III do art. 52 da Constituição Federal, observado o disposto na Lei n. 9.986, de 18 de julho de 2000."

"Art. 24. O mandato dos membros do Conselho Diretor será de 5 (cinco) anos, vedada a recondução, nos termos da Lei n. 9.986, de 18 de julho de 2000.

...."

"Art. 29. Caberá aos membros do Conselho Diretor a direção dos órgãos administrativos da Agência."

>> Alteração dos arts. 7.º e 49 já processada no diploma modificado.

Art. 38. O art. 11 da Lei n. 9.478, de 6 de agosto de 1997, passa a vigorar com a seguinte redação:

>> Alteração já processada no diploma modificado.

Art. 39. A Lei n. 9.782, de 26 de janeiro de 1999, passa a vigorar com as seguintes alterações:

"Art. 10. A gerência e a administração da Agência serão exercidas por Diretoria Colegiada composta de 5 (cinco) membros, sendo um deles o seu Diretor-Presidente, vedada a recondução, nos termos da Lei n. 9.986, de 18 de julho de 2000.

Parágrafo único. Os membros da Diretoria Colegiada serão brasileiros, indicados pelo Presidente da República e por ele nomeados, após aprovação prévia pelo Senado Federal, nos termos da alínea *f* do inciso III do art. 52 da Constituição Federal, para cumprimento de mandato de 5 (cinco) anos, observado o disposto na Lei n. 9.986, de 18 de julho de 2000".

"Art. 11. O Diretor-Presidente da Agência será nomeado pelo Presidente da República e investido na função por 5 (cinco) anos, vedada a recondução, observado o disposto na Lei n. 9.986, de 18 de julho de 2000."

"Art. 15. ....

§ 1.º A Diretoria reunir-se-á com a presença de, pelo menos, 3 (três) Diretores, entre eles o Diretor-Presidente ou seu substituto legal, e deliberará por maioria absoluta.

...."

Art. 40. A Lei n. 9.961, de 28 de janeiro de 2000, passa a vigorar com as seguintes alterações:

"Art. 6.º A gestão da ANS será exercida por Diretoria Colegiada composta de 5 (cinco) Diretores, sendo um deles o seu Diretor-Presidente.

Parágrafo único. Os membros da Diretoria Colegiada serão brasileiros, indicados pelo Presidente da República e por ele nomeados, após aprovação prévia pelo Senado Federal, nos termos da alínea *f* do inciso III do art. 52 da Constituição Federal, para cumprimento de mandato de 5 (cinco) anos, vedada a recondução, nos termos da Lei n. 9.986, de 18 de julho de 2000".

"Art. 7.º O Diretor-Presidente da ANS será nomeado pelo Presidente da República e investido na função pelo prazo de 5 (cinco) anos, vedada a recondução, observado o disposto na Lei n. 9.986, de 18 de julho de 2000".

"Art. 10. ....

§ 1.º A Diretoria Colegiada reunir-se-á com a presença de, pelo menos, 3 (três) diretores, entre eles o Diretor-Presidente ou seu substituto legal, e deliberará com, no mínimo, 3 (três) votos coincidentes.

...."

Art. 41. A Lei n. 9.984, de 17 de julho de 2000, passa a vigorar com as seguintes alterações:

"Art. 9.º A ANA será dirigida por Diretoria Colegiada composta de 5 (cinco) membros, nomeados pelo Presidente da República, com mandatos não coincidentes de 5 (cinco) anos, vedada a recondução, sendo um deles o Diretor-Presidente, e terá em sua estrutura uma Procuradoria, uma Ouvidoria e uma Auditoria, observado o disposto na Lei n. 9.986, de 18 de julho de 2000.

§ 1.º O Diretor-Presidente da ANA será nomeado pelo Presidente da República e investido na função pelo prazo de 5 (cinco) anos, vedada a recondução, observado o disposto na Lei n. 9.986, de 18 de julho de 2000.

§ 2.º (*Revogado*.)"

"Art. 12. ....

§ 1.º A Diretoria Colegiada deliberará por maioria absoluta de votos e reunir-se-á com a presença de, pelo menos, 3 (três) diretores, entre eles o Diretor-Presidente ou seu substituto legal.

...."

Art. 42. A Lei n. 9.986, de 18 de julho de 2000, passa a vigorar com as seguintes alterações:

>> Alteração já processada no diploma modificado.

Art. 43. A Lei n. 10.233, de 5 de junho de 2001, passa a vigorar com as seguintes alterações:

"Art. 52. A ANTT e a Antaq terão como órgãos de deliberação máxima as Diretorias Colegiadas e terão em suas estruturas organizacionais uma Procuradoria, uma Ouvidoria e uma Corregedoria".

"Art. 53. A Diretoria Colegiada da ANTT será composta de 1 (um) Diretor-Geral e 4 (quatro) Diretores, e a Diretoria Colegiada da Antaq será composta de 1 (um) Diretor-Geral e 2 (dois) Diretores.

§ 1.º Os membros das Diretorias Colegiadas serão brasileiros, terão reputação ilibada, formação universitária e elevado conceito no campo de especialidade dos cargos a serem exercidos e serão nomeados pelo Presidente da República, após aprovação pelo Senado Federal, nos termos da alínea *f* do inciso III do art. 52 da Constituição Federal, observado o disposto na Lei n. 9.986, de 18 de julho de 2000.

§ 2.º Os Diretores-Gerais da ANTT e da Antaq serão nomeados pelo Presidente da República e investidos na função pelo prazo de 5 (cinco) anos, vedada a recondução, observado o disposto na Lei n. 9.986, de 18 de julho de 2000."

"Art. 54. Os membros das Diretorias Colegiadas cumprirão mandatos de 5 (cinco) anos, não coincidentes, vedada a recondução, observado o disposto na Lei n. 9.986, de 18 de julho de 2000.

...."

"Art. 56. Os membros das Diretorias Colegiadas perderão o mandato em virtude de renúncia, condenação judicial transitada em julgado ou condenação em processo administrativo disciplinar.

...."

"Art. 60. Compete às Diretorias Colegiadas exercer as atribuições e cumprir os deveres estabelecidos por esta Lei para as respectivas Agências.

Parágrafo único. As Diretorias Colegiadas aprovarão os regimentos internos das respectivas Agências."

"Art. 61. Cabem aos respectivos Diretores-Gerais a representação das Agências, o comando hierárquico sobre pessoal e serviços, a coordenação das competências administrativas e a presidência das reuniões das Diretorias Colegiadas."

"Art. 63. O Ouvidor será nomeado pelo Presidente da República para mandato de 3 (três) anos, vedada a recondução.

Parágrafo único. (*Revogado*.)"

>> Alteração nos arts. 67 e 68 já processada no diploma modificado.

Art. 44. A Medida Provisória n. 2.228-1, de 6 de setembro de 2001, passa a vigorar com as seguintes alterações:

"Art. 8.º A Ancine será dirigida por Diretoria Colegiada composta de 1 (um) Diretor-Presidente e 3 (três) Diretores, com mandatos não coincidentes de 5 (cinco) anos, vedada a recondução, nos termos da Lei n. 9.986, de 18 de julho de 2000.

§ 1.º Os membros da Diretoria Colegiada serão nomeados nos termos da Lei n. 9.986, de 18 de julho de 2000.

§ 2.º O Diretor-Presidente da Ancine será nomeado pelo Presidente da República e investido na função pelo prazo de 5 (cinco) anos, vedada a recondução, observado o disposto na Lei n. 9.986, de 18 de julho de 2000.

§ 3.º Em caso de vaga no curso do mandato de membro da Diretoria Colegiada, esse será completado por sucessor investido na forma prevista no § 1.º deste artigo e exercido pelo prazo remanescente.

§ 4.º Integrarão a estrutura da Ancine, além da Diretoria Colegiada, uma Procuradoria, que a representará em juízo, uma Ouvidoria e uma Auditoria.

§ 5.º (*Revogado*.)"

"Art. 9.º ....

....

Parágrafo único. A Diretoria Colegiada reunir-se-á com a presença de, pelo menos, 3 (três) diretores, entre eles o Diretor-Presidente, e deliberará por maioria absoluta de votos."

"Art. 10. ....

....

VIII – encaminhar ao Ministério da Economia a proposta de orçamento da Ancine;

...."

Art. 45. A Lei n. 11.182, de 27 de setembro de 2005, passa a vigorar com as seguintes alterações:

>> Alteração já processada no diploma modificado.

Art. 46. (*Vetado*.)

Art. 47. Até que sejam organizadas as ouvidorias na Aneel, na ANP e na ANA, as competências do ouvidor poderão ser exercidas, cumulativamente, por um dos membros do conselho diretor ou da diretoria colegiada, definido em ato do presidente, diretor-presidente ou diretor-geral da agência reguladora.

Parágrafo único. As ouvidorias referidas no *caput* deverão ser organizadas em até 120 (cento e vinte) dias após a entrada em vigor desta Lei.

Art. 48. A apreciação pelos órgãos de defesa da concorrência dos atos de que trata o § 1.º do art. 7.º da Lei n. 9.472, de 16 de julho de 1997, observará o disposto nos arts. 25 a 28 desta Lei.

Art. 49. Ficam mantidos os prazos de encerramento dos mandatos de diretores, conselheiros, presidentes, diretores-gerais e diretores-presidentes de agências reguladoras nomeados anteriormente à entrada em vigor desta Lei.

Parágrafo único. (*Vetado*.)

Art. 50. Tendo em vista o cumprimento da regra da não coincidência de mandatos, disposta no art. 4.º da Lei n. 9.986, de 18 de julho de 2000, os mandatos dos membros do conselho diretor ou da diretoria colegiada nomeados a partir da entrada em vigor desta Lei terão, como regra de transição, as durações fixadas de acordo com as hipóteses a seguir:

I – encerramento de 5 (cinco) mandatos em um mesmo ano: os prazos dos mandatos subsequentes, contados do primeiro mandato que se encerra, serão, respectivamente, de 2 (dois), 3 (três), 4 (quatro), 5 (cinco) e 6 (seis) anos, permitida uma única recondução do membro com mandato de 2 (dois) anos para exercer mandato de 5 (cinco) anos;

II – encerramento de 4 (quatro) mandatos em um mesmo ano: os prazos dos mandatos subsequentes, contados do primeiro mandato que se encerra, serão, respectivamente, de 2 (dois), 3 (três), 4 (quatro) e 5 (cinco) anos, permitida uma única recondução do membro com mandato de 2 (dois) anos para exercer mandato de 5 (cinco) anos;

III – encerramento de 3 (três) mandatos em um mesmo ano: os prazos dos mandatos subsequentes, contados do primeiro mandato que se encerra, serão, respectivamente, de 2 (dois), 3 (três) e 4 (quatro) anos, permitida uma única recondução do membro com mandato de 2 (dois) anos para exercer mandato de 5 (cinco) anos;

IV – encerramento de 2 (dois) mandatos em um mesmo ano: os prazos dos mandatos subsequentes serão de 5 (cinco) anos.

Art. 51. O disposto no art. 3.º e, no que couber, nos arts. 14 a 20 desta Lei aplica-se ao Cade.

Art. 52. Revogam-se:

I – os arts. 6.º, 7.º e 22 da Lei n. 9.427, de 26 de dezembro de 1996;

II – os incisos XXVI e XXIX do art. 19 e os arts. 27, 42 e 45 da Lei n. 9.472, de 16 de julho de 1997;

III – os arts. 12, 19 e 20 da Lei n. 9.782, de 26 de janeiro de 1999;

IV – os arts. 8.º, 14 e 15 da Lei n. 9.961, de 28 de janeiro de 2000;

V – o § 2.º do art. 9.º e o art. 10 da Lei n. 9.984, de 17 de julho de 2000;

VI – o art. 7.º, o parágrafo único do art. 9.º e o parágrafo único do art. 11 da Lei n. 9.986, de 18 de julho de 2000;

VII – o parágrafo único do art. 63 e o art. 78 da Lei n. 10.233, de 5 de junho de 2001;

VIII – o § 5.º do art. 8.º da Medida Provisória n. 2.228-1, de 6 de setembro de 2001;

IX – o art. 18 da Lei n. 11.182, de 27 de setembro de 2005.

Art. 53. Esta Lei entra em vigor após decorridos 90 (noventa) dias de sua publicação oficial.

Brasília, 25 de junho de 2019; 198.º da Independência e 131.º da República.

JAIR MESSIAS BOLSONARO

DECRETO N. 9.916, DE 18 DE JULHO DE 2019 (*)

Dispõe sobre os critérios gerais a serem observados para a ocupação de cargos em comissão e funções de confiança na administração pública federal direta, autárquica e fundacional.

O Presidente da República, no uso da atribuição que lhe confere o art. 84, *caput*, incisos IV e VI, alínea *a*, da Constituição, e tendo em vista o disposto no art. 5.º da Lei n. 13.346, de 10 de outubro de 2016, decreta:

Art. 1.º Os órgãos e as entidades da administração pública federal direta, autárquica e fundacional deverão observar, para os atos de nomeação ou de designação de quaisquer cargos em comissão ou funções de confiança, a partir de 1.º de agosto de 2019, os critérios gerais para ocupação de cargos em comissão do Grupo-Direção e Assessoramento Superiores – DAS ou de Funções Comissionadas do Poder Executivo – FCPE dispostos no art. 2.º do Decreto n. 9.727, de 15 de março de 2019.

>> O Decreto n. 9.727, de 15-3-2019, dispõe em seu art. 2.º:

"Art. 2.º São critérios gerais para a ocupação de DAS ou de FCPE:

I – idoneidade moral e reputação ilibada;

II – perfil profissional ou formação acadêmica compatível com o cargo ou a função para o qual tenha sido indicado; e

III – não enquadramento nas hipóteses de inelegibilidade previstas no inciso I do *caput* do art. 1.º da Lei Complementar n. 64, de 18 de maio de 1990.

Parágrafo único. Os ocupantes de DAS ou de FCPE deverão informar prontamente a superveniência da restrição de que trata o inciso III do *caput* à autoridade responsável por sua nomeação ou designação".

§ 1.º Os ocupantes dos cargos em comissão e das funções de confiança a que se refere o *caput* deverão observar o disposto no parágrafo único do art. 2.º do Decreto n. 9.727, de 2019.

§ 2.º Sem prejuízo do disposto no *caput*, na hipótese de a nomeação ou a designação ser da competência do Ministro de Estado Chefe da Casa Civil da Presidência da República ou do Presidente da República, caberá à autoridade responsável pela indicação a observância do disposto neste Decreto.

Art. 2.º Este Decreto entra em vigor na data de sua publicação.

Brasília, 18 de julho de 2019; 198.º da Independência e 131.º da República.

JAIR MESSIAS BOLSONARO

(*) Publicado no *Diário Oficial da União*, de 19-7-2019.

LEI N. 13.869, DE 5 DE SETEMBRO DE 2019 (**)

Dispõe sobre os crimes de abuso de autoridade; altera a Lei n. 7.960, de 21 de dezembro de 1989, a Lei n. 9.296, de 24 de julho de 1996, a Lei n. 8.069, de 13 de julho de 1990, e a Lei n. 8.906, de 4 de julho de 1994; e revoga a Lei n. 4.898, de 9 de dezembro de 1965, e dispositivos do Decreto-Lei n. 2.848, de 7 de dezembro de 1940 (Código Penal).

O Presidente da República

Faço saber que o Congresso Nacional decreta e eu sanciono a seguinte Lei:

CAPÍTULO I
DISPOSIÇÕES GERAIS

Art. 1.º Esta Lei define os crimes de abuso de autoridade, cometidos por agente público, servidor ou não, que, no exercício de suas funções ou a pretexto de exercê-las, abuse do poder que lhe tenha sido atribuído.

§ 1.º As condutas descritas nesta Lei constituem crime de abuso de autoridade quando praticadas pelo agente com a finalidade específica de prejudicar outrem ou beneficiar a si mesmo ou a terceiro, ou, ainda, por mero capricho ou satisfação pessoal.

§ 2.º A divergência na interpretação de lei ou na avaliação de fatos e provas não configura abuso de autoridade.

CAPÍTULO II
DOS SUJEITOS DO CRIME

Art. 2.º É sujeito ativo do crime de abuso de autoridade qualquer agente público, servidor ou não, da administração direta, indireta ou fundacional de qualquer dos Poderes da União, dos Estados, do Distrito Federal, dos Municípios e de Território, compreendendo, mas não se limitando a:

I – servidores públicos e militares ou pessoas a eles equiparadas;

II – membros do Poder Legislativo;

III – membros do Poder Executivo;

IV – membros do Poder Judiciário;

V – membros do Ministério Público;

VI – membros dos tribunais ou conselhos de contas.

Parágrafo único. Reputa-se agente público, para os efeitos desta Lei, todo aquele que exerce, ainda que transitoriamente ou sem remuneração, por eleição, nomeação, designação, contratação ou qualquer outra forma de investidura ou vínculo, mandato, cargo, emprego ou função em órgão ou entidade abrangidos pelo *caput* deste artigo.

(**) Publicada no *Diário Oficial da União*, de 5-9-2019 – Edição extra. Retificada em 18-9-2019. *Vide* Lei n. 13.869, de 5-9-2019 (Abuso de Autoridade).

CAPÍTULO III
DA AÇÃO PENAL

Art. 3.º Os crimes previstos nesta Lei são de ação penal pública incondicionada.

§ 1.º Será admitida ação privada se a ação penal pública não for intentada no prazo legal, cabendo ao Ministério Público aditar a queixa, repudiá-la e oferecer denúncia substitutiva, intervir em todos os termos do processo, fornecer elementos de prova, interpor recurso e, a todo tempo, no caso de negligência do querelante, retomar a ação como parte principal.

§ 2.º A ação privada subsidiária será exercida no prazo de 6 (seis) meses, contado da data em que se esgotar o prazo para oferecimento da denúncia.

>> Artigo originalmente vetado, todavia promulgado em 27-9-2019.

CAPÍTULO IV
DOS EFEITOS DA CONDENAÇÃO E DAS PENAS RESTRITIVAS DE DIREITOS

Seção I
Dos Efeitos da Condenação

Art. 4.º São efeitos da condenação:

I – tornar certa a obrigação de indenizar o dano causado pelo crime, devendo o juiz, a requerimento do ofendido, fixar na sentença o valor mínimo para reparação dos danos causados pela infração, considerando os prejuízos por ele sofridos;

II – a inabilitação para o exercício de cargo, mandato ou função pública, pelo período de 1 (um) a 5 (cinco) anos;

III – a perda do cargo, do mandato ou da função pública.

Parágrafo único. Os efeitos previstos nos incisos II e III do *caput* deste artigo são condicionados à ocorrência de reincidência em crime de abuso de autoridade e não são automáticos, devendo ser declarados motivadamente na sentença.

Seção II
Das Penas Restritivas de Direitos

Art. 5.º As penas restritivas de direitos substitutivas das privativas de liberdade previstas nesta Lei são:

I – prestação de serviços à comunidade ou a entidades públicas;

II – suspensão do exercício do cargo, da função ou do mandato, pelo prazo de 1 (um) a 6 (seis) meses, com a perda dos vencimentos e das vantagens;

III – (*Vetado.*)

Parágrafo único. As penas restritivas de direitos podem ser aplicadas autônoma ou cumulativamente.

CAPÍTULO V
DAS SANÇÕES DE NATUREZA CIVIL E ADMINISTRATIVA

Art. 6.º As penas previstas nesta Lei serão aplicadas independentemente das sanções de natureza civil ou administrativa cabíveis.

Parágrafo único. As notícias de crimes previstos nesta Lei que descreverem falta funcional serão informadas à autoridade competente com vistas à apuração.

Art. 7.º As responsabilidades civil e administrativa são independentes da criminal, não se podendo mais questionar sobre a existência ou a autoria do fato quando essas questões tenham sido decididas no juízo criminal.

Art. 8.º Faz coisa julgada em âmbito cível, assim como no administrativo-disciplinar, a sentença penal que reconhecer ter sido o ato praticado em estado de necessidade, em legítima defesa, em estrito cumprimento de dever legal ou no exercício regular de direito.

CAPÍTULO VI
DOS CRIMES E DAS PENAS

Art. 9.º Decretar medida de privação da liberdade em manifesta desconformidade com as hipóteses legais:

Pena – detenção, de 1 (um) a 4 (quatro) anos, e multa.

Parágrafo único. Incorre na mesma pena a autoridade judiciária que, dentro de prazo razoável, deixar de:

I – relaxar a prisão manifestamente ilegal;

II – substituir a prisão preventiva por medida cautelar diversa ou de conceder liberdade provisória, quando manifestamente cabível;

III – deferir liminar ou ordem de *habeas corpus*, quando manifestamente cabível.

>> Artigo originalmente vetado, todavia promulgado em 27-9-2019.

Art. 10. Decretar a condução coercitiva de testemunha ou investigado manifestamente descabida ou sem prévia intimação de comparecimento ao juízo:

Pena – detenção, de 1 (um) a 4 (quatro) anos, e multa.

Art. 11. (*Vetado.*)

Art. 12. Deixar injustificadamente de comunicar prisão em flagrante à autoridade judiciária no prazo legal:

Pena – detenção, de 6 (seis) meses a 2 (dois) anos, e multa.

Parágrafo único. Incorre na mesma pena quem:

I – deixa de comunicar, imediatamente, a execução de prisão temporária ou preventiva à autoridade judiciária que a decretou;

II – deixa de comunicar, imediatamente, a prisão de qualquer pessoa e o local onde se encontra à sua família ou à pessoa por ela indicada;

III – deixa de entregar ao preso, no prazo de 24 (vinte e quatro) horas, a nota de culpa, assinada pela autoridade, com o motivo da prisão e os nomes do condutor e das testemunhas;

IV – prolonga a execução de pena privativa de liberdade, de prisão temporária, de prisão preventiva, de medida de segurança ou de internação, deixando, sem motivo justo e excepcionalíssimo, de executar o alvará de soltura imediatamente após recebido ou de promover a soltura do preso quando esgotado o prazo judicial ou legal.

Art. 13. Constranger o preso ou o detento, mediante violência, grave ameaça ou redução de sua capacidade de resistência, a:

I – exibir-se ou ter seu corpo ou parte dele exibido à curiosidade pública;

II – submeter-se a situação vexatória ou a constrangimento não autorizado em lei;

III – produzir prova contra si mesmo ou contra terceiro:

>> Inciso III originalmente vetado, todavia promulgado em 27-9-2019.

Pena – detenção, de 1 (um) a 4 (quatro) anos, e multa, sem prejuízo da pena cominada à violência.

Art. 14. (*Vetado.*)

Art. 15. Constranger a depor, sob ameaça de prisão, pessoa que, em razão de função, ministério, ofício ou profissão, deva guardar segredo ou resguardar sigilo:

Pena – detenção, de 1 (um) a 4 (quatro) anos, e multa.

Parágrafo único. Incorre na mesma pena quem prossegue com o interrogatório:

I – de pessoa que tenha decidido exercer o direito ao silêncio; ou

II – de pessoa que tenha optado por ser assistida por advogado ou defensor público, sem a presença de seu patrono.

>> Parágrafo único originalmente vetado, todavia promulgado em 27-9-2019.

Art. 16. Deixar de identificar-se ou identificar-se falsamente ao preso por ocasião de sua captura ou quando deva fazê-lo durante sua detenção ou prisão:

Pena – detenção, de 6 (seis) meses a 2 (dois) anos, e multa.

Parágrafo único. Incorre na mesma pena quem, como responsável por interrogatório em sede de procedimento investigatório de infração penal, deixa de identificar-se ao preso ou atribui a si mesmo falsa identidade, cargo ou função.

>> Artigo originalmente vetado, todavia promulgado em 27-9-2019.

Art. 17. (*Vetado.*)

Art. 18. Submeter o preso a interrogatório policial durante o período de repouso noturno, salvo se capturado em flagrante delito ou se ele, devidamente assistido, consentir em prestar declarações:

Pena – detenção, de 6 (seis) meses a 2 (dois) anos, e multa.

Art. 19. Impedir ou retardar, injustificadamente, o envio de pleito de preso à autoridade judiciária competente para a apreciação da legalidade de sua prisão ou das circunstâncias de sua custódia:

Pena – detenção, de 1 (um) a 4 (quatro) anos, e multa.

Parágrafo único. Incorre na mesma pena o magistrado que, ciente do impedimento ou da demora, deixa de tomar as providências tendentes a saná-lo ou, não sendo competente para decidir sobre a prisão, deixa de enviar o pedido à autoridade judiciária que o seja.

Art. 20. Impedir, sem justa causa, a entrevista pessoal e reservada do preso com seu advogado:

Pena – detenção, de 6 (seis) meses a 2 (dois) anos, e multa.

Parágrafo único. Incorre na mesma pena quem impede o preso, o réu solto ou o investigado de entrevistar-se pessoal e reservadamente com seu advogado ou defensor, por prazo razoável, antes de audiência judicial, e de sentar-se ao seu lado e com ele comunicar-se durante a audiência, salvo no curso de interrogatório ou no caso de audiência realizada por videoconferência.

>> Artigo originalmente vetado, todavia promulgado em 27-9-2019.

Art. 21. Manter presos de ambos os sexos na mesma cela ou espaço de confinamento:

Pena – detenção, de 1 (um) a 4 (quatro) anos, e multa.

Parágrafo único. Incorre na mesma pena quem mantém, na mesma cela, criança ou adolescente na companhia de maior de idade ou em ambiente inadequado, observado o disposto na Lei n. 8.069, de 13 de julho de 1990 (Estatuto da Criança e do Adolescente).

Art. 22. Invadir ou adentrar, clandestina ou astuciosamente, ou à revelia da vontade do ocupante, imóvel alheio ou suas dependências, ou nele permanecer nas mesmas condições, sem determinação judicial ou fora das condições estabelecidas em lei:

Pena – detenção, de 1 (um) a 4 (quatro) anos, e multa.

§ 1.º Incorre na mesma pena, na forma prevista no *caput* deste artigo, quem:

I – coage alguém, mediante violência ou grave ameaça, a franquear-lhe o acesso a imóvel ou suas dependências;

II – (*Vetado*.);

III – cumpre mandado de busca e apreensão domiciliar após as 21h (vinte e uma horas) ou antes das 5h (cinco horas).

§ 2.º Não haverá crime se o ingresso for para prestar socorro, ou quando houver fundados indícios que indiquem a necessidade do ingresso em razão de situação de flagrante delito ou de desastre.

Art. 23. Inovar artificiosamente, no curso de diligência, de investigação ou de processo, o estado de lugar, de coisa ou de pessoa, com o fim de eximir-se de responsabilidade ou de responsabilizar criminalmente alguém ou agravar-lhe a responsabilidade:

Pena – detenção, de 1 (um) a 4 (quatro) anos, e multa.

Parágrafo único. Incorre na mesma pena quem pratica a conduta com o intuito de:

I – eximir-se de responsabilidade civil ou administrativa por excesso praticado no curso de diligência;

II – omitir dados ou informações ou divulgar dados ou informações incompletos para desviar o curso da investigação, da diligência ou do processo.

Art. 24. Constranger, sob violência ou grave ameaça, funcionário ou empregado de instituição hospitalar pública ou privada a admitir para tratamento pessoa cujo óbito já tenha ocorrido, com o fim de alterar local ou momento de crime, prejudicando sua apuração:

Pena – detenção, de 1 (um) a 4 (quatro) anos, e multa, além da pena correspondente à violência.

Art. 25. Proceder à obtenção de prova, em procedimento de investigação ou fiscalização, por meio manifestamente ilícito:

Pena – detenção, de 1 (um) a 4 (quatro) anos, e multa.

Parágrafo único. Incorre na mesma pena quem faz uso de prova, em desfavor do investigado ou fiscalizado, com prévio conhecimento de sua ilicitude.

Art. 26. (*Vetado*.)

Art. 27. Requisitar instauração ou instaurar procedimento investigatório de infração penal ou administrativa, em desfavor de alguém, à falta de qualquer indício da prática de crime, de ilícito funcional ou de infração administrativa:

Pena – detenção, de 6 (seis) meses a 2 (dois) anos, e multa.

Parágrafo único. Não há crime quando se tratar de sindicância ou investigação preliminar sumária, devidamente justificada.

Art. 28. Divulgar gravação ou trecho de gravação sem relação com a prova que se pretenda produzir, expondo a intimidade ou a vida privada ou ferindo a honra ou a imagem do investigado ou acusado:

Pena – detenção, de 1 (um) a 4 (quatro) anos, e multa.

Art. 29. Prestar informação falsa sobre procedimento judicial, policial, fiscal ou administrativo com o fim de prejudicar interesse de investigado:

Pena – detenção, de 6 (seis) meses a 2 (dois) anos, e multa.

Parágrafo único. (*Vetado*.)

Art. 30. Dar início ou proceder à persecução penal, civil ou administrativa sem justa causa fundamentada ou contra quem sabe inocente:

Pena – detenção, de 1 (um) a 4 (quatro) anos, e multa.

>> Artigo originalmente vetado, todavia promulgado em 27-9-2019.

Art. 31. Estender injustificadamente a investigação, procrastinando-a em prejuízo do investigado ou fiscalizado:

Pena – detenção, de 6 (seis) meses a 2 (dois) anos, e multa.

Parágrafo único. Incorre na mesma pena quem, inexistindo prazo para execução ou conclusão de procedimento, o estende de forma imotivada, procrastinando-o em prejuízo do investigado ou do fiscalizado.

Art. 32. Negar ao interessado, seu defensor ou advogado acesso aos autos de investigação preliminar, ao termo circunstanciado, ao inquérito ou a qualquer outro procedimento investigatório de infração penal, civil ou administrativa, assim como impedir a obtenção de cópias, ressalvado o acesso a peças relativas a diligências em curso, ou que indiquem a realização de diligências futuras, cujo sigilo seja imprescindível:

Pena – detenção, de 6 (seis) meses a 2 (dois) anos, e multa.

>> Artigo originalmente vetado, todavia promulgado em 27-9-2019.

Art. 33. Exigir informação ou cumprimento de obrigação, inclusive o dever de fazer ou de não fazer, sem expresso amparo legal:

Pena – detenção, de 6 (seis) meses a 2 (dois) anos, e multa.

Parágrafo único. Incorre na mesma pena quem se utiliza de cargo ou função pública ou invoca a condição de agente público para se eximir de obrigação legal ou para obter vantagem ou privilégio indevido.

Art. 34. (*Vetado*.)

Art. 35. (*Vetado*.)

Art. 36. Decretar, em processo judicial, a indisponibilidade de ativos financeiros em quantia que extrapole exacerbadamente o valor estimado para a satisfação da dívida da parte e, ante a demonstração, pela parte, da excessividade da medida, deixar de corrigi-la:

Pena – detenção, de 1 (um) a 4 (quatro) anos, e multa.

Art. 37. Demorar demasiada e injustificadamente no exame de processo de que tenha requerido vista em órgão colegiado, com o intuito de procrastinar seu andamento ou retardar o julgamento:

Pena – detenção, de 6 (seis) meses a 2 (dois) anos, e multa.

Art. 38. Antecipar o responsável pelas investigações, por meio de comunicação, inclusive rede social, atribuição de culpa, antes de concluídas as apurações e formalizada a acusação:

Pena – detenção, de 6 (seis) meses a 2 (dois) anos, e multa.

>> Artigo originalmente vetado, todavia promulgado em 27-9-2019.

Capítulo VII
DO PROCEDIMENTO

Art. 39. Aplicam-se ao processo e ao julgamento dos delitos previstos nesta Lei, no que couber, as disposições do Decreto-lei n. 3.689, de 3 de outubro de 1941 (Código de Processo Penal), e da Lei n. 9.099, de 26 de setembro de 1995.

Capítulo VIII
DISPOSIÇÕES FINAIS

....

Art. 43. A Lei n. 8.906, de 4 de julho de 1994, passa a vigorar acrescida do seguinte art. 7.º-B:

>> Alteração já processada no texto do diploma modificado.

>> Artigo originalmente vetado, todavia promulgado em 27-9-2019.

Art. 44. Revogam-se a Lei n. 4.898, de 9 de dezembro de 1965, e o § 2.º do art. 150 e o art. 350, ambos do Decreto-lei n. 2.848, de 7 de dezembro de 1940 (Código Penal).

Art. 45. Esta Lei entra em vigor após decorridos 120 (cento e vinte) dias de sua publicação oficial.

Brasília, 5 de setembro de 2019; 198.º da Independência e 131.º da República.

Jair Messias Bolsonaro

LEI N. 13.874, DE 20 DE SETEMBRO DE 2019 (*)

Institui a Declaração de Direitos de Liberdade Econômica; estabelece garantias de livre mercado; altera as Leis n. 10.406, de 10 de janeiro de 2002 (Código Civil), 6.404, de 15 de dezembro de 1976, 11.598, de 3 de dezembro de 2007, 12.682, de 9 de julho de 2012, 6.015, de 31 de dezembro de 1973, 10.522, de 19 de julho de 2002, 8.934, de 18 de novembro 1994, o Decreto-lei n. 9.760, de 5 de setembro de 1946 e a Consolidação das Leis do Trabalho, aprovada pelo Decreto-lei n. 5.452, de 1.º de maio de 1943; revoga a Lei Delegada n. 4, de 26 de setembro de 1962, a Lei n. 11.887, de 24 de dezembro de 2008, e dispositivos das Leis n. 10.101, de 19 de dezembro de 2000, 605, de 5 de janeiro de 1949, 4.178, de 11 de dezembro de 1962, e do Decreto-lei n. 73, de 21 de novembro de 1966; e dá outras providências.

O Presidente da República

Faço saber que o Congresso Nacional decreta e eu sanciono a seguinte Lei:

Capítulo I
DISPOSIÇÕES GERAIS

>> *Vide* art. 1.º, § 3.º, desta Lei.

(*) Publicada no *Diário Oficial da União*, de 20-9-2019 – Edição extra. Regulamentada pelo Decreto n. 10.178, de 18-12-2019.

Art. 1.º Fica instituída a Declaração de Direitos de Liberdade Econômica, que estabelece normas de proteção à livre iniciativa e ao livre exercício de atividade econômica e disposições sobre a atuação do Estado como agente normativo e regulador, nos termos do inciso IV do *caput* do art. 1.º, do parágrafo único do art. 170 e do *caput* do art. 174 da Constituição Federal.

§ 1.º O disposto nesta Lei será observado na aplicação e na interpretação do direito civil, empresarial, econômico, urbanístico e do trabalho nas relações jurídicas que se encontrem no seu âmbito de aplicação e na ordenação pública, inclusive sobre exercício das profissões, comércio, juntas comerciais, registros públicos, trânsito, transporte e proteção ao meio ambiente.

§ 2.º Interpretam-se em favor da liberdade econômica, da boa-fé e do respeito aos contratos, aos investimentos e à propriedade todas as normas de ordenação pública sobre atividades econômicas privadas.

§ 3.º O disposto nos arts. 1.º, 2.º, 3.º e 4.º desta Lei não se aplica ao direito tributário e ao direito financeiro, ressalvado o inciso X do *caput* do art. 3.º.

§ 4.º O disposto nos arts. 1.º, 2.º, 3.º e 4.º desta Lei constitui norma geral de direito econômico, conforme o disposto no inciso I do *caput* e nos §§ 1.º, 2.º, 3.º e 4.º do art. 24 da Constituição Federal, e será observado para todos os atos públicos de liberação da atividade econômica executados pelos Estados, pelo Distrito Federal e pelos Municípios, nos termos do § 2.º deste artigo.

§ 5.º O disposto no inciso IX do *caput* do art. 3.º desta Lei não se aplica aos Estados, ao Distrito Federal e aos Municípios, exceto se:

I – o ato público de liberação da atividade econômica for derivado ou delegado por legislação ordinária federal; ou

II – o ente federativo ou o órgão responsável pelo ato decidir vincular-se ao disposto no inciso IX do *caput* do art. 3.º desta Lei por meio de instrumento válido e próprio.

§ 6.º Para fins do disposto nesta Lei, consideram-se atos públicos de liberação a licença, a autorização, a concessão, a inscrição, a permissão, o alvará, o cadastro, o credenciamento, o estudo, o plano, o registro e os demais atos exigidos, sob qualquer denominação, por órgão ou entidade da administração pública na aplicação de legislação, como condição para o exercício de atividade econômica, inclusive o início, a continuação e o fim para a instalação, a construção, a operação, a produção, o funcionamento, o uso, o exercício ou a realização, no âmbito público ou privado, de atividade, serviço, estabelecimento, profissão, instalação, operação, produto, equipamento, veículo, edificação e outros.

Art. 2.º São princípios que norteiam o disposto nesta Lei:

I – a liberdade como uma garantia no exercício de atividades econômicas;

II – a boa-fé do particular perante o poder público;

III – a intervenção subsidiária e excepcional do Estado sobre o exercício de atividades econômicas; e

IV – o reconhecimento da vulnerabilidade do particular perante o Estado.

Parágrafo único. Regulamento disporá sobre os critérios de aferição para afastamento do inciso IV do *caput* deste artigo, limitados a questões de má-fé, hipersuficiência ou reincidência.

Capítulo II
DA DECLARAÇÃO DE DIREITOS DE LIBERDADE ECONÔMICA

>> *Vide* art. 1.º, § 3.º, desta Lei.

Art. 3.º São direitos de toda pessoa, natural ou jurídica, essenciais para o desenvolvimento e o crescimento econômicos do País, observado o disposto no parágrafo único do art. 170 da Constituição Federal:

I – desenvolver atividade econômica de baixo risco, para a qual se valha exclusivamente de propriedade privada própria ou de terceiros consensuais, sem a necessidade de quaisquer atos públicos de liberação da atividade econômica;

II – desenvolver atividade econômica em qualquer horário ou dia da semana, inclusive feriados, sem que para isso esteja sujeita a cobranças ou encargos adicionais, observadas:

a) as normas de proteção ao meio ambiente, incluídas as de repressão à poluição sonora e à perturbação do sossego público;

b) as restrições advindas de contrato, de regulamento condominial ou de outro negócio jurídico, bem como as decorrentes das normas de direito real, incluídas as de direito de vizinhança; e

c) a legislação trabalhista;

III – definir livremente, em mercados não regulados, o preço de produtos e de serviços como consequência de alterações da oferta e da demanda;

IV – receber tratamento isonômico de órgãos e de entidades da administração pública quanto ao exercício de atos de liberação da atividade econômica, hipótese em que o ato de liberação estará vinculado aos mesmos critérios de interpretação adotados em decisões administrativas análogas anteriores, observado o disposto em regulamento;

V – gozar de presunção de boa-fé nos atos praticados no exercício da atividade econômica, para os quais as dúvidas de interpretação do direito civil, empresarial, econômico e urbanístico serão resolvidas de forma a preservar a autonomia privada, exceto se houver expressa disposição legal em contrário;

VI – desenvolver, executar, operar ou comercializar novas modalidades de produtos e de serviços quando as normas infralegais se tornarem desatualizadas por força de desenvolvimento tecnológico consolidado internacionalmente, nos termos estabelecidos em regulamento, que disciplinará os requisitos para aferição da situação concreta, os procedimentos, o momento e as condições dos efeitos;

>> *Vide* Decreto n. 10.229, de 5-2-2020, que regulamenta o direito de desenvolver, executar, operar ou comercializar produto ou serviço em desacordo com a norma técnica desatualizada, de que trata este inciso.

VII – (*Vetado*.);

VIII – ter a garantia de que os negócios jurídicos empresariais paritários serão objeto de livre estipulação das partes pactuantes, de forma a aplicar todas as regras de direito empresarial apenas de maneira subsidiária ao avençado, exceto normas de ordem pública;

IX – ter a garantia de que, nas solicitações de atos públicos de liberação da atividade econômica que se sujeitam ao disposto nesta Lei, apresentados todos os elementos necessários à instrução do processo, o particular será cientificado expressa e imediatamente do prazo máximo estipulado para a análise de seu pedido e de que, transcorrido o prazo fixado, o silêncio da autoridade competente importará aprovação tácita para todos os efeitos, ressalvadas as hipóteses expressamente vedadas em lei;

>> *Vide* art. 1.º, § 5.º, desta Lei.

X – arquivar qualquer documento por meio de microfilme ou por meio digital, conforme técnica e requisitos estabelecidos em regulamento, hipótese em que se equiparará a documento físico para todos os efeitos legais e para a comprovação de qualquer ato de direito público;

>> *Vide* Decreto n. 10.278, de 18-3-2020, que estabelece a técnica e os requisitos para a digitalização de documentos públicos ou privados, para equiparação com documentos originais, de que trata este inciso.

>> *Vide* art. 1.º, § 3.º, desta Lei.

XI – não ser exigida medida ou prestação compensatória ou mitigatória abusiva, em sede de estudos de impacto ou outras liberações de atividade econômica no direito urbanístico, entendida como aquela que:

a) (*Vetada*.);

b) requeira medida que já era planejada para execução antes da solicitação pelo particular, sem que a atividade econômica altere a demanda para execução da referida medida;

c) utilize-se do particular para realizar execuções que compensem impactos que existiriam independentemente do empreendimento ou da atividade econômica solicitada;

d) requeira a execução ou prestação de qualquer tipo para áreas ou situação além daquelas diretamente impactadas pela atividade econômica; ou

e) mostre-se sem razoabilidade ou desproporcional, inclusive utilizada como meio de coação ou intimidação; e

XII – não ser exigida pela administração pública direta ou indireta certidão sem previsão expressa em lei.

§ 1.º Para fins do disposto no inciso I do *caput* deste artigo:

I – ato do Poder Executivo federal disporá sobre a classificação de atividades de baixo risco a ser observada na ausência de legislação estadual, distrital ou municipal específica;

II – na hipótese de ausência de ato do Poder Executivo federal de que trata o inciso I deste parágrafo, será aplicada resolução do Comitê para Gestão da Rede Nacional para a Simplificação do Registro e da Legalização de Empresas e Negócios (CGSIM), independentemente da aderência do ente federativo à Rede Nacional para a Simplificação do Registro e da Legalização de Empresas e Negócios (Redesim); e

> A Lei n. 11.598, de 3-12-2007, estabelece diretrizes e procedimentos para a simplificação e integração do processo de registro e legalização de empresários e pessoas jurídicas e cria a Redesim – Rede Nacional para a Simplificação do Registro e da Legalização de Empresas e Negócios.

> O Decreto n. 6.884, de 25-6-2009, institui o Comitê para Gestão da Rede Nacional para a Simplificação do Registro e da Legalização de Empresas e Negócios – CGSIM.

III – na hipótese de existência de legislação estadual, distrital ou municipal sobre a classificação de atividades de baixo risco, o ente federativo que editar ou tiver editado norma específica encaminhará notificação ao Ministério da Economia sobre a edição de sua norma.

§ 2.º A fiscalização do exercício do direito de que trata o inciso I do *caput* deste artigo será realizada posteriormente, de ofício ou como consequência de denúncia encaminhada à autoridade competente.

§ 3.º O disposto no inciso III do *caput* deste artigo não se aplica:

I – às situações em que o preço de produtos e de serviços seja utilizado com a finalidade de reduzir o valor do tributo, de postergar a sua arrecadação ou de remeter lucros em forma de custos ao exterior; e

II – à legislação de defesa da concorrência, aos direitos do consumidor e às demais disposições protegidas por lei federal.

§ 4.º (***Revogado pela Lei n. 14.011, de 10-6-2020.***)

§ 5.º O disposto no inciso VIII do *caput* deste artigo não se aplica à empresa pública e à sociedade de economia mista definidas nos arts. 3.º e 4.º da Lei n. 13.303, de 30 de junho de 2016.

§ 6.º O disposto no inciso IX do *caput* deste artigo não se aplica quando:

I – versar sobre questões tributárias de qualquer espécie ou de concessão de registro de marcas;

II – a decisão importar em compromisso financeiro da administração pública; e

III – houver objeção expressa em tratado em vigor no País.

§ 7.º A aprovação tácita prevista no inciso IX do *caput* deste artigo não se aplica quando a titularidade da solicitação for de agente público ou de seu cônjuge, companheiro ou parente em linha reta ou colateral, por consanguinidade ou afinidade, até o 3.º (terceiro) grau, dirigida a autoridade administrativa ou política do próprio órgão ou entidade da administração pública em que desenvolva suas atividades funcionais.

§ 8.º O prazo a que se refere o inciso IX do *caput* deste artigo será definido pelo órgão ou pela entidade da administração pública solicitada, observados os princípios da impessoalidade e da eficiência e os limites máximos estabelecidos em regulamento.

§ 9.º (*Vetado*.)

§ 10. O disposto no inciso XI do *caput* deste artigo não se aplica às situações de acordo resultantes de ilicitude.

§ 11. Para os fins do inciso XII do *caput* deste artigo, é ilegal delimitar prazo de validade de certidão emitida sobre fato imutável, inclusive sobre óbito.

Capítulo III
DAS GARANTIAS DE LIVRE INICIATIVA

>> *Vide* art. 1.º, § 3.º, desta Lei.

Art. 4.º É dever da administração pública e das demais entidades que se vinculam a esta Lei, no exercício de regulamentação de norma pública pertencente à legislação sobre a qual esta Lei versa, exceto se em estrito cumprimento a previsão explícita em lei, evitar o abuso do poder regulatório de maneira a, indevidamente:

I – criar reserva de mercado ao favorecer, na regulação, grupo econômico, ou profissional, em prejuízo dos demais concorrentes;

II – redigir enunciados que impeçam a entrada de novos competidores nacionais ou estrangeiros no mercado;

III – exigir especificação técnica que não seja necessária para atingir o fim desejado;

IV – redigir enunciados que impeçam ou retardem a inovação e a adoção de novas tecnologias, processos ou modelos de negócios, ressalvadas as situações consideradas em regulamento como de alto risco;

V – aumentar os custos de transação sem demonstração de benefícios;

VI – criar demanda artificial ou compulsória de produto, serviço ou atividade profissional, inclusive de uso de cartórios, registros ou cadastros;

VII – introduzir limites à livre formação de sociedades empresariais ou de atividades econômicas;

VIII – restringir o uso e o exercício da publicidade e propaganda sobre um setor econômico, ressalvadas as hipóteses expressamente vedadas em lei federal; e

IX – exigir, sob o pretexto de inscrição tributária, requerimentos de outra natureza de maneira a mitigar os efeitos do inciso I do *caput* do art. 3.º desta Lei.

Capítulo IV
DA ANÁLISE DE IMPACTO REGULATÓRIO

Art. 5.º As propostas de edição e de alteração de atos normativos de interesse geral de agentes econômicos ou de usuários dos serviços prestados, editadas por órgão ou entidade da administração pública federal, incluídas as autarquias e as fundações públicas, serão precedidas da realização de análise de impacto regulatório, que conterá informações e dados sobre os possíveis efeitos do ato normativo para verificar a razoabilidade do seu impacto econômico.

>> *Vide* Decreto n. 10.411, de 30-6-2020, regulamenta a análise de impacto regulatório de que trata este artigo.

Parágrafo único. Regulamento disporá sobre a data de início da exigência de que trata o *caput* deste artigo e sobre o conteúdo, a metodologia da análise de impacto regulatório, os quesitos mínimos a serem objeto de exame, as hipóteses em que será obrigatória sua realização e as hipóteses em que poderá ser dispensada.

Capítulo V
DAS ALTERAÇÕES LEGISLATIVAS E DISPOSIÇÕES FINAIS

Art. 6.º Fica extinto o Fundo Soberano do Brasil (FSB), fundo especial de natureza contábil e financeira, vinculado ao Ministério da Economia, criado pela Lei n. 11.887, de 24 de dezembro de 2008.

....

Art. 11. O Decreto-lei n. 9.760, de 5 de setembro de 1946, passa a vigorar com as seguintes alterações:

>> Alterações já processadas no diploma modificado.

....

Art. 16. O Sistema de Escrituração Digital das Obrigações Fiscais, Previdenciárias e Trabalhistas (eSocial) será substituído, em nível federal, por sistema simplificado de escrituração digital de obrigações previdenciárias, trabalhistas e fiscais.

Parágrafo único. Aplica-se o disposto no *caput* deste artigo às obrigações acessórias à versão digital gerenciadas pela Receita Federal do Brasil do Livro de Controle de Produção e Estoque da Secretaria Especial da Receita Federal do Brasil (Bloco K).

Art. 17. Ficam resguardados a vigência e a eficácia ou os efeitos dos atos declaratórios do Procurador-Geral da Fazenda Nacional, aprovados pelo Ministro de Estado respectivo e editados até a data de publicação desta Lei, nos termos do inciso II do *caput* do art. 19 da Lei n. 10.522, de 19 de julho de 2002.

Art. 18. A eficácia do disposto no inciso X do *caput* do art. 3.º desta Lei fica condicionada à regulamentação em ato do Poder Executivo federal, observado que:

I – para documentos particulares, qualquer meio de comprovação da autoria, integridade e, se necessário, confidencialidade de documentos em forma eletrônica é válido, desde que escolhido de comum acordo pelas partes ou aceito pela pessoa a quem for oposto o documento; e

II – independentemente de aceitação, o processo de digitalização que empregar o uso da certificação no padrão da Infraestrutura de Chaves Públicas Brasileira (ICP-Brasil) terá garantia de integralidade, autenticidade e confidencialidade para documentos públicos e privados.

Art. 19. Ficam revogados:

I – a Lei Delegada n. 4, de 26 de setembro de 1962;

II – os seguintes dispositivos do Decreto-lei n. 73, de 21 de novembro de 1966:

a) inciso III do *caput* do art. 5.º; e

b) inciso X do *caput* do art. 32;

III – a Lei n. 11.887, de 24 de dezembro de 2008;

IV – (*Vetado*.);

V – os seguintes dispositivos da Consolidação das Leis do Trabalho, aprovada pelo Decreto-lei n. 5.452, de 1.º de maio de 1943:

a) art. 17;

b) art. 20;

c) art. 21;

d) art. 25;

e) art. 26;

f) art. 30;

g) art. 31;

h) art. 32;

i) art. 33;

j) art. 34;

k) inciso II do art. 40;

l) art. 53;

m) art. 54;

n) art. 56;

o) art. 141;

p) parágrafo único do art. 415;

q) art. 417;

r) art. 419;

s) art. 420;

t) art. 421;

u) art. 422; e

v) art. 633;

VI – os seguintes dispositivos da Lei n. 8.934, de 18 de novembro de 1994:

a) parágrafo único do art. 2.º;

b) inciso VIII do *caput* do art. 35;

c) art. 43; e

d) parágrafo único do art. 47.

Art. 20. Esta Lei entra em vigor:

I – (*Vetado*.);

II – na data de sua publicação, para os demais artigos.

Brasília, 20 de setembro de 2019; 198.º da Independência e 131.º da República.

Jair Messias Bolsonaro

DECRETO N. 10.024, DE 20 DE SETEMBRO DE 2019 (*)

Regulamenta a licitação, na modalidade de pregão, na forma eletrônica, para a aquisição de bens e a contratação de serviços comuns, incluídos os serviços comuns de engenharia, e dispõe sobre o uso da dispensa eletrônica, no âmbito da administração pública federal.

O Presidente da República, no uso das atribuições que lhe confere o art. 84, *caput*, incisos II, IV e VI, alínea *a*, da Constituição, e tendo em vista o disposto no art. 2.º, § 1.º, da Lei n. 10.520, de 17 de julho de 2002, e na Lei n. 8.666, de 21 de junho de 1993, decreta:

Capítulo I
DISPOSIÇÕES PRELIMINARES

Objeto e âmbito de aplicação

Art. 1.º Este Decreto regulamenta a licitação, na modalidade de pregão, na forma eletrônica, para a aquisição de bens e a contratação de serviços comuns, incluídos os serviços comuns de engenharia, e dispõe sobre o uso da dispensa eletrônica, no âmbito da administração pública federal.

§ 1.º A utilização da modalidade de pregão, na forma eletrônica, pelos órgãos da administração pública federal direta, pelas autarquias, pelas fundações e pelos fundos especiais é obrigatória.

§ 2.º As empresas públicas, as sociedades de economia mista e suas subsidiárias, nos termos do regulamento interno de que trata o art. 40 da Lei n. 13.303, de 30 de junho de 2016, poderão adotar, no que couber, as dis-

(*) Publicado no *Diário Oficial da União*, de 23-9-2019. *Vide* Lei n. 10.520, de 17-7-2002, institui modalidade de licitação denominada pregão, para aquisição de bens e serviços comuns.

posições deste Decreto, inclusive o disposto no Capítulo XVII, observados os limites de que trata o art. 29 da referida Lei.

§ 3.º Para a aquisição de bens e a contratação de serviços comuns pelos entes federativos, com a utilização de recursos da União decorrentes de transferências voluntárias, tais como convênios e contratos de repasse, a utilização da modalidade de pregão, na forma eletrônica, ou da dispensa eletrônica será obrigatória, exceto nos casos em que a lei ou a regulamentação específica que dispuser sobre a modalidade de transferência discipline de forma diversa as contratações com os recursos do repasse.

§ 4.º Será admitida, excepcionalmente, mediante prévia justificativa da autoridade competente, a utilização da forma de pregão presencial nas licitações de que trata o *caput* ou a não adoção do sistema de dispensa eletrônica, desde que fique comprovada a inviabilidade técnica ou a desvantagem para a administração na realização da forma eletrônica.

Princípios

Art. 2.º O pregão, na forma eletrônica, é condicionado aos princípios da legalidade, da impessoalidade, da moralidade, da igualdade, da publicidade, da eficiência, da probidade administrativa, do desenvolvimento sustentável, da vinculação ao instrumento convocatório, do julgamento objetivo, da razoabilidade, da competitividade, da proporcionalidade e aos que lhes são correlatos.

§ 1.º O princípio do desenvolvimento sustentável será observado nas etapas do processo de contratação, em suas dimensões econômica, social, ambiental e cultural, no mínimo, com base nos planos de gestão de logística sustentável dos órgãos e das entidades.

§ 2.º As normas disciplinadoras da licitação serão interpretadas em favor da ampliação da disputa entre os interessados, resguardados o interesse da administração, o princípio da isonomia, a finalidade e a segurança da contratação.

Definições

Art. 3.º Para fins do disposto neste Decreto, considera-se:

I – aviso do edital – documento que contém:

a) a definição precisa, suficiente e clara do objeto;

b) a indicação dos locais, das datas e dos horários em que poderá ser lido ou obtido o edital; e

c) o endereço eletrônico no qual ocorrerá a sessão pública com a data e o horário de sua realização;

II – bens e serviços comuns – bens cujos padrões de desempenho e qualidade possam ser objetivamente definidos pelo edital, por meio de especificações reconhecidas e usuais do mercado;

III – bens e serviços especiais – bens que, por sua alta heterogeneidade ou complexidade técnica, não podem ser considerados bens e serviços comuns, nos termos do inciso II;

IV – estudo técnico preliminar – documento constitutivo da primeira etapa do planejamento de uma contratação, que caracteriza o interesse público envolvido e a melhor solução ao problema a ser resolvido e que, na hipótese de conclusão pela viabilidade da contratação, fundamenta o termo de referência;

V – lances intermediários – lances iguais ou superiores ao menor já ofertado, porém inferiores ao último lance dado pelo próprio licitante;

VI – obra – construção, reforma, fabricação, recuperação ou ampliação de bem imóvel, realizada por execução direta ou indireta;

VII – serviço – atividade ou conjunto de atividades destinadas a obter determinada utilidade, intelectual ou material, de interesse da administração pública;

VIII – serviço comum de engenharia – atividade ou conjunto de atividades que necessitam da participação e do acompanhamento de profissional engenheiro habilitado, nos termos do disposto na Lei n. 5.194, de 24 de dezembro de 1966, e cujos padrões de desempenho e qualidade possam ser objetivamente definidos pela administração pública, mediante especificações usuais de mercado;

IX – Sistema de Cadastramento Unificado de Fornecedores – Sicaf – ferramenta informatizada, integrante da plataforma do Sistema Integrado de Administração de Serviços Gerais – Siasg, disponibilizada pelo Ministério da Economia, para cadastramento dos órgãos e das entidades da administração pública, das empresas públicas e dos participantes de procedimentos de licitação, dispensa ou inexigibilidade promovidos pelos órgãos e pelas entidades integrantes do Sistema de Serviços Gerais – Sisg;

X – sistema de dispensa eletrônica – ferramenta informatizada, integrante da plataforma do Siasg, disponibilizada pelo Ministério da Economia, para a realização dos processos de contratação direta de bens e serviços comuns, incluídos os serviços comuns de engenharia; e

XI – termo de referência – documento elaborado com base nos estudos técnicos preliminares, que deverá conter:

a) os elementos que embasam a avaliação do custo pela administração pública, a partir dos padrões de desempenho e qualidade estabelecidos e das condições de entrega do objeto, com as seguintes informações:

1. a definição do objeto contratual e dos métodos para a sua execução, vedadas especificações excessivas, irrelevantes ou desnecessárias, que limitem ou frustrem a competição ou a realização do certame;

2. o valor estimado do objeto da licitação demonstrado em planilhas, de acordo com o preço de mercado; e

3. o cronograma físico-financeiro, se necessário;

b) o critério de aceitação do objeto;

c) os deveres do contratado e do contratante;

d) a relação dos documentos essenciais à verificação da qualificação técnica e econômico-financeira, se necessária;

e) os procedimentos de fiscalização e gerenciamento do contrato ou da ata de registro de preços;

f) o prazo para execução do contrato; e

g) as sanções previstas de forma objetiva, suficiente e clara.

§ 1.º A classificação de bens e serviços como comuns depende de exame predominantemente fático e de natureza técnica.

§ 2.º Os bens e serviços que envolverem o desenvolvimento de soluções específicas de natureza intelectual, científica e técnica, caso possam ser definidos nos termos do disposto no inciso II do *caput*, serão licitados por pregão, na forma eletrônica.

Vedações

Art. 4.º O pregão, na forma eletrônica, não se aplica a:

I – contratações de obras;

II – locações imobiliárias e alienações; e

III – bens e serviços especiais, incluídos os serviços de engenharia enquadrados no disposto no inciso III do *caput* do art. 3.º.

Capítulo II
DOS PROCEDIMENTOS

Forma de realização

Art. 5.º O pregão, na forma eletrônica, será realizado quando a disputa pelo fornecimento de bens ou pela contratação de serviços comuns ocorrer à distância e em sessão pública, por meio do Sistema de Compras do Governo federal, disponível no endereço eletrônico www.comprasgovernamentais.gov.br.

§ 1.º O sistema de que trata o *caput* será dotado de recursos de criptografia e de autenticação que garantam as condições de segurança nas etapas do certame.

§ 2.º Na hipótese de que trata o § 3.º do art. 1.º, além do disposto no *caput*, poderão ser utilizados sistemas próprios ou outros sistemas disponíveis no mercado, desde que estejam integrados à plataforma de operacionalização das modalidades de transferências voluntárias.

Etapas

Art. 6.º A realização do pregão, na forma eletrônica, observará as seguintes etapas sucessivas:

I – planejamento da contratação;

II – publicação do aviso de edital;

III – apresentação de propostas e de documentos de habilitação;

IV – abertura da sessão pública e envio de lances, ou fase competitiva;

V – julgamento;

VI – habilitação;

VII – recursal;

VIII – adjudicação; e

IX – homologação.

Critérios de julgamento das propostas

Art. 7.º Os critérios de julgamento empregados na seleção da proposta mais vantajosa para a administração serão os de menor preço ou maior desconto, conforme dispuser o edital.

Parágrafo único. Serão fixados critérios objetivos para definição do melhor preço, considerados os prazos para a execução do contrato e do fornecimento, as especificações técnicas, os parâmetros mínimos de desempenho e de qualidade, as diretrizes do plano de gestão de logística sustentável e as demais condições estabelecidas no edital.

Documentação

Art. 8.º O processo relativo ao pregão, na forma eletrônica, será instruído com os seguintes documentos, no mínimo:

I – estudo técnico preliminar, quando necessário;

II – termo de referência;

III – planilha estimativa de despesa;

IV – previsão dos recursos orçamentários necessários, com a indicação das rubricas, exceto na hipótese de pregão para registro de preços;

V – autorização de abertura da licitação;

VI – designação do pregoeiro e da equipe de apoio;

VII – edital e respectivos anexos;

VIII – minuta do termo do contrato, ou instrumento equivalente, ou minuta da ata de registro de preços, conforme o caso;

IX – parecer jurídico;

X – documentação exigida e apresentada para a habilitação;

XI – proposta de preços do licitante;

XII – ata da sessão pública, que conterá os seguintes registros, entre outros:

a) os licitantes participantes;

b) as propostas apresentadas;

c) os avisos, os esclarecimentos e as impugnações;

d) os lances ofertados, na ordem de classificação;

e) a suspensão e o reinício da sessão, se for o caso;

f) a aceitabilidade da proposta de preço;

g) a habilitação;

h) a decisão sobre o saneamento de erros ou falhas na proposta ou na documentação;

i) os recursos interpostos, as respectivas análises e as decisões; e

j) o resultado da licitação;

XIII – comprovantes das publicações:

a) do aviso do edital;

b) do extrato do contrato; e

c) dos demais atos cuja publicidade seja exigida; e

XIV – ato de homologação.

§ 1.º A instrução do processo licitatório poderá ser realizada por meio de sistema eletrônico, de modo que os atos e os documentos de que trata este artigo, constantes dos arquivos e registros digitais, serão válidos para todos os efeitos legais, inclusive para comprovação e prestação de contas.

§ 2.º A ata da sessão pública será disponibilizada na internet imediatamente após o seu encerramento, para acesso livre.

Capítulo III
DO ACESSO AO SISTEMA ELETRÔNICO

Credenciamento

Art. 9.º A autoridade competente do órgão ou da entidade promotora da licitação, o pregoeiro, os membros da equipe de apoio e os licitantes que participarem do pregão, na forma eletrônica, serão previamente credenciados, perante o provedor do sistema eletrônico.

§ 1.º O credenciamento para acesso ao sistema ocorrerá pela atribuição de chave de identificação e de senha pessoal e intransferível.

§ 2.º Caberá à autoridade competente do órgão ou da entidade promotora da licitação solicitar, junto ao provedor do sistema, o seu credenciamento, o do pregoeiro e o dos membros da equipe de apoio.

Licitante

Art. 10. Na hipótese de pregão promovido por órgão ou entidade integrante do Sisg, o credenciamento do licitante e sua manutenção dependerão de registro prévio e atualizado no Sicaf.

Art. 11. O credenciamento no Sicaf permite a participação dos interessados em qualquer pregão, na forma eletrônica, exceto quando o seu cadastro no Sicaf tenha sido inativado ou excluído por solicitação do credenciado ou por determinação legal.

Capítulo IV
DA CONDUÇÃO DO PROCESSO

Órgão ou entidade promotora da licitação

Art. 12. O pregão, na forma eletrônica, será conduzido pelo órgão ou pela entidade promotora da licitação, com apoio técnico e operacional do órgão central do Sisg, que atuará como provedor do Sistema de Compras do Governo federal para os órgãos e entidades integrantes do Sisg.

Autoridade competente

Art. 13. Caberá à autoridade competente, de acordo com as atribuições previstas no regimento ou no estatuto do órgão ou da entidade promotora da licitação:

I – designar o pregoeiro e os membros da equipe de apoio;

II – indicar o provedor do sistema;

III – determinar a abertura do processo licitatório;

IV – decidir os recursos contra os atos do pregoeiro, quando este mantiver sua decisão;

V – adjudicar o objeto da licitação, quando houver recurso;

VI – homologar o resultado da licitação; e

VII – celebrar o contrato ou assinar a ata de registro de preços.

Capítulo V
DO PLANEJAMENTO DA CONTRATAÇÃO

Orientações gerais

Art. 14. No planejamento do pregão, na forma eletrônica, será observado o seguinte:

I – elaboração do estudo técnico preliminar e do termo de referência;

II – aprovação do estudo técnico preliminar e do termo de referência pela autoridade competente ou por quem esta delegar;

III – elaboração do edital, que estabelecerá os critérios de julgamento e a aceitação das propostas, o modo de disputa e, quando necessário, o intervalo mínimo de diferença de valores ou de percentuais entre os lances, que incidirá tanto em relação aos lances intermediários quanto em relação ao lance que cobrir a melhor oferta;

IV – definição das exigências de habilitação, das sanções aplicáveis, dos prazos e das condições que, pelas suas particularidades, sejam consideradas relevantes para a celebração e a execução do contrato e o atendimento das necessidades da administração pública; e

V – designação do pregoeiro e de sua equipe de apoio.

Valor estimado ou valor máximo aceitável

Art. 15. O valor estimado ou o valor máximo aceitável para a contratação, se não constar expressamente do edital, possuirá caráter sigiloso e será disponibilizado exclusiva e permanentemente aos órgãos de controle externo e interno.

§ 1.º O caráter sigiloso do valor estimado ou do valor máximo aceitável para a contratação será fundamentado no § 3.º do art. 7.º da Lei n. 12.527, de 18 de novembro de 2011, e no art. 20 do Decreto n. 7.724, de 16 de maio de 2012.

§ 2.º Para fins do disposto no *caput*, o valor estimado ou o valor máximo aceitável para a contratação será tornado público apenas e imediatamente após o encerramento do envio de lances, sem prejuízo da divulgação do detalhamento dos quantitativos e das demais informações necessárias à elaboração das propostas.

§ 3.º Nas hipóteses em que for adotado o critério de julgamento pelo maior desconto, o valor estimado, o valor máximo aceitável ou o valor de referência para aplicação do desconto constará obrigatoriamente do instrumento convocatório.

Designações do pregoeiro e da equipe de apoio

Art. 16. Caberá à autoridade máxima do órgão ou da entidade, ou a quem possuir a competência, designar agentes públicos para o desempenho das funções deste Decreto, observados os seguintes requisitos:

I – o pregoeiro e os membros da equipe de apoio serão servidores do órgão ou da entidade promotora da licitação; e

II – os membros da equipe de apoio serão, em sua maioria, servidores ocupantes de cargo efetivo, preferencialmente pertencentes aos quadros permanentes do órgão ou da entidade promotora da licitação.

§ 1.º No âmbito do Ministério da Defesa, as funções de pregoeiro e de membro da equipe de apoio poderão ser desempenhadas por militares.

§ 2.º A critério da autoridade competente, o pregoeiro e os membros da equipe de apoio poderão ser designados para uma licitação específica, para um período determinado, admitidas reconduções, ou por período indeterminado, permitida a revogação da designação a qualquer tempo.

§ 3.º Os órgãos e as entidades de que trata o § 1.º do art. 1.º estabelecerão planos de capacitação que contenham iniciativas de treinamento para a formação e a atualização técnica de pregoeiros, membros da equipe de apoio e demais agentes encarregados da instrução do processo licitatório, a serem implementadas com base em gestão por competências.

Do pregoeiro

Art. 17. Caberá ao pregoeiro, em especial:

I – conduzir a sessão pública;

II – receber, examinar e decidir as impugnações e os pedidos de esclarecimentos ao edital e aos anexos, além de poder requisitar subsídios formais aos responsáveis pela elaboração desses documentos;

III – verificar a conformidade da proposta em relação aos requisitos estabelecidos no edital;

IV – coordenar a sessão pública e o envio de lances;

V – verificar e julgar as condições de habilitação;

VI – sanear erros ou falhas que não alterem a substância das propostas, dos documentos de habilitação e sua validade jurídica;

VII – receber, examinar e decidir os recursos e encaminhá-los à autoridade competente quando mantiver sua decisão;

VIII – indicar o vencedor do certame;

IX – adjudicar o objeto, quando não houver recurso;

X – conduzir os trabalhos da equipe de apoio; e

XI – encaminhar o processo devidamente instruído à autoridade competente e propor a sua homologação.

Parágrafo único. O pregoeiro poderá solicitar manifestação técnica da assessoria jurídica ou de outros setores do órgão ou da entidade, a fim de subsidiar sua decisão.

Da equipe de apoio

Art. 18. Caberá à equipe de apoio auxiliar o pregoeiro nas etapas do processo licitatório.

Do licitante

Art. 19. Caberá ao licitante interessado em participar do pregão, na forma eletrônica:

I – credenciar-se previamente no Sicaf ou, na hipótese de que trata o § 2.º do art. 5.º, no sistema eletrônico utilizado no certame;

II – remeter, no prazo estabelecido, exclusivamente via sistema, os documentos de habilitação e a proposta e, quando necessário, os documentos complementares;

III – responsabilizar-se formalmente pelas transações efetuadas em seu nome, assumir como firmes e verdadeiras suas propostas e seus lances, inclusive os atos praticados diretamente ou por seu representante, excluída a responsabilidade do provedor do sistema ou do órgão ou entidade promotora da licitação por eventuais danos decorrentes de uso indevido da senha, ainda que por terceiros;

IV – acompanhar as operações no sistema eletrônico durante o processo licitatório e responsabilizar-se pelo ônus decorrente da perda de negócios diante da inobservância de mensagens emitidas pelo sistema ou de sua desconexão;

V – comunicar imediatamente ao provedor do sistema qualquer acontecimento que possa comprometer o sigilo ou a inviabilidade do uso da senha, para imediato bloqueio de acesso;

VI – utilizar a chave de identificação e a senha de acesso para participar do pregão na forma eletrônica; e

VII – solicitar o cancelamento da chave de identificação ou da senha de acesso por interesse próprio.

Parágrafo único. O fornecedor descredenciado no Sicaf terá sua chave de identificação e senha suspensas automaticamente.

Capítulo VI
DA PUBLICAÇÃO DO AVISO DO EDITAL

Publicação

Art. 20. A fase externa do pregão, na forma eletrônica, será iniciada com a convocação dos interessados por meio da publicação do aviso do edital no *Diário Oficial da União* e no sítio eletrônico oficial do órgão ou da entidade promotora da licitação.

Parágrafo único. Na hipótese de que trata o § 3.º do art. 1.º, a publicação ocorrerá na imprensa oficial do respectivo Estado, do Distrito Federal ou do Município e no sítio eletrônico oficial do órgão ou da entidade promotora da licitação.

Edital

Art. 21. Os órgãos ou as entidades integrantes do Sisg e aqueles que aderirem ao Sistema Compras do Governo federal disponibilizarão a íntegra do edital no endereço eletrônico www.comprasgovernamentais.gov.br e no sítio eletrônico do órgão ou da entidade promotora do pregão.

Parágrafo único. Na hipótese do § 2.º do art. 5.º, o edital será disponibilizado na íntegra no sítio eletrônico do órgão ou da entidade promotora do pregão e no portal do sistema utilizado para a realização do pregão.

Modificação do edital

Art. 22. Modificações no edital serão divulgadas pelo mesmo instrumento de publicação utilizado para divulgação do texto original e o prazo inicialmente estabelecido será reaberto, exceto se, inquestionavelmente, a alteração não afetar a formulação das propostas, resguardado o tratamento isonômico aos licitantes.

Esclarecimentos

Art. 23. Os pedidos de esclarecimentos referentes ao processo licitatório serão enviados ao pregoeiro, até três dias úteis anteriores à data fixada para abertura da sessão pública, por meio eletrônico, na forma do edital.

§ 1.º O pregoeiro responderá aos pedidos de esclarecimentos no prazo de dois dias úteis, contado da data de recebimento do pedido, e poderá requisitar subsídios formais aos responsáveis pela elaboração do edital e dos anexos.

§ 2.º As respostas aos pedidos de esclarecimentos serão divulgadas pelo sistema e vincularão os participantes e a administração.

Impugnação

Art. 24. Qualquer pessoa poderá impugnar os termos do edital do pregão, por meio eletrônico, na forma prevista no edital, até três dias úteis anteriores à data fixada para abertura da sessão pública.

§ 1.º A impugnação não possui efeito suspensivo e caberá ao pregoeiro, auxiliado pelos responsáveis pela elaboração do edital e dos anexos, decidir sobre a impugnação no prazo de dois dias úteis, contado da data de recebimento da impugnação.

§ 2.º A concessão de efeito suspensivo à impugnação é medida excepcional e deverá ser motivada pelo pregoeiro, nos autos do processo de licitação.

§ 3.º Acolhida a impugnação contra o edital, será definida e publicada nova data para realização do certame.

Capítulo VII
DA APRESENTAÇÃO DA PROPOSTA E DOS DOCUMENTOS DE HABILITAÇÃO

Prazo

Art. 25. O prazo fixado para a apresentação das propostas e dos documentos de habilitação não será inferior a oito dias úteis, contado da data de publicação do aviso do edital.

Apresentação da proposta e dos documentos de habilitação pelo licitante

Art. 26. Após a divulgação do edital no sítio eletrônico, os licitantes encaminharão, exclusivamente por meio do sistema, concomitantemente com os documentos de habilitação exigidos no edital, proposta com a descrição do objeto ofertado e o preço, até a data e o horário estabelecidos para abertura da sessão pública.

§ 1.º A etapa de que trata o *caput* será encerrada com a abertura da sessão pública.

§ 2.º Os licitantes poderão deixar de apresentar os documentos de habilitação que constem do Sicaf e de sistemas semelhantes mantidos pelos Estados, pelo Distrito Federal ou pelos Municípios, quando a licitação for realizada por esses entes federativos, assegurado aos demais licitantes o direito de acesso aos dados constantes dos sistemas.

§ 3.º O envio da proposta, acompanhada dos documentos de habilitação exigidos no edital, nos termos do disposto no *caput*, ocorrerá por meio de chave de acesso e senha.

§ 4.º O licitante declarará, em campo próprio do sistema, o cumprimento dos requisitos para a habilitação e a conformidade de sua proposta com as exigências do edital.

§ 5.º A falsidade da declaração de que trata o § 4.º sujeitará o licitante às sanções previstas neste Decreto.

§ 6.º Os licitantes poderão retirar ou substituir a proposta e os documentos de habilitação anteriormente inseridos no sistema, até a abertura da sessão pública.

§ 7.º Na etapa de apresentação da proposta e dos documentos de habilitação pelo licitante, observado o disposto no *caput*, não haverá ordem de classificação das propostas, o que ocorrerá somente após os procedimentos de que trata o Capítulo IX.

§ 8.º Os documentos que compõem a proposta e a habilitação do licitante melhor classificado somente serão disponibilizados para avaliação do pregoeiro e para acesso público após o encerramento do envio de lances.

§ 9.º Os documentos complementares à proposta e à habilitação, quando necessários à confirmação daqueles exigidos no edital e já apresentados, serão encaminhados pelo licitante melhor classificado após o encerramento do envio de lances, observado o prazo de que trata o § 2.º do art. 38.

Capítulo VIII
DA ABERTURA DA SESSÃO PÚBLICA E DO ENVIO DE LANCES

Horário de abertura

Art. 27. A partir do horário previsto no edital, a sessão pública na internet será aberta pelo pregoeiro com a utilização de sua chave de acesso e senha.

§ 1.º Os licitantes poderão participar da sessão pública na internet, mediante a utilização de sua chave de acesso e senha.

§ 2.º O sistema disponibilizará campo próprio para troca de mensagens entre o pregoeiro e os licitantes.

Conformidade das propostas

Art. 28. O pregoeiro verificará as propostas apresentadas e desclassificará aquelas que não estejam em conformidade com os requisitos estabelecidos no edital.

Parágrafo único. A desclassificação da proposta será fundamentada e registrada no sistema, acompanhado em tempo real por todos os participantes.

Ordenação e classificação das propostas

Art. 29. O sistema ordenará automaticamente as propostas classificadas pelo pregoeiro.

Parágrafo único. Somente as propostas classificadas pelo pregoeiro participarão da etapa de envio de lances.

Início da fase competitiva

Art. 30. Classificadas as propostas, o pregoeiro dará início à fase competitiva, oportunidade em que os licitantes poderão encaminhar lances exclusivamente por meio do sistema eletrônico.

§ 1.º O licitante será imediatamente informado do recebimento do lance e do valor consignado no registro.

§ 2.º Os licitantes poderão oferecer lances sucessivos, observados o horário fixado para abertura da sessão pública e as regras estabelecidas no edital.

§ 3.º O licitante somente poderá oferecer valor inferior ou maior percentual de desconto ao último lance por ele ofertado e registrado pelo sistema, observado, quando houver, o intervalo mínimo de diferença de valores ou de percentuais entre os lances, que incidirá tanto em relação aos lances intermediários quanto em relação ao lance que cobrir a melhor oferta.

§ 4.º Não serão aceitos dois ou mais lances iguais e prevalecerá aquele que for recebido e registrado primeiro.

§ 5.º Durante a sessão pública, os licitantes serão informados, em tempo real, do valor do menor lance registrado, vedada a identificação do licitante.

Modos de disputa

Art. 31. Serão adotados para o envio de lances no pregão eletrônico os seguintes modos de disputa:

I – aberto – os licitantes apresentarão lances públicos e sucessivos, com prorrogações, conforme o critério de julgamento adotado no edital; ou

II – aberto e fechado – os licitantes apresentarão lances públicos e sucessivos, com lance final e fechado, conforme o critério de julgamento adotado no edital.

Parágrafo único. No modo de disputa aberto, o edital preverá intervalo mínimo de diferença de valores ou de percentuais entre os lances, que incidirá tanto em relação aos lances intermediários quanto em relação ao lance que cobrir a melhor oferta.

Modo de disputa aberto

Art. 32. No modo de disputa aberto, de que trata o inciso I do *caput* do art. 31, a etapa de envio de lances na sessão pública durará dez minutos e, após isso, será prorrogada automaticamente pelo sistema quando houver lance ofertado nos últimos dois minutos do período de duração da sessão pública.

§ 1.º A prorrogação automática da etapa de envio de lances, de que trata o *caput*, será de dois minutos e ocorrerá sucessivamente sempre que houver lances enviados nesse período de prorrogação, inclusive quando se tratar de lances intermediários.

§ 2.º Na hipótese de não haver novos lances na forma estabelecida no *caput* e no § 1.º, a sessão pública será encerrada automaticamente.

§ 3.º Encerrada a sessão pública sem prorrogação automática pelo sistema, nos termos do disposto no § 1.º, o pregoeiro poderá, assessorado pela equipe de apoio, admitir o reinício da etapa de envio de lances, em prol da consecução do melhor preço disposto no parágrafo único do art. 7.º, mediante justificativa.

Modo de disputa aberto e fechado

Art. 33. No modo de disputa aberto e fechado, de que trata o inciso II do *caput* do art.

31, a etapa de envio de lances da sessão pública terá duração de quinze minutos.

§ 1.º Encerrado o prazo previsto no *caput*, o sistema encaminhará o aviso de fechamento iminente dos lances e, transcorrido o período de até dez minutos, aleatoriamente determinado, a recepção de lances será automaticamente encerrada.

§ 2.º Encerrado o prazo de que trata o § 1.º, o sistema abrirá a oportunidade para que o autor da oferta de valor mais baixo e os autores das ofertas com valores até dez por cento superiores àquela possam ofertar um lance final e fechado em até cinco minutos, que será sigiloso até o encerramento deste prazo.

§ 3.º Na ausência de, no mínimo, três ofertas nas condições de que trata o § 2.º, os autores dos melhores lances subsequentes, na ordem de classificação, até o máximo de três, poderão oferecer um lance final e fechado em até cinco minutos, que será sigiloso até o encerramento do prazo.

§ 4.º Encerrados os prazos estabelecidos nos § 2.º e § 3.º, o sistema ordenará os lances em ordem crescente de vantajosidade.

§ 5.º Na ausência de lance final e fechado classificado nos termos dos § 2.º e § 3.º, haverá o reinício da etapa fechada para que os demais licitantes, até o máximo de três, na ordem de classificação, possam ofertar um lance final e fechado em até cinco minutos, que será sigiloso até o encerramento deste prazo, observado, após esta etapa, o disposto no § 4.º.

§ 6.º Na hipótese de não haver licitante classificado na etapa de lance fechado que atenda às exigências para habilitação, o pregoeiro poderá, auxiliado pela equipe de apoio, mediante justificativa, admitir o reinício da etapa fechada, nos termos do disposto no § 5.º.

Desconexão do sistema na etapa de lances

Art. 34. Na hipótese de o sistema eletrônico desconectar para o pregoeiro no decorrer da etapa de envio de lances da sessão pública e permanecer acessível aos licitantes, os lances continuarão sendo recebidos, sem prejuízo dos atos realizados.

Art. 35. Quando a desconexão do sistema eletrônico para o pregoeiro persistir por tempo superior a dez minutos, a sessão pública será suspensa e reiniciada somente decorridas vinte e quatro horas após a comunicação do fato aos participantes, no sítio eletrônico utilizado para divulgação.

Critérios de desempate

Art. 36. Após a etapa de envio de lances, haverá a aplicação dos critérios de desempate previstos nos art. 44 e art. 45 da Lei Complementar n. 123, de 14 de dezembro de 2006, seguido da aplicação do critério estabelecido no § 2.º do art. 3.º da Lei n. 8.666, de 1993, se não houver licitante que atenda à primeira hipótese.

Art. 37. Os critérios de desempate serão aplicados nos termos do art. 36, caso não haja envio de lances após o início da fase competitiva.

Parágrafo único. Na hipótese de persistir o empate, a proposta vencedora será sorteada pelo sistema eletrônico dentre as propostas empatadas.

CAPÍTULO IX
DO JULGAMENTO

Negociação da proposta

Art. 38. Encerrada a etapa de envio de lances da sessão pública, o pregoeiro deverá encaminhar, pelo sistema eletrônico, contraproposta ao licitante que tenha apresentado o melhor preço, para que seja obtida melhor proposta, vedada a negociação em condições diferentes das previstas no edital.

§ 1.º A negociação será realizada por meio do sistema e poderá ser acompanhada pelos demais licitantes.

§ 2.º O instrumento convocatório deverá estabelecer prazo de, no mínimo, duas horas, contado da solicitação do pregoeiro no sistema, para envio da proposta e, se necessário, dos documentos complementares, adequada ao último lance ofertado após a negociação de que trata o *caput*.

Julgamento da proposta

Art. 39. Encerrada a etapa de negociação de que trata o art. 38, o pregoeiro examinará a proposta classificada em primeiro lugar quanto à adequação ao objeto e à compatibilidade do preço em relação ao máximo estipulado para contratação no edital, observado o disposto no parágrafo único do art. 7.º e no § 9.º do art. 26, e verificará a habilitação do licitante conforme disposições do edital, observado o disposto no Capítulo X.

CAPÍTULO X
DA HABILITAÇÃO

Documentação obrigatória

Art. 40. Para habilitação dos licitantes, será exigida, exclusivamente, a documentação relativa:

I – à habilitação jurídica;

II – à qualificação técnica;

III – à qualificação econômico-financeira;

IV – à regularidade fiscal e trabalhista;

V – à regularidade fiscal perante as Fazendas Públicas estaduais, distrital e municipais, quando necessário; e

VI – ao cumprimento do disposto no inciso XXXIII do *caput* do art. 7.º da Constituição e no inciso XVIII do *caput* do art. 78 da Lei n. 8.666, de 1993.

Parágrafo único. A documentação exigida para atender ao disposto nos incisos I, III, IV e V do *caput* poderá ser substituída pelo registro cadastral no Sicaf e em sistemas semelhantes mantidos pelos Estados, pelo Distrito Federal ou pelos Municípios, quando a licitação for realizada por esses entes federativos.

Art. 41. Quando permitida a participação de empresas estrangeiras na licitação, as exigências de habilitação serão atendidas mediante documentos equivalentes, inicialmente apresentados com tradução livre.

Parágrafo único. Na hipótese de o licitante vencedor ser estrangeiro, para fins de assinatura do contrato ou da ata de registro de preços, os documentos de que trata o *caput* serão traduzidos por tradutor juramentado no País e apostilados nos termos do disposto no Decreto n. 8.660, de 29 de janeiro de 2016, ou de outro que venha a substituí-lo, ou consularizados pelos respectivos consulados ou embaixadas.

Art. 42. Quando permitida a participação de consórcio de empresas, serão exigidas:

I – a comprovação da existência de compromisso público ou particular de constituição de consórcio, com indicação da empresa líder, que atenderá às condições de liderança estabelecidas no edital e representará as consorciadas perante a União;

II – a apresentação da documentação de habilitação especificada no edital por empresa consorciada;

III – a comprovação da capacidade técnica do consórcio pelo somatório dos quantitativos de cada empresa consorciada, na forma estabelecida no edital;

IV – a demonstração, por cada empresa consorciada, do atendimento aos índices contábeis definidos no edital, para fins de qualificação econômico-financeira;

V – a responsabilidade solidária das empresas consorciadas pelas obrigações do consórcio, nas etapas da licitação e durante a vigência do contrato;

VI – a obrigatoriedade de liderança por empresa brasileira no consórcio formado por empresas brasileiras e estrangeiras, observado o disposto no inciso I; e

VII – a constituição e o registro do consórcio antes da celebração do contrato.

Parágrafo único. Fica vedada a participação de empresa consorciada, na mesma licitação, por meio de mais de um consórcio ou isoladamente.

Procedimentos de verificação

Art. 43. A habilitação dos licitantes será verificada por meio do Sicaf, nos documentos por ele abrangidos, quando os procedimentos licitatórios forem realizados por órgãos ou entidades integrantes do Sisg ou por aqueles que aderirem ao Sicaf.

§ 1.º Os documentos exigidos para habilitação que não estejam contemplados no Sicaf serão enviados nos termos do disposto no art. 26.

§ 2.º Na hipótese de necessidade de envio de documentos complementares após o julgamento da proposta, os documentos deverão ser apresentados em formato digital, via sistema, no prazo definido no edital, após solicitação do pregoeiro no sistema eletrônico, observado o prazo disposto no § 2.º do art. 38.

§ 3.º A verificação pelo órgão ou entidade promotora do certame nos sítios eletrônicos oficiais de órgãos e entidades emissores de certidões constitui meio legal de prova, para fins de habilitação.

§ 4.º Na hipótese de a proposta vencedora não for aceitável ou o licitante não atender às exigências para habilitação, o pregoeiro examinará a proposta subsequente e assim sucessivamente, na ordem de classificação, até a apuração de uma proposta que atenda ao edital.

§ 5.º Na hipótese de contratação de serviços comuns em que a legislação ou o edital exija apresentação de planilha de composição de preços, esta deverá ser encaminhada exclusivamente via sistema, no prazo fixado no edital, com os respectivos valores readequados ao lance vencedor.

§ 6.º No pregão, na forma eletrônica, realizado para o sistema de registro de preços, quando a proposta do licitante vencedor não atender ao quantitativo total estimado para a contratação, poderá ser convocada a quantidade de licitantes necessária para alcançar o total estimado, respeitada a ordem de classificação, observado o preço da proposta vencedora, precedida de posterior habilitação, nos termos do disposto no Capítulo X.

§ 7.º A comprovação de regularidade fiscal e trabalhista das microempresas e das empresas de pequeno porte será exigida nos termos do disposto no art. 4.º do Decreto n. 8.538, de 6 de outubro de 2015.

§ 8.º Constatado o atendimento às exigências estabelecidas no edital, o licitante será declarado vencedor.

CAPÍTULO XI
DO RECURSO

Intenção de recorrer e prazo para recurso

Art. 44. Declarado o vencedor, qualquer licitante poderá, durante o prazo concedido na sessão pública, de forma imediata, em campo próprio do sistema, manifestar sua intenção de recorrer.

§ 1.º As razões do recurso de que trata o *caput* deverão ser apresentadas no prazo de três dias.

§ 2.º Os demais licitantes ficarão intimados para, se desejarem, apresentar suas contrarrazões, no prazo de três dias, contado da data final do prazo do recorrente, assegurada vista imediata dos elementos indispensáveis à defesa dos seus interesses.

§ 3.º A ausência de manifestação imediata e motivada do licitante quanto à intenção de recorrer, nos termos do disposto no *caput*, importará na decadência desse direito, e o pregoeiro estará autorizado a adjudicar o objeto ao licitante declarado vencedor.

§ 4.º O acolhimento do recurso importará na invalidação apenas dos atos que não podem ser aproveitados.

CAPÍTULO XII
DA ADJUDICAÇÃO E DA HOMOLOGAÇÃO

Autoridade competente

Art. 45. Decididos os recursos e constatada a regularidade dos atos praticados, a autoridade competente adjudicará o objeto e homologará o procedimento licitatório, nos termos do disposto no inciso V do *caput* do art. 13.

Pregoeiro

Art. 46. Na ausência de recurso, caberá ao pregoeiro adjudicar o objeto e encaminhar o processo devidamente instruído à autoridade superior e propor a homologação, nos termos do disposto no inciso IX do *caput* do art. 17.

CAPÍTULO XIII
DO SANEAMENTO DA PROPOSTA E DA HABILITAÇÃO

Erros ou falhas

Art. 47. O pregoeiro poderá, no julgamento da habilitação e das propostas, sanar erros ou falhas que não alterem a substância das propostas, dos documentos e sua validade jurídica, mediante decisão fundamentada, registrada em ata e acessível aos licitantes, e lhes atribuirá validade e eficácia para fins de habilitação e classificação, observado o disposto na Lei n. 9.784, de 29 de janeiro de 1999.

Parágrafo único. Na hipótese de necessidade de suspensão da sessão pública para a realização de diligências, com vistas ao saneamento de que trata o *caput*, a sessão pública somente poderá ser reiniciada mediante aviso prévio no sistema com, no mínimo, vinte e quatro horas de antecedência, e a ocorrência será registrada em ata.

CAPÍTULO XIV
DA CONTRATAÇÃO

Assinatura do contrato ou da ata de registro de preços

>> *Vide* Decreto n. 7.892, de 23-1-2013, que regulamenta o sistema de registro de preços.

Art. 48. Após a homologação, o adjudicatário será convocado para assinar o contrato ou a ata de registro de preços no prazo estabelecido no edital.

§ 1.º Na assinatura do contrato ou da ata de registro de preços, será exigida a comprovação das condições de habilitação consignadas no edital, que deverão ser mantidas pelo licitante durante a vigência do contrato ou da ata de registro de preços.

§ 2.º Na hipótese de o vencedor da licitação não comprovar as condições de habilitação consignadas no edital ou se recusar a assinar o contrato ou a ata de registro de preços, outro licitante poderá ser convocado, respeitada a ordem de classificação, para, após a comprovação dos requisitos para habilitação, analisada a proposta e eventuais documentos complementares e, feita a negociação, assinar o contrato ou a ata de registro de preços, sem prejuízo da aplicação das sanções de que trata o art. 49.

§ 3.º O prazo de validade das propostas será de sessenta dias, permitida a fixação de prazo diverso no edital.

CAPÍTULO XV
DA SANÇÃO

Impedimento de licitar e contratar

Art. 49. Ficará impedido de licitar e de contratar com a União e será descredenciado no Sicaf, pelo prazo de até cinco anos, sem prejuízo das multas previstas em edital e no contrato e das demais cominações legais, garantido o direito à ampla defesa, o licitante que, convocado dentro do prazo de validade de sua proposta:

I – não assinar o contrato ou a ata de registro de preços;

II – não entregar a documentação exigida no edital;

III – apresentar documentação falsa;

IV – causar o atraso na execução do objeto;

V – não mantiver a proposta;

VI – falhar na execução do contrato;

VII – fraudar a execução do contrato;

VIII – comportar-se de modo inidôneo;

IX – declarar informações falsas; e

X – cometer fraude fiscal.

§ 1.º As sanções descritas no *caput* também se aplicam aos integrantes do cadastro de reserva, em pregão para registro de preços que, convocados, não honrarem o compromisso assumido sem justificativa ou com justificativa recusada pela administração pública.

§ 2.º As sanções serão registradas e publicadas no Sicaf.

CAPÍTULO XVI
DA REVOGAÇÃO E DA ANULAÇÃO

Revogação e anulação

Art. 50. A autoridade competente para homologar o procedimento licitatório de que trata este Decreto poderá revogá-lo somente em razão do interesse público, por motivo de fato superveniente devidamente comprovado, pertinente e suficiente para justificar a revogação, e deverá anulá-lo por ilegalidade, de ofício ou por provocação de qualquer pessoa, por meio de ato escrito e fundamentado.

Parágrafo único. Os licitantes não terão direito à indenização em decorrência da anulação do procedimento licitatório, ressalvado o direito do contratado de boa-fé ao ressarcimento dos encargos que tiver suportado no cumprimento do contrato.

Capítulo XVII
DO SISTEMA DE DISPENSA ELETRÔNICA

Aplicação

Art. 51. As unidades gestoras integrantes do Sisg adotarão o sistema de dispensa eletrônica, nas seguintes hipóteses:

I – contratação de serviços comuns de engenharia, nos termos do disposto no inciso I do *caput* do art. 24 da Lei n. 8.666, de 1993;

II – aquisição de bens e contratação de serviços comuns, nos termos do disposto no inciso II do *caput* do art. 24 da Lei n. 8.666, de 1993; e

III – aquisição de bens e contratação de serviços comuns, incluídos os serviços comuns de engenharia, nos termos do disposto no inciso III e seguintes do *caput* do art. 24 da Lei n. 8.666, de 1993, quando cabível.

§ 1.º Ato do Secretário de Gestão da Secretaria Especial de Desburocratização, Gestão e Governo Digital do Ministério da Economia regulamentará o funcionamento do sistema de dispensa eletrônica.

§ 2.º A obrigatoriedade da utilização do sistema de dispensa eletrônica ocorrerá a partir da data de publicação do ato de que trata o § 1.º.

§ 3.º Fica vedada a utilização do sistema de dispensa eletrônica nas hipóteses de que trata o art. 4.º.

Capítulo XVIII
DISPOSIÇÕES FINAIS

Orientações gerais

Art. 52. Ato do Secretário de Gestão da Secretaria Especial de Desburocratização, Gestão e Governo Digital do Ministério da Economia estabelecerá os prazos para implementação das regras decorrentes do disposto neste Decreto quando se tratar de licitações realizadas com a utilização de transferências de recursos da União de que trata o § 3.º do art. 1.º.

Art. 53. Os horários estabelecidos no edital, no aviso e durante a sessão pública observarão o horário de Brasília, Distrito Federal, inclusive para contagem de tempo e registro no sistema eletrônico e na documentação relativa ao certame.

Art. 54. Os participantes de licitação na modalidade de pregão, na forma eletrônica, têm direito público subjetivo à fiel observância do procedimento estabelecido neste Decreto e qualquer interessado poderá acompanhar o seu desenvolvimento em tempo real, por meio da internet.

Art. 55. Os entes federativos usuários dos sistemas de que trata o § 2.º do art. 5.º poderão utilizar o Sicaf para fins habilitatórios.

Art. 56. A Secretaria de Gestão da Secretaria Especial de Desburocratização, Gestão e Governo Digital do Ministério da Economia poderá ceder o uso do seu sistema eletrônico a órgão ou entidade dos Poderes da União, dos Estados, do Distrito Federal e dos Municípios, mediante celebração de termo de acesso.

Art. 57. As propostas que contenham a descrição do objeto, o valor e os documentos complementares estarão disponíveis na internet, após a homologação.

Art. 58. Os arquivos e os registros digitais relativos ao processo licitatório permanecerão à disposição dos órgãos de controle interno e externo.

Art. 59. A Secretaria de Gestão da Secretaria Especial de Desburocratização, Gestão e Governo Digital do Ministério da Economia poderá editar normas complementares ao disposto neste Decreto e disponibilizar informações adicionais, em meio eletrônico.

Revogação

Art. 60. Ficam revogados:

I – o Decreto n. 5.450, de 31 de maio de 2005; e

II – o Decreto n. 5.504, de 5 de agosto de 2005.

Vigência

Art. 61. Este Decreto entra em vigor em 28 de outubro de 2019.

§ 1.º Os editais publicados após a data de entrada em vigor deste Decreto serão ajustados aos termos deste Decreto.

§ 2.º As licitações cujos editais tenham sido publicados até 28 de outubro de 2019 permanecem regidos pelo Decreto n. 5.450, de 2005.

Brasília, 20 de setembro de 2019; 198.º da Independência e 131.º da República.

Jair Messias Bolsonaro

DECRETO N. 10.178, DE 18 DE DEZEMBRO DE 2019 (*)

Regulamenta dispositivos da Lei n. 13.874, de 20 de setembro de 2019, para dispor sobre os critérios e os procedimentos para a classificação de risco de atividade econômica e para fixar o prazo para aprovação tácita e altera o Decreto n. 9.094, de 17 de julho de 2017, para incluir elementos na Carta de Serviços ao Usuário.

O Presidente da República, no uso das atribuições que lhe confere o art. 84, *caput*, incisos IV e VI, alínea *a*, da Constituição, e tendo em vista o disposto no art. 3.º, *caput*, incisos I e IX, § 1.º, inciso I, e § 8.º, da Lei n. 13.874, de 20 de setembro de 2019, e no art. 7.º da Lei n. 13.460, de 26 de junho de 2017, decreta:

CAPÍTULO I
DO OBJETO E DO ÂMBITO DE APLICAÇÃO

Art. 1.º Este Decreto dispõe sobre os critérios e os procedimentos a serem observados pelos órgãos e pelas entidades da administração pública federal direta, autárquica e fundacional para a classificação do nível de risco de atividade econômica e para fixar o prazo para aprovação tácita do ato público de liberação.

>> *Vide* Lei n. 13.874, de 20-9-2019 (liberdade econômica).

§ 1.º O disposto neste Decreto aplica-se aos Estados, ao Distrito Federal e aos Municípios nas seguintes condições:

>> § 1.º, *caput*, acrescentado pelo Decreto n. 10.219, de 30-1-2020.

I – o Capítulo II, como norma subsidiária na ausência de legislação estadual, distrital ou municipal específica para definição de risco das atividades econômicas para a aprovação de ato público de liberação; e

>> Inciso I acrescentado pelo Decreto n. 10.219, de 30-1-2020.

II – o Capítulo III, nas seguintes hipóteses:

>> Inciso II, *caput*, acrescentado pelo Decreto n. 10.219, de 30-1-2020.

***a)* o ato público de liberação da atividade econômica ter sido derivado ou delegado por legislação ordinária federal; ou**

>> Alínea *a* acrescentada pelo Decreto n. 10.219, de 30-1-2020.

***b)* o ente federativo ou o órgão responsável pelo ato decidir vincular-se ao disposto no inciso IX do *caput* do art. 3.º da Lei n. 13.874, de 20 de setembro de 2019, por meio de instrumento válido e próprio.**

>> Alínea *b* acrescentada pelo Decreto n. 10.219, de 30-1-2020.

§ 2.º As disposições deste Decreto aplicam-se ao trâmite do processo administrativo dentro de um mesmo órgão ou entidade, ainda que o pleno exercício da atividade econômica requeira ato administrativo adicional ou complementar cuja responsabilidade seja de outro órgão ou entidade da administração pública de qualquer ente federativo.

>> § 2.º acrescentado pelo Decreto n. 10.219, de 30-1-2020.

§ 3.º A aplicação deste Decreto independe de o ato público de liberação de atividade econômica:

>> § 3.º, *caput*, acrescentado pelo Decreto n. 10.219, de 30-1-2020.

I – estar previsto em lei ou em ato normativo infralegal; ou

>> Inciso I acrescentado pelo Decreto n. 10.219, de 30-1-2020.

II – referir-se a:

>> Inciso II, *caput*, acrescentado pelo Decreto n. 10.219, de 30-1-2020.

(*) Publicado no *Diário Oficial da União* de 19-12-2019.

a) início, continuidade ou finalização de atividade econômica;

>> Alínea *a* acrescentada pelo Decreto n. 10.219, de 30-1-2020.

b) liberação de atividade, de serviço, de estabelecimento, de profissão, de instalação, de operação, de produto, de equipamento, de veículo e de edificação, dentre outros; ou

>> Alínea *b* acrescentada pelo Decreto n. 10.219, de 30-1-2020.

c) atuação de ente público ou privado.

>> Alínea *c* acrescentada pelo Decreto n. 10.219, de 30-1-2020.

Art. 2.º O disposto neste Decreto não se aplica ao ato ou ao procedimento administrativo de natureza fiscalizatória decorrente do exercício de poder de polícia pelo órgão ou pela entidade após o ato público de liberação.

CAPÍTULO II

DOS NÍVEIS DE RISCO DA ATIVIDADE ECONÔMICA E SEUS EFEITOS

Classificação de riscos da atividade econômica

>> *Vide* art. 3.º da Lei n. 13.874, de 20-9-2019.

>> A Resolução n. 62, de 20-11-2020, do CGSIM, dispõe sobre a classificação de risco das atividades econômicas sujeitas à vigilância sanitária e as diretrizes gerais para o licenciamento sanitário pelos órgãos de vigilância sanitária dos Estados, Distrito Federal e Municípios.

Art. 3.º O órgão ou a entidade responsável pela decisão administrativa acerca do ato público de liberação classificará o risco da atividade econômica em:

I – nível de risco I – para os casos de risco leve, irrelevante ou inexistente;

II – nível de risco II – para os casos de risco moderado; ou

III – nível de risco III – para os casos de risco alto.

§ 1.º Ato normativo da autoridade máxima do órgão ou da entidade especificará, de modo exaustivo, as hipóteses de classificação na forma do disposto no *caput*.

§ 2.º O órgão ou a entidade poderão enquadrar a atividade econômica em níveis distintos de risco:

>> § 2.º, *caput*, com redação determinada pelo Decreto n. 10.219, de 30-1-2020.

I – em razão da complexidade, da dimensão ou de outras características e se houver possibilidade de aumento do risco envolvido; ou

>> Inciso I acrescentado pelo Decreto n. 10.219, de 30-1-2020.

II – quando a atividade constituir objeto de dois ou mais atos públicos de liberação, hipótese em que o enquadramento do risco da atividade será realizado por ato público de liberação.

>> Inciso II acrescentado pelo Decreto n. 10.219, de 30-1-2020.

Art. 4.º O órgão ou a entidade, para aferir o nível de risco da atividade econômica, considerará, no mínimo:

I – a probabilidade de ocorrência de eventos danosos; e

II – a extensão, a gravidade ou o grau de irreparabilidade do impacto causado à sociedade na hipótese de ocorrência de evento danoso.

Parágrafo único. A classificação do risco será aferida preferencialmente por meio de análise quantitativa e estatística.

Art. 5.º A classificação de risco de que trata o art. 3.º assegurará que:

I – todas as hipóteses de atos públicos de liberação estejam classificadas em, no mínimo, um dos níveis de risco; e

II – pelo menos uma hipótese esteja classificada no nível de risco I.

Parágrafo único. A condição prevista no inciso II do *caput* poderá ser afastada mediante justificativa da autoridade máxima do órgão ou da entidade.

Art. 6.º O ato normativo de que trata o § 1.º do art. 3.º poderá estabelecer critérios para alteração do enquadramento do nível de risco da atividade econômica, mediante a demonstração pelo requerente da existência de instrumentos que, a critério do órgão ou da entidade, reduzam ou anulem o risco inerente à atividade econômica, tais como:

I – declaração própria ou de terceiros como substitutivo de documentos ou de comprovantes;

II – ato ou contrato que preveja instrumentos de responsabilização própria ou de terceiros em relação aos riscos inerentes à atividade econômica;

III – contrato de seguro;

IV – prestação de caução; ou

V – laudos de profissionais privados habilitados acerca do cumprimento dos requisitos técnicos ou legais.

Parágrafo único. Ato normativo da autoridade máxima do órgão ou da entidade disciplinará as hipóteses, as modalidades e o procedimento para a aceitação ou para a prestação das garantias, nos termos do disposto no *caput*.

Art. 7.º O órgão ou a entidade dará publicidade em seu sítio eletrônico às manifestações técnicas que subsidiarem a edição do ato normativo de que trata o § 1.º do art. 3.º.

Efeitos da classificação de risco

Art. 8.º O exercício de atividades econômicas enquadradas no nível de risco I dispensa a solicitação de qualquer ato público de liberação.

Art. 9.º Os órgãos e as entidades adotarão procedimentos administrativos simplificados para as solicitações de atos públicos de liberação de atividades econômicas enquadradas no nível de risco II.

§ 1.º Se estiverem presentes os elementos necessários à instrução do processo, a decisão administrativa acerca do ato público de liberação de que trata o *caput* será proferida no momento da solicitação.

§ 2.º A presença de todos os elementos necessários à instrução do processo, inclusive dos instrumentos de que trata o art. 6.º, poderá ser verificada por meio de mecanismos tecnológicos automatizados.

CAPÍTULO III

DA APROVAÇÃO TÁCITA

Consequências do transcurso do prazo

Art. 10. A autoridade máxima do órgão ou da entidade responsável pelo ato público de liberação fixará o prazo para resposta aos atos requeridos junto à unidade.

§ 1.º Decorrido o prazo previsto no *caput*, a ausência de manifestação conclusiva do órgão ou da entidade acerca do deferimento do ato público de liberação requerido implicará sua aprovação tácita.

§ 2.º A liberação concedida na forma de aprovação tácita não:

I – exime o requerente de cumprir as normas aplicáveis à exploração da atividade econômica que realizar; ou

II – afasta a sujeição à realização das adequações identificadas pelo Poder Público em fiscalizações posteriores.

§ 3.º O disposto no *caput* não se aplica:

I – a ato público de liberação relativo a questões tributárias de qualquer espécie ou de concessão de registro de direitos de propriedade intelectual;

II – quando a decisão importar em compromisso financeiro da administração pública;

>> Inciso II com redação determinada pelo Decreto n. 10.219, de 30-1-2020.

III – quando se tratar de decisão sobre recurso interposto contra decisão denegatória de ato público de liberação;

>> Inciso III com redação determinada pelo Decreto n. 10.219, de 30-1-2020.

IV – aos processos administrativos de licenciamento ambiental, na hipótese de exercício de competência supletiva nos termos do disposto no § 3.º do art. 14 da Lei Complementar n. 140, de 8 de dezembro de 2011; ou

>> Inciso IV acrescentado pelo Decreto n. 10.219, de 30-1-2020.

V – aos demais atos públicos de liberação de atividades com impacto significativo ao meio ambiente, conforme estabelecido pelo órgão ambiental competente no ato normativo a que se refere o *caput*.

>> Inciso V acrescentado pelo Decreto n. 10.219, de 30-1-2020.

§ 4.º O órgão ou a entidade poderá estabelecer prazos diferentes para fases do processo administrativo de liberação da atividade econômica cujo transcurso importará em aprovação tácita, desde que respeitado o prazo total máximo previsto no art. 11.

§ 5.º O ato normativo de que trata o *caput* conterá anexo com a indicação de todos os atos públicos de liberação de competência do órgão ou da entidade não sujeitos a aprovação tácita por decurso de prazo.

>> § 5.º acrescentado pelo Decreto n. 10.219, de 30-1-2020.

Prazos máximos

Art. 11. Para fins do disposto no § 8.º do art. 3.º da Lei n. 13.874, de 2019, o órgão ou a entidade não poderá estabelecer prazo superior a sessenta dias para a decisão administrativa acerca do ato público de liberação.

§ 1.º O ato normativo de que trata o art. 10 poderá estabelecer prazos superiores ao previsto no *caput*, em razão da natureza dos interesses públicos envolvidos e da complexidade da atividade econômica a ser desenvolvida pelo requerente, mediante fundamentação da autoridade máxima do órgão ou da entidade.

§ 2.º O órgão ou a entidade considerará os padrões internacionais para o estabelecimento de prazo nos termos do disposto no § 1.º.

Protocolo e contagem do prazo

>> Rubrica com redação determinada pelo Decreto n. 10.219, de 30-1-2020.

Art. 12. O prazo para decisão administrativa acerca do ato público de liberação para fins de aprovação tácita inicia-se na data da apresentação de todos os elementos necessários à instrução do processo.

§ 1.º O particular será cientificado, expressa e imediatamente, sobre o prazo para a análise de seu requerimento, presumida a boa-fé das informações prestadas.

§ 2.º Os órgãos ou as entidades buscarão adotar mecanismos automatizados para recebimento das solicitações de ato público de liberação.

§ 3.º A redução ou a ampliação do prazo de que trata o art. 10 em ato da autoridade máxima do órgão ou da entidade não modificará o prazo cientificado ao particular para análise do seu requerimento nos termos do disposto no § 1.º.

>> § 3.º acrescentado pelo Decreto n. 10.219, de 30-1-2020.

Suspensão do prazo

Art. 13. O prazo para a decisão administrativa acerca do ato público de liberação para fins de aprovação tácita poderá ser suspenso uma vez, se houver necessidade de complementação da instrução processual.

§ 1.º O requerente será informado, de maneira clara e exaustiva, acerca de todos os documentos e condições necessárias para complementação da instrução processual.

§ 2.º Poderá ser admitida nova suspensão do prazo na hipótese da ocorrência de fato novo durante a instrução do processo.

Efeitos do decurso do prazo

Art. 14. O requerente poderá solicitar documento comprobatório da liberação da atividade econômica a partir do primeiro dia útil subsequente ao término do prazo, nos termos do disposto no art. 10.

§ 1.º O órgão ou a entidade buscará automatizar a emissão do documento comprobatório de liberação da atividade econômica, especialmente nos casos de aprovação tácita.

§ 2.º O documento comprobatório do deferimento do ato público de liberação não conterá elemento que indique a natureza tácita da decisão administrativa.

Do não exercício do direito à aprovação tácita

Art. 15. O requerente poderá renunciar ao direito de aprovação tácita a qualquer momento.

§ 1.º A renúncia ao direito de aprovação tácita não exime o órgão ou a entidade de cumprir os prazos estabelecidos.

§ 2.º Na hipótese de a decisão administrativa acerca do ato público de liberação não ser proferida no prazo estabelecido, o processo administrativo será encaminhado à chefia imediata do servidor responsável pela análise do requerimento, que poderá:

I – proferir de imediato a decisão; ou

II – designar outro servidor para acompanhar o processo.

CAPÍTULO IV
DISPOSIÇÕES FINAIS E TRANSITÓRIAS

Falta de definição do prazo de decisão

Art. 16. Enquanto o órgão ou a entidade não editar o ato normativo a que se refere o art. 10, o prazo para análise do requerimento de liberação da atividade econômica, para fins de aprovação tácita, será de trinta dias, contado da data de apresentação de todos os elementos necessários à instrução do processo.

Alteração do Decreto n. 9.094, de 2017

>> O Decreto n. 9.094, de 17-7-2017, dispõe sobre a simplificação do atendimento prestado aos usuários de serviços públicos.

Disposições transitórias

Art. 18. O prazo a que se refere o art. 11 será:

I – de cento e vinte dias, para os requerimentos apresentados até 1.º de fevereiro de 2021; e

II – de noventa dias, para os requerimentos apresentados até 1.º de fevereiro de 2022.

Art. 18-A. A previsão de prazos para análise e deliberação sobre atos públicos de liberação em normativos internos do órgão ou da entidade não dispensa a publicação do ato de que trata o art. 10.

>> Artigo acrescentado pelo Decreto n. 10.219, de 30-1-2020.

Art. 19. Enquanto o órgão ou a entidade não editar o ato normativo de que trata o art. 3.º, a atividade econômica sujeita a ato público de liberação será enquadrada, sucessivamente, em nível de risco definido:

>> *Caput* com redação determinada pelo Decreto n. 10.310, de 2-4-2020.

I – por resolução do Comitê para Gestão da Rede Nacional para a Simplificação do Registro e da Legalização de Empresas e Negócios, independentemente da adesão do ente federativo à Rede Nacional para a Simplificação do Registro e da Legalização de Empresas e Negócios;

II – em ato normativo de classificação de risco, nos termos do disposto neste Decreto, editado por órgão ou entidade dotado de poder regulador estabelecido em lei; ou

III – no nível de risco II.

Art. 20. O disposto no Capítulo III se aplica somente aos requerimentos apresentados após a data de entrada em vigor deste Decreto.

Vigência

Art. 21. Este Decreto entra em vigor em 1.º de setembro de 2020.

>> Artigo com redação determinada pelo Decreto n. 10.310, de 2-4-2020.

Brasília, 18 de dezembro de 2019; 198.º da Independência e 131.º da República.

JAIR MESSIAS BOLSONARO

LEI N. 13.974, DE 7 DE JANEIRO DE 2020 (*)

Dispõe sobre o Conselho de Controle de Atividades Financeiras (Coaf), de que trata o art. 14 da Lei n. 9.613, de 3 de março de 1998.

O Presidente da República

Faço saber que o Congresso Nacional decreta e eu sanciono a seguinte Lei:

Art. 1.º Esta Lei reestrutura o Conselho de Controle de Atividades Financeiras (Coaf), de que trata o art. 14 da Lei n. 9.613, de 3 de março de 1998.

Art. 2.º O Coaf dispõe de autonomia técnica e operacional, atua em todo o território nacional e vincula-se administrativamente ao Banco Central do Brasil.

Art. 3.º Compete ao Coaf, em todo o território nacional, sem prejuízo das atribuições estabelecidas na legislação em vigor:

I – produzir e gerir informações de inteligência financeira para a prevenção e o combate à lavagem de dinheiro;

II – promover a interlocução institucional com órgãos e entidades nacionais, estrangeiros e internacionais que tenham conexão com suas atividades.

(*) Publicada no *Diário Oficial da União*, de 8-1-2020.

Art. 4.º A estrutura organizacional do Coaf compreende:

I – Presidência;

II – Plenário; e

III – Quadro Técnico.

§ 1.º O Plenário é composto do Presidente do Coaf e de 12 (doze) servidores ocupantes de cargo efetivos, de reputação ilibada e reconhecidos conhecimentos em matéria de prevenção e combate à lavagem de dinheiro, escolhidos dentre integrantes dos quadros de pessoal dos seguintes órgãos e entidades:

I – Banco Central do Brasil;

II – Comissão de Valores Mobiliários;

III – Superintendência de Seguros Privados;

IV – Procuradoria-Geral da Fazenda Nacional;

V – Secretaria Especial da Receita Federal do Brasil;

VI – Agência Brasileira de Inteligência;

VII – Ministério das Relações Exteriores;

VIII – Ministério da Justiça e Segurança Pública;

IX – Polícia Federal;

X – Superintendência Nacional de Previdência Complementar;

XI – Controladoria-Geral da União;

XII – Advocacia-Geral da União.

§ 2.º Compete ao Plenário, sem prejuízo de outras atribuições previstas no Regimento Interno do Coaf:

I – decidir sobre as orientações e as diretrizes estratégicas de atuação propostas pelo Presidente do Coaf;

II – decidir sobre infrações e aplicar as penalidades administrativas previstas no art. 12 da Lei n. 9.613, de 3 de março de 1998, em relação a pessoas físicas e pessoas jurídicas abrangidas pelo disposto no art. 9.º da Lei n. 9.613, de 3 de março de 1998, para as quais não exista órgão próprio fiscalizador ou regulador;

III – convidar especialistas em matéria correlacionada à atuação do Coaf, oriundos de órgãos e entidades públicas ou de entes privados, com o intuito de contribuir para o aperfeiçoamento de seus processos de gestão e inovação tecnológica, observada pelo convidado a preservação do sigilo de informações de caráter reservado às quais tenha acesso.

§ 3.º A participação dos membros do Plenário em suas sessões deliberativas será considerada prestação de serviço público relevante não remunerado.

§ 4.º O Quadro Técnico compreende o Gabinete da Presidência, a Secretaria-Executiva e as Diretorias Especializadas definidas no Regimento Interno do Coaf.

§ 5.º Compete ao Presidente do Banco Central do Brasil escolher e nomear o Presidente do Coaf e os membros do Plenário.

§ 6.º Compete ao Presidente do Coaf escolher e nomear, observadas as exigências de qualificação profissional e formação acadêmica previstas em ato do Poder Executivo:

I – o Secretário-Executivo e os titulares das Diretorias Especializadas referidas no § 4.º deste artigo;

II – os servidores, os militares e os empregados públicos cedidos ao Coaf ou por ele requisitados;

III – os ocupantes de cargos em comissão e funções de confiança.

Art. 5.º A organização e o funcionamento do Coaf, incluídas a sua estrutura e as competências e as atribuições no âmbito da Presidência, do Plenário e do Quadro Técnico, serão definidos em seu Regimento Interno, aprovado pela Diretoria Colegiada do Banco Central do Brasil.

Art. 6.º O processo administrativo sancionador no âmbito do Coaf será disciplinado pela Diretoria Colegiada do Banco Central do Brasil, à qual incumbe dispor, entre outros aspectos, sobre o rito, os prazos e os critérios para gradação das penalidades previstas na Lei n. 9.613, de 3 de março 1998, assegurados o contraditório e a ampla defesa.

§ 1.º Caberá recurso das decisões do Plenário relacionadas ao processo administrativo de que trata o *caput* deste artigo ao Conselho de Recursos do Sistema Financeiro Nacional.

§ 2.º O disposto na Lei n. 9.784, de 29 de janeiro de 1999, aplica-se subsidiariamente aos processos administrativos sancionadores instituídos no âmbito do Coaf.

>> **A Lei n. 9.784, de 29-1-1999, disciplina o processo administrativo federal.**

Art. 7.º É aplicável ao Coaf o disposto no art. 2.º da Lei n. 9.007, de 17 de março de 1995.

Parágrafo único. É vedada a redistribuição para os quadros de pessoal do Banco Central do Brasil de servidor oriundo de outros órgãos e entidades, em razão do exercício no Coaf.

Art. 8.º Aos integrantes da estrutura do Coaf é vedado:

I – participar, na forma de controlador, administrador, gerente preposto ou mandatário, de pessoas jurídicas com atividades relacionadas no *caput* e no parágrafo único do art. 9.º da Lei n. 9.613, de 3 de março de 1998;

II – emitir parecer sobre matéria de sua especialização, fora de suas atribuições funcionais, ainda que em tese, ou atuar como consultor das pessoas jurídicas a que se refere o inciso I do *caput* deste artigo;

III – manifestar, em qualquer meio de comunicação, opinião sobre processo pendente de julgamento no Coaf;

IV – fornecer ou divulgar informações conhecidas ou obtidas em decorrência do exercício de suas funções a pessoas que não disponham de autorização legal ou judicial para acessá-las.

§ 1.º À infração decorrente do descumprimento do inciso IV do *caput* deste artigo aplica-se o disposto no art. 10 da Lei Complementar n. 105, de 10 de janeiro de 2001.

§ 2.º O Presidente do Coaf adotará as diligências necessárias para apuração de responsabilidade dos servidores e demais pessoas que possam ter contribuído para o descumprimento do disposto no *caput* deste artigo e encaminhará relatório circunstanciado à autoridade policial ou ao Ministério Público para adoção das medidas cabíveis.

§ 3.º As providências previstas no § 2.º deste artigo serão adotadas pelo Presidente do Banco Central do Brasil caso haja indícios de autoria ou de participação do Presidente do Coaf.

Art. 9.º Constituem Dívida Ativa do Banco Central do Brasil os créditos decorrentes da atuação do Coaf inscritos a partir de 20 de agosto de 2019.

§ 1.º Continuam integrando a Dívida Ativa da União as multas pecuniárias e seus acréscimos legais relativos à ação fiscalizadora do Coaf nela inscritos até 19 de agosto de 2019.

§ 2.º Compete aos titulares do cargo de Procurador do Banco Central do Brasil o exercício das atribuições previstas no art. 4.º da Lei n. 9.650, de 27 de maio de 1998, em relação ao Coaf.

Art. 10. Ficam mantidos os cargos em comissão e as funções de confiança integrantes da estrutura do Coaf em 19 de agosto de 2019.

Art. 11. Ficam mantidos os efeitos dos atos de cessão, requisição e movimentação de pessoal destinado ao Coaf editados até 19 de agosto de 2019.

Art. 12. O Ministério da Economia e o Ministério da Justiça e Segurança Pública prestarão, até 31 de dezembro de 2020, o apoio técnico e administrativo necessário para o funcionamento e a operação do Coaf.

Art. 13. Ato conjunto do Ministério da Economia, do Ministério da Justiça e Segurança Pública e do Banco Central do Brasil disporá sobre a transferência progressiva de processos e contratos administrativos.

Art. 14. Ficam revogados os arts. 13, 16 e 17 da Lei n. 9.613, de 3 de março de 1998.

Art. 15. Esta Lei entra em vigor na data de sua publicação.

Brasília, 7 de janeiro de 2020; 199.º da Independência e 132.º da República.

JAIR MESSIAS BOLSONARO

DECRETO N. 10.201, DE 15 DE JANEIRO DE 2020 (*)

Regulamenta o § 4.º do art. 1.º e o art. 2.º da Lei n. 9.469, de 10 de julho de 1997.

(*) Publicado no *Diário Oficial da União*, de 16-1-2020, e retificado em 20-1-2020.

para fixar os valores de alçada para a autorização de acordos ou transações celebradas por pessoa jurídica de direito público federal e por empresas públicas federais, para prevenir ou terminar litígios, inclusive os judiciais.

O Presidente da República, no uso da atribuição que lhe confere o art. 84, *caput*, inciso IV, da Constituição, e tendo em vista o disposto nos art. 1.º, § 4.º, e art. 2.º da Lei n. 9.469, de 10 de julho de 1997, decreta:

Art. 1.º Este Decreto regulamenta o § 4.º do art. 1.º e o art. 2.º da Lei n. 9.469, de 10 de julho de 1997, para fixar os valores de alçada para a autorização de acordos ou transações celebrados por pessoa jurídica de direito público federal e por empresas públicas federais, para prevenir ou terminar litígios, inclusive os judiciais.

> **A Portaria n. 498, de 15-1-2020, subdelega as competências de que trata este decreto e dispõe sobre a celebração de acordos e transações judiciais no âmbito da Procuradoria-Geral Federal.**

Parágrafo único. O disposto neste Decreto não se aplica às empresas públicas federais não dependentes de recursos do Tesouro Nacional para o custeio de despesas de pessoal ou para o custeio em geral.

Art. 2.º O Advogado-Geral da União, diretamente ou mediante delegação, e os dirigentes máximos das empresas públicas federais, em conjunto com o dirigente estatutário da área à qual estiver afeto o assunto, poderão autorizar a realização de acordos ou transações para prevenir ou terminar litígios, inclusive os judiciais, que envolvam, respectivamente, a União e empresa pública federal.

§ 1.º A realização de acordos ou transações que envolvam créditos ou débitos com valor igual ou superior a R$ 50.000.000,00 (cinquenta milhões de reais) dependerá de prévia e expressa autorização do Advogado-Geral da União e do Ministro de Estado a cuja área de competência estiver afeto o assunto.

§ 2.º Na hipótese de interesse dos órgãos do Poder Legislativo ou Judiciário, do Tribunal de Contas da União, do Ministério Público da União ou da Defensoria Pública da União, a autorização prévia e expressa de acordos e transações, inclusive os judiciais, que envolvam créditos ou débitos com valores iguais ou superiores aos referidos no § 1.º será concedida, em conjunto com o Advogado-Geral da União, pelo Presidente da Câmara dos Deputados, do Senado Federal, do Tribunal de Contas da União, de Tribunal ou de Conselho, pelo Procurador-Geral da República ou pelo Defensor Público-Geral Federal, no âmbito de suas competências.

§ 3.º As empresas públicas federais deverão observar as suas respectivas regras sobre autorização de acordos judiciais e extrajudiciais estabelecidas em normativos internos aprovados pelo conselho de administração, se houver, ou pela assembleia geral, observado o disposto no Decreto n. 8.945, de 27 de dezembro de 2016.

§ 4.º No caso de empresa pública federal, os acordos ou as transações que envolvam créditos ou débitos com valores iguais ou superiores a R$ 10.000.000,00 (dez milhões de reais) deverão se submeter à autorização prévia e expressa, na seguinte ordem:

I – do dirigente máximo da empresa pública federal em conjunto com o dirigente estatutário da área à qual estiver afeto o assunto;

II – do Ministro de Estado titular da Pasta à qual estiver vinculada a empresa; e

III – do Advogado-Geral da União.

Art. 3.º O Procurador-Geral da União, o Procurador-Geral Federal e o Procurador-Geral do Banco Central poderão autorizar, diretamente ou mediante delegação, a realização de acordos para prevenir ou terminar, judicial ou extrajudicialmente, litígio que envolver valores de até R$ 10.000.000,00 (dez milhões de reais).

Art. 4.º No caso das empresas públicas federais, os seus dirigentes máximos, em conjunto com o dirigente estatutário da área à qual estiver afeto o assunto, poderão autorizar, diretamente ou mediante delegação a realização dos acordos para prevenir ou terminar, judicial ou extrajudicialmente, litígio que envolver valores de até R$ 5.000.000,00 (cinco milhões de reais).

Parágrafo único. Na hipótese prevista no *caput*, a delegação é restrita a órgão colegiado formalmente constituído, composto por pelo menos um dirigente estatutário.

Art. 5.º Os acordos de que tratam o art. 3.º e o art. 4.º poderão consistir no pagamento do débito em parcelas mensais e sucessivas até o limite máximo de sessenta parcelas.

§ 1.º O valor de cada prestação mensal, por ocasião do pagamento, será acrescido de juros equivalentes à taxa referencial do Sistema Especial de Liquidação e de Custódia – Selic para títulos federais, acumulado mensalmente, calculado a partir do mês subsequente ao da consolidação até o mês anterior ao do pagamento, e de um por cento relativamente ao mês em que o pagamento for efetuado.

§ 2.º Inadimplida qualquer parcela, após trinta dias, será instaurado processo de execução ou nele se prosseguirá pelo saldo.

Art. 6.º A realização de acordos referentes aos créditos e débitos das autarquias e fundações públicas federais observará o disposto neste Decreto, exceto quando legislação específica dispuser em contrário.

Art. 7.º No caso das empresas públicas federais classificadas como empresa estatal de menor porte, definida conforme o disposto no art. 51 do Decreto n. 8.945, de 2016, o limite estabelecido:

I – no § 4.º do art. 2.º será de R$ 5.000.000,00 (cinco milhões de reais); e

II – no art. 4.º será de R$ 1.000.000,00 (um milhão de reais).

Art. 8.º Fica revogado o Capítulo II do Decreto n. 2.346, de 10 de outubro de 1997.

Art. 9.º Este Decreto entra em vigor na data de sua publicação.

Brasília, 15 de janeiro de 2020; 199.º da Independência e 132.º da República.

JAIR MESSIAS BOLSONARO

DECRETO N. 10.209, DE 22 DE JANEIRO DE 2020 (*)

Dispõe sobre a requisição de informações e documentos e sobre o compartilhamento de informações protegidas pelo sigilo fiscal.

O Presidente da República, no uso da atribuição que lhe confere o art. 84, *caput*, inciso IV, da Constituição, e tendo em vista o disposto no art. 51, *caput*, inciso VIII, da Lei n. 13.844, de 18 de junho de 2019, e no art. 198 da Lei n. 5.172, de 25 de outubro de 1966, decreta:

Objeto e âmbito de aplicação

Art. 1.º Este Decreto regulamenta a aplicação do disposto no inciso VIII do *caput* do art. 51 da Lei n. 13.844, de 18 de junho de 2019, no âmbito do Poder Executivo federal, acerca da requisição de informações e de documentos necessários para a realização dos trabalhos ou atividades da Controladoria-Geral da União, e a aplicação do disposto no art. 198 da Lei n. 5.172, de 25 de outubro de 1966 – Código Tributário Nacional, para fins de compartilhamento de dados e de informações, inclusive aqueles protegidos por sigilo fiscal, nos termos do disposto neste Decreto.

Compartilhamento de dados e de informações protegidos por sigilo fiscal

Art. 2.º Os órgãos do Ministério da Economia fornecerão à Controladoria-Geral da União os dados e as informações necessários para a realização dos seus trabalhos ou atividades, inclusive aqueles protegidos pelo sigilo fiscal previsto no art. 198 da Lei n. 5.172, de 1966 – Código Tributário Nacional.

§ 1.º O disposto no *caput* não se aplica a dados e a informações:

I – decorrentes de transferência de sigilo bancário à administração tributária, nos termos do disposto no art. 6.º da Lei Complementar n. 105, de 10 de janeiro de 2001; ou

II – econômico-fiscais provenientes de acordo de cooperação internacional no qual

(*) Publicado no *Diário Oficial da União*, de 23-1-2020 (Edição Extra).

tenha sido vedada a transferência deles a órgãos externos à administração tributária e aduaneira.

§ 2.º A Controladoria-Geral da União formalizará, para cada auditoria:

I – os servidores competentes para procederem à solicitação dos dados e das informações de que trata o *caput*; e

II – a relação detalhada dos sistemas eletrônicos, dos dados, das bases de dados e das informações dos quais seja solicitado o acesso.

§ 3.º A Controladoria-Geral da União enviará ao Ministério da Economia, até o final do mês de julho de cada exercício, as estimativas de trabalhos de auditorias do exercício subsequente que necessitarão de acessos a dados e a informações.

§ 4.º O fornecimento de dados será feito, preferencialmente, por meio de solução tecnológica que permita acesso aos sistemas e bases de dados, observadas as políticas de segurança da informação e comunicações adotadas pelo gestor dos dados.

Art. 3.º Os dados e as informações sob sigilo fiscal poderão ser compartilhados pelos órgãos do Ministério da Economia com a Controladoria-Geral da União, mediante instrumento próprio, nas seguintes hipóteses:

I – por solicitação direta, conforme o previsto no inciso II do § 1.º do art. 198 da Lei n. 5.172, de 1966 – Código Tributário Nacional, quando existir interesse da administração pública e comprovada a instauração regular de processo administrativo no órgão com o objetivo de investigar o sujeito passivo a que se refere a informação por prática de eventual infração administrativa; e

II – por intercâmbio, conforme o previsto no § 2.º do art. 198 da Lei n. 5.172, de 1966 – Código Tributário Nacional, quando indispensável à realização de procedimentos de auditoria ou de inspeção de dados, de processos ou de controles operacionais da administração tributária e aduaneira, da gestão fiscal ou da análise de demonstrações financeiras da União.

§ 1.º O disposto no inciso II do *caput* será aplicado desde que atendidas as seguintes condições:

I – existência de processo administrativo regularmente instaurado que contenha clara definição do objetivo e do escopo da auditoria;

II – entrega das informações mediante recibo que formalize a transferência, facultado o uso de tecnologia e observadas as políticas de segurança da informação e comunicação do gestor de dados;

III – existência de manifestação fundamentada que demonstre a pertinência temática da informação com o objeto da auditoria ou de inspeção e a necessidade e a indispensabilidade de acesso, com indicação de que o trabalho não pode ser realizado ou que o seu resultado não pode ser alcançado por outro modo, mesmo com a anonimização; e

IV – uso restrito ao fim específico de realização de auditoria ou de inspeção de dados, de processos ou de controles operacionais da administração tributária e aduaneira, da gestão fiscal ou na análise de demonstrações financeiras da União.

§ 2.º O recibo de que trata o inciso II do § 1.º pode ser formalizado por meio de senha e de assinatura eletrônica no momento do acesso aos sistemas, na forma definida em ato do órgão gestor dos dados.

§ 3.º A Controladoria-Geral da União observará as normas, as condições e os requisitos de acesso definidos pelo gestor dos dados e fundamentará o pedido de acesso e a especificação dos dados com o maior nível de detalhamento possível.

Art. 4.º Para fins do disposto no art. 3.º, são vedadas:

I – as solicitações de acesso de dados genéricos, desproporcionais, imotivados ou desvinculados dos procedimentos de auditoria ou inspeção;

II – as solicitações de acesso pela Controladoria-Geral da União que exijam trabalhos de consolidação de dados ou de informações cujos esforços operacionais, prazos de extração e consolidação ou custos orçamentários ou financeiros de realização sejam desarrazoados; e

III – a publicização de informações protegidas por sigilo fiscal ou por sigilo profissional ou o repasse das informações a terceiros.

Compartilhamento de informações protegidas pelas demais hipóteses de sigilo

Art. 5.º Sem prejuízo do disposto no art. 2.º, os órgãos no âmbito do Poder Executivo federal fornecerão à Controladoria-Geral da União os dados e as informações necessários para a realização dos seus trabalhos ou atividades, observadas as regras de compartilhamento de dados no âmbito da administração pública federal, nos termos do disposto no Decreto n. 10.046, de 9 de outubro de 2019.

Transparência ativa dos gastos efetuados por órgãos e por entidades da administração pública federal

Art. 6.º São públicas as notas fiscais eletrônicas relativas às aquisições de produtos e de serviços pela administração pública federal, dispensada a solicitação nos termos do disposto neste Decreto.

§ 1.º A Controladoria-Geral da União acessará o Ambiente Nacional da Nota Fiscal Eletrônica, sob supervisão da Secretaria Especial da Receita Federal do Brasil do Ministério da Economia, por meio da celebração de instrumento jurídico com o prestador do serviço de tecnologia da informação à referida Secretaria.

§ 2.º Fica autorizada a disponibilização, no Portal da Transparência do Governo federal, das notas fiscais eletrônicas obtidas nos termos do disposto neste artigo.

Disposições finais

Art. 7.º Os dados e as informações sigilosos encaminhados à Controladoria-Geral da União permanecerão sob sigilo, vedada sua publicação sob qualquer forma ou utilização para finalidade diversa.

§ 1.º O receptor dos dados garantirá, no mínimo, os mesmos requisitos de segurança da informação e de comunicações adotados pelo órgão cedente, vedado o acesso por terceiros não autorizados.

§ 2.º O órgão cedente, seus gestores e seu corpo funcional responderão exclusivamente por atos próprios e não serão responsabilizados por ação ou omissão que implique violação do sigilo pelo receptor, a quem cabe zelar pela preservação e rastreabilidade dos dados e das informações, conforme o previsto no § 1.º e observado o disposto na Lei n. 13.709, de 14 de agosto de 2018.

§ 3.º É vedada a identificação de dados e de informações disponibilizados de forma anonimizada, inclusive dos obtidos antes da entrada em vigor deste Decreto.

Art. 8.º Os servidores do órgão solicitante de dados e de informações ficam obrigados a preservar e a zelar pelo sigilo a eles transferidos, observado o disposto no *caput* do art. 198 da Lei n. 5.172, de 1966 – Código Tributário Nacional.

Art. 9.º Observado o disposto no art. 42 da Lei n. 8.443, de 16 de julho de 1992, aplica-se, no que couber, o disposto neste Decreto às requisições e às solicitações de dados e de informações feitas pelo Tribunal de Contas da União.

Art. 10. Este Decreto entra em vigor na data de sua publicação.

Brasília, 22 de janeiro de 2020; 199.º da Independência e 132.º da República.

JAIR MESSIAS BOLSONARO

DECRETO N. 10.229, DE 5 DE FEVEREIRO DE 2020 (*)

Regulamenta o direito de desenvolver, executar, operar ou comercializar produto ou serviço em desacordo com a norma técnica desatualizada de que trata o inciso VI do caput do art. 3.º da Lei n. 13.874, de 20 de setembro de 2019.

O Presidente da República, no uso da atri-

(*) Publicado no *Diário Oficial da União*, de 6-2-2020.

buição que lhe confere o art. 84, *caput*, inciso IV, da Constituição, e tendo em vista o disposto no art. 3.º, *caput*, inciso VI, da Lei n. 13.874, de 20 de setembro de 2019, decreta:

Objeto

Art. 1.º Este Decreto regulamenta os requisitos para aferição da situação concreta, os procedimentos, o momento e as condições dos efeitos dos requerimentos para desenvolver, executar, operar ou comercializar novas modalidades de produtos e de serviços quando as normas infralegais se tornarem desatualizadas por força de desenvolvimento tecnológico consolidado internacionalmente.

Âmbito de aplicação

Art. 2.º O disposto neste Decreto se aplica à administração pública direta, autárquica e fundacional da União, dos Estados, do Distrito Federal e dos Municípios, nos termos previstos no § 4.º do art. 1.º da Lei n. 13.874, de 20 de setembro de 2019.

Parágrafo único. O disposto neste Decreto:

I – não poderá ser invocado para questionar normas aprovadas pelo Poder Legislativo ou pelo Chefe do Poder Executivo; e

II – não se caracteriza como ato público de liberação da atividade econômica de que trata a Lei n. 13.874, de 2019.

Direito estabelecido

Art. 3.º É direito de toda pessoa, natural ou jurídica, desenvolver, executar, operar ou comercializar novas modalidades de produtos e de serviços quando as normas infralegais se tornarem desatualizadas por força de desenvolvimento tecnológico consolidado internacionalmente, desde que não restringido em lei e que observe o seguinte:

I – na hipótese de existir norma infralegal vigente que restrinja o exercício integral do direito, o particular poderá fazer uso do procedimento disposto nos art. 4.º ao art. 8.º; e

II – na hipótese de inexistir restrição em ato normativo, a administração pública respeitará o pleno exercício do direito de que trata este artigo.

Parágrafo único. Para os fins do disposto no inciso II do *caput*, em casos de dúvida, interpreta-se a norma em favor do particular de boa-fé, nos termos do disposto no § 2.º do art. 1.º e no inciso V do *caput* do art. 3.º da Lei n. 13.874, de 2019.

Legitimidade ativa

Art. 4.º A legitimidade para requerer a revisão da norma de que trata o inciso I do *caput* do art. 3.º é de qualquer pessoa que explore ou que tenha interesse de explorar atividade econômica afetada pela norma questionada.

Legitimidade passiva

Art. 5.º A legitimidade para receber e processar requerimentos de revisão de normas desatualizadas é do órgão ou da entidade responsável pela edição de norma sobre a matéria.

Instrução do pedido

Art. 6.º O processo de solicitação do exercício do direito de que trata o inciso I do *caput* do art. 3.º será instaurado por meio do encaminhamento de requerimento inicial endereçado ao órgão ou à entidade competente, e conterá:

I – a identificação do requerente;

II – a identificação da norma interna desatualizada e da norma que tem sido utilizada internacionalmente; e

III – a comparação da norma interna com a norma internacional, na qual deverá ser demonstrada análise de conveniência e oportunidade de adoção da norma internacional.

Parágrafo único. Para fins do disposto nos incisos II e III do *caput*, somente serão aceitas como normas utilizadas internacionalmente aquelas oriundas da:

I – Organização Internacional de Normalização – ISO;

II – Comissão Eletrotécnica Internacional – IEC;

III – Comissão do *Codex Alimentarius*;

IV – União Internacional de Telecomunicações – UIT; e

V – Organização Internacional de Metrologia Legal – OIML.

Prazo para manifestação

Art. 7.º O prazo para manifestação do órgão ou da entidade sobre o pedido de revisão da norma desatualizada é de seis meses.

§ 1.º O prazo de que trata o *caput* ficará suspenso por eventual intimação do órgão ou da entidade para complementação da instrução, vedada a suspensão na hipótese de segundo pedido de complementação.

§ 2.º Até o fim do prazo de que trata o *caput*, o órgão ou a entidade fica obrigado a decidir pelo:

I – não conhecimento do requerimento;

II – indeferimento do requerimento; ou

III – deferimento do requerimento, total ou parcial, com a edição de norma técnica com o conteúdo internacionalmente aceito.

§ 3.º Também se considera deferimento, para os fins do disposto no inciso III do § 2.º, a revogação da norma interna desatualizada.

§ 4.º Nas hipóteses de que trata o inciso III do § 2.º ou o § 3.º, o prazo para publicação do ato é de um mês, contado da data da decisão.

Descumprimento dos prazos

Art. 8.º O requerente poderá optar por cumprir a norma utilizada internacionalmente em detrimento da norma interna apontada como desatualizada se:

I – complementar a instrução do pedido de que trata o art. 7.º com declaração, em instrumento público, de responsabilidade:

a) objetiva e irrestrita por quaisquer danos, perante entes públicos ou particulares, advindos da exploração da atividade econômica; e

b) por quaisquer gastos ou obrigações decorrentes do encerramento da atividade econômica por força de rejeição posterior do pedido de revisão da norma apontada como desatualizada; e

II – o órgão ou a entidade pública não:

a) se manifestar na forma prevista nos § 2.º ao § 4.º do art. 7.º nos prazos estabelecidos; e

b) rejeitar, de modo fundamentado, no prazo de seis meses, contado da data do pedido, a pretensão de afastamento da norma interna apontada como desatualizada.

Parágrafo único. Ressalvado o disposto no *caput*, o descumprimento dos prazos previstos no art. 7.º pelo órgão ou pela entidade não legitima o descumprimento da norma vigente.

Vigência

Art. 9.º **Este Decreto entra em vigor em 6 de julho de 2020.**

>> Artigo com redação determinada pelo Decreto n. 10.310, de 2-4-2020.

Art. 9.º Este Decreto entra em vigor em 6 de abril de 2020.

Brasília, 5 de fevereiro de 2020; 199.º da Independência e 132.º da República.

JAIR MESSIAS BOLSONARO

DECRETO LEGISLATIVO N. 6, DE 20 DE MARÇO DE 2020 (*)

Reconhece, para os fins do art. 65 da Lei Complementar n. 101, de 4 de maio de 2000, a ocorrência do estado de calamidade pública, nos termos da solicitação do Presidente da República encaminhada por meio da Mensagem n. 93, de 18 de março de 2020.

O Congresso Nacional decreta:

Art. 1.º Fica reconhecida, exclusivamente para os fins do art. 65 da Lei Complementar n. 101, de 4 de maio de 2000, notadamente para as dispensas do atingimento dos resultados fiscais previstos no art. 2.º da Lei n. 13.898, de 11 de novembro de 2019, e da limitação de empenho de que trata o art. 9.º da Lei Complementar n. 101, de 4 de maio de 2000, a ocorrência do estado de calamidade pública, com efeitos

(*) Publicado no *Diário Oficial da União*, de 20-3-2020 – Edição Extra-C.

até 31 de dezembro de 2020, nos termos da solicitação do Presidente da República encaminhada por meio da Mensagem n. 93, de 18 de março de 2020.

Art. 2.º Fica constituída Comissão Mista no âmbito do Congresso Nacional, composta por 6 (seis) deputados e 6 (seis) senadores, com igual número de suplentes, com o objetivo de acompanhar a situação fiscal e a execução orçamentária e financeira das medidas relacionadas à emergência de saúde pública de importância internacional relacionada ao coronavírus (Covid-19).

§ 1.º Os trabalhos poderão ser desenvolvidos por meio virtual, nos termos definidos pela Presidência da Comissão.

§ 2.º A Comissão realizará, mensalmente, reunião com o Ministério da Economia, para avaliar a situação fiscal e a execução orçamentária e financeira das medidas relacionadas à emergência de saúde pública de importância internacional relacionada ao coronavírus (Covid-19).

§ 3.º Bimestralmente, a Comissão realizará audiência pública com a presença do Ministro da Economia, para apresentação e avaliação de relatório circunstanciado da situação fiscal e da execução orçamentária e financeira das medidas relacionadas à emergência de saúde pública de importância internacional relacionada ao coronavírus (Covid-19), que deverá ser publicado pelo Poder Executivo antes da referida audiência.

Art. 3.º Este Decreto Legislativo entra em vigor na data de sua publicação.

Senado Federal, em 20 de março de 2020.

Senador ANTONIO ANASTASIA
Primeiro Vice-Presidente do Senado Federal, no exercício da Presidência

DECRETO N. 10.278, DE 18 DE MARÇO DE 2020 (*)

Regulamenta o disposto no inciso X do caput do art. 3.º da Lei n. 13.874, de 20 de setembro de 2019, e no art. 2.º-A da Lei n. 12.682, de 9 de julho de 2012, para estabelecer a técnica e os requisitos para a digitalização de documentos públicos ou privados, a fim de que os documentos digitalizados produzam os mesmos efeitos legais dos documentos originais.

O Presidente da República, no uso da atribuição que lhe confere o art. 84, *caput*, inciso IV, da Constituição, e tendo em vista o disposto no inciso X do *caput* do art. 3.º e no art. 18 da Lei n. 13.874, de 20 de setembro de 2019, e no art. 2.º-A da Lei n. 12.682, de 9 de julho de 2012, decreta:

Objeto

Art. 1.º Este Decreto regulamenta o disposto no inciso X do *caput* do art. 3.º da Lei n. 13.874, de 20 de setembro de 2019, e no art. 2.º-A da Lei n. 12.682, de 9 de julho de 2012, para estabelecer a técnica e os requisitos para a digitalização de documentos públicos ou privados, a fim de que os documentos digitalizados produzam os mesmos efeitos legais dos documentos originais.

> A Lei n. 12.682, de 9-7-2012, dispõe sobre a elaboração e o arquivamento de documentos em meios eletromagnéticos.

Âmbito de aplicação

Art. 2.º Aplica-se o disposto neste Decreto aos documentos físicos digitalizados que sejam produzidos:

I – por pessoas jurídicas de direito público interno, ainda que envolva relações com particulares; e

II – por pessoas jurídicas de direito privado ou por pessoas naturais para comprovação perante:

a) pessoas jurídicas de direito público interno; ou

b) outras pessoas jurídicas de direito privado ou outras pessoas naturais.

Parágrafo único. O disposto neste Decreto não se aplica a:

I – documentos nato-digitais, que são documentos produzidos originalmente em formato digital;

II – documentos referentes às operações e transações realizadas no sistema financeiro nacional;

III – documentos em microfilme;

IV – documentos audiovisuais;

V – documentos de identificação; e

VI – documentos de porte obrigatório.

Definições

Art. 3.º Para fins do disposto neste Decreto, considera-se:

I – documento digitalizado – representante digital do processo de digitalização do documento físico e seus metadados;

II – metadados – dados estruturados que permitem classificar, descrever e gerenciar documentos;

III – documento público – documentos produzidos ou recebidos por pessoas jurídicas de direito público interno ou por entidades privadas encarregadas da gestão de serviços públicos; e

IV – integridade – estado dos documentos que não foram corrompidos ou alterados de forma não autorizada.

Regras gerais de digitalização

Art. 4.º Os procedimentos e as tecnologias utilizados na digitalização de documentos físicos devem assegurar:

I – a integridade e a confiabilidade do documento digitalizado;

II – a rastreabilidade e a auditabilidade dos procedimentos empregados;

III – o emprego dos padrões técnicos de digitalização para garantir a qualidade da imagem, da legibilidade e do uso do documento digitalizado;

IV – a confidencialidade, quando aplicável; e

V – a interoperabilidade entre sistemas informatizados.

Requisitos na digitalização que envolva entidades públicas

Art. 5.º O documento digitalizado destinado a se equiparar a documento físico para todos os efeitos legais e para a comprovação de qualquer ato perante pessoa jurídica de direito público interno deverá:

I – ser assinado digitalmente com certificação digital no padrão da Infraestrutura de Chaves Públicas Brasileira – ICP-Brasil, de modo a garantir a autoria da digitalização e a integridade do documento e de seus metadados;

II – seguir os padrões técnicos mínimos previstos no Anexo I; e

III – conter, no mínimo, os metadados especificados no Anexo II.

Requisito na digitalização entre particulares

Art. 6.º Na hipótese de documento que envolva relações entre particulares, qualquer meio de comprovação da autoria, da integridade e, se necessário, da confidencialidade de documentos digitalizados será válido, desde que escolhido de comum acordo pelas partes ou aceito pela pessoa a quem for oposto o documento.

Parágrafo único. Na hipótese de não ter havido acordo prévio entre as partes, aplica-se o disposto no art. 5.º.

Desnecessidade da digitalização

Art. 7.º A digitalização de documentos por pessoas jurídicas de direito público interno será precedida da avaliação dos conjuntos documentais, conforme estabelecido em tabelas de temporalidade e destinação de documentos, de modo a identificar previamente os que devem ser encaminhados para descarte.

Responsabilidade pela digitalização

Art. 8.º O processo de digitalização poderá ser realizado pelo possuidor do documento físico ou por terceiros.

(*) Publicado no *Diário Oficial da União*, de 19-3-2020. Deixamos de publicar os anexos por não atender à proposta da obra.

§ 1.º Cabe ao possuidor do documento físico a responsabilidade perante terceiros pela conformidade do processo de digitalização ao disposto neste Decreto.

§ 2.º Na hipótese de contratação de terceiros pela administração pública federal, o instrumento contratual preverá:

I – a responsabilidade integral do contratado perante a administração pública federal e a responsabilidade solidária e ilimitada em relação ao terceiro prejudicado por culpa ou dolo; e

II – os requisitos de segurança da informação e de proteção de dados, nos termos da legislação vigente.

Descarte dos documentos físicos

Art. 9.º Após o processo de digitalização realizado conforme este Decreto, o documento físico poderá ser descartado, ressalvado aquele que apresente conteúdo de valor histórico.

Manutenção dos documentos digitalizados

Art. 10. O armazenamento de documentos digitalizados assegurará:

I – a proteção do documento digitalizado contra alteração, destruição e, quando cabível, contra o acesso e a reprodução não autorizados; e

II – a indexação de metadados que possibilitem:

a) a localização e o gerenciamento do documento digitalizado; e

b) a conferência do processo de digitalização adotado.

Preservação dos documentos digitalizados

Art. 11. Os documentos digitalizados sem valor histórico serão preservados, no mínimo, até o transcurso dos prazos de prescrição ou decadência dos direitos a que se referem.

Presevação de documento digitalizados e entes públicos

Art. 12. As pessoas jurídicas de direito público interno observarão o disposto na Lei n. 8.159, de 8 de janeiro de 1991, e nas tabelas de temporalidade e destinação de documentos aprovadas pelas instituições arquivísticas públicas, no âmbito de suas competências, observadas as diretrizes do Conselho Nacional de Arquivos – Conarq quanto à temporalidade de guarda, à destinação e à preservação de documentos.

Vigência

Art. 13. Este Decreto entra em vigor na data de sua publicação.

Brasília, 18 de março de 2020; 199.º da Independência e 132.º da República.

JAIR MESSIAS BOLSONARO

ATO CONJUNTO DAS MESAS DA CÂMARA DOS DEPUTADOS E DO SENADO FEDERAL N. 1, DE 31 DE MARÇO DE 2020 (*)

Dispõe sobre o regime de tramitação, no Congresso Nacional, na Câmara dos Deputados e no Senado Federal, de medidas provisórias durante a pandemia de Covid-19.

As Mesas da Câmara dos Deputados e do Senado Federal,

Considerando que o funcionamento pleno do Parlamento é requisito indispensável, mesmo nas crises e adversidades, da normalidade democrática;

Considerando o sucesso que a Câmara dos Deputados e o Senado Federal obtiveram no desenvolvimento e na implantação de suas soluções de deliberação remota – SDR;

Considerando a manutenção das recomendações das autoridades sanitárias internacionais de isolamento social;

Considerando que as medidas provisórias recentemente editadas precisam ser deliberadas antes de sua perda de eficácia e que o sistema de deliberação remota ainda não alcança as comissões, resolvem:

Art. 1.º Este Ato dispõe sobre a apreciação, pelo Congresso Nacional, de medidas provisórias editadas durante a vigência da Emergência em Saúde Pública e do estado de calamidade pública decorrente da COVID-19, ainda pendentes de parecer da Comissão Mista a que se refere o art. 62, § 9.º, da Constituição Federal.

Parágrafo único. Aplicam-se as disposições da Resolução n. 1, de 2002-CN, no que não colidir com o disposto neste Ato.

Art. 2.º No primeiro dia útil seguinte à publicação, no Diário Oficial da União, de medida provisória, de que trata o art. 1.º, a Presidência da Mesa do Congresso Nacional fará publicar e distribuir os respectivos avulsos eletrônicos.

Parágrafo único. Enquanto durar a Emergência em Saúde Pública de Importância Nacional e o estado de calamidade pública decorrente da COVID-19 as medidas provisórias serão instruídas perante o Plenário da Câmara dos Deputados e do Senado Federal, ficando excepcionalmente autorizada a emissão de parecer em substituição à Comissão Mista por parlamentar de cada uma das Casas designado na forma regimental.

Art. 3.º À Medida Provisória poderão ser oferecidas emendas perante o órgão competente da Secretaria Legislativa do Congresso Nacional, protocolizadas por meio eletrônico simplificado, até o segundo dia útil seguinte à publicação da medida provisória no Diário Oficial da União, sendo a matéria imediatamente encaminhada em meio eletrônico à Câmara dos Deputados após decorrido esse prazo;

§ 1.º Quando em deliberação nos Plenários da Câmara dos Deputados e do Senado Federal, operando por sessão remota, as emendas e requerimentos de destaque deverão ser apresentados à Mesa, na forma e prazo definidos para funcionamento do Sistema de Deliberação Remota em cada Casa.

§ 2.º As emendas já apresentadas durante os prazos ordinários de tramitação das medidas provisórias vigentes na data de edição deste Ato não precisarão ser reapresentadas.

§ 3.º Permanecem válidos todos os atos de instrução do processo legislativo já praticados em relação às medidas provisórias vigentes na data de publicação deste Ato, inclusive designação de relatores e eventuais pareceres já deliberados em comissão mista.

Art. 4.º A medida provisória será examinada pela Câmara dos Deputados, que deverá concluir os seus trabalhos até o 9.º (nono) dia de vigência da Medida Provisória, a contar da sua publicação no Diário Oficial da União.

Art. 5.º Aprovada na Câmara dos Deputados, a matéria será encaminhada ao Senado Federal, que, para apreciá-la, terá até o 14.º (décimo quarto) dia de vigência da medida provisória, contado da sua publicação no Diário Oficial da União.

§ 1.º A tramitação em cada Casa atenderá às regras estabelecidas para esse período, especificamente no que se refere ao funcionamento dos Sistemas de Deliberação Remota de cada Casa.

§ 2.º Havendo modificações no Senado Federal, a Câmara dos Deputados deverá apreciá-las no prazo de 2 (dois) dias úteis.

Art. 6.º Ao disposto neste Ato não se aplica o art. 142 do Regimento Comum.

Art. 7.º Este Ato se aplica às medidas provisórias já editadas e em curso de tramitação, observado o disposto no § 3.º do art. 3.º.

Parágrafo único. As medidas provisórias pendentes de parecer da Comissão Mista serão encaminhadas com as respectivas emendas para a Câmara dos Deputados, para que o parecer seja proferido em Plenário.

Art. 8.º Havendo necessidade de prorrogação formal de medida provisória a que se refere este Ato, nos termos do § 1.º do art. 10 da Resolução n. 1, de 2002-CN, caberá à Presidência do Congresso Nacional avaliar sua pertinência.

Art. 9.º Ato interno de cada Casa poderá dispor sobre procedimentos adicionais necessários à implementação do disposto neste Ato.

(*) Publicada no *Diário Oficial da União*, de 1.º-4-2020.

Art. 10. Este Ato entra em vigor na data de sua publicação.

Brasília, em 31 de março de 2020.

Mesa da Câmara dos Deputados
Deputado MARCOS PEREIRA
Vice-Presidente

Mesa do Senado Federal
Senador DAVI ALCOLUMBRE
Presidente

ATO CONJUNTO DAS MESAS DA CÂMARA DOS DEPUTADOS E DO SENADO FEDERAL N. 2, DE 1.º DE ABRIL DE 2020 (*)

Considerando a pandemia do coronavirus Covid-19, já reconhecida pelo Congresso Nacional por meio do Decreto Legislativo n. 6, de 2020;

Considerando a necessidade de deliberação, pelas Casas do Congresso Nacional, sobre projetos de lei do Congresso Nacional relativos a matéria orçamentária;

Considerando que a Constituição Federal determina que o trancamento de pauta, pelos vetos presidenciais, se dá nas sessões *conjuntas* do Congresso Nacional (art. 66, § 4.º) e que os projetos de lei de matéria orçamentária, na disposição da Constituição Federal (art. 166), precisam ser aprovados pelas duas Casas, mas não necessariamente numa sessão *conjunta*;

Considerando as distintas abordagens tecnológicas adotadas pela Câmara dos Deputados e pelo Senado Federal em seus Sistemas de Deliberação Remota – SDR, resolvem:

Art. 1.º Este Ato regulamenta a apreciação, pelo Congresso Nacional, dos projetos de lei de matéria orçamentária de que trata o Regimento Comum do Congresso Nacional.

Art. 2.º Os projetos de lei do Congresso Nacional serão deliberados em sessão remota da Câmara dos Deputados e do Senado Federal, separadamente, nos termos que lhe forem aplicáveis do Ato Conjunto das Mesas da Câmara dos Deputados e do Senado Federal n. 1, de 2020.

Parágrafo único. As sessões previstas no *caput* serão presididas pelo Presidente do Congresso Nacional ou seu substituto regimental.

Art. 3.º Somente poderão ser pautadas na forma prevista no art. 2.º, as matérias urgentes ou relacionadas com a pandemia do Covid-19, que para isso tenham a anuência de 3/5 (três quintos) dos Líderes da Câmara dos Deputados e do Senado Federal.

Art. 4.º Sempre que possível, deverá funcionar como relator, na sessão remota da Casa a que pertença, o parlamentar que eventualmente tenha sido designado relator, antes da publicação deste Ato, no âmbito da Comissão Mista de Planos, Orçamentos Públicos e Fiscalização – CMO.

Art. 5.º Este Ato entra em vigor na data de sua publicação.

Brasília, em 1.º de abril de 2020

Mesa da Câmara dos Deputados
Deputado RODRIGO MAIA
Presidente

Mesa do Senado Federal
Senador DAVI ALCOLUMBRE
Presidente

(*) Publicada no *Diário Oficial da União*, de 2-4-2020.

LEI N. 13.988, DE 14 DE ABRIL DE 2020 (**)

Dispõe sobre a transação nas hipóteses que especifica; e altera as Leis n. 13.464, de 10 de julho de 2017, e 10.522, de 19 de julho de 2002.

O Presidente da República

Faço saber que o Congresso Nacional decreta e eu sanciono a seguinte Lei:

CAPÍTULO I
DISPOSIÇÕES GERAIS

Art. 1.º Esta Lei estabelece os requisitos e as condições para que a União, as suas autarquias e fundações, e os devedores ou as partes adversas realizem transação resolutiva de litígio relativo à cobrança de créditos da Fazenda Pública, de natureza tributária ou não tributária.

§ 1.º A União, em juízo de oportunidade e conveniência, poderá celebrar transação em quaisquer das modalidades de que trata esta Lei, sempre que, motivadamente, entender que a medida atende ao interesse público.

§ 2.º Para fins de aplicação e regulamentação desta Lei, serão observados, entre outros, os princípios da isonomia, da capacidade contributiva, da transparência, da moralidade, da razoável duração dos processos e da eficiência e, resguardadas as informações protegidas por sigilo, o princípio da publicidade.

§ 3.º A observância do princípio da transparência será efetivada, entre outras ações, pela divulgação em meio eletrônico de todos os termos de transação celebrados, com informações que viabilizem o atendimento do princípio da isonomia, resguardadas as legalmente protegidas por sigilo.

§ 4.º Aplica-se o disposto nesta Lei:

I – aos créditos tributários não judicializados sob a administração da Secretaria Especial da Receita Federal do Brasil do Ministério da Economia;

II – à dívida ativa e aos tributos da União, cujas inscrição, cobrança e representação incumbam à Procuradoria-Geral da Fazenda Nacional, nos termos do art. 12 da Lei Complementar n. 73, de 10 de fevereiro de 1993; e

III – no que couber, à dívida ativa das autarquias e das fundações públicas federais, cujas inscrição, cobrança e representação incumbam à Procuradoria-Geral Federal, e aos créditos cuja cobrança seja competência da Procuradoria-Geral da União, nos termos de ato do Advogado-Geral da União e sem prejuízo do disposto na Lei n. 9.469, de 10 de julho de 1997.

>> As Portarias n. 249, de 8-7-2020, e n. 333, de 9-7-2020, da AGU, regulamentam a transação por proposta individual dos créditos administrados pela Procuradoria-Geral Federal e dos créditos cuja cobrança compete à Procuradoria Geral da União.

§ 5.º A transação de créditos de natureza tributária será realizada nos termos do art. 171 da Lei n. 5.172, de 25 de outubro de 1966 (Código Tributário Nacional).

Art. 2.º Para fins desta Lei, são modalidades de transação as realizadas:

I – por proposta individual ou por adesão, na cobrança de créditos inscritos na dívida ativa da União, de suas autarquias e fundações públicas, ou na cobrança de créditos que seja competência da Procuradoria-Geral da União;

II – por adesão, nos demais casos de contencioso judicial ou administrativo tributário; e

III – por adesão, no contencioso tributário de pequeno valor.

Parágrafo único. A transação por adesão implica aceitação pelo devedor de todas as condições fixadas no edital que a propõe.

Art. 3.º A proposta de transação deverá expor os meios para a extinção dos créditos nela contemplados e estará condicionada, no mínimo, à assunção pelo devedor dos compromissos de:

I – não utilizar a transação de forma abusiva, com a finalidade de limitar, de falsear ou de prejudicar, de qualquer forma, a livre concorrência ou a livre iniciativa econômica;

II – não utilizar pessoa natural ou jurídica interposta para ocultar ou dissimular a origem ou a destinação de bens, de direitos e de valores, os seus reais interesses ou a identidade dos beneficiários de seus atos, em prejuízo da Fazenda Pública federal;

III – não alienar nem onerar bens ou direitos sem a devida comunicação ao órgão da Fazenda Pública competente, quando exigido em lei;

IV – desistir das impugnações ou dos recursos administrativos que tenham por objeto os créditos incluídos na transação e renunciar a quaisquer alegações de direito so-

(**) Publicada no *Diário Oficial da União*, de 14-4-2020 – Edição extra.

bre as quais se fundem as referidas impugnações ou recursos; e

V – renunciar a quaisquer alegações de direito, atuais ou futuras, sobre as quais se fundem ações judiciais, inclusive as coletivas, ou recursos que tenham por objeto os créditos incluídos na transação, por meio de requerimento de extinção do respectivo processo com resolução de mérito, nos termos da alínea c do inciso III do *caput* do art. 487 da Lei n. 13.105, de 16 de março de 2015 (Código de Processo Civil).

§ 1.º A proposta de transação deferida importa em aceitação plena e irretratável de todas as condições estabelecidas nesta Lei e em sua regulamentação, de modo a constituir confissão irrevogável e irretratável dos créditos abrangidos pela transação, nos termos dos arts. 389 a 395 da Lei n. 13.105, de 16 de março de 2015 (Código de Processo Civil).

§ 2.º Quando a transação envolver moratória ou parcelamento, aplica-se, para todos os fins, o disposto nos incisos I e VI do *caput* do art. 151 da Lei n. 5.172, de 25 de outubro de 1966.

§ 3.º Os créditos abrangidos pela transação somente serão extintos quando integralmente cumpridas as condições previstas no respectivo termo.

Art. 4.º Implica a rescisão da transação:

I – o descumprimento das condições, das cláusulas ou dos compromissos assumidos;

II – a constatação, pelo credor, de ato tendente ao esvaziamento patrimonial do devedor como forma de fraudar o cumprimento da transação, ainda que realizado anteriormente à sua celebração;

III – a decretação de falência ou de extinção, pela liquidação, da pessoa jurídica transigente;

IV – a comprovação de prevaricação, de concussão ou de corrupção passiva na sua formação;

V – a ocorrência de dolo, de fraude, de simulação ou de erro essencial quanto à pessoa ou quanto ao objeto do conflito;

VI – a ocorrência de alguma das hipóteses rescisórias adicionalmente previstas no respectivo termo de transação; ou

VII – a inobservância de quaisquer disposições desta Lei ou do edital.

§ 1.º O devedor será notificado sobre a incidência de alguma das hipóteses de rescisão da transação e poderá impugnar o ato, na forma da Lei n. 9.784, de 29 de janeiro de 1999, no prazo de 30 (trinta) dias.

§ 2.º Quando sanável, é admitida a regularização do vício que ensejaria a rescisão durante o prazo concedido para a impugnação, preservada a transação em todos os seus termos.

§ 3.º A rescisão da transação implicará o afastamento dos benefícios concedidos e a cobrança integral das dívidas, deduzidos os valores já pagos, sem prejuízo de outras consequências previstas no edital.

§ 4.º Aos contribuintes com transação rescindida é vedada, pelo prazo de 2 (dois) anos, contado da data de rescisão, a formalização de nova transação, ainda que relativa a débitos distintos.

Art. 5.º É vedada a transação que:

I – reduza multas de natureza penal;

II – conceda descontos a créditos relativos ao:

a) Regime Especial Unificado de Arrecadação de Tributos e Contribuições devidos pelas Microempresas e Empresas de Pequeno Porte (Simples Nacional), enquanto não editada lei complementar autorizativa;

b) Fundo de Garantia do Tempo de Serviço (FGTS), enquanto não autorizado pelo seu Conselho Curador;

>> A Resolução n. 974, de 11-8-2020, do Conselho Curador do FGTS, autoriza a Procuradoria-Geral da Fazenda Nacional (PGFN) a celebrar transação individual ou por adesão na cobrança da dívida ativa do FGTS.

III – envolva devedor contumaz, conforme definido em lei específica.

§ 1.º É vedada a acumulação das reduções oferecidas pelo edital com quaisquer outras asseguradas na legislação em relação aos créditos abrangidos pela proposta de transação.

§ 2.º Nas propostas de transação que envolvam redução do valor do crédito, os encargos legais acrescidos aos débitos inscritos em dívida ativa da União de que trata o art. 1.º do Decreto-lei n. 1.025, de 21 de outubro de 1969, serão obrigatoriamente reduzidos em percentual não inferior ao aplicado às multas e aos juros de mora relativos aos créditos a serem transacionados.

§ 3.º A rejeição da autorização referida na alínea b do inciso II do *caput* deste artigo exigirá manifestação expressa e fundamentada do Conselho Curador do FGTS, sem a qual será reputada a anuência tácita após decorrido prazo superior a 20 (vinte) dias úteis da comunicação, pela Procuradoria-Geral da Fazenda Nacional, da abertura do edital para adesão ou da proposta de transação individual.

Art. 6.º Para fins do disposto nesta Lei, considera-se microempresa ou empresa de pequeno porte a pessoa jurídica cuja receita bruta esteja nos limites fixados nos incisos I e II do *caput* do art. 3.º da Lei Complementar n. 123, de 14 de dezembro de 2006, não aplicados os demais critérios para opção pelo regime especial por ela estabelecido.

Art. 7.º A proposta de transação e a sua eventual adesão por parte do sujeito passivo ou devedor não autorizam a restituição ou a compensação de importâncias pagas, compensadas ou incluídas em parcelamentos pelos quais tenham optado antes da celebração do respectivo termo.

Art. 8.º Na hipótese de a proposta de transação envolver valores superiores aos fixados em ato do Ministro de Estado da Economia ou do Advogado-Geral da União, a transação, sob pena de nulidade, dependerá de prévia e expressa autorização ministerial, admitida a delegação.

Art. 9.º Os atos que dispuserem sobre a transação poderão, quando for o caso, condicionar sua concessão à observância das normas orçamentárias e financeiras.

Capítulo II
DA TRANSAÇÃO NA COBRANÇA DE CRÉDITOS DA UNIÃO E DE SUAS AUTARQUIAS E FUNDAÇÕES PÚBLICAS

Art. 10. A transação na cobrança da dívida ativa da União, das autarquias e das fundações públicas federais poderá ser proposta, respectivamente, pela Procuradoria-Geral da Fazenda Nacional e pela Procuradoria-Geral Federal, de forma individual ou por adesão, ou por iniciativa do devedor, ou pela Procuradoria-Geral da União, em relação aos créditos sob sua responsabilidade.

>> A Portaria n. 9.917, de 14-4-2020, da PGFN, disciplina os procedimentos, os requisitos e as condições necessárias à realização da transação na cobrança da dívida ativa da União.

>> A Portaria n. 9.924, de 14-4-2020, da PGFN, estabelece as condições para transação extraordinária na cobrança da dívida ativa da União, em função dos efeitos da pandemia causada pelo coronavírus (COVID-19) na capacidade de geração de resultado dos devedores inscritos em DAU.

Art. 11. A transação poderá contemplar os seguintes benefícios:

I – a concessão de descontos nas multas, nos juros de mora e nos encargos legais relativos a créditos a serem transacionados que sejam classificados como irrecuperáveis ou de difícil recuperação, conforme critérios estabelecidos pela autoridade fazendária, nos termos do inciso V do *caput* do art. 14 desta Lei;

II – o oferecimento de prazos e formas de pagamento especiais, incluídos o diferimento e a moratória; e

III – o oferecimento, a substituição ou a alienação de garantias e de constrições.

§ 1.º É permitida a utilização de mais de uma das alternativas previstas nos incisos I, II e III do *caput* deste artigo para o equacionamento dos créditos inscritos em dívida ativa da União.

§ 2.º É vedada a transação que:

I – reduza o montante principal do crédito, assim compreendido seu valor originário, excluídos os acréscimos de que trata o inciso I do *caput* deste artigo;

II – implique redução superior a 50% (cinquenta por cento) do valor total dos créditos a serem transacionados;

III – conceda prazo de quitação dos créditos superior a 84 (oitenta e quatro) meses;

IV – envolva créditos não inscritos em dívida ativa da União, exceto aqueles sob responsabilidade da Procuradoria-Geral da União.

§ 3.º Na hipótese de transação que envolva pessoa natural, microempresa ou empresa de pequeno porte, a redução máxima de que trata o inciso II do § 2.º deste artigo será de até 70% (setenta por cento), ampliando-se o prazo máximo de quitação para até 145 (cento e quarenta e cinco) meses, respeitado o disposto no § 11 do art. 195 da Constituição Federal.

§ 4.º O disposto no § 3.º deste artigo aplica-se também às:

I – Santas Casas de Misericórdia, sociedades cooperativas e demais organizações da sociedade civil de que trata a Lei n. 13.019, de 31 de julho de 2014; e

II – instituições de ensino.

§ 5.º Incluem-se como créditos irrecuperáveis ou de difícil recuperação, para os fins do disposto no inciso I do *caput* deste artigo, aqueles devidos por empresas em processo de recuperação judicial, liquidação judicial, liquidação extrajudicial ou falência.

§ 6.º Na transação, poderão ser aceitas quaisquer modalidades de garantia previstas em lei, inclusive garantias reais ou fidejussórias, cessão fiduciária de direitos creditórios, alienação fiduciária de bens móveis, imóveis ou de direitos, bem como créditos líquidos e certos do contribuinte em desfavor da União, reconhecidos em decisão transitada em julgado.

Art. 12. A proposta de transação não suspende a exigibilidade dos créditos por ela abrangidos nem o andamento das respectivas execuções fiscais.

§ 1.º O disposto no *caput* deste artigo não afasta a possibilidade de suspensão do processo por convenção das partes, conforme o disposto no inciso II do *caput* do art. 313 da Lei n. 13.105, de 16 de março de 2015 (Código de Processo Civil).

§ 2.º O termo de transação preverá, quando cabível, a anuência das partes para fins da suspensão convencional do processo de que trata o inciso II do *caput* do art. 313 da Lei n. 13.105, de 16 de março de 2015 (Código de Processo Civil), até a extinção dos créditos nos termos do § 3.º do art. 3.º desta Lei ou eventual rescisão.

§ 3.º A proposta de transação aceita não implica novação dos créditos por ela abrangidos.

Art. 13. Compete ao Procurador-Geral da Fazenda Nacional, diretamente ou por autoridade por ele delegada, assinar o termo de transação realizado de forma individual.

§ 1.º A delegação de que trata o *caput* deste artigo poderá ser subdelegada, prever valores de alçada e exigir a aprovação de múltiplas autoridades.

§ 2.º A transação por adesão será realizada exclusivamente por meio eletrônico.

Art. 14. Ato do Procurador-Geral da Fazenda Nacional disciplinará:

I – os procedimentos necessários à aplicação do disposto neste Capítulo, inclusive quanto à rescisão da transação, em conformidade com a Lei n. 9.784, de 29 de janeiro de 1999;

II – a possibilidade de condicionar a transação ao pagamento de entrada, à apresentação de garantia e à manutenção das garantias já existentes;

III – as situações em que a transação somente poderá ser celebrada por adesão, autorizado o não conhecimento de eventuais propostas de transação individual;

IV – o formato e os requisitos da proposta de transação e os documentos que deverão ser apresentados;

V – os critérios para aferição do grau de recuperabilidade das dívidas, os parâmetros para aceitação da transação individual e a concessão de descontos, entre eles o insucesso dos meios ordinários e convencionais de cobrança e a vinculação dos benefícios a critérios preferencialmente objetivos que incluam ainda a idade da dívida inscrita, a capacidade contributiva do devedor e os custos da cobrança judicial.

Art. 15. Ato do Advogado-Geral da União disciplinará a transação no caso dos créditos previstos no inciso III do § 4.º do art. 1.º desta Lei.

CAPÍTULO III
DA TRANSAÇÃO POR ADESÃO NO CONTENCIOSO TRIBUTÁRIO DE RELEVANTE E DISSEMINADA CONTROVÉRSIA JURÍDICA

Art. 16. O Ministro de Estado da Economia poderá propor aos sujeitos passivos transação resolutiva de litígios aduaneiros ou tributários decorrentes de relevante e disseminada controvérsia jurídica, com base em manifestação da Procuradoria-Geral da Fazenda Nacional e da Secretaria Especial da Receita Federal do Brasil do Ministério da Economia.

§ 1.º A proposta de transação e a eventual adesão por parte do sujeito passivo não poderão ser invocadas como fundamento jurídico ou prognose de sucesso da tese sustentada por qualquer das partes e serão compreendidas exclusivamente como medida vantajosa diante das concessões recíprocas.

§ 2.º A proposta de transação deverá, preferencialmente, versar sobre controvérsia restrita a segmento econômico ou produtivo, a grupo ou universo de contribuintes ou a responsáveis delimitados, vedada, em qualquer hipótese, a alteração de regime jurídico tributário.

§ 3.º Considera-se controvérsia jurídica relevante e disseminada a que trate de questões tributárias que ultrapassem os interesses subjetivos da causa.

Art. 17. A proposta de transação por adesão será divulgada na imprensa oficial e nos sítios dos respectivos órgãos na internet, mediante edital que especifique, de maneira objetiva, as hipóteses fáticas e jurídicas nas quais a Fazenda Nacional propõe a transação no contencioso tributário, aberta à adesão de todos os sujeitos passivos que se enquadrem nessas hipóteses e que satisfaçam às condições previstas nesta Lei e no edital.

§ 1.º O edital a que se refere o *caput* deste artigo:

I – definirá:

a) as exigências a serem cumpridas, as reduções ou concessões oferecidas, os prazos e as formas de pagamento admitidas;

b) o prazo para adesão à transação;

II – poderá limitar os créditos contemplados pela transação, considerados:

a) a etapa em que se encontre o respectivo processo tributário, administrativo ou judicial; ou

b) os períodos de competência a que se refiram;

III – estabelecerá a necessidade de conformação do contribuinte ou do responsável ao entendimento da administração tributária acerca de fatos geradores futuros ou não consumados.

§ 2.º As reduções e concessões de que trata a alínea a do inciso I do § 1.º deste artigo são limitadas ao desconto de 50% (cinquenta por cento) do crédito, com prazo máximo de quitação de 84 (oitenta e quatro) meses.

§ 3.º A celebração da transação, nos termos definidos no edital de que trata o *caput* deste artigo, compete:

I – à Secretaria Especial da Receita Federal do Brasil do Ministério da Economia, no âmbito do contencioso administrativo; e

II – à Procuradoria-Geral da Fazenda Nacional, nas demais hipóteses legais.

Art. 18. A transação somente será celebrada se constatada a existência, na data de publicação do edital, de inscrição em dívida ativa, de ação judicial, de embargos à execução fiscal ou de reclamação ou recurso administrativo pendente de julgamento definitivo, relativamente à tese objeto da transação.

Parágrafo único. A transação será rescindida quando contrariar decisão judicial definitiva prolatada antes da celebração da transação.

Art. 19. Atendidas as condições estabelecidas no edital, o sujeito passivo da obrigação tributária poderá solicitar sua adesão à transação, observado o procedimento estabelecido em ato do Ministro de Estado da Economia.

§ 1.º O sujeito passivo que aderir à transação deverá:

I – requerer a homologação judicial do acordo, para fins do disposto nos incisos II e III do *caput* do art. 515 da Lei n. 13.105, de 16 de março de 2015 (Código de Processo Civil);

II – sujeitar-se, em relação aos fatos geradores futuros ou não consumados, ao entendimento dado pela administração tributária à questão em litígio, ressalvada a cessação de eficácia prospectiva da transação decorrente do advento de precedente persuasivo nos termos dos incisos I, II, III e IV do *caput* do art. 927 da Lei n. 13.105, de 16 de março de 2015 (Código de Processo Civil), ou nas demais hipóteses previstas no art. 19 da Lei n. 10.522, de 19 de julho de 2002.

§ 2.º Será indeferida a adesão que não importar extinção do litígio administrativo ou judicial, ressalvadas as hipóteses em que ficar demonstrada a inequívoca cindibilidade do objeto, nos termos do ato a que se refere o *caput* deste artigo.

§ 3.º A solicitação de adesão deverá abranger todos os litígios relacionados à tese objeto da transação existentes na data do pedido, ainda que não definitivamente julgados.

§ 4.º A apresentação da solicitação de adesão suspende a tramitação dos processos administrativos referentes aos créditos tributários envolvidos enquanto perdurar sua apreciação.

§ 5.º A apresentação da solicitação de adesão não suspende a exigibilidade dos créditos tributários definitivamente constituídos aos quais se refira.

Art. 20. São vedadas:

I – a celebração de nova transação relativa ao mesmo crédito tributário;

II – a oferta de transação por adesão nas hipóteses:

a) previstas no art. 19 da Lei n. 10.522, de 19 de julho de 2002, quando o ato ou a jurisprudência for em sentido integralmente desfavorável à Fazenda Nacional; e

b) de precedentes persuasivos, nos moldes dos incisos I, II, III e IV do *caput* do art. 927 da Lei n. 13.105, de 16 de março de 2015 (Código de Processo Civil), quando integralmente favorável à Fazenda Nacional;

III – a proposta de transação com efeito prospectivo que resulte, direta ou indiretamente, em regime especial, diferenciado ou individual de tributação.

Parágrafo único. O disposto no inciso II do *caput* deste artigo não obsta a oferta de transação relativa a controvérsia no âmbito da liquidação da sentença ou não abrangida na jurisprudência ou ato referidos no art. 19 da Lei n. 10.522, de 19 de julho de 2002.

Art. 21. Ato do Ministro de Estado da Economia regulamentará o disposto neste Capítulo.

>> A Portaria n. 247, de 16-6-2020, disciplina os critérios e procedimentos para a elaboração de proposta e de celebração de transação por adesão no contencioso tributário de relevante e disseminada controvérsia jurídica e no de pequeno valor.

Art. 22. Compete ao Secretário Especial da Receita Federal do Brasil, no que couber, disciplinar o disposto nesta Lei no que se refere à transação de créditos tributários não judicializados no contencioso administrativo tributário.

§ 1.º Compete ao Secretário Especial da Receita Federal do Brasil, diretamente ou por autoridade por ele delegada, assinar o termo de transação.

§ 2.º A delegação de que trata o § 1.º deste artigo poderá ser subdelegada, prever valores de alçada e exigir a aprovação de múltiplas autoridades.

§ 3.º A transação por adesão será realizada exclusivamente por meio eletrônico.

CAPÍTULO IV
DA TRANSAÇÃO POR ADESÃO NO CONTENCIOSO TRIBUTÁRIO DE PEQUENO VALOR

Art. 23. Observados os princípios da racionalidade, da economicidade e da eficiência, ato do Ministro de Estado da Economia regulamentará:

>> A Portaria n. 247, de 16-6-2020, disciplina os critérios e procedimentos para a elaboração de proposta e de celebração de transação por adesão no contencioso tributário de relevante e disseminada controvérsia jurídica e no de pequeno valor.

I – o contencioso administrativo fiscal de pequeno valor, assim considerado aquele cujo lançamento fiscal ou controvérsia não supere 60 (sessenta) salários mínimos;

>> Sobre a vigência desse inciso I, vide art. 30, I, desta Lei.

II – a adoção de métodos alternativos de solução de litígio, inclusive transação, envolvendo processos de pequeno valor.

Parágrafo único. No contencioso administrativo de pequeno valor, observados o contraditório, a ampla defesa e a vinculação aos entendimentos do Conselho Administrativo de Recursos Fiscais, o julgamento será realizado em última instância por órgão colegiado da Delegacia da Receita Federal do Brasil de Julgamento da Secretaria Especial da Receita Federal do Brasil, aplicado o disposto no Decreto n. 70.235, de 6 de março de 1972, apenas subsidiariamente.

>> Sobre a vigência desse parágrafo único, vide art. 30, I, desta Lei.

Art. 24. A transação relativa a crédito tributário de pequeno valor será realizada na pendência de impugnação, de recurso ou de reclamação administrativa ou no processo de cobrança da dívida ativa da União.

Parágrafo único. Considera-se contencioso tributário de pequeno valor aquele cujo crédito tributário em discussão não supere o limite previsto no inciso I do *caput* do art. 23 desta Lei e que tenha como sujeito passivo pessoa natural, microempresa ou empresa de pequeno porte.

Art. 25. A transação de que trata este Capítulo poderá contemplar os seguintes benefícios:

I – concessão de descontos, observado o limite máximo de 50% (cinquenta por cento) do valor total do crédito;

II – oferecimento de prazos e formas de pagamento especiais, incluídos o diferimento e a moratória, obedecido o prazo máximo de quitação de 60 (sessenta) meses; e

III – oferecimento, substituição ou alienação de garantias e de constrições.

§ 1.º É permitida a cumulação dos benefícios previstos nos incisos I, II e III do *caput* deste artigo.

§ 2.º A celebração da transação competirá:

I – à Secretaria Especial da Receita Federal do Brasil, no âmbito do contencioso administrativo de pequeno valor; e

II – à Procuradoria-Geral da Fazenda Nacional, nas demais hipóteses previstas neste Capítulo.

Art. 26. A proposta de transação poderá ser condicionada ao compromisso do contribuinte ou do responsável de requerer a homologação judicial do acordo, para fins do disposto nos incisos II e III do *caput* do art. 515 da Lei n. 13.105, de 16 de março de 2015 (Código de Processo Civil).

Art. 27. Caberá ao Procurador-Geral da Fazenda Nacional e ao Secretário Especial da Receita Federal do Brasil, em seu âmbito de atuação, disciplinar a aplicação do disposto neste Capítulo.

CAPÍTULO VI
DISPOSIÇÕES FINAIS

Art. 29. Os agentes públicos que participarem do processo de composição do conflito, judicial ou extrajudicialmente, com o objetivo de celebração de transação nos termos desta Lei somente poderão ser responsabilizados, inclusive perante os órgãos públicos de controle interno e externo, quando agirem com dolo ou fraude para obter vantagem indevida para si ou para outrem.

Art. 30. Esta Lei entra em vigor:

I – em 120 (cento e vinte) dias contados da data da sua publicação, em relação ao inciso I do *caput* e ao parágrafo único do art. 23; e

II – na data de sua publicação, em relação aos demais dispositivos.

Brasília, 14 de abril de 2020; 199.º da Independência e 132.º da República.

JAIR MESSIAS BOLSONARO

LEI N. 13.999, DE 18 DE MAIO DE 2020 (*)

Institui o Programa Nacional de Apoio às Microempresas e Empresas de Pequeno Porte (Pronampe), para o desenvolvimento e o fortalecimento dos pequenos negócios; e altera as Leis n. 13.636, de 20 de março de 2018, 10.735, de 11 de setembro de 2003, e 9.790, de 23 de março de 1999.

O Presidente da República

Faço saber que o Congresso Nacional decreta e eu sanciono a seguinte Lei:

CAPÍTULO I
DISPOSIÇÃO PRELIMINAR

Art. 1.º Fica instituído o Programa Nacional de Apoio às Microempresas e Empresas de Pequeno Porte (Pronampe), vinculado à Secretaria Especial de Produtividade, Emprego e Competitividade (Sepec) do Ministério da Economia, cujo objeto é o desenvolvimento e o fortalecimento dos pequenos negócios.

CAPÍTULO II
DO PROGRAMA NACIONAL DE APOIO ÀS MICROEMPRESAS E EMPRESAS DE PEQUENO PORTE (PRONAMPE)

Art. 2.º O Pronampe é destinado às pessoas a que se referem os incisos I e II do *caput* do art. 3º da Lei Complementar n. 123, de 14 de dezembro de 2006, considerada a receita bruta auferida no exercício de 2019.

§ 1.º A linha de crédito concedida no âmbito do Pronampe corresponderá a até 30% (trinta por cento) da receita bruta anual calculada com base no exercício de 2019, salvo no caso das empresas que tenham menos de 1 (um) ano de funcionamento, hipótese em que o limite do empréstimo corresponderá a até 50% (cinquenta por cento) do seu capital social ou a até 30% (trinta por cento) de 12 (doze) vezes a média da sua receita bruta mensal apurada no período, desde o início de suas atividades, o que for mais vantajoso.

>> § 1.º com redação determinada pela Lei n. 14.045, de 20-8-2020.

>> A Portaria n. 978, de 8-6-2020, da SRFB, dispõe sobre o fornecimento de informações para fins de análise para a concessão de créditos a microempresas e empresas de pequeno porte no âmbito do Pronampe.

(*) Publicada no *Diário Oficial da União*, de 19-5-2020.

§ 2.º Poderão aderir ao Pronampe e, assim, requerer a garantia do Fundo Garantidor de Operações (FGO), de que trata a Lei n. 12.087, de 11 de novembro de 2009, o Banco do Brasil S.A., a Caixa Econômica Federal, o Banco do Nordeste do Brasil S.A., o Banco da Amazônia S.A., os bancos estaduais, as agências de fomento estaduais, as cooperativas de crédito, os bancos cooperados, as instituições integrantes do sistema de pagamentos brasileiro, as plataformas tecnológicas de serviços financeiros (fintechs), as organizações da sociedade civil de interesse público de crédito, e as demais instituições financeiras públicas e privadas autorizadas a funcionar pelo Banco Central do Brasil, atendida a disciplina do Conselho Monetário Nacional e do Banco Central do Brasil a elas aplicável.

§ 3.º As pessoas a que se refere o *caput* deste artigo que contratarem as linhas de crédito no âmbito do Pronampe assumirão contratualmente a obrigação de fornecer informações verídicas e de preservar o quantitativo de empregados em número igual ou superior ao verificado na data da publicação desta Lei, no período compreendido entre a data da contratação da linha de crédito e o 60.º (sexagésimo) dia após o recebimento da última parcela da linha de crédito.

§ 4.º O não atendimento a qualquer das obrigações de que trata o § 3.º deste artigo implicará o vencimento antecipado da dívida pela instituição financeira.

§ 5.º Fica vedada a celebração do contrato de empréstimo de que trata esta Lei com empresas que possuam condenação relacionada a trabalho em condições análogas às de escravo ou a trabalho infantil.

§§ 6.º e 7.º (*Vetados.*)

§ 8.º Caso haja autorização por parte das pessoas que contratarem as linhas de crédito no âmbito do Pronampe, o Serviço Brasileiro de Apoio às Micro e Pequenas Empresas (Sebrae) receberá os dados cadastrais relativos às operações concedidas, para ofertar a provisão de assistência e ferramentas de gestão às microempresas destinatárias da linha de crédito.

§ 9.º (*Vetados.*)

§ 10. Os créditos concedidos no âmbito do Pronampe servirão ao financiamento das atividades econômicas do empresário, da empresa ou do profissional liberal nas suas diversas dimensões e poderão ser utilizados para investimentos e para capital de giro isolado e associado, vedada a sua destinação para distribuição de lucros e dividendos entre os sócios.

>> § 10 com redação determinada pela Lei n. 14.045, de 20-8-2020.

§ 11. As instituições financeiras que utilizem recursos do Fundo Geral de Turismo (Fungetur), de que trata o art. 11 do Decreto-lei n. 1.191, de 27 de outubro de 1971, poderão aderir ao Pronampe e requerer garantia do FGO para essas operações, as quais, para fins do disposto nos §§ 4.º e 4.º-A do art. 6.º desta Lei, deverão ser agrupadas como carteira específica no âmbito de cada instituição.

>> § 11 acrescentado pela Lei n. 14.043, de 19-8-2020.

§ 12. Se houver disponibilidade de recursos, poderão também ser contratantes das operações de crédito do Pronampe as associações, as fundações de direito privado e as sociedades cooperativas, excluídas as cooperativas de crédito, e, nessa hipótese, os recursos recebidos deverão ser destinados ao financiamento das atividades dos contratantes.

>> § 12 acrescentado pela Lei n. 14.042, de 19-8-2020.

Art. 3.º As instituições financeiras participantes do Pronampe poderão formalizar operações de crédito no âmbito do Programa até 3 (três) meses após a entrada em vigor desta Lei, prorrogáveis a critério da Sepec por mais 3 (três) meses, observados os seguintes parâmetros:

>> *Caput* com redação determinada Lei n. 14.042, de 19-8-2020.

>> A Portaria n. 19.492, de 18-8-2020, da Sepec, prorroga por três meses o prazo para formalização de operações de crédito no âmbito do Pronampe.

I – taxa de juros anual máxima igual à taxa do Sistema Especial de Liquidação e de Custódia (Selic), acrescida de 1,25% (um inteiro e vinte e cinco centésimos por cento) sobre o valor concedido;

II – prazo de 36 (trinta e seis) meses para o pagamento; e

>> A Lei n. 14.045, de 20-8-2020, propôs nova redação para este inciso, porém teve seu texto vetado.

III – (*Vetado.*)

Parágrafo único. Para efeito de controle dos limites a que se refere o § 1.º do art. 2.º desta Lei, o Banco do Brasil S.A. disponibilizará consulta das pessoas inscritas no Cadastro Nacional da Pessoa Jurídica (CNPJ) que se beneficiaram do Pronampe, com a discriminação dos montantes já contratados.

CAPÍTULO II-A
DOS PROFISSIONAIS LIBERAIS

>> Capítulo II-A acrescentado pela Lei n. 14.045, de 20-8-2020.

Art. 3.º-A. Os profissionais liberais, assim entendidos, para fins desta Lei, as pessoas físicas que exercem, por conta própria, atividade econômica com fins lucrativos, tanto de nível técnico quanto de nível superior, poderão contratar operações de crédito garantidas pelo Pronampe nas seguintes condições:

>> *Caput* acrescentado pela Lei n. 14.045, de 20-8-2020.

I – taxa de juros anual máxima igual à taxa do Sistema Especial de Liquidação e de Custódia (Selic), acrescida de 5% (cinco por cento);

>> Inciso I acrescentado pela Lei n. 14.045, de 20-8-2020.

II – prazo de até 36 (trinta e seis) meses para o pagamento, dos quais até 8 (oito) meses poderão ser de carência com capitalização de juros; e

>> Inciso II acrescentado pela Lei n. 14.045, de 20-8-2020.

III – valor da operação limitado a 50% (cinquenta por cento) do total anual do rendimento do trabalho sem vínculo empregatício informado na Declaração de Ajuste Anual referente ao ano-calendário de 2019, no limite máximo de R$ 100.000,00 (cem mil reais).

>> Inciso III acrescentado pela Lei n. 14.045, de 20-8-2020.

Parágrafo único. Ficam excluídos das operações de crédito garantidas pelo Pronampe os profissionais liberais que tenham participação societária em pessoa jurídica ou que possuam vínculo empregatício de qualquer natureza.

>> Parágrafo único acrescentado pela Lei n. 14.045, de 20-8-2020.

CAPÍTULO II-B
DA DISPENSA DE CERTIDÕES E DA RECUPERAÇÃO DE INADIMPLÊNCIA

>> Capítulo II-B acrescentado pela Lei n. 14.045, de 20-8-2020.

Art. 4.º Para fins de concessão de crédito no âmbito do Pronampe, as instituições financeiras participantes ficam dispensadas de observar as seguintes disposições:

I – o § 1.º do art. 362 da Consolidação das Leis do Trabalho (CLT), aprovada pelo Decreto-lei n. 5.452, de 1.º de maio de 1943;

II – o inciso IV do § 1.º do art. 7.º da Lei n. 4.737, de 15 de julho de 1965;

III – as alíneas b e c do *caput* do art. 27 da Lei n. 8.036, de 11 de maio de 1990;

IV – a alínea a do inciso I do *caput* do art. 47 da Lei n. 8.212, de 24 de julho de 1991;

V – o art. 10 da Lei n. 8.870, de 15 de abril de 1994;

VI – o art. 1.º da Lei n. 9.012, de 30 de março de 1995;

VII – o art. 20 da Lei n. 9.393, de 19 de dezembro de 1996; e

VIII – o art. 6.º da Lei n. 10.522, de 19 de julho de 2002.

§ 1.º Aplica-se às instituições financeiras públicas federais a dispensa prevista no *caput* deste artigo, observado o disposto na Lei n. 13.898, de 11 de novembro de 2019.

§ 2.º Na concessão de crédito ao amparo do Pronampe, somente poderá ser exigida a garantia pessoal do proponente em montante igual ao empréstimo contratado, acrescido dos encargos, salvo nos casos de empresas constituídas e em funcionamento há menos de 1 (um) ano, cuja garantia pessoal poderá alcançar até 150% (cento e cinquenta por cento) do valor contratado, mais acréscimos.

>> § 2.º com redação determinada pela Lei n. 14.042, de 19-8-2020.

Art. 5.º Na hipótese de inadimplemento do contratante, as instituições financeiras participantes do Pronampe farão a cobrança da dívida em nome próprio, em conformidade com as suas políticas de crédito, e recolherão os valores recuperados ao FGO, relativos a cada operação, na proporção do saldo devedor honrado pelo Fundo.

§ 1.º Na cobrança do crédito inadimplido garantido por recursos públicos, não se admitirá, por parte das instituições financeiras participantes do Pronampe, a adoção de procedimentos para recuperação de crédito menos rigorosos do que aqueles usualmente empregados em suas próprias operações de crédito.

§ 2.º As despesas necessárias para a recuperação dos créditos inadimplidos correrão por conta das instituições financeiras participantes do Pronampe.

§ 3.º As instituições financeiras participantes do Pronampe, em conformidade com as suas políticas de crédito, deverão empregar os melhores esforços e adotar os procedimentos necessários para a recuperação dos créditos no âmbito do Programa e não poderão interromper ou negligenciar o acompanhamento.

§ 4.º As instituições financeiras participantes do Pronampe serão responsáveis pela veracidade das informações fornecidas e pela exatidão dos valores a serem eventualmente reembolsados.

§ 5.º Os créditos honrados eventualmente não recuperados serão leiloados pelos agentes financeiros no prazo de 18 (dezoito) meses, contado da data da amortização da última parcela passível de vencimento, observadas as condições estabelecidas no estatuto do Fundo.

>> § 5.º acrescentado pela Lei n. 14.042, de 19-8-2020.

>> A Lei n. 14.045, de 20-8-2020, propôs nova redação para este § 5.º, porém teve seu texto vetado.

§ 6.º Os créditos não arrematados serão oferecidos novamente em leilão, no prazo estabelecido no § 5.º deste artigo, e poderão ser alienados àquele que oferecer o maior lance, independentemente do valor de avaliação.

>> § 6.º acrescentado pela Lei n. 14.042, de 19-8-2020.

>> A Lei n. 14.045, de 20-8-2020, propôs nova redação para este § 6.º, porém teve seu texto vetado.

§ 7.º Após o decurso do prazo previsto no § 5.º deste artigo, o patrimônio segregado no Fundo para o Pronampe será liquidado no prazo de 12 (doze) meses.

>> § 7.º acrescentado pela Lei n. 14.042, de 19-8-2020.

>> A Lei n. 14.045, de 20-8-2020, propôs nova redação para este § 7.º, porém teve seu texto vetado.

§ 8.º Após a realização do último leilão de que trata o § 6.º deste artigo pelos agentes financeiros, a parcela do crédito sub-rogada pelo FGO eventualmente não alienada será considerada extinta de pleno direito.

>> § 8.º acrescentado pela Lei n. 14.042, de 19-8-2020.

CAPÍTULO III
DO MODELO FINANCEIRO-OPERACIONAL

Art. 6.º A União aumentará sua participação no FGO em R$ 15.900.000.000,00 (quinze bilhões e novecentos milhões de reais), independentemente do limite estabelecido nos arts. 7.º e 8.º da Lei n. 12.087, de 11 de novembro de 2009, exclusivamente para cobertura das operações contratadas no âmbito do Pronampe.

§ 1.º A integralização adicional de cotas pela União de que trata este artigo será realizada por ato da Sepec do Ministério da Economia.

§ 2.º O valor não utilizado para garantia das operações contratadas no prazo previsto no *caput* do art. 3.º desta Lei, assim como os valores recuperados, inclusive no caso de inadimplência, deverão ser devolvidos à União, nos termos em que dispuser a Sepec, e serão integralmente utilizados para pagamento da dívida pública de responsabilidade do Tesouro Nacional.

§ 3.º O FGO responderá por suas obrigações com os bens e direitos alocados para a finalidade do Pronampe, e o cotista ou seus agentes públicos não responderão por qualquer obrigação ou eventual prejuízo do Fundo, salvo o cotista pela integralização das cotas que subscrever.

§ 4.º As instituições financeiras participantes do Pronampe operarão com recursos próprios e poderão contar com garantia a ser prestada pelo FGO de ateì 100% (cem por cento) do valor de cada operação garantida.

>> § 4.º com redação determinada pela Lei n. 14.042, de 19-8-2020.

§ 4.º-A. A garantia de que trata o § 4.º deste artigo será limitada a até 85% (oitenta e cinco por cento) da carteira de cada agente financeiro nos termos do estatuto do Fundo, permitido ao estatuto segregar os limites máximos de cobertura da inadimplência de acordo com as características das instituições financeiras e das carteiras, bem como por períodos, com as primeiras perdas da carteira de responsabilidade do FGO.

>> § 4.º-A acrescentado pela Lei n. 14.042, de 19-8-2020.

§ 5.º Nas operações de que trata o § 4.º deste artigo, o limite global a ser ressarcido às instituições financeiras em razão da garantia prestada pelo FGO no âmbito do Pronampe fica limitado ao fixado no *caput* deste artigo.

§ 6.º Fica autorizada a utilização do Fundo de Aval às Micro e Pequenas Empresas (Fampe) do Sebrae como instrumento complementar ao FGO na estruturação das garantias relativas às operações no âmbito do Pronampe.

§ 7.º As instituições financeiras públicas federais deverão priorizar em suas políticas operacionais as contratações de empréstimo no âmbito do Pronampe, inclusive com a utilização, quando cabível, de recursos dos fundos constitucionais de financiamento.

§ 8.º O FGO não contará com qualquer tipo de garantia ou aval por parte da União e responderá por suas obrigações contraídas no âmbito do Pronampe até o limite do valor dos bens e direitos integrantes do seu patrimônio alocados para o Programa.

>> § 8.º acrescentado pela Lei n. 13.999, de 20-8-2020.

Art. 6.º-A. Para as contratações realizadas no âmbito do Pronampe, não se aplica ao FGO o disposto nos §§ 3.º e 6.º do art. 9.º da Lei n. 12.087, de 11 de novembro de 2009.

>> Artigo acrescentado pela Lei n. 14.042, de 19-8-2020.

>> A Lei n. 14.045, de 20-8-2020, propôs nova redação para este artigo, porém teve seu texto vetado.

CAPÍTULO IV
(VETADO.)

CAPÍTULO V
DA REGULAÇÃO E DA SUPERVISÃO DAS OPERAÇÕES DE CRÉDITO REALIZADAS NO ÂMBITO DO PRONAMPE

Art. 8.º Compete ao Banco Central do Brasil fiscalizar o cumprimento, pelas instituições participantes do Pronampe, das condições estabelecidas para as operações de crédito realizadas no âmbito do Programa.

Art. 9.º O Conselho Monetário Nacional e o Banco Central do Brasil, no âmbito de suas competências, poderão disciplinar os aspectos necessários para operacionalizar e fiscalizar as instituições participantes do Pronampe quanto ao disposto nesta Lei, observados os preceitos da Lei n. 13.506, de 13 de novembro de 2017.

> Citada lei dispõe sobre o processo administrativo sancionador na esfera de atuação do Banco Central do Brasil e da Comissão de Valores Mobiliários.

CAPÍTULO VI
DO ESTÍMULO AO MICROCRÉDITO

....

Art. 12. O art. 2.º da Lei n. 9.790, de 23 de março de 1999, passa a vigorar acrescido do seguinte parágrafo único:

>> Alteração já processada no diploma modificado.

CAPÍTULO VII
DISPOSIÇÕES FINAIS

Art. 13. Expirado o prazo para contratações previsto nesta Lei, fica o Poder Executivo autorizado a adotar o Pronampe como política oficial de crédito de caráter permanente com tratamento diferenciado e favorecido, nas mesmas condições estabelecidas nesta Lei, com o objetivo de consolidar os pequenos negócios como agentes de sustentação, transformação e desenvolvimento da economia nacional.

Art. 14. Revoga-se o § 4.º do art. 1.º da Lei n. 13.636, de 20 de março de 2018.

Art. 15. Esta Lei entra em vigor na data de sua publicação.

Brasília, 18 de maio de 2020; 199.º da Independência e 132º da República.

JAIR MESSIAS BOLSONARO

DECRETO N. 10.411, DE 30 DE JUNHO DE 2020 (*)

Regulamenta a análise de impacto regulatório, de que tratam o art. 5.º da Lei n. 13.874, de 20 de setembro de 2019, e o art. 6.º da Lei n. 13.848, de 25 de junho de 2019.

O Presidente da República, no uso da atribuição que lhe confere o art. 84, *caput*, inciso IV, da Constituição, e tendo em vista o disposto no art. 5.º da Lei n. 13.874, de 20 de setembro de 2019, e no art. 6.º da Lei n. 13.848, de 25 de junho de 2019, decreta:

Art. 1.º Este Decreto regulamenta a análise de impacto regulatório, de que tratam o art. 5.º da Lei n. 13.874, de 20 de setembro de 2019, e o art. 6.º da Lei n. 13.848, de 25 de junho de 2019, e dispõe sobre o seu conteúdo, os quesitos mínimos a serem objeto de exame, as hipóteses em que será obrigatória e as hipóteses em que poderá ser dispensada.

§ 1.º O disposto neste Decreto se aplica aos órgãos e às entidades da administração pública federal direta, autárquica e fundacional, quando da proposição de atos normativos de interesse geral de agentes econômicos ou de usuários dos serviços prestados, no âmbito de suas competências.

§ 2.º O disposto neste Decreto aplica-se às propostas de atos normativos formuladas por colegiados por meio do órgão ou da entidade encarregado de lhe prestar apoio administrativo.

§ 3.º O disposto neste Decreto não se aplica às propostas de edição de decreto ou aos atos normativos a serem submetidos ao Congresso Nacional.

Art. 2.º Para fins do disposto neste Decreto, considera-se:

I – análise de impacto regulatório – AIR – procedimento, a partir da definição de problema regulatório, de avaliação prévia à edição dos atos normativos de que trata este Decreto, que conterá informações e dados sobre os seus prováveis efeitos, para verificar a razoabilidade do impacto e subsidiar a tomada de decisão;

II – ato normativo de baixo impacto – aquele que:

a) não provoque aumento expressivo de custos para os agentes econômicos ou para os usuários dos serviços prestados;

b) não provoque aumento expressivo de despesa orçamentária ou financeira; e

c) não repercuta de forma substancial nas políticas públicas de saúde, de segurança, ambientais, econômicas ou sociais;

III – avaliação de resultado regulatório – ARR – verificação dos efeitos decorrentes da edição de ato normativo, considerados o alcance dos objetivos originalmente pretendidos e os demais impactos observados sobre o mercado e a sociedade, em decorrência de sua implementação;

IV – custos regulatórios – estimativa dos custos, diretos e indiretos, identificados com o emprego da metodologia específica escolhida para o caso concreto, que possam vir a ser incorridos pelos agentes econômicos, pelos usuários dos serviços prestados e, se for o caso, por outros órgãos ou entidades públicos, para estar em conformidade com as novas exigências e obrigações a serem estabelecidas pelo órgão ou pela entidade competente, além dos custos que devam ser incorridos pelo órgão ou pela entidade competente para monitorar e fiscalizar o cumprimento dessas novas exigências e obrigações por parte dos agentes econômicos e dos usuários dos serviços prestados;

V – relatório de AIR – ato de encerramento da AIR, que conterá os elementos que subsidiaram a escolha da alternativa mais adequada ao enfrentamento do problema regulatório identificado e, se for o caso, a minuta do ato normativo a ser editado; e

VI – atualização do estoque regulatório – exame periódico dos atos normativos de responsabilidade do órgão ou da entidade competente, com vistas a averiguar a pertinência de sua manutenção ou a necessidade de sua alteração ou revogação.

Art. 3.º A edição, a alteração ou a revogação de atos normativos de interesse geral de agentes econômicos ou de usuários dos serviços prestados, por órgãos e entidades da administração pública federal direta, autárquica e fundacional será precedida de AIR.

§ 1.º No âmbito da administração tributária e aduaneira da União, o disposto neste Decreto aplica-se somente aos atos normativos que instituam ou modifiquem obrigação acessória.

§ 2.º O disposto no *caput* não se aplica aos atos normativos:

(*) Publicado no *Diário Oficial da União*, de 1.º-7-2020.

I – de natureza administrativa, cujos efeitos sejam restritos ao âmbito interno do órgão ou da entidade;

II – de efeitos concretos, destinados a disciplinar situação específica, cujos destinatários sejam individualizados;

III – que disponham sobre execução orçamentária e financeira;

IV – que disponham estritamente sobre política cambial e monetária;

V – que disponham sobre segurança nacional; e

VI – que visem a consolidar outras normas sobre matérias específicas, sem alteração de mérito.

Art. 4.º A AIR poderá ser dispensada, desde que haja decisão fundamentada do órgão ou da entidade competente, nas hipóteses de:

I – urgência;

II – ato normativo destinado a disciplinar direitos ou obrigações definidos em norma hierarquicamente superior que não permita, técnica ou juridicamente, diferentes alternativas regulatórias;

III – ato normativo considerado de baixo impacto;

IV – ato normativo que vise à atualização ou à revogação de normas consideradas obsoletas, sem alteração de mérito;

V – ato normativo que vise a preservar liquidez, solvência ou higidez:

a) dos mercados de seguro, de resseguro, de capitalização e de previdência complementar;

b) dos mercados financeiros, de capitais e de câmbio; ou

c) dos sistemas de pagamentos;

VI – ato normativo que vise a manter a convergência a padrões internacionais;

VII – ato normativo que reduza exigências, obrigações, restrições, requerimentos ou especificações com o objetivo de diminuir os custos regulatórios; e

VIII – ato normativo que revise normas desatualizadas para adequá-las ao desenvolvimento tecnológico consolidado internacionalmente, nos termos do disposto no Decreto n. 10.229, de 5 de fevereiro de 2020.

§ 1.º Nas hipóteses de dispensa de AIR, será elaborada nota técnica ou documento equivalente que fundamente a proposta de edição ou de alteração do ato normativo.

§ 2.º Na hipótese de dispensa de AIR em razão de urgência, a nota técnica ou o documento equivalente de que trata o § 1.º deverá, obrigatoriamente, identificar o problema regulatório que se pretende solucionar e os objetivos que se pretende alcançar, de modo a subsidiar a elaboração da ARR, observado o disposto no art. 12.

§ 3.º Ressalvadas informações com restrição de acesso, nos termos do disposto na Lei n. 12.527, de 18 de novembro de 2011, a nota técnica ou o documento equivalente de que tratam o § 1.º e o § 2.º serão disponibilizados no sítio eletrônico do órgão ou da entidade competente, conforme definido nas normas próprias.

Art. 5.º A AIR será iniciada após a avaliação pelo órgão ou pela entidade competente quanto à obrigatoriedade ou à conveniência e à oportunidade para a resolução do problema regulatório identificado.

Art. 6.º A AIR será concluída por meio de relatório que contenha:

I – sumário executivo objetivo e conciso, que deverá empregar linguagem simples e acessível ao público em geral;

II – identificação do problema regulatório que se pretende solucionar, com a apresentação de suas causas e sua extensão;

III – identificação dos agentes econômicos, dos usuários dos serviços prestados e dos demais afetados pelo problema regulatório identificado;

IV – identificação da fundamentação legal que ampara a ação do órgão ou da entidade quanto ao problema regulatório identificado;

V – definição dos objetivos a serem alcançados;

VI – descrição das alternativas possíveis ao enfrentamento do problema regulatório identificado, consideradas as opções de não ação, de soluções normativas e de, sempre que possível, soluções não normativas;

VII – exposição dos possíveis impactos das alternativas identificadas, inclusive quanto aos seus custos regulatórios;

VIII – considerações referentes às informações e às manifestações recebidas para a AIR em eventuais processos de participação social ou de outros processos de recebimento de subsídios de interessados na matéria em análise;

IX – mapeamento da experiência internacional quanto às medidas adotadas para a resolução do problema regulatório identificado;

X – identificação e definição dos efeitos e riscos decorrentes da edição, da alteração ou da revogação do ato normativo;

XI – comparação das alternativas consideradas para a resolução do problema regulatório identificado, acompanhada de análise fundamentada que contenha a metodologia específica escolhida para o caso concreto e a alternativa ou a combinação de alternativas sugerida, considerada mais adequada à resolução do problema regulatório e ao alcance dos objetivos pretendidos; e

XII – descrição da estratégia para implementação da alternativa sugerida, acompanhada das formas de monitoramento e de avaliação a serem adotadas e, quando couber, avaliação quanto à necessidade de alteração ou de revogação de normas vigentes.

Parágrafo único. O conteúdo do relatório de AIR deverá, sempre que possível, ser detalhado e complementado com elementos adicionais específicos do caso concreto, de acordo com o seu grau de complexidade, abrangência e repercussão da matéria em análise.

Art. 7.º Na elaboração da AIR, será adotada uma das seguintes metodologias específicas para aferição da razoabilidade do impacto econômico, de que trata o art. 5.º da Lei n. 13.874, de 2019:

I – análise multicritério;

II – análise de custo-benefício;

III – análise de custo-efetividade;

IV – análise de custo;

V – análise de risco; ou

VI – análise risco-risco.

§ 1.º A escolha da metodologia específica de que trata o *caput* deverá ser justificada e apresentar o comparativo entre as alternativas sugeridas.

§ 2.º O órgão ou a entidade competente poderá escolher outra metodologia além daquelas mencionadas no *caput*, desde que justifique tratar-se da metodologia mais adequada para a resolução do caso concreto.

Art. 8.º O relatório de AIR poderá ser objeto de participação social específica realizada antes da decisão sobre a melhor alternativa para enfrentar o problema regulatório identificado e antes da elaboração de eventual minuta de ato normativo a ser editado.

Art. 9.º Na hipótese de o órgão ou a entidade competente optar, após a conclusão da AIR, pela edição, alteração ou revogação de ato normativo para enfrentamento do problema regulatório identificado, o texto preliminar da proposta de ato normativo poderá ser objeto de consulta pública ou de consulta aos segmentos sociais diretamente afetados pela norma.

Parágrafo único. A realização de consulta pública será obrigatória na hipótese do art. 9.º da Lei n. 13.848, de 2019.

Art. 10. O órgão ou a entidade competente poderá utilizar os meios e os canais que considerar adequados para realizar os procedimentos de participação social e de consulta pública de que tratam os arts. 8.º e 9.º.

Parágrafo único. Os procedimentos de que trata o *caput* garantirão prazo para manifestação pública proporcional à complexidade do tema.

Art. 11. A disponibilização do texto preliminar da proposta de ato normativo objeto de consulta pública ou de consulta aos segmentos sociais diretamente afetados não obriga a sua publicação ou condiciona o órgão ou a entidade a adotar os posicionamentos predominantes.

Art. 12. Os atos normativos cuja AIR tenha sido dispensada em razão de urgência serão objeto de ARR no prazo de três anos, contado da data de sua entrada em vigor.

Art. 13. Os órgãos e as entidades implementarão estratégias para integrar a ARR à atividade de elaboração normativa com vistas a, de forma isolada ou em conjunto, proceder à verificação dos efeitos obtidos pelos atos normativos de interesse geral de agentes econômicos ou de usuários dos serviços prestados.

§ 1.º A ARR poderá ter caráter temático e ser realizada apenas quanto a partes específicas de um ou mais atos normativos.

§ 2.º Os órgãos e as entidades da administração pública federal direta, autárquica e fundacional, com competência para edição de atos normativos sujeitos à elaboração de AIR nos termos de que trata este Decreto, instituirão agenda de ARR e nela incluirão, no mínimo, um ato normativo de interesse geral de agentes econômicos ou de usuários dos serviços prestados de seu estoque regulatório.

§ 3.º A escolha dos atos normativos que integrarão a agenda de ARR a que se refere o § 2.º observará, preferencialmente, um ou mais dos seguintes critérios:

I – ampla repercussão na economia ou no País;

II – existência de problemas decorrentes da aplicação do referido ato normativo;

III – impacto significativo em organizações ou grupos específicos;

IV – tratamento de matéria relevante para a agenda estratégica do órgão; ou

V – vigência há, no mínimo, cinco anos.

§ 4.º Os órgãos e as entidades divulgarão, no primeiro ano de cada mandato presidencial, em seu sítio eletrônico, a agenda de ARR, que deverá ser concluída até o último ano daquele mandato e conter a relação de atos normativos submetidos à ARR, a justificativa para sua escolha e o seu cronograma para elaboração da ARR.

§ 5.º Concluído o procedimento de que trata este artigo, as ARRs elaboradas serão divulgadas no sítio eletrônico do órgão ou da entidade, ressalvadas as informações com restrição de acesso nos termos do disposto na Lei n. 12.527, de 2011.

Art. 14. Na hipótese de o órgão ou a entidade competente optar pela edição ou pela alteração de ato normativo como a alternativa mais adequada disponível ao enfrentamento do problema regulatório identificado, será registrado no relatório de AIR ou, na hipótese de que trata o § 1.º do art. 4.º, na nota técnica ou no documento equivalente, o prazo máximo para a sua verificação quanto à necessidade de atualização do estoque regulatório.

Art. 15. A autoridade competente do órgão ou da entidade responsável pela elaboração do relatório de AIR deverá se manifestar quanto à sua adequação formal e aos objetivos pretendidos, de modo a demonstrar se a adoção das alternativas sugeridas, considerados os seus impactos estimados, é a mais adequada ao enfrentamento do problema regulatório identificado.

§ 1.º O relatório de AIR tem o objetivo de subsidiar a tomada de decisão pela autoridade competente do órgão ou da entidade que o elabore.

§ 2.º O relatório de AIR não vincula a tomada de decisão de que trata o § 1.º e é facultado à autoridade competente do órgão ou da entidade decidir:

I – pela adoção da alternativa ou da combinação de alternativas sugerida no relatório da AIR;

II – pela necessidade de complementação da AIR; ou

III – pela adoção de alternativa contrária àquela sugerida no relatório, inclusive quanto às opções de não ação ou de soluções não normativas.

§ 3.º As decisões contrárias às alternativas sugeridas no relatório de AIR deverão ser fundamentadas pela autoridade competente do órgão ou da entidade.

§ 4.º Concluído o procedimento de que trata este artigo ou, se for o caso, publicado o ato normativo de caráter geral, o relatório de AIR será publicado no sítio eletrônico do órgão ou da entidade competente, ressalvadas as informações com restrição de acesso nos termos da Lei n. 12.527, de 2011.

Art. 16. Para fins do disposto no § 2.º do art. 6.º da Lei n. 13.848, de 2019, entende-se como operacionalização de AIR a definição das unidades organizacionais envolvidas em sua elaboração e do âmbito de suas competências.

Art. 17. Os órgãos e entidades implementarão estratégias específicas de coleta e de tratamento de dados, de forma a possibilitar a elaboração de análise quantitativa e, quando for o caso, de análise de custo-benefício.

Art. 18. Os órgãos e as entidades manterão os seus relatórios de AIR disponíveis para consulta em seu sítio eletrônico e garantirão acesso fácil a sua localização e identificação de seu conteúdo ao público em geral, ressalvados aqueles com restrição de acesso nos termos do disposto na Lei n. 12.527, de 2011.

Art. 19. O órgão ou a entidade disponibilizará em sítio eletrônico a análise das informações e as manifestações recebidas no processo de consulta pública após a decisão final sobre a matéria.

Parágrafo único. O órgão ou entidade não está obrigado a comentar ou considerar individualmente as informações e manifestações recebidas e poderá agrupá-las por conexão ou eliminar as repetitivas e as de conteúdo não conexo ou irrelevante para a matéria em análise.

Art. 20. A competência de que trata o § 7.º do art. 9.º da Lei n. 13.848, de 2019, será exercida pela Secretaria de Advocacia da Concorrência e Competitividade da Secretaria Especial de Produtividade, Emprego e Competitividade do Ministério da Economia.

Parágrafo único. O disposto no *caput* não se aplica à competência da Secretaria de Avaliação, Planejamento, Energia e Loteria da Secretaria Especial de Fazenda do Ministério da Economia quando se tratar do setor de energia.

Art. 21. A inobservância ao disposto neste Decreto não constitui escusa válida para o descumprimento da norma editada e nem acarreta a invalidade da norma editada.

Art. 22. A obrigatoriedade de elaboração de AIR não se aplica às propostas de ato normativo que, na data de produção de efeitos deste Decreto, já tenham sido submetidas à consulta pública ou a outro mecanismo de participação social.

Art. 23. Os órgãos e as entidades divulgarão em seu sítio eletrônico, até 14 de outubro de 2022, agenda de ARR a ser concluída até 31 de dezembro de 2022, acompanhada da relação de atos normativos a serem submetidos à ARR, da justificativa para a sua escolha e do cronograma para a elaboração das avaliações.

Art. 24. Este Decreto entra em vigor na data de sua publicação e produz efeitos em:

I – 15 de abril de 2021, para:

a) o Ministério da Economia;

b) as agências reguladoras de que trata a Lei n. 13.848, de 2019; e

c) o Instituto Nacional de Metrologia, Qualidade e Tecnologia – Inmetro; e

II – 14 de outubro de 2021, para os demais órgãos e entidades da administração pública federal direta, autárquica e fundacional.

Brasília, 30 de junho de 2020; 199.º da Independência e 132.º da República.

Jair Messias Bolsonaro

LEI COMPLEMENTAR N. 174, DE 5 DE AGOSTO DE 2020 (*)

Autoriza a extinção de créditos tributários apurados na forma do Regime Especial Unificado de Arrecadação de Tributos e Contribuições devidos pelas Microempresas e Empresas de Pequeno Porte (Simples Nacional), mediante celebração de transação resolutiva de litígio; e prorroga o prazo para enquadramento no Simples Nacional em todo o território brasileiro, no ano de

(*) Publicada no *Diário Oficial da União*, de 6-8-2020.

2020, para microempresas e empresas de pequeno porte em início de atividade.

O Presidente de República

Faço saber que o Congresso Nacional decreta e eu sanciono a seguinte Lei:

Art. 1.º Esta Lei Complementar autoriza a extinção de créditos tributários apurados na forma do Regime Especial Unificado de Arrecadação de Tributos e Contribuições devidos pelas Microempresas e Empresas de Pequeno Porte (Simples Nacional), mediante celebração de transação resolutiva de litígio, e prorroga o prazo para enquadramento no Simples Nacional em todo o território brasileiro, no ano de 2020, para microempresas e empresas de pequeno porte em início de atividade.

Art. 2.º Os créditos da Fazenda Pública apurados na forma do Simples Nacional, instituído pela Lei Complementar n. 123, de 14 de dezembro de 2006, em fase de contencioso administrativo ou judicial ou inscritos em dívida ativa poderão ser extintos mediante transação resolutiva de litígio, nos termos do art. 171 da Lei n. 5.172, de 25 de outubro de 1966 (Código Tributário Nacional).

Parágrafo único. Na hipótese do *caput* deste artigo, a transação será celebrada nos termos da Lei n. 13.988, de 14 de abril de 2020, ressalvada a hipótese prevista no § 3.º do art. 41 da Lei Complementar n. 123, de 14 dezembro de 2006.

> A Portaria n. 18.731, de 6-8-2020, da PGFN, estabelece as condições para transação excepcional de débitos do Regime Especial Unificado de Arrecadação de Tributos e Contribuições devidos pelas Microempresas e Empresas de Pequeno Porte (Simples Nacional).

Art. 3.º A transação resolutiva de litígio relativo à cobrança de créditos da Fazenda Pública não caracteriza renúncia de receita para fins do disposto no art. 14 da Lei Complementar n. 101, de 4 de maio de 2000.

Art. 4.º As microempresas e empresas de pequeno porte em início de atividade inscritas no Cadastro Nacional da Pessoa Jurídica (CNPJ) em 2020 poderão fazer a opção pelo Simples Nacional, prevista no art. 16 da Lei Complementar n. 123, de 14 de dezembro de 2006, no prazo de 180 (cento e oitenta) dias, contado da data de abertura constante do CNPJ.

§ 1.º A opção prevista no *caput* deste artigo:

I – deverá observar o prazo de até 30 (trinta) dias, contado do último deferimento de inscrição, seja ela a municipal, seja, caso exigível, a estadual; e

II – não afastará as vedações previstas na Lei Complementar n. 123, de 14 de dezembro de 2006.

§ 2.º O disposto neste artigo será regulamentado por resolução do Comitê Gestor do Simples Nacional.

Art. 5.º Esta Lei Complementar entra em vigor na data de sua publicação.

Brasília, 5 de agosto de 2020; 199.º da Independência e 132.º da República.

JAIR MESSIAS BOLSONARO

LEI N. 14.057, DE 11 DE SETEMBRO DE 2020 (*)

Disciplina o acordo com credores para pagamento com desconto de precatórios federais e o acordo terminativo de litígio contra a Fazenda Pública e dispõe sobre a destinação dos recursos deles oriundos para o combate à Covid-19, durante a vigência do estado de calamidade pública reconhecido pelo Decreto Legislativo n. 6, de 20 de março de 2020; e altera a Lei n. 7.689, de 15 de dezembro de 1988, e a Lei n. 8.212, de 24 de julho de 1991.

O Presidente da República

Faço saber que o Congresso Nacional decreta e eu sanciono a seguinte Lei:

Art. 1.º Esta Lei disciplina, no âmbito da União, de suas autarquias e de suas fundações, acordos diretos para pagamento de precatórios de grande valor, nos termos do § 20 do art. 100 da Constituição Federal, e acordos terminativos de litígios contra a Fazenda Pública, nos termos do art. 1.º da Lei n. 9.469, de 10 de julho de 1997, e do § 12 do art. 19 da Lei n. 10.522, de 19 de julho de 2002.

Art. 2.º As propostas de acordo direto para pagamento de precatório nos termos do § 20 do art. 100 da Constituição Federal serão apresentadas pelo credor ou pela entidade devedora perante o Juízo Auxiliar de Conciliação de Precatórios vinculado ao presidente do tribunal que proferiu a decisão exequenda.

§ 1.º As propostas de que trata o *caput* deste artigo poderão ser apresentadas até a quitação integral do valor do precatório e não suspenderão o pagamento de suas parcelas, nos termos da primeira parte do § 20 do art. 100 da Constituição Federal.

§ 2.º Em nenhuma hipótese a proposta de acordo implicará o afastamento de atualização monetária ou dos juros moratórios previstos no § 12 do art. 100 da Constituição Federal.

§ 3.º Recebida a proposta de acordo direto, o Juízo Auxiliar de Conciliação de Precatórios intimará o credor ou a entidade devedora para aceitar ou recusar a proposta ou apresentar-lhe contraproposta, observado o limite máximo de desconto de 40% (quarenta por cento) do valor do crédito atualizado nos termos legais.

§ 4.º Aceita a proposta de acordo feita nos termos deste artigo, o Juízo Auxiliar de Conciliação de Precatórios homologará o acordo e dará conhecimento dele ao Presidente do Tribunal para que sejam adotadas as medidas cabíveis.

Art. 3.º Os acordos terminativos de litígio de que tratam o art. 1.º da Lei n. 9.469, de 10 de julho de 1997, e o § 12 do art. 19 da Lei n. 10.522, de 19 de julho de 2002, poderão ser propostos pela entidade pública ou pelos titulares do direito creditório e poderão abranger condições diferenciadas de deságio e de parcelamento para o pagamento do crédito deles resultante.

§ 1.º Em nenhuma hipótese as propostas de que trata o *caput* deste artigo veicularão:

I – (*Vetado*.); e

II – parcelamento superior a:

a) 8 (oito) parcelas anuais e sucessivas, se houver título executivo judicial transitado em julgado;

b) 12 (doze) parcelas anuais e sucessivas, se não houver título executivo judicial transitado em julgado.

§ 2.º Recebida a proposta, o juízo competente para o processamento da ação intimará o credor ou a entidade pública, conforme o caso, para aceitar ou recusar a proposta ou apresentar-lhe contraproposta.

§ 3.º Aceito o valor proposto, esse montante será consolidado como principal e parcelado em tantas quantas forem as parcelas avençadas, observado o disposto nos §§ 5.º e 12 do art. 100 da Constituição Federal quanto à atualização monetária e aos juros de mora.

§ 4.º (*Vetado*.)

§ 5.º (*Vetado*.)

Art. 4.º Ato do Poder Executivo regulamentará o disposto nesta Lei, inclusive com relação à competência do Advogado-Geral da União para assinar os acordos firmados, diretamente ou por delegação.

Parágrafo único. A delegação referida no *caput* deste artigo poderá ser subdelegada e prever valores de alçada.

Art. 5.º O disposto no art. 40 da Lei n. 13.140, de 26 de junho de 2015, aplica-se aos servidores e aos agentes públicos, inclusive ocupantes de cargo em comissão, que participarem do processo de composição judicial disciplinado por esta Lei.

Art. 6.º (*Vetado*.)

Art. 7.º Os acordos a que se refere esta Lei contemplam também os precatórios oriundos de demanda judicial que tenha tido como objeto a cobrança de repasses referentes à complementação da União aos Estados e aos

(*) Publicada no *Diário Oficial da União*, de 14-9-2020.

Municípios por conta do Fundo de Manutenção e Desenvolvimento do Ensino Fundamental e de Valorização do Magistério (Fundef), a que se referia a Lei n. 9.424, de 24 de dezembro de 1996.

Parágrafo único. (*Vetado.*)

Art. 8.º (*Vetado.*)

Art. 9.º O art. 22 da Lei n. 8.212, de 24 de julho de 1991, passa a vigorar acrescido do seguinte § 16:

>> Alteração já processada no diploma modificado.

Art. 10. Esta Lei entra em vigor na data de sua publicação.

Brasília, 11 de setembro de 2020; 199.º da Independência e 132.º da República.

JAIR MESSIAS BOLSONARO

LEI N. 14.065, DE 30 DE SETEMBRO DE 2020 (*)

Autoriza pagamentos antecipados nas licitações e nos contratos realizados no âmbito da administração pública; adequa os limites de dispensa de licitação; amplia o uso do Regime Diferenciado de Contratações Públicas (RDC) durante o estado de calamidade pública reconhecido pelo Decreto Legislativo n. 6, de 20 de março de 2020; e altera a Lei n. 13.979, de 6 de fevereiro de 2020.

O Presidente da República

Faço saber que o Congresso Nacional decreta e eu sanciono a seguinte Lei:

Art. 1.º A administração pública dos entes federativos, de todos os Poderes e órgãos constitucionalmente autônomos fica autorizada a:

I – dispensar a licitação de que tratam os incisos I e II do *caput* do art. 24 da Lei n. 8.666, de 21 de junho de 1993, até o limite de:

a) R$ 100.000,00 (cem mil reais), para obras e serviços de engenharia, desde que não se refiram a parcelas de uma mesma obra ou serviço, ou para obras e serviços da mesma natureza e no mesmo local que possam ser realizados conjunta e concomitantemente; e

b) R$ 50.000,00 (cinquenta mil reais), para outros serviços e compras, desde que não se refiram a parcelas de um mesmo serviço ou de compra de maior vulto, que possam ser realizados de uma só vez;

II – promover o pagamento antecipado nas licitações e nos contratos, desde que:

a) represente condição indispensável para obter o bem ou assegurar a prestação do serviço; ou

b) propicie significativa economia de recursos; e

III – aplicar o Regime Diferenciado de Contratações Públicas (RDC), de que trata a Lei n. 12.462, de 4 de agosto de 2011, para licitações e contratações de quaisquer obras, serviços, compras, alienações e locações.

§ 1.º Na hipótese de que trata o inciso II do *caput* deste artigo, a Administração deverá:

I – prever a antecipação de pagamento em edital ou em instrumento formal de adjudicação direta; e

II – exigir a devolução integral do valor antecipado na hipótese de inexecução do objeto, atualizado monetariamente pela variação acumulada do Índice Nacional de Preços ao Consumidor Amplo (IPCA), ou índice que venha a substituí-lo, desde a data do pagamento da antecipação até a data da devolução.

§ 2.º Sem prejuízo do disposto no § 1.º deste artigo, a Administração deverá prever cautelas aptas a reduzir o risco de inadimplemento contratual, tais como:

I – a comprovação da execução de parte ou de etapa inicial do objeto pelo contratado, para a antecipação do valor remanescente;

II – a prestação de garantia nas modalidades de que trata o art. 56 da Lei n. 8.666, de 21 de junho de 1993, de até 30% (trinta por cento) do valor do objeto;

III – a emissão de título de crédito pelo contratado;

IV – o acompanhamento da mercadoria, em qualquer momento do transporte, por representante da Administração; ou

V – a exigência de certificação do produto ou do fornecedor.

§ 3.º É vedado o pagamento antecipado pela Administração na hipótese de prestação de serviços com regime de dedicação exclusiva de mão de obra.

Art. 2.º O disposto nesta Lei aplica-se aos atos realizados durante o estado de calamidade pública reconhecido pelo Decreto Legislativo n. 6, de 20 de março de 2020.

Parágrafo único. O disposto nesta Lei aplica-se aos contratos firmados no período de que trata o *caput* deste artigo independentemente do seu prazo ou do prazo de suas prorrogações.

Art. 3.º O disposto nesta Lei aplica-se, no que couber, às escolas de que trata o art. 77 da Lei n. 9.394, de 20 de dezembro de 1996, e às entidades qualificadas como organizações sociais, na forma da Lei n. 9.637, de 15 de maio de 1998, como organizações da sociedade civil de interesse público, na forma da Lei n. 9.790, de 23 de março de 1999, como pontos ou pontões de cultura, na forma da Lei n. 13.018, de 22 de julho de 2014, ou como organizações da sociedade civil, na forma da Lei n. 13.019, de 31 de julho de 2014, relativamente aos recursos públicos por elas administrados em decorrência dos respectivos contratos de gestão, termos de parceria, termos de compromisso cultural, termos de colaboração, termos de fomento ou contrato equivalente.

Art. 4.º Todos os atos decorrentes desta Lei serão disponibilizados em sítio oficial da internet, observados, no que couber, os requisitos previstos no § 3.º do art. 8.º da Lei n. 12.527, de 18 de novembro de 2011, com o nome do contratado, o número de sua inscrição na Secretaria Especial da Receita Federal do Brasil, o prazo contratual, o valor e o respectivo processo de aquisição ou contratação.

....

Art. 6.º Esta Lei entra em vigor na data de sua publicação.

JAIR MESSIAS BOLSONARO

LEI N. 14.074, DE 14 DE OUTUBRO DE 2020 (**)

Altera a Lei n. 13.844, de 18 de junho de 2019, para criar o Ministério da Ciência, Tecnologia e Inovações e o Ministério das Comunicações.

O Presidente da República

Faço saber que o Congresso Nacional decreta e eu sanciono a seguinte Lei:

Art. 1.º A Lei n. 13.844, de 18 de junho de 2019, passa a vigorar com as seguintes alterações:

>> Alteração já processada no diploma modificado.

Art. 2.º Fica extinto o Ministério da Ciência, Tecnologia, Inovações e Comunicações.

Art. 3.º Ficam criados o Ministério da Ciência, Tecnologia e Inovações e o Ministério das Comunicações.

Art. 4.º Ficam transformados, sem aumento de despesa:

I – o cargo de Ministro de Estado da Ciência, Tecnologia, Inovações e Comunicações no cargo de Ministro de Estado da Ciência, Tecnologia e Inovações;

II – o cargo de natureza especial de Secretário-Executivo do Ministério da Ciência, Tecnologia, Inovações e Comunicações no cargo de natureza especial de Secretário-Executivo do Ministério da Ciência, Tecnologia e Inovações;

III – 2 (dois) cargos de nível 4 e 3 (três) cargos de nível 2 do Grupo-Direção e Asses-

(*) Publicada no *Diário Oficial da União*, de 1.º-10-2020.

(**) Publicada no *Diário Oficial da União*, de 15-10-2020. *Vide* Lei n. 13.844, de 18-6-2019.

soramento Superiores – DAS alocados à Secretaria Especial de Comunicação Social da Secretaria de Governo da Presidência da República no cargo de Ministro de Estado das Comunicações;

IV – o cargo de natureza especial de Secretário Especial da Secretaria Especial de Comunicação Social da Secretaria de Governo da Presidência da República no cargo de natureza especial de Secretário Especial da Secretaria Especial de Comunicação Social do Ministério das Comunicações; e

V – 41 (quarenta e uma) Funções Gratificadas – FG-01 e 104 (cento e quatro) Funções Gratificadas – FG-03 do Ministério da Economia em:

a) 1 (um) cargo de natureza especial de Secretário-Executivo do Ministério das Comunicações;

b) 1 (um) cargo do Grupo-Direção e Assessoramento Superior – DAS-6; e

c) 2 (dois) cargos do Grupo-Direção e Assessoramento Superior – DAS-4.

Art. 5.º As estruturas regimentais da Secretaria de Governo da Presidência da República e do Ministério da Ciência, Tecnologia, Inovações e Comunicações continuarão vigentes e aplicáveis até a sua revogação expressa.

§ 1.º O apoio administrativo prestado às unidades do extinto Ministério da Ciência, Tecnologia, Inovações e Comunicações e da Secretaria Especial de Comunicação Social da Secretaria de Governo da Presidência da República continuará sendo prestado na forma prevista nas estruturas regimentais em vigor.

§ 2.º O apoio jurídico prestado às unidades da Secretaria Especial de Comunicação Social da Secretaria de Governo da Presidência da República continuará sendo prestado pela Subchefia para Assuntos Jurídicos da Secretaria-Geral da Presidência da República até previsão em contrário em ato do Poder Executivo.

§ 3.º O apoio jurídico ao Ministério das Comunicações será prestado pela Consultoria Jurídica do extinto Ministério da Ciência, Tecnologia, Inovações e Comunicações até previsão em contrário em ato do Poder Executivo.

Art. 6.º Na data de entrada em vigor da Medida Provisória n. 980, de 10 de junho de 2020:

I – ficam automaticamente exonerados os ocupantes dos cargos extintos e efetuadas as transformações de cargos de que tratam os incisos I, II, III e IV do *caput* do art. 4.º desta Lei;

II – ficam subordinadas ao Ministro de Estado das Comunicações:

a) a Secretaria Especial de Comunicação Social da Presidência da República;

b) a Secretaria de Radiodifusão do Ministério da Ciência, Tecnologia, Inovações e Comunicações; e

c) a Secretaria de Telecomunicações do Ministério da Ciência, Tecnologia, Inovações e Comunicações; e

III – ficam subordinadas ao Ministro de Estado da Ciência, Tecnologia e Inovações as unidades administrativas do extinto Ministério da Ciência, Tecnologia, Inovações e Comunicações, exceto aquelas referidas nas alíneas *b* e *c* do inciso II do *caput* deste artigo.

Art. 7.º Na data de entrada em vigor desta Lei, ficam automaticamente exonerados os ocupantes dos cargos extintos e efetuadas as transformações de funções de que trata o inciso V do *caput* do art. 4.º desta Lei.

Art. 8.º Os servidores, os empregados e os militares em atividade nos órgãos extintos, transformados ou incorporados por esta Lei ficam transferidos para os órgãos que absorverem as suas competências e unidades administrativas.

§ 1.º A transferência de pessoal a que se refere o *caput* deste artigo não implicará alteração remuneratória e não poderá ser obstada a pretexto de limitação de exercício em outro órgão ou entidade por força de lei especial.

§ 2.º Não haverá novo ato de cessão, requisição ou movimentação de pessoal em razão das alterações realizadas por esta Lei.

§ 3.º O disposto neste artigo aplica-se a:

I – servidores efetivos lotados no órgão ou na entidade;

II – servidores efetivos cedidos, requisitados, movimentados, em exercício temporário ou em exercício descentralizado;

III – pessoal temporário;

IV – empregados públicos; e

V – militares colocados à disposição ou cedidos para a União.

§ 4.º A gestão da folha de pagamento de pessoal, inclusive de inativos e de pensionistas, permanecerá com a unidade administrativa responsável até que haja disposição em contrário.

Art. 9.º Os servidores requisitados com fundamento na Lei n. 9.007, de 17 de março de 1995, para ter exercício na Secretaria Especial do Programa de Parcerias de Investimentos quando essa ainda integrava a estrutura da Presidência da República poderão permanecer nesta condição após a transferência do órgão para o Ministério da Economia, assegurados a eles todos os direitos e vantagens a que façam jus no órgão ou entidade de origem e a contagem do período de requisição como de efetivo exercício no cargo ou emprego que ocupem no órgão ou entidade de origem para todos os efeitos da vida funcional.

Art. 10. Ficam revogados os seguintes dispositivos da Lei n. 13.844, de 18 de junho de 2019:

I – do *caput* do art. 5.º:

a) a alínea *e* do inciso I; e

b) os incisos IV ao X;

II – o inciso V do *caput* do art. 6.º; e

III – a Seção IV do Capítulo II.

Art. 11. Esta Lei entra em vigor na data de sua publicação.

Brasília, 14 de outubro de 2020; 199.º da Independência e 132.º da República.

JAIR MESSIAS BOLSONARO

Súmulas Vinculantes (*)

1. Ofende a garantia constitucional do ato jurídico perfeito a decisão que, sem ponderar as circunstâncias do caso concreto, desconsidera a validez e a eficácia de acordo constante de termo de adesão instituído pela Lei Complementar n. 110/2001.

> *Vide* art. 5.º, XXXVI, da CF.

2. É inconstitucional a lei ou ato normativo estadual ou distrital que disponha sobre sistemas de consórcios e sorteios, inclusive bingos e loterias.

> *Vide* art. 22, XX, da CF.

3. Nos processos perante o Tribunal de Contas da União asseguram-se o contraditório e a ampla defesa quando da decisão puder resultar anulação ou revogação de ato administrativo que beneficie o interessado, excetuada a apreciação da legalidade do ato de concessão inicial de aposentadoria, reforma e pensão.

> *Vide* arts. 5.º, LV, e 71, III, da CF.

4. Salvo nos casos previstos na Constituição, o salário mínimo não pode ser usado como indexador de base de cálculo de vantagem de servidor público ou de empregado, nem ser substituído por decisão judicial.

> *Vide* arts. 7.º, IV, e 169, § 1.º, da CF.

5. A falta de defesa técnica por advogado no processo administrativo disciplinar não ofende a Constituição.

6. Não viola a Constituição o estabelecimento de remuneração inferior ao salário mínimo para as praças prestadoras de serviço militar inicial.

7. A norma do § 3.º do artigo 192 da Constituição, revogada pela Emenda Constitucional n. 40/2003, que limitava a taxa de juros reais a 12% ao ano, tinha sua aplicação condicionada à edição de lei complementar.

8. São inconstitucionais o parágrafo único do art. 5.º do Decreto-Lei n. 1.569/1977 e os arts 45 e 46 da Lei n. 8.212/1991, que tratam de prescrição e decadência de crédito tributário.

9. O disposto no art. 127 da Lei n. 7.210/1984 (Lei de Execução Penal) foi recebido pela ordem constitucional vigente, e não se lhe aplica o limite temporal previsto no *caput* do art. 58.

10. Viola a cláusula de reserva de plenário (CF, art. 97) a decisão de órgão fracionário de Tribunal que, embora não declare expressamente a inconstitucionalidade de lei ou ato normativo do poder público, afasta sua incidência, no todo ou em parte.

11. Só é lícito o uso de algemas em casos de resistência e de fundado receio de fuga ou de perigo à integridade física própria ou alheia, por parte do preso ou de terceiros, justificada a excepcionalidade por escrito, sob pena de responsabilidade disciplinar, civil e penal do agente ou da autoridade e de nulidade da prisão ou do ato processual a que se refere, sem prejuízo da responsabilidade civil do Estado.

> *Vide* arts. 1.º, III, 5.º, III, X e XLIX, da CF.

12. A cobrança de taxa de matrícula nas universidades públicas viola o disposto no art. 206, IV, da Constituição Federal.

13. A nomeação de cônjuge, companheiro ou parente em linha reta, colateral ou por afinidade, até o terceiro grau, inclusive, da autoridade nomeante ou de servidor da mesma pessoa jurídica investido em cargo de direção, chefia ou assessoramento, para o exercício de cargo em comissão ou de confiança ou, ainda, de função gratificada na administração pública direta e indireta em qualquer dos Poderes da União, dos Estados, do Distrito Federal e dos Municípios, compreendido o ajuste mediante designações recíprocas, viola a Constituição Federal.

> *Vide* art. 37, *caput*, da CF.

14. É direito do defensor, no interesse do representado, ter acesso amplo aos elementos de prova que, já documentados em procedimento investigatório realizado por órgão com competência de polícia judiciária, digam respeito ao exercício do direito de defesa.

15. O cálculo de gratificações e outras vantagens do servidor público não incide sobre o abono utilizado para se atingir o salário mínimo.

> *Vide* art. 7.º, IV, da CF.

16. Os arts. 7.º, IV, e 39, § 3.º (redação da Emenda Constitucional 19/98), da Constituição, referem-se ao total da remuneração percebida pelo servidor público.

17. Durante o período previsto no § 1.º do art. 100 da Constituição, não incidem juros de mora sobre os precatórios que nele sejam pagos.

> *Vide* Emenda Constitucional n. 62, de 9-12-2009.

18. A dissolução da sociedade ou do vínculo conjugal, no curso do mandato, não afasta a inelegibilidade prevista no § 7.º do art. 14 da Constituição Federal.

19. A taxa cobrada exclusivamente em razão dos serviços públicos de coleta, remoção e tratamento ou destinação de lixo ou resíduos provenientes de imóveis, não viola o art. 145, II, da Constituição Federal.

20. A Gratificação de Desempenho de Atividade Técnico-Administrativa – GDATA, instituída pela Lei n. 10.404/2002, deve ser deferida aos inativos nos valores correspondentes a 37,5 (trinta e sete vírgula cinco) pontos no período de fevereiro a maio de 2002 e, nos termos do art. 5.º, parágrafo único, da Lei n. 10.404/2002, no período de junho de 2002 até a conclusão dos efeitos do último ciclo de avaliação a que se refere o art. 1.º da Medida Provisória n. 198/2004, a partir da qual passa a ser de 60 (sessenta) pontos.

> *Vide* art. 40, § 8.º, da CF, e art. 7.º da Emenda Constitucional n. 41, de 19-12-2003.

21. É inconstitucional a exigência de depósito ou arrolamento prévios de dinheiro ou bens para admissibilidade de recurso administrativo.

> *Vide* art. 5.º, XXXIV, *a*, e LV, da CF.

22. A Justiça do Trabalho é competente para processar e julgar as ações de indenização por danos morais e patrimoniais decorrentes de acidente de trabalho propostas por empregado contra empregador, inclusive aquelas que ainda não possuíam sentença de mérito em primeiro grau quando da promulgação da Emenda Constitucional n. 45/04.

23. A Justiça do Trabalho é competente para processar e julgar ação possessória ajuizada em decorrência do exercício do direito de greve pelos trabalhadores da iniciativa privada.

24. Não se tipifica crime material contra a ordem tributária, previsto no art. 1.º, incisos I a IV, da Lei n. 8.137/90, antes do lançamento definitivo do tributo.

25. É ilícita a prisão civil de depositário infiel, qualquer que seja a modalidade do depósito.

(*) As Súmulas Vinculantes estão previstas no art. 103-A da CF, acrescentado pela Emenda Constitucional n. 45, de 2004 (Reforma do Judiciário), e regulamentado pela Lei n. 11.417, de 19-12-2006.

ESPAÇO RESERVADO PARA USO DE GRAMPO

> *Vide* art. 5.º, LXVII e § 2.º, da CF.

26. Para efeito de progressão de regime no cumprimento de pena por crime hediondo, ou equiparado, o juízo da execução observará a inconstitucionalidade do art. 2.º da Lei n. 8.072, de 25 de julho de 1990, sem prejuízo de avaliar se o condenado preenche, ou não, os requisitos objetivos e subjetivos do benefício, podendo determinar, para tal fim, de modo fundamentado, a realização de exame criminológico.

> Com a alteração sofrida pela Lei n. 11.464, de 28-3-2007, o art. 2.º da Lei n. 8.072, de 25-7-1990, deixou de ser considerado inconstitucional.

27. Compete à Justiça estadual julgar causas entre consumidor e concessionária de serviço público de telefonia, quando a ANATEL não seja litisconsorte passiva necessária, assistente, nem opoente.

> *Vide* arts. 98, I, e 109, I, da CF.

28. É inconstitucional a exigência de depósito prévio como requisito de admissibilidade de ação judicial na qual se pretenda discutir a exigibilidade de crédito tributário.

29. É constitucional a adoção, no cálculo do valor de taxa, de um ou mais elementos da base de cálculo própria de determinado imposto, desde que não haja integral identidade entre uma base e outra.

30. (Até a data de fechamento desta edição o STF mantinha suspensa a publicação da Súmula Vinculante 30.)

31. É inconstitucional a incidência do Imposto sobre Serviços de Qualquer Natureza – ISS sobre operações de locação de bens móveis.

32. O ICMS não incide sobre alienação de salvados de sinistro pelas seguradoras.

33. Aplicam-se ao servidor público, no que couber, as regras do regime geral da previdência social sobre aposentadoria especial de que trata o art. 40, § 4.º, inciso III, da Constituição Federal, até a edição de lei complementar específica.

34. A Gratificação de Desempenho de Atividade de Seguridade Social e do Trabalho – GDASST, instituída pela Lei 10.483/2002, deve ser estendida aos inativos no valor correspondente a 60 (sessenta) pontos, desde o advento da Medida Provisória 198/2004, convertida na Lei 10.971/2004, quando tais inativos façam jus à paridade constitucional (EC 20/1998, 41/2003 e 47/2005).

35. A homologação da transação penal prevista no artigo 76 da Lei 9.099/1995 não faz coisa julgada material e, descumpridas suas cláusulas, retoma-se a situação anterior, possibilitando-se ao Ministério Público a continuidade da persecução penal mediante oferecimento de denúncia ou requisição de inquérito policial.

> A Lei n. 9.099, de 26-9-1995, dispõe sobre os Juizados Especiais Cíveis e Criminais e dá outras providências.

36. Compete à Justiça Federal comum processar e julgar civil denunciado pelos crimes de falsificação e de uso de documento falso quando se tratar de falsificação da Caderneta de Inscrição e Registro (CIR) ou de Carteira de Habilitação de Amador (CHA), ainda que expedidas pela Marinha do Brasil.

37. Não cabe ao Poder Judiciário, que não tem função legislativa, aumentar vencimentos de servidores públicos sob o fundamento de isonomia.

> *Vide* art. 37, X, da CF.

> *Vide* Súmula 339 do STF.

38. É competente o Município para fixar o horário de funcionamento de estabelecimento comercial.

> *Vide* art. 30, I, da CF.

> *Vide* Súmula 645 do STF.

39. Compete privativamente à União legislar sobre vencimentos dos membros das polícias civil e militar e do corpo de bombeiros militar do Distrito Federal.

> *Vide* art. 21, XIV, da CF.

> *Vide* Súmula 647 do STF.

40. A contribuição confederativa de que trata o art. 8.º, IV, da Constituição Federal, só é exigível dos filiados ao sindicato respectivo.

> *Vide* art. 8, IV, da CF.

> *Vide* Súmula 666 do STF.

41. O serviço de iluminação pública não pode ser remunerado mediante taxa.

> *Vide* art. 145, II, da CF.

> *Vide* Súmula 670 do STF.

42. É inconstitucional a vinculação do reajuste de vencimentos de servidores estaduais ou municipais a índices federais de correção monetária.

> *Vide* arts. 2.º, 25, 29, 30, I, e 37, XIII, da CF.

> *Vide* Súmula 681 do STF.

43. É inconstitucional toda modalidade de provimento que propicie ao servidor investir-se, sem prévia aprovação em concurso público destinado ao seu provimento, em cargo que não integra a carreira na qual anteriormente investido.

> *Vide* art. 37, II, da CF.

44. Só por lei se pode sujeitar a exame psicotécnico a habilitação de candidato a cargo público.

> *Vide* arts. 5.º, II, e 37, I, da CF.

45. A competência constitucional do Tribunal do Júri prevalece sobre o foro por prerrogativa de função estabelecido exclusivamente pela constituição estadual.

> *Vide* arts. 5.º, XXXVIII, *d*, e 125, § 1.º, da CF.

46. A definição dos crimes de responsabilidade e o estabelecimento das respectivas normas de processo e julgamento são da competência legislativa privativa da União.

> *Vide* arts. 22, I, e 85, parágrafo único, da CF.

47. Os honorários advocatícios incluídos na condenação ou destacados do montante principal devido ao credor consubstanciam verba de natureza alimentar cuja satisfação ocorrerá com a expedição de precatório ou requisição de pequeno valor, observada ordem especial restrita aos créditos dessa natureza.

> *Vide* art. 100, § 1.º, da CF.

> *Vide* arts. 22, § 4.º, e 23 da Lei n. 8.906, de 4-7-1994.

48. Na entrada de mercadoria importada do exterior, é legítima a cobrança do ICMS por ocasião do desembaraço aduaneiro.

> Vide art. 155, § 2.º, IX, *a*, da CF.

49. Ofende o princípio da livre concorrência lei municipal que impede a instalação de estabelecimentos comerciais do mesmo ramo em determinada área.

> *Vide* arts. 170, IV, V, parágrafo único, e 173, § 4.º, da CF.

50. Norma legal que altera o prazo de recolhimento de obrigação tributária não se sujeita ao princípio da anterioridade.

> *Vide* art. 195, § 6.º, da CF.

51. O reajuste de 28,86%, concedido aos servidores militares pelas Leis n. 8.622/1993 e 8.627/1993, estende-se aos servidores civis do poder executivo, observadas as eventuais compensações decorrentes dos reajustes diferenciados concedidos pelos mesmos diplomas legais.

> *Vide* art. 37, X, da CF.

52. Ainda quando alugado a terceiros, permanece imune ao IPTU o imóvel pertencente a qualquer das entidades referidas pelo art. 150, VI, *c*, da Constituição Federal, desde que o valor dos aluguéis seja aplicado nas atividades para as quais tais entidades foram constituídas.

> *Vide* art. 150, VI, *c*, da CF.

53. A competência da Justiça do Trabalho prevista no art. 114, VIII, da Constituição Federal alcança a execução de ofício das contribuições previdenciárias relativas ao objeto da condenação constante das sentenças que proferir e acordos por ela homologados.

> *Vide* art. 114, VIII, da CF.

54. A medida provisória não apreciada pelo Congresso Nacional podia, até a Emenda Constitucional n. 32/2001, ser reeditada dentro do seu prazo de eficácia de trinta dias, mantidos os efeitos de lei desde a primeira edição.

55. O direito ao auxílio-alimentação não se estende aos servidores inativos.

56. A falta de estabelecimento penal adequado não autoriza a manutenção do condenado em regime prisional mais gravoso, devendo-se observar, nessa hipótese, os parâmetros fixados no RE 641.320/RS.

> *Vide* arts. 1.º, III, e 5.º, XLVI, da CF.

57. A imunidade tributária constante do art. 150, VI, *d*, da CF/88 aplica-se à importação e comercialização, no mercado interno, do livro eletrônico (*e-book*) e dos suportes exclusivamente utilizados para fixá-lo, como os leitores de livros eletrônicos (*e-readers*), ainda que possuam funcionalidades acessórias.

58. Inexiste direito a crédito presumido de IPI relativamente à entrada de insumos isentos, sujeitos à alíquota zero ou não tributáveis, o que não contraria o princípio da não cumulatividade.

Súmulas do Supremo Tribunal Federal (*)

>> *As Súmulas aqui constantes (até a de n. 621) foram promulgadas antes da Constituição Federal de 1988, que mudou a competência do STF.*

1. É vedada a expulsão de estrangeiro casado com brasileira, ou que tenha filho brasileiro dependente da economia paterna.

2. Concede-se liberdade vigiada ao extraditando que estiver preso por prazo superior a sessenta dias.

3. A imunidade concedida a deputados estaduais é restrita à Justiça do Estado.

>> Súmula superada pela Constituição Federal de 1988, que tornou aplicáveis, sem restrições, aos das Assembleias Legislativas dos Estados e do Distrito Federal, as normas sobre imunidades parlamentares dos integrantes do Congresso Nacional.

4. (*Cancelada.*)

5. A sanção do projeto supre a falta de iniciativa do Poder Executivo.

6. A revogação ou anulação, pelo poder executivo, de aposentadoria, ou qualquer outro ato aprovado pelo tribunal de contas, não produz efeitos antes de aprovada por aquele tribunal, ressalvada a competência revisora do judiciário.

7. Sem prejuízo de recurso para o Congresso, não é exequível contrato administrativo a que o Tribunal de Contas houver negado o registro.

8. Diretor de sociedade de economia mista pode ser destituído no curso do mandato.

9. Para o acesso de auditores ao Superior Tribunal Militar, só concorrem os de segunda entrância.

10. O tempo de serviço militar conta-se para efeito de disponibilidade e aposentadoria do servidor público estadual.

11. A vitaliciedade não impede a extinção do cargo, ficando o funcionário em disponibilidade, com todos os vencimentos.

12. A vitaliciedade do professor catedrático não impede o desdobramento da cátedra.

13. A equiparação de extranumerário a funcionário efetivo, determinada pela Lei n. 2.284, de 9 de agosto de 1954, não envolve reestruturação, não compreendendo, portanto, os vencimentos.

> A Lei n. 2.284, de 9-8-1954, regula a estabilidade do pessoal extranumerário mensalista da União e das autarquias.

14. Não é admissível, por ato administrativo, restringir, em razão da idade, inscrição em concurso para cargo público.

> *Vide* Súmula 683 do STF.

15. Dentro do prazo de validade do concurso, o candidato aprovado tem direito à nomeação, quando o cargo for preenchido sem observância da classificação.

16. Funcionário nomeado por concurso tem direito à posse.

17. A nomeação do funcionário sem concurso pode ser desfeita antes da posse.

18. Pela falta residual não compreendida na absolvição pelo Juízo Criminal, é admissível a punição administrativa do servidor público.

19. É inadmissível segunda punição de servidor público, baseada no mesmo processo em que se fundou a primeira.

20. É necessário processo administrativo com ampla defesa, para demissão de funcionário admitido por concurso.

21. Funcionário em estágio probatório não pode ser exonerado nem demitido sem inquérito ou sem as formalidades legais de apuração de sua capacidade.

22. O estágio probatório não protege o funcionário contra a extinção do cargo.

23. Verificados os pressupostos legais para o licenciamento da obra, não o impede a declaração de utilidade pública para desapropriação do imóvel, mas o valor da obra não se incluirá na indenização, quando a desapropriação for efetivada.

>> *Vide* Decreto-lei n. 3.365, de 21-6-1941, arts. 7.º, 10, 15 e 26.

24. Funcionário interno substituto é demissível, mesmo antes de cessar a causa da substituição.

25. A nomeação a termo não impede a livre demissão, pelo Presidente da República, de ocupante de cargo dirigente de autarquia.

26. Os servidores do instituto de aposentadoria e pensões dos industriários não podem acumular a sua gratificação bienal com o adicional de tempo de serviço previsto no estatuto dos funcionários civis da União.

27. Os servidores públicos não têm vencimentos irredutíveis, prerrogativas dos membros do poder judiciário e dos que lhes são equiparados.

28. O estabelecimento bancário é responsável pelo pagamento de cheque falso, ressalvadas as hipóteses de culpa exclusiva ou concorrente do correntista.

29. Gratificação devida a servidores do sistema fazendário não se estende aos dos tribunais de contas.

30. Servidores de coletorias não têm direito à percentagem pela cobrança de contribuições destinadas à Petrobras.

31. Para aplicação da Lei n. 1.741, de 22-11-1952, soma-se o tempo de serviço ininterrupto em mais de um cargo em comissão.

> A Lei n. 1.741, de 22-11-1952, assegura, ao ocupante de cargo de caráter permanente e de provimento em comissão, o direito de continuar a perceber o vencimento do mesmo cargo.

32. Para aplicação da Lei n. 1.741, de 22-11-1952, soma-se o tempo de serviço ininterrupto em cargo em comissão e em função gratificada.

33. A Lei n. 1.741, de 22-11-1952, é aplicável às autarquias federais.

34. No Estado de São Paulo, funcionário eleito vereador fica licenciado por toda a duração do mandato.

35. Em caso de acidente do trabalho ou de transporte, a concubina tem direito de ser indenizada pela morte do amásio, se entre eles não havia impedimento para o matrimônio.

36. Servidor vitalício está sujeito à aposentadoria compulsória, em razão da idade.

(*) De acordo com o art. 8.º da Emenda Constitucional n. 45, de 8-12-2004 (Reforma do Judiciário), as atuais súmulas do Supremo Tribunal Federal somente produzirão efeito vinculante após sua confirmação por dois terços de seus integrantes e publicação na imprensa oficial. A Resolução n. 388, de 5-12-2008, disciplina o processamento de proposta de edição, revisão e cancelamento de Súmulas.

37. Não tem direito de se aposentar pelo Tesouro Nacional o servidor que não satisfizer as condições estabelecidas na legislação do serviço público federal, ainda que aposentado pela respectiva instituição previdenciária, com direito, em tese, a duas aposentadorias.

38. Reclassificação posterior à aposentadoria não aproveita ao servidor aposentado.

39. À falta de lei, funcionário em disponibilidade não pode exigir, judicialmente, o seu aproveitamento, que fica subordinado ao critério de conveniência da administração.

40. A elevação da entrância da comarca não promove automaticamente o juiz, mas não interrompe o exercício de suas funções na mesma comarca.

41. Juízes preparadores ou substitutos não têm direito aos vencimentos da atividade fora dos períodos de exercício.

42. É legítima a equiparação de juízes do tribunal de contas, em direitos e garantias, aos membros do poder judiciário.

43. Não contraria a Constituição Federal o art. 61 da Constituição de São Paulo, que equiparou os vencimentos do Ministério Público aos da magistratura.

44. O exercício do cargo pelo prazo determinado na Lei n. 1.341, de 30-1-1951, art. 91, dá preferência para a nomeação interina de Procurador da República.

45 . A estabilidade dos substitutos do Ministério Público Militar não confere direito aos vencimentos da atividade fora dos períodos de exercício.

46. Desmembramento de serventia de justiça não viola o princípio de vitaliciedade do serventuário.

47. Reitor de universidade não é livremente demissível pelo Presidente da República durante o prazo de sua investidura.

48. É legítimo o rodízio de docentes livres na substituição do professor catedrático.

49. A cláusula de inalienabilidade inclui a incomunicabilidade dos bens.

50. A lei pode estabelecer condições para a demissão de extranumerário.

51. Militar não tem direito a mais de duas promoções na passagem para a inatividade, ainda que por motivos diversos.

52. A promoção de militar, vinculada à inatividade, pode ser feita, quando couber, a posto inexistente no quadro.

53. A promoção de professor militar, vinculada à sua reforma, pode ser feita, quando couber, a posto inexistente no quadro.

54. A reserva ativa do magistério militar não confere vantagens vinculadas à efetiva passagem para a inatividade.

55. Militar da reserva está sujeito à pena disciplinar.

56. Militar reformado não está sujeito à pena disciplinar.

57. Militar inativo não tem direito ao uso do uniforme fora dos casos previstos em lei ou regulamento.

58. É válida a exigência de média superior a quatro para aprovação em estabelecimento de ensino superior, consoante o respectivo regimento.

59. Imigrante pode trazer, sem licença prévia, automóvel que lhe pertença desde mais de seis meses antes do seu embarque para o Brasil.

60. Não pode o estrangeiro trazer automóvel quando não comprovada a transferência definitiva de sua residência para o Brasil.

61. Brasileiro domiciliado no estrangeiro, que se transfere definitivamente para o Brasil, pode trazer automóvel licenciado em seu nome há mais de seis meses.

62. Não basta a simples estada no estrangeiro por mais de seis meses, para dar direito à trazida de automóvel com fundamento em transferência de residência.

63. É indispensável, para trazida de automóvel, a prova do licenciamento há mais de seis meses no país de origem.

64. É permitido trazer do estrangeiro, como bagagem, objetos de uso pessoal e doméstico, desde que, por sua quantidade e natureza, não induzam finalidade comercial.

65. A cláusula de aluguel progressivo anterior à Lei n. 3.494, de 19-12-1958, continua em vigor em caso de prorrogação legal ou convencional da locação.

66. É legítima a cobrança do tributo que houver sido aumentado após o orçamento, mas antes do início do respectivo exercício financeiro.

67. É inconstitucional a cobrança do tributo que houver sido criado ou aumentado no mesmo exercício financeiro.

68. É legítima a cobrança, pelos Municípios, no exercício de 1961, de tributo estadual, regularmente criado ou aumentado, e que lhes foi transferido pela Emenda Constitucional n. 5, de 21-11-1961.

69. A Constituição Estadual não pode estabelecer limite para o aumento de tributos municipais.

70. É inadmissível a interdição de estabelecimento como meio coercitivo para cobrança de tributo.

71. Embora pago indevidamente, não cabe restituição de tributo indireto.
>> *Vide* Súmula 546 do STF.

72. No julgamento de questão constitucional, vinculada a decisão do TSE, não estão impedidos os ministros do STF que ali tenham funcionado no mesmo processo ou no processo originário.

73. A imunidade das autarquias, implicitamente contida no art. 31, V, *a*, da Constituição Federal, abrange tributos estaduais e municipais.

74. O imóvel transcrito em nome de autarquia, embora objeto de promessa de venda a particulares, continua imune de impostos locais.

75. Sendo vendedora uma autarquia, a sua imunidade fiscal não compreende o imposto de transmissão *inter vivos*, que é encargo do comprador.

76. As sociedades de economia mista não estão protegidas pela imunidade fiscal do art. 31, V, *a*, Constituição Federal.

77. Está isenta de impostos federais a aquisição de bens pela Rede Ferroviária Federal.

78. Estão isentas de impostos locais as empresas de energia elétrica, no que respeita às suas atividades específicas.

79. O Banco do Brasil não tem isenção de tributos locais.

80. Para a retomada de prédio situado fora do domicílio do locador, exige-se a prova da necessidade.

81. As cooperativas não gozam de isenção de impostos locais com fundamento na Constituição e nas Leis Federais.

82. São inconstitucionais o imposto de cessão e a taxa sobre inscrição de promessa de venda de imóvel, substitutivos do imposto de transmissão, por incidirem sobre ato que não transfere o domínio.

83. Os ágios de importação incluem-se no valor dos artigos importados para incidência do impôsto de consumo.

84. Não estão isentos do imposto de consumo os produtos importados pelas cooperativas.

85. Não estão sujeitos ao imposto de consumo os bens de uso pessoal e doméstico trazidos, como bagagem, do exterior.

86. Não está sujeito ao imposto de consumo automóvel usado, trazido do exterior pelo proprietário.

87. Somente no que não colidirem com a Lei n. 3.244, de 14-8-1957, são aplicáveis acordos tarifários anteriores.

88. É válida a majoração da tarifa alfandegária, resultante da Lei n. 3.244, de 14-8-1957, que modificou o Acordo Geral sobre Tarifas Aduaneiras e Comércio (GATT), aprovado pela Lei n. 313, de 30-7-1948.

89. Estão isentas do imposto de importação frutas importadas da Argentina, do Chile, da Espanha e de Portugal, enquanto vigentes os respectivos acordos comerciais.

90. É legítima a lei local que faça incidir o imposto de indústrias e profissões com base no movimento econômico do contribuinte.

91. A incidência do imposto único não isenta o comerciante de combustíveis do imposto de indústrias e profissões.

92. É constitucional o art. 100, n. II, da Lei n. 4.563, de 20-2-1957, do Município de Recife, que faz variar o imposto de licença em função do aumento do capital do contribuinte.

93. Não está isenta do Imposto de Renda a atividade profissional do arquiteto.

94. É competente a autoridade alfandegária para o desconto, na fonte, do Imposto de Renda correspondente às comissões dos despachantes aduaneiros.

95. Para cálculo do imposto de lucro extraordinário, incluem-se no capital as reservas do ano-base, apuradas em balanço.

96. O imposto de lucro imobiliário incide sobre a venda de imóvel da meação do cônjuge sobrevivente, ainda que aberta a sucessão antes da vigência da Lei n. 3.470, de 28-11-1958.

97. É devida a alíquota anterior do imposto de lucro imobiliário, quando a promessa de venda houver sido celebrada antes da vigência da lei que a tiver elevado.

98. Sendo o imóvel alienado na vigência da Lei n. 3.470, de 28-11-1958, ainda que adquirido por herança, usucapião ou a título gratuito, é devido o imposto de lucro imobiliário.

99. Não é devido o imposto de lucro imobiliário, quando a alienação de imóvel adquirido por herança, ou a título gratuito, tiver sido anterior à vigência da Lei n. 3.470, de 28-11-1958.

100. Não é devido o imposto de lucro imobiliário, quando a alienação de imóvel, adquirido por usucapião, tiver sido anterior à vigência da Lei n. 3.470, de 28-11-1958.

101. O mandado de segurança não substitui a ação popular.

102. É devido o imposto federal do selo pela incorporação de reservas, em reavaliação de ativo, ainda que realizada antes da vigência da Lei n. 3.519, de 30-12-1958.

103. É devido o imposto federal do selo na simples reavaliação de ativo, realizada posteriormente à vigência da Lei n. 3.519, de 30-12-1958.

104. Não é devido o imposto federal do selo na simples reavaliação de ativo anterior à vigência da Lei n. 3.519, de 30-12-1958.

105. Salvo se tiver havido premeditação, o suicídio do segurado, no período contratual de carência, não exime o segurador do pagamento do seguro.

106. É legítima a cobrança de selo sobre registro de automóveis, na conformidade da legislação estadual.

107. É inconstitucional o imposto de selo de 3%, *ad valorem*, do Paraná, quanto aos produtos remetidos para fora do Estado.

108. É legítima incidência do imposto de transmissão *inter vivos* sobre o valor do imóvel ao tempo da alienação, e não da promessa, na conformidade da legislação local.

109. É devida a multa prevista no art. 15, § 6.º, da Lei n. 1.300, de 28-12-1950, ainda que a desocupação do imóvel tenha resultado da notificação e não haja sido proposta ação de despejo.

110. O imposto de transmissão *inter vivos* não incide sobre a construção, ou parte dela, realizada pelo adquirente, mas sobre o que tiver sido construído ao tempo da alienação do terreno.

111. É legítima a incidência do imposto de transmissão *inter vivos* sobre a restituição, ao antigo proprietário, de imóvel que deixou de servir à finalidade da sua desapropriação.

112. O imposto de transmissão *causa mortis* é devido pela alíquota vigente ao tempo da abertura da sucessão.

113. O imposto de transmissão *causa mortis* é calculado sobre o valor dos bens na data da avaliação.

114. O imposto de transmissão *causa mortis* não é exigível antes da homologação do cálculo.

115. Sobre os honorários do advogado contratado pelo inventariante, com a homologação do Juiz, não incide o imposto de transmissão *causa mortis*.

116. Em desquite ou inventário, é legítima a cobrança do chamado imposto de reposição quando houver desigualdade nos valores partilhados.

>> A Lei n. 6.515, de 26-12-1977, substitui a expressão desquite por separação consensual ou separação judicial.

117. A lei estadual pode fazer variar a alíquota do imposto de vendas e consignações em razão da espécie do produto.

118. Estão sujeitas ao imposto de vendas e consignações as transações sobre minerais, que ainda não estão compreendidos na legislação federal sobre o imposto único.

119. É devido o imposto de vendas e consignações sobre a venda de cafés ao Instituto Brasileiro do Café, embora o lote, originariamente, se destinasse à exportação.

120. Parede de tijolos de vidro translúcido pode ser levantada a menos de metro e meio do prédio vizinho, não importando servidão sobre ele.

121. É vedada a capitalização de juros, ainda que expressamente convencionada.

122. O enfiteuta pode purgar a mora enquanto não decretado o comisso por sentença.

123. Sendo a locação regida pelo Decreto n. 24.150, de 20-4-1934, o locatário não tem direito à purgação da mora prevista na Lei n. 1.300, de 28-12-1950.

124. É inconstitucional o adicional do imposto de vendas e consignações cobrado pelo Estado do Espírito Santo sobre cafés da cota de expurgo entregues ao Instituto Brasileiro do Café.

125. Não é devido o imposto de vendas e consignações sobre a parcela do imposto de consumo que onera a primeira venda realizada pelo produtor.

126. É inconstitucional a chamada taxa de aguardente, do Instituto do Açúcar e do Álcool.

127. É indevida a taxa de armazenagem, posteriormente aos primeiros trinta dias, quando não exigível o imposto de consumo, cuja cobrança tenha motivado a retenção da mercadoria.

128. É indevida a taxa de assistência médica e hospitalar das instituições de previdência social.

129. Na conformidade da legislação local, é legítima a cobrança de taxas de calçamento.

130. A taxa de despacho aduaneiro (art. 66 da Lei n. 3.244, de 14-8-1957) continua a ser exigível após o Decreto Legislativo n. 14, de 25-8-1960, que aprovou alterações introduzidas no Acordo Geral sobre Tarifas Aduaneiras e Comércio (GATT).

131. A taxa de despacho aduaneiro (art. 66 da Lei n. 3.244, de 14-8-1957) continua a ser exigível após o Decreto Legislativo n. 14, de 25-8-1960, mesmo para as mercadorias incluídas na vigente lista III do Acordo Geral sobre Tarifas Aduaneiras e Comércio (GATT).

ESPAÇO RESERVADO PARA USO DE GRAMPO

132. Não é devida a taxa de Previdência Social na importação de amianto bruto ou em fibra.

133. Não é devida a taxa de despacho aduaneiro na importação de fertilizantes e inseticidas.

134. A isenção fiscal para a importação de frutas da Argentina compreende a taxa de despacho aduaneiro e a taxa de previdência social.

135. É inconstitucional a taxa de eletrificação de Pernambuco.

136. É constitucional a taxa de estatística da Bahia.

137. A taxa de fiscalização da exportação incide sobre a bonificação cambial concedida ao exportador.

138. É inconstitucional a taxa contra fogo, do estado de Minas Gerais, incidente sobre prêmio de seguro contra fogo.

139. É indevida a cobrança do imposto de transação a que se refere a Lei n. 899, de 1957, art. 58, IV, letra e, do antigo Distrito Federal.

140. Na importação de lubrificantes é devida a taxa de Previdência Social.

141. Não incide a taxa de Previdência Social sobre combustíveis.

142. Não é devida a taxa de Previdência Social sobre mercadorias isentas do imposto de importação.

143. Na forma da lei estadual, é devido o imposto de vendas e consignações na exportação de café pelo Estado da Guanabara, embora proveniente de outro Estado.

144. É inconstitucional a incidência da taxa de recuperação econômica de Minas Gerais sobre contrato sujeito ao imposto federal do selo.

145. Não há crime quando a preparação do flagrante pela polícia torna impossível a sua consumação.

146. A prescrição da ação penal regula-se pela pena concretizada na sentença, quando não há recurso da acusação.

147. A prescrição de crime falimentar começa a correr da data em que deveria estar encerrada a falência, ou do trânsito em julgado da sentença que a encerrar ou que julgar cumprida a concordata.

148. É legítimo o aumento de tarifas portuárias por ato do Ministro da Viação e Obras Públicas.

149. É imprescritível a ação de investigação de paternidade, mas não o é a de petição de herança.

150. Prescreve a execução no mesmo prazo de prescrição da ação.

151. Prescreve em um ano a ação do segurador sub-rogado para haver indenização por extravio ou perda de carga transportada por navio.

152. (*Revogada.*)

153. Simples protesto cambiário não interrompe a prescrição.

154. Simples vistoria não interrompe a prescrição.

155. É relativa a nulidade do processo criminal por falta de intimação da expedição de precatória para inquirição de testemunha.

156. É absoluta a nulidade do julgamento pelo júri, por falta de quesito obrigatório.

157. É necessária prévia autorização do Presidente da República para desapropriação, pelos Estados, de empresa de energia elétrica.

158. Salvo estipulação contratual averbada no Registro Imobiliário, não responde o adquirente pelas benfeitorias do locatário.

159. Cobrança excessiva, mas de boa-fé, não dá lugar às sanções do art. 1.531 do Código Civil.

160. É nula a decisão do tribunal que acolhe contra o réu nulidade não arguida no recurso da acusação, ressalvados os casos de recurso de ofício.

161. Em contrato de transporte, é inoperante a cláusula de não indenizar.

162. É absoluta a nulidade do julgamento pelo júri, quando os quesitos da defesa não precedem aos das circunstâncias agravantes.

163. Salvo contra a Fazenda Pública, sendo a obrigação ilíquida, contam-se os juros moratórios desde a citação inicial para a ação.

164. No processo de desapropriação, são devidos juros compensatórios desde a antecipada imissão de posse ordenada pelo Juiz por motivo de urgência.

165. A venda realizada diretamente pelo mandante ao mandatário não é atingida pela nulidade do art. 1.133, II, do Código Civil.

>> A referência é feita a dispositivo do CC de 1916. Dispõe sobre a matéria atualmente o art. 497 do CC de 2002.

166. É inadmissível o arrependimento no compromisso de compra e venda sujeito ao regime do Decreto-lei n. 58, de 10-12-1937.

> O Decreto-lei n. 58, de 10-12-1937, dispõe sobre o loteamento e a venda de terrenos para pagamento em prestações.

167. Não se aplica o regime do Decreto-lei n. 58, de 10-12-1937, ao compromisso de compra e venda não inscrito no Registro Imobiliário, salvo se o promitente-vendedor se obrigou a efetuar o registro.

168. Para os efeitos do Decreto-lei n. 58, de 10-12-1937, admite-se a inscrição imobiliária do compromisso de compra e venda no curso da ação.

169. Depende de sentença a aplicação da pena de comisso.

170. É resgatável a enfiteuse instituída anteriormente à vigência do Código Civil.

171. Não se admite, na locação em curso, de prazo determinado, a majoração de encargos a que se refere a Lei n. 3.844, de 15-12-1960.

172. Não se admite, na locação em curso, de prazo determinado, o reajustamento de aluguel a que se refere a Lei n. 3.085, de 29-12-1956.

173. Em caso de obstáculo judicial admite-se a purga da mora, pelo locatário, além do prazo legal.

174. Para a retomada do imóvel alugado, não é necessária a comprovação dos requisitos legais na notificação prévia.

175. Admite-se a retomada de imóvel alugado, para uso de filho que vai contrair matrimônio.

176. O promitente comprador, nas condições previstas na Lei n. 1.300, de 28-12-1950, pode retomar o imóvel locado.

177. O cessionário do promitente-comprador, nas mesmas condições deste, pode retomar o imóvel locado.

178. Não excederá de cinco anos a renovação judicial de contrato de locação, fundada no Decreto n. 24.150, de 20-4-1934.

>> O Decreto n. 24.150, de 20-4-1934, foi revogado pela Lei n. 8.245, de 18-10-1991 (Lei de Locações).

179. O aluguel arbitrado judicialmente nos termos da Lei n. 3.085, de 29-12-1956, art. 6.º, vigora a partir da data do laudo pericial.

180. Na ação revisional do art. 31 do Decreto n. 24.150, de 20-4-1934, o aluguel arbitrado vigora a partir do laudo pericial.

181. Na retomada, para construção mais útil de imóvel sujeito ao Decreto n. 24.150, de 20-4-1934, é sempre devida indenização para despesas de mudança do locatário.

182. Não impede o reajustamento do débito pecuário, nos termos da Lei n. 1.002, de 24-12-1949, a falta de cancelamento da renúncia à moratória da Lei n. 209, de 2-1-1948.

183. Não se incluem no reajustamento pecuário dívidas estranhas à atividade agropecuária.

184. Não se incluem no reajustamento pecuário dívidas contraídas posteriormente a 19-12-1946.

185. Em processo de reajustamento pecuniário, não responde a União pelos honorários do advogado do credor ou do devedor.

186. Não infringe a lei a tolerância da quebra de 1% no transporte por estrada de ferro, prevista no regulamento de transportes.

187. A responsabilidade contratual do transportador, pelo acidente com o passageiro, não é elidida por culpa de terceiro, contra o qual tem ação regressiva.

188. O segurador tem ação regressiva contra o causador do dano, pelo que efetivamente pagou, até o limite previsto no contrato de seguro.

189. Avais em branco e superpostos consideram-se simultâneos e não sucessivos.

190. O não pagamento de título vencido há mais de trinta dias sem protesto não impede a concordata preventiva.

>> De acordo com a Lei de Falências, a concordata é substituída pela recuperação judicial e extrajudicial de empresas.

191. Inclui-se no crédito habilitado em falência a multa fiscal simplesmente moratória.

192. Não se inclui no crédito habilitado em falência a multa fiscal com efeito de pena administrativa.

193. Para a restituição prevista no art. 76, § 2.º, da Lei de Falências, conta-se o prazo de quinze dias da entrega da coisa e não da sua remessa.

194. É competente o Ministro do Trabalho para a especificação das atividades insalubres.

195. Contrato de trabalho para obra certa, ou de prazo determinado, transforma-se em contrato de prazo indeterminado quando prorrogado por mais de quatro anos.

196. Ainda que exerça atividade rural, o empregado de empresa industrial ou comercial é classificado de acordo com a categoria do empregador.

197. O empregado com representação sindical só pode ser despedido mediante inquérito em que se apure falta grave.

198. As ausências motivadas por acidente do trabalho não são descontáveis do período aquisitivo das férias.

199. O salário das férias do empregado horista corresponde à média do período aquisitivo, não podendo ser inferior ao mínimo.

200. Não é inconstitucional a Lei n. 1.530, de 26-12-1951, que manda incluir na indenização por despedida injusta parcela correspondente a férias proporcionais.

201. O vendedor pracista, remunerado mediante comissão, não tem direito ao repouso semanal remunerado.

202. Na equiparação de salário, em caso de trabalho igual, toma-se em conta o tempo de serviço na função e não no emprego.

203. Não está sujeita à vacância de 60 dias a vigência de novos níveis de salário mínimo.

204. Tem direito o trabalhador substituto, ou de reserva, ao salário mínimo no dia em que fica à disposição do empregador sem ser aproveitado na função específica; se aproveitado, recebe o salário contratual.

205. Tem direito a salário integral o menor não sujeito à aprendizagem metódica.

206. É nulo o julgamento ulterior pelo júri com a participação de jurado que funcionou em julgamento anterior do mesmo processo.

207. As gratificações habituais, inclusive a de Natal, consideram-se tacitamente convencionadas, integrando o salário.

208. O assistente do Ministério Público não pode recorrer extraordinariamente de decisão concessiva de *habeas corpus*.

209. O salário-produção, como outras modalidades de salário-prêmio, é devido desde que verificada a condição a que estiver subordinado e não pode ser suprimido unilateralmente pelo empregador, quando pago com habitualidade.

210. O assistente do Ministério Público pode recorrer, inclusive extraordinariamente, na ação penal, nos casos dos arts. 584, § 1.º, e 598 do CPP.

211. Contra a decisão proferida sobre o agravo no auto do processo, por ocasião do julgamento da apelação, não se admitem embargos infringentes ou de nulidade.

212. Tem direito ao adicional de serviço perigoso o empregado de posto de revenda de combustível líquido.

213. É devido o adicional de serviço noturno, ainda que sujeito o empregado ao regime de revezamento.

214. A duração legal da hora de serviço noturno (52 minutos e 30 segundos) constitui vantagem suplementar que não dispensa o salário adicional.

215. Conta-se a favor de empregado readmitido o tempo de serviço anterior, salvo se houver sido despedido por falta grave ou tiver recebido a indenização legal.

216. Para decretação da absolvição de instância pela paralisação do processo por mais de trinta dias, é necessário que o autor, previamente intimado, não promova o andamento da causa.

217. Tem direito de retornar ao emprego, ou ser indenizado em caso de recusa do empregador, o aposentado que recupera a capacidade de trabalho dentro de cinco anos a contar da aposentadoria, que se torna definitiva após esse prazo.

218. É competente o juízo da Fazenda Nacional da Capital do Estado, e não o da situação da coisa, para a desapropriação promovida por empresa de energia elétrica, se a União Federal intervém como assistente.

219. Para a indenização devida a empregado que tinha direito a ser readmitido e não foi, levam-se em conta as vantagens advindas à sua categoria no período do afastamento.

220. A indenização devida a empregado estável, que não é readmitido ao cessar sua aposentadoria, deve ser paga em dobro.

221. A transferência de estabelecimento ou a sua extinção parcial, por motivo que não seja de força maior, não justifica a transferência de empregado estável.

222. O princípio da identidade física do Juiz não é aplicável às Juntas de Conciliação e Julgamento da Justiça do Trabalho.

223. Concedida isenção de custas ao empregado, por elas não responde o Sindicato que o representa em Juízo.

224. Os juros de mora, nas reclamações trabalhistas, são contados desde a notificação inicial.

225. Não é absoluto o valor probatório das anotações da Carteira Profissional.

226. Na ação de desquite, os alimentos são devidos desde a inicial e não da data da decisão que os concede.

227. A concordata do empregador não impede a execução de crédito nem a reclamação de empregado na Justiça do Trabalho.

>> De acordo com a Lei de Falências, a concordata é substituída pela recuperação judicial e extrajudicial de empresas.

228. Não é provisória a execução na pendência de recurso extraordinário, ou de agravo destinado a fazê-lo admitir.

>> *Vide* art. 995 do CPC.

229. A indenização acidentária não exclui a do direito comum, em caso de dolo ou culpa grave do empregador.

230. A prescrição da ação de acidente do trabalho conta-se do exame pericial que comprovar a enfermidade ou verificar a natureza da incapacidade.

231. O revel, em processo cível, pode produzir provas desde que compareça em tempo oportuno.

ESPAÇO RESERVADO PARA USO DE GRAMPO

232. Em caso de acidente do trabalho são devidas diárias até doze meses, as quais não se confundem com a indenização acidentária nem com o auxílio-enfermidade.

233. Salvo em caso de divergência qualificada (Lei n. 623, de 1949), não cabe recurso de embargos contra decisão que nega provimento a agravo ou não conhece de recurso extraordinário, ainda que por maioria de votos.

234. São devidos honorários de advogado em ação de acidente do trabalho julgada procedente.

235. É competente para a ação de acidente do trabalho a Justiça Cível comum, inclusive em segunda instância, ainda que seja parte autarquia seguradora.

>> *Vide* arts. 109, I, e 114, VI, da CF.

>> *Vide* Súmula Vinculante 22, Súmula 501 do STF e Súmula 15 do STJ.

236. Em ação de acidente do trabalho, a autarquia seguradora não tem isenção de custas.

237. O usucapião pode ser arguido em defesa.

238. Em caso de acidente do trabalho, a multa pelo retardamento da liquidação é exigível do segurador sub-rogado, ainda que autarquia.

239. Decisão que declara indevida a cobrança do imposto em determinado exercício não faz coisa julgada em relação aos posteriores.

240. O depósito para recorrer, em ação de acidente do trabalho, é exigível do segurador sub-rogado, ainda que autarquia.

241. A contribuição previdenciária incide sobre o abono incorporado ao salário.

242. O agravo no auto do processo deve ser apreciado, no julgamento da apelação, ainda que o agravante não tenha apelado.

243. Em caso de dupla aposentadoria, os proventos a cargo do IAPFESP não são equiparáveis aos pagos pelo Tesouro Nacional, mas calculados à baixa da média salarial dos últimos doze meses de serviço.

244. A importação de máquinas de costura está isenta do imposto de consumo.

245. A imunidade parlamentar não se estende ao corréu sem essa prerrogativa.

246. Comprovado não ter havido fraude, não se configura o crime de emissão de cheque sem fundos.

247. O relator não admitirá os embargos da Lei n. 623, de 19-2-1949, nem deles conhecerá o STF, quando houver jurisprudência firme do Plenário no mesmo sentido da decisão embargada.

248. É competente originariamente o Supremo Tribunal Federal, para mandado de segurança contra ato do Tribunal de Contas da União.

> *Vide* art. 102, I, *d*, da CF.

249. É competente o Supremo Tribunal Federal para a ação rescisória quando, embora não tendo conhecido do recurso extraordinário, ou havendo negado provimento a agravo, tiver apreciado a questão federal controvertida.

250. A intervenção da União desloca o processo do juízo cível comum para o fazendário.

251. Responde a Rede Ferroviária Federal S.A. perante o foro comum e não perante o Juízo especial da Fazenda Nacional, a menos que a União intervenha na causa.

252. Na ação rescisória, não estão impedidos Juízes que participaram do julgamento rescindendo.

253. Nos embargos da Lei n. 623, de 19-2-1949, no Supremo Tribunal Federal a divergência somente será acolhida se tiver sido indicada na petição de recurso extraordinário.

254. Incluem-se os juros moratórios na liquidação, embora omisso o pedido inicial ou a condenação.

255. Sendo ilíquida a obrigação, os juros moratórios, contra a Fazenda Pública, incluídas as autarquias, são contados do trânsito em julgado da sentença de liquidação.

256. É dispensável pedido expresso para condenação do réu em honorários, com fundamento nos arts. 63 ou 64 do CPC.

>> A referência é feita ao CPC de 1939. *Vide* arts. 82, § 2.º, 84 e 85 do CPC.

257. São cabíveis honorários de advogado na ação regressiva do segurador contra o causador do dano.

258. É admissível reconvenção em ação declaratória.

259. Para produzir efeito em Juízo não é necessária a inscrição, no Registro Público, de documentos de procedência estrangeira, autenticados por via consular.

260. O exame de livros comerciais, em ação judicial, fica limitado às transações entre os litigantes.

261. Para a ação de indenização, em caso de avaria, é dispensável que a vistoria se faça judicialmente.

262. Não cabe medida possessória liminar para liberação alfandegária de automóvel.

263. O possuidor deve ser citado pessoalmente para a ação de usucapião.

264. Verifica-se a prescrição intercorrente pela paralisação da ação rescisória por mais de cinco anos.

265. Na apuração de haveres, não prevalece o balanço não aprovado pelo sócio falecido, excluído ou que se retirou.

266. Não cabe mandado de segurança contra lei em tese.

267. Não cabe mandado de segurança contra ato judicial passível de recurso ou correição.

> *Vide* art. 5.º, II, da Lei n. 12.016, de 7-8-2009.

268. Não cabe mandado de segurança contra decisão judicial com trânsito em julgado.

269. O mandado de segurança não é substitutivo de ação de cobrança.

> *Vide* Súmula 271 do STF.

270. Não cabe mandado de segurança para impugnar enquadramento da Lei n. 3.780, de 12-7-1960, que envolva exame de prova ou de situação funcional complexa.

271. Concessão de mandado de segurança não produz efeitos patrimoniais em relação a período pretérito, os quais devem ser reclamados administrativamente ou pela via judicial própria.

> *Vide* Súmula 269 do STF.

272. Não se admite como ordinário recurso extraordinário de decisão denegatória de mandado de segurança.

273. Nos embargos da Lei n. 623, de 19-2-1949, a divergência sobre questão prejudicial ou preliminar, suscitada após a interposição do recurso extraordinário, ou do agravo, somente será acolhida se o acórdão-padrão for anterior à decisão embargada.

> *Vide* art. 1.043 do CPC.

> *Vide* Súmula 598 do STF.

274. (*Revogada*.)

275. Está sujeita a recurso *ex officio* sentença concessiva de reajustamento pecuário anterior à vigência da Lei n. 2.804, de 25-6-1956.

276. Não cabe recurso de revista em ação executiva fiscal.

277. São cabíveis embargos em favor da Fazenda Pública, em ação executiva fiscal, não sendo unânime a decisão.

278. São cabíveis embargos em ação executiva fiscal contra decisão reformatória da de primeira instância, ainda que unânime.

279. Para simples reexame de prova não cabe recurso extraordinário.

280. Por ofensa a direito local não cabe recurso extraordinário.

281. É inadmissível o recurso extraordinário quando couber, na Justiça de origem, recurso ordinário da decisão impugnada.

282. É inadmissível o recurso extraordinário quando não ventilada, na decisão recorrida, a questão federal suscitada.

283. É inadmissível o recurso extraordinário quando a decisão recorrida assenta em mais de um fundamento suficiente e o recurso não abrange todos eles.

284. É inadmissível o recurso extraordinário, quando a deficiência na sua fundamentação não permitir a exata compreensão da controvérsia.

285. Não sendo razoável a arguição de inconstitucionalidade, não se conhece do recurso extraordinário fundado na letra *c* do art. 101, III, da Constituição Federal.

>> Refere-se à CF de 1946. *Vide* art. 102, III, *c*, da CF.

286. Não se conhece do recurso extraordinário fundado em divergência jurisprudencial, quando a orientação do Plenário do STF já se firmou no mesmo sentido da decisão recorrida.

287. Nega-se provimento ao agravo quando a deficiência na sua fundamentação, ou na do recurso extraordinário, não permitir exata compreensão da controvérsia.

288. Nega-se provimento a agravo para subida de recurso extraordinário, quando faltar no traslado o despacho agravado, a decisão recorrida, a petição de recurso extraordinário ou qualquer peça essencial à compreensão da controvérsia.

289. O provimento do agravo por uma das turmas do STF, ainda que sem ressalva, não prejudica a questão do cabimento do recurso extraordinário.

290. Nos embargos da Lei n. 623, de 19-2-1949, a prova de divergência far-se-á por certidão, ou mediante indicação do *Diário da Justiça* ou de repertório de jurisprudência autorizado, que a tenha publicado, com a transcrição do trecho que configure a divergência, mencionadas as circunstâncias que identifiquem ou assemelhem os casos confrontados.

> *Vide* art. 1.043 do CPC.

291. No recurso extraordinário pela letra *d* do art. 101, III, da Constituição, a prova do dissídio jurisprudencial far-se-á por certidão, ou mediante indicação do *Diário da Justiça* ou de repertório de jurisprudência autorizado, com a transcrição do trecho que configure a divergência, mencionadas as circunstâncias que identifiquem ou assemelhem os casos confrontados.

>> Refere-se à CF de 1946.

>> *Vide* art. 1.029, § 1.º, do CPC.

292. Interposto o recurso extraordinário por mais de um dos fundamentos indicados no art. 101, III, da Constituição, a admissão apenas por um deles não prejudica o seu conhecimento por qualquer dos outros.

>> Refere-se à CF de 1946. *Vide* art. 102, III, da CF de 1988.

293. São inadmissíveis embargos infringentes contra decisão em matéria constitucional submetida ao Plenário dos Tribunais.

294. São inadmissíveis embargos infringentes contra decisão do Supremo Tribunal Federal em mandado de segurança.

> *Vide* Súmulas 597 do STF e 169 do STJ.

> *Vide* art. 25 da Lei n. 12.016, de 7-8-2009.

295. São inadmissíveis embargos infringentes contra decisão unânime do STF em ação rescisória.

296. São inadmissíveis embargos infringentes sobre matéria não ventilada pela turma no julgamento do recurso extraordinário.

297. Oficiais e praças das milícias dos Estados, no exercício de função policial civil, não são considerados militares para efeitos penais, sendo competente a Justiça comum para julgar os crimes cometidos por ou contra eles.

298. O legislador ordinário só pode sujeitar civis à Justiça Militar, em tempo de paz, nos crimes contra a segurança externa do País ou as instituições militares.

299. O recurso ordinário e o extraordinário interpostos no mesmo processo de mandado de segurança, ou de *habeas corpus*, serão julgados conjuntamente pelo Tribunal Pleno.

300. São incabíveis os embargos da Lei n. 623, de 19-2-1949, contra provimento de agravo para subida de recurso extraordinário.

301. (*Cancelada.*)

302. Está isenta da taxa de Previdência Social a importação de petróleo bruto.

303. Não é devido o imposto federal de selo em contrato firmado com autarquia anteriormente à vigência da Emenda Constitucional n. 5, de 21-11-1961.

304. Decisão denegatória de mandado de segurança, não fazendo coisa julgada contra o impetrante, não impede o uso da ação própria.

305. Acordo de desquite ratificado por ambos os cônjuges não é retratável unilateralmente.

306. As taxas de recuperação econômica e de assistência hospitalar de Minas Gerais são legítimas, quando incidem sobre matéria tributável pelo Estado.

307. É devido o adicional de serviço insalubre, calculado à base do salário mínimo da região, ainda que a remuneração contratual seja superior ao salário mínimo acrescido da taxa de insalubridade.

308. A taxa de despacho aduaneiro, sendo adicional do imposto de importação, não incide sobre borracha importada com isenção daquele imposto.

309. A taxa de despacho aduaneiro, sendo adicional do imposto de importação, não está compreendida na isenção do imposto de consumo para automóvel usado trazido do exterior pelo proprietário.

310. Quando a intimação tiver lugar na sexta-feira, ou a publicação com efeito de intimação for feita nesse dia, o prazo judicial terá início na segunda-feira imediata, salvo se não houver expediente, caso em que começará no primeiro dia útil que se seguir.

311. No típico acidente do trabalho, a existência de ação judicial não exclui a multa pelo retardamento da liquidação.

312. Músico integrante de orquestra da empresa, com atuação permanente e vínculo de subordinação, está sujeito à Legislação Geral do Trabalho e não à especial dos artistas.

313. Provada a identidade entre o trabalho diurno e o noturno, é devido o adicional quanto a este, sem a limitação do art. 73, § 3.º, da CLT, independentemente da natureza da atividade do empregador.

314. Na composição do dano por acidente do trabalho, ou de transporte, não é contrário à lei tomar para base da indenização o salário do tempo da perícia ou da sentença.

315. Indispensável o traslado das razões da revista para julgamento, pelo Tribunal Superior do Trabalho, do agravo para sua admissão.

316. A simples adesão à greve não constitui falta grave.

317. São improcedentes os embargos declaratórios, quando não pedida a declaração do julgado anterior em que se verificou a omissão.

318. É legítima a cobrança, em 1962, pela municipalidade de São Paulo, do imposto de indústrias e profissões, consoante as leis 5.917 e 5.919, de 1961 (aumento anterior à vigência do orçamento e incidência do tributo sobre o movimento econômico do contribuinte).

319. O prazo do recurso ordinário para o Supremo Tribunal Federal, em *habeas corpus* ou mandado de segurança, é de cinco dias.

>> O art. 1.003, § 5.º, do CPC estabelece que no recurso ordinário o prazo para interpor é de 15 (quinze) dias.

320. A apelação despachada pelo Juiz no prazo legal, não fica prejudicada pela demora da juntada por culpa do Cartório.

321. A constituição estadual pode estabelecer a irredutibilidade dos vencimentos do Ministério Público.

322. Não terá seguimento pedido ou recurso dirigido ao STF, quando manifestamente incabível, ou apresentado fora do prazo, ou quando for evidente a incompetência do tribunal.

323. É inadmissível a apreensão de mercadorias como meio coercitivo para pagamento de tributos.

324. A imunidade do art. 31, V, da CF, não compreende as taxas.

>> Refere-se à CF de 1946. *Vide* art. 150, VI, da CF.

325. As emendas ao Regimento Interno do Supremo Tribunal Federal, sobre julgamento de questão constitucional, aplicam-se aos pedidos ajuizados e aos recursos interpostos anteriormente à sua aprovação.

326. É legítima a incidência do imposto de transmissão *inter vivos* sobre a transferência do domínio útil.

327. O direito trabalhista admite a prescrição intercorrente.

328. É legítima a incidência do imposto de transmissão *inter vivos* sobre a doação de imóvel.

329. O imposto de transmissão *inter vivos* não incide sobre a transferência de ações de sociedade imobiliária.

330. O Supremo Tribunal Federal não é competente para conhecer de mandado de segurança contra atos dos tribunais de justiça dos Estados.

> *Vide* Súmula 624 do STF.

331. É legítima a incidência do imposto de transmissão *causa mortis* no inventário por morte presumida.

332. É legítima a incidência do imposto de vendas e consignações sobre a parcela do preço correspondente aos ágios cambiais.

333. Está sujeita ao imposto de vendas e consignações a venda realizada por invernista não qualificado como pequeno produtor.

334. É legítima a cobrança, ao empreiteiro, do imposto de vendas e consignações, sobre o valor dos materiais empregados, quando a empreitada não for apenas de lavor.

335. É válida a cláusula de eleição do foro para os processos oriundos do contrato.

336. A imunidade da autarquia financiadora, quanto ao contrato de financiamento, não se estende à compra e venda entre particulares, embora constantes os dois atos de um só instrumento.

337. A controvérsia entre o empregador e o segurador não suspende o pagamento devido ao empregado por acidente do trabalho.

338. Não cabe ação rescisória no âmbito da Justiça do Trabalho.

339. Não cabe ao Poder Judiciário, que não tem função legislativa, aumentar vencimentos de servidores públicos, sob fundamento de isonomia.

> *Vide* Súmula Vinculante 37.

340. Desde a vigência do Código Civil, os bens dominicais, como os demais bens públicos, não podem ser adquiridos por usucapião.

>> A referência é feita ao CC de 1916. *Vide* arts. 100, 101 e 102 do Código vigente.

341. É presumida a culpa do patrão ou comitente pelo ato culposo do empregado ou preposto.

342. Cabe agravo no auto do processo, e não agravo de petição, do despacho que não admite a reconvenção.

343. Não cabe ação rescisória por ofensa a literal dispositivo de lei, quando a decisão rescindenda se tiver baseado em texto legal de interpretação controvertida nos tribunais.

344. Sentença de primeira instância, concessiva de *habeas corpus* em caso de crime praticado em detrimento de bens, serviços ou interesses da União, está sujeita a recurso *ex officio*.

345. Na chamada desapropriação indireta, os juros compensatórios são devidos a partir da perícia, desde que tenha atribuído o valor atual ao imóvel.

346. A Administração Pública pode declarar a nulidade dos seus próprios atos.

347. O Tribunal de Contas, no exercício de suas atribuições, pode apreciar a constitucionalidade das leis e dos atos do Poder Público.

348. É constitucional a criação de taxa de construção, conservação e melhoramento de estradas.

349. A prescrição atinge somente as prestações de mais de dois anos, reclamadas com fundamento em decisão normativa da Justiça do Trabalho, ou em convenção coletiva de trabalho, quando não estiver em causa a própria validade de tais atos.

350. O imposto de indústrias e profissões não é exigível de empregado, por falta de autonomia na sua atividade profissional.

351. É nula a citação por edital de réu preso na mesma unidade da Federação em que o Juiz exerce a sua jurisdição.

352. Não é nulo o processo penal por falta de nomeação de curador ao réu menor que teve a assistência de defensor dativo.

353. São incabíveis os embargos da Lei n. 623, de 19-2-1949, com fundamento em divergência entre decisões da mesma turma do STF.

354. Em caso de embargos infringentes parciais, é definitiva a parte da decisão embargada em que não houve divergência na votação.

355. Em caso de embargos infringentes parciais, é tardio o recurso extraordinário interposto após o julgamento dos embargos, quanto à parte da decisão embargada que não fora por eles abrangida.

356. O ponto omisso da decisão, sobre o qual não foram opostos embargos declaratórios, não pode ser objeto de recurso extraordinário, por faltar o requisito do prequestionamento.

357. É lícita a convenção pela qual o locador renuncia, durante a vigência do contrato, à ação revisional do art. 31 do Decreto 24.150, de 20-4-1934.

358. O servidor público em disponibilidade tem direito aos vencimentos integrais do cargo.

359. Ressalvada a revisão prevista em lei, os proventos da inatividade regulam-se pela lei vigente ao tempo em que o militar, ou o servidor civil, reuniu os requisitos necessários.

>> Súmula com redação determinada pelo Recurso Extraordinário n. 72.509, de 14-2-1973.

360. Não há prazo de decadência para a representação de inconstitucionalidade prevista no art. 8.º, parágrafo único, da Constituição Federal.

>> Refere-se à CF de 1946. *Vide* art. 34, V e VII, da CF.

361. No processo penal, é nulo o exame realizado por um só perito, considerando-se impedido o que tiver funcionado anteriormente na diligência de apreensão.

362. A condição de ter o clube sede própria para a prática de jogo lícito, não o obriga a ser proprietário do imóvel em que tem sede.

363. A pessoa jurídica de direito privado pode ser demandada no domicílio da agência ou estabelecimento em que se praticou o ato.

364. Enquanto o Estado da Guanabara não tiver Tribunal Militar de segunda instância, o Tribunal de Justiça é competente para julgar os recursos das decisões da auditoria da Polícia Militar.

365. Pessoa jurídica não tem legitimidade para propor ação popular.

366. Não é nula a citação por edital que indica o dispositivo da lei penal, embora não transcreva a denúncia ou queixa, ou não resuma os fatos em que se baseia.

367. Concede-se liberdade ao extraditando que não for retirado do País no prazo do art. 16 do Decreto-lei n. 394, de 28-4-1938.

368. Não há embargos infringentes no processo de reclamação.

369. Julgados do mesmo tribunal não servem para fundamentar o recurso extraordinário por divergência jurisprudencial.

370. Julgada improcedente a ação renovatória da locação, terá o locatário, para desocupar o imóvel, o prazo de seis meses, acrescido de tantos meses quantos forem os anos da ocupação, até o limite total de dezoito meses.

371. Ferroviário, que foi admitido como servidor autárquico, não tem direito à dupla aposentadoria.

372. A Lei n. 2.752, de 10-4-1956, sobre dupla aposentadoria, aproveita, quando couber, a servidores aposentados antes de sua publicação.

373. Servidor nomeado após aprovação no curso de capacitação policial, instituído na Polícia do Distrito Federal, em 1941, preenche o requisito da nomeação por concurso a que se referem as Leis n. 705, de 16-5-1949 e 1.639, de 14-7-1952.

374. Na retomada para construção mais útil, não é necessário que a obra tenha sido ordenada pela autoridade pública.

375. Não renovada a locação regida pelo Decreto n. 24.150, de 20-4-1934, aplica-se o direito comum e não a legislação especial do inquilinato.

376. Na renovação de locação, regida pelo Decreto n. 24.150, de 20-4-1934, o prazo do novo contrato conta-se da transcrição da decisão exequenda no Registro de Títulos e Documentos; começa, porém, da terminação do contrato anterior, se esta tiver ocorrido antes do registro.

377. No regime de separação legal de bens, comunicam-se os adquiridos na constância do casamento.

378. Na indenização por desapropriação incluem-se honorários do advogado do expropriado.

379. No acordo de desquite não se admite renúncia aos alimentos, que poderão ser pleiteados ulteriormente, verificados os pressupostos legais.

380. Comprovada a existência de sociedade de fato entre os concubinos, é cabível sua dissolução judicial com a partilha do patrimônio adquirido pelo esforço comum.

381. Não se homologa sentença de divórcio obtida por procuração, em país de que os cônjuges não eram nacionais.

>> Esta súmula foi publicada no *Diário da Justiça* de 8-5-1964, antes da promulgação da Lei do Divórcio no Brasil (Lei n. 6.515, de 26-12-1977).

382. A vida em comum sob o mesmo teto, *more uxorio*, não é indispensável à caracterização do concubinato.

383. A prescrição em favor da Fazenda Pública recomeça a correr, por dois anos e meio, a partir do ato interruptivo, mas não fica reduzida aquém de cinco anos, embora o titular do direito a interrompa durante a primeira metade do prazo.

384. A demissão de extranumerário do serviço público federal, equiparado a funcionário de provimento efetivo para efeito de estabilidade, é da competência do presidente da república.

385. Oficial das Forças Armadas só pode ser reformado, em tempo de paz, por decisão de tribunal militar permanente, ressalvada a situação especial dos atingidos pelo art. 177 da Constituição de 1937.

386. Pela execução de obra musical por artistas remunerados é devido direito autoral, não exigível quando a orquestra for de amadores.

387. A cambial emitida ou aceita com omissões, ou em branco, pode ser completada pelo credor de boa-fé antes da cobrança ou do protesto.

388. (*Revogada.*)

389. Salvo limite legal, a fixação de honorários de advogado, em complemento da condenação, depende das circunstâncias da causa, não dando lugar a recurso extraordinário.

390. A exibição judicial de livros comerciais pode ser requerida como medida preventiva.

391. O confinante certo deve ser citado pessoalmente para a ação de usucapião.

392. O prazo para recorrer de acórdão concessivo de segurança conta-se da publicação oficial de suas conclusões, e não da anterior ciência à autoridade para cumprimento da decisão.

> *Vide* Lei n. 12.016, de 7-8-2009.

393. Para requerer revisão criminal o condenado não é obrigado a recolher-se à prisão.

394. (*Cancelada.*)

395. Não se conhece do recurso de *habeas corpus* cujo objeto seja resolver sobre o ônus das custas, por não estar mais em causa a liberdade de locomoção.

396. Para a ação penal por ofensa à honra, sendo admissível a exceção da verdade quanto ao desempenho de função pública, prevalece a competência especial por prerrogativa de função, ainda que já tenha cessado o exercício funcional do ofendido.

397. O poder de polícia da Câmara dos Deputados e do Senado Federal, em caso de crime cometido nas suas dependências, compreende, consoante o regimento, a prisão em flagrante do acusado e a realização do inquérito.

398. O Supremo Tribunal Federal não é competente para processar e julgar, originariamente, deputado ou senador acusado de crime.

399. Não cabe recurso extraordinário por violação de lei federal, quando a ofensa alegada for a regimento de Tribunal.

400. Decisão que deu razoável interpretação à lei, ainda que não seja a melhor, não autoriza recurso extraordinário pela letra *a* do art. 101, III, da Constituição Federal.

>> Refere-se à CF de 1946. *Vide* art. 102, III, *a* e *b*, da CF.

401. Não se conhece do recurso de revista, nem dos embargos de divergência do processo trabalhista, quando houver jurisprudência firme do TST no mesmo sentido da decisão impugnada, salvo se houver colisão com a jurisprudência do STF.

402. Vigia noturno tem direito a salário adicional.

403. É de decadência o prazo de trinta dias para instauração do inquérito judicial, a contar da suspensão por falta grave de empregado estável.

404. Não contrariam a Constituição os arts. 3.º, 22 e 27 da Lei n. 3.244, de 14-8-1957, que definem as atribuições do Conselho de Política Aduaneira quanto à tarifa flexível.

405. Denegado o mandado de segurança pela sentença, ou no julgamento do agravo dela interposto, fica sem efeito a liminar concedida, retroagindo os efeitos da decisão contrária.

406. O estudante ou professor bolsista e o servidor público em missão de estudo satisfazem a condição da mudança de residência para o efeito de trazer automóvel do exterior, atendidos os demais requisitos legais.

ESPAÇO RESERVADO PARA USO DE GRAMPO

407. Não tem direito ao terço de campanha o militar que não participou de operações de guerra, embora servisse na "zona de guerra".

408. Os servidores fazendários não têm direito a percentagem pela arrecadação de receita federal destinada ao Banco Nacional de Desenvolvimento Econômico.

409. Ao retomante que tenha mais de um prédio alugado, cabe optar entre eles, salvo abuso de direito.

410. Se o locador, utilizando prédio próprio para residência ou atividade comercial, pede o imóvel para uso próprio, diverso do que tem o por ele ocupado, não está obrigado a provar a necessidade, que se presume.

411. O locatário autorizado a ceder a locação pode sublocar o imóvel.

412. No compromisso de compra e venda com cláusula de arrependimento, a devolução do sinal por quem o deu, ou a sua restituição em dobro por quem a recebeu, exclui indenização maior a título de perdas e danos, salvo os juros moratórios e os encargos do processo.

413. O compromisso de compra e venda de imóveis, ainda que não loteados, dá direito à execução compulsória quando reunidos os requisitos legais.

414. Não se distingue a visão direta da oblíqua na proibição de abrir janela, ou fazer terraço, eirado, ou varanda, a menos de metro e meio do prédio de outrem.

415. Servidão de trânsito não titulada, mas tornada permanente, sobretudo pela natureza das obras realizadas, considera-se aparente, conferindo direito à proteção possessória.

416. Pela demora no pagamento do preço da desapropriação não cabe indenização complementar além dos juros.

417. Pode ser objeto de restituição, na falência, dinheiro em poder do falido, recebido em nome de outrem, ou do qual, por lei ou contrato, não tivesse ele a disponibilidade.

>> Esta súmula foi publicada no *Diário da Justiça* de 6-7-1964, antes da promulgação da Nova Lei de Falências (Lei n. 11.101, de 9-2-2005).

418. O empréstimo compulsório não é tributo, e sua arrecadação não está sujeita à exigência constitucional da prévia autorização orçamentária.

>> Refere-se à exigência prescrita no art. 21, § 2.º, II, da CF de 1967. *Vide* art. 148 da CF.

419. Os municípios têm competência para regular o horário do comércio local, desde que não infrinjam leis estaduais ou federais válidas.

420. Não se homologa sentença proferida no estrangeiro, sem prova do trânsito em julgado.

421. Não impede a extradição a circunstância de ser o extraditando casado com brasileira ou ter filho brasileiro.

422. A absolvição criminal não prejudica a medida de segurança, quando couber, ainda que importe privação da liberdade.

423. Não transita em julgado a sentença por haver omitido o recurso *ex officio*, que se considera interposto *ex lege*.

424. Transita em julgado o despacho saneador de que não houve recurso, excluídas as questões deixadas explícita ou implicitamente para a sentença.

425. O agravo despachado no prazo legal não fica prejudicado pela demora da juntada, por culpa do Cartório; nem o agravo entregue em Cartório no prazo legal, embora despachado tardiamente.

426. A falta do termo específico não prejudica o agravo no auto do processo, quando oportuna a interposição por petição ou no termo da audiência.

427. A falta de petição de interposição não prejudica o agravo no auto do processo tomado por termo.

428. Não fica prejudicada a apelação entregue em Cartório no prazo legal, embora despachada tardiamente.

429. A existência de recurso administrativo com efeito suspensivo não impede o uso do mandado de segurança contra omissão da autoridade.

>> *Vide* art. 5.º, I, da Lei n. 12.016, de 7-8-2009.

430. Pedido de reconsideração na via administrativa não interrompe o prazo para o mandado de segurança.

431. É nulo o julgamento de recurso criminal na segunda instância sem prévia intimação ou publicação da pauta, salvo em *habeas corpus*.

432. Não cabe recurso extraordinário com fundamento no art. 101, III, *d*, da Constituição Federal, quando a divergência alegada for entre decisões da Justiça do Trabalho.

>> Refere-se à CF de 1946. *Vide* art. 102, III, da CF.

433. É competente o TRT para julgar mandado de segurança contra ato de seu presidente, em execução de sentença trabalhista.

434. A controvérsia entre seguradores indicados pelo empregador na ação de acidente do trabalho, não suspende o pagamento devido ao acidentado.

435. O imposto de transmissão *causa mortis*, pela transferência de ações, é devido ao Estado em que tem sede a companhia.

436. É válida a Lei n. 4.093, de 24-10-1959, do Paraná, que revogou a isenção concedida às cooperativas por lei anterior.

437. Está isenta da taxa de despacho aduaneiro a importação de equipamento para a indústria automobilística, segundo plano aprovado, no prazo legal, pelo órgão competente.

438. É ilegítima a cobrança, em 1962, da Taxa de Educação e Saúde, de Santa Catarina, adicional do imposto de vendas e consignações.

439. Estão sujeitos à fiscalização tributária ou previdenciária quaisquer livros comerciais, limitado o exame aos pontos objeto da investigação.

440. Os benefícios da legislação federal de serviços de guerra não são exigíveis dos estados, sem que a lei estadual assim disponha.

441. O militar, que passa à inatividade com proventos integrais, não tem direito às cotas trigésimas a que se refere o código de vencimentos e vantagens dos militares.

442. A inscrição do contrato de locação no Registro de Imóveis, para a validade da cláusula de vigência contra o adquirente do imóvel, ou perante terceiros, dispensa a transcrição no Registro de Títulos e Documentos.

443. A prescrição das prestações anteriores ao período previsto em lei não ocorre quando não tiver sido negado, antes daquele prazo, o próprio direito reclamado ou a situação jurídica de que ele resulta.

444. Na retomada para construção mais útil, de imóvel sujeito ao Decreto n. 24.150, de 20-4-1934, a indenização se limita às despesas de mudança.

445. A Lei n. 2.437, de 7-3-1955, que reduz prazo prescricional, é aplicável às prescrições em curso na data de sua vigência (1.º-1-1956), salvo quanto aos processos então pendentes.

446. Contrato de exploração de jazida ou pedreira não está sujeito ao Decreto n. 24.150, de 20-4-1934.

447. É válida a disposição testamentária em favor de filho adulterino do testador com sua concubina.

448. O prazo para o assistente recorrer supletivamente começa a correr imediatamente após o transcurso do prazo do Ministério Público.

>> O Tribunal Pleno, no julgamento do HC 50.417 (RTJ 68/604), por maioria de votos, resolvendo questão de ordem, decidiu pela revisão preliminar da redação desta súmula.

449. O valor da causa na consignatória de aluguel corresponde a uma anuidade.

450. São devidos honorários de advogado sempre que vencedor o beneficiário de Justiça gratuita.

451. A competência especial por prerrogativa de função não se estende ao crime cometido após a cessação definitiva do exercício funcional.

452. Oficiais e praças do Corpo de Bombeiros do Estado da Guanabara respondem perante a Justiça Comum por crime anterior à Lei n. 427, de 11-10-1948.

453. Não se aplicam à segunda instância o art. 384 e parágrafo único do CPP, que possibilitam dar nova definição jurídica ao fato delituoso, em virtude de circunstância elementar não contida explícita ou implicitamente na denúncia ou queixa.

454. Simples interpretação de cláusulas contratuais não dá lugar a recurso extraordinário.

455. Da decisão que se seguir ao julgamento de constitucionalidade pelo Tribunal Pleno, são inadmissíveis embargos infringentes quanto à matéria constitucional.

456. O Supremo Tribunal Federal, conhecendo do recurso extraordinário, julgará a causa aplicando o direito à espécie.

457. O Tribunal Superior do Trabalho, conhecendo da revista, julgará a causa aplicando o direito à espécie.

458. O processo de execução trabalhista não exclui a remição pelo executado.

459. No cálculo da indenização por despedida injusta, incluem-se os adicionais ou gratificações que, pela habitualidade, se tenham incorporado ao salário.

460. Para efeito do adicional de insalubridade, a perícia judicial em reclamação trabalhista não dispensa o enquadramento da atividade entre as insalubres, que é ato da competência do Ministro do Trabalho e Previdência Social.

461. É duplo, e não triplo, o pagamento de salário nos dias destinados a descanso.

462. No cálculo da indenização por despedida injusta inclui-se, quando devido, o repouso semanal remunerado.

463. Para efeito de indenização e estabilidade, conta-se o tempo em que o empregado esteve afastado em serviço militar obrigatório, mesmo anteriormente à Lei n. 4.072, de 1.º-6-1962.

>> Redação conforme publicação oficial. A data correta da Lei n. 4.072 é 16-6-1962.

464. No cálculo da indenização por acidente do trabalho inclui-se, quando devido, o repouso semanal remunerado.

465. O regime de manutenção de salário, aplicável ao (IAPM) e ao (IAPETC), exclui a indenização tarifada na lei de acidentes do trabalho, mas não o benefício previdenciário.

466. Não é inconstitucional a inclusão de sócios e administradores de sociedades e titulares de firmas individuais como contribuintes obrigatórios da Previdência Social.

467. A base do cálculo das contribuições previdenciárias, anteriormente à vigência da Lei Orgânica da Previdência Social, é o salário mínimo mensal, observados os limites da Lei n. 2.755/1956.

468. Após a EC n. 5 de 21-11-1961, em contrato firmado com a União, Estado, Município ou autarquia, é devido o imposto federal de selo pelo contratante não protegido pela 74 imunidade, ainda que haja repercussão do ônus tributário sobre o patrimônio daquelas entidades.

469. A multa de cem por cento, para o caso de mercadoria importada irregularmente, é calculada à base do custo de câmbio da categoria correspondente.

470. O imposto de transmissão *inter vivos* não incide sobre a construção, ou parte dela, realizada, inequivocamente, pelo promitente-comprador, mas sobre o valor do que tiver sido construído antes da promessa de venda.

471. As empresas aeroviárias não estão isentas do imposto de indústrias e profissões.

472. A condenação do autor em honorários de advogado, com fundamento no art. 64 do CPC, depende de reconvenção.

>> A referência é feita ao CPC de 1939. *Vide* arts. 82 a 85 e 90 a 95 do CPC.

473. A administração pode anular seus próprios atos quando eivados de vícios que os tornam ilegais, porque deles não se originam direitos; ou revogá-los, por motivo de conveniência ou oportunidade, respeitados os direitos adquiridos e ressalvada, em todos os casos, a apreciação judicial.

474. Não há direito líquido e certo amparado pelo mandado de segurança, quando se escuda em lei cujos efeitos foram anulados por outra, declarada constitucional pelo Supremo Tribunal Federal.

475. A Lei n. 4.686, de 21 de junho de 1965, tem aplicação imediata aos processos em curso, inclusive em grau de recurso extraordinário.

476. Desapropriadas as ações de uma sociedade, o poder desapropriante imitido na posse pode exercer, desde logo, todos os direitos inerentes aos respectivos títulos.

477. As concessões de terras devolutas situadas na faixa de fronteira, feitas pelos estados, autorizam, apenas, o uso, permanecendo o domínio com a União, ainda que se mantenha inerte ou tolerante, em relação aos possuidores.

478. O provimento em cargo de Juízes substitutos do Trabalho deve ser feito independentemente de lista tríplice, na ordem de classificação dos candidatos.

479. As margens dos rios navegáveis são de domínio público, insuscetíveis de expropriação e, por isso mesmo, excluídas de indenização.

480. Pertencem ao domínio e administração da União, nos termos dos arts. 4.º, IV, e 186, da Constituição Federal de 1967, as terras ocupadas por silvícolas.

> *Vide* art. 231 da CF.

481. Se a locação compreende, além do imóvel, Fundo de Comércio, com instalações e pertences, como no caso de teatros, cinemas e hotéis, não se aplicam ao retomante as restrições do art. 8.º, e, parágrafo único, do Decreto n. 24.150, de 20 de abril de 1934.

>> O Decreto n. 24.150, de 20-4-1934, foi revogado pela atual Lei de Locações – Lei n. 8.245, de 18-10-1981.

482. O locatário, que não for sucessor ou cessionário do que o precedeu na locação, não pode somar os prazos concedidos a este, para pedir a renovação do contrato, nos termos do Decreto n. 24.150.

>> O Decreto n. 24.150, de 20-4-1934, foi revogado pela atual Lei de Locações – Lei n. 8.245, de 18-10-1981.

483. É dispensável a prova da necessidade, na retomada de prédio situado em localidade para onde o proprietário pretende transferir residência, salvo se mantiver, também, a anterior, quando dita prova será exigida.

484. Pode, legitimamente, o proprietário pedir o prédio para a residência de filho, ainda que solteiro, de acordo com o art. 11, III, da Lei n. 4.494, de 25-11-1964.

> Atualmente é a Lei n. 8.245, de 18-10-1991, que dispõe sobre locação de imóveis urbanos.

485. Nas locações regidas pelo Decreto n. 24.150, de 20 de abril de 1934, a presunção de sinceridade do retomante é relativa, podendo ser ilidida pelo locatário.

ESPAÇO RESERVADO PARA USO DE GRAMPO

486. Admite-se a retomada para sociedade da qual o locador, ou seu cônjuge, seja sócio com participação predominante no capital social.

487. Será deferida a posse a quem evidentemente tiver o domínio, se com base neste for disputada.

488. A preferência a que se refere o art. 9.º da Lei n. 3.912, de 3-7-1961, constitui direito pessoal. Sua violação resolve-se em perdas e danos.

489. A compra e venda de automóvel não prevalece contra terceiros de boa-fé, se o contrato não foi transcrito no Registro de Títulos e Documentos.

490. A pensão correspondente à indenização oriunda de responsabilidade civil deve ser calculada com base no salário mínimo vigente ao tempo da sentença e ajustar-se-á às variações ulteriores.

491. É indenizável o acidente que cause a morte de filho menor, ainda que não exerça trabalho remunerado.

492. A empresa locadora de veículos responde, civil e solidariamente com o locatário, pelos danos por este causados a terceiros, no uso do carro locado.

493. O valor da indenização, se consistente em prestações periódicas e sucessivas, compreenderá, para que se mantenha inalterável na sua fixação, parcelas compensatórias do imposto de renda, incidentes sobre os juros do capital gravado ou caucionado, nos termos dos arts. 911 e 912 do CPC.

>> A referência é feita ao CPC de 1939. *Vide* arts. 513 a 538 do CPC.

494. A ação para anular venda de ascendente a descendente, sem consentimento dos demais, prescreve em vinte anos, contados da data do ato, revogada a Súmula 152.

495. A restituição em dinheiro da coisa vendida a crédito, entregue nos quinze dias anteriores ao pedido de falência ou de concordata, cabe, quando, ainda que consumida ou transformada, não faça o devedor prova de haver sido alienada a terceiro.

> Esta súmula foi publicada no *Diário da Justiça* de 10-12-1969, antes da promulgação da Nova Lei de Falências (Lei n. 11.101, de 9-2-2005).

496. São válidos, porque salvaguardados pelas disposições constitucionais transitórias da Constituição Federal de 1967, os Decretos-leis expedidos entre 24 de janeiro e 15 de março de 1967.

497. Quando se tratar de crime continuado, a prescrição regula-se pela pena imposta na sentença, não se computando o acréscimo decorrente da continuação.

498. Compete à Justiça dos Estados, em ambas as instâncias, o processo e o julgamento dos crimes contra a economia popular.

499. Não obsta à concessão do *sursis*, condenação anterior à pena de multa.

500. Não cabe a ação cominatória para compelir-se o réu a cumprir obrigações de dar.

501. Compete à Justiça Ordinária Estadual o processo e o julgamento, em ambas as instâncias, das causas de acidente do trabalho ainda que promovidas contra a União, suas autarquias, empresas públicas ou sociedades de economia mista.

>> *Vide* arts. 109, I, e 114, VI, da CF.

>> *Vide* Súmula Vinculante 22 e Súmula 15 do STJ.

502. Na aplicação do art. 839, do CPC, com a redação da Lei n. 4.290, de 5-121963, a relação valor da causa e salário mínimo vigente na capital do Estado, ou do Território, para o efeito de alçada, deve ser considerada na data do ajuizamento do pedido.

>> A referência é feita ao CPC de 1939. *Vide* arts. 291 a 293 do CPC.

503. A dúvida suscitada por particular, sobre o direito de tributar manifestado por dois Estados, não configura litígio da competência originária do STF.

504. Compete à Justiça Federal, em ambas as instâncias, o processo e o julgamento das causas fundadas em contrato de seguro marítimo.

505. Salvo quando contrariarem a Constituição, não cabe recurso para o STF de quaisquer decisões da Justiça do Trabalho, inclusive dos presidentes de seus tribunais.

506. O agravo a que se refere o art. 4.º da Lei n. 4.348, de 26-6-64, cabe, somente, do despacho do Presidente do Supremo Tribunal Federal que defere a suspensão da liminar, em mandado de segurança; não do que a denega.

507. A ampliação dos prazos a que se refere o art. 32 do Código de Processo Civil aplica-se aos executivos fiscais.

508. Compete à Justiça Estadual, em ambas as instâncias, processar e julgar as causas em que for parte o Banco do Brasil S/A.

509. A Lei n. 4.632, de 18-5-1965, que alterou o art. 64 do Código de Processo Civil, aplica-se aos processos em andamento, nas instâncias ordinárias.

510. Praticado o ato por autoridade no exercício de competência delegada, contra ela cabe o mandado de segurança ou a medida judicial.

511. Compete à Justiça Federal, em ambas as instâncias, processar e julgar as causas entre autarquias federais e entidades públicas locais, inclusive mandados de segurança, ressalvada a ação fiscal, nos termos da Constituição Federal de 1967, art. 119, § 3.º.

>> *Vide* art. 109 da CF.

512. Não cabe condenação em honorários de advogado na ação de mandado de segurança.

> *Vide* Súmula 105 do STJ.

> *Vide* art. 25 da Lei n. 12.016, de 7-8-2009.

513. A decisão que enseja a interposição de recurso ordinário ou extraordinário, não é a do Plenário que resolve o incidente de inconstitucionalidade, mas a do órgão (Câmaras, grupos ou turmas) que completa o julgamento do feito.

514. Admite-se ação rescisória contra sentença transitada em julgado, ainda que contra ela não se tenham esgotado todos os recursos.

515. A competência para a ação rescisória não é do Supremo Tribunal Federal, quando a questão federal, apreciada no recurso extraordinário ou no agravo de instrumento, seja diversa da que foi suscitada no pedido rescisório.

516. O Serviço Social da Indústria – SESI – está sujeito à jurisdição da Justiça Estadual.

517. As sociedades de economia mista só têm foro na Justiça Federal quando a União intervém como assistente ou opoente.

518. A intervenção da União, em feito já julgado pela segunda instância e pendente de embargos, não desloca o processo para o Tribunal Federal de Recursos.

519. Aplica-se aos executivos fiscais o princípio da sucumbência a que se refere o art. 64 do Código de Processo Civil.

>> A referência é feita a dispositivo do CPC de 1939. A matéria era tratada no art. 20 do CPC de 1973. *Vide* arts. 82, § 2.º, e 85 do CPC de 2015.

520. Não exige a lei que, para requerer o exame a que se refere o art. 777 do CPP, tenha o sentenciado cumprido mais de metade do prazo da medida de segurança imposta.

521. O foro competente para o processo e julgamento dos crimes de estelionato, sob a modalidade da emissão dolosa de cheque sem provisão de fundos, é o do local onde se deu a recusa do pagamento pelo sacado.

522. Salvo ocorrência de tráfico para o exterior, quando então a competência será da Justiça Federal, compete à Justiça dos Estados o processo e julgamento dos crimes relativos a entorpecentes.

523. No processo penal, a falta de defesa constitui nulidade absoluta, mas a sua deficiência só o anulará se houver prova de prejuízo para o réu.

524. Arquivado o inquérito policial por despacho do juiz, a requerimento do promotor de Justiça, não pode a ação penal ser iniciada sem novas provas.

525. A medida de segurança não será aplicada em segunda instância, quando só o réu tenha recorrido.

526. Subsiste a competência do STF para conhecer e julgar a apelação nos crimes da Lei de Segurança Nacional, se houve sentença antes da vigência do AI n. 2.

527. Após a vigência do Ato Institucional n. 6, que deu nova redação ao art. 114, III, da Constituição Federal de 1967, não cabe recurso extraordinário das decisões do juiz singular.

528. Se a decisão contiver partes autônomas, a admissão parcial, pelo presidente do tribunal *a quo*, de recurso extraordinário que sobre qualquer delas se manifestar, não limitará a apreciação de todas pelo STF, independentemente de interposição de agravo de instrumento.

529. Subsiste a responsabilidade do empregador pela indenização decorrente de acidente do trabalho, quando o segurador, por haver entrado em liquidação, ou por outro motivo, não se encontrar em condições financeiras de efetuar, na forma da lei, o pagamento que o seguro obrigatório visava garantir.

530. Na legislação anterior ao art. 4.º da Lei n. 4.749, de 12-8-1965, a contribuição para a previdência social não estava sujeita ao limite estabelecido no art. 69 da Lei n. 3.807, de 26 de agosto de 1960, sobre o 13.º salário a que se refere o art. 3.º da Lei n. 4.281, de 8-11-1963.

531. É inconstitucional o Decreto n. 51.668, de 17-1-1963, que estabeleceu salário profissional para trabalhadores de transportes marítimos, fluviais e lacustres.

532. É constitucional a Lei n. 5.043, de 21-6-1966, que concedeu remissão das dívidas fiscais oriundas da falta de oportuno pagamento de selo nos contratos particulares com a Caixa Econômica e outras entidades autárquicas.

533. Nas operações denominadas crediários, com emissão de vales ou certificados para compras e nas quais, pelo financiamento, se cobram, em separado, juros, selos e outras despesas, incluir-se-á tudo no custo da mercadoria e sobre esse preço global calcular-se-á o imposto de vendas e consignações.

534. O imposto de importação sobre o extrato alcoólico de malte, como matéria-prima para fabricação de whisky, incide à base de 60%, desde que desembarcado antes do Decreto-lei n. 398, de 30-12-1968.

535. Na importação, a granel, de combustíveis líquidos é admissível a diferença de peso, para mais, até 4%, motivada pelas variações previstas no Decreto-lei n. 1.028, de 4-1-1939, art. 1.º.

536. São objetivamente imunes ao Imposto sobre Circulação de Mercadorias os produtos industrializados em geral, destinados à exportação, além de outros com a mesma destinação, cuja isenção a lei determinar.

537. É inconstitucional a exigência de imposto estadual do selo, quando feita nos atos e instrumentos tributados ou regulados por lei federal, ressalvado o disposto no art. 15, § 5.º, da Constituição Federal de 1946.

538. A avaliação judicial para o efeito do cálculo das benfeitorias dedutíveis do imposto sobre lucro imobiliário, independe do limite a que se refere a Lei n. 3.470, de 28-11-1958, art. 8.º, parágrafo único.

539. É constitucional a lei do município que reduz o imposto predial urbano sobre imóvel ocupado pela residência do proprietário que não possua outro.

540. No preço da mercadoria sujeita ao imposto de vendas e consignações, não se incluem as despesas de frete e carreto.

>> Atualmente Imposto sobre Operações relativas à Circulação de Mercadorias e sobre Prestação de Serviços de Transporte Interestadual e Intermunicipal e de Comunicação – ICMS.

541. O imposto sobre vendas e consignações não incide sobre a venda ocasional de veículos e equipamentos usados, que não se insere na atividade profissional do vendedor e não é realizada com o fim de lucro, sem caráter, pois, de comercialidade.

>> Atualmente Imposto sobre Operações relativas à Circulação de Mercadorias e sobre Prestação de Serviços de Transporte Interestadual e Intermunicipal e de Comunicação – ICMS.

542. Não é inconstitucional a multa instituída pelo Estado-membro, como sanção pelo retardamento do início ou da ultimação do inventário.

543. A Lei n. 2.975, de 27-11-1965, revogou apenas as isenções de caráter geral relativas ao imposto único sobre combustíveis, não as especiais por outras leis concedidas.

544. Isenções tributárias concedidas sob condição onerosa não podem ser livremente suprimidas.

545. Preços de serviços públicos e taxas não se confundem, porque estas, diferentemente daqueles, são compulsórias e têm sua cobrança condicionada à prévia autorização orçamentária, em relação à lei que as instituiu.

546. Cabe a restituição do tributo pago indevidamente, quando reconhecido por decisão que o contribuinte *de jure* não recuperou do contribuinte de *facto* o *quantum* respectivo.

547. Não é lícito à autoridade proibir que o contribuinte em débito adquira estampilhas, despache mercadorias nas alfândegas e exerça suas atividades profissionais.

548. É inconstitucional o Decreto-lei n. 643, de 19-6-47, art. 4.º, do Paraná, na parte que exige selo proporcional sobre atos e instrumentos regulados por lei federal.

549. A Taxa de Bombeiros do Estado de Pernambuco é constitucional, revogada a Súmula n. 274.

550. A isenção concedida pelo art. 2.º da Lei n. 1.815, de 1953, às empresas de navegação aérea, não compreende a taxa de melhoramento de portos, instituída pela Lei n. 3.421, de 1958.

551. É inconstitucional a taxa de urbanização da Lei n. 2.320, de 20-12-1961, instituída pelo Município de Porto Alegre, porque seu fato gerador é o mesmo da transmissão imobiliária.

552. Com a regulamentação do art. 15 da Lei n. 5.316/67, pelo Decreto n. 71.037/72, tornou-se exequível a exigência da exaustão da via administrativa antes do início da ação de acidente do trabalho.

553. O Adicional ao Frete para Renovação da Marinha Mercante (AFRMM) é contribuição parafiscal, não sendo abrangido pela imunidade prevista na letra *d*, inciso III, do art. 19 da Constituição Federal.

>> Refere-se à Constituição de 1967, modificada pela Emenda Constitucional n. 1, de 17-10-1969.

554. O pagamento de cheque emitido sem provisão de fundos, após o recebimento da denúncia, não obsta ao prosseguimento da ação penal.

555. É competente o Tribunal de Justiça para julgar conflito de jurisdição entre Juiz de Direito do Estado e a Justiça Militar local.

556. É competente a justiça comum para julgar as causas em que é parte sociedade de economia mista.

557. É competente a Justiça Federal para julgar as causas em que são partes a COBAL e a CIBRAZEM.

558. É constitucional o art. 27 do Decreto-lei n. 898, de 29-9-1969.

559. O Decreto-lei n. 730, de 5-8-1969, revogou a exigência de homologação, pelo ministro da Fazenda, das resoluções do Conselho de Política Aduaneira.

ESPAÇO RESERVADO PARA USO DE GRAMPO

>> O Decreto-lei n. 730, de 5-8-1969, dispõe sobre o Conselho de Política Aduaneira.

560. A extinção de punibilidade pelo pagamento do tributo devido estende-se ao crime de contrabando ou descaminho, por força do art. 18, § 2.º, do Decreto-lei n. 157/67.

>> O Decreto-lei n. 157, de 10-2-1967, concede estímulos fiscais à capitalização das empresas, reforça os incentivos à compra de ações, facilita o pagamento de débitos fiscais.

561. Em desapropriação, é devida a correção monetária até a data do efetivo pagamento da indenização, devendo proceder-se à atualização do cálculo ainda que por mais de uma vez.

562. Na indenização de danos materiais decorrentes de ato ilícito cabe a atualização de seu valor, utilizando-se, para esse fim, dentre outros critérios, os índices de correção monetária.

563. O concurso de preferência a que se refere o parágrafo único do art. 187 do CTN é compatível com o disposto no art. 9.º, I, da Constituição Federal.

>> Refere-se à Constituição de 1967, modificada pela Emenda Constitucional n. 1, de 17-10-1969. *Vide* art. 19, III, da CF de 1988.

564. A ausência de fundamentação do despacho de recebimento de denúncia por crime falimentar enseja nulidade processual, salvo se já houver sentença condenatória.

565. A multa fiscal moratória constitui pena administrativa, não se incluindo no crédito habilitado em falência.

>> O art. 83, VII, da Lei n. 11.101, de 9-2-2005 (Lei de Falências), inclui as multas contratuais e as penas pecuniárias por infração das leis penais ou administrativas, inclusive as multas tributárias, na ordem de classificação dos créditos na falência.

> *Vide* Súmula 192 do STF.

566. Enquanto pendente, o pedido de readaptação fundado em desvio funcional não gera direitos para o servidor, relativamente ao cargo pleiteado.

567. A constituição, ao assegurar, no § 3.º do art. 102, a contagem integral do tempo de serviço público federal, estadual ou municipal para os efeitos de aposentadoria e disponibilidade não proíbe à União, aos Estados e aos Municípios mandarem contar, mediante lei, para efeito diverso, tempo de serviço prestado a outra pessoa de direito público interno.

568. A identificação criminal não constitui constrangimento ilegal, ainda que o indiciado já tenha sido identificado civilmente.

569. É inconstitucional a discriminação de alíquotas do Imposto de Circulação de Mercadorias nas operações interestaduais, em razão de o destinatário ser ou não contribuinte.

570. O imposto de circulação de mercadorias não incide sobre a importação de bens de capital.

571. O comprador de café ao IBC, ainda que sem expedição de nota fiscal, habilita-se, quando da comercialização do produto, ao crédito do ICM que incidiu sobre a operação anterior.

572. No cálculo do ICM devido na saída de mercadorias para o exterior, não se incluem fretes pagos a terceiros, seguros e despesas de embarque.

573. Não constitui fato gerador do ICM a saída física de máquinas, utensílios e implementos a título de comodato.

574. Sem lei estadual que a estabeleça, é ilegítima a cobrança do ICM sobre o fornecimento de alimentação e bebidas em restaurante ou estabelecimento similar.

575. À mercadoria importada de país signatário do (GATT), ou membro da (ALALC), estende-se a isenção do imposto de circulação de mercadorias concedida a similar nacional.

576. É lícita a cobrança do ICM sobre produtos importados sob o regime da alíquota zero.

577. Na importação de mercadorias do exterior, o fato gerador do ICM ocorre no momento de sua entrada no estabelecimento do importador.

578. Não podem os Estados, a título de ressarcimento de despesas, reduzir a parcela de 20% do produto da arrecadação do ICM, atribuída aos Municípios pelo art. 23, § 8.º, da Constituição Federal.

>> Refere-se à Constituição de 1967, modificada pela Emenda Constitucional n. 1, de 17-10-1969. *Vide* art. 155, II, da CF.

579. A cal virgem e a hidratada estão sujeitas ao ICM.

580. A isenção prevista no art. 13, parágrafo único, do Decreto-lei n. 43/1966, restringe-se aos filmes cinematográficos.

581. A exigência de transporte em navio de bandeira brasileira, para efeito de isenção tributária, legitimou-se com o advento do Decreto-lei n. 666, de 2-7-1969.

582. É constitucional a Resolução n. 640/69, do Conselho de Política Aduaneira, que reduziu a alíquota do imposto de importação para a soda cáustica, destinada a zonas de difícil distribuição e abastecimento.

583. Promitente-comprador de imóvel residencial transcrito em nome de autarquia é contribuinte do imposto predial e territorial urbano.

584. Ao imposto de renda calculado sobre os rendimentos do ano-base, aplica-se a lei vigente no exercício financeiro em que deve ser apresentada a declaração.

585. Não incide o imposto de renda sobre a remessa de divisas para pagamento de serviços prestados no exterior, por empresa que não opera no Brasil.

586. Incide imposto de renda sobre os juros remetidos para o exterior, com base em contrato de mútuo.

587. Incide imposto de renda sobre o pagamento de serviços técnicos contratados no exterior e prestados no Brasil.

588. O imposto sobre serviços não incide sobre os depósitos, as comissões e taxas de desconto, cobrados pelos estabelecimentos bancários.

>> *Vide* Súmula 424 do STJ.

589. É inconstitucional a fixação de adicional progressivo do imposto predial e territorial urbano em função do número de imóveis do contribuinte.

590. Calcula-se o imposto de transmissão *causa mortis* sobre o saldo credor da promessa de compra e venda de imóvel, no momento da abertura da sucessão do promitente-vendedor.

591. A imunidade ou a isenção tributária do comprador não se estende ao produtor, contribuinte do imposto sobre produtos industrializados.

592. Nos crimes falimentares, aplicam-se as causas interruptivas da prescrição previstas no Código Penal.

593. Incide o percentual do Fundo de Garantia do Tempo de Serviço (FGTS) sobre a parcela da remuneração correspondente a horas extraordinárias de trabalho.

594. Os direitos de queixa e de representação podem ser exercidos, independentemente, pelo ofendido ou por seu representante legal.

595. É inconstitucional a taxa municipal de conservação de estradas de rodagem, cuja base de cálculo seja idêntica à do imposto territorial rural.

596. As disposições do Decreto n. 22.626/33 não se aplicam às taxas de juros e aos outros encargos cobrados nas operações realizadas por instituições públicas ou privadas que integram o sistema financeiro nacional.

597. Não cabem embargos infringentes de acórdão que, em mandado de segurança, decidiu por maioria de votos a apelação.

> *Vide* Súmula 294 do STF.

> *Vide* art. 25 da Lei n. 12.016, de 7-8-2009.

598. Nos embargos de divergência não servem como padrão de discordância os mesmos paradigmas invocados para demonstrá-la, mas repelidos como não dissidentes no julgamento do recurso extraordinário.

599. (*Cancelada.*)

600. Cabe ação executiva contra o emitente e seus avalistas, ainda que não apresentado o cheque ao sacado no prazo legal, desde que não prescrita a ação cambiária.

601. Os arts. 3.º, II, e 55 da Lei Complementar n. 40/81 (Lei Orgânica do Ministério Público) não revogaram a legislação anterior que atribui a iniciativa para a ação penal pública, no processo sumário, ao juiz ou à autoridade policial, mediante Portaria ou Auto de Prisão em Flagrante.

602. Nas causas criminais, o prazo de interposição de Recurso Extraordinário é de 10 (dez) dias.

603. A competência para o processo e julgamento de latrocínio é do Juiz singular e não do Tribunal do Júri.

604. A prescrição pela pena em concreto é somente da pretensão executória da pena privativa de liberdade.

605. Não se admite continuidade delitiva nos crimes contra a vida.

606. Não cabe *habeas corpus* originário para o Tribunal Pleno de decisão de Turma, ou do plenário, proferida em *habeas corpus* ou no respectivo recurso.

607. Na ação penal regida pela Lei n. 4.611/65, a denúncia, como substitutivo da Portaria, não interrompe a prescrição.

608. No crime de estupro, praticado mediante violência real, a ação penal é pública incondicionada.

609. É pública incondicionada a ação penal por crime de sonegação fiscal.

610. Há crime de latrocínio, quando o homicídio se consuma, ainda que não realize o agente a subtração de bens da vítima.

611. Transitada em julgado a sentença condenatória, compete ao Juízo das execuções a aplicação de lei mais benigna.

612. Ao trabalhador rural não se aplicam, por analogia, os benefícios previstos na Lei n. 6.367, de 19-10-1976.

613. Os dependentes de trabalhador rural não têm direito à pensão previdenciária, se o óbito ocorreu anteriormente à vigência da Lei Complementar n. 11/71.

614. Somente o procurador-geral da justiça tem legitimidade para propor ação direta interventiva por inconstitucionalidade de lei municipal.

615. O princípio constitucional da anualidade (§ 29 do art. 153 da CF) não se aplica à revogação de isenção do ICM.

>> Refere-se à CF de 1967. *Vide* art. 150, I e III, da CF.

> *Vide* Súmula 544 do STF.

616. É permitida a cumulação da multa contratual com os honorários de advogado, após o advento do Código de Processo Civil vigente.

617. A base de cálculo dos honorários de advogado em desapropriação é a diferença entre a oferta e a indenização, corrigidas ambas monetariamente.

618. Na desapropriação, direta ou indireta, a taxa dos juros compensatórios é de 12% (doze por cento) ao ano.

619. (*Revogada.*)

620. A sentença proferida contra autarquias não está sujeita a reexame necessário, salvo quando sucumbente em execução de dívida ativa.

621. Não enseja embargos de terceiro à penhora a promessa de compra e venda não inscrita no registro de imóveis.

>> *Vide* Súmula 84 do STJ.

(*)622. Não cabe agravo regimental contra decisão do relator que concede ou indefere liminar em mandado de segurança.

> *Vide* art. 16, parágrafo único, da Lei n. 12.016, de 7-8-2009.

623. Não gera por si só a competência originária do Supremo Tribunal Federal para conhecer do mandado de segurança com base no art. 102, I, *n*, da Constituição, dirigir-se o pedido contra deliberação administrativa do tribunal de origem, da qual haja participado a maioria ou a totalidade de seus membros.

624. Não compete ao Supremo Tribunal Federal conhecer originariamente de mandado de segurança contra atos de outros tribunais.

> *Vide* Súmula 330 do STF.

625. Controvérsia sobre matéria de direito não impede concessão de mandado de segurança.

626. A suspensão da liminar em mandado de segurança, salvo determinação em contrário da decisão que a deferir, vigorará até o trânsito em julgado da decisão definitiva de concessão da segurança ou, havendo recurso, até a sua manutenção pelo Supremo Tribunal Federal, desde que o objeto da liminar deferida coincida, total ou parcialmente, com o da impetração.

> *Vide* art. 15, *caput*, da Lei n. 12.016, de 7-8-2009.

627. No mandado de segurança contra a nomeação de magistrado da competência do Presidente da República, este é considerado autoridade coatora, ainda que o fundamento da impetração seja nulidade ocorrida em fase anterior do procedimento.

628. Integrante de lista de candidatos a determinada vaga da composição de tribunal é parte legítima para impugnar a validade da nomeação de concorrente.

629. A impetração de mandado de segurança coletivo por entidade de classe em favor dos associados independe da autorização destes.

> *Vide* art. 21, *caput*, da Lei n. 12.016, de 7-8-2009.

630. A entidade de classe tem legitimação para o mandado de segurança ainda quando a pretensão veiculada interesse apenas a uma parte da respectiva categoria.

> *Vide* art. 21, *caput*, da Lei n. 12.016, de 7-8-2009.

631. Extingue-se o processo de mandado de segurança se o impetrante não promove, no prazo assinado, a citação do litisconsorte passivo necessário.

> O art. 114 do CPC dispõe sobre litisconsórcio necessário.

632. É constitucional lei que fixa o prazo de decadência para a impetração de mandado de segurança.

> *Vide* art. 23 da Lei n. 12.016, de 7-8-2009.

633. É incabível a condenação em verba honorária nos recursos extraordinários interpostos em processo trabalhista, exceto nas hipóteses previstas na Lei n. 5.584/70.

634. Não compete ao Supremo Tribunal Federal conceder medida cautelar para dar efeito suspensivo a recurso extraordinário que ainda não foi objeto de juízo de admissibilidade na origem.

635. Cabe ao Presidente do Tribunal de origem decidir o pedido de medida cautelar em recurso extraordinário ainda pendente do seu juízo de admissibilidade.

636. Não cabe recurso extraordinário por contrariedade ao princípio constitucional da legalidade, quando a sua verificação pressuponha rever a interpretação dada a normas infraconstitucionais pela decisão recorrida.

637. Não cabe recurso extraordinário contra acórdão de Tribunal de Justiça que defere pedido de intervenção estadual em Município.

> *Vide* art. 35 da CF.

638. A controvérsia sobre a incidência, ou não, de correção monetária em operações de crédito rural é de natureza infraconstitucional, não viabilizando recurso extraordinário.

(*) As Súmulas seguintes foram promulgadas após a CF de 1988.

639. Aplica-se a Súmula 288 quando não constarem do traslado do agravo de instrumento as cópias das peças necessárias à verificação da tempestividade do recurso extraordinário não admitido pela decisão agravada.

640. É cabível recurso extraordinário contra decisão proferida por juiz de primeiro grau nas causas de alçada, ou por turma recursal de juizado especial cível e criminal.

641. Não se conta em dobro o prazo para recorrer, quando só um dos litisconsortes haja sucumbido.

642. Não cabe ação direta de inconstitucionalidade de lei do Distrito Federal derivada da sua competência legislativa municipal.

> *Vide* arts. 32, § 1.º, e 102, I, *a*, da CF.

643. O Ministério Público tem legitimidade para promover ação civil pública cujo fundamento seja a ilegalidade de reajuste de mensalidades escolares.

644. Ao titular do cargo de procurador de autarquia não se exige a apresentação de instrumento de mandato para representá-la em juízo.

>> Súmula alterada pelo Tribunal Pleno, em sessão de 24-9-2003.

645. É competente o Município para fixar o horário de funcionamento de estabelecimento comercial.

> *Vide* art. 30, I, da CF.

646. Ofende o princípio da livre concorrência lei municipal que impede a instalação de estabelecimentos comerciais do mesmo ramo em determinada área.

> *Vide* arts. 170, IV, V, parágrafo único, e 173, § 4.º, da CF.

647. Compete privativamente à União legislar sobre vencimentos dos membros das polícias civil e militar do Distrito Federal.

> *Vide* art. 21, XIV, da CF.

648. A norma do § 3.º do art. 192 da Constituição, revogada pela EC 40/2003, que limitava a taxa de juros reais a 12% ao ano, tinha sua aplicabilidade condicionada à edição de lei complementar.

>> *Vide* Súmula Vinculante 7.

649. É inconstitucional a criação, por Constituição estadual, de órgão de controle administrativo do Poder Judiciário do qual participem representantes de outros Poderes ou entidades.

> *Vide* art. 2.º da CF.

650. Os incisos I e XI do art. 20 da Constituição Federal não alcançam terras de aldeamentos extintos, ainda que ocupadas por indígenas em passado remoto.

>> Súmula com redação retificada no *Diário da Justiça* de 29-10-2003.

651. A medida provisória não apreciada pelo Congresso Nacional podia, até a Emenda Constitucional n. 32/2001, ser reeditada dentro do seu prazo de eficácia de trinta dias, mantidos os efeitos de lei desde a primeira edição.

652. Não contraria a Constituição o art. 15, § 1.º, do Decreto-lei n. 3.365/41 (Lei da Desapropriação por utilidade pública).

>> *Vide* art. 5.º, XXIV, da CF.

653. No Tribunal de Contas estadual, composto por sete conselheiros, quatro devem ser escolhidos pela Assembleia Legislativa e três pelo Chefe do Poder Executivo estadual, cabendo a este indicar um dentre auditores e outro dentre membros do Ministério Público, e um terceiro à sua livre escolha.

654. A garantia da irretroatividade da lei, prevista no art 5.º, XXXVI, da Constituição da República, não é invocável pela entidade estatal que a tenha editado.

655. A exceção prevista no art. 100, *caput*, da Constituição, em favor dos créditos de natureza alimentícia, não dispensa a expedição de precatório, limitando-se a isentá-los da observância da ordem cronológica dos precatórios decorrentes de condenações de outra natureza.

656. É inconstitucional a lei que estabelece alíquotas progressivas para o imposto de transmissão *inter vivos* de bens imóveis – ITBI com base no valor venal do imóvel.

>> *Vide* arts. 145, § 1.º, e 156, II, da CF.

>> *Vide* Súmulas 110, 111, 326, 328 e 470 do STF.

657. A imunidade prevista no art. 150, VI, *d*, da CF abrange os filmes e papéis fotográficos necessários à publicação de jornais e periódicos.

658. São constitucionais os arts. 7.º da Lei n. 7.787/89 e 1.º da Lei n. 7.894/89 e da Lei n. 8.147/90, que majoraram a alíquota do Finsocial, quando devida a contribuição por empresas dedicadas exclusivamente à prestação de serviços.

659. É legítima a cobrança da COFINS, do PIS e do FINSOCIAL sobre as operações relativas a energia elétrica, serviços de telecomunicações, derivados de petróleo, combustíveis e minerais do País.

>> *Vide* arts. 155, § 3.º, e 195, *caput* e § 7.º, da CF.

660. Não incide ICMS na importação de bens por pessoa física ou jurídica que não seja contribuinte do imposto.

>> Texto republicado com o teor aprovado na Sessão Plenária de 24-9-2003 (*DJU* de 28-3-2006).

>> *Vide* art. 155, § 2.º, IX, *a*, da CF.

661. Na entrada de mercadoria importada do exterior, é legítima a cobrança do ICMS por ocasião do desembaraço aduaneiro.

>> *Vide* art. 155, § 2.º, IX, *a*, da CF.

662. É legítima a incidência do ICMS na comercialização de exemplares de obras cinematográficas, gravados em fitas de videocassete.

>> *Vide* art. 155, II, da CF.

663. Os §§ 1.º e 3.º do art. 9.º do Decreto-lei n. 406/68 foram recebidos pela Constituição.

>> *Vide* art. 34, § 5.º, do ADCT.

664. É inconstitucional o inciso V do art. 1.º da Lei n. 8.033/90, que instituiu a incidência do imposto nas operações de crédito, câmbio e seguros – IOF sobre saques efetuados em caderneta de poupança.

>> A Resolução do Senado Federal n. 28, de 29-11-2007, suspende a execução do inciso V do art. 1.º da Lei n. 8.033, de 12-4-1990.

665. É constitucional a Taxa de Fiscalização dos Mercados de Títulos e Valores Mobiliários instituída pela Lei n. 7.940/89.

>> *Vide* art. 145, II e § 2.º, da CF.

666. A contribuição confederativa de que trata o art. 8.º, IV, da Constituição, só é exigível dos filiados ao sindicato respectivo.

>> *Vide* Súmula Vinculante 40.

667. Viola a garantia constitucional de acesso à jurisdição a taxa judiciária calculada sem limite sobre o valor da causa.

>> *Vide* arts. 5.º, XXXVI, e 145 da CF.

668. É inconstitucional a lei municipal que tenha estabelecido, antes da Emenda Constitucional n. 29/2000, alíquotas progressivas para o IPTU, salvo se destinada a assegurar o cumprimento da função social da propriedade urbana.

>> *Vide* arts. 145, § 1.º, 182, §§ 2.º e 4.º, da CF e art. 7.º da Lei n. 10.257, de 10-7-2001.

669. Norma legal que altera o prazo de recolhimento da obrigação tributária não se sujeita ao princípio da anterioridade.

>> *Vide* art. 195, § 6.º, da CF.

670. O serviço de iluminação pública não pode ser remunerado mediante taxa.

>> *Vide* art. 145, II, da CF.

671. Os servidores públicos e os trabalhadores em geral têm direito, no que concerne à URP de abril/maio de 1988, apenas ao valor correspondente a 7/30 de 16,19% sobre os vencimentos e salários pertinentes aos meses de abril e maio de 1988, não cumulativamente, devidamente corrigido até o efetivo pagamento.

672. O reajuste de 28,86%, concedido aos servidores militares pelas Leis n. 8.622/1993 e 8.627/1993, estende-se aos servidores civis do poder executivo, observadas as eventuais compensações decorrentes dos reajustes diferenciados concedidos pelos mesmos diplomas legais.

673. O art. 125, § 4.º, da Constituição, não impede a perda da graduação de militar mediante procedimento administrativo.

674. A anistia prevista no art. 8.º do Ato das Disposições Constitucionais Transitórias não alcança os militares expulsos com base em legislação disciplinar ordinária, ainda que em razão de atos praticados por motivação política.

675. Os intervalos fixados para descanso e alimentação durante a jornada de seis horas não descaracterizam o sistema de turnos ininterruptos de revezamento para o efeito do art. 7.º, XIV, da Constituição.

676. A garantia da estabilidade provisória prevista no art. 10, II, *a*, do ADCT, também se aplica ao suplente do cargo de direção de comissões internas de prevenção de acidentes (CIPA).

677. Até que lei venha a dispor a respeito, incumbe ao Ministério do Trabalho proceder ao registro das entidades sindicais e zelar pela observância do princípio da unicidade.

678. São inconstitucionais os incisos I e III do art. 7.º da Lei n. 8.162/91, que afastam, para efeito de anuênio e de licença-prêmio, a contagem do tempo de serviço regido pela CLT dos servidores que passaram a submeter-se ao Regime Jurídico Único.

679. A fixação de vencimentos dos servidores públicos não pode ser objeto de convenção coletiva.

> *Vide* art. 61, § 1.º, II, *a*, da CF.

680. O direito ao auxílio-alimentação não se estende aos servidores inativos.

681. É inconstitucional a vinculação do reajuste de vencimentos de servidores estaduais ou municipais a índices federais de correção monetária.

682. Não ofende a Constituição a correção monetária no pagamento com atraso dos vencimentos de servidores públicos.

683. O limite de idade para a inscrição em concurso público só se legitima em face do art. 7.º, XXX, da Constituição, quando possa ser justificado pela natureza das atribuições do cargo a ser preenchido.

> *Vide* art. 39, § 3.º, da CF.

684. É inconstitucional o veto não motivado à participação de candidato a concurso público.

>> *Vide* art. 7.º, XXX, da CF.

685. É inconstitucional toda modalidade de provimento que propicie ao servidor investir-se, sem prévia aprovação em concurso público destinado ao seu provimento, em cargo que não integra a carreira na qual anteriormente investido.

> *Vide* art. 37, II, da CF.

686. Só por lei se pode sujeitar a exame psicotécnico a habilitação de candidato a cargo público.

> *Vide* arts. 5.º, II, e 37, I, da CF.

687. A revisão de que trata o art. 58 do Ato das Disposições Constitucionais Transitórias não se aplica aos benefícios previdenciários concedidos após a promulgação da Constituição de 1988.

688. É legítima a incidência da contribuição previdenciária sobre o 13.º salário.

>> *Vide* art. 195, I, da CF.

689. O segurado pode ajuizar ação contra instituição previdenciária perante o juízo federal do seu domicílio ou nas varas federais da Capital do Estado-Membro.

690. Compete ao Supremo Tribunal Federal o julgamento de *habeas corpus* contra decisão de turma recursal de juizados especiais criminais.

>> Súmula declarada superada pelo Tribunal Pleno, no julgamento do HC 86.834 (*DJ* de 9-3-2007).

>> *Vide* art. 102, I, *i*, da CF.

691. Não compete ao Supremo Tribunal Federal conhecer de *habeas corpus* impetrado contra decisão do Relator que, em *habeas corpus* requerido a tribunal superior, indefere a liminar.

> *Vide* art. 102, I, *i*, da CF.

692. Não se conhece de *habeas corpus* contra omissão de relator de extradição, se fundado em fato ou direito estrangeiro cuja prova não constava dos autos, nem foi ele provocado a respeito.

693. Não cabe *habeas corpus* contra decisão condenatória a pena de multa, ou relativo a processo em curso por infração penal a que a pena pecuniária seja a única cominada.

694. Não cabe *habeas corpus* contra a imposição da pena de exclusão de militar ou de perda de patente ou de função pública.

695. Não cabe *habeas corpus* quando já extinta a pena privativa de liberdade.

696. Reunidos os pressupostos legais permissivos da suspensão condicional do processo, mas se recusando o Promotor de Justiça a propô-la, o Juiz, dissentindo, remeterá a questão ao Procurador-Geral, aplicando-se por analogia o art. 28 do Código de Processo Penal.

697. A proibição de liberdade provisória nos processos por crimes hediondos não veda o relaxamento da prisão processual por excesso de prazo.

>> Súmula prejudicada pela Lei n. 11.464, de 28-3-2007, que alterou a redação da Lei n. 8.072, de 25-7-1990, suprimindo a proibição da liberdade provisória nos crimes hediondos.

698. Não se estende aos demais crimes hediondos a admissibilidade de progressão no regime de execução da pena aplicada ao crime de tortura.

>> Súmula prejudicada pela Lei n. 11.464, de 28-3-2007, que alterou a redação da Lei n. 8.072, de 25-7-1990, permitindo a progressão de regime nos crimes hediondos.

699. O prazo para interposição de agravo, em processo penal, é de cinco dias, de acordo com a Lei n. 8.038/90, não se aplicando o disposto a respeito nas alterações da Lei n. 8.950/94 ao Código de Processo Civil.

700. É de cinco dias o prazo para interposição de agravo contra decisão do juiz da execução penal.

701. No mandado de segurança impetrado pelo Ministério Público contra decisão proferida em processo penal, é obrigatória a citação do réu como litisconsorte passivo.

702. A competência do Tribunal de Justiça para julgar Prefeitos restringe-se aos crimes de competência da Justiça comum estadual; nos demais casos, a competência originária caberá ao respectivo tribunal de segundo grau.

> *Vide* art. 29, X, da CF.

703. A extinção do mandato do Prefeito não impede a instauração de processo pela prática dos crimes previstos no art. 1.º do DL 201/67.

> *Vide* art. 29, X, da CF.

704. Não viola as garantias do juiz natural, da ampla defesa e do devido processo legal a atração por continência ou conexão do processo do corréu ao foro por prerrogativa de função de um dos denunciados.

>> *Vide* art. 5.º, LIII, LIV e LV, da CF.

705. A renúncia do réu ao direito de apelação, manifestada sem a assistência do defensor, não impede o conhecimento da apelação por este interposta.

706. É relativa a nulidade decorrente da inobservância da competência penal por prevenção.

707. Constitui nulidade a falta de intimação do denunciado para oferecer contrarrazões ao recurso interposto da rejeição da denúncia, não a suprindo a nomeação de defensor dativo.

ESPAÇO RESERVADO PARA USO DE GRAMPO

708. É nulo o julgamento da apelação se, após a manifestação nos autos da renúncia do único defensor, o réu não foi previamente intimado para constituir outro.

709. Salvo quando nula a decisão de primeiro grau, o acórdão que provê o recurso contra a rejeição da denúncia vale, desde logo, pelo recebimento dela.

710. No processo penal, contam-se os prazos da data da intimação, e não da juntada aos autos do mandado ou da carta precatória ou de ordem.

711. A lei penal mais grave aplica-se ao crime continuado ou ao crime permanente, se a sua vigência é anterior à cessação da continuidade ou da permanência.

712. É nula a decisão que determina o desaforamento de processo da competência do Júri sem audiência da defesa.

713. O efeito devolutivo da apelação contra decisões do Júri é adstrito aos fundamentos da sua interposição.

714. É concorrente a legitimidade do ofendido, mediante queixa, e do Ministério Público, condicionada à apresentação do ofendido, para a ação penal por crime contra a honra de servidor público em razão do exercício de suas funções.

> *Vide* art. 145, parágrafo único, do CP.

715. A pena unificada para atender ao limite de trinta anos de cumprimento, determinado pelo art. 75 do Código Penal, não é considerada para a concessão de outros benefícios, como o livramento condicional ou regime mais favorável de execução.

716. Admite-se a progressão de regime de cumprimento de pena ou a aplicação imediata de regime menos severo nela determinada, antes do trânsito em julgado da sentença condenatória.

717. Não impede a progressão de regime de execução da pena, fixada em sentença não transitada em julgado, o fato de o réu se encontrar em prisão especial.

718. A opinião do julgador sobre a gravidade em abstrato do crime não constitui motivação idônea para a imposição de regime mais severo do que o permitido segundo a pena aplicada.

719. A imposição do regime de cumprimento mais severo do que a pena aplicada permitir exige motivação idônea.

720. O art. 309 do Código de Trânsito Brasileiro, que reclama decorra do fato perigo de dano, derrogou o art. 32 da Lei das Contravenções Penais no tocante à direção sem habilitação em vias terrestres.

721. A competência constitucional do Tribunal do Júri prevalece sobre o foro por prerrogativa de função estabelecido exclusivamente pela Constituição estadual.

>> *Vide* art. 5.º, XXXVIII, da CF.

722. São da competência legislativa da União a definição dos crimes de responsabilidade e o estabelecimento das respectivas normas de processo e julgamento.

> *Vide* art. 85, parágrafo único, da CF.

723. Não se admite a suspensão condicional do processo por crime continuado, se a soma da pena mínima da infração mais grave com o aumento mínimo de um sexto for superior a um ano.

> *Vide* Súmula 243 do STJ.

724. Ainda quando alugado a terceiros, permanece imune ao IPTU o imóvel pertencente a qualquer das entidades referidas pelo art. 150, VI, *c*, da Constituição, desde que o valor dos aluguéis seja aplicado nas atividades essenciais de tais entidades.

725. É constitucional o § 2.º do art. 6.º da Lei n. 8.024/90, resultante da conversão da MPr 168/90, que fixou o BTN fiscal como índice de correção monetária aplicável aos depósitos bloqueados pelo Plano Collor I.

726. Para efeito de aposentadoria especial de professores, não se computa o tempo de serviço prestado fora da sala de aula.

727. Não pode o magistrado deixar de encaminhar ao Supremo Tribunal Federal o agravo de instrumento interposto da decisão que não admite recurso extraordinário, ainda que referente a causa instaurada no âmbito dos juizados especiais.

728. É de três dias o prazo para a interposição de recurso extraordinário contra decisão do Tribunal Superior Eleitoral, contado, quando for o caso, a partir da publicação do acórdão, na própria sessão de julgamento, nos termos do art. 12 da Lei n. 6.055/74, que não foi revogado pela Lei n. 8.950/94.

>> *Vide* art. 1.003, § 5.º, do CPC.

729. A decisão na ADC-4 não se aplica à antecipação de tutela em causa de natureza previdenciária.

>> *Vide* art. 1.º da Lei n. 9.494, de 10-9-1997.

730. A imunidade tributária conferida a instituições de assistência social sem fins lucrativos pelo art. 150, VI, *c*, da Constituição, somente alcança as entidades fechadas de previdência social privada se não houver contribuição dos beneficiários.

731. Para fim da competência originária do Supremo Tribunal Federal, é de interesse geral da magistratura a questão de saber se, em face da LOMAN, os juízes têm direito à licença-prêmio.

>> *Vide* art. 102, I, *n*, da CF.

732. É constitucional a cobrança da contribuição do salário-educação, seja sob a Carta de 1969, seja sob a Constituição Federal de 1988, e no regime da Lei n. 9.424/96.

> A Lei n. 9.424, de 24-12-1996, dispõe sobre o Fundo de Manutenção e Desenvolvimento do Ensino Fundamental e de Valorização do Magistério e dá outras informações.

733. Não cabe recurso extraordinário contra decisão proferida no processamento de precatórios.

>> *Vide* art. 100, § 2.º, da CF.

734. Não cabe reclamação quando já houver transitado em julgado o ato judicial que se alega tenha desrespeitado decisão do Supremo Tribunal Federal.

735. Não cabe recurso extraordinário contra acórdão que defere medida liminar.

736. Compete à Justiça do Trabalho julgar as ações que tenham como causa de pedir o descumprimento de normas trabalhistas relativas à segurança, higiene e saúde dos trabalhadores.

1. O foro do domicílio ou da residência do alimentando é o competente para a ação de investigação de paternidade, quando cumulada com a de alimentos.

2. Não cabe o *habeas data* (Constituição Federal, art. 5.º, LXXII, a) se não houve recusa de informações por parte da autoridade administrativa.

3. Compete ao Tribunal Regional Federal dirimir conflito de competência verificado, na respectiva Região, entre Juiz Federal e Juiz Estadual investido de jurisdição federal.

4. Compete à Justiça Estadual julgar causa decorrente do processo eleitoral sindical.

5. A simples interpretação de cláusula contratual não enseja recurso especial.

6. Compete à Justiça Comum Estadual processar e julgar delito decorrente de acidente de trânsito envolvendo viatura de Polícia Militar, salvo se autor e vítima forem policiais militares em situação de atividade.

7. A pretensão de simples reexame de prova não enseja recurso especial.

8. Aplica-se a correção monetária aos créditos habilitados em concordata preventiva, salvo durante o período compreendido entre as datas de vigência da Lei n. 7.274, de 10-12-1984, e do Decreto-lei n. 2.283, de 27-2-1986.

>> A Lei n. 11.101, de 9-2-2005, substitui a concordata pela recuperação judicial e extrajudicial do empresário e da sociedade empresária.

9. A exigência da prisão provisória, para apelar, não ofende a garantia constitucional da presunção de inocência.

>> *Vide* Súmula 347 do STJ.

10. Instalada a Junta de Conciliação e Julgamento, cessa a competência do Juiz de Direito em matéria trabalhista, inclusive para a execução das sentenças por ele proferidas.

>> Extinção das Juntas de Conciliação e Julgamento: Emenda Constitucional n. 24, de 9-12-1999.

11. A presença da União ou de qualquer de seus entes, na ação de usucapião especial, não afasta a competência do foro da situação do imóvel.

12. Em desapropriação, são cumuláveis juros compensatórios e moratórios.

13. A divergência entre julgados do mesmo Tribunal não enseja recurso especial.

14. Arbitrados os honorários advocatícios em percentual sobre o valor da causa, a correção monetária incide a partir do respectivo ajuizamento.

15. Compete à Justiça Estadual processar e julgar os litígios decorrentes de acidente do trabalho.

>> *Vide* arts. 109, I, e 114, VI, da CF.

>> *Vide* Súmula Vinculante 22 e Súmulas 235 e 501 do STF.

16. A legislação ordinária sobre crédito rural não veda a incidência da correção monetária.

17. Quando o falso se exaure no estelionato, sem mais potencialidade lesiva, é por este absorvido.

18. A sentença concessiva do perdão judicial é declaratória da extinção da punibilidade, não subsistindo qualquer efeito condenatório.

19. A fixação do horário bancário, para atendimento ao público, é da competência da União.

20. A mercadoria importada de país signatário do GATT é isenta do ICM, quando contemplado com esse favor o similar nacional.

21. Pronunciado o réu, fica superada a alegação do constrangimento ilegal da prisão por excesso de prazo na instrução.

22. Não há conflito de competência entre o Tribunal de Justiça e Tribunal de Alçada do mesmo Estado-Membro.

>> O art. 4.º da Emenda Constitucional n. 45, de 8-12-2004, estabelece a extinção dos tribunais de alçada, passando seus membros a integrar os Tribunais de Justiça dos respectivos Estados.

23. O Banco Central do Brasil é parte legítima nas ações fundadas na Resolução n. 1.154/86.

24. Aplica-se ao crime de estelionato, em que figure como vítima entidade autárquica da Previdência Social, a qualificadora do § 3.º do art. 171 do Código Penal.

25. Nas ações da Lei de Falências o prazo para a interposição de recurso conta-se da intimação da parte.

26. O avalista do título de crédito vinculado a contrato de mútuo também responde pelas obrigações pactuadas, quando no contrato figurar como devedor solidário.

27. Pode a execução fundar-se em mais de um título extrajudicial relativos ao mesmo negócio.

28. O contrato de alienação fiduciária em garantia pode ter por objeto bem que já integrava o patrimônio do devedor.

29. No pagamento em juízo para elidir falência, são devidos correção monetária, juros e honorários de advogado.

30. A comissão de permanência e a correção monetária são inacumuláveis.

31. A aquisição, pelo segurado, de mais de um imóvel financiado pelo Sistema Financeiro da Habitação, situados na mesma localidade, não exime a seguradora da obrigação de pagamento dos seguros.

32. Compete à Justiça Federal processar justificações judiciais destinadas a instruir pedidos perante entidades que nela têm exclusividade de foro, ressalvada a aplicação do art. 15, II, da Lei n. 5.010/66.

33. A incompetência relativa não pode ser declarada de ofício.

34. Compete à Justiça Estadual processar e julgar causa relativa a mensalidade escolar, cobrada por estabelecimento particular de ensino.

35. Incide correção monetária sobre as prestações pagas, quando de sua restituição, em virtude da retirada ou exclusão do participante de plano de consórcio.

36. A correção monetária integra o valor da restituição, em caso de adiantamento de câmbio, requerida em concordata ou falência.

37. São cumuláveis as indenizações por dano material e dano moral oriundos do mesmo fato.

>> *Vide* Súmula 624 do STJ.

38. Compete à Justiça Estadual Comum, na vigência da Constituição de 1988, o processo por contravenção penal, ainda que praticada em detrimento de bens, serviços ou interesse da União ou de suas entidades.

39. Prescreve em vinte anos a ação para haver indenização, por responsabilidade civil, de sociedade de economia mista.

40. Para obtenção dos benefícios de saída temporária e trabalho externo, considera-se o tempo de cumprimento da pena no regime fechado.

41. O Superior Tribunal de Justiça não tem competência para processar e julgar, originariamente, mandado de segurança contra ato de outros tribunais ou dos respectivos órgãos.

42. Compete à Justiça Comum Estadual processar e julgar as causas cíveis em que é parte sociedade de economia mista e os crimes praticados em seu detrimento.

43. Incide correção monetária sobre dívida por ato ilícito a partir da data do efetivo prejuízo.

44. A definição, em ato regulamentar, de grau mínimo de disacusia, não exclui, por si só, a concessão do benefício previdenciário.

45. No reexame necessário, é defeso, ao Tribunal, agravar a condenação imposta à Fazenda Pública.

46. Na execução por carta, os embargos do devedor serão decididos no juízo deprecante, salvo se versarem unicamente vícios ou defeitos da penhora, avaliação ou alienação dos bens.

47. Compete à Justiça Militar processar e julgar crime cometido por militar contra civil, com emprego de arma pertencente à corporação, mesmo não estando em serviço.

48. Compete ao juízo do local da obtenção da vantagem ilícita processar e julgar crime de estelionato cometido mediante falsificação de cheque.

49. Na exportação de café em grão, não se inclui na base de cálculo do ICM a quota de contribuição, a que se refere o art. 2.º do Decreto-lei n. 2.295, de 21-11-86.

50. O Adicional de Tarifa Portuária incide apenas nas operações realizadas com mercadorias importadas ou exportadas, objeto do comércio de navegação de longo curso.

51. A punição do intermediador, no jogo do bicho, independe da identificação do "apostador" ou do "banqueiro".

52. Encerrada a instrução criminal, fica superada a alegação de constrangimento por excesso de prazo.

53. Compete à Justiça Comum Estadual processar e julgar civil acusado de prática de crime contra instituições militares estaduais.

54. Os juros moratórios fluem a partir do evento danoso, em caso de responsabilidade extracontratual.

55. Tribunal Regional Federal não é competente para julgar recurso de decisão proferida por juiz estadual não investido de jurisdição federal.

56. Na desapropriação para instituir servidão administrativa são devidos os juros compensatórios pela limitação de uso da propriedade.

57. Compete à Justiça Comum Estadual processar e julgar ação de cumprimento fundada em acordo ou convenção coletiva não homologados pela Justiça do Trabalho.

58. Proposta a execução fiscal, a posterior mudança de domicílio do executado não desloca a competência já fixada.

59. Não há conflito de competência se já existe sentença com trânsito em julgado, proferida por um dos juízos conflitantes.

60. É nula a obrigação cambial assumida por procurador do mutuário vinculado ao mutuante, no exclusivo interesse deste.

61. (*Cancelada.*)

62. Compete à Justiça Estadual processar e julgar o crime de falsa anotação na Carteira de Trabalho e Previdência Social, atribuído à empresa privada.

63. São devidos direitos autorais pela retransmissão radiofônica de músicas em estabelecimentos comerciais.

64. Não constitui constrangimento ilegal o excesso de prazo na instrução, provocado pela defesa.

65. O cancelamento, previsto no art. 29 do Decreto-lei n. 2.303, de 21-11-86, não alcança os débitos previdenciários.

66. Compete à Justiça Federal processar e julgar execução fiscal promovida por Conselho de fiscalização profissional.

67. Na desapropriação, cabe a atualização monetária, ainda que por mais de uma vez, independente do decurso de prazo superior a um ano entre o cálculo e o efetivo pagamento da indenização.

68. (*Cancelada.*)

69. Na desapropriação direta, os juros compensatórios são devidos desde a antecipada imissão na posse e, na desapropriação indireta, a partir da efetiva ocupação do imóvel.

70. Os juros moratórios, na desapropriação direta ou indireta, contam-se desde o trânsito em julgado da sentença.

71. O bacalhau importado de país signatário do GATT é isento do ICM.

72. A comprovação da mora é imprescindível à busca e apreensão do bem alienado fiduciariamente.

73. A utilização de papel-moeda grosseiramente falsificado configura, em tese, o crime de estelionato, da competência da Justiça Estadual.

74. Para efeitos penais, o reconhecimento da menoridade do réu requer prova por documento hábil.

75. Compete à Justiça Comum Estadual processar e julgar o policial militar por crime de promover ou facilitar a fuga de preso de estabelecimento penal.

76. A falta de registro do compromisso de compra e venda de imóvel não dispensa a prévia interpelação para constituir em mora o devedor.

77. A Caixa Econômica Federal é parte ilegítima para figurar no polo passivo das ações relativas às contribuições para o fundo PIS/PASEP.

78. Compete à Justiça Militar processar e julgar policial de corporação estadual, ainda que o delito tenha sido praticado em outra unidade federativa.

79. Os bancos comerciais não estão sujeitos a registro nos Conselhos Regionais de Economia.

80. A Taxa de Melhoramento dos Portos não se inclui na base de cálculo do ICM.

81. Não se concede fiança quando, em concurso material, a soma das penas mínimas cominadas for superior a dois anos de reclusão.

82. Compete à Justiça Federal, excluídas as reclamações trabalhistas, processar e julgar os feitos relativos a movimentação do FGTS.

83. Não se conhece do recurso especial pela divergência, quando a orientação do Tribunal se firmou no mesmo sentido da decisão recorrida.

84. É admissível a oposição de embargos de terceiro fundados em alegação de posse advinda do compromisso de compra e venda de imóvel, ainda que desprovido do registro.

>> *Vide* Súmula 621 do STF.

85. Nas relações jurídicas de trato sucessivo em que a Fazenda Pública figure como devedora, quando não tiver sido negado o próprio direito reclamado, a prescrição atinge apenas as prestações vencidas antes do quinquênio anterior à propositura da ação.

86. Cabe recurso especial contra acórdão proferido no julgamento de agravo de instrumento.

87. A isenção do ICMS relativa às rações balanceadas para animais abrange o concentrado e o suplemento.

88. São admissíveis embargos infringentes em processo falimentar.

89. A ação acidentária prescinde do exaurimento da via administrativa.

90. Compete à Justiça Estadual Militar processar e julgar o policial militar pela prática do crime militar, e à Comum pela prática do crime comum simultâneo àquele.

91. (*Cancelada.*)

92. A terceiro de boa-fé não é oponível a alienação fiduciária não anotada no Certificado de Registro do veículo automotor.

93. A legislação sobre cédulas de crédito rural, comercial e industrial admite o pacto de capitalização de juros.

94. (*Cancelada.*)

95. A redução da alíquota do Imposto sobre Produtos Industrializados ou do Imposto de Importação não implica redução do ICMS.

96. O crime de extorsão consuma-se independentemente da obtenção da vantagem indevida.

97. Compete à Justiça do Trabalho processar e julgar reclamação de servidor público relativamente a vantagens trabalhistas anteriores à instituição do regime jurídico único.

98. Embargos de declaração manifestados com notório propósito de prequestionamento não têm caráter protelatório.

99. O Ministério Público tem legitimidade para recorrer no processo em que oficiou como fiscal da lei, ainda que não haja recurso da parte.

100. É devido o Adicional ao Frete para Renovação da Marinha Mercante na importação sob o regime de benefícios fiscais à exportação (BEFIEX).

101. A ação de indenização do segurado em grupo contra a seguradora prescreve em um ano.

102. A incidência dos juros moratórios sobre os compensatórios, nas ações expropriatórias, não constitui anatocismo vedado em lei.

103. Incluem-se entre os imóveis funcionais que podem ser vendidos os administrados pelas Forças Armadas e ocupados pelos servidores civis.

104. Compete à Justiça Estadual o processo e julgamento dos crimes de falsificação e uso de documento falso relativo a estabelecimento particular de ensino.

105. Na ação de mandado de segurança não se admite condenação em honorários advocatícios.

> *Vide* Súmula 512 do STF.

> *Vide* art. 25 da Lei n. 12.016, de 7-8-2009.

106. Proposta a ação no prazo fixado para o seu exercício, a demora na citação, por motivos inerentes ao mecanismo da Justiça, não justifica o acolhimento da arguição de prescrição ou decadência.

107. Compete à Justiça Comum Estadual processar e julgar crime de estelionato praticado mediante falsificação das guias de recolhimento das contribuições previdenciárias, quando não ocorrente lesão à autarquia federal.

108. A aplicação de medidas socioeducativas ao adolescente, pela prática de ato infracional, é da competência exclusiva do juiz.

109. O reconhecimento do direito a indenização, por falta de mercadoria transportada via marítima, independe de vistoria.

110. A isenção do pagamento de honorários advocatícios, nas ações acidentárias, é restrita ao segurado.

111. Os honorários advocatícios, nas ações previdenciárias, não incidem sobre as prestações vencidas após a sentença.

>> Súmula com redação determinada pela Terceira Seção, em sessão ordinária de 27-9-2006.

112. O depósito somente suspende a exigibilidade do crédito tributário se for integral e em dinheiro.

113. Os juros compensatórios, na desapropriação direta, incidem a partir da imissão na posse, calculados sobre o valor da indenização, corrigido monetariamente.

114. Os juros compensatórios, na desapropriação indireta, incidem a partir da ocupação, calculados sobre o valor da indenização, corrigido monetariamente.

115. Na instância especial é inexistente recurso interposto por advogado sem procuração nos autos.

116. A Fazenda Pública e o Ministério Público têm prazo em dobro para interpor agravo regimental no Superior Tribunal de Justiça.

117. A inobservância do prazo de 48 (quarenta e oito) horas, entre a publicação de pauta e o julgamento sem a presença das partes, acarreta nulidade.

118. O agravo de instrumento é o recurso cabível da decisão que homologa a atualização do cálculo da liquidação.

119. A ação de desapropriação indireta prescreve em 20 (vinte) anos.

120. O oficial de farmácia, inscrito no Conselho Regional de Farmácia, pode ser responsável técnico por drogaria.

121. Na execução fiscal o devedor deverá ser intimado, pessoalmente, do dia e hora da realização do leilão.

121. Na execução fiscal o devedor deverá ser intimado, pessoalmente, do dia e hora da realização do leilão.

122. Compete à Justiça Federal o processo e julgamento unificado dos crimes conexos de competência federal e estadual, não se aplicando a regra do art. 78, II, *a*, do Código de Processo Penal.

123. A decisão que admite, ou não, o recurso especial, deve ser fundamentada, com o exame dos seus pressupostos gerais e constitucionais.

124. A Taxa de Melhoramento dos Portos tem base de cálculo diversa do Imposto de Importação, sendo legítima a sua cobrança sobre a importação de mercadorias de países signatários do GATT, da ALALC ou ALADI.

125. O pagamento de férias não gozadas por necessidade do serviço não está sujeito à incidência do Imposto de Renda.

126. É inadmissível recurso especial, quando o acórdão recorrido assenta em fundamentos constitucional e infraconstitucional, qualquer deles suficiente, por si só, para mantê-lo, e a parte vencida não manifesta recurso extraordinário.

127. É ilegal condicionar a renovação da licença de veículo ao pagamento de multa, da qual o infrator não foi notificado.

128. Na execução fiscal haverá segundo leilão, se no primeiro não houver lanço superior à avaliação.

129. O exportador adquire o direito de transferência de crédito do ICMS quando realiza a exportação do produto e não ao estocar a matéria-prima.

130. A empresa responde, perante o cliente, pela reparação de dano ou furto de veículo ocorridos em seu estacionamento.

131. Nas ações de desapropriação incluem-se no cálculo da verba advocatícia as parcelas relativas aos juros compensatórios e moratórios, devidamente corrigidas.

132. A ausência de registro da transferência não implica a responsabilidade do antigo proprietário por dano resultante de acidente que envolva o veículo alienado.

133. A restituição da importância adiantada, à conta de contrato de câmbio, independe de ter sido a antecipação efetuada nos 15 (quinze) dias anteriores ao requerimento da concordata.

134. Embora intimado da penhora em imóvel do casal, o cônjuge do executado pode opor embargos de terceiro para defesa de sua meação.

135. O ICMS não incide na gravação e distribuição de filmes e videoteipes.

136. O pagamento de licença-prêmio não gozada por necessidade do serviço não está sujeito ao Imposto de Renda.

ESPAÇO RESERVADO PARA USO DE GRAMPO

137. Compete à Justiça Comum Estadual processar e julgar ação de servidor público municipal, pleiteando direitos relativos ao vínculo estatutário.

138. O ISS incide na operação de arrendamento mercantil de coisas móveis.

139. Cabe à Procuradoria da Fazenda Nacional propor execução fiscal para cobrança de crédito relativo ao ITR.

140. Compete à Justiça Comum Estadual processar e julgar crime em que o indígena figure como autor ou vítima.

141. Os honorários de advogado em desapropriação direta são calculados sobre a diferença entre a indenização e a oferta, corrigidas monetariamente.

142. (*Cancelada.*)

143. Prescreve em 5 (cinco) anos a ação de perdas e danos pelo uso de marca comercial.

144. Os créditos de natureza alimentícia gozam de preferência, desvinculados os precatórios da ordem cronológica dos créditos de natureza diversa.

145. No transporte desinteressado, de simples cortesia, o transportador só será civilmente responsável por danos causados ao transportado quando incorrer em dolo ou culpa grave.

146. O segurado, vítima de novo infortúnio, faz jus a um único benefício somado ao salário de contribuição vigente no dia do acidente.

147. Compete à Justiça Federal processar e julgar os crimes praticados contra funcionário público federal, quando relacionados com o exercício da função.

148. Os débitos relativos a benefício previdenciário, vencidos e cobrados em juízo após a vigência da Lei n. 6.899/81, devem ser corrigidos monetariamente na forma prevista nesse diploma legal.

149. A prova exclusivamente testemunhal não basta à comprovação da atividade rurícola, para efeito da obtenção de benefício previdenciário.

>> *Vide* Súmula 577 do STJ.

150. Compete à Justiça Federal decidir sobre a existência de interesse jurídico que justifique a presença, no processo, da União, suas autarquias ou empresas públicas.

> *Vide* Súmula 254 do STJ.

151. A competência para o processo e julgamento por crime de contrabando ou descaminho define-se pela prevenção do Juízo Federal do lugar da apreensão dos bens.

152. (*Cancelada.*)

153. A desistência da execução fiscal, após o oferecimento dos embargos, não exime o exequente dos encargos da sucumbência.

154. Os optantes pelo FGTS, nos termos da Lei n. 5.958, de 1973, têm direito à taxa progressiva dos juros, na forma do art. 4.º da Lei n. 5.107, de 1966.

155. O ICMS incide na importação de aeronave, por pessoa física, para uso próprio.

156. A prestação de serviço de composição gráfica, personalizada e sob encomenda, ainda que envolva fornecimento de mercadorias, está sujeita, apenas, ao ISS.

157. (*Cancelada.*)

158. Não se presta a justificar embargos de divergência o dissídio com acórdão de Turma ou Seção que não mais tenha competência para a matéria neles versada.

159. O benefício acidentário, no caso de contribuinte que perceba remuneração variável, deve ser calculado com base na média aritmética dos últimos doze meses de contribuição.

160. É defeso, ao Município, atualizar o IPTU, mediante decreto, em percentual superior ao índice oficial de correção monetária.

161. É da competência da Justiça Estadual autorizar o levantamento dos valores relativos ao PIS/PASEP e FGTS, em decorrência do falecimento do titular da conta.

162. Na repetição de indébito tributário, a correção monetária incide a partir do pagamento indevido.

163. O fornecimento de mercadorias com a simultânea prestação de serviços em bares, restaurantes e estabelecimentos similares constitui fato gerador do ICMS a incidir sobre o valor total da operação.

164. O prefeito municipal, após a extinção do mandato, continua sujeito a processo por crime previsto no art. 1.º do Decreto-lei n. 201, de 27 de fevereiro de 1967.

165. Compete à Justiça Federal processar e julgar crime de falso testemunho cometido no processo trabalhista.

166. Não constitui fato gerador do ICMS o simples deslocamento de mercadoria de um para outro estabelecimento do mesmo contribuinte.

167. O fornecimento de concreto, por empreitada, para construção civil, preparado no trajeto até a obra em betoneiras acopladas a caminhões, é prestação de serviço, sujeitando-se apenas à incidência do ISS.

168. Não cabem embargos de divergência, quando a jurisprudência do Tribunal se firmou no mesmo sentido do acórdão embargado.

169. São inadmissíveis embargos infringentes no processo de mandado de segurança.

> *Vide* Súmulas 294 e 597 do STF.

> *Vide* art. 25 da Lei n. 12.016, de 7-8-2009.

170. Compete ao juízo onde primeiro for intentada a ação envolvendo acumulação de pedidos, trabalhista e estatutário, decidi-la nos limites da sua jurisdição, sem prejuízo do ajuizamento de nova causa, com o pedido remanescente, no juízo próprio.

171. Cominadas cumulativamente, em lei especial, penas privativa de liberdade e pecuniária, é defeso a substituição da prisão por multa.

172. Compete à Justiça Comum processar e julgar militar por crime de abuso de autoridade, ainda que praticado em serviço.

173. Compete à Justiça Federal processar e julgar o pedido de reintegração em cargo público federal, ainda que o servidor tenha sido dispensado antes da instituição do Regime Jurídico Único.

174. (*Cancelada.*)

175. Descabe o depósito prévio nas ações rescisórias propostas pelo INSS.

176. É nula a cláusula contratual que sujeita o devedor à taxa de juros divulgada pela ANBID/CETIP.

177. O Superior Tribunal de Justiça é incompetente para processar e julgar, originariamente, mandado de segurança contra ato de órgão colegiado presidido por Ministro de Estado.

178. O INSS não goza de isenção do pagamento de custas e emolumentos, nas ações acidentárias e de benefícios propostas na Justiça Estadual.

> *Vide* Súmula 483 do STJ.

179. O estabelecimento de crédito que recebe dinheiro, em depósito judicial, responde pelo pagamento da correção monetária relativa aos valores recolhidos.

180. Na lide trabalhista, compete ao Tribunal Regional do Trabalho dirimir conflito de competência verificado, na respectiva região, entre Juiz Estadual e Junta de Conciliação e Julgamento.

181. É admissível ação declaratória, visando a obter certeza quanto à exata interpretação de cláusula contratual.

182. É inviável o agravo do art. 545 do CPC que deixa de atacar especificamente os fundamentos da decisão agravada.

>> A referência é feita ao CPC de 1973. *Vide* art. 1.021 do CPC.

183. (*Cancelada.*)

184. A microempresa de representação comercial é isenta do imposto de renda.

185. Nos depósitos judiciais, não incide o Imposto sobre Operações Financeiras.

186. Nas indenizações por ato ilícito, os juros compostos somente são devidos por aquele que praticou o crime.

187. É deserto o recurso interposto para o Superior Tribunal de Justiça, quando o recorrente não recolhe, na origem, a importância das despesas de remessa e retorno dos autos.

188. Os juros moratórios, na repetição do indébito tributário, são devidos a partir do trânsito em julgado da sentença.

189. É desnecessária a intervenção do Ministério Público nas execuções fiscais.

190. Na execução fiscal, processada perante a Justiça Estadual, cumpre à Fazenda Pública antecipar o numerário destinado ao custeio das despesas com o transporte dos oficiais de justiça.

191. A pronúncia é causa interruptiva da prescrição, ainda que o Tribunal do Júri venha a desclassificar o crime.

192. Compete ao Juízo das Execuções Penais do Estado a execução das penas impostas a sentenciados pela Justiça Federal, Militar ou Eleitoral, quando recolhidos a estabelecimentos sujeitos à administração estadual.

193. O direito de uso de linha telefônica pode ser adquirido por usucapião.

194. Prescreve em 20 (vinte) anos a ação para obter, do construtor, indenização por defeitos da obra.

195. Em embargos de terceiro não se anula ato jurídico, por fraude contra credores.

196. Ao executado que, citado por edital ou por hora certa, permanecer revel, será nomeado curador especial, com legitimidade para apresentação de embargos.

197. O divórcio direto pode ser concedido sem que haja prévia partilha dos bens.

198. Na importação de veículo por pessoa física, destinado a uso próprio, incide o ICMS.

199. Na execução hipotecária de crédito vinculado ao Sistema Financeiro da Habitação, nos termos da Lei n. 5.741/71, a petição inicial deve ser instruída com, pelo menos, 2 (dois) avisos de cobrança.

200. O Juízo Federal competente para processar e julgar acusado de crime de uso de passaporte falso é o do lugar onde o delito se consumou.

201. Os honorários advocatícios não podem ser fixados em salários mínimos.

202. A impetração de segurança por terceiro, contra ato judicial, não se condiciona à interposição de recurso.

203. Não cabe recurso especial contra decisão proferida por órgão de segundo grau dos Juizados Especiais.

>> Súmula com redação determinada pela Corte Especial do STJ, em sessão extraordinária de 23-5-2002.

204. Os juros de mora nas ações relativas a benefícios previdenciários incidem a partir da citação válida.

205. A Lei n. 8.009, de 29 de março de 1990, aplica-se à penhora realizada antes de sua vigência.

206. A existência de vara privativa, instituída por lei estadual, não altera a competência territorial resultante das leis de processo.

207. É inadmissível recurso especial quando cabíveis embargos infringentes contra o acórdão proferido no tribunal de origem.

208. Compete à Justiça Federal processar e julgar prefeito municipal por desvio de verba sujeita a prestação de contas perante órgão federal.

209. Compete à Justiça Estadual processar e julgar prefeito por desvio de verba transferida e incorporada ao patrimônio municipal.

210. A ação de cobrança das contribuições para o FGTS prescreve em 30 (trinta) anos.

211. Inadmissível recurso especial quanto à questão que, a despeito da oposição de embargos declaratórios, não foi apreciada pelo tribunal a quo.

212. A compensação de créditos tributários não pode ser deferida em ação cautelar ou por medida liminar cautelar ou antecipatória.

>> Súmula com redação determinada pela Primeira Seção, em sessão ordinária de 11-5-2005.

> *Vide* art. 7.º, § 2.º, da Lei n. 12.016, de 7-8-2009.

213. O mandado de segurança constitui ação adequada para a declaração do direito à compensação tributária.

> *Vide* art. 7.º, § 2.º, da Lei n. 12.016, de 7-8-2009.

214. O fiador na locação não responde por obrigações resultantes de aditamento ao qual não anuiu.

215. A indenização recebida pela adesão a programa de incentivo à demissão voluntária não está sujeita à incidência do Imposto de Renda.

216. A tempestividade de recurso interposto no Superior Tribunal de Justiça é aferida pelo registro no protocolo da Secretaria e não pela data da entrega na agência do correio.

217. (*Cancelada.*)

218. Compete à Justiça dos Estados processar e julgar ação de servidor estadual decorrente de direitos e vantagens estatutárias no exercício de cargo em comissão.

219. Os créditos decorrentes de serviços prestados à massa falida, inclusive a remuneração do síndico, gozam dos privilégios próprios dos trabalhistas.

220. A reincidência não influi no prazo da prescrição da pretensão punitiva.

221. São civilmente responsáveis pelo ressarcimento de dano, decorrente de publicação pela imprensa, tanto o autor do escrito quanto o proprietário do veículo de divulgação.

222. Compete à Justiça Comum processar e julgar as ações relativas à contribuição sindical prevista no art. 578 da CLT.

223. A certidão de intimação do acórdão recorrido constitui peça obrigatória do instrumento de agravo.

224. Excluído do feito o ente federal, cuja presença levara o Juiz Estadual a declinar da competência, deve o Juiz Federal restituir os autos e não suscitar conflito.

225. Compete ao Tribunal Regional do Trabalho apreciar recurso contra sentença proferida por órgão de primeiro grau da Justiça Trabalhista, ainda que para declarar-lhe a nulidade em virtude de incompetência.

226. O Ministério Público tem legitimidade para recorrer na ação de acidente do trabalho, ainda que o segurado esteja assistido por advogado.

227. A pessoa jurídica pode sofrer dano moral.

228. É inadmissível o interdito proibitório para proteção do direito autoral.

ESPAÇO RESERVADO PARA USO DE GRAMPO

229. O pedido do pagamento de indenização à seguradora suspende o prazo de prescrição até que o segurado tenha ciência da decisão.

230. (*Cancelada.*)

231. A incidência da circunstância atenuante não pode conduzir à redução da pena abaixo do mínimo legal.

232. A Fazenda Pública, quando parte no processo, fica sujeita à exigência do depósito prévio dos honorários do perito.

233. O contrato de abertura de crédito, ainda que acompanhado de extrato da conta-corrente, não é título executivo.

234. A participação de membro do Ministério Público na fase investigatória criminal não acarreta seu impedimento ou suspeição para o oferecimento da denúncia.

235. A conexão não determina a reunião dos processos, se um deles já foi julgado.

236. Não compete ao Superior Tribunal de Justiça dirimir conflitos de competência entre juízos trabalhistas vinculados a Tribunais Regionais do Trabalho diversos.

237. Nas operações com cartão de crédito, os encargos relativos ao financiamento não são considerados no cálculo do ICMS.

238. A avaliação da indenização devida ao proprietário do solo, em razão de alvará de pesquisa mineral, é processada no Juízo Estadual da situação do imóvel.

239. O direito à adjudicação compulsória não se condiciona ao registro do compromisso de compra e venda no cartório de imóveis.

240. A extinção do processo, por abandono de causa pelo autor, depende de requerimento do réu.

241. A reincidência penal não pode ser considerada como circunstância agravante e, simultaneamente, como circunstância judicial.

242. Cabe ação declaratória para reconhecimento de tempo de serviço para fins previdenciários.

243. O benefício da suspensão do processo não é aplicável em relação às infrações penais cometidas em concurso material, concurso formal ou continuidade delitiva, quando a pena mínima cominada, seja pelo somatório, seja pela incidência da majorante, ultrapassar o limite de um (01) ano.

> *Vide* Súmula 723 do STF.

244. Compete ao foro do local da recusa processar e julgar o crime de estelionato mediante cheque sem provisão de fundos.

245. A notificação destinada a comprovar a mora nas dívidas garantidas por alienação fiduciária dispensa a indicação do valor do débito.

246. O valor do seguro obrigatório deve ser deduzido da indenização judicialmente fixada.

> *Vide* Súmula 257 do STJ.

247. O contrato de abertura de crédito em conta corrente, acompanhado do demonstrativo de débito, constitui documento hábil para o ajuizamento de ação monitória.

248. Comprovada a prestação dos serviços, a duplicata não aceita, mas protestada, é título hábil para instruir pedido de falência.

249. A Caixa Econômica Federal tem legitimidade passiva para integrar processo em que se discute correção monetária do FGTS.

250. É legítima a cobrança de multa fiscal de empresa em regime de concordata.

251. A meação só responde pelo ato ilícito quando o credor, na execução fiscal, provar que o enriquecimento dele resultante aproveitou ao casal.

252. Os saldos das contas do FGTS, pela legislação infraconstitucional, são corrigidos em 42,72% (IPC) quanto às perdas de janeiro de 1989 e 44,80% (IPC) quanto às de abril de 1990, acolhidos pelo STJ os índices de 18,02% (LBC) quanto às perdas de junho de 1987, de 5,38% (BTN) para maio de 1990 e 7,00% (TR) para fevereiro de 1991, de acordo com o entendimento do STF (RE 226.855-7-RS).

253. O art. 557 do CPC, que autoriza o relator a decidir o recurso, alcança o reexame necessário.

>> A referência é feita ao CPC de 1973. *Vide* arts. 932 e 1.021 do CPC.

254. A decisão do Juízo Federal que exclui da relação processual ente federal não pode ser reexaminada no Juízo Estadual.

255. Cabem embargos infringentes contra acórdão, proferido por maioria, em agravo retido, quando se tratar de matéria de mérito.

256. (*Cancelada.*)

257. A falta de pagamento do prêmio do seguro obrigatório de Danos Pessoais Causados por Veículos Automotores de Vias Terrestres (DPVAT) não é motivo para a recusa do pagamento da indenização.

> *Vide* Súmula 246 do STJ.

258. A nota promissória vinculada a contrato de abertura de crédito não goza de autonomia em razão da iliquidez do título que a originou.

259. A ação de prestação de contas pode ser proposta pelo titular de conta corrente bancária.

260. A convenção de condomínio aprovada, ainda que sem registro, é eficaz para regular as relações entre os condôminos.

261. A cobrança de direitos autorais pela retransmissão radiofônica de músicas, em estabelecimentos hoteleiros, deve ser feita conforme a taxa média de utilização do equipamento, apurada em liquidação.

262. Incide o imposto de renda sobre o resultado das aplicações financeiras realizadas pelas cooperativas.

263. (*Cancelada.*)

264. É irrecorrível o ato judicial que apenas manda processar a concordata preventiva.

>> A Lei n. 11.101, de 9-2-2005, substitui a concordata pela recuperação judicial e extrajudicial do empresário e da sociedade empresária.

265. É necessária a oitiva do menor infrator antes de decretar-se a regressão da medida socioeducativa.

266. O diploma ou habilitação legal para o exercício do cargo deve ser exigido na posse e não na inscrição para o concurso público.

267. A interposição do recurso, sem efeito suspensivo, contra decisão condenatória não obsta a expedição de mandado de prisão.

268. O fiador que não integrou a relação processual na ação de despejo não responde pela execução do julgado.

269. É admissível a adoção do regime prisional semiaberto aos reincidentes condenados a pena igual ou inferior a 4 (quatro) anos se favoráveis as circunstâncias judiciais.

270. O protesto pela preferência de crédito, apresentado por ente federal em execução que tramita na Justiça Estadual, não desloca a competência para a Justiça Federal.

271. A correção monetária dos depósitos judiciais independe de ação específica contra o banco depositário.

272. O trabalhador rural, na condição de segurado especial, sujeito à contribuição obrigatória sobre a produção rural comercializada, somente faz *jus* à aposentadoria por tempo de serviço, se recolher contribuição facultativa.

273. Intimada a defesa da expedição da carta precatória, torna-se desnecessária intimação da data da audiência no juízo deprecado.

274. O ISS incide sobre o valor dos serviços de assistência médica, incluindo-se neles as refeições, os medicamentos e as diárias hospitalares.

275. O auxiliar de farmácia não pode ser responsável técnico por farmácia ou drogaria.

276. (*Cancelada*.)

277. Julgada procedente a investigação de paternidade, os alimentos são devidos a partir da citação.

>> *Vide* Súmula 621 do STJ.

278. O termo inicial do prazo prescricional, na ação de indenização, é a data em que o segurado teve ciência inequívoca da incapacidade laboral.

279. É cabível execução por título extrajudicial contra a Fazenda Pública.

280. O art. 35 do Decreto-lei n. 7.661, de 1945, que estabelece a prisão administrativa, foi revogado pelos incisos LXI e LXVII do art. 5.º da Constituição Federal de 1988.

>> O Decreto-lei n. 7.661, de 21-6-1945, foi revogado pela Lei n. 11.101, de 9-2 2005 (Lei de Falências).

281. A indenização por dano moral não está sujeita à tarifação prevista na Lei de Imprensa.

282. Cabe a citação por edital em ação monitória.

283. As empresas administradoras de cartão de crédito são instituições financeiras e, por isso, os juros remuneratórios por elas cobrados não sofrem as limitações da Lei de Usura.

284. A purga da mora, nos contratos de alienação fiduciária, só é permitida quando já pagos pelo menos 40% (quarenta por cento) do valor financiado.

285. Nos contratos bancários posteriores ao Código de Defesa do Consumidor incide a multa moratória nele prevista.

> *Vide* Súmula 379 do STJ.

286. A renegociação de contrato bancário ou a confissão da dívida não impede a possibilidade de discussão sobre eventuais ilegalidades dos contratos anteriores.

287. A Taxa Básica Financeira (TBF) não pode ser utilizada como indexador de correção monetária nos contratos bancários.

> *Vide* Súmula 379 do STJ.

288. A Taxa de Juros de Longo Prazo (TJLP) pode ser utilizada como indexador de correção monetária nos contratos bancários.

> *Vide* Súmula 379 do STJ.

289. A restituição das parcelas pagas a plano de previdência privada deve ser objeto de correção plena, por índice que recomponha a efetiva desvalorização da moeda.

290. Nos planos de previdência privada, não cabe ao beneficiário a devolução da contribuição efetuada pelo patrocinador.

291. A ação de cobrança de parcelas de complementação de aposentadoria pela previdência privada prescreve em cinco anos.

> *Vide* Súmula 427 do STJ.

292. A reconvenção é cabível na ação monitória, após a conversão do procedimento em ordinário.

293. A cobrança antecipada do valor residual garantido (VRG) não descaracteriza o contrato de arrendamento mercantil.

> *Vide* Súmula 564 do STJ.

294. Não é potestativa a cláusula contratual que prevê a comissão de permanência, calculada pela taxa média de mercado apurada pelo Banco Central do Brasil, limitada à taxa de contrato.

295. A Taxa Referencial (TR) é indexador válido para contratos posteriores à Lei n. 8.177/91, desde que pactuada.

296. Os juros remuneratórios, não cumuláveis com a comissão de permanência, são devidos no período de inadimplência, à taxa média de mercado estipulada pelo Banco Central do Brasil, limitada ao percentual contratado.

297. O Código de Defesa do Consumidor é aplicável às instituições financeiras.

298. O alongamento de dívida originada de crédito rural não constitui faculdade da instituição financeira, mas, direito do devedor nos termos da lei.

299. É admissível a ação monitória fundada em cheque prescrito.

300. O instrumento de confissão de dívida, ainda que originário de contrato de abertura de crédito, constitui título executivo extrajudicial.

301. Em ação investigatória, a recusa do suposto pai a submeter-se ao exame de DNA induz presunção *juris tantum* de paternidade.

302. É abusiva a cláusula contratual de plano de saúde que limita no tempo a internação hospitalar do segurado.

303. Em embargos de terceiro, quem deu causa à constrição indevida deve arcar com os honorários advocatícios.

304. É ilegal a decretação da prisão civil daquele que não assume expressamente o encargo de depositário judicial.

>> *Vide* art. 5.º, LXVII, da CF.

>> O Decreto n. 592, de 6-7-1992 (Pacto Internacional sobre Direitos Civis e Políticos), dispõe em seu art. 11: "ninguém poderá ser preso apenas por não poder cumprir com uma obrigação contratual".

>> O Decreto n. 678, de 6-11-1992 (Pacto de São José da Costa Rica), dispõe em seu art. 7.º, item 7, que ninguém deve ser detido por dívida, exceto no caso de inadimplemento de obrigação alimentar.

305. É descabida a prisão civil do depositário quando, decretada a falência da empresa, sobrevém a arrecadação do bem pelo síndico.

306. Os honorários advocatícios devem ser compensados quando houver sucumbência recíproca, assegurado o direito autônomo do advogado à execução do saldo sem excluir a legitimidade da própria parte.

307. A restituição de adiantamento de contrato de câmbio, na falência, deve ser atendida antes de qualquer crédito.

308. A hipoteca firmada entre a construtora e o agente financeiro, anterior ou posterior à celebração da promessa de compra e venda, não tem eficácia perante os adquirentes do imóvel.

309. O débito alimentar que autoriza prisão civil do alimentante é o que compreende as três prestações anteriores ao ajuizamento da execução e as que vencerem no curso do processo.

>> Súmula com redação determinada pela Segunda Seção, na sessão ordinária de 22-3-2006.

310. O auxílio-creche não integra o salário de contribuição.

311. Os atos do presidente do tribunal que disponham sobre processamento e pagamento de precatório não têm caráter jurisdicional.

312. No processo administrativo para imposição de multa de trânsito, são necessárias as notificações da autuação e da aplicação da pena decorrente da infração.

313. Em ação de indenização, procedente o pedido, é necessária a constituição de capital ou caução fidejussória para a garantia de pagamento de pensão, independentemente da situação financeira do demandado.

314. Em execução fiscal, não localizados bens penhoráveis, suspende-se o processo por um ano, findo o qual se inicia o prazo da prescrição quinquenal intercorrente.

>> *Vide* art. 40, § 4.º, da Lei n. 6.830, de 22-9-1980.

315. Não cabem embargos de divergência no âmbito do agravo de instrumento que não admite recurso especial.

ESPAÇO RESERVADO PARA USO DE GRAMPO

316. Cabem embargos de divergência contra acórdão que, em agravo regimental, decide recurso especial.

317. É definitiva a execução de título extrajudicial, ainda que pendente apelação contra sentença que julgue improcedentes os embargos.

318. Formulado pedido certo e determinado, somente o autor tem interesse recursal em arguir o vício da sentença ilíquida.

319. O encargo de depositário de bens penhorados pode ser expressamente recusado.

320. A questão federal somente ventilada no voto vencido não atende ao requisito do prequestionamento.

321. (*Cancelada.*)

322. Para a repetição de indébito, nos contratos de abertura de crédito em conta-corrente, não se exige a prova do erro.

323. A inscrição do nome do devedor pode ser mantida nos serviços de proteção ao crédito até o prazo máximo de cinco anos, independentemente da prescrição da execução.

>> Súmula com redação determinada pela Segunda Seção, na sessão ordinária de 25-11-2009.

324. Compete à Justiça Federal processar e julgar ações de que participa a Fundação Habitacional do Exército, equiparada à entidade autárquica federal, supervisionada pelo Ministério do Exército.

325. A remessa oficial devolve ao Tribunal o reexame de todas as parcelas da condenação suportadas pela Fazenda Pública, inclusive dos honorários de advogado.

326. Na ação de indenização por dano moral, a condenação em montante inferior ao postulado na inicial não implica sucumbência recíproca.

327. Nas ações referentes ao Sistema Financeiro da Habitação, a Caixa Econômica Federal tem legitimidade como sucessora do Banco Nacional da Habitação.

328. Na execução contra instituição financeira, é penhorável o numerário disponível, excluídas as reservas bancárias mantidas no Banco Central.

329. O Ministério Público tem legitimidade para propor ação civil pública em defesa do patrimônio público.

330. É desnecessária a resposta preliminar de que trata o art. 514 do Código de Processo Penal, na ação penal instruída por inquérito policial.

331. A apelação interposta contra sentença que julga embargos à arrematação tem efeito meramente devolutivo.

332. A fiança prestada sem autorização de um dos cônjuges implica a ineficácia total da garantia.

333. Cabe mandado de segurança contra ato praticado em licitação promovida por sociedade de economia mista ou empresa pública.

> *Vide* art. 1.º, parágrafo único, da Lei n. 8.666, de 21-6-1993.

> *Vide* art. 1.º, § 1.º, da Lei n. 12.016, de 7-8-2009.

334. O ICMS não incide no serviço dos provedores de acesso à Internet.

335. Nos contratos de locação, é válida a cláusula de renúncia à indenização das benfeitorias e ao direito de retenção.

336. A mulher que renunciou aos alimentos na separação judicial tem direito à pensão previdenciária por morte do ex-marido, comprovada a necessidade econômica superveniente.

337. É cabível a suspensão condicional do processo na desclassificação do crime e na procedência parcial da pretensão punitiva.

338. A prescrição penal é aplicável nas medidas socioeducativas.

339. É cabível ação monitória contra a Fazenda Pública.

340. A lei aplicável à concessão de pensão previdenciária por morte é aquela vigente na data do óbito do segurado.

341. A frequência a curso de ensino formal é causa de remição de parte do tempo de execução de pena sob regime fechado ou semiaberto.

342. No procedimento para aplicação de medida socioeducativa, é nula a desistência de outras provas em face da confissão do adolescente.

343. É obrigatória a presença de advogado em todas as fases do processo administrativo disciplinar.

344. A liquidação por forma diversa da estabelecida na sentença não ofende a coisa julgada.

345. São devidos honorários advocatícios pela Fazenda Pública nas execuções individuais de sentença proferida em ações coletivas, ainda que não embargadas.

346. É vedada aos militares temporários, para aquisição de estabilidade, a contagem em dobro de férias e licenças não gozadas.

347. O conhecimento de recurso de apelação do réu independe de sua prisão.

348. (*Cancelada.*)

349. Compete à Justiça Federal ou aos juízes com competência delegada o julgamento das execuções fiscais de contribuições devidas pelo empregador ao FGTS.

350. O ICMS não incide sobre o serviço de habilitação de telefone celular.

351. A alíquota de contribuição para o Seguro de Acidente do Trabalho (SAT) é aferida pelo grau de risco desenvolvido em cada empresa, individualizada pelo seu CNPJ, ou pelo grau de risco da atividade preponderante quando houver apenas um registro.

352. A obtenção ou a renovação do Certificado de Entidade Beneficente de Assistência Social (Cebas) não exime a entidade do cumprimento dos requisitos legais supervenientes.

353. As disposições do Código Tributário Nacional não se aplicam às contribuições para o FGTS.

354. A invasão do imóvel é causa de suspensão do processo expropriatório para fins de reforma agrária.

355. É válida a notificação do ato de exclusão do Programa de Recuperação Fiscal (Refis) pelo Diário Oficial ou pela internet.

356. É legítima a cobrança de tarifa básica pelo uso dos serviços de telefonia fixa.

357. (*Revogada.*)

358. O cancelamento de pensão alimentícia de filho que atingiu a maioridade está sujeito à decisão judicial, mediante contraditório, ainda que nos próprios autos.

359. Cabe ao órgão mantenedor do Cadastro de Proteção ao Crédito a notificação do devedor antes de proceder à inscrição.

360. O benefício da denúncia espontânea não se aplica aos tributos sujeitos a lançamento por homologação regularmente declarados, mas pagos a destempo.

361. A notificação do protesto, para requerimento de falência de empresa devedora, exige a identificação da pessoa que a recebeu.

362. A correção monetária do valor da indenização do dano moral incide desde a data do arbitramento.

363. Compete à Justiça estadual processar e julgar a ação de cobrança ajuizada por profissional liberal contra cliente.

364. O conceito de impenhorabilidade de bem de família abrange também o imóvel pertencente a pessoas solteiras, separadas e viúvas.

365. A intervenção da União como sucessora da Rede Ferroviária Federal S/A (RFFSA) desloca a competência para a Justiça Federal ainda que a sentença tenha sido proferida por Juízo estadual.

> *Vide* Súmula 505 do STJ.

366. (*Cancelada.*)

367. A competência estabelecida pela EC n. 45/2004 não alcança os processos já sentenciados.

368. Compete à Justiça comum estadual processar e julgar os pedidos de retificação de dados cadastrais da Justiça Eleitoral.

369. No contrato de arrendamento mercantil (*leasing*), ainda que haja cláusula resolutiva expressa, é necessária a notificação prévia do arrendatário para constituí-lo em mora.

370. Caracteriza dano moral a apresentação antecipada de cheque pré-datado.

371. Nos contratos de participação financeira para a aquisição de linha telefônica, o Valor Patrimonial da Ação (VPA) é apurado com base no balancete do mês da integralização.

372. Na ação de exibição de documentos, não cabe a aplicação de multa cominatória.

> *Vide* arts. 844 e 845 do CPC.

373. É ilegítima a exigência de depósito prévio para admissibilidade de recurso administrativo.

> *Vide* art. 5.º, XXXIV, *a*, e LV, da CF.

374. Compete à Justiça Eleitoral processar e julgar a ação para anular débito decorrente de multa eleitoral.

375. O reconhecimento da fraude à execução depende do registro da penhora do bem alienado ou da prova de má-fé do terceiro adquirente.

> *Vide* arts. 792, IV, e 844 do CPC.

376. Compete a turma recursal processar e julgar o mandado de segurança contra ato de juizado especial.

> *Vide* art. 98, I, da CF.
> *Vide* arts. 1.º e 3.º, § 1.º, da Lei n. 10.259, de 12-7-2001.

377. O portador de visão monocular tem direito de concorrer, em concurso público, às vagas reservadas aos deficientes.

> *Vide* art. 37, VIII, da CF.
> *Vide* art. 5.º, § 2.º, da Lei n. 8.112, de 11-121990 (Regime Jurídico dos Servidores Públicos).

378. Reconhecido o desvio de função, o servidor faz jus às diferenças salariais decorrentes.

379. Nos contratos bancários não regidos por legislação específica, os juros moratórios poderão ser convencionados até o limite de 1% ao mês.

380. A simples propositura da ação de revisão de contrato não inibe a caracterização da mora do autor.

381. Nos contratos bancários, é vedado ao julgador conhecer, de ofício, da abusividade das cláusulas.

> *Vide* art. 51 do CDC.

382. A estipulação de juros remuneratórios superiores a 12% ao ano, por si só, não indica abusividade.

383. A competência para processar e julgar as ações conexas de interesse de menor é, em princípio, do foro do domicílio do detentor de sua guarda.

384. Cabe ação monitória para haver saldo remanescente oriundo de venda extrajudicial de bem alienado fiduciariamente em garantia.

> *Vide* arts. 1.102-A a 1.102-C do CPC.

385. Da anotação irregular em cadastro de proteção ao crédito, não cabe indenização por dano moral, quando preexistente legítima inscrição, ressalvado o direito ao cancelamento.

> *Vide* art. 43 do CDC.

386. São isentas de imposto de renda as indenizações de férias proporcionais e o respectivo adicional.

387. É lícita a cumulação das indenizações de dano estético e dano moral.

388. A simples devolução indevida de cheque caracteriza dano moral.

389. A comprovação do pagamento do "custo do serviço" referente ao fornecimento de certidão de assentamentos constantes dos livros da companhia é requisito de procedibilidade da ação de exibição de documentos ajuizada em face da sociedade anônima.

390. Nas decisões por maioria, em reexame necessário, não se admitem embargos infringentes.

391. O ICMS incide sobre o valor da tarifa de energia elétrica correspondente à demanda de potência efetivamente utilizada.

392. A Fazenda Pública pode substituir a certidão de dívida ativa (CDA) até a prolação da sentença de embargos, quando se tratar de correção de erro material ou formal, vedada a modificação do sujeito passivo da execução.

393. A exceção de pré-executividade é admissível na execução fiscal relativamente às matérias conhecíveis de ofício que não demandem dilação probatória.

394. É admissível, em embargos à execução fiscal, compensar os valores de imposto de renda retidos indevidamente na fonte com os valores restituídos apurados na declaração anual.

>> Republicada no *Diário da Justiça Eletrônico* de 21-10-2009.

395. O ICMS incide sobre o valor da venda a prazo constante da nota fiscal.

396. A Confederação Nacional da Agricultura tem legitimidade ativa para a cobrança da contribuição sindical rural.

397. O contribuinte do IPTU é notificado do lançamento pelo envio do carnê ao seu endereço.

398. A prescrição da ação para pleitear os juros progressivos sobre os saldos de conta vinculada do FGTS não atinge o fundo de direito, limitando-se às parcelas vencidas.

399. Cabe à legislação municipal estabelecer o sujeito passivo do IPTU.

400. O encargo de 20% previsto no DL n. 1.025/1969 é exigível na execução fiscal proposta contra a massa falida.

401. O prazo decadencial da ação rescisória só se inicia quando não for cabível qualquer recurso do último pronunciamento judicial.

402. O contrato de seguro por danos pessoais compreende os danos morais, salvo cláusula expressa de exclusão.

403. Independe de prova do prejuízo a indenização pela publicação não autorizada de imagem de pessoa com fins econômicos ou comerciais.

> *Vide* art. 5.º, V e X, da CF.

404. É dispensável o aviso de recebimento (AR) na carta de comunicação ao consumidor sobre a negativação de seu nome em bancos de dados e cadastros.

> *Vide* art. 43, § 2.º, do CDC.

405. A ação de cobrança do seguro obrigatório (DPVAT) prescreve em três anos.

406. A Fazenda Pública pode recusar a substituição do bem penhorado por precatório.

> *Vide* art. 848 do CPC.

407. É legítima a cobrança da tarifa de água fixada de acordo com as categorias de usuários e as faixas de consumo.

> *Vide* art. 175 da CF.
> *Vide* art. 13 da Lei n. 8.987, de 13-2-1995.

408. (*Cancelada.*)

ESPAÇO RESERVADO PARA USO DE GRAMPO

409. Em execução fiscal, a prescrição ocorrida antes da propositura da ação pode ser decretada de ofício (art. 219, § 5.º, do CPC).

410. A prévia intimação pessoal do devedor constitui condição necessária para a cobrança de multa pelo descumprimento de obrigação de fazer ou não fazer.

> *Vide* art. 815 do CPC.

411. É devida a correção monetária ao creditamento do IPI quando há oposição ao seu aproveitamento decorrente de resistência ilegítima do Fisco.

412. A ação de repetição de indébito de tarifas de água e esgoto sujeita-se ao prazo prescricional estabelecido no Código Civil.

413. O farmacêutico pode acumular a responsabilidade técnica por uma farmácia e uma drogaria ou por duas drogarias.

414. A citação por edital na execução fiscal é cabível quando frustradas as demais modalidades.

> *Vide* art. 8.º, III, da Lei n. 6.830, de 22-9-1980.

415. O período de suspensão do prazo prescricional é regulado pelo máximo da pena cominada.

416. É devida a pensão por morte aos dependentes do segurado que, apesar de ter perdido essa qualidade, preencheu os requisitos legais para a obtenção de aposentadoria até a data do seu óbito.

417. Na execução civil, a penhora de dinheiro na ordem de nomeação de bens não tem caráter absoluto.

418. (*Cancelada.*)

419. Descabe a prisão civil do depositário judicial infiel.

>> *Vide* Súmula Vinculante 25.

420. Incabível, em embargos de divergência, discutir o valor de indenização por danos morais.

421. Os honorários advocatícios não são devidos à Defensoria Pública quando ela atua contra a pessoa jurídica de direito público à qual pertença.

422. O art. 6.º, e, da Lei n. 4.380/1964 não estabelece limitação aos juros remuneratórios nos contratos vinculados aos SFH.

423. A Contribuição para Financiamento da Seguridade Social – Cofins incide sobre as receitas provenientes das operações de locação de bens móveis.

424. É legítima a incidência do ISS sobre os serviços bancários congêneres da lista anexa ao DL n. 406/1968 e à LC n. 56/1987.

>> *Vide* Súmula 588 do STF.

425. A retenção da contribuição para a seguridade social pelo tomador do serviço não se aplica às empresas optantes pelo Simples.

426. Os juros de mora na indenização do seguro DPVAT fluem a partir da citação.

427. A ação de cobrança de diferenças de valores de complementação de aposentadoria prescreve em cinco anos contados da data do pagamento.

> *Vide* Súmula 291 do STJ.

428. Compete ao Tribunal Regional Federal decidir os conflitos de competência entre juizado especial federal e juízo federal da mesma seção judiciária.

429. A citação postal, quando autorizada por lei, exige o aviso de recebimento.

430. O inadimplemento da obrigação tributária pela sociedade não gera, por si só, a responsabilidade solidária do sócio-gerente.

431. É ilegal a cobrança de ICMS com base no valor da mercadoria submetido ao regime de pauta fiscal.

432. As empresas de construção civil não estão obrigadas a pagar ICMS sobre mercadorias adquiridas como insumos em operações interestaduais.

433. O produto semielaborado, para fins de incidência de ICMS, é aquele que preenche cumulativamente os três requisitos do art. 1.º da Lei Complementar n. 65/1991.

434. O pagamento da multa por infração de trânsito não inibe a discussão judicial do débito.

435. Presume-se dissolvida irregularmente a empresa que deixar de funcionar no seu domicílio fiscal, sem comunicação aos órgãos competentes, legitimando o redirecionamento da execução fiscal para o sócio-gerente.

436. A entrega de declaração pelo contribuinte reconhecendo débito fiscal constitui o crédito tributário, dispensada qualquer outra providência por parte do fisco.

437. A suspensão da exigibilidade do crédito tributário superior a quinhentos mil reais para opção pelo Refis pressupõe a homologação expressa do comitê gestor e a constituição de garantia por meio do arrolamento de bens.

438. É inadmissível a extinção da punibilidade pela prescrição da pretensão punitiva com fundamento em pena hipotética, independentemente da existência ou sorte do processo penal.

439. Admite-se o exame criminológico pelas peculiaridades do caso, desde que em decisão motivada.

> *Vide* Súmula Vinculante 26.

440. Fixada a pena-base no mínimo legal, é vedado o estabelecimento de regime prisional mais gravoso do que o cabível em razão da sanção imposta, com base apenas na gravidade abstrata do delito.

441. A falta grave não interrompe o prazo para obtenção de livramento condicional.

442. É inadmissível aplicar, no furto qualificado, pelo concurso de agentes, a majorante do roubo.

443. O aumento na terceira fase de aplicação da pena no crime de roubo circunstanciado exige fundamentação concreta, não sendo suficiente para a sua exasperação a mera indicação do número de majorantes.

444. É vedada a utilização de inquéritos policiais e ações penais em curso para agravar a pena-base.

445. As diferenças de correção monetária resultantes de expurgos inflacionários sobre os saldos de FGTS têm como termo inicial a data em que deveriam ter sido creditadas.

446. Declarado e não pago o débito tributário pelo contribuinte, é legítima a recusa de expedição de certidão negativa ou positiva com efeito de negativa.

447. Os Estados e o Distrito Federal são partes legítimas na ação de restituição de imposto de renda retido na fonte proposta por seus servidores.

448. A opção pelo Simples de estabelecimentos dedicados às atividades de creche, pré-escola e ensino fundamental é admitida somente a partir de 24-10-2000, data de vigência da Lei n. 10.034/2000.

449. A vaga de garagem que possui matrícula própria no registro de imóveis não constitui bem de família para efeito de penhora.

450. Nos contratos vinculados ao SFH, a atualização do saldo devedor antecede sua amortização pelo pagamento da prestação.

451. É legítima a penhora da sede do estabelecimento comercial.

452. A extinção das ações de pequeno valor é faculdade da Administração Federal, vedada a atuação judicial de ofício.

453. Os honorários sucumbenciais, quando omitidos em decisão transitada em julgado, não podem ser cobrados em execução ou em ação própria.

454. Pactuada a correção monetária nos Contratos do SFH pelo mesmo índice aplicável à caderneta de poupança, incide a taxa referencial (TR) a partir da vigência da Lei n. 8.177/1991.

455. A decisão que determina a produção antecipada de provas com base no art. 366 do CPP deve ser concretamente fundamentada, não a justificando unicamente o mero decurso do tempo.

456. É incabível a correção monetária dos salários de contribuição considerados no cálculo do salário de benefício de auxílio-doença, aposentadoria por invalidez, pensão ou auxílio-reclusão concedidos antes da vigência da CF/1988.

457. Os descontos incondicionais nas operações mercantis não se incluem na base de cálculo do ICMS.

458. A contribuição previdenciária incide sobre a comissão paga ao corretor de seguros.

459. A Taxa Referencial (TR) é o índice aplicável, a título de correção monetária, aos débitos com o FGTS recolhidos pelo empregador mas não repassados ao fundo.

460. É incabível o mandado de segurança para convalidar a compensação tributária realizada pelo contribuinte.

461. O contribuinte pode optar por receber, por meio de precatório ou por compensação, o indébito tributário certificado por sentença declaratória transitada em julgado.

> *Vide* Súmula 625 do STJ.

462. Nas ações em que representa o FGTS, a CEF, quando sucumbente, não está isenta de reembolsar as custas antecipadas pela parte vencedora.

463. Incide imposto de renda sobre os valores percebidos a título de indenização por horas extraordinárias trabalhadas, ainda que decorrentes de acordo coletivo.

464. A regra de imputação de pagamentos estabelecida no art. 354 do Código Civil não se aplica às hipóteses de compensação tributária.

465. Ressalvada a hipótese de efetivo agravamento do risco, a seguradora não se exime do dever de indenizar em razão da transferência do veículo sem a sua prévia comunicação.

466. O titular da conta vinculada ao FGTS tem o direito de sacar o saldo respectivo quando declarado nulo seu contrato de trabalho por ausência de prévia aprovação em concurso público.

467. Prescreve em cinco anos, contados do término do processo administrativo, a pretensão da Administração Pública de promover a execução da multa por infração ambiental.

468. A base de cálculo do PIS, até a edição da MP n. 1.212/1995, era o faturamento ocorrido no sexto mês anterior ao do fato gerador.

469. (*Cancelada.*)

470. (*Cancelada.*)

471. Os condenados por crimes hediondos ou assemelhados cometidos antes da vigência da Lei n. 11.464/2007 sujeitam-se ao disposto no art. 112 da Lei n. 7.210/1984 (Lei de Execução Penal) para a progressão de regime prisional.

> *Vide* Súmula Vinculante 26.

472. A cobrança de comissão de permanência – cujo valor não pode ultrapassar a soma dos encargos remuneratórios e moratórios previstos no contrato – exclui a exigibilidade dos juros remuneratórios, moratórios e da multa contratual.

473. O mutuário do SFH não pode ser compelido a contratar o seguro habitacional obrigatório com a instituição financeira mutuante ou com a seguradora por ela indicada.

474. A indenização do seguro DPVAT, em caso de invalidez parcial do beneficiário, será paga de forma proporcional ao grau da invalidez.

475. Responde pelos danos decorrentes de protesto indevido o endossatário que recebe por endosso translativo título de crédito contendo vício formal extrínseco ou intrínseco, ficando ressalvado seu direito de regresso contra os endossantes e avalistas.

476. O endossatário de título de crédito por endosso-mandato só responde por danos decorrentes de protesto indevido se extrapolar os poderes de mandatário.

477. A decadência do art. 26 do CDC não é aplicável à prestação de contas para obter esclarecimentos sobre cobrança de taxas, tarifas e encargos bancários.

478. Na execução de crédito relativo a cotas condominiais, este tem preferência sobre o hipotecário.

479. As instituições financeiras respondem objetivamente pelos danos gerados por fortuito interno relativo a fraudes e delitos praticados por terceiros no âmbito de operações bancárias.

480. O juízo da recuperação judicial não é competente para decidir sobre a constrição de bens não abrangidos pelo plano de recuperação da empresa.

481. Faz jus ao benefício da justiça gratuita a pessoa jurídica com ou sem fins lucrativos que demonstrar sua impossibilidade de arcar com os encargos processuais.

482. A falta de ajuizamento da ação principal no prazo do art. 806 do CPC acarreta a perda da eficácia da liminar deferida e a extinção do processo cautelar.

>> A referência é feita ao CPC de 1973. *Vide* art. 308 do CPC de 2015.

483. O INSS não está obrigado a efetuar depósito prévio do preparo por gozar das prerrogativas e privilégios da Fazenda Pública.

484. Admite-se que o preparo seja efetuado no primeiro dia útil subsequente, quando a interposição do recurso ocorrer após o encerramento do expediente bancário.

> *Vide* art. 1.007 do CPC.

485. A Lei de Arbitragem aplica-se aos contratos que contenham cláusula arbitral, ainda que celebrados antes da sua edição.

>> A Lei n. 9.307, de 23-9-1996, dispõe sobre arbitragem.

486. É impenhorável o único imóvel residencial do devedor que esteja locado a terceiros, desde que a renda obtida com a locação seja revertida para a subsistência ou a moradia da sua família.

487. O parágrafo único do art. 741 do CPC não se aplica às sentenças transitadas em julgado em data anterior à da sua vigência.

>> A referência é feita ao CPC de 1973. *Vide* art. 535, § 5.º, do CPC de 2015.

488. O § 2.º do art. 6.º da Lei n. 9.469/1997, que obriga à repartição dos honorários advocatícios, é inaplicável a acordos ou transações celebrados em data anterior à sua vigência.

489. Reconhecida a continência, devem ser reunidas na Justiça Federal as ações civis públicas propostas nesta e na Justiça estadual.

490. A dispensa de reexame necessário, quando o valor da condenação ou do direito controvertido for inferior a sessenta salários mínimos, não se aplica a sentenças ilíquidas.

491. É inadmissível a chamada progressão *per saltum* de regime prisional.

492. O ato infracional análogo ao tráfico de drogas, por si só, não conduz obrigatoriamente à imposição de medida socioeducativa de internação do adolescente.

493. É inadmissível a fixação de pena substitutiva (art. 44 do CP) como condição especial ao regime aberto.

494. O benefício fiscal do ressarcimento do crédito presumido do IPI relativo às exportações incide mesmo quando as matérias-primas ou os insumos sejam adquiridos de pessoa física ou jurídica não contribuinte do PIS/PASEP.

495. A aquisição de bens integrantes do ativo permanente da empresa não gera direito a creditamento de IPI.

496. Os registros de propriedade particular de imóveis situados em terrenos de marinha não são oponíveis à União.

ESPAÇO RESERVADO PARA USO DE GRAMPO

497. Os créditos das autarquias federais preferem aos créditos da Fazenda estadual desde que coexistam penhoras sobre o mesmo bem.

498. Não incide imposto de renda sobre a indenização por danos morais.

499. As empresas prestadoras de serviços estão sujeitas às contribuições ao SESC e SENAC, salvo se integradas noutro serviço social.

500. A configuração do crime do art. 244-B do ECA independe da prova da efetiva corrupção do menor, por se tratar de delito formal.

501. É cabível a aplicação retroativa da Lei n. 11.343/2006, desde que o resultado da incidência das suas disposições, na íntegra, seja mais favorável ao réu do que o advindo da aplicação da Lei n. 6.368/1976, sendo vedada a combinação de leis.

502. Presentes a materialidade e a autoria, afigura-se típica, em relação ao crime previsto no art. 184, § 2.º, do CP, a conduta de expor à venda CDs e DVDs "piratas".

503. O prazo para ajuizamento de ação monitória em face do emitente de cheque sem força executiva é quinquenal, a contar do dia seguinte à data de emissão estampada na cártula.

504. O prazo para ajuizamento de ação monitória em face do emitente de nota promissória sem força executiva é quinquenal, a contar do dia seguinte ao vencimento do título.

505. A competência para processar e julgar as demandas que têm por objeto obrigações decorrentes dos contratos de planos de previdência privada firmados com a Fundação Rede Ferroviária de Seguridade Social – REFER é da Justiça estadual.

506. A Anatel não é parte legítima nas demandas entre a concessionária e o usuário de telefonia decorrentes de relação contratual.

507. A acumulação de auxílio-acidente com aposentadoria pressupõe que a lesão incapacitante e a aposentadoria sejam anteriores a 11-11-1997, observado o critério do art. 23 da Lei n. 8.213/1991 para definição do momento da lesão nos casos de doença profissional ou do trabalho.

508. A isenção da Cofins concedida pelo art. 6.º, II, da LC n. 70/1991 às sociedades civis de prestação de serviços profissionais foi revogada pelo art. 56 da Lei n. 9.430/1996.

509. É lícito ao comerciante de boa-fé aproveitar os créditos de ICMS decorrentes de nota fiscal posteriormente declarada inidônea, quando demonstrada a veracidade da compra e venda.

510. A liberação de veículo retido apenas por transporte irregular de passageiros não está condicionada ao pagamento de multas e despesas.

511. É possível o reconhecimento do privilégio previsto no § 2.º do art. 155 do CP nos casos de crime de furto qualificado, se estiverem presentes a primariedade do agente, o pequeno valor da coisa e a qualificadora for de ordem objetiva.

512. (*Cancelada.*)

513. A *abolitio criminis* temporária prevista na Lei n. 10.826/2003 aplica-se ao crime de posse de arma de fogo de uso permitido com numeração, marca ou qualquer outro sinal de identificação raspado, suprimido ou adulterado, praticado somente até 23-10-2005.

514. A CEF é responsável pelo fornecimento dos extratos das contas individualizadas vinculadas ao FGTS dos Trabalhadores participantes do Fundo de Garantia do Tempo de Serviço, inclusive para fins de exibição em juízo, independentemente do período em discussão.

515. A reunião de execuções fiscais contra o mesmo devedor constitui faculdade do juiz.

516. A contribuição de intervenção no domínio econômico para o Incra (Decreto-Lei n. 1.110/1970), devida por empregadores rurais e urbanos, não foi extinta pelas Leis n. 7.787/1989, 8.212/1991 e 8.213/1991, não podendo ser compensada com a contribuição ao INSS.

517. São devidos honorários advocatícios no cumprimento de sentença, haja ou não impugnação, depois de escoado o prazo para pagamento voluntário, que se inicia após a intimação do advogado da parte executada.

518. Para fins do art. 105, III, *a*, da Constituição Federal, não é cabível recurso especial fundado em alegada violação de enunciado de súmula.

519. Na hipótese de rejeição da impugnação ao cumprimento de sentença, não são cabíveis honorários advocatícios.

520. O benefício de saída temporária no âmbito da execução penal é ato jurisdicional insuscetível de delegação à autoridade administrativa do estabelecimento prisional.

521. A legitimidade para a execução fiscal de multa pendente de pagamento imposta em sentença condenatória é exclusiva da Procuradoria da Fazenda Pública.

522. A conduta de atribuir-se falsa identidade perante autoridade policial é típica, ainda que em situação de alegada autodefesa.

523. A taxa de juros de mora incidente na repetição de indébito de tributos estaduais deve corresponder à utilizada para cobrança do tributo pago em atraso, sendo legítima a incidência da taxa Selic, em ambas as hipóteses, quando prevista na legislação local, vedada sua cumulação com quaisquer outros índices.

524. No tocante à base de cálculo, o ISSQN incide apenas sobre a taxa de agenciamento quando o serviço prestado por sociedade empresária de trabalho temporário for de intermediação, devendo, entretanto, englobar também os valores dos salários e encargos sociais dos trabalhadores por ela contratados nas hipóteses de fornecimento de mão de obra.

> O Decreto-lei n. 406, de 31-12-1968, estabelece normas gerais de direito financeiro, aplicáveis aos impostos sobre operações relativas a circulação de mercadorias e sobre serviços de qualquer natureza e dá outras providências.

> A Lei Complementar n. 116, de 31-7-2003, dispõe sobre o imposto sobre serviços de qualquer natureza, de competência dos Municípios e do Distrito Federal e dá outras providências.

525. A Câmara de Vereadores não possui personalidade jurídica, apenas personalidade judiciária, somente podendo demandar em juízo para defender os seus direitos institucionais.

526. O reconhecimento de falta grave decorrente do cometimento de fato definido como crime doloso no cumprimento da pena prescinde do trânsito em julgado de sentença penal condenatória no processo penal instaurado para apuração do fato.

527. O tempo de duração da medida de segurança não deve ultrapassar o limite máximo da pena abstratamente cominada ao delito praticado.

> *Vide* arts. 5.º, XLVII, *b*, e LXXV, da CF.

528. Compete ao juiz federal do local da apreensão da droga remetida do exterior pela via postal processar e julgar o crime de tráfico internacional.

529. No seguro de responsabilidade civil facultativo, não cabe o ajuizamento de ação pelo terceiro prejudicado direta e exclusivamente em face da seguradora do apontado causador do dano.

530. Nos contratos bancários, na impossibilidade de comprovar a taxa de juros efetivamente contratada – por ausência de pactuação ou pela falta de juntada do instrumento aos autos – aplica-se a taxa média de mercado, divulgada pelo Bacen, praticada nas operações da mesma espécie, salvo se a taxa cobrada for mais vantajosa para o devedor.

531. Em ação monitória fundada em cheque prescrito ajuizada contra o emitente, é dispensável a menção ao negócio jurídico subjacente à emissão da cártula.

>> *Vide* arts. 1.102-A a 1.102-C do CPC.

532. Constitui prática comercial abusiva o envio de cartão de crédito sem prévia e expressa solicitação do consumidor, configurando-se ato ilícito indenizável e sujeito à aplicação de multa administrativa.

533. Para o reconhecimento da prática de falta disciplinar no âmbito da execução penal, é imprescindível a instauração de procedimento administrativo pelo diretor do estabelecimento prisional, assegurado o direito de defesa, a ser realizado por advogado constituído ou defensor público nomeado.

>> *Vide* art. 5.º, XXXV, da CF.

534. A prática de falta grave interrompe a contagem do prazo para a progressão de regime de cumprimento de pena, o qual se reinicia a partir do cometimento dessa infração.

535. A prática de falta grave não interrompe o prazo para fim de comutação de pena ou indulto.

>> *Vide* Súmula 441 do STJ.

536. A suspensão condicional do processo e a transação penal não se aplicam na hipótese de delitos sujeitos ao rito da Lei Maria da Penha.

>> *Vide* art. 226, § 8.º, da CF.

537. Em ação de reparação de danos, a seguradora denunciada, se aceitar a denunciação ou contestar o pedido do autor, pode ser condenada, direta e solidariamente junto com o segurado, ao pagamento da indenização devida à vítima, nos limites contratados na apólice.

538. As administradoras de consórcio têm liberdade para estabelecer a respectiva taxa de administração, ainda que fixada em percentual superior a dez por cento.

539. É permitida a capitalização de juros com periodicidade inferior à anual em contratos celebrados com instituições integrantes do Sistema Financeiro Nacional a partir de 31-3-2000 (MP n. 1.963-17/2000, reeditada como MP n. 2.170-36/2001), desde que expressamente pactuada.

540. Na ação de cobrança do seguro DPVAT, constitui faculdade do autor escolher entre os foros do seu domicílio, do local do acidente ou ainda do domicílio do réu.

541. A previsão no contrato bancário de taxa de juros anual superior ao duodécuplo da mensal é suficiente para permitir a cobrança da taxa efetiva anual contratada.

542. A ação penal relativa ao crime de lesão corporal resultante de violência doméstica contra a mulher é pública incondicionada.

543. Na hipótese de resolução de contrato de promessa de compra e venda de imóvel submetido ao Código de Defesa do Consumidor, deve ocorrer a imediata restituição das parcelas pagas pelo promitente comprador – integralmente, em caso de culpa exclusiva do promitente vendedor/construtor, ou parcialmente, caso tenha sido o comprador quem deu causa ao desfazimento.

> *Vide* art. 51, II e IV, do CDC.

544. É válida a utilização de tabela do Conselho Nacional de Seguros Privados para estabelecer a proporcionalidade da indenização do seguro DPVAT ao grau de invalidez também na hipótese de sinistro anterior a 16-12-2008, data da entrada em vigor da Medida Provisória n. 451/2008.

545. Quando a confissão for utilizada para a formação do convencimento do julgador, o réu fará jus à atenuante prevista no art. 65, III, *d*, do Código Penal.

>> *Vide* Súmula 630 do STJ.

546. A competência para processar e julgar o crime de uso de documento falso é firmada em razão da entidade ou órgão ao qual foi apresentado o documento público, não importando a qualificação do órgão expedidor.

>> *Vide* art. 109, IV, da CF.

547. Nas ações em que se pleiteia o ressarcimento dos valores pagos a título de participação financeira do consumidor no custeio de construção de rede elétrica, o prazo prescricional é de vinte anos na vigência do Código Civil de 1916.

Na vigência do Código Civil de 2002, o prazo é de cinco anos se houver previsão contratual de ressarcimento e de três anos na ausência de cláusula nesse sentido, observada a regra de transição disciplinada em seu art. 2.028.

548. Incumbe ao credor a exclusão do registro da dívida em nome do devedor no cadastro de inadimplentes no prazo de cinco dias úteis, a partir do integral e efetivo pagamento do débito.

> *Vide* arts. 43, § 3.º, e 73 do CDC.

549. É válida a penhora de bem de família pertencente a fiador de contrato de locação.

550. A utilização de escore de crédito, método estatístico de avaliação de risco que não constitui banco de dados, dispensa o consentimento do consumidor, que terá o direito de solicitar esclarecimentos sobre as informações pessoais valoradas e as fontes dos dados considerados no respectivo cálculo.

> *Vide* art. 43 do CDC.

551. Nas demandas por complementação de ações de empresas de telefonia, admite-se a condenação ao pagamento de dividendos e juros sobre capital próprio independentemente de pedido expresso. No entanto, somente quando previstos no título executivo, poderão ser objeto de cumprimento de sentença.

552. O portador de surdez unilateral não se qualifica como pessoa com deficiência para o fim de disputar as vagas reservadas em concursos públicos.

553. Nos casos de empréstimo compulsório sobre o consumo de energia elétrica, é competente a Justiça estadual para o julgamento de demanda proposta exclusivamente contra a Eletrobrás. Requerida a intervenção da União no feito após a prolação de sentença pelo juízo estadual, os autos devem ser remetidos ao Tribunal Regional Federal competente para o julgamento da apelação se deferida a intervenção.

554. Na hipótese de sucessão empresarial, a responsabilidade da sucessora abrange não apenas os tributos devidos pela sucedida, mas também as multas moratórias ou punitivas referentes a fatos geradores ocorridos até a data da sucessão.

555. Quando não houver declaração do débito, o prazo decadencial quinquenal para o Fisco constituir o crédito tributário conta-se exclusivamente na forma do art. 173, I, do CTN, nos casos em que a legislação atribui ao sujeito passivo o dever de antecipar o pagamento sem prévio exame da autoridade administrativa.

556. É indevida a incidência de imposto de renda sobre o valor da complementação de aposentadoria pago por entidade de previdência privada e em relação ao resgate de contribuições recolhidas para referidas entidades patrocinadoras no período de 1.º-1-1989 a 31-12-1995, em razão da isenção concedida pelo art. 6.º, VII, *b*, da Lei n. 7.713/1988, na redação anterior à que lhe foi dada pela Lei n. 9.250/1995.

557. A renda mensal inicial (RMI) alusiva ao benefício de aposentadoria por invalidez precedido de auxílio-doença será apurada na forma do art. 36, § 7.º, do Decreto n. 3.048/1999, observando-se, porém, os critérios previstos no art. 29, § 5.º, da Lei n. 8.213/1991, quando intercalados períodos de afastamento e de atividade laboral.

558. Em ações de execução fiscal, a petição inicial não pode ser indeferida sob o argumento da falta de indicação do CPF e/ou RG ou CNPJ da parte executada.

559. Em ações de execução fiscal, é desnecessária a instrução da petição inicial com o demonstrativo de cálculo do débito, por tratar-se de requisito não previsto no art. 6.º da Lei n. 6.830/1980.

560. A decretação da indisponibilidade de bens e direitos, na forma do art. 185-A do CTN, pressupõe o exaurimento das diligências na busca por bens penhoráveis, o qual fica caracterizado quando infrutíferos o pedido de constrição sobre ativos financeiros e a expedição de ofícios aos registros públicos do domicílio do executado, ao Denatran ou Detran.

561. Os Conselhos Regionais de Farmácia possuem atribuição para fiscalizar e autuar as farmácias e drogarias quanto ao cumprimento da exigência de manter profissional legalmente habilitado (farmacêutico) durante todo o período de funcionamento dos respectivos estabelecimentos.

562. É possível a remição de parte do tempo de execução da pena quando o condenado, em regime fechado ou semiaberto, desempenha atividade laborativa, ainda que extramuros.

563. O Código de Defesa do Consumidor é aplicável às entidades abertas de previdência complementar, não incidindo nos contratos previdenciários celebrados com entidades fechadas.

> *Vide* arts. 2.º e 3.º, § 2.º, do CDC.

> *Vide* Súmula 608 do STJ.

564. No caso de reintegração de posse em arrendamento mercantil financeiro, quando a soma da importância antecipada a título de valor residual garantido (VRG) com o valor da venda do bem ultrapassar o total do VRG previsto contratualmente, o arrendatário terá direito de receber a respectiva diferença, cabendo, porém, se estipulado no contrato, o prévio desconto de outras despesas ou encargos pactuados.

> *Vide* Súmula 293 do STJ.

565. A pactuação das tarifas de abertura de crédito (TAC) e de emissão de carnê (TEC), ou outra denominação para o mesmo fato gerador, é válida apenas nos contratos bancários anteriores ao início da vigência da Resolução – CMN n. 3.518/2007, em 30-4-2008.

566. Nos contratos bancários posteriores ao início da vigência da Resolução-CMN n. 3.518/2007, em 30-4-2008, pode ser cobrada a tarifa de cadastro no início do relacionamento entre o consumidor e a instituição financeira.

567. Sistema de vigilância realizado por monitoramento eletrônico ou por existência de segurança no interior de estabelecimento comercial, por si só, não torna impossível a configuração do crime de furto.

568. O relator, monocraticamente e no Superior Tribunal de Justiça, poderá dar ou negar provimento ao recurso quando houver entendimento dominante acerca do tema.

> *Vide* art. 105, III, *a* e *c*, da CF.

569. Na importação, é indevida a exigência de nova certidão negativa de débito no desembaraço aduaneiro, se já apresentada a comprovação da quitação de tributos federais quando da concessão do benefício relativo ao regime de *drawback*.

570. Compete à Justiça Federal o processo e julgamento de demanda em que se discute a ausência de ou o obstáculo ao credenciamento de instituição particular de ensino superior no Ministério da Educação como condição de expedição de diploma de ensino a distância aos estudantes.

571. A taxa progressiva de juros não se aplica às contas vinculadas ao FGTS de trabalhadores qualificados como avulsos.

572. O Banco do Brasil, na condição de gestor do Cadastro de Emitentes de Cheques sem Fundos (CCF), não tem a responsabilidade de notificar previamente o devedor acerca da sua inscrição no aludido cadastro, tampouco legitimidade passiva para as ações de reparação de danos fundadas na ausência de prévia comunicação.

> *Vide* art. 43 da Lei n. 8.078, de 11-9-1990.

573. Nas ações de indenização decorrente de seguro DPVAT, a ciência inequívoca do caráter permanente da invalidez, para fins de contagem do prazo prescricional, depende de laudo médico, exceto nos casos de invalidez permanente notória ou naqueles em que o conhecimento anterior resulte comprovado na fase de instrução.

574. Para a configuração do delito de violação de direito autoral e a comprovação de sua materialidade, é suficiente a perícia realizada por amostragem do produto apreendido, nos aspectos externos do material, e é desnecessária a identificação dos titulares dos direitos autorais violados ou daqueles que os representem.

575. Constitui crime a conduta de permitir, confiar ou entregar a direção de veículo automotor a pessoa que não seja habilitada, ou que se encontre em qualquer das situações previstas no art. 310 do CTB, independentemente da ocorrência de lesão ou de perigo de dano concreto na condução do veículo.

576. Ausente requerimento administrativo no INSS, o termo inicial para a implantação da aposentadoria por invalidez concedida judicialmente será a data da citação válida.

577. É possível reconhecer o tempo de serviço rural anterior ao documento mais antigo apresentado, desde que amparado em convincente prova testemunhal colhida sob o contraditório.

>> *Vide* Súmula 149 do STJ.

578. Os empregados que laboram no cultivo da cana-de-açúcar para empresa agroindustrial ligada ao setor sucroalcooleiro detêm a qualidade de rurícola, ensejando a isenção do FGTS desde a edição da Lei Complementar n. 11/1971 até a promulgação da Constituição Federal de 1988.

> A Lei Complementar n. 11, de 25-5-1971, institui o Programa de Assistência ao Trabalhador Rural (PRORURAL).

579. Não é necessário ratificar o recurso especial interposto na pendência do julgamento dos embargos de declaração, quando inalterado o resultado anterior.

>> *Vide* arts. 218, § 4.º, e 1.024, § 5.º, do CPC.

580. A correção monetária nas indenizações do seguro DPVAT por morte ou invalidez, prevista no § 7.º do art. 5.º da Lei n. 6.194/1974, redação dada pela Lei n. 11.482/2007, incide desde a data do evento danoso.

581. A recuperação judicial do devedor principal não impede o prosseguimento das ações e execuções ajuizadas contra terceiros devedores solidários ou coobrigados em geral, por garantia cambial, real ou fidejussória.

582. Consuma-se o crime de roubo com a inversão da posse do bem mediante emprego de violência ou grave ameaça, ainda que por breve tempo e em seguida à perseguição imediata ao agente e recuperação da coisa roubada, sendo prescindível a posse mansa e pacífica ou desvigiada.

583. O arquivamento provisório previsto no art. 20 da Lei n. 10.522/2002, dirigido aos débitos inscritos como dívida ativa da União pela Procuradoria-Geral da Fazenda Nacional ou por ela cobrados, não se aplica às execuções fiscais movidas pelos conselhos de fiscalização profissional ou pelas autarquias federais.

584. As sociedades corretoras de seguros, que não se confundem com as sociedades de valores mobiliários ou com os agentes autônomos de seguro privado, estão fora do rol de entidades constantes do art. 22, § 1.º, da Lei n. 8.212/1991, não se sujeitando à majoração da alíquota da Cofins prevista no art. 18 da Lei n. 10.684/2003.

585. A responsabilidade solidária do ex-proprietário, prevista no art. 134 do Código de Trânsito Brasileiro – CTB, não abrange o IPVA incidente sobre o veículo automotor, no que se refere ao período posterior à sua alienação.

586. A exigência de acordo entre o credor e o devedor na escolha do agente fiduciário aplica-se, exclusivamente, aos contratos não vinculados ao Sistema Financeiro da Habitação – SFH.

587. Para a incidência da majorante prevista no art. 40, V, da Lei n. 11.343/2006, é desnecessária a efetiva transposição de fronteiras entre estados da Federação, sendo suficiente a demonstração inequívoca da intenção de realizar o tráfico interestadual.

588. A prática de crime ou contravenção penal contra a mulher com violência ou grave ameaça no ambiente doméstico impossibilita a substituição da pena privativa de liberdade por restritiva de direitos.

589. É inaplicável o princípio da insignificância nos crimes ou contravenções penais praticados contra a mulher no âmbito das relações domésticas.

590. Constitui acréscimo patrimonial a atrair a incidência do imposto de renda, em caso de liquidação de entidade de previdência privada, a quantia que couber a cada participante, por rateio do patrimônio, superior ao valor das respectivas contribuições à entidade em liquidação, devidamente atualizadas e corrigidas.

591. É permitida a "prova emprestada" no processo administrativo disciplinar, desde que devidamente autorizada pelo juízo competente e respeitados o contraditório e a ampla defesa.

592. O excesso de prazo para a conclusão do processo administrativo disciplinar só causa nulidade se houver demonstração de prejuízo à defesa.

>> *Vide* Lei n. 8.112, de 11-12-1990, art. 169, § 1.º.

593. O crime de estupro de vulnerável se configura com a conjunção carnal ou prática de ato libidinoso com menor de 14 anos, sendo irrelevante eventual consentimento da vítima para a prática do ato, sua experiência sexual anterior ou existência de relacionamento amoroso com o agente.

594. O Ministério Público tem legitimidade ativa para ajuizar ação de alimentos em proveito de criança ou adolescente independentemente do exercício do poder familiar dos pais, ou do fato de o menor se encontrar nas situações de risco descritas no art. 98 do Estatuto da Criança e do Adolescente, ou de quaisquer outros questionamentos acerca da existência ou eficiência da Defensoria Pública na comarca.

595. As instituições de ensino superior respondem objetivamente pelos danos suportados pelo aluno/consumidor pela realização de curso não reconhecido pelo Ministério da Educação, sobre o qual não lhe tenha sido dada prévia e adequada informação.

>> *Vide* arts. 6.º, III, 14, *caput* e § 1.º, 20, *caput* e § 2.º, e 37, *caput* e §§ 1.º e 3.º, do CDC.

596. A obrigação alimentar dos avós tem natureza complementar e subsidiária, somente se configurando no caso de impossibilidade total ou parcial de seu cumprimento pelos pais.

597. A cláusula contratual de plano de saúde que prevê carência para utilização dos serviços de assistência médica nas situações de emergência ou de urgência é considerada abusiva se ultrapassado o prazo máximo de 24 horas contado da data da contratação.

598. É desnecessária a apresentação de laudo médico oficial para o reconhecimento judicial da isenção do imposto de renda, desde que o magistrado entenda suficientemente demonstrada a doença grave por outros meios de prova.

599. O princípio da insignificância é inaplicável aos crimes contra a administração pública.

600. Para a configuração da violência doméstica e familiar prevista no art. 5.º da Lei n. 11.340/2006 (Lei Maria da Penha) não se exige a coabitação entre autor e vítima.

> *Vide* art. 226, § 8.º, da CF.

601. O Ministério Público tem legitimidade ativa para atuar na defesa dos direitos difusos, coletivos e individuais homogêneos dos consumidores, ainda que decorrentes da prestação de serviços públicos.

>> *Vide* arts. 127 e 129, III, da CF.

>> *Vide* arts. 81 e 82, I, do CDC.

>> *Vide* arts. 1.º, II, 5.º e 21 da Lei n. 7.347, de 24-7-1985.

602. O Código de Defesa do Consumidor é aplicável aos empreendimentos habitacionais promovidos pelas sociedades cooperativas.

603. (*Cancelada.*)

604. O mandado de segurança não se presta para atribuir efeito suspensivo a recurso criminal interposto pelo Ministério Público.

>> *Vide* art. 5.º, LXIX, da CF.

605. A superveniência da maioridade penal não interfere na apuração de ato infracional nem na aplicabilidade de medida socioeducativa em curso, inclusive na liberdade assistida, enquanto não atingida a idade de 21 anos.

606. Não se aplica o princípio da insignificância a casos de transmissão clandestina de sinal de internet via radiofrequência, que caracteriza o fato típico previsto no art. 183 da Lei n. 9.472/1997.

607. A majorante do tráfico transnacional de drogas (art. 40, I, da Lei n. 11.343/2006) configura-se com a prova da destinação internacional das drogas, ainda que não consumada a transposição de fronteiras.

608. Aplica-se o Código de Defesa do Consumidor aos contratos de plano de saúde, salvo os administrados por entidades de autogestão.

> *Vide* Súmula 563 do STJ.

609. A recusa de cobertura securitária, sob a alegação de doença preexistente, é ilícita se não houve a exigência de exames médicos prévios à contratação ou a demonstração de má-fé do segurado.

> *Vide* art. 51, IV, do CDC.

610. O suicídio não é coberto nos dois primeiros anos de vigência do contrato de seguro de vida, ressalvado o direito do beneficiário à devolução do montante da reserva técnica formada.

611. Desde que devidamente motivada e com amparo em investigação ou sindicância, é permitida a instauração de processo administrativo disciplinar com base em denúncia anônima, em face do poder-dever de autotutela imposto à Administração.

>> *Vide* arts. 143 e 144 da Lei n. 8.112, de 11-12-1990.

>> *Vide* arts. 2.º, 5.º e 29 da Lei n. 9.784, de 29-1-1999.

612. O certificado de entidade beneficente de assistência social (CEBAS), no prazo de sua validade, possui natureza declaratória para fins tributários, retroagindo seus efeitos à data em que demonstrado o cumprimento dos requisitos estabelecidos por lei complementar para a fruição da imunidade.

613. Não se admite a aplicação da teoria do fato consumado em tema de Direito Ambiental.

614. O locatário não possui legitimidade ativa para discutir a relação jurídico-tributária de IPTU e de taxas referentes ao imóvel alugado nem para repetir indébito desses tributos.

615. Não pode ocorrer ou permanecer a inscrição do município em cadastros restritivos fundada em irregularidades na gestão anterior quando, na gestão sucessora, são tomadas as providências cabíveis à reparação dos danos eventualmente cometidos.

616. A indenização securitária é devida quando ausente a comunicação prévia do segurado acerca do atraso no pagamento do prêmio, por constituir requisito essencial para a suspensão ou resolução do contrato de seguro.

617. A ausência de suspensão ou revogação do livramento condicional antes do término do período de prova enseja a extinção da punibilidade pelo integral cumprimento da pena.

618. A inversão do ônus da prova aplica-se às ações de degradação ambiental.

>> *Vide* art. 6.º, VIII, do CDC.

>> *Vide* art. 21 da Lei n. 7.347, de 24-7-1985.

619. A ocupação indevida de bem público configura mera detenção, de natureza precária, insuscetível de retenção ou indenização por acessões e benfeitorias.

>> *Vide* art. 191, parágrafo único, da CF.

>> *Vide* arts. 1.208 e 1.255, *caput*, do CC.

620. A embriaguez do segurado não exime a seguradora do pagamento da indenização prevista em contrato de seguro de vida.

>> *Vide* art. 768 do CC.

>> *Vide* art. 54, §§ 3.º e 4.º, do CDC.

621. Os efeitos da sentença que reduz, majora ou exonera o alimentante do pagamento retroagem à data da citação, vedadas a compensação e a repetibilidade.

>> *Vide* Súmula 277 do STJ.

622. A notificação do auto de infração faz cessar a contagem da decadência para a constituição do crédito tributário; exaurida a instância administrativa com o decurso do prazo para a impugnação ou com a notificação de seu julgamento definitivo e esgotado o prazo concedido pela Administração para o pagamento voluntário, inicia-se o prazo prescricional para a cobrança judicial.

>> *Vide* arts. 142 e 174 do CTN.

623. As obrigações ambientais possuem natureza *propter rem*, sendo admissível cobrá-las do proprietário ou possuidor atual e/ou dos anteriores, à escolha do credor.

>> *Vide* arts. 23, VI e VII, 24, VI e VIII, 186, II, e 225, § 1.º, I, da CF.

624. É possível cumular a indenização do dano moral com a reparação da Lei n. 10.559/2002 (Lei de Anistia Política).

>> *Vide* art. 5.º, V e X, da CF.

>> *Vide* art. 8.º da ADCT.

>> *Vide* Súmula 37 do STJ.

625. O pedido administrativo de compensação ou de restituição não interrompe o prazo prescricional para a ação de repetição de indébito tributário de que trata o art. 168 do CTN nem o da execução de título judicial contra a Fazenda Pública.

>> *Vide* arts. 168 e 174 do CTN.

>> *Vide* art. 4.º, parágrafo único, do Decreto n. 20.910, de 6-1-1932.

>> *Vide* Súmula 461 do STJ.

626. A incidência do IPTU sobre imóvel situado em área considerada pela lei local como urbanizável ou de expansão urbana não está condicionada à existência dos melhoramentos elencados no art. 32, § 1.º, do CTN.

>> *Vide* art. 32, §§ 1.º e 2.º, do CTN.

627. O contribuinte faz jus à concessão ou à manutenção da isenção do imposto de renda, não se lhe exigindo a demonstração da contemporaneidade dos sintomas da doença nem da recidiva da enfermidade.

>> *Vide* art. 111 do CTN.

628. A teoria da encampação é aplicada no mandado de segurança quando presentes, cumulativamente, os seguintes requisitos: *a)* existência de vínculo hierárquico entre a autoridade que prestou informações e a que ordenou a prática do ato impugnado; *b)* manifestação a respeito do mérito nas informações prestadas; e *c)* ausência de modificação de competência estabelecida na Constituição Federal.

>> *Vide* art. 6.º, § 3.º, da Lei n. 12.016 de 7-8-2009.

629. Quanto ao dano ambiental, é admitida a condenação do réu à obrigação de fazer ou à de não fazer cumulada com a de indenizar.

>> *Vide* arts. 186, II, e 225, § 3.º, da CF.

>> *Vide* art. 3.º da Lei n. 7.347, de 24-7-1985.

630. A incidência da atenuante da confissão espontânea no crime de tráfico ilícito de entorpecentes exige o reconhecimento da traficância pelo acusado, não bastando a mera admissão da posse ou propriedade para uso próprio.

>> *Vide* Súmula 545 do STJ.

631. O indulto extingue os efeitos primários da condenação (pretensão executória), mas não atinge os efeitos secundários, penais ou extrapenais.

>> *Vide* arts. 5.º, XLIII, e 84, XII, da CF.

632. Nos contratos de seguro regidos pelo Código Civil, a correção monetária sobre a indenização securitária incide a partir da contratação até o efetivo pagamento.

633. A Lei n. 9.784/1999, especialmente no que diz respeito ao prazo decadencial para a revisão de atos administrativos no âmbito da Administração Pública federal, pode ser aplicada, de forma subsidiária, aos estados e municípios, se inexistente norma local e específica que regule a matéria.

> A Lei n. 9.784, de 29-1-1999, regula o processo administrativo no âmbito da Administração Pública Federal.

634. Ao particular aplica-se o mesmo regime prescricional previsto na Lei de Improbidade Administrativa para o agente público.

> *Vide* arts. 3.º, 23, I e II, da Lei n. 8.429, de 2-6-1992.

635. Os prazos prescricionais previstos no art. 142 da Lei n. 8.112/1990 iniciam-se na data em que a autoridade competente para a abertura do procedimento administrativo toma conhecimento do fato, interrompem-se com o primeiro ato de instauração válido - sindicância de caráter punitivo ou processo disciplinar - e voltam a fluir por inteiro, após decorridos 140 dias desde a interrupção.

> *Vide* arts. 142, 143, 152 e 167 da Lei n. 8.112 de 11-12-1990.

636. A folha de antecedentes criminais é documento suficiente a comprovar os maus antecedentes e a reincidência.

640. O benefício fiscal que trata do Regime Especial de Reintegração de Valores Tributários para as Empresas Exportadoras (REINTEGRA) alcança as operações de venda de mercadorias de origem nacional para a Zona Franca de Manaus, para consumo, industrialização ou reexportação para o estrangeiro.

641. A portaria de instauração do processo administrativo disciplinar prescinde da exposição detalhada dos fatos a serem apurados.

>> *Vide* arts. 151, I e 161 da Lei n. 8.112, de 11-12-1990.

642. O direito à indenização por danos morais transmite-se com o falecimento do titular, possuindo os herdeiros da vítima legitimidade ativa para ajuizar ou prosseguir a ação indenizatória.

Índice Alfabético-Remissivo das Súmulas (*)

SÚMULAS VINCULANTES

SÚMULAS DO STF

(*) Conteúdo cedido pela Editora Saraiva (direitos autorais preservados).

SÚMULAS DO STJ